Diccionario de
americanismos

Patrocinado por

Fundación
REPSOL

Con la colaboración de la

JUNTA DE ANDALUCIA

Diccionario de
americanismos

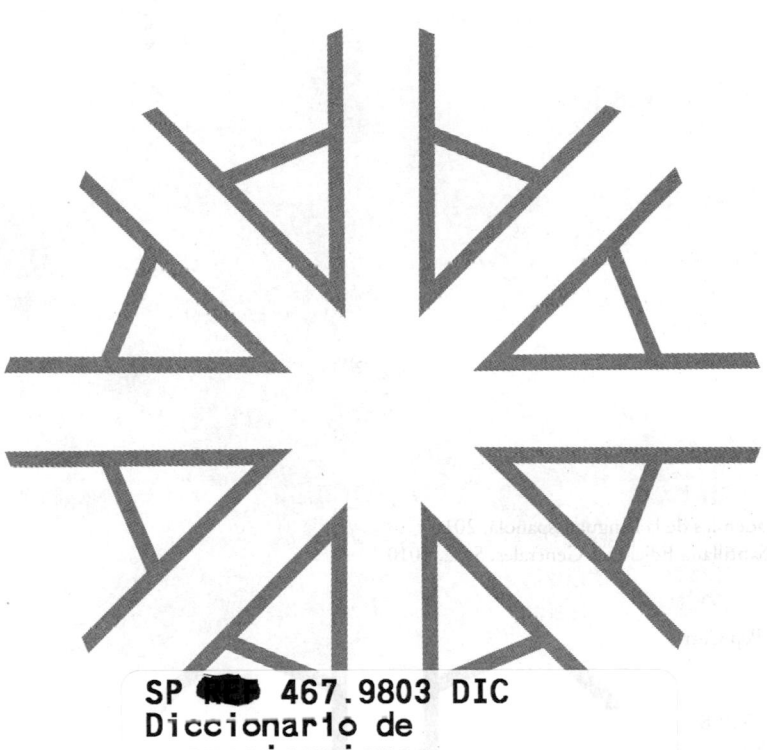

ASOCIACIÓN DE ACADEMIAS
DE LA LENGUA ESPAÑOLA

© Asociación de Academias de la Lengua Española, 2010
© De esta edición: Santillana Ediciones Generales, S. L., 2010

Diseño de cubierta: Pep Carrió

ISBN: 978-84-294-9550-8
Impreso en Perú – Printed in Peru

Maquetación y preimpresión: M. T., Color & Diseño, S. L.

Impreso en el mes de febrero de 2010
por World Color Perú S. A.
Av. Los Frutales 344, Ate, Lima 3, Perú

|Índice|

PRESENTACIÓN IX
    Víctor García de la Concha

ACADÉMICOS XI

COLABORADORES XXIII

INTRODUCCIÓN XXVII
    Humberto López Morales

TÁBULA GRATULATORIA XXIX

GUÍA DEL CONSULTOR XXXI
  CARACTERÍSTICAS GENERALES DEL *DICCIONARIO DE AMERICANISMOS* XXXI
  LOS AMERICANISMOS LÉXICOS XXXII
  LA MACROESTRUCTURA DEL *DICCIONARIO DE AMERICANISMOS* XXXIII
    Las unidades lexémicas XXXIII
    La lematización XXXV
    La entrada principal y las remisiones XXXVIII
    Ordenamiento de los lemas XXXIX
  LA MICROESTRUCTURA DEL DICCIONARIO DE AMERICANISMOS XL
    Etimologías/procedencias XL
    Información gramatical XLI
    Marcas diatópicas XLIII
    Frecuencia de uso XLIV
    Las definiciones XLIV
    Marcas geográficas XLIX
    Marcas sociolingüísticas XLIX
    Marcas pragmáticas LII
    Concurrencia de varias marcas (sociolingüísticas y pragmáticas) LII
    Observaciones LIII
  ESTRUCTURA DE LOS ARTÍCULOS LIII
    El artículo simple pleno LIII

El artículo remitente LIV

El artículo complejo LIV

ÍNDICE SINONÍMICO LVII

APÉNDICES LVII

ABREVIATURAS, SIGNOS, FAMILIAS LINGÜÍSTICAS Y LENGUAS LIX

ABREVIATURAS LIX

SIGNOS LX

FAMILIAS LINGÜÍSTICAS Y LENGUAS LX

BIBLIOGRAFÍA LXIII

DICCIONARIO DE AMERICANISMOS 1

ÍNDICE SINONÍMICO 2221

APÉNDICES

ETNIAS INDÍGENAS VIVAS DE HISPANOAMÉRICA 2247

GENTILICIOS AMERICANOS 2255

HIPOCORÍSTICOS HISPANOAMERICANOS MÁS USADOS 2275

LENGUAS INDÍGENAS VIVAS DE HISPANOAMÉRICA 2295

NOMENCLATURA GUBERNAMENTAL HISPANOAMERICANA 2303

NOMENCLATURA MILITAR HISPANOAMERICANA 2309

NOMENCLATURA MONETARIA HISPANOAMERICANA 2313

SIGLAS HISPANOAMERICANAS DE MÁS USO 2317

| Presentación |

En el último cuarto del siglo XIX, al tiempo que se constituían las ocho primeras Academias americanas de la lengua —Colombia, Ecuador, México, El Salvador, Venezuela, Chile, Perú y Guatemala—, se propuso la Real Academia Española construir, con la ayuda de sus nuevas Correspondientes, un diccionario de americanismos. La constatación de la deficiencia de fuentes informativas y la limitada posibilidad de comunicación dejaron el ambicioso proyecto en el limbo de las buenas intenciones. No resultó, sin embargo, vano. A lo largo de las dos primeras décadas del siglo XX las jóvenes Academias fueron remitiendo fichas del léxico propio de sus respectivos países. Gracias a ello, al tiempo que en los años veinte nacía un segundo grupo de Academias —Costa Rica, Filipinas, Panamá, Cuba, Paraguay, Santo Domingo, Bolivia, Nicaragua y Argentina (1931)—, la edición del *Diccionario de la Real Academia Española (DRAE)* de 1925 pudo incrementar de tal modo la presencia de americanismos que llegó a merecer el título de «americana». Se completaría la nómina de corporaciones académicas con el nacimiento en los años cuarenta de las de Uruguay y Honduras, y más tarde con las de Puerto Rico y Estados Unidos.

Para entonces se había producido un hecho fundamental: la constitución de la Asociación de Academias de la Lengua Española, idea del académico mexicano Martín Luis Guzmán, a la que dio cuerpo y cauce oficial el presidente mexicano Miguel Alemán con la convocatoria del I Congreso de la Asociación (México, 1951). El espíritu fundacional de unidad iba a encontrar su desarrollo programático más claro en el discurso que Dámaso Alonso pronunció en el II Congreso (Madrid, 1956). Si nuestras academias —afirmó con rotundidad— tienen hoy algún sentido, no puede ser otro que el de trabajar todos en favor de la unidad de nuestra lengua común.

Los sucesivos congresos de la Asociación fueron profundizando en ese propósito, con tentativas referidas a la Gramática académica y al *DRAE,* pero hasta finales del siglo no volvió a retomarse el proyecto del *DICCIONARIO DE AMERICANISMOS.* En 1996, la Academia uruguaya acogió una reunión de lexicógrafos de la gran mayoría de Academias, y allí se preparó un borrador de lo que podría ser su planta. Después de otros encuentros celebrados en Santiago de Chile, Buenos Aires y Lima, en el Congreso de Puebla de los Ángeles, 1998, la Asociación aprobó por unanimidad el proyecto, al tiempo, por cierto, que, a propuesta de Chile, urgía a la Academia Española a afrontar de manera definitiva una nueva redacción de la Gramática en colaboración con todas las Academias.

En esa misma línea, en el XII Congreso (San Juan de Puerto Rico, 2002), se acordó otorgar un nuevo estatuto al *DICCIONARIO DE AMERICANISMOS,* sentando así las bases de su realización final. Significó el establecimiento de un método de trabajo similar al que rige las nuevas obras panhispánicas, con una comisión interacadémica, una comisión asesora y un equipo lexicográfico y técnico, que, dirigido por el Secretario general de la Asociación, se encargaría de preparar la base documental del *DICCIONARIO.* Este nuevo planteamiento supuso la incorporación de la obra al proyecto que la Real Academia Española promueve con el propósito de coordinar en una base informática común todos los repertorios lexicográficos académicos.

Como es lógico, a las Academias americanas ha correspondido el protagonismo en la construcción de este DICCIONARIO. Cada una de ellas se ha responsabilizado de su parcela de léxico con una dedicación esforzada y ejemplar. Es de justicia dejar también aquí constancia de que el Secretario general de la Asociación y miembro de la Academia Puertorriqueña, don Humberto López Morales, ha sido el alma de esta empresa. A él se debe la planta definitiva de la construcción, cuyo desarrollo, tan complejo y arduo, ha guiado con sabiduría y con una entrega impagable.

Por su parte, la Real Academia Española ha hecho posible que el DICCIONARIO DE AMERICANISMOS sea una realidad, procurando mecenazgos cuyas aportaciones económicas ha completado ella de manera generosa, y prestando recursos humanos así como la infraestructura material y técnica necesaria. Especial mención merecen las aportaciones de su Departamento de Tecnología, que ha preparado numerosas aplicaciones y programas informáticos para la redacción y gestión del DICCIONARIO, entre los que destaca especialmente el ARU, tesoro electrónico de diccionarios de americanismos —150 recoge—, que constituye en sí mismo una fuente de inestimable riqueza.

Tras el dictamen de la comisión interacadémica en su reunión de El Puerto de Santa María (2007), el texto básico del DICCIONARIO DE AMERICANISMOS fue aprobado por el pleno de la Asociación de Academias en las sesiones celebradas en Sevilla en marzo de 2009. Un intenso proceso de preparación editorial ha hecho posible su presentación en el V Congreso Internacional de la Lengua Española, que acoge la ciudad chilena de Valparaíso en marzo de 2010. La coincidencia no es fortuita, ya que es voluntad decidida de la Asociación de Academias ofrecer a la comunidad hispanohablante el DICCIONARIO DE AMERICANISMOS como su más importante aportación a la conmemoración del Bicentenario de la Independencia de las Repúblicas Iberoamericanas, en cuyo marco se inscribe el Congreso. El trabajo de construcción de este DICCIONARIO ha impulsado a la vez la preparación de diccionarios nacionales de cada uno de los países, y, pionero en muchos aspectos, se presenta así como fruto granado de esa política lingüística panhispánica que antes ha producido el *Diccionario panhispánico de dudas* o la reciente *Nueva gramática de la lengua española*, y que en los próximos meses alumbrará una nueva edición de la *Ortografía de la lengua española*. Todo ello es obra de las veintidós Academias asociadas en su trabajo al servicio de la unidad del español sin menoscabo de su rica y fecunda variedad.

VÍCTOR GARCÍA DE LA CONCHA
Presidente de la Asociación
de Academias de la Lengua Española

| Académicos |

REAL ACADEMIA ESPAÑOLA

Excmo. Sr. D. Martín de Riquer Morera, conde de Casa Dávalos
Excmo. Sr. D. Miguel Delibes Setién
Excmo. Sr. D. Carlos Bousoño Prieto
Excmo. Sr. D. Manuel Seco Reymundo
Excmo. Sr. D. Valentín García Yebra
Excmo. Sr. D. Pere Gimferrer Torrens
Excmo. Sr. D. Gregorio Salvador Caja
Excmo. Sr. D. Francisco Rico Manrique
Excmo. Sr. D. Antonio Mingote Barrachina
Excmo. Sr. D. José Luis Pinillos Díaz
Excmo. Sr. D. Francisco Morales Nieva
Excmo. Sr. D. Francisco Rodríguez Adrados
Excmo. Sr. D. José Luis Sampedro Sáez
Excmo. Sr. D. Víctor García de la Concha
Excmo. Sr. D. Eduardo García de Enterría y Martínez-Carande
Excmo. Sr. D. Emilio Lledó Íñigo
Excmo. Sr. D. Luis Goytisolo Gay
Excmo. Sr. D. Mario Vargas Llosa
Excmo. Sr. D. Eliseo Álvarez-Arenas Pacheco
Excmo. Sr. D. Antonio Muñoz Molina
Excmo. Sr. D. Juan Luis Cebrián Echarri
Excmo. Sr. D. Ignacio Bosque Muñoz
Excma. Sra. D.ª Ana María Matute
Excmo. Sr. D. Luis María Anson Oliart
Excmo. Sr. D. Luis Mateo Díez
Excmo. Sr. D. Guillermo Rojo
Excmo. Sr. D. José Antonio Pascual
Excma. Sra. D.ª Carmen Iglesias
Excmo. Sr. D. Luis Ángel Rojo
Excma. Sra. D.ª Margarita Salas Falgueras
Excmo. Sr. D. Arturo Pérez-Reverte
Excmo. Sr. D. José Manuel Sánchez Ron
Excmo. Sr. D. Álvaro Pombo y García de los Ríos
Excmo. Sr. D. Antonio Fernández de Alba
Excmo. Sr. D. Francisco Brines
Excmo. Sr. D. José Manuel Blecua
Excmo. Sr. D. Pedro García Barreno
Excmo. Sr. D. Javier Marías
Excmo. Sr. D. Salvador Gutiérrez Ordóñez

Excmo. Sr. D. Darío Villanueva
Excmo. Sr. D. José Luis Borau Moradell
Excmo. Sr. D. José María Merino

ACADEMIA COLOMBIANA DE LA LENGUA

Sr. D. Jaime Posada Díaz
Sr. D. Diego Uribe Vargas
Sr. D. Nicolás del Castillo Mathieu
Sr. D. Otto Morales Benítez
Sra. D.ª Dora Castellanos
Sr. D. Alberto Zalamea Costa
Sr. D. Guillermo Ruiz Lara
Sr. D. Juan Gustavo Cobo Borda
Sr. D. Javier Ocampo López
Sr. D. José Joaquín Montes Giraldo
Sra. D.ª Maruja Vieira
Rvdo. P. D. Rodolfo Eduardo de Roux, S. J.
Sr. D. Antonio Cacua Prada
Sr. D. Eduardo Santa
Sr. D. Fernando Hinestrosa Forero
Sr. D. Rodrigo Llorente Martínez
Sr. D. Carlos Patiño Rosselli
Sr. D. Rogelio Echavarría
Sra. D.ª Teresa Morales de Gómez
Sr. D. Carlos Sanclemente
Sra. D.ª Cecilia Balcázar de Bucher
Sr. D. Edilberto Cruz Espejo
Sr. D. Jaime Bernal Leongómez
Sr. D. Juan Carlos Vergara Silva
Sr. D. Santiago Díaz Piedrahita
Sr. D. Carlos José Reyes Posada
Sr. D. Adolfo de Francisco Zea
Sr. D. José Félix Patiño
Sr. D. Héctor H. Orjuela

ACADEMIA ECUATORIANA DE LA LENGUA

Sr. D. Jorge Salvador Lara
Sr. D. Hernán Rodríguez Castelo
Sr. D. Gustavo Alfredo Jácome
Sr. D. Filoteo Samaniego Salazar
Mons. D. Luis Alberto Luna Tobar
Sr. D. Jorge Isaac Cazorla
Sr. D. Manuel Corrales Pascual
Sr. D. Carlos Joaquín Córdova Malo
Sr. D. Jaime Dousdebés Carvajal
Sra. D.ª Alicia Yánez Cossío
Sr. D. Renán Flores Jaramillo
Sra. D.ª Susana Cordero de Espinosa
Sra. D.ª Teresa Crespo de Salvador
Sr. D. Fausto Aguirre
Sr. D. Claudio Mena Villamar

Sr. D. Juan Valdano Morejón
Sr. D. Plutarco Naranjo Vargas
Sr. D. Alfonso Barrera Valverde

ACADEMIA MEXICANA DE LA LENGUA

Sr. D. Miguel León-Portilla
Sr. D. Alí Chumacero Lora
Sr. D. Silvio Zavala
Sr. D. José G. Moreno de Alba
Sr. D. José Pascual Buxó
Sra. D.ª Clementina Díaz y de Ovando
Sr. D. Tarsicio Herrera Zapién
Sr. D. Carlos Montemayor
Sr. D. Arturo Azuela
Sr. D. Leopoldo Solís
Sr. D. Ruy Pérez Tamayo
Sr. D. Guido Gómez de Silva
Sr. D. Ernesto de la Peña
Sra. D.ª Margit Frenk
Sr. D. Ramón Xirau
Sr. D. Gonzalo Celorio Blasco
Sra. D.ª Margo Glantz
Sr. D. Enrique Cárdenas de la Peña
Sr. D. Jaime Labastida
Sr. D. Mauricio Beuchot
Sr. D. Gustavo Couttolenc Cortés
Sr. D. Elías Trabulse
Sr. D. Vicente Quirarte
Sra. D.ª Julieta Fierro
Sr. D. Felipe Garrido
Sr. D. Adolfo Castañón
Sr. D. Diego Valadés
Sra. D.ª Concepción Company Company
Sr. D. Fernando Serrano Migallón
Sr. D. Eduardo Lizalde
Sra. D.ª Ascensión Hernández Triviño
Sr. D. Miguel Ángel Granados Chapa

ACADEMIA SALVADOREÑA DE LA LENGUA

Sr. D. Reynaldo Galindo Pohl
Sr. D. Alfredo Martínez Moreno
Sr. D. Matías Romero Coto
Sr. D. Alfredo Betancourt
Sr. D. José David Escobar Galindo
Sr. D. Gilberto Aguilar Avilés
Sr. D. Luis Alonso Aparicio Osegueda
Sr. D. Jorge Adalberto Lagos
Sr. D. José Enrique Silva
Sr. D. Pedro Antonio Escalante Arce
Sra. D.ª Matilde Elena López
Sr. D. René Fortín Magaña
Sr. D. Carlos Alberto Saz

Sra. D.ª Lovey Argüello Valle
Sr. D. Luis Salazar Retana
Sra. D.ª Irma Lanzas
Sra. D.ª Aída Márgara Zablah de Simán
Sr. D. Roberto Rubio Fabián

ACADEMIA VENEZOLANA DE LA LENGUA

Sr. D. Rafael Caldera
Sr. D. Luis Pastori
Sr. D. Pedro Díaz Seijas
Sr. D. René de Sola
Sr. D. José Ramón Medina
Sr. D. Mario Torrealba Lossi
Sr. D. Ramón González Paredes
Sr. D. Luis Quiroga Torrealba
Sr. D. Óscar Sambrano Urdaneta
Sra. D.ª María Josefina Tejera
Sr. D. Alexis Márquez Rodríguez
Sr. D. Blas Bruni Celli
Sr. D. Gustavo Luis Carrera
Sr. D. Héctor Pedreáñez Trejo
Sr. D. Miguel García Mackle
Sr. D. Ramón J. Velásquez
Sr. D. Manuel Bermúdez
Sr. D. Elio Gómez Grillo
Sr. D. Francisco Javier Pérez
Sr. D. Luis Barrera Linares
Sr. D. Edgar Colmenares del Valle
Sr. D. Rafael Arráiz Lucca
Sra. D.ª Ana Teresa Torres
Sr. D. Horacio Biord Castillo
Sr. D. Atanasio Alegre
Sr. D. Leonardo Azparren Giménez
Sra. D.ª Lucía Fraca de Barrera Linares

ACADEMIA CHILENA DE LA LENGUA

Sr. D. Miguel Arteche Salinas
Sr. D. Hugo Montes Brunet
Sr. D. Guillermo Blanco Martínez
Sr. D. José Ricardo Morales Malva
Sr. D. Hernán Poblete Varas
Sr. D. Jorge Edwards Valdés
Sr. D. Alfredo Matus Olivier
Sr. D. Carlos Morand Valdivieso
Sr. D. Egon Wolff Grobler
Sr. D. Óscar Pinochet de la Barra
Sra. D.ª Rosa Cruchaga de Walker
Sr. D. Matías Rafide Batarce
Sr. D. José Luis Samaniego Aldazábal
Sr. D. Felipe Alliende González
Sra. D.ª Marianne Peronard Thierry
Sr. D. Ambrosio Rabanales Ortiz

Sr. D. Fernando Lolas Stepke
Sr. D. Juan Antonio Massone del Campo
Sra. D.ª Delia Domínguez Mohr
Sr. D. Armando Uribe Arce
Sra. D.ª Adriana Valdés Bugde
Sr. D. Miguel Castillo Didier
Sr. D. Gilberto Sánchez Cabezas
Sr. D. Antonio Arbea Gavilán
Rvdo. P. D. Joaquín Alliende Luco
Sr. D. Héctor González Valenzuela
Sr. D. Humberto Giannini Íñiguez
Sra. D.ª Carla Cordua Sommer
Sr. D. Andrés Gallardo Ballacey
Sra. D.ª Patricia Tejeda Naranjo
Sr. D. Cedomil Goic Goic
Sra. D.ª Juana Marinkovich Ravena
Sr. D. Maximino Fernández Fraile
Sr. D. Abraham Santibáñez

ACADEMIA PERUANA DE LA LENGUA

Sr. D. Luis Jaime Cisneros Vizquerra
Sr. D. Estuardo Núñez Hague
Sr. D. Francisco Miró Quesada Cantuarias
Sra. D.ª Martha Hildebrandt Pérez Treviño
Sr. D. Mario Vargas Llosa
Sr. D. Carlos Germán Belli
Sr. D. José Agustín de la Puente Candamo
Sr. D. Enrique Carrión Ordóñez
Sr. D. José Luis Rivarola Rubio
Sr. D. Manuel Pantigoso Pecero
Sr. D. Rodolfo Cerrón-Palomino
Sr. D. Jorge Puccinelli Converso
Sr. D. Gustavo Gutiérrez Merino Díaz
Sr. D. Fernando de Trazegnies Granda
Sr. D. Fernando de Szyszlo Valdelomar
Sr. D. José León Herrera
Sr. D. Carlos Eduardo Zavaleta
Sr. D. Marco G. Martos Carrera
Sr. D. Ricardo González Vigil
Sr. D. Edgardo Rivera Martínez
Sr. D. Ricardo Silva Santisteban Ubillús
Sr. D. Ismael Pinto Vargas
Sr. D. Eduardo Francisco Hopkins Rodríguez
Sr. D. Salomón Lerner Febres
Sr. D. Luis Alberto Ratto Chueca
Sr. D. Alberto Varillas Montenegro
Sr. D. Camilo Rubén Fernández Cozman
Sr. D. Alonso Cueto Caballero

ACADEMIA GUATEMALTECA DE LA LENGUA

Sra. D.ª Teresa Fernández-Hall de Arévalo
Sra. D.ª Margarita Carrera Molina

Sr. D. Gustavo Adolfo Wyld Ferraté
Sr. D. Francisco Albizúrez Palma
Sr. D. Mario Alberto Carrera Galindo
Sra. D.ª Julia Guillermina Herrera Peña
Sra. D.ª Luz Méndez de la Vega
Sr. D. Francisco Pérez de Antón
Sr. D. Amable Sánchez Torres
Sr. D. Rigoberto Juárez-Paz
Sra. D.ª Ana M.ª Urruela de Quezada
Sr. D. Mario Antonio Sandoval Samayoa
Sra. D.ª María del Carmen Meléndez de Alonzo
Sra. D.ª Carmen Matute
Sra. D.ª Lucrecia Méndez de Penedo
Sr. D. Francisco Morales Santos
Sra. D.ª Delia Quiñónez Castillo
Rvdmo. Sr. D. Gonzalo de Villa y Vásquez
Sr. D. Dieter Hasso Lehnhoff Temme
Sr. D. Mario Roberto Morales Álvarez
Sra. D.ª Marta Raquel Montenegro Muñoz
Sr. D. José Oswaldo Salazar de León
Sr. D. Julio Roberto Palomo Silva
Sr. D. Gustavo Adolfo García Fong

ACADEMIA COSTARRICENSE DE LA LENGUA

Sr. D. Alberto F. Cañas Escalante
Sr. D. Daniel Gallegos Troyo
Sra. D.ª Julieta Pinto González
Sr. D. Adolfo Constenla Umaña
Sr. D. Arnoldo Mora Rodríguez
Sr. D. Rafael Ángel Herra Rodríguez
Sra. D.ª Estrella Cartín de Guier
Sr. D. Samuel Rovinski Gruszko
Sr. D. Miguel Ángel Quesada Pacheco
Sra. D.ª Emilia Macaya Trejos
Sr. D. Fernando Durán Ayanegui
Sr. D. Laureano Albán Rivas
Sr. D. Carlos Francisco Monge
Sra. D.ª Amalia Chavarri Fonseca
Sr. D. Enrique Margery Peña
Sra. D.ª Julieta Dobles Izaguirre
Sra. D.ª Ana Cristina Rossi Lara
Sr. D. Jorge Sáenz Carbonell
Sr. D. Armando Vargas Araya
Sra. D.ª Flora Eugenia Ovares Ramírez

ACADEMIA FILIPINA DE LA LENGUA ESPAÑOLA

Sr. D. Guillermo Gómez Rivera
Sr. D. Edmundo Farolán
Sra. D.ª Lourdes Carballo
Rvdo. P. D. Fidel Villarroel, O. P.
Rvdo. P. D. Pedro G. Tejero, O. P.

Sr. D. César López Núñez
Sra. D.ª Graziella Pogolotti Jacobson
Sr. D. Pablo Armando Fernández
Sr. D. Ambrosio Fornet Frutos
Sra. D.ª Nuria Gregori Torada
Sra. D.ª Nancy Morejón Hernández
Sra. D.ª Gisela Cárdenas Molina
Sr. D. Rogelio Rodríguez Coronel
Sr. D. Reynaldo González Zamora
Mons. D. Carlos Manuel de Céspedes García-Menocal
Sra. D.ª Ana Margarita Mateo Palmer
Sr. D. Abelardo J. Estorino López
Sr. D. Eduardo Moisés Torres Cuevas
Sra. D.ª María Elina Miranda
Sra. D.ª Marlen Aurora Domínguez Hernández
Sr. D. Antón Arrufat Mrad
Sr. D. Roberto Méndez Martínez
Sra. D.ª Ana María González Mafud

ACADEMIA PARAGUAYA DE LA LENGUA ESPAÑOLA

Sr. D. Secundino Núñez
Sr. D. Rolando Niella
Sr. D. Manuel Peña Villamil
Sr. D. Francisco Pérez Maricevich
Rvdo. P. D. Bartomeu Meliá, S. J.
Sr. D. Ramiro Domínguez
Sra. D.ª Mercedes Domaniczky de Céspedes
Sr. D. Juan Carlos Mendonça
Sra. D.ª Beatriz Rodríguez-Alcalá de González Oddone
Sr. D. Julio Lezcano Claude
Sra. D.ª Dirma Pardo de Carugati
Sr. D. Víctor Casartelli
Sr. D. José Antonio Moreno Ruffinelli
Sr. D. Osvaldo González Real
Sra. D.ª Renée Ferrer de Arréllaga
Sra. D.ª Elena Pane de Pérez Maricevich
Sr. D. Carlos Villagra Marsal
Sr. D. Jacobo A. Rauskin
Sr. D. Jesús Ruiz Nestosa
Sra. D.ª Emina Nasser de Natalizia
Sr. D. Rubén Bareiro Saguier
Sr. D. Juan Evangelista Aguiar Benítez
Sr. D. Gustavo Laterza Rivarola

ACADEMIA BOLIVIANA DE LA LENGUA

Sr. D. Jorge Siles Salinas
Sr. D. Carlos Castañón Barrientos
Sr. D. Mariano Baptista Gumucio
Sr. D. Julio de la Vega Rodríguez
Sr. D. Óscar Rivera-Rodas

Sr. D. Armando Soriano Badani
Sr. D. Mario Frías Infante
Sr. D. Carlos Coello Vila
Sr. D. Jaime Martínez-Salguero
Sr. D. Raúl Rivadeneira Prada
Sr. D. Hugo Celso Felipe Mansilla Ferret
Sr. D. Alberto Crespo Rodas
Sra. D.ª Georgette Canedo de Camacho
Sr. D. Luis Ramiro Beltrán Salmón
Sr. D. Fernando Vaca Toledo
Sr. D. Néstor Taboada Terán
Sr. D. Wálter Navia Romero
Sr. D. Alfonso Prudencio Claure
Sr. D. Edgar Ávila Echazú
Sr. D. Alfonso Gamarra Durana
Sr. D. César Chávez Taborga
Sr. D. Luis Ríos Quiroga
Sr. D. Armando Mariaca Valdez
Sr. D. Gustavo Zubieta Castillo
Sr. D. Ángel Torres Sejas
Sr. D. Eduardo Mitre
Sr. D. Marcelo Arduz Ruiz
Sr. D. Arnaldo Lijerón Casanovas
Sr. D. José Roberto Arze
Sr. D. Manfredo Kempff Suárez
Sra. D.ª Gaby Vallejo Canedo
Sr. D. Jorge Órdenes Lavadenz
Sra. D.ª Gladys Dávalos Arze
Sr. D. Rubén Carrasco de la Vega
Sr. D. Pedro Rivero Mercado
Sr. D. Luis Urquieta Molleda
Sr. D. Alberto Bailey Gutiérrez
Sr. D. Raúl Alcázar Velasco
Sr. D. Blithz Lozada Pereira

ACADEMIA DOMINICANA DE LA LENGUA

Sr. D. Mariano Lebrón Saviñón
Sr. D. Federico Henríquez Gratereaux
Sr. D. Bruno Rosario Candelier
Sr. D. Lupo Hernández Rueda
Emmo. y Rvdmo. Sr. Cardenal D. Nicolás de Jesús López Rodríguez
Sr. D. Víctor Villegas
Sr. D. Rafael González Tirado
Sra. D.ª Irene Pérez Guerra
Sr. D. Marcio Veloz Maggiolo
Sr. D. Carlos Esteban Deive
Sr. D. Diógenes Céspedes
Sr. D. Andrés L. Mateo
Sr. D. Manuel Núñez Asencio
Sr. D. Ricardo Miniño Gómez
Sr. D. Pedro L. Vergés
Sr. D. Ramón Emilio Reyes

Sr. D. Manuel Matos Moquete
Sr. D. Dennis R. Simó
Sr. D. Juan José Jimenes Sabater
Sr. D. Guillermo Piña-Contreras
Sr. D. José Enrique García
Sra. D.ª Ana Margarita Haché
Sr. D. Franklin Domínguez Hernández
Sr. D. José Rafael Lantigua

ACADEMIA NICARAGÜENSE DE LA LENGUA

Sr. D. Enrique Peña-Hernández
Sr. D. Eduardo Zepeda-Henríquez
Sr. D. Felipe Rodríguez Serrano
Sr. D. Fernando Silva Espinosa
Sr. D. Guillermo Rothschuh Tablada
Sr. D. Carlos Mántica Abaunza
Sr. D. Jorge Eduardo Arellano Sandino
Sr. D. Emilio Álvarez Montalbán
Sr. D. Francisco Arellano Oviedo
Sr. D. Carlos Tünnermann Bernheim
Sr. D. Róger Matus Lazo
Sr. D. Carlos Alemán Ocampo
Sr. D. Pedro Xavier Solís Cuadra
Sra. D.ª Rosario Fiallos de Aguilar
Sr. D. Julio Valle-Castillo
Sr. D. Alejandro Serrano Caldera
Sr. D. Sergio Ramírez Mercado
Sra. D.ª Ana Ilce Gómez
Sra. D.ª Isolda Rodríguez Rosales
Sra. D.ª Gloria Elena Espinoza de Tercero

ACADEMIA ARGENTINA DE LETRAS

Sr. D. Carlos Alberto Ronchi March
Sra. D.ª Alicia Jurado
Sr. D. Horacio Armani
Sr. D. Rodolfo Modern
Sr. D. Óscar Tacca
Sr. D. José Edmundo Clemente
Sr. D. Horacio Castillo
Sr. D. Santiago Kovadloff
Sr. D. Antonio Requeni
Sr. D. Pedro Luis Barcia
Sr. D. José Luis Moure
Sra. D.ª Emilia P. de Zuleta Álvarez
Sra. D.ª Alicia María Zorrilla
Sr. D. Jorge Cruz
Sr. D. Horacio C. Reggini
Sra. D.ª Olga Fernández Latour de Botas
Sr. D. Rolando Costa Picazo
Sra. D.ª Norma Beatriz Carricaburo
Sr. D. Pablo Adrián Cavallero

ACADEMIA NACIONAL DE LETRAS DE URUGUAY

Sr. D. Aníbal Barrios Pintos
Sr. D. Carlos Jones Gaye
Sr. D. José María Obaldía
Sr. D. Wilfredo Penco
Sr. D. Héctor Balsas
Sra. D.ª Alma Hospitalé de Darino
Sra. D.ª Gladys Valetta Rovira
Sr. D. Jorge Arbeleche
Sr. D. Juan A. Grompone Carbonell
Sr. D. Héctor Gross Espiell
Sr. D. Ricardo Pallares
Sr. D. Tomás de Mattos
Sr. D. Gabriel Peluffo
Sr. D. Adolfo Elizaincín
Sra. D.ª Angelita Parodi de Fierro
Sra. D.ª Carolina Escudero
Sr. D. Gerardo Caetano
Sra. D.ª Estela Medina
Sr. D. Daniel Vidart

ACADEMIA HONDUREÑA DE LA LENGUA

Sr. D. Hernán Cárcamo Tercero
Sr. D. Óscar Acosta
Sr. D. Orlando Henríquez
Sr. D. Atanasio Herranz
Sr. D. Rafael Leiva Vivas
Sr. D. Juan Antonio Medina Durón
Sr. D. Carlos R. Cortés
Sr. D. Rafael Pineda Ponce
Sr. D. Marcos Carías Zapata
Sra. D.ª María Elba Nieto Segovia
Sra. D.ª Helen Umaña
Sr. D. Livio Ramírez Lozano
Sr. D. Víctor Manuel Ramos Rivera
Sra. D.ª Sara Rolla
Sr. D. Nery Alexis Gaitán
Sra. D.ª Adaluz Pineda de Gálvez
Sra. D.ª Leisly Castejón Guevara
Sr. D. Galel Cárdenas Amador
Sr. D. Ramón Hernández Torres
Sr. D. Juan Ramón Martínez Bardales
Sr. D. José Antonio Funes Rodríguez
Sr. D. Raúl Arechavala Silva
Sr. D. Felipe Rivera Burgos
Sra. D.ª Marta Susana Prieto

ACADEMIA PUERTORRIQUEÑA DE LA LENGUA ESPAÑOLA

Sr. D. Ricardo Alegría
Sr. D. Humberto López Morales

Sra. D.ª Luce López Baralt
Sra. D.ª Amparo Morales
Sr. D. Eladio Rivera Quiñones
Sr. D. José Ramón de la Torre
Sr. D. Eduardo Forastieri
Sr. D. José Luis Vega
Sr. D. Edgardo Rodríguez Juliá
Sra. D.ª Mercedes López Baralt
Sr. D. Eduardo Santiago Delpín
Sra. D.ª Carmen Dolores Hernández de Trelles
Sr. D. Ramón Luis Acevedo
Sr. D. Gervasio García
Sr. D. Arturo Echavarría
Sr. D. Antonio Martorell
Sr. D. Luis E. González Vales
Sr. D. Carmelo Delgado Cintrón
Sr. D. Francisco José Ramos
Sr. D. José Jaime Rivera
Sra. D.ª Magali García Ramis
Sr. D. Juan Gelpí

ACADEMIA NORTEAMERICANA DE LA LENGUA ESPAÑOLA

Sr. D. Theodore S. Beardsley
Sr. D. Eugenio Chang-Rodríguez
Sr. D. Roberto Garza Sánchez
Sr. D. Roberto A. Galván
Sr. D. Stanislav Zimic
Sr. D. Rolando Hinojosa-Smith
Sr. D. Carlos Alberto Solé
Sr. D. Gerardo Piña-Rosales
Sr. D. John J. Nitti
Sr. D. Joaquín Segura
Sr. D. Emilio Bernal Labrada
Sra. D.ª Beatriz Varela
Sr. D. Luis Pérez Botero
Sr. D. Nicolás Toscano Liria
Sr. D. Marcos Antonio Ramos
Sra. D.ª Estelle Irizarry
Sr. D. Mordecai Rubín
Sr. D. Ubaldo di Benedetto
Sr. D. Robert Lima
Sra. D.ª Silvia Faitelson-Weiser
Sr. D. Antonio Culebras
Sr. D. José Amor y Vázquez
Sr. D. William H. González
Sr. D. Raúl Miranda Rico
Sr. D. Antonio Garrido Moraga
Sr. D. Robert J. Blake
Sr. D. Juan Manuel Pascual
Sr. D. Orlando Rodríguez Sardiñas
Sr. D. Jorge I. Covarrubias
Sra. D.ª Janet Pérez

|Colaboradores|

Comisión Interacadémica del *Diccionario de americanismos*

Sr. D. Víctor García de la Concha, Presidente
Sr. D. José Manuel Blecua, Secretario
Sr. D. Humberto López Morales, Director del proyecto
Sr. D. Gerardo Piña Rosales, Estados Unidos
Sr. D. José G. Moreno de Alba, México
Sr. D. Adolfo Constenla Umaña, Centroamérica
Sra. D.ª Nuria Gregori Torada, Las Antillas
Sr. D. Óscar Sambrano Urdaneta, Colombia y Venezuela
Sr. D. Carlos Coello Vila, Zona andina
Sr. D. Alfredo Matus Olivier, Chile
Sr. D. Pedro Luis Barcia, Zona del Plata

Comisión Asesora

Sra. D.ª María Josefina Tejera, Sr. D. Carlos Jones Gaye, Sr. D. Matías Romero Coto, Sra. D.ª Alma Hospitalé de Darino, Sr. D. Mario Antonio Sandoval Samayoa.

Director

Humberto López Morales

Equipo de redacción, Madrid

Atanasio Herranz, Coordinador
Guadalupe Galán Izquierdo (2004-2008), Consuelo Tovar (2004-2005), Teresa Palacios (2004-2005), Federico Plager (2004-2005), María Clara Henríquez Guarín (2005-2007), Carmen Lozano (2005), María Luisa Álvarez (2005), Abraham Morales Alpízar (2006-2009), Ernesto Otal (2007-2008), María Elda Pérez Zorrilla (2007-2009), Inmaculada Lindo Garrido (2007-2009), Damián García Fente (2007-2009), Consuelo Mayor Andrés (2007-2009), Soraya Almansa Ibáñez (2008-2009), Rafael Díaz Ayala (2008-2009), Juan Fernández Fernández (2008-2009), Meudys Figueroa (2008-2009), Celia Villar Rodríguez (2009).
Con la colaboración especial de Emilio Bomant, Catalina Carrillo Aranda, Silvia Fernández Alonso, Emilio Gavilanes, Pedro Gavino, Julián Gimeno, Laura Manso y Montserrat Montes.
Tareas especiales: Alicia Álvarez, José María Aránguez, María del Carmen Framit y Covadonga de Quintana.

Equipo de tecnología informática

Fernando Sánchez León, Coordinador
Estrella García Rubio, Rafael Ureña Ruiz, Jordi Porta Zamorano, Adelaida Fernández Muñoz, Javier Gómez Gómez.

Equipo de revisión

Academia Colombiana de la Lengua
Jaime Bernal Leongómez, Coordinador
Becarias asistentes: María Clara Henríquez Guarín, Sandra Viviana Mahecha Mahecha, Lirian Astrid Ciro, Marta Isabel Roa, Nancy Rozo Melo.

Academia Ecuatoriana de la Lengua
Susana Cordero de Espinosa, Coordinadora
Becarios asistentes: Elking Raymond Araujo Bilmonte, Elizabeth Rosero Pavón, Yanko Molina Rueda, Irma Esthela Flores Mejía, María del Pilar Cobo González, Linda Velástegui.

Academia Mexicana de la Lengua
Concepción Company Company, Coordinadora
Colaborador: Gonzalo Celorio Blasco.
Becaria asistente: Georgina Barraza Carbajal.

Academia Salvadoreña de la Lengua
Carlos Alberto Saz, Coordinador
Becarios asistentes: Erick Joel Rivera Orellana, José Roberto Alexánder Quintanilla Aguilar, Ana Margarita Marroquín Parducci, Roxana Elizabeth Beltrán Velásquez, Francisco José Domínguez Moreno.

Academia Venezolana de la Lengua
Francisco Javier Pérez, Coordinador
Becarios asistentes: Nibaldo Marlon Parra Atencio, Haronid Blanco Lobo, Jeannette Sánchez Lollett, Gerardo Almedo Ramírez, María Carla Picón Chaparro, Giovanna D'Aquino Ruiz, América Villegas.

Academia Chilena de la Lengua
Alfredo Matus Olivier, Marianne Peronard Thierry, Coordinadores
Colaboradores: Felipe Alliende González, Andrés Gallardo Ballacey, Juanita Marinkovich Ravena, Victoria Espinosa Santos, Marcela Oyanedel Fernández.
Becarios asistentes: Ximena Magaly Lavín Orellana, Darío Alexis Rojas Gallardo, Paula Fernanda Aguilar Peña, Gabriel Eduardo Alvarado Pavez, Soledad Carla Chávez Fajardo, Claudio Edgardo Garrido Sepúlveda.

Academia Peruana de la Lengua
Marco G. Martos Carrera, Coordinador
Becarios asistentes: Isabel Cristina Wong Fupuy, Luz Angélica Bravo Díaz, Luisa Prisciliana Portilla Durand, María del Carmen La Torre Cuadros, Agustín Panizo Jansana, Ana Gloria Arias Torre, Santiago Arnaldo Leguía Mora.

Academia Guatemalteca de la Lengua
Francisco Albizúrez Palma, Coordinador
Colaboradora: Marta Raquel Montenegro Muñoz.
Becarias asistentes: Mónica Denisse Aguirre Illescas, Lucía Eugenia Verdugo de Lima, Míriam Antonia Dávila López, Verónica Mancilla Monterroso.

Academia Costarricense de la Lengua
Miguel Ángel Quesada Pacheco, Coordinador
Becarios asistentes: María de los Ángeles Castillo Venegas, José Alberto Barahona Novoa, Marielos Murillo Rojas, María Lourdes Quirós Rodríguez, Sergio Cordero.

Academia Panameña de la Lengua
Berna Pérez Ayala de Burrell, Coordinadora
Colaboradores: Margarita J. Vásquez Quirós, Rodolfo Alfredo de Gracia Reynaldo.
Becarios asistentes: Emma Gómez de Blanco, Virgilia Saavedra Acosta, Melquíades Villarreal Castillo, Tarahy Senith Tinoco Rodríguez, Fulvia María Morales de Castillo.

Academia Cubana de la Lengua
Nuria Gregori Torada, Coordinadora
Becarios asistentes: Roxana Sobrino Triana, Artinay Josende Estévez, Aurora Magdalena Camacho Barreiro, Roxana Taquechel Rodríguez, América de Jesús Menéndez Pryce, Marlén González González.

Academia Paraguaya de la Lengua Española
José Antonio Moreno Ruffinelli, Coordinador
Becarios asistentes: Julia del Rosario Ibarra González, Ana Cristina Martínez Prantte, Alberto Muñoz Aguirre, María Celeste Saldívar Dick, Susana Trinidad Ruiz Díaz, Limpia Concepción Esteche, Estela Mary Peralta de Aguayo, Francisco Javier García Núñez, Celia Beatriz Godoy de Leguizamón.

Academia Boliviana de la Lengua
Carlos Coello Vila, Coordinador
Colaboradores: Raúl Rivadeneira Prada, Mario Frías Infante.
Becarios asistentes: España Rosario Villegas Pinto, Sotero Ajacopa Pairumani, Mario Soto Rodríguez, Patricia Marina Rivero de Oporto, María Juana Aguilar Laura, Lillet Jovana Huanca Ortuño, Reina Doris Ayala Carrasco.

Academia Dominicana de la Lengua
Bruno Rosario Candelier, Coordinador
Colaborador: Ramón Emilio Reyes.
Becarias asistentes: Teresa Esmeralda Ayala Encarnación, Glennys Miguelina Severino Cerda.

Academia Nicaragüense de la Lengua
Francisco Arellano Oviedo, Coordinador
Becaria asistente: Hilda María Baltodano Reyes.

Academia Argentina de Letras
Pedro Luis Barcia, Coordinador
Colaborador: Francisco Petrecca.
Becarios asistentes: Susana Anaine, Cecilia Elena Biagioli, Emilia Rosa Ghelfi, Daniela Lauría Santos, Armando Minguzzi, María Antonia Osés, Pedro Hernán Rodríguez Pagani, María Gabriela Pauer González, Josefina Raffo.

Academia Nacional de Letras del Uruguay
Aníbal Barrios Pintos, Coodinador
Colaboradora: Gladys Valetta Rovira.
Becarios asistentes: Carmen Lepre, María Eloísa Cajaraville Olascuaga, Juan Carlos Urse Vigliante, Rosa Inés Chans Blanco, Soraya Ochoviet Abelenda, María Verónica Rodríguez Hernández, Elizabeth García de los Santos.

Academia Hondureña de la Lengua
María Elba Nieto Segovia, Coordinadora
Becarios asistentes: Julio César Ventura, Dina Arely Ríos Licona, Martha Carolina David Gil, María Teodora Vargas Gutiérrez, Yanira Lizeth Durán Paz, Hilcia Hernández Suazo.

Academia Puertorriqueña de la Lengua Española
Amparo Morales de Walters, Eduardo Forastieri Braschi, Coordinadores
Becarios asistentes: Rebecca Arana Cacho, Carla Mojica de León, Maite Ramos Ortiz, Maia Sherwood Droz, Juan Luis Martínez Guzmán, Rose Arline Vázquez Colón, María Cristina Veliz Román.

Academia Norteamericana de la Lengua Española
Orlando Rodríguez Sardiñas, Coordinador
Colaboradores: Luis Pérez Botero, Emilio Bernal Labrada, Antonio Culebras, Jorge Ignacio Covarrubias, Leticia Molinero, Joaquín Badajoz, Rima de Vallbona, Fernando Walker, Aurora Humarán, Alfredo Ardila, Marisa Franco, María Eugenia Coseiro, Rocío Oviedo y Pérez de Tudela.

| Introducción |

E l proyecto del *DICCIONARIO DE AMERICANISMOS* ha podido llegar a un final feliz gracias al esfuerzo y la colaboración de numerosas personas integradas en varias comisiones y equipos.

La Comisión Asesora ayudó sustancialmente, en áreas muy variadas, al Director del proyecto. Hay que agradecerles a sus miembros que pusieran a disposición de la obra, sin el menor inconveniente, todo su saber y experiencia en este tipo de trabajo. Sus consejos fueron siempre de total relevancia.

La Comisión Interacadémica, por su parte, bien en reuniones especializadas, como la realizada en el Puerto de Santa María en mayo de 2007, bien vía Internet, también ha contribuido, y de manera sobresaliente, a que este proyecto haya llegado a culminarse.

El equipo de redacción, en Madrid, integrado por lexicógrafos españoles e hispanoamericanos, cumplió con su cometido de preparar primeros borradores de cada letra. Para ello, además de la experiencia personal, disponían de una serie de fuentes de singular importancia. La primera, por supuesto, el *Diccionario de la lengua española (DRAE)*. Se comenzó por revisar detenidamente ese gran repertorio y vaciar a nuestra base de datos todas las palabras americanas, tanto las que aparecen con su respectiva marca diatópica —un total de 28.000— como las que incluyen una referencia geográfica en el propio texto de la definición, del tipo «árbol muy frecuente en los llanos venezolanos». Además, la versión electrónica actualizada ERI permite consultar materiales que han sido aprobados por la Real Academia y que todavía no se encuentran en el *Diccionario* impreso.

Al margen de esta labor de rescate, debe destacarse el programa informático *ARU* («lengua», en aimara), preparado especialmente para nuestro proyecto, y que reúne los casi 150 diccionarios de americanismos (generales y nacionales) publicados desde 1975 hasta la fecha, más algunos inéditos aún, todo en formato electrónico con excelentes y ricos índices que facilitan cualquier tipo de búsqueda. Al *ARU*, trabajo sobresaliente del Departamento de Tecnología de la Real Academia, que ha colaborado con mucho entusiasmo y con no pocos medios a este proyecto, debemos una extraordinaria agilización de la labor de los redactores.

De vital importancia para nosotros han sido los trabajos efectuados por nuestros alumnos de la Escuela de Lexicografía Hispánica, que, con su conocimiento de las hablas juveniles, han enriquecido notablemente el panorama léxico de nuestros países.

Todos estos materiales básicos constituyen ya un conjunto de luces proyectadas sobre la palabra en estudio, de modo que aunque esta sea absolutamente desconocida para el redactor, le permiten un primer abordaje del posible nuevo artículo. Tanto en el caso de la palabra desconocida como en el de una palabra que pertenece al español general pero que ha variado su significado en América, el redactor estudia cuidadosamente los semas que se repiten con una cierta constancia en las múltiples definiciones que tiene ante sí, y con ello llega a saber cuáles son fundamentales para los lexicógrafos que se han ocupado con anterioridad del lema en cuestión, es decir, cuáles no deben faltar en el nuevo artículo que elabore. La informática —y sus muy provechosas páginas léxicas— le proporciona más elementos de juicio, sobre todo de tipo estadístico, a la hora de valorar la eventual incorporación de una palabra al DICCIONARIO DE AMERICANISMOS. Cuenta el redactor, además, con la planta, instrumento que con todo detalle le va guiando en la construcción del artículo: etimología, si procede, marcas diatópicas, gramaticales, características de la definición, marcación de sus contornos y del material procedente del conocimiento del mundo que se considere oportuno, subrayado de las especificaciones que se crean pertinentes, y un etcétera que si bien no es muy dilatado, sí es complejo y muy importante.

Una vez que el nuevo artículo obtiene su primera redacción —incluido el señalamiento de remisiones, si las hay—, ya se considera listo para engrosar el lemario provisional. No obstante, recibe una primera revisión que toma en cuenta múltiples aspectos. Procede entonces su inclusión en un entorno de redacción desarrollado especialmente para este DICCIONARIO, con el editor KML XMetal. Desde este editor se almacena la información en un gestor de bases de datos DB2, asegurando la integridad, tanto estructural como referencial, y la actualización de los datos que se van incorporando, de forma continua y coordinada, al DICCIONARIO.

Cuando el equipo de redacción de Madrid completa una letra o una parte importante de ella —la C, por ejemplo, dada su extensión extraordinaria, fue enviada a América en seis secciones—, emprende su viaje a las Academias americanas, desde la Norteamericana hasta la Chilena y la Argentina.

Es en las Academias donde comienza realmente el proceso de revisión de los lemas y de los demás elementos que constituyen cada uno de los artículos: uso, definición, marcaciones, etc. Este es el verdadero núcleo del trabajo lexicográfico de nuestro DICCIONARIO, porque hay que tener en cuenta que los borradores preparados en Madrid son siempre provisionales, pues salvo los redactores hispanoamericanos con que contaba el equipo (y que en todo caso aportaban únicamente la competencia lingüística correspondiente a su propio país), los demás no tenían demasiada experiencia en el manejo del español de América.

Los equipos lexicográficos de cada una de las Academias, integrados por uno o varios académicos y los becarios, más algunos ayudantes entusiastas, tenían en sus manos esta labor de revisión, apoyados en primer lugar, desde luego, en su propia experiencia idiomática. Las correcciones devolvían a Madrid documentos muy cambiados, a veces sustancialmente diferentes de los enviados. En este sentido, puede decirse con total honradez que las verdaderas autoras de este DICCIONARIO DE AMERICANISMOS son las Academias americanas.

Una vez revisados los materiales por las Academias americanas y devueltos a Madrid, se procedió a incorporar las correcciones, que habían sido marcadas según ciertas convenciones informáticas que permiten en muchos casos la lectura electrónica de los cambios realizados. El respeto a lo indicado por los informantes americanos en estas revisiones ha sido total, salvo en unos pocos casos, por ejemplo, cuando proponían inadvertidamente la introducción de lemas que correspondían al español general. El equipo de Madrid ha trabajado también, por último, en el repaso minucioso de todo el material recibido, para garantizar que se encontrara formalmente de acuerdo a la planta y a los principios lexicográficos establecidos para este DICCIONARIO.

El DICCIONARIO que el amable lector tiene en sus manos es, pues, el resultado de una labor que, aunque muy trabajosa y dilatada en el tiempo, nunca dejó de ser ilusionada. No existe mayor ni mejor recompensa para todos los que nos hemos embarcado en esta nave.

HUMBERTO LÓPEZ MORALES
Secretario general de la Asociación
de Academias de la Lengua Española

| Tábula gratulatoria |

Son muchas las instituciones y empresas que han ayudado a la Asociación de Academias en la preparación del *Diccionario de americanismos*.

En primer lugar, la empresa Repsol, mecenas principal, siempre generosa con la labor académica y, en este caso, especialmente interesada en enaltecer los valores propios de España al otro lado del Atlántico.

La Junta de Andalucía, comunidad tan unida históricamente a América, ha impulsado las reuniones de la Comisión Interacadémica y la plenaria de directores de todas las Academias de la Asociación, que se ocupó de sancionar los trabajos.

Gracias a la Consejería de Educación de la Comunidad de Madrid han colaborado en la construcción del *Diccionario* un grupo de catedráticos de instituto, los cuales han prestado un extraordinario servicio.

La Fundación Carolina hace posible la formación en la Escuela de Lexicografía de jóvenes hispanoamericanos, muchos de los cuales han colaborado activamente en la construcción del *Diccionario*.

La Agencia Española de Cooperación Internacional y para el Desarrollo (AECID) concede anualmente medio centenar de becas para egresados de la Escuela de Lexicografía, que a lo largo de estos años han ayudado al trabajo del *Diccionario* en las Academias americanas.

La Fundación pro Real Academia Española ha aprobado partidas especiales de fondos para subvenir a muchos de los trabajos del *Diccionario* y, en especial, al equipo de lexicógrafos.

A todos ellos quiere testimoniar la Asociación de Academias el más profundo agradecimiento.

| Guía del consultor |

CARACTERÍSTICAS GENERALES DEL *DICCIONARIO DE AMERICANISMOS*

1. Dialectal

La obra que el lector tiene en sus manos es un diccionario del español de América. Se ocupa desde los Estados Unidos, hoy el segundo país hispanohablante del mundo por el número de sus hablantes, hasta Chile y la Argentina, en el extremo sur del continente. No se atiende a zonas vecinas, parcialmente ajenas al hispanismo, a pesar de que el forzoso contacto que han tenido y tienen con él las haya llevado a un importante acercamiento cultural y lingüístico. Son buenos ejemplos de ello: Belice, por razón de las migraciones que recibe principalmente de Guatemala y de Honduras; las islas holandesas ABC (Aruba, Bonaire y Curaçao), por la influencia que ejercen los medios de comunicación públicos de Venezuela, y Brasil, por la reciente implantación de la enseñanza del español en sus escuelas.

2. Diferencial

El *DICCIONARIO DE AMERICANISMOS* es *diferencial* con respecto al español general. En el plano léxico se entiende por «español general» el conjunto de términos comunes a todos los hispanohablantes (**sol**, **cama**, **agua**, **comer**…) —bastante más del 80 por ciento de nuestro vocabulario—, independientemente de la variedad dialectal particular que se maneje. No se trata, pues, de establecer la contrastividad con el «español de España», como ha sido habitual hasta ahora. Se ha sido muy cuidadoso con aquellos términos usados en España y en América con acepciones total o parcialmente diferentes. En algunas ocasiones las diferencias son sutiles, pero existen, y por lo tanto les hemos dado entrada en este *DICCIONARIO*. Quedan fuera de las páginas del *DICCIONARIO DE AMERICANISMOS* las palabras que, aunque nacidas en América, se usan habitualmente en el español general y aun en otras lenguas (**chocolate**, **canoa**, **tomate**, etc.).

3. Descriptivo

El *DICCIONARIO DE AMERICANISMOS* carece de propósito normativo. No da pautas para el «bien hablar o escribir», ni silencia términos considerados por la comunidad (aunque cada una tiene los suyos) como malsonantes, tabuizados, vulgares, extranjerismos, neologismos, ni palabras que aluden a cuestiones de sexo-género, procedencias, defectos físicos o morales, ni términos de la drogadicción, el narcotráfico, la delincuencia, etc., que pudieran herir alguna susceptibilidad. Aunque se trabaja esencialmente con lengua oral, todas las palabras que aparecen en estas páginas poseen documentación escrita. A ello precisamente obedece que aparezcan términos como **inbebe** (paralelo a **intoma**), por ejemplo, que se encuentran en los textos con esta grafía, a pesar de que muestran flagrantes desobediencias a nuestras normas ortográficas. El lector podrá observar que también se respetan las diversas variantes gráficas de la misma palabra (**moñinga/muñinga**; **tollelle/toyeye**; **pinchinga/pinchingo**).

4. Usual

Este *DICCIONARIO* es *usual,* por lo que recoge términos —sea cual sea su significado— con gran frecuencia de uso manejados en la actualidad; también otros cuya frecuencia de uso es baja, más los que han sido atestiguados como obsolescentes, si bien en estos dos casos van caracterizados puntualmente con la marca respectiva. Sin embargo, la colecta de los términos que componen el *DICCIONARIO DE AMERICANISMOS* ha tenido que ser selectiva, dado el espacio limitado del que se disponía. Nuestra esperanza es que las Academias americanas de la Lengua Española emprendan en breve tiempo la elaboración de una serie de diccionarios nacionales que les permita dar cabida en ellos a aquellos términos que no han podido entrar en estas páginas, de manera que quede reflejado todo lo rico, amplio y variado que es el panorama léxico americano.

5. Descodificador

El *DICCIONARIO DE AMERICANISMOS* es también *descodificador* y por ello está diseñado para ayudar al usuario a entender cualquier unidad textual de ese enorme corpus con que hoy cuenta Hispanoamérica, y también, naturalmente, textos orales.

6. Actual

El radio de acción del *DICCIONARIO DE AMERICANISMOS* abarca aproximadamente los últimos cincuenta años.

LOS AMERICANISMOS LÉXICOS

El *DICCIONARIO DE AMERICANISMOS* entiende por americanismos léxicos:

1) los lexemas autóctonos de América y, en caso de haberlos, sus derivados:

> **caite.** (Del nahua *cactli,* zapatos o sandalias).
> **I. 1.**   m. *Gu, Ho, ES, Ni.* Calzado similar a una sandalia o abarca con suela de neumático o cuero, que cubre solo la planta y el empeine del pie.

2) creaciones originales americanas:

> **sifrino, -a.**
> **I. 1.**   adj/sust. *Ve. Referido a persona,* lechuguina, de gustos sofisticados o fatuos, y con cierto aire despectivo frente a los que considera socialmente inferior. pop.

3) criollismos morfológicos:

> **abrazadera.**
> **I. 1.**   f. *Mx, Gu, Ho, Ni, Pa, Cu, RD, Ec.* Conjunto de abrazos reiterados de una persona a alguien. pop + cult → espon. ♦ **abrazada**.

4) lexemas de procedencia española con cambio o especificación de contenido semántico:

> **pito.**
> **II. 1.**   m. *Gu, Ni, CR, Pa, Cu, PR, Ve, Ec, Pe, Ch.* Cigarrillo de marihuana. drog.

5) arcaísmos españoles vivos en América:

> **caravana.**
>> **I. 1.** f. *Mx, Gu.* Reverencia, inclinación del cuerpo en señal de respeto.

6) lexemas procedentes de otras lenguas tanto antiguos en el español americano, afronegrismos, por ejemplo:

> **matungo.**
>> **II. 1.** *Ur.* **caballo de andar.** pop ^ fest.

como recientes:

> **jamper.** (Del ingl. *jumper*).
>> **I. 1.** m. *Bo.* Prenda femenina sin cuello ni mangas que, a modo de vestido, cubre el cuerpo hasta poco más arriba de las rodillas y que se usa sobre la blusa.

En cambio, no se incluyen en la macroestructura del *DICCIONARIO DE AMERICANISMOS* ni acrónimos ni nombres propios, a menos que estén lexicalizados:

> **julia.**
>> **I. 1.** f. *Mx.* Furgón de la policía para transportar detenidos. pop + cult → espon.

Tampoco derivados nominales (diminutivos, aumentativos, superlativos y despectivos), ni los verbales (participios activos y gerundios), ni adverbios en *-mente*, a menos que sean de formación irregular o que hayan alcanzado un significado diferente. La única excepción son las siglas y los acrónimos, pues algunas razones nos han llevado a aceptarlos: por un lado, que se trata de un diccionario descodificador y, por otro, que las siglas y los acrónimos son hoy en día muy diversos y de frecuencia muy alta en el discurso. Pero, aunque hemos decidido añadirlos, no aparecen en el cuerpo del *DICCIONARIO*, sino en uno de sus apéndices. El *DICCIONARIO DE AMERICANISMOS* tampoco da entrada en sus páginas a refranes, pero sí a frases proverbiales.

LA MACROESTRUCTURA DEL *DICCIONARIO DE AMERICANISMOS*

La macroestructura está integrada por *artículos*. Cada uno de ellos consta de un *lema* (entrada o título del artículo: **ñame**; **abalear**; **alentado, -a**; **descuidista**, etc.); cada lema posee acepciones, fórmulas, locuciones, frases proverbiales y remisiones. El conjunto de todo ello constituye un *artículo lexicográfico*.

LAS UNIDADES LEXÉMICAS

El *DICCIONARIO DE AMERICANISMOS* recoge seis tipos de unidades lexémicas: simples y compuestas, fórmulas, lexemas complejas, locuciones y frases proverbiales. Todas se caracterizan, como las simples, por estar total o parcialmente lexicalizadas. El *DICCIONARIO DE AMERICANISMOS* no da entrada en sus páginas a colocaciones, porque no son unidades lexicalizadas y porque su sentido es más que obvio (**aplauso atronador**).

Los lexemas simples constan de una sola unidad léxica:

banderear(se).

IV. 1.   intr. prnl. *Ec.* Pasarse el tiempo *una persona* yendo de
un lugar a otro sin hacer nada. pop + cult → espon.

Los compuestos, al menos en la superficie, son el resultado de la unión de dos o más palabras:

cuidapalos.

I. 1.   m. *Ni, Co, Ec, Bo; Py, Ec, Ar, Ur,* pop. *En el fut-*
bol, jugador que defiende la portería.

Se consideran fórmulas las unidades léxicas no sujetas a flexión, o con muy limitadas posibilidades flexivas, que tengan valor de enunciado retórico, que actúen como introductor de un texto o que cumplan con algunas de las funciones del discurso. Las fórmulas son de tres tipos:

1)   de tratamiento:

angú.
•

a. ‖ ~. fórm. *Ho, Ni, Co.* Se usa para dirigirse a un bebé
en su período de balbuceo. pop.

2)   de comunicación:

aló.
•

a. ‖ ~.
i.   fórm. *Gu, Ho, Ni, CR, Pa, Cu, Co, Ve, Ec, Pe,*
Bo, Ch, Ar, Ur. Se usa para responder una llamada telefónica y para iniciar la conversación,
o para restablecer el diálogo tras una interrupción. (**haló**). ♦ **a ver; aloja.**

3)   léxicas:

dizque. (Sínc. de *dice que*).
•

a. ‖ ~. fórm. *Bo; Pe,* p.u. Se usa para introducir un relato, un cuento o cualquier tipo de anécdota.

Los lexemas complejos se caracterizan porque su contenido semántico equivale a la suma de los significados de sus integrantes:

agua.
■

a. ‖ ~ **agria.** f. *Ho. En alfarería,* agua descompuesta
para ablandar la arcilla.

Las locuciones se caracterizan: 1) *semánticamente,* porque su significado general no coincide con la suma de los significados de las palabras que las integran (a diferencia de los lexemas complejos) y es siempre, total o parcialmente, metafórico; 2) *sintácticamente,* por corresponder a una clase de palabra (sustantivo, adjetivo, verbo, adverbio, interjección, etc.) y por desempeñar (según esta clase de palabra) una función gramatical específica dentro de la oración simple: sujeto, complemento, núcleo verbal, etc.

Hay diferentes tipos de locuciones:

1) sustantivas:

indio.

□

f. ‖ ~ **viejo.** loc. sust. *Ni.* Guiso hecho con masa de
maíz, carne y especias.

2) adjetivas:

boca.

□

t. ‖ ~ **floja.**
ii. loc. adj/sust. *PR. Referido a persona*, que habla
demasiado. pop + cult → espon.

3) verbales:

comer(se).

□

a. ‖ ~**se un garrón.**
i. loc. verb. *Ar, Ur.* Atravesar una situación dificultosa o desagradable.

4) adverbiales:

jefe, -a.

□

a. ‖ **como** ~. loc. adv. *Mx.* Sin reparos, y con descaro y
desvergüenza.

5) interjectivas:

¡macana!

□

a. ‖ **¡a la** ~**!** loc. interj. *Ni, Bo.* Expresa fastidio o lamentación por algo que sale mal. pop + cult → espon.

También existen, en menor medida, las preposicionales, las pronominales y las conjuntivas.

Las frases proverbiales se caracterizan: 1) *semánticamente*, porque su significado general no coincide
con la suma de los significados de las palabras que las integran, y 2) *sintácticamente*, por no desempeñar
funciones gramaticales dentro de la oración simple, sino que son independientes:

jaula.

◪

a. ‖ **¡qué linda la** ~ **y qué feo el pichón!** fr. prov.
PR. Indica la existencia de una gran diferencia
entre dos elementos lógicamente relacionados.
pop + cult → espon.

LA LEMATIZACIÓN

Sustantivos y adjetivos

Los sustantivos y los adjetivos que no posean flexión de género van lematizados por el masculino singular
(**poroto**; **cubiche**); los que sí la posean lo hacen con la forma masculina singular, seguida de coma y, después, la terminación correspondiente al femenino precedida por un guion (**tachero, -a**; **chilero, -a**).

Como se observa, la flexión genérica no va indicada de forma silábica (**tachero, -ra; chilero, -ra**), sino morfológicamente.

Cuando la terminación es en consonante y la variación de moción de género supone el añadido de una vocal, la información suplementaria de femenino es la consonante compartida más la vocal de femenino (**aguacatón, -na; acullicador, -ra**).

En los casos en que el sustantivo se use solo en plural, además de lematizarlo en la forma correspondiente a este número, se indica con la marca pl.:

abarrotes.

I. 1.   m. pl. *Mx, Gu, Ho, ES, Ni, CR, Pa, Co, Ec, Pe, Bo, Ch, Ar.* p.u. Productos, *especialmente comestibles o de consumo diario*, que se venden en una **abarrotería**.

Si una acepción en plural sigue a otra u otras en singular, lleva la marca de plural:

ancheta.

III. 1.   f. *ES.* Venta de ropa hecha en los mercados.
2.   *ES.* Tienda en el mercado en la que se vende esta ropa.
IV. 1.   f. pl. *Ur.* obsol. Cosa inoportuna o sin importancia.

En los lexemas compuestos, el lema es la forma completa:

hablamierda.

I. 1.   adj/sust. *Co. Referido a persona*, mentirosa. pop ^ desp.

Verbos

El lema de los verbos es el infinitivo (**molestar**), y si son exclusivamente pronominales, la forma pronominal (**hartarse**). Los verbos que funcionan de ambas maneras llevan el formante **se** entre paréntesis: **empuercar(se)**.

Fórmulas

La fórmula simple se convierte automáticamente en lema, y si es compleja, ese papel lo desempeña la palabra de mayor peso semántico:

adivinico.

•
a. ‖ **adivina ~.** fórm. *Gu, ES.* Se usa para proponer una adivinanza.

Lexemas complejos y locuciones

Los lexemas complejos y las locuciones se lematizan por la palabra nuclear:

abono.

■
a. ‖ **~ de cobertura.** m. *Ec.* Fertilizante que se aplica directamente al terreno una vez que han brotado las plantas.

A diferencia de los diccionarios *ad usum*, las locuciones verbales van sublematizadas por el primer verbo (**chupar(se)**/**~ las medias**), excepto si este tiene valor auxiliar, en cuyo caso se atiende al verbo principal. Si la locución puede ser utilizada con varios verbos, se le da entrada en la macroestructura por el de uso más frecuente; el otro o los otros también aparecerán como variantes o sinónimos:

servir(se).
□
I. ‖ **~se con la cuchara grande.** loc. verb. *Mx, Ni, RD, PR.* Adjudicarse *alguien* la mejor parte cuando se distribuye algo entre varias personas. pop + cult → espon. ♦ **servirse con el cucharón.**

La única excepción son los casos de locuciones no verbales que, sin embargo, llevan un verbo como núcleo. Estas aparecen bajo el verbo en cuestión, al final, y separadas por un cuadratín gris.

aguantar.
■
b. ‖ **¡no aguanta!** loc. interj. *Co.* Expresa que algo o alguien no llena las expectativas o no vale la pena. pop.

Se utiliza el signo de sustitución lemática (~) en todas aquellas unidades pluriverbales que van bajo un lema univerbal. Este signo sustituye a aquellos segmentos de las unidades fraseológicas que coincidan con el lema más la información suplementaria de moción de género (cuando la haya) en el caso de adjetivos y de sustantivos. Los rasgos de otro orden, como puede ser el de plural, se añaden a este signo cuando no están explícitos en el lema. Cuando las formas pluriverbales integradas no coinciden plenamente en tales condiciones, se precisa la forma concreta.

Para facilitar las búsquedas, en los casos correspondientes a los sustantivos que forman parte de la macroestructura de este *DICCIONARIO* y que son el primer sustantivo de una locución verbal, se incluye una lista de ellas al final del artículo respectivo.

cuchara.
▶ servirse con la ~ grande.

Frases proverbiales

Las frases proverbiales se lematizan por la palabra de mayor peso semántico.

vestir(se).
◪
a. ‖ **no te vistas, que no vas.** fr. prov. *Pa, PR, Ve, Ar, Ur.* Indica que el interlocutor no tiene derecho a intervenir o que no participa de lo que se está tratando. pop + cult → espon.

En el caso de que una frase proverbial pueda usarse de manera incompleta, se ofrece en su totalidad, pero con la parte que se puede omitir entre paréntesis:

chocolate.
◪
a. ‖ **¡~ por la noticia!** fr. prov. *Ar, Ur.* Indica que lo dicho por alguien como novedad ya es conocido por todos. pop.

En los lexemas complejos y en las locuciones y frases proverbiales cuya palabra clave sea del español general y, por tanto, no está incluida en este *DICCIONARIO*, aparecerá lematizada por ella:

pico.
□

e. ‖ **en el ~ del aura.** loc. adv. *Cu.* A punto de fracasar.
pop. ♦ **en el pico de la piragua.**

Los sufijos muy productivos son lematizados precedidos de guion, y llevan como marca gramatical *suf.*:

-dera.
  I. 1. suf. *Mx, Gu, Ho, ES, Ni, CR, Cu, RD, PR, Ve, Ec,
  Ch. En sustantivos,* indica acción reiterada. pop
  + cult → espon.

Lexemas de origen extranjero y voces autóctonas de América

Los lexemas de origen extranjero van según su ortografía original, menos cuando exista una variante hispanizada lo suficientemente extendida, bien sea a) calco, b) ampliación semántica de un término español, c) adaptación fonológico-gráfica o d) adaptación fonológica y morfológica. De ser este el caso, esta variante se convierte en la entrada principal y, por tanto, contiene la información lexicográfica.

jeans. (Voz inglesa).
  I. 1. m. *EU, Mx, Gu, Ho, ES, Ni, CR, RD, PR, Co, Bo,
  Ch, Py, Ar, Ur.* Pantalón hecho de una tela resistente de algodón, *generalmente azul,* usado originalmente por vaqueros y mineros norteamericanos.

Si se trata de adaptaciones, la procedencia extranjera se indica del siguiente modo:

accesar. (Del ingl. *to access*).
  I. 1. tr. *EU, Mx, Gu, Ho, ES, Ni, CR, Pa, RD, PR, Co,
  Ve, Ec, Bo, Ch.* Tener *alguien* acceso a información
  o a datos contenidos en un sistema informático.

LA ENTRADA PRINCIPAL Y LAS REMISIONES

Variante

Se entiende por **variante** cada una de las diferentes formas con que se presenta una unidad lingüística: **cebiche, ceviche, sebiche, seviche.**

Frecuencia de uso

Entre las diversas variantes, la de mayor frecuencia de uso constituye la entrada principal y, por lo tanto, lleva la información lexicográfica; la otra u otras entradas remitirán a esta y aparecerán entre paréntesis. La frecuencia se mide atendiendo a las cifras de *hispanohablantes* (no de habitantes) que la utilicen. En caso de empate, se recurre a la primera en aparecer.

Número de hispanohablantes de los países americanos (millones)			
1. México	104	11. Bolivia	8,5
2. Estados Unidos	45	12. R. Dominicana	8
3. Colombia	42	13. El Salvador	6,5
4. Argentina	36	14. Honduras	6
5. Perú	27	15. Paraguay	6
6. Venezuela	23	16. Nicaragua	5
7. Chile	15	17. Puerto Rico	4
8. Ecuador	12	18. Costa Rica	3,8
9. Cuba	11	19. Uruguay	3,2
10. Guatemala	11	20. Panamá	3

Las remisiones a locuciones verbales son aquellas que aparecen en sustantivos definidos en este *Diccionario de americanismos* o en el *DRAE* y que forman parte de una locución verbal. Estas no constituyen propiamente una correferencialidad, ya que solo se enuncian en el sustantivo, para que se busquen en el verbo correspondiente.

> **ñame.**
> **I. 3.** *Pa, Cu, RD, PR, Ve.* metáf. Pie, especialmente el grande o deforme. pop + cult → espon ^ fest.
> ♦ **yame.**
> ► **estirar el ~; irse hasta el ~.**

Sinónimos

Son sinónimos los términos que, aunque diferentes en su forma, significan lo mismo *nocionalmente* (**embuchacar**, encarcelar; **encumbrar**, encarcelar).

En los casos de fauna y flora, los sinónimos aparecerán al final del artículo.

En los demás casos, si los sinónimos son menos de 10, irán señalados en el artículo, tras un rombo. Si son 10 o más, pasarán a integrar el Apéndice sinonímico.

Homonimia y polisemia

Tanto los términos homónimos como los polisémicos tienen la misma estructura de diccionario, solo con una diferencia sustancial. En el caso de la homonimia, cada una de estas palabras idénticas en su forma externa pero con significados diferentes lleva su etimología particular. En el de la polisemia, como todas tienen la misma etimología, aunque difieran entre sí algunos significados, esta aparece (si debe aparecer) solo una vez, en el lema.

ORDENAMIENTO DE LOS LEMAS

Los lemas van ordenados alfabéticamente. Se siguen las disposiciones aprobadas en el X Congreso de la Asociación de Academias (1994) a propósito de los dígrafos *ch* y *ll*.

Los lemas que posean moción de género masculino, femenino y ambos irán en el siguiente orden: femenino, masculino, masculino/femenino:

> **playera.**
> **I. 1.** f. *Mx, Ni.* Camiseta de algodón, de manga corta y sin cuello.
> **2.** *Ni, CR, Ec.* Camisa de hombre poco ceñida, abigarrada y de estampados vivos.
>
> **playero.**
> **I. 1.** m. *ES, Ni.* Hombre afeminado. desp.
> **IV. 1.** m. *PR.* Ave de pequeño tamaño, de color grisáceo en la parte superior y blanco en la inferior, con bandas de distintos colores en el pecho y en el cuello. (Charadriidae; *Charadrius* spp.).
>
> **playero, -a.**
> **I. 1.** m. y f. *Py, Ar.* Persona que trabaja en una **playa** de estacionamiento.
> **III. 1.** m. y f. *PR.* Persona que fuma marihuana. drog.

LA MICROESTRUCTURA DEL *DICCIONARIO DE AMERICANISMOS*

ETIMOLOGÍAS/PROCEDENCIAS

La información etimológica

Llevan información etimológica los lemas que la necesiten para su mejor comprensión, sobre todo los que no sean de procedencia patrimonial española.

Cuando los étimos son siglas o nombres propios (reales o ficticios) lexicalizados, esto consta en el paréntesis etimológico:

> **muñocismo.** (De *Muñoz Marín*, político puertorriqueño, 1898-1980).
> **I. 1.**   m. *PR*. Doctrina política que propugna una autonomía parcial de Puerto Rico a través del Estado Libre Asociado.

Si los étimos son marcas comerciales registradas, el paréntesis etimológico se organiza así:

> **frigidaire.** (De *Frigidaire*®).
> **I. 1.**   m. *Cu, RD*; *Bo*, pop; *Ar*, obsol. Electrodoméstico que sirve para conservar fríos los alimentos. ♦ **frigider.**

Cuando la etimología es controvertida o desconocida, se indica mediante las etiquetas (De etim. contr.) y (De etim. desc.). Los casos de duda llevan un signo de cerrar interrogación entre corchetes al final de la etimología propuesta: **ñoco.** (Del kik. *nyokota*, quebrar [?]). Si se trata de una etimología onomatopéyica, se indica de la siguiente manera: (De or. onomat.).

Fórmulas de inclusión

Cuando el lema es el resultado de algún tipo de modificación, la información etimológica comienza con la fórmula de inclusión que corresponda:

Abreviación: Reducción de una palabra.
u. (Abrev. de *Universidad*).

Aféresis: Supresión de una o varias letras al principio de una palabra.
¡uta! (Afér. de *puta*).

Apócope: Supresión de una o varias letras al final de un vocablo.
bro. (Apóc. del ingl. *brother*).

Derivación: Proceso de adición de nuevos afijos a una determinada raíz léxica.
abajera. (Der. de *abajo*).

Epéntesis.   Inclusión de una o varias letras en medio de una palabra.
achuncuyarse. (Epént. de *achucuyarse*).

Metátesis: Cambio de lugar de una o varias letras dentro de un vocablo.
abracar. (Metát. del *abarcar*).

Paragoge: Adición de una letra al final de un vocablo.
pinole. (Parag. de *pinol*).

Prótesis: Inclusión de una o varias letras al principio de una palabra.
abalear. (Prót. de *balear*).

Síncopa: Supresión de una o varias letras en medio de una palabra.
agallero. (Sínc. de *agalladero*).

INFORMACIÓN GRAMATICAL

El *DICCIONARIO DE AMERICANISMOS* contiene la siguiente información gramatical (exceptuados los adverbios, preposiciones, interjecciones y pronombres, que no presentan ninguna complejidad):

Sustantivos

Masculino y femenino. Señalamos así aquellos sustantivos con realización en masculino y femenino, con morfema de género flexivo (**-o,-a**; **-e,-a**; etc.) en relación con referente sexuado, es decir, seres animados:

> **abarrotero, -a.**
> **I. 1.** m. y f. *Mx, Co:N, Ec, Bo*; *Ch*, p.u. Propietario de una tienda de artículos de **abasto**.

Masculino y femenino, según el género del referente (el/la; los llamados tradicionalmente comunes):

> **profesionista.** (Calco del ingl.).
> **I. 1.** m-f. *Mx, Gu, Ho, Ni, CR, Ec, Bo.* Profesional, persona que ejerce su profesión con **competencia**. cult.

Masculino o femenino de morfología invariable para un mismo referente (los tradicionalmente llamados ambiguos):

> **margarito.**
> **I. 1.** m. o f. *Pe.* Botella de cerveza con un litro de capacidad o más.

Masculino.
1. Sustantivo masculino con referente sexuado hombre y mujer:

> **bizcocho.**
> **II. 1.** m-f. *Mx, Cu, RD, PR*; m. *Co.* Persona bien parecida y atractiva. pop + cult → espon ^ fest.

2. Masculino con referente sexuado mujer o hembra:

> **carro.**
> **II. 2.** *Cu.* obsol. Mujer guapa y atractiva. vulg.

Femenino.
1. Sustantivo femenino con referente sexuado hombre y mujer:

> **mula.**
> **VI. 1.** f. *Ch.* Droga de mala calidad producto de la mezcla de residuos de la planta de la marihuana con otros elementos. drog.

Adjetivos

Masculino y femenino:

macanudo, -a.
III. 1.   adj. *Bo*; *Ar, Ur.* pop + cult → espon. *Referido a persona*, comprensiva, solidaria o de trato agradable.

Invariable:

rascuache.
I. 2.   adj. *Ho. Referido a evento*, mal organizado.

Verbos

Transitivo no pronominal:

maletear.
I. 1.   tr. *Pe.* Criticar a *alguien* intencionadamente. pop.

Transitivo pronominal:

apachangarse.
I. 1.   tr. prnl. *Ar.* Perder la lozanía las plantas y las flores.

Transitivo pronominal y no pronominal:

aceitar(se).
II. 1.   tr. *Ar, Ur.* Mejorar *alguien* el funcionamiento de algo. pop + cult → espon.
III. 1.   tr. prnl. *RD.* Darse *alguien* por invitado a algo. pop + cult → espon.

Intransitivo no pronominal:

mecatear.
II. (De *mecato*).
1.   intr. *Co:O.* Comer alimentos ligeros entre comidas.

Intransitivo pronominal:

condorearse.
I. 1.   intr. prnl. *Ch.* Equivocarse, cometer un error. pop + cult → espon.

Intransitivo impersonal:

paramar.
I. 1.   intr. impers. *Ec*; *Co:C,SO*, rur. Caer lluvia menuda y pasajera. (**paramear**).

Combinación de categorías o subcategorías gramaticales en una misma acepción

En general, cuando a una misma acepción o locución corresponden dos categorías o subcategorías gramaticales diferentes, se indican las dos separadas por (/); la primera de ellas es la más frecuente.

Adjetivo más sustantivo masculino y femenino con morfema de género variable:

atarantado, -a.
   I. 1.   adj/sust. *CR, Pa, Cu, Ve, Pe, Ch. Referido a persona*, impulsiva, imprudente. pop + cult → espon.
   ♦ **atravesado; avilocado.**

Sustantivo masculino y femenino con morfema de género invariable más adjetivo:

rasca.
   IV. 1.   adj/sust. *Py. Referido a persona*, de baja condición social y económica. desp.

Sustantivo y adjetivo:

marielito.
   I. 1.   sust/adj. *Cu.* Persona que emigró a los Estados Unidos en la década de 1980 por el puerto del Mariel.

flauta.
   III. 1.   sust/adj. *Bo.* Mujer que cede con facilidad a los requerimientos sexuales de los hombres. tabú; pop.

Locuciones con dos categorías gramaticales:

cama.
   □
   b. ‖ ~ **adentro**. loc. sust/adj. *Pe, Bo, Ch, Py, Ar, Ur*; *Ec*, p.u. Persona del servicio doméstico que duerme en la casa donde trabaja.
   c. ‖ ~ **afuera**. loc. sust/adj. *Pe, Bo, Ch, Ar, Ur*; *Ec*, p.u. Persona del servicio doméstico que no duerme en la casa donde trabaja.

güeva.
   □
   a. ‖ **como las ~s**. loc. adv/adj. *Ch.* Muy mal, de manera pésima. vulg; pop + cult → espon.

Sufijos:

-eco, -a.
   I. 1.   suf. *Mx, Gu, Ho, ES, Ni, CR. En adjetivos,* indica defecto corporal o moral de una persona.

MARCAS DIATÓPICAS

Todos los lemas y, si corresponde, sus acepciones, llevan marca diatópica.

Estas marcas no aparecen en orden alfabético, sino de acuerdo a la localización de los respectivos países, de norte a sur y de oeste a este, con el fin de facilitar la observación de las correspondientes isoglosas léxicas. Esto es: *EU, Mx, Gu, Ho, ES, Ni, CR, Pa, Cu, RD, PR, Co, Ve, Ec, Pe, Bo, Ch, Py, Ar, Ur.*

Si es necesario especificar la zona (o zonas) del país (norte, sur, este, oeste, noreste, suroeste, etc.), se añade esta, tras dos puntos, a la marca del país en cuestión: *EU:SO, Pe:S, Ar:N, Ch:N,C*, etc.

Las marcas diatópicas que conllevan alguna restricción respecto a las demás forman grupo aparte al final, y están separadas del resto por un signo de punto y coma (;):

> **caravana.**
> **II. 1.**   f. *Ur*; *Bo, Ar, Ur*, obsol; *Bo*, p.u. Pendiente largo,
> *generalmente de plata u oro*, muy trabajado.

Lo que significa que **caravana** no tiene marcas restrictivas de uso en Uruguay pero es «obsol» en Bolivia y Argentina.

FRECUENCIA DE USO

A este respecto, no llevan marca alguna los lemas y acepciones que se pueden usar en cualquier situación comunicativa, sin ninguna connotación o restricción.

Los lemas y acepciones de baja frecuencia de uso, sin que esta esté determinada por cuestiones generacionales, llevan la marca de poco usado:

> **rasqueteada.**
> **I. 1.**   f. *Pe, Ur*; *Bo, Py, Ar*, p.u. Pulido de una superficie
> para quitarle restos de pintura y otras sustancias.

Las palabras de poca frecuencia de uso pero correlacionada con la generación mayor del espectro etario son las obsolescentes:

> **biógrafo.**
> **I. 1.**   m. *Ch, Ar, Ur.* obsol. Local o sala donde se exhi-
> ben películas cinematográficas.

Por último, tenemos las palabras correlacionadas con los hablantes jóvenes:

> **hecho, -a.**
> **II. 1.**   adj. *Ar*; *Ec*, juv. *Referido a persona*, satisfecha o
> conforme con algo que se ha conseguido. pop + cult
> → espon.

LAS DEFINICIONES

Características de las definiciones

1. Las definiciones del *DICCIONARIO DE AMERICANISMOS* son lexicográficas, no enciclopédicas, ya que la presente obra es un *diccionario de palabras*, no un *diccionario de cosas*.

2. En todo momento se han preferido las definiciones *propias*, con la circunstancia de que no marcamos con letra cursiva los complementos que impiden el cumplimiento de la *ley de la sinonimia*, es decir, el éxito de la operación de sustitución.

> **bachar(se).**
> **I. 1.**   tr. *Gu, Ho.* Bachear, tapar baches.
> [No: Bachear, tapar *baches*].

bachillerarse.

     I. 1.   intr. prnl. *ES, Ni, RD, Bo.* Graduarse un alumno
          de bachiller. pop + cult → espon.
     [No: Graduarse *un alumno* de bachiller].

Los sustantivos se definen con otros sustantivos o equivalentes; los adjetivos con adjetivos; los verbos con verbos; etc. Solo en ciertos casos que así lo requieren se han preparado definiciones impropias: en el de algunas palabras gramaticales, en las interjecciones, en las fórmulas y en las frases proverbiales.

Sí se marcan aquellos contornos (sujetos o complementos directos de la oración principal) que se añaden como comodines a las definiciones para propiciar un mejor entendimiento del significado.

babosear(se).

     VII. 1.   tr. *Ur.* Herir a *alguien* en su amor propio. pop
          + cult → espon.

3. Las definiciones son neutras, objetivas, sin valoraciones de ningún tipo ni puntos de vista particulares que reflejen una determinada posición o ideología.

4. Las definiciones mantienen, en la medida de lo posible, la unidad sintáctica.

5. Las definiciones son claras y precisas, para lo cual se ha cuidado especialmente que la lengua utilizada en ellas sea un español estándar. Todo el vocabulario que se maneja al redactar las definiciones está contenido en el mismo *Diccionario de americanismos* o en el *DRAE*. Si el término forma parte del lemario del *Diccionario de americanismos*, está en negrita, salvo si corresponde al lema de ese mismo artículo.

6. Hay ocasiones en que la definición propiamente dicha aparece en solitario:

bolondrón.

     I. 1.   m. *Pe.* Tumulto, desorden imprevisto. pop + cult
          → espon.

Pero en otras, la definición va acompañada de informaciones marginales o complementarias. Los casos más importantes son cinco:

a) Información ajena a la definición, que procede del conocimiento del mundo.

burro.

     II. 2.   *Ar, Ur.* Caballo de carreras viejo y débil que tiene
          escasas posibilidades de ganar.

b) Información sobre la causa del definido.

zapatudo, -a.

     I. 2.   *Cu. Referido a un fruto,* que está soso por no estar en
          sazón. pop + cult → espon.

c) Información sobre la utilidad o finalidad del definido.

damasana.

     I. 1.   f. *Cu, Pe; Mx,* obsol. Recipiente de vidrio o barro
          cocido, de cuello corto, a veces protegido por un
          revestimiento, que sirve para contener líquidos. (**da-
          mesana**).

d) Especificaciones.

zambullirse.

I. **1.** intr. prnl. *Co, Bo, Ch, Ar, Ur*, p.u. *En el futbol*, estirarse o lanzarse un jugador para golpear el balón, *y especialmente el portero para despejarlo o atraparlo.* pop + cult → espon.

e) Comparaciones.

danzón.

I. **1.** *Cu, RD, PR; Pa,* obsol. Baile popular parecido a la habanera. (**dansón**).

En una misma definición pueden encontrarse más de una de estas posibilidades:

dado.

I. **1.** m. pl. *Pe, Bo, Ch. En mecánica*, herramienta para ajustar o desajustar pernos, *generalmente de las ruedas de un vehículo.*

Hay otros casos en los que la definición propiamente dicha es sumamente escueta, pues queda limitada al sema más alto de su composición semántica, aunque aparezcan datos marginales, como en el ejemplo anterior, en el que la definición solo cuenta con el sema «herramienta». Son poco numerosos y en muchas ocasiones están avalados por razones empíricas.

Estas informaciones marginales o complementarias aparecen marcadas tipográficamente, todas en cuerpo menor, y las especificaciones, además, en cursiva.

Transiciones semánticas

Las transiciones semánticas son de dos tipos:

1. metáforas (metáf.).

realengo, -a.

I. **1.** adj. *RD, PR, Ve, Ur. Referido a animal,* que no tiene dueño.
2. adj. *PR.* metáf. *Referido a persona,* que no tiene pareja. pop + cult → espon ^ fest.

2. metonimias (meton.):

bahareque. (De or. ind. antillano).

I. **1.** m. *Ho, Ni, Co, Ve, Ec.* Mezcla de barro y paja. (**bajareque; bareque**).
4. *PR.* meton. Casa en estado ruinoso, de mala construcción. desp. (**bajareque**).

Casos especiales

En cinco ocasiones —onomatopeyas, interjecciones, locuciones interjectivas, fórmulas y frases proverbiales— las definiciones cuentan con las siguientes convenciones lexicográficas:

Onomatopeyas: Imita el sonido...

¡caj! (Del aim. y quech. *q'ax*).

I. **1.** interj. *Bo.* Imita el sonido que produce un golpe o la rotura de una cosa. pop.

Interjecciones y locuciones interjectivas: Expresa...

¡zas!

I. 1.   interj. *Bo*, *Ch*; *Pe*, p.u; *Mx*, pop. Expresa intención de destacar un momento importante, culminante o imprevisto de un relato o discurso.

babosada.

□

a. ‖ **¡qué ~!** loc. interj. *Mx*, *Ho*, *ES*, *Ni*, *Pa*. Expresa disgusto, enfado o desprecio. pop + cult → espon ^ desp.

Fórmulas: Se usa...

bróder. (Del ingl. *brother*, hermano).

•

a. ‖ **~.** fórm. *Cu*. Se usa como tratamiento entre hombres.

Frases proverbiales: Indica...

bagazo.

◪

c. ‖ **al ~, poco caso.** fr. prov. *Ni*, *Pa*, *Co*. Indica la poca importancia que debe darse a lo que dice o hace una persona de poco valer. pop + cult → espon ^ fest. (**a bagazo no hacer caso**).

Términos de fauna y flora

Al tratarse el *Diccionario de americanismos* de un diccionario, no de una enciclopedia, sus definiciones explican el significado de las palabras, no describen las cosas nombradas. Cuando las voces corresponden a realidades de fauna y flora, esta distinción se hace compleja y difícil, pero no imposible.

En ambos casos se atiende solo a los semas más altos del análisis componencial, y se excluyen informaciones externas y de superficie semántica, que suelen coincidir con semas más bajos en este análisis o que ni siquiera figuran.

bienteveo.

I. 2.   m. *Ho*, *Ni*, *Pa*. Árbol de hasta 12 m de altura, de hojas compuestas, flores blancas y fruto blanquecino. (Anacardiaceae; *Toxicodentron striatum*). (**bien te veo**). ♦ **palo compadre.**

La única excepción que nos hemos permitido es añadir a determinadas definiciones, en cuerpo inferior, lo que algunas especies pueden proporcionar al hombre.

guaguasí.

I. 1.   m. *Cu*. Árbol de hasta 20 m de altura, de hojas delgadas, flores blancas y frutos en forma de cápsulas carnosas con numerosas semillas; su madera se utiliza en construcciones y la resina del tronco se emplea en medicina popular. (Salicaceae; *Zuelania guidonia*).

Dada la enorme riqueza de este ámbito y, a la vez, la pluralidad de términos que pueden referirse a una misma especie, o los casos de designaciones coincidentes para especies distintas, se concluye que la identificación más certera es el nombre científico; por eso no lo omite el *Diccionario de americanismos* en ninguna de las definiciones de términos de fauna y flora.

Los contornos de las definiciones

Contornos directos

El *DICCIONARIO DE AMERICANISMOS* utiliza contornos directos de sujeto y de complemento directo, pero solo si son necesarios para la interpretación adecuada de la definición. Estos contornos se indican mediante los comodines *alguien*, *algo*, *una persona*, *uno*, etc.

Cuando nuestro conocimiento del mundo nos indica que el sujeto y los complementos de determinado verbo son solo unos concretos, añadirlos resultaría redundante. Un verbo que signifique «encarcelar», por ejemplo, no debe llevarlos porque sabemos que el sujeto tiene que ser una institución oficial y el complemento directo un ser animado + humano. Por lo tanto, una definición como «Encarcelar *una institución* a *alguien*» es extremadamente redundante; es suficiente «Encarcelar».

En cambio, la presencia de contornos se convierte en imprescindible para deshacer la posible ambigüedad. Por ejemplo, la definición «Matar *una persona* a *alguien*» es correcta si se quiere consignar que el sujeto de la loc. verb. **pasar por la chágara** es animado + humano y el objeto también. Si la definición fuese solo «Matar», cabrían interpretaciones ajenas a la realidad (matar un rayo a un cordero, matar el insecticida a las cucarachas, y un largo etcétera).

Así también, **amortiguarse** se define como «Entristecerse» y no como «Entristecerse *alguien*», que sería redundante, porque salvo en expresiones metafóricas (entristecerse la tarde, etc.), el sujeto de ese verbo solo puede ser + humano. «Dar un golpe» puede tener interpretaciones varias para su complemento directo (a una persona, a un perro, a una mesa); si puede ser todo esto, basta con «Dar un golpe».

Hay otras ocasiones en que la sintaxis de la definición exige contornos determinados para satisfacer las referencias internas:

> Alentar [a alguien] para que siga esforzándo[se].
>
> Hacerle una mala jugada [a alguien].
>
> Desposeer [a alguien] de [su] dinero o de [sus] pertenencias.
>
> Tener [*alguien*] más fortuna que [otro] en aspectos trascendentales de la vida.
>
> Desafiar [a *alguien*], oponerse [a él].
>
> Reprender [a *alguien*] con dureza, *especialmente a un niño*.

En estos casos, y en muchos más, omitir el contorno adecuado dejaría incompletas (y parcialmente incomprensibles) las definiciones.

Contornos especificadores

En los sustantivos, los contornos especificadores se indican mediante las siguientes fórmulas:

«En» (+ art.) + actividad humana:

> **jonrón.** (Del ingl. *home run*).
> I. 1.   m. *EU, Mx, Gu, Ho, ES, Ni, CR, Pa, Cu, RD, PR, Co, Ve; Ec.* p.u. *En el **beisbol**,* **batazo** que lanza la pelota fuera del campo y permite al bateador recorrer todas las **bases** hasta anotar una carrera. (***home run***). ♦ **cuadrangular; tablazo; toletazo; vuelacerca.**

«Entre» + art. + colectividad humana:

> **huinca.** (Del map. *winca*).
> I. 1.   m-f. *Ch, Ar. Entre los mapuches,* persona no perteneciente a la etnia mapuche, *especialmente chileno o argentino.* (**güinca**).

En los adjetivos, cuando hay contorno restrictivo, encabeza la definición con esta fórmula: *Referido a...*

alentado, -a.

I. 1. adj. *Ho, Ni, Pa, Cu, RD, PR, Co, Ve, Pe, Ch.* Referido *a persona*, que se ha restablecido o curado de
una enfermedad. rur.

III. 1. adj/sust. *ES. Referido a un hombre*, que tiene el
pene de gran tamaño. euf; pop + cult → espon.

Las categorías —*persona, animal, cosa*— van sin actualizador (*Referido a ∅ persona*); los elementos, en cambio, sí lo llevan (*Referido a un caballo*). La concordancia de género se hace siempre con el contorno, no con el lema:

acondicionado, -a.

I. 1. adj. *Ve. Referido a persona*, entrenada.

No se emplea este contorno si la aplicación del adjetivo no es restrictiva y se refiere a persona, animal y cosa.

Contornos situacionales

En lugar de marcas —*Arq., Mat., Mús.*, etc.—, se usan contornos situacionales; así, la indicación del ámbito de la definición queda más explícita y su captación es inmediata, sin necesidad de que el lector acuda a un listado de abreviaturas. Es, además, una marcación más específica: no solo *Dep.*, sino *beisbol, tenis, natación*, etc. También entran como contornos situacionales otras clases de especificaciones:

bagazo.

I. 1. m. *Mx, Ho, Ni, CR, Cu, RD, PR, Bo:E; Ve, Ec, Pe,*
p.u. *En la industria azucarera*, residuo de la caña,
una vez extraído el jugo. (**bagaso**).

MARCAS GEOGRÁFICAS

Se manejan únicamente las dos marcas extremas del parámetro:

1) urbano, propio de las capitales o de las grandes ciudades:

descuidista.

I. 1. m-f. *Ve, Bo, Ar, Ur.* Ladrón que roba aprovechándose del descuido ajeno. urb.

2) rural, perteneciente en lo fundamental a las zonas rurales:

desempajar.

I. 1. tr. *Ni, Co, Ec.* Quitar la paja al techo de una casa
para volverla a **empajar**. rur.

MARCAS SOCIOLINGÜÍSTICAS

El *DICCIONARIO DE AMERICANISMOS* recoge información sociolingüística de cuatro tipos: a) perteneciente a un registro específico, b) referente a la valoración social hecha por la comunidad de habla, c) relativa al parámetro estratificatorio (niveles socioculturales o sociolectos), y d) indicadora del estilo de lengua. Los lemas o acepciones que no lleven ninguna de estas marcas deben ser interpretados como socialmente neutros.

Registros

Se entiende por registros los manejados por subgrupos de la comunidad de habla: estudiantes, presos, drogadictos, etc. Si una entrada o acepción pertenece a alguno de estos registros, el *DICCIONARIO DE AMERI-CANISMOS* lo indicará: carcelario, delincuencial, (de la) drogadicción, estudiantil, infantil (usado por los niños o por los adultos al hablar con ellos), policial, (de la) prostitución.

Las marcas de registro aparecen siempre solas, pues neutralizan todas las demás de carácter sociolingüístico.

Valoración social

En las comunidades de habla hay muchas, muchísimas palabras que no producen ningún tipo de valoración por parte de los hablantes: son neutras o no marcadas. Otras, en cambio, son tenidas por elegantes y refinadas o, por el contrario, por vulgares y zafias. Más allá de las palabras que la comunidad siente como vulgares, están las que ofrecen serias limitaciones sociales de uso porque resultan ofensivas para ciertos interlocutores: son palabras tabú. Al no poder usarlas en ciertos contextos comunicativos (algunos hablantes en ninguno de ellos), se recurre a los eufemismos, lexemas que significan lo mismo que el tabú pero que poseen una forma más amable y por ello tolerada por la sociedad.

La valoración social —positiva, neutra o negativa— que la comunidad hace de ciertas palabras queda reflejada en el *DICCIONARIO DE AMERICANISMOS* según el siguiente parámetro:

Prestigioso:

aturnear.
   I. 1. intr. *Ho*. Proferir sonidos ciertos pinnípidos *como las focas y las morsas*. prest; cult → esm.

Eufemístico:

amigo.
   I. 1. m. pl. *ES*. Testículos de un hombre. euf; pop + cult → espon.

[nivel no marcado]

Vulgar:

comemierda.
   II. 1. adj. *CR, RD. Referido a persona*, arrogante. vulg; desp.

Tabú:

papaya.
   I. 1. f. *EU:E,SE, Mx, Ho, ES, Ni, Cu:O, PR, Ec, Pe, Bo, Ch*. Vulva. tabú; pop + cult → espon.

Estratificación sociocultural

Todas las comunidades de habla del mundo presentan algún tipo de estratificación social. Aquí nos referimos a la confluencia de factores como la educación, la profesión que se ejerza y también los ingresos económicos que produce ese desempeño profesional. Ellos son los responsables de que existan espectros socioculturales, integrados por estratos diferentes: altos, medios y bajos.

En el caso de esta otra variable sociolingüística, el nivel sociocultural, el DICCIONARIO DE AMERICANISMOS solo marca los niveles extremos del espectro: alto y bajo. Sus indicadores son:

Culto:

> **astadura.**
> **I. 1.** f. *Ho.* p.u. Cornamenta de algunos animales *como la del ganado vacuno o la del ciervo.* prest; cult → esm.

[nivel no marcado]

Popular:

> **billete.**
> **II. 1.** m. *RD.* Remiendo o pedazo de tela para remendar.

Estilos lingüísticos

Llamamos «estilos» lingüísticos a las diversas formas de expresarse de que disponen los hablantes, según quién sea su interlocutor, cuál sea el contexto comunicativo e, incluso, sobre qué tema gire la conversación. La variación diafásica o estilística se inserta en un *continuum* que va desde un habla completamente espontánea (en la que el sujeto no presta atención a la forma de elaborar su discurso) hasta la absolutamente cuidadosa. Todo depende de si se comunica con un amigo íntimo o con personas desconocidas, sobre todo si estas ostentan algún tipo de relieve social (científico, religioso, político, etc.).

Cada sociolecto tiene su propia variación diafásica o estilística: lo que es *espontáneo* en uno puede ser *neutro* en otro y *esmerado* en otro. Los estilos, por lo tanto, no actúan independientemente, sino en relación con un determinado estrato sociocultural. Un lexema no puede ser calificado de usual en estilo «espontáneo» o «esmerado», si estas marcas no van acompañadas de otra que indique la categoría inmediatamente superior: el sociolecto al que pertenecen.

> **ñanguería.**
> **I. 1.** f. *RD, PR.* Tontería, idiotez. pop + cult → espon ^ fest.

A esto solo hay una excepción: aquellos casos en que la palabra se usa solo en un determinado estilo en todos los sociolectos. Aquí, el sociolecto queda neutralizado y solo se marca el estilo:

> **camellar.**
> **I. 1.** intr. *Mx, ES, Co, Ec; Cu,* juv; *CR,* p.u. Trabajar, realizar *alguien* de manera continuada y con esfuerzo una acción para lograr un resultado útil. pop.

En lo relativo al estilo de lengua, el DICCIONARIO DE AMERICANISMOS solo marca los niveles extremos del *continuum*:

Esmerado:

azogado, -a.
I. 1. adj. *Ho.* p.u.; metáf. *Referido a persona*, de piel oscura o negra. prest; cult → esm.

[nivel no marcado]

Espontáneo:

acelere.
I. 1. m. *Mx, RD.* Pérdida súbita de la paciencia. pop + cult → espon.

MARCAS PRAGMÁTICAS

Las marcas pragmáticas son las que indican la intención comunicativa del hablante. Solo se marcan las palabras que tengan ellas mismas estos valores pragmáticos, no aquellas otras a las que el hablante pueda atribuírselos ocasionalmente. El *DICCIONARIO DE AMERICANISMOS* maneja las siguientes marcas:

Afectuoso:

nanita.
I. 1. f. *Ho, Es.* Abuela. pop + cult → espon ^ afec.

Despectivo:

pájaro.
I. 1. m. *EU, CR, Pa, Cu, RD, Ec.* Hombre homosexual. pop + cult → espon ^ desp.

Festivo:

agarrar(se).
□
v¹. ‖ **~ para el chuleteo.** loc. verb. *Ch.* Hacer a *alguien* víctima de bromas. pop + cult → espon.

Hiperbólico:

bate. (Del ingl. *bat*).
II. 1. m. *CR, Cu, RD; Ho, ES, Ni*, pop ^ hiperb. Pene. tabú; pop + cult → espon.

CONCURRENCIA DE VARIAS MARCAS (SOCIOLINGÜÍSTICAS Y PRAGMÁTICAS)

Hay ocasiones en que concurren dos marcas del mismo parámetro, como, por ejemplo, en una palabra que se use entre hablantes de niveles socioculturales medio bajo y bajo (sin restricciones estilísticas) y hablantes de niveles medio alto y alto (pero con restricciones estilísticas y pragmáticas).

En estos casos coexisten dos marcas geolectales: pop + cult, aunque la marca cult resulta especificada por el estilo espontáneo: pop + cult → espon. Como el parámetro diafásico (estilo lingüístico) está generalmente supeditado al de estratificación sociocultural, hay muchas ocasiones en que coexisten ambas clases de marcas: «cult → espon», por ejemplo, debe leerse: si el lexema se da en el sociolecto alto del espectro, entonces solo ocurre en estilo espontáneo. Si la palabra en cuestión se da en todos los estilos de un mismo estrato, solo se marca el sociolecto, por ejemplo: pop.

A estas marcas sociolingüísticas puede agregarse una tercera, de naturaleza pragmática: «cult → espon ^ fest» indica que la palabra se usa entre los hablantes del sociolecto alto del espectro social de la comunidad, pero solo en estilo espontáneo, y que cuando tal uso se da, los hablantes tienen una intención comunicativa enteramente festiva.

Para indicar estas relaciones el *DICCIONARIO DE AMERICANISMOS* usa los signos: → (si condicional): **si** es sociolecto culto, **entonces** estilo espontáneo; y ^ (signo copulativo), que indica que al estilo espontáneo **se añade** una intención comunicativa dada: festiva, afectuosa, etc.

OBSERVACIONES

Esta sección del artículo se usa en casos en que se considera importante añadir algún tipo de acotación específica, bien sea de contraste con otro lema, alguna explicación de un uso determinado, etc. Son intoducidas por el signo ¶.

ESTRUCTURA DE LOS ARTÍCULOS

Los artículos simples, los integrados por una sola acepción, pueden ser plenos o remitentes.

EL ARTÍCULO SIMPLE PLENO

Estructura del artículo simple:

1.	**Lema**	
2.	**Etimología / procedencia**	
3.	**Ámbito semántico**	I.
4.	**Número de acepción**	1.
5.	**Información gramatical**	m, adj, intr., etc.
6.	**Localización diatópica**	*Ar, Bo, Ch,* etc.
7.	**Marca de uso**	p.u.
8.	**Marca cronológica**	juv, obsol.
9.	**Transición semántica**	metáf, meton.
10.	**Definición**	
11.	**Marca geográfica**	rur, urb.
12.	**Registro**	carc, drog, delinc, est, inf, polic, prost.
13.	**Valoración social**	prest, euf, vulg, tabú.
14.	**Estratificación**	pop, cult.
15.	**Estilo**	espon, esm (precedidos de →).
16.	**Marcas pragmáticas**	afec, desp, fest, hiperb, sat (precedidos y unidos por ^).
17.	**Observaciones** ¶	
18.	**Variantes gráficas** ( )	
19.	**Sinónimos** ◆	

EL ARTÍCULO REMITENTE

Los artículos remitentes son muy sencillos; están integrados por el número de ámbito semántico, el de la acepción y la entrada a la que remiten. Si remiten a un lema de varias acepciones, se indica una síntesis de definición.

güifa.
    I. 1. *Gu, ES.* **panela**, azúcar sin refinar.

panela.
    I. 1. f. *Mx, Gu, Ho, ES, Ni, Pa, Co, Ve, Ec, Pe.* Azúcar
        sin refinar, que se obtiene de la caña y se elabora
        en pequeños bloques de diferentes formas; se usa en
        lugar del azúcar como edulcorante natural y en la prepa-
        ración de comidas y bebidas. ♦ **dulce**; **güifa**; **pape-**
        lón; **pilón**; **raspadura**.

En aquellas ocasiones en las que la identificación del remitido resulta difícil o confusa —como sucede en ocasiones con los términos de fauna y flora—, se ha decidido usar el taxón como referencia.

EL ARTÍCULO COMPLEJO

La estructura de los artículos complejos, los compuestos por más de una acepción, atiende a varios índices clasificatorios para ordenar sus materiales.

Ámbitos semánticos

El primero de estos índices clasificatorios es el ámbito semántico. Se trata de un espacio semántico compartido por unas acepciones que tienen en común las más importantes unidades mínimas de significado, es decir, los semas más altos en una matriz de rasgos sémicos.

    Los ámbitos semánticos se indican con números romanos en mayúscula y en **negrita**. La numeración es correlativa. Siempre inician renglón, con sangrado respecto al lema. Si el artículo consta de más de un ámbito semántico, estos van ordenados de acuerdo a su frecuencia de uso, tomando como parámetro la primera acepción de cada bloque.

Ámbitos semánticos y etimologías

Si todos los ámbitos semánticos tienen la misma etimología, esta se incluye inmediatamente después del lema.

macuto. (De or. ind. antillano).
    I. 1. m. *Cu, RD, Ve.* Cesto tejido de caña amarga, de
        forma cilíndrica y con asa en la boca, que se usa
        para transportar víveres y otros objetos.
      2. *RD.* Cesto que se usa para pedir limosna.
    II. 1. m. *Cu.* Libro muy voluminoso o pesado.

Si cada ámbito posee su propia etimología, se indica por separado en cada uno de ellos.

guagüero, -a.
    I. (Del quech. *guagua*, niño).
      1. adj. *Ec, Bo; Ar:NO,* rur; *Ch,* p.u. *Referido a persona,*
        que siente mucho aprecio o afecto por los niños y
        disfruta de su compañía. pop + cult → espon.
      2. m. y f. *Bo.* Persona que tiene por oficio cuidar ni-
        ños. pop + cult → espon.
    II. (Der. de *guagua*, autobús).
      1. m. y f. *Cu, PR;* m. *RD.* Conductor o dueño de
        guagua, autobús.

Acepciones

Todas las acepciones y remisiones de que consta el artículo están adscritas a un ámbito semántico; constituyen, por tanto, el segundo índice clasificador. Los números arábigos que distinguen las acepciones van en **negrita** después del número romano que indica el ámbito semántico, formando columna entre ellos.

Ordenamiento de las acepciones

Las acepciones van ordenadas según su frecuencia de uso, y encabezadas, como hemos dicho, por números arábigos en **negrita**. La numeración de las acepciones comienza en cada ámbito semántico.

balancín.

I. 1. m. *Py, Ar, Ur. En un alambrado*, varilla de madera suspendida entre postes fijados a la tierra, con perforaciones por donde pasan los alambres.

II. 1. m. *Ho.* Juego que consiste en colocarse dos niños con las espaldas pegadas y agarrados de los brazos para tratar de levantar y cargar sobre sus espaldas al contrario. inf.

III. 1. m. *Ni.* Arcos, *generalmente de madera*, que terminan en forma circular, en los que descansan los pies de una mecedora.

IV. 1. m. *PR.* Planta herbácea de hasta 75 cm de longitud, de tallos frágiles, hojas ovaladas, moradas por la cara inferior y verde por la superior; se le atribuyen propiedades medicinales. (Commelinaceae; *Commelina longicaulis*). ◆ **cohitre**; **columpio**.

V. 1. m. *PR.* Cuerda en la que se mece el gallo para ejercitar su cuello y sus alas.

Marcas de las acepciones

Si todas las acepciones de un ámbito semántico llevan las mismas marcas gramaticales, estas aparecen una única vez, en la primera acepción. Las que cambien aparecerán en cada acepción.

invernar.

I. 1. intr. *Pe, Bo, Ch, Ar, Ur; Py,* rur. Pastar el ganado en invernaderos.

2. tr. *Bo, Py, Ar:NO, Ur.* Engordar al ganado con buenas pasturas.

Estructura del artículo complejo

Artículo complejo con varios campos semánticos y unidades pluriverbales. Este tipo de unidades tiene la misma estructura del artículo simple, pero puede tener varios bloques y acepciones semánticas, que se ordenan por la frecuencia de uso de la primera acepción del ámbito semántico.

Además, puede contar con diferentes tipos de unidades fraseológicas, que forman secciones separadas entre sí por el símbolo correspondiente y funcionan independientemente. Las entradas de cada sección van numeradas y ordenadas alfabéticamente.

En el caso de las formas complejas, las locuciones, las fórmulas y las frases proverbiales, no se sigue el orden de frecuencia de uso, sino el alfabético, para facilitar la búsqueda de cada unidad.

El orden de estas secciones es el siguiente:

- Formas simples
- Fórmulas

- Lexemas complejos
- Locuciones
- Frases proverbiales
- Remisiones a locuciones verbales (si el lema no es un verbo).

Esta última sección aparece solo en las entradas de sustantivos integrantes de tales locuciones, y estas simplemente se enuncian como remisiones al verbo correspondiente.

caballo.

1. Formas simples:

    VII. 1. m. pl. *ES.* Zapatos. pop.

2. Fórmulas

    a. ‖ ~. fórm. *Cu, RD, PR, Ve.* Se usa como forma de tratamiento y saludo entre varones que se tienen confianza y familiaridad.

3. Lexemas complejos:

■

    a. ‖ ~ **andador.** *Ni, Ar.* **caballo de andar**.
    b. ‖ ~ **anquilla.** m. *PR.* Caballo muy veloz en el paso.
    c. ‖ ~ **chupa.** (Del quech., cola de caballo). m. *Ec.* Hierba de los páramos bajos; muy usado en la medicina popular. (Equisetaceae; *Equisetum* spp.). (**caballochupa**).
    d. ‖ ~ **cruzado.** m. *Ve.* Caballo que tiene dos patas blancas y dos negras, alternadas.
    e. ‖ ~ **de andar.** m. *RD, Ar, Ur.* Caballo que se usa para montar y no como animal de tiro. ♦ **caballo andador**.
    f. ‖ ~ **de paso.** m. *RD, Co, Ec, Pe, Ch.* Caballo de silla, característico por su andar suave y cadencioso, que permite al jinete cabalgar sin rebotar sobre la montura.

4. Locuciones:

□

    a. ‖ **a lo ~.** loc. adv. *Ho, Ni; Ur,* p.u. Intensamente, con fuerza. pop.
    b. ‖ **¡ahí, mi caballo!** loc. interj. *Ve.* Expresa alegría ante un hecho o acción acertados.
    c. ‖ ~ **americano.** loc. sust. *Cu.* Persona corpulenta. pop.
    d. ‖ ~ **de la bomba.** loc. sust. *Ch.* p.u. Persona corpulenta y con fuerza. pop.
    e. ‖ ~ **loco.**
      i. loc. sust. *Ni, RD, Co, Pe.* Persona impulsiva que se comporta de forma irreflexiva. pop + cult → espon.
      ii. *Py.* Ladrón callejero que tras cometer el robo corre velozmente.
    f. ‖ ~ **moro.** loc. sust. *Pa.* Catre muy grande, para dos personas, con palos gruesos y muy fuertes. rur; pop + cult.
    g. ‖ ~ **negro.** loc. sust. *Mx, Pa.* Candidato o participante que en una rivalidad o **competencia**, *generalmente política o deportiva*, logra imponerse, o da la impresión de poder hacerlo, sin figurar previamente entre los favoritos.
    h. ‖ **como ~.** loc. adv. *Ni, Pa, Cu, RD, Ch; Ur.* cult → espon. Mucho, de manera intensa o extremada. pop. (**como un caballo**).

5. Frases proverbiales:

◪

a. ‖ ~ **bueno repite.** fr. prov. *Ch.* Indica que se repite algo
para asegurar un nuevo acierto. pop + cult → espon.

6. Remisiones a locuciones verbales:

▶ **amarrar el ~; andar a ~; andar como ~ cochero.**

Artículo complejo solo con unidades pluriverbales. En este caso, se encontrará el lema, sin marca gramatical y,
a continuación, las diferentes secciones de unidades pluriverbales que posea el artículo, separadas siempre
por los símbolos adecuados.

pasar(se).
□

ñ. ‖ ~ **calor.** loc. verb. *Bo, Ar, Ur.* Experimentar vergüenza por haber quedado desairado públicamente.
pop + cult → espon. ◆ **pasar un verano.**
u. ‖ ~ **de agache.**
i. loc. verb. *Co, Ec.* Actuar disimuladamente. pop.
ii. *Co.* Quedarse al margen de algo. pop.
iii. *Co.* Rehuir con maña el tratamiento o la solución de un asunto. pop.
w¹. ‖ ~ **la boleta.**
i. loc. verb. *Ar, Ur.* Cobrarse un favor. pop + cult
→ espon.
ii. *Ch.* Pasar o exigir a *alguien* cuenta por lo que
hizo en el pasado. pop.
g³. ‖ ~ **un verano.** *Ar, Ur.* **pasar calor.**
o³. ‖ ~se **al patio.** loc. verb. *Ar, Ur.* p.u. Tomarse demasiada confianza con alguien. pop + cult → espon.
v³. ‖ ~se **el asado.** loc. verb. *Ar.* p.u. Perderse una oportunidad. pop.

ÍNDICE SINONÍMICO

En ellos encontrará el lector, en orden alfabético, los sinónimos de aquellas palabras del *DICCIONARIO DE
AMERICANISMOS* que los posean, siempre que estos sean diez o más. Se trata en este caso de lexemas america-
nos cuyo contenido semántico es de carácter general.
En el caso de fauna y flora no aparecen en el índice sinonímico.

APÉNDICES

Los apéndices que acompañan a este *DICCIONARIO DE AMERICANISMOS* han sido concebidos como una prolongación de sus páginas. Siendo como es este *DICCIONARIO* de carácter descodificador, ellos hacen que la
consulta del léxico de esos diversos temas sea más cómoda y fácil que si los términos estuvieran incluidos
dentro de las páginas regulares de la obra.

Abreviaturas, signos, familias lingüísticas y lenguas

ABREVIATURAS

Abrev.	abreviación	*EU*	Estados Unidos
acr.	acrónimo	euf.	eufemismo
adj.	adjetivo		
adj/adv.	adjetivo/adverbio	f.	femenino
adj/sust.	adjetivo/sustantivo	fest.	festivo
adv.	adverbio	fórm.	fórmula
adv/adj.	adverbio/adjetivo	fr. prov.	frase proverbial
afec.	afectuoso		
Afér.	aféresis	*Gu*	Guatemala
apóc.	apócope		
Ar	Argentina	hiperb.	hiperbólico
aum.	aumentativo	*Ho*	Honduras
Bo	Bolivia	inf.	infantil
		interj.	interjección
C	Centro	intr.	intransitivo
carc.	carcelario	intr. impers.	intransitivo impersonal
Ch	Chile	intr. prnl.	intransitivo pronominal
Co	Colombia		
CR	Costa Rica	loc. adj.	locución adjetiva
Cu	Cuba	loc. adv.	locución adverbial
cult.	culto	loc. conj.	locución conjuntiva
		loc. interj.	locución interjectiva
De etim. contr.	De etimología controvertida	loc. prnl.	locución pronominal
De etim. desc.	De etimología desconocida	loc. sust.	locución sustantiva
De la fam.	De la familia	loc. verb.	locución verbal
De or. onomat.	De origen onomatopéyico		
delinc.	delincuencial	juv.	juvenil
Der.	Derivación		
desp.	despectivo	m.	masculino
dim.	diminutivo	m-f.	masculino-femenino
drog.	drogadicción	m. o f.	masculino o femenino
		m. y f.	masculino y femenino
E	este	metáf.	metáfora
epént.	epéntesis	Metát.	metátesis
ES	El Salvador	meton.	metonimia
esm.	esmerado	*Mx*	México
espon.	espontáneo		
est.	estudiantil		

N	norte		*RD*	República Dominicana
NE	noreste		rur.	rural
Ni	Nicaragua			
NO	noroeste		*S*	sur
			sat.	satírico
obsol.	obsolescente		*SE*	sureste
			sínc.	síncopa
Pa	Panamá		*SO*	suroeste
parag.	paragoge		suf.	sufijo
Pe	Perú		sust.	sustantivo
pl.	plural		sust/adj.	sustantivo/adjetivo
p.u.	poco usado			
polic.	policial		tr.	transitivo
pop.	popular		tr. prnl.	transitivo pronominal
prest.	prestigioso			
prnl.	pronominal		*Ur*	Uruguay
pron.	pronombre		urb.	urbano
prost.	prostitución			
PR	Puerto Rico		var.	variante
prót.	prótesis		*Ve*	Venezuela
Py	Paraguay		verb.	verbo
			vulg.	vulgar

SIGNOS

■	Introduce lexías complejas
□	Introduce locuciones
▨	Introduce locuciones excepcionales
◪	Introduce frases proverbiales
•	Introduce fórmulas
▶	Introduce remisiones a las locuciones verbales correspondientes
( )	Encierra variantes

♦   Introduce sinónimos, si no son más de diez

+   Indica suma, adición (pop + cult): popular y culto

→   Indica restricción (cult → espon): culto, pero solo en estilo espontáneo

∧   Indica adición especificativa (espon ∧ fest): espontáneo y además festivo

FAMILIAS LINGÜÍSTICAS Y LENGUAS

Familias:

Maya
Níger-Congo

Lenguas:

aim.	aimara
al.	alemán
ar.	aragonés
bantú	(subfamilia de lenguas Níger-Congo hablada al sur de Camerún, en Gabón, República del Congo, República Democrática del Congo, Uganda, Kenia, Tanzania, Angola, Zambia, Malaui, Mozambique, Namibia, Botsuana y Sudáfrica)
cahuitas o cáhuitas	(lengua extinguida de la familia uto-azteca en Sinaloa y Sonora, México)

cat.	catalán
chiap.	chiapaneco (lengua extinguida de la familia otomangue, en Chiapas, México)
cuma.	cumanagoto
De or. ind. antillano	De origen indígena antillano (comprende el arahuaco insular, caribe y taíno)
filip.	filipino (nombre oficial desde 1973, y comprende el tagalo más algunas palabras del inglés y del español)
fr.	francés
garíf.	garífuna (lengua mixta del arahuaco insular y lenguas africanas de la familia bantú, hablada en Honduras, Guatemala y Nicaragua)
guar.	guaraní
huetar	(lengua de Costa Rica)
ingl.	inglés
ingl. brit.	inglés británico
it.	italiano
kik.	kikongo (la lengua bantú hablada en el Congo y Angola)
kuna	(lengua de la familia chibcha hablada en Panamá)
lenca	(lengua extinta de Honduras y El Salvador)
map.	mapuche (lengua del sur de Chile, antes llamada araucano)
matag.	matagalpa (lengua extinguida del norte de Nicaragua y sureste de Honduras)
maya cakch.	maya cakchiquel (lengua hablada en Guatemala)
maya chol	(lengua hablada en Chiapas)
maya chont.	maya chontal (lengua hablada en Tabasco, México)
maya chortí	(lengua hablada en Guatemala y Honduras)
maya huast.	maya huasteco (se habla en Veracruz y San Luis de Potosí, en México)
maya quiché	(lengua hablada en Guatemala)
maya yucat.	maya yucateco (lengua hablada en la península de Yucatán, Quintana Roo y Campeche, en México).
misq.	misquito (lengua de la familia misumalpa hablada en Honduras y Nicaragua)
mochica	(lengua de tres departamentos del norte del Perú)
muisca	(lengua extinguida de la familia chibcha, en Colombia)
nahua	(lengua de México y el pipil de El Salvador)
port.	portugués
port. bras.	portugués brasileño
quech.	quechua o quichua
tam.	tamanaco (lengua de la cuenca del Orinoco, en Venezuela)
taras.	tarasco (lengua hablada en México, en el estado de Michoacán, llamada ahora purépecha)
tawah.	tawahka (lengua de Honduras y Nicaragua)
tol	(lengua hablada en Honduras que en los textos aparece como jicaque).
toton.	totonaca (lengua hablada en Puebla, Quintana Roo, Tlascala, Tamaulipas, Campeche e Hidalgo, en México)
tunebo	(lengua de la familia chibcha hablada en Colombia y Venezuela)
zapoteca	(quince lenguas de la familia oxaqueña que se habla en la sierra de Oaxaca y en el sur del istmo de Tehuantepec)

| Bibliografía |

López Morales, Humberto. 2000. «Diccionarios generales de americanismos», en Ignacio Ahumada, ed. *Cinco siglos de lexicografía del español*, 161-176. IV Seminario de Lexicografía Hispánica, Jaén: Publicaciones de la Universidad de Jaén.

2003a. «Sociolingüística, pragmática y lexicografía en Europa y América», *Homenaje a Günther Haensch en su 80 aniversario*, 385-390. Madrid: Editorial Gredos.

2003b. «*Diccionario académico de americanismos; síntesis de planta*», en María Antonia Martín Zorraquino y José Luis Aliega Jiménez, eds. *Lexicografía hispánica ante el siglo xxi. Balance y perspectivas*, 115-127. Zaragoza: Gobierno de Aragón-Institución Fernando el Católico.

2004. «A propósito del *Diccionario académico de americanismos*: las designaciones de fauna y flora», en Josefina Prado y María Victoria Galloso Camacho, eds. *Diccionario léxico y cultura*, 145-146. Huelva: Universidad de Huelva.

2005a. «El *Diccionario académico de americanismos*: tradición e innovación», en Ignacio Ahumada, ed. VI Seminario de Lexicografía Hispánica, Jaén: Publicaciones de la Universidad de Jaén.

2005b. *Diccionario académico de americanismos. Presentación y planta del proyecto*. Buenos Aires: Asociación de Academias de la Lengua Española–Academia Argentina de Letras.

2009. «La Asociación de Academias de la Lengua Española, hoy», *Donde Dice…* Boletín de la Fundación del Español Urgente, 1-3. Madrid: Fundación del Español Urgente, Fundéu-BBVA.

a.

□

a. ‖ **~ lo de.** loc. prep. *Ar.* A casa de. pop.

▶ **no decir ni ~.**

A.

I. 1. f. *EU, Pa, RD, PR.* Calificación académica máxima.

■

a. ‖ ~ '. f. *Pa, RD, PR.* Sobresaliente alto.
b. ‖ ~ ¯. f. *EU, Pa, RD, PR.* Sobresaliente bajo.

aá. (Apóc. de *allá*).

I. 1. adv. *CR.* Allá. pop + cult → espon.

ababachado, -a.

I. 1. adj. *RD. Referido a persona,* avergonzada, abochornada. pop + cult → espon.

ababachar(se).

I. 1. intr. prnl. *RD.* Avergonzarse, abochornarse, ruborizarse *alguien.* pop + cult → espon.

2. tr. *RD.* p.u. Avergonzar, abochornar *alguien o algo a una persona.* pop + cult → espon.

ababari. (Voz quechua).

I. 1. f. *Bo.* Mustélido acuático de hasta 1 m de longitud y de piel muy fina; se alimenta de animales marinos por lo que resulta dañino para la riqueza ictícola. (Mustelidae; *Lutra huidobra*).

ababiecarse.

I. 1. intr. prnl. *Ni.* Distraerse *alguien* viendo algo.

ababillado, -a.

I. 1. adj. *Ar; Ni, Ch,* p.u. *Referido a un animal, especialmente a un caballo,* enfermo de la babilla. rur.

ababillarse.

I. 1. intr. prnl. *Ar; Ni, Ch,* p.u. Enfermarse de **babilla** un cuadrúpedo, *especialmente un caballo.* rur.

ababuy. (De or. ind. antillano).

I. 1. m. *Cu, RD, PR.* Arbusto espinoso de hojas alternas, de inflorescencia en racimos, flores pequeñas de color verde, blanco y amarillo y fruto en drupas con varias semillas; es comestible. (Olacaceae; *Ximena americana*). (**babuy**). ♦ **abarillo.**

abac. (Del filip. *abacá*).

I. 1. f. *Gu.* Planta cespitosa y de **vástago** más delgado que la del plátano, de hasta 3 m de alto, procedente de Filipinas, de su tronco se extrae un filamento textil. (Musaceae; *Musa textilis*).

2. *Gu.* Fibra dura extraída del **vástago** y de las hojas de esta planta.

3. *Gu.* Tejido elaborado con la fibra del **vástago** para hacer maromas, cuerdas, sombreros y papel de color amarillento.

abacachí. (Del guar. *abá*, fruto, y *cachí*, fragante).

I. 1. m. *Ar:NE, Ur:NE.* **ananás**, planta y fruto. (**abacaxí**).

abacanado, -a.

I. 1. adj. *Ar, Ur. Referido a persona,* que tiene gustos o hábitos propios de un **bacán** adinerado. pop + cult → espon.

2. *Ch. Referido a persona,* que pretende **abacanarse,** adoptar gustos de una persona adinerada. pop + cult → espon.

abacanar(se).

I. 1. intr. prnl. *Ch, Ar, Ur.* Adoptar *una persona* los hábitos o gustos propios de un **bacán,** persona adinerada. pop + cult → espon.

2. tr. *Ar.* Hacer *una persona* que alguien adopte los hábitos o gustos propios de un **bacán,** persona adinerada. pop + cult → espon.

II. 1. tr. *CR.* obsol. Tomar *alguien* para sí la totalidad de algo. ♦ **abancar.**

2. intr. prnl. *CR.* obsol. Obtener *alguien* un gran beneficio material.

abacaxí.

I. 1. *Ar:NE, Ur.* **abacachí.**

abacorá.

I. 1. *RD, PR.* **abacorado,** acosado.

II. 1. adj. *PR.* **abacorado,** muy ocupado.

abacorado, -a. (De *abacorar*).

I. 1. adj. *RD, Ve. Referido a persona,* abatida, acobardada. pop + cult → espon.

2. *RD, PR.* metáf. *Referido a persona,* acorralada, acosada, hostigada. (**abacorao**). ♦ **abacorá.**

3. *Cu. Referido a persona,* que tiene dificultad para eludir una situación embarazosa. pop + cult → espon.

4. *RD. Referido a persona,* arrinconada contra una pared. pop + cult → espon.

II. 1. adj. *RD. Referido a persona,* que molesta mucho. pop + cult → espon.

III. 1. adj. *PR. Referido a persona,* excesivamente ocupada, muy atareada. pop + cult → espon. (**abacorao**). ♦ **abacorá.**

abacorar.

I. 1. tr. *Cu, RD, PR, Ve.* Arrinconar *una persona* a *alguien* en un sitio del que no tiene escapatoria. pop + cult → espon.

2. *Cu, RD, PR, Ve.* metáf. Acosar, hostigar, importunar *una persona* a *alguien* por un asunto determinado. pop + cult → espon.

3. *Cu, RD.* Mantener *alguien* a raya a una o más personas. pop + cult → espon.

4. *Cu.* Poner *una persona* a *alguien* en una situación en la que se ve obligado a acceder a determinadas exigencias. pop + cult → espon. ♦ **apergollar.**

II. 1. tr. *Cu.* Acaparar *alguien* artículos comerciales para venderlos con beneficio excesivo.

2. *Cu.* Sorprender *una persona* a *alguien* cometiendo un delito.

3. *Cu.* En un baile, abrazar *alguien* de modo lascivo a su pareja, *especialmente un hombre a una mujer.*

4. *RD.* Acaparar *una persona* a *alguien o algo.* pop + cult → espon.

III. 1. tr. *RD.* Avergonzar *una persona* a *alguien.*

IV. 1. tr. *RD.* p.u. Vencer *una persona* a *alguien,* triunfar. pop + cult → espon.

V. 1. tr. *PR.* Agobiar de trabajo *una persona* a *alguien.* pop + cult → espon.

abacuá.
 I. 1. *Cu, PR.* **abakuá**.

abadejo.
 I. 1. m. *Pa, PR, Ar, Ur.* Pez de mar de hasta 1,5 m de longitud, de cuerpo fusiforme y cola terminada en punta, aletas dorsal, caudal y anal en continuidad y dorso rosado con manchas pardas u oliváceas; su carne es muy apreciada. (Ophidiidae; *Genypterus blacodes*).
 2. *Cu.* Pez de mar de hasta 70 cm de longitud, de cuerpo alargado con líneas transversales de color claro en el dorso y boca amarillenta; su carne es muy apreciada. (Serranidae; *Mycteroperca interstitialis*).

abago.
 I. 1. m. *Ec.* Personaje de apariencia grotesca que participa en las festividades del Corpus, vestido de harapos o con un traje criollo expresamente remendado, máscara con cuernos y peluca desgreñada hecha de colas de buey o de **cabuya**.

abagualado, -a.
 I. 1. adj. *Ar. Referido a animal, especialmente equino o vacuno,* que se ha vuelto salvaje al perder contacto con el hombre. rur.
 2. *Ur.* metáf. *Referido a persona,* que tiene modales bruscos y malhumorados. pop + cult → espon.

abagualarse.
 I. 1. intr. prnl. *Ar, Ur.* Volverse salvaje un animal al perder el contacto con el hombre. rur.

abajarse.
 I. (De *bajar*).
 1. tr. prnl. *Ec.* Rebajarse, diminuirse *alguien* por timidez o servilismo. rur; pop.
 2. *RD.* Echarse *alguien*, agacharse, inclinarse.
 II. (De *avaharse*).
 1. tr. prnl. *PR.* **avajarse**.

abajear.
 I. 1. tr. *Bo.* obsol. Protestar una o varias personas contra *alguien* o *algo* gritando repetidas veces la palabra «¡abajo!» seguida del nombre de la institución o de la persona contra quien se dirige la protesta.

abajeño, -a.
 I. 1. adj/sust. *Ho, Co, Ec, Ar; PR,* obsol, rur. Natural de zonas costeras o de tierras bajas cercanas a la costa.
 2. *Ec:O.* p.u. *Referido a persona,* que habita en un **bajío**.
 3. sust/adj. *Bo:O,C,S.* Persona que procede de un lugar o región de menor altitud que otras.

abajera. (Der. de *abajo*).
 I. 1. *Ar.* **bajera**, manta que se pone a las cabalgaduras. rur.
 □
 a. ‖ **por ~s.** loc. adv. *ES.* Por la zona baja de un lugar.

abajismo.
 I. 1. m. *Ch.* Actitud con la que se aparenta pertenecer a un estrato sociocultural y económico más bajo del que le corresponde. prest; cult → esm.
 2. *RD.* p.u. Condición del que está abajo en la escala social o política. prest; cult → esm.
 II. 1. m. *Ch.* p.u. Actitud con la que se tiende a infravalorar lo que otros hacen o dicen. prest; cult → esm.

abajista.
 I. 1. adj/sust. *Ch. Referido a persona,* que aparenta pertenecer a un estrato sociocultural y económico más bajo que el que le corresponde. pop + cult → espon.
 II. 1. adj/sust. *Ch.* p.u. *Referido a persona,* que infravalora lo que otros hacen o dicen. prest; cult → esm.

abajo.
 I. 1. adv. *Ni, RD.* Al oeste de un lugar o pueblo.
 □
 a. ‖ **~ de.** loc. prep. *Cu, RD, PR, Ec, Bo, Ur.* Debajo de alguien o de algo determinado.
 b. ‖ **de ~.** loc. adj. *Mx, Cu, PR, Ur. Referido a persona,* de baja condición social. ♦ **de orilla**.
 ▶ **dar ~; poner ~.**

abajote.
 I. 1. adv. *RD, Ve, Ec.* Muy abajo. pop + cult → espon.

abakuá.
 I. 1. f. *Cu, PR.* Sociedad de origen africano con fines de ayuda mutua, formada exclusivamente por hombres. (**abacuá**).
 2. m. *Cu, PR.* Hombre que pertenece a esta sociedad. (**abacuá**).
 3. adj. *Cu, PR.* Relativo a la sociedad abakuá. (**abacuá**).

abal.
 I. 1. *Gu.* **abalá**, árbol.

abala.
 I. 1. *Gu.* **abalá**, árbol.

abalá. (Del maya yucat. *abal,* ciruela, y *há,* agua).
 I. 1. *Mx:SE, Gu.* **jocote**, árbol. (**abal; abala**).
 2. *Mx:SE, Gu.* **jocote**, fruto.

abalanzado, -a.
 I. 1. adj/sust. *Mx. Referido a persona,* aprovechada. pop + cult → espon.
 II. 1. adj. *RD, Ar. Referido a persona,* que obra precipitada y torpemente. pop + cult → espon.
 III. 1. adj. *RD, Ar. Referido a un caballo,* encabritado. rur.

abalanzarse.
 I. 1. intr. prnl. *Mx.* Aprovecharse *una persona* de algo o de alguien. pop + cult → espon.
 II. 1. intr. prnl. *Ar, Ur.* Encabritarse una cabalgadura levantando súbitamente sus patas delanteras. rur.

abalanzo.
 I. 1. m. *Ar.* Reacción brusca de un caballo, que levanta súbitamente sus patas delanteras. rur.

abalaustrar.
 I. 1. tr. *Cu.* Instalar una baranda con balaustres en una escalera.

abaldonar.
 I. 1. tr. *RD.* Dejar un terreno sin cultivar.

abalear. (Prót. de *balear*).
 I. 1. tr. *Cu, RD, PR, Co, Ve, Ec, Pe; Ho, Ni, Pa, Bo,* p.u. Disparar *una persona* a *alguien* o a *algo* con un arma de fuego. ♦ **pasconear**.
 2. *Pa, Cu, RD, PR, Co, Ve, Ec, Pe.* Herir o matar a balazos *una persona* a *alguien*.

abaleo.
 I. 1. m. *Co.* Tiroteo. ♦ **plomazón; plomera**.

aballado.
 I. 1. m. *Cu.* Lugar de un bosque o de un matorral donde hay matas abatidas o rotas por haberse acostado allí algún animal.
 II. 1. adj. *RD. Referido a un caballo,* de poca resistencia.

aballenarse.
 I. 1. tr. prnl. *Ch.* Engordar *alguien* demasiado. pop + cult → espon.

abalón.
 I. 1. *Ch.* **abulón**.

abalserado, -a.
 I. 1. adj. *Ho. Referido a terreno,* lleno de agua estancada.

abalseramiento.
 I. 1. m. *Ho, Ni.* Acumulación de arena, troncos, ramas y suciedad en recodos y remansos de ríos o quebradas.

abalserar(se).
 I. 1. intr. prnl. *Ho, Ni.* Amontonarse arena, troncos, ramas y suciedad en un recodo o remanso de un río o de una quebrada.
 II. 1. tr. *Ho.* metáf. Abundar o acumular *alguien* gran cantidad de algún producto cosechado. rur.

abambán.
    I. 1. adj. *RD. Referido a persona*, abandonada en su aspecto.
        2. *RD. Referido a persona*, poco elegante.

abana.
    I. 1. m. *PR.* Cualquier **bejuco**, *especialmente el de la batata*, usado como semilla. rur.

abanar.
    I. 1. tr. *RD, Ve, Ur.* Avivar *alguien* el fuego mediante un abanico, *generalmente improvisado*.

abancar.
    I. 1. tr. *CR:NO.* **abacanar**, tomar *alguien algo* para sí.

abanderado.
    I. 1. m. *Ho. En el **futbol***, cada uno de los dos árbitros auxiliares que señalan las faltas de juego con un banderín.

abanderado, -a.
    I. 1. m. y f. *Mx, Gu, CR, Ec, Pe, Bo, Ch, Py, Ar, Ur.* Alumno de un centro educativo, *generalmente el mejor*, que tiene el privilegio de llevar la bandera o el estandarte nacionales en los actos públicos.
    II. 1. m. y f. *Mx.* p.u. Empleado ferroviario encargado de manejar las agujas o raíles móviles que permiten a los trenes cambiar de vía.
    III. 1. m. y f. *Ar, Ur. En las carreras de caballos*, persona encargada de dar la salida con una bandera.
    IV. 1. adj/sust. *RD, Ch. Referido a persona*, miembro de un partido u organización política.
    V. 1. m. y f. *ES.* Persona amiga que acompaña a un ladrón para facilitar el hurto. delinc.

abanderamiento.
    I. 1. m. *Cu, Ec.* Colocación de la bandera nacional en los balcones y otros lugares visibles para celebrar una festividad cívica.
        2. *Cu.* Reunión en la que se entrega la bandera nacional a una persona, a un equipo deportivo o a una delegación para que represente al país internacionalmente.
        3. *RD.* Reunión de partidarios de una agrupación política en un punto de la ciudad, en la que enarbolan banderas de ese partido.

abanderar(se).
    I. 1. tr. *Pa, Cu, RD, PR; Ve,* p.u. Entregar *alguien* la bandera nacional a una persona, colectivo o delegación para que represente al país internacionalmente.
        2. *RD, Ec.* Colocar *alguien* banderas en un lugar.
    II. 1. intr. prnl. *PR, Ec, Pe, Ch; RD,* p.u. Tomar partido *una persona* por alguien o por algo. ♦ **abanderizarse.**
    III. 1. tr. *Gu, ES.* Vigilar el ladrón a su futura víctima. delinc. ♦ **atalayar.**
        2. *Gu.* Esperar un hombre vigilante a la mujer amada.
    IV. 1. intr. *PR.* Brotar de la mata de plátano o **guineo** la espata que anuncia el racimo. rur.
    V. 1. tr. *CR. En el **futbol***, hacer el juez de línea un señalamiento con la bandera.

abanderización.
    I. 1. f. *Ch.* Abanderamiento, acción de **abanderizarse**. prest; cult → esm.

abanderizarse.
    I. 1. intr. prnl. *RD, PR, Ch.* **abanderarse**, tomar partido *una persona* por alguien o por algo. prest; cult → esm.

abandonado, -a.
    I. 1. adj. *Pa, Cu, RD, PR, Ve, Ch. Referido a un terreno*, sin cultivar. rur.

abandonarse.
    I. 1. intr. prnl. *ES.* Bailar *alguien* con la misma persona durante toda una fiesta.

abandono.
    I. 1. m. *RD, PR, Ve.* Huida de un gallo de la pelea.
    ▶ **tirar al ~; tirarse al ~.**

abanicada.
    I. 1. f. *Ho. En el **beisbol***, fallo del jugador al tratar de **batear** la pelota. ♦ **abanicado; abaniqueada.**

abanicado.
    I. 1. m. *PR.* **abanicada.**

abanicar(se).
    I. 1. intr. *Ni, CR, Pa, Cu, RD, PR, Co:NO, Ve. En el **beisbol***, fallar el jugador al tratar de **batear**, después de haber tomado impulso y de haber seguido el bate su trayectoria completa.
        2. tr. *Cu; EU,* p.u. | metáf. Fracasar *alguien* en *algo*.
        3. *CR, Pa, RD, PR. En el **beisbol***, hacer el lanzador que un jugador falle al tratar de **batear.**
    II. 1. tr. *Pa, Ch; Ve,* p.u. | metáf. Dar *una persona* bofetadas a *alguien*.
    III. 1. intr. prnl. *Ar.* obsol. Huir o irse *alguien* precipitadamente de un lugar. pop + cult → espon.
    IV. 1. intr. prnl. *Ar:C.* No hacer *alguien* caso de una persona, no darle importancia. pop + cult → espon.
    V. 1. intr. prnl. *Ch.* Disfrutar *alguien* holgadamente de algún bien, *generalmente dinero*.
    VI. 1. intr. prnl. *Ni.* Burlarse *alguien* de una orden o mandato dados por una autoridad. pop + cult → espon.

□

    a. ‖ **~ la brisa.** loc. verb. *Cu, RD. En el **beisbol***, **poncharse** un jugador.

abanico.
    I. (Calco del ingl. *fan*).
        1. m. *CR, Pa, RD, PR, Co:N, Ve:O; Mx, Gu, Ho:N, Ni,* p.u. Aparato eléctrico que impulsa o remueve el aire en una habitación.
        2. *Gu, Ni, CR, Pa, RD, PR.* Dispositivo en forma de hélice del que disponen los automóviles para evitar el recalentamiento del motor. ♦ **ventiladora.**
        3. *EU:SO.* Fuelle, soplillo.
        4. *Ec.* Estera pequeña y redonda, *comúnmente de esparto*, con mango o sin él, usada para avivar el fuego. ♦ **soplador.**
    II. 1. m. *Mx. En la charrería*, movimiento circular de un lazo que el jinete produce mientras está sobre su caballo y que incluye a ambos, en reposo primero, después al paso y finalmente a todo galope.
        2. *Mx:SE.* Parte superior del fuste de la silla de montar, cuyo borde superior, semicircular, se cierra sobre los lomillos. rur. ♦ **teja.**
    III. 1. m. *Mx. En una embarcación*, grúa rudimentaria hecha con un palo vertical y otro inclinado amarrados entre sí.
    IV. 1. m. *Co.* **moco de pavo**, planta.
    V. 1. m. *PR, Ve. En el **beisbol***, espacio semicircular comprendido entre el cuadro interior del terreno de juego y la cerca.
    VI. 1. m. *Cu. En las vías férreas*, pieza de madera en forma de abanico con una ranura arqueada por la que corre un listón que remata en disco que sirve para advertir al maquinista la dirección que debe tomar.
    VII. 1. m. *ES.* Oreja de una persona. pop + cult → espon ^ fest.
    VIII. 1. m. *Ni.* juv. Conjunto de costillas de una persona.

abaniqueada.
    I. 1. *ES, Ni.* p.u. **abanicada.**

abaniqueadera.
    I. 1. f. *ES, Ni.* p.u. Recepción continua del aire de un ventilador.

abaniquear(se).
    I. 1. tr. *Cu.* Dar *una persona* aire a alguien con un abanico. pop + cult → espon.

2. intr. prnl. *Cu.* Mover el aire *alguien* hacía sí con un abanico. pop + cult → espon.
3. *Ho:N, Ni.* Abanicarse, recibir *alguien* el aire removido por un ventilador.

abano.
I. 1. sust/adj. *Co.* Color crema, blanco amarillento.

abapencillo.
I. 1. m. *RD.* Árbol de hasta 5 m de altura, de ramas grises, hojas alternas dimorfas, y muchas flores. (Urticaceae; *Boehmeria ahrenbergiana*).

abarajada.
I. 1. f. *Ar:NE.* Juego que consiste en simular una pelea en la que los contendientes asestan golpes a la cara del adversario con la mano o con un palo pequeño, procurando al mismo tiempo esquivar los golpes lanzados por aquel.

abarajar.
I. 1. *Ar, Ur.* **barajar**, recoger *alguien algo* en el aire.
2. *Ar, Ur.* metáf. **barajar**, adivinar *alguien algo*.
3. *Ar.* **barajar**, parar.
4. tr. *Ar.* Detener *alguien* el avance de una o varias personas. pop + cult → espon.
II. 1. intr. *Ar:NE.* Jugar *alguien* a la **abarajada**, simulación de una pelea. pop + cult → espon.

abarandarse.
I. 1. tr. prnl. *RD.* Agacharse, esconderse *alguien*.

abarcar.
I. 1. tr. *EU, Ar; Pa, Cu, RD,* p.u. Adquirir y acaparar artículos comerciales en cantidad suficiente para dominar el mercado.
II. 1. tr. *Co, Ec.* Empollar los huevos una gallina. rur.

abarcativo, -a.
I. 1. adj. *Mx. Referido a cosa*, que abarca.

abarcudo, -a.
I. 1. adj. *Co. Referido a persona*, ignorante, rústica, zafia. pop + cult → espon ^ desp.

abarillo.
I. 1. m. *RD.* **ababuy**, arbusto.

abarque.
I. 1. m. *Ec.* Conjunto de aves de corral nacido de una misma nidada. rur.
2. *Ec.* Conjunto de huevos de un ave de corral que se pone a incubar. rur.
3. *Ec.* p.u. Sitio en el que se mantienen los pollos recién nacidos. rur.
II. 1. m. *Ec.* Adquisición y acaparamiento de artículos comerciales para dominar el mercado. rur.

abarracanado, -a.
I. 1. adj. *Ar:NO. Referido a un tejido*, que tiene el aspecto del **barracán**.

abarrajado, -a.
I. 1. adj/sust. *Pe. Referido a persona*, aficionada a iniciar riñas.
2. *Pe. Referido a persona*, osada.

abarrajarse.
I. 1. intr. prnl. *Pe.* Resbalarse y caer de bruces una persona o un animal.

abarrancar.
I. 1. tr. *Ar:NO.* Asegurar una embarcación menor, sacándola del agua.

abarrotado, -a.
I. 1. adj. *Ve; Ar, Ur,* obsol. *Referido a persona*, desbordada de trabajo.
2. *Cu.* metáf. *Referido a persona*, harta, que ha comido en exceso. pop + cult → espon.

abarrotamiento.
I. 1. m. *Cu, RD, PR, Ve, Bo, Py, Ar, Ur.* Saturación del mercado con determinado artículo de consumo.
2. *Cu, Ur.* metáf. Hartazgo, llenura.

abarrotar(se).
I. 1. tr. *Gu, Ho, Pa, Cu, RD, PR, Ve, Bo, Py, Ar.* Saturar *alguien* el mercado de un determinado producto, depreciándose por su excesiva abundancia.
2. *Ar.* metáf. *En juegos de naipes*, guardar *alguien* las cartas ganadoras hasta el último momento.
3. *RD, Ve.* Aglomerar en un sitio *alguien* o *algo* una gran cantidad de personas.
4. prnl. *Cu.* Hartarse *alguien* de comida, llenarse.

abarrotería.
I. 1. f. *Gu, Ho, ES; Pa,* rur. Tienda o pequeño mercado en que se vende artículos de primera necesidad. ♦ **abastecedora; mercadito**.
2. *Gu, Ho, Pa.* Establecimiento donde se vende **abarrotes**.
3. *Ho, ES.* Conjunto de artículos que hay en una tienda de **abarrotes**.

abarrotero, -a.
I. 1. m. y f. *Mx, Co:N, Ec, Bo; Ch,* p.u. Propietario de una tienda de artículos de **abasto**.
2. adj. *Ch.* Relativo al comercio de **abarrotes**.

abarrotes.
I. 1. m. pl. *Mx, Gu, Ho, ES, Ni, CR, Pa, Co, Ec, Pe, Bo, Ch, Ar.* p.u. Productos, *especialmente comestibles o de consumo diario*, que se venden en una **abarrotería**.
2. *EU:SO, Mx.* p.u. Tienda en la que se venden artículos de primera necesidad.
3. *Pa, Pe, Ch, Bo.* Productos comestibles de primera necesidad destinados a la venta.
□
a. ‖ **así es esto del ~.** loc. adv. *Mx.* Como corresponde a un oficio o asunto.

abastar.
I. 1. intr. *PR.* p.u. Bastar, ser suficiente *alguien* o *algo*. rur.

abastecedor.
I. 1. m. *CR.* Establecimiento comercial donde se venden víveres y artículos de uso doméstico.

abastecedora.
I. 1. f. *Ar.* Empresa que vende productos al por mayor. pop + cult → espon.
2. *Ni.* p.u. **abarrotería**, tienda o pequeño mercado.

abastecero.
I. 1. m. *Ar:NE.* Hombre que provee de carne a las carnicerías. ♦ **abastero**.

abastecido, -a.
I. 1. adj. *PR. Referido a una finca*, que tiene una buena producción. rur.
2. *PR.* metáf. *Referido a persona*, satisfecha, saciada. rur; pop.

abastero.
I. 1. m. *Ch.* Corte de carne de vacuno que se saca de la parte inferior de los cuartos posteriores del animal.

abastero, -a.
I. 1. m. y f. *Ve, Ch.* Comprador mayorista de víveres.
2. *Ar:O.* **abastecero**.

abasto.
I. 1. m. *Ar:NO.* Establecimiento en el que se vende carne al por menor. rur.
2. *Ve; Ec,* obsol. Tienda en la que se venden artículos de primera necesidad.
3. *Ec.* obsol. Tienda de víveres y efectos de consumo doméstico, sostenida por un municipio o entidad fiscal.

abatanado, -a.
I. 1. adj. *Bo, Ar. Referido a un tejido*, muy compacto o de mucho cuerpo. ♦ **abodocado**.

II. 1. adj. *Ve. Referido a persona*, de baja estatura y mucho peso. pop + cult → espon ^ desp. ♦ **batata**.

abatanar(se).
I. 1. tr. *Bo, Ar.* Hacer *alguien* o *algo* que una tela o una prenda de lana se apelmacen.
2. intr. prnl. *Bo, Ar.* Apelmazarse una tela o prenda de lana.

abatatado, -a.
I. 1. adj. *Bo, Ar, Ur. Referido a persona*, turbada, confusa o cohibida. pop + cult → espon.
2. *RD.* p.u. *Referido a persona*, alocada, atolondrada. pop + cult → espon.
II. 1. adj. *PR, Ur. Referido a persona*, vaga, remolona, que intenta evitar el trabajo. pop + cult → espon.
2. *Ur. Referido a persona*, que carece de energía para reaccionar o pensar. pop + cult → espon.
III. 1. adj. *RD.* metáf. *Referido a persona*, gruesa, pequeña y de modales toscos. pop + cult → espon ^ desp.

abatatamiento.
I. 1. m. *Bo, Py, Ar, Ur.* Abatimiento temporal de alguien por confusión o timidez. ♦ **abombamiento**; **adundamiento**.
2. *RD, PR.* Desánimo o pérdida de interés por salir de la casa, *especialmente a divertirse*. pop + cult → espon.

abatatar(se).
I. 1. tr. *Bo, Py, Ar, Ur.* Hacer *alguien* o *algo* que se sienta desánimo, turbación o temor. pop + cult → espon. ♦ **abombar**.
2. intr. prnl. *Bo, Py, Ar, Ur.* Sentir *alguien* desánimo, turbación o temor. pop + cult → espon.
3. *PR.* Perder *alguien* interés en las cosas. pop + cult → espon.
4. *PR.* No animarse *alguien* a salir de la casa, *especialmente para divertirse*. pop + cult → espon.

abate.
I. 1. m. *Ho, Ni.* Producto químico con que se fumiga el mosquito transmisor del **dengue**.
II. 1. m. *ES.* Situación de abatimiento causada por exceso de trabajo o de preocupaciones.

abatí.
I. 1. *Ar:NE.* **avatí**, planta, mazorca y grano de maíz.

abatición.
I. 1. m. *ES.* Desesperación de alguien. rur.
2. *ES.* Pérdida de ánimo de alguien. rur.

¡abatido!
I. 1. interj. *Bo:O,S.* p.u. Expresa enojo hacia alguien. pop + cult → espon.

abatización. (De *abate*).
I. 1. m. *Ho, Ni.* Fumigación con **abate** para evitar el **dengue**. prest; cult → esm.

abatuar. (Del fr. *abattoir*).
I. 1. m. *Pa.* obsol. Matadero.

abayuncar(se). (Der. de *bayunco*).
I. 1. intr. prnl. *Ho, Ni.* Adquirir *alguien* costumbres y modales rurales. pop + cult → espon ^ desp.
2. *Ho, Ni.* Adquirir *alguien* vocabulario grosero y soez. pop + cult → espon ^ desp.
3. *Ho, Ni.* Embrutecerse *alguien*. pop + cult → espon ^ desp.
II. 1. tr. *Cu.* Abatir, acorralar, hacer daño *alguien* a *una persona*. pop + cult → espon.
2. intr. prnl. *Cu.* Hallarse *alguien* en una situación difícil. pop + cult → espon.

abc1.
I. 1. adj. *Ch. Referido a persona*, que posee rasgos típicos de clase social alta. (**ABC1**).

ABC1.
I. 1. *Ch.* **abc1**.

abecé.
I. 1. m. *Ec.* Revisión preventiva de un vehículo.
2. *Ec.* metáf. Chequeo médico. pop + cult → espon ^ fest.
□
a. ‖ **por ~ motivos.** loc. adv. *Ec, Ch.* Por alguna razón.

abeja.
I. 1. sust/adj. *Co.* Persona hábil para desenvolverse en diversas situaciones, avispada. pop + cult → espon.
■
a. ‖ **~ africana.** *Mx, Pa, PR, Ve, Ch, Ar, Ur; Ho*, p.u. **abeja africanizada**.
b. ‖ **~ africanizada.** f. *Gu, Ho, CR, Pa, Ch, Ar, Ur.* Abeja productora de miel, de gran capacidad reproductiva y considerada peligrosa por su agresividad. (Apidae; *Apis mellifera scutellata*). ♦ **abeja africana; abeja asesina**.
c. ‖ **~ asesina.** *Gu, Ho, ES, Ni, CR, Ch.* **abeja africanizada**.
d. ‖ **~ criolla.** f. *Cu.* Abeja de pequeño tamaño, caracterizada por su falta de aguijón y su producción de cera virgen; a su miel se le atribuye la curación de heridas y el mejoramiento de la visión. (Apidae; *Melipona beecheii*). ♦ **abeja de la tierra**.
e. ‖ **~ de la tierra.** *Cu.* **abeja criolla**.

abejear.
I. 1. intr. *ES, RD.* Estar *alguien* alerta o vigilante. pop + cult → espon.
II. 1. intr. *Ho, RD.* Entrar y salir las abejas de una colmena. rur.

abejeo.
I. 1. m. *Cu, RD.* Charla animada y en voz baja de un grupo de personas. pop + cult → espon. ♦ **abejorreo**.
II. 1. m. *Ho.* Movimiento de animales o personas alrededor de algo. pop + cult → espon.

abejerío.
I. 1. m. *Ho; CR*, p.u. Gran cantidad de abejas. rur. ♦ **abejero**.

abejero.
I. 1. m. *Cu, RD.* Lugar con mucho movimiento de personas. pop + cult → espon.
II. 1. *Ho, CR.* **abejerío**.

abejero, -a.
I. 1. adj. *Ho.* Relativo a las abejas.

abejón.
I. 1. m. *Cu; PR*, p.u. | metáf. Pretendiente pesado por su insistencia. pop + cult → espon ^ sat.
II. 1. m. *CR.* Planta de café a la que le han brotado las dos primeras hojas y conserva aún adherida la cáscara de la semilla.
■
a. ‖ **~ colorao.** m. *RD.* Mulato de pelo muy ensortijado y rojizo. pop + cult → espon.
b. ‖ **~ de mayo.** *Ho, CR.* **ronrón**, escarabajo.
▶ **andar con ~ en el buche.**

abejonear.
I. 1. intr. *RD.* Zumbar *algo* como un abejón. pop + cult → espon.
2. *RD.* metáf. Hablar *alguien* quedo, susurrar. pop + cult → espon.
II. 1. intr. *RD.* Merodear *alguien* cerca de un lugar en que se encuentran dos o más personas para intentar enterarse de lo que hablan. pop + cult → espon.

abejoneo.
I. 1. m. *RD.* Zumbido. pop + cult → espon.
2. *RD.* metáf. Susurro. pop + cult → espon.

abejorrear(se).
I. 1. tr. *Co:O,NE.* Manosear *una persona* lascivamente a *alguien*.

2. intr. prnl. *Co:O,NE.* Manosearse lascivamente *alguien.*

abejorreo.
　I. 1. *RD.* **abejeo**, charla. prest; cult → esm.

abejorro.
　I. 1. m. *Pa.* Pompa de saliva, *generalmente la hecha por los bebés.*

abejucado, -a.
　I. 1. adj. *Ve. Referido a una planta*, trepadora, enredadera.

abejucarse.
　I. 1. intr. prnl. *Mx, Ho, ES, Ni, PR, Bo.* Crecer el tallo de una planta retorcido y enmarañado. rur.

abelardito, -a.
　I. 1. adj/sust. *Cu. Referido a un alumno*, muy estudioso y presuntuoso de sus saberes. est.

abembar.
　I. 1. tr. *RD.* Fruncir *alguien* los labios.

abertura.
　I. 1. f. *Bo, Ar, Ur. En una construcción*, hueco de ventanas y puertas.
　　2. *Ni.* metáf. Vulva. vulg; pop + cult → espon.
　II. 1. f. *Cu. En la escogida de tabaco*, operación de abrir las hojas y seleccionar las más apropiadas para capa.

abetunada.
　I. 1. f. *ES.* Pan dulce, tostado y bañado de caramelo blanco y rojo.

abetunado, -a.
　I. 1. adj. *ES. Referido a un pan*, tostado y bañado de caramelo blanco y rojo.
　　2. *Ho. Referido a un bollo o pastel*, bañado con una capa de merengue.

abey. (De or. ind. antillano).
　I. 1. m. *Cu, RD, PR.* Árbol de hasta 20 m de altura, de hojas alternas y ovaladas y flores pequeñas en fascículos; las hojas sirven de alimento al ganado y la madera, fuerte, compacta y rojiza, se usa en la fabricación de traviesas de ferrocarril. (Fabaceae; *Lysiloma latisiliquum*). ♦ **abey hembra**; **amarillo**; **soplillo**.

　　■
　　a. ‖ ~ **blanco.**
　　　i. m. *Cu, RD, PR.* Árbol alto y frondoso, de hojas compuestas, flores blancas y fruto capsular, en forma de vaina retorcida; su madera se emplea en carpintería. (Fabaceae; *Pithecellobium obovale*).
　　　ii. *Cu, RD, PR.* Árbol alto con hojas de folíolos diminutos, flores de pequeño tamaño, dispuestas en racimos terminales, y fruto en forma de vaina pequeña y comprimida. (Fabaceae; *Albizia berteriana*).
　　b. ‖ ~ **hembra.** *RD.* **abey.**
　　c. ‖ ~ **macho.** *RD.* **jacarandá.**

abeyuelo. (De or. ind. antillano).
　I. 1. m. *PR.* Árbol de hasta 18 m de altura, de follaje espeso, con hojas grandes y ovaladas y flores vellosas de un verde castaño; su madera, de color rosado, es útil para construir puntales y como combustible. (Rhamnaceae; *Colubrina arborescens*). (**aveyuelo**). ♦ **guitarán.**

　　■
　　a. ‖ ~ **amarillo.** m. *PR.* Variedad de abeyuelo caracterizada por sus flores amarillas.
　　b. ‖ ~ **perfumado.** m. *PR.* Variedad de abeyuelo caracterizada por su aroma.

abichado, -a.
　I. 1. adj. *Bo:E, Ar, Ur. Referido a un animal*, que tiene heridas no cicatrizadas a causa de parásitos externos. rur.

2. *Ar, Ur. Referido a una herida*, infectada a causa de parásitos, huevos de insectos o larvas. rur.
　　3. *Ar, Ur. Referido a una planta o a una fruta*, que tiene parásitos. rur.

abichar(se).
　I. 1. tr. *Ar, Ur.* Depositar una mosca sus huevos en la herida de un animal. rur.
　　2. intr. prnl. *Ar, Ur.* Infectarse una herida con parásitos externos. rur.
　　3. *Ar, Ur.* Llenarse un animal de parásitos externos en sus heridas. rur.
　　4. *Ar, Ur.* Llenarse una planta o una fruta de parásitos o plagas. rur.
　II. 1. intr. prnl. *Ar.* Percatarse *alguien* de algo, *especialmente de aquello que puede reportar un beneficio o evitar un perjuicio*. pop + cult → espon.

abichocado, -a.
　I. 1. adj. *Ar. Referido a un caballo*, inútil a causa de los años. rur.

abichocarse.
　I. 1. intr. prnl. *Ar.* Volverse inútil un caballo debido a la edad. rur.

abicú.
　I. 1. adj/sust. *Cu.* **abicúo.**

abicúo, -a.
　I. 1. sust/adj. *Cu.* Persona que, según la religión afrocubana de origen **yoruba**, porta un maleficio que provoca la muerte de sus hermanos. (**abicú**).
　II. 1. adj/sust. *Cu. Referido a persona*, egoísta. pop + cult → espon.
　III. 1. m. y f. *Cu.* metáf. Persona que vive en soledad porque evade la compañía de otros. pop. (**abicú**).

abiela.
　I. 1. f. *CR.* p.u. Recipiente de diversas formas y materiales utilizado para extraer el agua que inunda una embarcación, *en especial un bote*.

abierto.
　I. 1. m. *Ar:NO.* Cabrito o cordero al que, después de sacrificado, se le sacan las entrañas. rur.
　II. 1. m. *Cu, RD.* Terreno desmontado, listo para la siembra. rur.
　▶ **abrirle los ~s.**

abierto, -a.
　I. 1. sust/adj. *Mx.* Equino con menos de siete años. rur.
　　2. adj. *Mx. Referido a un equino*, que tiene las patas delanteras más abiertas de lo normal. rur.
　II. 1. adj. *Gu, ES, Ni, Cu, RD, Ve.* metáf. *Referido a persona*, generosa con sus bienes.

¡abierto!
　I. 1. interj. *Cu.* juv. Expresa el deseo de probar una cosa que otra persona está comiendo.

abigeatear.
　I. 1. tr. *Bo.* p.u. Robar *alguien* ganado. rur.

abigeateo.
　I. 1. *Bo.* p.u. **abigeato**, robo.

abigeatista.
　I. 1. m-f. *Bo.* p.u. Persona que roba animales, *especialmente ganado*. rur.

abigeato.
　I. 1. m. *Mx, Ho, Ni, Pa, Ve, Ec, Bo, Ch, Ar, Ur.* Robo de ganado. prest; cult → esm. ♦ **abigeateo**; **abigeo.**

abigeo.
　I. 1. m. *Ho, Ni, Ec, Pe; Co, Ch, Py, Ar,* p.u. Ladrón de ganado. rur.
　　2. *Bo.* **abigeato.**

abijar.
　I. 1. tr. *Co.* Incitar, azuzar *alguien* a los perros. rur.

abilocado, -a.
   I. 1. adj. *CR, Pa. Referido a persona*, alocada. pop + cult → espon.

abimbar.
   I. 1. tr. *EU*. p.u. Golpear mucho *una persona* a *alguien*.

abisagrada.
   I. 1. f. *Ch*. Limpieza del calzado con una **bisagra**.
     2. *Ch*. metáf. Soborno. pop + cult → espon.

abisagrar.
   I. 1. tr. *Ch*. p.u. Dar brillo al calzado con una **bisagra**.
     2. *Ch*. metáf. Sobornar *una persona* a *alguien*.

abismado, -a.
   I. 1. adj. *Gu, Ho, Ni, Pa, RD, Ve, Ec, Bo, Ch, Ar, Ur. Referido a persona*, asombrada, impresionada, *generalmente por la magnitud de algo*. prest; cult → esm.
     2. *Ar:NO. Referido a persona*, que sufre una situación muy dolorosa. pop + cult → espon.
  II. 1. adj. *Ni*. juv. *Referido a persona*, tonta.

abismal. (Calco del ingl. *abismal*).
   I. 1. adj. *Mx, Gu, Ho, ES, Ni, CR, Pa. Referido a una comparación entre dos cosas o personas*, que tiene muchas y grandes diferencias. cult.

abismante.
   I. 1. adj. *RD, Ch; Co, Ar*, p.u. Referido a persona o cosa, sorprendente. prest; cult → esm.

abismar(se).
   I. 1. intr. prnl. *Gu, Ho, Ni, Pa, RD, Ve, Ec, Bo, Ch, Ar; Co*. obsol. Sorprenderse, asombrarse *alguien* con algo imprevisto o raro.
     2. tr. *Ve, Ec, Ch, Ar; Co*, obsol. Sorprender extraordinariamente *algo* a *alguien*. prest; cult → esm.
  II. 1. tr. *Ch*. Conmover *algo* a *alguien*.
  III. 1. tr. *RD*. Estropear, echar a perder *alguien* o *algo* una cosa.

abispiyo.
   I. 1. *RD, PR*. **avispillo**.

abizcochado, -a.
   I. 1. adj. *RD, Ec, Ar. Referido a un pan o a un dulce*, seco y endurecido por haber sido horneado más tiempo del debido.

abizcochar(se).
   I. 1. tr. *Ec, Ar*. Dejar un pan o un dulce seco y duro por hornearlo más tiempo del debido.
     2. tr. *Bo:E*. Someter la masa de pan a un doble cocimiento para conservarlo por más tiempo.
  II. 1. intr. prnl. *Ve:F*. Quedarse *alguien* prolongadamente en un lugar, *en especial en la cama*. pop.

ablandada.
   I. 1. f. *Mx, Ho, Bo*. Ablandamiento de algo.

ablandar(se).
   I. 1. tr. *Cu, RD, Co, Pe*. Disminuir la resistencia física de alguien, *especialmente de un boxeador*, a causa de los golpes recibidos.
     2. *Ho, Cu, Bo, Ch, Ar, Ur*. metáf. **aflojar**, someter al motor a una marcha regulada. pop + cult → espon.
     3. intr. prnl. *Cu, RD, Pe*. Disminuírsele a alguien, *especialmente a un boxeador*, la resistencia física, a causa de los golpes recibidos.
     4. *Bo*. Ajustarse las piezas de un motor nuevo o rectificado mediante un esfuerzo regulado durante algún tiempo.
  II. 1. intr. prnl. *RD*. No hacer *alguien* lo que le corresponde.

  ◼
   a. ‖ **es tarde para ~ granos.** *PR*. **es tarde para ablandar habichuelas.**
   b. ‖ **es tarde para ~ habichuelas.** fr. prov. *RD, PR*. Indica que ya no queda tiempo para hacer algo específico. pop + cult → espon. ◆ **es tarde para ablandar granos**.

ablande.
   I. 1. m. *Ho, Cu, Pe, Bo, Ch, Ar, Ur*. Período de prueba y ajuste de las piezas del motor de un vehículo nuevo. pop + cult → espon.

ablucionarse.
   I. 1. tr. prnl. *RD*. Lavarse *alguien*.

abocación.
   I. 1. m. *Ve:O*. Vómito. rur.

abocado, -a.
   I. 1. adj. *Mx, RD, PR, Ve, Ec, Pe, Bo, Ch, Py, Ar, Ur. Referido a persona*, dedicada de lleno a una tarea o actividad.
  II. 1. adj. *Ar:NO. Referido a persona*, distraída, que no se concentra. pop + cult → espon.
  III. 1. adj. *Cu. En un parto*, bebé que comienza a asomar la cabeza.

abocarse.
   I. 1. intr. prnl. *Mx, Gu, Ho, CR, Cu, RD, Ve, Ec, Pe, Bo, Ch, Py, Ar, Ur*. Entregarse de lleno *una persona* a la consideración o estudio de un asunto. prest; cult → esm. (**avocarse**).
  II. 1. intr. prnl. *Ar:NO*. Distraerse, perder la concentración. pop + cult → espon.
  III. 1. intr. prnl. *Gu, Ho, ES, Ni*. Dirigirse a una persona o institución, consultar con ella.
  IV. 1. intr. prnl. *Cu*. Satisfacerle *algo* o *alguien* a una persona.

abochornadera.
   I. 1. f. *Cu*. Bochorno.

abochornarse.
   I. 1. intr. prnl. *Ch, Ar*. Ponerse el tiempo nublado y caluroso. pop + cult → espon.

abodocado, -a.
   I. 1. adj/sust. *Ar:NE. Referido a persona*, tonta, falta de juicio, *especialmente en su conducta*. pop ∧ desp.
     2. *Ar:NE. Referido a persona*, ingenua, simple. pop ∧ desp.
  II. 1. *Ar:NE*. **abatanado**, de tejido compacto. pop.

abodocarse.
   I. 1. intr. prnl. *Gu, Ho*. Salirle a una persona o animal **bodoques**, abultamientos en la parte exterior del cuerpo.
     2. *Gu*. Formarse grumos en un líquido caliente o frío.

abofado, -a.
   I. 1. adj. *Ho, Cu, RD. Referido a los ojos y a la cara de una persona*, hinchados, abotagados. (**abufado**). ◆ **abujado**.
     2. *Cu, RD*. metáf. *Referido a una pared*, con la superficie abultada, al separarse el repello del ladrillo por efecto de la humedad.
     3. *Ni*. **abombado**, persona o animal que tiene hinchado el cuerpo.

abofamiento.
   I. 1. m. *Mx:SE, RD*. Hinchazón de una parte del cuerpo de una persona o de un animal. rur.

abofarse.
   I. 1. intr. prnl. *Mx:SE, Ho, Cu, RD*. Hincharse alguna parte del cuerpo a una persona o un animal, *en especial la cara*. abujarse (**abufarse**). ◆ **abohetarse**; **abujarse**.
     2. *Cu, RD*. metáf. Perder una pared su superficie uniforme, al separarse el repello del ladrillo por efecto de la humedad.

abofetado, -a. (Var. de *abohetado*).
   I. 1. adj. *Ho, Ni*. **abombado**. rur.

abogacho, -a. (De *abogado* y *gacho*).
   I. 1. m. y f. *Mx*. p.u. Abogado mediocre en el ejercicio de su profesión. pop + cult → espon ∧ desp. ◆ **tinterillo**; **trincador**; **trinquetero**.

abogado.

■

a. ‖ ~ **de manigua.**
   i. m. *Cu.* Abogado mediocre. pop + cult → espon ∧ desp. ♦ **abogado de sabana.**
   ii. *Cu.* Persona que sin tener conocimientos de jurisprudencia, se atreve a hablar de cuestiones legales.
b. ‖ ~ **de sabana.** *Ho, Cu.* **abogado de manigua.**

□

a. ‖ ~ **de pobres.** loc. sust. *RD, Co, Ec, Pe.* Persona que defiende causas que no tienen nada que ver con ella.

abogánster.

I. 1. m-f. *Mx, Ho, ES, Ec, Bo.* Abogado deshonesto en el ejercicio de su profesión. pop + cult → espon ∧ desp.

aboguebrio. (De *abogado* y *ebrio*).

I. 1. m-f. *ES.* Abogado que se emborracha frecuentemente. pop + cult → espon ∧ desp ∧ fest.

abohetarse.

I. 1. *Ho.* **abofarse,** hincharse.

abojotarse.

I. 1. intr. prnl. *PR.* Hincharse *alguien.* rur; pop.

abollado, -a.

I. 1. adj. *Cu, RD, Ve; EU,* p.u. *Referido a persona,* maltratada por golpes recibidos o por un accidente. pop + cult → espon.
   2. *Cu, RD, Ec; EU,* p.u. *Referido a un ojo,* inflamado o amoratado debido a un golpe. pop + cult → espon.
   3. *Cu.* metáf. *Referido a persona,* que se encuentra en mala situación económica. pop + cult → espon.
   4. *ES. Referido a persona,* muerta. pop + cult → espon.
II. 1. adj. *Ve:O, Ec. Referido a un artículo comercial,* que no tiene aceptación en el mercado.
III. 1. adj. *CR.* p.u. *Referido a un instrumento cortante,* que tiene roturas o hendiduras en el filo.

abollar.

I. 1. tr. *CR; Mx,* p.u. Hacer mellas en el filo de un instrumento cortante. rur.
   2. *Cu, RD, Pe, Ur; EU,* p.u. | metáf. Golpear *una persona* fuertemente a *alguien, especialmente en un ojo,* machacarlo. pop + cult → espon.

abombachado, -a.

I. 1. adj. *Cu, RD, PR, Bo, Ch. Referido a una prenda de vestir,* holgada, abultada y ceñida en un extremo.

abombachar(se).

I. 1. tr. *Cu, RD, PR, Ch.* Arreglar *alguien* una prenda de vestir de modo que quede holgada y no ceñida al cuerpo.
   2. prnl. *Cu, RD, PR, Ch.* Arreglarse *alguien* una prenda de vestir de modo que quede holgada y no ceñida al cuerpo.

abombado, -a.

I. 1. adj/sust. *Ho, Co, Bo:NE, Ar, Ur. Referido a persona,* tonta. pop + cult → espon. ♦ **agilado; ajilotado.**
   2. *Ho, ES, Ni, Ch, Ar. Referido a persona,* atontada o aturdida temporalmente por algo. pop + cult → espon. ♦ **abotagado; azumbado.**
II. 1. adj. *Ni, Pa, RD, PR, Pe, Ar, Ur. Referido a un líquido o a un alimento, especialmente carne,* que ha empezado a descomponerse y a despedir mal olor. pop + cult → espon.
III. 1. adj. *Ve:O. Referido a persona,* presumida, envanecida. pop + cult → espon.
IV. 1. adj. *Ho, ES, Ni. Referido a una persona o animal,* que tiene hinchado el cuerpo o parte de él, *en especial la cara.* ♦ **abofado; abofetado.**
V. 1. adj/sust. *Ec. Referido a persona,* aburrida.
VI. 1. adj. *Ho. Referido a persona,* abofeteada. pop + cult → espon.

VII. 1. adj. *Ni. Referido a persona,* borracha. pop + cult → espon.

abombamiento.

I. 1. m. *Ur; Ho, Ni,* p.u. **abatatamiento,** abatimiento.

abombar(se).

I. 1. intr. prnl. *Pa, RD, PR, Co:N, Ve; Ec,* p.u. Descomponerse y tomar mal sabor el agua almacenada en un recipiente.
   2. *Ni, Pa, PR, Ve, Ar, Ur.* Empezar un líquido o un alimento, *especialmente la carne,* a descomponerse y a despedir mal olor. pop + cult → espon.
   3. *PR, Co:N.* Tomar mal olor una prenda al lavarla y secarla.
   4. *Co:N.* Dañarse y adquirir mal olor líquidos y bebidas, *especialmente los que son sometidos a fermentación.*
II. 1. intr. prnl. *Bo, Ch, Py; Ar, Ur* pop; *Ec,* juv. Experimentar *alguien* desconcierto o embotamiento de los sentidos.
   2. tr. *Ar.* pop. **abatatar,** hacer sentir desánimo.
III. 1. tr. *Ve.* Inflar *alguien algo.*
   2. intr. prnl. *Ho, Ni.* Hincharse *algo* o *alguien.*
IV. 1. tr. *Pa, Ec.* juv. Hacer *alguien* o *algo* que una persona se aburra.
   2. intr. prnl. *Ec.* juv. Experimentar *alguien* aburrimiento.
V. 1. intr. prnl. *Pe.* obsol. Expeler ventosidades por el ano. vulg; pop + cult → espon.
VI. 1. tr. *Ve.* Calentar *alguien* el agua al sol. pop.
VII. 1. intr. prnl. *Ni.* Emborracharse *alguien.*

abombe.

I. 1. m. *Ec.* juv. Cansancio o fastidio *originado generalmente por disgustos, molestias o aburrimiento.*
   2. adj. *Ec.* juv. *Referido a persona o cosa,* que produce aburrimiento.

abombillar(se).

I. 1. tr. *Mx.* Dar *alguien* la forma de una bombilla a algo.
   2. *Ar.* Dar *alguien* la forma de bombilla del mate a algo.
II. 1. prnl. *Ch.* Perder el pantalón la línea del planchado.

abonada.

I. 1. f. *Ho, ES, Ni.* Abono de las plantas. rur.

abonado, -a.

I. 1. m. y f. *Mx, Bo.* Accionista de una cooperativa local de teléfonos.
   2. adj. *Ch. Referido a persona,* que está inscrita en un servicio dado.
II. 1. adj. *Gu. Referido a persona,* solvente económicamente.
III. 1. m. y f. *RD.* Cliente fijo de una entrada al cine o a una sala de fiestas.
IV. 1. adj. *Py.* metáf. Favorito de una persona de rango superior.
V. 1. adj. *CR. Referido a un animal hembra, en especial una vaca,* preñada. rur.

abonarse.

I. 1. intr. prnl. *Gu, Ho, ES.* metáf. Bailar *alguien* con la misma persona durante largo rato. rur.
II. 1. intr. prnl. *RD.* Habituarse *una persona* a algo.

abonera.

I. 1. f. *Ho, Ni.* Lugar donde se almacenan desechos orgánicos que sirven de abono.
   2. *Pa.* Abonadora.

abonero, -a.

I. 1. m. y f. *Mx.* Comerciante ambulante que vende por abonos, o pagos a plazos, *principalmente entre las clases populares.*

abono.

I. 1. m. *Gu, Ho.* Baile reiterado que se hace con alguien de modo exclusivo por largo rato.

a. ‖ **~ de cobertura.** m. *Ec.* Fertilizante que se aplica directamente al terreno una vez que han brotado las plantas.

☐

a. ‖ **en ~s.** loc. adv. *Mx, Gu, Ho, Ni, CR, RD, PR, Ec.* Mediante pagos parciales y periódicos.

▸ **agarrar de ~; jugarle el ~; jugarse el ~.**

abonuco.
  I. 1. m. *Cu.* Rodete de lienzo u otro material utilizado para llevar pesos en la cabeza. rur.

aboque.
  I. 1. m. *Cu.* Desplazamiento de un banco de peces de agua dulce hacia el mar, pero sin adentrarse en él.

aborbojarse.
  I. 1. intr. prnl. *Ho.* p.u. Agorgojarse los granos y las semillas, criar gorgojos. rur.

aborbollar.
  I. 1. intr. *Gu.* Borbollar, hacer borbollones el agua.

abordaje.
  ☐
  a. ‖ **al ~.** loc. adv. *Cu.* Desorganizadamente. pop + cult → espon.

abordar.
  I. 1. tr. *Mx, Gu, ES, Cu, RD, PR, Co, Ve, Ec, Pe, Bo, Ch, Ur.* Subir *alguien* a un vehículo, *especialmente a un avión o a una embarcación.*
  II. 1. tr. *Cu; EU,* p.u. Pedir *una persona* dinero a alguien. pop + cult → espon.

aborde.
  I. 1. m. *Cu.* Petición de dinero de una persona a alguien, *generalmente sin intención de devolverlo.*

abordonar. (Der. de *bordón*).
  I. 1. tr. *Ho.* Preparar *alguien* un terreno para la siembra con bordón. rur. ♦ **acordonar.**

aborrajado.
  I. 1. m. *Co:SO.* Asado de plátano maduro con queso.

aborrecido.
  I. 1. adj. *PR, Ch.* **apestado,** amargado.

abortero, -a.
  I. 1. adj/sust. *Ec, Pe, Bo, Ch, Ur. Referido a persona,* que practica abortos.
  2. adj. *Bo.* Relativo al aborto.

aborto.
  ■
  a. ‖ **~ de la naturaleza.**
    i. m. *Cu.* Suceso sorprendente, inusual. pop + cult → espon.
    ii. *PR.* Circunstancia extraordinaria, que se sale de la norma. pop + cult → espon.
  b. ‖ **~ de la tierra.** m. *ES.* Cualquier tipo de hongo. rur.

abosadura.
  I. 1. f. *Cu.* Enfrentamiento de un gallo de pelea con otro sin dejar que se toquen, para excitarlos antes de la pelea.

abosar(se).
  I. 1. tr. *Cu.* Enfrentar un gallo de pelea con otro sin dejar que se toquen, para que se exciten antes de la pelea.
  2. intr. prnl. *Cu.* metáf. Disponerse *una persona* a acometer algo.

abostezar.
  I. 1. intr. *Gu, Ho, RD, PR.* Bostezar *alguien* por cansancio o aburrimiento. rur; pop.

abotagado, -a.
  I. 1. adj. *Mx, Ar. Referido a persona,* borracha.
  II. 1. adj. *Ho, Ni, Ur.* **abombado,** atontado.

abotagarse.
  I. 1. intr. prnl. *Ho, Ni.* Adormecerse, ser poco efectiva en algo *una persona,* empresa o institución.

abotonado, -a.
  I. 1. adj. *Ar, Ur. Referido a animal,* que ha quedado unido a otro por los genitales después de la cópula. ♦ **acollarado.**

abotonadura.
  I. 1. f. *Ho.* Broche metálico de dos piezas fijadas en una prenda de vestir.

abotonar(se).
  I. 1. intr. prnl. *Ar, Ur.* **acollararse,** quedar unidos *especialmente los perros después de la cópula.* rur.
  II. 1. tr. *Pa, RD, PR; EU,* p.u. Abrochar *alguien algo.*
  III. 1. intr. *CR, Pa.* Empezar a brotarle los cuernos a una **res.** rur.
  2. *Pa.* juv; metáf. Comenzar a crecerle los senos a una joven.
  IV. 1. intr. prnl. *Ho.* obsol. No brotar sangre de una herida.

aboyado, -a.
  I. 1. adj. *Cu. Referido a persona,* que flota en el agua boca arriba.
  II. 1. adj. *Cu.* metáf. *Referido a persona,* que no tiene trabajo ni recursos económicos. pop + cult → espon.
  III. 1. adj. *Cu. Referido a persona,* en actitud vigilante. pop + cult → espon.
  IV. 1. adj. *Ur. Referido a persona,* tonta. pop + cult → espon ^ desp.

aboyar(se).
  I. 1. tr. *Ve.* Matar *una persona* a *alguien.* pop + cult → espon.
  2. intr. prnl. *Ve.* Morirse *alguien.* pop + cult → espon.
  II. 1. tr. *Cu.* Mantener a *alguien* flotando en el agua boca arriba.
  2. intr. prnl. *Cu.* Mantenerse *alguien* flotando en el agua boca arriba.

abra.
  I. 1. f. *Ve, Ec, Bo:E, Py, Ar; CR, PR, Ur,* p.u; m. *Mx, Ho, Ni.* p.u. Claro abierto en un bosque por desmonte de la vegetación. rur.
  2. *RD, Bo:E; Ho, Ni.* p.u. Camino en un bosque o en una montaña. rur. ♦ **brecha.**
  3. *Ve.* Hondonada o abertura entre dos montañas.
  4. *Bo:C,S.* Explanada al pie de una montaña.
  5. m. *RD.* Boquete. rur.

abracadera.
  I. 1. f. *Cu; EU,* p.u. Reiteración de abrazos de una persona a alguien. pop + cult → espon.

abracapalo.
  I. 1. *CR:NO.* **matacaballos,** insecto.

abracar. (Metát. de *abarcar*).
  I. 1. tr. *Ni, Pa, Cu.* p.u. Estrechar *una persona* a *alguien* entre los brazos, *generalmente en señal de cariño.* rur.
  2. *Cu.* Abrazar *una persona* a *alguien* en una riña o en un juego. pop + cult → espon.

abrán.
  I. 1. m-f. *ES.* Ladrón. carc.

abrasada.
  I. 1. f. *Mx, Ho, Ni.* Herida causada en un tejido orgánico por acción del fuego o de excesivo calor.

abrasar.
  I. 1. tr. *Mx, Ch.* Corroer o desgastar *algo* una sustancia.

abrasilerado, -a.
  I. 1. adj. *Ur. Referido a persona,* parecida a los brasileños en su comportamiento.
  2. *Ur. Referido al modo de hablar,* influido por el portugués de Brasil.

abrazada.
   I. 1. f. *Ar:NO.* Ceremonia de la **señalada**, que consiste en simular el casamiento entre una oveja y un carnero, a los que se les da aguardiente, **chicha** y coca.
   II. 1. f. *Ho, Pa, Cu, RD.* **abrazadera.** pop + cult →
espon.

abrazadera.
   I. 1. f. *Mx, Gu, Ho, Ni, Pa, Cu, RD, Ec.* Conjunto de abrazos reiterados de una persona a alguien. pop + cult → espon. ♦ **abrazada.**
   2. *PR. En ortopedia,* aditamento que rodea una coyuntura afectada para darle rigidez y soporte.
   II. 1. f. *Ho:C,E.* Pedazo de cuerda o cuero que cruza el mango de un machete para amarrarlo a la muñeca. rur. ♦ **cabo; maitún; pollera.**

abrazapalo.
   I. 1. m. *Co.* **Bejuco** trepador epífito, de tallo carnoso, de grandes hojas, que se enreda alrededor de árboles corpulentos; sus semillas son comestibles, pero producen abundante mucosidad. (Araceae; *Anthurium crassinervium*).
   2. *RD.* Árbol de hasta 20 m de altura, de hojas aovadas, flores blancas o rosadas y frutos filiformes. (Apocynaceae; *Mesechites repens*).

abreboca.
   I. 1. m. *Pa, Co, Ve, Ec.* Pequeño bocado que se sirve como aperitivo antes de los platos principales.
   II. 1. *Ar.* **abriboca,** arbusto.
   III. 1. sust/adj. *Ar.* Persona que suele estar distraída o ajena a la realidad (**abriboca**). pop ^ desp.
   IV. 1. m. *Ch.* Instrumento para mantener abierta la boca del paciente en una consulta odontológica.
   2. *Ur.* Instrumento para mantener abierta la boca de los ovinos mientras se les da de comer. rur.

abrebocas.
   I. 1. m. *Co, Ve, Ec.* Muestra, resumen o extracto que se ofrece como estímulo o invitación a la presentación de un acto o de un espectáculo.

abreganas.
   I. 1. m. *Pe.* obsol. Bocadito o bebida que se toma antes de las comidas para abrir el apetito.

abrehuecos.
   I. 1. m. *Pa, Ve.* Implemento de oficina usado para hacer agujeros en el papel.

abrelata.
   I. 1. m. *Ar, Ur.* Utensilio para abrir latas de conserva.

abrelatas.
   I. 1. m. *Ho.* **mazacuata,** pene. euf; pop + cult → espon.

abreviar(se).
   I. 1. tr. *Ho, ES, Ni.* Tomar *alguien* un atajo, acortar una distancia.
   II. 1. intr. prnl. *Ho, Ni; CR,* obsol; rur. Darse *alguien* prisa.

abriboca.
   I. 1. f. *Ar.* Arbusto de hasta 2 m de altura, con ramas espinosas, hojas lanceoladas y flores blancas de pequeño tamaño. (Celastraceae; *Maytenus spinosa*). (**abreboca**).
   II. 1. *Ar.* p.u. **abreboca,** persona. pop + cult → espon ^ desp.

abridera.
   I. 1. f. *Mx, Gu, Ho, ES, Ni, Pa, Co, Ec.* p.u. Reiteración de abrir algo, *especialmente puertas o ventanas.* (**abridero**).

abridero.
   I. 1. m. *Mx, Gu, Ho, ES, Ni, Pa, Co.* **abridera.**

abridor, -ra.
   I. 1. sust/adj. *Cu, RD, PR, Ve; EU.* p.u. *En el beisbol,* lanzador que inicia los juegos.

   2. *Gu, Pa, Cu, RD, PR, Ve. En el beisbol,* jugador que ocupa el primer lugar en el orden al **bate.**
   II. 1. sust/adj. *Ec.* Variedad de **durazno** suave y de sabor muy dulce, que se parte con facilidad y suelta la pepa al ser comprimido levemente.
   III. 1. sust/adj. *Cu. En la escogida de tabaco,* persona encargada de abrir y seleccionar las hojas.

abrigadero.
   I. 1. m. *Mx.* obsol. Doblez de la ropa en donde se ocultan chinches y pulgas. rur.

abrillantado, -a.
   I. 1. adj. *Ve, Bo, Py, Ar, Ur. Referido a un dulce o a una fruta,* cubierto con azúcar cristalizada.

abrillantar.
   I. 1. tr. *Cu, Ve, Bo, Py, Ar, Ur.* Cubrir frutas o semillas con un baño de azúcar.
   2. *Cu, Bo.* Cubrir un producto de pastelería con clara batida.

abrir(se).
   I. 1. intr. prnl. *Mx, RD, Ve, Ec, Ar, Ur.* Apartarse *alguien,* hacerse a un lado. pop + cult → espon.
   2. *Ch, Ar, Ur.* Separarse una pareja. pop + cult → espon.
   3. *Bo, Ar. En los juegos de naipes,* no participar de una apuesta.
   4. tr. *Pe.* Apartar o separar a *una persona* de un negocio, compañía o situación.
   5. *RD.* Escapar *alguien* a un compromiso, desistir, huir.
   II. 1. intr. prnl. *Mx, Ve, Ec, Pe, Ch, Ar, Ur. En una carrera,* desviarse un caballo de la línea que seguía.
   2. *Mx, Ho, Pa, Cu.* Desviarse un vehículo de su ruta para sortear un obstáculo o tomar una curva.
   III. 1. intr. prnl. *Mx, RD, Co, Ve, Ec, Pe, Py, Ar, Ur.* Desistir *una persona* de algo, *en especial de una actividad que debía de hacerse en grupo.* pop + cult → espon.
   IV. 1. tr. *Mx, RD, PR, Ve. En el beisbol,* formar parte un jugador de la alineación en el orden al **bate.**
   2. intr. *Pa, Cu, PR. En el beisbol,* iniciar el juego el lanzador.
   V. 1. intr. prnl. *Ho, Cu, Ve.* Enfadarse, rebelarse *una persona* contra otra, expresando fuertemente su enojo.
   2. *Ve.* Iniciar *una persona* una agresión o ataque contra alguien o algo.
   VI. 1. intr. prnl. *Ve.* Comportarse de forma generosa, *especialmente con el dinero.*
   2. tr. prnl. *Gu, RD.* Invitar u obsequiar a *una persona,* ser generoso.
   VII. 1. tr. *Cu, Ch.* Hacer un claro donde había una vegetación tupida.
   VIII. 1. intr. *RD.* Alcanzar un hombre la edad viril.
   IX. 1. intr. prnl. *Ho.* Rajarse una vasija de barro en el secado o en la cocción.

   ☐

   a. ‖ ~ **brecha.**
     i. loc. verb. *Ve. En el beisbol,* iniciar una carrera.
     ii. *PR. En las peleas de gallos,* tirar el gallo golpes continuos de la misma forma hasta vencer.
   b. ‖ ~ **bulto.** *Ho.* **abrir paca.**
   c. ‖ ~ **camino.** loc. verb. *Cu.* Apartar de una persona los peligros, obstáculos o maleficios provocados por una divinidad o por la magia de un enemigo.
   d. ‖ ~ **cancha.**
     i. loc. verb. *Mx, Gu, Ho, ES, Ni, Pa, Ec, Bo, Ch.* Apartarse del camino que lleva otro para no obstaculizar su paso.
     ii. *Gu, Ho, Ni, Bo.* Superar las dificultades que se interponen en el camino hacia el logro de un determinado fin. pop + cult → espon.
     iii. *Ec, Ch.* Comenzar o tomar la iniciativa en algo para que se desarrolle y deje espacio a otras cosas.

e. ‖ ~ **el banderín.** loc. verb. *Cu.* Eliminar las trabas que impedían la realización de algo. pop + cult → espon.

f. ‖ ~ **el coco.** loc. verb. *Pa, RD.* p.u. Despabilarse, concentrarse para captar algo. pop + cult → espon ^ fest.

g. ‖ ~ **el compás.** loc. verb. *Ve. En el beisbol,* separar extremadamente los pies un jugador de primera base para recibir un lanzamiento.

h. ‖ ~ **el inin.**
   i. loc. verb. *Cu, PR, Ve. En el beisbol,* batear en la primera mitad de la entrada.
   ii. *Cu, PR, Ve. En el beisbol,* jugar la primera mitad de la entrada.

i. ‖ ~ **el paraguas.**
   i. loc. verb. *RD, Ar, Ur.* Aguantar muchos insultos y reproches. pop + cult → espon.
   ii. *RD, Ar.* Prepararse para oír algo desagradable. pop + cult → espon.
   iii. *Py, Ar.* Defenderse de ataques indirectos. pop + cult → espon ^ fest.

j. ‖ ~ **gas.** loc. verb. *RD.* Salir *alguien* precipitadamente. pop + cult → espon.

k. ‖ ~ **la botica.** loc. verb. *Gu.* juv. Abrir la boca, hablar.

l. ‖ ~ **la cabeza.**
   i. loc. verb. *Ar, Ur.* Ampliar la perspectiva a alguien. pop + cult → espon
   ii. *Ar, Ur.* Ampliar la perspectiva de algo. pop + cult → espon.

m. ‖ ~ **la cancha.**
   i. loc. verb. *Co, Bo, Ur. En el futbol,* abrir el juego a través de los laterales.
   ii. *Ur. En una actividad,* dar los primeros pasos o resolver las primeras dificultades.

n. ‖ ~ **la mollera.** loc. verb. *Cu, RD.* Prestar atención a lo que sucede alrededor.

ñ. ‖ ~ **los ganchos.** loc. verb. *Gu.* Abrir los ojos, prestar atención. pop + cult → espon ^ fest.

o. ‖ ~ **paca.** loc. verb. *Gu.* Vender ropa usada. ♦ **abrir bulto.**

p. ‖ ~ **(una) raya.** loc. verb. *Gu, Cu.* Salir abruptamente de un lugar. pop + cult → espon.

q. ‖ ~ **rayo.** loc. verb. *Pa.* Quemar *algo* para limpiar una cerca o hacer una roza. rur.

r. ‖ ~ **tamaño boca.** loc. verb. *RD, Co, Ve.* Asombrarse por algo, quedar boquiabierto. pop + cult → espon.

s. ‖ ~ **un hueco.** *Cu.* **hacer un hueco.**

t. ‖ ~ **valla.** loc. verb. *Cu.* Despertársele a alguien la codicia o ambición. pop + cult → espon.

u. ‖ ~**le el gancho.** loc. verb. *Ni.* Acceder una mujer a tener relaciones sexuales con un hombre. pop + cult → espon.

v. ‖ ~**le la gasa.** loc. verb. *Ni.* Dar prebendas a alguien para obtener de él compromisos o favores. pop + cult → espon.

w. ‖ ~**le los abiertos.** loc. verb. *Ni.* Informar a un niño o joven sobre algo que él ya sabe. pop + cult → espon ^ sat. ♦ **abrirle los sentidos.**

x. ‖ ~**le los sentidos.** *Ni.* **abrirle los abiertos.** pop + cult → espon ^ sat.

y. ‖ ~**se de patas.** loc. verb. *Cu.* Acobardarse o atemorizarse. pop.

z. ‖ **abrírsele las agallas.** loc. verb. *Co.* Despertársele a alguien la codicia.

a. ‖ **¡abran cancha!** loc. interj. *Mx, Gu, Ho, CR, Pa, RD, Ve, Bo, Ch, Pe, Py, Ar, Ur; Ec.* p.u. Se usa para solicitar a alguien que se aparte de un lugar y deje libre el paso. pop. ♦ **¡abran cancha y quiten la mesa de ahí!; ¡ábranla que lleva bola!; ¡ábranle!**

b. ‖ **¡abran cancha y quiten la mesa de ahí!** loc. interj. *Mx.* Se usa para solicitar a alguien que se aparte de un lugar y deje libre el paso. pop.

c. ‖ **¡ábranla que lleva bola!** *Mx.* **¡abran cancha!**

d. ‖ **¡ábranle!** *Mx.* **¡abran cancha!**

abriscanado, -a.
  I. 1. adj. *Mx:N. Referido a cosa, especialmente a un sombrero,* **arriscado,** levantado, echado para atrás. rur.

abritecomadre.
  I. 1. m. *Ar:N.* **sinvergüenza,** planta.

abrochador.
  I. 1. m. *Ar.* **abrochadora.**

abrochadora.
  I. 1. f. *Ar, Ur.* Máquina manual utilizada para colocar broches o botones metálicos en las prendas de vestir. (**abrochador**).

abrochadura.
  I. 1. f. *Ho.* Ojal. rur.

abrochar(se).
  I. 1. tr. prnl. *Mx, Gu, Ec.* metáf. Realizar el coito. vulg; pop + cult → espon.
    2. *Mx.* Derrotar *una persona* a *alguien* en una **competencia,** *especialmente deportiva.* pop + cult → espon.
    3. *Gu, Co:SO.* metáf. Abusar sexualmente un hombre de una mujer. vulg; pop + cult → espon.
    4. tr. *Ar.* Estafar *una persona* a *alguien.* pop.
  II. 1. tr. *Co:N.* **ajustar,** exigir.
  III. 1. tr. prnl. *Pe.* p.u. Obtener *alguien* un beneficio.
  IV. 1. tr. *Cu.* Establecer *una persona* una relación con alguien.
  V. 1. intr. prnl. *RD.* Ponerse *alguien* una correa.

abrogarse.
  I. 1. tr. prnl. *Ho, PR, Bo, Ch, Ar.* Atribuirse *una persona* o una institución facultad para hacer *algo* que la ley no le concede. prest; cult → esm.
  II. 1. tr. prnl. *RD, Ch.* Arrogarse *alguien algo.*

abrojiento, -a.
  I. 1. adj. *Ur. Referido a un terreno,* lleno de abrojos. rur.

abrojillo.
  I. 1. m. *Ar, Ur.* **cepa caballo.**

abrojo.
  I. 1. m. *Bo, Ar.* Sistema de cierre o sujeción formado por dos tiras de tejidos diferentes que se adhieren al entrar en contacto.
  II. 1. m. *RD, PR, Ve.* Hierba perenne, de hojas compuestas y numerosas espinas, flores amarillas axilares, de cinco pétalos libres, simétricos o redondeados y fruto seco. (Zygophyllaceae; *Tribulus* spp.).
    2. *PR.* Arbusto de poca altura, de hojas ovaladas agudas, espinas negras, flores solitarias, grandes y rosadas, en la extremidad de los ramos y frutos globosos. (Verbenaceae; *Priva lappulacea*).
    3. *PR.* **huitzapole.**

abroquelarse.
  I. 1. intr. prnl. *Bo, Ar.* Empeñarse *alguien* en mantener una opinión discutible. prest; cult → esm.

abruzar.
  I. 1. tr. *RD.* Pelear dos o más personas entre sí.

absoluto, -a.
  I. 1. adj. *Ho, ES, Ni. Referido a persona,* libertina.
  □
    a. ‖ **en lo ~.**
      i. loc. adv. *Mx, Gu, Ho, PR.* No, de ninguna manera.
      ii. *Ho, Bo, Ch.* Por completo, sin lugar a dudas.

absorbecalcetines.
  I. 1. sust/adj. *Ar.* p.u. Adulador. pop + cult → espon ^ desp ^ fest. ♦ **chupacalcetines.**

absorbente.
    I. 1.   m. *Cu.* Tubo delgado de unos 20 cm, hecho de diversos materiales, usado para sorber líquidos.

absorber.
    I. 1.   tr. *Ch, Ar, Ur.* En el boxeo, resistir un púgil los golpes del contrario.

abstraimiento.
    I. 1.   m. *Ur.* Reconocimiento de alguien. prest; cult → esm.
    2.   *Ur.* Distracción de alguien. prest; cult → esm.
    3.   *Ur.* Confusión mental de alguien. prest; cult → esm.

abú.
    I. 1.   *PR.* **abuje**.

abucharse.
    I. 1.   intr. prnl. *RD.* Abultarse el traje o la vestimenta.

abuchonado, -a.
    I. 1.   adj. *Ar, Ur.* **abullonado**, de forma redondeada. pop + cult → espon.

abuchonarse.
    I. 1.   *CR.* **alagartar**, apropiarse. pop + cult → espon.
    II. 1.   *Ur.* **abullonar**.

abuela.
    ■
    a. ‖ **~ gacha.** f. *Pa.* Partera. rur.
    □
    a. ‖ **¡de algo murió mi ~!** loc. interj. *PR.* Expresa la existencia de una causa o razón de determinada situación.
    b. ‖ **de poca ~.** loc. adj. *Mx.* Muy bueno, muy bonito, muy grande.
    c. ‖ **¡para su ~!** loc. interj. *Cu, Ve.* Expresa negación o rechazo rotundos.
    ◪
    a. ‖ **mi ~ tiene un biombo.** fr. prov. *Ar, Ur.* Indica que alguien ha dicho algo que no viene al caso. pop + cult → espon.
    b. ‖ **y tu ~, ¿dónde está?** fr. prov. *Cu, PR.* Indica que una persona de raza negra intenta pasar por blanca. pop + cult → espon.
    ▶ **no tener ~.**

abuelar.
    I. 1.   tr. *Ch.* Consentir, mimar *una persona* a *alguien*. pop + cult → espon.

abuelazón.
    I. 1.   m. *Pa.* Excesivo amor y cuidado de un abuelo por los nietos. pop + cult → espon.

abuelengos.
    I. 1.   m. pl. *Ho.* Antepasados, *en especial los abuelos*. rur. ◆ **anticuco; antigües; antiques.**

abuelita.
    I. 1.   f. *Co.* p.u. Cuna portátil para bebés.
    2.   *Cu, RD.* Cochecito para llevar sentados a los bebés.
    3.   *Ni.* Silla mecedora.
    II. 1.   f. *Cu, RD, PR, Co.* Tórtola de hasta 16 cm de longitud, de color castaño rojizo. (Columbidae; *Columbina passerina, C. talpacoti*). ◆ **cutusa.**
    III. 1.   f. *Co.* Calzado de tela y suela ligera *que por lo común solo se usa dentro de casa.*

¡abuelita!
    I. 1.   interj. *Mx.* Expresa afirmación rotunda. pop + cult → espon.

¡abuelito!
    I. 1.   interj. *Ar.* p.u. Expresa sorpresa. pop + cult → espon.

abuelo.
    I. 1.   m. *Mx.* Dulce de azúcar moreno con nuez, en forma de cono truncado, típico de Nuevo León.

¡abuén!
    I. 1.   interj. *ES.* Expresa protesta. pop + cult → espon.
    2.   *ES.* Expresa sorpresa. pop + cult → espon.

abuenado, -a.
    I. 1.   adj. *Bo, Ch, Ar, Ur.* Referido a dos o más personas, que se han reconciliado. pop + cult → espon.
    2.   *Bo, Py, Ar.* Referido a persona, que ya no está enojada. pop + cult → espon.

abuenamiento.
    I. 1.   m. *Ch.* p.u. Reconciliación de dos personas.

abuenar(se).
    I. 1.   intr. prnl. *Bo, Ch, Py, Ar, Ur.* Reconciliarse dos personas. ◆ **amigarse.**
    2.   tr. *Bo, Ch, Ar.* Hacer que se reconcilien dos personas. pop + cult → espon.
    3.   intr. prnl. *Ar, Ur.* Aplacar *alguien* su ira o su enojo. pop + cult → espon.
    4.   tr. *Ar.* Hacer que *alguien* enmiende o corrija su conducta. pop + cult → espon.
    5.   intr. prnl. *Ar.* Volverse *alguien* mejor por haber enmendado su conducta. pop + cult → espon.
    6.   tr. *RD.* Calmar, apaciguar *alguien* a *una persona* encolerizada.

abufado, -a.
    I. 1.   *PR.* **abofado**, hinchado.

abufarse.
    I. 1.   *PR.* **abofarse**, hincharse. ◆ **abujar.**

abuí.
    I. 1.   *PR.* **jején**, insecto.

abuinche.
    I. 1.   m. *Co.* Machete con el que los recolectores de quina cortan y descortezan los quinos. rur.

abujado, -a.
    I. 1.   adj. *Cu, RD.* **abofado**, hinchado.

abujarse.
    I. 1.   intr. prnl. *PR.* **abofarse**, hincharse.

abuje. (De or. ind. antillano).
    I. 1.   m. *Cu, RD.* p.u. Artrópodo casi microscópico de ocho patas y de color rojizo. (Trombiculidae; *Trombicula* spp.). (**abujo; abuso**). ◆ **abú; abús.**

abujo.
    I. 1.   *RD.* **abuje.**

¡abul!
    I. 1.   interj. *RD; Cu*, obsol. Expresa despedida. pop + cult → espon. (**¡abur, abur!**).

abulencia.
    I. 1.   f. *RD.* p.u. Falsedad, invención, especulación. rur.

abullonado, -a.
    I. 1.   adj. *Mx, Ho, Co, Py, Ur.* Referido a un objeto o a una prenda de vestir, de forma redondeada o abombada. pop + cult → espon. ◆ **abuchonado.**

abullonar.
    I. 1.   tr. *Py, Ar, Ur.* Dar *alguien* forma redondeada o abombada a *algo, especialmente a las mangas de una prenda de vestir.* ◆ **abuchonar.**

abulón. (Del ingl. *abalone*).
    I. 1.   m. *Mx, Gu.* Molusco gasterópodo, caracol de forma oval un poco alargada, con una única concha o valva aplanada y con una hilera de perforaciones en el borde externo de su espiral; es muy apreciado por su carne y por el nácar de su concha. (Haliotidae; *Haliotis* spp.). (**abalón**).

abulonado, -a.
    I. 1.   adj. *Ar.* Referido a cosa, sujeta a algo por medio de **bulones.**

abulonar.
   I. 1. tr. *Py, Ar.* Sujetar *alguien algo* con **bulones**.

abundantosa.
   I. 1. adj. *Cu. Referido a una mujer*, de muchas y buenas carnes. pop + cult → espon ^ fest.

aburar.
   I. 1. tr. *Cu.* Producir comezón la picadura de algún insecto.
      2. *PR.* Picar un insecto reiteradamente a *alguien*. pop + cult → espon.
      3. *PR.* metáf. Importunar, hostigar *una persona* a *alguien*. pop + cult → espon.

aburria.
   I. 1. f. *Co, Ve, Ec.* Ave de hasta 70 cm de longitud, con plumaje amarronado, cola larga, patas robustas y pico similar al del pavo. (Cracidae; *Penelope montagnii*). ♦ **gallina de monte; pava; pava andina.**

aburrición.
   I. 1. f. *EU, Mx, Gu, Ho, CR, Pa, Cu, RD, PR, Co, Ve, Ec; Bo,* p.u. Aburrimiento, tedio, fastidio. pop.
   II. 1. f. *RD.* p.u. Antipatía, aborrecimiento, odio. pop.

aburridor.
   I. 1. m. *Mx.* Regaño.

aburridor, -ra.
   I. 1. adj. *Mx, Ni, Bo, Py. Referido a persona o cosa*, fastidiosa. pop + cult → espon.

abús.
   I. 1. *PR.* **abuje.**

abusadillo, -a.
   I. 1. adj. *ES.* **abusado**, listo.

¡abusado!
   I. 1. interj. *ES.* Expresa atención, alerta, advertencia. pop + cult → espon.

abusado, -a. (Var. de *aguzado*).
   I. 1. adj. *Mx, Gu, Ho, ES, Ni. Referido a persona*, lista, sagaz, viva. (**abusadillo**). ♦ **buzo; vivo.**

abusador, -ra.
   I. 1. adj/sust. *Ho, CR, Pa, Cu, RD, Ve.* metáf. *Referido a persona*, que se aprovecha de la confianza y la bondad de otra.
      2. *EU, RD, PR. Referido a persona*, que maltrata físicamente a otra.
      3. *Cu, Py. Referido a persona*, que vende un producto a precio excesivo.
   II. 1. adj/sust. *RD, PR. Referido a persona*, muy atractiva. pop + cult → espon.
   III. 1. adj/sust. *PR. Referido a persona*, que presume de valiente. pop + cult → espon.

abusar(se).
   I. 1. tr. *Ho, Ni, RD, Bo.* Atropellar o maltratar *una persona* a *alguien* utilizando la fuerza.
   II. 1. intr. prnl. *Gu, ES.* Estar listo *alguien* para hacer algo, avivarse. pop + cult → espon.
   III. 1. tr. *Bo.* Aprovechar *una persona* la situación de inferioridad de alguien para obtener beneficios. pop + cult → espon.

abusete.
   I. 1. adj. *Ch. Referido a persona*, que comete abusos. pop + cult → espon ^ desp.

abusimiento.
   I. 1. m. *ES.* Abuso. (**abusivada**).

abusión.
   I. 1. f. *Pa.* p.u. Fantasma. rur.

abusivada.
   I. 1. f. *ES.* **abusimiento.**

abusivo, -a.
   I. 1. adj/sust. *RD, Ch. Referido a un precio, trato, situación o trabajo*, que agobia.

II. 1. adj. *Gu. Referido a persona*, lista.
      2. *Gu. Referido a persona*, atrevida.

abuso.
   I. 1. *PR.* **abuje.**

abuso, -a.
   I. 1. sust/adj. *Ar.* Persona que abusa de alguien o de algo. pop.

abuta.
   I. 1. f. *Pe.* Planta trepadora robusta, aplanada, que se enrolla a árboles de gran tamaño, con ramas y hojas glabras, limbo de color verde pálido y fruto en drupa elipsoide de color amarillento; es muy usada con fines medicinales. (Menispermaceae; *Abuta grandifolia*).

abutagar(se).
   I. 1. tr. *Ch.* Producir la comida a alguien sensación de hinchazón o pesadez en el estómago.
      2. intr. prnl. *Ch.* Sentir *alguien* hinchazón o pesadez en el estómago.

ac. (Del maya *ak*).
   I. 1. *Mx.* **pajón.**

aca. (Del quech. *aka*, excremento).
   I. 1. sust/adj. *Ar:NO.* metáf. Persona miedosa y cobarde. vulg; pop + cult → espon ^ desp.
      2. *Ar:NO.* Persona malintencionada. pop + cult → espon ^ desp.
      3. *Ar:NO.* Persona egoísta. pop + cult → espon ^ desp.
   II. 1. f. *Bo:S, Ar:NO.* p.u. Excremento. rur; vulg; pop + cult → espon.

   □
   a. ‖ **ni ~.** loc. adv. *Bo.* Nada. pop + cult → espon.
   ▶ **hacer ~; hacerse ~; no valer ni ~.**

acá.
   I. 1. adj. *Mx.* juv. *Referido a cosa*, sofisticada o de excelente calidad.

   ●
   a. ‖ **~.** fórm. *Cu, PR, Bo.* Se usa para referirse a una tercera persona presente. pop + cult → espon.
   b. ‖ **¡de ~!** fórm. *Ur.* Se usa para ponderar el rechazo de una afirmación, una propuesta o una petición. vulg; pop + cult → espon.

   □
   a. ‖ **bien ~.** loc. adj. *Mx, RD.* **muy acá.**
   b. ‖ **muy ~.**
     i. loc. adj. *Mx. Referido a persona*, que presume de estar a la moda, de ser moderna. pop + cult → espon. ♦ **bien acá.**
     ii. *Mx. Referido a persona*, que desprende distinción y singularidad. pop.

¡aca!
   I. 1. interj. *CR.* Expresa orden de andar dada a las vacas. rur.
   II. 1. interj. *CR.* Expresa burla hacia alguien que ha realizado una acción disparatada. pop.

¡acá!
   I. 1. interj. *Ur.* Expresa reprobación, rechazo. pop + cult → espon.

acaba.
   ■
   a. ‖ **~ pangola.** f. *RD.* Planta herbácea perenne, de ramas pelosas, flores axilares de cáliz peloso, corola morada y legumbre encorvada. (Fabaceae; *Desmodium triflorum*).

   □
   a. ‖ **~ fiestas.** loc. sust. *RD.* Amigo de desórdenes.
   b. ‖ **~ mundo.** loc. adj/sust. *Cu. Referido a persona*, muy inquieta, destrozadora.

acabada.
  I. 1. f. *ES, Ch, Ar, Ur.* Semen expulsado en una eyaculación. vulg; pop + cult → espon.
  2. *Ar, Ur.* Orgasmo. vulg; pop + cult → espon.

acabado, -a.
  I. 1. adj. *Gu, Ho, ES, Ni, Pa, PR, Ch. Referido a persona,* débil, flaca.
  2. *Ec, Pe. Referido a persona,* muy avejentada.
  II. 1. adj. *Gu, Ho, ES, Ni, CR, Cu, Ar, Ur. Referido a persona, equipo o institución,* que ha perdido toda oportunidad u opción en algo. pop + cult → espon.
  2. sust/adj. *Ho, ES, Ni, Ar.* Persona pobre, sin dinero. pop + cult → espon. ♦ **estril; lavado; liso; pelado.**

acabadura.
  I. 1. f. *Ho, ES, Ni.* Semen. vulg; pop + cult → espon. (**cabadura**). ♦ **catadura; chilate; chorro de hombre; crema.**
  2. *Gu.* **acabamiento**. vulg; pop + cult → espon.

acaballado, -a.
  I. 1. adj. *CR, Ch. Referido a persona,* poco cuidadosa e irreflexiva en su forma de actuar. pop + cult → espon.

acaballar.
  I. 1. tr. *Cu.* Causar daño o perjudicar a *alguien.* pop.
  2. *Cu.* Cobrar *una persona* a alguien un precio excesivo por algo. pop.
  II. 1. tr. *Cu.* Realizar el coito. vulg.

acabamiento.
  I. 1. m. *Mx, Gu, Ho, Ni.* p.u. Estado de agotamiento físico de una persona.
  2. *Mx.* Deterioro físico de una persona.
  3. *CR.* obsol. Debilidad física o sensación de vacío en el estómago que experimenta una persona por falta de alimento. rur.
  II. 1. m. *Gu, Ho, ES.* Eyaculación. vulg; pop + cult → espon. ♦ **acabadura.**

acabangado, -a.
  I. 1. adj. *CR. Referido a persona,* que tiene **cabanga,** melancolía. (**acavangado**).

acabangar(se).
  I. 1. intr. prnl. *Ni, CR; Pa,* p.u. Entristecerse *alguien* por algo. (**acavangarse**).
  2. tr. *CR, Pa.* Entristecer *algo* a alguien.

acabar(se).
  I. 1. tr. *Mx, RD.* Derrotar *una persona* a alguien en una discusión. pop + cult → espon.
  2. *Mx.* Apabullar *una persona* a alguien. pop + cult → espon.
  II. 1. intr. prnl. *Mx.* Quedar *algo* o *alguien* destrozado. pop + cult → espon.
  2. *PR.* Agotarse. pop + cult → espon.
  III. 1. tr. *Cu, RD, PR; EU,* p.u. Causar sensación *alguien* o *algo.* pop + cult → espon.
  2. *Cu, RD.* Sorprender *una persona* agradablemente a *alguien.* pop + cult → espon.
  3. intr. *Cu, PR.* Tener *alguien* éxito en una empresa. pop + cult → espon.
  IV. 1. intr. *Cu, RD, Ec.* Hablar *una persona* mal de alguien. pop + cult → espon.
  2. tr. *RD, Ec.* Ofender de palabra gravemente *una persona* a *alguien.* pop + cult → espon.
  3. intr. *Cu.* Hacer *alguien* las cosas mal.
  4. *Cu.* Comportarse *alguien* incorrectamente.
  V. 1. tr. *Ho, ES, Ni, Pe.* Matar *una persona* a *alguien.* ♦ **mamar; quebrar; tistear; tumbar; volar.**
  2. intr. prnl. *Ho, ES.* Morirse *alguien.* ♦ **mamarse; tistearse; tumbarse; volarse.**

VI. 1. tr. prnl. *Cu, PR, Bo.* Avejentarse prematuramente *alguien,* perdiendo vitalidad y fuerza.

•
  a. ‖ **¡se acabó el pan de piquito!** fórm. *Cu.* Se usa para expresar que termina una situación que privilegiaba a alguien.

□
  a. ‖ **~la.** loc. verb. *Bo, Ar, Ur.* Poner fin a una conducta o a una conversación molesta. pop + cult → espon.
  b. ‖ **~se el carbón.** loc. verb. *Cu.* No haber nada más que hacer.

acabazón.
  I. 1. f. *ES.* Pobreza extrema.

acabose.
  I. 1. m. *EU, Mx, Gu, CR, Pa, Cu, RD, PR, Co, Ec, Pe, Bo, Py, Ar.* Situación catastrófica, desastre producido por el hombre.

acabotó.
  I. 1. m. *Ar:NE.* Agente de policía. pop + cult → espon.
  II. 1. sust/adj. *Ar:NE.* Persona de cabeza aplanada. pop + cult → espon.

acabronarse.
  I. 1. intr. prnl. *Ch.* juv. Apoderarse de algo *una persona* o un animal y no compartirlo. pop + cult → espon.

acacana.
  I. 1. f. *Pe.* Planta de hasta 15 cm de altura, de tallo globoso con costillas pronunciadas, flores en forma de copa y fruto de color rojo o amarillo con semillas negras; su fruto es muy apreciado en la cocina y como remedio medicinal. (Cactaceae; *Cereus peruvianus*). (**achacana**). ♦ **gigantón.**

acachado, -a.
  I. 1. adj. *Ch. Referido a un comerciante,* que tiene exceso de mercancía sin posibilidad de venta.
  2. *Ch. Referido a persona,* sobrecargada de trabajo.

acachaparse.
  I. 1. intr. prnl. *Ve.* Aplastarse *algo.*

acachará.
  I. 1. m-f. *Ar:NE.* Persona que tiene el cabello enmarañado y en desorden.

acachir.
  I. 1. tr. *Ar.* Reprender o imponer un castigo a *alguien, especialmente a un niño.* pop.

acachuya.
  I. 1. f. *Ar:NO.* Malestar intestinal que provoca frecuentes deposiciones líquidas o muy fluidas. vulg; pop + cult → espon.

acacia.
  I. 1. f. *Mx, Gu, Ho, CR, Pa.* Árbol de hasta 5 m de altura, de copa muy extendida, hojas compuestas, paripinnadas, inflorescencia en racimos grandes, terminales y axilares, flores rojas o anaranjadas y fruto en forma de vaina aplanada; se utiliza en la medicina tradicional. (Fabaceae; *Caesalpinia pulcherrima*). ♦ **barbona; chacalshúchil; chacamalsúchil; chachalcahuite; clavellina; espantalobos; flor de ángel; guacamaya; jilincuche; sirundanicua; tabachín.**
  2. *Ve.* **flamboyán.**
  3. *Pa, RD, PR.* Arbusto lampiño de hasta 3 m de altura, de ramas espinosas y flores blancas, fragantes, dispuestas en racimos. (Fabaceae; *Leucaena leucocephala*). ♦ **lino criollo; yaje.**
  4. *Ch.* Árbol de mediana altura, con espinas en el tronco, hojas sencillas y abundantes, flores pequeñas de color blanquecino y fruto pequeño y redondo, de color negro brillante; se caracteriza por su madera, muy dura, utilizada en ebanistería, en la construcción y como combustible. (Rutaceae; *Zanthoxylum monophyllum*). ♦ **enrubio; espino; espino blanco; espino rubial; espinosa; palo rubio.**

5. *PR.* Arbusto de gran tamaño, frondoso, con hojas semejantes a las del helecho, flores de color rosa de tres estambres y fruto ovoide; su madera se usa para **espeques**. (Fabaceae; *Tamarindus occidentalis*).

II. 1. f. *Gu, Ho.* Esposa de un masón.
∎

  a. ‖ ~ **amarilla.** f. *RD, PR.* Arbusto de hojas elípticas, angostas y duras, que produce drupas negras, con pulpa delgada y semillas elípticas. (Fabaceae; *Albizia lebbek*).

  b. ‖ ~ **de los masones.** f. *RD.* **huacáporo.**

  c. ‖ ~ **mansa.** f. *Ur.* Arbusto de hasta 2 m de altura, de hojas compuestas, flores rojas en racimo y fruto en vaina recta con cuatro costillas aladas; su corteza se usa en la medicina popular. (Fabaceae; *Sesbania punicea*).

  d. ‖ ~ **negra.**

    i. f. *Ur.* Árbol de tamaño mediano, con hojas lanceoladas con varias nervaduras principales y flores de color amarillo dispuestas en cabezuelas esféricas, agrupadas en inflorescencias racimosas; su madera, dura y pesada, se utiliza en carpintería. (Fabaceae; *Acacia melanoxylon*).

    ii. *Ur.* Madera de la acacia negra.

acacito.
  I. 1. adv. *RD, Ec, Pe, Bo, Ch.* Muy cerca, a poca distancia. pop + cult → espon.

acacllo.
  I. 1. m. *Pe.* **gargacha.**

academia.
∎
  a. ‖ ~ **de choferes.** *Ur.* **academia de conducción.**

  b. ‖ ~ **de conducción.** f. *Bo.* Centro privado en el que se enseña a conducir vehículos. ♦ **academia de choferes.**

acador, -ra. (Del quech. *aqha*, bebida alcohólica de maíz).
  I. 1. m. y f. *Bo:O,C.* Persona que elabora **chicha**, bebida alcohólica.

acagual.
  I. 1. *Mx.* **acahual.** (**achagual**).

acaguasarse.
  I. 1. intr. prnl. *Cu.* Llenarse un terreno de **caguaso**. rur.

  2. *Cu.* Crecer poco el tallo de la caña de azúcar y multiplicarse en cambio las hojas. rur.

acaguazú.
  I. 1. sust/adj. *Ar:NE.* Persona con la cabeza de un tamaño desproporcionado. pop.

acahatá. (Del guar. *aka*, cabeza, y *hasta*, duro).
  I. 1. sust/adj. *Py.* Persona terca, pertinaz. pop + cult → espon ^ desp.

acahual. (Del nahua *acahualli*, hierbas secas).
  I. 1. m. *Mx.* Hierba seca y alta de los barbechos que sirve para encender el fuego. rur. (**acagual**).

acahuelero.
  I. 1. m. *Mx.* Hierba que crece en un barbecho.

acahualero, -a.
  I. 1. sust/adj. *Mx.* p.u. Persona que recoge hierbas para encender fuego. rur.

acaíto.
  I. 1. adv. *PR.* Cerca. pop + cult → espon.

acajetillado, -a.
  I. 1. adj. *Ar.* Referido a persona, que tiene los modales y las costumbres propias de un **cajetilla**. pop.

acajetillarse.
  I. 1. intr. prnl. *Ar.* Adoptar los modales y las costumbres propias de un **cajetilla**. pop.

acalambrado, -a.
  I. 1. adj. *Mx, Ni.* metáf. *Referido a persona*, asustada, inmovilizada por miedo.

  2. *Ur.* Referido a persona, asombrada de algo o de alguien.

acalambramiento.
  I. 1. m. *Gu, Ho, ES, Ni, CR, Cu, RD, PR, Bo, Ch, Py, Ur; Ar,* p.u. Contracción espasmódica de un músculo, dolorosa y poco duradera.

acalambrante.
  I. 1. adj. *Ch, Ur. Referido a persona o cosa*, que causa molestia.

  2. *Ch, Ur. Referido a persona o cosa*, que causa cansancio.

acalambrar.
  I. 1. tr. *EU, Mx, Gu, Ho, ES, Ni, CR, Pa, Ec, Pe, Ar, Ur.* Sufrir *alguien* un calambre.

  II. 1. tr. *Mx, Ni.* metáf. Asustar, acobardar a *alguien*.

  III. 1. tr. *Ur.* metáf. Fastidiar o molestar *alguien* o *algo* a *una persona*.

acalenturado, -a.
  I. 1. adj. *Gu, Ho, ES, CR; RD,* rur. *Referido a persona*, febril.

  II. 1. adj. *CR. Referido a un animal hembra*, que está en celo.

acalenturarse.
  I. 1. intr. prnl. *Gu, ES, CR, RD.* Tener fiebre *una persona*.

  II. 1. intr. prnl. *CR.* Entrar en celo un animal hembra.

acalichado, -a. (Der. de *caliche*).
  I. 1. adj. *Ho. Referido a persona*, vulgar en su forma de vestir, hablar o comportarse. rur. ♦ **cholero.**

acalorado, -a.
  I. 1. adj. *Ho, ES, Pa, RD. Referido a animales, generalmente ganado vacuno o caballar*, que están en período de celo o apareamiento. ♦ **embramado; enfumado; enlunado.**

acalorizarse.
  I. 1. intr. prnl. *RD; PR,* p.u. Acalorarse *alguien* por causas físicas.

acamalador, -ra.
  I. 1. adj/sust. *Ar. Referido a persona*, tacaña, avara.

acamalar.
  I. 1. tr. *Ar.* p.u. Acaparar, guardar, *especialmente dinero*, a veces con tacañería. pop + cult → espon.

  II. 1. tr. *Ar.* p.u. Mantener económicamente un hombre a una amante. pop + cult → espon.

acamaya. (Del nahua *acatl*, caña, y *mayatl*, escarabajo).
  I. 1. f. *Mx.* Camarón grande de río. (Atyidae; *Atya scabra*).

acame.
  I. 1. m. *Mx, Gu, Ho.* Inclinación o doblamiento de una planta, *en especial una poaeca*. rur.

acamellonar. (Der. de *camellón*).
  I. 1. tr. *Mx, Ho, Ur.* Hacer *alguien* caballones en la tierra entre dos surcos. rur.

  2. *Mx.* Poner *alguien* **camellones** en las avenidas de una ciudad para dividir los dos sentidos del tránsito.

acampado, -a.
  I. 1. adj. *Ch. Referido a persona*, que tiene costumbres propias de un campesino. pop + cult → espon.

acampante.
  I. 1. m-f. *Ch, Ar, Ur.* p.u. Persona que se aloja temporalmente en **carpas** o en remolques acondicionados para servir de vivienda, instalados en *campings* u otros lugares al aire libre.

acampar.
  I. 1. intr. *Mx, RD.* Cesar de llover. pop.

  II. 1. intr. *Ho.* Hablar el ladrón amistosamente con la persona a la que va a robar posteriormente para inspirarle confianza. delinc. ♦ **rezar.**

acana.
  I. 1. *Cu, PR.* **ácana**, árbol.

ácana. (De or. ind. antillano).
  I. 1. m. *Cu.* Árbol de hasta 25 m de altura, de copa grande, y tronco corpulento; su fruto es comestible. (Sapotaceae; *Manilkara albescens*). (**acana; acano**).
  2. *Cu.* Madera del ácana, de color rojo, dura y resistente, que se emplea en construcciones navales, en traviesas de ferrocarril y en horcones.
  3. *Cu.* metáf. Hombre de gran fortaleza. pop + cult → espon.

acanariado.
  I. 1. adj. *Ch. Referido a cosa*, semejante al canario, *especialmente en el color*.

acancerado, -a.
  I. 1. adj. *Co. Referido a un tejido orgánico*, que padece de cáncer.

acangallarse.
  I. 1. tr. prnl. *Mx.* Desfallecer *alguien* por cansancio, frío o entumecimiento. rur.

acano.
  I. 1. *Cu.* **ácana**, árbol.

acanogar.
  I. 1. tr. *Gu, Ch.* Dar *alguien* forma de canoa a algo.
  2. *Gu, Ch.* Hacer *alguien* canales, estrías o ranuras en un objeto sólido.
  3. *Gu, Ch.* Ahuecar, poner *alguien* cóncavo *algo*.

acántido.
  I. 1. m. *Co, Pe, Bo.* Insecto hemíptero de cabeza pequeña, ojos poco salientes y alas coriáceas y transparentes.

acantinflado, -a.
  I. 1. adj. *Mx, ES, Ni, CR, RD, Ve, Bo, Ch; Pe,* p.u. *Referido a persona*, que habla a la manera peculiar de Cantinflas. ♦ **cantinfleado; cantinflesco.**

acantinflarse.
  I. 1. intr. prnl. *Mx, Ni, RD, Ve.* Comportarse *alguien* utilizando la forma de hablar de Cantinflas. ♦ **cantinflear.**

acanturo.
  I. 1. *Cu, RD, PR.* **barbero**, pez.

acañamado, -a.
  I. 1. adj. *Ve. Referido a persona*, cobarde. pop + cult → espon ^ desp.

acaparado, -a.
  I. 1. adj. *Gu. Referido a persona*, abrigada.

acapate. (Del nahua *acatl*, caña o carrizo, y *patli*, medicina).
  I. 1. m. *ES.* p.u. Hierba con tallo lampiño de hasta 80 cm de altura, con hojas lanceoladas o espatuladas de bordes denticulados con espinas, flores pequeñas, blancas y fruto elipsoisal; las hojas se aplican localmente contra el dolor de oídos y de cabeza. (Umbelliferae; *Eryngium foetidum*). (**alcapate**). ♦ **alcapa; culantro de gallina; culantro de monte; culantro de pata; culantro de pozo; culantro de tripa.**
  II. 1. m. *ES.* Caña, carrizo. rur.

acapetate. (Del nahua *acatl*, caña o carrizo, y *petatl*, petate, estera).
  I. 1. m. *Mx, ES.* p.u. Estera gruesa de 1 m de longitud hecha de tiras de caña flexible entrelazadas usada para hacer el techo de casas rústicas. rur. ♦ **grueso; petate.**

acápite.
  I. 1. m. *Pa, Cu, RD, Co, Ve, Ec, Pe, Bo, Ch, Py, Ar; CR, Ur,* p.u. *En un escrito*, fragmento de texto que se identifica con mayúscula inicial y punto y aparte al final. prest; cult → esm.
  2. *Ho, ES, Ni, Pa, Cu, RD, Ec, Bo.* Título o subtítulo de una ley o decreto. prest; cult → esm.
  3. *Pa, Cu, RD, PR, Pe.* División de un escrito, de una obra literaria, un relato o una historia que, *por lo general, va numerada y con título propio*. prest; cult → esm.

4. *Ar, Ur.* Texto breve, posterior al título, que aclara el contenido del artículo que encabeza o que se refiere metafóricamente a él. prest; cult → esm.
  5. *Ar.* Capítulo o título que da nombre a un texto. prest; cult → esm.
  6. *Gu, Ho, ES, Ni, PR.* p.u. Párrafo de un escrito, *en especial jurídico*. prest; cult → esm.
  7. *PR, Pe.* Título o subtítulo de un escrito. prest; cult → esm.
  8. *Cu, Ch. En un escrito*, parte de un capítulo que trata de un mismo tema general, va numerada y con título propio. prest; cult → esm.
  9. *Bo.* Unidad en la que, según determinado orden temático, se divide un texto escrito. prest; cult → esm.

acapro.
  I. 1. *Ve.* **tahuari**.

acapujada.
  ▶ **estar a las ~s** .

acapujar.
  I. 1. *Ar.* **capujar.**

acapulco. (De *Acapulco*, ciudad mexicana del estado de Guerrero).
  I. 1. m. *Gu.* Machete de hoja ancha de la empuñadura hasta el medio y punta más estrecha y redondeada con corte por ambos lados que se utiliza para desherbar. rur.
  II. 1. m. *ES.* Cárcel, prisión. carc.

acarajear. (Prót. de *carajear*).
  I. 1. tr. *Pa.* Insultar *una persona* a *alguien* con palabras fuertes. vulg; pop + cult → espon.

acaramelear.
  I. 1. tr. *RD, PR.* metáf. Halagar en exceso *una persona* a *alguien*. ♦ **caramelear.**
  2. *PR.* Endulzar *alguien* una comida o bebida. pop.

acarancharse.
  I. 1. intr. prnl. *Ar:NO.* Lanzarse *alguien* sobre la comida para servirse más cantidad y seleccionar lo mejor. pop + cult → espon.

acarasy.
  I. 1. m. *Py.* Malestar físico que se presenta después de una borrachera.

acaratado, -a.
  I. 1. adj. *Ve. Referido a persona*, que tiene **carate**, enfermedad tropical.

acardenillarse.
  I. 1. tr. prnl. *Co.* Enmohecerse un alimento, *especialmente el arroz*.

acarguillar.
  I. 1. tr. *Ar:NO.* Cargar *alguien* con leña u otro peso a las cabalgaduras. rur.
  2. *Ar:NO.* Colocar *alguien algo* sobre una persona sin que se dé cuenta, con la intención de burlarse de ella. rur.
  3. *Ar:NO.* Colocar una cosa encima de otra, *generalmente de modo desordenado*. rur.

acariñar(se).
  I. 1. tr. *Ec, Ar:NO; Ho, ES,* cult. | p.u. Hacer caricias a *alguien* o a *algo*. pop.
  2. *Ar:NO.* Dar cariño a una persona o a un animal. pop.
  3. intr. prnl. *Ar:NO.* Establecer una relación de afecto o cariño con alguien o con algo. pop.

acaroína.
  I. 1. f. *Ar.* Desinfectante o insecticida líquido *utilizado generalmente en la limpieza de letrinas, cloacas o establos, y para curar heridas infectadas de los animales*.

acaroinera.
  I. 1. f. *Ar:NE.* Recipiente hecho con un cuerno de vaca, en el que se lleva la **acaroína** u otro desinfectante para curar las heridas infectadas de un animal.

acarreada.
 I. 1. f. *Ch.* Transporte de algo. ♦ **acarreadura.**
acarreadera.
 I. 1. f. *Mx.* Sucesión continua y abusiva de **acarrea-das.**
acarreado, -a.
 I. 1. adj/sust. *Mx. Referido a persona,* conducida a una manifestación o mitin, *generalmente a cambio de la comida o de algún dinero.* pop + cult → espon ^ desp.
 2. *Mx. Referido a persona,* llevada al lugar en que se vota para que lo haga en un sentido determinado. pop + cult → espon ^ desp.
acarreadura.
 I. 1. f. *Ch.* **acarreada,** transporte.
acarreo.
 I. 1. m. *Mx, Ho.* Transporte de personas en autobuses para que participen en una manifestación o para que voten. pop + cult → espon ^ desp.
 2. *Mx.* Participación obligada de un grupo de personas en un acto político. pop ^ desp.
 3. *RD.* Transporte de mercancías.
 II. 1. m. *Mx, Ho. En una operación aritmética,* acción de reservar las decenas de una suma o multiplicación parcial para agregarlas a la suma o producto del orden superior inmediato.
acarrilar(se).
 I. 1. tr. *CR.* Hacer *alguien* surcos en la tierra al ararla. rur. (**carrilar**).
 2. *CR.* Cortar *alguien* la maleza en determinadas partes de un terreno para trazar una guía de siembra, medir sus avances o delimitar las zonas cultivadas. rur. (**carrilar**).
 3. *CR.* Disponer *alguien* la hierba cortada en hileras. rur. (**carrilar**).
 II. 1. tr. *Ho.* Poner *alguien algo* en fila. rur.
 III. 1. intr. prnl. *CR.* Soltarse una línea de puntos de un tejido, *especialmente en una media de mujer.*
acartonado, -a.
 I. 1. sust/adj. *Mx, RD, Co, Ve, Ec, Bo, Ch, Ar, Ur; Pe,* obsol. Persona que se comporta de una manera muy poco natural y espontánea. pop + cult → espon.
 2. adj. *Mx, RD, PR. Referido a persona,* vestida muy formal, con poca espontaneidad.
 II. 1. adj. *Cu, PR.* obsol. *Referido a persona,* que está afectada de tuberculosis pero ha logrado detener el avance de la enfermedad. ♦ **tísico.**
acartonar(se).
 I. 1. intr. prnl. *Mx, Ho, Bo, Ch, Ar, Ur.* juv. Volverse *alguien* poco natural y excesivamente formal. pop + cult → espon.
 2. tr. *Mx, Bo, Ar.* Convertir *una persona* a *alguien* en excesivamente serio y formal. pop + cult → espon.
 II. 1. tr. prnl. *Cu.* Detenerse el avance de la enfermedad en una persona que padece tuberculosis.
acartucharse.
 I. 1. tr. prnl. *Ch.* Adoptar *alguien* un comportamiento conservador, *especialmente en lo sexual.* pop + cult → espon.
acarunchado, -a.
 I. 1. adj. *Ur. Referido a persona,* picada por un **caruncho.**
 2. *Ur. Referido a la madera y a los granos,* carcomidos por la polilla, el gorgojo u otros insectos.
acaserado, -a.
 I. 1. adj. *Pe, Ch. Referido a persona,* cliente habitual de un establecimiento.
 2. *Pe, Ch. Referido a persona,* apegada a su casa.

acasiqui. (Del quech. *aka,* excremento, y *siki,* culo).
 I. 1. sust/adj. *Ar:NO.* Persona tacaña.
 2. *Ar:NO.* Persona egoísta.
 II. 1. sust/adj. *Bo:O,C.* Persona inmadura.
acaso.
 •
 a. ‖ ¿~? fórm. *RD, Bo:O.* Se usa para manifestar interés, extrañeza o incredulidad respecto a lo que una persona dice. pop + cult → espon.
 □
 a. ‖ **ni por si** ~. loc. adv. *Bo, Ch, Py.* De ninguna manera, en absoluto. pop + cult → espon ^ fest.
acasúchil. (Del nahua *acatl,* caña, y *xochitl,* flor).
 I. 1. m. *Mx.* Planta herbácea arbustiva, perenne, de tallos ascendentes glabros, hojas pecioladas y flores anaranjadas o rojizas. (Campanulaceae; *Lobelia laxiflora*). (**acaxóchitl**). ♦ **pipilosóchil; zarcillo.**
acatanca. (Del quech. *aka,* excremento, y *tanqay,* empujar).
 I. 1. *Pe, Bo:O,C, Ar:NO.* **catanga,** escarabajo. rur.
acatanga.
 I. 1. *Pe, Ar:NO.* **catanga,** escarabajo.
acatar.
 I. 1. intr. *RD, Ve:O; Gu, Ni,* pop; *CR, Co,* obsol; rur. Caer *una persona* en la cuenta de algo.
acatarrar.
 I. 1. tr. *Mx.* Importunar *una persona* a *alguien* acosándolo con súplicas insistentes. pop + cult → espon.
acato.
 I. 1. adv. *Ch.* Acá. pop.
acatusiar. (Var. de *catusear*).
 I. 1. *Ni.* p.u. **catusear.**
acavangado, -a.
 I. 1. *Ni.* **acabangado.**
acavangarse.
 I. 1. *Ni, CR, Pa.* **acabangarse,** entristecerse.
acaxóchitl.
 I. 1. *Mx.* **acasúchil.**
¡acay!
 I. 1. interj. *Ve.* Expresa intención de ahuyentar una res. rur.
accequible.
 I. 1. adj. *RD, Ch; Bo,* p.u. De fácil acceso. prest; cult → esm.
accesar. (Del ingl. *to access*).
 I. 1. tr. *EU, Mx, Gu, Ho, ES, Ni, CR, Pa, RD, PR, Co, Ve, Ec, Bo, Ch.* Tener *alguien* acceso a información o a datos contenidos en un sistema informático.
 2. *Ho, ES.* Tener *alguien* acceso a *algo, en especial a dinero o a un préstamo bancario.*
 II. 1. tr. *Pa, RD, PR, Bo; Ve,* p.u. Acceder *una persona* a *algo.*
 2. intr. *Ho.* Llegar *alguien* o *algo* a un lugar.
 III. 1. tr. *Ho, ES.* Poder hablar *una persona* a *alguien, en especial a una autoridad.*
accesoria.
 I. 1. f. *Cu.* Vivienda con puerta a la calle pero sin acceso interior al edificio principal del que forma parte.
accidente.
 I. 1. m. *Gu, Ho, ES.* Enfermedad animal, *especialmente de aves de corral,* muy contagiosa, causada por un virus que produce merma en la puesta de huevos, hemorragias internas y edemas y, finalmente, la muerte. rur.
accionar.
 I. 1. intr. *Ho, Ni.* Participar *alguien* en algo, *especialmente en un juicio.*
 2. *Ho, Ni. En deportes,* tener *alguien* una buena participación en un partido o **competencia.**

account. (Voz inglesa).
   I. 1. m. *EU, PR.* Cuenta, *en especial la bancaria.*

ace. (De *Ace*®).
   I. 1. m. *Ho, Ni, RD, Ve, Pe, Bo.* Jabón detergente en polvo. pop.

acebichado, -a.
   I. 1. adj. *Pe. Referido a una salsa o a un alimento,* que tiene características del **cebiche.**

acechón.
   □
     a. ‖ **de ~.** loc. adj. *RD.* De oportunidad, de ocasión.

acecido.
   I. 1. m. *Gu.* Respiración acelerada de alguien causada por agitación. rur.

acecinar.
   I. 1. tr. *RD.* Cocer una carne al fuego, volverla cecina.

acecío.
   I. 1. m. *RD.* Acezo, jadeo.

acedera.
   I. 1. f. *Mx, Gu, Ho.* Hierba que crece como maleza, de hasta 30 cm de altura, de tallos desarrollados en los que se insertan las hojas trifoliadas, folíolos acorazonados, flores con corola amarilla y fruto en cápsula; el jugo de la planta quita las manchas de tinta y, en la medicina tradicional, se utiliza para curar las ampollas de la boca. (Oxalidaceae; *Oxalis corniculata*). ♦ **guineíto; socoyol.**

acedía.
   I. 1. *EU, Cu, PR.* **agrura,** acidez.
     2. f. *Ve:O.* Náusea, deseo de vomitar. pop + cult → espon.
   ■
     a. ‖ **~ reticulada.** f. *Cu.* Pez que alcanza hasta 17 cm de longitud, de cuerpo aplanado, piel de color pardo uniforme cubierta por un retículo de rayas más oscuras y ojos hacia el lado derecho; su carne es poco apreciada. (Soleidae; *Achirus inscriptus*). ♦ **tapaculo.**

acéfalo, -a.
   I. 1. adj/sust. *Ho, Ni, Pa, RD. Referido a persona,* tonta, que no piensa. pop + cult → espon ^ fest.

aceitá.
   I. 1. *PR.* **aceitado,** testigo judicial.
     2. *PR.* **aceitado,** preparado para hacer algo. pop + cult → espon.

aceitada.
   I. 1. f. *Gu, Ho, ES, Ni, CR, Cu, RD, Co, Ve, Ec, Pe, Bo, Ar, Ur.* Lubricación de determinadas piezas de un mecanismo para suavizar su funcionamiento y disminuir el desgaste que produce la fricción.
     2. *Ho, Ni, Ve, Bo, Ch, Py, Ar, Ur.* metáf. Soborno hecho a alguien para inclinar su voluntad en favor de algo que se desea.

aceitado, -a.
   I. 1. adj. *Ni. Referido a persona,* que ha tenido una relación sexual. vulg; pop + cult → espon.
     2. *PR. Referido a un testigo judicial,* que ha ensayado con su abogado el testimonio que prestará ante un tribunal. ♦ **aceitá; aceitao.**
     3. *PR. Referido a persona o entidad,* que está preparada para hacer algo. pop + cult → espon. ♦ **aceitá; aceitao.**
   ▶ **estar ~.**

aceitao.
   I. 1. *PR.* **aceitado,** que ha ensayado su testimonio.
     2. *PR.* **aceitado,** preparado para hacer algo. pop + cult → espon.

aceitar(se).
   I. 1. tr. *Ho, Pa, Cu, RD, Ve, Pe, Bo, Ch, Py, Ur; Ar,* p.u. Sobornar *una persona* a *alguien.* pop + cult → espon. ♦ **morder.**
   II. 1. tr. *Ar, Ur.* Mejorar *alguien* el funcionamiento de algo. pop + cult → espon.
   III. 1. tr. prnl. *RD.* Darse *alguien* por invitado a algo. pop + cult → espon.
   □
     a. ‖ **~ la maquinaria.** loc. verb. *Mx, PR. En política,* preparar, organizar y controlar todos los detalles para conseguir los objetivos propuestos. pop + cult → espon.
     b. ‖ **~ los motores.** loc. verb. *PR, Bo.* Prepararse los miembros de una organización o un grupo para poner en acción un plan o determinada actividad. pop + cult → espon.

aceite.
   I. 1. m. *Ec, Bo.* p.u. Dinero o dádiva que se da a alguien, *en especial a un funcionario público, con el fin de obtener de él algo ilícito.* pop + cult → espon.
   ■
     a. ‖ **~ alcanforado.** m. *Mx, Ho, ES, RD, Ec.* Aceite vegetal mezclado con alcanfor para dar fricciones en la parte dolorida del cuerpo.
     b. ‖ **~ de camíbar.** m. *Ho, Ni.* Bálsamo de color amarillo que se extrae de la savia del tronco del **camíbar.** ♦ **aceite de copaiba.**
     c. ‖ **~ de carbón.** m. *Cu.* Subproducto del petróleo que se utiliza como combustible para cocinar o para la iluminación de faroles. rur.
     d. ‖ **~ de castor.** m. *Gu, Ho, ES, Ni, CR, Pa, RD, PR, Ch, Py, Ar.* Aceite de propiedades laxantes, que se extrae de las semillas de la **higuerilla.**
     e. ‖ **~ de coco.** m. *Gu, Ho, ES, Ni, CR, Pa, RD, PR, Ve, Ec.* Aceite comestible extraído de la pulpa del fruto del cocotero que se usa para freír.
     f. ‖ **~ de comer.** m. *Cu, Ve, Ec, Bo.* Aceite, *en general de oliva,* que se utiliza en la preparación de alimentos, especialmente ensaladas.
     g. ‖ **~ de copaiba.** *Ve.* **aceite de camíbar.**
     h. ‖ **~ de corozo.** m. *Ho, Pa.* Aceite comestible extraído del fruto de la palma africana.
     i. ‖ **~ de higuerilla.** m. *Ho, CR, RD.* Esencia líquida extraída de la semilla de **higuerilla** que se utiliza para ciertos fármacos.
     j. ‖ **~ de María.** *PR.* **barillo.**
     k. ‖ **~ de Santa María.** m. *PR.* Bálsamo hecho con el látex aceitoso de la savia del **palo de maría.**
     l. ‖ **~ quemado.**
       i. m. *RD, Ec.* Aceite recuperado de la combustión de vehículos, que tiene múltiples usos en mecánica y otros oficios.
       ii. *Cu.* Sustancia grasa que se utiliza como disolvente en la preparación de pinturas.
   □
     a. ‖ **como el ~ y el vinagre.**
       i. loc. adj. *Cu, RD, PR, Ve. Referido a una relación entre dos personas,* muy mala.
       ii. *Ec. Referido a personas o circunstancias,* imposibles de unir dadas sus diferencias. pop + cult → espon.
   ▶ **botar ~; cagando ~; correr ~; medir el ~; no bajar ni con ~; no tragar ni con ~; pasar ~; pasar ~ a las bujías.**

aceitero.
   I. 1. m. *Gu, Pa, RD, Ec, Bo, Ch, Py, Ur.* Recipiente para aceite lubricante con un pico o cánula que sirve para aplicarlo a las piezas de las máquinas.
     2. *Py, Ur.* Recipiente doméstico para aceite comestible.

aceitillo.
  I. 1. m. *Pe.* p.u. Loción de aceite perfumado para dar brillo al cabello.
  II. 1. m. *PR.* Árbol silvestre de pequeña altura, de tronco retorcido de madera gris claro y aceitosa; produce un compuesto usado en el tratamiento de glaucoma. (Rutaceae; *Pilocarpus recemosus*).

aceitoso, -a.
  I. 1. adj. *Ar.* Referido a persona, empalagosa, difícil de tolerar. pop + cult → espon.
  II. 1. adj. *Cu.* Referido a persona, que se muestra excesivamente obsequiosa para conseguir algo. pop + cult → espon. ♦ **chicharrón; halaleva.**
  III. 1. adj. *Ho.* Referido a una vasija de barro, que tiene un baño de engobe rojo.

aceituna.
  I. 1. f. pl. *ES, Ni, Ec, Bo, Ar.* Testículos. euf; pop + cult → espon.

■

  a. ‖ ~ **blanca.**
    i. f. *PR.* Árbol de pequeño tamaño, de tronco fino y copa amplia, corteza de color gris castaño con pequeñas grietas, hojas elípticas terminadas en punta y flores blancas en racimos; su madera es muy usada para hacer carbón. (Symplocaceae; *Symplocos micrantha*). ♦ **aceituna cimarrona.**
    ii. *PR.* Fruto de la aceituna blanca, oblongo, carnoso, de color negro azulado, con semillas. ♦ **aceituna cimarrona.**
  b. ‖ ~ **cimarrona.** *PR.* **aceituna blanca,** árbol y fruto.
  c. ‖ ~ **de botija.** f. *Pe.* Aceituna negra que se macera para su conservación.

aceitunillo.
  I. 1. m. *Cu, RD, PR, Ch.* Árbol de hasta 10 m de altura, de fruto venenoso y de madera amarilla muy dura, usada en construcciones y en ebanistería. (Estiracaceae; *Agotoxylum punctatum*).

aceituno.
  I. 1. *Gu, Ho, ES, Ni, CR, Pa, Co.* **talcochote.**

aceituno, -a.
  I. 1. adj. *Cu.* Referido al ganado vacuno, de color aceitunado. rur.

aceleración.
  I. 1. f. *Ve, Ec, Ch, Ar.* Estado de extremo apresuramiento, dinamismo o nerviosismo.

acelerada.
  I. 1. f. *Mx, Gu, Ho, ES, Ni, Pa, RD, Co, Ve, Ec, Pe, Bo, Ch, Py, Ar, Ur.* Aceleración súbita e intensa a la que se somete la actividad de un motor.
  II. 1. f. *Gu, Ni, Ve, Bo, Ar.* Tramitación rápida de un expediente o de un asunto atrasado. pop + cult → espon.
  2. *Bo.* Agilización de un trámite público, *generalmente mediante un incentivo.*
  III. 1. f. *Mx, Pa, Cu, RD.* metáf. *Referido a persona,* que ha perdido la paciencia. pop + cult → espon.
  2. *RD. Referido a persona,* que actúa de modo rígido y con locura. pop + cult → espon.

acelerado, -a.
  I. 1. adj/sust. *Gu, Ho, ES, Pa, RD, PR, Co, Ve, Ar. Referido a persona,* medio borracha o drogada. pop + cult → espon.
  2. adj. *Ho, ES, Ni, CR. Referido a persona,* borracha. pop + cult → espon.
  3. *Ni.* **almadeado,** mareado.
  II. 1. adj. *Mx, Pa. Referido a persona,* que pierde el control con facilidad. pop + cult → espon.

2. *CR. Referido a persona,* enfurecida, encolerizada. pop + cult → espon.
3. adj. *Pa. Referido a persona,* de temperamento voluble. pop + cult → espon.
  III. 1. adj. *Pa, Co. Referido a persona,* excitada sexualmente. pop + cult → espon.
  IV. 1. adj. *RD. Referido a un gallo de pelea,* que está más nervioso que su oponente.

aceleramiento.
  I. 1. m. *Gu, Cu, RD, PR, Ve, Ch.* Estado de excitación y ansiedad que se manifiesta en un modo de actuar desorganizado y precipitado.

acelerar(se).
  I. 1. intr. prnl. *Mx, Gu, Ho, ES, Ni, PR, Ve, Ar.* Estar *una persona* eufórica por exceso de alcohol o droga. pop + cult → espon.
  2. *Mx, Gu, Ho, ES, Ni, Pa, RD, PR, Ve, Ec, Py, Ur.* Actuar una persona o un animal de un modo apresurado o nervioso por excesiva ansiedad o excitación. pop + cult → espon.
  3. tr. *Ch.* Hacer actuar a una persona o animal de modo apresurado y nervioso. pop + cult → espon.
  II. 1. intr. prnl. *CR.* Enfurecerse *una persona.* pop + cult → espon.
  III. 1. intr. prnl. *CR.* Emborracharse *una persona.* pop + cult → espon.

acelere.
  I. 1. m. *Mx, RD.* Pérdida súbita de la paciencia. pop + cult → espon.
  II. 1. m. *Mx, RD, Co.* Condición de angustia y afán por hacer las cosas. pop + cult → espon.
  III. 1. m. *Ho, ES, Ni, Ar.* Estado psicofísico de alteración de una persona producido por una droga o sustancia alucinógena. drog. ♦ **onda; patín.**
  2. *Ho, Ni, RD, Ve.* Rapidez con que se hace algo. pop + cult → espon.

acema.
  I. 1. f. *Ve.* Pan dulce redondo elaborado con harina de trigo al que se agrega bicarbonato sódico, anís, **papelón** y a veces queso rallado. ♦ **acemita.**

acemita.
  I. 1. *Ve.* **acema.**
  II. 1. f. *Cu.* Pan de trigo de pequeño tamaño, redondo y suave.
  2. *CR.* Pan en forma de rosca y de color moreno que se elabora con harina de trigo y **tapa de dulce** derretida.

acendrar.
  I. 1. tr. *Ch.* Triturar el **caliche.**

acenturar.
  I. 1. tr. *CR.* Acinturar, ceñir *alguien* la cintura.

acepillado, -a.
  I. 1. adj. *PR. Referido a persona,* cuidadosa de su aspecto físico, arreglada. pop + cult → espon. ♦ **cepillado.**

acepillar(se).
  I. 1. tr. *PR.* Robar *alguien algo.* pop + cult → espon.
  II. 1. intr. prnl. *PR.* Arreglarse *alguien,* cuidar de su aspecto físico. pop + cult → espon. ♦ **cepillarse.**
  III. 1. tr. *PR.* metáf. Reprender *una persona* con severidad a *alguien.*

aceptable.
  I. 1. m. *Mx, RD, Ur.* En un examen, calificación mínima de aptitud o idoneidad. pop + cult → espon.

acerar.
  I. 1. tr. *Cu.* Aserrar en forma circular el tronco de un árbol para que se interrumpa la circulación de la savia.

acerbía.
  I. 1. f. *Co.* Severidad o dureza. prest; cult → esm.

acere.

    I. 1.   m. *Cu.* Amigo íntimo, compañero inseparable. pop + cult → espon. (**asere**).

acerillo.

    I. 1.   *Ho.* **guaje**, árbol.

acerín.

    I. 1.   *Cu.* **acerito**.

acerito.

    I. 1.   m. *Ar.* Canica de acero. ◆ **acerín.**

acertada.

    I. 1.   f. *Ar, Ur.* Acierto o consecución importante de alguien. pop + cult → espon.

acetato.

    I. 1.   m. *Mx, Gu, Ho, Ni, CR, Pa, Bo, Py, Ar.* Lámina de plástico transparente que contiene imágenes o texto susceptibles de ser reflejados a mayor tamaño sobre una pantalla por medio de un proyector.

    2.   *Mx.* Disco fonográfico de larga duración hecho de vinilo, LP.

acezoso, -a.

    I. 1.   adj. *RD. Referido a persona*, jadeante.

achacado, -a.

    I. 1.   adj. *RD, Co; Ch, Ar*, pop. *Referido a persona*, que está indispuesta o enferma, *especialmente por vejez*.

    2.   *Ho. Referido a un gallo de pelea*, acobardado por haber perdido la pelea. ◆ **corrido; despichado.**

    II. 1.   adj/sust. *Bo. Referido a un niño*, que no tiene vínculo sanguíneo alguno con el hombre que se supone que es su padre.

achacador, -ra.

    I. 1.   m. y f. *Ur.* Persona que comete estafas de poca monta en una transacción.

achacamiento.

    I. 1.   m. *Ur.* p.u. Malestar.

    2.   *Ur.* p.u. Estado de deterioro.

achacana.

    I. 1.   *Bo:O,C.* **acacana.**

achacar(se).

    I. 1.   tr. *Ar, Ur.* Engañar *alguien a una persona* en una transacción. urb.

    2.   *Ar.* Asaltar *alguien a una persona*. pop + cult → espon.

    3.   *Ar.* Adueñarse *alguien* ilícitamente de un objeto ajeno. pop + cult → espon.

    II. 1.   intr. prnl. *Ar, Ur.* Contraer *alguien* una enfermedad. pop + cult → espon.

    2.   *Ch.* Deprimirse o desanimarse *alguien*. pop + cult → espon.

achachairú.

    I. 1.   m. *Bo:E.* Árbol de tamaño pequeño o mediano, de forma piramidal y de follaje espeso. (Clusiaceae; *Rheedia guardneriana*).

    2.   *Bo:E.* Fruto del **achachairú**, drupa de dos semillas con mesocarpio blanco, sabor agridulce y cáscara amarilla y apergaminada.

¡achachau! (Del quech.).

    I. 1.   interj. *Pe.* Expresa dolor agudo, *especialmente el causado por una quemadura*. pop + cult → espon.

    2.   *Ec:C.* **¡achachay!** ◆ **¡arrarrau!; ¡arrarray!**

¡achachay! (Del quech.).

    I. 1.   interj. *Co:SO, Ec, Pe.* Expresa sensación de frío. ◆ **¡achachau!**

    2.   *Pe.* p.u. Expresa miedo o dolor. rur.

achache.

    I. 1.   m. *Ch:N. En la cultura aimara*, hombre anciano, experimentado y respetado en el **aíllo**.

achachi.

    I. 1.   m. *Bo:O,C.* **achachila**, hombre de edad avanzada.

achachila. (Del aim. *achachila*, abuelo, deidad).

    I. 1.   m. *Bo:O,C, Ch:O. En una comunidad aimara*, hombre de edad avanzada que tiene autoridad por su experiencia. pop + cult → espon. ◆ **achachi.**

    2.   *Bo:O,C, Ch:N. En la cultura aimara*, antepasado, progenie mítica del ser humano. pop + cult → espon.

    3.   *Bo:O,C, Ch:N. En la cultura aimara*, deidad tutelar de las montañas o de una determinada región. pop + cult → espon.

achacuanado, -a.

    I. 1.   adj. *Co. Referido a personas y animales*, fatigados por el calor. rur.

achacuro. (Del quech. *papa kuru*, vulva).

    I. 1.   m. *Pe.* p.u. Hombre que vive obsesionado con practicar el coito. vulg; pop + cult → espon.

achagual. (Del nahua *atl*, agua, y *tzacua*, desviar).

    I. 1.   *Mx.* **acagual**, pez marino.

    2.   *Ch.* **peje gallo.**

    II. 1.   m. *Mx.* Aguazal, lugar en que se estanca el agua de lluvia.

achagualarse.

    I. 1.   tr. prnl. *Mx.* Formarse charcos en el terreno. rur.

achagüisclarse.

    I. 1.   *Mx.* **achahuistlarse.**

achahuistlarse. (Del nahua *chahuiztle*, tizón).

    I. 1.   intr. prnl. *Mx.* Plagarse de pulgones las plantas. rur. (**achagüisclarse**).

    2.   *Mx.* metáf. Entristecerse *una persona*, sufrir alguna contrariedad. rur. (**achagüisclarse**).

achairoso, -a.

    I. 1.   adj. *Pe. Referido a persona*, ostentosa, fatua. pop + cult → espon ^ desp.

achajuanarse.

    I. 1.   intr. prnl. *Co.* Sofocarse las personas o los animales por calor o trabajo excesivos. rur. ◆ **achacar.**

¡achalay! (Del quech. *achallay*, ¡qué lindo!, ¡qué bueno!).

    I. 1.   interj. *Ec:S, Pe, Ar.* Expresa admiración, satisfacción. rur.

    2.   *Pe.* Expresa sorpresa. rur.

achampar(se).

    I. 1.   intr. prnl. *Pe:S, Ar:NO.* Desarrollarse una planta con mucho follaje, pero con poca altura y escasos frutos. pop + cult → espon.

    2.   *Ar:NO.* Obstruirse o cerrarse una acequia con **champas**. rur.

    3.   tr. *Ar:NO.* Desbrozar *alguien algo*.

    4.   intr. prnl. *Ar:NO.* Amilanarse, desalentarse *alguien*.

achamuscar(se). (Prót. de *chamuscar*).

    I. 1.   tr. *Ch, Ar.* Quemar *alguien* superficialmente *algo*, chamuscar.

    2.   prnl. *Ch, Ar.* Quemarse superficialmente *algo*, chamuscarse.

    3.   *Ar.* metáf. Estar *alguien* algo alegre por efecto del alcohol. pop + cult → espon ^ fest.

achancacado, -a.

    I. 1.   adj. *Ch. Referido a cosa*, semejante a la **chancaca**, *especialmente en la forma y el color*.

achanchado, -a.

    I. 1.   adj. *Ar, Ur. Referido a persona o a animal*, de abundantes carnes y grasa. pop + cult → espon.

    2.   *Ar. Referido a persona*, que por dejadez ha perdido intereses intelectuales.

    3.   *Ar. Referido a persona*, que no rinde en su trabajo por dejadez. pop + cult → espon.

4. *Ar. Referido a un vehículo*, que ha perdido parte de su potencia y agilidad, *especialmente por problemas de carburación*. pop + cult → espon.

achanchar(se).

I. 1. intr. prnl. *Ar, Ur.* Perder *alguien* por dejadez sus intereses intelectuales. vulg; pop + cult → espon.

2. *Ar, Ur.* Engordar mucho una persona o un animal. vulg; pop + cult → espon.

3. *Ar.* Perder un vehículo parte de su potencia, *especialmente por problemas de carburación*. pop + cult → espon.

4. tr. *Ar.* Producir un vehículo problemas de carburación, *especialmente por conducir a una velocidad muy baja*. pop + cult → espon.

5. intr. prnl. *Ur.* Adquirir una persona o un animal hábitos sedentarios. vulg.

achantada.

I. 1. f. *CR, Co.* Desánimo, decepción, decaimiento o desengaño. pop + cult → espon. ♦ **achante.**

2. *Co.* Sentimiento de humillación, de vergüenza. pop + cult → espon. ♦ **achante.**

achantado, -a.

I. 1. adj. *CR, Co, Ve. Referido a persona*, desganada y sin entusiasmo. pop + cult → espon. ♦ **ahuevado.**

2. *CR. Referido a persona*, desilusionada. pop + cult → espon.

II. 1. adj/sust. *Cu, RD, PR. Referido a persona*, que está conforme con la situación en que se encuentra aunque podría aspirar a más por su capacidad. pop + cult → espon. ♦ **acomodado.**

2. *Cu, PR. Referido a persona*, vaga, perezosa. pop + cult → espon.

3. *PR. Referido a persona*, retraída. pop + cult → espon.

III. 1. adj. *Ve. Referido a una moto*, estacionada o colocada en un lugar.

achantar(se).

I. 1. intr. prnl. *Mx, PR, Ve.* Encontrarse *alguien* sin ánimo o coraje para realizar lo que tiene que hacer. pop + cult → espon.

2. *Pa, Cu, PR, Ve.* Quedarse *alguien* estancado, sin ambiciones ni deseos de prosperar. pop + cult → espon.

II. 1. tr. prnl. *Cu, RD, Ve.* Detenerse, estacionarse *alguien* indebidamente en casa ajena o en un lugar cualquiera.

2. intr. prnl. *Ve:SO.* Mantenerse fijo un dolor en una parte del cuerpo.

3. *Cu.* Quedarse *alguien* rezagado en los estudios o en cualquier actividad.

III. 1. intr. prnl. *Ve.* Plantarse, permanecer por conveniencia propia en un sitio. pop + cult → espon.

2. *Ve.* Esperar *alguien algo* indefinidamente.

3. *Cu.* Resistirse *alguien* a trabajar. pop + cult → espon.

IV. 1. intr. prnl. *CR, PR.* Perder *alguien* el entusiasmo o el interés por algo. pop + cult → espon.

2. *PR.* Retirarse *alguien* de una contienda, disputa o **competencia** por inseguridad o falta de motivación. pop + cult → espon.

3. tr. *CR.* Desilusionar *alguien o algo a una persona*. pop + cult → espon.

V. 1. tr. *Cu.* Aplastar *alguien algo, generalmente con el pie*. pop + cult → espon. (**achatar**).

□

a. ‖ **~se a la vera.** loc. verb. *Cu.* Sentarse *una persona* al lado de alguien.

achante.

I. 1. m. *Ve; Co, CR*, pop. **achantada**, desánimo y decaimiento.

2. *Co.* **achantada**, sentimiento de humillación.

achaparrado, -a.

I. 1. adj. *Ho.* metáf. *Referido a persona*, que se acobarda o achica. pop + cult → espon.

achaparramiento.

I. 1. m. *Gu, Ho, ES.* Crecimiento escaso de una planta, *en especial el maíz*, de un animal o una persona. pop + cult → espon.

achaparrarse.

I. 1. intr. prnl. *Mx.* Agacharse total o parcialmente.

achapinarse. (Der. de *chapín*, guatemalteco).

I. 1. intr. prnl. *Mx:S, Gu, ES.* Adoptar los hábitos, costumbres y forma de hablar del guatemalteco.

achaplinarse.

I. 1. intr. prnl. *Ch.* Dejar *alguien* de cumplir un compromiso contraído. pop + cult → espon.

achaque.

I. 1. m. *Ar.* Apropiación ilícita de algo. pop + cult → espon.

2. *Ur.* Timo o engaño. pop + cult → espon.

achaques.

I. 1. m. pl. *Ho, Ni, CR, RD, Pe.* Indisposición de ánimo, mareos, antojos, sensación de asco *que en especial experimentan con frecuencia las mujeres embarazadas*.

■

a. ‖ **~ del oficio.** m. pl. *Ho, RD, PR, Py.* Inconvenientes.

achaquiento, -a.

I. 1. adj/sust. *Mx, Ho, ES, Ni. Referido a persona*, achacosa, *generalmente por vejez*. rur.

¡achará!

I. 1. interj. *CR.* Expresa lamentación por algo que no ha ocurrido como se esperaba. pop + cult → espon. (**¡chará!**). ♦ **¡acharita!**

2. *CR.* Expresa compasión o tristeza ante un hecho digno de lamentar. pop + cult → espon. (**¡chará!**). ♦ **¡acharita!**

¡acharita!

I. 1. *CR.* **¡achará!**

acharralarse.

I. 1. *ES.* **encharralarse.**

achasar.

I. 1. tr. *Ec:S.* Hacer que alguien adopte las costumbres y el comportamiento de un **chaso.**

achatado, -a.

I. 1. adj. *EU, Mx, Ho, Pa, Cu, PR, Ve, Bo, Ch, Py. Referido a cosa*, de forma aplanada.

II. 1. adj. *Ar, Ur. Referido a persona*, débil, carente de fuerzas o entusiasmo. pop + cult → espon.

achatamiento.

I. 1. m. *Bo, Ch, Ar, Ur.* Mediocridad o pobreza intelectual de un país, una sociedad o una institución. pop + cult → espon.

achatar(se).

I. 1. tr. *Ar, Ur.* Hacer *alguien o algo* que una persona pierda fuerzas o entusiasmo. pop + cult → espon.

2. *Ar, Ur.* Hacer que una persona se vuelva mediocre, *especialmente en el aspecto cultural*. pop + cult → espon.

3. intr. prnl. *Ar, Ur.* Volverse *alguien* apocado, perder energía o entusiasmo. pop + cult → espon.

4. *Ar, Ur.* Disminuir el nivel cultural de un país, una sociedad o una institución. pop + cult → espon.

5. *Ar.* Volverse mediocre *una persona, especialmente en el aspecto cultural*. pop + cult → espon.

6. *Cu.* **achantar**, aplastar.

II. 1. tr. prnl. *Ni, Bo.* Acobardarse, amilanarse *alguien*. pop + cult → espon.

achayotado, -a.

I. 1. adj. *Ni. Referido a persona*, despreocupada. pop + cult → espon.

2. *Ni. Referido a persona*, tranquila, sin prisa. pop + cult → espon.

achayotarse. (Der. de *chayote*).
I. 1. intr. prnl. *Ho.* Adquirir el jugo de la caña de azúcar un color pálido parecido al **chayote** por falta de cal. rur.

aché.
I. 1. m. *Cu. En la santería*, don o poder especial que tiene Orisha, una de sus deidades.
2. *Cu.* Buena suerte. pop + cult → espon.

achechar.
I. 1. tr. *Mx.* p.u. Mimar *una persona* excesivamente a *alguien*. rur.

achepicarse.
I. 1. intr. prnl. *Ch.* No desarrollarse *alguien o algo*, no crecer. rur.

achero.
I. 1. m-f. *Cu.* Persona que lo sabe todo.
2. *Cu.* Especialista en algo.

achí.
I. 1. m. *Cu.* Tipo de marihuana sintética. drog.

achibolado.
I. 1. m. *Gu.* Enfermedad de la patata provocada por el hongo *Solanum virus.*

achibolado, -a. (De *chibola*).
I. 1. adj/sust. *Pe. Referido a persona*, que imita el comportamiento o las costumbres de una generación anterior a la suya.

achibolarse.
I. 1. intr. prnl. *Pe.* Imitar *alguien* el comportamiento de una generación anterior a la suya.

achicadero.
I. 1. m. *RD, PR.* p.u. Lugar en el que se amarran los animales para ensillarlos, curarlos o asearlos. rur.

achicado, -a.
I. 1. adj. *Ve:O, Bo. Referido a persona*, de poco ánimo. pop + cult → espon.
2. *ES. Referido a persona*, humillada, avergonzada. pop + cult → espon.

achicalado, -a.
I. 1. adj. *Mx. Referido a alimento, generalmente el* **camote**, bañado con miel.

achicalar.
I. 1. tr. *Mx.* Bañar con miel un alimento, *en especial el* **camote**.

achicar(se).
I. 1. intr. *Bo, Ch, Ar. En el **futbol***, salir el portero o un defensa al encuentro de un jugador adversario para evitar que meta un gol.
2. *Ho, ES, Ni, Bo, Ch. En el **futbol***, salir el portero de la zona pequeña para tratar de evitar que un jugador contrario, que ha desbordado la defensa, meta un gol.
II. 1. tr. prnl. *Cu, Ve, Bo.* Acobardarse *alguien* para acometer o continuar una empresa. pop + cult → espon.
2. intr. prnl. *Cu, Ch.* Adoptar *alguien* una actitud sumisa ante otra persona. pop + cult → espon. ♦ **acoquinarse**.
III. 1. tr. prnl. *Cu, Ve, Bo, Ch, Py.* Encogerse una prenda de vestir al lavarse. pop + cult → espon. ♦ **acortarse**.
IV. 1. intr. *Pe.* Expeler *alguien* la orina naturalmente. pop + cult → espon. ♦ **achicar la bomba**.
V. 1. tr. *Cu.* Restringir *alguien* el movimiento a un animal mediante una atadura corta. rur.
2. *RD.* p.u. Atar o sujetar *alguien* a un animal con una cuerda o soga. rur.
VI. 1. tr. *Cu.* Maltratar *una persona* de palabra a *alguien*.
2. *ES.* Humillar, avergonzar *una persona* a *alguien*.

□
a. ‖ ~ **la bomba**. loc. verb. *Pe, Bo.* **achicar**, expeler *alguien* la orina. pop + cult → espon.

achichado, -a. (De *chicha*).
I. 1. adj/sust. *Cu; Ho,* p.u. *Referido a persona*, borracha. pop + cult → espon. (**enchichado**).

achichar(se). (Der. de *chicha*).
I. 1. tr. *Gu, Cu.* Emborrachar ligeramente *una persona* a *alguien*. pop + cult → espon.
2. prnl. *Ho, Cu.* Emborracharse ligeramente *alguien*. pop + cult → espon.

achicharada.
I. 1. f. *Ni, Cu, RD, PR, Co, Ve, Ar.* Quemadura de la piel por una larga exposición al sol. pop + cult → espon.

achicharrado, -a.
I. 1. adj. *Mx, RD. Referido a persona*, desprestigiada, ridiculizada. pop + cult → espon ^ desp.
2. *Cu, RD.* metáf. *Referido a persona*, enloquecida. pop + cult → espon. ♦ **fundido; quemado**.
3. *Cu.* metáf. *Referido a un hombre*, enloquecido de pasión por una mujer. pop + cult → espon. ♦ **arrebatado**.
II. 1. adj. *Ni, Pe. Referido a persona*, que muere quemada.

achicharrar(se).
I. 1. intr. prnl. *Mx, RD.* Desprestigiarse *alguien*, hacer el ridículo. pop + cult → espon ^ desp.
II. 1. tr. *Cu, Ve.* Quedar al descubierto *alguien* en las actividades clandestinas o ilícitas que realiza. pop + cult → espon.
III. 1. tr. *Cu, RD.* Alterarle *alguien o algo* las facultades mentales a una persona. pop + cult → espon.
2. intr. prnl. *Cu.* Alterársele a *alguien* las facultades mentales. pop + cult → espon.
IV. 1. tr. *Cu.* Volver una mujer loco de pasión a un hombre. pop + cult → espon.
V. 1. tr. *RD.* Obtener un estudiante una mala calificación. est.

achicharronar(se).
I. 1. intr. prnl. *CR, Pa, Ve, Bo, Ch.* Experimentar *alguien* calor excesivo.
2. *CR, Pa, Ve, Bo, Ch.* Quemarse *alguien* por la acción del sol.
3. *Pa, Ve, Bo.* Estar *alguien* bajo los efectos de un calor abrasante. pop + cult → espon.
II. 1. tr. *Pa, Ve, Bo; PR,* obsol. Achicharrar *alguien algo*. pop + cult → espon.
2. *CR, Pa, Ve; PR,* obsol. Quemar *una persona* a *alguien o algo* por completo. pop + cult → espon.

¡achichí!
I. 1. interj. *Ch.* p.u. Expresa malestar, desazón producida por una quemadura o por exceso de frío.

achichiguado, -a. (Der. de *chichigua*).
I. 1. adj. *Mx, Ho, Ni.* p.u. *Referido a un niño*, mimado en exceso. rur; pop.
2. *Mx. Referido a un bebé*, amamantado. rur; pop.

achichiguar. (Der. de *chichigua*).
I. 1. tr. *Mx, Ho, Ni.* p.u. Amamantar o cuidar *alguien* a un niño. rur; pop.
2. *Mx, Ho, Ni.* p.u. Mimar *alguien* en exceso a un niño. rur; pop. ♦ **contumeriar**.
II. 1. tr. *Ni.* metáf. Proteger con sombra arbórea un cafetal o un **cacaotal**. rur.

achichincle. (Del nahua *atl*, agua, y *chichinqui*, que chupa).
I. 1. m-f. *Mx, Gu, ES.* Asistente, ayudante de un superior, que sigue sus órdenes. pop + cult → espon ^ desp. (**achichinque; achichintle**). ♦ **culebra; lavacara; mieloso; reptil**.

2. *Ho.* Persona muy allegada, amigo inseparable, compañero.

3. adj/sust. *PR.* Referido a persona, aduladora, servil. pop + cult → espon.

achichinque.
  I. 1. *Mx, PR.* **achichincle**, asistente.

achichintle.
  I. 1. *Mx.* **achichincle**, asistente.

¡achichiu!
  I. 1. interj. *Bo.* Expresa dolor.

¡achichuy! (Del quech. *achichuy*, calor).
  I. 1. interj. *Co:SO.* Expresa sensación de calor excesivo. pop + cult → espon.

achicopalado, -a.
  I. 1. adj. *Mx, Gu, Ho, ES, CR, Co.* Referido a persona, abatida, desanimada, baja de moral. pop + cult → espon.
  II. 1. *Ho.* **achompipado**, avergonzado.

achicopalar(se).
  I. 1. intr. prnl. *Mx, Gu, Ho, ES, Ni, CR, Bo, Pa*, fest; *Co*, est. Acobardarse *alguien*. pop + cult → espon.
    ♦ **acuilmarse**; **aguacatarse**.
  2. tr. *Mx, Ho, ES; Pa, Ec*, fest. Causar *alguien* o *algo* miedo a una persona. pop + cult → espon.
  3. intr. prnl. *Mx, Gu; Ec*, fest. Entristecerse *alguien*. pop + cult → espon.
  4. tr. *Mx.* Entristecer *alguien* a *una persona*. pop + cult → espon.
  II. 1. intr. prnl. *Mx, Gu, CR, Co; Ni*, p.u. Perder *alguien* el ánimo o los deseos de hacer algo. pop + cult → espon.
  2. tr. *Mx, CR, Co.* Hacer *alguien* o *algo* que una persona pierda el ánimo.
  III. 1. intr. *Gu, Ho, ES, Ni.* Sentir vergüenza *alguien*. rur. ♦ **achipilinarse**; **achiquitarse**; **chivearse**.

achicoria.
  I. 1. f. *Ar, Ur.* Falta de dinero, pobreza, miseria.
  II. 1. f. *CR, Ec, Bo, Py.* Planta de flores estrelladas y blancas y pétalos duros terminados en punta espinosa; con sus raíces se prepara una infusión para combatir la tos. (Apiaceae; *Eryngium carlina*). ♦ **culantro cimarrón**.

achiflonado, -a. (De *chiflón*).
  I. 1. adj. *Ch.* Referido a los piques de las minas, de inclinación inferior a los 45 grados.

achiflonar.
  I. 1. tr. *Ch.* Hacer *alguien* que algo adopte forma de chiflón.

achigua.
  I. 1. f. *Pe.* obsol. Sombrilla rústica de gran tamaño hecha de un palo que sostiene un toldo de tela extendida, propia de vendedores ambulantes.

achiguarse. (De *chigua*).
  I. 1. intr. prnl. *Ar:NO.* Combarse *algo*. ♦ **guatear**.

achiguate. (Del nahua *atl*, agua, y *chichihualli*, mamas).
  I. 1. m. *Gu.* Terreno con buen drenaje *compuesto básicamente de ceniza volcánica*.

¡achij!
  I. 1. interj. *Ur; Ec*, obsol. Imita el sonido de un estornudo. (¡achija!). ♦ **¡achú!**

¡achija!
  I. 1. *ES.* **¡achij!**

achijar.
  I. 1. intr. *Ec.* Estornudar *alguien*.

achilado, -a.
  I. 1. adj. *Co.* Referido a cosa, que ha perdido su vigor y lozanía.
  2. *Co.* Referido a persona, que se encuentra desanimada.

achilar(se).
  I. 1. tr. *Co.* Hacer *algo* para que el pelo pierda brillo o fortaleza. pop + cult → espon.
  2. intr. prnl. *Co.* Perder el pelo brillo y fortaleza. pop + cult → espon.
  3. *Co.* metáf. Perder una planta el vigor y lozanía. pop + cult → espon.

achilillar.
  I. 1. *ES.* **chilillar**.

achillarse.
  I. 1. intr. prnl. *Ch:N.* Animarse *alguien*, avivarse. rur.

achime.
  I. 1. *Gu.* **achín**, baratija.

achimería.
  I. 1. *Gu.* **achinería**, baratija.
  2. *Gu.* **achinería**, punto de venta.

achimero, -a.
  I. 1. m. y f. *Gu.* **achinero**.

achín. (Del nahua *axin*, un poco o poca cosa).
  I. 1. *Ho, ES.* p.u. **achinero**.
  2. m. *ES.* Venta ambulante. ♦ **achinería**.
  3. *Ho.* Cada una de las baratijas que vende el **achinero**. ♦ **achime**.
  II. 1. *Ni.* **aje**, insecto hemíptero.
  ▶ **salir como pedo de ~**.

achín, -na. (Del nahua *axin*, un poco o poca cosa).
  I. 1. m. y f. *ES.* Vendedor ambulante.

¡áchin! (Contr. de ¡ah, chingados!).
  I. 1. interj. *Mx.* Expresa desafío o reto a algo que hay que hacer. pop + cult → espon.

achinado, -a.
  I. 1. adj. *RD, Ar, Ur; Co*, p.u. Referido a persona, que tiene rasgos de indígena. pop + cult → espon.
  II. 1. adj. *Ar:NE.* Referido a un cultivo o a una plantación de té, que no es de buena calidad. rur.
  III. 1. adj. *ES.* Referido a un cerro, que no tiene vegetación. rur.
  2. *ES.* metáf. Referido a persona, que no tiene vello o con las cejas oblicuas.

achinar(se).
  I. 1. tr. prnl. *Ve:C.* Quitarse *alguien* la ropa. pop + cult → espon.
  II. 1. tr. *ES.* Dejar *alguien* un cerro sin vegetación. rur.
  III. 1. intr. prnl. *ES.* Ponérsele a alguien la carne de gallina. pop + cult → espon.

achinería. (Der. de *achín*).
  I. 1. f. *Ho, ES; Ni.* p.u. Conjunto de baratijas que vende un **achín**. (**achimería**).
  2. *Ho, ES.* p.u. Oficio de vender baratijas en las calles.
  3. *ES.* **achín**, venta ambulante.
  4. *Ho.* meton. Puesto callejero en que se venden baratijas. (**achimería**).

achinero, -a. (Der. de *achín*).
  I. 1. m. y f. *Ho, ES, Ni.* p.u. Vendedor ambulante de objetos de poco valor. (**achimero**). ♦ **achín**.

achingar. (Der. de *chingo*, corto).
  I. 1. tr. *Ni.* Acortar *alguien* algo, *generalmente una prenda de vestir*. pop + cult → espon.

achinillarse.
  I. 1. intr. prnl. *CR.* Sufrir las hojas del maíz o del arroz los efectos de la **chasparria**. rur.

achintar. (Der. de *chinto*, menstruación).
  I. 1. intr. *ES.* Tener una mujer la menstruación. rur.
  II. 1. tr. *ES.* metáf. Molestar *una persona* a *alguien* hasta lograr enfadarlo. rur.

achiotado, -a. (Der. de *achiote*).
  I. 1. adj. *Mx, Ho, Ni, Ve.* Referido a color, rojo intenso del **achote**. (**achotado**). ♦ **chacalín**; **chele**.
  2. *Mx, CR, Ve.* Referido a cosa, teñida con **achiote**, colorante. (**achotado**).

achiotal.

I. 1. m. *Mx, Ho, ES, Ni, CR, Ec.* Terreno plantado de árboles de **achiote**. (**achotal**).
2. *Ho, Ni.* p.u. Gran cantidad de semillas de **achiote**. (**achotal**).

achiotar.

I. 1. tr. *Ve:E.* Condimentar la comida con **achiote**.

achiote. (Del nahua *achiotl* o *achiyotl*, y este de *achi*, grano, semilla).

I. 1. m. *Mx, Gu, Ho, ES, Ni, CR, Pa, Cu, RD, PR, Co, Ve:E, Ec, Pe, Bo.* Arbusto de hasta 5 m de altura, de hojas alternas, aovadas y de largos pecíolos, flores rojas y olorosas, fruto en cápsula de color castaño recubierta de espinas que encierra muchas semillas; tiene diversos usos en la medicina popular. (Bixaceae; *Bixa orellana*). (**achote; axiote**). ♦ **achiotero; anatto; bija; onoto; pumacua; shambo; urucú**.
2. *Mx, Gu, Ho, ES, Ni, CR, Pa, Cu, RD, PR, Co, Ve:E, Ec, Bo.* Fruto del achiote. (**achote; axiote**). ♦ **achiotero; bija; onoto; shambo; urucú**.
3. *Mx, Gu, Ho, ES, Ni, CR, Pa, Cu, RD, PR, Co, Ve:E, Ec, Bo.* Semilla del achiote. (**achote; axiote**). ♦ **achiotero; bija; onoto; urucú**.
4. *Mx, Gu, Ho, ES, Ni, CR, Pa, Cu, RD, PR, Co, Ve:E, Ec, Bo.* Pasta tintórea de color rojo oscuro que se extrae de la semilla pulverizada del achiote y que, disuelto el polvo en agua hervida, se utiliza para colorear ciertos alimentos. (**achote; axiote**). ♦ **achiotero**.
5. *Gu, Ho, Ni.* Color bermejo que tiene esta pasta tintórea. (**achote; axiote**).

■

a. ‖ **~ de cocina.** m. *Gu.* Bola hecha de manteca y polvo de achiote, envuelta en **tusa**, que sirve de colorante en comidas. (**axiote**).

□

a. ‖ **más feo que una cáscara de ~.** loc. adj. *PR. Referido a persona*, de extrema fealdad. rur.
▶ **ser ~ de toda olla.**

achiotera.

I. 1. f. *PR.* Vasija para **achiote**. (**achiotero; achotera; achotero**).

achiotero.

I. 1. *Mx.* **achiote**, arbusto.
2. m. *Ec, Pe.* **achiotera**.

achiotero, -a.

I. 1. adj. *Mx.* Relativo al **achiote**, arbusto, fruto, semilla o colorante. (**achotero**).

achiotillo.

I. 1. m. *Mx, Ho, ES.* Árbol de pequeño tamaño, de ramas delgadas cubiertas de pequeños pelos ferruginosos y flores blancas; en la medicina tradicional tiene diversos usos. (Guttiferae; *Vismis mexicana*). (**achotillo**). ♦ **coloradillo; guayabón de montaña; manchador; nanzote; ranchulera**.
2. *Ec.* Árbol corpulento de hasta 35 m de altura, de copa amplia, con hojas lanceoladas de borde aserrado y frutos de nuez comestible oleaginosa, de los que se extrae aceite de cocina. (Caryocaraceae; *Caryocar amigdaliferum*). (**achotillo**).
3. *Ec.* Madera del achiotillo. (Caryocaraceae; *Caryocar amigdaliferum*). (**achotillo**).
4. *Ho.* Arbusto de hojas opuestas o en verticilos, oblongolanceoladas a elípticas con nervaduras rojas, flores rojas tubulares y fruto en forma de baya de color rojo o púrpura; sus hojas y sus raíces en cocción se utilizan para curar enfermedades de la piel. (Rhamnaceae; *Columbrina arborescens*). (**achotillo**). ♦ **canilla de venado; chichipinze; coloradillo; coral; coralillo; cuajachote; mazamorra; piojillo; sarnilla; tintilla; uva de montaña**.

5. *PR.* Árbol de hasta 15 m de altura, de corteza lisa color castaño, grandes hojas elípticas y dentadas y flores de color verde amarillento; su madera se utiliza para leña y para postes. (Euphorbiaceae; *Alchornea latifolia*). ♦ **cotorra**.
6. *Pa.* Árbol de hasta 8 m de altura, de hojas simples y opuestas, flores blancas y aromáticas, con rayas púrpuras sobre los sépalos y los pétalos, y frutos en cápsulas globosas de color negro cuando están maduros. (Clusiaceae; *Vismia baccifera*). ♦ **pintamozo**.
II. 1. m. *Ho.* En *alfarería*, arcilla roja que se utiliza para el engobe. ♦ **bija; tinaco; tinto**.

achipilarse. (Sínc. de *achipilinarse*).

I. 1. intr. prnl. *Mx, Ho.* **achipilinarse**, amedrentarse, entristecerse.
II. 1. intr. prnl. *Mx.* Enfermarse un niño por dejar de mamar tras haber quedado su madre embarazada. ♦ **achipilinar**.

achipilinarse. (Der. del nahua *tzipitl*, niño destetado que enferma).

I. 1. intr. prnl. *Mx, Ho, Ni.* p.u. Sentir *una persona* miedo por alguien o algo. rur.
2. *Ho, ES.* Sentir tristeza *una persona* por alguien o algo. (**achipilarse**). ♦ **achicopalarse**.
II. 1. *Mx, Ho.* **achicopalarse**, avergonzarse.
III. 1. *Mx.* **achipilarse**, enfermarse un niño.

achique.

I. 1. m. *Ho, ES, CR, Bo, Ar.* En el ***futbol***, salida del portero de la zona pequeña para tratar de evitar que meta un gol un jugador contrario que ha desbordado la defensa.

achiqué.

I. 1. f. *Pe.* Mujer que, según la creencia popular, tiene pacto con el diablo y, por ello, poderes extraordinarios. ♦ **achiquinvieja**.

achiquerar.

I. 1. tr. *RD, PR.* Atar, sujetar *alguien* a un animal, sin darle de comer ni de beber durante la noche para que elimine peso, antes de ser vendido. rur.

achiquilinado, -a.

I. 1. adj. *Ar, Ur. Referido a un joven o a un adulto*, semejante a un niño en su aspecto o en su comportamiento. pop + cult → espon.

achiquillarse.

I. 1. intr. prnl. *CR.* Adquirir *una persona* madura rasgos de joven.
2. *CR.* Actuar *una persona* madura como un joven.

achiquinvieja.

I. 1. *Pe.* **achiqué**.

achiquitar(se).

I. 1. intr. prnl. *Gu, Ho, RD, Co:O.* Hacerse *algo* más pequeño de lo normal.
2. tr. *Gu, Ho, RD, Co.* metáf. Hacer *una persona* de menos a *alguien*, rebajando su estimación.
II. 1. prnl. *Gu, Ho.* p.u. Acobardarse *alguien*. rur; pop.
III. 1. prnl. *Ho.* **achicopalarse**, avergonzarse.

achira. (Del aim. y del quech. *achira*).

I. 1. f. *Co, Ec, Pe, Bo:O,C,S, Ch, Ar, Ur.* Planta herbácea, de hasta 3 m de altura, con hojas de ápice agudo, base cuneiforme y lámina elíptica o aovada, de colores verde, azulado, morado o con rayas amarillentas y flores en racimos terminales con pares de flores amarillas, naranjas o rojas; sus hojas sirven para envolver los tamales y cocerlos al baño de María. (Cannaceae; *Canna* spp.).
2. *Co, Ch.* **bandera**, planta.
3. *Ch, Ar, Ur.* Flor de la achira.
4. *Co.* Especie de pan dulce, cortado en cubos, que se elabora con el rizoma de la achira.

■

   a. ‖ ~ **silvestre.** f. *Ar:NO.* Planta herbácea con hojas ovaladas u oblongas de pecíolo largo y flores blancas. (Marantaceae; *Maranta* spp.).

achiral.

   I. 1. m. *Ar.* Terreno poblado de **achiras**.

achirlado, -a.

   I. 1. adj. *Co, Ar, Ur.* **aguachento**, que no tiene la densidad necesaria. pop + cult → espon.

   II. 1. adj. *Ar.* Referido a persona, que por temor no puede enfrentarse a alguien o a algo en una situación determinada.

achirlar(se).

   I. 1. tr. *Ar.* Hacer *alguien* más líquida una mezcla.

    2. intr. prnl. *Ar.* Hacerse más líquida una mezcla.

    3. tr. *Ar.* Hacer *alguien* que una sustancia, *generalmente comestible*, no alcance la consistencia necesaria.

    4. intr. prnl. *Ur.* Perder o no alcanzar una sustancia, *generalmente comestible*, la consistencia necesaria por excesiva cantidad de líquido. pop + cult → espon.

   II. 1. tr. *Ar:NO.* Humillar *una persona* a *alguien* o hacer que se sienta inferior.

    2. intr. prnl. *Ar:NO.* Sentirse *alguien* humillado o inferior.

   III. 1. intr. prnl. *Co.* Perder su vigor *alguien* o *algo*, *especialmente las plantas o el pelo*.

   IV. 1. tr. *Ar:NO.* Golpear a un niño en las nalgas con la palma de la mano para reprenderlo.

achís.

   I. 1. m. *ES.* Micción, **orinada**. pop + cult → espon.

¡achis!

   I. 1. interj. *Mx, Gu, ES.* Expresa sorpresa o protesta por algo. pop + cult → espon. (**¡achís!**).

   II. 1. interj. *Mx, Gu.* Expresa desagrado, asco o desprecio a algo. pop + cult → espon. (**¡achís!**).

¡achís!

   I. 1. interj. *Mx, Gu, ES.* Expresa sorpresa o protesta de algo. pop + cult → espon.

   II. 1. interj. *Mx, Gu.* Expresa desagrado, asco o desprecio a algo. pop + cult → espon.

   III. 1. interj. *Mx.* Expresa desafío o reto a algo que hay que hacer. pop + cult → espon.

achisparse.

   I. 1. intr. prnl. *Mx.* Estar *alguien* atento y vigilante. pop + cult → espon.

   II. 1. intr. prnl. *Ur.* Enojarse *alguien*. pop + cult → espon.

achispolarse.

   I. 1. intr. prnl. *CR:NO.* Avivarse *alguien* por haber ingerido bebidas alcohólicas en exceso. pop + cult → espon.

achivado, -a. (De *chivo*, persona bien vestida).

   I. 1. adj. *ES.* Referido a persona, bien vestida y acicalada. pop + cult → espon. ♦ **chivo**; **tipo**.

achivarse. (De *chivo*, persona bien vestida).

   I. 1. tr. prnl. *ES.* Vestirse y acicalarse con esmero.

¡acho! (Afér. de *muchacho*).

   I. 1. interj. *Ec:S.* Expresa intención de animar en sus juegos a un niño de corta edad.

    2. *Ec:S.* Expresa complacencia ante las vivezas y travesuras de un niño de corta edad.

   II. 1. interj. *PR.* juv. Expresa la imposibilidad de hacer algo.

achocadito.

   I. 1. adj/sust. *PR.* Referido a una bebida, *en especial al café*, que tiene poco azúcar. ♦ **despuntado**.

achocado, -a.

   I. 1. adj. *Mx:SE.* Referido a persona, que acude a los lugares sin ser invitada, gorrona. pop + cult → espon.

   II. 1. adj. *RD.* Referido a persona, decaída, desanimada. pop + cult → espon.

    2. *PR.* Referido a persona, que tiene mucho dolor de cabeza. pop + cult → espon.

    3. *PR.* Referido a persona, que está en cama por enfermedad pasajera. pop + cult → espon.

    4. *PR.* Referido a persona, inconsciente por haber recibido un fuerte golpe en la cabeza. pop + cult → espon.

   III. 1. adj. *PR.* Referido a persona, que tiene mucho sueño. pop + cult → espon.

    2. *PR.* Referido a persona, profundamente dormida. pop + cult → espon.

   IV. 1. adj. *PR.* metáf. Referido a persona, drogada. drog.

achocar(se).

   I. 1. tr. *RD, PR.* Hacer perder *una persona* el sentido a *alguien* por efecto de golpes dados en la cabeza. pop + cult → espon.

    2. intr. prnl. *RD, PR.* Golpearse *alguien* en la cabeza. pop + cult → espon.

   II. 1. intr. *RD.* Economizar *alguien*, ser comedido en el gasto. pop + cult → espon.

   III. 1. intr. prnl. *PR.* Dormirse *alguien* de cansancio. pop + cult → espon ^ fest.

achocazo.

   I. 1. *RD, PR.* **achoque**, golpe.

achocha.

   I. 1. *Pe, Ar:NO.* **achojcha**, planta y fruto.

achochar(se).

   I. 1. tr. *Ch.* Enfadar, disgustar, ofender *una persona* a *alguien*. pop + cult → espon.

   II. 1. intr. prnl. *Ch.* Ponerse o volverse *alguien* chocho. pop + cult → espon.

achoclonamiento. (Der. de *choclo*).

   I. 1. m. *Ch.* Aglomeración de personas o cosas que suelen ser problemáticas.

achoclonar(se). (Der. de *choclo*).

   I. 1. tr. *Ch.* Agrupar cosas o personas de forma desordenada y apretada. pop + cult → espon.

    2. intr. prnl. *Ch.* Juntarse una serie de personas de forma desordenada y apretada en un espacio reducido. pop + cult → espon.

achogcha.

   I. 1. *Ec.* **achojcha**, planta y fruto.

achojcha. (Del aim. *achuxcha* y del quech. *achuqcha*).

   I. 1. f. *Ec, Pe, Bo, Ar:NO.* Planta herbácea, trepadora, de hojas palmadas y flores amarillas. (Cucurbitaceae; *Cyclanthera pedata*). (**achocha**; **achogcha**; **achoscha**). ♦ **caigua**; **caihua**; **pepino de rellenar**.

    2. *Ec, Bo, Ar:NO.* Fruto de la achojcha, globoso, de color blanco por dentro y verde por fuera; es comestible. (**achocha**; **achogcha**; **achoscha**). ♦ **caigua**; **pepino de rellenar**.

acholado.

■

   a. ‖ **pisco ~.** m. *Ec, Pe.* Variedad de pisco con mayor grado y más aromático.

acholado, -a.

   I. 1. adj. *Pa, Pe; Bo,* p.u. Referido a persona, que tiene el color de la tez y la fisonomía del **cholo**, mestizo de sangre europea e indígena. pop + cult → espon.

    2. *Pa, Pe; Bo,* p.u. Referido a persona, que ha adquirido las costumbres y gustos del **cholo**. pop + cult → espon.

    3. *CR.* Referido a persona, de rasgos parecidos a los de un aborigen costarricense. pop + cult → espon.

   II. 1. adj. *Ar:NO.* Referido a persona, de modales toscos. pop + cult → espon ^ desp.

   III. 1. adj. *Ch.* metáf. Referido a persona, vergonzosa, tímida. pop + cult → espon.

2. *Ec.* metáf. *Referido a persona*, ruborizada, avergonzada. pop + cult → espon.

IV. 1. adj. *Ar:NO. Referido a un caballo*, que baja el lomo y las orejas por cansancio o calor. rur.

V. 1. adj. *Pe. Referido a un aguardiente*, que se elabora con diversas variedades de uva.

acholamiento.

I. 1. *Ec, Pe, Ch.* p.u. **acholo**.

2. m. *Ec.* p.u.; metáf. Color encendido, rubor, que adopta el rostro de una persona por vergüenza. pop + cult → espon.

acholar(se).

I. 1. intr. prnl. *Ec, Pe, Ch.* Experimentar *alguien* vergüenza. pop + cult → espon. ♦ **achongarse**.

2. tr. *Ec, Ch.* Hacer *una persona* sentir vergüenza a *alguien*. pop + cult → espon.

II. 1. intr. prnl. *Ar:NO.* Adquirir *alguien* modales toscos. pop + cult → espon.

2. *Pe, Bo.* Adquirir *alguien* las costumbres y gustos del **cholo**, mestizo de sangre europea e indígena. pop + cult → espon.

acholecar(se).

I. 1. tr. *Mx.* p.u. Poner *algo* enclenque y débil a *alguien*. rur.

2. intr. prnl. *Mx.* p.u. Ponerse *alguien* enclenque, debilitarse, debido a una enfermedad o a otras razones. rur.

acholencado, -a.

I. 1. adj. *Mx.* p.u. *Referido a persona*, débil, enclenque. rur.

acholloncarse.

I. 1. intr. prnl. *Ch:S.* Arrodillarse *alguien*.

2. *Ch:S.* Sentarse *alguien* sobre las rodillas de otro.

acholo.

I. 1. m. *Ec, Ch.* Turbación y rubor ocasionados por vergüenza debido a una presencia inesperada o a una falta cometida, o por alguna acción deshonrosa y humillante, propia o ajena. pop + cult → espon. ♦ **acholamiento**.

acholole. (Del nahua *atl*, agua, y *choloa*, escurrir).

I. 1. m. *Mx.* Agua sobrante del riego que se escurre por los surcos. rur.

achololear.

I. 1. intr. *Mx.* Escurrir por los surcos los **achololes**.

achompipado, -a.

I. 1. adj. *Ho, Ni.* **zurumbo**, aturdido. rur. ♦ **ahuevado**.

2. *Ho, Ni. Referido a persona*, humillada. rur. (**achumpipado**). ♦ **achicopalado; agüevado; apajuilado**.

achompiparse. (Der. de *chompipe*, pavo americano).

I. 1. intr. prnl. *Ho, Ni.* Entristecerse o desanimarse *una persona* por alguien o algo. (**achumpiparse**) ♦ **achorcholarse; apajuilarse**.

achón.

I. 1. m. *Cu.* Banquero en el juego chino de la **charada**.

2. *Cu.* Hombre de agallas, valiente. pop + cult → espon.

3. m-f. *Cu.* Persona inteligente. pop + cult → espon.

II. 1. m. *Ho.* **hachón**, astillas de ocote.

achonarse.

I. 1. intr. prnl. *ES.* Hartarse *alguien* de comer. pop + cult → espon.

2. *ES.* Emborracharse *alguien*. pop + cult → espon.

achongado, -a.

I. 1. adj. *PR. Referido a persona*, avergonzada. pop + cult → espon.

II. 1. adj. *PR. Referido a persona*, débil, incapaz de realizar algo. pop + cult → espon.

achongar(se).

I. 1. tr. *RD, PR.* Abochornar, avergonzar *una persona* a *alguien*. pop + cult → espon.

2. intr. prnl. *PR; Ho*, p.u. Abochornarse, avergonzarse *alguien*. pop + cult → espon. ♦ **achicopalarse; acholarse; ahuevarse**.

II. 1. *Ho, PR.* **achucuyarse**, perder el ánimo.

2. intr. prnl. *PR.* Intimidarse, amedrentarse, amilanarse *alguien*. pop + cult → espon.

achontado, -a.

I. 1. adj. *ES. Referido a persona*, tonta, medio boba. pop + cult → espon ^ desp.

achoque.

I. (Del nahua *azoquen*).

1. *Mx.* **ajolote**, renacuajo.

II. 1. m. *RD, PR.* Golpe no intencionado en la cabeza. pop + cult → espon. ♦ **achocazo**.

achorada.

I. 1. f. *Pe, Ch.* Insolencia, atrevimiento de una persona **achorada**. pop + cult → espon.

achorado, -a.

I. 1. adj/sust. *Pe, Ch. Referido a persona*, insolente, atrevida, desafiante. pop + cult → espon.

achoramiento.

I. 1. m. *Pe.* Insolencia, atrevimiento de alguien. pop + cult → espon.

achorarse.

I. 1. intr. prnl. *Pe, Ch.* Comportarse *una persona* o un grupo de una forma insolente y atrevida.

achorcholado, -a.

I. 1. adj. *Ho, ES. Referido a persona*, deprimida, triste. rur.

achorcholarse. (Der. de *chorcha*).

I. 1. intr. prnl. *Ho, ES.* Sentirse deprimida *una persona*. rur. ♦ **achompiparse; apajuilarse**.

2. *Ho, ES.* Sentirse triste un animal. rur. ♦ **achipilianarse; achompiparse; apajuilarse**.

achorchole.

I. 1. m. *ES.* Estado de ánimo de tristeza.

2. *ES.* Estado de ánimo depresivo.

achorongao.

I. 1. m. *Cu.* Hombre homosexual.

achoscha.

I. 1. *Ar:NO.* **achojcha**.

achotado, -a. (Sínc. de *achiotado*).

I. 1. adj. *Gu, Ho, ES, Ni, Pa, Ve.* **achiotado**, de color rojo intenso.

2. *CR, Ve, Ec.* **achiotado**, teñido con achiote.

achotal.

I. 1. *Mx, Gu, Ho, ES, Ni, Ec.* **achiotal**.

achotar.

I. 1. tr. *CR, Ec; Ni*, obsol; rur. Teñir con **achiote** un alimento al cocinarlo, *especialmente el arroz*.

achote. (Sínc. de *achiote*).

I. 1. *Mx, Gu, Ho, ES, Ni, CR, Pa, Co, Ve, Ec; Pe*, p.u. **achiote**.

▶ vender ~.

achotera.

I. 1. *PR.* **achiotera**.

achotero.

I. 1. m. *Ec.* **achiotera**.

achotillo.

I. 1. *Mx, Gu, Ho, ES, CR.* **achiotillo**, árbol pequeño.

2. *Ho.* **achiotillo**, arbusto.

3. *Ec.* **achiotillo**, árbol y madera. (Caryocaraceae; *Caryocar amygdaliferum*).

¡achs!

I. 1. interj. *Gu.* Expresa asco o desagrado.

¡achú!

I. 1. *Gu, Pa; Ar*, p.u. **¡achús!**

2. *Ni, Ec.* **¡achij!**

achúa.
   I. 1. f. *Pe.* Aguaje. pop + cult → espon.
   II. 1. f. *Ch.* Platillo o escudilla empleada para recoger arenas o tierras metalíferas.

achual.
   I. 1. sust/adj. *Pe.* Nativo de un pueblo oriundo de la cuenca amazónica.
   2. adj. *Pe.* De este pueblo.
   3. m. *Pe.* Lengua de los achuales.

achucarse.
   I. 1. intr. prnl. *ES.* Marchitarse una planta. rur.

achuchado, -a.
   I. 1. adj. *Ar, Ur; Ec,* p.u. *Referido a persona,* que siente miedo o temor. pop + cult → espon.
   2. *Ar, Ur. Referido a persona,* que tiene escalofríos a causa del frío o de la fiebre. pop + cult → espon.

achuchar(se).
   I. 1. intr. prnl. *Co, Ec, Ar, Ur.* Atemorizarse *alguien.* pop + cult → espon.
   2. *Ar, Ur.* Tiritar o estremecerse *alguien* a causa del frío o de la fiebre.
   3. tr. *Ar.* Causar o infundir *alguien* temor a una persona. pop + cult → espon.
   II. 1. tr. prnl. *RD.* Comer o beber *alguien* un alimento. pop + cult → espon.

achucharrado, -a.
   I. 1. adj. *Ar. Referido a persona,* que tiene el cuerpo encogido a causa del frío excesivo. pop + cult → espon.

achucharrar(se).
   I. 1. intr. prnl. *Ho, Co.* Quemarse o secarse *alguien* o *algo, especialmente una planta o una carne,* a causa de calor excesivo. pop + cult → espon.
   II. 1. intr. prnl. *Ar.* Encoger o contraer el cuerpo *alguien* a causa del frío excesivo. pop + cult → espon.
   III. 1. tr. *Ho.* Aplastar *algo* por un golpe u otro medio. ♦ **achurrar.**
   2. *Ho.* metáf. Amilanar *alguien* o *algo* a *una persona.*
   3. intr. prnl. *Ho.* metáf. Amilanarse *alguien.*

achuchón.
   I. 1. m. *Mx.* Achaque intempestivo. pop + cult → espon.

¡achuchuy!
   I. 1. interj. *ES.* Expresa cariño a un bebé.

achucutar(se).
   I. 1. intr. prnl. *Co:N, Ve:O.* Sentir *alguien* temor o miedo. pop + cult → espon.
   2. *Ho, Co.* **achucuyarse,** perder el ánimo.
   3. *Ho.* **aflatarse,** afligirse. pop + cult → espon.
   II. 1. tr. *Ve.* obsol. Cortar *algo, especialmente la cola de un animal.* pop + cult → espon.

achucuyarse.
   I. 1. intr. prnl. *Gu, Ho, CR.* Perder *alguien* el ánimo, las fuerzas o el vigor. rur; pop. **(chucuyarse).** ♦ **achongar; achucutarse.**
   2. *Gu, CR.* Entristecerse *alguien.* pop + cult → espon.
   II. 1. intr. prnl. *Gu.* Encogerse una persona o un animal por frío, temor o enfermedad. rur.
   2. *Gu.* metáf. Marchitarse una planta. rur.
   III. 1. intr. prnl. *ES.* Ponerse *alguien* en cuclillas. rur. **(achuncuyarse).** ♦ **achungutarse; apucuyarse.**
   IV. 1. intr. prnl. *Ho.* Tener *alguien* miedo. rur; pop + cult → espon. **(chucuyarse).**

achujar.
   I. 1. tr. *Cu.* Azuzar a un perro para que ataque a alguien.
   2. *Cu.* metáf. Incitar *una persona* a *alguien* a pelear o a tomar partido en una disputa.

achular(se).
   I. 1. tr. *ES.* Embellecer, adornar *una persona* a *alguien* o *algo.*
   2. tr. prnl. *ES.* Embellecerse *una persona.*

achulluncar(se).
   I. 1. tr. *Ch.* p.u. Poner *una persona* a *alguien* de rodillas.
   2. tr. prnl. *Ch.* p.u. Ponerse *alguien* de rodillas.

achuma. (Voz quechua y aimara).
   I. 1. f. *Pe, Bo, Ar:NO.* Cardón gigante de hasta 10 m de altura y tronco leñoso. (Cactaceae; *Trichocerus* spp.). ♦ **sampedro.**

¡achuma!
   I. 1. interj. *Pe.* Expresa admiración o sorpresa. pop + cult → espon.

achumado, -a.
   I. 1. *Ar.* **chumado.**

achumicar(se).
   I. 1. *Ni; Ho,* rur. **ahuevarse,** asustarse.
   2. *Ni; Ho,* rur. **ahuevar,** asustar a alguien.
   3. *Ho.* **ahuevar,** hacer sentir vergüenza a una persona. rur.
   4. *Ho.* **ahuevarse,** sentirse avergonzado. rur.
   II. 1. intr. prnl. *Ho, Ni.* obsol. Sentirse *alguien* acobardado. rur. ♦ **achicopalarse; achiquitarse.**
   2. *Ni.* Sentirse *alguien* desganado.
   3. *Ni.* Sentirse *alguien* triste.

achumpipado.
   I. 1. *Ho, ES.* **achompipado,** humillado.

achumpiparse.
   I. 1. *Ho, ES.* **achompiparse.**

achunchado, -a.
   I. 1. adj. *Pe. Referido a persona,* cobarde.
   2. *Ch. Referido a persona,* avergonzada. pop + cult → espon.

achunchar(se).
   I. 1. intr. prnl. *Pe, Bo.* Volverse *una persona* tímida.
   2. tr. *Bo, Ch.* Hacer *una persona* sentir vergüenza o turbación a alguien. pop + cult → espon.
   3. intr. prnl. *Bo, Ch.* Sentir *alguien* vergüenza o turbación. pop + cult → espon.

achunchulado, -a.
   I. 1. adj. *Ch. Referido a persona,* que lleva corbata. pop.

achuncuyarse. (Epént. de *achucuyarse*).
   I. 1. *ES.* **achucuyarse,** ponerse en cuclillas.

achungutarse.
   I. 1. *ES.* **achucuyarse,** ponerse en cuclillas.

achuni. (Del quechua).
   I. 1. *Pe.* **coatí.**

achuntar.
   I. 1. intr. *Pe, Bo, Ch; Ec,* p.u. Acertar *una persona* en un blanco. pop + cult → espon.
   2. tr. *Pe.* Dar *alguien* con una respuesta o solución a algo.

achunte.
   I. 1. m. *Ch; Ec,* p.u. Acierto, consecución de un objetivo por destreza o por casualidad. pop + cult → espon.

   □

   a. ‖ **al ~.** loc. adv. *Ch.* Por casualidad, por azar.

achuñuscar(se).
   I. 1. tr. *Ch.* Encoger y arrugar *alguien algo.* pop + cult → espon.
   2. intr. prnl. *Ch.* Encogerse y arrugarse *algo* por la acción del calor. pop + cult → espon.
   3. *Ch.* metáf. Adquirir *alguien* el aspecto físico de un anciano. pop + cult → espon.

achupalla.
   I. 1. *Ec, Pe.* **chupalla,** planta. **(achupilla).**

achupilla.
   I. 1. *Ec.* **achupalla.**

achura. (Del quech. *achúray,* repartir, y *achura,* partes de una res).
   I. 1. f. *Pe:S, Bo:S, Py, Ur;* f. pl. *Ar.* Víscera de una **res**; es comestible.

achurado.
    I. 1. m. *Ch.* Recubrimiento de una superficie mediante líneas paralelas.

achurador. (Del quech. *achura*, parte de la res que se regala al que ayuda a matarla y descuartizarla).
    I. 1. m. *Ar:NO.* Hombre que se encarga de extraer las **achuras** de las **reses** sacrificadas en los mataderos.
    ♦ **achurreador.**

achurador, -ra. (Del quech. *achura*, parte de la res que se regala al que ayuda a matarla y descuartizarla).
    I. 1. m. y f. *Ar* pop; *Ur*, vulg. | metáf. Persona que hiere mortalmente a otra con un arma blanca. (**achureador**).

achurar. (Del aim. *achuraña*, quitar, arrebatar el perro).
    I. 1. tr. *Ar*; *Ur* rur; *Bo:O*, pop. Herir o matar *alguien* con arma blanca a una persona o a un animal. pop + cult → espon.
    2. *Ar:NO.* Sacrificar y descuartizar *alguien* una res. rur; pop.
    3. *Ar.* Extraer *alguien* las vísceras a un animal sacrificado. rur; pop.
    4. *Ar:NO.* Recoger o vender *alguien* vísceras de reses sacrificadas. rur; pop.
    II. 1. tr. *Mx. Entre dibujantes*, llenar de líneas a intervalos iguales un espacio del dibujo.
    2. *Ch.* Cubrir una superficie con varias líneas paralelas para acotar mejor un espacio.
    III. 1. tr. *Ar:NE.* Atrapar *algo* lanzado entre un grupo de personas que se apresuran para agarrarlo a la vez. pop + cult → espon.
    2. *Ar:NE.* Adueñarse *alguien* ilícitamente de un objeto ajeno. pop + cult → espon.
    3. *Ur.* Cobrar *una persona* a alguien un precio elevado por algo. vulg; pop + cult → espon.

achureador, -ra.
    I. 1. *Ar:NO.* **achurador.**

achurero.
    I. 1. m. *Ar:NO,O.* Hombre que vende **achuras.**

achurero, -a.
    I. 1. m. y f. *Ar:NO,O.* Vendedor de **achuras.**

achurrar(se). (Sínc. de *achurrascar*).
    I. 1. tr. *Pa.* **achucharrar**, aplastar. pop + cult → espon.
    II. 1. intr. prnl. *Pa.* metáf. Perder *alguien* la lozanía de la piel, arrugarse.

achurrascar(se).
    I. 1. tr. *Ch.* Arrugar, achicar *algo, como una comida o una prenda de vestir*, por exceso de calor. pop + cult → espon.
    2. *Ch.* Quemar *alguien* algo, *como una comida*, por exceso de calor. pop + cult → espon.
    3. intr. prnl. *Ch.* Resultar arrugado, achicado o quemado *algo, como una comida o una prenda de vestir*, por exceso de calor. pop + cult → espon.
    4. *Ho:E.* Encogerse *algo* por efecto del calor, *en especial las hojas de plantas.*

achurreador.
    I. 1. *Ar, Ur.* **achurador.**

achurruscar(se).
    I. 1. intr. prnl. *Gu, Co, Ec.* Encogerse *alguien*. pop + cult → espon.
    2. *Gu, Co, Ec.* Retorcerse, ensortijarse *alguien o algo*. pop + cult → espon.
    II. 1. tr. *Ch.* Comprimir, apretar *una persona* a *alguien o algo*. pop + cult → espon.

¡achús!
    I. 1. interj. *Ho, ES, Ni.* Imita el sonido de un estornudo. ♦ **¡achú!**

achusemado, -a.
    I. 1. adj. *Gu. Referido a persona*, loca, perturbada. pop + cult → espon.
    2. *Gu. Referido a persona*, que actúa sin pensar. pop + cult → espon.
    3. *Gu. Referido a persona*, que actúa de forma extravagante. pop + cult → espon.

achusmar.
    I. 1. tr. *Ch.* Hacer que *alguien* tenga los modos y características propios de la gente vulgar. pop + cult → espon.

achusmearse.
    I. 1. tr. prnl. *Cu.* Adquirir *alguien* modales de la gente vulgar.

achutado, -a.
    I. 1. adj. *Ch. Referido a persona*, que pretende estar bien vestida. pop + cult → espon.

achutar.
    I. 1. tr. *Ch.* Vestir a *alguien* como **chute**. pop + cult → espon.

¡achuy! (Sínc. de *achuchuy*).
    I. 1. interj. *ES.* Expresa cariño o complacencia.

achuzado, -a.
    I. 1. adj. *ES. Referido a un objeto*, puntiagudo.

achuzar.
    I. 1. tr. *ES.* Pinchar *una persona* con un **chuzo** a *alguien o algo.*
    2. *ES.* Sacar *alguien* punta a un objeto.
    II. 1. tr. *ES.* Meter *una persona algo* a presión.

acial. (Var. de *aciar*).
    I. 1. m. *Gu, Ho, ES, Ni, Ec.* Látigo que se usa para estimular el trote de las caballerías. rur. ♦ **fuete.**
    2. *ES.* metáf. Pene. vulg; pop + cult → espon.
    ▶ **estar más pelado que el palo del ~.**

acialazo.
    I. 1. m. *ES.* Golpe dado por alguien con el **acial** o látigo. rur.

aciclonado, -a.
    I. 1. adj. *Cu. Referido al viento*, que tiene características propias de un ciclón.

aciclonarse.
    I. 1. intr. impers. *Cu.* Adquirir el tiempo características de ciclón.

ácido, -a.
    I. 1. adj. *Ve.* juv. Bueno, excelente.
    2. *Ve.* juv. Agradable.
    II. 1. *Ho.* juv. *Referido a persona*, experta en algo. ♦ **grueso; guillet; pelis; pesado.**
    ▶ **aguantar el ~.**

acidoso, -a.
    I. 1. adj. *Cu. Referido a persona*, amargada.

aciguambado, -a.
    I. 1. adj. *Gu. Referido a persona*, tonta.

aciguapado, -a.
    I. 1. adj. *RD. Referido a persona*, atontada.

aciguatado, -a.
    I. 1. adj. *Ve. Referido a persona*, enfermiza y desnutrida.
    2. *RD, PR. Referido a persona o a animal, especialmente un pez*, que tiene **ciguatera.**
    II. 1. adj. *Cu, RD. Referido a persona*, boba, simple, papanatas. pop + cult → espon.

aciguatarse. (De *ciguatera*).
    I. 1. intr. prnl. *Cu, RD.* Entristecerse *alguien*.
    II. 1. intr. prnl. *Cu, RD.* Volverse *alguien* tonto.
    III. 1. intr. prnl. *RD, PR.* Adquirir **ciguatera** un animal, *especialmente un pez.*

acimarronado, -a.
    I. 1. adj. *Mx. Referido a persona*, que tiene la condición de **cimarrón.**

acimarronarse.
    I. 1.   tr. prnl. *Mx.* Adquirir *alguien* la condición de **ci-marrón**.

acinchado, -a.
    I. 1.   *CR.* **fajado**, dedicado.

acinturar(se).
    I. 1.   intr. prnl. *Mx, CR, Ch.* Engrosar *alguien* la cintura o tenerla estrecha por pérdida de grasa abdominal.
    2.   tr. *Mx, Ch.* Provocar *algo* que la cintura de una persona se estreche.

acionera.
    I. 1.   f. *Ar, Ur.* Pieza de cuero que sujeta a la silla de montar las dos argollas que sostienen las **estribe-ras**. rur. (**arcionera**).

acipotarse. (Der. de *cipore*, niño).
    I. 1.   intr. prnl. *Ho.* Comportarse como un niño sin serlo.

aciscado, -a.
    I. 1.   adj. *Cu. Referido a persona*, asustada. pop + cult → espon.
    2.   *Cu. Referido a persona*, turbada, desconcertada. pop + cult → espon.

aciscar(se). (Prót. de *ciscar*).
    I. 1.   tr. *Cu.* Desconcertar *algo* o *alguien* a *una persona*. pop + cult → espon.
    2.   intr. prnl. *Cu.* Turbarse, desconcertarse *una persona* por alguien o algo. pop + cult → espon.
    II. 1.   intr. prnl. *Ho.* Soltarse o evacuar el vientre. rur.

acitrón.
    I. 1.   m. *Mx.* Tallo de la **biznaga**, descortezado y confitado.

acitronar.
    I. 1.   tr. *Mx.* Freír ligeramente, a fuego lento, cierto tipo de verduras, *principalmente la cebolla*, hasta que se vuelvan translúcidas como el **acitrón**.

aclanar(se).
    I. 1.   intr. prnl. *Ch.* Comportarse *alguien* según las normas de un clan o de un equipo. pop + cult → espon.
    2.   tr. *Ch.* Lograr *alguien* que un individuo o un grupo se integre dentro de uno más amplio y asuma sus pautas de conducta. pop + cult → espon.
    3.   intr. prnl. *Ch.* Agruparse *alguien* con otro, bajo ciertos intereses comunes.

aclar.
    I. 1.   m. *CR:NO.* Bebida alcohólica de baja calidad.

aclarada.
    I. 1.   f. *Pe, Ar:O.* Aclaración de algo, *especialmente de una duda*. pop + cult → espon. ♦ **aclare**.
    2.   *Ch.* Amanecer. pop + cult → espon.

aclarar.
    ◻
    a. ‖ **no aclares, que oscurece.** fr. prov. *Ar, Ur.* Indica que no se debe tratar de explicar o justificar una situación, un dicho o un hecho. pop + cult → espon ^ fest.

aclaratoria.
    I. 1.   f. *PR, Ve, Bo, Ch, Ar. En el ámbito legal*, aclaración de algo.

aclare.
    I. 1.   m. *Pe.* **aclarada**, aclaración de algo. pop + cult → espon.

aclayo.
    I. 1.   m. *ES.* Reloj. delinc.

aclimatamiento.
    I. 1.   m. *Gu, RD, PR, Pe, Ch, Ar.* Aclimatación de un ser vivo.

acluecarse.
    I. 1.   intr. prnl. *Ur.* Echarse un ave, *especialmente una gallina*, sobre sus huevos para empollarlos. rur.

aco.
    I. 1.   m. *Co:S, Ec:N.* Harina de cebada o maíz tostado.
    2.   *Co:S.* Bebida hecha con aco.

acobe.
    I. 1.   m. *Cu.* Acero.

acobi.
    I. 1.   f. *Ni.* juv. Agua.
    II. 1.   *Ni.* **acochí**.

acobijarse. (Prót. de *cobijarse*).
    I. 1.   intr. prnl. *Ho, ES, Ni.* Cobijarse *alguien*. rur.

acobio.
    I. 1.   m. *Cu.* Zapato.

acocado, -a. (Der. de *coco*, fruto).
    I. 1.   adj. *PR. Referido a cosa*, de forma curva y honda. pop + cult → espon.

acocallar(se).
    I. 1.   tr. *Pe.* Oxidar *algo* una cosa. pop + cult → espon. (**acocayar**).
    2.   intr. prnl. *Pe.* Descolorarse, desteñirse, opacarse los colores de la ropa. pop + cult → espon. (**acocayar**).

acocayar(se).
    I. 1.   *Pe.* **acocallar**, oxidar.
    2.   *Pe.* **acocallarse**, descolorarse.

acochambrado, -a.
    I. 1.   adj. *Cu, RD, PR; Mx*, p.u. *Referido a persona o cosa*, cubierta de suciedad. pop + cult → espon ^ desp.

acochambrar(se).
    I. 1.   tr. *Mx, Cu, RD, PR.* **empuercar**. pop + cult → espon.
    2.   intr. prnl. *Mx, Cu, RD, PR.* **empuercarse**. pop + cult → espon.

acochí.
    I. 1.   adv. *ES, Ni.* Aquí. carc. ♦ **acobi**.

acochinado, -a.
    I. 1.   adj. *Ve. Referido a persona*, malhumorada. pop + cult → espon.
    2.   *RD. Referido a persona*, sucia, maloliente, abandonada en su aspecto. pop + cult → espon.

acochinango.
    I. 1.   adv. *ES.* Aquí. carc.

acocil. (Del nahua *atl*, agua, y *cuitzilli*, retorcido).
    I. 1.   m. *Mx.* Crustáceo de agua dulce. (Cambaridae; *Cambarellus* spp.).

acocote. (Del nahua *acocotli*, garganta de agua).
    I. 1.   m. *Mx.* Calabaza larga agujereada por ambos extremos que se usa para succionar el **aguamiel** del **maguey**.

acocullado, -a.
    I. 1.   *Bo.* **acocuyado**.

acocuyado, -a.
    I. 1.   adj. *Bo. Referido a persona*, encandilada, alegre por haber bebido mucho. (**acocullado**).

acodarse.
    I. 1.   intr. prnl. *Ar:NO.* Tener *una persona* contacto o trato habitual con otras de un grupo social superior. pop + cult → espon.

acodillado, -a.
    I. 1.   adj/sust. *Ar. Referido a un caballo*, que tiene pequeñas manchas blancas en los codillos. rur.
    II. 1.   adj. *Ve:O. Referido a persona*, que tiene un hombro más bajo que el otro.

acodillar.
  I. 1. tr. *Ar.* Talonear al caballo en los codillos. rur.
acofaster. (Del ingl. *fastener*).
  I. 1. f. *Pe.* Lámina estrecha de metal o plástico con dos patillas flexibles para sujetar hojas perforadas. ♦ **fástener**.
acogollar.
  I. 1. tr. *Mx, Cu, RD; EU,* p.u. | metáf. Agobiar *una persona* a *alguien* con mucho trabajo. pop + cult → espon.
  2. *Mx, Cu; EU,* p.u. | metáf. Acosar *una persona* a *alguien* para que haga algo determinado. pop + cult → espon.
acogotador.
  I. 1. m. *Bo.* Delincuente que asfixia a una persona, *generalmente a un taxista*, con una cuerda, para apropiarse de sus pertenencias. (**cogotero**).
acois.
  I. 1. adv. *CR.* juv. Aquí, en este lugar.
  2. *CR.* juv. Así, de esta manera.
acóis.
  ▶ hacerse ~.
acoivarada.
  I. 1. f. *Ar:NE.* Tarea consistente en reunir y quemar los troncos y ramas que han quedado en un terreno ya rozado. rur.
acoivarar.
  I. 1. tr. *Ar:NE.* Reunir y quemar los troncos y ramas que han quedado en un terreno ya rozado. rur.
acojolado, -a.
  I. 1. *RD.* **alcojolado**.
acojudar(se).
  I. 1. tr. *Pe.* Atontar, aturdir *una persona* a *alguien*. pop + cult → espon.
  2. intr. prnl. *Pe.* Atontarse, aturdirse *una persona*. pop + cult → espon.
acolchado.
  I. 1. m. *Ch, Ar, Ur.* Cobertor relleno de plumón o de algún material sintético semejante.
acolchonado, -a.
  I. 1. adj. *PR.* metáf. *Referido a persona, especialmente una mujer*, que tiene zonas muy voluminosas en su cuerpo. pop + cult → espon ^ fest.
acolchonar(se).
  I. 1. tr. *Mx, Gu, Ho, ES, Ni, CR, Pa, RD, PR, Co, Ve, Bo, Ar, Ur.* Introducir *alguien* entre dos telas, *generalmente un colchón, cojín u hombrera*, una fibra natural o textil suave y mullida, como lana, algodón o guata, y bastearlas.
  2. *Mx, RD, PR, Ch, Py.* Recubrir o forrar *alguien* una superficie con un material blando.
  3. *Ho, Ni.* Ahuecar *una persona algo* para hacer que sea esponjoso y suelto.
  4. intr. prnl. *PR.* metáf. Acomodarse *alguien* en un empleo fácil y bien remunerado. pop + cult → espon.
  II. 1. tr. *Pa, Cu, RD.* Cubrir el suelo los frutos caídos alrededor del tronco de un árbol. rur.
  2. intr. prnl. *Pa, Cu, RD.* Cubrirse el suelo alrededor de un árbol con frutos caídos. rur.
acolitar.
  I. 1. tr. *Co, Ec.* Apoyar *una persona* a *alguien* en una actividad o idea, mostrarse solidario con él.
  2. intr. *Ni, Co.* obsol. Desempeñar *alguien* funciones de acólito o monaguillo en una iglesia. prest; cult → esm.
  3. tr. *Co.* Encubrir *una persona* a *alguien* o *algo* en una idea o acción ilícita.

acollado, -a.
  I. 1. adj. *Bo:E. Referido a persona*, que adopta el modo de hablar y las costumbres del habitante de las mesetas andinas o del occidente del país. pop + cult → espon.
acollar(se). (De *colla*, habitante de las tierras altas del occidente boliviano).
  I. 1. tr. *Bo:E.* Hacer que alguien adopte el modo de hablar y las costumbres del habitante de las mesetas andinas o del occidente del país. pop + cult → espon.
  2. intr. prnl. *Bo:E.* Adoptar *alguien* el modo de hablar y las costumbres del habitante de las mesetas andinas o del occidente del país. pop + cult → espon.
  II. 1. intr. prnl. *Bo.* Unirse dos personas en concubinato.
acollarado, -a.
  I. 1. adj. *Bo, Ar, Ur.* metáf. *Referido a persona*, casada. rur.
  2. *Bo, Ar, Ur.* metáf. *Referido a persona*, que vive en concubinato. rur. (**acoyarado**).
  3. *Ar, Ur. Referido a un animal equino o vacuno*, unido a otro por la collera o por una cuerda, para que se acostumbre a andar junto a este. rur.
  4. *Ar.* **abotonado**. euf; pop + cult → espon.
  II. 1. adj. *Ar:C. Referido a persona*, que se encuentra en una situación económica apremiante y con pocas posibilidades de resolverla. rur.
acollaramiento.
  I. 1. m. *Bo:E,S, Ch, Ar, Ur.* Unión de dos o más animales o cosas. rur. (**acolleramiento**).
  2. *Bo:E,S, Ar, Ur.* metáf. Unión de dos personas, *particularmente de las que sostienen una relación amorosa*. rur. (**acolleramiento**).
  3. *Bo; Ch,* p.u. | metáf. Asociación de complicidad de dos personas en la realización de una cosa.
acollarar(se).
  I. 1. tr. *Bo:E,S, Ch, Ar, Ur.* Unir *alguien* dos animales por el cuello para acostumbrarlos a andar juntos. rur.
  2. *Bo:E,S, Ar, Ur.* metáf. Unir *alguien* a dos personas o cosas. rur.
  3. intr. prnl. *Bo:E,S, Ar, Ur.* metáf. Unirse dos personas en concubinato. rur. (**acoyarar**).
  4. *Bo; Ar,* pop; *Ur,* rur. | metáf. Unirse dos personas en matrimonio.
  5. *Ar.* Quedar unidos dos animales por los órganos genitales después de la cópula. pop + cult → espon. ♦ **abotonarse**.
  6. intr. prnl. *Bo:E,S.* metáf. **acollerarse**, asociarse.
acolleramiento.
  I. 1. *Bo:E,S.* **acollaramiento**, unión de dos o más personas o animales. rur.
  2. *Bo: ES.* **acollaramiento**, unión de dos personas con una relación amorosa.
acollerarse.
  I. 1. intr. prnl. *Ch.* Asociarse en complicidad una o dos personas con otra. (**acollararse**).
  2. *Ch.* Unirse dos personas en concubinato.
acollico.
  I. 1. *Ar:NO.* **acullico**, pequeña bola.
  2. *Ar:NO.* **acullico**, protuberancia.
acolochado, -a. (De *acolochar*).
  I. 1. adj. *Gu, Ho, ES, CR. Referido al cabello de una persona*, rizado. pop + cult → espon.
acolochar(se). (Der. de *colocho*).
  I. 1. tr. *Gu, Ho, ES, CR.* Hacer *alguien* rizos en el pelo de una persona. pop + cult → espon.
  2. intr. prnl. *Gu, Ho.* Formarse rizos en el pelo a causa de algo.

acomalado, -a.
I. 1.   adj. *Ho, Ni. Referido a cosa*, que tiene forma cóncava como el **comal**.

acomedido, -a.
I. 1.   adj/sust. *Mx, Gu, Ho, ES, Ni, Pa, Co, Pe, Bo, Ch, Ar, Ur; Ec*, p.u. *Referido a persona*, que está siempre dispuesta a prestar ayuda. (**comedido**).
2.   *Mx. Referido a persona*, discreta en su forma de actuar.

acomedimiento.
I. 1.   m. *Ch.* Actitud moderada y obsequiosa de una persona.

acomedir(se). (Prót. de *comedirse*).
I. 1.   intr. prnl. *Mx, Ho, ES, Ni, Co, Pe, Ch, Ar; Gu*, rur; *Ec:SO*, p.u; rur; *Ur*, p.u. Ofrecerse *una persona* voluntariamente para realizar algo. (**comedirse**).
2.   tr. *Mx.* Solicitar *alguien algo* con discreción.

acomejenarse.
I. 1.   intr. prnl. *Mx, Ho.* Llenarse de **comején** *algo, en especial granos y semillas.* rur.

acometida.
I. 1.   f. *RD.* Golpe de un objeto contra otro.
2.   *PR.* Golpe fuerte que da el gallo de pelea a su rival. ♦ **batida**.
II. 1.   f. *RD.* Conexión de una tubería con otra para encauzar la salida o entrada del agua.

acomodado, -a.
I. 1.   m. y f. *Mx, RD.* Individuo de la clase social alta.
II. 1.   m. y f. *Cu, PR, Ve, Ar, Ur; Bo, Py*, pop. Persona que ha obtenido un cargo o privilegio por influencia y no por méritos.
III. 1.   adj. *Ar:NO. Referido a persona*, provista del suficiente abrigo y de todo lo necesario, *especialmente para hacer un viaje*. pop + cult → espon.
IV. 1.   adj. *Pa, RD, Ve:O. Referido a persona*, que descarga en los demás sus obligaciones.
V. 1.   sust/adj. *Cu.* **achantado**, conforme con la situación.

acomodador, -ra.
I. 1.   m. y f. *Cu, RD, PR; EU*, p.u. *En el voleibol*, jugador que acomoda la pelota para realizar el remate.

acomodar(se).
I. 1.   intr. prnl. *Mx, Cu, Ve, Pe, Bo, Ar, Ur.* Obtener *alguien* una posición económica o profesional favorable. pop + cult → espon.
2.   tr. *Mx, Ho, Cu, Ve, Pe, PR, Ve, Bo, Ar, Ur.* Colocar *una persona* a *alguien* en un cargo o destino por influencia. pop + cult → espon.
3.   intr. prnl. *Mx, Ho, Ni, Cu, PR, Ve, Bo, Ar, Ur.* Conseguir *una persona* un puesto de trabajo o una situación de privilegio por influencia. pop + cult → espon. ♦ **enchambarse**.
4.   *Ho, Cu, RD, Bo, Ar, Ur.* Conseguir *alguien* un puesto de trabajo. pop + cult → espon.
5.   *Cu, PR.* Actuar *alguien* con habilidad para conseguir un puesto de trabajo.
6.   *Gu.* Emplear *alguien* a *una persona* en el servicio doméstico.
II. 1.   tr. *Mx, CR, Cu, Ar, Ur; Ve*, p.u. Dar *una persona* un golpe a alguien. pop + cult → espon. ♦ **atollar**.
2.   intr. prnl. *CR.* Golpear *una persona* a otra. pop + cult → espon.
III. 1.   tr. *Ar:NO.* Abrigar a un niño, *generalmente más de lo indispensable*. pop + cult → espon.
2.   intr. prnl. *Ar:NO.* Arroparse o abrigarse en exceso. rur; pop.
IV. 1.   tr. *RD.* Procurar *alguien* el favor de una persona mediante halagos, generalmente por interés.

2.   *PR.* Promover *alguien* el interés amoroso entre dos personas.
V. 1.   tr. *Cu.* Poner *una persona* a *alguien* en una situación de la que no tiene escapatoria.
VI. 1.   tr. *Cu.* Engañar *una persona* a *alguien*, hacerle una trastada. pop + cult → espon.
VII. 1.   tr. *Ur.* Marcar *alguien* ciertas pautas de comportamiento a un niño con actitud algo severa. pop + cult → espon.

□
a. ‖ **~ de una piña.** loc. verb. *Ur.* Dar *una persona* un golpe a alguien. pop + cult → espon.
b. ‖ **~se al bate.** loc. verb. *Ve.* Prepararse *alguien* para enfrentarse a una situación difícil.
c. ‖ **~se en la primera curva.** loc. verb. *PR.* Buscar *alguien* provecho tan pronto como se presente la menor oportunidad. pop + cult → espon.

acomodo.
I. 1.   m. *Mx, Gu, ES.* Trabajo de obrero o de empleado, *especialmente el doméstico*. pop + cult → espon.
2.   *Gu, Ho, Py, Ar, Ur.* Cargo o empleo obtenido por influencia. pop + cult → espon.
3.   *Ho, Ni, Ar, Ur.* Procedimiento irregular mediante el que se le concede a alguien un cargo o privilegio por influencia y no por tener los méritos suficientes. pop + cult → espon. ♦ **chamba**.

■
a. ‖ **~ razonable.** (Del ingl. *reasonable accomodation*). m. *PR.* Política pública que obliga a los patronos a tener consideraciones especiales con empleados discapacitados.

□
a. ‖ **por ~.** loc. adv. *PR, Ar, Ur.* Por influencia, por recomendación. pop + cult → espon.
▶ **tener ~.**

acompadrar(se). (Prót. de *compadrar*).
I. 1.   tr. *RD, Ar:NE.* Escoger *una persona* a *alguien* como padrino de su hijo. (**acompadrear**).
2.   intr. prnl. *Ho, Ni, RD.* Convertirse en compadres dos personas.

acompadrear.
I. 1.   *RD.* **acompadrar**, escoger.

acompañado.
I. 1.   m. *Ec.* Acompañamiento, *generalmente hortalizas*, que se sirve con la carne o el pescado.

acompañado, -a.
I. 1.   *Ar:NE.* **acollarado**, que vive en concubinato. rur.

acompañamiento.
I. 1.   m. *Ec.* Composición musical que interpreta una banda en fiestas organizadas por los **priostes**.
II. 1.   m. *Pa.* Velatorio.

acompañarse.
I. 1.   intr. prnl. *ES, Py, Ar:NE.* Unirse dos personas en concubinato.

acompincharse.
I. 1.   tr. prnl. *Co.* Buscarse *alguien* un compinche. pop + cult → espon.

acón.
I. 1.   m. *Cu, RD, PR.* Barca recortada y chata utilizada para descarga.

acona.
I. 1.   f. *Cu, RD, PR.* Arbusto perenne de hojas múltiples, inflorescencia en racimos, flores blancas y fruto muy aromático en forma de baya globosa; es comestible. (Myrtaceae; *Eugenia greggii*).

aconchabador.
I. 1.   m. *Ar:N.* **conchabador**.

aconchamadrado, -a. (De *concha*, vulva, y *madre*).
I. 1.   adj. *Pe. Referido a persona*, mala. pop + cult → espon ∧ desp.

aconchamiento.
    I. 1. m. *Mx.* Condición de un individuo que vive en casa de otro y a sus expensas.
    II. 1. m. *Ch.* Susto, acobardamiento. pop + cult → espon.

aconcharse.
    I. 1. intr. prnl. *Mx:SE.* Pegarse *algo* a una pared.
    II. 1. intr. prnl. *Ch; Pe,* obsol. Clarificarse un líquido por sedimentación de los posos.
    III. 1. intr. prnl. *Ch.* Llegar a normalizarse un asunto o una situación con el paso del tiempo. pop + cult → espon.
    IV. 1. intr. prnl. *Ch.* Acobardarse *alguien.* pop + cult → espon.
    □
        a. ‖ ~ **la mano.** loc. verb. *ES.* Pedir *alguien algo, generalmente limosna.* pop + cult → espon.
        b. ‖ ~ **los meados.** loc. verb. *Ch.* Tener miedo, acobardarse *una persona* ante algo. vulg; pop + cult → espon.

aconcubinado, -a.
    I. 1. *Py, Ar:NE.* **acollarado,** que vive en concubinato.

aconcubinarse.
    I. 1. intr. prnl. *Ar:NE.* **acollararse,** unirse en concubinato.

acondicionado, -a.
    I. 1. adj. *Ve. Referido a persona,* entrenada.
    2. *Ve. Referido a un animal,* adiestrado.

acondicionar.
    I. 1. tr. *Ve.* Entrenar *alguien* a un deportista.
    2. *Ve.* Adiestrar *alguien* a un animal, *especialmente a un gallo de pelea.*

aconductado, -a.
    I. 1. adj. *Pa, Co:O. Referido a persona,* que ha adquirido buena conducta.

aconquillar(se).
    I. 1. tr. *Ec.* Poner *una persona* a *alguien* de rodillas.
    2. intr. prnl. *Ec.* Ponerse *alguien* de rodillas.

aconsejarse.
    I. 1. tr. prnl. *Cu.* Corregir *una persona* a alguien su comportamiento por inadecuado.

acoñado.
    I. 1. m. *RD.* Individuo torpe, inútil, de escaso vigor y movimiento.

acopaibado, -a.
    I. 1. adj. *Bo:E. Referido a persona,* tonta.

acopas.
    I. 1. adv. *Mx.* De improviso. pop + cult → espon.
    II. 1. adv. *Mx.* Oportunamente. pop + cult → espon.

acopiador, -ra.
    I. 1. sust/adj. *Bo, Py, Ar, Ur.* Intermediario que comercia comprando mercancías, *generalmente agrícolas,* para revenderlas. pop + cult → espon.
    2. m. y f. *Ar, Ur.* Persona que retiene grandes cantidades de un artículo de comercio para beneficiarse de un futuro aumento de precios o de demanda. pop + cult → espon ^ desp.
    3. adj. *Bo, Py, Ur. Referido a una empresa,* que se dedica al acopio de productos, *generalmente agrícolas,* para su redistribución comercial. pop + cult → espon.
    4. m. y f. *Bo.* Persona contratada para cosechar hojas de coca manualmente.

acopie.
    I. 1. m. *Ar, Ur.* Acopio. pop + cult → espon.

acoplado.
    I. 1. m. *RD, Pe, Bo, Ch, Py, Ar, Ur.* Vehículo destinado a ser remolcado por otro.
    2. *Pe, Ar.* Plataforma provista de ruedas que se acopla a las cabinas de los camiones.

3. *Cu.* Unión, enganche de un vehículo motor con otro o a varios.

acoplado, -a.
    I. 1. adj. *RD, PR.* metáf. *Referido a un grupo musical,* que toca armoniosamente.
    2. *RD, PR.* metáf. *Referido a una pareja de bailadores,* que bailan armoniosamente.
    II. 1. adj. *PR.* metáf. *Referido a persona,* adaptada a una circunstancia dada.

acoplar(se).
    I. 1. tr. *Cu, RD, Pe, Bo, Ch, Py, Ar, Ur.* Unir *alguien* uno o varios vehículos a otro que los remolca.
    II. 1. intr. prnl. *PR.* Adaptarse *alguien* a una circunstancia dada.

acople.
    I. 1. m. *Ni, Cu, RD.* Relación que se establece entre dos o más personas que congenian entre sí.

acoquinar(se).
    I. 1. tr. *Ve.* Acosar, hostigar, acorralar *una persona* a *alguien.* pop + cult → espon.
    2. *Gu.* Presionar *una persona* a *alguien.*
    II. 1. *Ur.* **achicarse,** adoptar una actitud sumisa. pop + cult → espon.

acorar.
    I. 1. tr. *RD.* Arrimar o colocar a *una persona* o *algo* junto a una pared.
    2. *RD.* Agregar o adherir *una persona algo* a una cosa.
    3. *PR.* Acorralar, detener, sujetar *una persona* a *alguien.*

acorazarse.
    I. 1. intr. prnl. *Co.* Prepararse, defenderse *alguien.*

acorazonar.
    I. 1. tr. *Ch.* Dar *alguien* forma de corazón a algo.

acordar.
    I. 1. tr. *RD, Py, Ar, Ur.* Conceder u otorgar *algo* a *alguien, especialmente si lo ha solicitado previamente.* pop + cult → espon.

acordeón.
    I. 1. m. *Mx, Ho, ES, Ni, Cu, Bo.* Trozo de papel en forma de acordeón en el que un estudiante anota fórmulas y otros datos para usarlos a escondidas en un examen. est.
    II. 1. m. *Cu.* p.u. Autobús de transporte urbano que consta de dos cuerpos unidos por una plataforma circular móvil.
    □
        a. ‖ **de ~.** loc. adv. *Ch.* De acuerdo, conforme. pop + cult → espon ^ fest.
    ▶ **parecer ~.**

acordeonero, -a.
    I. 1. m. y f. *Co.* Persona que toca el acordeón.

acordiona.
    I. 1. f. *Ar; Ur.* obsol. Acordeón, instrumento musical de fuelle y teclado. pop + cult → espon.

acordonado.
    I. 1. m. *Cu.* Atadura de los cordones de los zapatos.

acordonado, -a.
    I. 1. adj. *Cu. Referido a un terreno,* que va a ser sembrado y está delimitado por cuerdas. rur.

acordonar.
    I. 1. tr. *Ho, Cu.* Preparar un terreno para la siembra, *generalmente de maíz u hortalizas,* en surcos o eras, utilizando un cordón. rur. ♦ **abordonar.**
    2. *Cu.* Delimitar con cuerdas un terreno que se va a sembrar. rur.
    3. *CR.* Amontonar en forma de cordón la basura del cafetal en el centro de las **entrecalles.** rur.

acorpachar.
    I. 1. tr. *Pe.* Actuar *alguien* egoístamente, queriéndolo todo para sí. pop + cult → espon.

acorpado, -a.

I. 1. adj. *Co. Referido a persona*, corpulenta, bien desarrollada.

acortarse.

I. 1. *Bo, Ar.* **achicarse**, encogerse una prenda.

acortejado, -a.

I. 1. adj. *PR. Referido a persona*, amancebada. rur.

acortejarse.

I. 1. intr. prnl. *PR.* Amancebarse *alguien*. vulg; pop + cult → espon ^ fest.

acosar.

I. 1. tr. *RD.* Espantar *alguien* o *algo* a los animales.

acoscojar(se).

I. 1. intr. *Ec.* Infectar la **coscoja** a un animal rumiante. rur.

2. prnl. *Ec.* Infectarse un animal rumiante por la **coscoja**. rur.

acose.

I. 1. m. *Co.* Acoso. ♦ **azare**.

acostada.

I. 1. f. *Ve, Bo, Ar.* Realización del coito. euf; pop + cult → espon.

II. 1. f. *Ni, Ch.* Reposo de alguien en la cama para descansar o dormir. pop + cult → espon.

acostado, -a.

I. 1. m. y f. *Co.* Persona muerta. euf; pop + cult → espon.

▶ **quedar ~.**

acostadote, -a.

I. 1. adj. *Mx, Ni, Ec. Referido a persona*, floja, perezosa. pop + cult → espon ^ desp. ♦ **echadote**.

acostar(se).

I. 1. tr. *Co.* Matar *una persona* a *alguien*. euf; pop.

2. *Ar, Ur.* Derribar *una persona* a *alguien* de un golpe. pop + cult → espon.

II. 1. intr. prnl. *RD, Ve. En el juego de dominó*, colocar un jugador una ficha doble.

acostillas.

□

a. ‖ **a ~ de.** loc. prep. *RD.* A expensas de.

acostón.

I. 1. m. *Mx, Ec.* Relación sexual pasajera, que no implica ningún compromiso. vulg; pop + cult → espon.

acotamiento.

I. 1. m. *Mx. En una carretera*, espacio reservado a uno y otro lado para estacionamiento momentáneo de vehículos.

acotar.

I. 1. tr. *Mx, Ho.* Cercar *alguien* una porción de terreno, *en especial la no cultivada*. ♦ **postear**.

acotejado, -a.

I. 1. adj. *Cu, RD, Co. Referido a persona o cosa*, arreglada, acomodada.

2. *Cu, Ec. Referido a persona, especialmente una mujer*, que convive maritalmente.

acotejamiento.

I. 1. *Cu.* **acotejo**.

acotejar(se).

I. 1. tr. *Cu, RD, Co.* Colocar *alguien* ordenadamente objetos en un espacio determinado.

2. *Cu; EU*, p.u. Distribuir *alguien* a personas en un lugar específico.

3. *Cu, RD.* Poner *alguien* orden en un lugar.

II. 1. intr. prnl. *Cu, RD.* Ponerse de acuerdo sobre algo dos o más personas.

2. *Cu, RD.* Acomodarse, arreglarse *una persona* con alguien.

3. *Cu, RD.* Convivir una pareja como marido y mujer.

III. 1. tr. *Co.* Provocar *alguien* a una persona las ganas de hacer algo.

IV. 1. tr. *Ec:O.* p.u. Confrontar una cosa con otra para determinar su semejanza o su diferencia. rur.

V. 1. intr. prnl. *Cu.* Obtener *alguien* un empleo.

acotejo.

I. 1. m. *Cu, RD, Co.* Disposición conveniente de objetos en un espacio determinado.

2. *Cu, RD.* Comodidad.

acotillarse.

I. 1. intr. prnl. *RD.* Vivir *una persona* a expensas de otra.

¡acoto!

•

a. ‖ ~. fórm. *Ni. Entre niños o jóvenes amigos*, se usa en el inicio de un juego en el que el primero que dice la palabra, recibe la comida, el juguete u otro objeto de quien lo tiene. inf.

acototar(se).

I. 1. tr. *Ch.* Agobiar, preocupar *alguien* o *algo* gravemente a *una persona*. pop + cult → espon.

2. *Ch.* Causar *alguien* o *algo* un gran sufrimiento a una persona. pop + cult → espon.

3. intr. prnl. *Ch.* Sentir *alguien* agobio, preocupación grave. pop + cult → espon.

acovachado, -a.

I. 1. adj. *Ar. Referido a persona*, que está encerrada en una habitación, sin ganas de salir a la calle. pop + cult → espon.

II. 1. adj. *RD. Referido a persona o animal*, acobardado.

acoy.

I. 1. m-f. *Cu.* Amigo de confianza. pop + cult → espon ^ afec.

•

a. ‖ ~. fórm. *Cu.* Se usa como tratamiento de confianza a un amigo. pop + cult → espon ^ afec.

acoyarado, -a. (De or. lunfardo).

I. 1. adj. *Ar.* **acollarado**, que vive en concubinato. pop + cult → espon.

acoyararse. (De or. lunfardo).

I. 1. intr. prnl. *Ar.* **acollararse**, unirse en concubinato. pop + cult → espon.

acoyarse. (De or. lunfardo).

I. 1. intr. prnl. *Ar.* Casarse *alguien*. pop + cult → espon.

acoyolado. (Der. de *coyol*).

I. 1. adj. *Ni. Referido a un hombre*, **ahuevado**, avergonzado. pop + cult → espon.

acoyotado, -a.

I. 1. adj. *Mx. Referido a animal o cosa*, de color parecido al del **coyote**.

II. 1. adj. *Mx. Referido a persona o animal*, de costumbres ariscas, como el **coyote**.

acre. (Voz inglesa).

I. 1. m. *Mx, Gu, Ho, ES, Ni.* Medida de superficie equivalente a 40 áreas y 47 centiáreas o 0,40469 hectáreas.

acreaje. (Der. de *acre*).

I. 1. m. *Ho:N.* Medición de la superficie de un terreno en **acres**.

2. *Ho:N.* Cantidad de **acres** que tiene un terreno.

acreditar.

I. 1. tr. *Ve. En el beisbol*, asentar una jugada, defensiva u ofensiva, en la actuación de un jugador o de un equipo.

acreencia.

I. 1. f. *RD, Ve, Bo, Py, Ar; PR, Co*, p.u. Crédito que alguien tiene a su favor.

2. *PR, Ve, Ec, Bo, Ar.* Cantidad de dinero, o cosa equivalente, que alguien debe a una persona o entidad, y que el acreedor tiene derecho de exigir y cobrar.

acrílico.
I. 1. m. *Cu, Bo.* Lámina de plástico transparente en la que se escribe o dibuja algo y se proyecta sobre una pantalla o una pared. ♦ **acetato.**

acriminarse.
I. 1. intr. prnl. *Ch.* Sentirse *alguien* responsable de un daño irreparable por haber cometido un acto de imprudencia o de descuido.
2. *Ch.* Convertirse *alguien* en criminal por haber cometido un delito o una infracción.

acriollado, -a.
I. 1. adj. *Cu, RD, PR, Pe, Ar.* **aplatanado**, que ha adoptado las costumbres de un país.
II. 1. adj. *Cu. Referido a un gallo*, que se acobarda en la pelea.

acriollamiento.
I. 1. m. *Cu, RD, Pe; EU*, p.u. Adaptación de un extranjero a las costumbres del país. ♦ **aplatanamiento.**

acriollar(se).
I. 1. intr. prnl. *Pa, RD, PR, Ve, Pe, Ch; Py, Ar, Ur*, p.u. Adoptar *una persona* extranjera los usos y costumbres de la gente del país hispanohablante en el que se instala. ♦ **aplatanarse.**
2. tr. *Cu, RD, PR, Ve.* Hacer que un extranjero adquiera las costumbres del país.
3. intr. prnl. *Pe.* Adoptar *una persona* de un entorno rural los usos y costumbres de la capital o de las ciudades más desarrolladas.
4. *Ec.* Acostumbrarse una persona, un animal o una planta a climas y condiciones diferentes de los que le eran habituales.
5. *Pa.* Adoptar *una persona* los usos y costumbres de los caribeños de origen inglés o francés.
II. 1. intr. prnl. *Cu.* Acobardarse un gallo en la pelea.

acrocel. (De *Acrocel*®).
I. 1. m. *Ar, Ur.* Tejido de fibra sintética, muy delgado, empleado en la confección de prendas de vestir.

acruceñado, -a.
I. 1. adj. *Bo. Referido a persona*, que ha adquirido las costumbres y el modo de hablar de los habitantes de Santa Cruz. pop + cult → espon.

activar(se). (Del ingl. *to activate*, poner en marcha).
I. 1. intr. *Ho, Py; Ni*, p.u. Participar *una persona* activamente en algo, *especialmente en política*.
2. tr. *RD, PR.* Poner *alguien* en funcionamiento un cuerpo o una organización.
3. intr. prnl. *RD, PR.* Ponerse en funcionamiento un cuerpo o una organización.
II. 1. intr. prnl. *PR.* juv. Entusiasmarse *alguien*.

activo.
I. 1. m. *Cu.* Reunión de una agrupación, *especialmente política*, para analizar y resolver problemas comunes.

actual. (Del ingl. *actual*, real).
I. 1. adj. *Ho, Ni, PR. Referido a un trabajo*, real y efectivo.
II. 1. adv. *RD.* En este momento.

actuario, -a.
I. 1. m. y f. *Ch.* Funcionario judicial subordinado al **juez del crimen** que está a cargo de un proceso.
2. *Bo.* Funcionario judicial que trabaja de secretario en la actuación de procesos o litigios.

acuachado, -a.
I. 1. adj. *Gu.* Unidos o juntos, de dos en dos.

acuachar(se). (Del nahua *atl*, agua, y *coatzintli*, serpientes).
I. 1. tr. *Gu.* Unir o juntar *alguien* dos objetos, animales o personas para hacer algo.

2. intr. prnl. *Gu.* Juntarse dos personas para hacer algo en común.

acuacultura.
I. 1. f. *Mx, PR, Co, Ve, Ec, Pe, Ar.* Técnica de cultivo de especies acuáticas vegetales o animales.
2. *PR, Pe.* Explotación de especies acuáticas animales llevada a cabo con esta técnica.

acuadrar.
I. 1. tr. *CR:NO.* Asegurar *alguien* una embarcación poniéndole un ancla a cada lado.

acuadrillado, -a.
I. 1. adj. *EU:SO, Cu. Referido a persona*, unida a otras.

acuaro. (De or. tarasco).
I. 1. m. *Mx.* Patio o corral de la casa sembrado de maíz. rur.

acuartillar.
I. 1. tr. *Ho, Ni.* Vender *alguien algo* por cuartillos, *generalmente líquidos o sólidos en grano*. rur.

acuartonar.
I. 1. tr. *Cu.* Seccionar un terreno en **cuartones**. rur.
2. *Cu.* Llevar ganado a un **cuartón** y mantenerlo en él. rur.

acuatizaje.
I. 1. m. *Ar.* Aterrizaje de un hidroavión sobre el agua.

acuatizar.
I. 1. intr. *Ar.* Posarse un hidroavión sobre el agua.

acucha.
I. 1. m-f. *RD.* Niño que pertenece a la organización de los Niños Escuchas. rur. (**escucha**).

acuchamado, -a.
I. 1. adj. *Ve:O. Referido a persona*, acobardada. pop + cult → espon.

acuchamarse.
I. 1. intr. prnl. *Ve:O.* Sentir *alguien* temor o miedo. pop + cult → espon.

acuchararse.
I. 1. *Ar:NE.* **cuchararse.**

acucharrarse.
I. 1. intr. prnl. *Ve.* Quemarse *algo.* pop + cult → espon.
II. 1. intr. prnl. *Ve.* Encogerse *una cosa.* pop + cult → espon.

acuchutarse.
I. 1. intr. prnl. *Ve:O.* Ponerse *alguien* sobre la espalda de otra persona, abrazándola por la cintura con las piernas y los pies. pop + cult → espon.

acuchute.
I. 1. m. o f. *Ve:O.* Postura en la que una persona se sube a la espalda de otra, abrazándola por la cintura con las piernas y los pies. pop + cult → espon.

acuchuyarse. (Del maya *kukuh*, espalda).
I. 1. intr. prnl. *ES, Ni.* Acurrucarse dos o más personas, *en especial un niño en el seno de la madre.* ♦ **apucuyarse.**
2. *ES.* Encogerse mucho *una persona.*

acuciosamente.
I. 1. adv. *Mx, Ho, Ni, Cu, RD, PR, Ve, Ec, Bo, Ch.* Con meticulosidad. prest; cult → esm.

acucioso, -a.
I. 1. adj. *Mx, Ho, Cu, RD, Ve, Ec, Pe, Bo, Ch; EU*, p.u. *Referido a persona*, meticulosa, minuciosa. prest; cult → esm.
2. *Mx, Cu, RD, PR, Ve, Ec, Bo, Ch; EU*, p.u. *Referido a un trabajo*, hecho con meticulosidad. prest → esm.

acucuchar. (Del maya *kukuh*, espalda).
I. 1. tr. *Gu, Co, Pe.* Consentir a *alguien, en especial a un niño o a un hijo.*

II. 1. tr. *Ho:O.* Llevar a *alguien* o *algo* cargado a la espalda. ♦ **llevar a tuto**.

acucuche.
    I. 1. adv. *Gu, ES.* **a cucuche**.

acucucho.
    I. 1. adv. *ES.* **a cucucho**.

acude.
    I. 1. m. *Pe.* Relación porcentual especial que existe entre el algodón en rama y el limpio.

acudido, -a.
    I. 1. m. y f. *Pa.* Alumno que se encuentra bajo la tutela de un adulto. est.

acudiente.
    I. 1. m-f. *Pa, Co.* Persona que se hace responsable de un estudiante para efectos escolares. est.

acuerdo.
    I. 1. m. *Mx, Ni.* Reunión de un jefe con sus subalternos para tomar decisiones conjuntamente.
    2. *Py, Ar, Ur.* Conformidad que otorga el Senado o Parlamento a algunos nombramientos hechos por el poder ejecutivo.
    3. *Py, Ar, Ur.* Reunión plenaria por salas que celebran los miembros de un tribunal de justicia para resolver casos judiciales o administrativos.
    II. 1. m. *Mx, Gu, Ho, Ni, Co.* Documento legal que consigna la resolución tomada por el Poder Ejecutivo relativo a nombramientos y legislación secundaria.

■
    a. ‖ ~ **de duelo.** m. *Ho.* Aviso de la defunción de una persona que se publica en los periódicos con recuadro negro, esquela. ♦ **nota luctuosa**.

acuerpado, -a.
    I. 1. adj. *Mx. Referido a persona*, que cumple con el patrón de lo que se considera un bonito cuerpo.
    2. *Ni, Co, Ve, Ec. Referido a persona*, corpulenta.

acuerpar.
    I. 1. tr. *Gu, Ho, Ni, CR, Pa; Bo,* p.u. Apoyar *una persona* a *alguien* o a *algo*, como una iniciativa o una propuesta. prest; cult → esm.

acuilmarse. (Der. de *cuilmas*).
    I. 1. *Ho.* **achicoparse**, sentir temor. ♦ **huevarse**.

aculadero.
    I. 1. m. *Ni. En una hacienda de ganado o potrero*, callejón sin salida para atar las reses. rur.

aculado, -a.
    I. 1. adj. *ES. Referido a persona*, acorralada. vulg; pop + cult → espon. ♦ **enculado**.
    II. 1. adj. *CR.* juv. *Referido a persona*, cobarde. ♦ **enculado**.
    ▶ **quedarse ~**.

aculantrillar(se).
    I. 1. tr. *Ve.* Acobardar *alguien* a una persona. pop + cult → espon.
    2. intr. prnl. *Ve.* Acobardarse *alguien*. pop + cult → espon. ♦ **aculerarse**.

acular(se).
    I. 1. intr. prnl. *Ho, CR.* Mostrar *alguien* cobardía. vulg; pop + cult → espon.
    2. tr. *ES.* Acorralar, acosar o presionar *una persona* a *alguien*. vulg; pop + cult → espon.

aculatado, -a.
    I. 1. adj. *Ch. Referido al modo de estacionar un automóvil*, que recula.

aculatamiento.
    I. 1. m. *Ch.* Estacionamiento **aculatado**.

aculatar.
    I. 1. tr. *Ch.* p.u. Estacionar un vehículo dando marcha atrás para que quede arrimado a alguna parte.

acule.
    I. 1. m. *ES.* Acorralamiento de alguien. vulg; pop + cult → espon. ♦ **aculón**.

aculerado.
    I. 1. adj/sust. *Ho, ES. Referido a un hombre*, afeminado. vulg; pop + cult → espon.

aculerarse. (Der. de *culo*).
    I. 1. intr. prnl. *Ho, ES.* Reconocer públicamente un hombre su homosexualidad. vulg; pop + cult → espon.
    II. 1. intr. prnl. *Ho, ES.* metáf. **aculantrillarse**, acobardarse. vulg; pop + cult → espon.

aculillado, -a.
    I. 1. adj/sust. *Gu, Ni, Pa. Referido a persona*, acobardada. vulg; pop + cult → espon.

aculillar(se). (Der. de *culillo*, miedo).
    I. 1. intr. prnl. *Gu, Ni, Pa, Co.* Sentir *alguien* temor o miedo. vulg; pop + cult → espon.
    2. tr. *Pa.* Causar *alguien* o *algo* miedo a una persona. vulg; pop + cult → espon.
    II. 1. intr. prnl. *RD.* Encolerizarse, enojarse *alguien* mucho. vulg; pop + cult → espon.

aculiolado.
    I. 1. *CR.* **aplayado**.

aculiolarse.
    I. 1. *CR.* **aplayarse**.

aculli. (Del aim. *akhulli* y del quech. *akullí*).
    I. 1. m. *Bo.* Extracción del jugo de las hojas de coca mediante la presión de los molares, remojándolas con saliva y formando con ellas una bola que se mantiene en uno de los carrillos, *a la que generalmente, se acompaña con lejía para mejorar el sabor*; tiene propiedades estimulantes.

acullicador, -ra. (Del aim. *akhulliña* y del quech. *akulli*).
    I. 1. adj/sust. *Pe, Bo, Ar:NO. Referido a persona*, que tiene el hábito de **acullicar**.

acullicar. (De *acullico*).
    I. 1. intr. *Pe:S, Bo, Ar:NO.* Mascar hojas de coca, a veces mezcladas con cenizas de **quinua** o cal y **papa** hervida, para obtener un jugo de efecto estimulante. ♦ **acullir; pinchar**.

acullico. (Del aim. *akhulli* y del quech. *akulliku*).
    I. 1. m. *Pe:S, Bo, Ar:NO.* Pequeña bola hecha con hojas de coca, a veces mezcladas con cenizas de **quinua** o cal y **papa** hervida, que se masca para extraer un jugo de efecto estimulante. (**acollico**). ♦ **acuse; acuso**.
    2. *Ar:NO.* Protuberancia que se forma en la parte externa del carrillo por mascar coca. rur. (**acollico**).
    3. *Bo.* Reunión en la que se **acullica**. pop + cult → espon.

acullir. (Del aim. *akhulliña* y del quech. *akulliy*).
    I. 1. *Bo.* **acullicar**.

aculón.
    I. 1. *ES.* **acule**.

aculturado, -a.
    I. 1. adj. *Mx, Ho, CR, Cu, RD, Ve, Ec, Pe, Bo; Co,* p.u. *Referido a la cultura de una persona o grupo*, que ha sido influida por ideas, costumbres y formas de vida de otro grupo diferente. prest; cult → esm. ♦ **ladinizado**.

aculturización.
    I. 1. m. *Mx, Ho, CR.* Adopción y asimilación de elementos culturales de un grupo humano por parte de otro. cult.

aculturizar(se).
    I. 1. tr. *Gu, Ho, CR, Cu, RD, Ve, Pe, Bo, Ch; Mx,* p.u. Hacer que alguien adopte y asimile los elementos culturales de otro grupo humano. prest; cult → esm.

2. intr. prnl. *EU, Mx, Ho, CR, Cu, RD, Pe, Bo, Ch.* Asimilar *alguien* los elementos culturales de un grupo ajeno al que pertenece. prest; cult → esm.

acumado, -a.
I. 1. *Ar:NO.* **acollarado**, que vive en concubinato. rur.

acumar(se).
I. 1. tr. *Ar:NO.* Hacer una persona o un animal compañía a *alguien*. rur.
2. *Ar:NO.* Hacerse muy amigas dos o más personas.
II. 1. intr. prnl. *Ho.* **endamarse**.

acumulado.
I. 1. m. *Cu, RD.* Promedio de calificación alcanzado por un alumno durante sus estudios de enseñanza secundaria o al finalizar los mismos.

acumulado, -a.
I. 1. adj. *Ch.* p.u. *Referido a persona*, que tiene grandes deseos de practicar el coito por no haber tenido relaciones sexuales desde hace tiempo. vulg; pop + cult → espon.

acumulo.
I. 1. m. *RD.* obsol. Calumnia. rur.
2. *RD.* Ofensa, injuria. rur.

acunar.
I. 1. tr. *CR.* p.u. Meter *alguien* a un niño en la cuna.

acundangado, -a.
I. 1. adj. *Cu. Referido a un hombre*, homosexual. vulg; pop + cult → espon.
2. *Cu.* **apendejado**, acobardado. pop + cult → espon.

acundangar(se). (De *cundango*).
I. 1. intr. prnl. *Cu, RD.* Adoptar un hombre un comportamiento afeminado. pop + cult → espon.
2. *Cu, RD.* Acobardarse, atemorizarse *alguien*. pop + cult → espon.
3. tr. *Cu.* Atemorizar, acobardar *alguien* o *algo* a *una persona*. pop + cult → espon.

acuña.
I. 1. f. *Pe.* Golosina en forma de tableta o plancha de caramelo con **maní** tostado y **ajonjolí**.

acuñar(se). (De *cuña*).
I. 1. intr. prnl. *Ve.* Entrometerse *alguien* en asuntos ajenos. pop + cult → espon.
II. 1. tr. *Ho, Ni.* Colocar *alguien* objetos o frutos como la mazorca uno encima de otro.
III. 1. tr. *ES.* Guardar o esconder *alguien* el dinero. pop + cult → espon.
IV. 1. intr. prnl. *Pa.* Amarrarse *alguien*. pop + cult → espon.

acuotarse.
I. 1. intr. prnl. *Bo.* Contribuir dos o más personas con una determinada cantidad de dinero para un fondo común. pop + cult → espon.

acupe.
I. 1. m. *Ve.* Bebida de maíz ligeramente fermentada.

acupunturista.
I. 1. m-f. *EU, RD, PR, Ve, Ec, Ch.* Acupuntor, que aplica la acupuntura.

acurcucharse. (De *curcucho*, con joroba, y este del maya *kukuh*, espalda).
I. 1. intr. prnl. *Gu, ES.* Tener *alguien* joroba. ♦ **acuzcarse**.

acure.
I. 1. *Ve:C, Pe.* **picure**.
2. m-f. *Ve.* metáf. Mujer que tiene muchos hijos.

acurí.
I. 1. *Co, Ve.* **apereá**.

acurito.
I. 1. *Ve:C.* **apereá**.

acurrucar(se).
I. 1. tr. *Mx, Gu, Ni, CR, Cu, RD, PR, Ve, Ec, Pe, Ch, Ar.* Envolver a *alguien* con cariño para protegerlo. pop + cult → espon ^ afec.
2. tr. prnl. *Mx, Ni, CR, RD, Ve, Ec, Pe, Ch, Ar.* Acostarse dos personas juntas para brindarse calor y cariño. pop + cult → espon ^ afec.
II. 1. intr. prnl. *Gu, Ho, ES, Ni, Co, Ec.* Ponerse en cuclillas.
III. 1. tr. prnl. *ES.* Estrujarse, arrugarse, marchitarse *algo*. pop + cult → espon.
2. tr. *ES.* Estrujar, arrugar, marchitar *algo* una cosa o a una persona. pop + cult → espon.
IV. 1. tr. *Ho, Ni.* Matar *una persona* a *alguien*. delinc.
V. 1. intr. prnl. *Ho:C,E.* Marchitarse y enrollarse las hojas de una palmera por efecto de la enfermedad del hielo. rur.

acurruñarse.
I. 1. tr. prnl. *Ur.* Hacerse *una persona* **curruña** de otra. pop + cult → espon.

acus. (Del maya).
I. 1. m. *Gu. Entre los indígenas mayas*, creencia de que una mujer embarazada, si no satisface sus antojos de comida, perjudicará al feto.

acusado, -a.
I. 1. adj. *Ec.* obsol. *Referido a persona*, delgada, de pocas carnes. cult.

acusar.
I. 1. tr. *Ar. En el boxeo*, registrar un púgil un determinado peso antes de la pelea.

acuse.
I. 1. m. *Ar:NO.* **acullico**, pequeña bola. rur.

acuseta.
I. 1. sust/adj. *Mx, CR, Co, Ve, Bo.* Persona, *generalmente un niño*, que acusa o delata a otra. (**acusetas**; **acusete**).

acusetas.
I. 1. *CR, Co, Bo, Ch; Ve*, p.u. inf. **acuseta**. inf.

acusete.
I. 1. *ES, Ve, Pe, Bo, Ch, Ar.* **acuseta**.

acusete, -a.
I. 1. sust/adj. *Ve, Pe, Ch; Ar:C,O*, inf. desp. Persona que acusa o delata.

acuso.
I. 1. *Ar:NO.* **acullico**, pequeña bola.

acusón, -na.
I. 1. adj. *Ve:O.* juv. *Referido a persona*, terca y obstinada. pop + cult → espon ^ desp.

acusuco.
I. 1. m. *Ar:NO.* Ansia o anhelo de alguien de saber, ver o hacer algo. pop + cult → espon.

acutí.
I. 1. *Py; Ar:N*, p.u. **agutí**.

acuyanarse. (De *Cuyo*, ciudad argentina).
I. 1. tr. prnl. *Ch.* Adoptar o llegar a tener un chileno modos o características de cuyano.

acuyucarse.
I. 1. intr. prnl. *Ho:O, Ni:N.* Ponerse *alguien* en cuclillas.

acuzcarse. (Der. de *cuzco*).
I. 1. *Gu.* **acurcucharse**, adquirir joroba *alguien*.

adamarse. (Der. de *dama*).
I. 1. tr. prnl. *Gu.* Amancebarse, endamarse un hombre.

addendum. (Voz latina).
I. 1. m. *Ho, Ni, RD, PR, Bo.* Adenda, añadido que se hace a una licitación pública.

adecada.
I. 1. f. *Ve.* Actitud o comportamiento propio de un **adeco**.

adeco, -a. (De *AD*, Acción Democrática, partido político venezolano).
  I. 1. sust/adj. *Ve.* Seguidor o simpatizante del partido político Acción Democrática.
    2. adj. *Ve.* Relativo a este partido.

adefesiero, -a.
  I. 1. adj/sust. *Pe.* **adefesioso**, extravagante.

adefesioso, -a.
  I. 1. adj. *Pe*; *Ni*, p.u. *Referido a persona o cosa*, ridícula, extravagante o fea. pop + cult → espon ^ desp.
    ♦ **adefesiero**.
    2. adj/sust. *Bo*; *Ni*, p.u. *Referido a persona*, que viste de modo ridículo. pop + cult → espon ^ desp.

adehesar(se).
  I. 1. tr. *Co.* Domesticar *alguien* a un animal montaraz, para que se adapte a un hogar y que conviva con animales domésticos.
    2. intr. prnl. *Co.* Acostumbrarse, adaptarse *una persona* a algo.

Adela.
  ●
    a. ‖ **me lo dijo ~.** fórm. *Cu, RD.* Se usa como contestación a una pregunta cuando no se quiere revelar la fuente o el origen de algo. pop + cult → espon.

adelaila.
  I. 1. f. *PR.* **paraíso**, árbol.

adelantada.
  ► **estar ~.**

adelantado, -a.
  I. 1. adj. *Ho, Ni, Cu, Ur.* Referido a un conductor de autobús, que conduce a una velocidad menor que la usual para poder cumplir con el horario del itinerario.
  II. 1. adj. *Cu.* Referido a un mulato, que tiene más rasgos de blanco que de negro.

adelantar.
  I. 1. tr. *Ve. En el **beisbol**,* pegar un batazo corriendo hacia delante.
  □
    a. ‖ **~ la raza.** loc. verb. *Cu.* Mejorar la raza.

adelante.
  □
    a. ‖ **para ~.** loc. adv. *Ve.* En abundancia.
  ► **coger de atrás para ~.**

adelita. (De *La Adelita*, canción popular).
  I. 1. f. *Mx.* Cada una de las mujeres que acompañaban en campaña a los revolucionarios.

adelitado, -a.
  I. 1. adj. *Ho. Referido a persona*, prófuga de la justicia. polic.

adentro.
  I. 1. adv. *Bo.* Hacia un lugar muy alejado de las ciudades o poblaciones grandes, *generalmente perteneciente a tierras bajas.* pop + cult → espon.
    2. *CR.* obsol. En un lugar de una zona rural, *generalmente muy alejado de un centro urbano o de la capital del país.* rur.
  II. 1. m. *PR.* Prisión. delinc.
  ●
    a. ‖ **~.**
      i. fórm. *Bo, Ar.* Se usa para anunciar el comienzo del canto después de una breve introducción instrumental, *especialmente en una **zamba** o en una **cueca**.*
      ii. *Ur.* Se usa para indicar el comienzo de una nueva figura o ritmo en los bailes y cantos tradicionales.
  □
    a. ‖ **de ~.** loc. adj. *RD, Ec.* obsol. De puertas adentro.
    b. ‖ **la de ~.** loc. sust. *Ho, ES, Co:C; Ni*, p.u. | obsol. Empleada doméstica que vive en la casa y que se

dedica a tareas que no tienen relación con la cocina.
  ► **mirar para ~; rascarse para ~.**

¡adentro!
  I. 1. interj. *Mx.* Expresa sorpresa o incredulidad. pop + cult → espon.
  II. 1. interj. *ES, Ni.* Expresa intención de dar ánimo o estímulo a alguien.
    2. *Bo. En la **cueca**,* expresa el comienzo del baile después de una breve introducción instrumental.
    3. *CR.* p.u. Expresa el hecho de animar a alguien, especialmente cuando interpreta una canción alegre en una fiesta popular o entre amigos. rur.
    4. *Ur.* Expresa orden de iniciar el **pericón**, la danza tradicional.

adeñir.
  I. 1. tr. *RD.* Anudar *una persona* algo.
    2. *RD.* Añadir *una persona* algo.

adequismo. (De *adeco*).
  I. 1. m. *Ve.* Doctrina del partido Acción Democrática.

adequización. (De *adeco*).
  I. 1. f. *Ve.* Adquisición de las características y actitudes de los militantes del partido Acción Democrática. pop + cult → espon ^ desp.
    2. *Ve. En la empresa pública,* exigencia de fidelidad, *especialmente a los empleados,* a la ideología de Acción Democrática. pop + cult → espon ^ desp.

adequizar(se). (De *adeco*).
  I. 1. tr. *Ve.* Convertir a *alguien* en un **adeco**.
    2. intr. prnl. *Ve.* Convertirse *alguien* en un **adeco**.
    3. tr. *Ve.* Dirigir una empresa o una institución siguiendo la ideología del partido Acción Democrática.
    4. *Ve.* Colocar *alguien* a un gran número de **adecos** en cargos de una empresa o de una institución.

adeveras.
  □
    a. ‖ **de ~.** loc. adv. *EU:SO, Mx, Ho, ES, Ni, Ec:S, Pe, Bo, Ch, Ur.* De verdad. pop + cult → espon.

adherente.
  I. 1. *Ur.* **toalla sanitaria.**

adición. (Del fr. *addition*).
  I. 1. f. *Ar.* Defecto físico de un animal, *especialmente una cabalgadura,* que le impide caminar normalmente. rur.
    2. *Ar:NO.* Defecto físico humano, como la falta de un miembro o la ceguera. rur.
  II. 1. f. *Ar, Ur.* Nota de la cantidad que el cliente de un restaurante, un café u otro establecimiento similar tiene que pagar, con la enumeración detallada de lo consumido.

adicionado, -a.
  I. 1. adj. *Ar. Referido a persona o animal,* que tiene un defecto físico. rur.

adicional.
  I. 1. adj/sust. *Cu. Referido a una mercancía,* que se ofrece sobre la cantidad límite que establece el sistema de racionamiento vigente en Cuba.

adicionalmente.
  I. 1. adv. *Ec.* Además. pop + cult → espon.

adío.
  ●
    a. ‖ **~.** fórm. *Ar, Ur.* Se usa para despedirse de alguien. pop + cult → espon.

¡adió! (Abrev. de *ay, Dios*).
  I. 1. interj. *ES, RD, PR; CR,* obsol. rur. Expresa incredulidad. pop + cult → espon.
    2. *PR, Ec.* Expresa sorpresa o disgusto. pop + cult → espon.

3. *CR.* obsol. Expresa rechazo a una información dada. rur.

¡adío!

●

a. ‖ ~.
   i. fórm. *Ar, Ur.* Adiós. pop.
   ii. *Ur.* Se usa para expresar aceptación o resignación. pop.

adiós.

●

a. ‖ ~. fórm. *Py, Ur.* Se usa para saludar a alguien. pop + cult → espon.

¡adiós!

I. 1. interj. *RD, PR, Ve, Ec:S.* Expresa sorpresa por algo o ante alguien. pop + cult → espon.
   2. *Ur.* Expresa aceptación o resignación.

□

a. ‖ ¡~ cará! loc. interj. *RD, PR, Ve.* Expresa sorpresa o rechazo. pop + cult → espon. (**adiós caray**).
b. ‖ ¡~ caray! *RD, PR, Ve.* **¡adiós cará!**
c. ‖ ¡~ pues! loc. interj. *Ho, Co:O.* Expresa rechazo a una persona a la que se quiere echar por incómoda. pop + cult → espon.

¡adiosito!

I. 1. interj. *EU, Mx, Gu, Ho, ES, Ni, CR, Cu, RD, PR, Co:C, Ve, Pe, Bo, Ar, Ur.* Expresa afecto, confianza y cariño hacia alguien al despedirse. pop + cult → espon ∧ afec.

adisgusto, -a.

I. 1. adj. *ES. Referido a persona,* indispuesta, algo enferma. rur.

aditamentar.

I. 1. tr. *Bo.* Añadir *una persona algo* para complementar o mejorar una cosa. ♦ **aditar.**

aditar.

I. 1. *Mx, Bo, Ar.* **aditamentar.**

adivinador.

I. 1. *Ni.* p.u. **colín.** rur.

adivinico.

●

a. ‖ **adivina** ~. fórm. *Gu, ES.* Se usa para proponer una adivinanza.

administrador.

I. 1. m-f. *Ur.* Persona que administra inmuebles.

administrador, -ra.

I. 1. m. y f. *Pa, RD, PR.* Jefe. pop + cult → espon.
II. 1. adj. *PR. Referido a persona,* que se aprovecha de la buena fe de otros, medrando a su costa.

administradora.

I. 1. f. *Ve.* Empresa que administra inmuebles.

administrados.

I. 1. m. pl. *Ar.* Gobernados en relación a los gobernantes.

administrar(se).

I. 1. tr. *PR.* metáf. Sacar *una persona* dinero a alguien mediante engaño. pop + cult → espon.
   2. *PR.* Disfrutar *alguien* de lo ajeno. pop + cult → espon.
   3. *PR.* metáf. Mantener *alguien* relaciones ilícitas para sacar provecho material. vulg; pop + cult → espon.
II. 1. tr. *Cu.* Dirigir *una persona* el comportamiento de alguien para que haga lo que se cree conveniente. pop + cult → espon.
III. 1. tr. prnl. *Ho.* Poseer *una persona* sexualmente a *alguien.* vulg; pop + cult → espon.

admiroso, -a.

I. 1. adj. *ES.* p.u. *Referido a alguien o a algo,* digno de admiración. (**almiroso**).

admor. (Abrev. de *administrador*).

I. 1. m. *Bo.* Administrador de aduanas.

adobado.

I. 1. m. *Gu.* Plato preparado con carne condimentada con **achiote**, semillas de comino y tomate.

adobado, -a.

I. 1. adj. *Ar, Ur; PR,* juv. *Referido a persona,* borracha. pop + cult → espon ∧ desp.
II. 1. adj. *PR.* metáf. *Referido a persona,* pegajosa debido al sudor. pop + cult → espon ∧ fest.

adobarse.

I. 1. intr. prnl. *Ar.* Emborracharse *alguien.* pop + cult → espon.

adobe.

I. 1. m. *ES.* metáf. Pie. pop + cult → espon ∧ fest.
II. 1. m. *CR.* Porción de tierra que permanece adherida a las raíces de una planta que se extrae para trasplantarla.

□

a. ‖ **en** ~. loc. adj. *CR. Referido a una plántula,* que no tiene tierra en las raíces.

► **comulgar con ~s; descansar haciendo ~s; hablar ~s.**

adobera.

I. 1. f. *Ch.* p.u. Molde en forma de adobe para hacer quesos.

adobo.

I. 1. m. *Pa:SE.* Plato preparado con vegetales y carne condimentada con **achiote** y tomate, que va acompañado de arroz.

adobón.

I. 1. m. *Ve, Ec, Pe.* Masa de barro, *mezclado a veces con paja,* moldeada en forma de ladrillo y secada al aire, que se emplea en la construcción de paredes o muros.
   2. *Ar:NO,NE,O.* Adobe de gran tamaño que se emplea en la construcción de paredes rudimentarias.

adocreto.

I. 1. m. *Mx, Pe, Ch.* Ladrillo o baldosa de **concreto.**

adolamado, -a.

I. 1. *Gu, Ho, ES.* **adolorido,** enfermo.

adolorido, -a. (Prót. de *dolorido*).

I. 1. adj. *Mx, Ho, ES, Ni, RD.* metáf. *Referido a persona,* entristecida.
   2. *Mx, Ho, ES, Ni. Referido a persona,* enferma, achacosa. ♦ **adolamado.**

adónde.

●

a. ‖ ¿~? fórm. *Ec.* Se usa para expresar imposibilidad de pagar el precio que se pide por algo.

□

a. ‖ **de** ~. loc. adv. *Mx, Ho, ES, Ni, Pa, RD, Ar, Ur.* Ni mucho menos. pop + cult → espon.

¡adonde!

I. 1. interj. *Ch.* Expresa negación rotunda. pop + cult → espon.

adoquín.

I. 1. m. *Pe.* Cubo de hielo.
   2. *Pe.* Cubo de hielo azucarado, de fabricación casera, *hecho generalmente con el zumo de una fruta.*

adoquinado, -a.

I. 1. adj/sust. *Ho. Referido a una gallinácea,* que tiene plumas negras, blancas y rojizas. ♦ **búlico; empedrado; flor de caña; giro.**

adoquinamiento.

I. 1. m. *Mx, Gu, Ho, ES, Ni, CR, RD, PR, Co, Ec, Py.* Recubrimiento de adoquines en una calle.
   2. *Mx, Gu, Ho, ES, Ni, RD, Ec.* Pavimento de adoquines.

adoratorio.
  I. 1. m. *PR*; *Ur*, obsol. Mesita sobre la que se coloca un cuadro o la talla de un santo, más otros objetos religiosos, como un rosario y alguna palma conservada del Domingo de Ramos. rur.

adormidera.
  I. 1. *Mx, RD, PR, Co, Ve.* **dormidera**, planta.
  ■
    a. ‖ **~ roja.** f. *Ch.* Ababol, amapola.

adormilada.
  I. 1. f. *Ho.* Sueño relativamente corto. rur.

adornar.
  I. 1. tr. *Ni, Cu, Ec, Ar, Ur.* p.u. Ser infiel *alguien* a su pareja. euf; pop + cult → espon.
  2. *Ar.* Dar *una persona* dinero a alguien para obtener algo ilegal. pop + cult → espon.

adorno.
  I. 1. m. *Ar:NO.* Salsa preparada con cebolla, tomate y **ají**, picados y fritos, condimentada con pimentón dulce.
  2. *Ve. En la preparación de las **hallacas**,* pimentón, cebolla, uvas pasas y otros ingredientes que se añaden crudos al guiso.

adorotar(se).
  I. 1. tr. *Ve.* Envolver *alguien* la **panela** en hojas secas de caña o en tallos secos de plátano. (**adrotar**).
  2. *Ve.* Embalar *alguien* un objeto para transportarlo.
  3. prnl. *Ve:O.* Cubrirse *alguien*, abrigarse.

adorote.
  I. 1. m. *Ve:O.* Envoltorio cuadrado o rectangular de hojas secas de caña de azúcar con que se hacen los bultos de **panela**.
  II. 1. m. *Ve:O.* Cesta plana que se cuelga en el techo para ahumar la cuajada y el queso. rur.

adré.
  I. 1. adv. *Cu, RD, Ve, Ar.* Adrede, intencionadamente. pop + cult → espon. ♦ **adresmente; adrezmente.**

adrede.
  ▢
    a. ‖ **de ~.** loc. adv. *Mx, Gu, Ho, Ni, Pa, RD, Co, Ec, Ch, Py.* De manera intencionada, a propósito.

adredista.
  I. 1. adj. *Ec.* p.u. *Referido a persona*, que por costumbre actúa con mala intención. pop + cult → espon.

adresmente.
  I. 1. *Cu.* **adré.**

adrezmente.
  I. 1. *Cu.* **adré.**

adrotar.
  I. 1. *Ve:O.* **adorotar**, envolver la panela.

adscripción.
  I. 1. f. *Ar.* Designación ad honórem de alguien para el desarrollo de una actividad docente o de investigación. prest; cult → esm.
  2. *Ar.* Asignación de un empleado, *por lo común público*, a una dependencia distinta a la que pertenece. prest; cult → esm.
  3. *Ur.* Cargo y oficina de **adscripto**. pop + cult → espon.
  4. *Ur.* Cuerpo de **adscriptos** de un instituto de enseñanza. pop + cult → espon.

adscripto, -a.
  I. 1. sust/adj. *Ar.* Estudiante universitario avanzado o recientemente graduado, a quien se designa ad honórem en una cátedra para llevar a cabo una actividad docente, técnica o de investigación.
  2. adj. *Ar. Referido a un cargo de la administración pública*, de jerarquía inferior al titular.

3. m. y f. *Ar.* Persona perteneciente a la planta estable de una dependencia, trasladada a otra del mismo ámbito donde continúa prestando servicio.
4. *Ur. En los institutos de enseñanza,* persona encargada de ciertas tareas administrativas y docentes relacionadas con los cursos. pop + cult → espon.

adú.
  I. 1. m-f. *Pe.* Amigo íntimo, compañero inseparable. pop + cult → espon.

aduanal.
  I. 1. adj. *Mx, Gu, Ho, ES, Ni, CR, Cu, PR, Ve, Pe, Bo, Ch.* Relativo a la aduana.
  ■
    a. ‖ **agente ~.**
    i. m-f. *Mx.* Funcionario de una aduana.
    ii. *Ch.* Alto funcionario de una aduana.

aduanar.
  I. 1. tr. *Ho, Ni, RD, Ve.* Registrar en la aduana los géneros o mercancías y pagar los derechos que adeuden. ♦ **aforar.**

aduanilla.
  I. 1. f. *Co:N, Bo.* Puesto que controla el transporte legal de productos y materia prima que salen de los lugares de producción a los centros de consumo.

aduar.
  I. 1. m. *Ar, Ur.* obsol. Ranchería de indios americanos.

aducción.
  I. 1. f. *Ve, Ec.* Conjunto de conductos dispuestos para el paso de un fluido.
  II. 1. f. *PR. En calistenia y baile aeróbico,* movimiento lateral de la pierna hacia el interior del cuerpo.

aductor.
  I. 1. m. *Ec.* Canal o conducto, que se conserva *comúnmente tapado*, que sirve para dar paso y salida a aguas y a otros fluidos.
  II. 1. m. *PR. En calistenia y baile aeróbico,* músculo interno del muslo.

adueñado, -a.
  I. 1. adj. *Ni, RD. Referido a persona,* que se apropia de algo sin derecho.

adueñarse.
  I. 1. intr. prnl. *Cu, PR.* Obtener *alguien* la simpatía o preferencia de otros, *especialmente de un jurado, un tribunal o un público determinado.*

adulancia.
  I. 1. f. *Ve.* Adulación. ♦ **adulia; adulio.**

adulante, -a.
  I. 1. adj/sust. *RD, Ve. Referido a persona,* aduladora. rur.

adulete.
  I. 1. m-f. *Ec:S.* Adulador.

adulfear.
  I. 1. tr. *CR.* Fisgonear, indagar *alguien* indiscretamente lo de otras personas. pop + cult → espon.

adulia.
  I. 1. *Ve:O.* **adulancia.**

adulio.
  I. 1. m. *Ve:O.* **adulancia.** pop.

adulio, -a.
  I. 1. sust/adj. *Ve.* Persona aduladora, servil. pop + cult → espon ^ desp.

adulto, -a.
  ■
    a. ‖ **~ joven.** sust/adj. *Ch.* Persona de edad madura que aún conserva costumbres y actitudes propias de la juventud. (**adultojoven**).
    b. ‖ **~ mayor.** sust/adj. *Mx, Gu, Ho, Ni, CR, Pa, Cu, Co, Ve, Ec, Ch, Py, Ar; Pe, Bo,* urb. Persona mayor de sesenta años. euf.

adultojoven.
   I. 1. m-f. *Ch.* **adulto joven**.

adundado, -a.
   I. 1. adj/sust. *Ho, ES, Ni. Referido a persona*, atontada. pop + cult → espon ^ desp. ♦ **aguacatón**.

adundamiento.
   I. 1. *Ho; Ni,* p.u. **abatatamiento**.

adundar(se). (Der. de *dundo*).
   I. 1. intr. prnl. *Ho, ES, Ni.* Volverse *alguien* tonto, bobo. pop + cult → espon.
   2. tr. *Ho.* Entontecer *una persona* a *alguien*. pop + cult → espon ^ desp.

advenedizo, -a.
   I. 1. sust/adj. *Cu, RD, Ve.* Persona que, careciendo de conocimientos, trata de imponer su criterio a los demás. prest; cult → esm.
   II. 1. adj/sust. *Cu, PR, Ve. Referido a persona*, que empieza a hacer algo por primera vez, principiante, novato. prest; cult → esm.

adversar.
   I. 1. tr. *RD, Ve.* obsol. Oponerse *una persona* a algo.

¡adversidad!
   I. 1. interj. *Cu, RD.* Expresa contrariedad de alguien por no haber logrado lo que se quería. pop + cult → espon.

advertido, -a.
   I. 1. adj. *CR. Referido a un niño o a un adolescente*, que sabe mucho de cuestiones sexuales y que habla de ellas con desenfado.

advertising. (Voz inglesa).
   I. 1. m. *EU.* Publicidad, anuncios comerciales.

adyacencias.
   I. 1. f. pl. *RD, Ar, Ur.* Zona cercana a un lugar determinado. prest; cult → esm.

aeróbica.
   I. 1. f. *Ho, CR, RD, Ve, Bo, Ch, Py, Ur.* Técnica de ejercicios gimnásticos rítmicos acompañada de música. ♦ **aerobismo**.

aeróbico, -a.
   I. 1. m. y f. *ES.* Persona que practica el ejercicio de correr al aire libre.

aeróbicos.
   I. 1. m. pl. *EU, Mx, Gu, Ho, CR, Pa, Cu, RD, PR, Co, Ve, Ec, Pe, Bo, Ch, Py.* Conjunto de ejercicios gimnásticos que se realizan con acompañamiento musical. (**aerobics**).

aerobics. (Voz inglesa).
   I. 1. *Mx.* **aeróbicos**.

aerobismo.
   I. 1. m. *Bo, Ar, Ur.* Deporte que consiste en correr al aire libre a velocidad moderada. pop + cult → espon.
   2. *Ar, Ur.* **aeróbica**.

aerobista.
   I. 1. m-f. *Ar.* Persona que practica el aerobismo.

aeroevacuación.
   I. 1. f. *Pe, Ch.* Evacuación de alguien mediante transporte aéreo.

aeroevacuar.
   I. 1. tr. *Ch.* Evacuar a *alguien* por transporte aéreo.

aerolista.
   I. 1. m-f. *Ch.* Artista circense que ejecuta su número en las alturas de la pista.

aeromoza.
   I. 1. f. *Mx, Gu, Ho, ES, Ni, CR, Pa, Cu, RD, PR, Ve, Ec, Pe, Bo, Ch, Py, Ar, Ur.* p.u. Auxiliar de vuelo, miembro de la tripulación, encargada de atender a los pasajeros durante el vuelo.

aeronáutica.
   I. 1. f. *Bo, Ch, Py, Ar, Ur.* División aérea de las fuerzas militares de un país.

aeropajita.
   I. 1. m-f. *Pe.* Persona petulante, flaca y llena de aire.

aeroparque.
   I. 1. m. *Py, Ar.* Aeropuerto pequeño, *especialmente el situado en zona urbana*.
   2. *PR.* Parque recreativo instalado en las inmediaciones de un aeropuerto.

aeropirata.
   I. 1. m-f. *Mx.* Secuestrador de un avión en vuelo.

aeropiratería.
   I. 1. f. *EU, Mx, Cu, RD, Ve.* p.u. Secuestro de un avión en vuelo para exigir dinero o reivindicaciones políticas.

aerosilla.
   I. 1. f. *Ch, Ar.* Asiento suspendido de un cable de tracción que transporta personas a un lugar elevado, *especialmente a los centros de práctica de esquí en alta montaña*.

afaire. (Del fr. *affaire*).
   I. 1. m. *Ho, Ni, RD, Bo.* Escándalo, negocio, asunto o caso ilícito.

afamiliado, -a.
   I. 1. adj. *Ho, RD. Referido a persona*, que tiene algún grado de parentesco con otra. rur.
   2. *RD. Referido a persona*, que es vecino muy próximo de otro.

afán.
   I. 1. m. *Cu, RD, Co, Ve.* Prontitud y rapidez con que sucede o se ejecuta algo.

afanador.
   I. 1. m. *Pe.* Hombre que corteja y galantea con vehemencia a las mujeres. pop + cult → espon.

afanador, -ra.
   I. 1. m. y f. *Mx, Ni.* Persona que se encarga de la limpieza de oficinas y locales públicos.

afanancio, -a.
   I. 1. adj. *Ar, Ur.* Ladrón. pop + cult → espon ^ desp.
   2. *Ar, Ur.* Estafador. pop + cult → espon ^ desp.

afanar(se).
   I. 1. intr. prnl. *Mx, Co.* Preocuparse *alguien* por la amenaza de un peligro.
   II. 1. *Ho, Cu, Bo, Ur.* **alzarse**, robar.
   III. 1. tr. *Pe.* Cortejar sentimentalmente un hombre a una mujer. pop + cult → espon.
   IV. 1. tr. *Ni.* juv. Besar *alguien* a *una persona*.

afane.
   I. 1. *Ar, Ur.* **afano**, robo.

afaninga.
   I. 1. f. *Pe.* Serpiente de variados colores que maneja la cola con gran agilidad para defenderse. (Colubridae; *Chironius* spp., *Imantodes* spp., *Pseustes* spp.).

afano.
   I. 1. m. *Cu, Bo, Ar, Ur.* Robo, estafa. pop + cult → espon. (**afane**).
   2. *Bo, Ar.* Procedimiento para obtener beneficios de modo ilegal o inmoral. pop + cult → espon.
   II. 1. m. *Ar, Ur.* Triunfo fácil en una contienda, *particularmente en una* **competencia** *deportiva*, por la superioridad manifiesta de uno de los equipos o participantes. pop + cult → espon.

   □
   a. ‖ por ~. loc. adv. *Ar.* Holgadamente, con facilidad. pop + cult → espon.

afanoso, -a.
   I. 1. adj. *Ho, Ni, RD, Pe. Referido a persona*, que se muestra apasionada con algo. pop + cult → espon.

afarolarse.
  I. 1. intr. prnl. *Ec.* obsol. Experimentar *alguien* aturdimiento y confusión.

afasi.
  I. 1. adj. *Pe. Referido a persona*, que no tiene suerte en la caza o en la pesca.

afata.
  I. 1. f. *Ar.* **huinar.**
  ■
    a. ‖ **~ blanca.**
      i. f. *Ar:NO.* Árbol de hasta 25 m de altura, de tronco grande y copa de poca amplitud, hojas caducas, flores pequeñas y el fruto, en forma de una pequeña baya. (Boraginaceae; *Cordia trichotoma*).
      ii. *Ar:NO.* Árbol de hasta 12 m de altura, de hojas simples y alternas, inflorescencias en panojas terminales, y fruto seco, ovoide y rodeado de cerdas plumosas. (Tiliaceae; *Heliocarpus popayanensis*). ♦ **llausaquiro.**
    b. ‖ **~ colorada.** f. *Ar:N.* **ixpepe.**

afatal.
  I. 1. m. *Ar:NO.* Sitio poblado de **afatas.**

afate.
  I. 1. *Gu, Ho, ES.* **aguate.**
  II. 1. f. *ES.* Agilidad y rapidez de alguien en sus movimientos.

afección.
  I. 1. f. *RD.* Afición de una persona a alguien o algo.

afectable.
  I. 1. adj. *Ar, Ur. Referido a persona*, susceptible de ser destinado a un fin o a una función determinados. prest; cult → esm.

afectación.
  I. 1. f. *Cu, Ec.* Daño, perjuicio, *especialmente a la economía del país*.
  II. 1. f. *Cu.* Tarea adicional que se encarga a un administrativo o a los miembros de una organización política.

afectado, -a.
  I. 1. adj/sust. *Ho, ES. Referido a persona*, tuberculosa. rur.

afectar.
  I. 1. tr. *Ve, Ar, Ur.* Destinar fondos públicos o privados a un gasto o a un fin determinado. prest; cult → esm.
  2. *Cu, Ar, Ur.* Destinar *una persona* a un puesto o a cumplir una función determinada. prest; cult → esm.
  3. *Bo.* Expropiar un municipio una propiedad privada para realizar obras públicas.
  II. 1. tr. *Cu, RD, PR.* Lastimar, perjudicar *alguien o algo* a *una persona*.

afeitada.
  I. 1. f. *PR.* Burla, engaño. pop + cult → espon.
  2. *Pa.* Respuesta inconveniente dada por alguien a una persona.

afeitado.
  I. 1. adj. *PR. Referido a gallo*, que no tiene plumas alrededor de la base de la cresta, por detrás de los oídos.
  ▶ **quedar ~ y sin visita; quedarse ~ y sin visita.**

afeitar(se).
  I. 1. tr. prnl. *Ho, RD, Ve.* Cortarse el cabello un hombre.
  2. tr. *Ho, Ve.* Cortar el cabello a un hombre.
  II. 1. tr. *Cu.* metáf. Matar *una persona* a *alguien*. pop + cult → espon.
  III. 1. tr. *Pa.* Contestar *una persona* airada o groseramente a *alguien*. pop + cult → espon.

  □
    a. ‖ **afeitársela.** loc. verb. *Cu.* Matar *una persona* a *alguien*. pop + cult → espon.

afeitazo.
  I. 1. m. *Bo.* Corte hecho en la cara de una persona con un arma blanca. pop + cult → espon ∧ fest.

aferrar.
  I. 1. tr. *Mx.* Doblar y amarrar una vela, bandera o toldo de una embarcación, asegurándola para que el viento no la despliegue.
  II. 1. tr. *Ch.* Propinar *algo* a alguien *generalmente un golpe*.

affair. (Voz inglesa).
  I. 1. m. *EU.* Escándalo, negocio, asunto o caso ilícito.
  2. *EU.* Relación amorosa.

afiaco.
  I. 1. *Ni, CR:C.* **ayaco.**

afiambrarse.
  I. 1. tr. prnl. *Ch.* Ponerse un alimento viejo y rancio, incomible.
  2. *Ch.* metáf. Echarse a perder, paralizarse un proyecto.
  II. 1. tr. prnl. *Ch.* Estar *alguien* en trance de muerte. pop + cult → espon ∧ fest.

afiatado, -a.
  I. 1. adj. *Ch; Ar, Ur,* pop. *Referido a persona*, que ha adquirido habilidad y soltura en la realización de un trabajo en equipo.
  2. *Ch, Ar. Referido a persona*, que ha alcanzado confianza en sí misma.
  3. *Ur. Referido a un instrumento musical*, afinado.

afiatamiento.
  I. 1. m. *Pe, Ch; Ar,* pop. Cohesión entre los miembros de un equipo.

afiatar(se). (Del it. *affiatare*).
  I. 1. tr. *Ch, Ar.* Hacer que un grupo de personas trabaje como un conjunto cohesionado.
  2. *Ch, Ar.* Afianzar, consolidar *una persona algo*.
  3. *Ar.* Adquirir *una persona* confianza en sí misma.
  4. intr. prnl. *Bo, Ch.* Adquirir *algo* carácter estable y armonioso.

afichar.
  I. 1. intr. *RD, Ec.* Colocar **afiches.**

afiche. (Del fr. *affiche*).
  I. 1. m. *Gu, Ho, ES, Ni, CR, Pa, Cu, RD, PR, Co, Ve, Ec, Pe, Bo, Ar, Ur; Mx,* p.u. Cartel que obedece a fines informativos, publicitarios o decorativos.

afichero, -a.
  I. 1. m. y f. *ES.* Persona que pega **afiches** por las calles, *en especial de propaganda política.* pop.

afiebrado, -a.
  I. 1. adj. *Ho, Pa, RD, Co, Ve, Ec, Bo, Ch, Ur. Referido a persona*, que tiene fiebre.
  2. *Mx. Referido a persona*, que comienza a tener fiebre.
  II. 1. adj. *Cu, Co, Ve.* metáf. *Referido a persona*, entusiasmada por algo o por alguien. pop + cult → espon.

afiebramiento.
  I. 1. m. *Ch.* p.u. Subida de la fiebre.

afiebrar(se).
  I. 1. intr. prnl. *Mx, Ho, Pa, Cu, RD, Co, Ec, Pe, Bo, Ch, Py, Ar, Ur.* Empezar *alguien* a tener fiebre.
  2. tr. *Co, Ur.* Causar *algo* fiebre a una persona.
  3. intr. prnl. *Ho, Ni, CR.* Padecer fiebre *alguien.*
  II. 1. intr. prnl. *Co.* Sentir *una persona* afición o gusto exagerado por algo.
  III. 1. intr. prnl. *Ho, Ni.* Entusiasmarse, encandilarse *una persona* por algo o por alguien. pop + cult → espon.

afigurarse. (Prót. de *figurarse*).
  I. 1. tr. prnl. *Mx, Gu, Ho, ES, Ni.* p.u. Imaginarse *algo una persona.* rur; pop.
  2. intr. prnl. *Mx.* Percatarse *alguien* de algo.

afilada.
  I. 1. f. *CR, Ec, Bo, Ch, Ar, Ur.* Afilamiento de un arma o instrumento para hacer su filo más delgado y agudo.
  2. *Ch.* metáf. Coito. vulg; pop + cult → espon.

afilado, -a.
  I. 1. adj. *Ho, ES, Ni, CR, PR, Co, Ve, Pe, Bo, Ar, Ur. Referido a persona,* que está bien preparada para una prueba o examen.
  2. *Cu, PR, Ve, Ar. Referido a persona,* que está muy capacitada para una labor dada. pop + cult → espon.

afilador.
  I. 1. m. *Mx, Gu, Ho, Ni, Pe.* Piedra de afilar.

afilador, -ra.
  I. 1. m. y f. *Ar, Ur.* Persona muy dada a coquetear y entablar relaciones amorosas pasajeras. pop + cult → espon.

afiladora.
  I. 1. f. *Ni, Ec, Bo, Ch, Py, Ar.* Piedra de afilar.

afilar(se).
  I. 1. intr. prnl. *Gu, Ho, Ni, Cu, PR, Co, Pe, Bo, Ar; Ec,* p.u. Prepararse adecuadamente para realizar una tarea. ♦ **afilar los cachos**.
  2. tr. *Ho, Ni, CR, Pa, Cu, RD, PR, Bo, Ar, Ur; Ve,* p.u. Preparar *una persona* adecuadamente a *alguien* para realizar una tarea, *en especial una prueba académica.*
  3. intr. prnl. *Cu, RD, Ar.* Prepararse un estudiante para realizar un examen con éxito. est.
  4. *Ho, ES, Ni, Pa.* Predisponerse *una persona* contra otra.
  5. tr. *Ho, ES, Ni.* Preparar o disponer cuidadosamente a *una persona* para algo o predisponerla contra alguien.
  6. intr. prnl. *Pa, Ur.* Disponerse anímicamente para el logro de algo positivo.
  7. tr. *CR.* Instruir adecuadamente a *una persona, en particular, para que realice un examen o una prueba académica.* pop.
  II. 1. tr. *Co, Ec, Ch.* Penetrar sexualmente un hombre a *alguien.* tabú; pop + cult → espon.
  2. intr. *Ar, Ur; Py,* obsol. Mantener relaciones amorosas, *generalmente pasajeras,* con alguien. pop + cult → espon.
  3. tr. *Ar, Ur.* Cortejar a *alguien* con el fin de establecer una relación amorosa *generalmente pasajera.* pop + cult → espon.
  4. intr. prnl. *Ar.* Cortejar con el fin de establecer una relación amorosa. pop + cult → espon.
  5. tr. *Ar.* Adular *una persona* a *alguien* para conseguir algo. pop + cult → espon.
  6. prnl. *Ch.* Realizar *una persona* el acto sexual con otra. vulg.
  III. 1. intr. prnl. *Pe.* Ponerse *alguien* en fila.
  IV. 1. intr. prnl. *RD.* Vender *alguien* droga en las calles. drog.
  ☐
    a. ‖ ~ **los cachos.** loc. verb. *Cu, Bo; Ch,* p.u. **afilarse,** prepararse adecuadamente *una persona.* pop + cult → espon.
    b. ‖ **~se los cachos.** loc. verb. *Bo, Ch.* Prepararse cuidadosamente para una empresa difícil. pop + cult → espon.

afile.
  I. 1. m. *Ar, Ur.* Galanteo de una persona con alguien con el fin de conquistarlo. pop + cult → espon.
  2. *Ur.* Relación amorosa pasajera. pop + cult → espon.

afiliador, -ra.
  I. 1. sust/adj. *Mx, Ch.* Persona cuyo trabajo es captar clientes para una institución aseguradora o de previsión social.

afinación.
  I. 1. f. *Mx, ES, Cu, RD, PR, Ve, Pe, Bo, Ch, Ar, Ur.* Limpieza y regulación de un motor de vehículo, *en especial las bujías y el carburador.* ♦ **afinado; afinamiento.**

afinado.
  I. 1. *CR, Cu, Ve, Bo, Ar, Ur; Ch,* p.u. **afinación.**

afinado, -a.
  I. 1. adj. *ES. Referido a persona,* de común acuerdo con otra.

afinamiento.
  I. 1. *Gu, Ho, ES, Ni, CR, Pa, PR, Ve, Pe; Ch, Ar,* p.u. **afinación.**

afinar.
  I. 1. tr. *EU, Mx, Gu, Ho, ES, Ni, CR, Pa, Cu, PR, Ve, Ec, Pe, Bo, Ch, Ar, Ur.* Mejorar el funcionamiento y rendimiento de un vehículo mediante la limpieza y regulación de sus partes, *en especial las bujías y el carburador.*
  II. 1. tr. *Co.* Hacer que alguien se comporte de acuerdo con las normas o ideología de un grupo. delinc.
  III. 1. tr. *Cu.* Congeniar *una persona* con alguien. pop + cult → espon.
  2. intr. *Ni.* juv. Realizar el coito. pop + cult → espon.
  ☐
    a. ‖ ~ **el piano.** loc. verb. *Ch.* Realizar un hombre el coito, *generalmente con una prostituta.* euf; pop + cult → espon.

afincado, -a.
  I. 1. adj. *Mx, RD, PR, Co:C, Ec, Pe, Ch. Referido a persona,* que está bien establecida y arraigada en un lugar o en un cargo.
  2. *PR, Ve, Pe.* metáf. *Referido a persona,* que baila muy pegada a su pareja. pop + cult → espon.
  3. *PR. Referido a un conjunto musical,* acoplado. pop + cult → espon.
  II. 1. sust/adj. *Pe:S, Ar:NO.* Persona que posee fincas rústicas. pop + cult → espon.

afincar(se).
  I. 1. intr. prnl. *Cu, RD, PR, Ve.* Apoyarse *una persona* en algo o en alguien.
  2. tr. *Cu, Ve.* Apoyar *alguien* con fuerza *algo.* pop + cult → espon.
  3. intr. prnl. *PR.* Pegarse mucho una pareja de bailadores. pop + cult → espon.
  II. 1. tr. *Ve.* Procurar *una persona* hacer daño a alguien con acciones. pop + cult → espon ∧ desp.
  2. *Cu.* **aflojar,** propinar golpes.
  III. 1. intr. *Cu, Ve.* Prepararse *alguien* concienzudamente para hacer algo.
  IV. 1. tr. *Cu.* Prestar *alguien* dinero con garantía hipotecaria sobre bienes inmuebles.
  V. 1. tr. *Ni.* juv. Besar *una persona* a *alguien.*

afincón, -na.
  I. 1. adj/sust. *Ni.* juv. *Referido a persona,* besucona.

afinque.
  I. 1. m. *RD, PR.* Grado de afianzamiento de alguien o de algo. pop + cult → espon.
  2. *PR. En un baile de salón,* cercanía corporal entre una pareja. pop + cult → espon ∧ fest.
  3. *PR.* Virtuosismo con el que una orquesta tropical interpreta la música. pop + cult → espon.
  4. *PR.* Capacidad de cautivar a la audiencia, *especialmente una orquesta tropical.* pop + cult → espon.
  II. 1. m. *Ni.* juv. Relación amorosa pasajera.

afirmar(se).

I. **1.** tr. *Mx, Ch.* Pegar golpes, azotes o palos *una persona* a *alguien.*

II. **1.** tr. prnl. *Ar, Ur.* Disponerse *alguien* con coraje a hacer frente a un peligro o dificultad.

III. **1.** tr. *Ar, Ur.* Alcanzar *alguien* una posición económica segura.

IV. **1.** tr. *Pe.* Adiestrar *alguien* a un caballo para que marche con paso firme e invariable.

afirmativo.

I. **1.** adv. *Mx, Gu, Ho, ES, Ni, Pa, RD, PR, Co, Ve, Bo, Ar. Entre militares, policías y operadores de radio,* sí.

afiseao.

I. **1.** adj. *PR. Referido a persona o animal,* asfixiado. pop.

afistolado, -a.

I. **1.** adj. *ES. Referido a persona,* arruinada.

¡afixealo!

I. **1.** interj. *RD.* Expresa el deseo de ahogar, hundir a alguien o algo.

afixiao, -xiá.

I. **1.** adj. *RD. Referido a persona,* que está perdidamente enamorada.

aflatado, -a.

I. **1.** adj. *Gu, Ho, ES, Ni. Referido a persona,* afligida, temerosa.

aflatarse.

I. **1.** intr. prnl. *Gu, Ho, ES, Ni.* Afligirse, apesadumbrarse *una persona* por algo. ♦ **achucutarse.**

II. **1.** intr. prnl. *Gu, Ho, ES, Ni.* Sentir *alguien* miedo. ♦ **azorar; zurrarse.**

afligido, -a.

I. **1.** adj. *Pa. Referido a persona,* de contextura muy delgada, sin vigor ni energía.

aflingotarse.

I. **1.** intr. prnl. *Pa.* Ponerse *alguien* en cuclillas. rur.

aflojada.

I. **1.** f. *Ar, Ur.* Soltura de la rienda al caballo para que tome impulso y velocidad. rur.

2. *Ch.* Reducción de la presión o tirantez de algo.

aflojar(se).

I. **1.** intr. prnl. *Mx, Gu, Ho, Ni, PR, Bo.* Padecer *alguien* diarrea. pop + cult → espon.

II. **1.** intr. *Mx. En hípica,* cojear un caballo.

III. **1.** tr. *Mx.* Someter al motor nuevo o rectificado de un vehículo a una marcha regulada, sin exigirle altas velocidades, para que sus piezas logren un ajuste adecuado. ♦ **ablandar.**

IV. **1.** tr. *CR, Cu, Ve, Pe.* Propinar uno o varios golpes a una persona o a un animal. pop + cult → espon. ♦ **afincar; conectar.**

V. **1.** tr. *Ho, PR, Ve.* Revelar *alguien* un secreto o una confidencia.

2. *Ve.* Decir *alguien algo* inesperadamente.

VI. **1.** intr. prnl. *Ho, Ni, CR, Cu, RD.* Acobardarse *alguien,* echarse para atrás. pop + cult → espon.

2. *RD.* Sentirse *alguien* cohibido al llegar a determinado lugar, para después vencer su timidez. pop + cult → espon.

VII. **1.** tr. *Cu, RD, Ve.* Lanzar o disparar un proyectil. pop + cult → espon.

VIII. **1.** tr. *Cu, RD.* Comer, beber *alguien.* pop + cult → espon.

IX. **1.** intr. *Ec.* Ceder una mujer a los requerimientos sexuales de un hombre.

X. **1.** intr. *Cu.* Perder *alguien* firmeza en el respaldo a la política del Gobierno revolucionario cubano.

XI. **1.** tr. *RD.* Dar, regalar *algo* a *alguien.*

□

a. ‖ ~ **el pollo.** loc. verb. *CR.* Entregar *alguien* dinero a una persona. pop + cult → espon.

b. ‖ ~ **la guayaba.** loc. verb. *Gu.* Dejar *alguien* el cargo a una persona, en especial la presidencia de la República. pop + cult → espon.

c. ‖ ~ **la mano.** loc. verb. *Ve.* Dar *alguien* un golpe. pop + cult → espon.

d. ‖ ~ **mecate.** loc. verb. *Mx, Ho, Ve.* Darle *alguien* a una persona mayor libertad de acción que la que tenía. pop + cult → espon.

e. ‖ ~**se el ruedo.** *CR.* soltarse el ruedo.

f. ‖ ~**se la caja del pan.** loc. verb. *Cu.* Ponérsele a alguien mal el estómago.

g. ‖ ~**se la cincha.** loc. verb. *Ch.* Tener *alguien* más desahogo económico. pop + cult → espon.

h. ‖ ~**se la cola.** loc. verb. *Gu.* Tener *alguien* diarrea. pop + cult → espon.

i. ‖ ~**se la pomada.** loc. verb. *Ho.* Tener *alguien* diarrea. pop ^ fest.

j. ‖ ~**se la tuerca.** loc. verb. *ES.* Tener *alguien* diarrea. pop ^ fest.

k. ‖ ~**se un trago.** loc. verb. *RD.* Beber *alguien* una bebida alcohólica.

l. ‖ **aflojársele la arandela.** loc. verb. *Cu.* Ser *alguien* homosexual.

m. ‖ **aflojársele las patas.** loc. verb. *Cu, Ve, Ec, Ar, Ur.* Acobardarse *alguien.*

n. ‖ **no ~ ni abajo del agua.** loc. verb. *Ar, Ur.* No acobardarse *alguien* nunca por nada. pop + cult → espon.

aflorada.

I. **1.** f. *Ch.* p.u. Salida a la superficie de un cuerpo u objeto, *especialmente un submarino o un proyectil.*

aflús.

I. **1.** adv. *Mx, Bo, Ch.* Sin dinero, sin nada. pop + cult → espon.

2. adj. *Ar, Ur. Referido a persona,* desamparada. pop + cult → espon.

afocancia.

I. **1.** f. *Cu.* Forma extravagante de vestir, actuar o adornarse.

afocante.

I. **1.** adj/sust. *Cu, Ve. Referido a persona,* que se viste y se arregla de manera extravagante.

2. adj. *Cu, Ve. Referido a la conducta de una persona,* excéntrica.

3. *Cu, Ve. Referido a un lugar y su decoración,* extravagante.

afocar.

I. **1.** intr. *Cu, Ve.* Vestir o actuar *alguien* extravagantemente, resultar **afocante.**

afoetear.

I. **1.** *RD, PR.* afuetear.

afollador.

I. **1.** m. *Mx.* Follador, hombre que afuella en un fragua.

aforar.

I. **1.** tr. *Mx.* Ajustar las dimensiones de una sala de espectáculos al número de espectadores.

2. *Bo.* Calcular la cantidad de líquido o gas que cabe en un recipiente o que circula por una tubería.

II. **1.** tr. *Co.* Entregar equipajes o mercancías en los aeropuertos, estaciones de ferrocarril, etc., para ser enviados a su destino.

2. *Bo, Ch; Ho, Ni,* p.u. Entregar mercadería en la aduana de un aeropuerto o puerto para su registro y exportación.

3. *Ec.* aduanar.

afore. (Acrón. de *Administradora de Fondos para el Retiro*).
 I. 1. f. *Mx.* Sistema de ahorro para el retiro de los trabajadores administrado por un banco laboral.
 2. m. *Mx.* Institución financiera que administra las cuentas individuales de ahorro para el retiro de los trabajadores.

aforo.
 I. 1. m. *Ho, Bo.* Pago en una aduana de los derechos arancelarios de las mercancías importadas.
 2. *Ec.* Cálculo que, según la prescripción legal correspondiente, hace el funcionario de aduana del pago que ha de satisfacer el propietario de lo importado.
 II. 1. m. *Bo.* Capacidad de un recipiente, *particularmente del que es apto para contener líquidos.*

aforrar.
 I. 1. tr. *Ch.* Asestar *una persona* un golpe a *alguien.* pop + cult → espon.

afortinarse.
 I. 1. tr. prnl. *Mx.* Hacerse *alguien* fuerte en un sitio, fortificarse.

afrailado, -a.
 I. 1. adj. *Ch. Referido a persona*, que se asemeja a los frailes.

afrailar.
 I. 1. tr. *Ch.* Hacer adoptar *alguien* las características de un fraile.

afrancesado.
 I. 1. adj. *Ni.* juv. *Referido a hombre*, homosexual.

afrecharse.
 I. 1. intr. prnl. *Ch.* Enfermarse un animal por haber comido demasiado **afrecho** o salvado. rur.

afrechero.
 I. 1. m. *Co, Ar:NO.* Ave de hasta 16 cm de longitud, de coloración blanquecina o gris en el pecho y el vientre, con el dorso rayado de castaño y negro. (Fringillidae; *Zonotrichia capensis*). ♦ **copetón**; **pinche.**
 2. *Ar:NO.* Pájaro de hasta 15 cm de longitud, de dorso pardo y veteado de negro, vientre blanco, garganta blanca con un collar rojizo y cabeza gris con un pequeño copete. (Emberizidae; *Junco capensis*). ♦ **chuschín**; **icaco**; **icancho.**

afrechillo.
 I. 1. m. *Ec, Bo, Ar, Ur.* Cascarilla de granos más fina que la del **afrecho** o salvado.
 2. *Ec, Ch.* Salvado de trigo que se obtiene de la purificación de la harina, utilizado como alimento de ganado.

afrecho.
 I. 1. m. *Ar.* Excitación sexual. vulg; pop + cult → espon.
 2. *Ar.* Secreción depositada entre el glande y el prepucio. vulg; pop + cult → espon.
 3. *Ar:NO.* Pene. vulg; pop + cult → espon.
 II. 1. m. *Ar.* Buena suerte. pop + cult → espon.
 III. 1. m. *Pa, Pe.* Residuo que queda de un alimento después de cocido y colado para extraer su esencia.

 □
 a. ‖ **delicado de ~.** loc. adj. *Ec:S.* obsol. *Referido a persona*, temerosa y débil de carácter.

afrechudo, -a.
 I. 1. sust/adj. *Ar.* Persona que se excita sexualmente con facilidad. vulg; pop + cult → espon.

afrentado, -a.
 I. 1. adj. *RD, PR. Referido a persona*, descarada, desvergonzada. pop + cult → espon ^ fest.
 2. sust/adj. *RD.* **afrontado**, persona entrometida.
 3. adj. *PR.* **lambido**, egoísta. pop + cult → espon.
 4. *PR. Referido a persona*, glotona. pop + cult → espon.

afrentar(se).
 I. 1. tr. *Ar.* Cortar a *alguien* el pelo o la barba de una manera ridícula.
 II. 1. tr. *CR.* Avergonzar *una persona* a *alguien.*
 2. intr. prnl. *CR.* Avergonzarse *alguien.*

afrentoso, -a.
 I. 1. adj. *Cu, RD, Ve; Ec:O,* p.u. *Referido a persona, a una circunstancia o situación*, que causa afrenta, molestia o vergüenza. pop + cult → espon ^ desp.
 2. *RD. Referido a persona*, entrometida. pop + cult → espon ^ desp.

african.
 ■
 a. ‖ ~ **look.** (Voz inglesa). *EU, RD, PR.* **afro.**

africana.
 I. 1. f. *Co.* Abeja melífera.
 II. 1. f. *Cu.* Planta de pequeño tamaño, con hojas carnosas y flores grandes de cinco pétalos amarillentos con pintas oscuras. (Asclepiadaceae; *Stapella estrella*).
 III. 1. f. *Cu.* Bizcocho de unos 10 cm de longitud, de forma oblonga y revestido con una capa de chocolate.
 IV. 1. f. *Cu.* Asiento en forma de canasta, hecho de mimbre o de lona sobre una armadura de hierro.

africochar.
 I. 1. tr. *RD.* Matar *una persona* a *alguien.* pop + cult → espon.

afrijolar.
 I. 1. tr. *Co.* Molestar, fastidiar *una persona* a *alguien.*
 2. *Co.* Asestar, propinar, encajar, dar, *generalmente un golpe.*
 3. *Cu.* Matar *una persona* a *alguien.* pop + cult → espon.
 4. *Cu.* Disparar repetidamente *una persona* contra alguien. pop + cult → espon.
 II. 1. tr. *Co.* Encargarle *una persona* a alguien un trabajo pesado o una tarea incómoda. pop + cult → espon.

afro.
 I. 1. m. *EU, Mx, Pa, RD, PR, Co, Ve, Ec, Ch.* Peinado que se caracteriza por llevar el pelo ensortijado, al estilo de las personas de ascendencia africana, de cierto largo y con forma redondeada. ♦ ***african look.***

afrohondureño, -a. (De *afro* y *hondureño*).
 I. 1. sust/adj. *Ho.* Persona que pertenece a la etnia garífuna de Honduras. ♦ **garínagu**; **moreno.**
 2. adj. *Ho.* Relativo a los garífunas de Honduras. ♦ **garínagu**; **moreno.**

afrontado, -a.
 I. 1. sust/adj. *PR.* Persona entrometida. pop + cult → espon. (**afrentado**).
 2. adj/sust. *PR. Referido a persona*, peleona, pendenciera. pop + cult → espon. ♦ **frontú.**

afrontar.
 I. 1. tr. *RD, Co, Ve.* Entregar *alguien* con prontitud una cantidad de dinero que se adeuda.
 2. *Ve.* obsol. Entregar *alguien* una cosa.

afuera.
 I. 1. adv. *CR.* obsol. Hacia la ciudad capital o un centro urbano muy alejado de una zona rural. rur.

 □
 a. ‖ **de ~.**
 i. loc. adj. *Cu, RD, PR, Ve. Referido a un producto*, que procede del extranjero.
 ii. *Ec. Referido a una casa o edificio*, de puertas afuera.
 iii. *Ho. Referido a persona*, que procede de la zona rural.

iv. loc. adv. *PR.* Sin tomarse algo en serio, superficialmente. (**de afuerita**).

b. ‖ **hasta ~.** loc. adv. *Cu.* Con mucho entusiasmo. pop + cult → espon. ♦ **afuera fuérate.**

afuerear.
I. 1. intr. *Ho, ES, Ni.* p.u. Salir *alguien* afuera a defecar. rur. (**ajuerear**). ♦ **canturrear; churrisquear; cursear.**
II. 1. tr. *RD.* Echar, expulsar de un lugar *una persona* a *alguien.* pop + cult → espon.
2. *RD.* Dejar uno de los novios al otro. pop + cult → espon.

afuereño, -a.
I. 1. *Co, Ec, Bo,* p.u; *Ni,* rur. **fuereño.**
2. adj/sust. *Ec.* p.u. *Referido a persona,* de un lugar distinto del de otra persona que habita en el mismo país.

afueriar.
I. 1. tr. *RD.* metáf. Dejar *una persona* fuera a *alguien.*
2. *RD.* metáf. No invitar *una persona* a *alguien.*
3. *RD.* metáf. Negarse *alguien* a seguir una amistad.

afuerino, -a.
I. 1. adj/sust. *Pe, Ch. Referido a persona,* que es o que viene de fuera del lugar.

afuerita.
I. 1. adv. *Mx, Ho, RD, Ec, Bo.* Afuera, aunque a poca distancia. pop + cult → espon.

□
a. ‖ **de ~.** loc. adv. *RD, PR.* **de afuera**, sin tomarse algo en serio.

afuetear. (De *fuete*).
I. 1. tr. *Cu, RD, PR, Ve.* Pegar *una persona* a *alguien*, darle con **fuete**, darle latigazos. (**afoetear; afuetiar**). ♦ **fuetear; fuetiar.**

afuetiar.
I. 1. *Cu, RD, PR.* **afuetear.**

afugias.
I. 1. f. pl. *Co.* Apuros, dificultades. pop.

afugías.
I. 1. f. pl. *Co.* Afanes, apuros, aprietos.

afutrado, -a.
I. 1. adj. *Ve. Referido a persona,* que trata de ser **futre** o bien vestida.
II. 1. adj. *Ch. Referido a persona,* excéntrica, enloquecida.

afutrarse. (De *futre*).
I. 1. tr. prnl. *Bo, Ch.* Acicalarse *alguien* con esmero, vestirse a la moda.

agachada.
I. 1. f. *Ar, Ur.* Deslealtad, ruindad o mala fe. pop + cult → espon ^ desp.
2. *Ar, Ur.* Excusa para eludir un trabajo, compromiso o responsabilidad. pop + cult → espon.
II. 1. f. *Cu. En el juego de dominó,* jugada que consiste en quedarse el jugador con las fichas que podía poner en juego.

■
a. ‖ **~ de cabeza.** f. *Ch.* Aceptación, cesión de alguien en algo. pop + cult → espon. (**agachada de moño; agachada de oreja(s)**).
b. ‖ **~ de moño.** *Ch.* **agachada de cabeza.**
c. ‖ **~ de oreja(s).** *Ch.* **agachada de cabeza.**

agachadera.
I. 1. f. *Gu, Ho, ES, Ni, Pa, RD, Co; Cu,* pop. Agachadas reiteradas de una persona. pop + cult → espon.
2. *Ho, Cu, Co.* metáf. Sometimiento reiterado de alguien a otra u otras personas. pop + cult → espon.
II. 1. *Cu.* **agachada**, jugada del dominó.

agachado, -a.
I. 1. adj/sust. *Mx, PR. Referido a persona,* sumisa en exceso ante un superior. pop + cult → espon. ♦ **aplastado.**
2. *Mx.* **agachón**, pusilánime. pop + cult → espon ^ desp.
II. 1. adj. *Cu, PR. Referido a persona,* que se doblega ante la voluntad de otra. pop + cult → espon.
2. m. y f. *Cu.* Persona sometida al dominio de otra. pop + cult → espon.
3. adj. *PR. Referido a persona,* humilde, servil. pop + cult → espon ^ desp.
III. 1. **agachado**, jugador de dominó que se queda con ciertas fichas.

▶ **pasar ~.**

agachados.
I. 1. m. pl. *Mx.* p.u. Habitantes pobres y explotados de la ciudad. pop + cult → espon ^ desp.

□
a. ‖ **los ~s.** loc. sust. *Pe, Bo.* Lugar en la calle en el que, a precios módicos, se vende comida que los clientes consumen sentados en pequeños bancos o en cuclillas, sin mesa. pop + cult → espon.

agachapado, -a.
I. 1. adj. *RD. Referido a persona,* agachada, agazapada.

agachaparse.
I. 1. tr. prnl. *Cu, RD.* Esconderse *una persona* con la intención de sorprender a otra cuando hace algo que quiere ocultar.
2. *RD.* Agacharse *alguien.*

agachar(se).
I. 1. tr. *Mx. En los juegos de mesa, principalmente en el dominó,* fingir una desventaja para luego aprovecharse.
2. prnl. *Cu. En el dominó,* no matar la ficha del contrario, como parte de una estrategia de juego.
II. 1. intr. prnl. *ES, Cu.* Someterse *una persona* a la voluntad de otra por miedo o por servilismo. ♦ **aplastar; aplatar.**

□
a. ‖ **~ el moño.** loc. verb. *Ch; Pe,* p.u. Ceder *alguien* en determinadas circunstancias o ante determinadas actitudes.

agache.
□
a. ‖ **de ~.** loc. adv. *Ec.* Sin realizar ningún esfuerzo. pop + cult → espon.

▶ **pasar de ~.**

agáchese.
I. 1. m. *Co:N,O.* Venta informal callejera de objetos varios, dispuestos en mesas bajas o en el suelo.

agachón.
I. 1. m. *Ho.* Tienda en la que se vende ropa usada. pop + cult → espon ^ fest.
2. *Ho.* meton. Ropa comprada de segunda mano. pop + cult → espon ^ fest.

agachón, -na.
I. 1. adj/sust. *Mx. Referido a persona,* pusilánime, sin brío. pop + cult → espon ^ desp. ♦ **agachado.**
2. m. y f. *Mx.* Persona carente de valor y coraje. pop + cult → espon ^ desp.
II. 1. m. y f. *Cu.* Jugador de dominó que se queda con las fichas que puede poner en juego. ♦ **agachado.**

agachupinado, -a.
I. 1. adj. *Mx. Referido a persona,* que tiene las características, vicios o costumbres del **gachupín.** pop + cult → espon ^ desp.

agachupinamiento.
I. 1. m. *Mx.* Conversión de alguien en **gachupín**, con sus hábitos, modales y costumbres. pop + cult → espon ^ desp.

agachupinar(se).
  I. 1. tr. *Mx.* Hacer que alguien adquiera los hábitos, modales y costumbres de un **gachupín**. pop + cult → espon ∧ desp.
    2. tr. prnl. *Mx.* Adquirir *alguien* los hábitos, modales y costumbres de un **gachupín**. pop + cult → espon ∧ desp.

agaje.
  I. 1. m. *Ve.* Canasto grande hecho de mimbre y de **bejucos** de forma semicónica, que sirve para transportar la carga en los animales. rur.
  II. 1. m. *Ve.* Envoltura hecha con la corteza del plátano para cubrir las **panelas**.

agalla.
  I. 1. f. pl. *Pa, Cu, RD, Co, Ve; Ec,* p.u. Codicia, ansia desmedida. pop + cult → espon.
  II. 1. f. *Cu.* Arbusto de hasta 2 m de altura, con espinas de casi un 1 cm de largo en sus ramas, hojas de base y ápice obtusos y redondeados, flores hermafroditas solitarias y frutos globosos. (Rubiaceae; *Randia ciliolata*).
    2. *Cu.* Madera de la agalla, dura y compacta, de color blanco grisáceo; es usada en ebanistería.
  III. 1. f. *Gu.* Tronco de la lengua de los animales. rur.
    2. pl. *ES.* Parte final de la vulva. vulg; pop + cult → espon.
  IV. 1. f. *Ec.* Palo con un gancho en uno de sus extremos, usado para alcanzar algo que está en alto, *especialmente frutos*. rur.
  □
  a. ‖ **de ~s.** loc. adv. *Ar.* Con valor y energía.
  ▶ **abrírsele las ~s; comer ~s.**

agalladero.
  I. 1. m. *Ho:S.* Red de pesca para peces pequeños. (**agallero**).

agallado, -a.
  I. 1. adj/sust. *Cu, RD.* Referido a persona, que se enfrenta con decisión a situaciones difíciles.
    2. *Cu.* **guapetón**, agresivo, pendenciero.
    3. *PR.* **agalludo**, beligerante. pop + cult → espon ∧ fest. (**agallao**).

agallaje.
  I. 1. m. *Ho.* Potencia física de una máquina o de una persona. ♦ **poder**.
  II. 1. m. *Ho.* Valentía, agallas. pop + cult → espon.
  III. 1. m. *Ho.* Especialización de una persona.

agallao.
  I. 1. adj. *PR.* **agallado**, beligerante. rur.

agallarse. (De *agallas*).
  I. 1. intr. prnl. *PR.* Enfurecerse, enojarse *alguien*. pop + cult → espon.
    2. *PR.* Envalentonarse *alguien*. pop + cult → espon.
  II. 1. intr. prnl. *PR.* Quedarse *alguien* a la fuerza con algo de otra persona. pop + cult → espon.

agallero. (Sínc. de *agalladero*).
  I. 1. *Ho:S.* **agalladero**.

agallinarse.
  I. 1. intr. prnl. *RD, PR.* Acobardarse *alguien*. pop + cult → espon.

agallinazado, -a.
  I. 1. adj. *Pe.* Referido al pelo de una persona, de color negro mate, sin brillo.

agallo.
  I. 1. *Pa.* **guatapaná**.

agallón.
  I. 1. m. *Ar:NO,O.* Inflamación ganglionar en el cuello, *generalmente detrás de la oreja*. pop + cult → espon.
    2. *Ar:NO.* Hinchazón de las glándulas sudoríparas en axilas e ingles. pop + cult → espon.

    3. m. pl. *CR.* Ganglios linfáticos inflamados. pop + cult → espon.
    4. *RD.* Amígdalas de animal.
  II. 1. m. *PR.* Golpe muy efectivo que recibe el gallo de pelea en una vena del pescuezo.

agallú, -llúa.
  I. 1. *RD, PR.* **agalludo**, beligerante.

agalludo, -a.
  I. 1. adj/sust. *Cu, RD, Co, Ve; Ec,* p.u. Referido a persona, que tiene afán desmedido por las riquezas. pop + cult → espon.
  II. 1. adj/sust. *PR, Co, Ec; Cu, Ar,* p.u.; *Ch,* rur. Referido a persona, valiente, audaz. pop + cult → espon.
    2. adj. *Cu, RD.* **de empuje**. pop + cult → espon.
    3. *PR.* Referido a persona, animosa y resuelta. pop + cult → espon.
  III. 1. adj. *Cu, PR.* Referido a persona, de carácter beligerante, agresiva. pop + cult → espon. (**agallú**). ♦ **agallado; encorajado**.
  IV. 1. adj. *PR.* Referido a persona, astuta, solapada, osada. pop + cult → espon.

agambado, -a.
  I. 1. adj/sust. *ES.* Referido a persona, tonta, lerda. pop + cult → espon ∧ desp.

agancharse.
  I. 1. tr. prnl. *Ch.* Engancharse, afiliarse *una persona* a *algo*.

agandallar.
  I. 1. tr. *Mx.* Avasallar *una persona* a *alguien* sin miramientos ni respeto, llevado por el interés o el provecho propios. pop + cult → espon.
    2. *Mx.* Robar, quitar desconsideradamente *algo* a alguien. pop + cult → espon.

agandalle.
  I. 1. m. *Mx.* Apropiación abusiva de algo. pop + cult → espon.

agañaza. (Metát. de *añagaza*).
  I. 1. f. *Ho.* Añagaza, artificio sutil e ingenioso para conseguir algo. rur.

agapando.
  I. 1. *Bo.* p.u. **agapanto**.

agapanto.
  I. 1. m. *Gu, Ho, CR, Pa, RD, Co, Bo, Ch, Ar, Ur.* Planta de hasta 1 m de altura, de raíces tuberosas con tallos florales, y hojas que acaban en umbela de flores con corola en forma de embudo de color blanco o azul; es ornamental. (Lilliaceae; *Agapanthus africanus*). (**agapando**). ♦ **josefina**.

agapito.
  I. 1. m. *Cu.* obsol. Pequeña reunión familiar. pop + cult → espon.
  •
  a. ‖ **~.** fórm. *Cu.* Se usa para llamar o dirigirse a alguien. pop + cult → espon ∧ afec.

agarradera.
  I. 1. f. pl. *Mx, Ho, ES, Ni.* Nalgas de mujer. vulg; pop + cult → espon ∧ fest. ♦ **botamáis; cheto**.
    2. *Mx, Gu, ES.* Senos de mujer. vulg; pop + cult → espon ∧ fest.
  II. 1. f. *Mx, Pa, Cu, RD, PR, Py.* Asa de un recipiente.
    2. *Pa, RD, PR.* Asa del mango de la pala.
  III. 1. f. *Cu, RD, PR, Co, Ve, Py, Ar, Ur.* Pieza de tela, *generalmente acolchada*, que se emplea para asir los recipientes de cocina cuando están muy calientes.
  IV. 1. f. *Ar, Ur.* Mechón de cerdas que se deja al final de la crin del caballo para que el jinete se pueda asir de ellas al montar. rur.

2. *Ar, Ur.* Ahuecamiento o concavidad en forma de herradura que se practica en los cascos de los caballos para que puedan afirmarse mejor al terreno. rur.

V. 1. f. *Pe.* Pelea entre dos o más personas. pop + cult → espon.

2. *Cu.* Forcejeo durante un juego, *especialmente los niños.*

agarraditas.
■
a. ‖ **las ~.** f. pl. *Ec.* Juego infantil en el que un participante, al que se lo designa previamente echando suertes, debe alcanzar a alguno o algunos de los demás que huyen; el que resulta agarrado por aquél toma su lugar.

agarrado, -a.
I. 1. adj. *Pa, Pe.* Referido a *persona*, de apariencia fuerte y corpulenta.

II. 1. adj/sust. *ES.* Referido a *persona*, enamorada de otra.

agarrador.
I. 1. m. *Ar, Ur.* Peón encargado durante la esquila de apresar a la oveja y entregarla al esquilador. rur.

agarrador, -ra.
I. 1. adj. *ES, Co, Ec, Ar:NO; Ch*, p.u. *Referido al aguardiente o a cualquier otro tipo de bebida*, que embriaga rápidamente por su alta graduación alcohólica. pop + cult → espon.

2. *Mx.* Referido a *ciertas bebidas y a frutas*, de un sabor que permanece largamente en el paladar.

agarrados.
■
a. ‖ **los ~.** m. pl. *Cu.* **los cogidos.**

agarrar(se).
I. 1. tr. prnl. *Mx, Ho, RD, Pe, Ch.* juv. Abrazar y besar con desenfreno *una persona* a *alguien.*

2. intr. *Mx, Gu, Ho, Ni, Ve, Ec, Ch.* Realizar el coito. euf; pop + cult → espon. ♦ **tumbar.**

3. tr. prnl. *Gu, RD, Py; Pe,* juv; *Ch,* pop. *En una relación sentimental*, abrazarse y besarse *alguien* con una persona.

4. tr. *Ho, Ni.* Violar *una persona* a *alguien.* vulg.

II. 1. tr. prnl. *Mx, Ho, CR, Pa, PR, Ve, Ec, Pe, Bo, Ch, Ur.* Ponerse a pelear a golpes dos o más personas entre sí.

2. intr. prnl. *Mx, Bo.* Manifestar *una persona* una actitud y una predisposición hostiles hacia alguien. ♦ **tomárselas.**

3. tr. *CR, Pa, Pe, Bo, Py; Ch,* pop. Comenzar *una persona* a dar golpes a *algo* o a *alguien.*

III. 1. tr. *EU, Mx, Gu, Ho, Ni, CR, Pa, Cu, RD, PR, Ve, Ec, Pe, Py, Ar, Ur.* Sorprender a *alguien* de improviso.

2. *RD, Ar.* Descubrir *una persona* a *alguien.*

3. *Ve.* Encontrar *alguien* a *una persona.*

IV. 1. intr. *Mx, Gu, Ho, Ni, CR, Pa, Co, Ve, Ar, Ur.* Salir *alguien* para un lugar determinado. pop + cult → espon.

V. 1. tr. *Mx, Gu, Ho, Ve, Bo, Py, Ar, Ur.* Abordar *una persona* un medio de transporte. pop + cult → espon.

2. *Bo.* Abordar *una persona* a *alguien.* pop + cult → espon.

VI. 1. tr. *Mx, Ho, RD, Bo, Py, Ar.* Recibir o aceptar *alguien algo.*

VII. 1. tr. *Gu, Ho, Ni, CR, Pa, Cu, RD, PR, Ve, Ec, Pe, Py, Ar, Ur.* Entender *alguien algo* con rapidez, *especialmente una insinuación.* pop + cult → espon.

VIII. 1. intr. *Mx, Gu, Ho, Ni, PR, Ec.* Iniciar *alguien* una acción. pop + cult → espon.

IX. 1. tr. *Mx, RD, Ve.* Encarcelar.

X. 1. intr. *Co.* Producir una bebida alcohólica una embriaguez muy rápida. pop + cult → espon.

XI. 1. intr. *Gu, Ho, Ni, Pa.* Caber *algo* o *alguien* dentro de un lugar o recipiente. rur.
□
a. ‖ **~ a punta de reata.** loc. verb. *Ho.* Tratar mal o golpear a *alguien.* vulg.

b. ‖ **~ al toro por los cachos.** loc. verb. *Pa, RD, Ve, Pe.* Tomar el control de la situación. pop + cult → espon.

c. ‖ **~ aventón.** loc. verb. *Mx.* Conseguir *alguien* que una persona lo lleve en su automóvil a la casa o lo deje cerca de ella.

d. ‖ **~ bolados.** loc. verb. *CR.* Tomar *alguien* ideas en provecho propio. pop + cult → espon.

e. ‖ **~ bruja.**

i, loc. verb. *Gu.* No entender *alguien algo.* pop + cult → espon.

ii. *Gu.* Equivocarse *alguien.* pop + cult → espon.

iii. *Gu.* Decir *alguien* tonterías. pop + cult → espon.

f. ‖ **~ calle.** loc. verb. *Ho, Ni, Pa.* Pasear, vagabundear. pop.

g. ‖ **~ camote.** loc. verb. *Pe.* Tomar afecto o cariño *una persona* a alguien o a algo.

h. ‖ **~ cancha.** loc. verb. *Mx, Gu, Ho, ES, Ni, CR, Py.* Adquirir *alguien* experiencia en algo.

i. ‖ **~ canilla.** loc. verb. *Ho.* Emborracharse por varios días. pop.

j. ‖ **~ chucha.** loc. verb. *Gu.* Aprovecharse *alguien* de una situación ventajosa. pop + cult → espon.

k. ‖ **~ clase.** loc. verb. *Ho.* Aprender *alguien* de otra persona.

l. ‖ **~ como piña.** loc. verb. *Ho.* Golpear a *alguien*, emprenderla con él.

m. ‖ **~ cuerpo.** loc. verb. *Ch.* Tomar cuerpo, adquirir forma o tamaño una cosa. pop.

n. ‖ **~ de abono.** loc. verb. *Ho, Ni.* Molestar *alguien* reiteradamente a *una persona.* pop + cult → espon.

ñ. ‖ **~ de bajada.** loc. verb. *Mx.* Aprovecharse *una persona* de la situación desventajosa de alguien al tomarlo por sorpresa. pop + cult → espon.

o. ‖ **~ de baje.** *Mx.* **agarrar de encargo.**

p. ‖ **~ de barco.** loc. verb. *Mx, Ho.* Aprovecharse *una persona* de *alguien.* pop + cult → espon.

q. ‖ **~ de botana.** loc. verb. *Mx.* Tomar a *alguien* como blanco de bromas o burlas. pop + cult → espon.

r. ‖ **~ de cachiche.** loc. verb. *Ar.* Abusar *una persona* de la buena voluntad de *alguien.* pop + cult → espon.

s. ‖ **~ de chancho.**

i. loc. verb. *CR.* Burlarse *una persona* de *alguien.* pop + cult → espon. ♦ **coger de maje; coger de mona.**

ii. *CR.* obsol. Engañar a *alguien* por medio de una broma. pop. ♦ **agarrar de maje; coger de chancho.**

t. ‖ **~ de chapupo.** loc. verb. *Ho.* Burlarse de alguien molestando con insistencia.

u. ‖ **~ de contrato.** loc. verb. *Ho, Ni.* Molestar reiteradamente a *alguien.* pop + cult → espon.

v. ‖ **~ de encargo.** loc. verb. *Mx, Ho, Ni.* Burlarse de alguien reiteradamente. pop + cult → espon. ♦ **agarrar de baje.**

w. ‖ **~ de las mechas.** loc. verb. *Ve, Bo.* Agredir físicamente una mujer a otra, *generalmente tomándola de los cabellos.* pop.

x. ‖ **~ de leva.** loc. verb. *Gu.* Aprovecharse de alguien que es tonto. pop + cult → espon.

y. ‖ **~ de maje.** *CR.* **agarrar de chancho,** engañar.

z. ‖ **~ de ojo de gallo.** loc. verb. *Ho.* Molestar reiteradamente a *alguien.* pop + cult → espon. ♦ **agarrar de ojo de piche; tomar de ojo de gallo.**

a¹. ‖ **~ de ojo de piche.** *Ho.* **agarrar de ojo de gallo.**

b¹. ‖ **~ de punto.** loc. verb. *Ec, Ur.* Hacer *una persona* objeto de bromas a alguien. pop + cult → espon ^ fest.

c¹. ‖ **~ duro.** *Bo, Ch.* **agarrar fuerte.**

d¹. ‖ **~ el bolado.** loc. verb. *CR.* Entender *alguien algo* con precisión. pop + cult → espon. ◆ **agarrar el caído; coger el bolado.**

e¹. ‖ **~ el caído.** loc. verb. *CR.* **agarrar el bolado.** rur; pop + cult → espon.

f¹. ‖ **~ el patín.** loc. verb. *Mx.* Captar *alguien algo.*

g¹. ‖ **~ en curva.**
  i. loc. verb. *Mx, Gu, Ho, ES, Cu.* Sorprender a *alguien* haciendo o diciendo algo incorrecto. pop + cult → espon. ◆ **agarrar en la maturranga.**
  ii. *Mx, Gu, Ho, ES, Bo.* Tomar a *alguien* desprevenido o por sorpresa. pop + cult → espon.

h¹. ‖ **~ en el brinco.** loc. verb. *Cu.* Sorprender a *alguien* haciendo algo ocultamente.

i¹. ‖ **~ en la maturranga.** *Ni.* **agarrar en curva,** sorprender.

j¹. ‖ **~ en la movida.** loc. verb. *Mx.* Sorprender *una persona* a *alguien* en una relación adúltera. pop + cult → espon.

k¹. ‖ **~ feo.** loc. verb. *Ho.* No actuar o funcionar con normalidad *alguien* o *algo.* pop + cult → espon.

l¹. ‖ **~ fuera de base.** loc. verb. *EU, Mx, Gu, Ho, ES, Ni, CR, Pa, Ve.* Sorprender a *alguien* despistado o sin saber algo. pop + cult → espon.

m¹. ‖ **~ fuerte.** loc. verb. *Bo, Ch.* En una relación de pareja, dominar una persona a la otra. pop + cult → espon. ◆ **agarrar duro.**

n¹. ‖ **~ huevos.** loc. verb. *Gu, Ho, ES, Ni.* Decidirse a hacer algo. pop + cult → espon.

ñ¹. ‖ **~ idea.** loc. verb. *Mx, CR, Ve, Ur.* Desarrollar *una persona* un sentimiento de rechazo o mala voluntad hacia alguien. pop + cult → espon. ◆ **coger idea; coger tema.**

o¹. ‖ **~ la calle.** *CR.* **coger la calle.**

p¹. ‖ **~ la copa.** loc. verb. *Bo.* Dedicarse a consumir bebidas alcohólicas. pop + cult → espon.

q¹. ‖ **~ la jarra.** loc. verb. *Mx.* Emborracharse *alguien.* pop + cult → espon.

r¹. ‖ **~ la onda.**
  i. loc. verb. *Mx, Gu, Ho, Cu, RD, Pe, Bo, Ch, Py, Ar; Ec,* juv. Entender *alguien* lo que otro dice o hace y seguirle la corriente. pop + cult → espon.
  ii. *Mx, Bo, Ar, Ur.* Llegar *alguien* a la comprensión o entendimiento de algo. pop + cult → espon.
  iii. *Mx, Ar.* Alcanzar *alguien* el dominio de una habilidad. pop + cult → espon.

s¹. ‖ **~ la pálida.** *Cu, Co.* **dar la pálida.** pop.

t¹. ‖ **~ palco.** loc. verb. *Ho.* juv. Tomarse *una persona* exceso de confianza.

u¹. ‖ **~ papa.** loc. verb. *Ch.* Creer algo con ingenuidad. pop.

v¹. ‖ **~ para el chuleteo.** loc. verb. *Ch.* Hacer a *alguien* víctima de bromas. pop + cult → espon.

w¹. ‖ **~ para la joda.** loc. verb. *Ar, Ur; Py,* espon. Hacer objeto de burlas frecuentes a alguien. pop + cult → espon. ◆ **tomar para la joda.**

x¹. ‖ **~ para la palanca.** loc. verb. *Ch.* Tomar el pelo a *alguien,* gastarle una broma.

y¹. ‖ **~ pata.** loc. verb. *Ho.* Estar *alguien* borracho durante varios días. pop + cult → espon. ◆ **agarrar zafra.**

z¹. ‖ **~ patín.**
  i. loc. verb. *Mx, Ho.* Continuar *una persona* haciendo algo que le gusta por largo tiempo. pop + cult → espon.

  ii. *Gu, Ho.* Emborracharse o drogarse prolongadamente *alguien.* pop + cult → espon.

a². ‖ **~ su puerquito.** loc. verb. *Mx.* Molestar o fastidiar *una persona* a *alguien* frecuentemente.

b². ‖ **~ un aire.** loc. verb. *Mx, Ur.* Sobrevenir parálisis en alguna parte del cuerpo. pop + cult → espon. ◆ **dar un aire.**

c². ‖ **~ un jalao.** loc. verb. *Cu.* Emborracharse *alguien* en grande. pop + cult → espon.

d². ‖ **~ viaje.**
  i. loc. verb. *Pe, Py, Ar, Ur.* Aceptar *alguien* una propuesta. pop + cult → espon.
  ii. *Ho, ES, Ni.* Marcharse *alguien* con rapidez. pop + cult → espon.

e². ‖ **~ viento en la camiseta.** loc. verb. *Ur.* Entusiasmarse *alguien* exageradamente.

f². ‖ **~ vuelo.**
  i. loc. verb. *Mx, Pe, Ch, Py, Ar.* Destacar o sobresalir *alguien* o *algo.*
  ii. *Mx.* Tomar impulso.

g². ‖ **~ zafra.** *Ho, Ni.* **agarrar pata.**

h². ‖ **~la(s).** loc. verb. *Ch.* Infligir un castigo reiterado a alguien. pop + cult → espon.

i². ‖ **~se de la greña.** *Mx.* **agarrarse de las greñas.** pop.

j². ‖ **~se de las greñas.** loc. verb. *Mx.* Disputar agria y encarnadamente dos o más personas entre sí, *especialmente mujeres.* pop. (**agarrarse de la greña**). ◆ **agarrarse de las mechas; cogerse de las mechas.**

k². ‖ **~se de las mechas.** *CR, Co, Pe, Ch; Bo,* pop; *Ur,* vulg. **agarrarse de las greñas.** espon ^ desp.

l². ‖ **~se del chongo.** loc. verb. *Mx, Gu.* Reñir fuertemente dos personas, *especialmente mujeres.* pop + cult → espon.

m². ‖ **~se del codo.** loc. verb. *Ec, Py.* Abusar *una persona* de la confianza de otras. pop.

n². ‖ **agarrársela(s).**
  i. loc. verb. *Ar, Ur.* Enfadarse con alguien. pop + cult → espon.
  ii. *Pe, Bo, Ar, Ur.* Tener ojeriza o manía a alguien. pop + cult → espon.

a. ‖ **de ~ raza.** loc. adv. *Ho.* juv. De gran magnitud o de alta calidad.

a. ‖ **agárrame ese trompo en la uña a ver si tataratea.** fr. prov. *Ve. En una discusión,* indica que lo que se acaba de argumentar es insuperable. pop + cult → espon. ◆ **agárrame la ballena por el chorrito.**

b. ‖ **agárrame la ballena por el chorrito.** fr. prov. *Ve.* **agárrame ese trompo en la uña a ver si tataratea.**

c. ‖ **agarrando aunque sea fallo.** fr. prov. *Ve.* Indica conformidad con un beneficio por exiguo que sea. pop + cult → espon ^ desp.

d. ‖ **agarrate, Catalina, que vamos a galopar.** fr. prov. *Ar, Ur.* Indica que se avecina una situación difícil. pop + cult → espon ^ fest. (**agárrate, Catalina, que vamos a galopear**).

e. ‖ **agárrate, Catalina, que vamos a galopear.** *Ch.* **agarrate, Catalina, que vamos a galopar.**

agarrazón.
  I. 1. f. *CR.* Tacañería. pop + cult → espon.

agarre.
  I. 1. m. *Pe, Bo.* juv. Besos y abrazos con desenfreno de una persona a alguien.
  2. *Pe, Bo.* juv. Persona con la que se mantienen relaciones sexuales.

3. *Pe, Bo.* Relación amorosa informal. pop + cult → espon. (**agarrón**).
4. *Ec.* Mujer que mantiene relaciones sexuales con un hombre fuera del matrimonio.
5. *Gu.* Relación amorosa pasajera entre una pareja. vulg.
6. *RD.* Noviazgo clandestino. pop + cult → espon.
II. 1. m. *Ho, PR, Ec.* Riña de palabras o de obras. pop + cult → espon.
III. 1. m. *Cu.* Influencia.
2. *PR.* Punto de apoyo.
IV. 1. m. *PR.* Asa, tirador.
□
a. ‖ **de ~.** *Cu.* **de empuje.** pop + cult → espon.

agarrete.
I. 1. *Bo.* **amarrete.**

agarrón.
I. 1. m. *Mx, Gu, Ho, ES, Ni, CR, Pa, PR, Co, Ve, Ec, Bo, Ch, Py, Ar.* Pelea a golpes. pop + cult → espon.
II. 1. m. *Gu, Pe, Ch.* **agarre,** relación amorosa informal. vulg; pop + cult → espon.
2. m-f. *Bo.* Persona con la que se mantiene una relación amorosa de carácter informal. pop + cult → espon.

agarroso, -a.
I. 1. adj. *Ho, ES, Ni. Referido a una fruta,* que produce en la lengua y en el paladar una sensación mixta de sequedad intensa y amargor. ♦ **amarroso; desabrido; tetelque.**

agaruto.
I. 1. m. *Mx.* Cornezuelo del centeno. rur.

agasajo.
I. 1. m. *Mx.* Relación amorosa íntima que no llega al acto sexual. euf; pop + cult → espon.

agatas.
I. 1. adv. *RD, Ur; Pe,* obsol. A duras penas, con gran dificultad. pop + cult → espon.

agauchado, -a.
I. 1. adj. *Bo, Ch, Ar, Ur. Referido a persona,* que imita o se parece al **gaucho** en su porte o maneras.
2. *Bo. Referido a cosa,* que muestra las características propias del **gaucho.**

agauchar(se).
I. 1. intr. prnl. *Bo; Ar,* p.u. Tomar *una persona* el aspecto, los modales y las costumbres propias del **gaucho.**
2. tr. *Ar.* Hacer que una persona adopte el aspecto, los modales y las costumbres propias del **gaucho.**

agavillar.
I. 1. tr. *Cu.* Formar manojos de hierba con el **garabato** para facilitar su corte. rur.

agazapado, -a.
I. 1. adj/sust. *Mx, Gu, Ho, Ni, CR, RD, Ve. Referido a persona,* solapada, hipócrita, taimada. pop + cult → espon ∧ desp.
II. 1. adj. *Ni. Referido a persona,* que tiene la cabeza inclinada hacia abajo por tristeza o abatimiento.

agencia.
I. 1. f. *Pa, RD.* Casa de apuestas.

agenciana. (Prót. de *genciana*).
I. 1. *Ho.* **genciana.**

agenciero, -a.
I. 1. m. y f. *Ch, Py, Ar.* Persona encargada de una agencia de lotería.
2. *Py, Ar.* Persona encargada de una agencia de venta de vehículos.
3. *Cu, Pe.* Persona encargada de una agencia de mudanzas.
4. *Ar.* obsol. Persona encargada de una agencia de pronósticos deportivos.
II. 1. adj/sust. *Cu; Pe,* p.u. *Referido a persona,* diligente.

agenda. (Del ingl. *agenda*).
I. 1. f. *PR, Ve.* Motivo, propósito.
□
a. ‖ **~ escondida.** loc. sust. *PR, Ve.* Motivo o propósito dañino.
▶ **tener una ~ escondida.**

agendar.
I. 1. tr. *Mx, Ho, ES, Pa, Co, Ve, Ch, Py, Ar, Ur; Bo,* p.u. Anotar *alguien* en una agenda datos o informaciones. prest; cult → esm.
2. *Mx, Ho, Ve, Py, Ar; Bo,* p.u. Programar *alguien* en un libro o cuaderno las actividades pendientes, para no olvidarlas. prest; cult → esm.
3. *Mx, Ho, Ve, Py, Ar; Bo,* p.u. Programar *alguien* una relación de los temas que han de tratarse en una junta, o de las actividades sucesivas que han de ejecutarse. prest; cult → esm.
4. *Mx.* Tener previsto *algo una persona.*
5. *Mx.* Considerar un tema problemático para su solución ulterior.

agentado, -a.
I. 1. adj. *Pe. Referido a una persona de pueblo,* de buena presencia y bien hablada.
2. *PR. Referido a persona, especialmente un niño,* sociable, que posee capacidad para relacionarse con los otros. pop + cult → espon.
II. 1. adj. *RD, PR. Referido a persona,* entrometida. pop + cult → espon.
2. *PR. Referido a persona,* que aprovecha cualquier situación en beneficio propio, oportunista. pop + cult → espon.
III. 1. adj. *RD, PR. Referido a persona,* pretenciosa, fatua, que presume de lo que no es. pop + cult → espon. (**agentao; ajentado**).

agentao, -tá.
I. 1. *RD, PR.* **agentado,** pretencioso.

agentar(se).
I. 1. tr. *Gu, Ch.* Lograr que alguien adquiera importancia, que llegue a ser gente de bien.
2. intr. prnl. *Gu, Ch.* Hacerse *alguien* gente de bien e importante.

agente.
I. 1. m-f. *Bo. En regímenes dictatoriales,* empleado de algún organismo político de control y represión que no lleva uniforme con el fin de pasar inadvertido. ♦ **agente civil.**
■
a. ‖ **~ civil.** *Bo.* **agente.**
b. ‖ **~ de tránsito.** m. *Mx, Gu, Ho, ES, Ni, RD, Ve, Ec, Bo, Py, Ar.* Policía de la sección de tránsito de automotores.
c. ‖ **~ sin chapa.** m. *Ar:NO.* Policía que no va uniformado a fin de pasar inadvertido.
d. ‖ **~ viajero.** m. *Mx, ES, Co, Ec, Pe, Bo.* Representante de una empresa que ejerce su función visitando a los clientes dentro del territorio que se le asigna.

agigolón.
I. 1. *Gu, Ho, ES, Ni.* **ajigolón,** ajetreo, prisa.
2. *Gu, Ho, Ni.* **ajigolón,** situación difícil.
3. *Gu, Ho, Ni.* **ajigolón,** cansancio, fatiga.

agilado, -a.
I. 1. adj. *Ch. Referido a persona,* torpe, que se equivoca continuamente. pop + cult → espon.
II. 1. adj. *Ho. Referido a persona,* que exagera un mal trato injustificado.
III. 1. *Ho.* Tonto.
2. *Ho.* **zurumbo,** aturdido. ♦ **dundo.**
IV. 1. adj. *Ho. Referido a persona,* extenuada.
V. 1. adj. *PR.* **ajilado,** flaco.

agilamiento. (Der. de *gil*, tonto).
 I. 1. m. *Ho, ES*. p.u. Cansancio, agotamiento, *generalmente por hambre*. rur.

agilar(se).
 I. 1. intr. *Cu, RD, Ve:O*. Ir deprisa *alguien* o *algo*.
 2. intr. prnl. *Ve*. Irse *alguien* de un lugar.
 3. intr. *Ve:O*. Tomar o seguir *alguien* una dirección o un camino.
 II. 1. intr. prnl. *Ho, ES, Ch*. Sentirse aturdido o atontado, *generalmente de hablar o de oír hablar mucho a otro*.
 III. 1. intr. prnl. *Ch*. Excederse *alguien* en un maltrato injustificado con otros.

¡agile!
 I. 1. interj. *Cu, Ve:O*. Expresa orden de continuar la marcha.

agilón.
 I. 1. m. *ES*. Cansancio.

agiotismo.
 I. 1. m. *Ho, Ni*. Interés excesivo por el dinero o el género en un contrato mutuo o préstamo.

agiotista.
 I. 1. m-f. *Mx, Gu, Ho, Ni, RD, Co:C, Bo, Ur; Ch*, p.u. Persona que presta dinero con usura o interés excesivo.

agitado, -a.
 I. 1. adj. *RD, Co*. *Referido a persona*, que respira con dificultad.
 II. 1. adj. *Ni, PR*. *Referido a persona*, molesta por una discusión.
 III. 1. adj. *PR*. *Referido a un becerro*, que mama demasiado, por descuido del ordeñador o porque se escapa y llega hasta la madre. (**ahitado**).

agitar(se).
 I. 1. tr. *Cu, RD; PR*, juv. Darle *una persona* prisa a *alguien*. pop + cult → espon.
 2. *Cu; PR*, juv. Tratar *una persona* de convencer a *alguien* para que adopte una postura determinada o para que realice algo. pop + cult → espon.
 3. *Cu*. Instar a *alguien* a satisfacer una petición. pop + cult → espon.
 II. 1. intr. prnl. *Ho, Cu, RD, PR, Bo, Py*. Respirar *una persona* con dificultad. pop + cult → espon.
 III. 1. intr. prnl. *Ho, PR*. Molestarse, enojarse *alguien*. pop + cult → espon. (**ahitar**).

agite.
 I. 1. m. *Ho, PR, Co, Ve*. Estado de alteración física o psíquica causado por algún esfuerzo o emoción. pop + cult → espon.
 2. *Co, Ve*. Estado de inquietud, de preocupación, causado por protestas o insubordinación.
 3. *Ho, PR, Ve*. Actividad excesiva de alguien. pop + cult → espon.
 4. *Ve*. Alteración del orden público por manifestaciones políticas o sociales.
 5. *Ur*. juv. Fiesta o alboroto producido por una multitud.
 II. 1. m. *RD, PR, Ve*. Prisa, apremio.
 III. 1. *Ho, Ni*. juv. **pedo**, problema.
 IV. 1. m. *Ho*. **arreada**, represión severa.

aglomeramiento.
 I. 1. m. *Gu, Ho, Pa, Cu, RD, PR, Pe, Ch, Py; EU*, p.u. Aglomeración.

aglutinación.
 I. 1. m. *Cu*. Agrupamiento. prest; cult → esm.

aglutinar(se).
 I. 1. intr. prnl. *Mx, Pa, Cu, RD, PR, Ve, Bo, Ch, Py*. Agruparse cierto número de personas con un fin específico.
 2. tr. *Mx, Ho, Cu, RD, Ve, Bo*. **nuclear**.

agneloti.
 I. 1. *Ch, Ar*. **agnoloti**.

agnoleti.
 I. 1. *Ar*. **agnoloti**.

agnoloti. (Del it. *agnolotti*, pl. de *agnolotto*).
 I. 1. m. *Ch, Ar, Ur*. Pasta alimenticia, de forma redonda o rectangular, rellena de varios ingredientes, como carne triturada, verduras o jamón y queso. (**agneloti**; **agnoleti**; **añoloti**).

agobio.
 I. 1. m. *Gu*. Quebradura de una rama de árbol que no llega a romperse para que brote antes de la doblez. rur.

agolpear(se).
 I. 1. intr. prnl. *RD, PR*. Hacerse daño *alguien* por un golpe o caída.
 2. tr. *PR*. Golpear duramente a *alguien*.

agora.
 I. 1. adv. *Mx, Gu, Ho, ES, Ni, Pa, RD, Ve*. p.u. Ahora. rur.

agoritamente.
 I. 1. adv. *RD*. Ahora mismo, de inmediato, en este instante. rur.

agorriado, -a.
 I. 1. adj. *Ve*. *Referido a persona*, que vive a expensas de los demás. pop + cult → espon.

agorzomar.
 I. 1. tr. *Mx*. Fastidiar, agobiar, abrumar *una persona* a *alguien*.

agostadera.
 I. 1. f. *Gu*. Lugar donde pasta el ganado en la época seca. rur.

agostinas.
 I. 1. f. pl. *ES*. Fiestas patronales de El Salvador, que se celebran el 6 de agosto.

agosto.
 ▶ **hacer la del ~**; **pasar ~**.

agrá.
 I. 1. m. *CR*. **flor de Jamaica**.

agracejo.
 I. 1. m. *Cu, PR*. Árbol de hasta 7 m de altura, de madera amarillenta y fruto envuelto en una especie de algodón dorado; su madera se usa en carpintería. (Salicaceae; *Gossypiospermum praecox*). ♦ **agracejo de monte**; **jía de monte**; **xococo**.

■
 a. ‖ **~ de monte.** *Cu*. **agracejo**.

agradecido, -a.
 I. 1. adj. *ES*. *Referido a una planta*, que echa raíces con rapidez.

agradecimiento.
 I. 1. m. *Ho:O*. Ceremonia indígena lenca en la que se ofrece a los espíritus o divinidades rezos, ofrendas y sacrificio de animales. ♦ **cumplimiento**; **devoción**; **homenaje**; **obligación**; **reverencia**; **rezo**; **tributo**.

agrado.
 I. 1. m. *RD, Co:S*. Obsequio que alguien hace a una persona por un servicio prestado.
 2. *Ec, Pe*. Obsequio que da un indígena a un hombre blanco o a un mestizo que ostenta un cargo de poder, con el fin de ganarse su voluntad y tratar de agradar. rur.

□
 a. ‖ **de ~.** loc. adj. *Ch*. *Referido a un inmueble*, destinado para descanso de sus propietarios.

agrafe.
 I. 1. m. *Ur; Ar*, obsol. **broche**, pieza metálica.

agrandado, -a.
I. 1. adj. *Mx, Pe, Ch, Ar, Ur. Referido a un adolescente*, que adopta actitudes y vestimentas propias de un adulto.
2. adj/sust. *Co, Pe, Py, Ar, Ur*; f. *Bo, Ch. Referido a persona*, que se cree superior a los demás.
3. adj. *Py, Ar, Ur. Referido a persona*, que ha adquirido más seguridad o confianza en sí misma.

agrandar(se).
I. 1. intr. prnl. *Mx, Ho, Ni, Co, Bo, Ar.* Cobrar valor *alguien* ante una adversidad. ♦ **engallarse.**
2. *Co, Bo, Ch, Py; Ar, Ur*, pop. Sentirse *alguien* superior a los demás.
3. *Ho, ES, Ni, Co, Bo, Py, Ar.* Envanecerse *alguien* en una situación favorable. ♦ **engallarse.**
4. *Bo; Ar, Ur*, pop. Adquirir *alguien* más seguridad o confianza en sí mismo.
II. 1. intr. prnl. *Co, Bo.* Pretender tener un niño actitudes de persona mayor.
2. tr. *Ar:O.* Vestir y arreglar a un niño dándole aspecto de adulto.

◪
a. ‖ **se agrandó Chacarita.** fr. prov. *Ar.* Indica que alguien ha dicho o hecho algo que deja ver que sobestima su valor y sus posibilidades.

agrande.
▶ **estar con un ~; tener un ~.**

agrás.
I. 1. *Co.* **agraz**, arbusto y fruto.

agravión, -na.
I. 1. adj. *Ch. Referido a persona*, que se da por agraviada por motivos fútiles con mucha frecuencia. pop + cult → espon.

agraz.
I. 1. m. *Co.* Arbusto de hasta 4 m de altura, de vástagos leñosos, más gruesos y erguidos que otras especies, hojas lanceoladas muy verdes, flores rosadas acampanadas con pétalos fuertemente inclinados, y fruto desarrollado a partir de un ovario interior. (Ericaceae; *Vaccinium meridionale*). (**agrás**). ♦ **arándano.**
2. *Co.* Fruto de este arbusto, de color morado, que crece en racimos; se emplea en la preparación de mermeladas y dulces. (**agrás**). ♦ **arándano.**

agredisto, -a.
I. 1. adj/sust. *Ar.NO. Referido a persona, especialmente a un niño*, que es agresivo, pendenciero o revoltoso. pop + cult → espon.
2. *Ar:NO. Referido a persona*, que se opone deliberada y porfiadamente a la voluntad de otro. pop + cult → espon.
3. adj. *Ar:NO. Referido a cosa*, que produce resultados distintos a los normales o esperados. rur.

agregado, -a.
I. 1. m. *RD, Ar:NO; Co*, p.u. Jornalero que, mediante la concesión de un pedazo de tierra, siembra en parte para sí y en parte para el dueño. rur.
2. *Co:O.* **mayordomo**, persona que vigila o administra una hacienda. rur.
II. 1. m. *Ch.* Acompañamiento de una carne, como arroz, puré o ensalada.
III. 1. m. *Cu.* Anexo que se le hace a una casa.

agregado, -a.
I. 1. sust/adj. *RD, Ar, Ur.* Persona que recibe alojamiento y comida a cambio de trabajo, *generalmente en establecimientos rurales.* rur.
2. *Ar:NO.* Niño huérfano o abandonado recibido y acogido por una familia.

3. adj/sust. *Cu, RD, PR. Referido a persona*, que vive en casa ajena sin pagar alquiler. ♦ **arrimado.**
II. 1. m. y f. *Ur.* p.u. Estudiante de una **agregatura.**

agregarse.
I. 1. prnl. *RD; PR*, p.u. Acurrucarse *alguien* cómodamente en la cama o en un sofá.
2. *RD, PR.* Acostarse *una persona* muy pegada a otra.
3. *RD, PR.* Juntarse *una persona* con otra para convivir sin contrato legal. pop + cult → espon.

agregatura.
I. 1. f. *Ur.* En un centro de enseñanza, conjunto de estudios teórico-prácticos para formar profesores de una asignatura determinada.

agresividad. (Del ingl. *agressiveness*).
I. 1. f. *Pa, RD, PR, Bo.* Empuje, espíritu emprendedor, dinamismo, audacia de alguien.

agresivo, -a. (Del ingl. *agressive*).
I. 1. adj. *Gu, Ho, ES, Ni, Pa, RD, Ve, Ec, Bo. Referido a persona*, activa, dinámica, enérgica, emprendedora y audaz.
2. adj/sust. *Cu, RD, PR, Ve, Bo. Referido a persona*, que muestra resolución y persistencia para alcanzar sus metas.

agria.
▶ **estar la piña ~.**

agriado, -a.
I. 1. sust/adj. *Cu, RD, PR, Ch; EU*, p.u. Persona amargada.

agriar.
I. 1. tr. *Ho. En alfarería*, dejar *alguien* el barro o la arcilla en remojo por uno o varios días. ♦ **podrir.**

agricultura.
I. 1. f. *Ho, Ni.* Tierra cultivada. rur.
2. *Ho, Ni.* p.u. Planta, fruto u otro producto cultivado. rur.

ágrido, -a.
I. 1. adj. *Ar. Referido a la tierra*, que al resecarse se parte y no sirve de buena base para la siembra. rur.

agriera.
I. 1. *Ho, Pa, Ve, Ec*; f. pl. *Co.* **agrura**, acidez.

agrietadura.
I. 1. f. *Mx, Ch.* Hendidura que se hace en la tierra o en cualquier cuerpo sólido.
2. *Cu.* Agrietamiento.

agrimensor.
I. 1. m. *Cu.* Gusano de hasta 3 cm de longitud, de color verdoso, que se arrastra acompasadamente describiendo un movimiento ondulatorio. (Geometridae; *Melanchroia geometroides*).

agringado, -a.
I. 1. adj. *EU, Mx, Gu, Ho, ES, Ni, CR, Pa, RD, PR, Co, Ve, Ec, Pe, Bo, Py. Referido a persona*, de aspecto o costumbres similares a las de un estadounidense. pop + cult → espon ∧ desp.
2. adj/sust. *Mx, Ho, ES, Ni, RD, PR, Ec. Referido a persona*, que habla el español imitando las construcciones y pronunciación de los estadounidenses. pop + cult → espon ∧ desp.
3. adj. *Cu, RD, PR, Pe; Ec, Ch*, pop + cult → espon ∧ desp; *Bo*, espon. *Referido a persona de cultura o raza propia de un país hispanoamericano*, de aspecto o costumbres similares a las de un anglosajón o alemán.
4. *Ur; Ar*, p.u. *Referido a persona*, de aspecto o costumbres similares a las de un europeo no español, *especialmente italiano.* pop + cult → espon ∧ desp.
5. *Ch. Referido a cosa*, de reminiscencia anglosajona. pop + cult → espon.

6. sust/adj. *Py.* Persona que, sin serlo, tiene rasgos físicos propios de un estadounidense de raza blanca o de anglosajón.

agringar(se). (Der. de *gringo*).
  I. 1. intr. prnl. *AC, Mx, RD, PR, Co, Ve, Ec, Bo.* Adoptar *alguien* costumbres o usos propios de estadounidenses.
  2. tr. *CR, Pa, RD, Ec, Pe; Co, Ur,* p.u. Hacer que alguien adopte los usos y costumbres de los estadounidenses.
  3. intr. prnl. *Ec, Pe, Bo, Ch, Py.* Adoptar *alguien* de raza y cultura hispanoamericanas usos o costumbres propios de anglosajones o alemanes. pop + cult → espon ^ desp.
  4. *Ur; Ar,* p.u. Adoptar *alguien* usos y costumbres de los europeos no españoles, *especialmente los italianos.* pop + cult → espon ^ desp.
  5. tr. *Ar.* Hacer que *alguien* adopte usos o costumbres propios de los europeos no españoles, especialmente los italianos. pop + cult → espon ^ desp.
  6. *RD, Ch.* Hacer que *algo* tenga características anglosajonas. pop + cult → espon.

agrio.
  ■
  a. ‖ ~ **de Guinea.** m. *Cu.* **aleluya,** planta.

agrio, -a.
  I. 1. adj. *Mx, Gu, Ho, ES, Pa, RD, Co, Ve, Ec, Bo, Py, Ar.* *Referido a persona,* de mal carácter, ruda en el trato. ♦ **amargo.**
  2. *Ho, ES.* juv. *Referido a un asunto,* difícil, complicado o doloroso.
  II. 1. adj. *Ho. Referido a tierra o piedra,* que tiene alto grado de acidez o muchas sales. rur.

agrioso, -a.
  I. 1. adj. *PR. Referido a una bebida o a un alimento,* que está algo agrio.

agripado, -a.
  I. 1. adj. *EU, Mx, Gu, Ho, ES, CR, Pa, Cu, RD, Co, Pe, Bo, Ch. Referido a persona,* que ha contraído gripe. ♦ **apestado.**

agripamiento.
  I. 1. m. *Ch.* Contagio de gripe.
  II. 1. m. *Ch.* Inmovilización de las piezas de un motor.

agripar(se).
  I. 1. intr. prnl. *EU, Mx, Gu, Ho, ES, Ni, CR, Cu, RD, Co, Ec, Pe, Bo, Ch.* Contraer *alguien* gripe. ♦ **apestarse; engriparse.**
  2. tr. *Ho, Cu, Bo, Ch.* Contagiar *una persona* la gripe a otra.
  II. 1. tr. *Bo, Ch.* Hacer *alguien* o *algo* que las piezas de un engranaje o motor queden agarrotadas.
  2. intr. prnl. *Bo, Ch.* Agarrotarse las piezas de un engranaje o motor.

agro. (Abrev. de *agromercado*).
  I. 1. *Cu.* **agromercado.**

agroecológico, -a.
  I. 1. adj. *Mx, Ho, Pa, RD, PR, Bo. Referido a agricultura,* respetuosa con el medio ambiente.

agroforestería.
  I. 1. f. *Mx, Ho, ES.* Cultivo de plantas como el café, asociadas con árboles de sombra. cult.

agromercado.
  I. 1. m. *Cu.* Mercado al aire libre en el que se venden productos agrícolas. ♦ **agro.**

agropecuario, -a.
  I. 1. *Co.* **lobo,** de mal gusto.

agrura.
  I. 1. f. *Gu, Ho, ES, Ni, CR, Pa, Cu, RD, Ec, Pe, Bo;* f. pl. *Mx.* Acidez estomacal. ♦ **acedía; agriera.**

  2. *Ho.* meton. Carácter agrio y malhumorado de alguien.

agshashúa. (Voz quechua).
  I. 1. f. *Ec:S, Ch.* Libélula. (Libellulidae; *Libellula depressa*). ♦ **cortapelo; robapelo.**

agú. (De or. onomat.).
  I. 1. m. *Ho.* Período del balbuceo del niño.

¡agú! (De or. onomat.).
  I. 1. interj. *Gu, Ho, Pa, Ec, Pe, Ch.* Expresa llamada de atención a los bebés para intentar obtener una respuesta de ellos. afec. ♦ **¡ajú!**

agua.
  I. 1. f. *Gu.* Refresco, bebida gaseosa de cualquier sabor.
  2. f. pl. *RD.* Combinación de sustancias naturales, como flores y plantas, embotellada y destinada a baños para espantar el mal de ojo o atraer a la suerte.
  II. 1. f. *Cu.* Borrachera.
  III. 1. f. *RD.* Bola de vidrio transparente utilizada en juegos infantiles.

  ■

  a. ‖ ~ **agria.** f. *Ho.* En *alfarería,* agua descompuesta para ablandar la arcilla.
  b. ‖ ~ **aromática.** f. *Co.* Infusión de hierbas aromáticas. ♦ **agüita.**
  c. ‖ ~ **bronca.** f. *Mx.* Agua de la creciente de los ríos, que arrastra tierra y troncos.
  d. ‖ ~ **caliente.** f. *Ec.* **canelazo,** bebida. ♦ **agua de azúcar; agua de canela.**
  e. ‖ ~ **chacha.**
    i. f. *Ho, Ni.* Café, refresco o sopa ralos e insípidos.
    ii. *CR.* Café preparado en una concentración mucho más baja que la normal. ♦ **agua de moledero; aguachacha.**
  f. ‖ ~ **chirria.**
    i. f. *Ho, ES, Cu, Ec.* Café aguado. pop + cult → espon. ♦ **agua de cangrejo; agua de chirre; agua de churre; agua de jeringa.**
    ii. *Ho.* Refresco ralo e insípido.
  g. ‖ ~ **chiva.** f. *Gu, ES.* Bebida preparada con agua y masa de maíz diluida.
  h. ‖ ~ **con culata.** f. *RD.* Techo o tejado a cuatro aguas.
  i. ‖ ~ **corta.** f. *Ec:NO.* Género musical que se interpreta con marimba y se acompaña de un baile, propio de las comunidades negras de las provincias del noroeste de Ecuador.
  j. ‖ ~ **cruda.** f. *Co, Ve, Ec, Pe, Ar.* Agua sin potabilizar.
  k. ‖ ~ **de azúcar.** *Ec.* **agua caliente.**
  l. ‖ ~ **de canela.** *Ec.* **agua caliente.**
  m. ‖ ~ **de cangrejo.** *ES.* **agua chirria,** café.
  n. ‖ ~ **de cara.** f. *Ec.* Preparación cosmética elaborada con glicerina, alcohol, agua de rosas y agua de azahar, usada por las mujeres para blanquear la tez.
  ñ. ‖ ~ **de chaleco.** *Ec.* obsol. **agua de tinieblas.**
  o. ‖ ~ **de chía.** f. *Mx, Ho.* Bebida que se prepara con agua, semillas de **chía** y jugo de limón.
  p. ‖ ~ **de chirre.** *Pa, Cu, PR.* **agua chirria.**
  q. ‖ ~ **de chorro.** f. *Ve.* Agua que sale directamente de las tuberías y no ha sido sometida a ningún procedimiento purificador. (**agua del chorro**).
  r. ‖ ~ **de churre.** *Cu.* **agua chirria.**
  s. ‖ ~ **de Cuba.** f. *Ch.* p.u. Detergente líquido *constituido esencialmente por cloro.* pop.
  t. ‖ ~ **de culo.** f. *ES.* Brebaje que una mujer da a un hombre para retenerlo. vulg; pop ^ fest.
  u. ‖ ~ **de frescos.** f. *Ec:S.* Bebida refrescante de propiedades emolientes que se toma fría y se prepara mediante infusión de una o varias hierbas, como verbena, hierbabuena, manzanilla, menta, orégano, tomillo, clavo de olor y diente de león.

v. ‖ ~ **de guásimo.** f. *Ve.* Infusión de agua natural hecha con la corteza del **guásimo** a la que se atribuyen propiedades medicinales.

w. ‖ ~ **de imbibición.** f. *Cu.* p.u. *En la industria azucarera,* agua que se utiliza en el último molino para extraer más cantidad de jugo del **bagazo.**

x. ‖ ~ **de jamaica.** f. *Mx, Ho, ES, Pa, PR.* Bebida que se prepara hirviendo en agua pétalos de **flor de jamaica** y azúcar.

y. ‖ ~ **de jeringa.** *Cu.* **agua chirria.**

z. ‖ ~ **de las tres quebradas.** f. *ES.* Brebaje que una mujer da a un hombre para retenerlo. vulg; pop + cult → espon ^ fest.

a¹. ‖ ~ **de masa.** f. *Ho, Ni.* Agua blanquecina, producto de limpiar con agua la piedra de moler maíz.

b¹. ‖ ~ **de melao.** f. *RD.* Melaza. (**agua melao**).

c¹. ‖ ~ **de moledero.** *CR.* **agua chacha,** café de baja concentración.

d¹. ‖ ~ **de mono.** f. *Cu.* Agua hervida con azúcar morena y miel de abeja.

e¹. ‖ ~ **de mulas.** f. *Ve.* **Guarapo** de **papelón** aliñado con corteza de frutas y especias.

f¹. ‖ ~ **de nieve.** f. *Pe.* obsol. Baile cultivado en sus orígenes por los negros esclavos.

g¹. ‖ ~ **de panela.** f. *Co, Ve:O, Ec; Pa,* rur. Bebida de agua hervida con **panela.** (**aguapanela**). ♦ **agua de papelón; surumba.**

h¹. ‖ ~ **de papelón.** *Ve.* **agua de panela.**

i¹. ‖ ~ **de pasto.** f. *Ho:E, Pa.* Agua de fuente, río o quebrada dentro de un **potrero,** que provee de agua al ganado. rur.

j¹. ‖ ~ **de pie.** f. *Ho.* p.u. Agua de manantial. rur.

k¹. ‖ ~ **de piringa.** f. *PR.* Bebida o refresco aguado, *generalmente dulce.* pop + cult → espon.

l¹. ‖ ~ **de polo.** *Ec.* **agua de surumba.**

m¹. ‖ ~ **de remedio.** f. *Pa, Ec.* Infusión de hierbas medicinales o de ciertos vegetales como el rábano y la cebolla.

n¹. ‖ ~ **de sapo.**
  i. f. *CR.* Aguardiente.
  ii. *CR.* Refresco preparado con **dulce,** jengibre y limón ácido, tradicional en la zona del Caribe costarricense.
  iii. *CR:NO.* Aguardiente de caña de azúcar fabricado clandestinamente.

ñ¹. ‖ ~ **de surumba.** f. *Ec.* **Agua de panela** que se acompaña de **plátano** y se toma como desayuno. ♦ **agua de polo**

o¹. ‖ ~ **de tinieblas.** f. *Ec.* obsol. Poción para estimular la excitación sexual. ♦ **agua de chaleco.**

p¹. ‖ ~ **de vieja.** f. *Ec.* Bebida de propiedades medicinales que se toma caliente y se prepara mediante infusión de una o varias hierbas, como valeriana, hierbabuena, manzanilla, menta y anís.

q¹. ‖ ~ **del chorro.** *Ve.* **agua de chorro.**

r¹. ‖ ~ **del tubo.** f. *CR.* Agua común de la tubería.

s¹. ‖ ~ **Dios.** f. *RD.* p.u. Lluvia persistente, *especialmente al amanecer.*

t¹. ‖ ~ **Dios misericordioso.** f. *RD.* p.u. Lluvia torrencial.

u¹. ‖ ~ **florida.** f. *Mx, Ho, Ni, Pa, RD, Co:N, Ec, Pe, Ch, Py, Ar, Ur.* Colonia hecha con agua, alcohol y esencias aromáticas.

v¹. ‖ ~ **fresca.** f. *Mx.* Bebida que se prepara con agua, jugo de fruta y azúcar.

w¹. ‖ ~ **gasificada.** f. *Pa, Cu, Ch, Ar, Ur.* Agua carbónica artificial.

x¹. ‖ ~ **gorda.** f. *Cu.* Mucha agua.

y¹. ‖ ~ **jane.** f. *Ur.* Planta de hasta 80 cm de altura, de hojas provistas de largos pecíolos y moteadas con pequeñas manchas amarillas, y flores dispuestas en capítulos amarillos. (Asteraceae; *Senecio* spp.).

z¹. ‖ ~ **Jane.** (De *agua Jane*®) f. *CR, Ur.* Disolución acuosa de hipoclorito de sodio que se emplea como producto de limpieza. (**aguajane**).

a². ‖ ~ **llena.** f. *CR:NO.* Marea alta.

b². ‖ ~ **loca.**
  i. f. *Ec.* Aguardiente.
  ii. *ES.* **chicha,** bebida alcohólica. ♦ **agua picante.**

c². ‖ ~ **melao.** *PR.* **agua de melao.**

d². ‖ ~ **muerta.** f. *Ar:NO.* Variedad de **aloja,** elaborada con una proporción más alta de algarroba y sometida a una mayor fermentación que la común para obtener una graduación alcohólica más elevada (**aguamuerta**).

e². ‖ ~ **pasto.** f. *Ho.* Infusión de hierbas medicinales reposada durante una noche.

f². ‖ ~ **perra.** f. *Ch.* Agua hervida sin azúcar a la que se echan hierbas medicinales.

g². ‖ ~ **picante.** *ES.* **agua loca,** chicha.

h². ‖ ~ **pura.** f. *CR.* Agua común de la tubería.

i². ‖ ~ **seca.** f. *CR:NO.* Marea baja.

j². ‖ ~ **viva.** f. *Ar, Ur.* Medusa.

k². ‖ ~ **zarca.** f. *Ho, ES.* Agua limpia y cristalina de color azulado.

l². ‖ ~**s albañales.** f. pl. *Cu.* Aguas que corren por el sistema de alcantarillas y que arrastran los residuos provenientes de viviendas y fábricas.

m². ‖ ~**s atajadas.** f. pl. *Ar.* Enfermedad que ocasiona retención de orina. pop.

n². ‖ ~**s blancas.** f. pl. *Ve.* Aguas aptas para el consumo.

ñ². ‖ ~**s frescas.** f. pl. *Mx.* Bebidas hechas con agua y jugo o pulpa de algunas frutas, como el agua de limón.

o². ‖ ~**s mieles.** f. pl. *Ho.* Aguas que han sido utilizadas en el despulpe del café.

p². ‖ ~**s negras.**
  i. *Pa, PR, Ve, Ec, Pe.* **aguas servidas,** aguas residuales.
  ii. *Ve.* **aguas servidas,** aguas de lluvia.
  iii. f. pl. *Ve.* Aguas que tienen coloración oscura, debido a la presencia de tanino, que son características de algunos ríos de la cuenca del Orinoco.

q². ‖ ~**s servidas.**
  i. f. pl. *Ho, Pa, Co, Ec, Pe, Bo, Ch, Py, Ar, Ur.* Aguas residuales. ♦ **aguas negras.**
  ii. *Ve, Ec.* Aguas de lluvia o usadas, pero no descompuestas. ♦ **aguas negras.**

r². ‖ **media ~.**
  i. f. *Ho, ES, Ni, Ec, Bo, Py.* Construcción que tiene el techo inclinado de una sola vertiente.
  ii. *Ar.* Vivienda precaria.

☐

a. ‖ ~ **de masa.**
  i. loc. adj/sust. *Pa, Ve.* Referido a *persona,* lento, torpe. pop + cult → espon.
  ii. *Ho.* Referido a *persona,* indecisa e incapaz de terminar lo que empieza. pop + cult → espon.
  iii. *Pa.* Referido a *persona,* falto de gracia. pop + cult → espon.
  iv. loc. sust. *Pa.* Persona inconforme. pop + cult → espon.

b. ‖ ~ **tibia.** loc. sust/adj. *Pa, Cu, Ch;* loc. adj. *Pe.* Persona indecisa, carente de energía o de personalidad.

c. ‖ **como ~ de pozo.** loc. adj. *Py, Ar.* Referido a *persona,* muy tranquila y calmada, incluso cuando habría de reaccionar ante determinadas circunstancias. pop + cult → espon. ♦ **como agua de tanque**

d. ‖ **como ~ de tanque.** *Ar.* **como agua de pozo**

e. ‖ **como ~ para chocolate.**
  i. loc. adj. *Mx, Gu, ES, PR.* Referido a *persona,* muy enojada, furiosa, a punto de estallar en cólera. pop + cult → espon.

ii. loc. adv. *Mx, CR.* Con mucha cólera.

iii. loc. adj. *Gu, ES. Referido a persona*, a punto de las lágrimas. pop + cult → espon.

f. ‖ **como el ~.** loc. adv. *Ec.* Con gran detalle y seguridad.

g. ‖ **de ~ dulce.** loc. adj. *RD. Referido a persona*, que carece de competencias en la actividad que realiza.

h. ‖ **de media ~.**
   i. loc. adj. *CR, Pa, Co, Ve, Pe, Ch, Py, Ur. Referido a un techo*, de una sola vertiente.
   ii. *CR. Referido a una construcción*, que tiene el techo de una sola vertiente.

i. ‖ **debajo de ~.** loc. adv. *Gu, ES.* Ocultamente, a escondidas. pop + cult → espon.

j. ‖ **por debajo del ~.** loc. adv. *Mx.* Secretamente.

☑

a. ‖ **~ que va a caer no moja.** fr. prov. *RD.* Indica que no hay que preocuparse por lo que todavía no ha sucedido. pop + cult → espon.

b. ‖ **más claro, echarle ~.** fr. prov. *Ch.* Indica que determinado hecho mencionado en el discurso precedente es evidente y no necesita discusión.

c. ‖ **más claro, hay que echarle ~.** fr. prov. *Cu, Ur.* Indica que algo es evidente.

d. ‖ **qué le hace el ~ al pescado.** fr. prov. *Ch.* Indica que quien habla tiene seguridad de salir airoso o indemne de una tarea, por serle algo propio o de gusto.

▶ andar en ~s; atajarse las ~s; bañarse en ~ de rosas; bañarse en ~ rosada; botar ~ amarilla; calentar el ~ para que otro tome el mate; cortar el ~; dar ~; dar ~ a los caites; dar ~ de calzón; dar ~ de clavelito; dar ~ que beber; darle ~ de culo; darle el ~; darse el ~; descubrir el ~ azucarada; descubrir el ~ tibia; echar ~ de socorro; echar ~s; echar al ~; echarle ~ al caldo; entrar ~ al bote; estar de ~; estar de échame ~ que me quemo; haber ~ puesta; hacer ~ la canoa; hacer del ~ lodo; hacérsele ~ los helados; inventar el ~ tibia; irse el ~; jugar ~; jugar con ~; mandar a moler ~; meterse el ~; nadar en dos ~s; no aflojar ni abajo del ~; no ser ~ ni pescado; no subirle el ~ al tinaco; pasar por ~ tibia; pedir para las ~s; prender con ~; querer engañar al ~; sacar ~; ser ~ tibia; sin decir ~ va; tantearle el ~ a los camotes; tener ~ en la bóveda; tener ~ en la rodilla; tirarse al ~; vaciar el ~ de las aceitunas; vender en ~s; ver debajo del ~.

aguá.
   □
   a. ‖ **~ memo.** loc. adv. *RD.* obsol. Ahora mismo. rur.

aguabinado, -a.
   I. 1. adj. *RD.* **sonso**, tonto.

aguacalado, -a.
   I. 1. adj. *Gu; Ho*, p.u. *Referido a cosa*, cóncava, de forma del **guacal**.

aguacalar. (Der. de *guacal*).
   I. 1. tr. *Gu, CR.* Dar o poner *una persona algo* como las manos en forma cóncava como el **guacal**. rur.

aguacamico. (Abrev. de *aguacate de mico*).
   I. 1. *ES.* **chinín**, árbol y fruto.

aguacatado, -a.
   I. 1. *Co.* p.u. **zanahorio**, que no gusta de fiestas.
   II. 1. adj. *ES; PR*, p.u. *Referido a persona*, boba. rur; pop.
   III. 1. adj. *Ho. Referido a persona*, cobarde. rur. ♦ **flojo; fustanudo; güilón.**

aguacatal.
   I. 1. m. *Mx, Gu, Ho, ES, Ni, CR, Pa, Cu, RD, PR, Ve.* Sembrado de aguacates.

aguacatarse.
   I. 1. *Co:N.* **achicopalarse**, atemorizarse.

aguacatazo.
   I. 1. m. *Gu, Ho, ES, Ni.* Golpe o caída fuerte. rur. ♦ **cachimbazo; huevazo; macanazo; pijazo.**

aguacate. (Del nahua *ahuacatl*, aguacate).
   I. 1. m. *EU, Mx, Gu, Ho, ES, Ni, CR, Pa, Cu, RD, PR, Ve, Py.* Fruto del aguacate, de mesocarpo verde y pulpa aceitosa y suave, cáscara coriácea que se desprende fácilmente del mesocarpio cuando está maduro, semilla de igual forma que el fruto, cubierta de una película quebradiza; es comestible y muy alimenticio. ♦ **cura; palta.**
   2. *Mx, Gu, Ho, ES, Ni, CR, Pa, Cu, RD, PR, Ve, Py.* Árbol de hasta 20 m de altura, muy frondoso, de hojas siempre verdes, flores sin pétalos pero con cáliz y fruto en forma de drupa piriforme u ovada; en medicina tradicional, la hoja en cocción se usa contra la tos y la gripe. (Lauraceae; *Persea americana*). ♦ **aguacatero; curo; palto.**
   3. m. pl. *Ho, Ni.* metáf. Testículos. euf; pop + cult → espon. ♦ **chibolas; testigos.**
   4. *Ho.* metáf. Senos. euf; pop + cult → espon. ♦ **chiches.**
   II. 1. m. *Co.* p.u. Miembro del cuerpo de policía. pop + cult → espon.
   2. *Cu.* Hombre entre dieciséis y veintisiete años que está pasando el servicio militar obligatorio. pop + cult → espon ^ desp.
   III. 1. adj/sust. *ES, CR, Cu.* obsol. *Referido a persona*, simplona y poco inteligente. pop + cult → espon ^ desp.
   2. sust/adj. *Gu.* Persona de carácter débil. pop.

■

a. ‖ **~ cimarrón.**
   i. *PR.* **aguacatillo**, árbol. ♦ **aguacatillo.**
   ii. *PR.* **aguacatillo**, madera.

b. ‖ **~ de mico.**
   i. *Ho.* **chinín**, árbol y fruto.
   ii. m. *CR.* Árbol de hasta 20 m de altura que produce un fruto redondo no comestible. (Lauraceae; *Ocotea dendrodaphne*).

c. ‖ **~ de monte.**
   i. *Ec.* **aguacatillo**, árbol.
   ii. *Ec.* **aguacatillo**, madera.
   iii. *Ho.* **chinín**, árbol.
   iv. *Ho.* **chinín**, fruto.

d. ‖ **~ morado.** m. *Gu.* Variedad de aguacate cuya cáscara del fruto es rugosa y de color morado oscuro. (Lauraceae; *Phoebe mexicana*). ♦ **aguacate negro.**

e. ‖ **~ negro.** *Ho.* **aguacate morado.**

▶ parecer vara de bajar ~s.

aguacatero.
   I. 1. *RD, PR, Ve.* **aguacate**, árbol.

aguacatero, -a. (Der. de *aguacate*).
   I. 1. adj/sust. *Mx, Pa, Cu, RD, PR. Referido a persona*, que siente predilección por los **aguacates**.
   2. adj. *Mx, Ho, RD, PR.* Relativo al **aguacate**.
   3. adj/sust. *Ho, ES, Ni, CR, Pa, Cu, RD, PR. Referido a persona*, que cultiva o vende **aguacates**.
   II. 1. adj. *Ho, ES, CR.* metáf. *Referido a cualquier animal doméstico, en especial a un perro*, que no es de raza pura. pop + cult → espon ^ desp. ♦ **calate; calatoso; sato.**
   2. *Ho.* metáf. *Referido a persona*, de baja extracción social e inculta. pop + cult → espon ^ desp.

aguacates.
   I. 1. adj/sust. *CR.* obsol. *Referido a persona*, tonta y simplona. desp. ♦ **alforjas; anonas; sampaguabas.**

aguacatillo.
   I. 1. m. *Mx, Gu, Ho, ES, CR, Pa, Ec.* Árbol de tronco recto de hasta 35 m de altura, de hojas lustrosas,

flores pequeñas amarillentas y olorosas, y frutos globosos de cápsula de color rojo intenso que, al madurar, se vuelve casi negra. (Lauraceae; *Nectandra rectinerviia, Licaria capitta, Ocotea banouliana, Phoebe* spp.). ♦ **aguacate cimarrón; aguacate de monte; aguacatón; chigua; guajón; sigua blanca.**

2. *CR, Ec.* Madera del aguacatillo. ♦ **aguacate de monte.**

aguacatina.
I. 1. f. *Ho, Ni.* Vaselina hecha del aceite extraído de la pulpa del aguacate.

aguacatón.
I. 1. *CR, Pa.* **aguacatillo,** árbol de hasta 35 m de altura.

aguacatón, -na.
I. 1. *Ni; Gu, Ho,* rur. Tonto. ♦ **aguacatoso.**

2. *Ho, ES, Ni.* **adundado,** atontado. pop + cult → espon ∧ desp.

II. 1. adj. *Gu.* p.u. *Referido a un hombre,* homosexual. pop + cult → espon ∧ desp.

III. 1. adj/sust. *PR.* metáf. *Referido a persona,* aguafiestas, aburrida, sosa. pop + cult → espon.

aguacatoso, -a.
I. 1. *ES.* **aguacatón,** tonto.

aguacerazo.
I. 1. m. *Mx, RD, Co:C, Ve.* Lluvia fuerte y prolongada.

aguacerito.
I. 1. m. *Cu.* Insecto coleóptero con los élitros blandos y los últimos anillos abdominales fosforescentes. (Lampyridae; *Alecton, Photinus, Photuris, Callopisma* spp.). ♦ **aguacero.**

■

a. ‖ ~ **blanco.** f. *Ve.* metáf. Lluvia suave y persistente.

□

a. ‖ ~ **blanco.** loc. sust. *Ve.* metáf. Persona fastidiosa que molesta con pequeños gestos.

aguacero.
I. 1. m. *RD, PR.* Arbusto de hasta 10 m de altura, de ramas pubescentes, hojas densamente dispuestas en las ramas, flores solitarias, blancas y olorosas, y frutos globosos y amarillos; es ornamental. (Solanaceae; *Brunfelsia americana*).

II. 1. *Cu.* **aguacerito.**

III. 1. m. *Cu.* metáf. Momento oportuno de algo.

■

a. ‖ ~ **blanco.** f. *Ve.* Lluvia suave y persistente.

b. ‖ ~ **de corbata.** f. *RD.* Aguacero muy copioso y fuerte.

□

a. ‖ a ~ **cerrado.** loc. adv. *CR.* Lloviendo insistentemente. pop + cult → espon.

b. ‖ ~ **blanco.** loc. sust. *Ve.* metáf. Persona fastidiosa que molesta con pequeños gestos.

▶ **desgajarse un ~; escampar del ~.**

aguachacha.
I. 1. *Gu, Ho, Ni, CR.* **agua chacha,** café de baja concentración.

aguachado, -a.
I. 1. adj. *Ar. Referido a una cría de animal,* que ha perdido a su madre. rur.

2. *Ar. Referido a animal, especialmente a un cordero que no toma leche materna,* que ha enflaquecido, está débil o ha contraído una enfermedad. rur.

3. *Ar:NO. Referido a un animal,* que no se encuentra en buenas condiciones. rur.

II. 1. adj. *Ch; Ar,* rur. *Referido a animal,* que se ha vuelto manso y dócil.

2. *Ar, Ur. Referido a un animal, especialmente a un caballo,* que ha engordado demasiado por falta de actividad. rur.

3. *Ch. Referido a persona,* que está tranquila o ha sido tranquilizada. pop + cult → espon.

III. 1. adj. *Ar:NO. Referido a una planta, especialmente de maíz,* que crece de manera deficiente, *en general por exceso de agua.* rur.

aguachador, -ra.
I. 1. sust/adj. *Ar.* Persona fastidiosa y que importuna. rur.

aguachamiento.
I. 1. m. *Ch.* Domesticación de un animal. pop + cult → espon.

aguachapao.
I. 1. adj. *RD. Referido a persona o cosa,* escondida.

aguachapar.
I. 1. tr. *RD.* Guardar *alguien algo.*

II. 1. tr. *RD.* Apuñalar *una persona* a *alguien.*

aguachar(se).
I. 1. intr. prnl. *Ch, Ar.* Amansarse, aquerenciarse un animal.

2. *Ar, Ur.* Engordar un caballo por estar pastando ocioso una larga temporada. rur.

3. tr. *Ar.* Separar a la cría de un animal de su madre. rur.

4. intr. prnl. *Ar.* Perder la cría de un animal a su madre. rur.

5. *Ar.* Debilitarse o enfermar un animal, *especialmente un cordero,* por falta de leche materna. rur.

6. tr. *Ch.* Domesticar *alguien* un animal.

7. *Ch.* metáf. Tranquilizar *una persona* a *alguien* que está exaltado o nervioso. pop + cult → espon.

8. *Bo.* Hacer engordar *alguien* los caballos dándoles mucha comida.

II. 1. intr. prnl. *Ar:NO.* No desarrollarse normalmente una planta, *especialmente de maíz,* o tomar una coloración amarilla, en general por exceso de agua. rur.

2. *Pa, Bo, Ch, Ur.* Adquirir un alimento espeso una consistencia acuosa.

3. tr. *Bo, Ur.* Rebajar con agua un líquido como la leche o el alcohol.

4. intr. prnl. *PR.* Ponerse un fruto aguado, soso, desabrido. rur.

5. *PR.* Humedecerse los ojos antes de llorar. pop + cult → espon.

aguachentarse.
I. 1. intr. prnl. *Cu.* Volverse **aguachenta** una fruta o una **vianda.**

aguachento, -a. (Der. de *agua*).
I. 1. adj. *Ho, Ni, Pa, Cu, Co, Ve, Ec, Pe, Bo, Ch, Py, Ar, Ur. Referido a una sustancia comestible,* que tiene exceso de agua. ♦ **aguachentoso; aguachinado; agualatoso.**

2. *Ve, Ch, Ar. Referido a una mezcla,* sin la densidad necesaria por excesiva cantidad de líquido. ♦ **achirlado.**

3. *Ec.* p.u. **aguanoso.** pop + cult → espon.

4. *Ho, Ni.* **agualotoso,** empapado en agua.

5. *Ho.* **agualotoso,** insípido.

6. *PR.* obsol. *Referido a cosa,* impregnada, empapada, llena de agua.

II. 1. *Pe.* **aguado,** poco entusiasta.

2. adj. *Ve. Referido a persona,* que carece de gracia o viveza. pop + cult → espon ∧ desp.

III. 1. *Ho, Bo.* **aguanoso,** lloroso.

aguachentoso, -a.
I. 1. *Cu.* **aguachento,** que tiene exceso de agua.

aguachigua. (Abrev. de *agua de machigua*).
I. 1. *ES.* **machigua,** agua con residuos.

aguachile.
I. 1. m. *Mx.* Caldo aguado de **chile,** tomate, camarón y especias.

aguachinado, -a.
I. 1. adj. *Mx, Ho, Ni. Referido a cosas líquidas, cuyo ingrediente generalmente es café, té o zumo,* insípido, aguado y sin sustancia. ♦ **aguachinoso.**
II. 1. *Ho, Ve.* **aguachento,** que tiene exceso de agua.
  2. adj. *ES. Referido a una planta,* dañada por falta de agua.
III. 1. *Ho.* **aguanoso,** lloroso.

aguachinarse.
I. 1. intr. prnl. *CR, Ve.* Pudrirse una planta por exceso de agua.
  2. *ES.* Dañarse una planta por falta de agua.
II. 1. intr. prnl. *CR:NO.* Llenársele a alguien de hongos los dedos de los pies.

aguachinche.
I. 1. adv. *Pa.* A cuestas sobre la espalda. (**a guachinche**; **a guanchinche**). ♦ **amochinche**; **mochinche.**

aguachinoso, -a.
I. 1. adj. *Gu, Ho, Ve. Referido a terreno,* impregnado, empapado, lleno de agua. pop + cult → espon. ♦ **aguanoso**; **enchagüitado.**
  2. *Ho. Referido a una fruta,* insípida. pop + cult → espon.
II. 1. adj. *ES. Referido a una planta,* marchita por falta de agua.
III. 1. *Ho.* **aguachinado,** aguado.

aguachoso, -a.
I. 1. adj. *PR, Ve. Referido a un alimento,* desabrido, insípido por exceso de agua.
  2. *PR. Referido a una fruta,* aguada, sosa.
  3. m. pl. *PR. Referido a los ojos,* húmedos.

aguacil.
I. 1. *Ar, Ur.* **alguacil,** libélula.

aguación.
I. 1. f. *Ar:NE.* Inundación de una plantación de arroz.

aguacolla.
I. 1. *Ec.* **aguacollo.**

aguacollo.
I. 1. m. *Ec.* Cactus gigante, con fuste color verde oscuro, gran concentración de espinas y flores blancas y rosadas. (Cactaceae; *Cereus peruvianus*). (**aguacolla**).

aguada.
I. 1. f. *Gu, Ho, CR:NO, Cu, Bo:E, Ar; Py, Ur,* rur. Abrevadero.
  2. *RD.* Lavado de la ropa en el río.
II. 1. f. *Ve.* Pequeña corriente de agua, **quebrada** o riachuelo.
  2. *Ve.* Encrucijada que se encuentra cercana a un riachuelo o a otra clase de pequeña corriente de agua.
  3. adj. *Ve. Referido a un río, un caño o una laguna,* que tiene abundancia de agua.
III. 1. *Ho.* **arreada,** represión severa. rur.

aguadar(se).
I. 1. tr. *Mx, Gu.* Mezclar un líquido con agua. pop + cult → espon.
  2. intr. prnl. *Mx.* Ablandarse un vegetal, *particularmente una fruta.*
  3. tr. *Gu, ES.* metáf. Hacer que *algo* o *alguien* pierda fuerza y consistencia, debilitarlo. pop + cult → espon.
  4. intr. prnl. *Gu, ES.* Perder *algo* fuerza o consistencia. pop + cult → espon.
II. 1. intr. prnl. *Gu, ES.* Tener miedo *alguien.* pop + cult → espon.
III. 1. *Ho.* **aguar,** dar de beber a un animal.

aguadear(se).
I. 1. intr. prnl. *Ho, ES, Ni.* Volverse *algo* muy flexible o blando.
II. 1. tr. *Ho, Ni.* Poner o añadir agua a *algo.*

III. 1. *Ho.* **aguar,** dar de beber a un animal.
IV. 1. intr. prnl. *Ho.* metáf. Hacerse la boca agua. cult.
V. 1. intr. prnl. *Ho.* Humedecerse a alguien algún órgano del cuerpo, *en especial los ojos.*

aguadencia.
I. 1. f. *Gu, ES, Ni.* Debilitamiento de alguien por agotamiento o enfermedad. pop.
  2. *Gu, ES.* Debilidad de carácter. pop.
  3. *Ni.* Flacidez de algún miembro del cuerpo humano.
  4. *Ni.* Maduración excesiva de un fruto. rur.

aguadera.
I. 1. f. *ES.* Temblazón, desmayo, temor. pop + cult → espon.

aguadero.
I. 1. m. *CR.* Abrevadero. rur.

aguadiar.
I. 1. tr. *Gu, Ni, CR.* Suavizar, ablandar *alguien algo.*

aguadijar.
I. 1. intr. *Ec.* Segregar una herida un líquido no purulento. pop + cult → espon.

aguadito.
I. 1. m. *Pe.* Guiso de arroz caldoso con carne.
  ▶ **gustarle el ~.**

aguado.
I. 1. m. *Ec.* Plato preparado con arroz, trozos de gallina, **papas,** cebolla blanca, cebolla colorada, ajos, **achiote,** sal y pimienta.
II. 1. m. *Ec.* p.u. Sombrero de **toquilla** que queda con la trama floja y sin las formas bien definidas por haber sido mal tejido.

aguado, -a.
I. 1. adj. *Mx, Gu, Ho, ES, Ni, CR, Pa, PR, Co, Ve, Bo. Referido a cosa, generalmente a un alimento,* blanda, que carece de la consistencia debida.
  2. *Mx, Gu, Ho, ES, Ni, Pa, Ve, Pe. Referido a persona,* de carne flácida, poco consistente.
  3. *Mx, Gu, Ho, ES, Pa, Ve; Ec,* p.u. | metáf. *Referido a persona,* físicamente débil, con poca fuerza. pop + cult → espon.
  4. *Cu, RD, PR, Ve, Bo, Ch, Ar. Referido a un líquido,* diluido en exceso, insípido.
  5. *CR, Ve.* p.u. *Referido a la ropa,* holgada.
II. 1. adj/sust. *Mx, Gu, Ho, ES, RD, Ve, Ec, Pe. Referido a persona,* poco entusiasta. ♦ **aguachento.**
  2. *Mx, CR, Pa, Ve, Pe. Referido a persona,* de carácter soso.
  3. adj. *Ho, Ni, RD, Ve, Ch, Ar. Referido a una situación o a una conversación,* aburrida.
  4. m. y f. *Ve, Pe.* Persona que echa a perder una diversión o impide que se lleve a cabo, aguafiestas.
III. 1. adj. *Ho, Ni. Referido a persona,* de ojos húmedos por las lágrimas.
IV. 1. adj. *PR. Referido al clima,* lluvioso.
  ▶ **tentar ~.**

aguadón.
I. 1. m. *Gu.* Susto. pop + cult → espon.

aguadulce.
I. 1. f. *CR, Co:C,O.* Bebida que se prepara con miel de caña de azúcar disuelta en agua hirviendo y, opcionalmente, con leche. ♦ **bebida.**

aguaemasa.
I. 1. m-f. *Co.* Persona imperturbable. (**aguamasa**).

aguaguachar. (Del aim. *wawa,* niño, bebé.)
I. 1. tr. *Bo.* Mimar *alguien* excesivamente a un niño. pop + cult → espon.

aguaguado, -a.
I. 1. adj. *Ec. Referido a un niño o a un adolescente,* que se comporta como un bebé. rur.

aguaí.
I. 1. m. *Bo, Py, Ar:N, Ur.* Árbol de hasta 10 m de altura, de tronco gris oscuro, hojas simples *situadas principalmente en la extremidad de las ramas*, flores de color blanco verdoso, y fruto en forma de baya amarilla; es comestible. (Sapotaceae; *Chrysophylum gonocarpum*). (**aguay**).

■
a. ‖ ~ **guazú.** m. *Ar:NE.* Árbol de hoja perenne, de hasta 15 m de altura, de tronco de corteza lisa y de color pardo, hojas situadas en la extremidad de las ramas, flores de color blanco verdoso, y fruto en forma de baya rojiza; es comestible. (Sapotaceae; *Pouteria gardneriana*).

aguaicada.
I. 1. f. *Ar:NO.* Paliza propinada a alguien por varias personas. pop + cult → espon.
2. *Ar:NO.* Ataque de varios animales a uno solo. pop + cult → espon.

aguaicador, -ra.
I. 1. sust/adj. *Ar:NO.* Persona que suele participar en **aguaicadas**, palizas. pop.

aguaicar.
I. 1. tr. *Ar:NO.* Propinar varias personas una paliza a *alguien*. pop + cult → espon.
2. *Ar:NO.* Atacar varios animales a uno solo. pop + cult → espon.
3. *Ar:NO.* Acometer un mal físico repentinamente a *alguien*. pop + cult → espon.

¡aguaita!
I. 1. interj. *RD, Ve.* Expresa sorpresa. rur.

aguaitacaimán.
I. 1. m. *Cu.* Ave de hasta 46 cm de longitud, con corona de color negro verdoso brillante, coloración castaño purpurina en los laterales, parte central del pecho blanca con barras negruzcas, vientre pardo claro y lomo verde grisáceo claro; emite un sonido muy peculiar. (Ardeidae; *Butorides virescens, B. brunnescens*).

aguaitacamino.
I. 1. *Ve.* **curiango**.

aguaitada.
I. 1. f. *Pe; Ar*, rur. Mirada rápida o superficial.
2. *Bo; Ar*, rur. Vigilancia a alguien o algo.

aguaitado, -a.
I. 1. adj. *ES, Referido a persona*, boba, tonta. pop + cult → espon ^ desp.

aguaitar.
I. 1. tr. *Pa, Co:N, Ve, Pe, Ar, Ur*, obsol; *Ec, Ch*, p.u. Esperar *una persona* con cautela y disimulo a *alguien* o *algo*. rur.
2. *Pa, Co:E, Ve, Pe; Ur*, obsol. Esperar *una persona* a que llegue alguien o algo, o a que ocurra un hecho o suceso.
3. *RD; Ve*, p.u. Mirar *una persona algo* con atención. rur. ♦ **chinear**.
4. *Cu, RD; Bo*, pop. Acechar, espiar a *alguien*. rur.

aguaite.
□
a. ‖ **al ~.** loc. adv. *Ch.* A la espera de alguien o de algo, en acecho, alerta. pop + cult → espon.

aguajal.
I. 1. m. *Pe.* Zona pantanosa donde crece el **aguaje**, palma de fruto comestible.
2. *Ec:E.* Terreno, *en especial el de una zona selvática con un alto índice de precipitaciones pluviales*, que se anega fácilmente.
II. 1. *Gu, ES.* **aguaje**, lluvia repentina. pop.
2. *Gu.* **aguazal**, cantidad de agua. pop.

aguajane.
I. 1. *Ur.* **agua Jane**.

aguaje.
I. 1. m. *Pa, Cu, RD, PR, Co:N, Ve.* Fanfarronería, jactancia, alarde de alguien, *especialmente de un bravucón*. pop + cult → espon.
2. *Cu, RD, PR.* Simulación o gesticulación exagerada de alguien. pop + cult → espon.
3. *Cu, RD.* Dicho o hecho propios de un bravucón. pop + cult → espon.
4. *Cu.* Alboroto, desorden, estrépito causado por un hecho inesperado. pop + cult → espon.
II. 1. m. *Cu, Ve, Pe; PR*, p.u. Estela que dejan a su paso los cardúmenes en la superficie del agua.
2. *Pe.* Marea roja.
3. *Ch.* Variación de color de las aguas marinas.
4. *Ec.* Tiempo que dura la **creciente** del mar.
III. 1. m. *Mx, Gu.* Abrevadero para el ganado. rur.
IV. 1. m. *Co:SE, Pe.* Palma de hasta 35 m de altura, de hojas con raquis, inflorescencia erecta y racimos con numerosos frutos; su corteza se emplea en cordelería. (Arecaceae; *Mauritia flexuosa*). ♦ **moriche**; **palma real**.
2. *Co:SE.* Fruto del aguaje, de color rojo oscuro, que produce un tipo de fécula comestible y un licor dulce.
V. 1. m. *Cu, RD, Ve.* Palabrería vana y sin sentido. pop + cult → espon.
2. *Ve.* Mentira. pop + cult → espon.
VI. 1. m. *Gu, Ho, ES, Ni, Ec.* Lluvia repentina, abundante, impetuosa y de poca duración. ♦ **aguajal**; **aguasal**; **aguazal**.
VII. 1. m. *Ni.* p.u. Regaño, reprimenda, reprensión severa. rur. ♦ **bonche**; **tapeada**.
2. adj. *Ni. Referido a persona*, que recibe gran cantidad de denuncias.
VIII. 1. m. *RD, PR.* Labor o proyecto inconcluso o que no ha llegado a su máxima expresión. pop + cult → espon.

■
a. ‖ ~ **panzón.** m. *Ho.* Pequeño oleaje después de una marejada.
b. ‖ ~ **vivo.** m. *Ho.* Marejada. ♦ **marciales**.

aguajear(se).
I. 1. intr. prnl. *RD, Ve.* Jactarse o presumir *alguien* de algo.
2. intr. *RD, PR.* Fingir *alguien* la intención o disposición de hacer algo. pop + cult → espon.

aguajero, -a. (De *aguaje*).
I. 1. adj/sust. *RD, PR, Ve. Referido a persona*, mentirosa. pop + cult → espon.
2. *RD, Ve. Referido a persona*, jactanciosa, que alardea o presume de algo. pop + cult → espon.
3. *RD, PR. Referido a persona*, que se compromete a algo y no cumple. pop + cult → espon.
4. *RD, PR. Referido a persona*, que amenaza falsamente. pop + cult → espon.
5. *RD, PR. Referido a persona*, que finge trabajar. pop + cult → espon.
6. *RD. Referido a persona*, fanfarrona, que habla mucho y hace poco. pop + cult → espon.

aguají. (De or. ind. antillano).
I. 1. m. *Cu, RD, PR.* Especie de caldo o sopa preparada básicamente con pescado.
2. *Cu, PR.* Salsa muy picante hecha a base de **ají** con cebolla, jugo de limón y agua.
II. 1. m. *Cu, RD, PR.* Pez de agua salada de hasta 1 m de longitud, de cuerpo cilíndrico con una sola aleta dorsal y piel roja con manchas negras; su carne es poco apreciada. (Serranidae; *Mycteroperca bonaci*).

aguajina.
　　I. 1. f. *Pe.* Bebida refrescante que se elabora con el fruto del **aguaje**, palma.

aguajirado, -a. (De *guajiro*, campesino).
　　I. 1. adj. *Cu. Referido a persona*, tímida, con poco trato social. desp.

aguajirarse.
　　I. 1. intr. prnl. *Cu.* Turbarse, desconectarse *una persona* por alguien o algo.

aguajudo, -a.
　　I. 1. adj. *ES. Referido a un río o una* **quebrada**, que tiene gran corriente de agua. rur.

agualaste. (Del nahua *ahuiac*, oloroso, y *axtli*, semilla).
　　I. 1. *Mx:SE.* **pochil**.

agualatoso, -a.
　　I. 1. *Ho.* **aguanoso**, lloroso.
　　　2. *Ho. Referido a una sustancia comestible,* **aguachento**.
　　　3. *CR. Referido a un terreno,* **agualotoso**.

agualchiyarse.
　　I. 1. intr. prnl. *ES.* Afligirse *alguien* por algo. rur.

agualilla.
　　I. 1. f. *Co.* Planta trepadora de hasta 12 m de longitud, de tallo ramificado y provisto de un buen número de zarcillos, hojas alternas simples de borde serrado, con flores unisexuales y frutos de corteza dura y pulpa esponjosa; es comestible. (Cucurbitaceae; *Sechiurii edule*).

agualito.
　　I. 1. m. *Bo.* Río o laguna de poca profundidad. rur.

aguallita.
　　I. 1. f. *Pe.* obsol. Agua de poco fondo. rur.

agualmeque. (Del nahua *atl*, agua, *cuahuitl*, árbol, y *mecatl*, soga).
　　I. 1. m. *Ho.* Arbusto de gran tamaño, de ramas largas y delgadas, flores amarillas que aparecen cuando ha perdido las hojas; su madera blanca se utiliza para hacer cucharas. (Malvaceae; *Robinsonella pilosa*).

agualoja.
　　I. 1. f. *Ve.* Refresco bastante simple en el que prevalece la proporción de agua. pop.
　　　2. *RD.* p.u. Bebida refrescante hecha con zumo de jengibre, anís, agua, azúcar o **melado** y hielo, que se acostumbraba a servir en las fiestas y en los rosarios de Santa Cruz. rur.
　　　3. *Cu.* Bebida refrescante que se prepara con azúcar, agua y miel. rur.
　　II. 1. f. *RD, Ve.* Cualquier alimento en el que la proporción de agua es exagerada. pop + cult → espon ^ desp.

agualón.
　　I. 1. adj. *Ve. Referido a un río*, que tiene gran cantidad de agua. rur.

agualotal.
　　I. 1. m. *Ho, Ni, CR.* Gran cantidad de agua, lluvia abundante. pop.
　　　2. *Ho, Ni.* Terreno con mucha agua. rur. ♦ **chagüital**; **chagüite**.
　　　3. *Ho.* metáf. Exceso de saliva en la boca.
　　　4. *CR.* Gran cantidad de agua de lluvia estancada en un terreno bajo. pop.

agualotoso, -a. (Der. de *agua*).
　　I. 1. adj. *Ho, Ni. Referido a un terreno*, que tiene exceso de agua. rur. (**agualatoso**). ♦ **aguachento**.
　　　2. *Ho, Ni.* metáf. *Referido al cuerpo de una persona*, fofo, por exceso de retención de líquidos. pop + cult → espon.
　　　3. *Ho. Referido a un fruto*, insípido por exceso de agua y escasez de azúcares. rur. ♦ **aguachento**.

agualusia.
　　I. 1. m. *ES.* Flujo vaginal. euf; pop + cult → espon.

aguamala.
　　I. 1. f. *Ho. En la pesca*, agua de mar rojiza.

aguamasa.
　　I. 1. f. *Co.* Mezcla de alimentos sobrantes usada para alimentar a los porcinos.
　　II. 1. f. *Pa.* Agua de maíz empleada como bebida refrescante. pop + cult → espon.
　　III. 1. *Pa.* **aguaemasa**, persona imperturbable. pop + cult → espon.

aguambado, -a.
　　I. 1. adj. *Gu, ES. Referido a persona*, tonta.

aguambar(se).
　　I. 1. tr. *ES.* Acobardar *algo* o *alguien* a *una persona*. pop + cult → espon.
　　　2. intr. prnl. *ES.* Acobardarse *alguien*. pop + cult → espon.
　　II. 1. tr. *ES.* Avergonzar *algo* a *una persona*. pop + cult → espon.
　　　2. intr. prnl. *ES.* Avergonzarse *alguien*. pop + cult → espon.

aguamiel.
　　I. 1. f. *Mx, Pa, RD, Co:O, Ve, Ar, Ur.* Agua preparada con azúcar sin refinar extraída de la caña de azúcar, procesada y solidificada.
　　　2. *Ec.* Miel que se obtiene al disolver **panela** en agua caliente, usada para endulzar bebidas.
　　II. 1. f. *Mx, Gu*; m. *Mx.* Jugo del **maguey** que, una vez fermentado, produce el **pulque**. ♦ **clachique**; **tlachique**.
　　III. 1. f. *Ho.* Agua que se ha utilizado para despulpar el grano de café en un **beneficio**.

aguamielero, -a.
　　I. 1. m. y f. *Mx.* Persona que extrae **aguamiel** del **maguey**.
　　　2. adj. *Mx. Referido a persona*, que gusta de beber jugo de **maguey** sin fermentar.
　　　3. *Mx.* Relativo al jugo del **maguey** sin fermentar.

aguamuerta.
　　I. 1. *Ar:NO.* **agua muerta**.
　　II. 1. f. *Ch.* Medusa varada en la playa.

aguanabado, -a.
　　I. 1. adj. *ES. Referido a persona*, tonta. pop + cult → espon ^ desp.

aguanacado, -a.
　　I. 1. adj. *Ar:NO. Referido a persona*, torpe, poco inteligente, *especialmente en su conducta*. pop ^ desp.

aguanchinarse.
　　I. 1. intr. prnl. *Co.* Volverse insípida una fruta por exceso de agua. pop + cult → espon.

aguanear(se).
　　I. 1. tr. *Ni, Co.* Hacer aguanosa una cosa saturándola de agua. pop + cult → espon.
　　　2. prnl. *Ni, Co.* Hacerse aguanosa una cosa al saturarse de agua. pop + cult → espon.

aguanés, -sa.
　　I. 1. adj. *Ch. Referido a una res vacuna*, que tiene los dos costillares del mismo color, pero distinto del lomo y de la barriga. rur.

aguanga. (Del quech. *aguana*, telar).
　　I. 1. f. *Co.* Telar indígena rústico.

aguano.
　　I. 1. m. *Pe.* Árbol de hasta 20 m de altura, con tronco recto y grueso; su madera es muy estimada. (Meliaceae; *Swietenia mahogani*).
　　　2. *Pe.* Madera del aguano.

aguanosearse.
 I. 1.   intr. prnl. *Cu.* Frustrarse un plan.
aguanosidad.
 I. 1.   f. *Ho, RD.* Cualidad de **aguanoso**.
aguanoso, -a.
 I. 1.   adj. *Mx, Gu. Referido a un plato o guiso, especialmente el que tiene la papa como ingrediente principal, poco espeso, o falto de gusto o buen sabor.* ◆ **aguachento**.
 II. 1.   adj. *Ho, RD, Bo. Referido a los ojos de una persona,* llorosos. ◆ **aguachento; aguachinado; agualatoso**.
   2.   *RD. Referido a un alimento,* blando y suave por efecto de algún líquido.
 III. 1.   adj. *Ho. Referido a una planta dura y firme,* que se vuelve blanda por alguna enfermedad.
 IV. 1.   adj. *Ho, RD. Referido a un terreno,* **aguachinoso**.
 V. 1.   adj. *Gu. Referido a un hombre,* afeminado. pop + cult → espon ^ desp.
¡aguanta!
 I. 1.   interj. *RD, Co:N.* Expresa la orden de que un conductor de transporte público detenga el vehículo.
aguantada.
 I. 1.   f. *RD, Ec, Pe.* Aguante deliberado de un conductor de la marcha de su vehículo. pop + cult → espon.
 II. 1.   f. *Ch.* Tolerancia de algo con paciencia. pop + cult → espon.
aguantadera.
 I. 1.   f. *RD, Co.* Resistencia sistemática de adversidades.
aguantadero.
 I. 1.   m. *Py, Ar, Ur.* Lugar donde los ladrones se esconden temporalmente o guardan los objetos robados. delinc.
aguantado, -a.
 I. 1.   adj. *Pe. Referido a persona,* excitada sexualmente por una prolongada abstinencia. vulg; pop + cult → espon.
aguantador, -ra.
 I. 1.   adj/sust. *Mx, Gu, Ho, CR, Co, Ve, Bo, Ch, Py, Ar, Ur. Referido a persona,* que resiste cualquier esfuerzo físico.
   2.   *Mx, Gu, Ho, ES, CR, RD, Ve, Pe, Bo, Ch, Py, Ar, Ur. Referido a persona,* muy tolerante.
   3.   *Mx, ES, Ni, Co, Ve, Py, Ar, Ur. Referido a persona,* que sufre mucho con resignación. pop + cult → espon.
   4.   *Mx, Co, Pe, Ch, Py, Ur. Referido a cosa,* muy resistente a los golpes y al deterioro.
   5.   m. y f. *Mx, Ve, Bo.* Persona que puede consumir bebidas alcohólicas en gran cantidad sin emborracharse.
 II. 1.   m. y f. *Ve, Py, Ar, Ur.* Ladrón que mantiene escondido el objeto robado durante algún tiempo. delinc.
   2.   *RD.* Prestamista.
 III. 1.   adj. *Py, Ar, Ur. Referido a la yerba mate,* que admite ser **cebada** varias veces, sin que por ello pierda su sabor. pop + cult → espon.
aguantagorra.
 I. 1.   m-f. *RD, PR.* **chaperón**, persona que acompaña a una pareja. rur.
aguantar(se).
 I. 1.   tr. *Mx, Ho, RD, Co:N, Ec, Ch, Ar, Ur.* Esperar *una persona a alguien o algo, particularmente si existe premura y se trata de poco tiempo.* pop + cult → espon.
   2.   intr. *Mx, Cu, RD, PR, Co:N, Ve, Py, Ur.* Esperar *una persona* por algo o por alguien durante un breve espacio de tiempo. pop + cult → espon.

   3.   tr. *Mx, Ho, RD, Ar, Ur.* Dar más tiempo a *alguien* para que reúna un dinero que adeuda. pop + cult → espon.
 II. 1.   tr. *Mx, Pa, Cu, RD, Co:N, Ve.* Detener *alguien algo* en movimiento, como un automóvil o un animal. pop + cult → espon.
 III. 1.   intr. *RD, Ec.* Retardar deliberadamente un conductor la marcha de un vehículo de servicio público para recoger en el trayecto mayor número de pasajeros. pop + cult → espon.
   2.   *Cu, RD.* Reducir un conductor la velocidad de un vehículo.
 IV. 1.   intr. *Mx, Py.* Mantener *alguien* un nivel de rendimiento o calidad todavía aceptables. pop + cult → espon.
   2.   intr. prnl. *Mx.* Mantenerse un nivel de rendimiento o calidad todavía aceptables. pop + cult → espon.
   3.   intr. *Mx.* Resultar *algo o alguien* interesante o valioso en algún concepto. pop + cult → espon.
   4.   *Co.* juv. Servir *algo* para el propósito que se pretende, ser de utilidad. pop.
 V. 1.   tr. *Ar.* juv. Pagar *una persona* los gastos en una salida común.
 VI. 1.   tr. *Ve.* Esconder un ladrón objetos robados durante un tiempo para venderlos posteriormente. delinc.
 VII. 1.   tr. *Cu.* Reservar *algo* para alguien. pop + cult → espon.
   2.   *RD.* Sustituir temporalmente *una persona* a *alguien* en su trabajo.
 VIII. 1.   tr. *RD.* Comprar *una persona* siempre el mismo número de la lotería ilegal.

   □

   a. ‖ ~ **bala.** loc. verb. *Mx.* Soportar una situación adversa. pop.
   b. ‖ ~ **carga.** loc. verb. *CR.* Sufrir *alguien* resignadamente una situación difícil de cambiar. pop + cult → espon. ◆ **aguantar la carga**.
   c. ‖ ~ **el ácido.**
     i.   loc. verb. *Ni.* juv. Soportar el mal aliento de alguien.
     ii. *Ni.* Soportar *alguien* con tranquilidad algo adverso. pop + cult → espon. ◆ **aguantar el gas**.
   d. ‖ ~ **el caballito.** loc. verb. *PR.* Controlar *una persona* a *alguien*, frenarlo. pop + cult → espon.
   e. ‖ ~ **el gas.** *Ni.* **aguantar el ácido**, soportar con tranquilidad.
   f. ‖ ~ **el guascazo.** loc. verb. *Ar.* Soportar *alguien* una situación difícil. pop + cult → espon.
   g. ‖ ~ **el pico.**
     i.   loc. verb. *Cu, PR.* Comer *alguien* menos. pop + cult → espon.
     ii. *RD.* Callarse *alguien*. pop + cult → espon.
   h. ‖ ~ **el toque.** loc. verb. *Ho.* Aceptar una proposición o un hecho contrario o adverso de alguien. pop + cult → espon.
   i. ‖ ~ **el trote.** loc. verb. *Gu, RD, Ve.* Aguantar *alguien* una actividad intensa o una situación difícil. pop + cult → espon.
   j. ‖ ~ **la boca.** loc. verb. *Cu.* Comer *alguien* menos. pop + cult → espon.
   k. ‖ ~ **la bolsa.** loc. verb. *Ho, Ni.* Tener dinero suficiente para pagar algo.
   l. ‖ ~ **la carga.** *Cu.* **aguantar carga**.
   m. ‖ ~ **la lengua.** loc. verb. *Cu, RD, PR.* Ser *alguien* discreto o tolerante. pop + cult → espon.
   n. ‖ ~ **la mano.** loc. verb. *Cu.* Moderar *alguien* su conducta.
   ñ. ‖ ~ **pulgas.** loc. verb. *Pe.* Soportar la conducta ofensiva de alguien. pop + cult → espon.

o. ‖ **~ un piano.**
   i. loc. verb. *Mx.* Estar muy bien *algo*, valer mucho la pena. pop + cult → espon.
   ii. *Mx.* Tener *alguien* mucha resistencia o paciencia. pop + cult → espon.
p. ‖ **~ vara.** loc. verb. *Mx.* Soportar *alguien* con tranquilidad, buen ánimo o entereza situaciones difíciles, adversas o molestas. pop.
q. ‖ **~se como resorte.** loc. verb. *Gu.* Resistir a una presión física o moral. pop + cult → espon.
r. ‖ **no ~ la batida.** loc. verb. *RD.* No soportar el exceso de trabajo o las molestias de otro.
s. ‖ **no ~se.** loc. verb. *CR.* Presumir o darse importancia. pop + cult → espon.

□

a. ‖ **¡aguantame el corte!** loc. interj. *Mx.* Expresa la orden de que alguien espere. urb.
b. ‖ **¡no aguanta!** loc. interj. *Co.* Expresa que algo o alguien no llena las expectativas o no vale la pena. pop.

aguantatarros.
I. 1. adj/sust. *Cu. Referido a persona*, tolerante o consentidora de la infidelidad de su pareja. vulg; pop + cult → espon. ♦ **aguantón.**

aguante.
I. 1. adj. *RD. Referido a persona*, que ayuda económicamente a otra que vende lotería.
   2. m. *RD.* Número de la lotería ilegal.
II. 1. m. *RD, PR.* Soporte. pop + cult → espon.
III. 1. adj. *RD. Referido a persona*, que sustituye temporalmente a otra en su trabajo.

□

a. ‖ **de ~.**
   i. loc. adj. *Gu, Co, Bo. Referido a persona*, que puede consumir bebidas alcohólicas en gran cantidad sin emborracharse. pop + cult → espon.
   ii. *Bo, Py. Referido a persona*, que resiste cualquier esfuerzo físico. pop + cult → espon.

aguantón, -na.
I. 1. adj/sust. *Cu, RD, Ec; PR, obsol. Referido a persona*, que soporta y tolera mucho. pop + cult → espon.
   2. *Cu.* **aguantatarros.**

aguañoso, -a.
I. 1. adj. *Ve. Referido a un vegetal alimenticio*, que tiene exceso de agua.

aguapán.
I. 1. m. *Pa.* Fruto comestible del árbol de **mazapán** una vez frito.

aguapanela.
I. 1. m. *Co, Ve:O.* **agua de panela.**

aguape.
I. 1. m. *Ar:N.* Bebida que se elabora añadiendo agua al orujo de la uva y dejando fermentar la mezcla. (**aguapi**; **aguapí**).

aguapé. (De or. guar.).
I. 1. m. *Bo, Py, Ar:NE.* **camalote**, planta acuática. (**aguapey**).

aguapey.
I. 1. *Py, Ar:NE.* **aguapé.**

aguapi.
I. 1. *Ar:N.* **aguape.**

aguapí.
I. 1. *Ar:N.* **aguape.**

aguar(se).
I. 1. intr. prnl. *Mx, Ho, Ni, CR, Pa, Cu, RD, Co, Ve, Ec, Pe, Bo.* Ponérsele a alguien los ojos llorosos. pop + cult → espon.
II. 1. tr. *Ar:NE.* Inundar o cubrir de agua una plantación de arroz.
III. 1. tr. *Mx, RD, Ve.* Desanimarse *alguien*.

   2. intr. prnl. *RD, Ve.* Enfriarse, acabarse el interés de alguien en una relación.
IV. 1. tr. *Ho, ES, Ni, CR:NO, RD, Ve.* Dar *alguien* de beber a un animal. rur. ♦ **aguadar**; **aguadear**; **agüitar**; **agüitiar.**
V. 1. intr. prnl. *Ho, RD.* Orinarse *alguien*. euf.
VI. 1. tr. *RD, Py.* Echar *alguien* a perder una situación. pop + cult → espon.

□

a. ‖ **~le los helados.** loc. verb. *Pa.* Hacer alguien, de manera inconsciente, gestos característicos de un homosexual o afeminado.
b. ‖ **aguársele el guarapo.**
   i. loc. verb. Acobardarse alguien, tener mucho miedo. pop + cult → espon.
   ii. *Ve.* Conmoverse alguien. pop + cult → espon.
c. ‖ **aguársele el ojo.** loc. verb. *Mx, Pa, Cu, RD, Ve.* Conmoverse *alguien*.
d. ‖ **aguársele la boca.** loc. verb. *EU, Mx, ES, Cu, RD, PR, Ve, Py.* Apetecer, desear alguien un manjar exquisito, una mujer o un objeto. pop + cult → espon.

aguará. (Del guar.).
I. 1. m. *Bo, Py; Ar:N, Ur*, rur. Cánido de hasta 1 m de altura, de orejas largas y pelaje castaño rojizo, con el hocico y las patas de color negro. (Canidae; *Chrysocyon brachyurus*). ♦ **aguará guazú**; **borochi**; **lobo de crin.**
II. 1. m. *Ar:NE.* Hombre que gusta de cortejar a las mujeres y mantener con ellas relaciones amorosas pasajeras. pop + cult → espon.

■

a. ‖ **~ guazú.** m. *Py, Ar:NE, Ur.* **aguará**, cánido. rur.
b. ‖ **~ popé.** m. *Py, Ar:NE.* Mamífero carnívoro de hasta 30 cm de altura, de color grisáceo, con una mancha alrededor de los ojos a modo de antifaz negro bordeado de blanco, y larga cola con anillos negros. (Procyonidae; *Procyon cancrivorus*). rur. ♦ **cangrejero**; **gato manglatero**; **manopelada**; **mayuato.**

aguarangar(se).
I. 1. tr. *Ar, Ur.* Hacer *alguien* o *algo* que una persona se vuelva **guaranga**, incivil, descarada. pop + cult → espon.
   2. intr. prnl. *Ar, Ur.* Volverse *alguien* **guarango**, incivil y descarado. pop + cult → espon. (**aguarengarse**).

aguarapado, -a.
I. 1. adj. *Ho, Ni, CR, RD, Co, Ve, Ec. Referido a un líquido*, semejante al **guarapo** en calidad, sabor o consistencia.
II. 1. adj. *Ve, Ec. Referido a persona*, borracha. pop + cult → espon.
III. 1. adj. *Ve.* metáf. *Referido a un color*, castaño claro.

aguarapar(se).
I. 1. intr. prnl. *Pa, RD, Co, Ve.* Tomar la caña de azúcar o una fruta la calidad o sabor del **guarapo.**
   2. *Ho, Ni, CR, RD, Ve, Ec.* Tomar algún líquido la calidad, sabor o consistencia de **guarapo.**
   3. tr. *Ec.* Hacer que algo se fermente. rur.
   4. intr. prnl. *Ec.* Fermentarse *algo*. rur.
   5. *CR, Py.* Fermentar el jugo de un fruto, como la piña o el maíz, adquiriendo así un sabor parecido al **guarapo** de caña.
II. 1. tr. prnl. *Ch.* Agazaparse.

aguardentoso, -a.
I. 1. adj. *Ho, Ni, RD, Ec.* Borracho.

aguardientoso, -a. (Epént. de *aguardentoso*).
I. 1. adj. *Ho, Ni, Cu, Co. Referido a persona*, aguardentosa, de voz ronca y áspera. pop + cult → espon.
   2. sust/adj. *Cu, Ve, Ec.* Persona muy borracha.

aguarengarse.
   I. 1. intr. prnl. *Ch, Ar.* **aguarangarse.**

aguaribá.
   I. 1. *Ar, Ur.* **aguaribay.**

aguaribay.
   I. 1. *Py, Ar, Ur.* **pirul. (aguaribá).**

aguarico, -a.
   I. 1. adj. *Ec. Referido a un ave gallinácea, en especial al gallo o a la gallina,* sin plumas en el cuello.

aguarongo.
   I. 1. m. *Ec.* Planta terrestre, de hojas lanceoladas en roseta, con espinas negras curvadas al margen de la hoja. (Bromeliaceae; *Pourretia piramidata*).

aguarrás.
   I. 1. m-f. *Ho.* metáf. Persona que toma gran cantidad de bebidas alcohólicas sin emborracharse. pop + cult → espon. ♦ **garrafón.**

¡aguas!
   I. 1. interj. *Mx, Gu, ES.* Expresa advertencia a quien sufre un riesgo peligroso. pop + cult → espon.

aguasal.
   I. 1. m. *RD, Co.* Sopa o cocido, *por lo general pobre en sustancias alimenticias.*
   2. f. *Co:O.* Comida muy sencilla y modesta. rur.
   II. 1. *ES, Ni.* **aguaje,** lluvia repentina.

aguasarse.
   I. 1. intr. prnl. *Ec, Pe, Ch, Ar.* Adoptar *alguien* las costumbres y modos de un **guaso** o rústico.

aguaschado, -a.
   I. 1. adj. *Ar:N. Referido a un niño,* mal alimentado, con apariencia de **guacho.**

aguasol. (Del nahua *ahuatl,* caña tierna del maíz, y *zolli,* basura).
   I. 1. m. *Mx.* Caña del rastrojo de un maizal que, seca, se usa como pasto.

aguatal.
   I. 1. m. *Ec.* Terreno en el que hay muchos charcos y cenagales. rur.

aguatarse. (De *aguate*).
   I. 1. intr. prnl. *Mx; Ho,* p.u. Llenarse alguna parte del cuerpo del pelillo espinoso de ciertas plantas *como el maíz o la caña de azúcar.* rur. **(ahuatarse).** ♦ **enguatarse.**

aguate. (Del nahua *ahuatl,* espina).
   I. 1. m. *Mx, Ho, ES, Ni.* Espina vellosa muy pequeña y delgada de algunas plantas como la caña de azúcar o el maíz. **(ahuate; ajuate; huate; uguate).** ♦ **afate.**
   ▶ **comprar ~ mojado.**

aguatero.
   I. 1. m. *Ho, ES, CR, RD, Co, Ec, Bo, Ch, Py, Ar, Ur; Pe,* desp. *En un partido de fútbol,* hombre encargado de llevar agua a los jugadores.
   2. *Bo.* Hombre que tiene por oficio distribuir agua en un vehículo cisterna.
   II. 1. m. *Ec.* Ave de hasta 27 cm de longitud, de cabeza grisácea con franja más oscura que cruza el ojo, cuello trasero y partes superiores gris pardusco, garganta y cuello delantero blanquecino, pico negro algo curvado y patas oliváceas. (Cuculidae; *Cocyzus melacoryphus*).

aguatero, -a.
   I. 1. m. y f. *Ho, Ni, Pa, Cu, RD, PR, Pe, Bo, Py; Co, Ar,* obsol; *Ch, Ur,* p.u; *Ec,* rur. Persona que se dedica profesionalmente a transportar o vender agua.
   2. adj. *Ho, Pe, Bo, Py, Ar; Ur,* p.u. *Referido a un vehículo,* que transporta agua potable.
   3. m. y f. *Ec. En la producción agrícola,* persona encargada del riego. rur.

   4. adj. *Ho, Ni. Referido a caballería,* que se utiliza para transportar el agua.
   II. 1. adj. *RD.* p.u.; metáf. *Referido a persona,* embustera, mentirosa. pop + cult → espon.

aguatín.
   I. 1. m-f. *Ar:N.* Persona chismosa. pop + cult → espon ^ desp.

aguatoso, -a.
   I. 1. adj. *Ho.* **ahuatoso.**

aguaucle. (Del nahua *atl,* agua, y *huautli,* bledo).
   I. 1. m. *Mx.* Conjunto de huevos de algunos insectos hemípteros; son comestibles. **(aguautle; ahuautle).**

aguautle.
   I. 1. *Mx.* **aguaucle.**

aguaviva.
   I. 1. f. *PR.* **cucubano,** insecto.

aguay.
   I. 1. *Ar:N, Ur.* **aguaí.**

aguayantar.
   I. 1. tr. *Ho.* Unir o atar cosas o animales por pares, como elotes y bueyes. rur.

aguaymado, -a.
   I. 1. adj/sust. *Ni.* juv. *Referido a persona,* tonta.

aguayo. (Del aim. y quech. *wawa,* niño).
   I. 1. m. *Pe, Bo, Ar:NO.* Pieza rectangular de lana de colores, usada por las mujeres como complemento de su vestidura y para llevar a los niños o cargar algunas cosas. ♦ **llijlla.**
   2. *Bo.* Tejido de varios colores, *generalmente de lana de oveja, utilizado especialmente para chalecos, bolsas, prendas de vestir y de adorno.*

aguayo, -a. (Del nahua *ahuatlyotl,* cosa espinosa).
   I. 1. adj. *Mx. Referido a cosa o planta,* espinosa, áspera.

aguayol.
   I. 1. m. *Ar:NO.* Lienzo fuerte.

aguayón.
   I. 1. m. *Mx. En la res vacuna,* corte de carne procedente de la cadera.

aguazal.
   I. 1. m. *Gu, Ho, Ni.* **aguaje,** lluvia repentina. pop + cult → espon.
   2. *Gu, Ni.* Gran cantidad de agua. pop + cult → espon. ♦ **aguajal.**

aguazón.
   I. 1. m. *Ni, Ve.* Exceso o abundancia de lluvia. rur.

agudez.
   I. 1. f. *Cu, PR.* Agudeza.

¡agüé!
   I. 1. interj. *Ho.* Expresa estímulo al ganado para que beba con rapidez. rur.

agüeboldo.
   I. 1. *Ch.* p.u. **ahuevonado.**

aguedita.
   I. 1. f. *Cu.* Árbol de hasta 5 m de altura, de hojas alternas, oblongas, y flores de cinco pétalos y cinco estambres, frutos dispuestos en racimos largos, colgantes, de color rojo y después negro; sus hojas y su corteza son amargas y tienen propiedades febrífugas. (Simaroubaceae; *Picramnia pentandra*).

agüegüecho. (Prót. de *güegüecho*).
   I. 1. m. *ES:NO.* Pelícano.

agüerado, -a.
   I. 1. adj. *Mx. Referido a persona,* que tira a **güero,** rubio.

agüerar(se).
   I. 1. tr. *Mx.* p.u. Mimar *alguien* con exceso a los niños.
   II. 1. intr. prnl. *Bo.* Descomponerse un huevo, estropearse.

agüería.
 I. 1. f. *Py.* Agüero, presagio supersticioso. pop + cult → espon.

agüerista.
 I. 1. adj/sust. *Co. Referido a persona,* que cree en agüeros.

agüera.
 I. 1. *Ho.* apaste.

agüero.
 I. 1. m. *Ho.* Vasija metálica cilíndrica para hervir agua o hacer té o café. ♦ **porrón; tetera.**
 2. *Ho.* Pequeña jarra que se utiliza para sacar el agua de la olla. (**agüera**). rur.

agüevado, -a.
 I. 1. adj. *Gu, Ho, ES, Ni, CR, Pa, RD, Co, Pe.* **apendejado,** tonto.
 2. *Gu, Ho, ES, Ni, CR, Co. Referido a persona,* tímida.
 3. *Gu, Ho, ES, Ni, Pa, RD, Ec.* **ahuevado,** persona de carácter asustadizo.
 4. *CR, Co.* **ahuevado,** que ha perdido el entusiasmo.
 5. *Gu, Ho, ES, Ni, CR. Referido a persona,* humillada, avergonzada.
 II. 1. adj. *Mx. Referido a persona,* que está en estado transitorio de cansancio, de pereza. vulg.

agüevamiento.
 I. 1. *Gu, Ho, ES, Ni, CR.* **ahuevamiento.**

agüevante.
 I. 1. adj. *Ho, ES.* juv. *Referido a persona o cosa,* que impresiona por ser fuera de lo normal.
 2. *Ho, ES. Referido a persona o cosa,* que acobarda o da miedo.

agüevar(se).
 I. 1. *CR, Co.* **ahuevarse,** desanimarse.
 2. *CR, Co.* **ahuevar,** hacer que alguien se desanime.
 3. *Gu, Ho, Ni.* **ahuevarse,** sentirse deprimido. vulg; pop + cult → espon.
 II. 1. *Ho, ES, Ni.* **ahuevar,** hacer sentir vergüenza a alguien.
 2. *Ho, ES, Ni.* **ahuevarse,** sentirse avergonzado.
 III. 1. intr. prnl. *RD.* juv. Amontonarse.

agüevazón.
 I. 1. *Gu, Ho, ES, Ni, CR, Pa.* **ahuevamiento.**
 2. *CR.* **ahuevazón,** aburrimiento.

agüeve.
 I. 1. *Ho, ES.* **ahuevamiento.**

agüevonado, -a.
 I. 1. *Ch, Ar:C.* **ahuevonado.**

agüevoneado, -a.
 I. 1. *Ve.* **ahuevoneado.**

agüevonearse.
 I. 1. *Ve.* **ahuevonearse.**

aguicha.
 I. 1. f. *Bo.* Primer trozo importante de mineral que se saca de una mina y que se guarda como reliquia.

aguijarse.
 I. 1. intr. prnl. *ES.* Estar *alguien* listo o dispuesto para algo.

aguijón.
 I. 1. m. *Cu.* Pértiga con punta de hierro usada para aguijar bueyes. rur.

águila.
 ■
 a. ‖ ~ **de mar.** f. *PR.* Ave acuática migratoria de gran tamaño y patas largas, blanca por debajo, con algo de color castaño y manchas blancas en la cabeza y en la nuca. (Pandionidae; *Pandion halicetus*).
 ► andar ~; portarse ~.

¡águila!
 I. 1. interj. *Mx.* Expresa el hecho de que alguien esté prevenido, atento o vigilante a algo o a alguien. ♦ **¡chivas!**

aguilandero, -a.
 I. 1. *PR.* **aguinaldero.** rur; pop.

aguilita.
 I. 1. m-f. *Mx.* Persona que trabaja como policía o vigilante. pop.
 II. 1. adj/sust. *Bo. Referido a persona,* enamoradiza, donjuanesca. pop + cult → espon.
 □
 a. ‖ **de ~.** loc. adv. *Mx.* En cuclillas, *especialmente para orinar o defecar.* vulg; pop + cult → espon.

aguilón.
 I. 1. m. *Co, Ec.* Caballo grande y pesado. rur.

aguilón, -na.
 I. 1. m. y f. *Co.* Caballo o yegua de paso muy veloz. rur.
 2. *Ec.* Caballo o yegua de trote duro y pesado. rur.

aguilucho, -a.
 I. 1. m. y f. *RD.* Seguidor del equipo de **beisbol** de las Águilas Cibaeñas.
 II. 1. m. y f. *Ho.* Miembro de la Fuerza Aérea Hondureña. pop + cult → espon.
 III. 1. m. y f. *Pa.* Estudiante del Instituto Nacional de Panamá.

aguinaldero, -a.
 I. 1. m. y f. *Ve; PR,* p.u. Persona que interpreta aguinaldos o villancicos de Navidad. (**aguilandero**).

aguinaldo.
 I. 1. m. *Mx, Gu, Ho, ES, Ni, CR, Pa, Cu, Co, Ve, Pe, Bo, Py, Ar, Ur.* Sueldo adicional al ordinario que percibe un empleado a fin de año en virtud de un convenio laboral.
 2. *Mx.* p.u. Pequeña bolsa de dulces y frutas de la temporada que se da en Navidad, principalmente a los niños.
 3. *Pa, PR, Ve, Ch.* Bonificación especial que el Gobierno y las empresas dan a sus empleados, especialmente por Navidad.
 II. 1. m. *RD.* Cadeneta de papel de colores que se usa como adorno en las fiestas.

agüinar.
 I. 1. intr. *Cu.* Brotar el vástago en la caña de azúcar. rur.

agüío.
 I. 1. m. *CR.* Ave de hasta 11 cm de longitud, de pico pequeño, frente bordeada por una línea negra, coronilla y parte superior del cuello de color azul pálido, resto de la cabeza, cuello y garganta, de color negro azulado. (Fringillidae; *Euphonia elegantissima*).

agüiris.
 I. 1. adv. *ES.* De verdad.

aguirnaldo.
 I. 1. m. *Ch.* p.u. Aguinaldo, regalo que se da en Navidad. pop.

agüirón.
 I. 1. m. *ES.* Período de abstención por carecer de droga. drog.

agüisote.
 I. 1. *Mx, Ni, CR.* **ahuizote,** mal augurio.
 II. 1. *Ni.* **ahuizote,** ave.

agüiste.
 I. 1. *Ni.* **ahuiste.**

agüita.
 I. 1. f. *Mx, RD.* Canica de vidrio transparente, blanca o de color.
 II. 1. f. *Co:C, Ch.* **agua aromática,** infusión de hierbas aromáticas.

III. 1. f. *Cu.* Pequeña cantidad de dinero, dádiva. pop + cult → espon.

IV. 1. f. pl. *RD.* Orín. rur; euf.

■

a. ‖ ~ **de coco.** f. *Pe.* Secreción seminal lubricante que aparece en los órganos genitales cuando hay excitación sexual. euf; pop + cult → espon.

□

a. ‖ **de** ~. loc. adj. *RD.* Satisfecho por las ganancias obtenidas en un juego.

b. ‖ **en** ~. loc. adv. *Ho.* Sin cosechar. rur.

▶ **estar** ~ **de coco; pedir** ~.

aguitada. (Del ingl. *to watch*).

I. 1. f. *Ve, Pe, Ch; Ec*, pop; *Ar*, rur. Mirada rápida o superficial.

2. *Ve, Ec, Bo; Ar*, rur. Vigilancia de alguien o de algo.

agüitado, -a.

I. 1. adj/sust. *Mx, ES. Referido a persona*, abatida, triste, melancólica. pop.

agüitar(se).

I. 1. intr. prnl. *Mx, ES.* Turbarse, abatirse y desmoralizarse a causa de un contratiempo o desgracia. pop. (**agüitiarse; ahuitar**).

2. tr. *Mx, ES.* Turbar, abatir o desmoralizar *alguien* o *algo a una persona*. pop. (**ahuitar**).

II. 1. intr. *Ho.* **aguar**, dar de beber a un animal.

agüite.

I. 1. m. *ES.* Aflicclón, desaliento, depresión. pop + cult → espon.

agüitiar(se).

I. 1. *Gu.* **agüitarse**, turbarse, abatirse.

II. 1. intr. *Ho.* **aguar**, dar de beber a un animal. rur.

agüitón.

I. 1. m. *ES.* Momento preciso en el que alguien cae en el desánimo, el aburrimiento, la depresión o la vergüenza. pop + cult → espon.

agüizote.

I. 1. *Mx, Gu, Ho, Ni, CR.* **ahuizote**, creencia supersticiosa. pop.

2. *Ho.* p.u. **ahuizote**, persona que adivina.

II. 1. *Mx, Ho, Ni.* **ahuizote**, ave.

III. 1. *Mx.* **ahuizote**, persona que molesta. pop.

agüizotear(se).

I. 1. tr. *CR.* Desanimar *alguien* a *una persona* y hacerla adoptar una actitud pesimista, *generalmente por medio de creencias supersticiosas y frases desalentadoras.* pop + cult → espon.

2. intr. prnl. *CR.* Desanimarse *una persona* a causa de comentarios pesimistas, *basados generalmente en creencias supersticiosas.* pop + cult → espon.

agüizotero, -a.

I. 1. m. y f. *Mx, Ho, Ni.* **ahuizote**, adivino.

2. sust/adj. *Mx, CR.* Persona que acostumbra a desanimar a otras con creencias supersticiosas o comentarios pesimistas. pop + cult → espon.

aguja.

I. 1. f. *Mx, Ho, Ni, CR, Ec, Py, Ar; Co*, rur. Poste con agujeros por los que se deslizan horizontalmente los palos de una **tranquera**.

2. *Ho. En la construcción*, cada uno de los palos de un andamio que se insertan en una pared.

II. 1. adj. *Pe.* **ajustado**, pobre.

III. 1. f. *Ch.* Cigarrillo fino de marihuana. drog.

IV. 1. f. *RD, PR.* Pez de hasta 1,5 m de longitud, de color azul cobalto en la parte dorsal de su cuerpo con la ventral de color plateado y mandíbula superior prolongada en forma de aguja. (Istiophoridae; *Makaira nigricans, Tetrapterus albidus*).

V. 1. f. *Ho.* **ejote**, vaina. rur.

VI. 1. f. *CR.* Picotazo de avispa o abeja.

■

a. ‖ ~ **azul.** f. *Ve.* Pez que mide hasta 4 m de longitud, de cabeza alargada y puntiaguda y cuerpo de color azul oscuro en la parte superior y plateado en la línea media, con una aleta dorsal espinosa y grande. (Istiophoridae; *Makaira nigricans*).

b. ‖ ~ **blanca.** f. *Ve.* Pez de hasta 2,5 m de longitud, con cabeza alargada y puntiaguda y cuerpo de color azul verdoso en la parte superior y blanco plateado en la línea media, con una aleta dorsal espinosa y grande. (Istiophoridae; *Tetrapturus albidus*).

c. ‖ ~ **de arra.** f. *ES.* **pepenance**, arbusto.

d. ‖ ~ **de pino.** f. *Ho.* Hoja del pino.

e. ‖ ~ **de talanquera.** f. *Cu.* Madero que se clava en la tierra para formar cercas en una finca. rur.

f. ‖ ~ **del diablo.** f. *Mx, Gu, ES.* Libélula.

▶ **andar** ~; **buscar como** ~; **colarse por el hueco de una** ~; **estar** ~; **no meter** ~ **sin hilo; ponerse** ~.

agujada.

I. 1. f. *Ho, Co.* Hueco que queda en la pared al sacar la **aguja** de un andamio.

agujear.

I. 1. intr. *Ho:C,E.* Comenzar el **frijol** a formar la vaina. rur. ♦ **navajear**.

2. *CR.* Brotar las primeras hojas en una planta de arroz o de maíz. rur.

agujero.

I. 1. m. *Ve.* Marca del ganado que consiste en un hueco que se le hace a la res en la oreja.

2. *Ve.* Ano. tabú; pop + cult → espon. (**aujero**).

■

a. ‖ ~ **de farrear.** m. *Ve, Ec.* Ano. tabú; pop + cult → espon.

▶ **hacer un** ~.

agujeta.

I. 1. f. *Cu, RD, PR, Ec.* Aguja de hacer punto o tejer a mano.

2. *RD, Ve; PR*, p.u. Aguja grande, roma, usada para pasar cintas por las jaretas.

3. *RD, Ve.* Alfiler de adorno del tocado de la mujer.

4. *Cu, RD, PR.* obsol. Aguja grande de zapatero.

II. 1. f. *Mx.* Cordón de los zapatos.

agujetero.

I. 1. m. *Cu, RD, PR, Co, Ec, Ch.* Almohadilla en la que se clavan alfileres o agujas, alfiletero.

2. *Ec, Ur.* Canuto o tubo pequeño usado para guardar agujas.

agujetero, -a.

I. 1. m. y f. *Ch.* Persona que fabrica o vende agujas.

agujón.

I. 1. m. *Ec.* Aguja de gran tamaño, apropiada para costuras de telas gruesas, como la arpillera, cueros y plásticos.

agujón, -na.

I. 1. adj. *RD. Referido a persona*, viva, lista, aprovechada. pop + cult → espon.

aguña.

I. 1. f. *Ch.* Guirnalda adornada de frutas que se coloca en diversos sitios durante la celebración del santo patrono de las aldeas.

agusanar(se).

I. 1. tr. *Cu.* metáf. Hacer que alguien adopte una postura ideológica contraria a la de la revolución cubana de 1959.

2. intr. prnl. *Cu.* metáf. Asumir *alguien* una postura ideológica contraria a la de la revolución cubana de 1959.

aguti.

I. 1. *Ur.* **agutí**.

agutí. (Del guar. *acutí*).
  I. 1. m. *Ve, Pe, Bo, Py, Ar:N.* Roedor de tamaño mediano, con cuatro dedos en la mano y tres con cascos en la pata. (Dasyproctidae; *Dasyprocta* spp). (**acutí**; **aguti**). ◆ **ñeque**.

aguzado, -a.
  I. 1. adj. *RD, PR, Ve, Bo; EU.* p.u. *Referido a persona*, despierta, lista, astuta. pop + cult → espon.

aguzamiento.
  I. 1. m. *RD, PR, Ch.* Astucia, aprovechamiento. pop + cult → espon.

aguzar(se).
  I. 1. intr. prnl. *Cu, RD, PR.* Despabilarse *alguien.* pop + cult → espon.
  2. *RD, PR, Bo.* Ponerse *alguien* listo, astuto, ladino. pop + cult → espon.
  II. 1. tr. *PR.* Acondicionar *alguien* las espuelas naturales del gallo de pelea.

¡ah!
  I. 1. interj. *CR, Co, Ec, Pe, Ar.* Expresa ruego al interlocutor para que repita algo que no se ha comprendido.
  2. *Pa, Co, Ve.* Expresa pregunta.
  3. *Ch, Ar.* Expresa, en tono interrogativo, al final de un comentario, solicitud de conformidad del oyente.
  4. *Ho, ES, Ni, Pa.* Expresa el comienzo de una pregunta.
  II. 1. interj. *Gu, Pa.* Expresa reclamo.
  □
  a. ‖ **¡~ ñoñí!** loc. interj. *Co:N.* Expresa duda hacia lo que alguien dice. pop.
  b. ‖ **¡ni ~!** loc. interj. *Ur.* Expresa rechazo, indiferencia o la poca relevancia de algo. pop + cult → espon.

¿ah?
  I. 1. interj. *Pa, RD, Co, Ve, Bo, Ch, Ar.* Expresa interrogación. pop + cult → espon.
  2. *Ho, ES, Ni, Pa.* Expresa el comienzo de una pregunta.
  3. *Pa, PR.* Expresa duda. pop + cult → espon.
  II. 1. interj. *Gu, Pa.* Expresa reclamo.

¡ahá!
  I. 1. interj. *Ar.* Expresa sorpresa ante un descubrimiento. pop + cult → espon.

ahí.
  I. 1. adv. *EU, Mx, Cu, RD, PR, Ve, Ur; Co, Ec.* pop. No muy bien, regular.
  ●
  a. ‖ **~ .** fórm. *EU, Mx, Cu, RD, PR, Co, Ve, Ec, Ur.* Se usa como respuesta al saludo.
  b. ‖ **~ no más.** fórm. *Bo.* Se usa para responder familiarmente a la pregunta, hecha a manera de saludo, sobre el estado de salud o situación de una persona. pop + cult → espon.
  c. ‖ **~ nos vidrios.** fórm. *Mx, Gu, ES, Co, Pe, Bo; Ho.* juv. Se usa a modo de despedida. pop.
  d. ‖ **¿y de ~?**
    i. fórm. *Gu, Ho, ES, Ni, Ec, Bo, Py, Ar, Ur.* Se usa para instar a un interlocutor a que siga con una narración o explique las consecuencias de lo que ha referido. pop + cult → espon. (**¿y diay?**). ◆ **¿y de ahí qué?**
    ii. *Ar, Ur.* Se usa al final de una respuesta para preguntar en tono desafiante al interlocutor en qué le incumbe lo que ha inquirido. pop + cult → espon. ◆ **¿y de ahí qué?**
  e. ‖ **¿y de ~ qué?** *Py, Ur.* **¿y de ahí?**
  □
  a. ‖ **~~.** loc. adv. *RD.* No muy bien. pop + cult → espon.
  b. ‖ **~ al cálculo.** loc. adv. *Mx.* Aproximadamente, a ojo de buen cubero. pop + cult → espon.

  c. ‖ **~ mismo.** loc. adv. *Pa, Ve, Pe, Bo, Py, Ar.* En ese instante.
  d. ‖ **~ no más.**
    i. loc. adv. *Mx, Ho, Ni, Ar.* En ese momento, en ese instante. pop + cult → espon.
    ii. *Mx, Gu, Ho, ES, Ni, CR.* Cerca o muy cerca.
  e. ‖ **¡~ no más!** loc. interj. *Ch.* Expresa irregularidad en una situación.
  f. ‖ **~ nomasito.**
    i. loc. adv. *Mx, Ho, Ni, Ar.* **ahí no más**, en ese momento. pop + cult → espon.
    ii. *Mx, Gu, Ho, ES, Ni, CR.* **ahí no más**, cerca. pop + cult → espon.
  g. ‖ **de ~ en fuera.**
    i. loc. adv. *Mx, Cu.* Aparte lo dicho anteriormente. pop + cult → espon.
    ii. loc. prep. *Mx, PR.* Salvo eso, aparte de eso.
  h. ‖ **hasta por ~.** *Bo, Ar, Ur.* **hasta por ahí no más.**
  i. ‖ **hasta por ~ no más.**
    i. loc. adv. *Bo, Ch, Ar.* De manera imperfecta. pop + cult → espon. ◆ **hasta por ahí.**
    ii. *Py, Ar, Ur.* Más o menos, aproximadamente. pop + cult → espon. ◆ **hasta por ahí.**
  j. ‖ **ni ~.** loc. adv. *Ur.* Sin importancia o con poca relevancia.
  k. ‖ **por ~.**
    i. loc. adv. *Mx, CR, Co.* Aproximadamente. pop + cult → espon.
    ii. *RD, PR, Py, Ar, Ur.* Posiblemente, probablemente. pop + cult → espon.
    iii. *Cu, RD, PR, Ur.* Cerca. pop + cult → espon.
  l. ‖ **y ~ no más.** loc. adv. *Mx, RD, Bo, Py, Ar, Ur.* En ese mismo momento o de repente. pop + cult → espon.
  ◼
  a. ‖ **~ está tu son Chabela.** fr. prov. *Gu.* Indica que alguien recibe algo, no necesariamente positivo, bien merecido. pop + cult → espon.
  b. ‖ **~ fue donde la marrana torció el rabo.** fr. prov. *Mx, RD.* Indica que ha llegado el momento en que un asunto se ha puesto peliagudo o ha fracasado. pop + cult → espon.
  c. ‖ **~ fue donde la puerca entorchó el rabo.** fr. prov. *PR.* Indica que ha llegado el momento en que un asunto se ha puesto peliagudo o ha fracasado. pop + cult → espon.
  d. ‖ **~ fue que la mula tumbó a Genaro.** fr. prov. *Ho, Cu.* Indica que ha llegado el momento en que un asunto se ha puesto peliagudo o ha fracasado. pop + cult → espon.
  e. ‖ **~ se pararon las aguas.**
    i. fr. prov. *RD.* Indica la falta de calidad de una persona o cosa. pop + cult → espon.
    ii. *RD.* Indica que alguien se sorprende o se admira ante el objeto al que se refiere el propio hablante. pop + cult → espon.
    iii. *RD.* Indica que alguien muestra su disgusto e insatisfacción ante el objeto al que se refiere el propio hablante. pop + cult → espon.

áhi.
  I. 1. adv. *Ar.* p.u. Ahí.

¡ahihuelhacha!
  I. 1. interj. *ES.* Expresa sorpresa agradable. ◆ **¡ahijuelhule!**; **¡ahijuelpuya!**; **¡ahijuesumadre!**

ahijadero.
  I. 1. m. *Pe, Bo.* Terreno dedicado al pastoreo que explota únicamente el dueño de una hacienda.

ahijado, -a.
  I. 1. m. y f. *Cu, PR; Ve.* p.u. Persona que se inicia en la santería con respecto a otra con experiencia en estos ritos, que la apadrina.

¡ahijuelhule!
  I. 1. interj. *ES.* **¡ahihuelhacha!**

¡ahijuelita!
  I. 1. interj. *Co:NE.* Expresa sorpresa, admiración o desagrado. pop + cult → espon.

¡ahijuelpuya!
  I. 1. interj. *ES.* **¡ahihuelhacha!**

¡ahijuna!
  I. 1. interj. *Ec, Bo:S, Ar, Ur.* obsol. Expresa diversos sentimientos, *especialmente ira y admiración.* pop + cult → espon.

ahilado, -a.
  I. 1. adj. *RD.* Referido a persona, debilitada, demacrada. (**ajilado**).

ahilar.
  I. 1. tr. *Cu, Ve.* **ajilar**, alinear.

ahínco.
  I. 1. m. *Pa.* Dolor repentino y fuerte. rur.

ahitado.
  I. 1. adj. *PR.* **agitado**, que mama demasiado.

ahitarse.
  I. 1. tr. prnl. *PR.* **agitarse**, molestarse.

ahitón.
  I. 1. m. *Ve:O.* Precipicio o sitio alto.

ahitura.
  I. 1. f. *RD.* obsol. Hartura. rur.

ahocicar.
  I. 1. tr. *PR.* Empujar y tirar *una persona* a *alguien* de cabeza. pop + cult → espon. (**ajocicar; hocicar**).
  2. *PR.* Obligar *una persona* a *alguien* a meter la cabeza en el agua. pop + cult → espon. (**ajocicar; hocicar**).
  3. *PR.* metáf. Obligar *una persona* a *alguien* a meterse en un asunto problemático. pop + cult → espon. (**ajocicar; hocicar**).

ahogabecerro.
  I. 1. m. *RD.* Árbol de madera muy dura, de color oscuro, usada en construcciones y ebanistería; las hojas sirven para alimentar las reses. (Euphorbiaceae; *Picrodendron macrocarpum*). ♦ **algodón de becerro; matabecerro**.

ahogaburro.
  I. 1. m. *RD.* Bizcocho de mala calidad, difícil de comer. pop.

ahogaderas.
  I. 1. f. pl. *ES.* Botas. carc.

ahogado.
  I. 1. m. *Mx, Ec, Pe, Bo.* Mezcla de cebolla y ajo picados, **achiote** y diversos condimentos, usada para aliñar y sofreír un alimento. ♦ **guiso**.
  2. *Bo.* Salsa preparada con cebollas y tomates picados, **arvejas**, habas, **ají** colorado o **ají** amarillo molidos, y otras especias, fritos y cocidos en agua hasta que esta se consuma; se emplea como aderezo. ♦ **ahogo; rehogado; rehogo**.

ahogado, -a.
  I. 1. adj. *Mx, Ho, Ni, RD, PR, Py.* Referido a persona, abrumada, agobiada por exceso de trabajo.
  II. 1. adj/sust. *Mx, PR.* Referido a persona, que está en completamente borracha. pop + cult → espon.
  □
    a. ‖ **~ en deudas.** loc. adj. *Pa, RD, PR.* Referido a persona, que tiene comprometido todo su patrimonio.

ahogador.
  I. 1. m. *Cu, Ch.* Dispositivo que abre o cierra el paso del aire en un carburador.
  II. 1. m. *Ho.* Puñal de hoja larga y delgada que produce en el herido hemorragias internas graves.

III. 1. m. *Ho:S.* Variedad de trasmallo, de 12 cm de ancho cada trama, que se utiliza para la pesca de peces grandes como la macarela. ♦ **macarelero**.

ahogadora.
  I. 1. f. *Ve.* Cabezada de cuero de una caballería. rur.
  II. 1. f. *Ho, Ni, CR.* **ahorcadora**, variedad de avispa.

ahogarse.
  I. 1. intr. prnl. *Mx.* En el juego de las canicas, golpear una bola a otra, haciendo que la segunda caiga en el agujero o caer la canica del que tira por segunda vez en el agujero, perdiendo así el juego.
  2. *Mx.* En el juego de billar americano, meter la bola tiradora en alguna de las **buchacas** de la mesa, perdiendo así los puntos que correspondían a la tirada y el turno.
  II. 1. intr. prnl. *Mx.* Emborracharse *alguien.* pop + cult → espon.

ahogavaca.
  I. 1. f. *RD.* p.u. Planta trepadora leñosa, de hojas ovaladas, flores en corimbo rojas y pequeñas; sus hojas son venenosas para el ganado. (Apocynaceae; *Forsteronia corymbosa*). ♦ **sanjuanera**.

ahogazón.
  I. 1. f. *CR.* obsol. Opresión y fatiga en el pecho causadas por un problema de salud, que impiden respirar con libertad. rur.

ahogo.
  I. 1. m. *RD, Ve:O, Pe, Bo, Ar; Ho, ES, Ni, CR, Pa* rur; *Mx, Ec, Ch, Py, Ur.* pop. Enfermedad que se caracteriza por un estrechamiento de los bronquios y que se manifiesta con ataques de tos, sonidos silbantes, y dificultad respiratoria, asma. (**ajogo**). ♦ **hogazón; hoguío**.
  2. *CR, Ec, Pe.* Síntoma de asma. pop + cult → espon.
  3. *Ec.* Punto de mayor intensidad de un ataque asmático. pop + cult → espon.
  II. 1. m. *Bo.* **ahogado**, salsa.

ahoguillado, -a.
  I. 1. adj. *PR.* Referido a persona, que sufre de **ahoguillo**. (**ajoguillado**).

ahoguillarse.
  I. 1. intr. prnl. *PR.* Sentir ahogo, sofocarse.

ahoguillo.
  I. 1. m. *PR; EU.* p.u. Hipío producido por asma o por un catarro fuerte.
  2. *PR.* Asma.
  3. *PR.* Dificultad en la respiración.

ahombrarse.
  I. 1. intr. prnl. *Bo, Ch.* Adquirir una mujer características o comportamientos propios del varón.

ahora.
  I. 1. adv. *Mx, Gu, ES, Pa, RD, PR, Co, Ve, Ec, Pe, Bo, Py, Ur.* Hoy, en el día presente.
  2. *Ho, ES, Ni, CR.* Dentro de un rato, en el transcurso del día.
  II. 1. adv. *RD, PR, Ur.* Ahora bien.
  ●
    a. ‖ **~ es cuando.**
      i. fórm. *Ho, Ve.* Se usa para indicar que todavía queda mucho por hacer. ♦ **ahora es cuando es.**
      ii. *Ch.* Se usa para indicar que se ha llegado al instante preciso.
    b. ‖ **~ es cuando es.** fórm. *EU, Mx, Pa, Cu, RD, PR, Co, Ve, Pe, Bo, Py, Ar, Ur.* Se usa para indicar la llegada del momento decisivo en un proceso cualquiera.
  □
    a. ‖ **~ días.** loc. adv. *Cu, RD.* Dentro de unos días. pop + cult → espon.

b. ‖ ~ **luego.** loc. adv. *Ho.* Inmediatamente, en este instante.

c. ‖ ~ **tiempo.** loc. adv. *RD.* Hace poco tiempo.

d. ‖ **de ~ en más.** loc. adv. *Mx, PR, Bo, Py, Ar, Ur.* Desde este momento, en lo sucesivo.

e. ‖ **de ~ para ~.** loc. adv. *PR.* de ahora para ahorita.

f. ‖ **de ~ para ahorita.** loc. adv. *Cu, RD, PR.* Al instante, inmediatamente. pop + cult → espon. ♦ **de ahora para ahora; de ahora para luego.**

g. ‖ **de ~ para luego.** loc. adv. *Cu, PR.* **de ahora para ahorita.**

ahorcada.
I. 1. f. *Ve.* Operación **para amansar el ganado** que consiste en apretar contra el **botalón** el cuello del animal con una soga enlazada hasta casi ahorcarlo. rur.

ahorcado.
I. 1. m. *PR.* metáf. Pene erecto. tabú; pop + cult → espon.

ahorcado, -a.
I. 1. adj. *Gu, Pa, Cu, Co, Ve, Ec, Pe, Ar, Ur. Referido a persona,* apremiada, *por lo común económicamente.* pop + cult → espon ^ fest. ♦ **asfixiado.**

2. *Cu. Referido a un asunto o trabajo,* complicado y lleno de dificultades. pop + cult → espon.

ahorcadora.
I. 1. f. *Gu, Ho, ES, Ni.* Avispa grande de color amarillento con anillos de color café en el abdomen; no produce miel. (Vespidae; *Polistes instabilis*). ♦ **ahogadora.**

II. 1. f. *Ni.* Collar para perros.

ahorcajado, -a.
I. 1. adj. *Ho. Referido a persona,* que monta con una pierna a cada lado del lomo de una caballería o de una bicicleta.

ahorcamiento.
I. 1. m. *Gu.* Proceso de secar un árbol haciéndole un anillo al tronco y quitándole la corteza. rur. ♦ **anillamiento.**

ahorcancina.
I. 1. f. *Ho, Ni.* Ahorcamiento de varias personas.

ahorcar(se).
I. 1. tr. *EU, Mx, Gu, Ho, CR, Pa, Cu, RD, PR, Co, Ve, Ec, Bo, Py, Ar, Ur.* Estrangular *alguien* a *una persona.*

II. 1. tr. *ES, Ec, Bo, Ar, Ur.* Apremiar o presionar a *alguien, especialmente para que pague una deuda.* pop + cult → espon.

2. *Ch.* Causar congoja u oprimir a *alguien* imponiéndole preocupaciones o cargas. pop + cult → espon.

3. intr. prnl. *CR, Cu.* Aferrarse *alguien* a una situación. pop + cult → espon.

4. tr. *Ec.* Causar angustia un acreedor en su deudor mediante reiteradas exigencias de pago. pop + cult → espon.

5. intr. prnl. *Ec.* Experimentar angustia un deudor por causa de las amenazas que le hace su acreedor para que le pague lo que le debe. pop + cult → espon ^ hiperb.

6. *RD.* Meterse *alguien* en un compromiso económico.

III. 1. tr. *Ve.* Someter una res a la **ahorcada,** operación para amansar.

IV. 1. tr. *Gu.* Quitar la cáscara de un árbol para que se seque haciéndole un anillo en su tronco. rur. ♦ **anillar.**

□

a. ‖ ~ **el cura.** *Pa.* **mascar chicle.**

ahorininga.
I. 1. adv. *RD.* Inmediatamente.

ahorita.
I. 1. adv. *EU, Mx, Gu, Ho, ES, Ni, CR, Pa, Cu, RD, PR, Co, Ve, Ec, Pe, Bo.* Dentro de un momento, más tarde. pop + cult → espon. (**horita; orita**).

2. *Cu, RD, PR, Co; EU.* p.u. Hace un rato. pop + cult → espon.

3. *Ve, Ec, Bo.* En este momento, ya.

●

a. ‖ **hasta ~.** fórm. *Co:C, Ve.* Adiós, se usa para despedirse de los amigos. rur.

ahoritica.
I. 1. adv. *Cu, Co, Ve, Ec.* Ahora mismo, enseguida. pop + cult → espon.

2. *CR, Cu, Co, Ve.* En un futuro muy próximo. pop + cult → espon.

3. *Co, Ve.* Dentro de un momento. pop + cult → espon. ♦ **ahoritita.**

ahoritita.
I. 1. adv. *Mx, Gu, Ho, ES, Ni, Ec, Pe, Bo.* Ahora mismo. pop + cult → espon. (**ahorititita**). ♦ **al chilazo; al monazo; al tiro; luego; untualito; utualito.**

2. *CR.* **ahoritica,** en un futuro muy próximo.

ahorititita.
I. 1. *Mx, Gu, Ho, ES, Ni, Bo.* **ahoritita,** ahora mismo.

ahorrante.
I. 1. *Ho, ES, Ni, CR, RD; Ch.* p.u. **ahorrista.**

ahorrarse.
I. 1. intr. prnl. *CR, PR, Ve.* **horrarse.** rur.

2. *Ve.* Morirse la cría de una vaca. rur.

ahorrista.
I. 1. m-f. *Mx, Cu, RD, Ve, Ec, Pe, Bo, Ch, Py, Ar, Ur.* Persona que tiene cuenta de ahorros en una institución financiera. ♦ **ahorrante.**

2. *Py, Ar, Ur.* Persona que realiza una inversión de dinero. pop + cult → espon.

ahorroso, -a.
I. 1. adj. *Ec. Referido a persona,* ahorrativa. pop + cult → espon.

ahuasar(se).
I. 1. intr. prnl. *Ch.* Adoptar *alguien* comportamientos propios de campesinos.

2. tr. *Ch.* Hacer que alguien adopte comportamientos propios del mundo rural.

ahuatarse.
I. 1. intr. prnl. *Ho.* **aguatarse.**

ahuate. (Del nahua *ahuatl,* espina).
I. 1. m. *Mx, Ho, Ni.* **aguate.** (**guate**).

ahuatoso, -a.
I. 1. adj. *Ho, Ni.* p.u. *Referido a planta como la caña de azúcar y el maíz,* con **ahuate** o espinas vellosas. rur. (**aguatoso**).

ahuautle. (Del nahua *atl,* agua, y *huautli,* bledo).
I. 1. *Mx.* **aguaucle.**

ahuchar.
I. 1. *Co.* **huchar,** incitar, azuzar a un perro.

ahuehuete. (Quizás del nahua *ahuehuetl,* y este de *atl,* agua, y *huehue,* viejo, anciano).
I. 1. m. *Mx, Gu.* Árbol de hasta 40 m de altura, de corteza oscura, blanda y rugosa, copa frondosa y hojas ordenadas en espiral que yacen en dos filas horizontales superpuestas, fruto en forma de piña oval. (Taxadiaceae; *Taxodium mucronatum*). ♦ **ciprés de México; pentamón; sabino; yucundatura.**

ahuesarse.
I. 1. intr. prnl. *Pe.* Quedarse *alguien* inútil.

2. *Pe.* Quedarse *alguien* sin prestigio.

ahuevada.
   I. 1. f. *Ho, ES, Ni.* Avergonzamiento de alguien. vulg;
      pop + cult → espon.
   II. 1. f. *CR.* Decepción o desengaño de alguien. vulg;
      pop + cult → espon. ♦ **apachurrada.**
ahuevado, -a.
   I. 1. adj/sust. *Gu, Ho, ES, Ni, Pa, Co, Ec, Pe.* Referido a
      persona, de carácter asustadizo y temeroso. vulg;
      pop + cult → espon. (**agüevado**). ♦ **arralado.**
   2. *Mx.* juv. Referido a *persona,* perezosa. vulg.
   3. adj. *Pa, Co, Pe.* **apendejado,** tonto. vulg; pop
      + cult → espon.
   4. *Ni, CR.* Referido a *persona,* que muestra aburri-
      miento. vulg; pop + cult → espon.
   5. *CR.* Referido a un *evento,* aburrido. vulg; pop
      + cult → espon.
   6. *CR.* **achantado,** que no tiene entusiasmo. vulg;
      pop + cult → espon. (**agüevado**).
   7. *Pa.* Referido a *persona,* lenta. vulg; pop + cult
      → espon.
   II. 1. adj/sust. *Gu, Ho, ES.* Referido a *persona,* tímida o
      acomplejada. vulg; pop + cult → espon. (**agüeva-
      do**).
   2. *Ho, ES, Ni.* **achompipado,** avergonzado. vulg;
      pop + cult → espon.
ahuevamiento.
   I. 1. m. *Ho, ES, Ec.* Timidez, vergüenza o ridículo que
      siente una persona. vulg; pop + cult → espon. (**agüe-
      vamiento**). ♦ **agüevazón; agüeve; ahuevazón.**
ahuevar(se).
   I. 1. intr. prnl. *Gu, Ho, ES, Ni, Co, Ec, Pe.* Asustarse o
      acobardarse *alguien.* vulg; pop + cult → espon.
      (**huevearse**). ♦ **achumicarse.**
   2. tr. *Ho, ES, Ni, Ec.* Asustar o acobardar *alguien* o
      algo a *una persona.* vulg; pop + cult → espon.
      ♦ **achumicar.**
   II. 1. intr. prnl. *CR, Co.* Perder *alguien* el entusiasmo.
      vulg; pop + cult → espon.
   2. tr. *CR, Co.* Hacer *alguien* o *algo* que una persona
      se desanime. vulg; pop + cult → espon. (**agüevar-
      se**). ♦ **agüevar.**
   III. 1. tr. *Co.* Hacer *alguien* o *algo* que una persona se
      confunda o se desconcierte. vulg; pop + cult
      → espon.
   2. intr. prnl. *Co.* Experimentar *alguien* confusión o
      desconcierto. vulg; pop + cult → espon.
   IV. 1. tr. *Gu, Ho, ES, Ni.* Hacer *una persona* sentir ver-
      güenza a alguien. vulg; pop + cult → espon.
      (**agüevar**). ♦ **achumicar.**
   2. intr. prnl. *Ho.* Sentir vergüenza *una persona* ante
      algo o alguien. vulg; pop + cult → espon. (**agüe-
      varse**). ♦ **achumicar.**
   V. 1. intr. prnl. *Gu, Ho.* Sentirse *alguien* deprimido.
      (**agüevarse**).
   VI. 1. intr. *PR.* Holgazanear *alguien,* perder el tiempo.
      pop + cult → espon.
   VII. 1. intr. prnl. *Pa.* juv. Atontarse *alguien.* vulg.
ahuevazón.
   I. 1. m. *Ho, ES, Ni, Pa.* **ahuevamiento.**
   2. *CR, Pa.* Cansancio o fastidio *originado generalmente
      por disgustos o molestias, o por no contar con algo que dis-
      traiga y divierta.* vulg; pop + cult → espon. (**agüe-
      vazón**).
   3. *Pa.* Tontería, cosa sin importancia. vulg; pop
      + cult → espon.
ahueve.
   I. 1. m. *Ho.* juv. Avergonzamiento de una persona por
      algo o alguien.
   2. *CR.* juv. Pesar, decepción. vulg; pop.

ahuevonado, -a.
   I. 1. adj. *Ch.* Referido a persona, tonta. vulg; pop + cult
      → espon. (**agüevonado**). ♦ **agüeboldo.**
ahuevonar(se).
   I. 1. tr. *Co:C, Ch.* Hacer que alguien adopte caracte-
      rísticas propias de huevón. vulg; pop + cult
      → espon.
   2. *Ch.* **ahuevonearse.**
ahuevoneado, -a.
   I. 1. adj. *Ve.* Referido a persona, atontada o desanima-
      da. vulg; pop + cult → espon. (**agüevoneado**).
ahuevonearse.
   I. 1. intr. prnl. *Ve.* Atontarse *alguien.* vulg; pop + cult
      → espon. (**ahuevonarse; agüevonearse**).
ahuihua.
   I. 1. m. *Pe.* Larva de hasta 10 cm de longitud, de cuer-
      po pardo y cabeza rojiza. (Nymphalidae; *Brassolis
      sophorae*).
ahuiste. (Del nahua *atl,* agua, y *huiztli,* espina).
   I. 1. m. *Ni.* **mangollano.** (**agüiste**).
ahuitar(se).
   I. 1. intr. prnl. *Mx.* **agüitarse,** turbarse, abatirse *al-
      guien.*
   2. tr. *Mx.* **agüitar,** turbar, abatir *una persona* a *al-
      guien.*
ahuizote. (Del nahua *Ahuizotl,* nombre del octavo señor de México)
   I. 1. m. *Mx, Gu, Ho, Ni, CR.* Mal augurio, maleficio,
      creencia supersticiosa de mala suerte. (**agüisote;
      agüizote**).
   2. m-f. *Mx.* Persona que molesta y fatiga continua-
      mente. pop + cult → espon. (**agüizote**).
   3. *Mx.* p.u. Persona que tiene poderes para hacer llo-
      ver. rur.
   4. *Ho.* p.u. Persona que adivina o predice el futuro.
      (**agüizote**). ♦ **agüizotero; ahuizotero.**
   II. 1. m. *Mx, Ho, Ni.* Ave acuática de hasta 85 m de
      longitud, con cuello extremadamente largo y del-
      gado, cabeza pequeña, pico largo y agudo, alas y
      cola largas y anchas, plumaje negro lustroso con
      puntas plateadas. (Anhingidae; *Anhinga anhinga*).
      (**agüisote; agüizote; huizote**). ♦ **corvejón; cotúa
      agujita; marbella; pájaro víbora; pato aguja;
      pato ciego; pato víbora; saramagullón.**
   III. 1. m. *Mx.* Nombre asociado a la prensa de sátira
      política opuesta al gobierno.
ahuizotería.
   I. 1. f. *Ni.* Conjunto de prácticas de adivinación y bru-
      jería.
ahuizotero, -a.
   I. 1. m. y f. *Ho, Ni.* **ahuizote,** adivino.
   2. adj. *Ho.* Referido a ciertas aves como el guaco o el búho,
      que anuncian males para quien escucha su canto.
ahulado.
   I. 1. m. *Gu, CR.* Tela impermeable para proteger el col-
      chón, *especialmente de la orina de los niños.*
   2. *Ho, CR.* Prenda ligera de tela impermeabilizada
      semejante al abrigo, *generalmente con capucha,* para
      protegerse de la lluvia.
ahulado, -a.
   I. 1. adj/sust. *Mx, Gu, Ho, Ni, CR.* Referido a una tela o
      una prenda, impermeabilizada con hule o goma
      elástica.
ahumado.
   I. 1. m. *Ec:S.* Dulce de cáscara de naranja y **panela,**
      horneado y envuelto en hojas de **banano.**
ahumarse.
   I. 1. intr. prnl. *Ho, Ni.* Hacerse **perdedizo** alguien o
      algo. pop + cult → espon. ♦ **alcanforarse.**

ahuyama. (Del car. *auyama*).
    I. 1. f. *Pa, RD, Co; Ve.* p.u. Planta anual con tallos rastreros muy largos y cubiertos de pelo áspero, hojas anchas y lobuladas y flores amarillas. (Curcubitaceae; *Cucurbita maxima*). (**uyama**). ♦ **berenjena; churí.**
    2. *Pa, Co; Ve.* p.u. Fruto de la **ahuyama**, muy variado en su forma, tamaño y color, *por lo común grande, redondo, de carne amarilla y cáscara leñosa*; es comestible. (**uyama**). ♦ **churí.**

◪

    a. ‖ ~ **no pare calabaza.** fr. prov. *RD.* Indica que de una cabeza torpe no pueden surgir buenas ideas.

aibolario.
    I. 1. m. *Ve.* Arbolario.
    II. 1. m-f. *RD.* Persona escandalosa, que hace aspavientos.
    2. *RD.* Desparpajo de alguien.

aicojolao, -a.
    I. 1. adj. *RD. Referido a un fruto*, a medio madurar.

aids. (Del ingl. *AIDS*).
    I. 1. m. *PR.* Sida, enfermedad viral consistente en la ausencia de respuesta inmunitaria.

aigre. (Epént. de *aire*).
    I. 1. m. *Mx, Ho, ES, Ni, CR.* p.u. Aire. rur.

aiguashte.
    I. 1. *ES.* **aiguaste**, salsa.
    2. *ES.* **aiguaste**, semilla.

aiguaste. (Del nahua *ayotli*, calabaza, y *huactli*, pepita, semilla).
    I. 1. m. *Ho, ES.* Salsa preparada con semillas de calabaza tostadas y trituradas a la que se le añade **chile, achiote** y harina de maíz con manteca; sirve de condimento a **nacatamales, tamales** y guisos de carne, en especial de **iguana.** (**aiguashte; alguaixte**).
    2. *Ho, ES.* Semilla de **ayote** tostada y molida que acompaña al **atol** agrio. (**aiguashte; ainguaste; alguaixte; alguaste; guaste**). ♦ **yuguaste.**

aiguito.
    I. 1. m. *RD.* **Alguito**, poca cosa.

¡aihuesumadre!
    I. 1. interj. *ES.* **¡ahihuelhacha!**

aillo.
    I. 1. *Pe, Bo.* **aíllo.**

aíllo. (Del quech. *ayllu*, parentela, linaje).
    I. 1. m. *Pe, Ch.* Parcialidad en que se divide una comunidad indígena, *cuyos componentes son generalmente de un linaje*. (**aillo; aillu; ayllu**).

aillu. (Del aim. y quech. *ayllu*, parentela).
    I. 1. *Pe, Bo.* **aíllo.**
    2. m. *Bo.* Grupo de familias indígenas que constituyen una comunidad aimara o quechua. (**ayllu**).
    3. *Bo.* Parentesco, casta, linaje. (**ayllu**).

¡aimaría!
    I. 1. interj. *RD, PR.* Expresa saludo.

aimarista.
    I. 1. m-f. *Pe, Bo, Ch.* Persona que se dedica al estudio de la lengua y de la cultura aimara. (**aymarista**).
    2. adj. *Pe, Bo, Ch.* Relativo a la cultura aimara. (**aymarista**).
    3. m-f. *Bo.* Persona que habla aimara. (**aymarista**).

aimidoná.
    I. 1. adj. *RD. Referido a una tela*, que está rígida por habérsele aplicado almidón.

aimorriña.
    I. 1. f. *RD.* Intranquilidad de alguien, desasosiego.

aimorriñoso, -a.
    I. 1. adj/sust. *RD. Referido a persona*, intranquila.

¡aína!
    I. 1. interj. *RD.* Expresa asombro.

aine. (Del quech. *ayni*).
    I. 1. m. *Pe. En las comunidades quechuas y aimaras*, préstamo en dinero o en especie que ha de ser devuelto al año de recibirlo.

ainguaste. (Epént. de *aiguaste*).
    I. 1. *Ho.* **aiguaste**, semilla.

airampo. (Del aim. y quech. *ayrampu*).
    I. 1. m. *Pe, Bo, Ch, Ar:NO.* Cactus pequeño, espinoso, con flores blancas, amarillas o rosadas y frutos rosados; sus semillas se emplean como colorantes. (Cactaceae; *Opuntia soehrensii*).
    2. *Pe, Bo, Ch, Ar:NO.* Tinte preparado con estas semillas.
    3. *Bo.* Refresco preparado con estas semillas, que se da especialmente a los niños enfermos de escarlatina.

airbús. (Del ingl. *Airbus*®).
    I. 1. m. *Ho, Ni, Ec, Ch, Ar.* Aerobús, avión comercial de pasajeros.

aire.
    I. 1. m. *Mx, Gu, Ho, ES, Ni, CR, Pa, RD, Co, Ve, Pe.* Dolor muscular provocado por agitación, enfriamiento o por haber levantado algo pesado del suelo. pop + cult → espon.
    II. 1. m. *Mx, Gu, Ho, ES, Ni, CR, Ve, Ec.* Pedo. euf; pop.
    2. *Cu, RD, PR, Ve, Py.* Aliento. pop + cult → espon.
    III. 1. *Cu.* **almiquí.**

■

    a. ‖ ~**s del río.** m. pl. *Bo.* Márgenes de un río.
    b. ‖ **mal** ~.
        i. m. *Ve, Ec.* Trastorno pasajero de la salud, *que sufren especialmente los niños y adolescentes de constitución débil*, caracterizado por náuseas, palidez, sudoración fría y descenso de la presión sanguínea.
        ii. m. *ES.* Especie de temblor en los músculos, parecido a la epilepsia.

□

    a. ‖ **de puro** ~. loc. adv. *Ho, ES, Ni.* Por gusto, sin motivo o razón. pop + cult → espon. ♦ **de puro fay; de puro gusto.**
    ▶ **agarrar un** ~; **cachar al** ~; **coger de** ~; **coger un** ~; **cortar el** ~; **dar** ~; **dar el** ~; **echarse** ~; **halar el** ~; **irse del** ~; **jalar el** ~; **pedalear en el** ~; **soplarle** ~ .

aireado, -a.
    I. 1. adj. *CR.* p.u. *Referido a persona*, que ha cogido un aire, malestar momentáneo parecido a un pasmo. rur; pop.

airista.
    I. 1. m-f. *Ec.* obsol. Persona encargada de vigilar la presión del aire de los dispositivos en los frenos de un ferrocarril.

airline. (Voz inglesa).
    I. 1. f. *EU, PR, Ve.* p.u. Línea aérea.

aironazo.
    I. 1. m. *Mx.* Viento de fuerte intensidad.

aisa. (Del quech. *aysay*, arrastrar).
    I. 1. f. *Bo:O, Ar:NO.* Derrumbe en el interior de una mina que obstruye la salida al exterior.

aiscrín. (Del ingl. *ice cream*).
    I. 1. m. *Ho.* Helado hecho de manteca, agua y jugo de fruta. (**ice cream**).

aislapol. (De *Aislapol*®).
    I. 1. m. *Ch.* Material sintético liviano que se emplea como aislante térmico. ♦ **aislápol.**

aislápol. (De *Aislapol*®).
    I. 1. m. *Ch.* **aislapol.**

¡ajá!

I. 1. interj. *Mx, Ho, CR, Pa, Cu, RD, PR, Co, Ve, Ec, Pe, Bo, Py.* Expresa que se ha sorprendido a alguien realizando una acción ocultamente. pop + cult → espon. (**ajaa**).
2. *Mx, RD, PR.* Expresa duda.
3. *Mx, RD, PR.* Expresa reproche.

● **a.** ‖ ~ .
   i. fórm. *Mx, Ho, ES, Ni, CR, Pa, Cu, Co:N, Ve, Ec.* Se usa para expresar ilación para que el interlocutor continúe la conversación.
   ii. *Ni, Co, Ve.* Se usa para expresar el contenido de una frase que no se ha terminado.
   iii. *Ho, ES, Ni, Ve.* Se usa para expresar el preámbulo de un saludo o una pregunta.

¡ajaa!

I. 1. interj. *Mx, Ho, CR, Pa, Cu, RD, PR, Co, Ve, Ec, Pe, Bo, Py.* **¡ajá!**

ajada.

I. 1. f. *Gu, Ho.* p.u. Reprensión severa, regaño. rur.
   ♦ **aguaje; bañada; bonche; chamarreada; tapeada**.

ajado, -a.

I. 1. adj. *Ho, ES, Ni, CR, Pa, PR, Ve, Ec:N, Ch. Referido a ropa*, arrugada.

¡ájale! (Del nahua *axun, ahora*).

I. 1. interj. *Mx.* Expresa aprobación o sorpresa. (**áxcale**).

ajambado, -a.

I. 1. adj. *Ho, ES. Referido a persona o animal*, voraz. (**jambado**).
II. 1. adj. *Ni. Referido a persona o a animal*, torpe. (**jambado**).

ajambazón.

I. 1. f. *ES.* Ansia o deseo excesivo de una persona por algo. rur.

ajamonado, -a.

I. 1. adj. *Ho, Ni, Ch. Referido a un embutido*, de sabor a jamón.
2. *Ec.* metáf. *Referido a una persona adulta*, entrada en carnes, gruesa. pop + cult → espon.

ajayu. (Del aim. *ajayu*).

I. 1. m. *Bo.* Alma, sustancia espiritual e inmortal de los seres humanos.

aje.

I. (Del nahua *axin*).
1. m. *Mx, Ho.* Insecto hemíptero, herbívoro; las hembras miden hasta 2,5 cm de longitud y producen masas de huevecillos rosados envueltos en un algodón blanquecino, y los machos son alados y muy pequeños. (Margarodidae; *Llaveia axin, Coccus axin*). ♦ **achín**.
2. *Mx, Ho.* Sustancia oleaginosa, amarillenta, de consistencia similar a la mantequilla y de olor parecido a manteca rancia que se obtiene de la grasa que flota al hervir en agua la hembra del aje y sirve como pintura y colorante.
II. 1. m. *Pa.* obsol. Desaire, agravio.

¡ajé!

I. 1. interj. *Pa.* Expresa alegría.

ajear.

I. 1. intr. *Ec, Pe, Bo.* Proferir palabras soeces en contra de alguien.

ajecho.

□ **a.** ‖ **de ~**.
   i. loc. adv. *CR. En la recolección de café por un cogedor*, sin discriminar entre granos verdes y maduros. rur.
   ii. *CR.* obsol. Por completo. rur.

ajedrez.

I. 1. m. *RD.* Juego infantil de las tres en raya, que se juega con piedras pequeñas.

ajenar.

I. 1. tr. *ES:E.* Vender *alguien algo*.

ajengibre.

I. 1. *Cu.* p.u. **jengibre**.

ajengibrillo.

I. 1. *CR.* **jengibrillo**.

ajenjarse.

I. 1. *Ho.* **alzarse**, robarse. pop + cult → espon.

ajeno.

□ **a.** ‖ **más malo que coger lo ~**. loc. adj. *RD.* Muy malo, perverso.

ajentado.

I. 1. adj. *RD, PR.* **agentado**, pretencioso.

ajetreo.

I. 1. m. *Co.* Realizar el coito. euf; pop + cult → espon.

ají. (De or. ind. antillano).

I. 1. m. *Cu, RD, PR, Co, Ve, Ec, Pe, Bo, Ch, Py, Ar, Ur; Ho:N, ES, Ni, Pa.* Planta herbácea de hasta 2 m de altura, de tallo ramoso, hojas lanceoladas, flores blancas, moradas o verdes, pequeñas y axilares, y fruto de sabor dulce o picante, según la variedad. (Solanaceae; *Capsicum* spp.). ♦ **chamborote; chile; chile picante; pinguita de mono; putaparió; uchu**.
2. *Cu, RD, PR, Co, Ve, Ec, Pe, Bo, Ch, Py, Ar, Ur; Ho:N, ES, Ni, Pa.* p.u. Fruto del ají, hueco, muy variable en forma y tamaño, *pero generalmente cónico de punta aguda*, terso en la superficie, de tonos rojos, amarillentos o verdosos; *se emplea habitualmente como condimento, seco, en pasta o fresco*. ♦ **chamborote; chile; chile picante; chiltipiquín; putaparió; trapi; uchu**.
II. 1. m. *Co, Ec, Bo, Ch.* Salsa picante preparada con ají, cebolla picada y agua o jugo de **tomate de árbol**.
2. *Ve:O.* Condimento elaborado en forma de encurtido, con ají picante, cebollas y ajos, sobre una base de vinagre y aceite y algunas veces leche. ♦ **ajicero**.

■ **a.** ‖ **~ amarillo**. m. *Pe, Bo, Ar.* Variedad de ají.
b. ‖ **~ arnaucho**. m. *Pe.* Variedad de ají.
c. ‖ **~ asta de cabra**. m. *Ch.* Planta de pequeño tamaño y de aspecto similar al perejil; no es comestible. (Solanaceae; *Osmorhiza chilensis*). ♦ **ají cacho de cabra**.
d. ‖ **~ bobito**. m. *RD.* Variedad de ají.
e. ‖ **~ bravo**. m. *Ve.* Variedad de ají.
f. ‖ **~ brujito**. m. *Pa.* Variedad de ají.
g. ‖ **~ caballero**. m. *RD, PR.* Variedad de ají.
h. ‖ **~ cacho de cabra**. *Ch.* **ají asta de cabra**.
i. ‖ **~ cachucha**. m. *EU, Cu, RD, PR.* Variedad de ají. ♦ **ají cachucha angolano**.
j. ‖ **~ cachucha angolano**. *EU, Cu, RD, PR.* **ají cachucha**.
k. ‖ **~ caribe**. m. *RD, PR, Ve.* Variedad de ají.
l. ‖ **~ ceviche**. m. *Pe.* Variedad de ají.
m. ‖ **~ charapita**. m. *Pe.* Variedad de ají.
n. ‖ **~ chirel**. m. *Ve.* Variedad de ají.
ñ. ‖ **~ chivato**. m. *Co:C.* Variedad de ají.
o. ‖ **~ chombo**. m. *Pa.* Variedad de ají.
p. ‖ **~ colorado**. m. *Pe, Bo.* Variedad de ají.
q. ‖ **~ conguito**. m. *Pa.* Variedad de ají.
r. ‖ **~ cumbarí**. m. *Py, Ar.* Variedad de ají. rur.
s. ‖ **~ de color**. m. *Ch.* Condimento que se obtiene de pimientos rojos molidos y secos; no es picante.
t. ‖ **~ de cuy**. m. *Ec.* Guiso preparado con **cuyes** asados, **papas** cocidas, cebollas, huevo duro, comi-

no, sal, pimienta, ajo, **manteca de color**, salsa de semillas de **sambo** y mucho ají de las variedades más picantes.

u. ‖ ~ **de gallina.** m. *RD.* Variedad de ají.

v. ‖ ~ **de librillo.** m. *Ec.* Guiso preparado con **papas** cocidas, salsa de **maní**, trozos de librillo y **ají**.

w. ‖ ~ **de queso.** m. *Ec.* Plato de consistencia espesa que se prepara con **papas** cocidas y salsa de queso, y se acompaña con tajadas de **aguacate**.

x. ‖ ~ **del mono.** m. *Pe.* Variedad de ají.

y. ‖ ~ **dulce.** m. *Pa*, *Ve.* Variedad de ají.

z. ‖ ~ **escabeche.** m. *Pe.* Variedad de ají.

a¹. ‖ ~ **gallinazo.** m. *Ec.* Variedad de ají.

b¹. ‖ ~ **guaguao.** m. *Cu.* Variedad de ají.

c¹. ‖ ~ **gustoso.** m. *RD.* Variedad de ají.

d¹. ‖ ~ **limo.** m. *Pe.* Variedad de ají.

e¹. ‖ ~ **mirasol.** m. *Pe.* Variedad de ají.

f¹. ‖ ~ **mocherito.** m. *Pe.* Variedad de ají.

g¹. ‖ ~ **mono.** m. *Pe.* Variedad de ají.

h¹. ‖ ~ **montesino.** m. *RD.* Variedad de ají.

i¹. ‖ ~ **mutu-uchu.** m. *Ec.* Variedad de ají.

j¹. ‖ ~ **panca.** m. *Pe.* Variedad de ají.

k¹. ‖ ~ **pico de loro.** m. *Pa.* Variedad de ají.

l¹. ‖ ~ **pimentón.** m. *Pa.* Variedad de ají.

m¹. ‖ ~ **rocotillo.** m. *EU*, *Cu.* Variedad de ají.

n¹. ‖ ~ **rojo.** m. *Bo.* Variedad de ají.

ñ¹. ‖ ~ **verde.** m. *Pe.* Variedad de ají.

o¹. ‖ ~ **yunguilla.** m. *Ec.* Variedad de ají.

□

a. ‖ ~ **conguito.** loc. sust. *Pa.* Persona irascible.

b. ‖ ~ **en el poto.** loc. sust. *Ch.* Comentario o acción que molesta o irrita a o otros. vulg; pop.

c. ‖ **como** ~ **tití.** loc. adj. *RD.* Referido a persona, colérica, furiosa, enojada.

▶ **comer** ~ **chombo**; **hacerse un** ~; **ponerse como un** ~; **ponerse más caliente que un** ~.

ajiaco.

I. 1. m. *Mx.* **Sancocho** hecho de **mondongo** de ganado vacuno, ajo, colorante rojo o **ají**.

2. *Co*, *Ve.* Guiso espeso, hecho con diversas clases de **papas**, pollo, maíz tierno, y aromatizado con hojas de **guasca**, hierba. (**ajíaco**).

3. *Pe*, *Bo*, *Ch.* Guiso preparado *esencialmente con caldo de carne*, **papas** *picadas, cebolla y* **ají** *picante*.

4. *Ar:NO.* Salsa picante hecha a base de **ají**.

5. *Ec.* **Locro de papas** con adición de aguacate, **chochos**, lechuga y **ají**.

6. *Ho*, *Ni.* **Sancocho** hecho de cecina de carne de **res**, tocino, **chicharrones**, piña, **jocotes**, **achiote**, pimienta, hojas de **quelite** y masa de maíz sazonado con azúcar. rur.

7. *CR:NO.* ayaco.

II. 1. m. *Cu.* Confusión, desorden. pop + cult → espon.

2. *Cu.* Cosa o asunto muy complicado, intrincado.

3. *CR.* Enredo o revoltijo de algo.

ajíaco.

I. 1. m. *Ve:O.* ajiaco, guiso espeso.

ajibarado, -a.

I. 1. adj. *RD*, *PR.* Referido a persona, que posee costumbres de **jíbaro**.

ajibararse.

I. 1. intr. prnl. *RD*, *PR.* Adquirir las costumbres del **jíbaro**, *en especial su timidez y su recelo*.

2. *RD*, *PR.* Volverse insociable, sentirse incómodo y cohibido ante personas de clase social superior.

ajicero.

I. 1. m. *RD*, *Co:N*, *Ve*, *Ec*; *Ch.* p.u. Recipiente en el que se pone la salsa de **ají** para servirse directamente de él en la mesa.

2. *Ve*; *Ch.* p.u. Frasco en el que se guarda el **ají**.

II. 1. *Ve.* **ají**, condimento.

ajicero, -a.

I. 1. m. y f. *Pe*, *Bo.* Persona que gusta del **ají**.

2. *Bo*; *Ch.* p.u. Persona que se dedica a la venta de **ajíes**.

3. *Ve:O.* Persona que prepara el **ají**.

ajicillo.

I. 1. m. *Pa.* Árbol de hasta 10 m de altura, de tronco recto y cilíndrico, corteza exterior negra, ramitas terminales cilíndricas aristadas en las puntas, hojas simples y alternas, y flores blancas o verdosas, frutos en drupas verdes, y blancos cuando maduros. (Olacaceae; *Heisteria acuminata*). ◆ **chorola**; **consuelo**; **naranjillo**; **sombrerito**.

ajigolón.

I. 1. m. *Mx*, *Gu*, *Ho*, *ES*, *Ni.* Ajetreo, prisa. rur. (**agigolón**).

II. 1. m. *Mx*, *Gu*, *Ho*, *ES*, *Ni.* Situación difícil, angustiosa o arriesgada. rur. (**agigolón**).

III. 1. m. *Mx*, *Gu*, *Ho*, *ES*, *Ni.* Cansancio, fatiga. rur. (**agigolón**).

ajijijí.

I. 1. m. *RD.* Variedad de **ají**, no es muy picante.

¡ajila! (De *ahilar*).

I. 1. interj. *Cu.* Expresa orden brusca de despido dada a alguien. pop + cult → espon.

ajilachado, -a. (De *hilacha*).

I. 1. adj. *PR.* Referido a ropa, gastada, raída. pop + cult → espon.

2. *PR.* metáf. Referido a persona, demacrada. pop + cult → espon.

ajilado, -a. (Var. de *ahilado*).

I. 1. adj. *Ho*, *Ni*, *Cu*, *RD*, *PR.* Referido a persona, flaca, escuálida, débil, *generalmente a causa de una enfermedad*. pop + cult → espon. (**agilado**).

2. *RD.* ahilado. pop + cult → espon.

3. *ES.* Referido a persona, cansada de hablar.

II. 1. adj. *PR.* Referido a cosa, alineada, en hileras. pop + cult → espon.

▶ **estar** ~.

ajilar(se).

I. 1. intr. prnl. *Mx.* p.u. Abalanzarse sobre alguien con intención de agredirle. rur.

II. 1. intr. prnl. *Ni*, *Cu*, *PR.* Enflaquecer, ponerse *alguien* escuálido. pop + cult → espon.

2. *RD.* Morirse *alguien*. pop + cult → espon.

3. *Ho.* Sentir molestias en el estómago por haber ingerido algún tipo de alimento. pop + cult → espon.

4. tr. *Ni.* Agotar o extenuar *algo* o *alguien* a *una persona*.

III. 1. tr. *Cu*, *PR.* En la cosecha de la caña de azúcar, alinear en el camino los montones de caña cortada para que sea recogida por los camiones. rur. (**ahilar**).

IV. 1. intr. prnl. *RD.* Irse, marcharse, salir, andar deprisa. pop + cult → espon.

V. 1. intr. prnl. *ES.* Sentir *una persona* deseos incontenibles de hablar.

ajile.

I. 1. m. *Cu.* Amontonamiento de la caña de azúcar una vez cortada. rur.

ajilé.

I. 1. *Ve.* ajiley.

ajiléi.

I. 1. *Ve.* ajiley.

ajiley.

I. 1. m. *Ve.* Juego de envite y azar con barajas españolas en el que cada jugador recibe cinco cartas, y después de descartarse una vez ganará quien tenga más cartas del mismo palo y de mayor valor. (**ajilé**; **ajiléi**).

ajilibio.
    I. 1. adj. *RD. Referido a persona*, ahíta, harta. rur.
    II. 1. m. *RD.* Malestar, debilidad. rur.

ajillo.
    I. 1. *Ho, ES.* **anamú.**
    2. *CR.* Planta herbácea perenne de hasta 50 cm de longitud, bulbosa y aromática, que tiene flores blancas. (Lilliaceae; *Nothoscordum fragans*).
    3. *CR.* Árbol de hasta 50 cm de altura, de hojas trifoliadas, opuestas, inflorescencia en racimos, flores amarillas con numerosos estambres y fruto en drupas; es maderable. (Caryocaraceae; *Caryocar costaricense*). ♦ **ajo negro**.
    II. 1. m. *ES.* Mal aliento.

ajilotado, -a.
    I. 1. *Ho.* Tonto.

ajimoto. (Sínc. de *ajinomoto*).
    I. 1. *Ho.* p.u. **ajinomoto**, glutamato sódico.

ajinomoto. (De *Ajinomoto®*).
    I. 1. m. *Ho, CR, Pa, Ec, Pe, Bo, Ch.* Glutamato sódico, condimento en polvo de color blanco, usado para potenciar el sabor de ciertos alimentos, *especialmente carnes*.
    2. *Pe.* Recipiente en que se sirve una especia.

ajipa. (Del quech. *asipa*).
    I. 1. f. *Pe, Bo, Ar:NO.* Planta de poca altura, con flores violáceas o blancas y raíz carnosa y fusiforme; su raíz es comestible. (Fabaceae; *Pachyrhizus ahipa*).

ajisal.
    I. 1. m. *Cu, RD, PR.* Terreno plantado de **ajíes.**

ajiseco, -a.
    I. 1. adj/sust. *Pe, Bo.* Referido a un ave, *especialmente a un gallo de pelea*, de color rojo morado. ♦ **gallo ajiseco**.

ajito.
    I. 1. adj. *RD. Referido a persona*, indigesta, molesta por haber comido demasiado.
    2. *RD. Referido a persona*, fastidiada por algo.
    □
    a. ‖ **como un ~.** loc. adv. *CR.* Muy limpio. rur.

ajizado, -a.
    I. 1. adj. *Ch. Referido a persona*, enojada, molesta.

ajizar(se).
    I. 1. tr. *Ch.* p.u. Causar *alguien* o *algo* enojo a *una persona*. pop + cult → espon.
    2. intr. prnl. *Ch.* Enojarse *una persona*. pop + cult → espon.

ajo.
    I. 1. *Pa.* **palo de oreja.**
    ■
    a. ‖ **~ negro.** *CR.* **ajillo**, árbol.
    b. ‖ **~ silvestre.** *Ho.* **cebolla silvestre**.
    □
    a. ‖ **~s y cebollas.** loc. sust. *Bo.* Palabras groseras. pop + cult → espon.
    b. ‖ **como el ~.** loc. adv. *Ch.* Muy mal. pop + cult → espon.
    ▶ **morder el ~; pelar el ~.**

¡ajo! (Euf. de *carajo*).
    I. 1. interj. *Co:N, Ve, Ec, Pe.* Expresa disgusto, rechazo o molestia. pop + cult → espon.
    2. *Pa, Pe.* Expresa admiración o sorpresa. pop + cult → espon.
    3. *Pa.* Expresa dolor. pop + cult → espon.
    4. *Pa.* Expresa desagrado, recriminación. pop + cult → espon.

ajobachado, -a.
    I. 1. adj. *RD. Referido a persona*, agotada por el calor excesivo o por un duro trabajo. pop + cult → espon.

ajobachar(se).
    I. 1. tr. *RD.* Agotar a *alguien* el calor excesivo o la dureza del trabajo. pop + cult → espon.
    2. intr. prnl. *RD.* Agotarse por el calor excesivo o por la dureza del trabajo. pop + cult → espon.

ajochado, -a.
    I. 1. adj. *Pe. Referido a persona*, perseguida, acosada, hostigada.

ajochar. (Del fr. *hucher*, llamar gritando o silbando).
    I. 1. tr. *Pe.* Apremiar *una persona* a *alguien* de manera insistente y a veces molesta para que deje de hacer algo.
    2. *Ni.* **ajotar**, azuzar a un perro.
    3. *Ni.* **ajotar**, indisponer.

ajoche.
    I. 1. m. *Pe.* Apremio de algo.

ajocicar.
    I. 1. *PR.* **ahocicar**. rur; pop.

ajogo.
    I. 1. *RD, PR.* **ahogo**. rur; pop.

ajoguillado.
    I. 1. *PR.* **ahoguillado**.

ajojotado, -a. (De *ajojotarse*).
    I. 1. adj. *PR.* metáf. *Referido a persona*, enferma. pop + cult → espon.

ajojotarse.
    I. 1. intr. prnl. *Cu.* Pudrirse un tubérculo, *principalmente el boniato*, debido a picaduras de insectos. rur.
    2. *PR.* metáf. Enfermarse *una persona*. pop + cult → espon.

ajolotado, -a.
    I. 1. adj. *Ho, ES.* **dundo**, tonto.
    II. 1. adj. *ES. Referido a persona*, inquieta, nerviosa.

ajolotarse. (De *jolote*).
    I. 1. intr. prnl. *ES.* Alborotarse o confundirse *alguien* en algo por ir con prisa.

ajolote.
    I. 1. m. *Mx.* Renacuajo, cría de la rana. ♦ **achoque**.

ajolotón.
    I. 1. m. *ES.* Actividad intensa, exceso de trabajo. pop + cult → espon.

ajondarse.
    I. 1. intr. prnl. *RD.* Tirarse *alguien* de algún sitio. rur. ♦ **jondiarse**.

ajonjolí.
    I. 1. m. *PR.* Tenia del cerdo en estado de larva.
    □
    a. ‖ **~ de todos los moles.**
    i. loc. sust. *Mx.* Persona con afán de protagonismo, que se entromete en todo. pop + cult → espon ∧ desp.
    ii. *Mx.* Persona o cosa que aparecen muy frecuentemente. pop + cult → espon.

ajoración.
    I. 1. f. *PR.* Apremio de una persona a alguien. pop + cult → espon.

ajorado, -a.
    I. 1. adj. *PR. Referido a persona*, apresurada, apremiada, impaciente. pop + cult → espon.

ajorar(se).
    I. 1. tr. *RD, PR.* Apremiar o urgir a *alguien*. pop + cult → espon.
    2. intr. prnl. *RD, PR.* Apresurarse, apremiarse *alguien*. pop + cult → espon.
    3. tr. *RD, PR.* Molestar, causar enfado, hacer perder la paciencia a alguien. pop + cult → espon.

ajoro.
    I. 1. m. *RD, PR.* Prisa, urgencia, apremio. pop + cult → espon ∧ fest.

2. *RD, PR.* Atosigamiento de alguien. pop + cult → espon ^ fest.

ajoscado, -a. (De *josco*).
I. 1. adj. *PR.* *Referido a persona*, de piel morena. rur.
♦ **josco; trigueño.**

ajotar. (Var. de *ahotar*).
I. 1. tr. *Gu, Ho, ES, Ni, Cu, RD, PR.* p.u. Azuzar, incitar *una persona* a los perros para que acometan. (**ajochar; ajuchar**).
2. *ES, PR; Ho,* p.u. | metáf. Provocar *alguien* a *una persona* para que riña con otra. pop + cult → espon. (**ajochar**).

□
a. ‖ ~ **los perros y después treparse.** loc. verb. *PR.* Desaparecer o escapar de una situación difícil después de haberla provocado. pop + cult → espon.

ajsu. (Del quech. *aqsu*, aguayo).
I. 1. m. *Bo:O,C.* **Aguayo** que forma parte de la vestimenta típica de la mujer rural andina; se sujeta a uno de los hombros, uniéndolo con un prendedor, y a la cintura con una faja.
2. *Bo:O,S.* Vestido de una sola pieza, con mangas, largo hasta los tobillos, de colores oscuros y con bordados en los extremos, que usa la mujer rural andina.

¡ajú!
I. 1. *ES.* **¡agú!**

ajuaishte.
I. 1. m. *ES.* En el ***futbol*** y en el *tenis*, efecto de rotación o curva que se le da al balón o a la pelota.

ajuar.
I. 1. m. *Mx.* Conjunto de prendas que usa la novia el día de su boda.

ajuate. (Var. de *aguate, ahuate*).
I. 1. m. *Ho, ES, Ni, CR.* **aguate.**
II. 1. adj. *ES.* *Referido a persona*, lista y rápida en hacer algo.

ajuchar. (Var. de *ajotar*).
I. 1. tr. *Mx, Ho, Ni, Ve.* Incitar *alguien* a *una persona* para que pelee con otra.
2. *Mx, Ni; Ho,* p.u. **ajotar**, azuzar a un perro.

ajuerear. (Var. de *afuerear*).
I. 1. intr. *ES, Ni, Ec.* p.u. Salir alguien afuera a defecar. rur.

ajumado, -a. (Var. de *ahumado*).
I. 1. adj. *ES.* *Referido a cosa*, ahumada. rur.
II. 1. adj. *PR.* *Referido a persona*, borracha. pop + cult → espon.

ajumarse.
I. 1. intr. prnl. *PR.* Enfadarse, encolerizarse, irritarse *alguien*. pop + cult → espon.
II. 1. intr. prnl. *PR.* Emborracharse. pop + cult → espon.
□
a. ‖ **~se el pescao.** loc. verb. *PR.* Encolerizarse, enfadarse *una persona* con alguien. pop + cult → espon.

ajuntado, -a.
I. 1. adj/sust. *Ec.* *Referido a persona*, amancebada. rur.

ajupar. (Var. de *ajotar*).
I. 1. tr. *Pa.* Incitar a un perro para que muerda. rur.

ajuquín. (Del nahua *axoquen*, pájaro de pluma blanca).
I. 1. *Ho.* **guaco**, ave.

ajustadilla.
I. 1. *Ho.* **cabuda**, contribución y junta de dinero.

ajustado, -a.
I. 1. adj. *Ho, ES, Ni, Pe, Bo; Ve.* pop. *Referido a persona*, pobre, sin dinero suficiente. ♦ **acabado; aguja; arrancado; misio.**

ajustar(se).
I. 1. tr. *Mx, Gu, Ho, Ni; CR* obsol; *Co* p.u; *Ec.* p.u.; pop. Llegar *una persona* a tener determinado número de meses o años de edad.

2. *Mx; Pa, Co:O* pop; *Ec.* p.u.; espon. Completar un determinado espacio de tiempo.
3. *Ve.* Hacer *alguien* completa una cosa.
4. *Pa.* En el lenguaje periodístico, cumplir *alguien* años.
II. 1. tr. *Mx, Gu, Ho, ES, Ni, Ec.* Completar *alguien* cierta cantidad de dinero que falta para el total.
2. *CR.* obsol. Ahorrar *alguien* dinero.
III. 1. tr. *Co:N, Ec, Bo.* Exigir *una persona* a *alguien* que realice adecuadamente sus tareas u obligaciones. pop + cult → espon. ♦ **abrochar.**
IV. 1. tr. *Ho, Ni, Cu, RD, PR, Ve.* p.u. Contratar *una persona* a *alguien* a destajo.
2. *Pa, Cu.* Racionalizar los recursos económicos domésticos o institucionales.
3. *Cu.* Arreglar las condiciones en que debe hacerse algo.
V. 1. tr. *Gu, ES, Cu, Pe, Bo.* Asestar, propinar *alguien* golpes a una persona. pop + cult → espon.
VI. 1. tr. prnl. *Cu, RD.* Acomodarse *alguien*, sentirse bien.
2. tr. *RD.* Comer y beber *alguien algo*. pop + cult → espon.
VII. 1. intr. *ES.* Eyacular *alguien*. euf; pop + cult → espon.
VIII. 1. intr. *Ni.* Permanecer *alguien* un tiempo haciendo algo.
□
a. ‖ ~ **las clavijas.** loc. verb. *Co, Pe, Bo, Ch, Ur.* Presionar *alguien* a una persona o a un organismo mediante una actitud rígida e inflexible para que cambie de conducta. pop + cult → espon.

ajuste.
I. 1. m. *Mx, Gu, Ho, Ni, Cu, RD, Co, Ve.* Precio y condiciones estipuladas para la realización de un trabajo a destajo.
2. *Ni, RD, PR.* Práctica de contratación de un trabajo en el que se cobra por la cantidad de tarea y no por el tiempo empleado en realizarla.
II. 1. m. *Mx, Ho, Ni.* Cantidad de dinero para completar algo.
2. *ES.* Complemento de algo.
III. 1. m. *ES, Ni.* Parte gratuita que da de más el vendedor al comprador. ♦ **chascada.**

■
a. ‖ ~ **de sencillo.** m. *Ch.* En el ámbito comercial, redondeo que se efectúa en las tarifas de las compañías de servicios a los ciudadanos en el que se eliminan las cantidades fraccionarias.

□
a. ‖ **de ~.** loc. adv. *Gu, Ho, Ni.* Además, de añadido. ♦ **de chemís.**
b. ‖ **por ~.** loc. adv. *PR.* A destajo, de manera ajustada.
c. ‖ **sin ~.** loc. adj. *RD.* *Referido a persona*, desordenada, desgarbada.

▰
a. ‖ ~ **Ignacia y arrequinte Julia.** fr. prov. *Ve:O.* Indica que cada quien debe asumir su responsabilidad y cumplir con su obligación.

ajusticiamiento.
I. 1. m. *CR.* Asesinato de una persona por venganza de alguien.

ajusticiar.
I. 1. tr. *Mx, Ve, Bo, Ch, Ar.* Matar entre varios a *alguien* como castigo ejemplar, *generalmente en una comunidad rural*.
2. *CR, RD.* Matar *una persona* a *alguien* como venganza.
3. *Ni.* Matar un grupo político armado a *alguien* como acto de justicia.
II. 1. tr. *Pe.* Unirse sexualmente un hombre y una mujer. vulg; pop + cult → espon.

ajustón.
- **I. 1.** m. *Pe.* Subida fuerte de los precios. pop + cult → espon.
- **II. 1.** m. *Ec.* Abrazo fuerte y efusivo que se da a una persona. pop + cult → espon. ♦ **apretazón; apretón.**
- **III. 1.** m. *ES.* Reprimenda, castigo o regaño a alguien. pop + cult → espon.
- **IV. 1.** m. *ES.* Tirón fuerte o brusco de una persona a algo o a alguien. pop + cult → espon.
- **V. 1.** m. *Ho.* Huida repentina de una caballería. rur. ♦ **desbarajustada.**
- ■
  - **a.** ‖ ~ **de manos.** m. *Pe.* Acción de estrecharse las manos dos personas con energía y efusividad.

aka. (De *AK*®, variedad de metralleta).
- **I. 1.** f. *Ho, Ni.* Metralleta semiautomática de fabricación rusa.

ala.
- **I. 1.** f. *Mx, Ho, Ni, CR, Ec, Pe, Ch; ES.* rur. Sobaco. pop + cult → espon. ♦ **aleta.**
  - **2.** *Ni, Cu.* Brazo de una persona. pop + cult → espon.
- **II. 1.** f. *Ar, Ur.* Trozo de cuero rectangular que forma parte de los **bastos** de las caballerías. rur.
- **III. 1.** f. *Cu, Ve.* Parte de la hoja de una puerta o una ventana.
- ■
  - **a.** ‖ ~ **blanca.**
    - **i.** f. *Ho, ES.* Paloma mediana de 27 cm de longitud, de color **café** con lista blanca en las alas y una punta blanca en la cola redondeada, de color gris por debajo, la parte de atrás y la parte inferior de las alas, iris anaranjado, anillo ocular desnudo y azul, pico negro y patas carmín; los machos tienen un baño purpúreo en la cabeza. (Columbidae; *Zenaida asiática*). ♦ **cocolea; franjolina.**
    - **ii.** *Ho.* **pico de chancho**, avispa.
  - **b.** ‖ ~ **de ángel.** f. *PR.* Mariposa.
  - **c.** ‖ ~ **de mosca.** f. *PR.* Gallo que tiene las alas moteadas.
  - **d.** ‖ ~ **de pájaro.** f. *PR.* Abeto.
  - **e.** ‖ ~ **de zope.** f. *Gu.* Arado de vertedera. rur.
- □
  - **a.** ‖ **de un** ~.
    - **i.** loc. adv. *Mx.* Perdidamente enamorado de alguien.
    - **ii.** *Ch.* De manera súbita y con violencia. pop + cult → espon.
    - **iii.** loc. adj. *RD. Referido a persona*, manca.
  - **b.** ‖ **en** ~**s de cucaracha.** loc. adv. *Ho, ES, Ni, CR.* En situación difícil, en grave dificultad. pop + cult → espon. (**en alitas de cucaracha**).
- ► **andar de un** ~; **andar en** ~**s de cucaracha; arrastrar el** ~; **caerse las** ~**s del corazón; dar el** ~ **a comerse la pechuga; echar el** ~; **estar en** ~**s de cucaracha; ponerse en** ~**s de cucaracha; quebrar el** ~; **rascar el** ~; **tener del** ~; **traer de un** ~; **traer del** ~; **verse en** ~**s de cucaracha.**

¡ala!
- **I. 1.** interj. *Ni, Co:C.* Expresa afecto o deseo de llamar la atención de alguien. pop + cult → espon.
  - **2.** *Ni, Ec:C.* p.u. Expresa alegría o sorpresa. pop + cult → espon. (**¡alita!; ¡halita!**).
  - **3.** *Ec:N.* p.u. Expresa intención de captar la atención de alguien. pop + cult → espon.
- **II. 1.** interj. *Ve:O.* Expresa apoyo o énfasis.

¡alabá!
- **I. 1.** interj. *ES.* Expresa sorpresa o asombro.

alabado.
- **I. 1.** m. pl. *Co:O.* Composiciones líricas que se cantan al son de música regional en los velorios.

- **2.** m. *Ho, ES.* Cualquier canto religioso, *en especial los de alabanza a un santo o a la virgen.* rur.

¡alabado!
- **I. 1.** interj. *Ni, Pa, Cu, PR, Ch.* Expresa sorpresa. rur. (**¡alabao!**).

alabancioso, -a.
- **I. 1.** adj/sust. *Ni, Pa, Cu, RD, PR, Ve, Ec, Bo, Ur. Referido a persona*, fantasiosa, jactanciosa, que gusta de ensalzarse inmoderadamente. pop + cult → espon. ♦ **fastrén.**
- **II. 1.** adj/sust. *PR, Ve. Referido a persona*, aduladora. pop + cult → espon. ♦ **fastrén.**

alabanco.
- **I. 1.** *Pa.* **pato alablanco.**

¡alabao!
- **I. 1.** *Cu.* **¡alabado!**

alabar.
- ◪
  - **a.** ‖ **¡alábate pato, que mañana te mato!** fr. prov. *Ni, Pa, RD, Ve.* Indica rechazo o censura de quien alardea de sí mismo. ♦ **¡alábate pollo, que mañana te guisan!**
  - **b.** ‖ **¡alábate pollo, que mañana te guisan!** *Ve.* **¡alábate pato, que mañana te mato!**

alabardero, -a.
- **I. 1.** sust/adj. *Ho.* p.u. Persona aduladora y servil por interés. pop + cult → espon ^ desp.

¡alabate!
- **I. 1.** interj. *Gu.* Expresa asombro ante una persona que se autoelogia.

alabucarse.
- **I. 1.** intr. prnl. *RD.* Llenarse, atragantarse.

alacanto.
- **I. 1.** m. *Pe.* Alga marina epífita de hasta 5,50 m de longitud, de color pardo. (Lessoniaceae; *Lessonia nigrescens*).

alacena.
- **I. 1.** f. *Mx, Ni, PR, Ve, Bo, Ch, Py; Pe,* obsol. Despensa, habitación dedicada a guardar alimentos.

alacín.
- **I. 1.** m. *Ho, Ni.* **cuarentano.**

alacita.
- **I. 1.** *Bo.* **alasita.**
- □
  - **a.** ‖ **de** ~. *Bo.* **de alasita.**

alacrán.
- **I. 1.** m. *Mx.* Pieza metálica en forma de horquilla que llevan en su extremidad las varas de un carruaje o los timones de los arados para enganchar los balancines. rur.
  - **2.** *Mx.* Varilla larga con terminación en forma de uña de los martillos de carpintero que sirve para extraer clavos.
- **II. 1.** m. *ES.* Herida o desgarramiento.
- **III. 1.** m-f. *Ni.* metáf. Persona de malos sentimientos. pop + cult → espon.
- **IV. 1.** m. *Ni.* Terminal pequeña de un cable que permite el robo de energía.
- **V. 1.** m. *PR.* Pinchazo de droga.
  - **2.** *PR.* Callo que se forma en el brazo debido a los continuos pinchazos de droga. drog.
- **VI. 1.** m. *PR.* Serie de pequeñas zanjas perpendiculares a una zanja grande que desaguan en ella, o que desde ella llevan el agua a otra.
- **VII. 1.** m. *PR.* **zarzabacoa**, planta.
- **VIII. 1.** m. *PR.* Ciempiés.
- **IX. 1.** m. *Pa.* obsol. **chota**, furgón de la policía.
- ► **comer alacranes; llevar el** ~ **en la camisa; picar el** ~.

alacrancillo.

I. 1. m. *RD*. Arbusto de 1,5 m, erguido y perenne, con hojas oblongo-lanceoladas, flores apretadas y frutos cubiertos de escamas diminutas. (Boraginaceae; *Heliotropium anglospermum*).

2. *PR*. Planta con flores en forma de espina encorvada; recuerda la cola de un alacrán. (Boraginacea; *Heliotropium* spp.).

alacranera.

I. 1. f. *PR*. metáf. Antro de maleantes y drogadictos. drog.

alacranero.

I. 1. m. *Ho, ES, Ni, CR, Ve*. Gran cantidad de alacranes.

2. *Ho, Ni, CR, Ve*. Lugar donde hay muchos alacranes.

3. *Ho, ES, Ni, CR*. metáf. Conjunto de personas intrigantes o inescrupulosas. pop + cult → espon ^ desp.

aladinado, -a.

I. 1. adj. *Gu, Ni*. **ladinizado**, que ha tomado la lengua y costumbres ladinas o mestizas. pop.

aladinarse. (De *ladino*).

I. 1. intr. prnl. *Gu*. **ladinizarse**, adoptar las costumbres mestizas.

alafre.

I. 1. adj. *Ve*. *Referido a persona*, que actúa mal o tiene malos hábitos.

II. 1. m. *Ve:O*. Conjunto de presas, *especialmente cabeza, espinazo, patas y entrañas*, de un chivo o carnero.

alagartado, -a.

I. 1. adj/sust. *Gu, Ho, ES, Ni, Pa*. *Referido a persona*, que es ambiciosa y actúa con astucia. pop + cult → espon ^ desp.

2. *Gu, Ho, Ni, CR*. *Referido a persona*, egoísta en su manera de actuar. pop + cult → espon ^ desp.

3. *Gu, Ho, Ni, Pa*. *Referido a persona*, oportunista. pop + cult → espon ^ desp.

4. *Ho, Ni*. *Referido a persona*, que vive a costa de los demás con disimulo. pop + cult → espon ^ desp. ♦ **vivón**.

II. 1. adj. *RD*. *Referido a persona*, de ojos claros y vivos.

alagartarse.

I. 1. intr. prnl. *Mx*. Separar un caballo las cuatro patas para disminuir la altura y facilitar al jinete montarlo.

II. 1. intr. prnl. *Gu, Ho, ES, Ni, Pa*. Abalanzarse *alguien* con impaciencia y precipitación sobre algo. pop + cult → espon ^ desp.

III. 1. intr. prnl. *Ho, Ni*. Ser *alguien* aprovechado y astuto con los demás sin aparentarlo.

2. intr. *Pa*. Cobrar más de lo debido.

IV. 1. intr. prnl. *Ni, CR, Pa*. Apropiarse *una persona* de todo o de la mayor parte de un género de cosas sin dar oportunidad a otras. pop + cult → espon. ♦ **abuchonarse**.

alairito.

I. 1. adv. *Ec*. p.u. A la mano, asequible. pop + cult → espon.

alajuelense.

I. 1. *CR*. **sargento**, pájaro.

¡alalá!

I. 1. interj. *Gu, Ur*. Expresa asombro o admiración.

¡alalao!

I. 1. *Pe*. **¡alalau!**

¡alalau! (De or. quech.).

I. 1. interj. *Pe, Bo*. Expresa sensación de frío. (**¡alalao!**; **¡alalay!**).

¡alalay! (Del quech. *alalay*).

I. 1. *Bo*. **¡alalau!**

alamar.

I. 1. m. *Mx*. Pan dulce que semeja en su forma un lazo de alas amplias.

alambique.

I. 1. m. *Mx, Pa, Bo*. Fábrica de destilados alcohólicos.

2. *Pa, Co, Ve:O*. Lugar donde se destilan bebidas alcohólicas clandestinamente.

3. *Cu, Ve, Ch*. Lugar en el que se destila aguardiente o ron de forma rudimentaria. pop + cult → espon.

II. 1. m-f. *Cu, Bo*. metáf. Persona que ingiere bebidas alcohólicas en exceso. pop + cult → espon.

alambiquería.

I. 1. f. *PR, Ec*. obsol. Fábrica donde se elaboraban aguardientes y alcoholes por medio de alambiques.

alambiquero, -a.

I. 1. m. y f. *Mx, Pa, PR, Ve, Ec*. p.u. Persona encargada de la elaboración de aguardientes y alcoholes en una alambiquería.

2. *Mx, Pa, PR*. Dueño de una fábrica de destilados alcohólicos.

3. adj. *PR*. Relativo al alambique o a la alambiquería.

alambrado, -a.

I. 1. adj. *Cu*. *Referido al caballo*, de color dorado claro.

alambrador.

I. 1. m. *Ch, Py, Ar, Ur*. Hombre encargado de alambrar terrenos o campos.

alambre.

I. 1. m. *Mx*. Comida que consiste en trozos de carne, pescado o marisco y verdura, *por lo general ensartados en una varilla de metal y asados al fuego*.

II. 1. m-f. *ES, CR, Ve*. Persona muy delgada. pop + cult → espon ^ fest.

■

a. ‖ **~ de cerca**. *Ho*. **alambre espigado**.

b. ‖ **~ de púa**. m. *Ch*. Aguardiente artesanal local de mala calidad.

c. ‖ **~ dulce**. m. *Cu, Co*. Alambre delgado y muy flexible y de fácil manejo para trabajos manuales o embalar mercancías.

d. ‖ **~ espigado**. m. *Gu, Ho, ES, Ni*. Alambre de púas para cercar. ♦ **alambre de cerca**.

e. ‖ **~ milimétrico**. m. *Bo*. meton. Malla metálica entretejida en celdillas pequeñas, de dos a tres milímetros, que se utiliza en marcos de puertas y ventanas para evitar la entrada de insectos a las habitaciones y para otros usos. ♦ **malla milimétrica**.

f. ‖ **~ negro**. m. *CR*. Alambre usado para sujetar los componentes de acero de las estructuras que forman el núcleo del hormigón armado.

▶ **andar con los ~s cambiados; andar con los ~s cruzados; andar con los ~s pelados; estar con los ~s cambiados; estar con los ~s pelados; irse por el ~; pelársele los ~s; tener los ~s cambiados.**

alambrear.

I. 1. tr. *Mx*. Engañar *una persona* a *alguien* defraudando su confianza. pop + cult → espon.

2. *Mx*. Manipular, torcer o falsear *alguien* un proceso o unos datos. pop + cult → espon.

3. *Mx*. Hacer *una persona* objeto a *alguien* de la manipulación fraudulenta o de la tergiversación de un proceso o de unos datos. pop + cult → espon.

II. 1. tr. *Mx*. Instalar el cableado telefónico para nuevas líneas.

alambreo.

I. 1. m. *Mx*. Intervención de un teléfono con ánimo de obtener información confidencial o privilegiada. pop + cult → espon.

2. *Mx.* Manipulación o alteración de un proceso o de unos datos. pop + cult → espon.

alambrerío.
   I. 1. m. *Mx, Gu, Ho, ES, Ni.* Conjunto de alambres desordenados. ♦ **alambrero**.

alambrero.
   I. 1. *Gu, Ni.* **alambrerío**.

alambrillo.
   I. 1. m. *Gu, Ho.* Helecho de rizoma rastrero densamente poblado de pelos negros y lustrosos; de sus rizomas se obtiene materia prima muy rica en cortisona y la maceración de la planta, con sal de cocina, es cicatrizante. (Lygodiaceae; *Lygodium venustum*).
   II. 1. m. *Py.* **alambrina**.

alambrina.
   I. 1. f. *CR.* Malla metálica pequeña y *por lo general de forma redonda, utilizada especialmente para fregar utensilios de cocina.* ♦ **alambrillo**.

alampar.
   I. 1. intr. *Ec.* Trabajar *alguien* con la **lampa**, instrumento de labranza. rur.

alante.
   ☐
   a. ‖ **¡~ Yauco!** loc. interj. *PR.* Expresa la poca importancia de algo. pop + cult → espon.
   b. ‖ **de ~ alante.**
      i. loc. adj. *RD.* Excelente, magnífico.
      ii. *Pa.* *Referido a persona,* valiente, osada. pop + cult → espon.
   c. ‖ **para ~.**
      i. loc. adj. *Ve.* Sin esmero.
      ii. loc. adv. *Ve.* En gran cantidad.

alantico.
   I. 1. adv. *Ve.* Un poco más adelante. rur.

alaraca.
   I. 1. f. *Gu, ES, Pa, Pe, Bo; Ho,* p.u. Alharaca, escándalo, ruido.

alaraco, -a. (De *Alaraco,* personaje de historieta).
   I. 1. adj/sust. *Pe, Bo, Ch. Referido a persona,* que exagera cuando habla de sí misma. pop + cult → espon.
   2. adj. *Ch. Referido a persona,* que actúa o reacciona de manera exagerada. pop + cult → espon.

alaraqueada.
   I. 1. f. *Bo.* p.u. Exageración de una persona al hablar de sí misma. pop + cult → espon.

alaraquear. (Var. de *alharaquear*).
   I. 1. *Mx, Ch.* **alharaquear**, exagerar. pop + cult → espon.
   2. *Ni, Ch; Bo.* p.u. **alharaquear**, expresarse con vehemencia.

alaraquiento, -a.
   I. 1. adj/sust. *ES, Ni, Ec, Pe, Bo, Ch. Referido a persona,* que habla o actúa de manera exagerada. pop + cult → espon. ♦ **alharaco**.

alardoso, -a.
   I. 1. sust/adj. *Pa, Cu.* **bambollero**. pop + cult → espon.

alargue.
   I. 1. m. *Co, Ve, Ec, Pe, Bo, Ch, Py, Ar, Ur.* Tiempo suplementario que, en un partido de **futbol** u otro deporte, se juega para desempatar el marcador.
   2. *CR.* p.u. Prolongación de un acontecimiento o una situación.
   II. 1. m. *Pe, Py, Ar, Ur.* **alargue eléctrico**.
   ■
   a. ‖ **~ eléctrico.** m. *Pe, Ar, Ur.* Alargador, dispositivo que sirve para hacer más extensa una conexión eléctrica. ♦ **alargue**.

alarido.
   ☐
   a. ‖ **de ~.** loc. adj/adv. *Ho, Ni.* juv. Excelente, de maravilla.

alarife.
   I. 1. sust/adj. *Ur; Ar.* obsol. Persona pícara o astuta.
   2. *Ar:NO.* obsol. **bochinchero**, follonero. rur.

¡alarila!
   I. 1. interj. *Bo.* p.u. Expresa sorpresa. pop + cult → espon.

alasita. (Del aim. *alasiña*).
   I. 1. f. *Pe, Bo, Ar:NO.* Feria artesanal, que se celebra cada año, en la que se venden objetos en miniatura. (**alacita**; **alasitas**).
   2. *Pe, Bo.* Objeto artístico en miniatura. (**alacita**; **alasitas**).
   ☐
   a. ‖ **de ~.** loc. adj. *Bo. Referido a objeto,* de proporciones pequeñas. pop + cult → espon ^ fest. (**de alacita**; **de alasitas**).

alasitas.
   I. 1. f. pl. *Pe, Bo.* **alasita**.
   ☐
   a. ‖ **de ~.** loc. adj. *Bo.* **de alasitas**. pop + cult → espon ^ fest.

alaste. (Del nahua *alactic,* resbaladizo, deleznable).
   I. 1. adj. *Ho, Ni, CR:NO. Referido a cosa, en especial a alimentos,* de consistencia viscosa, pegajosa o resbaladiza.
   2. *Ni.* p.u. *Referido a una superficie,* resbaladiza. rur. ♦ **alastoso**.
   3. *Ni, CR:NO. Referido a un alimento,* en estado de descomposición. ♦ **alastoso**.
   4. *Ni. Referido a líquido o alimento,* de aspecto blanquecino o viscoso, *generalmente por descomposición.* ♦ **alastoso**.
   5. *Ni. Referido a un joven,* que no tiene edad o no es apto para la vida conyugal.
   6. *CR:NO. Referido a comidas y frutos,* insípidos. ♦ **alastoso**; **alastre**.
   ▶ **estar ~.**

alastearse.
   I. 1. intr. prnl. *Ni.* Volverse viscoso un alimento o líquido por descomposición.

alastoso, -a.
   I. 1. *Ni, CR:NO.* **alaste**, en estado de descomposición.
   2. *CR:NO.* **alaste**, insípido.
   II. 1. *Ni,* p.u. **alaste**, resbaladizo.
   III. 1. *Ni.* **alaste**, viscoso.

alastre.
   I. 1. *CR:C.* obsol. **alaste**, insípido. rur.

alazán, -na.
   I. 1. adj. *Ni, PR.* metáf. *Referido a persona,* albina con el pelo rojizo.
   ■
   a. ‖ **~ cocuiza.** m. y f. *Co, Ve.* Caballo o yegua de color alazán, acanelado claro. rur. ♦ **alazán overo**.
   b. ‖ **~ overo.** *Ve.* **alazán cocuiza**.
   c. ‖ **~ ruano.** m. y f. *Ve.* Caballo o yegua con las crines y la cola de color blanco.
   d. ‖ **~ tostado.** m. y f. *Ve.* Caballo o yegua de color acanelado oscuro.

alazano.
   I. 1. *Pa.* **salamo**.
   2. m. *Pa.* Árbol de hasta 40 m de altura, de hojas alternas, flores amarillas y frutos de color castaño cuando están maduros. (Fabaceae; *Tachigalia versicolor*). ♦ **árbol suicida**; **reseco**; **sastro**; **trompito**.

albaceato.
    I. 1. m. *Pa*; *Ec.* p.u. Cargo de albacea. prest; cult → esm.
albacerar.
    I. 1. tr. *PR. En la preparación de una **tala***, amontonar pasto, ramas y basura para quemarlos. rur.
albaco.
    I. 1. m. *Bo.* Albañil. pop + cult → espon ^ fest.
albahaca.
    I. 1. f. *Mx, Gu, Ho, ES, Ni.* Hierba erecta de hasta 50 cm de altura, de hojas opuestas, pubescentes y con margen dentado, flores blancas o lilas y semillas negras; tiene numerosas aplicaciones en la medicina tradicional. (Lamiaceae; *Ocimum micranthum, O. campechianum, O. basilicum*). ♦ **albahaca cimarrona; albahaca de gallina; albahaca de monte.**

    ■
    a. ‖ ~ **cimarrona.** *Gu.* **albahaca.**
    b. ‖ ~ **de gallina.** *Ho, ES.* **albahaca.**
    c. ‖ ~ **de monte.** *Ho.* **albahaca.**
    d. ‖ ~ **morada.** f. *Cu.* Variedad de albahaca caracterizada por su color morado; se le atribuyen propiedades antidiabéticas. (Lamiaceae; *Ocimum sanctum*).

albañal.
    I. 1. m. *Mx, Ni, Ve; Ho,* p.u. Conducto que va por debajo del piso en las casas para dar salida a las aguas pluviales.
    2. *Pa.* metáf. Dicho o hecho vulgar, soez, indecoroso.

    □
    a. ‖ **boca de ~.** loc. sust. *Ni.* Persona que acostumbra decir palabras indecorosas.
    ► **tener boca de ~.**

albarazado, -a.
    I. 1. adj. *Mx, Pe.* p.u. *Referido a persona*, de ascendencia negra.
albarda.
    I. 1. f. *Mx, Gu, Ho, Ni, CR, Pa, Cu, Bo; Ec,* rur. Silla de montar hecha de cuero crudo o curtido, con una correa en vez de perilla y de asiento menos curvado que el de otros tipos de sillas.

    ■
    a. ‖ ~ **sobre aparejo.** f. *Gu, Ho, ES, Ni; Mx,* p.u. Cosa redundante *y generalmente contemplada como molestia o perjuicio*.
    ► **írsele la ~; poner la ~.**

albardeada.
    I. 1. f. *Mx, Ni.* Colocación de la **albarda** a una caballería. rur.
    II. 1. f. *ES.* Dolor muscular.
albardear.
    I. 1. tr. *Mx, Ho, Ni.* Domar, colocar *alguien* solo la silla a un potro o caballo cerril, sin que lo monte el jinete, para que se acostumbre a la montura. rur.
    2. *Mx, Ho, Ni.* metáf. Molestar o causar enfado *una persona* a *alguien*. rur.
albardilla.
    I. 1. f. *CR:NO.* Pieza rectangular de lana u otro material acolchado, que se pone sobre el lomo de la caballería para evitar que el roce de la silla le haga daño. ♦ **almohadón.**
albardín.
    I. 1. m. *CR:NO.* Parte posterior de una silla de montar.
albardón.
    I. 1. m. *Mx, Ho.* Albardilla o caballete de los aparejos. rur.
    II. 1. m. *Bo, Ar, Ur.* Loma o elevación situada en terrenos bajos y anegadizos, que se convierte en islote con la subida de las aguas. rur.
    2. *Gu, Ho.* Remate piramidal que se da a las paredes de un cercado para que el agua de la lluvia escurra por ambos lados.
    3. *Ho.* Lomo sobresaliente entre dos surcos.

    III. 1. f. *Ho.* Abultamiento surgido del desgaste de una pieza, contiguo a la mella que ha provocado.
albardonear.
    I. 1. tr. *Ho.* p.u. Colocar o transportar *alguien algo* en la albarda. rur.
albaricoque.
    I. 1. m. *Gu, Ho, Ni, Bo.* **carambola**, árbol y fruto.
    II. 1. f. *PR.* Hormiga roja, de pequeño tamaño, andar rápido y sin rumbo fijo, de fuerte picadura. (Formicidae; *Solepnosis* spp.).
albarillo.
    I. 1. *PR.* **sabacché.**
albarrada.
    I. 1. f. *Ec.* Laguna artificial de hasta 30 m de largo por unos 15 m de ancho en la que se recoge el agua de lluvia para que abreve el ganado durante la estación seca.
albayalde.
    I. 1. m. *PR.* p.u. Hormiga de color rojizo de pequeño tamaño, *que vive generalmente en los cafetales*, cuya picadura es muy irritante. (Formicidae; *Wasmannia auropunctata*). (**albayarde**).
    2. m-f. *PR.* metáf. Niño travieso. pop + cult → espon.
    3. adj. *PR.* metáf. *Referido a persona*, albina con la piel ligeramente rojiza. pop + cult → espon.
albayarde.
    I. 1. m. *PR.* **albayalde**, insecto.
albazo.
    I. 1. m. *Mx. En política*, acto realizado con la intención de adelantarse al comportamiento previsto del adversario.
    II. 1. m. *Pe.* Música que se interpreta al amanecer y al aire libre durante las fiestas patronales o festividades oficiales de algunas localidades.
    2. *Ec.* Música tocada *generalmente al amanecer*, con ocasión de ciertas fiestas religiosas populares de la Sierra, como San Pedro o el Corpus.
alberca.
    I. 1. f. *Mx; Gu, Ho, Ni, Pa,* rur; *Bo,* p.u. Estanque para la natación y otros deportes.
    2. *Co.* Pequeño depósito de agua que forma parte del lavadero de una casa.
    3. *Bo.* Salutación en la que las bandas folclóricas interpretan sus melodías, como el domingo de carnaval para rendir culto a la Virgen de la Consolación.
albergue.
    I. 1. m. *Mx, Ho, Ni, Cu, Ec, Bo.* Vivienda colectiva en la que viven temporalmente las personas que han perdido su hogar por un derrumbe o por un desastre natural.
    2. *Cu, Bo.* Vivienda para becarios.
    3. *Cu, Bo.* Casa de una empresa estatal en la que se alojan temporalmente, *por razones de trabajo*, personas que viven en otras provincias o municipios. ♦ **casa de visita.**
    4. *Ni, Cu.* **tumbadero**, establecimiento.
    5. *Bo.* Vivienda colectiva en la que duermen los niños que no tienen hogar.

    ■
    a. ‖ ~ **transitorio.** m. *Ar, Ur.* Hotel donde se alquilan habitaciones para citas amorosas.
alberja.
    I. 1. *Bo, Ur.* **alverja**, planta y semilla.
    II. 1. *Ur.* **alverja**, persona tonta.
albesto. (Var. de *asbesto*).
    I. 1. m. *Mx, Ho.* p.u. Mineral de composición y caracteres semejantes a los del amianto.
albina.
    I. 1. f. *RD.* Laguna que se forma con las aguas del mar en tierras bajas próximas a él.
    2. *RD.* Sal que queda en estas lagunas.

albino, -a.
  I. 1. adj. *Ni, PR, Ch. Referido a un animal,* de color blanco con ojos azules.

albisia.
  I. 1. *PR.* **faurestina**.

albo.
  I. 1. m. *Ch. En el **futbol**,* miembro y simpatizante del equipo Coco Colo.
  2. adj. *Ch.* Relativo al equipo de **futbol** Colo Colo.
  3. m. *Ec. En el **futbol**,* jugador de la Liga Universitaria de Quito.
  4. pl. *Ec. En el **futbol**,* simpatizante de la Liga Universitaria de Quito.
  5. adj. *Ec.* Relativo a esta Liga.
  6. m. *Ho.* p.u. *En el **futbol**,* miembro del equipo Olimpia.
  7. *ES. En el **futbol**,* miembro del equipo de Alianza.
  8. *Ur. En el **futbol**,* simpatizante del club Nacional de Montevideo. ♦ **bolsilludo**; **bolso**.

albóndiga.
  ▶ hacer ~; sudar ~s.

albopan.
  I. 1. *RD.* **albopán**.

albopán.
  I. 1. *RD.* **árbol del pan**. (**albopan**).

alborada.
  I. 1. f. *Mx, Ho, ES, Ni, PR, Ch.* p.u. Misa o procesión de fiestas patronales al amanecer.

alborotado, -a.
  I. 1. adj. *Mx, Ho, ES, Ni, Pa, Cu, Ve, Bo, Ar, Ur. Referido a animal, especialmente a una hembra,* en celo. euf; pop + cult → espon.
  2. *Ho, ES, Ni, CR, Cu, Ve, Bo, Ar:NO, Ur. Referido a persona,* sexualmente excitada. euf; pop + cult → espon.

alborotar(se).
  I. 1. intr. prnl. *Ho, Ni, CR, Pa, Cu, Ve, Bo, Ar, Ur.* Excitarse sexualmente *una persona.* euf; pop + cult → espon.
  2. tr. *Ni, CR, Pa, Ve, Bo, Ar, Ur.* Hacer *alguien o algo* que una persona se excite sexualmente. euf; pop + cult → espon.
  3. intr. prnl. *Ni, Ve, Ar, Ur.* Ponerse en celo un animal. pop + cult → espon. ♦ **alzarse**.
  II. 1. tr. *Ni, CR, Pa, Ve, Bo.* Entusiasmar, provocar el deseo de algo agradable.
  2. intr. prnl. *Ho, Ni, RD.* Animarse *alguien*.
  III. 1. intr. prnl. *PR.* Enturbiarse el agua u otro líquido claro. pop + cult → espon.
  □
    a. ‖ ~ **el camoatí.** loc. verb. *Ur.* Producir conmoción o alarma en un grupo de personas.
    b. ‖ ~ **el zompopero.** loc. verb. *Gu.* Causar alteración o desorden en un grupo de personas. pop + cult → espon.
    c. ‖ ~**se el panal.** loc. verb. *Cu.* Alterarse el orden y la tranquilidad en un lugar.
    d. ‖ ~**se la gallera.** loc. verb. *Mx, Ve.* Suscitarse un bullicio en un grupo.
    e. ‖ **alborotársele la pasa.** loc. verb. *Cu.* Ponerse *alguien* de mal humor, irritarse.

alborotería.
  I. 1. f. *PR.* Griterío formado por varias personas que hablan y discuten simultáneamente. pop + cult → espon.

alborotero.
  I. 1. adj. *PR, Bo, Ch.* **alborotoso**.

alborotista.
  I. 1. sust/adj. *Ni, Ec.* Persona que provoca alborotos o desórdenes.

alboroto.
  I. 1. m. *Gu, Ho, ES, Ni, Co:N;* pl, *CR.* Golosina en forma de bola, elaborada con palomitas de maíz o maicillo, bañadas en caramelo, azúcar o miel. ♦ **poporopo**.
  II. 1. m. *Ho, Ni, Ve, Ec, Ur.* Alegría intensa, desbordante, exteriorizada a menudo con enérgicos movimientos y voces entusiastas. pop + cult → espon.
  □
    a. ‖ **de ~.** loc. adj. *RD.* Excelente, extraordinario.

alborotoso, -a.
  I. 1. adj/sust. *Cu, RD, PR, Ve. Referido a persona,* alborotadora, desordenada en su conducta, escandalosa. pop + cult → espon ^ desp. ♦ **alborotero**; **bullero**.
  2. *Cu. Referido a persona,* que manifiesta sus sentimientos de forma exagerada. pop + cult → espon. ♦ **aparatoso**.

albricia.
  I. 1. f. *Ve.* Arbusto de hasta 4 m de altura, de hojas coriáceas, aovadas, inflorescencia en racimos, flores rosadas y fruto globoso de color rojizo. (Ericaceae; *Vaccinium alternoides*).
  II. 1. f. pl. *Ho.* Ofrenda que se hace a los santos, a los dueños de los montes o a la madre tierra. rur.

albulito. (Var. de *arbolito*).
  I. 1. m. *RD.* Árbol de hasta 8 m de altura, con ramas comprimidas en el ápice, hojas ovaladas, flores pardo-amarillas y fruto oblongo pardo oscuro. (Calastraceae; *Maytenus dominguensis*).

albur.
  I. 1. m. pl. *Mx, Cu, RD, PR.* p.u. Juego de palabras de doble sentido, anfibología con frecuentes sugerencias sexuales.
  2. *Ho, Ni, CR, PR.* Engaños, mentiras, embustes.
  II. 1. m. *Ni.* Aventura de una persona, *en especial amorosa.*
  ■
    a. ‖ ~ **de arranque.** m. *Cu.* Etapa final en la realización de algo.
  □
    a. ‖ **en el ~ de arranque.** loc. adv. *Cu.* En el mismo instante de marcharse una persona de un lugar.
  ▶ correr el ~.

alburaniya.
  I. 1. *PR.* **boronía**.

albureada.
  I. 1. f. *Mx.* **Albures**, engaños a los que se somete a una persona.

albureado, -a.
  I. 1. adj. *CR. Referido a un animal,* que está en celo. rur.

albureador, -ra.
  I. 1. m. y f. *Mx.* Persona que gusta de emplear **albures**, juegos de palabras.

alburear(se).
  I. 1. intr. *Mx.* Hacer **albures**, juegos ingeniosos de palabras.
  2. tr. *Ho, Ni.* Engañar, embaucar a *alguien una persona.* pop.
  II. 1. intr. prnl. *Ni.* Sentirse atraído *alguien* por una persona o cosa. pop + cult → espon.
  2. tr. *CR.* Distraer a *alguien* para que pierda la concentración y cometa un error. pop.
  3. intr. prnl. *CR.* Perder *alguien* la concentración por causa de una persona que desea hacer que se equivoque.

alburero, -a.
  I. 1. adj/sust. *Mx. Referido a persona,* que le gusta emplear **albures**, juegos ingeniosos de palabras.

alca. (Apóc. de *alcahuete*).
  I. 1. *PR.* **alcahuete**, administrador.

alcabala.
 I. 1. f. *Co:NE, Ve.* Puesto de vigilancia de las fuerzas de orden público situado en carreteras y en autopistas suburbanas.
 ▶ **andar sin ~.**

alcachofa.
 I. 1. m-f. *Bo.* metáf. Alcahuete que concierta una relación amorosa.
 2. *Bo.* metáf. Soplón, delator. pop + cult → espon ^ desp.
 II. 1. adj/sust. *PR. Referido a persona*, que no vale nada. pop + cult → espon ^ desp.

alcachofazo.
 ▶ **pegarse el ~.**

alcahueta.
 I. 1. f. *Ho, Co.* **alcahuete**, persona que consiente a otra.

alcahuete.
 I. 1. m. *Ni, PR, Bo.* Administrador de casas de prostitución. prost. ♦ **alca**.
 II. 1. m. *Cu.* Espejo. pop.
 III. 1. m. pl. *PR.* Policía. polic.

alcahuete, -a.
 I. 1. m. y f. *Mx, Gu, Ho, ES, Ni, CR, Pa, RD, PR, Ve, Ec.* Persona que consiente y mima en exceso a otra. (**alcahueta**).
 2. m. y f. *Pa.* Persona muy permisiva con subalternos y quienes están a su cuidado, *especialmente menores.*
 II. 1. *Ar, Ur.* **chupamedias**, adulador.
 III. 1. m. y f. *Ar.* Persona que delata o acusa a alguien. polic.

alcahuetear.
 I. 1. tr. *Mx, Gu, Ho, ES, Ni, CR, Pa, RD, PR, Co, Ve.* Consentir o mimar *una persona* en exceso a *alguien, especialmente a hijos y nietos.* pop + cult → espon.
 2. intr. *Ar, Ur.* Tratar *una persona* de agradar a alguien por conveniencia e interés.
 II. 1. intr. *Ar.* Delatar *una persona* a *alguien.* pop + cult → espon.
 III. 1. tr. *Ec.* Encubrir a *alguien* o *algo.* pop + cult → espon.

alcahuetería.
 I. 1. f. *Mx, Gu, Ho, ES, Ni, Pa, Ve.* Mimo, consentimiento excesivo de una persona a alguien. pop + cult → espon.
 II. 1. f. *Ar.* Delación de una persona a alguien. pop + cult → espon.
 III. 1. f. *Ar.* Adulación de alguien a una persona. pop + cult → espon.
 IV. 1. f. *Ec.* Encubrimiento. pop + cult → espon.

alcahueto.
 I. 1. m. *Mx, Ec.* Hombre que solapa a otro. pop + cult → espon.

alcalde.
 I. 1. m. *Mx. En ciertos juegos de cartas*, jugador que solo reparte las cartas sin intervenir en el juego.
 II. 1. m. *Bo.* Encubridor. euf; pop + cult → espon ^ desp.
 III. 1. m. *RD.* Alcaide de una cárcel.
 ■
 a. ‖ **~ auxiliar.** m-f. *Gu, Ho, Ni.* Persona nombrada por el alcalde municipal, que ejerce su autoridad en una aldea o caserío pedáneo.
 b. ‖ **~ mayor.**
  i. m. *Co, Ve.* Principal jefe administrativo del gobierno municipal en el distrito capital de un país.
  ii. *Bo.* Autoridad comunitaria rural de algunas regiones andinas.
 c. ‖ **~ menor.** m. *Co.* Jefe administrativo de una zona del distrito capital de Bogotá.
 ◪
 a. ‖ **cada ~ manda en su año.** fr. prov. *Ho.* Indica que alguien manda en una institución, aunque por un tiempo marcado por la ley.
 ▶ **estar de ~; ser de ~.**

alcaldía.
 ■
 a. ‖ **~ auxiliar.** f. *Gu, Ho, Ni.* Lugar donde se halla la sede y la oficina de un **alcalde auxiliar**.

alcaldicio, -a.
 I. 1. adj. *Pa, Ch.* Relativo a la alcaldía. prest; cult → esm.

alcalizar.
 I. 1. tr. *Ho, Cu. En la industria azucarera*, neutralizar la acidez del **guarapo**, precipitar las impurezas e impedir la pérdida de sacarosa, mediante la adición de cal.

alcamari.
 I. 1. m. *Pe, Bo:O,C,S.* Ave de rapiña de hasta 50 cm de longitud, de color negro, plumas primarias punteadas, la base del pico rojiza y las patas de color anaranjado amarillento. (Falconidae; *Phalcobaenus megalopterus*).
 II. 1. m. *Bo.* metáf. Abogado que obtiene beneficios de sus clientes de manera ilícita. pop + cult → espon ^ desp.

alcamunería.
 I. 1. f. *Ve:O.* Actuación de la persona **alcamunera**. pop.

alcamunero, -a.
 I. 1. adj. *Ve:O. Referido a persona*, bulliciosa. pop + cult → espon.
 2. *Ve:O. Referido a persona*, que le gusta llamar la atención. pop + cult → espon.
 3. *Ve:O. Referido a persona*, que se entromete en asuntos ajenos. pop + cult → espon.

alcance.
 I. 1. m. *Mx.* Choque ligero de un automóvil con otro.
 II. 1. m. *Pe, Ch.* Aporte o sugerencia hecha por alguien en sesiones o debates públicos.
 2. *Ur.* Lista complementaria de asuntos para ser tratados en una reunión.
 ■
 a. ‖ **~ de nombre.** m. *Ch.* Coincidencia de nombre y apellidos entre dos personas.

alcancía.
 I. 1. f. *EU, Mx, Ho, ES, Ni, CR, Pa, Cu, RD, PR, Co, Ve, Ec, Pe, Bo, Ch, Py, Ar, Ur.* Caja de madera o de otro material, con cerradura y una abertura por la que se introducen limosnas o donativos, que se fija en las iglesias o en otros lugares.
 II. 1. f. *Ch.* juv. Parte superior de la división que separa los glúteos, dejada al descubierto.
 2. *Ho, Ni.* Vulva. euf; pop + cult → espon.
 3. *ES.* Ano. euf; pop + cult → espon.
 III. 1. f. *ES.* Cerdo, animal doméstico.
 IV. 1. f. *ES.* Cárcel. delinc.

alcanfor.
 I. 1. m. *Gu, Ho, Ni.* Arbusto de hasta 2 m de altura, de tallos erguidos y vellosos, hojas pequeñas ovaladas y fruto globoso. (Laminaceae; *Hyptis oblogifolia*).

alcanforado, -a.
 I. 1. adj. *ES. Referido a persona*, un poco enojada. pop + cult → espon.

alcanforarse.
 I. 1. tr. prnl. *Gu, Ho, ES, Ni.* p.u. Desaparecer o perderse *algo.* rur.
 2. intr. prnl. *Ho.* p.u. Irse *alguien* ocultamente de un lugar, esfumarse. rur.
 II. 1. intr. prnl. *Ho.* **ahumarse**, hacerse perdedizo.

alcantariado, -a. (Der. de *cántaro*).
  I. 1. adj. *Ho:N,E.* p.u. *Referido a persona*, que ha enloquecido por un embrujo o maleficio.

alcanzado, -a.
  I. 1. adj. *Co. Referido a persona*, fatigada.
  2. *Ni. Referido a persona*, de recursos económicos atrasados.
  3. *Pa. Referido a persona*, que vive con muy poco dinero.
  II. 1. adj. *Ni, Co. Referido a un plazo señalado*, atrasado.
  ▶ **estar ~.**

alcanzador, -ra.
  I. 1. m. y f. *Pe.* Intermediario que vende a los comerciantes minoristas los productos comprados a los agricultores.

alcanzar(se).
  I. 1. tr. *Ar, Ur.* Acercar *una persona* a *alguien* en un vehículo a un lugar determinado.
  II. 1. intr. prnl. *Gu, Ho.* Agotarse o cansarse *alguien, en especial en su potencia sexual*.
  2. *Ho, Ni.* Estar *alguien* sin dinero.
  III. 1. intr. prnl. *CR:NO.* Rozar una caballería una pata o mano con otra al caminar.

alcanzativo, -a.
  I. 1. adj. *Gu, ES. Referido a persona*, suspicaz.

alcapa.
  I. 1. f. *Ho, ES.* **acapate**, hierba.

alcaparra.
  I. 1. f. *Pa, Pe, Bo, Ar, Ur.* Planta de características parecidas a las de la alcaparra y de la que hay diversas especies.
  2. *Ch.* **alcaparro.**

alcaparro.
  I. 1. m. *Co.* Arbusto muy ramificado de hasta 3 m de altura, de hojas pubescentes y flores de color amarillo anaranjado reunidas en racimos cortos. (Fabaceae; *Cassia tomentosa*). (**alcaparra**).

alcapate.
  I. 1. *Ho, ES.* **acapate**, hierba.

alcapone. (De *Al Capone*).
  I. 1. m-f. *PR.* Persona que delata a un compañero. delinc.

alcapurria.
  I. 1. f. *PR.* Fritura hecha de masa de **guineo**, **plátano verde**, **yautía** y **yuca**, rellena con picadillo de carne de **res** o de cerdo, pescado o mariscos.
  ☐
  a. ‖ **como masa de ~.** loc. adj. *PR. Referido a persona*, cansada, agotada. pop + cult → espon.

alcapurriada.
  I. 1. f. *PR.* Conjunto de **alcapurrias**.

alcaraván.
  I. 1. m. *Mx, Ho, Ni.* Ave zancuda de hasta 50 cm de longitud, de plumaje marrón moteado de blanco con una raya ancha negra en la cabeza, cuello largo, patas largas, robustas, de color amarillento, y pico corto y grueso. (Burhinidae; *Burhinus bistriatus*). ♦ **búcaro**; **ñenguere**; **peretete**.
  2. *Co:NE, Ve.* **teruteru**.

alcarreto.
  I. 1. m. *Pa.* Árbol de hasta 35 m de altura, de tronco acanalado, hojas alternas, flores blancas o verdes amarillentas, y fruto grisáceo. (Apocynaceae; *Aspidosperma megalocarpon*). ♦ **canalú**; **canalú**; **canalua**; **volador**.
  2. *Pa.* Árbol de hasta 10 m de altura, de hojas simples y alternas, flores amarillentas y fruto en drupa de color rojizo. (Erythroxylaceae; *Erythroxylum citrifolium*).

alcatraz.
  I. 1. m. *Mx.* Planta erecta, perenne, de hojas grandes y aflechadas, flores muy grandes y dispuestas en un eje amarillo y carnoso que está envuelto o rodeado por una gran bráctea blanca en forma de cucurucho; es ornamental. (Araceae; *Zantedeschia aethiopica*). ♦ **cala**; **cartucho**.
  II. 1. m. *Pe.* Baile típico de ritmos africanos y del país, en el que los hombres llevan una vela con la que intentan quemar una cinta de tela que lleva la mujer.
  III. 1. m. *Ve.* **pelícano pardo**.

alcaucil.
  I. 1. sust/adj. *Ar; Ur.* p.u. Persona tonta. pop.
  2. *Ar, Ur.* Persona que delata o acusa a alguien, *especialmente para que reciba una reprimenda o un castigo*. pop + cult → espon.

alcayata.
  I. 1. f. *Cu, Co:N, Ve, Bo.* Cada uno de las dos ganchos de metal de los que se amarran los lazos para colgar una hamaca.
  2. *Ve, Bo, Py; Ur,* p.u. Cada una de las piezas metálicas con el travesaño giratorio, que, fijadas en la pared a ambos lados de puertas o ventanas, sirven para sujetar los postigos una vez abiertos.
  3. *Ve, Bo.* Anillo de hierro u otro metal que suele tener una espiga o tornillo para fijarlo.
  4. *Pe.* Pequeña pieza metálica en forma de L que sirve para colgar objetos en la pared.
  5. *Cu, RD, PR.* Repisa para sostener **matas** en el jardín.

alcayota.
  I. 1. f. *Pe, Ch, Ar.* **chilacayote**, planta y fruto.

alce.
  I. 1. m. *Ho, ES.* Robo, sustracción. pop + cult → espon.
  II. 1. m. *Ho, Ni.* Relación amorosa o sexual. euf; pop + cult → espon. ♦ **levante**.
  III. 1. m. *Cu.* Recogida la caña de azúcar cortada para transportarla al ingenio.
  IV. 1. m. *Ho. En las peleas de gallos*, cada una de las peleas ganadas.
  ▶ **no dar ~.**

alceiba.
  I. 1. f. *PR.* Árbol duro y pesado, de hasta 25 m de altura, de hojas brillantes, oscuras y lisas, flores blancas, grandes y aromáticas; su madera es muy usada en ebanistería. (Magnoliaceae; *Magnolia portoricensis*). ♦ **anonillo**; **burro mauricio**; **jagüilla**; **mauricio**.

alcitrón. (Epént. de *acitrón*).
  I. 1. m. *Ho.* Acitrón, cidra o calabaza confitadas. ♦ **dulce de chiberro**.

alcobiche.
  I. 1. m-f. *ES.* Borracho consuetudinario. polic; desp. ♦ **pachanguero**; **patero**.

alcochec.
  I. 1. *Ec, Ar.* **alcotest.**

alcocheck.
  I. 1. *Ec.* **alcotest.**

alcohol.
  ▶ **conservarse en ~.**

alcoholado.
  I. 1. m. *PR, Ve.* Medicamento aromático, hecho con las hojas o el fruto de la **malagueta** y el eucalipto.

alcoholazo.
  I. 1. m. *Ho, ES.* p.u. Trago de alcohol metílico mezclado con agua o refresco.

alcoholemia.
  I. 1. f. *Mx, CR, Bo, Ch.* Prueba de alcohol en la sangre. prest; cult → esm.

alcoholero, -a.
 I. 1.   m. y f. *ES, Bo.* Persona que habitualmente ingiere bebidas alcohólicas en exceso. pop + cult → espon ^ desp.
 II. 1.   adj. *Py. Referido a un automóvil, una máquina o un motor,* que usa alcohol como combustible.

alcoholista.
 I. 1.   sust/adj. *Py, Ar, Ur.* Persona alcohólica. ♦ **alcoholito; patero.**

alcoholito, -a.
 I. 1.   sust/adj. *Pa.* **alcoholista.** ♦ **pachanguero; patero.**

alcoholizado, -a.
 I. 1.   adj. *Mx. Referido a persona,* totalmente borracha.

alcoholizar(se).
 I. 1.   intr. prnl. *Ni, CR, Ec, Pe, Bo, Py, Ur.* Embriagarse *una persona.* pop + cult → espon.
 2.   tr. *Ni, Bo, Py, Ur.* Embriagar una bebida a *alguien.* pop + cult → espon.

alcojolado, -a. (Var. de *alcoholado*).
 I. 1.   adj. *RD. Referido a un fruto,* que no ha alcanzado su desarrollo normal por haber sido cortado de la planta antes de madurar. (**acojolado**).
 2.   *RD. Referido a un fruto,* medio maduro. (**acojolado**).

alconafta.
 I. 1.   f. *Ar, Ur.* Combustible resultante de la mezcla de alcohol etílico y gasolina que se usa como sucedáneo de la gasolina.

alcornoco.
 I. 1.   m. *CR.* **alcornoque,** nacaco.

alcornoque.
 I. 1.   m. *Pa, Bo.* **huairuro,** árbol.
 2.   *CR.* **nacaco.** (**alcornoco**).
 3.   *CR.* Árbol de hasta 10 m de altura, de hojas alternas, flores púrpura y frutos en legumbres oblongas, rojizos o negros cuando maduran. (Fabaceae; *Mora megistosperma*).

alcotán.
 I. 1.   m. *Ho, ES, Ni.* **pareira brava.**
 2.   *Ho, ES, CR.* **marucha,** arbusto.
 II. 1.   m. *ES.* Alcohol puro mezclado con agua para ser bebido. carc.

alcotana.
 I. 1.   *Ho.* **chichicagua.**

alcotest.
 I. 1.   m. *Ch, Py.* Examen que detecta el nivel de alcohol en la sangre de un conductor o de un peatón que ha sido atropellado. ♦ **alcochec; alcocheck.**

alcuza.
 I. 1.   f. *Pa, RD, PR, Ve, Pe, Bo, Ch, Ar; Co, Ec,* obsol. Pieza de servicio de mesa que consta de recipientes para el aceite y el vinagre y, opcionalmente para sal, pimienta u otros condimentos.
 2.   f. *PR.* Botella de barro para agua.
 II. 1.   m. *Bo.* p.u. *En una cantina,* hombre que va de una mesa a otra con el propósito de beber sin pagar. pop + cult → espon ^ desp.

aldaba.
 I. 1.   f. *Ho, Ni, CR, Bo, Ch.* Artefacto de dos piezas colocado en puertas y ventanas por las que se introduce un candado para cerrarlas.
 II. 1.   f. *Cu.* Tabaco, cigarro.
 2.   *Cu.* Marihuana. drog.
 ■
   a. ‖ **la ~.** f. *Cu.* Un puro grande.

aldabado, -a.
 I. 1.   adj. *Bo. Referido a una puerta o a una ventana,* asegurada con **aldaba.**

aldabar.
 I. 1.   tr. *Bo; Ec.* p.u. Cerrar una puerta o una ventana con **aldaba.**

aldabonazo.
 I. 1.   m. *Mx; Ho.* p.u. **chambre,** chisme, noticia falsa.

alebestrearse.
 I. 1.   intr. prnl. *Pa.* Agitarse, alborotarse *una persona.*

alebrecado, -a.
 I. 1.   adj. *RD. Referido a persona,* alborotada, agitada. rur. (**alebrecao**).
 II. 1.   adj. *RD. Referido a persona,* recuperada, de aspecto mejorado. pop + cult → espon.

alebrecao.
 I. 1.   adj. *RD.* **alebrecado,** alborotado.

alebrescarse.
 I. 1.   intr. prnl. *RD.* Recuperarse *alguien,* mejorar de salud. rur.
 II. 1.   intr. prnl. *Pa.* Agitarse, alborotarse *una persona.*

alebrestado, -a.
 I. 1.   adj. *Mx, Gu, ES, Co, Ve. Referido a persona o animal,* alborotado, alterado, agitado.
 2.   *ES, Ve. Referido a persona o animal,* rebelde. ♦ **alzado.**
 3.   *Ho, Ni.* p.u. **vivo,** listo.
 II. 1.   adj. *ES, Ve.* metáf. *Referido a persona,* ligeramente borracha. pop + cult → espon.
 III. 1.   adj. *Ve.* metáf. *Referido a una mujer,* liviana, de conducta irregular. pop + cult → espon.
 IV. 1.   adj. *ES. Referido a persona,* excitada sexualmente. euf; pop + cult → espon.
 2.   *Ho.* **aliruzado,** enamorado.

alebrestar(se).
 I. 1.   intr. prnl. *Mx, ES, Co, Ve.* Alborotarse *alguien,* alterarse, ponerse nervioso. pop. (**alebretarse**).
 2.   tr. *Mx, Co, Ve.* Alborotar, alterar, poner nervioso *una persona* a *alguien.* pop.
 3.   intr. prnl. *Mx, Co, Ec:O.* Asustarse un animal a causa de presencias, ruidos o estímulos inesperados. pop.
 4.   tr. *Mx, Co, Ec:O.* Hacer que un animal se asuste ante presencias, ruidos o estímulos inesperados. pop.
 5.   intr. prnl. *Ve, Ec:O.* p.u. Experimentar *una persona* inquietud o turbación de ánimo. pop ^ fest.
 6.   tr. *Ec:O.* Hacer *alguien* que una persona experimente inquietud o turbación de ánimo. pop ^ fest.
 II. 1.   intr. prnl. *Mx, ES, Cu.* Ilusionarse o entusiasmarse por algo. pop + cult → espon.
 2.   *Cu, Ve.* Entusiasmarse *alguien* ante algo nuevo que surge. pop + cult → espon.
 3.   intr. prnl. *Ho, ES, Cu.* Enamorarse. pop + cult → espon. (**alebretarse**).
 4.   intr. prnl. *Cu.* Excitarse *alguien* sexualmente. pop + cult → espon. (**alebretarse**).
 III. 1.   intr. prnl. *Mx, Co, Ve.* Rebelarse *una persona* contra algo o alguien. pop.
 IV. 1.   intr. prnl. *Gu, ES, Ve.* Enfadarse, enojarse. pop + cult → espon.
 V. 1.   intr. prnl. *Ve.* Alegrarse *una persona* a causa de los efectos del alcohol. pop.
 VI. 1.   intr. prnl. *RD, PR.* Espabilarse *alguien.* rur.

alebreste.
 I. 1.   m. *Ho.* Relación amorosa entre dos personas.

alebretarse.
 I. 1.   *Mx, Gu, ES.* **alebrestarse,** alborotarse.
 II. 1.   intr. prnl. *Ho, Ni.* Enamorarse.
 2.   *ES, Pa.* **alebrestarse,** excitarse.

alebrije.
 I. 1.   m. *Mx.* Figura de papel maché o de madera pintada de colores vivos, que representa un animal imaginario.

alecrín.
- I. 1. m. *Ar:NO.* Árbol de hasta 25 m de altura, con follaje perenne, abundante y verde oscuro, corteza gris oscura, flores verdosas y frutos globosos y carnosos; su madera, pesada, dura y rojiza, tiene múltiples aplicaciones en carpintería. (Fabaceae; *Holocalyx balansae*). ♦ **ibirá-pepé.**
- 2. *Ur.* Arbusto de hasta 90 cm de altura, con raíces gruesas, hojas alternas y pubescentes en el envés, y flores de color violáceo. (Asteraceae; *Vernonia nudiflora*).
- II. 1. m. *Cu, RD, PR.* Tiburón de hasta 9 m de longitud, de cuerpo grisáceo con rayas transversales oscuras, cara y zona ventral blanca, aleta dorsal muy desarrollada, cabeza aplanada, morro chato y dientes grandes y afilados. (Carcharhinidae; *Galeocerdo cuvier*).

alegadera.
- I. 1. f. *Mx, Gu, Ho, ES, Ni, CR, Co, Ec.* Discusión reiterada. pop + cult → cspon.

alegador, -ra.
- I. 1. sust/adj. *Mx, Gu, Ho, ES, Ni, Bo, Ch; Pe,* obsol. Persona que discute o disputa frecuentemente con otra u otras. ♦ **alegoso.**

alegar.
- I. 1. tr. *Mx, Ho, Ni, PR, Co, Ec, Bo, Ch, Ur.* Discutir, protestar o disputar *una persona* airadamente *algo* con alguien.
- 2. intr. *Bo, Ch.* Protestar *una persona* contra algo.

alegata.
- I. 1. f. *Mx.* Discusión, disputa. (**alegato**).

alegato.
- I. 1. m. *Mx, Ch.* Protesta, muestra de disconformidad ante algo. pop + cult → espon.
- 2. *Gu, Ho, ES, CR, Pa, Co, Ch.* **alegata.**
- II. 1. m. pl. *RD, PR.* Argumentos falaces.

alegón, -na.
- I. 1. adj. *Ni, Co, Ec. Referido a persona,* que replica por sistema, de malos modos, a superiores y mayores.
- 2. *Ho, Ni, CR, Ec, Ch. Referido a persona,* que acostumbra a provocar discusiones o disputas.

alegoso, -a.
- I. 1. adj. *Pe.* **alegador.**

alegrar.
- □
- a. ‖ ~ **el almanaque.** loc. verb. *Ch.* Proporcionar entretenimiento y diversión a la gente. fest. ♦ **entretener el almanaque.**

alegría.
- I. 1. f. *Mx.* Planta herbácea de hasta 1,5 m de altura, de tallo rojizo, ramificado casi desde la base y marcado con estrías longitudinales, hojas alternas, agudas y pecioladas, flores muy pequeñas en panículas terminales o axilares, y fruto en capsulita que contiene una sola semilla. (Amaranthaceae; *Amaranthus leucocarpus*). ♦ **chía de chapata; guaute; huautle; huautli.**
- 2. *Mx.* Semilla comestible de la planta herbácea del mismo nombre, blanca, lisa, brillante, ligeramente aplanada y pequeñísima como la del ajonjolí; se emplea en la elaboración de **atole, tamales** y golosinas.
- II. 1. f. *Mx, ES.* Dulce hecho con semillas de amaranto, tostadas y reventadas por el calor, y miel de **piloncillo** hervido. ♦ **suale.**
- 2. f. pl. *Co:N.* Dulce popular preparado con millo y miel de **panela** al que se añade coco y anís.
- 3. *Cu, RD.* Dulce hecho de ajonjolí y **melao** de caña.
- 4. *PR.* Dulce típico hecho de coco.
- III. 1. f. *PR.* Planta ornamental, perenne, de hasta 60 cm de altura, tallos y ramas de color verde rojizo, hojas alternas lanceoladas, elípticas y ovoides, y flores rojas. (Balsaminaceae; *Impatiens wallerana*).
- IV. 1. f. *PR.* Marihuana. drog.
- ■
- a. ‖ ~ **de pobre.** f. *Ho, Ni.* **alegrón de burro.** pop + cult → espon.
- b. ‖ ~ **de tísico.** f. *Ve.* **alegrón de burro.**
- c. ‖ ~ **de tusa.** f. *Ho.* **alegrón de burro.**
- ▶ **chupar la ~.**

alegrón.
- ■
- a. ‖ ~ **de burro.** m. *Mx, Gu, Ho, Ni, CR.* Alegría repentina e intensa que se desvanece pronto debido a la irrealidad de las causas que la produjeron. pop. ♦ **alegría de pobre; alegría de tísico; alegría de tusa; alegrón de pobre; alegronazo de burro.**
- b. ‖ ~ **de pobre.** *Ho.* **alegrón de burro.**

alegrón, -na.
- I. 1. adj. *Gu, Ho, ES, Ni, Co, Pe; Ec,* p.u., espon ^ fest. *Referido a persona,* ligeramente borracha. ♦ **copetón.**
- II. 1. sust/adj. *Ni, Pe, Bo.* Mujer que cede con facilidad a los requerimientos sexuales de los hombres.
- 2. *Ni, Bo.* Persona que suele entablar relaciones amorosas o sexuales pasajeras. desp ^ fest.
- III. 1. adj. *Co:C. Referido a mujer,* presumida, esmerada en su arreglo personal y en todo cuanto pueda hacerla atractiva. pop.

alegrona.
- I. 1. f. *Pe.* Alegría grande.
- II. 1. f. *Ni, Ec.* Mujer que ejerce la prostitución. euf; pop + cult → espon.

alegronazo.
- ■
- a. ‖ ~ **de burro.** *CR.* p.u. **alegrón de burro.** vulg; pop + cult → espon.

alegrura.
- I. 1. f. *Ve.* Borrachera. pop.

Alejo.
- □
- a. ‖ **¡aléjalo, San ~!** loc. interj. *Cu.* Expresa el deseo de que no ocurra algo temido. pop + cult → espon.

alelaila.
- I. 1. *PR.* **alilaila.**

alelazón.
- I. 1. f. *Pa.* Tontería, necedad. pop + cult → espon.

aleluya.
- I. 1. m-f. *CR, Pa, PR; Gu, Ho, ES,* rur. Miembro de una iglesia protestante que se caracteriza, a veces, por sus cantos acompañados de instrumentos musicales, *en especial, la pandereta.* pop ^ desp.
- 2. f. *Ho:C, ES.* obsol. Habilidad y astucia para conseguir algo.
- II. 1. f. *RD, PR.* p.u. Excusa superficial y frívola.
- 2. *RD.* Perspicacia, viveza.
- III. 1. f. *Cu.* Planta de hojas hendidas de tres lóbulos y sabor ácido, que se utiliza en salsas, dulces y refrescos. (Malvaceae; *Hibiscus sabdarijera*). ♦ **agrio de Guinea.**
- ▶ **darle como a pandereta ~.**

aleluyar(se).
- I. 1. intr. prnl. *PR.* Convertirse *alguien* a una religión protestante.
- II. 1. tr. *PR.* Atolondrar a *alguien* repitiendo cosas. pop + cult → espon.

alemán, -na.
- ▶ **pagar a la alemana.**

alentado, -a.
- **I. 1.** adj. *Ho, Ni, Pa, Cu, RD, PR, Co, Ve, Pe, Ch. Referido a persona*, que se ha restablecido o curado de una enfermedad. rur.
- **2.** *Gu, Ho, ES, Ni, CR, Co:C. Referido a persona*, de aspecto saludable y vigoroso. rur.
- **3.** *RD. Referido a persona*, que no está totalmente sana. rur. (**alentao**).
- **II. 1.** adj/sust. *Ch. Referido a persona*, inteligente. pop + cult → espon.
- **2.** *Ch. Referido a persona*, que actúa con diligencia y prontitud. pop + cult → espon.
- **III. 1.** adj/sust. *ES. Referido a un hombre*, que tiene el pene de gran tamaño. euf; pop + cult → espon.

alentao, -tá.
- **I. 1.** *RD.* **alentado**, no totalmente sano.

alentarse.
- **I. 1.** intr. prnl. *Gu, Ho, ES, Ni, Pa, Cu, RD, PR, Co, Ve, Pe, Ch.* Mejorarse *alguien* de una enfermedad. rur.
- **2.** *Mx.* metáf. Mejorar el funcionamiento de un auto o de una computadora.
- **3.** *Co:C,O.* Dar a luz una mujer. rur.
- **II. 1.** intr. prnl. *Mx.* Perder *algo* velocidad, *muy particularmente un programa o un componente informático*.
- **III. 1.** intr. prnl. *Ch; PR,* p.u. | metáf. Mejorarse *alguien* económicamente.

aleonar(se).
- **I. 1.** intr. prnl. *Pe, Ch.* Envalentonarse *alguien*.
- **II. 1.** tr. *Ch.* Incitar *una persona* a *alguien* a la acción, *especialmente al desorden o a la lucha*.

alepantado, -a.
- **I. 1.** *Ec:S.* obsol. **elevado**, concentrado. sat.

alepato.
- **I. 1.** m. *CR.* Insecto hemíptero, de hasta 5 mm de longitud, de color rojo oscuro, cuerpo muy aplastado, casi elíptico, de antenas cortas y cabeza inclinada hacia abajo; chupa la sangre humana dejando en la piel picaduras irritantes. (Cupressaceae; *Cymex* spp.).

alerce.
- **I. 1.** m. *Ch, Ar.* Árbol de hasta 45 m de altura, de tronco recto y copa piramidal, ramas que llegan hasta el suelo y follaje irregular; es muy apreciado en ebanistería fina y en la fabricación de instrumentos musicales por su madera liviana, de excelente calidad y hermoso veteado. (Cupressaceae; *Fitzroya cupressoides*).

alercero, -a.
- **I. 1.** adj. *Ch.* Relativo al cultivo y explotación del **alerce**.

alergia.
- **I. 1.** f. *Mx, PR.* Catarro de nariz.

alero.
- **I. 1.** m. *Mx, Gu, Ho, ES, Ni, CR, Pa, Co, Bo, Py, Ar.* Cobertizo y corredor en la fachada o laterales de una casa que sirven para protegerse.
- **II. 1.** m. *Ho, ES, Ni, Pa, Pe, Ch; Bo,* obsol. *En el futbol y en el futbol sala*, jugador atacante que ocupa los extremos laterales en la alineación del equipo.
- **III. 1.** *Gu, Ho, ES.* Amigo íntimo, compañero inseparable.
- ▶ andar de ~ en ~; ir de ~ en ~.

alero, -a.
- **I. 1.** m. y f. *Pa.* Ayudante del piloto en avionetas de fumigación.

alertear.
- **I. 1.** tr. *Ar.* Alertar, dar voces de aviso. rur.

alerudo, -a.
- **I.** (Der. de *alero*, voladizo de un tejado).
  - **1.** adj. *Ho.* p.u. *Referido a edificio*, con alero muy salido.
- **II.** (Der. de *ala*).
  - **1.** adj. *Ho. Referido a sombrero*, de ala muy grande.

alerzal.
- **I. 1.** m. *Ch.* Terreno poblado de **alerces**.

aleta.
- **I. 1.** f. *Mx. En los automóviles*, ventanilla triangular, pequeña y móvil de las puertas delanteras que sirve para regular la entrada de aire.
- **II. 1.** f. *Ho, ES, Ni, CR.* **Ala**, axila, sobaco, *especialmente la maloliente*.
- **III. 1.** f. *Gu.* Vertedera de un arado. rur.
- **IV. 1.** f. *Ho.* Cada una de las pequeñas aspas de la rueda de un trapiche movido por agua.
- **V. 1.** f. *PR. En la siembra de la caña*, parte de la **banqueadora** que no deja que la tierra levantada cierre el surco.

aletazo.
- **I. 1.** m. *Ho, ES, Ni, CR, PR, Ec.* Mal olor producido por la sudoración de las axilas. vulg; pop + cult → espon.
- **II. 1.** m. *CR, Ch.* Golpe dado por alguien con la mano en la cara de una persona. pop + cult → espon.
- ▶ dar un ~.

aletear.
- **I. 1.** intr. *PR, Bo.* Morirse *alguien*. pop + cult → espon.
- **II. 1.** intr. *Cu.* Pasar o estar *alguien* en una grave situación económica. pop + cult → espon.
- **III. 1.** intr. *PR.* Argumentar *alguien* sin posibilidades de éxito. pop + cult → espon.
- **IV. 1.** intr. *PR.* Emitir *alguien* una expresión por despecho como último recurso. pop + cult → espon.

aleteo.
- **I. 1.** m. *Ni.* juv. Disculpa o justificación de alguien para no hacer algo.
- **II. 1.** m. *Ni.* Manifestación de la inconformidad de alguien.
- **III. 1.** m. *PR.* Estado de un moribundo. pop + cult → espon.
- **IV. 1.** m. *PR.* Argumentación final en una discusión perdida; pataleo. pop + cult → espon.
- **V. 1.** m. *CR.* Actitud súbita y fuera de razón, de sentido o de conveniencia, con que una persona importuna a otras. pop + cult → espon.
- **VI. 1.** m. pl. *CR.* Manera de decir algo valiéndose de términos o expresiones que no dan a entender directamente el asunto. pop + cult → espon.

aletón.
- **I. 1.** m. *Ho.* Pez de agua salada, de cuerpo alargado, mandíbula interior pronunciada, perfil de cabeza cóncava, aletas dorsales separadas con una línea oscura lateral y continua que se prolonga hasta el borde de la aleta caudal; su carne es comestible. (Centropomidae; *Centropomus pectinatus*).
- **II. 1.** m. *CR.* Extensión que tienen las sillas de montar a cada lado, usada para proteger del sudor de la caballería al jinete.

aletoso, -a.
- **I. 1.** adj. *Co:SO. Referido a persona*, que causa ruido o alboroto. pop + cult → espon ^ desp.

alevantarse.
- **I. 1.** intr. prnl. *Ve:O.* Levantarse de la cama. rur.

alevino.
- **I. 1.** m. *Bo, Ar, Ur; Co, Ch,* p.u. Cría de ciertos peces de agua dulce que se utiliza para repoblar ríos, lagos y estanques.

alevoso, -a.
- **I. 1.** adj. *Ni, Co, Bo. Referido a persona*, agresiva y pendenciera.
- **2.** *Ni, Co, Bo. Referido a una acción*, agresiva y malintencionada.

alexander.
- **I. 1.** *Cu.* **alexánder**.

alexánder.
   I. 1. m. *Cu.* Bebida compuesta de dos licores a los que se agrega leche, crema de cacao y hielo. (**alexander**).

alfa.
   I. 1. f. *Ar:NO.* Alfalfa.

alfabetear.
   I. 1. tr. *Cu.* Ordenar *algo* alfabéticamente.

alfabetizando, -a.
   I. 1. m. y f. *Ni, Ec, Bo.* Persona, *en especial adulta*, que se encuentra en proceso de alfabetización.

alfabeto, -a.
   I. 1. adj/sust. *Ho, ES, Ni, CR, Cu, RD, Co, Ec, Bo, Py, Ur.* Referido a persona, que sabe leer y escribir. cult → esm.

alfaje.
   I. 1. *Pa.* **alfajía**, árbol.

alfajía.
   I. 1. f. *Ho.* Cinta que rodea y asegura grandes embalajes.
   2. *PR.* Listón de madera o moldura empleada para recubrir uniones o faltas o para enmarcar el hueco de las ventanas y las puertas.
   II. 1. f. *Pa.* Árbol de hasta 30 m de altura, de hojas alternas, flores verdes o amarillentas, frutos en cápsulas y tuberculados en el exterior, amarillos o anaranjados cuando maduros. (Meliaceae; *Trichilia tuberculata*). ♦ **alfaje**; **alfajía colorada**; **fosforito**.

■
   a. ‖ ~ **colorada.** *Pa.* **alfajía**, árbol.

alfajor.
   I. 1. m. *Co, Ve, Ec, Pe, Bo, Ch, Py, Ar, Ur.* Golosina compuesta de dos o más medallones de masa de repostería, adheridos con algún tipo de dulce como mermelada, chocolate o dulce de leche.
   2. *Mx, Ve.* Dulce hecho con pasta horneada y elaborada con dulce de leche, azúcar y coco.
   3. *Ho, ES, Ni, Pa, RD, Ve.* Dulce en forma de rombo o alargado, hecho de harina de maíz tostado o **yuca**, azúcar o miel y especias como la canela.
   4. *Ec:S.* Especie de turrón elaborado con pan dulce rallado, miel de abeja y canela.
   5. *CR:NO.* Alimento elaborado con miel y harina de maíz tostado.

□
   a. ‖ ~ **de maicena.** m. *Py, Ar, Ur.* Alfajor relleno de dulce de leche, cuya masa está hecha a base de maicena. (**alfajor de maizena**).
   b. ‖ ~ **de maizena.** *Py, Ar, Ur.* **alfajor de maicena.**
   c. ‖ ~ **de nieve.** m. *Ur.* Alfajor bañado por una capa hecha de merengue.

alfajorero, -a.
   I. 1. m. y f. *Pe.* Persona que se dedica a vender **alfajores**.
   2. adj. *Ch.* Relativo a la producción y venta de **alfajores**.

alfalaca.
   I. 1. f. *Cu.* Cualquier calzado amplio y de mala calidad.

alfalfar.
   I. 1. tr. *Bo, Ch, Ar.* Sembrar un terreno de alfalfa.

alfandoque.
   I. 1. m. *Co, Ve, Ec:N.* Dulce preparado con melaza de la caña de azúcar, batida con otros ingredientes como queso, anís o jengibre. (**alfondoque**).
   II. 1. m. *Co, Ec:NO.* Instrumento musical de percusión que consiste en un canuto de **guadúa** con semillas duras en el interior.

alfanjazo.
   I. 1. m. *Ec:S.* Lluvia torrencial que cae a fines de septiembre, cerca de la fecha de la onomástica de San Miguel Arcángel.

alfañique.
   I. 1. m. *PR.* Alfeñique.

alfaque.
   I. 1. m. *Gu, ES.* Movimiento de retroceso de las olas después de haber llegado a la orilla.

alfar.
   I. 1. m. *Bo, Ar:NO.* Terreno sembrado de alfalfa. rur.
   II. 1. tr. *Ar:NO.* Sembrar *alguien* un terreno de alfalfa. rur.

alfarda.
   I. 1. f. *Cu. En carpintería*, viga larga, de unos 10 cm de ancho que se usa como soporte de techos de madera.
   2. *Pa.* Soporte de madera que se emplea en la armazón de los techos. rur.

alfarnate.
   I. 1. adj. *RD. Referido a persona*, desvergonzada, bribona.

alfeñique.
   I. 1. m-f. *ES, Ar; Ho,* p.u. ‖ metáf. Persona cobarde. pop + cult → espon ^ desp. (**alfiñique**).
   2. m. *ES; Ho,* p.u. Individuo afeminado. pop + cult → espon ^ desp.
   II. 1. m. *RD.* metáf. Cosa endeble.
   III. 1. m. *Ni.* Miel de panela presentada en pequeñas barritas sólidas.

alferado.
   I. 1. *Pe.* **alférez**, hombre. rur.

alferazgo.
   I. 1. *Pe.* Cargo de **alférez**, que se desempeña durante las fiestas patronales del Altiplano.

alférez.
   I. 1. m. *Ni, Co, Pe, Bo, Ch:N, Ar.* Hombre que en determinadas fiestas religiosas preside los actos y sufraga los gastos, por lo cual tiene derecho a llevar el pendón de la festividad. rur. ♦ **alferado**.
   II. 1. m. *Ar, Ur.* Pájaro de hasta 18 cm de longitud, con plumaje pardo en las hembras y negro en los machos, con los hombros y la parte inferior de las alas amarillos. (Icteridae; *Agelaius thilius*). ♦ **trile**.

alfiler.
   I. 1. *Mx, Cu, Ve.* **alfiler de seguridad.**
   II. 1. m. *Cu.* Aguja, carne del lomo de una **res**.
   III. 1. *RD.* Árbol de hasta 10 m de altura, de color café claro y superficie brillante; su madera se usa en ebanistería. (Staphyleaceae; *Huertes cubensis*).

■
   a. ‖ ~ **de cabeza.** m. *Ni, Pa, RD, Ve, Ur.* Clavo metálico muy fino con cabeza recubierta de plástico de colores, usado para sujetar alguna parte de los vestidos, tocados y otros adornos femeninos.
   b. ‖ ~ **de criandera.** *Cu.* **alfiler de seguridad.**
   c. ‖ ~ **de gancho.** *Ve, Bo, Ch, Ar, Ur.* **alfiler de seguridad.**
   d. ‖ ~ **de seguridad.** m. *Mx.* Objeto metálico que se abrocha colocando su punta dentro de un gancho, que no puede abrirse con facilidad. ♦ **alfiler**; **alfiler de criandera**; **alfiler de gancho**; **gancho**; **nodriza**.

alfilerear.
   I. 1. tr. *Cu, Ec, Ch.* Sujetar *una persona algo* con alfileres, *especialmente una tela*.

alfilerillo.
   I. 1. m. *Mx.* Planta cactácea con tronco bien definido y leñoso, de ramas cilíndricas extendidas que se desprenden fácilmente, con púas largas y agudas y flor de color amarillo verdoso. (Cactaceae; *Opuntia leptocaulis*).
   2. *Ch, Ar.* Planta herbácea, de hojas palmadas provistas de estípulas, flor solitaria y heteroclamídea, con carpelos fusionados en un ovario prolongado,

cada uno de los cuales es un gran estilo que crece junto a un eje central; su forma recuerda a un alfiler. (Geraniaceae; *Erodium* spp.).

3. *Ar.* Árbol o arbusto espinoso de hasta 6 m de altura, de corteza rugosa, ramas pubescentes, hojas simples y alternas y flores hermafroditas; su fruto es de color castaño. (Nyctaginaceae; *Bougainvillea stipitata*).

II. 1. m. *Mx.* Insecto coleóptero polífago con antenas filiformes, de color verde brillante con manchas amarillas. (Chrysomelidae; *Diabrotica speciosa*). ♦ **San Antonio verde**; **vaquita de San Antonio**.

alfiñique.
I. 1. *Ho, Ni, Ch.* **alfeñique**, persona cobarde.

alfita.
I. 1. f. *Cu.* Automóvil de patrulla policial.

alfombra.
I. 1. f. *Ho, CR, Pa, Co, Ve, Ec, Bo, Py.* Tela fuerte de lana o de otros materiales, *generalmente sintéticos*, que se coloca adherida al suelo de una habitación, de pared a pared, para cubrirla; moqueta. ♦ **tapete**.
2. *Ho, Co:O.* Manta que se pone encima del sudadero o gualdrapa de un caballo, para que la montura no lo maltrate. rur. ♦ **segundo pelero**.
3. *ES.* Toalla. carc.

alfombrado.
I. 1. m. *Mx, Ho, Ni, CR, Pa, RD, Co, Ec, Pe, Bo, Ch, Py, Ar.* Alfombra adherida al suelo que cubre por completo el piso de una habitación.
2. m. *Bo.* Recubrimiento del suelo con una alfombra.

alfombrar.
I. 1. tr. *Mx, Ho, Ni, CR, Pa, Co, Ve, Ec, Ch, Py, Ar, Ur.* Cubrir el suelo de una habitación con **alfombra**. ♦ **entapetar**.
2. *Bo.* metáf. Facilitar *una persona a alguien* el acceso a un alto cargo.

alfombrilla.
I. 1. f. *Mx.* Hierba de hasta 40 cm de longitud, de hojas opuestas, numerosas flores agrupadas en espigas situadas en la punta de los tallos, y fruto seco; crece en los matorrales. (Verbenaceae; *Verbena* spp.).
II. 1. f. *Ve, Ch.* Varicela.
2. *Cu.* Sarpullido.
3. *Pa.* Sarampión.

alfondoque.
I. 1. *Ve.* **alfandoque**, dulce.

alforja.
I. 1. f. *Cu.* Seno de la mujer.
II. 1. f. *ES.* Piel fina que recubre los testículos. rur.
III. 1. f. pl. *Ni.* Testículos. euf; pop + cult → espon.
IV. 1. *CR.* **algodoncillo**, enfermedad parasitaria.

alforjas.
I. 1. adj/sust. *CR.* Tonto.

alforjones.
I. 1. m. pl. *Ho, Co:SO.* p.u. Tira ancha de tela o cuero rematada en los extremos por dos bolsas grandes en las que se guardan cosas que se transportan a lomos de un animal o sobre el hombro. rur.

algalia.
I. 1. f. *Gu, Ho.* Hierba de hasta 2 m de altura, con hojas alternas, flores amarillas con una mancha púrpura y con una columna estaminal que porta numerosos anteras, y fruto en cápsula sedosa y cuyas semillas huelen a almizcle; según la creencia popular, es una semilla mágica que da buena suerte a quien la lleva y aleja los malos espíritus. (Malvaceae; *Abelmoschus moschatus*). (**algaria**). ♦ **elvira**; **granos de almizcle**; **ocro**.

algarabía.
I. 1. f. *Cu.* Nalgas en movimiento.

algarabillarse.
I. 1. intr. prnl. *Ho, Ni.* p.u. Alborotarse *una persona*. pop + cult → espon.
2. *Ho, Ni.* p.u. Ponerse contenta *una persona*. pop + cult → espon.

algaria.
I. 1. *Ho.* **algalia**.

algarroba.
I. 1. f. *Pa.* **guapinol**, árbol de lugares cálidos.
2. *Pa.* Fruto de la algarroba.

algarrobilla.
I. 1. f. *Bo, Ch, Ar:NO.* Árbol de hasta 20 m de altura, de troco erguido, ramoso, hojas dispuestas en grupo y fruto comprimido; su madera es de excelente calidad. (Fabaceae; *Prosopis affinis*).
2. *Bo, Ch, Ar:NO.* Fruto de la algarrobilla, indehiscente, de color violáceo; se utiliza como forraje.

algarrobillo.
I. 1. m. *Pa.* Árbol de hasta 30 m de altura, de hojas alternas, flores pequeñas en racimos terminales y frutos en legumbres oblongas o elipsoides de color marrón cuando maduros. (Fabaceae; *Crudia acuminata*).
2. *Pa.* Fruto del algarrobillo, en legumbres oblongas o elipsoidales de hasta 7 cm de longitud, de color marrón cuando está maduro.

algarrobina.
I. 1. f. *Pe, Bo.* Extracto del fruto del **algarrobo** usado en la elaboración de refrescos, dulces y licores.
2. *Pe.* Refresco hecho con extracto del fruto del **algarrobo**.
3. *Pe.* Licor elaborado con extracto del fruto del **algarrobo**.

algarrobo.
I. 1. m. *Mx, Gu, Ho, Pa, Cu, PR, Ve.* Árbol de hasta 30 m de altura, de color pardo oscuro a grisáceo, copa amplia y a veces formada por pocas ramas, hojas con dos folíolos, alternas y oblongo lanceoladas, y flores en grupos axilares, de color pardo pálido. (Fabaceae; *Hymenaea courbaril*). ♦ **caca de chucho**; **copinol**; **guapinol**; **nere**; **pacay**; **paquió**; **petapa**; **sebo de burro**.
2. *Pa, Pe, Bo, Py, Ar.* **samán**.
3. *Pa, Pe, Bo, Ar.* Árbol o planta que sirve como denominación a varias especies, como el curbaril o el **cenízaro**.
4. *Ec, Ar:NO, Ur.* Árbol de hasta 16 m de altura, de follaje perecedero, copa en forma de sombrilla, hojas compuestas, flores amarillas, y frutos en forma de vainas amarillentas, con una pulpa de sabor dulce; su madera se caracteriza por su escasa permeabilidad y la corteza, rica en tanino, se emplea para curtir. (Fabaceae; *Prosopis nigra*). ♦ **algarrobo colorado**; **algarrobo negro**; **taco negro**.
5. *Ni, Ch.* Árbol de hasta 14 m de altura, con ramas espinosas y flores de color amarillo verdoso, con frutos en vaina, de color beis en su madurez, que contiene semillas ovaladas amarillentas. (Fabaceae; *Prosopis chilensis, P. juliflora*). ♦ **algarrobo blanco**.
6. f. *Pa, PR.* Fruto del algarrobo, en forma de vaina gruesa y dura, de color marrón al madurar y con varias semillas cubiertas de una pulpa polvosa y de color amarillento. (Fabaceae; *Hymenaea courbaril*). ♦ **copinol**; **guapinol**.
II. 1. m. *Gu.* Hombre con pene de grandes dimensiones. pop + cult → espon.

■

a. ‖ ~ **blanco**.
i. m. *Ar.* Árbol de hasta 15 m de altura, con tronco de corteza delgada de color pardo grisáceo, y

una vaina de color blanco amarillento como fruto; su madera se caracteriza por su escasa permeabilidad. (Fabaceae; *Prosopis alba*).

    ii. *Ar:NO,O.* **algarrobo**, árbol de hasta 14 m.

b. ‖ ~ **colorado.** *Ec.* **algarrobo**, árbol de hasta 16 m.

c. ‖ ~ **de guanaco.** m. *Ar:NO,O.* Arbusto ramoso de hasta 3 m de altura, hojas compuestas, flores amarillentas y una vaina de color rojo en forma de hoz. (Fabaceae; *Prosopis argentina*).

d. ‖ ~ **de Guayaquil.** *Ec.* **algarrobo de la Costa.**

e. ‖ ~ **de la Costa.** m. *Ec.* Árbol leñoso de hasta 20 m de altura, de copa amplia, largas ramas flexibles, algunas de ellas espinosas, hojas compuestas, flores pequeñas de color amarillo pálido y fruto en vaina también de color amarillo. (Fabaceae; *Prosopis inermis*). ♦ **algarrobo de Guayaquil.**

f. ‖ ~ **dulce.** m. *Ar:O.* Árbol de hasta 8 m de altura, de ramas arqueadas y espinosas, flores amarillas y una legumbre de color violáceo en forma de hoz. (Fabaceae; *Prosopis flexuosa*).

g. ‖ ~ **negro.**

    i. *Ar, Ur.* **algarrobo**, árbol de hasta 16 m.

    ii. *Ur.* Madera del algarrobo negro.

algo.

I. 1. m. *Ve.* Dinero. pop.

    2. *PR.* Sustento.

■

    a. ‖ **el ~.** m. *Co:O,SO.* **onces.**

    ▶ **cagarse en ~.**

algodón.

I. 1. pron. *Mx.* Algo. pop.

II. 1. m. *Ve.* Dinero. pop + cult → espon ^ fest.

■

    a. ‖ ~ **de becerro.** *RD.* **ahogabecerro.**

    b. ‖ ~ **de Suramérica.** m. *Ec.* Planta tropical perenne, que crece como un pequeño arbusto arbóreo, con flores amarillas, semillas negras, que produce un algodón en fibras inusualmente largas; se usa como droga para inhibir la fertilidad. (Malvaceae; *Gossypium barbadense*).

    ▶ **andar con los algodones en la nariz.**

algodoncillo.

I. 1. m. *Co.* Hierba arbustiva de hasta 3 m de altura, con tronco y hojas de color grisáceo, flores pequeña y blancas con manchas violetas, y frutos verdes. (Apocynaceae; *Calotropis procera*).

    2. *RD.* Árbol de hasta 30 m de altura, hojas simples y alternas, flores blancas o amarillentas y fruto en cápsulas ovoides o globosas de color negro cuando están maduras. (Euphorbiaceae; *Pera arborea*). ♦ **sapito.**

    3. *Pa, PR.* Planta herbácea trepadora, de hojas anchas, flores blancas y semillas cubiertas de pelusa sedosa. (Asclepiadaceae; *Asclepias nivea*). ♦ **platanillo.**

    4. *Pa.* **sangre de drago.**

II. 1. m. *PR.* Enfermedad parasitaria caracterizada por el desarrollo de placas blancas en las mucosas, *especialmente la bucal*. ♦ **alforja.**

algodonudo, -a.

I. 1. adj. *Co.* Referido a cosa, que tiene el aspecto o las propiedades del algodón o está recubierto por él.

algotro, -a.

I. 1. adj. *Co.* Algún otro. rur.

II. 1. pron. *Ho, ES, Ni.* Algún otro.

    2. *Ho, ES, Ni.* Otro.

alguacil.

I. 1. m. *Mx.* Pájaro córvido de hasta 28 cm de longitud, de dorso azul brillante y el vientre blanco, con gran cresta de plumas erizadas hacia delante en la cabeza, y detrás de la garganta, una delgada banda negra a manera de collar. (Corvidae; *Calocitta formosa*). ♦ **chachalaca copetona; chismoso; pampía; pía; piaca; piana; urraca; urraca azul; urraca copetona.**

II. 1. m. *Py, Ar, Ur.* Libélula. (**aguacil**).

III. 1. m. *RD.* Ayudante de confianza del alcalde de una cárcel.

alguaixte. (Var. de *aiguaste*).

I. 1. *ES.* **aiguaste.**

alguaste.

I. 1. *Ho.* **aiguaste**, semilla.

alguito.

I. 1. m. *Ni, Pa, Cu, RD, Ve.* Poca cosa, nimiedad. rur; pop.

    2. *Pe.* Poco dinero. pop + cult → espon ^ afec.

II. 1. m. *RD.* Alboroto, desorden.

alhaja.

I. 1. adj. *Ec, Bo:C,O.* Referido a persona, bien parecida y agraciada. pop + cult → espon. ♦ **alhajito.**

    2. *Ec, Bo:C,O.* Referido a persona, afable en el trato. pop + cult → espon. ♦ **alhajito.**

    3. *Ec.* Referido a cosa, agradable, placentera. pop + cult → espon. ♦ **alhajito.**

alhajado, -a.

I. 1. adj. *Ar, Ur.* Referido a persona, vestida de manera muy elegante. pop + cult → espon.

    2. *Ar, Ur.* Referido a un caballo, que lleva arneses muy lujosos. rur.

alhajera.

I. 1. f. *Mx, Gu, Ho, ES, Ni, Py.* **alhajero.**

alhajero.

I. 1. m. *Mx, Gu, Ho, ES, Ve, Ec, Py, Ar, Ur; Ch,* obsol. Estuche para guardar alhajas. pop + cult → espon. (**alhajera**).

alhajita.

I. 1. f. *Mx.* Persona poco recomendable por sus cualidades o rasgos. euf; pop.

alhajito, -a.

I. 1. m. y f. *Mx.* Persona poco recomendable por sus cualidades o rasgos. euf; pop + cult → espon.

    2. adj. *Ec, Bo.* **alhaja**, bien parecido.

alhajura.

I. 1. f. *Bo.* Persona educada y de trato afable. pop + cult → espon.

    2. *Bo.* p.u. Persona bien parecida.

alharaca.

    ▶ **hacer ~.**

alharaco, -a.

I. 1. *Bo, Ch.* **alaraquiento.**

alharaquear.

I. 1. intr. *Mx, Ni, Ec, Pe, Bo, Ch.* Expresarse alguien con vehemencia y exageración. (**alaraquear**). ♦ **hacer alharaca.**

    2. tr. *Mx, Ch.* Exagerar alguien algo. (**alaraquear**).

alhelí.

I. 1. m. *Mx, PR, Ve, Bo.* Árbol con flores amarillas o rosadas dependiendo de su cultivo; se utiliza mucho en perfumería. (Apocynaceae; *Plumeria* spp.; Euphorbiaceae; *Jatropha integerrima*).

    2. *Mx, PR, Bo.* Flor del alhelí.

■

    a. ‖ ~ **rojo.** *PR.* **cacalichuche.**

aliado.

I. 1. m. *Ve.* Dulce tradicional hecho de tuétano del hueso del ganado vacuno, harina de maíz, azúcar o **papelón** y agua.

    2. *Ch.* Sándwich frío de jamón y queso.

aliancista.
- **I. 1.** sust/adj. *Ch. En la actualidad*, miembro o simpatizante de la coalición política de centroderecha Alianza por Chile.
- **II. 1.** m-f. *ES.* Miembro o simpatizante del equipo de **futbol** Alianza.

alibí. (Del fr. *alibí*).
- **I. 1.** m. *PR; Bo*, p.u. Coartada.

aliblanca.
- **I. 1.** f. *Ho, Cu, RD, PR.* Paloma de hasta 27 cm de longitud, de plumaje general de color café claro, más oscuro por encima y grisáceo por debajo, lista blanca prominente en el ala, punta blanca redondeada en la cola, pico negro y patas rojas y una mancha negra en la parte baja de la mejilla. (Columbidae; *Zenaida asiatica*). ♦ **güistomona; huisisila; jabonera; paloma aliblanca.**
- **2.** m. *PR.* Gallo con plumas blancas en las alas junto a otras de diferente color.

alicante.
- **I. 1.** *Mx.* **cencuate.**

alicantino, -a.
- **I. 1.** adj. *RD. Referido a persona*, que habla mucho.
- **2.** adj/sust. *RD. Referido a persona*, zalamera.

alicatado, -a.
- **I. 1.** adj. *Cu. Referido a un muro o una pared*, construidos con ladrillos colocados de canto.

alicatar.
- **I. 1.** tr. *Cu.* Edificar una pared o muro con ladrillos colocados de canto.

alicatas.
- **I. 1.** f. pl. *Mx.* Alicates, herramienta metálica.

alicate.
- **I. 1.** m. *Pa, Ve, Py, Ar, Ur.* Especie de pinza curvada hacia dentro y con los extremos afilados, que sirve para cortar las uñas.
- **II. 1.** m-f. *Gu, Bo.* Persona que tiene las piernas encorvadas hacia afuera, en forma de aro, con las rodillas separadas. pop + cult → espon ^ fest.
- **III. 1.** adj/sust. *RD, PR. Referido a persona*, amiga íntima, compañera inseparable.
- **2.** *PR. Referido a persona*, ayudante servil, *especialmente en tareas menores.* alcahuete pop + cult → espon.
- **IV. 1.** m. y f. *RD.* Persona influyente que consigue que otra se mantenga en su cargo u oficio. pop + cult → espon.
- **V. 1.** m. pl. *ES.* Esposas que se ponen a los detenidos.
- ▪
  - **a.** ‖ ~ **de presión.** m. *CR, Ve.* Alicate provisto de un dispositivo para ajustar la abertura de sus puntas y sujetar firmemente objetos pequeños de manera fija. ♦ **alicate perro.**
  - **b.** ‖ ~ **perro.** m. *CR.* **alicate de presión.**
- ▶ aplicar el ~; dar ~.

alicoca. (Var. de *bicoca*).
- **I. 1.** f. *Ho.* Bicoca, ganga o cosa apreciable que se adquiere a costa de poco trabajo.

alicoino.
- **I. 1.** m. *RD.* Caracol utilizado como amuleto contra el mal de ojo y el veneno.

alicón.
- **I. 1.** m. *Cu.* Arbusto de hasta 3 m de altura, con hojas aovadas, inflorescencia en racimos, flores blancas y fruto en forma de baya globosa de color anaranjado. (Solanaceae; *Solanum jamaicense*).

alicorto.
- **I. 1.** adj. *PR. Referido a un gallo*, que tiene las alas cortas, por lo que resulta preferido en las peleas.

alicrejo.
- **I. 1.** m. *ES; CR*, obsol, rur. Animal de aspecto repulsivo.
- **II. 1.** m. *Ho.* metáf. Automóvil viejo y destartalado. pop + cult → espon ^ desp.

alicrejo, -a.
- **I. 1.** m. y f. *CR; Gu, ES*, obsol; rur. Persona o animal débil, flaco y desnutrido.
- **2.** *CR.* obsol. Persona fea. pop + cult → espon ^ desp.
- **II. 1.** m. y f. *ES.* p.u. Animal del que se desconoce su nombre o que no se quiere nombrar. rur.

alicuya.
- **I. 1.** f. *Pe.* **saguaipé**, gusano.
- **2.** *Pe.* Enfermedad hepática provocada por el parásito del mismo nombre.

alifrís.
- **I. 1.** adj. *Ve:O. Referido a persona o animal, generalmente un perro callejero*, flaco y hambriento. pop + cult → espon.

alijado.
- **I. 1.** m. *Ho.* Regaño, reprendida. (**alujado**).

alijar.
- **I. 1.** tr. *RD, Ch.* Lijar, alisar y pulir una cosa. pop.
- **2.** *RD.* Preparar a *alguien* para obtener algo de él. pop + cult → espon.

alijo.
- **I. 1.** m. *Ve.* Embarcación pequeña y chata utilizada para la carga y descarga de buques que no entran en los muelles por su gran calado.
- **II. 1.** m. *Cu.* Lugar en la parte trasera de una locomotora donde se guarda el carbón y el agua.

alilaila.
- **I. 1.** f. *RD, PR.* **paraíso**, árbol. (**alelaila; lilaila**).

alilargo.
- **I. 1.** adj. *PR. Referido a un gallo de pelea*, que tiene las alas largas, lo que limita sus movimientos al poder enredarse en ellas.

alilaya.
- **I. 1.** f. *ES.* Diligencia para ganarse la vida.

alimar.
- **I. 1.** tr. *Cu, RD, PR.* Desgastar *algo* con lima, limar.

alimentador.
- **I. 1.** m. *Co.* Autobús de servicio público que tiene una ruta circular y que recoge pasajeros gratuitamente para llevarlos a la estación de partida.
- **2.** *Ec.* Bus que recorre las rutas que el trolebús no realiza.
- ▪
  - **a.** ‖ ~ **de caña.** m. *Cu. En la industria azucarera*, persona que vigila la entrada de la caña en la desmenuzadora para que no produzca atascos.

alimentar.
- ☐
  - **a.** ‖ ~ **el ojo.** loc. verb. *Co.* Contemplar *alguien* a *una persona* muy atractiva. pop + cult → espon.
  - **b.** ‖ ~ **la pupila.**
    - **i.** loc. verb. *PR.* juv. Contemplar las chicas a los chicos.
    - **ii.** *PR.* juv. Ligar.

alimento.
- ▪
  - **a.** ‖ ~ **balanceado.** m. *Mx, Ni, Ec, Pe, Bo, Py, Ar, Ur.* Alimento para animales domésticos y ganado, mezcla de diversos ingredientes, que contienen calorías, proteínas y vitaminas.
- ▶ coger el ~.

alimentoso, -a.
- **I. 1.** adj. *PR.* Alimenticio.

alimeñado, -a.
    I. 1. adj. *Pe. Referido a persona*, que ha adquirido las costumbres, hábitos y formas de hablar de los habitantes de Lima.

alimoni.
    I. 1. *PR.* **alimonia.**

alimonia.
    I. 1. m. *PR.* Pensión que la ley obliga al ex marido a dar a su ex mujer, tras el divorcio. (**alimoni; alimonía;** *alimony*).

alimonía.
    I. 1. *PR.* **alimonia.**

alimony. (Voz inglesa).
    I. 1. *EU, PR.* **alimonia.**

alinderar. (De *lindero*).
    I. 1. tr. *Ni, RD, Co, Ve, Bo; Ho,* p.u. Señalar *alguien* los límites de un terreno. rur.

alindongado, -a.
    I. 1. adj/sust. *Ho:O. Referido a persona*, vestida, adornada y maquillada con profusión y esmero. ♦ **tirado**.

alineación.
    I. 1. f. *EU, Mx, ES, Ni, Cu, Co, Ve, Bo, Ch, Py, Ar, Ur.* Alineamiento de las ruedas de un coche. ♦ **alineamiento**.
    II. 1. f. *Ni, Cu, Ve. En el **beisbol**,* orden en que el entrenador coloca a los jugadores para **batear**.

alineamiento.
    I. 1. m. *Mx.* Subordinación a una posición política o ideológica.

alinear(se).
    I. 1. intr. prnl. *Mx, Ho.* Ponerse al día con los conocimientos.
    II. 1. intr. prnl. *Ni, PR.* Ponerse a tono con las circunstancias.
    III. 1. tr. *Ho.* Convencer *una persona a alguien* con propósitos amorosos o sexuales. pop + cult → espon.
    IV. 1. tr. *CR:NO.* Extraer *alguien* las vísceras de un pescado.
    □
    a. ‖ ~ **las calles.** loc. verb. *PR.* p.u. Callejear. pop + cult → espon.

aliñado.
    I. 1. m. *Ve:O.* Bebida preparada con aguardiente, manzanilla y aliños que se les da a las parturientas.
    2. *Cu.* Bebida de elaboración casera que se prepara con ron o aguardiente, trozos de fruta, azúcar y vainilla, *especialmente para celebrar el nacimiento de un niño.*
    3. m. *Ve.* Tipo de pan dulce.

aliñado, -a.
    I. 1. adj. *Ve. juv. Referido a un cigarrillo o a un alimento*, que contiene estupefacientes.

aliñar.
    I. 1. tr. *Mx, Ho, ES.* Matar y destazar *alguien* a un animal, *generalmente un cerdo o una vaca.* rur. ♦ **destazar**.
    II. 1. tr. *Ho, Ni.* Preparar *alguien algo, en especial provisiones,* para hacer una actividad o un viaje. rur.
    III. 1. tr. *Cu.* Dar, entregar *algo.* delinc.
    IV. 1. tr. *ES.* Sobornar *una persona a alguien.* carc.

aliño.
    I. 1. m. *Mx, Ho.* Descuartizamiento de una **res**. rur.
    II. 1. m. pl. *Ho, Ni.* Conjunto de sudaderos y lomillos que se pone en el lomo de las caballerías debajo de la silla o albarda para que no se rocen. rur.
    2. *Ho.* Primera manta que se pone a una caballería antes de colocarle el aparejo. rur. ♦ **primer sudadero**.

III. 1. m. *Ni.* Comida que lleva el trabajador a un lugar o a su centro de trabajo.

alipego. (De *ala* y *pega*).
    I. 1. m-f. *Ho* rur; *CR,* obsol. Persona que se junta a otras sin haber sido invitada. pop + cult → espon ^ desp. ♦ **pegatex**.

alipús.
    I. 1. *Mx.* Bebida alcohólica.
    2. m. *Gu, ES.* p.u. Trago de licor, *generalmente de aguardiente.* rur.

aliruzado, -a.
    I. 1. adj. *Ho. Referido a persona*, alerta, atenta o vigilante de algo.
    II. 1. adj. *Ho. Referido a persona*, enamorada. ♦ **alebrestado**.

aliruzar(se).
    I. 1. tr. *Ho.* Poner en alerta a *alguien.* rur.
    2. intr. prnl. *Ho.* Estar una *persona* atenta o vigilante de algo o de alguien. pop + cult → espon.

alisado.
    I. 1. m. *Pa, RD.* Producto que alisa el pelo crespo.

alisar.
    I. 1. tr. *Ho, Co:N,NE, Ve.* Planchar *alguien* la ropa para quitarle las arrugas. rur.
    II. 1. tr. *Ni.* Sodomizar a *alguien.* euf; pop + cult → espon.

aliset.
    I. 1. m. *Pa.* Alisado del cabello.

alisio.
    I. 1. m. *PR.* Brisa del mar. pop + cult → espon.

alistado.
    I. 1. m. *Ho, Ni.* Corte y cosido de las piezas de cuero para el calzado.
    II. 1. m. *Ni.* Miembro militar sin grado.

alistador.
    I. 1. m. *Ho.* Peine con las púas muy juntas para quitar del pelo los piojos y las liendres. rur. ♦ **liendrero**.

alistador, -ra.
    I. 1. m. y f. *Ho, ES, Ni, CR. En zapatería*, operario que corta y cose las piezas del calzado. ♦ **diseñador; estilista; modelista; preparador de cortes**.

alistao.
    I. 1. m. *RD.* Tipo de tela con muchas listas o cuadraditos en su diseño.

alistar(se).
    I. 1. intr. prnl. *EU, Mx, Gu, Ho, ES, Ni, Pa, Cu, Co, Ve, Pe, Bo, Ch, Ar, Ur.* Prepararse para emprender una actividad.
    2. tr. *Mx, Gu, Ho, ES, Ni, CR, Cu, Co, Ve, Pe, Bo, Ch, Py, Ar, Ur.* Preparar *alguien algo* para que pueda ser usado. pop.
    3. intr. prnl. *Co, Pe, Bo, Ch, Py, Ar; Ur.* pop + cult → espon. *En algunas pruebas deportivas*, colocar los participantes en sus respectivos lugares para empezar la **competencia**.
    4. tr. *Ho, ES, Ni, CR, Cu, Co, Ve, Bo.* Dar *una persona* aspecto limpio y agradable a *algo.*
    5. tr. prnl. *Ni, Pa, Ve, Pe, Ch.* Vestirse o arreglarse *alguien* para salir a la calle o a una fiesta.
    6. tr. *Ni, Pa, Bo, Ar.* Vestir o arreglar a un niño para que salga a la calle.
    II. 1. tr. *Ho, ES, Ni, CR, Bo. Entre zapateros*, cortar y coser las piezas del calzado.

alita.
    I. 1. f. pl. *Cu.* Remiendos.
    II. 1. f. *Ho.* p.u.; juv. Cobro ilegal. ♦ **raja**.
    □
    a. ‖ **en ~s de cucaracha.** *Ho, Ni, CR.* **en alas de cucaracha**.
    ▶ **estar en ~s de cucaracha; irse de ~.**

¡alita!
I. 1. interj. *Ec:C.* ¡ala!, expresa alegría o sorpresa.

¡aliticas!
I. 1. interj. *Ec:C.* Expresa alegría o sorpresa en grado sumo. pop + cult → espon. (¡haliticas!).

alitraneado, -a.
I. 1. adj. *RD.* Referido a *persona*, confundida. pop + cult → espon.

aliviado, -a.
I. 1. adj. *Bo, Ch, Ar, Ur.* Referido a un *trabajo*, que no es difícil de realizar.
II. 1. adj. *Ho.* Referido a *persona*, que infringe la ley constantemente.

alivianado, -a.
I. 1. adj. *Mx.* Referido a *persona*, de carácter franco, afable y accesible. pop + cult → espon.
II. 1. adj. *Ho, Ni.* Referido a *persona*, que está bajo los efectos de la droga. drog. ♦ **alucinado.**
III. 1. adj. *ES.* Referido a *persona*, que vive con holgura económica.

alivianar(se).
I. 1. tr. *Mx, Ho, Ni, Bo, Ar, Ur.* Hacer *alguien* o *algo* más ligero un peso o una carga.
2. intr. prnl. *Mx, Ho.* Mejorar uno su estado de ánimo, dejar de estar triste, enojado o tenso.
3. tr. *Bo; Ar, Ur* pop; *Ch,* cult. Reducir o mitigar *alguien* la molestia que origina algo difícil de soportar.
II. 1. tr. *Mx, Gu, Ho, ES, Ni.* Ayudar *una persona* a *alguien* para que salga de un apuro. pop + cult → espon.
2. intr. prnl. *Mx, ES.* Tranquilizarse *alguien*, adquirir serenidad y sosiego. pop + cult → espon.
III. 1. tr. *Ar.* Hurtar *una persona algo* sin que se entere la víctima. pop + cult → espon ^ fest.
2. *Ho.* Robar *algo.* delinc.
IV. 1. tr. *ES.* Dar regalos a *alguien.*
2. *Ni.* Dar dinero extra a *alguien.*
V. 1. tr. *ES.* Matar *una persona* a *alguien.* pop + cult → espon.

aliviane.
I. 1. m. *Mx, Ho, ES.* Sensación de placidez, bienestar, armonía. pop + cult → espon.
2. *Mx, Ni.* Acto de colaboración, ayuda o solidaridad de alguien hacia una persona, que le permite resolver un problema. pop + cult → espon.
II. 1. m. *Ho.* Euforia producida por la droga. drog. ♦ **alucine.**

aliviar(se).
I. 1. intr. prnl. *Mx, Gu, Ni, Co, Bo.* Dar a luz, parir una mujer. pop + cult → espon.
2. tr. *Bo; Pa, RD, PR,* p.u. Hacer más liviana una carga. rur; pop.
3. *Cu, PR.* Hacer *algo* tolerable o manejable, *especialmente una situación o problema.*
4. *Cu, PR.* Resolver *alguien* parcialmente una situación o disminuir su impacto negativo.
5. intr. prnl. *Ho.* Recuperar *alguien* la salud.

aljaba.
I. 1. f. *Ar:S.* chilco. (Onograceae; *Fuchsia magellanica*).
2. *Ur.* Arbusto de hasta 3 m de altura, de hojas dentadas, flores rojas, azules o purpúreas, y cuyo fruto es una baya oblonga. (Oenotheraceae; *Fuchsia hybrida*).

aljamiar.
I. 1. intr. *Bo:E.* Hablar *una persona* mal de alguien ausente.

aljibe.
I. 1. m. *Ve, Ar.* Pozo, perforación para buscar agua.
2. *Ec.* p.u. En una *fábrica destiladora,* depósito subterráneo o construido en alto, destinado a guardar la producción de alcohol o aguardiente.

aljua.
I. 1. f. *Ec.* Alfalfa. rur. ♦ **aljualjua.**

aljualjua.
I. 1. *Ec.* aljua. rur.

alka.
I. 1. f. *RD, PR.* Prostituta que busca clientes. prost.
▶ hacerse ~.

alkaseltzer. (De *Alka seltzer*®).
I. 1. *Gu.* alkaséltzer.
▶ hacerse ~.

alkaséltzer.
I. 1. m-f. *Gu.* Miembro de la policía. pop + cult → espon.

all.
■
a. ‖ ~ *around.* (Voz inglesa). m-f. *Cu.* Persona que puede desempeñar varias ocupaciones. pop + cult → espon.
b. ‖ ~ *stars.* (Voz inglesa). m. *Ve. En el beisbol,* juego de estrellas, en el que cada equipo incluye a los mejores jugadores de la temporada.
□
a. ‖ ~ *right.* (Voz inglesa). loc. adv. *Cu.* Sí, efectivamente.

allá.
□
a. ‖ ~ *te las campanees.* loc. adv. *PR.* Allá tú. pop + cult → espon.
b. ‖ ¡~ va! loc. interj. *Ch.* Expresa ánimo y estímulo para que se muevan los animales de carga. rur.

allacho. (Del quech. *allachu,* azada).
I. 1. m. *Pe.* lampa. rur.

allacito.
I. 1. adv. *Mx, Pe, Bo, Ch.* Más cerca que allá. rur. (**allicito**).
II. 1. adv. *Bo, Ch; Mx, Gu, Ho, Ni,* obsol. Ahí mismo, al lado de, cerca de. rur.

allaíto.
I. 1. adv. *PR.* Más allá, pero cerca. pop + cult → espon.

allanado, -a.
I. 1. adj. *Gu, Ho, ES, Ni, CR, Pa, Co, Ve, Ec, Bo, Ch, Py, Ur.* Referido a *vivienda o local,* registrado con orden judicial.

allanamiento.
I. 1. m. *Mx, Gu, Ho, ES, Ni, CR, Pa, Cu, RD, PR, Co, Ve, Ec, Pe, Bo, Ch, Py, Ar, Ur.* Registro hecho por la policía, *generalmente con orden judicial,* de un domicilio.

allanar.
I. 1. tr. *Mx, Gu, Ho, ES, Ni, CR, Cu, PR, Co, Ve, Ec, Pe, Bo, Ch, Py, Ar, Ur.* Registrar la policía un domicilio, *generalmente por disposición judicial.* ♦ **catear.**

allantar(se).
I. 1. tr. *RD.* Impresionar o deslumbrar a *alguien.* pop + cult → espon.
2. *RD.* Exagerar, engañar a *alguien.* pop + cult → espon.
3. *RD.* Persuadir con mentiras a través de palabras dulces. pop + cult → espon.
II. 1. intr. prnl. *RD.* Permanecer en un sitio por largo tiempo, *especialmente en una casa.* pop + cult → espon.
III. 1. intr. prnl. *RD.* Echarse para atrás, coger miedo. pop + cult → espon.

allante.
   I. 1. m. *RD*. Persuasión con mentiras. pop + cult → espon.

allantoso, -a.
   I. 1. adj. *RD. Referido a persona*, mentirosa impenitente. pop + cult → espon.
   2. *RD. Referido a persona*, ostentosa, farolera. pop + cult → espon.

allapa.
   I. 1. *PR*. **ayapana**.

allarcar.
   I. 1. tr. *Pa*. Sujetar con fuerza las riendas de una caballería, *en especial al caballo*. rur.

allato.
   I. 1. adv. *Ch*. Allá. pop + cult → espon.

allcujambi. (Del quech. *allcu*, perro, y *jambi*, veneno).
   I. 1. m. *Ec:S*. Arbusto de hojas elípticas, inflorescencia terminal, flores de corola blanca y fruto globoso. (Solanaceae; *Solanum pteropodum*).
   2. *Ec:S*. Fruto del allcujambi, abellotado y venenoso.

allcumicuna. (Voz quechua).
   I. 1. f. *Ec*. Hierba común. rur; pop.

allegado, -a.
   I. 1. adj/sust. *PR, Bo, Ch, Py, Ar, Ur. Referido a persona*, que vive transitoriamente en casa ajena, *por lo común, sin ser pariente del dueño*.
   2. *RD. Referido a persona*, que procede de otra región.

allendismo. (De *Salvador Allende*, presidente chileno, 1970-1973).
   I. 1. m. *Ch*. Posición ideológica que se basa en las posturas y líneas del gobierno de Salvador Allende.
   2. *Ch*. Conjunto de partidarios defensores de esta posición ideológica.

allendista.
   I. 1. sust/adj. *Ch*. Partidario del **allendismo**, posición ideológica.
   2. adj. *Ch*. Relativo al **allendismo**.

allicito.
   I. 1. *Mx, Pe, Bo*. **allacito**. rur.

alligator. (Voz inglesa).
   I. 1. m. *PR*. Tenaza de metal unida a un alambre eléctrico para cortar circuitos temporalmente.

allowance. (Voz inglesa).
   I. 1. m. *EU*. p.u. Ayuda económica, subsidio.
   2. *EU*. p.u. Pensión.

allulla. (Del aim. *jallulla*).
   I. 1. *Ec, Ch*. **hallulla**, pan salado.
   2. f. *Bo:O*. obsol. Pan de forma ligeramente alargada doblado en uno de los extremos, elaborado con harina de trigo mezclada con salvado.

allullero, -a.
   I. 1. *Ec, Ch*. **hallullero**.

alma.
   I. 1. f. *Ho*. Parte central de cualquier grano, *en especial del maíz*, que tiene la capacidad de germinar. rur. ♦ **ojo**.

■
   a. ‖ ~ **bendita.** f. *Co, Bo, Py*. Persona que ha muerto.
   b. ‖ ~ **de chucho.** *Ho, ES*. **alma de perro**.
   c. ‖ ~ **de perro.** f. *Ho, ES*. **correcaminos**, cuclillo. ♦ **alma de chucho**.
   d. ‖ ~ **de vaca.** f. *CR*. Anfibio de hasta 9 cm de longitud, de cuerpo redondo similar a una masa gelatinosa dividido en dos mitades por una amplia franja de color naranja o rojizo, cabeza en forma de cono, ojos muy pequeños con párpados móviles y patas gruesas y cortas; *vive enterrado en el suelo, donde se oculta*. (Rhhinophrynidae; *Rinophrynus dorsalis*). ♦ **sapo borracho**.

   e. ‖ ~ **nueva.** f. *Bo*. Difunto que hace menos de un año que ha fallecido.
   f. ‖ ~ **podrida.** f. *Ur*. Persona sin escrúpulos, de conducta irrespetuosa o que obra con malicia. vulg.

□
   a. ‖ **con ~, vida y sombrero.** loc. adv. *Co*. Con mucho gusto, de muy buena voluntad. pop + cult → espon ^ fest.
   b. ‖ **solito y su ~.** *Ar, Ur*. **solo y su alma**.
   c. ‖ **solo en ~.** loc. adv. *Cu, RD*. Sin compañía alguna.
   d. ‖ **solo y su ~.** loc. adj. *Mx, Ar, Ur*. Aislado, separado de los demás, sin compañía alguna de otra persona. pop. ♦ **solito y su alma**.
   e. ‖ **¡su ~!** loc. interj. *CR*. Expresa indignación ante un insulto. vulg.

▶ **bajarse el ~ al culo; dar de ~; despachar las ~s; echarse el ~ a la espalda; irse el ~; irse el ~ a los talones; irse el ~ al culo; írsele el ~; tener ~ de capataz.**

almacén.
   I. 1. m. *ES, Ni, Pa, RD, Co, Ec, Pe, Bo, Ch, Py, Ar, Ur; Ve*. obsol. Tienda donde se vende al por menor una gran variedad de mercancías. ♦ **almacén de ramos generales**.
   2. *CR, Co, Ar, Ur*. Establecimiento donde se venden, al por mayor o al por menor, víveres y artículos de uso doméstico.
   3. *Ni, CR, Co, Ec*. Establecimiento donde se venden al público electrodomésticos.
   4. *Ho, Ni, Ec; Ve*, obsol. Tienda donde se venden telas *y, en ocasiones, ropa*.

■
   a. ‖ ~ **de campaña.** m. *Ar, Ur*. Comercio situado en una zona rural, en el que se venden comestibles y artículos para uso doméstico o la actividad agropecuaria. rur. ♦ **almacén de ramos generales**.
   b. ‖ ~ **de ramos generales.**
     i. *Py, Ar*. **almacén de campaña**.
     ii. *Ur*. **almacén**.
   c. ‖ ~ **de rezago.** m. *Ch*. Local en que se almacenan mercancías importadas que no han sido retiradas por los importadores.
   d. ‖ ~ **de turco.** m. *Ar*. Comercio en el que se venden productos de los más diversos géneros.

almacenero, -a.
   I. 1. m. y f. *Cu, Bo, Ch, Py, Ar, Ur*. Dueño o encargado de un **almacén**, tienda de venta al por menor de alimentos y artículos domésticos de primera necesidad.
   II. 1. m. y f. *Ar*. Jugador o hincha del club de **futbol** San Lorenzo de Almagro.
   2. adj. *Ar*. Relativo al club de **futbol** San Lorenzo de Almagro.

almacigada.
   I. 1. f. *Bo*. Siembra de **almácigos**.

almacigado, -a.
   I. 1. adj. *Pa, PR. Referido al ganado*, de color cobrizo. rur.

almacigal.
   I. 1. *CR*. **almácigo**, terreno.
   2. *CR*. **almácigo**, plantas.

almacigarse.
   I. 1. intr. prnl. *PR*. Ponerse algo del color del **almácigo**. (**amarcigarse**).

almácigo.
   I. 1. m. *Mx, Gu, Ho, Ni, CR, Ch, Ar, Ur*. Terreno donde se siembran y se crían las plantas que luego han de trasplantarse. ♦ **almacigal**; **almaciguero**; **colino**.
   2. *Mx*. Conjunto de plantas y flores para ornamento.
   3. *CR, Ch, Ar, Ur*. Plantas cultivadas en el **almácigo**. ♦ **almacigal**.

II. 1. *Pa, Cu, RD, PR, Ve.* **chacaj.**

III. 1. m. *Ve.* Porción.

IV. 1. m. *Bo.* Semillero.

almaciguero.

I. 1. *Ho, Ni, Pa.* **almácigo**, terreno. ◆ **colino.**

almádana. (Var. de *almádena*).

I. 1. f. *Gu, Ho, Ni.* Almádena, mazo de hierro. (**almágana**).

almadeado, -a.

I. 1. *Mx, ES, Ni. Referido a persona*, mareada. (**almadiado**). ◆ **acelerado; almareado.**

almadiado, -a.

I. 1. *CR.* obsol. **almadeado.** rur.

almadiarse.

I. 1. intr. prnl. *CR.* obsol. Sufrir *alguien* mareos. rur.

almágana. (Var. de *almádena*).

I. 1. *Gu, Ho, ES, Ni.* **almádana.**

▶ **andar de ~.**

almaganazo.

I. 1. m. *ES.* Obtención de dinero de alguien, *generalmente con habilidad y sin intención de devolverlo.*

almanaque.

I. 1. m. *Cu, Pe.* Año de edad. pop.

2. *Ni, Ve.* Edad de una persona, *especialmente la avanzada.* pop + cult → espon ^ fest.

□

a. ‖ **su ~.** loc. pron. *CR.* Usted o vos.

▶ **a vender ~s; alegrar el ~; sacar vendiendo ~s.**

almareado, -a.

I. 1. adj. *ES, Ni.* p.u. **almadeado.** rur.

II. 1. adj. *Ho; Pa*, p.u.; rur. *Referido a persona*, nerviosa, alterada.

almarearse.

I. 1. intr. prnl. *ES, Ni; Pa*, p.u.; rur. Marearse *una persona.*

almareo.

I. 1. m. *Ni; Pa*, p.u.; rur; *Ur*, obsol. Mareo o vahído. rur. (**almareyo**). ◆ **vágido.**

almareyo.

I. 1. *Ni.* **almareo.** rur.

almatroste.

I. 1. *Mx, ES, Bo.* **armatroste.** pop.

almeada.

I. 1. f. *Pe.* Montículo de tierra formado de manera artificial al pie de la caña de azúcar para que se nutra y crezca mejor. rur.

almeja.

I. 1. f. *PR.* Presilla de metal gruesa, *generalmente de aluminio*, usada por los electricistas para empalmar dos cables de alto voltaje.

■

a. ‖ **~ amarilla.** f. *Ar, Ur.* Molusco bivalvo de hasta 70 mm de longitud, de concha con estrías y valvas de color amarillento; es muy apreciado por los pescadores como carnada. (Mesodesmatidae; *Mesodesma mactroides*).

▶ **ponerse ~.**

almemierda. (Sínc. de *alma de mierda*).

I. 1. m-f. *Ho, ES, Ni.* Persona perversa y egoísta. vulg; pop + cult → espon ^ desp.

almendra.

I. 1. f. *Mx, Gu, Ho, ES, Ni, CR, Pa, Co, Bo.* Fruto del **almendro**, drupa leñosa de color rojizo de unos 5 cm con una semilla en su interior; es comestible. (**almendrón**).

II. 1. f. *Co.* Confite relleno con almendra.

almendrillo.

I. 1. m. *Pa, Cu, RD, PR.* Árbol de hasta 15 m de altura, de corteza gruesa y lisa, hojas lanceoladas, ondea-

das y lampiñas, con el ápice redondeado, y fruto en baya de unos 20 mm de longitud; presenta un aspecto similar al almendro. (Rosaceae; *Prunus occidentalis*). (**almendrito**). ◆ **calla; cuajaní; cucaracha.**

almendrito.

I. 1. m. *Cu, RD, PR.* **almendrillo.**

almendro.

I. 1. m. *Mx, Gu, Ho, ES, Ni, CR, Pa, RD, PR, Co, Bo.* Árbol de hasta 16 m de altura, de corteza gruesa y oscura, ramas a espacios simétricos, hojas grandes oblongas, redondeadas en su base, flores dispuestas en racimos; la corteza y las hojas son usadas en la medicina popular y su madera para combustible. (Combretaceae; *Terminalia catappa*). (**almendrón**). ◆ **almendro de río.**

■

a. ‖ **~ de montaña.** m. *CR, Pa.* **yaba.**

b. ‖ **~ de río.** *ES.* **almendro.**

almendrón.

I. 1. *Co, Ve.* **almendro.**

2. *Co, Ve.* **almendra**, fruto.

3. *PR, Ve.* Árbol de hasta 20 m de altura, de tronco recto y largo, ramas agrupadas, hojas brillantes, flores de color blanquecino y fruto drupáceo y carnoso, cuyas semillas son comestibles. (Sapotaceae; *Brumelia salicifolia*).

II. 1. m. *Cu.* Automóvil norteamericano fabricado entre los años veinte y cincuenta, de uso muy común en Cuba.

III. 1. m-f. *RD.* Persona avispada, lista. pop + cult → espon.

IV. 1. m. *PR.* Cualquier objeto exageradamente grande. pop + cult → espon.

□

a. ‖ **tamaño ~.** loc. sust. *RD.* Persona extraordinaria en algo. pop + cult → espon.

almidón.

I. 1. m. *Ni, Co, Ve.* Harina muy fina que se extrae de la **yuca** rallada una vez sedimentado el **yare.**

2. *Ve.* **almidoncito**, golosina.

II. 1. m. *Ni, Co, Ve.* Engrudo hecho con el almidón de harina cocido en agua.

■

a. ‖ **~ del país.** m. *Bo.* Harina rústica que se extrae de la **yuca** o de otro tubérculo.

almidonado, -a.

I. 1. adj. *Mx, ES, Ni, Ec, Ar, Ur.* metáf. *Referido a persona*, de trato rígido y solemne.

II. 1. adj. *Ni.* juv. *Referido a persona*, excitada sexualmente.

almidonar(se).

I. 1. intr. prnl. *ES, Ar, Ur.* metáf. Volverse *alguien* engreído en su trato con los demás.

II. 1. tr. *ES.* Preparar *alguien* un negocio con personas adineradas.

almidoncito.

I. 1. m. *Ve:C.* Golosina de forma romboidal que se elabora con almidón de **yuca**, huevos, **papelón** y especias. ◆ **almidón; almidonero.**

almidonero.

I. 1. *Ve.* **almidoncito.**

almidonero, -a.

I. 1. m. y f. *Ni, Ec.* Persona que se dedica a elaborar **almidón**, generalmente extraído de la **yuca.**

2. *ES.* Persona que pone el engrudo para pegar **afiches.**

almiquí.

I. 1. m. *Cu.* Mamífero insectívoro, de hasta 50 cm de longitud, de garras largas y afiladas, y hocico prominente parecido a una trompa. (Solenodontidae; *Solenodon cubanus*). ◆ **aire.**

almiroso, -a.
I. 1. *ES.* **admiroso.**

almohada.
I. 1. f. *Ho, Ni, Cu.* metáf. Nalgas. (**almohadón**).

almohadica.
I. 1. f. *Cu.* Inflamación que le produce al caballo la montura en la cruz. rur.

almohadilla.
I. 1. f. *Gu, Ni, Ve:O, Bo, Ch; Pe,* rur. Utensilio pequeño que se usa para borrar lo escrito en las pizarras. ♦ **cojín.**
II. 1. f. *Ni, Pa, Cu, RD, PR, Ve. En el* **beisbol,** **base** o cada uno de los cuatro puntos de intersección que delimitan el campo de juego.
III. 1. f. *Ho.* Zapata metálica del freno de un vehículo.
■
a. ‖ ~ **sanitaria.** f. *Cu.* Compresa higiénica de celulosa u otro material que usan las mujeres para absorber el flujo menstrual.

almohado.
I. 1. *ES.* p.u. **charamusca,** helado.

almohadón.
I. 1. m. *Cu.* **almohada.**
II. 1. m. *CR.* **albardilla.**

almohaza.
I. 1. f. *Cu, RD.* p.u. Peine para alisar el pelo a las caballerías. rur.

almojábana.
I. 1. f. *Co, Ve:O.* Especie de pan redondo, hecho de maíz y queso asado al horno.
2. *PR.* Especie de croqueta hecha con harina de arroz, leche, mantequilla, azúcar, sal *y, en ocasiones, queso del país.*

almojábano.
I. 1. m. *Pa.* Alimento que se prepara con masa de maíz, sal y queso formando una pieza delgada que se dobla en las puntas y se fríe en aceite.

almorriña.
I. 1. f. *RD.* p.u. Desasosiego. rur.

almorzada.
I. 1. f. *Mx, Gu, Ho, ES, Ni, CR, Pa, Co, Ec, Bo.* Almuerzo abundante y apetitoso. rur.

almorzadero.
I. 1. m. *Co.* Local público donde se sirven almuerzos. pop.

almorzarse.
□
a. ‖ ~ **a una.** loc. verb. *Ni, Co.* Penetrar sexualmente un hombre a una mujer. tabú; pop + cult → espon.

almud.
I. 1. m. *PR.* Unidad de medida que equivale a un decalitro empleada en la industria cafetalera.

almuercero.
I. 1. m. *Ho, ES, Ni.* p.u. Trago de aguardiente que se bebe antes de almorzar.

almuercero, -a.
I. 1. m. y f. *RD, PR.* Persona que vende comidas en los mercados o en las calles.
2. adj/sust. *Ho, Ni. Referido a niño o joven,* que lleva la comida del mediodía a las personas que trabajan, *generalmente en el campo.* rur.

almuerciado.
I. 1. adv. *CR:NO.* Con una mano hacia el frente y la otra hacia atrás, *específicamente en la montada de un toro.*

almuerzo.
I. 1. m. *Pe, Bo.* Sopa que se toma al mediodía.

a. ‖ ~ **ejecutivo.** m. *Ni, CR, Pa, Co, Ec, Ar, Ur.* Plato del día de precio módico que se ofrece tanto en hoteles como en restaurantes populares.

aló.
●
a. ‖ ~.
i. fórm. *Gu, Ho, Ni, CR, Pa, Cu, Co, Ve, Ec, Pe, Bo, Ch, Ar, Ur.* Se usa para responder una llamada telefónica y para iniciar la conversación, o para restablecer el diálogo tras una interrupción. (**haló**). ♦ **a ver; aloja.**
ii. *Ch.* Se usa para anunciarse o para requerir la atención de los que pudieran estar dentro. ♦ **aloja.**

alocado, -a.
I. 1. adj. *Ho, Ni, Cu, Co, Ve. Referido a persona,* que no sigue las normas. pop + cult → espon.
2. *Ho, Ni, Cu, RD, Ve. Referido a persona,* enloquecida, fuera de sí. pop + cult → espon.
3. *Ar.* metáf. *Referido al tránsito,* caótico.

alocar(se).
I. 1. intr. prnl. *Mx, Ho, Ni, RD, Pe, Bo.* Entusiasmarse con algo o alguien. pop + cult → espon.
II. 1. tr. *PR.* Poner en turno de producción y despacho el producto pedido por un comprador.
2. *PR.* Asignar *alguien* fondos para algo.
III. 1. intr. prnl. *CR.* Entrar en celo un animal hembra, *especialmente la vaca.* rur.

aloiste.
●
a. ‖ ~. *ES.* **aloye.**

aloja.
I. 1. f. *Pe, Bo, Ar; Ch:N.* rur. Bebida fermentada hecha de algarroba o maíz, y agua.
2. *Pe.* Bebida refrescante que se hace de **quinua.**
3. *Bo:S.* Bebida refrescante elaborada con algún cereal o alguna fruta.
●
a. ‖ ~. fórm. *Ch.* **aló.**

alojado, -a.
I. 1. sust/adj. *Ho, Ni, RD, Ve, Pe, Bo, Ch;* adj. *Ar, Ur.* Persona instalada en casa ajena o en un establecimiento de hospedaje.

alolado, -a.
I. 1. adj. *Ch. Referido a persona,* que adopta aspecto o formas de conducta juveniles.

alolar(se).
I. 1. tr. *Ch.* Hacer que *alguien* adopte modos o características de persona más joven.
2. intr. prnl. *Ch.* Adoptar *alguien* modos o características de persona más joven.

alomillar.
I. 1. tr. *CR.* Hacer **lomillos,** eras angostas. rur.

alomina.
I. 1. *CR.* **olomina.**

alón, -na. (Aum. de *ala*).
I. 1. adj. *Pa, Cu, Co, Ve, Ec, Bo; Ur,* p.u. *Referido a un sombrero,* de ala ancha.
II. 1. adj. *PR. Referido a un animal,* que tiene alas, aludo.

alongado, -a.
I. 1. adj. *Ec. Referido a persona,* de rasgos indígenas. pop + cult → espon ^ desp.

aloquetiao, -tiá.
I. 1. adj. *RD. Referido a persona,* inestable, que actúa de forma imprevisible.

alorosar.
 I. 1. tr. *Ch.* Aspirar *alguien* por la nariz para percibir o identificar el olor de algo o de alguien. pop.

aloroso, -a.
 I. 1. adj. *Ch. Referido a persona*, que tiene o desprende buen olor. pop + cult → espon.

aloye.
 •
  a. ‖ ~. fórm. *Ho, ES.* p.u. Se usa para preguntar si el interlocutor entiende lo que se le dice. rur. ♦ **aloiste.**

alpaca.
 I. 1. f. *Pe, Bo, Ch, Ar.* Mamífero rumiante doméstico, parecido a la llama, pero de menor tamaño; su lana larga y muy fina, *generalmente de color oscuro*, es apreciada en la fabricación de hilos y tejidos. (Camelidae; *Lama pacos*). (**alpaco**). ♦ **pacocha.**

alpacino.
 I. 1. m. *EU:SO.* Hombre muy guapo y valentón.

alpaco.
 I. 1. m. *Ch.* **alpaca.**

alpaquero, -a.
 I. 1. adj/sust. *Pe. Referido a persona*, que se dedica a la crianza de **alpacas.**
  2. adj. *Pe.* Relativo a la crianza de **alpacas.**

alpargata.
 I. 1. f. *Ni, Ve, Bo.* Calzado rústico en forma de sandalia, formado por una parte superior, llamada **capellada**, tejida de **pabilo**, *generalmente negro*, y por la suela de cuero, caucho o **cocuiza**; no se amarra a la pierna. (**alpargate**).
  2. *Ch.* metáf. Persona, animal o cosa de poco valor, insignificante. pop + cult → espon. ♦ **alpargata vieja.**
 II. 1. f. *Ch.* **curaca**, pez.
 ■
  a. ‖ ~ **vieja.** *Ch.* **alpargata**, persona.
  ▶ echar una ~.

alpargate.
 I. 1. m. *Ve.* **alpargata**, calzado rústico.

alpargatudo, -a.
 I. 1. sust/adj. *Co:C, Ve:C.* Persona rústica, de bajo nivel socioeconómico. pop + cult → espon ^ desp.
  2. adj. *Ve.* **alpargatúo.**

alpargatúo, -a.
 I. 1. adj. *Ve. Referido a persona*, vulgar. pop + cult → espon ^ desp. ♦ **alpargatudo.**

alpartidario.
 I. 1. m. *Pe.* Convenio para sembrar un terreno, según el cual el dueño aporta la tierra y un socio el trabajo y la semilla, y la cosecha se reparte por igual. rur.

alpiste.
 I. 1. m. *Ho, Ni.* Dinero.
  ▶ estar al ~.

alpora.
 I. 1. *Ho.* **salpor**, bollo.

alquieto, -a.
 I. 1. adj. *Pa.* p.u. *Referido a persona*, inquieta. rur.

alquilado, -a.
 I. 1. m. y f. *RD, PR.* Persona empleada en el servicio doméstico.

alquilar(se).
 I. 1. tr. prnl. *Cu, RD, PR.* Servir a otro mediante estipendio.
 II. 1. tr. *Ur.* Hacer *una persona* a *alguien* objeto de mofa y bromas.
 □
  a. ‖ de ~ **balcones.** loc. adj. *Ur; Ar.* p.u. **para alquilar balcones.**
  b. ‖ para ~ **balcones.** *Co, Bo, Ar, Ur. Referido a cosa*, digna de ser vista u oída. por + cult → espon. ♦ **de alquilar balcones.**

alquimia.
 I. 1. m. *Mx.* Fraude electoral. fest.

alquitrán.
 I. 1. m. *ES.* juv. **charamila.**
 II. 1. m. *PR.* juv; metáf. Muchacho muy revoltoso.
 □
  a. ‖ ~ **de pinotea.** loc. sust. *Cu.* Individuo avaro, cicatero. pop + cult → espon.

alquitranazo.
 I. 1. *ES.* **charamilazo**, trago de licor.

alrevesado, -a.
 I. 1. adj. *Mx, CR, Ec. Referido a un problema*, muy difícil de aclarar, resolver o entender.
  2. *CR. Referido a persona*, que actúa o realiza algo de manera más complicada que lo normal.

alsacuán.
 I. 1. *Ho, Ni.* **azacuán.**
 II. 1. m-f. *Ni.* Ladrón. delinc.
 III. 1. m-f. *Ni.* juv. Persona arribista.

altamiche.
 I. 1. m-f. *ES.* **altísimo.** carc.

altamisa.
 I. 1. *Gu, Ho, ES, Co.* **artemisa.**

altanería.
 I. 1. f. *Ho, Ni, Pa, Co, Ve, Bo, Ur.* Comportamiento descortés y grosero.

altanero, -a.
 I. 1. adj/sust. *Mx, Ho, Ni, Pa, Co, Bo, Ur. Referido a persona*, que se comporta con **altanería**, descortesía.
 II. 1. adj. *Ve. Referido a un animal*, arisco y difícil de domar.
 III. 1. *ES.* **altarero.**

altar.
 I. 1. m. *ES, Ni.* juv. Tienda o almacén.
 II. 1. m. *RD.* Pareja de novios que se sientan muy juntos para hablar de amores.

altarero, -a. (Der. de *altar*).
 I. 1. sust/adj. *ES.* Ladrón de tiendas o almacenes. delinc. (**altanero**).

altea.
 I. 1. f. *Cu.* Golosina de crema cubierta de chocolate en forma de paralelepípedo de unos 10 cm de longitud.
 II. 1. f. *PR.* p.u. Novia.

altear.
 I. 1. tr. *Py, Ar:NE.* Dar *una persona* la voz de alto a *alguien.*
 II. 1. tr. *Ec.* Hacer *alguien* que *algo* llegue a tener más altura, *en especial una pared, una cerca, el ala de un sombrero o el extremo inferior de un pantalón o una falda.* rur; pop.

alterado, -a.
 I. 1. sust/adj. *Bo.* Persona prepotente. pop + cult → espon.

alternabilidad.
 I. 1. f. *Gu, Ho, ES, Ni, Pa.* Alternancia, *especialmente en el poder.* prest; cult → esm.

alternadora.
 I. 1. f. *Ar, Ur.* En ciertos establecimientos nocturnos, empleada que trata con los clientes y los estimula a consumir bebidas.
  2. *Pa.* Prostituta. euf; pop + cult → espon.

alternaria.
 I. 1. f. *Mx, Ni, CR.* Enfermedad del tomate producida por un hongo, caracterizada por la aparición de manchas de color café en las hojas. ♦ **bajera**; **tizón tardío.**

altero.
 I. 1. m. *Mx.* Acumulación de cosas sobrepuestas formando pila u otro tipo de volumen prominente.
  2. *Mx.* Gran cantidad de algo.

altillo.
  I. 1. m. *Ur; Co, Ec*, p.u. Parte más alta de una casa, inmediatamente debajo del techo, que suele destinarse para guardar objetos inútiles o en desuso.
  II. 1. m. *Pa; Ho, ES*, p.u. **alto**, planta superior.

altipampa.
  I. 1. f. *Pe, Bo; Ar.* obsol. Meseta de mucha extensión, *situada a gran altitud.* cult → esm.

altipuerto.
  I. 1. m. *Pe.* Aeropuerto para avionetas situado en zonas altas de montaña.

altiro.
  I. 1. adv. *Mx, Ni, Bo, Ch.* Inmediatamente, al instante. al tiro de altiro pop + cult → espon. ♦ **dealtiro; dialtiro.**
  2. *Ho.* Precisamente, justo en el momento. pop + cult → espon.

altísimo, -a.
  I. 1. sust/adj. *Ho.* p.u. Persona que tiene poder en una región, pueblo o comunidad. ♦ **altamiche; el mero; la gran tramoya; la gran verga; la mera riata; poporoila.**

altivarse.
  I. 1. intr. prnl. *Ho.* Crecer mucho una planta. rur.

alto.
  I. 1. m. *Mx, Gu, Ho, ES, Ni, CR, Pa, Co, Pe.* Señal de circulación para detener el tránsito de vehículos.
  2. *Mx, Gu, Ho, ES, Ni, Pa.* Detención de un vehículo para obedecer la señal de alto.
  II. 1. m. pl. *Mx.* Zona o región situada a gran altitud.
  2. *Ni, Cu, PR, Ve, Ec, Bo, Ur.* Planta superior de una casa de dos pisos. (**altillo**).
  3. *Ve.* Lugar, *especialmente de un pueblo o ciudad*, que se encuentra en las montañas a gran altura.
  III. 1. m. *Pe, Ch, Ar, Ur.* Gran cantidad de cosas dispuestas en montón.
  IV. 1. m. *RD.* Armatoste. pop + cult → espon.
  □
  a. ‖ **por lo ~.** loc. adv. *Co, Ec.* De la mejor manera.
  ▶ **hacer un ~.**

alto, -a.
  I. 1. adj. *Co, Ec.* Referido a una prenda de vestir, más corta de lo normal.
  II. 1. adj. *Cu.* Referido a un barco, que está acondicionado para la pesca en aguas profundas.
  □
  a. ‖ **de lo ~.** loc. adj. *Cu.* Referido a un pez, de aguas profundas. ♦ **del alto.**
  b. ‖ **del ~.** loc. adv. *Cu.* **de lo alto.**
  ▶ **hacer el ~.**

altoparlante. (Del it. *altoparlante*).
  I. 1. m. *EU, Mx, ES, Ni, CR, Pa, Cu, RD, PR, Co, Ec, Pe, Bo, Py, Ar, Ur; Ve*, p.u. Altavoz, aparato para amplificar el sonido. ♦ **bocina.**

altozano.
  I. 1. m. *Ve; Co.* obsol. Atrio de una iglesia.

altricito.
  I. 1. adv. *RD.* Casi, por poco.

altura.
  I. 1. f. pl. *PR.* Tierras altas, montes. rur.
  □
  a. ‖ **a la ~ de un felpudo.** loc. adv. *Ur.* En situación de inferioridad o de poco lucimiento. pop + cult → espon.
  b. ‖ **a la ~ del unto.** loc. adv. *Ch.* En muy baja o mala posición. pop + cult → espon.
  c. ‖ **a las ~s.** loc. adv. *Ch.* Con alto grado de bondad y excelencia en su línea.

alturado, -a.
  I. 1. adj. *Pe. Referido a cosa*, que tiene elevación y dignidad. prest; cult → esm.

altureño, -a.
  I. 1. adj/sust. *PR.* p.u. *Referido a persona*, que procede de las tierras altas del país.

alubillo.
  I. 1. m. *Ec.* Árbol de hasta 7 m de altura, con tronco delgado, copa irregular y ramas derechas, hojas pecioladas, ovales, aserradas, lisas y de color verde oscuro, flores blanquecinas y fruto drupáceo con una semilla muy dura; el látex que se extrae de su corteza y el fruto son venenosos. (Euforbiaceae; *Rhus juglandifolia*). ♦ **caspicaracho.**

alucín.
  I. 1. m. *Mx.* juv. Euforia por la droga.
  2. *Mx.* juv. Estado de incoherencia parecido al que produce la droga.
  3. *Ho, ES, Ni.* juv. Estado agradable de alguien por sentirse muy bien.

alucinado, -a.
  I. 1. *Mx, Ho, Ni.* **alivianado**, drogado. drog.
  2. m. y f. *Mx.* metáf. Persona distraída, que percibe como real algo que es imaginario, como si estuviese drogada.
  II. 1. adj/sust. *Ho:N.* juv. **alzado**, engreído.
  III. 1. adj. *Ur.* Referido a persona, deslumbrada por una sorpresa.

alucinar(se).
  I. 1. tr. *Gu, Ho, ES, Ni, Cu, RD, Pe, Bo, Ar, Ur.* juv. Desear *alguien algo* con vehemencia.
  II. 1. intr. *Mx.* Caer muy mal *una persona* a alguien.
  III. 1. intr. *ES, Ni.* juv. Actuar *alguien* engreídamente.
  IV. 1. intr. prnl. *Ni.* Estar *alguien* bajo los efectos de la droga. drog.

alucine.
  I. 1. m. *Mx.* juv. Pensamiento que pertenece al terreno de la irrealidad.
  II. 1. *Ho, ES, Ni.* **aliviane**, euforia por la droga.

aludo, -a.
  I. 1. adj. *Ho, Ni, Ar, Ur.* Referido a sombrero, de ala ancha. ♦ **vividor.**
  II. 1. adj. *Ho, ES.* Referido a persona, que abusa de la confianza de otra. pop + cult → espon.

alujado.
  I. 1. *Ho.* **alijado**, regaño.

alujado, -a.
  I. 1. *Ho.* **lujado**, alisado, pulido.

alujar. (Prót. de *lujar*).
  I. 1. tr. *Ho, ES, Ni.* Lujar, alisar, pulir o abrillantar *alguien algo*. rur.

alumbrado, -a.
  I. 1. adj. *Mx.* metáf. *Referido a persona*, que se encuentra bajo los efectos del alcohol.
  2. *Ve.* juv. *Referido a persona*, que está bajo el efecto de una droga.
  3. *Ve:E. Referido a persona*, que se encuentra bajo los efectos de una hechicería. pop + cult → espon.
  4. *Ve. Referido a persona*, que tiene escaso entendimiento. pop + cult → espon ^ sat.
  5. *Ve. Referido a persona*, momentáneamente atontada. pop + cult → espon ^ sat.
  6. *Ve:E. Referido a persona*, que se cree con poderes sobrenaturales. pop + cult → espon ^ sat.
  II. 1. adj. *Ve:E. Referido a persona*, que ha permanecido despierta por participar en alguna actividad, ya sea trabajo o diversión. pop + cult → espon.
  ▶ **estar ~.**

alumbradora.
    I. 1. f. *Ve:C.* Bruja o hechicera.

alumbrar.
    I. 1. tr. *Ho, Ve.* Embrujar *alguien* a *una persona* con velas o lámparas.
    II. 1. tr. *Ni, Pa, RD, PR, Bo.* Llenar de luz y claridad un recinto.
    III. 1. tr. *Gu, Ho, ES, Ni.* Dar dinero a alguien como soborno. polic.
    IV. 1. tr. *Ve.* Maltratar *alguien* a *una persona* golpeándola.
    V. 1. tr. *Cu.* Informar o advertir *alguien* de algo.
    VI. 1. tr. *RD.* p.u. Examinar un huevo al trasluz.

alumbre.
    I. 1. f. *PR.* Planta de hasta 30 m de altura, de tallos erectos ramificados, hojas alternas, flores diminutas verdosas, en espigas terminales, y fruto subgloboso; sus hojas se emplean para hacer un té utilizado como astringente. (Piperaceae; *Peperomia pellucida*). ♦ **coclaria; corazón de hombre; frescura; peletaria.**

alumbrón.
    I. 1. m. *Ho, Bo.* Iluminación con luz intensa de una persona u objeto.
    2. *Cu. En interrupciones eléctricas*, período de tiempo en el que se restablece el fluido.

alumina.
    I. 1. *CR.* **olomina**.

alumno.
    I. 1. m. *Cu.* Diente. pop.

alumnomático.
    I. 1. m. *Ch.* Sistema electrónico informatizado por el que un alumno puede acceder a su información académica en un centro educativo.

alunado, -a.
    I. 1. adj/sust. *Gu, Ho, Ni, Pe, Ar, Ur.* Referido a *persona*, malhumorada. pop + cult → espon.
    II. 1. adj. *ES, Ve.* Referido a *persona*, boba, distraída. pop + cult → espon.
    2. *Ve.* Referido a *persona*, de escaso entendimiento. pop + cult → espon.
    III. 1. adj. *Ve.* Referido a *persona o a animal*, que sufre malestar físico por exposición a la luz de la luna.
    2. *Ho, Ni.* Referido a *noche*, de luna llena. prest; cult → esm.
    IV. 1. adj. *Ho, Ni.* **enlunado**, que está en celo.

alunadura.
    I. 1. f. *Ve.* Inflamación producida en el lomo de las caballerías por el roce de los aparejos de montar. rur.

alunarse.
    I. 1. intr. prnl. *Ur; Ho, Ni, Ar,* p.u. Malhumorarse *alguien*. pop + cult → espon.
    2. *Ar, Ur.* Ponerse pesado y molesto un niño. pop + cult → espon.
    II. 1. intr. prnl. *CR, Ve.* Hincharse o inflamarse el lomo de una caballería a causa del roce producido por los aparejos de montar. rur.
    III. 1. intr. prnl. *Ve.* Exponerse una persona o un animal a la luz de la luna.
    IV. 1. intr. prnl. *Ho, Ni.* **embramarse**, ponerse en celo. rur.

alusarse.
    I. 1. intr. prnl. *Mx, Ho, RD.* **aluzarse**, alumbrarse.

aluvión.
    I. 1. m. *PR.* Terreno muy fértil. rur.

aluzar(se). (De *luz*).
    I. 1. tr. *EU, Mx, Ho, RD, PR.* Llenar de luz y claridad *algo*.
    2. intr. prnl. *EU, Ho, RD, PR.* Alumbrarse *una persona*. (**alusarse**).

    3. *RD, PR.* Enfocar, dirigir la luz hacia un sitio determinado.
    II. 1. tr. *RD, PR.* Examinar *algo* al trasluz, *en especial un huevo*.

alvellana.
    I. 1. *RD, PR.* **avellana**, fuego artificial. rur; vulg; pop.

alver. (Acrón. de *al vergazo*).
    I. 1. adv. *Ho, Ni.* Improvisadamente, sin cuidado ni esmero. vulg; pop + cult → espon.

alverja.
    I. 1. f. *Pa, Co, Ve, Ec, Pe, Bo,* rur; *Mx, Ni, Py, Ar, Ur,* p.u; *Ch;* pop. Planta hortense con tallos volubles, de hojas pecioladas compuestas de tres pares de hojuelas elípticas, enteras y ondeadas por el margen, flores axilares en racimos colgantes de color blanco, rojo y azulado, y fruto en vaina; es comestible. (Fabaceae; *Pisum sativum*). (**alberja; arveja**). ♦ **chícharo; petipuá**.
    2. *Mx, Ni, Co, Ec, Pe, Bo, Py.* Semilla de la alverja. (**alberja; arveja**).
    3. *Mx, Gu, ES.* p.u. Fruto en forma de vaina de la alverja. (**arveja**). ♦ **alverjón**.
    II. 1. f. pl. *Co, Ec.* Testículos. euf; pop + cult → espon.
    III. 1. sust/adj. *Ur.* Persona tonta, ingenua o poco perspicaz, *especialmente en su conducta*. pop + cult → espon. (**alberja; arveja**).

    □
    a. ‖ **por las puras ~s.** loc. adv. *Ec, Pe.* Sin justificación, sin motivo conocido o sin provecho. pop + cult → espon. (**por las puras arvejas**).

alverjado, -a.
    I. 1. adj. *Pe, Ch.* Referido a *un alimento o a un guiso*, que tiene **alverjas**, semillas. (**arvejado**).

alverjilla.
    I. 1. f. *Ec:S, Ar, Ur.* Planta herbácea trepadora de hasta 2 m de altura, hojas ovaladas, inflorescencia axilar y grandes flores de variados colores, rizadas y aromáticas. (Fabaceae; *Lathyrus odoratus*). (**arvejilla**). ♦ **clarín; doncenón; tacón.**
    II. 1. adj. *Ec.* Referido al *ganado vacuno*, de pelaje manchado con una combinación de pintas blancas y negras. rur.

alverjón.
    I. 1. m. *Mx.* **alverja**, fruto. (**arvejón**).

alvino, -a.
    I. 1. adj. *RD.* Relativo al bajo vientre.

alza.
    I. 1. f. *Cu, RD, PR.* Borrachera.
    II. 1. f. *ES. En el juego de canicas*, tiro en que se apoya una mano sobre la otra. inf.

    ■
    a. ‖ **~ que te han visto.** m. *Ec.* Baile que se acompaña de una música de ritmo vivo y animado, y en el que las parejas se mantienen en contacto solamente con los brazos, los cuales mantienen extendidos y entrelazados para formar figuras elegantes y provocativas.

alzá.
    I. 1. adj. *RD, PR.* Referido a *persona*, arisca, poco sociable.

alzacolita.
    I. 1. m. *Mx, Gu, Ho, Ni.* Ave playera de hasta 19 cm de altura, de pico más o menos grueso, patas cortas, rabadilla oscura, plumaje de color café por encima, más claro en los lados de la cabeza y el cuello, alas con barras negruzcas y **café** claro y región inferior blanca. (Scolopacidae; *Actitis macularia*). ♦ **alzaculito; alzaculo; mojaculo.**

alzacristales.
    I. 1. m. *Ur.* Dispositivo para bajar y subir los cristales de las ventanillas de los automóviles.

alzacuán.
   I. 1. *Ho.* **azacuán.**

alzaculito.
   I. 1. *Ho, ES.* **alzacolita.** vulg; pop + cult → espon.

alzaculo.
   I. 1. *Ho.* **alzacolita.** vulg; pop + cult → espon.

alzada.
   I. 1. f. *Ec.* Hora determinada en que los jornaleros o trabajadores de una construcción suspenden su labor del día. pop + cult → espon.
   2. *Ec.* p.u. Suspensión de una actividad a una hora establecida.
   II. 1. f. *Ho.* Elaboración de una vasija de barro en un torno.

alzado.
   I. 1. m. *Gu.* Robo. pop + cult → espon.

alzado, -a.
   I. 1. adj. *Mx, Ho, Ni, CR, Pa, RD, Co, Ve, Ec, Bo, Ch, Py, Ar. Referido a persona,* engreída, soberbia y descortés. pop. ♦ **alucinado; empetacado; fifí; fufurufo; soplado; subido; tufoso; zocado.**
   2. sust/adj. *Mx, Ec, Pe, Bo.* Persona envanecida gracias a la posición social o económica favorable de que disfruta. pop + cult → espon ^ desp.
   3. adj. *Co, Ve, Pe. Referido a persona,* que se ha rebelado y lucha contra una autoridad.
   4. *Co, Ve; Ec.* obsol; pop. *Referido a persona, especialmente joven,* desobediente y rebelde.
   5. *ES, Ni.* **alebrestado,** persona o animal rebelde.
   6. *ES. Referido a un guerrillero,* alzado en armas.
   II. 1. adj. *Mx, Ho. Referido a animal doméstico o domesticado,* que huye al campo y se hace semisalvaje. rur.
   2. *Ve, Ur; Ar.* rur. *Referido a animal,* que se ha hecho salvaje y montaraz.
   III. 1. adj. *Ch, Ar, Ur. Referido a animal,* que está en celo.
   2. *Ar, Ur. Referido a persona,* excitada sexualmente. euf; pop + cult → espon.
   IV. 1. adj. *Ho, ES, Ni. Referido a objeto o animal,* colocado encima de algo.

alzador.
   I. 1. m. *Ar, Ur.* Peón encargado de recoger el vellón tras la esquila de la oveja y llevarlo a la mesa de atar. rur.
   II. 1. m. *Pe.* Ayudante de un brujo o curandero. pop + cult → espon.

alzador, -ra.
   I. 1. sust/adj. *Ar:NO.* p.u. Persona que come mucho.
   II. 1. m. y f. *Cu. En la cosecha manual de la caña de azúcar,* encargado de recoger la caña apilada y montarla en el camión que la lleva al ingenio.

alzadora.
   I. 1. f. *Cu.* Máquina que levanta del suelo las grandes pilas de caña que han de ser conducidas al ingenio.

alzamiento.
   I. 1. m. *Ho.* Robo. pop + cult → espon.

alzaprima.
   I. 1. f. *Ar:NE; Py.* obsol. Carro estrecho, sin caja, de grandes ruedas, empleado para transportar troncos u otros objetos de mucho peso. rur.
   2. *Ar, Ur.* Cadena o correa que sirve para levantar y fijar al talón las espuelas pesadas. rur.

alzar(se).
   I. 1. tr. prnl. *Mx, Gu, Ho, ES, CR:NO.* Guardar *algo* en un sitio, *preferiblemente alto.* pop.

   2. tr. *Mx.* Devolver el orden y la pulcritud a un lugar o a unos objetos. pop.
   3. *Gu, ES, CR:NO.* Guardar *algo* en su sitio. pop.
   II. 1. intr. prnl. *Ch; Mx, Ho, Pa, RD, PR, Ve, Ar* rur; *Ur.* pop. Escaparse un animal doméstico y hacerse salvaje.
   2. *Ni, Ar, Ur.* Huir *una persona* con lo que ha robado. pop.
   III. 1. intr. prnl. *Ve; Bo* pop + cult; *Co.* pop. Adoptar una actitud arrogante y soberbia.
   2. *RD, PR, Ve.* Protestar con enfado.
   3. *CR, Ve.* Ponerse colérica *una persona.* pop.
   IV. 1. intr. prnl. *Mx, Ho, Ni, Pa.* Hacerse altiva y engreída *una persona.*
   V. 1. intr. prnl. *Ar, Ur.* Excitarse sexualmente *una persona.* euf; pop + cult → espon.
   2. *Ar, Ur.* **alborotarse.**
   VI. 1. tr. *CR, Co, Bo, Ur.* Sostener a un niño en brazos.
   VII. 1. tr. *Ar.* Recoger un conductor en su coche a personas que van a pie. pop.
   VIII. 1. intr. prnl. *CR, Ve.* Emborracharse *una persona.* pop + cult → espon.
   IX. 1. tr. *Ec.* Dar orden un jefe a uno o varios trabajadores de suspender una labor, *para que sea retomada en otro momento.* pop.
   2. intr. prnl. *Ec.* Suspender uno o varios trabajadores su labor cotidiana a determinada hora, para retomarla al día siguiente. pop.
   X. 1. intr. prnl. *Cu, RD.* Marcharse *una persona* de un lugar que frecuenta con asiduidad, *en especial del aula de clase.*
   XI. 1. intr. prnl. *Ni, Ec. En los juegos de azar,* retirarse *una persona* antes de que la sesión de juego se dé por terminada. pop.
   XII. 1. intr. prnl. *Ec.* Seducir un hombre a la mujer de otro. pop.
   2. tr. prnl. *CR.* **levantar,** conquistar sentimentalmente.
   XIII. 1. tr. *Ho, Ni, CR.* Robar *algo.* ♦ **ajenjarse; bolsear; bombearse; descamisar; deschorchar; destuzar.**
   XIV. 1. intr. prnl. *Ec.* Suspender operaciones y cerrar el negocio los dueños de un establecimiento comercial. pop.
   XV. 1. intr. prnl. *Ho.* Ganar un gallo una o varias peleas.
   XVI. 1. tr. prnl. *CR.* Llevarse preso un policía a *alguien.*

   □
   a. ‖ ~ **cría.** loc. verb. *CR.* Quedar preñado un animal hembra. rur.
   b. ‖ ~ **la pata.** loc. verb. *Cu.* Dejar de ir *alguien* a un lugar que solía frecuentar. ♦ **levantar la pata.**
   c. ‖ ~ **pelo.** loc. verb. *Gu, ES.* Tener *alguien* miedo. pop.
   d. ‖ ~ **su gallo.** loc. verb. *Bo.* Abandonar una empresa o un asunto como un pleito, una pelea.
   e. ‖ ~ **un tanate.** loc. verb. *CR.* Provocar un enfrentamiento o una discusión. pop.
   f. ‖ ~**se con el coroto.** loc. verb. *Ve.* Usurpar *alguien* el poder. pop + cult → espon. ♦ **armarse con el coroto.**
   g. ‖ ~**se de tanda.** loc. verb. *CR.* Iniciar *alguien* una borrachera de varios días seguidos. pop + cult → espon.
   h. ‖ ~**se la bata.**
     i. loc. verb. *Co.* Salir a divertirse. pop + cult → espon ^ fest.
     ii. *CR.* obsol. Marcharse repentinamente *una persona.* pop.

   ◪
   a. ‖ **álzalas, buey.** fr. prov. *Mx.* Indica amonestación bienintencionada hacia quien acaba de tropezar.

alzavidrio.
   I. 1.   m. *Ec, Ch.* Mecanismo de un automóvil que sirve para elevar los cristales de las ventanillas. (**alzavidrios**).
alzavidrios.
   I. 1.   *Ch.* **alzavidrio**.
alzo.
   I. 1.   m. *Mx, Gu, Ho, ES, Ni, CR.* Victoria de un gallo de pelea.
   II. 1.   m. *Ho, ES, Ni.* Robo. pop + cult → espon.
   ■
   a. ‖ **~ de pelo.** m. *Ho.* Erizamiento de las plumas de un gallo de pelea por miedo al contrario. ♦ **hacer golilla**.
amá. (Afér. de *mamá*).
   I. 1.   f. *Mx:N, Ho, ES, Ni, Cu:E, Co.* Mamá, madre. pop + cult → espon ^ afec.
amacei.
   I. 1.   *RD.* **amacey**.
amacey.
   I. 1.   m. *RD.* Árbol de hasta 25 m de altura, con hojas elípticas olorosas, inflorescencia terminal, flores blanquecinas medio verdosas y fruto redondo aplanado, con varias semillas adentro; se usa para combustible. (Burseraceae; *Tetragastris balsamifera*). (**amacei**). ♦ **masa**.
   2.   *RD.* Aceite del amacey, muy usado en la medicina popular. (**amacei**).
amachada.
   I. 1.   adj. *Cu, RD, Co, Ch.* Referido a una mujer, varonil, que tiene actitudes masculinas.
amachado, -a.
   I. 1.   adj. *Ch.* Referido a persona, especialmente a una mujer, que ha adoptado modos o rasgos considerados como masculinos y viriles.
amacharse.
   I. 1.   intr. prnl. *Mx; Pa.* obsol. Obstinarse en una actitud o postura sin avenirse a razones. pop + cult → espon.
   2.   *Cu, RD, PR, Ch; Pa.* obsol. Adquirir una mujer modos considerados masculinos. pop + cult → espon.
   3.   *Pa, Ch.* Adquirir la hembra rasgos físicos contrarios a la naturaleza de su sexo. pop + cult → espon.
   II. 1.   intr. prnl. *RD, PR.* Volverse estéril una planta o un animal hembra. ♦ **amachorrar**.
amachetear.
   I. 1.   *Cu.* **machetear**.
amachimbrado, -a.
   I. 1.   *Ar:N, Ur.* **acollarado**, que vive en concubinato. rur.
   II. 1.   adj. *Ho, Ni.* Referido a dos piezas de madera, ensambladas a ranura y lengüeta.
amachimbrar(se). (Var. de *machihembrar*).
   I. 1.   intr. prnl. *Mx, Ho, Ar:N, Ur.* Vivir dos personas en concubinato. rur. ♦ **amachinarse**.
   2.   tr. *Ho.* metáf. Ensamblar dos piezas de madera a ranura y lengüeta.
amachinado, -a.
   I. 1.   adj. *Mx.* Referido a cosa, fija, ensamblada con firmeza.
   2.   *Pa.* Referido a persona, sojuzgada, asustada, cohibida. pop + cult → espon.
   II. 1.   adj. *Ho, Ni.* Referido a un hombre y una mujer, que viven en concubinato. (**machinado**).
amachinamiento.
   I. 1.   m. *Ho, Ni.* Vida en concubinato de un hombre y una mujer ♦ **amachine; ayuntamiento**.
   II. 1.   m. *Ho, Ni.* metáf. Alianza o entendimiento pasajeros entre personas, empresas o instituciones.

amachinar(se). (De *machihembrar*).
   I. 1.   intr. prnl. *Mx.* Determinarse firmemente en una postura o intención. pop.
   2.   tr. prnl. *Mx.* Apropiarse de algo, agenciárselo como propio. pop + cult → espon.
   3.   tr. *Mx.* Apoderarse de algo, tomar posesión de algo. pop.
   II. 1.   intr. prnl. *Mx.* Prender o tomar *algo* con firmeza.
   III. 1.   *Ho, ES, Ni, Ve.* **amachimbrarse**, vivir en concubinato.
   IV. 1.   tr. *Ho, ES, Ni.* Lograr que un hombre y una mujer vivan en concubinato.
   2.   intr. prnl. *Ho.* metáf. Aliarse dos personas, instituciones o empresas para un fin común. desp.
   V. 1.   intr. prnl. *Pa.* Desanimarse o entristecerse *alguien*.
   2.   *Pa.* Amedrentarse, cohibirse *una persona* por alguien o algo. pop + cult → espon.
   VI. 1.   tr. *CR:NO.* Desprender del arroz los granos con una **machina**.
amachine.
   I. 1.   *Ho.* **amachinamiento**.
amachorrá.
   I. 1.   f. *RD.* **amachorrada**, mujer hombruna.
amachorrada.
   I. 1.   adj. *Ar, Ur.* p.u. Referido a una mujer, de aspecto hombruno y de modales poco femeninos. (**amachorrá**).
   2.   *Ur.* Referido a la hembra de un animal, especialmente una vaca, que ha estado con el macho y no ha quedado preñada. rur.
amachorrarse.
   I. 1.   intr. prnl. *RD, PR, Ar, Ur.* p.u. Adquirir una mujer aspecto hombruno y modales poco femeninos.
   2.   *RD, PR.* **amacharse**, volverse estéril.
   3.   *Ni.* Volverse una hembra estéril. rur.
   4.   *Ur.* Adquirir una hembra, por esterilidad, las características del macho de su especie. rur.
amaciato.
   I. 1.   *Pe.* **amasiato**.
amacise.
   I. 1.   m. *Co.* Abrazo con el que una persona se estrecha a otra, especialmente al bailar. pop + cult → espon.
amacizar(se).
   I. 1.   tr. *Mx, Ho, ES, Ni.* Asegurar, fortalecer o aumentar *alguien* la intensidad o la fuerza de algo. pop + cult → espon.
   2.   intr. prnl. *Mx.* Desarrollarse, crecer, consolidarse, adquirir vigor un ser vivo o un proceso.
   II. 1.   tr. *Mx.* En una obra, rellenar con material de construcción la oquedad de un elemento a fin de reforzar la consistencia del conjunto.
   2.   *Mx.* Fijar un poste en el suelo verticalmente rellenando compactamente el hueco abierto para alojarlo.
   III. 1.   intr. *Mx.* Madurar el fruto de una planta. rur.
   2.   intr. prnl. *Ho, Ni.* Terminar el cuerpo de alguien su crecimiento y desarrollo.
   IV. 1.   tr. *Co.* Ceñir estrechamente *alguien* a *una persona*, especialmente al bailar.
   V. 1.   intr. prnl. *Gu.* Aferrarse *una persona* a algo.
   VI. 1.   intr. prnl. *Gu.* Comportarse *alguien* de manera abusiva o prepotente.
   VII. 1.   intr. prnl. *ES.* Resistir un detenido el interrogatorio policial negando los cargos. delinc.
   VIII. 1.   intr. prnl. *Ho.* Perder *una persona* el miedo a alguien. pop.
amadrinado, -a.
   I. 1.   adj. *Mx.* Referido a *un preso*, protegido por otro de mayor jerarquía y poder dentro del penal. delinc.

II. 1. adj. *Ve. Referido a una res vacuna o a un caballo*, que se ha sometido a un rebaño o **madrina**.

2. *Ve. Referido a una res vacuna o a un caballo*, que se ha acostumbrado a estar con otros de su misma especie o de otra.

3. *Ve.* metáf. *Referido a persona*, que anda a menudo con otra.

amadrinar.

I. 1. tr. *Mx.* Brindar protección un mando medio policial a un delincuente en libertad a cambio de sobornos. delinc.

2. *Mx. Dentro de un penal*, brindar protección un preso a otro a cambio de favores, dineros u otros bienes. delinc.

II. 1. tr. *Co, Pe, Ch, Ar; Ec:S, Ur.* rur. Hacer que el ganado caballar se acostumbre a ir detrás de la yegua que sirve de guía.

2. *Ve.* Reunir el ganado bravío o montaraz con una **madrina** de su propia especie o de otra que sirve de guía.

amagada.

I. 1. *Ur.* **amague**, indicio o señal.

amagamiento.

I. 1. m. *Co:O.* Lugar donde brota el agua de forma natural.

amagoso, -a.

I. 1. adj. *Ec.* juv. *Referido a persona*, que hace ademán de realizar algo y no lo hace. pop + cult → espon.

amague. (Var. de *amago*).

I. 1. *Mx, Bo, Py, Ar, Ur.* Indicio o señal de algo *que generalmente no va a suceder.* ♦ **amagada**.

2. *Gu, Ho, Ni, Pa, PR EC; ES.* p.u. Amago, gesto que indica la intención de realizar una acción. ♦ **mate**.

3. *Ec.* Engaño. pop + cult → espon.

▶ **irse en ~s.**

¡amalaya! (De *ah y mal haya*).

I. 1. interj. *Ve, Ar.* Expresa dolor, lamento. rur; pop. (**¡amalhaya!**).

2. *Ar; Ur* obsol; *Bo:S,* pop + cult → espon ^ fest. Expresa ira, disgusto o lamentación. rur. (**¡amalhaya!**).

3. *Ve.* Expresa alabanza o lisonja. pop + cult → espon.

4. *Ve.* Expresa añoranza o nostalgia. pop + cult → espon.

5. *Ho, Ni.* p.u. Expresa deseo vehemente de alguien. rur.

6. *Bo:S.* Expresa admiración o extrañeza. pop + cult → espon.

7. *Bo:S.* Expresa el deseo de que alguien o algo sufra mal o daño. pop + cult → espon.

8. *Ni.* Expresa pena por algo pasado. rur.

amalayar.

I. 1. *Gu, Ho, ES, Ve.* **amalhayar**.

amaldecir.

I. 1. tr. *RD, PR.* Maldecir. rur; vulg.

¡amalhaya!

I. 1. *Ar, Ur.* obsol. **¡amalaya!**

amalhayar. (De *malhaya*).

I. 1. tr. *Gu, Ho, ES, Ve.* Desear *alguien* con vehemencia *algo, en especial lo que se ha perdido.* pop + cult → espon. (**amalayar; malhayar**).

2. intr. *Ho.* Proferir exclamaciones para expresar el deseo de algo.

amalignarse.

I. 1. prnl. *RD.* Infectarse una herida o agravarse una pústula.

amallarse.

I. 1. intr. prnl. *Ch.* p.u. Quedarse *alguien* con algo ajeno.

amalloque. (Del quech. *amalluqui*).

I. 1. m. *Bo:E,C,S.* Ganglio inflamado. pop + cult → espon.

amamado.

I. 1. *Ho.* **amamplorado**. pop + cult → espon.

amamantado, -a.

I. 1. adj. *Cu, PR. Referido a persona, especialmente a un niño*, consentido, mimado. pop + cult → espon.

amamantamiento.

I. 1. m. *Cu.* Condescendencia o mimo excesivos con que se trata a un niño. pop + cult → espon.

amamantar.

I. 1. tr. *Cu, PR.* Consentir a los niños, mimarlos en exceso. pop + cult → espon. ♦ **atetar**.

amameyado.

I. 1. adj/sust. *ES.* **amamplorado**.

amamplorado.

I. 1. sust/adj. *Ho, ES.* Hombre homosexual. ♦ **amamado; amameyado**. rur.

amancae. (De or. quech.).

I. 1. f. *Pe.* Planta de bulbos blancos, hojas radicales largas, de color verde intenso, flores amarillas con interior verdoso de corta duración. (Amaryllidaceae; *Hymenocallis amancaes*).

2. *Pe.* Flor de la amancae.

amancay.

I. 1. m. *Co:SO, Ve, Ec, Pe.* Arbusto de hasta 5 m de altura, con hojas alternas, inflorescencia axilar y flores blancas, rosadas o amarillas según su forma de cultivo, que poseen un perfume intenso. (Apocynaceae; *Plumeria* spp.). ♦ **amancaya; amancayo**).

2. *Co:SO, Ve, Ec, Pe.* Flor del amancay. (Apocynaceae; *Plumeria* spp.).

3. *Ch, Ar.* Planta perenne de hasta 1 m de altura, con rizomas, tallos erguidos, hojas lanceoladas de color claro; es ornamental. (Amaryllidaceae; *Alstroemeria aurantiaca*). (**amancaya; añañuca**).

4. *Ch, Ar.* Flor del amancay, de color amarillo o anaranjado, en forma de embudo, con vetas rojizas en algunos pétalos. (Amaryllidaceae; *Alstroemeria aurantiaca*).

amancaya.

I. 1. f. *Pe.* **amancay**, *Plumeria* spp.

2. *Bo:S.* **amancay**, *Alstroemeria aurantiaca*.

amancayo.

I. 1. m. *Co:SO, Pe.* **amancay**, *Plumeria* spp.

amanda.

I. 1. f. *Mx:SE, Gu.* Arbusto leñoso grande, a veces en forma de **bejuco** arqueado, con flores amarillas acampanadas, fruto en forma de cápsula, cubierto de numerosas espinas verdes; la infusión de sus hojas pequeñas es un efectivo laxante. (Apocynaceae; *Allamanda cathartica*). ♦ **canaria; jazmín**.

amaneca.

☐

a. ‖ **hasta la ~.** loc. adv. *RD.* Hasta el amanecer.

amanecer(se).

I. 1. intr. *Mx, Ho, Ni, Pa, RD, Co, Ve, Ec, Pe, Bo, Ch, Ur.* Pasar la noche sin acostarse, *generalmente por haber estado de fiesta.*

2. intr. prnl. *Mx, Ni, Pa, RD, Ve, Ec, Pe, Bo, Ch, Py, Ar, Ur.* Pasar la noche en vela.

•

a. ‖ **¿cómo amaneció?** fórm. *Mx, Ho, Ni, CR, Pa, Co, Ur.* Se usa para saludar al levantarse o en las primeras horas de la mañana.

☐

a. ‖ **~ con el día.** loc. verb. *RD.* **amanecer en vela**.

b. ‖ ~ **con el mico al hombro.** loc. verb. *Co.* Levantarse de mal genio. pop + cult → espon.

c. ‖ ~ **en vela.** loc. verb. *Ni, RD, Ur.* No dormir en toda la noche. ♦ **amanecer con el día.**

amanecía.

   I. 1. f. *RD.* Parranda hasta el amanecer.

amanecida.

   I. 1. f. *Ho, Ni, Pa, Cu, RD, PR, Co, Ve, Pe, Bo.* Trasnochada, *principalmente por haber estado de fiesta.* pop + cult → espon.

   II. 1. f. *Co:N, Ve.* Borrachera. pop + cult → espon.

   III. 1. f. *Ec, Pe.* Alborada.

   ■

     a. ‖ **la ~.** f. *Cu.* Tacita de café negro que se toma al despertarse.

amanecido, -a.

   I. 1. adj. *Ho, Ni, Pa, Cu, RD, PR, Co, Ve, Pe, Ch.* *Referido a persona,* que ha permanecido despierta durante toda la noche.

   II. 1. adj. *Ho, Ni, Ar. Referido a comida,* del día anterior.

amanesquera.

   I. 1. f. *Ho, Ni.* Fiesta o reunión que se prolonga hasta el amanecer.

   2. *Ho.* p.u. Turno laboral desde la media noche hasta la mañana.

amanesquero, -a.

   I. 1. sust/adj. *Ho, Ni.* Persona que ha amanecido sin dormir.

   2. adj. *Ho, Ni. Referido a cosa o asunto,* que se hace al amanecer.

amanezca.

   I. 1. f. *Cu, RD, PR.* Amanecida, amanecer. rur. ♦ **amanezquera.**

   ▢

     a. ‖ **a la ~.** loc. adv. *RD, PR.* Al amanecer. rur.

amanezco.

   I. 1. m. *Cu.* Alimento que se toma por la mañana como desayuno. rur.

   2. *Cu.* Primer trago de licor que se toma por la mañana. rur.

amanezquera.

   I. 1. *Cu, RD, PR.* **amanezca.**

amangualarse.

   I. 1. intr. prnl. *Co.* Ponerse de acuerdo con alguien para un fin, *generalmente ilícito.* pop + cult → espon.

¡amano!

   I. 1. interj. *Ec:S.* obsol. Expresa intención de hacerle saber a alguien que determinado asunto no es de su incumbencia. pop + cult → espon.

amanojarse.

   I. 1. intr. prnl. *Pa.* Juntarse dos personas para bailar. rur.

amansaburros.

   I. 1. m. *Gu, Ho, ES, CR, Cu, Ar.* obsol. **mataburros,** diccionario. pop + cult → espon ^ fest.

   2. *Cu.* Cualquier documento al que se recurre para aclarar dudas. pop + cult → espon ^ fest.

amansada.

   I. 1. f. *Mx, Ho, ES, CR, RD, Co, Ec.* p.u. Doma de un animal, *generalmente equino.* rur. ♦ **amanse.**

amansadera.

   I. 1. *Ar, Ur.* **amansadora,** situación.

amansador.

   I. 1. m. *Ho.* Poste clavado en el suelo para amarrar al ganado para amansarlo, herrarlo, curarlo o matarlo. rur. ♦ **domador; pion.**

   II. 1. m. *PR.* metáf. Valentón de barrio. pop + cult → espon.

amansador, -ra.

   I. 1. sust/adj. *EU, Mx, Ho, ES, Ni, Cu, PR, Ec, Pe, Bo, Ch; Pa, Co,* rur; *Ve,* p.u; *Ur.* obsol. Domador de caballos y de otros animales. pop + cult → espon. ♦ **chalán; jinete.**

amansadora.

   I. 1. f. *Bo, Ar, Ur.* Situación fastidiosa y agotadora, *especialmente la producida por una espera prolongada en la tramitación de una gestión.* (**amansadera; amansadura**).

amansadura.

   I. 1. f. *Ch.* **amansadora.**

   2. *Ch.* Evento campestre en el que unos domadores amansan caballos.

   II. 1. f. *Cu.* Doma de animal salvaje.

amansaguapo.

   I. 1. f. *PR, Ve.* Sustancia que tiene la supuesta finalidad de hacer dóciles a los hombres. (**amanzaguapo**).

   II. 1. m. *Pa.* Palo o barra que pueda utilizarse en defensa propia. pop + cult → espon ^ fest.

amansaloco.

   I. 1. m. *Ni, Ar.* Bastón corto de goma que usa la policía para atacar o defenderse. pop + cult → espon ^ fest.

   2. *Ar.* Látigo para azotar. rur.

   3. *Ur.* Pequeño muñeco o animal de tela, *generalmente relleno de arena o algún grano,* que sirve de talismán. (**amansalocos**).

amansalocos.

   I. 1. *Ur.* **amansaloco,** pequeño muñeco o animal de tela.

amansar.

   I. 1. tr. *Ni, CR, Pa, Cu, Co, Pe, Bo, Ch, Ar.* metáf. Hacer que, *mediante el uso,* los zapatos nuevos pierdan su rigidez y se vuelvan más cómodos.

amanse.

   I. 1. *Ec.* **amansada.**

amanzaguapo.

   I. 1. *PR, Ve.* **amansaguapo.**

amanzanamiento.

   I. 1. m. *Bo, Ar, Ur.* División de un terreno en bloques para la edificación. prest; cult → esm.

amanzanar.

   I. 1. tr. *Bo, Ar, Ur.* Dividir un terreno en manzanas para la edificación. prest; cult → esm.

amañado, -a.

   I. 1. adj. *Ho, Ni, Pa, Co, Ve, Ec. Referido a persona,* que se ha adaptado o acostumbrado a un ambiente, un lugar o una actividad nuevos. pop + cult → espon.

   II. 1. adj. *Ec. Referido a una situación,* arreglada.

   III. 1. adj. *Ni, PR. Referido a persona,* mañosa.

   IV. 1. adj. *PR. Referido a un hombre,* delicado, amanerado.

   V. 1. adj. *Pa. Referido a persona,* que obtiene prebendas de modo fraudulento, *especialmente puestos o concursos públicos.* pop + cult → espon ^ desp.

amañador, -ra.

   I. 1. adj. *Co. Referido a un lugar,* agradable, placentero. pop + cult → espon.

amañarse.

   I. 1. intr. prnl. *Gu, Ho, ES, Ni, Pa, Co, Ve, Ar:NO; Bo, Ur.* rur. Acostumbrarse, habituarse *alguien* a la novedad de un lugar o una actividad. pop + cult → espon. ♦ **encontrarse.**

   2. *Ni, RD, Bo.* Adquirir *alguien* mañas o ademanes.

   3. *Ec.* obsol. Aceptar resignadamente *una persona* determinada condición o situación. pop + cult → espon.

II. 1. intr. prnl. *Co, Bo:S, Ar:NO* rur; *Ec*. obsol. Unirse un hombre y una mujer en concubinato.

amaño.
I. 1. m. *Co:SO, Bo:S, Ar:NO*; *Co* rur; *Ec*. rur; pop. Relación marital de concubinato de un hombre con una mujer.
2. *Ec*. p.u. Convivencia temporal como pareja de un hombre y una mujer que, en ciertas comunidades indígenas, se usa como prueba para determinar la conveniencia o no de unirse en matrimonio. rur; pop.

☐
a. ‖ **a su ~.** loc. adv. *Ch*. A su antojo o libre voluntad. pop + cult → espon.

amañoco.
I. 1. m. *Ch:N*. Tubérculo silvestre, de flor rosada y sabor amargo, que se enquista en las raíces de otras plantas; como alimento se consume la inflorescencia cruda, y el tubérculo se emplea en medicina tradicional. (Balanophoraceae; *Ombrophytum subterraneum*).

amapachinar. (Der. de *mapachín*).
I. 1. tr. *Ni*. p.u. Suministrar a un hombre un bebedizo con polvos del pene seco de un **mapache** que produce excitación sexual.

amapacho.
I. 1. m. *RD*. **apapacho.**

amapanga.
I. 1. f. *Ve*. En el juego del trompo, golpe que da el trompo de un jugador al de su contrario para clavarse en él y ganarlo como premio ♦ **amapola.**

amapola.
I. 1. f. *Ho, Ni, CR, Pa, PR, Ve, Bo*. **gallardete,** arbusto.
2. *Gu, Ho, Ni*. **chanita,** arbusto.
3. *RD*. **tulipán africano.**
4. *RD*. Árbol de hasta 15 m de altura, ramas espinosas y flores de color anaranjado-rojizo; es frecuente en las zonas de cultivo de café. (Fabaceae; *Eritrina* spp.).
II. 1. f. *Ve:C*. **amapanga.**

amapuchador, -ra.
I. 1. adj. *PR*. Referido a persona, encubridora, que trata de ocultar la verdad. pop + cult → espon.

amapuchar(se).
I. 1. tr. prnl. *Ve*. Acariciarse dos personas en público de manera efusiva o exagerada. pop + cult → espon.
II. 1. tr. *PR*. Ocultar, encubrir, disimular. pop + cult → espon.

amapuche.
I. 1. m. *Ve*. Caricia, demostración efusiva de afecto. pop + cult → espon.
II. 1. m. *Ve:E*. Brujería, maleficio.

amapucho.
I. 1. m. *PR*. Componenda, arreglo secreto. pop + cult → espon.

amaraco.
I. 1. m. *RD*. Simulación.

amaragosa.
I. 1. f. *Ur*. Hierba perenne de hasta 25 cm de altura, de hojas alternas trifurcadas y flores blancas o rojizas; la infusión de la planta entera *se usa especialmente contra los dolores gastrointestinales*. (Asteraceae; *Mycrogynella trifurcata*). ♦ **amargosa.**

amaranto.
■
a. ‖ **~ silvestre.** m. *Ho, Bo*. **bledo,** planta herbácea.

amarcar. (Del quech. *marcari*, tomar en brazos).
I. 1. tr. *Ec*. Llevar *una persona* a *alguien* en brazos. pop + cult → espon. (**marcar**).
2. *Ec*. Sentar *una persona* a *alguien* en el regazo. pop + cult → espon.
II. 1. tr. *Ec*. obsol. Ser padrino o madrina de bautismo. pop.

amarchantarse.
I. 1. intr. prnl. *Mx, Ve*. Hacerse *una persona* cliente de un establecimiento o de un vendedor.

amarcigado, -a.
I. 1. adj. *Pe*. Referido a persona, de piel algo morena.
II. 1. adj. *PR*. Referido a una fruta, *en especial a un plátano*, que está a medio madurar.

amarcigarse.
I. 1. intr. prnl. *PR*. Quedarse una fruta, *en especial un plátano*, a medio madurar.
II. 1. *PR*. **almacigarse.**

amareti. (Del it. *amaretti*, pl. de *amaretto*).
I. 1. *Ar, Ur*. **amaretti.**

amaretti. (Voz italiana).
I. 1. m. *Ar, Ur*. Dulce elaborado a base de clara de huevo, harina, azúcar y almendras amargas. (**amareti**).

amarga.
I. 1. f. *Ho, ES, Ni, Co*. Cerveza.
2. *Ur*. Bebida alcohólica, similar al aguardiente de caña, que se sirve como aperitivo.

amargante.
I. 1. adj. *Ar, Ur*. Referido a una situación, que provoca un sentimiento de amargura y disgusto.
2. *Ur*. Referido a persona, que por su pesimismo produce un sentimiento de amargura en los demás.

amargar.
☐
a. ‖ **~ el pepino.** loc. verb. *Ch*. Molestar, enfadar o disgustar *alguien* o *algo* a *una persona*. pop + cult → espon.

amargo.
I. 1. f. *Ho, ES, Co*. Cerveza.
2. m. *Ar, Ur*. Mate cebado sin azúcar.
3. *Ar, Ur*. **mate,** infusión de yerba mate.
4. *Ar*. Bebida alcohólica de sabor amargo.
5. *Ar*. Bebida sin alcohol hecha a base de hierbas silvestres con propiedades digestivas y energéticas.
6. *Ve*. Bebida aderezada con frutas o con plantas medicinales de sabor amargo.
7. m. *RD, Ve*. Licor que se prepara macerando en aguardiente hierbas o frutas.

■
a. ‖ **~ de angostura.**
i. m. *Ve*. Extracto de hierbas aromáticas y corteza de quina blanca *que se usa preferentemente para perfumar bebidas*.
ii. *Ho, Ch*. Extracto líquido obtenido de la cáscara rojiza y amarga del árbol de angostura; es un antipirético y se utiliza en ciertos cócteles.

amargo, -a.
I. 1. adj. *Ar:NO, Ur*. Referido a persona, poco generosa.
2. adj/sust. *Ar*. Referido a persona, sin entusiasmo ni empuje.
3. adj. *Ur*. Referido a persona, severa.
II. 1. adj. *Gu, Ho, ES, Ni*. **agrio,** que tiene mal carácter.

amargón.
I. 1. m. *Pe*. Disgusto grave.
II. 1. m. *ES*. **pitiona.**
2. *Ho*. **chichicuilote,** palma.

amargón, -na.
I. 1. m. y f. *Pe*. Persona que se aflige o disgusta con facilidad.

amargosa.
I. 1. f. *Ho*. **guaje,** árbol.
2. *Ur*. **amaragosa.**

amargoso, -a.
I. 1. adj. *Ve*. Referido a persona, muy valiente.
II. 1. *Ni*. **amarroso.**

amargue.
    I. 1. m. *RD, Ve.* Amargura, angustia o sufrimiento causados por una decepción o desilusión.
    2. *Cu, RD.* Condición de amargo.

amarguear.
    I. 1. *Ar:N, Ur.* **cimarronear.** rur.

amariconado, -a.
    I. 1. adj. *Ho, ES, Ni, Bo, Ch, Ar. Referido a persona,* cobarde. vulg; pop + cult → espon ^ desp.

amariconarse.
    I. 1. intr. prnl. *Mx, ES, Ni, RD, PR.* Acobardarse *alguien.* vulg; pop + cult → espon ^ desp.
    II. 1. intr. prnl. *Ch, Ar.* Adoptar *una persona* un comportamiento con el que intenta imponerse a otras. vulg; pop + cult → espon.

amarilla.
    I. 1. f. *Ve.* Yema de huevo.

amarillaje.
    I. 1. m. *Pe.* Actitud de personas o grupos que no participan de movimientos y actividades reivindicativos sociales y sindicales.

amarillamiento.
    I. 1. m. *Ho, ES.* Enfermedad letal de los cocoteros que provoca un color amarillo en sus hojas y, después, su muerte.

amarillear(se).
    I. 1. intr. prnl. *ES, Ni, PR, Co.* Ponerse amarilla una fruta, *en especial un plátano,* por estar comenzando a madurar.
    II. 1. tr. *Cu.* Atemorizar *algo* o *alguien* a una persona.
    2. intr. prnl. *Cu.* Acobardarse.

amarillo.
    I. 1. m. *Mx.* Tipo de mole hecho con hierbas, **chile** y almendras.
    II. 1. m. *Ni, Pa, RD, PR, Co.* Fruto maduro de la planta de **plátano.**
    2. *Pe.* Plantas diversas caracterizadas por el color amarillo de alguna de sus partes, *especialmente la madera.*
    3. *PR.* **abey.** (Fabaceae; *Lysiloma latisiliquum*).
    4. *Ur.* **palo amarillo.** (Combretaceae; *Terminalia australis*).
    5. *Pa.* **granadillo.** (Combretaceae; *Buchenavia tetraphylla*).
    III. 1. m. *Ec.* Arroz que durante el proceso de secado se fermenta y adopta una coloración amarilla, por lo cual se considera de inferior calidad.
    IV. 1. m. *Gu.* Salsa para carnes y verduras hecha con tomate, ajo y cebolla fritos, a la que se añaden pan molido, pimienta dulce y **achiote.**

    ■
    a. ‖ ~ **tainde.** m. *Ec.* Árbol perenne de hasta 25 m de altura, de hojas opuestas aromáticas y flores en racimo de color amarillo verdoso; su madera se emplea en la fabricación de muebles y canoas. (Lauraceae; *Cryptocarya* spp.).

amarillo, -a.
    I. 1. adj/sust. *Cu, Pe, Ur. Referido a una persona o a un gremio,* que apoya la política laboral de los patronos.
    2. *Cu, Pe. Referido a un trabajador,* que no se suma a una huelga.
    II. 1. adj. *Ni, Ve, Bo. Referido al periodismo,* amarillista.
    III. 1. sust/adj. *Ec.* Arroz que durante el proceso de secado se fermenta y adopta una coloración amarilla, por lo cual se considera de inferior calidad.
    IV. 1. adj. *Cu.* Cobarde.
    V. 1. sust/adj. *Cu.* Persona empleada por el Ministerio de Transporte que se encarga de embarcar a los pasajeros en el transporte público y de mantener el orden.
    VI. 1. adj. *Ni. Referido a persona,* pálida por enfermedad o susto.
    ▶ **pasar como ~ en boca de vieja.**

amarillón.
    I. 1. *CR.* **naranjo de montaña.**

amarilloso, -a.
    I. 1. adj. *Cu, RD, PR, Ve.* Amarillento.

amaro. (Del quech. *amaru,* serpiente).
    I. 1. m. *Pe.* Divinidad mitológica indígena en forma de serpiente. (**amaru**).

amarquetar.
    I. 1. tr. *ES.* Recibir *alguien* una **golpiza.** delinc.

amarra.
    I. 1. f. *Ho, Ni, Pa, PR, Co.* Amarre, atadura o nudo de una cuerda. ♦ **amarradera.**
    2. *CR, Ch.* Tira de cualquier material que sirve para atar, ceñir o colgar algo.

amarradera.
    I. 1. *Pa, PR, Co.* **amarra,** nudo.

amarradijo.
    I. 1. m. *Mx, Gu, Ho, Co.* Amarradura o nudo, *especialmente el hecho con descuido.* ♦ **amarrijo.**
    2. *Gu, Ho.* Atado o envoltorio hecho sin esmero. ♦ **atadijo; bulto.**
    3. *Ho.* p.u. Faja de tela de **manta** con que se ciñe el ombligo de los niños recién nacidos. ♦ **fajuelo.**

amarradito.
    I. 1. m. *Ho.* Bulto recubierto de paño blanco que lleva una cruz de palma bendecida el día de Ramos, una candela o vela y **copal** o incienso para realizar los rituales **lencas.** ♦ **atadito.**

amarrado.
    I. 1. m. *Gu, CR.* Atadura.

    ●
    a. ‖ **ni ~.** fórm. *CR, Cu, Ve.* Se usa para enfatizar una negativa. pop + cult → espon.

    ■
    a. ‖ **gallo ~.** m. *CR, PR.* Gallo listo para la pelea.

amarrado, -a.
    I. 1. adj. *Cu, Co. Referido a persona,* que está sujeta a la voluntad de otra mediante un hechizo de santería. pop + cult → espon.
    2. *RD, Co. Referido a persona,* muy enamorada.
    3. *Co. Referido a persona,* tacaña.
    4. *Pa, RD, Bo. Referido a persona,* dominada por su pareja.
    5. *Ni, Cu.* metáf. *Referido a una actividad,* que cuenta con garantías en todos los aspectos necesarios para una realización exitosa. ♦ **cuadrado.**
    6. *Cu. Referido a persona,* cohibida, tímida.
    II. 1. adj/sust. *Mx, Pa, RD, PR. Referido a persona,* miserable, mezquina, ruin. pop + cult → espon ^ desp.
    III. 1. adj/sust. *Cu, PR. Referido a persona,* lenta en sus movimientos y actuaciones.

amarrador, -ra.
    I. 1. adj. *Ve:O. Referido a persona o animal,* que come abundantemente. pop + cult → espon.

amarrar(se).
    I. 1. tr. *Mx, Gu, Ho, ES, Ni, CR, Pa, Cu, RD, Co, Ve, Bo.* Conseguir *alguien* el amor de una persona mediante hechizo.
    2. tr. prnl. *Mx, Gu, Pa, RD, Ve.* Comprometer, ganar a *alguien* como partidario o colaborador para una causa o proyecto.
    3. tr. *Mx, Ho.* Conquistar, seducir a *alguien.*
    4. intr. *Ho, Ni.* Establecer una relación amorosa con alguien.

II. 1. tr. *Mx, Ec.* Atar, ligar o cubrir una parte del cuerpo de una persona o de un animal con una venda, *especialmente cuando tiene una herida o ha recibido un golpe.*

III. 1. tr. *Mx, Ho, ES, Ni, Pa, Cu, RD, Co, Ec, Pe, Bo, Ch, Ar.* Concertar o pactar *algo* con alguien.

2. *Co, Ec.* Acordar con engaño o artificio *algo* dos o más personas o entidades, *en especial un contrato o una licitación.* pop.

3. *Pe, Bo.* Establecer fuertes relaciones de conveniencia con alguien.

IV. 1. tr. prnl. *Mx, RD, Co, Ar.* Emborracharse.

V. 1. tr. prnl. *Mx.* Detenerse un vehículo bruscamente. pop.

VI. 1. intr. prnl. *Co; Pa,* rur. Casarse una pareja. pop.

VII. 1. tr. *Ve:O.* Comer mucho.

VIII. 1. tr. *Ho, ES, Ni.* Conseguir *algo.*

IX. 1. intr. prnl. *Ec.* Formar pareja un perro y una perra para procrear. pop.

X. 1. intr. *CR. En el juego del bingo,* faltarle a un jugador solo un número para ganar.

□
a. ‖ ~ **el bongo.** loc. verb. *Ve.* Hacer *alguien* un servicio a los demás sin reportarle ganancias. pop.

b. ‖ ~ **el buitre.** loc. verb. *Gu, ES.* Vomitar alguien *algo.* pop.

c. ‖ ~ **el caballo.** loc. verb. *Ho.* Dormir. rur; fest.

d. ‖ ~ **el cute.** *Ho.* **amarrar el zope,** vomitar.

e. ‖ ~ **el dedo.** loc. verb. *Mx.* Actuar *alguien* en previsión de algo. pop + cult → espon.

f. ‖ ~ **el macho.** *Pe.* Holgazanear en el trabajo.

g. ‖ ~ **el perro.** loc. verb. *CR.* No pagar una deuda.

h. ‖ ~ **el zope.** loc. verb. *Gu, ES.* Vomitar. pop ∧ fest. ♦ **amarrar el cute.**

i. ‖ ~ **la balsa.** loc. verb. *Ec:O.* Tener tramado un plan para engañar a alguien. pop + cult → espon ∧ fest.

j. ‖ ~ **la cara.** loc. verb. *Pa, Ve.* Mostrar *alguien* seriedad o enojo.

k. ‖ ~ **la chiva.** loc. verb. *Cu, RD.* Aparentar que se trabaja.

l. ‖ ~ **muchos bojotes.** loc. verb. *Ve.* Hacer *alguien* varias actividades a un mismo tiempo. pop + cult → espon.

m. ‖ ~ **navajas.** loc. verb. *Mx.* Acomodar *alguien* una situación que depende de una decisión colectiva a conveniencia propia, negociando previamente con cada uno de los involucrados.

n. ‖ ~**se el cinturón.** loc. verb. *Pe.* Asumir una etapa de austeridad eliminando gastos innecesarios.

ñ. ‖ ~**se la tripa.** loc. verb. *Mx.* Aguantar el hambre. pop.

o. ‖ ~**se las enaguas.** loc. verb. *CR.* Imponer una mujer su autoridad, hacerse respetar.

p. ‖ ~**se los fustanes.** *Ni, Ve.* **amarrarse los pantalones,** prepararse. pop + cult → espon.

q. ‖ ~**se los pantalones.**
i. loc. verb. *EU, Ho, ES, Ni, CR, Pa, Cu, RD, PR, Co, Ve, Ec, Bo.* Imponer *alguien* su autoridad, hacerse respetar. pop + cult → espon.
ii. *Mx, Ho, Ni, Ec, Bo.* Mantenerse firme en una situación adversa o peligrosa. pop.
iii. *Ve, Pe, Ch.* Prepararse para enfrentar una situación, *especialmente si es difícil.* ♦ **amarrarse los fustanes.**

r. ‖ ~**se una juma.** *Co.* **amarrarse una rasca.**

s. ‖ ~**se una perra.** *Co.* **amarrarse una rasca.**

t. ‖ ~**se una rasca.** loc. verb. *Co, Ve.* Emborracharse. pop + cult → espon. ♦ **amarrarse una juma; amarrarse una perra.**

u. ‖ **amarrársela.** loc. verb. *Ho, CR, Cu, Co.* Emborracharse. pop + cult → espon.

amarre.
I. 1. m. *Mx, Cu, Pe, Bo, Ar.* Hechizo, práctica mágica para conseguir que alguien quede enamorado de una persona y sujeta a su voluntad.

2. *Ec, Pe, Bo.* Concertación o acuerdo censurable al que se llega entre dos personas, *generalmente autoridades y dirigentes,* sobre temas políticos, económicos, sociales o administrativos.

3. *Ec.* Artificio sutil e ingenioso para conseguir algo con engaño o fraude.

4. *Ni.* Hechizo que evita que el hombre logre una erección.

II. 1. m. *Mx, Ni, Pa, Pe.* Seducción que alguien ejerce sobre una persona para asegurar que quede enamorada y sujeta a su voluntad y arbitrio.

2. *Ni, Pe.* Matrimonio. pop + cult → espon ∧ fest.

3. *Ho, RD.* Relación amorosa que se mantiene de forma clandestina, con carácter irregular.

4. *Ec.* juv. Inicio de una relación amorosa.

III. 1. m. *Ni, Cu, Ec.* Treta, componenda. pop + cult → espon.

IV. 1. m. *RD, Ec.* Persona conocida que puede ayudar a otra a conseguir un beneficio de manera ilícita.

V. 1. m. *Cu.* Ajuste de dos personas sobre un asunto determinado.

VI. 1. m. *RD.* Conjunto de hierbas medicinales o alimenticias, o de flores, liadas por el tallo para la venta.

VII. 1. m. *RD.* Trabajo extra u ocasional.

●
a. ‖ **amárrenlo.**
i. fórm. *RD.* Se usa para expresar burla.
ii. *Ni.* Se usa para expresar el deseo de que aparten de la sociedad a personas con problemas.

■
a. ‖ ~ **de palo.** m. *Cu.* Control total sobre una persona, mediante la práctica de la brujería.

□
a. ‖ **de ~.** loc. adj. *Ch. Referido a leyes, disposiciones y normas,* creadas por el régimen **pinochetista** para asegurar la continuidad de algunas de sus políticas.

amarrete.
I. 1. adj/sust. *Ho, Pa, Ec, Pe, Bo, Ch, Py, Ar, Ur;* m-f. *Ni. Referido a persona,* avara o tacaña. pop + cult → espon ∧ desp. ♦ **agarrete; apretado.**

amarretear.
I. 1. intr. *Ar, Ur.* Obrar *alguien* con avaricia y tacañería. pop + cult → espon ∧ desp.

amarretismo.
I. 1. m. *Ar, Ur.* Avaricia o tacañería. pop + cult → espon ∧ desp.

amarrijo. (Sínc. de *amarradijo*).
I. 1. m. *CR, PR.* Atadura de carácter provisional hecha sin mucho esmero. pop + cult → espon.
II. 1. *CR.* **amarradijo,** nudo.

amarro.
I. 1. m. *Bo.* Conjunto de hierbas medicinales, de hortalizas o de flores, *generalmente de una sola especie,* que se atan y se venden como unidad.

2. *Bo.* Conjunto de cosas, como alimentos o ropa, envueltas en un pedazo de tela para cargarlas a la espalda.

3. *Bo.* Haz de leña.

amarrocar.
I. 1. tr. *Ar, Ur.* Reunir y guardar *alguien* con avaricia dinero u objetos de valor.

amarroso, -a.
I. 1. adj. *Ho, Ni, CR.* p.u. **agarroso,** que produce amargor.

2. *PR. Referido a un alimento,* de sabor áspero. pop + cult → espon. ♦ **amargoso.**

amartelado, -a.
  I. 1. adj. *Bo. Referido a persona*, que siente nostalgia por la tierra y por la familia que se encuentran lejos. pop + cult → espon.

amartelamiento.
  I. 1. m. *Bo.* Estado de decaimiento físico y emocional que padece una persona, por la ausencia de un ser querido.

amartelarse.
  I. 1. intr. prnl. *Bo.* Enfermarse o decaer física y anímicamente *una persona, generalmente un niño*, a causa de la ausencia de alguien querido o por la nostalgia del lugar donde ha nacido o crecido.

amartelo.
  I. 1. m. *Bo.* Enfermedad o decaimiento físico y anímico de una persona, *generalmente un niño*, a causa de la ausencia de alguien querido o por la nostalgia del lugar donde ha nacido o crecido.
  2. *Bo.* Sentimiento de nostalgia por los familiares, amigos y cosas propias del país natal.

amartiguar(se).
  I. 1. intr. prnl. *PR.* metáf. Entristecerse, marchitarse *alguien* o *algo*. pop + cult → espon.
  2. tr. *PR.* Amortiguar *una persona algo* o a *alguien*.
  II. 1. tr. *PR.* Poner las hojas del plátano levemente al fuego para hacerlas flexibles y que sirvan para envolver **pasteles**.

amaru.
  I. 1. *Pe.* **amaro**.

amasada.
  I. 1. f. *ES.* Conjunto de caricias amorosas entre dos personas, *generalmente de distinto sexo.* pop + cult → espon. ♦ **amase; amasijada; talaguashte.**
  II. 1. f. *ES. En el futbol*, dominio habilidoso del balón.

amasado.
  I. 1. m. *Bo:E.* p.u. Pan elaborado, *generalmente, con harina de trigo, de maíz, de arroz o de yuca*, cocido al horno.
  II. 1. m. *Ur.* Peinado o arreglo del cabello que se hace dando forma a este con las manos untadas de crema o gel, sin utilizar el peine.

amasado, -a.
  I. 1. adj. *Cu, RD. Referido a persona*, que tiene contextura gruesa. pop + cult → espon.
  2. *Cu. Referido a un fruto*, de pulpa con consistencia. ♦ **panudo.**

amasador.
  I. 1. adj. *Cu, PR. Referido a un hombre*, que importuna a las mujeres con quienes trata, tocándolas lascivamente. vulg; pop + cult → espon.

amasandería.
  I. 1. f. *Ch.* Lugar donde se hacen o se venden pan y otros productos de panadería.

amasandero, -a.
  I. 1. m. y f. *Ch.* Persona que amasa la harina para hacer pan y otros alimentos de panadería.

amasar.
  I. 1. tr. *Bo, Ar, Ur. En el futbol*, pisar la pelota y hacerla rodar ligeramente hacia atrás y hacia delante para detener el juego y pensar lo que se va a hacer.
  2. *ES. En deportes de balón*, mostrar habilidad en regatear al contrario.
  II. 1. tr. *Ho, ES, Ni, Cu.* **amontonarse**, abrazarse y acariciarse. ♦ **amasijar; sobijar.**
  2. *Ni, Cu.* Manosear *una persona* a *alguien* de forma lasciva, *especialmente un hombre a una mujer.*

amascote.
  I. 1. m. *Cu.* **Burujón** sin forma. pop + cult → espon.
  2. *Cu.* Trasero de mujer, grande y sin forma. vulg; pop + cult → espon.
  3. *Cu.* Desorden. pop + cult → espon.

amase.
  I. 1. m. *Ho, ES.* **amasada**, conjunto de caricias.

amasia.
  I. 1. f. *Mx, Ni; Ho*, p.u. Concubina.

amasiato.
  I. 1. m. *Mx, Pe.* p.u. Concubinato, relación marital de un hombre con una mujer sin estar casados. rur. (**amaciato**).

amasijada.
  I. 1. *ES.* **amasada**, conjunto de caricias. ♦ **amasije; sobada.**
  2. f. *Ho.* Sobo o amasado de algo con las manos.

amasijado, -a.
  I. 1. adj. *Bo, Ar, Ur. Referido a persona*, muy fatigada, *especialmente después de un gran esfuerzo o trabajo.* pop + cult → espon.
  2. *Ar, Ur. Referido a persona*, apretada o estrujada, *generalmente en un medio de transporte o en una aglomeración de gente.* pop + cult → espon.

amasijar(se).
  I. 1. tr. *Py, Ar, Ur.* Dar *una persona* una paliza a *alguien*. pop + cult → espon.
  2. *Ar.* Matar *una persona* a *alguien*. pop + cult → espon.
  II. 1. intr. prnl. *Ar, Ur.* Acariciarse y besarse una pareja con apasionamiento. pop + cult → espon.
  2. tr. *Ar.* Apretar o estrujar *alguien* a otra persona por falta de espacio. pop + cult → espon.
  III. 1. intr. prnl. *Ar, Ur.* Dedicarse *alguien* intensamente a una actividad. pop + cult → espon.
  2. tr. *Ur.* Obligar *una persona* a *alguien* a esforzarse para que rinda en una actividad determinada. pop + cult → espon.
  IV. 1. tr. *Ar.* Suspender un profesor a un estudiante con una calificación muy baja. est.
  V. 1. tr. *Ho.* Besar y acariciar con pasión a *alguien*.
  VI. 1. tr. *Ho.* Amasar *alguien algo*.

amasije.
  I. 1. m. *Ho.* **amasijada**, conjunto de caricias.
  II. 1. *Ur.* **amasijo**.

amasijo.
  I. 1. m. *Ar, Ur.* Aglomeración en la que alguien es estrujado o golpeado. pop + cult → espon. ♦ **amasije.**
  2. *Ar, Ur.* Caricias y besos apasionados de una pareja. pop + cult → espon. ♦ **amasije.**
  II. 1. m. *Ar, Ur.* Paliza dada por una persona a alguien. pop + cult → espon. ♦ **amasije.**
  III. 1. m. *Ar, Ur.* Desarrollo de una actividad con gran intensidad o exageración. pop + cult → espon. ♦ **amasije.**

amasillar(se).
  I. 1. tr. *Co.* metáf. Abrazar y acariciar *alguien* a su pareja con pasión.
  2. tr. prnl. *Co.* metáf. Abrazarse y acariciarse con pasión una pareja.
  II. 1. tr. *Ni, CR.* Aplicar **masilla** a una superficie, *especialmente a una pared.*

amasinarse.
  I. 1. intr. prnl. *ES.* Resistirse un delincuente a decir la verdad en un interrogatorio. delinc.

amasise.
  I. 1. m. *Co.* Abrazos y caricias apasionadas de una pareja.

amatal.
  I. 1. m. *Mx, Gu, ES; Ho.* p.u. Lugar poblado de **amates**. ♦ **amatillal.**

amatar.
  I. 1. tr. *Ec.* Herir superficialmente una montura o una albarda el lomo de un animal de carga o de silla. rur; pop.

amate. (Del nahuà *amatl*, árbol del papel).

I. 1. m. *Mx, Gu, Ho, ES, Ni*. Árbol de hasta 40 m de altura, de tronco grueso, corteza suave, a menudo con raíces tabulares, hojas ovaladas oblongas, flores pequeñas que crecen en el interior de una cubierta esférica donde se alojan también los frutos; el látex extraído del tronco y de las hojas tiene diversas aplicaciones en la medicina tradicional. (Moraceae; *Ficus insipida*). ◆ **chilamate; higo; higuera; matapalo; ojé; xalama.**

2. *Mx*. Papel hecho con la corteza del amate.

3. *Mx*. Pintura hecha sobre este papel.

■

a. ‖ ~ **capulamate.** *Gu.* **capulamate.**

b. ‖ ~ **negro.** m. *Gu*. Variedad de amate, de corteza café oscura o grisácea. (Moraceae; *Ficus cotinifolia*). ◆ **amate prieto.**

c. ‖ ~ **prieto.** *Ho*. **amate negro.**

amateur. (Voz francesa).

I. 1. m. *EU, Ni, Pa, Cu, RD, PR, Ve, Bo. En cualquier actividad deportiva*, jugador no profesional, que juega por afición, sin recibir pago por ello.

2. adj. *Ch. Referido a persona*, aficionado, carente de experiencia o profesionalismo.

amatillal.

I. 1. *Ho*. **amatal.**

amatillo.

I. 1. m. *Mx, Ho, ES, Ni*. Árbol de hasta 9 m de altura, con tronco lleno de espinas diminutas, flores rojo-anaranjadas y fruto redondo y abombado de color amarillo brillante. (Cactaceae; *Pereskia autumnalis*). ◆ **mateare; matrial.**

amatojarse.

I. 1. intr. prnl. *PR*. Secarse una planta, *especialmente la de maíz*. rur.

amatonado, -a.

I. 1. adj. *Ch. Referido a persona*, que ha adquirido hábitos y formas propias de un matón. pop + cult → espon.

amatonar(se). (Der. de *matón*).

I. 1. tr. *Ch*. p.u. Hacer que alguien adopte modos o características de matón. pop + cult → espon.

2. intr. prnl. *Ch*. Adoptar *alguien* modos o características de matón. pop + cult → espon.

II. 1. intr. prnl. *Ho*. p.u. Quedarse pequeña una planta, no crecer lo suficiente. rur.

amatrimoniarse. (Prót. de *matrimoniarse*).

I. 1. *Ho, Ni*. p.u. **matrimoniarse**, contraer matrimonio. rur.

amauta. (Del aim. *amawt'a*, sabio).

I. 1. m-f. *Pe, Bo*. Persona experimentada, *generalmente anciana*, que en las comunidades andinas dispone de la autoridad moral y de ciertas facultades de gobierno.

II. 1. m. *Pe*. Grado más alto de la condecoración de las Palmas Magisteriales que se otorga a una persona por su contribución a la cultura del país.

amayaguar.

I. 1. tr. *ES*. Pescar peces de río cubriendo las piedras con atarraya para luego cogerlos con la mano. rur. ◆ **mayaguar.**

¡amba! (Afér. de *caramba*).

I. 1. interj. *Pa*. Expresa admiración o sorpresa. pop.

ambarina.

I. 1. f. *Ec*. Planta herbácea, de hasta 60 cm de altura, vivaz, de tallo velloso, hueco, hojas inferiores ovaladas y enteras, y muy lobuladas las superiores, y flores en cabezuela semiesférica, con corola azulada y semillas abundantes. (Dipsacaceae; *Scabiosa caucasica*).

ambia.

I. 1. m-f. *Cu*. Persona con quien media una relación de amistad. pop + cult → espon.

●

a. ‖ ~ fórm. *Cu*. Se usa como saludo entre amigos.

ambicia.

I. 1. f. *Co, Pe*. Ambición, deseo de conseguir poder, riqueza o fama. pop + cult → espon.

ambidiestro.

I. 1. m. *Mx, Pa, Ur*. Bisexual. pop + cult → espon ^ fest.

2. *Ni, Cu, Ve*. Homosexual.

II. 1. m. *Ni, Cu, RD, PR. En el beisbol*, jugador capaz de batear de ambos lados del **plato**, tanto a la izquierda como a la derecha.

2. *Ur. En el juego de pelota de mano*, jugador capaz de pegar a la pelota o emplearla tanto con una mano como con la otra.

ambientalismo.

I. 1. m. *Mx, Gu, Ho, ES, Ni, Ve, Pe, Bo, Ch, Ar, Ur*. Movimiento sociopolítico que, con matices muy diversos, propugna la defensa de la naturaleza y, en muchos casos, la del hombre en ella. prest; cult → esm.

ambientalista.

I. 1. adj. *Mx, Ho, ES, Pa, Ve, Ec, Pe, Bo, Ch, Ar, Ur*. Relativo al **ambientalismo**. prest; cult → esm.

2. adj/sust. *Mx, Ho, Ni, Pa, Ve, Pe, Ch, Ar, Ur. Referido a persona*, partidario del **ambientalismo**. prest; cult → esm.

ambiente.

I. 1. m. *Mx, Gu, Ho, ES, Ni, Pa, Co*. Entorno natural de un lugar.

II. 1. m. *Ve, Pe, Bo, Ar, Ur*. Habitación de una vivienda o edificio.

2. *Ve*. Sala comedor.

3. *Bo*. Aula. prest; esm.

III. 1. m. *Mx*. Fiesta, alegría.

□

a. ‖ de ~.

i. loc. adj. *Mx, Co, Ve, Pe. Referido a persona*, homosexual. euf; pop + cult → espon.

ii. *Mx, Co. Referido a persona*, alegre, que anima las reuniones o fiestas.

iii. *Co, Ur. Referido a mujer*, prostituta. pop + cult → espon ^ desp.

ambientoso, -a.

I. 1. *Cu*. **guapetón**, agresivo, pendenciero. pop + cult → espon ^ desp.

II. 2. adj/sust. *Cu. Referido a persona*, vulgar en su comportamiento. pop + cult → espon ^ desp.

ambigú.

I. 1. *RD*. Comida nocturna que se sirve en las fiestas.

ambil.

I. 1. *Ve*. obsol. **ambir.**

ambilado, -a.

I. 1. adj. *Ve. Referido a persona*, perjudicada con una brujería.

2. *Ve:C. Referido a persona*, momentáneamente atontada.

ambir.

I. 1. m. *Ve*. obsol. Líquido espeso, producto de la hoja de tabaco cocida, que se usaba para preparar el tabaco de mascar y como antídoto para venenos. (**ambil**).

ambirar.

I. 1. tr. *Ve*. obsol. Impregnar de **ambir** la madeja del tabaco de mascar.

ambo.

I. 1. m. *Ch, Py, Ar, Ur*. Traje masculino, que consta de dos piezas, chaqueta y pantalón, del mismo o distinto color.

II. 1. m. *CR.* Juego infantil que consiste en cantar una canción mientras cada participante simula mediante mímica la realización de un oficio.

ambrosia.
I. 1. f. *ES, Ve:O.* Hambre. pop + cult → espon ∧ fest. (**ambrosía**).

ambrosía.
I. 1. f. *Ar, Ur.* Postre elaborado a base de leche, huevo y azúcar.
2. *Bo:C,E.* Leche con **singani** o alcohol que se bebe caliente inmediatamente después de ordeñada.
3. *Bo:E.* Bebida alcohólica elaborada con leche batida, **singani** o alcohol, canela y azúcar. ♦ **sucumbé**.
II. 1. *Cu.* **ambrosia.**

ambrosio.
I. 1. m. *Ve:O, Pe.* Necesidad de comer. pop + cult → espon ∧ fest. (**hambrosio**).

ambrosio, -a.
I. 1. adj. *Ve:O.* metáf. *Referido a persona,* que no paga sus deudas o lo hace tardíamente.

ambrosoli. (De *Ambrosoli®*).
I. 1. m. *Ch.* Cigarrillo de marihuana más abultado por el centro. drog.

ambuila.
I. 1. f. *Cu.* Trozo de plátano que se machaca y se fríe.

ambulancia.
I. 1. f. *Ni.* juv. Pecho de la mujer.

ambulantaje.
I. 1. m. *Mx.* Actividad del vendedor ambulante.

ambulante.
I. 1. m-f. *Mx, Ho, Ni, Pe, Bo, Ur.* Persona que vende en la calle, sea caminando de un sitio a otro o en un puesto fijo en la vía pública.

ambulantismo.
I. 1. m. *Ur.* Actividad de vendedores ambulantes que no cumplen los requisitos legales necesarios.

ambular. (Afér. de *deambular*).
I. 1. tr. *Ve:C.* Perjudicar *alguien* a *una persona* con una brujería.
II. 1. intr. *Ho, Ni.* p.u. Deambular *alguien.* rur.
2. *Bo.* Vender *alguien* diversos productos caminando por las calles. pop.

ambulco.
I. 1. m. *Pe.* Bulbo de la **papa**, planta. rur.

ame.
I. 1. *Gu.* **ñame**, planta y tubérculo.
■
a. ‖ ~ **amarillo.** *Gu.* **ñame**, planta.
b. ‖ ~ **blanco.** *Gu.* **ñame**, planta.

amecatado, -a. (Der. de *mecate*).
I. 1. adj. *Ni; Ho.* p.u. *Referido a cosa,* delgada, alargada y tiesa como un **mecate**, soga. rur.

amelarchiarse. (Der. de *merlachia,* tristeza).
I. 1. intr. prnl. *ES.* Entristecerse o deprimirse *alguien.* pop + cult → espon.

amelcochado, -a.
I. 1. adj. *ES, Ni, CR, Cu, Ve, Ec, Pe, Bo.* Referido a un *dulce,* que tiene consistencia de melcocha.
2. *Ve.* metáf. *Referido a una voz,* dulzona y cariñosa.
II. 1. adj. *Ni, Cu, Ve, Bo.* metáf. *Referido a persona,* que se muestra muy cariñosa y complaciente con su pareja.
III. 1. adj. *CR, Cu, RD, PR, Bo.* Referido a un *dulce,* pasado de punto. pop + cult → espon ∧ desp.
IV. 1. adj. *PR.* metáf. *Referido a un asunto,* inmoral o ilegal. pop + cult → espon.
2. *PR.* metáf. *Referido a un asunto,* confuso, **empastelado**. pop + cult → espon.

V. 1. adj. *RD.* *Referido a persona,* de pelo rubio. pop + cult → espon.

amelcochar(se). (Prót. de *melcocha*).
I. 1. tr. *Mx, Gu, Ho, ES, Ni, CR, Pa, Cu, RD, PR, Co, Ve, Ec, Pe, Bo, Py, Ur; Ch,* p.u. Dar *alguien* a un dulce el punto de textura propio de la **melcocha**. (**melcochar**).
2. intr. prnl. *Mx, Gu, Ho, ES, Ni, CR, Pa, Cu, RD, PR, Co, Ve, Ec, Pe, Bo, Py.* Adquirir un dulce el punto de textura propio de la **melcocha**.
3. *Mx, Gu, Ho, ES, Ni, Pa, Cu, Co, Ve, Ec, Bo.* metáf. Mostrarse dos personas muy cariñosas y melosas entre sí. pop + cult → espon.
4. *Mx, Ho, ES, Ni, Pe, Bo.* metáf. Reblandecerse, ablandarse o ponerse tierno *algo.*
5. *Mx, Cu, Ec, Pe.* metáf. Experimentar *una persona* enamoramiento excesivo y dar muestras visibles de ello mediante un comportamiento meloso. pop + cult → espon.
6. *Co.* Quedar un dulce hecho con miel de caña de azúcar duro, pasado de punto.
7. *Ni, CR.* Tomar *algo* la consistencia y el aspecto de la **melcocha**, *generalmente por la acción de calor.* pop + cult → espon.
8. tr. *Py.* Dar *alguien* al azúcar sin refinar obtenida de la caña de azúcar la textura propia de la **melcocha**.
9. intr. prnl. *Py.* Adquirir el azúcar sin refinar de **caña** el punto de la textura propia de la **melcocha**.
10. *PR.* metáf. Perder rigidez o volverse *una persona* más cariñosa. pop + cult → espon.

ameliorar. (Del fr. *améliorer*).
I. 1. intr. *RD.* **mejorarse**, dar a luz.

amellado, -a.
I. 1. adj. *Ho, ES, Ni, CR, RD, Ve.* Referido a un *instrumento cortante,* que tiene el filo gastado o dañado.
2. *Ve.* metáf. *Referido a persona,* débil y empequeñecida. pop + cult → espon.

amelladura. (Prót. de *melladura*).
I. 1. f. *Gu, Ho, Ni.* Rotura o hendidura en el borde o filo de un objeto.

amellar(se).
I. 1. tr. *ES, Ni, Pa, Cu, RD, Ve.* Gastar o dañar *alguien* el filo de un instrumento cortante.
2. intr. prnl. *Ho, Ni, CR, Pa, Cu, Ve.* Perder el filo un instrumento cortante.
3. *Ve.* metáf. Debilitarse el vigor o la fuerza de alguien o de algo. pop + cult → espon.

amemao.
I. 1. adj. *RD.* *Referido a persona,* lenta, poco despierta, sin iniciativa.

amén-jesú.
I. 1. *RD.* **amenjesús**.

amenazo.
I. 1. m. *Py.* Amenaza, *especialmente de lluvias o tormentas.*

amenjesús.
I. 1. m. *RD.* Trasero, nalgas. vulg; pop + cult → espon. (**amén-jesú**).
II. 1. m. *RD.* Hechizo. (**amén-jesú**).
III. 1. m. *RD.* Marca que se le pone a los animales en señal de propiedad. rur. (**amén-jesú**).

amerengado, -a.
I. 1. adj. *Mx, Cu, PR, Ve.* *Referido a cosa,* que tiene la consistencia del merengue.
II. 1. adj. *PR.* metáf. *Referido a unos novios,* que se acarician con frecuencia. pop + cult → espon ∧ fest.

amerengarse.
I. 1. intr. prnl. *PR.* **merenguearse**.

american.

■

    a. ‖ ~ **dream.** (Voz inglesa). m. *Ni.* Sueño americano. prest; cult → esm.

americana.

□

    a. ‖ **a la ~.** loc. adv. *Ni, Co, Ve, Ec, Bo, Ch, Ar, Ur; Ec,* obsol. A escote, pagando cada cual lo suyo.

americanismo.

    I. 1. m. *Ve, Pe, Bo, Ch, Ar, Ur.* Posición ideológica que tiene como ideario la unidad de los países iberoamericanos, sobre todo en el aspecto cultural.

americanista.

    I. 1. sust/adj. *Ve, Pe, Bo, Ch, Ar, Ur.* Partidario del **americanismo.**

    2. adj. *Ve, Pe, Bo, Ch, Ar, Ur.* Relativo al **americanismo.**

americano.

    I. 1. adj/sust. *Mx, Ho, Ni, Ve, Ec, Pe, Bo, Ch, Ar, Ur. Referido a un desayuno,* constituido básicamente por café, tostadas, huevos, beicon, mermeladas y zumo.

ameritado, -a.

    I. 1. adj. *Ni, Ur.* p.u. *Referido a persona o a cosa,* que reúne los requisitos exigidos.

    II. 1. adj. *PR. Referido a un asunto,* mencionado, precitado.

    III. 1. adj. *PR. Referido a persona,* que padece de amnesia.

ameritar.

    I. 1. tr. *EU:SE, Mx, Gu, Ho, ES, Ni, Pa, Cu, RD, PR, Co, Ve, Ec, Ar, Ur.* Dar méritos *una persona* a alguien.

    2. *Mx, Ho, CR, Pa, Co, Ve, Ec, Pe, Py, Ar.* Necesitar *algo* determinado proceso, tratamiento o atención para recuperar las cualidades originales o para mejorarlas.

    3. *Ni, Co, Bo, Ch, Py, Ar; Ur,* p.u. Reunir *alguien* o *algo* los méritos suficientes para un fin.

    II. 1. tr. *Mx, Gu, Ho, ES, Ni, Pa, Cu, RD, Ve, Bo, Ch, Ur.* Merecer *una persona algo.*

    2. *Gu, Ho, Ni.* Prestar *alguien* atención a *algo.*

    III. 1. tr. *RD.* Pedir, demandar *alguien algo.*

amermelado, -a.

    I. 1. *Ch.* **bolsudo,** persona ingenua. pop + cult → espon.

amero.

    I. 1. m. *Co.* Hoja que envuelve la mazorca del maíz.

ametralladora.

    I. 1. f. *Ho, ES, Ni, Cu, Co, Ve, Ec, Bo, Ur.* metáf. Persona que habla muy rápidamente. pop + cult → espon ^ fest.

    2. *Gu, Ho, ES, Cu, Ar.* Artificio de pólvora que consta de una serie de petardos colocados a lo largo de una mecha y estallan sucesivamente·y termina en dos grandes explosiones.

ametrallante.

    I. 1. adj. *Ur. Referido a persona,* aturdidora por la rapidez de su conversación. pop + cult → espon.

ametrallar.

    I. 1. tr. *Ar, Ur.* Aturdir *una persona* a *alguien* con palabras o trabajo excesivo. pop + cult → espon.

amical.

    I. 1. adj. *Pe; PR,* p.u. *Referido a persona,* amigable, amistosa.

    2. *Pa.* Relativo a la amistad.

amiga.

    I. 1. f. *Ni, CR.* p.u. Menstruación de la mujer. euf; pop + cult → espon.

    II. 1. f. *PR.* Prostituta que practica el lesbianismo. prost.

□

    a. ‖ ~ **de hacer favores.** loc. sust. *Ni, Ec, Py.* Prostituta. euf; pop + cult → espon.

    b. ‖ ~ **de los ricos.** loc. sust. *Ch.* p.u. Prostituta. euf; pop + cult → espon.

amigarse.

    I. 1. *Ho, Ec, Bo, Ar, Ur.* **abuenarse,** reconciliarse con una persona.

    II. 1. intr. prnl. *RD.* Atorarse, atragantarse *alguien.*

amigo.

    I. 1. m. pl. *ES.* Testículos ‘de un hombre. euf; pop + cult → espon.

amigo, -a.

    I. 1. m. y f. *Cu, RD, PR.* Amigo íntimo, compañero inseparable.

□

    a. ‖ ~**s con** *cover.* loc. sust. *Ch.* Pareja que vive en concubinato. pop.

    ▶ **arrimarse al ~.**

amigocho.

    I. 1. m. *Mx.* Amigo íntimo, compañero inseparable. inf.

amigolo, -a.

    I. 1. m. y f. *Pe.* p.u. Persona con la que se tiene una relación amistosa por interés.

amigovio, -a.

    I. 1. sust/adj. *Mx, Ec, Py, Ar, Ur; Co,* juv. Persona que mantiene una relación más informal y de menor compromiso que un noviazgo.

amiguero, -a.

    I. 1. adj. *Mx, Gu, Ni, Pa, RD, Co, Ve, Ec, Pe, Bo, Py, Ar; Ur,* p.u. *Referido a persona,* que tiene facilidad para hacer amistades. pop + cult → espon.

    2. *Ni, Pe, Bo; Py,* p.u. *Referido a persona,* que pierde demasiado tiempo en conversaciones y otras actividades con los amigos. pop + cult → espon.

amigui.

    I. 1. m-f. *Ch.* juv. Amigo íntimo, compañero inseparable .

amishado, -a.

    I. 1. adj. *Gu, ES. Referido a persona,* avergonzada.

    2. *Gu, ES. Referido a persona,* huraña, tímida.

amishar(se).

    I. 1. tr. *Gu, ES.* Avergonzar *una persona* a *alguien.*

    2. intr. prnl. *Gu, ES.* Avergonzarse *una persona* de algo.

amistad.

■

    a. ‖ ~ **de cadeneta.** f. *PR.* Amistad de corta duración. pop + cult → espon.

    b. ‖ ~ **de doble pespunte.** f. *PR.* Amistad muy estrecha, íntima. pop + cult → espon.

amiste.

    I. 1. m. *Pe.* Nacimiento de una amistad. pop + cult → espon.

amistocracia.

    I. 1. f. *Ch.* p.u. Abuso social y político por el que se consigue o se da un puesto de influencia o poder gracias a las amistades y no a la valía. prest; cult → esm.

Amo.

□

    a. ‖ **Nuestro ~.** loc. sust. *Gu, ES, Ni.* Hostia consagrada.

amoblado.

    I. 1. m. *Pe, Bo, Ch.* Conjunto de muebles de una casa o de una habitación.

    II. 1. *Co:O, Ur.* **motel.**

amoblamiento.

    I. 1. m. *Bo, Ch, Ar, Ur.* Conjunto de muebles de una vivienda o de una oficina.

amocepado, -a.
  I. 1.   *Ni.* **amusepado**.
amoceparse.
  I. 1.   *Ni.* **amuseparse**.
amochinche.
  I. 1.   *Pa.* **aguachinche**.
amodesí. (Contr. de *vamos a decir*).
  I. 1.   adv. *RD.* p.u. Por ejemplo. rur; pop.
amogollado, -a.
  I. 1.   adj. *PR. Referido a una comida, especialmente al arroz*, convertida en una masa compacta. pop + cult → espon.
  2.   *PR.* metáf. *Referido a cosa*, hecha desordenadamente, sin concierto. pop + cult → espon.
amogollarse. (Der. de *mogolla*).
  I. 1.   intr. prnl. *PR.* Volverse **mogolla** *algo*. pop + cult → espon. (**mogollarse**).
amogosado, -a.
  I. 1.   *Ar:NO,O.* p.u. **amojosado**, cubierto de moho.
amogosarse.
  I. 1.   *Ar.* p.u. **amojosarse**, cubrirse de moho.
amogotarse.
  I. 1.   intr. prnl. *PR, Ve.* Amontonarse *algo* en forma de **mogote**.
  II. 1.   intr. prnl. *PR.* Sentirse *una persona* triste por motivos de salud. pop + cult → espon.
  2.   intr. prnl. *PR.* Encapotarse el cielo. pop + cult → espon.
amohosado, -a.
  I. 1.   *Bo, Ar, Ur.* p.u. **amojosado**, cubierto de moho.
amohosarse.
  I. 1.   *Bo, Ar, Ur.* p.u. **amojosarse**, cubrirse de moho.
amojonamiento.
  I. 1.   m. *PR.* Atontamiento, pereza. vulg; pop + cult → espon.
  II. 1.   m. *PR.* Actitud pusilánime, acobardamiento. vulg; pop + cult → espon.
amojonarse.
  I. 1.   *PR.* **amojonearse**, acobardarse.
  2.   *PR.* **amojonearse**, atontarse.
  3.   *PR.* Estancarse *alguien* en un empleo. vulg; pop + cult → espon.
  II. 1.   intr. *Pa.* Ingerir *alguien* alimentos de consistencia sólida para contrarrestar una sensación de insaciabilidad. vulg; pop + cult → espon.
amojonearse.
  I. 1.   intr. prnl. *Ve.* Acobardarse *alguien* ante una mala situación. vulg; pop + cult → espon. (**amojonarse**).
  2.   *Ve.* Volverse *alguien* pusilánime, atontarse. vulg; pop + cult → espon. (**amojonarse**).
amojosado, -a.
  I. 1.   adj. *Ar, Ur.* Cubierto de moho. pop + cult → espon. (**amogosado; amohosado**).
  2.   *Ar. Referido a persona*, envejecida. pop + cult → espon.
amojosarse.
  I. 1.   intr. prnl. *Ar, Ur.* Cubrirse *algo* de moho. pop + cult → espon. (**amogosarse; amohosarse**).
  2.   *Ar.* metáf. Envejecer *una persona*. pop + cult → espon.
amol. (Del nahua *amulli*, jabón).
  I. 1.   *Mx, Gu, Ho, ES.* **jaboncillo**, árbol. (**amole**).
amolada.
  I. 1.   f. *Mx.* Acción de otros o situación sobrevenida que acarrea fastidio, preocupación o perjuicio a una persona. pop + cult → espon.

  2.   *Mx.* Fastidio, preocupación o perjuicio experimentados por una persona a causa de la acción de otros o de una situación sobrevenida. pop + cult → espon.
  3.   f. *Gu, Ho, ES, Ni.* Hecho molesto o desagradable.
amoladera.
  I. 1.   f. *Mx, Gu, ES, Ni.* p.u. Insistencia de una persona en molestar o dañar a otra. rur.
amolado.
  ■
  a. ‖ **~ y sin filo**. m. *Ni.* Situación difícil por la que alguien pasa.
amolado, -a.
  I. 1.   adj. *Mx, Gu, Ho, Ni, Ur. Referido a persona*, que ha sufrido una desgracia, una pérdida o un perjuicio graves. pop + cult → espon.
  2.   *Mx, Ni. Referido a persona*, que no tiene dinero. pop + cult → espon.
  3.   adj/sust. *Pe. Referido a persona*, que molesta o importuna mucho.
  II. 1.   adj. *Mx, Ho, ES, Ni. Referido a un objeto*, roto o estropeado.
  III. 1.   adj. *Gu, Ho, ES, Ni. Referido a persona*, cansada por alguien o por algo.
  IV. 1.   adj. *Ve. Referido a persona*, espabilada, **aguzada**, bien dispuesta para enfrentar una situación. pop + cult → espon.
  V. 1.   adj. *Ho, Ni. Referido a utensilio cortante*, que no tiene filo.
amolador.
  I. 1.   m. *Ho, Pa, Ve.* Hombre que afila utensilios cortantes.
  2.   *Ni; Pa.* p.u. Objeto que da filo a utensilios cortantes.
amolar(se).
  I. 1.   tr. *Mx, Ho, Ni.* Estropear o romper *alguien algo*. pop + cult → espon.
  2.   intr. prnl. *Mx, Ho.* Frustrarse o malograrse un propósito o un plan. pop + cult → espon.
  3.   *Mx.* Venir *algo* averiado o roto. pop + cult → espon.
  4.   *Mx.* Aguantarse, soportar *alguien* un daño o una circunstancia adversa. pop + cult → espon.
  II. 1.   intr. prnl. *RD, PR, Ve.* Espabilarse, prepararse *alguien* para medrar. pop + cult → espon. ♦ **aguzarse**.
  2.   *Cu.* Conseguir *alguien* que otro pague el almuerzo o la cena.
  3.   *PR.* Prepararse *alguien* para un examen. est.
  III. 1.   tr. *Ve.* Matar *una persona* a *alguien*.
  2.   intr. prnl. *Ve.* Perjudicarse *una persona*.
  IV. 1.   tr. *Ve.* Preparar *una persona* a *alguien* para que salga airoso de un apuro.
  V. 1.   intr. prnl. *Ho, Bo.* Cansarse mucho *alguien*, trabajar mucho.
  VI. 1.   tr. *ES.* Violar *una persona* a *alguien*.
  □
  a. ‖ **~ los colmillos.** loc. verb. *PR.* Disponerse *alguien* a sacar provecho de una situación. pop + cult → espon.
  ■
  a. ‖ **¡ya ni la amuelas!** loc. interj. *Mx.* Expresa discrepancia y vivo reproche hacia la actitud o comportamiento del interlocutor. pop + cult → espon.
  ◨
  a. ‖ **amolando y siempre boto.** fr. prov. *RD.* Indica que por más que uno se esfuerce y trabaje, no se sale de pobre. pop + cult → espon. ♦ **aquí, malpasando**.
amole. (Del nahua *amulli*, jabón).
  I. 1.   *Mx, Ho.* **amol**.
  2.   *Gu, Ho.* Planta trepadora de varios tamaños, con tallo triangular dividido por varios surcos; se usa para pescar. (Sapindaceae; *Serjania triquetra*). ♦ **farolito chino; tronadora**.

3. *Ho.* **chamol**, bejuco.
4. *Ho.* Planta erecta con flores verdosas y manchas de color púrpura. (Orquidaceae; *Eulophia alta*).
   ♦ **cebollín**.

amollar.
I. 1. tr. *Bo.* Dar *alguien* una determinada cantidad de dinero para contribuir a un fondo común. pop + cult → espon.

amolletado, -a.
I. 1. adj. *PR.* Referido a persona, molletuda, físicamente fuerte. pop + cult → espon.

amolón.
I. 1. m. *ES.* Fracaso, chasco. pop + cult → espon.

amolón, -na.
I. 1. adj. *ES. Referido a persona*, que molesta y fastidia mucho. pop + cult → espon.

amolotado, -a.
I. 1. adj. *CR. Referido a un conjunto de cosas*, reunido de manera desordenada en forma de montón. pop + cult → espon.
   2. *CR. Referido a un conjunto de personas*, que forma un grupo compacto *y, por lo general, en desorden*. pop + cult → espon.

amolotamiento.
I. 1. *Ni, CR, Pa.* **molote**, aglomeración de personas.

amolotar(se). (Der. de *molote*).
I. 1. intr. prnl. *Ho, Ni.* Alborotarse, armar *alguien* escándalo. pop. ♦ **relajear**.
II. 1. tr. *CR.* Reunir *algo* en forma de montón desordenado. pop + cult → espon.
   2. intr. prnl. *CR.* Juntarse varias personas formando un grupo compacto y, *por lo general, en desorden*. pop + cult → espon.

amonado, -a.
I. 1. adj. *Co. Referido a persona*, que tiene el cabello castaño claro.

amondongado, -a. (Der. de *mondongo*).
I. 1. adj. *Ho, ES, Ni. Referido al cuerpo de una persona*, gordo, *en especial de la barriga*.

amongelatina.
I. 1. f. *Ch.* Explosivo preparado con nitrato amonio y gelatina.

amongollao.
I. 1. adj. *RD.* Anegado de agua.

amonguillarse.
I. 1. intr. prnl. *PR.* Padecer de **monguera**. pop + cult → espon.
   2. *PR.* Tener pereza, flojera. pop + cult → espon.
   3. *PR.* metáf. Acobardarse. pop + cult → espon.

amononada.
I. 1. f. *Ch.* Arreglo con esmero de una mujer. pop.

amononado, -a.
I. 1. adj. *RD. Referido a un niño*, de corta edad.
   2. *RD. Referido a persona*, acurrucada.
II. 1. adj. *Ch. Referido a persona*, arreglada con esmero. pop + cult → espon.

amononar(se).
I. 1. tr. *Ch.* Arreglar con esmero *algo* o a *alguien*. pop + cult → espon.
   2. prnl. *Ch.* Arreglarse *una persona* con esmero. pop + cult → espon.
II. 1. intr. prnl. *RD.* Acurrucarse.

amontonado, -a.
I. 1. adj. *Ve:O. Referido a persona*, triste, deprimida. pop.

amontonarse.
I. 1. tr. prnl. *Ho, ES.* Abrazarse y besarse amorosamente dos o más personas. vulg; pop + cult → espon.
   ♦ **amasar; rebanar**.
II. 1. intr. prnl. *RD.* Atormentarse.

amontone.
I. 1. m. *Ho, ES.* Abrazos y besos dados amorosamente entre dos o más personas. vulg; pop + cult → espon.
   ♦ **arrincone; atrucuñe; rebaneo**.

amontunado, -a.
I. 1. adj. *Mx:SE, Ho, Pa. Referido a persona*, rústica, de poco trato social. ♦ **caitudo; montuno; sombrerudo**.

amontunarse. (De *montuno*).
I. 1. intr. prnl. *Mx:SE, Ho, Ve.* Volverse *una persona* de costumbres toscas y rurales.

amoquillarse.
I. 1. intr. prnl. *RD, PR.* Acatarrarse, **agriparse**. pop + cult → espon.

amor.
■
   a. ‖ ~ **del cerdo**. m. *PR.* Morcilla del cerdo. pop + cult → espon.
   b. ‖ ~ **fino**. *Ec:O.* **amorfino**, baile.
   c. ‖ ~ **seco**.
      i. m. *Ec, Pe, Bo, Ch, Ar; Ur.* rur. **saetilla**.
      ii. *Gu, Ho, ES.* **botoncillo**, planta herbácea. (**amorseco**).
□
   a. ‖ ~ **de gato**. loc. sust. *PR.* Amor inseguro, incierto. pop + cult → espon.
   b. ‖ ~ **de negrito**. loc. sust. *RD.* Amor apasionado y vehemente. pop + cult → espon.
   c. ‖ ~**es de medio brazo**. loc. sust. *Ho.* Relación amorosa disimulada.

amoradora.
I. 1. f. *Bo.* Máquina electrónica que se emplea para alisar superficies metálicas.

amoretonado, -a.
I. 1. *PR.* **moretoneado**.

amorfino.
I. 1. m. *Ec:O.* Baile de aire muy vivo y enérgico que se ejecuta al son de música de guitarras, bandoneón, violín y vihuela, y que se acompaña de coplas. (**amor fino**). ♦ **décima**.
   2. *Ec:O.* Estrofa, por lo general de solo cuatro versos octosílabos, improvisada por poetas populares montubios, la cual requiere de respuesta también versificada, y suelen referirse a personajes o acontecimientos populares conocidos. ♦ **décima**.

amorfo, -a.
I. 1. adj. *PR. Referido a persona*, rara.

amorizarse.
I. 1. intr. prnl. *CR.* obsol. Encariñarse *alguien* con una persona, animal o cosa.

amorochado, -a.
I. 1. adj. *Ve. Referido a persona*, que anda siempre junto a otra. pop + cult → espon.

amorocharse.
I. 1. intr. prnl. *Ve.* Unirse o juntarse a menudo dos o más personas. pop + cult → espon.

amorosar(se).
I. 1. tr. *Gu, ES.* Acariciar *una persona* a *alguien*.
   2. intr. prnl. *Gu, ES.* Acariciarse dos o más personas.

amorosiento, -a.
I. 1. adj. *Ar.* p.u. *Referido a persona*, que se comporta de forma exageradamente cariñosa. pop + cult → espon.
II. 1. adj. *Ch, Ur. Referido a persona o animal*, que despierta ternura. pop + cult → espon.

amoroso, -a.
I. 1. adj/sust. *RD, Ve, Pe, Ch, Py, Ar; Ur* pop + cult → espon ∧ afec; *Bo.* espon. *Referido a persona*, que despierta sentimientos de simpatía o cariño.

•

a. ‖ ~. fórm. *Ch.* Se usa para llamar la atención de otra persona.

amorrao, -á.
  I. 1. adj. *RD.* **amorrado.**

amorrado, -a.
  I. 1. adj. *RD. Referido a persona*, triste. (**amorrao**).

amorralar.
  I. 1. tr. *Ar:NO, Ur.* Poner el morral a un animal. rur.
  II. 1. tr. *Ur.* Reunir y guardar con avaricia dinero u otros objetos de valor. pop + cult → espon.

amorriñarse. (Der. de *morriña*).
  I. 1. intr. prnl. *Gu, ES.* metáf. Entristecerse una persona o un animal.

amorseco.
  I. 1. *Ec.* **amor seco.**

amortiguado, -a.
  I. 1. adj. *PR. Referido a una planta*, marchita.

amortiguador.
  I. 1. m. *Ni.* juv. Cualquier tipo de calzado. fest.

amortiguar(se).
  I. 1. tr. *Ar:NO.* Humedecer la ropa antes de plancharla.
  2. *Ar:NO.* Preparar los hilos o tejidos para ser teñidos.
  II. 1. intr. prnl. *Ec.* Adormecérsele a alguien un miembro del cuerpo.

amoscar(se).
  I. 1. intr. prnl. *Cu, RD, PR, Bo.* Turbarse, avergonzarse *alguien*. pop + cult → espon.
  2. tr. *Cu.* Alterar o desconcertar *una persona* o *algo* a *alguien*. pop + cult → espon.
  II. 1. tr. prnl. *PR.* Mosquearse *alguien*.

amostazarse.
  I. 1. intr. prnl. *PR; Ec.* obsol. Avergonzarse *alguien*. pop + cult → espon.
  2. *Ec.* obsol. Sufrir *alguien* un disgusto. pop + cult → espon.
  II. 1. intr. prnl. *Gu.* Enfadarse o molestarse *alguien* mucho. pop + cult → espon. ♦ **amotasarse; amotatarse.**

amotasarse.
  I. 1. *Pa.* **amostazarse**, enfadarse mucho.

amotatarse.
  I. 1. intr. prnl. *Gu.* **amostazarse**, enfadarse.

amotetado, -a.
  I. 1. adj. *PR. Referido a persona*, triste, afligida, apesadumbrada. pop + cult → espon.
  2. *PR. Referido a persona*, acurrucada. pop + cult → espon.
  3. *PR. Referido a persona*, tímida. pop + cult → espon.
  4. *PR. Referido a persona o a animal*, cansado. pop + cult → espon.

amotetarse.
  I. 1. intr. prnl. *Ni.* Envolverse *alguien* en un lío de ropa.
  2. *Ni.* Reunirse estrechamente muchas personas.
  3. *PR.* Permanecer en la casa con ropa abrigada y cómoda, la mayor parte del tiempo, sentado o acostado. pop + cult → espon.
  4. *PR.* Sentirse triste por estar enfermo. pop + cult → espon.
  5. *PR.* Cohibirse, intimidarse. pop + cult → espon.

amotosar(se).
  I. 1. tr. *Bo.* Dañar *alguien* o *algo* el filo de un instrumento cortante. pop + cult → espon.
  2. intr. prnl. *Bo.* Dañarse el filo de un instrumento cortante por el uso. pop + cult → espon.

amozado, -a.
  I. 1. adj. *PR. Referido a un niño*, que va adquiriendo aspecto de adolescente. pop + cult → espon.

ampalaba.
  I. 1. *Ch.* **ampalagua.**

ampalagua.
  I. 1. f. *Ar.* Serpiente no venenosa de hasta 3 m de longitud, de coloración amarronada con manchas amarillentas. (Boidae; *Boa constrictor occidentalis*). (**ampalaba; lampalagua**).

ampanga.
  □
  a. ‖ **de ~.**
    i. loc. adj. *Cu. Referido a persona*, severa, intransigente. pop + cult → espon. ♦ **de anjá.**
    ii. *Cu. Referido a persona*, no confiable. pop + cult → espon.
    iii. *Cu. Referido a una mujer*, que accede con facilidad a tener relaciones sexuales con hombres. vulg; pop + cult → espon.
    iv. *Cu. Referido a una situación*, difícil. pop + cult → espon.
  ▶ ser de ~.

amparada.
  I. 1. f. *RD.* Mujer soltera que vive amancebada.

amparamiento.
  I. 1. m. *Ch.* Adquisición de los derechos de beneficio de una mina.

amparar.
  I. 1. tr. *Ch.* Cumplir las exigencias legales para obtener y conservar los derechos de beneficio de una mina.
  II. (Del ingl. *umpire*).
    1. tr. *Cu.* Hacer *alguien* de árbitro en un juego de **beisbol.**

ampay.
  I. 1. m. *Pe.* Descubrimiento de algo o de alguien que trataba de ocultarse.
  II. 1. interj. *Pe. En el juego infantil de las escondidas*, expresa aviso de que un jugador descubre a otro.

ampaya. (Del ingl. *umpire*).
  I. 1. *Cu, RD.* **ampáyer.**

ampayar.
  I. 1. tr. *Pe.* Sorprender *una persona* a *alguien* haciendo algo vergonzoso o que desea ocultar. pop + cult → espon.
  II. (De *ampáyer*).
    1. tr. *Ni, Cu, RD.* Arbitrar *alguien* un juego de **beisbol.**

ampáyer. (Del ingl. *umpire*).
  I. 1. m. *EU, Mx, Gu, Ho, ES, Ni, CR, Pa, Cu, RD, PR, Ve.* Árbitro de un partido de **beisbol.** (**ampaya**).

¡ampe! (Del aim. *ampi*, por favor).
  I. 1. interj. *Bo:O.* Expresa ruego o súplica. pop + cult → espon.
  2. *Bo:O.* Expresa llamada de atención a una persona a la cual se quiere preguntar o pedir algo. pop + cult → espon.

ampi.
  I. 1. m. *Pe.* Planta enredadera perenne, con tallo de hasta 10 cm de diámetro, hojas pecioladas, lisas por el haz y de color grisáceo por el envés, pequeñas flores y frutos en drupas de color púrpura oscuro; usada en la caza y en la pesca por sus cualidades narcóticas. (Menispermaceae; *Chondodendron tomentosum*).

ampliado.
  I. 1. m. *Bo, Ch.* Reunión de un grupo gremial o estudiantil a la que la directiva convoca a otros miembros de la agrupación para resolver asuntos urgentes o importantes.

ampo. (De *Ampo®*, archivador manual para oficina).
  I. 1. m. *CR.* Utensilio para archivar consistente en una carpeta de lomo ancho con un agujero circular en su parte inferior y una prensa y anillos metálicos en su parte interna.

ampoa.
  I. 1. f. *Ch.* Protuberancia local de la piel llena de líqui-do, provocada por quemaduras o roces. pop + cult → espon.

ampolleta.
  I. 1. f. *Ec, Ch; Bo.* p.u. Bombilla eléctrica.
  II. 1. f. *Ve.* Líquido inyectable.
  2. *Ho.* Ampolla.
  III. 1. f. *PR.* metáf. Fastidio, molestia. pop + cult → espon.
  □
    a. ‖ ~ **de carnicería.** loc. sust. *Ch.* Persona que tiene la cara con manchas y pecas. pop + cult → espon.

ampótico, -a.
  I. 1. adj. *RD. Referido a persona,* hipócrita.

ampué.
  I. 1. adv. *RD.* Así es, efectivamente.

ámpula.
  I. 1. f. *Mx.* Pequeña bolsa subcutánea llena de líquido asociada a diversos accidentes o patologías.
  II. 1. f. *Cu, PR.* Recipiente pequeño de cristal, envasa-do al vacío, *que contiene por lo común un medicamento inyectable.*
  ▶ **levantar ~.**

amuchamiento.
  I. 1. m. *Ar, Ur.* Amontonamiento de personas o ani-males que se acercan entre sí para calentarse. pop + cult → espon.
  2. *Ar.* Aglomeración de personas que se apiñan para dejar más espacio libre en el lugar donde se encuentran. pop + cult → espon ∧ fest.

amuchar(se).
  I. 1. tr. *Ar, Ur.* Amontonar *alguien algo* de manera de-sordenada. pop + cult → espon.
  2. intr. prnl. *Ar, Ur.* Juntarse varias personas o ani-males formando un grupo apretado. pop + cult → espon.

amueblado.
  I. 1. *Ar, Ur.* **motel.**
  2. m. *Py.* **bulín,** apartamento que se reserva para citas.
  II. 1. m. *Ni.* Mobiliario de una casa.

amufado, -a.
  I. 1. adj. *Ur. Referido a persona,* malhumorada, irrita-da. pop + cult → espon.

amugar.
  I. 1. tr. *Ve.* Echar un caballo, una mula o un asno las orejas hacia atrás o hacia abajo en señal de molestia. **(amusgarse).**

amuinar(se). (Var. de *amohinarse*).
  I. 1. intr. prnl. *Mx.* Enojarse, irritarse *una persona* por algo o con alguien.
  2. *Mx.* Ser *alguien* presa de desánimo o decaimiento.
  II. 1. tr. *Mx.* Enfadarse *una persona* o molestar a *alguien.*
  2. intr. prnl. *Ni.* Avergonzarse *alguien.*

amujerado.
  I. 1. adj. *ES, RD, Bo. Referido a un hombre,* afemi-nado.

amujerarse.
  I. 1. intr. prnl. *Ho, ES, Bo.* Afeminarse un hombre, ad-quirir gestos o comportamientos propios de una mujer.

amulgarse.
  I. 1. *Ho, ES.* **amusgarse,** avergonzarse.
  II. 1. intr. prnl. *Ho.* **amurrarse,** entristecerse.

amunicionamiento.
  I. 1. m. *Ho, Ni.* Abastecimiento de armas.

amuñado, -a.
  I. 1. adj. *Ch. Referido a cosa,* que ha sido apretada indi-vidualmente o con otras.

amuñar.
  I. 1. tr. *Ch.* Apretar *algo* con los puños reduciéndolo.

amuñuñado, -a.
  I. 1. adj. *Ve. Referido a persona,* que está apretada con otra de forma cariñosa. pop + cult → espon.
  2. *Ve. Referido a varias personas,* apretujadas y amon-tonadas unas contra otras en un lugar pequeño. pop + cult → espon.

amuñuñar(se).
  I. 1. tr. *Ve.* Apretar o abrazar *una persona* cariñosamen-te a *alguien.* pop + cult → espon.
  2. *Ve.* Apretar o estrechar *alguien algo* con el puño. pop + cult → espon.
  3. intr. prnl. *Ve.* Apretujarse o amontonarse varias personas en un lugar. pop + cult → espon.
  4. tr. *Ve.* Encoger *alguien* el cuerpo. pop + cult → espon.
  5. intr. prnl. *Ve.* Encogerse *alguien* sobre sí mismo. pop + cult → espon.

amurado, -a.
  I. 1. adj. *Co:O. Referido a persona,* aburrida y triste. pop + cult → espon.

amurar.
  I. 1. tr. *Ar, Ur.* Fijar *alguien* una estantería a una pared.
  II. 1. tr. *Ar, Ur.* Abandonar *una persona* a *alguien.*

amurramiento.
  I. 1. m. *Ch.* Conducta obstinada en la que hay una ne-gativa a colaborar con alguien por sentirse humilla-do y ofendido.

amurrar(se). (Var. de *amorrar*).
  I. 1. intr. prnl. *Ch.* Negarse obstinadamente *una perso-na* a colaborar o tratar con alguien por estar indis-puesto con él.
  2. *Ch.* Bajar la cabeza obstinándose en no hablar.
  II. 1. tr. *Ho.* Hacer muecas y gestos con la cara *alguien* para expresar disgusto o molestia.
  2. intr. prnl. *Ho.* Entristecerse *una persona.* rur.
  ♦ **amulgarse; amurriñarse.**

amurriñado, -a.
  I. 1. adj. *Ni, Cu. Referido a persona,* entristecida. pop + cult → espon.
  II. 1. adj. *Ni. Referido a persona,* que presenta síntomas de gripe.

amurriñar(se). (Var. de *amorriñarse*).
  I. 1. tr. prnl. *Ho, ES, Ni, Cu.* Ponerse *alguien* triste y melancólico. pop + cult → espon. ♦ **amurrarse.**
  2. tr. *Cu.* Poner *alguien o algo* triste y melancólica a *una persona.* pop + cult → espon.
  3. prnl. *Ho, Ni.* Contraer un animal la enfermedad de la morriña. rur.
  4. *Ho.* **amuseparse.**

amurrón.
  I. 1. m. *Ho.* p.u. Padecimiento de un animal por causa de la morriña. rur.

amurrungado, -a.
  I. 1. adj. *Ve. Referido a persona,* encogida por frío, mie-do o dolor. pop + cult → espon.
  2. *Ve:S. Referido a persona,* triste y acongojada. pop + cult → espon.

amurrungarse.
  I. 1. intr. prnl. *Ve:O.* Encogerse *una persona* por frío, miedo o dolor. pop + cult → espon.

amusepado, -a. (De *amuseparse*).
  I. 1. adj. *Ho. Referido a persona,* triste por añoranza de algo o de alguien. ♦ **amocepado.**

amuseparse. (De *musepo*).
  I. 1. intr. prnl. *Ho.* Entristecerse y sentir nostalgia por algo o alguien, *generalmente por la tierra natal.* pop + cult → espon. **(amoceparse).** ♦ **amurriñar.**

amusgarse.
    I. 1. intr. prnl. *ES, Ni, CR:N, Bo.* Acobardarse *alguien.*
      2. *ES, Ni, CR:N.* Avergonzarse *alguien.* ♦ **amulgarse.**
      3. *Ni.* p.u. Sentirse triste *una persona.*
      4. *Ni.* Echar un equino las orejas hacia atrás o hacia abajo en señal de molestia. ♦ **amugar.**

an.
    I. 1. adv. *RD, Ve.* Así. rur.
      2. *CR.* obsol. Aun, siquiera. rur.

anabán.
    □
    a. ‖ **de ~.** loc. adj. *RD.* Excelente, magnífico, espléndido.

anabel. (De *anaconda* y *cascabel*).
    I. 1. f. *CR.* juv. Esposa. pop + cult → espon ^ fest.

anabolena. (De *Ana Bolena*, mujer de Enrique VIII, 1507-1536).
    I. 1. adj/sust. *RD. Referido a una mujer,* entrometida, enredadora.

anabolero, -a.
    I. 1. adj. *Ni.* p.u. *Referido a persona,* mentirosa.

anacagüita.
    I. 1. *Cu, RD, PR, Ar.* **anacahuita**, árbol de sombra.

anacagüite.
    I. 1. *Mx, Ho.* **anacahuite**, árbol.

anacahuita.
    I. 1. f. *Ar, Ur.* **pirul**.
      2. *Cu, RD, PR.* Árbol de hasta 10 m de altura, de copa densa y follaje persistente, con hojas y flores blancas que se usan en medicina popular contra afecciones pulmonares. (Steculiaceae; *Sterculia foetida*).
      3. *Cu, RD, PR.* **camajón**. (**anacagüita**).
      4. *RD, PR.* Fruto de la anacahuita, especie de concha, peluda en el interior, con espinas muy finas que se clavan con facilidad, y que contiene semillas negras; tiene propiedades medicinales. (Sterculiaceae; *Sterculia apetala*).
      5. m. *Ur.* Pequeño árbol de follaje persistente, de color verde claro y de flores blancas; es planta aromática, medicinal y ornamental. (Myrtaceae; *Blepharocalyx tweediei*).

anacahuite. (Del nahua *amatl*, amate, y *cuahuitl*, árbol).
    I. 1. m. *Mx, Ho.* Árbol de tronco grueso, de hasta 5 m de altura, de ramaje abundante, con hojas pequeñas de color verde claro; se utiliza en la medicina tradicional. (Boraginaceae; *Cordia boissierii*). (**anacagüite; nacagüite; nacahuite**). ♦ **siricote; trompillo.**
      2. *Mx, Ho.* Fruto del anacahuite con el que se elaboran jarabes y bálsamos medicinales. ♦ **siricote.**

anacate.
    I. 1. m. *Gu.* Hongo con sombrero de hasta 8 cm de diámetro, carnoso, grueso y liso en forma de embudo, láminas de color amarillo vivo, pie lleno y esbelto y carne firme blanquecina o amarillenta de olor agradable; es comestible. (Cantharellaceae; *Cantharellus cibarius*).

anaco.
    I. 1. m. *Ec, Pe.* Tela de lana pequeña usada por las mujeres a modo de falda, con abertura en un costado y que se ciñe a la cintura con una faja. rur.

anaconda.
    I. 1. m-f. *Ho.* Persona servil y aduladora. est. ♦ **boa; culebra; lambeculos; lavacaras; sacasebo; sobalevas.**

anacudo, -a. (Del quech. *anacu*, falda).
    I. 1. adj. *Ec.* obsol. *Referido a persona,* que lleva **anaco**. pop + cult → espon ^ desp.

anafe.
    I. 1. m. *Cu.* Papel de estraza.
      2. *RD.* Cosa inservible.

anafre. (Epént. de *anafe*).
    I. 1. m. *Mx, Ho, Ni, PR.* Hornillo portátil de barro calentado con brasas o de metal que encima tiene un **comal** en el que se mantiene caliente algunos tipos de comida.
    II. 1. m. *CR.* Automóvil viejo y en mal estado. pop + cult → espon.

anaiboa. (De or. ind. antillano).
    I. 1. f. *Cu, RD, PR.* Almidón fino y venenoso que se extrae de la **yuca brava**. rur.
      2. m. *Cu, RD, PR.* Jugo venenoso que se extrae de la **yuca**. rur.

analfa. (De *analfabeto*).
    I. 1. m-f. *Bo, Ar, Ur.* Persona que da muestras de poca instrucción. pop + cult → espon ^ fest.
      2. sust/adj. *Ar, Ur.* Persona de poca inteligencia. pop + cult → espon ^ desp.

analfacebollón, -na.
    I. 1. adj/sust. *Cu. Referido a persona,* de escasa inteligencia. pop + cult → espon ^ desp.

analfayuca.
    I. 1. adj/sust. *Cu.* **analfacebollón**. desp.

anamú. (De or. ind. antillano).
    I. 1. m. *EU:SO, Pa, Cu, RD, PR, Co, Pe; Ve,* p.u. Planta herbácea perenne de hasta 1,5 m de altura, resistente, con ramas divergentes, hojas alternas, y flores blancas en largas espigas; sus hojas huelen a ajo. (Phytolaccaceae; *Petiveria alliacea*). (**namú**). ♦ **ajillo; calauchín; epacigüil; epacina; lipacina; mapurito; múcura; payché; pipí; yerba de ajo.**

ananá.
    I. 1. *Ar, Ur.* **ananás**, planta y fruto.

ananás. (Del port. *ananás*, y este del guar. *naná*).
    I. 1. f. *RD, PR, Pe, Bo, Ch, Py.* Fruto del ananás, de hasta 25 cm de longitud, con corteza rugosa, pulpa amarillenta, carnosa, con fibras, olorosa y de sabor dulce acidulado; se utiliza para elaborar dulces, mermeladas y bebidas alcohólicas, una vez fermentada. (**ananá**). ♦ **abacachí; abacaxí.**
      2. m. *Pe, Bo, Ch, Py.* Planta cultivada, con estolones y hojas lanceoladas reunidas en la base, rígidas, de borde aserrado y espinoso y ápice punzante, flores violáceas agrupadas en espigas, y fruto comestible. (Bromeliaceae; *Ananas comosus*). (**ananá**). ♦ **abacachí; yayama.**

¡ananay!
    I. 1. interj. *Bo; Ec,* obsol. Expresa alegría, alborozo, buenos deseos o entusiasmo por alguien o algo.
      2. *Ec, Bo.* Expresa admiración por algo pequeño y bonito. pop + cult → espon.

anantes.
    I. 1. adv. *Ho, ES, Ni.* Por poco, por casualidad, a duras penas. rur.
      2. *Ni.* p.u. Todavía, gracias a. rur.

anapista. (De *ANAP*).
    I. 1. sust/adj. *Cu.* Miembro de la Asociación Nacional de Agricultores Pequeños.
      2. adj. *Cu.* Relativo a la Asociación Nacional de Agricultores Pequeños.

anaquel.
    I. 1. m. *Mx, Ho, Ni, Pa, Cu, PR, Ve, Bo, Ur; RD, Py,* p.u. Armario formado por varios entrepaños, para colocar libros u otros objetos. ♦ **armazón.**
      2. *Bo.* meton. Quiosco pequeño, *generalmente construido de metal.* pop + cult → espon.

anarrador.
   I. 1. m. *RD*. Cuentista, que sabe hacer cuentos o narrar historias.

anás.
   I. 1. f. *Ec, Pe*. Mamífero carnicero de hasta 50 cm de longitud, comprendida la cola, que mide 20 cm, pelaje, pardo en el lomo y en el vientre, y blanco en los costados y la cola. (Mephitidae; *Mephitis mephitis*).

anata.
   I. 1. f. *Bo*. En *carnavales*, fiesta en la que los pueblos indígenas con sus trajes autóctonos recorren un trayecto bailando ritmos ancestrales.

anatómico.
   I. 1. m. *Py*. Calzoncillo ceñido.

anatto.
   I. 1. *PR*. **achiote**.

anatuya. (Del aim. y del quech. *añathuya*, zorrino).
   I. 1. *Bo*. **añatuya**.

anavaco.
   I. 1. m. *RD*. Arbusto de hasta 6 m de altura, perenne, con ramas glabras, hojas elípticas, lanceoladas, flores tubulares y fruto en drupa, pequeño y de color rojo negruzco; se le atribuyen propiedades medicinales. (Rubiaceae; *Hamelia axillaris, H. patens*).

anca.
   ☐
   a. ‖ **al ~**. loc. adv. *Ar; Ec*, p.u. En las ancas de la caballería que monta otra persona. rur. ♦ **en ancas**.
   b. ‖ **de mucha ~ y poco seso**. loc. adj. *Ho*. *Referido a mujer*, de mucha cadera y escaso entendimiento. pop + cult → espon ^ desp.
   c. ‖ **en ~s**. loc. adv. *Ni, CR, Bo*. **al anca**.
   d. ‖ **en el ~ de un piojo**. loc. adv. *Ur*. Por suerte, por poco. pop + cult → espon.
   ▶ **salvarse en el ~ de un piojo**.

ancaona.
   I. 1. f. *RD*. Arbusto trepador de ramas alargadas, con espinas que salen arriba de la inserción de las hojas, lineares con base triangular, y sin frutos. (Rubiaceae; *Catesbaea ekmaniana*).

anchancho.
   I. 1. m. *Bo:O*. En la mitología andina, duende obeso y pequeño que, *según las creencias populares*, ocasiona la muerte. rur.

anchar(se).
   I. 1. tr. *RD, Co*. Ensanchar, engrosar, engordar *alguien*.
   2. *RD*. metáf. Tener éxito *alguien*.
   II. 1. intr. prnl. *Gu*. Engreírse, ufanarse *una persona* de algo.
   III. 1. tr. prnl. *Ni*. Ensancharse *algo, particularmente las caderas de la mujer*.

ancheta.
   I. 1. f. *Mx*. Cualquier objeto o herramienta.
   II. 1. f. *Co*. Canasta con licores, enlatados y otros alimentos que se suelen regalar en Navidad.
   III. 1. f. *ES*. Venta de ropa hecha en los mercados.
   2. *ES*. Tienda en el mercado en la que se vende esta ropa.
   IV. 1. f. pl. *Ur*. obsol. Cosa inoportuna o sin importancia.
   2. *Ur*. obsol. Cosa que revela desfachatez o descaro.

anchetero, -a.
   I. 1. m. y f. *Mx:SE*. Comerciante ambulante.
   II. 1. *ES*. Persona que vende ropa hecha en el mercado.

anchetoso, -a.
   I. 1. adj. *Ec:C*. obsol. *Referido a persona*, que tiene afán desmedido por las riquezas. pop + cult → espon ^ desp.

anchilarga.
   I. 1. m. *Ve*. Vehículo de carga dedicado al transporte terrestre caracterizado por ser muy ancho y muy largo.
   2. adj. *Ve*. metáf. *Referido a una mujer*, extremadamente gorda. pop + cult → espon ^ desp.

ancho.
   I. 1. m. *Ve*. Escapada. delinc.
   ☐
   a. ‖ **al ~ de la isla**. loc. adv. *Cu*. Sin problemas económicos ni ninguna preocupación.

ancho, -a.
   ▶ **dar de ~**.

anchoa.
   I. 1. f. *Mx, Gu*. p.u. Mechón de pelo que se enrolla en espiral para rizarlo.

anchona.
   I. 1. adj. *Bo*. obsol. *Referido a una mujer*, que tiene una vida sexual promiscua. vulg; pop + cult → espon ^ desp.

anchor.
   I. 1. m. *Ho*. En la fabricación de calzado, superficie plana de goma de unos 5 cm de grosor que se utiliza para reparar los tacones. ♦ **hulite; tapita**.

anchoveta. (Dim. de *anchova*).
   I. 1. f. *Mx, Pe, Ch*. Pez de hasta 15 cm de longitud, de color que varía desde el azul oscuro hasta el gris claro con una banda plateada en el flanco, cubierto de grandes escamas, cabeza grande, hocico puntiagudo y boca muy amplia. (Engraulidae; *Engraulis ringens*).

anchovetero, -a.
   I. 1. adj. *Pe*. Relativo a la **anchoveta**.

ancianato.
   I. 1. m. *ES, Co, Ve*. Residencia de ancianos.

anciano, -a.
   I. 1. m. y f. *ES*. Objeto sin valor. delinc.

-ancina.
   I. 1. suf. *Ho, ES, Ni*. Con *sustantivos, derivados de verbos*, indica gran cantidad de algo.

ancla.
   I. 1. adj/sust. *Ch*. *Referido a un establecimiento*, que sirve para atraer a la clientela y dar estabilidad a un centro comercial por su importancia y envergadura.
   II. (Del ingl. *anchor*, presentar).
   1. m-f. *PR*. Reportero de radio o televisión que comunica noticias y modera el programa desde el estudio de grabación.

anclaje.
   I. 1. m. *Ar, Ur*. Fijación del valor de un bien o de un servicio que se determina con el propósito de evitar que su fluctuación incida sobre otros valores.

anclar(se).
   I. 1. tr. *Ar, Ur*. En economía, fijar el valor de un bien o de un servicio para evitar que su fluctuación incida sobre otros valores.
   II. 1. intr. prnl. *Ve*. metáf. *En el beisbol*, llegar con éxito a alguna de las bases.
   2. *Ni, PR*. p.u.; metáf. Detenerse *una persona* en un sitio más tiempo del prudente o necesario. pop + cult → espon.

ancón.
   I. 1. m. *PR*. Balsa de grandes dimensiones y de poco fondo, construida de maderas unidos, usada para transportar personas, vehículos o mercancías de una ribera a otra de ríos o puertos.

anconeta.
   I. 1. f. *Pe*. Triciclo a pedales para transporte de viajeros, *generalmente por ocio o turismo*.

ancu. (Del aim. y del quech. *anku*, nervio).

> I. 1. m. *Bo:O,C.* Nervio duro, resistente, delgado y elástico.
>
> 2. sust/adj. *Bo:O,C.* metáf. Persona resistente y de edad avanzada.

ancua. (Del quech. *hánk'a*).

> I. 1. f. *Ar:NO.* Palomita de maíz.

ancuco. (Del aim. y del quechua *anku*, 'nervio').

> I. 1. m. *Bo.* p.u. Caramelo casero hecho con miel y maní.

anda.

> I. 1. f. *Gu, Ni, CR, Ec, Pe, Bo.* Tablero sostenido por dos varas paralelas y horizontales que se usa en procesiones para cargar imágenes religiosas.
>
> 2. *Pa.* Paso o alegoría religiosa de una procesión.

andable.

> I. 1. adj. *Ho, Ni. Referido a un camino,* transitable. rur.

andada.

> I. 1. f. *Mx, Ho, ES, Ni, CR, Co.* Paseo o recorrido largo hecho a pie.
>
> ▶ volar a las ~s.

andadera.

> I. 1. f. *Ho, Co.* Andadura de un lugar a otro sin rumbo ni destino determinado.
>
> 2. *ES.* Aparato para ayudar a andar a los niños.

andado.

> I. 1. m. *Ho, ES, Ni, CR, Co, Pe.* Forma característica de caminar de una persona. pop. ♦ **caminado.**

andador. (Calco del ingl. *walker*).

> I. 1. m. *Mx.* Pasillo que comunica un edificio con otro.

¡ándale!

> I. 1. interj. *Mx, Gu.* Expresa ánimo o incitación vehementes con que se urge a alguien a ejecutar una determinada acción. pop + cult → espon. (**¡ándele!**).
>
> 2. *Mx.* Expresa asentimiento y acuerdo por parte del emisor ante un hecho u opinión. pop + cult → espon. (**¡ándele!**).
>
> 3. *Mx.* Expresa sorpresa ante un hecho consumado.
>
> 4. *Mx.* Expresa exhortación para actuar de cierta manera.

andalón, -na.

> I. 1. adj. *Mx, Gu, Ho, ES. Referido a persona o a una caballería,* que camina mucho y con rapidez. pop + cult → espon. (**andulón**).

andamiento.

> I. 1. m. *Ur.* Movimiento, marcha.

andamio.

> I. 1. m. *Pe.* Estantería de una tienda en la que se exponen los objetos a la venta.

andana.

> I. 1. f. *RD, PR.* Diente que sale encima de otro.
>
> II. 1. f. *PR.* Línea de mazos de paja que se emplea para techar **ranchos.** rur.

andanada.

> I. 1. f. *Ni, Pa, Ve, Ur.* Gran cantidad de algo.

andancia.

> I. 1. f. *Ve.* Síntomas de alguna enfermedad leve. pop + cult → espon.
>
> II. 1. f. *Py.* Aventura en asuntos turbios, malos pasos. pop + cult → espon.

andante.

> I. 1. m-f. *Ch.* juv. Persona que mantiene con otra una relación amorosa informal.

andar.

> I. 1. intr. *Mx, Ho, ES, Ni, Pa.* Ir a un lugar, viajar.
>
> II. 1. tr. *Gu, Ho, Ni.* Tener, poseer *alguien algo.*
>
> III. 1. tr. *Pa.* Manipular un aparato.

□

> a. ‖ ~ a caballo. loc. verb. *ES.* Estar metido de lleno en un asunto.
>
> b. ‖ ~ a la bandola. loc. verb. *Ve.* Andar sin rumbo fijo y sin preocuparse de nada. pop + cult → espon.
>
> c. ‖ ~ a la pera. loc. verb. *Ve.* Ir sin rumbo fijo y sin preocupaciones.
>
> d. ‖ ~ a la si pega. loc. verb. *Ni.* Hacer *algo* al azar. pop + cult → espon.
>
> e. ‖ ~ a los apurones. loc. verb. *Ho, Ni, Bo, Py, Ar, Ur.* Estar sobrecargado de obligaciones, en particular de tipo laboral. pop + cult → espon.
>
> f. ‖ ~ a mecate suelto. loc. verb. *Ho.* Actuar sin ningún control. pop + cult → espon ^ fest.
>
> g. ‖ ~ a media asta. loc. verb. *Ho, Ni.* Estar borracho. pop + cult → espon ^ fest.
>
> h. ‖ ~ a monte.
>> i. *CR.* obsol. tener a monte. rur.
>>
>> ii. loc. verb. *Ur.* Alejarse de un lugar, escondiéndose por una situación o causa determinadas. pop + cult → espon.
>>
>> iii. *Ur.* Moverse libremente un animal por el campo. rur.
>
> i. ‖ ~ a riata. loc. verb. *Ni.* Estar sin dinero.
>
> j. ‖ ~ a tranca. *Ho, ES.* pop. andar a media asta.
>
> k. ‖ ~ a tres menos cuartillo. loc. verb. *Gu.* Estar sin dinero. pop.
>
> l. ‖ ~ agarrándolas del rabo. loc. verb. *CR.* Encontrarse en apuros, especialmente, económicos. pop + cult → espon. ♦ andar cogiéndolas del rabo.
>
> m. ‖ ~ águila. loc. verb. *Ho.* Estar atento o vigilante. pop + cult → espon.
>
> n. ‖ ~ aguja. loc. verb. *Ho.* Mantenerse alerta, atento o vigilante. pop + cult → espon.
>
> ñ. ‖ ~ amagando la mona. loc. verb. *Ni.* Estar perezoso. pop + cult → espon. ♦ andar amagando la perra.
>
> o. ‖ ~ amagando la perra. *Ni.* andar amagando la mona. pop + cult → espon.
>
> p. ‖ ~ andando.
>> i. loc. verb. *Ve.* Estar bajo los efectos de la droga. drog.
>>
>> ii. *RD.* Caminar sin propósito ni dirección.
>
> q. ‖ ~ arrastrando el mecate. *Ni.* andar a media asta. pop + cult → espon ^ fest.
>
> r. ‖ ~ arrastrando la cobija. loc. verb. *Ho, Ni.* Estar enamorado. pop + cult → espon. ♦ andar arrastrando la manta.
>
> s. ‖ ~ arrastrando la manta. *Pa.* andar arrastrando la cobija. pop + cult → espon.
>
> t. ‖ ~ arriando chanchos. *Ni.* andar a media asta. pop + cult → espon ^ fest.
>
> u. ‖ ~ arriba.
>> i. loc. verb. *Ho, Ni.* Creerse superior a los demás, prepotente en el trato.
>>
>> ii. *Ho, Ni.* Estar drogado. pop + cult → espon.
>
> v. ‖ ~ arriba de los palos. loc. verb. *Ni.* Estar loco o trastornado. pop + cult → espon ^ fest.
>
> w. ‖ ~ asustando con el petate del muerto. loc. verb. *ES.* Reclamar por algo que pasó hace mucho tiempo.
>
> x. ‖ ~ avión. loc. verb. *Ho.* Estar muy atento o vigilar *algo* o a *alguien.* pop + cult → espon.
>
> y. ‖ ~ bilín bilán. loc. verb. *Ho.* Estar perdida o confundida *una persona.*
>
> z. ‖ ~ bonito. loc. verb. *Ho.* Obrar rectamente.
>
> a¹. ‖ ~ bruja. loc. verb. *Cu; Mx.* pop. Estar escaso de dinero.

b¹. ‖ ~ **buscando su camaroncito.** loc. verb. *Ni.* Tratar una prostituta de conseguir un cliente. euf; pop + cult → espon.

c¹. ‖ ~ **buzo.** loc. verb. *Mx, Gu, Ho:N, ES, Ni.* juv. Buscar *algo* con vehemencia, estar vigilante.

d¹. ‖ ~ **candela.** loc. verb. *Ho.* Emborracharse. rur.

e¹. ‖ ~ **chivas.** loc. verb. *Mx, Gu, Ho, ES.* Estar *una persona* muy atenta o vigilando algo o a alguien. pop + cult → espon.

f¹. ‖ ~ **chupis.** loc. verb. *Ho.* Andar el calzón metido entre las nalgas.

g¹. ‖ ~ **cogiéndolas del rabo.** *CR.* andar agarrándolas del rabo. pop + cult → espon.

h¹. ‖ ~ **como ángel anunciador.** loc. verb. *Ni.* Ir con rapidez de un lado a otro para cumplir con las tareas que debe hacer. pop + cult → espon ^ fest.

i¹. ‖ ~ **como bola sin manija.** loc. verb. *Bo, Py, Ar, Ur.* Estar desorientado. pop + cult → espon.

j¹. ‖ ~ **como caballo cochero.** loc. verb. *Ho, Ni.* Ir sin poder desviar la vista a los lados. rur; pop.

k¹. ‖ ~ **como carpa de circo.** loc. verb. *Ho, ES, Ni.* Tener un hombre el pene erecto. vulg.

l¹. ‖ ~ **como el ángel del farolito.** loc. verb. *ES.* Estar inquieto y nervioso. pop + cult → espon.

m¹. ‖ ~ **como el cadejo.** loc. verb. *Ni.* Deambular sin saber a dónde ir. pop + cult → espon.

n¹. ‖ ~ **como el gorgojo.** loc. verb. *Pa.* Estar *alguien* sin beber agua o con mucha sed.

ñ¹. ‖ ~ **como el huevo.** loc. verb. *Pa.* Actuar lentamente.

o¹. ‖ ~ **como el mico.** loc. verb. *Pa.* Comportarse tontamente. ♦ andar como el moco.

p¹. ‖ ~ **como el moco.** *Pa.* andar como el mico. vulg; pop + cult → espon.

q¹. ‖ ~ **como gallina con pepa.** loc. verb. *Ec:S.* Experimentar desasosiego. rur.

r¹. ‖ ~ **como papalote sin cola.** loc. verb. *Ni.* Deambular sin saber a dónde ir. pop + cult → espon.

s¹. ‖ ~ **como perro.**
i. loc. verb. *Ho.* Perseguir un hombre a una mujer por amor o sexo.
ii. *Ho.* Comer y beber a costa de los demás.

t¹. ‖ ~ **como perro en procesión.** loc. verb. *Ho.* Estar despistado, perdido.

u¹. ‖ ~ **con abejón en el buche.** loc. verb. *CR.* obsol. Experimentar preocupación, pero sin manifestarla abiertamente.

v¹. ‖ ~ **con brincos.** loc. verb. *Gu, Ni.* Comportarse *alguien* de forma amenazante. pop + cult → espon.

w¹. ‖ ~ **con el calendario a la espalda.** loc. verb. *Ho.* Estar *una persona* próxima a morir. fest.

x¹. ‖ ~ **con el culo en las manos.** loc. verb. *ES, Ni, PR.* obsol. No saber cómo atender los compromisos. vulg; pop + cult → espon.

y¹. ‖ ~ **con el moco caído.** loc. verb. *Gu, Ni.* Estar triste. pop.

z¹. ‖ ~ **con el pico parado.** loc. verb. *Ho.* Estar de mal humor. pop + cult → espon.

a². ‖ ~ **con el rabo de atrás.** loc. verb. *RD, Ve.* Ir *alguien* con algún acompañante. pop + cult → espon.

b². ‖ ~ **con el zope al anca.** loc. verb. *ES.* Estar *una persona* próxima a morir. pop + cult → espon ^ fest.

c². ‖ ~ **con la caja de chaine.** loc. verb. *Ho.* Hablar mal de alguien. pop ^ fest.

d². ‖ ~ **con la corona al lomo.** loc. verb. *Ho.* Estar *una persona* próxima a morir. pop + cult → espon ^ fest. ♦ andar con los algodones en la nariz.

e². ‖ ~ **con la del bandido.** loc. verb. *Ch.* p.u. Engañar, mentir con la intención de sacar provecho de una situación. pop + cult → espon.

f². ‖ ~ **con las llaves sueltas.** loc. verb. *Ho, Ni.* Tener *alguien* diarrea. pop + cult → espon ^ fest.

g². ‖ ~ **con los alambres cambiados.**
i. loc. verb. *Ho, ES, Ni.* Estar de mal humor, enfadado. pop + cult → espon.
ii. *Ho.* Alterarse, estar nervioso. pop + cult → espon.

h². ‖ ~ **con los alambres cruzados.** *Ho.* andar con los alambres pelados.

i². ‖ ~ **con los alambres pelados.** loc. verb. *Ho, ES, Ni.* Estar de mal humor o muy alterado. pop + cult → espon. ♦ andar con los alambres cruzados.

j². ‖ ~ **con los algodones en la nariz.** *Ho.* andar con la corona al lomo. pop + cult → espon ^ fest.

k². ‖ ~ **con los cables cruzados.**
i. loc. verb. *Pa.* Estar muy disgustado, confuso, alterado. pop + cult → espon.
ii. *Pa.* Actuar con desacierto, sin entender lo que pasa. pop + cult → espon.

l². ‖ ~ **con los cables pelados.**
i. loc. verb. *Gu, Ho, ES, Ni, Pe, Bo, Ch, Py, Ur.* Tener las facultades mentales alteradas. pop + cult → espon.
ii. *Gu, Ho, ES, Ni, Ur.* Estar de mal humor. pop + cult → espon.

m². ‖ ~ **con miqueos.** loc. verb. *PR.* Holgazanear, vaguear, perder el tiempo. pop + cult → espon.

n². ‖ ~ **con paños tibios.**
i. loc. verb. *ES, Cu, Ur.* Encubrir, hablar prudentemente. pop + cult → espon.
ii. *PR.* Suavizar con artificio y blandura una mala noticia que se da a *alguien* o alguna contrariedad que se le causa.

ñ². ‖ ~ **con plantas.** loc. verb. *Gu.* Actuar con excesiva delicadeza. pop + cult → espon.

o². ‖ ~ **con repelillos.** loc. verb. *PR.* Mostrar aversión o reparos con respecto a algo.

p². ‖ ~ **con sombras.** loc. verb. *Gu.* Desconfiar. pop + cult → espon.

q². ‖ ~ **cóndor.** loc. verb. *Bo.* Caminar tambaleándose por la borrachera. pop + cult → espon.

r². ‖ ~ **cortando caña.** loc. verb. *Ho, Ni.* Estar borracho. fest.

s². ‖ ~ **cortando varas.**
i. loc. verb. *Ho, Ni.* Quedar en ridículo por no entender algo o actuar de forma contraria a los demás. pop + cult → espon ^ fest.
ii. *ES.* Estar sordo. pop + cult → espon.

t². ‖ ~ **de alero en alero.** loc. verb. *Ho, ES.* Ir *alguien* de un lugar a otro. pop + cult → espon.

u². ‖ ~ **de almágana.** loc. verb. *ES.* Divertirse con el dinero de los amigos. pop + cult → espon.

v². ‖ ~ **de blanquillo.** loc. verb. *Ho, ES.* Vestir de paisano un militar. pop + cult → espon.

w². ‖ ~ **de boca abierta.**
i. loc. verb. *Ho, ES.* Estar locuaz, **hablantín**, indiscreto. ♦ andar de jeta abierta; andar de jetón.
ii. *ES.* Quedarse atontado.

x². ‖ ~ **de brocha.** loc. verb. *Ho, ES.* Acompañar frecuentemente a *alguien* o entremeterse en algo que no le corresponde. pop.

y². ‖ ~ **de cachetes embarrados.**
i. loc. verb. *Ho, ES, Ni.* Quererse o llevarse temporalmente muy bien dos personas. pop + cult → espon.
ii. *ES.* Estar muy enamorado. pop.

z². ‖ ~ **de caja fuerte.** loc. verb. *Mx, Ho.* Vestir ropa de colores fuertes que no combinan. fest.

a³. ‖ ~ **de cara.** loc. verb. *Ar.* Estar sobrio de drogas. drog.

b³. ‖ ~ **de culo.** loc. verb. *Bo.* Estar muy enamorada *una persona* de otra. pop + cult → espon.

c³. ‖ ~ **de jeta abierta.** *Ho.* **andar de boca abierta.**

d³. ‖ ~ **de jetón.** *Ho.* **andar de boca abierta.**

e³. ‖ ~ **de levante.** loc. verb. *Pa, Ar.* Estar en busca de una relación amorosa pasajera.

f³. ‖ ~ **de maleta.** loc. verb. *Ch.* Estar enojado. pop + cult → espon.

g³. ‖ ~ **de pisaicorre.** loc. verb. *Pa.* Tener mucha prisa. pop + cult → espon.

h³. ‖ ~ **de rabo.** loc. verb. *CR, Pa.* p.u. Seguir *una persona* a otra o a un grupo para hacerle compañía, *generalmente sin haber sido invitada.* ♦ **ir de rabo.**

i³. ‖ ~ **de un ala.** loc. verb. *Ho, Bo.* Estar enamorado. pop + cult → espon.

j³. ‖ ~ **de vareta.** loc. verb. *Ve.* Estar sin oficio ni beneficio. pop + cult → espon.

k³. ‖ ~ **de yuca.**
 i. loc. verb. *RD.* Vestir un militar de paisano con fines particulares.
 ii. *RD.* Hacer fila.

l³. ‖ ~ **en aguas.** loc. verb. *ES.* Estar sin dinero. pop + cult → espon.

m³. ‖ ~ **en alas de cucaracha.** loc. verb. *Ho, ES, Ni.* Encontrarse en una situación muy difícil. pop + cult → espon ^ fest.

n³. ‖ ~ **en automático.** loc. verb. *CR, PR, Ve.* Realizar una acción de manera automática por la fuerza de la costumbre. pop + cult → espon.

ñ³. ‖ ~ **en bandera.** loc. verb. *Ho.* Ser objeto de críticas y chismes malintencionados. pop.

o³. ‖ ~ **en el cañal.** loc. verb. *Ho.* Emborracharse. fest.

p³. ‖ ~ **en la bola.**
 i. loc. verb. *Mx.* Participar en un tumulto. pop + cult → espon.
 ii. *Mx.* Estar implicado en un determinado asunto. pop + cult → espon.

q³. ‖ ~ **en la buena.** loc. verb. *Ar, Ur.* Hallarse en un período de buena suerte. pop.

r³. ‖ ~ **en pinguillas.** loc. verb. *PR.* Andar de puntillas.

s³. ‖ ~ **en pinta.** loc. verb. *Ho.* juv. Vestir con elegancia.

t³. ‖ ~ **en puntas.** loc. verb. *Ec:S.* obsol. Mantener *algo* en disputa dos o más personas.

u³. ‖ ~ **en un bule.** loc. verb. *Cu.* Estar en diligencias para algo.

v³. ‖ ~ **hasta atrás.** loc. verb. *Mx.* Estar muy borracho. pop + cult → espon.

w³. ‖ ~ **hasta el tronco.** loc. verb. *Ni.* Estar muy borracho o drogado. pop + cult → espon.

x³. ‖ ~ **hasta la mierda.** loc. verb. *Pa.* Encontrarse en el extremo de un estado o situación desagradable. vulg; pop + cult → espon.

y³. ‖ ~ **hasta la pata.** loc. verb. *Ho, Ni.* Estar muy borracho o drogado. pop. ♦ **andar hasta los cachos.**

z³. ‖ ~ **hasta los cachos.** *Ho, Ni.* **andar hasta la pata.** pop.

a⁴. ‖ ~ **hecho un pedo.**
 i. loc. verb. *Ho.* Ir *alguien* velozmente. vulg; pop + cult → espon.
 ii. *Ni.* Vestir bien. vulg; pop + cult → espon.

b⁴. ‖ ~ **jalando.** loc. verb. *Ho, ES, Ni.* Ser *una persona* novio, novia o amante de otra. pop.

c⁴. ‖ ~ **la seca y la meca.**
 i. *PR.* **andar la seca y la meca y la tuntuneca.**
 ii. loc. verb. *Pa.* Caminar mucho, *generalmente sin lograr el objetivo perseguido.* pop + cult → espon.

d⁴. ‖ ~ **la seca y la meca y la tuntuneca.** loc. verb. *PR.* Andar mucho y afanosamente. ♦ **andar la seca y la meca.**

e⁴. ‖ ~ **malo el casete.** loc. verb. *Ho.* Estar trastornada *una persona* temporalmente. pop.

f⁴. ‖ ~ **paila.** loc. verb. *Co.* juv. No tener dinero.

g⁴. ‖ ~ **para los chumelos.** loc. verb. *Ho.* Estar mal psíquica o físicamente. pop.

h⁴. ‖ ~ **pelis.** loc. verb. *Ho, ES, Ni.* Estar *alguien* muy atento o vigilando *algo* o a *alguien.* pop + cult → espon.

i⁴. ‖ ~ **por el cañaveral.** loc. verb. *Ni.* Estar borracho. pop + cult → espon.

j⁴. ‖ ~ **por la patada grande.** loc. verb. *Gu.* Andar perdido, desorientado o muy lejos de un lugar.

k⁴. ‖ ~ **por la porra.** loc. verb. *Ho.* Estar desorientado, desconocer o ignorar *algo.*

l⁴. ‖ ~ **pronto.** loc. verb. *Ec.* Acelerar el ritmo con el que realiza una acción. pop + cult → espon.

m⁴. ‖ ~ **sin alcabala.** loc. verb. *RD.* Ir sin rumbo. pop + cult → espon.

n⁴. ‖ ~ **sola.** loc. verb. *RD.* Ir una mujer con muy poca ropa. pop + cult → espon.

ñ⁴. ‖ ~ **suelto de madrina.** loc. verb. *Pa.* Actuar con total libertad y sin ningún tipo de control.

o⁴. ‖ ~ **tropezado.** loc. verb. *Pa.* Pasar por una situación difícil.

p⁴. ‖ ~ **volando bajito.** loc. verb. *Ve.* Estar humillado y menospreciado debido a las circunstancias. pop + cult → espon.

q⁵. ‖ ~**se arañando.** loc. verb. *Ec:S.* obsol. Esforzarse por mejorar su mala situación económica ocupándose en labores de diversa naturaleza y poco remuneradas. rur.

a. ‖ **¡anda a bañarte!** loc. interj. *Ve.* **¡andá a bañarte!** pop + cult → espon.

b. ‖ **¡anda pa'l cará!** (Apóc. de *anda para el carajo*). loc. interj. *RD, PR, Ch.* Expresa sorpresa y admiración. vulg; pop + cult → espon.

c. ‖ **¡anda pa'l casino!** loc. interj. *PR.* **¡anda pa'l zapote!**

d. ‖ **¡anda pa'l sirete!** loc. interj. *PR.* Expresa susto o admiración. pop + cult → espon.

e. ‖ **¡anda pa'l zapote!** loc. interj. *PR.* Expresa sorpresa. pop + cult → espon. ♦ **¡anda pa'l casino!**

f⁵. ‖ **¡andá a bañarte!** loc. interj. *Ch, Ar, Ur.* Expresa rechazo rotundo hacia lo que alguien dice o solicita. pop + cult → espon. ♦ **¡anda a bañarte!**

g⁵. ‖ **de ~.** *Ar, Ur. Referido a caballería,* que se usa solo para montar.

andareguear. (De *andar*).
 I. 1. intr. *Cu, RD, PR, Co; CR.* obsol; rur. Andar *una persona* de un lugar a otro sin dirección ni propósito definidos, callejear. pop + cult → espon.

andarel.
 I. 1. m. *Ec.* Música que se interpreta con marimba y se acompaña de un baile.

andarilla.
 I. 1. f. *Pe.* p.u. Flauta de caña. rur.

andarín.
 I. 1. m. *Ve:SO.* Aparato formado por una armazón metálica con ruedas pequeñas, un asiento y una baranda protectora de plástico, que utilizan los niños para aprender a andar.

andarivel.
 I. 1. m. *Ec, Pe, Bo, Ch, Py, Ar, Ur.* En ciertas **competencias** deportivas, especialmente en el atletismo y la natación, pista que debe seguir un competidor.
 II. 1. m. pl. *Cu, RD.* Pendientes, collares y adornos excesivos con que se engalana una mujer. pop + cult → espon.
 2. *Cu, RD.* Trastos, cachivaches abandonados, inútiles. pop + cult → espon.

III. 1. m. *Ch.* Sistema de cables de tracción que sirve para el transporte de personas a la parte más alta de una montaña, *generalmente en una pista de esquí.*

IV. 1. m. *Cu.* Embarcación ancha y plana que se utiliza para cruzar los ríos.

V. 1. m. *CR. En la industria exportadora de banano*, máquina dotada de un cable que se acciona mecánicamente para transportar el fruto hasta el lugar donde es lavado.

2. *CR. En la industria exportadora de banano*, lugar donde llevan el **banano** para ser transportado.

VI. 1. m. *ES. En un campo de futbol*, cada una de las dos franjas laterales.

VII. 1. m. *Ni.* Andador, *generalmente con ruedas*, para niños o ancianos.

ande.
I. 1. adv. *Ho, Bo.* Donde. rur.

¡andel!
□
a. ‖ ¡~ **diablo!** loc. interj. *RD.* Expresa queja, asombro.
b. ‖ ¡~ **diañe!** loc. interj. *RD.* Expresa sorpresa.

¡ándele!
I. 1. interj. *Mx, Co.* **¡ándale!**
2. *Mx, Ho, Ni.* Expresa incitación a empezar o a proseguir una acción.

andén.
I. 1. m. *Ve:SO, Pe, Bo, Ar. En las sierras y terrenos con pendientes*, rellano de tierra que se forma natural o artificialmente y que se aprovecha para algún cultivo.
II. 1. m. *Co; Gu, ES, Ni*, obsol. Acera destinada al uso de peatones.
III. 1. m. *Ho, Ni, Pa.* Plataforma de un vehículo o tren por donde bajan o suben los viajeros.
IV. 1. m. *RD.* Caminata. rur.

andenería.
I. 1. f. *Pe.* Conjunto de **andenes**, rellanos de tierra para cultivos.

andenes.
I. 1. m. pl. *RD, PR.* p.u. Pasos y diligencias para conseguir algo. rur.

¡andiamo! (Voz italiana).
I. 1. interj. *Ar, Ur; Ch*, fest. Expresa exhortación a una persona para salir juntos de un lugar. pop + cult → espon.

andina.
▶ **tomarse con ~.**

andinismo.
I. 1. m. *Co, Ve, Ec, Pe, Bo, Ch, Ar, Ur.* Deporte que consiste en escalar montañas, *especialmente las de la cordillera de los Andes.*

andinista.
I. 1. sust/adj. *Ve, Ec, Pe, Bo, Ch, Ar, Ur.* Persona que practica el **andinismo**.
2. adj. *Ve, Ch, Ar, Ur.* Relativo al **andinismo**.

andiroba.
I. 1. m. *Pe.* Árbol semicaducifolio de hasta 30 m de altura, de copa muy densa y tronco grueso con raíces tubulares, corteza lisa de color castaño grisáceo, flores amarillas o rojas y frutos en forma de nueces; sus flores se usan con fines industriales y su corteza con fines medicinales. (Meliaceae; *Carapa guyanensis*). ♦ **najesí.**

andola.
I. 1. f. *Co:NE.* Quehacer u ocupación que ha de hacerse.

andón, -na.
I. 1. adj. *Ve. Referido a una caballería*, que anda mucho. rur.

andriojo.
I. 1. m. *RD.* Carnaval.

andullero.
I. 1. m. *RD.* Hombre que fabrica o vende **andullos**.

andullete.
I. 1. m. *RD.* Tripa grande rellena de otra pequeña, *preferentemente del cerdo.*

andullo.
I. 1. m. *Mx:SE, Cu, RD, PR; Ni*, obsol. Cilindro largo de pasta de tabaco enrollada, *en ocasiones con una sustancia edulcorante*, que se masca o se fuma en pipa. (**anduyo**).
□
a. ‖ **como ~ al corte.** loc. adj. *RD. Referido a persona o cosa*, excelente, magnífica. pop + cult → espon.
◪
a. ‖ **~, ~, quítate eso, que no es tuyo.** fr. prov. *PR.* Indica denuncia de que algo no pertenece a la persona que lo lleva. pop + cult → espon.

andulón, -na.
I. 1. adj/sust. *ES.* **andalón.**

anduyo.
I. 1. *Mx:SE, Cu, RD, PR; Ni*, obsol. **andullo.**

anega. (Afér. de *fanega*).
I. 1. f. *ES, Ni.* Fanega, medida para granos. rur.

anexar.
I. 1. tr. *RD, Ve. En ciertas competiciones*, obtener, ganar, conquistar.

anexo.
I. 1. m. *Pe, Ch.* Línea telefónica conectada a una central.
2. *Pe.* Circunscripción territorial formada por un centro poblado dependiente de un distrito.

ánfora.
I. 1. f. *Mx, Gu.* Botella de bolsillo aplanada.
II. 1. f. *Ec, Pe, Bo.* Caja de madera o de cartón en la que se depositan los votos de la ciudadanía.
2. *Bo.* Caja de madera, bolsa o recipiente de cartón o de plástico donde se depositan los números para un sorteo.
3. *Pa.* Recipiente redondo de rejilla metálica en el que se colocan y de donde se extraen los números del sorteo de la Lotería Nacional.

anga.
□
a. ‖ **¡~ se llamaba!** loc. interj. *CR.* Expresa que se ha entendido algo o que se ha caído en la cuenta de algo. pop + cult → espon ∧ fest.
b. ‖ **por ~ o por manga.** loc. adv. *Mx, Bo, Ch.* **por angas o por mangas.**

angara.
I. 1. f. *Ec:C.* Recipiente hecho de una variedad de calabaza, usado en hogares de campesinos para contener líquidos y granos. rur.

angarilla.
I. 1. f. *Cu.* Cuerda con una piedra atada a uno de sus extremos, que se lanza al rabo de un **papalote** o cometa para derribarlo.
II. 1. f. *CR.* Recipiente de gran capacidad para medir el café en la planta procesadora.
▶ **mover la angarilla.**

angarillero, -a.
I. 1. adj. *Ch.* Relativo a las **angarillas**.
2. sust/adj. *Ch.* Persona que carga las **angarillas**.

angarillo.
I. 1. m. *Co.* Árbol de hasta 6 m de altura, de copa en forma de parasol, tallo espinoso y flores amarillas. (Fabaceae; *Chloroleucon bogotense*).

angarillo, -a.
I. 1. adj. *Co:S.* metáf. *Referido a persona*, muy delgada. pop + cult → espon.

angarrio.
   I. 1. m-f. *Co:C,NE.* Persona o animal muy delgados.

angas.
   □
     a. ‖ **por ~ o por mangas.** loc. adv. *Ch.* De todas las maneras, sea como fuere. pop. (**por anga o por manga**).

ángel.
   I. 1. m. *Cu.* Alma, parte espiritual de una persona.
   II. 1. m. *ES.* Criminal peligroso. polic.
   ●
     a. ‖ **¡~ de Dios!** fórm. *Ar.* Se usa para llamar a una persona conocida. pop + cult → espon ^ afec.
   □
     a. ‖ **~ mío.** loc. sust. *Bo:E,S.* Juego infantil en el que los participantes eligen a los que harán el papel de ángel y de diablo; los niños se sientan en corro, cogiéndose de las manos o de los brazos para protegerse; el diablo intenta arrebatar a los niños y el ángel los defiende, hasta que el diablo logra convertir a todos lo niños en diablos. ♦ **cinta.**
   ▶ **andar como ~ anunciador; andar como el ~ del farolito; espantarle el ~ de la guarda.**

Ángela.
   □
     a. ‖ **¡~ se llamaba!** loc. interj. *CR.* p.u. Expresa que se ha caído en la cuenta de algo. pop.

¡angelina!
   I. 1. interj. *RD.* Expresa aprobación decidida. pop + cult → espon. ♦ **angelona.**

angelita.
   I. 1. f. *Co, Py.* Abeja silvestre, pequeña, sin aguijón, que hace sus colmenas cerca del hombre y es muy domesticable; su miel es de gran calidad y se le atribuye la capacidad de aliviar problemas bronquiales, de ojos y hernias. (Apidae; *Trigona* spp., *Melipona* spp.). (**angelito**). ♦ **virginita.**

angelito.
   I. 1. m. *Co.* **angelita.**
   ▶ **jugar al ~.**

angelón.
   I. 1. m. *Ve.* Planta herbácea perenne, de hojas opuestas lanceoladas, flores de color violeta dispuestas en racimos terminales y fruto en cápsulas. (Scrophulariaceae; *Angelonia angustifolia*). ♦ **angelón de Caracas; víbora.**
   ■
     a. ‖ **~ de Caracas.** *Ve.* **angelón.**

¡angelona!
   I. 1. *PR.* **¡angelina!**

angeo.
   I. 1. m. *Co.* Tela metálica o de plástico *que se emplea especialmente para impedir el paso de los insectos.*

angilla. (Epént. de *anguila*).
   I. 1. *ES, Ni.* **anguila.**

angina.
   I. 1. f. *PR, Co, Ve.* Asma, ahogo. pop ♦ **ajogo.**

ango.
   I. 1. m. *Co:S.* Tendón de la carne de ganado vacuno.

ango, -a. (Del quech. *angu*).
   I. 1. adj. *Ec.* Referido a persona, muy terca. pop + cult → espon ^ sat.
     2. *Ec.* juv. Referido a persona, que tiene mucha resistencia física.
     3. *Ec.* Referido a un alimento, *en especial a una carne*, que después de cocido adquiere una consistencia semejante a la del caucho. pop.

-ango, -a.
   I. 1. suf. *Bo:E.* Forma el grado superlativo en algunos adjetivos y adverbios.

angola.
   I. 1. f. *Ho.* p.u. Mantequilla líquida de consistencia densa que queda en el fondo del recipiente al hervir con sal la **mantequilla rala.** ♦ **angola de hacienda.**
   ■
     a. ‖ **~ de hacienda.** f. *Ho:N.* **angola.**

angosto, -a.
   I. 1. adj/sust. *Bo.* metáf. Referido a persona, tímida y poco sociable.
     2. adj. *Bo.* metáf. Referido a una mujer, que no ha tenido experiencias sexuales.
   ▶ **hacerse el ~.**

angostura.
   I. 1. f. *Co.* Árbol de hasta 25 m de altura; su corteza, amarilla y amarga se usa contra la fiebre. (Rutaceae; *Cusparia trifoliata*). ♦ **palo amarillo.**

angú.
   I. 1. m. *Mx.* **chimbombó.**
   II. 1. m. *Pa; CR.* p.u. Puré de **guineo** que se prepara como alimento para niños pequeños.
     2. *Pa.* Puré de plátanos, verdes y maduros, al que se añade leche de coco.
   ●
     a. ‖ **~.** fórm. *Ho, Ni, Co.* Se usa para dirigirse a un bebé en su período de balbuceo. pop.

¡angú!
   I. 1. interj. *Ho.* Expresa el hecho de chuparse el dedo un niño pequeño.

angucha.
   I. 1. f. *Co.* **pegamosco**, arbusto.

anguila.
   I. 1. f. *Mx, Gu, Ho, ES, Ni, PR, Ch.* Pez de hasta 1 m de longitud, de agua dulce, sin aletas abdominales, de cuerpo cilíndrico, unidas las aletas dorsal, caudal y anal, y con pectorales de muy pequeño tamaño. (Angillidae; *Anguilla rostrata*; Ophichthidae; *Ophichtus ophis* y Synbranchidae; *Synbranchus marmoratus*). (**angilla; anguilla**).
     2. *Cu, Ur.* metáf. Persona astuta, escurridiza. pop + cult → espon.
     3. *Cu.* metáf. Persona en la que no se puede confiar. pop + cult → espon.

anguilla.
   I. 1. *RD.* **anguila.**
   □
     a. ‖ **~ de pozo.** loc. sust. *RD.* Persona muy flaca. pop + cult → espon.

ángulo.
   I. 1. m. *PR.* Fondo común entre varias personas para comprar droga. drog.

angurri.
   I. 1. m-f. *Ch.* Persona drogadicta. drog.

angurria. (Afér. de *estangurria*).
   I. 1. f. *Co, Ar, Ur; Pa, RD, Py,* desp; *Ho, Ni, Pa,* p.u.; rur. Hambre desmedida e insaciable. vulg; pop + cult → espon.
     2. *Pa, RD, Co, Bo, Py, Ur.* Afán desmedido de posesión de bienes materiales. pop + cult → espon ^ desp.
     3. *Pa, Cu, Ar, Ur; Ch,* p.u. Deseo incontenible por comer algo.
     4. *Pa, Cu, RD.* Hambre causada por escatimar, por avaricia. pop + cult → espon.
   II. 1. f. *Mx.* Cistitis, enfermedad que produce micciones escasas y dolorosas. rur.
     2. *Cu, Ve.* Micción frecuente de una persona. pop + cult → espon.
   III. 1. f. *Co, Ve.* Falta de ánimo.

angurrientada.
I. 1. f. *CR.* Actitud propia de la persona mezquina y ambiciosa de riquezas. pop + cult → espon.

angurriento, -a.
I. 1. adj. *CR, Co, Ec, Bo, Py, Ar.* *Referido a persona*, mezquina y con ambición desmedida por las riquezas. pop + cult → espon ^ desp.
2. *Pa, Pe, Ch, Ur.* *Referido a persona*, que manifiesta un deseo vehemente y desmedido por conseguir algo. pop + cult → espon ^ desp.
II. 1. adj. *Ni, Co, Bo, Ch, Py, Ar, Ur.* *Referido a persona*, que tiene mucha hambre. pop + cult → espon ^ desp.
2. *Pa, Py.* *Referido a persona*, que come con desorden y desmesura. pop + cult → espon ^ desp.
III. 1. adj. *Ec.* p.u. *Referido a persona*, flaca y de complexión débil. pop + cult → espon.
IV. 1. adj. *Pa, RD.* **angurrioso.**

angurrioso, -a.
I. 1. adj. *RD, Co.* *Referido a persona*, mezquina, egoísta. pop + cult → espon ^ desp. ♦ **angurriento.**
II. 1. adj. *RD.* *Referido a persona*, rencorosa. pop + cult → espon. ♦ **angurriento.**

angustia.
I. 1. f. *Ch.* Pasta base de cocaína. drog.

angustiado, -a.
I. 1. adj. *Ch.* *Referido a persona*, adicto a drogas duras. drog.

¡anhá!
I. 1. interj. *RD, Ve.* **¡anjá!**

aní. (De or. ind. antillano).
I. 1. *PR.* **garrapatero**, ave. ♦ **aní de la sabana; aní judío.**

■
a. ‖ ~ **de la sabana.** *PR.* **aní.**
b. ‖ ~ **judío.** *PR.* **aní.**

aniallo.
I. 1. f. *Pe.* Hormiga de gran tamaño.

aniceto.
I. 1. m. *Mx, Ho, ES, Ni.* Ano. euf; pop + cult → espon.

anidado, -a.
I. 1. adj. *PR.* *Referido a persona*, que está acostada plácidamente en su cama. pop + cult → espon.
2. *PR.* *Referido a persona*, que está plácidamente metida en su casa. pop + cult → espon.
II. 1. adj. *PR.* *Referido a persona*, pusilánime, tímida, que no sale de su casa. pop + cult → espon.
2. *PR.* *Referido a persona*, cobarde. rur.
III. 1. adj. *PR.* metáf. *Referido a persona*, consentida. pop + cult → espon.

anidarse.
I. 1. intr. prnl. *PR.* Meterse en la cama plácidamente. pop + cult → espon ^ fest.
2. *PR.* metáf. Quedarse en casa plácidamente. pop + cult → espon.

aniega.
I. 1. f. *Cu.* Terreno cubierto de agua. rur.

aniegar.
I. 1. tr. *PR.* p.u. Anegar, inundar. rur.

aniego.
I. 1. m. *Pe.* Inundación de un terreno.

anilla.
I. 1. f. *Bo.* *En la construcción*, pieza de hierro de forma cuadrangular o rectangular que sirve para armar el esqueleto de las columnas y de las vigas. ♦ **anillado.**
II. 1. f. *Bo.* Espiral de plástico que sirve para encuadernar. pop + cult → espon.

anillado.
I. 1. m. *Ho, Co, Ve, Ec, Pe, Bo, Ar.* Encuadernación que consiste en sujetar las hojas por medio de una espiral de plástico.
2. adj. *Co, Ve, Ec, Bo, Py, Ar.* *Referido a un cuaderno o a un documento*, sujeto por una espiral de plástico.
II. 1. m. *Bo.* **anilla**, pieza de hierro.

anillador, -ra.
I. 1. m. y f. *Cu.* Persona que coloca los anillos al tabaco.

anillamiento.
I. 1. *Ho.* **ahorcamiento**, sistema de secar un árbol.

anillar.
I. 1. tr. *Ho, ES, Co, Ve, Pe, Bo, Ar.* Colocar anillas para encuadernar hojas, *generalmente fotocopiadas*.
2. *Ni, Cu.* Colocar los anillos al tabaco para identificar la marca del fabricante.
3. *Ho, Bo.* Colocar anillas en columnas o vigas.
II. 1. tr. *RD.* Revisar el motor de un automóvil.
2. *Ni.* Colocar o ajustar anillos en los pistones de un motor.
III. 1. tr. *Ho.* **ahorcar**, hacer un anillo en la corteza de un árbol para secarlo.

anillo.
I. 1. m. *Mx, Cu; Ar, Ur*, p.u. Anticonceptivo intrauterino de forma anular.
II. 1. m. *Mx, Cu.* Faja de papel litografiado que identifica la marca del fabricante de tabacos.
III. 1. m. *ES, Ni, Ec.* Ano. euf; pop + cult → espon.
IV. 1. m. *Ho, Ni.* Grupo de personas que circundan algo o a alguien.

■
a. ‖ ~ **carretón.** m. *Py.* Anillo macizo de oro con piedra y diseño variado, *utilizado generalmente por los varones.*
b. ‖ ~ **periférico.** m. *Mx, Ho, ES, Ni, Ur.* Carretera o autovía de dos direcciones que bordea y comunica circularmente los puntos periféricos de una ciudad.
c. ‖ **corre el ~.** *Ch.* **esconde el anillo.** inf.
d. ‖ **esconde el ~.** m. *Ho, ES.* Juego infantil en el que unos participantes forman fila y otros están sentados; uno de los primeros lleva un objeto escondido en la mano y otro de los segundos tiene que adivinar quién lo tiene. inf. ♦ **corre el anillo.**

ánima.

■
a. ‖ ~ **en pena.** f. *Gu, Ho, ES, Ni, Pa, Ve; Ar*, rur. Persona distraída y triste.
b. ‖ ~ **sola.** f. *Cu, PR; CR*, obsol. Alma que pena.

animación.
I. 1. f. *PR, Pe, Ch, Py.* Presentación de un programa de televisión o de un espectáculo de variedades.

animador, -ra.
I. 1. m. y f. *Mx, Ho, Ni, CR, Pa, RD, PR, Pe, Ch, Py, Ur.* Presentador de radio o de televisión.

animal.
I. 1. m. *Mx, Ho, ES.* Animal de gran tamaño. rur.
II. 1. m. *Ho, ES, Ni, Cu, Ve.* Pene. euf; pop + cult → espon ^ fest.
2. *ES, Ec.* Vulva. euf; pop + cult → espon.
III. 1. m. *Pe.* Reptil, insecto o cualquier animal pequeño que resulta repulsivo o molesto. ♦ **animalito.**

■
a. ‖ ~ **del monte.** m. *Ve.* Hombre excesivamente torpe y zafio. pop + cult → espon ^ desp.
► **componer los ~es.**

animal, -la.
I. 1. m. y f. *Ho, ES, Ni.* Cualquier objeto como arma, vehículo, computadora, al que no se le denomina por su nombre específico. pop + cult → espon.

animala.
    I. 1. f. *Ho, ES, Ni.* Animal de carga. rur.
animalada.
    I. 1. f. *Ve; Ch, Ar*, p.u. Conjunto de animales, *especialmente ganado*. ♦ **animalaje.**
    II. 1. f. *Ni.* Error grave.
animalaje.
    I. 1. m. *Ve, Ar; Ur,* rur. **animalada.**
animalear(se).
    I. 1. tr. *Ho:N.* Desordenar o revolver *alguien* cosas. pop + cult → espon.
    II. 1. tr. prnl. *Ho:N.* Asearse o acicalarse *una persona.* pop + cult → espon ^ fest.
animalerío.
    I. 1. *Mx, Ho.* **amimalero,** conjunto de animales.
    2. *Mx.* **animalero,** grupo humano numeroso.
animalero.
    I. 1. m. *Mx, Gu, Ho, ES, Ni, Co.* Conjunto de animales, *generalmente tenido por numeroso.* ♦ **animalerío.**
    2. *Mx, Ho.* Grupo humano numeroso y poco apreciado. pop + cult → espon ^ desp. ♦ **animalerío.**
    3. *ES.* Gran cantidad de cosas. pop + cult → espon.
    II. 1. m. *Ho, Ni.* Conjunto de personas intrigantes y sin escrúpulos. pop + cult → espon ^ desp.
animalero, -a.
    I. 1. sust/adj. *Mx.* Persona que siente gran aprecio y estima por los animales.
animalito.
    I. 1. m. *ES, Ve.* Pene. euf; pop + cult → espon ^ fest.
    II. 1. m. *PR.* **animal,** reptil e insecto.
animalón, -na. (Aum. de *animal*).
    I. 1. sust/adj. *Gu, Ho, Ni, CR, Pe.* Persona de gran tamaño. pop + cult → espon ^ fest.
    2. *Gu, Ho, Ch.* Máquina o vehículo de gran tamaño. pop + cult → espon ^ fest.
animar.
    I. 1. tr. *Ho, Ni, CR, Pe, Ch, Ar, Ur.* Presentar *alguien* un programa televisivo o un espectáculo.
anime.
    I. 1. m. *Co.* Árbol de hasta 7 m de altura, de flores pequeñas y amarillas y fruto de color verde del que se extrae una resina que se emplea como remedio para varias enfermedades en medicina popular. (Burseraceae; *Protium heptaphyllum*).
    2. *Ve:O.* Árbol de hasta 10 m de altura, que contiene una médula esponjosa de color blanco. (Asteraceae; *Oyedaea jahnii*).
    3. *Ve:O.* Médula del anime con la que se tallan figuras decorativas, *especialmente motivos navideños.*
    4. *Ec.* Árbol perenne de hasta 25 m de altura, de hojas opuestas aromáticas y flores en racimo de color amarillo verdoso; su madera se emplea en la fabricación de muebles y canoas. (Lauraceae; *Cryptocarya* spp.).
    5. *Ec.* Madera del amarillo **anime,** árbol perenne.
    II. 1. m. *Ve.* Materia plástica, *generalmente de color blanco y de consistencia ligera,* que suele usarse como aislante en la construcción, para embalar objetos frágiles y confeccionar adornos.
    ☐
    a. ‖ **como ~ en boca de vieja.** loc. adv. *PR.* Rápidamente.
animita.
    I. 1. f. *Mx.* Ánima de un niño.
    II. 1. f. *Ch.* Especie de túmulo muy pequeño lleno de velas y objetos religiosos que se levanta en memoria de una persona fallecida de forma trágica en un camino o en una vía pública.
    ▶ **ver ~s.**

animoso, -a.
    I. 1. adj. *Ni, Cu, Pe, Py, Ar.* Referido a persona o cosa, *especialmente a un espectáculo,* que provoca entusiasmo.
aniñado.
    I. 1. m. *Ch.* Comportamiento agresivo y desafiante.
aniñado, -a.
    I. 1. adj. *Ch.* Referido a persona, de carácter altanero y agresivo.
    II. 1. *Ec.* juv. Referido a persona, que pertenece a la burguesía.
    III. 1. adj. *Ec.* juv. Referido a cosa, elegante, de calidad y estilo burgués.
aniñarse.
    I. 1. intr. prnl. *Ch.* Comportarse *una persona* de manera agresiva y desafiante con otra.
aniquelao, -lá. (Afér. de *aniquelado*).
    I. 1. adj. *PR.* juv; metáf. Referido a persona, acicalada, engalanada.
    2. *PR.* juv. Referido a cosa, limpia.
    3. *PR.* juv. Referido a cosa, que está en buen estado.
    II. 1. adj. *PR.* juv. Referido a cosa, niquelada o cubierta de sustancia parecida al níquel.
aniquelar(se).
    I. 1. tr. prnl. *PR.* juv. Acicalarse, engalanarse.
    2. tr. *PR.* Limpiar *algo.*
    3. *PR.* juv. Poner *algo* en buen estado.
    II. 1. tr. *PR.* juv. Recubrir o bañar *algo* con níquel o sustancia parecida.
anirista. (De *ANIR*).
    I. 1. m-f. *Cu.* Miembro de la Asociación Nacional de Innovadores y Racionalizadores.
anís.
    I. 1. m. *ES.* Ano. euf; pop + cult → espon.
    ■
    a. ‖ **~ del llano.** m. *Ec.* Planta herbácea anual, de hasta 40 cm de altura, erecta, con inflorescencia en racimos y flores blancas o amarillas; produce semillas menudas semejantes a las del anís común que se utilizan como condimento en la preparación de dulces. (Asteraceae; *Tagetes pusilla*). ♦ **ayachilchil; chilchil.**
    ☐
    a. ‖ **hecho un ~.** loc. adj. *Ec, Pe.* Referido a persona o a cosa, muy limpia o aseada. pop + cult → espon.
    ▶ **hacer de un ~ un marquesote.**
anisquesar.
    I. 1. *CR:NO.* **nisquesar.**
anivelar.
    I. 1. tr. *Ho, RD, PR.* Nivelar. rur; pop.
anjá.
    ☐
    a. ‖ **de ~.** *Cu.* **de ampanga,** severo, intransigente.
¡anja!
    I. 1. *Ve.* **¡anjá!,** afirmación.
¡anjá!
    I. 1. interj. *PR, Co, Ve.* Expresa afirmación. pop + cult → espon.
    II. 1. interj. *Pa, Cu, PR, Ve.* Expresa conformidad, aprobación con lo expresado anteriormente. pop + cult → espon.
    III. 1. interj. *RD; PR,* obsol. Expresa admiración, reproche o burla. pop + cult → espon. (**¡anhá!**).
anó.
    I. 1. *Py, Ar.* **garrapatero,** ave.
anochecerse.
    I. 1. intr. prnl. *PR, Pe, Bo.* Pasar *alguien* la noche sin dormir, trasnochar.
anochecido, -a.
    I. 1. adj. *PR.* Referido a persona o cosa, trasnochada.

anochezca.
  I. 1. f. *Pa, PR.* Tiempo durante el cual anochece. pop + cult → espon.

anolis. (De or. ind. antillano).
  I. 1. m. *PR.* Lagarto de pequeño tamaño, cuerpo esbelto, cola muy larga y coloración vistosa y variada. (Polychrotidae; *Anolis* spp.).

anón. (De or. ind. antillano).
  I. 1. m. *EU, Mx, Pa, Cu, PR, Co, Ve:E.* Árbol de hasta 12 m de altura, de tronco ramoso de corteza oscura, hojas grandes, alternas, oblongo elípticas, flores de color verde amarillo, solitarias, de olor fuerte, fruto casi redondo, de color verde amarillo o blanco azulado, con pulpa blanca, aromática y dulce, y semillas negras y duras; de su corteza se pueden obtener cuerdas de buena calidad. (Annonaceae; *Annona squamosa*). (**anona; anonillo; anono**). ♦ **anona blanca; anona de Castilla; mocuyo; poshte; riñón; saramuyo.**
  2. f. *EU, Pa, Cu, PR, Co, Ve:E.* Fruto del anón, redondo o acorazonado, de cáscara entre negra y parda o verde con escamas regulares convexas, y de pulpa carnosa, blanca y muy dulce, con pepitas negras y duras. (**anona**). ♦ **anona blanca; anona de Castilla; poshte; riñón; saramuyo.**
  □
    a. ‖ ~ **cimarrón.** *PR.* **anoncillo**, árbol y fruto.

anona.
  I. 1. f. *Mx, Gu, Ho, ES, Ni, CR, Pa.* **anón**, fruto.
  2. *Mx, Gu, Ho, ES, Ni, Pa.* **anón**, árbol.
  II. 1. f. *Cu, Ec.* Hucha, alcancía.
  III. 1. f. *ES.* Prostituta. euf; pop + cult → espon ^ desp.
  IV. 1. f. *ES.* metáf. Cabeza de persona. rur.
  V. 1. f. *Ni.* metáf. Vulva. euf; pop + cult → espon.
  □
    a. ‖ ~ **blanca.** f. *Gu.* **anón**, árbol y fruto.
    b. ‖ ~ **cimarrona.** f. *Ho.* **suncuyo.**
    c. ‖ ~ **colorada.** f. *Ho, ES.* **suncuyo.**
    d. ‖ ~ **de Castilla.** f. *Ho.* **anón**, árbol y fruto.
    e. ‖ ~ **de monte.** f. *Ho, ES.* **suncuyo.**
    f. ‖ ~ **de redecilla.** f. *Ho.* **suncuyo.**

anonal.
  I. 1. m. *Mx, Ho, ES, Ni, CR.* Terreno poblado de **anonos.**

anonas.
  I. 1. adj/sust. *CR.* **aguacates.**

anoncillo.
  I. 1. m. *PR.* Arbusto de hasta 4 m de altura, de corteza color rojo oscuro, follaje verdinegro, hojas elípticas y lustrosas y flores amarillas de gran tamaño; la madera de color castaño oliva o verde amarillento se utiliza en ebanistería. (Annonaceae; *Asimina blainii*). ♦ **anón cimarrón; anoncillo negro.**
  ■
    a. ‖ ~ **negro.** m. *PR.* **anoncillo.**

anoneo.
  I. 1. m. *Ho.* Tiroteo. rur.

anonillo.
  I. 1. *Ho.* **anón**, árbol.
  2. m. *Pa.* Árbol de hasta 15 m de altura, de hojas simples y alternas, flores opuestas a las hojas, de color verde, con tres pétalos externos carnosos y en forma de hélice. (Annonaceae; *Rollinia mucosa*). ♦ **cadongo; toreta.**
  3. *Pa.* Fruto del anonillo, globoso o subgloboso y cubierto de pequeñas proyecciones cónicas en el exterior, verde, y amarillo cuando maduro; la pulpa blanca que rodea las semillas es comestible. ♦ **cadongo; toreta.**
  4. m. *PR.* **alceiba.**

anonimista.
  I. 1. m-f. *Ho.* p.u. Persona que hace carteles o escritos injuriosos sin nombre ni firma.

anono.
  I. 1. *ES, CR.* **anón**, árbol.

anortar(se).
  I. 1. intr. prnl. *RD.* Constiparse *alguien, especialmente un bebé*, por haber estado expuesto al relente. pop.
  II. 1. intr. prnl. *RD.* Padecer de cólicos intestinales que producen abundante diarrea verdosa. pop.
  III. 1. tr. *RD.* Matar *una persona* a *alguien.*

anorte.
  I. 1. m. *RD.* Cólico intestinal que produce abundante diarrea de color verde. pop.

anotación.
  I. 1. f. *Mx, Ni, Pa, Cu, RD, PR.* En el **beisbol**, jugada en la que un corredor procedente de las **bases** pisa el **plato** y anota carrera.
  2. *Ni, Pa, PR.* En el **beisbol**, registro de estas jugadas.

anotado, -a.
  I. 1. *PR.* **ennotado.**

anotador.
  I. 1. m. *Py, Ar, Ur.* Cuaderno o libreta para apuntar citas, tareas que se han de hacer u otros datos.

anotador, -ra.
  I. 1. m. y f. *Ni, Cu.* En el **beisbol**, persona que registra las jugadas en un partido.
  2. sust/adj. *PR.* En el **deporte**, jugador que recibe puntos por su ejecutoria durante un juego.

anotar(se).
  I. 1. intr. prnl. *Ho, Ni, Py, Ar, Ur.* Inscribirse como alumno en un centro educativo.
  2. *Ho, Ni, Py, Ar, Ur.* Unirse a otras personas en sus planes o en algo que ya han emprendido. pop.
  3. tr. *Ni, Py, Ar.* Inscribir a *alguien* en un centro de enseñanza.
  II. 1. tr. *Ni, Cu, Ve.* En el **beisbol**, hacer una carrera un jugador.
  2. *Ni, Pa, Cu, PR.* En el **beisbol**, registrar las jugadas que se hacen en un partido.
  □
    a. ‖ **~se en todas.** loc. verb. *Ho, Ni, Cu, Ve, Ec, Py, Ar, Ur.* Estar dispuesto a participar en cualquier asunto o proyecto. pop + cult → espon.
    b. ‖ **~se un poroto.**
      i. loc. verb. *Pe, Ch, Ar, Ur; Ec*, p.u. Obtener un tanto en un juego. ♦ **apuntarse un poroto.**
      ii. *Ar, Ur.* Tener éxito en una actividad.
      iii. *Ch.* Realizar una acción que es bien valorada por otros.

anoticiado, -a.
  I. 1. adj. *Bo, Ar. Referido a persona*, que tiene conocimiento o noticia acerca de alguien o de algo. pop + cult → espon.

anoticiar(se).
  I. 1. intr. prnl. *Bo, Py, Ar; Ur*, obsol. Enterarse de algo.
  2. tr. *Py, Ar; Ur*, p.u. Dar *una persona* una noticia a alguien.

anque.
  I. 1. conj. *Ho, Cu, RD, Ve*, p.u. Aunque. rur; pop.

ansí.
  I. 1. adv. *Mx, Gu; Cu:O, PR*, obsol. Así. rur.

ansia.
  ▶ **comer ~s.**

ansina. (De *ansí*).
  I. 1. adv. *Gu, ES; PR, Bo*, obsol. Ahora. rur.

ansuelo.
  I. 1. m. *PR, Ve.* Inflamación pequeña que nace en el borde de uno de los párpados. rur.

anta. (Del aim. y del quech. *anta*, tapir).
    I. 1. *Bo, Ar.* **mboreví**.

antagonizar.
    I. 1. intr. *Ni, Cu, PR, Ve.* Estar en oposición dos personas, grupos o entidades. cult → esm.

antantier.
    I. 1. adv. *ES; CR,* obsol. Antes de anteayer.

antañero, -a.
    I. 1. adj. *Pe.* p.u. *Referido a persona,* que tiene muchos años.

antara.
    I. 1. f. *Pe, Bo.* Instrumento musical compuesto por varios tubos o flautas de caña. rur.

antarca. (Del quech. *hant'árkka*).
    I. 1. adv. *Bo:S, Ar:NO.* De espaldas.

antarquear(se). (Der. de *antarca*).
    I. 1. tr. *Ar:NO.* Tirar a *alguien* de espaldas.
    II. 1. intr. prnl. *Ar:NO.* Envanecerse, ponerse vanidosa *una persona.* pop + cult → espon.

antawara. (Del aim. y del quech. *antawara*, crepúsculo).
    I. 1. f. *Bo.* Danza folclórica en la que los bailarines dan pequeños y rápidos saltos, vueltas y medias vueltas formando diversas figuras que constituyen la coreografía de la danza; es originaria de la zona andina.
    2. *Bo.* Composición musical folclórica de carácter y ritmo alegres, al compás de la cual se baila esta danza.
    II. 1. f. *Bo.* Crepúsculo.

ante.
    I. 1. m. *Mx, Gu; Ni,* p.u. Dulce de **camote**, de fruta o de harina de garbanzos o **frijoles**, cocido, molido y revuelto con azúcar y aromatizado con canela.
    2. m. *Pe.* Bebida refrescante elaborada con vino, frutas, azúcar, canela y otros ingredientes. ♦ **ante con ante.**
    □
    a. ‖ ~ **con ~.** m. *Pe.* **ante**, bebida.

anteado, -a.
    I. 1. adj/sust. *Ho.* Referido a color, en especial al del plumaje de las aves, café amarillento claro. cult.

antecedentes.
    I. 1. m. pl. *Ho.* p.u. Personas que nos precedieron. rur.

antecoco.
    I. 1. m. *Pe.* Dulce hecho con coco, harina de maíz, leche y azúcar.

antecomedor.
    I. 1. m. *Mx, CR.* Cuarto pequeño contiguo a la cocina o al comedor, que se usa para las comidas informales. prest; cult → esm.
    2. *Mx.* Mobiliario de este cuarto.

antejardín.
    I. 1. m. *CR, Co, Ch.* Jardín situado en la parte delantera de una vivienda. prest; cult → esm.

antelar.
    I. 1. tr. *Pe, Bo.* Hacer que algo suceda antes del tiempo fijado o antes que otra cosa.

antelia.
    I. 1. f. *RD.* p.u. Inteligencia. rur.

antemente.
    I. 1. adv. *RD.* Anteriormente.

antena.
    I. 1. m. *ES, Ni.* Delator, informante de la policía.
    ▶ **poner las ~s; volar ~.**

antenófano.
    I. 1. f. *Ch. En el ámbito de las comunicaciones,* estructura en la que va instalada la antena de emisión tanto para radio como para televisión.

anteojo.
    ▶ **volar ~.**

anteojos.
    I. 1. m. pl. *EU, Mx, Ho, Ni, CR, Cu, PR, Co, Ve, Ec:O, Pe, Bo, Ch, Py, Ar, Ur.* Lentes para corregir defectos de visión, o para proteger los ojos.
    ▶ **perder en los ~ del gallo.**

anteojudo, -a.
    I. 1. sust/adj. *Ho, Ni, Ve, Ec:O, Ch, Py, Ar, Ur; Pe,* desp. Persona que usa **anteojos** o lentes. pop + cult → espon ^ desp ^ fest.

anteportón.
    I. 1. m. *Ve; Co,* p.u. Puerta interior que separa el zaguán del resto de la casa.

antepuerto.
    I. 1. m. *Ch.* Lugar situado en el interior muy cerca del puerto en el que se depositan las mercancías de tránsito en contenedores.

antes.
    □
    a. ‖ ~ **con antes.**
      i. loc. adv. *Ve:O.* Con anterioridad a otro hecho o circunstancia.
      ii. *Ve:O.* Con rapidez o prioridad.
    b. ‖ ~ **no.** loc. adv. *Mx, Ho, Co, Ec.* Afortunadamente. pop + cult → espon.
    c. ‖ **¡~ no!** loc. interj. *Ho, Ec.* Expresa negación rotunda. pop + cult → espon.
    d. ‖ **más ~.** loc. adv. *Ho, ES, Ni, Bo.* En un tiempo anterior. rur.
    e. ‖ **mil ~.** loc. adv. *Bo.* Mucho antes. pop + cult → espon.

antesala.
    I. 1. f. *Ni, CR, Cu, PR. En el beisbol,* posición defensiva correspondiente a la tercera base.

antesalista.
    I. 1. m. *Ni, CR, Cu, PR. En el beisbol,* jugador que defiende la posición de la tercera base.

antiayer. (Var. de *anteayer*).
    I. 1. adv. *Ho, ES, Ni, Pa, PR, Ec, Ur; CR,* rur. Anteayer.

anticolegialista.
    I. 1. adj/sust. *Ur.* p.u. *Referido a persona,* opuesta al régimen colegiado de gobierno. prest; cult → esm.

anticresista.
    I. 1. m-f. *Bo.* Persona que ocupa una vivienda bajo la modalidad de arrendamiento en **anticrético**. prest; cult → esm.

anticrético.
    I. 1. m. *Bo.* Modalidad de arrendamiento en que un propietario, bajo contrato, entrega una habitación, departamento, casa u otro bien, a cambio de un depósito que se devuelve íntegro, sin pagar mensualidades.

anticuca.
    I. 1. f. *Ch.* **espantacuco**, dispositivo.

anticuchada.
    I. 1. f. *Pe.* Fiesta popular o reunión festiva en la que se sirven **anticuchos** como plato principal.

anticuchería.
    I. 1. f. *Pe, Ch.* Lugar donde se venden **anticuchos**.

anticuchero, -a.
    I. 1. m. y f. *Pe, Bo, Ch.* Persona que prepara y vende **anticuchos**.
    2. adj. *Ch.* Relativo a los **anticuchos**.

anticucho.
    I. 1. m. *Ec, Pe, Bo, Ch, Ar:NO.* Comida que se prepara con trocitos de carne de vacuno, de pescado, o de ambos, *sazonado a veces con una salsa de ají, mayonesa, aceite de oliva y sal,* ensartados en palitos y asados a la parrilla.

anticuco.
> I. 1. m. pl. *Ho, ES.* **abuelengos,** antepasados remotos.

anticuco, -a.
> I. 1. adj. *Ho, Ni; CR,* p.u. *Referido a cosa,* anticuada, pasada de moda. rur.
> 2. *Ho, Ni. Referido a persona,* muy vieja. rur; desp.

antifoca.
> I. 1. adj. *Ch.* juv. *Referido a cosa,* pasada de moda o fuera de lugar.

antífora.
> I. 1. m-f. *RD.* Individuo que trae mala suerte en el juego.

antiguai.
> I. 1. sust/adj. *Ch.* juv. Persona o cosa antigua o pasada de moda.

antigual.
> I. 1. sust/adj. *Ho, Ni.* Restos arqueológicos muy antiguos.

antigüedad.
> I. 1. f. *Ec.* Grado de aprovechamiento académico obtenido por un miembro de las fuerzas armadas en un curso de una institución militar.

antigües.
> I. 1. *ES.* **abuelengos.**
> 2. adj. *ES.* p.u. *Referido a cosa,* antigua, muy vieja. rur.
> II. 1. m. pl. *ES.* Figurilla de barro precolombina.

antillanía.
> I. 1. f. *PR.* Cualidad de antillano.
> 2. *PR.* Amor o apego a las cosas características de Las Antillas.

antilopo.
> I. 1. *Ho.* **güisisil,** venado.

antimonio.
> I. 1. m. *Ec.* obsol. Emanación maléfica que, según la creencia popular, despiden los metales de un entierro o tesoro oculto, y que ataca o enferma a quien lo descubre.

antimotines.
> I. 1. m. pl. *Mx, Gu, Ho, ES, Ni, CR, Co, Ve, Ec, Bo, Ch, Py.* Fuerza policial que tiene por función evitar o reprimir motines.
> 2. m-f. *Mx, Gu, Ho, ES, Ni, CR, Co, Ec, Py.* Miembro de los antimotines.
> 3. adj. *CR, PR, Co, Ec, Pe, Bo, Ch, Py, Ar, Ur. Referido a una fuerza policial o a uno de sus miembros,* que tiene por función evitar o reprimir motines.

antínfora.
> I. 1. f. *RD.* Cosa ridícula.
> 2. *RD.* Persona mal vestida.

antioqueñada.
> I. 1. f. *Co:O.* p.u. Actuación exagerada que se atribuye a los habitantes del departamento de Antioquía.

antiparabólico, -a.
> I. 1. adj. *Ve. Referido a persona,* indiferente ante las cuestiones importantes de la vida social. pop + cult → espon ^ fest.

antiparras.
> I. 1. f. pl. *Ar, Ur. En actividades en las que los ojos pueden resultar lastimados,* gafas que los protegen.

antipasto. (Del it. *antipasto*).
> I. 1. m. *PR, Ve, Ar, Ur.* Plato compuesto principalmente por varios tipos de fiambre o carne fría, *y que por lo general se sirve antes de la comida.*

antipatizar.
> I. 1. intr. *Mx, Pa, RD, Ve, Py; Ch, Ar,* p.u. Sentir *una persona* antipatía hacia algo o alguien.
> 2. *Ch.* p.u. Producir *una persona* un sentimiento de antipatía en alguien.

antiperspirante. (Del ingl. *antiperspirant*).
> I. 1. sust/adj. *RD, PR, Ch.* Desodorante que evita la humedad del sudor. ♦ **antisudoral.**

antiques.
> I. 1. m. pl. *Ho, ES.* **abuelengos,** antepasados.

antiques. (Voz inglesa).
> I. 1. f. *EU, PR.* p.u. Antigüedades.

antirreeleccionismo.
> I. 1. m. *Mx.* Doctrina contraria a que haya reelección en los cargos de gobierno. prest; cult → esm.

antisocial.
> I. 1. sust/adj. *Ni, CR, Pa, Cu, RD, Co, Ve, Ec, Bo, Ch, Py, Ur.* Persona que actúa al margen de la ley, delincuente.
> 2. m-f. *Ve, Ec, Ar, Ur.* Persona poco sociable.

antisudoral.
> I. 1. m. *RD, Ch, Ur.* **antiperspirante.**

antiviperino.
> I. 1. m. *Mx.* Sustancia utilizada como antídoto para neutralizar el veneno de las víboras.

antiviperino, -a.
> I. 1. adj. *Mx. Referido a un suero u otro compuesto químico,* que sirve de antídoto contra el veneno de las víboras.

antojado, -a.
> I. 1. adj/sust. *Ho, Ni, CR, Pa, Cu, RD, PR, Co, Ve, Pe. Referido a persona,* antojadiza.

antojarse.
> I. 1. intr. prnl. *Mx, Ho, Ni, CR, Co, Ve, Bo.* Sentir un deseo o apetito súbito.

antojitos.
> I. 1. m. pl. *Mx, Gu, Ho, Ni, PR, Ve, Ec.* Pequeñas porciones de comida típica, servidas como aperitivos.

antojo.
> ■
> a. ‖ **~ de poeta.** m. *PR.* Planta ramosa con hojas finalmente divididas y flores de color amarillo con disco rojizo oscuro; es ornamental. (Asteraceae; *Calliopsis tinctoria*).

antonce.
> •
> a. ‖ **~.** *RD.* **entonces.**

Antonio.
> ■
> a. ‖ **San ~ verde.** *Ur.* **alfilerillo,** insecto.

antro.
> I. 1. m. *Mx, Ho, Ec, Bo, Ar.* Local de ocio, *principalmente nocturno,* en que se sirven bebidas, se escucha música y se puede bailar.

anualismo.
> I. 1. m. *Mx.* Creencia mesoamericana que consiste en que toda persona tiene un animal protector y, en determinadas condiciones, puede convertirse en él; cuando muere uno, muere también el otro.

anualizado, -a.
> I. 1. adj. *Mx, Co, Ve, Ec, Pe, Ur. Referido a conceptos económicos,* que se calculan para períodos de menos de un año sobre la base aplicable a un año entero. prest; cult → esm.

anugarse.
> I. 1. intr. prnl. *RD.* Atragantarse *alguien* con un alimento. pop + cult → espon.

anunado, -a.
> I. 1. adj. *Ho, ES. Referido a cosa, en especial a la piel de una persona,* arrugada por haber estado largo tiempo en contacto con el agua o el sol. rur.

anvo. (Del ingl. *anvil*).
> I. 1. m. *EU.* p.u. Prisma de hierro acerado para trabajar los metales a martillo.

anyway. (Voz inglesa).
  I. 1. adv. *EU, PR; Ve.* juv. De todos modos. pop + cult → espon.

anzuelear.
  I. 1. tr. *Ho, ES, Ni.* Anzolar, poner y pescar con anzuelo.

anzuelero, -a.
  I. 1. sust/adj. *Ho, Ni.* Anzolero, persona que pesca con anzuelo.

anzuelo.
  I. 1. m. *Ni, Cu, RD, PR.* Orzuelo. rur; pop.

añadas.
  I. 1. f. pl. *Bo.* **añales.**

añafiles.
  I. 1. m. pl. *RD.* p.u. Cachivaches, trastos. pop.

añagado, -a.
  I. 1. adj. *RD. Referido a persona*, presa.

añagaza.
  I. 1. f. *Ho.* Dicho o hecho falso.

añal.
  I. 1. m. *RD.* Ofrenda por un difunto al cumplirse el primer año de su muerte.

añales.
  I. 1. m. pl. *Mx, Gu, Ho, ES, Ni, CR, Pa, RD, Ve, Py, Ur; PR,* rur; *Co,* cult → esm. Muchos años.(**añares**). ♦ **añadas.**
  II. 1. m. pl. *Mx, Gu, Ho, ES, Ni, CR, Pa, Ve, Py; Ur,* p.u; *Co,* esm. Hace tiempo, hace muchos años. (**añares**). ♦ **añadas.**

añango, -a.
  I. 1. adj. *Ec:N.* obsol. *Referido a persona*, enfermiza y de constitución débil.

añangotado.
  I. 1. *PR.* **ñangotado.**

añangotarse.
  I. 1. intr. prnl. *RD, PR, Co:N, Ve.* Ponerse en cuclillas. ñangotarse vulg; pop + cult → espon. (**añingotarse; ñongotar**).
  2. *Co:N, Ve.* Doblarse *una persona* por la cintura quedando la parte superior de su cuerpo inclinada hacia delante con objeto de realizar una tarea. vulg; pop + cult → espon. (**ñongotar**).

añañay. (De or. quech.).
  I. 1. m. *Ec.* obsol. Cuenta de poco valor usada como adorno en prendas de vestir.

¡añañay!
  I. 1. interj. *Pe.* Expresa satisfacción.
  2. *Ec.* **¡atatau!**

añañuca.
  I. 1. f. *Ch.* **amancay**, planta perenne.

añares.
  I. 1. *Mx, Co, Bo, Py, Ar, Ur.* **añales.**

añas. (Del quech. *añas*).
  I. 1. m. *Ec, Pe.* **zorrillo.** (**añás**).

añás.
  I. 1. *Pe.* **añas.**

añatuya. (Del aim. y del quech. *añathuya*, zorrino).
  I. 1. f. *Bo:O,C, Ar:NO.* Mamífero de hasta 80 cm de longitud, de pelaje pardo en el lomo y en el vientre, y blanco en los costados y la cola. (Mephitidae; *Conepatus* spp.). (**anatuya**).

añedío.
  I. 1. m. *Ve:O.* Añadido. rur.

añedir.
  I. 1. tr. *RD, Ve:O.* Añadir. rur.

añejado, -a.
  I. 1. adj/sust. *Cu. Referido a persona, especialmente si se encuentra inactiva o en larga espera*, aburrida o abandonada.

añejería.
  I. 1. f. *Bo.* Cosa antigua, que pertenece al pasado.

añejo.
  I. 1. m. *Ni, Ve.* Bebida alcohólica obtenida de la destilación de la caña de azúcar.

añejo, -a.
  I. 1. adj. *CR, Ch, Py. Referido a un alimento*, que ha sobrepasado el tiempo aconsejable para su consumo y se ha deteriorado su textura y su sabor originarios.

añemado, -a.
  I. 1. adj. *RD. Referido a persona*, atontada, lela. pop + cult → espon. (**ayemado**).

añeplado, -a.
  I. 1. adj. *RD. Referido a persona*, miedosa, pusilánime. pop + cult → espon ∧ desp.
  2. *RD. Referido a persona*, lenta, tonta. pop + cult → espon ∧ desp.

añero, -a.
  I. 1. adj. *Ch. Referido a un árbol frutal*, que da fruto en abundancia cada dos años.

añil.
  I. 1. m. *Mx, Gu, Ho, ES, Ni, Pa.* Planta herbácea de hasta 1,5 m de altura, hojas elípticas, pecioladas, de color verde claro, flores rojizas y fruto en vaina estrecha y curvada, con varias semillas negras. (Fabaceae; *Indigofera suffructicosa*). ♦ **índigo; jiquilite.**
  2. *Mx, Gu, Ho, ES, Ni, Pa.* Producto tintóreo que se extrae del añil.
  II. 1. m. *Mx, Gu, Ho, ES, Ni, Pa.* Árbol como el **jiquilite**, pero que se diferencia de él en que tiene las flores azules y no rojizas. (Fabaceae; *Dalea cliffortiana*).
  2. *Mx, Gu, Ho, ES, Ni, Pa.* Sustancia vegetal tintórea en forma de polvo extraída de la decocción de las flores del **añil.**

añilado, -a.
  I. 1. adj. *Ho, ES. Referido a cosa*, de color azul como el añil.

añilar.
  I. 1. tr. *Cu.* p.u. Enjuagar la ropa blanca con añil.

añilina.
  I. 1. f. *Gu, Ho, Ni.* Anilina, colorante azul.

añingotarse.
  I. 1. intr. prnl. *Pa.* **anangotarse.** rur.

añiñado, -a.
  I. 1. m. y f. *Ni, Ec.* Persona, *especialmente joven*, que en su vestuario, modales y lenguaje, manifiesta afectadamente gustos de una clase social adinerada.

año.
  •
  a. ‖ **¡hasta el ~ carnaval!** fórm. *Bo:NE.* Se usa para despedirse de alguien a quien no se verá por un tiempo largo. pop + cult → espon.

  ■
  a. ‖ **~ calendario.** m. *Mx, Ni, CR, PR, Co, Ec, Ch, Ar, Ur.* Período comprendido entre el 1 de enero y el 31 de diciembre.
  b. ‖ **~ de hidalgo.**
    i. m. *Mx.* Último de los seis años que constituyen el mandato legal de un gobierno, y en el que por hábito de corrupción este suele abandonarse a prácticas abusivas y de enriquecimiento ilícito.
    ii. *Mx.* Momento propicio que se presenta a alguien, a punto de abandonar un cargo o una situación privilegiada, para apropiarse de bienes ajenos, *generalmente públicos*.
  c. ‖ **~ de la canica.** m. *Mx.* Tiempo remoto, pasado muy distante. pop. ♦ **año de la cocoa; año de la ñauca.**

d. ‖ **~ de la cocoa.** *Ch.* **año de la canica.** pop + cult → espon.

e. ‖ **~ de la ñauca.** *Ch.* **año de la canica.** pop + cult → espon.

f. ‖ **~ de la sopa.** *Co.* **año del caldo.**

g. ‖ **~ de las guácaras.** m. *PR.* Tiempo remoto e inmemorial. pop + cult → espon.

h. ‖ **~ del caldo.** m. *Mx.* Tiempo remoto, pasado muy distante. pop + cult → espon. ♦ **año de la sopa; el año de la cachetada.**

i. ‖ **~ del moco.** m. *Ve.* Año que nunca llegará. pop + cult → espon.

j. ‖ **~ grande.** m. *Co.* Cosecha principal del año. rur.

k. ‖ **~ redondo.** m. *Co, Bo.* Todo el año.

l. ‖ **~ rural.** m. *Co.* Período de práctica y servicio social obligatorio que los estudiantes de medicina o carreras afines deben realizar en hospitales rurales, para obtener el título de grado.

m. ‖ **~ viejo.** m. *Ho, PR, Co, Ec.* Muñeco de figura grotesca, *hecho generalmente de trapos*, relleno de aserrín o papel, con una careta y vestido con ropa vieja, que se quema en la noche del 31 de diciembre.

n. ‖ **~s de circo.** m. pl. *Ch.* Experiencia adquirida a través de los años.

ñ. ‖ **el ~ de la cachetada.** *Mx.* **año del caldo.**

o. ‖ **el ~ del golero.** *Ur.* **el año verde.** pop + cult → espon ∧ fest.

p. ‖ **el ~ verde.** m. *RD, Ve, Ar, Ur.* Año que nunca llegará. pop + cult → espon ∧ fest. ♦ **el año del golero.**

□

a. ‖ **~ con ~.** loc. adv. *Mx, Ho, Ni, Ch.* De manera continua y reiterada durante el transcurso de los años.

b. ‖ **de cada ~ un día.** loc. adv. *RD.* De vez en cuando. pop + cult → espon.

c. ‖ **del ~ de la chispa.** loc. adv. *Ec.* Muy antiguo.

d. ‖ **del ~ de la escarapela.** *Ar.* **del año del pedo.**

e. ‖ **del ~ de ñaupa.** *Ar.* **del año del pedo.**

f. ‖ **del ~ del curuncuncún.** *Ho.* **del año del pedo.** pop + cult → espon.

g. ‖ **del ~ del cururú.** *Ho.* **del año del pedo.** pop + cult → espon.

h. ‖ **del ~ del jopo.**
  i. loc. adj. *Ar, Ur.* Referido a persona o a cosa, muy viejo. pop + cult → espon.
  ii. *Ur. Referido a cosa*, pasada de moda. pop + cult → espon.

i. ‖ **del ~ del pedo.** loc. adv. *Gu, Ho, Ar.* De hace mucho tiempo. vulg; pop + cult → espon. ♦ **del año de la escarapela; del año de ñaupa; del año del curuncuncún; del año del cururú; del año del polvo; del año nanita.**

j. ‖ **del ~ del polvo.** (*Por la explosión del volcán Cosigüina, en 1835*). *Ho, Ni.* **del año del pedo.** pop + cult → espon.

k. ‖ **del ~ nanita.** *Ho.* **del año del pedo.** pop + cult → espon.

l. ‖ **para el ~.** loc. adv. *Ar, Ur.* El año que viene. pop + cult → espon.

◪

a. ‖ **lo que no es de mi ~ no es mi daño.** fr. prov. *Bo.* Indica que lo ocurrido en el pasado, sea algo bueno o malo, no interesa en el presente. pop + cult → espon.

▶ **cargarse el ~; pasar el ~; tirarse el ~.**

añola. (Prót. de *ñola*).
  I. 1. f. *ES.* Llaga, úlcera de personas o de animales. rur.

añoloti. (Del it. *agnolotti*, pl. de *agnoletto*).
  I. 1. *Ur.* **agnoloti.**

añoñado, -a.
  I. 1. adj/sust. *Cu, RD, PR. Referido a persona, especialmente a un niño,* demasiado mimado, consentido. pop + cult → espon.

añoñar.
  I. 1. tr. *Cu, RD, PR.* Mimar, consentir demasiado a *alguien.* pop + cult → espon.

¡añoñi!
  I. 1. interj. *Co:N.* Expresa confirmación a una pregunta cuya respuesta es evidente. pop + cult → espon.

añugaperro.
  I. 1. m. *RD.* p.u. Especie de bizcochito, muy reseco que comen las clases populares. pop + cult → espon.
  2. *RD.* Cualquier comida reseca y dura, difícil de tragar. pop + cult → espon.

añugarse.
  I. 1. tr. prnl. *RD.* Atragantarse. pop.

añugo.
  I. 1. m. *RD.* Atoramiento, atasco.

añuñuco.
  I. 1. m. *Ch.* Demostración de cariño hecha con gestos o ademanes. pop + cult → espon. ♦ **añuñuy.**

añuñuy.
  I. 1. *Ch.* **añuñuco.**

añusgarse.
  I. 1. intr. prnl. *Ho, RD.* Atragantarse *una persona* por quedarle algo detenido en la garganta.

aopado, -a.
  I. 1. adj. *Bo. Referido a persona,* tonta.
  2. m. y f. *Bo.* Persona que tiene deficiencias mentales.

aoparse. (Del quech. *opa,* mudo).
  I. 1. intr. prnl. *Bo.* Atolondrarse *alguien.* pop + cult → espon.

aorillarse. (Prót. de *orillarse*).
  I. 1. intr. prnl. *Gu, Ho, ES, CR, Co, Ve.* Orillarse *alguien,* echarse a un lado.

apa.
  I. 1. m. *Ec.* obsol. Caballo, animal solípedo.
  □
  a. ‖ **al ~.** loc. adv. *Ch.* A la espalda.
  ▶ **hacer ~.**

apá. (Afér. de *papá*).
  I. 1. m. *Mx:N, Ho, ES, Ve.* Papá. pop + cult → espon ∧ afec.

apabujarse.
  I. 1. intr. prnl. *PR.* Amansarse *alguien.* rur.

apabullador, -ra.
  I. 1. adj. *Mx, Cu, Ve, Ch. Referido a una persona o a una acción,* agobiante.
  II. 1. adj. *Ch. Referido a una persona o a una acción,* que causa impacto.

apabullar.
  I. 1. tr. *Pa, Cu, PR.* Apalear *una persona* a *alguien.* pop + cult → espon.
  II. 1. tr. *Ni, PR. En el deporte,* derrotar al contrario con amplio margen de ventaja. pop + cult → espon.

apachaclavos.
  I. 1. m-f. *ES.* Persona que vive a costa de los demás, vividor. pop + cult → espon.

apachado, -a.
  I. 1. adj. *Gu, Ho, ES, Ni. Referido a un objeto,* que ha sido aplastado, estrujado.

apachangarse.
  I. 1. tr. prnl. *Ar.* Perder la lozanía las plantas y las flores.
  2. *Ho:S; Ni,* p.u. Achicarse o encogerse un objeto, *generalmente de cuero,* por haber estado en contacto con el agua.

apachar(se). (Del nahua *patzoa*, magullar, aplastar).
I. 1. tr. *Gu, Ho, ES, Ni.* Aplastar, estrujar *alguien algo.* pop + cult → espon.
2. *Ho, ES, Ni.* Despachurrar, reventar o romper *alguien* una cosa apretándola o tirándola. pop + cult → espon.
3. *Gu.* Pulsar un botón. pop + cult → espon.
4. *ES.* Desinflar *alguien algo* como un balón o un neumático.
II. 1. intr. prnl. *ES, Ni.* p.u. Entristecerse *alguien.* rur.
2. *ES, Ni.* p.u. Acobardarse.
III. 1. tr. *ES.* Fecundar el pato o el pavo a la hembra. rur.
IV. 1. intr. prnl. *Ni.* Arrugarse una semilla al secarse. rur.

apache.
I. 1. m-f. *Ec.* Entre los shuar o jíbaros, hombre blanco.
II. 1. m-f. *ES.* Delincuente. polic.
III. 1. m-f. *Ni.* Persona de baja extracción social. pop + cult → espon ^ desp.
▶ **hacerse el ~.**

apacheta. (Del aim. y del quech. *apachita*, ara de piedra).
I. 1. f. *Pe, Ch, Ar; Bo:O,C,S,* rur. Montón de piedras que los indios y mestizos de algunas regiones andinas ponen a un lado del camino para invocar la protección de la divinidad.
II. 1. f. *Bo:O,C,S.* Lugar alto de una colina. rur.
☐
a. ‖ **¡a robar a la ~!** loc. interj. *Bo:O.* Expresa negación y rechazo ante la pretensión de alguien de vender algo a precio muy elevado. pop + cult → espon. (**a robar de la apacheta**).
b. ‖ **¡a robar de la ~!** *Bo:O.* **¡a robar a la apacheta!** pop + cult → espon.

apachetado, -a.
I. 1. *Ur; Ar,* p.u. **acollarado**, que vive en concubinato.

apachetar(se).
I. 1. tr. *Ar:NO.* Hacer una **apacheta**. rur.
2. *Ar:NO.* Reunir a varias personas para hacer algo ilícito o indebido. rur.
3. intr. prnl. *Ar:NO.* Unirse *alguien* con otra persona para tramar algo ilícito o indebido. rur.
4. *Ar:NO.* **acollararse**, unirse dos personas en concubinato.

apachón.
I. 1. m. *ES.* Humillación, desprecio.

apachucado, -a.
I. 1. adj. *Ho.* Referido a un pantalón, estrecho y pegado a las piernas.

apachuchar.
I. 1. tr. *Ho.* Abrazar o apretar con fuerza.

apachurrada.
I. 1. f. *Ho, ES.* **apachurrón**, abrazo fuerte.
II. 1. *Ni, CR.* **ahuevada**, decepción.

apachurrado, -a.
I. 1. adj. *Mx, PR, Co, Ve, Pe, Ch.* Referido a persona, apretada contra otras o encogida, a causa de la escasez de espacio. pop + cult → espon.
2. *Mx, Gu, Ho, ES, Ni, PR, Ve, Ec.* Referido a una persona o a cosa, deformada *generalmente por aplanamiento*, debido a la aplicación sobre ella de una gran fuerza. pop + cult → espon. ♦ **espacharrado**; **esparrachado**.
3. *Mx.* Referido a persona o cosa, abrazada por una persona. pop + cult → espon.
4. *Mx.* Referido a un botón o a la tecla de un aparato o dispositivo, oprimido, presionado. pop + cult → espon.
II. 1. adj. *Mx, Ho, Ni, CR, Co, Ve.* metáf. Referido a persona, desanimada, desmoralizada, desalentada. pop + cult → espon.

2. *Mx.* Referido a persona, vencida, derrotada abrumadamente por otra. pop + cult → espon.
III. 1. adj. *Mx.* Referido a persona o a una parte de su cuerpo, herida por un fuerte golpe o colisión. pop + cult → espon.
IV. 1. adj. *Mx.* Referido a una mujer, penetrada sexualmente por un hombre. vulg; pop + cult → espon.

apachurramiento.
I. 1. m. *Mx, Ho, Ni, Ve, Pe.* Apretazón, aplastamiento de algo o de alguien. pop + cult → espon.

apachurrar(se).
I. 1. intr. prnl. *Mx, Gu, Ho, ES, Ni, CR, Co, Ve, Ch.* Desanimarse, desmoralizarse, sentirse desalentado *alguien.* pop + cult → espon.
2. tr. *Mx, Gu, ES, CR, Co.* Hacer que alguien se sienta triste o desanimado. pop + cult → espon.
II. 1. tr. *Mx, PR, Co, Ve, Ec, Bo, Ch.* Deformar o quebrar *una persona algo, generalmente aplanándolo*, aplicando sobre ello una fuerza grande. pop + cult → espon.
2. tr. prnl. *Mx, PR, Ve, Pe.* Acomodarse *una persona* apretándose contra otras o encogiéndose en espacio angosto. pop + cult → espon.
3. intr. prnl. *Mx, Pe, Bo.* Ceder *algo* ante una fuerte presión deformándose o quebrándose. pop + cult → espon.
4. tr. *Mx, Pe.* Abrazar, estrechar *una persona* entre los brazos y el pecho a *alguien.* pop + cult → espon.
5. *Mx.* Ejercer presión contra alguien arrimándole apretadamente el propio cuerpo. pop + cult → espon.
6. *Mx.* Oprimir *alguien* un botón o una tecla de un dispositivo o aparato. pop + cult → espon.
III. 1. tr. *Mx, Ve.* Sufrir *una persona* o una parte de su cuerpo un fuerte golpe o colisión que ocasiona daños traumáticos. pop + cult → espon.
IV. 1. tr. *Mx.* Consumir un hombre la cópula con una mujer. vulg; pop + cult → espon.
V. 1. tr. *Mx.* Vencer, superar o imponerse *una persona* a *alguien* abrumadoramente. pop + cult → espon.
2. *Gu, Ho, ES.* Avergonzar, humillar *una persona* a *alguien.*
3. intr. prnl. *Gu.* Avergonzarse *alguien.*
VI. 1. tr. *CR.* **aplanarse**, sentarse.
☐
a. ‖ **~ el corazón.** loc. verb. *Mx, Ve.* Sentir *alguien* con intensidad una emoción, una pasión o un sentimiento, *generalmente triste.* pop + cult → espon.

apachurrón.
I. 1. m. *Mx, Gu, Ho, ES, Ni, Pe.* Abrazo fuerte de alguien. ♦ **apachurrada**.
2. *Mx, Gu, Ho, ES, Ni.* Quiebro, aplastamiento de algo. pop + cult → espon.

apacochar.
I. 1. tr. *RD.* Reunir dinero, atesorar, economizar.

apactar. (Prót. de *pactar*).
I. 1. tr. *Ho, Ni.* Hacer *alguien* un pacto con el diablo. rur.

apagador.
I. 1. m. *Mx, Ni, Co:NE.* Interruptor de la corriente eléctrica.

apagafuegos.
I. 1. sust/adj. *Ni, Cu, Ve. En el beisbol*, lanzador que sustituye a otro que ha sido lesionado o que muestra bajo rendimiento.
II. 1. sust/adj. *Cu, Ve.* metáf. Persona capaz de desempeñar distintas tareas gracias a su conocimiento y experiencia. pop + cult → espon.
III. 1. m-f. *Ho, Ni.* Mediador en un conflicto. pop + cult → espon.

apagahuelgas.
   I. 1. m-f. *Ni*; Persona hábil en las negociaciones para terminar con una huelga. pop + cult → espon.

apagar(se).
   I. 1. intr. prnl. *Ve, Ar:O.* metáf. Morirse *alguien* lentamente.
     2. tr. *Ve.* metáf. Descargar *alguien* un arma de fuego, disparar todas las balas.
   II. 1. tr. *Cu.* metáf. Dar *una persona* un golpe a alguien en un ojo.
     2. intr. prnl. *Cu.* metáf. Recibir *alguien* un golpe en un ojo.
   III. 1. tr. *PR.* metáf. Provocar *una persona* que *alguien* pierda notoriedad y fama.
     2. intr. prnl. *PR.* Perder *alguien* la fama y la notoriedad.
   ◻
   a. ‖ **~ el ojo.** loc. verb. *Mx.* Golpear *una persona* a alguien en un ojo. pop. ♦ **apagar las luces.**
   b. ‖ **~ las luces.** *Ni.* **apagar el ojo.**
   c. ‖ **~se el cálefont.** loc. verb. *Ch.* Ser *alguien* homosexual. euf; pop + cult → espon ^ fest.
   d. ‖ **~se el ocote.** loc. verb. *Gu.* Perder *alguien* el entusiasmo por algo. pop + cult → espon.
   ▪
   a. ‖ **¡apaga la luz y vámonos!** loc. interj. *PR.* Expresa la necesidad de darse prisa.

apagón, -na.
   I. 1. adj/sust. *Cu.* Referido a un cigarro o a un tabaco, apagadizo.
     2. *Cu.* Referido a un automóvil, que interrumpe su funcionamiento momentáneamente por algún desperfecto.

apagoso.
   I. 1. *Cu, Ve.* **apagón**, automóvil que interrumpe su funcionamiento.

apajarado.
   I. 1. adj/sust. *Cu, RD.* Referido a un hombre, afeminado.

apajararse.
   I. 1. intr. prnl. *Cu.* Adoptar un hombre una actitud afeminada.

apajuilado, -a.
   I. 1. adj. *Gu, Ho, ES.* Referido a persona, tonta. pop + cult → espon. ♦ **pajuilado.**
   II. 1. adj. *Ho, ES.* Referido a persona, decaída o triste. pop + cult → espon.
   III. 1. *Ho.* **achompipado**, avergonzado.

apajuilarse. (Der. de *pajuil*, pavo silvestre).
   I. 1. intr. prnl. *Ho, ES.* Sentirse triste o afligido. pop + cult → espon.
     2. *Ho, ES.* Acobardarse *alguien*. pop + cult → espon.
   II. 1. intr. prnl. *Ho, ES.* Volverse tonta *una persona*. pop + cult → espon.

apalabrar.
   I. 1. tr. *Ve, Ar, Ur.* Hablar *una persona* hábilmente a *alguien* para conseguir de él lo que se quiere. (**apalabrear**).

apalabrear.
   I. 1. *Ar:NO, Ur.* **apalabrar.**

apalancar.
   I. 1. tr. *Ho.* Asegurar *algo*. pop.

apalastrado, -a.
   I. 1. adj. *RD.* Referido a persona, enferma, fatigada, sin ánimo.

apalastrarse.
   I. 1. intr. prnl. *RD; PR*, rur. | metáf. Quedarse sin ánimo, desvanecerse.
     2. *PR.* Quedarse sin fuerzas para mantenerse en pie, por cansancio, mareo o borrachera. rur.
     3. *PR.* Meterse en cama por enfermedad. rur.

apaleada.
   I. 1. *Ni, Co, Ec.* **muenda** castigo.
   II. 1. *Ni, Co.* **muenda**, derrota.

apaleado.
   I. 1. m. *RD.* Afeminado.

apaleado, -a.
   I. 1. adj. *Ar, Ur.* Referido a persona, agotada y adolorida físicamente. pop + cult → espon.

apaleadura.
   I. 1. f. *Ch.* Paliza, apaleamiento. pop + cult → espon.
     ♦ **apaleo.**

apalear.
   I. 1. tr. *Ch.* metáf. Cobrar *alguien* dinero en exceso a *una persona*. pop + cult → espon.

apaleo.
   I. 1. m. *Ch.* **apaleadura.**
   II. 1. m. *RD.* Separación del grano de las habichuelas de las hojas y tallos con golpes de palo, rur.

apallado, -a. (Del quech. *pallay*, recoger del suelo, cosechar).
   I. 1. adj. *Bo:SO,C.* Referido a un producto, cosechado. rur.

apallador, -ra. (Del quech. *pallay*, recoger del suelo, cosechar).
   I. 1. m. y f. *Bo:SO,C.* Persona que **apalla**. rur.

apallar. (Del quech. *pallay*, recoger del suelo, cosechar).
   I. 1. tr. *Bo:SO,C.* Cosechar *algo una persona*. rur.

apamatc.
   I. 1. *Ve.* **matilisguate.**

apampichado.
   I. 1. m. *RD, Ve.* Música y baile lento y muy pegado. pop ^ fest.

apampichado, -a.
   I. 1. adj. *RD.* Referido a persona, que baila muy pegada a su pareja, apretándola. (**apampichao**).

apampichao, -chá.
   I. 1. *RD.* **apampichado.**

apampichar.
   I. 1. tr. *Pa.* Dar *una persona* una paliza a *alguien*. pop + cult → espon. (**apampinchar**).

apampinchar.
   I. 1. tr. *Pa.* **apampichar.** pop.

apanado.
   I. 1. m. *Co, Ch.* Rebozado, recubrimiento de un alimento con pan rallado. ♦ **apanadura.**
   II. 1. m. *Pe.* Juego infantil consistente en que un grupo de niños golpea suavemente con las palmas de las manos a aquel que recibe el castigo.
   III. 1. m. *Pe.* metáf. Crítica generalizada que recae sobre alguien.

apanado, -a.
   I. 1. adj/sust. *Pa, Co, Ve, Ec, Pe, Bo, Ch, Ar:NO; Py.* p.u. Referido a un alimento, *en especial un filete delgado*, empanado, rebozado con pan rallado, *opcionalmente también con huevo*, y frito.

apanadura.
   I. 1. f. *Ec.* **apanado**, recubrimiento.

apanar.
   I. 1. tr. *Pa, Co, Ec, Pe, Bo, Ch, Py; Ar:NO,* p.u. Rebozar un alimento con pan rallado o con harina y, *opcionalmente también con huevo*, para freírlo.
   II. 1. tr. *ES.* Robar *alguien algo*. delinc.

apancle.
   I. 1. *Mx.* **apante**, acequia.

apandamiento. (De *Apando*, celda de castigo de la antigua prisión de Lecumberi).
   I. 1. m. *Mx.* Reclusión en una celda de castigo.

apandar.
   I. (De *Apando*, celda de castigo de la antigua prisión de Lecumberi).
     1. tr. *Mx.* Recluir a un prisionero en una celda de castigo.

2. *Mx.* meton. Segregar a *alguien.*
II. 1. tr. *Cu.* Acumular *algo* en mayor cantidad de la que se necesita. ◆ **avagiñar.**

apangada.
I. 1. f. *Ho, ES, Ni.* Dicho o hecho tonto. pop + cult → espon.
2. *Ho, ES, Ni.* Dicho o hecho falso, descabellado. pop + cult → espon.

apangado, -a. (De *apangar*).
I. 1. adj. *Gu, Ho, ES.* Referido a *persona,* tonta. pop + cult → espon.
II. 1. adj. *Ni.* Referido a *persona,* deprimida o desanimada. pop + cult → espon.
2. *Ni.* Referido a *persona,* avergonzada. pop + cult → espon.

apangarse. (Del nahua *apanco,* en la acequia).
I. 1. intr. prnl. *Ho, Ni.* Agacharse, agazaparse *alguien,* escondiendo el cuerpo. pop + cult → espon.
2. *Ni.* Achicarse, disminuirse *alguien.*
II. 1. intr. prnl. *ES.* Volverse *alguien* tonto. pop + cult → espon.

apaniaguarse.
I. 1. *Ve.* **apaniguarse.**

apanicarse.
I. 1. intr. prnl. *Mx; Ch,* p.u. Sentir *alguien* pánico.

apaniguado, -a.
I. 1. adj. *Ve.* Referido a *persona,* confabulada con otra u otras. pop + cult → espon.

apaniguarse.
I. 1. intr. prnl. *Ve.* Ponerse de acuerdo dos o más personas para emprender un plan contra alguien o algo. pop + cult → espon. (**apaniaguarse**). ◆ **apañaguar.**

apantallado, -a.
I. 1. adj. *CR; Mx, Gu, Ho, ES, Ni, Pa,* juv. Referido a *persona,* admirada, deslumbrada por alguien o algo.

apantallapendejos.
I. 1. adj. *Mx.* Referido a *cosa,* que deslumbra si no se examina con atención. vulg; pop + cult → espon ∧ desp.
2. adj/sust. *Mx.* Referido a *persona,* que fanfarronea o alardea zafiamente. pop + cult → espon ∧ desp.

apantallar(se).
I. 1. tr. *Mx, Gu, Ho, ES, Ni, CR, Pa, Co, Ve.* Deslumbrar, impresionar *alguien o algo* a *una persona* con la exhibición aparatosa de supuestas virtudes, méritos o posesiones. pop + cult → espon.
2. *Mx, Gu, Ho, ES.* Presumir, hacer gala de *algo.*
3. intr. prnl. *Mx, Ni.* Dejarse deslumbrar o embaucar. pop + cult → espon.
4. intr. *Mx.* Intentar despertar admiración por medio de alardes o fanfarronadas. pop + cult → espon.
5. tr. *Pa.* Mostrar, hacer ver *una persona algo* a alguien.
II. 1. *Py, Ar.* **pantallear,** echar aire.
2. *Py, Ar.* **pantallearse,** echarse aire.

apantalle.
I. 1. m. *Ho, ES.* juv. Impresión hecha a una persona por alguien o algo.

apante. (Del nahua *apantli,* acequia; de *atl,* agua y *pantli,* hilera, fila).
I. 1. m. *Gu, ES, Ni.* Acequia o canal de riego. rur (**apancle; apantle**).
2. *Ho, ES.* p.u. **Frijolar** o **milpa** con riego. rur.
3. *Gu.* Terreno regado. rur.
4. *Ni.* Segundo período de siembra del **frijol** y del maíz. rur.
5. *Ni.* Terreno húmedo.
6. *Ni.* Período de siembra que se realiza con las últimas lluvias del invierno, de octubre a noviembre.

apantle.
I. 1. m. *Mx.* **apante,** acequia.

apanucar(se).
I. 1. tr. *Ch.* Desanimar *alguien o algo* a *una persona.* pop + cult → espon. (**apanuncar**).
2. intr. prnl. *Ch.* Desanimarse *alguien.* pop + cult → espon. (**apanuncar**).

apanuncar(se).
I. 1. *Ch.* **apanucar,** desanimar.
2. **apanucarse,** desanimarse.

apañador, -ra.
I. 1. adj/sust. *Ni, Cu, Pe, Py, Ar, Ur; Bo,* p.u. Referido a *persona,* que encubre constantemente a otra. ◆ **socapador.**

apañaguarse.
I. 1. *Ve.* **apaniguarse.**

apañar(se).
I. 1. tr. *Gu, Ho, Ni, Cu, Pe, Bo, Py, Ar; Ve,* pop. Encubrir o proteger *alguien* a *una persona* que ha cometido un delito o ha realizado una acción reprobable, para impedir que sea castigada.
2. *Ch.* Acompañar, apoyar *una persona* a *alguien.* pop + cult → espon.
II. 1. tr. *Mx.* Detener, aprehender la policía o una autoridad a *una persona.* pop + cult → espon.
2. *CR, Pa, Ur.* Atrapar o agarrar *alguien* con las manos *algo* que va por el aire o que cae.
3. *Pa.* metáf. Estar atento a una conversación en la que no se participa para enterarse.
III. 1. intr. prnl. *CR.* Darse de golpes dos personas, o pelear dos animales, *especialmente perros.*

apañe.
I. 1. m. *Mx, Ho, ES.* Apaño.

apañuscar.
I. 1. tr. *RD, Ve.* Apretar, apiñar *alguien algo.*
2. *RD.* Apañar, apoderarse *alguien* de una cosa ilícitamente.

apapachador, -ra.
I. 1. adj/sust. *Mx.* Referido a *persona,* proclive a hacer caricias y otras demostraciones físicas de afecto o cariño. pop + cult → espon.

apapachar. (Del nahua *papatzoa,* ablandar algo con los dedos).
I. 1. tr. *Mx, Gu, Ho, ES, Ni, Pa, Co, Bo, Ch.* Mimar *una persona* a *alguien.* pop + cult → espon. (**apapuchar**).
2. *Mx, Ni, Cu, RD, Ve.* Acariciar *una persona* a *alguien.* pop + cult → espon. (**apapuchar**).

apapacho.
I. 1. m. *Mx, Gu, Ho, ES, Ni, Pa, RD, PR, Bo; Ec,* p.u. Palmadita, abrazo, ligero roce o caricia y otros contactos físicos superficiales dados a alguien en señal de cariño o adhesión. pop + cult → espon. (**amapacho**).

apapalotarse. (De *papalote,* mariposa).
I. 1. intr. prnl. *Ni.* Engusanarse o pudrirse una fruta por las larvas de mariposa. rur.

apapayado, -a. (De *papaya*).
I. 1. adj. *Ch.* Referido a *persona,* lenta, atontada. pop + cult → espon ∧ desp.
II. 1. adj. *Ni.* juv. Referido a *persona,* tímida, huraña.

apapuchar.
I. 1. *Gu, Ho, ES, Ni, Pa, RD.* **apapachar.**

apapuche.
I. 1. m. *Ho, Ni.* Abrazo cariñoso, mimo, beso o caricia. pop + cult → espon.

apapujado, -a.
I. 1. adj. *RD, PR.* p.u.; meton. Referido a *persona,* que tiene la cara muy gruesa o hinchada. pop + cult → espon.
II. 1. adj. *RD, PR.* Referido a *una gallina o un gallo,* que tiene muchas plumas en la cabeza. rur.

III. 1. adj. *RD*; *PR*, p.u. *Referido a los ojos*, de párpados hinchados por exceso de dormir o de llorar. pop + cult → espon. (**apapujao**).

apapujamiento.
    I. 1. m. *RD*, *Ve*. Hinchazón. pop + cult → espon.

apapujao, já.
    I. 1. *RD*. **apapujado**.

aparador.
    I. 1. m. *Mx, Ho, Ni, Bo; RD, PR*, p.u. *En un supermercado o tienda*, mueble en el que se exhiben productos para su venta.
    2. *Ni, PR*. Vidriera, escaparate de tiendas.

aparadorista.
    I. 1. m-f. *Mx, RD*. Persona encargada de colocar artísticamente los objetos a la venta en un **aparador** de un local comercial.

aparapita. (Voz aimara).
    I. 1. m-f. *Bo:O,C*. **cargador**, persona que transporta cargas.

aparar.
    I. 1. tr. *Pa, RD*. p.u. Atrapar *algo* que cae de lo alto o que ha sido lanzado por alguien. rur; pop.

aparataje.
    I. 1. m. *Gu, ES, Ni, Ch, Ar, Ur*. Conjunto de instrumentos o de útiles necesarios para un fin concreto.
    2. *Ch, Ar*. Despliegue de medios y fuerzas con fines publicitarios.

aparatar.
    I. 1. tr. *Ho, ES*. Aparecerse a *alguien* un espíritu o alma en pena. rur.
    2. *ES*. Llamar *alguien* o *algo* la atención de una persona con bullicio.

aparatejo.
    I. 1. m. *Co:N*. **cosiánfira**, objeto cualquiera.
    2. *Ar, Ur*. Aparato cualquiera. pop + cult → espon.
    3. *Ar, Ur*. Aparato viejo que funciona mal. desp.

aparatero, -a.
    I. 1. sust/adj. *Cu*. Persona que maneja los aparatos mecánicos de carga y descarga en los muelles.

aparato.
    I. 1. m. *Mx, Ho, Ni, Cu, Ve, Ec, Pe, Py, Ur*. Pene. euf; pop + cult → espon.
    II. 1. m. *Co*. Arma para atacar o defenderse. delinc.
    III. 1. m-f. *Ar*. Persona torpe. pop + cult → espon ^ desp.
    IV. 1. m. *ES*. Cigarrillo de marihuana. drog.
    2. *ES*. Borrachera. pop + cult → espon.
    V. 1. m. *Cu*. Exageración en la manifestación de algún sentimiento. pop + cult → espon.
    VI. 1. m. *Ni*. Electrodoméstico.
    □
    a. ‖ **¡le ronca el ~!** *Cu*. **¡le zumba el aparato!**
    b. ‖ **¡le zumba el ~!** loc. interj. *Ni, Cu*. Expresa asombro, sorpresa, contrariedad o desaprobación. vulg; pop + cult → espon. ♦ **¡le ronca el aparato!**
    c. ‖ **¡qué ~!** loc. interj. *Ar*. Expresa asombro frente al comportamiento anormal de una persona. pop + cult → espon.

aparatoso, -a.
    I. 1. m. y f. *Cu*. Persona que suele alardear de algo, *generalmente, con exageración*.
    2. *Cu*. **alborotoso**. pop + cult → espon.

aparatrapo.
    I. 1. *RD*. **esparatrapo**.

aparcelar.
    I. 1. tr. *Ho, ES, Ni*. Parcelar, dividir un terreno en parcelas.

aparcero, -a.
    I. 1. m. y f. *Bo:C,S, Ur; Ar*, p.u. Persona con la que se tiene una estrecha relación de amistad y de camaradería. ♦ **yunta**.

aparcha.
    I. 1. f. *Ve*. Efecto de la droga.
    2. *PR*. **parcha**, planta y fruto.

aparchonar(se).
    I. 1. tr. *CR*. Manchar *alguien* la superficie de un objeto o cualquier parte del cuerpo de una persona. pop + cult → espon.
    2. intr. prnl. *CR*. Mancharse la superficie de un objeto o en una parte del cuerpo de una persona. pop + cult → espon.

aparear.
    I. 1. tr. *Ur; Ar*, p.u. Llevar dos jinetes a un animal, poniéndose cada uno a un lado. rur.

aparecer.
    □
    a. ‖ **~ el peine.** loc. verb. *Mx, Gu, Ni*. Salir a la luz algo que se sospechaba. pop + cult → espon. ♦ **aparecer el peine en la cabeza del calvo.**
    b. ‖ **~ el peine en la cabeza del calvo.** *ES, Ni*. **aparecer el peine.**
    c. ‖ **no ~ ni a los centros espirituales.** *Cu*. **no aparecer ni en los centros espiritistas.**
    d. ‖ **no ~ ni en los centros espiritistas.** loc. verb. *Cu, RD, PR*. Desaparecer *una persona*, no encontrarse por ninguna parte. pop + cult → espon. ♦ **no aparecer ni en los centros espirituales.**

aparecido.
    ■
    a. ‖ **~ de la ciénaga.** m. *Cu*. Pájaro de hasta 16 cm de longitud, de color gris moteado de claro, pico largo de color castaño grisáceo, cola larga y alas cortas. (Troglodytidae; *Ferminia cerverai*). ♦ **fermina**.
    b. ‖ **~ de San Diego.** m. *Cu*. **reinita**. (Thraupidae; *Cyanerpes cyaneus*).

aparecido, -a.
    I. 1. m. y f. *Co*. Persona que llega a un lugar, posición o actividad de un nivel superior al que le corresponde. desp.
    2. *Co*. Persona recién llegada a un lugar o a un determinado grupo. desp.

aparejar(se).
    I. 1. tr. *Ho, RD, PR, Ve*. Emparejar *alguien* a dos animales.
    2. intr. prnl. *Ve*. Emparejarse dos animales.

aparejero.
    I. 1. m. *Gu, Ho, Ni, Pa*. p.u. Hombre que fabrica **aparejos**, albardas. rur.

aparejo.
    I. 1. m. *Gu, Ho, ES, Ni, Pa, Ar*. Albarda de cuero crudo para las caballerías con carga. rur.
    2. *Pa, RD*. Montura ordinaria para las caballerías hecha de junco, **majagua** o **plátano**.

aparragarse.
    I. 1. intr. prnl. *Ch*. obsol. Crecer una planta chata, tomando forma de emparrado.
    2. *Ch*. obsol. Agazaparse *alguien*, encogiendo el cuerpo hacia abajo.

aparranado, -a.
    I. 1. *PR*. **arriado**, que se afloja.

apartaco.
    I. 1. m. *Ve*. juv. Apartamento o lugar de reunión.

apartada.
    I. 1. f. *Ar, Ur*. **aparte**, separación de cabezas de ganado.

apartadero.
 I. 1.   m. *Mx.* Lugar en donde se aparta el ganado. rur.
apartado.
 I. 1.   m. *Mx:NE, Pa.* Raya que se hace en la cabeza para dividir el cabello en dos partes.
 II. 1.   m. *Mx.* Operación de **apartar** metales.
apartado, -a.
 I. 1.   adj. *Gu, Ho, Ni, Pa. Referido a persona*, que se esconde de la gente, que rehúye su trato.
 II. 1.   adj. *Ho.* p.u. *Referido a persona*, que vive en concubinato. rur.
apartador.
 I. 1.   m. *Ho:C. En el arado*, travesaño de madera o hierro que sujeta el dental a la cama o al timón y sirve para guardar la inclinación de la reja y la profundidad de la labor. rur.
apartador, -ra.
 I. 1.   sust/adj. *Cu.* Persona que se encarga de clasificar las hojas de tabaco por tamaño, color y calidad.
 II. 1.   m. y f. *Ur.* Persona que interviene para separar a los contendientes en una pelea.
apartamentero, -a. (De *apartamento*).
 I. 1.   m. y f. *Co.* Persona experta en robar, *especialmente en las viviendas de un edificio*. pop + cult → espon.
apartamiento.
 I. 1.   m. *RD, Ve.* Apartamento, departamento, vivienda.
apartar(se).
 I. 1.   tr. *Mx.* Extraer el oro contenido en las barras de plata.
 II. 1.   tr. *Ho.* Separar el ganado para clasificarlo. rur.
  2.   *CR.* Pasar *alguien* ganado de un **aparto** en el que se ha agotado el pasto a otro donde es abundante.
 III. 1.   intr. prnl. *Ho.* Vivir dos personas en concubinato. rur.
aparte.
 I. 1.   m. *Mx.* Apartamiento del ganado. rur.
 II. 1.   m. *Ar, Ur. En un rodeo*, separación que se hace de cierto número de cabezas de ganado. rur. ♦ **apartada**.
aparto.
 I. 1.   m. *CR.* Zona de terreno cercada que se deja por temporadas en descanso para que crezca de nuevo el pasto y pueda volver el ganado a pastar.
apasado, -a.
 I. 1.   *Cu.* **pasudo**, rizado.
  2.   adj/sust. *Cu.* **pasudo**, que tiene el cabello rizado.
apasanca. (Del quech. *apassánka*, araña).
 I. 1.   *Pe, Ar:NO; Bo:O,C,S,* rur. **araña peluda**, araña grande.
 II. 1.   f. *Ho, Bo:O,C,S.* Vulva. tabú; pop + cult → espon ∧ fest. ♦ **chupi; zapallo**.
apasito.
 I. 1.   adv. *Pa.* En voz baja, sin hacer ruido.
apasote. (Var. de *epazote*).
 I. 1.   *Gu, Ho, Ni, Cu, RD.* **pasote**.
apaste. (Del nahua *apatztli*, vasija; de *atl*, agua, y *piztli*, calabaza alargada).
 I. 1.   m. *Mx, Gu, Ho, ES, Ni.* Vasija de barro de diferentes tamaños, con dos asas y boca grande que se utiliza para almacenar y refrescar el agua. (**apastle; apaxte; apaxtle**). ♦ **agüero, porro**.
apastle.
 I. 1.   *Mx, Gu.* **apaste**.
apatojado, -a. (De *patojo*, niño).
 I. 1.   adj. *Gu. Referido a persona adulta*, aniñada.
apatotado, -a.
 I. 1.   adj. *Ch. Referido a persona*, que suele actuar dentro de un grupo, no individualmente.

apatotamiento.
 I. 1.   m. *Ch.* Actuación de un **apatotado**. pop + cult → espon.
  2.   *Ch.* Comportamiento propio de una **patota** o grupo que suele provocar desmanes. pop + cult → espon.
 II. 1.   m. *Ch.* Aglomeración. pop + cult → espon.
apatotarse.
 I. 1.   intr. prnl. *Ch.* Unirse *alguien* a un grupo o adoptar el comportamiento propio de este. pop + cult → espon.
  2.   *Ch.* Aglomerarse un grupo de personas. pop + cult → espon.
apatronado, -a.
 I. 1.   adj/sust. *Ch. Referido a persona*, que trabaja contratada.
  2.   m. y f. *Ch.* Empleado que actúa favoreciendo al patrón y en contra de los otros empleados.
apatronarse.
 I. 1.   intr. prnl. *Ch.* Empezar *alguien* a actuar como un **apatronado**.
apatuco.
 I. 1.   m. *Ve:O.* Simulación montada entre varios para engañar a uno y obtener beneficios o causar daños con fines vengativos.
apavientoso, -a.
 I. 1.   *RD.* **escandaloso**, de color chillón.
apavorado, -a. (De *pavor*).
 I. 1.   adj. *Ho, Ni. Referido a persona o animal*, muy asustado. rur.
apaxte.
 I. 1.   m. *Ho.* **apaste**.
apaxtle.
 I. 1.   *Mx, Ho.* **apaste**.
apazote. (Var. de *epazote*).
 I. 1.   *Mx, Gu, Ho, Ni, CR.* **pasote**.
apeada.
 I. 1.   f. *Ho, Ni.* Caída o derribo de alguien.
apeadora.
 I. 1.   f. *CR.* Instrumento que consistente en un palo largo que tiene adaptado en uno de sus extremos un alambre del que pende una bolsa, *usado para recolectar los fritos del jocote*. ♦ **cogedora**.
apealar.
 I. 1.   tr. *Ch, Ar.* obsol. Echar un lazo a las manos de un caballo o toro cuando corre para derribarlo y sujetarlo. rur. (**apialar**).
apeameuno.
 I. 1.   m. *RD.* Traje masculino de mala calidad. pop.
 □
  a. ‖ **de ~**. loc. adj. *Cu. Referido a cosa*, de poca calidad. pop + cult → espon.
apear(se).
 I. 1.   tr. *Ni, RD, Ve.* Quitar un alimento del fuego. rur.
 II. 1.   intr. prnl. *Ho, Cu, Ec.* Prescindir *alguien* del cuchillo y el tenedor al tomar ciertos alimentos, *especialmente las carnes*. pop + cult → espon.
 III. 1.   tr. prnl. *Ho, Ni, CR, RD.* Cortarse o hacerse *alguien* cortar totalmente la barba, el bigote o el pelo.
 IV. 1.   tr. prnl. *Ho, ES, Ni, CR.* Derribar *una persona* a *alguien* o *algo* de un golpe. pop + cult → espon.
 V. 1.   intr. *ES, Ni, RD.* Hospedarse *alguien* en un lugar. pop + cult → espon.
 VI. 1.   tr. prnl. *Ho, ES, Ni.* Matar *una persona* a *alguien*. pop + cult → espon.
 VII. 1.   tr. *Cu.* Entregar una cantidad de dinero a alguien por algún motivo.
  2.   *CR.* Cobrar una determinada cantidad de dinero por un bien o un servicio. pop + cult → espon.

VIII. 1. tr. prnl. *Ho, Ni.* Quitarse *alguien algo* que lleva puesto. pop + cult → espon.

IX. 1. tr. *Cu.* Decir o hacer *algo* inesperado e inconveniente.

X. 1. tr. *Ni, CR.* Recolectar frutos de un árbol. rur.

XI. 1. tr. prnl. *CR. En una discusión o intercambio de ideas*, dejar una persona a otra sin posibilidad de réplica, esgrimiendo argumentos irrebatibles.

□

    a. ‖ ~se por las orejas. loc. verb. *PR.* Caerse de una cabalgadura. rur.

◪

    a. ‖ a mí, que me apeen. fr. prov. *RD.* Indica que uno está exento de culpa o participación en algo.

apechado, -a.
    I. 1. *PR.* **guapetón**, valiente.
    II. 1. *PR.* **ventajero.** rur.

apechar(se).
    I. 1. intr. prnl. *ES.* Enflaquecer un niño por haber quedado embarazada su madre y haberse cortado la lactancia.
    II. 1. tr. *Pa.* Arrinconar o truncar *alguien* el paso al ganado vacuno o caballar. rur.

apechichar.
    I. 1. tr. *Co:N.* Consentir, mimar a *alguien*. pop + cult → espon.

apechugado, -a.
    I. 1. adj. *RD, Ve.* Referido *a persona*, que está encariñada con alguien. pop.

apechugador, -ra.
    I. 1. adj. *Ch, Py.* Referido *a persona*, que carga con obligaciones o circunstancias no deseadas o molestas. pop + cult → espon.

apedreada.
    I. 1. f. *Gu, Ho, ES, Ni, Co; CR,* pop. Apedreamiento.

apegamiento.
    I. 1. m. *Ni, RD, PR, Ve, Ec.* Necesidad emocional de estar una persona junto a otra. pop + cult → espon.
    II. 1. m. *RD.* Engreimiento. pop + cult → espon.

apegar(se).
    I. 1. tr. *Ch, Py, Ur.* Aproximar *alguien* o *algo* a otras personas, cosas o lugares. pop + cult → espon.
    2. intr. prnl. *Ec:C.* Juntarse una cría a un animal hembra que no es su madre. rur.

apegotarse.
    I. 1. intr. prnl. *Pa.* obsol. Apretujarse varias personas en un recinto que no es suficientemente grande para contenerlas. pop + cult → espon.

apegualar.
    I. 1. tr. *Ch.* Atar *alguien* a un animal con un **pegual.**
    2. intr. *Ch.* Hacer *alguien* uso del **pegual.**

apelado.
    I. 1. adj. *RD.* Referido a un hombre, afeminado.

apelechado, -a.
    I. 1. adj. *Py.* Viejo, desgastado, andrajoso.

apeligrar(se).
    I. 1. tr. *Py, Ur; Ar:NE,* obsol. rur. Poner en peligro *algo, especialmente la vida propia o la de otros.* pop + cult → espon.
    2. *Ar:NE.* obsol. Invertir dinero en un juego o en alguna empresa o negocio que conllevan riesgo. rur.
    3. intr. prnl. *Ar:NE.* obsol. Ponerse *una persona* en peligro. rur.

apellido.
    ▶ subírsele el ~.

apellinado, -a.
    I. 1. adj. *Ch:S.* Referido a un hombre, *especialmente mayor,* fuerte y robusto. pop + cult → espon.

apellinarse.
    I. 1. intr. prnl. *Ch:S.* Endurecerse o fortalecerse *alguien* o *algo*. pop + cult → espon.

apelmazar.
    I. 1. tr. *Gu, Ho, ES, Ni.* Apisonar *alguien algo, generalmente tierra.*
    2. *Ho.* Amontonar *alguien algo* en desorden, *generalmente papel.*

apelotado, -a.
    I. 1. adj. *CR. Referido a cosa, especialmente un alimento,* que ha formado grumos o masas de forma esférica.
    2. *CR.* metáf. *Referido a un grupo de personas o animales,* que forman un conjunto apretado. pop + cult → espon.

apelotardado, -a.
    I. 1. *Co.* **apendejado,** atontado.

apelotardarse.
    I. 1. *Co.* **apendejarse,** atontarse.

apelotarse.
    I. 1. intr. prnl. *CR.* Formar *algo, especialmente un alimento,* grumos o masas de forma esférica. pop.
    2. *CR, Pa.* Formar *un grupo de personas o animales* un conjunto apretado. pop. ♦ **apuñarse.**

apelotonarse.
    I. 1. intr. prnl. *Cu.* Enojarse.

apenado, -a.
    I. 1. adj/sust. *EU, Mx, Ho, Ni, CR, Cu, RD, PR, Co, Ve, Bo.* Referido *a persona,* avergonzada. pop + cult → espon.

apenar(se).
    I. 1. intr. prnl. *EU, Mx, Ho, ES, Ni, CR, Pa, Cu, RD, Co, Ve, Py, Ar.* Avergonzarse *una persona* por algo. ♦ **achicopalarse.**
    2. tr. *Ho, Ni, CR, Pa, Cu, RD, Co, Ve, Bo, Py.* Causar *alguien* o *algo* vergüenza a *una persona.* ♦ **ahuevarse.**

apencado.
    I. 1. *Cu.* **apendejado,** persona acobardada.

apencarse.
    I. 1. intr. prnl. *Cu.* Acobardarse, sentir *alguien* miedo. pop + cult → espon.

apendejado, -a.
    I. 1. adj/sust. *Mx, Ni, RD, PR, Co, Ve.* Referido *a persona,* atontada. vulg; pop + cult → espon. ♦ **agüevado; apelotardado; atembado.**
    II. 1. adj/sust. *EU, Ho, Ni, Pa, Cu, RD, PR.* Referido *a persona,* acobardada, atemorizada. vulg; pop + cult → espon. (**apendejado**). ♦ **acundangado; ahuevado; apencado; arratonado.**
    III. 1. adj/sust. *Ar, Ur.* Referido *a un adulto,* que tiene hábitos propios de los jóvenes. pop + cult → espon.
    2. *Ch.* Referido *a persona,* que tiene actitudes inmaduras. pop.

apendejamiento.
    I. 1. m. *Ho, ES, Ni, Pa, PR, Co, Ve.* Atontamiento de alguien. vulg; pop + cult → espon ^ desp.
    2. *Ho, Ni, Cu, Ve.* Acobardamiento de alguien. vulg; pop + cult → espon.
    II. 1. m. *Ni, Ve.* Estado momentáneo de incapacitación. vulg; pop + cult → espon.

apendejar(se).
    I. 1. intr. prnl. *Mx, ES, Ni, Pa, PR, Ve.* Atontarse *una persona.* vulg; pop + cult → espon ^ desp. ♦ **apelotardarse.**
    II. 1. intr. prnl. *Pa, Co.* Desanimarse *alguien.* vulg; pop + cult → espon.
    2. tr. *Co.* Desanimar *alguien* o *algo* a *una persona.* vulg; pop + cult → espon.

III. 1. intr. prnl. *EU, Ni, Pa, Cu, RD, PR.* Acobardarse. vulg; pop + cult → espon ^ desp.

IV. 1. intr. prnl. *Ni, Ve.* Incapacitarse *alguien* momentáneamente, con pérdida de los sentidos y del movimiento a causa de algún golpe o de alguna impresión. vulg; pop + cult → espon.

V. 1. intr. prnl. *Ch, Ur.* Adquirir *alguien* carácter infantil e inmaduro. pop + cult → espon.

apendejeado, -a.
I. 1. *Ve.* **apendejado**, acobardado.

apendejarse.
I. 1. intr. prnl. *Ve.* Atontarse, distraerse *alguien.* vulg; pop + cult → espon.
II. 1. intr. prnl. *Ve.* **apendejarse**, acobardarse.
III. 1. intr. prnl. *Ve.* **apendejarse**, quedarse incapacitado momentáneamente.

apenitas.
I. 1. adv. *Mx, Gu, Ho, Ni, CR, Ve, Ec, Py, Ar, Ur.* En muy poca cantidad, escasamente. pop + cult → espon.
2. *Mx, Gu, Ho, ES, Ni, Pa, Ec, Bo, Py, Ar, Ur.* Muy difícilmente, casi no. pop + cult → espon.
II. 1. conj. *Ar.* Tan pronto como, en cuanto que. pop + cult → espon.

apensionar(se).
I. 1. tr. *Co, Pe, Ar,* obsol. Poner *alguien* o *algo* triste y melancólica a *una persona.*
2. intr. prnl. *Ch; Ar,* obsol. Ponerse *alguien* triste y melancólico.
3. *Pe.* obsol. Preocuparse *alguien* mucho.

apeñucado, -a.
I. 1. adj. *RD. Referido a persona o cosa,* muy cercana.

apeñuncamiento.
I. 1. m. *Cu.* Aglomeración.

apeñuncar(se).
I. 1. tr. *Mx, Cu, Co, Ve.* Agrupar a personas u objetos dentro de un espacio muy reducido.
2. intr. prnl. *Mx, Cu, Ve.* Juntarse dos o más personas en un espacio reducido.

apeñuscado, -a.
I. 1. adj. *Mx, RD, Co, Ve.* Apiñado, agrupado.

apeñuscamiento.
I. 1. m. *Mx, Co, Ve.* Apiñamiento de personas o cosas.

apeñuscar(se).
I. 1. intr. prnl. *Cu, RD.* Apiñarse, amontonarse, agruparse *personas* o cosas.
2. tr. *RD.* Apiñar, agrupar *personas* o cosas.

apeperetado, -a.
I. 1. adj. *Gu. Referido a persona,* atolondrada. rur.

apepú. (Del guar. *apepú,* cáscara apretada).
I. 1. m. *Py, Ar:NE.* Árbol de hasta 8 m de altura, de tronco liso, hojas lanceoladas de color verde intenso, y fruto del tamaño de una naranja común, de cáscara gruesa y sabor amargo; su madera se emplea en carpintería y con el fruto se preparan dulces caseros. (Rutaceae; *Citrus aurantium*). ♦ **naranjo apepú.**

apequenado, -a.
I. 1. adj. *Ch. Referido a persona,* que se muestra cohibida o disminuida. pop + cult → espon.

apequenarse.
I. 1. intr. prnl. *Ch.* Sentirse una persona o un animal disminuido y sumiso ante alguien o algo. pop + cult → espon.

apera. (Del quech. *api,* mazamorra de maíz).
I. 1. f. *Bo.* Mujer que vende **api.** pop + cult → espon. ♦ **apicera.**

aperado, -a.
I. 1. adj. *Mx, ES, Ni,* rur; *Co, Ve,* pop. *Referido a persona,* que dispone de lo necesario para hacer algo.

2. *Co, Ve, Ch, Ar. Referido a una caballería,* que tiene los arreos o el apero colocados.
II. 1. adj. *Py.* obsol. *Referido a persona,* dada a urdir intrigas en provecho propio.

aperar(se).
I. 1. tr. *Co, Ve, Ch; Ho, ES, Ni* p.u; rur; *CR, Ec,* obsol; rur. Proveer *una persona* a *alguien* de las cosas imprescindibles para satisfacer una necesidad.
2. intr. prnl. *ES, Ni, Co, Ch; CR, Ec,* obsol; rur. Proveerse *alguien* de lo imprescindible para satisfacer una necesidad.
II. 1. tr. *Ho, Ni, CR, Co, Ve, Py, Ar.* Ensillar *alguien* un animal, *especialmente un caballo.* rur.

apercancado, -a.
I. 1. adj. *Ch. Referido a la ropa,* llena de hongos.

apercancar(se).
I. 1. tr. *Ch.* Producir la humedad hongos en la ropa.
2. intr. prnl. *Ch.* Llenarse de hongos la ropa, a causa de la humedad.

apercatarse.
I. 1. intr. prnl. *PR, Co, Ve.* Percatarse, darse cuenta *alguien* de algo. rur; pop.

aperchar(se).
I. 1. tr. *Gu, Ho.* Colocar *alguien* objetos, frutos, ropa o leña uno encima de otro.
II. 1. intr. prnl. *Ho.* Ponerse un ave en la rama de un árbol. rur; pop.

apercollar(se).
I. 1. tr. *Ho, Ni, CR, Pa; Co,* espon. Abrazar *alguien* apasionadamente a su pareja. vulg; pop + cult → espon.
2. intr. prnl. *Ho, Ni, Pa.* Besarse y abrazarse dos personas apasionadamente. vulg; pop + cult → espon.
II. 1. tr. *Ni, Cu, Co.* Apretar *una persona* el cuello a *alguien* en una pelea. pop + cult → espon.
III. 1. tr. *Gu, ES, Pa.* Robar *algo.* pop + cult → espon.
IV. 1. tr. *Ec.* Exigir *alguien* algo con insistencia y en forma violenta. pop + cult → espon.

apercolle.
I. 1. m. *Gu, ES.* Robo. pop + cult → espon.
II. 1. m. *Ho, ES.* Intercambio de besos y abrazos apasionados entre dos personas. vulg; pop + cult → espon.

apereá. (Del guar. *apere'a*).
I. 1. m. *Py, Ar, Ur.* Mamífero roedor de hasta 25 cm de longitud, con cabeza grande, extremidades cortas y cuerpo robusto, sin cola y cubierto de pelaje grisáceo. (Caviidae; *Cavia aperea*). ♦ **acurí; acurito; corí; güimo.**

apereke.
I. 1. m. *Cu.* Caldero de **guarapo.** rur.

aperezado, -a.
I. 1. adj. *CR, Co. Referido a persona,* que tiene pereza.

aperezarse.
I. 1. intr. prnl. *Co,* p.u; *CR,* pop. Dejarse dominar *alguien* por la pereza.

apergollado, -a.
I. 1. adj. *Ni, Cu. Referido a persona,* muy endeudada. pop + cult → espon. (**apergoyado**). ♦ **argollado.**

apergollar(se).
I. 1. tr. *Mx, Cu.* Agarrar *una persona* a *alguien* sujetándolo con fuerza, principalmente del cuello. pop + cult → espon.
II. 1. tr. *Ho, Ni, Pa; CR,* p.u; *Co,* espon. Abrazar *alguien* apasionadamente a su pareja. vulg; pop + cult → espon. (**apergoyar**).
2. *Cu.* metáf. **abacorar.**
III. 1. intr. prnl. *Cu.* Endeudarse *alguien* mucho. pop + cult → espon. (**apergoyar**).

apergoyado, -a.
I. 1. *Ni, Cu.* **apergollado.**

apergoyarse.
    I. 1.   *Ni, Cu.* **apergollar**, abrazar.
    II. 1.   *Ni, Cu.* **apergollarse**, endeudarse.

aperillar.
    I. 1.   tr. *RD.* Desear, anhelar.

aperitar.
    I. 1.   intr. *Py.* Tomar *alguien* el aperitivo.

aperitivo, -a.
    I. 1.   adj. *RD. Referido a cosa*, apetitosa, sabrosa.

apernado, -a.
    I. 1.   adj/sust. *Ch. Referido a persona*, que lleva mucho tiempo en un puesto de trabajo y no se consigue por ningún medio moverlo de allí. pop + cult → espon.

apernar(se).
    I. 1.   intr. prnl. *Ch.* Mantenerse *alguien* en un cargo por tiempo excesivo. pop + cult → espon.
    2.   tr. *Ch.* Colocar *una persona* a *alguien* en un puesto o en un trabajo. pop + cult → espon.
    3.   *Ch.* Fijar *alguien algo* a un lugar con pernos u otro tipo de fijaciones.

apero.
    I. 1.   m. *Co, Ve, Pe, Bo:SE, Ch, Ar; Ho, Ni, Pa, Py, Ur.* rur; m. pl. *Ec.* Conjunto de implementos que se ponen a una caballería para montarla.
    2.   m. *Ho, Ni, Pa, Co.* Aparejo de madera y cuero que se pone a la bestia de carga. rur.
    3.   m. pl. *CR, Ec.* Recado de montar más lujoso que el común, propio de la gente del campo.
    4.   *Ho.* Tejido de corteza de la mata de plátano que se pone encima del sudadero y de los lomillos de la montura de una caballería. rur.
    II. 1.   m. *Mx.* Lugar donde se guardan los instrumentos de labranza. rur.

    ■
    a. ‖ ~ **cantor.**
      i.   m. *Ar, Ur.* obsol. Montura sencilla y rústica, sin lujo ni adornos. rur.
      ii.   *Ar.* obsol. Montura cuyos cueros resecos rozan por el movimiento del caballo y producen ruido. rur.

aperrado, -a.
    I. 1.   adj. *Mx, Ch. Referido a persona*, que se mantiene firme y constante en cierta actividad o actitud realizada con tenacidad. pop + cult → espon.

aperrar(se).
    I. 1.   intr. prnl. *Mx.* Mantenerse *alguien* firme y constante en cierta actividad o actitud. pop + cult → espon.
    2.   *Mx.* Obstinarse *alguien* en algo, aferrarse a ello. pop + cult → espon.
    II. 1.   tr. *Mx.* Apropiarse de *algo*, hacerse con ello. pop + cult → espon.

aperreada.
    I. 1.   *Pa.* **insultada.**

aperreado, -a.
    I. 1.   adj. *RD. Referido a trabajo o asunto*, difícil, molesto.

aperrear.
    I. 1.   tr. *Pa, Ve.* Maltratar de palabra a *una persona*, ofenderla gravemente. pop + cult → espon.

aperruchar.
    I. 1.   tr. *RD.* Estrujar *alguien algo*, aplastar.

apersogado, -a.
    I. 1.   adj. *Ve. Referido a persona*, unida a otra. rur.
    2.   *Ve. Referido a animal*, atado a otro. rur.
    3.   *Ho. Referido a cosa*, atada a otra.

apersogar(se).
    I. 1.   tr. *Mx, Gu, Ho, ES, Ni, CR, Pa, Ve.* Atar a una bestia con un **mecate** largo alrededor de una de sus manos para que pueda moverse y pastar con más facilidad. rur. (**persogar**).
    2.   intr. prnl. *Ho, Ve.* Atar con cuerdas varias cosas o animales.
    3.   *Gu, Ho, ES, Ni.* Casarse dos personas. rur; fest.
    4.   *Ve.* Atarse con alguien. rur.
    5.   *Ve.* Unirse dos personas en concubinato. rur.
    6.   *Ve.* Amarrar las dos mazorcas de maíz por su parte más gruesa con las hojas maduras ya secas. rur.
    II. 1.   tr. *CR.* Añadir un mecate largo al cabestro. rur. (**persogar**).

apersogo.
    I. 1.   m. *Ho.* Atadura con cuerda de un animal. rur.

apertrechado, -a.
    I. 1.   adj. *Ni, Cu, PR, Ve, Bo, Ch, Ur. Referido a persona*, abastecida, preparada con lo necesario para la ejecución de algo.

apertrechamiento.
    I. 1.   m. *Ni, PR, Ch.* Abastecimiento o preparación para la ejecución de algo.
    2.   *Ni, Ch.* Provisión o refuerzo que se da a alguien.

apertrechar(se).
    I. 1.   tr. prnl. *Mx, Ho, Pa, Cu, PR, Ve, Ec, Pe, Bo, Ch, Py, Ar, Ur.* Abastecerse *alguien* de todo lo necesario para la ejecución de algo.

aperturar.
    I. 1.   tr. *Ho, Ve, Pe, Bo.* Inaugurar *alguien algo*. pop + cult → espon.

apestado, -a.
    I. 1.   *Ni, Co, Ve, Bo:E, Ar, Ur.* **agripado.** pop + cult → espon.
    2.   *Ur. Referido a persona*, enferma.
    II. 1.   adj. *PR, Ch.* juv. *Referido a persona*, amargada, malhumorada. ♦ **aborrecido.**
    III. 1.   adj. *Bo:E. Referido a persona*, que tiene afán desmedido por algo. pop + cult → espon.

apestar(se).
    I. 1.   tr. *Ni, Co, Ar, Ur.* Contagiar *alguien* o *algo* una enfermedad a una persona, *especialmente la gripe*. pop + cult → espon.
    2.   intr. prnl. *Co, Ar, Ur.* Constiparse, contraer *alguien* gripe.
    II. 1.   tr. *PR, Ch.* Causar *alguien* molestia, enfado o incomodo a una persona. pop + cult → espon.
    2.   intr. prnl. *Ch.* juv. Amargarse *alguien*.

apestillado, -a.
    I. 1.   adj. *PR. Referido a una pareja de novios*, abrazada, bien junta.

apestillamiento.
    I. 1.   m. *PR.* Intercambio de besos y abrazos de manera prolongada y lasciva. pop.

apestillar(se).
    I. (De *pestillo*).
    1.   tr. *Ar.* p.u. Apremiar *una persona* a *alguien*.
    II. (De *pestillo*, novio).
    1.   tr. prnl. *PR.* juv. Abrazarse y besarse los novios de manera prolongada y lasciva. ♦ **guillarse.**

apetitear.
    I. 1.   tr. *RD.* Apetecer. pop + cult → espon ^ fest.

api. (Del quech. *api*, granos de maíz.)
    I. 1.   m. *Pe, Bo, Ar:NO.* Alimento que se prepara con maíz morado triturado, sazonado con diversos ingredientes.
    2.   *Ec.* **Mazamorra** preparada con harina de cebada o de maíz, como ingrediente principal, y endulzada con **panela**. rur.
    3.   *Bo.* Harina de maíz preparada para hacer api.

■

a. ‖ ~ **blanco.** m. *Bo.* Variedad de api, elaborado con harina de maíz blanco.

b. ‖ ~ **morado.** m. *Bo.* Variedad de api, elaborado con harina de maíz **culli.**

apiacho, -a.
  I. 1. adj. *Pe. Referido a cosa, especialmente una fruta*, blanda, muy madura. rur.

apiado.
  I. 1. m. *Ch.* Licor que se prepara, de forma artesanal, con aguardiente y apio.

apialar.
  I. 1. tr. **apealar.**

apiar(se).
  I. 1. intr. *Ho, Ni, RD.* Apear, bajar. pop.
  II. 1. intr. *ES, Ni.* Hospedarse *alguien* en un lugar. pop.
  III. 1. tr. *Ho, Ni.* Hacer caer o derribar *una persona algo* al suelo. pop.
  IV. 1. tr. *Ho, Ni.* Matar *una persona* a *alguien*. pop.
  V. 1. tr. prnl. *Ho.* Quitarse *una persona algo* que lleva puesto. pop.

apicera. (Del quech. *api,* granos de maíz).
  I. 1. *Bo.* **apera.**

apicharse. (De *piche*).
  I. 1. intr. prnl. *Co, Ve:O.* Fermentarse un alimento, *especialmente la fruta*. pop + cult → espon.

apichinarse.
  I. 1. intr. prnl. *Cu.* Acobardarse *alguien*.

apichingarse.
  I. 1. intr. prnl. *ES.* Emborracharse *alguien*. pop + cult → espon.

apichonado, -a.
  I. 1. adj. *Ch, Ar, Ur. Referido a persona*, debilitada anímica o físicamente. pop + cult → espon.
  II. 1. adj. *Ar, Ur. Referido a persona o animal*, acurrucado por frío o por temor. pop + cult → espon.
    2. *Ch.* p.u. *Referido a persona o animal*, amartelado, acurrucado con otro, en actitud amorosa. pop + cult → espon.

apichonar(se).
  I. 1. intr. prnl. *Ar, Ur.* Debilitarse *alguien* anímica o físicamente. pop + cult → espon.
    2. tr. *Ar.* Inhibir o atemorizar *alguien* a *una persona*. pop + cult → espon.
    3. intr. prnl. *Ar.* Acobardarse *alguien*. pop + cult → espon.
  II. 1. intr. prnl. *Ar, Ur.* Acurrucarse *alguien* por frío o temor. pop + cult → espon.

apichu. (Del quech. *apichu,* camote dulce).
  I. 1. m. *Pe.* **batata**, tubérculo.

apilar.
  I. 1. tr. *Ni, RD.* Machacar los granos de café o de arroz en un pilón para molerlos y descascarillarlos. rur.

apilonado, -a.
  I. 1. adj. *Ni, Cu, Co, Ve, Py. Referido a objetos*, agrupados sin orden ni concierto. pop + cult → espon.

apilonamiento. (De *apilar*).
  I. 1. m. *Ho, Ni.* Colocación de cosas, una encima de otra.

apilonar(se).
  I. 1. tr. *Ni, Cu, RD, PR, Co, Ve, Bo, Py.* obsol. Reunir *alguien* cosas formando con ellas pilones o montones. ♦ **empilonar.**
    2. intr. prnl. *Cu, Ve, Py.* Aglomerarse muchas personas en un lugar. pop + cult → espon.
    3. tr. *Ni, Pa, Py.* Amontonar *alguien* cosas en un espacio reducido.
    4. *Cu.* Amontonar mercancías una máquina o un estibador.

apimparse.
  I. 1. intr. prnl. *PR.* Hartarse *alguien* de comer y de beber.

apimpollarse.
  I. 1. intr. prnl. *Ni.* Convertirse una niña en adolescente.

apintle. (Del nahua *apintli*, apinto).
  I. 1. m. *Mx.* Planta con hojas o pencas radiales, carnosas, en pirámide triangular, con espinas en el margen y en la punta, de color verde claro y flores amarillas en ramilletes sobre un bohordo central; se utiliza para formar setos vivos en terrenos secos y áridos. (Agavaceae; *Prochnyanthes viridiscens*). ♦ **apinto.**

apinto.
  I. 1. *Ho.* **apintle.**

apiñadero.
  I. 1. m. *Ch. En el **rodeo***, lugar en el que se concentra una muchedumbre de personas, animales o cosas.

apiñonado, -a.
  I. 1. adj. *Mx. Referido al color de la piel*, ligeramente bronceado.
    2. *Mx. Referido a persona*, que posee la piel de un color levemente matizado, sin llegar a lo moreno.
  II. 1. adj. *Mx. Referido a persona*, apretada contra otras formando aglomeración en un determinado espacio.

apiñonarse.
  I. 1. intr. prnl. *Mx.* Agolparse unas personas contra otras formando una aglomeración en un determinado espacio. pop + cult → espon.

apiñuscar(se).
  I. 1. tr. *Co.* Juntar personas, animales o cosas haciendo que formen un grupo apretado.
    2. intr. prnl. *Co.* Juntarse personas, animales o cosas formando un grupo apretado.

apio.
  I. 1. m. *Ni, Pa, Cu, PR, Co, Ve.* Planta herbácea perenne de hasta 1 m de altura, de tallo cilíndrico y corto con numerosos brotes de hojas puntiagudas y flores pequeñas de color amarillo. (Umbelliferae; *Arracacia xanthorrhiza*). ♦ **arracacha; zanahoria blanca.**
    2. *PR, Ve.* Tubérculo del apio, pivotante, tuberoso y grueso, de color amarillo; es comestible.

□

a. ‖ ~ **verde.** (Calco del ingl. *happy birthday*). loc. sust. *Ch, Ar.* Cumpleaños. pop + cult → espon ^ fest.

apiolado, -a.
  I. 1. adj. *RD. Referido a persona*, estancada.
    2. *RD. Referido a persona*, raquítica.

apiolar(se).
  I. 1. *Ar, Ur.* **avivar**, hacer perder la timidez.
    2. *Ar, Ur.* **avivarse**, perder la timidez.
    3. *Ar, Ur.* **avivarse**, percatarse.
  II. 1. tr. *CR:NO.* Atar un animal a un poste. rur. ♦ **empiolar.**
    2. *CR:NO.* Amarrar un toro para montarlo. rur. ♦ **empiolar.**

apipar(se).
  I. 1. tr. *Pa.* Hartar a *alguien* de comida. pop.
    2. intr. prnl. *Pa.* Hartarse de comida o bebida. pop.

apipisca.
  I. 1. f. *Mx.* Ave acuática migratoria de hasta 38 cm de longitud, de plumaje blanco, cabeza negra y ojos pequeños. (Laridae; *Larus pipixcan*). (apipizca). ♦ **llamahielos.**

apipizca.
  I. 1. *Mx.* **apipisca.**

apir. (Del aim. *apiri*)
  I. 1. *Ch.* **cargador**, persona que transporta cargas.

apircar. (Del aim. y del quech. *pirqa*, pared).
    I. 1. tr. *Bo:O.* Construir un muro con terrones o piedras. rur.

apirgüinarse.
    I. 1. intr. prnl. *Ch.* Enfermarse de **pirgüín**, un animal de explotación ganadera.

apiri. (Del aim. *apiri*).
    I. 1. m-f. *Bo:O,C,* p.u. **cargador**, persona que transporta cargas.

apirularse.
    I. 1. intr. prnl. *Ch.* Arreglarse *una persona* con esmero y elegancia. pop + cult → espon. ♦ **catrinearse; chanearse.**

apiterapia.
    I. 1. f. *Ec, Ar.* Tratamiento basado en el uso del veneno de las abejas y de los productos de los panales, como la miel, la jalea real, el polen y la cera, para curar ciertos padecimientos.

apitucada.
    I. 1. f. *Ch.* Vestimenta elegante.

apitucarse.
    I. 1. tr. prnl. *Ch, Ur.* Vestirse *alguien* con elegancia. pop + cult → espon.
    2. intr. prnl. *Ch, Ur.* Adoptar *alguien* modales y apariencia de persona de la alta sociedad. pop + cult → espon.

apitutar(se).
    I. 1. tr. *Ch.* Colocar *una persona* a *alguien* en un puesto de trabajo mediante influencias. pop + cult → espon.
    2. intr. prnl. *Ch.* Obtener un **pituto**, trabajo ocasional. pop + cult → espon.

aplanacalles.
    I. 1. m-f. *Ho, ES, Ni, Pe, Bo, Ch, Ur; PR,* obsol. | metáf. Andariego sin rumbo fijo y sin oficio. pop + cult → espon.

aplanado.
    I. 1. m. *Mx, Ar.* Capa delgada de yeso con que se cubren las paredes para alisarlas.

aplanado, -a.
    I. 1. adj. *Mx. Referido a un muro o pared,* recubierto de un **aplanado**.
    II. 1. adj. *CR. Referido a persona,* sentada cómodamente en un asiento y sin deseos de realizar ninguna acción. pop + cult → espon.

aplanador, -ra.
    I. 1. m. y f. *Pa, Cu, Co.* Persona corpulenta y torpe que, al caminar, tropieza con todo lo que encuentra. pop + cult → espon.

aplanadora.
    I. 1. f. *Mx, Gu, Ho, ES, Pa, Ve.* Votación máxima a favor de algo.
    2. *Mx, Ni, Ve, Py.* Fuerza política que dispone en el Parlamento de holgada mayoría absoluta e impone su voluntad en las votaciones.
    3. *Pa, Co, Ve, Ar, Ur.* Persona o entidad que, con poder físico o intelectual, vence toda oposición.
    II. 1. f. *EU, Mx, Gu, Ho, ES, Ni, CR, Pa, Cu, PR, Co, Ve, Ec, Pe, Bo, Ch, Py, Ar, Ur.* Máquina que rueda sobre unos cilindros de acero muy pesados, usada para allanar y compactar el firme de caminos o el pavimento de otras superficies.

aplanadote.
    I. 1. adj. *Mx. Referido a persona,* instalada cómodamente en un asiento y sin voluntad alguna de interrumpir su inactividad. pop.

aplanar(se).
    I. 1. tr. *Mx, Gu, Ho, ES, Ni, Pa, Co, Ec, Ch.* Apretar *alguien* una capa de terreno o sus materiales.
    II. 1. intr. prnl. *Mx, CR.* Sentarse *alguien* con toda comodidad en un asiento y sin deseos de realizar ninguna acción. pop + cult → espon. ♦ **apachurrar.**
    III. 1. tr. *Mx.* Aplicar una capa fina de yeso a un muro o pared a fin de conseguir una superficie lisa y uniforme.
    ☐
    a. ‖ ~ **calles.**
      i. loc. verb. *Mx, Gu, Ho, ES, Ni.* Vagar por una ciudad sin hacer nada. hiperb.
      ii. *Ch.* Ir *alguien* de un lado a otro, especialmente en busca de trabajo. pop.

aplanchado.
    I. 1. m. *Ec.* Pasta de masa de hojaldre recubierta con una capa de merengue endurecido.

aplanchado, -a.
    I. 1. adj. *Co,* p.u. *Referido a persona,* que se encuentra decaída o desanimada.
    II. 1. adj/sust. *Ho, Ni. Referido a ropa,* que ha sido planchada.

aplanchador.
    I. 1. m. *Ho, Ni, CR; Gu,* rur. Mueble de madera o metal, de patas plegables y superficie plana y alargada que se utiliza para planchar ropa. ♦ **planchador.**

aplanchador, -ra.
    I. 1. sust/adj. *Ho, Ni.* Persona que se dedica a planchar ropa.

aplanchaduría.
    I. 1. f. *Ho.* p.u. Establecimiento donde se limpia y plancha la ropa.

aplanchar(se).
    I. 1. tr. *Gu, Ho, Ni, Ve.* Planchar. rur; pop.
    II. 1. tr. *Co,* p.u; metáf. Hacer *alguien* o *algo* que una persona pierda el ánimo. pop + cult → espon.
    III. 1. intr. prnl. *Co.* p.u. Perder el ánimo o los deseos de hacer algo. pop.
    2. tr. *Co,* p.u. Hacer *alguien* o *algo* que *una persona* pierda el ánimo. pop.
    IV. 1. tr. *Co.* Reprender severamente a *alguien.* pop.
    V. 1. tr. *Ho, Ni; Gu,* rur. Quitar arrugas a la ropa mediante la plancha.

aplanche.
    I. 1. m. *Co.* Abatimiento, desánimo. pop.

aplantillado, -a.
    I. 1. adj. *RD. Referido a persona,* acomodada, que está en buena posición económica.

aplastada.
    I. 1. f. *Co.* Aplastamiento de algo.
    2. adj. *RD. Referido a una mujer,* que tiene poco busto.

aplastado, -a.
    I. 1. adj. *Mx, Ar. Referido a persona,* abrumada, decaída.
    2. *RD.* **agachado**, sumiso en exceso.
    II. 1. adj. *Cu. Referido a persona,* que tiene glúteos nada protuberantes.

aplastar(se).
    I. 1. intr. prnl. *Mx, Gu, ES, Ni, Co, Ec.* Sentarse *una persona, particularmente si lo hace dejándose caer en el asiento.* pop + cult → espon.
    II. 1. tr. *Ar, Ur.* Extenuar *alguien* una cabalgadura. rur.
    2. intr. prnl. *Ar, Ur.* Extenuarse una cabalgadura. rur.
    3. tr. *Ar.* Producir *alguien* o *algo* agobio, cansancio o decaimiento a *una persona.*
    III. 1. *RD.* **agacharse** *alguien.*

aplatanado.
    I. 1. adj/sust. *Cu, RD. Referido a persona extranjera,* que ha adoptado las costumbres del país. ♦ **acriollado.**
    II. 1. adj. *PR. Referido a persona,* que no tiene iniciativa, desanimada, que ha perdido el interés. ♦ **mongo; sanano.**

III. 1. adj. *PR. Referido a persona*, tonta. pop + cult → espon.

aplatanamiento.
I. 1. *Cu; PR*, p.u. **acriollamiento.**
II. 1. m. *PR.* Pérdida del ánimo, del interés. pop + cult → espon.

aplatanar(se).
I. 1. intr. prnl. *Cu, RD.* **acriollarse**, adoptar un extranjero los usos del país en que se instala. pop + cult → espon.
II. 1. intr. prnl. *Cu, RD, PR.* Estancarse *alguien, especialmente en un empleo*, sin aspirar a nada más. pop + cult → espon.
III. 1. intr. prnl. *Pa.* Deprimirse *alguien*. pop + cult → espon.
2. tr. *Pa.* Hacer *una persona* que alguien se deprima. pop + cult → espon.

aplatarse.
I. 1. intr. prnl. *Cu.* Hacerse rico, conseguir mucho dinero.
2. *RD.* **agacharse**, someterse en exceso.

aplaudida.
I. 1. f. *Mx, Ho, ES, Ni, CR, RD, Co.* Aplauso entusiasta. pop + cult → espon.

aplaudir.
□
a. ‖ **~ la cara.** loc. verb. *Pa.* Abofetear *una persona* a *alguien*. pop + cult → espon ^ fest.

aplayado.
I. 1. adj. *CR. Referido a un hombre*, afeminado. ♦ **aculiolado.**

aplayarse.
I. 1. intr. prnl. *CR.* Comportarse un hombre como un **playo**. pop + cult → espon. ♦ **aculiolarse.**

aplazado.
I. 1. m. *Ho, Ni.* Nota inferior a 60 de un total de 100 en un examen o asignatura. est.

aplazado, -a.
I. 1. adj/sust. *Ho, ES, Ni, CR, RD, Ve, Ec, Pe, Bo, Ar, Ur. Referido a un estudiante*, que no ha aprobado un examen, una materia o el curso lectivo. est.
II. 1. adj. *RD. Referido a persona*, amancebada. pop + cult → espon.

aplazancina.
I. 1. f. *Ho, Ni.* Reprobación de la mayoría de alumnos en un examen o asignatura. est.

aplazar(se).
I. 1. tr. *Ho, ES, Ni, Ec, Pe, Bo, Py, Ar, Ur; Pa, Ve*, p.u. No aprobar *una persona* a *alguien* en un examen o en una prueba, *principalmente académica*. ♦ **quebrarse; reprobar.**
II. 1. intr. prnl. *RD; Cu*, p.u. Ponerse una mujer a vivir en concubinato. pop + cult → espon.
III. 1. intr. *Bo.* Trabajar una institución, *especialmente gubernamental*, con poca eficiencia.

aplazo.
I. 1. m. *Bo, Py, Ar. En el sistema de calificaciones*, nota inferior a la mínima requerida para aprobar.
II. 1. m. *Bo.* Trabajo de una institución, *especialmente gubernamental*, sin eficiencia.

aplegujarse.
I. 1. intr. prnl. *PR.* Afligirse *alguien*.

aplejugado, -a.
I. 1. adj. *PR. Referido a persona*, entristecida, afligida. pop.

apleplado.
I. 1. adj. *RD. Referido a persona*, abobada. pop + cult → espon.

aplicación.
I. 1. f. *EU, Ho, ES, Ni, CR, Pa, RD, PR, Ec; Ve*, est; *Ch*, p.u. Solicitud que se hace por escrito.
II. 1. f. *Ho, Ni*. p.u. Inyección. rur.

aplicador, -ra.
I. 1. adj. *Ar. Referido a cosa*, que sirve para aplicar algo.
2. m. *Ar.* Artefacto que sirve para aplicar algo.
3. y f. *Ar.* Persona encargada de aplicar algo, *especialmente productos agropecuarios*. rur.
II. 1. *CR, Co.* **hisopo**, palillo.

aplicante. (Del ingl. *to apply*).
I. 1. sust/adj. *EU, Ho, Ni, PR, Ec, Bo.* p.u. Persona que solicita algo a través de un formulario escrito.

aplicar. (Del ingl. *applicant*).
I. 1. intr. *EU, Ho, ES, Ni, CR, Pa, RD, PR, Co, Bo; Ve*, est. Solicitar *alguien algo* a través de un formulario escrito.
2. tr. *Ho, PR, Ec; Ve*, est. Llenar *alguien* una solicitud.
II. 1. tr. *Ve*, juv. Molestar *alguien* excesiva y continuamente a *una persona*.
□
a. ‖ **~ el alicate.** loc. verb. *Ni.* Cortar la luz o el teléfono a un usuario. pop + cult → espon.
b. ‖ **~ la ley del hielo.** loc. verb. *Mx, Ni, Ch.* Adoptar una actitud de indiferencia. pop + cult → espon.
c. ‖ **~ la tijera.** loc. verb. *PR.* Castigar al gallo que rehúye la pelea, cortándole las plumas de las alas.
d. ‖ **~la.** loc. verb. *Ve. Entre narcotraficantes*, engañar en una entrega de droga. drog.

aplique.
I. 1. m. *Cu, Ar, Ur.* Añadido al cabello, pieza para suplir la falta de este o para lograr determinado tipo de peinado.
2. *Ar.* Detalle que se añade a un objeto para adornarlo.
II. 1. m. *Ve.* juv. Molestia excesiva y continuada.

apliqué. (Del fr. *applique*).
I. 1. m. *Ch.* Lámpara fijada en la pared.

aplomada.
I. 1. f. *Co.* Desplome. pop.

aplomar(se).
I. 1. tr. prnl. *RD, PR.* Desplomarse, caerse *alguien* o *algo*.
2. *RD.* Tomarse un trago de una bebida alcohólica para librarse de la resaca.
II. 1. tr. *PR.* Investigar la conducta de un candidato que quiere iniciarse en la masonería.
III. 1. tr. *PR.* Hacer que un terreno quede plano, aplanar.

aployado, -a.
I. 1. adj. *RD.* Vencido.
2. *RD.* Estropeado.

aployar.
I. 1. tr. *RD.* Aplastar, presionar *algo*. pop + cult → espon.
2. *RD.* metáf. Matar *una persona* a *alguien*. pop + cult → espon.
3. *RD.* Maltratar *una persona* a *alguien*. pop + cult → espon.

apocharse.
I. 1. intr. prnl. *Mx.* Adquirir un mexicano maneras, gestos, gustos y rasgos idiomáticos de la cultura norteamericana. pop + cult → espon.

apochincharse.
I. 1. intr. prnl. *Cu.* Llenarse de algo.
2. *Cu.* Hacerse rico en un cargo político.

apocoyado, -a.
I. 1. *Ni. Referido a persona*, escondida. pop + cult → espon. (**apocuyado**).
II. 1. adj. *Ni. Referido a persona*, en cuclillas. pop + cult → espon. (**apocuyado**).

apocuyado, -a.
 I. 1. *Ho.* **apocoyado**.
apolar.
 I. 1. intr. *Ur.* Dormir. pop + cult → espon.
apoleado, -a. (Prót. de *poleo*).
 I. 1. adj. *Ho. Referido a bebida o sopa,* muy espaciadas.
apolillar(se).
 I. 1. intr. *Bo, Py, Ar, Ur.* Estar *alguien* en el estado de reposo que supone la suspensión natural de la consciencia. (**apoliyarse**).
 2. intr. prnl. *Py, Ar, Ur.* Quedarse *alguien* dormido. (**apoliyarse**).
 II. 1. *Pe.* Quedarse soltera una mujer.
apolillo.
 I. 1. m. *Ar.* Deseo de dormir. pop + cult → espon. (**apoliyo**).
apolismado, -a.
 I. 1. adj. *Pa, Cu, PR. Referido a una fruta,* estropeada, magullada, sumamente blanda.
 2. *PR.* metáf. *Referido a persona,* que tiene el cuerpo dolorido por la fiebre. pop + cult → espon.
apolismar(se).
 I. 1. intr. prnl. *Co; Ve,* rur. Atontarse *alguien,* embobarse. pop + cult → espon ^ desp.
 II. 1. intr. prnl. *Ve,* pop; *CR,* obsol; rur. Apocarse *alguien* cuando siente miedo o vergüenza. (**apulismarse**).
 2. *CR,* obsol; rur; *Ve,* pop. Experimentar tristeza *una persona.* (**apulismarse**).
 III. 1. tr. *Pa, Cu.* Estropear o magullar una fruta.
 2. intr. prnl. *Pa, Cu.* Estropearse o magullarse una fruta.
 3. tr. *Pa.* Dejar maltrecha a *una persona* a causa de los golpes recibidos. pop + cult → espon.
 IV. 1. intr. prnl. *Ho, Pa.* Decaer la salud de una persona o animal.
 V. 1. tr. *Pa.* Apretujar a *alguien* por ser demasiado estrecho el espacio en el que se encuentra.
apoliyarse.
 I. 1. *Ar, Ur.* **apolillarse**.
apoliyo.
 I. 1. *Ar.* **apolillo**.
apollerado, -a.
 I. 1. adj/sust. *Ch. Referido a persona,* apegada en exceso al entorno familiar, *en especial a la madre.*
apollerar(se).
 I. 1. tr. *Ch.* Criar *alguien* a un niño con excesivo apego a la madre o a otras mujeres de la casa. pop + cult → espon.
 2. intr. prnl. *Ch.* Hacerse un niño o un hombre muy dependiente, en el plano emocional, de una mujer. pop + cult → espon.
apoltronarse.
 I. 1. intr. prnl. *PR.* Acomodarse *alguien* en un empleo gubernamental de cierta relevancia y bien remunerado. prest; cult → esm. ♦ **empoltronarse**.
apolvillarse.
 I. 1. intr. prnl. *Ch.* Contraer los cereales el hongo llamado **polvillo**. rur.
aponchinchar(se).
 I. 1. tr. *Cu.* Abastecer a *alguien* con más de lo necesario. pop + cult → espon.
 2. intr. prnl. *Cu.* Abastecerse *alguien* de más de lo necesario. pop + cult → espon.
aporca.
 I. 1. f. *Mx, ES; Ho, CR,* rur; *Ch,* p.u. Remoción de la tierra para amontonarla alrededor de los troncos o los tallos de una planta. (**aporco**). ♦ **aporcada; aporque**.

aporcada.
 I. 1. *ES, Ni.* **aporca**. ♦ **aporco; aporque**.
aporcar.
 I. 1. *Ni, PR.* **aterrar,** arrimar tierra a una planta. rur.
aporco.
 I. 1. m. *Ho, Ni, CR; Mx, ES,* p.u. **aporca**.
aporque.
 I. 1. m. *Mx, Ho, Cu, Co, Ec, Pe, Bo.* **aporca**.
 2. *Pe.* Sostenimiento y afirmación de una planta con palos.
aporrea.
 I. 1. f. *CR.* Extracción de los granos de **frijol** aporreando las vainas.
 2. *CR.* Época de la extracción de los granos del **frijol**. rur.
aporreada.
 I. 1. f. *Mx, Gu, Ho, ES, Ni, Pa.* Aporreamiento de algo como con el maicillo o las vainas de **frijoles**. rur.
 2. *Gu, Ho, ES, Ni.* metáf. **golpiza**.
 II. 1. f. *Co:O.* Aporreo. pop + cult → espon.
aporreadero.
 I. 1. m. *Ho, Ni, CR.* Lugar donde se realiza la **aporreada** del frijol o de la mazorca de maíz. rur.
aporreado.
 I. 1. m. *Mx, Cu,* Plato preparado con **tasajo** hervido y macerado, rehogado en una salsa hecha a base de aceite, ajo, cebolla, tomate y especias.

 ■

 a. ‖ ~ de pescado. m. *Cu.* Plato preparado con pescado hervido y rebozado con una salsa de aceite, ajo, cebolla, tomate y especias.
aporreado, -a.
 I. 1. adj. *Mx, Ni, Ve, Ch, Ur. Referido a persona o cosa,* golpeada, magullada, dañada. pop + cult → espon.
 2. *Ve. Referido a persona,* atropellada por un vehículo. pop + cult → espon.
 3. *Ve.* metáf. *Referido a persona,* agotada físicamente. pop + cult → espon.
aporrear(se).
 I. 1. tr. *Ve:O, Ch, Ar.* Golpear la ropa enjabonada para quitarle lo sucio. rur.
 2. *CR; Ni, Ve:O,* rur; pop. Quitar el exceso de jabón a la ropa que se lava echándole agua abundante. pop + cult → espon.
 II. 1. intr. prnl. *Co:O, Ve.* Golpearse *una persona* accidentalmente. pop + cult → espon.
 2. tr. *Ve.* Atropellar *alguien* con un vehículo a una persona o a un animal. pop + cult → espon.
 3. *Cu.* Macerar la carne para preparar un **aporreado**.
 III. 1. tr. *Pa.* Limpiar *alguien* un terreno de maleza. rur.
aporrión.
 I. 1. m. *Co:O.* Golpe producido por una caída. pop + cult → espon.
aporteñado, -a.
 I. 1. adj. *Py, Ar, Ur. Referido a persona,* que ha adoptado el modo de hablar o de actuar propios del habitante de Buenos Aires.
aportillar.
 I. 1. tr. *Ch.* Menoscabar o echar a perder lo dicho o hecho por otra persona.
aposición.
 I. 1. f. *Ho.* p.u. Pegatina de sellos.
aposta.
 □
 a. ‖ de ~. loc. adv. *Co.* A propósito, deliberadamente.
apostación.
 I. 1. f. *Cu.* Apuesta.
apostada.
 I. 1. f. *Ni, Ch.* Apuesta.

apostador.
    I. 1. m. *Co, Ec.* Clavícula de la gallina, hueso en horquilla, que sirve para el juego en que dos personas tiran de sus extremos hasta romperlo; gana quien se queda con el trozo de hueso más grande.

apostador, -ra.
    I. 1. m. y f. *Ni, Cu, PR, Ve, Bo, Ar, Ur.* Persona que efectúa una apuesta.

apostar.
    □
    a. ‖ ~ **el cuero.** loc. verb. *Ho, Ni.* Jugarse todo en algo.
    b. ‖ ~ **pesos a morisquetas.** loc. verb. *PR.* obsol. Estar muy seguro de apostar y de ganar.

apostema.
    I. 1. f. *RD.* Inflamación.

apostemar.
    I. 1. tr. *RD.* Propinar *alguien* golpes fuertes a una persona.

apóstol.
    ■
    a. ‖ **el Apóstol.** m. *Cu.* José Martí.

apóstrofe.
    I. 1. m. *Gu, Ho, Ni, PR, Co, Ch.* Apóstrofo, signo de omisión de una letra o de un número. prest; cult → esm.

apota.
    I. 1. adv. *RD.* Aposta, adrede.

apotema.
    I. 1. f. *RD.* Pequeña inflamación.

apotingarse.
    I. 1. intr. prnl. *Ch.* Arrellanarse *alguien* en un asiento. pop + cult → espon.

apotrarse.
    I. 1. intr. prnl. *Ar, Ur.* Volverse un caballo indócil o arisco. rur.

apotreramiento.
    I. 1. m. *Ar, Ur.* División de un campo en **potreros**. rur.
    II. 1. m. *Cu.* Encierro del ganado vacuno o caballar en un **potrero**. rur.
    2. *Cu.* Situación de encierro en que se encuentra un animal en el **potrero**.

apotrerar.
    I. 1. tr. *Pa, Cu, Ar, Ur.* Encerrar a un animal en un **potrero**. rur.
    2. *Ar, Ur.* Dividir un campo en **potreros**. rur.

apoyacabeza.
    I. 1. m. *Ar, Ur.* Reposacabezas, parte en la que se apoya la cabeza en los asientos de algunos vehículos.

apoyada.
    I. 1. adj. *PR, Ur. Referido a una vaca*, que está lista para ser ordeñada. rur.

apoyar.
    I. 1. tr. *Mx, Ho, PR, Ur.* Lograr que le baje la leche, por segunda vez, a una vaca después de haber sido ordeñada, acercándole a la cría. rur.

apoyo.
    I. 1. m. *Mx, Ho, Pa, PR, Ar, Ur.* Leche que se obtiene después de la primera ordeñada y que se considera de mejor calidad. rur.

apozar(se).
    I. 1. intr. prnl. *RD, Co, Ch.* Quedar el agua detenida formando un pozo o un charco.
    II. 1. tr. *Ch.* Acumular *alguien* una gran cantidad de *algo*.

appeal. (Voz inglesa).
    I. 1. m. *Ar; EU, PR,* p.u. Atracción, encanto personal.

appliances. (Voz inglesa).
    I. 1. m. pl. *EU, PR, Ar.* Enseres eléctricos.

appointment. (Voz inglesa).
    ▶ **hacer un ~.**

approach. (Voz inglesa).
    I. 1. m. *EU, Ar; PR,* p.u. Acercamiento, contacto.
    2. *EU, Ar; PR,* p.u. Estrategia.

apreciable.
    I. 1. adj. *Ho, ES, Ni, Pa. Referido a cosa*, considerable, notable o cuantiosa.

aprecio.
    ▶ **hacer ~.**

¡aprecué!
    I. 1. interj. *Ch.* Expresa exhortación a la huida. vulg; pop + cult → espon.

apremente.
    I. 1. adv. *RD.* A propósito, intencionadamente.

aprender.
    □
    a. ‖ ~ **de rutina.** loc. verb. *Gu.* Fijar *una persona algo* en la memoria. pop + cult → espon.

aprensadura.
    I. 1. f. *Ch.* Apretón, *especialmente con los dedos*.

aprensar.
    I. 1. tr. *RD, Bo; Ch,* p.u. Apretar *alguien* con fuerza *algo, especialmente con los dedos*.

aprensible.
    I. 1. adj. *Ni, Co:SO, Ur. Referido a persona*, que siente temor o desconfianza por algo.

aprepinguarse.
    I. 1. *PR.* **apropinguarse.**

aprestamiento.
    I. 1. m. *Ho, Ni, Ec, Pe, Py, Ar, Ur. En educación*, desarrollo de habilidades y destrezas que recibe el niño, *generalmente previas a la lectura*. prest; cult → esm.

aprestigiar(se).
    I. 1. tr. *Co.* Dar una persona o institución prestigio, autoridad o importancia a alguien o algo.
    2. intr. prnl. *Co.* p.u. Acreditarse, tener prestigio.

apretacanuto.
    I. 1. *Gu.* **aprietacanuto.**

apretadera.
    I. 1. f. *Cu.* Beso y abrazo que se da una pareja con pasión. pop + cult → espon. ♦ **apretazón.**
    II. 1. f. *Cu.* Dificultad para respirar que tiene una persona. pop + cult → espon. ♦ **apretazón.**
    III. 1. f. *PR.* Estado económico precario. pop + cult → espon. ♦ **apretadura.**

apretado.
    I. 1. m. *CR.* Tipo de helado de fabricación casera que se congela en pequeñas bolsas plásticas y se toma directamente de estos recipientes.

apretado, -a.
    I. 1. adj. *Mx, Ho, Ni. Referido a persona*, estirada, engreída en su trato con los demás. pop + cult → espon ^ desp.
    2. *Pa, Cu, RD, PR, Ve. Referido a persona*, osada, decidida.
    3. *Ve. Referido a persona*, de carácter fuerte. pop + cult → espon.
    4. *Ve. Referido a persona*, rigurosa, estricta. pop + cult → espon.
    5. *Ve. Referido a persona*, caradura, abusadora. pop + cult → espon ^ desp.
    II. 1. adj. *Pa, Cu, RD, PR, Ve. Referido a un asunto*, que no se presenta favorable.
    2. *Ve. Referido a un asunto*, peligroso.
    3. *Ho, Ni, Pa. Referido a un problema*, de difícil solución.

III. 1. *Ho, Cu, PR, Co. Referido a persona*, que atraviesa una mala situación económica. ◆ **en el erizo; en la fuácata.**

2. *Co:NO, Ch.* **amarrete**, avaro.

apretadura.
I. 1. *PR.* **apretadera**, estado económico precario. rur.

apretar(se).
I. 1. tr. *Ni, Py, Ar.* Mantener relaciones sexuales con una persona. euf; pop + cult → espon.

2. intr. prnl. *CR, Cu, Ur.* Abrazarse y besarse una pareja con pasión. pop + cult → espon.

3. tr. *CR, Ur.* Abrazar y besar *alguien* a su pareja con pasión. pop + cult → espon.

II. 1. intr. *Ch.* Huir con premura. pop + cult → espon ∧ fest. ◆ **apretar cachete; apretar cueva.**

2. intr. prnl. *RD, Ur.* Acobardarse *alguien*, sentir miedo. pop + cult → espon.

III. 1. intr. *Cu.* Ponderar *alguien* exageradamente lo que se dice.

2. *Cu.* Ser muy estricto.

IV. 1. intr. *Cu.* Hacer *alguien* algo erróneo, equivocado o inesperado.

V. 1. tr. prnl. *CR.* **aterrarse**, ingerir en abundancia.

□
a. ‖ ~ **cachete.** loc. verb. *Ch.* **apretar**, huir. vulg.
b. ‖ ~ **cueva.** loc. verb. *Ch.* **apretar**, huir. vulg.
c. ‖ ~ **el cogote.** loc. verb. *Ch.* Inducir a *alguien* a que revele lo que sabe. pop + cult → espon.
d. ‖ **apretársele el pecho.**
  i. loc. verb. *RD, PR.* Padecer de asma.
  ii. *RD, PR.* Angustiarse, sentir una tristeza muy grande. pop + cult → espon.

apretazón.
I. 1. f. *Gu, Ho, ES, Ni, CR, Pa, Cu.* Estrujamiento provocado por un grupo compacto de personas. pop + cult → espon.

II. 1. *Ec.* **ajustón**, abrazo fuerte.
2. *Cu.* **apretadera**, abrazo apasionado.
3. *Cu.* **apretadera**, dificultad para respirar.
4. m. *CR.* obsol. Opresión en el pecho que dificulta la respiración, *causada generalmente por la gripe*. rur.
5. *CR.* Presión excesiva que ejerce algo, *especialmente una prenda de vestir*, sobre una parte del cuerpo de una persona. pop + cult → espon.
6. *Pa.* Calidad de apretado. pop + cult → espon.

III. 1. m. *Pa.* Comilona. pop + cult → espon.

aprete.
I. 1. m. *CR.* Encuentro sexual limitado a besos, abrazos y caricias. pop + cult → espon.

apretón.
I. 1. *PR, Co, Ec, Ch, Py.* **ajustón**, abrazo fuerte.
2. m. *Co.* Proceso económico en el que una persona o un grupo disminuye su capacidad adquisitiva debido a la crisis.

apretujamiento.
I. 1. m. *PR.* Conjunto de besos prolongados y lascivos de una pareja. pop + cult → espon.

apretujarse.
I. 1. tr. prnl. *PR.* Abrazarse y besarse una pareja de manera prolongada y lasciva. pop + cult → espon.

aprietacanuto.
I. 1. m. *Gu.* Juego que consiste en sentarse varios niños en una banca y en un extremo tratan de sentarse por orden los que están de pie desplazando sucesivamente al que está en el otro extremo. (**apretacanuto**).
2. *Gu.* Competencia entre el personal de una empresa por un cargo en una entidad. (**apretacanuto**).

aprieto.
□
a. ‖ **en amarillentos ~s.** loc. adv. *Ch.* obsol. En apuros. pop + cult → espon.

aprismo.
I. 1. m. *Pe, Ur.* Corriente ideológica y política del partido peruano Alianza Revolucionaria Americana (APRA).

aprista.
I. 1. sust/adj. *Pe, Ur.* Partidario de la Alianza Revolucionaria Americana (APRA).
2. adj. *Pe.* Relativo a la Alianza Revolucionaria Americana (APRA).

apristón, -na.
I. 1. sust/adj. *Pe.* Persona que manifiesta simpatía por el Partido de la Alianza Revolucionaria Americana (APRA). pop + cult → espon ∧ desp.
2. adj. *Pe.* Relativo al apristón. pop + cult → espon ∧ desp.

aprobador.
I. 1. m. *Gu.* Muestra de un producto que se regala a un posible comprador para que lo pruebe.
2. *Gu.* Primer coito de una relación sexual. vulg; pop + cult → espon.

aproblemar.
I. 1. tr. *Ch, Py.* Crear *una persona* problemas a *alguien*. pop + cult → espon.

aprontado, -a.
I. 1. *PR.* **presentado**, entrometido.

aprontamiento.
I. 1. m. *PR.* Entrometimiento. pop + cult → espon.

aprontar(se).
I. 1. intr. prnl. *Ch, Py, Ar, Ur.* Prepararse *alguien* para hacer algo. pop + cult → espon.
2. tr. *Ch, Ar, Ur.* Preparar un caballo para una carrera o un viaje.
3. *Ch, Ar, Ur.* Someter a un caballo de carreras a una serie de pruebas para comprobar su estado físico y la velocidad que alcanza.
4. intr. prnl. *Ur.* Preparar los futuros cónyuges el ajuar para casarse. pop + cult → espon.

apronte.
I. 1. m. *Ch, Ar, Ur.* Preparativo. pop + cult → espon.
2. *Ch, Ar, Ur.* Ejercicio al que se somete un caballo antes de una carrera con el fin de que esté en óptimas condiciones para el inicio de la misma.
3. *Ur.* Preparación del ajuar y de otros elementos necesarios para una boda. pop + cult → espon.

II. 1. m. *Ch.* Disposición oportuna de alguien para hacer algo.

▶ **irse en ~s.**

apropiación. (Del ingl. *appropriation*).
I. 1. f. *Ec.* Registro, libro de contabilidad.

apropiar.
I. 1. tr. *Ec.* p.u. Registrar el concepto de un ingreso o egreso en un comprobante o en un libro de contabilidad.

apropincuarse.
I. 1. intr. prnl. *RD; Cu*, cult ∧ fest. **apropinguarse.**

apropinguarse.
I. 1. intr. prnl. *Ar:N; PR*, p.u. Acercarse. rur. (**aprepinguar; apropincuar**).

aprovechador, -ra.
I. 1. adj/sust. *Cu, RD, Ve, Pe, Bo, Ch, Py, Ar, Ur. Referido a persona*, que se vale de engaños y de violencia para obtener algún beneficio personal a costa de los demás.

aprovechar.
I. 1. intr. *RD.* Sentar bien *algo*.
2. *RD.* Ser alimenticia una comida.

II. 1. intr. *Ec:S.* obsol. Quedar preñado un animal hembra. rur.

aptapi. (Del aim. *apthapi*, merienda).
  I. 1. m. *Bo:O,C.* Comida a la que los comensales contribuyen con diversos alimentos.

apu. (De or. quech.).
  I. 1. m. *Pe.* Espíritu tutelar de una comunidad.
    2. *Pe.* Tratamiento respetuoso que se da al líder de una comunidad indígena.

apuchar.
  I. 1. intr. *RD.* Caer abajo en la lucha o refriega.

apuchungado, -a.
  I. 1. adj. *RD, Ve. Referido a persona*, abrazada o estrechada con otra con mimo y ternura. pop + cult → espon.

apuchungar.
  I. 1. tr. *Ho, RD, Ve.* Abrazar a *alguien* con mucho mimo y ternura. pop + cult → espon ^ afec.
  II. 1. tr. *Ho.* Amontonar, apiñar personas o cosas. pop + cult → espon.

apucuyado, -a.
  I. 1. adj. *Ni.* Escondido.

apucuyarse.
  I. 1. intr. prnl. *Ho, ES.* Ponerse en cuclillas. rur.
    2. *Ho.* Agacharse *alguien* detrás de algo. rur.
  II. 1. intr. prnl. *Ho, ES.* Acurrucarse o abrazarse con una persona. rur.

apuesta.
  I. 1. f. *Mx, Ho, Ni, Pa, PR, Ve, Pe.* Pacto entre los espectadores de una pelea, *en especial la de gallos*, por el cual se comprometen las partes a pagar lo convenido sin otra garantía que la palabra de honor.
  ▶ **casar una ~.**

apugarse.
  I. 1. tr. prnl. *Pa.* Comer *una persona algo* en exceso.

apulismarse.
  I. 1. intr. prnl. *Ho, Ni.* p.u. Acobardarse *alguien*. rur.
    2. *Ho, Ni.* p.u. Decaer la salud de una persona o animal. rur.
    3. *Ho, Ni.* p.u. Detenerse el crecimiento de una planta. rur.
  II. 1. intr. prnl. *Ho, Ni.* p.u. Desanimarse *alguien*. rur.
    2. *CR.* **apolismarse**, encogerse.
    3. *CR.* **apolismarse**, mostrarse triste.

apulparse. (Var. de *apimparse*).
  I. 1. intr. prnl. *PR.* Comer *alguien* con gula. rur.

apunamiento. (Del quech. *puna*, región elevada y fría).
  I. 1. m. *Bo, Ch, Ar.* **puna**, mal de montaña.
    2. *Ar.* Daño mecánico que se produce en un vehículo por la baja presión en zonas de alta montaña.

apunar(se).
  I. 1. intr. prnl. *Pe, Bo, Ch, Ar, Ur.* Sufrir *alguien* **puna**, mal de altura. ♦ **asorocharse**.
    2. tr. *Ar; Ur*, p.u. Causar la altura **puna** a *alguien*.
    3. *Ar.* Causar la baja presión daños mecánicos en un vehículo en alta montaña.
    4. intr. prnl. *Ar.* Tener un vehículo problemas mecánicos por la falta de presión en zonas de alta montaña.
  II. 1. intr. prnl. *Ar:NO.* No desarrollarse normalmente un niño o un animal. rur.

apuntación.
  I. 1. f. *Cu.* Registro de las apuestas y los números a los que apuestan en un juego de azar, *especialmente en la* **bolita** *y los* **terminales**.

apuntado, -a.
  I. 1. adj. *Mx; PR*, p.u. *Referido a persona*, muy dispuesta a hacer algo. rur.
    2. *PR. Referido a persona*, propensa, destinada a algo. rur.

apuntador, -ra.
  I. 1. m. y f. *Ni, Bo, Ch.* Persona que registra la puntuación, los resultados y otros datos pertinentes durante un juego.

apuntalado, -a.
  I. 1. adj. *Cu. Referido a persona*, que goza de la protección de alguien poderoso. pop + cult → espon.

apuntalar(se).
  I. 1. tr. *Ar, Ur.* Ofrecer *una persona* apoyo económico o moral a *alguien* que lo necesite. pop + cult → espon.
    2. *Cu.* Respaldar a *alguien una persona* influyente y poderosa. pop + cult → espon.
    3. tr. prnl. *Cu.* Buscar y lograr *una persona* el respaldo de alguien influyente. pop + cult → espon.
  II. 1. tr. *Cu; CR*, p.u. Tomar un alimento ligero para aplacar el hambre hasta la hora de la comida. pop + cult → espon ^ fest.

apuntar(se).
  I. 1. tr. prnl. *Co.* Abotonarse *alguien* una prenda de vestir.
  II. 1. tr. *Cu, PR, Ur.* En un juego de azar, apostar a un número. pop + cult → espon.
    2. intr. prnl. *Ec.* En juegos de azar, decidirse *una persona* por una opción considerada por ella como la más probable de asegurarle el triunfo.
  III. 1. tr. prnl. *Cu.* Apropiarse *alguien* de parte del dinero que debía entregar a otra persona. pop + cult → espon.

  □
  a. ‖ **~ en el hielo.** loc. verb. *Cu.* Dar por perdida una suma de dinero prestada a alguien que no paga sus deudas. pop + cult → espon.
  b. ‖ **~ las baterías.** loc. verb. *Ve, Ur.* Dirigir continuas críticas y observaciones contra alguien. ♦ **enfilar las baterías.**
  c. ‖ **~ y baquear.** loc. verb. *Cu.* Ser homosexual activo y pasivo.
  d. ‖ **~se el baño.** loc. verb. *PR.* Dejar *alguien* de bañarse o de ducharse. pop + cult → espon.
  e. ‖ **~se un ocho.** loc. verb. *Mx.* Hacer o decir *algo* que resulte atinado o divertido. pop + cult → espon.
  f. ‖ **~se un poroto.** *Ec, Pe, Ar, Ur.* **anotarse un poroto**, obtener un tanto o acertar. pop.
  g. ‖ **~se una raya.** loc. verb. *Ni.* Hacer muy bien *algo* con el reconocimiento de un superior. pop + cult → espon.

apunte.
  ▶ **llevar de ~; llevar el ~.**

apuñaleada.
  I. 1. *Mx, Ho, Ni, CR, Co.* **puñaleada.**

apuñalear(se).
  I. 1. tr. *Gu, Ho, ES, Ni, CR, Pa, Cu, RD, PR, Co, Ve, Bo, Py.* Apuñalar *una persona* a *alguien*.
  II. 1. intr. prnl. *Co:N, Ve.* Prepararse *alguien* lo mejor posible para una evaluación académica. est.
  III. 1. intr. prnl. *Co:N.* Tener *alguien* dinero. pop + cult → espon.
  IV. 1. tr. *RD.* Guardar, esconder *algo* para no compartirlo con nadie.
    2. *RD. Entre jugadores*, meter en el bolsillo parte del dinero ganado.

  □
  a. ‖ **~ por la espalda.** loc. verb. *Cu, RD, Ve.* Traicionar *una persona* a *alguien*, *fundamentalmente robándole el dinero*.

apuñar(se).
  I. 1. tr. *Ve, Bo*, pop; *Ar:NO*, rur; *Ur*, obsol. Sobar *alguien* una masa con los puños.

2. *Ve:O.* Masajear *alguien* con los puños una zona muscular dolorida. pop.

II. 1. tr. *Ar:NO.* Contraer un animal las patas o las garras. rur.

III. 1. intr. prnl. *CR.* **apelotarse**, formar un grupo compacto.

apuñuscamiento.

I. 1. m. *Pa.* Aglomeramiento de personas. pop + cult → espon.

apuñuscarse.

I. 1. tr. prnl. *Gu, ES, Pa; Ho,* p.u. Juntarse o amontonarse gran cantidad, *especialmente de personas.* pop + cult → espon.

apupujado, -a.

I. 1. adj. *Ni.* Referido a persona, que tiene hinchada una parte del cuerpo, *en especial los ojos.*

apurada.

I. 1. f. *Ve, Ec, Bo, Ch.* Prisa. pop + cult → espon.

II. 1. f. *RD.* Mujer de pelo medio crespo.

□

a. ‖ a la ~. *Bo.* **a los apurones**. pop.

b. ‖ a las ~.

  i. *Bo, Ar, Ur.* **a los apurones**.

  ii. loc. adv. *Ar.* Con mucha prisa. pop + cult → espon.

▶ echarse una ~.

¡apúrale!

I. 1. interj. *Mx, Ho, Co, Ve:O.* Expresa estímulo para que alguien haga las cosas con rapidez. pop + cult → espon.

apurar(se).

I. 1. intr. prnl. *EU, Mx, Gu, Ho, ES, Ni, CR, Pa, Cu, RD, PR, Co, Ve, Ec, Pe, Bo, Ch, Py, Ar, Ur.* Darse prisa. pop.

2. tr. *EU, Mx, Gu, Ho, ES, Ni, CR, Pa, Cu, RD, PR, Co, Ve, Ec, Pe, Bo, Ch, Py, Ar, Ur.* Apremiar a *alguien* en la realización de una tarea.

3. *Cu, Ve, Ur.* Hacer *alguien* que *algo* se resuelva más rápidamente.

□

a. ‖ ~ **la causa.** loc. verb. *Ch.* Actuar con rapidez y celeridad para superar cualquier impedimento u obstáculo. pop.

b. ‖ ~ **los bueyes.**

  i. loc. verb. *Ch.* Inducir *una persona* a *alguien* a ir a un sitio. pop + cult → espon.

  ii. *Ch.* Inducir *una persona* a *alguien* a hacer algo con rapidez. pop + cult → espon.

apurativo, -a.

I. 1. adj. *RD.* Referido a persona, que no tiene tino ni asiento.

2. *RD.* Referido a persona, exigente.

¡apúrele!

I. 1. interj. *Mx, Co, Ve:O.* Expresa estímulo o incitación a hacer algo. pop + cult → espon.

2. *Co.* Expresa la orden de que alguien acelere su actividad. pop + cult → espon.

apurete.

I. 1. adj/sust. *Bo, Ch.* Referido a persona, que incita al apresuramiento. pop + cult → espon. ◆ **apurón**.

2. *Bo, Ch.* Referido a persona, que hace las cosas con apresuramiento. pop + cult → espon.

3. *Py.* **apurón**.

▶ andar al ~.

apurón.

I. 1. m. *RD, Bo, Py, Ar, Ur.* Apresuramiento grande de alguien. ◆ **apurete**.

□

a. ‖ a los apurones.

  i. loc. adv. *Bo, Py, Ar, Ur.* Con excesiva e inconveniente celeridad. pop + cult → espon. ◆ **a la apurada; a las apuradas; a las corridas**.

  ii. *Bo, Ar, Ur.* Sin el cuidado suficiente. pop + cult → espon. ◆ **a la apurada; a las apuradas; a las corridas**.

▶ andar a los apurones.

apurón, -na.

I. 1. adj/sust. *Mx.* Referido a persona, que se preocupa por todo y cavila demasiado.

2. adj. *ES, Ch.* **apurete**, que incita al apresuramiento.

3. *ES, Bo.* Referido a persona, que hace las cosas deprisa.

apurruñado, -a.

I. 1. adj. *Cu, Ve.* Referido a persona, abrazada estrechamente con otra. pop + cult → espon.

2. *Cu, Ve.* Referido a persona, que está apiñada junto a otras en un lugar poco espacioso. pop + cult → espon.

apurruñamiento.

I. 1. m. *Cu, Ve.* Cantidad excesiva de personas en un espacio pequeño. pop + cult → espon.

2. *Cu, Ve.* Apretujamiento cariñoso. pop + cult → espon.

apurruñar(se).

I. 1. tr. prnl. *Cu, RD, Co, Ve.* Apretar, abrazar *una persona* a *alguien* intensamente y con cariño. pop + cult → espon.

2. intr. prnl. *Cu, Ve.* Presionar, apretar una cosa con el puño, de modo que quede aplastada. pop + cult → espon.

3. *Ve.* Apretarse unas personas con otras en lugares pequeños. pop + cult → espon.

II. 1. tr. *RD.* Aplastar una fruta madura. pop + cult → espon.

apurruñón.

I. 1. m. *Ve.* Apretón, abrazo fuerte. pop + cult → espon.

apususarse.

I. 1. *CR.* **pususearse**.

apuyao.

I. 1. adj. *PR.* Referido al café, que no tiene azúcar, amargo. ◆ **café puya**.

aqualung.

I. 1. m. *Cu.* Equipo para respirar utilizado en actividades de buceo.

¡aque!

I. 1. interj. *Mx.* Expresa sorpresa o admiración. pop + cult → espon.

2. *Mx.* Expresa fastidio. pop + cult → espon.

aqueche, -a.

I. 1. pron. *Gu.* p.u. Aquel, aquella. rur.

aquel.

I. 1. m. *Ho; CR,* obsol; *Co,* pop. Objeto cuyo nombre se desconoce, no se desea mencionar o no se puede precisar. rur. ◆ **aquello**.

□

a. ‖ **con el ~.** loc. prep. *Ni, Cu.* Con un pretexto determinado.

aquellito.

I. 1. m. *Mx.* Órgano sexual. euf; pop + cult → espon.

2. *Mx.* Actividad sexual. euf; pop + cult → espon.

aquello.

I. 1. *Ho, Ni, CR,* obsol; *Co, Ve,* pop. **aquel**.

aquí.

I. 1. adv. *Mx, Ho, Ni, Ve, Ec.* Regular, más o menos.

□

a. ‖ **en ~.** loc. adv. *Bo.* Aquí, en este lugar.

◢

a. ‖ ~, **malpasando.** *RD.* amolando y siempre boto.

b. ‖ **~ está tu pan de corona.** fr. prov. *Gu.* Indica negación a una proposición inaceptable. pop + cult → espon.

▶ **quedarse de ~.**

aquín.
I. 1. m. *RD.* Árbol de hasta 16 m de altura, con copa ancha, ramas glabras, racimos multifloros y botones de flores globosos. (Fabaceae; *Crudia apicata*).

aquintralarse.
I. 1. intr. prnl. *Ch.* Cubrirse de **quintral** un árbol o un arbusto.
2. *Ch.* Contraer **quintral** un melón u otra planta.

aquisito.
I. 1. adv. *Ec, Pe; Bo,* pop. Cerca. rur.
2. *Pe.* Lejos. rur.

ara.
I. 1. f. *Ni.* juv. Muchacha joven.

ará.
I. 1. *Py.* **arará.**

árabe.
I. 1. adj/sust. *PR.* **turco,** que saca ventaja.

arábigo.
I. 1. m. *Mx, Gu, Ho, Ni, CR, PR.* Variedad de planta del café de sombra, de hasta 5 m de altura, de hojas opuestas de color verde oscuro, inflorescencias axilares con flores pequeñas y blancas. (Rubiaceae; *Coffea arabica*).
2. *Gu, Ho, Ni, CR, PR.* Fruto del arábigo, en forma de baya pequeña, con dos semillas, de color rojo brillante cuando está madura.
3. *Gu, Ho, Ni, CR, PR.* Semilla del arábigo que, una vez despulpado, se seca, tuesta y muele para elaborar café.

arabillo.
I. 1. m. *Cu.* Árbol de hasta 7 m de altura, de hojas diversas por la forma, tamaño y consistencia, corteza granulosa y madera dura, de color rojizo, que se utiliza en construcciones rurales. (Erythroxylaceae; *Erythroxylum rotudifolium*).
2. *Cu.* Madera del arabillo.

¡araca!
I. 1. interj. *Py, Ar, Ur.* obsol. Expresa alerta o advertencia. pop + cult → espon.
2. *Py, Ar, Ur.* obsol. Expresa sorpresa. pop + cult → espon.

aracacha. (Del quechua *rakkacha*).
I. 1. *PR.* **arracacha.**

aracanga.
I. 1. f. *Ho, Ni.* **perico,** ave trepadora.

arada.
I. 1. f. *Ec, Ur.* Temporada en que se aran los campos. rur.

aradao, -dá.
I. 1. adj. *RD. Referido a la vaca o al toro,* de varios colores con vetas.

arado.
I. 1. m. *Ho, Ni.* Constelación Orión.

arador.
I. 1. m. *PR.* Artrópodo casi microscópico de ocho patas y de color rojizo. rur.

▪
a. ‖ **~ naranja.** m. *Ec.* Ácaro de hasta 0,1 mm de longitud, de cuerpo alargado en forma de cuña, de color amarillento, con dos pares de patas cortas y otras dos falsas en la parte posterior del abdomen con las que se ayuda para sus movimientos. (Eriophyidae; *Phyllocoptruta oleivora*).

aradura.
I. 1. f. *Cu.* Operación de arar un campo.

araguaney.
I. 1. m. *Co:N, Ve.* **flor amarilla,** árbol.
2. *Co, Ve.* meton. Madera del araguaney.
3. *Co, Ve.* meton. Garrote hecho con la madera de este árbol.

araguato.
I. 1. *Ve.* **mono colorado.**

araguato, -a.
I. 1. adj. *Co; Ve,* p.u. *Referido a color,* rojizo, como el del mono de este nombre.

¡arajo!
I. 1. interj. *CR, Ec.* Expresa enfado o sorpresa. pop + cult → espon.

arakale.
I. 1. *Cu.* Ave de rapiña, **aura tiñosa.**

arándano.
I. 1. m. *Mx, Ni, Co.* **agraz,** arbusto y fruto.

arandela.
I. 1. f. *Pa, RD, PR, Co, Ur.* Pieza de tela fruncida que se pone como adorno en los bordes de prendas de vestir, cortinas o tapicería.
2. *Pe.* obsol. Adorno que llevan alrededor del borde inferior los vestidos de las mujeres.
3. f. pl. *RD.* Chorreras y vueltas de una camisa o una blusa.

▶ **aflojársele la ~.**

araña.
I. 1. f. *Ch, Ar.* Ejercicio gimnástico consistente en arquear la espalda hacia atrás, sin despegar los pies del suelo, hasta tocar el suelo con las manos.
II. 1. f. *Ho, PR, Ve, Bo.* Vulva. tabú; pop + cult → espon.
III. 1. f. *Ar, Ur.* obsol. Carruaje ligero y pequeño de dos ruedas y sin techo.
IV. 1. f. *Ho, ES, Ni.* Mujer muy fea. pop + cult → espon.
V. 1. adj. *Ec. Referido a persona o animal,* muy flaco. pop + cult → espon ^ desp.
VI. 1. f. *Ho, Ni.* Grúa cuya pala se asemeja a las patas de una araña.
VII. 1. f. *Ho:S, Ni.* Pequeña ancla con seis o más brazos en forma de anzuelo para embarcaciones pequeñas.
VIII. 1. f. *Gu.* Andador, *generalmente con ruedas,* para niños o ancianos.
IX. 1. f. *Cu.* Persona furiosa. pop + cult → espon.
X. 1. f. *Cu.* Persona peluda. pop + cult → espon.
XI. 1. adj. *Ni. Referido a persona,* sagaz. pop + cult → espon.
XII. 1. adj. *Ni. Referido a persona,* marrullera, ladrona. pop + cult → espon ^ desp.

▪
a. ‖ **~ cacata.** f. *RD.* Araña grande, peluda y venenosa. (Theraphosidae; *Phormictopus cancerides*). ♦ **cacata.**
b. ‖ **~ capulina.** f. *Mx.* Araña de hasta 35 mm, de color negro carbón brillante con una mancha roja en la cara inferior del abdomen y cuatro pares de rayas rojas y blancas en los lados. (Theridiidae; *Latrodectus mactans*). ♦ **capulina; chiltuca; lucacha.**
c. ‖ **~ de caballo.** f. *ES.* Araña grande y peluda, de color negro. (Theraphosidae; *Grammostola* spp.).
d. ‖ **~ de rincón.** f. *Ch.* Araña doméstica de poco más de 1 cm, de color marrón o amarillento, abdomen algo más oscuro y el cuerpo cubierto de fino vello. (Sicariidae; *Loxosceles laeta*).
e. ‖ **~ mona.** f. *Ve.* Araña de gran tamaño, de hasta 25 cm de longitud, con el cuerpo totalmente cubierto de pelos negros. (Theraphosidae; *Theraphosa blondi*).
f. ‖ **~ peluda.**
i. f. *EU, Mx, Ho, ES, Ni, Pa, Cu, PR, Co, Ch, Py, Ar, Ur.* Araña grande, con el cuerpo cubierto

de vello negruzco. (Theraphosidae; *Grammostola* spp.). ♦ **apasanca; araña polla; araña pollera; araña pollito.**

ii. *Ur.* metáf. Persona furiosa. pop + cult → espon.

g. ‖ ~ **polla.** *Co.* **araña peluda.**

h. ‖ ~ **pollera.** *Co.* **araña peluda.**

i. ‖ ~ **pollito.** *Bo, Ch, Py, Ar, Ur.* **araña peluda.**

▶ **dar zancadas de ~ viuda; echar una ~; echarse una ~; estar como ~ de Corpus; estar como ~ fumigada; saber más que las ~s; tener culo de ~ bomba.**

arañar(se).

I. 1. tr. *Ho, Cu, RD, Ve.* Hacer esfuerzos *una persona* para conseguir recursos económicos. pop + cult → espon.

II. 1. intr. prnl. *Pe.* Ofenderse o enojarse *una persona.*

III. 1. tr. *Cu.* Causar *alguien* o *algo* daño a *una persona.* pop + cult → espon.

IV. 1. tr. *Cu.* Sacar *una persona* dinero a *alguien* mediante un recurso ingenioso. pop + cult → espon.

V. 1. tr. *Cu.* Traicionar *alguien* a su pareja sentimental con otra persona. pop + cult → espon.

VI. 1. tr. *Ho.* p.u. No obtener *alguien algo* por muy poco.

VII. 1. intr. prnl. *Ni.* Persignarse incorrectamente *una persona* por descuido o por no saber.

arañita.

I. 1. f. *PR.* metáf. Fritura hecha a base de plátano verde rallado.

araño.

I. 1. m. *RD.* Arañazo.

arañón.

I. 1. m. *Ho.* Arañazo.

arapaima.

I. 1. *Co.* **paiche.**

arar(se).

I. 1. intr. prnl. *Ec.* Emborracharse.

II. 1. intr. *Bo.* Escocer la piel intensamente. pop + cult → espon.

◰

a. ‖ **aramos, dijo el mosquito.** fr. prov. *Ar, Ur.* Indica que alguien se atribuye la realización de una tarea en la que no ha colaborado. pop + cult → espon.

arará.

I. 1. f. *Bo.* Ave de hasta 74 cm de longitud, con diferentes tonalidades en la coloración del plumaje, *que es predominantemente azul verdoso*, y pico grande y robusto de color negro. (Psittacidae; *Anodorhyncus glaucus*). (**ará**).

ararado, -a.

I. 1. adj. *Pa. Referido al color del ganado vacuno*, de franjas negras, verticales en el vientre y horizontales en las patas, sobre un fondo amarillo o blanco. rur.

arasá.

I. 1. *Ar:NE, Ur.* **arazá**, árbol.

arasco.

I. 1. m. *ES.* Cigarrillo de marihuana de mala calidad. drog.

¡arastos!

I. 1. *CR.* obsol. **¡carajo!** rur.

araticú. (Del guar. *aratikú*).

I. 1. m. *Py, Ar:NE.* Arbusto silvestre de hasta 2 m de altura, con ramas largas y horizontales con pocas bifurcaciones, y fruto en forma de baya pulposa con muchas semillas; con el fruto se preparan dulces. (Annonaceae; *Rollinia emarginata*).

arava.

I. 1. *Ho:N.* **carambola**, árbol y fruto.

arazá. (Del guar. *arasa*, guayabo).

I. 1. m. *Ar:NE, Ur.* Árbol de hasta 7 m de altura, de tronco torcido y ramoso, hojas elípticas y puntiagudas, y flores blancas y olorosas. (Myrtaceae; *Psidium guajava*). (**arasá**).

2. *Ar.* **guayaba**, fruto.

3. *Ec.* Arbusto de hasta 3 m de altura, con ramificación densa y hojas elípticas que, en edad adulta, son vellosas y de color marrón, inflorescencia de una a cuatro flores pediceladas. (Myrtaceae; *Eugenia stipitata*).

4. *Ec.* Fruto del arazá, esférico, ligeramente achatado arriba, de color amarillo al madurar, de sabor ácido y muy aromático; con él se hacen jugos, mermeladas, helados y vinos.

5. *Ur.* Flor del arazá.

arbaleta.

I. 1. f. *CR.* Arma de pesca, que consiste en una pistola a presión o en cauchos lanzadores con los que se dispara la flecha o arpón.

arbano, -a. (De *árabe* y *hermano*).

I. 1. m. y f. *Mx, Gu.* Árabe o persona de origen árabe que emigró a América.

arbitrioso, -a.

I. 1. adj. *RD. Referido a persona*, diestra, hábil.

árbitro.

I. 1. m. *Ni, Pa, PR. En el beisbol*, juez que toma las decisiones sobre las diversas jugadas.

árbol.

■

a. ‖ ~ **de aceite.** *Co.* **tecopalcalhuite.**

b. ‖ ~ **de algodón.** m. *Ho.* **ceiba**, árbol de hasta 50 m.

c. ‖ ~ **de cera.** m. *Ho.* **cera vegetal**, arbusto.

d. ‖ ~ **de fuego.** *Ho, ES.* **flamboyán.**

e. ‖ ~ **de la cruz.**
i. *ES.* **jícaro**, árbol de hasta 10 m.
ii. *ES.* **jícaro**, árbol perenne.

f. ‖ ~ **de leche.**
i. *Ve, Ec.* **sande.**
ii. m. *Ve, Ec.* Madera del árbol de leche.

g. ‖ ~ **de María.** *PR.* **lechemaría**, árbol.

h. ‖ ~ **de orejas.** *ES.* **guanacaste**, árbol.

i. ‖ ~ **de pana.** *PR.* **árbol del pan.**

j. ‖ ~ **de Pascua.** m. *Ch.* Árbol natural, habitualmente una conífera, o artificial semejante a él, que se decora con luces y adornos en Navidad. ♦ **arbolito.**

k. ‖ ~ **del diablo.** *Ho.* **solimanché.**

l. ‖ ~ **del pan.** m. *ES, Pa, Cu, RD, Co:O, Ve.* Árbol de hasta 15 m de altura, con mucho follaje, hojas grandes con hendiduras profundas que forman anchos lóbulos, inflorescencia en espiga, y fruto de pulpa y semillas comestibles. (Moraceae; *Artocarpus altilis*). ♦ **al bopán; árbol de pana; buen pan; castaño; fruta de pan; guapén; juan pan; mapén; mazapán; palo de pan; pan de árbol; pan de fruta; pana; panapén; pandisho; pepepá..**

m. ‖ ~ **nacional.** *Ve.* **flor amarilla**, árbol.

n. ‖ ~ **santo.** *Ho.* **tempate**, arbusto.

ñ. ‖ ~ **suicida.** *Pa.* **alazano**, árbol.

▶ **no ser ~ sin sombra.**

arbolario.

I. 1. m. *RD.* Desparpajo.

arbolario, -a.

I. 1. adj. *Ve. Referido a una mujer*, propensa a riñas e intrigas. pop + cult → espon.

2. *Ve:O,E. Referido a persona*, que habla alto y agresivamente para llamar la atención de los demás. pop + cult → espon.

3. *Ve:C. Referido a persona*, entrometida, indiscreta. pop + cult → espon.

arbolito.
   I. 1. m. *Ar.* Hombre que recibe apuestas clandestinas para juegos de azar no oficiales o para las carreras de caballos. pop + cult → espon.
   2. *Ar.* Hombre que cambia divisas ilegalmente en la vía pública. pop + cult → espon.
   II. 1. *Pa, RD, Ec, Ar, Ur.* **árbol de Pascua.**
   ▶ ir a mi ~.

arboloco.
   I. 1. m. *Co.* Árbol de hasta 6 m de altura, de forma piramidal, hojas grandes y flores amarillas; su madera resistente se usa en la construcción. (Asteraceae; *Smallanthus pyramidalis*). ♦ **escorzonera**; **pauche**; **upacón**.

arborificación.
   I. 1. *Ni; Ho,* p.u. **arborización.**

arborificar.
   I. 1. *Ho, ES.* **arborizar.**

arborización.
   I. 1. f. *Gu, ES, Ni, Co, Ve, Ec, Bo, Ch, Py, Ur; Ho,* p.u. Siembra de árboles con fines de reforestación. prest; cult → esm. ♦ **arborificación.**

arborizar.
   I. 1. tr. *Gu, Ho, ES, Ni, Co, Ch, Py.* Sembrar árboles con fines de reforestación. prest; cult → esm. ♦ **arborificar.**

arbotante.
   I. 1. m. *Mx.* Poste de luz.
   2. *Mx.* Lámpara de una o más fuentes de luz, que se instala fijándola a una pared.

arbulente.
   I. 1. adj. *RD.* Turbulento.

arca.
   I. 1. f. *Ec.* obsol. Axila de una persona. pop + cult → espon.
   II. 1. m. *Bo.* Hilera de siete tubos de caña hueca que compone el **sicu.**

arcabú.
   I. 1. m. *Pa.* Árbol de hasta 30 m de altura, de hojas imparipinnadas y alternas, *generalmente con espinas en el pecíolo y el raquis*, flores blancas o verdosas, aromáticas, y frutos en cápsulas, verdes, y negros cuando maduros. (Rutaceae; *Zanthoxylum panamense*). ♦ **lagarto**; **tachuelo.**

arcabuco.
   I. 1. m. *RD, PR.* p.u. Bosque espeso y cerrado. rur.

archivador.
   ■
   a. ‖ ~ **rápido.** m. *Bo.* Carpeta sencilla, de dos hojas de cartulina con un sujetador metálico en el interior, para guardar papeles y documentos previamente perforados.

archivar.
   I. 1. tr. *Mx.* Encarcelar. cult.

archivero.
   I. 1. m. *Mx, Gu, Ni, Ar.* Mueble de oficina que sirve para archivar documentos, fichas u otros papeles, *generalmente en orden alfabético*.

arcial. (Epént. de *acial*).
   I. 1. m. *Mx.* Acial, instrumento que se pone en el morro para que las caballerías estén quietas. rur.

arción. (Epént. de *ación*).
   I. 1. m. *Mx, Gu, Ho, ES, Ni, Co, Ch, Ar.* Correa de cuero de la que cuelga el estribo de las sillas de montar. rur.

arcionar.
   I. 1. tr. *Co.* Amarrar la soga en el arzón de la silla de montar para sujetar al animal que se ha enlazado.

arcionera.
   I. 1. *Ch, Ar, Ur.* **acionera,** pieza de cuero.

arco.
   I. 1. m. *Ni, Bo:O.* Armazón en forma de medio círculo de gran tamaño, revestido con **aguayos** y adornado con flores, frutas, muñecas y platería que se arma para alguna fiesta.
   II. 1. m. *Bo:O.* Cantidad de dinero y regalos que reciben los anfitriones en bodas, bautizos y otras fiestas populares.
   III. 1. m. *Ho.* Conjunto de plumas de la parte baja de la cola del gallo que se le suelen recortar antes de la pelea.

arcojolado.
   I. 1. adj. *RD. Referido al plátano*, entre verde y maduro.

ardedor.
   I. 1. adj. *Cu. Referido a un tabaco*, que arde bien.

ardencia.
   I. 1. f. *Ec, Pe.* Sensación de calor o quemazón en alguna parte del cuerpo. pop + cult → espon. ♦ **ardenta.**
   2. *Ec.* Acidez estomacal. pop + cult → espon.

ardenta.
   I. 1. *Ur,* p.u. **ardencia,** sensación de calor.

ardentilla.
   I. 1. f. *Ni.* Acidez estomacal. pop + cult → espon.

arder(se).
   I. 1. tr. *Ho, Pa, Co.* Molestar, fastidiar a *alguien.* pop + cult → espon.
   2. intr. prnl. *Ni.* Irritarse, resentirse *alguien.*
   II. 1. tr. *Ec.* p.u. Producir los restos humanos enterrados en el suelo o en una tumba un resplandor fosforescente.
   2. intr. *Ec.* p.u. *Según la creencia popular*, producir cierto resplandor fosforescente un tesoro que se halla enterrado en determinado sitio.
   III. 1. tr. *Cu.* Pudrirse el tabaco por estar a muy alta temperatura.
   ☐
   a. ‖ ~**le las orejas.** loc. verb. *Ni, Co, Pe, Bo, Ar, Ur.* Ser *alguien* objeto de crítica o comentarios sin estar presente.

ardezón.
   I. 1. f. *CR.* Sensación dolorosa e irritante *causada generalmente por una quemadura o por contacto de la piel con ciertas sustancias o plantas*. pop + cult → espon.

ardido, -a.
   I. 1. adj. *Mx, Gu, Ho, Ni, CR, Pa, Co, Ve:O; Ec, Pe,* p.u. *Referido a persona*, ofendida o enojada. pop + cult → espon.
   2. *Ho, Ni. Referido a persona, generalmente un niño*, encolerizado, iracundo.
   II. 1. adj. *Ar, Ur. Referido a la piel de una persona*, irritada o con cierta inflamación por el contacto con algo o por efecto del sol. pop + cult → espon.
   2. *Ar, Ur. Referido a la piel de un niño*, irritada o enrojecida por efecto de los orines. pop + cult → espon.
   3. *Ur. Referido a una tela o a una pintura*, que ha perdido color por efecto del sol, del sudor o de la humedad.
   III. 1. adj. *Cu. Referido al tabaco*, podrido por haber estado sometido a altas temperaturas en la casa de tabaco.

ardiente.
   I. 1. adj. *Ni, Co, Ec, Pe, Ur.* metáf. *Referido a persona*, lujuriosa.

ardilla.
   ■
   a. ‖ ~ **voladora.** m. *Mx, Gu, Ho, Pa.* Variedad de ardilla de hasta 26 cm de longitud, que tiene una membrana o patagio que se extiende de las extremidades anteriores hasta las posteriores, permitién-

dole planear muy bien en sus saltos de árbol a árbol, y ojos grandes y oscuros, adaptados a la visión nocturna. (Sciuridae; *Glaucomys volans*).

b. ‖ ~ **zapayola.** f. *Ho.* Variedad de ardilla de hasta 36 cm de longitud, de coloración grisácea, con pelaje café, negro y blanco, y vientre de color cremoso o blanco. (Sciuridae; *Scirus deppei*).

▶ **poner la ~ a trabajar; ponerse ~.**

ardillero.
I. 1. m. *Ho, ES.* Grupo nutrido de ardillas.

ardiloso, -a.
I. 1. adj. *Mx, Gu, Ho, Ni, Ve:O. Referido a persona,* astuta y hábil. pop + cult → espon. ♦ **vivo.**

ardita.
I. 1. f. *Co.* Mamífero roedor de hasta 20 cm de longitud, de color negro rojizo por el lomo, blanco por el vientre y cola muy poblada, extremidades posteriores más largas que las anteriores, garras afiladas para escalar árboles, ojos grandes y saltones y oídos grandes con penachos pequeños. (Sciuridae; *Sciurus granatensis*).
2. *Ho, Pa.* Mamífero de hasta 56 cm de longitud, de cuerpo alargado y cola larga y flexible, cabeza pequeña y ovalada, labio superior hundido, ojos grandes, orejas cortas, dentadura roedora y cuello corto. (Sciuridae; *Scirus variegatoides*).

arditero.
I. 1. *Co.* **tingazú,** ave.

área.
■

a. ‖ ~ **code.** (Del ingl. *area code*). f. *PR.* Distrito postal.
b. ‖ ~ **de salud.** f. *Cu.* Parte de un municipio cuya población es atendida por determinado policlínico.
c. ‖ ~ **verde.** f. *Ho, RD, Ve, Bo, Py, Ur.* Jardín o patio ajardinado de un edificio.

areite.
I. 1. m. *RD.* Alboroto, algarabía.

areito.
I. 1. m. *Mx, Ni, RD, PR.* Canto y baile popular de los antiguos antillanos y centroamericanos, vivo en el repertorio de los ballets folclóricos. (**areíto; areyto**).

areíto.
I. 1. *Cu.* **areito.**

arena.
I. 1. f. *ES.* Sal. carc.
▶ **pasar tocando ~; ser la ~ en su zapato.**

arenado.
I. 1. m. *Ar.* Limpieza de metales y otras superficies con arena propulsada con aire comprimido.
2. *Ar.* Taller en el que se arenan metales.

arenador.
I. 1. m. *Pe, Ar.* Obrero metalúrgico que limpia el óxido de los metales.
2. *Pe, Ar.* Aparato industrial que limpia diversas superficies mediante el pulido con arena.

arenca.
I. 1. f. *RD.* Comida cuyo ingrediente principal es el arenque.
2. *PR.* Pez marino de hasta 45 cm de longitud, de color azulado, pardusco o negruzco, con el vientre plateado, cuerpo lateralmente comprimido, mandíbula inferior prominente y base de la aleta caudal sin escamas; es comestible. (Clupeidae; *Clupea harengus*).
3. *PR.* **arenque,** persona muy delgada.
II. 1. f. *RD.* Vulva. vulg; pop + cult → espon.

arenera.
I. 1. f. *Mx, Co, Py, Ur.* Lugar en el que se pone arena para que jueguen los niños. (**arenero**).

2. *Gu, Ho, Ni, Pa, Cu, Ur.* Lugar de donde se extrae arena.
II. 1. f. *Gu, Ho, Ni, Pa, Ur.* Empresa que se dedica a la extracción de arena.

arenero.
I. 1. m. *Pe.* Coche de ruedas anchas para desplazarse por la arena.
2. *Bo.* Vehículo que se usa para transportar arena.
II. 1. m. *Ec.* **arenera,** lugar para que jueguen los niños.
2. *Ec.* Caja con arena para que los gatos hagan sus necesidades.
3. *Ni, CR.* Gran cantidad de arena.

arenero, -a.
I. 1. m. y f. *Cu.* Persona encargada de poner arena en los raíles para evitar que patinen las ruedas de los vagones.
II. 1. m. y f. *ES.* Miembro del partido ARENA.

arenga.
I. 1. f. *PR.* Sermón, regaño. pop + cult → espon ^ desp.
2. *PR.* Discurso vacío o de poca profundidad, destinado a enardecer los ánimos. pop + cult → espon ^ desp.

arenilla.
I. 1. f. *Ni, Ec.* Arena muy fina, de color negro, magnética y con partículas de algunos metales preciosos.
II. 1. f. *Ec.* Especie de **jején** de tamaño diminuto, casi imperceptible a simple vista, que presenta alas planas manchadas con tonos oscuros. (Ceratopogonidae; *Culicoides* spp.).

arenillero.
I. 1. m. *Co.* Árbol de hasta 10 m de altura, de tronco espinoso y fruto encapsulado que cuando llega a su madurez expulsa las semillas con una pequeña detonación. (Euforbiaceae; *Hura crepitans*).

arenillo.
I. 1. m. *CR.* Árbol de hasta 35 m de altura, de tronco recto, raíces tablares largas, hojas simples, alternas, flores blanquecinas y fruto capsular. (Bombacaceae; *Catostemma comune*).

arenoso, -a.
I. 1. adj. *Ni, CR, Ar, Ur; Ve, Ec,* rur. *Referido a ciertos frutos, en especial a la papa y a la manzana,* de textura granulada, similar a la de la arena muy fina. ♦ **arinoso.**

arenque.
I. 1. m-f. *RD, PR.* metáf. Persona muy delgada. (**arenca**). pop + cult → espon ^ fest.
II. 1. m. *RD.* Agente de policía. fest.

arepa. (Del cuma. *erepa*, maíz).
I. 1. f. *RD, PR, Co, Ve.* Especie de pan de forma circular, hecho con maíz y asado sobre una plancha. ♦ **arucha; *dumpling*.**
2. *Ve.* meton. Sustento o alimentación general de una persona. pop + cult → espon.
3. *Ve.* Establecimiento donde se hacen, venden o sirven arepas.
4. *CR, Pa, Cu.* Torta fina hecha con harina de trigo, azúcar y leche, frita en mantequilla, *que se come, generalmente, con almíbar o sirope.*
5. *Ec.* Alimento elaborado con harina de maíz como ingrediente principal.
6. *Bo:N,E.* Pan o torta de harina de maíz o **yuca** cocida en horno o sobre piedras calientes.
7. *RD.* Empanadilla hecha de **yuca,** maíz o trigo, rellena de carne, pollo o **lambí.**
8. *CR.* Alimento en forma de **tortilla,** elaborado con una mezcla de harina de trigo, polvo de hornear, huevos, leche y azúcar, que se cocina en una sartén.

9. *Pa:O.* **Tortilla** gruesa de harina de maíz que se combina con **raspadura**.

II. 1. f. *Ve.* metáf. Cualquier cosa de forma redondeada. pop + cult → espon.
2. *Ve.* Mancha redonda que se forma en la ropa, en la parte de la axila, por exceso de sudoración.
3. *Ve.* metáf. Número cero. pop + cult → espon.
4. *Ve. En el beisbol,* intento fallido de un equipo que no logra hacer una carrera. pop + cult → espon.

III. 1. f. *RD, Co.* Vulva. vulg; pop + cult → espon.
2. *Cu.* Lesbiana. vulg; pop + cult → espon.

IV. 1. f. *Ve.* **arepazo**, golpe fuerte.

■

a. ‖ ~ **antioqueña.** f. *Co.* Arepa que tiene forma de bola, sin sal, azúcar o queso y acompaña a comidas saladas.
b. ‖ ~ **budare.** f. *Ve.* Arepa asada en **budare**, plancha.
c. ‖ ~ **de bacalao.** f. *RD, PR.* p.u. **bacalaíto**.
d. ‖ ~ **de burén.** f. *RD.* Especie de torta de maíz, dulce o salada, quemada sobre una hoja de plátano.
e. ‖ ~ **de chicharrón.** f. *Ve.* Variedad de arepa a la que se le agrega **chicharrón** molido o en pequeños pedazos.
f. ‖ ~ **de choclo.** f. *Co.* Arepa con mazorca tierna de maíz. ♦ **arepa de chócolo.**
g. ‖ ~ **de chócolo.** *Co.* **arepa de choclo.**
h. ‖ ~ **de coco.** f. *PR.* Variedad de arepa a la que se añade coco rallado.
i. ‖ ~ **de huevo.** f. *Co.* Arepa que se rellena de un huevo frito y posteriormente se fríe en aceite.
j. ‖ ~ **de vieja.** f. *Ve.* Pan dulce tostado, de forma triangular, hecho con harina de **yuca**, **papalón** y anís, envuelto en una hoja de plátano.
k. ‖ ~ **pelada.** f. *Ve.* Variedad de arepa preparada con masa de maíz sin pilar. ♦ **arepa raspada.**
l. ‖ ~ **quiebra budare.** f. *Ve.* Arepa de tamaño grande. ♦ **arepa tumba budare.**
m. ‖ ~ **raspada.** *Ve.* **arepa pelada.**
n. ‖ ~ **tumba budare.** *Ve.* **arepa quiebra budare.**
ñ. ‖ **nueve ~s.** f. *Ve. En el beisbol,* número de ceros que acumula el equipo que pierde un juego sin haber anotado una carrera. pop + cult → espon.

▶ **bregar la ~; buscarse la ~; hacer ~; lamberle la ~; lamberse la ~; ponerse la ~ cuadrada; tener la ~ segura.**

arepazo.
I. 1. m. *CR, Co:C,NE, Ve.* Golpe fuerte dado con la mano abierta, *en especial el que se da en la cara.* pop + cult → espon. ♦ **arepa.**
II. 1. *Co.* **chiripazo.**

arepear.
I. 1. intr. *Co.* Realizar el coito. vulg; pop + cult → espon.

arepera.
I. 1. f. *Co, Ec.* Lesbiana. vulg; pop + cult → espon ^ desp.
II. 1. f. *Ve.* Lugar donde se venden arepas. ♦ **arepería.**

arepería.
I. 1. *Ve.* **arepera**, lugar.

arepero, -a.
I. 1. m. y f. *Co:O, Ve.* Persona aficionada a comer **arepas**.
2. *Ve.* Persona que hace o vende **arepas**.
II. 1. adj. *Co. Referido a persona,* que tiene suerte.

arepita.
I. 1. f. *RD, Ve; PR.* p.u. **Arepa** más pequeña y delgada que la corriente, cuya masa, aliñada con queso, **papelón** raspado y anís, se abomba al freírse.
▶ **hacer ~s.**

arepuela.
I. 1. f. *Co.* Masa de maíz con sal y azúcar, estirada en forma de hojas delgadas, que se fríe en aceite.

arequipe.
I. 1. *Co, Ve.* **manjar blanco.**

arestín.
I. 1. m. *Ch.* Tipo de sarna que afecta a animales como perros o gatos.

arestiniento, -a.
I. 1. adj. *Ch. Referido a animal,* que padece **arestín.**

areta.
I. 1. f. *Co.* Pendiente en forma de aro.

arete.
I. 1. m. *Ho, Cu.* Amigo íntimo, compañero inseparable. pop + cult → espon ^ desp.
2. *Cu.* Persona que pasa un tiempo unida a otra. pop + cult → espon.
3. *Cu.* Persona que se aprovecha de otra, *especialmente sin pagar los servicios que recibe de ella.*
II. 1. m. *Bo; Ec,* obsol. Pequeña pieza, *generalmente metálica,* en forma de banda o de broche y con un número o marca referencial distintiva, que se asegura en la oreja o en una pata de los animales como forma de identificación. rur.
III. 1. m. pl. *Ho.* Dos carnosidades colgantes de color rojo vivo, que tienen algunas aves como las gallináceas debajo de la mandíbula inferior. ♦ **aretillo; arito.**
IV. 1. m. *Ho.* Planta arbustiva anual o perenne de hasta 4 m de altura, de hojas opuestas, simples y lanceoladas, flores colgantes, de pedúnculos largos y cáliz cilíndrico, de color rojo brillante, y fruto en forma de baya pequeña de rojo-verdoso oscuro a rojo intenso, con numerosas semillas en su interior; es comestible. (Onagraceae; *Fushia arborescen*). ♦ **aretillo; arito.**

aretillo.
I. 1. *Mx, ES.* **arete**, planta.
II. 1. *Ho.* **aretes**, carnosidades.

areyto.
I. 1. *Mx, Ni, RD, PR.* **areito.**

arganas.
I. 1. *RD.* **árganas.**

árganas.
I. 1. f. pl. *Mx, Gu, Ho, Ni, RD; Ur,* p.u. Alforjas grandes o dos sacos de cuero colocados en la montura o las ancas de una caballería. rur. (**arganas**).
▶ **estar hecho ~.**

arganear.
I. 1. tr. *CR:NO.* Golpear el jinete con los talones los ijares de una caballería.

arganero, -a.
I. 1. adj. *CR:NO. Referido a persona,* capaz y muy diligente para realizar determinada acción o tarea.

arganillas.
I. 1. f. *Ho, ES.* Alforja de cuero, pita o fibra de maguey que se coloca el campesino sobre un hombro. rur.

arganita.
□
a. ‖ **de ~.** loc. adj. *RD.* Extraordinario, magnífico, excelente.

argel.
I. 1. adj/sust. *Py, Ar. Referido a persona,* que no tiene gracia ni inspira simpatía.
2. adj. *Py. Referido a un caballo,* que tiene resabios y considerado de mala suerte. rur.

argelar(se).
I. 1. tr. *Ar:NE.* Fastidiar, hartar, molestar *una persona* o cosa a *alguien.* pop + cult → espon.
2. *Ar:NE. En la creencia popular,* traer *algo* o *alguien* mala suerte a una persona. pop + cult → espon.

3. *Py.* Causar *algo* o *alguien* aburrimiento o fastidio a una persona.
4. intr. prnl. *Py.* Sentir *una persona* aburrimiento o fastidio.

argelería.
  I. 1. f. *Py.* Calidad de **argel**.

argentino, -a.
  •
  a. ‖ **vos, ~.** fórm. *Ar, Ur.* Se usa para aconsejar a alguien que se mantenga ajeno a alguna conversación, discusión o problema. pop + cult → espon.
  b. ‖ **yo, ~.** fórm. *Ar, Ur.* Se usa para indicar que se está al margen de una discusión o problema. pop + cult → espon.

argeñarse.
  I. 1. intr. prnl. *Gu.* p.u. Marchitarse una planta. rur.

argeño.
  ▶ **caer el ~.**

argolla.
  I. 1. f. *EU, Mx, Gu, Ho, ES, Ni, Pa, Cu, RD, PR, Co, Ec, Bo, Ch, Ar; Ur,* p.u. Anillo de compromiso o de matrimonio.
  2. *Ho, Ni, Pa, Cu, RD, PR, Ve, Ec, Pe, Bo.* Pendiente en forma de aro.
  3. *Gu, Ho, ES, Ni, CR, Pa.* Pendiente con adorno colgante o sin él.
  4. *Ho, Ni, Ve:O.* Pieza de metal en forma de aro que se coloca en las puertas para llamar.
  5. *Gu, ES, Ni, Pa. En la ganadería,* aro metálico grueso que se coloca en la nariz del animal vacuno inquieto. rur.
  II. 1. f. pl. *Ar.* Aparato de gimnasia formado por dos aros sostenidos por cables que cuelgan paralelos de una estructura.
  2. *Ar.* Modalidad de gimnasia artística masculina que se practica con este instrumento.
  III. 1. f. *Ho, ES, Ni, CR, Ec, Pe.* Conjunto de personas que monopolizan el gobierno, las decisiones o el dominio en una institución, empresa o en cualquier otro tipo de agrupación. pop + cult → espon ∧ desp.
  IV. 1. f. *Ar, Ur.* Vulva. euf; pop + cult → espon.
  2. *ES, Ni.* Ano. euf; pop + cult → espon.
  V. 1. f. *Ho, Pe, Bo.* Figura de humo que se forma en el aire al fumar.
  VI. 1. f. *Ve.* Hombre homosexual. euf; pop + cult → espon.
  VII. 1. f. *Ni, Cu. En el* **beisbol**, anotación de cero en una entrada.
  ■
  a. ‖ **par de ~s.** m. *Ho.* Dos personas inseparables. pop + cult → espon.
  □
  a. ‖ **de ~.**
    i. loc. adj. *Cu. Referido a persona,* rigurosa, intransigente. pop + cult → espon.
    ii. *Cu. Referido a un asunto o situación,* difícil de manejar o de gran magnitud. pop + cult → espon.

argolladero, -a.
  I. 1. adj. *Ho, ES. Referido a persona,* que pertenece a un grupo de poder. pop + cult → espon ∧ desp.

argollado, -a.
  I. 1. adj/sust. *Co. Referido a un conjunto de papeles,* atravesados y sujetos con aros.
  II. 1. adj. *Cu. Referido a persona,* que vive en concubinato. pop + cult → espon.
  III. 1. *Cu.* **apergollado.**
  IV. 1. *Cu.* **atorado,** que tiene mucho trabajo.

argolladura.
  I. 1. f. *ES.* Colocación de argollas. rur.

argollar.
  I. 1. tr. *Ho, Co.* Poner *alguien* una argolla a una **res** en un agujero abierto en la nariz.
  2. *Co.* Poner *alguien* a un grupo de hojas un anillo plástico o espiral en un borde para que queden sujetas y unidas.
  3. *Ho, ES.* metáf. Apresar a *alguien*. pop + cult → espon.
  II. 1. tr. *ES.* Molestar *una persona* a *alguien*. pop + cult → espon.

argollero, -a.
  I. 1. adj. *Co. Referido a persona,* que sin miramientos procura obtener ventaja en tratos o en otros asuntos.
  2. *Pe. Referido a persona,* que selecciona a otras *principalmente por interés o beneficio.*
  II. 1. m. y f. *CR, Pe.* Miembro de una **argolla**, conjunto de personas. ♦ **argollista.**
  2. adj. *CR, Pe.* Relativo a una **argolla**, conjunto de personas.
  III. 1. adj. *Ho, ES, CR. Referido a persona,* que pertenece al grupo minoritario del poder. pop + cult → espon ∧ desp.
  2. *CR. Referido a persona,* que excluye o impide la participación a aquellos que no sean de su grupo minoritario del poder.

argollismo.
  I. 1. m. *Ho, Ni.* Capacidad de un reducido grupo de personas de conseguir o mantener el poder en una institución, partido o país. prest; cult → esm.

argollista.
  I. 1. *Pe.* **argollero,** miembro de una **argolla**.

argolludo, -a.
  I. 1. adj. *Ar. Referido a una persona adulta,* que no tiene independencia con respecto a su madre o a otra mujer.

árguenas.
  I. 1. f. pl. *Ch.* obsol. Angarillas formadas por dos cuévanos o cestos, *especialmente las que se ponen a las caballerías para transportar cargas.*

argüende.
  I. 1. m. *Mx, Gu, ES.* Debate agitado y sin gran rigor que se suscita sobre algún motivo o acontecimiento controvertidos.
  2. *Mx, ES.* Rumor, comentario liviano u ocioso, *las más de las veces infundado,* que se vierte sobre algún asunto de actualidad o de interés.

argüendear.
  I. 1. intr. *Mx.* Debatir o argumentar, *por lo general sin gran profundidad,* sobre un asunto polémico.

argüendero, -a. (De *argüende,* chisme).
  I. 1. adj/sust. *Mx, Gu, ES. Referido a persona,* que gusta de murmurar o de divulgar infundios acerca de otras personas o de asuntos que no le incumben.
  2. adj. *Mx. Referido a un documento,* que contiene infundios o calumnias.

argullo.
  I. 1. m. *RD.* Orgullo. vulg.

argumento. (Del ingl. *argument*).
  I. 1. m. *EU.* Discusión.

argumia.
  I. 1. f. *Co.* Descenso de los efectos de una droga. drog.

aríbalo.
  I. 1. m. *Ec.* Vasija de base terminada en punta, con dos grandes asas en sus costados, un apéndice central y otras dos pequeñas asas en el borde superior.

aribibi.
  I. 1. *Bo.* **cumbarí,** fruto.

arica.
 I. 1. f. *Ve.* Abeja silvestre sin aguijón, de color negro, con cuatro fajas amarillas en el abdomen, que produce una miel muy dulce y perfumada. (Apidae; *Melipona favosa*). (**erica**).

arichao.
 I. 1. m. *RD.* Peso. fest.

ariente.
 ▶ **no ser ~ ni pariente.**

arinoso, -a.
 I. 1. *Bo.* **arenoso.**

aripo.
 I. 1. *Ve:E.* **budare.**

aripuca.
 I. 1. f. *Ar:NE, Ur.* Trampa para aves o animales pequeños, *generalmente de forma piramidal*, construida con cañas o palos.
 2. *Ur.* Vivienda modesta construida con palos y cañas.

arique. (De or. ind. antillano).
 I. 1. m. *Cu.* Tira estrecha que se saca del tejido que cubre el tronco de la palma; tiene diversos usos.

ariquipe.
 I. 1. m. *Ve; Co,* pop. Dulce que se prepara con leche y azúcar y se somete a cocción lenta y prolongada.

arirumba.
 I. 1. f. *Ec.* Planta herbácea perenne de hasta 30 cm de altura, bulbosa, con flores amarillas de olor fragante. (Amaryllidaceae; *Chlydanthus odoratus*).

arisco, -a.
 I. 1. adj. *Ni, Pa, RD, PR, Ve, Bo. Referido a persona,* asustada, miedosa.
 2. *PR. Referido a persona,* nerviosa.

arishca. (Del quech. *arishca*).
 I. 1. f. *Ec.* Procedimiento para impermeabilizar una vasija nueva, consistente en hervir leche en ella, en poner leche hirviendo dentro o exponer el recipiente al fuego con unos granos de sal en su interior.

arisquear.
 I. 1. intr. *ES, Ni, Ar, Ur.* Comportarse indócilmente un animal doméstico o de trabajo. rur; pop + cult → espon.
 2. *Ni, Ar, Ur.* Mostrarse *una persona* poco afectuosa. rur.
 II. 1. tr. *Ni, Ar, Ur.* Evitar *una persona* a *alguien* o *algo,* *especialmente por recelo.* rur.

aritmética.
 I. 1. f. *Ch.* Harina tostada que se agrega a bebidas alcohólicas, *principalmente a la malta.*

arito.
 I. 1. m. *Ho, ES, Ni, Co:O, Ch, Ar, Ur.* Pendiente.
 2. *Ho. En la ganadería,* aro de plástico con un número de serie que se coloca en la oreja de cada res para su identificación. rur.
 II. 1. m. *Gu, Ho, ES.* **chanita.**
 III. 1. *Ho.* **arete**, planta.
 IV. 1. m. *Ho.* Amigo íntimo, compañero inseparable.
 V. 1. m. pl. *Ho.* **aretes**, carnosidades.

arma.
 I. 1. m. *ES, Ni, Ve, Ec, Py, Ur.* Pene. euf; pop + cult → espon.
 2. *Ec.* Vulva. euf; pop + cult → espon.

 ■
 a. ‖ **~ de dotación especial.** f. *Co.* Arma que llevan los miembros de las Fuerzas Armadas, preceptuada y provista por el Gobierno.
 ▶ **pasar por las ~s.**

armada.
 I. 1. f. *Ar, Ur,* rur; *Ch,* p.u. Forma en que se dispone el lazo para lanzarlo.

II. 1. f. *Pe.* Cuota o parte que se fija para pagar una deuda en unos plazos mensuales determinados.

armadillo.
 ■
 a. ‖ **~ hondureño.** m. *Ho.* Armadillo de hasta 50 cm de longitud, de cola sin anillos escamosos como las otras variedades, y cinco dedos en las patas delanteras y no cuatro. (Dasypodidae; *Cabbasous centralis*). ◆ **armado**; **armado de zopilote**; **pitero de uña.**

armado.
 I. 1. m. *Ho, Bo:S, Py, Ar, Ur.* Pez de agua dulce de hasta 70 cm de longitud, con aletas dorsal y pectorales muy robustas, cuerpo oscuro desprovisto de escamas y carne comestible. (Doradidae; *Pterophyllum* spp.).
 2. *Gu, Ho, ES, CR.* **cusuco**, armadillo.
 3. *Ho.* **armadillo hondureño.**
 II. 1. m. *Ar.* Cigarro liado con las manos.
 III. 1. adj. *PR. Referido a persona,* que se apropia de algo. pop + cult → espon.

 ■
 a. ‖ **~ de zopilote.** m. *Ho.* **armadillo hondureño.**

armador.
 I. 1. m. *Ec.* Utensilio de madera, metal o plástico, en forma de triángulo y con un gancho en la parte superior, *usado para colgar prendas de vestir y evitar que estas se arruguen.*

armador, -ra.
 I. 1. sust/adj. *Mx, Gu, Ho.* Caballería que se encabrita con frecuencia. rur.
 II. 1. sust/adj. *PR. En el baloncesto,* jugador que organiza las jugadas durante el partido.

armadura.
 I. 1. f. *Cu.* Soporte al que se fijan los cristales de los espejuelos o gafas.
 II. 1. f. *PR.* Espuelas de los gallos de pelea.
 III. 1. f. *PR.* Tablazón de una embarcación. ◆ **armamento.**

armaduría.
 I. 1. f. *Mx, Ch, Ar.* p.u. Taller de una fábrica, en el que se realiza el proceso de montaje de las piezas de aparatos, máquinas o automóviles.

armamento.
 I. 1. *PR.* **armadura**, tablazón.

armar(se).
 I. 1. intr. prnl. *Mx, Gu, ES, Cu, Ar, Ur.* Proveerse de una gran cantidad de dinero. pop + cult → espon.
 2. *Mx, Gu, ES, Py.* Enriquecerse *alguien.* pop + cult → espon.
 3. *PR, Ve.* Apropiarse *alguien* de algo ajeno. pop + cult → espon.
 4. *Cu.* Conseguir *alguien* dinero o *algo* de lo que se carecía. pop + cult → espon.
 5. *Gu.* Robar. pop + cult → espon.
 II. 1. intr. prnl. *Mx, Gu, Ho, ES, Ni.* Plantarse o encabritarse una caballería, no querer dar un paso más. rur.
 2. *Ve.* Disponerse una serpiente para el ataque.
 3. tr. *Ho, ES. En la caza,* enfrentar un perro a su presa una vez alcanzada.
 4. tr. prnl. *PR.* Enfrentarse *una persona* a *alguien* con enojo.
 III. 1. tr. *Ar, Ur.* Formar un cigarrillo envolviendo el tabaco en el papel de fumar.
 IV. 1. tr. *Ar, Ur.* Colocar o disponer *alguien* en una maleta lo que se quiere llevar de viaje.
 V. 1. intr. prnl. *Cu, Ve.* Negarse *alguien* violentamente, obstinarse. pop + cult → espon.
 VI. 1. intr. prnl. *RD.* Envalentonarse. pop + cult → espon.

VII. 1. intr. prnl. *ES.* Tener un macho en tensión el órgano sexual. rur; vulg; pop + cult → espon.

VIII. 1. tr. *Ho.* Preparar las bolas del billar americano en forma de triángulo para iniciar la partida.

IX. 1. tr. *Ho.* Formar una vasija de barro.

X. 1. tr. prnl. *Ni.* Encontrar *alguien* a una pareja amorosa.

□

a. ‖ ~ **atados.** loc. verb. *Ch.* Crear problemas. pop + cult → espon.

b. ‖ ~ **el tierrero.** loc. verb. *Co.* Promover conflictos y problemas. pop + cult → espon.

c. ‖ ~ **un tambo.** *Ni, Pa.* **armarla de pedo.**

d. ‖ ~ **una cumbia.** *Pa.* **armarla de pedo.**

e. ‖ ~**la de pedo.** loc. verb. *Mx.* Organizar *alguien* un lío, un escándalo. pop + cult → espon. ♦ **armar un tambo; armar una cumbia; armarla de tos.**

f. ‖ ~**la de tos.** *Mx.* **armarla de pedo.**

g. ‖ ~**se con el coroto.** *Ve.* **alzarse con el coroto.**

h. ‖ ~**se con el santo y la limosna.** loc. verb. *Ve.* Apropiarse *alguien* de todo.

i. ‖ ~**se con una cosa.** loc. verb. *PR.* Retener *algo* ajeno injustificadamente, negándose a devolverlo. pop + cult → espon.

j. ‖ ~**se la bola.** loc. verb. *Mx.* Crearse súbitamente una situación de desorden, crispación y confrontación entre varias personas. pop + cult → espon.

k. ‖ ~**se la grande.** loc. verb. *Co, Bo, Ch, Ar.* Sobrevenir un problema de gran magnitud en el orden social, económico y político.

armastrote.
I. 1. *PR.* **armatroste.** rur; pop.

armatostre.
I. 1. *RD, PR, Ve.* **armatroste.**

armatroste. (Epént. de *armatoste*).
I. 1. m. *Mx, Gu, Ho, ES, Ni, Cu, RD, PR, Co, Ec, Ur.* Armatoste, objeto grande, voluminoso, *generalmente un mueble*, considerado como estorbo u obstáculo. (**almatroste; armastrote; armatostre**).

armayari.
I. 1. m. *Pe.* Toldo hecho de hojas de palma cosidas entre sí que sirve para proteger los alimentos del sol y de la lluvia. rur.

armazón.
I. 1. f. *Bo.* **anaquel**, estantería.
2. *PR.* Tablazón.

armella.
I. 1. f. *ES.* Vulva. (**armilla**). rur; tabú.

armicidio.
I. 1. m. *Ho.* Tráfico ilegal de armas. prest; cult → esm.

armilla. (Var. de *armella*).
I. 1. f. *Ho.* **Armella**, anillo de hierro. rur.

armón.
I. 1. m. *Mx.* obsol. Vagoneta de cuatro ruedas que circula por raíles de ferrocarril.

armonía.
I. 1. f. *Gu, ES.* Curiosidad, inquietud.
2. *RD.* Comezón insistente.
II. 1. f. *RD.* Plato de arroz, habichuela, plátano y carne.

armú.
I. 1. m. *Pa.* p.u. Medida de arroz de ocho puñados. rur.

army. (Voz inglesa).
I. 1. ‖ m. *EU, PR.* Ejército.

armyworm. (Voz inglesa).
I. 1. m. *PR.* Enfermedad que afecta a la hoja de la caña de azúcar. rur.

arnaucho. (De or. quech.).
I. 1. m. *Pe.* **Ají** pequeño y muy picante.

arnero.
I. 1. m. *Ve:O.* Objeto que tiene muchos orificios pequeños que dejan pasar el agua. pop.
2. *Ve:O.* metáf. Techo con múltiples goteras. pop.

árnica.
■
a. ‖ ~ **de monte.** f. *Ho.* Hierba silvestre perenne, de hojas basales, aovado lanceoladas y dentadas, de color verde por arriba y blanco pubescente por abajo, flores pequeñas, moradas o blancas, que crecen en cabezuelas solitarias y semillas con un vilano fino; en la medicina tradicional la raíz, y, algunas veces, las hojas se utilizan en cocción contra el dolor, las quemaduras y las inflamaciones. (Asteraceae; *Chaptalia nutans*). ♦ **árnica del país.**
b. ‖ ~ **del país.** *Ho.* **árnica de monte.**
▶ **ser como el ~.**

arnuflismo.
I. 1. m. *Pa.* Doctrina política que tiene como fuente ideológica las enseñanzas de Arnulfo Arias Madrid, político panameño.

arnuflista.
I. 1. m-f. *Pa.* Persona que simpatiza con las ideas políticas del **arnuflismo**.
2. adj. *Pa.* Relativo al **arnuflismo**.

aro.
I. 1. m. pl. *Ho, ES, RD, Ve, Ec, Pe, Bo, Ur; Ar*, p.u. Anillo de compromiso o matrimonio.
2. *Mx, Ho, Ni.* Armazón, montura de anteojos.
3. *CR, RD, PR, Pe, Bo, Py, Ur. En una rueda de un vehículo*, estructura circular de metal en la que va montado el neumático.
4. *PR, Ve, Ur.* Anillo, sortija sin adornos.
II. 1. m. *Ch.* Interrupción de una actividad durante un breve espacio de tiempo.
▶ **cambiar ~s; cruzar ~s; estar frenando en el ~; hacer un ~.**

¡aro!
I. 1. interj. *Ch, Ar.* Expresa orden de suspender el baile, en fiestas tradicionales y en determinadas danzas folclóricas, para que los bailarines tomen una copa o canten una copla, casi siempre de tono picaresco.
2. *Bo.* Expresa orden a los bailadores de **cueca** para que detengan el baile y puedan beber unas copas con sus parejas cruzando los brazos entre ellas.

aroma.
I. 1. *Gu, Cu, RD.* **aromo.**
2. *PR.* **mezquite.**
■
a. ‖ ~ **extranjera.** m. *RD.* **huacáporo.**

aromo.
I. 1. m. *Mx, Gu, Ho, ES, Ni, CR:NO, Ch, Ar, Ur.* Arbusto de hasta 3 m de altura, de espinas largas, hojas alternas, flores amarillas, pequeñas, en cabezuelas redondas, y fruto en forma de legumbre bivalva y lampiña de color café rojizo; se usa en la medicina tradicional. (Fabaceae; *Acacia farnesiana*). ♦ **aroma; cachito; espino blanco; huisache; poir; subín; vinorama; yóndiro.**

arpa.
I. 1. m. *Mx, PR.* metáf. Caballo flaco. rur.
II. 1. m. *Ho.* Conjunto de cerdas que tienen algunos animales cuadrúpedos en la parte superior del cuello. rur.
▶ **cargar con el ~; estar tocando el ~; salir como el ~ de Judas; soltar el ~; sonar como ~ vieja; tirar el ~; tocar el ~.**

arpillar.
I. 1. tr. *Mx.* Cubrir *alguien algo* con una arpillera. rur.
2. *Ni.* Hacer *alguien* montones ordenados de leña. rur.

II. 1. tr. *CR:NO.* Acomodar *alguien* la leña o el maíz en estibas. rur.

arpisto.

I. 1. m. *Ve; Ar*, p.u. Hombre que toca el arpa. rur.

arquear(se).

I. 1. tr. *Ni, Co; Cu, PR*, obsol. Hacer *alguien* el arqueo de la caja de una entidad.

II. 1. intr. prnl. *Ve.* Ponerse *alguien* en posición para vomitar. pop + cult → espon.

arquitecta.

I. 1. f. *Ec.* Hierba silvestre perenne de hasta 60 cm de altura; se usa en infusión como diurético y depurativo. (Asteraceae; *Lasiocephalus ovatus*).

arquitecto, -a.

I. 1. m. y f. *PR.* Persona que compone las letras del **reguetón**.

arrabal.

I. 1. m. *Ni, PR.* Conjunto de casas de construcción pobre y precaria. pop + cult → espon ∧ desp.

arrabalero, -a.

I. 1. adj/sust. *RD. Referido a persona*, pleitista. pop.

arracacha. (Del quech. *racacha*).

I. 1. f. *PR, Co, Ve:O.* **apio**, planta. (**aracacha; arracache**).

2. *Co, Ve:O.* Tubérculo de la arracacha. (**aracacha; arracache**).

arracachada.

I. 1. f. *Co:O.* Tontería. pop + cult → espon.

arracache.

I. 1. *CR.* **arracacha**.

arrachera.

I. 1. f. *Mx.* Corte de carne de vacuno, extraído del músculo del diafragma.

arragre.

I. 1. f. *CR.* Avispa de hasta 8 mm de longitud, peluda, de color negro que carece de aguijón. (Apidae; *Trigona silvestrianum*).

2. m. *CR.* Panal de la arragre. ♦ **atarrá**.

arraigar.

I. 1. tr. *Mx, Gu, Pe, Bo, Ch, Ar.* Notificar judicialmente a alguien que no salga de la población, bajo cierta pena. prest; cult → esm.

2. *Mx.* Imponer las autoridades judiciales el depósito de fianza a alguien, demandado o enjuiciado, el depósito. prest; cult → esm.

arraigo.

I. 1. m. *Ec, Pe, Bo, Ch.* Notificación judicial que recibe una persona prohibiéndole la salida del país, por tener asuntos pendientes con la justicia. prest; cult → esm.

arraiján.

I. 1. m. *Cu, RD; PR*, obsol. Arrayán. rur; vulg; pop.

arralado, -a.

I. 1. *Gu.* **ahuevado**, asustadizo. pop + cult → espon.

arralar(se).

I. 1. tr. *Gu.* Avergonzar *una persona* a alguien. pop + cult → espon.

2. intr. prnl. *Gu.* Sentir miedo. pop + cult → espon.

arralón.

I. 1. m. *Gu.* Susto.

arranado, -a.

I. 1. adj. *Ch. Referido a persona*, de conducta indolente o abúlica. pop + cult → espon.

II. 1. adj. *PR.* juv. *Referido a un vehículo*, que está muy pegado al suelo.

arranar(se).

I. 1. intr. prnl. *Ch.* Adquirir *alguien* con el tiempo una actitud acomodaticia y poco activa. pop + cult → espon.

II. 1. tr. *PR.* juv. Manipular el sistema de ruedas de un auto de modo que quede lo más pegado al suelo posible.

arranca.

I. 1. f. *CR.* Extracción de raíz de un producto agrícola en la época de recolección. rur.

2. *CR.* Época en la que se realiza la arranca. rur.

¡arranca!

I. 1. interj. *Cu, RD, PR, Ve.* Expresa expulsión, orden de marcharse inmediatamente del lugar. vulg; pop + cult → espon.

  □

  a. ‖ **¡~ pa' l carajo!** loc. interj. *PR.* Expresa expulsión, orden de marcharse inmediatamente de un lugar. vulg; pop + cult → espon.

¡arrancá!

I. 1. interj. *Ur.* Expresa firme rechazo a *alguien*.

arrancacebollas. (De *arrancar* y *cebolla*).

I. 1. m. *Gu, ES.* Juego infantil que consiste en lograr separar uno a uno a los niños puestos en fila y agarrados uno a otro de la cintura, mientras que el primero actúa de tronco o poste.

arrancada.

I. 1. f. *Cu.* Inicio de una actividad, *principalmente la de la zafra azucarera*.

  ■

  a. ‖ **~ de tarro.** f. *Ch.* Gestión hecha por alguien sin la debida autorización. pop + cult → espon ∧ fest.

  ▶ **tener ~s de perro chingo**.

arrancadera.

I. 1. f. *Ch.* Marcha apresurada o huida de una persona o de un grupo de un lugar. pop.

arrancado, -a.

I. 1. adj. *EU, Mx, Ho, ES, Ni, CR, Cu, RD, PR, Co, Ec, Pe; Pa*, fest. *Referido a persona*, que no tiene dinero. pop + cult → espon. ♦ **arrollado**.

II. 1. adj. *CR. Referido a persona*, que se irrita fácilmente hasta enfurecerse. pop + cult → espon. ♦ **chiva**.

2. *Pa. Referido a persona*, enojada. pop + cult → espon.

  ▶ **estar ~**.

arrancaera.

I. 1. *PR.* **arranquitis**.

arrancamuelas.

I. 1. m. *Co.* Caramelo cuadrado muy popular, de varios colores y sabores, *al que se le añade generalmente coco*. pop + cult → espon ∧ fest.

arrancapapas. (De *arrancar* y *papa*).

I. 1. m. *Ho.* Pene. rur; vulg; fest.

arrancapescuezo.

  □

  a. ‖ **de ~**.

    i. loc. adj. *Cu. Referido a persona*, justa, recta. vulg; pop + cult → espon.

    ii. *Cu. Referido a persona*, emprendedora y de carácter enérgico. vulg; pop + cult → espon.

    iii. *Cu. Referido a un asunto*, de gran envergadura. vulg; pop + cult → espon.

arrancar(se).

I. 1. intr. prnl. *Cu, RD, PR.* Arruinarse, quedarse *alguien* sin dinero. pop + cult → espon.

2. tr. *PR. Entre jugadores*, ganar a una o más personas todo el dinero.

II. 1. tr. *CR.* Hacer que alguien se irrite hasta enfurecerse. pop + cult → espon.

2. intr. prnl. *CR.* Irritarse *alguien* hasta enfurecerse. pop + cult → espon.

III. 1. intr. prnl. *Pa.* Irse de parranda. pop + cult → espon.

2. *Pa.* Emborracharse. pop + cult → espon.

IV. 1. tr. *CR.* Recoger una cosecha, *especialmente la del frijol,* arrancando de raíz las matas. rur.

□

a. ‖ ~ **la cabeza.** loc. verb. *Ar, Ur.* Cobrar a alguien un precio excesivo por algo. pop.

b. ‖ ~ **la(s) tira(s) del pellejo.** loc. verb. *Cu.* Hablar mal de una persona.

c. ‖ ~ **verde.** loc. verb. *Cu.* Llevar *alguien* a una persona joven fuera de su patria.

d. ‖ ~**le el brazo.**
   i. loc. verb. *Ve.* Aceptar una oferta de dinero de inmediato. pop + cult → espon.
   ii. *Cu, PR.* Aceptar una oferta de inmediato, sin pensarlo mucho. pop + cult → espon. ♦ **arrancarle la mano.**

e. ‖ ~**le la mano.** *PR.* **arrancarle el brazo.**

f. ‖ ~**se con los tarros.**
   i. loc. verb. *Ch.* Comenzar a hacer o decir un despropósito. pop + cult → espon ^ fest.
   ii. *Ch.* Excederse de la propias atribuciones. pop + cult → espon.

g. ‖ **arrancársela.**
   i. loc. verb. *Cu.* Suspender a *alguien* en un examen. est.
   ii. *Cu.* Matar *una persona* a *alguien.* pop + cult → espon.

h. ‖ **arrancársele.**
   i. loc. verb. *Mx.* Desafiar, retar a *alguien.* pop.
   ii. *Ve.* Morir *alguien.* pop + cult → espon.

arrancazón.
  I. 1. *PR.* **arranquitis.**
    2. f. *Pa.* **arranque,** situación económica difícil.

arranchadera.
  I. 1. f. *Pe.* Captura repentina de algo que quieren coger a la vez otros varios.

arranchado, -a.
  I. 1. adj. *Ve. Referido a persona,* que se instala en casa ajena, abusando de la hospitalidad.

arranchar(se). (De *rancho*).
  I. 1. intr. prnl. *Ni, Pa, Co.* Quedarse *alguien* a vivir en casa de una persona, sin mostrar deseos de salir de ella y a disgusto del dueño. pop + cult → espon.
    2. *Cu, Ch; Ve,* p.u. Instalarse *alguien* en un lugar, alojarse de forma provisional.
    3. *Pa, Cu, Ve.* Quedarse *una persona* mucho tiempo en un lugar. pop + cult → espon.
    4. *Pe.* Juntarse en ranchos. rur.
    5. *Cu.* Establecerse los pescadores en un lugar cerca de la costa.
    6. *PR.* Refugiarse *alguien.* pop + cult → espon.
  II. 1. tr. *Ec, Pe.* Quitar violentamente *algo* a alguien. pop + cult → espon.
    2. intr. prnl. *Cu.* Apoderarse de una cantidad de dinero superior a la estipulada, *especialmente, en el juego.* pop + cult → espon.
  III. 1. intr. prnl. *Pa, Co.* Vivir dos personas en concubinato. pop + cult → espon ^ desp.
  IV. 1. intr. prnl. *Co.* Resistirse un animal, *generalmente caballuno,* a llevar carga. rur.
  V. 1. tr. *Cu.* Preparar *alguien* un barco para la faena.

arranche.
□

a. ‖ **al ~.** loc. adv. *Ec. En una disputa por la posesión de algo,* en forma violenta, desordenada.

arranchón.
  I. 1. m. *Ec, Pe.* Despojo violento de algo a alguien. pop + cult → espon.
    2. *Pe.* Robo en el que el ladrón se apodera de un objeto, tirando violentamente de él y dándose a la fuga. pop + cult → espon.

arrancón.
  I. 1. m. *Mx, Gu, Ho, ES, Ni, Ur.* Puesta en movimiento lineal brusca y potente de un móvil autopropulsado.
    2. *Mx, Ni, Ur.* Aceleración brusca y potente de un móvil autopropulsado que ya se halla en movimiento.
    3. *Mx.* **Competencia** de vehículos a motor en que los vehículos arrancan violentamente y cubren una corta distancia.
    4. *Mx.* Distancia o lapso temporal durante el que un móvil autopropulsado aviva la velocidad que llevaba.
    5. *Mx.* metáf. Impulso definitivo con que un fenómeno se asienta, consolida o adquiere esplendor.
  II. 1. m. *Ho, Ni.* Actuación o expresión súbita, sin pensar en ello.

arranque.
  I. 1. m. *EU, Mx, CR, Cu, PR, Co, Ve.* Exabrupto, respuesta brusca e inesperada de una persona. pop + cult → espon.
  II. 1. m. *Gu, Pa, Cu, RD, Ec.* Situación económica difícil. pop + cult → espon. ♦ **arrancazón.**
    2. *RD, PR.* **arranquitis.**
  III. 1. m. *CR, PR, Ve.* Capricho súbito y momentáneo. pop + cult → espon.
  IV. 1. m. *Ho, Ni. En construcción,* cimentación de un edificio.
  V. 1. m. *Pa.* Último trago que se bebe antes de irse de un lugar. pop + cult → espon.
    2. *Pa.* Fiesta, parranda. pop + cult → espon ^ fest.
  ▶ **no servir ni para el ~.**

arranquera.
  I. 1. *Cu, RD, PR.* **arranquitis.**

arranquitis.
  I. 1. f. *Gu, RD, PR, Ec; Ho,* p.u. Pobreza extrema, carencia de dinero. ♦ **arrancazón; arranque; arranquea.**

¡arrarrau!
  I. 1. *Ec.* p.u. ¡**achachay!**

¡arrarray!
  I. 1. *Ec.* ¡**achachay!**

arrasar.
  I. 1. tr. *PR.* metáf. *En una* **premiación,** ganar *alguien* una gran cantidad de premios.

arrastracuero.
  I. 1. m-f. *Cu, Ve.* Persona fanfarrona que alardea de rica o de valiente.

arrastradera.
  I. 1. f. pl. *Co:O.* Especie de pantufla sin talón utilizada en la casa.
  II. 1. f. *Ni, Ch.* Arrastre de algo de manera continua y bulliciosa. pop + cult → espon.

arrastrado, -a.
  I. 1. adj. *Mx, Ho, ES, Ni, CR, Cu, Pe, Bo, Ch, Ur. Referido a persona,* servil. pop + cult → espon ^ desp.
    2. adj/sust. *Mx, Ho, ES, Ni, CR, Cu, Ec, Bo, Ch; Ur,* p.u. *Referido a persona,* aduladora. pop + cult → espon ^ desp.
    3. adj. *Ho, ES, Ni, CR, Cu, PR, Ve, Ec, Pe, Bo, Ar, Ur. Referido a persona,* que se humilla ante los demás. pop + cult → espon ^ desp.
    4. adj/sust. *Ve, Ur.* metáf. *Referido a persona,* que hace cosas indignas por conveniencia. pop + cult → espon ^ desp.
    5. *Ve. Referido a una actitud o a un oficio,* humillante, degradante. pop + cult → espon.
  II. 1. adj/sust. *Co. Referido a persona,* pobre, que no tiene recursos.
  III. 1. adj. *Ni, CR, Bo. Referido a persona,* muy enamorada de otra. pop + cult → espon ^ fest. ♦ **camote.**

IV. 1. adj. *Ec. Referido a una mujer*, de vida licenciosa. pop + cult → espon ^ desp.

V. 1. adj/sust. *RD, PR. metáf. Referido a persona*, extremadamente borracha. pop + cult → espon ^ fest. (**arrastrao**).

arrastrao.
I. 1. *RD, PR.* **arrastrado**.

arrastrapanza.
I. 1. m. *Cu.* obsol. Coche desvencijado. fest.
2. m-f. *Cu.* p.u. Persona insignificante.

arrastrar(se).
I. 1. intr. prnl. *RD.* Morirse de risa. pop + cult → espon.
II. 1. intr. prnl. *PR.* Emborracharse. pop + cult → espon.

□

a. ‖ ~ el ala.
  i. loc. verb. *Co, Ur; Bo:S*, p.u. Cortejar a una mujer. pop + cult → espon.
  ii. *Ni, Ve.* Estar enamorado.

b. ‖ ~ el poncho. loc. verb. *Ch, Ar.* Provocar o incitar con insistencia *una persona* a *alguien* para que se decida a hacer algo, especialmente para que moleste, disguste o pelee. pop + cult → espon.

c. ‖ ~ la bolsa del pan. loc. verb. *Ch.* No haber alcanzado aún una mujer edad para mantener relaciones sexuales. pop + cult → espon.

d. ‖ ~ la cobija.
  i. loc. verb. *Mx.* Estar triste o deprimido. pop + cult → espon ^ fest.
  ii. *Gu.* Estar muy enamorado. pop + cult → espon ^ fest.

e. ‖ ~ la manta. loc. verb. *Pa.* Estar de mal humor. pop + cult → espon.

f. ‖ ~ un pueblo. loc. verb. *Cu, Ur.* Tener popularidad o poder.

g. ‖ ~las bolas. loc. verb. *Ur.* Actuar de forma lenta y parsimoniosa. pop + cult → espon. ♦ **arrastrarle las bolas por el piso.**

h. ‖ ~le las bolas por el piso. *Ur.* **arrastrarle las bolas.**

i. ‖ ~se por las cunetas. loc. verb. *PR.* Emborracharse hasta la inconsciencia. pop + cult → espon.

a. ‖ arrastrando la cobija. loc. adv. *Ho, Ve.* Con sueño por la mañana. pop + cult → espon.

b. ‖ arrastrando la manta. loc. adv. *Pa.* De mal humor. pop + cult → espon. ♦ **arrastrando la sábana.**

c. ‖ arrastrando la sábana. *Pa.* **arrastrando la manta.**

arrastre.
I. 1. m. *Ni, Pa, Cu, RD, Ve, Ec.* Asignatura no aprobada en el curso académico anterior. est.
II. 1. m. *Cu.* Influencia política o social de alguien.
2. *Ho, Ni.* Influencia o ascendencia de una persona sobre otra u otras.
III. 1. m. *RD. En la industria azucarera*, recogida de la caña y las consiguientes operaciones para llevarla a la central.
IV. 1. m. *Ho, Ni.* Servilismo de alguien con otro por interés. desp.
V. 1. m. *PR.* Plataforma removible con ruedas que se acopla a un camión o vehículo.

arrastrero.
I. 1. m. *Cu.* Embarcación de pesca que arrastra las redes para capturar peces.

arratonado, -a.
I. 1. *Cu, Ch.* **apendejado**, acobardado. pop + cult → espon.
II. 1. adj/sust. *Ec. Referido a animal o cosa*, de color entre gris y marrón.

III. 1. adj. *CR. Referido a persona o a parte de su cuerpo*, que tiene dolores musculares por haber realizado un gran esfuerzo físico.

arratonamiento.
I. 1. m. *CR.* Contracción muscular causada por un esfuerzo físico prolongado. pop + cult → espon.

arratonar(se).
I. 1. tr. *Cu, Ch.* Atemorizar, acobardar *alguien* o *algo* a *una persona*. pop + cult → espon.
2. intr. prnl. *Cu, Ch.* Acobardarse, atemorizarse. pop + cult → espon.
II. 1. intr. prnl. *CR.* Experimentar una contracción espasmódica dolorosa en ciertos músculos, *particularmente en los de la pantorrilla*. pop + cult → espon.

□

a. ‖ ~se el cerebro. loc. verb. *CR.* Experimentar *alguien* una confusión mental pasajera. pop + cult → espon ^ fest.

¡arrau!
I. 1. *Ec.* p.u. **¡ayáu!**

arraya.
I. 1. f. *PR.* Pez marino cartilaginoso, de hasta 3 m de longitud, de color grisáceo, cuerpo casi completamente plano, en forma de disco sin cabeza distinguida y fuerte cola. (Dasyatidae; *Dasyatis americana*).

arrayado.
I. 1. *PR.* **rayado** (*Lutjanus synagris*).
2. m. *PR.* Cerdo negro de raza Hampshire con una raya blanca alrededor del pecho. rur.

arrayán.
I. 1. m. *Mx, Gu, Ho, ES, Ni, Ar.* Arbusto de hasta 50 cm de altura, de hojas aovadas o elípticas, flores que se producen en la base de la planta, en las axilas de las hojas, tienen pétalos blancos y numerosos estambres, y fruto en baya; la raíz y la hoja machacadas y en cocción se utilizan en la medicina tradicional contra tos, anemia, flujo y diarrea. (Myrtaceae; *Psidium salutare, P. friedrichsthalianum, P. sartorianum, Calyptranthes hondurensis, Luma apiculata, L. chequen*).
2. *Ec.* Arbusto de color café amarillento, de hoja perenne, aovada, lisa y lustrosa, flores en racimo y fruto en baya globosa; *sus hojas se usan para teñir.* (Myrtaceae; *Eugenia halli*).
3. *RD.* Arbusto de hasta 10 m de altura, de tronco deshojado y copa densa, hoja perenne, flores en racimos y fruto en baya de color verde. (Myrtaceae; *Eugenia glabrata*).
4. *PR.* Arbusto de hasta 6 m de altura, de tronco fino con corteza pardo grisácea, agrietada pero persistente, hojas perennes, opuestas, lanceoladas y acuminadas, flores blancas dispuestas de a tres en un pedúnculo axilar y fruto pequeño y redondo. (Myrtaceae; *Myrica cerifera*). mantequero ♦ **arrayán bobo.**
5. *Ur.* Arbusto de tronco grueso, surcado, hojas lanceoladas de color verde oscuro, flores amarillentas y fragantes, y fruta en baya de color rojo en la madurez. (Myrtaceae; *Blephanocalyx salicifolius*).

□

a. ‖ ~ bobo. *PR.* **arrayán.**

arrayano, -a.
I. 1. adj/sust. *RD. Referido a persona*, que es oriunda o que vive en la zona fronteriza entre Haití y la República Dominicana.

¡arre!
I. 1. interj. *Mx:NO.* juv. Expresa acuerdo o aceptación.

arreada.
I. 1. f. *Pe, Bo, Ch, Ar, Ur.* **arreo**, conducción del ganado. rur.

2. *Bo, Ar, Ur.* Robo de ganado. rur.

3. *ES.* Robo de todo lo que hay en un lugar. pop + cult → espon.

II. 1. f. *Gu, Ho, ES, Ni.* Reprensión severa, regaño de alguien. pop + cult → espon. ♦ **agite**; **aguada**; **bocho**; **trapeada**.

III. 1. f. *ES.* Redada policial. polic.

arreadas.

I. 1. f. pl. *Ec.* Juego que se practica con trompos, consistente en impulsar con los dedos el trompo que uno de los jugadores ha puesto a bailar, de manera que con el roce del giro saque el trompo del contrincante que se halla colocado en un área demarcada en el suelo.

arreado, -a. (De *arrear*).

I. 1. adj. *Mx, Gu, ES, Ni.* Referido a persona, perezosa, lenta para el trabajo. pop + cult → espon ^ desp.

2. *Ve.* Referido a persona, obligada a hacer algo que no desea. pop + cult → espon.

3. *CR.* obsol. *Referido a un animal de trabajo, como un buey o una caballería,* que actúa con lentitud. pop + cult → espon ^ desp.

II. 1. adj. *Ho, ES, Ni.* Referido a persona, vehículo o animal, que sale velozmente, con mucha rapidez.

□

a. ‖ **mal ~.**

i. loc. adj. *Ar, Ur.* Referido a persona, de mal genio. pop + cult → espon.

ii. *Ar, Ur.* Referido a persona, poco dispuesta a obedecer. pop + cult → espon.

arreador. (De *arrear*).

I. 1. m. *Co, Bo, Py, Ar, Ur.* Látigo de mango corto y **lonja** larga, que se usa para arrear el ganado. rur.

arrear(se).

I. 1. tr. *Mx, Gu, Ho, Ni, Ve.* Obligar a *una persona* a ir por un lugar o hacer *algo* que no desea.

II. 1. tr. *Mx.* Robar *algo.* pop.

III. 1. tr. *Ve:O.* Eliminar la corteza seca y triturada del café después del trillado. rur.

IV. 1. intr. *Ho, ES, Ni.* Lanzarse o ir *alguien* o *algo* a gran velocidad.

V. 1. tr. prnl. *Ho, Ni.* Comerse *alguien algo* en gran cantidad. vulg; pop + cult → espon.

□

a. ‖ **de mal ~.** loc. adj. *Ar, Ur.* Referido al ganado, mal arreado. rur.

arrebatado, -a.

I. 1. adj. *PR, Ve.* Referido a persona, drogada. drog; pop + cult → espon. (**arrebatao**).

II. 1. *Cu, RD.* **achicharrado**, enloquecido de pasión. pop + cult → espon.

III. 1. adj. *PR.* Referido a persona, borracha. pop + cult → espon.

arrebatao.

I. 1. *Cu, RD, PR, Ve.* **arrebatado**, drogado.

arrebatar(se).

I. 1. tr. *Mx, Ch.* Causar **arrebato** un alimento o una bebida. pop + cult → espon.

2. intr. prnl. *Mx, Ch.* Sufrir *alguien* **arrebato**. pop + cult → espon.

3. intr. impers. *Ch.* metáf. Abochornarse el tiempo. pop + cult → espon.

II. 1. intr. prnl. *Ar.* Quedarse la piel muy roja tras haberse expuesto al sol.

III. 1. intr. prnl. *Pa, Cu, RD.* Volverse *alguien* loco. pop + cult → espon.

IV. 1. tr. *Bo.* Asustar *alguien* o *algo* a *una persona.*

2. intr. prnl. *Bo.* Asustarse *alguien.* pop + cult → espon.

V. 1. intr. prnl. *PR.* Drogarse *alguien.* drog.

2. *PR.* Alocarse *alguien* por efecto de la droga. drog.

VI. 1. intr. prnl. *Ho.* Casarse *alguien* con el primer enamorado sin fijarse en las cualidades de la pareja.

VII. 1. intr. prnl. *Pa.* Llorar a gritos un niño por **malcriadez**.

arrebato.

I. 1. *Cu, Ar.* **arrebatón**.

II. 1. m. *Ch.* Sensación de calor y malestar causada por la ingestión excesiva de alimentos o bebidas. pop + cult → espon.

2. *PR.* Efecto de la droga. drog.

3. *PR.* Borrachera. pop + cult → espon.

III. 1. m. *Bo.* Enfermedad febril caracterizada por un dolor de cabeza intenso y otros síntomas que se manifiestan súbitamente y se originan, *generalmente, en un disgusto muy fuerte.* pop + cult → espon.

arrebatón.

I. 1. m. *Ni, Ve.* Robo en que el ladrón se apodera de un bolso u de otro objeto tirando violentamente de él. pop + cult → espon. ♦ **arrebato.**

arrebiatado.

I. 1. m. *Pe.* Gusano de hasta 14 mm de longitud, de color amarillento, anaranjado o rojizo. (Tylenchidae; *Dysdercus peruvianus*).

arrebiatar(se).

I. 1. intr. prnl. *ES, Ni, Pa, RD, Ve.* Adherirse *una persona* a la opción de alguien. pop + cult → espon.

2. *ES, Ni, Pa, Ve.* Estar *una persona* de acuerdo con otra. pop + cult → espon.

3. intr. prnl. *ES, RD, Ve.* metáf. Marchar, andar juntas dos personas voluntaria o forzadamente. pop + cult → espon.

4. tr. *Ve:O.* Seguir o acompañar *alguien* a otra persona *a veces servilmente.*

II. 1. tr. *Ve; Gu, ES, Ni, Pa,* p.u; rur. Amarrar por la cola las bestias de un arreo, para que marchen una detrás de otra.

III. 1. intr. prnl. *Ho.* Enfadarse mucho, ponerse nerviosa *una persona.*

arrebiate.

I. 1. m. *Ve.* Persona que acompaña habitualmente a otra. pop + cult → espon.

2. *Ve.* Persona de compañía que molesta o causa disgusto. pop + cult → espon.

3. *Ve.* Compañía habitual. pop + cult → espon.

II. 1. *Ve.* Cosa que molesta o causa disgusto. pop + cult → espon.

III. 1. *Ve:O.* Niño muy apegado a su madre. pop + cult → espon.

IV. 1. *Ve:O.* Persona o animal que marcha detrás de otro. pop + cult → espon.

2. *Ve:O.* Caballo que se trae atado por la cola.

3. m. *Ve.* Nudo doble que se hace con la punta de la soga y la cola del caballo.

V. 1. m. *Ve:O.* Persona que sin ser invitada se incorpora a un grupo o reunión. pop + cult → espon.

2. *Ve:O.* Compañero o compañera del invitado que no es su pareja estable ni su cónyuge. pop + cult → espon.

arrechabala.

I. 1. f. *Cu.* metáf. Fábrica de cerveza.

2. sust/adj. *Cu.* Persona borracha.

arrechada.

I. 1. f. *Ho, Ni, Ve.* Enfado grande.

II. 1. f. *Gu.* Acto de valentía.

III. 1. f. *Gu.* Fanfarronada.

arrechar(se).

I. 1. intr. prnl. *Ho, ES, Ni, Ec; CR, Co:NE, Ve,* vulg. Enfadarse. vulg; pop + cult → espon.

2. tr. *Ho, ES, Ni, Co; CR, Ve,* p.u; vulg. Enfadar a *una persona.* vulg; pop + cult → espon.

II. 1. intr. prnl. *ES, Ni, Co:N, Ec, Pe.* Excitarse sexualmente *una persona.* vulg; pop + cult → espon.

2. tr. *Pe.* Excitar *alguien* o *algo* sexualmente a *una persona.* vulg; pop + cult → espon.

III. 1. intr. prnl. *Ec.* juv. Animarse *alguien* a realizar algo *que generalmente implica cierto riesgo.*

arrechera.

I. 1. f. *Pa, Co:N, Ve, Bo; Ec,* p.u. Estado de excitación sexual. vulg; pop + cul → espon. ♦ **arrechería**.

II. 1. f. *Ni, Ec; Co:N, Ve,* juv; vulg. Indignación violenta. pop + cult → espon.

III. 1. f. *Pa.* Cosa asombrosa o admirable.

2. *Pa.* Prueba de maestría.

3. *Pa.* Entusiasmo incontenible.

IV. 1. f. *Ni.* Corte de carne de vaca del final de las costillas delanteras y antes que la falda.

arrechería.

I. 1. *Ec.* **arrechera**, excitación.

arrecho, -a.

I. 1. adj. *Gu, Ho, ES, Ni, Pa, RD, Co; Ve,* vulg; *Ec,* juv. *Referido a persona,* valiente, animosa.

2. *Ho, ES:E, Ni, CR, Co:NE; Ve,* vulg; *Ch,* p.u. *Referido a persona,* que está de mal genio, furiosa. pop + cult → espon.

3. *Gu, Ho, ES, Ni, Ve. Referido a persona,* muy trabajadora.

4. adj/sust. *Gu, Ho, ES, Ni, CR. Referido a persona,* que tiene habilidad para ejecutar determinada acción. pop + cult → espon. ♦ **carga; carga pesada; carguita pesada**.

5. *CR; Ve,* vulg. *Referido a persona,* que aprovecha las circunstancias para actuar en beneficio propio. pop + cult → espon.

6. *Ho, Ni. Referido a una orden,* severa, estricta.

7. *Ho. Referido a caballería,* buena para desempeñar su función. rur.

II. 1. adj/sust. *ES, Ni, Pa, RD, Co, Ec, Pe, Bo. Referido a persona,* excitada sexualmente. vulg; pop + cult → espon. ♦ **arriola; pindinga**.

2. adj. *Bo, Ch. Referido a persona o animal,* que se excita sexualmente con facilidad. vulg; pop + cult → espon.

III. 1. adj. *Ni, Pa; Ve,* vulg. *Referido a cosa, hecho o situación,* ardua, muy difícil de hacer. pop + cult → espon.

2. *Ni. Referido a un lugar,* difícil de transitar, peligroso.

IV. 1. adj. *Ve.* Muy vehemente, intenso y vivo. vulg.

V. 1. adj. *Ve. Referido a cosa,* espectacular, sorprendente. vulg.

arrechón.

I. 1. m. *ES, Ni.* Enfado grande.

arrechura.

I. 1. f. *Pa, Pe.* Excitación sexual. vulg; pop + cult → espon.

II. 1. f. *Gu, Ho, Ni.* Enfado, disgusto, mal genio. pop + cult → espon.

III. 1. f. *Gu.* Habilidad o capacidad para hacer algo.

IV. 1. f. *Gu.* Fanfarronada.

arrecife.

I. 1. m. *Gu, Ho, Ni, Pa.* Costa peñascosa con corte vertical.

arrecochinado, -a.

I. 1. adj. *Ve. Referido a persona,* apretada con otras en un espacio limitado. pop + cult → espon.

arrecochinar(se).

I. 1. intr. prnl. *Ve, Pe.* Acercarse o arrimarse *alguien* a *una persona* o a un lugar. pop.

2. tr. *Pe.* Acercar *una persona algo* a alguien.

II. 1. tr. *Ve.* Llenar *alguien* por completo de personas un espacio limitado. pop + cult → espon.

III. 1. tr. *Pa.* Reducir *una persona* a alguien el espacio físico dejándolo sin salida. pop + cult → espon.

2. *Pa.* metáf. Dejar a *alguien* apabullado y sin tener qué responder. pop + cult → espon.

arrecordarse.

I. 1. intr. prnl. *Ve; Ni, RD, PR,* obsol. Acordarse de algo. rur; pop.

arrecostado, -a.

I. 1. adj. *Ni, CR, PR, Ve. Referido a persona,* que se aprovecha abusivamente del trabajo y de los esfuerzos de los demás. pop + cult → espon ∧ desp.

arrecostar(se).

I. 1. tr. *Gu, Ho, ES, Ni, CR, Pa, Ve, Pe, Ur; Ec:NO,* rur. Apoyar *una persona* la parte superior del cuerpo, *especialmente la cabeza o la espalda,* sobre una superficie.

2. *Gu, Ho, ES, Ni, CR, Pa, Ve, Ur; Ec:NO,* rur. Apoyar en forma inclinada una cosa sobre algo.

3. intr. prnl. *Ni, CR, Pe, Ur; Ec:NO,* p.u; rur. Acostarse *una persona* durante un rato a cualquier hora del día, *por lo general, con la ropa que lleva puesta.*

4. intr. prnl. *Gu, Ho, ES, Ni, Pa.* Apoyarse física o psíquicamente *una persona* sobre algo o alguien.

II. 1. intr. prnl. *Ni, CR, Pa, PR, Ve.* Aprovecharse abusivamente *una persona* del trabajo y de los esfuerzos de los demás. pop + cult → espon.

III. 1. *Ni, Pa.* **recostarse**, vivir al amparo.

arrectar.

I. 1. tr. *Bo.* Poner *alguien* recto *algo* que está torcido.

arrecuerdo.

I. 1. *RD.* **recuerdo**.

arreglada.

I. 1. f. *Mx, Gu, Ho, ES, Ni.* Proceso de vestirse y acicalarse con esmero.

2. m. y f. *Mx, Ni, Ar.* Mejora a que se somete algo reparándolo, adecentándolo, ampliándolo o reorganizándolo.

3. *Ho, ES, Ni, CR, Ve, Ec, Bo, Ch, Ar.* Reparación de una cosa.

■

a. ‖ **~ de bigotes.** f. *Ch.* Obtención de un beneficio aprovechándose de los privilegios o del poder que se tiene. pop + cult → espon ∧ fest.

arregladero.

▶ **no tener ~**.

arreglado.

I. 1. m. *Ch.* Combinado de alcohol, refresco gaseoso con sabor y fruta troceada.

2. *Ho.* Pan de hojaldre con vegetales y embutidos.

3. *CR.* Pastel salado de harina de trigo relleno con carne condimentada o con **papa**.

arreglado, -a.

I. 1. adj. *Gu, Ho, Ni, Ve, Ar. Referido a venta, licitación o negocio,* amañado. rur.

II. 1. adj. *Ar. Referido a persona,* sobornada. pop + cult → espon.

arreglar(se).

I. 1. tr. *Mx, Ar.* Realizar un acuerdo encubierto que no se ajusta a la legalidad.

2. intr. prnl. *Ar.* Restablecerse una relación amorosa entre dos personas.

3. intr. prnl. *Bo.* Establecer *alguien* una relación amorosa de carácter informal.

4. tr. *ES.* Tener *una persona* relación sexual con alguien. vulg.

5. intr. prnl. *Ur.* Iniciar un noviazgo dos personas.

II. 1. tr. *Co.* Matar *una persona* a *alguien.* delinc.

III. 1. tr. *Ve, Ec.* Cortar un peluquero el cabello.

2. *Ni.* Hacer un peluquero cualquier tratamiento al cabello de una mujer.

IV. 1. tr. *Ve.* Recompensar con prestaciones sociales a un empleado que se retira.

V. 1. tr. *Ch:S.* Hacer *alguien* o *algo* que una persona quede hechizada o maldita. rur.

VI. 1. tr. *ES, Ni.* Preparar, condimentar y cocinar *algo* para comer. rur.

VII. 1. tr. *Ho, Ni.* Robar *algo.* delinc.

VIII. 1. intr. prnl. *Bo.* Lograr *alguien* una situación económica o laboral estable.

IX. 1. tr. *RD.* Amortajar.

□

a. ‖ ~ **el naipe.** loc. verb. *Ch.* Solucionar *alguien* un asunto o una situación comprometida. pop + cult → espon.

b. ‖ ~ **el pastel.** loc. verb. *Ch.* Mejorar un trabajo o los errores que pudiera haber en él.

c. ‖ ~ **el tamal.** loc. verb. *Ho.* Solucionar un asunto o problema difícil.

d. ‖ ~ **los bártulos.** loc. verb. *Ve.* Disponer y ordenar los objetos de una mudanza o un viaje. esm.

e. ‖ ~**se los bigotes.** loc. verb. *Ch.* Obtener *alguien* beneficio de una situación aprovechándose de los privilegios o del poder que tiene. pop + cult → espon ^ fest.

arreglín.
I. 1. *Ho, Ve, Ec, Pe, Ch, Ar, Ur.* **arreglo,** acuerdo encubierto.

arreglo.
I. 1. m. *Ho, Ve, Ec, Pe, Ch, Ar, Ur.* Acuerdo encubierto que no se ajusta a la legalidad. pop + cult → espon.
♦ **arreglín.**
2. *Bo.* Modo de conseguir un empleo o un beneficio por medio de una amistad, de un pariente o de un partido político.
II. 1. m. *Ch:S,N, Ur.* Hechizo, maleficio. rur.
III. 1. m. *CR.* Ramo de flores.
IV. 1. m. *Ur.* Noviazgo.

arreguindado, -a.
I. 1. adj/sust. *PR.* Referido a persona, que depende económicamente de otra. rur; pop.

arreguindar(se).
I. 1. intr. prnl. *RD, Ve:O.* metáf. Colgarse *una persona* fuertemente de alguien o de algo. rur; pop.
2. tr. *Cu, RD.* Colgar *alguien algo* de un gancho. rur; pop.
3. intr. prnl. *RD.* Agarrarse *alguien* a alguna cosa, *generalmente un árbol,* de manera que la persona quede colgando sin tocar el suelo con los pies. rur; pop.

arrejuntarse. (Prót. de *juntarse*).
I. 1. intr. prnl. *Ve, Ur; Ec,* rur. Reunirse varias personas para lograr el mismo fin u objetivo. vulg; pop + cult → espon.

arrejunte.
I. 1. m. *Ve.* Concubinato. pop + cult → espon.
arrelda.
I. 1. m. *PR.* Unidad de peso, *especialmente para carnes,* equivalente a cuatro libras. rur.

¡árrele!
I. 1. interj. *Ve:O.* Expresa incitación a actuar con prontitud.

arrellenarse.
I. 1. intr. prnl. *Gu, Ni; Ho.* p.u. Arrellanarse, sentarse *alguien* cómodamente en un sitio.

arremangada.
I. 1. f. *Mx, Ho, Ni, Ve, Ec, Ch, Ur.* Recogida hacia arriba de mangas, perneras o ropa en general. pop + cult → espon.

arremangar(se).
I. 1. intr. prnl. *Ni, Ar, Ur.* Ponerse *alguien* a trabajar con esmero. pop + cult → espon.
II. 1. tr. *Gu.* Dar *una persona* una **golpiza** a alguien.

arremansado, -a.
I. 1. adj. *Ho.* Referido a un terreno, lleno de agua estancada. rur.

arrematado, -a.
I. 1. adj. *Ni, RD, PR.* Referido a persona, alocada, chiflada. pop + cult → espon. (**arrematao**).
2. *PR.* Referido a persona, extremadamente drogada. drog.

arrematao, -tá.
I. 1. *RD, PR.* **arrematado,** alocado.

arremedar.
I. 1. tr. *Mx, Ni, Co, Pe.* Imitar *una persona* a *alguien* o *algo.* pop + cult → espon.

arremover. (Prót. de *remover*).
I. 1. tr. *Ni,* p.u. Mover *una persona* de un lado a otro. rur.

arrempujar.
I. 1. intr. *Mx, Ni, Ve:O, Ur.* Empujar *alguien.* vulg; pop.
2. *Ve.* Actuar con decisión, insistir, continuar. pop + cult → espon.
II. 1. tr. *ES.* Comer *algo.* rur.
2. *ES.* Beber una copa de licor.

arrempujón.
I. 1. m. *Mx, RD, PR.* p.u. Empujón. rur; pop.

arremueco.
I. 1. m. *RD.* Señal, síntoma o comienzo de algo.

arremuesco.
I. 1. m. *Mx, Ho.* p.u. Gesto, mueca.

arrendado, -a.
I. 1. adj/sust. *Ni, Ve:O.* **pisatario.**

arrendaje.
I. 1. m. *Ni.* Canon de arrendamiento.
2. *Ni.* Contrato de arrendamiento.

arrendajo.
I. 1. *Co, Ve.* **mochilero,** ave.
2. *Ve.* Pájaro de hasta 28 cm de longitud, de plumaje negro lustroso, con parte del lomo y de las alas amarillo intenso y el pico blanco o amarillo. (Icteridae; *Cacicus vela*).
II. 1. m. *Ve.* metáf. Persona que no tiene ideas propias y que repite lo que oye. pop + cult → espon.

arrendar(se).
I. 1. tr. *Mx, Ho.* Atar *alguien* con las riendas a una caballería. rur.
2. intr. *Ho, Ni.* Entrenar a un caballo para que obedezca las órdenes que le da el que lo monta a través de las riendas.
3. intr. prnl. *Mx, Ho.* Volverse *alguien* a un lugar, regresar. rur.

arrendire.
I. 1. m-f. *Pe.* p.u. Arrendatario de una parcela que paga al arrendador con productos o servicios personales.

arrendón.
I. 1. m. *Gu, Ni.* Tirón fuerte de las riendas a una caballería. rur.
II. 1. m. *Ni.* Ademán brusco al salir de un lugar.
2. *Ni.* Portazo dado como señal de enfado.
3. *Ni.* Cambio brusco de dirección.
III. 1. m. *Ho.* Represión severa, regaño.

arrengado, -a.
I. 1. *Cu, PR.* **rengo,** cojo. rur.

arrenquín.
I. 1. m. *Cu, Ve.* Animal que sirve de guía en una recua. rur.
2. m-f. *Cu.* Persona que va de un lugar a otro haciendo gestiones o trabajos para otro.
3. m. *Cu.* Animal de carga en una finca rústica. rur.

arreo.
- I. 1. m. *Mx, Gu, Ho, Ni, Co, Ve, Pe, Bo, Ch, Py, Ar, Ur.* Conducción del ganado de un lugar a otro. rur. ♦ **arreada**.
  - 2. *Gu, Co, Ve.* Conjunto de animales de carga. rur.
  - 3. *Ve.* metáf. Grupo de personas. pop + cult → espon ^ desp.
- II. 1. adj/sust. *Ar. Referido a persona*, que cometió un delito de lesa humanidad y después confesó su crimen.
- III. 1. m. pl. *Ho.* Correaje que llevan los soldados y oficiales.

arrepentida.
- I. 1. f. *Ho, Cu, RD, PR.* Arrepentimiento.

arrepentido, -a.
- I. 1. adj. *ES, CR. Referido al cabello de una persona*, ondulado y difícil de amoldar a la forma deseada cuando se peina. pop.

arrepinche.
- I. 1. m. *Pa.* Alboroto, desorden. pop + cult → espon.
  - 2. *Pa.* Fiesta, jolgorio. pop + cult → espon.
- II. 1. m. *Pa.* Desasosiego. pop + cult → espon.

arrepollado, -a.
- I. 1. adj. *Ar. Referido a las orejas de los boxeadores*, deformes.

arrepollar.
- I. 1. tr. *Ch.* Arrugar o estrujar *algo* haciéndolo una pelota. pop + cult → espon.

arrequintado, -a.
- I. 1. adj. *Ve. Referido a un golpe*, dado con mucha fuerza. pop + cult → espon.
- II. 1. adj. *Ve:O. Referido a persona*, estricta, exigente. pop + cult → espon.

arrequintar(se).
- I. 1. tr. *Ve.* Arremeter *una persona* contra alguien con ímpetu y furia.
  - 2. *Ve.* Obligar *una persona* a alguien a aceptar o a hacer algo.
- II. 1. tr. *Ve.* Intensificar *alguien algo*.
  - 2. intr. prnl. *Ve.* Intensificarse *algo*.
- III. 1. tr. *Ve.* Apresurar *una persona algo*.
- IV. 1. tr. *Ve.* Apretar o agarrar con fuerza *una persona* a *alguien* o *algo*.
- V. 1. intr. prnl. *Ve.* Endurecerse *algo* por efecto del calor. pop + cult → espon.
- VI. 1. *CR.* obsol. **requintar**, poner tirante.
  - ◪
  - a. ‖ **arrequinta ño José André que nos coge el toro en el café.** fr. prov. *Ve.* Indica estímulo para que *alguien* actúe con prisa.

arresmillado, -a.
- I. 1. adj/sust. *PR. Referido a persona*, que se ríe mucho, de todo y constantemente. pop + cult → espon.
  - 2. *PR. Referido a persona*, que realiza muecas de disgusto o sorpresa. pop + cult → espon.
  - 3. *PR.* metáf. *Referido a persona*, arrugada. pop + cult → espon.

arresmillar(se).
- I. 1. tr. *PR.* Hacer *alguien* muecas. pop + cult → espon.
  - 2. *PR.* Hacer *alguien* gestos de tristeza o desagrado. pop + cult → espon.
- II. 1. intr. prnl. *PR.* Sonreírse con excesiva frecuencia. pop + cult → espon ^ desp.

arretado, -a.
- I. 1. adj/sust. *RD. Referido a persona*, atrevida, osada, arriesgada. rur. (**arretao**).

arretao.
- I. 1. *RD.* **arretado**.

arrete.
- I. 1. m. *Ec.* obsol. Pequeña pieza metálica o de otro material, en forma de banda o de broche y con una marca o número referencial distintivo, que se asegura en la oreja o en una pata de los animales como forma de identificación. rur.

arretranco.
- I. 1. m. *Cu.* Objeto, trasto inútil.
  - 2. pl. *Cu.* Arreos de una caballería. rur.

arrevesado, -a.
- I. 1. adj. *PR, Ur. Referido a un asunto*, revesado, intrincado. rur.

arrevolverado, -a.
- I. 1. adj. *Co. Referido a persona*, que se enoja con facilidad. pop + cult → espon.

arrevolverarse.
- I. 1. intr. prnl. *Co.* Ponerse *alguien* de mal humor. pop + cult → espon.

arriada.
- I. 1. f. *Gu, Ho, ES, Ni.* Redada policial. polic.
  - 2. *Gu, Ho, ES, Ni.* Robo de todo lo que hay en un lugar. delinc.
- II. 1. f. *Gu, Ho, ES, Ni.* Represión severa, regaño.

arriado, -a.
- I. 1. adj. *Gu, ES, Ni, CR, Ec. Referido a persona*, perezosa o lenta para el trabajo.
- II. 1. adj. *Gu, Ho, ES, Ni.* Veloz, rápido.
- III. 1. adj. *Ve:O. Referido a persona*, pobre, mal vestida, de mal aspecto. rur.
- IV. 1. adj. *PR. Referido a un gallo*, que se afloja, que se baja en la pelea. ♦ **aparranado**; **ñangotado**.

arriar(se).
- I. 1. tr. prnl. *Mx, Gu, Ho, ES, Ni.* Obligar a *una persona* a hacer algo que no desea.
- II. 1. tr. prnl. *Gu, Ho, ES, Ni.* Comerse *alguien algo* en gran cantidad.
  - 2. tr. *Ve:O.* Comer, beber, consumir *alguien algo*. pop + cult → espon.
- III. 1. intr. prnl. *Gu, Ho, ES, Ni.* Lanzarse, ir *alguien* o *algo* a gran velocidad.
- IV. 1. intr. *RD.* Dar *una persona* golpes a *alguien*. pop + cult → espon.
- V. 1. tr. *RD.* Dar *una persona* dinero a alguien. pop + cult → espon.

arriata.
- I. 1. f. *RD.* **arriate**.

arriate.
- I. 1. m. *Ho.* Semillero, terreno donde se siembran semillas para que germinen y pueda trasplantarse después. (**arriata**).

arriba.
- I. 1. adv. *CR.* Hacia la capital o una zona urbana considerada importante. rur.
  - 2. *CR.* En la capital o en una zona urbana considerada importante. rur.
  - ■
  - a. ‖ **~ y abajo.** *Ho.* **frailecillo**, planta.
  - ▢
  - a. ‖ **~ de .**
    - i. loc. prep. *Ho, Ni, CR, Pa, Cu, RD, PR, Co, Ve, Bo, Ar, Ur.* Encima de, en la parte superior de algo. pop + cult → espon.
    - ii. *PR, Ec.* En un lugar más alto respecto de otro.
  - b. ‖ **~ de la pelota.** loc. adj. *Ch. Referido a persona*, en estado de euforia, provocado en ocasiones por el consumo de alcohol. pop + cult → espon.
  - c. ‖ **de ~.**
    - i. loc. adv/adj. *Ar, Ur.* Gratis. pop + cult → espon.

ii. loc. adv. *Ar, Ur.* Sin esfuerzo. pop + cult → espon.

iii. *Ar, Ur.* Sin merecimientos, con arbitrariedad. pop + cult → espon.

d. ‖ **por ~.** *Ar, Ur.* **por arribita.** pop.

▶ **andar ~; dejar el muerto boca ~.**

arribada.
I. 1. f. *Py.* Cuesta, terreno pendiente.

arribar.
I. 1. intr. *Gu, Ho, ES, Ni, Cu, PR, Co, Ve, Ur.* Llegar *una persona* a un sitio, *generalmente por avión*.

2. *Cu, RD, PR.* metáf. Alcanzar un resultado o una conclusión.

3. *Ho, ES, Ni.* Acercarse o llegar *alguien* a un lugar.

II. 1. intr. *Gu, Ho, ES.* Cumplir años. prest; cult → esm.

III. 1. intr. *RD.* Mejorar de salud personas o animales. rur.

arribazón.
I. 1. f. *Mx.* Aparición de gran cantidad de tortugas cuando llegan a la playa a desovar.

2. *Ve.* Aparición de gran cantidad de peces vivos en la superficie del mar.

3. *Cu.* Afluencia de personas o animales a un lugar. pop + cult → espon.

4. *Cu.* Afluencia de productos a un mercado. pop + cult → espon.

arribeño, -a.
I. 1. adj/sust. *Mx, Ar; Co,* obsol. Natural de tierras altas o montañosas.

2. sust/adj. *Bo:O,C,S.* Entre los habitantes de un lugar, que procede de tierras altas.

3. adj/sust. *Py.* Referido a persona, forastera recién instalada en una ciudad o población.

4. *Ni.* Referido a persona, que vive en la parte oriental de un pueblo. rur.

arribita.
□

a. ‖ **por ~.** loc. adv. *Mx, Cu, RD, PR, Bo, Ur.* De manera superficial, sin profundizar. pop + cult → espon. ♦ **por arriba.**

arricado, -a.
I. 1. adj. *RD.* Referido a persona, que muestra los dientes hacia fuera al reírse.

II. 1. adj. *RD.* Referido a persona, que tiene mucho frío.

arricuco, -a.
I. 1. adj. *Ve:O.* Referido a persona, de edad avanzada. pop.

II. 1. *Ve:O.* Referido a persona, que parece mayor de lo que es. pop.

arrienda.
I. 1. f. *Ho:S.* Parte alargada y redonda del remo o canalete de una embarcación.

arriera.
I. 1. f. *Mx, Ho, Ni, CR, Pa, Co.* Hormiga de gran tamaño, de color café o rojizo, con cabeza lisa y brillante, mandíbulas desarrolladas y tórax bien separado del abdomen. (Formicidae; *Atta* spp., *Acromyrmex* spp.). ♦ **chancharra; mochomo.**

arriero.
I. 1. m. *Cu, PR.* Pájaro de hasta 50 cm de longitud, de color verde y grisáceo, con grandes anillos oculares rojos, pico y cola muy largos. (Cuculidae; *Saurothera merline*).

II. 1. m. *Py.* Hombre empleado en las tareas del campo. rur.

arriesgada.
I. 1. f. *Ni, Co.* Sometimiento de alguien a un riesgo.

arriesgar.
□

a. ‖ **~ el cuero.** loc. verb. *Mx.* Poner en riesgo la vida. pop + cult → espon.

arriflanche.
I. 1. adv. *Ni.* juv. En lo alto, en la parte más alta. (**arriflanchi**).

arriflanchi.
I. 1. *ES.* **arriflanche.**

arrimadera.
I. 1. f. *Ho, Ni, RD, Co.* Arrimo, acercamiento.

arrimadita.
I. 1. f. *Ar, Ur.* Juego infantil que consiste en arrojar monedas o **figuritas** redondas hacia una pared tratando de acercarse lo más posible a ella para ganar.

arrimado, -a.
I. 1. sust/adj. *Mx, Gu, Ho, Ni, RD, PR, Co, Ve, Ec, Pe, Py; Pa, Ar, Ur,* rur. Persona que vive en casa ajena y a costa de su dueño. pop + cult → espon ^ desp.

2. m. y f. *Ho, ES, Ni, CR, Pa, Ve.* Persona que vive a expensas de otra. desp.

3. adj. *Ve:O,* Referido a persona, que vive con su cónyuge en la casa de los padres.

4. *PR, Ur.* **agregado,** persona que no paga alquiler.

5. sust/adj. *CR.* Persona que carece de vivienda propia y habita en la de otra persona, *pero no necesariamente vive a costa de ella.*

II. 1. adj. *ES, Ec, Ar, Ur.* Referido a persona, que vive en concubinato.

arrimar(se).
I. 1. intr. prnl. *Mx, Gu, Ho, Ni, Pa, RD, PR, Co, Ve; Ar,* rur. Quedarse *una persona* a vivir en la casa de otra, a expensas de ella. pop + cult → espon ^ desp.

II. 1. intr. prnl. *Pe.* Apartarse *alguien* del lugar en que estaba. pop + cult → espon.

□

a. ‖ **~ al fogón.** loc. verb. *Ar.* Invitar *una persona* a *alguien* a participar en una reunión. pop + cult → espon.

b. ‖ **~ el bulto.** loc. verb. *Ar; Ni,* obsol. Acercarse a un sitio. pop.

c. ‖ **~ una al mingo.** loc. verb. *Ve.* Hacer *una persona algo* en favor de alguien.

d. ‖ **~ una chinga.** loc. verb. *Mx.* Causar un daño físico o moral a una persona. pop + cult → espon.

e. ‖ **~le la ropa al cuerpo.** loc. verb. *Ur.* Dar una palmada a un niño. pop + cult → espon.

f. ‖ **~se al amigo.** loc. verb. *Ve.* Acercarse *alguien* a una persona o situación por puro interés. pop + cult → espon.

g. ‖ **~se al mingo.** loc. verb. *Ve.* Acercarse *alguien* a una persona o situación que puede traer algún beneficio.

h. ‖ **no ~se al mingo.** loc. verb. *Ve.* No ajustarse o amoldarse a las consecuencias de una actuación previa. pop + cult → espon.

arrimazón.
I. 1. m. *Gu, Ho, ES, Ni.* Cercanía excesiva o continuada de una persona a otra. pop + cult → espon.

arrimo.
I. 1. m. *Cu, RD; Ve,* p.u. Derecho establecido a favor de un colindante para apoyar una edificación en pared ajena medianera, cerca o vallado de otro predio.

II. 1. m. *Ch.* Mueble que se coloca junto a la pared.

arrimos.
I. 1. m. pl. *Ho.* Conjunto de accesorios del aparejo de una caballería.

arrinchado, -a.
  I. 1. adj. *Ve:O. Referido a persona*, entregada apasionadamente a su pareja sin estar casados. pop.

arrinche.
  I. 1. m. *Ve.* Hombre que no trabaja y vive a expensas
de una mujer.

arrinconar.
  I. 1. tr. *PR.* Poner las cosas en desorden.
    2. *Bo:E,C.* Poner las cosas en orden.

arrincone.
  I. 1. *Ho.* **amontone.**
  I. 1. adj/sust. *Pe.* **arrecho,** excitado sexualmente.

arriostre.
  I. 1. m. *CR.* obsol. Pieza que se coloca oblicuamente a
algo para afirmarlo.

arrisar. (Var. de *arrizar*).
  I. 1. tr. *Ho:E, ES.* Doblar *algo* hacia arriba. rur.

arriscadero.
  I. 1. m. *PR.* Risco, peñasco alto y escarpado. ♦ **enris-**
cadero.

arriscado, -a.
  I. 1. adj. *Mx, Ho, Ni, Ch; Ec,* p.u. *Referido a cosa, princi-*
palmente al ala del sombrero, levantada, alzada, orientada hacia arriba.
  II. 1. adj. *Ve:O. Referido a persona*, que cuida su apariencia personal y su manera de vestir para impactar
con su elegancia. pop + cult → espon.
  III. 1. adj. *Ho, Ni. Referido a persona*, envalentonada y
peleona. pop + cult → espon.
    2. *Ho, Ni. Referido a persona*, engreída, pagada de sí
misma. pop + cult → espon.
  IV. 1. adj. *RD. Referido a persona*, reidora. pop + cult
→ espon.

arriscar(se).
  I. 1. intr. *Co:C.* Ser capaz de hacer una cosa. rur; pop.
  II. 1. intr. prnl. *Ho, ES, Ni.* Levantarse u orientarse *algo*
hacia arriba como el sombrero. (**arrizarse**).
    2. *Ho, Ni.* Creerse *una persona* más de lo que es.
  III. 1. tr. *Ch.* Levantar o arrugar la nariz u otra parte de la
cara expresando un sentimiento o sensación ante algo.
  IV. 1. intr. prnl. *RD.* Morirse *alguien*. pop + cult
→ espon.
  V. 1. tr. *ES.* Vestirse *una persona* bien y con esmero.
  VI. 1. intr. *Ho.* Salir *una persona* o un animal huyendo
cuesta arriba.

arrisés.
  I. 1. m-f. *Ve:O.* Persona que viste de forma ridícula o
inapropiada para la ocasión.

arrispar.
  I. 1. intr. *Ho, Ni.* Salir una persona o un animal huyendo con rapidez. rur.

arristranco.
  I. 1. m. *PR, Ve.* obsol. Trasto viejo, cosa inútil o que
estorba mucho. pop + cult → espon.
  II. 1. m. *Ve.* Correa ancha que sujeta la silla de montar,
rodea los ijares y las ancas del caballo y sirve para
impedir que la montura se desplace hacia adelante.
  III. 1. m-f. *Ve.* Persona poco honrada que actúa sin escrúpulos morales. pop + cult → espon.
  IV. 1. m-f. *RD.* Persona de poca importancia. pop + cult
→ espon. (**arritranco**).
    2. m. *RD.* Caballo de pobre condición. rur.

arritranco.
  I. 1. *RD.* **arristranco,** persona de poca importancia.

arrizado, -a.
  I. 1. adj. *Ho, ES, Ni. Referido a cosa como ropa, sombre-*
ro, bigote o nariz, orientada hacia arriba.
    2. *Ho. Referido a caballería*, preparada con su respec-
tiva carga. rur.

arrizar(se).
  I. 1. tr. *Ho, ES.* Subir o doblar *algo* hacia arriba.
    2. *Ho, ES.* Atar los dos extremos de una hamaca que
quedan más altos que el resto de ella.
    3. *Ho.* **arriscarse,** levantarse algo hacia arriba.
  II. 1. tr. *ES, Ni.* Detener o apresar a *alguien.* rur.
  III. 1. tr. *Ho, Ni.* Poner *alguien* tenso el pelo en un pei-
nado.
  IV. 1. tr. prnl. *Ho.* Realizar el coito. rur.
  V. 1. tr. *Ni.* p.u. Castigar *una persona* a *alguien.*

arroba.
    □
    a. ‖ de ~.
      i. loc. adj. *Cu. Referido a una situación*, difícil.
      ii. *Cu. Referido a persona*, que no se puede confiar
en ella.

arrobaje.
  I. 1. m. *Cu.* Número de arrobas que pesa un producto,
especialmente la caña de azúcar.

arrocera.
  I. 1. f. *Gu, Ho, Ni, CR, Pa, Cu, RD, Ch, Ar, Ur.* Industria donde se procesa el arroz en cáscara y se empaca para la venta.

arrocero.
  I. 1. *Co.* **cucarachero,** pájaro.
    2. m. *Ho, ES, Ni, Pa.* Pájaro de hasta 15 cm de longi-
tud, con pico grueso, espalda listada, y en el pecho
trazos de color amarillo y rojo encendido en los
hombros, cabeza grisácea con tinte verde oliva y
listas negras en la coronilla en los machos, y en las
hembras, más listas negras por encima, cabeza de
color más café y, a veces, el pecho con listado fino
de color negro. (Icteridae; *Spiza americana*). ♦ **po-**
llito arrocero; singo.
  II. 1. m. *Ho, Cu, Ur.* Terreno sembrado de arroz.

arrocero, -a.
  I. 1. sust/adj. *Ho, Ni, CR, Pa, Cu, RD, PR, Co, Ve, Ch.*
Olla eléctrica diseñada exclusivamente para preparar arroz.
    2. adj. *Ec, Ur. Referido a un terreno*, apto para el culti-
vo de arroz.
  II. 1. sust/adj. *Ve.* Persona que acude a una fiesta sin
estar invitada. pop + cult → espon.
    2. adj. *Ve.* obsol. *Referido a persona*, que le gusta asis-
tir a fiestas.
  III. 1. adj/sust. *Ho. Referido a gallo de pelea*, cobarde, poco
agresivo.

arrochada.
  I. 1. f. *Pe.* juv. Desprecio, desdén.

arrochado, -a.
  I. 1. adj. *Pe. Referido a persona*, que siente vergüenza.

arrochar(se).
  I. 1. tr. *Pe.* Avergonzar a *una persona.* ♦ **asar.**
    2. intr. prnl. *Pe.* Avergonzarse *alguien.* ♦ **asarse.**
  II. 1. tr. *Pe.* Rechazar, despreciar. pop. ♦ **tirar roche.**
  III. 1. tr. *Pa.* Acariciar con excitación a su pareja. pop
+ cult → espon.

arroche.
  I. 1. m. *Pe.* Desprecio, desdén. pop + cult → espon.

arrochelado, -a.
  I. 1. adj. *Ve. Referido al ganado*, habituado a permanecer en la **rochela,** lugar.
    2. *Ve. Referido a persona*, que frecuenta muy asidua-
mente un determinado lugar.

arrochelarse.
  I. 1. intr. prnl. *Ve.* Habituarse una persona o un animal a permanecer en un lugar sin querer irse.
    2. *Ve.* Detenerse un animal en un lugar resistiéndose
a proseguir la marcha. rur.

II. 1. intr. prnl. *Ve.* Juntarse varias personas para crear desorden y bullicio.

arrocillal.
I. 1. m. *Ve.* Terreno plantado de **arrocillo**, planta herbácea. (**arrocillar**).

arrocillar.
I. 1. *Bo:E.* **arrocillal.**

arrocillo.
I. 1. m. *Ni, Ve, Bo:NE.* Planta herbácea de 60 cm de altura, con ramas postradas o ascendentes, nudosas, hojas alternas, inflorescencia en racimos de color verdoso, con varias espigas bien definidas y flores pequeñas; se usa para alimentar el ganado. (Poaceae; *Echinochloa crus-galli, E. calona*).
2. *Ho, Ni, CR.* Variedad de **zacate** de hasta 30 cm de altura, con las vainas de las hojas bastante aplanadas, hojas alternas, inflorescencia en forma de panícula con espiguillas y flores pequeñas; se usa para alimentar el ganado. (Poaceae; *Brachiaria plantaginea*). ♦ **saleya.**
II. 1. m. *Pe.* Golosina hecha de arroz endulzado y coloreado. ♦ **arrocito.**
III. 1. m. *Ec.* Arroz que tiene un alto porcentaje de grano quebrado.
2. *Bo.* Arroz de grano menudo y de menor precio que el común. ♦ **arroz cortado.**

arrocito.
I. 1. *Bo; Ec*, p.u. **arrocillo**, golosina.

arrodillada.
I. 1. f. *Gu, Ho, Ni, Pa, Pe, Ch.* Hincada de una o las dos rodillas en tierra, *generalmente en señal de reverencia.*

arrojada.
I. 1. f. *Gu, Ho, Ni, CR.* Vomitada.
2. *Ni, CR.* Contenido del estómago expulsado por la boca al vomitar.

arrojadera.
I. 1. f. *Gu, Ho, Ni, CR, Pa, Cu, RD, Ve.* Serie de vómitos.

arrojarse.
I. 1. intr. prnl. *CR.* Vomitar. pop.

arrolada.
I. 1. f. *RD.* Caída violenta.

arrollacalzones.
I. 1. m. *PR.* Caballo inquieto que hace mover mucho las piernas del jinete, subiéndole los pantalones. rur.

arrollada.
I. 1. f. *PR.* Variedad de caña de azúcar. rur.

arrollado.
I. 1. m. *Bo, Ch, Ar, Ur.* Carne de vaca o de cerdo, *aderezada con diversas especias*, que se cocina hervida en forma de rollo.
2. *Ho, Ch, Ar, Ur.* Fiambre en forma de rollo preparado con carne de vaca o de cerdo cocida, aderezada y rellena.
3. *Ho, CR, Ar, Ur.* Bizcocho compuesto de una capa delgada, con crema o dulce de fruta por encima, enrollada en forma de cilindro.
■
a. ‖ ~ **de primavera.** m. *Ch.* Masa frita pequeña y cilíndrica rellena con vegetales y carne molida.
b. ‖ ~ **huaso.** m. *Ch.* Guiso de carne de cerdo en forma de rollo de gran tamaño que se prepara según los modos de la cocina rural.
▶ **dejar arrollado.**

arrollado, -a.
I. 1. adj. *PR.* juv. *Referido a persona*, que tiene demasiado trabajo que terminar. (**arrollao**).
2. *PR. Referido a persona*, que tiene demasiado trabajo por habérsele asignado tareas que corresponden a otros, además de las propias.

II. 1. *PR.* **arrancado**, que no tiene dinero. pop + cult → espon. (**arrollao**). ♦ **bruja.**

arrollao, -llá.
I. 1. *PR.* **arrollado**, que se encuentra en mala situación económica.
2. *PR.* **arrollado**, que tiene demasiado trabajo.

arrollar.
I. 1. intr. *Cu. En el carnaval*, bailar *alguien* al ritmo de la música de una comparsa.
2. *Cu.* Bailar contoneándose mucho.
3. *Cu.* metáf. Apartar *alguien*, *mediante empujones*, a las personas que obstruyen un camino. pop + cult → espon.

arronjado, -a.
I. 1. adj/sust. *Bo. Referido a persona*, osada, intrépida.

arronjarse.
I. 1. intr. prnl. *Bo.* Atreverse *alguien* a hacer algo con intrepidez.

arropaje.
I. 1. m. *Ho.* juv. Problema o asunto difícil de resolverse.

arropar(se).
I. 1. tr. *Ni.* Ganarle a un jugador todo su dinero.
II. 1. tr. *Pa.* Abrazar y acariciar a *alguien*. pop + cult → espon.
□
a. ‖ ~ **hasta donde llegue la sábana.** *PR, Ve.* arropar hasta donde le llegue la cobija.
b. ‖ ~**se hasta donde le llegue la cobija.** loc. verb. *Ve.* Ajustarse al presupuesto económico. ♦ **arropar hasta donde llegue la sábana.**

arrope.
I. 1. m. *Ec, Ch, Ar:NO.* Dulce hecho con la pulpa de algunas frutas, hervida lentamente con azúcar hasta que obtiene consistencia de jarabe.
2. *Bo. En la elaboración de la chicha*, bebida alcohólica que se obtiene haciendo cocer la harina de maíz fermentada.
II. 1. m. *PR.* Trabajo o tarea excesiva que debe ser concluida en un margen pequeño de tiempo. est.

arroró.
I. 1. m. *Co, Ve, Ec, Ar.* Canto para dormir a los niños pequeños. (**arrorró; arrurrú**).

arrorró.
I. 1. *Cu, Co, Ve, Ur.* **arroró.**

arrosquetado, -a.
I. 1. adj. *Pe. Referido a un hombre*, que tiene ademanes afeminados.
II. 1. adj. *Ve. Referido a la piel de una persona*, del color de la canela, moreno claro o bronceado.

arrotado, -a.
I. 1. adj/sust. *Ch. Referido a persona*, que tiene modales de **roto**, maleducada.

arrotar(se).
I. 1. intr. prnl. *Ch.* Comportarse con modales de **roto**, persona mal educada.
II. 1. tr. *Ec.* obsol. Preparar un terreno para el cultivo, arándolo o labrándolo por primera vez. rur.

arroyar.
I. 1. tr. *RD.* Formar la lluvia arroyadas o hendiduras en la tierra.

arroyo.
I. 1. *PR.* **guayarote**, árbol.

arroz.
I. 1. m. *Ve.* obsol. Fiesta pequeña e informal. pop + cult → espon.
II. 1. m. *Bo.* Golosina hecha de arroz tostado, comprimido con azúcar, y coloreada, *generalmente de rojo*.

III. 1. m. *ES. En ciertos deportes, especialmente en el fut-*
bol, efecto de rotación de una pelota que hace
que esta adopte una trayectoria curva.

■

a. ‖ **~ a caballo.** m. *Pa.* Arroz acompañado con huevos fritos.

b. ‖ **~ a la valenciana.** m. *Ni, Bo, Ur.* Plato preparado
con arroz, trozos de carne, verduras y otros ingredientes.

c. ‖ **~ amarillo.** m. *Ar.* Arroz cocido con azafrán y
otros ingredientes.

d. ‖ **~ aplatanao.** m. *PR.* Arroz blanco cocido al que
se le añaden habichuelas guisadas y plátano
rallado.

e. ‖ **~ atollado.** m. *Co.* Plato preparado con arroz,
trozos de carne, longaniza y **papas.**

f. ‖ **~ caja.** m. *Bo:E.* Arroz cocido que acompaña
algunos platos.

g. ‖ **~ canilla.** m. *RD; Cu,* obsol. Arroz de grano largo
y muy blanco; es estimado por su calidad y sabor.

h. ‖ **~ chaufa.** m. *Pe, Bo.* Arroz frito acompañado de
diversos ingredientes, carne o verduras picadas, y
mezclado con huevos revueltos.

i. ‖ **~ con coco.**
   i. m. *Co, Ve.* Dulce elaborado con arroz, coco,
   papelón, leche y especias. ♦ **arroz con dulce.**
   ii. *Ve.* Juego de niños que consiste en hacer una rueda
   tomados de las manos, dar vueltas y entonar una
   canción.

j. ‖ **~ con cumbrera.** m. *PR.* Plato de arroz colmado,
repleto. rur.

k. ‖ **~ con dulce.**
   i. *CR, Co.* **arroz de leche.**
   ii. *PR.* **arroz con coco,** dulce. rur.

l. ‖ **~ con leche.** m. *Ho, Ch, Ar, Ur.* Juego infantil en
que los participantes hacen un círculo y cantan una canción determinada, mientras uno de ellos se mueve por
fuera del círculo y, al finalizar la canción, toca a quien
quede frente a él para que ocupe su lugar.

m. ‖ **~ con pollo.** m. *Cu.* Juego infantil que consiste en
recorrer, saltando con un pie, una figura trazada en el
suelo y dividida en varios compartimientos.

n. ‖ **~ con tunco.** m. *Ho.* Comida hecha de arroz cocido con carne de cerdo.

ñ. ‖ **~ cortado.** *Bo.* **arrocillo,** arroz de grano menudo.

o. ‖ **~ de cebada.**
   i. m. *Ec.* Grano de cebada quebrado en el molino
   y ligeramente tostado.
   ii. *Ec.* Sopa cuyo ingrediente principal es el **arroz**
   de cebada.

p. ‖ **~ de coyol.** m. *CR:NO.* Sustancia que se extrae
de la palma de **coyol** y que, una vez deshidratada,
se usa para preparar una bebida alcohólica.

q. ‖ **~ de leche.** *Ni, CR.* Arroz con leche. ♦ **arroz con**
dulce.

r. ‖ **~ en granza.** m. *Ho, Ni.* Grano de arroz con cáscara, suciedad e impurezas.

s. ‖ **~ enchalado.** m. *Bo:C,E.* Arroz sin descascarar.

t. ‖ **~ graneado.**
   i. m. *Ch.* Arroz preparado con la intención de que
   los granos no se peguen entre sí.
   ii. *Bo.* Arroz frito que acompaña diversos platos.

u. ‖ **~ guacho.** m. *CR.* Arroz con carne y otros ingredientes que se deja reventar bien para que alcance
una consistencia de masa.

v. ‖ **~ junto.** m. *PR.* Arroz guisado con **habichuelas** u
otro grano, como maíz, **gandul** o garbanzos.

w. ‖ **~ mamposteado.** m. *PR.* Arroz cocido salteado
con **habichuelas.**

x. ‖ **~ oro.** m. *Ho, Ni.* Grano de arroz descascarillado.

y. ‖ **~ seco.** m. *Ec.* Arroz que, una vez cocido, se deja
deshidratando por evaporación hasta que los gra-
nos queden casi secos.

z. ‖ **~ tapao.** m. *Ec.* Guiso hecho a base de arroz; es
típico de la costa.

a¹. ‖ **~ vano.** m. *RD.* Arroz de grano pequeño, redondo y de mala calidad.

b¹. ‖ **~ zambito.** m. *Pe.* Postre preparado con arroz y
chancaca.

□

a. ‖ **~ blanco.** loc. sust. *PR.* Persona que está en todas
partes. pop + cult → espon.

b. ‖ **~ con chancho.** loc. sust. *ES, Ec.* Hombre homosexual. pop + cult → espon.

c. ‖ **~ con culo.** *PR.* **arroz con mango.**

d. ‖ **~ con mango.** m. *Ni, CR, Pa, Cu, RD, Ve.* **re-**
bambaramba, confusión y desorden. pop + cult
→ espon. ♦ **arroz con culo.**

e. ‖ **~ quebrado.** loc. sust. *Ec.* Gente de carácter alegre y de modales poco refinados, aficionada a las
diversiones nocturnas. pop.

f. ‖ **como ~.** loc. adv. *Ve.* En abundancia. pop.

▨

a. ‖ **este ~ ya se cocinó.** fr. prov. *Mx, Gu, Ho, ES, Ni.*
Indica que algo termina o concluye. ♦ **este arroz**
ya se coció.

b. ‖ **este ~ ya se coció.** *Mx, Gu, Ho, ES, Ni.* **este arroz**
ya se cocinó.

▶ **comer ~ con perico; creerse el ~ con pollo; dar de ~ y**
de masa; dárselas de ~ con pollo; estar como el ~; estar
como el ~ blanco; estar de ~; gustar el ~ con chancho;
gustarle el ~ con popote; gustarle el ~ con tunco; pi-
cárselas de ~ con pollo; ser como el ~ blanco; tirar ~.

¡arroz!
  I. 1. interj. *Mx.* Expresa alegría por haber realizado algo
    muy difícil.

□

a. ‖ **¡~, que carne hay!** loc. interj. *PR.* Expresa admiración por la belleza voluptuosa de una mujer.
pop + cult → espon ^ fest.

arrozudo, -a.
  I. 1. adj. *Co. Referido a persona,* que tiene la piel eriza-
    da por el frío, el miedo u otras sensaciones o emo-
    ciones. pop + cult → espon.

arruchar.
  I. 1. tr. *Cu. En el juego de chocolongo,* ganar un juga-
    dor todas las bolas.

arruga.
  I. 1. f. *Pe.* Deuda cuyo pago se demora. pop + cult
    → espon.
  II. 1. adj. *Ve. Referido a persona,* que se echa para atrás
    en sus compromisos o tareas.

arrugar(se).
  I. 1. intr. prnl. *Ve, Pe, Ch, Ar, Ur.* Desistir *alguien* de
    hacer algo. pop + cult → espon.
  II. 1. tr. *Cu.* Fastidiar, molestar a *alguien.* pop + cult
    → espon.

□

a. ‖ **~la.** loc. verb. *Ur.* juv. Hacer *una persona* algo
muy bien o con gran perfección.

◨

a. ‖ **no arrugues, que no hay quien planche.** fr.
prov. *Cu, PR, Ve, Ur.* Indica que no se está dispuesto a hacer algo que le manden.

arrugazón.
  I. 1. f. *CR, Co.* Conjunto de pliegues o arrugas, *especial-*
    mente las que se forman en una prenda de vestir. pop
    + cult → espon. ♦ **arruguero.**

arrugón, -na.
  I. 1. adj/sust. *Ve, Ch.* juv. *Referido a persona,* que se
    echa atrás en sus compromisos o tareas.

arruguero.
   I. 1. *CR.* **arrugazón.**
arruinado, -a.
   I. 1. adj/sust. *Ho, ES, Ni. Referido a persona,* cobarde.
   2. *Ni. Referido a persona,* que no tiene virtudes ni capacidades. desp.
   3. *Ni. Referido a persona,* fracasada. desp.
   4. *Ur. Referido a persona,* de aspecto decadente. desp.
   II. 1. adj/sust. *Ho, Bo. Referido a persona,* molesta, inoportuna, impertinente. pop + cult → espon.
   2. *Bo. Referido a persona,* que acostumbra hacer travesuras. pop + cult → espon.
arruinar(se).
   I. 1. tr. *Gu, Ho, ES, Ni.* Quitar *alguien* la virginidad a una mujer. euf.
   II. 1. tr. *Ho, Bo.* Insistir con algo hasta causar molestia. pop + cult → espon.
   2. intr. prnl. *Ni.* Verse *alguien* perjudicado por algo. pop + cult → espon.
   III. 1. intr. prnl. *Ho, Ni.* Enfermarse una persona o un animal.
arrullo.
   I. 1. m. *Gu, Ho, Ni, PR, Ec.* Conjunto de versos de arte menor, *generalmente cantados,* para dormir a un niño pequeño. rur.
arrumado, -a.
   I. 1. adj. *Ve, Pe. Referido a persona,* arrinconada por algo o por alguien.
   2. *Pe. Referido a cosa,* colocada junto a otras o formando montones.
arrumar(se).
   I. 1. tr. *Ni, Pa, Co:C, Ve, Ec, Pe.* Poner *alguien* cosas juntas o formando montones, *en especial leña, caña de azúcar y mazorcas de maíz.* pop + cult → espon.
   2. *Pa, Co:C, Ve, Ec.* Poner *alguien* objetos inservibles en un lugar apartado.
   3. intr. prnl. *Ni.* p.u. Amontonarse muchas personas en un solo sitio.
   II. 1. tr. *Ho, Ni; Gu,* p.u. Abrazar o acariciar *una persona* a otra.
   III. 1. intr. impers. *Ni.* p.u. Cubrirse de nubes el horizonte. rur.
arrumbada.
   I. 1. f. *Ho.* Extravío de una persona en un camino.
arrumbado, -a.
   I. 1. adj. *Ni. Referido a cosa,* abandonada, arrinconada.
arrumbar.
   I. 1. intr. *Ni, Cu.* Dirigirse *alguien* a un lugar, tomar una determinada dirección.
arrume.
   I. 1. m. *Co, Ve.* Montón de objetos en desorden. pop.
arruncharse.
   I. 1. intr. prnl. *Co.* Encogerse *alguien* para dormir haciéndose un ovillo. pop + cult → espon.
arruñarse.
   I. 1. tr. prnl. *Ho.* Arañarse *una persona* o un animal.
arrurrú.
   I. 1. *Ni, Co, Ch.* **arroró.**
¡arrurrú!
   I. 1. interj. *Ho, ES, Ni.* Expresa orden cariñosa de dormir a un niño.
arrutanado, -a.
   I. 1. adj. *Pa. Referido a persona,* ruda, tosca. rur.
   2. *Pa. Referido a un caballo,* difícil de domar. rur.
arsenalero, -a.
   I. 1. m. y f. *Ch.* Persona que custodia un depósito de armas.

   II. 1. m. y f. *Ch.* Profesional de la medicina que asiste al cirujano durante una operación quirúrgica, *proporcionándole el instrumental necesario.*
arte.
   I. 1. m. *Ch:S.* Brujería. rur.
  ▶ **no ser ~ ni parte, hato ni garabato.**
artemisa.
   I. 1. f. *Ni, Pa, Cu, PR, Ve.* Planta silvestre de hasta 2 m de altura, de tallo ramoso y estriado, hojas verdes profundamente divididas, con el envés de color verde claro o azulado y flores dispuestas en espigas de color verde amarillo; tiene diversos usos en la medicina popular. (Asteraceae; *Ambrosia peruviana, A. cumanensis).* ◆ **altamisa.**

   ■

   a. ‖ **~ de la playa.** f. *Cu.* Planta silvestre, rastrera y perenne, con tallo ramificado en la base y ramas extendidas; las hojas opuestas, muy divididas y con pecíolo largo, las flores dispuestas en cabezuelas; se usa en la medicina popular. (Asteraceae; *Ambrosia hispida).*
artemisilla.
   I. 1. *Cu.* **escoba amarga.**
artera.
   I. 1. f. *Ho, Ni.* Mano derecha de alguien.
artesa.
   I. 1. adj/sust. *Ho, Ni.* Recipiente rectangular de madera, que se estrecha hacia el fondo y se emplea para enfriar la miel de la caña de azúcar en el trapiche.
   2. f. *Ho, Ni.* Recipiente rectangular u ovoide de madera de un tronco vaciado que sirve para lavar la vajilla o dar de beber a los animales.
   3. *Ho:S.* Mitad de una calabaza grande para guardar las **tortillas.**
   II. 1. adj/sust. *Ch.* juv. *Referido a persona,* que viste ropa y complementos elaborados de forma artesanal.
   III. 1. f. *Pa, PR.* Especie de fuente de diferentes formas y materiales usada para amasar la pasta de las empanadas.
artillado, -a.
   I. 1. adj. *RD. Referido a persona,* que no tiene lo necesario para acometer una tarea. (**artillao**).
artillar.
   I. 1. tr. *Ho, Cu, Ar.* Dotar *alguien* de artillería.
artillería.
   I. 1. f. *Co.* En el ***futbol,*** conjunto de jugadores de un equipo.
   2. *Ni, PR, Ve.* En el ***beisbol,*** conjunto de bateadores que representa el poderío ofensivo de un equipo.
artillero.
   I. 1. m. *Co.* Goleador en los torneos de ***futbol.***
   II. 1. m. *Bo.* Hombre que, *habitualmente,* consume alcohol de baja calidad. pop + cult → espon.
artillero, -a.
   I. 1. m. y f. *Ni.* Cazador de ardillas.
artisa.
   I. 1. m-f. *ES.* Persona comilona. pop + cult → espon.
artista.
   I. 1. m-f. *Ni, Cu, PR, Pe, Ar, Ur.* Persona que puede simular convincentemente, sin ser profesional, diferentes sentimientos o sensaciones.
artistaje.
   I. 1. m. *Cu.* Simulación de un sentimiento o sensación. pop + cult → espon.
artón.
   I. 1. m. *PR.* Hartón. rur.
arturito.
   I. 1. m. *CR, Ve.* Mueble organizador, compacto y de pequeñas dimensiones, con gavetas o bandejas y *generalmente con* **rodines,** que se coloca bajo otros muebles de mayor tamaño.

arturo.
   I. 1. adj/sust. *Gu, Ho, ES, Ni. Referido a persona*, comilona. pop + cult → espon ^ fest.

arucha.
   I. 1. *PR.* **arepa**, pan de forma circular.

aruera.
   I. 1. f. *Ur.* Árbol resinoso, con tronco recto y corteza cenicienta, hojas simples, alternas y coriáceas, de color verde intenso, inflorescencia en penículas axilares o terminales, flores verdosas pequeñas y fruto en drupas; es aprovechado para hacer leña y carbón. (Anacardiaceae; *Lithraea* spp.).

aruñada.
   I. 1. f. *CR, Co, Ec; Gu, Ho, ES, Ni, Pa, Ur,* rur; *Ve,* pop. Arañazo.

aruñado.
   I. 1. m. *Ho.* Técnica de alfarería que consiste en extender el barro o arcilla con los dedos para que no queden burbujas de aire o realizar incisiones pequeñas en la superficie externa de una vasija.

aruñar(se).
   I. 1. tr. *Gu, Ho, ES, Ni, CR, Pa, Cu, RD, PR, Co, Ve, Ec, Ur.* Arañar a *alguien* una persona o un animal. rur; pop.
   2. intr. prnl. *Gu, Ho, ES, Ni, CR, Pa, PR, Co, Ec, Ur.* Arañarse una persona o un animal. rur; pop.
   3. *Cu.* juv. Esforzarse *alguien* en algo.

aruñazo.
   I. 1. m. *Ho, Ni, Pa, RD, PR, Co.* Arañazo. pop. ♦ **aruño; aruñón.**

aruñe.
   I. 1. m. *ES.* Robo. delinc.

aruñetear(se).
   I. 1. tr. *Ho, Ni.* Herir superficialmente en la piel a *alguien* una persona o un animal.
   2. intr. prnl. *Ho, Ni.* Herirse superficialmente en la piel una persona o un animal.

aruño.
   I. 1. *RD.* **aruñazo.** rur; pop.

aruñón.
   I. 1. *Ho, Ni, RD, Ur.* **aruñazo.**

arupo.
   I. 1. m. *Ec.* Árbol de hasta 8 m de altura, de hojas opuestas y simples, inflorescencia tupida, de color rosado o blanco, que brota cuando caen las hojas, y fruta en drupa con una sola semilla; es ornamental. (Oleaceae; *Chionantus pubescens*).

arveja.
   I. 1. *Gu, Ho, Ni, CR, RD, Co, Ve, Ec, Pe, Bo, Ch, Py, Ar, Ur.* **alverja**, planta y semilla. (**arvejón**).
   II. 1. *Ur.* **alverja**, persona tonta.
   □
   a. ‖ **por las puras ~s.** *Pe.* por las puras alverjas.

arvejado, -a.
   I. 1. *Ch.* **alverjado.**

arvejilla.
   I. 1. *Ur.* **alverjilla.**

arvejón.
   I. 1. *Mx.* **alverjón.**
   II. 1. m. *Ve:O.* **Arveja** grande de color verdoso o amarillo verdoso, que no ha alcanzado su madurez. pop.

arvinal.
   I. 1. f. *RD.* Lugar pantanoso.

¡arza!
   I. 1. interj. *Ve:O,C.* Expresa invitación a levantarse de la cama. ♦ **arza arriba.**

□
   a. ‖ **¡~ arriba!** loc. interj. *Ve:C,O.* **¡arza!**

as.
   I. 1. m. *Ch.* p.u. Emparedado de pan alargado de corteza blanda, abierto solo por uno de sus costados, que contiene carne picada aderezada con tomate picado, mayonesa y otros ingredientes.
   ▶ **jugar a dos ~es.**

asa.
   I. 1. *PR.* **manigueta**, asa del mango de la pala.

asabalado, -a.
   I. 1. adj. *Cu. Referido a una caballería*, flaca, de cuello largo y estirado.

asabanarse.
   I. 1. intr. prnl. *Cu.* Perder un terreno su fertilidad.

asacán.
   I. 1. m. *RD.* Hombre taimado.

asacuán. (Var. de *azacuán*).
   I. 1. *ES, Ni.* **azacuán.**

asadear.
   I. 1. intr. *Py.* Participar de un asado o parrillada como comensal.

asadera.
   I. 1. f. *Ar, Ur.* Placa delgada de metal con bordes, rectangular o cuadrada, utilizada para cocer alimentos al horno.

asadero.
   I. 1. *Mx.* **queso asadero.**

asado.
   I. 1. m. *Ni, Co, Ch, Py, Ar, Ur.* meton. Reunión en la que se come asado.
   2. *Bo, Ch, Ar, Ur.* Corte de carne para asar, que se saca longitudinalmente en tiras del costillar vacuno. ♦ **asado de tira; tira de asado.**
   3. *Ni, Bo:E, Py, Ar, Ur.* meton. Comida típica en la que se sirve carne y **achuras** cocinadas en parrilla.
   4. *Bo.* meton. Guiso preparado con carne de **res** frita en aceite que se acompaña de arroz, **papa** y ensalada.
   ■
   a. ‖ **~ borracho.** m. *Bo.* Guiso de carne frita al que en su última cocción se le añade cerveza o **chicha**, bebida alcohólica fermentada de ciertos cereales.
   b. ‖ **~ carnicero.** m. *Ch.* Corte de carne de vacuno extraído de la parte superior interna de los cuartos delanteros, plano, alargado y fibroso.
   c. ‖ **~ con cuero.** m. *Ar, Ur.* Carne vacuna que se asa de modo particular y sin quitarle la piel.
   d. ‖ **~ de tira.** m. *Bo, Ch, Ar, Ur.* **asado**, corte de carne para asar.
   e. ‖ **~ de vidrio.** m. *Ch.* juv. Reunión festiva *en la que se consume alcohol preferentemente*, a pesar de haberse pensado primero en un asado.
   □
   a. ‖ **pasársele el ~.** fr. prov. *Ar.* Indica que una persona pierde o ha perdido una oportunidad. pop + cult → espon.
   ▶ **escupir el ~; pasarse el ~.**

asado, -a.
   I. 1. adj. *Gu, ES, Pe. Referido a persona*, enojada.
   2. *Pe.* obsol. *Referido a persona*, avergonzada.
   ▶ **ponerse ~.**

asadura.
   I. 1. f. *Ve:O.* metáf. Persona de aspecto deteriorado. pop + cult → espon ^ desp.
   2. *Ve.* Trabajo muy pesado. pop + cult → espon.
   II. 1. f. *Pa, Ve.* Vísceras de la **res** o de su cabeza que se guisan con arroz.

asalmonado.
   I. 1. m. *RD*. obsol. Antiguo cheque de color salmón, expedido por el Gobierno.

asaltabancos. (De *asaltar* y *banco*).
   I. 1. sust/adj. *Mx, Gu, Ho, ES, Ni, CR, Ve, Ec, Ch*. Atracador de bancos.

asalto.
   I. 1. m. *Ar*. Fiesta organizada por un grupo de amigos en la que cada uno lleva algo para comer y beber.
   2. *Cu, PR*. Visita por sorpresa a una casa durante la época navideña con instrumentos musicales y canciones con el fin de bailar y **fiestar**.
   3. *Ur. Durante la época de carnaval*, visita por sorpresa a una casa con instrumentos musicales y canciones con el fin de bailar y **fiestar**.

asamblea.
   I. 1. f. *Ve*. Fiesta bailable de personas adineradas.
■
   a. ‖ **~ departamental.** f. *Co*. Órgano legislativo del **departamento**, división territorial.

asandoliado, -a.
   I. 1. adj. *RD. Referido a color*, rojo.

asareada.
   ▶ **dar una ~.**

asar(se).
   I. 1. tr. *Pe*. Enojar o enfadar *una persona* a *alguien*.
   2. intr. prnl. *Pe*. Enojarse o enfadarse *alguien*.
   II. 1. *Pe*. obsol. **arrochar**, avergonzar a *alguien*.
   2. *Pe*. obsol. **arrocharse**, avergonzarse *alguien*.
   III. 1. intr. prnl. *PR*. metáf. Sufrir *alguien* un calor intenso.

asarear(se). (Var. de *azarear*).
   I. 1. tr. *ES, Ni*. Avergonzar *una persona* a *alguien*.
   2. intr. prnl. *ES, Ni*. Avergonzarse *alguien*.

ascago.
   I. 1. m. *ES*. Tallo de la mata de girasol. rur.

ascensor.
   I. 1. m. *Ch*. Funicular de pasajeros destinado a subir las laderas de los cerros en ciertas ciudades.

asco.
□
   a. ‖ **sin ~.** loc. adv. *Ho, Ni, CR, Pa, Co, Ve, Bo, Ch, Py, Ar, Ur*. Con firmeza y sin escrúpulos. pop + cult → espon.
   ▶ **poner del ~.**

¡asco!
   I. 1. interj. *RD, Co, Ve, Ec*. Expresa repugnancia.

ascurrido, -a.
   I. 1. adj. *Ch. Referido a persona*, inteligente y despierta. pop + cult → espon.

ascurrirse.
   I. 1. intr. prnl. *Ch*. Actuar *alguien* de manera inteligente y despierta. pop + cult → espon.

aseador, -ra. (De *aseo*).
   I. 1. m. y f. *Ho, Ni, Pa, Co, Ch*. Persona que tiene como oficio la limpieza de inmuebles, instalaciones públicas, calles o vehículos.

asegún. (Prót. de *según*).
   I. 1. adv. *Mx*. Dependiendo de circunstancias variables. pop.
   2. *Mx*. En definitiva, a fin de cuentas. pop.
   II. 1. m. *Mx*. Asunto, cuestión, aspecto digno de interés o atención. pop.
   2. m. pl. *Mx*. Objeciones, reservas, reparos. pop.
   III. 1. prep. *Mx, Gu, Ho, ES, Pa, Ur*, p.u; *Co*, rur. Con arreglo a una cosa, *generalmente una opinión o un punto de vista de alguien*. pop.
   IV. 1. adv. *Mx, CR, Ur*; *Ve*, rur; pop. Dependiendo de cómo o de qué, o con arreglo a cómo. pop.
   V. 1. prep. *Cu, RD, PR, Ur*. obsol. Según. rur.

◪
   a. ‖ **~ el bejuco.** fr. prov. *PR*. Indica que puede deducirse algo a partir de sus componentes. pop + cult → espon. ♦ **asegún la batata.**
   b. ‖ **~ la batata.** *PR*. **asegún el bejuco.**

asegunes.
   I. 1. m. pl. *Mx*. Circunstancias que afectan a un proceso o al estado de una persona o cosa.

asegureña.
   I. 1. f. *RD*. Seguridad.

asemillar(se).
   I. 1. tr. *Ch*. Fecundar con el polen la flor de algunas plantas *como el trigo o la vid*.
   2. intr. prnl. *Ch*. Llegar una planta al estado de producir semilla.

asenderar.
   I. 1. tr. *RD*. Abrir senda.
   2. *RD*. Perseguir *alguien o algo* a *una persona* haciéndola andar fugitiva por los senderos.
   3. *RD*. Guiar, encaminar *alguien* a uno por un sendero.

asendereado, -a.
   I. 1. adj. *Pe. Referido a un tema, asunto o argumento*, trillado, común, conocido.

asentada.
   I. 1. f. *CR, Ec, Ur*. Aplanamiento o suavización del filo de un instrumento cortante.
   2. *Ec:C*. obsol. Planchado de ropa.

asentadera.
   I. 1. f. *Ho, Ni*. **asentaderas**.
   2. f. pl. *Ho, Ni, Ur*. Parte de sillas y taburetes en que se asientan las nalgas. euf; pop + cult → espon.

asentadura.
   I. 1. f. *Ec:S*. obsol. Trastorno digestivo provocado por una comida. pop.

asentante.
   I. 1. *Ec:S*. obsol. **asentativo**.

asentar(se).
   I. 1. tr. prnl. *Cu*. Iniciarse *alguien* en la santería mediante un complicado ritual.
   II. 1. tr. *Gu*. Aceptar *alguien* positivamente un regaño, un castigo o un consejo.
   III. 1. tr. *Ho, Ur*. En alfarería, formar *alguien* una vasija de barro.

asentativo.
   I. 1. m. *Pe, Bo*. Copa de licor que se toma después de una comida para favorecer la digestión.
   2. *Ec:S*. obsol. Copa de licor que se le da a beber a una persona cuando ha experimentado una emoción muy fuerte. ♦ **asentante.**

asentista.
   I. 1. m-f. *Ec*. Persona a quien se adjudica un bien sacado a **remate**.

asere.
   I. 1. *Cu*. **acere.**

aserrada.
   I. 1. f. *Mx, Ho, Ni*. Serrada de madera. ♦ **aserrío.**

aserradero.
   I. 1. m. *Ec*. Máquina utilizada para serrar madera.

aserrío.
   I. 1. m. *Ni, Cu, Co, Ec*. Lugar en el que se sierra madera.
   2. m. *Ho*. **aserrada.**

aserruchar. (Prót. de *serruchar*).
   I. 1. tr. *Gu, Ho, ES, Ni, RD, Pe, Ch, Ar*; *PR, Ec:O, Py*, pop; *Co, Ve*, rur. Cortar con serrucho *algo, especialmente madera*. (**serruchar**).
   II. 1. intr. *Ch*. Incrementar la fuerza o aceleración de algo, *especialmente del motor de un vehículo*. pop + cult → espon.

☐

a. ‖ **~ el piso.**
   i. loc. verb. *Ni, Ch.* metáf. Quitar o intentar quitar *una persona* el puesto de trabajo a alguien. pop + cult → espon.
   ii. *Ho, Ni.* metáf. Trabajar *una persona* secretamente en contra del prestigio o poder de alguien. pop + cult → espon.

asesinada.
   I. 1. f. *Ho, Ni.* **asesinamiento**.

asesinamiento.
   I. 1. m. *RD.* Asesinato. ♦ **asesinada**.

asesor, -ra.
☐

a. ‖ **~ del hogar.** m. y f. *Ch.* Persona que trabaja como empleada doméstica. euf; cult → esm.

asfixia.
   I. 1. f. *Ni, PR.* Asma. pop + cult → espon. (**asfixie**).
   II. 1. f. *PR.* juv. Deseo sexual. (**asfixie**).

asfixiado, -a.
   I. 1. adj. *PR. Referido a persona*, que tiene deseos sexuales. vulg; pop + cult → espon.

asfixie.
   I. 1. m. *RD.* Enamoramiento muy fuerte.
   2. *PR.* **asfixia**.

ashanga. (Del *quech.*).
   I. 1. f. *Ec:C.* Estructura cuadrangular hecha de varas de carrizo u otro material similar suspendida del techo de la cocina; sirve para mantener ciertos alimentos fuera del alcance de los roedores. rur.
   2. *Ec:E.* Cesta de **bejuco** o de otra fibra vegetal que los indios del oriente ecuatoriano usan para transportar carga llevándola sobre sus espaldas. rur.

ashipa.
   I. 1. f. *Pe.* Planta herbácea trepadora, de hasta 6 m de longitud, con base leñosa, hojas abundantes, trifoliadas, de color verde oscuro, inflorescencia en racimos compuestos y flores de color blanco, azulado o lila; tiene propiedades medicinales. (Fabaceae; *Pachyrhizus tuberosus*). ♦ **jícama**.
   2. *Pe.* Tubérculo de la ashipa, de color café o negro, de pulpa blanca, jugosa y dulce; se come crudo y es muy refrescante.

ashiquita.
   I. 1. f. *Pe:E.* Estera tejida hecha de cañas delgadas, que emplean los pescadores para atrapar peces en las caídas de los ríos.

así.
•

a. ‖ **~.** fórm. *Co, Pe.* Se usa para responder a un saludo. pop + cult → espon.
b. ‖ **~ que sea.** fórm. *Bo.* Se usa para acabar de manera resignada una discusión dando la razón al interlocutor. pop + cult → espon.
c. ‖ **~ siquiera.** fórm. *Bo.* Se usa para indicar que algo se da en poca medida. pop + cult → espon.

☐

a. ‖ **a lo ~.** loc. adv. *Bo.* En este preciso momento. pop + cult → espon.
b. ‖ **~ nada más.** loc. adv. *Ni, Pe, Ch*; *Pa*, p.u. Tan fácilmente. pop + cult → espon.
c. ‖ **~ no más.**
   i. loc. adv. *Mx, Ec, Bo, Ch, Ar, Ur.* De manera caprichosa, sin motivo ni justificación. pop + cult → espon.
   ii. *Mx, Ch, Ar, Ur.* De improviso, de repente. pop + cult → espon.
   iii. *Ho, Ec, Bo, Ch, Ar, Ur. En relación con la solución de un problema*, fácilmente, sin ningún esfuerzo. pop + cult → espon.

   iv. *Ho, Bo, Ch, Ar, Ur.* Deprisa y sin suficiente cuidado. pop + cult → espon.
   v. *Ch, Ur.* De esta manera. pop + cult → espon.

asicar.
   I. 1. tr. *RD.* Hostigar, fastidiar *una persona* a *alguien*.

asidero.
   I. 1. m. *Cu, Co, Ve, Ch, Ur.* Fundamento o base en que se apoya algo.

asiento.
   I. 1. m. *Mx.* Parte del freno de los caballos que se fija entre los colmillos y las primeras muelas de la mandíbula inferior. rur.
   II. 1. m. *RD, Pe, Ar.* Territorio y población de las minas. ♦ **asiento minero**.
   III. 1. m. *Gu, ES, Ni, Ec,* p.u; meton. Evacuación del vientre provocada por un trastorno digestivo o por la ingestión de un purgante. euf.
   IV. 1. m. *Cu, Ve,* obsol. Sedimento líquido que contiene un recipiente, poso.
   V. 1. m. *Ch.* Corte de carne de vacuno de forma semicuadrada y de color oscuro extraído de la parte superior interna de los cuartos posteriores.
   VI. 1. m. *Cu.* Iniciación a un rito o función religiosa.
   VII. 1. m. *Cu. En una hacienda,* lugar donde están los edificios principales.
   VIII. 1. m. *Bo.* Sitio fijo en el mercado o en la calle, donde un comerciante vende sus productos.

■

a. ‖ **~ de chicharrón.** m. *CR.* Residuo de partículas refritas de carne de cerdo que resulta de la preparación de **chicharrones**.
b. ‖ **~ de la cocina.** m. *Cu.* El último asiento de los autobuses en Cuba, por estar muy caliente.
c. ‖ **~ de los bobos.** m. *Ur. En los ómnibus urbanos,* asiento para varias personas que tiene el respaldo contra las ventanillas. pop + cult → espon.
d. ‖ **~ minero.** *Pe, Ch.* **asiento**, territorio.
▶ **estar con ~s.**

¡asiento!
   I. 1. interj. *Pe, Bo, Ch, Py.* Expresa invitación a sentarse.

asignación.
   I. 1. f. *Ni, Pa, RD, PR.* Tarea, trabajo, deber de los escolares. est.
   II. 1. f. *RD.* Lugar de trabajo.

asignatario, -a.
   I. 1. m. y f. *Co, Ch, Ar.* Persona a quien se asigna una herencia o un legado. prest; cult → esm.
   2. *Ec.* Persona natural o jurídica favorecida por el testador con un legado. prest; cult → esm.

asigún. (Var. de *asegún*).
   I. 1. prep. *Mx, Gu, Ho, ES, Cu, RD, Ve:O.* De acuerdo a, conforme, con arreglo a. rur; pop.

asilar.
   I. 1. tr. *Ni.* p.u. Recluir, confinar una persona o una institución a *alguien*.

asimilado.
   I. 1. m. *RD, Ve, Ur.* Profesional de distintas carreras que al mismo tiempo posee un grado militar y trabaja, con dedicación parcial, en instituciones castrenses. ♦ **blanca a nieves**.

asimilar.
   I. 1. tr. *EU, Mx, Ni, Cu, PR, Co, Ve, Ur.* Resistir muchos golpes un boxeador sin ablandarse ni quebrantarse.
   2. *Cu.* metáf. Consentir *una persona* a alguien una actitud o palabra grosera.

☐

a. ‖ **~ la talla.** loc. verb. *Cu.* Reflexionar.

asimilismo.
  I. 1. m. *PR.* Política que pretende hacer de Puerto Rico un estado de los Estados Unidos.

asina.
  I. 1. adv. *Mx, ES, CR, RD, PR, Ve, Ur.* obsol. Así, de esta o de esa manera. rur.

asirimbao, bá.
  I. 1. adj. *RD. Referido a persona*, distraída, alelada, lela. pop.

asisito.
  I. 1. adv. *Ec.* Con poca ropa de abrigo puesta. pop.

asísmico, -a.
  I. 1. adj. *Gu, Ni, Pe, Ch. Referido a una construcción*, preparada para resistir los seísmos o contrarrestar sus efectos.

asistencia.
  I. 1. f. *Ni, Ec, Pe, Bo, Ch.* Establecimiento benéfico donde se prestan los primeros auxilios facultativos a heridos o a enfermos que precisan atención urgente. ♦ **asistencia pública.**
  II. 1. f. *Ni, PR, Ve. En el beisbol*, acción de coger la pelota bateada y lanzarla de inmediato hacia una **base** para tratar de poner fuera de juego a un jugador del equipo contrario.
  III. 1. f. *Cu.* Vaso de agua que se pone como ofrenda a un santo o al espíritu de un difunto.
  ■
    a. ‖ ~ **nutricional.** f. *PR.* Subsidio gubernamental destinado a la compra de alimentos.
    b. ‖ ~ **pública.**
      i. *Ec, Pe, Bo, Ch, Ur.* **asistencia**, establecimiento.
      ii. f. *Ch, Ur.* Vehículo acondicionado para trasladar heridos o enfermos.

asna.
  ■
    a. ‖ ~ **shimi.** (Del quech. *asna*, maloliente, y *shimi*, boca). f. *Pe.* Boca maloliente. rur.

asnaúcho. (Del quech. *asna-uchu*, ají fragante).
  I. 1. m. *Pe.* obsol. **Ají** pequeño y muy fragante.

asnay.
  ■
    a. ‖ ~ **yuyo.** (Del quech. *asnay*, fétido, y *yuyu*, hierba). m. *Ec.* Variedad de **chilchil.**

asnilla.
  I. 1. f. *PR.* Sostén portátil hecho generalmente de madera.

asnúpido, -a. (De *asno* y *estúpido*).
  I. 1. adj/sust. *Ho,* p.u. *Referido a persona*, tonta y bruta. pop + cult → espon ^ desp.

asocar.
  I. 1. *Cu.* **azocar.**

asocio.
  I. 1. m. *Gu, ES, Ni, Ar*; Compañía, colaboración, asociación.
  ▢
    a. ‖ **en ~.** loc. adv. *Co, Ec; Pa*, pop. En compañía de.

asolapadamente. (Prót. de *solapadamente*).
  I. 1. adv. *Ho, Ni; ES*, rur. Ocultamente, disimuladamente, a escondidas.

asolapado, -a.
  I. 1. adj. *Ho, ES, Co. Referido a persona*, que por costumbre oculta maliciosa y cautelosamente sus pensamientos. pop + cult → espon.
  II. 1. adj. *Ho. Referido a un sombrero*, que tiene el ala doblada hacia abajo. rur.

asolapar. (Prót. de *solaparse*).
  I. 1. tr. *Ho, ES.* Ocultar *una persona* maliciosamente *algo*. pop + cult → espon ^ desp.

asoleada.
  I. 1. f. *Mx, Gu, Ho, Ni, Bo, Ur.* Malestar causado por una prolongada exposición a los rayos solares. pop + cult → espon.
  2. *Gu, Ho, Ni, CR, Pa, PR, Co.* Exposición prolongada al sol.

asoleado, -a.
  I. 1. adj. *Ho, ES, Ni. Referido a persona*, molesta, colérica.
  II. 1. adj. *Gu, ES. Referido a persona*, tonta, torpe.
  III. 1. adj. *Ho.* p.u. *Referido a persona*, perezosa, cansada.
  IV. 1. adj. *PR. Referido a persona*, morena por efecto de haber estado expuesta al sol.

asolear(se). (Prót. de *solear*).
  I. 1. tr. *Mx, ES, Co.* metáf. Molestar, incordiar *una persona* a *alguien.*
  2. intr. prnl. *Ho, Ni.* metáf. Enfadarse mucho *una persona.*
  II. 1. intr. prnl. *Ve:O.* metáf. Mostrar un jugador el dinero correspondiente a una apuesta de juego y si es posible depositarlo en manos de un tercero imparcial.
  III. 1. tr. *Pa.* Afinar *alguien* el canto del **tamborito.**
  2. *Pa.* Afinar *alguien* un instrumento musical.
  IV. 1. tr. prnl. *PR.* Tomar *alguien* el sol.
  ▢
    a. ‖ ~ **de solo.** loc. verb. *Pa.* Cantar uno de los integrantes del coro unas líneas del **tamborito** sin acompañamiento alguno.
    b. ‖ **asoleársela.** loc. verb. *CR.* Injuriar fuertemente a *alguien.* pop + cult → espon.

asoliviantarse. (Prót. de *soliviantarse*).
  I. 1. intr. prnl. *RD.* Protestar *alguien* ligeramente.

asomadera.
  I. 1. f. *Pa, RD, Co.* Salida reiterada a algún balcón, ventana o puerta para asomarse a contemplar algo. pop + cult → espon.

asomado, -a.
  I. 1. adj. *Ve:O. Referido a persona*, entrometida, intrusa, que se mete donde no la llaman. pop + cult → espon ^ desp.
  2. *Ve:O. Referido a persona*, que gusta de figurar y aparentar. pop + cult → espon ^ desp.

asomante.
  I. 1. m. *PR.* Lugar bien situado para contemplar un paisaje, mirador.

asomar.
  ▢
    a. ‖ ~ **el cobre.** loc. verb. *Gu.* Actuar *alguien* con vulgaridad. pop + cult → espon.

asombrado, -a.
  I. 1. adj. *Ar:NE, Ur. Referido a un lugar*, hechizado, encantado.

asoñado, -a.
  I. 1. adj. *RD. Referido a persona*, somnolienta. pop.

asopado.
  I. 1. m. *Pa.* Plato de arroz cocido con carne o pollo y algunas verduras, con la apariencia de una sopa espesa.

asopado, -a.
  I. 1. adj/sust. *Ch. Referido a persona*, escasa de entendimiento y lenta para reaccionar. pop + cult → espon ^ desp.

asopao.
  I. 1. m. *RD, PR.* Comida que se compone de arroz caldoso con carne, pollo, pescado o mariscos, verduras varias y sofrito.

asorochado, -a.
  I. 1. adj. *Pe, Bo, Ar. Referido a persona*, que padece **soroche.**

2. *Ch. Referido a persona*, que presenta respiración exaltada y enrojecimiento del rostro por exceso de calor o esfuerzo físico.

asorochamiento.
   I. 1. m. *Bo, Ar:NO; Ch*, p.u. **puna**, mal de montaña.
   2. *Ch.* Respiración exaltada y enrojecimiento del rostro por exceso de calor o esfuerzo físico.

asorochar(se). (Del quech. *suruchiq*).
   I. 1. intr. prnl. *Ec, Pe, Bo, Ch, Ar:NO.* **apunarse**, sufrir mal de montaña.
   2. *Ch.* Experimentar *alguien* respiración exaltada y enrojecimiento del rostro por exceso de calor o esfuerzo físico.
   3. tr. *Bo.* Provocar la falta de oxígeno en la atmósfera una indisposición a una persona o a un animal. pop + cult → espon.

asortijado, -a.
   I. 1. adj. *Ni, Ur; Ho*, p.u. *Referido al pelo*, rizado.

asosegarse.
   I. 1. intr. prnl. *Ch.* obsol. Tranquilizarse *alguien*, quedarse quieto o calmado. pop.

asotón.
   I. 1. m. *ES.* Espantada de las aves de corral. rur.

aspa.
   I. 1. f. *Bo, Ar, Ur.* Asta, cuerno vacuno. rur.

aspamentero, -a.
   I. 1. sust/adj. *Ar, Ur.* Persona que manifiesta de modo exagerado sus sentimientos, emociones o dolores. pop + cult → espon. (**espamentero**). ♦ **aspamentoso**.

aspamento.
   I. 1. m. *Ar, Ur.* Expresión, *de modo exagerado*, de sentimientos, emociones o dolores. pop + cult → espon. (**aspamiento; aspavento; espamento**).

aspamentoso, -a.
   I. 1. *Ar, Ur.* **aspamentero**. ♦ **espamentoso**.

aspamiento.
   I. 1. *Ar, Ur.* **aspamento**.

aspavé.
   I. 1. *Co.* **caracolí**.

aspavento.
   I. 1. *Ar.* **aspamento**.

aspavientado, -a.
   I. 1. *PR.* **espabientado**, extrovertido.

aspavientero, -a.
   I. 1. *Co.* **aspavientoso**.

aspaventoso, -a.
   I. 1. adj. *Ve. Referido a persona*, que hace muchos aspavientos. ♦ **aspavientero**.

aspectado, -a.
   □
   a. ‖ **bien ~.** loc. adj. *Mx, PR. Referido a persona o cosa*, favorable.
   b. ‖ **mal ~.** loc. adj. *Mx, PR. Referido a persona o cosa*, desfavorable.

aspectar(se).
   I. 1. intr. *Ch.* Apreciar *alguien algo* desde una perspectiva o desde una apariencia determinada. prest; cult → esm.

aspectudo, -a.
   I. 1. adj. *Ec. Referido a persona, generalmente joven*, que aparenta tener más edad de la que realmente tiene debido a su desarrollo saludable. pop + cult → espon.

áspera.
   □
   a. ‖ **¡qué ~!** loc. interj. *PR.* Expresa molestia, fastidio por algo. pop + cult → espon. ♦ **qué hóspera**.

áspero, -a.
   I. 1. adj. *RD, Ur. Referido a persona*, gruesa.
   II. 1. adj. *Ni, PR. Referido a persona*, malhumorada, de carácter hosco.
   III. 1. adj. *RD. Referido a cosa*, bonita, graciosa.

aspirantura.
   I. 1. f. *Cu. En el sistema universitario*, período en el que se realizan los exámenes y se prepara la tesis.

aspirina.
   I. 1. f. *Cu.* Autobús pequeño que reforzaba al servicio público de transporte en la **hora pico**.
   II. 1. f. *ES.* Botón de ropa. carc.

asquerosito.
   I. 1. m. *Ve.* Comida que se vende en la calle en puestos ambulantes. pop + cult → espon ^ desp.
   2. *Ve.* juv. Perro caliente.

asquete.
   I. 1. m. *Ar, Ur.* Persona o cosa desagradables que producen rechazo. pop + cult → espon ^ desp.
   2. *Ar.* Rechazo o repugnancia que produce algo. pop + cult → espon ^ desp.

asquiento, -a.
   I. 1. adj/sust. *Gu, Ho, ES, Ni, Co, Pe, Ch; Ec*, pop. *Referido a persona*, propensa a sentir asco o repugnancia. pop + cult → espon.

asset. (Voz inglesa).
   I. 1. m. *EU, PR.* Recurso valioso, de provecho y utilidad.

assistant.
   ■
   a. ‖ **~ manager.** (Voz inglesa). m. *EU, PR.* Ayudante de gerente.

asta.
   ▶ **andar a media ~; estar a media ~.**

astabandera.
   I. 1. f. *Mx.* Palo o barra de cierta longitud en el que se coloca la bandera.

astadura.
   I. 1. f. *Ho.* p.u. Cornamenta de algunos animales *como la del ganado vacuno o la del ciervo*. prest; cult → esm.

¡astarau!
   I. 1. *Ec:S.* **¡astaray!**

¡astaray!
   I. 1. interj. *Ec:S.* Expresa dolor producido por una quemadura. pop. (**¡astarau!**).

¡aste!
   I. 1. interj. *Pa.* Expresa asombro o admiración. pop + cult → espon.
   2. *Pa.* Expresa fastidio. pop + cult → espon.

asterisco.
   I. 1. m. *Ni.* Ano. euf; pop + cult → espon ^ fest.

astiba.
   I. 1. f. *RD.* Conjunto de cajas o sacos superpuestos.

astibar.
   I. 1. tr. *RD.* Formar **astibas**.

astilla.
   I. 1. f. *Cu.* Dinero. pop + cult → espon.
   ▶ **hacerse la ~; ser ~ del mismo palo.**

astilladura.
   I. 1. f. *Mx, Ho, Ch.* Irregularidad áspera o punzante que queda en los bordes de ciertos materiales, como la madera o el hueso, cuando se cortan, parten o fisuran.
   2. *Mx, Ur.* Desperfecto leve causado en un objeto por una rozadura o golpe que dejan una señal o hacen saltar un fragmento de material del que está hecho.
   3. *Mx, Ur.* Agrietamiento de un cristal o vidrio *habitualmente a causa de un golpe*.
   4. *Mx.* Erosión o herida superficial causada en el cuerpo por roce o pequeño golpe.

astral.
   I. 1. adj. *ES. juv. Referido a cosa*, muy buena, de excelente calidad.

astromelia. (De *Alstroemer*, ilustre botánico).
   I. 1. f. *Co.* **gallardete**, arbusto.
   II. 1. f. *PR, Ch.* **crespón. (estromelia).**

asua. (Del quech. *aswa*).
   I. 1. *Ec:C, Pe.* **chicha de jora. (azua).**

asueñado, -a.
   I. 1. adj. *CR. Referido a persona*, somnolienta.

asujetar(se).
   I. 1. tr. *Ch, Ur.* Hacer que *alguien* o *algo* se mantenga firme. pop.
      2. intr. prnl. *Ch.* Sostenerse o mantenerse *alguien* o *algo* sin caerse. pop.

asumir. (Del ingl. *to assume*).
   I. 1. tr. *Mx, Gu, Ho, ES, Ni, PR, Co, Ch, Ar.* Presuponer, dar por hecho *algo*.

asuntar.
   I. 1. tr. *RD; Pa*, obsol. Prestar atención a *alguien*. rur.
      2. intr. *CR.* Escuchar a *alguien* sin contradecirle, a pesar de no estar de acuerdo con él.
   □
   a. ‖ **~le.** *CR.* **ponerle bonito.**

asunteque.
   I. 1. m. *Ch.* Asunto de poca importancia. pop + cult → espon.

asuntico.
   I. 1. m. *Cu, RD.* Amorío pasajero. pop + cult → espon. (**asuntito**).
   II. 1. m. *RD.* Diálogo para aclarar un malentendido. (**asuntito**).
      2. *RD.* Conversación en que uno de dos amigos se sincera o se disculpa ante el otro.
   III. 1. m. *RD.* Deuda pequeña. pop + cult → espon. (**asuntito**).

asuntito.
   I. 1. *Cu, RD.* **asuntico**, amorío pasajero.
   II. 1. *RD.* **asuntico**, deuda.
   III. 1. *RD.* **asuntico**, diálogo.

asunto.
   I. 1. m. *Ve.* Estudio, atención.
   ■
   a. ‖ **~ peludo.** m. *RD, PR, Ur.* Asunto complicado, difícil. pop + cult → espon.
   □
   a. ‖ **~.** loc. interj. *RD.* Expresa sorpresa, advertencia.
   ▶ **ponerle ~.**

asustada.
   I. 1. f. *Ni, CR, Pa, RD.* Susto grande.

atabaiba. (De or. ind. antillano).
   I. 1. m. *Cu, RD.* Arbusto de hasta 6 m de altura, de ramas tortuosas, hojas estrechas, lanceoladas o acuminadas y flores rosadas o blancas, según la especie. (Apocynaceae; *Plumeria rubra, P. alba*).

atabal.
   I. 1. m. *Cu.* Baile de negros al son del atabal o tamboril.
      2. *Ni.* Marcha de parroquianos acompañados de tambores en la que se van recitando coplas.

atabanar.
   I. 1. tr. *Co:N.* Causar a *alguien* repetidamente disgustos o molestias. rur; pop.

atabuznar.
   I. 1. tr. *RD.* Meter *alguien* *algo* a la fuerza.
      2. *RD.* Atiborrar.

atacado, -a.
   I. 1. adj/sust. *Co. Referido a persona*, que actúa con apresuramiento, nerviosa.
      2. *Cu, PR. Referido a persona*, que no tiene dinero.

      3. adj. *Ni, CR, PR. Referido a persona*, que llora desconsoladamente. pop + cult → espon.
   □
   a. ‖ **como ~.** loc. adj. *CR. Referido a persona*, muy alegre y optimista. pop + cult → espon.

atacador, -ra.
   I. 1. m. y f. *Cu. En el voleibol*, jugador que se encarga de organizar las jugadas defensivas.
   ■
   a. ‖ **~ oficial.** m. *Mx.* Amante. euf.

atacameño.
   I. 1. adj. *Ch.* Relativo al club de **futbol** Deportes Copieró (antiguamente Regional Atacama) de la región de Atacama.

atacante.
   I. 1. adj. *Cu. Referido a persona o cosa*, molesta, incómoda.

atacar(se).
   I. 1. intr. prnl. *Mx, Ch.* Ser *alguien* presa de una súbita irritación incontenible. pop + cult → espon.
      2. intr. *Mx, Ur.* Sorprenderse y enfadarse simultáneamente. pop + cult → espon.
      3. intr. prnl. *Ni, CR, Cu, RD, PR, Ur.* Prorrumpir en llanto desconsoladamente. pop + cult → espon.
   II. 1. intr. prnl. *Mx.* Ingerir un alimento o sustancia en cantidades tan excesivas que pueden causar trastornos. pop + cult → espon.
   III. 1. tr. *Ni, Ve. En el beisbol*, desatar un equipo su poderío ofensivo.
      2. *Ve. En el beisbol*, salir un *fildeador* en busca de una pelota bateada.
   IV. 1. tr. *CR, RD, Ve.* Enamorar a *alguien*. pop + cult → espon.
   V. 1. tr. *ES, Cu.* Abordar a *alguien* para pedirle algo, *especialmente dinero*. pop + cult → espon.
   □
   a. ‖ **~se de la risa.** *Co.* **atacarse de risa.**
   b. ‖ **~se de risa.** loc. verb. *Mx, Ho, Ni, CR, PR, Ch, Ur.* Echarse *alguien* a reír compulsivamente, de forma irreprimible. pop + cult → espon. (**atacarse de la risa**).

ataché. (Del fr. *attaché*).
   I. 1. m. *Ar.* Maletín.
   II. 1. m-f. *Cu, Ur.* Funcionario adscrito a una embajada y que desempeña servicios especiales. (**attaché**).
   III. 1. m. *Cu.* Pinza de alambre, recubierta a veces de material plástico, para sujetar papeles.

ataco.
   I. 1. *Ec.* **moco de pavo**, planta.
      2. *Ec.* Fruto del ataco que tiene muchas semillas negras y relucientes.

atacón, -na.
   I. 1. adj. *Ve. Referido a persona*, que se manifiesta o se insinúa con frecuencia en sus pretensiones amorosas. pop.

atacoso, -a. (De *ataque*).
   I. 1. adj. *Ho. Referido a persona*, propensa a los ataques de tos o de epilepsia.

atacuñarse.
   I. 1. tr. *PR.* Hacer comer y beber con exceso a alguien. rur. (**atocuñar; atacuñar**).
   II. 1. intr. *PR.* Meter *alguien* algo en un espacio pequeño, encajar. pop + cult → espon.

ataderas.
   I. 1. f. pl. *ES. Entre militares*, macarrones.

atado.
   I. 1. m. *Py, Ar; Ur*, obsol. Caja de cigarrillos.
      2. *Gu, Ho, ES, Ni, CR*, rur. Conjunto de dos **tapas** de azúcar sin refinar atadas y envueltas en **tusa** o en hoja de plátano.

3. *Ec, Bo, Ur.* Conjunto de hierbas medicinales o de hortalizas que se atan y se venden como unidad.
4. *Ch.* metáf. Lío, problema. pop + cult → espon.
5. *Bo, Ur.* Paquete de algún producto, *especialmente de cigarrillos.* pop + cult → espon.

II. 1. m. *Ar, Ur.* Unidad de medida informal para productos hortícolas. pop + cult → espon.

□
a. ‖ ~ **de nervios.** loc. sust. *Pe, Ch.* Persona que se muestra muy nerviosa ante una situación.
▶ **armar ~s.**

atadoso, -a.
I. 1. adj. *Ch.* juv. *Referido a persona*, que se imagina líos y problemas constantemente.
2. *Ch.* juv. *Referido a persona*, que genera líos y problemas constantemente.

atafagarse.
I. 1. intr. prnl. *Co.* Fatigarse *alguien* con algún trabajo u ocupación yendo y viniendo de una parte a otra.

atagallar(se).
I. 1. tr. *Cu, RD.* Anhelar, ansiar *algo.* pop + cult → espon.
II. 1. tr. *Cu.* Atosigar a *alguien.* pop + cult → espon.
2. intr. prnl. *RD.* Atosigarse *alguien* por diversos apremios. pop + cult → espon.
III. 1. intr. *Cu, RD.* Trabajar *alguien* afanosamente. pop + cult → espon.

¡ataja!
I. 1. interj. *Cu.* Expresa petición de ayuda para atrapar a un ladrón que huye. pop + cult → espon.

atajacaminos.
I. 1. m. *Ar.* Ave nocturna de mediano tamaño, de alas y cola largas, cabeza grande y color pardusco, patas cortas y pico muy corto, plumaje coloreado. (Caprimulgidae; *Hydropsalis torquata*).
2. *Ho, Ni.* Ave de hasta 28 cm de longitud, de alas largas con punta redondeada, plumaje de color café grisáceo y leonado por encima, blanco en la garganta y abdomen blanco opaco. (Caprimulgidae; *Nyctidromus albicolis*). ♦ **bujío.**

atajada.
I. 1. f. *Mx, Gu, Ho, ES, Ni, CR, Co, Ec, Ar, Ur; Py,* pop. *En futbol y otros deportes*, acción de **atajar**, detener o desviar una pelota para evitar que se introduzca en la portería.
2. *Cu, RD, Ve, Ec, Pe, Ar, Ur; Ch,* p.u. Interrupción de un proceso o acción.
3. *CR, Pa, Cu, RD, Ve, Ec, Pe, Ar.* Salida al encuentro de personas o animales que huyen o caminan. rur.
4. *Ni, Pe, Ch.* Elección de un atajo, ir por él.
5. *Ch.* En un *rodeo*, acción de detener la carrera de la vaquilla, apretándola con el caballo contra la valla.
6. *Ni.* En el *beisbol*, **atrapada** difícil de un **batazo**.

atajadero.
I. 1. *PR.* **atrecho.** rur.

atajador.
I. 1. m. *Ch.* En un *rodeo*, jinete encargado de atajar a la vaquilla.

atajaperros.
I. 1. m. *Ve.* Situación de desorden, bullicio, alboroto. pop + cult → espon.

atajar(se).
I. 1. tr. *Mx, Ho, Ec, Pe, Bo, Ch, Py, Ar, Ur.* En el *futbol y otros deportes*, parar o desviar una pelota el arquero para evitar que se introduzca en el arco.
2. *Cu, RD, Ve, Bo, Ar, Ur.* Atrapar a *alguien* o *algo* en el aire.
3. *CR, Ec, Bo, Ar, Ur.* En el *futbol*, jugar en el puesto de portero. ♦ **tapar.**

4. *Ni, CR, RD, Ve.* En el *beisbol*, atrapar la pelota en el aire.
5. *Py.* Sostener un objeto en las manos por un momento.

II. 1. tr. *Ec.* Retener *una persona* o una institución financiera determinada cantidad de dinero por concepto de pago de una deuda.
III. 1. intr. prnl. *Cu.* Contenerse *alguien*, dominarse, no perder los nervios.
IV. 1. tr. *Bo.* Impedir *alguien* el acceso o aprovechamiento de algo por parte de otros para su propio provecho. pop + cult → espon.

□
a. ‖ ~ **un pollo.** loc. verb. *Cu.* Resolver dificultades.
b. ‖ ~**se las aguas.** loc. verb. *Ar.* Producírsele a *una persona* una enfermedad que ocasiona retención de orina. pop + cult → espon.

atajarría.
I. 1. f. *RD.* Banda de cuero o soga que sujeta el aparejo de la bestia. rur.

atajo.
I. 1. m. *PR.* p.u. Valla para **atajar** las **reses.** rur.
2. *PR.* p.u. Cerca para evitar el paso de los animales. rur.

atalaya.
I. 1. m-f. *CR, PR.* Miembro de los Testigos de Jehová.
II. 1. f. *ES.* Reloj de pared. carc.

atalayar.
I. 1. *Gu.* **abanderar.**

atalishtarse. (De *talishte*).
I. 1. intr. prnl. *Gu, ES.* Endurecerse o volverse correoso *algo, generalmente frutas o verduras.*

atamalado, -a.
I. 1. adj. *Pe. Referido a un guiso, especialmente de arroz*, caldoso.

¡atángana! (De or. onomat.).
I. 1. interj. *PR.* Expresa e imita el sonido que causa un golpe o una caída. pop + cult → espon.
2. *PR.* Expresa que una decisión tomada o una acción realizada es contundente. pop + cult → espon.
3. *PR.* Expresa emoción. pop + cult → espon.

atangayado, -a.
I. 1. adj. *ES; Ho,* p.u. *Referido a persona o animal*, cansado, sin fuerzas.

atangayarse.
I. 1. intr. prnl. *Ho, ES.* Perder una persona o un animal completamente las fuerzas. rur.

ataponamiento.
I. 1. m. *PR.* Congestión de **tránsito**, embotellamiento.

ataponar(se).
I. 1. tr. *PR.* Provocar *alguien* una congestión de tráfico.
2. prnl. *PR.* Congestionarse el tráfico.
3. *PR.* Taponar, obstruir o atascar un conducto o paso.

atapuzado, -a.
I. 1. adj. *Ve:O. Referido a persona*, que se mete o quiere meterse en donde no la llaman. pop + cult → espon.

atapuzar(se).
I. 1. tr. *Ve.* Llenar *alguien algo* en exceso y apretadamente, colmar. pop + cult → espon.
2. intr. prnl. *Ve.* Llenarse en exceso *algo, en especial un recipiente.* pop + cult → espon.
3. *Ve.* Comer o beber apresuradamente, con avidez o exceso. pop + cult → espon.
4. *Ve.* Introducirse muchas personas en un espacio reducido. pop + cult → espon.
II. 1. intr. prnl. *Ve.* Ir a un lugar público muy concurrido. pop + cult → espon.
2. *Ve.* Meterse en un lugar sin haber sido invitado. pop + cult → espon.

III. 1. tr. *Ve.* metáf. Leer demasiado sin asimilar bien los conocimientos. pop + cult → espon.

IV. 1. tr. *Ve.* Atacar a *alguien* de palabra u obra. pop + cult → espon.

ataque.

■

   a. ‖ **~ de caspa.** m. *Ch.* Estado de histeria o de gran enfado. pop + cult → espon ^ fest.

□

   a. ‖ **de ~.** loc. adj. *Cu, Co.* Muy bueno, estupendo. pop + cult → espon.

ataquiento, -a.

I. 1. adj/sust. *Ec.* *Referido a persona*, que sufre de ataques epilépticos. pop + cult → espon.

atar.

□

   a. ‖ **~ a mecate corto.** loc. verb. *Ho, Ni.* Controlar mucho *una persona* a *alguien*, darle poca libertad de acción. pop + cult → espon.

ataragón. (Prór. de *taragón*).

I. 1. m. *Ho.* Ave de hasta 34 cm de longitud, de cola con raquetas grandes al final del raquis desnudo y largo, centro de la garganta negro con una lista turquesa a los lados, rojo el centro de la espalda y parte del área de detrás del ojo, abdomen rojo pálido y el resto de la cabeza, cuello y cuerpo verde olliváceo, pico y patas negros. (Momotidae; *Eumomota superciliosa*). (**taragón**). ♦ **guardabarranco.**

atarailado, -a.

I. 1. adj. *Ho, ES, Ni.* *Referido a persona*, tonta o atontada. rur.

atarantado, -a.

I. 1. adj/sust. *CR, Pa, Cu, Ve, Pe, Ch.* *Referido a persona*, impulsiva, imprudente. pop + cult → espon. ♦ **atravesado; avilocado.**

2. *ES, Ni, Ve.* *Referido a persona*, loca, de poco juicio. pop + cult → espon.

3. *Ve.* *Referido a persona*, torpe, corta de entendimiento. pop + cult → espon.

II. 1. adj/sust. *Ve.* *Referido a persona*, ligeramente borracha. pop + cult → espon.

atarantar(se).

I. 1. intr. prnl. *Mx, Ni, Ch.* Actuar *alguien* de manera impulsiva. pop + cult → espon.

2. *Ni.* Actuar torpemente por efecto de un golpe.

II. 1. tr. *Gu, ES.* Emborrachar *una persona* a *alguien*. pop + cult → espon.

2. intr. prnl. *Gu, ES.* Emborracharse *alguien*. pop + cult → espon.

3. tr. prnl. *Ho.* Marearse *alguien* por algún movimiento brusco o por la ingesta de algún medicamento.

atarantazón.

I. 1. f. *CR.* Comportamiento precipitado e irreflexivo de una persona. pop + cult → espon.

atarar.

I. 1. tr. *Cu.* Matar *una persona* a *alguien*.

2. *Cu.* Sujetar *una persona* a *alguien*.

atarcar.

I. 1. tr. *Ni.* Acortar *alguien* las riendas de una caballería. rur.

atareo.

I. 1. m. *Cu, RD, PR; Ch,* p.u. Trabajo continuo, ocupación constante. rur.

atariado, -a.

I. 1. adj. *Ni, RD, PR.* *Referido a persona*, atareada, muy ocupada. pop.

atarjea.

I. 1. f. *Mx.* Canal de mampostería a nivel de suelo para conducir las aguas negras o de lluvia.

2. *Pe.* Depósito de agua que abastece a una población.

atarrá.

I. 1. *CR.* **arragre**, panal.

II. 1. m. *CR.* Cabellera crespa, abundante *y, por lo general, descuidada*. pop + cult → espon ^ fest.

atarragar(se).

I. 1. intr. prnl. *Mx, Co; Ve,* p.u. Atracarse, atiborrarse de comida. pop + cult → espon.

2. tr. *Co; Ve,* p.u. Atracar, atiborrar de comida *una persona* a *alguien*. pop + cult → espon.

atarraya.

I. 1. f. *Ni, PR, Co.* Red para pescar.

II. 1. f. *Pa, Co.* Boca grande de una persona. pop + cult → espon ^ desp.

2. *Pa.* Voz muy potente. pop + cult → espon ^ desp.

III. 1. f. *Ho.* Planta de hasta 30 cm de altura, de raíz pivotante, tallo suave y glabroso, ramificado radialmente desde la base, hojas alternas, gruesas y brillantes, flores de color amarillo y fruto en cápsula redonda con semillas ovaladas y pequeñas; en la medicina tradicional, su decocción tiene propiedades diuréticas. (Portulacaceae; *Portulaca oleraceae*). ♦ **manibarí; portulaca.**

atarrayador, -ra.

I. 1. m. y f. *Ho, ES, Ni, PR.* Persona que se dedica a pescar con **atarraya.**

atarrayar.

I. 1. tr. *Ho, ES, Ni, PR.* Pescar con **atarraya.**

atarrayazo.

I. 1. m. *Ho, ES, Ni.* Tirada de la **atarraya** para pescar.

atarván.

I. 1. sust/adj. *Co.* Persona de modales y comportamientos bruscos, maleducado, patán. pop + cult → espon ^ desp.

atascado, -a.

I. 1. adj. *Mx.* *Referido a persona*, sucia. pop + cult → espon.

2. *Mx.* *Referido a persona*, glotona. pop + cult → espon.

3. *Gu.* *Referido a persona*, tonta. pop + cult → espon.

4. *ES.* *Referido a persona*, atrevida. pop + cult → espon.

atascar(se).

I. 1. tr. *Mx.* Abarrotar por completo un lugar una multitud de personas.

2. intr. *Mx.* Abarrotarse un lugar de personas.

II. 1. intr. *Mx.* Entregarse sin restricciones a una acción o a un cometido, sobre todo por placer.

2. *Mx.* Ensuciarse *alguien* o *algo*, quedar manchado.

III. 1. intr. prnl. *Mx.* Ingerir *alguien* un alimento o sustancia en cantidades tan excesivas que pueden causarle trastornos.

□

   a. ‖ **¡atáscate marrano ahora que hay lodo!** loc. interj. *Mx.* Expresa efusiva exhortación a aprovecharse de una buena ocasión.

atatao.

I. 1. m. *Pe.* Ave sedentaria de hasta 50 cm de longitud, de color negro con tonos amarillos, que emite un grito estridente. (Falconidae; *Daptrius ater*). ♦ **chupacacao negro.**

II. 1. interj. *Pe.* **atatay.**

¡atatau! (Del quech. *atatau*).

I. 1. *Pe.* **¡atatay!**

II. 1. interj. *Ec,* obsol. Expresa complacencia. pop + cult → espon. ♦ **¡ananay!; añañay.**

III. 1. *Bo:E,C,S.* **¡atatay!**

¡atatay!

I. 1. interj. *Co:SO.* Expresa disgusto. pop + cult → espon.

2. *Ec, Pe.* Expresa asco. pop + cult → espon. (**atatao; ¡atatau!; ¡tatay!**).

II. 1. interj. *Bo:E,C,S.* Expresa dolor, *especialmente por una quemadura.* pop + cult → espon. (**¡atatau!**).

ataucar.
I. 1. *Bo.* **taucar**.

ataudado, -a.
I. 1. adj. *RD. Referido a cosa,* que tiene forma de ataúd.

atayotao.
I. 1. adj. *RD. Referido a persona,* de carácter blando, de poca o ninguna iniciativa.
2. m. *RD.* Homosexual.

ate.
I. 1. m. *Mx.* Dulce en forma de pasta, hecho a base de la pulpa de alguna fruta, como membrillo, **durazno** o **guayaba**, y azúcar.

atecolillarse. (De *tecolilla*).
I. 1. tr. prnl. *Ho.* p.u. Entumecerse el cuerpo de una persona, *en especial las piernas.*

ateje.
I. 1. m. *Cu, RD.* Árbol de hasta 7 m de altura, de ramas trifurcadas, hojas semejantes a las del cafeto y el fruto carnoso, rojo y dulce; su madera se usa en la construcción y su fruto sirve de alimento a los cerdos y a las aves. (Boraginaceae; *Cordia collococca*).

atejuelarse.
I. 1. tr. prnl. *PR.* Doblársele el filo al machete por haberle rebajado mucho el hierro. rur.

atelier.
I. 1. m. *Ni, Ve, Ch, Ar, Ur.* Lugar de trabajo de un pintor, escultor o modisto.
2. *Ni, Cu, PR, Ch.* Taller donde se confeccionan prendas de vestir.

atembado, -a.
I. 1. *Co.* **apendejado.** pop + cult → espon ^ desp.

atembar(se).
I. 1. intr. prnl. *Co.* Aturdirse, atolondrarse. pop + cult → espon.
2. tr. *Co.* Aturdir *alguien* o *algo* a *una persona.* pop + cult → espon.

atencionar.
I. 1. tr. *Ho, RD.* Cumplimentar, recibir *una persona* a *alguien* con muchas atenciones.
2. *RD.* Prestar *alguien* atención a algo.

atendencia.
I. 1. f. *RD, PR.* obsol. Atención. rur.

atender(se).
I. 1. intr. prnl. *Ni, Cu, PR, Ch, Ur.* Hacerse *alguien* atender por un médico.
2. *RD, PR.* Cuidarse *alguien* a sí mismo.
II. (Del ingl. *to attend*).
1. intr. *EU.* Asistir, acudir a un lugar.
□
a. ‖ ~ **su cartón.** loc. verb. *RD.* Estar atento a lo que es competencia de uno. pop + cult → espon.

atenerse.
I. 1. intr. prnl. *Ni, CR, Cu, Co, Ve.* Descargar *alguien* en otro las responsabilidades propias.

atenido, -a.
I. 1. sust/adj. *Mx, Ni, CR, Cu, Co, Ve.* Persona que descarga sus obligaciones o responsabilidades en otra.
2. adj. *Gu, Ho, ES, Ni. Referido a persona,* negligente o descuidada.
3. *Ho, Ni. Referido a persona,* que se atiene al trabajo ajeno.
4. *Ho. Referido a persona,* que gusta de vivir a costa de los demás.

atentar.
I. 1. tr. *RD.* Tocar.
2. *PR.* Detectar con el dedo si una gallina está próxima a poner un huevo. rur.

¡atenti! (Del it. *attenti*).
I. 1. interj. *Ar, Ur.* Expresa advertencia ante un peligro. pop + cult → espon.

ateo, -a.
I. 1. adj. *Ni.* juv. *Referido a persona,* guapa.

ateperetado, -a.
I. 1. adj. *Gu, ES, Ni. Referido a persona o animal,* atolondrado. rur.
2. *ES, Ni. Referido a persona o animal,* alocado. rur.

ateperetarse.
I. 1. intr. prnl. *ES, Ni.* p.u. Actuar *alguien* precipitadamente y sin tino. rur.

atepocate. (Del nahua *atl*, agua, y *telpocatl*, hijo joven).
I. 1. m. *Mx.* Renacuajo. (**tepocate**).

aterengado, -a.
I. 1. adj. *ES. Referido a persona,* tonta. rur.

aterillado, -a.
I. 1. adj. *Cu. Referido a persona,* que no tiene dinero.

aterradera.
I. 1. f. *Ho:C.* Lugar inundado permanentemente de agua. rur.

aterrar(se).
I. 1. tr. *Ho, CR.* Obstruir un conducto *algo, especialmente residuos.*
2. intr. prnl. *CR.* Obstruirse un conducto. *especialmente residuos.*
II. 1. tr. *Ho, CR.* Hacer *alguien* que otra persona ingiera alimentos en abundancia. ♦ **atipar**.
2. prnl. *CR.* Ingerir hasta saciarse determinado alimento. ♦ **apretar**; **atipar**.
III. 1. tr. *Ho, PR.* Arrimar tierra alrededor del tronco de una planta para cubrir sus raíces. rur. ♦ **aporcar**.
IV. 1. tr. *Ho, CR.* Llenar un espacio con algo, *generalmente con objetos de diversa naturaleza dispuestos en desorden.*
□
a. ‖ ~**se la cachimba de tierra.** *CR.* **llenarse la cachimba de tierra**.

aterrillada.
I. 1. f. *Cu.* Quemadura producida por exceso de sol. ♦ **aterrilladura**.

aterrilladura.
I. 1. *Cu.* **aterrillada**.

aterrillarse.
I. 1. tr. prnl. *Cu.* Sufrir *alguien* una insolación.
2. *Cu.* Quemarse o irritarse la piel de una persona por exposición excesiva al sol.

aterrizado, -a.
I. 1. adj. *Ni, Cu, Co. Referido a persona,* práctica y realista. pop + cult → espon.
II. 1. adj. *Ch. Referido a persona,* que posee buen criterio. pop + cult → espon.

aterrizar(se).
I. 1. tr. *Mx.* Pasar *alguien* de las ideas a las propuestas concretas.
II. 1. tr. *Gu, Ho, ES, Ni, Cu, PR.* Reconocer *una persona* la realidad existente. pop + cult → espon.
2. *Gu, Ho, ES, Ni, Pa.* Hablar *alguien* de cosas concretas. pop + cult → espon.
III. 1. intr. *Co.* Calmarse o serenarse *alguien.* pop + cult → espon.
IV. 1. tr. prnl. *Ho.* Comerse *algo una persona.* pop + cult → espon.

aterro.
I. 1. m. *CR.* Bloqueo causado por un derrumbamiento de tierra o por cualquier otro tipo de materia.
2. *CR.* Derrumbe de tierra.
II. 1. m. *CR.* Gran cantidad de cosas.

atersonado.
   I. 1.   *PR.* **atorzonado**. rur.

atesar.
   I. 1.   tr. *Co:N.* Ajustar, exigir *alguien algo*. pop + cult → espon.
   II. 1.   *RD.* **tesar**.

atestar.
   I. 1.   tr. *RD.* Empujar a *alguien* por la fuerza contra una pared o contra un árbol. ♦ **atesterar**.

atesterar.
   I. 1.   tr. *Ho.* p.u. Poner violentamente a *alguien* contra algo, *generalmente una pared*.
     2.   *Ho.* p.u. Besar y acariciar *alguien* con pasión a otra persona, *recostándose en ella*.
   II. 1.   *RD.* **atestar**.

atetar.
   I. 1.   *RD.* **amamantar**.
   II. 1.   tr. *PR.* Agarrar el gallo a su contrincante, echarlo hacia atrás sin elevarse y tirar con la espuela.

atezado, -a.
   I. 1.   adj. *Ve:O. Referido a persona*, que se mantiene firme y constante en sus propósitos.

atibá.
   I. 1.   adj. *RD.* Atiborrada, llena hasta los bordes.

aticuñar(se).
   I. 1.   tr. *Ho, Ni.* Meter *algo* a presión en un espacio que está lleno. pop + cult → espon.
     2.   intr. prnl. *Ni.* Atracarse de comida o de bebida. pop + cult → espon.

atiemposo, -a.
   I. 1.   adj. *RD. Referido a persona*, oportuna. pop + cult → espon.

atierro.
   I. 1.   m. *Ho; PR,* p.u. Operación de cubrir con tierra el pie de las plantas, aporcadura. rur.
     2.   *PR.* Faena del cultivo de muchas plantas y cosechas. rur.

atifar.
   I. 1.   tr. *Pa.* Estar *una persona* atenta a algo o a alguien, vigilar.

atiforrarse.
   I. 1.   tr. prnl. *Ho, Ni.* Atiborrarse, comer en exceso.

átile.
   I. 1.   *PR.* **dátil**. rur.

atilintar. (Der. de *tilinte*, tirante, tieso).
   I. 1.   tr. *Gu, Ho, ES, Ni, CR.* Poner *alguien* tensa una cuerda. rur.

atinar.
   I. 1.   intr. *Ch.* juv. Tener *alguien* un acercamiento sexual de una persona sin que medie un compromiso afectivo.

atingencia.
   I. 1.   f. *Mx.* Diligencia, dinamismo y agilidad mostrados en la ejecución de algo. prest; cult → esm.
     2.   *Pe.* Observación, sugerencia u objeción que una persona realiza a alguien o a algo. prest; cult → esm.

atingente.
   I. 1.   adj/sust. *Mx. Referido a persona*, dinámica, ejecutiva en el cumplimiento o realización de algo. prest; cult → esm.

atingir.
   I. 1.   tr. *Pe.* Pedir o demandar *alguien algo* de manera imperiosa. prest; cult → esm.
     2.   intr. *Ch.* Atañer, estar a cargo de alguien. prest; cult → esm.

atipanacuy.
   I. 1.   m. *Pe.* **Competencia** de danzas folclóricas en la que dos personas o grupos bailan frente a frente.

atipar(se).
   I. 1.   *CR.* **aterrar**, hacer que alguien ingiera alimentos.
     2.   prnl. *CR.* **aterrarse**, ingerir *alguien* alimentos en abundancia.

atipucarse.
   I. 1.   tr. prnl. *Ni.* Comerse o beberse *alguien algo*.

atipujada.
   I. 1.   f. *Gu.* Comida excesiva.

atipujarse.
   I. 1.   tr. prnl. *Gu, Ho, Ni, CR.* Comerse o beberse *alguien algo*, *generalmente con rapidez*.

atiriciado, -a.
   I. 1.   adj. *Gu. Referido a persona*, triste y melancólica.

atiriciarse.
   I. 1.   intr. prnl. *Gu.* Sentir tristeza y melancolía.

atisbón, -na.
   I. 1.   adj/sust. *Co. Referido a persona*, que mira con disimulo. rur.

atiyayo.
   I. 1.   m. *RD.* Albahaca.

atizar.
   I. 1.   tr. *Bo.* Prender *alguien* fuego a algo. pop + cult → espon.
   II. 1.   tr. *ES.* Fumar marihuana. drog.

atizonar.
   I. 1.   tr. *RD, PR.* Avivar *alguien* el fuego, atizar. rur.
     2.   *RD, PR.* Empujar hacia el fuego de la hoguera la leña que permanece intacta. rur.

atocar.
   I. 1.   tr. *Bo; Ve:O.* rur. Tocar *una persona* a *alguien o algo*.
     2.   *Ve.* Palpar *algo*. rur; pop. ♦ **tactar**.

atochamiento.
   I. 1.   m. *Ch.* Congestión de vehículos en una vía de circulación. ♦ **atoche**.

atochar.
   I. 1.   tr. *Ch.* Recargar a *alguien o algo* de cosas o personas.

atoche.
   I. 1.   *Ch.* **atochamiento**.

atocuñar.
   I. 1.   *PR.* **atacuñar**.

atoj. (Del quech. *atuq*, zorro).
   I. 1.   *Bo:O,C.* **lobo de páramo**.

atojar.
   I. 1.   tr. *Ho, CR, Cu; Pa,* rur. Azuzar *alguien* a un perro, incitarlo al ataque.
   II. 1.   *PR.* **ajotar**. pop.

atojillo.
   I. 1.   m. *CR.* Materia pegajosa o gaseosa que ensucia una superficie. pop + cult → espon.

atol. (Del nahua *atolli*, aguado).
   I. 1.   m. *Gu, Ho, ES, Ni, Cu, Ve.* Bebida espesa hecha con avena o harina de maíz, hervida en agua o leche, a la que se agregan otros ingredientes, como azúcar, canela, huevos, clavo de olor o vainilla. (**atole**).
     2.   *Gu, Ho, Ni.* Cualquier líquido denso de consistencia similar al atol.
     3.   *Ni.* p.u. Alimento para niños pequeños, hecho a base de maíz o arroz molido, cocido y colado.

■

   a. ‖ **~ agrio.** m. *Ho, Ni.* Atol sin dulce de **rapadura** o azúcar. ♦ **atol amargo**; **atol chuco**; **atol indio**; **atol juco**; **atol shuco**; **xocoatole**.
   b. ‖ **~ amargo.** *Ho, Ni.* **atol agrio**.
   c. ‖ **~ blanco.** m. *Gu.* Bebida caliente hecha de harina de maíz con **frijoles** y **chile**.
   d. ‖ **~ chuco.** *Ho, ES.* **atol agrio**.
   e. ‖ **~ de elote.** m. *Gu, Ho, ES, Ni.* Atol hecho con harina de maíz maduro.

f. ‖ ~ **dulce.** m. *Gu, Ho.* Atol con azúcar o dulce de
rapadura.

g. ‖ ~ **indio.** *Ho, Ni.* atol agrio.

h. ‖ ~ **juco.** *Ho.* atol agrio.

i. ‖ ~ **shuco.** *Gu.* atol agrio.

▶ **dar ~ con el dedo.**

atolada.

  I. 1. f. *CR:NO.* Repartición de **atol** que se realiza el 9 de
diciembre en Nicoya como parte de la festividad organizada por la Cofradía de Nuestra Señora de Guadalupe.

atole. (Del nahua *atolli*, aguado).

  I. 1. *Mx, Ni,* p.u. **atol**, bebida espesa.

     2. *Ve.* Cualquier líquido denso de consistencia simi-
lar al **atol.**

▶ **correr ~ por las venas; dar ~ con el dedo; tener ~ en
las venas; tener sangre de ~.**

atoleada.

  I. 1. f. *Mx, Gu, Ho, ES, Ni.* Bebida de una gran cantidad de **atol.** rur.

     2. *Ho, Ni.* Gran cantidad de **atol.**

atolero, -a.

  I. 1. m. y f. *Mx, Gu, Ho, ES, Ni.* Persona que hace o
vende **atol.**

     2. sust/adj. *Gu, Ho, Ni.* Olla que se utiliza *exclusiva-
mente para hacer* **atol.**

atoliada. (Var. de *atoleada*).

  I. 1. f. *Gu, ES.* p.u. Fiesta familiar o popular en que se
obsequia a los invitados **atol** de elote. rur.

atolillo.

  I. 1. m. *Mx, Gu, Ho, Ni, CR:NO.* Dulce hecho de harina de arroz o de maíz, leche y **tapa de dulce.**

     2. *Gu, Ho, Ni.* Cualquier sustancia que, al disolverse
en un líquido, toma textura espesa como el **atol.**

     3. *Ho:O.* Sopa hecha con carne seca de cabra o de
venado.

     4. *PR.* Preparación líquida hecha con **sagú** o **maran-
ta**, *que se da especialmente a los enfermos.* rur.

  II. 1. m. *Gu.* Semen. rur; vulg.

▶ **dar ~ con el dedo.**

atolinado, -a.

  I. 1. adj/sust. *Ho:O.* p.u. *Referido a un niño,* enfermo
por no haber comido lo suficiente. rur.

atolito.

  I. 1. m. *Ho, ES, Ni.* Cualquier mezcla con un líquido
que tiene consistencia parecida al **atol.**

atollado, -a.

  I. 1. adj. *Ho, Ni, PR. Referido a cosa,* enterrada, hundida. pop + cult → espon.

     2. *Ni. Referido a un conducto,* atascado.

  II. 1. adj. *RD.* Sucio.

atollao.

  I. 1. adj. *RD. Referido a persona,* enredada, complicada
en algo.

atollar(se).

  I. 1. tr. *RD.* Ensuciar *alguien algo.*

     2. *RD.* Enlodar *alguien algo.*

     3. *CR.* Ensuciar *alguien* una superficie con una sus-
tancia grasa o espesa. pop + cult → espon.

     4. *CR.* Untar *algo* con una sustancia grasa o espesa.
pop + cult → espon.

  II. 1. tr. prnl. *Ni.* Atascarse *algo.*

  III. 1. *CR.* obsol. **acomodar,** dar un golpe.

  IV. 1. intr. prnl. *CR.* obsol. Jactarse *alguien de algo para
causar envidia.*

  V. 1. tr. *CR.* p.u. Involucrar *una persona* en un problema a *alguien.*

atoloso, -a.

  I. 1. adj. *Ni. Referido a bebida o a sopa,* de consistencia
espesa.

atómico, -a.

  I. 1. adj/sust. *PR. Referido a persona,* adicta a drogas o
al alcohol. pop + cult → espon.

     2. *PR. Referido a persona,* nerviosa. pop + cult
→ espon.

atontaguayo.

  I. 1. m. *Ch.* Cigarrillo hecho con marihuana prensada con pegamento u otras sustancias tóxicas similares.

atontorronado, -a.

  I. 1. adj/sust. *Ch. Referido a persona,* que tiene características de tontorrón. pop + cult → espon.

     2. *Ch. Referido a persona,* que se comporta como un
tontarrón. pop + cult → espon.

atopa.

  I. 1. *Ec.* atupa.

atoque.

  ☐

    a. ‖ **de ~.** loc. adj. *Ve. Referido a persona,* vulnerable,
especialmente sensible.

▶ **estar de ~.**

atorado, -a.

  I. 1. adj. *Ho, Co, Ur. Referido a persona o animal,* atragantado.

     2. sust/adj. *Cu, Ve.* juv. Persona que hace las cosas
apresuradamente.

     3. adj. *Gu, ES, Ni, Ur. Referido a persona,* que tiene
mucho trabajo y dispone de poco tiempo para realizarlo. pop + cult → espon. ♦ **argollado.**

     4. adj/sust. *Ve. Referido a persona,* torpe.

     5. adj. *Ni. Referido a persona,* nerviosa, angustiada.
pop + cult → espon.

▶ **tener un ~.**

atorador.

  I. 1. m. *ES, Co.* Alimento que, por su consistencia, atraganta fácilmente. pop + cult → espon.

  II. 1. m. *Ho.* Variedad muy pequeña de **banano.**

¡atórale!

  I. 1. interj. *Mx.* Expresa invitación y estímulo para hacer algo que desagrada. pop + cult → espon.

atorar(se).

  I. 1. tr. *EU, Mx, Cu, RD, PR.* Detener, impedir *alguien*
que algo siga adelante. pop + cult → espon.

     2. intr. prnl. *Mx, Gu, Ho, ES.* Dejar de funcionar al-
guna parte del cuerpo, un mecanismo o un instrumento.

     3. tr. *Mx.* Detener o encarcelar a *alguien.* delinc.

     4. *Ve.* Presionar, acosar, importunar a *una persona.*

  II. 1. tr. prnl. *Gu, Ho, ES, Ni.* Comer o beber en exceso
algo con rapidez y voracidad.

     2. intr. prnl. *Ve.* Apresurarse al hacer las cosas.

  III. 1. tr. *Pe.* Realizar el coito. vulg.

  ☐

    a. ‖ **~le.** loc. verb. *Mx.* Emprender *algo* con decisión y
firmeza. pop + cult → espon.

    b. ‖ **atorársela.** loc. verb. *Mx.* Obligar a *alguien* a hacer
algo que le es ingrato. vulg; pop + cult → espon.

atorazarse.

  I. 1. intr. prnl. *Ho.* **atorozarse,** sufrir ahogos *una persona* por quedarle algo detenido en la garganta.

atorbosarse.

  I. 1. intr. prnl. *CR.* Carcomerse el maíz. rur.

atormentar.

  I. 1. tr. *Ec.* obsol. Apretar *alguien* fuertemente *algo* con
cuerdas que se retuercen por medio de un palo al que se
le da vueltas. rur.

atornillada.

  I. 1. f. *ES.* metáf. Reprimenda, regaño severo. pop.

atornillador.

   I. 1. m. *Mx, Ho, Ni, Ch.* Herramienta que consta de un mango y una barrita metálica que se inserta en la ranura del tornillo que sirve para apretar y aflojar tornillos.

atornillar(se).

   I. 1. intr. prnl. *PR, Ar.* metáf. Empecinarse en permanecer en un cargo o en un trabajo. pop + cult → espon.

   II. 1. tr. *ES.* Realizar el coito. vulg; pop + cult → espon.

   III. 1. tr. *PR.* Contratar leoninamente a *alguien.* pop + cult → espon.

atoro.

   I. 1. m. *Ho, Cu, Co, Pe, Bo, Ar; PR,* rur. Atoramiento, atasco. pop + cult → espon.

   II. 1. m. *Cu.* metáf. Dificultad o estrechez económica.

   III. 1. m. *Cu.* Exceso de bagazo en los molinos.

atorón.

   I. 1. m. *Mx.* Paralización, interrupción o estancamiento absolutos de un proceso o de un sector de actividad *como la economía o la ciencia.*

atorozarse.

   I. 1. intr. prnl. *CR.* Obstruírsele la garganta con un alimento a una persona o a un animal. pop + cult → espon.

atorradero.

   I. 1. m. *Ar, Ur.* Lugar donde se duerme. pop + cult → espon.

atorrancia.

   I. 1. f. *Pa, Pe.* Despropósito, necedad. pop + cult → espon ∧ fest. ♦ **atorrantada**.

atorranta.

   I. 1. f. *Ch.* p.u. Prostituta.

atorrantada.

   I. 1. *Pe.* **atorrancia**.

atorrante, -a.

   I. 1. adj/sust. *CR, PR, Ec, Bo, Ch, Py, Ar, Ur; Pe,* p.u. *Referido a persona,* holgazana. pop + cult → espon ∧ desp.

   2. sust/adj. *Pa, PR, Ve, Py, Ar, Ur; Bo.* p.u. Persona desfachatada, desvergonzada. pop + cult → espon ∧ desp.

   3. adj/sust. *Ar. Referido a mujer,* promiscua. pop + cult → espon ∧ desp.

   4. m. y f. *Pa, Pe.* Persona poco seria, que habla necedades. pop + cult → espon ∧ desp.

   5. adj/sust. *Ch. Referido a persona,* de clase social baja. pop + cult → espon ∧ desp.

   6. adj. *Ec. Referido a persona,* que resulta fastidiosa por su insistencia. pop + cult → espon ∧ desp.

   7. adj/sust. *Pa.* Persona muy terca. pop + cult → espon ∧ desp.

   II. 1. adj. *Ar, Ur. Referido a un perro,* que no es de raza. pop + cult → espon.

   2. m. y f. *RD, PR, Bo, Ch, Ur.* p.u. Vagabundo, sin domicilio fijo. pop + cult → espon. (**torrante**).

   3. *PR.* Alcohólico, sin oficio ni beneficio. pop + cult → espon.

   III. 1. adj/sust. *Pe. Referido a persona o a cosa,* ridícula. pop + cult → espon ∧ desp.

   IV. 1. adj/sust. *Pe. Referido a persona,* que se cree superior a otros. pop + cult → espon ∧ desp.

atorrantear.

   I. 1. intr. *Pe, Ur; Ch,* p.u. Andar *alguien* de un sitio a otro sin destino ni rumbo fijos. pop + cult → espon. (**torrantear**).

   2. *Ar, Ur.* **atorrar**, haraganear.

atorrar.

   I. 1. intr. *Ar, Ur.* Dormir *alguien.* pop + cult → espon.

   2. *Ur.* Haraganear *alguien.* pop + cult → espon. ♦ **atorrantear**.

atorsonarse. (Var. de *atorzonarse*).

   I. 1. intr. prnl. *Ho, ES.* Atragantarse *una persona* con algo, *en especial comida.*

atortar(se).

   I. 1. intr. prnl. *Ho, ES.* Sentarse *alguien* cómodamente en una butaca o en un sofá.

   II. 1. tr. *Ho, ES.* Suspender a un alumno en un examen. est.

   III. 1. tr. *ES.* Humillar *una persona* a *alguien* provocándole vergüenza.

atortillado, -a.

   I. 1. adj. *Ho, Ni. Referido a cosa,* que es redonda como la **tortilla**.

atortillar.

   I. 1. tr. *PR,* obsol; *Ch,* p.u. Atortujar, aplastar *algo* con fuerza. pop + cult → espon.

atortojado, -a.

   I. 1. adj. *Ve. Referido a persona,* acobardada.

   2. *Cu, RD. Referido a persona,* confusa, turbada.

atortojar(se).

   I. 1. intr. prnl. *RD, Ve.* Amilanarse, turbarse, confundirse *alguien.* pop + cult → espon.

   2. *Ve:O.* Tartamudear. pop + cult → espon.

   II. 1. tr. *Ve.* Hacer sentir *una persona* miedo a alguien. pop + cult → espon.

   2. intr. prnl. *Ve.* Sentir miedo *alguien.* pop + cult → espon.

   III. 1. tr. *PR.* Aplastar *alguien algo.*

atortolar. (Der. de *tortol,* var. de *tortor*).

   I. 1. tr. *Mx, Ho, ES, Ni.* Atar o amarrar a un animal con un **tortol**. rur.

   2. *Mx, Ho, ES.* Cerrar o apretar algo como un **matate** o un saco dando vueltas al tortol. rur.

   3. *Ho.* Encarcelar a *alguien.* delinc.

atorzalar.

   I. 1. tr. *CR.* obsol. Tensar dos cuerdas que atan algo retorciéndolas con un **torzal**. rur.

atorzonado, -a.

   I. 1. adj. *Ho:O, ES. Referido a persona,* que se ha atragantado.

   II. 1. adj. *PR. Referido a persona,* empachada. rur. ♦ **atersonado**.

atorzonador, -ra.

   I. 1. adj. *Ho. Referido a algún tipo de alimento,* que atraganta con facilidad.

atorzonarse. (Sínc. de *atorozonarse*).

   I. 1. intr. prnl. *Mx, Gu.* Padecer enteritis una caballería. rur.

   II. 1. intr. prnl. *ES.* Atragantarse con algo, *en especial comida.*

atosigarse.

   I. 1. intr. prnl. *Ni, PR, Pe, Ur.* Comer *una persona* en exceso. pop.

atrabancado, -a.

   I. 1. adj. *Mx. Referido a persona,* que obra con precipitación y torpeza. pop + cult → espon.

   2. *Gu. Referido a persona,* tonta. pop + cult → espon ∧ desp.

   II. 1. adj. *Ve, Ur. Referido a persona,* llena de deudas. pop + cult → espon.

   III. 1. adj. *Cu, RD.* p.u. Atrapado, atascado, detenido. pop + cult → espon. (**atrabancao**).

atrabancao.

   I. 1. *Cu, RD.* **atrabancado**, atrapado.

atrabancar(se).

   I. 1. tr. *Cu.* Sorprender a *alguien* haciendo algo que quiere ocultar.

   2. *Cu.* Poner trabas.

   3. *Cu.* Asir, coger.

II. 1. intr. prnl. *RD.* Atascarse *alguien* o *algo.* pop + cult → espon.
   2. tr. *Cu.* Llenar un lugar de objetos dificultando el paso.
   3. *Ur.* Obstaculizar el paso. pop + cult → espon.
III. 1. intr. *Ve.* Estar *alguien* en mala situación económica, tener deudas. pop + cult → espon.
IV. 1. intr. prnl. *Cu.* Enzarzarse en una discusión o pelea. pop + cult → espon.
   2. *Cu.* Prodigarse caricias sexuales. pop + cult → espon.
V. 1. intr. prnl. *RD.* Tener atravesado *algo* en la garganta. pop + cult → espon.

atrabanco.
I. 1. m. *Cu, RD, Ur.* Traba, obstáculo, estorbo.
   2. adj. *RD.* Inútil, que no sirve para nada.

atrabucar.
I. 1. tr. *Cu.* Sujetar.

atraca.
I. 1. f. *Cu.* Mujer ridícula.

atracabancos.
I. 1. sust/adj. *Ho, Ve.* Persona que realiza asaltos a bancos.

atracacunas.
I. 1. m-f. *Co.* Persona que tiene relaciones sentimentales o sexuales con otra mucho más joven.

atracada.
I. 1. f. *Ho, ES, Ni, Cu, PR, Ve, Pe, Bo.* Atracón, hartera de comida o de bebida. pop + cult → espon.
   2. *Ni, Cu, Ve, Pe; Bo,* p.u. Realización de una actividad o un acto con exceso. pop + cult → espon.
II. 1. f. *Pe.* Estacionamiento de un vehículo. pop.

atracadera.
I. 1. f. *Co.* Atracos reiterados. pop + cult → espon.
II. 1. f. *Pe.* Atasco o embotellamiento, *especialmente de tránsito.* pop + cult → espon.
III. 1. f. *Cu.* Pedantería, arrogancia. pop + cult → espon.

atracado, -a.
I. 1. adj. *Ve, Ur. Referido a un objeto,* atascado, detenido en el curso de un conducto.
   2. *Ve. Referido a un vehículo,* detenido por algún obstáculo o dificultad.
   3. *Ve. Referido a un documento o una gestión,* suspendido en el curso de un proceso administrativo.
II. 1. adj. *Cu. Referido a persona,* agarrada, cicatera, mezquina. pop + cult → espon ^ desp.
   2. adj/sust. *Cu. Referido a persona,* arrogante, pedante. pop + cult → espon ^ desp.
III. 1. adj. *RD. Referido a persona,* apresurada. pop + cult → espon.

atracador.
I. 1. m. *Ar:O.* Instrumento de minería, *a veces de madera,* para introducir explosivos en una piedra para hacer la voladura.

atracador, -ra.
I. 1. m. y f. *Cu, Ve, Ur.* Persona que saca dinero de otra con amenazas o engaño.
   2. sust/adj. *CR.* Persona que al vender algo cobra más de lo debido.
II. 1. adj/sust. *Ni, Cu.* **bandido,** que engaña con frecuencia a su pareja.

atracar(se).
I. 1. tr. *Pe, Ar;* intr. *Ch.* Besar y acariciar eróticamente a *alguien.* vulg; pop + cult → espon.
   2. tr. *Pe.* Aceptar una propuesta.
   3. *Pe.* Aceptar una mujer un requerimiento sexual.
   4. intr. *Pe.* Ceder *alguien* ante una propuesta poco o nada favorable.
II. 1. intr. prnl. *Ve, Pe, Ur.* Quedar inmovilizado un vehículo por alguna dificultad en el terreno.

2. *Ve, Pe.* Suspender *alguien* lo que se está haciendo por una dificultad o impedimento. pop + cult → espon.
3. *Ve, Ur.* Encajarse una cosa con otra tan fuertemente que es imposible separarlas. pop + cult → espon.
4. *Ve.* metáf. Atascarse un conducto, obstruirse. pop + cult → espon.
III. 1. tr. *Pe.* Creer o tener *alguien* por cierto *algo.* pop.
IV. 1. tr. *Ho, Ni, CR, Cu.* Estafar a *alguien.*
V. 1. intr. prnl. *RD.* Darse prisa *alguien,* apresurar el paso.
   2. tr. *RD.* Apremiar *una persona* a *alguien* para que haga algo. rur.
VI. 1. intr. prnl. *Cu.* Comportarse con pedantería o con arrogancia. pop + cult → espon ^ desp. ♦ **comer gofio.**
VII. 1. tr. *Cu.* Hacer o decir *algo* impertinente e inoportuno. pop + cult → espon ^ desp.
VIII. 1. tr. *PR.* Pegar con fuerza, golpear a *alguien.*
□
  a. ‖ ~ **el bote.** loc. verb. *Ch.* obsol. Seducir o intentar enamorar a una mujer. pop + cult → espon.

atracazón.
I. 1. m. *Cu.* Hartazgo.

atracón.
I. 1. m. *Ni, Pa, RD, PR.* Altercado, riña. pop + cult → espon. ♦ **atragantada.**

atragantada.
I. 1. f. *Gu.* **atracón.**

atragantarse.
I. 1. tr. prnl. *Ho, Ni, Pa, Cu, PR, Ve, Ec.* Consumir alimentos desmesurada o precipitadamente. vulg; pop + cult → espon.

atrampillarse.
I. 1. tr. prnl. *PR.* Cogerse accidentalmente alguna parte del cuerpo con algo. pop + cult → espon.

atrancar.
I. 1. tr. *Cu.* Asaltar.

atrancazón.
I. 1. m. *Gu.* **Congestionamiento** de vehículos.

atrapada.
I. 1. f. *Ni, PR, Ve. En el beisbol,* acción de un jugador defensivo de coger en el aire una pelota **bateada.**
■
  a. ‖ ~ **de cordón de zapato.** f. *Ve. En el beisbol,* jugada en la que un **fildeador** intenta alcanzar la pelota de un **batazo** casi al ras del suelo, corriendo hacia adelante.

atrapamoscas.
I. 1. m. *Gu, Ho.* Ave de hasta 21 cm de longitud, de abdomen amarillo y cola oscura con la parte superior y los lados de la cabeza gris, espalda y rabadilla oliváceas, alas negruzcas con borde grisáceo, garganta blanca, pecho amarillo oliváceo, y pico de color negro. (Tyrannidae; *Tyrannus melancolicus*).

atrapaniebla.
I. 1. *Ch.* **atrapanieblas.**

atrapanieblas.
I. 1. m. *Ch.* Aparato construido con mallas de diverso material inoxidable que se coloca verticalmente para retener la humedad que hay en la niebla. (**atrapaniebla**).

atrapar.
I. 1. tr. *Ni, PR, Ve. En el beisbol,* coger en el aire un jugador una pelota **bateada** por el equipo contrario.

atrapiñado.
I. 1. adv. *Cu.* Sin espacio.

atraque.
I. 1. m. *Ch.* Caricia erótica. pop + cult → espon.
II. 1. m. *RD.* Apuro, necesidad apremiante.

atrás.
    □
    a. ‖ **hasta ~.** loc. adj/adv. *Mx. Referido a persona*, muy borracha. pop.
    ▶ **caerle ~; caerse para ~; coger de ~ palante; coger de ~ para adelante; correrse para ~; dar lo mismo ~ que en la espalda; volar ~.**

atrasado, -a.
    I. 1. adj. *RD, PR, Co:C. Referido a un animal*, retrasado en su desarrollo. rur.
    II. 1. adj. *Ho, Ni, CR, Ve; Ec*, p.u. *Referido a persona*, que posee escasa educación formal y se comporta sin atender las normas básicas de urbanidad. pop + cult → espon ∧ desp.
    III. 1. adj/sust. *Cu, RD. Referido a un mulato*, que tiene más rasgos de negro que de blanco. pop + cult → espon.
    2. adj. *RD. Referido a persona*, demacrada.
    IV. 1. adj. *Ho, Ec. Referido a persona*, que no dispone del dinero suficiente para satisfacer las necesidades básicas o para cumplir con una obligación financiera.

atrasar(se).
    I. 1. intr. prnl. *Ur; Ar:NO*, p.u. Sufrir un enfermo un agravamiento en su estado de salud.
    II. 1. tr. *Pe.* Ganar *una persona* la delantera a alguien.
    III. 1. tr. *Ve. En el beisbol*, coger la pelota de un **batazo** corriendo hacia atrás.
    IV. 1. intr. prnl. *Ho, Ec.* Quedarse *una persona* sin el dinero necesario para satisfacer el pago de una deuda.

atraso.
    I. 1. m. *Ve, Ur; Ar:NO*, p.u. Empeoramiento en el estado de salud de un enfermo.
    II. 1. m. *Ar:O.* Fallecimiento de una persona cercana o familiar. pop.

atravesada.
    I. 1. f. *Ch.* Cruce de algo o de alguien de una parte a otra.

atravesado, -a.
    I. 1. adj. *Mx, Ho, Ni. Referido a persona*, terca. pop + cult → espon.
    2. *Co. Referido a persona*, altanera, violenta, con malas intenciones. pop + cult → espon.
    II. 1. adj. *Gu, ES, CR, Ve. Referido a persona*, audaz, arriesgada, osada. pop + cult → espon.
    2. *Ho, CR.* **atarantado**, que actúa de modo precipitado.
    III. 1. adj. *Ho, ES, Ni, Bo. Referido a persona*, que se expresa de manera disparatada, incongruente o confusa.
    2. *Ch. Referido a persona*, que tiene actitud negativa.
    IV. 1. sust/adj. *Ve.* Ave híbrida, hija de gallo de raza con gallina común y viceversa.
    V. 1. adj. *Ec:S.* obsol. *Referido a persona*, de complexión gruesa y fuerte.

atravesarse.
    I. 1. tr. prnl. *Ho, ES, Ni.* Comerse o beberse *alguien algo, generalmente con rapidez*. pop + cult → espon.
    □
    a. ‖ **~ el caballo.** loc. verb. *CR.* Interponer *alguien* obstáculos, contratiempos o dificultades a una persona o a algo. pop + cult → espon.

atravieso.
    I. 1. m. *Ch.* p.u. Camino, que sirve para pasar bajo el nivel de una carretera.

atrechar. (De *atrecho*).
    I. 1. intr. *RD, PR.* Abreviar el camino, atajar, ir por un **atrecho**.

atrecho.
    I. 1. m. *RD, PR.* Senda o vereda que acorta el camino hacia un sitio determinado. ♦ **atajadero**.

atrenzo.
    I. 1. m. *Ar.* Conflicto, apuro o dificultad.

atrevida.
    I. 1. f. *Ho.* Mano derecha. euf; pop.

atrile.
    I. 1. *Cu.* **fambeco**.

atrinca.
    I. 1. adj. *Ve. Referido a persona o cosa*, difícil, compleja. pop.

atrincada.
    I. 1. f. *Ch.* Colocación en situación de exigencia a *alguien*. pop + cult → espon.

atrincado, -a.
    I. 1. adj. *Ni, Ve.* juv. *Referido a una prenda de vestir*, que queda ajustada. pop + cult → espon.
    2. *Pe. Referido a persona*, sujeta fuertemente con cuerdas y lazos.
    II. 1. adj. *Ve. Referido a persona*, que tiene o muestra valor o coraje. pop.
    III. 1. *Ve. Referido a algo*, que es difícil, complicado.
    IV. 1. adj. *Cu. Referido a persona*, borracha.

atrincar(se).
    I. 1. tr. *Mx, Gu, ES, Ni, CR, Pa, Cu, RD, Co, Ve, Ec, Pe, Bo, Ch, Py, Ar, Ur.* Trincar, asegurar *alguien algo* con cuerdas y lazos. rur.
    2. intr. prnl. *Mx, Ni, Pa, Ve.* Sujetarse, apretarse fuertemente *algo*. rur.
    3. tr. *Ni, Cu, RD, Ve, Pe.* Apretar, oprimir.
    4. tr. prnl. *Ve.* Apretarse *alguien algo*.
    5. intr. prnl. *ES, Ni.* Vestirse *alguien* con ropa muy ceñida.
    II. 1. intr. prnl. *Ve.* Enfrascarse *alguien* en una pelea o discusión.
    2. *Ve.* Ahorcarse. vulg; pop + cult → espon.
    III. 1. tr. *Ch.* Estrechar *una persona o cosa a alguien o algo* empujándolo o arrimándolo a un lugar.
    2. *Ch.* métáf. Poner a *alguien* ante una situación incómoda para obtener una respuesta o una reacción. pop + cult → espon.
    IV. 1. intr. prnl. *Cu.* Emborracharse. pop + cult → espon.
    V. 1. intr. prnl. *Pa.* Sentir un dolor repentino. rur.
    □
    a. ‖ **~se los pantalones.** loc. verb. *Ve.* Ajustarse, amoldarse *alguien* a las consecuencias de una acción previa. pop + cult → espon,

atrinconar.
    I. 1. tr. *Ho, Ni.* Arrinconar y apretar a *una persona* para besarla o tener relaciones sexuales. ♦ **atrincuñar; atruncuñar.**
    II. 1. tr. *Ho, Ni.* Poner *algo* desordenadamente en un rincón de un lugar. ♦ **atrincuñar; atruncuñar.**

atrincuñar.
    I. 1. *Ho, ES.* **atrinconar**, arrinconar y apretar.
    2. *Ho, ES.* **atrinconar**, poner algo desordenadamente.
    II. 1. tr. *Ho, ES.* Apretar, oprimir *alguien algo*. pop + cult → espon.

atrinque.
    I. 1. m. *Ch.* Represión severa hacia alguien con la intención de exigirle una enmienda de conducta. pop + cult → espon.

atrinquiñar.
    I. 1. tr. *PR.* Aplicar triquiñuelas para conseguir un propósito. pop + cult → espon.
    2. *PR.* Engañar *una persona* a *alguien*. pop + cult → espon.

atronado, -a.
    I. 1. adj. *Co. Referido a persona*, torpe, sin habilidad.

atronao, -ná.
    I. 1. adj. *RD. Referido a persona*, que ha perdido la razón. pop + cult → espon.

atroncar.
  I. 1. tr. *RD.* Amarrar *alguien* un animal a un tronco.

atropellada.
  I. 1. f. *Gu, Ho, Ni, Pa, Co, Ch, Ar.* Atropello de un vehículo a una persona o un animal. pop + cult → espon.
  2. *Pe, Ur.* En las carreras de caballos, embestida de un animal a otro.
  II. 1. f. *Ar.* En las carreras, aceleración rápida, *y por lo general breve*, del ritmo de la marcha.
  2. *Ar.* Repunte, mejoramiento súbito de una actividad.

atroya.
  I. 1. f. *Pe.* Práctica del coito anal. tabú; pop + cult → espon.

atrucuñe.
  I. 1. *Ho.* **amontone.**

atruncuñar.
  I. 1. *Ho.* **atrinconar,** arrinconar y apretar.
  2. *Ho.* **atrincuñar,** poner *algo* desordenadamente.

attach. (Voz inglesa).
  I. 1. tr. *PR.* Unir, incluir, adjuntar *alguien algo.*

attachment. (Voz inglesa).
  I. 1. m. *CR, PR; Mx, Gu, ES, Ni, Ve,* p.u. Archivo que se envía a través del correo electrónico adjunto a un mensaje.

atuai. (De *actual*).
  I. 1. adv. *RD.* En el momento.

atucuñar.
  I. 1. *PR.* **atacuñar,** hacer comer y beber. rur.

atufado, -a.
  I. 1. adj. *Ec, Pe, Bo.* Referido a *persona*, que ha perdido la serenidad ante una situación adversa. pop + cult → espon.

atufarse.
  I. 1. intr. prnl. *Ec, Bo, Ur.* Perder *una persona* la serenidad ante una situación adversa. pop + cult → espon.

atugsara. (Voz quechua).
  I. 1. f. *Ec:S.* obsol. Planta herbácea de hasta 1,5 m de altura, vivaz, totalmente glabra, con tallo anguloso, hojas oblongas alternas de borde entero, flores de color rosado unidas en racimos terminales y fruto en forma de baya esférica de color negro; contiene una gran cantidad de saponina. (Phytolaccaceae; *Phytolacca bogotensis*). rur.

atún.
  ■
  a. ‖ ~ **de aleta amarilla.** m. *PR.* Pez marino de hasta 2 m de longitud, de color negro metálico cambiando de amarillo a plateado cerca del vientre, con rayas quebradas casi verticales, y las aletas dorsales y anales de color amarillo brillante; su carne es muy apreciada. (Scombridae; *Thunus albacares*).

atuncito.
  I. 1. m. *PR.* Pez marino de hasta 1,2 m de longitud, con el dorso azul oscuro y el vientre plateado, con ambos colores *generalmente separados por una banda azul*, aletas grisáceas o amarillentas y blancas y aletas pectorales de gran tamaño; su carne es muy apreciada. (Scombridae; *Thunnus alalunga*).

atupa. (Voz quechua).
  I. 1. f. *Ec.* Enfermedad causada por un hongo y manifestada con la producción de un polvillo negro que arruina el fruto; ataca principalmente al maíz. rur. (**atopa**).

aturcado, -a.
  I. 1. adj. *Ho, Ni; Ch,* p.u. Referido a *persona*, que tiene rasgos físicos árabes o que ha adquirido sus formas y estilo de vida.

aturnear.
  I. 1. intr. *Ho.* Proferir sonidos ciertos pinnípidos *como las focas y las morsas.* prest; cult → esm.

aturneo.
  I. 1. m. *Ho.* Mugido emitido por ciertos animales pinnípedos como las focas y las morsas. prest; cult → esm.

aturrado.
  ■
  a. ‖ **el** ~. m. *ES.* Ano. euf; pop + cult → espon.

aturrado, -a.
  I. 1. adj. *Ho, ES.* Referido a *cosa, en especial la piel de una persona,* arrugada por haber estado largo tiempo en contacto con el agua o el sol. rur.
  2. adj/sust. *ES.* meton. Referido a *persona,* de edad avanzada.
  3. adj. *Ho.* Referido a *una planta,* de hojas mustias y tostadas por efecto de excesivo sol. rur.
  4. *PR.* Referido a *una flor,* marchita.
  II. 1. sust/adj. *ES.* Dirigente vitalicio o fundador de una organización. pop + cult → espon ^ desp.

aturrar(se).
  I. 1. tr. prnl. *Ho, ES.* Arrugarse alguna parte del cuerpo humano por excesivo sol, humedad o vejez.
  2. tr. *Ho:S,O, ES.* Arrugar *alguien* la cara en señal de desagrado o disgusto.

aturrullado, -a.
  I. 1. adj. *RD, PR.* obsol. Referido a *persona,* desconcertada. pop + cult → espon.

aturusar(se).
  I. 1. tr. *CR.* Introducir en la boca de una persona o de un animal *algo, en especial un alimento, generalmente por la fuerza.* pop + cult → espon.
  2. intr. prnl. *CR.* Ingerir *una persona* gran cantidad de cierta comida o bebida. pop + cult → espon.
  II. 1. tr. *CR.* Dar uno o varios golpes a *una persona* o a *algo.* pop + cult → espon.

atusarse.
  I. 1. tr. prnl. *Ho.* p.u. Alisarse *alguien* el pelo.
  II. 1. intr. prnl. *PR.* Enfadarse, enojarse. rur.

atzapote. (Del nahua *atl,* agua, y *tzapotl,* zapote).
  I. 1. m. *Mx, Ho.* Árbol de hasta 10 m de altura, de corteza grisácea, hojas elípticas de color verde oscuro, flores solitarias o axilares, pequeñas y también verdes. (Sapotaceae; *Pouteria campechiana*). ♦ **zapote amarillo; zapote bolo; zapote calenturiento; zapotillo calenturiento.**
  2. *Mx, Ho.* Fruto del atzapote, de color amarillo, verde o café, con semillas grandes en medio de una pulpa amarillenta; es comestible.

¡au!
  I. 1. *Ho, Ni, Ve, Ec, Bo, Ch.* **¡ayáu!** ♦ **¡arrau!**

auditaje.
  I. 1. m. *Ni, Co, Ve, Bo.* Auditoría. prest; cult → esm. ♦ **auditoraje.**

auditoraje.
  I. 1. *Ni, CR.* **auditaje.**

¡auja!
  I. 1. interj. *Pa.* Expresa estímulo al campesino para animarlo a emprender un trabajo o un festejo. rur.

aujero.
  I. 1. *RD; Bo,* pop. **agujero,** ano.

aulagas.
  I. 1. f. pl. *Co.* Dificultades, problemas. prest; cult → esm.

aulladera.
  I. 1. f. *Ho, Ni.* Gran cantidad de aullidos. ♦ **aullancina.**

aullador.
  I. 1. *Gu, Ho, Ni.* **mono aullador.** (Atelidae; *Alouatta palliata*).

aullama.
    I. 1.   *Pa.* **auyama.**

aullancina.
    I. 1.   *Ho.* **aulladera.**

aumentador, -ra.
    I. 1.   adj. *Ec.* obsol. *Referido al grano del maíz o del arroz,* que alcanza al cocerse un volumen mayor que el de otros granos del mismo tamaño.
    II. 1.   adj. *Ec. Referido a un animal hembra, especialmente a una vaca,* que procrea con facilidad. rur.

aumentar(se).
    I. 1.   intr. *Ec.* Parir un animal. rur.
    2.   tr. *CR.* Fecundar un animal macho a la hembra. rur.
    3.   intr. prnl. *CR.* Quedar preñado un animal hembra. rur.

aumento.
    I. 1.   m. *Ec.* obsol. Cría recién nacida de un animal. rur.

aunque.
    □
    a. ‖ **no le ~.** loc. adv. *Mx.* Sin importar que, a pesar de que. pop.

aupar.
    I. 1.   tr. *Pa.* Azuzar *alguien* a un animal. urb.
    2.   *Pa.* metáf. Incitar a *alguien* a hacer algo. urb.

auquénido.
    I. 1.   m. *Pe, Bo, Ch.* Mamífero de los Andes meridionales, cuyas cuatro especies, la **llama**, la **alpaca**, el **guanaco** y la **vicuña**, se caracterizan por la ausencia de diformismo sexual, lo que dificulta el reconocimiento del macho y de la hembra. (Camelidae; *Lama* spp.).

auquénido, -a.
    I. 1.   adj. *Pe, Bo, Ch.* Relativo a los **auquénidos**.

auqui.
    ■
    a. ‖ **~(s) auqui(s).** (Del aim. *awki,* padre, viejo).
    i.   m. *Bo.* Danza popular que procede de la época colonial, con la que se ridiculiza al colono español anciano, y que es bailada por hombres disfrazados con trajes formales, sombreros grandes de paja tejida y máscaras con una barba larga y blanca.
    ii.   *Bo.* Personaje que interpreta el auqui auqui.

aura. (De or. ind. antillano).
    I. 1.   f. *Cu, PR.* **gallinazo**, ave rapaz.
    II. 1.   f. *PR.* Aurora.
    ■
    a. ‖ **~ tiñosa.** f. *Cu, RD.* **zopilote.** (Cathartidae; *Coragyps atratus*).

aurero.
    I. 1.   m. *Cu.* Bandada de **auras**.
    2.   *Cu.* Lugar donde se reúnen muchas **auras**.

aurinegro, -a.
    I. 1.   adj. *Gu.* Relativo al equipo de **futbol** Aurora de la ciudad de Guatemala.
    2.   *Bo.* Relativo al campo de **futbol**.
    3.   *Ho.* Relativo al equipo de **futbol** Real España de San Pedro Sula.
    4.   *Ur.* Relativo al equipo de **futbol** del Club Atlético Peñarol de Montevideo.

aurora.
    I. 1.   f. *Mx, Gu, ES.* Pájaro de hasta 28 cm de longitud, delgado, de cola larga, cara y garganta negras y el resto de la cabeza, pecho y región superior, verde metálico, abdomen rojo brillante, alas con listas de color blanco y negro, anillo ocular anaranjado y pico amarillo. (Troglodytidae; *Trogon elegans*).

ausentismo. (Var. de *absentismo*).
    I. 1.   m. *Mx, Gu, Ho, ES, Ni, Pa, Cu, RD, PR, Co, Ve, Pe, Ch, Py, Ur.* Absentismo, abstención deliberada de acudir al trabajo o al centro de estudios. prest; cult → esm.
    2.   *Cu, Ve, Ar.* Porcentaje de trabajadores o estudiantes que no asisten a su trabajo o clases.

ausentista.
    I. 1.   m-f. *Ni, Cu, Pe.* Persona que falta, *reiteradamente y sin justificación,* al trabajo o a las clases.

aushiri.
    I. 1.   adj/sust. *Ec.* obsol. *Referido a un indígena,* que habita en la Amazonia ecuatoriana.
    2.   adj. *Ec.* obsol. Relativo a los aushiri.

ausol. (Del maya *au,* olla, y *zol,* hervir).
    I. 1.   m. *Gu, ES. En terrenos volcánicos,* abertura por donde salen los vapores sulfurosos.

australiana.
    □
    a. ‖ **a la ~.** loc. adv. *Ar.* Con el modo de esquilar a la oveja, sentada y con la cabeza debajo del brazo del esquilador. rur.

ausú. (De or. ind. antillano).
    I. 1.   m. *PR.* Árbol autóctono de hasta 12 m de altura, de ramas y hojas velludas, flores blancas y fruto redondo o elíptico, carnoso y en forma de baya de color negro; su aceite tiene aplicación en la medicina tradicional. (Myrtaceae; *Pimenta racemosa*).

ausuba.
    I. 1.   *RD.* **ausubo.**

ausubal.
    I. 1.   m. *RD, PR.* Sitio en el que abundan los árboles de **ausubo**.

ausubillo.
    I. 1.   m. *PR.* Árbol de hasta 6 m de altura, con flores de color blanquecino, fruto redondo y carnoso, con dos semillas; sus tallos se utilizaban para la construcción de garrochas. (Bombacaceae; *Quararibea turbinata*).

ausubo. (De or. ind. antillano).
    I. 1.   m. *RD, PR.* **balata.** (**ausuba**; **auzuba**).
    □
    a. ‖ **duro como un ~.** loc. adj. *PR.* Fuerte y resistente. pop + cult → espon.

aut. (Del ingl. *out,* fuera).
    I. 1.   adv. *Ho, Ni.* Fuera, afuera.

autero.
    I. 1.   m. *Bo.* Hombre que se dedica a robar vehículos, accesorios del mismo u objetos de su interior. pop + cult → espon.

autoasalto.
    I. 1.   m. *Gu, Ho, Ni, Ve, Ch.* Robo planificado como asalto por el mismo dueño de un negocio para cobrar el seguro.

autobanco.
    I. 1.   m. *Mx, Gu, Ho, ES, Ni, CR, RD, PR, Ve, Ec.* Entidad bancaria en la que los clientes son atendidos en su propio automóvil.

autobusero, -a.
    I. 1.   adj. *Ve, Ch.* Relativo al autobús o a su dueño.
    2.   *CR, Ch.* Relativo a la empresa de autobuses.
    3.   m. y f. *CR, Ch.* Propietario de una empresa de autobuses.

autobusete.
    I. 1.   m. *Ve.* Microbús.

autocabeza.
    I. 1.   f. *Ho, Ec.* Auto de oficio que provee el juez para la investigación de un delito y de los delincuentes. prest; cult → esm.

autocarril.
> I. 1.   m. *Ec, Pe, Bo, Ch; Ni*, p.u. Medio de transporte, similar a un autobús, que se desplaza propulsado por un motor de combustión interna sobre rieles de ferrocarril y se usa, *generalmente para transportar turistas*. ♦ **autoferro**.
> II. 1.   m. *Ni, Bo*. Carretera con calzadas separadas para los dos sentidos de la circulación, cuyas entradas y salidas no se someten a las exigencias de seguridad de las autopistas.

autocomplacencia.
> I. 1.   f. *Co, Ve, Pe*. Masturbación. euf; cult → espon.

autóctono, -a.
> I. 1.   sust/adj. *Gu, Ho, Ni, Pe*. Persona que pertenece a alguno de los grupos étnicos de un país.

autoestéreo.
> I. 1.   m. *Mx, Ar*. Sistema de sonido estereofónico para automóviles.

autoferro.
> I. 1.   *Ec*. p.u. **autocarril**, medio de transporte.

autolote.
> I. 1.   m. *Ho, ES, Ni*. Lugar o negocio donde se venden automóviles, *generalmente de segunda mano*.

automático.
> I. 1.   sust/adj. *Ni, PR, Ve. En el* **beisbol**, primer **strike** que el árbitro le canta a un bateador que ya tiene tres **bolas** en su cuenta.
> ▶ **andar en ~.**

automercado.
> I. 1.   m. *Ve*. Supermercado.

automotora.
> I. 1.   sust/adj. *Ch; Ar, Ur*, p.u. Establecimiento o empresa donde se venden y comercializan vehículos automóviles.
> 2.   adj. *Ch*. Relativo a la actividad comercial automotriz.

automóvil.
> ■
> a. ‖ ~ **de sitio.** m. *Mx*. Taxi que cuando está libre permanece estacionado en unas áreas predeterminadas, a las que se acude para requerir sus servicios.

autoparte.
> I. 1.   f. *Mx, Gu, Ni, Bo, Ar*. **autopartes**.

autopartes.
> I. 1.   f. pl. *Mx, Gu, Ni, Co, Pe, Bo, Ar, Ur*. Pieza o conjunto de piezas que intervienen en el armado de un automóvil, y que también se venden por separado. (**autoparte**).
> 2.   *Gu, Ho, Ni, CR, Pa, RD, Pe, Ur; ES*, p.u. Tienda de venta de repuestos de automóviles. ♦ **autorrepuestos**.

autopartista.
> I. 1.   adj. *Ar*. Relativo a las **autopartes**.
> 2.   m-f. *Ar*. Fabricante o vendedor de **autopartes**, piezas de un automóvil.

autopatrulla.
> I. 1.   m. *Ch*. Vehículo policial con radio conectada a una central que se dedica a patrullar por las calles.

autoridá.
> I. 1.   f. *ES, Ni, RD*. Autoridad. rur.

autorrepuestos.
> I. 1.   m. *Ho, Ni, Pe*. **autopartes**, tienda.

autorruta.
> I. 1.   f. *Ch*. p.u. Carretera pavimentada no urbana.

autoservicio.
> I. 1.   m. *Ho, Ni, CR, RD, Ve, Ec, Bo*. Establecimiento comercial donde se venden combustibles, lubricantes, refacciones y accesorios para vehículos, y se ofrece a estos servicio de mantenimiento.

autotransporte.
> I. 1.   m. *Mx, Ar*. Transporte en vehículo automóvil.
> ■
> a. ‖ ~ **de carga.** m. *Ar*. Camión con uno o más **acoplados** para el transporte de mercancías o ganado.
> b. ‖ ~ **pasajeros.** m. *Ar*. Autobús de gran capacidad y comodidad para el transporte de personas en largos recorridos.

autovalúo.
> I. 1.   m. *Co, Pe*. Tasación del valor de un inmueble. prest; cult → esm.

auxiliar.
> I. 1.   m. *Gu, Ho, Ni*. Alcalde auxiliar de una aldea o pueblo que no es municipio.
> II. 1.   *Ur*. **auxilio**, rueda de repuesto.
> ■
> a. ‖ ~ **de cocina.** m. *Ec*. Electrodoméstico al que se le pueden adaptar diversos componentes según se desee moler, triturar, trocear, batir o licuar determinados alimentos.

auxiliaría.
> I. 1.   f. *Gu, Ho*. Lugar en que despacha el alcalde auxiliar.

auxilio.
> I. 1.   m. *Ar, Ur*. Rueda de repuesto de un automóvil. ♦ **auxiliar**.

auyama. (Del umanagoto).
> I. 1.   f. *Pa, RD, Co, Ve*. **zapallo**, planta y fruto. (**aullama**; **oyama**).

auyamal.
> I. 1.   m. *Ve*. Plantación de **auyamas**.

auyey.
> I. 1.   m. *RD*. Planta trepadora de hasta 5 m de altura, con pelos pardos y flores de pequeño tamaño, blancas o moradas. (Fabaceae; *Pachyrhizus erosus*).
> 2.   *RD*. Tubérculo del auyey, de color amarillo por fuera y blanco cremoso por dentro, y de textura quebradiza; es comestible.

auzuba.
> I. 1.   *RD*. **ausubo**.

avagiñar.
> I. 1.   *Cu*. **apandar**.

avaharse.
> I. 1.   *PR*. **avajarse**. rur.

available. (Voz inglesa).
> I. 1.   adj. *EU, PR. Referido a persona*, disponible en términos amorosos. fest.

avajado, -a.
> I. 1.   adj. *PR. Referido a un alimento*, podrido, maloliente. rur.

avajarse.
> I. 1.   intr. prnl. *PR*. Empezar a pudrirse, tener mal olor *algo, especialmente los alimentos*. rur; pop. (**abajar**; **avaharse**).

avaluador, -ra.
> I. 1.   sust/adj. *Co*. Persona que tiene por oficio evaluar.
> 2.   *Ve. En una inmobiliaria*, persona que se dedica a hacer evaluaciones.

avanado, -a.
> I. 1.   adj. *PR. Referido a una comida*, dañada. rur.

avanarse.
> I. 1.   intr. prnl. *PR*. Dañarse, pudrirse, corromperse una fruta. rur.

avance.
> I. 1.   m. *Ve*. Pedrea.
> II. 1.   m. *Cu*. Vómito.
> III. (Del ingl. *sexual advance*).
> 1.   m. *PR*. Acercamiento amoroso o sexual.

avant.

■

a. ‖ ~ **première.** (Voz francesa). f. *Ch, Ar, Ur.* Preestreno de una película. cult → esm.

avanti. (Del it. *avanti*, adelante).

I. 1. adj. *PR. Referido a persona*, moderna, de vanguardia. prest; cult → esm.

2. *PR. Referido a persona*, que gusta de lucir ropa y accesorios de última moda. prest; cult → esm.

II. 1. adj. *PR. Referido a cosa*, de máxima calidad. prest; cult → esm.

III. 1. adj. *PR. Referido a un proceso*, muy bueno y de mucho valor. prest; cult → esm.

¡avanti! (Del it. *avanti*, adelante).

I. 1. interj. *Mx, Ar, Ur.* Expresa exhortación a hacer algo, *especialmente a entrar en un lugar.*

avanzar.

I. 1. intr. *Ni, Cu, RD, PR, Pe.* Darse prisa.

avanzón.

I. 1. m. *Pe.* juv. Avance grande que se realiza sobre algo.

avarín.

I. 1. m. *RD.* Homosexual activo. vulg; pop + cult → espon.

avatí.

I. 1. m. *Ar:NE.* Planta del maíz. (**abatí**).

2. *Ar:NE.* Mazorca del maíz. (**abatí**).

3. *Ar:NE.* Semilla del maíz. (**abatí**).

■

a. ‖ ~ **guaycurú.**

i. m. *Ar:NE.* Variedad de la planta del avatí, de grano tunicado, más grande que la común. (Poaceae; *Zea mays tunicata*).

ii. *Ar:NE.* Fruto del avatí guaycurú.

iii. *Ar:NE.* Semilla del avatí guaycurú.

b. ‖ ~ **pororó.**

i. m. *Ar:NE.* Variedad de la planta del avatí más pequeña que la común, con granos finos y cortos de color perlado brillante con los que se hacen las **rositas de maíz.** (Poaceae; *Zea mays var. minima*).

ii. *Ar:NE.* Grano del avatí pororó.

ave.

■

a. ‖ ~ **del paraíso.** m. *Mx, Gu, Ho, ES, Ni, CR, Pa, PR, Co, Ch, Ar.* Planta herbácea cultivada, con rizomas, tallos de hasta 1,5 m de altura, hojas persistentes, grandes, de color verde grisáceo, muy pecioladas, de forma oval y oblonga, y flores con tres pétalos azules brillante y tres sépalos naranjas, la flor semeja el penacho de ciertas aves. (Strelitziaceae; *Strelitzia reginae*).

□

a. ‖ **eh ~ María pues.** loc. interj. *Co:O.* Expresa énfasis a una respuesta afirmativa.

avelino. (De *Andrés Avelino Cáceres*).

I. 1. m. *Pe.* Danzante que interpreta un baile folclórico llevando una escopeta y vestido con harapos en recuerdo de una gesta militar de la Guerra del Pacífico.

avellana.

I. 1. f. *Pe.* Tipo de fuego artificial. (**alvellana**).

II. 1. f. *PR.* Nuez.

avellano.

I. 1. m. *Cu.* Arbusto con las hojas inferiores divididas en lóbulos estrechos, y las superiores enteras, aovadas, flores de cinco pétalos, de color verdoso e inodoras, y el fruto en baya carnosa, redondeada, con tres cavidades con sendas semillas blancas. (Euphorbiaceae; *Omphalea trichotomá*).

avemaría.

▶ **ganarse indulgencias con ~s ajenas.**

avena.

▶ **cogerlo con su ~.**

avenida. (Calco del ingl.).

I. 1. f. *EU, Gu, Ho, ES, Ni, CR, Pa, Pe.* En el ordenamiento vial de las ciudades trazadas en manzanas, vía que va de norte a sur y cruza perpendicularmente las **calles.**

▶ **salir para la ~.**

avenidazo.

I. 1. m. *CR.* Paseo que realiza una persona caminando por una vía de una zona comercial para distraerse mirando personas y vitrinas.

aventadero.

I. 1. m. *Pe, Bo.* Terreno de aluvión en las cuencas auríferas donde se depositan los sedimentos y restos de mineral que son recogidos posteriormente.

aventado, -a.

I. 1. adj. *Mx, Gu, Ho, ES, Ni, Pa, Co:O, Pe. Referido a persona*, arrojada, audaz, atrevida.

II. 1. adj. *Ho, Ni, Pa, RD, Co, Ve; CR*, obsol. *Referido a persona*, que tiene gases causados por una congestión intestinal. pop.

2. *Ni, RD, Ve:O. Referido a persona*, que padece de gases intestinales. pop.

III. 1. adj. *Ve:O. Referido a persona*, muerta. pop.

IV. 1. adj. *PR. Referido a persona*, que se hace notar por hablar a destiempo. rur.

2. *PR. Referido a persona*, entrometida.

V. 1. adj. *PR. Referido a un alimento*, próximo a pudrirse o podrido, maloliente. rur.

VI. 1. *CR.* **soplado**, que se mueve o actúa a gran velocidad. pop.

aventador.

I. 1. m. *Ec; Mx*, rur. Utensilio similar a un abanico, *hecho de paja, totora u otro material semejante*, usado para avivar el fuego en los fogones de las casas.

II. 1. m. *Gu, Ho*, p.u. Hombre que se encarga de arrear y recoger el ganado vacuno en una hacienda. rur.

aventajado.

I. 1. adj. *Ec, Pe. Referido a un hombre*, que tiene el pene más grande que lo normal. euf; pop + cult → espon.

aventar(se).

I. 1. intr. prnl. *Mx, Co.* Atreverse *alguien* a hacer algo. pop.

2. *Mx, Gu, Ho, ES, Ni, Pa.* Decidirse *alguien* a hacer algo con riesgo.

3. tr. *Co.* Animar o entusiasmar *una persona* a *alguien* para que se atreva a hacer algo. pop.

4. *Ho, Ni.* Decir *una persona algo* a alguien repentinamente y sin pensarlo.

II. 1. intr. prnl. *Mx, Gu, Ho, ES, Ni, Pa, Co.* pop. Arrojarse, lanzarse *alguien* violentamente hacia otra persona o hacia algo.

2. tr. *Gu, Ho, ES, Ni, Co, Ve, Pe.* Impulsar *alguien* con fuerza una cosa o a *una persona*.

3. *Ve.* Dar *alguien* golpes a *una persona* con las extremidades.

III. 1. tr. *Mx, ES.* Llevar gratuita y ocasionalmente a un autoestopista en un vehículo.

IV. 1. tr. *Mx, CR.* p.u. Arrojar un objeto por el aire para que otra persona lo atrape.

V. 1. intr. prnl. *Ec.* Sufrir *alguien* de gases intestinales.

2. *Ho, Ni.* Tirarse *alguien* un pedo. vulg.

VI. 1. intr. prnl. *Ho, Ni.* Reventarse un grano de maíz al tostarse.

2. *Ho, Ni.* Formarse una bolsa de aire en la **tortilla** de maíz cuando se cuece.

VII. 1. tr. *Gu*, Arrear *alguien* el ganado de un lugar a otro. rur.

VIII. 1. intr. prnl. *RD*. Inflarse desmedidamente un animal muerto.

2. *RD*. Morirse un animal. pop + cult → espon.

IX. 1. tr. *Ec*. Avivar *alguien* el fuego de un fogón con un **aventador**.

X. 1. intr. prnl. *RD*; *CR*, p.u. Marcharse, huir *alguien* de un sitio.

XI. 1. intr. prnl. *Pa, RD*. Empacharse, hartarse. pop + cult → espon.

XII. 1. tr. prnl. *ES*. Tener *alguien* una relación sexual con una persona. vulg; pop.

XIII. 1. tr. prnl. *CR*. obsol. Quitar *algo* a alguien sin su consentimiento, *y en especial por medio de engaño o por la fuerza.*

□

a. ‖ **~ el chon.** loc. verb. *Mx*. Insinuarse sexualmente una mujer a un hombre. pop.

b. ‖ **~ polvo.** loc. verb. *Ni*. p.u. Provocar escándalo, llamar la atención de los demás. pop.

c. ‖ **~ por ahí mismo.** loc. verb. *Ho, RD*. Marcharse *alguien* rápidamente.

aventazón.

I. 1. m. *Mx::SE, Ho, Ni; CR, Cu, RD, Ve:O*, p.u. Abultamiento del estómago, acompañado de malestar estomacal y exceso de gases, *provocado por una congestión intestinal.*

2. f. *Ho*. Mal olor intenso, producido por un pedo. vulg; pop.

aventón.

I. 1. m. *Mx, Gu, Ho, ES, Ni, CR, Pa, Co:N, Ec, Pe, Ch*. Modo de viajar solicitando transporte a los automóviles que transitan. pop + cult → espon. ♦ **bote; echar dedo; jalada; ton.**

II. 1. m. *Mx, Gu, Ho, Ni, Pa, Ec, Pe*. p.u. Impulso fuerte que una persona da con su propio cuerpo a otra o a algo para apartarlos o como agresión. pop + cult → espon.

2. *Gu, Ho, Ni, Ec, Pe*. p.u. Avance rápido que se da a una obra trabajando con ahínco en ella. pop + cult → espon.

□

a. ‖ **al ~.** loc. adv. *Mx*. Sin cuidado, sin esmero, zafiamente. pop + cult → espon.

▶ **agarrar ~; pedir ~.**

aventurero.

I. 1. adj. *Cu, RD. Referido al maíz o al arroz*, que se produce fuera del tiempo adecuado para su cultivo.

average. (Voz inglesa).

I. 1. m. *EU, Ni, CR, Cu, RD, PR, Ve. En el* **beisbol**, promedio en el rendimiento de un jugador o un equipo.

●

a. ‖ **si no un récord, es un buen ~.** fr. prov *Cu*. Indica que el comportamiento de alguien es digno de ser notado.

□

a. ‖ **~ cost.** (Voz inglesa). m. *PR*. Precio básico al que hay que añadir los costos.

averaguarse.

I. 1. intr. prnl. *CR, Pa*. Llenarse la ropa húmeda de pequeños puntos negros, por haberse dejado sin tender o sin ventilar. pop + cult → espon.

averarse.

I. 1. intr. prnl. *RD*. Acercarse, aproximarse *alguien* al borde de algo.

averea.

I. 1. f. *Ho*. **carambola**, árbol y fruto.

avergonzarse.

I. 1. intr. prnl. *Ho*. Acobardarse.

avería.

I. 1. f. *Ve*. Audacia.

■

a. ‖ **hombre de ~.** m. *Ve*. Delincuente peligroso. pop + cult → espon ^ desp.

□

a. ‖ **de ~.** loc. adj. *Ar; Ur. Referido a persona*, de cuidado, peligrosa. pop + cult → espon ^ desp.

averiado, -a.

I. 1. adj. *Ni, CR, Ch, Ar; Ho*, p.u. ‖ metáf. *Referido a persona*, que tiene problemas de salud. pop + cult → espon ^ fest.

averiguadera.

I. 1. f. *Ho, Ni, RD, Co, Ve*. Averiguación de todos los pormenores o chismes. pop.

averiguado, -a.

I. 1. adj. *RD, PR. Referido a persona*, curiosa, averiguadora, entrometida, chismosa. pop + cult → espon.

averiguar.

I. 1. intr. *Ni, Pe*. Curiosear *alguien*. pop + cult → espon.

II. 1. intr. *ES*. p.u. Discutir acaloradamente *una persona* con alguien. rur.

2. *ES*. p.u. Protestar *alguien* airadamente. rur.

averiguata.

I. 1. f. *ES*. Discusión acalorada.

averigüetas.

I. 1. sust/adj. *Co*. Persona entrometida. pop + cult → espon.

aveyuelo.

I. 1. *PR*. **abeyuelo**.

aviación.

I. 1. f. *Cu*. Fiesta ruidosa, juerga.

aviada.

I. 1. *Ec*. obsol. **viada**. pop.

aviador.

I. 1. m. *Cu, Ar*. Empresario que costea labores de minas.

II. 1. m. *Cu*. Hombre homosexual. euf; pop + cult → espon.

aviador, -ra.

I. 1. m. y f. *Mx*. Empleado defraudador que figura en nómina, cobra un sueldo, pero que no se presenta a cumplir su jornada de trabajo.

2. *Mx*. Persona que goza de un trabajo privilegiado, bien pagado y de poca exigencia.

aviadora.

I. 1. f. *Ch*. p.u. Prostituta. euf; pop + cult → espon.

aviar.

I. 1. tr. *Pa, Ar*. obsol. Prestar *alguien* dinero o diversos implementos a labradores, ganaderos o mineros. rur.

2. *Cu, Ch*. p.u. *En el ámbito jurídico*, costear las labores de explotación de una mina, con el fin de resarcirse de los préstamos hechos al dueño.

II. 1. tr. *Ec*. obsol. Acompañar a *alguien* hasta el lugar donde debe tomar un medio de transporte para emprender un viaje, o mostrarle la ruta que debe seguir.

avilocado, -a.

I. 1. *CR*. obsol. **atarantado**, impulsivo.

avío.

I. 1. m. *Pe*. Préstamo de dinero o de artículos que se realiza a una persona o a un sector de producción.

2. *Bo:O,S*. Préstamo de víveres y artículos de primera necesidad que se obtiene de una **pulpería** a cuenta del salario, *generalmente en los centros donde funciona una empresa minera estatal.*

avión.
- **I. 1.** m. *Mx, Gu, Ho, ES, Ve.* Juego infantil que consiste en tirar un tejo sobre un dibujo hecho en el suelo con diez cuadros numerados, dispuestos con la figura de un avión, sobre los cuales debe saltar cada niño en un pie y recorrer todos.
- **II. 1.** *Cu.* avioneta, golpe.
- **III. 1.** m. *RD.* Mujer que cede con facilidad a los requerimientos sexuales de los hombres. pop + cult → espon ^ desp.
- **IV. 1.** m. *ES.* Borrachera prolongada. pop + cult → espon.
- ▶ **dar el ~; estar viendo pasar aviones.**

avión, -na.
- **I. 1.** adj/sust. *Co, Ve. Referido a persona*, que saca beneficio de las circunstancias que se le presentan favorables, *normalmente sin escrúpulos.* pop + cult → espon ^ desp.
- ▶ **andar ~; bajar un ~; estar ~; írsele el ~; pasar ~; ponerse ~; quedar viendo pasar ~es.**

¡avión!
- **I. 1.** interj. *Ni.* Expresa sorpresa e incredulidad de lo que alguien ha dicho.

avionada.
- **I. 1.** *Co.* avivatada.

avionar.
- **I. 1.** tr. *RD.* Ir una mujer de hombre a hombre haciéndoles ofertas sexuales. vulg; pop + cult → espon.

avionazo.
- **I. 1.** m. *Mx.* Accidente aéreo. pop + cult → espon.
- **II. 1.** m. *RD.* avioneta, mujer fácil.

avionero.
- **I. 1.** m. *Pe.* Soldado que sirve en la Fuerza Aérea.

avioneta.
- **I. 1.** m. *Cu.* Oreja. pop + cult → espon.
- **II. 1.** m. *Cu.* Golpe que se da a alguien con intención de hacerle daño. pop + cult → espon.
- **III. 1.** f. *RD.* Mujer fácil. euf; pop + cult → espon. ♦ **avionazo.**

avisador, -ra.
- **I. 1.** m. y f. *Ch.* Persona encargada de la contratación de espacios publicitarios para una empresa.

avisaje.
- **I. 1.** m. *Pe, Ch.* Actividad comercial que consiste en la contratación de soportes destinados a la transmisión de mensajes publicitarios. prest; cult → esm.
- **2.** *Pe, Ch.* Conjunto de avisos publicados en un medio de difusión. prest; cult → esm.

¡avisar!
- **I. 1.** *Ar, Ur.* ¡avisa!

avisarse.
- **I. 1.** intr. prnl. *PR.* Anunciarse *alguien* para ser recibido.
- ☐
  - **a.** ‖ **¡avisen!** *Ar, Ur.* ¡avisá! pop.
  - **b.** ‖ **¡avisá!** interj. *Ar, Ur.* Expresa al interlocutor que ya se sabe de qué está hablando. pop. (**¡avisar!**). ♦ **¡avisen!**

aviso.
- **I. 1.** m. *Mx, Gu, Ho, ES, Ni, Pa, Co, Ve, Ec, Pe, Bo, Ch, Py, Ar, Ur.* Soporte visual o auditivo en el que se transmite un mensaje publicitario.
- **2.** *Ni, CR, Ve, Ec, Pe, Bo, Ch, Ur.* Conjunto de palabras y signos con que se anuncia algo.
- **II. 1.** *Cu.* Espantada o ahuyentada de un animal. rur.
- **III. 1.** *PR.* Comunicado oficial de alerta que indica que está ocurriendo o se espera el efecto de inundaciones, marejadas, tornados, huracanes o tormentas en un plazo de 24 horas.

- ■
  - **a.** ‖ **~ clasificado.** m. *Mx, Ni, CR, Pa, RD, Co, Ve, Bo, Py, Ar, Ur.* Escrito de pequeña extensión en el que se anuncia algo en la sección publicitaria de un periódico.
  - **b.** ‖ **~ fúnebre.** *Ur.* aviso necrológico.
  - **c.** ‖ **~ luminoso.** m. *Ho, RD, Co, Ve, Bo, Py, Ur.* Anuncio de neón.
  - **d.** ‖ **~ necrológico.** m. *RD, Co, Ve, Bo, Py, Ur.* Esquela, anuncio de la defunción de alguien. ♦ **aviso fúnebre.**
  - **e.** ‖ **~s económicos.** m. pl. *Ni, CR, Ur.* Sección de un periódico reservada a la publicación de avisos clasificados.

avispa.
- **I. 1.** f. *Ho, Ni, CR, Ve.* Persona lista, despierta.
- **2.** *Cu.* Persona agresiva que se irrita con facilidad.
- **II. 1.** f. *CR.* Orquídea.

- ■
  - **a.** ‖ **~ cachicamera.** f. *Co, Ve.* Insecto himenóptero grande y negro que fabrica nidos alargados con estrías transversales que se parecen al caparazón del **cachicamo** o armadillo. (Vespidae; *Synoeca* spp.). ♦ **cachicamera.**
  - **b.** ‖ **~ carnicera.** f. *Ho, Ve.* Insecto himenóptero largo, de cuerpo amarillo pintado de negro. (Vespidae; *Polistes* spp.).
  - **c.** ‖ **~ juane.** f. *Pe.* Potaje elaborado con harina de maíz, arroz y carne de cerdo molida que se acompaña con trozos de gallina puestos en una hoja de **bijao.**
  - **d.** ‖ **~ papelera.** f. *Ve.* Insecto himenóptero sin aguijón, recubiertos de una sustancia grisácea. (Vespidae; *Polistes gallicus*).
  - ▶ **caerle las ~s; comer ~; estar ~; ponerse ~.**

avispero.
- **I. 1.** m. *Mx, Ho, ES, Ni, Co.* Conjunto de personas conflictivas y malintencionadas. pop + cult → espon ^ fest.
- **2.** *Mx, Ho, ES, Ni, Pa.* Conjunto de personas intrigantes o inescrupulosas. pop + cult → espon ^ fest.
- **II. 1.** m. *Ni, Pa, Cu, RD, PR, Ve, Ur.* Grupo de persona que producen un gran alboroto. pop + cult → espon.
- **III. 1.** m. *Cu.* Adorno que se hace en vestidos y blusas uniendo pliegues de la tela de dos en dos de manera que formen un dibujo semejante a las celdas de un panal.
- ▶ **estar en el ~; poner en el ~; revolver el ~.**

avispillo.
- **I. 1.** m. *PR.* Arbusto de pequeña copa, con tronco de madera quebradiza, corteza y hojas con sabor a especias y frutos en racimos de bayas. (Lauraceae; *Ocotea portoricensis*). (**abispiyo**).

avispón.
- **I. 1.** sust/adj. *Ve.* metáf. Persona viva y despierta que se aprovecha de los demás. pop + cult → espon ^ desp.
- **II. 1.** m. *Ho.* Avispa parásita de cuerpo azul metalizado y antenas no muy largas y rojizas. (Pompilidae; *Pompilocalus* spp.).

avivada.
- **I. 1.** f. *Bo, Ch, Ar, Ur.* Aprovechamiento de una situación propicia para obtener beneficio personal, sin preocuparse de los posibles perjuicios a terceros. pop + cult → espon.

avivado, -a.
- **I. 1.** adj/sust. *Pe, Bo, Ch, Py, Ar, Ur. Referido a persona*, que se aprovecha de una situación propicia para obtener beneficio personal, sin preocuparse de los posibles perjuicios a terceros. pop + cult → espon. (**avivato**).

avivar(se).
   I. 1. intr. prnl. *Gu, Ho, ES, Ni, CR, Pa, Cu, Pe, Bo, Py, Ar.* Espabilarse *alguien*, perder la timidez o la torpeza. pop + cult → espon. ♦ **apiolarse.**
   2. tr. *Cu, Pe, Ch, Ar, Ur.* Hacer *alguien* o *algo* perder la timidez o la torpeza a una persona. pop + cult → espon. ♦ **apiolar.**
   II. 1. intr. prnl. *Mx, Ni, Bo, Ch, Py, Ar, Ur.* Sacar *alguien* un beneficio personal a costa de otros.
   III. 1. intr. prnl. *Pe, Bo.* Proceder *alguien* con astucia de repente.
   2. *Pe.* Actuar *alguien* con decisión.
   IV. 1. intr. prnl. *Ni, Ar, Ur.* Percatarse *alguien* de algo. pop + cult → espon. ♦ **apiolarse.**
   □
   a. ‖ ~ **la cueca.** loc. verb. *Ch.* Animar *alguien a una persona* para que continúe con una determinada conducta. pop + cult → espon.

avivatada.
   I. 1. f. *Co.* Acción propia del que se aprovecha de los demás en beneficio propio. ♦ **avionada.**

avivato, -a.
   I. 1. *Pa, Co, Ec, Pe, Ur.* **avivado.**

avocarse. (Var. de *abocarse*).
   I. 1. *Gu, Ho, ES, Ni, Bo.* **abocarse,** entregarse alguien de lleno a hacer algo.
   II. 1. intr. prnl. *Gu, Ho, ES, Ni, Bo.* Dirigirse *una persona* a alguien.

avolcanarse.
   I. 1. intr. prnl. *Ec.* p.u. Desprenderse los bordes superiores de la orilla de un río, canal o carretera por falta de cohesión del suelo o por la acción erosiva del agua o el viento.

avomitar.
   I. 1. tr. *RD,* obsol. *Ni,* p.u. Vomitar. rur.

avorazado, -a.
   I. 1. adj. *Mx, Gu, Ho, ES, Ni. Referido a persona,* codiciosa, que se lleva la mejor parte o lo quiere todo para sí.

avorazamiento.
   I. 1. m. *Mx, Gu, Ho, Ni.* Codicia sin freno.

avorazarse.
   I. 1. intr. prnl. *Mx, Gu, Ho, ES.* Volverse *alguien* codicioso y ambicioso sin mesura.
   2. *Mx, Ho, ES.* Abalanzarse *alguien* sobre algo, tratar de agarrar algo, *en especial comida.*

awatiris. (Del aim. *awatiña,* pastar).
   I. 1. m. pl. *Bo.* Danza autóctona de la región andina en la que se imita el pastoreo de llamas en algunos movimientos y en el vestuario.

awicho, -a.
   I. 1. m. y f. *Bo:O.* Persona de edad avanzada.

¡áxcale! (Del nahua *axcan,* ahora).
   I. 1. *Mx.* **¡ájale!**

axe. (Var. de Ace®).
   I. 1. m. *ES.* Jabón detergente en polvo.

axín. (Del nahua *axin*).
   I. 1. m. *Mx, Ho.* Insecto himenóptero de hasta 2,5 cm de longitud. (Margarodidae; *Llaveia axin*).
   2. *Mx.* Sustancia oleaginosa, amarillenta, de consistencia similar a la mantequilla y de olor parecido a manteca rancia; se obtiene de la grasa que flota al hervir en agua la hembra del axín y se utiliza como pintura y colorante.

axiote.
   I. 1. *Mx.* **achiote.**

ay.
   □
   a. ‖ ¡~, ay! loc. interj. *RD.* Expresa simpatía y cariño. pop + cult → espon ^ afec.

aya.
   ■
   a. ‖ ~ **pugllana.** (Del quech. *aya,* muerto, y *pugllana,* jugar).
   f. *Ec:C.* Hierba de flores vistosas, común en las áreas abrigadas de las provincias de Cañar, Azuay y Loja. (Tubificidae; *Chaetogaster sarmentosa*).

ayaca.
   I. 1. *PR.* **hayaca,** tamal.

ayacahuite. (Del nahua *ayahuitl,* niebla, y *cuahuitl,* árbol).
   I. 1. m. *Mx, Gu, Ho.* Árbol de hasta 40 m de altura, de ramas extendidas, hojas delgadas y triangulares, con conos ligeros, encorvados, en grupos de tres; la madera se emplea para muebles y como combustible. (Pinaceae; *Pinus ayacahuite*). ♦ **pino cahuite; pino real; sacalacahuite.**

ayacaste. (Del nahua *ayacaxtli,* sonajas).
   I. 1. *Mx:S, Ho.* **ayote,** planta y fruto.
   2. *Ho.* Apéndice córneo articulado en forma de anillos en disminución de la parte final de la cola de una serpiente cascabel.
   II. 1. *Mx, Ho.* **ayacastle.**

ayacastear.
   I. 1. intr. *Ho.* Tocar el instrumento musical **ayacastle.**

ayacastle. (Del nahua *ayacaxtli,* sonajas).
   I. 1. m. *Mx.* Instrumento musical que consiste en una pequeña horqueta de madera en forma de Y sobre la que se colocan, de lado a lado, dos alambres con chapas metálicas insertadas que al moverse producen un sonido similar a las sonajas o maracas. (**ayacaste; ayacaxtle**). ♦ **chilchil.**

ayacaxtle.
   I. 1. *ES.* **ayacastle.**

ayachilchil.
   I. 1. *Ec:S.* **anís del llano.** rur.

ayaco.
   I. 1. m. *Ni, CR.* Comida que se prepara con carne de cerdo, **plátano maduro** y hojas de **chicasquil.** (**afiaco; ajiaco**).

ayacote. (Del nahua *ayacotli,* frijol grande).
   I. 1. m. *Mx, Ni.* Planta trepadora de hasta 4 m de altura, de hojas y flores de gran tamaño, vainas que pueden ser blancas cuando proceden de flores blancas, y púrpura oscuro con motas negras cuando proceden de flores rojo escarlata. (Fabaceae; *Phaseolus coccineous*). ♦ **chilipuca; chinapopo; ixtapacal; matambre; piloy.**
   2. *Mx, Ni.* Semilla de **frijol** muy grande y de varios colores; es comestible una vez cocida. ♦ **chilipuca; chinapopo; matambre; piloy.**

ayahuasca. (Del quech. *aya,* muerto, y *huasca,* cuerda).
   I. 1. f. *Ec, Pe, Ch.* Liana o enredadera de corteza color café, hojas verde oscuro, pergaminosas, flores pequeñas y rosadas; tiene propiedades psicotrópicas. (Malpighiaceae; *Banisteriopsis caapi*). ♦ **natema; nepi; shillinto.**
   2. *Ec, Pe.* Brebaje de efectos alucinógenos preparado con las hojas de la ayahuasca; lo emplean los chamanes para fines curativos.

¡áyala!
   I. 1. interj. *Pa.* Expresa asombro o enfado.

ayampaco.
   I. 1. m. *Ec.* Comida preparada con **yuca,** palmito y carne de cerdo y pollo, envuelta en hojas de **bijao** y cocinada a la brasa.

ayanque.
   I. 1. m. *Pe.* **cachema,** pez.

ayante.
> **I. 1.** m. *RD.* Dicho o hecho de apariencia engañosa.
> **II. 1.** m. *Ho:S.* Pez marino de tamaño mediano, con aletas dorsales separadas, línea lateral continua hasta el borde de la aleta caudal, sin pigmentación, segunda aleta anal muy larga, pues llega hasta la base de la cola; su carne es comestible. (Sciaenidae; *Cynoscion arenarius*).

ayantoso, -a.
> **I. 1.** adj. *RD. Referido a persona*, que aparenta lo que no es, fantasiosa.
> **2.** *RD. Referido a persona*, que convence a otra gracias a una falsa amabilidad o engaño.

ayao.
> **I. 1.** *RD.* **ayúa.**

ayapana.
> **I. 1.** f. *PR.* **doctorcito**, planta herbácea. (**allapana**).

ayarachi.
> **I. 1.** m. *Pe.* Danza tradicional de carácter fúnebre en la que los bailarines van vestidos con ropas negras y tocados con plumas de ave.

ayate. (Del nahua *ayatl*, tela rala de hilo de maguey).
> **I. 1.** m. *Mx.* p.u. Tela rala de fibra de **maguey**, de palma, de **henequén** o de algodón.

¡ayáu!
> **I. 1.** interj. *Ec.* Expresa dolor. (**¡arrau!**; **¡ayayáu!**). ♦ **¡au!**

ayayai.
> **I. 1.** m. *Pa.* Cortadura pequeña o herida leve que se hace un niño. inf.

¡ayayáu!
> **I. 1.** *Ec, Bo.* **¡ayáu!**

ayayero, -a.
> **I. 1.** adj/sust. *Pe. Referido a persona*, que hace o dice con intención, *a veces sin moderación*, lo que se cree que puede agradar a otro.

ayaymama.
> **I. 1.** m. *Pe.* Pájaro nocturno de hasta 38 cm de longitud, de color grisáceo tirando a castaño, finamente rayado en negro, con ojos grandes de color naranja. (Nyctibiidae; *Nyctibus grisens*).

ayemado, -a.
> **I. 1.** *RD.* **añemado.**

ayllu.
> **I. 1.** *Ec, Pe, Bo.* **aíllo.**
> **2.** *Bo.* **aillu**, grupo.
> **3.** *Bo.* **aillu**, parentesco.

aymarista.
> **I. 1.** *Pe, Bo, Ch.* **aimarista.**

ayni. (Voz aimara y quechua).
> **I. 1.** m. *Pe. En las comunidades quechuas y aimaras*, préstamo en dinero o en especie que ha de ser devuelto al año de recibirlo.
> **II. 1.** m. *Bo:O,C. Durante una fiesta*, costumbre que consiste en hacer un regalo a los anfitriones.

aynoca. (Del aim. *aynuqa*, tierra comunal).
> **I. 1.** m. *Bo:O,C.* Tierra comunal que se cultiva rotativamente, alternando con épocas de descanso.

ayotal.
> **I. 1.** m. *Mx, Gu, Ho, ES, Ni, CR.* Lugar cultivado de **ayotes.**
> **2.** *Ho, Ni, CR.* Gran cantidad de **ayotes.**

ayote. (Del nahua *ayotli*, calabaza).
> **I. 1.** m. *Mx, Gu, Ho, ES, Ni, CR; Pa*, p.u. Fruto del ayote, alargado y redondeado, de color verde intenso con listones longitudinales más claros; se come hervido o cocido como verdura. ♦ **ayacaste; ayote de zapallo; joco; zapallo.**
> **2.** *Mx, Gu, Ho, ES, Ni.* Planta herbácea de tallos trepadores provistos de zarcillos, de hojas aovadas con tres o más lóbulos triangulares y nervadura palmeada, flores solitarias que nacen en las axilas de las hojas, amarillas y acampanadas, y fruto en forma de baya de gran tamaño. (Cucurbitaceae; *Cucurbita moschata*). ♦ **ayacaste; hacayote; joco; loche; zapallo.**
> **II. 1.** m. *Gu, Ho, ES, Ni, CR.* metáf. Cabeza de una persona. pop + cult → espon ^ fest.
> **2.** sust/adj. *Ho, Ni, CR.* metáf. Persona tonta. pop + cult → espon ^ desp.
> **3.** m. *CR.* p.u.; metáf. Conjunto de las dos nalgas, *especialmente las que son grandes y abultadas*. vulg; pop + cult → espon.
>
> ■
> **a.** ‖ **~ de zapallo.** *Ho.* **ayote**, fruto.
> **b.** ‖ **~ en dulce.** m. *Gu, Ho, Ni.* Dulce hecho de la corteza hervida de ayote en azúcar. ♦ **ayote en miel.**
> **c.** ‖ **~ en miel.** m. *Ho, ES, Ni.* **ayote en dulce.**
> ▶ **deber un ~; embarrarse de ~; hacer cagadal de puro ~; partir el ~; pelar el ~; rajarse el ~; ser cagadal de puro ~.**

ayotera.
> **I. 1.** f. *Ho, Ni, CR.* Planta del **ayote.**
> **2.** *Ni.* Lugar sembrado de **ayotes.**

ayotón, -na.
> **I. 1.** adj. *Gu, Ho, ES, CR. Referido a persona*, tonta. rur.

ayúa. (De or. ind. antillano).
> **I. 1.** m. *Cu, PR.* Árbol de hasta 20 m de altura, de tronco con gruesas espinas cónicas, ramas también espinosas, hojas compuestas, y flores de color blanco verdoso; su madera es muy usada en ebanistería. (Rutaceae; *Zanthoxylum martinicense*). ♦ **ayao; espina.**

ayuco.
> **I. 1.** m. *Bo:O,C.* Hombre que desempeña las funciones de ayudante o de auxiliar de un oficio, *especialmente en la construcción*.

ayuda.
> **I. 1.** m. *Ec.* Peón que trabaja temporalmente para un campesino, del cual recibe su paga en dinero o en alimentos.
>
> ■
> **a.** ‖ **~ memoria.**
> **i.** f. *Pe, Bo, Ch, Ar, Ur.* Apunte, *generalmente una ficha*, en la que se consignan datos para recordar.
> **ii.** m. *Ec.* Anotaciones para copiar en un examen. (**ayudamemoria**).
> **iii.** f. *Ho.* Acta informal de una reunión de trabajo que solo refleja los acuerdos consensuados y la distribución de actividades de sus miembros.

ayudada.
> **I. 1.** f. *Mx, Ho, Ni, Pe.* Ayuda prestada a alguien. pop + cult → espon.

ayudamemoria.
> **I. 1.** m-f. *Ch.* **ayuda memoria.**

ayudante.
> ■
> **a.** ‖ **~ de tacho.** m-f. *PR.* **tacho.** rur.

ayudarse.
> **I. 1.** intr. prnl. *Mx, Ho, Ni, Ve.* Aumentar *una persona* sus ingresos con la realización de otros trabajos.

ayudista.
> **I. 1.** m-f. *Ch.* Persona que coopera en la comisión de un delito. delinc.

ayuntado, -a.
> **I. 1.** *Ve; Ar*, rur; *Ur*, pop. **acollarado**, que vive en concubinato. espon.

ayuntamiento.
    I. 1. m. *Ni*. p.u. **amachinamiento**. prest; cult → esm.
ayuntar(se).
    I. 1. tr. prnl. *Ve*; *Ar*, rur; *Ur*, pop. Vivir en concubinato.
      2. *Ve*. Atar *alguien* en parejas las mazorcas de maíz. rur.
      3. tr. *RD*. Juntar, unir *alguien algo*.
azacuán. (Del nahua *atl*, agua, y de *zacani*, acarreador).
    I. 1. *Gu*, *Ni*. **caracolero**. ♦ **alsacuán**; **alzacuán**; **asacuán**.
azadón.
    I. 1. m. *Gu*, *Ho*, *ES*. metáf. Persona egoísta. pop + cult → espon.
azadonear.
    I. 1. tr. *Ho*, *ES*, *Ni*. Limpiar *alguien* un cultivo con azadón. rur.
azafate.
    I. 1. m. *Ho*, *PR*, *Co:N*, *Ve:O*, *Pe*, *Ch*. Bandeja de madera, metal u otro material, con bordes elevados, que se utiliza para llevar alimentos y otros objetos.
      2. *Ni*. p.u. Jofaina o palangana para echar el agua. rur.
azafrán.
    I. 1. m. *RD*, *PR*. Arbusto perenne de 6 m de altura, de tronco fino, de corteza color castaño, hojas opuestas elípticas, ligeramente carnosas, que brotan en pequeñas ramas; su fruto blanquecino y acuoso no es comestible. (Chloranthaceae; *Hedyosmum arborescens*).
azajar. (Var. de *azahar*).
    I. 1. m. *Ho:E*, *Ni*. Flor pequeña y blanca, *en especial la del frijol*. rur.
azajarear.
    I. 1. intr. *Ho:E*. Florecer algunas plantas cultivadas como el **frijol**, el café y los cítricos. rur.
azálea.
    I. 1. f. *Mx*. Azalea.
azambado, -a.
    I. 1. adj. *Ec*, *Pe*. Referido a una persona o a su cabello, que tiene rasgos similares a los de un **zambo**.
azanatado, -a.
    I. 1. adj. *Ho*. metáf. Referido a cosa, *en especial ropa*, de color negruzco.
azarar(se).
    I. 1. tr. *Co:SO*. Causar *alguien* o *algo* fastidio o malestar a *una persona*.
      2. *RD*. Dar *alguien* o *algo* mala suerte, causarle una desgracia a una persona.
    II. 1. tr. prnl. *Ve*. Complicarse *algo*.
      2. *Ve*. Faltar tiempo para realizar alguna actividad.
azare.
    I. 1. m. *Co:SO*. Inquietud o desasosiego.
      2. *Co:SO*. **acose**.
azareada.
    I. 1. f. *Ni*. Regaño vergonzante dado por una persona a alguien.
azarear(se). (Epént. de *azarar*).
    I. 1. intr. prnl. *ES*, *Pa*, *Ec*, *Bo:E*. Turbarse *alguien*.
      2. *Ho*, *ES*, *Bo*. Irritarse, enfadarse *alguien* mucho.
    II. 1. intr. prnl. *Gu*, *Ni*, *Pa*. Avergonzarse *alguien*.
      2. tr. *Gu*, *Ni*. Avergonzar a *una persona*.
azareo.
    I. 1. m. *Ni*. Vergüenza. pop.
azaroso, -a.
    I. 1. adj. *RD*. Referido a persona, que da mala suerte.
¡ázcale!
    I. 1. interj. *Mx*. Expresa aprobación o sorpresa.
-azo
    I. 1. suf. *Ho*, *Ni*. Indica escándalo político o financiero con alguna acción ilegal.

azocada.
    I. 1. m. *Ec*. Apretamiento de las pajas del borde del ala de un sombrero. ♦ **azoque**.
azocador, -ra.
    I. 1. m. y f. *Ec*. Persona que aprieta las pajas del sobrante en un sombrero de **jipijapa**.
azocar.
    I. 1. tr. *Ec*. Apretar *alguien* las pajas sobresalientes del remate del ala del sombrero de **jipijapa**. (**asocar**)
azogado, -a.
    I. 1. adj. *Ho*. p.u.; metáf. *Referido a persona*, de piel oscura o negra. prest; cult → esm.
azogue.
    □
    a. ‖ **fugaz como el ~.** loc. adj. *Ho*. Rápido, veloz.
azolve.
    I. 1. m. *Mx*. Lodo y otros sedimentos frecuentes en lagos, depósitos, embalses y zonas inundadas, que pueden obstruir conducciones de agua.
-azón.
    I. 1. suf. *Gu*, *Ho*, *ES*, *Ni*, *Ve*. Añade al elemento léxico de base el sentido de gran cantidad de algo.
azonzado, -a.
    I. 1. adj. *Pe*, *Ar*, *Ur*. Referido a persona, de escasa inteligencia o ingenio. pop + cult → espon.
azonzarse. (De *zonzo*).
    I. 1. intr. prnl. *Mx*, *Pe*, *Bo:O,C*; *Ar*, *Ur*, p.u. Aturdirse *alguien*, volverse torpe y atolondrado.
azopilotado, -a.
    I. 1. adj. *Ho*, *Ni*. metáf. *Referido al aspecto y forma de andar de una persona*, desgarbado e inclinado los hombros y los brazos hacia los dos lados al caminar.
      2. *Ho*, *Ni*. metáf. *Referido a ropa de vestir*, de color negro. rur.
azopilotarse. (Der. de *zopilote*).
    I. 1. intr. prnl. *Ho*, *Ni*. metáf. Caminar inclinando los hombros y los brazos excesivamente a la derecha y a la izquierda. rur.
      2. *Ni*. metáf. Oscurecérsele la piel a alguien.
azoque.
    I. 1. m. *Ec*. **azocada**.
azoquetado, -a.
    I. 1. adj. *Ve*. Referido a persona, tonta, lenta en comprender algo. pop + cult → espon ^ desp. (**azoqueteado**).
azoqueteado, -a.
    I. 1. *Ve*. **azoquetado**.
azoquetearse.
    I. 1. intr. prnl. *Ve*. Comportarse *alguien* como un zoquete o tonto.
azorada.
    I. 1. f. *Co*. Susto, temor, sobresalto.
azorado, -a.
    I. 1. adj. *Ni*, *Cu*, *RD*, *Ur*. Referido a persona, asustada, temerosa, sobresaltada. (**azorao**).
      2. *Ni*, *Cu*. Referido a persona, avergonzada.
    II. 1. adj. *Ve*. Apresurado, apurado. (**azorao**).
azorao.
    I. 1. *Ve*. **azorado**, apresurado.
azorar(se).
    I. 1. intr. prnl. *Ve*. Estar *alguien* falto de tiempo para realizar una actividad.
    II. 1. intr. prnl. *Ho*. **aflatarse**, sentir miedo.
      2. tr. *Ho*. Aparecerse a *alguien* un espíritu o alma en pena.
azore.
    I. 1. *Ve*. **azoro**, apresuramiento.

azoro.
    I. 1. m. *Ni, Cu, PR.* Sorpresa producida por algo inesperado o extraño.
    2. *Ho, Ni.* Susto por la aparición de un espíritu o de un alma en pena.
    II. 1. m. *Ve.* Apresuramiento, premura. (**azore**).

azorocarse.
    I. 1. intr. prnl. *Gu.* Ponerse nervioso.
    2. *Ho.* Asustarse.

azoroco.
    I. 1. m. *Gu.* Estado de nerviosismo.

azoroso, -a.
    I. 1. adj. *Ho. Referido a un lugar,* en el que se dan **azoros** o sustos.

azorrado, -a.
    I. 1. adj. *Gu, Ho. Referido a persona,* nerviosa y asustada.
    2. *ES. Referido a persona,* avergonzada.

azota.
    ■
    a. ‖ **~ criollo.** m. *RD.* Arbusto de hasta 1,5 m de altura, de ramas angulosas con dos espinas arqueadas de hasta 1 cm en los nudos, hojas ovaladas e inflorescencia axilar. (Rubiaceae; *Randia parviflora*).

azotacaballo.
    I. 1. *Ho, Pa.* **sotacaballo,** arbusto de 1,5 m.

azotacaminos.
    I. 1. f. *Co.* Serpiente de cuerpo cilíndrico y esbelto, cabeza que destaca del cuello, ojos grandes con la pupila redondeada y dorso claro con manchas romboideas grandes, oscuras y con centros claros. (Colubridae; *Drymobius rhombifer*). ♦ **azotadora; juetiadora.**

azotada.
    I. 1. f. *Mx, Ni.* Azotamiento.

azotador.
    I. 1. m. *Co.* **azotadora.**

azotadora.
    I. 1. *Co.* **azotacaminos,** serpiente. (**azotador**).

azotar(se).
    I. 1. tr. *Mx.* Pagar *alguien* lo que debe. pop + cult → espon.
    II. 1. intr. *Mx.* Caer, venirse abajo aparatosamente y con estrépito *alguien* o *algo.*
    III. 1. intr. prnl. *Mx.* Exagerar al hablar o actuar con un énfasis impropio de la ocasión o el tema. pop + cult → espon ^ fest.
    IV. 1. intr. *CR.* juv. Atraer *alguien* con su apariencia o forma de ser la atención de otra persona del sexo opuesto. ♦ **regar veneno.**
    □
    a. ‖ **~ baldosa.** loc. verb. *Co.* Bailar *alguien.* pop + cult → espon.
    b. ‖ **~se gacho.** loc. verb. *Mx.* Decir o hacer *alguien algo* inconveniente u ofensivo.

azotazo.
    I. 1. m. *Ho.* Descarga eléctrica de un rayo.

azote.
    I. 1. m. *PR.* Golpe causado por una caída o propinado por alguien. pop + cult → espon.
    II. 1. m. *CR.* juv. Persona que atrae la atención de otra del sexo opuesto por sus atributos físicos o por su forma de ser.
    III. 1. m. *Pa.* Árbol de hasta 15 m de altura, de hojas simples y alternas, aovadas o elípticas, flores blancas y frutos en cápsulas verdes o grisáceas. (Malvaceae; *Hampea appendiculata*).
    □
    a. ‖ **~ de barrio.** loc. sust. *Ve.* Delincuente que concentra sus fechorías en una determinada zona o barrio y tiene aterrorizados a los habitantes de ese lugar. pop + cult → espon ^ desp.

azotea.
    I. 1. f. *Ve.* metáf. *En el beisbol,* primer lugar de la clasificación.
    ► **tener comején en la ~.**

azotehuela.
    I. 1. f. *Mx.* Patio interior, techado o no, de una casa o de un departamento. (**zotehuela**).

azotillo.
    I. 1. m. *Ar, Ur.* Pieza de carne vacuna que se extrae de la base del cuello del animal.

azotón.
    I. 1. m. *Mx.* Caída aparatosa y contundente.
    ► **dar el ~.**

azteca. (Del nahua *aztécatl,* habitante de Aztlán).
    I. 1. adj/sust. *Mx, Ho, Ni.* Relativo a los nahuas.
    II. 1. adj/sust. *Mx, Gu, Ho, Ni, Pa.* Relativo a México.

azua.
    I. 1. f. *Ec:C.* **asua** o **chicha de jora.**

azuayismo.
    I. 1. m. *Ec.* Vocablo o giro propios del oriundo de la provincia ecuatoriana de Azuay.

azúcar.
    I. 1. f. *Ni.* Enfermedad de la diabetes. pop.
    ■
    a. ‖ **~ blanco directo.** *Cu.* Azúcar semirrefinada, de color blanco, de menor pureza que la refinada.
    b. ‖ **~ de pilón.** m. *Ho, Ni.* Azúcar solidificado en bloques cuadrados, tortas o pelotas extraído del jugo hervido de la caña de azúcar.
    c. ‖ **~ en cubitos.** m. o f. *Co, Ch, Ar.* Azúcar en terrones de forma cúbica. ♦ **azúcar en pan; azúcar en pancitos.**
    d. ‖ **~ en pan.** *Ch.* **azúcar en cubitos.**
    e. ‖ **~ en pancitos.** *Ar, Ur.* **azúcar en cubitos.**
    f. ‖ **~ flor.** *Ch.* **azúcar impalpable.**
    g. ‖ **~ impalpable.** m. o f. *Ec, Bo, Ar, Ur.* Azúcar pulverizada que se utiliza en confitería y repostería. pop + cult → espon. ♦ **azúcar flor.**
    h. ‖ **~ negra.** f. *Mx, RD, PR.* Azúcar no refinada, de color pardo oscuro. ♦ **azúcar trigueña.**
    i. ‖ **~ prieta.** f. *Cu, RD.* Azúcar poco refinada, de grano grueso y de color amarillo más o menos oscuro, *según la impureza que contenga.*
    j. ‖ **~ rubia.** f. *Pe, Ch, Ar, Ur.* Azúcar de segunda producción, cuyo color varía desde el amarillo claro hasta el pardo oscuro.
    k. ‖ **~ trigueña.** *Ho, Ni, RD, PR.* **azúcar negra.**

azucaradamente.
    I. 1. adv. *Ho.* De manera muy dulce o afable.

azucarado, -a.
    I. 1. adj. *Ni. Referido a persona,* diabético.
    II. 1. adj. *Ni. Referido a persona,* malhumorado. sat.

azucararse.
    I. 1. intr. prnl. *Pa, Cu, RD, PR, Co, Ve, Ec, Pe, Ch, Py, Ar, Ur.* Cristalizarse el almíbar de las conservas.
    2. *Ni.* metáf. Ponerse cariñosa *una persona* de carácter fuerte. pop + cult → espon.

azucarera.
    I. 1. f. *EU, Mx, Ho, Ni, CR, Cu, RD, PR, Co, Ve, Pe, Bo, Ar, Ur.* Recipiente en el que se pone el azúcar.

azucarero.
    I. 1. m. *Ho, RD, PR.* p.u. Dueño de una finca de cañas o de un central azucarero.
    2. *RD, PR.* p.u. *En la industria azucarera,* maestro de labores en un central.

azucarita.
    I. 1. f. *RD.* Pequeña porción de azúcar.

azucarito.
    I. 1.   *Cu, Ve.* **ojillo,** bejuco.

azufaifo.
    I. 1.   m. *PR.* Arbusto de ramas largas, delgadas y flexibles, de copa densa, hojas alternas pecioladas, lampiñas, flores verdosas, y fruto en drupa carnosa globosa. (Rhamnaceae; *Zyzyphus reticulata*).

azul.
    I. 1.   m. *PR; Mx,* p.u. | meton. Miembro del cuerpo de Policía. delinc. ¶ Por el color del uniforme.
      2.   sust/adj. *Mx.* Persona que pertenece al Partido Acción Nacional.
      3.   m-f. *Ch.* meton. Miembro, jugador o simpatizante del equipo de **futbol** Universidad de Chile. ¶ Por el color del uniforme.
      4.   adj. *Ch.* meton. Relativo al club de **futbol** Universidad de Chile.
      5.   m-f. *Cu.* meton. Inspector que pertenece al grupo estatal de transportación alternativa. ¶ Por el color del uniforme.
      6.   *PR.* Miembro del Partido Nuevo Progresista. ¶ Por el color de sus emblemas.
    II. 1.   adj. *Ni, Cu, Ec.* p.u. *Referido a persona de raza negra,* de color muy oscuro. pop + cult → espon ^ desp.
      ☑
      a. ‖ **el que quiera ~ celeste que le cueste.** fr. prov. *Ve.* Indica el esfuerzo que debe realizar una persona para conseguir algo bueno o positivo. pop + cult → espon.
    ▶ **estar ~; poner de oro y ~.**

azulear.
    I. 1.   tr. *Ni.* meton. Hacer moretones a *alguien* en una pelea.

azulejo.
    I. 1.   m. *Co, Ve.* Ave de hasta 17 cm de longitud, de cabeza, garganta y parte inferior de color gris pálido, con un tinte azulado en la espalda y azul brillante en las alas y la cola. (Thraupidae; *Tloraupis episcopus*). ◆ **chiquia.**
      2.   *Ec.* Pájaro de hasta 15 cm de longitud, de color celeste, excepto las cobijas alares y la cola, que son azules, y la rabadilla, que es amarillenta, con una banda negra rodeando su cabeza a la altura de los ojos, a modo de antifaz. (Emberizidae; *Pipraeidea melanonota*).
      3.   adj. *RD.* Azulado.
    II. 1.   m. pl. *Ve.* Recelo que alguien siente de que cualquier bien que disfruta pueda ser alcanzado por otro.
    III. 1.   m. *RD.* Arbusto aromático de hasta 4 m de altura, con hojas ovaladas, flores en inflorescencias de corola azul o morada, y fruto drupáceo. (Verbenaceae; *Cornutia pyramidata*).
      2.   *Pa.* **mboreví-caá.**

azulejo, -a.
    I. 1.   adj. *Ni, Pa, PR, Ve; Ar, Ur,* rur. *Referido al pelaje de los equinos,* de reflejos azulados por el efecto de manchas blancas y negras.

azulejos.
    I. 1.   m. pl. *Ve:O.* Celos.

azulera.
    I. 1.   f. *Ho.* Poza o remanso de un río que tiene el agua de color azul claro.

azulillo.
    I. 1.   m. *Ni, Ve.* Pasta de color azul que se extrae del tallo del añil y se usa para dar un leve color azul a la ropa blanca.

azuliningo.
    I. 1.   adj. *RD.* Azul muy fuerte e intenso. rur; pop.

azulito.
    I. 1.   m. *Cu.* Pájaro de hasta 12 cm de longitud, muy vistoso, de color azul marino, pico largo y ligeramente curvo, apropiado para libar las flores, de color rojo igual que las patas. (Thraupidae; *Cynerpes cyaneus*).

azulito, -a.
    I. 1.   adj. *RD. Referido al color azul,* fuerte, intenso.

azulón.
    I. 1.   m. *Ho, Ni.* Pantalón vaquero.

azulón, -na.
    I. 1.   adj. *Ni.* juv. *Referido a persona,* drogadicta.

azulona.
    I. 1.   f. *Cu, RD, PR.* Perdiz de hasta 28 cm de longitud, de cabeza y cuello azules, cuerpo morado, vientre del mismo color o algo más claro y pico rojo coral en la base y de color crema oscuro en la punta. (Colombidae; *Geotrygon caniceps*).
    II. 1.   f. *Ho, Ni.* p.u. Variedad de tela tosca de algodón de color azul.

azumagado, -a.
    I. 1.   adj. *Ec.* obsol. *Referido a persona,* que experimenta depresión al día siguiente de haber ingerido bebidas alcohólicas en exceso.
      2.   *Ec.* obsol. *Referido a persona,* que tiene resaca.

azumagarse.
    I. 1.   intr. prnl. *Ch.* Llenarse *algo* de moho por efecto de la humedad.

azumbado, -a.
    I. 1.   *Ho, ES, Ni, CR.* **abombado,** atontado.

azuquín.
    I. 1.   m. *Cu.* Bebida alcohólica destilada rudimentariamente. ◆ **chispetrén.**

azuquita.
    I. 1.   m-f. *Ve.* metáf. Persona dulce, amable.
      2.   f. *RD.* metáf. Persona contenta, satisfecha. pop + cult → espon.
      3.   *RD.* metáf. Atracción, encanto. pop + cult → espon.
      □
      a. ‖ **de ~.** loc. adj. *RD. Referido a persona,* gozosa, contenta, satisfecha. pop + cult → espon.

azurumbado, -a.
    I. 1.   adj. *Mx, Ho, ES, Ni, CR. Referido a persona,* aturdida, atontada, confundida.

azurumbamiento.
    I. 1.   m. *Gu.* Aturdimiento.

azurumbar(se).
    I. 1.   tr. *CR.* Causar un golpe o un ruido fuerte perturbación en los sentidos de una persona.
      2.   intr. prnl. *CR.* Experimentar *una persona* perturbación de los sentidos a causa de un golpe o ruido fuertes.
    II. 1.   intr. prnl. *ES.* Quedarse *alguien* ligeramente sordo.

azuzamiento.
    I. 1.   m. *Ho, Ni.* Hecho de incitar a una persona o a un animal contra alguien.

B.

I. 1. f. *EU, Pa, RD, PR*. Calificación académica correspondiente a Notable.

■

a. ‖ ~⁺. f. *EU, RD, PR*. Notable alto.
b. ‖ ~⁻. f. *EU, RD, PR*. Notable bajo.

baba.

I. 1. f. *Mx*. Pulque. pop + cult → espon.
2. *Cu, RD*. Jugo viscoso que producen las bayas de algunos frutos cuando están maduras. ♦ **babaza**.
3. *Cu, RD*. Cualquier líquido viscoso. pop + cult → espon.
II. 1. f. *Cu, RD, PR, Ve*. metáf. Palabrería, dicho insustancial. pop + cult → espon. ♦ **babilla**.
III. 1. f. *Ve*. Reptil de longitud variable entre 1,20 y 2,50 m, de color verde-negro, con hocico ancho y el dorso recubierto de escamas muy duras que forman una doble cresta que se une en la cola. (Alligatoridae; *Caiman crocodrilus*).
IV. 1. f. *PR*. Polvo húmedo y resbaladizo que cubre el pavimento. pop + cult → espon.

■

a. ‖ ~ **blanca**. f. *Mx*. Plaga de himenópteros que ataca el cafeto.
b. ‖ ~ **de buey**. f. *Ni*. Miel muy blanca y transparente que fabrican pequeñas abejas silvestres.
c. ‖ ~ **de tuna**. f. *Ve*. Líquido viscoso que se obtiene de la **tuna** y se mezcla con cal para hacer una lechada que sirve para encalar paredes.
d. ‖ ~ **del diablo**. f. *Ar, Ur*. Conjunto de largos filamentos de telaraña, que traslada el viento y que se adhieren a la piel o a la ropa.

□

a. ‖ ~ **de perico**. loc. sust. *Mx*. Cosa que no tiene la menor importancia. pop + cult → espon.
b. ‖ **como** ~ **de loco**. loc. adv. *Ar, Ur*. En abundancia.
▶ **botar la ~; caérsele las ~s; dar ~; echar la ~; escurrírsele las ~s; hablar ~; hilar ~s; írsele la ~; se le sale la ~; ser pura ~.**

babá.

I. (Del fr. *baba*).
1. f. *Mx*. Pastel bañado de un jarabe hecho de ron y azúcar.
II. 1. f. *Mx*. Árbol caducifolio de hasta 30 m de altura, de ramas torcidas, corteza gris claro, hojas simples alternas con forma redondeada, flores verdosas en panículas terminales y fruto seco, indehiscente, con una semilla y pericarpio extendido a manera de ala. (Hernandiaceae; *Gyrocartpus americanus*).

babábuy.

I. 1. m. *Co*. Ave de hasta 20 cm de longitud, de lomo negro y pecho y vientre amarillos, con manchas blancas en las alas y en la cola. (Fringillidae; *Phoecticus uropygialis*). (**babacuy; babagüí**).

babacero.

I. 1. m. *RD*. Babeo.

babaco.

I. 1. m. *Ec, Ch*. Planta arbustiva de hasta 2 m de altura, de tronco recto no leñoso, hojas alternas, inflorescencia axilar, flores de color blanco amarillento. (Caricaceae; *Carica pentagona*). ♦ **papaya de montaña**.
2. *Ec, Ch*. Fruto del babaco, amarillento, en forma de baya alargada, cuyo corte transversal tiene forma de estrella, y carece de semillas; es comestible.

babaco, -a.

I. 1. adj/sust. *Ec*. p.u. *Referido a persona*, tonta. pop + cult → espon ^ desp.

babacuy.

I. 1. *Co*. **babábuy**.

babada.

I. 1. f. *PR*. Simpleza, bobería. pop + cult → espon. ♦ **babosada**.
2. *PR*. Disparate. pop + cult → espon.

babagüí.

I. 1. *Co*. **babábuy**.

babalao.

I. 1. m. *Pa, Cu, RD, PR, Ve*. En la santería afrocaribeña, sacerdote que vela por todo lo relacionado con el culto y los ritos. pop + cult → espon.

babalú.

I. 1. m. *Cu*. Brujo. pop.

babandí.

I. 1. m. *Ve*. Arbusto de ramas trepadoras, hojas aovadas, a veces lanceoladas o elípticas, inflorescencia racemosa, flores blancas y fruto blanco y comprimido; a su raíz se le atribuyen propiedades afrodisíacas. (Rubiaceae; *Chiococca alba*). ♦ **lágrimas de María**.

babasfrías.

I. 1. adj. *Co*. *Referido a persona*, papanatas, tonta, zonza. pop + cult → espon ^ desp.

babaso.

I. 1. *PR*. **babazo**.

¡babay! (Del ingl. *bye bye*).
I. 1. interj. *Ec*. Expresa despedida.

babaza.

I. 1. f. *Ve*. **baba**, jugo viscoso. rur.

babazal.

I. 1. m. *Ni, CR*. Gran cantidad de baba, *especialmente la que fluye de la boca de una persona*. pop + cult → espon.

babazo.

I. 1. f. *PR*. juv. Habladuría o información insustancial y aburrida. (**babaso**). ♦ **babosada**.

babazón.

I. 1. m. *Ni*. Salivación abundante. pop + cult → espon.

babeada.

I. 1. f. *Ho, ES, Ni, Ve*. Babeo. ♦ **babeadura**.

babeadera.

I. 1. f. *CR, Pa, RD*. Babeo frecuente. pop + cult → espon.

babeado, -a.
 I. 1. adj. *Ho, Ni, Ve.* metáf. *Referido a persona*, enamorada. pop + cult → espon.
 II. 1. adj. *Ni, Pa. Referido a un alimento o bebida*, que ha sido saboreado ya por una o varias personas. pop + cult → espon.

babeador.
 I. 1. m. *Ec.* obsol. Babero, pedazo de lienzo o de hule *que suele ponérseles a los niños sobre la ropa.* (**babeadora**).

babeadora.
 I. 1. f. *Ec.* **babeador.**

babeadura.
 I. 1. f. *Mx.* **babeada.**

babearse.
 I. 1. intr. prnl. *EU, Mx, Gu, Ho, ES, Ni, CR, Pa, Cu, RD, PR, Ve, Ec, Bo, Py, Ar, Ur;* tr. *Ch.* | metáf. Desear *una persona* intensamente a alguien o algo. pop + cult → espon. (**babiarse**). ♦ **babosearse.**
 2. intr. prnl. *Gu, Ni, Pa, Cu, RD, PR, Ve.* Mirar a una persona con intención lasciva. pop + cult → espon.

babeiro.
 I. 1. m. *PR.* Arbusto de tronco corto, de pequeña copa redonda, hojas oblongas, lanceoladas, inflorescencia axilar y flores de color blanco. (Apocynaceae; *Echites biflora*).

babeosis.
 I. 1. f. *Gu.* Enfermedad de los caballos producida por un parásito. ♦ **babesiosis.**

babero.
 I. 1. m. *Mx, RD.* Delantal.
 2. *Mx.* p.u. Bata de médico.

babesiosis.
 I. 1. *Gu.* **babeosis.**

babiarse.
 I. 1. intr. prnl. *RD.* **babearse,** desear intensamente a alguien o algo.

babichas.
 I. 1. f. pl. *Mx.* Sobras, residuos. pop + cult → espon.

babiecada.
 I. 1. f. *Ni, Pa.* Tontería, dicho o hecho descabellado. pop + cult → espon ^ desp.

babieco, -a.
 I. 1. adj. *CR, Pa, Ec, Ch; RD,* p.u. | metáf. *Referido a persona,* muy tonta. pop + cult → espon.
 2. adj/sust. *Ve:SO. Referido a persona o animal,* que se babea.

babiequear.
 I. 1. intr. *Ni.* Hacer o decir *alguien* **babiecadas.** pop + cult → espon.

babilejo.
 I. 1. m. *Co.* Herramienta de albañil que consta de una pala triangular con mango perpendicular en la inserción y doblado.

babilla.
 I. 1. f. *Mx, Ve.* Savia que rezuman el cacao y el café recién cosechados.
 II. 1. f. *Mx, Ni.* Abultamiento ulcerado en la boca de las caballerías por un golpe o bien, como falso callo, en el foco de fractura de un hueso defectuosamente consolidado. rur.
 III. 1. m. *Mx, PR.* juv. Coraje, valor, arrojo.
 IV. 1. f. *Co.* Caimán de hasta 2 m de longitud, de color verde grisáceo con unas bandas transversales más oscuras, hocico romo y ancho, y cola larga; su carne es comestible y su piel es muy apreciada. (Alligatoridae; *Cocodrilus fuscus*). (**babita**).
 V. 1. f. *Co.* metáf. Persona fea. pop + cult → espon ^ desp. (**babillo**).

VI. 1. *RD, PR.* **baba,** palabrería.
VII. 1. f. *Cu.* Polvo húmedo y resbaladizo que cubre el pavimento. pop + cult → espon.

babillero, -a.
 I. 1. m. y f. *PR.* Persona adicta a drogas. drog.

babillo.
 I. 1. m. *Co.* Hombre de aspecto siniestro y de piel cetrina. pop + cult → espon ^ desp.
 II. 1. m. *Co.* **babilla,** persona fea.
 III. 1. m. *Pa.* Lagarto o caimán joven o de pequeño tamaño.

babilloso, -a.
 I. 1. adj. *PR. Referido a persona,* que tiene valor, coraje. pop + cult → espon.

babiloneo, -a.
 I. 1. adj. *EU:SE, Cu.* **babilonio.** pop + cult → espon ^ desp.

babilonio, -a.
 I. 1. adj. *Cu, Co. Referido a persona,* tonta, boba. pop + cult → espon. ♦ **babiloneo.**

babiney.
 I. 1. m. *Cu.* Lodazal, terreno lleno de lodo, formado por el estancamiento del agua.
 2. *Cu.* Suciedad que se forma por pisotear donde se ha derramado un líquido. ♦ **charquero; fanguero; patiñero.**
 II. 1. m. *Cu.* Cosa complicada. pop + cult → espon.

babita.
 I. 1. *Co.* **babilla,** caimán.

babito.
 I. 1. m. *Bo.* Ropa para una mujer embarazada.

bablo.
 I. 1. m. *Co.* Baúl de madera.

babonuco.
 I. 1. *RD, PR.* obsol. **babunuco.**

babosa.
 I. 1. f. *Mx, Gu, Ho, ES, Ni, CR, RD.* Gusano de hasta 8 cm de longitud, de color café, sin manchas ni líneas, sin la joroba que es común en otras especies de babosas; con cuatro tentáculos retráctiles en la cabeza, los dos superiores sirven de base para los ojos y los inferiores son órganos olfativos. (Veronicellidae; *Sarasinula plebeia*). ♦ **chilmica; incundia; liga; ligosa.**
 2. *Cu.* Molusco tertáceo de concha circular de color gris que segrega una baba cuando se arrastra. (Gentianaceae; *Helia auricomas*).
 3. *Cu.* Duela, parásito que se cría adherido a los tejidos internos de la **res.**
 4. *Cu.* Enfermedad que produce este parásito en el ganado vacuno y ovino.
 II. 1. f. *Mx.* Obra ridícula. pop + cult → espon ^ desp.
 III. 1. f. *PR.* Conversación sin sentido. pop + cult → espon.
 2. *PR.* Cosa o asunto sin importancia. pop + cult → espon.

babosada.
 I. 1. f. *Mx, Gu, Ho, ES, Ni, CR, Pa, RD, Co, Ec, Pe, Bo; Ch,* juv. Simpleza, bobería, disparate. pop + cult → espon ^ desp.
 2. *Mx, Ho, ES, Ni, Pa, RD, Bo.* metáf. Cosa intrascendente, sin valor. pop + cult → espon ^ desp.
 3. *Mx, Ho, ES, Ni.* metáf. Persona insignificante o despreciable. pop + cult → espon ^ desp.
 4. pl. *RD.* Mentiras, cosas poco creíbles.
 5. *PR.* **babazo.**
 □
 a. ‖ ¡qué ~! loc. interj. *Mx, Ho, ES, Ni, Pa.* Expresa disgusto, enfado o desprecio. pop + cult → espon ^ desp.
 ▶ **creerse la gran ~; ser pura ~.**

babosadita.
I. 1. f. *Gu.* Cosa pequeña y de poco valor.

baboseada.
I. 1. f. *Mx.* **baboseo**. pop + cult → espon.

baboseadera.
I. 1. f. *CR.* **baboseo** continuado. pop + cult → espon ^ desp.

baboseado, -a.
I. 1. adj. *Mx. Referido a un asunto*, tratado por muchas personas en forma desacertada. pop + cult → espon.

babosear(se).
I. 1. intr. *Mx, Gu, Ho, ES, Ni, CR.* Vagar, perder *alguien* el tiempo. pop + cult → espon.
II. 1. intr. *Mx, Ho, ES, Bo.* Estar distraído. pop + cult → espon.
III. 1. intr. *Mx, Gu.* Entremeterse *alguien* en la vida de una persona o en algo. pop + cult → espon.
IV. 1. intr. prnl. *Py, Ar.* **babearse**, sentir intensamente deseo por alguien. pop.
   2. *Ar, Ur.* Hacer *alguien* demostraciones de excesiva obsecuencia. pop + cult → espon.
V. 1. tr. *ES, Ni, RD.* Hacer o decir tonterías.
   2. intr. *RD, PR.* Hablar *alguien* mucho de temas insustanciales. pop + cult → espon.
   3. prnl. *Ni.* Atontarse *alguien*. pop + cult → espon.
VI. 1. tr. *Gu, Ho, ES, Ni.* Engañar *una persona* a *alguien*.
VII. 1. tr. *Ur.* Herir a *alguien* en su amor propio. pop + cult → espon.

baboseo.
I. 1. m. *Mx, Gu, Ho, ES, CR, PR, Ve, Ch.* Caída de la baba.
II. 1. m. *EU:SE, Cu.* Caricia sexual excesiva, desagradable. pop + cult → espon ^ desp.
III. 1. m. *Cu, RD.* Intercambio de criterios entre dos o más personas que no logra su cometido. pop + cult → espon ^ desp. ♦ **babosería**.

babosería.
I. 1. f. *RD, Pe.* Simpleza, tontería, disparate. pop + cult → espon.
   2. *Cu, RD.* **baboseo**, intercambio de criterios.
   3. *PR.* juv. Habladuría con la intención de adular a alguien.

baboso.
I. 1. m. *Mx.* Árbol de hasta 10 m de altura, de ramas extendidas, hojas ovaladas, flores cuneiformes, fragantes, blancas o de color crema, y fruto globoso blanco; la madera se utiliza en carpintería y sus hojas tienen distintas aplicaciones en la medicina popular. (Boraginaceae; *Cordia dentata*). ♦ **biyuyo; cebito; chachalaco; gulabere; tigüilote; tihuilote; uvito**.
   2. *Ve.* Culebra.
   3. *PR.* Gallo de pelea que agarra y no espolea.

baboso, -a.
I. 1. adj/sust. *Cu, RD, PR, Ve. Referido a persona*, de conversación empalagosa. pop + cult → espon.
   2. adj. *Ve, Ch, Py. Referido a persona*, enamorada de otra o encantada con ella. pop.
II. 1. adj/sust. *Ar, Ur. Referido a persona o cosa*, asquerosa, despreciable. pop + cult → espon ^ desp.
III. 1. adj. *PR, Ve. Referido a una pared o al suelo*, húmedo, resbaladizo.
IV. 1. m. y f. *Gu.* Cualquiera, alguien. desp.
V. 1. adj/sust. *Ni. Referido a persona*, escasa de criterio y con poca personalidad. pop + cult → espon.
   2. *Ni. Referido a persona*, que habla mucho y sin sustancia. pop + cult → espon.

VI. 1. sust/adj. *RD.* Persona en la que no se puede confiar, que inventa cosas, que dice muchos disparates. pop + cult → espon.
► **caer de ~; dejar ~; estar ~; hacerse el ~; quedarse ~.**

babosón, -na.
I. 1. adj. *ES, Pe. Referido a persona*, medio tonta. pop + cult → espon ^ desp.

babosota.
I. 1. adj. *ES. Referido a persona*, tonta. pop + cult → espon ^ desp. (**babosote**).

babosote.
I. 1. m. *ES.* **babosota**.

babote.
I. 1. m. *PR.* Tierra cenagosa.
   2. *PR.* Fango fino, poco profundo y muy resbaladizo.
II. 1. m. *PR.* Residuo del cascajo de los graveros, relleno.

baboyana.
I. 1. f. *Cu.* Lagarto de hasta 30 cm de longitud, de color oliváceo y con una franja negra desde la cabeza hasta su larga cola y el vientre blanco amarillento. (Teiidae; *Ameiva auberi*). ♦ **culebrina**.

babucha.
I. 1. f. *Cu, Py, Ar, Ur.* Pantalón ceñido a los tobillos y de piernas abullonadas. pop + cult → espon.
   2. f. pl. *Cu.* Calzones anchos y sujetos a la rodilla, propios de niños.
   3. *Cu.* Blusa de niño.
   4. *Cu.* Camisa ancha.
II. 1. f. *Ho, Cu.* Pez de hasta 1,5 m de longitud, de cuerpo cilíndrico con cabeza plana, escamas cicloides, línea lateral incompleta y poco desarrollada, aletas dorsal y anal en la parte media del cuerpo o más atrás y aletas pélvicas en posición abdominal; se come seco y salado. (Poeciliidae; *Alfaro ruberi, Poecilia mexicana, Poeciliopsis gracilis, Heterandria himaculata, Poeciliopos turrubarensis, Pecilistes pleurospilos, Mollienesia aphenops*).
III. 1. adj. *Gu.* metáf. *Referido a persona*, tonta. pop + cult → espon ^ desp.
IV. 1. f. *Gu.* metáf. Persona o cosa de poco valor. pop + cult → espon ^ desp.
V. 1. f. *Pa.* Calzado femenino de pana o satín, utilizado por las mujeres que visten el traje típico panameño.
   2. *Pa.* obsol. Chancleta.
□
a. ‖ **a ~.** loc. adv. *Ar, Ur.* A cuestas. pop + cult → espon.

babujal.
I. 1. m. *Cu. En la creencia popular*, espíritu maligno que se introduce en algunas personas.
   2. *Cu.* Brujo.

babuje.
□
a. ‖ **a lo ~.** loc. adv. *PR.* Ocultamente, en voz baja. pop + cult → espon.

babún.
I. 1. m. *Cu.* Negro.

babunco.
I. 1. *Pe.* **baunco**.

babunuco.
I. 1. m. *Cu, RD.* p.u. Rodete hecho con hojas, fibras, tela u otro material, que se ponen las mujeres en la cabeza para cargar y llevar sobre ella un peso. rur. (**babonuco**).

babuy.
I. 1. m. *Co.* **ababuy**.

baby. (Voz inglesa).
I. 1. m-f. *EU, Gu, Ho, ES, Ni, Pa, RD, PR, Ve, Bo.* Niño pequeño, bebé. (**beibi; beiby**).

2. *Bo.* Criatura que se encuentra en el vientre de la madre.

II. 1. m. *Ec; Ch.* juv. Modalidad del **futbol**, que se juega en un recinto más pequeño, *generalmente cubierto*, con cinco jugadores por equipo. pop. ♦ **baby fútbol**; **babyfutbol**; **bayfútbol**.

III. 1. m. *EU.* Proyecto del que alguien se siente iniciador y que considera preponderante.

●

a. ‖ ~. fórm. *EU:SE, PR, Ve.* Tratamiento cariñoso entre enamorados.

■

a. ‖ ~ **banana.** (Voz inglesa).
   i. m. *Ec.* **banano orito**.
   ii. *Ec.* Fruto del **orito**.

b. ‖ ~ *carrying.* (Voz inglesa). f. *Mx, PR.* Canasta para llevar el bebé sujetado al pecho.

c. ‖ ~ *doll.* (Voz inglesa).
   i. m. *EU, Mx, RD, PR, Ve, Pe, Bo, Ch, Py, Ar, Pa, Co* p.u; *Ur.* obsol. Conjunto femenino para ir a la cama formado por **pantis** y una prenda superior corta y escotada, ambas confeccionadas en tejido suave, ligero y *generalmente con transparencias*, a fin de realzar las formas del cuerpo. (**beibidol**).
   ii. *EU, Mx, Gu, Ho, ES, Ni, CR, Pa, Ve.* Bata corta de una sola pieza que usan las mujeres para dormir.

d. ‖ ~ *face.* (Voz inglesa). m-f. *EU, PR, Ve; Ho, Pa.* p.u. Persona joven y hermosa de cara.

e. ‖ ~ *food.* (Voz inglesa). m. *EU, PR.* Comida para bebés.

f. ‖ ~ **fútbol.**
   i. m. *Ec, Ch, Ar, Ur.* **baby**, modalidad de **futbol**. (**babyfutbol**; **babyfútbol**).
   ii. *Ar, Ur.* Juego de **futbol** practicado por niños menores de catorce años. (**babyfutbol**; **babyfútbol**).

g. ‖ ~ *killer.* (Voz inglesa). m-f. *PR.* Persona a la que le gustan las parejas de menor edad que ella. pop.

h. ‖ ~ *shower.* (Voz inglesa). m. *EU, Mx, Gu, Ho, ES, Ni, CR, Pa, PR, Co, Ve, Pe, Bo, Ch, Py.* Fiesta que se realiza antes del nacimiento de un niño para departir con la futura madre y ofrecerle regalos. (**beibichouer**).

i. ‖ ~ *sister.* (Voz inglesa). f. *Ve, Ur.* **baby sitter**.

j. ‖ ~ *sitter.* (Voz inglesa). f. *EU, Ho, Ni, RD, PR, Ve, Ch, Ur; Co* cult; *Ec.* p.u. Mujer que cuida niños, *especialmente en ausencia de los padres*. (**baby sister**; **babysitter**; **beibisíter**; **beibsiri**).

k. ‖ ~ *wipe.* (Voz inglesa). f. *PR.* **wipe**, toallita húmeda.

babyfutbol. (Voz inglesa).
I. 1. *Ar; Ch.* p.u. **baby**, modalidad de **futbol**.
   2. *Ar, Ur.* **baby fútbol**, juego de **futbol**.

babyfútbol.
I. 1. m. *Ch, Ar.* **baby**, modalidad de **futbol**.
   2. *Ar, Ur.* **baby fútbol**, juego de **futbol**.

babysitter. (Voz inglesa).
I. 1. f. *EU, PR, Ve; Ch,* p.u. **baby sitter**.

bac.
I. 1. m. *CR.* En el *futbol*, zaguero.

baca.
▶ hacer ~.

bacá.
I. 1. m. *RD. En el vuduismo*, espíritu maligno que ronda y protege las propiedades de su dueño, bajo apariencia animal.

bacaco.
I. 1. m. *Ve.* Pájaro de hasta 20 cm de longitud, con pico recto, ojos amarillos y plumaje de color púrpura brillante con algunas manchas blancas en la parte exterior de las alas. (Cotingidae; *Cotinga pompadora*).

bacadía.
I. 1. f. *Ho:N.* p.u. *En el cultivo del banano*, recinto al que llegan los racimos, que se cortan en manos, se lavan en agua con una solución de ácido muriático y se **empacan** en cajas. (**bacadilla**).
   2. *Ho:N.* p.u. Plataforma en que se reúne la carga que va a transportar un vehículo, tren o barco. (**bacadilla**).

bacadilla. (Epént. de *bacadía*).
I. 1. f. *Ho:N, Ni.* p.u. **bacadía**, plataforma.
   2. *Ho:N.* p.u. **bacadía**, recinto.

bacal.
I. 1. *Mx.* **olote**, mazorca de maíz.
   2. *Mx.* Raspa de la mazorca después de desgranada.

bacalaada.
I. 1. f. *RD.* Comida en la que el ingrediente principal es el bacalao con **papas** y **aguacate**. (**bacalada**).

bacalada.
I. 1. f. *RD.* **bacalaada**.
   2. *PR.* **gazpacho**, plato de verduras.

bacalaíto.
I. 1. m. *PR.* Fritura en forma de pequeña torta hecha con una mezcla de harina de trigo, agua y bacalao. ♦ **arepa de bacalao**; **bacalaíto frito**.

■

a. ‖ ~ *frito.* *RD, PR.* **bacalaíto**.

bacalao.
I. 1. m. *Pa, Cu, RD, PR, Pe, Ur.* metáf. Persona, *especialmente mujer*, cuya extrema delgadez le da mal aspecto. pop + cult → espon ^ desp.
   2. *Pa, Ve, Ur.* juv. Mujer fea.
   3. *Ve.* juv. Muchacha aburrida.
   4. *PR.* Gallo flaco y muy débil.

II. 1. m. *Py, Ar, Ur.* Trozo de cualquier pescado, *generalmente cazón salado y secado*, que se come sobre todo durante la Semana Santa.
   2. *Ec.* Pescado seco y salado que se cuece con leche y especias, y que se come como acompañamiento de la **fanesca**, guiso.

III. 1. m-f. *Ve.* Persona pesada, molesta, de trato desagradable. pop.
   2. *Ch.* Persona miserable y mezquina. pop + cult → espon ^ desp.

IV. 1. m. *EU, Cu.* Vulva. vulg; pop + cult → espon.

V. 1. m. *RD.* Cometa de forma romboidal.

▶ estar estudiando para ~; estudiar para ~; oler a ~; ser como el ~; ser una cosa muy fina par mi ~; volar ~.

bacalillo.
I. 1. m. *Mx.* Enfermedad que padecen las gallinas y que consiste en un endurecimiento del recto, muy cerca del ano y en forma de **bacal**, cuando se alimentan de sustancias calcáreas y sumamente secas. rur.

bacallo.
I. 1. m. *Ch.* Cigarro de marihuana de gran tamaño. drog.

bacalo.
I. 1. m-f. *PR.* Persona ingenua, tonta. pop + cult → espon.
   2. *PR.* Persona torpe, bruta. pop + cult → espon.

bacán.
I. 1. m. *Cu.* Hombre homosexual. pop + cult → espon ^ desp.

II. 1. m. *Cu.* Hombre mantenido por una mujer. pop + cult → espon.

III. 1. m. *Cu.* Empanada hecha con carne de cerdo, tomate y **ají**, envuelta en hojas de plátano.

IV. 1. m. *Ni.* Fiesta bulliciosa, *generalmente con bebida*. pop + cult → espon.

bacán, -na.

I. 1. sust/adj. *Cu, RD, Co; Pe.* juv. Persona agradable, simpática, amable. pop.

2. adj. *Cu, Ec, Pe, Ch.* juv. *Referido a persona o cosa,* muy buena, estupenda, excelente.

3. adj/sust. *Cu, Pe. Referido a persona,* muy atractiva. pop + cult → espon.

II. (Del genovés *boccan*).

1. m. y f. *Cu, Bo; Ar, Ur,* pop. Persona adinerada.

2. adj. *Cu, Ar, Ur. Referido a un lugar,* frecuentado por personas adineradas. pop + cult → espon.

3. *Cu, Ar. Referido a un objeto,* caro, lujoso.

●

a. ‖ ~. fórm. *Co.* Tratamiento que se da a un amigo, a un compañero. pop + cult → espon.

▶ **vivir como un ~.**

¡bacán!

I. 1. interj. *Cu, Ch; Ec.* juv. Expresa aprobación.

bacán-yol. (De *bacano* y *New York*).

I. 1. sust/adj. *EU:NE.* Persona que intenta imitar la ropa, los gestos y los ademanes de los dominicanos de Nueva York.

bacanaje.

I. 1. m. *Ar, Ur.* Conjunto de personas adineradas. pop + cult → espon.

bacanalear.

I. 1. intr. *Ni.* Salir *alguien* a bailar, tomar bebidas alcohólicas y divertirse.

bacanalero, -a.

I. 1. adj/sust. *Ni. Referido a persona,* parrandera, fiestera.

bacanazo.

I. 1. adj/sust. *Bo. Referido a persona,* que tiene mucho dinero. pop + cult → espon. ♦ **bacancito.**

bacancito, -a.

I. 1. *Ch.* **bacanazo.**

bacaneado, -a.

I. 1. adj. *Bo. Referido a persona,* que viste con elegancia para presumir.

bacanear.

I. 1. intr. *Ch.* juv. Pasarlo bien, divertirse *alguien* sin preocuparse por nada. pop + cult → espon.

II. 1. intr. *Bo.* Vestir *una persona* con elegancia para presumir.

bacanejo.

I. 1. adj. *Ur. Referido a persona,* que quiere darse ínfulas de **bacán.** pop + cult → espon.

bacaneo.

I. 1. m. *Ch.* Divertimento, juega.

bacanería.

I. 1. f. *Co; RD.* juv. Cosa extraordinaria, excelente. pop + cult → espon.

2. *RD, Co.* Actitud o situación de pleno disfrute. pop + cult → espon.

II. 1. f. *RD, Co.* Elegancia de las personas encopetadas y adineradas. pop + cult → espon.

bacanísimo.

I. 1. adj. *Co. Referido a persona o cosa,* que provoca admiración. pop + cult → espon.

bacano, -a.

I. 1. *Co, Ec; RD,* juv. **chévere,** estupendo.

2. adj/sust. *RD. Referido a persona,* extraordinaria, que sobresale por su inteligencia o por sus grandes habilidades para algo.

3. *RD. Referido a persona,* que va a la última moda.

bacanora.

I. 1. m. *Mx.* Aguardiente que se obtiene por destilación de una variedad de **maguey.**

bacao.

I. 1. *Co.* **pataste.**

bacará. (Del fr. *baccara*).

I. 1. m. *Ch, Ar, Ur.* Juego de cartas en que uno hace de banquero contra los demás. (**baccará**).

bacaray. (De *vaca* y del guar. *ra'y,* hijo).

I. 1. m. *Py, Ar:NE, Ur.* Ternero nonato que ha sido extraído del vientre de la madre al tiempo de sacrificarla. rur.

II. 1. m. *Ar:NE.* Hombre que se aprovecha de los demás mediante engaños. pop + cult → espon ^ desp.

bacardí. (De *Bacardí®*).

I. 1. m. *Cu.* Ron.

baccará. (Del fr. *baccara*).

I. 1. *Ch, Ar, Ur.* **bacará.**

bacenica.

I. 1. *Pe; Ec, Ch.* p.u. **bacinica.** ♦ **mica.**

bacenilla.

I. 1. f. *CR, Co, Ve, Ec, Pe; Pa,* rur. **Bacinilla.**

bacerola.

I. 1. f. *Ec.* Betún en pasta para lustrar calzado.

bacgráun.

I. 1. *Ch.* p.u. ***background.***

bacha.

I. 1. f. *Mx, Ur.* Cigarro de marihuana una vez empezado. drog.

2. *ES; Ho.* p.u. Colilla de cigarro o puro.

II. 1. f. *Py, Ar.* Pila donde se lava o se friega.

III. 1. f. *Pa.* Barcaza usada para transportar equipos y maquinaria.

▶ **entrar en ~.**

bachaco.

I. 1. *Co, Ve.* **zompopo,** hormiga.

■

a. ‖ ~ **amarillo.** m. *Ve.* Especie de bachaco de color amarillo. (Formicidae; *Acromyrmex octospinosus*). ♦ **bachaco sabanero.**

b. ‖ ~ **sabanero.** *Ve.* **bachaco amarillo.**

¡bachaco!

I. 1. interj. *Ve:O.* Expresa rechazo o negación.

bachaco, -a.

I. 1. adj. *Co:E, Ve. Referido al cabello,* de rizos pequeñísimos y rojizos. pop + cult → espon.

2. *Co:E, Ve. Referido a persona,* que tiene el cabello rizado. pop + cult → espon.

3. sust/adj. *Ve.* Mulato con pelo rojizo.

bachaguero.

I. 1. m. *Ve.* Nido de **bachacos.**

bachajé.

I. 1. m. *Co.* Hombre que tiene como oficio sacrificar animales para el consumo de carne, matarife.

bachaquero.

I. 1. m. *Ve.* Hormiguero de los **bachacos,** hormigas.

2. *Ve.* Conjunto de **bachacos,** hormigas.

bachar(se). (Sínc. de *bachear*).

I. 1. tr. *Gu, Ho.* Bachear, tapar baches.

2. intr. prnl. *Ur.* **bachearse.**

bácharo, -a.

I. 1. m. y f. *Co.* Mellizo. pop + cult → espon.

bachata.

I. 1. f. *Gu, Ho, Ni, CR, Pa, Cu, RD, PR, Ve, Ec.* Canto y baile popular de origen dominicano. (**bachita**).

2. *Cu, RD, PR.* Fiesta popular, baile.

3. *Cu, RD, PR.* Intercambio bullicioso de bromas, burlas o chistes.

4. *Cu, RD, PR.* Broma que se hace a una persona con la intención de burlarse de ella. pop + cult → espon.

5. *RD, PR.* Juerga, jolgorio, diversión. pop + cult → espon.

6. *RD, PR.* Charlatanería. pop + cult → espon.

▶ **dejar la ~; formarse una ~.**

bachateador, -ra.

I. 1. adj. *Cu, RD, PR. Referido a persona*, amante de fiestas y jolgorios. pop + cult → espon.

bachatear.

I. 1. intr. *Cu, RD, PR.* Estar *alguien* de juerga, divertirse. pop + cult → espon.

2. *Cu, RD, PR.* Bromear *alguien*, intercambiar bromas, burlas o chistes. pop + cult → espon.

3. *RD, PR.* Burlarse *una persona* de alguien. pop + cult → espon.

4. *RD, PR.* Charlatanear *alguien*. pop + cult → espon.

bachateo.

I. 1. m. *PR.* Broma, charlatanería, fiesta. pop + cult → espon.

bachatero, -a.

I. 1. adj/sust. *Cu, RD, PR. Referido a persona*, que se dedica a componer o a cantar **bachatas**.

2. *Cu, RD, PR. Referido a persona*, bromista, juerguista. pop + cult → espon.

3. *RD, PR. Referido a persona*, charlatana. pop + cult → espon.

4. *RD, PR. Referido a una fiesta*, ruidosa y de mucho jolgorio. pop + cult → espon.

5. *PR. Referido a persona*, desordenada. pop + cult → espon.

bachatú.

I. 1. adj. *RD. Referido a persona*, que le gusta la **bachata**. pop + cult → espon.

bache.

I. 1. m. *Ni, Cu, RD, Ve, Ar, Ur, Co*, esm. Carencia de conocimientos esenciales o básicos en la formación intelectual de una persona.

2. f. *Ni, Pa, Ve.* Carencia de información sobre un tema. pop.

3. m. *Ur.* Olvido o fallo pasajero de memoria. pop.

II. 1. m. *Cu, Ar.* Espacio de tiempo durante el que se interrumpe algo. pop.

2. *Pa, Ar, Ur.* Vacío temporal por la falta de alguien o algo que se esperaba. pop.

III. 1. m. *RD, PR, Py.* Agua retenida en el suelo, charco.

IV. 1. m. *Ni.* juv. Fiesta bulliciosa, *generalmente con bebida.* (**bachi**).

V. 1. m. *Pa. En las bananeras*, edificio donde viven los trabajadores que proceden de otras regiones.

■

a. ‖ **~ musical.** m. *ES.* Breve intervención musical que se produce en un programa radiofónico para cambiar de tema.

▶ **hacerse un ~.**

baché. (Del haitiano *baché*).

I. 1. m. *RD.* Vasija para recoger el excremento de los presos de una cárcel.

bachearse.

I. 1. intr. prnl. *Ur.* juv. Quedarse *alguien* muy impresionado emocionalmente por algo y sufrir por ello olvidos o errores. (**bacharse**).

bacheche.

I. 1. adj. *Cu. Referido a persona*, buena. pop + cult → espon.

bachel.

I. 1. m. *RD.* Carencia, falta o privación.

bacheo.

I. 1. m. *Gu.* **bacilón**.

bácher. (Del ingl. *bachelor*, soltero).

I. 1. m. *CR.* Vivienda de alta categoría de empleados solteros.

bacherío.

I. 1. m. *ES.* Momentos constantes de vacío o silencio en una conversación. pop + cult → espon.

bachero, -a.

I. 1. adj. *Pe. Referido a persona*, mentirosa, embustera. pop + cult → espon.

bachetear.

I. 1. tr. *Cu.* Burlarse *una persona* de alguien. pop + cult → espon.

bachi.

I. 1. m. *Ni.* juv. **bache**, fiesta.

●

a. ‖ ~. fórm. *ES.* Bachiller, tratamiento de borrachos a otras personas para pedirles dinero.

bachiburrato.

I. 1. m. *Ve.* Bachillerato. pop + cult → espon ∧ fest.

bachiburro, -a.

I. 1. m. y f. *RD, Ve, Bo.* Persona que ha terminado los estudios secundarios. pop + cult → espon ∧ fest.

2. *Ni, RD.* Persona, *especialmente adolescente*, que termina sus estudios secundarios con graves carencias en su formación académica. pop + cult → espon ∧ fest.

bachicha.

I. 1. f. *Mx.* Colilla de un cigarro. pop.

2. f. pl. *Mx.* Residuo de comida y líquido dejado en los vasos por los bebedores.

II. 1. m-f. *Ch, Ur, Ar*, obsol. Inmigrante italiano. pop + cult → espon. (**bachiche**).

III. 1. m-f. *Ch.* p.u. Seguidor del equipo de **futbol** Audax Italiano.

bachiche.

I. 1. m-f. *Pa, Pe; Ec:O*, p.u. **bachicha**, inmigrante o descendiente de italiano. pop + cult → espon.

bachichín.

I. 1. adj. *Ur. Referido a persona*, tonta, ingenua. pop + cult → espon ∧ afec.

bachichini.

I. 1. sust/adj. *Ch.* Remedo de la forma de hablar de los italianos. pop + cult → espon ∧ fest.

bachiller, -ra.

I. 1. m. y f. *Gu, Ho, Ni, RD, Co, Ve.* Título académico que reciben los graduados de las escuelas preuniversitarias.

●

a. ‖ ~. fórm. *Gu, Ho, ES, Ni, RD, Co, Ve, Ec; Py*, p.u. Se usa como tratamiento que se da a personas que han cursado la instrucción media.

bachillera.

I. 1. f. pl. *Mx.* Prostituta. euf; pop + cult → espon.

II. 1. f. *Bo.* Mujer que ha terminado los estudios secundarios. pop + cult → espon.

bachillerarse.

I. 1. intr. prnl. *ES, Ni, RD, Bo.* Graduarse un alumno de bachiller. pop + cult → espon.

bachillerato.

I. 1. m. *Ch.* Programa universitario, *generalmente de dos años de duración*, en el que se imparten síntesis de ámbitos de estudios, de humanidades o ciencias, que permite posteriormente comenzar una licenciatura.

2. *PR.* Carrera universitaria y título equivalente a una licenciatura.

II. 1. m. *Ch.* Juego en que los participantes deben escribir, en un tiempo limitado, palabras que empiecen con una letra determinada.

■

a. ‖ ~ **libre.** m. *RD, Ve.* Enseñanza media que puede cursarse fuera del calendario escolar y sin asistir al centro de enseñanza correspondiente.

bachillereada.
  I. 1. f. *Mx.* Cargo que se da a una persona, tratándola de bachiller por broma o por burla. pop + cult → espon ^ fest.

bachillerear.
  I. 1. tr. *Mx.* Dar *una persona* repetidamente el título de bachiller a alguien. pop + cult → espon ^ fest.

bachillerismo.
  I. 1. m. *Ar.* Brujería, acción perjudicial sobre una persona realizada con malas artes. rur.

bachiquiar. (Del muisca *bxisqua*, parir).
  I. 1. intr. *Co:NE.* Brotar la mazorca. rur.

bachita.
  I. 1. f. *ES.* Colilla de cigarrillo.
    2. *ES.* Pedazo muy pequeño de algo. pop + cult → espon.
  II. 1. *Cu.* **bachata**, canto.
    2. *Cu.* **bachata**, baile.

bacho. (Del it. *baccio*, beso).
  I. 1. m. pl. *Pe.* Mentiras, engaños, embustes. pop + cult → espon.
  II. 1. *Gu.* Abrazo. inf.
    2. *Ur.* Beso.

bacia.
  I. 1. f. *Cu.* Espuma de agua jabonosa utilizada en el lavado de la ropa. rur. (**basia**).

¡bacié!
  I. 1. interj. *Ve.* Expresa oposición ante una idea o una acción enunciada. pop + cult → espon. (**¡vacié!**).

báciga.
  I. 1. m. *RD, PR.* p.u; obsol. Amigo íntimo, compañero inseparable.

bacilable.
  I. 1. adj. *Ve.* juv. *Referido a cosa,* agradable o interesante. pop + cult → espon.

bacilada.
  I. 1. f. *Pa, Ec.* **bacilón**, vacile, broma.

baciladera.
  I. 1. f. *Pa, Ve.* Broma continua o reiterada. pop + cult → espon.

bacilador, -ra.
  I. 1. m. y f. *Ve.* Persona que se burla frecuentemente de otra, engañándola o haciéndole bromas. pop + cult → espon.

bacilar.
  I. 1. intr. *Mx, Cu, RD, PR, Co, Pe; Ec,* juv. Pasarlo bien *alguien*, parrandear, disfrutar.

baciliquiado, -a.
  I. 1. adj. *EU:SE, Cu. Referido a persona,* medio confusa, molesta. pop + cult → espon.

bacilo.
  I. 1. m. *Cu.* Tubo de cristal pequeño y fino que contiene un medicamento líquido.

bacilón.
  I. 1. m. *Ho, Ni, Cu, Ve,* juv; *Ec,* p.u. Vacile, broma.
    ♦ **bacilada**.
  II. 1. adj. *Ec, Pe. Referido a persona o cosa,* que es agradable, divertida. ♦ **bacilongo**.
  III. 1. m. *Pe.* Relación amorosa superficial, pasajera.
  IV. 1. m. *Ve.* juv. Reunión agradable.
    2. *Ve.* juv. Reunión en la que se consumen drogas. drog.
    3. *Gu, Cu.* Fiesta convencional.
  V. 1. *Cu.* Estado del que fuma marihuana. drog.

bacilongo.
  I. 1. *Pe.* **bacilón**, que es agradable.

bacineta.
  I. 1. f. *RD, PR.* p.u. Escupidera.
    2. *RD, PR.* Taza de inodoro.

bacinica.
  I. 1. sust/adj. *Ni.* Persona que le falta una oreja.
  ▶ **cagarse fuera de la ~; hacerse fuera de la ~; orinar fuera de la ~.**

bacinico.
  I. 1. m. *Mx.* Motociclista de la policía de tránsito, llamado así por el casco que usa.

baciniya.
  I. 1. f. *ES.* Bacinilla. rur.

baciquiado.
  I. 1. adj. *Cu. Referido a persona,* confusa. pop + cult → espon.
  II. 1. *Cu. Referido a persona,* molesta. pop + cult → espon.

¡bacirruque!
  I. 1. *Ve.* **¡basirruque!**

back. (Voz inglesa).
  I. 1. m. *Ch, Ar, Ur, Bo,* obsol. *En algunos deportes,* jugador que en su equipo integra la línea de defensa.

■

  a. ‖ ~ **central.** (Voz inglesa). m. *ES. En el futbol,* jugador defensivo que ocupa la posición central del terreno de juego.
  b. ‖ ~ **trip.** (Voz inglesa).
    i. m. *PR.* juv. Nostalgia sentida al vivir de recuerdos.
    ii. *PR.* juv. Pesar que se experimenta por infortunio, mal rato. (**bad trip**).
  c. ‖ ~ **up.** (Voz inglesa). m. *EU, PR.* Persona que se suma o documento que se añade para aportar más eficacia y mayor refuerzo.

backeo. (Del ingl. *back up,* respaldo, apoyo).
  I. 1. *PR.* **baqueo.** pop + cult → espon.

background. (Voz inglesa).
  I. 1. *EU, RD, PR, Ch, Ar, Pe,* p.u. Antecedente, trasfondo, historial.

backpack. (Voz inglesa).
  I. 1. f. *EU, PR.* Bolsa de material resistente que se lleva a la espalda sujeta con correas.

backstop. (Voz inglesa).
  I. 1. m. *Ve. En el beisbol,* reja o alambrado que se coloca en el *home.*

baclán. (Voz maya yucateca).
  I. 1. m. *Mx.SE.* manatí, mamífero acuático.

bacona.
  I. 1. f. *Cu.* Árbol silvestre, grueso, de hojas compuestas, pinnadas o bipinnadas, y pequeñas flores; su madera dura se utiliza en la construcción. (Fabaceae; *Albizia cubana*).

bacsai. (Del ingl. *backside,* nalgas).
  I. 1. m. *Pa.* p.u; juv. Nalgas de una persona. vulg; pop + cult → espon.
    2. *Pa.* p.u; juv. Ano de una persona. vulg; pop + cult → espon.

bacteria.
  I. 1. f. *Cu.* Tipo de camisa estampada. pop + cult → espon.

bacterial.
  I. 1. adj. *RD, Ch.* Bacteriano, relativo a las bacterias.

bacterio.
  I. 1. m. *Ch.* Bacteria.

bácula.
  I. 1. f. *Ve.* Escopeta de un solo tiro.

baculazo.
  I. 1. m. *Co.* Reprimenda episcopal. pop + cult → espon.

báculo.
  I. 1. m. *PR.* Árbol de pequeño tamaño, de tronco delgado con pocas ramas, hojas velludas en ristras,

flores blancas o rojas en racimos y semillas dentro de una vaina larga, fina y recta; el brote de cada hoja se asemeja al extremo curvo de un cayado y de ahí su nombre; es ornamental. (Cibotiaceae; *Cibotium* spp.).

bacundo, -a.
  I. 1. adj. *Ni. Referido a persona*, ignorante.
  II. 1. adj. *Ni. Referido a persona*, delgada. pop + cult → espon.

bacuralate.
  I. 1. m. *Cu*. Fiesta.

bad.
  ■
    a. ‖ ~ *trip*. (Voz inglesa).
      i. m. *EU, PR*. juv. Mala experiencia en el uso de sustancias alucinógenas. drog.
      ii. *EU, PR. **bad trip***, pesar.

badajo.
  I. 1. m. *ES, Ni, Cu*. Pene. vulg; pop + cult → espon.

badalejo.
  I. 1. m. *Ar:NO*. Utensilio de albañilería formado por una plancha metálica de forma triangular y un mango de madera, empleado para remover y aplicar la mezcla.

·badalucada.
  I. 1. f. *Bo*. Calaverada, acción de un joven con poco juicio. pop + cult → espon.

badana.
  I. 1. f. *Ar, Ur*. Pieza del recado de montar, de cuero fino o tela, que se coloca sobre el **cojinillo**.
  II. 1. f. *Ec*. Tira de piel curtida y suave, que se usaba en las barberías para asentar la navaja de afeitar.

badaza.
  I. 1. f. *Cu*. Correa que cuelga en el interior de un vehículo colectivo para sujetarse el pasajero.

badazo.
  I. 1. m. *Ch*. **bagazo**, residuo de algo que se ha exprimido para sacarle el zumo.

bade. (De *vademécum*).
  I. 1. m. *Ec*. obsol. Maletín de cuero y madera liviana u otro material que servía a los escolares para llevar sus libros, cuadernos y demás enseres.

badea.
  I. 1. f. *Co, Ve, Ec*. Planta enredadera tropical, de hasta 20 cm de longitud, de tallo cuadrangular, hojas grandes ovales de ápice acuminado y flores de color rojo, blanco, lila o rosa. (Passifloraceae; *Passiflora* spp.). (**badeo**).
    2. *Co, Ve, Ec*. Fruto de la badea, con pulpa gruesa y esponjosa de color verde crema, con numerosas semillas rodeadas de pulpa; es comestible. (**badeo**).
  II. 1. m. *Ec*. metáf. Hombre homosexual. pop + cult → espon ^ desp.

badeada.
  I. 1. f. *Co*. Lugar con muchas **badeas**.

baden.
  I. 1. m. *Ch*. Zanja, depresión o cauce paralelo a un camino, calle o carretera por donde corre el agua de las lluvias.

badén.
  I. 1. m. *ES, Cu, RD, PR, Pe, Ch, Ar*. Orilla pavimentada destinada al paso de peatones.

badeo.
  I. 1. m. *Co*. **badea**, planta y fruto.

badero. (De *badén*, cauce).
  I. 1. m. *Bo:E*. Hombre que se ocupa de ayudar a cruzar un río a pie a otras personas. pop + cult → espon.

badiísmo. (Del ingl. *bad lands*, tierras malas).
  I. 1. m. *Ch*. Explotación insuficiente y errónea de una tierra cultivable, que conduce a la esterilidad. prest; cult → esm.

badilejo.
  I. 1. m. *Pe*. Paleta, llana de albañil.

badilla.
  I. 1. f. *Gu*. Carne de **res** propia para bistec.

badminton. (Voz inglesa).
  I. 1. m. *PR, Ve*. p.u. Bádminton.

badú.
  I. 1. f. *Pa*. Planta herbácea de tres a dieciocho segmentos, de hojas grandes acorazonadas, con largos pecíolos, y tallo muy corto unido a un rizoma del cual nace un solo tubérculo. (Araceae; *Xanthosoma* spp.).
    2. *Pa*. Tubérculo del badú, de coloración variada, por fuera suele ser marrón anaranjado y por dentro blanco o rosáceo, de forma y tamaño similar a la remolacha; es comestible después de cocido, crudo es venenoso.

badulacada.
  I. 1. f. *Pe, Ch, Ar*. Comportamiento o dicho de un **badulaque**. (**badulaqueada**).

badulaque.
  I. 1. sust/adj. *Pe, Bo*. Persona que está ociosa voluntariamente. pop + cult → espon ^ desp.
  II. 1. m. pl. *Ho; Ve*, desp. Enseres personales de escaso valor.
    2. m. *Ho*. p.u. Cosa inservible o de escaso valor.
  III. 1. m-f. *Ch, Py*. Persona de conducta bellaca, canalla.
    2. adj/sust. *Py. Referido a persona*, pícara, sinvergüenza. pop + cult → espon.
  IV. 1. sust/adj. *Ec*. p.u. Persona que cumple tardíamente o no cumple nunca lo que promete. pop + cult → espon ^ desp.

badulaqueada.
  I. 1. *Ch*. **badulacada**.

badulaquear.
  I. 1. intr. *Bo*. Estar *alguien* ocioso voluntariamente. pop + cult → espon ^ desp.

badulaquería.
  I. 1. f. *Ec*. p.u. Cumplimiento tardío o incumplimiento de algo prometido. pop + cult → espon.

baem.
  I. 1. *Ch:S*. **baeme**.

baeme. (Del map. *faín*, fermentar, hervir).
  I. 1. m. *Ch:S*. Especie de **sopaipilla** que se prepara con fécula de **papas**, se cuece en agua y se sirve untada con miel. rur. (**baem**).

baeta.
  I. 1. f. *Ec*. Bayeta. pop.
    2. adj. *Ec*. p.u.; metáf. *Referido a persona*, cobarde, dejada, abúlica. pop + cult → espon.

bafi.
  I. 1. m. *Ar*. Bigote.

bag. (Voz inglesa).
  I. 1. f. *PR*. Bolsa.
  ■
    a. ‖ *doggy* ~. (Voz inglesa). f. *EU, PR; Pa, Ch*, p.u. Bolsa o caja en la que una persona se lleva a casa el sobrante de comida consumida en un restaurante. urb.
    b. ‖ *hand* ~. (Voz inglesa). m. *EU, PR*. Bolso de mano.
    c. ‖ *shopping* ~. (Voz inglesa). f. *EU, PR*. p.u. Bolsa que ofrecen las tiendas al cliente para llevar las compras.

baga.
  I. 1. f. *CR*. Sección transversal de una troza, en cuya superficie se aprecia una serie de anillos que indican la edad aproximada del árbol que ha sido cortado.

bagá.
   I. 1. m. *RD*. Árbol de hasta 6 m de altura, perenne, de corteza verde brillante, ramas con pelos diminutos, hojas grandes elípticas y pequeñas, flores blancas que producen frutos múltiples de color amarillento o blanquecino de forma ovoide; tiene propiedades medicinales y su fruto es comestible. (Rubiaceae; *Morinda buchil, Morinda citrifolia*).

bagacear.
   I. 1. tr. *Co*. Desacreditar a *una persona*, hacerle perder reputación y prestigio. pop + cult → espon.

bagacera.
   I. 1. f. *Mx, Gu, Ho, ES, Pa, RD, PR, Ec; Ve*, p.u. *En la industria azucarera*, lugar destinado a depositar el **bagazo**. rur.

bagacero.
   I. 1. m. *Gu, Ho, Ec*. p.u. Hombre encargado de recoger y transportar el **bagazo** en un trapiche o **ingenio**. rur.
   2. *Cu*. p.u. *En una central azucarera*, persona que se encarga de alimentar con **bagazo** los hornos.

bagaces. (De *Bagaces*, ciudad de Costa Rica).
   I. 1. m. *CR*. Variedad de queso blanco, de consistencia dura y alto contenido de sal.

   ☐
   a. ‖ **de Bagaces a Liberia.** loc. adv. *CR*. obsol. Sin ocuparse en ninguna tarea. pop + cult → espon.

bagacillo.
   I. 1. m. *Cu, RD*. Fibra fina de la caña de azúcar.
   2. *Cu*. Conjunto de pequeñas partículas de **bagazo** ya quemado, que se esparce por el aire durante la molienda.

bagacito.
   I. 1. m. *Gu*. Mata de sorgo en el momento en que la panoja está cerca de formar grano. rur.

bagallear.
   I. 1. *Ur*. **bagayear**.

bagallero, -a.
   I. 1. *Bo:E,S*. **bagayero**, persona.
   II. 1. m. y f. *Bo:E*. Preso de una penitenciaría. pop + cult → espon. (**bagayero**).

bagallo.
   I. 1. *Ch*. **bagayo**, conjunto de objetos de contrabando. delinc.
   2. *Bo:S*. **bagayo**, contrabando a pequeña escala. delinc.
   II. 1. m. *RD*. Amigo íntimo, compañero inseparable.

bagamán. (De *vagar* y del ingl. *man*).
   I. 1. m. *RD, Co*. Vagabundo. pop + cult → espon.
   II. 1. m. *RD*. Pícaro, bribón. pop + cult → espon.

bagañitos.
   I. 1. m. pl. *Ar*. Peces de pequeño tamaño. rur.

bagarto.
   I. 1. m. *Ar, Ur*. juv; metáf. Persona muy fea.

bagasa. (De or. lunfardo).
   I. 1. f. *Ar*. Prostituta. vulg; pop + cult → espon. (**bagaseta**).

bagaseta.
   I. 1. *Ar*. **bagasa**.

bagaso.
   I. 1. *Cu, RD, PR, Ve*. **bagazo**, residuo de la caña.

bagatela.
   I. 1. f. *Gu, Pa, Cu, RD, Ve; PR, Ch*, p.u. Artículo sumamente rebajado, de precio muy inferior al que le corresponde.

bagayear.
   I. 1. tr. *Ur*. Hacer contrabando *alguien* con artículos de consumo, *especialmente los de primera necesidad*. pop + cult → espon. (**bagallear**).

bagayero, -a.
   I. 1. m. y f. *Ar, Ur*. Persona que practica el contrabando a pequeña escala. (**bagallero**).
   II. 1. adj/sust. *Ar*. *Referido a persona*, que habitualmente lleva muchas cosas consigo, *generalmente en un bolso o cartera*. pop + cult → espon.
   III. 1. *Ar*. **bagrero**, que gusta de las personas feas.

bagayito.
   I. 1. m. *Ar*. Equipaje, especie de atado modesto.

bagayo. (Del it. *bagaglio*).
   I. 1. m. *Ch, Ar:NO, Ur*. Contrabando a pequeña escala. pop + cult → espon. (**bagallo**).
   2. *Ch, Ar:NE, O, Ur*. Conjunto de objetos introducidos de contrabando. pop + cult → espon. (**bagallo**).
   3. *Ar, Ur*. Conjunto de mercaderías y objetos robados que ladrones y rateros llevan consigo al ser detenidos por la policía.
   4. *Ar, Ur*. Objeto de mala calidad. pop + cult → espon.
   II. 1. m. *Ar, Ur; Ch*, p.u. Paquete, envoltorio, atado de ropa que lleva el viajero. pop + cult → espon.
   2. *Ar*. Lío o hatillo de ropa, *llevado generalmente por vagabundos*. pop.
   III. 1. m. *Ar, Ur*. Mujer fea y gastadora.
   2. *Ar, Ur*. Prostituta pobre y avejentada. pop + cult → espon.
   IV. 1. m. *Ch*. Reo con mala fama. carc.

bagazal.
   I. 1. m. *Mx, Gu, Ho*. Montón de **bagazo**, residuos. rur.
   II. 1. m. *RD*. Terreno con **bagazo**, residuos.

bagazo.
   I. 1. m. *Mx, Ho, Ni, CR, Cu, RD, PR, Bo:E; Ve, Ec, Pe*, p.u. *En la industria azucarera*, residuo de la caña, una vez extraído el jugo. (**bagaso**).
   2. *Gu, ES, Ni, RD, Co*. Cualquier residuo fibroso.
   3. *Pa*. Residuo de cualquier fruta. (**badazo**).
   II. 1. m. *Mx, Ho, ES, Ni, RD, PR*. metáf. Persona despreciable. pop + cult → espon ^ desp.
   2. *RD, PR*. Persona que ha perdido su valía, su productividad. pop + cult → espon ^ desp.
   3. *RD*. Tontería. pop + cult → espon.
   III. 1. m. *ES*. Persona flaca y pálida. rur.
   IV. 1. m. *ES*. Marihuana una vez molida. drog.
   ◪
   a. ‖ **a ~ no hacer caso.** *Ve*. **al bagazo, poco caso**.
   b. ‖ **a un ~, poco caso; a un mojón, poca atención.** fr. prov. *Pa, RD*. Indica la respuesta que se da a alguien que molesta.
   c. ‖ **al ~, poco caso.** fr. prov. *Ni, Pa, Co*. Indica la poca importancia que debe darse a lo que dice o hace una persona poco valer. pop + cult → espon ^ fest. (**a bagazo no hacer caso**).
   ▶ hablar ~; hacer ~; tirar a ~.

bagger. (Voz inglesa).
   I. 1. m. *PR*. Persona que coloca en bolsas víveres y productos en una tienda de alimentos.

baggie. (Del ingl. *baggy*, embolsado).
   I. 1. m. *PR*. Pantalón holgado en la parte delantera. (**baggy**).

bagguet. (Del fr. *baguette*).
   I. 1. m. *Mx*. **baguet**, barra de pan.

baggy. (Voz inglesa).
   I. 1. *PR*. **baggie**.

bagra.
   I. 1. f. *Co*. Hembra del **bagre**.

bagre.
   I. 1. m. *Mx, Gu, Ho, ES, Ni, Pa*. Pez de agua dulce, de hasta 80 cm de longitud, sin escamas, de color

pardo por los lados y blanquecino por el vientre, cabeza muy grande, hocico obtuso y barbillas pronunciadas. (Ariidae; *Arius melanopus, Bagre marinus, B. panamensis, Galeichthus guatemalensis*). ♦ **chunte; filín; güiche.**

2. *Co, Ec, Bo, Ch, Py, Ar.* Pez de agua dulce, de hasta 60 cm de longitud, con la piel lisa y sin escamas, y la cabeza aplanada, con tres pares de barbillas cerca de la boca. (Pimelodidae; *Pimelodus* spp.). ♦ **capaz; cunchi.**

3. *Pa, PR, Ve.* Pez teleósteo de hasta 80 cm de longitud, sin escamas, pardo por los costados y blanquecino por el vientre, de cabeza muy grande, hocico obtuso y con barbillas; es comestible. (Pimelodidae; *Chloroscombrus chrysurus*).

II. 1. m. *Gu, ES, Pa, Cu, Ve, Ec, Pe, Bo, Ar, Ur; Ho,* p.u. | metáf. Persona muy fea. pop + cult → espon ^ desp.

2. *Gu, Ni.* metáf. Persona malvada o sinvergüenza. pop + cult → espon ^ desp.

3. *Ni; Ho,* p.u. | metáf. Persona audaz, lista, habilidosa. pop + cult → espon ^ desp.

III. 1. adj. *Pe. Referido a persona,* vulgar, ruin. pop + cult → espon ^ desp.

2. *Pe. Referido a persona o cosa,* que no responde a las expectativas generadas.

■

a. ‖ ~ **sapo.** m. *Ar, Ur.* Variedad de bagre de hasta 20 cm de longitud, con grandes manchas irregulares sobre fondo amarillo pardo, cuerpo comprimido y piel lisa. (Batrachoididae; *Thalassophryne montevidensis*).

▶ **picar el ~; ser un ~.**

bagrecillo.
I. 1. m. *Pe.* **yusca.**

bagrerío.
I. 1. m. *Bo, Ch.* metáf. Conjunto de mujeres feas. pop + cult → espon ^ desp. (**bragrerio**).

bagrero.
I. 1. m. *Ar.* Anzuelo para pescar **bagres**, peces de agua dulce.

bagrero, -a.
I. 1. adj/sust. *Ec, Ar.* metáf. *Referido a persona,* que gusta de personas feas. pop + cult → espon ^ desp. ♦ **bagayero.**

2. adj. *Ar.* Relativo al **bagre**, pez. pop + cult → espon.

bagual. (De *Bagual,* cacique indio argentino).
I. 1. m. *Bo:E,S, Ch, Ar, Ur.* Potro o caballo sin domar o medio domado. rur.

bagual, -la.
I. 1. adj. *Ch, Ar, Ur. Referido al ganado,* salvaje o montaraz. rur.

2. adj/sust. *Ch, Ar, Ur.* metáf. *Referido a persona,* tosca, incivil. rur.

baguala.
I. 1. f. *Ar, Ur.* Canción popular del noroeste de la Argentina, de coplas octosilábicas, que se acompaña con una caja o tambor.

bagualada.
I. 1. f. *Ar, Ur.* Manada de **baguales**. rur.
II. 1. f. *Ar; Ur,* rur. Grosería, dicho o hecho torpe. pop + cult → espon.

bagualón, -na.
I. 1. adj. *Ar, Ur. Referido a una caballería,* indócil, medio domada. rur.

baguarí. (Del guar. *mbaguarí*).
I. 1. m. *Py, Ar, Ur.* **jabirú,** cigüeña.

baguet. (Del fr. *baguette*).
I. 1. m. *Mx, Gu, Ho, CR, Cu, Ur.* Barra de pan alargada y muy estrecha. (**bagguet**).

2. *EU.* metáf. Modelo de bolso de mujer de forma alargada.

3. *EU.* metáf. Tipo de corte de diamante u otra gema de forma alargada y rectangular.

baguetería.
I. 1. f. *Pe.* Panadería francesa.

bagui. (Del ingl. *baggy,* embolsado).
I. 1. m. *PR.* juv. Traje de baño largo y holgado usado para **surfear.**

baguilla.
I. 1. f. *Pe. En el rendaje y las bridas del caballo,* correa de pequeño tamaño en forma de puente y cosida por sus extremos por debajo de la cual pasa la punta de las correas. rur.

bahama.
I. 1. *Cu.* **bermuda.**

bahareque. (De or. ind. antillano).
I. 1. m. *Ho, Ni, Co, Ve, Ec.* Mezcla de barro y paja. (**bajareque; bareque**).

2. *Ni, RD, Ve, Ec, Pe.* Pared de palos entretejidos con cañas y cubiertos de barro. (**bajareque**).

3. *RD.* obsol. Bohío de forma cónica, hecho de varales hincados en el suelo y unidos por arriba, en figura de pabellón. (**bajareque**).

4. *PR.* meton. Casa en estado ruinoso, de mala construcción. desp. (**bajareque**).

bahía.
I. 1. f. *Co. En una calle, carretera o autopista,* zona en la que pueden estacionar los vehículos.

2. *Ho, Ni. En una calle, carretera o autopista,* zona de ensanche para que suban y bajen los viajeros de los autobuses.

II. 1. f. *Ho.* p.u. *En un supermercado,* conjunto de estanterías que dividen un pasillo de otro.

bahiú.
I. 1. *Ar.* **bahiut.**

bahiut.
I. 1. m. *Ar.* Mueble de comedor con cajones, puertas, vitrinas y otros espacios destinados a guardar o exhibir la vajilla. (**bahiú**).

bahuel.
I. 1. m. *Ec.* Baúl.

baibai. (Del ingl. *bye, bye,* adiós).

•

a. ‖ ~. fórm. *Cu, RD.* Se usa para despedirse una persona cariñosamente de alguien.

baibiquí.
I. 1. m. *RD.* Berbiquí.

baibol. (Del ingl. *washboard,* tabla de lavar).
I. 1. f. *Ho.* Plancha de madera que posee una lámina con surcos paralelos contra la cual se frota con jabón la ropa sucia.

baica. (Del ingl. *bike,* de *bicycle*).
I. 1. f. *Ho:N, ES.* juv. Bicicleta.

baicino, -a.
I. 1. *RD.* **barcino,** de pelaje atigrado.

bailable.
I. 1. m. *CR, Cu, RD, PR, Co, Ve, Ch, Py, Ar:NO, Ur.* Fiesta o reunión con baile. ♦ **bailante.**

2. *Ar:NE.* Lugar donde se realiza el baile.

bailada.
I. 1. f. *Mx, Gu, Ho, Ni, Pa, RD, Ve, Pe, Ch.* Baile continuo y prolongado. pop.

2. *Mx, Ho, Ni, RD, Ve, Pe, Ch.* Ejecución de movimientos acompasados durante un baile. pop.

3. *Mx.* Ejecución con movimientos rítmicos corporales, *generalmente en pareja,* de una pieza musical o de una serie de ellas.

II. 1. f. *Mx, Ho, ES, Pa, Co, Pe. En los deportes*, derrota grande que un equipo o persona inflige a su contrario. pop.
    2. *Gu, Ho, Co.* En ciertos deportes de balón, regateo repetido al contrario.
III. 1. f. *Mx, Ho.* Robo. delinc.

bailadera.
I. 1. f. *Gu, Ho, Ni, RD, Co, Ve, Ec.* Baile continuo y prolongado. pop + cult → espon. ◆ **bailoteada**.

bailadita.
I. 1. f. *Gu, Ni, RD, PR, Co, Ve.* Baile de corta duración. pop + cult → espon.

bailado.
I. 1. m. *Co.* Golpe dado con el puño. pop.

bailador, -ra.
I. 1. adj/sust. *Ho, Ni, Cu, RD, PR, Co, Ch, Ur. Referido a persona*, muy aficionada al baile.
▶ **botarse de ~.**

bailahuén.
I. 1. m. *Ch.* Planta de hasta 50 cm de altura, de tallos cubiertos de hojas glabras y lustrosas, inflorescencia solitaria y flores amarillas; es muy usada con fines medicinales. (Asteraceae; *Haplopappus* spp.).

bailaíto.
I. 1. m. *Cu, RD.* Festejo pequeño, reducido, con baile y diversión.

bailanta.
I. 1. f. *Ar.* Fiesta popular con baile.
    2. *Ar.* Lugar donde se celebra una fiesta, desde sitios públicos a salones urbanos.

bailante.
I. 1. f. *Ve, Ar:NE, Ur.* **bailable**, fiesta con baile.
    2. *Ar, Ur.* Género musical similar a la cumbia.
    3. *Ar.* Establecimiento en el que se baila y se escucha este tipo de música.

bailantero, -a.
I. 1. sust/adj. *Ar.* Persona que acostumbra a concurrir a **bailantas** o a la que le gusta la música que en ellas se escucha.
    2. adj. *Ar.* Relativo a la **bailanta**.

bailar(se).
I. 1. tr. *Mx, Ho, ES, Ni, CR.* Engañar, timar a *alguien*. pop. ◆ **llevar al baile**.
    2. *Mx, Ho, Cu.* Matar *una persona* a *alguien*. pop + cult → espon. ◆ **llevar al baile**.
    3. prnl. *Mx.* Golpear *una persona* a *alguien*. pop + cult → espon.
    4. tr. *Ho, Cu.* Robar, tomar *algo* ajeno. pop + cult → espon.
    5. tr. prnl. *Ho, Cu.* Adueñarse *una persona* de algo ajeno.
    6. *Cu.* Lograr *una persona* tener relación sexual con otra. pop + cult → espon.
    7. *Cu.* Consumir *una persona algo* en su totalidad, *especialmente comida o bebida*. pop + cult → espon.
    8. intr. prnl. *ES.* Morirse o suicidarse *alguien*. pop.
II. 1. tr. *Gu, Ho, ES, CR, Co, Ve, Ec, Ar. En el* **futbol** *y el baloncesto*, esquivar hábilmente al adversario controlando la pelota con movimientos ágiles y rápidos. pop + cult → espon.
    2. tr. prnl. *Mx, Ho.* Ridiculizar *alguien* a un contrario en una **competencia**.
III. 1. tr. *Ar. En el servicio militar*, ordenar la realización de trabajos pesados o de ejercicios violentos. pop + cult → espon.
    2. *Py.* Obligar *una persona* a *alguien* a hacer un esfuerzo o un trabajo pesado como castigo. pop + cult → espon.
IV. 1. tr. prnl. *Co.* metáf. Desobedecer a *una persona* con más autoridad. pop + cult → espon.

V. 1. tr. prnl. *Ho, ES.* Despedir a *una persona* del cargo o puesto de trabajo. esm.
VI. 1. tr. prnl. *Ho.* Quedarse frustrado *alguien* por no haber obtenido algo que deseaba. pop + cult → espon.

   ●
   a. ‖ **¡báilame ese trompo en la uña!** fórm. *Ve.* Se usa para instar con altanería a un contrincante a ser capaz de superar un argumento. pop ^ fest.
   b. ‖ **¿cómo te baila?** fórm. *Gu, Ch, Ar, Ur.* Se usa para preguntar cómo le va a una persona. pop.

   □
   a. ‖ **~ cada uno con su pañuelo.** *Pe.* **bailar con su pañuelo**.
   b. ‖ **~ con la más fea.** loc. verb. *Ni, PR.* Pasar *alguien* por una situación difícil, *especialmente económica*. pop + cult → espon.
   c. ‖ **~ con su pañuelo.** loc. verb. *Pe.* Asumir cada persona la responsabilidad de sus actos. ◆ **bailar cada uno con su pañuelo**.
   d. ‖ **~ el pelado.** loc. verb. *Ni.* Evadir *alguien* disimuladamente el trabajo que le corresponde. pop + cult → espon. ◆ **bailar el sambito**.
   e. ‖ **~ el sambito.** *Ni.* **bailar el pelado.** pop.
   f. ‖ **~ en chulla pata.** loc. verb. *Ec.* Estar gozoso, debido a un acontecimiento o a noticias felices e inesperadas. pop + cult → espon.
   g. ‖ **~ en un ladrillo.** loc. verb. *Ni, Pa, Ve.* Bailar muy pegados los miembros de una pareja y en un espacio pequeño. ◆ **bailar en una loseta**.
   h. ‖ **~ en un pie.** loc. verb. *Ho.* Estar *alguien* afligido por una determinada situación. pop + cult → espon.
   i. ‖ **~ en un tusero.** loc. verb. *Ve.* Encontrarse *alguien* en una situación difícil o complicada. pop.
   j. ‖ **~ en una loseta.** *PR.* **bailar en un ladrillo**.
   k. ‖ **~ en una pata.**
   i. loc. verb. *PR, Ar, Ur; Ni, CR.* p.u. Estar sumamente alegre. pop + cult → espon.
   ii. *PR.* Estar en peligro. pop + cult → espon.
   l. ‖ **~ la tabla.** loc. verb. *Gu.* Adular a *alguien* por interés. pop + cult → espon.
   m. ‖ **~ la vara.**
   i. *Pa.* Esforzarse por quedar bien con todo el mundo. pop + cult → espon.
   ii. *Pa.* Congraciarse o contemporizar con alguien por interés. pop + cult → espon.
   n. ‖ **~ los ojos.** loc. verb. *Gu, Ni.* Coquetear o flirtear con alguien. pop.
   ñ. ‖ **~ pegado.** loc. verb. *Ho.* Gustar mucho el sexo a alguien. fest.
   o. ‖ **~ solo.** loc. verb. *PR.* Estar eufórico. pop + cult → espon.
   p. ‖ **~ un toro.** loc. verb. *RD.* Hacer que un toro dé vueltas sobre sí mismo a causa de los golpes propiciados con el látigo.
   q. ‖ **~ un trompo en la uña.** loc. verb. *Mx.* Ser muy listo.

bailarín.
I. 1. m. *Ch.* Ave rapaz diurna de hasta 40 cm de longitud, de cabeza de color blanco y gris azulado, alas negras y cola blanca. (Accipitridae; *Elanus leucurus*). ◆ **peuco blanco**.

bailarina.
I. 1. f. *CR.* Arbusto ramificado, de hojas opuestas, flores colgantes de pedúnculos largos cuyo color verde puede variar y fruto en forma de pequeña baya; es ornamental. (Cactaceae; *Fuchsia fulgens*).
    2. *CR.* Flor de la bailarina.

bailarino.
I. 1. m. *Ch.* Hombre bailador. pop.

bailatón.
   I. 1.   *Ch.* p.u. **bailetón.**
baile.
   I. 1.   m. *Py, Ar, Ur.* Situación difícil o problemática. pop.
     2.   *Bo.* Situación caracterizada por el desorden y la confusión. pop + cult → espon.
  II. 1.   m. *Ch:N.* Cofradía religiosa que rinde tributo a la Virgen o a algún santo mediante danzas y otras ceremonias rituales que sincretizan tradiciones cristianas y andinas.
 III. 1.   m. *Ho, ES. En ciertos deportes de balón*, regateo reiterado al contrario.
■

  a. ‖ **~ blanco.** m. *RD.* Baile celebrado el día de San Andrés y en el que las mujeres visten de blanco y espolvorean sus cabellos con talco u otro producto que los vuelva blancos.
  b. ‖ **~ contribución.** m. *Cu, RD, PR.* Baile en que se paga la entrada.
  c. ‖ **~ de bomba.** m. *PR.* Baile muy rítmico de origen africano que debe su nombre a la **bomba** o bombo, único instrumento con el que se hace la música.
  d. ‖ **~ de fantasía.** m. *Bo; Ch*, p.u. Fiesta de disfraces.
  e. ‖ **~ de guante.** m. *Gu.* Baile en que los participantes pagan anticipadamente una cuota.
  f. ‖ **~ de jinca.** m. *Ve.* p.u. Baile que se realiza con la música de un tambor.
  g. ‖ **~ de la botella.** m. *RD.* Baile típico en el que se coloca un círculo de botellas alrededor de los bailarines; propio de la región de San Juan de Maguana.
  h. ‖ **~ de la chicha maya.** m. *Co.* Baile folclórico en el que la mujer persigue al varón hasta que este cae o huye y se cede el turno al siguiente.
  i. ‖ **~ de la culebra.** m. *RD.* obsol. Baile antiguo que consistía en varias danzas que se ejecutaban alrededor de una culebra fabricada con diversos materiales.
  j. ‖ **~ de la trenza.** m. *Bo.* Baile folclórico que se celebra en Navidad, en que cuatro parejas de jóvenes trenzan ocho cintas de colores sujetas a un palo por uno de sus extremos y forman diversas figuras.
  k. ‖ **~ de las tiras.** m. *Ho:N.* Baile tradicional realizado por los **garífunas** el Sábado de Gloria al son de los instrumentos de viento y conchas.
  l. ‖ **~ de los diablitos.** *Ho:C, Ni.* **baile de moros y cristianos**.
  m. ‖ **~ de moros y cristianos.** m. *Gu, Ho, Ni.* Representación teatral con música, baile y texto poético de carácter político-religioso entre dos grupos de actores, unos que representan a los colonizadores españoles y otros, los negritos, que representan a los indígenas. ♦ **baile de los diablitos**.
  n. ‖ **~ de perchero.** m. *Cu.* Fiesta donde los convidados se van quitando la ropa hasta quedarse desnudos.
  ñ. ‖ **~ de tierra.** m. *Ch.* Baile popular en general. pop.
  o. ‖ **~ del encierro.** m. *Ho:O.* Baile realizado durante la celebración del **guancasco** entre Gracias y Mejicapa al que solo pueden entrar los **guancos** de uno y otro pueblo.
  p. ‖ **~ del garrobo.** m. *Ho:O.* Baile ejecutado por una persona vestida de negro, con una máscara de madera con grandes bigotes, que lleva en la mano derecha un látigo y, en la izquierda, un **garrobo** disecado y baila al ritmo de la flauta y el tambor en honor de san Matías, patrón de La Campa, Lempira.
  q. ‖ **~ del soldado.** m. *RD.* Variedad del baile del **carabiné**, que se danza con la punta del pie.
  r. ‖ **~ del sombrero.** m. *RD.* Baile que se hace alrededor de un sombrero colocado en el suelo.

□
  a. ‖ **¡ah ~!** *Ve.* **¡ah vaina!** euf; pop + cult → espon.
  b. ‖ **~, botella y baraja.** loc. sust. *PR.* Política populista que fomenta la pasividad de los ciudadanos.
 ▶ **dar un ~; no irse para el ~; tener un ~.**
bailecito.
   I. 1.   m. *Bo, Ar:NO.* Danza folclórica de pareja suelta, que se baila con pañuelos e incluye zapateo al compás de la música. ♦ **bailecito de la tierra**.
     2.   *Bo, Ar:NO.* Música y canto de esta danza, acompañados de **charango** o guitarra, bombo y **quena**; es típica de la región andina de Bolivia. ♦ **bailecito de la tierra**.
■
  a. ‖ **~ de la tierra.**
    i.   *Bo.* **bailecito**, danza, y música.
bailejo.
   I. 1.   m. *Ec.* Herramienta compuesta de una plancha metálica y una manija o asa, usada por los albañiles para extender y allanar el yeso o la argamasa.
bailetear.
   I. 1.   intr. *Cu.* Bailotear.
baileteo.
   I. 1.   m. *Co.* Bailoteo.
bailetero, -a.
   I. 1.   adj. *Pe. Referido a persona*, que le gusta mucho bailar.
bailetón.
   I. 1.   m. *Pe, Ch.* **Competencia** de larga duración entre parejas de bailarines que suele tener carácter publicitario o benéfico. (**bailatón**).
bailón, -na.
   I. 1.   m. y f. *PR.* Bailador aficionado.
bailongueada.
   I. 1.   f. *Bo. En reuniones familiares y populares*, fiesta en la que se baila. pop + cult → espon.
bailonguear.
   I. 1.   intr. *Ch, Py.* Bailar. pop.
     2.   *Bo, Py.* Bailar en reuniones familiares y populares. pop + cult → espon.
bailongueo.
   I. 1.   m. *Pe; Ch*, p.u. Fiesta, baile. pop + cult → espon.
bailoteada.
   I. 1.   *Co; Ch*, p.u. **bailadera**.
bailoteo.
   I. 1.   m. *Pa, Cu, RD, Ch.* Fiesta con baile. pop + cult → espon.
baiohabao.
   I. 1.   m. *RD.* Tambor, parecido al atabal.
baipasear(se). (Del ingl. *baypass*).
   I. 1.   *Ve, Ch*, p.u. bypasear.
  II. 1.   intr. prnl. *Ni.* Saltarse *alguien* algún canal jerárquico en una petición o reclamo.
bairo.
   I. 1.   m-f. *Py.* Persona ordinaria, sin categoría. pop + cult → espon ^ desp.
bairrún.
   I. 1.   m. *CR.* Líquido compuesto de alcohol y aceite de laurel, usado en las barberías como cosmético para el cabello.
baisa.
   I. 1.   f. pl. *Mx, ES.* Manos, miembro del cuerpo. delinc.
     2.   *Gu.* Piernas. delinc.
  II. 1.   f. *RD.* Gran cantidad.
 III. 1.   f. *ES.* Bolsillo de una prenda de vestir. delinc.
■
  a. ‖ **~ de garfio.** f. *ES.* Mano impedida.

baisano, -a. (Var. de *paisano*).
  I. 1. adj. *ES*; *Ch*, p.u. *Referido a persona o cosa*, de origen o ascendencia árabe. pop + cult → espon ∧ fest.

baisié. (De *balsié*).
  I. 1. m. *RD*. Instrumento musical, formado por un tronco hueco tapado en uno de los extremos; se toca con las manos y un pie.

baisón.
  I. 1. *ES*. **balsón.** delinc.

bait. (Del ingl. *byte*).
  I. 1. m. *Ch*. Byte.

baita.
  I. 1. f. *Ar:N*. Manta o pañoleta tejida en telar doméstico con lana de oveja.

baitilla.
  I. 1. f. *Ch*. p.u. Bayeta, tela de lana liviana y felpuda que suele usarse como pañal o refajo. rur.

baitoa.
  I. 1. f. *RD*. Árbol de hasta 20 m de altura, de tallo con troncos múltiples, corteza escamosa, copa asimétrica, hojas pequeñas y alternas, flores hermafroditas y fruto con dos alas terminales desiguales. (Ulmaceae; *Phyllosthylon brasiliensis*).
  2. *RD*. Madera de la baitoa, dura, de color amarillo y grano fino; se trabaja con facilidad.

báitulo.
  I. 1. m. *RD*. Rumor, propaganda. pop + cult → espon.

baizas.
  I. 1. f. pl. *Gu*. Piernas.

baj. (Del ingl. *back*, atrás).
  I. 1. m. *Pe*. p.u. *En el **futbol***, lugar de un jugador de la línea defensiva situado en la parte posterior del campo.

baja.
  I. 1. f. *Bo*. Persona que abandona una huelga de hambre por prescripción médica.
  II. 1. f. *RD*. *En las peleas de gallos*, gallo malherido o muerto en una riña.
  ▢
  a. ‖ **en ~.**
    i. loc. adj. *Cu*, *RD*, *PR*. *Referido a un vehículo automotor*, que tiene pocas revoluciones.
    ii. *Cu*, *RD*, *PR*. *Referido a persona*, que su estimación y prestigio han disminuido ante los demás. pop + cult → espon.
    iii. *Cu*. *Referido a persona*, que atraviesa una situación económica precaria. pop + cult → espon.
    iv. *PR*. juv. *Referido a persona*, que está cansada, sin energías.
  ▶ **coger la ~**; **darse de ~ en la libreta**; **hacer ~**; **tener a uno de ~**.

bajablumer. (De *bajar* y del ingl. *bloomers*, braga).
  I. 1. m. *PR*. Mujeriego, conquistador, donjuán. pop + cult → espon. ♦ **bajapanti.**
  II. 1. *PR*. Automóvil deportivo muy lujoso. pop + cult → espon. ♦ **bajapanti.**

bajada.
  I. 1. f. *Pe*. juv. Aborto provocado.
  II. 1. f. *ES*. Procesión religiosa de la Transfiguración de Jesús, que se realiza el 6 de agosto.
  2. *Ni*. Descendimiento de una imagen para realizar una procesión.
  III. 1. f. *Ho:O*, *Ni*. Barranco o quebrada. rur.
  IV. 1. f. *Ho*. Menstruación de la mujer. rur.
  ■
  a. ‖ **~ de cama.** f. *Ch*. Alfombra que se pone al costado de una cama para poner los pies al bajar de ella. ♦ **bajadera de cama.**
  ▶ **agarrar de ~**; **hacer la ~**.

bajadera.
  I. 1. f. *RD*. Salida o solución de un conflicto o problema. pop + cult → espon.
  II. 1. *Pa*. Evacuación líquida y frecuente de vientre. pop + cult → espon.

bajadero.
  I. 1. m. *Ho*, *Ni*, *Pa*, *RD*, *PR*. Camino escabroso en pendiente que da acceso a lagunas y ríos. rur.

bajado, -a. (De *vahado*).
  I. 1. adj. *Co*. *Referido a persona*, deprimida.
  II. 1. adj. *ES*. *Referido a persona*, de origen campesino recién emigrada a la ciudad.

bajador.
  I. 1. m. *Ar*, *Ur*; *Ch*, p.u. *En el ámbito ecuestre*, correa que va de la cincha al freno para evitar que el caballo cabecee.
  II. 1. m. *PR*. Hombre que practica el cunnilingus. tabú; pop + cult → espon.
  ■
  a. ‖ **~ cumuri.** m. *Bo*. Persona dueña de las bestias destinadas a transportar minerales desde las minas a los ingenios. rur.

bajador, -ra.
  I. 1. m. y f. *ES*. Persona ladrona.
  II. 1. *ES*. Persona que hace bromas de mal gusto.

bajadora.
  ■
  a. ‖ **~ de cama.** *Ch*. **bajada de cama.**

bajagua.
  I. 1. m. *Mx*. Hoja que la planta del tabaco produce más cerca del suelo, por lo común de calidad inferior.
  2. *Mx*. Tabaco suave y malo.

bajalenguas.
  I. 1. m. *Co*, *Ec*, *Pe*, *Ch*, *Ar*, *Ur*. Instrumento de madera o de otro material que sirve para bajar la lengua y observar mejor la cavidad bucal.

bajamar.
  I. 1. m. *Pe*. **Pisco** o licor anisado tomado de postre para ayudar a hacer la digestión. pop + cult → espon ∧ fest.

bajamuelle.
  I. 1. m. *Ch*. Licor digestivo. pop + cult → espon ∧ fest.

¡bajan!
  I. 1. interj. *Mx*, *Ho*, *Ch*. Expresa intención de bajarse en la siguiente parada de un transporte público.
  II. 1. interj. *Gu*. Expresa burla a alguien cuando este tropieza o se cae.

bajante.
  I. 1. f. *Gu*, *RD*, *Ve*, *Ec*, *Py*, *Ar*, *Ur*; *Co*, p.u. Descenso del nivel de las aguas, *especialmente en el cauce de un río o en un lago*. ♦ **cadena.**
  2. m. *Ec:O*. Descenso del nivel de las aguas del mar por efecto de la marea.
  II. 1. m. *Cu*, *Ve*. Sistema que acciona la corriente de agua de los inodoros.
  2. *Ve*. **bajante de la basura.**
  III. 1. m. *Cu*, *RD*. Cable que conecta la antena exterior al aparato de televisión.
  ■
  a. ‖ **~ de la basura.** m. *Ve*. Conducto por donde se echa la basura en algunos edificios que tienen varios pisos. ♦ **bajante.**

bajaollas.
  I. 1. m. *Co*. Trozo de tela, *generalmente almohadillada*, para agarrar ollas o cazuelas calientes.

bajapantalones.
  I. 1. f. *Pa*. Mujer que seduce o conquista hombres por medios agresivos. pop + cult → espon. ♦ **bajapanti.**

bajapanti.

I. 1. m. *Pa.* Copa de bebida alcohólica muy fuerte.

2. *Pa.* **bajapantalones**.

bajapantis. (De *bajar* y del ingl. *panties*).

I. 1. m. *PR.* **bajablumer**, mujeriego.

2. *PR.* **bajablumer**, automóvil.

bajar(se).

I. 1. tr. *Mx, Ec, Pe.* Desinflar *alguien* una rueda lo preciso para adecuarla a la presión de aire requerida.

2. intr. *Mx, PR, Pe.* metáf. Mitigar, atemperar, rebajar *alguien* la intensidad de unas declaraciones o de un comportamiento. pop + cult → espon.

3. *Mx, Ec.* Perder presión la rueda de un vehículo.

4. prnl. *Ho, Ni.* metáf. Desanimarse o desmoralizarse *alguien*.

5. *RD.* metáf. Calmarse *alguien*, sosegarse.

II. 1. tr. *Mx, Gu, Ho, Co; Ec*, p.u. Robar. pop + cult → espon.

2. *Mx.* Hacer *alguien* que una persona rompa su relación sentimental con otra y se una a él. pop + cult → espon.

3. *CR.* Asaltar a *una persona* que conduce su vehículo y robárselo. pop + cult → espon.

III. 1. tr. *Ho, Co, Ar, Ur.* Matar *una persona* a *alguien*. pop.

2. *Ar, Ur.* Derribar a *una persona* por medio de un golpe. pop.

IV. 1. tr. prnl. *CR, RD, PR, Ec, Ar.* Ingerir determinada cantidad de una bebida alcohólica o de cualquier otro líquido. pop + cult → espon.

2. tr. *Cu, RD, PR, Ec.* Ingerir un alimento con voracidad y sin miramiento alguno. pop + cult → espon.

V. 1. intr. prnl. *Co:N; Py, Ar:NO*, pop. Estar de huésped en una casa o en un hotel.

VI. 1. tr. prnl. *Co.* Entregar, dar *algo*.

VII. 1. tr. *Cu.* Pagar cierta cantidad de dinero. pop + cult → espon.

2. *Cu.* Transmitir una orden a un subordinado.

3. *Cu.* Sentir, experimentar, manifestar *alguien algo*.

4. *PR.* Comunicar una autoridad una orden o decisión.

VIII. 1. intr. prnl. *Ch.* Retirarse de una empresa o de una actividad difícil y arriesgada.

2. tr. prnl. *Ho, Ni.* Despedir o destituir a *alguien* del puesto o del trabajo. pop.

IX. 1. intr. *Ch:C.* Ir hacia el oeste.

X. 1. intr. prnl. *Ho, Ni.* Caerse *algo* o *alguien* al suelo desde cierta altura.

XI. 1. tr. prnl. *Cu.* Decir o hacer *algo* inesperado o inaceptable. pop + cult → espon.

XII. 1. intr. *Ur; Py*, pop. Trasladarse del campo a la ciudad.

XIII. 1. tr. prnl. *Bo.* Cepillarse una mujer el cabello. pop + cult → espon.

●

a. ‖ **bájate, Pacheco.** fórm. *Ch.* Se usa para pedir humildad, modestia o sinceridad a una persona. pop + cult → espon.

□

a. ‖ ~ **al pozo.** loc. verb. *EU:SE, ES, Pa, Cu, PR.* Besar y acariciar la vulva con la boca. tabú; pop + cult → espon.

b. ‖ ~ **al pueblo.** loc. verb. *PR.* Ir del campo a la ciudad.

c. ‖ ~ **bandera.** loc. verb. *Co.* Iniciar *alguien* las ventas de un día. pop.

d. ‖ ~ **de la jalda.** loc. verb. *PR.* Venir *alguien* del campo. pop + cult → espon.

e. ‖ ~ **de la mula.** loc. verb. *Ve.* Ser víctima de un atraco. pop + cult → espon.

f. ‖ ~ **el grano.** loc. verb. *CR.* Recolectar café. rur; fest.

g. ‖ ~ **el lomo.** loc. verb. *RD.* Trabajar *alguien*.

h. ‖ ~ **el moco.** loc. verb. *RD, PR.* juv. Desanimarse, acobardarse.

i. ‖ ~ **el moño.** loc. verb. *Ch.* Ceder ante una postura contraria después de haber defendido la propia con insistencia.

j. ‖ ~ **fuerte.**

i. loc. verb. *PR.* Advertir *una persona* a alguien de que está de mal humor. pop + cult → espon.

ii. *PR.* Ir directamente al asunto. pop + cult → espon.

k. ‖ ~ **la caña.**

i. loc. verb. *Py, Ar, Ur.* Reprender o amonestar severa y duramente a *alguien*. pop.

ii. *Py, Ar, Ur.* Criticar a *alguien* que no está presente. pop.

iii. *Py, Ar, Ur.* Cobrar un precio excesivo por algo. pop.

l. ‖ ~ **la cortina.**

i. loc. verb. *Ch.* Interrumpir *alguien algo*.

ii. *Cu.* Dejar de desarrollar una actividad, *especialmente comercial*. pop + cult → espon.

iii. *Ch.* Dormirse uno. pop + cult → espon ^ fest.

◆ **bajar la persiana**.

m. ‖ ~ **la fruta.** loc. verb. *CR.* Recolectar café. rur; fest.

n. ‖ ~ **la persiana.** *Ch.* **bajar la cortina**.

ñ. ‖ ~ **libros.** loc. verb. *Gu.* Pensar *algo* con detenimiento, *generalmente, para recordar alguna cosa*.

o. ‖ ~ **línea.** loc. verb. *RD, Ar, Ur.* Transmitir *una persona*, en situación de autoridad, una orden, una postura u opinión personal, *particularmente política*. pop.

p. ‖ ~ **los bonitos.** loc. verb. *RD.* Disminuir *alguien* las pretensiones.

q. ‖ ~ **un avión.** loc. verb. *Cu.* Dar una bofetada a alguien.

r. ‖ ~ **un número.**

i. loc. verb. *Cu.* Decir o informar de algo inesperado, *generalmente desagradable*. ◆ **bajarle**.

ii. *Cu.* Pedir *algo* molesto o enojoso. ◆ **bajarle**.

s. ‖ ~ **una botella.** loc. verb. *Pa, Cu, PR, Ec.* Beberse todo el contenido de una botella.

t. ‖ ~ **una muela.** loc. verb. *Cu.* Charlar, persuadir con elocuencia. ◆ **bajar una trova**.

u. ‖ ~ **una trova.** *Cu.* **bajar una muela**.

v. ‖ ~**le.** *PR.* **bajar un número**.

w. ‖ ~**le a una jeva.** loc. verb. *Cu, RD.* Declararle el amor a una muchacha, intentar conquistarla. pop + cult → espon.

x. ‖ ~**le el changó.**

i. loc. verb. *Cu.* Caer en estado de posesión religiosa.

ii. *Cu.* Enfadarse en grado sumo.

y. ‖ ~**le el moño.** loc. verb. *Ch, Ur.* Doblegar la altivez y el orgullo de alguien. pop + cult → espon.

z. ‖ ~**se de esa nube.** loc. verb. *Gu, Ho, Ni, CR, Cu, RD, Co, Ve.* Dejar *una persona* de ser ilusa. pop.

a¹. ‖ ~**se de la camioneta.** loc. verb. *Ec.* Abandonar una idea o decisión tomada previamente. pop + cult → espon.

b¹. ‖ ~**se de la guagua.** *RD, PR.* **bajarse del bus**, quitarse la idea.

c¹. ‖ ~**se de la mula.** loc. verb. *Ve.* Pagar por un servicio que debería ser gratuito. pop + cult → espon.

d¹. ‖ ~**se del bus.**

i. loc. verb. *Co.* Quitarse la idea de participar en una actividad o proyecto, por sugerencia de los opositores o por circunstancias adversas. pop. ◆ **bajarse de la guagua**.

ii. *Pa.* Aportar dinero u otro objeto en una colecta.

e¹. ‖ **~se del caballo.** loc. verb. *ES.* Dejar de beber. pop.

f¹. ‖ **~se el alma al culo.** *Ho, PR.* **irse el alma al culo**, sentir pavor.

g¹. ‖ **~se el cabello.** loc. verb. *Bo.* Pasarse *alguien* el cepillo varias veces por el pelo.

h¹. ‖ **~se el canasto.** loc. verb. *Ho, Ni.* Insultarse o pelearse dos personas. pop.

i¹. ‖ **~se el pelo.** loc. verb. *Pa.* Cortarse *alguien* el cabello.

j¹. ‖ **no ~ ni con aceite.** loc. verb. *CR.* Resultar *alguien* fastidioso o pesado a otra persona. pop.

a. ‖ **¡bájale!** loc. interj. *Mx, RD.* Expresa voluntad de pedir al interlocutor que no exagere o se exceda en sus actos o apreciaciones. pop + cult → espon.

bajareque. (De or. ind. antillano).
I. 1. m. *Mx, Gu, Ho, Ni, CR, RD, Ve,* rur; *Co,* p.u **bahareque**, mezcla.
2. *Mx, Gu, Ho, Ni, Co, Ve.* **bahareque**, pared, tabique.
3. *Cu;* **bahareque**, casa en estado ruinoso. pop + cult → espon.
4. *RD.* **bahareque**, bohío.
II. 1. m. *Pa.* Llovizna muy menuda que cae en sitios montañosos.

a. ‖ **casa de ~.** f. *Mx, Gu, Ho, ES, Ni; CR,* p.u. Vivienda rústica construida con paredes de bajareque y techo de **zacate** u hoja de palmera.

bajarete.
I. 1. m. *ES, Ni.* Técnica de construcción de viviendas de paredes hechas con palos verticales y palitos horizontales entretejidos con cañas, todo rellenado con barro y piedras.

bajativo. (De *bajar*).
I. 1. m. *ES, RD, Ve, Ec, Pe, Ar, Ur.* Licor digestivo.
2. *Ur.* Tisana. pop + cult → espon.

baje.
I. 1. m. *Cu.* Goma de pegar, *usada especialmente en la reparación del calzado.*
II. 1. m. *ES.* Bebida de sustancias alcohólicas. pop + cult → espon.
III. 1. m. *ES.* Robo. pop + cult → espon.
IV. 1. m. *ES.* Engaño de alguien.
▶ **agarrar de ~; dar ~.**

bajeador, -ra.
I. 1. adj. *Cu. Referido a persona,* que suele acosar disimuladamente a otras para conseguir algo.

bajear(se).
I. 1. tr. *Cu, RD, Ve:O.* Dominar *alguien* a *una persona* con bebedizos y brujerías.
2. *RD, Ve.* Adormecer o atontar a *alguien* con la conversación. pop.
3. *PR.* Sugestionar *una persona* a *alguien.*
4. *Ve.* Convencer a *alguien* para que haga lo que se le pide con amor, con promesas halagüeñas o con lisonjas. pop.
II. 1. intr. *Cu, RD, PR, Ve.* Despedir mal olor.
2. tr. *Cu.* Acosar a *alguien* sutilmente con el fin de alcanzar algún beneficio. ♦ **dormir.**
III. 1. tr. *RD, Ve.* Inmovilizar la culebra a sus presas con el aliento.
2. intr. *RD.* Echar *alguien* el aliento.
3. tr. *PR.* Soplar *una persona* el aliento sobre algo.
IV. 1. tr. *PR, Ec, Py.* Descender *alguien* por un terreno o un lugar en pendiente.
V. 1. intr. prnl. *Ec.* p.u. *En ciertos juegos de naipes,* jugar sistemáticamente a las cartas bajas.

VI. 1. intr. *Bo. En los juegos de pelota,* lanzarla contra el frontón a poca altura del suelo, por encima de la cinta reglamentaria. pop + cult → espon.
VII. 1. intr. *Bo. En un grupo musical,* tocar *una persona* el bajo. pop + cult → espon.
VIII. 1. intr. prnl. *PR.* Pudrirse *algo, especialmente una fruta.*
IX. 1. intr. *CR:NO.* **vajear.**

bajeño, -a.
I. 1. adj/sust. *Pa. Referido a persona,* que vive en zona costera.

bajeo.
I. 1. m. *Cu.* Bajeada.
II. 1. m. *Bo.* Acompañamiento de un canto pulsando las cuerdas graves de un instrumento.

bajera.
I. 1. f. *Mx, Ni, CR, Ar:NO; Co.* p.u. Cada una de las hojas inferiores de la planta del tabaco, consideradas como de mala calidad.
II. 1. f. *Ur, Ar.* rur; m. *Ve.* Manta rectangular, aproximadamente de 1 m de largo, *por lo general de lana gruesa y rústica,* que se coloca directamente sobre el lomo de la cabalgadura. (**abajera**). ♦ **jergón.**
III. 1. *CR.* **alternaria.** rur.

bajerada.
I. 1. f. *ES.* Cosa de mala calidad.

bajeras.
□
a. ‖ **por ~.** loc. adv. *Ho.* Extraoficialmente, por debajo de la mesa.

bajerearse.
I. 1. tr. prnl. *Ni.* Morirse progresivamente el follaje del maíz debido a hongos y bacterias o a deficiencias nutricionales. rur.

bajería.
I. 1. f. *Ch.* p.u. Lugar cercano a la costa, poco profundo y con rocas.

bajero.
I. 1. m. *Ve.* Parte inferior de la hoja seca del plátano u otra planta de hoja ancha empleada como cuerda y envoltura para proteger el **papelón** o el tabaco en rama.

bajero, -a.
I. 1. adj. *ES;* metáf. *Referido a un producto,* de mala calidad. pop + cult → espon ∧ desp.
II. 1. adj. *ES.* metáf. *Referido a persona,* vulgar. pop + cult → espon ∧ desp.

bajete.
I. 1. adj. *PR.* **bajetón.**

bajetón.
I. 1. m. *Pe.* Bajón, descenso brusco e importante a partir de unos valores de estimación.

bajetón, -na.
I. 1. adj. *Cu, RD, PR.* obsol. *Referido a persona,* mediana de cuerpo y de baja estatura. pop + cult → espon.
♦ **bajete.**

bají.
I. 1. adv. *Ve.* No. pop + cult → espon.

bajial.
I. 1. m. *Pa, Cu, Co, Ve, Ec, Pe, Bo:NE.* Terreno bajo que se inunda durante las crecidas de los ríos. ♦ **bajío.**
2. *Ve, Ec, Pe.* Lugar bajo de las zonas litorales que se inunda en invierno cuando sube el agua de los ríos debido a las lluvias torrenciales.

bajichupa.
I. 1. m. *Cu.* Blusa, prenda femenina muy escotada y sin tirantes.

bajín.
I. 1. m. *Ni.* Recompensa ilícita que se obtiene por un servicio o dispensa de un pago.

bajío.
I. 1. m. *Mx, Ho, ES, Pa, RD.* Terreno llano o valle a pocos metros sobre el nivel del mar. ♦ **bajo.**
2. *Mx, Bo:E, Ur.* Depresión suave en el terreno, a modo de hondonada, con tendencia a recoger aguas *y, eventualmente, a inundarse.*
3. *Ec.* Terreno relativamente plano y de nivel inferior a otro.
4. *PR.* Lugar de poca profundidad.
5. *Pa.* Vega de un río.
II. 1. m. *Ec.* Lugar de clima benigno.

bajitico, -a.
I. 1. adj. *RD.* Muy bajo. pop + cult → espon.

bajito, -a.
I. 1. adj. *RD, PR, Ve. Referido a persona,* que adopta una actitud humilde después de un disgusto o contratiempo.
□
a. ‖ ~ **de sal.**
i. loc. adj/sust. *Pa, Cu, Co. Referido a un hombre,* que tiene tendencias homosexuales o actitudes afeminadas.
ii. loc. adj. *Pa, Co. Referido a un tema,* insustancial.
▶ **ponerse ~; verse ~.**

bajo.
I. 1. m. *RD.* Vaho.
2. *RD.* Olor muy penetrante, *generalmente mal olor.*
II. 1. *Ho.* **bajío,** terreno.
III. 1. m. *PR.* Paraje acuático de poco fondo.
□
a. ‖ ~~. *Ho.* **bajo de agua.**
b. ‖ ~ **de agua.** loc. adv. *Gu.* A escondidas, secretamente. ♦ **bajo bajo; por bajo.**
c. ‖ ~ **de color.** loc. sust. *RD.* Negro.
d. ‖ **por ~.** loc. prep. *Ho.* **bajo de agua.**
▶ **dar el ~; hacer el ~.**

¡bajo! (De *bajo,* de poca altura).
I. 1. interj. *Bo. En el juego del cacho,* expresa que el jugador que ha lanzado el dado elige el valor de la cara inferior oculta. pop + cult → espon.

bajomilla. (De etim. desc.).
I. 1. f. *Bo:O,C.* p.u. Escondite, juego infantil. pop + cult → espon.

bajón.
I. 1. adj. *Mx, RD, Pe. Referido a persona,* desalentada, deprimida, desanimada. pop + cult → espon.
2. *Mx. Referido a persona o cosa,* pobre, escasa o deficitaria en alguna cualidad, bien o atributo. pop + cult → espon.
II. 1. m. *Ho, ES, Ch.* juv. Apetito, sensación de hambre. pop + cult → espon.
□
a. ‖ ~ **de.** loc. sust. *PR.* Deseo o antojo de algo. pop + cult → espon.
b. ‖ **¡qué ~!** *PR.* **qué bajón de nota.**
c. ‖ **¡qué ~ de nota!** loc. interj. *PR.* juv. Expresa decepción o descontento ante una situación. ♦ **qué bajón.**
▶ **dar ~.**

bajonado.
I. 1. m. *PR.* Pez de hasta 50 cm de longitud, de color gris moráceo, cabeza olivácea, escamas doradas en la cara y una franja azul debajo de los ojos; su carne es poco apreciada. (Sparidae; *Pagellus caninus*). (**bajonao**).

bajonao.
I. 1. *Cu, PR.* **bajonado.**

bajonazo.
I. 1. m. *CR.* Asalto que se realiza al conductor de un vehículo para robárselo. pop.

bajoncito.
I. 1. m. *ES.* Pequeña cantidad de comida. pop.

bajoneada.
I. 1. f. *Bo.* Decaimiento anímico de una persona por haber sido reprendida o tratada de manera indebida. pop + cult → espon.

bajoneado, -a.
I. 1. adj. *Co, Ec, Pe, Bo, Ch, Py, Ar, Ur. Referido a persona,* decaída anímicamente. pop + cult → espon.

bajoneante.
I. 1. adj. *Ch, Ur. Referido a cosa o asunto,* que provoca depresión. pop + cult → espon.

bajonear(se).
I. 1. intr. prnl. *Co, Ec, Pe, Bo, Ch, Py, Ar, Ur.* Experimentar *alguien* desánimo, entristecerse. pop + cult → espon.
II. 1. intr. *Ch.* juv. Ingerir alimentos después de un **carrete.**

bajoneo.
I. 1. m. *Co, Bo, Ch, Py, Ur.* Desánimo, desaliento de alguien. pop + cult → espon.

bajonera.
I. 1. f. *Ho.* Hambre. delinc.

bajop. (Del ingl. *backhoe,* retroexcavadora).
I. 1. m. *CR.* Vehículo automotor provisto en su parte frontal de una pala mecánica ancha y una más estrecha en su parte posterior para hacer excavaciones.

bajos.
I. 1. m. *Ni.* Vapores que se aplica la mujer con fines sanitarios después del parto. pop + cult → espon.

¡bajú!
I. 1. interj. *Ve:O.* Expresa rechazo. pop.

bajumbal.
I. 1. m. *Ve.* Terreno bajo y pantanoso con maleza, propio de las tierras bajas del delta del Orinoco.
2. *Ve.* Terreno bajo *que generalmente se inunda en época de lluvia.*

bajunguero, -a.
I. 1. adj. *Ar:N. Referido a persona,* desleal, baja, ruin. pop + cult → espon ^ desp.

bajuno, -a.
I. 1. adj/sust. *Pa. Referido a persona,* desvergonzada y atrevida. rur.

bajura.
I. 1. f. *PR.* Terreno bajo junto al litoral, *especialmente los de las zonas oeste y suroeste de Puerto Rico.*
II. 1. f. *CR.* Zona de Costa Rica que comprende las tierras bajas de la península de Nicoya, en la provincia de Guanacaste, y las de San Carlos, en la provincia de Alajuela.
□
a. ‖ **¡huyuyuy ~!** *CR.* **¡uyuyuy bajura!**
b. ‖ **¡uyuyuy ~!** loc. interj. *CR.* Expresa júbilo. (**¡huyuyuy bajura!**).

bajureño, -a.
I. 1. adj. *CR. Referido a persona,* que vive en la **bajura.**

bajureque.
I. 1. adv. *Ve.* No. pop + cult → espon.

bajuroso.
I. 1. adj. *CR. Referido a un terreno,* aguanoso. rur.

baká.
I. 1. m. *RD. En el vuduismo,* espíritu maligno que ronda y protege las propiedades de su dueño, bajo apariencia animal.

bakan.
    I. 1. adj. *Ch. Referido a cosa*, fantástica, espectacular, buena, agradable. pop + cult → espon.

bakear. (Del ingl. *to back up*).
    I. 1. tr. *PR.* Respaldar, apoyar *una persona* a *alguien.*

bakeo. (Del ingl. *back up*).
    I. 1. m. *PR.* juv. Respaldo que se da a alguien.

bakery. (Voz inglesa).
    I. 1. m. *EU, PR.* Panadería.

baking.
    ■
    a. ‖ *~ powder.* (Voz inglesa). m. *EU, PR.* Polvo de hornear, levadura.
    b. ‖ *~ soda.* (Voz inglesa). m. *EU.* Bicarbonato de sodio. pop + cult → espon.

bakut. (Voz maya).
    I. 1. m. *Gu.* **cañandonga**, arbusto.
    2. *Gu.* Fruto del bakut, vaina semicilíndrica, leñosa y negra, de hasta 80 cm de longitud, dividida en celdillas; la melaza de su interior posee propiedades tónicas y depurativas.

bala.
    I. 1. f. *Mx, CR, Pa, Cu, Co, Ve, Ch.* Bola de plomo de 7,3 kg para los hombres y de 3,6 kg para las mujeres que se utiliza en la **competencia** del lanzamiento de peso.
    2. *Cu, Ur.* metáf. Persona pesada, antipática.
    II. 1. f. *Mx, Ch.* Persona muy capaz. ◆ **balazo.**
    2. *Ec.* Persona perspicaz, que responde rápidamente, con viveza y gracia, a cualquier situación. pop + cult → espon.
    III. 1. *Pa, Co.* **matarratón.** (**balo**).
    IV. 1. f. *Ar:NO.* Colmena silvestre de forma esférica construida en árboles o en los aleros y techos de las casas.
    V. 1. f. pl. *Ho, ES, Ni.* **Frijoles** enteros y cocidos. fest.
    VI. 1. f. *Ec:O.* Alimento que consiste en una bola frita de **plátano verde** cocido y molido, mezclada con queso y **chicharrón**, piel de cerdo.
    VII. 1. f. *Bo. En el juego del cacho*, el número uno de un dado.
    VIII. 1. f. *ES.* Fardo prensado de un producto.
    IX. 1. f. *Ho.* Estancia de un año en la cárcel. delinc.
    X. 1. f. *PR.* Cápsula o pastilla grande, *especialmente si resulta difícil de tragar.*

    ■
    a. ‖ *~ cruciada.* f. *Ho.* Bala a la que se le ha hecho una cruz en la parte de atrás.
    b. ‖ *~ en boca.* f. *Ho, Ni.* Arma de fuego cargada, lista para disparar.
    c. ‖ *~ fría.* f. *Cu, Ve.* Comida rápida. pop.
    d. ‖ *~ loca.* f. *Ch.* p.u. Bala perdida que da en un punto distinto y apartado de aquel adonde el tirador quiso dirigirla.
    e. ‖ *~ viva.* f. *Ho, PR.* Bala de una pistola que no es de goma.
    □
    a. ‖ **a ~.**
      i. loc. adv. *Co.* A tiros.
      ii. *Pa.* Rápidamente, con prontitud.
    b. ‖ **a pura ~.** loc. adv. *Ur.* Velozmente. pop + cult → espon.
    c. ‖ **como ~.** loc. adv. *Bo.* Rápidamente.
    d. ‖ **con ~ en boca.** loc. adj. *Ch. Referido a un arma de fuego*, lista para ser disparada.
    e. ‖ **con la ~ pasada.** loc. adv. *Ch.* En estado de irritación e inquietud provocado por una situación en la que se han frustrado una serie de expectativas. pop + cult → espon.

    f. ‖ *~ de gas.* loc. sust. *Cu.* Bombona de gas butano.
    g. ‖ **ni a ~.** loc. adv. *Ec, Bo.* De ninguna manera.
    h. ‖ **ni de a ~s.** *RD, Pe.* **ni a balazos.**
    ◪
    a. ‖ **ábranla, que lleva ~.** fr. prov. *Mx.* Indica petición urgente de paso libre y expedito.
    b. ‖ *~ que zumba no da.* fr. prov. *RD.* Indica advertencia contra los falsos rumores.
    ▶ aguantar ~; comer ~s; curar ~s; echar ~; estar de ~; estar que echa ~; llevar ~; no entrarle ~s; no entrarle ni las ~s; rempujar ~.

¡bala!
    I. 1. interj. *Bo.* Expresa rechazo ante una propuesta. euf; pop + cult → espon.

balabú.
    I. 1. m. *CR.* **balaú.**

balaca.
    I. 1. f. *Co.* Diadema o cinta, *generalmente elástica*, para sujetar el pelo.
    II. 1. *Ar.* obsol. **bacalada.**
    2. *Ni.* p.u. Dicho o hecho de una persona cobarde que alardea de valentía. rur.

balacada.
    I. 1. f. *Ar.* obsol. Alarde de una cualidad que no se posee, *en especial la valentía.* (**balaqueada**).

balaceada.
    I. 1. *Mx, Gu, Ho, ES, Pa.* **balacera.**

balacear.
    I. 1. tr. *Mx, Gu, Ho, ES, Ni, Cu, RD, Ve, Bo.* Disparar repetidamente *una persona* contra alguien o algo. pop + cult → espon. ◆ **balear.**
    2. *Mx, Gu, Ho, ES, Ni.* Herir o matar con bala a *alguien.*

balaceo.
    I. 1. *Cu.* **balacera.**

balacera.
    I. 1. f. *EU, Mx, Gu, Ho, ES, Ni, CR, Pa, Cu, RD, Co, Ve, Ec, Pe, Bo, Ch, Py, Ar, Ur.* Tiroteo. ◆ **balaceada; balaceo; baleadora; baleadura; baleo.**

balaclava. (De *Balaclava,* ciudad de Crimea, donde las tropas británicas [1853-1856] usaban esta prenda).
    I. 1. m. *Pe.* Prenda de abrigo para la cabeza que deja al descubierto ojos, nariz y boca.

balada.
    I. 1. f. *Ch.* p.u. Tipo de fuego de artificio.

baladera.
    I. 1. f. *Ch.* Conjunto de balidos. rur.

baladora.
    I. 1. f. *Pe.* Tirachinas, horquilla con mango a cuyos extremos se unen los de una goma para estirarla y disparar así piedrecillas o perdigones. rur.
    II. 1. f. *Bo:E.* Oveja, animal herbívoro. pop + cult → espon.

baladrón, -na.
    I. 1. **balandrón**, sinvergüenza.

balagre.
    I. 1. m. *Ho.* **bayal.** (**balaire**).

balai.
    I. 1. m. *Ve:O.* Cesto plano que se cuelga del techo de la cocina para guardar alimentos con el objeto de protegerlos de los animales. (**balay**).

balaire.
    I. 1. *Ho.* **balagre.**

balance.
    I. 1. m. *EU, RD, PR.* Equilibrio.
    II. 1. m. *Cu.* Balancín, barra de madera.
    2. *Cu:O.* Mecedora.

■

a. ‖ **asamblea de ~.** f. *Cu.* Reunión de una organización política o de masas en las que se informa y evalúa la labor realizada en un período de tiempo determinado y se trazan pautas para el trabajo futuro.

▶ **no dar ~; perder el ~.**

balanceadora.
I. 1. f. *Ve, Ar.* Máquina que se utiliza para **balancear** las ruedas de los vehículos automotores.

balancear.
I. 1. tr. *EU, Mx, Gu, Ho, ES, Ni, CR, Pa, Cu, RD, PR, Co, Ve, Ec, Pe, Ch, Py, Ar, Ur.* Equilibrar la rotación de las ruedas de un vehículo colocando en ellas piezas de plomo.

balancero.
I. 1. m. *Bo:E.* Matón a sueldo. delinc.

balancín.
I. 1. m. *Py, Ar, Ur. En un alambrado,* varilla de madera suspendida entre postes fijados a la tierra, con perforaciones por donde pasan los alambres.
II. 1. m. *Ho.* Juego que consiste en colocarse dos niños con las espaldas pegadas y agarrados de los brazos para tratar de levantar y cargar sobre sus espaldas al contrario. inf.
III. 1. m. *Ni.* Arcos, *generalmente de madera,* que terminan en forma circular, en los que descansan los pies de una mecedora.
IV. 1. m. *PR.* Planta herbácea de hasta 75 cm de longitud, de tallos frágiles, hojas ovaladas, moradas por la cara inferior y verde por la superior; se le atribuyen propiedades medicinales. (Commelinaceae; *Commelina longicaulis*). ♦ **cohitre; columpio.**
V. 1. m. *PR.* Cuerda en la que se mece el gallo para ejercitar su cuello y sus alas.

balandrán.
I. 1. m. *Ho, ES, Ni.* Cualquier vestido largo de una sola pieza y muy ancho. desp.
2. *Ho.* Vestidura rectangular y ancha de **tuno** que llega hasta las rodillas, sin coser por los laterales, con una abertura en el centro por donde se mete la cabeza.
3. *CR.* Prenda de vestir femenina, *normalmente un vestido o una enagua,* muy larga, tosca, de aspecto feo *y por lo general vieja.* pop + cult → espon ^ desp.

balandrón, -na. (Epént. de *baladrón*).
I. 1. adj/sust. *Ho, Ve, Bo:E, Ur, Ar,* p.u. *Referido a persona,* que siendo cobarde ostenta valentía. pop + cult → espon ^ desp.
II. 1. adj/sust. *PR, Ec. Referido a persona,* sinvergüenza, que comete actos ilegales en provecho propio, o incurre en inmoralidades. pop + cult → espon ^ desp. (**baladrón**).

balandronada. (Epént. de *baladronada*).
I. 1. f. *Mx, Gu, Ho, Ni, RD, Ve, Ec, Bo:E, Ar, Ur, Co, Ch,* p.u. Hecho o dicho propio de una persona que siendo cobarde ostenta valentía *generalmente con visos de fanfarronería.* pop + cult → espon ^ desp. (**balanronada**).

balandronear. (Epént. de *baladronear*).
I. 1. intr. *Bo:E, Ar, Mx, Ho,* obsol; *Ch,* p.u. Fanfarronear. pop + cult → espon ^ desp. (**balanronar; balanronear**). ♦ **balaquear.**

balanronada.
I. 1. f. *CR.* balandronada. rur; pop.

balanronar.
I. 1. *CR.* **balandronear.** rur; pop.

balanronear.
I. 1. *CR.* **balandronear.**

balansuá. (Del fr. *balançoire*, balancín).
I. 1. m. *Cu.* Mecedora.

balanza.
I. 1. f. *ES.* Cobro de una deuda.

■

a. ‖ **~ de embudo.** *PR.* **balanza de plato.**
b. ‖ **~ de plato.** f. *PR.* Tipo de instrumento para pesar gallos. ♦ **balanza de embudo; balanza de sable.**
c. ‖ **~ de sable.** *PR.* **balanza de plato.**

▶ **pasar la ~.**

balanzón.
I. 1. m. *Mx.* Cogedor de la balanza con el que se recogen los granos que se van a pesar.

balaou.
I. 1. m. *PR.* Pez de hasta 45 cm de longitud, cilíndrico, delgado y muy espinoso, con diferentes modalidades de azul; es comestible. (Exocoetidae; *Hemiramphus* spp.).

balaqueada.
I. 1. *Ec, Bo, Ar, Ur.* **balacada.**

balaqueador, -ra.
I. 1. adj. *Bo, Ar, Ur, Ec,* p.u. *Referido a persona,* fanfarrona. pop + cult → espon.

balaquear.
I. 1. intr. *Bo, Ar, Ec,* p.u. **balandronear,** proferir bravatas. pop + cult → espon.

balarrasa.
I. 1. m. *Mx.* Aguardiente común.

balaste.
I. 1. m. *Ho, ES.* Balasto, capa de grava.

balasteo. (De *balasto*).
I. 1. m. *Ho.* Cubrimiento con gravilla de la calzada de calles y carreteras. (**balastreo**). ♦ **balastrado.**

balasto. (Del ingl. *ballast,* lastre).
I. 1. m. *Co, Ve, Bo, Ar.* Aparato eléctrico que controla el encendido de los tubos o luces fluorescentes. (**balastro**).

balastra.
▶ **llevar en la ~.**

balastrado.
I. 1. *Ho.* **balasteo.**

balastrar. (Epént. de *balastar*).
I. 1. tr. *Ho, Ur.* Balastar, extender una capa de grava o de piedra machacada sobre la calzada de una calle o carretera. (**balastrear**).

balastre. (Epént. de *balaste*).
I. 1. m. *Ho, Ni.* Balasto, capa de grava.
2. *Ni.* Piedras trituradas que se utilizan en la construcción de carreteras.
II. 1. m. *Ho:N, ES.* Mezcla de arroz y **frijoles sancochados.**

balastrear. (Epént. de *balastrar*).
I. 1. *Mx, ES, Ur.* **balastrar.**

balastreo. (Epént. de *balasteo*).
I. 1. *Mx, Gu, Ho, ES.* **balasteo.**

balastrero. (Epént. de *balastero*).
I. 1. adj/sust. *Ho, ES. Referido a un camión,* que se utiliza para acarrear **balasto.**
2. m. *Ho.* Hombre que tiene por oficio echar una capa de gravilla y arena en una calle o carretera, y compactarla.

balastro. (Epént. de *balasto*).
I. 1. *Co, Ve, Bo.* **balasto.**

balata.
I. 1. f. *Mx, Bo, Ch.* Elemento principal en el sistema de frenado de un vehículo.
II. 1. f. *Co, Pe, Bo.* Árbol de hasta 40 m de altura, con hojas alternas, elípticas aovadas, flores en fascículos axilares de color blanco y fruto en forma de baya amarilla con albumen carnoso; es comestible. (Sapotaceae; *Manilkara bidentata*). (**balatá**). ♦ **ausubo; masarandua.**

2. *Pa.* Árbol de hasta 40 m de altura, de hojas simples y alternas, flores blancas o amarillentas y frutos en bayas globosas o elipsoides, amarillos o anaranjados al madurar. (Sapotaceae; *Manilkara darienensis*).

balatá.
I. 1. f. *RD, Ve.* Goma elástica que se hace con el látex o leche coagulada extraída del **balata**; tiene usos industriales.
2. *Ve.* **balata**, árbol.

balaú.
I. 1. m. *CR.* Arma de fuego de calibre veintidós. (**balabú**).

balaústre.
I. 1. m. *Co.* Árbol de hasta 15 m de altura, con corteza aromática, de hojas compuestas y fruto verde, grande, con una semilla cubierta por largas espinas; su madera se usa en ebanistería. (Fabaceae; *Centrolobium paraense*).

balay. (Del port. *balaio*, retama).
I. 1. m. *Cu, Co; Ch.* rur. Cedazo hecho de fibra vegetal que se usa para cerner harina.
2. *Bo; Pe,* rur. Cesto de mimbre o de carrizo.
3. *Ve:O.* **balai**.
II. 1. m. *Cu.* Plato de madera, especie de batea pequeña o artesa, que sirve para aventar cereales. rur.
2. *Cu.* Canasta de diversas formas, tamaños y materiales usada para llevar la ropa recién planchada. rur.

balazo.
I. 1. m. *Ho, Bo, Ch, Ar, Ur.* En el *futbol*, tiro muy fuerte dado con el pie. pop + cult → espon.
II. 1. *Co.* **conté**.
III. 1. m. *Ch.* **bala**, persona muy capaz.
IV. 1. m. *Ni.* Persona veloz en realizar algo o en captar una idea. pop + cult → espon.

■

a. ‖ **un ~ en el hígado.** m. *Ur.* Malestar estomacal producido por haber comido o bebido en exceso. pop ^ fest. ♦ **una patada en el hígado.**

□

a. ‖ **a ~.**
  i. loc. adv. *Ch.* A la fuerza. pop + cult → espon.
  ii. *Pa.* **como balazo.** pop + cult → espon.
b. ‖ **como ~.** loc. adv. *Ur.* Muy rápidamente, con gran velocidad y prontitud. pop. ♦ **a balazo.**
c. ‖ **ni a ~s.** loc. adv. *Mx, Ho, ES, RD, Ve, Ec, Ch, Py, Ar.* De ninguna manera. pop + cult → espon. ♦ **ni de a balas.**

▶ **estar de a ~s; sacarse los ~s.**

balbiquín.
I. 1. *PR.* **barbiquín**.

balbo, -a.
I. 1. adj. *Mx. Referido a persona,* tartamuda, tartajosa. pop + cult → espon.

balché. (Voz maya).
I. 1. m. *Mx:SE, Gu.* Árbol de hasta 10 m de altura, con follaje denso y redondeado, flores de color lila-morado y frutos en forma de vainas planas. (Fabaceae; *Lonchocarpus longistylus*).
2. *Mx:SE, Gu.* Bebida alcohólica elaborada por la fermentación de la cáscara de piña o caña de azúcar a la que se añade cortezas del árbol *balché.* rur.

balco.
I. 1. m. *PR.* Estudiante aprovechado.

balcón.
I. 1. m. *Co, Ve.* Casa colonial grande de dos pisos.
2. *Gu, Pa, RD, PR, Ch; Ve,* obsol. Segundo piso de los teatros y cines.
II. 1. m. *Mx.* Delator. polic.
III. 1. m. *Gu.* Reja de ventana.

▶ **de alquilar ~es; estar de alquilar ~es; para alquilar ~es.**

balconazo.
I. 1. m. *Pe.* diálogo que mantiene el presidente de la República del Perú desde el balcón del palacio presidencial con el pueblo, que se concentra en la plaza de Armas de Lima.

balconcillo.
I. 1. m. *Bo:O, C.* Lugar al borde de un camino que da a un precipicio. pop + cult → espon.

balconear.
I. 1. tr. *Mx.* metáf. Hacer *alguien* públicos los asuntos privados de una persona.
2. intr. *Gu, PR, Py, Ar, Ur; Bo:O, C, Ch,* p.u. Observar *alguien* con curiosidad desde un balcón o cualquier otro sitio elevado, averiguar para chismear.
3. tr. *Pe, Py, Ar.* Observar *alguien* los acontecimientos sin participar en ellos.
II. 1. intr. *Ur.* Perder *alguien* el tiempo.

balconera.
I. 1. sust/adj. *Bo.* p.u. Mujer que pasa largos ratos en el balcón de su casa para observar lo que sucede alrededor.
II. 1. f. *Ur.* Cartel de propaganda, *generalmente política,* que se exhibe en el balcón o ventana de un edificio. pop ı cult → espon.

balconería.
I. 1. f. *Ho.* Fábrica de balcones.

balda.
I. 1. f. *Ar:NO.* Planta de hasta 1 m de altura, de hojas opuestas y aserradas, inflorescencia abierta y flores doradas; tiene aplicación en la medicina tradicional. (Asteraceae; *Flaveria bidentis*). ♦ **contrayerba; fique.**
II. 1. f. *Ec.* obsol. En el juego del *cuarenta,* falta de un palo.

baldada.
I. 1. f. *Ho, ES, Ni.* Cantidad de algo, *generalmente líquidos o granos,* que caben en un **balde**.

baldado.
I. 1. m. *CR, Co;* f. *Ch.* Contenido de un **balde**.

baldado, -a.
I. 1. adj. *Ve, Ec, Ur. Referido a persona,* que tiene una lesión en alguna de las extremidades.
2. *Ch. Referido a persona,* que tiene una extremidad inutilizada.
3. *ES. Referido a persona,* que está impedida o tiene alguna invalidez.
4. adj/sust. *Pa. Referido a persona,* tuberculosa.

baldazo.
I. 1. m. *CR, Ec.* Lluvia abundante e intensa. pop + cult → espon.

□

a. ‖ **~ de agua fría.** loc. sust. *Co, Ec, Pe.* Dicho o hecho que provoca desilusión o pérdida de entusiasmo. pop + cult → espon.

▶ **caer como un ~ de agua fría.**

balde.
I. 1. m. *Gu, Ho, Cu:E, RD, PR, Ve, Py, Ur.* Cubo de plástico o metal en el que se mezcla agua y detergente para la limpieza doméstica.
2. m. *RD, PR, Bo, Py, Ar, Ur.* Cubo cilíndrico, *generalmente de hierro,* que se utiliza para transportar la mezcla de arena y cemento en las construcciones.
II. 1. m. *Ar:NO. En viviendas suburbanas o rurales,* pozo del que se extrae agua potable. rur.

□

a. ‖ **a ~s.** loc. adv. *Ch, Ar, Ur. En relación con la lluvia,* en gran cantidad, en abundancia. pop + cult → espon.

b. ‖ ~ **de agua fría.** loc. sust. *Gu, Ho, CR, RD, PR, Co, Ve, Ec, Pe, Bo, Ch, Py, Ar, Ur.* Dicho o hecho que provoca desilusión o pérdida del entusiasmo. pop. ♦ **baldazo de agua fría.**

c. ‖ **con** ~. loc. adv. *Ch.* Con abundancia. pop + cult → espon.

d. ‖ **de** ~. loc. adv. *Ho.* Sin hacer nada, con ociosidad. pop + cult → espon.

▶ **caer como** ~ **de agua fría; patear el** ~.

baldeado.
  I. 1. *Cu.* **baldeo.**

baldeado, -a.
  I. 1. adj. *ES. Referido a persona*, acuchillada. delinc.

baldear(se).
  I. 1. prnl. *Cu, Ur.* Bañarse *alguien*. pop + cult → espon.
  II. 1. tr. *ES.* Herir a *alguien* con una navaja. delinc.
  □
  a. ‖ ~ **las tripas.** loc. verb. *Ch.* Pagar *una persona* a otras con las que está, todas las consumiciones que hacen en un bar. pop + cult → espon ^ fest.

baldeo.
  I. 1. m. *Cu.* metáf. Baño. pop + cult → espon. ♦ **baldeado.**

▶ **echarse un** ~; **tirarse un** ~.

baldero, -a.
  I. 1. m. y f. *ES.* Ladrón que usa navaja. delinc.

baldible.
  I. 1. adj. *PR. Referido a un terreno*, que no se aprovecha para el trabajo agrícola por estimarse improductivo. rur.

baldío.
  I. 1. adj. *Mx, Gu, Ho, ES, Ni, CR, Pa, Cu, RD, Ve, Bo, Ch, Py, Ar, Ur. Referido a un terreno urbano*, que todavía no ha sido edificado.
  2. *Ve, Ec, Pe. Referido a un terreno*, destinado en la planificación urbana para la construcción de un edificio.
  3. adj. *Co. Referido a un terreno*, del dominio del Estado, susceptible de apropiación privada, mediante ocupación acompañada del trabajo, o de la adquisición de bonos del Estado.
  4. m. *Cu.* Solar, terreno.

baldo.
  I. 1. m. *Ni.* Puñal, arma **cortopunzante.** delinc.

baldo, -a.
  I. 1. adj/sust. *PR.* metáf. *Referido a persona*, baldada, impedida, privada del uso de algún miembro. vulg.

baldoquín.
  I. 1. m. *Mx, ES.* Baldaquín, templete para colocar la custodia o una imagen. prest; cult → esm.

baldosa.
  I. 1. sust/adj. *Ar.* metáf. Persona torpe para entender o asimilar conocimientos. pop + cult → espon ^ desp.

▶ **azotar** ~.

baldosada.
  I. 1. f. *Ch.* **baldosado.**

baldosado.
  I. 1. m. *Co, Ch, Ar, Ur.* Embaldosado. (**baldosada**).

bale.
  I. 1. m. *RD.* Campesino.

baleada.
  I. 1. f. *Ho.* Comida hecha de **tortilla** de harina de trigo o de maíz, doblada, con **frijoles** triturados y mantequilla, *a los que a veces se añade arroz y otros ingredientes.*

baleado, -a.
  I. 1. m. y f. *Gu, Ho, ES, RD, PR, Co, Ur.* Persona víctima de un tiroteo.
  II. 1. adj. *Py, Ar. Referido a persona*, indispuesta por haber comido o bebido demasiado. pop + cult → espon.

baleadora.
  I. 1. *Pe, Bo.* **balacera.**

baleadura.
  I. 1. *Bo.* **balacera.** pop + cult → espon.

balear.
  I. 1. tr. *Ho, ES, CR, Cu, PR, Co, Ve, Pe, Bo, Ch, Py, Ar, Ur.* Herir o matar *una persona* a *alguien* a balazos.
  2. *Ho, ES, CR, Cu, RD, PR, Co, Ve, Pe, Ch, Py, Ar, Ur.* **balacear,** disparar.
  II. 1. intr. *PR.* Dar balidos un animal. rur.

baleo.
  I. 1. m. *ES, Ch.* **balacera.**

balera.
  I. 1. f. *Ch.* Conjunto de balidos.
  II. 1. f. *Ch.* Tipo de canana, receptáculo para llevar una serie de balas.

balerina.
  I. 1. *Cu.* **ballerina.**

balero.
  I. 1. m. *Mx, Co:O, Ec, Pe, Bo, Ar, Ur.* Juguete compuesto por un palo terminado en punta al que va unido por un cordón una bola que, lanzada hacia arriba con tiento, se procura atrapar ensartándola con el extremo de la varilla. ♦ **coca.**
  II. 1. m. *Ar, Ur.* Cabeza de una persona. pop + cult → espon.
  2. *Ar, Ur.* Inteligencia de una persona. pop + cult → espon ^ fest.
  3. *Ar, Ur.* Persona muy inteligente. pop + cult → espon ^ fest.
  III. 1. m. *Mx.* Rodamiento, dispositivo mecánico con el que se protege de la fricción un eje o una flecha que rotan.

  ■
  a. ‖ ~ **de mujer.** m. *Mx, Ur.* Juego que consiste en hacer saltar una bola y colocarla en el extremo de un palo.

baletista.
  I. 1. m-f. *RD, Ec, Pe.* p.u. Persona que baila ballet.
  2. *Pe.* p.u. Persona a la que le gusta, que aprecia y sabe de ballet.

baletomanía.
  I. 1. *Cu.* **balletomanía.**

baletómano.
  I. 1. *Cu.* **balletómano.**

balijú.
▶ **darse** ~.

balín.
  I. 1. m. *Mx, Gu, Ho, ES, Ni, CR, Co, Ch.* Cada una de las esferas de acero que forman parte de un rodamiento a bolas.
  II. 1. adj. *Mx, Ho. Referido a persona*, que no desempeña eficaz, honesta o competentemente la función o condición que le es propia. pop + cult → espon.
  2. m. *Cu.* metáf. Persona antipática, molesta. pop + cult → espon.
  3. sust/adj. *Ho, Pa.* metáf. Persona muy rápida. pop + cult → espon.
  4. m. *Ho.* Persona tonta. pop + cult → espon.
  5. *Ho.* Hombre homosexual. pop + cult → espon ^ desp.
  6. sust/adj. *Ni.* Persona loca. pop + cult → espon.
  7. *Pa.* Persona astuta. pop + cult → espon.
  III. 1. adj. *Mx. Referido a cosa*, carente de valor, *particularmente porque es falsa.*
  IV. 1. m. *Ho, ES, Ni, Pa.* **Frijol** entero y cocido que ha quedado duro.
  V. 1. m. *Cu.* Pantalón. pop + cult → espon.
  VI. 1. m. *Cu.* Mojón pequeño y duro. vulg.
  VII. 1. m. *Cu.* Cigarrillo. pop + cult → espon.

■

a. ‖ ~ **cascado.** m. *Ni.* Persona mal vestida y desarreglada. pop + cult → espon ^ fest.

▶ **sobársele el ~.**

¡balín!
I. 1. interj. *Gu.* Expresa la poca importancia que se le da a algo. pop + cult → espon.

balinazo.
I. 1. m. *Ho.* Golazo.

balinera. (Del ingl. *ball bearing,* cojinete de bolas).
I. 1. f. *Ho, Ni, Pa, Co.* Dispositivo mecánico formado por dos cilindros concéntricos, entre los que se intercala una corona de bolas que facilitan el rodamiento.

▶ **silbar la ~; sobarse la ~.**

balista.
I. 1. f. *Pe.* Arma compuesta de arco y flechas. rur.
2. m-f. *Ch.* Atleta lanzador de **bala**, bola de metal.

balita.
I. 1. f. *Py.* Juego de niños que se hace con bolas pequeñas de barro, vidrio u otra materia dura.
2. *Py.* Una de estas bolas.
II. 1. f. *Cu.* Cigarrillo.

baliza.
I. 1. f. *Ch, Ar.* Dispositivo luminoso intermitente que llevan los vehículos policiales y de emergencias para indicar su presencia.
2. *Py, Ar, Ur.* Señal de forma triangular que se lleva en los vehículos y se coloca en la carretera para advertir de una situación de emergencia.
3. *Ar, Ur. En un vehículo,* cada una de las dos luces frontales y traseras que se encienden simultáneamente de manera intermitente para indicar la posición de este cuando está detenido.
II. 1. f. *Cu. En agrimensura,* instrumento que se usa en trabajos topográficos para marcar los puntos o trazar líneas en el terreno.

balizar.
I. 1. tr. *Cu.* Señalar con **balizas** un terreno que se va a ser sembrado.

balk.
I. 1. m. *Cu, Ve. En el beisbol,* falta que comete un jugador al disponerse a lanzar o en el lanzamiento.

ball. ■
a. ‖ ~ ***point.*** (Voz inglesa). m. *EU, PR.* Bolígrafo.

balladora.
I. 1. f. *Bo:E.* Piedra en forma de media luna que se emplea para moler en el **batán.** pop + cult → espon.

ballena.
I. 1. f. *Cu.* Persona muy gorda. pop + cult → espon ^ desp.
II. 1. m-f. *Ni.* juv. Persona irresponsable, despreocupada.

ballenato.
I. 1. m. *Co, Ec.* Canción o baile popular cuya música se hace casi siempre con acordeón; es nativo de la zona norte colombiana.

ballenera.
I. 1. f. *Ch.* Factoría dedicada a la industria de la ballena y otros cetáceos.

ballenero.
I. 1. m. *Pa.* Hombre que desde hace tiempo no disfruta de la compañía de una mujer. pop + cult → espon.

ballenero, -a.
I. 1. adj. *Ec:O.* p.u. *Referido a persona,* lujuriosa. pop + cult → espon.

ballenita.
I. 1. f. *Ar, Ur, Ch,* obsol. Tira de material flexible, corta y estrecha, *que se coloca especialmente en los cuellos de camisa de hombre* para dar rigidez a los bordes.

ballerina.
I. 1. f. *Cu.* Tipo de calzado de mujer, cerrado y sin tacón. (**balerina**).

ballestero.
I. 1. m. *Bo.* Berbiquí, herramienta que sirve para taladrar. pop + cult → espon.

ballestilla.
I. 1. f. *Cu.* Arco de violín o de contrabajo. (**ballestina**).
2. *Cu.* metáf. Persona alta y delgada. pop + cult → espon ^ fest.

ballestina.
I. 1. *Cu.* **ballestilla,** arco.

balletomanía.
I. 1. f. *Cu.* Afición al ballet. (**baletomanía**).

balletómano, -a.
I. 1. sust/adj. *Cu.* Persona muy aficionada al ballet. (**baletómano**).

ballí.
I. 1. m. *Mx.* Palmera trepadora, espinosa, de tallo nudoso, delgado y de canutos prolongados de hasta 2 cm de diámetro, y con la vena de las hojas erizada de pequeñas espinas muy finas; de sus tallos cortados en tiras se hacen cestos. (Drecaceae; *Desmoncus chinantlensis*). (**ballil**).

ballil.
I. 1. *Mx.* **ballí.**

ballottage. (Voz francesa).
I. 1. *Ar, Ur.* **balotaje,** segunda vuelta.

balneario.
I. 1. m. *Gu, ES, Ni, RD, Co, Ve, Ec, Pe, Ch, Ur.* Lugar, *generalmente situado junto al mar o a un río,* en el que se brinda distracción y confort al visitante.
2. *PR.* Playa con instalaciones públicas recreativas.

balo.
I. 1. m. *Pa.* **bala,** árbol.

balón.
I. 1. m. *Bo, Ar, Ur.* metáf. Copa grande de vidrio, en forma redondeada, en la que se sirve cerveza.
2. *EU.* Globo.
3. m-f. *Ec, Bo.* metáf. Persona muy gorda. pop + cult → espon ^ fest.

▶ **dar ~.**

balona.
I. 1. f. *Ni.* meton. Gamella, cada uno de los dos arcos del yugo. rur.

balonazo.
I. 1. m. *RD.* Juego de niños en el que participan dos equipos: cada jugador lanza la pelota al cuerpo de uno del equipo contrario, que si es golpeado debe salir del juego; si la pelota no le da, un jugador de los que han salido puede volver al juego y si no hay ninguno, acumula puntos.

balostre.
I. 1. m. *Cu.* Balaustre.

balota.
I. 1. f. *Pa, Co.* Cada una de las esferas numeradas, contenidas en un bombo, que se utilizan en los sorteos.
2. *Pe.* Papeleta de papel, cartón o madera con la que se emite un voto en unas elecciones.
3. *Pe.* Ficha numerada en la que aparece cada uno de los capítulos de un temario determinado para un examen y que se saca por sorteo.
4. *Ur.* obsol. Credencial o documento que habilita para votar en las elecciones nacionales.

balotaje. (Del fr. *ballottage,* empate en la primera vuelta de unas elecciones).
- **I. 1.** m. *Pe, Ch, Py, Ar, Ur, RD,* p.u. Segunda vuelta electoral, que se realiza entre los dos candidatos más votados si ninguno de ellos ha obtenido la mayoría requerida para ser proclamado vencedor. prest; cult → esm. (***ballottage***).
- **2.** *Pe.* Votación electoral.
- **3.** *Pe.* Recuento de votos en unas elecciones.

balotario.
- **I. 1.** m. *Pe.* Temario propuesto para un examen.

baloteado, -a.
- **I. 1.** adj. *Pe. Referido a persona,* que no ha superado un examen o una votación.

balotear.
- **I. 1.** tr. *Pe.* Suspender *alguien* a *una persona* en un examen o no elegirla en una votación.
- **II. 1.** intr. *RD.* Votar utilizando **balotas** o bolillas.

baloteo.
- **I. 1.** m. *Pe.* Votación con bolas.

baloto. (De *baloto*®).
- **I. 1.** m. *Co.* Juego de azar que consiste en acertar de tres a seis números de una matriz del 1 al 45 puestos en un tarjetón.

balsa.
- **I. 1.** f. *Mx:S, Gu, Ho, ES, Pa, Ec.* Árbol de hasta 30 m de altura, de hojas grandes, lobuladas, flores blanquecinas o rosadas en forma de trompeta y frutos alargados con numerosas semillas. (Malvaceae; *Ochroma pyramidale*). (**balso**). ♦ **palo de balsa; topa.**
- **2.** *Ho, Ni, Pe.* Madera muy blanda y liviana del **palo de balsa**; se utiliza para elaborar salvavidas, figuras de artesanía y maquetas.
- **3.** *RD, Ec.* Construcción ligera y flotante cerca de los muelles hecha con **palos de balsa**; facilita los movimientos de embarque y desembarque.
- **4.** *Ec.* obsol. Antigua vivienda flotante que se usaba en la costa.
- **5.** *Pa.* Embarcación rústica de **palo de balsa**.
- **II. 1.** f. *ES.* Mano. carc.
- ▶ **amarrar la ~.**

balsamillo.
- **I. 1.** m. *PR.* Planta sarmentosa con tallos de hasta 50 cm de longitud, de hojas pequeñas y recortadas de color verde brillante, flores axilares amarillas, rojas o blanquecinas, fruto capsular y semillas en forma de almendra. (Rubiaceae; *Coccocypselum repens*).

balsamina.
- **I. 1.** f. *Pe.* Planta herbácea de hasta 2 m de altura, de tallos ramificados, hojas lanceoladas, flores pequeñas blancas y amarillas y frutos de color rojo amarillento; se usa en la medicina tradicional. (Scrophulariaceae; *Capraria biflora*). ♦ **fregosa; té criollo; té de Santa María; té del país.**
- **2.** *PR.* Planta con tallos de cerca de 1 m de altura, de flores blanquecinas y fruto rojo amarillento con grandes semillas en forma de almendra; se emplea en la medicina popular. (Balsaminaceae; *Quamoclit vulgaris*).

bálsamo.
- **I. 1.** m. *Gu, Ho, ES, Ni.* **tache,** árbol.
- **2.** *PR.* Arbusto de 1 m de altura, corpulento y frondoso; exuda una sustancia balsámica, muy usada en medicina popular y en la fabricación de jabones. (Rubiaceae; *Hamelia* spp., *Psychotria* spp.).

◼
- **a.** ‖ **~ de María.** m. *PR.* Savia lechosa y aceitosa que produce el **árbol de María.**

balsar.
- **I. 1.** m. *Co.* Sitio pantanoso cubierto de maleza. rur.

balseadero.
- **I. 1.** m. *Ch.* p.u. Paraje en la orilla de un río, lago o mar donde hay balsas para transporte.

balsear.
- **I. 1.** tr. *Co.* juv. Hacer ostentación de algo.

balsera.
- **I. 1.** f. *Ho, ES.* Acumulación de troncos, ramas, hojarasca y basura en una hondonada o en el recodo de un río.
- **2.** *Ho, ES.* metáf. Montón desordenado de algo, *en especial ropa.*

balserada.
- **I. 1.** f. *Ho.* Conjunto de ramas, hojas secas y suciedad acumuladas en una **balsera.**

balsería.
- **I. 1.** f. *Pa:NO.* Festividad anual de los indios guaimíes en la que usan estacas de madera de balsa como arma arrojadiza para vencer al contrario. rur.

balsero.
- **I. 1.** m. *PR.* Montón de basura, ramas y hojas que arrastra un río crecido.
- **2.** *PR.* Montón de ramas pertenecientes a árboles tumbados. rur.

balsero, -a.
- **I. 1.** sust/adj. *Pa, Cu, RD, PR.* Persona, *generalmente de origen cubano,* que intenta llegar en balsa a los Estados Unidos.

balsié.
- **I. 1.** m. *RD.* Tambor tubular, cilíndrico y poco profundo, de un solo parche, que se coloca entre las piernas para tocarlo.
- **2.** *RD.* Fiesta de palos, de atabales, de tambores.

balso.
- **I. 1.** m. *CR, Pa, Co.* **balsa.**
- **2.** *Co.* Madera del balso, muy liviana, que se emplea para hacer balsas y canoas.

balso, -a.
- **I. 1.** adj. *Pa.* Liviano, de poco peso.

balsón.
- **I. 1.** m. *ES.* Pie. carc. (**baisón**).

balsudo.
- **I. 1.** adj. *Ch.* **balsúo.**

balsuo, -a.
- **I. 1.** *Ch.* juv. **balsúo.** pop.

balsúo, -a.
- **I. 1.** adj. *Ch.* juv. *Referido a persona,* que se aprovecha de la confianza o de la buena voluntad de los demás. (**balsudo; balsuo; balzudo; barsuo; barsúo; barzudo**).

balú.
- **I. 1.** *Co.* **chachafruto,** árbol. (**baluy**).

balule.
- **I. 1.** m. *Ho.* Madero horizontal que los albañiles apoyan en las paredes en construcción para que sostenga los tablones del andamio.

baluma.
- **I. 1.** *Cu, Ec.* **balumba.**

balumar.
- **I. 1.** intr. *Ar:NO.* Poner cargas muy pesadas sobre una caballería. rur.

balumba.
- **I. 1.** f. *Ur.* Alboroto, barullo. pop + cult → espon. (**baluma**).

balumbo.
- **I. 1.** *Mx.* **balumen.**

balume.
- **I. 1.** *Mx.* **balumen.**

balumen. (Del ingl. *ballon*, globo).

I. 1. m. *Mx.* p.u. Carga que colma una embarcación y sobresale mucho. (**balumbo**; **balume**).

balumero.

I. 1. adj. *Ch.* p.u. *Referido a persona*, orgullosa.

balumoso, -a. (Del ingl. *balloon*, globo).

I. 1. adj. *Ho.* p.u. *Referido a cosa*, que abulta mucho, de gran volumen. rur.

balurde.

I. 1. adj. *Ni, Ec. Referido a cosa*, de mala calidad. pop + cult → espon ^ desp. ♦ **cuete**.

II. 1. adj. *Ec.* p.u. *Referido a persona*, insolidaria. pop + cult → espon ^ desp.

2. *Ni. Referido a persona*, despreciable. pop + cult → espon ^ desp.

balurdear.

I. 1. intr. *Ni.* Burlarse *una persona* de alguien, *generalmente en público*.

balurdo.

I. 1. m. *Ar.* Lío, desorden, confusión. pop.

2. *Ar.* Situación difícil o problemática. pop.

II. 1. m. *Ch.* Fajo de papeles con apariencia de billetes de dinero, utilizado para estafas. delinc.

balurdo, -a. (De *palurdo*).

I. 1. adj. *Co,* p.u; *Ur,* pop; *Ve,* juv. *Referido a persona*, ordinaria, maleducada.

II. 1. adj. *Ve.* juv. *Referido a cosa*, de mala calidad.

2. *Ve.* juv. *Referido a cosa*, que desentona, que desagrada.

III. 1. adj/sust. *Bo. Referido a persona*, tonta. pop + cult → espon ^ desp.

balustre.

I. 1. m. *Co.* Palustre, perteneciente a laguna o a pantano.

II. 1. m. *Bo.* Balaustre.

2. m. *Pa.* meton. Balcón pequeño.

baluy.

I. 1. *Co.* **balú**.

balzonera.

I. 1. f. *Mx.* p.u. Calzón muy ancho. rur.

balzudo.

I. 1. adj. *Ch.* **balsúo**.

bamba.

I. 1. adj. *Pe.* Falso, adulterado. pop.

2. *Ch.* juv. *Referido a cosa*, de poca calidad. pop.

II. 1. f. *Co.* Lazo circular y cerrado forrado en tela para sujetar el pelo en una cola.

III. 1. f. *Ve.* Copla de cuatro versos con rima asonante que se interpreta en ciertas celebraciones, *especialmente en los velorios de cruz*.

IV. 1. f. pl. *ES, Ni.* p.u.; metáf. Ojos grandes de una persona.

V. 1. f. *CR·C,S, Ec.* **gamba**, parte del tronco.

VI. 1. f. *Cu.* Tabla gruesa, con un mecanismo de sogas en los extremos para subirla y bajarla, empleada en el remozamiento de edificios.

■

a. ‖ ~ **piruja**. f. *ES.* obsol. Tela estampada con dibujos circulares semejantes a la bamba, moneda de plata. rur.

□

a. ‖ **de** ~. loc. adv. *Cu.* Gratis. pop + cult → espon.

bambaco, -a.

I. 1. sust/adj. *Ar:NO.* Persona torpe, de pocas luces. pop ^ desp.

2. *Ar:NO.* Persona que camina balanceándose a causa de un defecto físico. pop.

bambador.

I. 1. *Ho, Ni.* **mecapal**. rur.

II. 1. m. *Ho.* Recipiente cilíndrico hecho de junco que sirve de molde en la elaboración de quesos.

bambalán, -na.

I. 1. adj. *PR. Referido a persona*, de gran tamaño, de modales todavía infantiles y poco diestra. pop + cult → espon.

2. *PR. Referido a persona*, vaga, necia, sin oficio ni beneficio. pop + cult → espon ^ fest.

bambalí.

I. 1. *CR.* **esmeralda**, planta herbácea.

bambalina.

I. 1. f. *RD, Ve, Ec.* Adorno de cadenetas de papel de colores diversos con el que se decoran las calles y las casas en ocasiones festivas.

■

a. ‖ ~ **fina.** f. *Ec.* Joya de imitación, elegante y cara.

bambaludo, -a.

I. 1. adj. *Cu. Referido a persona*, desaliñada, descuidada en su aspecto físico.

2. *Cu. Referido a cosa, especialmente a ropa de vestir*, ancha, muy amplia.

bambán.

I. 1. m-f. *Ni.* juv. Persona gorda.

II. 1. m. *Ni.* juv. Cigarrillo.

bambar(se).

I. 1. tr. *Pa.* Cargar *algo*. rur.

II. 1. intr. prnl. *Pa.* Irse *alguien* velozmente.

bámbaro.

I. 1. m. *Co:SO, Ec.* Hombre homosexual. pop + cult → espon ^ desp.

bambarria.

□

a. ‖ **a la** ~. loc. adv. *Co.* En abundancia. pop + cult → espon.

bambazo.

I. 1. m. *Co.* Acierto casual de alguien en el juego.

2. *Co.* Negocio de pingües utilidades.

3. *Co.* Ganga, oportunidad.

II. 1. m. *Co.* Golpe asestado por una persona a alguien por casualidad.

bambeado, -a.

I. 1. adj. *Pe. Referido a cosa*, adulterada.

bambear.

I. 1. tr. *Pe.* Adulterar un producto y venderlo con falsa presentación.

bambero, -a.

I. 1. adj. *Cu. Referido a persona*, afortunada, que tiene suerte. pop + cult → espon.

bambinazo.

I. 1. m. *Cu, PR, Ve; RD*, obsol. *En el beisbol*, **batazo** muy largo *que generalmente sale fuera de la cerca que delimita el terreno*.

bambo.

I. 1. adj. *Ch. Referido a un hombre*, torpe o ingenuo. pop + cult → espon.

II. 1. adj. *Ch. Referido a un hombre*, homosexual. pop + cult → espon.

III. 1. m. *Ch.* Bamboleo.

bamboa.

I. 1. f. *Pa.* Bambú.

bambolea.

I. 1. m-f. *PR.* Persona mala. pop + cult → espon ^ fest.

bambolear.

I. 1. tr. *ES.* Robar *alguien algo*. delinc.

bambolla.

I. 1. f. *Cu, Ur.* **boconada**, expresión jactanciosa. pop + cult → espon.

2. *Pa, Ur.* Boato, ostentación, lujo que se aparenta. pop + cult → espon.

bambollero, -a.
  I. 1. m. y f. *Cu, Ur.* Persona que gusta de presumir públicamente. pop + cult → espon. ♦ **alardoso; farolero.**

bambú.
  I. 1. f. *PR.* juv. Muchacha excepcional, inigualable.

bambual.
  I. 1. m. *PR.* Sitio sembrado de bambúes.

bambuazo.
  I. 1. m. *PR.* Golpe dado por una persona con un trozo de bambú. (**bamburrazo**).

bambuco.
  I. 1. m. *Co, Ve, Ec:NE.* Baile folclórico, ejecutado en parejas, cuyos movimientos imitan la conquista de la mujer por el varón.
    2. *Co, Ve, Ec:NE.* Música que acompaña al bambuco.

bambudal.
  I. 1. m. *Ec.* Terreno poblado de bambúes.

bambujes.
  I. 1. m. pl. *ES.* Bambúes.

bambula.
  I. 1. f. *Ch.* Tela transparente semejante a la gasa.

bambulá.
  I. 1. m. *RD.* Música y baile del folclore afrodominicano.

bambulear.
  I. 1. intr. *Cu.* Portarse mal *alguien.*

bambuoso, -a.
  I. 1. adj. *PR.* juv. *Referido a cosa, principalmente a un trabajo,* mal hecho.

bambuquear.
  I. 1. tr. *Cu, RD, PR, Co, Ve.* Bailar *alguien* el **bambuco.**

bambuquero, -a.
  I. 1. adj/sust. *Co.* Referido *a persona,* que baila o toca el **bambuco.**

bamburrazo.
  I. 1. *PR.* **bambuazo.**

bamburré.
  I. 1. m. *Co.* Sapo de más de 20 cm de longitud, sin cola, piel dorsal con verrugas y coloración parda. (Bufonidae; *Bufo* spp.).

bamburrete.
  I. 1. adj. *Ve. Referido a persona,* tonta, imbécil. pop + cult → espon ^ desp.

bambusa.
  I. 1. f. pl. *PR.* Bambúes.

bambusal.
  I. 1. m. *CR.* Terreno poblado de bambúes. (**bambuzal**).

bambuzal.
  I. 1. *CR.* **bambusal.**

bambuzas.
  I. 1. f. pl. *PR.* Bambúes.

ban.
  •
  a. ‖ ~ . fórm. *Cu.* Se usa como muletilla en el discurso espontáneo.

banadera.
  I. 1. f. *Py.* Baño, bañera.

banal.
  I. 1. adj. *Ur. Referido a una infección o a un virus,* que no provoca una enfermedad grave. prest; cult → esm.

banalidad.
  I. 1. f. *Co.* Vulgaridad.

banana.
  I. 1. f. *Gu, Ho, CR, Bo.* Pene. tabú; pop + cult → espon.
  ■
  a. ‖ ~ **republic.** (Voz inglesa). f. *EU, PR, Ec.* País, institución o dependencia donde domina el caos y la corrupción. desp.

  □
  a. ‖ ~ **esplit.** loc. sust. *Ho, Ni.* Hombre homosexual.

bananal.
  I. 1. m. *Gu, Ho, ES, Ni, CR, Pa, Ec, Py, Ar, Ur.* Plantación de **bananos.**

bananera.
  I. 1. f. *Ni, Pa, Co.* Plantación de **banano.**
    2. *Gu, Ho, Ni, Pa.* Compañía norteamericana que se dedica al cultivo y comercialización del **banano.**
    3. *Gu, Ho, Pa.* p.u. Finca en que se produce el **banano.**

bananero.
  I. 1. *Py, Ar, Ur.* **guineo,** planta herbácea.

bananero, -a. (De *banana*).
  I. 1. m. y f. *Ni, Co, Ec.* Persona que cultiva **banano** o negocia con él.
    2. adj. *Gu, Ho, Ni, Pa.* Relativo al **banano,** a su producción y comercialización.

bananina.
  I. 1. f. *Cu.* Crema de plátano.
    2. *Ho.* p.u. Puré o esencia de **banano.**

banano. (Voz del Congo, a través del inglés).
  I. 1. *Gu, Ho, ES, Ni, CR, Pa, Co:C, Pe, Ar, Ur;* f. *Gu, Ho, Co, Ec, Bo.* **guineo,** fruto.
    2. *Gu, Ho, ES, Ni, CR, Pa, PR, Co, Pe, Ar, Ur;* f. *Ec;* f. *Bo,* p.u. **guineo,** planta.
    3. m. *ES, Ni; CR,* p.u. | metáf. Pene. tabú.
    4. *Ch.* metáf. Bolso pequeño y alargado que se lleva amarrado a la cintura.
    5. *Ch.* metáf. Embarcación de recreo remolcada por una lancha y en la que los bañistas van montados a horcajadas.
  II. 1. m. *Co.* Pliegue de grasa que se forma alrededor de la cintura. pop ^ fest.
  ■
  a. ‖ ~ **manzano.**
    i. m. *Ho, Ni, CR.* Variedad de banano híbrido cuyo tallo es menos alto que el normal, de fruto muy grande, que produce una docena de **manos** por racimo y de dieciséis a dieciocho frutas por **mano,** fragante, con un distintivo aroma a manzana; antes de madurar es ligeramente astringente. (Musaceae; *Musa AAB*).
    ii. *Ho, Ni, CR.* **murrapo.**
  b. ‖ ~ **orito.** m. *Ec.* Variedad de banano que produce un racimo pequeño con gran número de **dedos** cortos, gruesos y menos curvados que los de otras variedades de musáceas. (Musaceae; *Musa acuminata AA*). ♦ *baby* **banana; orito; orito orgánico; plátano orito.**

  □
  a. ‖ ¡**manda** ~! loc. interj. *Ho.* Expresa disgusto o reproche.

banano, -a. (Voz del Congo, a través del inglés).
  I. 1. adj/sust. *RD, Ar. Referido a persona,* que cree ser muy lista y que presume de ello. pop + cult → espon.
    2. *Ni, Ur. Referido a persona,* tonta, boba. pop + cult → espon ^ fest.
  II. 1. sust/adj. *Bo.* Persona de constitución delgada. pop + cult → espon ^ fest.

banar.
  I. 1. m. *Ve.* Canasto de pequeño tamaño utilizado para guardar semillas.

banasta.
  I. 1. f. *PR.* Cesta de paja tejida que se pone sobre el caballo para llevar objetos diversos. rur.
  II. 1. f. *PR.* metáf. Cosa muy grande. pop + cult → espon ^ fest.

banca.
  I. 1. f. *Mx, Gu, Ho, ES, Ni, Pa, Co, Ec, Pe, Bo.* Asiento, con respaldo o sin él, en que pueden sentarse varias personas.
  2. *Ho, Ni, CR, Pa, Cu, RD, PR, Co, Ve, Ec, Bo, Ch, Ur.* En algunos deportes de competencia, lugar donde permanecen los jugadores a la espera de su turno.
  3. *Pe, Ch, Py, Ar, Ur.* Cada uno de los asientos destinados a los legisladores en un recinto parlamentario.
  4. *Ho, Ni, Pa, Co, Ec, Ch, Ur.* En las iglesias, asiento para cuatro o seis personas, con respaldar y apoyo para los brazos en los extremos.
  5. *PR, Bo, Ar, Ur, Py,* cult. | meton. Cargo parlamentario, municipal o departamental obtenido en elecciones.
  6. *Ve.* meton. Conjunto de legisladores de un mismo partido.
  7. *Pa, RD, Ur.* En las escuelas, mueble para uno o más alumnos, que consta de un asiento con respaldar y mesa para escribir.
  8. *Bo.* meton. En algunos deportes de competencia, grupo de jugadores suplentes de un club deportivo durante el desarrollo de un partido.
  II. 1. f. *EU.* Alcancía, recipiente provisto de una hendidura estrecha por la que se arrojan monedas para guardarlas.
  III. 1. *PR.* **banca de gallos.**
  ■
    a. ‖ **~ de apuesta.** f. *RD.* Establecimiento comercial donde se venden boletos para juegos de azar.
    b. ‖ **~ de bolita.** f. *PR.* Organización clandestina para el juego de **bolita**.
    c. ‖ **~ de gallos.** f. *PR.* En las peleas de gallos, conjunto de animales de un propietario. ◆ **banca; traba de gallos**.
  □
    a. ‖ **~ suiza.** loc. sust. *PR, Ve.* Grupo de personas que apuestan en las carreras de caballos y en la lotería de forma privada, al margen de las apuestas oficiales.
  ▶ **chupar ~; enviar a la ~; jugar ~; tener ~; volar ~.**

bancable.
  I. 1. adj. *Ar. Referido a persona,* que puede ser protegida y ayudada económicamente.

bancada.
  I. 1. *Mx, Gu, Ho, ES, Ni, Pa, Bo.* Conjunto de representantes de un partido político, de un departamento o de una región, en el parlamento.

bancadero.
  I. 1. m. *Ar.* Refugio social donde se ampara y ayuda a los necesitados.

bancadita.
  I. 1. f. *Ho.* Grupo de diputados disidentes de la bancada de un partido político.

bancajero.
  I. 1. m. *Ho.* Cajero automático de un banco.

bancal.
  I. 1. m. *Ho.* Paso estrecho en un camino hecho con troncos hincados y relleno de piedras y tierra para salvar una hondonada o quebrada.

bancar(se).
  I. 1. tr. *Bo, Ar, Ur.* Mantener una persona económicamente a alguien. pop + cult → espon.
  2. tr. prnl. *Bo, Ur, Ar,* pop. Asumir la responsabilidad de un dicho o una situación.
  3. tr. *Ar, Ur.* Pagar los gastos de alguien en una salida común, *especialmente en un lugar de diversión.* pop + cult → espon.

II. 1. tr. *Bo, Ar, Ur; Ch,* p.u. Tolerar, soportar a *alguien* o *algo.* pop + cult → espon.
  2. *Bo, Ar, Ur.* Apoyar o ayudar una persona a alguien.
  □
    a. ‖ **bancársela.**
      i. loc. verb. *Bo, Ar, Ur.* Ser capaz de resolver problemas o situaciones difíciles. pop + cult → espon.
      ii. *Bo, Ar.* Ser valiente y decidido. pop + cult → espon.
      iii. *Ar.* Cumplir con eficacia un objeto o un artefacto la función que le es propia. pop + cult → espon.

bancario, -a.
  I. 1. sust/adj. *Cu, Ch, Py, Ur.* Persona que trabaja en un banco.
  ▶ **poner la bancaria**.

bancazo.
  I. 1. m. *Cu.* En la industria azucarera, armazón en que descansan las mazas del trapiche.

banco.
  I. 1. m. *EU, Mx, Gu, Ho, ES, Ni, CR, Pa, PR, Co, Ve, Ec, Ch.* Asiento de madera, sin respaldar ni mayor elaboración, para una sola persona. pop.
  2. *Pa, RD, Bo, Ch, Py, Ar, Ve,* obsol. En las escuelas, pupitre para uno o más alumnos, que consta de un asiento con respaldar y mesa para escribir.
  3. *Ho, CR.* Asiento, con respaldo o sin él, para una sola persona.
  II. 1. m. *Mx, Gu, Ho, ES, Ni, Pa, Bo, Ch.* Conjunto de representantes de un partido político, de un departamento o de una región, en el parlamento.
  III. 1. m. *Ve.* En la llanura, extensión de terreno poco elevada, que no se inunda y que posee vegetación arbórea.
  2. *PR.* Elevación de tierra entre dos surcos. rur.
  IV. 1. m. *Ho, Ni.* Rodillo de madera o tablón largo y grueso de unos 2 m de largo que, tirado por una junta de bueyes o un tractor, sirve para igualar y deshacer los terrones de una finca para su posterior siembra. rur.
  V. 1. m. *RD.* Baile ritual en honor a un difunto.
  VI. 1. m. *Ho.* Artesa de madera con una capacidad aproximada de 2 m cúbicos, donde se bate la miel espesa para ponerla a punto de endurecimiento. rur.
  VII. 1. m. *Ho.* En el cultivo del tabaco, semillero alargado.
  VIII. 1. m. *Ni.* Especie de aro de madera donde se asientan la **jícara** y el **guacal**.
  ■
    a. ‖ **~ de apuntaciones.** m. *Cu.* Local donde se reciben las apuestas para los juegos de azar como la **bolita**. pop + cult → espon.
    b. ‖ **~ de cayo.** m. *PR.* Banco de arena.
    c. ‖ **~ de los músicos.** m. *Co.* Asiento trasero en los vehículos de transporte público.
    d. ‖ **~ del libro.** m. *Bo.* Biblioteca zonal abierta al público, *generalmente escolar.*
  ▶ **calentar el ~; hacer ~; hacer un ~; jugar ~; quebrarse el ~; tener el ~ virao.**

bancomático.
  I. 1. m. *Ec, Ch; Pe,* obsol. Máquina que, mediante la introducción de un dispositivo electrónico y de una clave, permite al cliente de un banco realizar algunas operaciones bancarias.

bancoso, -a.
  I. 1. adj. *Ch.* p.u. *Referido a persona, especialmente a su nombre o apellido,* que es propietaria de un banco o empresa financiera.

banda.

I. **1.** f. *Ho, Ni, Pa, Ec.* Correa del ventilador del motor de un automóvil.

II. **1.** f. *Ho.* Segunda capa que sujeta y comprime el relleno del cigarro puro.

2. *Ho.* Hoja de tabaco suave, cortada de la parte media de la planta. rur.

III. **1.** f. *Cu.* Cada una de las dos partes en que se divide longitudinalmente a la res o a un cerdo, cuando se sacrifica.

IV. **1.** f. *PR.* Grupo de peces, cardumen.

V. **1.** f. *PR.* Cinta para el pelo.

■

a. ‖ ~ **choca.** f. *ES.* Conjunto musical de pueblo, de mala calidad.

b. ‖ ~ **de cueros.** f. *ES.* Conjunto musical que solo utiliza como instrumentos el **pito** y el tambor.

c. ‖ ~ **de guerra.** f. *Ho, ES, Ni, Pa, Ec, Pe, Bo, Ch.* Grupo de músicos de una institución educativa que tocan instrumentos de viento y de percusión. pop + cult → espon.

d. ‖ ~ **de rodamiento.** f. *Cu, RD, Ve, Ar.* Cubierta que protege la cámara de un neumático de automóvil.

e. ‖ ~ **elástica.** f. *Pa, Ve, Ec, Ch, Ur.* Cinta elástica, de forma redonda, que se utiliza para sujetar diferentes cosas.

□

a. ‖ **a la ~ acá.** loc. adv. *PR.* En este lado. pop + cult → espon.

b. ‖ **a la ~ allá.** loc. adv. *PR.* En el otro lado. pop + cult → espon.

c. ‖ **con ~.** loc. adv. *RD.* Con tesón o ahínco. pop + cult → espon.

d. ‖ **en ~.** loc. adv. *Cu, Ar, Ur.* Sin posibilidad de actuar. pop + cult → espon.

▶ **batear para las dos ~s; buscarse ~; coger ~; cruzar ~; dar con ~; darle con ~ y piquete a un asunto; dejar en ~; echar en ~; echar en ~; echar en ~ una asignatura; estar en ~; largar en ~; partir en ~.**

bandada.

I. **1.** f. *Ch.* Conjunto de aeronaves que vuelan en formación.

□

a. ‖ **a la ~.** loc. adv. *Ch.* A bulto, sin precisar detalles. pop + cult → espon.

bandal.

I. **1.** f. *RD.* Correa del ventilador del coche.

bandana.

I. **1.** f. *Ve, Ar, Ch,* juv. Pañuelo plegado al medio o trozo de tela triangular que se lleva en la cabeza anudado en sus dos extremos laterales sobre la nuca. pop + cult → espon.

bandao.

I. **1.** m. *RD.* Muchedumbre.

bandeada.

I. **1.** f. *ES; Gu,* obsol. Regaño, *generalmente en público y con palabras ofensivas.*

bandeado, -a.

I. **1.** adj. *Cu. Referido a persona, animal o vehículo,* que se inclina hacia un lado al desplazarse. pop + cult → espon.

bandear(se).

I. **1.** tr. *Mx, Py, Ar, Pe,* obsol. rur. Cruzar un río de una orilla a otra.

II. **1.** intr. prnl. *Ar.* Cambiar de opinión o parecer, *especialmente por interés personal.*

2. *Ur.* Cambiar por conveniencia de bando o partido político.

III. **1.** intr. prnl. *Ar, Ur.* Comportarse *alguien* inadecuada o inconvenientemente.

IV. **1.** tr. *RD.* Romper *una persona algo* en tiras, en bandas.

2. *RD.* Rasgar *alguien* una tela, una camisa, etc.

3. *RD.* Abrir a *alguien* una herida en la piel con un instrumento punzante.

4. *RD.* Herir *una persona* gravemente a *alguien.*

V. **1.** tr. *Gu, ES.* Regañar a *alguien.*

2. *ES.* Insultar a *alguien.*

VI. **1.** tr. *Gu.* Tantear a *alguien* para un negocio.

2. *Gu.* Vigilar a *alguien.*

VII. **1.** intr. prnl. *Cu, PR.* Inclinarse una persona, un animal o un vehículo hacia un lado al desplazarse.

VIII. **1.** intr. prnl. *Ni.* Adherirse a la opinión o bando de otra persona.

bandeja.

I. **1.** f. *RD, Co, Ve, Py, Ar, Ur.* Aparato electroacústico provisto de un plato giratorio para colocar los discos cuyo sonido grabado se desea reproducir.

II. **1.** f. *Bo; Ch,* p.u. **bandejón.**

III. **1.** m. *Cu. En la industria azucarera,* recipiente de gran tamaño en el que se almacena **guarapo** o jugo sin fermentar, que contiene **bagacillo** o fibra fina de la caña de azúcar.

2. f. *Cu. En la industria azucarera,* recipiente en el que se deposita la **cachaza** que pasa al filtro.

□

a. ‖ ~ **paisa.** f. *Co.* Plato típico antioqueño que consta de arroz, **frijoles, tajadas** de plátano frito, carne molida, chorizo, **arepa,** huevo frito y aguacate.

bandejón.

I. **1.** m. *Pe, Ch.* Separación entre dos vías de circulación. (**bandeja**).

bandeño, -a.

I. **1.** adj/sust. *Bo. Referido a una persona,* que habita en una población próxima a una ribera. rur.

2. adj. *Bo. Referido a una población,* situada en una ribera. rur.

bandera.

I. **1.** f. *Mx, Ho, Ni, Pa, PR.* Planta herbácea perenne de hasta 3 m de altura, de hojas grandes y oblongas, flores grandes y vistosas, de color rojo, naranja o amarillo, fruto en cápsula, de color castaño, con semillas negras y muy duras. (Cannaceae; *Canna indica*). ♦ **achira; capacho; changla; chisgua; cucuyú; maraca.**

2. *Mx, Ho, Ni, Pa, PR.* Fruto de la bandera, en forma de cápsula de tres lóbulos con numerosas semillas negras; es comestible.

II. **1.** f. *Co:O.* juv. Persona grosera, impertinente. pop + cult → espon ^ desp.

2. *Co:O.* juv. Persona de apariencia desagradable, mal gusto. pop + cult → espon ^ desp.

III. **1.** f. *Ve.* juv. Persona indiscreta, poco cautelosa. pop + cult → espon ^ desp.

2. *Ve.* Persona que se hace notar y puede ser descubierta fácilmente. delinc.

3. *Bo:O,C.* p.u. Muchacha que tiene la costumbre de permanecer en los balcones o de pasear por las plazas exhibiéndose. pop + cult → espon ^ desp.

4. *Bo:O,S,C.* p.u. Muchacha que trabaja en **chicherías** para atraer clientes con su atractivo físico y simpatía. pop + cult → espon ^ desp.

5. *Bo:O,C.* p.u. Prostituta que camina exhibiéndose por las calles en busca de clientes. prost.

IV. **1.** f. *Co:O.* juv. Persona de malos sentimientos e intenciones. pop + cult → espon ^ desp.

V. **1.** f. *Ho, ES. En un robo,* persona que vigila y avisa al ladrón en caso de la llegada de alguien. delinc.

VI. **1.** f. *Ho:N.* p.u. *En una plantación bananera,* boca de riego por aspersión colocada en un poste a una altura mayor que las matas de plátano.

a. ‖ ~ **dominicana.** f. *RD.* Plato popular compuesto de arroz, habichuelas, plátano y carne molida o picada. ♦ **bandera nacional.**
b. ‖ ~ **nacional.** *RD.* **bandera dominicana.**

☐

a. ‖ **con la ~ al tope.** loc. adv. *Ch.* En actitud de oposición o resistencia ante una agresión exterior o una circunstancia adversa. pop + cult → espon.
▶ **andar en ~; bajar ~; estar vestido de ~; hacer ~; navegar con ~ de pendejo; navegar con ~ papa; pararse en la ~; plantar ~; ponerlo en ~s.**

banderazo.
I. 1. m. *Mx, Co, Ve. En los taxis,* tarifa inicial fija que se paga, independiente del importe del recorrido.

banderear(se).
I. 1. tr. *Co, Ec.* juv. Poner *una persona algo* en evidencia.
2. intr. prnl. *Co.* juv. Exhibirse *alguien,* llamar la atención.
II. 1. tr. *Ve.* Defender *alguien* firmemente los derechos de un país.
III. 1. intr. *Cu.* Florecer la caña de azúcar.
2. tr. *Ho:N.* p.u. *En el cultivo del banano,* colocar las banderas para marcar el área de riego de una plantación.
IV. 1. intr. prnl. *Ec.* Pasarse el tiempo *una persona* yendo de un lugar a otro sin hacer nada. pop + cult → espon.
V. 1. intr. *RD. En época de elecciones,* recorrer las calles de las ciudades y los campos con banderas de un partido político para promoverlo.

bandereo.
I. 1. m. *RD, Ch.* Ondeo de una bandera.
II. 1. m. *Ho, Ni, RD.* Exhibición de banderas o estandartes ondeándolos durante un baile al ritmo de tambor y flauta de carrizo.

banderero.
I. 1. m. *Ho:C,O. En los guancascos y ciertos bailes típicos,* persona que ondea la bandera de un lado a otro, al ritmo del tambor y de la flauta.

banderero, -a.
I. 1. m. y f. *Ch.* Persona que, por medio de banderas y señales, regula el tráfico al acceder los vehículos a una zona en obras. ♦ **banderillero; banderista; señalero.**
2. *Cu.* Persona que se encarga de orientar las operaciones de fumigación aérea en un campo por medio de banderas.

banderilla.
I. 1. f. *Mx.* Pan dulce de hojaldre en forma de barra aplanada, estrecha y delgada.

banderillazo.
I. 1. m. *Ve.* Acto de sacar dinero a alguien *pidiéndoselo, por lo general, con habilidad o insistencia* y sin intención de devolverlo. pop + cult → espon.

banderillero.
I. 1. m. *Ho:N.* Hijuelo mayor de una mata de **banano,** que sustituirá a la que está en producción. rur.

banderillero, -a.
I. 1. *Ho, PR, Ch.* **banderero,** persona que regula el tráfico.

banderín.
I. 1. m. *Ho. En un robo,* persona que vigila y avisa al ladrón en caso de la llegada de alguien.
▶ **abrir el ~.**

banderista.
I. 1. m-f. *Ch.* **banderero,** persona que regula el tráfico.

banderita.
I. 1. f. *Bo.* Diarrea. pop + cult → espon ^ fest.
II. 1. f. *RD.* Autobús de servicio público que va pintado de color azul con dos bandas de colores blanco y

rojo, completando así los tres colores de la bandera dominicana.
▶ **sacar ~.**

bandero.
I. 1. m. *Ho. En la industria azucarera,* persona encargada de mover la miel cuando está en el fuego y de señalar cuándo está en su punto para hacer la **panela.**

banderola.
I. 1. f. *Py, Ar, Ur,* obsol. Ventana sobre la puerta de una habitación.
2. *Ar, Ur.* Ventana **rebatible,** *generalmente de pequeñas dimensiones, especialmente la del baño.* pop + cult → espon.
II. 1. f. *Cu.* Letrero en el que se indican el número y el itinerario de un transporte público, *en especial un ómnibus.*

bandida.
I. 1. f. *Co, Ve.* Mujer que mantiene relaciones sexuales con varias personas. pop + cult → espon ^ desp.

bandidez.
I. 1. f. *ES, Pa.* p.u. Viveza o picardía.

bandidismo.
I. 1. m. *Cu.* Cobro de una cantidad excesiva por un producto o servicio. pop + cult → espon.
2. *Cu.* Actividad propia de bandidos. pop + cult → espon.

bandido, -a.
I. 1. sust/adj. *Ni, Cu, RD, PR, Co, Ve, Ec, Ch; Ar,* p.u. Niño travieso y pícaro. pop + cult → espon. ♦ **bola de humo; maldito.**
2. *Cu, RD.* Persona que suele cobrar un precio excesivo por una mercancía o un servicio. pop + cult → espon.
II. 1. adj/sust. *Ni, Cu. Referido a persona,* que engaña con frecuencia a su pareja. pop + cult → espon. ♦ **atracador; bandolero.**
2. *Ho. Referido a persona,* que realiza actos inmorales. pop + cult → espon.
III. 1. adj/sust. *Ni, CR. Referido a persona,* bromista.
▶ **andar con la del ~; hacer la del ~; jugar a los ~s.**

bandista.
I. 1. m-f. *Ho.* Persona que integra una banda de música.

bando.
I. 1. m. *Pa, Cu, RD, PR.* Gran cantidad de personas, animales o cosas aglomeradas en un lugar.
2. *Bo.* Discurso picaresco que se lee en veladas de fiestas estudiantiles o en días previos al carnaval para ridiculizar a algunas personas.
II. 1. m. *ES; Gu,* obsol. Regaño con palabras ofensivas.
III. 1. m. *Gu.* Juego de muchachos en el que alguien dice: «bando para quien haga tal cosa», y quienes no quieren que les «caiga el bando» dicen: «barajo» y el resto obedece.
IV. 1. m. *PR.* Lapso prolongado. rur.

■

a. ‖ ~ **de peje.** m. *PR.* Banco de peces.
▶ **echar ~; jugar en los dos ~s.**

bandó.
I. 1. m. *Ar.* Peinado femenino en el que el cabello está dividido en el centro y recogido a ambos lados. (**bandós**).
2. *Cu.* obsol. Tira de tela que se pone en la cabeza para impedir que el pelo caiga hacia delante.

¡bando!
I. 1. interj. *Gu.* Expresa reto a alguien para que haga algo.

bandola.
I. 1. f. *RD, Co, Ve.* Instrumento musical de cuerda, de forma de pera y fondo chato, con cuatro cuerdas

dobles que se hacen sonar con un plectro llamado **pajuela**.

II. 1. f. *Ve:O.* Látigo con mango corto y flagelo nudoso.

III. 1. f. *PR.* Conjunto de ramas del cafeto entremezcladas unas con otras por estar muy cargadas de granos. rur.

2. *CR.* Subdivisión de una rama del cafeto.

▶ **andar a la ~.**

bandolear.

I. 1. intr. *Bo:S.* Dedicarse *alguien* a actividades delictivas. pop + cult → espon.

bandolera.

I. 1. f. *Cu, Ve.* Mujer que accede fácilmente a tener relaciones sexuales con hombres. pop + cult → espon ^ desp.

2. *Pe.* Mujer que toma la iniciativa en el cortejo amoroso.

◻

a. ‖ **a la ~.** loc. adv. *Bo.* p.u. Cruzando por el pecho desde un hombro hasta la cadera contraria. pop + cult → espon.

bandolerear.

I. 1. intr. *Cu.* metáf. Hacer travesuras un niño.

2. *Cu.* Mantener una mujer relaciones amorosas pasajeras y frecuentes. pop + cult → espon ^ desp.

bandolería.

I. 1. f. *RD; PR,* obsol. Travesura de alguien. pop + cult → espon. ♦ **bandolerismo**.

bandolerismo.

I. 1. m. *Cu.* **bandolería**.

bandolero.

I. 1. m. *Pa, Ec.* Niño travieso y pícaro. pop + cult → espon.

bandolero, -a.

I. 1. m. y f. *Ve.* Persona que toca la **bandola**.

2. *Bo:E,C, Py.* Persona que toca la mandolina.

II. 1. adj/sust. *Ni, Cu.* **bandido**, que engaña a su pareja.

bandoneón.

I. 1. m. *RD, Ec, Ch, Py, Ar, Ur.* Instrumento musical de viento provisto de fuelle y teclado, parecido al acordeón, *que se emplea especialmente para interpretar tangos.* ♦ **jaula**.

bandoneonista.

I. 1. m-f. *Ec, Ch, Py, Ar, Ur.* Músico que toca el **bandoneón**.

bandós.

I. 1. *Ar.* **bandó**, peinado.

bandul.

I. 1. m. *Ho.* Vientre e intestinos de una persona. rur.

bandurria.

I. 1. f. *Ch, Ar, Ur.* Ave de más de 70 cm de longitud, con la cabeza y el cuello de color ocre amarillento, que se hace más oscuro en la nuca, pecho blanquecino, y negros los lados del pecho y el abdomen, pico largo curvado hacia abajo y patas entre rojas y rosadas. (Threskiornithidae; *Theristicus melanopis*).

II. 1. f. *Ho.* juv. Cada una de las bandas de una mesa de billar.

bandurrilla.

I. 1. f. *Ch.* Ave de hasta 20 cm de longitud, de pico largo encorvado y cola larga, dorsal pardo y pecho escamado. (Furnariidae; *Upucerthia* spp.).

bangalo. (Del ingl. *bungalow*).

I. 1. m. *Ch.* **búngalo**.

bángalo.

I. 1. *Ch.* p.u. **búngalo**.

¡bangán!

I. 1. interj. *Cu.* Expresa conformidad con lo que se acaba de decir.

bangaña.

I. 1. f. *Co:N; Pa.* rur. Vasija hecha con la cáscara del **totumo**.

II. 1. f. *RD.* **güiro**, planta y fruto. (**bangaño**).

bangañada.

I. 1. f. *Pa.* Contenido de una **bangaña**, vasija.

2. *Pa.* Gran cantidad de algo.

bangaño.

I. 1. m. *RD.* **bangaña**, planta y fruto.

Baní.

I. 1. m. *Cu.* Nombre que le dan a Dios los negros.

banilejo.

I. 1. m. *RD.* Mango de la mejor calidad, de buen sabor, masa suave, muy dulce y sin fibras.

banqueadora.

I. 1. f. *PR.* Instrumento agrícola que consta de dos barras puntiagudas que penetran en la tierra y dos aletas que impiden que se cierre el surco. rur.

banquear.

I. 1. intr. *Mx, Ho, ES, Ni, Pa.* En deportes de equipo, esperar sentado en la banca un jugador suplente hasta que el entrenador decida que juegue.

2. tr. *CR, Co, Ec.* En ciertos deportes, especialmente en *el fútbol*, conseguir un jugador, *generalmente por su buen desempeño,* que uno de sus compañeros de equipo pierda la titularidad y le ceda su puesto.

3. *Ho, Pa.* metáf. Apartar *alguien* a *una persona* de su actividad.

II. 1. tr. *Ve.* Acondicionar un terreno para edificar o para construir un camino.

III. 1. tr. *ES, Ni, PR.* Preparar *alguien* un terreno para el cultivo haciendo zanjas y bancos. rur.

2. *PR.* Alinear *alguien* la paja de la caña. rur.

IV. 1. intr. *Cu.* Controlar las apuestas y distribuir las cartas en los juegos de azar.

2. *PR.* En el juego de naipes, hacer *alguien* de banquero.

banqueo.

I. 1. m. *Ho, ES, Ni.* Igualación y desecho de los terrones de una finca labrada para su posterior siembra. rur.

banquero, -a.

I. 1. sust/adj. *ES.* Jugador que no participa en el juego y está en el banco. ♦ **comebanco**.

banqueta.

I. 1. f. *Mx, Gu.* Acera. ♦ **sardinel**.

II. 1. f. *PR.* Pértiga o vara larga de la gallera, convenientemente montada sobre los pies y en la que se posan los gallos de pelea.

2. *PR.* Pieza de madera u otro material colocada dentro de la jaula donde se posan los gallos para dormir. rur.

◻

a. ‖ **a pura ~.** loc. adv. *Gu, ES.* Malamente, con grosería y rudeza.

▶ **cachetear la banqueta; ser de la otra ~.**

banquetada.

I. 1. f. *Ho.* Baqueteado, metido con baqueta.

banquete.

▶ **darse un ~; ser un ~.**

banquetearse.

I. 1. intr. prnl. *Cu, Pe, Ch.* Disfrutar *una persona* intensamente con alguien o algo. pop + cult → espon.

banquetería.

I. 1. f. *Ch; Co,* p.u. Oficio de **banquetero**.

2. *Ch; Co,* p.u. Servicio que presta el **banquetero**.

banquetero, -a.
  I. 1. m. y f. *Co, Ch.* Persona contratada para elaborar y servir en banquetes, fiestas o recepciones.
  2. adj. *Co, Ch.* Relativo a la organización de banquetes.

banquillo.
  I. 1. m. *Ho, Ni, Pa, RD, Bo, Ch.* Asiento para una persona, sin respaldo y con tres o cuatro patas. ◆ **banquito.**
  II. 1. m. *Ch.* Modalidad de canto popular en la que los **payadores** o cantores se sientan en círculo y reciben alternativamente una pregunta a la que contestan de manera improvisada con versos cantados.
  ▶ **hacer el ~.**

banquina.
  I. 1. f. *Py, Ar, Ur.* Margen reservado para poder detenerse a un lado de la calzada de una carretera.

banquitas.
  I. 1. f. pl. *Co.* Partido informal de **futbol** entre amigos en un campo improvisado.

banquito.
  I. 1. *RD, Pe, Ch, Py, Ar, Ur.* **banquillo**, asiento.
  2. *Cu.* Asiento individual, sin respaldo ni brazos, banqueta.
  ▶ **hacer ~.**

banzerismo. (De Hugo *Bánzer* Suárez, presidente de la República entre 1971-1978 y 1997-2001).
  I. 1. m. *Bo.* Movimiento político en torno al general Hugo Bánzer, desarrollado durante su primer gobierno dictatorial.
  2. adj. *Bo.* Relativo al banzerismo.

banzerista.
  I. 1. m-f. *Bo.* Partidario del **banzerismo**.

bañada.
  I. 1. f. *Ho, ES, Ni.* Represión severa, regaño.
  2. *Ho. En una discusión,* superioridad en argumentos de una persona sobre otra.
  II. 1. f. *RD.* Baño, pila.
  2. f. *CR.* Baño que se da una persona.
  III. 1. f. *CR. En el futbol,* lanzamiento del balón que se hace de modo que pase por encima del portero y este no tenga posibilidad de detenerlo.

bañadal.
  I. 1. m. *Ar:NE.* Terreno anegadizo, lleno de barro o lodo y cubierto de malezas.

bañadera.
  I. 1. f. *Cu, RD, Pe, Py, Ar, Ur; Bo:E,* pop + cult → espon. *En el cuarto de baño,* pieza sanitaria que sirve para bañarse. pop + cult → espon.
  2. *Gu, Pa, Cu, RD, Co.* Baño que toma una persona de forma reiterada. pop.
  3. *Cu.* Recipiente de material plástico para bañar a los niños pequeños.
  II. 1. f. *Ar,* obsol; *Ur.* p.u. Ómnibus descubierto en el que se realizaban paseos o excursiones.
  2. *Ur.* p.u. Ómnibus de alquiler.

bañadito, -a.
  I. 1. adj. *Ni, RD. Referido a persona o animal,* bañado.

bañado.
  I. 1. m. *Pe, Bo:NE, E, S, Py, Ar, Ur.* Terreno húmedo, a trechos cenagoso y a veces inundado por las aguas pluviales o por las de un río o laguna cercana.
  II. 1. m. *Bo, Py.* Recubrimiento de un pastel, una torta o un **queque** con crema, clara de huevo batida a punto de nieve o chocolate derretido. pop + cult → espon.

bañado, -a.
  I. 1. adj. *Ho, ES, Py. Referido a persona,* que tiene mucho de algo, *generalmente dinero.*

bañador.
  I. 1. m. *Bo.* Recipiente de plástico o de metal liviano, *generalmente de forma circular,* de mayor diámetro en la parte superior, que se emplea para lavar. pop + cult → espon.

bañar(se).
  I. 1. tr. *EU, Mx, Gu, Ho, ES, Ni, CR, Pa, RD, PR, Co, Ve, Ec, Pe, Ch, Py, Ar, Ur.* Limpiar o refrescar bajo la ducha a *alguien.*
  2. tr. prnl. *RD, Co.* Lavarse distintas partes del cuerpo, como las manos, los dientes o el pelo.
  II. 1. tr. *Mx, Ho, ES, Ve.* metáf. Superar ampliamente *una persona* a otra en facultades o en destrezas.
  2. intr. prnl. *Ho, ES, Ec. En el juego de billar,* meter por error la bola blanca en la **buchaca.**
  3. tr. *CR. En el futbol,* lanzar el balón por encima del portero sin que este tenga posibilidad de detenerlo.
  III. 1. intr. prnl. *Cu.* metáf. Tener *alguien* buena suerte o acertar en un negocio.
  2. *RD.* Recibir *alguien* mucho dinero. pop + cult → espon.
  IV. 1. tr. *Ho, ES, Ni.* Regañar *una persona* a *alguien.*
  □
  a. ‖ **~se en agua de rosas.**
    i. loc. verb. *Ve, Ec.* Sentirse *alguien* muy orgulloso por el éxito de un ser querido.
    ii. *Gu.* Disfrutar de bonanza económica.
  b. ‖ **~se en agua rosada.** loc. verb. *Ni.* Obtener *alguien algo* que le causa gran satisfacción. pop + cult → espon.
  c. ‖ **~se en pisto.** loc. verb. *Gu, Ho, ES.* Tener *alguien* mucho dinero.

bañazo.
  I. 1. m. *CR.* juv. Vergüenza que se experimenta por haber hecho el ridículo. ◆ **color.**
  2. adj/sust. *CR.* juv. *Referido a persona,* que actúa de manera ridícula. ◆ **color.**

bañera.
  I. 1. f. *Gu, Ho, Ni, RD, Co, Ve, Ch, Py.* Palangana alargada *usada especialmente para bañar a los niños.*

baño.
  I. 1. m. *Ve, Ar, Ur; Bo,* pop + cult → espon. Lavado o limpieza de alguien bajo la ducha.
  II. 1. m. *Ho, ES, Ni.* Regaño, reprimenda.
  III. 1. m. *Ho. En el juego de billar,* hecho de meter erróneamente la bola blanca en la **buchaca.**
  IV. 1. m. *CR. En el futbol,* jugada que consiste en lanzar el balón por encima del portero sin que este tenga posibilidad de detenerlo.
  ■
  a. ‖ **~ de bolo.** m. *ES.* Ofensa a alguien. polic.
  b. ‖ **~ de cute.** m. *Ho.* Lavado escaso y rápido de algo o alguna parte del cuerpo humano. pop ^ fest. ◆ **baño de zope.**
  c. ‖ **~ de emergencia.** m. *Co. En una vivienda,* pieza con servicios sanitarios destinada al uso de los visitantes.
  d. ‖ **~ de gato.** *PR.* **baño polaco.**
  e. ‖ **~ de lluvia.** m. *Ch.* Ducha, agua que, en forma de chorro, se hace caer en el cuerpo para limpiarlo o refrescarlo, o con propósito medicinal.
  f. ‖ **~ de surco.** m. *Ho:E.* Parte baja de un surco. rur.
  g. ‖ **~ de todas las hojas.** m. *RD. Según la creencia popular,* baño que incluye variedad de hojas y que debe darse la persona que se considera con mala suerte para que le cambie.
  h. ‖ **~ de visita.** m. *Ch. En una vivienda,* pieza con servicios sanitarios destinada al uso de los visitantes.

i. ‖ ~ **de zope.** *Ho.* **baño de cute.**

j. ‖ ~ **polaco.** m. *PR.* **wishy-washy**, baño corporal rápido. pop + cult → espon. ♦ **baño de gato.**

k. ‖ ~ **ruso.** m. *Mx.* Baño de vapor seguido de fricción, masaje y un baño en agua fría.

l. ‖ ~**s de pureza.** m. pl. *Mx.* Declaración enfática de honradez e inocencia que encubre muy frecuentemente un comportamiento deshonesto.

m. ‖ **medio ~.** m. *Mx.* Cuarto de baño, *por lo general de reducidas dimensiones*, que dispone tan solo de lavabo e inodoro.

▶ **apuntarse el ~; darse ~s de pureza; hacer ~; hacer del ~.**

baquear. (Del ingl. *to back up*).

I. 1. intr. *EU.* Retroceder, recular *alguien*, ir marcha atrás.

II. 1. intr. *RD.* Controlar las apuestas y distribuir las cartas en los juegos de azar. pop + cult → espon.

III. 1. tr. *PR.* Respaldar *una persona* a *alguien*.

baquelita.

I. 1. f. *ES.* Plástico transparente que recubre las luces de los intermitentes en un vehículo.

baqueo. (Del ingl. *to back*).

I. 1. m. *PR.* Respaldo, garantía. (**backeo**).

baqueta.

I. 1. f. *Mx.* Carne de **res.**

II. 1. f. *Gu, Ho, Ni, Bo.* Cuero curtido de vacuno. pop + cult → espon.

2. *RD, PR.* Vaina de cuero que se ajusta a la cintura con una correa en la que se introduce un arma.

III. 1. f. *Ho, Ni; Ec.* obsol. Varilla de metal para limpiar algo.

2. *Ho.* Instrumento mecánico para asentar las válvulas en un motor.

IV. 1. **baqueteado**, persona descarada.

V. 1. f. *Ur.* Uso o empleo de algo. pop.

□

a. ‖ **a la ~.** loc. adv. *PR.* De forma súbita, apresurada y sin explicaciones. pop + cult → espon.

▶ **dar ~.**

baqueteada.

I. 1. adj. *Cu.* **corrida**, que ha tenido relaciones con muchos hombres. pop + cult → espon ^ desp.

baqueteado, -a.

I. 1. sust/adj. *Cu, Ar.* Persona descarada e insolente. ♦ **baqueta.**

II. 1. adj. *Ho. Referido a persona*, cansada por el trabajo.

▶ **dar una ~.**

baquetear.

I. 1. tr. *Ar, Ur.* Someter a *alguien* a trabajos difíciles o pesados.

2. *Ar.* Hacer que *algo*, como el motor de un vehículo, soporte un esfuerzo excesivo.

3. *Ar.* Usar *alguien* una cosa con frecuencia, *en ocasiones, con el fin de desgastarla o de ablandarla.*

4. *Ar:NO.* Reprender a *alguien*.

5. *Ar:NO.* Tratar *una persona* despóticamente o con desprecio a *alguien*.

II. 1. tr. *Ho, Ni, CR, RD.* Limpiar *alguien* con varilla *algo, en especial los sedimentos del radiador de un vehículo.*

2. *Ho.* Asentar *alguien* con baqueta las válvulas de un motor.

III. 1. tr. *Ec.* obsol. Meter *alguien* en una arma de fuego el taco y afirmarlo con una **baqueta.**

baquía.

I. 1. sust/adj. *Co:E, Ur; Ar,* rur; *Pe,* p.u; cult. Habilidad o destreza para realizar cualquier oficio o tarea.

2. f. *Bo:E. En la doma de animales vacunos y caballares*, destreza o habilidad en la realización de una actividad manual determinada. pop + cult → espon.

baquiano, -a.

I. 1. m. y f. *Ni, Co, Ve, Ec, Ch; Ur,* p.u. Persona que acompaña y guía a alguien por una región porque conoce muy bien sus caminos, atajos *y, en general, todos los accidentes del terreno.*

baquiné.

I. 1. m. *RD,* p.u. Velorio de un niño recién nacido.

2. *RD.* Velorio de una persona que muere con cerca de cien años. (**baquiní**).

baquiní.

I. 1. *RD.* **baquiné.**

baquiña.

I. 1. f. *PR.* **broquelejo.**

báquiro.

I. 1. m. *Co, Ve.* **pecarí**, mamífero. (**váquira; váquiro**).

■

a. ‖ ~ **cachete blanco.** *Ve.* **chancho de monte.**

b. ‖ ~ **de collar.** *Ve.* **pecarí de collar.**

c. ‖ ~ **labiado.** *Ve.* **chancho de monte.**

baquiro, -a.

I. 1. adj/sust. *Ve. Referido a persona*, tonta. pop + cult → espon.

baquitú.

I. 1. m. *Bo:E.* Instrumento parecido al abanico, tejido del cogollo de algunas palmeras, *especialmente del motacú*, que sirve para avivar el fuego de leña o para dar aire. pop + cult → espon.

bar.

I. 1. m. *EU, Ho, Ni, CR, Pa, Cu, RD, PR, Co, Ve, Ec, Bo, Ch, Ar, Ur.* Mueble doméstico donde se guardan bebidas y desde donde se sirven copas a la familia o a los invitados.

II. 1. m. *PR.* Penitenciaría estatal. euf; pop + cult → espon ^ fest.

■

a. ‖ ~ **lácteo.** m. *Ar; Ch.* p.u. Local en que se despachan bebidas sin alcohol.

b. ‖ ~ **pensión.** m. *Bo.* Local en que se sirven comidas y bebidas alcohólicas. pop + cult → espon.

baracha.

I. 1. f. *Pa. En una salina*, espacio entre dos surcos.

baracutey.

I. 1. sust/adj. *Cu.* Persona que vive sola, sin compañía.

▶ **ser un ~.**

baraja.

I. 1. f. *Ho, Pa, Cu, RD, PR, Ve, Py, Ur, Ec,* p.u. Cada uno de los naipes con que se juega a las cartas.

■

a. ‖ ~ **de pega.** f. *RD.* Naipe untado de goma para facilitar la trampa.

▶ **caer como ~; cambiar la ~; enredarse la ~; meter en ~; tirar las ~s.**

barajado, -a.

□

a. ‖ **mal ~.**

i. loc. adj. *Ar. Referido a persona*, que se encuentra indispuesta o experimenta un malestar general. pop + cult → espon.

ii. *Ar. Referido a persona*, que está en estado de ebriedad.

iii. *Ar. Referido a un asunto*, mal tramitado o manejado.

¡barájame!

□

a. ‖ ¡~ **eso!** loc. interj. *Co.* Expresa el deseo de alguien de que algo le sea explicado con mayor claridad. pop + cult → espon.

barajar(se).
  I. 1.   tr. *Ni, Ch, Ar, Ur.* p.u. Parar *alguien* un golpe. pop + cult → espon. (**abarajar**).
    2.   *Py, Ar, Ur.* Recoger o recibir *alguien algo* en el aire. rur. (**abarajar**).
    3.   *Ar, Ur.* p.u; metáf. Adivinar, percibir *alguien* rápidamente palabras o intenciones. rur. (**abarajar**).
  II. 1.   tr. *Cu, RD, Ec, Pe.* Evitar *alguien* disimuladamente un peligro, una situación embarazosa o una responsabilidad. pop + cult → espon.
    2.   *Cu, RD, Ch.* Eludir, esquivar *alguien* el cumplimiento de una obligación o una promesa. pop + cult → espon.
    3.   *RD.* Trabajar *alguien* desganadamente.
  III. 1.   intr. prnl. *RD, Co.* Fracasar *algo* planeado.
    2.   tr. *Co.* Impedir *una persona* a alguien el logro de un objetivo poniendo obstáculos.
  IV. 1.   tr. *Ho, ES, Ni, CR, Co, Ve.* Explicar nuevamente y con detalle *algo* a una persona.
  V. 1.   intr. prnl. *Ec.* Marcharse *alguien* inesperadamente de un lugar.
  VI. 1.   tr. *Bo.* metáf. Abofetear repetidamente *una persona* a otra. pop + cult → espon ^ fest.
  VII. 1.   tr. *ES.* Engañar *una persona* a alguien.
  □
    a. ‖ **~ bien.** loc. verb. *Ni.* Pedir *una persona* a alguien que repita más despacio lo dicho. pop + cult → espon.
    b. ‖ **~ el tiro.** loc. verb. *Ve.* Negarse *alguien* a intervenir o a opinar en una situación.
    c. ‖ **~la.** loc. verb. *Ho, Pe.* Disimular, encubrir *alguien* con astucia su intención. pop.
    d. ‖ **~la despacio.** loc. verb. *Mx, Gu, Ho, ES, Ni, CR, Pa, PR, Co, Ve, Ec:O.* Explicar nuevamente *algo* a alguien, aportando más detalles para que entienda. pop + cult → espon. ♦ **barajarla más despacio; barajearla más despacio.**
    e. ‖ **~la más despacio.** loc. verb. *Mx, Gu, Ho, ES, Ni, Pa, PR, Co, Ve, Ec:O.* **barajarla despacio.**

barajeada.
  I. 1.   f. *ES.* Explicación de algo.

barajear(se). (Epént. de *barajar*).
  I. 1.   tr. *Mx, Ho, Pa, Cu, RD, PR, Ve, Bo, Py.* Barajar, mezclar los naipes.
    2.   *Pa, Ch.* metáf. Esquivar *alguien* un tema.
  II. 1.   tr. *Mx, Ho, Pa.* Explicar *alguien* nuevamente y con detalle *algo* a una persona.
    2.   intr. *Ve.* p.u. Explicar *algo* a alguien.
  III. 1.   *Bo.* metáf. **barajar**, abofetear.
  □
    a. ‖ **~la despacio.** loc. verb. *Mx, Ho, Cu, Ve.* Explicar detalladamente *algo* a *alguien*. pop + cult → espon.
    b. ‖ **~la más despacio.** loc. verb. *Mx, Ho, ES, Ve.* **barajarla despacio.**
    c. ‖ **~se bien.** loc. verb. *PR.* Enfrentar una situación con éxito. pop + cult → espon.

barajita.
  I. 1.   f. *Cu, Ve.* Pequeño rectángulo de cartulina flexible y brillante con fotos e ilustraciones sobre diversos temas que se coleccionan en álbumes.
  ▶ **caer como ~s.**

barajo.
  I. 1.   m. *Pe.* Pretexto, motivo o causa que se alega para hacer algo o para excusarse de no haberlo ejecutado.
    2.   *Bo.* Mentira que se dice para evitar ser arrestado. delinc.
  II. 1.   m. *Gu, Ho, ES.* Arbusto de hasta 4 m de altura, con hojas compuestas, flores vistosas de color anaranjado, en inflorescencias largas y compactas, y fruto en vaina con dos alas; su raíz machacada y cocida en agua tiene aplicación en la medicina tradicional.

(Fabaceae; *Senna alata, C. guatemalensis*). (**barrajo**). ♦ **brujo; guajavo; laureño; zambrano.**

¡barajo!
  I. 1.   interj. *Gu, ES, Ni, Cu, Ve, Ec:O, Bo, Pe, Ar,* obsol. Expresa disgusto o rechazo. euf; pop + cult → espon ^ desp.
    2.   *Ve.* Expresa la anulación de un lance en ciertos juegos, *especialmente en los dados.*
    3.   *RD.* Expresa sorpresa o enfado. euf; pop + cult → espon.

barajustada.
  I. 1.   f. *Gu, Ho, ES, Ni, Ve.* **barajuste.**

barajustar(se).
  I. 1.   intr. *ES, Ni, Ve.* Salir huyendo impetuosamente una persona, un animal o un grupo de ellos.
    2.   intr. prnl. *Ho, Pa, Ve.* Salir huyendo impetuosamente. pop + cult → espon.
    3.   *Ve.* Salir el ganado en estampida. pop + cult → espon.
    4.   *Ve.* Acometer, emprender *alguien* una carrera o una acción, precipitarse a efectuarla. pop + cult → espon.
    5.   intr. *Gu.* Actuar *alguien* desordenadamente o sin concierto.
  II. 1.   tr. *Ve.* Aguijar, azuzar, alborotar *alguien* o *algo* a los caballos. pop + cult → espon.
    2.   *Ve.* Atacar, embestir una persona o un animal *algo* o a *alguien*. pop + cult → espon.
    3.   *Ve.* Descargar *una persona* sobre algo o alguien un proyectil, un arma o un instrumento de castigo. pop + cult → espon.
  III. 1.   tr. *Ve.* Crear *alguien* o *algo* confusión o desorden. pop + cult → espon.
  IV. 1.   intr. *Ve.* Corcovear un caballo o mostrarse indócil. pop + cult → espon.
  V. 1.   intr. *Ho.* Emigrar *alguien* de su país.
  VI. 1.   intr. *Ho.* Transcurrir caóticamente *algo*.

barajuste.
  I. 1.   m. *Gu, Ho, ES, Ni, Co:E, Ve.* Huida impetuosa que emprende una persona, un animal o, *especialmente, un conjunto de ellos*. ♦ **barajustada; embarajustada.**

baranda.
  I. 1.   f. *Ar, Ur.* Olor fuerte y desagradable que despide una persona al transpirar. pop.
    2.   *Ar.* Olor malo y desagradable, *especialmente en un sitio cerrado*. pop.
  II. 1.   f. *RD; PR,* obsol. Conjunto de maderos clavados verticalmente al borde de una carreta de bueyes para contener la carga. rur. (**barandilla**). ♦ **espaldar.**
  ▶ **largar por ~.**

barandilla.
  I. 1.   f. *RD.* **baranda**, conjunto de maderos clavados.
  II. 1.   f. *Ho. En las peleas de gallos*, tabla con dos agujeros en la que los gallos que han empatado la pelea realizan la prueba del **pico a pico.**

¡barántula!
  I. 1.   interj. *RD.* Expresa sorpresa o admiración.

barañas.
  I. 1.   f. pl. *RD; CR,* obsol. Conjunto de ramas menudas y secas. rur.

baraño.
  I. 1.   m. *RD.* Estropajo hecho de tela o fibra de **yagua** para restregar ollas y calderos.

¡barascho!
  I. 1.   interj. *Pa.* Expresa rechazo de una persona a alguien o algo.

¡baraste!
  I. 1.   interj. *Pa.* Expresa rechazo y devolución de un insulto.

barata.
   I. 1. f. *Mx, Gu.* Venta de mercancías o de servicios a los que se rebaja el precio.
   II. 1. f. *Ch.* Cucaracha, insecto ortóptero.
   ☐
     a. ‖ **a la ~.** loc. adv. *Ec.* Sin orden ni concierto. pop + cult → espon.
     b. ‖ **de ~.** loc. adv. *RD.* En balde, sin interés.

baratear.
   I. 1. tr. *Bo.* Vender *alguien algo* a precio inferior al real. pop + cult → espon.

baratela.
   I. 1. f. *Ch; Ar,* p.u. Cosa de poco valor o de baja calidad. pop + cult → espon ∧ desp.
   2. *Ch.* Cantidad pequeña de dinero que se paga por algo de precio más elevado. pop + cult → espon.
   3. *Ch.* Establecimiento comercial en donde se venden telas a bajo precio.

barateli.
   I. 1. *Ch.* **baratieri,** a bajo costo.

baratero.
   I. 1. m. *Ni.* Conjunto de objetos y ropa que se vende a precio muy bajo.

baratero, -a.
   I. 1. adj/sust. *Mx, Gu, Ho, ES, Co, Ve, Ec, Ch, Ar:NO.* Referido a persona, que vende o compra mercancía a bajo precio.

baratieri.
   I. 1. adv. *Ni, Pe, Ar, Ur; Ch,* p.u. A bajo costo. pop ∧ fest. ♦ **barateli.**
   2. adj. *Ni, CR, Pa, Ec, Bo, Ar, Ur.* Referido a un objeto, de bajo precio por ser de mala calidad. pop + cult → espon ∧ fest.
   3. *Ar.* Referido a un establecimiento comercial, que vende artículos baratos y de mala calidad. pop.

barato, -a.
   I. 1. sust/adj. *Mx, Cu, RD, Ar; PR,* juv. Persona que se comporta de un modo grosero, vulgar o poco refinado. pop + cult → espon.
   2. adj. *RD, Ve.* De poca importancia.
   II. 1. adj. *Gu.* Referido a persona, que realiza algo fácilmente.
   ▶ **hablar ~.**

baratón, -na.
   I. 1. adj. *Mx, RD, Ve.* Referido a un argumento, que tiene poco valor.
   2. *Ni, RD, Ve.* Referido a mercancía, medianamente barata.

barba.
   I. 1. f. *Mx, Ar.* metáf. Flecos de alguna ropa, como colcha o chal.
   II. 1. f. *Co.* Planta epífita de color gris, de filamentos muy largos que cuelgan de las ramas de los árboles grandes y que produce flores de color verde pálido o azules que semejan musgo, y pequeños frutos; se utiliza en la medicina popular para aliviar el reuma. (Bromeliaceae; *Tillandsia usneoides, T. balbisiana*). ♦ **barba de palo; barba de viejo; barba de úcar.**
   2. *PR.* Raspajo del coco que no llega a granar.
   III. 1. f. pl. *Ho, Ni, Pa, PR,* metáf. Estigmas rojizos de la flor femenina de la mazorca de maíz. ♦ **barbas de elote; barbas de jilote.**
   2. f. *RD, PR.* Tejido fibroso de la palma. rur.
   IV. 1. f. *Ho, Ni.* Cada una de las dos carnosidades colgantes de color rojo vivo que tienen algunas aves en la mandíbula inferior.
   2. *PR.* Carnosidad roja en la parte inferior de la cabeza del gallo que se le corta para acondicionarlo a la pelea.

   V. 1. f. pl. *ES.* Sobras de comida que quedan en un plato.
   VI. 1. *PR.* **quijada.**
   ●
     a. ~**s tienes.** fórm. *Mx.* Se usa para indicar reprobación o extrañeza.
   ■
     a. ‖ ~ **amarilla.**
     i. *Gu, Ho, ES, Ni, Co.* **nauyaca.**
     ii. m-f. *Ho.* metáf. Persona irascible, propensa a irritarse por cualquier cosa.
     b. ‖ ~ **candado.**
     i. f. *Gu, Ni, Co, Ve, Py.* Tipo de barba en la que solo se deja crecer pelo en la punta del mentón.
     ii. *Ho.* Tipo de barba en la que se deja crecer el pelo alrededor de los labios de manera que se une al bigote.
     c. ‖ ~ **de choclo.** f. *Ar, Ur.* Conjunto de filamentos largos y sedosos que tiene la mazorca de maíz; se usa en infusión para combatir afecciones renales.
     d. ‖ ~ **de coco.** f. *RD, PR.* Conjunto de fibras de la corteza exterior del coco.
     e. ‖ ~ **de gato.** f. *Ch.* Hierba áspera, erecta, de hasta 50 cm de altura, de tallos débiles, hojas enteras de base acorazonada, flores rojas o púrpura y fruto oval. (Umbelliferae; *Homalocarpus nigripetalus*).
     f. ‖ ~ **de hacha.** f. *Ho:S, Ni.* Molusco bivalvo de hasta 60 mm de longitud, de concha larga y ovalada, de color que varía desde un tono verdoso hasta casi negro, interior blanquecino, con manchas violetas sobre las huellas musculares; es comestible (Mytilidae; *Mytella guyanensis*).
     g. ‖ ~ **de jolote.** *Ho, Ni.* **cola de caballo.**
     h. ‖ ~ **de maíz.** f. *RD, Ve.* Conjunto de pistilos de la flor del maíz, que persisten en la mazorca, secos y semejantes al cabello.
     i. ‖ ~ **de palo.** *Ve.* **barba,** planta epífita.
     j. ‖ ~ **de úcar.** *PR.* **barba,** planta epífita.
     k. ‖ ~ **de viejo.**
     i. *Gu, Ho, Ni, Ch, Ar, Ur,* m. *CR, Ve.* **barba,** planta epífita.
     ii. f. *Gu, Ho, CR.* **Bejuco** leñoso de hasta 25 m de altura, con hojas opuestas trifoliadas, inflorescencia en racimos, flores blancas y las semillas del fruto, cubiertas con una especie de vellosidad blanquecina que cuelga, a la que debe su nombre. (Ranunculaceae; *Clematis dioica*). ♦ **crespillo.**
     iii. *Ch.* **barbón,** arbusto.
     l. ‖ ~ **fina.** *Ho.* **marucha,** arbusto.
     m. ‖ ~**s de elote.** *Ho.* **barbas,** estigmas rojizos.
     n. ‖ ~**s de jilote.** *Ho.* **barbas,** estigmas rojizos.
   ☐
     a. ‖ **como en ~s de agua.** loc. adv. *Ho.* Rápidamente, con mucha velocidad.
   ▶ **hacerle la ~; jugarle las ~s; quemar ~.**

barbacha.
   I. 1. f. *Ec.* Muy poca cantidad, *especialmente de dinero.* pop + cult → espon.
   2. *Ec.* Cosa de poco valor o estima. pop + cult → espon.
   ▶ **hablar ~.**

barbacoa. (De or. ind. antillano.)
   I. 1. f. *Mx, Ho, ES, Ni, CR, Pa, Cu, RD, PR, Ve, Ch, Py, Ur.* Andamio en que se ponen los muchachos para guardar los maizales.
   2. *Mx, Gu, Ve, Pe, Bo.* Conjunto de palos de madera verde puestos sobre un hoyo en la tierra, a manera de parrilla para asar carne.
   3. *Pe.* p.u. Casa pequeña construida en alto sobre árboles o estacas.
   4. *Pe.* p.u. Cama de varas lisas suspendida en cuatro estacas de algarrobo.

5. *Pe.* p.u. Entarimado.

6. *Ve.* obsol. Armazón levantado sobre estacas de madera que tiene la parte horizontal hecha de una trabazón de madera y carrizo para proteger el maíz del agua y del sol y evitar que lo coman los pájaros.

7. *Ve.* Zarzo o armazón de madera utilizado para sembrar plantas y hortalizas.

8. *Ve.* obsol. Andamio o mirador para atisbar la caza.

9. *Ve.* obsol. Construcción muy rústica sostenida por palos sobre el agua.

10. *RD, Ec:O.* p.u. Zarzo cuadrado u oblongo sostenido con puntales, que es usado como camastro.

11. *RD; CR, PR,* rur. Emparrado que se construye para que se extiendan plantas enredaderas.

12. *Ec:O.* Casa de habitación pequeña construida sobre **basas.**

13. *Cu.* Habitación o conjunto de habitaciones que se construye en una casa de puntal alto, a modo de primer piso.

14. *RD.* Repisa junto a la cocina para colocar platos y utensilios de cocina. rur.

II. 1. *Mx.* Carne de carnero o de chivo cocida en el interior de un hoyo en la tierra previamente dispuesto y calentado.

2. f. *Gu, Ho, ES, Ni, CR.* Variedad de salsa con mezcla de tomate y miel líquida, de sabor dulce y ahumado.

barbacuá. (De *barbacoa*).

I. 1. m. *Py, Ar. En un secadero de* **yerba mate**, parrilla semiesférica sobre la que se secan las hojas al humo y al calor.

2. *Py.* Conjunto de palos de madera, a manera de parrilla, donde se ponía a secar y tostar la **yerba mate.**

barbaján.

I. 1. adj/sust. *Mx. Referido a persona*, tosca, rústica, incivil.

barbar. (De *desbarbar*).

I. 1. tr. *PR.* Afeitar *alguien* la barba al gallo.

barbarazo.

I. 1. m. *Ar:NO.* p.u. Disparate, ridiculez. pop + cult → espon.

2. *RD.* Persona inculta y grosera. pop + cult → espon.

barbarazo, -a.

I. 1. adj. *RD, Ve.* Excelente, muy bueno.

2. m. y f. *RD.* Persona diestra en un oficio o actividad.

II. 1. adj. *RD, Ve.* Grande, excesivo.

III. 1. m. y f. *RD.* Persona fiera y cruel.

IV. 1. sust/adj. *RD.* Persona arrojada y temeraria.

¡barbarazo!

I. 1. interj. *RD.* Expresa asombro, extrañeza, admiración o reproche.

barbaridad.

■

a. ‖ ~ **y media.** f. *RD, Ec, Bo.* Dicho o hecho disparatado e irreflexivo. pop + cult → espon.

□

a. ‖ **en ~.** loc. adv. *Ho, Ni.* En abundancia.

bárbaro, -a.

I. 1. sust/adj. *Gu, Ho, Ni, Pa, Cu, RD, PR, Ve, Ec, Bo.* Persona experimentada, ágil y diestra en un oficio o para realizar una determinada actividad. pop + cult → espon.

2. adj. *Ec, Ar, Ur. Referido a persona*, comprensiva, solidaria o de trato agradable. pop.

II. 1. sust/adj. *Bo.* obsol. Persona que pertenece a los grupos étnicos amazónicos de Bolivia.

III. 1. adj/sust. *Bo. Referido a un vehículo automóvil*, introducido de contrabando en el país. pop + cult → espon.

¡bárbaro!

I. 1. interj. *Cu, RD, Bo, Py, Ar, Ur, Ec,* juv. Expresa el completo acuerdo con la proposición del interlocutor. pop + cult → espon.

2. *Pa, RD.* Expresa asombro ante el extremo y la exageración de una propuesta. pop + cult → espon.

3. *Ni.* Expresa el grado de excelencia de algo.

□

a. ‖ **¡ah ~!** loc. interj. *CR, Co:N, Ve, Bo.* Expresa admiración o asombro.

b. ‖ **¡qué ~!** loc. interj. *RD.* Expresa satisfacción y alegría, *en especial ante un éxito amoroso.*

barbasco.

I. 1. m. *Mx, Gu, Ho, ES, Ni, CR, Co, Ve, Pe, Bo.* **Bejuco** que contiene una sustancia tóxica empleada en la pesca fluvial, *particularmente por algunos grupos indígenas*, para aturdir a los peces. (Sapindaceae; *Paullinia pinnata, Serjania triquera, S. inebrians*). (**varbasco**). ♦ **bejuco espinoso; cube.**

2. *Ve, Pe, Bo.* Veneno que contiene el barbasco capaz de producir graves alteraciones funcionales e incluso la muerte. ♦ **cube.**

3. *Ec, Pe.* Planta de hojas compuestas, alternas, imparipinnadas, de textura corácea, color verde oscuro y un pecíolo engrosado en la base, tallo cilíndrico, ramificado, nudoso y semileñoso, inflorescencia en racimos densos con flores de cinco pétalos y fruto en forma de vaina larga, aplanada, y rojiza con semillas comprimidas; en sus raíces se concentra una sustancia química tóxica llamada Rotenona, usada por los indios en la pesca fluvial. (Fabaceae; *Lonchocarpus nicou*).

4. *Bo:E.* Árbol de hasta 15 m de altura, con hojas compuestas de tres a cinco pares de folíolos enteros, flores grandes con cinco pétalos y frutos en forma de cápsulas subesféricas que contienen semillas con capa externa leñosa. (Sapindaceae; *Magonia pubescens*).

5. *PR.* Árbol de hasta 15 m de altura, de copa frondosa y redondeada, hojas duras, flores fragantes blancas y violetas y fruto rojizo; su corteza es usada en la medicina tradicional y como condimento. (Canellaceae; *Canella winterana*). ♦ **barbasco cimarrón; canela; malambo; malvasco; palo canela.**

II. 1. m. *Ve.* Borrachera. pop + cult → espon.

2. *Ve.* Lugar donde hay personas borrachas. pop + cult → espon.

III. 1. m. *PR.* Hombre malo. rur; pop.

■

a. ‖ ~ **cimarrón.** *PR.* **barbasco.** (Canellaceae; *Canella winterana*).

► **dar ~.**

barbasqueado, -a. (De *barbasco*).

I. 1. adj. *Bo:E. Referido a persona*, aturdida o perturbada a consecuencia de una enfermedad o por otra causa. pop + cult → espon.

barbasquillo.

I. 1. m. *Co.* Hierba de hasta 50 cm de altura, de hojas pequeñas, oblongas y florecitas blancas; se emplea en medicina popular como diurético y purgante. (Euforbiaceae; *Phyllanthus niruri*).

barbeado.

I. 1. m. *Ho; Py,* pop. Afeitado de la barba.

II. 1. m. *CR:NO.* Forma de lazar un animal en la que el **mecate** lo sujeta por la parte inferior de la testa.

barbear(se).

I. 1. tr. *Mx, Pa.* Adular, obsequiar o hacer favores a *alguien* con fines interesados. pop.

II. 1. tr. *Cu, Co:E; Gu, Ni*, rur. Asir una **res** vacuna, *particularmente si es pequeña*, por el hocico y el testuz o el cuerno, y, haciendo fuerza con las manos en direcciones opuestas, torcerle el cuello hasta dar en tierra con el animal.

III. 1. tr. *Ar:NE.* Sacar o quitar las plantas o arbustos de un camino abierto en el bosque o en la selva.

IV. 1. intr. prnl. *Ho, Bo, Py.* Afeitarse un hombre la barba. pop.

V. 1. *Ho, Pa, Ve.* Abrir contra su voluntad la boca a *una persona, en especial a un niño*, para que ingiera un medicamento. pop + cult → espon.

2. tr. *Pa.* Dar *alguien* de comer con esmero en la boca a *una persona, en especial a un niño o a un enfermo*. pop + cult → espon.

barbecho.

I. 1. m. *PR.* Caña que no produce azúcar. rur.

barbecue. (Voz inglesa).

I. 1. m-f. *EU, PR, Co; Ch*, p.u. Conjunto de alimentos preparados en una barbacoa.

2. m-f. *EU, Ch; Pa, Ve*, p.u; m. *PR.* Barbacoa, parrilla usada para asar al aire libre carne o pescado.

3. f. *EU, Co.* Condimento a base de tomate y especias usado para carnes, **papas** y otros alimentos.

4. f. *EU, PR.* Barbacoa, fiesta o reunión donde se asa al aire libre.

barbera.

I. 1. f. *Ar:N.* **barbijo**, cinta de cuero o cadena.

barberío. (De *barba*).

I. 1. m. *Ho.* p.u. Abundancia de inflorescencias rojizas de la mazorca de maíz en crecimiento.

barbero.

I. 1. m. *Cu, RD, PR.* Pez marino de hasta 40 cm de longitud, de boca pequeña y ojos grandes, con escamas ligeras de color castaño y bandas longitudinales en el tronco y las aletas, con una espina dura, puntiaguda y cortante a cada lado de la cola, que mueve a voluntad. (Acanthuridae; *Acanthurus chirurgus*). ◆ **acanturo; cirujano; médico.**

barbero, -a.

I. 1. adj. *Mx.* Referido a *persona*, aduladora.

barbershop. (Voz inglesa).

I. 1. m. *Bo.* Establecimiento donde se corta y se arregla el pelo o se afeita a los hombres. pop + cult → espon.

barbeta.

I. 1. adj/sust. *Ch, Ar.* p.u. Referido a *un hombre*, que lleva barba. pop + cult → espon ^ fest.

II. 1. adj. *Ch.* obsol. Referido a *persona*, tonta, simple.

barbi. (Del ingl. *Barbie doll*®).

I. 1. f. *Gu, Ho, ES, Ni, CR, Pa, Co, Ch, Py, Ur.* Mujer muy bonita, alta y delgada. (*Barbie*; **Barby**).

barbiblanco.

I. 1. *Ho.* **chancho de monte.**

barbichivo.

I. 1. adj/sust. *Bo.* Referido a *un hombre*, que tiene la barba en punta. pop + cult → espon ^ fest.

Barbie.

I. 1. *Pa, Ch.* **barbi.**

barbijo.

I. 1. m. *Bo, Py, Ar, Ur.* Cinta o correa que pasa por debajo de la barbilla y sirve para sujetar el gorro, el sombrero o el casco. ◆ **barbiquejo.**

2. *Bo, Py, Ar.* Pieza de tela que cubre boca y nariz, utilizada para mantener la asepsia, *generalmente por médicos y auxiliares*. ◆ **barbiquejo.**

3. *Py, Ar, Ur.* Cinta de cuero o cadena pequeña que se pasa por debajo de la quijada del caballo y que tiene

sus extremos unidos a las argollas superiores del freno. rur. ◆ **barbera.**

II. 1. m. *Ar, Ur.* p.u. Herida en la cara.

III. 1. m. *PR.* **perdía**, ave. ◆ **barboquejo; berbequejo; berbiquejo.**

barbilindo.

I. 1. m. *Ho.* Joven que comienza a tener barba.

barbilla.

I. 1. f. *Mx.* Listón de madera para hacer molduras.

II. 1. f. *Ho, Ni.* Cada una de las carnosidades colgantes de color rojo vivo que tienen algunas aves en la mandíbula inferior.

▶ **tirarle la ~.**

barbiquejo.

I. 1. m. *ES, Pa.* Correa o cuerda que va del freno a la cincha para que la caballería no cabecee.

II. 1. *Bo.* **barbijo**, cinta que pasa por debajo de la barbilla.

2. *Bo.* **barbijo**, pieza de tela.

barbiquín.

I. 1. m. *PR.* Herramienta de carpintería. (**balbiquín**).

2. *PR.* Herramienta eléctrica para abrir huecos, taladrador. (**balbiquín**).

barbolín.

I. 1. *Bo.* **barbón**, hombre que tiene mucha barba. pop.

barbón.

I. 1. sust/adj. *Ho, Bo, Ch.* Hombre que tiene mucha barba. pop + cult → espon.

II. 1. m. *Ch.* Arbusto de hasta 1,5 m de altura, de hojas opuestas con borde dentado y forma aovada, follaje denso y flores dispuestas en racimo de color blanco. (Asteraceae; *Ageratina glechonophylla*). ◆ **barba de viejo.**

barbona.

I. 1. *Ho.* **acacia.** (Fabaceae; *Caesalpinia pulcherrima*).

barboquejo.

I. 1. *PR.* **barbijo**, ave.

barbotina.

I. 1. f. *Pe.* Producto resultante de la suspensión de la arcilla en agua hasta el momento en que se encuentra lista para ser moldeada.

barbú.

I. 1. *PR.* **barbudo**, pez marino.

barbuchas.

I. 1. m. *Co.* Hombre que lleva barba. pop ^ desp.

2. *CR.* **barbuches.**

barbuches.

I. 1. m. *CR.* Hombre de barba abundante, *y por lo general, larga y sin cuidar*. (**barbuchas**).

barbudo.

I. 1. m. *RD, PR, Ec.* Pez marino de hasta 30 cm de longitud, corpulento, de piel lisa, desprovista de escamas, de color ámbar, cabeza larga y boca grande, aleta dorsal desde la cabeza hasta la cola, con dos salientes delgados a cada lado de la boca. (Polynemidae; *Polydactylus virginiculus*). ◆ **barbú; bariblanca; boquicolorado; cachito; guabina; roncador.**

II. 1. m. *Cu.* Combatiente del Ejército Rebelde, fuerza armada insurrecta que combatió contra el ejército regular cubano en la última década de los años cincuenta.

III. 1. m. *CR.* Alimento consistente en vainicas tiernas de **frijol** recubiertas con huevo y fritas en aceite.

■ **a.** ‖ **~ blanco.** m. *Co.* Pez marino de hasta 30 cm de longitud, de piel lisa, sin escamas, con espinas gruesas en aletas dorsales y pectorales y dos pares de barbas largas; su carne es muy apreciada. (Pimelodidae; *Pimelodus clarias*). ♦ **barbul**; **micuro**; **nicuro**.

b. ‖ ~ **cabezón**. m. *PR*. Pez marino de hasta 26 cm de longitud, caracterizado por largas barbillas en la mandíbula superior y otras más cortas en la inferior, cuerpo de color gris o negro, vientre blanco y cola ligeramente bifurcada. (Ictaluridae; *Ictalurus catus*).

c. ‖ ~ **de mar**. m. *Co*. Pez marino de hasta 50 cm de longitud; es comestible, a pesar de su fuerte olor. (Ariidae; *Arius spixii*). ♦ **canchimala**; **mapalé**.

d. ‖ ~ **moteado**. m. *PR*. Pez marino de hasta 66 cm de longitud, con puntos negros en la piel y ocho barbillas alrededor de la boca, cuatro en la parte inferior, dos en la superior y una a cada lado, y cola bifurcada. (Ictalururae; *Ictalurus punctatus*).

e. ‖ ~ **negro**. m. *Co*. Pez de agua dulce de hasta 35 cm de longitud, sin escamas, de carne muy apreciada. (Pimelodidae; *Pimelodus* spp.).

f. ‖ ~ **torito**. m. *PR*. Pez marino de hasta 30 cm de longitud, con largas barbillas alrededor de la boca, caracterizado por el color marrón moteado de sus costados, el vientre de color crema blanquecino y la cola casi cuadrada. (Ictaluridae; *Ictaluridae nebulosus*).

□
a. ‖ **el ~**. loc. sust. *Ho*. Pelo que sale alrededor de la vulva, que es más corto, suave y rizado que el de la cabeza. vulg; pop + cult → espon ^ fest.

barbul.
 I. 1. m. *Co*. **barbudo blanco**.

Barby. (Del ingl. *Barbie doll®*).
 I. 1. *Co*. **barbi**.

barcaza.
 I. 1. f. *RD, Ve, Bo*. Embarcación pequeña que se acopla a otras para ser remolcada en la navegación fluvial.

barcear.
 I. 1. tr. *Pa*. Limpiar de zarzas un terreno. rur.

barcelisco.
 I. 1. m. *CR*. obsol. Huevo muy pequeño que pone una gallina, *generalmente cuando es muy vieja*. rur.

barchila. (De etim. desc.).
 I. 1. f. *Ar:NO*. Tela áspera de lana, jaspeada en blanco y negro.
 2. *Ar:NO*. obsol. Especie de hábito para amortajar hecho de barchila. rur.
 II. 1. f. *Bo:E*. En la creencia popular, ánima que se aparece a los vivos con la apariencia de un fraile franciscano. pop + cult → espon ^ fest.

barchilo.
 I. 1. m. *Ar:NO*. *En la mitología popular*, duende, diablo.

barchilo, -a. (De etim. desc.).
 I. 1. adj. *Ar:NO*. *Referido a una tela*, de color gris oscuro o blanco y negro. rur.

barchilón, -na.
 I. 1. m. y f. *Ec*. Persona que en los hospitales se dedica a labores de limpieza. pop + cult → espon.
 2. *Bo*. p.u. Enfermero de un hospital militar.

barcié.
 I. 1. m. *RD*. *Entre los campesinos del sur del país*, tambora grande usada en los bailes.

barcino.
 I. 1. m. *Co*. Árbol de hasta 25 m de altura, de cuya corteza brota una sustancia amarilla y pegajosa, con flores blancas y frutos pequeños, globosos de color verde; su madera es utilizada en ebanistería. (Clusiaceae; *Calophyllum lucidum*).

barcino, -a.
 I. 1. adj/sust. *Mx, Gu, Ho, ES, Ni, CR, Ve, Bo, Py, Ar, Ur*. *Referido a un animal*, que posee pelaje en el que se combinan dos colores, *generalmente blanco y pardo*, dibujando rayas atigradas. (**baicino**; **barsino**).

II. 1. adj. *ES*. *Referido a persona*, que es hija de prostituta. vulg; pop + cult → espon ^ desp. ♦ **hijo de barcino**.

barco.
 I. 1. adj. *Mx, Ho*. *Referido a examen o asignatura*, fácil de aprobar. est.
 2. m. *Mx, Ho*. Profesor excesivamente contemporizador y que regala las calificaciones. est.
 II. 1. *Ho, ES*. Recipiente hecho de la mitad de una calabaza ahuecada para usos domésticos.
 2. *Ho*. Vasija de barro que semeja media calabaza.
 3. *Ho*. Recipiente rectangular u ovoide de madera de un tronco vaciado que sirve para lavar la vajilla o dar de beber al ganado. rur.
 III. 1. m. *CR, Cu*. Persona irresponsable, inconstante. pop + cult → espon.
 2. adj. *Ho*. juv. *Referido a persona*, tonta.
 IV. 1. m. *PR*. Estudiante aprovechado. est.
 □
 a. ‖ ~ **a la deriva**.
  i. loc. adj. *Cu, Ur*. *Referido a persona*, borracha.
  ii. *Cu, Ur*. *Referido a persona*, desorientada.
 b. ‖ ~ **de vela**. m. *Cu, RD*. Coche tirado por caballos.
 ◪
 a. ‖ ~ **grande, ande o no ande**. fr. prov. *Cu, RD, PR, Ve*. Indica que la cantidad y el tamaño son importantes.
 b. ‖ ~ **parado no gana flete**. fr. prov. *Cu, RD, Ve, Ur*. Indica que con la haraganería o el ocio no se obtiene provecho alguno.
 ▶ agarrar de ~; dar un ~; heder a un ~ viejo; llegar ~.

barda. (De etim. desc.).
 I. 1. f. *Ar*. Cerro bajo de cima amesetada a causa de la erosión.
 2. *Ar:S*. Ladera acantilada o barrancosa.
 ▶ brincarse la ~; saltarse la ~; volarse la ~.

bardado.
 I. 1. m. *Mx*. Linde levantada sobre el terreno con muro o cualquier tipo de valla o cerca. (**bardeado**).

bardado, -a.
 I. 1. adj. *Mx*. *Referido a un terreno*, provisto de cerca, muro u otra solución que delimita su perímetro o lo separa de otro. (**bardeado**).

bardal.
 I. 1. m. *Ar*. Lugar lleno de **bardas**, cerros bajos.
 2. *Ar*. Sitio con **bardas**, laderas acantiladas.

bardar.
 I. 1. tr. *Mx*. Construir una delimitación física alrededor de una edificación o de un terreno o en un punto determinado del mismo como linde con otro contiguo. (**bardear**).

bardeado.
 I. 1. *Mx*. **bardado**, linde.

bardeado, -a.
 I. 1. *Mx*. **bardado**, provisto de cerca.

bardear.
 I. 1. *Mx, Bo:E*. **bardar**.
 II. 1. tr. *Ar*. juv. Insultar *una persona* a *alguien*.

bardero, -a.
 I. 1. adj/sust. *Ur*. *Referido a persona*, que incita a la violencia. pop + cult → espon.

bardo.
 I. 1. m. *Ar*. Error cometido por descuido, precipitación o torpeza.
 II. 1. m. *Ur*. Disturbio. pop + cult → espon.
 □
 a. ‖ **al ~**.
  i. loc. adv. *Ar, Ur*. En vano, inútilmente. pop.
  ii. *Ar*. Sin plan previo, de improviso. pop.

bareque.
  I. 1. *Co, Ec.* **bahareque**, mezcla de barro y paja.

barequear.
  I. 1. tr. *Co, Bo:E.* Extraer el oro de los yacimientos lavando en una batea la arena en la que se encuentra el mineral para separarla de este.

barequeo.
  I. 1. m. *Co.* Extracción del oro de los yacimientos.

barequera.
  I. 1. f. *Co.* Batea de forma circular y poco fondo que se usa para **barequear**.

barequero, -a.
  I. 1. m. y f. *Co, Bo:E,O.* Minero que extrae oro mediante el procedimiento del **barequeo**.

bareta.
  I. 1. f. *Co.* **bareto**. drog.

baretero, -a.
  I. 1. m. y f. *Co, Ec.* Fumador de marihuana. drog.

bareto.
  I. 1. m. *Co, Ec.* Cigarrillo de marihuana. drog. (**bareta**).

bariaco.
  I. 1. m. *PR.* Árbol silvestre de pequeño tamaño, de color gris rojizo o ligeramente matizado de amarillo, hojas palmeadas, flores blancas y fruto en forma de cápsula; su madera es muy apreciada en la construcción y en ebanistería. (Meliaceae; *Trichilia moschata*).
  2. *PR.* Arbusto de hasta 4 m de altura, de follaje espeso, hojas elípticas u ovaladas, flores de color verdoso amarillento que se producen en racimos y fruto de una sola semilla. (Rhamnaceae; *Krugiodendron ferrum*). ♦ **ébano**.

bariblanca.
  I. 1. *PR.* **barbudo**, pez marino.

barilla.
  I. 1. f. *PR.* Arbusto perenne de hasta 70 cm de altura, con hojas pequeñas, carnosas y estrechas, de color verde brillante, en ocasiones rojizas, y flores de pequeño tamaño; su ceniza se usa en la fabricación de vidrio. (Batidaceae; *Batis maritima*).

barillo.
  I. 1. m. *Ho, ES.* Árbol grande, de hasta 30 m de altura, de flores blancas o amarillentas y fruto globoso y ovalado, de color verde pálido cuando está maduro; su madera se utiliza para fabricar muebles. (Clusiaceae; *Calophyllum brasiliense*). (**varillo**). ♦ **aceite de maría; maría; palo de maría; santa maría**.

barinés. (De *Barinas*, estado de Venezuela).
  I. 1. m. *Ve.* Viento fuerte del noroeste que sopla en las llanuras; anuncia la estación de lluvias.
  II. 1. m. *Ve.* Arbusto de pequeño tamaño, espinoso, de flores amarillas. (Fabaceae; *Cassia aculeata*).

barísfera.
  I. 1. f. *Mx, Cu, Ch, Py, Ur.* Barisfera, núcleo central del globo terrestre.

barista.
  I. 1. m-f. *Ni, Ur.* p.u. Persona que atiende o sirve en un bar.

barjita.
  I. 1. f. *Ve.* Cartulina flexible, rectangular y de papel brillante, con fotos o ilustraciones sobre diversos temas.

barloventar.
  I. 1. intr. *PR.* Navegar *alguien* con dificultad, luchar con el mar.

barloventeo.
  I. 1. m. *Ve.* Recorrido sin rumbo fijo. pop + cult → espon.

barniz.
  I. 1. m. *Gu.* p.u. **barnizada**, regaño.
  ■
  a. ‖ ~ **de muñeca.** m. *Gu.* Gomalaca disuelta en alcohol para dar brillo a los muebles.
  b. ‖ ~ **de uñas.** m. *Ho.* Laca para uñas.
  ▶ **darse ~; pasar el ~.**

barnizada.
  I. 1. f. *CR, Pa, Ch, Py, Ar.* Aplicación de barniz a algo.
  II. 1. m. *Gu,* p.u. Regaño, reprimenda. ♦ **barniz**.

baro.
  I. 1. m. *Mx, ES, Cu.* Dinero. pop. (**varo**).
  ▶ **luchar el ~.**

baronazo.
  I. 1. m. *RD.* Juego de niños en el que participan dos equipos; cada jugador lanza la pelota al cuerpo de uno del equipo contrario, si es golpeado debe salir del juego; si la pelota no le da, un jugador de los que han salido puede volver al juego y si no hay ninguno, acumula puntos.

baros.
  I. 1. m. pl. *ES, Cu.* Dinero, billetes. pop.

barquear.
  I. 1. intr. *Cu.* No cumplir *una persona, en especial un estudiante,* con sus obligaciones y deberes. pop + cult → espon.

barquilla.
  I. 1. f. *Cu:C, RD, PR, Ve.* Barquillo u hojaldre de forma cónica en que se venden los helados.

barquillado.
  I. 1. m. *Bo:O.* Moldeado del ala del sombrero de la **chola**, que consiste en darle una curvatura hacia arriba mediante calor y presión de una plancha.

barquillera.
  I. 1. f. *Ch.* Máquina de hacer barquillos.

barquillo.
  I. 1. m. *Pa, Ch, Py, Ur.* Helado que se sirve en los barquillos.
  2. *Pa, Ch.* Cono horneado hecho de harina y azúcar.

barquinazo.
  I. 1. m. *Ec, Ch, Py, Ur.* Movimiento violento de un vehículo hacia un costado.
  2. *ES, Ni; Gu.* Caída violenta que causa un gran golpe.
  3. *Bo, Ch, Ur.* Salto o tumbo que da un vehículo a causa de las irregularidades del terreno.
  ▶ **dar ~s; dar el ~; pegar el ~.**

barquinear.
  I. 1. intr. *Bo.* Dar un vehículo saltos o tumbos a causa de las irregularidades del terreno. pop + cult → espon.

barquito.
  ■
  a. ‖ **pasará, pasará mi ~.** m. *Bo.* Juego infantil en el que dos participantes se toman de las manos, formando un arco, mientras los demás forman una cadena agarrándose de las manos; luego, los que forman la cadena van pasando por debajo del arco y, simultáneamente, cantan el estribillo: «pasará, pasará mi barquito, el último se quedará».

barra.
  I. 1. f. *Mx, Gu, Ho, ES, Ni, CR, Pa, Co, Ve, Ec, Pe, Bo, Ch, Py, Ar, Ur.* Grupo de seguidores que alientan con voces y gritos a una persona o una agrupación, *generalmente política o deportiva.* ♦ **porra**.
  2. *Mx, Gu, Ho, ES, Ni, Pa, Ve, Ec, Py.* Conjunto de seguidores de un partido político *que, generalmente, asiste a observar las sesiones de las cámaras legislativas u otros cuerpos colegiados.*
  3. *CR, Ec, Bo, Py, Ur.* Lugar destinado en las cámaras u otros cuerpos colegiados para colocar al público.

4. *Pa, Ve.* Grupo de personas que, incitadas por los organizadores de un espectáculo, apoyan, o no, la actividad, según el caso.

5. *Gu, Pa.* Grupo de personas que asiste a una sesión del Congreso Nacional.

6. *Gu.* Lugar del Congreso Nacional donde se sienta el público asistente a una sesión.

7. *RD. En los tribunales,* grupo de letrados que se ocupan de la defensa o de la acusación en un juicio.

II. 1. m. *CR, Co, Py, Ar, Ur.* Grupo de amigos que suele frecuentar los mismos lugares para pasar el tiempo y divertirse.

2. *Ve.* Público que se reúne a las puertas de un local donde hay una celebración o una fiesta. pop.

3. *RD, PR.* Establecimiento que despacha bebidas alcohólicas. pop + cult → espon.

III. 1. f. *Ho, Ni.* Instrumento hecho de una barra de hierro que tiene uno de sus extremos recto y en forma de espátula y el otro curvo, para remover, extraer tierra o cortar maleza.

IV. 1. f. *Cu.* Pene. vulg; pop + cult → espon.

V. 1. f. *ES.* Acompañamiento a alguien.

VI. 1. m. *PR.* Pieza que sostiene la rueda e impide que salga de su eje.

VII. 1. m. *PR.* Novio, pretendiente.

VIII. 1. f. *Pa.* Grupo de personas que, por algún beneficio personal, asiste a un espectáculo para aplaudir.

■

a. ‖ **~ brava.**
  i. f. *CR, Co, Ec, Bo, Ch, Py, Ar, Ur.* Grupo de individuos fanáticos de un equipo de **futbol** que suelen actuar con violencia. (**barrabrava**).
  ii. m-f. *Co, Ec, Ch, Ar, Bo, Ur;* f. *Py.* Integrante de una **barra brava**.
b. ‖ **~ de abogados.** f. *Mx, Pa, Ch.* Grupo de abogados unidos para un fin específico.
c. ‖ **~ de azufre.** f. *Ar, Ur.* Pequeña barra en forma de cilindro, que se frota sobre el cuerpo cuando existe un dolor en la zona del cuello y la espalda y que luego se coloca en agua. pop + cult → espon.
d. ‖ **~ de cambios.** f. *Co.* Mecanismo que permite pasar de una velocidad a otra en un vehículo de motor.
e. ‖ **~ de catre.** f. *RD.* Larguero.
f. ‖ **~ de mala muerte.** f. *RD, PR.* Antro, bar de mal aspecto o reputación. pop + cult → espon.
g. ‖ **~ de uña.** f. *PR.* Pata de cabra, herramienta.
h. ‖ **~s del día.** f. pl. *Ur.* Primeros fulgores de la aurora.
▶ **dar ~; forzar la ~; hacer ~; tener ~; tener buena ~; tener mala ~.**

barrabrava.
I. 1. f. *Co, Ec, Py, Ar, Ur; Ch.* p.u. **barra brava**, grupo de partidarios fanáticos.

barraca.
I. 1. f. *Pa, RD, PR, Bo, Ch, Py, Ar, Ur.* p.u. Edificio en que se depositan cueros, lanas, maderas, cereales u otros efectos destinados al comercio. rur.
2. *RD, Pe.* Conjunto de habitaciones apiñadas y de mala reputación.
II. 1. f. *Ho, Ni, Pa, Ar.* Conjunto de edificios de un cuartel, *en especial los dormitorios.*
2. *Ni.* p.u. Dormitorio de los peones de las compañías bananeras.
III. 1. f. *RD.* obsol. Caseta tosca en forma triangular que sirve de refugio contra temporales y huracanes. rur.

barracán.
I. 1. m. *Ar:NO.* Tela gruesa y resistente, tejida con hilos de color en telares rústicos o domésticos.

barracazo.
I. 1. m. *Ho.* Golpe de Estado dado por el ejército.

barraco.
I. 1. m. *Ho, ES, Ni, RD.* Verraco, cerdo macho.
2. *Ch.* p.u. Cerdo macho doméstico.
3. *RD, PR.* metáf. Persona o animal muy excitable sexualmente. vulg; pop + cult → espon.
4. *PR.* Cerdo que se destina a semental.
II. 1. m. *Ch.* Arbusto silvestre de hasta 4 m de altura, de hojas simples denticuladas y brillantes, ramas glabras, flores blancas dispuestas en racimos y frutos en forma de cápsula ovoide con numerosas semillas; es aromático. (Escalloniaceae; *Escallonia illinita*).

barraco, -a.
I. 1. adj/sust. *Cu, RD. Referido a persona,* valiente, fuerte en algo.
II. 1. adj/sust. *RD. Referido a persona,* extraordinaria, que sobresale en cualquier sentido.
III. 1. adj/sust. *PR. Referido a persona o animal,* muy gordo, obeso. pop + cult → espon.
▶ **dar barraca.**

barracón.
I. 1. m. *Bo, Ar.* Cobertizo grande que se emplea para almacenar cereales, cueros, ropa, lanas, madera u otros productos.
2. *RD.* Edificio construido para albergar a damnificados.

barracuda.
I. 1. f. *Mx, Gu, Ho, Ni, RD, PR.* Pez marino de hasta 2 m de longitud, de cuerpo alargado, provisto de poderosos dientes y cola potente; su carne es comestible, pero al llegar a cierta edad se vuelve venenosa, produciendo la enfermedad llamada **ciguatera**. (Spyraenidae; *Sphyraena barracuda, S. argenta, S. ensis, S. picudilla*). ♦ **picuda; picúa brava; picúa lanceta; picúa parda.**

barrado, -a.
I. 1. adj. *Ar. Referido a un ave o a su plumaje,* que presenta grandes manchas irregulares de color gris sobre fondo blanco. rur. (**barreado**).

barraganete.
I. 1. m. *Ec.* **topocho.**

barrajo.
I. 1. m. *Gu, Ho.* **barajo,** arbusto.

barral.
I. 1. *Mx, Ho.* **barrial,** lugar de extracción de arcilla roja. rur.
II. 1. m. *Ar.* Barra resistente de la que se cuelgan cortinajes y tapices.
III. 1. m. *Ar.* Barandilla de una cama cuna.

barranco.
I. 1. m. *Mx:SE.* Orilla de un río. rur.
II. 1. m. *Pa, RD, Co, Ve, Py, Ur.* Borde en pendiente de un terreno.
III. 1. adj/sust. *Ve. Referido a una fiesta,* caracterizada por los excesos de los participantes.
IV. 1. m. *Gu.* p.u. Aguardiente de elaboración clandestina. rur.
V. 1. m. *Pa.* Número considerable, gran cantidad de cosas. pop + cult → espon.

barrancolí.
I. 1. m. *RD.* Ave de pequeño tamaño, de color verde brillante, garganta roja, parte inferior blanca grisácea con manchas y el pico rojo largo y afilado. (Todidae; *Todus subulatus*). ♦ **barranquera.**

barranquera.
I. 1. f. *RD.* **barrancolí.**

barranquerío.
I. 1. m. *Bo.* Lugar en el que existen barrancos. pop + cult → espon.

barranquillo.
- **I. 1.** m. *Co.* Ave de hasta 27 cm de longitud, de color gris castaño con rayas negras, pecho amarillento y cola larga, cresta corta y **despelucada**. (Cuculidae; *Tapera naevia*). ♦ **crespín; nequí; tres pesos; trestrés.**

barraquear.
- **I. 1.** tr. *RD.* Infundir miedo *alguien* o *algo*.

barraquete.
- **I. 1.** *Co.* **patillo**, ave.

barreado, -a.
- **I. 1.** *Ar.* **barrado**.

barreal.
- **I. 1.** m. *Ch, Ur.* Lugar lleno de barro.
- **II. 1.** adj. *Ho. Referido a la tierra*, arcillosa de color rojizo. ♦ **barrealoso**.

barrealfombras.
- **I. 1.** m. *Ar.* Electrodoméstico parecido a la aspiradora, *especial para limpiar alfombras*.

barrealoso, -a.
- **I. 1.** adj. *Ho, Ni.* **barreal**, arcillosa.

barrear.
- **I. 1.** tr. *Ve.* Tumbar *alguien* una res y amarrarle las cuatro patas juntas.

barrecandela.
- **I. 1.** f. *Ho.* **cordoncillo**. (Piperaceae; *Piper aduncum*).

barrecaños.
- **I. 1.** m-f. *CR.* Empleado municipal encargado de la limpieza de las vías públicas.

barredera.
- **I. 1.** f. *Ni, CR, Cu, RD, Co, Ec.* Barrido, acción reiterada de barrer. pop + cult → espon.
- **II. 1.** f. *Ec.* Franja pintada o hecha de diversos materiales como madera, cerámica, mármol o caucho, que se pone a manera de zócalo en la parte inferior de las paredes para protegerlas de la suciedad y contra los golpes.
- **III. 1.** f. *Cu. En las casas de tabaco*, viga horizontal que sostiene los **cujes**.

barredor.
- **I. 1.** m. *ES.* **hierba del dolor**.

barredura.
- **I. 1.** f. *RD.* Conjunto de operaciones realizadas para recoger el oro contenido en determinado lugar de un aluvión.
- **II. 1.** f. *Ho.* Grano de café de mala calidad que se comercializa solo en el mercado nacional.

barrehorno.
- **I. 1.** *Ho.* **tachiste**.

barrejobo.
- **I. 1.** m. *Pa.* obsol. Golpe o manotazo lanzado sin coordinación.
- **2.** *Pa.* Aguacero repentino que dura muy poco.

barrena.
- **I. 1.** f. *RD. En la industria azucarera*, parte de la pala mecánica que baja hasta el vehículo que entrega la caña en la central para tomar una muestra. rur.

barrenador.
- **I. 1.** m. *Mx, Gu, Ho, ES, CR, Pa, Ar.* Insecto lepidóptero de hasta 40 cm de longitud, con palpos largos proyectados hacia delante, de color cremoso o gris claro, con puntos negros o café en cada segmento y un escudo protorácico café amarillento. (Pyralidae; *Diatraea lineolata, D. saccharalis*). ♦ **gusano barrenador**.
- **2.** *Mx, Ni.* Larva de una mosca que se desarrolla en las llagas o heridas de los mamíferos, alimentándose del tejido vivo; causa una enfermedad parasitaria. (Calliphoridae; *Cochliomyia hominivorax*).

II. 1. m. *Ar.* Tabla a modo de flotador para sujetarse con los brazos extendidos mientras se aprende a nadar.
- **2.** *Ar.* Persona que se desliza sobre la cresta de las olas con un barrenador.

barrenieves.
- **I. 1.** f. *Ch.* Máquina para limpiar de nieve los caminos.

barrenillo.
- **I. 1.** m. *Cu.* Idea fija, preocupación obsesiva, terquedad. pop + cult → espon.

barreno.
- **I. 1.** m. *Co.* Nombre que reciben las larvas de insecto que perforan los tallos de plantas cultivadas.
- **2.** *Pe.* Insecto lepidóptero de pequeño tamaño, de trompa corta y cabeza grande, y cuerpo de diferentes colores según la fase larvaria en la que se encuentre. (Pyralidae; *Diatraea saccharalis*). ♦ **bórer**.
- **II. 1.** m. *Bo:E.* Miel de melaza de la que se extrae azúcar, por cristalización. pop + cult → espon.
- **2.** *PR.* Enfermedad que ataca la semilla y el tallo de la caña de azúcar. rur.
- **III. 1.** m. *Ho.* Eje de una carreta.

barreño, -a.
- **I. 1.** sust/adj. *Gu, ES.* Persona de un barrio.

barrer(se).
- **I. 1.** intr. prnl. *Mx, Ho, PR.* Deslizarse, derrapar un vehículo sobre la superficie que pisa.
- **2.** *Mx.* Aflojarse, salirse, desencajarse una pieza de donde debe estar inserta o ajustada para cumplir su función.
- **3.** *Mx.* Desplazarse bruscamente una caballería hacia un lado al sufrir una súbita perturbación.
- **II. 1.** intr. prnl. *Mx, Ho, Ni, Pa, PR, Ur. En ciertos deportes*, lanzarse un jugador al suelo a la carrera y con gran impulso, *generalmente con los pies por delante*, calculando alcanzar el propósito apetecido mientras cae o resbala sobre el terreno de juego.
- **2.** *Ni, RD, PR, Ve. En el **beisbol***, deslizarse un corredor sobre la base.
- **3.** *Gu, Ho, ES, Ni, CR. En **futbol***, tirarse al césped para quitarle el balón al jugador contrario.
- **4.** *Gu.* Echarse súbitamente una persona, animal o vehículo a un lado para esquivar a alguien o algo.
- **III. 1.** tr. *Mx, Pe.* Mirar a *alguien* de arriba abajo.
- **IV. 1.** intr. prnl. *Mx.* Pasarse de rosca un tornillo o una tuerca.
- **V. 1.** tr. *RD, Co.* metáf. Despedir masivamente a empleados de un trabajo.
- **2.** *Ho, ES, Ni, Py.* metáf. Despedir del trabajo a *alguien*.
- **VI. 1.** *Ho, Ni, Ch.* Humillar *una persona* a *alguien*.
- **VII. 1.** intr. prnl. *Gu.* Lucirse *una persona*, quedar bien con alguien.

□
- **a.** ‖ **~ la plaza.** loc. verb. *Ch.* Rebañar con el pan los restos de comida de un plato. pop.
- **b.** ‖ **barrérsele la rosca.** loc. verb. *Ho.* Ser un hombre homosexual.
- **c.** ‖ **barrérsele la teja.** loc. verb. *Ho.* Enloquecer *alguien*.
- **d.** ‖ **barrérsele la tuerca.** loc. verb. *Ho.* Olvidarse *alguien* frecuentemente de algo.

■
- **a.** ‖ **al ~.**
  - **i.** loc. adv. *Py, Ar, Ur. En la compra de animales o productos agrícolas*, sin elegir ni seleccionar. rur.
  - **ii.** *Py, Ar, Ur.* Sin cuidado ni atención. pop + cult → espon.

barrera.
- **I. 1.** f. *Ni.* Tablado alargado que sirve de plaza de toros improvisada.

■

a. ‖ **~ muerta.** f. *Ho, Ni, Pa. En los cultivos de ladera,* cerco de piedras, palos u otros materiales para evitar la erosión.

b. ‖ **~ viva.** f. *Ho, Ni, Pa. En los cultivos de ladera,* cerco hecho de plantas como el **izote,** el **motate** y ciertas variedades de **zacate,** que evita la erosión de las terrazas.

barrero, -a.
I. 1. adj. *Ar, Ur. Referido a una caballería,* apta para correr en pistas o caminos llenos de barro o fango.
2. *Ar, Ur. Referido a un vehículo,* adecuado para transitar por caminos con barro o fango.
II. 1. adj/sust. *Ch. Referido a persona,* que trata con favoritismo a unos en detrimento de otros. pop + cult → espon ^ desp.
2. m. y f. *Ch.* **barrista.**

barreta.
I. 1. f. *Mx, Ho, Pe.* Barra de madera con punta de hierro en un extremo que se utiliza para abrir agujeros en la tierra para sembrar.
2. *Bo, Ch. En minería,* herramienta de acero que acaba en punta o en espiral y que se utiliza para horadar la tierra o para taladrar la roca.
3. *Cu, Ec.* Barra pequeña terminada por un cabo en punta y por el otro en una paletilla, utilizada por albañiles, mineros o picapedreros.
4. *Gu.* Barra de hierro de 1,5 m de longitud, que tiene en uno y otro extremos una punta y una cuchilla respectivamente.
II. 1. f. *Ch.* Mentira a modo de excusa o pretexto. pop + cult → espon.
▶ **dar ~.**

barretazo.
I. 1. m. *Pe, Ch.* Golpe dado con una **barreta** o incisión hecha con ella.

barrete.
I. 1. m. *Ho, Py.* Instrumento de labranza que consiste en un palo largo con una barra de hierro en uno de sus extremos para abrir hoyos en la siembra de granos, como el maíz o el **frijol.**

barreteado, -a. (De *barra*).
I. 1. adj. *Ho, Pa. Referido al plumaje o pelo de animal,* que tiene listas o rayas. prest; cult → esm.

barretear.
I. 1. tr. *Ho, Ni, Cu, RD, Bo, Ch; Pe,* p.u. Cavar o picar con **barreta.**
2. *Ch.* Cortar y arrancar las algas de su base en el fondo marino.

barreteo.
I. 1. m. *Ch.* Cortadura y arranque de algas marinas.

barretero.
I. 1. m. *Bo:SO.* Minero que trabaja con una perforadora.

barretero, -a.
I. 1. m. y f. *Ho, Ni.* p.u. Persona que utiliza la **barreta** para labores agrícolas, de cantería o de minería.

barretín.
I. 1. m. *Ch.* Depósito clandestino en el que se almacena armamento.
II. 1. m. *Cu.* Asunto difícil, molesto, complicado. pop + cult → espon.

barretón.
I. 1. m. *Ho, Co, Ve:O.* Instrumento de labranza formado por un mango de madera y una paleta cortante de hierro utilizada para hacer hoyos en la tierra.
2. *Ec.* **Barra** o **barreta** de mayor tamaño que el corriente.

barretonear.
I. 1. tr. *Ve:O.* Trabajar *alguien* la tierra con un **barretón.**

barriada.
I. 1. f. *Pa, RD, PR, Co, Ve, Pe, Bo, Ch, Py, Ar; Gu, Ho, ES, Ni,* desp; *Ec,* p.u. Barrio marginal, *generalmente de construcciones pobres y precarias.*

■

a. ‖ **~ bruja.** f. *Pa.* Barrio marginal.

barrial.
I. (De *barro*).
1. m. *CR, Co, Ve, Bo, Ch, Ar, Ur; Gu, Ho, ES, Pe.* rur. Lugar lleno de barro.
II. 1. sust/adj. *Mx, Ho.* Lugar de extracción de arcilla roja. (**barral**). ♦ **sacadero; terrero.**

barrialero.
I. 1. m. *Ve.* Gran cantidad de lodo o barro.

barrialoso, -a. (De *barro*).
I. 1. adj. *Mx, ES. Referido a tierra,* arcillosa. ♦ **barroso.**
2. *ES, CR, Ve. Referido a un lugar,* lleno de barro. ♦ **barroso.**

barrida.
I. 1. f. *Gu, Ho, ES, Ni, Pa, RD, PR, Co, Ve, Ec, Pe, Bo, Py, Ur; Ch.* p.u. | mctáf. Despido masivo de empleados.
2. *Cu, RD, Co, Ve, Pe, Bo, Ch, Py, Ar, Ur.* Operación policial en la que se apresa de una vez a un conjunto de personas. polic.
3. *Gu, Ho, Ni, Ur.* Abundancia de resultados negativos en un examen. est.
II. 1. f. *Mx, Gu, Ho, ES, Ni, CR, Pa, Ec, Ar, Ur. En el futbol,* tirada al césped del jugador para quitarle el balón al jugador contrario.
2. *RD, PR. En el beisbol,* deslizamiento de un jugador sobre el suelo para alcanzar la base.
III. 1. f. *Ho, Ni.* Robo grande.
IV. 1. f. *Gu.* Movimiento repentino de una persona para esquivar algo.
V. 1. f. *Ho.* Recogida y quema de maleza. rur.

barriga.
I. 1. f. *Ni, Pa, RD, Co:N, Pe.* Embarazo de una mujer.
II. 1. f. *Cu, RD.* meton. Parte del avión destinada a carga y al equipaje de los viajeros.

■

a. ‖ **~ de mono.** f. *Ni.* Panza abultada de alguien. pop + cult → espon.
b. ‖ **~ de vieja.** f. *PR.* Fritura hecha con puré de calabaza, huevo, harina de trigo, sal y azúcar. (**barrigavieja**).
c. ‖ **~ pelada.** f. *Ho, ES, Ni.* Barriga desnuda de alguien.

□

a. ‖ **~ de leche.** loc. adj. *Cu. Referido a persona,* especialmente a niños, que tiene mucha barriga.
b. ‖ **~ de viejo.** loc. sust. *Cu.* Cosa blanda.
c. ‖ **~ de yagua.** loc. sust. *Cu.* Hoja tierna de **yagua** con la que se envuelven ciertos alimentos.
d. ‖ **¡~ verde!** loc. interj. *RD, Ve.* Expresa rechazo o insulto. pop + cult → espon.
▶ **coger ~; hablar hasta por la tapa de la ~; hacer buena ~; hacer mala ~; levantar ~; pasar de ~; pegar una ~; tener ~ de músico; tener la ~ pegada al espinazo.**

barrigada.
I. 1. f. *ES, Cu.* Porción de carne vacuna o porcina que corresponde a la parte de la barriga del animal.
II. 1. f. *PR.* Conjunto de crías que dan a luz las hembras de algunos animales. rur.

barrigavieja.
I. 1. *PR.* **barriga de vieja.**

barrigón.
   I. 1. m. *Pa.* Árbol de hasta 35 m de altura con hojas digitadas y alternas, flores grandes y de color blanco, con muchos estambres y frutos en cápsulas oblongas con líneas verdes o marrón castaño sobre la superficie exterior; la forma abultada del tronco le ha dado la denominación. (Bombacaceae; *Pseudobombax septenatum*).

barrigón, -na.
   I. 1. sust/adj. *Ho, Ni, RD, Co:N, Ve.* Mujer embarazada. pop + cult → espon.
   2. m. y f. *Co; PR* rur. Niño de corta edad. pop + cult → espon ∧ afec.
   3. sust/adj. *Ve.* Niño de corta edad con el vientre abultado a causa de los parásitos.

barril.
   I. 1. m. *Gu.* p.u. Cuerpo de ganado bovino y caballar sin extremidades ni cabeza ni cola. rur.
   II. 1. m. *RD.* **Papalote** o cometa de forma hexagonal, más largo que ancho.

□

   a. ‖ ~ **de tocino.** loc. sust. *PR.* Fondos públicos asignados a los legisladores sin propósito específico.
   b. ‖ ~ **sin fondo.**
      i. loc. sust. *Mx, Gu, Ho, ES, Ni, CR, Pa, RD, PR, Co, Ve, Ec, Bo, Ch, Py, Ar, Ur.* Persona insaciable, que lo hace todo en exceso, *especialmente comer.* pop + cult → espon ∧ fest. ♦ **costal sin fondo.**
      ii. *RD, PR, Ve.* Cosa que cuesta o en la que se invierten grandes cantidades de dinero. pop + cult → espon.
      iii. *Ur.* Persona capaz de beber mucho alcohol sin emborracharse. pop + cult → espon.
   c. ‖ ~ **sin zuncho(s).** loc. sust. *Ch:S.* Persona gorda. pop + cult → espon ∧ fest.

barrilada.
   I. 1. f. *ES.* Persona inútil. pop + cult → espon ∧ desp.

barrilero, -a.
   I. 1. adj. *Ni. Referido a perro,* callejero.

barrilete.
   I. 1. m. *Gu, Ho, Ni, CR, Pa, Cu, RD, Co:O,SO, Ve, Pe, Ch, Ar, Ur; Bo, Py,* p.u. Cometa, juguete hecho con una armazón ligera recubierta de papel, y provisto de una cuerda por medio de la cual se lo hace remontar en el aire aprovechando el impulso del viento.
   II. 1. m. *Pe, Py.* Pez marino de hasta 60 cm de longitud, de cuerpo robusto, recubierto de finas escamas, de color azul en el dorso, plateado en los lados y con rayas negras en la zona baja. (Scombridae; *Auxis* spp., *Euthynnus lineatuus, Katsuwonus pelamis*).
   III. 1. m. *Ve.* metáf. Persona gruesa y de baja estatura. pop + cult → espon ∧ fest.

barrilito.
   I. 1. m. *Ch.* Insecto parásito que se aloja en el aparato digestivo de los equinos. (Oestridae; *Gasterophilus* spp.).

barrilla.
   I. 1. f. *Bo. En minería,* polvo de mineral de estaño concentrado.
   II. 1. *PR.* **barilla.**

barrio.
   I. 1. m. *Gu, Ho, Ni, Ve.* Sector de viviendas de carácter popular dentro de la ciudad o fuera de ella.

■

   a. ‖ ~ **bravo.** m. *Ch.* Sector de una población en que se concentran los locales destinados a la prostitución y otras actividades. pop + cult → espon.
   b. ‖ ~ **chino.** m. *Bo. En una ciudad,* mercado popular al aire libre en el que se vende ropa y diversos objetos usados *y, generalmente, robados.* pop + cult → espon.

   c. ‖ ~ **cívico.** m. *Ch.* Sector de una ciudad en el que se hallan situados los edificios públicos.
   d. ‖ ~ **rojo.** m. *Ec, Pe.* Zona de ciertas ciudades donde se concentran locales públicos dedicados a la prostitución.

□

   a. ‖ ~ **de los acostados.** loc. sust. *Co.* Cementerio. euf; pop + cult → espon. ♦ **barrio de los calvos; barrio de los ñatos.**
   b. ‖ ~ **de los calvos.** *Ho.* **barrio de los acostados.** pop + cult → espon ∧ fest.
   c. ‖ ~ **de los ñatos.** *CR.* **barrio de los acostados.** pop + cult → espon ∧ fest.
   ▶ **estar en el ~ de las cruces; pasar al ~ de los calvos.**

barriotero, -a.
   I. 1. adj/sust. *RD. Referido a persona,* barriobajera, ineducada. pop + cult → espon ∧ desp.

barrista.
   I. 1. m-f. *Pe, Ch; Ec,* p.u. Hincha integrante de una **barra,** grupo de seguidores de un equipo. ♦ **barrero.**

barrita.
■

   a. ‖ ~ **helada.** f. *Ur.* Helado recubierto por una capa de chocolate, *que generalmente se sostiene por un palito.* pop + cult → espon.

barrito.
   I. 1. m. *Ho, Ve, Ec, Ar, Ur.* Impureza que aparece en la piel cuando la sustancia segregada por las glándulas sebáceas obstruye los poros y toma una coloración negra por acción del medio ambiente.
   2. *Cu, PR, Ve, Pe, Py, Ur.* Barro, grano pequeño que sale en el rostro.
   II. 1. m. *RD.* Fondo o ayuda monetaria que el Congreso de Senadores y Diputados consigna al margen del sueldo.

barro.
   I. 1. adj. *Co. Referido a persona,* poco colaboradora, egoísta. pop + cult → espon ∧ desp.
   2. *Co:N. Referido a persona,* que es mala o vil. pop + cult → espon ∧ desp.
   II. 1. adj. *Co.* De mal gusto.
   III. 1. m. *Ur, Ar,* p.u. Error cometido por descuido, precipitación o torpeza. pop + cult → espon.

■

   a. ‖ ~ **colorado.** m. *PR.* Marga blanca y amarillenta muy abundante en óxido de hierro y poco en arena que cubre una buena parte del suelo de la isla de Puerto Rico.
   b. ‖ ~ **de olla.** m. *CR.* Arcilla de color grisáceo.
   c. ‖ ~**s jarpa.** (De Ernesto *Barros Jarpa,* político chileno, 1894-1977).
      i. m. *Ch.* Emparedado de queso y jamón calientes.
      ii. *Ch.* Traje de etiqueta masculino compuesto por una chaqueta larga negra hasta la altura de las rodillas, pantalones a rayas grises verticales y guantes blancos.
   d. ‖ ~**s luco.** (De Ramón *Barros Luco,* presidente de Chile entre 1910 y 1915). m. *Ch.* Emparedado de carne de vacuno y queso caliente.
   ▶ **hablar ~; poner cara de ~.**

barroso, -a.
   I. 1. adj. *Ni, Cu, Ec. Referido al ganado,* de color ceniciento. rur.
   II. 1. *Ho.* **barrialoso,** arcilloso.
   2. *Ho.* **barrialoso,** lleno de barro.
   III. 1. adj. *Ho. Referido a persona,* que tiene la cara llena de **barritos.** pop + cult → espon.

barrujo.
  I. 1. m. *Ch:SO.* obsol. Barreno, agujero lleno de pólvora.
barruntar.
  I. 1. intr. impers. *RD, Ve.* Anunciarse mal tiempo. rur.
  II. 1. tr. *RD, Ve.* Observar *alguien* señales o indicios de lluvia. rur.
barrunto.
  I. 1. m. *Pe.* Barrio marginal, *generalmente de construcciones pobres y precarias.*
  2. *Pe.* Experiencia adquirida en sectores populares o marginales.
  II. 1. m. *RD, PR.* Viento del norte, indicio de lluvia o de mal tiempo.
barsa.
  I. 1. f. *RD.* Montón de cosas, de personas o de animales.
  II. 1. adj/sust. *Ch.* juv. *Referido a persona,* que se aprovecha de la confianza o de la buena voluntad de los demás. ♦ **barsácula.**
  ■
  a. ‖ **~ de gente.** f. *RD.* Multitud, gran cantidad de personas que se han reunido o han ido a determinado lugar. ♦ **barsuda.**
barsácula.
  I. 1. m-f. *Ch.* juv. **barsa,** persona que se aprovecha de la confianza de los demás. (**barzácula**).
barsalita.
  I. 1. f. *Co.* **barsalito.**
barsalito.
  I. 1. m. *Co.* **chilca,** arbusto de hasta 2 m. (**barsalita; barzalito**).
barsino, -a.
  I. 1. *Ho.* **barcino,** que posee pelaje de dos colores.
barsón, -na.
  I. 1. sust/adj. *Ho, Ni.* Tira de cuero crudo para atar el yugo al timón del arado o la carreta.
  II. 1. adj/sust. *Ho. Referido a persona,* vaga, que no le gusta trabajar. ♦ **barsonudo.**
barsonear.
  I. 1. intr. *Ho.* Haraganear *alguien.*
barsonudo, -a.
  I. 1. adj. *ES. Referido a persona,* que tiene mucha fuerza y es viril. **barzonudo.**
  II. 1. adj/sust. *Ho.* **barsón,** vago.
barsuda.
  I. 1. f. *Ch.* juv. **barsa,** aprovechado.
barsudo.
  I. 1. adj. *Ch.* **balsúo.**
barsuo, -a.
  I. 1. *Ch.* juv. **balsúo.** pop.
barsúo.
  I. 1. adj. *Ch.* juv. **balsúo.**
bartavía.
  I. 1. f. *Cu.* Automóvil viejo y destartalado. pop + cult → espon.
  2. *Cu.* Aparato mecánico viejo y con deficiencias en su funcionamiento. pop + cult → espon.
barténder. (Del ingl. *bartender*).
  I. 1. m-f. *Ho, ES, CR, Pa, RD, PR; Ec.,* p.u. *En los bares, tabernas y cantinas,* persona que prepara y sirve las bebidas. (*bartender*).
bartender. (Voz inglesa).
  I. 1. m-f. *EU, Gu, ES, Ni, Pa, RD, PR.* **barténder.**
bartocha.
  I. 1. f. *ES.* Celda de una prisión. carc.
bartola.
  I. 1. f. *ES.* Prisión. carc.

□
  a. ‖ **a la ~.** loc. adv. *Ve, Ch, Py, Ar, Ur; RD.* p.u. *En relación con el modo de hacer algo,* de forma improvisada, descuidada o negligente. pop + cult → espon.
bartolear. (De *Bartolo,* personaje de historieta).
  I. 1. intr. *Ar.* Hacer *alguien algo* de forma improvisada, descuidada o negligente. pop + cult → espon.
  2. *Ch.* Haraganear *alguien,* rehuir el trabajo. pop + cult → espon.
bartoleo.
  I. 1. m. *Ch.* Pereza en la forma de actuar o trabajar. pop + cult → espon.
bartolina.
  I. 1. f. *Mx, Gu, Ho, ES, Ni.* obsol. Celda estrecha e incómoda, *generalmente de castigo,* de una prisión o dependencia policial.
bartolo, -a.
  I. 1. adj/sust. *Ve; Bo, Ar,* p.u. *Referido a persona,* tonta. pop + cult → espon ^ desp.
  2. *Ar.* p.u. *Referido a persona,* descuidada, irresponsable. pop + cult → espon ^ desp.
bartular.
  I. 1. intr. *Ch.* p.u. Cavilar, pensar intensamente *una persona* en algo. pop + cult → espon.
bártulos.
  ▶ **arreglar los ~.**
barulaque. (De *badulaques*).
  I. 1. m. pl. *Ho:N,O.* Enseres personales de escaso valor.
barullento, -a.
  I. 1. sust/adj. *Py; Ar, Ur,* p.u. Persona o cosa que causa mucho desorden y alboroto. pop + cult → espon.
  2. adj. *Ur. Referido a un lugar, especialmente una calle,* ruidoso.
barzácula.
  I. 1. *Ch.* **barsácula.**
barzalito.
  I. 1. *Co.* **barsalito.**
barzola. (De María *Barzola,* mujer que destacó en la lucha social minera durante 1942).
  I. 1. f. *Bo.* Mujer vulgar y agresiva que suele gritar mucho cuando habla y que, con frecuencia, crea conflictos y problemas.
  2. *Bo.* obsol. Mujer miembro de las milicias del partido político boliviano Movimiento Nacionalista Revolucionario (MNR).
barzón.
  I. 1. m. *Mx, Gu, Ho, ES, Ni, CR.* Correa fuerte y ancha, o soga de cáñamo, usada para uncir los bueyes.
  2. *Ni.* Trozo de cuero crudo retorcido.
barzón, -na.
  I. 1. adj/sust. *Gu, Ho, Ni. Referido a persona,* vaga, que no le gusta trabajar. pop + cult → espon. ♦ **barzonudo.**
  II. 1. m. y f. *ES.* Persona importante y con poder.
  III. 1. sust/adj. *ES.* Persona molesta.
  ▶ **ser ~.**
barzoneada.
  I. 1. f. *ES, Ni.* Paliza dada con un **barzón,** correa.
barzonear.
  I. 1. tr. *Mx, ES, Ni.* Azotar a *alguien* con un **barzón,** correa. rur.
  II. 1. intr. *Ho.* Haraganear *alguien.*
barzonudo, -a.
  I. 1. *ES.* **barsonudo,** que tiene mucha fuerza y es viril.
  II. 1. *Ho.* **barzón,** vago.

barzudo.
I. 1. *Ch.* **barsúo**.

basa.
I. 1. f. *Ch.* p.u. Tronco de un árbol.
2. *Gu, CR.* Pilar, *generalmente de hormigón o de madera,* usado en la construcción de casas, para aislar su base del suelo y protegerla de las inundaciones.

basadura.
I. 1. f. *Ho.* Casco de ciertos animales cuadrúpedos, *en especial el del ganado caballar.*

basai. (Del ingl. *backside,* nalgas).
I. 1. m. *Ho:N.* juv. Nalgas de una persona.
2. m. *Ho:N.* juv. Ano de una persona.

basal.
I. 1. adj. *Ch.* Básico, fundamental. prest; cult → esm.

basamentar.
I. 1. tr. *Gu, Ho, Ni, RD, Py.* Establecer la base o fundamento de una cosa en otra. prest; cult → esm.

basamento.
I. 1. m. *Mx, Gu, Ho, ES, Ni, RD, Ec, Py, Ar, Ur. En arquitectura,* cimientos y arranque de un edificio.

basca.
I. 1. f. *Ni.* Vómito.

báscula.
I. 1. f. *Mx.* Cacheo, revisión del cuerpo con piernas y pies abiertos.

basculador.
I. 1. m. *Cu, RD.* Dispositivo mecánico de los camiones de **volteo**, vagones y otros vehículos que sirve para inclinar la caja y descargar.
II. 1. m. *Cu, RD. En la industria azucarera,* zona donde se descarga la caña para ser molida.

basculear.
I. 1. tr. *Mx, Gu, ES.* Registrar concienzudamente a *una persona* y sus pertenencias, *singularmente su vehículo.* polic.
2. *Mx.* Avasallar *alguien* con poder a un sector de la sociedad o a una empresa, sometiéndolos a una presión fiscal o a un control abusivos.
3. *Mx.* Equilibrar un vehículo para lograr la compensada distribución de su peso.
4. *ES; Gu,* p.u. Registrar *una persona* los bolsillos de alguien.

base.
I. 1. f. *Mx, Gu, Ni, RD, Bo, Ch, Py, Ar.* Permanente, ondulación artificial del cabello obtenida por medios químicos.
II. (Del ingl. *base,* cada uno de los cuatro vértices de un campo de beisbol).
1. f. *Gu, Ni, RD, PR. En el beisbol,* almohadilla que marca cada uno de los cuatro ángulos del terreno de juego o **diamante**.
III. 1. f. *Ec, Bo.* Sulfato base de cocaína seca, preparada para el proceso de cristalización. drog.
IV. 1. f. *Ur.* juv. Zapato deportivo de marca.
■
a. ‖ ~ **por bolas.** f. *Gu, Ni, RD, PR, Co, Ve. En el beisbol,* concesión de la primera base al bateador por el lanzamiento de cuatro **bolas** seguidas. ◆ **boleto**.
b. ‖ ~ **robada.** f. *Gu, Ni, Cu, RD, PR, Co, Ve. En el beisbol,* la que obtiene el jugador por efecto de haber corrido de una base a otra, no como producto de un **batazo**.
c. ‖ ~s **limpias.** f. *Gu, Ni, Cu, RD, PR, Ve. En el beisbol,* situación en la que no hay ningún jugador en las bases.
d. ‖ ~s **llenas.** f. *Cu, RD. En el beisbol,* momento de juego en el que hay tres corredores en base.

e. ‖ **primera** ~. f. *Cu, RD. En el beisbol,* base situada en el primer ángulo del **diamante** o terreno de juego.
f. ‖ **segunda** ~. f. *Cu, RD. En el beisbol,* base situada en el segundo ángulo del **diamante**.
g. ‖ **tercera** ~. f. *Cu, RD. En el beisbol,* base situada en el tercer ángulo del **diamante**.
▶ **agarrar fuera de** ~; **coger a uno fuera de** ~; **dar** ~ **por bola; jugar dos** ~s; **llegar a la primera** ~; **pedir** ~.

baseball. (Voz inglesa).
I. 1. m. *EU, PR.* **beisbol**.

basebolero.
I. 1. m. *PR.* Jugador de **beisbol**.

basement. (Voz inglesa).
I. 1. m. *EU, PR.* Sótano.

basia.
I. 1. *Cu.* **bacia**.

básico, -a.
I. 1. adj/sust. *Ch. Referido a persona o cosa,* que forma parte de la etapa de Básica del sistema educativo chileno.
2. *Ec.* juv. *Referido a persona,* elemental, sin alcance ni profundidad alguna.

basificado.
I. 1. adj. *Cu. Referido a un militar,* que tiene su base de operaciones en un lugar determinado.

básiga.
I. 1. m. *PR.* Amigo íntimo, compañero inseparable.

¡basilio!
I. 1. interj. *Ve.* Expresa rechazo. pop + cult → espon.

basiliqueado, -a.
I. 1. adj. *Cu.* **salado**, que tiene mala suerte. pop + cult → espon.

basiliquear.
I. 1. tr. *Cu.* Echar mal de ojo a *alguien.* pop + cult → espon.

basiliqueo.
I. 1. m. *Cu.* Mala suerte de alguien causada por otra persona. pop + cult → espon.

¡basirruque!
I. 1. interj. *Ve.* Expresa rechazo. pop + cult → espon. (**¡bacirruque!**).

basketball. (Voz inglesa).
I. 1. m. *Cu, PR; Mx, Ho, Ni, RD, Ch.* p.u. **básquetbol**.

basqueña.
I. 1. f. *PR.* **broquelejo**.

basquet.
I. 1. m. *PR, Ve, Py.* **básquetbol**.

básquet.
I. 1. m. *Mx, Gu, Ho, ES, Ni, CR, Pa, Cu, RD, PR, Ve, Ec, Pe, Bo, Ch, Py, Ar; Ur,* p.u. **básquetbol**.

basquetball.
I. 1. m. *Mx, Ho, Ni, RD.* **básquetbol**.

basquetbol.
I. 1. m. *EU, Mx, Ho, CR, Pa, RD, Co, Ve, Ec, Pe, Bo, Ar, Ur.* **básquetbol**.

básquetbol. (Del ingl. *basket ball*).
I. 1. m. *EU, Mx, Gu, Ho, Ni, Cu, RD, Co, Ve, Ec, Pe, Ch, Py, Ar, Ur.* Baloncesto. (*basketball*; **basquet; básquet; basquetball; basquetbol**).

basquetbolero, -a.
I. 1. adj. *Ch, Ar, Ur.* Relativo al **básquetbol**. ◆ **basquetbolístico; basquetero**.
2. m. y f. *Ho, ES, Ur.* **basquetbolista**.

basquetbolista.
I. 1. m-f. *Gu, Ho, ES, Ni, CR, Pa, Cu, RD, Co, Ve, Ec, Pe, Ch, Py, Ar, Ur.* Jugador de **básquetbol**. ◆ **basquetbolero**.

basquetbolístico, -a.
I. 1. adj. *ES, Ni, Cu, RD, Ve, Ec, Pe, Ch, Ar, Ur.* **basquetbolero**, relativo al **básquetbol**.
basquetero, -a.
I. 1. adj. *Ch.* **basquetbolero**, relativo al **básquetbol**.
bass. (Voz inglesa).
I. 1. *Ho, PR.* **black bass**.
basta.
I. 1. m. *Mx, Gu.* Juego en el que los participantes compiten entre sí alineando en columna palabras acerca de un determinado tema que comiencen por una inicial pactada, hasta que el más rápido grita al terminar «basta» y los demás interrumpen su listado en el punto alcanzado.
2. f. *Ec, Pe, Ch.* Doblez que se hace hacia dentro o hacia fuera en la parte inferior de las perneras y que se asegura con puntadas, a manera de hilván menudo, para evitar que la tela se deshilache.

◼

a. ‖ ~ **sastre**. f. *Ve.* Hilván largo que se hace muy suelto para luego cortarlo y usarlo de marca.
bastacazo.
I. 1. m. *PR.* En el *beisbol*, **cuadrangular**. (**bastagazo**).
bastagazo.
I. 1. *PR.* juv. **bastacazo**.
bastantear.
I. 1. tr. *CR.* p.u. Valorar detenidamente los pros y los contras de algo. pop + cult → espon.
2. *CR.* p.u. Someter a *alguien* a una prueba para determinar su grado de conocimiento sobre algo. pop + cult → espon.
bastardo, -a.
I. 1. adj. *Ni.* juv. *Referido a persona*, tonta.
basteado, -a.
I. 1. adj. *Ar, Ur. Referido a una cabalgadura*, lastimada en la zona de las costillas o del lomo por el roce de los **bastos**. rur.
basteadura.
I. 1. f. *Ur.* Herida que se le hace a una caballería en la zona de las costillas o en el lomo por el roce de los **bastos**. rur. ◆ **bastera**.
bastearse.
I. 1. intr. prnl. *Ar, Ur.* Lastimarse una caballería en la zona de las costillas o en el lomo por el roce de los **bastos**. rur.
bastedad.
I. 1. f. *Gu, Ho, ES.* Vastedad, abundancia de algo, *en especial comida*. rur.
bastera.
I. 1. f. pl. *Ar.* Piezas de madera forradas en cuero que reemplazan a los **bastos**.
II. 1. f. *Ur.* **basteadura**.
bastidor.
I. 1. m. *Pa, Cu, RD.* Marco rectangular con un tejido de alambre tupido y elástico que soporta el colchón de una cama.
II. 1. m. *Pa.* Escurridor de agua para orear el café.
bastillado.
I. 1. m. *Pe.* Doblez de una pieza de tela o una prenda.
bastillado, -a.
I. 1. adj. *Pe. Referido a una prenda*, que tiene doblez o bastilla.
bastillar.
I. 1. tr. *Pe.* Hacer la bastilla o doblez a una pieza de tela o a una prenda. (**bastillear**).
bastillear.
I. 1. *Bo.* **bastillar**.

bastimenta.
I. 1. f. *Ho.* **bastimento**, provisión de comida.
bastimento.
I. 1. m. *Mx, Gu, ES, RD, Ve.* obsol. Provisión de comida que se lleva cuando se sale fuera de la casa. rur. (**bastimenta**).
2. *Co.* Conjunto de vegetales como la **yuca**, **papas** y otros ingredientes con que se preparan las comidas.
3. *Ho, Ni, Ve:O.* Alimento que se sirve como acompañamiento en las comidas, *especialmente hortalizas y legumbres*.
bastión.
I. 1. m. *CR.* obsol. Una de las barandas de un puente.
basto.
I. 1. m. pl. *Ch, Ar, Ur. En la montura criolla*, conjunto de las dos almohadas de cuero rellenas de junco que forman el **lomillo**. rur.
2. m. *Cu.* Especie de almohadón que se coloca debajo de la silla de montar para proteger el lomo de la caballería.
bastol.
I. 1. m. *Ur.* Conjunto de almohadas que forman el **lomillo**, pieza del recado de montar.
bastón.
I. 1. m. *Mx, Gu, Ho, ES, Ni.* Instrumento metálico o de plástico que consiste en un tubo fino, de unos 50 cm de largo, con bolas en cada extremo con el que hacen malabarismos las jóvenes que participan en desfiles, *en especial en las fiestas patrias*.
II. 1. m. *Mx.* Pene. vulg; pop + cult → espon.
III. 1. m. *Ni, CR, RD, Co, Ec, Py.* Vara decorada, *generalmente con cintas de colores*, que porta una **bastonera**. ◆ **batuta**.
IV. 1. m. *Ve.* Malestar, modorra que se siente al día siguiente de haber bebido mucho.
V. 1. m. *RD, PR.* Aditamento de seguridad para un automóvil que inmoviliza el volante.
VI. 1. m. *RD.* Miedo, flojera.
VII. 1. m. *ES.* Cigarro de marihuana. drog.

◼

a. ‖ ~ **de emperador**. m. *ES, CR.* Planta herbácea perenne de hasta 3 m de altura, de flor de color rosáceo, cuya corona es un péndulo alto, grueso, recto y cilíndrico; es ornamental. (Zingiberaceae; *Etlingera elatior*).
bastonear.
I. 1. tr. *Bo.* Dar *una persona* golpes con un bastón a *alguien*. pop + cult → espon.
bastonera.
I. 1. f. *Mx, CR, Co, Ec, Py, Ur.* Muchacha que en un desfile o en cualquier otro evento festivo marcha en formación junto con otras que visten todas uniforme, *generalmente de falda corta*, y manejando una vara o **bastón** del que se acompañan para ejecutar una coreografía a base de movimientos rítmicos acompasados a una música.
2. *Mx.* Figurante que en los desfiles de carnaval forma parte del séquito como primer ministro del rey o la reina y porta un bastón con el que gesticula y anima la fiesta.
bastonero, -a.
I. 1. m. y f. *Mx.* Jugador de golf.
2. *Mx.* Partidario incondicional y exaltado de una ideología, de un club deportivo o de cualquier otra causa.
II. 1. m. y f. *Co, Ar, Ur.* Persona que con un bastón en la mano dirige y encabeza un grupo en un desfile, *particularmente una banda de música*.

III. 1. sust/adj. *Ve.* Persona encubridora, intermediaria en asuntos deshonestos. pop + cult → espon.
2. *Ve.* Persona que sirve como intermediaria en una relación amorosa. pop + cult → espon ∧ desp.
3. *Ve.* Persona que procura o facilita a otros una relación sexual con una prostituta. pop + cult → espon.

basuca.
I. 1. f. *Ni.* Bebida alcohólica de fabricación casera, hecha con alcohol metílico, azúcar, agua o refresco, que toman las personas alcoholizadas; es muy tóxica.

basuco.
I. 1. m. *Co; Ve,* pop. Cigarrillo preparado con base de cocaína, marihuana y otras sustancias. drog. (**bazuca; bazuco**).
2. *Ch.* Pasta impura de cocaína. drog. (**bazuco**).

basuquear.
I. 1. intr. *Co.* Fumar cigarrillo de **basuco**. drog.
II. 1. intr. *Ve:O.* Enfermar un niño de **basuqueo**. pop + cult → espon.

basuqueo.
I. 1. m. *Ve:O.* Enfermedad que sufren los niños a consecuencia de un golpe o de una caída y que, según creencias supersticiosas, solo puede ser curada por un curandero o **yerbatero**, persona que sana. pop + cult → espon.

basuquero, -a.
I. 1. m. y f. *Co.* Adicto al **basuco**, cigarrillo con base de coca. drog. (**bazuquero**).
2. *Ni.* Adicto a consumir bebidas alcohólicas. pop + cult → espon ∧ desp.

☐
a. ‖ ~ **bajo la alfombra.** loc. sust. *Ch.* p.u. Circunstancia o hecho perjudicial o ilícito que se oculta a las personas.
▶ **hablar ~; mandar a la ~.**

basuraje.
I. 1. m. *Ho.* Conjunto de residuos y desperdicios.

basural.
I. 1. m. *Mx, Ho, Ni, Ec, Pe, Bo, Ch, Py, Ar, Ur.* Lugar en el que se acumula la basura de una población, *generalmente para ser eliminada o reciclada.* prest; cult → esm.
2. *Gu, Pa, Ec, Ch, Ur.* Acumulación de basura en cualquier lugar. prest; cult.

basureable.
I. 1. adj. *Ch. Referido a persona,* que puede ser **basureado**. prest; cult → esm.

basurear.
I. 1. tr. *Co:O,S, Ec, Pe, Ch, Py, Ar, Ur.* Ofender *una persona* gravemente a *alguien* provocándolo e irritándolo con palabras o acciones, a fin de herir su dignidad.
2. *Bo, Py, Ar, Ur.* Derrotar *alguien* ampliamente a un rival o adversario.
II. 1. intr. *Ar:NO.* Buscar una persona o animal en la basura para encontrar algo aprovechable, *especialmente comida.* rur.

basureo.
I. 1. m. *Pe, Ch.* Ofensa grave hecha a alguien.

basurero.
I. 1. m. *Ho, Ni, CR, Cu, RD, Ve, Ec, Bo, Ch, Py, Ar, Ur.* Recipiente para depositar basura.
2. *Ho, Ni, CR, Pa, Cu, PR, Co, Ve, Py.* Gran cantidad de basura.
3. *Bo, Py.* Camión que recoge la basura.

basurero, -a.
I. 1. sust/adj. *Ar.* Simpatizante del Club Gimnasia y Esgrima. pop + cult → espon. ♦ **lobo; tripero.**

basuriego.
I. 1. m. *Co.* Persona que rebusca entre las basuras para aprovecharlas en beneficio propio.

basurita.
I. 1. f. *Mx, Gu, Ho, ES, Ni, Pa, Ve, Ec, Ch, Py, Ar, Ur.* Partícula muy pequeña de algo que se introduce en el ojo.
2. *Cu.* Pequeña cantidad de dinero que se da o se pide, a modo de gratificación, por un servicio prestado. ♦ **agüita, raspita, tierrita, virulilla.** pop + cult → espon.

basurón.
I. 1. m. *Ho.* Suciedad que se extrae del caldo de la caña cuando está hirviendo. rur.

bat. (Voz inglesa).
I. 1. m. *Mx, Ni; Ch.* p.u. *En el béisbol,* bate, palo cilíndrico con el que se golpea la pelota.

bata.
I. 1. f. *Mx, Gu, Ho, ES, Ni, Pa, Co, Ec, Ar.* Albornoz, prenda que se utiliza para secarse después del baño.
2. *Ve, Py, Ar:NO, Ur.* Prenda de vestir femenina muy holgada que cubre el torso hasta la cintura.
3. *Py, Ar:NO, Ur.* **batita,** prenda de bebé.
4. *Cu.* Vestido de niña.
5. *Ho.* **batita de maternidad.**
II. 1. f. *Ho.* Novia o mujer de un **marero,** miembro de una pandilla.

■
a. ‖ ~ **de baño.** f. *Gu, Ni, Pa, Cu, RD, Co, Ve, Bo, Ch.* Traje holgado largo o a la altura de las rodillas, *hecho generalmente de felpa,* que se usa después del baño.
b. ‖ ~ **de dormir.** f. *Ni, Cu, RD, Ve.* Prenda femenina usada para dormir.
c. ‖ ~ **de levantarse.** f. *Ni, Co, Ch.* Bata pequeña para estar por casa o que se pone después del baño.
d. ‖ ~ **de maternidad.** f. *Pa, Cu, Co, Ve.* Blusa muy holgada que usan las mujeres embarazadas.
▶ **alzar la ~.**

bataca.
I. 1. f. *Mx, Gu, ES.* Batería, instrumento musical de acompañamiento rítmico de una orquesta o conjunto musical. pop.

batacazo.
I. 1. m. *Co, Ve, Ec, Pe, Bo, Ch, Ar, Ur.* Triunfo o suceso afortunado, inesperado y sorprendente. (**batatazo**).
2. *Ve, Ec.* Golpe de suerte inusitado en el juego.
3. *Ve.* Cargo o reconocimiento importante que recibe una persona sorpresivamente.
4. *Ve.* Hecho publicitario, asunto cultural o producto comercial muy bien acogido por el público.
5. *Ve.* Noticia importante y sorpresiva.

bataclán.
I. 1. m. *Ch.* Espectáculo teatral arrevistado de tipo frívolo.

bataclana.
I. 1. f. *Mx, Pe, Ch, Ar, Ur.* Bailarina de espectáculo teatral frívolo.
2. *Ch.* Prostituta. euf.

bataclanear.
I. 1. intr. *Ch.* p.u. Actuar una mujer como **bataclana.**

batahola.
I. 1. f. *Cu.* obsol. Pantalón ancho con perneras que se van estrechando hacia sus extremos. pop + cult → espon.
2. *Cu.* Prenda de vestir muy holgada. pop + cult → espon.

batajola.
I. 1. f. *ES.* p.u. Batahola, bullicio.

batalero.
I. 1. m. *Cu.* Hombre que toca los tambores.

batalladera.
I. 1. f. *Gu, Ho.* Trabajo y esfuerzo constantes para salir adelante.

batallar.
 I. **1.** intr. *Mx, Gu, Ho, ES, Ni, Pa.* Lograr *algo* con mucho esfuerzo y constancia.

batalloso, -a.
 I. **1.** sust/adj. *Cu.* Persona que molesta por su excesiva meticulosidad. pop + cult → espon. ♦ **matraquilloso**.

batán.
 I. **1.** m. *Co:C.* p.u. Tienda o lugar donde se venden productos toscos de lana. rur.
  2. *Co:C.* p.u. Conjunto de productos toscos de lana, como **cobijas**, colchones o **ruanas**. rur.
 II. **1.** m. *Pe.* obsol. Piedra plana en que, con el movimiento oscilatorio de otra de base curva, se muelen los granos, café y **ají**. rur.
  2. *Bo.* Piedra rectangular o circular, plana, que se utiliza de base para moler sobre ella cereales, verduras y otros alimentos, **martajar** la carne y, especialmente, para preparar la **llajua**. pop + cult → espon.
 III. **1.** m. *Pe.* p.u. Caderas de una persona.
  2. *Bo.* Nalgas de una mujer. vulg; pop + cult → espon ^ fest.
 IV. **1.** m. *RD.* Temple o calidad de los tejidos.
 ▶ **coger el ~; cogerle el ~.**

batana.
 I. (Del misquito *batana*).
  1. f. *Ho, Ni.* Palmera de hasta 40 m de altura, con hojas grandes, inflorescencia axilar y frutos en drupas. (Arecaceae; *Alaeis oleifera*).
  2. *Ho, Ni.* Aceite solidificado en forma de pelota extraído de la cocción del fruto de esta palmera.
 II. (De *batán*).
  1. f. *Ho. En la curtimbre*, máquina de dos rodillos de madera para tratar el cuero.

bataneador.
 I. **1.** m. *Ho. En la curtimbre*, hombre encargado de manejar la **batana**.

batanear.
 I. **1.** tr. *Co.* metáf. Molestar, importunar a *alguien*. pop + cult → espon.
 II. **1.** tr. *Ho.* Hervir y colorear *alguien* las pieles.

bataraz, -za.
 I. **1.** adj. *Ar, Ur.* Referido a *una prenda de vestir, especialmente una bombacha*, confeccionada con una tela de cuadritos blancos y grises. rur.

batata. (De or. ind. antillano).
 I. **1.** f. *Ni, PR, Co, Ve, Py, Ar.* Tubérculo de la batata, de hasta 12 cm, de figura fusiforme, harinoso, de color pardo, lila o amarillo por fuera y blanco o amarillo por dentro; de sabor dulce una vez frito o cocido. ♦ **apichu**.
  2. *Gu, Ni, PR, Co, Ar.* **camote**, planta.
 II. **1.** m-f. *PR, Ur, Ar,* p.u. Persona tonta, apocada pusilánime. pop + cult → espon ^ desp.
  2. f. *Ar, Ur.* p.u. Apocamiento, falta de palabras o de reacción a causa de turbación, desconcierto o timidez. pop + cult → espon.
 III. **1.** f. *PR, Co, Ve.* metáf. Pantorrilla. pop + cult → espon.
 IV. **1.** f. *Ar.* Automóvil que no funciona correctamente, por ser viejo o de mala calidad, o por estar mal mantenido. pop + cult → espon.
 V. **1.** f. *RD.* Vulva. vulg; pop + cult → espon.
  2. *Ur.* Pene. tabú; pop + cult → espon.
 VI. **1.** f. *PR.* metáf. Empleo gubernamental bien remunerado en que se rinde poco o ningún servicio público.
  2. *PR.* metáf. Empleado gubernamental incompetente contratado por influencias. pop + cult → espon.
 ♦ **batata política; batatero.**

■
 a. ‖ ~ **anita.** f. *PR.* Variedad de batata medio roja con pequeñas vetas azules por dentro.
 b. ‖ ~ **blanca.** f. *RD, PR.* Variedad de batata muy blanca por dentro.
 c. ‖ ~ **bruja.** f. *PR.* Variedad de batata de forma alargada y curvada.
 d. ‖ ~ **cangrejera.** f. *PR.* Variedad de batata con muchas manchas.
 e. ‖ ~ **mameya.** f. *PR.* Variedad de batata muy amarilla por fuera y por dentro, sumamente dulce.
 f. ‖ ~ **martinica.** f. *PR.* Variedad de batata de forma redonda y amarilla por dentro.
 g. ‖ ~ **yegua.** f. *PR.* Variedad de batata grande y roja, pero sin sabor; no se cultiva.

□
 a. ‖ ~ **de pierna.** loc. sust. *RD, PR.* Pantorrilla. pop + cult → espon.
 b. ‖ ~ **política.** *RD, PR.* **batata**, empleado incompetente.
 ▶ **coger a uno asando la ~; tener su batatita.**

batatal.
 I. **1.** m. *PR, Ve, Py, Ar; RD,* p.u. Plantación de **batatas**.
 II. **1.** m. *PR.* metáf. Agencia gubernamental donde abundan las **batatas políticas**. pop + cult → espon.

batatazo.
 I. **1.** *Co, Pe, Ch; Bo, Ar.* obsol. **batacazo**, triunfo o suceso afortunado.
 II. **1.** m. *Pe, Ch, Ar. En la hípica*, triunfo inesperado de un caballo en una carrera.
  2. *Pa.* Noticia exagerada o falsa. pop + cult → espon.
  3. *Pa.* Mentira exagerada. pop + cult → espon.
 III. **1.** m. *Ch, Ar.* Golpe de suerte inesperado en un juego de naipes o en un juego de azar.
 IV. **1.** m. *PR.* Golpe muy fuerte, *especialmente en la cabeza*. rur.

batatearse.
 I. **1.** intr. prnl. *PR.* Fingir *alguien* que trabaja. pop + cult → espon.
  2. *PR.* Perder *alguien* el tiempo, vegetar. pop + cult → espon.

batatero, -a.
 I. **1.** m. y f. *RD, PR, Ve.* Persona a la que le gustan mucho las **batatas**.
  2. *PR; RD,* p.u. Vendedor de **batatas**.
 II. **1.** sust/adj. *PR.* metáf. **batata**, empleado incompetente. pop + cult → espon.
 III. **1.** adj/sust. *PR.* metáf. *Referido a persona*, papanatas, pusilánime, atontada, simple. pop + cult → espon.

batatilla.
 I. **1.** *CR:NO, PR, Co, Ec.* **campanilla**, enredadera. rur.

■
 a. ‖ ~ **blanca.** f. *PR.* Especie de batatilla caracterizada por el color de sus flores. (Convolvulaceae; *Ipomoea quinquefolia*).
 b. ‖ ~ **carnosa.** f. *PR.* **mandiyurá**.
 c. ‖ ~ **ventruda.** f. *PR.* Especie de batatilla. (Convolvulaceae; *Operculina tuberosa*).

batatillo.
 I. **1.** m. *CR:NO, PR, Co, Ec.* **campanilla**, enredadera. rur.
  2. *PR.* Variedad de **bejuco** subleñoso y de color rojizo. (Tiliaceae; *Ipomoea rubra*). ♦ **bejuco de costa**.

batatín.
 I. **1.** m. *PR.* Especie de **papa**; se utiliza como purgante. (Convolvulaceae; *Pharbitis pubescens*).

batato, -a.
 I. **1.** adj. *Ve.* **abatanado**, de baja estatura y mucho peso. pop + cult → espon ^ desp.

batazo.

  I. 1.   m. *Mx, Gu, Ho, ES, Ni, Pa, RD, PR, Ve. En el* **beisbol**, golpe dado por un jugador a la pelota con el **bate**. ♦ **jit**; **toletazo**.

    2.   *RD, Ch.* Golpe dado por alguien a una persona con un **bate** de **beisbol**.

    3.   *Ho, Ni, CR, RD.* metáf. Acierto o casualidad favorable. pop + cult → espon.

  II. 1.   m. *Ni, Pa.* Engaño, estafa.

    2.   *Pa.* Noticia falsa.

    3.   *Pa.* Mentira.

  III. 1.   m. *Ho:N, Ni.* metáf. Trago de bebida alcohólica, *generalmente aguardiente*.

bate. (Del ingl. *bat*).

  I. 1.   m. *Mx, Gu, Ho, ES, Ni, Pa, Cu, PR, Ve. En el* **beisbol**, pieza de madera en forma cilíndrica más gruesa por el extremo libre que por la empuñadura con que se golpea la pelota enviada por el **lanzador**.

  II. 1.   m. *CR, Cu, RD; Ho, ES, Ni*, pop ^ hiperb. Pene. tabú; pop + cult → espon.

    2.   *PR.* metáf. Pene erecto. tabú; pop + cult → espon.

  III. 1.   m. *Ho, Ni, Pa, RD, Ec.* juv. Cigarrillo de marihuana. drog.

  IV. 1.   m. *Pa, Pe.* Envoltorio de droga en forma de cigarrillo. drog.

  V. 1.   m. *ES.* Persona ignorante.

  VI. 1.   m. *PR.* Información para copiar en los exámenes. est.

  VII. 1.   m. *Pa.* Mentira. pop.

  □

    a. ‖ ~ **emergente**. loc. sust. *Cu, RD, PR.* Persona que sustituye a otra en una tarea determinada.

    b. ‖ **al** ~. loc. adv. *CR.* Sin comprender nada de lo que se dice.

    c. ‖ **cuarto** ~.

      i. loc. sust. *Ni, RD, PR, Co, Ve. En el* **beisbol**, jugador que tiene el cuarto turno para **batear** por ser uno de los mejores **bateadores**. ♦ **cuarto madero**.

      ii. *Cu, RD, Ve.* Persona importante, poderosa o destacada en un grupo o sociedad. pop + cult → espon.

      iii. *RD, Ve.* Persona de estatura alta y de contextura fuerte.

      iv. m. *Ve.* Persona que está en buenas condiciones físicas. pop.

      v. *Ni, Cu.* Persona que come mucho.

  ▶ **acomodarse al** ~; **dar el** ~; **estar al** ~; **estar en el** ~; **partir el** ~.

batea. (De or. incierto).

  I. 1.   f. *CR, RD, Co, Ve, Ec, Pe, Bo, Ch, Ur; Mx, Gu, Ho, ES, Ni, Pa* rur; *Ar*, p.u. Recipiente, *generalmente de madera*, ovalado o rectangular, que se usa para lavar, amasar o para contener frutos o granos. (**bateya**).

    2.   *Cu, Bo, Py.* Recipiente rectangular, más estrecho en la base, de madera u otros materiales, que se utiliza para lavar ropa.

    3.   *Cu.* meton. Ropa sucia para lavar.

    4.   *Bo:S.* Recipiente de metal, de forma rectangular y poca altura, que se utiliza para asar la carne en un horno. pop + cult → espon ^ fest.

    5.   *Ho. En el trapiche*, artesa grande y rectangular para batir la miel.

    6.   *Ni.* Caja rectangular no muy grande para vender chucherías y cigarrillos por la calle.

  II. 1.   f. *Ch.* Máquina en la que se mezclan los ingredientes para hacer pan.

    2.   m-f. *Ch.* Persona encargada de la preparación de la masa para hacer pan.

  III. 1.   f. *Ve.* Remolque donde va la carga que arrastra el **chuto**, vehículo.

    2.   *CR. En un vehículo de carga*, **cajón** metálico, abierto y de poca altura.

  IV. 1.   f. *Ve.* Canal de **concreto** poco profundo que se hace en las carreteras para que las atraviesen las aguas de arroyos o quebradas sin dañarlas.

  V. 1.   f. *PR.* metáf. Trasero grande y voluminoso. pop + cult → espon ^ fest.

  ▶ **ni lavar ni prestar la** ~; **salir con su** ~ **de baba**; **tener en la** ~.

bateada.

  I. 1.   *CR.* **bateadera**, aseveración.

    2.   *CR.* Respuesta o contestación de modo aproximativo, *generalmente en una prueba académica*, por carecer de conocimiento suficiente. est. ♦ **bateadera**.

    3.   *CR.* Intento de acertar en algo mediante ensayo y error. pop + cult → espon. ♦ **bateadera**.

  II. 1.   f. *Ho.* Derrota severa que una persona o un equipo infringe al contrario.

  III. 1.   f. *Ho.* Cantidad de líquido, granos o arena que cabe en una **batea**.

bateadera.

  I. 1.   f. *Ni, Ve.* **Bateo** reiterado de la pelota.

    2.   *CR.* Aseveración de algo sobre lo que no se tiene certeza. pop + cult → espon. ♦ **bateada**.

    3.   *CR.* **bateada**, respuesta. est.

    4.   *CR.* **bateada**, intento de acertar. pop + cult → espon.

bateado, -a.

  I. 1.   adj. *Ho, Ni. Referido a persona*, que ha sufrido una derrota.

  II. 1.   adj. *Ho. Referido a hecho*, que se evita su realización.

  III. 1.   adj. *Pa. Referido a persona*, drogada. drog.

bateador, -ra. (De *batear*).

  I. 1.   sust/adj. *Gu, RD, PR, Ve. En el* **beisbol**, jugador que está en el turno de **batear**.

  II. 1.   adj/sust. *CR. Referido a persona*, que habla sobre algo a pesar de no estar segura de su veracidad, *generalmente para no quedar como ignorante*. pop.

    2.   *CR. Referido a persona*, que resuelve o contesta algo, *especialmente una prueba académica*, dando respuestas aproximativas por carecer de conocimiento suficiente. pop.

    3.   *CR. Referido a persona*, que trata de acertar en algo mediante ensayo y error. pop + cult → espon.

    4.   sust/adj. *Pa.* Persona mentirosa. pop + cult → espon.

    5.   adj. *Pa. Referido a persona*, que alardea con una mentira. pop + cult → espon.

  III. 1.   m. y f. *Ho.* Persona que dice cosas para ver si acierta algo por casualidad. pop + cult → espon.

batear(se). (Del ingl. *to bat*).

  I. 1.   tr. *Mx.* Rechazar *una persona* a *alguien*, *principalmente en requerimientos amorosos o sexuales*. pop + cult → espon.

    2.   *Mx.* Contestar *alguien* evasivamente preguntas comprometidas eludiendo aclarar lo que en ellas se demanda. pop + cult → espon.

    3.   intr. *Gu, Ho.* Decir *alguien* cosas sin fundamento, sin sentido o ajenas al tema que se trata.

    4.   tr. *Cu, PR.* Acertar *alguien* sin preparación las preguntas formuladas en un examen o en otra circunstancia. est.

    5.   *Ho, ES.* Ganar *una persona* a otra en algo como un juego, una discusión, un concurso.

    6.   intr. *CR.* Tratar *alguien* de acertar algo mediante ensayo y error.

    7.   *CR.* Hablar *alguien* sobre algo a pesar de no estar seguro de su veracidad, *generalmente para no quedar como ignorante*. pop.

    8.   *Pa.* Alardear *alguien* sobre algo que no es cierto. pop + cult → espon.

II. 1. tr. *Mx, Gu, Ho, ES, Ni, Pa, Cu, RD, PR, Ve. En el juego de pelota,* dar con el **bate** a la pelota.
  2. *Cu.* Batir *alguien algo.*
III. 1. tr. *Mx, ES.* Echar *una persona* a *alguien* de su cargo o puesto de trabajo. pop.
IV. 1. intr. *Cu, RD.* Comer *alguien* mucho. pop.
V. 1. tr. prnl. *ES, Ni.* Engañar *una persona* a *alguien* en algo.
  2. *Ni.* Robar o estafar *una persona* a *alguien.*
VI. 1. intr. *Gu.* Perder *alguien* efectividad en la realización de algo, no acertar.
VII. 1. tr. *PR.* Vencer o superar una prueba exitosamente. pop + cult → espon.
  2. *PR.* Responder certeramente a una pregunta o a un comentario. pop + cult → espon.
VIII. 1. tr. *Ho.* Improvisar *alguien algo.*
  ◻
  a. ‖ **~ de zurda.** loc. verb. *Mx, PR.* Ser *alguien* homosexual o dar muestras de serlo.
  b. ‖ **~ en las dos novenas.**
    i. loc. verb. *Cu.* Ser bisexual.
    ii. *Pa, RD.* **batear para las dos bandas.**
  c. ‖ **~ la bola mal.** loc. verb. *RD.* No dejarse engañar.
  d. ‖ **~ para el otro equipo.** loc. verb. *Pa.* Ser homosexual.
  e. ‖ **~ para las dos bandas.** loc. verb. *Gu, Pa, RD.* Ser homosexual activo y pasivo. ◆ **batear en las dos novenas; batear para los dos equipos; batear por los dos lados.**
  f. ‖ **~ para los dos equipos.**
    i. *Ve.* **batear para las dos bandas.**
    ii. loc. verb. *Pa.* Ser bisexual. pop + cult → espon.
  g. ‖ **~ para quinientos.** loc. verb. *Cu.* Tener *alguien* una actuación sobresaliente. pop + cult → espon.
  h. ‖ **~ por la zurda.** loc. verb. *PR.* Hacer *alguien algo* indebido. pop + cult → espon.
  i. ‖ **~ por los dos lados.** *Ni.* **batear para las dos bandas.**

batelera.
I. 1. f. *Ch.* obsol. Sombrero de paja pequeño, de ala plana.

batelero, -a.
I. 1. m. y f. *Bo:N,NE.* Persona que maneja un **batelón.** pop + cult → espon ^ fest.

batelón.
I. 1. m. *Pe, Bo:N,NE.* Embarcación de madera de larga eslora, ancha manga y profundo puntal que se mueve a remos y puede ser remolcada y que se emplea en los ríos para transportar ganado, combustible y otras mercaderías.

bateo.
I. 1. m. *Mx.* metáf. Contestación evasiva a preguntas comprometidas que elude aclarar lo que en ellas se demanda. pop + cult → espon.
  2. *Mx.* metáf. Rechazo de que se hace objeto a alguien, *principalmente en requerimientos amorosos o sexuales.* pop + cult → espon.
II. 1. m. *Mx, Gu, Ho, ES, Ni, Pa. En el* **beisbol,** golpe que da el **bateador** a la pelota lanzada por el **pícher.**
  2. *Pa, Cu, RD, PR, Ve. En el* **beisbol,** técnica o habilidad de un **bateador** para acertar los lanzamientos del **pícher.**
III. 1. m. *Cu.* Discusión acalorada o protesta enérgica. pop + cult → espon.
IV. 1. m. *CR.* Aseveración de algo sobre lo que no se tiene certeza.
  2. *CR.* Intento de acertar en algo mediante ensayo y error. pop.
V. 1. m. *Pa.* Árbol de hasta 40 m de altura, de hojas alternas, flores blancas y aromáticas y frutos en cáp-

sulas globosas y leñosas de color marrón. (Meliaceae; *Carapa guianensis*). ◆ **tangaré.**
  ▶ **dar ~.**

bateón.
I. 1. m. *Ar:NO.* **Batea** grande de madera *que se emplea especialmente para dar de comer a los animales o para hacer fermentar la* **aloja** *de maíz o algarroba.* rur.
  2. *Ar:NO.* Recipiente de cuero donde se cuaja la leche. rur.

bateón, -na.
I. 1. adj. *Pa. Referido a persona,* mentirosa.

batera.
I. 1. f. *Gu.* Conjunto de animales sementales. rur.
  ▶ **dar la ~.**

baterador.
  ▪
  a. ‖ **~ designado.** m. *Gu, Ni, Cu, RD, PR, Ve. En el* **beisbol,** jugador que **batea** en lugar del **lanzador** o **pícher,** pero que no ocupa una posición defensiva.
  b. ‖ **~ emergente.** m. *Gu, Ni, Cu, RD, PR, Ve. En el* **beisbol,** jugador que sustituye a otro en su turno de **batear.**

batería.
I. 1. f. *Ar.* Artificio pirotécnico hecho con una serie de petardos o cohetes unidos que estallan sucesivamente.
  2. *Ar.* Conjunto de pequeñas porciones de comida o de bocadillos dispuestos sobre platitos, que acompañan una bebida.
II. 1. f. *Ni, RD, PR, Ve. En el* **beisbol,** conjunto conformado por el **lanzador** y el **receptor.**
  2. *PR, Ve. En el* **beisbol,** conjunto conformado por todos los jugadores de un equipo.
III. 1. f. *Cu.* Conjunto de preguntas que debe contestar un alumno en un examen. est.
  2. *Pa.* **acordeón,** papel.
  ▶ **apuntar las ~s; cargar ~; cargar las ~s; dar ~; hacer ~ y media.**

batero, -a.
I. 1. m. y f. *Ho, ES, Co:O, Pe, Ch, Ar, Ur.* Persona que toca la batería.

batey. (De or. ind. antillano).
I. 1. m. *RD.* **Plantel** de un ingenio azucarero, *en especial el patio donde se almacena la caña de azúcar.*
II. 1. m. *RD.* Barriada pobre situada en las plantaciones cañaverales.

bateya.
I. 1. *Ho, ES.* **batea,** recipiente.

batí.
I. 1. m. *Pa.* Nalga. pop + cult → espon.

batiblanco, -a.
I. 1. sust/adj. *Cu.* Miembro de la religión Bando Evangélico Gedeón, *cuyos integrantes se identifican por el color blanco de su ropa.*

batica.
  ▪
  a. ‖ **~ de bautizo.** m. *RD.* Vestido ancho y blanco que se pone a un niño para bautizarlo.

baticola.
I. 1. sust/adj. *Bo.* Mujer que con sus actitudes provocativas seduce a los hombres.
  ◻
  a. ‖ **~ floja.** loc. sust. *Pe.* Mujer de costumbres y hábitos de vida alegre.
  b. ‖ **floja de la ~.** loc. adj. *Co, Ec.* Referido a una mujer, que es fácilmente asequible a las insinuaciones amorosas. pop + cult → espon ^ fest.
  ▶ **tener la ~ floja.**

baticolearse.
   I. 1. tr. prnl. *Ho, Ni.* Rozarse una caballería la cola donde se asienta la grupera o baticola. rur.

baticú.
   I. 1. m. *Bo:E.* Tubo metálico o de otro material por el que se sopla para avivar el fuego de leña. pop + cult → espon.

batida.
   I. 1. f. *RD, PR.* **batido,** bebida fría.
     2. *ES.* Dulce **amelcochado** que se hace de la miel de la caña de azúcar.
     3. *PR.* Bebida refrescante hecha con helado o frutas y leche.
   II. 1. f. *Gu.* **batido,** pan.
     2. *Ho.* Dulce redondo y grueso hecho de azúcar y leche batidos.
   III. 1. f. *PR. En las peleas de gallos,* arremetida.
   ▶ **no aguantar la ~.**

batidillo.
   I. 1. m. *Mx.* Mezcla heterogénea y desordenada de ingredientes, objetos o ideas. pop + cult → espon.
     2. *Mx.* Residuo correoso o lodoso mezcla de materias o ingredientes varios.
     3. *Mx.* Fraude o corrupción políticos. euf.
     4. *Mx.* Pugna agitada de muchos en competencia por lograr algo a toda costa. pop + cult → espon.
     5. *Mx.* Solución precaria, obra hecha descuidadamente y que por tanto revela deficiencias. pop + cult → espon.

batido.
   I. 1. m. *Gu, Ni, Co:N, Ve, Ec, Ch, Ur.* Bebida fría preparada con fruta triturada en agua y algo de dulce. (**batida**).
     2. *Ve.* Golosina preparada con melaza de la caña de azúcar, batida con otros ingredientes como queso, anís o jengibre.
     3. *Ve:O.* Golosina elaborada con **papelón**, anís y queso.
     4. *Bo.* Bebida preparada con huevo batido, azúcar y **bicervecina** o vino. pop + cult → espon.
     5. *Bo.* Bebida preparada con leche batida y **singani**.
   II. 1. m. *Cu, RD, Ur.* Tipo de peinado en que se trata de ahuecar el pelo para moldearlo mejor.
     2. *Bo, Py, Ur.* Técnica que consiste en peinar enérgicamente el pelo desde la punta hasta la raíz de manera que, al alisarlo, cobre mayor volumen. pop + cult → espon.
   III. 1. m. *Ch.* Pan en porciones pequeñas que se separan con facilidad cocido en una sola pieza. (**batida**).
   IV. 1. m. *Bo. En albañilería,* masa de cemento, arena y agua.

batido, -a.
   I. 1. adj. *Ni.* juv. *Referido a persona,* cobarde, miedosa.

batidor.
   I. 1. m. *Mx:SE, Gu, ES.* Olla de diversos tamaños y formas que se usa para cocer y batir el **tiste,** el café o la leche.
   II. 1. m. *Bo:NE.* Palo para remover alimentos mientras se cuecen. pop + cult → espon.
   ■
     a. ‖ ~ **eléctrico.** m. *PR. En la industria azucarera,* máquina que muele las muestras de la caña.

batidor, -ra.
   I. 1. m. y f. *Ar, Ur,* pop; *Bo,* delinc. Delator. ♦ **batilana.**

batidora.
   ■
     a. ‖ ~ **de cemento.** f. *Ho, Ni, CR.* Máquina provista de un recipiente giratorio que realiza la mezcla de cemento, arena, grava, cal y agua para hacer el hormigón o **concreto**.

batifondo.
   I. 1. m. *Pe, Bo, Py, Ar, Ur, Ch,* p.u. Alboroto o ruido que resulta molesto. pop.
     2. *Bo, Ch, Py, Ar, Ur.* Situación de confusión, que se origina por protesta o sobresalto. pop.
     3. *Ar, Ur.* Desorden o amontonamiento de cosas. pop.

batilana.
   I. 1. m-f. *Ar.* p.u. **batidor,** delator.

batir(se).
   I. 1. tr. *Bo, Ar, Ur.* Delatar *alguien* a *una persona* ante una autoridad. pop + cult → espon.
     2. *Ar, Ur, Bo,* delinc. Revelar a una autoridad policial todo lo concerniente a un acto delictivo.
     3. *Ar, Ur.* Contar *una persona* con indiscreción a alguien lo que otra ha hecho o dicho.
     4. *Ar, Ur.* Proporcionar *alguien* una información o un dato que aún no es de conocimiento general.
   II. 1. intr. prnl. *Mx.* Ensuciarse, mancharse *alguien.* pop.
   III. 1. tr. *Mx.* Picar *alguien* al caballo con las espuelas. rur.
   IV. 1. tr. *Ve.* Cerrar *alguien algo, especialmente una puerta,* violentamente.
     2. *Ve.* Arrojar *alguien algo* con fuerza contra el suelo.
     3. intr. prnl. *Ve.* Arrojarse *alguien* contra el suelo y moverse de forma violenta por enfado o **malcriadez,** *especialmente los niños.*
   V. 1. tr. *Cu, Ve, Bo, Py, Ur.* Cepillar *alguien* el pelo desde la punta hasta la raíz a fin de que, al alisar ligeramente su superficie, quede hueco o mullido y esponjoso.
   VI. 1. tr. *Ar.* Decir, expresar *alguien* un contenido mental mediante la emisión articulada de palabras.
     2. *Bo.* Hablar con fluidez *una persona, generalmente un delincuente,* el **coba,** la jerga del hampa.
   VII. 1. tr. *Co.* Molestar o criticar *una persona* a *alguien* con bromas pesadas. pop + cult → espon.
   VIII. 1. intr. prnl. *Ho, Ec, Bo, Ch.* Ingeniarse o arreglarse *alguien* con lo que tiene para salir de un apuro o para conseguir algo.
   IX. 1. tr. *Pe.* Aplastar *alguien* con el tenedor un alimento previamente cocido hasta hacerlo puré o una masa.
   X. 1. intr. prnl. *Bo.* Bastarse *alguien* para realizar una tarea o trabajo con eficiencia. pop + cult → espon.
   □
     a. ‖ ~ **el cobre.**
       i. loc. verb. *PR, Ve.* Conocer la vida.
       ii. *PR, Ve.* Saber a qué atenerse con respecto a un asunto.
       iii. *PR.* Tener el mando. rur.
       iv. *PR.* Competir *alguien* con un contrincante de gran prestigio y con buenas condiciones para triunfar.
     b. ‖ ~ **la cana.** loc. verb. *Ar, Ur.* Confesar o declarar ante la policía todo lo relativo a un acto delictivo. polic.
     c. ‖ ~ **la justa.** loc. verb. *Ar.* Contar los hechos con exactitud, decir la verdad.

batita.
   I. 1. f. *RD, Py, Ar, Ur.* Prenda de bebé que cubre desde los hombros hasta las piernas y que se abotona en la espalda. (**bata**).
     2. *Ho.* **batita de maternidad.**
   ■
     a. ‖ ~ **de levantarse.** f. *RD.* Bata de casa.
     b. ‖ ~ **de maternidad.** f. *RD.* Blusa muy holgada que usan las mujeres embarazadas. ♦ **bata; batita.**
     c. ‖ ~ **de tierno.** f. *Ni.* Prenda de bebé que cubre desde los hombros hasta las piernas y que se abotona a un lado de la parte superior del frente.

batitú.
- **I. 1.** m. *Ar:NE, Ur.* Ave de hasta 25 cm de longitud, de cabeza erguida, pico recto, patas largas y plumaje de color ocre con pintas oscuras. (Scolopacidae; *Bartramia longicauda*).

batllismo. (De José *Batlle* y Ordóñez, político uruguayo de finales del siglo XIX).
- **I. 1.** m. *Ur.* Corriente política iniciada por José Ballte y Ordóñez.

batllista. (De José *Batlle* y Ordóñez, político uruguayo de finales del siglo XIX).
- **I. 1.** sust/adj. *Ur.* Partidario del **batllismo**.
- **2.** adj. *Ur.* Relativo al **batllismo**.

bato.
- **I. 1.** m. *EU, Mx:NO, Gu, Ho, ES.* Muchacho, individuo, hombre.
- **2.** *Gu, Ho, ES.* juv. Miembro de una pandilla delincuencial.
- **II. 1.** m. *Pe.* Juego infantil similar al **heisbol**.
- **III. 1.** m. *Gu.* Pene. vulg; pop + cult → espon.

bato, -a.
- **I. 1.** adj. *Gu, Ho.* p.u. *Referido a persona*, tonta.
- **2.** *ES. Referido a persona*, inexperta, poco diestra.

batola.
- **I. 1.** f. *Co, Ve; RD.* p.u.; obsol. Prenda de vestir femenina de una sola pieza, holgada, larga y sin botones. (**batolón**).
- **2.** *Ve.* Traje de la mujer guajira.

batoles.
- **I. 1.** m. pl. *Cu.* Almohadas que forman el **lomillo**. rur.

batolón.
- **I. 1.** m. *PR, Ve.* **batola**, prenda holgada.

batón. (Del fr. *bâton*).
- **I. 1.** m. *Gu.* Garrote corto que usa la policía.
- **2.** *PR.* Bastón o batuta. pop + cult → espon.
- **II. 1.** m. *Cu.* Prenda de vestir femenina de una sola pieza y holgada, que llega hasta debajo de la rodilla.
- □
  - a. ‖ **pase de ~.** loc. sust. *PR.* Sucesión en la que una generación transfiere a otra más joven la dirección de una actividad u organización.

batoso, -a.
- **I. 1.** adj/sust. *Pa. Referido a persona*, embustera, que dice mentiras poco creíbles. pop + cult → espon ^ fest.

batracio.
- **I. 1.** m. *Ec.* juv. Persona malintencionada.

batro.
- **I. 1.** *Ch.* **totora**.

battle.
- ■
  - a. ‖ **~ royal.** (Voz inglesa). m. *Ec.* juv. Riña tumultuosa.

batuca.
- **I. 1.** f. *Gu.* Pila para linterna u otro aparato.
- **2.** *Bo.* Batería de un automóvil. pop + cult → espon.
- **II. 1.** f. *Bo, Py.* Conjunto de instrumentos de percusión en un grupo.

batucada.
- **I. 1.** f. *Pe, Py, Ar, Ur.* Celebración popular que se hace en las calles al ritmo del son de tambores.
- **2.** *Ar:NE.* Fiesta muy animada y alegre en la que se baila.
- **3.** *Ar:NE.* Alboroto o ruido que resulta molesto.
- **4.** *PR, Ch.* Grupo de músicos que cantan y tocan tambores de estilo afrobrasileño, haciendo cantar y bailar a la gente a su alrededor, *por lo general en un espacio público*.
- **5.** *PR, Ch.* Música de percusión y canto de origen brasileño tocado por las batucadas.
- **6.** *Ch.* Celebración suscitada alrededor de una batucada.

batume.
- **I. 1.** m. *RD.* Cosa mal hecha.

batumen.
- **I. 1.** m. *PR.* Porción medicinal que se da a las **reses**. rur.

batuque.
- **I. 1.** m. *Ar.* Alboroto o ruido que resulta molesto. pop.
- **2.** *Ur.* Situación en la que dominan la confusión y el ruido.
- **II. 1.** m. *Ur.* Religión afroamericana que se practica en Uruguay.
- **2.** *Ur.* Reunión religiosa de adeptos al **batuque**, religión afroamericana.

batuqueada.
- **I. 1.** f. *Cu, Co:N, Ve.* Sacudida violenta de alguien asiéndolo por los hombros. pop + cult → espon. (**batuqueo**). ♦ **jamaqueada**.
- **2.** *Cu, Ve.* Traslado de una cosa de un lado a otro con fuerza y desorden. pop + cult → espon. (**batuqueo**).
- **3.** *Ve.* Precipitación al suelo de un niño y sacudidas violentas en señal de disgusto.

batuquear(se).
- **I. 1.** tr. *RD, Co:N, Ve.* Sacudir violentamente *una persona a alguien* asiéndolo por los hombros. (**batuquiar**). ♦ **jamaquear**.
- **2.** *Cu, RD, Ve.* Mover *alguien* una cosa de un lado a otro con fuerza y desorden. pop + cult → espon.
- **3.** intr. prnl. *Ve.* Precipitarse al suelo los niños y sacudirse violentamente en señal de disgusto. pop + cult → espon.
- **4.** tr. *Cu.* Atacar *una persona* a alguien. pop + cult → espon.
- **5.** *Cu.* Hacer trabajar mucho *una persona* a alguien. pop + cult → espon.
- **6.** *Cu.* Impresionar *algo* a alguien.

batuqueo.
- **I. 1.** m. *Cu, RD, Ve.* **batuqueada**, sacudida y movimiento.

batuquero.
- **I. 1.** m. *Bo.* juv. Músico que toca la batería en un conjunto musical.

batuquero, -a.
- **I. 1.** sust/adj. *Ar, Ur.* Persona que hace ruido o arma alboroto.
- **II. 1.** sust/adj. *Ur.* Seguidor del **batuque**, religión afroamericana.

batuquiar.
- **I. 1.** tr. *Cu, RD, Ve.* **batuquear**, sacudir.

baturro, -a.
- **I. 1.** adj/sust. *Ho.* p.u. *Referido a persona*, que muestra en la ciudad comportamientos propios de zonas rurales.

batuta.
- **I. 1.** f. *Ni, Pa, PR, Co.* **bastón**, vara decorada.
- **II. 1.** f. *Cu.* Bastón de madera con uno de sus extremos terminado en una esfera metálica rellena que se usa en una banda para dirigir y llevar el compás.

batutear.
- **I. 1.** tr. *RD, Co.* Dirigir un grupo de personas determinando lo que se ha de hacer o la conducta que se debe seguir.

batutera.
- **I. 1.** f. *Pa, Cu, RD, PR.* Muchacha que desfila en grupo mientras realiza ejercicios con un bastón o batuta para amenizar, junto a una banda de música, en las fiestas populares.
- **2.** *Cu.* metáf. Mujer que domina a su marido. pop + cult → espon.

batutero, -a.
    I. 1. m. y f. *Pa.* Persona que maneja la **batuta** en los desfiles patrios.

báucher.
    I. 1. *Mx, Gu, Ho, Ni, CR, Pa, RD, Ec.* **voucher**, comprobante.
    2. *Mx, Gu, Ho, Ni, Pa, Cu.* **voucher**, vale.

bauco.
    I. 1. m. *Ch.* Pez de hasta 30 cm de longitud, de cuerpo alto y comprimido, de color grisáceo, más claro en la zona ventral. (Cyphosidae; *Doydixodon laevifrons*).

bauda.
    I. 1. f. *Ch.* **huairavo**.

baúl.
    I. 1. m. *Gu, Ho, ES, Ni, Pa, Cu, RD, PR, Co, Ec, Py, Ar; Ur.* p.u. *En los vehículos*, lugar destinado para equipajes. (**baule**)
    II. 1. m-f. *Pa.* Jugador de cualquier deporte torpe, poco hábil.
    ▶ **no ser ~ de nadie; sentar en el ~; tener sentado en el ~.**

baula.
    I. 1. f. *Ho, CR.* **laúd**.

baule. (Parag. de *baúl*).
    I. 1. m. *ES.* p.u. **baúl**, lugar destinado a equipajes. rur.

baulera. (Der. de *baúl*).
    I. 1. f. *Ar.* Cuarto trastero, que generalmente suele estar dividido en parcelas que corresponden a cada una de las unidades en que se divide un edificio de viviendas.

baulero.
    I. 1. m. *PR.* Hombre cuya mujer no lo deja salir solo de casa.

baunco.
    I. 1. m. *Ch.* **curaca**, pez marino. (**babunco**).

baure.
    I. 1. adj. *Bo.* Relativo al grupo étnico que habita al este de la Amazonia de Bolivia y a su lengua.

baurú.
    I. 1. m. *Ur.* Comida de origen brasileño que consiste en un pan relleno, *especialmente de carne, maíz, arveja, mayonesa, salsa ketchup, tomate, jamón y queso prensado*, que se sirve caliente. pop + cult → espon.

bausa.
    I. 1. f. *Pe.* Holganza, haraganería.

bausán.
    I. 1. adj/sust. *Pe.* Holgazán, vago.

bausano, -a. (De *bausán*).
    I. 1. adj. *ES.* Referido a persona, malhablada, soez.
    II. 1. adj. *Ni.* Referido a persona, pícara.

baustizo.
    I. 1. m. *Ch.* p.u. Bautizo, acción de bautizar. pop.

bautizar(se).
    I. 1. tr. *Gu, Ec, Bo. En una institución educativa*, mojar, untar con pintura y echar harina y huevos los estudiantes de los cursos superiores a los novatos de primer año.
    II. 1. tr. *Cu.* Admitir a un hombre en la sociedad **abakuá**.
    III. 1. intr. prnl. *Cu.* Tomarse *alguien* un trago de bebida alcohólica.

bauzán, -na.
    I. 1. adj/sust. *Ho, Ni.* **Bausán**. desp.

bay. (Del ingl. *bye*).
    ● **a.** ‖ ~ **fórm.** *Py; Mx, Gu, Ho, Ni, Cu, RD, PR, Bo. Ur.* juv. Se usa para despedirse de alguien de manera afectuosa. pop + cult → espon.

baya.
    I. 1. f. *Ar, Ur.* Hembra del lobo marino, que se caracteriza por su pelaje de color amarillento. (Otariidae; *Otaria flavescens*). ♦ **peluca**.

bayahonda.
    I. 1. f. *RD, PR.* **mezquite**. (**bayaonda**).

bayal.
    I. 1. m. *Gu, Ho.* Palmera de hasta 10 m de altura, de tallo delgado cubierto de vainas, y con cuyas hojas entrelazadas se hacen cestas. (Arecaceae; *Desmonchus ferox*). ♦ **balagre; balaire; biscoyol**.

bayano.
    I. 1. m. *Ur.* Habla característica de la zona uruguaya fronteriza con Brasil, que muestra gran influencia del portugués.

bayano, -a.
    I. 1. adj. *Ur. Referido al modo de hablar*, que tiene gran influencia del portugués de Brasil.

bayao.
    I. 1. m. *PR.* Conjunto de ramas, hojas y otros objetos que se lleva un río crecido. rur.

bayaonda.
    I. 1. *PR.* **bayahonda**.

bayear.
    I. 1. tr. *PR.* juv. Entretener.

bayer. (De *yerba*, por inversión silábica).
    I. 1. m. *Bo.* juv. Marihuana. drog.

bayestía.
    I. 1. f. *Ve:O.* Arco del violín.

bayeta.
    I. 1. f. *Ec, Bo.* Tela de lana de oveja tejida en telar. pop + cult → espon.
    2. *Cu.* Tela cuadrangular que colocada sobre el **trapeador** sirve para limpiar el suelo. ♦ **palo de la bayeta; trapeador**.
    3. *Bo.* Tela pequeña cuadrangular, *generalmente tejida*, que sirve como pañal. pop + cult → espon.
    ■
    a. ‖ ~ **de Castilla.** f. *Ec, Pe.* Paño grueso y muy suave, de lana, *generalmente de color blanco*.
    b. ‖ ~ **de la tierra.** f. *Bo, Ar.* Tela tejida de lana de oveja.

bayetear.
    I. 1. intr. *Cu.* Limpiar el suelo con una bayeta. ♦ **trapear**.

bayetilla.
    I. 1. f. *Co.* Trozo de tela de tejido suave usado para limpiar.
    2. *Ec.* Tejido artesanal parecido a la **bayeta**, pero más fino y tupido, el cual, teñido y bordado, se usa como adorno en el hogar y en la confección del vestido típico de la campesina del sur de Ecuador.
    3. *Bo.* Tela muy fina tejida de lana de oveja. pop + cult → espon.

bayetón.
    I. 1. m. *Co:E.* Capote o poncho amplio de lana.

bayo.
    I. 1. m. *Ve.* Hoja de **bijao** que se utiliza para envolver ciertos alimentos.

bayo, -a.
    I. 1. adj. *CR, Cu. Referido al frijol*, de color amarillo claro.

bayó.
    I. 1. m. *PR.* Marihuana. drog.

bayoneta.
    I. 1. f. *Ho.* Varilla metálica de forma plana que sirve para comprobar el nivel del aceite de un motor.
    II. 1. f. *PR.* Arbusto de más de 2 m de altura, con varios tallos, hojas largas lanceoladas y denticuladas, in-

florescencia en panículas, flores blancas, algunas veces teñidas de color púrpura o rojo, y fruto en forma de baya; debe su nombre a que sus hojas puntiagudas pueden pinchar. (Agavaceae; *Yucca gloriosa*).

bayoya.
 I. 1. f. *Cu*. Persona muy gorda, de barriga prominente. pop + cult → espon.
 2. *RD*. Vientre, barriga prominente. pop + cult → espon. (**biyoya**).
 II. 1. f. *PR*. Broma, chiste, diversión. pop + cult → espon. (**bayuya**).
 2. *PR*. Bulla, alboroto. pop + cult → espon.
 3. *PR*. Fiesta callejera. pop + cult → espon. (**bayuya**).
 4. *PR*. Conversación frívola, chismorreo. pop + cult → espon. (**bayuya**).
 III. 1. f. *PR*. Residuo de la pulpa del coco seco después de rayada y sin leche.

bayoyar.
 I. 1. intr. *PR*. Armar *alguien* **bayoya**, broma, bulla, fiesta.

bayoyero, -a.
 I. 1. adj/sust. *PR*. *Referido a persona*, que se dedica a la **bayoya**, broma, bulla, fiesta. pop + cult → espon.
 2. *PR*. *Referido a persona*, bromista y desordenada. pop + cult → espon.

bayoyismo.
 I. 1. m. *PR*. Broma.

bayoyo, -a.
 I. 1. adj. *Cu*. *Referido a una cosa o un producto*, muy abundante. pop + cult → espon.
 2. *Cu*. *Referido a un animal, especialmente a un insecto*, que abunda en un sitio determinado. pop + cult → espon.

baypás. (Del ingl. *bypass*).
 I. 1. m. *Ni, Ec*. Baipás.
 2. *Ni, Ec*. metáf. Calle periférica a una ciudad que facilita la circulación de vehículos.

baypasear.
 I. 1. intr. *Ni*. Circular por una calle periférica de una ciudad.

bayú.
 I. 1. m. *Pa, Cu*. p.u. Prostíbulo o zona en que se ejerce la prostitución.
 2. *Cu, PR*. Desorden. vulg; pop + cult → espon.
 3. *Cu*. obsol. Casa, sitio o reunión indecentes u obscenos. vulg; pop + cult → espon.
 II. 1. m. *Ni*. Momento de alegría, bullicio o diversión.
 2. *PR*. Fiesta, jolgorio, *especialmente de jóvenes*. pop + cult → espon.
 ▶ **hacer un ~.**

bayuncada.
 I. 1. f. *Gu, Ho, ES, Ni*. Dicho o hecho tonto o descabellado. pop + cult → espon ^ desp.
 2. *Gu, Ho, ES, Ni*. Expresión grosera y descortés. pop + cult → espon ^ desp.
 II. 1. f. *Gu, Ho, ES*. Chiste de mal gusto. pop + cult → espon ^ fest.

bayunco, -a.
 I. 1. adj. *Gu, Ho, ES, Ni, Pa*. *Referido a persona*, que dice o hace **bayuncadas**. pop + cult → espon ^ desp.
 2. *Gu, Ho, ES, Ni*. *Referido a persona*, tonta. pop + cult → espon ^ desp.
 II. 1. adj. *Gu, Ho, ES, Ni*. *Referido a persona*, grosera o burda en su forma de hablar. pop + cult → espon ^ desp.
 2. *Gu, Ho*. *Referido a persona*, que habla más de lo debido y de manera indiscreta e inoportuna. pop + cult → espon ^ desp.

III. 1. adj/sust. *Gu, Ho, ES*. *Referido a persona*, que muestra en la ciudad comportamientos propios de zonas rurales.
 2. *Gu, Ho*. *Referido a persona*, que habla con entonación y términos de uso rural.
IV. 1. adj. *Ho, Ni*. *Referido a cosa*, tosca, fea. pop + cult → espon ^ desp.

bayunquear.
 I. 1. intr. *ES*. Hacer o decir **bayuncadas**.

bayusco, -a.
 I. 1. adj. *PR*. *Referido a persona*, que tiene el rostro cambiado de color por un enfado.
 II. 1. adj. *PR*. *Referido a una tela o a una prenda de vestir*, desteñida, de un color impreciso.

bayuya.
 I. 1. *PR*. **bayoya**, broma, chiste.
 2. f. *PR*. **bochinche**, reunión.
 3. *PR*. **bayoya**, fiesta callejera.
 4. *PR*. **bayoya**, conversación frívola.

baza.
 I. 1. f. *PR*. Abono natural, fertilizante compuesto por hojas secas, madera podrida y otras materias orgánicas al descomponerse. rur. ◆ **humus**.

bazar.
 I. 1. m. *Ni, RD, PR, Co, Ve, Ch*. Rifa o venta de objetos diversos que tiene lugar como parte de alguna festividad; incluye también juegos *y se organiza generalmente con fines benéficos*.

bazofia.
 I. 1. f. *PR*. Residuo de la pulpa del coco seco después de rallada y sin leche.
 ▶ **hablar ~.**

bazofiado, -a.
 I. 1. adj. *Bo:O,S*. *Referido a una veta de un mineral*, que pierde su pureza.

bazofiar(se).
 I. 1. tr. *Ve:O*. Herir *alguien* a *una persona* o a un animal en el vientre con un arma blanca.
 II. 1. tr. prnl. *Bo:O,S*. *En minería*, perder la pureza la veta de un mineral.

bazuca. (Del ingl. *bazooka*, lanzagranadas).
 I. 1. f. *Co*. **basuco**, cigarrillo.
 II. 1. f. *ES, Ni*. Recipiente grande de forma cilíndrica.
 2. *ES, Ni*. Bebida alcohólica de mala calidad que se bebe en este tipo de recipiente.

bazucazo.
 I. 1. m. *Ho, ES, Ni, Cu, RD*. Explosión de una granada lanzada por un bazuca.

bazuco.
 I. 1. m. *Co, Ve*. **basuco**, cigarrillo.
 2. *Pe, Ch*. **basuco**, pasta impura de cocaína. drog.

bazuquero.
 I. 1. m. *Ho, ES*. Soldado encargado de disparar el lanzagranadas portátil.

bazuquero, -a.
 I. 1. m. y f. *Co*. **basuquero**, adicto al **basuco**.
 II. 1. *Ni*. Persona que consuetudinariamente ingiere licor de baja calidad.

be.
 ∎
 a. ‖ ~ **grande.** f. *Mx, Gu, Ho, ES, Ni, PR, Co, Ve, Ec, Bo, Ur*. Consonante bilabial oclusiva sonora o fricativa del español y segunda letra del alfabeto. ◆ **be labial; be larga.**
 b. ‖ ~ **labial.** f. *Gu, Ho, Ni, Ve, Ec, Bo, Ur*. **be grande.**
 c. ‖ ~ **larga.** f. *Gu, Ni, Cu, PR, Co, Ec, Ch, Py*. **be grande.**

bea.

■

    a. ‖ ~ **ball.** (Voz inglesa). f. *Cu, Ve. En el **beisbol***, jugada en la que el **pícher** lanza la bola al bateador con intención de golpearlo.

beata.

    I. 1.   f. *Co:O.* Mujer entrada en años y que no se ha casado.

    II. 1.   f. *Ve:O.* Hormiga muy pequeña.

beatle. (*The Beatles*, grupo musical).

    I. 1.   m. *Bo, Ch.* Suéter, prenda de vestir de cuello subido.

beato, -a.

    I. 1.   m. y f. *Co:O.* Persona que se enfada con facilidad.

beautician. (Voz inglesa).

    I. 1.   m-f. *EU, PR.* Estilista, especialista en peinados y en cosméticos.

beauty.

■

    a. ‖ ~ **parlor.** (Voz inglesa). m. *EU, PR; RD,* p.u. Peluquería de señoras.

bebe.

    I. 1.   m. *Pe.* Vaso pequeño con un poco de **chicha** que se ofrece antes de comer. rur.

bebe, -a.

    I. 1.   m. y f. *Gu, Ho, PR, Ec, Pe, Py, Ar, Ur.* Bebé. ♦ **bebi.**

bebeco, -a.

    I. 1.   adj. *Co. Referido a persona o a animal*, que por falta de pigmentación tiene la piel y el pelo blancos.

bebedera.

    I. 1.   f. *Mx, Gu, ES, Ni, CR, Pa, Cu, RD, Co, Ve, Ec.* Hábito de tomar frecuentemente o en exceso bebidas alcohólicas. pop + cult → espon.

bebedero.

    I. 1.   m. *Mx, Cu, RD, Ve, Py, Ar, Ur.* Fuente para beber agua potable en parques, escuelas y otros sitios públicos.

    2.   *Co, Ve.* Recipiente con suministro continuo de agua para dar de beber a los animales.

    3.   *Cu, Ve.* Máquina eléctrica situada en lugares públicos que proporciona agua para beber.

    II. 1.   m. *Ho, ES, PR.* Lugar donde suelen citarse los amigos para tomar determinadas bebidas alcohólicas. pop + cult → espon ^ fest.

bebediso.

    I. 1.   *RD.* **bebedizo.**

bebedizo.

    I. 1.   m. *RD, Ve.* Bebida que se prepara para las parturientas. (**bebediso**).

bebehumo.

    I. 1.   m. *Co.* Ave de rapiña de color pardo grisáceo en el dorso y negro en la cola, con puntas blancas en las corveteras caudales y en la cola. (Accipitridae; *Buteo platypterus*). ♦ **gavilán bebehumo.**

bebelata.

    I. 1.   f. *PR.* metáf. Reunión o fiesta en la que se ingieren bebidas alcohólicas en abundancia. pop + cult → espon.

bebeleche.

    I. 1.   m-f. *RD, Bo.* Niño de corta edad que aún no ha aprendido a caminar. pop + cult → espon ^ fest.

    2.   sust/adj. *Bo.* Joven que tiene apariencia de niño. pop + cult → espon ^ fest.

    II. 1.   m. *ES.* Lagartija de pequeño tamaño, con cuerpo delgado, cubierto de escamas pequeñas, extremidades largas y delgadas, cola larga y muy angosta, con tonalidad que varía entre el blanco y el marrón. (Iguanidae; *Norops* spp.).

bebendurria.

    I. 1.   f. *RD, Pe.* Borrachera.

    2.   *RD.* Reunión en la que se bebe abundantemente.

bebentina.

    I. 1.   f. *Cu, RD, Ve.* Borrachera.

beber(se).

□

    a. ‖ ~ **a boca de jarro.** loc. verb. *Gu, RD.* Beber *alguien* directamente de la botella. pop + cult → espon.

    b. ‖ ~ **a cul cul.** (De *gor gor*). loc. verb. *RD, PR.* Ingerir líquido de un solo trago. pop + cult → espon ^ fest.

    c. ‖ ~ **a pico de botella.** loc. verb. *Mx, Ho, Ni, Pa, Cu, RD, Co, Ve, Ec, Pe, Ur.* Beber *alguien* directamente de la botella. ♦ **beber a punto de botella.**

    d. ‖ ~ **a punto de botella.** loc. verb. *ES.* **beber a pico de botella.**

    e. ‖ ~ **a todo guacal.** loc. verb. *Ho.* Tomar *alguien* rápidamente un líquido. rur.

    f. ‖ ~ **la sangre.** loc. verb. *Gu.* Disfrutar *alguien* del enfado ajeno.

    g. ‖ ~ **las palabras.** loc. verb. *Mx, Pa, Cu, Ur.* Escuchar *una persona* con mucha atención a *alguien*.

    h. ‖ ~**se el viento.** loc. verb. *Ur.* Caminar muy deprisa una caballería. rur.

    i. ‖ ~**se las lágrimas.**

        i.   loc. verb. *PR.* Ingerir *alguien* bebidas alcohólicas en grandes cantidades. pop + cult → espon ^ fest.

        ii.   *PR.* Sufrir *alguien* una gran pena con resignación o estoicismo.

        iii.   *PR.* Llorar *alguien* desconsoladamente.

    j. ‖ ~**se los vientos.** loc. verb. *Pa.* Desesperarse.

beberaje.

    I. 1.   m. *Cu; Ch.* p.u. Brebaje, bebida, *especialmente la que contiene alcohol.* pop + cult → espon.

bebesaurio, -a.

    I. 1.   m. y f. *Mx, Ho.* Joven que desempeña la actividad política siguiendo la tradición de su clan familiar, formado por célebres cargos públicos. pop + cult → espon ^ desp.

bebeta.

    I. 1.   f. *Co.* **bebedera.** pop + cult → espon.

bebetina.

    I. 1.   f. *ES.* **bebedera.**

    2.   *Ho.* p.u. Reunión o fiesta en la que se ingiere bebidas alcohólicas.

bebetoria.

    I. 1.   f. *ES.* **bebedera.** pop.

bebezón.

    I. 1.   m. *Cu, Ve;* f. *Ec.* **bebedera.**

bebezón, -na.

    I. 1.   m. y f. *Pa.* Niño con actitudes y fisonomía de bebé.

bebezona.

    I. 1.   f. *Pa, Ec.* Reunión donde se toma gran cantidad de bebidas alcohólicas. ♦ **bebiata.**

bebi.

    I. 1.   m-f. *Pa.* Bebé. pop + cult → espon.

bebiata.

    I. 1.   *Ni.* Borrachera.

    2.   *Ni.* Borrachera.

bebida.

    I. 1.   f. *RD, Co:O.* Infusión de hierbas que se hace para curar algún malestar.

    2.   *RD, Ch.* Refresco elaborado con agua carbonatada, azúcar u otros edulcorantes y sustancias artificiales para dar sabor. ♦ **gaseosa.**

3. *Ni, RD.* Vicio de tomar licor.
4. *PR.* Sustancia espirituosa.
II. 1. *CR.* obsol. **aguadulce.** rur.

■

a. ‖ **~ blanca.** f. *Ch.* Refresco artificial de agua carbonatada con saborizantes y azúcar u otro edulcorante, que carece de colorantes y tiene aspecto transparente.

bebo, -a.
I. 1. m. y f. *Gu, Cu, RD, PR; Ho,* p.u. Bebé, niño muy pequeño.

bebón, -na.
I. 1. sust/adj. *Pe.* Persona algo ingenua.

beca.
I. 1. f. *Cu.* Centro de estudios secundarios, subvencionado por el Estado, que incluye la residencia donde viven los estudiantes.
II. 1. f. *Cu.* Cárcel. euf; pop + cult → espon.
III. 1. f. *Ho.* Empleo del gobierno o de alguna institución por el que una persona cobra sin trabajar. pop + cult → espon ^ fest.

becacina. (Del fr. *bécassine*).
I. 1. f. *Ch.* Ave de hasta 32 cm de longitud, de pico largo y recto, de color pardo variado y claro desde la cabeza a la cola, blanco en el abdomen y patas de color amarillo. (Scolopacidae; *Gallinago paraguaiae*). (**becasina; becazina**).
2. *PR.* Ave zancuda de hasta 30 cm de longitud, de pico largo con extremo táctil y plumaje de tonos pardos, rojizos, negros o blanquecinos. (Scolopacidae; *Scolopax gallinago*).

becado, -a.
I. 1. sust/adj. *Gu, Ho, Ni, CR, Cu, RD, PR, Co, Ve, Ch, Ur.* Persona que estudia con una beca, becario.
II. 1. adj. *Ho, Ec. Referido a persona,* que recibe un sueldo por un trabajo que no realiza. sat. ♦ **pipón.**

becarse.
I. 1. tr. prnl. *Ni, Cu, Co.* Matricularse un estudiante en una **beca.**
II. 1. intr. prnl. *Cu.* Estarse *alguien* mucho tiempo en un lugar. pop + cult → espon ^ fest.

becasina. (Del fr. *bécassine*).
I. 1. *PR, Ch.* **becacina.**

becazina.
I. 1. *Cu, Ch, Ar.* **becacina.**

becerra.
I. 1. f. *Ve.* juv. Muchacha fea, bien vestida y arreglada.
▶ **comer de la ~.**

becerreada.
I. 1. f. *Ar, Ur.* Abuso sexual de una mujer por varios hombres. tabú; pop + cult → espon. ♦ **becerro.**

becerrear.
I. 1. tr. *Ur.* Forzar sexualmente varios hombres a una mujer. tabú; pop + cult → espon.

becerreo.
I. 1. m. *PR.* juv. Canto que se hace para armar alboroto.

becerrero.
I. 1. m. *Ve.* Muchacho cuyo oficio es ayudar en el ordeño y realizar tareas menores en una hacienda. rur.
II. 1. m. *Ve.* Lucero de la mañana que asoma cuando los becerros empiezan a berrear. rur.

becerro.
I. 1. *Ar.* **becerreada.**

becris.
I. 1. f. *ES.* Vela mortuoria. carc.

bee. (De or. onomat., imita el balido de la oveja).
I. 1. adj/sust. *Cu. Referido a persona,* chivata, delatora.

beeje.
I. 1. m. *ES.* Dinero.

beeper. (Voz inglesa).
I. 1. m. *EU, Cu, PR, Ec, Pe, Bo, Ch, Py.* **bíper,** buscador.
2. *EU, RD; Gu, Ho, ES, Ni, Pa.* obsol. **bíper,** aparato electrónico.

beer. (Voz inglesa).
I. 1. f. *PR.* juv. Cerveza.
▶ **darse una ~.**

beginner. (Voz inglesa).
I. 1. m-f. *PR.* Persona a la que se convence para que consuma drogas. drog.

beguso. (Metát. de *besugo*).
I. 1. *PR.* besugo, cotorro.

behique.
I. 1. m. *Cu, RD.* Sacerdote y curandero entre los indios taínos. (**behíque**).

behíque.
I. 1. m. *Cu, RD, PR.* **behique.**

beibi. (Del ingl. *baby*).
I. 1. m-f. *Gu, Ho, Ni, RD; Ec.* p.u. **baby,** niño.
2. m. *RD.* Señorito. pop + cult → espon ^ fest.

beibichouer. (Del ingl. *baby shower*).
I. 1. f. *EU, RD.* **baby shower.**

beibidol. (Del ingl. *baby doll*).
I. 1. m. *Ho, Cu, Ec; ES.* p.u. **baby doll,** conjunto femenino.

beibisíter. (Del ingl. *babysitter*).
I. 1. f. *EU.* **baby sitter.** (**babysitter**).

beibsiri. (Del ingl. *babysitter*).
I. 1. m. *ES.* p.u. Mujer que cuida niños, *en especial en ausencia de los padres.*

beiby. (Del ingl. *baby,* bebé).
I. 1. m. *Gu, Ho, ES, Ni.* **baby,** niño.

beich. (Del fr. *beis*).
I. 1. adj. *ES, Co, Ve, Pe. Referido a un color,* beis, castaño claro.

béiquer. (Del ingl. *biker*).
I. 1. m. *Ho.* Pantalón elástico deportivo, muy pegado al cuerpo y de largo hasta la rodilla.

beis. (Apóc. de *beisbol*).
I. 1. m. *Ho, ES, Ni.* **Beisbol.**

beisbol.
I. 1. m. *EU, Mx, Gu, Ho, ES, Ni, Pa, Co, Ve, Ch, Cu, RD, PR, Ve.* Béisbol.

beisbolear.
I. 1. intr. *Ni, Ve.* Jugar **beisbol.**

beisbolero, -a. (De *beisbol*).
I. 1. m. y f. *EU, Mx, Gu, Ho, ES, Ni, Pa, Cu, RD, PR, Co, Ve, Ch.* Jugador de **beisbol.**
2. adj. *Mx, Gu, Ho, ES, Cu, PR, Co, Ve, Ch.* **beisbolístico.**

beisbolista.
I. 1. adj/sust. *Pa. Referido a persona,* que juega al **beisbol.**

beisbolístico, -a. (De *beisbol* y este del ingl. *base ball*).
I. 1. adj. *Gu, Ho, ES, Ni, Pa, RD, PR, Co, Ve, Ch.* Relativo al beisbol. ♦ **beisbolero.**

bejuca. (De or. ind. antillano).
I. 1. f. *Co, Ve.* **bejuquilla,** serpiente.

bejucal. (De *bejuco*).
I. 1. m. *Ni, Cu, RD, PR, Co, Ve, Ec.* Lugar donde abundan los **bejucos.** (**bejuncal**). ♦ **bejucalera; bejuquero.**
2. *Cu, RD, PR, Ve.* Lugar lleno de malezas y arbustos.
3. *Ho, ES, Ni.* Conjunto de tallos trepadores y retorcidos de una planta.

bejucalera.
    I. 1. f. *Bo:E.* **bejucal**, sitio poblado de **bejucos**.

bejucazo. (De *bejuco*).
    I. 1. m. *Ho, ES, Ni, PR, Ec.* Golpe dado con un **bejuco**.

bejuco. (De or. ind. antillano).
    I. 1. m. *Mx, Gu, Ho, ES, Ni, Pa, PR, Ve, Ec, Bo.* Planta sarmentosa y trepadora, cuyos tallos, largos y delgados, se extienden por el suelo o se enrollan en los vegetales. (Vitaceae; *Cissus* spp.). ♦ **molongo**.
      2. *Mx, Ve, Bo.* Tallo herbáceo y tierno de la planta tropical bejuco; se emplea, cortado en tiras muy delgadas, para tejer cestos, asientos y respaldos de sillas y sillones.
      3. *PR; Ni.* pop. | metáf. Vena, por el parecido físico con el **bejuco**. drog.
      4. *Bo:E.* En una construcción, liana que se utiliza para subir los **baldes** desde el nivel del suelo a otro superior. pop + cult → espon.
      5. *Bo:E.* Caña seca *que se utiliza generalmente en la construcción de las paredes de una casa*. pop + cult → espon.
      6. *PR.* Inyección intravenosa de droga. drog.
      7. *PR.* Trozo de cualquier material que sirve para amarrar o ajustar algo.
   II. 1. m. *Cu, Pe; ES, Ni.* p.u. | metáf. Pene. vulg; pop + cult → espon.
  III. 1. m. *Ni, Pa, Cu, RD.* Aparato telefónico. pop + cult → espon ^ fest.
      2. *Cu.* metáf. Cable del teléfono.
  IV. 1. m. *CR.* p.u. Obligación de pagar una cantidad de dinero. pop + cult → espon.

■

    a. ‖ ~ **Brasil.** m. *Ve.* Arbusto trepador de hasta 5 m de longitud, de ramas largas y flores blancas dispuestas en pequeños racimos axilares. (Fabaceae; *Machaerum inundatum*).
    b. ‖ ~ **de agua.** m. *PR, Ve.* Variedad de bejuco acustre. (Dilleniaceae; *Doliocarpus calinoides* y Vitaceae; *Vitis caribaea*). rur.
    c. ‖ ~ **de batatilla.** m. *CR:NO.* **campanilla**, enredadera.
    d. ‖ ~ **de cadena.** m. *Ve.* Planta trepadora en forma de cinta ancha con curvas y ondulaciones que simulan los eslabones de una cadena. (Fabaceae; *Bauhinia* spp.).
    e. ‖ ~ **de calzoncillo.** m. *CR.* Planta enredadera de hojas triangulares y flores de color verde limón. (Passifloraceae; *Passiflora biflora*).
    f. ‖ ~ **de canasto.** m. *CR.* Planta enredadera de los bosques húmedos y lluviosos, de tallo cilíndrico y follaje glabro, de hojas lanceoladas. (Similacaceae; *Similax domingensis*).
    g. ‖ ~ **de casa.** m. *CR:NO.* Arbusto de hasta 3 m de altura, de hojas lanceoladas y flores dispuestas en racimos de color amarillo. (Malpighiaceae; *Heteropterys laurifolia*). ♦ **bejuco real**.
    h. ‖ ~ **de conchitas.** m. *PR.* Variedad de bejuco caracterizado por el color azul de sus flores. (Fabaceae; *Clitoria ternatea, C. arborescens, Centrsema plumieri, C. pubescens, C. virgianianum, C. lauroifolia*). rur.
    i. ‖ ~ **de costa.** *PR.* **batatillo**. rur.
    j. ‖ ~ **de fierro.** m. *CR.* Planta enredadera de ramas hexagonales y flores blancas o moradas. (Bignoniaceae; *Amphilophium paniculatum*).
    k. ‖ ~ **de membrillo.** m. *PR.* Planta trepadora, de tamaño variado, con tallo fino, hojas alternas, simples y oblongas, inflorescencia axilar y fruto en baya globosa con una semilla única. (Smilacaceae; *Smilax domingensis*).
    l. ‖ ~ **de orinar.** *Ho.* **güirote**.
    m. ‖ ~ **de paralelo.** *PR.* **yuco**, árbol. rur.
    n. ‖ ~ **de Santiago.** m. *PR.* Planta herbácea perenne, de ramas pequeñas con vello grueso, hojas amplias cubiertas de pelos blancos, flores en ramas que se subdividen en ramitas alargadas, de color blanco verdoso, velludas y de olor fuerte, y fruto negruzco y diminuto con una sola semilla. (Aristolochiaceae; *Aristolochia trilobata*). rur.
    ñ. ‖ ~ **espinoso.** *CR.* **barbasco**, bejuco.
    o. ‖ ~ **mamure.** m. *Ve.* Planta sarmentosa de ramas trepadoras, hojas oblongas y tallo grueso; las fibras flexibles de este **bejuco** se usan para tejer cestas. (Araceae; *Anthurium flexuosum*).
    p. ‖ ~ **real.** *CR.* **bejuco de casa**.

bejuco, -a.
    I. 1. adj. *Co.* Referido a persona, irritada, enojada. pop + cult → espon.
   II. 1. sust/adj. *Ve.* metáf. Persona de edad avanzada.
      2. adj/sust. *Gu.* Referido a persona, alta y delgada.

bejucoso, -a.
    I. 1. adj. *Ho, ES, Ni.* Referido al tallo de una planta, trepador, retorcido y sarmentoso.

bejuncal.
    I. 1. m. *Bo:E.* **bejucal**, lugar donde abundan los **bejucos**.

bejuqueada.
    I. 1. f. *Mx, Ho, ES, Ni, Ec:O.* Paliza, **golpiza** o azotaina dada por una persona a alguien con un **bejuco**. rur.

bejuquear.
    I. 1. tr. *Mx, Gu, Ho, ES, Ni, PR, Ec:O.* Golpear *alguien* con un **bejuco**, una vara o con cualquier otro objeto de material flexible y duro. rur.
      2. *Mx.* Tejer el **bejuco**.
      3. intr. *Ho; CR.* rur. Echar zarcillos ciertas plantas enredaderas. ♦ **puntear**.
   II. 1. intr. *Gu, Ho.* Brotar uno o varios **bejucos** de una planta como el frijol. rur.

bejuquera.
    I. 1. f. *Mx, Ho, ES, Ni, CR, Ve.* Gran cantidad de **bejucos**. (**bejuquero**).
      2. *CR.* Lugar donde abundan los **bejucos**.
   II. 1. f. *Co.* Fuerte sentimiento de enojo y disgusto. pop.
  III. 1. f. *Ve.* Culebra delgada de color pardo.

bejuquero.
    I. 1. m. *CR, Pa, Cu, RD, PR, Co, Ve.* **bejucal**, lugar donde abundan los **bejucos**. rur.
      2. *Cu, RD, PR, Ve.* Lugar lleno de malezas y arbustos.
      3. *CR.* **bejuquera**.

bejuquilla.
    I. 1. f. *Mx, Ho, ES, Ni, Pa, Co, Ve.* Serpiente de hasta 90 cm de longitud, de cuerpo muy fino y de color verde intenso. (Colubridae; *Oxybelis* spp.). (**bejuca**).
      2. *Bo:E.* **pabilo**, culebra.

bejuquillo.
    I. 1. m. *CR;* f. *CR.* Serpiente nocturna y arbórea, alargada y muy delgada, con manchas transversales oscuras. (Colubridae; *Imantodes cenchoa*).
      2. m. *PR.* Planta enredadera rastrera en forma de **bejucos** de flores grandes y acampanadas, de color lila, blancas o amarillas. (Convolvulacea; *Ipomoea* spp.).

bejuquillo, -a.
    I. 1. adj. *Ho.* Referido a persona, muy flaca. rur.

belduque.
    I. 1. m. *Mx.* obsol. Cuchillo grande de hoja puntiaguda.
      2. *Co.* obsol. Cuchillo de cocina.

belembembe.
    I. 1. adj. *ES.* Referido a persona, bobalicona. pop + cult → espon ^ desp.

¡belenguén!
   I. 1. interj. *ES.* Imita el sonido de la caída de un objeto al suelo.

belfo, -a.
   I. 1. adj. *Co. Referido a persona*, que tiene la mandíbula inferior prominente. pop + cult → espon.

belicho, -a.
   I. 1. adj. *Ar. Referido a un ave o a su plumaje*, que presenta grandes manchas irregulares de color gris sobre fondo blanco. rur.

belígero, -a.
   I. 1. adj. *Pa. Referido a persona*, que tiene dificultad en orinar. rur.

belinún, -na.
   I. 1. adj/sust. *Ur; Ar*, obsol. *Referido a persona*, tonta. pop + cult → espon ^ desp.

belitre. (Del fr. *bélître*, persona insignificante).
   I. 1. adj/sust. *RD. Referido a persona*, frágil, débil, delgada, delicada.
   II. 1. *RD. Referido a persona*, presumida.
   III. 1. adj. *Gu.* obsol. *Referido a un niño*, inteligente e ingenioso, pero travieso.

bella.
   I. 1. f. *Co.* Hierba rastrera que forma abultamientos sobre el suelo y cuyas flores son de color rosa y lila, y se abren solo a pleno sol; es ornamental. (Aizoaceae; *Sesuvium portulacastrum*). ♦ **bellalasonce**; **platanillo**; **verdolaguilla**.

bellaco.
   I. 1. m. *Pe.* Plátano de tamaño y grosor grandes, que se suele comer frito.

bellaco, -a.
   I. 1. sust/adj. *Ch, Ar, Ur.* Caballería indócil, arisca o difícil de gobernar. rur.
   II. 1. adj/sust. *Cu:E, RD. Referido a persona, especialmente a un niño*, que tiene tendencia a hacer travesuras o maldades.
   III. 1. sust/adj. *PR.* Persona excitada sexualmente. vulg; pop + cult → espon.
     2. *PR.* Animal en celo.
     3. adj/sust. *PR. Referido a persona*, dada a la lujuria. tabú; pop + cult → espon.
   IV. 1. adj. *Pa. Referido a persona*, muy hábil, digna de admiración. pop + cult → espon.
     2. *Pa. Referido a persona*, que usa sus habilidades para su provecho y en detrimento de otros. pop + cult → espon.
   V. 1. adj. *PR. Referido a cosa*, estupenda, buena.
   VI. 1. m. y f. *PR.* Amigo íntimo, compañero inseparable. pop + cult → espon.
   ▸ **ponerse bellaco.**

belladona.
   I. 1. f. *Cu, RD, PR.* Planta herbácea perenne oriunda de Brasil, de hasta 1 m de altura, de hojas carnosas y flores de color amarillo anaranjado; se usa en jardinería como ornamental. (Crassulaceae; *Kalanchoe brasilensis*). ♦ **palo de gallina**.
   ■
   a. ‖ **falsa ~.** f. *PR.* Arbusto perenne, trepador, de hasta 6 m de altura, con flores muy vistosas y frutos de color escarlata; es ornamental. (Solanaceae; *Solanum seaforthianum*). ♦ **guinda**.
   ▸ **estar hecho una ~.**

bellalasonce.
   I. 1. *Co.* **bella**.

bellaqueada.
   I. 1. f. *Ar, Ur.* Corcovo de una caballería. rur. ♦ **bellaqueo**.
   II. 1. f. *Bo:C,S.* Traición de alguien a la confianza de una persona. pop + cult → espon.

bellaqueador, -ra.
   I. 1. adj/sust. *Ar, Ur. Referido a una caballería*, que tiene el hábito de dar **bellaqueadas** o corcovos para librarse del jinete. rur. ♦ **bellaquero**.

bellaquear.
   I. 1. intr. *Bo, Ar, Ur.* Corcovear un caballo para quitarse el jinete de encima. rur.
     2. *Ar, Ur.* Resistirse *una persona* a hacer lo que debe o lo que se le ordena.
   II. 1. intr. *PR.* Sostener cualquier tipo de relación o juego sexual. tabú; pop + cult → espon.

bellaqueo.
   I. 1. m. *Ur.* **bellaqueada**, corcovo.

bellaquera.
   I. 1. f. *PR.* Exceso de excitación sexual, lujuria. tabú; pop + cult → espon.
   II. 1. f. *Pa.* Acción ruin en detrimento de otra persona. pop + cult → espon.
   III. 1. f. *Pa.* Extremo a que puede llegar algo. pop + cult → espon.
   IV. 1. f. *Pa.* Cosa excelente, muy buena. pop + cult → espon.

bellaquería.
   I. 1. f. *Cu:E, RD.* Travesura, maldad, *sobre todo de un niño*. vulg; pop + cult → espon.
   II. 1. f. *PR.* Excitación, deseo sexual, lujuria. vulg; pop + cult → espon.

bellaquero, -a.
   I. 1. adj/sust. *Ur.* **bellaqueador**.

belleza.
   I. 1. f. *Co.* Persona poco recomendable. pop + cult → espon ^ sat.
   □
   a. ‖ **enfermo de ~.** loc. adj. *CR. Referido a persona*, envanecida por creerse bella, sin que necesariamente lo sea.

bellísima.
   I. 1. f. *Mx, Ho, Ni, CR, Pa, Co, Ve, Ec, Pe, PR*, rur. Planta tropical perenne y trepadora, de hasta 3 m de altura, que produce flores en racimos de color fucsia o rojo terminados en zarcillos; muy usada para emparrados en los jardines. (Polygonaceae; *Antigonum leptopus*). ♦ **corallillo**; **jolotito**.
     2. *Mx, Ho, Ni, CR, Pa, PR, Co, Ve, Ec, Pe.* Flor de la bellísima.

bellorío, -a.
   I. 1. sust/adj. *Ve.* Caballería de pelaje marrón mezclado con pelos blancos.

bellota.
   I. 1. f. *Mx, Ho, ES, Ni, CR.* Fruto del pino y de otros árboles de forma cónica compuesto por piezas duras semejantes a las escamas de un pez, bajo las cuales están las semillas.
     2. *Mx, Ho.* Espata grande y morada en la punta del racimo del plátano, que contiene la flor.
     3. *Co.* **güisquil**, planta y fruto.
     4. *Ho.* Flor del algodón o flor del maíz.
     5. f. *Ho.* Panoja que contiene los granos del **maicillo** o sorgo.
     6. f. pl. *CR.* p.u.; Ojos de una persona.
     7. *CR.* Grano de café con cáscara, listo para ser **beneficiado**. ♦ **café bellota**.
   II. 1. f. *ES.* Vulva. vulg; pop + cult → espon.
   III. 1. f. *Ni.* Esponja pequeña y redonda para esparcir polvos por el cuerpo.
   IV. 1. f. *Ni.* Hombre homosexual. pop + cult → espon.
   □
   a. ‖ **en ~.** loc. adj. *CR. Referido al grano de café*, que no ha sido sometido a ningún proceso para quitarle la cáscara.

bellotero.
    I. 1.   m. *Ho, Ec.* Insecto esférico estriado de hasta 38 mm de longitud, de diferentes colores, con microespinas a lo largo del dorso del cuerpo; la larva ataca al grano de diferentes plantas. (Noctuidae; *Helicoverpa zea, Heliothis virescens*).
    II. 1.   m. *Ho:N.* Persona que envuelve el racimo de **bananos** en una bolsa plástica transparente para que no se dañen en su crecimiento. rur.

belloto.
    I. 1.   *Ch.* **peumo.**

belluda.
    I. 1.   *RD.* **belluga.**

belluga.
    I. 1.   f. *RD.* Bola, canica. (**belluda**).

belly.
    ■
    a. ‖ ~*landing*. (Voz inglesa). m. *PR.* Aterrizaje de barriga.

bemba.
    I. 1.   f. *Mx, Gu, Ho, ES, Ni, Co, Ve, Ec:N, Pe*; m. *RD, PR; Pa*, pop. Boca de labios gruesos y abultados, como suele ser la de una persona de raza negra. pop + cult → espon ∧ desp.
    2.   f. *Pa, Cu, RD, PR, Ve, Pe.* Labio grueso o pronunciado, *generalmente el inferior.* pop + cult → espon ∧ desp.
    II. 1.   f. *ES, Cu.* metáf. Vulva de gran tamaño. tabú; pop + cult → espon ∧ desp.
    III. 1.   f. *ES.* Cabeza. pop + cult → espon ∧ desp.
    ■
    a. ‖ ~ **de chucha.** m. *Pa.* Árbol de hasta 40 m de altura, de hojas alternas, flores amarillas y frutos en legumbres amarillentas al madurar. (Fabaceae; *Platypodium elegans*). ♦ **canaleto; canalú; canalúa; carcuera; costilla; cucharo; tertilla; tetilla; tigre.**
    □
    a. ‖ ¡~ 'e perro! loc. interj. *EU:SE, Cu, Ve.* Expresa desprecio e insulto a alguien. pop + cult → espon ∧ desp.
    b. ‖ ~ **de chucho.** loc. adj. *Cu. Referido a persona,* chismosa. pop + cult → espon.
    c. ‖ ~ **de radio.**
        i.   loc. sust/adj. *Ve.* Persona chismosa. pop + cult → espon ∧ desp.
        ii.   *Cu, RD.* Fuente de información que difunde noticias no oficiales o rumores no comprobados.
    ▶ **darle a la ~; estirar la ~.**

bembazo.
    I. 1.   m. *Pa.* p.u. Beso. vulg; pop + cult → espon.

bembe.
    I. 1.   m. *RD, PR.* **Bemba**, bezo, labio grueso. pop + cult → espon ∧ desp.

bembé.
    I. 1.   m. *Cu.* **pachanga**, fiesta bulliciosa.
    2.   *Cu.* Ritual de origen africano caracterizado por el toque de tambores.
    3.   *Cu.* Antiguo baile africano.
    ■
    a. ‖ ~ **de potencias.** m. *PR.* Antiguo baile africano.

bembear.
    I. 1.   intr. *Cu.* Charlar, chismorrear *alguien*. pop + cult → espon. ♦ **bembetear.**
    II. 1.   intr. *Cu.* Caer una prenda de vestir de manera irregular, más larga por un lado que por el otro.

bembechopa. (De *bemba*, labio y *chopa*, pez tropical).
    I. 1.   m-f. *PR.* metáf. Persona de labios muy gruesos y protuberantes. pop + cult → espon ∧ desp.

bembelengua.
    ▶ **dar ~.**

bembería.
    I. 1.   f. *PR.* Juerga, jolgorio, diversión.

bembetear.
    I. 1.   intr. *Cu, RD, PR.* **bembear**, charlar, chismorrear.
    2.   *RD, PR.* Hablar *alguien* mucho. pop + cult → espon.

bembeteo.
    I. 1.   m. *Cu, RD, PR.* Chismorreo. pop + cult → espon.
    2.   *RD, PR.* Charlatanería, **habladera** continua y abundante. pop + cult → espon.
    3.   *PR.* Conversación intrascendente. pop + cult → espon.

bembetero, -a.
    I. 1.   adj/sust. *Cu, PR. Referido a persona*, fanfarrona, jactanciosa. pop + cult → espon ∧ desp.
    II. 1.   adj/sust. *PR.* **lengüetero**, chismoso. pop + cult → espon ∧ desp.

bembetroli.
    I. 1.   sust/adj. *Cu.* **bembón.** pop + cult → espon ∧ fest.

bembo.
    I. 1.   m. *RD, PR.* Bezo, *especialmente el de una persona de raza negra.*
    2.   adj. *Cu. Referido a persona*, de raza negra.

bembón, -na.
    I. 1.   adj/sust. *EU, Mx, Ho, Ni, CR, Pa, Cu, RD, PR, Co, Ve, Ec, Pe. Referido a persona*, de labios gruesos y pronunciados. pop + cult → espon ∧ desp. (**bembú**). ♦ **bembetroli; bembudo.**

bembones.
    I. 1.   m. pl. *Cu.* Labios pronunciados en la vulva de la mujer. vulg; pop + cult → espon.

bembú.
    I. 1.   adj/sust. *Cu, RD, PR.* **bembón.**

bembudo, -a.
    I. 1.   adj/sust. *Mx, Ho, Cu, RD, PR, Co, Ve.* **bembón.**
    ▶ **no ser comida de bembudo.**

bemol.
    I. 1.   m. *Ch.* Problema, dificultad. pop + cult → espon.

¡benaiga!
    I. 1.   interj. *Ch.* p.u. Expresa sorpresa ante algo desagradable. pop.

bencenuco.
    I. 1.   *Co.* **pelo de gato**, hierba.

bencinera.
    I. 1.   f. *Ch.* Estación de servicio para vehículos motorizados.

bencinero, -a.
    I. 1.   adj. *Ch.* Relativo a la bencina o gasolina.
    2.   m. y f. *Ch.* Persona que se dedica a abastecer y a vender combustible a los vehículos en una **bencinera**.

bendición.
    ●
    a. ‖ ~. fórm. *Cu, RD, PR, Co, Ec; Ur*, obsol. Se usa para dirigirse respetuosamente un joven a una persona mayor y solicitarle su bendición y protección. pop + cult → espon. (**la bendición**).
    b. ‖ **la ~.** fórm. *RD, Co:O, Ve, Ec.* **bendición.**
    ■
    a. ‖ **hijo de la ~.** m. *RD.* Hijo nacido dentro del matrimonio.
    ▶ **echar la ~; pedir la ~.**

bendiga. (Apóc. de *Dios te bendiga*).
    ●
    a. ‖ ~. fórm. *RD.* Se usa como respuesta a alguien que ha solicitado la **bendición.**

bendito.
    I. 1.   m. *Ar:NO, Ur.* Refugio que el gaucho u hombre de campo levanta provisionalmente con forma de carpa o toldo. rur.

2. *Ar:NO.* Especie de hornacina con un santo en su interior, que se coloca en los cruces de caminos o en un lugar de la ruta donde ha muerto por accidente una persona. rur.

□ **a.** ‖ **en un ~.** loc. adv. *PR.* En un santiamén. rur.

bendito, -a.
I. 1. adj. *Mx, Gu, Ho, Ni, Pa.* Referido a persona o cosa, maldita. pop + cult → espon ^ sat.
2. *Ho.* Referido a persona, mencionada anteriormente.
▶ **hacer el ~ al culo; no creerle ni el ~.**

¡bendito!
I. 1. interj. *PR.* Expresa lástima, compasión, súplica o protesta. pop + cult → espon.
2. *PR.* Expresa impaciencia. pop + cult → espon.

□ **a.** ‖ **¡ay ~!**
i. loc. interj. *PR.* Expresa lástima o compasión. pop + cult → espon.
ii. *PR.* Expresa disgusto, irritación o frustración. pop + cult → espon.

beneficiadero.
I. 1. *Co.* beneficio, conjunto de instalaciones.

beneficiado, -a.
I. 1. adj. *Ho, ES, Ni, CR.* Referido al grano de café o al de arroz, que ha sido secado, limpiado y preparado para la venta.
2. *Ho.* Referido a la broza de una mina, procesada y separada del mineral respectivo.

beneficiador, -ra.
I. 1. m. y f. *Pe.* Persona que se dedica a la venta de ganado. rur.
2. m. y f. *Ho, ES.* Persona que tiene un **beneficio** de café o arroz.

beneficiadora.
I. 1. f. *Ho, ES.* Empresa donde se lleva el grano de café o de arroz para su secado, selección, clasificación y posterior distribución.
2. *Bo:E.* **beneficio**, conjunto de instalaciones.

beneficiamiento.
I. 1. m. *Pe, Bo, Ch, Py.* Procesado industrial de productos mineros o agrícolas.

beneficiar(se).
I. 1. tr. *Gu, Ho, Co, Pe, Ch; Cu, RD, PR, Ve, Ar,* rur. Matar y preparar una res u otros animales de tamaño considerable para el consumo humano.
2. *CR, Co, Ve, Pe; Bo:E.* pop + cult → espon. Procesar *alguien* industrialmente productos agrícolas, *especialmente café en grano, arroz o caña de azúcar.*
3. *Ve.* Preparar *alguien* el cuero antes de trabajarlo.
II. 1. tr. *Cu.* obsol. Castrar un animal para estimular su desarrollo físico.

beneficio.
I. 1. m. *Mx, Gu, Ho, ES, Ni, CR, Pe, Bo, Ch.* Conjunto de instalaciones y máquinas donde se procesan industrialmente determinados productos agrícolas, *en especial el café en grano y el arroz.* ♦ **beneficiadero; beneficiadora.**
II. 1. m. *Ve, Bo.* Sacrificio de animales para el consumo humano.

■ **a.** ‖ **~ de café húmedo.** m. *Gu, Ho, Ni.* Lugar donde se lleva el grano de café para su despulpe y lavado.
b. ‖ **~ de café pergamino.** m. *Ho, Ni.* Lugar donde se lleva el grano de café despulpado para su secado, seleccionado y envasado para su exportación.

□ **a.** ‖ **con ~ de inventario.** loc. adv. *RD, Ch, Ar.* Sin seriedad o esfuerzo, de manera despreocupada. prest; cult → esm.

bengalí.
I. 1. m. *PR.* Ave zancuda de hasta 10 cm de longitud, con pico corto de color rojo coral y cuerpo gris amarillento con manchas rojizas en la cara y en la rabadilla. (Estrildidae; *Estrilda melpoda*). ♦ **veterano.**

beniquén.
I. 1. m. *RD.* Vasija hecha con tres **yaguas** que servía para transportar diversos objetos.

benjamín.
I. 1. m. *Co, Ec.* Artefacto eléctrico compuesto por dos o más tomas para varios enchufes y que se inserta al que está fijo en la pared.
2. *Bo.* Equipo deportivo recién ascendido a una determinada categoría.

benque. (Del ingl. *bank,* orilla, ribera).
I. 1. m. *Ni.* obsol. Lugar en la orilla de un río donde se acumulan los troncos para embarcarlos o se sierran toscamente en tablones.

bentestate. (Del lat. *ab intestato*).
I. 1. m-f. *Pa.* Persona que murió sin hacer testamento.

benteveo.
I. 1. *Ar, Ur.* **bienteveo**, ave.

bentisho.
I. 1. m. *Pe.* Bebida alcohólica hecha básicamente de caña de azúcar fermentada. rur.

beori.
I. 1. *Pa.* **danto**, mamífero.

beque.
I. 1. m. *Co.* obsol. Recipiente de madera usado para recoger los excrementos humanos.

bequer.
I. 1. *Ve.* **breiquer**, interruptor.

bequi.
I. 1. m. *Pa.* Polvo de hornear.

berba.
I. 1. *Pa.* **huje.**

berbá.
I. 1. *Pa.* **ojoche**, árbol.

berbequejo.
I. 1. *PR.* **barbijo**, ave.

berberecho.
I. 1. m. *Ch.* Molusco bivalvo de hasta 9 cm de longitud, de forma alargada y extremos redondeados, y concha de color lila claro. (Solecurtidae; *Tagelus dombeii*). ♦ **navajuela.**

berbería.
I. 1. f. *Mx, Ho.* **tecomajuche**, árbol.
2. *Mx, Ho.* Sustancia tintórea de color amarillo extraída de este árbol.

berbiquejo.
I. 1. *PR.* **barbijo**, ave.

berecada.
I. 1. f. *ES.* Tontería, necedad. pop + cult → espon.

bereco, -a.
I. 1. adj. *Ho, ES.* Referido a cosa, torcida. pop + cult → espon ^ desp.
2. *Ho, ES.* Referido a persona, que camina con los pies torcidos.
3. *Ho.* Referido a persona, de ojos desviados respecto a la posición normal.
II. 1. adj. *Ho, ES, Ni.* Referido a persona, tonta. pop + cult → espon ^ desp.

berejeta. (Epént. de *brejeta*).
I. 1. f. *Ho.* Burla de una persona a otra. rur.
II. 1. f. *Ho.* Reunión escandalosa de personas. rur.

berendengue.
I. 1. m. *Gu.* Asunto, problema, pleito.

berenguela. (De etim. desc.).
   I. 1.   f. *Bo.* Piedra semejante al mármol, de mucha transparencia; sirve para fabricar adornos y amuletos.

¡berenguem!
   I. 1.   interj. *Ni.* Expresa deseo de caminar o hacer algo.

berenja.
   □
   a. ‖ **como las ~s.** loc. adv/adj. *Ch.* **como las berenjenas.**

berenjena.
   I. 1.   f. *RD, Ve:O.* **ahuyama**, planta.
   II. 1.   f. *Ve.* Objeto cuyo nombre se desconoce. pop + cult → espon ^ desp.
   III. 1.   f. *Ve.* Asunto complicado y de solución dudosa. pop + cult → espon ^ desp.
   IV. 1.   f. *PR.* Vena. drog.
   ■
   a. ‖ **~ cimarrona.** f. *Ve.* **huevo de gato**, arbusto.
   □
   a. ‖ **como las ~s.** loc. adv. *Ch.* Muy mal, de manera pésima. pop + cult → espon ^ fest. (**como las berenjas**).
   b. ‖ **en lo que dicen ~.** loc. adv. *RD.* Inmediatamente, en un santiamén.
   c. ‖ **¡le ronca la ~!** loc. interj. *Cu.* Expresa asombro, sorpresa o contrariedad.

bereque.
   I. 1.   m. *ES.* Asunto, problema, pleito.
   II. 1.   m-f. *ES.* Persona débil físicamente.

berfutear. (Del ingl. *bare foot*).
   I. 1.   intr. *PR.* Esquiar en el agua con los pies descalzos.

bergantín.
   I. 1.   m. *RD.* Moratón, cardenal.

bergere. (Del fr. *bergère*).
   I. 1.   m. *Ch.* Sillón para una persona, *generalmente reclinable*.

beri.
   I. 1.   m. *Cu.* Presidio. (**berí**).

berí.
   I. 1.   *Cu.* **beri**. delinc.

beriberi.
   I. 1.   m. *Co, Ec.* Vibración muy intensa producida por la mala alineación de las ruedas de un automóvil, que ocasiona que estas no giren bien.

berija.
   I. 1.   f. *Cu, RD.* Ingle. vulg; pop + cult → espon.
   II. 1.   f. *Bo:N.* Vientre abultado de una persona. pop + cult → espon ^ fest.

berijón, -na.
   I. 1.   sust/adj. *Bo:N.* Persona de vientre muy pronunciado. pop + cult → espon ^ fest.

beriquete.
   I. 1.   m. *PR.* Invento mal hecho. rur.

berlín.
   I. 1.   m. *Bo, Ch.* Bollo, relleno de dulce de leche o crema pastelera y espolvoreado con azúcar, que no se hornea sino que se fríe. pop + cult → espon. ♦ **berlinesa.**

berlina. (Del it. *berlina*, castigo público).
   I. 1.   f. *Ar:NO; Ec,* p.u. Juego infantil en el que los perdedores se ponen en situación de castigo.
   □
   a. ‖ **en ~.**
     i. loc. adv. *Ar:NO; Ch,* p.u. En situación de aislamiento. pop + cult → espon. (**en la berlina**).
     ii. *Ar:NO; Ec,* p.u. *En algunos juegos infantiles*, en situación de castigo.
   b. ‖ **en la ~.** loc. adv. *Ar:NO; Ec,* p.u. **en berlina**.

berlinesa.
   I. 1.   f. *Mx, Gu, Ar.* **berlín**.

berma. (Del fr. *berme*).
   I. 1.   f. *Ch; Pa, Co, Pe.* p.u. *En una carretera*, franja lateral adyacente para la detención de vehículos en caso de emergencia.

bermejo, -a.
   I. 1.   adj. *RD.* Magnífico, único en su género. pop.
   II. 1.   adj. *RD. Referido al color de una res*, rojizo.

bermuda.
   I. 1.   f. *Mx, Gu, Cu.* Planta herbácea rastrera, de hasta 30 cm de altura, con tallos erectos, hojas verdes grisáceas e inflorescencia en espigas; se utiliza como césped y para pasto del ganado. (Poaceae; *Cynodon dactylon*). ♦ **bahama**; **chepica**; **gramilla.**

bernardo, -a.
   I. 1.   adj. *Ni. Referido a persona*, tonta. pop + cult → espon ^ desp.

bernegal.
   I. 1.   m. *Ve.* Tinaja de boca ancha que recibe el agua filtrada del **tinajero**.

berocos.
   I. 1.   m. pl. *Cu.* Testículos. vulg.

berol.
   I. 1.   m. *Pa:NO.* Iguana. rur.

berracá.
   I. 1.   f. *Cu.* **berracada.**

berracada.
   I. 1.   f. *Cu.* Tontería. (**berracá**).

berraco, -a.
   I. 1.   sust/adj. *Pa, Cu, RD, Co, Ec.* **verraco**, persona valiente. pop.
   2. adj/sust. *Cu, RD, Ec. Referido a persona*, bravucona, pendenciera. pop + cult → espon ^ desp.
   II. 1.   adj/sust. *Ho, Ni, Pa, Co. Referido a persona o cosa*, extraordinaria, magnífica. (**verraco**). ♦ **cipote**; **penco**; **tronco.**
   2. *Pa, Co. Referido a persona*, que desempeña muy bien una actividad u oficio. pop. (**verraco**).
   III. 1.   adj. *Co, Ec. Referido a una actividad o problema*, complicado, difícil de resolver. pop. (**verraco**). ♦ **berriondo**; **verriondo.**
   IV. 1.   adj. *Ni, Pa, Co. Referido a persona*, que está disgustada, muy enfadada. pop. (**verraco**). ♦ **berriondo**; **verriondo.**
   V. 1.   adj. *PR, Co. Referido a persona*, que está excitada sexualmente. vulg; pop + cult → espon. (**verraco**).
   VI. 1.   adj/sust. *Cu. Referido a persona*, tonta, estúpida, inútil. pop + cult → espon ^ desp. (**verraco**).
   VII. 1.   adj. *Pa:C. Referido a persona*, tramposa, embustera. pop + cult → espon ^ desp.
   ▶ **ser uno tamaño ~.**

berrán.
   I. 1.   m-f. *RD.* Persona de cierta edad con actitudes infantiles. pop + cult → espon ^ desp.

berraquera.
   I. 1.   f. *PR, Co.* Excitación sexual. vulg; pop + cult → espon. (**verraquera**).
   2. *Pa, Co.* Ira, mal genio. pop + cult → espon. (**verraquera**).
   3. *Co.* Energía y entusiasmo para realizar una acción. pop + cult → espon. (**verraquera**).
   II. 1.   f. *Pa.* Persona o cosa excelente, admirable, muy buena.
   □
   a. ‖ **¡qué ~!** loc. interj. *Co.* Expresa una emoción intensa de diversos estados de ánimo. pop. (**¡qué verraquera!**).

berraquería.
    I. 1.   f. *Cu.* Tontería.
berreadera.
    I. 1.   f. *Pa, Co, Ve.* Llorera.
berreado, -a.
    I. 1.   adj. *Ec.* juv. *Referido a cosa*, que no resulta novedosa ni interesante.
    II. 1.   adj. *Cu. Referido a persona*, irritada, enojada, encolerizada. pop + cult → espon.
berrear(se).
    I. 1.   tr. *Cu.* Irritar, poner *una persona* de mal humor a *alguien*. pop + cult → espon.
    2.   intr. prnl. *Cu.* Disgustarse *alguien*, enfadarse. pop + cult → espon.
    3.   *Cu.* Ponerse *alguien* en guardia, desconfiar. pop + cult → espon.
berrejo, -a.
    I. 1.   adj. *Ni. Referido a persona*, débil, delgada y amarillenta.
berrenchín.
    I. 1.   m. *Cu, Ve:E.* Olor desagradable que despiden las cabras o los chivos. pop + cult → espon.
    2.   *Ve:E.* Olor a orina. pop + cult → espon.
    3.   *Ve:E.* Suciedad extrema del cuerpo, que despide mal olor. pop + cult → espon.
berrenchinoso, -a.
    I. 1.   adj. *Ve:E. Referido a un lugar*, que tiene mal olor. pop + cult → espon.
berrendo, -a.
    I. 1.   adj. *RD, PR.* Descolorido, de color indefinible. rur.
    2.   *PR. Referido a cosa*, de varios colores o con manchas despintadas. rur.
berrenque. (Metát. de *rebenque*).
    I. 1.   m. *ES.* Rebenque, látigo.
berreta.
    I. 1.   sust/adj. *Ar, Ur.* Persona que tiene mal gusto o costumbres poco refinadas. pop + cult → espon.
    2.   adj. *Ar, Ur. Referido a cosa*, de mala calidad. pop + cult → espon.
    3.   adj. *Ar. Referido a persona*, que no tiene formación suficiente o que no hace las cosas bien. pop + cult → espon.
    4.   *Ar. Referido a una idea*, que no tiene fundamento o que carece de profundidad. pop + cult → espon.
berretero, -a.
    I. 1.   m. y f. *Ar.* Persona que compra o vende artículos de baja calidad. pop + cult → espon.
berretín.
    I. 1.   m. *Ar, Ur,* p.u. Afición de alguien por algo. pop + cult → espon.
    2.   *Ar, Ur.* Capricho, deseo vehemente, ilusión. pop + cult → espon.
berriadero.
    I. 1.   m. *Co:O.* Terreno seco y estéril.
berrietas.
    I. 1.   adj/sust. *Co. Referido a persona, especialmente a un niño*, que llora mucho. pop + cult → espon.
berrinchar.
    I. 1.   intr. *RD, PR.* Protestar, incomodarse, enfadarse *alguien* por cualquier cosa.
berrinche.
    I. 1.   m. *Mx, Ni, CR:NO, Pa, Cu, Co:O, Pe.* Olor a orines, *en especial del macho cabrío*.
    2.   *Cu, Ve.* Olor desagradable que despiden las cabras y los chivos. rur.
    3.   *Ve.* Mal olor. pop + cult → espon.

    II. 1.   m. *Cu, RD, Ve.* Incomodidad, molestia, desagrado. pop + cult → espon.
    2.   *Ho, PR, Ve.* Pelea, disgusto entre varias personas. pop + cult → espon.
    3.   *Ve.* Regaño fuerte que se le hace a una persona. pop + cult → espon.
    4.   *Ve.* Contratiempo o inconveniente. pop + cult → espon.
    5.   *RD.* Conflicto, confrontación. pop + cult → espon.
    III. 1.   m. *Ve.* Ambiente de confusión o desorden, *generalmente acompañado de ruido fuerte*. pop + cult → espon.
    IV. 1.   m. *Ni.* Amorío apasionado. pop + cult → espon.
    2.   m. *Pa.* Afecto repentino y pasajero. pop + cult → espon.
    ▶ **dar un ~.**
berrinchito.
    I. 1.   m. *RD.* Olor desagradable de una persona. pop + cult → espon.
berrinchoso, -a.
    I. 1.   adj. *Co, Ve. Referido a persona*, conflictiva en sus relaciones con los demás. pop + cult → espon.
    2.   adj. *Ni, Co. Referido a persona*, malcriada y caprichosa. pop + cult → espon.
    3.   *Ve, Ch.* p.u. *Referido a persona*, que se disgusta con mucha frecuencia. pop + cult → espon.
    4.   *Ve. Referido a persona*, que actúa en forma desordenada. pop + cult → espon.
    5.   adj/sust. *Cu, RD. Referido a persona*, quisquillosa, cascarrabias. pop + cult → espon.
    6.   *CR, Cu. Referido a persona*, que fácilmente se deja llevar por la ira. pop + cult → espon ∧ desp.
    7.   *Pa. Referido a persona*, muy apasionada, con actitud extremista en pensamientos y actos. ◆ **berrinchudo.**
    II. 1.   adj. *Ni. Referido a persona o animal*, que despide mal olor, *especialmente a orines*. pop + cult → espon.
berrinchudo, -a.
    I. 1.   *Pa.* **berrinchoso**, muy apasionado.
berringazo.
    I. 1.   m. *CR.* obsol. Golpe fuerte. pop + cult → espon.
berriña.
    I. 1.   f. *PR.* Berrinche, enojo fuerte con gritería. pop + cult → espon.
berrión.
    I. 1.   m. *Pa.* Personaje fantástico que llora por la noche.
berrión, -na.
    I. 1.   adj. *Pa. Referido a persona*, que llora en demasía, *especialmente los niños*. pop + cult → espon.
berriondo, -a.
    I. 1.   adj/sust. *Co. Referido a persona*, que desempeña muy bien una actividad u oficio. pop.
    2.   *Co.* **verraco**, valiente. pop + cult → espon.
    II. 1.   *ES, Ve.* **birriondo**, que manifiesta deseo sexual.
    2.   *Ve.* **birriondo**, que está en celo.
    III. 1.   *Co.* **berraco**, disgustado. pop + cult → espon.
    IV. 1.   *Co.* **berraco**, difícil de resolver. pop + cult → espon.
    V. 1.   m. y f. *Co.* Persona innominada. desp.
    VI. 1.   adj. *Pa.* **ñañeco.**
berro.
    I. 1.   m. *Ve.* Bebida alcohólica preparada con aguardiente de caña y hojas de berro en maceración.
    II. 1.   m. *Cu.* Enojo, enfado. pop + cult → espon.
    ▶ **dar un ~.**
berrodo.
    I. 1.   m. *Ur.* p.u. Embutido de sangre de cerdo con piñones.
    II. 1.   m. *Ur.* metáf. Embrollo, enredo, confusión.

berrón.
　　I. 1. m. *RD.* Árbol de hasta 15 m de altura, de tronco recto y copa frondosa; de sus hojas se extrae un aceite usado en la preparación de cosméticos. (Myrtaceae; *Pimienta racemosa*). ♦ **canelilla.**
　　2. *RD.* Líquido alcoholado utilizado para aliviar escozores y catarros.

berruco, -a.
　　I. 1. adj. *ES. Referido a persona*, de edad avanzada. carc.

berrugate.
　　I. 1. m. *Pa.* **biajaca.** (Lobotidae; *Lobotes surinamensis*).
　　II. 1. adj/sust. *Pa. Referido a persona*, de mucha edad. pop ^ desp.

berry. (Voz inglesa).
　　I. 1. m. *EU, Ch.* Baya de pequeño tamaño explotada comercialmente.

¡bersia!
　　I. 1. interj. *Ve.* Expresa asombro o sorpresa.

berta.
　　I. 1. f. *Cu.* obsol. Pieza nesgada, de encaje o tela fuerte, que se ponía en los escotes como adorno.

bertolda.
　　I. 1. f. *ES.* Prisión, cárcel. carc.

berunte.
　　I. 1. m. *RD.* Verdad.
　　2. *RD.* Cosa de valor.

besaculo.
　　I. 1. sust/adj. *Cu, RD.* Adulador. vulg; pop + cult → espon.

besamanos.
　　I. 1. m. *Gu.* obsol. Visita colectiva de empleados públicos al presidente de la República de Guatemala el día de su cumpleaños.
　　2. *Gu.* Visita que hacen a la casa materna los desposados. rur.
　　3. *PR. En una fiesta de bodas*, fila de recibo en la que los recién casados y sus familias saludan a los invitados.

besar.
　　□
　　a. ‖ ~ **la cruz.** loc. verb. *Gu.* Jurar *una persona* por algo o alguien haciendo una cruz con el dedo pulgar e índice sobre la boca. rur.
　　b. ‖ ~ **las botas.** loc. verb. *Ch.* p.u. Adular *una persona* a alguien por interés de forma lisonjera y servil. pop + cult → espon.

besito. (Calco del ingl. *kiss*).
　　I. 1. m. *Ar:NO.* Dulce formado por dos discos pequeños de masa, unidos con dulce de membrillo y espolvoreados con azúcar.
　　2. *Ec, Ur; CR*, p.u. Galleta hecha a base de harina de trigo, de sabor dulce, muy pequeña y con una porción de azúcar glas coloreado en una de sus caras.
　　3. *Ho, Ni.* Dulce esponjoso hecho de clara de huevo batida, leche y azúcar, de diversas formas, tamaños y colores.
　　4. *PR.* Dulce en forma de panecillo redondo hecho con harina de trigo, pulpa de coco rallado, huevo, azúcar, vainilla y sal.
　　5. m. *Pa.* Dulce de chocolate en forma de pequeña peonza, con nuez o sin ella, y envuelto en papel.
　　■
　　a. ‖ ~ **de coco.** f. *PR.* Dulce de coco en forma de panecillo redondo.

beso.
　　I. 1. m. *Mx.* Pequeño dulce a base de nuez molida y azúcar.

2. *Ve:O.* Pieza de repostería hecha de una masa de harina de trigo, coco rallado y **papelón.**
　　■
　　a. ‖ ~ **cuneteado.** m. *Ch.* Beso que se da en la mejilla, pero que alcanza un contacto entre los labios de ambas personas. pop + cult → espon.
　　b. ‖ ~ **de negra.** m. *Co:O.* Dulce redondo cubierto de chocolate.
　　c. ‖ ~ **volado.** m. *Ec, Pe.* Beso que se envía desde la distancia haciendo el gesto con los labios y un ademán con la mano.
　　□
　　a. ‖ ~ **negro.**
　　　　i. loc. sust. *ES.* Primer trago con que comienza a beber un borracho.
　　　　ii. *ES.* Borrachín.

besote.
　　I. 1. m. *Co.* Pez de agua dulce de hasta 36 cm de longitud, con cuerpo robusto, dientes fuertes y labios delgados, de color oliva con un dibujo de líneas oscuras, vientre blanco y escamas amarillentas y muy ásperas; es comestible. (Mugilidae, *Agonostomus monticola*). ♦ **dajao; piquijuye; tepemechín.**
　　2. *Co.* Pez de agua dulce de hasta 50 cm de longitud, de color grisáceo, labio superior grueso y dos series de dientes, ojos pequeños y aletas radiadas; su carne es muy apreciada. (Prochilodontidae; *Ichthyoelephas longirostris*). ♦ **jetón; jetudo; pataló.**

bestia.
　　■
　　a. ‖ ~ **peluda.** f. *Bo, Ar, Ur.* metáf. Persona inculta y de malos modales. pop + cult → espon ^ desp.
　　► **hacerse la ~.**

¡bestia!
　　I. 1. interj. *Co; Ve, Ec*, juv. Expresa asombro o sorpresa.
　　II. 1. interj. *Ec.* Expresa gran admiración.
　　□
　　a. ‖ **¡qué ~!** loc. interj. *Ec.* Expresa asombro o sorpresa.

bestializar(se).
　　I. 1. tr. *Cu.* Enojar, encolerizar *alguien* o *algo* a *una persona*. pop + cult → espon.
　　2. intr. prnl. *Cu.* Enojarse, encolerizarse *alguien*, perder el dominio de sí mismo. pop + cult → espon.

bestiún.
　　I. 1. m. *Ur. Entre mujeres*, hombre atractivo. pop + cult → espon.

bestiún, -na.
　　I. 1. m. y f. *Ar, Ur.* Persona ruda e ignorante. pop + cult → espon ^ desp.

besugo.
　　I. 1. m. *Ch.* Pez de hasta 30 cm de longitud, de color gris oscuro, con cuerpo fusiforme, ligeramente comprimido, y escamas grandes y duras con dos aletas dorsales con espinas; su carne es muy apreciada. (Apogonidae; *Epigonus crassicaudus*).
　　2. *PR.* **cotorro,** pez marino. (**beguso**).

besuqueón, -na.
　　I. 1. *Cu, Ve.* **besuquero.**

besuquera. (De *beso*).
　　I. 1. f. *PR.* Serie de abundantes y reiterados besos. ♦ **besuquería.**

besuquería.
　　I. 1. *PR.* **besuquera.**

besuquero, -a.
　　I. 1. adj. *PR, Ar, Ur. Referido a persona*, besucona, que besa con frecuencia. ♦ **besuqueón.**

beta.
　　I. 1. f. *Ec.* Tira de cuero retorcida, muy flexible y resistente, que se usa en el campo para atar o asegurar el ganado.
　　2. *Ec.* Soga, cordel. rur.

betabel.
   I. 1. m. *Mx.* Remolacha.
betamax. (De *Betamax*®).
   I. 1. m. *Co, Ve; Ho, ES, Ni, Pa, Ch,* p.u; *CR, Ec, Pe,* obsol. Aparato electrónico que por medio de una cinta magnética de imagen y sonido reproduce imágenes, acompañadas o no de sonidos.
   II. 1. m-f. *Ho.* juv. Persona de mucha edad.
betarraga.
   I. 1. *Ch.* **beterraga.**
beterava.
   I. 1. *Ar:NO,O; Bo.* pop → espon. **beterraga.**
beterraga.
   I. 1. f. *Pe, Bo, Ch.* Remolacha. (**betarraga**). ♦ **beterava.**
betonera. (Del fr. *bétonnière* y este de *béton,* hormigón, mortero).
   I. 1. f. *Ch.* Máquina mezcladora que sirve para preparar argamasa o cemento.
betún.
   I. 1. m. *Gu, Ho, ES, Ch.* Dulce hecho con claras de huevo batidas a punto de nieve y azúcar; con él se recubren pasteles y tartas o **queques.**
   II. 1. m. *Ho, Ni.* Pasta de arcilla roja diluida en agua que se utiliza para el engobe de vasijas de barro.
beyú.
   I. 1. m. *Bo:E.* **Tortilla** hecha con almidón de **yuca** y queso. pop + cult → espon.
biaba.
   I. 1. f. *Ar, Ur; Ch,* p.u. Serie de golpes que se da a alguien como castigo.
   2. *Ar, Ur.* Derrota amplia en un enfrentamiento deportivo.
  ▶ **darse la ~.**
biajaca.
   I. 1. f. *Cu.* Pez de agua dulce, de hasta 30 cm de longitud, de cuerpo robusto, comprimido lateralmente, con aleta caudal algo redondeada y aletas dorsal y anal más grandes, de color gris claro con reflejos azulados y dorso verde, con manchas en castaño oscuro y negro; es comestible. (Cichlidae; *Chichlasoma tetracantha*).
   2. *PR.* Pez de agua dulce, de hasta 30 cm de longitud, de cuerpo comprimido, ojos pequeños, boca grande y aletas redondas y coloración que varía con la edad de amarillo a marrón; es comestible. (Lobotidae; *Lobotes surinamensis*). (**bihajaca**). ♦ **berrugate; macurí; yaco.**
biajaiba.
   I. 1. f. *Cu.* Pez marino de hasta 30 cm de longitud, con aletas radiales, cuerpo alargado y comprimido, hocico puntiagudo y boca grande, color rosado o rojizo con franjas longitudinales amarillas; su carne es muy apreciada. (Lutjanidae; *Lutjanus synagris*). ♦ **manchego; pargo manchego; rayado.**
biajaní. (De or. ind. antillano).
   I. 1. f. *PR.* Ave silvestre de hasta 15 cm de longitud, de cuerpo rechoncho y cola corta, de color gris con escamas negruzcas en la parte superior, rosáceas en la inferior y pico rojo claro con la punta negruzca. (Columbidae; *Columba passerina*). ♦ **palomita de la Virgen; rolita; tojosa.**
biáncamo.
   I. 1. m. *Cu.* Pene. vulg; pop + cult → espon.
biancomo.
   I. 1. m. *Gu.* obsol. Caricias y manoseo amorosos entre dos personas.
biandazo.
   I. 1. m. *Cu, Ar, Ur.* Golpe que se da con el puño. pop + cult → espon.

   2. *Cu, Ar.* Choque entre dos automóviles. pop + cult → espon.
biarasa.
   I. 1. *Ar, Ur.* **biaraza.**
biaraza.
   I. 1. *ES, Ar, Ur.* Enojo o malhumor repentinos. (**biarasa**).
biberón.
   I. 1. m. *RD.* Empleo.
bibí.
   I. 1. m. *PR.* Biberón. inf.
bibijacua.
   I. 1. *RD.* **bibijagua,** hormiga.
bibijagua.
   I. 1. f. *Cu, RD, PR.* Hormiga cortadora, grande y voraz, de color rojizo, con cabeza lisa y brillante, mandíbulas desarrolladas y tórax bien separado del abdomen. (Formicidae; *Atta insularis A.* spp.). (**bibijacua**).
   2. *Cu.* metáf. Persona trabajadora y diligente. pop + cult → espon.
  □
   a. ‖ **a golpe de ~.** loc. adv. *Pa.* Rápidamente y muy bien. pop + cult → espon.
  ▶ **saber más que las ~s.**
bibijagüero.
   I. 1. m. *Cu.* Hormiguero, lugar en que abundan las **bibijaguas.**
   2. *Cu.* metáf. Multitud de gente, tumulto. pop + cult → espon.
biblia.
   I. 1. f. *Cu, RD, Co.* Persona que tiene muchos y variados conocimientos. pop + cult → espon.
   II. 1. f. *Pe.* Bebida alcohólica elaborada con **pisco,** leche, huevos, azúcar y otros ingredientes.
   III. 1. f. *Ni.* juv. Conjunto de cartas para un juego de azar.
   IV. 1. *Ur.* **biblia burrera.**
   V. 1. adj. *Pa. Referido a persona,* muy avispada, de muchos conocimientos. pop + cult → espon.
  ■
   a. ‖ **~ burrera.** f. *Ur.* Programa de las carreras de caballos. ♦ **biblia.**
Biblia.
  ▶ **caérsele la ~.**
bibliero, -a.
   I. 1. sust/adj. *Ni.* p.u. Predicador de la Biblia. pop + cult → espon ^ desp.
bibliolancha.
   I. 1. f. *Ch.* Biblioteca pública pequeña e itinerante instalada en una embarcación.
bibliorato.
   I. 1. m. *Py, Ar, Ur.* Carpeta de cartón de lomo ancho provista de anillos, *generalmente metálicos,* en la que se archivan papeles. pop + cult → espon.
biblioteca.
  ■
   a. ‖ **~ circulante.** *Ar, Ur.* **biblioteca rodante.**
   b. ‖ **~ rodante.** f. *RD, PR, Ar.* Biblioteca móvil *instalada en un autobús o camión.* ♦ **biblioteca circulante.**
bibosi.
   I. 1. m. *Bo.* Árbol de hasta 28 m de altura, de copa grande, con cicatrices anulares en las ramas, y hojas simples y alternas. (Moraceae; *Ficus* spp.).
bica.
   I. 1. f. *EU:SO.* Dinero.
   II. 1. f. *Ho.* juv. Cerveza.

bicervecina.
   I. 1. f. *Bo.* Cerveza negra de malta con bajo contenido alcohólico.

bicha.
   I. (Del ingl. *bitch*, perra, cerda).
     1. f. *Cu, Ve.* Prostituta. pop + cult → espon ^ desp.
     2. *PR, Ve.* Mujer mala, perversa. pop + cult → espon ^ desp.
   II. 1. f. *Cu, Ve.* Pene. tabú; pop + cult → espon.
   III. 1. f. *Ve. En el juego de dominó*, ficha que cierra la partida.
   IV. 1. f. *RD.* Niña pequeña. afec.
   V. 1. f. *ES.* Mujer con la que se mantiene una relación amorosa. pop + cult → espon.
   VI. 1. f. *Ni.* Cerveza. pop.

bichada.
   I. 1. f. *Ar, Ur.* Mirada superficial, rápida o ligera. pop + cult → espon.

bichadero.
   I. 1. m, *Ar, Ur.* Lugar, *generalmente oculto*, desde donde se puede observar sin ser visto. pop + cult → espon. (**bicheadero**).

bichal.
   I. 1. *ES.* **bicherío**, grupo de niños.

bichán.
   I. 1. adj. *RD.* juv. *Referido a persona*, que vive muy bien. pop + cult → espon.
   II. 1. adj. *RD. Referido a persona*, que presume de lista, fanfarrona. pop + cult → espon.

bichar.
   I. 1. tr. *Bo, Ar, Ur.* Mirar *una persona* atentamente a *alguien o algo*. pop + cult → espon.
     2. intr. *Ar, Ur.* Observar *alguien algo* con atención. pop + cult → espon.
     3. *Ur.* Revolver *alguien* con curiosidad los productos o artículos que están a la venta en un establecimiento comercial. pop + cult → espon.
   II. 1. tr. *Ve.* juv. Realizar o ejecutar una acción cualquiera.
   III. 1. tr. *Ve.* Labrar *alguien* una pieza en madera.

bicharaco, -a.
   I. 1. m. y f. *Ve.* Objeto material. pop + cult → espon. ♦ **bicharango**.

bicharango, -a.
   I. 1. adj. *Ve.* **bicharaco**.

bichareco, -a.
   I. 1. m. y f. *Pa.* Persona o cosa cuyo nombre no se quiere pronunciar o no se recuerda. pop + cult → espon.
     2. adj. *Pa. Referido a persona o cosa*, que se considera desagradable. pop + cult → espon ^ desp.

bicharra.
   I. 1. f. *Pe.* Cocina o fogón hecho de adobes apilados. rur.
   II. 1. f. *Cu.* Arpón con dos puntas que se usa para capturar peces y crustáceos.

bicharraco.
   I. 1. m. *Cu.* metáf. Persona rara o fea. pop + cult → espon ^ desp.

biche.
   I. 1. adj. *Pa, Co. Referido a una fruta*, que no ha logrado su maduración.
     2. *Co.* metáf. *Referido a persona*, que no ha alcanzado la madurez en su comportamiento. pop + cult → espon.
     3. *Pa.* metáf. *Referido a persona*, pálida a causa de una enfermedad.

■

   a. ‖ **~ de pescado.** m. *Ec.* Sopa que se prepara con pescado, **choclo**, **yuca** y plátano verde; es un plato típico de la costa de Ecuador.

▶ **madurar ~**.

bicheadero.
   I. 1. *Ar.* **bichadero**.

bichear.
   I. 1. tr. *Py, Bo,* juv. Mirar atentamente *una persona* a *alguien o algo*.

bichera.
   I. 1. f. *Ar, Ur.* Herida infectada con parásitos externos. rur.
   II. 1. f. *PR.* Enfermedad de las aves que les afloja el pescuezo. rur.
   III. 1. f. *Pa.* Reunión o comida improvisada entre amigos.

bichería.
   I. (Del ingl. *big shot*).
     1. f. *PR.* Altanería, desplante. vulg; pop + cult → espon.
   II. 1. f. *Pa.* Hurto de frutas de plantaciones y huertos para comer allí mismo. pop + cult → espon.

bicherío.
   I. 1. m. *Cu, RD, Co, Ch, Ar, Ur.* Conjunto de animales pequeños, *generalmente insectos*, que resultan molestos. pop + cult → espon ^ desp.
   II. 1. m. *Ho, ES, RD.* metáf. Grupo de niños. ♦ **bichal**, **bichero**.

bichero.
   I. 1. m. *Ve.* Multitud de personas, animales u objetos.
     2. *No, ES.* **bicherío**, grupo de niños.
   II. 1. m. *Cu.* Anzuelo muy pequeño.

bichero, -a.
   I. 1. sust/adj. *Ar, Ur.* Persona que profesa un especial cariño por los animales. pop.
   II. (De *bicho*, niño).
     1. adj. *Ni. Referido a persona*, que acostumbra a hablar mal de los otros. pop + cult → espon.
     2. *Ni. Referido a persona*, chismosa e indiscreta, *especialmente en asuntos de mujeres*.
   III. (De *bicha*, cerveza).
     1. sust/adj. *ES.* juv. Persona a quien le gusta beber cerveza.

bichichaco.
   I. 1. m. *Pa.* Persona sin importancia. rur.
     2. *Pa.* Insecto. rur.

bichicome.
   I. 1. m-f. *Ur.* Persona indigente sin hogar, que vive de desperdicios. pop + cult → espon ^ desp.

bichicomiento.
   I. 1. adj. *Ur. Referido a persona*, que tiene las características propias del **bichicome**. pop + cult → espon ^ desp.

bichín.
   I. 1. m. *Ho.* Niño de corta edad.

bichín, -na.
   I. 1. adj. *Ho. Referido a persona*, que carece de algún diente o que tiene alguno partido. pop + cult → espon. ♦ **bichino**.
     2. *Ho. Referido a una vasija de porcelana, de barro cocido o de cristal*, que carece de alguna parte del borde. pop + cult → espon. ♦ **bichino**.
     3. *Ho.* p.u. *Referido a una cuerda, a un vestido o a una tela*, deshilachado.

bichino, -a.
   I. 1. *Ho.* **bichín**, que carece de algún diente.
     2. *Ho.* **bichín**, que carece de alguna parte del borde.

bichito.
   I. 1. m. *RD.* Niño pequeño.

■

   a. ‖ **~ de luz.** m. *Py, Ar, Ur.* Luciérnaga.

bicho.
   I. 1. m. *Ho, Ni, Pa, Cu, PR, Ve.* Pene. tabú. pop + cult → espon.

II. 1. m. *Co.* Arbusto de hasta 5 m de altura, de hojas pinnadas, inflorescencia en racimos, flores vistosas de color amarillo y fruto leguminoso. (Fabaceae; *Cassia biflora*). ♦ **umanda**.

2. *Co.* Arbusto de hasta 1 m de altura, de flores amarillas y fruto hirsuto de color amarillento que contiene varias semillas ovaladas y alargadas. (Fabaceae; *Cassia hirsuta*).

III. 1. m. *Co:N, Ve.* Objeto cualquiera que no se quiere mencionar o cuyo nombre se desconoce. pop.

IV. 1. m. pl. *Cu, Ve.* Parásitos intestinales.

V. 1. m. *Ch.* Afición o deseo de alguien de hacer algo. pop + cult → espon.

■

a. ‖ ~ **bolita.** m. *Ar.* Crustáceo isópodo terrestre, de hasta 1 cm de longitud, con el cuerpo oval y algo arqueado, formado de anillos; ante una amenaza se cierra sobre sí adquiriendo la forma de una bola. (Armadillidae; *Armadillidium* spp.). (**bichobolita**).

b. ‖ ~ **canasto.** m. *Ar, Ur.* Oruga de algunos lepidópteros, cuya tonalidad varía desde el amarillo grisáceo hasta un tono verdoso; se caracteriza por construir con hojas su capullo colgante, en forma de cesto cónico. (Psychidae; *Oiketicus* spp.). ♦ **bicho de cesto**.

c. ‖ ~ **candado.** m. *Ar, Ur.* **torito**, insecto.

d. ‖ ~ **colorado.** m. *Ar, Ur.* **polvorín**, ácaro.

e. ‖ ~ **de cesto.** m. *Ar.* **bicho canasto**.

f. ‖ ~ **de luz.** m. *Ar.* Luciérnaga.

g. ‖ ~ **de mangle.** m. *PR.* Animal apestoso y repugnante. pop + cult → espon.

h. ‖ ~ **feo.** m. *Ar.* **cristofué**. (**bichofeo**).

i. ‖ ~ **hediondo.** m. *Ar.* Insecto coleóptero de hasta 2 cm de longitud y color amarillo con franjas negras y espinas ramificadas con reflejos rojizos y verdes. (Carabidae; *Calosoma* spp.).

j. ‖ ~ **moro.** m. *Ar, Ur.* Insecto coleóptero de tegumento poco endurecido y fundamentalmente fitófago. (Meloidae; *Epicauta* spp.).

k. ‖ ~ **quemador.** m. *Ar.* Oruga cubierta de pelos de color amarillo con franjas negras y espinas ramificadas, negras y urticantes; en contacto con la piel, produce una erupción muy dolorosa. (Saturniidae; *Hylesia nigricans*).

●

a. ‖ ~.

i. fórm. *Ar, Ur.* Se usa como tratamiento cariñoso dado a otra persona, especialmente entre esposos y novios.

ii. *Ve.* Se usa como tratamiento para dirigirse cariñosamente a cualquier persona amiga.

▶ **picar el ~.**

bicho, -a.

I. 1. m. y f. *Gu, Ho:C,N,S, ES, Bo.* Niño de corta edad. pop + cult → espon ^ afec.

2. *Ho, ES, RD.* Persona joven o adolescente. pop + cult → espon ^ desp.

3. *ES.* Novio o novia.

II. 1. sust/adj. *Ar.* Persona de gran agudeza y perspicacia para comprender las cosas. pop + cult → espon.

2. *PR.* Persona antipática y altanera. pop + cult → espon ^ desp.

III. (Del ingl. *big shot*).

1. adj/sust. *Cu.* Referido a persona, muy lista, astuta.

IV. 1. adj. *CR.* juv. Referido a persona, muy experimentada y diestra en una materia. pop.

bichobolita.

I. 1. *Ar.* **bicho bolita**.

bichoco, -a.

I. 1. adj/sust. *Ar, Ur.* Referido a un animal, que no puede moverse con agilidad por ser viejo o estar enfermo. rur.

2. *Ur.* Referido a persona, que padece achaques. pop + cult → espon.

II. 1. adj/sust. *Ar, Ur.* Referido a persona, corta de vista. pop + cult → espon.

bichofeo.

I. 1. *Ar, Ur.* **bicho feo**.

bichón, -na.

I. 1. sust/adj. *Ur, Ar,* p.u. Persona que mira fijamente y con indiscreción o curiosidad. pop + cult → espon.

bichorno.

I. 1. m. *Cu.* Tabaco de hojas de ínfima calidad.

bichote. (Del ingl. *big shot*).

I. 1. m-f. *PR.* Narcotraficante de alta jerarquía. drog.

II. 1. m-f. *PR.* Persona que tiene un puesto alto. pop + cult → espon.

bichúa.

I. 1. f. *PR.* Variedad de almeja, de unos 15 cm de diámetro, de casco cilíndrico y muy duro; su carne es comestible pero poco apreciada.

bicicleta.

I. 1. f. *Ar.* Inversión realizada con fondos de terceros para obtener beneficios propios.

2. *Ur.* Engaño, *generalmente de tipo económico y financiero*. pop + cult → espon.

II. 1. f. *Pe.* Diarrea, evacuación frecuente del vientre. vulg; pop + cult → espon ^ fest.

III. 1. f. *ES.* Camiseta. carc.

IV. 1. f. *PR.* Mujer a la que se seduce con facilidad. pop + cult → espon.

■

a. ‖ ~ **acuática.** f. *Cu.* Vehículo con uno o más asientos que se desliza sobre el agua al mover los pedales.

▶ **pedalear la ~; ver ratones en ~.**

bicicletada.

I. 1. *Ch.* **bicicleteada**.

bicicleteada.

I. 1. f. *Ve, Pe, Ar, Ur.* Paseo colectivo y organizado en bicicleta. (**bicicletada**). ♦ **cicletada**.

bicicletear.

I. 1. intr. *Gu, ES, CR, Cu, RD, Ve, Pe, Ch, Py, Ar, Ur.* Andar *alguien* en bicicleta. pop + cult → espon.

II. 1. tr. *Ch, Py, Ar, Ur.* Realizar *alguien* operaciones con dinero ajeno para retrasar el pago de una cuenta o deuda. pop.

2. *Ar.* Especular *alguien* con fondos ajenos en beneficio propio.

3. *Ar.* Entretener *una persona* a *alguien* con evasivas, excusas o pretextos para alargar la solución de un asunto que le incumbe. pop.

bicicletería.

I. 1. f. *Co, Pe, Bo, Py.* Establecimiento donde se reparan bicicletas.

2. *Ch, Py, Ar, Ur.* Establecimiento donde se venden bicicletas.

bicicletero.

I. 1. m. *Co.* Pantalón corto y ajustado desde la cintura hasta la rodilla.

2. *Ch, Ur.* Estructura de hierro en la que se estacionan las bicicletas encajando en ella una de sus ruedas.

bicicletero, -a.

I. 1. m. y f. *Ve, Pe, Ch, Ar, Ur.* Persona que tiene por oficio reparar o armar bicicletas. pop.

2. adj. *Cu, Ch.* Relativo a la bicicleta.

3. adj/sust. *Cu.* Referido a persona, ciclista, que va en bicicleta.

II. 1. m. y f. *Ar.* Persona que estafa a otras, *especialmente haciendo la bicicleta, engaño de tipo económico*. pop.

bicicross. (Del ingl. *bicycle*, bicicleta, y *cross* (*crosscountry*), campo abierto).

I. 1. m. *Ec.* Ciclismo a campo traviesa.

bicimoto.
    I. 1. f. *Ni, CR, Ve, Pe, Ch, Ur.* Ciclomotor, bicicleta con motor de pequeña cilindrada, que no puede alcanzar mucha velocidad.

bicisenda.
    I. 1. f. *Ar.* En una zona urbana, senda o carril reservado a las bicicletas.

bicitaxi.
    I. 1. m. *Ni, Cu; Ho,* p.u. Triciclo de alquiler, con asiento doble detrás del conductor, que se usa como medio de transporte.

bicla.
    I. 1. f. *CR, Pe.* juv. Bicicleta.

bicoca.
    I. 1. f. *Ch.* Cantidad ínfima de dinero.
    2. *Ni; Ho,* p.u. Gran cantidad de dinero.

bicochito.
    I. 1. m. *RD.* Persona muy atractiva. pop + cult → espon.

bicoldo, -a.
    I. 1. adj. *PR.* juv. *Referido a persona,* loca.
    2. *PR.* juv. *Referido a persona,* tonta, boba.

bicolor.
    I. 1. sust/adj. *Ho.* Selección nacional de **futbol** de Honduras.
    2. f. *Ho.* Bandera nacional de Honduras.

bicoque.
    I. 1. m. *Ar:NO.* Golpe que se da en la cabeza con los nudillos.

bidabarquí.
    I. 1. m. *Bo:E.* Berbiquí. pop + cult → espon.

bidocente.
    I. 1. adj. *Ho, Ch. Referido especialmente a una escuela de tipo rural,* que solo tiene dos profesores.

biela.
    I. 1. f. *ES, Ec, Bo:O,C.* Cerveza. pop + cult → espon.

biembesabe.
    I. 1. m. *RD.* **bienmesabe,** dulce hecho con yemas de huevo.

biembienes.
    I. 1. m. *RD.* Ser mítico dominicano que habita en las profundidades de los bosques; tiene apariencia de mono y trepa con gran agilidad. rur.

bien.
    I. 1. adj. *RD, Co, Ar, Ur. Referido a persona,* correcta y honrada en su forma de proceder.

■

    a. ‖ ~ **te veo.**
        i. *Ho.* **bienteveo,** árbol. ♦ **quisquidí.**
        ii. *Ho.* **bienteveo,** ave.
    b. ‖ ~**es raíces.** m. pl. *Mx, Gu, Ho, ES, Ni, CR, Pa, RD, PR, Co, Ec, Ch, Py.* Empresa o sociedad que se dedica a construir, arrendar, vender o administrar viviendas o edificios.

□

    a. ‖ **a lo ~.**
        i. loc. adv. *Co.* juv. Correctamente, de la mejor manera.
        ii. loc. interj. *Co.* Expresa consentimiento o acuerdo con alguna situación, actividad o grupo.
    b. ‖ ~ **de ~.**
        i. loc. adv. *RD, Py, Ur.* Muy bien.
        ii. loc. adj. *Ni. Referido a persona,* correcta y honrada.
    c. ‖ ¡~ **lejos!** loc. interj. *Ve.* Expresa enfáticamente la convicción de que no se desea mantener trato o relación con alguien.
    d. ‖ ¡~ **lejos contigo!** loc. interj. *Ve.* ¡~ **lejos!**

    e. ‖ ¡~ **no sé cómo eres!** loc. interj. *Bo:E,C.* Expresa sorpresa o asombro ante una conducta rara e imprevisible.
    f. ‖ ~ **y más.** loc. adv. *PR.* Estupendamente, muy bien. pop + cult → espon.
    g. ‖ **de ~.** loc. adj. *Pa. Referido a persona o a una familia,* de actitud correcta y buenas costumbres. pop + cult → espon.
    ▶ **estar quedando ~.**

bienazo.
    I. 1. adv. *Ch.* p.u. Muy bien. pop + cult → espon.

biencuidado.
    I. 1. m. *Pa.* Persona que se dedica a cuidar automóviles aparcados a cambio de algunas monedas. pop + cult → espon ^ fest.

¡bienhaiga!
    I. 1. interj. *Ar, Ur.* Expresa lamentación o pena. rur.

¡bienhechito!
    I. 1. interj. *Ec.* Expresa alegría por el daño que sufre otra persona. (**¡bienhecho!**).

¡bienhecho!
    I. 1. *Ec.* **¡bienhechito!**

bienhechuría.
    I. 1. f. *Ve.* Construcción levantada en terrenos baldíos.
    2. *Ve.* Mejora o arreglo que hace el arrendatario a un inmueble.

bienmesabe.
    I. 1. m. *Cu, RD, PR, Pe.* Dulce que se hace con yemas de huevo, almendra molida, azúcar y otros ingredientes. (**biembesabe**).
    2. *Co.* Dulce de leche cuajada cocida con **panela.** ♦ **mielmesabe.**
    3. *Ve.* Manjar frío hecho de rebanadas de bizcochuelo bañadas con un almíbar a base de azúcar, yemas de huevo, leche de coco y algo de ron.
    4. *Ni.* Postre de plátano frito en trocitos bañados con miel de raspadura. pop + cult → espon.
    5. *CR:NO,SE.* Dulce a manera de **tamal** asado que se empapa en leche durante varios días antes de ser servido.

biensísimo.
    I. 1. adv. *CR, Bo.* Muy bien.

bienteveo.
    I. 1. *Mx, Ho, Ni, Co, Ar.* **cristofué.** (**benteveo; bien te veo**).
    2. m. *Ho, Ni, Pa.* Árbol de hasta 12 m de altura, de hojas compuestas, flores blancas y fruto blanquecino. (Anacardiaceae; *Toxicodentron striatum*). (**bien te veo**). ♦ **palo compadre.**
    3. *PR.* **pecho amarillo,** ave.
    II. 1. m. *Gu, Ho, ES, Ni.* Herpes que se manifiesta en manchas moradas y rugosas.
    2. *ES, Ni.* Enfermedad de la piel que se manifiesta con manchas blancas en la piel.

bienudo, -a.
    I. 1. sust/adj. *Ar.* Persona de posición social elevada. pop + cult → espon.

bifacho.
    I. 1. m. *Ar.* **Bife** de gran tamaño y de carne sabrosa. pop.

bifamiliar.
    I. 1. adj. *RD, Co, Ve. Referido a una edificación,* que está compuesta por dos viviendas independientes, pero unidas entre sí.
    2. *RD, Ve. Referido a un terreno,* que ha sido regulado para albergar dos viviendas.

bife. (Del ingl. *beef,* carne de vaca, apóc. de *beefsteak,* bistec).
    I. 1. m. *Pe, Bo, Ch, Py, Ar, Ur.* Lonja de carne para asar.
    2. *Pe.* Lonja de carne frita.
    3. *Gu, Ni.* Filete de carne de ternera o vaca.
    II. 1. m. *Ar, Ur, Py,* p.u. Bofetada. pop + cult → espon.

a. ‖ ~ **a caballo.** *Py, Ar, Ur.* **bistec a caballo.**

b. ‖ ~ **a lo pobre.** m. *Ch.* Trozo de carne de vacuno acompañado por cebolla cortada fina, huevo y **papas**, todo ello frito. ◆ **bistec a lo pobre.**

c. ‖ ~ **de chorizo.** m. *Ar, Ur.* Corte obtenido de la carne pegada al espinazo.

▶ **ir a los ~s.**

bifé. (Del fr. *buffet*).
I. 1. m. *Co.* Mueble donde se guardan utensilios de cocina y comedor.

big.

a. ‖ ~ *dealer.* (Voz inglesa). m-f. *PR, Ve.* Persona que distribuye heroína. drog.

b. ‖ ~ *liger.* *Cu.* **big líguer.**

c. ‖ ~ **líguer.** m-f. *Cu.* Persona que posee amplios conocimientos o habilidad especial para una determinada actividad. pop + cult → espon. (*big liger*).

d. ‖ ~ **palabra.** m. *Ho.* juv. Jefe de una **mara** o una **clica.**

bigarro.
I. 1. m. *Ve.* Toro grande y fuerte que no está amansado.

bigornia.
I. 1. f. *RD, PR.* p.u. Especie de yunque de hierro donde el zapatero coloca el calzado para clavarlo y remacharlo.

bigote.
I. 1. m. pl. *RD, PR.* Sobras de comida, aún aprovechables. pop + cult → espon.

II. 1. m. *PR.* Vehículo o artefacto en muy mal estado, casi inservible. pop + cult → espon.

□

a. ‖ **de no malos ~s.** loc. adj. *Mx. Referido a persona o cosa,* de buen aspecto o calidad. pop + cult → espon.

▶ **arreglarse los ~s; chuparse los ~s; costar un ~; hacerse los ~s; lamerse los ~s; relamerse los ~s.**

bigoteado, -a.
I. 1. adj/sust. *Ch. Referido a una bebida, especialmente vino,* que resulta de reunir las sobras que quedaron en botellas y en vasos.

bigotear.
I. 1. tr. *Ur.* p.u. Observar *alguien algo,* ver, estar a la expectativa.

bigoteo.
I. 1. m. *Ch.* Amaño que se hace para que alguien obtenga cierta ventaja o beneficio. pop + cult → espon.

bigotera.
I. 1. f. *Gu.* obsol. Servilleta.

▶ **salir la ~ al revés.**

bigotini.
I. 1. m. *Ch.* Bigote recortado y fino. pop + cult → espon.

bigotú. (Var. de *bigotudo*).
I. 1. m. *PR.* **frijol.** pop + cult → espon.

biguá.
I. 1. *Ar, Ur.* **mbiguá.**

bihajaca.
I. 1. *PR.* **biajaca.**

bihao.
I. 1. m. *PR, Co, Ve.* **bijao,** planta de flores en espiga.

bija. (De or. ind. antillano).
I. 1. f. *Mx:SE, Ho:N, Pa, Cu, RD, PR, Co, Ve.* **achiote,** arbusto.

2. *Cu, RD.* **achiote,** fruto.

3. *RD.* **achiote,** semilla.

II. 1. f. *Ho, RD.* **achiotillo,** arcilla roja.

a. ‖ **cabello de ~.** m. *RD.* Pelo de negro o de mulato, coloreado o de pigmentación rojiza.

bijagua. (De or. ind. antillano).
I. 1. f. *Mx, Gu, Ho, ES, Ni, CR.* Planta de las zonas cálidas y húmedas, de hojas grandes con largos pecíolos, similares a las del **banano,** y flores de color crema; sus hojas se utilizan para envolver alimentos como el queso o la **panela** y para hacer techos. (Marantaceae; *Calathea* spp.). ◆ **bijao.**

bijagual.
I. 1. m. *Mx, Ho:N, CR.* Lugar sembrado de **bijaguas.**

II. 1. m. *Ve.* Lugar donde crecen numerosos **bijaos.**

bijaguara.
I. 1. f. *Cu.* **luín.** (bijáguara).

2. *Cu.* Madera del bijaguara, de color rojo y muy resistente. (**bijáguara**).

bijáguara.
I. 1. *Cu.* **bijaguara,** árbol.

2. *Cu.* **bijaguara,** madera.

bijao. (De or. ind. antillano).
I. 1. *Ho, ES, Ni, Pa, Cu, RD, PR, Co, Ve, Ec, Pe.* **platanillo.** (Heliconiaceae; *Heliconia bihai*). (**bihao; bijau; vijao**).

2. m. *CR.* **bijagua.**

bijau.
I. 1. *Pe.* **bijao.** (Heliconiaceae; *Heliconia bihai*).

bijirita.
I. 1. adj. *Cu. Referido a persona,* delgada y de baja estatura. pop + cult → espon.

2. m-f. *Cu.* Cubano hijo de padre español.

II. 1. f. *Cu.* Una de las clases o cometas o **barriletes** de menor tamaño. pop + cult → espon.

III. 1. f. *PR.* Ave cantora de hasta 12 cm de longitud, con la parte superior de color amarillo oliváceo oscuro, y la inferior, blanco amarillenta, con una lista blanca en el ala. (Parulidae; *Dendroica* spp.).

bijol.
I. 1. m. *Gu, Cu, RD.* Polvo que se obtiene triturando los granos de la **bija** o **achiote** y que se emplea como sustituto del azafrán para condimentar y dar color a los alimentos.

bijorria.
I. 1. f. *RD.* Contratiempo, calamidad, molestia.

bijouterie. (Voz francesa).
I. 1. f. *Gu, Py, Ar, Ur.* Conjunto de adornos semejantes a las joyas, hechos de metales o materiales no preciosos.

2. *Py, Ar, Ur.* Establecimiento en el que se venden adornos semejantes a las joyas, realizados con materiales no preciosos.

biker. (Voz inglesa).
I. 1. m. *Ho.* Pantalón elástico deportivo, muy pegado al cuerpo y de largo hasta la rodilla.

bikini. (De *Bikini,* atolón de las islas Marshall donde fue presentado el biquini por primera vez).

a. ‖ ~ *open.* (Voz inglesa). m. *Gu, Pa; Ho,* p.u. Concurso playero para mujeres en biquini.

▶ **hacerse el ~.**

bil. (Del ingl. *bill*).
I. 1. m. *Pa.* Fracción de un número de lotería.

bilagai.
I. 1. *Ch.* **bilagay.**

bilagay.
I. 1. m. *Ch.* p.u. Pez de hasta 35 cm de longitud, de cuerpo oblongo, alargado, de color marrón verdoso interrumpido por fajas transversales más cla-

ras, con aletas y cola de color anaranjado; es comestible. (Cheilodactylidae; *Cheilodactylus variegatus*). (**bilagai**).

bilé.
    I. 1.   *Mx.* **bilet**.

bilenda.
    I. 1.   f. *RD.* Provecho, utilidad, ventaja.

bilet.
    I. 1.   m. *Mx.* Lápiz labial. (**bilé**).

bilí.
    I. 1.   m. *PR.* Cosa fácil de hacer o conseguir.
        2.   *PR.* Bebida alcohólica hecha a base de **quenepa** y ron.

bilín.
    ▶ **andar ~ bilán**.

biliñaque.
    I. 1.   m. *Pa.* Torrijas hechas de masa de maíz.

bilioso, -a.
    I. 1.   adj/sust. *Gu. Referido a persona*, que se enoja con facilidad.

bilirrubina.
    ▶ **subírsele la ~**.

bilis.
    ■
    a. ‖ **~ derramada.** loc. sust. *Mx.* Cólera, irritación o encono.
    ▶ **derramar ~; hacer ~; rebotársele la ~; regar la ~ por la sangre**.

bill. (Voz inglesa).
    I. 1.   m. *EU, PR.* Factura.
    II. 1.   m. *EU, PR.* Proyecto de ley.

billa.
    I. 1.   f. *Ch, Ar:NO.* Lugar donde hay mesas para jugar al billar o algún juego parecido.
        2.   f. pl. *Ec, Pe.* Billar que se juega en una mesa con troneras y con quince bolas.
        3.   f. *Ar.* Juego de billar.
        4.   f. pl. *Bo. En el juego del billar*, cada una de las bolas con las que se juega. pop + cult → espon.
    II. (Der. de *billar,* dar una chupada a un cigarro).
        1.   f. *Bo.* juv. Cigarrillo. pop + cult → espon.
        2.   *Bo.* juv. Chupada que se da al cigarrillo. pop + cult → espon. (**billada**).

billabarquín.
    I. 1.   m. *Ec.* Berbiquí.

billada.
    I. 1.   *Bo.* **billa**, chupada.

billar.
    I. 1.   tr. *Bo.* Dar *alguien* una chupada a un cigarrillo. pop + cult → espon.
    ▶ **salir ~**.

bíllar.
    I. 1.   m. *Bo.* Juego de niños que se hace con bolas pequeñas de barro, vidrio u otra materia dura. pop + cult → espon.

billarda.
    I. 1.   f. *Mx, Ho, Ni.* obsol. Trampa para cazar lagartos que consiste en un palo pequeño aguzado en sus dos extremos con una cuerda atada en el centro; el palo se recubre de carnaza y cuando el animal la traga se tira de la cuerda para que el palo le atraviese el cuello. rur.

billarear.
    I. 1.   intr. *ES, Ni, Ec.* Jugar al billar. pop + cult → espon.

bille.
    I. 1.   m. *Pa, Ch.* Billete, papel moneda. pop + cult → espon ^ fest.

billegas.
    I. 1.   m. *Co.* Dinero en general. pop + cult → espon.

billetada.
    I. 1.   f. *Ho, ES, Ni.* **billetaje**, gordo.

billetaje.
    ■
    a. ‖ **~ gordo.** m. *Cu.* Cantidad grande de dinero. pop + cult → espon. (**billetada**).
    ▶ **estar en el ~**.

billetal.
    I. 1.   m. *Ho.* Dinero en gran cantidad. pop + cult → espon.

billetazo.
    □
    a. ‖ **a ~ limpio.** loc. adv. *RD, PR.* A base de mucho dinero. pop + cult → espon.

billete.
    I. 1.   m. *EU, Mx, Ho, ES, Ni, Pa, RD, Co, Ve, Ec, Pe, CR,* pop + cult → espon. Dinero, moneda corriente.
    II. 1.   m. *RD.* Remiendo o pedazo de tela para remendar.
    III. 1.   m. *PR.* Máxima calificación obtenida en un examen. est.
    ■
    a. ‖ **~ chico.** m. *Bo, Ch, Ar.* Papel moneda de escaso valor.
    b. ‖ **~ corto.** m. *Ch.* Poca cantidad de dinero. pop + cult → espon.
    c. ‖ **~ grande.** m. *Pa, Cu, RD, Ve, Ch.* Cantidad importante de dinero.
    d. ‖ **~ largo.** m. *Co, Ch.* Cantidad importante de dinero.
    ▶ **buscar un ~; buscarse el ~; casar ~s; confrontar ~s; estirar el ~; hacerse ~ de a mil; pelarse el ~; quedar como ~ de a peso; tener ~**.

billeteado, -a.
    I. 1.   adj/sust. *Ec. Referido a persona*, que tiene mucho dinero. pop + cult → espon.

billetear.
    I. 1.   tr. *Ec.* Sobornar *alguien* a funcionarios públicos. pop + cult → espon.

billetero.
    I. 1.   m. *RD.* Célula impresa o manuscrita que acredita participación en una rifa o lotería.

billetero, -a.
    I. 1.   m. y f. *Mx, ES, Ni, Pa, Cu, RD, PR, Ve.* Vendedor de billetes de lotería.
    ▶ **quedar que ni pa ~**.

billetiza.
    I. 1.   f. *Mx, Ni; Ho,* p.u. Dinero, billetes.

billetón.
    I. 1.   m. *Pe, Ch.* Suma considerable de dinero. pop + cult → espon.

billetudo, -a.
    I. 1.   *Ho, Ni, Ec, Pe, Ch.* **platudo**, que tiene mucho dinero. pop + cult → espon.

billiquines. (De *Billiken,* revista infantil argentina).
    I. 1.   m. pl. *Bo.* Dinero en papel moneda. pop + cult → espon.

billis.
    I. 1.   m. pl. *Ho.* **billís**.

billís.
    I. 1.   m. pl. *Ho, ES.* **biyuyo**.

billullo.
    I. 1.   *Ho, Ni, Pa, Co, Ve.* **biyuyo**, negocio.
        2.   *Ho, Ch.* **biyuyo**, dinero.

billuso.
    I. 1.   m. *Ec.* Dinero. pop + cult → espon. (**billuzo**).

billuzo.
    I. 1.   *Ec.* **billuso**.

bilma.
   I. **1.**   f. *Cu, RD, PR; Gu*, obsol. Cataplasma, remedio casero. pop + cult → espon.
   II. **1.**   *Gu.* obsol. Hombre inseparable y molesto con otra persona.

bilongazo.
   I. **1.**   *Cu.* **bilongo** pop + cult → espon.

bilongo.
   I. **1.**   m. *Cu, RD. En las religiones afrocubanas,* maleficio, hechizo. pop + cult → espon. ♦ **bilongazo.**

bilonguear.
   I. **1.**   tr. *Cu.* Causarle *una persona* a alguien una enfermedad o maleficio por medio de un **bilongo**. pop + cult → espon.

bilonguero, -a.
   I. **1.**   m. y f. *Cu.* Persona encargada de echar maleficios a otra. pop + cult → espon.

bilordo, -a.
   I. **1.**   *PR.* **biroldo.**

bilz. (De *Bilz*®).
   □
   a. ‖ **de ~ y pap.** loc. adj. *Ch.* Ilusorio, fantástico. pop + cult → espon ^ fest.

bimba.
   I. **1.**   f. *Ho, ES.* Barriga abultada de una persona.
   ▶ **dar ~.**

bimbazo.
   I. **1.**   m. *PR.* Golpe dado por alguien en la **bimba** de una persona. pop + cult → espon.
   2.   *PR.* Golpe dado por alguien con la mano cerrada en la espalda de una persona. pop + cult → espon.

bimbín.
   I. **1.**   m. *RD.* Pene. euf; pop + cult → espon.
   II. **1.**   m. *Pa.* Pájaro cantor, caracterizado por el color brillante de su plumaje, de diferentes tonalidades, donde predominan el azul y el amarillo; las plumas amarillas en su cuello dan la impresión de ser un collar. (Fringillidae; *Euphonia* spp.).
   2.   *Pa.* metáf. Hombre afeminado.

bimbina.
   I. **1.**   f. *Ve:O.* Vasija de barro con capacidad de tres litros.

bimbirimbi.
   I. **1.**   m. *ES.* Chupada que se da a un cigarro de marihuana. drog.

bimbo, -a.
   I. **1.**   adj. *PR. Referido a persona,* harta de comer. pop + cult → espon. ♦ **pimpo.**

bimbolla.
   I. **1.**   f. *PR.* Mujer embarazada con vientre muy abultado. pop + cult → espon.

bimbolo.
   I. **1.**   m. *RD.* Pene de niño pequeño.
   2.   *PR.* Pene. euf; pop + cult → espon.

bin. (Voz inglesa).
   I. **1.**   m. *Ch.* Caja de gran tamaño que sirve para almacenar productos.

binazo.
   I. **1.**   *CR.* **vinazo.**

binca.
   I. **1.**   *PR.* **chula,** hierba.

bincha.
   I. **1.**   f. *Ec.* **vincha,** pinza de variadas formas y colores que sujeta el pelo y permite hacer peinados llamativos.
   2.   *Ec.* Pinza para sujetar papeles.
   3.   *Ho, CR.* Cinta elástica gruesa con que se sujeta el pelo sobre la frente.

binde.
   I. **1.**   f. *Co:N.* Piedra que junto con otras se coloca alrededor de la lumbre para formar el fogón. rur.

binear.
   I. **1.**   *CR.* **vinear.**

bingarrote.
   I. **1.**   m. *Mx.* p.u. Aguardiente destilado del **binguí.**

bingo.
   ■
   a. ‖ **~ show.** m. *Ch.* Sesión de bingo en la que se incluye un espectáculo.

binguí.
   I. **1.**   m. *Mx.* p.u. Bebida extraída de las cabezas de **maguey,** asadas y fermentadas.

bino, -a.
   I. **1.**   adj/sust. *CR. Referido a persona,* que acostumbra **binear.** pop.

binza.
   I. **1.**   f. *Cu.* Cordón espermático de una **res.**

bioco.
   I. **1.**   m. *PR.* Ataque cardíaco. pop + cult → espon.

biógrafo.
   I. **1.**   m. *Ch, Ar, Ur.* obsol. Local o sala donde se exhiben películas cinematográficas.

biólogo.
   I. **1.**   m. *PR.* Hombre homosexual. pop + cult → espon ^ fest.

bioluminiscente.
   I. **1.**   adj. *PR.* Relativo a la bioluminiscencia.

biombazo.
   I. **1.**   m. *Pa.* Golpe dado con una piedra lanzada con el **biombo.**
   2.   *Pa.* metáf. Frase aguda, hiriente, irónica. pop + cult → espon.

biombo.
   I. **1.**   m. *Pe.* Persona o hecho con los que se intenta ocultar o disimular algo.
   II. **1.**   m. *PR.* Foco giratorio con luz roja intermitente que llevan las ambulancias y las patrullas policiales.
   2.   *PR.* meton. La policía.
   III. **1.**   m. *Pa.* p.u. Especie de honda compuesta por una horquilla con mango, *usualmente de madera,* a cuyos extremos se unen los de una goma con una pieza de cuero que, al estirarla, sirve para disparar piedrecillas o perdigones. rur.
   ■
   a. ‖ **~ climático.** m. *Ch.* Barrera natural que protege una zona de la influencia climática existente en otra adyacente.

biónico. (Del ingl. *bionic*).
   I. **1.**   sust/adj. *Ho, Pa; Ch,* fest. Persona muy activa en su trabajo. prest; cult → esm.
   II. **1.**   m. *Ho:S.* Variedad de **trasmallo** con malla de 6 cm de ancho que se utiliza para la pesca de peces de gran tamaño.

bioquímico, -a.
   I. **1.**   m. y f. *Ar.* Profesional que realiza análisis clínicos.

biósfera.
   I. **1.**   f. *EU, Mx, Ni, Pa, Cu, PR, Co, Ve, Ec, Pe, Bo, Ch, Py.* Biosfera. prest; cult → esm.

bipear. (De *bíper*).
   I. **1.**   tr. *EU, RD, PR; Ho,* obsol; *Ni,* p.u. Enviar mensajes por un **bíper.**

bípedo.
   ■
   a. ‖ **~ implume.** m. *Ur.* Ser humano. pop + cult → espon ^ fest.

bíper. (Del ingl. *beeper*).
  I. 1. m. *EU, Mx, Gu, Ho, ES, Ni, Pa, RD, PR, Ec, Ch, Ar.* Aparato electrónico que registra las llamadas y mensajes que una persona hace a otra. (**beeper**).
     2. *PR.* Aparato electrónico de mano que envía una señal de onda para abrir o cerrar un portón eléctrico.

biplanta.
  I. 1. m. *Cu.* Edificio de dos pisos con varios apartamentos.

biquini.
  I. 1. f. *Ho, Ni, RD, Ar, Ur.* Bikini.

bir.
  I. 1. f. *Gu.* Cerveza.

birar.
  I. 1. tr. *Cu.* Matar *una persona* a *alguien.* pop + cult → espon.

biraró.
  I. 1. *Ar:N.* **viraró.** (Fabaceae; *Pterogyne nitens*).
     2. *Ur.* Árbol de hasta 10 m de altura, de tronco ramificado, corteza gris oscura, hojas simples y alternas, inflorescencia en racimos y flores de color rojizo amarillento. (Polygonaceae; *Ruprechtia* spp.).

bireco, -a.
  I. 1. adj. *Ni. Referido a cosa*, que está torcida o curvada.
     2. *Ni.* metáf. *Referido a persona*, bizca.

bireto, -a.
  I. 1. *Ve:O.* **vireto**, que padece estrabismo.

birijí.
  I. 1. m. *PR.* Árbol de hasta 4 m de altura, de tronco y ramas fibrosas color ceniciento, hojas menudas y baya morada oscura; su madera es muy flexible y resistente y su fruto tiene usos medicinales. (Myrtaceae; *Eugenia monticola*).

biringo.
  I. 1. m. *Co.* Larva de algunos escarabajos.

biringo, -a.
  I. 1. adj. *Co.* **viringo.** pop + cult → espon ^ fest.

biriñaqui.
  I. 1. m. *PR.* Piltrafa, vísceras del cerdo o de la **res**.

birlarse.
  I. 1. intr. prnl. *Gu; Ch*, p.u. Irse o escaparse *alguien* de un lugar.

birlo.
  I. 1. m. *Mx.* Tornillo sin cabeza que se asegura por medio de una tuerca o capuchón que se enrosca en un extremo.

birlocha.
  I. 1. f. *Bo.* Mujer mestiza que ha cambiado la **pollera** por el vestido que usan las mujeres de clase social más alta. pop + cult → espon ^ desp.
     2. *Bo.* Mujer que se comporta de manera vulgar, torpe y sin educación. pop + cult → espon ^ desp.

birloche.
  I. 1. m. *Ch:S.* Armazón triangular de madera que es arrastrado por bueyes y sirve para transportar alimentos, leña y otros productos. rur.

birlocho, -a.
  I. 1. adj. *Bo:O,C. Referido a cosa*, ordinaria y de baja calidad. pop + cult → espon ^ desp.

birnero, -a. (Del ingl. *business*).
  I. 1. adj/sust. *Cu. Referido a persona*, que anda siempre envuelta en negocios sucios o **bisnes**.

birolas.
  I. 1. f. pl. *Ho, ES.* Ojos de una persona, *generalmente grandes.* pop + cult → espon.
     ▶ **pelar las ~s.**

biroldo, -a.
  I. 1. adj. *PR.* **bisorioco**, aturdido. (**bilordo**).

birolo, -a.
  I. 1. adj/sust. *Co:O, Ve, Ec, Pe, Bo:E; Ch*, p.u. *Referido a persona*, estrábica, bizca. pop + cult → espon.

birome. (De *Birome*®).
  I. 1. f. *Ch:S, Py, Ar, Ur.* Bolígrafo.

bironga.
  I. 1. f. *ES.* juv. Cerveza.

birotazo.
  I. 1. m. *RD.* Sufrimiento, maltrato.

birote.
  I. 1. m. *Mx.* Pan blanco bastante salado, en forma de barrita corta y ancha rematada por dos puntas pronunciadas; suave y esponjoso por dentro y crujiente por fuera. (**virote**).
  II. 1. m. *Ho.* Pene. vulg; pop + cult → espon.

birotear.
  I. 1. intr. *ES.* Andar vagando *alguien* sin rumbo. pop + cult → espon.

birqui. (Del quech. *wirkhi*, cántaro de arcilla).
  I. 1. m. *Bo:S.* Vasija pequeña de barro, que se usa como recipiente de agua. pop + cult → espon.

birra.
  ▶ **darse la ~.**

birragua.
  I. 1. sust/adj. *Ve:O.* Persona de muy baja estatura. pop + cult → espon.
     2. *Ve:O.* Persona de muy poca importancia. pop + cult → espon.
     3. *Ve:O.* Porción muy pequeña de algo. pop + cult → espon.

birrea.
  I. 1. f. *PR.* Cerveza. pop + cult → espon.

birrear.
  I. 1. intr. *Ar, Ho, Ni, CR.* juv. Beber cerveza.
  II. 1. intr. *Pa.* Practicar *alguien* obsesivamente un deporte, un juego o un pasatiempo. pop + cult → espon. (**birriar**).

birrero, -a.
  I. 1. adj. *Ar, CR.* juv. *Referido a persona*, que habitualmente toma mucha cerveza.

birrete.
  I. 1. m. *ES, Ar, Ur.* Gorra de los militares.
     2. *Ho. Entre militares*, traje de media gala.

birria. (Epént. de *birra*, cerveza).
  I. 1. f. *Mx.* Barbacoa de borrego o de chivo. rur.
  II. 1. f. *Ve:O.* Incomodidad. pop + cult → espon.
     2. *Ve:O.* Fastidio o falta de interés en algún asunto o actividad. pop + cult → espon.
  III. 1. f. *Pa, Co:N.* Afición excesiva a algún juego, pasatiempo o deporte.
  IV. 1. *Ho, ES, Ni.* Cerveza.
     ▶ **jugar de ~.**

birriar.
  I. 1. *Pa.* **birrear**, practicar un deporte.

birricuda.
  I. 1. f. *Gu.* Mujer fogosa en el amor. pop.

birrienche.
  I. 1. m. *ES.* Dulce en forma de tortilla hecho de masa de maíz, dulce de **panela**, anís y manteca, horneados.

birriñaque.
  I. 1. m. *ES.* Bollo de harina de maíz. rur.
     2. *Ho.* obsol. Bollo mal hecho.

birrión.
  I. 1. m. *Cu.* Mancha de forma alargada que queda en una superficie al aplicar polvos, pintura, barniz, etc., sin la debida uniformidad.

birriondera.
    I. 1.   f. *ES.* Apetito sexual. vulg; pop + cult → espon.
birriondo, -a.
    I. 1.   adj. *Mx, Gu, ES, Ni, Ve. Referido a persona o a animal,* que manifiesta insistentemente deseo sexual. vulg; pop + cult → espon. (**verriondo**; **berriondo**; **virriondo**).
    2.   *Ve:O. Referido a animal, especialmente a un semental,* que se encuentra en celo. (**berriondo**).
    3.   *Ni. Referido al hijo mayor,* que es enamoradizo. pop + cult → espon.
    II. 1.   adj. *Ni. Referido a persona,* juerguista y fiestera. pop + cult → espon.
birrioso, -a.
    I. 1.   adj. *Pa, Co:N. Referido a persona,* que tiene afición excesiva a un juego, deporte u otra actividad.
birulí.
    I. 1.   m. *Pa.* Parte alta de la caña de azúcar de donde sale la flor.
    2.   m-f. *Pa.* metáf. Persona alta y delgada.
birusco, -a.
    I. 1.   adj. *Ho, ES. Referido a persona joven,* inquieta y lista. rur.
biságara.
    I. 1.   *PR.* **bisagra**, instrumento.
bisagra.
    I. 1.   f. *Ni, RD.* metáf. Articulación de los huesos. pop + cult → espon ^ fest.
    2.   *Ni.* Hojas centrales de una sección de un periódico o una revista.
    II. 1.   f. *Cu.* Cintura de una persona. pop + cult → espon ^ fest.
    III. 1.   f. *PR.* Instrumento de madera usado por el zapatero para dar brillo al filo del zapato. (**biságara**).
bisbirindo, -a.
    I. 1.   adj. *Mx, Gu, ES. Referido a persona, generalmente joven,* vivaracha y coqueta. (**bisbiringo**; **bizbirindo**; **bizbiringo**).
bisbiringo, -a.
    I. 1.   *ES.* **bisbirindo**.
biscarro, -a.
    I. 1.   adj. *ES. Referido a persona,* vieja, anciana.
biscochuelo.
    I. 1.   m. *Bo, Py.* Masa esponjosa que se prepara con harina, huevos y azúcar batidos.
biscoreto, -a.
    I. 1.   *Mx, Ho, Ni.* **bizcorneto**.
biscornear.
    I. 1.   intr. *Cu.* Torcer *alguien* la vista. pop + cult → espon ^ fest. (**bizcornear**).
biscorneo, -a.
    I. 1.   *PR.* **bizcorneto**.
biscórneo, -a.
    I. 1.   *PR.* **bizcorneto**.
biscorocho, -a.
    I. 1.   *Pa.* **bizcorneto**.
biscotela.
    I. 1.   *Ho, ES, Ni.* **bizcotela**.
biscotelo.
    I. 1.   m. *Ni.* Hombre homosexual.
biscotelo, -a.
    I. 1.   adj. *Gu.* obsol. *Referido a persona,* anciana. pop + cult → espon ^ fest.
biscoyol.
    I. 1.   *Ho:N.* **bayal**.
    II. 1.   *CR.* **huiscoyol**.

biscuit. (Voz inglesa).
    I. 1.   m. *Ho, PR.* Bollo o panecillo hecho de harina de trigo y huevo batido.
    II. 1.   m. pl. *RD.* Adornos, ornamentos de una casa, *generalmente de loza.*
bish.
    I. 1.   m. *Gu.* Orina. pop.
bishá.
    I. 1.   m-f. *PR.* Persona que vende droga a gran escala. drog. (**bishal**; **bishat**).
bishal.
    I. 1.   *PR.* **bishá**. drog.
bishat.
    I. 1.   *PR.* **bishá**. drog.
bisnaga.
    I. 1.   f. *ES.* **bisne**. pop + cult → espon ^ fest.
bisne. (Del ingl. *business*).
    I. 1.   m. *Ho, ES, Ni.* Dinero, negocio. pop.
    2.   *Cu.* Negocio ilícito. pop.
    3.   *Cu.* metáf. Relación amorosa informal. pop.
    4.   *Cu.* Asunto cualquiera. pop.
bisneada.
    I. 1.   f. *ES, Ni.* Actividad de ganar dinero. pop.
bisncar(se).
    I. 1.   intr. *Ho, ES, Ni.* p.u. Vender algo a alguien. pop.
    2.   intr. prnl. *ES, Ni.* Ganar mucho dinero *una persona.* pop.
    3.   intr. *Cu.* Hacer *alguien* negocios ilícitos.
bisnero, -a.
    I. 1.   sust/adj. *Gu, Ho, Ni, Cu.* Persona que realiza negocios ilícitos o ***business***. pop.
    2.   m. y f. *Gu, Ho, ES, Ni.* Persona a la que le gusta el dinero. pop.
bisnes. (Del ingl. *business*).
    I. 1.   m. pl. *Mx, Gu, Ho, ES, Ni.* Negocio que proporciona mucho dinero. pop.
    2.   *Gu, Ni.* Dinero. pop.
bisoco, -a.
    I. 1.   adj/sust. *RD. Referido a persona,* manca.
bisoñé.
    ▶ **hacerle un ~ a un calvo.**
bisorioco, -a.
    I. 1.   adj. *PR. Referido a persona,* confundida, aturdida, loca. pop + cult → espon. ◆ **biroldo**; **viroldo**.
    2.   *PR.* metáf. *Referido a una maquinaria,* que no funciona bien, que está mal hecha o en mal estado.
bísquet.
    I. 1.   m. *Mx.* Galleta en forma de círculo grueso, con sabor ligeramente salado y con un centro sobrepuesto de la misma masa dorado al huevo.
bisté.
    I. 1.   m. *Cu.* juv; metáf. Muchacha muy bonita.
    2.   *Cu.* Cosa estupenda, **chévere**.
bistec. (Del ingl. *beefsteak*, filete).
    ■
    a. ‖ **~ a caballo.** m. *RD, PR, Co, Ve.* Trozo de carne de vacuno asado a la parrilla, servido con un huevo frito encima. ◆ **bife a caballo**.
    b. ‖ **~ a lo pobre.** *Ch.* **bife a lo pobre**.
    c. ‖ **~ alemán.** m. *Ch.* Carne de vacuno picada a la que se añade cebolla, jugo de limón, pepinillos, alcaparras, sal y otros ingredientes, y se come cruda.
    □
    a. ‖ **~ con bigote.** loc. sust. *Ch.* p.u. Vulva. tabú; pop + cult → espon.
    b. ‖ **~ de dos vueltas.** loc. sust. *Pa.* metáf. Cosa fácil de hacer. pop.

bisteque.
    I. 1.   m. *Ch.* Bistec grande. pop. (**bistoco**).
bistoco.
    I. 1.   *Ch.* **bisteque**.
bisturí.
    I. 1.   m. *Ch.* Cuchillo, utensilio con hoja para cortar. pop.
bisuit.
    I. 1.   m. *Pa.* Semilla de **marañón** que está dañada. rur.
bitacora.
    I. 1.   f. *RD.* Enredo, chisme.
    II. 1. f. *RD.* Clave.
bitácora.
    □
    a. ‖ ~ **de red.** f. *PR.* Relación de sucesos y acontecimientos en formato electrónico. ♦ **bitácora electrónica.**
    b. ‖ ~ **electrónica.** *PR.* **bitácora de red.**
bítamo.
    I. 1.   *Ho, ES, Ni, CR.* **ponopinito**.
bitará.
    I. 1.   m. *PR.* Planta olorosa de hasta 20 m de altura de tallo cilíndrico, abundantes pelos y hojas simples lanceoladas; su corteza posee propiedades curativas contra enfermedades pulmonares. (Acanthaceae; *Justicia pectorales*).
bitinto, -a.
    I. 1.   adj. *Pe. Referido a un periódico o a algo impreso*, que tiene dos colores.
bitoque.
    I. 1.   m. *Ec, Pe, Ch; Ni,* p.u; *Mx,* obsol. Cánula de una jeringa.
    2. *Mx, Bo.* Boquilla fina y alargada, a modo de cánula con espita, que se introduce en el ano para practicar una lavativa.
    3. *Mx.* p.u. Grifo, mecanismo para regular el caudal de un líquido a través de un conducto.
    4. *Mx.* p.u. Contrapeso que se adosa bajo el cañón de las armas de fuego largas para equilibrarlas.
    II. 1. m. *Gu.* Tapón de madera u otro material para evitar que salga el agua u otro líquido de una pila o estanque.
    III. 1. m. *Ho, ES.* Chorro de agua.
    ▶ **dar ~.**
bitumen.
    I. 1.   m. *Ur.* Sustancia *compuesta principalmente de carbono e hidrógeno*, que se echa caliente en los pavimentos para repararlos.
bitumul.
    I. 1.   m. *PR.* Asfalto preparado con gravilla para pavimentar el suelo.
bitute.
    I. 1.   m. *Co, Pe.* Comida *servida, generalmente, como almuerzo o cena.* pop.
    2. *Co:N.* Especie de **mazamorra**, de consistencia espesa, que se prepara con maíz, leche, y con carne de gallina o cerdo.
biuro. (Del ingl. *bureau*).
    I. 1.   m. *PR.* **Gavetero** con espejo.
biuru, -rúa.
    I. 1.   adj. *PR.* juv. *Referido a persona*, coqueta.
bividí. (De *B.V.D.*®).
    I. 1.   f. *Pe; Ec,* p.u; *Co:N,* obsol. Camiseta de hombre, sin mangas.
biyaya.
    I. 1.   adj/sust. *Cu. Referido a persona*, trabajadora, diligente, habilidosa. pop + cult → espon.
    2. *Cu. Referido a persona, especialmente a un niño*, inquieta, traviesa. pop + cult → espon.

biyis.
    I. 1.   *Ho.* **biyís**.
biyís. (Del ingl. *bills*).
    I. 1.   m. pl. *Ho, ES.* Dinero, billete. (**biyis**).
    2. *Ho, ES.* Negocio rentable. (**biyis**).
biyoya.
    I. 1.   *RD.* **bayoya**, vientre.
biyuya.
    I. 1.   f. *Ar, Ur.* obsol. Dinero.
biyuyo.
    I. 1.   m. *Mx, Ho, Ni, Pa, Co, Ve, Bo.* Billete, dinero. pop + cult → espon ᴧ fest. (**billullo**). ♦ **alpiste; billis; billís.**
    2. *Mx, Ho, Ni, Pa, Co, Ve, Bo.* Negocio muy rentable. (**billullo**). ♦ **alpiste; billis; billís.**
    II. 1. *Pa.* **baboso**, árbol.
bizarro, -a.
    I. 1.   adj. *PR, Ch, Ar. Referido a cosa*, extraña, rara, insólita.
    II. 1. adj. *Ve.* Bajo, despreciable, malsano. pop + cult → espon ᴧ desp.
bizbirindo, -a.
    I. 1.   *Mx.* **bisbirindo**.
bizbiringo.
    I. 1.   *Gu.* **bisbirindo**.
bizcacho, -a.
    I. 1.   *Ec,* fest; *Ch,* p.u. **bizcorneto**.
bizco.
    I. 1.   m. *PR.* Chícharo. rur.
bizcochazo.
    I. 1.   m. *Ur; CR,* p.u. Golpe fuerte. pop + cult → espon.
bizcochería. (De *bizcocho*).
    I. 1.   f. *RD, Co.* Sitio donde venden bizcochos, pasteles y otras golosinas.
bizcochito.
    I. 1.   m. *Ve.* Dulce de consistencia esponjosa, tamaño pequeño y forma de paralelepípedo que se prepara con almidón, huevos y azúcar.
bizcocho.
    I. 1.   m. *Mx, CR, Co, Ve:O, Bo.* Vulva. euf; pop + cult → espon ᴧ fest.
    II. 1. m-f. *Mx, Cu, RD, PR;* m. *Co.* Persona bien parecida y atractiva. pop + cult → espon ᴧ fest.
    III. 1. m. *PR, Co.* **torta**, pastel grande.
    2. *Co.* Pastel pequeño hecho de harina y huevos, cocido al horno y relleno de cremas o frutas.
    3. *Ve, Ec.* Especie de galleta de sal de varias clases y formas, muy tostada, que se prepara con harina de trigo, manteca de cerdo y huevos.
    4. *Cu, Ur.* Producto de panadería elaborado con azúcar, harina, huevo y manteca o grasa, que tiene forma de bollito o bastoncito y que puede llevar dulce de leche o crema pastelera.
    5. *CR, Bo.* Alimento horneado, *generalmente en forma de rosquilla*, elaborado con harina de maíz, sal y queso.
    IV. 1. m. *Mx.* Hombre cobarde. pop + cult → espon ᴧ fest.
    V. 1. m. *Mx.* Hombre homosexual. pop + cult → espon ᴧ fest.
    VI. 1. m. *Co.* Parte de la tapa que cubre solamente el borde superior del inodoro.
    VII. 1. m. *PR.* Cosa fácil de hacer. pop + cult → espon.
    ▶ **comer el ~ antes de la boda; esconder su ~.**
bizcocho, -a.
    I. 1.   adj/sust. *Mx.* juv. *Referido a persona*, que lleva lentes. fest.
    2. sust/adj. *Ve, Bo, Ar.* Persona que tiene estrabismo. pop + cult → espon ᴧ desp.

bizcochuelo. (De *bizcocho*).
  I. 1. m. *Co, Ve, Bo, Py, Ar, Ur.* Pastel que tiene como base harina, huevos y azúcar batidos.
  2. *Ec, Bo, Py, Ar, Ur.* Masa esponjosa que se prepara con harina, huevos y azúcar batidos.
  II. 1. m. *Ve.* Arbusto de hasta 1,20 m de altura, con ramas chatas y delgadas y flores blancas muy pequeñas; es ornamental. (Polygonaceae; *Homalocladium platycladum*).

bizcoreto, -a.
  I. 1. *Ho, ES, Ni, Co.* **bizcorneto.** (**biscoreto**).

bizcorneado, -a.
  I. 1. *Cu, RD.* **bizcorneto.**

bizcornear.
  I. 1. intr. *Cu.* **biscornear.**

bizcorneto, -a.
  I. 1. sust/adj. *Mx, Ni, PR, Co, Ve.* Referido a persona, bizca. pop + cult → espon ^ fest. (**biscoreto; bizcoreto**).

bizcorniado, -a.
  I. 1. *RD, PR.* **bizcorneto.**

bizcornio.
  I. 1. *RD.* **bizcorneto.**

bizcorocho, -a.
  I. 1. adj. *Pa.* **bizcorneto.**

bizcotela.
  I. 1. f. *ES, Ni, CR; Ec,* p.u. Torta delgada, rosquilla grande o galleta delgada y cuadrada hechas de harina de trigo, huevo batido, azúcar y bicarbonato, y horneadas. pop + cult → espon ^ fest. (**biscotela**).
  II. 1. f. *Ni.* Hombre homosexual. pop + cult → espon ^ fest.

biznaga.
  I. 1. f. *Mx.* Cactus con forma globosa, tallo corto, casi cilíndrico y sin hojas, con la superficie cubierta de costillas con fuertes espinas rectas o curvas. (Cactaceae; *Echinocactus* spp., *Ferocactus* spp., *Mammillaria* spp.). (**visnaga; viznaga**).

bizquera.
  I. 1. f. *Cu, PR.* Desviación en la dirección de ambos ojos hacia el centro del rostro. pop + cult → espon.

blablá.
  I. 1. m. *Ni, Cu, RD, Ve, Ar, Ur.* Palabrería. pop + cult → espon. (**blablablá**).
  2. m-f. *Bo, Ch, Py.* Persona que habla mucho exagerando su valor, poder o riqueza.
  3. m. *Ni, Bo, Ch.* Discurso largo y sin sustancia y en ocasiones lleno de tonterías o desatinos. pop + cult → espon ^ desp. ♦ **tollo.**

blacamán. (Del nombre de un artista *Blacamán*, de mediados del siglo XX).
  I. 1. adj. *Pa, Cu. Referido a persona*, despeinada y grotesca. pop + cult → espon ^ fest.

black.
  ■
  a. ‖ ~ *bass.* (Voz inglesa). m. *Ho, Ni.* Pez de aspecto compacto, de hasta 60 cm de longitud, de boca grande, aleta dorsal de base larga, con la parte anterior de radios duros y la posterior de radios blandos y color verde oscuro, oliváceo, pardo o grisáceo por el dorso y blanquecino por la superficie ventral. (Centrarchidae; *Micropterus salmoides*). ♦ **bass.**
  b. ‖ ~ *out.* (Voz inglesa).
    i. m. *PR.* Apagón eléctrico. (**blackout**).
    ii. *PR.* Bebida refrescante hecha con helado, *generalmente de vainilla*, batido con un refresco de cola. (**blackout**).
    iii. *PR.* Cortina opaca que no permite que penetren los rayos de luz en una habitación.

blackmail. (Voz inglesa).
  I. 1. m. *EU, PR.* Chantaje y soborno.

blackout. (Voz inglesa).
  I. 1. m. *EU, PR.* **black out**, apagón eléctrico.
  2. *PR.* **black out**, bebida refrescante.

bláder. (Del ingl. *bladder*, vejiga).
  I. 1. m. *Bo.* Cámara de goma de un balón.

blanca.
  I. 1. f. *Pe, Ar.* Cocaína, droga adictiva sacada de las hojas de la coca. drog.
  II. 1. f. *Ho.* juv. Hora, momento en que se va a hacer algo.
  ■
  a. ‖ ~ **a iris.** *Cu.* p.u. **blanca a nieves.**
  b. ‖ ~ **a nieves.** f. *Cu, PR.* Heroína. drog. ♦ **blanca a iris.**
  □
  a. ‖ **a la ~.** loc. adv. *Ve.* juv. De la manera más fácil.

blancanieve.
  I. 1. f. *PR, Ve.* juv. Cocaína.

blancazo.
  I. 1. m. *Bo.* Golpe violento dado por una persona a alguien con una pelota. pop + cult → espon.

blanco, -a.
  I. 1. adj. *RD. Referido a persona*, generosa.
  ▶ **estar ~; estar en ~ y trocadero; irse en blanco; quedarse en blanco.**

blancoide.
  I. 1. sust/adj. *Bo.* Persona de tez ligeramente clara. pop + cult → espon ^ desp.

blancón, -na.
  I. 1. adj/sust. *Pe, Bo. Referido a persona*, que tiene el color de la piel casi blanco.

blanconazo, -a.
  I. 1. *Cu.* Mulato muy cercano al blanco por su color claro y sus facciones. pop + cult → espon ^ desp.

blancuchento, -a.
  I. 1. adj. *Ch.* Blancuzco. pop + cult → espon ^ desp. ♦ **blancuso, blancuzo.**

blancuso, -a.
  I. 1. *Cu.* **blancuchento.**

blancuzo, -a.
  I. 1. *Cu.* **blancuchento.**

blandengue.
  I. 1. m. *Ur.* Soldado de caballería de la Guardia presidencial y de la Corte de Justicia de la República Oriental del Uruguay. pop + cult → espon.

blandeque.
  I. 1. adj. *Ch.* metáf. *Referido a persona*, excesivamente blanda. pop + cult → espon ^ desp.

blandito, -a.
  I. 1. adj. *Ve:O. Referido a persona*, que disimula sus verdaderas intenciones o forma de ser. pop + cult → espon.

blando.
  I. 1. m. *Ar:NO.* Corte de carne vacuna extraída de la entrepierna y sin hueso.

blandón, -na.
  I. 1. adj. *Ar, Ur. Referido a persona*, de carácter débil. pop + cult → espon.
  2. *Ar, Ur. Referido a cosa*, blanda, poco consistente. pop + cult → espon.

blanduchento, -a.
  I. 1. adj. *Ch. Referido a cosa*, excesivamente blanda. pop + cult → espon ^ desp.

blandura.
  I. 1. f. *Cu.* Temperatura y grado de humedad idóneas para que la hoja de tabaco mantenga su suavidad.

blanqueada.

I. 1. f. *Pe, Ar.* obsol. **Pintada** de paredes con cal.

2. *Ar.* Limpieza de la ropa.

II. 1. f. *Gu, Ho, Ni, PR, Ve.* En el **beisbol**, derrota amplia al contrario sin que anote una sola carrera. **blanqueo**.

2. *Bo:NE. En narcotráfico*, proceso de elaboración de la cocaína. drog.

III. 1. f. *Bo.* Golpe violento dado con una pelota.

blanqueado.

I. 1. m. *Co.* Dulce preparado con melaza de la caña de azúcar, batida con otros ingredientes como queso, anís o jengibre.

II. 1. m. *RD, Bo.* Blanqueo de dinero procedente del negocio del narcotráfico.

blanqueador.

I. 1. m. *Pa, Co, Ve, Bo.* Lejía.

blanquear.

I. 1. tr. *Gu, Ho, Pa, Cu, RD, PR, Co, Ve.* En el **beisbol**, ganar un juego sin permitir al contrario anotar carreras.

II. 1. tr. *Cu, Ve:O. En la industria azucarera*, clarificar el **guarapo** mediante sustancias vegetales o químicas.

III. 1. intr. *Ve:O.* Estar *alguien* en prisión. carc.

IV. 1. tr. *Cu.* Ganar *alguien algo*.

2. *Cu.* Destruir *alguien algo*.

V. 1. tr. *Bo.* Patear *alguien* una pelota con fuerza haciendo que esta golpee en alguna parte del cuerpo de una persona. pop + cult → espon.

blanqueli.

I. 1. adj/sust. *Ch. juv. Referido a cosa, especialmente al vino*, blanco. pop.

blanqueo.

I. 1. m. *Ar:NO.* Cobertura blanca hecha con azúcar y agua o clara de huevo, con la que se bañan algunos dulces.

II. 1. f. *Ve.* **blanqueada**, derrota.

blanquerío.

I. 1. m. *ES.* p.u. Gentío. rur.

blanquiar. (Calco del ingl. *to blank*, en blanco, vacío).

I. 1. intr. *EU.* p.u. Suspender, desaprobar *alguien* un examen.

blanquilla.

I. 1. f. *PR.* Pez de agua salada y dulce, de hasta 23 cm de longitud, de cuerpo fusiforme y comprimido de color gris plateado, boca pequeña y aletas radiales. (Gerreidae; *Eucinostomus gula*).

blanquillo.

I. 1. m. *Mx, Gu, Ho, ES, Ni,* p.u. Huevo de gallina. rur.

2. pl. *Mx, Ho, ES, Ni.* metáf. Testículo, cada una de las dos gónadas masculinas, generadoras de la secreción interna específica del sexo y de los espermatozoos.

II. 1. m. *Pe, Bo, Ch.* **Durazno** de cáscara blanca. pop + cult → espon.

2. *Bo:E, Ar, Ur.* Árbol de madera dura y corteza blanquecina, de hasta 10 m de altura, de hojas perennes, simples y alternas, inflorescencia en espigas terminales y fruto globoso; su madera es buena para carpintería. (Euphorbiaceae; *Sebastiana* spp.).

3. *Bo.* Árbol de hasta 4 m de altura, de hojas simples y frutos en forma de cápsula. (Violaceae; *Rinorea lindeniana*).

4. *Bo.* Árbol de hasta 35 m de altura con hojas simples y fruto de pequeño tamaño. (Ulmaceae; *Ampelocera rüizii*). ♦ **patito**.

III. 1. m. *Co, Pe.* Pez de agua dulce, de hasta 75 cm de longitud, de cuerpo alargado y comprimido, colo-

ración dorsal parda oscura o negra, con una banda negra en la parte media del pez que va desde el hocico hasta el lóbulo inferior de la aleta caudal; es comestible. (Pimelodidae; *Sorubim lima*). ♦ **pico de pato**.

2. *Bo.* Pez de agua dulce, de hasta 34 cm de longitud, de lomo rojizo y vientre plateado, sin escamas, con barbillas y un ribete membranoso muy ancho; su carne es muy apreciada. (Pimelodidae; *Pimelodina flavipinnis*).

3. *PR.* Pez marino de hasta 10 cm de longitud, de cabeza plateada con una banda también plateada que va desde el opérculo hasta la cola, a ambos lados del cuerpo; su carne es muy apreciada. (Engraulidae; *Engraulis perfasciatus*).

■

a. ‖ ~ **de amor**. m. *Ho.* Huevo de gallina casera.

b. ‖ ~ **de la pampa**. m. *Bo.* Árbol de hasta 20 m de altura, de ramas dispuestas en zigzag, hojas simples, flores sin pétalos dispuestas en racimos axilares y frutos en forma de cápsula endurecida. (Flacourtiaceae; *Lunania parviflora*). ♦ **lecillo**.

▶ **andar de ~**.

blanquín.

I. 1. m. *PR.* Tela de algodón fina, de color amarillento.

blanquiñoso, -a.

I. 1. adj/sust. *Pe, Bo. Referido a persona*, que tiene la tez blanca. pop + cult → espon ^ desp.

blanquita.

I. 1. f. *Pe.* Cocaína. drog.

2. *PR.* Heroína. drog.

II. 1. f. *Ve.* Pez de agua dulce, de hasta 60 cm de longitud, de estructura corporal semejante a la del **coporo**. (Curimatidae; *Curimatus* spp.).

III. 1. f. *Ho.* Pez de hasta 25 cm de longitud, con la mandíbula inferior torcida hacia arriba, base corta de la aleta dorsal y la anal y la caudal de color brillante. (Pristigasteridae; *Pliosteosfoma entipinnis*).

blanquito, -a.

I. 1. adj. *RD, PR. Referido a persona*, de clase social alta. pop + cult → espon.

2. *RD, PR. Referido a persona*, blanca o mulata de tez clara, acomodada o que alterna con las capas sociales altas. pop + cult → espon ^ desp.

blanquizal.

I. 1. m. *Ve:O.* Lugar donde abunda la tierra caliza.

II. 1. m. *PR.* Efecto que produce un conjunto de cosas blancas.

■

a. ‖ ~ **de Jaruco**. m. *Cu. En el juego de dominó*, ficha que corresponde al doble blanco.

Blas.

◪

a. ‖ **hacer como ~, ya comiste, ya te vas**. fr. prov. *Cu.* Indica que una persona se marcha inmediatamente después de haber comido en casa ajena.

blazer. (Voz inglesa).

I. 1. m. *EU, Mx, Ho, Pa, Cu, Ec.* Chaqueta de tela con solapa y botones que llega hasta debajo de la cadera. prest; cult → esm.

2. *Ni.* Saco o chaqueta femenina.

bledo.

I. 1. m. *Gu, Ho, ES.* Planta herbácea anual con el tallo surcado longitudinalmente, suculento y erecto, *generalmente de color rojo*, hojas alternas, aovadas y con pecíolos largos, y flores muy pequeñas y agrupadas, formando una panícula de espigas largas. (Amaranthaceae; *Amaranthus hybridus, A. dubius*). ♦ **amaranto silvestre**; **chichimeco**; **lepo**; **mercolina**; **quelite**; **ses**.

2. *PR.* Planta oleácea silvestre de tallo estriado, de hojas pequeñas y alargadas y flores en inflorescencias comprimidas que semejan espigas; es comestible y tiene propiedades medicinales. (Amaranthaceae; *Amaranthus viridis*). (**blero**). ◆ **carurú**.

■

a. ‖ ~ **espinoso.** m. *Gu.* Planta herbácea de hasta 2 m de altura, de tallo surcado longitudinalmente, suculento y erecto, *generalmente de color rojo*, hojas alternas, ovadas, y flores muy pequeñas y agrupadas, que forman una panícula de espigas largas; tiene diversos usos en medicina tradicional. (Amaranthaceae; *Amaranthus spinosus*). ◆ **espino**; **güisquilete**.

blefear.
   I. 1.   intr. *Bo.* Hacer un envite o adoptar una actitud que lleven a engaño a los competidores, *especialmente en el juego*.

blender. (Voz inglesa).
   I. 1.   m. *EU, PR.* Licuadora, batidora.

bleque.
   I. 1.   m. *Ve:O, Py, Ar.* Mezcla hecha con alquitrán, brea o asfalto que se utiliza para calafatear embarcaciones o impermeabilizar superficies.
   2.   *Ar, Ur.* Sustancia viscosa, de color oscuro, obtenida por destilación de madera y hulla.

□

a. ‖ ~ **y ~.** loc. sust. *Ve:O.* Trabajo fatigoso y continuado. pop + cult → espon.

blequear.
   I. 1.   tr. *Py.* Aplicar a algo una mano de **bleque**, mezcla hecha con alquitrán.
   2.   *Py.* metáf. Calumniar, desacreditar a *alguien*. pop + cult → espon.

bleris.
   I. 1.   m. *Ec.* Caucho usado en la fabricación de balones de baja calidad.

blero.
   I. 1.   *PR.* **bledo**, planta oleácea.

■

a. ‖ ~ **blanco.** m. *PR.* Variedad de blero. (Amaranthaceae; *Amaranthus dubius*).
b. ‖ ~ **morisco.** m. *PR.* Variedad de blero. (Amaranthaceae; *Amaranthus tricolor*).

blinbineo.
   I. 1.   m. *PR.* juv. Joyas lujosas con mucho brillo.
   2.   adj. *PR.* juv. *Referido a una prenda de vestir*, que tiene mucho brillo.

blindado, -a.
   I. 1.   adj. *ES. Referido a persona*, torpe en aprender algo. polic.
   II. 1.   adj. *Ni. Referido a persona*, solvente económicamente. pop + cult → espon.

□

a. ‖ ~ **del morro.** loc. sust. *Ho.* Persona de pocas entendederas. pop + cult → espon ^ desp.

blinkear. (Del ingl. *to blink*).
   I. 1.   *EU, PR.* **blinquear**.

blinking. (Voz inglesa).

■

a. ‖ ~ **lights.** f. pl. *EU, PR.* Luces intermitentes.

blinquear. (Del ingl. *to blink*).
   I. 1.   intr. *EU, PR.* Parpadear *alguien*. (**blinkear**).
   II. 1.   intr. *EU, PR.* Encender y apagar una luz de forma intermitente. (**blinkear**).

bloarse.
   I. 1.   *PR.* **esbloarse**, explotarse una goma.

bloc.
   I. 1.   m. *Gu, Ho, Ar.* En motores de explosión, pieza que contiene uno o más cilindros, por cuyo interior hueco circula el líquido refrigerante.

blochón.
   I. 1.   m. *Pa.* Maquillaje, *generalmente de color rosáceo*, que se aplica en las mejillas.

block. (Voz inglesa).
   I. 1.   m. *Ch.* Edificio de cierta altura y varias plantas de similares características, que forma parte de un conjunto residencial.
   II. 1.   m. *Ho, Ni. En un motor de explosión*, pieza que contiene los cilindros y por la que circula líquido refrigerante.

blod. (Del ingl. *blood*, sangre).
   I. 1.   m. *Pa.* Amigo íntimo, compañero inseparable.

blof. (Del ingl. *bluff*, apariencia, engaño).
   I. 1.   m. *Mx, Gu, Ho, ES, Ni, Pa, Cu, RD.* Apariencia, exageración o alarde de algo que no se tiene. pop + cult → espon ^ desp.
   2.   *RD, Co, Ve.* Persona o cosa revestida de apariencia que luego se revela falsa. pop + cult → espon ^ desp.
   3.   *Ni.* Trampa, engaño.

■

a. ‖ ~ **puro.** m. *Ec.* Solo apariencia, exageración y alarde.

blofe. (Del ingl. *bluff*, apariencia, engaño).
   I. 1.   m. *EU, Mx, RD, PR.* Engaño, jactancia, fanfarronada.

blofeador, -ra. (De *blof*).
   I. 1.   adj/sust. *Mx, Ho, RD.* **blofero**.

blofear. (De *blof*).
   I. 1.   intr. *EU, Mx, Gu, Ho, Ni, Pa, Cu, RD.* Fanfarronear *alguien*, engañar con apariencias fingidas. pop + cult → espon.

blofero, -a.
   I. 1.   adj/sust. *Mx, Ho, Cu, PR. Referido a persona*, fanfarrona, jactanciosa. pop + cult → espon. ◆ **blofeador**; **flofista**.

blofista. (De *blof* y este del ingl. *bluff*, apariencia, engaño).
   I. 1.   *Cu, PR.* **blofero**.

blondo, -a.
   I. 1.   adj. *Gu, Ho. Referido al pelo de una persona*, ondulado.

bloomer. (Voz inglesa, panties, braga).
   I. 1.   m. *Ho, ES, Ni, CR, Pa, Cu.* p.u. **blúmer**.

bloque. (Del ingl. *block*).
   I. 1.   m. *Ho, Pa.* Kilogramo de cocaína empaquetado en forma de ladrillo. drog.

■

a. ‖ ~ **de casas.** m. *EU, Cu, RD, PR.* Manzana de casas.
b. ‖ ~ **de papel.**
   i.   m. *Cu, RD.* Libreta de notas.
   ii.   *Pa.* Resma de papel.

bloqueador, -ra.
   I. 1.   sust/adj. *Ni, CR, Pa, Co, Ve, Pe, Ch, Ar.* Crema que protege la piel del efecto de la exposición a los rayos solares y favorece su bronceado.

■

a. ‖ ~ **solar.** m. *Pa, PR, Ec.* Crema que protege la piel del efecto que producen los rayos del sol.

bloquera.
   I. 1.   f. *Ho, Ni, Pa, Cu, Ar.* Fábrica de bloques de cemento para la construcción.
   2.   Máquina para fabricar bloques de **concreto**.

bloquero.
   I. 1.   m. *Ho, Ni, Pa.* Fabricante de bloques de cemento.

bloquero, -a. (Del *bloque*, ladrillo de hormigón).
   I. 1.   adj. *Ve, Ch. Referido a una máquina*, que fabrica bloques de **concreto**.
   2.   *Ho, Ni, Pa.* Relativo a bloques de cemento.

II. (Del movimiento político *Bloque* Popular).
  1. adj/sust. *Ho. Referido a persona*, que es miembro o simpatizante del Bloque Popular.

bloqueta.
  I. 1. f. *Pe, Ch. En la construcción*, bloque pequeño de **concreto**.

blow.
  □
  a. ‖ **~ out.** (Voz inglesa). loc. sust. *PR.* Pinchazo de una rueda de un vehículo.

blower. (Voz inglesa).
  I. 1. m. *EU, CR, Pa, Cu, RD, Co.* Peinado que consiste en alisar el cabello con la ayuda de un cepillo y el secador.
  2. *Pa, RD, PR, Pe.* Secador de pelo.

blu. (Del ingl. *blue*, azul).
  I. 1. adj/sust. *Ni.* p.u. *Referido a cosa*, de color azul.

bluchón.
  I. 1. m. *Ni, Ve.* Maquillaje, *generalmente de color rosáceo, que se aplica en las mejillas.*

blue.
  ■
  a. ‖ **~ jean.** (Voz inglesa). m. *Bo.* Tela gruesa de algodón. pop + cult → espon.
  b. ‖ **~ jeans.** (Voz inglesa). m. *EU, Ho, ES, Ni, Pa, RD, Ec.* Pantalón confeccionado con tela resistente de algodón, *generalmente de color azul.*

blufeador, -ra.
  I. 1. m. y f. *Ch.* Persona que **blufea**. pop + cult → espon.

blufear.
  I. 1. intr. *Pe, Ch.* Hacer un envite o adoptar una actitud que lleve a engaño a los competidores, *especialmente en el juego.*

blufeo.
  I. 1. m. *Ch.* Simulación, apariencia.

blufero, -a.
  I. 1. m. y f. *Ch.* Persona que **blufea**.

bluff. (Voz inglesa).
  I. 1. m. *EU, PR; Ni,* p.u. Engaño, jactancia, fanfarronada.

blujean. (Del ingl. *blue jeans*).
  I. 1. m. *ES, Ni,* p.u. Pantalón confeccionado con tela resistente de algodón, *generalmente de color azul.*

blujín. (Del ingl. *blue jeans*).
  I. 1. m. *ES.* p.u. **bluyín.** (**blullín**).

bluma.
  I. 1. f. *Ve.* **blúmer.**

blume.
  I. 1. m. *RD.* **blúmer.**

blumen.
  I. 1. *RD;* m. pl. *Cu.* **blúmer.**

blúmer. (Del ingl. *bloomer*).
  I. 1. m. *Ho, ES, Ni, CR, Cu, Ve; Pa.* p.u.; rur. Pantalón corto interior de mujer. (**bloomer; bluma; blume; blumen**).

blusa.
  I. 1. f. *Ve:O.* obsol. Prenda de vestir masculina que cubría desde el cuello hasta por debajo de la cintura, de tela ligera, mangas largas, cuello militar y abotonadura desde el cuello hasta abajo.

blusero, -a.
  I. 1. m. y f. *Ch.* Persona que se dedica a coser blusas.

blush-on.
  I. 1. *Pa, PR.* **blush**.

blush. (Voz inglesa).
  I. 1. m. *Pa, PR; Gu, Ho, Ni, Ec,* p.u. Maquillaje de color rosáceo para las mejillas. ♦ *blush-on.*

bluyín. (Del ingl. *blue jeans*).
  I. 1. m. *Ho, ES, Ni, CR, Pa, Cu, Co, Ve, Pe, Ch.* Pantalón de algodón grueso, ceñido *y en general tirando a azul.* (**blujín**).

bluyineada.
  I. 1. f. *Co.* juv. Tocamiento lascivo por encima de la ropa.

bluyinear.
  I. 1. tr. *Co.* juv. Tocar *una persona* a *alguien* lascivamente por encima de la ropa.

boa.
  I. 1. f. *Mx, Ho, Ni, CR, Pa.* **mazacuata**, serpiente.
  II. 1. *Ho, Co, Ve.* **anaconda**.
  2. f. *Ho.* **alabardero**.
  III. 1. f. *Ho.* Pene. vulg; pop + cult → espon.
  ■
  a. ‖ **~ de las vizcacheras.** f. *Ar.* Serpiente de hasta 3 m de longitud, de color marrón oscuro con figuras hexagonales más claras en el dorso, cuerpo macizo cubierto de escamas, cabeza proporcionalmente pequeña, cola larga y roma (Boidae; *Roa constrictora*). ♦ **constrictora; macaurel; matacaballos; sicurí; viborón**.
  b. ‖ **~ puertorriqueña.** f. *PR.* Serpiente de hasta 1 m de longitud, gruesa, con coloración variable desde el marrón pálido u oscuro hasta el gris o el negro, con una serie de manchas o barras negruzcas a lo largo de la parte dorsal, que carece de colmillos y de veneno. (Boidae; *Epicrates inornatus*). ♦ **majá**.
  ▶ **jugar a la ~ y al ratón; tener una ~ en el estómago**.

boafierro.
  I. 1. m. *RD.* Árbol de hasta 10 m de altura, común en toda la isla pero más abundante en **maniguas** costeras sobre rocas calcáreas. (Rhamnaceae; *Krugiodendron ferreum*).

board.
  ■
  a. ‖ *bulletin ~.* (Voz inglesa). m. *EU, PR.* Tablón de edictos y de anuncios.
  b. ‖ *gypsum ~.* (Voz inglesa). m. *PR.* Pared de yeso.

boarding.
  ■
  a. ‖ **~ house.** (Voz inglesa). m. *EU.* p.u. Casa de alojamiento en la que también se sirve comida.
  b. ‖ **~ pass.** (Voz inglesa). m. *EU, PR, Ve.* p.u. Tarjeta de embarque, *generalmente en aviones.*

boay. (Del ingl. *boy*).
  I. 1. m. *Pa.* Muchacho, joven. pop + cult → espon. ♦ **guay**.
  2. *Pa.* Hombre, varón. pop + cult → espon. ♦ **guay**.

bobaliquear.
  I. 1. intr. *Cu.* Comportarse *alguien* con ingenuidad o falta de viveza. pop + cult → espon.

bobby.
  ■
  a. ‖ **~ pin.** (Voz inglesa). m. *EU, PR.* Hebilla.

bobeta.
  I. 1. adj. *Ur; Ar,* p.u. *Referido a persona*, boba, tonta. pop + cult → espon.

bobina.
  I. 1. sust/adj. *Ar.* obsol. Persona sagaz y astuta. pop + cult → espon ^ desp.

bobito.
  I. 1. m. *Ve.* Ave de hasta 23 cm de longitud, de color pardo en la parte superior y vientre amarillento con dos bandas anchas atravesadas, una debajo de la garganta y otra en el pecho. (Bucconidae; *Hypnelus ruficollis*).

2. *Cu, PR.* Ave de hasta 15 cm de longitud, de color pardo en la parte superior y vientre amarillento con dos bandas anchas atravesadas, una debajo de la garganta y otra en el pecho, con cabeza moñuda y cola ahorquillada. (Tyrannidae; *Contopus caribaeus*). ♦ **maroíta**.

II. 1. m. *Cu.* Prenda femenina para dormir, holgada y escotada, que llega hasta la parte superior del muslo.

2. *Bo.* Prenda femenina de una sola pieza, desde el cuello hasta los pies, *generalmente usada por las mujeres embarazadas.* pop + cult → espon.

III. 1. *RD.* Chupete de goma.

bobo.

I. 1. m. *Ve, Pe, Ur, Ar,* p.u. Reloj de pulsera. pop + cult → espon ^ fest.

II. 1. m. *Pe, Ar, Ur.* Corazón de un ser humano. pop + cult → espon ^ fest.

III. 1. m. *Cu, RD, PR.* Pez de río, de hasta 60 cm de longitud, de cuerpo fusiforme y aletas radiadas, con coloración variable desde el gris oscuro del lomo hasta el blanco amarillento del abdomen y el negro de las escamas; su carne blanca es comestible. (Mugilidae; *Joturus pichardi*).

IV. 1. m. *RD, PR.* Chupete. inf.

□

a. ‖ **a lo ~.** loc. adv. *Ur.* En gran cantidad, a discreción. pop + cult → espon.

b. ‖ **~ de mayo.** m. *Cu.* Diarrea de primavera. rur.

c. ‖ **como ~.** loc. adv. *Cu.* Mucho. pop + cult → espon.

bobo, -a.

I. 1. adj. *Cu. Referido a cosa*, muy abundante. pop + cult → espon. ♦ **sato**.

■

a. ‖ **~ de la yuca.** m. y f. *Cu.* Persona tonta, mentecata. pop + cult → espon ^ desp.

boboleto, -a.

I. 1. *Pa.* **bobolón**.

bobolón, -na.

I. 1. sust/adj. *RD, PR, Ve.* Persona torpe o que carece de agilidad mental. pop + cult → espon ^ desp. ♦ **boboleto**; **bobolongo**; **boborote**.

bobolongo, -a.

I. 1. *Ve.* Persona torpe.

boboré.

I. 1. adj. *Pa. Referido a una fruta*, que presenta formación doble.

boborote.

I. 1. *Ve:O.* Persona torpe.

boca.

I. 1. f. *Gu, Ho, ES, Ni, CR, Pa.* Comida compuesta de pinchos o canapés variados que se sirve en un bar o en una fiesta como acompañamiento de alguna bebida.

II. 1. f. *PR.* Abertura del hueco de la espuela postiza del gallo de pelea.

●

a. ‖ **que su ~ sea la medida.** fórm. *Ve.* Se usa como expresión de atención y cortesía. pop + cult → espon.

■

a. ‖ **~ chula.** f. *Cu, RD, PR.* Boca grande. pop + cult → espon.

b. ‖ **~ de buzón.** f. *Ch.* Boca muy grande. pop + cult → espon ^ fest.

c. ‖ **~ de guabina.** f. *RD.* Boca grande.

d. ‖ **~ de guasa.** f. *Cu.* Boca grande.

e. ‖ **~ rajada.** f. *PR.* Labio leporino.

□

a. ‖ **a toda ~.** loc. adv. *Pa, PR.* A grito limpio. pop + cult → espon.

b. ‖ **~ abierta.** loc. adj. *RD. Referido a persona*, tonta. pop + cult → espon.

c. ‖ **~ aguada.** loc. adj/sust. *Gu, ES, RD. Referido a persona*, grosera, de habla vulgar.

d. ‖ **~ de burro.** loc. adj/sust. *RD. Referido a persona*, imbécil.

e. ‖ **~ de canasta.** loc. sust. *RD.* Sombrero de copa alta y de ala estrecha, tejido con caña de una sola pieza.

f. ‖ **~ de chivo.**
i. loc. sust. *Ve.* Persona chismosa. pop + cult → espon.
ii. *RD.* **boca de sapo**.

g. ‖ **~ de chopa.**
i. loc. adj. *RD. Referido a persona*, que tiene el labio inferior saliente.
ii. *PR. Referido a persona*, que tiene los labios gruesos y muy pronunciados.

h. ‖ **~ de expendio.** loc. sust. *Ar.* Punto de venta, *generalmente de una cadena comercial.*

i. ‖ **~ de jaiba.** loc. sust. *Cu.* Persona parlanchina. pop + cult → espon.

j. ‖ **~ de lagarto.** loc. sust. *ES.* Bolso de señora. delinc.

k. ‖ **~ de lobos.** loc. sust. *Ve, Ch.* Lugar muy oscuro. pop + cult → espon.

l. ‖ **~ de matillo.** loc. adj/sust. *PR. Referido a persona*, de boca muy pequeña. pop + cult → espon.

m. ‖ **~ de mono.** loc. sust. *Ch.* Vulva. vulg; pop + cult → espon.

n. ‖ **~ de paisaje.** loc. sust. *ES.* **Trago** sin comida o boca. pop + cult → espon ^ fest.

ñ. ‖ **~ de santo.** *Pa.* ♦ **boca de sapo**. pop + cult → espon.

o. ‖ **~ de sapo.**
i. loc. adj/sust. *Ve. Referido a persona*, que anuncia o anticipa lo que va a suceder. ♦ **boca de chivo**; **boca de santo**.
ii. *Ec. Referido a persona*, de boca grande y de labios finos.

p. ‖ **~ de tarro.** loc. adj/sust. *Ch. Referido a persona*, indiscreta, que no puede guardar un secreto. pop + cult → espon. ♦ **hocico de tarro**.

q. ‖ **~ de tormenta.** loc. sust. *Bo, Ar.* Boca de alcantarilla.

r. ‖ **~ de verdulero.** loc. sust. *Mx.* **boca sucia**.

s. ‖ **~ dura.** loc. adj/sust. *RD. Referido a persona*, respondona.

t. ‖ **~ floja.**
i. loc. sust. *Ho, ES, Ni, PR, Co, Ve, Ar, Ec,* fest. Persona indiscreta. pop + cult → espon.
ii. loc. adj/sust. *PR. Referido a persona*, que habla demasiado. pop + cult → espon.

u. ‖ **~ negra.**
i. loc. sust. *Ch.* Vulva. vulg; pop + cult → espon.
ii. *Ch.* Revólver, arma de fuego. delinc.

v. ‖ **~ sucia.** loc. sust/adj. *Co, Ve, Ec, Ar.* Persona que habitualmente usa palabras groseras o vulgares en su conversación. pop + cult → espon. (**boca de tarro**).

w. ‖ **~ suelta.** loc. sust. *RD, Ve.* Persona que repite lo que oye o lo que sabe aunque deba guardar secreto. pop + cult → espon.

x. ‖ **~ verde.** loc. sust. *Ve.* Difamador. pop + cult → espon.

y. ‖ **con ~.** loc. adv. *RD.* Con añadidura de otro alimento al pan.

z. ‖ **de ~.** loc. adj. *CR, Pa, RD, PR, Ve, Ec. Referido a un compromiso*, verbal, no escrito.

a¹. ‖ **¡que tu ~ sea santa!** loc. interj. *Cu.* Expresa el deseo de que se cumpla lo que la otra persona acaba de decir. pop + cult → espon.

◪

a. ‖ **que la ~ se te haga chicharrón.** loc. interj. *Mx, Ni.* Expresa que debe callar quien pronostica posibles males.

b. ‖ **¡la ~ se te haga a un lado!** loc. interj. *Ar, Ur.* Expresa deseo de que no se cumpla y ni siquiera se mencione lo que un interlocutor ha pronosticado. pop + cult → espon.

▶ **abrir tamaño ~; aguantar la ~; aguársele la ~; andar de ~ abierta; beber a ~ de jarro; buscar la ~; buscarle la ~; coger la ~; comer a dos ~s; comer ~; dar la ~; dejar el muerto ~ arriba; enjuagarse la ~ con consonantes; estar a dos ~s; estar abriendo la ~; estar ~ abajo; estar con el Jesús en la ~; hablar por ~ de ganso; hablar por ~ de santo; hacerse de la ~ chiquita; irse de ~; irse de la ~; írsele la ~; no tener ~ con que hablar; pitar la ~; ser ~ floja; ser pura ~; ser todo ~; ser un ~ abierta; tener ~ de albañal; tener ~ de carretonero; tener ~ de chivo; tener ~ de letrina; tener ~ de santo; tener ~ de servicio; tener la ~ lucia; tener un boniato en la ~; tener uno la ~ salada; virar la ~.**

bocabajo.
 I. 1. adj/sust. *PR. Referido a persona*, servil, aduladora. rur.

bocabarata.
 I. 1. m-f. *Gu, Bo:E.* Persona que difunde rápidamente las noticias y, sobre todo, los secretos. pop + cult → espon ^ desp.

bocabierta.
 I. 1. m-f. *Mx:SE, Gu, ES, Ni.* Persona boba, tonta. pop + cult → espon.
 II. 1. sust/adj. *Ni, Ar, Ur.* Persona muy distraída o despistada. pop + cult → espon.

bocachica.
 I. 1. *Pe.* **boquichico.**

bocachico.
 I. 1. m. *Co.* Pez de agua dulce de más de 25 cm de longitud, espinoso, con boca pequeña y pocos dientes, coloración variable entre el gris azulado del dorso y el plateado del vientre; es comestible. (Prochilodontidae; *Prochilodus reticulatus*).
 2. *Ve.* Pez de agua dulce de hasta 43 cm de longitud, de coloración gris azulada en el dorso y plateado en el vientre y los flancos con bandas longitudinales amarillas y negras en la aleta caudal. (Prochilodontidae; *Semaprochilodus kneri*).

bocacho, -a.
 I. 1. m. y f. *Ar:NO.* Persona que habla de más, bocona.
 II. 1. m. y f. *Pa.* Persona que ha perdido uno o varios dientes delanteros.
 III. 1. adj. *Pa. Referido a una vasija*, que tiene astillado el borde.

bocachón, -na.
 I. 1. m. y f. *Ve.* Persona que habla demasiado, indiscreta. pop + cult → espon ^ desp.

bocacosta.
 I. 1. f. *Gu.* Zona de entre 800 y 1000 m en que termina el altiplano guatemalteco y comienza la costa.

bocadillo.
 I. 1. m. *Mx, Gu.* Dulce hecho de leche, huevo, azúcar y coco. rur.
 2. *Co, Ve.* Dulce compacto de **guayaba** *que, generalmente, viene en trozos pequeños y se envuelve en hojas de plátano.*
 3. *Co.* Variedad de plátano pequeño que se come crudo.
 4. *Ec, Pe.* Dulce solidificado, hecho a base de **guayaba**, coco o leche, y en forma de pequeños rombos, *que se puede tomar de un bocado.*
 5. *Ve.* Dulce solidificado hecho de plátano.

6. *Bo.* Pastelillo o emparedado *que generalmente se sirven en reuniones o fiestas para acompañar bebidas.*
7. *PR.* Emparedado de pan dulce al que se le añade jamón y queso.
 II. 1. m. *Co.* obsol. Traje de paño consistente en una combinación de chaqueta de color claro y pantalón oscuro.

◼

a. ‖ **~ veleño.** m. *Co.* Dulce que se obtiene de la mezcla de **guayaba** y azúcar, típico de la ciudad colombiana de Vélez.

bocadito.
 I. 1. m. *Ho, Ni, Pa, Cu, RD, PR, Ec, Pe, Bo, Py, Ar, Ur.* Alimento elaborado con ingredientes variados, *que pueda ingerirse en un solo bocado y que se sirve generalmente en aperitivos para acompañar bebidas.* ♦ **botana; picada; picadera.**
 2. *Cu, RD.* Emparedado hecho con dos rebanadas de pan entre las cuales se coloca jamón, queso u otros ingredientes.
 3. *Cu.* Pan de pequeño tamaño con una especie de paté que se reparte en las fiestas de cumpleaños de los niños.
 4. *Cu.* p.u. Aperitivo.
 III. 1. m. *Cu.* Práctica sexual entre tres personas. vulg; pop + cult → espon.
 IV. 1. m. *Cu.* Cigarrillo con envoltura de hoja de tabaco.
 V. 1. m. pl. *Cu.* Zapatos feos. pop + cult → espon.

bocado.
 I. 1. m. *Ho, Ve.* Marca del ganado, que consiste en un pequeño corte semicircular que se hace en el borde de la oreja. rur.
 II. 1. m. *Pe.* Pan que contiene una lonja de carne con veneno que se les da a los perros vagabundos para matarlos.
 2. m. *ES, Ni.* Pedazo de carne envenenada para matar animales, como el perro.
 III. 1. m. *Ch.* Helado hecho de huevo, leche, vainilla y azúcar.
 IV. 1. m. *PR.* Corte profundo hecho en el tronco de un árbol para obligarlo a vencerse al talarlo.

▶ **calentarse el ~; ganarse el ~; no ser ~ de trompudos.**

bocadulce.
 I. 1. sust/adj. *Cu.* Persona que come muchos dulces. pop + cult → espon.

bocafloja.
 I. 1. m-f. *Mx, ES, Pa, RD, Ar.* Persona indiscreta y habladora.

bocaguá.
 I. 1. adj/sust. *RD. Referido a persona*, agorera, adivina.

bocal.
 I. 1. m. *Ho:O,S.* Vasija grande de barro cocido y cuello recto para usos domésticos.

bocanada.
 I. 1. f. *PR.* Dicho grosero en alta voz.

bocaracá. (Del huetar [?]).
 I. 1. f. *CR, Pa.* Serpiente arbórea de hasta 75 cm de longitud, de cabeza triangular y ojos con pupilas verticales, de coloración muy variada que va desde el amarillo al verde, gris y café, y con placas supracefálicas encima de los ojos. (Viperidae; *Bothriechis schegelii*).

bocarada.
 I. 1. f. *Gu, Ho, ES, Ni.* Cantidad de líquido o humo que sale por la boca. rur.
 2. *Ho, Ch.* Cantidad de líquido que de una vez se toma en la boca o se arroja de ella.

II. 1. f. *Gu.* Indirecta, dicho para dar a entender algo a alguien sin expresarlo con claridad.

bocasucia.
   I. 1. adj/sust. *Ni, Co, Ve, Pe, Ar, Ur. Referido a persona*, mal hablada. pop + cult → espon ^ desp.

bocatán, -na.
   I. 1. m. y f. *Pe.* Persona que habla en demasía y con malos modos. pop + cult → espon.

bocatería.
   I. 1. f. *Ve.* Fanfarronada. pop + cult → espon.

bocatero, -a.
   I. 1. adj/sust. *Mx, Ho, Ni, Ve. Referido a persona*, fanfarrona y soez en su habla. rur.
   2. adj. *Ve. Referido a persona*, que habla mucho. pop + cult → espon.

bocatoma.
   I. 1. f. *Pe.* Abertura o boca de donde se toma el agua, *especialmente de una presa*.
   2. *Ch.* Presa o conducto por el que se desvían las aguas de un río para el riego.
   3. *Ch.* Cauce por el que fluyen las aguas desviadas para el riego.

bocayate.
   I. 1. m. *RD.* Pez marino de hasta 33 cm de longitud, con trece espinas dorsales y tres anales, aleta caudal total o parcialmente oscura en individuos del sexo masculino y de color naranja en las hembras. (Haemulidae; *Haemulon* spp.).

bocetear.
   I. 1. tr. *Ve, Pe, Ch, Ar.* Abocetar, hacer *alguien* bocetos.

bocha.
   I. 1. f. *Ar, Ur.* Cabeza humana, *especialmente la de un hombre calvo*. pop + cult → espon ^ fest.
   □
   a. ‖ **a ~.** loc. adv. *Ar:NE, Ur.* En gran cantidad, en abundancia. pop + cult → espon. (**a bochas**).
   b. ‖ **a ~s.** loc. adv. *Ur.* **a bocha.**

bochada.
   I. 1. f. *Ve. En el juego de **bolas criollas***, golpe dado a la bola.

bochar. (Del it. *bocciare*).
   I. 1. tr. *Ve.* Desairar *una persona* a *alguien*. pop + cult → espon. ♦ **dar un boche.**
   2. *Ve.* Reprender a *alguien*. pop + cult → espon.
   II. 1. tr. *Ar, Ur.* Reprobar *alguien* a un alumno en un examen o asignatura. est.
   III. 1. tr. *Ve. En el juego de **bolas criollas***, golpear *alguien* una bola contra otra para alejarla del **mingo**. pop + cult → espon.

bochazo.
   I. 1. m. *Ar, Ur.* Calificación insuficiente para aprobar un examen. est.

boche.
   I. 1. m. *Pe, Bo, Ch.* Contienda, riña de palabras o de obras. pop + cult → espon.
   2. *Ho, RD, Ve.* Regaño, reprimenda verbal severa.
   3. *Ch.* Tumulto, barullo, alboroto.
   II. 1. m. *Ve. En el juego de las **bolas criollas***, golpe de una bola contra otra para alejarla del **mingo**.
   2. *Ve.* Golpe fuerte. pop + cult → espon.
   3. *ES.* **chocolón**, juego. inf.
   III. 1. m. *Ve.* Desaire o desprecio. pop + cult → espon.
   ▶ **dar un ~; echar en ~; echar un ~; pegar un ~; pelar ese ~.**

bochear.
   I. 1. intr. *Bo:E.* Pelear, combatir *alguien*. pop + cult → espon.
   2. tr. *Ho.* Regañar a *alguien*.

bochechudo, -a.
   I. 1. adj/sust. *PR. Referido a persona*, muy gruesa, con tejidos adiposos que hacen bultos notables.
   2. *PR.* metáf. *Referido a una prenda de vestir*, muy holgada.

bochero, -a.
   I. 1. adj/sust. *Ho. Referido a persona*, regañona.

bochín.
   I. 1. m. *Ar, Ur. En el juego de las bochas*, bola pequeña que se arroja al comenzar el juego para intentar luego acercarse a ella lo más posible.
   II. 1. m. *Pa.* Comentario malintencionado. pop + cult → espon.

bochinchar.
   I. 1. intr. *RD, PR.* Chismear *alguien*. pop + cult → espon.

bochinche.
   I. 1. m. *PR, Co, Ve.* Reunión de personas improvisada, ruidosa y desordenada. pop + cult → espon. ♦ **bayuya.**
   2. *Cu, RD, PR, Ve.* Diversión, *especialmente una fiesta o reunión*. pop + cult → espon.
   II. 1. m. *RD, Ve, Ar, Ur.* Desorden o amontonamiento de cosas. pop + cult → espon.
   III. 1. m. *Ni, Ve, Ec, Bo.* Pelea ruidosa. pop + cult → espon.
   IV. 1. *Co.* **boqueto.** pop + cult → espon ^ desp.
   V. 1. m. *Pa, RD, PR.* Chisme, rumor, murmuración. pop + cult → espon.

bochinchear.
   I. 1. intr. *Ve, Bo, Ar, Ur.* Hacer *alguien* bulla o alboroto. pop + cult → espon. ♦ **cuchichear.**
   2. *Ni, Ve, Ch, Py.* Participar *alguien* en un tumulto provocando alboroto, ruido o desorden. pop + cult → espon.
   3. *Cu, PR, Ve.* Juerguear, divertirse, *especialmente de forma desordenada y ruidosa*. pop + cult → espon. (**bonchinchear**).
   II. 1. intr. *Pa, PR.* Traer y llevar noticias que pretenden indisponer a dos personas, chismear.

bochinchera.
   I. 1. f. *Ve.* Confusión o desorden. pop + cult → espon.

bochinchero, -a.
   I. 1. adj. *RD, Ve, Pe, Bo, Ch, Py, Ar, Ur. Referido a persona o a cosa*, ruidosa, bulliciosa. pop + cult → espon. ♦ **bochinchoso.**
   2. adj/sust. *ES, Ni, CR, RD, PR, Ve, Pe, Bo, Ch, Py. Referido a persona*, que promueve alborotos o participa en ellos. pop + cult → espon. ♦ **bochinchoso; quinquilloso.**
   3. *RD, PR.* **lengüetero**, persona chismosa. pop + cult → espon. ♦ **bochinchoso.**
   II. 1. sust/adj. *Ve.* Persona alegre que disfruta de fiestas ruidosas. pop + cult → espon. ♦ **bochinchoso.**
   III. 1. *PR.* **bocón**, indiscreto, chismoso.
   IV. 1. *PR.* **boquiflojo**, hablador.

bochincheroso, -a.
   I. 1. adj/sust. *PR. Referido a persona*, alborotadora, escandalosa, bullanguera.

bochinchoso, -a.
   I. 1. *Ve.* **bochinchero**, alborotador.
   II. 1. *Ve.* **bochinchero**, que promueve alborotos.
   III. 1. *Ve.* **bochinchero**, bullicioso.
   IV. 1. *Pa.* **bochinchero**, chismoso.

bocho.
   I. 1. m. *Ar, Ur.* Cabeza de una persona. pop + cult → espon ^ fest.
   2. *Ar, Ur.* Inteligencia de una persona. pop + cult → espon ^ fest.
   II. 1. m. *Ho.* **arreada**, represión severa.

bocho, -a.
 I. 1. m. y f. *Ar, Ur.* Persona de gran talento e inteligencia y muy estudiosa. pop + cult → espon.
 ▶ **estar del ~; hacer el ~; hacerse el ~.**

bochódromo.
 I. 1. m. *Pe, Ch.* Lugar donde se disputan juegos de bochas.

bochoino.
 I. 1. m. *RD.* Bochorno, vergüenza.

bocín.
 I. 1. m. *Co.* En el juego del tejo, tubo metálico que se entierra en la arcilla de la cancha, y en cuyos bordes se colocan mechas o petardos que estallan al ser golpeados por los discos de metal o tejos que se lanzan contra ellos.

bocina.
 I. 1. f. *Mx, Ho, Co, Ve. En los aparatos telefónicos,* parte por la que se habla.
  2. *EU, Mx, Gu, Ho, ES, Ni, CR, Cu, PR, Bo.* **altoparlante.**
 II. 1. f. *Ve, Ar, Ur.* Voz fuerte y chillona de una persona. pop + cult → espon.
 III. 1. sust/adj. *Bo, Ar, Ur.* Persona que habla sin discreción y más de lo conveniente. pop + cult → espon ^ fest.
  2. m-f. *Bo.* metáf. Persona que habla en un tono elevado de voz. pop + cult → espon ^ fest.
 IV. 1. f. *Cu.* Tapa metálica con que se cubre el buje de las ruedas de los automóviles.
  2. f. *CR.* Pieza de hierro de la carreta típica costarricense, por la cual sale uno de los extremos del eje.

bocinar.
 I. 1. tr. *Ar, Ur.* **bocinear,** proporcionar una información.

bocinear.
 I. 1. tr. *Ar, Ur.* metáf. Contar con indiscreción *una persona* a alguien lo que otra ha hecho o dicho.
  2. *Ar.* metáf. Proporcionar una información o un dato que aún no es de conocimiento general. (**bocinar**).
 II. 1. intr. *Bo.* Tocar *alguien* la bocina de un vehículo.

bocón.
 I. 1. m. *Ve.* Pez marino de cuerpo alargado, cubierto de escamas pequeñas y brillantes, cabeza pequeña y hocico romo, coloración general plateada con una banda negra característica que va desde la cabeza hasta la cola; su carne es muy apreciada. (Characidae; *Brycon* spp.).
  2. *Cu, PR.* Pez marino de más de 15 cm de longitud, con aletas radiadas, de ojos y boca grandes, de color plateado con matices azul grisáceo en la región dorsal. (Engraulidae; *Cetengraulis edentulus*).
  3. *PR.* Pez marino de hasta 15 cm de longitud, con aletas radiadas, de color plateado, con una línea plateada brillante a lo largo de cada lado. (Engraulidae; *Anchoa hepsetus*).

bocón, -na.
 I. 1. adj/sust. *Mx, Gu, Ho, ES, Ni, CR, Pa, RD, PR, Ve, Ec, Bo, Ar. Referido a persona,* indiscreta, chismosa. pop + cult → espon. ♦ **bochinchero; boquiflojo; hablador; lengüetero.**
  2. *CR, Cu, RD, PR, Ve, Ar. Referido a persona,* fanfarrona, jactanciosa. pop + cult → espon.
  3. adj. *Ve, Ec, Bo. Referido a persona,* murmuradora y maldiciente. pop + cult → espon.
  4. adj/sust. *Cu. Referido a persona,* protestona, que responde cuando la reprenden. pop + cult → espon.
  5. *ES. Referido a persona,* habladora y mentirosa.
  6. *Ho. Referido a persona,* que utiliza palabras vulgares al hablar.
  7. *PR. Referido a persona,* gritona, que acostumbra a hablar en voz muy alta. pop + cult → espon.
  8. *PR.* **boquiflojo,** hablador.
  9. *PR.* **boquisuelto,** malcriado.
 II. 1. adj. *Ho, Ve. Referido a un recipiente,* de boca grande.

bocona.
 I. 1. f. *Pa.* Instrumento musical rústico de madera de cedro, de cuatro cuerdas, empleado por los campesinos en la interpretación de la **mejorana.**

boconada.
 I. 1. f. *Cu, RD.* Expresión jactanciosa. ♦ **bambolla; cacharro; faro.**
 II. 1. f. *Ho.* Palabra soez, insulto grave.

boconear.
 I. 1. intr. *Pa, Cu, RD, PR.* Fanfarronear, echar bravatas.
  2. *PR.* Hablar *alguien* con voz estruendosa. pop + cult → espon.

boconeo.
 I. 1. m. *PR.* juv. **Habladera** a gritos. pop + cult → espon.
  2. *PR.* juv. Bravata, fanfarronería. pop + cult → espon.

boconería.
 I. 1. f. *Cu, RD, Ve.* Expresión jactanciosa. pop + cult → espon.
 II. 1. f. *Cu, RD.* Bravata, fanfarronería. pop + cult → espon.

bocota.
 ▶ **tener una ~.**

bocoy.
 I. 1. m. *Cu.* metáf. Persona baja y muy gorda. pop + cult → espon.

bocudo, -a.
 I. 1. adj/sust. *Ho, ES. Referido a persona,* que utiliza palabras vulgares.
  2. *ES. Referido a persona,* habladora o indiscreta.
 II. 1. adj. *PR. Referido a persona,* que ostenta un cargo importante. pop + cult → espon.

bodega.
 I. 1. f. *Mx, Gu, Ho, ES, Ni, CR, Pa, Co, Ec, Bo, Ch.* Edificio o local donde se guardan o almacenan géneros de cualquier especie, *generalmente mercancías.*
  2. *Mx.* Tienda grande, *principalmente de alimentación, productos del hogar y ropa.*
  3. *ES, CR, Co, Bo.* Lugar cerrado dentro de una casa de habitación o edificio, usado para guardar objetos de diversa naturaleza.
  4. *Ve, Pe.* Tienda donde se venden al por menor víveres, bebidas alcohólicas y artículos de ferretería, *situada preferiblemente en zonas urbanas.*
  5. f. *Cu.* Establecimiento donde se venden alimentos que se encuentran racionados y se paga en pesos.
  6. *RD. En los ingenios de azúcar,* tienda general.
 II. 1. f. *Ar, Ur.* metáf. Estómago o vientre de una persona. pop + cult → espon.
 III. 1. f. *Ar. En autobuses de distancias cortas y medias,* compartimento situado en la parte inferior destinado a carga y a equipaje de viajeros.

bodegaje.
 I. 1. m. *Mx, Ho, Ni, Co, Ec, Pe, Ch.* Almacenamiento de mercancías en **bodegas** o locales especiales, destinados para este fin.
 II. 1. m. *Mx, Ho, Ni, CR, Ec.* Cantidad de dinero que se cobra por almacenar bienes en una **bodega.**
  2. *CR.* Multa que se cobra por haber mantenido más tiempo del acordado una mercadería en una **bodega.**

bodeguero.
 I. 1.   m. *Bo:E,SE. En minería*, hombre encargado de recibir y entregar herramientas y material de trabajo a los mineros.

bodeguero, -a.
 I. 1.   m. y f. *Ni, RD, Ve, Pe; Cu*, obsol. Persona que posee o atiende una **bodega**.

bodie.
 I. 1.   m. *Gu, Ho*. Conjunto elástico para apretar y resaltar el cuerpo. (**body**).

bodocazo.
 I. 1.   m. *Gu*. Golpe dado con un **bodoque**.
 □
  a. ‖ **de un ~.** loc. adv. *Gu*. De una sola vez, con rapidez.

bodoque.
 I. 1.   m. *Mx, Pe*. Objeto excesivamente voluminoso. pop + cult → espon.
   2.   *Mx, Pe*. Gran cantidad o volumen de algo. pop + cult → espon.
 II. 1.   m. *Mx, Gu, Ho, Ni*. Hinchazón de forma redondeada en cualquier parte del cuerpo, *particularmente en la cabeza*.
   2.   *Mx, CR*. metáf. Niño de corta edad. afec.
 III. 1.   sust/adj. *Mx, Ve:O, Bo*. metáf. Persona gorda, pesada y poco ágil. pop + cult → espon ^ desp.
   2.   m-f. *Ho, ES, Ni, Pa*. Persona gorda y de pequeña estatura. pop + cult → espon.
 IV. 1.   m. *Mx, Gu, Ho, ES; CR*, obsol. Porción de cualquier material blando, *generalmente tela o papel*, en forma de pelota.
   2.   *Gu*. Esfera pequeña de barro cocido para tirar con la cerbatana o con la honda.
   3.   *Ho*. Pelota de **hule** que se pone en la punta de un palillo para tocar la marimba. pop + cult → espon.
 V. 1.   m-f. *Mx, Gu*. Persona querida, *en especial un niño pequeño*. afec.
 VI. 1.   m. *Ar*. Trozo de barro seco.
   2.   *Ni*. Masa sin forma.
   3.   *Ni*. Objeto mal elaborado.
 VII. 1.   m. *Ho*. metáf. Persona de poca iniciativa y de actuar lento.
   2.   *Ni*. Persona torpe.

bodoquera.
 I. 1.   f. *Bo:E*. Horquilla de madera o de metal donde se sujetan los elásticos del **bodoqui**.

bodoqui.
 I. 1.   m. *Bo:E*. Especie de honda compuesta por una horquilla con mango, *usualmente de madera*, a cuyos extremos se unen los de una goma con una pieza de cuero que, al estirarla, sirve para disparar objetos como piedrecillas o perdigones. pop + cult → espon.

bodrogo.
 I. 1.   m. *PR*. Zapato rústico y ancho. rur.
 ■
  a. ‖ **~ suit.** (Voz inglesa). m. *PR*. Pieza femenina elástica, ajustada al cuerpo y que cubre el torso.

bodyguard. (Voz inglesa).
 I. 1.   m. *EU, PR; Ho*, p.u. Guardaespaldas.

bofe.
 I. 1.   m. *Ar*. Persona muy fea. pop + cult → espon ^ desp.
 II. 1.   m. *Cu*. metáf. Persona antipática, poco sociable. pop + cult → espon ^ desp.
 III. 1.   m. *RD*. Artículo barato.
 IV. 1.   m. *PR*. Cosa fácil de hacer o conseguir.
 V. 1.   m. *PR*. Baba que se le forma al gallo en el buche después del **traqueo**, que se le saca con una pluma.

◢
  a. ‖ **el ~ hincha.** fr. prov. *PR*. Indica que algo que parece fácil puede ser muy problemático. pop + cult → espon.
 ▶ **botar el ~; caer como una patada en el ~; sacar el ~; ser un ~.**

bofedal.
 I. 1.   f. *Pe, Ch:N*. Terreno con humedad permanente y vegetación abundante situado en zonas altas y áridas.

bofetada.
 I. 1.   f. *RD, Ch*. Golpe fuerte dado en la cara de alguien con la mano cerrada.

bofetear.
 I. 1.   tr. *RD, PR, Bo*. Abofetear a *alguien*. rur; pop.

bofeteo.
 I. 1.   m. *RD, PR*. obsol. El sustento, la comida. pop + cult → espon ^ fest.

bofo. (De *fofo*).
 I. 1.   m. *Ho*. Pedazo de madera con remate similar a una oreja que utilizan los zapateros para coser la suela.

bofo, -a. (Var. de *fofo*).
 I. 1.   adj. *ES. Referido a cosa*, liviana y fofa.
   2.   *Ni. Referido a cosa*, hueca o vacía.

bofudo.
 I. 1.   adj/sust. *Ve:O. Referido a hombre*, de gran fuerza física.
 II. 1.   adj/sust. *Ve:O. Referido a hombre*, que gusta de las peleas y las promueve.

boga.
 I. 1.   f. *Bo, Ar*. Pez de agua dulce, de hasta 45 cm de longitud, de cuerpo fusiforme y aletas radiadas, *generalmente de color gris* con manchas más oscuras de extensión variada. (Anostomidae; *Leporinus trifasciatus*).
   2.   *Pe, Bo*. Pez de hasta 20 cm de longitud, con cabeza triangular, dientes pequeños y cónicos, con coloración variable entre el gris oscuro de la parte superior y el plateado de la inferior y con escamación irregular; su carne es muy apreciada. (Ciprinodontidae; *Orestias pentlandi*).

bogar.
 I. 1.   intr. *RD, Co:O*. Beber *alguien algo* con avidez y sin detenerse.
 II. 1.   intr. *Ar, Ur*. Interceder por alguien o esforzarse en favor de algo.
 III. 1.   tr. *Ch*. Quitar la escoria que sobrenada en el metal fundido cuando sale del horno.
 □
  a. ‖ **~ al parel.** loc. verb. *PR*. Bogar *alguien* con dos remos.

bogotana.
 I. 1.   f. *Ni*. Tela blanca de algodón.

bogotazo.
 I. 1.   m. *Co*. Levantamiento popular que tiene su origen en el que tuvo lugar en Bogotá el 9 de abril de 1948, a raíz del asesinato del liberal Jorge Eliécer Gaitán.

bogue.
 I. 1.   adj. *Ni*. juv. *Referido a persona*, inútil.

bohío. (De or. ind. antillano).
 I. 1.   m. *Ho, ES, Ni, Pa, Cu, RD, PR, Ve, Pe*. Cabaña campesina con techo de hojas de **yagua**, guano u otras. (**bojío**).
   2.   *Ho, ES, Ni, Pa, Ve*. Cobertizo con techo de palma o paja, sin paredes y sostenido por horcones.
   3.   *Cu, RD*. Casa rural.
   4.   *Ho*. p.u. *Entre militares*, tienda de campaña provisional.
   5.   *PR*. Quiosco de playa que semeja al bohío campesino.

boicotín.
  I. 1. m. *PR.* Boicoteo.
boicotizar. (Del ingl. *boycott*).
  I. 1. tr. *PR.* Aislar *alguien a una persona* de sus negocios.
boidón.
  I. 1. m. *RD.* Bastón.
boiler. (Voz inglesa).
  I. 1. *EU, PR.* p.u. **bóiler.**
bóiler. (Del ingl. *boiler*, hervidor).
  I. 1. m. *EU, Mx.* Caldera doméstica que sirve para calentar agua. (**boiler**).
boinazo.
  I. 1. m. *Ch.* Ejercicio o maniobras militares, *que en ocasiones pueden encubrir una protesta o una rebelión.* pop + cult → espon.
boisico.
  I. 1. m. *RD. Entre campesinos,* amuleto para protegerse contra el mal de ojo. rur.
boj.
  I. 1. m. *Cu.* Árbol silvestre de hasta 10 m de altura, con hojas rígidas de tamaño variable y flores fasciculadas; de su madera se hacen remos. (Celastraceae; *Maytenus buxifolia*). (**boje**). ♦ **carne de vaca.**
  II. 1. m. *Gu.* Tipo de **chicha** que beben los mayas.
bojalá.
  I. 1. m. *Pa.* Pez marino de más de 1 m de longitud, de cuerpo medianamente alargado y comprimido, hocico largo y puntiagudo, de color azulado verdoso en el dorso, plateado en la parte inferior con una banda oscura oblicua desde el hocico hasta el frente de la aleta dorsal; su carne, oscura, es apreciada. (Carangidae; *Seriola rivoliana*).
bojazo.
  I. 1. m. *Ho, Ni.* Golpe o caída fuerte. rur.
    2. *Ho.* Golpe con un **bate.**
  II. 1. m. *Ni.* Comida servida en gran cantidad.
    2. *Ni.* Trago de aguardiente.
boje.
  I. 1. *Cu, PR.* **boj**, árbol.
  II. 1. m. *ES.* Bofe.
bojío.
  I. 1. *RD, PR, Ve,* obsol; *Cu,* rur. **bohío**, cabaña.
bojo. (Var. de *fofo*).
  I. 1. m. *Ni.* Cantidad grande de algo.
bojo, -a. (De *fofo*).
  I. 1. adj. *Ve:O; Ho,* rur. *Referido a objetos o frutas,* blandos, de poca consistencia.
    2. *Ve:O. Referido a una variedad del maíz,* que tiene el centro blando.
bojorero.
  I. 1. m. *Ve:O.* Acumulación de basura de diversos desechos.
bojotazo.
  I. 1. m. *ES.* Golpe de un **bojote**, bola de material blando.
    2. *ES.* Mancha producida por ese golpe.
bojote.
  I. 1. m. *Ho, RD, PR, Co:C, Ve.* Paquete pequeño, envuelto descuidadamente. rur; pop.
    2. m-f. *RD, PR, Co:C, Ve.* metáf. Persona gorda y fea. pop + cult → espon ^ desp.
    3. m. *Gu, Ho, ES, Ni; Ve,* pop. Bola o amasijo de material blando.
    4. *Ni, RD, Ve.* Abundancia, gran cantidad de algo. pop + cult → espon.

    5. *Ho, PR.* Bulto o paquete grande de cosas desordenadas envueltas en una tela o trapo, *generalmente con forma redondeada.*
    6. *Ho.* Excremento en forma de bulto. rur; pop.
  II. 1. m. *Ve; PR,* obsol. | metáf. Lío, alboroto, barullo. pop + cult → espon.
    2. *Ve.* Confusión o desorden ruidoso. pop + cult → espon.
  III. 1. m. *Ve.* Bulto de los órganos genitales masculinos bajo una prenda muy ceñida. vulg.
    2. *Ho, ES.* Pene y testículos. vulg; pop + cult → espon.
    3. *Ho.* Vulva. vulg; pop + cult → espon.
  IV. 1. m. *Ho, ES.* Pedazo redondeado de algo.
    2. *PR.* Conjunto de cosas revueltas. pop + cult → espon.
  V. 1. m. *Ho.* Niño de pequeña estatura y regordete. pop + cult → espon ^ desp.
  VI. 1. m. *Ho. En la maquila,* cantidad de piezas que recibe un obrero para confeccionarlas en un día.

  □
  a. ‖ **de a ~.**
    i. loc. adj. *RD. Referido a la mujer,* extraordinaria.
    ii. loc. adv. *RD.* En gran cantidad.
  b. ‖ **por ~s.** loc. adv. *Ve.* En gran cantidad. pop + cult → espon.
  ◪
  a. ‖ **el ~ no es de hojas.** fr. prov. *Ve.* Indica que algo tiene más importancia o complejidad de lo que aparenta. pop + cult → espon.
  ▶ **amarrarse muchos ~s; estar de a ~; estar hecho un ~.**

bojotico, -a.
  I. 1. adj/sust. *RD.* metáf. *Referido a persona,* pequeña y gruesa. pop + cult → espon.
bojotillo, -a.
  I. 1. m. y f. *Ho.* metáf. Niño de corta edad.
bojotón.
  I. 1. m. *Ve.* Gran cantidad, número considerable de algo. pop + cult → espon.
bol. (Del ingl. *ball*).
  I. 1. f. *Ar.* Pelota de **futbol** o tenis.
bola.
  I. 1. f. *Mx, Gu, Ho, Cu, Ve, Bo.* Gran número o cantidad de algo. pop + cult → espon.
    2. *Mx, Ni.* Movimiento social de masas enardecidas que causa desorden y se enfrenta al gobierno establecido.
    3. *Mx, Ni.* Tumulto, bullicio protagonizado por gente que se pelea o discute. pop + cult → espon.
    4. *Mx, Ni.* Reunión o fiesta con bullicio o escándalo. pop + cult → espon.
    5. *Mx.* Grupo, cuadrilla de personas despreciables o que merecen escasa consideración. pop + cult → espon ^ desp.
    6. *Mx.* Grupo de amigos, pandilla. pop + cult → espon.
  II. 1. f. *Mx, Bo, Ar, Ur.* Cuerpo arrojadizo que se dispara con una cerbatana para cazar o retener animales.
  III. 1. f. *ES, Ni, Cu, PR, Ve. En el beisbol,* lanzamiento malo del **pícher** al **bateador.**
  IV. 1. f. *Cu.* Corte de carne fina y tierna de vacuno, que se emplea para bistecs.
  V. 1. f. pl. *Cu.* Nalgas de una persona. vulg; pop + cult → espon.
  VI. 1. f. *RD.* Autoestop.
  ●
  a. ‖ **la ~ pica y extiende.**
    i. fórm. *Ni, Cu.* Se usa para referirse a una situación que se extiende más allá de lo previsto.
    ii. *Ni.* Se usa para referirse a un problema que implica a otros sujetos o aspectos causados por él.

b. ‖ **¡sí, las ~s!**
  i. fórm. *Ar, Ur.* Se usa para rechazar una propuesta o petición. vulg; pop + cult → espon.
  ii. *Ar.* Se usa para mostrar incredulidad o escepticismo con respecto a algo que se ha afirmado o expuesto. vulg; pop + cult → espon.

a. ‖ **~ alta.** f. *Ni, Cu, PR. En el beisbol*, lanzamiento malo del **pícher**.
b. ‖ **~~** f. *Pe.* Terreno lleno de terrones duros y prominencias. rur.
c. ‖ **~ de fraile.** f. *Ar, Ur.* Bollo elaborado con harina, agua, levadura, azúcar, sal, huevo y margarina, que, después de frito, se rellena con mermelada o dulce de leche y se espolvorea con azúcar.
d. ‖ **~ de humo.**
  i. f. *Cu. En el beisbol*, lanzamiento ilegal en el que el lanzador unta la pelota con saliva o aceite con el propósito de que esta tenga un efecto inesperado y confunda al bateador.
  ii. *Ni. En el beisbol*, lanzamiento a mucha velocidad.
e. ‖ **~ de lomo.** f. *Py, Ar, Ur.* Corte de vacuno, extraído del cuarto trasero, situado en la parte anterior de la región femoral.
f. ‖ **~ de millo.** f. *RD.* Golosina en forma de bola preparada con rosetas de maíz y melaza de caña. rur.
g. ‖ **~ de nieve.** f. *RD.* Coche que usa la policía para conducir presos. carc.
h. ‖ **~ de peña.** f. *RD.* Trozo de tierra que aparece en las orillas de los ríos y se usa para lavarse el pelo y para suavizar el cutis.
i. ‖ **~s criollas.** f. pl. *Ve.* Juego en el que se enfrentan dos jugadores en un campo de tierra, y que consiste en acercar pelotas de madera a una más pequeña, llamada **mingo**.

a. ‖ **a la ~.** loc. adv. *Ch.* En relación con el corte de pelo, al cero, a rape.
b. ‖ **~ de churre.** loc. sust/adj. *Cu.* Persona que está muy sucia. pop + cult → espon.
c. ‖ **~ de humo.**
  i. loc. sust. *Mx.* Maniobra inducida, noticia o situación utilizadas por alguien como distracción o tapadera para desviar la atención de un asunto que le interesa ocultar.
  ii. *Ar, Ur.* Persona de pocas luces, tonta.
  iii. loc. adj. *Cu. Referido a persona*, lista.
  iv. *Cu. Referido a persona*, coqueta.
  v. *Cu. Referido a un niño*, travieso y pícaro.
d. ‖ **~ huacha.**
  i. loc. sust/adj. *Ch.* Persona sin cariño ni afecto de nadie. pop + cult → espon.
  ii. *Ch.* Vagabundo. pop + cult → espon.
e. ‖ **~s tristes.** loc. sust. *Bo, Ar.* Persona que tiene pocas luces o que obra como tal. pop + cult → espon ^ desp.
f. ‖ **como ~ sin manija.**
  i. loc. adj. *Ar. Referido a persona*, desorientada, indecisa. pop + cult → espon.
  ii. *Ur. Referido a persona*, muy atareada o que corre de un lado para otro. pop + cult → espon.
g. ‖ **de ~s.**
  i. loc. adv. *RD, Ve.* Completa o íntegramente. vulg; pop + cult → espon.
  ii. *Ve.* Con toda seguridad. vulg; pop + cult → espon.
h. ‖ **¡de ~s!**
  i. loc. interj. *Bo:O,C.* juv. Expresa certeza de lo que se dice. vulg; pop + cult → espon.
  ii. *Bo:O,C.* juv. Expresa resolución para emprender algo. vulg; pop + cult → espon.

i. ‖ **en ~.**
  i. loc. adv. *Mx, Ni.* En tropel, en montón. pop + cult → espon.
  ii. loc. adj. *Ni, Co, Bo. Referido a persona*, desnuda. pop + cult → espon ^ fest.
j. ‖ **en ~s.** *Ur.* Sin bienes. pop + cult → espon.
k. ‖ **hasta las ~s.**
  i. loc. adj. *Ar. Referido a un lugar*, muy lleno. vulg; pop + cult → espon.
  ii. loc. adj. *Ar. En relación con la intensidad con la que se siente o realiza algo*, total y profundamente. vulg; pop + cult → espon.
l. ‖ **la ~.** loc. adv. *Ec.* juv. Mucho.
m. ‖ **una ~ que no la brinca un chivo.** loc. sust. *Cu.* Gran cantidad de dinero.

▶ andar como ~ sin manija; andar en la ~; armarse la ~; arrastrarle las ~s; arrastrarse las ~s por el piso; batear la ~ mal; botar la ~; botar la ~ y romper el bate; cambiar la ~; coger ~; coger de ~; comer ~; comer ~s; correr la ~; correr una ~; dar ~; dar ~ negra; dar en ~; dar en las ~s; dar las ~s; dar por las ~s; darle a la ~ en la costura; echar ~ negra; echar ~s; encontrar su ~; esconder la ~; estar arriba de la ~; estar de ~; gozar una ~; hacer ~; hacerse ~; hacerse ~s; halar ~s; irse con la ~ mala; jugar ~; llevarse la ~ y el bate; no dar ~; parar ~; parar ~s; pedir ~; pelar ~s; quedar en ~s; romper las ~s; salir como ~ por tronera; tener ~s; tener de ~; tener unas ~s de oro.

bolá.
I. **1.** f. *Cu.* Cosa, asunto, tema. pop + cult → espon.

a. ‖ **¿qué ~?** fórm. *Cu.* Se usa como saludo entre personas de confianza. pop + cult → espon. ♦ **¡qué boletín!**

¡bola!
I. **1.** interj. *Ve.* Expresa rechazo. vulg; pop + cult → espon.

a. ‖ **¡qué ~(s)!**
  i. loc. interj. *Ve.* Expresa sorpresa o admiración ante el comportamiento de alguien. (¡**bolas!**).
  ii. *Ve.* Expresa indignación o disgusto ante el comportamiento de alguien. (¡**bolas!**).

bolacear.
I. **1.** intr. *Ar.* metáf. Decir *alguien* mentiras. pop + cult → espon.
  2. *Ar.* metáf. Decir *alguien* cosas disparatadas o sin sentido. pop + cult → espon.

bolaceo.
I. **1.** m. *Ar.* Mentiras. pop + cult → espon.

bolacero, -a.
I. **1.** adj/sust. *Ar. Referido a persona*, mentirosa. pop + cult → espon.

bolacha.
I. **1.** f. *Bo:N,E.* Masa de caucho en bruto, tal como se cuaja al extraer el látex.

bolada.
I. **1.** f. *Pe, Ar.* Mentira, rumor falso o infundio, *generalmente con fines políticos o de otro género*.
  2. *Ar, Ur, Ve,* obsol. Ocasión propicia. pop + cult → espon.
  3. m. *Ho, Ni, CR.* Encargo de algo.
  4. *ES, Ni.* Asunto, negocio, cualquier cosa. pop + cult → espon.
  5. *Ho.* Cosa fácil de conseguir. pop + cult → espon.
  6. *CR.* Consejo útil para resolver un problema en forma práctica. pop + cult → espon.
  7. *CR.* Acción que, *generalmente con destreza*, se ejecuta para resolver un problema.

II. 1. f. *Cu, PR, Ve.* Suerte, ocasión, ganga. pop + cult → espon.

2. *Cu.* Trampa, engaño. pop + cult → espon.

III. 1. f. *Pe.* Serie grande de carambolas consecutivas conseguidas en una partida de billar.

▶ **caer en la ~.**

bolado.

I. 1. m. *Ho.* Mujer muy guapa. pop + cult → espon.

2. *Ho.* Mujer con la que se tiene una relación sexual en secreto. pop + cult → espon.

▶ **agarrar ~; agarrar el ~; coger el ~.**

bolanchao.

I. 1. m. *Ar:NO.* Dulce en forma de bola hecho con **mistol** molido y harina de algarroba.

2. *Ar:NO.* Cuajada, pasada de su punto, que se amasa.

bolancheje.

I. 1. m. *Ho.* Mujer muy atractiva.

bolansho.

I. 1. m. *Pe.* Cabeza con el pelo cortado al cero. rur.

bolañcro.

I. 1. m. *Ve:O.* Muchacho de aspecto desaseado. pop + cult → espon.

II. 1. *Ve:O.* Muchacho insignificante. pop + cult → espon.

bolas.

I. 1. sust/adj. *Bo; Ar, Ur,* tabú. Persona tonta o que obra como tal. pop + cult → espon ∧ desp. ♦ **bolastrín; bolastristes; bolastrún.**

2. *Ur.* Persona lenta y distraída. pop + cult → espon ∧ desp

□

a. ‖ **~ tristes.** loc. sust. *Ar.* **bolastristes.**

¡bolas!

I. 1. interj. *Mx.* Expresa asombro.

2. *Ve.* **¡bola!**

bolastrín, -na.

I. 1. *Ar.* **bolas.** tabú; pop ∧ desp.

bolastristes.

I. 1. m. *Ar, Ur.* **bolas,** persona de pocas luces. vulg. (**bolas tristes**).

bolastrún, -na.

I. 1. m. y f. *Ar.* **bolastristes.**

bolate.

I. 1. *Co.* **volate.**

bolaterapia.

I. 1. f. *Py.* **bolazo,** relato falso.

bolatín, -na. (De *bolo,* borracho).

I. 1. adj. *Gu. Referido a persona,* borracha. pop + cult → espon.

bolazo.

I. 1. m. *Py, Ar, Ur.* Relato exagerado o falso de un hecho. pop + cult → espon. ♦ **bolaterapia.**

2. *Ni, Ar, Ur.* Comentario o información indiscreta sobre alguien o algo. pop + cult → espon.

II. 1. m. *Ar, Ur.* Golpe dado con las **boleadoras.**

2. *Ve, Bo.* Golpe dado con una piedra o cualquier objeto arrojadizo.

III. 1. m. *Ur.* Examen o trabajo intelectual sencillo o de escasa importancia.

bolche. (Apóc. de *bolchevique*).

I. 1. sust/adj. *Ar, Ur.* Persona que tiene ideas de izquierda. pop + cult → espon ∧ desp.

boldo.

I. 1. m. *Ni, Pe, Bo, Ch.* Arbusto de follaje oscuro y denso, con uno o varios troncos de corteza delgada, gris parda, rugosa y agrietada, con hojas perennes, aromáticas, coriáceas, de forma variada; su fruto es comestible y sus hojas se utilizan con fines medicinales. (Monimiaceae; *Peumus boldus*).

■

a. ‖ **té de ~.** m. *Mx, Ho, Ni, Ar.* Infusión hecha de la corteza astringente del boldo.

bole. (Del ingl. *bol,* tazón, cuenco).

I. 1. m. *Ni.* Bebida hecha de la mezcla de trozos de frutas y licor.

bolea.

I. 1. f. *Ch.* Volea.

boleada.

I. 1. f. *Mx.* Lustrado del calzado.

II. 1. f. *Ar, Ur.* Lanzamiento de las **boleadoras.**

2. *Ar.* Caza de animales, *especialmente ñandúes o guanacos.*

▶ **caer en la ~.**

boleado.

I. 1. m. *Mx, Pe.* Moldeado o redondeo de un ángulo o arista de una superficie o de un objeto.

boleado, -a.

I. 1. adj. *Ar, Ur.* Despistado, distraído. pop + cult → espon.

2. *Ar, Ur.* Mareado o aturdido, *especialmente tras recibir un golpe o tomar un medicamento.* pop + cult → espon.

II. 1. adj. *Gu. Referido a frijol,* machacado y refrito en sartén en forma de bulto.

boleador.

I. 1. m. *Ar.* Hombre que tiene por oficio atrapar animales con las **boleadoras.**

2. *Bo.* Hombre que tiene por oficio lustrar zapatos en las calles. pop + cult → espon.

boleador, -ra.

I. 1. adj/sust. *Ch. Referido a un profesor,* que forma parte de un tribunal examinador.

II. 1. sust/adj. *Ur.* Caballo que suele levantar las patas delanteras y echarse hacia atrás. rur.

boleadora.

I. 1. f. *Ch, Py, Ar, Ur;* pl. *Bo.* rur. Arma de captura compuesta de dos o tres tiras largas de cuero trenzado sujetas entre sí en un extremo y unidas en el otro a bolas de piedra u otro material pesado, que se arroja a las patas o al pescuezo de los animales. ♦ **laque; ñanducera.**

II. 1. f. *Cu.* Cuchara especial, con resorte, que se utiliza para servir helado.

bolear(se).

I. 1. tr. *Mx; Bo:C,O,* obsol. Acondicionar el calzado embetunándolo y lustrándolo.

2. tr. prnl. *Mx.* Lustrarse *alguien* el calzado.

3. intr. *Mx.* Ejercer el oficio de limpiador de calzado.

II. 1. intr. prnl. *Py, Ar, Ur.* Confundirse, no saber qué hacer o cómo actuar en una determinada situación. pop + cult → espon.

2. *Ar, Ur.* Experimentar mareos o embotamiento de los sentidos. pop + cult → espon.

3. tr. *Ur.* Marear o aturdir a *alguien* un golpe o un medicamento.

III. 1. tr. *Ve.* Rechazar *alguien* el ingreso de una persona a un club.

2. *Ve.* No invitar a *una persona* a una reunión social.

3. *Ch.* Expulsar o descartar a *alguien* o *algo.* pop.

4. *Bo:O,C.* juv. Echar a *alguien* de un lugar.

IV. 1. tr. *Ar, Ur; Bo:O,C,* rur. Echar o arrojar las **boleadoras** a un animal.

V. 1. tr. *Co.* Hacer *alguien algo* prolongadamente y a veces sin control.

VI. 1. intr. prnl. *Ar, Ur.* Empinarse un caballo sobre las patas traseras y echarse hacia atrás. rur.

VII. 1. tr. *Pe; Bo:O,C,* pop. Redondear o moldear *alguien* los ángulos y aristas de una superficie o de un objeto.

VIII. 1. tr. *Ho, Ni, Pa, PR. En el* **beisbol**, tirarse los jugadores entre sí la pelota.

2. *Bo:O,C. En el* **futbol**, golpear *alguien* el balón cuando está en el aire con el empeine del pie. pop + cult → espon.

IX. 1. intr. prnl. *Ve:O.* Enriquecerse *alguien* rápidamente y sin esfuerzo.

X. 1. tr. *Cu.* Servir *alguien* bolas de helado con una **boleadora**.

XI. 1. tr. *Ni.* Remitir *una persona* a *alguien* a diferentes instancias para retardar innecesariamente un trámite.

2. *Ni.* Evadir *alguien* su responsabilidad en la decisión o realización de algo implicando a otros.

XII. 1. intr. *Py.* Mentir *alguien*. pop + cult → espon.

boleco, -a. (De *bolo*, borracho).

I. 1. adj. *Gu, Ho, ES, Ni. Referido a persona*, borracha. pop + cult → espon ∧ desp.

2. adj. *Ho. Referido a persona*, aturdida o atontada. pop + cult → espon ∧ desp.

bolenca. (De *bolo*, borracho).

I. 1. f. *Ni.* Borrachera de varios días. pop + cult → espon.

bolencia. (De *bolo*).

I. 1. f. *Gu, Ho, ES.* Borrachera de una persona. pop + cult → espon.

2. f. *Gu, Ho, ES.* Aturdimiento de alguien. pop + cult → espon.

3. f. *Gu, Ho.* Sensación de mareo. pop + cult → espon.

boleo.

I. 1. m. *Mx.* **Lustrada**, limpieza del calzado.

II. 1. m. *Co.* Trabajo o actividad que implica ir de un lado para otro.

III. 1. m. *Ar, Ur.* Puntapié.

IV. 1. m. *Bo:O,C.* Porción de hojas, en forma de bola, que se mantiene en la boca por la presión de los molares en el **aculli**.

V. 1. m. *PR.* Sorteo que se lleva a cabo, *especialmente en el boxeo, en las peleas de gallos y en el hipismo*, para determinar el turno de la **competencia**.

bolera.

I. 1. f. *Mx.* Mueble auxiliar para el juego de billar, consistente en unos estantes especialmente diseñados para alojar las bolas según se van eliminando de la mesa o para guardarlas una vez terminada la partida.

2. *Mx.* Bolsa de tejido grueso y absorbente que en el juego de los bolos se utiliza para transportar, limpiar y guardar la bola.

II. 1. *Mx.* Canción perteneciente al folclore tradicional.

2. m. *Bo.* Pieza musical, pentatónica, que ejecuta una banda militar, *generalmente en procesiones religiosas o en el entierro de personas importantes*.

III. 1. f. *Mx.* Máquina que en las labores de tejer o hilar sirve para devanar la madeja o engrosarla enrollando el hilo.

IV. (Del ingl. *bol*, tazón, cuenco).

1. f. *Ve:O.* Cosa u objeto que no se especifica. pop.

2. *Ni.* Recipiente donde se hace el **bole**.

V. 1. f. *Ve:O.* Molestia o contrariedad.

VI. 1. f. *Ve:O.* Prostituta. pop + cult → espon ∧ desp.

VII. 1. m. *Gu, Ho.* Sombrero negro de copa alta, que se usaba en recepciones hasta los años treinta.

VIII. 1. f. *ES.* Mareo.

□

a. ‖ **¡qué ~!** loc. interj. *Co.* Expresa contrariedad, molestia o fastidio.

bolerista.

I. 1. m-f. *Cu, RD, PR, Ve.* Persona que se dedica a cantar boleros.

2. *Cu, RD, PR, Ve.* Compositor de boleros.

bolerística.

I. 1. f. *Cu, RD; PR*, p.u. Repertorio de boleros de un compositor.

bolero, -a.

I. 1. m. y f. *Ve.* Persona callejera, vagabunda. pop + cult → espon.

II. 1. *Ve:C.* Persona que actúa con picardía, viva, traviesa. pop + cult → espon.

boleta.

I. 1. f. *Mx, Ho, Pa.* Documento en el que se asientan datos de carácter oficial y que sirve de comprobante de algo.

2. *Ho.* Documento del Registro Nacional de las Personas, que le permite votar en las elecciones.

II. 1. f. *Ni.* Multa con que se penaliza una infracción de **tránsito**.

III. 1. f. *Ni.* Papel fino para liar un cigarrillo de marihuana. drog.

■

a. ‖ **~ de revisión.** f. *Ho, Ni.* Documento oficial de un vehículo automotor en que consta su número de motor, color, modelo y nombre del propietario.

▶ **dar** ~; **hacer** ~; **hacer la** ~; **pasar la** ~; **ser** ~.

boletaje.

I. 1. m. *Ho, Pe, Ch.* Conjunto de los billetes o **boletos** que permiten el acceso a un espectáculo o a un medio de transporte.

boleteado, -a.

I. 1. adj. *Ni. Referido al conductor de un vehículo*, multado o al que se le ha retirado el carné de conducir.

boletear(se).

I. 1. tr. prnl. *Co.* juv. Hacer *alguien* ostentación de cosas materiales.

2. *Co.* juv. Mostrarse *una persona* con ostentación.

II. 1. tr. *Co.* Extorsionar *alguien* si no entrega una cantidad de dinero específica.

2. *Ar.* Matar *alguien* a *una persona*. pop.

III. 1. intr. *Ar.* Mentir *alguien*.

2. tr. *Ar.* Mentir *una persona* a *alguien, especialmente para impresionarlo*. pop + cult → espon.

IV. 1. tr. *Ni, Pa, Ve.* Multar un policía a *alguien* por una infracción vehicular.

V. 1. intr. *Ch. En una transacción comercial*, expedir **boletas** de honorarios.

2. *Ch.* Trabajar de manera eventual sin contrato laboral, debiendo emitir a la finalización del trabajo **boletas** de honorarios.

VI. 1. tr. *Ve.* juv. Delatar *una persona* a *alguien*.

VII. 1. tr. *Ch. En una* **competencia** *deportiva*, derrotar a *alguien* de manera humillante. pop + cult → espon.

boleteo.

I. 1. m. *Co.* Amenaza o extorsión hecha por una persona a alguien.

II. 1. m. *Ch.* Trabajo eventual.

2. *Ch.* Honorario de un trabajo eventual.

boletería.

I. 1. f. *Mx, Ho, CR, Pa, Cu, RD, PR, Co, Ve:O, Ec, Pe, Bo, Ch, Ar, Ur.* Lugar donde se venden las entradas para un espectáculo.

2. *Ho, Pa, Co, Ve, Bo.* Total de boletos o entradas que se ponen a la venta.

3. *Ar, Ur.* Lugar donde se venden pasajes para un transporte.

boletero, -a. (De *boleto*).

I. 1. m. y f. *Mx, Gu, Ho, Ec, Pe, Bo, Ch, Py, Ur, Pa, Ar*, p.u. Persona que despacha entradas en una **boletería**.

2. *Ar, Ur.* Persona que vende pasajes para un transporte en una **boletería**.

II. 1. sust/adj. *Py; Ar*, pop. Persona mentirosa.

III. 1. m. y f. *Ni.* Policía que tiene como función específica la de poner multas a los conductores que infringen las normas.

boletín.
  I. 1. m. *Cu.* Boleto o billete de ferrocarril o de otros medios de transporte.
  ●
  a. ‖ **¡qué ~!** fórm. *Cu.* **¿qué bolá?**
  ▶ **sacar vendiendo boletines.**
boletinar.
  I. 1. tr. *Mx.* Consignar un organismo público en un registro oficial y público a los infractores de una norma para que se les prive de ciertos servicios o derechos en lo sucesivo.
  2. *Mx.* Incluir una empresa como acto de represalia a un trabajador o a un usuario en una lista que se divulga entre otras empresas con la petición expresa de que no sean aceptados en ellas.
  3. *Mx.* Dar a conocer, divulgar *alguien* un dato o noticia.
  4. *Mx.* Insertar *alguien* una nota o dato en un informe, boletín o archivo.
  5. *Mx.* Someter *una persona* a *alguien* a diligencias averiguadoras para verificar si cometió irregularidad o delito en sus funciones laborales.
boleto.
  I. 1. m. *Ho, ES, Ve, Ec, Pe, Bo, Ch, Ar, Ur.* Billete para viajar en un transporte.
  2. *ES, Ni, Pe, Bo, Ch; Ec,* p.u. Entrada para cine, teatro u otros espectáculos.
  II. 1. m. *Mx, Ar. En el proceso eliminatorio de una competición deportiva,* clasificación y plaza para la siguiente fase o para la gran final.
  III. 1. m. *Mx.* Asunto, problema o situación.
  IV. 1. m. *Ar; Py.* obsol. Mentira. pop + cult → espon.
  2. *Ar, Ur.* Relato exagerado o falso de un hecho. pop + cult → espon.
  V. 1. m. *Ho, Ni, Cu.* **base por bolas.**
  2. *Ho.* Derecho a participar un equipo o persona en un campeonato.
  VI. 1. m. *Ur.* Cosa fácil de hacer. pop + cult → espon.
  ■
  a. ‖ **~ de compraventa.** m. *Ar.* Contrato preparatorio que se firma antes de concretar definitivamente una operación inmobiliaria.
  b. ‖ **~ redondo.** m. *Mx.* Viaje de ida y vuelta.
  □
  a. ‖ **de ~.**
  i. loc. adv. *Mx.* De inmediato, enseguida, en el acto. pop + cult → espon.
  ii. *Mx.* Velozmente, raudamente. pop + cult → espon.
  iii. *Pe.* Sin dormir.
  b. ‖ **¡los ~s!** loc. interj. *Ch. Precedido al nombre de un lugar,* expresa que se va a ir a él. pop + cult → espon ^ fest.
  ▶ **cortar ~s; dar ~; no dar ni ~; sacar ~; ser otro ~.**
boleto, -a.
  I. 1. adj. *Co. Referido a persona,* grosera, impertinente. pop + cult → espon ^ desp.
  II. 1. adj. *Co. Referido a persona,* que provoca risa o burla por su rareza o extravagancia.
boli.
  I. 1. m. *ES, Ni, CR; Pa,* obsol. Golosina refrescante de diversos sabores, contenida en pequeñas bolsas de plástico de forma cilíndrica, *que generalmente se come congelada.*
boliaco.
  I. 1. m. *Ve:O.* Golpe fuerte que se le da a un trompo con otro.
boliche.
  I. 1. sust/adj. *Bo, Py, Ar; Ch, Ur,* desp. Establecimiento comercial o industrial de poca importancia, *especial-*

mente el que se dedica al despacho y consumo de bebidas y comestibles. pop + cult → espon ^ fest. ♦ **bolicho.**
  2. m. *Bo, Ch, Py, Ar, Ur.* Discoteca. pop + cult → espon.
  3. m. *Ec, Pe, Bo; Py,* esm. Bar, *en particular el frecuentado solo por hombres.*
  4. *Ho, Ni, PR.* Bolera, lugar donde se juega a los bolos.
  5. *Ec.* Burdel. pop.
  II. 1. *Pe.* **jaboncillo,** árbol.
  2. m. *Pe.* Fruto del boliche, con cáscara negra, gruesa y blanda, carnoso, con dos o tres semillas negras lustrosas; se emplea como jabón.
  III. 1. m. *Co.* p.u. Bola pequeña de cristal que utilizan los niños para jugar.
  IV. 1. adj. *Pe.* Relativo a Bolivia. pop + cult → espon ^ desp.
  V. 1. m. *Ve:O.* Caramelo de forma más o menos redonda. pop + cult → espon.
  VI. 1. m. *Ve:O.* Chichón. pop + cult → espon.
  VII. 1. m. *Ve:E.* Hilo fino empleado en la elaboración de redes.
  VIII. 1. m. *Ve:S.* Hombre afeminado. pop + cult → espon.
  IX. 1. m. *Cu.* Pieza de carne que se corta del cuarto trasero.
  X. 1. m. *PR.* Tabaco de clase inferior elaborado con las hojas rastreras de la planta. ♦ **espumilla.**
  XI. 1. m. *Ur.* Bragueta del pantalón. pop + cult → espon ^ fest.
  ▶ **tener ~.**
¡boliche!
  I. 1. interj. *Ve:O.* Expresa rechazo. euf.
bolichear.
  I. 1. intr. *Ar, Ur.* Frecuentar discotecas u otros locales nocturnos de esparcimiento. pop + cult → espon.
  II. 1. intr. *Ar.* Hacer negocios o transacciones comerciales de poca importancia. pop + cult → espon.
bolichera.
  I. 1. f. *Pe.* Embarcación de grandes dimensiones utilizada para el transporte de pescado.
bolichero, -a. (De *boliche*).
  I. 1. m. y f. *Bo, Ch, Py, Ar, Ur.* Propietario o encargado de un **boliche,** establecimiento comercial o industrial de poca importancia. pop + cult → espon.
  2. adj/sust. *Bo, Ar, Ur. Referido a persona,* que frecuenta discotecas u otros locales nocturnos de esparcimiento. pop + cult → espon ^ fest.
  3. m. y f. *Ar.* Persona que se dedica a negocios de poca importancia. pop + cult → espon.
  4. adj. *Ch.* Relativo a un **boliche,** establecimiento comercial o industrial de poca importancia.
  5. *Bo.* Relativo a un **boliche,** discoteca.
  6. *Bo.* Relativo a un **boliche,** bar.
  7. m. y f. *Pa.* Persona que juega a los bolos en un **boliche.** pop + cult → espon.
bolichista. (De *boliche*).
  I. 1. m-f. *Ho, ES, Ni.* Persona que juega a los bolos en una bolera.
bolicho.
  I. 1. adj. *Py, Ar:NE.* p.u. **boliche,** establecimiento comercial.
bólido.
  I. 1. sust/adj. *Ar, Ur.* Persona distraída que obra con lentitud o que tiene pocas luces. pop + cult → espon ^ sat.
boligoma. (De *bolo* y *goma*).
  I. 1. f. *ES.* Bebedor que junta la reseca con una nueva borrachera.
  2. *Ho.* Malestar posterior que causa el haber tomado excesiva cantidad de bebidas alcohólicas.

II. 1. f. *Ho.* Grano de café de mala calidad que se comercializa solo en el mercado nacional.

boligorrín.

I. 1. m. *Ho.* Juego de apuestas con tres cubiletes que consiste en tapar una bolita con uno de los cubiletes invertido y acertar en cuál de ellos está, después de haberlos movido con rapidez el **boligorrinero**.

boligorrinero, -a.

I. 1. m. y f. *Ho.* Persona que mueve con rapidez los cubiletes en el **boligorrín** y paga o cobra las apuestas.

bolígrafo.

I. 1. sust/adj. *Gu, ES.* Persona borracha. pop + cult → espon ^ fest.

bolihoyo.

I. 1. m. *Ni.* Juego de niños que consiste en introducir canicas en uno o en tres hoyos hechos en línea recta a dos o tres metros el uno del otro. inf.

bolilla.

I. 1. f. *Pe, Ch, Py, Ar, Ur;* m-f. *Bo.* Bola pequeña numerada que se usa en los sorteos.
2. f. pl. *Bo, Ar.* Juego de niños que se hace con bolas pequeñas de barro, vidrio u otra materia dura.
3. f. *Bo, Ar.* Pequeña esfera, *generalmente de vidrio,* que se usa en este juego.
II. 1. f. *Py, Ar, Ur.* Cada uno de los temas numerados en que se divide el programa de una materia para su enseñanza.

● **a.** ‖ **la ~ que faltaba.** fórm. *Ar, Ur.* Se usa para referirse a alguien cuya llegada o intervención resulta molesta o inoportuna. pop + cult → espon.
▶ **correr la ~; dar ~.**

bolillazo.

I. 1. m. *Co.* Golpe dado con el **bolillo**, arma policial. pop + cult → espon.
II. 1. m. *Ni.* Trago de aguardiente.

bolillero.

I. 1. m. *Ar, Ur.* Dispositivo que se usa para realizar sorteos, conformado por un recipiente que contiene bolas numeradas y un mecanismo para extraerlas de una en una.

bolillo.

I. 1. m. *Mx, ES.* Cierto tipo de pan blanco.
2. *Mx.* Pan con forma de barra, salado hecho de harina de trigo, suave y esponjoso por dentro y corteza dura con una larga incisión.
3. *Ho, ES.* Variedad de pan dulce, aplanado y alargado, hecho con harina de trigo, levadura, yema de huevo batido y agua; se utiliza para hacer torrijas.
II. 1. m. *Mx, Ho, Ni, CR, Pa, Bo.* Palo pequeño y cilíndrico que se usa para tocar instrumentos de percusión.
2. *Gu, CR, RD, Ec.* Cilindro de madera usado en panadería y repostería para estirar la masa.
3. m. pl. *Ni, Pa, Cu.* Palillos con que se toca el tambor.
4. m. *ES.* Palillo con una bola de goma en un extremo que se utiliza para tocar la marimba.
III. 1. m. *Mx:N.* Estadounidense o cualquier persona alta, de piel blanca y pelo rubio. pop + cult → espon.
IV. 1. m. *Co.* Instrumento cilíndrico, de unos 50 cm de longitud, que los agentes de la policía usan como signo de autoridad o arma.
V. 1. m. *Bo.* Papel pequeño numerado que se emplea para sortear el tema de un examen o de una exposición. est.
VI. 1. m. *PR.* Grúa para levantar pesos, *especialmente en trabajos marineros.*
VII. 1. m. *PR.* juv. Automóvil pequeño.

■ **a.** ‖ **~ de güinche.** m. *PR.* Pieza que amarra el cable a la grúa.

□ **a.** ‖ **¡puro ~!** loc. interj. *Mx.* Expresa negación total.
▶ **valer puro ~.**

bolillón.

I. 1. m. *Ar:NO.* p.u. **Bolilla** grande que se usa en el juego de **bolitas.**

bolina.

I. 1. f. *Ch; Ni,* pop. Ruido, bulla, alboroto. pop + cult → espon.
II. 1. f. *Gu, ES.* Borrachera. pop + cult → espon.

□ **a.** ‖ **a ~.** loc. adv. *Cu.* Sin gobierno ni control.

bolinar.

I. 1. intr. *Ni.* Hacer *alguien* bulla o ruido. pop + cult → espon.

bolincha.

I. 1. f. *CR.* Bola pequeña de vidrio, *generalmente con diseños en color,* empleada en las canicas.
2. f. pl. *CR.* **bolita,** juego.

bolinillo.

I. 1. m. *Co:O.* Utensilio de madera que se utiliza para remover el chocolate mientras se hace.

boliplaya.

I. 1. m. *Ho.* Voleibol, juego entre dos equipos de dos jugadores cada uno que se realiza en playas.

bolipool. (Voz inglesa).

I. 1. f. *PR.* **bolita,** lotería clandestina. (**bolipul**).

bolipul.

I. 1. m. *PR.* **bolita,** lotería clandestina.

boliqueso.

I. 1. m. *Ni, Pa.* Bolitas crujientes de harina de maíz con queso.

bolístico, -a.

I. 1. adj. *ES.* Relativo al dinero. pop + cult → espon.

bolita.

I. 1. f. pl. *Pe, Bo, Ch, Ar, Ur.* Juego de niños que se practica con bolas pequeñas de barro, vidrio u otra materia dura. (**bolincha**). ◆ **hoyito.**
2. f. *Pe, Bo, Ch, Ar, Ur.* Bola que se utiliza en el juego de las bolitas. pop + cult → espon.
II. 1. f. *Pa, Cu, PR.* Lotería clandestina popular que solo utiliza tres cifras. ◆ *bolipool*; **bolipul.**

□ **a.** ‖ **¡~!** loc. interj. *Bo.* En un juego, expresa que debe interrumpirse su realización para hacer una aclaración o introducir una explicación. inf. ◆ **¡bolita roja!**

■ **a.** ‖ **~ man.** (Voz inglesa). m. *PR.* Persona que vende números de la bolita.
b. ‖ **~ runner.** (Voz inglesa). m. *PR.* Persona que vende números de la bolita.
c. ‖ **~ y hoyo.** f. *PR.* Juego de niños que consiste en introducir canicas en un hoyo.

□ **a.** ‖ **~ de dulce.** loc. sust. *Ch.* Cosa insignificante o sin valor. pop + cult → espon ^ sat.
b. ‖ **~ roja!** interj. *Bo:O.* **¡bolita!**
c. ‖ **por ~(s) de dulce.** loc. adv. *Ch.* Sin finalidad ni provecho, de manera desinteresada. pop + cult → espon.
▶ **irse la ~; jugar ~ y hoyo.**

bolitero, -a.

I. 1. m. y f. *Cu, PR.* Persona que vende números de la **bolita.**

bolito.

I. 1. m. *PR, Ch.* Trabajo pequeño y ocasional. pop + cult → espon.

bolitranca.
    I. 1.   m-f. *Ch.* Persona que tiene pocas luces o que obra como tal. pop + cult → espon.

bolivariano, -a. (De Simón *Bolívar*).
    I. 1.   adj/sust. *Gu. Referido a persona*, borracha. euf; pop + cult → espon ∧ fest.

boliviana.
    I. 1.   f. *Ch, Ur.* Testículo. euf; pop + cult → espon ∧ fest.

bolivianidad.
    I. 1.   f. *Bo.* **bolivianismo.**

bolivianismo.
    I. 1.   m. *Bo.* Identidad boliviana. pop + cult → espon.
       ◆ **bolivianidad.**

boliviano, -a.
    I. 1.   adj. *Gu. Referido a persona*, borracha. pop + cult → espon ∧ desp.

boliyo.
    I. 1.   m. *PR.* Carrete para enrollar cordel.

bollera.
    I. 1.   f. *PR.* Prostituta. pop + cult → espon ∧ desp.

bollería.
    I. 1.   f. *Pa.* Alimento preparado a base de plátano verde y miel. (**gollería**).

bollero, -a.
    I. 1.   m. y f. *Bo:N,E.* Persona que trafica con **bollo**, sulfato base de cocaína. drog.

bollito.
    I. 1.   *PR.* **bollo de plátano.**

bollo.
    I. 1.   m. *Mx, Ec.* Panecillo individual de base redonda y plana y parte superior semiesférica, *usado generalmente para consumir las hamburguesas.*
    2.   *Mx.* Pan en forma de cubilete.
    3.   *Mx.* Pasta hecha de cacao molido y **pinole**.
    4.   *Pa, Co, Ve.* Especie de **tamal** de forma redonda, dulce o salado, hecho de harina de maíz tierno, que se cocina envuelto en una hoja de mazorca.
    5.   *Ar:NO*; *Bo:S.* obsol. Pan hecho con harina, levadura y grasa, de forma redonda y aplanada, y cocido en horno de barro.
    6.   *Pe.* Producto típico de la fiesta de Todos los Santos hecho con pan y azúcar y que tiene diversas formas y figuras. rur.
    7.   *Ec.* Especie de **tamal** hecho de plátano maduro y relleno de pescado.
    8.   *Ec.* Torta hecha de plátano maduro, molido y cocido en el horno.
    9.   *Bo.* Panecillo hecho con harina de **yuca** y queso. pop + cult → espon.
    10.   *Ni.* Alimento horneado de maíz.
    II. 1.   m. *ES, Ar, Ur, Ve,* juv. Golpe de puño.
    2.   *ES.* Puño de la mano.
    III. 1.   m. *Ve.* Regaño, amonestación. pop + cult → espon.
    2.   *Ve.* Ofensa, insulto y grosería. pop + cult → espon.
    IV. 1.   sust/adj. *Co:N.* Persona bien parecida y atractiva. pop + cult → espon ∧ desp.
    V. 1.   m. *Co.* Porción compacta de excremento humano o animal que se expele de una vez. vulg; pop + cult → espon.
    VI. 1.   m. *Co.* Persona antipática y presuntuosa. pop ∧ desp.
    VII. 1.   m. *Pe.* Hombre homosexual. pop + cult → espon.
    VIII. 1.   m. *Ve.* Bola de barro preparado que se utiliza para hacer objetos de cerámica. pop + cult → espon.
    IX. 1.   m. *Bo.* Gran cantidad de personas o cosas.
    X. 1.   m. *Bo.* Bola que se forma con cosas, *como papeles o ropa*, reunidas sin orden. pop + cult → espon.
    XI. 1.   m. *Bo:S.* Sulfato base de cocaína, contenido en un envoltorio pequeño en forma de bola. drog.
    XII. 1.   m. *ES.* Ovillo de cuerda o hilo.
    XIII. 1.   m. pl. *Ni.* Dinero en efectivo. pop.
    XIV. 1.   m. *PR.* Pene. tabú; pop + cult → espon.
    XV. 1.   m. *Ur.* Cosa fácil de hacer. pop + cult → espon.
    ■
    a. ‖ ~ **de angelito.** m. *Co.* Plato consistente en una masa de harina de maíz a la que se añaden trozos de coco, queso, leche de anís y miel, que se cuece envuelta en hojas de mazorca.
    b. ‖ ~ **de hallaca.** m. *Ve.* Bollo que se hace con el guiso de las **hallacas** mezclado con la masa y se cuece en hojas de plátano o **cambur**.
    c. ‖ ~ **de pan.** m. *PR.* Hogaza de pan.
    d. ‖ ~ **de plátano.** m. *PR.* Bollo que se hace con plátano rallado. ◆ **bollito.**
    e. ‖ ~ **limpio.** m. *Co:N.* Bollo cuyo ingrediente es maíz pilado. (**bollolimpio**).
    f. ‖ ~ **pelón.** m. *Ve.* Masa de maíz a la que se da forma cilíndrica, se rellena con carne y otros ingredientes y se cuece; se sirve con salsa de tomate.
    g. ‖ ~ **preñado.** m. *Pa.* Pastel de maíz relleno de carne.
    ▶ dar ~; echar un ~; irse al ~; pelar el ~

bollolimpio.
    I. 1.   *Co:N.* **bollo limpio.**

bolloloco.
    I. 1.   m. *Cu, Ve.* Mujer de costumbres libres en asuntos amorosos. tabú; pop + cult → espon ∧ desp.
    2.   f. *Ve.* Prostituta. prost.
    3.   *Ve:O.* Mujer de insaciable deseo sexual. tabú; pop + cult → espon ∧ desp.
    4.   m. *Cu.* Hombre mujeriego. tabú; pop + cult → espon.

bollón.
    I. 1.   m. *Ur.* Recipiente de vidrio, de forma cilíndrica y base ancha, *generalmente con tapa*, que se emplea para envasar alimentos. pop + cult → espon.

bollotorpe.
    I. 1.   sust/adj. *Cu.* Mujer con poca gracia para realizar el acto sexual. tabú; pop + cult → espon ∧ desp.
       ◆ **bollotriste.**

bollotriste.
    I. 1.   *Cu.* **bollotorpe.**

bolluda.
    I. 1.   sust/adj. *Cu.* Mujer con el pubis muy abultado. tabú; pop + cult → espon.
    2.   *Cu.* metáf. Mujer a quien le gusta que la sirvan y le hagan su trabajo. tabú; pop + cult → espon.
       ◆ **papayuda.**

bolo.
    I. 1.   m. *EU:SO, Mx.* Puñado de monedas de bajo precio que tradicionalmente en un bautizo el padrino lanzaba al aire para que los niños asistentes las tomaran como obsequio. rur.
    2.   *Mx.* Tarjeta de invitación o de recordatorio que se distribuye entre los asistentes a una ceremonia señalada, *particularmente un bautizo*.
    3.   *Mx.* Pequeño objeto de módico precio, esmeradamente presentado, y que muchas veces contiene dulces como obsequio, a modo de recordatorio de una celebración, *generalmente un bautizo*.
    II. 1.   m. *Mx, Ho, ES, Ni, Cu, RD.* Gran cantidad de personas, animales o cosas aglomeradas en un lugar. pop + cult → espon.
    III. 1.   m. *Mx, Bo.* Dosis de medicina líquida administrada de una sola vez e instantáneamente, con preferencia mediante inyección.
    IV. 1.   m. *Pe, Bo.* Bola pequeña numerada que se usa en los sorteos.
    2.   *Bo.* Papel pequeño numerado que se emplea para sortear el tema de un examen o de una oposición.
    3.   *PR.* Número de lotería. pop + cult → espon.

V. 1. m. *Ar. En teatro, televisión o cine*, papel menor, de cortas o escasas intervenciones.

VI. 1. m. *Pe, Bo*. Pequeña bola hecha con hojas de coca, que se masca para extraer un jugo de efecto estimulante.

VII. 1. m. *Ve*. Machete de doble filo usado en el corte de caña. rur.

VIII. 1. m. *Bo*. Golosina elaborada con agua, colorantes y saborizantes, contenida en una funda plástica alargada y sellada, *que se come generalmente congelada*.

2. *Bo*. Yogur congelado que se vende en pequeñas bolsas alargadas de plástico.

IX. 1. m. *Cu*. Trozo de madera sin labrar, largo y grueso, preparado para ser aserrado.

X. 1. m. *PR*. Píldora que se da a las reses para combatir los parásitos intestinales. rur.

◪

a. ‖ **a ningún ~ le hiede su guaro.** fr. prov. *Ho, Ni*. Indica que una persona ve los defectos ajenos, pero no los propios. pop + cult → espon ∧ fest.

▶ **buscarse un ~; irse con cualquier ~; irse sin ~; ponerse ~s; ser más ~ que el guaro.**

bolo, -a.

I. (Del maya *tzotzil bolo*, borracho).

1. adj. *Mx:S, Gu, Ho, ES, Ni, CR. Referido a persona*, borracha. pop + cult → espon.

II. 1. adj/sust. *Gu, Ho, ES, Ni. Referido a persona*, aturdida o atontada.

2. sust/adj. *Cu*. Persona torpe, de escasa inteligencia. pop + cult → espon ∧ fest.

III. 1. adj/sust. *RD, PR. Referido a un ave, especialmente un gallo o una gallina*, que no tiene cola.

IV. 1. adj. *Ho. Referido a persona*, cansada o harta de algo o de alguien.

bologoma.

I. 1. f. *ES*. Unión de una resaca con una nueva borrachera.

II. 1. f. *Ho*. Malestar posterior que causa el haber tomado excesiva cantidad de bebidas alcohólicas.

bololo, -a.

I. 1. adj. *Ho. Referido a un ave de corral, especialmente a un gallo*, que no tiene plumas en la cola o las tiene muy cortas. rur. ♦ **búlico**.

bololó.

I. 1. *Co:N*. **boroló**, desorden, alboroto.

2. *Co:N*. **boroló**, problema, confusión, conflicto.

bolón.

I. 1. m. *Ch*. **Bolita** de gran tamaño hecha de barro, vidrio u otra materia.

2. *RD*. Bola de vidrio que utilizan los muchachos en el juego de las **vellugas**.

3. *PR*. Canica grande.

II. 1. m. *Ve*. Café fuerte y sin azúcar.

III. 1. m. *Pa, Cu, RD*. Gran cantidad de personas, animales o cosas, *generalmente aglomeradas en un lugar*.

IV. 1. m. *Ni, Ch*. Piedra de regular tamaño que se emplea en los cimientos de las construcciones o como base en las canaletas para el agua.

V. 1. m. *RD*. Paleta de caramelo, de forma esférica y de gran tamaño.

VI. 1. m. *ES*. Chisme importante.

VII. 1. adj/sust. *PR. Referido al lanzador del juego de beisbol*, que no realiza tiros rectos.

■

a. ‖ **~ de verde.** m. *Ec:O*. Alimento consistente en una bola de **plátano verde** cocido y molido, rellena con queso o carne molida y, *generalmente, frita*.

▶ **buscarse el ~.**

bolonca.

I. 1. f. *Ho*. Canica muy grande.

bolonchón.

I. 1. m. *Pa*. Canica de grandes dimensiones.

2. *Pa*. Goma de mascar de forma redondeada.

3. *Pa*. metáf. Persona gorda.

II. 1. m. *Pa*. Paquete pequeño de marihuana. drog.

bolondrón.

I. 1. m. *Pe*. Tumulto, desorden imprevisto. pop + cult → espon.

II. 1. m. *PR*. Chichón.

2. *PR*. metáf. Cosa abultada.

3. *PR*. Persona grande, pesada, torpe y boba. pop + cult → espon.

bolondrona.

I. 1. f. *Ve*. Bolita de cristal más grande que el resto, con la que se juega a **metras**.

bolongui.

I. 1. *Ur*. juv. **bolonqui**.

bolonio, -a.

I. 1. adj. *ES. Referido a persona*, tonta. pop + cult → espon.

bolonqui.

I. 1. m. *Ar, Ur*. juv. **quilombo**, lío, desorden. (**bolongui**).

boloña.

I. 1. f. *Ve*. juv. Gran cantidad de algo, *especialmente de dinero*.

II. 1. f. *Cu*. Tontería.

boloñería.

I. 1. f. *Cu*. Tontería. pop + cult → espon.

boloñés.

I. 1. adj. *Cu. Referido a persona*, tonta. pop + cult → espon.

boloñón.

I. 1. m. *Cu*. Persona que no entiende de nada. pop + cult → espon.

bolorrabirucho.

I. 1. adj. *PR. Referido a un gallo de pelea*, que en el rabo tiene pocas plumas en posición horizontal.

bolovique.

I. 1. m. *Gu*. Corte de carne de vaca obtenida de la parte media superior de la pierna.

bolpoch. (Voz maya yucat.).

I. 1. m. *Mx:SE*. Anfibio de hasta 50 cm de longitud, de cuerpo vermiforme cubierto de anillos primarios, de color claro, con la cabeza y la parte anterior del cuerpo de color gris. (Caeceliidae; *Dermophis mexicanus*). ♦ **mano de oso**.

bolsa.

I. 1. f. *Mx, Gu, Ho, ES, Ni, CR, Pa*. Bolsillo de las prendas de vestir.

II. 1. f. pl. *Ve, Bo*. Testículos. vulg; pop + cult → espon.

III. 1. f. *ES*. Calcetín. carc.

IV. 1. f. *Ho*. Sobre con todos los papeles para matricularse un alumno. est.

V. 1. f. *Ho. En la lotería menor*, veinticinco pliegos de lotería.

VI. 1. f. *PR*. Saco de tela u otra materia flexible que sirve para transportar gallos o para pesarlos.

■

a. ‖ **~ de aire.** f. *Mx, Ho, ES, CR, Pa, RD, Ec*. Globo que en los vehículos de cuatro ruedas se infla instantáneamente en caso de colisión para amortiguar el golpe del viajero contra las superficies interiores duras.

b. ‖ **~ de dormir.** f. *Mx, Bo, Ar, Ur*. Saco acolchado y de material de abrigo dentro del cual se duerme al acampar.

c. ‖ **~ de Manila.** f. *Co*. Sobre más grueso y de mayor tamaño que el de cartas que se usa para enviar documentos o impresos por correo.

d. ‖ **~ de pan.** f. *ES.* **Blúmer**, prenda interior femenina, ajustada, que cubre el cuerpo desde debajo de la cintura hasta las ingles.

e. ‖ **~ de pastor.** f. *Pe, Bo.* Planta de tallo recto de hasta 50 cm de altura que tiene vainas en forma de bolsas. (Cruciferae; *Capsella bursa-pastoris*).

f. ‖ **~ negra.** f. *Cu.* Actividad de compra y venta clandestina de artículos escasos que no pueden adquirirse en el mercado legal.

□

a. ‖ **a la ~.** loc. adv. *Ch.* Gratuitamente. pop + cult → espon.

b. ‖ **~ de caca.**
  i. loc. sust/adj. *Ch.* Persona tonta, imbécil. vulg; pop + cult → espon ^ desp.
  ii. loc. adj. *ES. Referido a persona*, de gordura floja. vulg; pop + cult → espon ^ desp.

c. ‖ **~ de gatos.**
  i. loc. sust. *Ch, Ar, Ur.* Situación o lugar en los que hay confusión o desorden. pop + cult → espon.
  ii. *Ch.* Grupo de personas indignas e indeseables. pop + cult → espon.

d. ‖ **¡cuál ~!** loc. interj. *CR.* obsol. Expresa oposición rotunda a lo dicho por el interlocutor. pop + cult → espon.

e. ‖ **hecho ~.** loc. adj. *Ch. Referido a persona*, muy borracha. pop + cult → espon.

▶ **aguantar la ~; arrastrar la ~; botar como ~; consultar con la ~; dar ~; dar como en ~; echar en la ~; estar hecho ~; hacer ~; hacerle la ~; hacerse ~; irse de ~; quedar con la ~ vacía; tener en la ~.**

bolsacho.
I. 1. adj/sust. *Pe.* **bolsudo**, persona simple e ingenua. pop + cult → espon ^ desp.

bolsada. (De *bolsa*, bolsillo).
I. 1. f. *CR, Co.* Contenido de una bolsa llena.
2. *Ho, ES, Ni.* Cantidad de algo que cabe en un bolsillo, *en especial dinero*.

bolsazo.
□
a. ‖ **al ~.** loc. adv. *Ni.* Improvisadamente, sin valoración.

bolseada.
I. 1. f. *Mx, Gu, Ho, ES, Ni.* Robo, sustracción de pertenencias a una persona mediante fuerza o disimulo. pop + cult → espon.
2. *Mx.* Opresión o abuso de un gobernante hacia la ciudadanía a través de leyes o medidas, *sobre todo económicas*, que la perjudican o empobrecen notablemente. pop + cult → espon.
3. f. *Ho, ES, Ni.* Donación voluntaria de dinero.
II. 1. f. *Bo:O,C.* juv. Bebida alcohólica que se prepara mezclando refresco y alcohol en una bolsa de nailon. pop + cult → espon.
III. 1. f. *Bo:O,C.* Caricia de un hombre a una mujer para excitarla sexualmente. vulg; pop + cult → espon.

bolseado.
I. 1. m. *Bo, Ar.* Procedimiento para recubrir las paredes con una capa de cemento, cal y arena, y alisarlas a continuación con una tela de arpillera para que queden con ondulaciones.
2. *Ar.* Resultado visible en una pared tras aplicar la técnica de bolseado.

bolseado, -a.
I. 1. adj. *Mx. Referido a persona*, que ha sido víctima de un robo. pop + cult → espon.

bolseador, -ra.
I. 1. sust/adj. *Mx, Ho, ES, Ni.* Persona que roba dinero a otra, *generalmente sustrayéndolo del bolso o de la bolsa*.

bolsear(se).
I. 1. tr. *Mx, Gu, Ho, ES, Ni, CR, Ar.* Robar *una persona* dinero a alguien del bolsillo.
2. *Mx, Gu, Ho, ES, Ni.* Someter *alguien* a *una persona* a registro y palpación de sus ropas en busca de objetos guardados en ellas.
3. *Mx, Gu, Ho.* Hacer *una persona* objeto a alguien de un robo con fuerza o amenaza. pop + cult → espon.
4. *Mx.* Oprimir un gobernante a la ciudadanía o a un sector de la misma, a través de leyes o medidas, *sobre todo económicas*, que la perjudican o empobrecen notablemente. pop + cult → espon.
5. *Mx.* Hacer *una persona* objeto a alguien de la sustracción de una pertenencia sin ser notada en el momento del acto. pop + cult → espon.
6. *Mx.* Tomar *alguien algo* ajeno como si fuera propio con evidente abuso. pop + cult → espon.
7. *Mx.* Desvalijar *alguien* una propiedad ajena, extraer de ella las pertenencias de otra persona para apropiárselas. pop + cult → espon.
8. *Mx.* Abusar *una persona* de la confianza de alguien que peca de incauto, bienintencionado o bobo. pop + cult → espon.
9. *Ch.* Conseguir *una persona algo* de manera gratuita de alguien. pop + cult → espon ^ desp.
10. *Gu.* Intentar *una persona* quitar de la bolsa algo de valor a *alguien*. pop + cult → espon.
11. intr. prnl. *Ho.* Desembolsar *alguien* dinero. pop + cult → espon.
II. 1. tr. *Mx, Bo.* Acariciar *alguien* a *una persona, generalmente un hombre a una mujer*, sobre todo por encima de la ropa y casi siempre sin su consentimiento. vulg; pop + cult → espon.
2. *Ar.* obsol. Rechazar *una persona* a otra que la corteja.
III. 1. intr. prnl. *Ho, ES, Ni.* Pagar o aportar *alguien* dinero voluntariamente para algo, *generalmente con fines benéficos*.
IV. 1. tr. *Bo:O,C. En una* **competencia** *deportiva*, ganar al adversario por un amplio margen de tantos o puntos. pop + cult → espon ^ fest.
V. 1. tr. *Bo:O,C. En un examen oral o una exposición*, poner *una persona* en situación difícil o comprometida a *alguien* con preguntas. pop + cult → espon.
VI. 1. intr. *Bo:O,C.* juv. Tomar una **bolseada** un grupo de personas. pop.
VII. 1. *Ho.* **alzarse**, robarse.

bolseo.
I. 1. m. *Mx.* Robo o sustracción de una pertenencia que alguien lleva encima. pop + cult → espon.
2. *Mx.* Opresión de un gobernante a la ciudadanía a través de leyes o medidas económicas que la perjudican o empobrecen notablemente. pop + cult → espon.
3. *Mx.* Registro efectuado a una persona mediante palpación de cuerpo y ropas.
II. 1. m. *Mx.* Introducción, empaquetado en bolsa, de un producto o un objeto, *sobre todo en cantidades masivas y por proceso industrial*.
2. *Mx.* Fabricación de bolsas en grandes cantidades por proceso industrial.
III. 1. m. *Mx.* Sistema de acopio y reconducción de agua de lluvia mediante zanjas en desnivel, para aprovechamiento agrícola.
IV. 1. m. *Ch.* Consecución de algo por alguien. pop + cult → espon ^ desp.

bolsería.
I. 1. f. *Ve.* Tontería, hecho o dicho propio de una persona **bolsa** o tonta. pop + cult → espon.
II. 1. f. *Ve.* Contenido de una bolsa llena.

bolserío.
   I. 1. m. *Ho, ES, Ni, CR.* Gran cantidad de bolsas.

bolsero.
   I. 1. m. *Mx.* Ladrón de bolsos de señora.
   II. 1. m. *Ho.* Persona que se dedica a cargar bolsas o sacos en el mercado.
   III. 1. m. *CR.* Gran cantidad de bolsas.

bolsero, -a.
   I. 1. m. y f. *Ch.* Persona que tiene por hábito comer y beber a costa ajena. pop + cult → espon. (**bolseroi**).
   II. 1. m. y f. *Ho, Ni.* Nombre de varias especies de aves, como la oropéndola, que cuelgan sus nidos en forma de bolsa de las ramas de un árbol.

bolseroi.
   I. 1. m-f. *Ch.* **bolsero**, persona que come y bebe por cuenta ajena.

bolsiclón, -na.
   I. 1. sust/adj. Ve. **bolso**, persona fácil de engañar. pop + cult → cspon.

bolsico.
   I. 1. m. *Ec:S.* obsol. Bolsillo de las **polleras** que usan las campesinas del sur de Ecuador.

bolsicón.
   I. 1. m. *Co.* Enaguas de tela de algodón.
   2. *Ec:S. En la indumentaria de lujo de la chola cuencana,* falda de paño de colores vivos orlada con bordados de flores u otros motivos.
   3. *Ec:C,N.* Saya interior de algodón basto que usan las mujeres indígenas bajo la falda en ciertos lugares de la sierra ecuatoriana.
   4. *Ec:S.* **Chola** que lleva el bolsicón.

bolsicona.
   I. 1. f. *Ec.* Mujer que viste **bolsicón**.

bolsiflai.
   I. 1. adj/sust. *Ch, Ar:NO. Referido a persona,* simple, ingenua. pop + cult → espon ^ fest. ♦ **boludo**; **huevón**.

bolsiflay.
   I. 1. adj/sust. *Ch, Ar:NO.* **bolsiflai**.

bolsillear.
   I. 1. tr. *Ar.* Registrar *alguien* la ropa de una persona buscando algo, *especialmente dinero.* pop + cult → espon.

bolsillo.
   ■
   a. ‖ ~ **de perro.** m. *Ch.* Bolsillo pequeño de un pantalón.
   □
   a. ‖ ~ **de payaso.**
    i. loc. sust. *Ch.* Cosa superflua, trivial, que no tiene una función práctica. pop + cult → espon.
    ii. *Ec.* Bolsillo de gran capacidad. pop + cult → espon.
    iii. *Ec.* Vulva, *especialmente la de tamaño mayor que el considerado como normal.* tabú; pop + cult → espon.
   b. ‖ ~ **pelado.** loc. sust. *Ch.* Ausencia de dinero. ♦ **bolsillo planchado**.
   c. ‖ ~ **planchado.** *Ch.* **bolsillo pelado**.

bolsilludo, -a.
   I. 1. adj. *Ur. Referido a una prenda de vestir, especialmente un pantalón,* demasiado amplia a la altura de las nalgas. pop + cult → espon.
   II. 1. adj. *Ur.* **albo**, simpatizante del Club Nacional de Fútbol de Montevideo.

bolsín.
   I. 1. m. *Bo. En economía,* instrumento creado para la regulación del cambio del dólar, que establece un valor diario único.

bolsiquear(se).
   I. 1. tr. *Co, Ec, Pe, Bo, Ar:NO, Ur.* Robar *una persona* a alguien dinero u objetos de valor, registrándole furtivamente los bolsillos o la cartera. pop + cult → espon. ♦ **chalequear**.
   2. *Bo, Ar.* Revisar *alguien* los bolsillos de una persona, que se encuentra dormida o borracha, para sustraerle dinero u objetos de valor. chalequear pop + cult → espon. ♦ **chalequear**.
   II. 1. intr. prnl. *Ec.* Buscar *alguien* con afán en los bolsillos propios algo que se cree que está en ellos.

bolsiqueo.
   I. 1. m. *Bo.* Revisión de los bolsillos de una persona, cuando esta se encuentra dormida o borracha, para sustraerle dinero u objetos de valor. pop + cult → espon.

bolsista.
   I. 1. m-f. *Mx, Ho, Ni.* Carterista.

bolso.
   I. 1. m. *Ve, Ch.* Cartera en la que los estudiantes llevan libros y útiles para el estudio.
   2. *PR, Ve.* **bulto**.
   II. 1. m. *Ho. En la* **maquila**, cantidad de piezas que recibe un obrero para confeccionarlas en un día.

bolso, -a.
   I. 1. sust/adj. *Co, Ve, Ch.* Persona imbécil, lerda, fácil de engañar. vulg; pop + cult → espon ^ desp. ♦ **bolsiclón**; **busaca**.
   2. adj. *RD, Ve. Referido a persona,* cachazuda, lenta. pop + cult → espon ^ desp.
   II. 1. adj. *Ur.* **albo**, simpatizante del Club Nacional de Fútbol de Montevideo.

bolsón.
   I. 1. m. *Mx, Ar.* Cuenca entre montañas, relativamente circular, a veces atravesada por un río que permite su desagüe al exterior.
   2. *Bo:E.* Terreno despejado o **pampa** que penetra en un bosque.
   II. 1. m. *Gu, Ho, ES, Bo, Ch.* Mochila o cartera en la que los estudiantes llevan sus útiles escolares y sus libros.
   2. *Ve.* Bolsa o alforja grande de cuero con tapa y hebillas que se lleva en el arzón cuando se viaja en cabalgadura, y sirve para guardar bastimento, dinero y objetos personales. rur.
   III. 1. m. *Bo, Ch, Ar.* Foco de pobreza o de marginalidad que se concentra en los arrabales y barrios periféricos de las poblaciones.
   2. *Pe, Bo:O. En las minas,* veta de mineral abundante. ♦ **bolsonera**.
   IV. 1. m. *Ho, ES, Ni.* Porción de territorio fronterizo en disputa entre dos o más países.
   V. 1. m. *RD. En las peleas de gallos,* bolsa de sangre en la parte inferior del pescuezo de un gallo, producida por un espolonazo del contrario.
   VI. 1. m. *Ho.* Conjunto circular de plantas en medio de un erial o de agua. rur.

bolsón, -na.
   I. 1. sust/adj. *RD, Co, Ve:O.* Persona tonta. pop + cult → espon ^ desp.
   2. adj/sust. *RD. Referido a persona,* holgazana. pop + cult → espon ^ desp.
   II. 1. adj/sust. *ES. Referido a persona,* aduladora. pop + cult → espon.

bolsonera.
   I. 1. f. *Bo:O.* **bolsón**, veta abundante de mineral.

bolsudo, -a.
   I. 1. sust/adj. *Co, Ve, Pe, Bo, Ch, Ar.* Persona simple e ingenua, fácil de engañar. vulg; pop + cult → espon ^ desp. ♦ **amermelado**; **bolsacho**.

2. *Ve.* Persona débil de carácter o excesivamente tolerante. pop + cult → espon ^ desp.

II. 1. adj. *Ve, Pe, Ch, Ur, Ar,* p.u. *Referido a una prenda de vestir,* que queda grande, demasiado holgada. pop + cult → espon.

boludear(se). (De *boludo*).

I. 1. intr. *Bo, Py, Ar, Ur.* Perder *alguien* el tiempo en actividades sin importancia. pop + cult → espon ^ desp.

2. *Ar.* Decir o hacer *alguien* tonterías. pop + cult → espon.

II. 1. intr. prnl. *Ur.* Desatender o descuidar *una persona* sus obligaciones. pop + cult → espon.

boludencia.

I. 1. f. *Ni.* Haraganería, pereza. vulg; pop + cult → espon.

boludez.

I. 1. f. *Ec, Bo, Ch, Py, Ar, Ur.* Dicho o acción propios de un **boludo**, persona que tiene pocas luces. vulg; pop + cult → espon ^ desp.

2. *Ur.* Dicho o acción propios de un **boludo**, persona que obra con excesiva lentitud. vulg; pop + cult → espon.

II. 1. f. *Ur.* Comportamiento apático, falto de energía o de interés.

boludita.

I. 1. sust/adj. *Ch.* **boludo**, hombre que deja de ser niño.

boludo, -a.

I. 1. adj/sust. *Mx, Ho, Ni. Referido a persona,* vaga, perezosa, que no le gusta trabajar. vulg; pop + cult → espon ^ desp.

II. 1. adj/sust. *CR, Ec, Pe, Bo, Ch, Py, Ar, Ur. Referido a persona,* indolente, que tiene pocas luces o que obra como tal. vulg; pop + cult → espon ^ desp.
♦ **boludo alegre**.

2. adj. *Ur. Referido a persona,* que obra con excesiva lentitud o suele cometer distracciones o tonterías. vulg; pop + cult → espon ^ desp.

III. 1. adj. *Mx. Referido a cosa,* protuberante, abultada, sobresaliente. pop + cult → espon.

IV. 1. sust/adj. *Mx. En el ejército,* marinero raso. pop + cult → espon ^ desp.

V. 1. sust/adj. *Ve.* Persona ingenua, fácil de engañar. pop + cult → espon.

VI. 1. sust/adj. *Ch.* Hombre que deja de ser niño. (**boludita**).

VII. 1. adj. *Cu. Referido al calzado,* de puntera redonda.

VIII. 1. adj. *ES. Referido a persona,* adinerada. pop.

●
a. ‖ ~. fórm. *Ar.* juv. Se usa para dirigirse a un amigo.

■
a. ‖ ~ **alegre.** m. y f. *Ar.* **boludo**, indolente. fest.

□
a. ‖ **¡qué boludo!** loc. interj. *Ar.* Expresa lamentación por algo que podía haberse evitado. vulg; pop + cult → espon.

▶ **hacerse el ~; ser ~**.

bolungo, -a.

I. 1. adj. *Pa. Referido a un ave gallinácea,* que no tiene cola.

bom. (Del ingl. *bum*).

I. 1. m-f. *EU, PR.* Vagabundo, ocioso.

bomba.

I. 1. f. *Mx, Ho, Ni, CR, PR, Co, Ve, Ec.* Globo inflable de goma.

2. *Mx, Ho, RD, Co, Ve.* Burbuja de agua.

3. *Ho, ES, Ni, CR, Ec; Mx.* p.u. Burbuja que se forma insuflando aire en agua saturada de jabón.

4. *Cu.* Lámpara en forma de globo.

II. 1. f. *Mx:SO, Ho, ES, Ni.* Estrofa popular y picaresca de cuatro versos de arte menor, *generalmente en rima consonante,* que se recita buscando un destinatario entre los oyentes, quien al darse por aludido contestará con otra bomba.

2. *Ec:NO.* Especie de tambor a modo de barril con una piel templada sobre la cual los negros de la región del Chota golpean con los dedos o con los puños para marcar el compás de los cantantes y animar el baile.

3. *Ec:NO.* Música de los negros del Chota.

4. *Ec:NO.* Baile de los negros del Chota.

5. *RD, PR.* Copla improvisada con que el bailador de zapateo suele galantear a la bailadora o ridiculizar a algún rival.

6. *RD.* obsol. Uno de los tres bailes que integran la fiesta de la Sarandunga que se celebra con motivo de la festividad de San Juan.

7. *CR, PR.* Copla o cuarteta, *generalmente de tono jocoso,* que se dice en ciertos bailes folclóricos o populares.

8. *PR.* Tambor de madera de 1 m de altura con una sola membrana, hecha de cuero de cabra.

III. 1. f. *Mx, Pu.* Camión cisterna de los bomberos.

2. *Ch.* Parque de bomberos.

IV. 1. f. *Mx, Ho, Ni. En pirotecnia,* explosivo de pólvora grande y redondo, recubierto de papel y una mecha, que se usa como diversión en festividades.

V. 1. f. *Ni, CR, Pa, Cu, RD, Co, Ve, Ec.* Establecimiento donde se venden combustibles, como diésel y gasolina, aceites y ciertos accesorios para automóviles.
♦ **bomba de bencina; bomba de gasolina; bomba de nafta**.

VI. 1. f. *Co.* Remedio contra la resaca.

VII. 1. f. *Ar, Ur.* Masa hecha a base de manteca, agua, harina y huevo, que, después de cocida al baño María y batida, se moldea para darle forma redonda antes de hornearla.

VIII. 1. f. *Gu, Ho, ES; Ec,* p.u. Borrachera.

IX. 1. f. *Gu, Ho, Ni.* Noticia o rumor de algo, *generalmente falso.*

2. *Ec.* Noticia importante e inesperada.

X. 1. f. *Pe.* Ventosidad del vientre que se expele por el ano. vulg; pop + cult → espon.

XI. 1. f. *Ve. En minería,* yacimiento de diamantes que se encuentra en un río.

XII. 1. f. *Ho, ES, Ni, CR.* Ampolla, abultamiento o elevación de la piel por acumulación de fluido, *debida generalmente a roce o quemadura.*

XIII. 1. f. *Ch. En el básquet,* zona marcada en la cancha que limita la canasta.

XIV. 1. f. *Cu.* Persona antipática, molesta. pop + cult → espon.

XV. 1. f. *Cu.* Corazón. pop + cult → espon.

XVI. 1. f. *PR.* Género musical de influencia africana que consiste en un reto, conversación y diálogo entre el tocador y el bailador.

2. *PR.* Música de este género.

XVII. 1. f. *RD.* Chistera, sombrero de copa.

XVIII. 1. f. *CR.* p.u. **bombillo**.

■
a. ‖ ~ **de bencina.** f. *Ch.* **bomba**, establecimiento de venta de combustible.

b. ‖ ~ **de gasolina.** f. *CR, Pa, RD, Co, Ve, Ec, Ch.* **bomba**, establecimiento de venta de combustible.

c. ‖ ~ **de incendios.** f. *Ch.* Camión cisterna de los bomberos con el que acuden a sofocar los incendios.

d. ‖ ~ **de nafta.** f. *Ar, Ur.* **bomba**, establecimiento de venta de combustible.

e. ‖ ~ **molotov.** f. *Co, Ve, Bo, Ch, Ar.* Explosivo de fabricación casera *hecho generalmente con una botella rellena de un líquido inflamable y provista de mecha.*

☐
a. ‖ **¡~!**
   i. loc. interj. *Bo.* juv. Expresa con entusiasmo la conformidad de una persona sobre algo que otra propone realizar.
   ii. *CR, PR. En un baile folclórico o popular,* expresa que debe interrumpirse la ejecución de este para recitar en ese momento una **bomba**.
b. ‖ ~ **cañón.** loc. adj. *RD.* Extraordinario, mejor que bueno.
c. ‖ **en ~.** loc. adj. *Pa, RD. Referido a persona,* que está borracha.
d. ‖ **¡~ para la mujer!** loc. interj. *RD.* Expresa una galantería.
▶ achicar la ~; andar a ~; caer como ~; darle ~; darle de ~; darse ~; estar a ~; estar ~; hacer ~; meterse una buena ~; pasar a ~; pegarse una ~; ponerse una ~; regar la ~; ser la ~; ser una ~ atómica; tener culo de araña ~; tirar ~; tirar ~ de humo.

bombacha.
I. 1. f. *Pe, Py, Ar, Ur;* m. *Bo.* Prenda interior femenina que cubre desde la cintura hasta el arranque de las piernas, con aberturas para el paso de estas. pop + cult → espon.
2. f. *Py, Ar, Ur.* **bombacho.**
3. *Ve, Ch·S.* Pantalón ancho cuyas perneras, por su parte inferior, se ajustan a la pierna por encima del tobillo, de forma que quedan abombadas.
4. *Cu.* p.u. Calzón o pantalón bombacho.
▪
a. ‖ ~ **de goma.** f. *Ar, Ur.* Prenda interior de bebé, hecha en un material flexible e impermeable, que cubre desde la cintura hasta los muslos para evitar que la orina moje la ropa del niño.

bombacho.
I. 1. m. *Py, Ar, Ur.* Pantalón propio de la vestimenta tradicional masculina para montar a caballo, de pernera ancha que se recoge en el tobillo formando abombamiento. ♦ **bombacha; bombachón; bombachudo.**

bombacho, -a.
I. 1. adj/sust. *Co. Referido a un pantalón,* que es ancho y se ciñe a los tobillos.

bombachón.
I. 1. m. *Py, Ar, Ur.* **bombacho.**

bombachudo.
I. 1. m. *Ar, Ur.* **bombacho.**

bombada.
I. 1. f. *Co.* Masa grande de agua, tierra o piedras que se desprende por una vertiente, precipitándose por ella.

bombardear.
I. 1. intr. *Ni, Cu, RD, Bo.* metáf. Expulsar los gases intestinales por el ano. vulg; pop + cult → espon ^ fest.

bombástico, -a.
I. 1. adj. *Pe, Ch. Referido a persona o cosa,* que produce asombro o sorpresa por su carácter novedoso o excesivo. pop + cult → espon.

bombazo.
I. 1. m. *Ec, Ar.* Golpe que se da a alguien con una **bombita de agua**, bolsita de goma flexible.
2. *Ho, Ni, CR.* Golpe fuerte. pop + cult → espon.
3. *Ho, CR, Ur. En futbol,* tiro potente.
4. *PR.* Golpe fuerte que se da con la mano en la espalda del contrincante. pop + cult → espon.
II. 1. m. *Ho, ES, Ni, Ec.* Noticia sorprendente o chisme. pop + cult → espon.
III. 1. m. *Ho, ES, Ni, Pa.* Trago de licor. pop + cult → espon.

IV. 1. m. *Ch.* Delación, denuncia hecha por un confidente a la policía. carc.
V. 1. m. *PR.* Reunión de tocadores y bailadores para ejecutar el baile de **bomba**.

bombé.
I. 1. adj. *Ch, Ar, Ur. Referido a cosa,* que tiene forma curva o convexa.

bombeada.
I. 1. f. *Co, Pe.* Bombeo o elevación de un líquido.
II. 1. f. *Py.* Perjuicio hecho por una persona deliberadamente a alguien.

bombeado, -a.
I. 1. adj. *CR. Referido a persona,* borracha. pop + cult → espon ^ fest.
II. 1. adj/sust. *CR.* p.u.; metáf. *Referido a una mujer,* embarazada. pop + cult → espon ^ desp.

bombeador.
I. 1. m. *Ar.* Máquina para extraer o elevar agua u otros fluidos.
II. 1. m. *Ve.* Fuego de artificio cilíndrico que despide luces de colores.
III. 1. m. *ES.* Pescador de río que utiliza dinamita.

bombear(se).
I. 1. tr. *Mx, Gu, Ho, ES, Ni.* Robar, tomar *alguien algo* ajeno. delinc.
2. *Ho.* **alzarse,** robarse algo.
II. 1. tr. *Bo, Py, Ar, Ur.* Perjudicar deliberadamente el árbitro de un evento deportivo a uno de los competidores o equipos participantes. pop + cult → espon.
2. *Ar, Ur.* Perjudicar *una persona* deliberadamente a *alguien.* pop + cult → espon.
III. 1. intr. *Ho, ES, Ni, Ec, Ar.* Tener *una persona* relaciones sexuales con otra. vulg; pop + cult → espon.
IV. 1. tr. *Ar, Ur.* obsol. Observar o vigilar cuidadosamente a *alguien* o *algo.* rur.
V. 1. tr. *Ho, Ni, Ch.* Delatar o denunciar a *alguien.* carc.
VI. 1. tr. *Ve.* Lanzar *alguien* lejos una cosa al golpearla. pop + cult → espon.
VII. 1. tr. *RD, PR.* Cantar o recitar **bombas** o coplas.
VIII. 1. tr. *RD.* Beber.
IX. 1. tr. *ES.* Dinamitar una poza de un río para pescar. rur.
XI. 1. tr. *PR.* Extraer u obtener *algo* apelando a la maña o a la lástima de alguien. pop + cult → espon.

bombera.
I. 1. f. *Cu.* Mujer homosexual. pop + cult → espon ^ desp.

bomberazo.
I. 1. m. *Mx.* Asunto o situación espinosos que deben afrontarse y resolverse con una inminencia tal que no permite más que la aplicación de medidas apresuradas, improvisadas y de emergencia. pop + cult → espon.

bomberil.
I. 1. adj. *Ni, RD, Ec, Pe, Ch.* Relativo al cuerpo de bomberos.

bomberito.
I. 1. m. *Ur.* Extintor pequeño de incendios.

bombero.
I. 1. m. *Ec.* Calificación deficiente, obtenida en un deber o examen escolar. pop + cult → espon ^ fest.
II. 1. m. *Ho.* Raza de gallo de pelea de color rojizo.
☐
a. ‖ ~ **loco.** loc. sust. *Ch.* Terrorista especializado en poner artefactos explosivos. pop + cult → espon.
◢
a. ‖ **entre ~s no se pisan las mangueras.** fr. prov. *Mx, Ho, Ar.* Indica que dos personas del mismo oficio o con los mismos intereses no se perjudican entre sí.

bombero, -a.
 I. 1. m. y f. *Ho, Ni, Cu, RD, Co, Ve, Ch.* Empleado de una **bomba de gasolina** o gasolinera.
 II. 1. adj/sust. *Bo, Py, Ar. Referido al árbitro de un evento deportivo*, que perjudica intencionalmente a uno de los equipos o competidores participantes. pop + cult → espon ^ desp.
 III. 1. m. y f. *Bo.* Persona que toca el bombo en una banda de música. pop + cult → espon.
   2. m. y f. *PR.* Persona que toca y baila la **bomba**.
 IV. 1. sust/adj. *ES.* Delator.
   2. *ES.* Espía.
 ▶ **jugar a los ~s.**

bombeta.
 I. 1. adj. *CR. Referido a persona*, que se considera importante y presume de cosas o cualidades que no posee. pop + cult → espon ^ desp. (**bombetas**).

bombetas.
 I. 1. adj. *CR.* **bombeta**.

bombey.
 I. 1. m. *ES.* Juego de muchachos que consiste en saltar sobre uno o varios jugadores que se agachan hasta poner la espalda horizontal.

bombilla.
 I. 1. f. *Ec, Bo, Ch, Py, Ar, Ur.* Pequeño utensilio en forma de tubo a través del cual se sorbe la infusión de mate u otra y que actúa como filtro impidiendo el paso de la yerba.
   2. *Pe, Bo, Ch.* Tubo delgado, *generalmente de plástico*, que sirve para sorber líquidos.
 ▶ **prender la ~.**

bombillito.
 I. 1. m. *RD.* Cactus de hasta 10 cm de altura, que forma grupos de varios individuos, con cuerpo globular verde oscuro y espinas blancas compactas, flores de color crema o amarillo y frutos alargados y planos de color anaranjado. (Cactaceae; *Mammillaria profifera*).

bombillo.
 I. 1. m. *Mx, Ho, ES, Ni, CR, Pa, Cu, RD, PR, Co, Ve.* **foco**.
 II. 1. m. *Ec.* Adorno en forma de pequeña bomba hueca, de material ligero y de variados colores que se cuelga en el árbol de Navidad.
 ▶ **encendérsele el ~; estar prendido como un ~; prendérsele el ~.**

bombín.
 I. 1. sust/adj. *Cu.* obsol. Persona que adula a otros, *generalmente por interés propio*. pop + cult → espon ^ desp.
 II. 1. adj/sust. *Ni. Referido a persona*, delatora.

bombisto.
 I. 1. m. *Ar.* Persona que toca el bombo en un grupo de música folclórica, en procesiones o en otras celebraciones.

bombisto, -a.
 I. 1. adj. *Ho. Referido a persona*, que escribe o recita **bombas**.

bombita.
 I. 1. f. *Ar, Ur.* Ampolla o globo de cristal que produce luz al ponerse incandescente su filamento interno.
 II. 1. f. *Pa.* Fuego artificial pequeño y redondo, que explota cuando se incendia la pólvora contenida en su interior.
 ■
   a. ‖ **~ de agua.** f. *Ar, Ur.* Bolsa pequeña de goma flexible, que se llena de agua para arrojarla a las personas y mojarlas durante la época de carnaval.
   b. ‖ **~ de humo.** f. *PR.* Cortina de humo. pop + cult → espon.

   c. ‖ **~ de olor.** f. *Ar, Ur.* Artículo de broma consistente en una cápsula que al romperse produce muy mal olor.

bombito.
 I. 1. m. *PR. En el beisbol*, **Batazo** que hace que la pelota sea fácil de atrapar por los **jardineros**. ♦ **bombo**.
 □
   a. ‖ **~ al pícher.** loc. sust. *PR.* Asunto o problema fácil de resolver. pop + cult → espon.

bombo.
 I. 1. m. *Mx.* Barco grande de carga, de fondo plano y poco calado, que se utiliza en canales y brazos de mar.
 II. 1. m. *Ar, Ur.* Nalgas abultadas, *especialmente de mujer*. pop + cult → espon.
 III. 1. m. *Cu.* Sorteo mediante el cual el gobierno estadounidense ofrece un número de visas a Cuba.
 IV. 1. m. *RD.* obsol. Sombrero hongo.
 V. 1. m. *Ho. En la curtimbre*, máquina de dos rodillos de madera para tratar el cuero.
 VI. 1. *PR.* **bombito**.
 ■
   a. ‖ **~ baile.** m. *Pe.* Música típica interpretada por un conjunto de bombo, tambor y quena.
   b. ‖ **~ legüero.** m. *Ch, Ar.* Tipo de bombo construido con el tronco de un árbol ahuecado y provisto de dos membranas de cuero crudo.
 □
   a. ‖ **en ~.** loc. adj. *Bo. Referido a una mujer*, embarazada. vulg; pop + cult → espon ^ fest.
 ▶ **dar como ~; dar como ~ en fiesta; hacer el ~; ir al ~; irse al ~; llenar el ~; mandar al ~; tirar al ~.**

bombo, -a.
 I. 1. adj. *Cu. Referido a un líquido*, templado, ni frío ni caliente.
   2. *Cu. Referido a una fruta*, insípida, que no tiene el grado de sabor que debería tener.
   3. *Cu.* metáf. *Referido a persona*, sosa, lenta.

bombolón.
 I. 1. m. *Ve:O.* Piedra grande.

bombón.
 I. 1. m. *Ho, ES, Ni.* Caramelo esférico con un palito incrustado en medio.
   2. *PR.* Caramelo.
 II. 1. *Ho, ES.* **tecomajuche**, árbol.
 III. 1. m. *Cu.* Cosa fácil. pop + cult → espon.

bombotú, -túa.
 I. 1. adj. *PR. Referido a persona*, de vientre abultado.

bombucha.
 I. 1. f. *Ar:NO.* Bolsa pequeña de goma flexible, que se llena de agua para arrojarla a las personas y mojarlas durante la época de carnaval.

bómper. (Del ingl. *bumper*).
 I. 1. m. *Gu, Ho, ES, Ni, Pa, RD, PR, Co.* Barra de metal que llevan los automóviles en la parte trasera y delantera para protegerse de los golpes.
 II. 1. m. *Ho, ES, Ni.* Nalgas de mujer. vulg; pop + cult → espon ^ fest. ♦ **fondillo; búmper**.

bon bon bum. (De *Bon Bon Bum*®).
 I. 1. m. *Co.* Golosina de forma redonda con un palo en el centro que sirve de mango para chuparla.

bonané. (Del fr. *bonne année*, feliz año).
 I. 1. m. *RD. En algunos lugares del país*, regalo que se hace a los niños el día de Año Nuevo.

bonasí.
 I. 1. m. *PR.* Pez de hasta 1 m de longitud, con aletas radiadas y coloración que puede variar desde el pardo rojizo al gris oscuro; es venenoso. (Serranidae; *Mycteroperca* spp., *Serranus* spp.).

bonatú. (Del fr. *bon à tous,* bueno para todos).
  I. 1. f. *RD.* Tela basta de algodón, de color azul con listas.

boncha.
  I. 1. sust/adj. *Ar.* Persona tonta, ingenua o poco perspicaz. pop + cult → espon ^ desp.

bonchado. (Del ingl. *bunch,* manojo, racimo).
  I. 1. m. *Ho, Cu. En la industria del tabaco,* proceso de elaboración de la **tripa** y la **capa** del puro.

bonchao. (Del ingl. *bunch,* montón).
  I. 1. m. *Pa.* metáf. Gran cantidad de personas o cosas. pop + cult → espon.

bonchar.
  I. 1. intr. *Cu, RD, Ve.* **Fiestear**, jaranear, bromear. pop + cult → espon.
  2. *Cu, Ve.* Burlarse *una persona* de alguien, mofarse.
  3. tr. *Ve.* Gastar *alguien* dinero en diversiones.

bonche. (Del ingl. *bunch,* grupo).
  I. 1. m. *Mx, Pa, Cu, RD, PR, Ve.* Ambiente de fiesta o reunión, *generalmente ruidoso y desordenado.* pop.
  2. *EU, Mx:N, Pa, Cu, RD, PR.* Gran cantidad de personas, animales o cosas.
  3. *Mx, Cu, RD, PR, Ve.* Reunión de gente para celebrar algo. pop + cult → espon.
  4. *Mx.* Pila, fajo de hojas de papel sobrepuestas o de objetos compuestos por hojas de papel.
  5. *Mx.* Manojo, porción de cosas alargadas mantenidas juntas y apretadas por algún elemento que las une.
  6. *Mx.* Conjunto, porción, grupo de cosas.
  7. *Mx:N.* Grupo de personas poco numeroso.
  8. *EU.* Puñado de algo.
  9. m. *Ve.* Reunión de adictos a la marihuana. drog.
  10. *PR.* Grupo de personas que se dedica al robo. delinc.
  II. 1. m. *Ho, ES, Ni,* juv; *Co,* pop. Disputa, pelea.
    ♦ **tierrero**.
  2. *Ho.* **ajada**, represión severa.
  III. 1. *Co.* **gallardete**, arbusto.
  IV. 1. m. *Ho, ES, Ni, Pa.* Escándalo o desorden protagonizado por una o varias personas.
  V. 1. m. *Cu, PR.* Broma que se hace a una persona con la intención de burlarse de ella.
  □
    a. ‖ **en ~**. loc. adv. *Mx.* En masa, en tropel, juntos y atropelladamente.
  ▶ **coger para el ~; formarse un ~; irse de ~; ser un ~**.

boncheador, -ra.
  I. 1. sust/adj. *Cu.* Persona divertida, que con frecuencia hace chistes o gasta bromas. pop + cult → espon.

bonchear.
  I. 1. intr. *Cu.* Intercambiar bromas o chistes en una conversación. pop + cult → espon.
  2. tr. *Cu.* Burlarse *una persona* de alguien. pop + cult → espon.

bonchera.
  I. 1. f. *Ho, Cu. En la industria del tabaco,* máquina que hace la **tripa** y la **capa** de un puro.

bonchero, -a.
  I. (De *buncho*).
    1. m. y f. *Ho, Cu. En el proceso de elaboración del tabaco,* persona experta en hacer la **tripa** y la **capa** de un puro.
  II. (De *bonche*).
    1. adj. *ES. Referido a persona,* escandalosa y pendenciera. pop + cult → espon.

bonchinchear.
  I. 1. intr. *Cu, PR.* **bochinchear**, divertirse.

bonchista.
  I. 1. sust/adj. *Cu.* Bromista. pop + cult → espon.
  2. *Cu.* Persona que forma parte de un grupo que se divierte.

bonchón, -na.
  I. 1. sust/adj. *Ve.* Persona aficionada a los **bonches** o fiestas. pop + cult → espon.
  2. *Ve.* Persona divertida que juega y hace bromas habitualmente. pop + cult → espon.

bonco.
  I. 1. m. *Cu.* Amigo íntimo, compañero inseparable.
  2. *Cu.* Hombre atractivo.

bond. (Voz inglesa).
  I. 1. adj. *EU, Gu, Ho, ES, Ni, CR, Pa, Ec, Bo. Referido a un tipo de papel, generalmente de color blanco,* que se usa para copias e impresiones.
  II. 1. m. *PR. En albañilería,* mezcla floja usada como base de pisos enlosados.

bondai.
  I. 1. m. *RD.* Planta enredadera de tallos cilíndricos, con ramas erectas, hojas alternas, ovadas, inflorescencia en espigas y fruto con semillas aplanadas; es comestible. (Dioscoreaceae; *Discorea polygonoides*).

bondi.
  I. 1. m. *Ar.* Autobús, vehículo de transporte público. pop + cult → espon.
  2. *Ar.* obsol. Tranvía.

bondiola.
  I. 1. f. *Ar, Ur.* Embutido que se prepara con carne porcina.
  2. *Ar.* Corte de carne porcina que se extrae de la región del lomo.

bondo.
  I. 1. m. *PR.* Base que se aplica antes de pintar un automóvil.
  2. *PR.* Base para el maquillaje.
  3. *PR.* Maquillaje exagerado.

bondola.
  I. 1. f. *RD. En el juego de bolas,* bola más grande.

bonete.
  I. 1. m. *Cu, RD, PR.* Capó, tapa del motor de un vehículo. ♦ **hood**.
  II. 1. m. *Ve. En ganadería,* marca del ganado que consiste en cuatro cortes iguales hechos en la punta de la oreja.
  III. 1. m. *ES.* Árbol de hasta 35 m de altura, de flor blanca con pétalos largos y fruto en forma de cápsula, densamente cubierta de pelos; sus hojas se utilizan como envoltorios de los tamales y quesos. (Tiliaceae; *Luchea speciosa*).
  IV. 1. m. *Ni.* Pan dulce que cubre el relleno doblando hacia el centro las cuatro esquinas.
  ▶ **valer puro ~**.

bonetería.
  I. 1. f. *Mx.* Tienda o fábrica de calcetines, camisas y otras prendas de punto, o de productos de mercería.
  2. *Ar.* obsol. Establecimiento donde se vende fundamentalmente ropa interior y material de costura.

bonetón.
  ■
    a. ‖ **gran ~**.
    i. m. *Pe, Ch.* Situación en la que se van pasando unas personas a otras un problema sin querer hacerse cargo de él o asumir su responsabilidad.
    ii. *Pe.* Juego de prendas en el que se repite continuamente una frase que se van pasando entre sí los jugadores intentando no equivocarse.

bonga.
 I. 1. *Co.* **ceiba**. (Malvaceae; *Ceiba pentandra*).
 II. 1. f. *ES.* Bolsa del delantal. carc.

bongo.
 I. 1. m. *Mx:SE, Ho:S, ES:E, Ni, CR, Pa, Cu, Ve, Ec; Co*, p.u. Embarcación de fondo plano que se utiliza para el transporte fluvial de pasajeros o de carga. (**pongo**).
 2. *Ch.* Embarcación pequeña de remos destinada especialmente a la pesca.
 II. 1. m. *Co, Ve:E.* Recipiente grande, *generalmente de madera o metal*, de forma esférica y poco fondo, empleado en labores domésticas.
 III. 1. *Cu, Ve.* **bongó**, instrumento musical.
 2. *PR.* **bongó**, pareja de tambores.
 IV. 1. m. *Cu, Ve.* Gran cantidad de algo, *especialmente de dinero*. pop + cult → espon.
 ▶ **amarrar el ~**.

bongó.
 I. 1. m. *Ni, Cu, Ve, Ec:NO.* Instrumento musical de percusión hecho con una base circular de madera cubierta con un cuero tenso. (**bongo**).
 2. *PR.* Pareja de tambores de pequeño tamaño, unidos entre sí, hechos de madera con membrana de cuero vacuno. (**bongo**).

bongosero, -a.
 I. 1. m. y f. *Cu, PR, Ve.* Persona que toca el **bongó**.

bonguero.
 I. 1. m. *Ho:S, Ve, Ec.* El que conduce un **bongo**, sea patrón o marinero.

boniatillo.
 I. 1. m. *Cu.* Dulce hecho a base de boniato hervido y tamizado, a cuya pasta se le agrega azúcar y canela en polvo.
 II. 1. m. *Cu.* metáf. Persona escurridiza. pop + cult → espon.

boniato.
 ▶ **comerse un ~**.

bonifacio.
 I. 1. adv. *Ho:N, Ni.* juv. Bien, muy bien.

bonificar.
 I. 1. tr. *Ni.* Pagar *alguien* una deuda con bonos.
 □
 a. ‖ **~ el pasaporte**. loc. verb. *Ni.* Dispensar a alguien del pago de impuestos aduaneros, pero sellando el pasaporte para que no pueda introducir nuevas mercancías durante un período estipulado.

bonitillo, -a.
 I. 1. adj. *Cu, RD, PR; Ho, ES, Ni,* rur. *Referido a persona*, que se cree bonita, atractiva. pop + cult → espon.

bonito.
 I. 1. adv. *Ve, Bo, Ch.* Bien, de manera hermosa. pop + cult → espon.
 II. 1. m. *Ho.* Algo bien hecho por alguien.
 ▶ **andar ~; barjar los ~s; caminar ~; pararse ~; tener el ~ subido**.

bonito, -a.
 I. 1. adj. *Gu, Ho, ES, Ni. Referido a cosa*, que está bien hecha.

bonitura.
 I. 1. f. *Cu, RD, Ve, Ch; Co*, p.u. Persona o cosa hermosa.

bono.
 I. 1. m. *Mx, Ni, Ec.* Remuneración extra, acumulada al sueldo, con que se incentiva o premia al empleado.
 2. *Co, Ve.* Cantidad de dinero que se asigna como suplemento del sueldo para gastos específicos como transporte o trabajo nocturno.
 3. *Ni, PR.* Dinero extraordinario que las empresas dan a sus empleados en Navidad.

 II. 1. m. pl. *Ch.* metáf. Méritos, prestigio o fama adquiridos. pop + cult → espon.
 ■
 a. ‖ **~ de la vivienda**. m. *CR, Ec.* Subvención que, bajo ciertas condiciones, da el Gobierno a las familias pobres para la construcción de una vivienda. (**bono de vivienda**).
 b. ‖ **~ de Navidad**. m. *Ni, PR.* Gratificación económica que percibe un empleado a fin de año.
 c. ‖ **~ de vivienda**. *Pa.* **bono de la vivienda**.
 d. ‖ **~ soberano**. m. *Ch.* Título emitido por un Estado en el que se compromete a pagar una deuda externa en el plazo y condiciones que figuran en un anexo.
 □
 a. ‖ **medio ~**. loc. sust. *Ve.* Persona de muy baja estatura.

bonosol. (De *bono solidario*).
 I. 1. m. *Bo.* Bonificación extraordinaria que el Gobierno paga a los bolivianos mayores de sesenta y cinco años, desde 2001, con fondos provenientes de la capitalización de algunas empresas del Estado.

bonque. (Del ingl. *bunk*).
 I. 1. m. *EU:SO.* Litera, cada una de las dos o más camas sencillas y estrechas que, superpuestas, forman un mueble.

boñiguearse.
 I. 1. intr. prnl. *CR.* Expeler un animal, *en especial el ganado vacuno*, los excrementos. rur.

boñoñón.
 I. 1. m. *RD.* Algo de gran tamaño.

boo! (Voz inglesa).
 I. 1. interj. *RD, PR, Ec.* Expresa reprobación. pop + cult → espon.
 II. 1. interj. *PR.* Expresa fatalidad. pop + cult → espon.
 III. 1. interj. *PR.* Expresa cantidad indefinida pero grande de tiempo. pop + cult → espon.

bookeeper.
 I. 1. m-f. *PR.* Tenedor de libros.

boom. (Voz inglesa).
 I. 1. m. *Cu.* Brazo móvil que sostiene un micrófono o una cámara de televisión.

booster. (Voz inglesa).
 I. 1. m. *Ho, Ni.* Freno cuya acción es amplificada por un dispositivo eléctrico o mecánico.

boquear.
 I. 1. intr. *Ve.* Bostezar *alguien* repetidamente. pop + cult → espon.
 II. 1. tr. *ES.* p.u. Comer **boquitas**.
 III. 1. tr. *Ho.* Introducir el bocado del freno entre los dientes de la caballería. rur.

boqueburro, -a.
 I. 1. sust/adj. *RD.* Persona de poco juicio, cretina, tonta, papanatas. pop + cult → espon ^ desp. ◆ **boquepuerco**.

boquejaiba.
 I. 1. m-f. *Co:N.* Persona de boca muy grande. pop + cult → espon ^ fest.

boquellanta.
 I. 1. adj/sust. *Pe. Referido a persona*, que tiene los labios gruesos o la boca grande. pop + cult → espon ^ fest.

boquense.
 I. 1. sust/adj. *Ar.* Jugador o simpatizante del club de **futbol** bonaerense Boca Juniors.
 2. adj. *Ar.* Relativo a La Boca, barrio de Buenos Aires.
 3. *Ar.* Relativo al club de futbol bonaerense Boca Juniors.

boquepuerco, -a.
 I. 1. adj. *RD.* **boqueburro**, cretino, tonto.

boqueriento, -a.
    I. 1. adj/sust. *Ch. Referido a persona*, que tiene boceras en los labios y en sus comisuras. pop + cult → espon ∧ desp.

boqueta.
    I. 1. f. *RD, Ve.* Persona labihendida. pop + cult → espon.

boquete.
    I. 1. m. *Cu.* Comida. delinc.
    II. 1. m. *RD.* Herida.
    III. 1. m. *Ni.* Lugar de entrada a un camino de montaña. rur.

boquetero, -a.
    I. 1. m. y f. *Ar.* Ladrón que roba abriendo agujeros en techos o paredes para poder entrar a una casa o establecimiento.

boqueto, -a.
    I. 1. sust/adj. *Co.* Persona que tiene el labio superior hendido, por defecto congénito. pop + cult → espon ∧ desp. ◆ **bochinche**; **boquinche**; **boquineto**.

boqui.
    I. 1. m. *Ch.* Enredadera sarmentosa cuyo tallo, que es muy resistente, se emplea en la fabricación de cestos y canastos. (Vitaceae; *Vitis striata*).

      ■
      a. ‖ **~ toqui.** (Del ingl. *walkie talkie*). m. *Cu, Ch.* Aparato receptor y transmisor de ondas de radio pequeño y transportable. pop + cult → espon. (**boquitoqui**).

boquiabierta.
    I. 1. sust/adj. *Pa, Ec, Ar, Ur.* Persona muy distraída o despistada. pop + cult → espon.

boquichico.
    I. 1. m. *Pe.* Pez de agua dulce de hasta 30 cm de longitud, de cuerpo ahusado, boca protáctil en forma de ventosa y coloración plateada con bandas longitudinales oscuras, que corresponden a las hileras de escamas con bordes negros; su carne es comestible, pero está llena de espinas. (Prochilodontidae; *Prochilodus nigricans*). (**bocachica**).

boquicolorado.
    I. 1. *PR.* **barbudo**, pez marino. (**boquicolorao**).

boquicolorao.
    I. 1. *PR.* **boquicolorado**.

boquiduro, -a.
    I. 1. adj/sust. *Bo;E. Referido a persona*, reacia a mostrar sus pensamientos o sentimientos. pop + cult → espon.

boquiflojo, -a.
    I. 1. adj/sust. *Mx, Pa, RD, PR, Co, Pe, Ch. Referido a persona*, chismosa, amiga de murmurar y difundir rumores. pop + cult → espon ∧ desp.
    II. 1. adj/sust. *PR. Referido a persona*, habladora. pop + cult → espon. ◆ **bochinchero**; **bocón**; **lengüetero**.
    III. 1. *PR.* **bocón**, indiscreto. pop + cult → espon.
    IV. 1. *PR.* **boquisuelto**, maldiciente.

boquijano.
    I. 1. m. *PR.* Gallo con algún defecto en la comisura del pico por efecto de un golpe, viruelas o un absceso conocido como taco. ◆ **esboquillado**.

boquilla.
    I. 1. f. pl. *Ve:O.* Alimento ligero que se toma entre comidas más por entretenerse que por apetito.
    II. 1. f. *PR.* Enfermedad infecciosa que produce escoriación en la comisura de los labios.
    2. *PR.* Laceración en el pico de un gallo de pelea, producida por un picotazo o espolonazo del contrincante.
    III. 1. f. *Ho.* Abertura por donde se introduce la caña de azúcar para ser molida en el trapiche. rur.
    IV. 1. f. *Ho.* Unión de una cañería.

boquillazo.
    I. 1. m. *Ch.* Intervención verbal breve y tajante. pop + cult → espon.

boquillero, -a.
    I. 1. adj. *Cu, Ar. Referido a persona*, charlatana. pop + cult → espon.
    II. 1. sust/adj. *PR.* Apostador que no cumple, que desaparece de la **gallera** cuando pierde.

boquinche.
    I. 1. *Co.* **boqueto**. pop + cult → espon ∧ desp.

boquinegro.
    I. 1. m. *Cu.* Pez marino de hasta 40 cm de longitud, con el dorso y lados superiores de color rojo o rosa, el vientre y los lados inferiores plateados con tonalidades rojizas, la aleta caudal de color rojo intenso y en la base y axila de la aleta pectoral, una mancha negra. (Lutjanidae; *Lutjanus buccanellá*).

boquineto, -a.
    I. 1. *Co.* **boqueto**.

boquisafao, -fá. (De *boca* y *zafado*).
    I. 1. *Pa.* **boquizafado**. pop + cult → espon ∧ desp.

boquisucio, -a.
    I. 1. adj/sust. *Pa, Cu, RD, PR, Co, Ec. Referido a persona*, que habla utilizando palabras obscenas, malhablada, lenguaraz, maldiciente. pop + cult → espon.

boquisuelto, -a.
    I. 1. adj/sust. *Co, Ec, Ch. Referido a persona*, que habla de manera imprudente y sin mesura. pop + cult → espon.
    2. *PR. Referido a persona*, lenguaraz, maldiciente. pop + cult → espon. ◆ **boquiflojo**.
    3. *PR. Referido a persona*, indiscreta. pop + cult → espon. ◆ **bochinchero**.
    II. 1. adj/sust. *PR.* metáf. *Referido a persona*, malcriada. pop + cult → espon. ◆ **bocón**.

boquita.
    I. 1. f. *Gu, Ho, ES, Ni, Pa.* Comida ligera que se sirve como acompañamiento de una bebida o como aperitivo.
    II. 1. f. *RD.* **Muelas** o patas de cangrejo.
    III. 1. adj/sust. *RD. Referido a persona*, chismosa, que lo cuenta todo. pop + cult → espon ∧ desp.

      □
      a. ‖ **a ~ de noche.** loc. adv. *RD.* Al anochecer.
      b. ‖ **~ de chicharra.** loc. adj. *PR. Referido a persona*, gritona. pop + cult → espon ∧ desp.
      ► **tener a ~ que querés.**

boquitoqui. (Del ingl. *walkie talkie*).
    I. 1. *Ni, Cu.* **boqui toqui**.

boquizafado.
    I. 1. sust/adj. *Pa.* Persona indiscreta. (**boquisafao**).

bora.
    I. 1. *Ve.* **violeta de agua**.
    2. f. *Ve.* Nombre común para designar a todo tipo de plantas acuáticas flotantes.
    II. 1. f. *Ho.* **boro**.

boral.
    I. 1. m. *Ve.* Sitio poblado de **boras**.

boratera.
    I. 1. f. *Pe, Ch, Ar.* Yacimiento de bórax.

boratero, -a.
    I. 1. adj. *Pe, Ch; Ar*, p.u. Relativo al bórax.
    2. m. y f. *Ch.* Persona que trabaja o negocia con bórax.

borazo. (De *boris*, pistola, revólver).
    I. 1. m. *Gu, Ho, ES.* Balazo. pop + cult → espon.
    2. *ES.* Golpe dado con el **boris** o revólver.

borbandear. (Metát. de *bombardear*).
   I. 1. tr. *Ho, ES*. Bombardear. rur.
borboja.
   I. 1. f. *RD, Ve*. Burbuja. rur.
borbojita.
   I. 1. f. *RD*. Burbuja pequeña.
   2. *RD*. Ampolla pequeña que sale en la boca o en la lengua.
borbollón.
   I. 1. m. *Pe, Ch*. juv. Trifulca, jaleo, alboroto.
   □
   a. ‖ **el mero ~.** loc. sust. *Ho, Ni*. Persona principal o con mando en una comunidad. rur.
borbollonear.
   I. 1. intr. *Ho, Ni*. Borbollar, hacer borbollones el agua. rur.
borbón. (Del ingl. *bourbon*).
   I. 1. m. *Ho, ES, Ni, PR*. Arbusto de hasta 3 m de altura, con hojas lustrosas, ovales y acuminadas, y flores fragantes de color blanco o cremoso. (Rubiaceae; *Coffea arabica bourbon*).
   2. *Ho, Ni*. Fruto del borbón, baya pequeña, de color rojo brillante cuando está madura, que contiene dos semillas.
   3. *Ho, Ni*. Semilla del borbón, que, una vez despulpada, se seca, tuesta y muele para elaborar un café de excelente calidad.
borbosada.
   I. 1. f. *RD*. Vómito de sangre.
borbotar.
   I. 1. tr. *Ho*. Surgir *algo* de improviso.
borbotón.
   I. 1. m. *Ve*. Lugar de un río donde la corriente cambia de dirección o hay un salto de agua. rur.
borbotonear.
   I. 1. intr. *Ve, Ch*. Formar burbujas un líquido al hervir. prest; cult → esm.
borcelana.
   I. 1. *Mx*. **porcelana**, orinal.
   II. 1. *Gu*. **porcelana**, plato. pop + cult → espon.
borcelano, -a.
   I. 1. adj. *Ve*. Referido al ganado vacuno, muy blanco, de cuernos rosados y ojos azules.
bordalesa.
   I. 1. f. *Py, Ar, Ur*. Tonel de vino que tiene una capacidad de 225 litros.
bordante. (Del ingl. *boarder*).
   I. 1. m-f. *Cu*. Persona que vive como huésped en una hospedería.
borde.
   □
   a. ‖ **a ~.** loc. adv. *RD*. Al borde de, cerca de suceder algo. pop + cult → espon.
   ▶ **estar al ~ de la piragua.**
bordeadora.
   I. 1. f. *Ar*. Máquina eléctrica de mano, que emplea un hilo de plástico a modo de cuchilla para cortar césped y podar cercos vivos.
bordeaux. (Voz francesa).
   I. 1. m. *Ar, Ur*. Color rojo oscuro, característico del vino de Burdeos.
   2. adj. *Ar, Ur*. Relativo a este color.
bordejear.
   I. 1. intr. *Ch*. Navegar hacia la dirección de la que viene el viento yendo alternativamente de una a otra banda.
bordemar.
   I. 1. m. *Ch*. Orilla del mar. prest; cult → esm.

borderó. (Del fr. *bordereau*, lista detallada de una venta).
   I. 1. m. *Ch, Ar*. Cantidad de dinero en bruto recaudada con la venta de entradas a un espectáculo.
bordillo.
   I. 1. m. *Ch:SO*. Manta hecha de lana de oveja formada por cuadros de colores. rur.
bordo.
   I. 1. m. *Mx, Ho, ES, Ni, Bo, Ar*. Construcción que se hace a ambos lados de un río o quebrada para evitar inundaciones o para retener o estancar las aguas.
   2. *Mx*. Dique de pequeña o mediana capacidad, y de muy diversa factura, con que se retienen, desvían o conducen las aguas fluyentes, *particularmente las provenientes de la lluvia o riadas*.
   3. *Mx*. Embalse de mediana capacidad previsto para contener sobre todo las aguas de lluvia o riadas.
   4. *Mx*. Estación de almacenamiento y tratamiento de basura y residuos.
   5. *Bo, Ar*. Lomo o lonja de tierra entre dos surcos. rur.
   6. *Ar:NO*. obsol. Montículo de tierra o arena, o loma en forma alargada.
   7. *Ar:NO*. Orilla, borde. rur.
   8. *Pe*. Montículo pequeño de tierra y césped, y en ocasiones de piedra, que levantan los agricultores para represar el agua. rur.
   9. *Ho, Ni*. Orilla de un río o quebrada.
   II. 1. m. *Mx*. Saliente de metal u hormigón que, a modo de leve obstáculo, se instala sobre la superficie de las calzadas y carreteras en ciertos tramos a fin de que los automovilistas se vean obligados a aminorar su marcha cuando pasan sobre ellos.
   2. *Gu*. Saliente en el nivel del suelo.
   III. 1. m. *Ho:E, Ni*. Terreno en pendiente. rur.
   2. *Ni*. Pendiente pronunciada de una serranía.
   □
   a. ‖ **de ~ a ~.** loc. adv. *Ho*. De una orilla a otra, de lado a lado.
bordó. (Del fr. *Bordeaux*).
   I. 1. m. *Ar, Ur*. Color rojo oscuro, característico del vino de Burdeos.
   2. adj. *Ar, Ur*. Referido a cosa, de color rojo oscuro.
bordón.
   I. 1. m. *Co*. Vara delgada que lleva en uno de sus extremos un látigo flexible y estrecho de cuero o cordel.
   2. *Ho, ES:E, Ni*. Instrumento de labranza consistente en un palo largo con punta que sirve para ahoyar. rur.
   □
   a. ‖ **~ cruzado.** loc. sust. *Ho*. Técnica de siembra de granos o plantas en línea recta cruzada, comenzando por un ángulo del terreno. rur.
   b. ‖ **~ mateado.** loc. sust. *Ho*. Técnica de siembra de granos o plantas en línea recta a lo largo de un terreno. rur.
   ▶ **sembrar a ~.**
bordón, -na.
   I. 1. m. y f. *Pa, Ve*. Último hijo de un matrimonio, hijo menor.
bordona.
   I. 1. f. *Py, Ar, Ur*. Cuerda gruesa y de sonido grave de la guitarra, *preferentemente la sexta*.
bordonazo.
   I. 1. m. *Ni*. Golpe dado con el **bordón**.
bordonear.
   I. 1. intr. *Ve*. Zumbar un insecto produciendo un ruido sordo y continuado.
   II. 1. tr. *ES*. Abusar *una persona* de la bondad de alguien.
   III. 1. tr. *Ni*. Medir una tierra con el **bordón**.

bordoneo.
    I. 1. m. *Gu.* Siembra de maíz a bordón entre dos surcos de **frijoles**. rur.

bordonero, -a.
    I. 1. m. y f. *ES.* Conductor que busca pasajeros para su autobús en las terminales.

bordonúa.
    I. 1. f. *PR.* Guitarra popular de grandes dimensiones, con seis cuerdas y con tapa de madera de **yagrumo**, caracterizada por su blancura y ligereza.

bore.
    I. 1. *Co.* **taro.**

bórer.
    I. 1. *Cu.* **barreno**, insecto.

borgoña.
    I. 1. m. *Ch.* Bebida alcohólica preparada con vino, azúcar y fruta troceada, *principalmente fresas o* **duraznos.**

borí.
    ■
    a. ‖ ~-~. f. *Ar:NE.* Comida que consiste principalmente en albóndigas pequeñas preparadas con harina de maíz, queso y leche, y cocidas en un caldo de cebolla, tomate y pimiento.

boricua.
    □
    a. ‖ ~ **de cora.** loc. adv. *PR.* De corazón, con afecto.

Borinqueña.
    ▶ **irse pitando la ~; pitar la ~.**

boris.
    I. 1. m. *Gu, Ho, ES, Ni.* Pistola o revólver.

borla.
    I. 1. f. *Ho, Ni.* metáf. Círculo de pequeñas plumas que tiene un gallo de pelea debajo de la golilla.
    ▶ **tomar la ~.**

borlón.
    ■
    a. ‖ ~ **de alforja.** m. *Ch.* Planta de hasta 30 cm de altura, de hojas alternas, de ramas cortas y gruesas con flores hermafroditas de color rosado que tienen pelos en los bordes. (Asteraceae; *Polyachyrus* spp.).

borlote.
    I. 1. m. *Mx.* Tumulto, desorden, escándalo. pop + cult → espon.

borlotero, -a.
    I. 1. adj/sust. *Mx. Referido a persona*, que causa o que le gustan los **borlotes**.

bornear.
    I. 1. tr. *Ch.* Agitar o mover *alguien algo*.

boro.
    I. 1. m. *Ho.* Pistola o revólver. (**bora**).

borochi.
    I. 1. *Bo:E.* **aguará**, cánido. (**boroschi**).

boroco.
    I. 1. *Ch.* **huingán.**

borococó.
    I. 1. m. *Ve:O.* Búho, ave nocturna.

borocotó. (De or. onomat.).
    I. 1. *Ur.* borocotó chas chas.
    ■
    a. ‖ ~ **chas chas.** m. *Ur.* Sonido rítmico del tambor. pop ^ fest. ♦ **borocotó.**

borojó.
    I. 1. m. *Pa.* Árbol de hasta 10 m de altura, de hojas simples y opuestas, de elípticas a aovadas, flores largas y de color blanco, en forma de tubo, y frutos globosos de color amarillo cuando están maduros. (Rubiaceae; *Posoqueria latifolia*). ♦ **tuliviejo.**

boroló.
    I. 1. m. *Co.* Desorden, alboroto causado por varias personas, que puede terminar en pelea. (**bololó**).
    2. *Co.* Problema, confusión, conflicto. (**bololó**).

borona.
    I. 1. f. *Mx, Ni, CR, Cu, RD, Co, Ve, Pe.* Parte más pequeña y menuda del pan, que suele saltar o desmenuzarse al partirlo. (**boronilla; morona**).
    2. *Ve:C,O.* Trozo muy pequeño que se desprende o que sobra de alguna cosa.
    3. *Ni.* Queso o cuajada que no ha sido prensada. rur.
    II. 1. f. *Ve.* Persona de baja estatura. pop + cult → espon.
    III. 1. f. *RD.* Dinero extra, *generalmente poco*.
    IV. 1. f. pl. *RD.* Desperdicios.
    V. 1. f. *Ni.* Insulto u ofensa verbal.
    ▶ **dar ~; volverse ~s.**

borondo.
    I. 1. m. *Co:SO.* Paseo corto. pop + cult → espon.

boronear(se).
    I. 1. tr. *Ho, Ni.* Deshacer *alguien algo* por tener poca consistencia. rur.
    2. intr. prnl. *Ho, Ni.* Deshacerse *algo* por tener poca consistencia. rur.
    II. 1. tr. *RD.* Realizar *alguien* un trabajo o una actividad extra en la que se gana algo de dinero.

boroneo.
    I. 1. m. *RD.* Búsqueda de un trabajo o actividad extra para ganar algo de dinero.

boronero.
    I. 1. m. *CR.* Conjunto de **boronas**, partes menudas del pan.

boronía.
    I. 1. f. *PR.* Crema a base de apio con bacalao y tocino que se acompaña con arroz.
    2. *PR.* Guisado a base de **chayote**, huevo, jamón, calabaza, tomate y otros productos, todo troceado en pequeños pedazos. ♦ **alburaniya.**
    II. 1. f. *PR.* Cosa pulverizada, desmenuzada o hecha añicos.

boronilla.
    I. 1. *Cu, RD.* **borona**, parte menuda del pan.

bororó.
    I. 1. m. *Co:N.* Desorden, alboroto causado por varias personas, que puede terminar en pelea. pop + cult → espon.
    II. 1. m. *Co:N.* Problema, confusión, conflicto. pop + cult → espon.

boroschi.
    I. 1. *Bo:E.* **borochi.**

borra.
    I. 1. f. *Pa, Cu, RD, PR, Ve, Ec, Bo.* Sedimento del café.
    2. *Ve.* metáf. Persona despreciable. pop + cult → espon ^ desp.
    3. *Ch.* Sedimento arcilloso del **caliche** o sustancia arenosa que constituye la materia prima para la obtención del nitrato de Chile.
    4. *Bo.* Sedimento de la **chicha**, bebida alcohólica; se usa en la elaboración del pan, a manera de levadura.
    II. 1. f. *RD, PR, Ve.* Goma para borrar lo escrito a lápiz o con tinta. est.
    III. 1. f. *Ve:O.* Sustancia amarilla, granulosa, que acumulan las abejas en el fondo de sus colmenas.
    ■
    a. ‖ ~ **de café.** f. *Cu, PR.* Residuo que queda después de hervir el café.

borracha.
    I. 1. f. *RD.* Caña roja y agria.
    2. *RD.* Piña muy madura.

borrachaco, -a.
    I. 1.   adj/sust. *Bo. Referido a persona*, que consume bebidas alcohólicas con frecuencia. pop + cult → espon ^ desp.

borrachales.
    I. 1.   sust/adj. *Mx.* Persona borracha, mermada de sus facultades por ingesta desmesurada de bebida alcohólica. pop + cult → espon.

borrachería.
    I. 1.   f. *Co, Ve, Ec, Pe, Bo, Ch, Py, Ar, Ur.* Taberna. pop + cult → espon.

borrachero.
    I. 1.   m. *Co.* Arbusto anual de más de 3 m de altura, de grandes flores en forma de campana, colgantes, de color blanco o rojo; su semilla es rica en alcaloides y se emplea como alucinógeno. (Solanaceae; *Datura* spp.).

borrachito.
    I. 1.   m. *Ch.* metáf. Pan pequeño de huevo rebozado en almíbar y ron.

borracho.
    I. 1.   m. *Pe.* Pez de hasta 25 cm de longitud, de color marrón salpicado de manchas más oscuras, con aletas radiadas espinosas y pequeños tentáculos sobre los ojos. (Blenniidae; *Scartichthys gigas*).
    II. 1.   m. *CR.* Pastel dulce, *generalmente redondo*, recubierto de azúcar glas rojo y formado por dos capas unidas entre sí por crema o mermelada.

borrachón, -na.
    I. 1.   adj/sust. *PR, Bo. Referido a persona*, que consume bebidas alcohólicas con frecuencia. pop + cult → espon ^ desp.

borrachoso, -a.
    I. 1.   adj/sust. *Pe. Referido a persona*, que está continuamente borracha o tiene apariencia de estarlo.
    2.   *Ch. Referido a persona*, que se emborracha con frecuencia. pop + cult → espon ^ desp.

borrado, -a.
    I. 1.   adj. *Ar, Ur. Referido a persona*, ausente durante largo tiempo de los lugares que suele frecuentar. pop + cult → espon.
    2.   sust/adj. *Ar.* Persona que tiene la costumbre de no acudir a un lugar adonde ha sido invitada o se espera su participación. pop + cult → espon.
    II. 1.   adj. *Pe, Ch.* obsol. *Referido a persona*, picada de viruelas.

borradura.
    I. 1.   f. *Ho.* Desperdicios de algo. rur.

borraja.
    I. 1.   f. *Cu.* Lío.

borrancina.
    I. 1.   f. *Ho.* Eliminación de algo o de alguien de una lista.

borrar(se).
    I. 1.   intr. prnl. *Ar, Ur, Ch,* juv. Irse de un lugar con rapidez y sin que los demás lo adviertan. pop.
    2.   *Ar, Ur.* Dejar *alguien* de acudir a sitios que suele frecuentar. pop + cult → espon.
    II. 1.   intr. prnl. *RD, PR, Bo.* Perder la memoria *alguien* por consumir bebidas alcohólicas en exceso.
    □
    a. ‖ **~ con el codo.** loc. verb. *Co, Ch.* Actuar de manera fraudulenta o contraria a lo que se debe o se suele hacer. pop + cult → espon.
    b. ‖ **~ con mierda del gato.** loc. verb. *RD.* Acabar con una amistad o relación de una vez por todas. vulg; pop + cult → espon.
    c. ‖ **borrársele el casete.** loc. verb. *Mx, Gu, Ho, ES, Ni, Pa, Co, Pe, Ec,* p.u. Perder *alguien* la percepción de una cosa u olvidarse de ella. pop + cult → espon. ♦ **borrársele la película.**

d. ‖ **borrársele la cinta.** loc. verb. *PR.* Perder *alguien* la memoria por consumir bebidas alcohólicas. pop + cult → espon.

e. ‖ **borrársele la película.** loc. verb. *Ch.* **borrársele el casete.**

borrasca.
    I. 1.   f. *Mx, Ho. En las minas*, carencia de mineral útil en el criadero.

borravino.
    I. 1.   m. *Ar.* Color rojo oscuro.
    2.   adj. *Ar.* Relativo al color rojo oscuro.

borregada.
    I. 1.   f. *Ur, Ar,* obsol. | metáf. Grupo numeroso de niños o adolescentes. pop + cult → espon.
    2.   *Ur.* Comportamiento propio de un niño o de un adulto inmaduro. pop + cult → espon.

borregaje.
    I. 1.   m. *Ur, Ar,* obsol. Conjunto de corderos de uno o dos años de edad. rur.
    2.   *Ar; Ur,* desp. Grupo grande de niños o adolescentes. pop + cult → espon.

borrego.
    I. 1.   m. *Mx, RD.* Falsa noticia, *generalmente sensacionalista y escandalosa.* pop + cult → espon.
    II. 1.   m. *Mx.* Chaqueta con forro de lana de borrego.
    III. 1.   m. *Mx.* Nube blanca, redonda y pequeña.
    IV. 1.   m. *Gu, RD.* Ternero de entre uno y dos años. rur.
    2.   *CR.* Cerdo sin castrar. rur.
    ■
    a. ‖ **~ cimarrón.** m. *Mx.* Mamífero silvestre de cuerpo robusto y patas fuertes, con cabeza grande y ancha, orejas puntiagudas, cornamenta gruesa en forma de espiral y cuyo color cambia de café claro a oscuro en algunas partes del cuerpo. (Bovidae; *Ovis canadensis*). ♦ **tajé.**
    ▶ **soltar un ~.**

borrego, -a.
    I. 1.   m. y f. *Mx.* Persona que forma parte del contingente transportado a un evento público, *generalmente político*, de manera forzada o inducida mediante recompensa. desp.
    II. 1.   m. y f. *Ar, Ur.* Niño o adolescente. pop.

borreguero.
    1.   *Pa.* **borriguero**, reptil.

borreno, -a.
    I. 1.   sust/adj. *Ve:O.* Caballo que se asusta o se espanta fácilmente. rur.

borriento, -a.
    I. 1.   adj. *Ch. Referido a una bebida, especialmente alcohólica*, que tiene mucho poso. pop + cult → espon.

borriguero.
    I. 1.   m. *Pa.* **jausi.** (**borreguero**).
    II. 1.   m. *Pa. En un grupo de trabajo*, ayudante, peón u obrero de menor jerarquía. pop + cult → espon ^ fest.
    ▶ **dar ~ por iguana; meter ~ por iguana.**

borriguero, -a.
    I. 1.   m. y f. *Pa.* metáf. Persona aduladora. pop + cult → espon ^ desp.

borriqueta.
    I. 1.   f. *Ar, Ur.* Pez marino de hasta 60 cm de longitud, con aletas radiadas y la caudal redondeada, y cuya coloración varía desde el gris plateado al cobrizo. (Sciaenidae; *Menticirrhus americanus, Ophioscion adustus, O. naso*). (**burriqueta**).

borrocha.
    I. 1.   f. *ES.* Desperdicio del **maguey** una vez extraída la fibra para hacer costales.

borroniento, -a.
  I. 1. adj. *Ch.* Borroso, que no se distingue con facilidad. pop + cult → espon.

borroñoso, -a.
  I. 1. adj. *ES, Ni, RD. Referido a cosa, especialmente al tronco de un árbol,* áspera o de superficie desigual.
  II. 1. adj. *Ni, RD. Referido a un escrito o dibujo,* que no se ve con claridad.

borroso.
  I. 1. sust/adj. *Ch.* **Caliche** o sustancia arenosa que constituye la materia prima para la obtención del nitrato de Chile, rico en borra.

borsico.
  I. 1. m. *Pa.* Bolsa en que se da maíz a las caballerías. rur.

boruga.
  I. 1. f. *Cu, RD, Ve.* Requesón que, después de coagulada la leche sin separar el suero, se bate con azúcar y se toma como refresco.
  2. *Ve:C.* Alimento hecho con leche de vaca cuajada y ligeramente fermentada. pop.
  3. *Ve:O.* Queso de consistencia blanda y sin sal elaborado con leche de vaca. pop.
  4. *Cu.* Grumo en un líquido. rur.
  5. *Cu.* Fragmentos menudos de un alimento como pan o queso.
  II. 1. f. *Ve:O.* metáf. Persona o cosa de pequeño tamaño.

borugo.
  1. *Co.* **tepescuintle.**
  ▶ **parir ~s.**

bosel.
  I. 1. m. *Co.* Moldura cromada que adorna la carrocería de un automóvil.

boselería.
  I. 1. f. *Co.* Conjunto de molduras cromadas que adornan la carrocería de un automóvil.

boshito, -a.
  ●
  a. ‖ **~.** fórm. *Mx.* **boxito.**

bosnia.
  ●
  a. ‖ **~ y ~.** fórm. *Ch.* Se usa para indicar a la persona que acaba de hablar que incurre en el mismo error o defecto que censura. pop + cult → espon ^ fest,

bosorola.
  I. 1. *CR.* **bozorola.**

bosque.
  I. 1. m. *Ni, RD, PR. En el **beisbol**,* zona del campo exterior, más alejada del **diamante**.
  ■
  a. ‖ **~ central.** m. *Ni, RD, PR. En el **beisbol**,* zona del fondo del campo que se encuentra en el centro.
  b. ‖ **~ derecho.** m. *Ni, RD, PR. En el **beisbol**,* zona del fondo del campo que se encuentra a la derecha del **plato**.
  c. ‖ **~ izquierdo.** m. *Ni, RD, PR. En el **beisbol**,* zona del fondo del campo que se encuentra a la izquierda del **plato**.

boss. (Voz inglesa).
  I. 1. m. *PR.* Jefe, persona que ejerce el mando, patrono.
  2. *PR.* Cónyuge, *especialmente la esposa.* pop + cult → espon ^ fest.

bosta.
  I. 1. f. *Ar, Ur.* metáf. Trabajo mal hecho, *especialmente por descuido o desinterés.* pop + cult → espon ^ desp.
  II. 1. sust/adj. *Ar, Ur.* metáf. Persona malintencionada o egoísta. pop + cult → espon ^ desp.
  ▶ **hacer ~; hacerse ~.**

bostear. (Del ingl. *to bust*).
  I. 1. intr. *Bo:E,S, Ch, Ar, Ur.* Excretar el ganado vacuno o caballar. rur.

bostero. (De *bostear*).
  I. 1. m. *Ve.* Lugar donde se recogen los excrementos del ganado vacuno. rur.

bostero, -a. (De *bostear*).
  I. 1. sust/adj. *Ar.* Miembro o simpatizante del club bonaerense de **futbol** Boca Juniors. pop + cult → espon ^ desp.
  2. adj. *Ar.* Relativo al club bonaerense de **futbol** Boca Juniors. pop + cult → espon ^ desp.
  II. 1. sust/adj. *Ar:C.* metáf. Persona malintencionada que perjudica a los demás. vulg; pop + cult → espon ^ desp.
  2. adj/sust. *Ho.* p.u. *Referido a persona,* despreciable por algo. vulg; pop + cult → espon ^ desp.

bostezadera.
  I. 1. f. *Ni, CR, Cu, Co, Ve.* Sucesión de bostezos. pop + cult → espon.

bostezo.
  I. 1. adj. *CR.* meton. *Referido a persona o cosa,* que produce aburrimiento.

bosticar.
  I. 1. tr. *Mx, Ho, ES, Ni.* Decir, manifestar *algo* con palabras entre dientes. prest; cult → esm.
  2. intr. *Ho.* Rezongar, refunfuñar *alguien.* pop + cult → espon.
  □
  a. ‖ **no ~ palabra.** loc. verb. *Ho, ES.* No responder, quedarse callado. prest; cult → esm.

bosúo, -a.
  I. 1. adj. *RD. Referido a persona,* que tiene mucho vello en el labio superior.

bota.
  I. 1. f. *Mx, PR.* Pelea de gallos entre animales del mismo dueño que sirve de prueba o ensayo; se les forran los picos y las espuelas para que no se hagan daño. rur.
  2. *Ho, RD, PR.* Vaina de cuero o tela gruesa para cubrir los espolones de los gallos de pelea y evitar que se lastimen en las pruebas o ensayos.
  II. 1. f. *Co, Ve.* Parte de un pantalón que se extiende del tobillo hasta el borde inferior.
  III. 1. f. *Ve.* Persona que profesa la milicia. pop + cult → espon.
  IV. 1. f. *Ho, ES.* Armazón de madera, forrada con lámina metálica, que forma dos depósitos, uno a cada lado del lomo de una caballería, y que sirve para transportar agua. rur.
  V. 1. f. *Cu.* Botella de bebida alcohólica.
  VI. 1. f. *Ho.* En *vehículos y máquinas,* funda flexible de goma que protege del polvo y mantiene engrasados cojinetes, rótulas y otras piezas móviles.
  ■
  a. ‖ **~ laredo.** (De la ciudad mexicana de *Laredo*). f. *Mx, Ho.* Calzado de cuero hasta la rodilla, con la punta muy puntiaguda y con tacón relativamente alto.
  □
  a. ‖ **~ militar.** loc. sust. *Bo.* Gobierno militar dictatorial que accede al poder mediante un golpe de estado.
  b. ‖ **las ~s.** loc. sust. *Ar, Ur.* Las fuerzas militares. pop + cult → espon ^ desp.
  c. ‖ **~ la riversa.** (Del ingl. *reverse,* marcha atrás). loc. sust. *PR.* Hombre afeminado. euf; pop + cult → espon.
  ◪
  a. ‖ **no es para todos la ~ de potro.** fr. prov. *Ar, Ur.* Indica la falta de aptitud o resistencia física de alguien para una actividad. pop + cult → espon.
  ▶ **besar las ~s; colgar las ~s; lamer las ~s; ponerse las ~s.**

botaagua.
    I. 1. f. *Mx*, *Gu*, *CR*. Moldura colocada en la parte superior de las puertas y ventanas para impedir que penetre el agua de lluvia.

botabasura.
    I. 1. m-f. *Ni*. Persona que recoge la basura.

botacabeza.
    I. 1. m. *Ho:N*. p.u. Variedad de machete de hoja recta y punta afilada.

botacaca.
    I. 1. m. *ES*. Ano. vulg; pop + cult → espon.

botadera.
    I. 1. f. *Co*, *Pe*. Gasto excesivo e inútil.
    II. 1. f. *Cu*, *Ve*, *Pe*. Lanzamiento reiterado de algo. (**brotadera**).

botadero.
    I. 1. m. *Mx*, *Gu*, *Ho*, *ES*, *Ni*, *CR*, *Co*, *Ve*, *Ec*, *Pe*, *Bo*, *Ch*, *Py*. Basurero, lugar al aire libre donde se depositan grandes cantidades de basura.
    2. *Ho*. Túnel en desuso de una mina en el que se depositan escombros y materiales de desecho.
    II. 1. m. *Mx*. metáf. Desorden, confusión.
    III. 1. m. *Ho*. Senda o atajo por un terreno inclinado. rur.
    2. *Ho*. Deslizadero vertical en una montaña por donde se arrastran los troncos cortados.

botadero, -a.
    I. 1. adj. *Pe*. juv. *Referido a persona*, que gasta de manera excesiva.

botado.
    I. 1. m. *RD*, *Ec*. Terreno baldío, barbecho, matorral.
    II. 1. adv. *RD*, *PR*. En exceso, a granel.

botado, -a.
    I. 1. adj. *Mx*, *Ho*, *ES*, *Ni*, *Cu*, *Co*, *Ve*, *Ch*. *Referido al precio de algo*, barato.
    II. 1. adj. *Mx*, *Gu*, *Ho*, *Ni*. *Referido a persona*, varada en un lugar por habérsele averiado el vehículo.
    III. 1. adj. *Co*, *Ch*. *Referido a un examen o prueba*, fácil. pop + cult → espon.
    2. *Ho*, *Co*. *Referido a una tarea o actividad*, muy fácil de realizar. pop + cult → espon. ♦ **mamey**; **pilado**.
    3. *Ve*. *Referido a una tarea o actividad*, bien hecha, extraordinaria. pop + cult → espon.
    IV. 1. adj. *Ho*, *CR*, *Co*. *Referido a persona*, dadivosa, que le gusta convidar.
    2. *Cu*. *Referido a algo*, abundante. pop + cult → espon.
    3. adj/sust. *Ho*. *Referido a persona*, que gasta mucho y sin control.
    V. 1. *Ec*, *Bo*; *Ve*, pop. *Referido a un hijo*, que ha sido abandonado por sus padres o ha sido encomendado a una institución benéfica.
    VI. 1. adj. *Ve*. *Referido a un bien material o intelectual*, desperdiciado o malgastado.
    2. *Gu*, *Ho*, *Ni*. *Referido a cosa*, mal hecha o de mala calidad.
    3. adj. *Ho*, *ES*, *Ni*. *Referido a persona*, desprestigiada. pop + cult → espon.
    4. *Ho*. *Referido a persona*, que no tiene dinero.
    VII. 1. *Ve*. *Referido a persona, animal, objeto o lugar*, que está muy lejos. pop + cult → espon.
    VIII. 1. adj/sust. *Pe*. juv. *Referido a persona*, orgullosa, vanidosa, engreída. pop.
    IX. 1. adj. *Gu*, *Ch*. *Referido a persona*, acostada en la cama por enfermedad.
    X. 1. adj. *Ho*, *Ni*. *Referido a una palabra*, vulgar.
    XI. 1. adj. *Cu*. *Referido al ombligo*, que sobresale hacia fuera. pop + cult → espon.
    ▶ **dejar**; **quedarse ~**; **ser ~**.

botador.
    I. 1. m. *Ho*, *Ni*. Instrumento de carpintería para introducir en la madera la cabeza de un tornillo.

botador, -ra.
    I. 1. adj/sust. *Mx*, *Gu*, *Ho*, *ES*, *Ni*, *CR*, *PR*; *Ec*, p.u. *Referido a persona*, derrochadora, despilfarradora, manirrota.

botafumeiro.
    I. 1. m. *PR*. Servidor incondicional de un político. prest; cult → esm ∧ desp.

botagorda.
    I. 1. sust/adj. *Cu*. Persona que en el juego de dominó acostumbra a salir con el seis doble y constantemente juega fichas de números altos, aun cuando eso vaya en contra de la estrategia del juego.

botagua.
    I. 1. f. *Cu*, *Ch*; m. *Bo*; *PR*, obsol; m. pl. *Bo*. Resguardo hecho de diversos materiales, que formando una superficie inclinada, *se pone especialmente en puertas y ventanas* para escurrir el agua de lluvia.
    2. adj. *Ch*. *Referido a cosa*, que sirve para proteger del agua o de la lluvia.

botaguas. (De *botar* y de *agua*).
    I. 1. m. *Mx*, *Ho*, *Ni*, *CR*. *En un automóvil*, ventana externa de plástico transparente con borde alrededor muy saliente que evita la entrada de agua y corta el viento.

botaguiso.
    I. 1. m. *Ch*. Ano. vulg; pop + cult → espon.

botaina.
    I. 1. *Cu*. **botana**, vaina de cuero.

botalomo.
    I. 1. m. *Ch*. Instrumento de hierro con el que los encuadernadores forman la pestaña en el lomo de los libros.

botalón.
    I. 1. m. *Co:C,E*, *Ve*. Poste al cual se amarran los animales, como caballos y vacas, para herrarlos, domarlos o matarlos. rur.
    2. *Ve*. Vara o columna que se coloca en un terreno para servir de apoyo o de señal. rur.
    II. 1. m. *Ve*. Medida equivalente a 18 kg usada para pesar la madera. rur.

botalonear.
    I. 1. tr. *Ve*. Señalar *alguien* los lindes de un terreno con marcas visibles o **botalones**. rur.

botamáis.
    I. 1. m. *Ho*, *ES*, *Ni*. **agarradera**, nalgas; tabú; pop + cult → espon.

botamaíz. (De *botar* y de *maíz*).
    I. 1. m. *Ho*, *ES*. Ano de una persona. tabú; pop + cult → espon. (**botamay**).

botamanga.
    I. 1. f. *Pe*, *Ch*, *Ur*; *Bo:O*, *Ar:NO*, p.u. Parte de la manga que está más cerca de la muñeca.
    2. *Pe*, *Ch*, *Py*, *Ar*. Vuelta doblada hacia fuera de la parte inferior del pantalón.

botamay.
    I. 1. *Ni*. **botamaíz**.

botana.
    I. 1. f. *Mx*, *Ho*, *ES*, *Ni*, *Cu*, *RD*, *PR*, *Co*. Vaina de cuero, acolchada con lana y algodón, que se coloca en las espuelas de los gallos de pelea para evitar que se lastimen en las pruebas o ensayos. (**botaina**).
    II. 1. f. *Mx*, *Gu*, *Pa*; *Ho*, *Ni*, p.u. **bocadito**.
    III. 1. f. *Mx*. Persona o cosa que es muy divertida o que se toma como objeto de burlas. pop + cult → espon.
    IV. 1. f. *Gu*. Botella de licor.
    ▶ **agarrar de ~**.

botanear.
    I. 1. intr. *Mx*. Comer **botanas**.
    II. 1. tr. *Mx*. Hacer burla *una persona* de alguien o de algo. pop + cult → espon.

botánica.
   I. 1. f. *Gu, ES.* Botella de licor.
   II. 1. f. *Ch.* Botella, recipiente para contener líquidos.
   III. 1. f. *RD, PR.* Establecimiento en el que se venden hierbas medicinales y artículos relacionados con la práctica del espiritismo y la santería.

botánico, -a.
   I. 1. m. y f. *RD, PR.* Persona que cura mediante hierbas.

botapelo.
   I. 1. m. *Ch.* Cepillo o especie de brocha que sirve para retirar el pelo recién cortado de la cara y las prendas de vestir.

botapié.
   I. 1. m. *Pe, Bo, Ch.* Vuelta doblada hacia fuera de la parte inferior del pantalón.

botar(se).
   I. 1. tr. *Mx, Gu, Ho, ES, Ni, Pa, Cu, RD, PR, Co, Ve, Ec, Pe, Bo, Ch, Ar.* Despedir a *alguien* de un empleo.
   2. *Mx, Ho, ES, Ni, Pe, Ch, Ar:NO.* Abandonar o dejar sin cuidado a *alguien* o *algo*.
   3. *Ni, RD, Ve, Ec, Pe, Bo, Ar.* Expulsar a *alguien* de un lugar.
   4. *Mx, Ho, Ni.* Abandonar *alguien algo* que estaba haciendo.
   5. *Pa, Cu, RD, PR, Co, Ve, Ec.* Perder, extraviar *algo*.
   6. *RD, Ar:NO.* Deshacerse *alguien* de un objeto.
   7. *Pe, Ch.* Abandonar *algo* o a *alguien*.
   8. intr. prnl. *RD.* Situarse *alguien* en un lugar en actitud hostil.
   II. 1. tr. *Mx, Gu, Ho, ES, Ni, CR, Pa, Cu, RD, PR, Co, Ve, Ec, Pe, Bo, Ch, Ar:NO.* Tirar, dejar caer *algo* o a *alguien*.
   2. *Mx, Gu, Ho, ES, Ni.* Derribar o destruir *algo, en especial edificios.*
   3. intr. prnl. *Co, Ve, Bo.* Saltar, lanzarse *alguien* desde una altura.
   III. 1. tr. *Mx, Gu, Ho, Ni, CR, Pa, Cu, PR, Co, Ve, Ec, Pe, Bo, Ar:NO.* Dilapidar bienes, *especialmente dinero.*
   2. intr. prnl. *CR, Cu, RD, PR, Ve.* Ser *alguien* generoso en el gasto cuando hace una invitación.
   IV. 1. intr. prnl. *Pa, Cu, RD, PR, Ve.* Derramarse o verterse un líquido del recipiente que lo contiene. pop + cult → espon.
   2. tr. *Pe, Bo.* Vomitar.
   3. *Bo; Ve,* pop. Expeler un organismo alguna segregación.
   4. *Ni, Ve.* Mudar *una persona* o un animal el pelo o la piel.
   5. intr. *Ve.* Manar, brotar un líquido de la tierra.
   6. tr. *Bo.* Derramar o verter un líquido un artefacto mecánico.
   7. intr. prnl. *RD.* Desbordarse un río.
   V. 1. intr. prnl. *RD, PR, Ve.* Lucirse *alguien*, quedar bien en algo. pop + cult → espon.
   2. *Pe.* juv. Envanecerse, comportarse *alguien* de una manera engreída.
   3. *Ch.* Comenzar a comportarse *alguien* de una manera determinada sin tener las cualidades para ello. pop + cult → espon ^ desp.
   4. *Cu.* Desenmascararse, descubrirse *alguien* o *algo*.
   5. *Cu.* Perder *alguien* el control. pop + cult → espon.
   VI. 1. tr. *Gu, Ho, ES, Ni.* Cortar *alguien* árboles, arbustos o matorrales. rur.
   VII. 1. tr. *Ve.* Romper *una persona* una relación amorosa con alguien. pop + cult → espon.
   VIII. 1. tr. *Ve.* Vender *algo* a precio muy bajo. pop + cult → espon.
   IX. 1. tr. *Ch.* Contraer *alguien* una enfermedad que provoca un estado de debilidad *y, en ocasiones, obliga a guardar cama.*
   X. 1. intr. prnl. *Cu.* Ponerse *alguien* una prenda de vestir.

•
   a. ‖ **botó la bola.** fórm. *Cu.* Se usa para señalar que se ha acertado en algo. pop + cult → espon.

□
   a. ‖ ~ **aceite.** loc. verb. *Ho, Ve.* Ser un hombre homosexual. pop + cult → espon.
   b. ‖ ~ **agua amarilla.** loc. verb. *PR.* Sudar *alguien* copiosamente. pop + cult → espon.
   c. ‖ ~ **carga.** loc. verb. *Gu.* Desembarazarse *alguien* de una obligación.
   d. ‖ ~ **caspa.** loc. verb. *Co.* Hablar *alguien* en exceso y sin sustancia.
   e. ‖ ~ **como bolsa.**
     i. loc. verb. *PR.* Echar de lado *una persona* a *alguien* como una cosa inservible. pop + cult → espon.
     ii. *PR.* Despedir fríamente *una persona* a *alguien*, con desagrado. pop + cult → espon.
   f. ‖ ~ **corriente.** loc. verb. *Co.* Dedicar *alguien* el tiempo a actividades o tareas que distraen el ánimo o relajan. pop + cult → espon.
   g. ‖ ~ **el bofe.** loc. verb. *PR.* Afanarse y trabajar *alguien* hasta el agotamiento. pop + cult → espon.
   h. ‖ ~ **el camalote.** loc. verb. *Ho.* Civilizarse, adquirir costumbres urbanas. rur.
   i. ‖ ~ **el camote.** loc. verb. *Ho.* Aceptar *alguien* el modo de vida urbano, olvidando el rural. pop + cult → espon. ♦ **botar el monte.**
   j. ‖ ~ **el diente de leche.**
     i. loc. verb. *Ch.* Alcanzar una mujer la madurez sexual. rur; pop + cult → espon ^ fest.
     ii. *Ch.* Tener *una persona* su primera relación sexual. pop + cult → espon ^ fest.
   k. ‖ ~ **el dinero.** loc. verb. *ES, Ni, Pa, Cu, Ve, Ec, Ch.* Despilfarrar, gastar en exceso. pop + cult → espon.
   l. ‖ ~ **el golpe.** loc. verb. *RD.* Descansar *alguien*.
   m. ‖ ~ **el monte.** *Ho.* **botar el camote.**
   n. ‖ ~ **el racimo de la pámpana.** loc. verb. *PR.* Nacer el racimo de plátanos. rur.
   ñ. ‖ ~ **el rancho.** loc. verb. *CR.* Vomitar.
   o. ‖ ~ **el tapón.** loc. verb. *CR, Ve.* obsol. Estallar *alguien* en cólera. rur.
   p. ‖ ~ **la baba.** loc. verb. *Gu.* Enamorarse de algo o de alguien, desearlo vehementemente.
   q. ‖ ~ **la bola.**
     i. loc. verb. *RD, PR, Ve.* En el *beisbol*, batear un **jonrón**.
     ii. *RD, PR, Ve.* Realizar *algo* con mucho éxito. ♦ **botar la bola y romper el bate.**
     iii. *Cu.* Acertar *alguien* en algo.
     iv. *PR.* **botar la bola y romper el bate.**
   r. ‖ ~ **la bola y romper el bate.**
     i. *RD, PR.* **botar la bola,** realizar algo con mucho éxito.
     ii. *RD, PR.* Cometer *alguien* un grave error, meter la pata. pop + cult → espon. ♦ **botar la bola; botar la pelota.**
   s. ‖ ~ **la casa por la ventana.** loc. verb. *RD, PR, Ec.* Realizar *alguien* una actividad sin escatimar gastos.
   t. ‖ ~ **la ceniza.** loc. verb. *ES.* Tener una mujer la primera menstruación.
   u. ‖ ~ **la gorra.** loc. verb. *Ni.* Enfadarse mucho *una persona* por una broma. pop + cult → espon ^ fest.
   v. ‖ ~ **la llave.** loc. verb. *PR.* Llevar *alguien* mucho tiempo en prisión.
   w. ‖ ~ **la muela del juicio.** loc. verb. *Ch.* Tener *una persona* su primera relación sexual, *especialmente por sodomía.* vulg; pop + cult → espon.
   x. ‖ ~ **la pelota.**
     i. loc. verb. *Cu, RD, PR.* Hacer *alguien* algo excepcional. pop + cult → espon.
     ii. *PR.* **botar la bola y romper el bate.**
     iii. *PR.* En el *beisbol,* **batear** un **cuadrangular.**

y. ‖ ~ **la piedra.** loc. verb. *Ch.* Satisfacer un hombre o un animal macho su apetito sexual. pop + cult → espon.

z. ‖ ~ **la plata.** loc. verb. *Bo.* Despilfarrar, gastar en exceso. (**botar plata**).

a¹. ‖ ~ **la primera.** loc. verb. *Ho.* Mostrar un hombre su homosexualidad. pop + cult → espon ∧ fest.

b¹. ‖ ~ **las tejas.** loc. verb. *Ho.* Volverse calva *una persona.* pop + cult → espon ∧ fest.

c¹. ‖ ~ **pa' calle.** loc. verb. *Cu.* Salir *alguien* de prisión. pop + cult → espon.

d¹. ‖ ~ **plata.** *Bo.* **botar la plata.**

e¹. ‖ ~ **plumas.** loc. verb. *Gu, Ho.* Mostrar abiertamente un hombre su homosexualidad. pop + cult → espon ∧ fest.

f¹. ‖ ~ **un número.**
  i. loc. verb. *Cu.* Armar *alguien* un escándalo. pop + cult → espon.
  ii. *Cu.* Presentar *alguien* una solución o propuesta inesperada. pop + cult → espon.

g¹. ‖ ~**la.** loc. verb. *Pa, Ve,* Hacer o decir *algo* excelente. pop.

h¹. ‖ ~**se a choro.** loc. verb. *Ch.* Enfrentarse *una persona* a *alguien.* pop + cult → espon.

i¹. ‖ ~**se a lacho.** loc. verb. *Ch.* Enamorarse *una persona* con facilidad de cualquier otra. pop + cult → espon.

j¹. ‖ ~**se a macanudo.** loc. verb. *Ch.* Darse *alguien* aires de superioridad y grandeza. pop + cult → espon.

k¹. ‖ ~**se a pucho.** loc. verb. *Ch.* Envalentonarse *una persona* contra alguien. pop + cult → espon.

l¹. ‖ ~**se a tieso.** loc. verb. *Ch.* Comportarse de manera arrogante. pop + cult → espon.

m¹. ‖ ~**se de bailador.** loc. verb. *Cu.* Ponerse *alguien* a bailar.

n¹. ‖ ~**se para el solar.**
  i. loc. verb. *Cu.* Perder *alguien* la compostura. pop + cult → espon.
  ii. *Cu.* Usar *alguien* malos modales. pop + cult → espon.

ñ¹. ‖ ~**se por la calle del medio.** loc. verb. *Cu.* Vivir *alguien* licenciosamente. pop + cult → espon.

o¹. ‖ ~**se tremendo frío.** loc. verb. *Cu.* Llegar improvisadamente mucho frío. pop + cult → espon.

p¹. ‖ ~**se una puntada.** loc. verb. *Mx.* Decir o hacer *alguien algo* gracioso. pop + cult → espon.

q¹. ‖ **botársele la canica.** loc. verb. *Mx.* Írsele a alguien la cabeza, trastornarse. pop + cult → espon.

▪

a. ‖ **hasta ~ el bofe.** loc. adv. *Bo.* Hasta llegar al agotamiento. pop + cult → espon ∧ fest.

b. ‖ **hasta para ~ a lo alto.** loc. adv. *Co.* En abundancia. pop.

botarata.
I. 1. *Gu, Ho, ES, Ni, PR, Co, Ve, Bo, Ch.* **botarate.**

botaratas.
I. 1. *CR, Pa, Co, Ve.* **botarate.**

botarate.
I. 1. sust/adj. *EU, Mx, Gu, Ho, ES, Ni, Pa, Cu, RD, Co, Ve, Pe, Bo:E, Ch; PR,* obsol. Persona que malgasta o derrocha los bienes de fortuna. rur. (**botarata; botaratas**). ◆ **manisuelto.**

botarrama.
I. 1. f. *Pa.* **cacao sabanero.** (Solanaceae; *Datura arborea*).

botarripio.
I. 1. m-f. *Ch.* Persona encargada de arrojar los **ripios** o restos de mineral al **botadero** donde se depositan desperdicios. (**botarripios**).

botarripios.
I. 1. *Ch.* **botarripio.**

bote.
I. 1. m. *Mx, Gu, Ho, Ni, CR, Bo, Ch; Cu,* delinc; *Ec,* juv. Cárcel. pop + cult → espon. ◆ **chirola; cholpa.**
2. *Cu.* Vehículo de la policía.
3. *Bo.* Celda en un **retén** policial. delinc.
II. 1. m. *Mx.* Nalga de una persona. pop + cult → espon.
III. 1. m. *Ur, Ar,* p.u. Automóvil grande y lujoso. pop + cult → espon ∧ fest.
2. *Ur.* Ómnibus. pop + cult → espon.
IV. 1. m. *Co.* Vuelta ligera dada por alguien en el aire.
V. 1. m. *Ur, Ar,* p.u. Zapato muy grande. pop + cult → espon ∧ fest.
VI. 1. m. *Ve.* Salida de gas o líquido por un orificio o abertura producido accidentalmente.
VII. 1. m. *CR.* Acción de pasar a la palma de la mano un trompo que está bailando y arrojarlo nuevamente al sitio donde se tomó para que continúe rotando.
VIII. (De *botar*).
1. *Pa.* **aventón,** autoestop.
■
a. ‖ ~ **de basura.** m. *Mx, Ni.* Cubo hecho de diversos materiales, *principalmente de plástico,* usado para depositar desperdicios.
☐
a. ‖ **a los ~s.**
  i. loc. adv. *Ar.* Con celeridad o rapidez. pop + cult → espon.
  ii. *Ar. En relación con la manera de hacer algo,* deprisa y mal. pop + cult → espon.
b. ‖ **de ~ a ~.** loc. adj. *Bo, Ch, Ar, Ur. Referido a un estadio o a un local,* completamente lleno de gente.
c. ‖ **de ~ en ~.** loc. adv/adj. *Ch.* De fracaso en fracaso. pop + cult → espon.
d. ‖ **ni al quinto ~.** loc. adv. *Ch.* Nunca, ninguna vez. pop + cult → espon.
▶ **atracar el ~; dar ~; dar ~s; fregar el ~; llenarse el ~; llenarse el ~ de agua; menear el ~; meter al ~; mover el ~; no pegar ni al quinto ~; pedir un ~; zampar al ~.**

botear.
I. 1. intr. *Mx.* Pedir dinero públicamente usando un bote, *generalmente con ranura,* para financiar una causa benéfica o justa.
II. 1. tr. *Ch.* Hacer que bote *algo.*
2. intr. *Ch.* Salir despedido un cuerpo elástico al chocar con otro cuerpo duro.
3. *Ch.* Dar botes *una persona.*
III. 1. intr. *Cu.* Trasladar pasajeros en automóviles privados, con un itinerario fijo y por un precio establecido oficialmente.

botella.
I. 1. f. *Mx, Gu, Ho, ES, Ni.* Unidad de volumen de líquidos que contiene tres cuartos de litro en el sistema métrico decimal.
II. 1. f. *Pa, Cu, RD, PR.* Empleo de poco o ningún trabajo y buena remuneración.
2. *Pa, RD.* Trabajo, *generalmente del sector público,* conseguido a través de tráfico de influencias y al que a veces el empleado no asiste aunque cobra su sueldo. pop + cult → espon.
3. *Cu.* Cosa fácil de hacer o conseguir.
4. m-f. *Pa.* Persona que, gracias a sus buenas relaciones, no trabaja y cobra un sueldo. pop + cult → espon.
III. 1. adj/sust. *Ch.* juv. *Referido a persona,* que está sola o abandonada.
IV. 1. f. *RD.* Material que los escolares aprenden de memoria. est.
2. *PR.* Acumulación de conocimientos desordenados y poco seguros para un examen. est.

V. 1. f. *Cu.* Viaje gratuito que realiza una persona en el vehículo de otra que va en la misma dirección.

VI. 1. f. *RD. En medicina popular*, medicamento hecho a base de productos naturales. rur.

VII. 1. f. *ES.* Cárcel. pop + cult → espon.

VIII. 1. f. *ES.* Amortiguador delantero de una motocicleta.

IX. 1. f. *PR.* Biberón.

■

a. ‖ **~ borracha.** f. *Ch.* Juego consistente en que una serie de personas se sientan en círculo y en el centro se sitúa una botella tumbada que se hace girar; a quien apunta la boca le corresponde realizar un castigo impuesto por los demás.

□

a. ‖ **a ~.** loc. adv. *Cu.* Gratis. pop + cult → espon.

▶ **bajar una ~; caerse a la ~; coger ~; dar ~; pedir ~; ser como soplar y hacer ~s.**

botellería.
I. 1. f. *Pe, Ch.* Comercio de venta de vinos o licores embotellados.

botellero.
I. 1. m. *Ho, ES, Ni, CR.* Gran cantidad de botellas.
II. 1. m. *PR.* Refrigerador para enfriar bebidas, tanto en botellas como en latas, usado en algunos bares.

botellero, -a.
I. 1. m. y f. *Ho, Ar, Ur.* Persona que compra o recolecta botella *y en general todo tipo de objetos usados*, con el fin de comercializarlos o reciclarlos para obtener un beneficio.
II. 1. adj. *Cu. Referido a persona*, que tiene una **botella**, empleo de poco trabajo y buena remuneración.
2. *Cu. Referido a persona*, que acostumbra a viajar pidiendo **botella**, viaje gratuito.

botellita.
I. 1. f. *PR.* Juego en el que los participantes se besan al ser señalados al azar por una botella girada en medio de un círculo de personas.
II. 1. f. *CR.* Una de las unidades que componen el mesocarpio de los cítricos, donde está almacenado el jugo.

■

a. ‖ **~ envenenada.** f. *Ni, Ch.* Juego de muchachos en el que uno persigue al resto con el fin de alcanzarlos y dejarlos parados. inf.

botellón.
I. 1. m. *Mx, Cu, Ar.* Damajuana, recipiente de vidrio o barro cocido, de cuello corto, que sirve para contener líquidos.
II. 1. m. *Co.* p.u. Juego de niños en el que uno salta por encima de otro que está agachado.

botero.
I. 1. m. *Cu.* Persona que **botea**.

botica.
I. 1. *Ch.* p.u. **botillería.**
II. 1. f. *Cu.* Zapatito de punto que llevan los niños recién nacidos, patuco.
III. 1. f. *Bo.* Bragueta de pantalón de hombre. pop + cult → espon ^ fest.

▶ **abrir la ~.**

boticana.
I. 1. f. *ES.* Botella de licor. pop + cult → espon ^ fest.
♦ **boticaria.**

boticaria.
I. 1. *ES.* **boticana.**

boticario.
I. 1. m. *Ar.* Coleóptero de hasta 23 mm de longitud, de color negro con reflejos rojizos y verdes. (Carabidae; *Calosoma* spp.).
II. 1. m. *Ch.* Reloj de pulsera. delinc.

III. 1. m. *PR.* Gallo de pelea que corta muy poco con sus espuelas.

botija.
I. 1. f. *Gu, Ho, ES, Ni, CR, Cu, RD, Ve.* Tesoro oculto o enterrado.
II. 1. f. *Cu.* **tecomajuche**, árbol.
2. *Cu.* Madera de la botija, blanda, porosa y de color blanquecino.
III. 1. f. *Cu.* Recipiente de hojalata en el que los campesinos llevan la leche a las poblaciones. rur.
IV. 1. m-f. *Ur.* Niño, muchacho. pop + cult → espon.
2. *Ur.* Hijo. pop + cult → espon.
V. 1. f. *Ni.* Abdomen de tamaño desmesurado. pop + cult → espon ^ desp.

●

a. ‖ **~.** fórm. *Ur.* La usan los hombres para dirigirse amistosamente a un amigo. pop + cult → espon.

▶ **decirle a uno ~ verde; decirle hasta ~ verde; poner como una ~ verde.**

botijada.
I. 1. f. *Ur.* Grupo de niños de corta edad. pop + cult → espon.

botijón.
I. 1. m. *Ho.* Hombre bisexual. pop + cult → espon ^ desp.

botijón, -na.
I. 1. adj/sust. *Mx, Ho, ES, Ni. Referido a persona*, muy gorda, barriguda. pop + cult → espon ^ desp.

botijuela.
I. 1. f. *RD.* Tesoro enterrado.
2. *RD.* obsol. Botija escondida con monedas de la época colonial. rur.
II. 1. f. *Cu.* Instrumento de música de ciertas orquestas afrocubanas, hecho de una antigua botija perforada en un costado.
2. f. *CR.* Baile popular originario de Guanacaste, provincia de Costa Rica.

botillería.
I. 1. f. *Pe, Ch.* Comercio de venta de vinos y licores embotellados. ♦ **botica.**

botillero.
I. 1. m. *RD.* Vendedor de bebidas heladas en las que se mezclan vinos y licores para su consumo local.

botillero, -a.
I. 1. sust/adj. *Ch.* Propietario de una **botillería** o que trabaja en ella.
2. adj. *Ch.* Relativo a la **botillería.**

botilón.
I. 1. m. *Bo:NE.* Pequeña embarcación fluvial que sirve de vivienda. pop + cult → espon.

■

a. ‖ **~ hospital.** m. *Bo:NE.* Embarcación que funciona como hospital ambulante, desplazándose de un pueblo a otro a lo largo de un río.

botín.
I. 1. m. *Ar.* Calzado para jugar al futbol.
II. 1. m. *PR.* Cubierta protectora que se pone a los gallos de pelea en las patas para evitar que se hagan daño mientras practican.
III. 1. m. pl. *PR.* Zapatitos tejidos en croché para bebés.

■

a. ‖ **~ de futbol.** m. *Ur.* Calzado para jugar al **futbol**, *generalmente de cuero*, que cubre el pie, se abrocha sobre el empeine y lleva **tapones** en la suela.

▶ **colgar los botines.**

botinduro.
I. 1. m. *Ar.* p.u. Proxeneta. pop + cult → espon ^ desp.

botine.
I. 1. m. *RD.* Zapato que sube casi a los tobillos.

botinero.
   I. 1.   m. *Ar, Ur.* Mueble de diferente forma y materiales usado para guardar el calzado.

botiquiar.
   I. 1.   *RD.* Hablar *alguien.*

botiquín.
   I. 1.   m. *CR, Cu, PR, Ar, Ur.* Armario pequeño con espejo, que se cuelga en la pared del baño para guardar artículos de tocador, cosméticos o medicamentos.
   II. 1.   m. *Ve.* obsol. Establecimiento modesto donde se expenden bebidas alcohólicas y se suele jugar al billar, naipes o dados.

   ■

     a. ‖ ~ **de farmacia.** m. *Ar, Ur.* Establecimiento en el que se venden productos medicinales pero no medicamentos de laboratorio, porque no cuenta con un farmacéutico.

botiquinero, -a.
   I. 1.   m. y f. *Ve.* obsol. Dependiente que atiende en el **botiquín**, establecimiento.

botisuelo.
   I. 1.   m. *RD.* Planta herbácea de hasta 40 cm de altura, a veces muy ramificada, con hojas opuestas, pecioladas, inflorescencia axilar, flores pequeñas, blanquecinas, manchadas de rojo, y fruto de una sola semilla. (Urticaceae; *Pilea microphylia*). ♦ **golondrina; palmilla; palmita; panchita; sereno de invierno.**

boto.
   I. 1.   m. *RD, PR.* Lomo o filo no cortante de la hoja de un machete. rur.
   II. 1.   m. *PR.* Gallo poco diestro en el tiro de la espuela.
   ▶ **amolando y siempre ~.**

botón, -na.
   I. 1.   m. y f. *Ar, Ur.* Miembro del cuerpo de Policía. pop + cult → espon.
   II. 1.   sust/adj. *Ar, Ur.* Delator. pop + cult → espon.
   III. 1.   *Ur.* Persona prepotente o que gusta de mandar a los demás. pop + cult → espon ^ desp.
   ▶ **pegar botones.**

botonar.
   I. 1.   tr. *Pe; Ec.* obsol. Poner botones a una prenda de vestir.

botoncillo.
   I. 1.   *Gu, Ho, ES, Ni.* **xkanché.**
     2.   *Cu, PR.* Hierba rugosa de hasta 70 cm de altura, con ramas estriadas y aladas, hojas alternas aovadas y a veces lanceoladas y flor solitaria de color amarillo anaranjado con largo pedúnculo. (Asteraceae; *Verbesina alata*). ♦ **escoba.**
     3.   *Ho.* Planta herbácea silvestre de hasta 50 cm de altura, de tallo postrado o erecto con pelos ascendentes de color blanco, hojas opuestas, elípticas u ovadas y puntiagudas, inflorescencia terminal y solitaria en espiga y flores blancas, y a veces rosadas. (Amaranthaceae; *Gomphrena serrata*). ♦ **amor seco; botoncillo seco.**

   ■

     a. ‖ ~ **seco.** *Ho.* **botoncillo**, planta herbácea.

botonear(se).
   I. 1.   tr. *Ar, Ur.* Contar *una persona* lo que alguien ha hecho a quien pueda reprenderlo o castigarlo. pop + cult → espon.
     2.   intr. *Ar, Ur.* Decir *una persona algo* que perjudica a alguien. pop + cult → espon.
     3.   *Ar.* Adular *alguien* a *una persona* por conveniencia. pop + cult → espon.
     4.   *Ur.* Tratar mal a *alguien* con quien se tiene una relación de superioridad. pop + cult → espon.

   II. 1.   intr. *Ho, Cu.* Salirle nuevas yemas o flores a una planta, *especialmente al tabaco.*

botoneta.
   I. 1.   f. *Gu, Ho, Ni, CR, Pa.* Dulce de caramelo con relleno de chocolate en forma de pequeño botón abultado.
   II. 1.   f. *Ho, Ni.* Botón, chapa metálica o de otro material.

bototazo.
   I. 1.   m. *Ch.* Golpe dado a una persona por alguien con un **bototo**, zapato.

bototo.
   I. 1.   *Co.* **tecomajuche**, árbol.
     2.   *Ec:NO.* **mate**, planta herbácea.
   II. 1.   m. *Ch.* Zapato grueso y de material resistente.

botúa.
   I. 1.   *Cu.* **butuba.**

botuba.
   I. 1.   *Cu.* **butuba.**

botudo.
   I. 1.   m. *Bo; Ar:NO,* p.u. Militar o agente de policía. pop i cult → espon ^ desp.
   II. 1.   m. *Ve.* Caracol marino de hasta 30 cm de longitud, de color nacarado, con un labio rosado extendido hacia fuera; su carne es comestible y muy apreciada, y su concha se utiliza como trompeta. (Strombidae; *Strombus gigas*). ♦ **cambombia; cambute; carrucho; cobo; guamo; lambí.**

botudo, -a.
   I. 1.   adj/sust. *Ho, ES, Ni,* rur; *Ar:NO,* p.u. *Referido a persona,* que calza botas. pop + cult → espon.

boucher. (Del ingl. *voucher*).
   I. 1.   m. *Co, Ch.* Documento personal e intransferible en el que se especifica el pago de una serie de servicios por adelantado y de los que se va haciendo uso posteriormente.
     2.   *EU, PR.* **voucher**, vale.
     3.   *EU, PR.* **voucher**, comprobante o talonario.

bouclé. (Voz francesa).
   I. 1.   sust/adj. *Ar, Ur.* **buclé.**

boulevard. (Voz francesa).
   I. 1.   m. *EU, Mx, Gu, Ho, ES, Ni, Cu, PR.* Bulevar.

bound. (Voz inglesa).
   I. 1.   m. *Ni, Cu, Ve.* En el **beisbol**, rebote que da la pelota al caer en el terreno.

bounty. (Voz inglesa).
   I. 1.   m. *PR.* Adulador, servil, alcahuete. pop + cult → espon ^ desp.

bóveda.
   I. 1.   f. *Mx, Gu, Ho, Ni, CR, Pa, Ve, Bo, Ch, Py, Ar.* En los bancos, cámara para guardar dinero, documentos u otros objetos valiosos.
   II. 1.   f. *Ni, CR, Pa, Cu, Co, Pe.* En los cementerios, construcción que se levanta en la superficie del terreno y que consta de un bloque de hormigón con varias cavidades, en las cuales se colocan los ataúdes.
     2.   *Ch, Ar, Ur.* Panteón familiar.
   III. 1.   f. *Ve.* Parte interna y superior de la boca.

bowl. (Voz inglesa).
   I. 1.   m. *EU, PR; Cu,* obsol. Plato hondo de pequeño tamaño, tazón.

bowling. (Voz inglesa).
   I. 1.   m. *EU, PR.* Juego de bolos.

box.
   I. (Voz inglesa).
     1.   m. *Mx, Gu, Ho, ES, Ni, Pa, Ec, Pe, Bo, Ch, Py, Ar, Ur.* Boxeo.
     2.   *Ho, Ni, Cu.* En el **beisbol**, montículo desde donde el **pícher** lanza la pelota.

3. *RD. En boxeo*, pugilato, lucha a puñetazos.
4. *RD. En el* **beisbol**, lugar reservado para los equipos que juegan.

II. (Voz inglesa *box*, caja).

1. m. *Ho, PR.* Apartado de correos.
2. *PR.* Cajón o compartimento para guardar diversos objetos.
3. *PR.* Pequeña habitación de los hospitales con paredes de cortinas para los períodos pre y posperatorios de los pacientes.
4. *Ur. En un edificio de viviendas*, pequeño cuarto de depósito que le corresponde a cada una de ellas en el sótano.

■

a. ‖ ~ **spring**. (Voz inglesa). m. *EU, Cu, RD, PR, Ve, Pe, Bo, Ch.* Somier, soporte metálico, de láminas de madera u otros materiales sobre el que se coloca el colchón.

boxeada.

I. 1. f. *Ch.* Paliza o serie de golpes dados con los puños. pop + cult → espon.

bóxer.

I. (Del ingl. *boxer shorts*).

1. m. *Mx, Gu, Ho, Ni, CR, Pa, Cu.* Calzoncillo ajustado.

II. (De *Boxer*®)

1. m. *Co.* Pegamento fuerte empleado para todo tipo de material.

boxeril.

I. 1. adj. *Ch.* Relativo al boxeo.

boxito, -a.

●

a. ‖ ~. fórm. *Mx.* Se usa como tratamiento familiar entre los yucatecos. pop + cult → espon ^ afec. (**boshito**).

boy. (Voz inglesa).

I. 1. m. *Ni.* p.u. Muchacho u hombre joven.
2. *Ho:N.* p.u. Niño, adolescente o joven que trabaja de ayudante en una oficina de una compañía bananera.

II. 1. m. *PR.* Amigo íntimo, compañero inseparable.

■

a. ‖ ~ **scout**. (Voz inglesa). m. *PR.* juv. Policía.

boya. (De etim. desc.).

□

a. ‖ en ~. loc. adj. *Bo:O. Referido a una mina*, próspera.

▶ entrar en ~.

boyado, -a.

I. 1. adj. *Pa. Referido a persona*, desilusionada.

boyante.

I. 1. adj. *Ch. Referido a un cuerpo*, que se sostiene sobre la superficie de un líquido.

boyantez.

I. 1. f. *Ch.* Capacidad de flotar o mantenerse un cuerpo en la superficie de un líquido.

boyar(se).

I. 1. intr. *RD, Ve, Ch, Ar, Ur, PR,* obsol. Sostenerse un cuerpo sobre la superficie de un líquido.
2. intr. prnl. *PR.* Flotar *alguien* de espaldas sobre el agua.

II. 1. intr. prnl. *Pa.* Salir *alguien* mal en alguna actividad.

boyazo.

I. 1. m. *ES.* Puñetazo.

boyé.

I. 1. adj. *RD.* Raído o pasado de moda.
2. *RD. Referido a persona*, vieja, caduca.

boyerín.

I. 1. m. *Ch.* Boyarín, flotador pequeño.

boyerito.

I. 1. m. *Ar.* Pájaro de hasta 20 cm de longitud, con el dorso y las alas pardos y la región ventral de color amarillo. (Tyrannidae; *Machetornis rixosa*). ♦ **margarita**; **matadura**; **picabuey**.

boyero.

I. 1. m. *Ar, Ur.* **mochilero**, ave.
2. *Cu, PR.* Paloma silvestre de hasta 25 cm de longitud, de cola corta y pico inclinado hacia abajo, con coloración que presenta diversas tonalidades de marrón; su carne blanca es muy valorada. (Columbidae; *Geotrygon montana*). ♦ **perdiz**; **perdiz colorada**.

II. 1. m. *Ar.* Peón de estancia que se ocupa de tareas o labores menores, como hacer las compras o ciertas diligencias sencillas. rur.

III. 1. m. *Ec.* p.u. Látigo usado por los campesinos para arrear el ganado. rur.

boyfriend. (Voz inglesa).

I. 1. m. *EU,* Novio.

bozal.

I. 1. m. *CR, Co, Ve, Pe, Bo:E, Ch, Ar, Ur, Mx, Ho, ES, Ni, Pa, Ec,* rur. Cabestro o cuerda que se pone a las caballerías sobre la boca, y que, al hacer un nudo por debajo de ella, deja un solo cabo, que sirve de rienda.
2. *Cu, RD.* Bozo, rama o cordel que, anudado al cuello de la caballería, forma un cabezón. rur.

II. 1. m. *PR.* Aditamento protector para el pico del gallo de pelea que se le pone para los entrenamientos.
2. *PR.* Gallo joven que no ha peleado aún. rur.

■

a. ‖ ~ de arepa. m. *Ve.* Prebenda que se da a una persona con objeto de ganársela y tenerla a favor.

▶ poner el ~; ser ~.

bozalear.

I. 1. tr. *Mx, Ni.* Poner *alguien* bozal a una caballería. rur.

bozalón, -na.

I. 1. m. y f. *Ec:C.* Indígena que habla español con construcciones sintácticas y pronunciación defectuosas. desp.
2. *Cu.* Persona que habla con acento fuerte y voz gruesa.
3. *Cu.* Persona que habla pronunciando la zeta como zeta.

bozar.

I. 1. tr. *Ho:S.* Acercar o arrimar una embarcación a tierra.

bozonuco.

I. 1. *RD.* **buzunuco**.

bozorola.

I. 1. f. *CR. En la preparación de café*, residuo que queda en el filtro después de verter el agua caliente. (**bosorola**).

bracatán.

I. 1. adj. *ES, Pa. Referido a persona*, iracunda, muy enfadada.

braceador, -ra.

I. 1. m. y f. *Ec.* p.u. Cabalgadura que al caminar levanta los brazos con elegancia.

II. 1. m. y f. *Bo:E,S.* Persona que trabaja en la recolección de caña de azúcar. pop + cult → espon.

bracear.

I. 1. intr. *RD.* Obtener provecho pecuniario ilícito en un negocio o empleo.

bracero, -a.

I. 1. m. y f. *Mx, Ni.* Trabajador, *por lo general poco cualificado*, que emigra a otro país para ganarse la vida.
2. m. y f. *Cu.* Jornalero que transporta mercancía en carretillas en los muelles.

braces. (Voz inglesa).
- **I. 1.** m. pl. *EU, PR. En ortodoncia*, aparato que se coloca en la dentadura para corregir imperfecciones.

bracilargo.
- **I. 1.** m. *Pa*. Mono de hasta 1,17 m de longitud, de pelaje despeinado, basto y lacio, color negro o castaño oscuro desde la cabeza hasta la cola, orejas y cuello cortos, tronco flaco y elástico, con extremidades desproporcionadamente largas, más las delanteras, delgadas, y con cinco dedos prensiles. (Atelidae; *Ateles fusciceps*).

bracitos. (De *brazo*).
- □
  - **a.** ‖ **de ~.** loc. adv. *Bo*. Con el brazo asido al de otra persona.

bracket. (Voz inglesa).
- **I. 1.** m. *EU, PR*. Paréntesis.
- **2.** m. *PR*. Renglón.

braco, -a.
- **I. 1.** adj. *Ho, ES, Ni*. metáf. *Referido a persona*, enfadada, enojada.
- **2.** *Ho. Referido a animal*, fiero, difícil de tratar.

braga.
- **I. 1.** f. *Ve*. Prenda de vestir de una sola pieza que consta de cuerpo y pantalón, utilizada en diversos oficios como traje de faena y como ropa deportiva.

bragado, -a.
- **I. 1.** adj. *Cu, RD, Ve. Referido a persona*, valiente, intrépida. pop + cult → espon.

bragrerio.
- **I. 1.** *Bo, Ch*. **bagrerío**.

braguero.
- **I. 1.** m. *Mx, Ho*. Cuerda que a modo de cincha rodea el cuerpo del toro, y de la cual se ase quien lo monta a pelo, *particularmente en los rodeos*.

bragueta.
- **I. 1.** sust/adj. *Ar:NO,O*. Persona indiscreta, que habla mucho y sin prudencia. vulg; pop + cult → espon.

braguetear.
- **I. 1.** intr. *Gu, ES*, p.u. Casarse un hombre pobre con una mujer rica. rur.

braguetero.
- **I. 1.** adj/sust. *Pe; PR*, rur. *Referido a un hombre*, que no tiene dinero y se casa con una mujer adinerada para obtenerlo. vulg; pop + cult → espon. ♦ **braguetudo**.

braguetero, -a.
- **I. 1.** adj. *Ec. Referido a una mirada, en especial la dirigida por una mujer a un hombre*, lasciva. pop + cult → espon ^ fest.

braguetudo.
- **I. 1.** m. *RD*. **braguetero**, hombre que no tiene dinero. vulg; pop + cult → espon.

brain. (Voz inglesa).
- **I. 1.** m-f. *PR*. juv. Persona inteligente.

brama.
- **I. 1.** f. *Ar*. Gramínea baja de la puna. (Poaceae; *Bouteloua simplex*). ♦ **llapa**; **pasto bandera**.
- **II. 1.** f. *Ho, ES, Ni*. metáf. Estado de ansiedad de una persona por tener relación sexual con otra.

bramadera.
- **I. 1.** f. *Co*. p.u. Conducto que permite la salida al exterior del humo de la combustión de un fogón.
- **II. 1.** f. *Ho, Ni*. Llanto intenso.

bramadero.
- **I. 1.** m. *Ho, Ni, CR, Pa, Cu, RD, Co, Ec, Pe, Ch, Ar:NO, Ur*. Poste clavado en el suelo que se usa para amarrar ganado que se desea amansar, herrar, curar o sacrificar. rur. ♦ **bramador**.

bramador.
- **I. 1.** *Pa*. **bramadero**.

bramante.
- **I. 1.** m. *Mx, Ec*. Lienzo de algodón, fino y fuerte, *utilizado generalmente para la confección de sábanas*.
- **2.** *Ho, ES, Ni*. Tela gruesa y basta hecha de fibra de cáñamo o yute para fabricar costales. rur. ♦ **bramantina**.
- **3.** *Ho, Ni*. meton. Manta que se pone a una caballería de montura debajo del **mantillón**. rur.

bramantina.
- **I. 1.** f. *Ho*. **bramante**, tela gruesa y basta.

bramar.
- **I. 1.** intr. *Gu, Ho, Ni*. Llorar mucho *una persona*. pop + cult → espon.
- **2.** *Ho, ES, Ni*. Gritar *alguien* mucho y fuerte. pop + cult → espon.

bramazón.
- **I. 1.** m. *Ho, Ni*. Grito muy fuerte.

bramera.
- **I. 1.** f. *Ve:O*. Roto grande en cualquier prenda de vestir. pop + cult → espon.
- **2.** *Ve:O*. metáf. Herida extensa y profunda producida por arma blanca. pop + cult → espon.

brameta.
- **I. 1.** f. *Ho*. Manifestación fuerte y pasajera de rabia o enojo, *especialmente si está motivada por algo de poca importancia*.
- **2.** *Ho*. Llanto de rabia poco intenso.

bramón, -na.
- **I. 1.** adj/sust. *Ho. Referido a persona*, llorona.
- **II. 1.** adj/sust. *Ho. Referido a persona*, que tiene grandes deseos de realizar el acto sexual. vulg; pop + cult → espon.

braon. (Del ingl. *brown*, marrón).
- **I. 1.** adj/sust. *EU, PR. Referido al pelo*, castaño.

braque.
- **I. 1.** adj. *Gu. Referido a persona*, enfadada.

braquete.
- **I. 1.** m. *Pe*. Aplique, lámpara adosada a la pared.

brasa.
- **I. 1.** f. *Ve*. Enfermedad cutánea leve caracterizada por la aparición de manchas rojizas que producen ardor y que luego se transforman en ampollas.
- **2.** *CR, PR*. Erupción que aparece en puntos aislados de la piel, *por lo común crónica y de muy distintas formas*, acompañada de comezón o escozor.
- **II. 1.** f. *Gu*. Asunto o problema delicado.
- **III. 1.** f. *PR*. Unidad de medida que consta de 1,80 m, *usada principalmente para saber la profundidad de una masa de agua*.
- ■
  - **a.** ‖ **~ de candela.** f. *RD*. Brasa.
  - ▶ **ponerse ~; quitarse una ~ del culo.**

braserada.
- **I. 1.** f. *Ch*. Conjunto de carbones encendidos que hay en un brasero o en una cocina de carbón.

brasero.
- **I. 1.** m. *Mx, Co, Ve, Ec, Bo, Py, Ar*. Fogón portátil. pop + cult → espon.

brashico, -a.
- **I. 1.** adj/sust. *Pe*. Brasileño.

brasier. (Del fr. *brassière*).
- **I. 1.** m. *EU, Mx, Gu, Ho, ES, Ni, CR, Pa, Cu, RD, PR, Co, Ve, Ec, Pe, Bo, Ch, Py, Ur*. Prenda interior femenina para sujetar el pecho y darle forma. (*brassier*; **brassiere**; **brazier**). ♦ **tallador**.

brasil.

I. 1. m. *Ho, Ni.* **campeche**, arbusto.

2. *Ho, Ni.* Madera del brasil, anaranjada cuando está verde y roja oscura en contacto con el aire; es buena para la quema de vasijas de barro.

brasilete.

I. 1. m. *PR.* Árbol de hasta 5 m de altura, con ramas pubescentes, hojas aovadas, inflorescencia en racimos, flores de color verde amarillento y fruto en forma de legumbre oblonga; su madera, dura y rojiza, es muy resistente. (Fabaceae; *Caesalpinia bahamensis*).

2. *PR.* Árbol de mediano tamaño de tronco deshojado y copa densa, ramas verdes, escamosas, y flores blancas pequeñas y numerosas; usado para construir cercas. (Fabaceae; *Dalbergia monetaria*).

brasita.

I. 1. f. *Ho.* Luz vista a lo lejos, *generalmente de un vehículo.* rur.

■

a. ‖ ~ **de fuego.** f. *Ar.* **rubí.**

brassavola.

I. 1. f. *Ho.* Planta epifita, variedad de orquídea de hasta 15 cm de altura, con pétalos verde amarillos y el labio de color blanco crema con un tinte verdoso y los márgenes lacerados. (Orchidaceae; *Brassavola digbiana*).

brassier.

I. 1. *Mx, Ho, ES, Ni, CR, RD.* **brasier.**

brassiere. (Del fr. *brassière*).

I. 1. *EU, Ho, RD, PR, Bo, Py, Ur.* **brasier.**

braulio, -a.

I. 1. adj/sust. *Ho.* juv. *Referido a persona,* muy enfadada.

brava.

□

a. ‖ **a la ~.** loc. adv. *Mx, Gu, Ni, CR, RD, Co, Ve.* Descuidadamente, desconsideradamente. pop + cult → espon.

▶ **dar una ~.**

bravata.

I. 1. f. *PR.* Tormenta en el mar, borrasca.

2. *PR.* Mar picado.

bravazo.

I. 1. adj. *Pe.* Excelente, excepcional. pop + cult → espon.

bravero, -a.

I. 1. adj/sust. *Co:O.* *Referido a persona,* propensa a riñas, contiendas y pleitos.

II. 1. adj/sust. *Cu.* *Referido a persona,* que abusa de su fuerza, abusadora.

braveta. (De *bravo*).

I. 1. f. *Ho.* Impaciencia, enfado o enojo grande pero poco duradero.

braveza.

I. 1. f. *Cu, Co, Ec.* Enfado o disgusto muy fuerte.

♦ **bravura.**

bravo, -a.

I. 1. adj. *EU, Mx, Gu, Ho, ES, Ni, CR, Pa, Cu, RD, PR, Co, Ve, Bo, Py.* *Referido a persona,* irritada, enojada u ofendida.

2. adj. *CR, Cu, RD, PR, Co, Ve, Bo.* *Referido a persona,* enemistada con alguien.

3. *Ho, ES, Ni.* *Referido a persona o a un equipo,* luchador.

4. *Cu.* p.u. *Referido a persona,* ambiciosa, egoísta, trapacera.

5. *Cu.* *Referido a persona,* que consigue salir bien de cualquier situación.

II. 1. adj. *Mx, Ho, Ni, Ec, Bo:E.* *Referido a un alimento o a un plato,* de sabor muy picante.

2. *Ho, Ni, CR, Pa, Ve, Bo.* *Referido al sol,* muy fuerte.

3. *Ch.* *Referido a un alimento o a un guiso,* que tiene un sabor excesivamente fuerte o malo.

III. 1. adj. *CR, Ve, Pe, Bo.* *Referido a una situación o a un trabajo,* difícil.

IV. 1. adj. *Cu, RD.* Estupendo, muy bueno. pop + cult → espon.

V. 1. adj. *Ho, Cu.* *Referido a un monte o una selva,* que tiene abundante vegetación.

VI. 1. adj. *Ho.* *Referido a una bebida alcohólica,* de elevada graduación.

bravura.

I. 1. *Cu, Ve, Ec.* **braveza.**

braza.

▶ **estar en cien ~s de agua.**

brazada.

I. 1. f. *Co, Pe,* p.u. Medida de longitud usada en la Marina equivalente a 1,6718 m.

2. *Ho, ES, Ni.* Unidad variable de longitud para telas y cuerdas que oscila entre 1 y 1,20 m.

3. *Ho.* Unidad variable de leña que oscila entre ocho y doce palos de roble u **ocote.** rur.

▶ **sembrar en ~s.**

brazier.

I. 1. m. *Ni.* p.u. **brasier.**

brazo.

I. 1. m. *Cu.* obsol. *En el teléfono,* auricular por el que se habla o escucha.

■

a. ‖ ~ **de guitarra.** m. *PR.* Mástil de este instrumento.

b. ‖ ~ **de reina.** m. *Co, Ch.* Pieza de repostería alargada y enrollada, compuesta por una masa blanda y esponjosa hecha de harina, huevos y azúcar, rellena de crema, dulce de fruta, dulce de leche u otros ingredientes.

□

a. ‖ **a ~ borneado.** loc. adv. *Ch.* Con gran impulso, *tras girar el brazo varias veces.*

▶ **arrancarle el ~; caérsele los ~s; cortar el ~; cortar los ~s; dejar con los ~s cruzados; partir el ~; torcer el ~.**

brazolada.

I. 1. f. *Ar:NE.* Hilo fino y muy resistente de la caña de pescar, al que se ata el anzuelo.

brazolargo.

I. 1. m. *Mx, Gu, Ho, ES, Ni, CR.* Mono de hasta 1 m de longitud, de cuerpo delgado, orejas y cuello corto, tronco flaco y elástico, patas y cola muy largas, pelaje basto, lacio y despeinado, y una coloración que varía entre tonos castaños y grises. (Atelidae; *Ateles geoffroyi*). ♦ **mico.**

brea.

I. 1. f. *Ar.* **palo verde**, árbol.

2. *Ch.* Arbusto perenne de hasta 1,5 m de altura, de hojas alargadas verde pálido con bordes dentados y flores agrupadas en racimos de color rosáceo pálido o rosado fuerte; muy usado en medicina popular. (Asteraceae; *Thessaria absinthioides*).

II. 1. m-f. *Ch.* juv. Persona tonta, poco inteligente.

III. 1. f. *ES.* Dinero. pop + cult → espon.

■

a. ‖ ~ **del agua.** f. *Ar.* **huacáporo**, árbol.

break. (Voz inglesa).

I. 1. m. *EU, Ni, PR, Ec.* Descanso, breve intermedio de una actividad.

II. 1. m. *PR.* **breik.**

breaker. (Voz inglesa).

I. 1. m. *EU, Ho, Ni, CR, Cu, PR, Ve.* Fusible o dispositivo que desconecta el circuito eléctrico cuando hay sobrecarga.

breca.
    I. 1. f. *Ve:O.* Calzado, *generalmente femenino,* de tacón alto. (**brecas**).
brecada.
    I. 1. f. *Ho, ES, Ni.* Frenazo brusco de un vehículo utilizando los frenos. ◆ **brecazo.**
brecar. (Del ingl. *to brake*).
    I. 1. tr. *Ho, ES.* Parar con el freno el movimiento de un vehículo.
brecazo. (De *breque*).
    I. 1. m. *Ho, ES, Ni.* **brecada.**
brecha.
    I. 1. *Mx, Gu, Ho, Ni, Co, Ec, Bo:E,S.* **abra**, camino. rur.
    2. *Ho, ES, Ni.* Claro de un bosque o selva. rur.
    ▶ **abrir ~.**
brechero.
    I. 1. adj. *RD. Referido a un hombre,* mirón, que mira a través de una brecha o agujero.
brechero, -a.
    I. 1. m. y f. *Bo.* Peón de campo que abre brechas. rur.
breco, -a.
    I. 1. adj. *Ho. Referido a persona,* que tiene las piernas torcidas hacia fuera y las rodillas juntas.
    2. *Ho. Referido a persona o animal,* que anda defectuosamente, que cojea.
    ▶ **ponerse breco; volverse breco.**
breech. (Voz inglesa).
    I. 1. m. *Ar.* Pantalón para montar a caballo, abultado en el muslo y ajustado en la pantorrilla.
brega.
    I. 1. f. *Ve.* obsol. Período durante el cual un hombre trata de conquistar a una mujer. pop + cult → espon.
    2. *Ve.* obsol. Relación fugaz y poco seria entre un hombre y una mujer. pop + cult → espon.
    II. 1. f. *PR.* Dificultad.
bregador, -ra.
    I. 1. adj/sust. *Ve.* obsol. *Referido a persona,* aficionada a cortejar a las del sexo opuesto. pop + cult → espon.
bregandito.
    □
    a. ‖ **~ ahí.** loc. adv. *RD.* En la lucha, en el esfuerzo por seguir adelante. rur.
bregar.
    I. 1. tr. *Ve.* Cortejar *alguien* a *una persona.*
    II. 1. intr. *PR.* Tratar *alguien* de hacer algo.
    2. *PR.* Ayudar a *alguien* con algo.
    III. 1. intr. *PR.* Copular *alguien.* euf; pop + cult → espon.
    □
    a. ‖ **~ cajita de pollo.** loc. verb. *PR.* juv. Actuar mal *una persona,* hacerle una trastada a *alguien.* ◆ **bregar Chiqui Star.**
    b. ‖ **~ Chiqui Star.** loc. verb. *PR.* **bregar cajita de pollo.**
    c. ‖ **~ la arepa.**
        i. loc. verb. *Ve.* Ganarse *alguien* la vida. pop + cult → espon.
        ii. *Ve. En el beisbol,* impedir que el equipo contrario haga una **arepa.**
bregeta.
    I. 1. f. *Ho.* Burla de una persona a otra. (**brejeta**).
    II. 1. f. *Ho.* Reunión escandalosa de personas. pop + cult → espon ∧ desp. (**brejeta**).
    III. 1. f. *Ho.* Problema o asunto difícil y complicado de solucionar. (**brejeta**).
    IV. 1. f. *Ho.* Insistencia en algo.
    V. 1. f. *Ho.* Cualidad de necio. pop + cult → espon ∧ desp. (**brejeta**).

brégete.
    I. 1. m. *RD.* Discusión, riña, pendencia.
bregetear.
    I. 1. intr. *RD.* Discutir dos o más personas.
bregón, -na.
    I. 1. adj. *RD. Referido a persona,* complicada, difícil de entender.
    2. *RD. Referido a persona,* terca, molesta.
breik. (Del ingl. *break*).
    I. 1. m. *Pa, Cu.* Pausa, interrupción. (***break***).
    ▶ **dar un ~.**
breiquecito.
    I. 1. m. *PR.* Oportunidad, ayuda. pop + cult → espon.
breiquer. (Del ingl. *breaker*).
    I. 1. m. *RD, Ve, Ec.* Interruptor principal de una instalación eléctrica. (**bequer; breque**).
    2. *RD.* Plomos o fusibles eléctricos.
brejeta.
    I. 1. f. *Ho.* Dicho festivo y gracioso. pop + cult → espon.
    2. *Ho.* **bregeta**, burla.
    3. *Ho.* **bregeta**, reunión.
    4. *Ho.* Grosería, acción grosera. pop + cult → espon.
    5. *Ho.* Acción irresponsable. pop + cult → espon.
    6. *Ho.* **bregeta**, problema.
    II. 1. f. *Ho.* **bregeta**, cualidad de necio.
    III. 1. f. *Ho.* Cosa de escaso valor.
bréjete.
    I. 1. m. *RD.* Escándalo, barullo.
brejetear.
    I. 1. intr. *PR.* Trajinar *alguien* en casa. pop + cult → espon.
    2. *PR.* **bretear**, estar *alguien* metido en amoríos.
brejeteo.
    I. 1. m. *PR.* Trajín. pop + cult → espon.
    2. *PR.* Realización de los trabajos domésticos. pop + cult → espon.
brejetería.
    I. 1. f. *Ve.* Actitud propia del **brejetero**, que interviene en asuntos ajenos.
brejetero.
    I. 1. adj/sust. *Ve. Referido a persona,* que interfiere en asuntos ajenos.
    2. *Ve:O. Referido a persona,* molesta e inoportuna.
    II. 1. adj/sust. *Ve:C. Referido a persona,* que hace muchos aspavientos y da muestras de poca cordura.
breña.
    I. 1. f. *RD, Ar.* Terreno cubierto de malezas.
breque. (Del ingl. *braker*)
    I. 1. m. *Gu, Ho, ES, Ni, Pe.* Freno de un vehículo.
    II. 1. m. *Gu, ES.* Persona lenta o poco ágil en hacer o aprender algo. pop + cult → espon.
    III. 1. m. *Pa, Cu.* **breiquer**, interruptor.
    ■
    a. ‖ **~ de mano.** m. *Ho, ES, Ni.* Palanca manual de un automóvil que sirve para bloquear sus ruedas.
    □
    a. ‖ **a todo ~.** loc. adv. *Ch.* Con mucha velocidad. pop + cult → espon.
    ▶ **meter ~; soplarse los ~s.**
brequeada.
    I. 1. f. *Ho, ES, Ni.* Frenazo, *generalmente brusco.*
brequear. (Del ingl. *braker*)
    I. 1. tr. *Ho, ES, Ni.* Parar con el freno el movimiento de un vehículo.
bréquer.
    I. 1. m. *CR, Cu. En una caja de control del sistema eléctrico,* dispositivo que interrumpe automáticamente el fluido de la corriente eléctrica.

brequero. (De *breque*).
  I. 1. m. *Mx, Gu, Ho:N, ES, Ni, Pe; Ec,* p.u. Hombre encargado del manejo de los frenos en los trenes.

breso, -a.
  I. 1. adj. *Ch. Referido a persona,* gruesa, corpulenta. pop + cult → espon.

brete.
  I. 1. m. *Pe, Ch, Ar, Ur, Py,* rur; *Ec,* p.u. Pasadizo corto entre dos empalizadas que se utiliza para enfilar el ganado.
  II. 1. m. *Gu, Ni, CR, Ve.* **chamba**, actividad.
    2. *Ve.* Agitación o ajetreo incesante.
    3. *Ho.* Oficio especializado que desempeña cada uno de los delincuentes. delinc.
    4. *CR.* Sitio donde desempeña habitualmente una persona su trabajo.
    5. *CR.* Obra material o producto de un trabajo. pop + cult → espon. ♦ **chamba**.
  III. 1. m. *Pe, Bo; Ur,* rur. Corral alambrado en forma de cuadrilátero, que se comunica con otros de la misma especie formando un conjunto que se utiliza para clasificar y dividir los rebaños, cuando se trabaja con ellos.
    2. *Ve.* Corral individual para las reses.
  IV. 1. m. *Cu.* Enredo, chisme que puede generar discusión entre dos personas. pop + cult → espon.
    2. *Cu.* Discusión acalorada entre dos o más personas. pop + cult → espon.
    3. *RD.* Desorden, confusión.
  V. 1. m. *PR.* Amorío ilegítimo, enredo amoroso. pop + cult → espon ^ fest.

breteada.
  I. 1. f. *Ni, CR.* Trabajo intenso. pop + cult → espon.

breteador, -ra.
  I. 1. adj/sust. *Ni, CR. Referido a persona,* muy aplicada al trabajo. pop + cult → espon.

bretear.
  I. 1. tr. *Gu, Ni.* Trabajar.
    2. intr. *Ni, CR.* Realizar habitualmente una actividad para ganarse la vida. pop + cult → espon.
  III. 1. tr. *Ho.* Robar *alguien algo.* delinc.
  IV. 1. intr. *PR.* Estar *alguien* metido en amoríos ilegítimos, en problemas de faldas. pop + cult → espon ^ fest. ♦ **brejetear**; **bretejear**.

bretejear.
  I. 1. intr. *PR.* Trajinar *alguien* en casa. pop + cult → espon.
    2. *PR.* **bretear**, estar *alguien* metido en amoríos. pop + cult → espon ^ fest.

bretel. (Del fr. *bretelle*).
  I. 1. m. *RD, Ch, Ar, Ur.* Cinta o tira estrecha de tela que, pasando por los hombros, sujeta algunas prendas de vestir femeninas.

bretero, -a.
  I. 1. adj/sust. *Cu. Referido a persona,* alborotadora, que provoca **brete**. pop + cult → espon. ♦ **chanchullero**.

bretón.
  I. 1. m. *PR.* Brote de cualquier planta. rur.

bretónica.
  I. 1. *PR.* Planta ramosa de hasta 1,5 de altura, con tallos esparcidos; tiene usos en la medicina popular. (Malvaceae; *Melochia* spp.).

breva.
  I. 1. f. *Mx, Ho, ES, Ni, Pa.* p.u. Tabaco en rama, elaborado para ser consumido masticándolo.
  II. 1. f. *Ve.* **cardón**, cactus. (Cactaceae; *Cereus* spp.).
    2. *Ve.* Fruto comestible del **cardón**.
  ■
  a. ‖ **~ pelada.** f. *Ch.* Beneficio conseguido sin esfuerzo o sacrificio. pop + cult → espon.

□
  a. ‖ **por las puras ~s.** loc. adv. *Ch.* Inútilmente, sin resultados ni provecho. pop + cult → espon. ♦ **por las puras huevas**.
  ▶ **gustar la ~ pelada**.

breve.
  I. 1. adv. *Ec.* Rápidamente, con prontitud. pop.
  ▶ **querer la ~ pelada**.

brevedad.
□
  a. ‖ **a la ~.** loc. adv. *RD, PR, Co, Ve, Pe, Ch, Ar, Ur.* Lo más pronto posible.

brevetar(se).
  I. 1. tr. *Pe.* Conceder *alguien* una titulación, una autorización o un permiso.
    2. intr. prnl. *Pe.* Obtener *alguien* una titulación o autorización después de un período de instrucción.

brevete. (Del fr. *brevet,* certificado, autorización).
  I. 1. m. *Pe, Ch.* Permiso de conducir.
    2. *Ar.* Calificación para los pilotos de aviación.

brevo.
  I. 1. m. *Co.* Arbolito de hojas palmeadas y frutos en forma de pera. (Moraceae; *Ficus carica*).

brevo, -a.
  I. 1. adj/sust. *Ch. Referido a persona,* tonta, de poca inteligencia. pop + cult → espon ^ fest.
    2. *Ch. Referido a persona,* sinvergüenza. pop + cult → espon ^ fest.

briago, -a.
  I. 1. adj/sust. *Mx. Referido a persona,* borracha.

brichero, -a.
  I. 1. adj/sust. *Pe. Referido a persona,* que busca entablar relaciones sentimentales con turistas europeos o norteamericanos con el fin de conseguir un visado.

bridao.
  I. 1. m. *PR.* Pez marino de hasta 1,20 m de longitud, de hocico protuberante, aletas radiadas de color azul brillante con una mancha amarilla en la cabeza en el estado adulto y azul claro con manchas salmón en estado juvenil. (Scaridae; *Scarus coeruleus*).

brief. (Voz inglesa).
  a. ‖ **~. case.** m. *EU.* Maletín, **portafolio**.

briefing. (Voz inglesa).
  I. 1. m. *EU, PR; ES,* p.u. Reunión informativa. prest; cult → esm.

brigán.
  I. 1. m. *RD, Ve.* Bandolero.

brigandina.
  I. 1. f. *RD.* Cosa hecha mal y pronto.
□
  a. ‖ **a la ~.** loc. adv. *RD.* Malamente, sin cuidado. ♦ **a la bringadita**.
  ▶ **hacer a la ~**.

brígido, -a.
  I. 1. adj. *Pe, Ch. Referido a un asunto o problema,* peliagudo, difícil de solucionar.
    2. *Ch.* juv. *Referido a persona o cosa,* peligrosa.
    3. adj/sust. *Ch.* juv. *Referido a persona,* arisca, difícil de tratar.

brigueta.
  I. 1. f. *PR.* Arbusto lampiño, con flores amarillas durante una cortísima temporada y fruto en forma de baya o cápsula celular con cuatro semillas. (Aquifoliaceae; *Ilex acuminata*).

brilla.
  I. 1. f. *PR.* **brillo**, estropajo.

brillador.
  I. 1. m. *Cu.* Utensilio de limpieza que consiste en un palo de aproximadamente 1,50 m de largo y otro transversal,

unido al extremo inferior de este, con un conjunto tupido de hilos relativamente gruesos.

2. *Cu.* Producto líquido de fabricación industrial que se echa al agua para limpiar el piso y darle brillo.

brilladora.

I. 1. f. *Co.* Máquina eléctrica que hace girar uno o varios cepillos para dar cera y lustre a los pavimentos.

brillar.

I. 1. tr. *Co.* Poner brillante *algo*.
2. °*PR.* Limpiar y lustrar *alguien* el calzado.
II. 1. intr. *RD.* Hacer *alguien* novillos.
□
a. ‖ **~ la hebilla.** loc. verb. *Co, Ve.* Bailar *alguien* muy pegado a su pareja. pop + cult → espon.

brillazón.

I. 1. m. *Ho, Ar.* Brillo repentino y fugaz, *semejante al del agua*, que produce la reverberación solar a ras del suelo. rur.
2. *Ar:NO.* Brillo fuerte. rur.

brillo.

I. 1. m. *Ho, CR, Pa, RD, PR.* Estropajo hecho de hilos finos y metálicos para fregar utensilios de cocina. (**brilla**).
II. 1. m. *Ch.* Salida recreativa, *por lo general a una fiesta o acto*, para la diversión de un grupo o comunidad.
III. 1. m. *Bo:O,C.* Persona que tiene por oficio limpiar y lustrar botas y zapatos en las calles. pop + cult → espon.
IV. 1. m. *Ur.* Moneda. delinc.
▶ **dar ~ a la hebilla; sacarle ~ al piso**.

brillosidad.

I. 1. f. *Ch.* Cualidad de **brilloso**.

brilloso, -a.

I. 1. adj. *Mx, Ho, ES, Ni, CR, Cu, RD, PR, Pe, Bo, Ch, Ar, Ur,* cult; *Ve,* pop. *Referido a cosa,* que brilla.
II. 1. adj/sust. *Gu.* metáf. *Referido a persona,* activa, buena trabajadora.

brimbrán.

I. 1. m. *RD.* Baile entusiasta de alguien.

brincacharcos.

I. 1. m. pl. *Mx, RD, PR.* Pantalón más corto de lo usual que baja algo de la rodilla. pop + cult → espon. ♦ **pasacharcos**.

brincada.

I. 1. f. *Co, Bo.* Salto de alguien con ligereza.
II. 1. f. *Bo.* Posesión sexual de un hombre a una mujer. vulg; pop + cult → espon ^ fest.

brincadera.

I. 1. f. *Pe.* Realizar el coito. vulg; pop + cult → espon.

brincador.

I. 1. m. *Mx:N.* Inmigrante ilegal que cruza con frecuencia la frontera y se mantiene cerca de ella.
II. 1. m. *ES, Ni.* Ladrón de bolsos, cadenas y collares. delinc.

brincadora.

I. 1. sust/adj. *Cu.* Mujer que cambia con frecuencia de hombre.

brincapozo.

I. 1. m. *PR.* Pantalón más corto de lo usual.

brincar(se).

I. 1. tr. *Mx, Gu, Ho, Ni.* Protestar o reclamar airadamente *una persona algo* a alguien.
II. 1. intr. *Pe, Bo.* Realizar el coito. vulg; pop + cult → espon ^ fest.
3. tr. *ES. En el ganado caballar,* cubrir el macho a la hembra. rur.
III. 1. intr. *Co.* Replicar de manera brusca e insolente. pop + cult → espon.

IV. 1. tr. *Cu, Bo.* Arremeter *alguien* contra *una persona* en el momento de iniciarse una pelea. pop + cult → espon.
2. *Ho, ES.* juv. Golpear *alguien* como prueba para entrar en una **mara**.
V. 1. intr. *Ve.* Dar dinero *alguien* por la adquisición de algo o por la prestación de un servicio. pop + cult → espon.
VI. 1. tr. *ES, Ni.* Robar *algo, generalmente bolsos, carteras y pulseras.* delinc.
VII. 1. intr. *Cu.* Atravesar *alguien* una calle a pie. pop + cult → espon.
VIII. 1. tr. *Bo.* Comer o tomar *algo* con muchas ganas y ahínco. pop + cult → espon.
□
a. ‖ **~ candeladas.** loc. verb. *Ve.* Sufrir privaciones.
b. ‖ **~ el charco.**
i. loc. verb. *Cu.* Exiliarse. pop + cult → espon.
ii. *PR.* Viajar o mudarse *alguien* a los Estados Unidos. pop + cult → espon.
c. ‖ **~ el mayal.** loc. verb. *Cu.* Cometer adulterio.
d. ‖ **~ encima con uñas y dientes.** loc. verb. *PR.* juv. Hacer *alguien* las cosas rápidamente.
e. ‖ **~ la cerca de una mujer.** loc. verb. *Cu.* Cometer adulterio.
f. ‖ **~ la talanquera.**
i. loc. verb. *Ve.* Cambiar de bando o partido por conveniencia personal. ♦ **saltar la talanquera**.
ii. *Ve:C,O.* Vencer una dificultad muy grande. pop + cult → espon.
iii. *Ve:O.* Escapar de su casa una mujer con un hombre. pop + cult → espon. ♦ **saltar la talanquera**.
iv. *Ve:C.* Morir *alguien*. pop + cult → espon. ♦ **saltar la talanquera**.
g. ‖ **~se la barda.** loc. verb. *Mx.* **volarse la barda**.
■
a. ‖ **que no lo brinca un chivo.** *Cu.* **que no lo brinca un venado**.
b. ‖ **que no lo brinca un venado.** loc. adj. *Ve.* Excesivo en cantidad, calidad o tamaño. pop + cult → espon. ♦ **que no lo brinca un chivo**.
◨
a. ‖ **ese muerto lo brinco yo.** fr. prov. *Ve.* Indica la decisión de vencer un obstáculo. pop + cult → espon.

brinchi.

I. 1. m. *Pe.* Hombre homosexual. pop + cult → espon.

brinco.

I. 1. m. *Ar.* Planta herbácea de hasta 50 cm de altura, de tallos erguidos, rectos y muy ramificados, hojas lanceoladas, inflorescencia axilar y flores blancas, rojas o amarillas; es ornamental. (Balsaminaceae; *Impatiens balsamina*). ♦ **china; madama; miramelinda**.
II. 1. m. *ES, Ni.* Robo de bolsos, cadenas y collares. delinc.
III. 1. m. *Gu.* Duda o recelo inquietantes para la conciencia sobre si algo debe o no debe hacerse.
IV. 1. m. *ES. En el ganado caballar y vacuno,* hecho de cubrir el macho a la hembra. rur.
V. 1. m. *ES.* Úlcera y el dolor que esta produce.
VI. 1. m. *ES.* Entrada de alguien en una **mara** o grupo delictivo.
VII. 1. m. *PR.* Majadería.
□
a. ‖ **a ~s y a saltos.**
i. loc. adv. *CR.* Afrontando muchas situaciones difíciles.
ii. *CR.* De manera asistemática e inconstante.
b. ‖ **a los ~s.**
i. loc. adv. *Ar:NO,E.* Con sobresalto y preocupación. pop + cult → espon.
ii. *Ar:NO.* Con mucha prisa. pop + cult → espon.

c. ‖ **a un ~.** loc. adv. *CR.* obsol. Relativamente cerca.

d. ‖ **al ~.** loc. adv. *Mx.* Con ánimo de pelear. pop + cult → espon.

e. ‖ **de un ~.** loc. adv. *Mx.* En una sola etapa.

f. ‖ **en ~ y medio.** loc. adv. *RD.* En un instante, en un santiamén.

▶ **agarrar en el ~; andar con ~s; coger en el ~; dar el ~; echar el ~; no dar dos ~s; pegar el ~; ponerse al ~; quitarle los ~s.**

brincón, -na.
I. 1. adj/sust. *Ve*; *Co*, desp. *Referido a persona*, inquieta, que cambia de actividad constantemente.

brinconear.
I. 1. intr. *Co.* Tener *alguien* un comportamiento censurable.

brincoteadera.
I. 1. adj. *CR, Cu, RD.* Movimiento constante de un lugar a otro. pop + cult → espon.

brincotear.
I. 1. intr. *Mx, Ni, Bo, Ch, Ar:NO.* Dar pequeños y continuos saltos sobre el suelo.

2. *CR, Cu, RD.* Moverse un niño de un lado a otro, de manera que molesta a los demás. pop + cult → espon.

brincoteo.
I. 1. m. *Mx, Ho, Ni, PR.* Baile informal y muy movido. pop + cult → espon.

II. 1. m. *Cu, PR.* Movimiento de un niño de un lado a otro. pop + cult → espon.

III. 1. m. *PR.* Jolgorio. pop + cult → espon.

2. m. *Pa.* Fiesta o parranda. pop + cult → espon.

brincotón.
I. 1. sust/adj. *PR.* Brinco o salto causado por la alegría.

brindis.
▶ **dar el ~.**

bringadita.
□
a. ‖ **a la ~.** loc. adv. *RD.* **a la brigandina.**

brío.
I. 1. m. *Ve.* Descaro o desfachatez.

briole.
I. 1. m. *PR.* Embarcación de remos usada en alta mar para la pesca.

brioso, -a.
I. 1. adj. *Ni, Co. Referido a un caballo*, que se espanta fácilmente.

briqué.
I. 1. m. *Co.* obsol. Encendedor principalmente para cigarrillos.

brisa.
I. 1. f. *Ho, Ni, Cu, RD.* Lluvia menuda y pasajera.

II. 1. f. *Cu.* Apetito. pop + cult → espon.

▶ **abanicar la ~; coger ~; soplarle ~.**

brisáceo, -a. (De *brisa*).
I. 1. adj. *Ho, Ni. Referido a viento*, suave. prest; cult → esm.

brisar.
I. 1. intr. impers. *Ho, Ni, Cu, RD, Co:NE*; *PR*, p.u; *Ve*, pop. Caer lluvia menuda y pasajera, lloviznar.

2. *Co, Ve.* Ventear suavemente.

II. 1. intr. *RD.* Vomitar *alguien*.

brisca.
■
a. ‖ **~ de jabón.** f. *RD.* Barra de jabón.

▶ **meterse en ~.**

briscán.
I. 1. f. *Pe.* obsol. Brisca, juego de naipes.

brisco.
I. 1. m. *Ur.* Hombre homosexual. pop + cult → espon ∧ desp.

brisera.
I. 1. f. *PR, Ve.* Objeto de cristal que impide que el viento apague la luz de las velas.

II. 1. f. *Ho.* Protector saliente de los cristales de un vehículo que sirve para desviar el viento y el agua.

III. 1. f. *Ni.* Ala de gorra, visera.

2. *Ni.* Especie de gorra que se sujeta a la cabeza mediante una faja.

brisiado, -a.
I. 1. adj. *Ho. Referido al pelo de animal doméstico y ganado*, de color café claro con pintas de otro color, *en especial el blanco.*

2. *Ho. Referido a persona*, que tiene muchas pecas, *especialmente en la cara.*

brisiao.
▶ **salir ~.**

brisita.
▶ **tener una ~.**

brisquear.
I. 1. intr. *Ch.* Hacer *alguien* ostentación de dinero o de una posición acomodada. pop + cult → espon.

brisquero, -a.
I. 1. m. y f. *Ch.* Jugador de brisca.

brito.
I. 1. sust/adj. *Pe.* Hombre homosexual. pop + cult → espon.

brizna.
I. 1. f. *Co, Ve:O.* Lluvia menuda.

bro. (Apóc. del ingl. *brother*).
●
a. ‖ **¡eh, ~!** fórm. *EU, PR.* Se usa para saludar de forma cariñosa.

broaster. (Del ingl. *toasted*, tostado).
I. 1. adj. *Bo. Referido a la carne de pollo*, frita en aceite hasta que la piel esté crujiente. pop + cult → espon.
♦ **a la broaster.**
□
a. ‖ **a la ~.**
i. loc. adj. *Bo.* **broaster.** pop + cult → espon.
ii. loc. adv. *Bo. En relación a la manera de cocinar la carne de pollo*, friéndola en aceite hasta que la piel esté crujiente. pop + cult → esm.

brobin.
I. 1. m. *PR.* Amigo íntimo, compañero inseparable.

broca.
I. 1. f. *Mx, Gu, Ho, ES, Ni, CR, RD, PR, Co, Bo.* Insecto coleóptero de hasta 2 mm de longitud, con mandíbulas fuertes prolongadas hacia delante, de color café oscuro o negro, cuyas larvas, de color blanco cremoso con la cabeza café, y sin patas. (Scolytinae; *Hypothenemus hampei*). ♦ **broca del café.**

2. *Gu, Ho, ES, CR, Co, Bo.* Plaga producida por este insecto coleóptero, que pica el grano de café. ♦ **broca del café.**

3. f. *Mx, Gu, Ho, ES, Ni, CR, RD, PR.* Enfermedad del café provocada por el parásito broca. ♦ **candado.**

■
a. ‖ **~ cochi.** *Ch.* **brocacochi.**

b. ‖ **~ del café.**
i. f. *CR, Bo.* **broca**, insecto.
ii. *CR, Bo.* **broca**, plaga.

brocacochi.
I. 1. m-f. *Ch.* Niño. pop + cult → espon. (**broca cochi**).

brocas.
I. 1. f. pl. *PR.* Clavos remachados que sostienen el cabo del machete. rur.

brocato.

I. 1. m. *Ch, Ar.* Brocado, tela entretejida con hebras doradas o plateadas.

brocear(se).

I. 1. intr. prnl. *Ho, Ch.* Dejar una mina de ser productiva.

2. tr. *Bo:O.* En las minas, escoger el mineral de la **caja**.

broceo.

I. 1. m. *Ch.* Improductividad y esterilidad de una mina.

brocha.

I. 1. m-f. *Gu, Ho, ES.* juv. Persona a la que le gusta vivir a costa de los demás.

2. adj. *Gu, CR. Referido a persona,* aduladora. pop + cult → espon.

3. m-f. *Ho, ES.* Persona que se pega a otra o que se queda en un lugar inoportunamente. pop + cult → espon.

4. f. *Pa.* Adulación. pop + cult → espon.

II. 1. f. *Co.* Persona burda, tosca. pop + cult → espon ^ desp.

III. 1. f. *Cu.* Bigote copioso o abundante. pop + cult → espon.

2. *Cu.* Lengua. pop + cult → espon.

IV. 1. m-f. *Gu, ES.* Ayudante de un conductor de autobuses que anuncia la ruta en cada parada y cobra el pasaje.

V. 1. *Ho.* Amigo íntimo, compañero inseparable.

VI. 1. f. *Pa.* Chito, juego del tejo.

■

a. ‖ ~ **de pintor.** f. *Mx.* Planta herbácea silvestre, perenne, de hojas pequeñas, simples y escamosas, inflorescencia en racimos y fruto dehiscente. (Orobanchaceae; *Castilleja californica*).

▶ **andar de ~; dar ~; dejar colgado de la ~; estar colgado de la ~; estar de ~; hacerse ~; hacerse la ~; mojar la ~; pasar la ~; ponerse de ~.**

brochazo.

I. 1. m. *CR, Pa.* Adulación. pop + cult → espon.

II. 1. m. *Pa.* Contacto genital sin penetración. vulg; pop + cult → espon.

broche.

I. 1. m. *Co, Ur.* Adorno que se lleva en el cabello para sujetarlo. pop + cult → espon.

2. *Ar, PR,* obsol. Pieza metálica pequeña cuyos dos extremos doblados en la misma dirección se clavan para unir o sujetar varias cosas, *especialmente papeles.*
♦ **agrafe.**

3. *Ar.* Pinza de plástico o madera, en forma de tenacilla, usada para sujetar la ropa tendida.

II. 1. m. pl. *RD.* Gemelos de camisa.

■

a. ‖ ~ **a presión.** *Cu, Bo, Ar.* **broche de presión.**

b. ‖ ~ **de presión.** m. *Co, Ve, Bo.* broche o cierre para ropa formado por dos piezas redondas que encajan a presión. ♦ **broche a presión.**

brochet.

I. 1. *Ur.* **brochette,** comida.

2. *Ur.* **brochette,** palo en el que se insertan los trozos de carne y verduras para asarlos.

brochette. (Voz francesa).

I. 1. f. *Ar, Ur.* Comida preparada a base de carne y verduras que, cortadas en pequeños trozos e intercaladas, se pinchan en un palo de cortas dimensiones especial para su preparación. **(brochet).**

2. *Ur.* Palo en el que se insertan los trozos de carne y verduras para asarlos. **(brochet).**

brochiur. (Del ingl. *brochure*).

I. 1. *RD.* **brochur.**

brochur. (Del ingl. *brochure,* folleto).

I. 1. m. *Ho, ES, Ni, CR.* Folleto o pequeña obra impresa de carácter informativo sobre un determinado tema. **(brochiur; brochure).**

brochure. (Voz inglesa).

I. 1. *EU, CR, PR; Pa,* p.u. ***brochur.***

broco.

I. 1. m. *PR.* juv. Amigo alocado.

broco, -a.

I. 1. adj. *PR. Referido a un gallo,* que no tiene espuelas o que le falta un dedo de la pata.

brócoli. (Del it. *broccoli*).

I. 1. m. *ES.* Sujeto, tipo. delinc.

broda.

I. 1. m. *PR.* Amigo íntimo, compañero inseparable.

brodequín.

I. 1. m. *Ve.* obsol. Botín de hombre abierto por delante y ajustado con botones.

2. pl. *Ve:O.* Zapatos de lujo.

bróder. (Del ingl. *brother,* hermano).

I. 1. m. *Ve, Pe, Ho, ES, Ni, Pa, RD, Ec,* juv. Amigo íntimo, compañero inseparable. **(broda).**

II. 1. m. *ES.* Compañero constante de borrachera.

●

a. ‖ ~. fórm. *Cu.* Se usa como tratamiento entre hombres.

broderie. (Voz francesa).

I. 1. f. *Ar, Ur.* Tejido de algodón bordado, que se emplea en la confección de blusas, vestidos y aplicaciones o adornos para la indumentaria.

brogó.

I. 1. m. *RD.* Carabina de cañón corto, de mucho calibre y de cartucho ancho.

broker. (Voz inglesa).

I. 1. m. *EU, Ho, Ni, Ar.* p.u. Agente de bolsa.

2. m-f. *PR, Ec, Ar.* Agente de seguros.

■

a. ‖ ***power* ~.** (Voz inglesa). m-f. *EU, PR.* Persona que tiene mucho poder. pop + cult → espon.

brolla.

I. 1. f. *RD, Ve.* **brollo.**

brollar.

I. 1. intr. *Ho, Ni.* Brotar una semilla. rur. **(broyar).**

2. *Ho, Ni.* Aparecer o surgir *algo* profusamente y de improviso, como un salpullido o una plaga de insectos. **(broyar).**

brollero, -a.

I. 1. sust/adj. *Ve.* Persona enredadora y chismosa.
♦ **brollista.**

brollista.

I. 1. *Ve.* **brollero.** pop + cult → espon.

brollo.

I. 1. m. *RD, Ve.* Embrollo, situación confusa. pop + cult → espon. **(brolla).**

broma.

I. 1. f. *Ve.* Objeto o asunto cuyo nombre no se recuerda, se ignora o no se quiere mencionar. pop + cult → espon.

□

a. ‖ **¡ah, ~!** loc. interj. *Ve.* Expresa contrariedad, fastidio, pesadez. pop + cult → espon. **(¡qué broma!; ¡qué tal broma!).**

b. ‖ **de ~.** loc. adv. *Ve.* De casualidad, por poco. pop + cult → espon.

c. ‖ **¡qué ~!** loc. interj. *Ve, Pe.* **¡ah, broma!**

d. ‖ **¡qué tal ~!** loc. interj. *Pe.* **¡ah, broma!**

▶ **echar ~; echar una ~; jugar una ~.**

bromisto.
    I. 1. adj/sust. *RD, Ch; Ho, Ni, CR*, rur. | p.u. *Referido a hombre*, bromista, aficionado a dar bromas.

bromoso, -a.
    I. 1. adj/sust. *Mx. Referido a persona*, que molesta o fastidia mucho. pop + cult → espon ^ desp.

bron. (Del ingl. *brother*).
    I. 1. m. *PR.* Amigo íntimo, compañero inseparable.

bronca.
    I. 1. f. *Pa, Ve, Ec, Pe, Bo, Ch, Py, Ar, Ur.* Sentimiento de ira o enfado de una persona contra alguien. pop + cult → espon.
    2. *Bo.* Antipatía y aversión de una persona hacia alguien cuyo mal se desea.
    II. 1. f. *Mx; CR*, pop. Dificultad, inconveniente.
    □
    a. ‖ **como con ~ y junando.** loc. adv. *Ar.* Con enfado o enojo. pop + cult → espon.
    ▶ **cargar ~; dar ~; echar ~; tener ~; tirar la ~.**

broncar.
    I. 1. *Bo:O.* **plumear**, manifestar enfado o enojo. pop + cult → espon.

bronceada.
    I. 1. f. *CR, RD, Co, Ve, Ch; Ec, Pe*, p.u. Bronceado de la piel. ♦ **bronceo**.

bronceo.
    I. 1. m. *Ch.* **bronceado**.

bronchar.
    I. 1. intr. *PR.* juv. Gozar *alguien*.

bronche.
    I. 1. m. *Ec.* Riña. pop + cult → espon.

bronco, -a.
    I. 1. adj. *Mx. Referido a una caballería*, que está sin domar.
    II. 1. adj. *Mx. Referido a la leche y al queso*, que está sin pasteurizar.
    III. 1. m. y f. *Bo:O.* Persona con la que se mantiene una relación de rivalidad y enemistad. pop + cult → espon.
    2. adj. *RD. Referido a persona*, suspicaz, recelosa.

bronconeumonia.
    I. 1. f. *Ch.* Bronconeumonía, inflamación de la mucosa bronquial y del parénquima pulmonar.

broncudo, -a.
    I. 1. adj/sust. *Ch.* juv. *Referido a persona*, que arma bronca. pop + cult → espon.

bronqueado, -a.
    I. 1. adj/sust. *Cu. Referido a persona*, enfadada, irritada, encolerizada.

bronquear(se).
    I. 1. intr. prnl. *Cu, Pe; Ec*, juv. Enfadarse o enojarse *alguien* con otra persona. pop + cult → espon.
    2. *Cu.* Disgustarse o irritarse *alguien*. pop + cult → espon.
    3. intr. *Ur.* Mostrar *alguien* con quejas y reproches el enfado que se siente.

bronquero.
    I. 1. *PR.* **broquero**.

bronquinoso, -a.
    I. 1. adj. *Co.* p.u. *Referido a persona*, que arma camorras y pendencias fácilmente y por causas leves.

bronquitis.
    I. 1. f. *Bo. Entre delincuentes*, enemistad. delinc.

broña.
    I. 1. f. *ES.* Roncha, círculo rojo en la piel.

broque.
    I. 1. m. *RD. Entre campesinos*, maleza tupida, bosque. rur.

broquel.
    I. 1. m. *Mx.* Pendiente para oreja que a modo de pequeño perno atraviesa el lóbulo y se asegura por el lado interior del mismo con una tuerquecilla. rur.
    II. 1. m. *Ho, Pe.* Antepecho alrededor de la boca de un pozo. rur.

broquelejo.
    I. 1. m. *RD.* Planta intertropical de hasta 2 m de altura, con hojas alternas ovado-circulares, inflorescencia formada por varias espigas y flores diminutas; sus semillas maduras se usan como revulsivo y sus raíces poseen propiedades diuréticas. (Piperaceae; *Piper umbellatum*). ♦ **baquiña, basqueña**.

broquero.
    I. 1. m. *PR.* Taladro usado para hacer los barrenos en el mango del machete. rur. (**bronquero**).

broqui.
    I. 1. m. *PR.* Amigo íntimo, compañero inseparable.

brosa.
    I. 1. f. *PR.* Morralla.
    2. adj. *PR.* metáf. *Referido a persona*, de baja calaña, gentuza. pop + cult → espon ^ desp.

brotadera.
    I. 1. f. *Co, Pe.* metáf. Gasto excesivo e inútil.
    2. adj. *Pe.* juv. *Referido a persona*, que gasta de manera excesiva.
    II. 1. *Cu, Ve, Pe.* **botadura**, lanzamiento. pop + cult → espon.

brotado, -a.
    I. 1. adj. *PR, Co, Ve. Referido al ojo*, que sobresale más de lo regular de su órbita.
    II. 1. adj. *CR, Ve, Ar, Ur. Referido a persona o a una parte del cuerpo*, que tiene una reacción cutánea.

brotar(se).
    I. 1. intr. prnl. *Ni, CR, Ve, Ar, Ur.* Sufrir *una persona* una reacción cutánea por alergia, enfermedad u otra causa.
    II. 1. tr. *Gu.* Dar *una persona* dinero a *alguien*. rur.

brother. (Voz inglesa).
    I. 1. m. *EU, PR; Ho, ES, Ni, Bo*, juv. Amigo íntimo, compañero inseparable.
    2. *ES.* Compañero de borrachera.

brótola.
    I. 1. f. *Ar, Ur.* Pez marino de hasta 40 cm de longitud, de cuerpo fusiforme, con el dorso marrón rojizo y el vientre blanco con reflejos dorados, con dos aletas dorsales, una posterior muy extensa y las ventrales transformadas en dos filamentos bífidos muy largos. (Gadidae; *Urophycis brasiliensis*).

brotón.
    I. 1. m. *Gu, Ho, ES.* Rama de ciertos árboles que, una vez plantada, brota con facilidad. rur.
    2. *Ni.* Brote de la planta de tabaco. rur.

brótula.
    I. 1. f. *PR.* Pez marino de hasta 94 cm de longitud, con cuerpo alargado y puntiagudo, de aletas radiadas y color gris que cambia a negro en la cola, y con una pequeñas barbas alrededor de la boca. (Ophidiidae; *Brotula barbata*).

brown. (Voz inglesa).
    I. 1. m. *EU, PR.* Color marrón, castaño.
    2. adj/sust. *PR. Referido al pelo*, castaño, marrón.

broyado, -a. (De *brollado*).
    I. 1. adj. *Ho. Referido a una superficie*, irregular, con huecos.

broyar.
    I. 1. *Ho.* **brollar**, brotar una semilla. rur.
    2. *Ho.* **brollar**, aparecer o surgir profusamente.

broza.
    I. 1. f. *Ho, ES, Ni.* Conjunto de piedras desmenuzadas y tierra de una mina para el horno de fundición.
    II. 1. f. *Bo. En minería*, residuo de mineral de pureza media.
      2. *PR.* Restos de comida que sirven para alimentar a los cerdos. rur.
    III. 1. f. *ES, PR.* metáf. Gentuza. pop + cult → espon ^ desp.
    IV. 1. f. *PR.* metáf. Ron de pésima calidad.
    V. 1. f. *PR.* Cebo.

bruco.
    I. 1. m. *Ch.* Insecto coleóptero, de hasta 5 mm de longitud, de cuerpo oval, rostro roto y achatado, fuertes mandíbulas y coloración variable. (Bruchidae; *Bruchus* spp.).

bruja.
    I. 1. f. *Mx.* Fulminante hecho de **garbanzo** y pólvora.
    II. 1. f. *Ar.* **carau**.
      2. *Cu.* Ave de hasta 45 cm de longitud, de color muy oscuro, ojos amarillos, pico corto y boca ancha. (Procellariidae; *Pterodroma hasitata*).
      3. *Cu.* Mariposa nocturna de hasta 16 cm de longitud, de color marrón grisáceo con manchas rosas y moradas y una línea blanca que atraviesa todo el cuerpo. (Noctuidae; *Ascalapha odorata*).
      4. *PR.* Planta de hasta 1 m de altura, carnosa, recta y lampiña, con hojitas que se forman en los márgenes de las hojas; de estas se obtiene una sustancia mucilaginosa, usada como edulcorante en bebidas refrescantes, como expectorante y para el dolor de oído. (Glasulaceae; *Bryophyllum pinnatum*).
    III. 1. f. *Ar:C.* Utensilio de limpieza compuesto por un palo largo y, en uno de sus extremos, un conjunto tupido de hilos relativamente gruesos, que sirve para sacar brillo al piso.
    IV. 1. *Cu.* **arrollado**, que no tiene dinero.
    ▶ **casarse las ~s; casarse una ~; estar casándose las ~s**.

brujaca.
    I. 1. f. *Ho:S,E, Ni.* obsol. Bolsa pequeña hecha de cuero crudo, *generalmente para guardar dinero*. rur.

brujanda.
    I. 1. f. *ES.* Conjunto de trucos que se hacen con los naipes.

brujeador.
    I. 1. m. *Ve.* Hombre que captura bestias **cimarronas** persiguiéndolas durante el día y la noche, sin dejarlas descansar. rur.

brujear.
    I. 1. tr. *Co.* Mirar *alguien algo* a hurtadillas.
    II. 1. tr. *Ho.* Robar *alguien* automóviles. delinc.

brujeo.
    I. 1. m. *Ho, ES.* Robo en un automóvil. delinc.

brujero, -a.
    I. 1. m. y f. *Ho, ES.* Persona que se dedica al robo de automóviles o de alguna de sus piezas u objetos.
    II. 1. adj/sust. *Cu. Referido a persona*, que practica la brujería.

brujilda. (De *Brujilda*, personaje de un pasquín mexicano).
    I. 1. f. *Ni.* Mujer descuidada en su aseo y forma de vestir.

brujita.
    I. 1. f. *Cu.* Planta bulbosa, de hojas acintadas y flores solitarias de color blanco, rosado o amarillo. (Amaryllidaceae; *Zephranthes* spp.).
    II. 1. f. *Pa.* Pelusilla blanca de las semillas de algunos árboles cuyas vainas al secarse la expelen y que es transportada por el viento.

brujo.
    I. 1. *Ho.* **barajo**, arbusto.
    II. 1. m. *Ho.* Automóvil. delinc.
    III. 1. m. *PR.* Embrujo, hechizo.

brujo, -a.
    I. 1. adj/sust. *Gu, Ho, Pa. Referido a medio de transporte público, en especial am taxi*, ilegal, sin permiso de circulación.
    II. 1. adj. *Ch.* Falso, fraudulento.
    III. 1. adj/sust. *Ho. Referido a persona*, que reside ilegalmente en Honduras.
    ▶ **agarrar bruja; andar bruja; chupar la bruja; chupárselo la bruja; coger bruja; echar un ~; estar bruja; estar ~; quedarse ~**.

¡brujo!
    I. 1. interj. *Gu.* Expresa una respuesta irónica a quien cree decir algo novedoso.

brujón.
    I. 1. m. *Ur.* Herida o marca superficial en la piel.

brujul.
    I. 1. m. *Ni.* Asunto o negocio oscuro, que bordea la ilegalidad.

brujulear.
    I. 1. tr. *Ve.* Maniobrar, preparar *algo* con astucia.
      2. intr. *Ve.* Buscar el sustento diario sin tener empleo fijo.
    II. 1. intr. *ES.* Tratar insistentemente *alguien de ver algo*.
      2. *Ni.* Hacer *alguien* negocios fraudulentos.
    III. 1. intr. *Cu; PR*, obsol. Estar *alguien* de juerga y diversión, *especialmente de noche*. pop + cult → espon.

brujuleo.
    I. 1. m. *Ni.* Manejo ilícito de un asunto o negocio.

brulote.
    I. 1. m. *Pe, Ch, Ar.* Crítica periodística ofensiva y polémica que difunde datos falsos con el fin de perjudicar a alguien.

brumoso, -a.
    I. 1. adj. *CR.* Relativo a Cartago, provincia de Costa Rica.

bruno.
    I. 1. *Ho.* **machín**, mono.

bruñida.
    I. 1. f. *Ho.* Regaño de una persona a otra.
    II. 1. f. *Ho.* Perjuicio o daño que se causa a una persona, empresa o institución.

bruñidera.
    I. 1. f. *Ho, Ni.* Molestia o fastidio reiterado de una persona a alguien. rur.

bruñido, -a.
    I. 1. adj. *Ho, Ni. Referido a persona*, que está en situación delicada de salud o económica.

bruñir(se).
    I. 1. tr. *Ho, ES.* Molestar, fastidiar *alguien* a *una persona*.
      2. *Ho.* Perjudicar o dañar *una persona* a *alguien*.
      3. *Ho.* Matar *una persona* a *alguien*.
    II. 1. intr. prnl. *Ho.* Fastidiarse *una persona* por excesivo trabajo.

brusca.
    I. 1. f. *Ve.* **ecapacle**, planta herbácea.
    II. 1. f. *ES.* Prostituta. pop + cult → espon ^ desp.
    III. 1. f. *Pa.* Brizna.
    ▶ **hacer ~**.

bruscar.
    I. 1. intr. *PR.* Escabullirse *alguien*.
      2. *PR.* Faltar *alguien* a clase voluntariamente. est.

brusela.
    I. 1. f. *Ch.* Col de Bruselas.

brusquero.
    I. 1. m. *Ec.* p.u. Matorral. rur.

brusulaca.
    I. 1. f. *Pa.* Broza.
      2. *Pa.* metáf. Gentuza. pop + cult → espon ^ desp.

bruta.
- **I. 1.** f. *Ho.* Desgracia, calamidad. pop + cult → espon.
  - **2.** *Ho.* Muerte de alguien. pop + cult → espon.
  - **3.** *Ho.* obsol. Guerra.
- **II. 1.** f. *Ho, ES.* Pistola o revólver. delinc.
- **III. 1.** f. *Ho.* Cerveza. pop + cult → espon.
- **IV. 1.** f. *Ho.* Pene. vulg; pop + cult → espon.
- □
  - **a.** ‖ **a la ~.** loc. adv. *Ho, Pe, Bo, Ch.* Sin contemplaciones, sin formalidad ni cuidado. pop + cult → espon ^ fest. (**a lo bruta**). ♦ **a la brutanteque.**
  - **b.** ‖ **a lo ~.** *Ch.* **a la bruta.**
  - **c.** ‖ **¡es la ~!** loc. interj. *Gu, Ho.* Expresa la dificultad de una situación. pop + cult → espon.
- ▶ **estar ~; organizarse la ~.**

brutada.
- **I. 1.** f. *Ho, Ni, PR.* Hecho irracional o desmedido. pop + cult → espon.
  - **2.** *Ho, Ni, PR.* Dicho incoherente o falso. pop + cult → espon.
  - **3.** *Ho, Ni.* Pensamiento o dicho descabellado o sin fundamento. pop + cult → espon.
  - **4.** *Ho.* Dicho vulgar. pop + cult → espon.

¡brutal!
- **I. 1.** interj. *Ec, Bo, Ar, Ur.* Expresa entusiasmo o asentimiento. pop + cult → espon.

brutanteque.
- **I. 1.** adj. *Ch. Referido a persona,* que actúa de manera irreflexiva, sin ninguna prudencia. pop + cult → espon.
  - **2.** *Ch. Referido a cosa,* burda, hecha sin cuidado ni reflexión. pop + cult → espon.
- □
  - **a.** ‖ **a la ~.** *Ch.* **a la bruta.**

bruteque.
- **I. 1.** adj. *Ch. Referido a persona,* torpe, bruta. pop + cult → espon ^ desp.

bruto.
- □
  - **a.** ‖ **en ~.** loc. adv. *RD, PR, Ve.* Sin límite, sin medida, en exceso.

bruto, -a.
- **I. 1.** adj. *Gu, RD, Ch, Ar, Ur. Referido a cosa,* de gran tamaño o de gran calidad. pop + cult → espon.
- **II. 1.** adj. *Gu, Ho, Ni. Referido a persona,* atontada por algo.
- **III. 1.** adj. *Gu, Ho.* juv. *Referido a cosa,* excelente, bonita, buena o de gran tamaño.
  - **2.** adj/sust. *Ho, ES.* juv. *Referido a persona,* hábil, rápida y constante en hacer algo.
- **IV. 1.** adj/sust. *Ho, ES. Referido a trabajo o acción,* duro y difícil de realizar.
- **V. 1.** adj. *Ho, Ni. Referido a fenómeno atmosférico como calor, sol, sequía o lluvia,* muy intenso.
- **VI. 1.** adj. *Ho. Referido a selva,* que no ha sido alterada por el hombre.
- **VII. 1.** adj. *Ho. Referido a **frijoles** cocidos,* enteros, sin triturar o machacar.

brutón, -na.
- **I. 1.** adj. *RD. Referido a persona,* torpe, corta de entendimiento.

búa. (Sínc. de *buba*).
- **I. 1.** f. *RD.* Enfermedad.
  - **2.** *ES.* **buba,** enfermedad del grano de maíz.
  - **3.** *Ho.* **buba,** tumor. rur.

buay.
- **I. 1.** m. *Pa.* Muchacho, chico.

buba.
- **I. 1.** f. *Ve.* Llaga pequeña, eccema.
  - **2.** *Ve.* Marca dejada en la piel por la varicela.

- **II. 1.** f. *Gu, ES.* Enfermedad del grano de maíz producida por un hongo que lo vuelve abultado, fofo y ennegrecido. (**búa**).
  - **2.** *Ho.* Tumor de animales. (**búa**).
- **III. 1.** f. *Ve.* Enfermedad de la planta de cacao que se manifiesta en la hinchazón de la flor.

bubarrón.
- **I. 1.** m. *Cu, RD, PR.* bugarrón, hombre que desempeña el papel activo en las relaciones homosexuales.

bubi. (Del ingl. *boob, booby,* pecho).
- **I. 1.** f. *Mx*; pl. *PR.* Seno, pecho.

bubí.
- **I. 1.** m. *RD, PR.* Ave marina de hasta 71 cm de longitud, de color blanco, con la punta de las alas negra, pico largo azuloso en general y rojo en la base, patas rojas y cola blanca. (Sulidae; *Sula leucogaster*). ♦ **buguere; chaleco; pájaro bobo del mar.**

buble. (Del ingl. *buddle*).
- **I. 1.** m. *Bo:O. En minería,* pozo circular construido con piedra labrada y cemento, de hasta 2 m de diámetro por 1 m de profundidad conectado, por la parte superior, a un canal y con una compuerta en la pared por donde se escurre el agua, que sirve para que el estaño en forma de arena fina se deposite en la parte central e interior del pozo.

bublear. (De *buble*).
- **I. 1.** tr. *Bo:O. En minería,* lavar arena mineral para que el estaño molido se deposite en la parte central del **buble.**

bubucha.
- **I. 1.** *Ho.* **pepesca,** pez.
- **II. 1.** f. *Ho.* metáf. Periodista que realiza pequeños cobros ilegales por algo.

bubulín. (Del lenca *bubulín,* renacuajo).
- **I. 1.** m. *Ho.* Renacuajo, larva de la rana que se diferencia del animal adulto por tener cola, carecer de patas y respirar por branquias. (**bubulún; bumbulín**). ♦ **bumbulón; bumbulum; bumbulún.**

bubulún.
- **I. 1.** *Ho.* **bubulín.**

bubuya.
- □
  - **a.** ‖ **de ~.** loc. adv. *Bo. En relación con el modo de navegar una embarcación,* a favor de la corriente de un río.

búcar.
- **I. 1.** *PR.* **bucayo.**

búcaras.
- **I. 1.** f. pl. *RD.* Rocas de poca altura y erizadas de punta.

bucare.
- **I. 1.** *PR.* **bucayo.**

bucaré.
- **I. 1.** *Cu, PR.* **bucayo.**

búcare.
- **I. 1.** *Cu.* **bucayo.**

búcaro.
- **I. 1.** m. *Co.* Árbol de hasta 15 m de altura, con espesa copa redondeada, hojas alternas trifoliadas, flores de color rojo anaranjado y fruto en legumbre. (Fabacea; *Erythrina fusca, E. poeppigiana*). ♦ **cachimbo; cachingo; cámbulo; cantagallo.**
  - **2.** *Ho, ES.* Planta herbácea perenne, bulbosa, con flores de color rojo intenso o rojo anaranjado; se cultiva en jardines y tiene propiedades medicinales. (Amaryllidaceae; *Hippeastrum paniceum*).
- **II. 1.** m. *RD.* **alcaraván,** ave zancuda.

bucayo.
- **I. 1.** *PR.* **oropel.** ♦ **búcar; bucare; bucaré; búcare.**

buceada.
 I. 1. f. *Ch.* Buceo, natación bajo la superficie del agua.

bucear.
 I. 1. intr. *CR, Cu.* metáf. Hurgar *alguien* en los depósitos de desechos.
 2. *Cu.* metáf. Practicar una persona el cunnilingus. vulg; pop + cult → espon.
 3. *PR.* Extraer u obtener *alguien algo* con astucia apelando a la maña o lástima de una persona.

buceta.
 I. 1. *Ch, Ar:NO.* **buchaca**, boca grande.

bucha. (Del ingl. *butch,* macho, rufián.)
 I. 1. f. *PR.* Lesbiana. vulg; pop + cult → espon ^ desp. (**buchacha**).

buchaca.
 I. 1. f. *Mx, Gu, Ho, ES, Ni, Cu, Co, Ve, Pe, Bo, Ch.* Bolsa de la tronera de la mesa del billar.
 2. *Mx, Gu, Ho, ES, Ni.* metáf. Boca de una persona, *generalmente cuando es grande.* pop + cult → espon.
 ♦ **buceta**.
 3. *Cu, Ve.* Tronera de la mesa de billar.
 4. *Gu, Ho, ES, Ni.* metáf. Cárcel. carc.
 II. 1. f. *Ni, CR,* Cantidad de dinero ahorrado que, por lo general, se guarda en una alcancía.

buchácara.
 I. 1. f. *Co.* Juego de billar que consiste en meter todas las bolas en la tronera o **buchaca**.

buchacha.
 I. 1. *PR.* **bucha**.

buchacudo, -a.
 I. 1. adj. *ES. Referido a persona*, de boca grande.

buchada.
 I. 1. f. *Ho, ES.* Trago de bebida alcohólica. rur.
 2. *Ho, ES.* Cantidad de líquido, tabaco o humo que cabe en la boca.
 ▶ **hacer ~s.**

bucharro.
 I. 1. m. *Ve:O.* Traje viejo, gastado por el uso. pop + cult → espon.
 2. *Ve:O.* Traje mal hecho. pop + cult → espon.

buchazo.
 I. 1. m. *ES.* Grito fuerte. rur.
 2. *ES.* Trago grande tomado de una sola vez. rur.

buche.
 I. 1. m. *Mx, Ho, Ni, Pe.* Pecho, *especialmente el de una mujer.* pop.
 2. *Ho, Ni, CR.* Canal entre los dos senos de la mujer, que esta suele utilizar para guardar el dinero.
 II. 1. m. *Mx, Gu, ES.* Bocio, papada o garganchón. pop.
 III. 1. m. *Ar. En los vehículos,* lugar destinado para maletas o equipajes.
 2. *Ar. En un camión,* parte de la carrocería que se prolonga por encima de la cabina y sirve para llevar carga u otros enseres.
 IV. 1. adj. *Ve:O.* Mentiroso, embustero. pop.
 2. sust/adj. *Ch.* Persona que alardea y presume de lo que no tiene o no es. pop + cult → espon.
 3. m-f. *Cu.* Persona antipática, pedante.
 V. 1. m. *Ve.* Cactus de hasta 30 cm de altura, recubierto de espinas, de pequeñas flores rosadas; tiene aplicación en la medicina tradicional. (Cactaceae; *Melocactus caesius*).
 2. *Ve.* Fruto del buche, de color rojo; es comestible.
 VI. 1. m. *Ar:NO.* Informante de la policía. delinc.
 VII. 1. m. *Cu, Ec.* Sombrero de copa alta.
 VIII. 1. m. *RD.* Borracho empedernido.
 2. *Pa.* Persona a quien le gustan las bebidas alcohólicas.
 3. m-f. *Pa.* Persona aficionada a emborracharse.

 IX. 1. m. *Ho, Ni.* Alimentación, comida de una persona.
 X. 1. m. *Cu.* Pequeña cantidad de algo. pop + cult → espon.
 XI. 1. m. *RD.* Mejillas abultadas.
 ■
 a. ‖ ~ amargo. m. *Cu.* Situación o asunto adverso o desagradable.
 b. ‖ ~ de pavo. m. *PR.* Planta enredadera de hojas perennes, flores de color castaño rojizo con estrías púrpura, fruto en forma de cápsula y semillas planas; tiene propiedades medicinales. (Aristolochiaceae; *Aristolochia parviflora*).
 c. ‖ ~ de puerco.
 i. m. *PR.* Café colado de sabor deficiente. rur.
 ii. *PR.* Planta silvestre que despide un olor fétido. rur.
 iii. *PR.* Café amontonado que despide mal olor al fermentar. rur.
 ▶ **coger un ~; echarse al ~; hacer ~s; llenar el ~ de piedritas; sacar del ~.**

buchero, -a.
 I. 1. m. y f. *ES.* Matón reconocido.

buchi.
 I. 1. m. *Pe.* Barriga, estómago. rur.

buchí.
 I. 1. m-f. *Pa.* Campesino. pop + cult → espon ^ desp.
 ♦ **manuto**.
 2. *Pa.* Persona ignorante, falta de conocimiento. pop + cult → espon ^ desp.

buchinche.
 I. 1. m. *Cu.* Local comercial muy pequeño y de poca importancia. pop + cult → espon.

buchipluma.
 I. 1. adj/sust. *Cu, RD, PR, Co, Ve; Ec,* p.u. *Referido a persona,* que promete y no cumple. pop + cult → espon ^ desp.
 2. *Co, Ve; Ec,* p.u. *Referido a persona,* que presume de algo que no posee. pop + cult → espon ^ desp.
 3. m. *Ve.* Dicho o hecho sin valor o sin sustancia pero que aparenta mucho. pop + cult → espon.
 4. adj/sust. *Cu, PR. Referido a persona,* que aparenta ser lo que no es. pop + cult → espon ^ desp.
 5. *Cu. Referido a persona,* insignificante. pop + cult → espon ^ desp.

buchisangre.
 I. 1. m. *Pa. En las peleas de gallos,* herida que le hace un gallo a otro junto al buche, en la base del pescuezo.

buchisapa.
 I. 1. adj/sust. *Pe. Referido a persona,* que tiene barriga grande. rur.

buchitear. (Der. de *buchiteo*).
 I. 1. intr. *Pa.* Decir *alguien* mentiras. pop + cult → espon.

buchiteo. (Del ingl. *bull shit*).
 I. 1. m. *Cu.* Falta de respeto.
 2. *Pa.* Montón de mentiras. vulg.

buchitero, -a.
 I. 1. adj/sust. *Pa.* Mentiroso. pop.

buchito.
 I. 1. m. *Cu, RD; PR.* rur. Taza de café de pequeño tamaño.
 ■
 a. ‖ ~ de café prieto. m. *PR.* Taza pequeña de café muy cargado que suele tomarse poco después de levantarse, como primer alimento que se ingiere.

buchón.
 I. 1. m. *Co.* Hierba acuática de hojas esponjosas que le permiten flotar, con tallos horizontales, raíces filiformes y pequeñas flores de color blanco. (Hidrocaritaceae; *Hydromystria laevigata*).

2. *Co.* Hierba acuática que tiene vástagos rastreros que nacen de la base del tallo, hojas en roseta y flores de color blanco, violeta o lila agrupadas en espigas. (Pontederiaceae; *Eichhornia crassipes, E. azurea*).
II. 1. *Ho, CR.* **pelícano café.**
III. 1. *PR.* **cotorro,** pez marino.

buchón, -na.
I. 1. adj/sust. *Mx, Gu, ES, Ni. Referido a persona,* que tiene bocio.
2. *Ni. Referido a persona,* que tiene la papada pronunciada.
II. 1. m. y f. *Mx.* Persona que se dedica a la venta de droga. drog.
III. 1. adj/sust. *Ch, Ar. Referido a persona,* soplona, confidente. carc.
IV. 1. adj. *Ve. Referido a persona,* que ha obtenido una cantidad grande de dinero. pop + cult → espon.
2. *Ve. Referido a persona,* que tiene una buena posición económica. pop + cult → espon.
V. 1. adj. *Cu, RD, PR. Referido a un niño,* pequeño, de corta edad. pop + cult → espon.
VI. 1. adj. *Ve.* Barrigón.
VII. 1. adj. *Cu. Referido a persona,* bonachona. pop + cult → espon.
VIII. 1. adj/sust. *ES. Referido a persona,* tonta o alelada. pop + cult → espon ^ desp.
IX. 1. m. y f. *ES.* Funcionario público enriquecido ilegalmente. pop + cult → espon ^ desp.
X. 1. adj. *CR. Referido a persona,* que acostumbra apropiarse en todo o en gran parte de un género de cosas. pop + cult → espon ^ desp.
► **estar ~.**

buchona.
I. 1. *Ni.* **buchúa,** mujer, de senos grandes.
II. 1. f. *PR.* **cotorro,** pez marino.

buchonada.
I. 1. f. *CR.* Apropiación de alguien, en todo o en gran parte, de un género de cosas. pop + cult → espon ^ desp.

buchonear.
I. 1. tr. *Ar.* Contar lo que alguien ha hecho a quien pueda reprenderlo o castigarlo. pop + cult → espon.
2. tr. *Ar.* Decir *una persona* algo que perjudica a alguien. pop + cult → espon.

buchú.
I. 1. *PR.* **cotorro,** pez marino.

buchú, -chúa.
I. 1. adj. *RD. Referido a persona,* muy adinerada, rica. pop + cult → espon.

buchúa.
I. 1. adj/sust. *RD. Referido a mujer,* de senos grandes. pop + cult → espon. (**buchona**).
2. *RD.* Mujer regordeta.

buchudo, -a.
I. 1. adj/sust. *Mx, Gu, ES, Ni. Referido a persona,* que tiene bocio.
2. sust/adj. *Ar:NO.* Persona que tiene el vientre abultado. pop + cult → espon.
II. 1. *Ar:NO.* Persona que se halla en muy buena posición económica. pop + cult → espon.
III. 1. adj. *ES. Referido a ropa de vestir,* que queda excesivamente amplia.

bucilar.
I. 1. intr. impers. *Pe.* Relampaguear. rur.

buclé. (Del fr. *bouclé,* con forma de bucle).
I. 1. m. *Ar, Ur.* Hilo con pequeñas ondulaciones o nudos. (**bouclé**).

bucleador.
I. 1. m. *Bo.* Instrumento, especie de tenaza pequeña, que sirve para rizar el pelo.

bucloso, -a.
I. 1. adj. *Ho. Referido a persona,* que por dinero, rango social o forma de vestir se cree superior a los demás. pop + cult → espon.

buco. (Del fr. *beaucoup*).
I. 1. m. *Ve:O.* Canal de regadío, acequia.
II. 1. adv. *Pa.* Mucho, en abundancia. pop + cult → espon.

bucso, -a.
I. 1. adj. *ES. Referido a persona,* atenta, lista, audaz.

bucul. (Del maya quiché *boh,* olla, y *cul,* cuello).
I. 1. m. *Gu, ES.* Calabaza de gran tamaño ahuecada con boca grande que sirve para usos domésticos.

bucute.
I. 1. m. *Gu.* **cañandonga,** arbusto.

budare.
I. 1. m. *Co:N,E, Ve.* Plancha circular de barro cocido o de hierro utilizada para asar o tostar alimentos, como la **arepa.** ♦ **aripo.**

buddy. (Voz inglesa).
I. 1. m. *EU, PR.* Amigo íntimo, compañero inseparable.

budget. (Voz inglesa).
I. 1. m. *EU, PR.* Presupuesto.

budín.
I. 1. m-f. *Ar.* Persona muy atractiva físicamente.
II. 1. m. *Pe.* Evento, diversión u obra literaria de mala calidad, que no suscita ningún interés ni entusiasmo. pop ^ desp.
III. 1. m. *PR.* Enredo, lío. pop + cult → espon.
■
a. ‖ **~ azteca.** m. *Mx.* Plato compuesto de varias capas alternas de **mole,** o salsa verde o roja, **tortillas** de maíz, pollo cocido deshebrado, queso y crema, coronado todo ello con salsa, crema y queso.
□
a. ‖ **~ de esquina.** loc. adj. *PR. Referido a algo,* deseable.

budú.
I. 1. m. *PR.* Magia negra, brujería.

buduska.
I. 1. f. *PR.* Mujer gorda. vulg; pop + cult → espon.

buebijá.
I. 1. adj. *RD. Referido a persona,* fuerte, de buena contextura o de mucha capacidad.

buempán.
I. 1. *RD.* **buen pan.**

buen.
□
a. ‖ **un ~.** loc. adv. *Mx, Ni.* Mucho.

buena.
I. 1. f. *Mx. En deportes o juegos,* partido en el que se compite para desempatar.
II. 1. f. *Ch.* Simpatía que siente una persona por otra.
□
a. ‖ **a la ~.** loc. adv. *Ch.* De buen modo. pop + cult → espon.
b. ‖ **a la ~ o a la mala.** loc. adv. *Ch.* De todas maneras, quiera o no. pop + cult → espon.
c. ‖ **de a ~s.** loc. adv. *Bo.* Sin violencia o sin coacción.
d. ‖ **la ~.** *RD.* Droga. drog. ♦ **recato.**
► **andar en la ~; estar en la ~; tirársela ~.**

buenamoza.
I. 1. f. *Co.* Ictericia.

buenarse.
I. 1. intr. prnl. *Ar:NO.* Reconciliarse dos personas. pop + cult → espon.

buenavida.
I. 1. sust/adj. *Co.* Persona que vive bien y no se preocupa por nada.

¡buenaza!

I. 1. interj. *Bo.* Expresa complacencia por algo que agrada o proporciona satisfacción. pop + cult → espon ^ fest.

bueno.

I. 1. m. *Ec, Ar, Ur. En deportes o juegos*, partido en el que se compite para desempatar.

●

a. ‖ ~. fórm. *Mx.* Se usa para contestar al teléfono.

□

a. ‖ ¡qué ~! loc. interj. *PR.* Expresa complacencia malsana ante el mal ajeno. pop.

▶ ser el ~.

bueno, -a.

I. 1. adj. *Ho, ES. Referido a persona*, que está sobria.

□

a. ‖ ~ para el bla bla. loc. adj. *Ni, Ch. Referido a persona*, que habla en demasía pero no actúa. pop + cult → espon ^ fest. ◆ bueno para el blablablá.

b. ‖ ~ para el blablablá. *RD, PR.* bueno para el bla bla.

c. ‖ ~ para el cañón. *Ch.* bueno para el frasco. pop + cult → espon ^ fest.

d. ‖ ~ para el diente. loc. adj. *Ni, RD, PR, Ch. Referido a persona*, que come mucho. pop + cult → espon ^ fest.

e. ‖ ~ para el frasco. loc. adj. *Ch. Referido a persona*, aficionada a la bebida. pop + cult → espon ^ fest. ◆ bueno para el cañón.

f. ‖ ~ para la pestaña. loc. adj. *Ch. Referido a persona*, aficionada a dormir. pop + cult → espon ^ fest.

g. ‖ ~ para la talla. loc. adj. *Ch. Referido a persona*, aficionada a dormir.

buenón, -ona.

I. 1. adj. *Pa, Co, Ch. Referido a persona*, atractiva, de buena presencia.

2. *Ch. Referido a persona o cosa*, muy buena.

3. *Pa, RD. Referido a persona*, simpática.

buenudo, -a.

I. 1. sust/adj. *Ar.* Persona excesivamente buena o ingenua, en especial ante circunstancias que exigen firmeza o astucia. pop + cult → espon.

buenura.

I. 1. f. *Ho, Ni, Ch.* Calidad de bueno.

buey.

I. 1. m-f. *Mx, Gu, ES, Ni.* Persona tonta. pop + cult → espon ^ desp.

2. *PR.* Persona bruta, torpe. pop + cult → espon ^ desp.

II. 1. m. *Mx, Ni.* Amigo íntimo, compañero inseparable.

III. 1. m. *Mx.* Hombre que ha sido objeto de infidelidad de su pareja. pop + cult → espon.

IV. 1. m. *Gu.* p.u. Gran cantidad de algo, *generalmente un líquido.*

V. 1. m. *RD.* Político con facilidad para ganarse seguidores.

VI. 1. m. *ES.* Comida del mediodía. pop.

●

a. ‖ ¡álzalas, buey! fórm. *Mx.* Se usa para dirigirse a alguien que ha tropezado.

■

a. ‖ ~ caballo. m. *Bo:E.* Buey adiestrado para servir de cabalgadura. rur.

b. ‖ ~ corneta. m. *Ar, Ur.* Buey que tiene un cuerno desviado *y generalmente es díscolo o arisco.* rur.

c. ‖ ~ de agua. m. *Gu, ES.* Cantidad de agua que brota de un manantial.

□

a. ‖ ~ corneta.

   i. loc. sust. *Ar.* Persona díscola o discorde con su entorno. pop.

   ii. *Ar:NO.* Persona indiscreta o inoportuna. pop.

b. ‖ ~ de carga. loc. sust. *Cu.* Persona fuerte, capaz de cargar con grandes pesos.

c. ‖ ~ josco. loc. sust. *PR.* Cuenta poco clara. pop + cult → espon.

d. ‖ hecho un ~. loc. adj. *Cu. Referido a un hombre*, fuerte, vigoroso.

◪

a. ‖ a donde quiera que vaya el ~, tendrá que arar. fr. prov. *Ho, ES, Ni.* Indica que el que trabaja siempre tendrá que hacerlo. rur.

b. ‖ el ~ solo bien se lame. fr. prov. *Ho, Ni.* Indica que una persona puede solucionar sus problemas sin ayuda. rur.

▶ apurar los ~es; coger el ~; comerse el ~; conseguir un ~ muerto; conversar de ~es perdidos; conversar de ~es perdidos y vacas encontradas; estar de pegarle a un ~; hablar de ~es perdidos; no caber un ~; sacar un ~ de la barranca.

bueyá.

I. 1. *PR.* bueyera.

bueyada. (Epént. de *boyada*).

I. 1. f. *Ni, Cu, RD.* Manada o conjunto de bueyes. rur.

II. 1. f. *Gu.* Labranza con un cultivador tirado por bueyes en los entresurcos de un cultivo como el maíz. rur.

III. 1. f. *Ho.* Tontería, idiotez. pop + cult → espon ^ desp.

bueyera.

I. 1. f. *PR.* ◆ bueyá.

bueyero.

I. 1. m. *PR.* Cuidador de bueyes. rur.

bueyero, -a.

I. 1. m. y f. *Ho, Ni.* Persona que dirige una yunta de bueyes.

2. adj. *Bo:S. Referido a un ave*, que se posa sobre los lomos del buey. pop + cult → espon.

bueyil.

I. 1. adj. *Ni.* p.u. Relativo a los bueyes. prest; cult → esm.

bueyón.

I. 1. m. *PR.* Hombre corpulento. pop + cult → espon.

II. 1. m. pl. *PR.* Botas ordinarias propias para faenas agrícolas. rur.

bueyona.

I. 1. f. *RD.* Mujer varonil.

bufa.

I. 1. f. *Mx, Cu.* Borrachera. pop + cult → espon.

II. (Del ingl. *buffer*, amortiguador).

   1. f. *Gu.* Cojinete en el que gira un eje. rur.

   2. *Ho.* Disco de frenado en cada rueda de un vehículo que sirve para disminuir su velocidad al entrar en contacto con las zapatas.

búfalo.

I. 1. m. *Ni.* Algo o alguien de buena calidad o excelente.

búfalo, -a.

I. 1. m. y f. *Pe.* Militante de la Alianza Popular Revolucionaria Americana (APRA).

2. adj. *Pe.* Relativo a la Alianza Popular Revolucionaria Americana.

búfano, -a.

I. 1. adj. *Ve:O.* Hueco, vacío.

bufar.

I. 1. intr. *Mx.* Despedir *alguien* mal olor.

II. 1. intr. *Mx.* Apretar *alguien algo.* delinc.

III. 1. intr. *Ho, Ni.* Presumir o engreírse *alguien, en especial de lo que carece.*

IV. 1. tr. *Ni.* p.u. Retar *una persona* a *alguien.*

bufarrón.

I. 1. m. *Ar, Ur.* Pederasta. pop + cult → espon ^ desp.

bufé. (Del fr. *buffet*).
    I. 1. m. *Ho.* Aparato metálico de cocina con una pila para calentar el agua sobre el que se colocan bandejas metálicas con diferentes tipos de comida para que se mantengan calientes. **(bufet)**.

bufeado, -a.
    I. 1. *RD.* p.u. **gufeado**.

bufeador, -ra.
    I. 1. m y f. *PR.* juv. Persona alegre, a la que le gusta bromear con los demás.

bufear(se).
    I. 1. intr. *Ve:O.* Mugir una res vacuna.
    II. 1. tr. prnl. *RD, PR.* Animarse *alguien*, divertirse. ♦ **gufear**.
        2. tr. *PR.* juv. Gastar bromas *una persona* a alguien.

bufeo.
    I. 1. m. *Co, Pe, Bo.* Delfín de agua dulce, de hasta 3 m de longitud, con coloración que varía desde el rosado al marrón claro y gris azulado, hocico prominente, largo y fino, ojos pequeños y la aleta dorsal muy poco desarrollada. (Platanistidae; *Inia geoffrensis*). ♦ **delfín de río**.
        2. *Co, Pe.* Delfín de mar de hasta 2 m de longitud, de color grisáceo con la capa dorsal más oscura y el vientre blanco, cuerpo alargado y esbelto, hocico largo y aleta dorsal triangular. (Delphinidae; *Delphinus delphis*).
    II. 1. m. *RD, PR.* juv. Broma, relajo, festejo, fiesta agradable. ♦ **gufeo; quiqueo**.
        2. *PR.* juv. Alegría momentánea.

bufet. (Del fr. *buffet*).
    I. 1. m. *Ar.* Local comercial para tomar bebidas y comidas ligeras, instalado en sitios públicos tales como estaciones de ferrocarril o de autobuses.
        2. *Ar.* Bar pequeño situado en centros de enseñanza o de la administración pública.
    II. 1. m. *Pa, Bo, Ar, Ur.* Estudio o despacho de un abogado.
    III. 1. m. *Ho.* **bufé**, aparato metálico.

bufete.
    I. 1. m. *Ve.* Sitio provisto de mesas donde, en reuniones o fiestas, se ofrecen diversos tipos de comidas y bebidas.
    II. 1. m. *Ni.* Aparador, mueble que sirve para guardar los utensilios de cocina.

bufetera.
    I. 1. f. *Ho, Cu.* **buffet**, mueble para conservar caliente la comida.

bufetero, -a.
    I. 1. m. y f. *Cu.* Persona encargada de vender comestibles y bebidas en un tren o en una cantina.

buffet. (Voz francesa).
    I. 1. m. *Mx, Ni.* Mueble de comedor que sirve para guardar cubiertos, vajilla y mantelería.
    II. 1. m. *Ho, Ni.* Mueble con varias bandejas de aluminio en que se conserva caliente la comida. ♦ **bufetera**.

bufo.
    I. 1. m. *Ar, Ur.* Pederasta. pop + cult → espon ^ desp.
    II. 1. m. *Ar.* Pistola o revólver. pop + cult → espon.
    III. 1. m. *Pe.* Guiso hecho con entrañas de vacuno o de carnero cocidas en vino y otros condimentos.

bufo, -a.
    I. 1. adj/sust. *Cu. Referido a persona,* borracha. fest.

bufón.
    I. 1. m. *ES.* Aparato receptor de radio. carc.

bufón, -na.
    I. 1. adj/sust. *Ho, Ni. Referido a persona,* fanfarrona.

bufonada.
    I, 1. f. *Ho, Ni.* Bravuconada o fanfarronada.

bufonazo.
    I. 1. m. *Ar.* Disparo de un arma de fuego, *especialmente de una pistola o un revólver.* pop + cult → espon.

bufoso, -a.
    I. 1. m. y f. *Ch, Ar, Ur.* Arma de fuego, *especialmente un revólver.* delinc.

bug. (Voz inglesa).
    I. 1. m. *EU, Ni. En informática,* agujero o brecha con falta de seguridad de un programa de computación.

buga.
    I. 1. *Cu, RD.* **bugarrón**.

bugambilia.
    I. 1. *Mx, Ho, Ni.* **buganvilia**.

buganvil.
    I. 1. *Co.* **trinitaria**.
    II. 1. *Cu.* **bugarrón**, hombre que mantiene relaciones homosexuales.

buganvila.
    I. 1. *Pe.* **trinitaria**.

buganvilia.
    I, 1. f. *Mx, Gu, Ho.* Arbusto leñoso, trepador, de hasta 10 m de altura, con espinas, hojas alternas, aovadas, flores pequeñas de colores diversos en grandes grupos y fruto capsular; se utiliza en la medicina tradicional. (Nyctaginaceae; *Bougainvillea glabra*). **(bugambilia)**. ♦ **napoleón; veranera**.

bugarrón.
    I. 1. m. *Cu, RD, PR.* Hombre que desempeña el papel masculino en las relaciones homosexuales. vulg; pop + cult → espon. **(bubarrón)**. ♦ **buga; buganvil**.

bugato.
    I. 1. m. *RD.* Pederasta. vulg; pop + cult → espon ^ desp.

buggy. (Voz inglesa).
    I. 1. m. *EU, PR; Ho,* p.u. Vehículo ligero sin capota, de dos o cuatro ruedas, *usado generalmente para andar por la playa, el campo o circuitos cerrados.*

buguere.
    I. 1. m *PR.* **bubí**.

bugueta.
    I. 1. f. *PR.* Veneno muy activo contra lapas y caracoles. rur.

bugui.
    I. 1. m. *Ve.* Vehículo transformado en su carrocería para parecer más moderno y pintado de colores vivos.
        2. *Ur.* Juguete en el que los niños pequeños se desplazan sentados, sujetos a un volante o manillar y apoyando sus pies en el piso. pop + cult → espon.

buhar.
    I. 1. tr. *RD.* Husmear, fisgonear *alguien*.

búho.
    ■
    a. ‖ **~ grande.** m. *Ho, Ni.* **ñacurutú**.

buhonería.
    I. 1. f. *Ve.* Venta ambulante.

buido, -a.
    I. 1. adj. *Gu.* Diluido, de poca consistencia.
    II. 1. adj. *Bo:E. Referido a fruta,* que está en estado de descomposición. pop + cult → espon.

building. (Voz inglesa).
    I. 1. m. *EU, PR.* Edificio, construcción de grandes proporciones.

buito.
    I. 1. m. *RD.* Bulto.

buitra.
    I. 1. f. *Ch.* Conducto que atraviesa todos los niveles de la mina por el que se deja caer el mineral extraído.

buitre.
    I. 1. m-f. *Cu, Ve.* juv. Persona que usa o roba bienes ajenos.
        2. *RD, PR.* meton. Acaparador, aprovechado. pop + cult → espon ^ desp.
        3. *RD, PR.* metáf. Hombre listo, vivo y pícaro. pop + cult → espon ^ desp.
        4. m. *PR.* metáf. Hombre mujeriego, perseguidor de muchachas. pop + cult → espon ^ desp.
    II. 1. m-f. *Ch.* Trabajador de una funeraria.
        2. *Ch.* Persona que tiene por oficio la recogida de basuras. pop + cult → espon.
        3. m. *Ec.* juv. Policía de tránsito. pop + cult → espon ^ desp.
    III. 1. m. *Pe.* Vómito. pop + cult → espon.
    ▶ **amarrar el ~; echar el ~.**

buitreada.
    I. 1. f. *Pe, Bo, Ch.* **buitreo.**

buitreado.
    I. 1. m. *Bo.* Sustancia expulsada en el vómito. vulg; pop ^ fest.

buitrear.
    I. 1. intr. *Gu, ES, Pe, Bo, Ch.* Vomitar. vulg; pop + cult → espon.
    II. 1. intr. *Ve, Ec.* juv. Trabar conversación un hombre con una mujer con la intención de llegar a mantener con ella una relación sexual pasajera.
    III. 1. tr. *Ve.* juv. Tomar *alguien* lo ajeno para sí.
    IV. 1. intr. *Ch.* p.u. Cazar buitres.

buitreo.
    I. 1. m. *Pe, Ch.* Vómito. vulg; pop + cult → espon.
    ♦ **buitreada.**

buitrón.
    I. 1. m. *Co.* Conducto por donde sale el humo al exterior de una chimenea, horno o estufa.

bujaja.
    I. 1. f. *Ho.* **paspaque.**

bujar. (De *bufar*).
    I. 1. intr. *Ni.* Resoplar *alguien*.
        2. tr. *Ni.* meton. Desafiar o provocar *una persona* a *alguien*.
    II. 1. intr. *ES.* Hacer ruido una tempestad o un volcán.

bujarda.
    I. 1. f. *PR.* Escoba.

bujazo.
    I. 1. m. *Ni.* Golpe fuerte. pop.

buje.
    I. 1. f. *Ar; PR.* obsol. Piña o cubo de la rueda de una carreta de bueyes. rur.

bujear.
    I. 1. *Pa.* **salomar.**

bujeo.
    I. 1. m. *Pa.* Gritería que se produce al **salomar** varias personas. rur.
        2. *Pa.* Zureo de la paloma.

bujía.
    I. 1. f. *Mx:NO, ES, Bo.* p.u. Bombilla eléctrica.
        2. *Ho.* Bombilla de linterna o foco del faro de un vehículo.
    II. 1. *ES.* Ojo de persona o animal.
    ▶ **estar guindado como la ~.**

bujida.
    I. 1. f. *ES.* **bujido.**

bujido.
    I. 1. m. *ES, Ni.* Sonido producido por una tormenta o por un volcán en erupción. (**bujida**).

bujillazo.
    I. 1. m. *Ni.* Golpe fuerte.
        2. *Ni.* metáf. Trago de aguardiente.
    ▶ **ir con sus buenos ~s.**

bujío.
    I. 1. *Ho.* **atajacaminos.**

bujo.
    I. 1. m. *Pa.* Cabello despeinado.
    II. 1. m. *Pa.* Bebida alcohólica hecha con agua de **panela** y jugo de la caña.

bujón, -na.
    I. 1. adj. *Ni. Referido a persona*, provocadora y peleona. pop + cult → espon.

bujul.
    I. 1. m. *Gu.* Cantidad de tierra en forma de volcán alrededor del hoyo de una **postura** de maíz. rur.

bujulear.
    I. 1. tr. *Gu.* Hacer **bujules** en las **posturas** de una milpa. rur.

bujurqui.
    I. 1. m. *Pe.* Pez de agua dulce de hasta 30 cm de longitud, comprimido lateralmente, de cuerpo alto con escamas duras y aspecto robusto, coloración variable entre el amarillo, el ocre y el marrón; su carne es comestible y de sabor agradable. (Cichlidae; *Hypselocara* spp.).

bujuyazo.
    I. 1. m. *ES.* Abundancia o gran cantidad de algo, *en especial de dinero*.

bul. (Del ingl. *bowl*, escudilla, tazón).
    I. 1. m. *Mx, Cu.* Bebida refrescante que se prepara con cerveza, gaseosa o agua, limón y azúcar.
        2. *PR.* Bebida compuesta por coctel de frutas o jugo con licor, gaseosa y hielo.
    II. 1. m. *Ho:E.* Abundancia de algo. rur.

bulanyé.
    ☐
    a. ‖ **a la ~.** loc. adv. *RD.* Al azar, improvisadamente.

bulbear.
    I. 1. intr. *Cu.* Comenzar a desarrollarse el bulbo en las plantas.

bulbeo.
    I. 1. m. *Cu.* Crecimiento del bulbo en las plantas bulbosas.

bulbo.
    I. 1. m. *Cu.* Ampolla, recipiente de vidrio que contiene líquido inyectable.

bulchitear. (De *bulchited*).
    I. 1. tr. *EU, Pa.* Mentir, vacilar o embromar *una persona* a *alguien*. pop + cult → espon.

bulchiteo. (Del ingl. *bull shit*).
    I. 1. m. *EU, Pa.* Gran cantidad de mentiras. pop + cult → espon.

bulchitero, -a. (Del ingl. *bull shit*).
    I. 1. adj/sust. *EU, Pa. Referido a persona*, mentirosa. pop + cult → espon.

buldózer.
    I. 1. m. *Cu.* Tractor oruga.

bule.
    I. 1. m. *Mx.* Planta herbácea trepadora anual, de hasta 9 m de altura, con hojas pecioladas alternas y flores blancas, que produce un fruto de piel verde e interior blanco y carnoso con numerosas semi-

llas; el fruto es comestible y también se cultiva para ser utilizado como recipiente. (Cucurbitaceae; *Lagenaria leucantha*).

2. *Mx.* Vasija hecha del fruto seco del bule.

II. 1. m. *Cu.* Asunto, negocio.

III. (Apóc. de *bulevar*).

1. m. *Ho.* juv. Bulevar.

▶ **andar en un ~.**

buleco.

I. 1. adj. *Ni. Referido a gallo*, que no tiene cola.

buleo.

I. 1. m. *PR.* Mantenimiento del compás básico durante la interpretación de la **bomba**.

bulera. (Del ingl. *ponch bowl*).

I. 1. f. *PR.* Vasija ancha, *generalmente de cristal*, en la que se prepara el **bul**.

búlgaro.

I. 1. m. *Mx.* Bacteria originaria de Bulgaria, de hasta 5 mm de longitud, de consistencia elástica y de color blanquecino; se utiliza para fermentar la leche y elaborar yogur. (Lactobacillaceae; *Lactobacillus bulgaricus*).

búlico.

I. 1. m. *PR.* Gallinácea que no es de raza pura.

búlico, -a.

I. 1. adj/sust. *Mx, Ho, Ni. Referido a un ave gallinácea, en especial el gallo de pelea*, que tiene el plumaje de color amarillo o rojizo con pintas blancas.

2. adj. *Ve:O. Referido al gallo o a la gallina*, grandes y gordos, de diversos colores, pesados para caminar y cobardes para pelear.

3. *Ho. Referido a un ave de corral*, **bololo**.

4. adj/sust. *Ho.* **adoquinado**.

5. adj. *PR. Referido a aves*, de color gris o cenizo.

6. *CR:NO. Referido a un ave*, **cuijen**.

II. 1. adj. *Ni. Referido a persona*, cansada, deprimida.

III. 1. adj/sust. *PR. Referido a persona o animal*, cobarde.

bulín.

I. 1. m. *Bo, Py, Ar, Ur,* obsol. Apartamento que se reserva para citas amorosas. pop + cult → espon. (**bulo**). ♦ **amueblado**.

2. *Pe, Bo.* Burdel, casa de prostitución. pop + cult → espon ^ fest.

3. m. *Bo, Ar, Ur.* Apartamento modesto, *por lo común de gente joven que se inicia en la vida independiente.* pop + cult → espon. (**bulo**).

bulinche.

I. 1. m. *ES.* Palillo con una bolita de goma o **hule** para tocar la marimba.

bull.

◼

a. ‖ **~ pen.** (Voz inglesa). m. *EU, Gu, Ho, Ni, Cu.* **bullpen**. (**bulpén**).

bulla.

I. 1. f. *Gu, Ho, ES, Ni.* Rumor sobre algo.

II. 1. f. *Ve. En la minería,* yacimiento de oro o de diamantes.

III. 1. m-f. *Ur.* Persona que quiere aparentar más de lo que es. pop + cult → espon.

☐

a. ‖ **a la ~ de los cocos.**
  i. loc. adv. *Pa, Co.* Sin reflexión, de manera atolondrada. pop + cult → espon.
  ii. *Pa.* Sin motivo o causa, fuera de orden.

b. ‖ **a pura ~.** loc. adv. *Ni.* Disimuladamente y con gran alboroto. pop + cult → espon.

◪

a. ‖ **unos a la ~ y otros a la cabuya.** fr. prov. *Mx, Ho, Ni.* Indica que mientras alguien trabaja en algo, otros se aprovechan del trabajo ajeno. pop + cult → espon.

▶ **hacer ~; regar la ~; ser más la ~ que la cabuya; ser pura ~; ser solo la ~; venderse con ~.**

bullabulla.

I. 1. sust/adj. *Pa.* Persona que se las da de valiente sin serlo.

bullado, -a.

I. 1. adj. *Pe, Bo, Ch. Referido a persona, cosa o acontecimiento,* que da que hablar, provoca escándalo o adquiere excesiva notoriedad.

bullal. (De *bulla*).

I. 1. m. *Ho, ES.* **bullaranga**. rur.

bullanga.

I. 1. *Gu.* **bullaranga**.

2. *RD.* Fiesta informal, juerga. pop + cult → espon.

bullanguería.

I. 1. *Ni, Cu, RD, Bo.* **bullaranga**.

bullanguerío.

I. 1. m. *Ho, Ni, Cu.* **bullaranga**.

bullanguero, -a.

I. 1. sust/adj. *Ch.* Integrante de la **barra brava** del club chileno Universidad de Chile.

bullante.

I. 1. adj. *Ch. Referido a cosa o a un lugar,* que tiene agitación o movimiento. pop + cult → espon.

bullar. (De *bulla*).

I. 1. intr. *Ch.* Dar alguien o algo que hablar o adquirir una noticia notoriedad o relevancia.

II. 1. tr. *Ho, Ni.* Hacer *alguien* escándalo, bulla o desorden.

III. 1. tr. *Ho.* Hacer *alguien* mal un trabajo. rur.

bullaranga.

I. 1. f. *Mx, Ho, ES, Ni, CR, Pa, CO:N, Ve.* Bulla, desorden o escándalo. ♦ **bulla**; **bullanga**; **bullanguería**; **bullanguerío**; **bullarca**; **bullón**.

bullaranguero, -a.

I. 1. adj. *Ve. Referido a persona*, que hace mucho ruido. pop + cult → espon.

bullarca.

I. 1. f. *Pa.* **bullaranga**. pop + cult → espon.

bullarengue.

I. 1. m. *Cu, Co.* Ritmo popular, variante de la cumbia, de agitados ademanes, en el que las mujeres llevan el compás con la palma de las manos. (**bullerengue**).

2. *Pa.* Baile regional del Darién, similar al **tamborito**, pero de movimientos más rápidos y sensuales. (**bullerengue**).

II. 1. m. *Cu.* Cosa fingida.

bullerengue.

I. 1. m. *Cu, Co.* **bullarengue**, ritmo popular.

2. *Pa.* **bullarengue**, baile regional.

bullero, -a.

I. 1. adj/sust. *Pa, Cu, Ve, Pe.* **alborotoso**, alborotador. pop + cult → espon.

2. adj. *Ve:O. Referido a persona*, que habla mucho.

II. 1. *Ve:O. Referido a persona*, que se alaba exageradamente.

2. m. y f. *Ur.* Persona que quiere aparentar más de lo que es.

bulletin.

◼

a. ‖ **~ board.** (Voz inglesa). m. *EU, PR.* Tablón de edictos y de anuncios.

bulliciero, -a.

I. 1. adj. *RD. Referido a persona,* bulliciosa, alborotadora.

bulliciosa.

I. 1. f. *ES.* Radio y grabadora.

bullida.

I. 1. f. *Gu.* Excremento. vulg; pop + cult → espon.

bullidor.
 I. 1. m. *PR.* Lugar donde hierve el agua.

bullón.
 I. 1. m. *Ar.* Comida, alimento. pop + cult → espon.
  2. *Ar.* **bullonera.**
 II. 1. m. *Cu, PR.* Pez marino, de forma oblonga, escamoso, con aletas radiadas y colores brillantes. (Scaridae; *Scarpus lineolatus*). (**buyón**).
 III. 1. m. *RD.* Sopa de pescado.
 IV. 1. m. *Ho.* **bullaranga.**

bullonar.
 I. 1. *Ar.* p.u. **bullonear.**

bullonear.
 I. 1. intr. *Ar.* p.u. Ingerir *alguien* alimentos. pop + cult → espon. (**bullonar**).
  2. tr. *Ar.* p.u. Ingerir *alguien* una determinada comida. pop + cult → espon. (**bullonar**).

bullonera.
 I. 1. f. *Ar.* p.u. Estómago de una persona. pop + cult → espon. ♦ **bullón.**

bulloso, -a.
 I. 1. sust/adj. *Cu, RD, Co.* Persona que ocasiona ruido y desorden.
  2. adj. *Cu.* Referido a persona, alegre, contenta.

bullpen. (Del ingl. *bull pen*, área de calentamiento).
 I. 1. m. *EU, Ho, Ni, Pa, Cu, PR, Ve.* En el *beisbol*, lugar donde los **píchers** practican los lanzamientos. (*bull pen*).

bullucón.
 ■
  a. ‖ ~ **de gente.** m. *RD.* Grupo numeroso de personas.

bulo.
 I. 1. *Ar.* **bulín**, apartamento para citas.
  2. *Ar.* Apartamento o habitación aislada de una casa, donde se busca privacidad.
  3. *Ar.* **bulín**, apartamento modesto.

bulón. (Del fr. *boulon*).
 I. 1. m. *Ho, Ni, Ar, Ur.* Tornillo grande de cabeza redondeada.
 ▶ **comer bulones**; **cortando bulones.**

bulonera.
 I. 1. f. *Ar.* Fábrica de **bulones.**
  2. *Ar.* Establecimiento comercial especializado en la venta de **bulones.** ♦ **bulonería.**

bulonería.
 I. 1. *Ar, Ur.* **bulonera**, establecimiento.
  2. *Ar.* Conjunto de **bulones** que lleva un aparato mecánico.

bulpén.
 I. 1. m. *Ni.* **bull pen.**

bultaje.
 I. 1. m. *Pe.* En un puerto, conjunto de bultos que van a ser transportados.

bulteador.
 I. 1. m. *Co.* p.u. **cotero.**

bultera.
 I. 1. f. *Cu.* Conjunto de bultos. pop + cult → espon.

bultero.
 I. 1. m. *Ho.* Obrero que carga y descarga mercancías.

bultero, -a.
 I. 1. adj. *RD.* Referido a persona, que hace mucho bulto.
  2. *RD.* Referido a persona, cuentista.
  3. *RD.* Referido a persona, que exagera mucho.
 II. 1. sust/adj. *Ho.* Persona, *generalmente niño*, que a cambio de dinero lleva las bolsas o bultos en un mercado.

bultic. (De *bulto* y *boutique*).
 I. 1. f. *Ho.* Tienda en que se vende ropa de vestir de segunda mano. (**bultik**).

bultik.
 I. 1. *Ho.* **bultic.**

bulto.
 I. 1. m. *Mx.* Unidad de medida *que generalmente equivale a un hectolitro de semillas.* rur.
  2. *Ho.* Unidad de peso del tabaco de 45 kilogramos.
 II. 1. m. *Ni, RD, PR, Ve, Bo; CR,* p.u. Objeto rectangular, *generalmente de cuero*, empleado por los niños para llevar los útiles escolares.
  2. *PR.* Maletín, **portafolio.**
 III. 1. m. *Gu, Ho, Ni.* Montón de algo, *generalmente de tierra o ropa.* rur.
  2. *Ho.* Fardo de ropa usada.
 IV. 1. m. *Ho, Ni.* Fajo de billetes.
 V. 1. m. *RD.* Cuento, mentira, alarde.
 VI. 1. m. *ES.* Mujer fácil sexualmente. pop ∧ desp.
 VII. 1. *Ho.* **amarradijo**, atado sin esmero.
 VIII. 1. m. *Ho.* Imagen pequeña de santo, réplica de la de una iglesia, que se utiliza durante el año para pedir limosna de pueblo en pueblo. rur.
 X. 1. m. *Ni.* Espectro de alguien que ha muerto.
 ■
  a. ‖ ~ **postal.** m. *Ve, Bo.* Paquete de no más de 5 kg que se envía por correo.
 □
  a. ‖ **cierto ~.** loc. sust. *Ec.* Persona que está presente, *generalmente un niño*, y a quien se le quiere ocultar algo.
  b. ‖ **de ~.** loc. adj. *ES.* Referido a una imagen, esculpida.
 ▶ **abrir ~; arrimar el ~; contar ~; esquivar el ~; esquivarle el ~; hablar de ~; hacer ~; irse al ~; llevar del ~; llevar el ~; mezquinar el ~; sacar el ~; sacarle al ~; sacarse el ~; zafar el ~.**

bultoso, -a.
 I. 1. adj. *Ni.* Referido a persona, de labios gruesos y salientes.

buluchada.
 I. 1. f. *Ni.* Bocanada, cantidad de líquido que se toma o se expulsa de la boca de una sola vez.

buluchazo.
 I. 1. m. *Ho:E.* Abundancia de algo. rur.

buluco, -a.
 I. 1. *Ho:N,E,O, ES:E, Ni.* **bululo**, gordo. rur.

bululo.
 I. 1. m. *Ho:N.* Pan de color oscuro hecho con harina de trigo, aceite de coco y un poco de levadura.

bululo, -a.
 I. 1. adj/sust. *Ho:S, ES, Ni.* Referido a persona, gorda y de baja estatura. rur. ♦ **buluco.**

bululú.
 I. 1. m. *Ve.* Alboroto, desorden, escándalo. pop + cult → espon.
  2. *Ve.* Aglomeración de gente, tumulto. pop + cult → espon.
  3. *Ve.* Riña, pelea. pop + cult → espon.
  4. *RD.* Cualquier moneda. pop + cult → espon.

bulyán, -na.
 I. 1. adj/sust. *RD.* Referido a persona, alta y demasiado gruesa.

bum. (Del ingl. *boom*).
 I. 1. m. *EU, PR.* Incremento súbito y desmedido de algo.

bumbulín.
 I. 1. *Ho.* **bubulín.**

bumbulón.
 I. 1. *Ho.* **bubulín.**
 II. 1. m. *Ho.* Trompo pequeño y abultado. rur.

bumbulum.
 I. 1. *Ho, Ni.* **bubulín.**

¡bumbulum! (De or. onomat.).

I. 1. interj. *Ho:O, Ni.* Imita el ruido de un derrumbe o el estruendo de la caída de algo desde gran altura. rur.

bumbulún.

I. 1. *Ho, Ni.* **bubulín.**

bumbuna.

I. 1. *Ar:NO.* **yerutí.**

búmper. (Del ing. *bumper*).

I. 1. m. *Ho, CR.* **bumper,** parachoques.

II. 1. m. *PR. En televisión,* rótulo que precede a un programa.

bumper. (Voz inglesa).

I. 1. m. *EU, Ni, RD, PR.* Parachoques o defensa de un vehículo de motor. (**búmper**).

II. 1. m. *PR.* metáf. Nalgas grandes, **fondillo** voluminoso. vulg; pop + cult → espon.

▶ **ir ~ con ~.**

buncho. (Del ingl. *bunch,* manojo).

I. 1. m. *Ho, Ni, Cu, RD. En el tabaco,* conjunto de hojas apretadas a lo largo que forman la **tripa** de un puro.

bunde.

I. 1. m. *Co.* Baile folclórico que mezcla diversos ritmos populares, típico de la región andina colombiana.

2. *Pa.* Baile que se practica en el Darién, en el este de Panamá, durante la época navideña.

II. 1. m. *Ec.* Porción grande de alimento. pop + cult → espon.

bundear.

I. 1. intr. *Pa.* Bailar el **bunde.**

bunga.

I. 1. f. *Ec:C.* Mosca de gran tamaño, negruzca, *que, por lo general, vuela en campo abierto en algunas regiones de la sierra,* moscardón.

2. *ES.* **güiro,** planta y fruto.

búngalo. (Del ingl. *bungalow*).

I. 1. m. *Mx.* Casa de una sola planta, *que se encuentra generalmente en sitios campestres o de veraneo.* (**bangalo; búngalo; bungalow**).

bungalow. (Voz inglesa).

I. 1. m. *Ho.* **búngalo.**

búnker. (Del ingl. *bunker* y este del al. *Bunker*).

I. 1. m. *Ho, ES, Ni.* Oficina o despacho de acceso limitado a pocas personas.

2. *Cu.* Vivienda protegida por rejas, cercas y sistemas de seguridad.

3. *CR.* Lugar donde se venden drogas ilícitamente. drog.

II. (Del ingl. *coal bunker,* búnker negro, carbonera).

1. m. *Ho, Ni.* Variedad muy espesa y negra de combustible extraído de los últimos procesos del petróleo para las centrales térmicas y producción de cemento. (**búnquer**).

bunque. (Del ingl. *bunk*).

I. 1. m. *Ho:C,S,E, Ni.* Mortero de madera hecho de un tronco ahuecado para descascarar granos. rur.

2. *Ho:S.* Mortero de madera que sirve para almacenar la sal y evitar la humedad. rur.

búnquer.

I. 1. m. *ES, Ni,* p.u. **búnker,** combustible.

buñiga. (De *boñiga*).

I. 1. f. *ES, Ni,* Excremento humano o de animal. rur.

II. 1. f. *Ni.* Pulpa de cualquier fruta.

buñolada.

I. 1. f. *PR.* Comilona de buñuelos.

buñuelero, -a.

I. 1. m. y f. *Mx, Ar:NO; Co, Pe, Bo,* p.u; sust/adj. *Cu.* Persona que por oficio hace o vende **buñuelos.**

buñuelo.

I. 1. m. *Mx.* Especie de galleta muy delgada y crujiente, hecha con harina y agua, frita en aceite y endulzada con miel o azúcar; tiene la forma de una **tortilla** grande.

2. *Ni, Cu, Co, Ve.* Bola pequeña de masa de **yuca,** que se prepara con huevo y queso, se fríe y se endulza con miel o **melado.**

II. 1. m. *Co.* Persona obesa. pop + cult → espon ^ desp.

III. 1. adj/sust. *Co:O. Referido a persona,* falta de experiencia. pop + cult → espon ^ desp.

IV. 1. m. *Ho.* **carambola,** árbol y fruto.

■

a. ‖ **~ de apio.** m. *Ve.* Bola de puré de apio mezclado con leche y mantequilla, y frito, que se sirve endulzado con **melado** de **papelón.**

buque.

I. 1. m. *Cu.* Plato grande de comida. hiperb.

2. m. *ES. En el ejército,* cualquier alimento que no forma parte del rancho diario.

II. 1. m. *ES.* Larva del sapo.

■

a. ‖ **~ fábrica.** m. *Ch.* Embarcación que procesa industrialmente lo que pesca.

b. ‖ **~ jefe.** m. *Ch.* Embarcación en la que se encuentra el mando de una flota.

c. ‖ **~ madre.** m. *Bo, Ch.* Embarcación que controla y abastece a otras, *especialmente submarinos.*

d. ‖ **~ tanque.** m. *Ve, Bo, Ch, Ar.* Embarcación destinada para el transporte de combustibles.

▶ **tomarse el ~.**

buqué. (Del fr. *bouquet*).

I. 1. m. *Gu, Ho, Ni.* Ramillete de flores de la novia en el momento de casarse. (**buquet**).

buquear.

I. 1. intr. *Ho. En el ejército,* buscar comida.

buquenque.

I. 1. m-f. *Cu.* obsol. Alcahuete.

2. sust/adj. *Cu.* Persona que adula a otras, *generalmente por interés propio.* pop + cult → espon.

3. adj/sust. *Cu. Referido a persona,* chismosa. pop + cult → espon.

4. *Cu. Referido a persona,* insignificante, que no vale nada. pop + cult → espon.

buquero. (De *buque,* alimento).

I. 1. m. *ES.* Soldado que siempre guarda **buque.**

buquet. (Del fr. *bouquet*).

I. 1. *Ho, Bo.* **buqué.**

buquí.

I. 1. m. *RD.* Tragaldabas, persona que come mucho y nunca está satisfecha. vulg; pop + cult → espon ^ desp.

▶ **comer más que ~.**

bura.

I. 1. m. *Mx.* Ciervo de orejas muy grandes, cola de color negro y cornamenta bifurcada y ampliada hacia delante, que pierde anualmente y comienza a nacerle en enero. (Cervidae; *Odocoileus hemionus*). (**burá**).

burá.

I. 1. *Pa.* **bura.**

buraco.

I. 1. m. *Ur, Ar,* p.u. Herida de bala. pop + cult → espon.

2. *Ar.* p.u. Puntuación mínima en el sistema de calificación escolar o universitario, de 0 a 10, o en una **competencia.**

▶ **hacer un ~.**

buraga.

I. 1. f. *Cu.* Dulce de leche. rur.

burao.
> ► estar ~.

burbaque.
> I. 1. m. *RD.* Desorden, alboroto, reyerta.

burbuja.
> I. 1. f. *Mx.* Núcleo de los diputados más poderosos y carismáticos de un partido, que sirven de respaldo principal a su jefe en el parlamento.
> II. 1. f. *Ho.* Coche todoterreno o cuatro por cuatro. delinc.

burburaca.
> ► no lo salva ni la ~.

burda.
> I. 1. adj/adv. *Ve.* juv. Mucho, en gran cantidad.
> 2. f. *Cu, RD.* Gran cantidad de personas, animales o cosas aglomeradas en un lugar. ♦ **burdajada**.
>
> □
> a. ‖ ~ **de.** loc. adj. *Ve.* juv. Mucho, abundante.

burdajá.
> I. 1. f. *Cu.* **burdajada**.

burdajada.
> I. 1. *Cu, RD.* **burda**, gran cantidad. (**burdajá**).

burdelear.
> I. 1. intr. *Ni, Pe.* Frecuentar *alguien* burdeles.

burdelera.
> I. 1. f. *Ho, ES, Ni.* Prostituta. pop + cult → espon ^ desp.

burdelero, -a.
> I. 1. sust/adj. *Ho, Ni, Pe.* Hombre que frecuenta burdeles.
> 2. adj. *Ho, Ni, Pe.* Relativo al burdel.

burderil.
> I. 1. adj. *Ch.* Relativo al burdel. prest; cult → esm.

burén. (De or. ind. antillano).
> I. 1. m. *Cu, RD.* obsol. Plancha circular de hierro que se utiliza para asar, *especialmente la torta de* **casabe** *y las tortillas de cangrejo.*

bureo.
> I. 1. m. *PR; Pa,* p.u. Bullicio, diversión, fiesta. pop + cult → espon.
> 2. *PR.* Desorden, riña, revuelta. pop + cult → espon.
> II. 1. m. *Cu.* Viaje corto, *generalmente con fines de inspección.* pop + cult → espon.

bureteado.
> I. 1. m. *PR.* Pez marino de hasta 34 cm de longitud, con cuerpo y cabeza completamente escamosos, de color grisáceo con rayas más oscuras, aletas radiadas y aleta dorsal con una hendidura profunda. (Haemulidae; *Conodon nobilis*).

burgado.
> I. 1. m. *PR.* Molusco gasterópodo comestible que vive en las costas marinas. (Trochidae; *Cittarium pica*).
> 2. *Pa.* Molusco comestible de forma globular, con cuatro vueltas que terminan en un ápice puntiagudo, de color gris o blanquecino con listas negras. (Neritidae; *Nerita scabricosta*). (**burgao**).

burgao.
> I. 1. *Pa.* **burgado**, molusco globular.

burgomaestre.
> I. 1. m. *Bo.* Alcalde, presidente de un ayuntamiento. prest; cult → esm.

burguer.
> ► mandar a la ~.

burguido.
> I. 1. m. *ES.* Mugido.

buri.
> I. 1. m. *Bo:E.* Fiesta entre amigos que se celebra con música, bailes populares y comidas típicas, *y en la que toca generalmente una banda de música.*

> 2. *Bo:E.* Local público al que se acude para bailar y comer platos típicos.
> 3. *Bo:E.* Banda de música especializada en tocar composiciones musicales típicas de la región de los llanos bolivianos.

buriaco.
> I. 1. m. *PR.* Roto, agujero.

burileo.
> I. 1. m. *PR.* Desorden.
> 2. *PR.* Riña, pelea.

burillo.
> I. 1. *Ho, ES, Ni, CR:NO.* **burío**, peine de mico.

burío.
> I. 1. m. *Ho, ES, Ni, CR.* **peine de mico**. (**burillo**).
> 2. *Ho, ES, Ni, CR.* Material, *en particular el de de fibras vegetales,* empleado para hacer cuerdas.

burla.
> I. 1. f. *ES.* Aparición de un fantasma y sus voces o ruidos. rur. ♦ **burleta**.

burladero.
> I. 1. m. *Ch.* Arcén de una vía pública destinado para estacionamiento de vehículos.

burle.
> I. 1. m. *Cu.* Juego de cartas. delinc.

burleador.
> I. 1. sust/adj. *Cu.* Persona diestra en el juego de cartas. delinc.

burlesque.
> I. 1. m. *Ni, Ch.* Espectáculo teatral arrevistado de tipo frívolo.

burleta.
> I. 1. *ES.* **burla**.

burletero, -a.
> I. 1. adj. *Co. Referido a persona,* inclinada a decir o a hacer burlas.

burlisto, -a.
> I. 1. adj/sust. *Ho, ES, CR; Ve:C,O, Ch, Ar:NO,* pop. *Referido a persona,* que hace burla de alguien o de algo. pop + cult → espon.

burlitzer.
> I. 1. *Pe, Ch.* **wurlitzer**.

burnia.
> I. 1. f. *ES, Ni,* p.u. Botija enterrada con dinero. rur.

buró. (Del ingl. *bureau*).
> I. 1. m. *Mx, Ni.* Mueble pequeño con cajones que se coloca al lado de la cama.
> II. 1. m. *Ho.* Lista de empleos que aparece en un periódico.
> III. 1. m. *PR.* Negociado.
>
> ■
> a. ‖ ~ **sindical.** m. *Ve.* Agrupación de dirigentes de un sindicato que pertenecen a un partido político.

buroldo, -a.
> I. 1. adj. *PR. Referido a una persona de edad,* despistada, que ha perdido facultades.

burra.
> I. 1. f. *Mx:NO, Gu:O.* Autobús.
> 2. *Ho:N.* **burra de línea**.
> II. 1. f. *Gu, Ho, ES, Ni.* Tarea de corte de cosecha que ha quedado sin terminar. rur.
> 2. *Ho, Ni.* Porción pequeña de monte, maleza o cultivo rodeado de un claro. rur.
> 3. *Ho.* Hilera de caña de azúcar cortada en el cultivo para secarse. rur.
> III. 1. f. *Ho, Ni.* **Tortilla** grande y doblada de harina de trigo o maíz, en cuyo interior lleva **frijoles** fritos, arroz, huevo duro, queso rallado y **mantequilla rala**.

2. *Ho.* Conjunto de varias **tortillas** de maíz rellenas de diversos ingredientes. pop + cult → espon.

3. *CR.* obsol. Alimento que se toma como desayuno o a media mañana, consistente en arroz y **frijoles** revueltos, **tortillas**, huevos fritos y café. rur.

IV. 1. f. *Ho:N, CR.* **burro**, armazón sobre el que se coloca una tabla.

2. *Ho.* Conjunto de dos palos laterales clavados en el suelo que sujetan los rodillos del **zangarro**. rur.

V. 1. *Ho, ES.* Cerveza.

VI. 1. f. *ES.* Tarea que se ha dejado sin terminar. pop + cult → espon.

VII. 1. f. *Ho.* Cargo público, *en especial la presidencia de un país o las alcaldías.*

VIII. 1. f. *Ho.* Camilla con abrazadera en cada uno de los lados de un extremo que se usa para el parto.

X. 1. f. *Ho:O.* Vara en forma de Y en uno de sus extremos que se utiliza para apartar las hierbas y las ramas cortadas.

■

a. ‖ ~ **de línea.** f. *Ho:N, CR.* Medio de transporte ferroviario que consiste en una pequeña plataforma con ruedas que va sobre rieles de la vía férrea y se desplaza por el movimiento manual de una palanca. ♦ **burra.**

▶ **caerse de la ~; encaramarse en la ~; montarse en la ~; no sacar una ~ de un pantano; subirse en la ~.**

burraco, -a.

I. 1. adj. *PR. Referido a persona*, torpe, incapaz. pop + cult → espon ^ desp.

burraje.

I. 1. m. *Pa.* Cruce de animales para mejorar las castas.

burreado, -a.

I. 1. adj. *Ve. Referido a cosa*, abundante.

II. 1. adj. *Ve:O. Referido a cosa o a acción*, mal hecha, sin delicadeza ni detalle.

□

a. ‖ **a lo ~.** loc. adv. *Ve.* De mala gana o a disgusto. pop + cult → espon.

burrear(se).

I. 1. intr. *Ar:NO.* Trabajar excesivamente, sin descanso. pop + cult → espon.

2. *ES.* Trabajar mucho y ganar poco dinero.

II. 1. intr. *Ho, ES.* Realizar el coito. vulg; pop + cult → espon.

2. tr. *Ho, Ni.* Hacer que el burro preñe a la hembra. rur.

III. 1. intr. *Cu.* Cargar *alguien* cosas sobre la espalda. rur.

IV. 1. tr. prnl. *Ni.* Hartarse *alguien* de comer algo.

burrera.

I. 1. f. *Bo.* Error que comete una persona por falta de sentido común o de experiencia. pop + cult → espon.

2. *Bo.* Tontería, cosa de poca importancia. pop + cult → espon.

3. *Bo.* Idiotez, estupidez. pop + cult → espon.

II. 1. f. *Ve:O.* **cobija burrera.**

III. 1. f. *Py.* obsol. Mujer que transporta mercaderías a lomos de burros. rur.

IV. 1. f. *Ho.* Lugar donde pastan con frecuencia los burros. rur.

□

a. ‖ ¡**qué ~!** loc. interj. *Bo.* Expresa pesadumbre por un error que se ha cometido.

burrero, -a.

I. 1. adj/sust. *Pe, Ch, Py, Ar, Ur. Referido a persona*, que tiene afición por las carreras de caballos. pop + cult → espon.

2. adj. *Pe, Ch.* Relativo a la afición por los caballos y las carreras. pop + cult → espon.

II. 1. m. y f. *Mx, Ho, Ni.* Dueño o arriero de una recua de burros. rur.

III. 1. m. y f. *Bo, Ch.* Persona que transporta cantidades pequeñas de droga, *especialmente cocaína*, de un país a otro.

IV. 1. adj. *Ve. Referido a una cosa*, grosera, tosca, sin pulimento.

V. 1. adj. *ES. Referido a persona que trabaja*, que no termina la tarea asignada.

burrier.

I. 1. m-f. *Pe.* Persona que transporta droga. drog.

burril.

I. 1. m. *Ho, ES.* Excremento seco del ganado bovino o del caballar. rur.

burrilico.

I. 1. *Pa.* **sietepellejos.**

burrillo.

I. 1. m. *PR.* Hierba perenne de hasta 7,5 cm de altura, de hojas dísticas e inflorescencia contraída. (Poaceae; *Sporobolus virginicus*). rur.

burriquero.

I. 1. m. *RD.* Persona que transporta cosas en burro.

burriqueta.

I. 1. f. *Ar, Ur.* **borriqueta.**

burriquete.

I. 1. m. *PR.* Sostén portátil hecho generalmente de madera.

burriquita.

I. 1. f. *Ve:C,E.* Hombre disfrazado con un traje que simula una mujer montada en una burra; constituye una diversión típica del carnaval de Venezuela.

II. 1. f. *Ho.* Insecto coleóptero de hasta 20 mm de longitud, de color verde dorado con las antenas negras, cuya longitud es dos tercios de la del cuerpo, y que posee una línea profunda en medio de la cabeza. (Meloidae; *Meloe vesicatorius*).

burrita.

I. 1. f. *Mx.* Especie de **quesadilla** con jamón y queso, hecha con **tortilla** de harina de trigo.

II. 1. f. *Ch.* Automóvil antiguo. pop + cult → espon.

burrito.

I. 1. m. *Mx, Gu, Ho, ES, Ni, CR.* **Taco** pequeño hecho de **tortilla** de maíz rellena de **frijoles**, carne, verduras y especias, y frito en sartén.

II. 1. m. *Ar.* Arbusto o arbolito que crece en forma de enredadera, con hojas verde pálido y flores blancas; se usa en infusión para combatir problemas estomacales. (Verbenaceae; *Aloysia polystachia*). (**burro**).

2. m. *Ch.* **castañeta**, pez marino.

3. m. *Ch.* Insecto de hasta 1,5 cm de longitud de cuerpo duro y color gris oscuro brillante. (Curculionidae; *Naupactus xanthographus*).

4. *PR.* Pez marino de hasta 20 cm de longitud, de cuerpo ovalado, de color pardo claro, más plateado en los costados y amarillo en el filo de la aleta dorsal. (Pomacentridae; *Chromis multilineata*).

III. 1. m. *Cu, Bo, Ch.* Instrumento ortopédico que da apoyo a las personas que tienen dificultad para caminar. (**burro**).

IV. 1. m. *Ho.* Asiento individual, sin respaldo y con tres o cuatro patas.

burro.

I. 1. m. *Mx, Gu, Ho, ES, Ni.* Armazón compuesta de dos brazos que forman ángulo y un travesaño que en cada uno de sus extremos lleva dos patas en forma de tijera sobre las que se coloca un tablón, que sirve como mesa o andamio. (**burra**).

2. *Mx, Cu.* Escalera de tijera.

3. *Mx, Ho, Ni.* Mesa de madera o de metal, con patas plegables, alargada, que se utiliza para planchar.

4. *Pe.* Mueble hecho de maderos gruesos que sirve para sostener y proteger las botijas de vino y aguardiente. rur.

5. *Cu, Bo.* **burrito**, instrumento ortopédico.

II. 1. m. *Ar, Ur, Ch,* fest. Caballo de carreras. pop + cult → espon.

2. *Ar, Ur.* Caballo de carreras viejo y débil que tiene escasas posibilidades de ganar.

III. 1. *Ar.* **burrito**, arbusto.

2. m. *Gu, Ho.* Pez de agua dulce y salada, caracterizado por su coloración café verdosa en el dorso y costados con franjas azules y bronce, y su perfil anterior muy inclinado, ligeramente convexo del hocico a la nuca; es comestible, aunque poco apreciado. (Haemulidae; *Anisotremus surinamensis, A. virginicus*).

IV. 1. m. *Pe.* Cigarro grande de marihuana. drog.

2. *PR.* **corvino**.

V. 1. m. pl. *Ho, Ni, Pa.* Zapatos resistentes de cuero grueso.

VI. 1. m. *RD.* Individuo que juega con dinero ajeno o por cuenta de otro.

VII. 1. m. *ES.* Peón que acarrea la caña de azúcar en una molienda. rur.

VIII. 1. m. *Ho.* Asiento unipersonal, sin respaldo y con tres o cuatro patas.

IX. 1. m. *CR.* Cosa, *especialmente un fruto,* de gran tamaño. pop.

■

a. ‖ **~ campanero.** m. *Ve:C,O.* Burro que sirve de guía a los animales de carga.

b. ‖ **~ de agua.** m. *RD, Ve.* Ola grande sin cresta de espuma.

c. ‖ **~ de arranque.** m. *Ar, Ur.* Motor de arranque.

d. ‖ **~ mauricio.** m. *PR.* **alceiba**.

e. ‖ **~ obrero.** m. *Ho.* Burro semental.

f. ‖ **~ prieto.** m. *PR.* Variedad de burro caracterizado por sus hojas amarillentas y sus flores rojas y por echar semillas en vainas.

g. ‖ **~ tusero.** m. *Ve.* Asno retirado del trabajo al que solo se le dan como alimento corazones de mazorca de maíz.

h. ‖ **salto de ~.** m. *Mx.* Juego infantil en el que un niño se agacha con los codos apoyados en las rodillas para que otros salten sobre él abriendo las piernas y apoyándose en su espalda.

☐

a. ‖ **~ cachero.** loc. sust. *Ch.* Persona que tiene suerte o se lleva la mejor parte de algo. pop + cult → espon ∧ fest.

b. ‖ **~ embarcado.** loc. sust. *Ve.* Persona que está muy seria o de mal humor.

c. ‖ **~ negro.** loc. sust. *Ve:O.* Apuesta que se hace en una pelea de gallos sin tener dinero con que responder.

d. ‖ **~ no come bizcochitos.** loc. adj. *RD, Ve. Referido a persona,* que hace o pretende hacer algo por encima de su categoría.

e. ‖ **~ porfiado.** loc. sust. *Ch.* Persona terca y obstinada.

f. ‖ **~ tusero.**

i. loc. sust. *Ve.* Persona senil, inútil para realizar labores productivas. pop + cult → espon ∧ desp.

ii. *Ve.* Persona aparentemente inofensiva y que actúa calladamente. pop + cult → espon ∧ desp.

g. ‖ **como ~ sin mecate.** loc. adv. *Mx.* Sin moderación. pop + cult → espon.

h. ‖ **la del ~ cachero.** loc. sust. *Ch.* Ley o regla que se aplica con desigualdad, que beneficia ampliamente a unos pocos y perjudica a los demás. pop + cult → espon.

i. ‖ **tamaño ~.** loc. adj. *CR, Ve. Referido a persona,* muy alta y fornida.

j. ‖ **tumbado de ~.** loc. sust/adj. *Mx.* Persona loca. pop + cult → espon.

◩

a. ‖ **después de ~ muerto la batea de maíz.** fr. prov. *Ve.* Indica la inutilidad de hacer algo cuando ya no es preciso.

b. ‖ **el ~ hablando de orejas.** fr. prov. *Mx, Gu, Ho, Ni, CR, Pa.* Indica que alguien critica los defectos de los demás y no ve los suyos. pop + cult → espon ∧ fest.

c. ‖ **menos ~s, más olotes.** fr. prov. *Mx.* Indica que en una repartición, cuantas menos personas haya, a más tocan.

d. ‖ **se va a morir el ~.**

i. fr. prov. *RD.* Indica que ocurre algo que no es común.

ii. *RD.* Indica que alguien se comporta de una manera no habitual.

▶ **caer ~s aparejados; chupárselo un ~; comer ~; comer carne de ~; estar como ~ por cáscara; hacer ~; hacerse el ~; llover ~s aparejados; puyar el ~; tacar ~; ver ~s negros.**

burro, -a.

I. 1. m. y f. *Mx.* Escalera de mano que consta de dos piezas unidas en la parte superior y un travesaño en la parte media y que al abrirse puede sostenerse sola.

II. 1. m. y f. *RD, Pe.* Persona que trafica con droga en pequeñas cantidades. drog.

III. 1. adj. *CR. Referido a cosa, en especial a un fruto,* muy grande. pop + cult → espon.

☐

a. ‖ **~ con plata.** loc. sust. *Pe, Ch.* Persona con poca inteligencia o cultura, pero con dinero.

b. ‖ **~ con sueño.** loc. sust. *Pe.* Persona lenta física y mentalmente. pop + cult → espon.

burrocorear.

I. 1. intr. *Pe:S.* p.u. Hacer travesuras como paso previo al galanteo amoroso. rur.

burronazo.

I. 1. *PR.* **burrunazo**.

burrucha.

I. 1. f. *Mx, Ni.* Pelota de látex de caucho solidificado.

II. 1. f. *Ho, Ni.* Bolsa o cantidad de dinero ahorrado. (**burucha**).

burrunazo.

I. 1. m. *PR.* Golpe, porrazo, puñetazo fuerte. pop + cult → espon. (**burronazo**). ◆ **bimbazo; bombazo; matracazo.**

burrunche.

I. 1. m. *Gu, Ho, ES.* Abultamiento en cualquier zona del cuerpo. rur.

2. *Ho.* Pequeño montículo o promontorio de tierra.

3. *Ho.* metáf. Porción de pelo desordenado en forma de moño.

burrunchudo, -a.

I. 1. adj. *Gu. Referido a persona o animal,* que tiene abultamientos en cualquier parte del cuerpo.

burrundanga.

I. 1. *Ve.* **burundanga**, desorden.

2. *Ve.* **burundanga**, persona inquieta.

3. *Ve:C.* **burundanga**, mezcla desordenada.

II. 1. f. *Ve.* **burundanga**, sustancia soporífera.

III. 1. f. *Ho, Ni.* Revoltijo de alimentos.

IV. 1. f. *Ho, Ni.* Enredo, lío o problema.

burruscal.

I. 1. m. *Mx:SE, Ho, Ni.* Terreno lleno de matorrales o **burruscos**. rur.

burrusco.

I. 1. m. *Mx:SE, Ho.* Arbusto espeso o matorral. rur.

2. *Ho.* Ramas o matorral secos. rur.

3. *Ho.* metáf. Cabello largo, revuelto y crespo.

buruca.
- **I. 1.** f. *Gu.* Reunión multitudinaria y ruidosa para protestar o manifestarse. pop + cult → espon.
- **2.** *Gu.* Conspiración contra alguien.
- **3.** *Gu.* Riña o pleito.
- **4.** *ES.* Desorden provocado en una reunión para obtener algo en la confusión.

burucarse.
- **I. 1.** intr. prnl. *Mx.* Equivocarse *alguien.* inf.

burucha.
- **I. 1.** f. *Ho, ES.* **burrucha**, bolsa.
- **II. 1.** f. *Ho:C.* Excremento o estiércol de gallina con aserrín. rur.
- **III. 1.** f. *CR.* Conjunto de hojas delgadas que se sacan con el cepillo u otras herramientas al labrar la madera, *y que salen, por lo común, arrolladas en espiral.* rur.
- **IV. 1.** f. *CR.* Burucha que se mantiene extendida por varios meses sobre el piso donde se guardan animales, *en especial aves,* y que después de haberse mezclado con los excrementos de estos se usa como fertilizante. rur.

burucón.
- **I. 1.** m. *ES.* Amontonamiento de personas que desean la misma cosa.

burucuyá.
- **I. 1.** m. *Py, Ar, Ur.* Arbusto trepador con hojas alternas de color verde oscuro, flores grandes de color púrpura en la base, azul en el ápice y blanco en la parte media; las flores y hojas se usan como sedante en la medicina tradicional. (Passifloraceae; *Passiflora caerulea*). (**mburucuyá; murucuyá**).
- **2.** *Py, Ar, Ur.* Fruto del burucuyá, baya ovoide de color anaranjado; es comestible. (**mburucuyá; murucuyá**).
- **3.** *Ar, Ur.* Flor del burucuyá. (**mburucuyá; murucuyá**).

burujiar.
- **I. 1.** intr. *RD.* Moverse yendo de un lado a otro para conseguir algo.

burujina.
- **I. 1.** f. *Cu; PR.* p.u. Confusión, desorden. pop + cult → espon. ♦ **burundanga; mogolla; revolú**.

burujón.
- **I. 1.** m. *Cu.* Multitud de personas o cosas aglomeradas en un lugar. pop + cult → espon.
- **2.** *ES.* Abundancia de algo, *en especial ramas, hojas o basura.*

burujullo.
- **I. 1.** m. *ES.* Bochinche, barullo, desorden. pop + cult → espon.

burul.
- **I. 1.** m. *Pa.* Grupo desordenado de personas.

burumbumbún. (De or. onomat.).
- **I. 1.** m. *Ni.* Desorden o pelea ruidosa.
- **2.** *Ni.* Ruido excesivo provocado por un alboroto.
- **3.** *Ni.* Ruido provocado en el aparato digestivo.

burumbún. (De or. onomat.).
- **I. 1.** m. *CR.* Vocerío confuso causado por varias personas que discuten, *por lo general, acaloradamente.* pop + cult → espon.

burunda.
- **I. 1.** m. *ES.* Desorden o alboroto. pop + cult → espon.

burundanga.
- **I. 1.** f. *Co, Ve, Pe.* Sustancia soporífera que se le administra a una persona para robarle. (**burrundanga**).
- **2.** *Cu. En hechicería,* trabajo para causar perjuicio a alguien o para atraer el amor de una persona. pop + cult → espon.
- **3.** *Cu.* Hechicería, magia negra. pop + cult → espon.
- **II. 1.** f. *Ve.* Desorden, caos. pop + cult → espon. (**burrundanga**).

- **2.** *Cu, RD, PR.* Enredo, confusión. pop + cult → espon. ♦ **burujina; mogolla; revolú**.
- **3.** *Ve:C.* Mezcla desordenada de objetos o de comidas. (**burrundanga**).
- **4.** *Ho, Ni, RD.* Disparate, hecho o dicho disparatado.
- **III. 1.** f. *Cu, RD; PR,* p.u. Cosa sin valor, inútil, despreciable. pop + cult → espon ^ desp.
- **IV. 1.** adj. *Ve. Referido a persona,* inquieta y revoltosa. pop + cult → espon. (**burrundanga**).
- **V. 1.** f. *Ni, PR.* Comida hecha con la mezcla de varios alimentos. rur.
- **2.** *PR.* Plato campesino hecho con hortalizas diferentes. rur.
- **3.** *Pa.* Golosinas dulces o saladas. pop + cult → espon.
- **4.** *Pa.* Alimento poco nutritivo ingerido fuera de horas de comida.
- □
  - **a.** ‖ **de ~.** loc. adj. *Cu.* Despreciable, sin ningún valor. pop + cult → espon ^ desp.
  - **b.** ‖ **eneas con ~.** loc. adj. *Ve.* Terrible, digno de temer. pop + cult → espon.
- ▶ **hablar ~s.**

buruquena.
- **I. 1.** f. *PR.* Crustáceo de pequeño tamaño, de color marrón oscuro, casi negro; es comestible. (Pseudothelphusidae; *Epilabocera cubensis*).
- ■
  - **a.** ‖ **ojos de ~.** m. *PR.* Ojos saltones, botados.

buruquero, -a.
- **I. 1.** m. y f. *ES.* Persona que suele participar en desórdenes o manifestaciones.

buruquita.
- **I. 1.** f. *ES.* Abuso sexual contra una mujer efectuado por varios hombres. vulg; pop + cult → espon.

bururú.
- **I. 1.** m. *Cu.* Impacto. pop + cult → espon.

burusa.
- **I. 1.** f. *Ve.* Porción pequeña de algo, *especialmente de un alimento.*
- **2.** *Ve.* Niño pequeño. pop + cult → espon ^ afec.

burusca.
- **I. 1.** f. *ES.* Robo de algo en medio de un desorden.
- **II. 1.** f. *Ni.* Rastrojos de leña, hojas y cortezas secas de árbol para encender el fuego. rur.
- **III. 1.** f. *CR.* Miga de pan.

buruscal.
- **I. 1.** m. *Ni.* Lugar donde se acumulan ramitas y hojas secas.

burusco.
- **I. 1.** m. *Ho.* Arbusto espeso.
- **2.** *Ho.* Arbusto.

bus.
- ■
  - **a.** ‖ **~ cama.** m. *Ve, Ch.* Autobús con asientos que se transforman en camas para los pasajeros.
  - **b.** ‖ **~ carril.** m. *Ch.* Autobús que se desplaza por la línea férrea. (**buscarril**).
  - **c.** ‖ **~ ejecutivo.** m. *Co.* Autobús de gran tamaño de transporte público.
- ▶ **bajarse del ~.**

busa.
- **I. 1.** f. *Ar.* Boca de una persona. pop + cult → espon. ♦ **busarda**.
- **2.** *Ar.* Estómago o vientre de una persona, *especialmente si es abultado.* pop + cult → espon ^ desp. ♦ **busarda; buseca**.

busaca.
- **I. 1.** sust/adj. *Co, Ve, Ch.* **bolso**, persona lerda.

II. 1. f. *Ve.* Bolsa de cuero o de tela para llevar ropa o provisiones.

III. 1. sust/adj. *Ve:O.* Mochila que utilizan los estudiantes para llevar libros y material escolar.

busaraña.
I. 1. m. *Ve:O.* Juguete de madera o hueso que se compone de un palo terminado en punta por un extremo y con una cazoleta en el otro, y de una bola taladrada sujeta por un cordón al medio del palo y que, lanzada al aire, se procura recoger, ya en la cazoleta, ya acertando a meter en el taladro la punta del palo.

busarda.
I. 1. f. *Ar, Ur.* **busa**, estómago abultado.
2. *Ar.* **busa**, boca.

busca.
I. 1. f. pl. *Cu; PR,* obsol. Provecho accesorio que se saca de algún empleo o cargo.
2. f. *Cu.* Trabajo que se realiza para buscar dinero extra, además del sueldo. pop + cult → espon.

buscabulla.
I. 1. m f. *Mx, Ni, Cu, PR.* Persona pendenciera, provocadora y camorrista. (**buscabullas**).

buscabullas.
I. 1. m-f. *Mx, Ni, Cu, PR.* **buscabulla.** ♦ **buscapleitos.**

buscacamino.
I. 1. sust/adj. *Ch.* Faro muy potente que se encuentra en la parte delantera de un vehículo. (**buscacaminos**).

buscacaminos.
I. 1. sust/adj. *Ch.* **buscacamino.**

buscachivo.
I. 1. m. *Cu.* Reflector giratorio que se instala en algunos vehículos todoterreno.

buscado, -a.
I. 1. adj. *Gu.* meton. *Referido a persona,* seleccionada, elegida.

buscadora.
I. 1. f. *Cu.* p.u. Prostituta callejera. euf; pop + cult → espon.

buscafortuna.
I. 1. m-f. *Ch.* Persona que trata de casarse con otra que es rica. (**buscafortunas**).
2. *Bo.* Persona audaz que no repara en los medios para enriquecerse de manera fácil, aunque sea ilícita. (**buscafortunas**).

buscafortunas.
I. 1. m. y f. *Bo.* **buscafortuna**, persona audaz.

buscahuellas.
I. 1. m. *Ar.* Faro de gran potencia *y generalmente dirigible* que se adosa a un vehículo para iluminar extensiones amplias de terreno.

buscaniguas. (De *buscar* y de *nigua*).
I. 1. m. *Mx, Gu, Ho, ES, Ni, Co.* Cohete sin varilla que se lanza y estalla a ras de tierra. pop + cult → espon ^ fest. ♦ **buscapique.**

buscapega.
I. 1. m-f. *Bo.* Persona que busca acomodarse en un empleo o trabajo, *generalmente bien remunerado,* valiéndose del favor político. pop + cult → espon ^ desp. (**buscapegas**).

buscapegas.
I. 1. *Bo.* **buscapega.**

buscapiés.
I. 1. m. *Mx.* Argucia para obtener información.

buscapique.
I. 1. m. *Pe, Bo.* **buscaniguas.**

buscapleitos.
I. 1. m-f. *Ni, CR, Pa, PR, Ch, Ar, Ur;* sust/adj. *Co, Ve, Pe.* Persona inquieta y provocativa, que causa alborotos, pendencias o discordias. ♦ **buscabullas.**

II. 1. sust/adj. *RD, Bo.* Abogado que se sirve de recursos lícitos e ilícitos para dilatar un proceso judicial que gestiona y obtener así mayores beneficios económicos. pop + cult → espon ^ desp.

buscar(se).
I. 1. intr. *Ve.* Dirigirse *alguien* hacia un lugar.
II. 1. tr. prnl. *Ec.* Luchar *alguien* por conseguir algo, por pequeño que sea, para satisfacer las necesidades básicas.
III. 1. intr. *Cu.* Trabajar. pop + cult → espon.

●

a. ‖ **buscan.** fórm. *CR.* Se usa para comunicar que alguien está llamando a la puerta. pop.

□

a. ‖ ~ **chivo con cencerro.** loc. verb. *RD.* Desafiar *alguien* un peligro.
b. ‖ ~ **como aguja.** loc. verb. *Cu.* Buscar *alguien* mucho.
c. ‖ ~ **como un cabrito que no encuentra a su mae.** loc. verb. *PR.* Buscar *una persona algo* o a *alguien* con desesperación y angustia. pop + cult → espon.
d. ‖ ~ **el odio.** loc. verb. *Ch.* Molestar, irritar *una persona* a *alguien,* generalmente con el fin de provocar una reacción en el interlocutor. pop + cult → espon.
e. ‖ ~ **fuete para su culo.** loc. verb. *PR.* Hacer *alguien algo* que resulte en perjuicio propio. tabú; pop + cult → espon. ♦ **buscar fuete para su fundillo.**
f. ‖ ~ **fuete para su fundillo.** loc. verb. *PR.* **buscar fuete para su culo.**
g. ‖ ~ **gato.** loc. verb. *Ch.* Provocar intencionadamente una reacción ajena de enojo o de excitación. pop.
h. ‖ ~ **julepe.** loc. verb. *PR.* Provocar *una persona* a *alguien.* pop + cult → espon.
i. ‖ ~ **la boca.** loc. verb. *Cu, Ar.* Incitar *una persona* para que se discuta o se pelee. pop + cult → espon.
j. ‖ ~ **la comba al palo.** loc. verb. *Co; CR,* obsol. Hallar la manera más fácil o apropiada de resolver un asunto.
k. ‖ ~ **la cura.** loc. verb. *PR.* Buscar droga para consumirla de inmediato. drog.
l. ‖ ~ **la vuelta.**
i. loc. verb. *PR.* Buscar *alguien* el lado propicio por el que se puede solucionar un problema.
ii. *PR.* Lograr *una persona algo* de alguien. pop + cult → espon.
m. ‖ ~ **lo que no se ha perdido.**
i. loc. verb. *PR, Co, Ve.* Inmiscuirse *alguien* en asuntos que no le corresponden y exponerse a sufrir contrariedades por esa causa. pop + cult → espon.
ii. *RD, PR, Ve.* Tratar de encontrar algo difícil o imposible.
n. ‖ ~ **los féferes.** loc. verb. *Cu.* Ganarse la vida.
ñ. ‖ ~ **un billete.** loc. verb. *Cu.* Practicar la prostitución. prost.
o. ‖ ~**le el cuesco a la breva.** loc. verb. *Ch.* Insistir de manera necia, imprudente o molesta en un asunto. pop + cult → espon ^ fest.
p. ‖ ~**le la quinta pata al gato.** loc. verb. *Cu.* Complicar un asunto.
q. ‖ ~**se banda.** loc. verb. *PR.* Buscar *alguien algo* que hacer. pop + cult → espon.
r. ‖ ~**se el billete.** loc. verb. *Cu, PR.* Trabajar *alguien,* procurarse el sustento diario. pop + cult → espon.
s. ‖ ~**se el bolón.** loc. verb. *Cu.* Ganar mucho dinero. (**buscarse un bolo**).
t. ‖ ~**se la arepa.** *Ve.* **buscarse los frijoles.**
u. ‖ ~**se los frijoles.** loc. verb. *Ni, Cu, Ec.* Ganarse la vida. pop + cult → espon. ♦ **buscarse la arepa.**
v. ‖ ~**se un bolo.** *Cu.* **buscarse el bolón.**

w. ‖ **~se un carnaval.** loc. verb. *Cu.* Buscarse *alguien* un lío. pop + cult → espon.

x. ‖ **~se un cuatro de septiembre.** loc. verb. *Cu.* Crearse *una persona* un problema por su manera de actuar. pop + cult → espon ^ fest.

buscarril.
 I. 1. m. *Ch.* **bus carril**.

buscatesoros.
 I. 1. adj/sust. *Ch. Referido a una máquina, especialmente a un barco,* que sirve o está destinado a buscar tesoros.
 2. m-f. *Ch.* Persona que se dedica a la búsqueda de tesoros hundidos en el mar.

buscavida.
 I. 1. m-f. *PR.* Pedigüeño. pop + cult → espon.

busco.
 I. 1. m. *Ve.* Pez de agua dulce de hasta 16 cm de longitud, de color pardo grisáceo o negro, caracterizado por las placas que protegen su cuerpo y por las barbas que sobresalen en la mandíbula inferior. (Callichthydae; *Hoplosternum littorale*). ♦ **curito**.

busco, -a.
 I. 1. m. y f. *Ar.* Persona que aprovecha toda ocasión para realizar trabajos pequeños y fáciles o para lucrarse en cualquier coyuntura. pop + cult → espon ^ desp.

buscón, -na.
 I. 1. m. y f. *Mx.* Persona pendenciera.
 II. 1. adj. *RD. Referido a persona,* pesetera. pop + cult → espon ^ desp.
 2. *PR. Referido a persona,* lista, oportunista. pop + cult → espon.
 III. 1. adj. *PR. Referido a persona,* servil, que medra mediante halagos. pop + cult → espon ^ desp. ♦ **bocabajo**.
 2. *PR. Referido a persona,* que quiere estar en todo. pop + cult → espon.

busconear.
 I. 1. intr. *PR.* Ganarse *alguien* la vida con pequeños negocios de escasa remuneración. rur.
 II. 1. intr. *PR.* Escudriñar *alguien algo.* pop + cult → espon.

buseca.
 I. 1. f. *Ar, Ur.* Guiso hecho con **mondongo**, **papas** y **porotos** o **frijoles**. pop + cult → espon.
 2. *Ar.* **busa**, vientre muy abultado.

busero, -a. (De *bus*).
 I. 1. m. y f. *Ho, ES, Ni, Pa, Ve, Pe, Ch; Ec.* pop ^ desp. Persona que conduce un autobús.
 2. adj. *Ch.* Relativo al autobús.
 3. m. y f. *Ho, ES.* Dueño de un autobús.
 4. *Ni, CR.* Dueño de una empresa de autobuses.

buseta.
 I. 1. f. *CR, Co, Ve, Ec.* Vehículo de transporte público de menor tamaño que el autobús.

busetero, -a. (De *buseta*).
 I. 1. m. y f. *Co, Ve.* Persona que conduce una **buseta**.

bushin. (Del ingl. *bushing*, cojinete).
 I. 1. m. *Ho, Ni.* Cojinete de bronce para motores eléctricos.
 II. 1. m. *Ho.* Unión de una cañería.

bushing. (Voz inglesa).
 I. 1. m. *EU, RD, PR.* Anilla de metal o plástico que reduce el diámetro de un barreno.

busiete.
 I. 1. m. *Ni.* Ano. vulg; pop + cult → espon.
 II. 1. m. *Ni.* Autobús de transporte público. pop + cult → espon ^ desp.

busito.
 I. 1. m. *Ho, ES, Ni, Pa.* Autobús de pequeño tamaño con un máximo de veintidós asientos.

buso, -a.
 I. 1. adj. *ES. Referido a persona,* atenta, lista, audaz.
 □
 a. ‖ ~ **caperuzo.** loc. sust. *ES.* Persona que está alerta.

busquilla.
 I. 1. sust/adj. *Ch; Pe,* p.u. Persona diligente en la búsqueda de algo, *especialmente de medios para subsistir.* pop + cult → espon ^ afec.

busté.
 I. 1. pron. *Ve:O.* Usted.

búster. (Del ingl. *booster*).
 I. 1. m. *Ho, Ni, CR.* Dispositivo que amplifica el poder de frenado de los vehículos automotores.
 II. 1. m. *PR.* Asesino a sueldo.
 2. *PR.* Jefe de un punto de venta de drogas. drog.
 III. 1. m. *PR.* Persona importante e influyente. pop + cult → espon. ♦ **cangri**; **cocoroco**.

bustona.
 I. 1. adj. *Co. Referido a una mujer,* de pecho grande. ♦ **bustuda**.

bustuda.
 I. 1. *Ho, ES.* **bustona**.

busú.
 ▶ **no decir ni ~; sin decir ~.**

busuá.
 I. 1. *RD.* Bola grande. ♦ **busunuco**.

busunuco.
 I. 1. *RD.* **busuá**.

butaca. (Del cuma. *putaca*, asiento).
 I. 1. f. *Co, Ve*; m. *Co.* Asiento individual, pequeño, de poca altura, rústico, de madera, sin respaldo ni brazos.
 2. f. *Ve, Ar, Ur.* Asiento delantero de un automóvil.
 ▶ **comer la ~.**

butaco. (Del ingl. *buttock*, nalga).
 I. 1. m. *Ni:E.* Sillón con balancín.

butaco, -a.
 I. 1. adj. *Ho. Referido a persona,* de pequeña estatura y cuerpo grueso.

butacón.
 I. 1. m. *Ar.* Sillón individual de respaldo alto y sin brazos.

butaque.
 I. 1. m. *Mx.* p.u. Especie de tumbona de patas de tijera, asiento bajo y ahondado de cuero, con brazos o sin ellos, *generalmente con respaldo largo y echado para atrás.* rur.
 2. *Ve.* Sillón con espaldar alto, patas de madera en forma de equis y asiento de cuero.

bute.
 I. 1. m. *Gu, ES.* **pepesca**, pez.
 II. 1. m-f. *ES.* Persona fea. pop + cult → espon.

¡buti!
 I. 1. interj. *Cu.* Expresa aprobación de alguien o de algo.

butiá.
 I. 1. m. *Ur.* Palma de hasta 8 m de altura, con tronco liso, espinoso, hojas pinnadas, largas y arqueadas, flores en racimos y frutos globosos u ovoides. (Arecaceae; *Butia* spp.).
 2. *Ur.* Fruto de la butiá, de color naranja; es comestible.

butiacero, -a.
 I. 1. sust/adj. *Ur.* **butiasero**, vendedor.
 2. adj. *Ur.* **butiasero**, relativo al **butiá**.

butiasero, -a.
 I. 1. sust/adj. *Ur.* Vendedor de **butiá**, fruto. (**butiacero**).
 2. adj. *Ur.* Relativo al **butiá**. (**butiacero**).

buticaco.
   I. 1.   m. *RD.* Hombre de ojos zarcos.

butifarra.
   I. 1.   f. *Cu, Co, Pe, Bo, Ch, Ur.* Pan dentro del cual se pone un trozo de jamón o carne cruda y un poco de ensalada.

butín.
   I. 1.   adj. *Cu.* Bueno, excelente. pop + cult → espon.

¡butín!
   I. 1.   interj. *Cu.* Expresa aprobación.

butiñán.
   I. 1.   adj. *Cu. Referido a cosa,* buena, de gran calidad. pop + cult → espon.
      2.   *Cu. Referido a cosa,* abundante. pop + cult → espon.

butreada.
   I. 1.   f. *Bo.* Vómito. vulg; pop + cult → espon.

butreado.
   I. 1.   m. *Bo.* Sustancia expulsada en el vómito. vulg; pop + cult → espon.

butrear.
   I. 1.   intr. *Bo.* Vomitar. vulg; pop + cult → espon.

butú.
   I. 1.   m. *RD.* Pez tropical de hasta 60 cm de longitud de colores brillantes, caracterizado por su particular dentición, pues sus numerosos dientes se agrupan en una estructura semejante al pico de un loro; es comestible. (Scaridae; *Scarus coelestinus*). ♦ **judío.**

butúa.
   I. 1.   *Cu.* **butuba.**

butuba.
   I. 1.   f. *Cu.* Comida, alimento. vulg; pop + cult → espon. (**botuba; botúa; butúa**).

butuco.
   I. 1.   m. *Ho.* Variedad de **banano** que se diferencia de las otras especies por su fruto más grueso, con cáscara de ligera coloración rojiza y pulpa más consistente, fibrosa y de sabor menos dulce. (Musaceae; *Musa sapientum rubra*). ♦ **cantudo; majoncho; morado.**
      2.   *Ho.* Fruto del butuco; es comestible tanto crudo como frito, aunque de esta última forma es más dulce. ♦ **cantudo; majoncho.**
      3.   sust/adj. *Ho.* metáf. Persona gruesa y de poca altura. pop + cult → espon ^ desp.

bututazo. (De *butute,* cuerno).
   I. 1.   m. *Ho.* Sonido que emite un cuerno o **butute.**

butute.
   I. 1.   m. *Ho, ES.* meton. Instrumento sonoro hecho de un cuerno de ganado vacuno o caracol marino que se utiliza para llamar a distancia a personas o reunir el ganado. rur.
      2.   *Ho, Ni.* Cuerno del ganado bovino.
   II. 1.   m. *Ho, ES.* Ano. vulg; pop + cult → espon.

bututo.
   I. 1.   m. *Ni.* Abultamiento o tumor en la piel.
   II. 1.   m. *Ni.* Ano. vulg; pop + cult → espon.

buya.
   I. 1.   f. *PR.* Enredadera de flores azules.
   II. 1.   f. *PR.* Riña, pelea, discusión fuerte y agria.

buyanguero, -a.
   I. 1.   sust/adj. *CR.* Persona alegre, de buen humor. pop + cult → espon.

buyei. (Del garíf.).
   I. 1.   m. *Ho.* Hechicero al que se le supone dotado de poderes para sanar a los enfermos, adivinar o invocar a los espíritus.

buyón.
   I. 1.   m. *Bo.* Hornillo pequeño y portátil que sirve para hacer la **bolacha.**
   II. 1.   m. *PR.* **bullón,** pez marino.

buyú.
   I. 1.   m. *PR.* Desorden, confusión, enredo. pop + cult → espon.

buyucón.
   I. 1.   m. *Ho.* Conjunto de personas que participan en una manifestación, mitín o reunión.

buzarda.
   I. 1.   f. *Ar.* Boca de una persona. pop.
      2.   *Ar.* Estómago o vientre de una persona, especialmente si es abultado. pop ^ fest.

buziraco.
   ☐
   a. ‖ **el ~.** loc. sust. *Co.* p.u. El diablo.

buzo.
   I. 1.   m. *Ho, Pa, Co, Py, Ar.* Prenda deportiva que cubre el torso, *generalmente con capucha.*
      2.   *Ho, Ni, CR, Pa, Ec, Pe, Bo, Ch, Py.* Ropa deportiva que consta de un pantalón y un suéter amplios, *este último generalmente con capucha.*
      3.   *Co, Ur.* Prenda de vestir, *generalmente de lana,* que cubre el torso, cerrada, con mangas y el cuello alto.
      4.   *Ec.* Prenda *generalmente de punto y similar a un suéter,* usada en la práctica de ciertos deportes o para hacer ejercicio.
      5.   *Bo.* Pantalón de tela ligera que se usa para practicar deporte. pop + cult → espon.
      6.   *Bo.* Pantalón de lana o de algodón que se ciñe a las piernas. pop + cult → espon.
      7.   *Py.* Prenda de vestir de punto, cerrada y con mangas, *que cubre aproximadamente desde los hombros a la cintura.*
   II. 1.   adj. *Mx, Gu, ES, Ni.* **abusado.**
   III. 1.   m. *CR, Cu, RD.* Persona que hurga entre los desechos de un **botadero** en busca de alimentos o de material reciclable.
   IV. 1.   m. *Bo.* Agente civil encubierto que trabaja para la policía. pop + cult → espon.
      2.   *Bo. En una institución o grupo,* espía que trabaja proporcionando información a otros. pop + cult → espon ^ desp.
   ■
   a. ‖ **~ a la base.** m. *Ur.* Buzo de escote redondeado que cubre hasta la base del cuello. pop + cult → espon.
   b. ‖ **~ de gimnasia.** m. *Ch.* Buzo para practicar ejercicios que consta de pantalón y suéter amplios.
   c. ‖ **~ en escote ve.** m. *Ur.* Buzo de escote en forma de V. pop + cult → espon.
   d. ‖ **~ escolar.** m. *Bo, Ch.* Buzo usado por los alumnos de centros escolares para la práctica de gimnasia y actividades deportivas.

buzo, -a.
   I. 1.   adj. *Mx, Gu, ES. Referido a persona,* lista, vigilante o viva.
      2.   m. y f. *Ve.* Persona que mira mucho y con curiosidad. pop + cult → espon.
   II. 1.   m. y f. *Bo.* Persona que delata mediante acusación o denuncia.
   ▶ **andar buzo; estar buzo; ponerse buzo.**

buzón.
   I. 1.   m. *Bo:O, Ch. En minería,* depósito en el que se echa el mineral extraído para ser transportado.
      2.   sust/adj. *Ch.* metáf. Persona que habla en demasía. pop + cult → espon.
      3.   *Bo:O. En minería,* túnel que sirve de comunicación y de ventilación.
   II. 1.   m. *ES, Ni.* Lugar en que se esconden armas.
   III. 1.   m. *ES.* Boca. pop + cult → espon ^ fest.
   ▶ **vender un ~.**

buzonero.
> **I. 1.** m. *Ch.* p.u. Trabajador de correos encargado de recoger la correspondencia de los buzones.
> **II. 1.** m. *Bo:O. En minería*, persona que se ocupa del mantenimiento de un **buzón**, depósito.

buzunuco.
> **I. 1.** m. *RD.* Arbusto de hasta 6 m de altura, perenne, con ramas glabras, hojas elípticas, lanceoladas, flores tubulares y fruto en drupa, pequeño y de color rojo negruzco; se le atribuyen propiedades medicinales. (Rubiaceae; *Hamelia axillaris, H. patens*). (**bozonuco**).

by.
> •
> **a.** ‖ ~ *the way.* (Voz inglesa). fórm. *EU.* Se usa para introducir un cambio en la conversación.

> ■
> **a.** ‖ ~ *the book.* (Voz inglesa).
> **i.** loc. adj. *EU, PR.* juv. Estupendo, magnífico.
> **ii.** *EU.* Ajustado a la norma y a la regla.

bye.
> •
> **a.** ‖ ~~! (Voz inglesa). fórm. *EU, Mx, Ni, Pa, RD, PR.* Se usa para despedirse. (***bye-bye***).

bye-bye.
> •
> **a.** ‖ ~. (Voz inglesa). fórm. ***bye bye***.

bypasear. (Del ingl. *by-pass*).
> **I. 1.** tr. *Ve, Ch.* Realizar un desvío en un proceso dado para evitar un problema. pop + cult → espon. (**baipasear**).

C

C.

I. 1. f. *EU, RD, PR.* Calificación académica correspondiente a satisfactorio.
2. *Pe. En educación básica*, calificación que señala dificultad en el logro de los objetivos.

■

a. ‖ ~ ⁺. f. *EU, RD, PR.* Satisfactorio alto.
b. ‖ ~ ¯. f. *EU, RD, PR.* Satisfactorio bajo.

caá.

I. 1. *Py.* **kaá**, hierba, monte y bosque.

cababuia.

I. 1. f. *RD.* **roble de sabana**.

cabadura. (Apóc. de *acabadura*).

I. 1. f. *Ho, ES, Ni.* **acabadura**, semen. tabú. ♦ **chorro**; **vitamina**.

cabaicucho.

I. 1. m. *Gu.* Pez de agua dulce, de hasta 50 cm de longitud, voraz, de cuerpo mucilaginoso, algo cilíndrico, cabeza obtusa y recubierto de grandes escamas, un poco verdosas; su carne es muy apreciada. (Eleotridae; *Eleotris pisonis, E. amblyopsis*).

cabal.

I. 1. adv. *Ho, ES.* Sí, exacto. pop.

□

a. ‖ ¡~ casero!
i. loc. interj. *Bo:O,C.* Expresa satisfacción por una tarea concluida. pop + cult → espon ^ fest.
ii. *Bo:O,C. En un negocio*, expresa conformidad con una transacción. pop + cult → espon ^ fest.
▶ **estar ~; quedar ~.**

cábala.

I. 1. f. *Ec, Pe, Bo, Ch, Py, Ar, Ur.* Superstición basada en el uso de determinado amuleto o ritual para tener buena suerte en algo. (**kábala**).
2. *Bo, Ch.* Amuleto o ritual para tener buena suerte en algo.
3. f. pl. *Cu, RD, PR.* Supersticiones premonitorias de algunos galleros que apuestan basados en ciertas características del animal que consideran de buena o mala suerte.
4. f. *Pa.* Cualquier forma de predicción supersticiosa. pop + cult → espon.
5. *Pa.* Cualquier creencia supersticiosa.
II. 1. f. pl. *Pa, PR.* Ardid, maña.

cabaleada.

I. 1. f. *ES.* Ajuste del peso, la medida o el precio de algo. rur.

cabalear.

I. 1. tr. *ES.* Completar o terminar de llenar algo. rur.

cabalero, -a.

I. 1. sust/adj. *Ni, Ch.* Persona aficionada a usar cábalas.

cabalgar.

I. 1. intr. *RD.* juv. Pasear por un lugar.

□

a. ‖ ~ en caballo de hacienda. *Mx.* **ir en caballo de hacienda**.

cabalidad.

I. 1. f. *Mx, Gu, Ho, RD, Ve, Ec, Pe, Py; Ch, Ur,* cult → esm. Cualidad de cabal, completo, exacto.

□

a. ‖ a ~. loc. adv. *Mx, Gu, Ho, ES, Ni, CR, Pa, Cu, RD, PR, Co, Ve, Ec, Pe, Bo, Py; Ch, Ur,* cult → esm. Adecuadamente, convenientemente.

caballa.

I. 1. f. *Pe, Ch.* Pez marino de hasta 50 cm de longitud, fusiforme, de escamas pequeñas, dorso azul oscuro y vientre plateado. (Scombridae; *Scomber* spp.).
II. 1. f. *Cu.* Mujer muy alta y corpulenta. pop ^ desp.

■

a. ‖ ~ amarilla. f. *PR.* Pez marino de pequeño tamaño; se comercializa fresco y seco y se utiliza en pesca deportiva. (Carangidae; *Decapterus macarellus*). ♦ **caballa azul**.
b. ‖ ~ azul. *PR.* **caballa amarilla**.

caballá.

I. 1. f. *RD.* Desatino, barbaridad, disparate.
2. *RD.* Cosa o asunto sin importancia, intrascendente.

caballada.

I. 1. f. *CR, Pa, RD, Ec, Pe, Bo:E, Ch, Ar:NO; Cu, PR, Co* desp; *Ur,* p.u. Torpeza, brutalidad. pop + cult → espon.
2. *Gu, Ho, Ni, CR; Cu,* desp. Tontería, dicho o hecho tonto o descabellado.
3. *Gu, Ho, ES, Ni.* Dicho tosco o soez.
4. *RD; PR,* p.u. Desatino.
II. 1. f. *Mx. En una formación política*, conjunto de los precandidatos que pugnan por conseguir la nominación oficial del partido como candidato a conquistar en elecciones un cargo público. pop + cult → espon.
2. *Mx.* Masa fervorosa de partidarios de una formación política o de un líder. pop + cult → espon.
III. 1. f. *Ni.* juv. Cosa excelente, de buena calidad.

¡caballada!

I. 1. interj. *Ni, CR.* Expresa entusiasmo ante algo que ha resultado excelente.

caballar.

I. 1. m. *Ch.* Caballería, animal solípedo.

caballazo.

I. 1. m. *Mx, Pe, Bo, Ch.* Encontrón o golpe que da un jinete a otro, o a alguien que va a pie, echándole encima el caballo.
2. *Ch.* metáf. Atropello, agravio cometido en contra de alguien. pop.

□

a. ‖ a ~. loc. adv. *Pe.* Con prepotencia. (**al caballazo**).
b. ‖ al ~. *Pe.* **a caballazo**.

caballerango, -a.

I. 1. m. y f. *Mx, Ec; Gu, ES,* p.u. Persona encargada del cuidado y mantenimiento de los caballos. desp.

caballería.

I. 1. f. *Ec:N.* obsol. Medida agraria equivalente a 11 ha, aproximadamente.
2. *Cu.* Medida agraria equivalente a 13,42 ha.
▶ **echar la ~**; **tirar con toda la ~.**

caballericero.

I. 1. m. *Ve.* Hombre que tiene a su cargo la caballeriza.

caballerito.

I. 1. m. *Ho, Ni.* **canchalagua.**

caballero.

I. 1. m. *ES, PR.* Libélula.
2. *ES.* Caballito de mar.
III. 1. *Ni.* **dólico.** rur.
●
a. ‖ **~s.** fórm. *Cu.* Se usa para dirigirse a dos o más personas, tanto a hombres como a mujeres. pop + cult → espon.
b. ‖ **oferta de ~.** fórm. *Ec.* Se usa para encarecer una promesa que no se va a cumplir. pop + cult → espon ^ sat.
■
a. ‖ **~ cubierto.** m. *Cu.* Hombre que ha sido circuncidado. vulg; pop + cult → espon.
b. ‖ **~ del fuego.** m. *Ch.* Bombero.
□
a. ‖ **¡~ nomás!** loc. interj. *Pe.* Expresa aceptación resignada de una circunstancia incómoda o desfavorable. pop.
▶ **estar ~.**

caballerote.

I. 1. m. *Cu.* Pez marino de color aceitunado en el lomo y rojo cobrizo en la parte inferior, con la cabeza prolongada y la boca pequeña; su carne es muy apreciada. (Lutjanidae; *Lutjanus griseus*).

caballete.

I. 1. m. *Co, Ec, Pe, Bo, Ch, Ar. En gimnasia*, aparato que consiste en un paralelepípedo forrado de cuero u otro material, sostenido por cuatro patas.
II. 1. m. *ES.* Amigo de un traficante de drogas. drog.

caballito.

I. 1. m. *Mx.* Vaso para el consumo de tequila, no muy grande, *generalmente de vidrio* y, con la boca más ancha que la base.
2. *Mx.* Dosis de consumo de tequila equivalente al contenido de un vaso en los que habitualmente se sirve.
II. 1. m. *Cu.* Policía de **tránsito** que circula en motocicleta.
III. 1. m. *PR.* Heroína. drog.
IV. 1. m. *CR.* Cinta delgada de tela, con forma de zigzag y fabricada en diversos colores, usada para adornar los bordes de ciertas prendas de vestir.
■
a. ‖ **~ de agua.** m. *Ni.* pop. Caballito de mar.
b. ‖ **~ de bronce.** m. *Ch.* Juego de muchachos en que uno o más de los participantes se agachan y los demás se suben a sus espaldas, tratando de derribar al grupo antes de que la cuenta llegue a un número determinado.
c. ‖ **~ de hierba.** (Calco del ingl. *grasshopper*). m. *EU.* Insecto ortóptero de cabeza gruesa, ojos prominentes, antenas finas, alas membranosas, patas anteriores cortas y muy fuertes y largas las posteriores, con las que da grandes saltos; saltamontes.
d. ‖ **~ de san Juan.** *Ho, RD.* **caballito de san Vicente.**
e. ‖ **~ de san Pedro.** m. *PR.* Libélula de cuerpo alargado.
f. ‖ **~ de san Vicente.** m. *Ho, Ni, Cu.* Insecto, parecido a la libélula, de cuerpo largo, esbelto y de colores llamativos, ojos grandes, antenas cortas y dos pares de alas reticulares, que mantiene horizontales cuando se posa en el agua. (Aeshnidae; *Anax imperator*). ◆ **caballito de san Juan.**
g. ‖ **~ de totora.** m. *Ec, Pe.* Embarcación o balsa para una persona, hecha de haces de **totora** y usada para realizar labores de pesca navegando a horcajadas en ella.
□
a. ‖ **~ de batalla.**
i. loc. sust. *Mx, Ho, Ni, RD, Co, Ve, Py, Ur.* Recurso más frecuente para resolver algún problema. pop + cult → espon.
ii. *Pa, Ar.* Persona que resuelve y ayuda *muy frecuentemente*, en cualquier situación o lugar. pop + cult → espon.
▶ **aguantar el ~**; **hacer ~**; **parar el ~.**

caballo.

I. 1. sust/adj. *Ho, Ni, CR, Pa, Cu, PR, Ec, Bo, Ar, Ur.* Persona torpe, de escaso entendimiento y comportamiento rudo. pop + cult → espon ^ desp.
2. adj/sust. *Ho, Ni. Referido a persona*, que dice cosas incoherentes o descabelladas. desp.
II. 1. sust/adj. *Cu, RD, PR; Ho, Ni,* desp; *Ur,* p.u, pop. Persona muy inteligente o que posee amplios conocimientos en temas de su competencia.
III. 1. m. *ES, Ni,* juv; *CR,* p.u; *Gu,* obsol. Pantalón.
IV. 1. m. *Ve, Ec:N.* Amigo íntimo, compañero inseparable. pop.
V. 1. m. *Ec:C,N.* Pequeña embarcación consistente en un haz de **totora**, usada para realizar labores de pesca navegando a horcajadas en ella. rur.
VI. 1. m. *ES, CR. En la baraja francesa*, reina, carta marcada con la letra Q.
VII. 1. m. pl. *ES.* Zapatos. pop.
VIII. 1. m. *PR.* Corredor de pista y campo que se destaca.
IX. 1. m. *PR.* Medida de ciertos productos agrarios. rur.
X. 1. m. *PR.* Colecta. ◆ **coperacha.**
●
a. ‖ **~.** fórm. *Cu, RD, PR, Ve.* Se usa como forma de tratamiento y saludo entre varones que se tienen confianza y familiaridad.
■
a. ‖ **~ andador.** *Ni, Ar.* **caballo de andar.**
b. ‖ **~ anquilla.** m. *PR.* Caballo muy veloz en el paso.
c. ‖ **~ chupa.** (Del quech., cola de caballo). m. *Ec.* Hierba de los páramos bajos; muy usado en la medicina popular. (Equisetaceae; *Equisetum* spp.). (**caballochupa**).
d. ‖ **~ cruzado.** m. *Ve.* Caballo que tiene dos patas blancas y dos negras, alternadas.
e. ‖ **~ de andar.** m. *RD, Ar, Ur.* Caballo que se usa para montar y no como animal de tiro. ◆ **caballo andador.**
f. ‖ **~ de paso.** m. *RD, Co, Ec, Pe, Ch.* Caballo de silla, característico por su andar suave y cadencioso, que permite al jinete cabalgar sin rebotar sobre la montura.
g. ‖ **~ de paso fino.** m. *PR.* Caballo entrenado para andar en pasos menudos, con un estilo suave y cadencioso. ◆ **caballo de paso taconeado.**
h. ‖ **~ de paso taconeado.** *PR.* **caballo de paso fino.** rur.
i. ‖ **~ de pecho.** m. *Ar.* Caballo de tiro.
j. ‖ **~ rucio.** m. *RD, Ve.* Caballo que tiene el pelaje blanco con pintas negras.
□
a. ‖ **a lo ~.** loc. adv. *Ho, Ni; Ur,* p.u. Intensamente, con fuerza. pop.
b. ‖ **¡ahí, mi caballo!** loc. interj. *Ve.* Expresa alegría ante un hecho o acción acertados.
c. ‖ **~ americano.** loc. sust. *Cu.* Persona corpulenta. pop.

d. ‖ **~ de la bomba.** loc. sust. *Ch.* p.u. Persona corpulenta y con fuerza. pop.

e. ‖ **~ loco.**

   i. loc. sust. *Ni, RD, Co, Pe.* Persona impulsiva que se comporta de forma irreflexiva. pop + cult → espon.

   ii. *Py.* Ladrón callejero que tras cometer el robo corre velozmente.

f. ‖ **~ moro.** loc. sust. *Pa.* Catre muy grande, para dos personas, con palos gruesos y muy fuertes. rur; pop + cult.

g. ‖ **~ negro.** loc. sust. *Mx, Pa.* Candidato o participante que en una rivalidad o **competencia**, *generalmente política o deportiva*, logra imponerse, o da la impresión de poder hacerlo, sin figurar previamente entre los favoritos.

h. ‖ **como ~.** loc. adv. *Ni, Pa, Cu, RD, Ch; Ur.* cult → espon. Mucho, de manera intensa o extremada. pop. (**como un caballo**).

i. ‖ **como ~ de invierno.** loc. adv. *Ch.* p.u. De modo impetuoso, repentino y descortés. pop + cult → espon.

j. ‖ **como ~ de panadero.** loc. adv. *Pa, Ur.* obsol. De manera mecánica o rutinaria. pop + cult → espon.

k. ‖ **como un ~.** *Cu.* **como caballo.** pop.

l. ‖ **de a ~.**

   i. loc. adj. *Bo, Ch, Ur. Referido a persona*, montada en una caballería.

   ii. loc. adv. *Ch. En relación al dominio de un tema o actividad*, con profundidad.

   iii. loc. adj. *Ch. Referido a persona*, que vive en zonas rurales y que adopta la forma de vida campestre.

a. ‖ **~ bueno repite.** fr. prov. *Ch.* Indica que se repite algo para asegurar un nuevo acierto. pop + cult → espon.

▶ **amarrar el ~; andar a ~; andar como ~ cochero; atravesar el ~; bajarse del ~; cabalgar en ~ de hacienda; correr con el ~ del comisario; echar el ~; hacer ~; hacer un ~; ir en ~ de hacienda; parar el ~; parecer ~ cholenco; tenerlos más grandes que el ~ de Maceo.**

caballo, -a.

I. 1. m. y f. *Cu, RD; PR*, pop. Persona hábil, talentosa. ♦ **caballote; duraco; duro; mostro.**

   2. adj. *Ch; Ho*, juv. Estupendo, formidable.

II. 1. m. y f. *Bo. En el futbol*, jugador que realiza acciones bruscas contra los jugadores del equipo adversario. pop + cult → espon.

caballochupa.

I. 1. *Ec.* **caballo chupa.**

caballón, -na.

I. 1. adj/sust. *Mx, Gu, Ni, Pa, Cu; Pe*, p.u. *Referido a persona, generalmente mujer*, alta y robusta. desp.

▶ **ser caballón.**

caballona.

I. 1. f. *ES.* Mujer mandona. desp.

II. 1. *PR.* **cabalonga.** (Apocynaceae; *Thevetia nerifolia*).

caballota.

I. 1. adj/sust. *Pa, Cu.* juv. metáf. *Referido a persona*, muy alta y robusta. pop + cult ^ desp.

caballote, -a.

I. 1. m. y f. *PR.* **caballo**, persona hábil. pop.

caballuno, -a.

I. 1. adj. *Ch. Referido a cosa*, exagerada, excesiva, formidable. pop + cult → espon.

cabalonga.

I. 1. *Mx, Pa.* **haba de san Ignacio.**

   2. f. *Mx, Pa.* Fruto y semillas de la cabalonga o haba de san Ignacio, en forma de cápsula carnosa del tamaño de una pera, con semillas duras, de corteza córnea, color leonado y volumen como una avella-

na, pero de forma aplastada, de sabor muy amargo; se usan en medicina como purgante y emético por la estricnina que contienen.

   3. *Cu, PR.* Arbusto silvestre, de hojas lineares lanceoladas, flores amarillas y fragantes en forma de campanilla. (Apocynaceae; *Thevetia nerifolia*). ♦ **caballona.**

   4. *Ho, ES.* **secua.**

cabanga.

I. 1. f. *Ni, CR, Pa.* Melancolía causada por la ausencia o pérdida de una persona amada o de una cosa.

II. 1. f. *Pa.* Conserva dulce de corteza de papaya verde, con coco, **guayaba** y otros ingredientes. (**cavanga**).

cabaña.

I. 1. f. *Mx, Ho, Ni, CR, Pa, RD, PR, Co, Ve, Ec, Pe, Bo, Ch, Py, Ar, Ur.* Casa pequeña, *generalmente de una planta y de diseño rústico*, que se construye para el descanso.

   2. *Gu, Ho, ES, Ni, Cu, PR, Ch.* Casa pequeña, *generalmente de una planta*, que se construye dentro de hoteles o centros de recreación para ser alquilada.

II. 1. f. *Mx, Ho, ES, Ni, CR, Bo. En el futbol*, portería.

III. 1. f. *Py, Ar, Ur.* Instalación ganadera en la cual se crían, se cuidan y se exhiben ejemplares extraordinarios en su raza destinados a la venta.

cabañero, -a.

I. 1. m. y f. *Py, Ar, Ur.* Propietario o encargado de una **cabaña**, instalación ganadera. rur.

   2. *Bo.* Propietario o encargado de una **cabaña**, casa pequeña. rur.

cabañuelas.

I. 1. f. pl. *Mx, Ve.* Primeras lluvias de invierno.

a. ‖ **~s chiquitas.** f. pl. *Ho.* Sistema de predicción del tiempo de un año completo que se realiza del 13 al 18 de enero; el tiempo de la mañana del 13 corresponde a enero, el de la tarde a febrero, y así sucesivamente. rur; pop.

cabaretista.

I. 1. f. *Ch; Pa*, p.u. Mujer que actúa y trabaja en un cabaré.

cabarga.

I. 1. f. *Pe.* Envoltura de cuero para proteger, a modo de herradura, las patas del ganado vacuno. rur.

cabe.

I. 1. m. *Pe.* Zancadilla.

II. 1. m. *Gu.* obsol. Oportunidad, momento propicio.

cabeceada.

I. 1. f. *Mx, Gu, Ho, Ni, Pa, RD, Co, Ve, Ec, Pe, Bo, Ch, Py, Ar, Ur.* Movimiento o inclinación que hace con la cabeza quien, sin estar acostado, se va quedando dormido. pop + cult → espon.

   2. *Ho, ES, Ni, CR, Co, Pe, Bo, Py, Ur. En el futbol*, golpe dado al balón con la cabeza.

II. 1. f. *Pe.* Impago de una deuda. pop.

   2. *Pe.* Incumplimiento voluntario del pago de una deuda. pop.

III. 1. f. *Pe.* Mezcla de dos líquidos. pop.

cabeceador, -ra.

I. 1. adj/sust. *Pe. Referido a persona*, que no paga sus deudas. pop. ♦ **cabecero.**

II. 1. sust/adj. *Cu.* Persona encargada de unir las hojas de tabaco por las **cabezas.**

cabeceadora.

I. 1. adj. *Ec. Referido a una cometa*, que por defecto en su hechura, o por turbulencias del aire, cabecea en el vuelo. inf.

cabecear.

I. 1. tr. *Mx, Ho, Ni, Cu; PR*, obsol, rur. Unir hojas de tabaco atándolas por su base.

   2. *Ch.* p.u. Formar las puntas o cabezas de los cigarros.

II. 1. intr. *Cu, Ve:O*. Dudar o titubear ante una decisión.

III. 1. tr. *Pe*. No pagar una deuda. pop.

IV. 1. tr. *Pe*. Mezclar dos líquidos. pop.

V. 1. intr. *Ec*. Oscilar de manera insegura e inestable una cometa en el aire. inf.

VI. 1. intr. *PR*. juv. Practicar sexo oral. vulg; pop.

VII. 1. intr. *CR*. Empezar a formarse el bulbo de ciertas hortalizas como la cebolla y el ajo. rur.

cabeceburro, -a.

I. 1. m. y f. *Ho, ES, Ni, RD*. Persona tonta, a la que le cuesta aprender. desp.

cabeceñas.

I. 1. f. pl. *Ni*. Invenciones, ocurrencias o mentiras.

cabeceño, -a.

I. 1. adj. *Ni. Referido a persona*, aficionada a las cabeceñas.

cabeceo.

I. 1. m. *Ec*. Movimiento oscilante que hace una cometa en el aire. pop.

cabecera.

I. 1. f. *Pe*. Parte de un terreno destinado a cultivo por donde entran los aguas de regadío. rur.

II. 1. f. *Gu*. Dulce de **ayote** cocido con **panela** y **jucu* tes** previamente cocinados con azúcar y canela.

▶ **romper ~ de surco**.

cabecero, -a.

I. 1. m. y f. *Pe. En un periódico*, persona encargada de redactar las cabeceras y titulares de los artículos.

II. 1. *Pe.* **cabeceador**, persona que no paga.

cabecilla.

I. 1. m. *Ec*. Campesino indígena al cual se le confiere potestad para representar a una comunidad o a otra agrupación similar. rur.

II. 1. m. *Bo*. Minero que se contrata para trabajos ocasionales.

III. 1. m. *Bo*. Persona que se encarga de organizar y pagar gastos en una fiesta folclórica. rur.

cabecipelado, -a.

I. 1. adj. *Pa, Cu, PR, Co. Referido a persona*, que no tiene pelo o tiene muy poco. pop.

cabecipeludo.

I. 1. m. *Ve*. Ave de hasta 14 cm de longitud, de color gris oscuro por la parte superior, las alas y la cola, vientre castaño y corona amarilla con plumas rígidas y afelpadas. (Catamblyrhynchidae; *Catamblyrhynchus diadema*).

cabecita.

∎

a. ‖ **~ negra**. m. *Ar, Ur*. Pájaro de hasta 12 cm de longitud, cuyo color de plumaje puede ir del amarillo al oliváceo y en los machos la cabeza es negra. (Carduelidae; *Carduelis magellanica*). ♦ **jilguero peruano**.

cabedor, -ra.

I. 1. adj. *Ar, Ur*. p.u. *Referido a recipiente o a bolso*, de gran capacidad. pop.

cabellar.

I. 1. intr. *CR*. Brotarles el cabello a las mazorcas de maíz. rur.

cabello.

∎

a. ‖ **~ de ángel**.

i. m. *Mx, Bo*. metáf. Filamento que tiene la mazorca de maíz.

ii. *Ch, Ar:N*. Planta parásita que crece *generalmente sobre ramas de vegetación herbácea o arbustiva y árboles pequeños*; tiene propiedades laxantes y diuréticas. (Convolvulaceae; *Cuscuta platyloba*). (**cabellos de ángel**).

iii. *Ar:NE*. Planta parásita, sin clorofila, con ramas de color amarillo enroscadas entre sí, flores blancas y fruto en cápsula. (Convolvulaceae; *Cuscuta indecora*). (**cabellos de ángel**).

iv. *Ve*. Calabacera con fruto de aspecto fibroso y color dorado; es comestible. (Cucurbitaceae; *Cucurbita melanosperma*).

v. *Ec*. Tallarín muy fino.

vi. *Ho*. Enfermedad del maíz producida por el patógeno *Ustilago maydis*, que deforma el grano y lo ennegrece.

vii. *Ni*. p.u. Dulce hecho de huevos y azúcar.

viii. *Pa*. Dulce de papaya que se corta en tiras delgadas.

ix. *Pa*. Filamentos muy finos de caramelo u otra sustancia dulce para adornar o resaltar postres. pop + cult.

b. ‖ **~ de vientre**. m. *Bo*. Pelo del bebé cuando nace.

c. ‖ **~ grifo**. m. *RD, PR*. Pelo rizado.

d. ‖ **~ ondeado**. m. *Cu, RD, PR, Pe, Ur*. Cabello ondulado.

e. ‖ **~s de ángel**. *Ch*. **cabello de ángel**.

f. ‖ **~s de elote**. m. *Mx*. Filamentos o barbas de la mazorca del maíz

▶ **bajarse el ~; traer de los ~s**.

caber.

☐

a. ‖ **no ~ en el pellejo**. loc. verb. *Pa*. Estar notoriamente feliz y orgulloso por alguien o algo.

b. ‖ **no ~ en los calzones de la contentera**. loc. verb. *CR*. Sentirse muy alegre y satisfecho. pop ^ fest.

c. ‖ **no ~ un buey**. loc. verb. *Ho*. Estar orgulloso de alguien o algo.

cabestrazo.

I. 1. m. *Bo*. Golpe muy fuerte, contundente. pop + cult → espon.

cabestrear.

I. 1. tr. *Co, Bo:S*. Llevar a un animal del cabestro.

2. *Ve, Bo:S*. metáf. Dominar, manipular una persona a otra.

3. *Ve*. Guiar una res o una manada de ganado.

4. *Bo:S*. Uncir a un animal, sujetándolo al cabestro.

cabestrero, -a.

I. 1. m. y f. *Ve*. Bestia que va delante de una manada de reses.

cabestrillo.

I. 1. m. *Pe, Ch; Co*, rur. Cordón trenzado con que se amarra o conduce a una caballería o a otro animal.

II. 1. m. *Pa*. Cordón dorado en el que se engarzan escudos y monedas de oro que llevan las mujeres vestidas con el traje típico.

cabestro.

I. 1. m. *Ch; Mx, Gu, ES, Ni, Pa, Co*, rur. Cuerda cuyos extremos están uno atado a la jáquima y el otro sostenido en la mano.

II. 1. m. *PR. En las peleas de gallos*, **gallo tutelar** que se echa al **machero** donde están los gallos jóvenes.

2. *PR. En las peleas de gallos*, gallo de pelea que no deja que los pollos que están en el **machero** se peleen entre ellos.

cabete.

I. 1. m. *PR*. Cabo de metal que se pone en los extremos del cordón de los zapatos para que pueda entrar fácilmente por los ojetes. (**gabete**).

2. *PR*. Cordón del zapato. (**gabete**).

cabeza.

I. 1. f. *Mx, Ni*. Rueda pequeña y dentada de algunos relojes de bolsillo o de pulsera, que sirve para darles cuerda o ponerlos en hora.

II. 1. f. *Ni, Ec, Pe, Bo.* Racimo de frutos de algunas musáceas, como el **plátano** o el **banano**.

2. *Ho.* Espiga o panoja de algunas gramíneas, como el **teocinte** y el **maicillo**.

3. *PR.* Manojo de hojas que forman la corona de la piña. rur.

III. 1. m. *RD, PR, Pe.* Líder, *especialmente el jefe de organizaciones de robo.* delinc.

2. f. *ES.* Persona encargada del terreno donde trabajan varios arrendatarios. rur.

3. *Ho.* metáf. Puesto o cargo de un funcionario o empleado.

IV. (Calco del ingl. *head*).

1. f. *EU:SO.* p.u. Tabla o barandilla que se suele poner en las camas para que no se caigan las almohadas; cabecero.

V. 1. adj. *RD, Bo.* *Referido a persona,* inteligente. pop.

VI. 1. f. *CR, PR; ES,* rur. Bebida alcohólica de mala calidad obtenida en la primera fase de la destilación.

VII. 1. f. *Ho. En el secado del tabaco,* grupo de tres a cinco hojas atadas que cuelgan del **cuje** para su secado.

2. *Ho.* Parte del puro por donde se fuma.

VIII. 1. f. *Ec.* Arzón de la silla de montar. rur.

■

a. ‖ ~ **amarga.** f. *Ar, Ur.* Pez de agua dulce, de color gris o pardo, *generalmente con franjas transversales oscuras,* y una aleta dorsal única muy larga. (Cichlidae; *Crenicichla* spp). ♦ **juanita**.

b. ‖ ~ **amarilla.** f. *Ho, Ni, Ec. En el cultivo del camarón,* enfermedad producida por una bacteria que ataca la cabeza de este crustáceo hasta provocar su muerte.

c. ‖ ~ **clava.** f. *Pe.* Motivo arquitectónico labrado en piedra con forma de cabeza humana con el que culmina una columna, y que se halla empotrado en muros de edificaciones prehispánicas.

d. ‖ ~ **de agua.** f. *CR, Pa.* Masa de agua de grandes proporciones de una crecida de un río.

e. ‖ ~ **de ajo.** m. *Ch.* Persona de cabello canoso. pop + cult → espon ^ fest.

f. ‖ ~ **de bananos.** f. *Ni.* Racimo de **bananos**.

g. ‖ ~ **de bombero.** f. *Ch.* Pene. vulg; fest.

h. ‖ ~ **de candado.** f. *Pa, Co.* Serpiente de hasta 60 cm de longitud, con el cuerpo grueso y corto y un hocico muy pronunciado, de color gris claro con barras oscuras. (Viperidae; *Bothrops nasutus*). ♦ **tamagás**.

i. ‖ ~ **de cebolla.** f. *Ec, Pe; Ur,* obsol. Cebolla, bulbo de la planta.

j. ‖ ~ **de cordero.** f. *Bo.* Sopa que se elabora con cabeza de cordero, arroz, **papas**, zanahorias y cebollas.

k. ‖ ~ **de indio.** f. *ES.* Alambre de púas para cercos.

l. ‖ ~ **de lomo.** f. *Ho, Ni, CR, Bo.* Corte de carne de ganado vacuno del principio del lomo.

m. ‖ ~ **de plátanos.** f. *Ni, Ec, Bo.* Racimo de **bananos**.

n. ‖ ~ **de tuna.** loc. sust/adj. *Bo, Ch.* Cabeza calva o con poco pelo. pop + cult → espon ^ fest.

ñ. ‖ ~ **de zepelín.** f. *EU, Cu.* Cabeza grande y alargada de una persona.

o. ‖ ~ **guateada.** f. *Ar:NO.* Comida consistente en una cabeza de animal, *generalmente vacuno,* que se asa enterrada en un hoyo con brasas o en el horno.

p. ‖ ~ **guineo.** f. *Pa.* Racimo, parte del **guineo** o del plátano de donde penden los frutos. ♦ **cabeza plátano**.

q. ‖ ~ **negra.** f. *Gu, Ho, Ni.* Enfermedad de muchas plantas como el repollo, el **frijol**, la lechuga y el tabaco provocada por el hongo *Sclerotina sclerotiorum* cuyos síntomas característicos son áreas acuosas en el tallo y hojas más cercanas al suelo y que entre 10 y 14 días marchita toda la planta.

r. ‖ ~ **plátano.** f. *Pa.* cabeza guineo.

□

a. ‖ ~ **caliente.**

i. loc. sust. *RD, Ve, Pe, Ch.* Persona, *generalmente joven,* de ideas osadas o revolucionarias.

ii. *Pe.* Persona excitada sexualmente. pop.

iii. *Pe.* Persona indecisa por excesivas preocupaciones. pop.

b. ‖ ~ **de ayote.** loc. sust. *Gu, Ho, ES, Ni, CR.* Persona tonta. desp.

c. ‖ ~ **de clavo.** loc. sust. *EU, Cu.* Mujer negra a la que le crece muy poco pelo.

d. ‖ ~ **de cobre.** loc. sust. *Ch.* Persona de cabello pelirrojo o cobrizo. pop + cult → espon ^ fest.

e. ‖ ~ **de guatusa.** loc. sust. *Ni.* Persona de pelo rojizo.

f. ‖ ~ **de higüera.** *PR.* **cabeza de jigüera**.

g. ‖ ~ **de incendio.** loc. sust. *Ch.* Persona de cabello pelirrojo o cobrizo. pop + cult → espon ^ fest.

h. ‖ ~ **de jigüera.** loc. sust. *RD.* Persona que tiene una cabeza ovalada. pop + cult → espon ^ fest. (**cabeza de higüera**).

i. ‖ ~ **de jícara.** loc. sust. *RD.* p.u. Persona de cabeza pequeña y redonda. pop + cult → espon ^ fest.

j. ‖ ~ **de moroco.** loc. sust. *Bo.* Persona calva.

k. ‖ ~ **de novia.** loc. sust. *Ar, Ur.* cult → espon. Persona muy distraída o despistada. pop.

l. ‖ ~ **de ñame.** loc. sust/adj. *Cu, RD, Ve.* Persona ignorante o torpe. pop + cult → espon ^ desp. ♦ **caco de ñame**.

m. ‖ ~ **de oropéndola.** loc. sust. *Ni.* Persona con el pelo enmarañado.

n. ‖ ~ **de pichí.** loc. sust. *Ch.* p.u. Persona de cabello rubio. pop + cult → espon ^ fest.

ñ. ‖ ~ **de pollo.**

i. loc. sust. *Ni, Ec, Pe, Bo:S, Ch.* Persona olvidadiza. pop + cult → espon.

ii. *Ec, Bo:S.* Persona alcohólica. pop ^ fest.

o. ‖ ~ **de rodilla.** loc. sust. *Ve, Pe, Bo; Ch,* pop + cult → espon ^ fest. | juv. Hombre calvo.

p. ‖ ~ **de tuna** *Ch.* Persona calva o con poco pelo. pop + cult → espon ^ fest.

q. ‖ ~ **floja.** loc. sust. *RD.* Persona que está siempre fuera de lugar. pop + cult → espon.

r. ‖ ~ **llena de pajaritos.** loc. sust. *RD.* Persona que expresa ideas incompatibles con la realidad. pop + cult → espon.

s. ‖ ~ **volada.** loc. sust. *Bo.* Persona que se distrae y olvida las cosas con frecuencia. pop + cult → espon.

t. ‖ ~**(s) de pescado(s).** loc. sust. *Ch.* Dicho o escrito que no tiene sentido o no viene al caso. pop + cult → espon.

u. ‖ **ni la ~ de un guanajo.** loc. adv. *Cu.* En absoluto, de ninguna manera. pop + cult → espon.

▨

a. ‖ **no se puede tapar dos ~s con el mismo sombrero.** fr. prov. *Ho, Ni.* Indica que no se pueden hacer bien dos cosas a la vez o tener dos empleos.

▶ **abrir la ~; arrancar la ~; cortarse la ~; curar la ~; dar ~; dar en la ~; dar por la ~; echar de ~; echarse de ~; hacer ~; irse de ~; jugar ~; jugar hasta la ~; lavar la ~; llenar la ~ de cucarachas; llenarse la ~ de humo; manejar prendida la ~; meter ~; meter la ~ en un cartucho; pararse de ~; parecer ~ de gallina; pedir la ~; picar a la ~ del ala; poner la ~ en un picador; quebrarse la ~; querer ~; sanar la ~; ser ~ de coco; tener ~ de gallina; tener donde meter la ~; tener la ~ llena de musarañas; tirar ~; volver la ~.**

cabezada.

I. 1. f. *Ni, Co, Ec, Bo, Py, Ar, Ur.* Arzón de la silla de montar. rur.

II. 1. f. *RD.* Cornada, embestida del ganado bovino.

cabezal.
    I. 1. m. *Mx, PR, Co, Ar, Pe,* p.u. Cabecera de una cama.
      2. *Ur.* Travesaño sobre el que descansa un larguero.
    II. 1. m. *Ni, CR, Ec.* Vehículo automotor de gran capacidad al que se adapta una plataforma para transportar cargas pesadas.
    III. 1. m. *Ho.* Cada uno de los dos extremos de un puente, constituidos por un muro y un relleno de tierra.

cabezazo.
    I. 1. m. *Co.* Idea brillante. pop.

cabezo.
    I. 1. m. *Ch.* Prolongación exterior de un muelle que se interna en el mar.

cabezón.
    I. 1. m. *PR, Ec, Ch; Pe,* p.u. Pene. vulg; pop + cult → espon ^ fest. (**cabezona**).
      2. *Pe.* juv. Glande. vulg.
    II. 1. m. *Ch.* Bebida con alto contenido alcohólico. pop.
    ▶ **tener ~; tener ~.**

cabezón, -na.
    I. 1. adj/sust. *Ho, ES, Pa, RD, PR, Co, Ve, Pe, Bo, Ar. Referido a persona,* tonta, torpe. pop + cult → espon ^ desp.
      2. *ES, Pa. Referido a persona,* terca, obstinada. pop + cult → espon ^ desp.
    II. 1. adj. *Co, Ve, Pe. Referido a persona,* preocupada o dubitativa. pop + cult → espon.
      2. *Ec. Referido a persona,* harta, muy cansada. pop + cult → espon.
    III. 1. adj. *Bo; Ni,* juv; sat; *Ch,* pop + cult → espon. *Referido a persona,* muy inteligente.
      2. m. y f. *Gu, ES.* Persona importante en lo social, político o administrativo.
    IV. 1. adj. *Ch. Referido a un asunto,* que implica un gran esfuerzo intelectual o conlleva muchos problemas. pop + cult → espon.
    V. 1. sust/adj. *Ec.* Cabellera despeinada, sucia y descuidada. pop.

cabezona.
    I. 1. f. *Ho, ES, Ni.* **cabezón**, pene.
    II. 1. *Ni.* **caguama**, tortuga.

cabezote.
    I. 1. m. *Cu.* Piedra grande sin labrar; se emplea en la construcción.
    II. 1. m. *Cu.* Dulce hecho de masa esponjosa de harina de trigo, huevos y azúcar que, después de horneada, se empapa en almíbar.
    III. 1. m. *RD.* Parte delantera de camiones o vehículos de carga y remolque.
      2. *RD.* Camión sin cama pero con remolque para ser enganchado a las plataformas sobre las que se disponen los contenedores que se utilizan para el transporte marítimo.
    IV. 1. m. *PR.* Cabezada de cordel o cuero que se pone a las vacas o a los toros para sujetarlos, *especialmente cuando se conducen en una exposición ganadera.* rur.
    V. 1. m. *Pa.* Adaptador de metal que permite la salida del gas butano de su recipiente.

cabezudear.
    I. 1. intr. *Py, Ar:NE.* Hacer travesuras un niño. pop.

cabezudo, -a.
    I. 1. adj/sust. *Py; Ar:NE,* pop. *Referido a un niño,* revoltoso y travieso.
    II. 1. adj/sust. *RD; Ur,* p.u. *Referido a persona,* terca, testaruda, obstinada, persistente.
    III. 1. adj. *Py.* metáf. *Referido a persona,* que lleva vida licenciosa.

cabiblanco, -a.
    I. 1. adj. *Ve. Referido a un caballo o a una yegua,* que tiene las cuatro patas blancas.

cabic. (Del maya *kabic*).
    I. 1. *Mx:SE.* **kabic**.

cabida.
    ▶ **tener ~.**

cabildante.
    I. 1. m-f. *Co, Ve; Pe,* obsol. Concejal, miembro de una corporación municipal.

cabildear.
    I. 1. intr. *Ve.* Bramar el ganado, por temor o porque percibe la sangre de una res muerta.

cabildeo.
    I. 1. m. *Ve.* Grupo de ganado reunido que brama por temor.
    II. 1. m. *Pa. En política,* hacer antesala ante el despacho de alguien poderoso para solicitarle algo.

cabildio.
    I. 1. m. *PR.* Corporación municipal. rur; pop.

cabildo.
    I. 1. m. *Mx, Co, Ec, Bo.* Concejo de autoridades de una comunidad indígena.
      2. *Mx, Bo.* Espacio al aire libre o habitación grande donde celebra sus sesiones el cabildo o consejo de autoridades.
    II. 1. m. *Ve.* Reunión espontánea de ganado vacuno en la sabana o terreno plano.
    ■
    a. ‖ **~ abierto.** m. *Ho, ES, Ni, CR, Pa, Ec, Bo; Ur,* obsol. Sesión de la corporación municipal a la que puede asistir y en la que puede participar cualquier vecino del municipio.

cabildrio.
    I. 1. m. *PR.* Enfermedad en el ojo del gallo.

cabilla.
    I. 1. f. *Cu, Ve.* Varilla de hierro usada en la construcción.
      2. *Cu.* metáf. Pene. vulg; pop + cult → espon.
    ▶ **dar ~.**

cabillazo.
    I. 1. m. *Cu, Ve.* Golpe dado con una **cabilla**.

cabima.
    I. 1. f. *Pa.* Aceite extraído del tronco del **cabimo** para curar el ombligo de los recién nacidos.

cabimbo.
    I. 1. *RD.* **tecopalcalhuite**.

cabimo.
    I. 1. *Pa, Ch.* **camíbar**, árbol.

cabina.
    I. 1. f. *RD.* Árbol de hasta 25 m de altura, de madera amarilla clara, grato olor y fácil de labrar. (Meliaceae; *Cedrella angustifolia*).
    II. 1. f. *CR.* Casa pequeña que se construye cerca de la costa para **vacacionar**.
    ■
    a. ‖ **~ de Internet.** f. *Pe.* Cubículo equipado con una computadora para el acceso a Internet.
    b. ‖ **~ doble.** f. *Gu, Ho, ES, Ni, RD. En los vehículos de carga,* cabina con dos filas de asientos. (**doble cabina**).
    c. ‖ **doble ~.** *Pa, Ec, Bo, Ur.* **cabina doble**.

cabinero, -a.
    I. 1. m. y f. *Ec; RD, Co,* obsol. Auxiliar de vuelo, persona que en los aviones atiende a los pasajeros y a la tripulación.

cabinza.
    I. 1. f. *Pe, Ch.* Pez marino de hasta 30 cm de longitud, de cuerpo fusiforme y fuertes escamas, color gris plateado en los flancos, un poco más oscuro en el dorso. (Haemulidae; *Isacia conceptionis*).

cabique.
    I. 1. m. *ES.* Casa construida en zonas costeras bajas y lacustres sobre postes o pilares de cemento.

cabirma.

■

   a. ‖ ~ **aromática.** f. *RD.* Árbol de hasta 12 m de longitud, de tronco con corteza lisa, de color gris claro, hojas aovado-lanceoladas o elípticas, cuyo fruto maduro es de color azul oscuro o negro. (Lauraceae; *Nectandra coriacea*). ♦ **laurel avispillo.**

cabito.

   I. 1. m. *RD.* p.u. Colilla de cigarrillo. pop + cult → espon.

   II. 1. adj. *Ni.* juv. *Referido a persona,* inculta, rústica.

cabizbundo, -a. (De *cabizbajo* y *meditabundo*).

   I. 1. adj. *Ho, ES. Referido a persona,* cabizbaja. cult → esm ^ fest.

cable.

   I. 1. m. *ES* pop + cult → espon; *Cu,* juv. Pene. vulg.

□

   a. ‖ ~ **a tierra.** loc. sust. *Co, Ch, Ar, Ur.* metáf. Persona o cosa que sirve a alguien para que sea más realista en situaciones poco claras.

   ▶ **andar con los ~s cruzados; andar con los ~s pelados; comer ~; comerse un ~; estar con los ~s pelados; morder el ~; pelarse los ~s; tener los ~s pelados; tener un ~ a tierra; tirar un ~; tragar ~; tragarse un ~.**

cableada.

   I. 1. f. *Mx, Ho, Ec; Ni,* p.u. Instalación de cables.

cablería.

   I. 1. f. *ES, Cu, PR, Ec, Ch, Ur.* Conjunto de cables. (**cablerío**).

cablerío.

   I. 1. f. *ES, Cu, PR, Ec, Ch, Ur.* **cablería.**

cablero.

   I. 1. m. *Ho. En las compañías bananeras,* obrero que coloca los racimos de **banano** en los cables transportadores.

cablero, -a.

   I. 1. m. y f. *Ho.* Persona que recoge y selecciona los cablegramas que llegan a la redacción de un periódico.

cablotal.

   I. 1. m. *Ho.* Terreno poblado de **cablotes.**

cablote.

   I. 1. *Ho, ES, Ni.* **caulote.**

cabo.

   I. 1. m. *Mx, Cu, RD, PR.* Colilla de puro.

   2. *Ho, Ni, Cu, RD, PR, Ve.* **pucho,** colilla de cigarrillo.

   II. 1. m. *Mx, Ho, ES, Ni.* Pedazo de cuerda o cuero que cruza el mango de un machete para amarrarlo a la muñeca. ♦ **maitún; pollera.**

   III. 1. m. *Ar, Ur.* Parte de la pata de un caballo, desde la rodilla y el garrón hasta el casco. rur.

   IV. 1. m. *RD.* Rango de **alistado** en el ejército o la política.

   V. 1. m. *ES.* Cuerno de cuadrúpedo, *en especial del ganado vacuno,* cuando está empezando a salir. rur.

   VI. 1. m. *PR.* Timón de las embarcaciones de vela.

■

   a. ‖ ~ **de azada.** m. *PR.* Guineo verde hervido. rur; pop ^ desp.

   b. ‖ ~ **de hacha.** m. *Mx, Gu, Ho, ES, Ni, PR, Ec.* Árbol de hasta 10 m de altura, de hojas alternas, flores de color blanco verdoso, fruto en cápsula globosa, de verde a marrón, y semillas con un arilo anaranjado o rojo; se utiliza como antiparasitario, y su madera en carpintería y ebanistería. (Meliaceae; *Trichilia hirta, T. americana*).♦ **cedrillo; matapiojo.**

   c. ‖ ~ **de mes.** m. *ES, Bo.* Misa de difuntos que se celebra al mes del fallecimiento de una persona.

   d. ‖ ~ **de pluma.** m. *ES, PR.* Mango para plumas de acero.

   e. ‖ ~ **de tabaco.** m. *ES, RD, PR.* Colilla, resto de cigarro.

   f. ‖ ~ **policía.** m. *ES, Bo, Py. En el ejército,* soldado que dirige la limpieza y la formación de las compañías durante un tiempo determinado.

   g. ‖ ~ **ranchero.** m. *ES, Bo. En el ejército,* soldado que supervisa el trabajo de cocina por un tiempo determinado.

□

   a. ‖ **¡por un ~ de jumazo!** loc. interj. *PR.* Expresa sorpresa de alguien. pop + cult → espon.

   ▶ **meterse como ~ de hacha; picar los ~s; tener un ojo fumando y otro esperando el ~; tirar el ~; tirar un ~.**

cabotaje.

   I. 1. m. *PR, Ch, Py, Ar, Ur.* Transporte aeronáutico pagado, entre puntos de un mismo Estado. cult.

cabra.

   I. 1. f. *Co.* Instrumento punzante, *utilizado generalmente por delincuentes.*

   II. 1. f. *Co:N. En el juego del dominó,* ficha que se juega equivocadamente.

   III. 1. f. *Ni.* juv. Bicicleta vieja y destartalada.

   IV. 1. f. *CR.* juv. Novia. pop + cult → espon.

■

   a. ‖ ~ **cimarrona.** f. *RD.* Arbusto de hasta 7 m de altura, de ramas angulosas y verdes, hojas anchas y flores solitarias, verdosas o amarillas, y drupa esférica de color rojo brillante. (Celastraceae; *Schaefferia frutescens*).

   ▶ **echar las ~s; estar ~; irse las ~s; meter las ~s al corral; ponerse ~; ser ~; írse las ~s.**

cabrayuyo.

   I. 1. m. *Ar:NO.* Arbusto de hasta 3 m de altura, de tallos cubiertos de espinas, hojas alternas, ovadas, suavemente lobuladas, pubescentes, flores azules o moradas y fruto amarillo en baya. (Solanaceae; *Solanum* spp.). ♦ **friegaplatos; lavaplatos; palo de chincho; tapalayote.**

cabreado, -a.

   I. 1. adj. *Ni, Ch.* juv. Complicado, difícil de realizar.

cabreador, -ra.

   I. 1. sust/adj. *Gu.* meton. Persona o animal cobarde o que rehúye el trabajo.

cabrear(se).

   I. 1. intr. prnl. *Pa, Bo, Py; Ch,* pop + cult → espon. Hastiarse, aburrirse *una persona* de algo o de alguien.

   2. tr. *Bo, Ch, Py; Pa,* pop + cult → espon. Hastiar, aburrir a *alguien.*

   II. 1. intr. prnl. *Pe.* Acobardarse. pop.

   2. intr. *Gu.* Esquivar la lucha o el esfuerzo una persona o un animal.

   III. 1. tr. *RD, Pe.* Esquivar engañosamente, *especialmente en juegos deportivos o infantiles.*

   IV. 1. tr. prnl. *Ni.* Preocuparse de alguien o algo, estar alerta.

   V. 1. intr. *ES.* Corretear un niño.

cabreazón.

   I. 1. f. *Pa.* Irritación, enfado. pop + cult → espon.

cabrera.

   I. 1. adj. *Ch. Referido a persona,* aburrida, hastiada. pop + cult → espon ^ fest.

cabrería.

   I. 1. f. *Ch.* Crianza y comercio de ganado caprino.

   II. 1. f. *Ch.* Multitud de **cabros,** niños.

cabrerillo.
    I. 1.   m. *PR. En las peleas de gallos,* gallo de pelea que no deja que los pollos que están en el **machero** se peleen entre ellos. ♦ **cabresto.**

cabrerío.
    I. 1.   m. *Ch.* Multitud de **cabros,** niños. pop + cult → espon.

cabrero, -a.
    I. 1.   adj. *Ar, Ur. Referido a persona,* que está de mal humor y con ánimo agresivo o predispuesta a la pelea. pop + cult → espon.
       2.   sust/adj. *Ar, Ur.* Persona que se enoja o irrita con facilidad. pop + cult → espon.

cabresteado, -a. (Metát. de *cabestreado*).
    I. 1.   adj. *Mx, Ni, Pa, Ur.* Cabestreado, caballería amansada. rur.
       2.   *Bo:S. Referido a animal, generalmente a un equino,* que lleva el cabestro.
       3.   *Bo:S.* metáf. *Referido a persona,* dominada por otra.

cabrestear. (Metát. de *cabestrear*).
    I. 1.   intr. *Mx, Ve, Ch, Py, Ar, Ur.* Seguir sin resistencia una cabalgadura a quien la lleva del cabestro. rur.
       2.   tr. *Mx, Ni, Pa, Ve.* Amansar a un animal caballar o vacuno. rur.
       3.   *Ve.* Guiar una res o una manada de ganado.
       4.   *Ve.* metáf. Gobernar, dirigir, guiar *alguien* a *una persona.*
       5.   *Ni.* Poner el lazo al ganado vacuno o caballar. rur.

cabrestero. (Metát. de *cabestrero*).
    I. 1.   m. *Ve.* Peón que guía a una manada de ganado.

cabrestero, -a. (Metát. de *cabestrero*).
    I. 1.   m. y f. *Ve.* Bestia que va delante de la manada.

cabresto. (Metát. de *cabestro*).
    I. 1.   m. *Mx, ES, Ni, Ve, Ec, Py, Ar, Ur.* Cuerda que se fija a la cabeza o al cuello de una caballería para llevarla o asegurarla. rur.
    II. 1.   *PR.* **cabrerillo.**

cabretear.
    I. 1.   tr. *RD.* Coquetear una joven en busca de amoríos.

cabria.
    I. 1.   f. *Ve.* Torre de pozo petrolífero.

cabrilla.
    I. 1.   f. *Mx, ES, Ni, Ch.* Pez de hasta 50 cm de longitud, con cuerpo alargado y manchas rojizas o con listas perpendiculares rojizas; su carne es comestible. (Serranidae; *Serranus cabrilla*).
       2.   *PR.* Pez marino, de color aceitunado oscuro, con las aletas ventrales rojizas y las pectorales amarillas, y la piel llena de pequeñas estrellas; su carne, blanca y suave, es muy apreciada. (Serranidae; *Serranus apiarus*).
    II. 1.   f. *Co.* p.u. **timón,** volante de un vehículo.
    III. 1.   m. *Pe.* Hombre homosexual. pop.

cabrillazo.
    I. 1.   m. *Co.* p.u. Movimiento brusco del timón de un carro por alguna eventualidad.
       2.   *PR.* Movimiento brusco de una embarcación por la marejada o por el viento. (**cabriyazo**).

cabrillear.
    I. 1.   tr. *PR.* Cabecear bruscamente una embarcación por la marejada y el viento.

cabrilleo.
    I. 1.   m. *PR.* Movimiento brusco de una embarcación por la marejada o por el viento.
       2.   *PR.* Serie de olas muy seguidas.

cabriola.
    I. 1.   f. *RD.* Travesura. pop + cult → espon.

cabrita.
    I. 1.   f. *Ch.* Grano de maíz tostado y reventado, que puede aderezarse con azúcar derretida, sal o mantequilla.
    II. 1.   f. *Ch.* obsol. Carruaje ligero de dos ruedas tirado por un caballo.

cabritilla.
    I. 1.   m. *Pe.* Hombre homosexual. pop.

cabrito.
    I. 1.   m. *ES.* Dado. pop.
    ▶ **buscar como un ~ que no encuentra a su madre; hacerse el ~.**

cabriyazo.
    I. 1.   *PR.* **cabrillazo,** movimiento brusco de una embarcación.

cabro.
    I. 1.   m. *Pe.* Hombre homosexual. vulg; pop + cult → espon.
       2.   *CR.* Pareja de un hombre homosexual. vulg; pop + cult → espon ^ desp.
    II. 1.   m. *ES.* metáf. Chulo de una prostituta. prost.
    III. 1.   m. *PR.* Limón agrio, con la cáscara muy arrugada y de mayor tamaño que el común. rur.

cabro, -a.
    I. 1.   adj/sust. *Ho, Ni, PR.* metáf. *Referido a persona,* ágil, que sube o salta con facilidad. pop + cult → espon.
    II. 1.   m. y f. *Ch.* Niño, muchacho. pop + cult → espon.
    III. 1.   adj. *PR.* juv. *Referido a persona,* impertinente.
    IV. 1.   m. y f. *CR.* Persona con la que se mantiene una relación amorosa más o menos formal. pop + cult → espon.

    □
    a. ‖ ~ **chico.**
       i.   loc. sust. *Ch.* Niño, *en especial cuando es pequeño.* pop + cult → espon.
       ii.   loc. adj/sust. *Ch. Referido a un adulto,* que se comporta con poca reflexión e inmadurez. pop + cult → espon.
    b. ‖ ~ **pijiado.** loc. sust. *ES.* Persona golpeada. pop.
      ♦ **cabro vergueado.**
    c. ‖ ~ **vergueado.** *ES.* **cabro pijiado.**

cabrón.
    I. 1.   m. *Ve, Ec, Ch; Bo,* pop + cult → espon ^ desp; *Pe,* p.u. Hombre que obtiene beneficios de la prostitución de mujeres. vulg.
    II. 1.   m. *Cu.* Hombre experimentado y astuto. pop + cult → espon.
    III. 1.   m. *PR.* Arbusto de bellas flores blancas cuyo olor participa a la vez del azahar y del jazmín. (Rubiaceae; *Randia* spp).

cabrón, -na.
    I. 1.   adj/sust. *Mx, Ho, ES, Ar, Ur. Referido a persona,* que tiene mal carácter. desp.
       2.   adj. *ES, Cu. Referido a persona,* irritada, molesta. pop + cult → espon ^ desp.
       3.   *ES, Cu. Referido a persona,* poco agraciada. pop + cult → espon.
       4.   *Cu. Referido a cosa,* fea o de mala calidad. pop + cult → espon.
    II. 1.   adj. *Mx, Gu, Ho, ES, Ni, Pa, PR. Referido a cosa,* que produce perjuicio o supone molestia y dificultad. vulg.
       2.   *RD, PR,* est; *Ch,* pop + cult → espon. | juv. *Referido a una tarea,* compleja, difícil.
    III. 1.   adj/sust. *Mx, Gu, ES, Ni. Referido a persona,* amiga inseparable. vulg; afec.
    IV. 1.   adj/sust. *Pe. Referido a persona* cobarde.
    V. 1.   adj. *ES, PR, Bo.* juv. *Referido a persona o cosa,* extraordinaria, excelente.
       2.   adj/sust. *RD. Referido a persona,* muy fuerte. pop + cult → espon.

VI. 1. m. y f. *Bo.* Persona que propicia las relaciones sexuales de otras para obtener algún beneficio. pop + cult → espon.

▶ **estar cabrón.**

cabrona.

I. 1. f. *Bo, Ch.* Mujer que regenta un prostíbulo. vulg.

cabronazo.

I. 1. m. *Mx.* Golpe fuerte. vulg.

cabronear.

I. 1. tr. *CR.* obsol. Consentir en alguien un comportamiento reprochable. rur.

cabronería.

I. 1. f. *EU, Cu, RD, PR.* Maldad, agresión, ofensa. vulg; pop + cult → espon.

cabroso, -a.

I. 1. adj. *RD.* juv. *Referido a cosa o asunto,* duro, difícil.

cabuche. (Del fr. *caboche,* cabeza).

I. 1. m. *Mx.* Brote de la flor de la biznaga; es comestible.

cabuda.

I. 1. f. *Ho, ES.* Contribución económica voluntaria de varias personas para un fin común. ♦ **ajustadilla.**

▶ **hacer la ~.**

cábula. (De *cábala*).

I. 1. f. *Mx.* Atrevimiento, osadía.

2. adj. *Mx. Referido a una persona o a sus hechos y dichos,* que muestra o transmite una actitud atrevida, irreverente, osada.

3. m-f. *Mx.* Persona que actúa malintencionadamente a fin de perjudicar a otra o burlarse de ella. euf; pop + cult → espon.

4. f. *Mx.* Lío, intriga, enredo, sucedido, *generalmente de escasa consistencia o falso.*

II. 1. f. *Cu, RD, PR, Ve:O; Ar,* pop; *Py,* rur; *Ur,* p.u, pop; *Pa,* rur, pop. Superstición basada en el uso de determinado amuleto o ritual para tener buena suerte en algo.

2. *Cu, RD, Ve:O; Py; Pa,* rur, pop. Superstición, creencia extraña a la fe religiosa y contraria a la razón.

3. f. pl. *PR. En las peleas de gallos,* supersticiones premonitorias de algunos **galleros** que apuestan basados en ciertas características del animal que consideran de buena o mala suerte.

III. 1. f. *Mx, ES, Ni, Pa, RD.* p.u. Treta, engaño o mentira.

IV. 1. f. *ES.* Precaución o cuidado.

▶ **dar ~.**

cabulear.

I. 1. tr. *Mx.* Hacer objeto a *alguien* de una broma o burla ingeniosa, leve, entre amigos. pop + cult → espon.

2. *Mx.* Fastidiar o herir a *alguien* mediante burlas o ridiculizaciones ofensivas. pop + cult → espon.

3. intr. *Mx.* Bromear amistosamente con chispa y agudeza en un clima de buena avenencia. pop + cult → espon.

II. 1. tr. *Mx, Ni, Pe.* p.u. Embaucar, engañar. pop.

III. 1. intr. *Ar.* Realizar **cábulas,** acciones supersticiosas. pop.

cabuleo.

I. 1. m. *Mx.* Intercambio de bromas cordiales con chispa y agudeza entre personas bien avenidas. pop + cult → espon.

2. *Mx.* Cotilleo, charla intrascendente y superficial sobre asuntos *generalmente baladíes.* pop + cult → espon.

3. *Mx.* Broma o agudeza ocurrente. pop + cult → espon.

cabulero, -a.

I. 1. adj/sust. *PR; Py, Ar, Ur,* pop; *Py,* rur. *Referido a persona,* supersticiosa, aficionada a las **cábulas.**

II. 1. sust/adj. *Ni.* Persona mentirosa.

cabulista.

I. 1. m-f. *Pa, RD.* Cabalista. rur; pop.

cabullera.

I. 1. *Ve.* **cabuyera,** conjunto de las **cabuyas** de la hamaca.

cabullero, -a.

I. 1. *Ho.* **cabuyero,** persona que ata con una **cabuya.**

cabuloso, -a.

I. 1. adj/sust. *RD; Pa,* rur; pop. *Referido a persona,* que cree en **cábulas,** supersticiosa.

2. m. y f. *PR. En las peleas de gallos,* persona que interpreta supersticiosamente algunas características de los gallos de pelea, y apuesta según esa interpretación.

caburé. (Voz guaraní).

I. 1. m. *Py, Ar, Ur.* Ave rapaz nocturna de hasta 18 cm de longitud, de color pardo, fino listado blanquecino en la cara y coronilla, cuerpo redondo y fuerte y pico agudo. (Strigidae; *Glaucidium brasilianum*). ♦ **cuatro ojos; lechucita listada; rey de los pájaros; sorococo; sumurucuco.**

cabús. (Del ingl. *caboose*).

I. 1. m. *Mx.* Último vagón de un tren de carga para uso de los tripulantes.

II. 1. m. *EU.* metáf. Hijo nacido tardíamente.

cabuya. (De or. ind. antillano).

I. 1. f. *CR, Pa, RD, PR, Co, Ec, Pe, Bo.* **fique,** planta.

2. *CR, PR, Ec.* **henequén,** fibra.

3. *Gu, Pa.* Planta silvestre de hasta 2 m de altura, con penca gruesa, hojas muy largas y espinosas por los bordes y flores de color verde brillante; se utiliza en la medicina tradicional y de los nervios de las hojas se extraen fibras largas para hacer sogas. (Amaryllidaceae; *Agave leotonae, A. fourcroydes, A. sisalana*).

II. 1. f. *Ho, Ni, Pa, RD, PR, Co, Ve, Ec, Pe.* Soga o cuerda fabricada con la fibra de la planta de **pita, cabuyo** o **penco.**

2. *RD, PR.* Cordón trenzado usado para bailar un trompo.

III. 1. f. *ES.* Colilla de cigarro o puro.

IV. 1. f. *ES.* Persona o cosa inútil o de escaso valor.

V. 1. f. *Ho.* Rumor infundado, chisme.

◧

a. ‖ **unos a la bulla y otros a la ~.** fr. prov. *Ho, Ni.* Indica que alguien se aprovecha de las situaciones caóticas.

▶ **comer ~; dar ~; enredar la ~; irse con la ~ en la pata; tener de esa ~ un rollo.**

cabuyal.

I. 1. m. *Ec.* Terreno plantado de **cabuyas.**

cabuyera.

I. 1. f. *PR, Ve.* Conjunto de las **cabuyas** que lleva la hamaca en cada extremo. (**cabullera**).

2. *Ec.* Sitio destinado a remojar y extraer la fibra de las hojas del **cabuyo** o **penco.** rur.

cabuyería.

I. 1. f. *Ve.* obsol. Conjunto de cabos menudos.

II. 1. f. *Ni.* p.u. Negocio en el que se hace o se vende **cabuya.**

cabuyero, -a.

I. 1. sust/adj. *Ec.* Persona que trabaja con las hojas de **penco** para sacar la fibra llamada **cabuya.** rur.

2. *Ho.* Persona que ata con una **cabuya** las bolsas que cubren el racimo de **bananos.** (**cabullero**).

cabuyo.
    I. 1. m. *Ec.* Agave, pita. ◆ **pajpa.**

cabuyón.
    I. 1. m. *PR.* Cordel o soga grande y fuerte.

caca.
    ■
        a. ‖ ~ **de chucho.** f. *ES.* **algarrobo.** (Fabaceae; *Hymenaea courbaril*).
        b. ‖ ~ **de mico.** f. *Gu, ES.* Arbusto de hojas opuestas, ovaladas, ásperas por arriba y aromáticas, flores lilas o blancas y fruto carnoso, negro azulado, con una semilla grande. (Verbenaceae; *Lantana involucrata*). ◆ **caca de mono; santamaría.**
        c. ‖ ~ **de mono.** *Mx.* **caca de mico.**
    ▶ creerse la ~; dar ~; echar las ~s; irse en ~.

cacachar(se).
    I. 1. intr. *Bo.* Defecar, evacuar los intestinos, *especialmente un niño.* inf; pop + cult → espon.
    2. intr. prnl. *Bo.* Evacuar excrementos involuntariamente, *especialmente un niño.* pop.

cacacho, -a.
    I. 1. m. y f. *Bo.* Niño de corta edad.

cacagua. (Apóc. de *cacahuanance*).
    I. 1. f. *Ho.* **cacahuanance.**

cacaguanance.
    I. 1. *Ho.* **cacahuanance.**

cacaguatal.
    I. 1. *Mx, Gu, Ho, Ni.* **cacahuatal.**

cacahuacentli. (Voz nahua).
    I. 1. *Mx.* **cacahuacintle.**

cacahuacintle. (Del nahua *cacahuacentli,* mazorca o piña de cacao).
    I. 1. m. *Mx.* Variedad de maíz de altura, de grano más redondo, blanco y suave que la común; se utiliza para hacer **tamales,** bizcochos, **pinole** y **alfajores.** (*cacahuacentli*).

cacahuanance. (Del nahua *cacahuatl,* cacao, y *nantzín,* madrecita).
    I. 1. *Mx, Gu, Ho, ES.* **matarratón.** (**cacagua; cacaguanance**).

cacahuatal.
    I. 1. *Mx, Gu, Ho, ES, Ni.* Plantación de **cacahuates.** (**cacaguatal**).

cacahuate. (Del nahua *tlalcacahuatl*; de *tlalli,* tierra, y *cacahuatl,* cacao: caco de tierra).
    I. 1. m. *Mx, Ho, Ni.* Cacahuete, planta papilionácea.
    2. *Mx, Ho, Ni.* Fruto del cacahuate.
    II. 1. m. *Mx, Ho, ES, Ni.* Persona o cosa de poco valor, insignificante.
    ▶ importar un ~; irse el ~ a la cabeza; subirse el ~ a la cabeza; valer un ~.

cacahuero, -a.
    I. 1. m. y f. *Pa; Ec:O,* p.u. Persona que se dedica al cultivo y a la comercialización del cacao.
    2. *Ec:O.* p.u. Propietario de una finca de pequeña extensión dedicada al cultivo del cacao.

cacahuillo.
    I. 1. m. *Pe.* Árbol de hasta 20 m de altura, de tronco con protuberancias y corteza áspera de color pardo, hojas simples y alternas, de láminas coriáceas; la pulpa de su fruto maduro es comestible y se usa en la preparación de bebidas refrescantes. (Sterculiaceae; *Theobroma subincatum*).

cacaíllo.
    I. 1. *PR.* Árbol de gran tamaño, de corteza castaña, hojas grandes y elípticas y flores en pequeñas ramas de color amarillo; muy usado en construcciones por la extrema dureza de su madera. ◆ **guayarte.**

cacaíto.
    I. 1. m. *RD.* Bombón de chocolate.

cacajuil.
    I. 1. *RD.* p.u. **marañón,** árbol.

cacal.
    I. 1. m. *ES.* p.u. Lugar lleno de caca o mierda. vulg.
    2. adj. *ES.* p.u. Relativo a la caca o mierda. vulg.

cacalichuche. (Del nahua *cacalotl,* cuervo, y *xochitl,* flor).
    I. 1. m. *Mx, Gu, Ho.* Árbol de hasta 8 m de altura, de hojas alternas, coriáceas, inflorescencia axilar, flores fragantes de diferentes colores y fruto en forma de vaina; se utiliza en la medicina tradicional. (Apocynaceae; *Plumeria rubra*). ◆ **alhelí rojo; cacalojoche; cacalosúchil; calachuche; chacnicté; champotonera; ensalada; escuijoche; flor blanca; flor de la cruz; flor de señora; flor mestiza; frangipani; guiechachi; nicté; nopinjoyó; sabanicté; suche; suche plumero; tabasqueña; virsúchil.**

cacalojoche. (Del nahua *cacalotl,* cuervo, y *xochitl,* flor).
    I. 1. *Mx, Ni.* **cacalichuche.**

cacalosúchil. (Del nahua *cacalotl,* cuervo, y *xochitl,* flor).
    I. 1. *Mx:SE.* **cacalichuche.**

cacalota. (Del nahua *tlacaellotl,* angustia o aflicción).
    I. 1. f. *Ni.* Asunto o problema de difícil solución. rur.
    2. *Ni.* Preocupación obsesiva por algo.

cacalote.
    I. (Del nahua *cacalotl,* cáscara de nuez).
    1. m. *Mx, Gu, Ho, ES, Ni, CR.* Grano de maíz estallado por acción del calor, que adquiere una forma irregular, color blanco y textura crujiente y muy ligera.
    II. (Del nahua *cacalotl,* cuervo).
    1. m. *Mx, Ho, Ni.* Cuervo americano hasta de 71 cm de longitud; los machos y las hembras tienen coloración similar, en gran parte negra; es omnívoro, come carroña, huevos, pichones de otras aves, frutos, nueces y granos. (Corvidae; *Corvus corax*). ◆ **cuervo.**
    III. 1. m. *Pa.* Coscorrón. pop ^ fest.

cacamuca. (Del misq.).
    I. 1. *Ni.* **iguana.** (Iguanidae; *Iguana iguana*).

cacana.
    I. 1. f. *Pe.* Persona o cosa sin valor. pop ^ desp.

cacanero.
    I. 1. m. *Pe.* Hombre homosexual activo. vulg; pop.

cacao. (Del nahua *cacahua*).
    I. 1. m. *Co, Ve; Ec,* obsol. Persona, *generalmente empresaria,* adinerada y con grandes influencias. pop.
    II. 1. adj. *Ch.* Fácil. pop.
    ■
        a. ‖ ~ **chuncho.** m. *Pe.* Árbol de hasta 4 m de altura, de hojas con pelos erizados, flores vistosas y fruto en forma de baya alargada; su fruto es de calidad superior a los de las otras especies de la familia. (Malvaceae; *Theobroma mariae*).
        b. ‖ ~ **de tierra.** *ES.* Cacahuete.
        c. ‖ ~ **roseta.** *PR.* **cacaotillo.**
        d. ‖ ~ **sabanero.** m. *Co.* Árbol de hasta 3 m de altura, de hojas oblongo-lanceoladas, grandes flores acampanadas, colgantes, muy fragantes, de color blanco con tonalidades rojas o amarillas; semilla es rica en alcaloides y se emplea como alucinógena. (Solanaceae; *Datura arborea*). ◆ **botarrama; campana; flor de mayo; flor de rayo; flor del hibisco.**
    □
        a. ‖ **gran ~.** loc. sust. *Ve; Ec,* obsol. Persona adinerada y con influencias.
    ▶ coger ~; dárselas de gran ~; no haber ~; pedir ~; tener ~; valer un ~.

cacaotal.
  I. 1. m. *Mx, Ho, ES, Ni, Pa, RD, Co, Ve.* Terreno poblado de árboles de cacao.

cacaotalero, -a.
  I. 1. *RD.* **cacaotero**, persona.

cacaotero.
  I. 1. m. *Mx, Cu, RD.* Árbol del cacao.

cacaotero, -a.
  I. 1. m. y f. *Mx, Cu, RD, Co, Ec, Bo.* Persona que cultiva cacao. ♦ **cacaotalero**.
  2. adj. *Mx, Co, Ec, Bo.* Relativo al cacao.

cacaotillo.
  I. 1. m. *PR.* Árbol de gran tamaño, de corteza castaña, hojas grandes y elípticas y flores en pequeñas ramas de color amarillo; muy usado en construcciones por la extrema dureza de su madera. (Elaeocarpaceae; *Sloanea berteriana*). ♦ **cacao roseta**; **matillo**; **motillo**.

cacaranoso, -a.
  I. 1. adj. *RD. Referido a persona*, que tiene **ñáñaras**, arañazos infectados.

cacarañaco.
  I. 1. m. *ES. Entre militares*, recluta. desp.

cacarañado, -a.
  I. 1. *PR.* **cascarañado**.

cacarañar(se).
  I. 1. tr. *ES, Ni; Gu*, obsol. Escribir *algo* haciendo garabatos.
  2. *ES; Gu*, obsol. Arañar *algo* o a *alguien*.
  3. *Gu*, obsol. Pellizcar *algo* blando dejándole marca.
  4. intr. prnl. *Gu.* obsol. Llenarse la cara de alguien de cacarañas por la viruela. rur.

cacarañeado, -a. (Epént. de *cacarañado*).
  I. 1. *Pa. Referido a persona*, **cacarañada**.
  2. adj. *Pa.* metáf. *Referido a superficie*, rugosa.

cacarañica.
  I. 1. f. *ES.* Ladilla.

cacaraño.
  I. 1. m. *Ni.* Garabato producido al escribir algo.

cacarañoso, -a.
  I. 1. adj. *RD.* Lleno de **ñáñaras**, arañazos infectados.

cacaraquear. (Epént. de *cacarear*).
  I. 1. intr. *Mx, Gu, Ho, ES, Ni, Co, Ve, Pe, Bo; Py*, rur. Cacarear un gallo o una gallina.
  2. tr. *Mx, Ho, Ni.* metáf. Anunciar *algo* públicamente, darle publicidad. (**cacarear**).

cacaraqueo. (Epént. de *cacareo*).
  I. 1. m. *Co, Pe.* Cacareo.

cacaraquiento, -a.
  I. 1. adj. *Ni, Pe. Referido a gallo o gallina*, que cacarea mucho.
  2. *Ni*, metáf. *Referido a persona*, que dice o anuncia repetidamente algo.

cacarata. (Del aim. *qaqa*, descolorido).
  I. 1. adj. *Bo:O. Referido a ropa*, que ha perdido color. rur; pop.

cacarear(se).
  I. 1. intr. prnl. *Ar; Ur.* Defecar, evacuar los intestinos, *especialmente un niño*. euf; pop + cult → espon.
  II. 1. *Ho.* **cacaraquear**, anunciar algo públicamente.

cacareco, -a.
  I. 1. adj. *Ho. Referido a persona*, vieja.

cacarela.
  I. 1. f. *Ar.* Excremento humano o animal. euf; pop.
  2. *Ar.* Diarrea. euf; pop.

cacarico.
  I. 1. m. *Ho, ES, Ni.* Camarón pequeño de río. (Crustaceae; *Potamobius astacus*).

cacarico, -a.
  I. 1. adj. *Ho, ES. Referido a persona*, de edad avanzada. desp.
  II. 1. adj. *Ho, ES. Referido a persona*, que tiene torcidas las piernas. desp.
  III. 1. adj. *ES. Referido a persona*, que tiene **niguas**, insectos.

cacariquear. (De *cacarico*).
  I. 1. intr. *Ho, ES.* Pescar camarones de agua dulce.

cacarizo, -a.
  I. 1. adj. *Mx. Referido a persona*, que tiene el rostro picado por hoyos y otras imperfecciones, *generalmente causados por la viruela*.

cácaro.
  I. 1. m. *Mx.* obsol. *En un cine*, operador del proyector.

cacarro, -a.
  I. 1. adj. *Ho. Referido a persona*, vieja. rur; desp.

cacascola.
  I. 1. f. *Ni.* Cocaína. drog.

cacashtada.
  I. 1. *Gu.* **cacastada**.

cacashte.
  I. 1. *Gu, ES.* **cacaste**.

cacaso.
  I. 1. *RD.* **cacazo**.

cacastada.
  I. 1. f. *ES, Ni.* Cantidad de algo que cabe en un **cacasteo**. rur. (**cacashtada**).
  2. *Gu.* Cantidad grande de algo. (**cacashtada**).

cacastal.
  I. 1. m. *Gu, Ho.* Cantidad grande de cosas.

cacaste. (Del nahua *cacaxtli*, armazón de tablas).
  I. 1. m. *Mx, Gu, Ho, ES, Ni.* metáf. Cuerpo o esqueleto de un hombre o animal. (**cacashte**; **cacastle**).
  2. *Mx, Gu, ES, Ni.* Armazón rectangular hecho de varas o tablas que se lleva a la espalda para transportar vasijas o frutas. rur. (**cacashte**; **cacastle**; **cacaxte**).
  3. *Ho, ES, Ni.* Armazón de tablas para construir el toro de fuego. (**cacastle**).
  4. *Ho:S, ES, Ni.* Cajón de reglas para ahumar quesos.
  5. *Ni. En la mitología popular*, esqueleto fantasma de toro o vaca que, de noche y en el campo, embiste a los caminantes.
  6. *CR:NO.* Osamenta de un animal muerto, envuelta en el cuero y reseca por el sol.
  II. 1. m. *Gu, Ho, ES, Ni, CR:NO.* Persona o animal muy flaco. (**cacashte**).
  2. *ES.* p.u. Persona inútil.
  3. *ES.* p.u. Cosa inservible.
  III. 1. m. *Gu, Ho, ES, Ni.* Vehículo del que solo ha quedado la carrocería. (**cacashte**).
  IV. 1. m. *CR:NO. En una salina*, lugar destinado para almacenar la sal.
  ▶ **dejar el ~**; **entregar el ~**.

cacastero, -a.
  I. 1. sust/adj. *Mx, ES.* Persona que transporta *algo* en un **cacaste**.

cacastle.
  I. 1. *Mx, Gu.* **cacaste**.

cacastoso, -a.
  I. 1. adj. *ES, Ni. Referido a persona o animal*, muy flaco. ♦ **cacastudo**.

cacastudo, -a.
  I. 1. *Ni.* **cacastoso**.

cacata.
  I. 1. *RD.* **araña cacata**.
  2. f. *RD.* metáf. Mujer fea y de mala apariencia.
  3. *RD.* metáf. Mujer de mal carácter.

cacatúa.
   I. 1. m-f. *Mx, Bo.* Persona que habla mucho. vulg; pop + cult → espon.
   2. *Ec; Ni, Co, Ve,* pop. Persona, *especialmente mujer,* que habla bulliciosamente y mal de los demás.
   3. *Pe.* p.u. Persona insignificante. pop.
   4. adj/sust. *RD. Referido a mujer,* maliciosa, chismosa y mal intencionada.
   5. adj. *PR. Referido a mujer,* vieja, fea y encopetada. pop + cult → espon.
   6. *PR. Referido a mujer,* que aparenta pertenecer a un nivel social más alto que el suyo. pop + cult → espon.

cacatúo, -a.
   I. 1. sust/adj. *Pa.* Persona muy vieja *y generalmente muy fea.* pop + cult → espon ^ desp.

cacaxte.
   I. 1. *ES.* p.u. **cacaste,** armazón de varas.

cacayacas.
   ► echar de ~.

cacazo.
   I. 1. m. *RD.* Golpe dado o recibido en la cabeza. pop + cult → espon. (**cacaso**).

cacazo, -a.
   I. 1. adj. *ES. Referido a persona o cosa,* inútil o de mala calidad. desp.

cacerina.
   I. 1. f. *Ve, Pe, Bo.* Cargador, estuche metálico con un muelle impulsor en el que se disponen los proyectiles para las armas automáticas ligeras.

cacero, -a.
   I. 1. m. y f. *Gu.* p.u. Amante.

cacerola.
   I. 1. f. *ES.* Vulva. tabú.

cacerolazo.
   I. 1. m. *Ve, Ec, Ch, Py, Ar, Ur.* Protesta popular que consiste en hacer sonar cacerolas u otros objetos domésticos golpeándolos. ♦ **caceroleada; caceroleo.**

caceroleada.
   I. 1. f. *Py, Ar, Ur.* **cacerolazo.**

cacerolear.
   I. 1. intr. *Ve, Ec, Ch, Py, Ar, Ur.* Manifestar los ciudadanos su desacuerdo con la política gubernamental golpeando cacerolas u otros objetos domésticos similares.

caceroleo.
   I. 1. *Ch, Ar, Ur.* **cacerolazo.** pop.

cacha.
   I. 1. f. *Gu, Ho, ES.* Posibilidad de obtener o hacer algo.
   2. *Gu.* Esfuerzo para obtener algo.
  II. 1. f. *Pe.* Burla, mofa. vulg; pop.
  III. 1. f. *Ch.* Coito. pop + cult → espon.
  IV. 1. f. *Gu.* Trabajo supletorio ocasional.
  V. 1. f. *Bo.* Caja grande de madera, *con tapa generalmente abovedada y decorada,* para guardar la ropa, objetos de valor y dinero.
  VI. 1. f. *Bo.* Espolón artificial de los gallos de pelea. ♦ **cachaca.**
  VII. 1. f. pl. *Bo.* Testículos.
  VIII. 1. f. *Bo.* Membrillo cortado en rodajas y secado al sol.
  IX. 1. f. *Bo.* Parsimonia, lentitud, sosiego.
  X. 1. f. *Bo.* **churrete,** ave. (**kacha**).
   ●
    a. ‖ **la ~ de la espada.** fórm. *Ch.* Se usa para finalizar una enumeración que se está realizando y que eventualmente podría continuarse. pop + cult → espon.

   ■
    a. ‖ **~ de membrillo.** f. *Bo.* Membrillo cortado en rodajas y secado al sol.
   □
    a. ‖ **a puras ~s.** loc. adv. *Ho, ES.* Con gran dificultad, con mucho esfuerzo.
    b. ‖ **¡qué ~s!**
     i. loc. interj. *Gu, Ho, ES.* Expresa protesta por algo. pop.
     ii. *Ho.* Expresa desvergüenza, descaro o atrevimiento.
    c. ‖ **santa ~.** loc. sust. *Bo.* Actividad, manera de moverse o hacer las cosas lentamente, sin inquietearse, pop.
   ► **dar la ~; echar una ~; estar hasta las ~s; hacer ~; hacer la ~; ser ~.**

cachá.
   ► **dar una ~.**

cachaca.
   I. 1. *Bo:E.* **cacha,** espolón.
  II. 1. f. *Py.* Música popular de origen colombiano.

cachacascán.
   I. 1. *Bo,* obsol; *Ch,* p.u; *Ar,* p.u, pop; *Ur,* pop. **cachascán.**

cachacear.
   I. 1. *CR.* **perecear.**

cachachá.
   I. 1. m. *Ve.* Objeto viejo y de poco valor.
   ► **coger su ~.**

cachachear.
   I. 1. tr. *Cu.* Hacer *alguien* bulto. pop + cult → espon.
  II. 1. intr. *RD.* Abundar en un tema, en un asunto. pop + cult → espon.

cachaciento, -a.
   I. 1. adj/sust. *Bo, Ar; Ch, Ur,* p.u. *Referido a persona,* que actúa con lentitud y desgana. pop.
  II. 1. adj. *Pe. Referido especialmente a persona,* irónica, burlona.

cachaco.
   I. 1. m. *Pe.* Miembro del cuerpo de policía. desp.
   2. *Pe.* Militar, persona que profesa la milicia. desp.

cachaco, -a.
   I. 1. adj. *Co.* Relativo a la región interior de Colombia.
   2. sust/adj. *Co.* Persona mayor nacida en Bogotá o que procede de familias tradicionales de esta ciudad y se caracteriza por tener una dicción, vestimenta y comportamiento especial.
  II. 1. adj/sust. *Co, Ve:O. Referido a persona,* que viste bien, elegante.
   2. *Co. Referido a persona,* que tiene buenos modales, que es gentil y caballerosa.
  III. 1. adj. *Ec. Referido a persona,* extravertida.
   □
    a. ‖ **~ de muladar.** loc. sust. *Co.* **pelonchile.**

cachacueco.
   I. 1. sust/adj. *Pa.* Hombre homosexual.

cachada.
   I. 1. f. *Mx, Ho, ES, Ni,* rur; *Ec,* p.u, pop. Golpe dado por un animal con los cuernos.
   2. *ES.* Herida producida por una cornada. rur.
  II. 1. f. *Bo, Py, Ar; Ur,* cult → espon. Burla, broma. pop.
  III. 1. f. *Cu; Pe.* juv. Calada, chupada de un cigarro.
  IV. 1. f. *Pe,* Realización del coito. vulg.
  V. 1. f. *Ch.* Gran cantidad de cosas. pop.
   2. *Ur.* Cosa insignificante, de menos valor o importancia de lo esperado. pop.

VI. 1. f. *Ho, ES.* Golpe de castigo de un trompo contra otro. inf.

2. *PR. En el **beisbol**,* cogida de la pelota.

VII. 1. f. *ES.* Conjunto de cosas robadas.

2. *Ni.* Robo.

▶ **pegarse la ~.**

cachado, -a.

I. (Del ingl. *to catch*).

1. adj. *EU, Gu, ES, Ni, PR, Ve, Bo, Ar; Ho,* pop. *Referido a persona,* que ha sido sorprendida haciendo algo.

2. *EU, Ho, ES, Ve, Bo.* juv. *Referido a persona,* observada o vigilada con particular cuidado o atención. pop.

3. *EU, Ho, ES, Ni. Referido a persona,* que ha robado algo.

4. *Ho, ES, Ni. Referido a cosa,* adecuada, bien hecha.

II. 1. *Ho, ES. Referido a cosa,* que ha sido copiada de otra.

III. 1. adj. *Ar:NO. Referido a persona,* indispuesta, achacosa, enferma. pop.

IV. (De *cachar,* cornear).

1. adj. *ES. Referido a persona o animal,* corneado. rur.

cachador, -ra.

I. 1. adj. *Bo, Py, Ar; Ur,* pop + cult → espon. Relativo a la **cachada**, burla o broma. pop.

2. sust/adj. *Bo, Py, Ar; Ur,* pop + cult → espon. Persona que toma el pelo a otra o que es aficionada a ello. pop.

3. m. y f. *Gu.* obsol. Persona que vive del engaño.

II. 1. *Pa.* **cachero**, que realiza el acto sexual con frecuencia. vulg.

cachadura.

I. 1. f. *Ar; Ur.* Desportilladura producida por un golpe en un objeto, *especialmente en un adorno o una pieza de la vajilla.* pop.

cachafaz.

I. 1. adj/sust. *Py. Referido a persona,* desaliñada, descuidada en su aspecto físico.

cachafaz, -za.

I. 1. sust/adj. *Py, Ar,* espon ∧ desp; *Bo,* pop + cult → espon ∧ desp; *Pe,* obsol; *Pa,* p.u, pop + cult ∧ fest. Persona descarada, insolente o desvergonzada.

2. *Ar; Ur.* Persona irresponsable, informal, poco cumplidora. pop ∧ desp.

3. adj/sust. *Bo. Referido a persona,* que actúa con lentitud y desgana.

cachafú.

I. 1. m. *RD.* Revólver antiguo.

cachagranizo.

I. 1. m. *Mx.* Hombre homosexual. pop + cult → espon.

cachalasnunca.

I. 1. adj/sust. *Ch. Referido a persona,* que muestra dificultad para entender algo o darse cuenta de ello. pop + cult → espon.

cachama. (De or. ind. antillano).

I. 1. f. *Co, Ve, Ec.* Pez de río de hasta 1 m de longitud, de cuerpo ancho y grueso y de fuerte dentadura, con escamas cenicientas, vientre blanquecino y coloración amarillenta o negra en el dorso. (Characidae; *Colossoma macropomum*). ◆ **colosoma**; **gamitana**.

cachamblac. (Metát. de *chacanblac*).

I. 1. *Ho.* **chacanblac**.

cachamblaca. (Metát. de *chacanblac*).

I. 1. f. *ES.* Honda improvisada hecha con un trozo de cuero.

II. 1. f. *ES.* Cosa inservible.

cachamenta. (De *cacho,* cuerno).

I. 1. f. *CR, Pa.* Conjunto de los dos cuernos de los animales bovinos, cabríos o cérvidos, *especialmente cuando son de gran tamaño.*

cachampa.

I. 1. f. *Pe.* Danza de origen inca de carácter guerrero en la que los danzantes, hombres coloridamente ataviados y enmascarados, simulan un enfrentamiento dando golpes de látigo.

cachamplaca.

I. 1. m-f. *Gu.* obsol. Persona inútil.

cachanchán, -na.

I. 1. adj/sust. *Cu, RD.* p.u. **halaleva**. pop + cult → espon ∧ desp.

2. *RD. Referido a persona,* que gusta de la juerga, de los tragos.

3. *RD.* Adlátere, allegado.

4. *PR. Referido a persona,* vaga. pop + cult → espon.

cachanchar(se). (Del quech. *kāachanchay,* engalanar).

I. 1. tr. *Bo:S,C.* Acicalar a *alguien.* pop + cult → espon.

2. intr. prnl. *Bo:S,C.* Embellecerse, acicalarse.

cachanflaca.

I. 1. f. *ES.* Revólver. pop.

cachanga.

I. 1. f. *Pe.* Especie de pan casero sin levadura, hecho solo de harina con sal y frito en una sartén.

cachanlagua.

I. 1. f. *Ch.* Hierba de tallo derecho y cuadrangular de hasta 20 cm de altura, de hojas opuestas, oblongas y puntiagudas, y flores rosadas; tiene usos medicinales. (Gencianaceae; *Eritrea chilensis*).

cachaña. (Del aim. *kachaña,* caminar sin ganas, quech. *kachaña,* esguince).

I. 1. *Ch; Bo,* pop. **gambeta**, regate. (**kachaña**).

2. *Ch.* Acción realizada con astucia para evitar un peligro o una situación embarazosa. pop.

3. *Bo. En algunos juegos,* finta que hace un niño para evitar ser atrapado.

II. 1. f. *Ch.* Loro de unos 34 cm, de color verde en varias tonalidades, ribeteado de negro en corona y espalda, y rojo en frente y cola. (Psittacidae; *Enicognathus ferrugineus*).

□

a. ‖ **santa ~.** loc. sust. *Bo.* Actitud, manera de moverse o hacer las cosas lentamente, sin inquietarse. pop.

cachañador, -ra.

I. 1. sust/adj. *Bo. En el **futbol**,* jugador que hace **cachañas** al adversario.

cachañar.

I. 1. intr. *Bo. En algunos juegos,* hacer fintas, *generalmente un niño,* para evitar ser atrapado.

cachañear.

I. 1. intr. *Bo, Ch. En algunos deportes,* hacer **cachañas**, regates. pop.

2. tr. *Bo; Ch,* pop + cult → espon. *En el **futbol**,* hacer una **cachaña** a un jugador rival.

II. 1. intr. *Ch.* p.u. Insistir con majadería. pop.

cachañero, -a.

I. 1. sust/adj. *Bo. En el **futbol**,* jugador *que habitualmente hace fintas al adversario.* pop.

cachapa.

I. 1. f. *Co:N,E.* **Arepa** que se asa envuelta en hojas de plátano.

2. *Ve.* Preparación hecha con masa de maíz tierno molido, leche, sal y papelón o azúcar.

II. 1. f. *PR.* Lesbiana. tabú; pop + cult → espon. ◆ **cachapera**.

■

a. ‖ **~ de budare.** f. *Ve.* Cachapa que se cuece en **budare** o plancha y que tiene forma redonda y plana. pop.

b. ‖ **~ de hoja.** f. *Ve.* Cachapa de forma oblonga que se envuelve en hojas de maíz tierno y se hierve.

cachapalo.
  I. 1. m-f. *Pa.* Persona de raza negra.

cachapé.
  I. 1. m. *Ar:NE.* Carro de dos ruedas, tirado por bueyes o acoplado a un vehículo de motor, que se emplea para transportar troncos.
  2. *Py.* Carruaje pequeño tirado por un caballo con capacidad para una o dos personas.

cachapeado, -a.
  I. 1. adj. *Ve. Referido a un hierro o marca de una res*, que ha sido falsificado.

cachapear.
  I. 1. tr. *Ve:C.* Alterar el hierro o marca original de una res apropiada indebidamente, con el objeto de borrar la marca anterior.
  2. *Ve.* Falsificar un sello o marca.
  II. 1. tr. *Ve*; *PR*, tabú, pop + cult → espon. Realizar el coito.

cachapecero.
  I. 1. m. *Ar:NE.* Hombre que conduce un **cachapé**.

cachapera.
  I. 1. f. *PR*, *Ve.* Lesbiana. tabú; pop + cult → espon.
  ♦ **cachapa**.
  2. *PR.* Mujer que mantiene relaciones con personas de ambos sexos. tabú; pop + cult → espon.
  II. 1. f. *Ve.* Lugar donde se venden **cachapas**.

cachapero, -a.
  I. 1. m. y f. *Ve.* Persona que hace o vende **cachapas**.

cachaquear.
  I. 1. intr. *Co.* Hablar con acento **cachaco**, propio de la persona natural del interior de Colombia. desp.
  II. 1. intr. *Co.* obsol. Lucir o exhibir *especialmente una prenda o adorno* para que los demás los vean.
  III. 1. intr. *Py.* Bailar *una persona* al ritmo de la **cachaca**.

cachaquería.
  I. 1. f. *Co.* Conjunto de personas que habitan en el interior de Colombia, *especialmente en Bogotá*.
  II. 1. f. *Co.* Elegancia, buen gusto.
  III. 1. f. *Pe.* Conjunto de policías o militares. desp.

cachaquismo.
  I. 1. m. *Co.* Locución, giro o modo de hablar propio de los **cachacos** o naturales del interior de Colombia.

cachar(se).
  I. (Del ingl. *to catch*, agarrar).
  1. tr. *EU, Mx, Gu, Ho, ES, Ni, CR, RD, PR, Co, Ec, Ch, Py, Ar, Ur; Cu, Bo*, cult → espon; *Ve*, juv. | metáf. Sorprender a *alguien* haciendo algo indebido. pop.
  2. *EU, Mx, Gu, Ho, ES, Ni, PR, Ch, Py, Ar, Ur; Ec* juv; *Bo*, pop + cult → espon. | metáf. Comprender lo dicho por alguien.
  3. *EU, Mx, Gu, Ho, ES, Ni, RD, PR, Ar, Ur.* Atrapar o capturar un objeto con las manos. pop.
  4. *Mx, Ho, PR, Ve; ES, Ec, Bo*, pop + cult → espon; *Ar, Ur*, pop. Agarrar cualquier objeto que una persona arroja por el aire a otra.
  5. *EU, Mx, Gu, Ho, ES, Ni, RD, PR.* En el **beisbol**, atrapar la pelota el **catcher**.
  6. *Mx, ES, PR, Ec.* En algunos juegos, agarrar al vuelo una pelota.
  7. *Mx.* Atrapar a *alguien*.
  8. intr. *ES, Ni, RD, PR, Co:N, Ve.* En el **beisbol**, servir de **receptor**.
  9. tr. *EU, Mx, Gu, Ho, ES, Ni, RD, PR, Ar, Ur*, pop + cult → espon. Agarrar o asir.
  10. *Ch.* Sospechar *algo*. pop.
  II. 1. tr. *Mx, ES, RD, PR, Ec, Ur.* Descubrir a *alguien* infraganti. pop + cult → espon.
  2. *Cu, Ve.* juv. Vigilar, observar a *alguien*. pop.

  III. 1. tr. *Mx*; *Gu.* p.u. Obtener *algo*.
  2. *Ni*; *Ho.* pop. | metáf. Robar *algo* a alguien.
  3. *Ni, CR.* Tomar bienes ajenos contra la voluntad de su dueño, pero sin intimidación ni uso de la fuerza.
  4. *CR.* Tomar *algo* prestado.
  IV. (De *cacho*, cuerno).
  1. tr. *Gu, Ho, ES, Co, Ve, Ec, Ch.* p.u. Cornear a *alguien o algo*.
  V. 1. tr. *Ar, Ur.* Desportillar o descascarillar un objeto de adorno o una pieza de la vajilla. pop.
  2. intr. prnl. *Ar, Ur.* Desportillarse o descascarillarse un objeto de adorno o una pieza de la vajilla. pop.
  3. tr. *Ar.* Hacer perder a una superficie un trozo de enlucido o de pintura. pop.
  VI. 1. tr. prnl. *Pe, Bo*; *Ch*, p.u; *Pa*, tabú. Realizar el coito. vulg; pop + cult → espon.
  2. intr. *Pe, Ch*, pop + cult → espon; *Pa*, tabú. Realizar el coito. vulg.
  VII. 1. tr. *Ec, Ch*, Centrar la atención en algo mirándolo fijamente. pop + cult → espon.
  2. *Ec, Ch.* Darse cuenta o enterarse de algo. pop + cult → espon.
  3. *Ch.* Percibir *algo, especialmente con la vista*. pop + cult → espon.
  4. *ES.* Buscar *algo* con empeño.
  VIII. 1. tr. *Bo, Py, Ar, Ur.* Tomar el pelo a *alguien*. pop + cult → espon.
  IX. 1. tr. *Ho, Ni.* metáf. Copiar *algo* fielmente.
  2. *Bo.* Dar en el blanco al que se apunta con un tiro o un golpe. pop + cult → espon.
  3. intr. *Bo.* metáf. Acertar con la palabra o idea exacta. pop + cult → espon.
  X. 1. intr. *Ch.* Saber de algún tema o cuestión. pop + cult → espon.
  XI. 1. tr. *Ec:E.* Causar molestias a *alguien*, importunar.
  XII. 1. tr. *Gu.* p.u. Hacer un favor.
  XIII. 1. tr. *Bo.* Sentar bien una prenda de vestir a *alguien*. pop + cult → espon.
  XIV. (Sínc. de *cachear*).
  1. tr. *Bo.* Registrar a *alguien* para saber si oculta objetos prohibidos, como armas o drogas.

  ●
  a. ‖ **¿cachái o no?** fórm. *Ch.* juv. Se usa para dar por supuesta la ratificación tácita del interlocutor sobre aquello de lo que se está hablando. pop + cult → espon.
  b. ‖ **¡me cacho en diez!** fórm. *Cu.* Se usa para expresar que algo sale mal o diferente a lo esperado. euf; pop + cult → espon.
  c. ‖ **¡me cachó!** fórm. *Bo.* Se usa para expresar admiración, disgusto o extrañeza por algo o alguien. euf; pop + cult → espon.

  □
  a. ‖ **~ al aire.** loc. verb. *Mx, Gu.* Entender *algo* desde el inicio. ♦ **cachar el mote; cachar la movida; cachar la onda**.
  b. ‖ **~ el mote.** *Ch.* **cachar al aire**. pop + cult → espon.
  c. ‖ **~ la movida.** *Ch.* **cachar al aire**.
  d. ‖ **~ la onda.** *Ch.* **cachar al aire**.
  e. ‖ **no ~ una.** loc. verb. *Gu, Ch.* Desconocer completamente algo. pop + cult → espon.

cachareto, -a.
  I. 1. adj. *Co. Referido a una caballería*, que tiene una oreja caída.

cacharpa.
  I. 1. f. pl. *Ar:NO, Ur; Pe*, rur. Conjunto de prendas y enseres que lleva consigo una persona que viaja. pop + cult → espon.
  2. *Ch, Ar:NO, Ur.* Conjunto de prendas de vestir del hombre de campo. rur.

3. *Ar:NO, Ur.* Conjunto de aperos para ensillar el caballo, *especialmente sin son humildes o viejos.* rur.

4. *Ch.* Ropa de abrigo que llevan los pescadores para dormir en las barcas y faluchos en alta mar.

II. 1. f. *Gu, Ho, ES, Ni, Pa, Bo, Ec,* obsol. Mueble, utensilio o aparato viejo, roto o destartalado. pop + cult → espon.

2. *Ho, ES, Ni, CR, Pa, Ec,* espon; *Bo,* pop + cult → espon. Automóvil viejo, mal acondicionado *y que, generalmente, funciona mal.*

3. f. pl. *Pe;* f. *Ho; Bo.* pop + cult → espon. **chafa,** cosa de poco valor. (**kacharpa**).

III. 1. f. *Mx.* Monedas de baja denominación, calderilla.

IV. 1. f. *ES.* Vulva. tabú.

☐

a. ‖ **santa ~.** loc. sust. *Bo:O,S.* Actitud, manera de moverse o hacer las cosas lentamente, sin inquietarse.

cacharpari. (Del quech. *kacharpariy,* soltar, liberar).

I. 1. m. *Pe,* rur; *Bo:O,S,* pop. Convite que se ofrece a quien va a emprender un viaje.

2. *Pe,* rur; *Bo:O,S,* pop. Baile que se celebra con este motivo.

cacharpaya. (Del aim. *kacharpayaña,* quech. *kacharpayay,* despedir).

I. 1. f. *Ch:N, Ar:NO; Bo:O,S,* pop; *Pe,* rur. Fiesta con que se despide el carnaval y, *en ocasiones,* al viajero. (**kacharpaya**).

2. *Bo:O,S.* meton. Pieza musical que se toca y se baila con mucho entusiasmo para cerrar una fiesta. pop.

cacharpayar.

I. 1. intr. *Ar:NO; Bo:O,S,* pop. Celebrar la fiesta de **cacharpaya**.

2. *Bo:O,S.* Terminar una fiesta bailando una **cacharpaya**, pieza musical. pop.

cacharpear(se).

I. 1. intr. prnl. *Ch.* p.u. Comprar ropa nueva para vestirla en una ocasión especial. pop.

II. 1. tr. *CR.* Deteriorar *una cosa* por uso excesivo o por maltrato. pop.

2. intr. prnl. *CR.* Deteriorarse *una cosa* por uso excesivo o por maltrato. pop.

3. *CR.* metáf. Avejentarse y perder belleza física *una persona, en especial una mujer.* pop.

cacharpo.

I. 1. m. *Mx.* Ayudante de un conductor de un autobús de servicio público.

cacharpo, -a.

I. 1. adj. *Gu, Ho, Ni.* metáf. *Referido a persona,* inútil para hacer algo.

cacharra.

I. 1. f. *Pa, Cu, RD, PR, Co, Ve, Ch, Ar.* Automóvil viejo y deteriorado. pop.

2. *Cu, RD, PR, Ch, Ar.* Máquina o utensilio de cualquier tipo viejo y destartalado. pop + cult → espon.

II. 1. f. *Cu, RD.* obsol; metáf. Persona vieja y deteriorada.

III. 1. f. *Bo:E.* Cuero de **res** curtido y tratado para la confección de prendas de vestir.

cacharrada.

I. 1. f. *Pe.* Guiso preparado con vísceras de vaca fritas por separado que se acompaña de **papas** y **ají.**

cacharreado, -a.

I. 1. adj. *Ch. Referido a cosa, especialmente a un vehículo,* viejo y deteriorado. pop.

II. 1. adj. *Cu. Referido a persona o cosa,* maltratada. pop + cult → espon.

cacharrear(se).

I. 1. intr. prnl. *Co.* pop. Intentar arreglar algún aparato o máquina, sin ser profesional en el oficio.

2. tr. *Cu.* Intentar reparar algún equipo, sin tener conocimiento suficiente. pop.

II. 1. intr. prnl. *Cu.* Ensuciarse *alguien* accidentalmente. pop.

2. tr. *Cu.* Ensuciar a *alguien.* pop.

III. 1. intr. *Ch.* Desplazarse muy lentamente un vehículo. pop + cult → espon.

IV. 1. tr. *Ch.* Hacer disminuir las cualidades de un artefacto con el uso. pop + cult → espon.

cacharreo.

I. 1. m. *Cu.* Reparación que hace alguien de algún aparato o máquina, sin ser profesional en el oficio. pop.

cacharrera.

I. 1. f. *Cu.* Conjunto de cacharros. pop.

2. *PR.* Conjunto de vasijas y utensilios que se emplean en la cocina para preparación y servicio de las comidas.

II. 1. f. *PR.* Montón de trastos viejos, trastería.

cacharrero.

I. 1. m. *PR.* Montón de cacharros en un lugar.

cacharrero, -a.

I. 1. sust/adj. *Cu, Co.* Persona a la que le gusta arreglar aparatos sin ser profesional en el oficio. pop.

II. 1. m. y f. *Ec.* obsol. Contrabandista de mercancías de poco valor.

cacharriento, -a.

I. 1. adj. *Ch, Ur.* Deteriorado, que tiene los defectos propios de los vehículos viejos y destartalados. pop ^ desp.

cacharro.

I. 1. m. *Co.* Suceso gracioso. pop.

II. 1. m. *Pe.* **carabina.**

III. 1. m. *Cu.* **boconada,** expresión jactanciosa.

▶ **ir para el ~; ser un ~ con bigote y almidón.**

cachascán. (Del ingl. *catch-as-catch-can,* agárrate como puedas).

I. 1. m. *Pe, Bo, Ar, Ur, Ec, Ch,* obsol. Variedad de lucha libre. (**cachacascán**).

cachativa.

I. 1. f. *Ch.* Capacidad de intuir algo con agudeza y rapidez. pop + cult → espon.

cachaza.

I. 1. f. *Co:E.* Espuma que suele producir el caballo al tascar el freno.

2. *Co:E.* Espuma que se forma en los bordes de la gualdrapa o alfombra de las caballerías cuando sudan copiosamente.

II. 1. f. *RD, Co, Ec.* Falta de vergüenza, respeto o pudor. pop.

III. 1. f. *Ch; PR,* p.u. Aguardiente de caña.

IV. 1. f. *Pa, Cu; PR,* rur. *En la industria azucarera,* heces o posos que el **guarapo** cocido deja en las **pailas.**

V. 1. f. *RD.* Callosidad en los pies o en las manos.

VI. 1. f. *PR.* Corteza recia y fibrosa que envuelve la nuez del coco.

VII. 1. f. *PR. En las peleas de gallos,* materia inservible de la superficie de la espuela del gallo de pelea que el artesano desprende al tallarla.

▶ **tener ~; tener la ~ de.**

cachazo.

I. 1. m. *Mx, Ho, ES, Pa, Co, Ve, Pe, Bo, Ch.* Golpe asestado con la cacha o el mango de un revólver o pistola.

II. 1. m. *Ho, ES, Ni, CR, Ve.* Cornada. pop.

cachazo, -a.

I. 1. m. y f. *Ho, Ni.* Persona vaga, haragana.

cachazú, -zúa.

I. 1. adj/sust. *Cu; RD,* pop. *Referido a persona,* vaga, holgazana, negligente. pop + cult → espon.

2. *RD. Referido a persona,* fastidiosa, antipática. esm.

cachazudo, -a.
 I. 1. adj/sust. *Ni, CR, Pa, Cu, PR, Ur. Referido a persona*, vaga, holgazana, negligente. pop + cult → espon.
 2. adj. *Ec.* Desvergonzado, fresco, caradura.
 3. adj/sust. *RD. Referido a persona*, atrevida, abusadora.
 4. *PR. Referido a persona*, fastidiosa, antipática. pop + cult → espon.

cache.
 I. 1. adj. *Ar:NO.* p.u. *Referido a cosa*, ordinaria, de mal gusto. pop.
 2. adj/sust. *Ar:NO.* p.u. *Referido a persona*, tosca, poco refinada. pop.
 II. 1. m. *Pe.* Coito. vulg.
 III. (De *cachar*, robar).
 1. m. *ES.* Robo.
 IV. 1. m. *ES.* Escopeta con el cañón recortado. delinc.

caché. (Del fr. *cachet*, signo distintivo).
 I. 1. adj. *Mx, Gu, Ni, Pe, Bo. Referido a persona*, elegante y atractiva.
 2. *Mx, Gu, Ni, RD, Bo. Referido a cosa*, de muy buena calidad, elegante.
 3. adv. *Bo.* Muy bien, magníficamente.
 □
 a. ‖ ~ **encendido.** loc. adj. *PR. Referido a persona*, que viste y actúa de forma elegante.
 b. ‖ **de ~.**
  i. loc. adj. *RD; Pa,* pop + cult; *Cu,* obsol. *Referido a persona*, muy elegante y atractiva.
  ii. *RD, PR.* Extraordinario, estupendo.
  iii. *Pa. Referido a cosa*, de muy buena calidad. pop + cult.
 ▶ **caerse el ~; darse ~; estar ~; tener ~.**

¡caché!
 I. 1. interj. *Bo.* Expresa agrado o aprobación cuando algo se hace muy bien.
 □
 a. ‖ **¡huali ~!** loc. interj. *Bo.* Expresa agrado o aprobación cuando algo se hace muy bien.
 b. ‖ **¡qué ~!** loc. interj. *Bo.* Expresa júbilo, después de haber realizado una acción positiva.
 c. ‖ **¡wuali ~!** loc. interj. *Bo.* Expresa agrado o aprobación cuando algo se hace muy bien.

cachear. (Del ingl. *to catch*, agarrar).
 I. 1. tr. *Ho, Ec.* Registrar la policía un domicilio por disposición judicial.
 II. 1. tr. *RD. En el* **beisbol**, atrapar la pelota el *catcher*.
 2. *RD.* Agarrar, atrapar *alguien algo.*
 III. 1. tr. *Bo.* Golpear un gallo de pelea con las **cachas**, espolones artificiales.
 IV. 1. tr. *RD.* Cornear, dar cornadas un animal.

cachema.
 I. 1. f. *Ec, Pe.* Pez marino de hasta 50 cm de longitud, de cuerpo plateado con tonos azul grisáceo en la parte superior y una coloración amarilla anaranjada en el interior de la boca; es comestible. (Sciaenidae; *Cynoscion analis*). ♦ **ayanque.**

cachencho, -a.
 I. 1. adj. *Co.* p.u. *Referido a persona*, que por su vejez suele tener muy disminuidas las facultades.

cachendoso, -a. (Del fr. *cachet*, signo distintivo).
 I. 1. adj. *PR. Referido a persona*, elegante, vestida y arreglada con ostentación. pop + cult → espon.
 2. *PR. Referido a persona*, opulenta, de alta alcurnia. pop + cult → espon.
 3. *PR. Referido a persona*, orgullosa. pop + cult → espon.

cacheo.
 I. 1. m. *RD, PR.* Palma de hasta 25 m, con el tronco abultado hacia el centro, largas hojas colgantes e in-

florescencia corta y compacta; en la médula del tronco contiene un líquido azucarado que, después de fermentado, constituye el **guarapo cacheo**. (Arecaceae; *Pseudophoenix vinifera*). ♦ **palma de cacheo.**
 2. *RD, PR.* Bebida refrescante fermentada que se prepara con la médula de una variedad de palma del mismo nombre; tiene propiedades diuréticas.
 II. 1. m. *Gu.* obsol. Logro de algo.
 ▶ **tener a uno de ~.**

cácher. (Del ingl. *catcher*).
 I. 1. *Gu, Ho, ES, Ni, RD.* **catcher.**

cachera.
 I. (De *cacho*, cuerno).
 1. f. *Ho, CR.* Cornamenta, *en especial la del venado.*
 II. 1. f. *Bo:E.* Espolón artificial de los gallos de pelea.
 III. 1. f. *CR.* Grifo con dos reguladores de paso del agua, *generalmente uno para agua fría y el otro para agua caliente.*

cacherazo, -a.
 I. 1. adj/sust. *Pe. Referido a persona*, promiscua, que realiza el acto sexual con diferentes personas. vulg.

cachería.
 I. 1. f. *ES.* Esfuerzo o diligencia.

cacherío.
 I. 1. m. *Ur; Ar:NO,* p.u. Falta de gusto en el modo de vestir y en la decoración de un ambiente. pop + cult → espon.

cachero.
 I. 1. m. *Pa, Ec.* Hombre homosexual activo. tabú; pop + cult → espon.
 II. 1. m. *Ec.* p.u. Contador de chascarrillos.
 III. 1. m. *Pa.* p.u. Amante, marido. tabú.
 □
 a. ‖ ~ **de las pampas.** loc. sust. *Ch.* Hombre que se jacta de ser un seductor. pop + cult → espon ^ desp ^ fest.

cachero, -a.
 I. 1. m. y f. *EU, ES; Gu,* obsol. Persona emprendedora y diligente.
 2. *ES.* Negociante a pequeña escala.
 II. 1. adj/sust. *Pe, Ch. Referido a persona*, que realiza el acto sexual con frecuencia o con dotes extraordinarias. vulg; pop + cult → espon. ♦ **cachador.**
 III. 1. m. y f. *ES.* Persona que vende billetes falsos de lotería.
 2. *ES.* Persona ladrona de billetes de lotería premiados. delinc.

cachetada.
 I. 1. f. *ES.* Favor. ♦ **cachete.**
 □
 a. ‖ **de la ~.** loc. adv. *Mx.* Pésimamente, en muy malas condiciones. pop + cult → espon.

cachetazo.
 I. 1. m. *Gu, CR, PR, Co, Ec, Bo, Ch, Py, Ar, Ur.* Golpe dado con la mano abierta en un carrillo. pop + cult → espon.

cachete.
 I. 1. m. *Cu.* Parte inferior de la nalga. pop ^ fest.
 II. 1. m. *PR.* Consumición que hace una persona a expensas de otra. pop + cult → espon.
 2. *PR.* Cosa que se obtiene gratuitamente. pop + cult → espon.
 III. 1. m. *ES.* Carne de cerdo cocida con tomate y especias.
 IV. 1. m. *ES.* Revólver.
 V. 1. m. *Ho.* Favor.
 □
 a. ‖ **a todo ~.** loc. adv/adj. *Ch.* De manera espléndida, magnífica. pop + cult → espon.

b. ‖ **de ~.**

    i. loc. adv. *Pe.* De todas maneras. pop.

    ii. *Ho, Ni, PR.* Sin pagar, gratis. pop + cult → espon.

▶ **andar de ~s embarrados; apretar ~; comer a dos ~s; estar de ~s embarrados; hacer ~.**

cacheteada.

I. 1. f. *Gu, Co, Ec, Ar, Ur,* cult → espon. Serie de golpes que se da a una persona en la cara con la mano abierta. pop.

2. *Pa, Pe, Bo.* Golpe que se da a alguien en la cara con la mano abierta. pop.

3. *Pa.* metáf. Respuesta o agresión verbal con la que se gana una discusión. pop + cult → espon.

cachetear(se).

I. 1. tr. *Mx, Gu, Ho, ES, Ni, Pa, Co, Ve, Ec, Pe, Bo, Py, Ar, Ch,* pop + cult → espon; *Ur,* pop. Golpear a *alguien* en la cara con la mano abierta.

II. 1. intr. prnl. *Ch.* Disfrutar intensamente de algo. pop + cult → espon.

III. 1. intr. prnl. *Ch.* Realizar el coito. vulg.

IV. 1. intr. prnl. *Ch.* p.u. Vanagloriarse de algo, darse ínfulas. pop + cult → espon.

V. 1. tr. *PR.* Practicar *alguien* el **cachete**, gorronear. pop + cult → espon.

□

    a. ‖ **~ la banqueta.** loc. verb. *Mx, Gu.* Sentirse fuertemente sacudido por pasión o amor hacia alguien. pop + cult → espon.

cacheteo.

I. 1. m. *Ho, ES, Ni, Pa, Co, Ar, Ur, Ch,* cult → espon. Serie de golpes que se da a alguien en la cara con la mano abierta. pop.

II. 1. m. *Ch.* Encuentro ocasional placentero que incluye comida y bebida. pop.

2. *Ch.* Relación sexual placentera. vulg; pop.

III. 1. m. *Ve:O.* Cosa o servicio que se da o se hace gratuitamente. pop + cult → espon.

2. *PR.* Participación de alguien en una fiesta o comida sin haber sido invitado. pop + cult → espon.

IV. 1. m. *Ch.* p.u. Vanagloria o jactancia de algo.

□

    a. ‖ **~ party.** loc. sust. *Ch.* p.u. Fiesta en la que abundan el sexo y el alcohol. pop + cult → espon ^ desp ^ fest.

cachetero.

I. 1. m. *Gu, Ho, ES, CR, Co, Ec:O.* Prenda interior femenina en forma de pantalón muy corto.

II. 1. m. *Ve.* p.u. Cigarro muy apretado y difícil de fumar.

III. 1. m. *ES.* Cuchillo corto y puntiagudo para matar reses. rur.

cachetero, -a.

I. 1. adj. *ES, PR.* Referido a *persona,* que vive de los favores ajenos.

2. adj/sust. *PR.* Referido a *persona,* que suele comer y beber a expensas de los demás. pop + cult → espon.

cachetiza.

I. 1. f. *Mx.* Serie de golpes dados con la palma de la mano. pop + cult → espon.

2. *Mx.* Pelea a golpes y trompadas. pop + cult → espon.

3. *Mx. En competencias o rivalidades, particularmente deportivas,* derrota clara de un contendiente a manos de otro. pop + cult → espon.

cachetón.

I. 1. m. *PR, Co.* Gran bofetada.

cachetón, -na.

I. 1. adj. *Mx, Gu, Ho, ES, Ni, CR, Pa, Cu, RD, Co, Ve, Ec, Pe, Bo, Ar, Ur, PR, Ch,* cult → espon;

adj/sust. *Py.* Referido a *persona,* de carrillos abultados. pop.

2. adj. *Ec.* Referido a *animal,* que tiene abultadas las partes laterales del hocico. pop.

II. 1. adj. *Ch.* Farsante, que finge lo que no es o no siente. pop.

III. 1. adj/sust. *Ch.* Referido a *persona,* presumida. pop + cult → espon.

IV. 1. adj/sust. *Ho, Ni.* Referido a *cosa,* bonita y de excelente calidad.

V. 1. adv. *Ho, Ni.* Muy bien, extraordinario.

VI. 1. adj. *Ho.* Referido a *persona,* que queda bien con otra por hacerle un favor.

cachetona.

I. 1. f. *Mx, Ni;* adj. *Ch,* p.u, cult → espon. Mujer que tiene nalgas abultadas o bien formadas. pop.

II. 1. f. *Ho.* Vulva.

cachetonearse.

I. 1. intr. prnl. *Ch.* Vanagloriarse, darse ínfulas. pop + cult → espon.

cachetoneo.

I. 1. m. *Ch.* Vanagloria, presunción. pop + cult → espon.

cachi.

I. 1. adj. *Ar:NO; Ur,* cult → espon ^ desp. Referido a *cosa,* ordinaria, de mal gusto. pop.

2. adj/sust. *Ar:NO; Ur,* cult → espon ^ desp. Referido a *persona,* tosca, poco refinada. pop.

II. (Del aim. *kachi,* plaza empedrada).

1. m. *Bo:O.* Espacio cercado al aire libre donde se pone a secar la hoja de coca. rur.

cachibache.

I. 1. m. *Gu, Ho, ES, RD.* Cachivache.

cachibachero.

I. 1. *ES.* **cachivachero**, montón de cosas inservibles.

cachibajo, -a.

I. 1. adj. *CR.* Referido a *un animal vacuno,* que tiene uno de los cuernos orientados hacia atrás y el otro hacia delante.

cachiblanco.

I. 1. m. *Pa.* Cuchillo corto de cachas blancas.

cachicado, -a.

I. 1. adj. *Co:S, Ec:N.* Referido a *cosa,* deteriorada, carcomida.

cachicambiado, -a.

I. 1. adj. *Cu.* Referido a *persona,* que por algún defecto físico tiene torcidas las extremidades o está encorvado.

2. *Cu.* Referido a *persona,* enferma y débil.

3. *Cu.* Referido a *objeto,* defectuoso.

II. 1. adj. *PR.* Referido a *persona o cosa,* desordenada, fuera de lugar.

cachicambiar(se).

I. 1. tr. *Cu.* Estropear un objeto.

2. intr. prnl. *Cu.* Estropearse un objeto.

cachicamear.

I. 1. tr. *Ve.* Cazar **cachicamos**.

cachicamera.

I. 1. *Co.* **avispa cachicamera**.

II. 1. f. *Ve.* Madriguera del **cachicamo**.

cachicamo.

I. 1. *Co:E, Ve, Ec:E.* **cusuco**, armadillo.

■

    a. ‖ **~ gigante.** *Ve.* **tatú carreta**.

    b. ‖ **~ montañero.** *Ve.* **cusuco**, armadillo.

    c. ‖ **~ sabanero.** m. *Ve.* Armadillo de hasta 45 cm de longitud, muy parecido al cachicamo montañero. (Dasypodidae; *Dasypus sabanicola*).

a. ‖ ~ **diciéndole a morrocoy conchudo.** fr. prov. *Ve.* Indica que una persona critica a otra por un defecto que ella también tiene.

b. ‖ ~ **trabaja para la lapa.** fr. prov. *Co:E, Ve.* Indica que nadie sabe para quién trabaja una persona.

cachicar.
 I. 1.   tr. *Co:S, Ec:N.* Roer, cortar menuda y superficialmente, con los dientes u otros órganos bucales análogos, el alimento.

cachicata.
 I. 1.   m. *PR.* Pez de mar de hasta 30 cm de longitud, corpulento, de piel lisa desprovista de escamas, de color ámbar, cabeza larga y boca grande, aleta dorsal desde la cabeza hasta la cola, con dos salientes delgados a cada lado de la boca, a lo que debe su nombre; es comestible. (Polynemidae; *Polydactylus virginicus*). ♦ **cici.**

cachicato.
 I. 1.   m. *Ve.* Pez marino de hasta 50 cm de longitud de coloración blanquecina o plateada con algunas líneas azuladas en la cabeza. (Sparidae; *Calamus bajonado*).

cachiche.
 ▶ **agarrar de ~.**

cachicol.
 I. 1.   m. *ES.* Enredo, lío. rur.

cachicorneto, -a.
 I. 1.   adj. *Ve. Referido a una res*, que tiene un cuerno desviado hacia abajo.
  2.   *Ve. Referido a un caballo*, de patas torcidas.
  3.   *Ve. Referido a cosa*, que está algo torcida.
  4.   *Ve:C. Referido a persona*, que tiene las piernas torcidas.

cachifa.
 I. 1.   f. *Ni, Pa, Ve, Ec.* Mujer que realiza oficios domésticos a cambio de un salario. pop + cult → espon.

cachiflín. (Sínc. de *cachinflín*).
 I. 1.   m. *Gu, Ho, ES, Ni, CR.* Fuego de artificio consistente en un canuto cargado de pólvora que, una vez encendido, se desplaza describiendo un movimiento zigzagueante. (**cachinflín; canchinflín**).
  2.   *CR.* metáf. Persona muy flaca. pop ∧ desp.
 ☐
  a. ‖ **como un ~.** loc. adv. *Gu; CR,* obsol. A toda velocidad. pop.

cachifo, -a.
 I. 1.   m. y f. *Ve:O; Co:C,* p.u. Muchacho, adolescente.
 II. 1.   m. y f. *Ve, Ec:O.* Sirviente doméstico. pop ∧ desp.

cachila.
 I. 1.   f. *Ar, Ur.* Pájaro de hasta 15 cm de largo, de plumaje pardo claro con manchas oscuras y *hábitos predominantemente terrestres.* (Motacillidae; *Anthus* spp.). (**cachirla**).
 II. 1.   f. *Ur.* Automóvil viejo y deteriorado por el uso. pop + cult → espon. (**cachilo**).
  2.   *Ur.* Automóvil antiguo. pop.

cachilapear.
 I. 1.   tr. *Ve.* Atrapar la **res** arisca para marcarla y domesticarla o para consumirla.

cachilapo.
 I. 1.   m. *Co:E.* Ganado sin marca.
  2.   *Ve.* Ganado cerril, alzado, salvaje, con o sin señal de propiedad.

cachilero, -a.
 I. 1.   adj. *Ar:NO.* Ordinario, de mal gusto. pop.

cachillo.
 I. 1.   m. *Pa.* **corteza de chivo.** ♦ **cachos de cabra; cachos de chivo.**

cachilo.
 I. 1.   m. *Ur.* **cachila**, automóvil viejo.

cachilo, -a.
 I. 1.   adj. *Ar:NO. Referido a persona*, enfadada, enojada. pop.
 II. (Del aim. y quech. *q'achilu*, lascivo).
  1.   adj/sust. *Bo. Referido a persona*, obsesionada por las relaciones sexuales. vulg; pop + cult → espon.
 III. 1.   adj. *Bo. Referido a persona*, pícara. pop + cult → espon.

cachilupi.
 I. 1.   adj. *Ch.* p.u. *Referido a persona o cosa,* muy buena, excelente. pop + cult → espon.

cachimán.
 I. 1.   m. *RD.* Árbol caducifolio de hasta 5 m de altura, de tronco corto y copa amplia, con fruto liso, verde y con muchas semillas, grandes y negras; es muy apreciado. (Annonaceae; *Annona cherimola*).

cachimazo. (Del quech. *cachi*, sal, y de *mazo*).
 I. 1.   m. *Pe.* Mazo hecho de piedra de sal que se usa para moler grano.

cachimba.
 I. 1.   f. *Mx.* Colilla de puro.
 II. 1.   f. *PR, Ar,* p.u; *Ur,* rur. Hoyo que se hace en la arena de la playa o en el lecho seco de un río para buscar agua potable.
 III. 1.   f. *Ho, ES, Ni, CR, RD.* Órgano genital de la mujer o de un animal hembra, vulva.
 IV. 1.   f. *Ec.* Mentón pronunciado del prognato.
 V. 1.   f. *Gu.* Borrachera.
 VI. 1.   f. *ES.* Semblante adusto.
 VII. 1.   f. *ES.* Calabaza alargada.
 VIII. 1.   f. *PR.* meton. Marihuana. drog.
 IX. 1.   f. *PR.* Cierto instrumento de percusión de origen africano.
 ☐
  a. ‖ **de a ~.**
   i. loc. adj. *Ni. Referido a cosa*, buena, excelente.
   ii. *Ni. Referido a persona*, sinvergüenza, irresponsable.
  b. ‖ **de ~.** loc. adv. *PR.* Por casualidad.
  c. ‖ **en ~.** loc. adv. *ES.* En gran cantidad, en abundancia.
  ▶ **aterrarse la ~ de tierra; fregar la ~; llenar la ~; llenar la ~ de tierra; llenarse la ~ de tierra; llenársele la ~ de tierra; mandar a la ~; ponerse una ~.**

cachimbaceo.
 I. 1.   m. *ES.* Pelea a golpes.

cachimbal.
 I. 1.   *ES; CR,* pop. **cachimbazal.**

cachimbao.
 I. 1.   m. *Pa.* p.u. Gran cantidad de cosas. rur.

cachimbazal.
 I. 1.   m. *Ho, ES, Ni,* vulg; *Gu, CR,* pop. **cachimbazo**, gran cantidad. ♦ **cachimbal.**

cachimbazo.
 I. 1.   *Gu, Ho, ES, Ni.* **aguacatazo**, golpe o caída fuerte.
  2.   *Gu, Ho, ES, Ni.* Choque, *en especial de un vehículo.* pop.
  3.   *Ho, Ni.* Puñetazo.
  4.   *Ho.* Golpe dado o recibido con un **bate.**
 II. 1.   m. *Gu, Ho, ES, Ni, CR.* Gran cantidad de personas, animales o cosas. pop. ♦ **cachimbazal; chorro; tanate.**
 III. 1.   m. *Ho, ES, Ni.* Trago de bebida alcohólica.
 IV. 1.   m. *Ho.* Hecho de decir cara a cara las verdades a alguien. pop.
 V. 1.   m. *Ho.* Hecho, situación o problema grave o difícil. pop.
 VI. 1.   m. *PR.* Acierto por casualidad. pop + cult → espon.

□

a. ‖ **al ~.** loc. adv. *Ni*; *Ho*, pop. Desordenadamente, precipitadamente, sin cuidado, sin planificación ni esmero.

b. ‖ **de un ~.** loc. adv. *Gu, Ho, ES, Ni*. Rápidamente, de una sola vez.

▶ **dar el ~; pegar el ~.**

cachimbeada.
I. 1. f. *Ho, ES, Ni*. Esfuerzo que produce agotamiento.
2. *Ho, ES, Ni*. metáf. Derrota amplia que alguien inflige o padece en una disputa o en cualquier enfrentamiento, juego o **competencia** deportiva.
II. 1. *Gu, Ho, ES, Ni*. **golpiza**, paliza.

cachimbeado, -a.
I. 1. adj. *Ho, ES, Ni*. *Referido a persona*, golpeada, que ha recibido una paliza de otra.
II. 1. adj. *Ho, ES, Ni*. *Referido a persona*, cansada, *generalmente por exceso de trabajo*. pop.
III. 1. adj. *Ho, ES, Ni*. *Referido a problema, asunto o tema*, difícil de solucionar o comprender. vulg.

▶ **estar cachimbeado.**

cachimbeador, -ra.
I. 1. sust/adj. *Ho, ES, Ni*. Persona que, con frecuencia, golpea a otras.

cachimbear(se).
I. 1. tr. *Gu, Ho, ES, Ni*. Propinar una paliza a *alguien*. pop + cult → espon.
II. 1. intr. prnl. *Ho, ES, Ni*. Esforzarse mucho alguien, trabajar mucho.
III. 1. tr. *Ho, ES, Ni*. metáf. Derrotar a *alguien* en alguna **competencia**.
IV. 1. intr. *Ch*. Molestar, importunar repetidamente. pop.

cachimbeo.
I. 1. m. *Gu, Ho, Ni*. Desorden, alboroto, escándalo.
2. f. *Ho*. Enredo o lío.
II. 1. m. *Gu, Ho, Ni*. Pelea entre dos o más personas. pop + cult → espon.
III. 1. f. *Ch*. Molestia, fastidio. pop + cult → espon.
IV. 1. m. *Ni*. Esfuerzo intenso.

cachimbero, -a.
I. 1. sust/adj. *Pe*. p.u. Persona que fuma mucho. pop.
II. 1. m. y f. *Ni*. Persona que sirve para hacer cualquier cosa, multiusos.

cachimbiro, -a.
I. 1. m. y f. *Gu*. Persona de bajo nivel social.
2. *Gu*. Persona vulgar, *especialmente en la forma de vestir*. desp.

cachimbo.
I. (Del port. *cacimba* y este del bantú *cazimba*).
1. m. *Ve, Ar, RD, PR*, pop + cult → espon; *Ur*, obsol. Pipa para fumar.
2. *Py, Ar:NE. En una comunidad indígena*, pipa que se usa en ceremonias o rituales.
II. 1. m. *Pe*. Músico de banda militar pueblerina.
2. *Pe*. Estudiante de enseñanza superior que cursa el primer año.
III. 1. *Co*. **búcaro.** (Fabacea; *Erythrina fusca, E. poeppigiana*).
2. *PR*. Planta herbácea perenne, de ramas pequeñas con vello grueso, hojas amplias cubiertas de pelos blancos, flores de color blanco verdoso, velludas y de olor fuerte, y fruto negruzco y diminuto con una sola semilla. (Poaceae; *Ichnanthus pallens*).
3. *CR*. **granadillo.** (Fabaceae; *Platymiscium pinnatum*).
IV. 1. m. *Gu, Ho, ES, Ni*. Cantidad grande de algo.
V. 1. m. *Ve:O*. Ombligo, cicatriz redonda que queda en medio del vientre después de romperse y secarse el cordón umbilical.

VI. 1. m. *Ch*. Danza del extremo norte de Chile que se baila en pareja y con pañuelo, y en el que se simula un ritual de conquista.
VII. 1. m. *Cu*. p.u. Habano grande.
VIII. 1. m. *Cu*. Horno de carbón. rur.
IX. 1. m. *Cu*. p.u. *En la industria azucarera*, contenedor que recibe el azúcar sin refinar cuando llega al almacén.
X. 1. m. *Cu*. p.u. Pistola.

▶ **chupar cachimbo; irse al ~; llenarse el ~.**

cachimbo, -a.
I. 1. adj/sust. *Ec*. *Referido a persona*, que tiene la mandíbula inferior saliente.

cachimbola.
I. 1. f. *RD*. Fruta de la **guasábara**.

cachimbón, -na.
I. 1. adj. *Ho, ES, Ni, Pa. Referido a cosa*, muy bonita o de excelente calidad.
2. adj/sust. *Ho, ES, Ni, Pa. Referido a persona*, de carácter y trato afables. pop + cult → espon.
3. *Ho, Pa. Referido a negocio, evento o hecho*, excelente, animado o bien hecho.
4. adj. *Ho. Referido a cosa*, muy grande o abundante.
5. adj/sust. *Pa. Referido a persona*, que se mantiene ágil a pesar de la edad.

cachimbonamente.
I. 1. adv. *Ho, ES*. Muy bien, excelente.

cachimonis. (Del ingl. *cash money*).
I. 1. adv. *RD*; *Co*, pop. En efectivo.

cachín.

•

a. ‖ **me ~ de.** fórm. *PR*. Se usa para mostrar que alguien está harto de todo y pide que lo dejen en paz. euf. (**me cachín dei**).

b. ‖ **me ~ dei.** *PR*. me cachín de.

cachina.
I. 1. f. *Pe*. Lugar de venta ambulante de objetos de segunda mano o robados.
2. *Pe*. Objeto de poco valor. pop + cult → espon.
3. *Pe. En el surf*, ola de tamaño pequeño. desp.
II. 1. f. *Bo, Ar:NO*. Instrumento hecho con ramas utilizado para remover el maíz en la olla de barro.
2. *Bo*. Palo con que se remueve el maíz o el café que se tuesta en una olla de barro.
III. (Del quech. *kachinaq*, desabrido, insulso).
1. f. *Pe*, Licor barato y dulce hecho de mosto ligeramente fermentado.
IV. 1. f. *Ec:O*. Combinación llamativa de ropa. pop.
2. *Ec:O*. Ropa o conjunto de prendas de vestir.
V. 1. f. *Bo*. Bola de vidrio con la que juegan los niños. (**kachina**).
2. f. pl. *Bo:O,C*. metáf. Testículos de un hombre. vulg; pop + cult → espon ∧ fest.
VI. 1. f. *Bo:S*. Alumbre de color blanco en estado sólido. pop + cult → espon ∧ desp.
VII. 1. sust/adj. *Bo:S*. Mujer intrigante y alcahueta. pop + cult → espon ∧ desp.

▶ **mandar a las ~s.**

cachinchado, -a.
I. 1. adj. *Bo:S. Referido a una comida*, sazonada al gusto de la persona que cocina.
2. *Bo:S. Referido a un discurso*, sazonado con palabras y frases graciosas e ingeniosas.

cachinchar. (Del quech. *kachi*, sal).
I. 1. tr. *Bo:S*. Degustar una bebida, *generalmente alcohólica*. pop.
2. *Bo:C,SO,S*. Sazonar con sal un alimento. pop.
3. *Bo:S*. metáf. Dar vitalidad o viveza a algo. pop.

cachineado, -a.
I. 1. adj. *Ec:O. Referido a persona*, vestida con esmero y elegancia. pop + cult → espon.

cachinear.
- **I. 1.** intr. *Pe.* Recorrer una **cachina** en busca de determinadas mercaderías. pop + cult → espon.
- **2.** *Pe.* En el *surf*, practicarlo sobre olas pequeñas. desp.

cachinería.
- **I. 1.** f. *Ec.* Tienda o puesto de venta de un **cachinero**.
- **2.** *Ec.* Actividad del **cachinero**.

cachinero, -a.
- **I. 1.** sust/adj. *Pe; Ec:N,* pop + cult → espon. Persona que comercia con objetos robados.
- **2.** adj. *Pe.* Relativo a la **cachina**, lugar de venta ambulante.
- **II. 1.** sust/adj. *Pe.* En el *surf*, persona que lo practica sobre olas pequeñas. desp.

cachinflín.
- **I. 1.** *ES, Ni; Ho,* pop + cult → espon. **cachiflín**, fuego de artificio.
- **2.** m. *Ho.* Cohete que, al ser encendido, no sale impulsado por algún defecto de fabricación.
- **II. 1.** m. *ES.* Pene. vulg.
- **III. 1.** m, *Ho.* Persona homosexual. fest.
- **IV. 1.** m. *Ni.* Casquillo de bala.
- ▶ salir ~; valer un ~.

cachinflinazo.
- **I. 1.** m. *ES.* Tiro.

cachinflón.
- ▶ importar un ~.

cachingo.
- **I. 1.** *Co.* **búcaro**, árbol.

cachipa.
- **I. 1.** f. *Pe:S.* Queso fresco muy salado que se vende en bolitas moldeadas a mano.
- **2.** *PR.* Residuo del coco o de cualquier otra fruta rallada. (**cachispa**). ◆ **cáscara rallada**.
- **3.** *PR.* Corteza fibrosa del coco. (**cachispa**).
- **II. 1.** f. *RD.* Restos de material incinerado que, por su poco peso, son transportados por el aire y penetran en las casas.
- **III. 1.** f. *PR.* Residuo que produce un lápiz cuando se le saca punta. (**cachispa**).

cachipay.
- **I. 1.** m. *Co.* **chonta**. (Arecaceae; *Bactris gasipaes*).

cachipil.
- **I. 1.** m. *Ni.* Cantidad grande de cosas. (**chiquipil**).

cachiporra.
- **I. 1.** f. *Ec, Pe.* Vara adornada con cintas que porta una **bastonera**.
- **2.** *Ec.* **cachiporrero**, persona que porta la cachiporra.
- **II. 1.** f. *Co:O.* Juego con el que se decide la suerte de algo, que consiste en trazar tantas líneas como número de participantes haya y hacer una señal en el extremo de una de ellas sin que los jugadores la vean; se tapa este extremo de todas las líneas y cada participante debe seleccionar una; pierde o gana (según lo convenido) quien elija la raya con la señal en su extremo.
- **III. 1.** adj/sust. *Ch.* Referido a persona, farsante, vanidosa. pop + cult → espon.
- **IV. 1.** f. *ES.* Batuta.
- ▶ hacer una ~.

cachiporrearse.
- **I. 1.** intr. prnl. *Ch.* Alabarse excesivamente *alguien a sí misma*. pop + cult → espon.

cachiporreo.
- **I. 1.** m. *Ch.* Alabanza presuntuosa de uno mismo. pop + cult → espon.

cachiporrera.
- **I. 1.** f. *ES.* Mujer que dirige una banda de música.

cachiporrero, -a.
- **I. 1.** m. y f. *Ec, Pe.* Persona que porta la **cachiporra** y maniobra hábilmente con ella al ritmo de la música marcial, en las paradas y desfiles. ◆ **cachiporra**.
- **II. 1.** sust/adj. *Ch.* Persona que se alaba a sí misma excesivamente. pop + cult → espon.
- **III. 1.** sust/adj. *Ur.* p.u. Persona que trabaja sin esmero, de manera descuidada. pop + cult → espon.

cachiporrista.
- **I. 1.** *ES.* **porrista**, mujer joven.

cachiporro.
- **I. 1.** m. *Co.* A mediados del siglo XX, miembro del Partido Liberal colombiano.

cachiporro, -a.
- **I. 1.** adj/sust. *Ch.* Referido a persona, farsante, vanidosa. pop + cult → espon.

cachipuco.
- **I. 1.** m. *ES.* Chichón o bulto a causa de un golpe.

cachipuco, -a.
- **I. 1.** adj. *ES, Ni.* Referido a persona, que tiene hinchado un lado de la cara. rur.

cachipún.
- **I. 1.** m. *Ch.* Juego en el que dos o más personas esconden las manos y luego las enfrentan haciendo figuras que simbolizan una piedra, una hoja de papel o unas tijeras, de manera que el papel vence a la piedra, esta vence a las tijeras y estas, a su vez, al papel. (**kachipún**).

cachir. (Del quech. *qhachuy*, morder).
- **I. 1.** tr. *Bo.* Morder o masticar *algo, especialmente un alimento*.

cachiranga.
- **I. 1.** *PR.* **kachiranca**.

cachirla.
- **I. 1.** *Ar, Ur.* **cachila**, pájaro.

cachirre.
- **I. 1.** m. *Co.* Caimán de hasta 2,3 m de longitud. (Alligatoridae; *Paleosuchus trigonatus, P. palpebrosus*).

cachirul. (Apóc. de *cachirulo*).
- **I. 1.** m. *Mx, Ho.* Trampa, engaño, argucia, con que se pretende hacer pasar una cosa por otra.
- **2.** sust/adj. *Mx.* Persona que en el seno de un colectivo, *generalmente en una competencia deportiva o un órgano político*, incumple o acredita fraudulentamente alguna de las condiciones que el reglamento de admisión exige.
- **3.** adj/sust. *Mx.* Referido a persona o cosa, que se hace pasar o se presenta como algo no siéndolo.
- **II. 1.** sust/adj. *Mx.* En la indumentaria charra, refuerzo de gamuza en ciertas partes de pantalones y faldas a fin de protegerlas contra el desgaste.

cachirulada. (De *Pelopincho y Cachirula*, personajes de historieta).
- **I. 1.** f. *Ar.* p.u. Acción u objeto que denota mal gusto. pop ^ desp.

cachirulazo.
- **I. 1.** m. *ES.* Trago de licor.

cachirulo.
- **I. 1.** m. *Bo, Ch.* Rizo o bucle que cae sobre la frente.
- **2.** *Bo, Ch.* Rulo con el que se enrollan los cabellos *para rizarlos*.
- **II. 1.** m. *Ar.* p.u. Vehículo viejo y deteriorado. pop.
- **III. 1.** m. *Pe.* Coito. vulg; pop ^ fest.
- **IV. 1.** m. *Gu, ES.* Parche o remiendo de ropa, *en especial en la parte trasera del pantalón*.
- **V. 1.** *RD.* **guineo**, planta y fruto.
- **2.** *RD.* Plátano hervido.
- **VI. 1.** m. *RD.* Niño de corta edad.
- **VII. 1.** m. *Ni.* Persona que sirve para todo, *en especial un beisbolista que puede ocupar cualquier posición*.

VIII. 1. m. *CR*. Pliego de papel arrollado en forma de cono, usado popularmente como ventosa aplicando su vértice en el oído de una persona y encendiendo el otro extremo.

2. *CR*. Pedazo pequeño de papel doblado varias veces sobre sí mismo que, como juego, lanzan los niños con una liga o banda elástica.

□

a. ‖ **con los ~s hechos.** *Ch*. p.u. **con los crespos hechos.** pop.

cachirulo, -a.
I. 1. sust/adj. *Ar, Ur*. Persona tonta, ingenua o poco perspicaz. pop ^ desp.

II. 1. adj. *Ni*. *Referido a persona*, mentirosa.

cachispa.
I. 1. *PR*. **cachipa**, residuo y corteza del coco.

II. 1. *PR*. **cachipa**, residuo del lápiz.

cachista.
I. 1. m-f. *Ec*. Persona aficionada a contar **cachos** o chascarrillos. pop.

II. 1. adj/sust. *Ec*. juv. *Referido a persona*, mentirosa.

III. 1. m-f. *Gu*. Persona que se dedica a la compraventa.

cachita.
I. 1. f. pl. *Pe*. Mechones de cabello prendidos a papeles doblados para conseguir que se ricen.

II. 1. f. *Pe*. Ironía, burla fina y disimulada. pop.

III. 1. f. *Ho*. Vulva. vulg; pop + cult → espon.

IV. 1. f. *PR*. **cachito**, barbudo.

▶ **sacar ~.**

cachito.
I. 1. m. *Mx, Gu, ES*. Décimo o **vigésimo** de lotería.

2. *Pa*. **chance**, fracción de boletos de lotería.

II. 1. m. *Ve, Pe*; m. pl. *Bo*. Panecillo salado en forma de cuerno o medialuna relleno de jamón o de queso.

2. *Gu, Ho, ES, Ni*. metáf. Cruasán, pan dulce en forma de media luna.

3. *Ch*. Pastel en forma de cono hecho con masa de harina y relleno de crema, merengue o **manjar blanco**.

III. 1. m. *Gu, Ho, ES, Ni, Pa*. Arbusto de hasta 3 m de altura, de tallo con espinas grandes y huecas, hojas bipinnadas y flores pequeñas y amarillas en espigas densas, fruto en vaina de color café en forma curva sumergido en una pulpa carnosa; tiene diversas aplicaciones en la medicina tradicional. (Fabaceae; *Acacia collinsii*).

2. *Gu, Ho, Ni*. **aromo**.

3. *Ho*. Espina del **güiscanal**. pop.

4. *PR*. **barbudo**, pez marino. (**cachíta**).

IV. 1. m. *Gu, ES, PR, Bo, Ch, Ur*. Cantidad pequeña de algo, *generalmente de una comida o una bebida*. pop.

2. *Bo*. Período breve de tiempo. pop + cult → espon.

V. 1. m. *Ve, Pe*. Juego de dados con cubilete.

VI. 1. m. pl. *Ec, Pe*. Peinado infantil que consiste en recoger el cabello de la niña en dos colas que cuelgan sobre las orejas, a los lados de la cara.

VII. 1. m. *Gu*. Carne de **res** empleada para guisar.

VIII. 1. m. *Pa*. Persona que abusa de las bebidas alcohólicas. pop.

●

a. ‖ **¡un ~!** fórm. *Gu, Bo*. Se usa para pedir a una persona que espere un momento. pop + cult → espon.

cachivachería.
I. 1. f. *Py, Ar:NO*. Lugar donde hay muchos cachivaches. pop.

2. *Bo*. pop + cult → espon. Puesto de venta de objetos de poco valor.

cachivacherío.
I. 1. m. *Pe, Ar:NO, Ur*, pop + cult → espon; *Py*, cult. Conjunto de cachivaches.

cachivachero.
I. 1. m. *Ho, ES, Ni, CR, Ve*. Montón de cachivaches, cosas inútiles. pop + cult → espon. (**cachibachero**).

2. *Ni, Py*. Lugar en una casa donde se guardan cosas inútiles.

cachivachero, -a.
I. 1. adj/sust. *Pe, Ch, Py; Bo, Ar*, pop; *Ur*, p.u, pop + cult → espon. *Referido a persona*, que guarda cosas innecesarias.

II. 1. m. y f. *Pe; Co, Bo*, pop. Persona que se dedica a vender cachivaches.

cachivachi.
I. 1. m. *RD, Bo*. Objeto de poco valor. pop.

cachiveo.
I. 1. m. *Py, Ar:NE*. obsol. Canoa rústica hecha con el tronco vaciado o ahuecado de un árbol de madera liviana y resistente.

cacho.
I. 1. m. *Mx:SE, Gu, Ho, ES, Ni, CR, Pa, RD, Co, Ve, Ec, Pe, Bo, Ch, Ar:O*. Cuerno de animal, *en especial el del ganado vacuno*.

2. *Pu, Ec, Pe, Bo, Ch, Ar:NO*. Cubilete para tirar los dados.

3. *Gu, Ve, Bo, Ch, Ar:NO*. Vaso hecho con un cuerno de **res**.

4. m. pl. *RD, Co, Pe*. metáf. Infidelidad matrimonial. pop + cult → espon.

5. m. *Bo, Ch, Ar:NO*. meton. Juego de dados que se arrojan con un cubilete.

6. *Ni, RD, Ve*. Cuerno de **res** o de cabra, cortado por sus extremos, que se usa como instrumento musical o también para emitir señales.

II. 1. m. *ES, Ni, Ec, Bo; Ho*, pop + cult → espon. ‖ metáf. Cruasán, bollo o panecillo en forma de cuerno o media luna.

2. *Ar:NO*. Variedad de pan, de forma redondeada o alargada, que se cuece en horno abierto.

3. *CR*. Pastel de harina de trigo con forma de cuerno, relleno con cualquier tipo de dulce.

III. 1. m. *Co, Ve*. Cigarrillo de marihuana. drog.

IV. 1. m. *Bo; Ch, Ar, Ur*, cult → espon. Espacio corto de tiempo. pop.

V. 1. m. *Py, Ar, Ur*. Racimo de bananas.

VI. 1. m. *Co*. Punta del eje de forma cilíndrica sobre la cual giran las ruedas delanteras de un vehículo. pop.

VII. 1. m. *Co*. Incidente desagradable.

VIII. 1. m. *Ve, Ec*. Cuento o relato breve, *generalmente de tema mordaz o picante*, con el que se pretende provocar risa.

IX. 1. m. pl. *Ho, ES*. *Entre mareros*, zapatos. delinc.

2. *CR; Bo*, pop + cult → espon. Zapato, calzado que cubre solo el pie.

3. *Bo*. Zapatilla que se utiliza para jugar al **futbol**.

X. 1. m. *Ch*. Mechón de pelo *recogido generalmente con un elástico*.

2. *Bo*. Mechón de cabello rebelde. pop + cult → espon ^ fest.

XI. 1. m. *Ch*. Cosa o situación fatigosa o molesta cuya existencia ocasiona problemas. pop + cult → espon.

XII. 1. m. *Bo*. Espolón de un gallo.

XIII. 1. m. *Ni*. p.u; meton. Recipiente para guardar y transportar la pólvora.

●

a. ‖ **~s.** fórm. *Ec*. Se usa en juegos de niños para hacer una pausa y quedar momentáneamente fuera del juego.

b. ‖ **me ~ en ná.** fórm. *PR*. Se usa para mostrar que alguien está harto de todo y pide que lo dejen en paz. euf.

c. ‖ **¡un ~!** fórm. *Gu, Bo*. Se usa para pedir a una persona que espere un momento. pop + cult → espon.

■

a. ‖ **~ cumbo.** m. *Ho*. Cuerno del ganado vacuno cuyas puntas están torcidas hacia dentro. rur.

b. ‖ ~ **de palo.** m. *Ho.* Machete viejo y desgastado al que se le ha puesto un mango. rur.

c. ‖ ~ **hueco.** m. *Ho.* Enfermedad del ganado vacuno que consiste en una disminución de las defensas biológicas y cuyos síntomas son desnutrición, resquebrajamiento de los cuernos, disminución grande de la producción de leche y constancia permanente de heces en la región perianal. rur.

d. ‖ ~ **huico.** m. *Ho.* Animal con un solo cuerno. rur.

e. ‖ ~ **peinado.** m. *Ho.* Cuerno del ganado vacuno cuyas puntas están dobladas hacia arriba y hacia atrás. fest.

f. ‖ ~ **quemado.** m. *Ho.* Persona que padece una infidelidad amorosa.

g. ‖ ~ **ruco.** m. *Ho.* Cuerno del ganado vacuno partido. rur.

h. ‖ ~**s de cabra.** *Pa.* **cachillo.**

i. ‖ ~**s de chivo.** m. pl. *Pa.* **cachillo.**

j. ‖ ~**s de freno.** m. pl. *Ho.* Dos pedazos de cuerno tallado que unen las cadenas del freno con la rienda de las caballerías. rur.

□

a. ‖ **al ~.** loc. adv. *Bo.* Al instante, sin dilación. pop + cult → espon.

b. ‖ ~ **colorado.** loc. sust. *Ec.* Chiste de tema *generalmente sexual.* pop.

c. ‖ ~ **de paragua.**
  i. loc. sust. *Ch.* Disfunción en la erección del pene. vulg; pop + cult → espon. (**cacho de paraguas**).
  ii. loc. sust/adj. *Ch.* Hombre impotente, que sufre una disfunción en la erección del pene. vulg; pop + cult → espon. (**cacho de paraguas**).

d. ‖ ~ **de paraguas.** loc. sust/adj. *Ch.* **cacho de paragua.** pop + cult → espon.

e. ‖ ~ **verde.** loc. sust. *Ec.* p.u. Chiste de tema no grosero ni sexual. pop.

f. ‖ **de un ~.** loc. adj. *Co.* Casi completo. pop.

g. ‖ **¡fuera ~s!** loc. interj. *Ve.* Expresa con determinación que un asunto, tarea o actividad ha concluido. pop.

▶ **afilar los ~s; afilarse los ~s; andar hasta los ~s; clavar el ~; clavar los ~s; colgar los ~s; dar en los ~s; descolgar los ~s; doblar el cacho; echarle al cacho; estar con los ~s bien afilados; estirar los ~s; montar ~s; no ser ~; no vérsele el ~; pegar ~s; poner ~s; ponerle los ~s; saber a ~; tener ~s; tener de un ~.**

cachola.
  I. 1. *PR.* **cachucha,** cabeza. pop + cult → espon ^ fest.

cacholote.
  I. 1. *Ar.* **caserote.**

cachón, -na.
  I. 1. *Ho, CR, Pa, Co.* **cachudo,** de cuernos largos. rur.
  II. 1. adj. *Co. Referido a un hombre,* que es objeto de infidelidad por parte de su pareja. pop.
  III. 1. adj/sust. *Co:O. Referido a persona,* que invita a algo y siempre paga. pop.
  IV. 1. sust/adj. *Ho.* Gallo de pelea con la cresta grande y caída a uno de los lados. rur.
  V. 1. m. *CR.* p.u. El diablo. euf; desp.

cachondear.
  I. 1. tr. *Mx.* Acariciar, tocar a *una persona* con intención de avivar el estímulo erótico. vulg.

cachondeo.
  I. 1. m. *Mx.* Caricia o roce corporal entre personas con intención de avivar el estímulo erótico. vulg.
  2. *PR.* Movimiento provocativo de caderas hecho por una mujer al andar o al bailar. pop + cult → espon.

cachonear.
  I. 1. tr. *Co.* Ser *una persona* infiel a su pareja. pop.

cachorra.
  I. 1. f. *Ho.* Mujer que visita la cárcel para hacer el amor por dinero. carc.

cachorrada.
  I. 1. *Cu.* **zoquetada,** altanería.

cachorrear.
  I. 1. tr. *Ec:O.* p.u. Fastidiar, molestar a *alguien.*

cachorreo.
  I. 1. m. *Ec:O.* p.u. Fastidio, molestia.

cachorreta.
  I. 1. f. *Co, Ve.* Pez de hasta 40 cm de longitud, de color azul marino intenso en el dorso y blanco en el vientre; su pesca es de importancia en la industria pesquera. (Scombridae; *Scomber japonicus*).

cachorro.
  I. 1. m. *Ni, Bo.* Soldado que inicia su servicio militar.
  2. *Bo.* Hombre inexperto. pop + cult → espon ^ desp.
  II. 1. m. *Bo.* Cartucho de dinamita que se utiliza para la extracción de mineral contenido en una veta.

cachorro, -a.
  I. 1. m. y f. *Gu, Ho, Ni, Ec, An.* Persona joven.
  2. *Ec.* Persona aniñada.
  II. 1. m. y f. *Ch.* Estudiante de primer año en algunas instituciones superiores de educación.
  2. adj. *Ch.* Relativo a estos estudiantes.
  III. 1. adj. *Ve. Referido a persona,* hosca, de mal carácter.

cachú.
  ▶ **estar vestido de ~.**

cachua. (Del quech. *qhachwa*).
  I. 1. m. *Pe; Bo,* rur. Danza colectiva de las regiones andinas, que incluye un zapateo de movimientos suaves y cortos, originalmente bailada en ronda durante la cosecha desde tiempos prehispánicos. (**cashua**).
  2. *Pe; Bo.* rur. Música que acompaña esta danza. (**cashua**).

cachúa.
  I. 1. f. *Ve.* Pez marino de color oscuro con reflejos anaranjados, con dos largos filamentos en la aleta caudal y unas adaptaciones bucales que le permiten alimentarse de erizos con espinas largas. (Balistidae; *Balistes vetula*). (**cachuda**). ♦ **peje puerco.**
  II. 1. m. pl. *RD.* Personajes típicos de carnaval de algunas zonas de la isla de La Española que usan un **mameluco** coloreado, alas de murciélago y caretas con **cachos** o cuernos, fabricados con papel crepé multicolor, que se utiliza también para adornar las cabelleras; desfilan bailando **mangulinas.**

cachube.
  I. 1. m. *Ve:O.* Ombligo, cicatriz redonda que queda en medio del vientre después de romperse y secarse el cordón umbilical. pop.

cachubón, -na.
  I. 1. adj. *Ve:O. Referido a persona,* que tiene el ombligo abultado. pop.

cachucha.
  I. 1. f. *Mx, Gu, Ho, ES, Ni, RD, Co, Ve, Bo.* Gorra de tela con visera.
  II. 1. f. *ES, Py, Ar, Ur,* p.u. Vulva. vulg.
  III. 1. f. *Ve.* meton. Militar, persona que profesa la milicia.
  IV. 1. f. *Cu, PR.* **cachucho,** pez.
  V. 1. f. *Ni.* Preservativo. pop.
  VI. 1. f. *PR.* meton. Cabeza. pop + cult → espon ^ fest.
    ♦ **cachola.**

□

a. ‖ **de ~.**
  i. loc. adv. *Mx.* Por gusto propio. pop + cult → espon ^ fest.

ii. *Mx.* A costa de otro. pop + cult → espon ^ fest.
iii. *Mx.* Gratis. pop + cult → espon ^ fest.
b. ‖ **¡por la ~!** loc. interj. *Bo.* Expresa fastidio o admiración. pop.
▶ **echar ~; estar a las ~s; volar ~.**

¡cachucha!
I. 1. interj. *Bo:C.* Expresa la voluntad de contrarrestar los efectos del embrujo que supuestamente ocasiona el graznido de una lechuza. rur.

□
a. ‖ **¡santa ~!**
i. loc. interj. *Gu.* Expresa asombro ante una situación.
ii. *Ho.* Expresa sorpresa. pop.
iii. *Pa.* Expresa alegría. pop ^ fest.

cachuchazo.
I. 1. m. *Ve*; *Ch*, cult → espon. Golpe que se da con la mano abierta, *generalmente en la cara.* pop.

cachucho.
I. 1. m. *Ch.* Estanque en que se sumerge el **caliche** en un disolvente para separar las partes solubles de las insolubles.
II. 1. m. *Ch:N.* Pequeño bote de fondo plano y cubierta ancha, movido a remo, vela o motor, que se utiliza para pesca.

cachucho, -a.
I. 1. adj. *Co. Referido a persona, especialmente a un adolescente,* que no ha tenido relaciones sexuales. pop.

cachuchudo, -a.
I. 1. m. y f. *ES.* Oficial del ejército. desp.

cachuco, -a.
I. 1. adj/sust. *RD. Referido a persona,* borracha.
▶ **estar medio ~.**

cachuda.
I. 1. *Ve.* **cachúa,** pez.
II. 1. f. *Ve.* Muerte. pop.
III. 1. f. *Ho.* Hambre. pop.

cachudito.
I. 1. *Ch, Ar.* **torito,** pájaro.

cachudo.
I. 1. m. *Gu, ES, Ni, Co:C, Ve:O, Pe, Bo, Ch,* pop; *Ho, CR, Ec,* euf, fest. Diablo, príncipe de los ángeles rebelados contra Dios.
II. 1. adj. *Gu, Ho, Ni, Ve:O, Ec, Bo. Referido a un hombre,* que es objeto de infidelidad por parte de su pareja. pop + cult → espon.
III. 1. *Ho.* **venado cola blanca.**

cachudo, -a.
I. (De *cacho,* cuerno).
1. adj. *Mx, Gu, Ho, ES, Ni, CR, Pa, Ve, Ec, Pe, Bo, Ch, Ar:NO,O. Referido a animal vacuno,* de cuernos largos. ♦ **cachón.**
II. 1. adj. *Ch. Referido a persona,* que siente desconfianza. pop + cult → espon.
III. 1. adj. *ES. Referido a persona,* medio borracha. pop.
IV. 1. adj/sust. *Ho. Referido a persona,* militante o simpatizante del Partido Nacional. desp.
V. 1. adj. *Ur.* p.u. *Referido a persona,* vulgar o de mal gusto. desp.

cachuela.
I. 1. f. *Pe, Bo:N,E.* Lugar en un río donde la pendiente del cauce produce la rápida caída de las aguas, que, al chocar con las rompientes, se levantan formando olas de espuma.

cachuelear(se).
I. 1. intr. *Pe.* Trabajar de forma ocasional o eventual *recibiendo generalmente una escasa remuneración.* pop + cult → espon.

2. intr. prnl. *Pe.* Ponerse a trabajar de forma eventual. pop.

cachueleo.
I. 1. m. *Pe.* Realización de un trabajo eventual *generalmente poco remunerado.* pop + cult → espon.

cachuelero.
I. 1. m. *Bo:N.* Hombre que gobierna una embarcación en las corrientes de las **cachuelas.**

cachuelero, -a.
I. 1. sust/adj. *Pe.* Persona que se dedica a realizar trabajos ocasionales o eventuales *generalmente poco remunerados.* pop + cult → espon.

cachuelo.
I. 1. m. *Ec:O, Pe.* Trabajo ocasional que se realiza para obtener un ingreso extraordinario. ♦ **chaucha.**

cachuera.
I. 1. f. *Ar:NE, Ur.* Salto de agua en un río o arroyo.

cachula.
I. 1. f. *Py, Ar:NE.* Vulva. vulg.

cachulero, -a.
I. 1. adj. *Ar:NO. Referido a cosa,* ordinaria, de mal gusto. pop.
2. adj/sust. *Ar:NO. Referido a persona,* tosca, poco refinada. pop.

cachullapi.
I. 1. m. *Ec.* Baile popular muy animado y alegre.

cachumbambé.
I. 1. m. *Cu.* Columpio infantil formado por una tabla que se apoya en el medio sobre un eje y permite que dos niños, cada uno sentado en un extremo, puedan elevarse de forma alterna, al impulsarse con los pies.

cachumbeada.
I. 1. f. *Ar:NO.* Golpe dado a alguien, *generalmente con la mano abierta.* pop.

cachumbear.
I. 1. tr. *Ar:NO.* Golpear a *alguien* con la mano abierta, *especialmente en la cabeza.* pop.

cachumbo.
I. 1. m. *Co.* Rizo de cabello en forma helicoidal.

cachuna.
I. 1. f. *Bo:S.* Cinta ancha de tela que va alrededor de la copa del sombrero.

cachuncha.
I. 1. f. *Ar:NE.* Vulva. vulg.

cachuncho.
I. 1. m. *Ch.* Prenda interior femenina que cubre desde la cintura hasta el principio de los muslos, con dos aberturas por donde pasan las piernas. pop + cult → espon. (**calchuncho**).

cachupín.
I. 1. m. *Bo.* Ayudante de sastre. pop + cult → espon.

cachupín, -na.
I. 1. m. y f. *Ec, Pe, Bo.* obsol. **gachupín,** español establecido en América. pop ^ desp.
II. 1. m. y f. *Ch.* Perro, can. pop + cult → espon ^ fest.

cachurear.
I. 1. intr. *Ch.* Buscar objetos ya usados o desechados con el fin de darles uso. pop.

cachurecada. (De *cachureco*).
I. 1. f. *Ho.* Irregularidad o ilegalidad. desp.
II. 1. f. *Ho.* Conjunto de personas pertenecientes al Partido Nacional. desp.

cachureco, -a.
I. 1. m. y f. *Gu.* Beato, católico muy dado a la práctica religiosa. desp.
II. 1. sust/adj. *Ho.* Miembro o simpatizante del Partido Nacional. pop + cult → espon.

cachureo.
- **I. 1.** m. *Ch.* Objeto inútil. pop + cult → espon.
- **2.** *Ch.* Conjunto variado de objetos desechados. pop + cult → espon.
- **3.** *Ch.* Recolección de escombros, papeles y objetos desechados. pop + cult → espon.

cachurequear.
- **I. 1.** intr. *Ho.* Hacer proselitismo a favor del Partido Nacional de Honduras. pop.

cachurequismo.
- **I. 1.** m. *Gu.* Doctrina y prácticas católicas muy conservadoras.
- **2.** *Ho.* Doctrina e ideas políticas conservadoras del Partido Nacional. pop.
- **3.** *Ho.* Conjunto de personas del Partido Nacional. pop ∧ desp.

cachurero, -a.
- **I. 1.** adj. *Ch.* Relativo al **cachureo**, conjunto de cosas desechadas o viejas. pop + cult → espon.
- **2.** adj/sust. *Ch. Referido a persona*, aficionada a juntar **cachureo**, conjunto de cosas. pop + cult → espon.
- **3.** m. y f. *Ch.* Persona que recoge o comercia con **cachureos**, cosas inútiles y prescindibles.

cachuzo, -a.
- **I. 1.** adj. *Ar, Ur*, p.u, cult → espon. *Referido a un objeto*, estropeado, deteriorado, en mal estado. pop.
- **2.** *Ar, Ur*, p.u, cult → espon. *Referido a persona*, envejecida, achacosa, venida a menos. pop.

cacimba.
- **I. 1.** f. *Cu, Ar. En las costas rocosas*, hoyo natural en el que se deposita el agua del mar o de la lluvia. (**casimba**).

cacique. (De or. ind. antillano).
- **I. 1.** m. *Bo, Ar.* Jefe de un partido político. desp.
- **2.** *Ec, Py.* Jefe de una comunidad indígena.
- **3.** *Cu.* Jefe, líder o máxima autoridad en cualquier ámbito. pop + cult → espon ∧ fest.
- **II. 1.** m-f. *Ec, Ch:N.* Persona encargada de la formación y organización de un **baile**. rur.
- **III. 1.** *Ho, Ni.* **horatotol**.
- **2.** *Pa.* Pájaro más pequeño y desmedrado de una nidada de **pericos**.
- **IV. 1.** *Pa.* **huje**.
- **2.** *Pa.* **macano negro**.
- ◪
  - **a.** ‖ **muchos ~s y pocos indios.** fr. prov. *Cu, RD, PR, Ch.* Indica que hay demasiados jefes y pocos subordinados.

caciquesco, -a.
- **I. 1.** adj. *Ho.* Relativo al cacique y al caciquismo. cult.

cacle. (Del nahua *cactli*, zapato, sandalia).
- **I. 1.** m. *Mx.* Tipo de sandalias del indígena mexicano, fabricadas con cuero de animal y fibras vegetales.
- **2.** *Mx.* Calzado, objeto con que se cubre el pie para protegerlo y pisar con firmeza y seguridad. pop + cult → espon.

caclla.
- **I. 1.** f. *Ar:NO.* Amuleto de barro, *generalmente con forma de cara*, utilizado para alejar el mal. rur.

caco.
- **I. 1.** m. *RD.* Cabeza de una persona.
- ■
  - **a.** ‖ **~ de ñame.** m. *RD.* **cabeza de ñame**.

caco, -a.
- **I. 1.** adj/sust. *PR. Referido a persona*, aficionada al género del **reguetón**.

cacomacaco.
- **I. 1.** m. *PR.* Bastón de madera dura y con muchos nudos. rur; pop + cult → espon.

cacomiscle.
- **I. 1.** *Mx.* **cacomistle**.

cacomistle. (Del nahua *tlaco*, medio y *miztli*, león).
- **I. 1.** *Mx, Gu, Ho.* Mamífero de hasta 92 cm de longitud, sin incluir la cola, cabeza casi redonda, hocico corto, ojos muy grandes, cuerpo alargado y muy flexible, de coloración parda y grisácea y cola negra con anillos. (Procyonidae; *Bassariscus* spp.). (**cacomiscle; cacomixtle; cacomiztle**). ◆ **uayuc; uyo.**

cacomite. (Del nahua *cacomitl*, ciertas raíces que tienen sabor a castañas).
- **I. 1.** m. *Mx.* Planta bulbosa de hasta 45 cm de longitud, de hojas lanceoladas, flores grandes, vistosas, de color rojo brillante con manchas amarillas en la base de los pétalos y raíz comestible; es ornamental. (Iridaceae; *Trigidia pavonia*). ◆ **xahuique.**

cacomixtle.
- **I. 1.** *Mx, Gu, Ho.* **cacomistle**.

cacomiztle.
- **I, 1.** *Mx, Ho:C,O, ES.* **cacomistle**.

cacona.
- **I. 1.** f. *Ar:NO, Ur.* Defecación, excremento. inf; pop.
- **II. 1.** f. *RD.* Levita.
- **2.** *RD.* Traje infantil de gala, *usado generalmente para el bautismo o el entierro*.
- ▶ **ponerle la ~.**

cacorada.
- **I. 1.** f. *Bo.* Masaje terapéutico.

cacorar. (Del quech. *qakoy*, frotar).
- **I. 1.** tr. *Bo.* Friccionar o dar masaje con fines terapéuticos. rur; pop.
- **2.** *Bo.* Frotar *algo* con las manos, *generalmente la ropa que se lava*.

cacorro.
- **I. 1.** m. *Co.* Hombre homosexual activo. vulg; pop ∧ desp.
- **2.** *Co.* Hombre homosexual que siente atracción por niños varones. vulg; pop ∧ desp.

cacorro, -a.
- **I. 1.** adj/sust. *Pa.* Homosexual. pop + cult → espon ∧ desp.

cacoso, -a.
- **I. 1.** adj. *ES. Referido a persona*, inútil. desp.

cacota.
- **I. 1.** f. *Co.* Cáscara o residuos que quedan después de despulpar el café.
- **2.** *Co.* Café que se ha dejado secar junto con la pulpa o cáscaras y que, por ello, se considera de inferior calidad.
- **3.** *Co.* Envoltura externa de algunos frutos como el trigo, algodón, coco y otros.

cacotazo.
- **I. 1.** m. *Pa.* Golpe dado en la cabeza con los nudillos de la mano. pop + cult → espon.

cacreco, -a.
- **I. 1.** adj. *Ho, Ni, CR, Pa, Co. Referido a persona*, muy vieja y con sus facultades disminuidas. desp.
- **II. 1.** adj. *Ni; Ho*, pop. *Referido a un mueble*, desvencijado, estropeado.
- **III. 1.** adj. *Ho, Ni. Referido a persona*, enclenque. pop.
- **IV. 1.** adj. *Ho. Referido al estado de un problema, asunto o negocio*, de difícil solución. rur.
- **V. 1.** adj. *Ho. Referido a persona*, que tiene las piernas torcidas hacia fuera y las rodillas juntas. pop.

cacuca.
   I. 1. f. *Ch.* Caca, excremento. inf.
cacuí.
   I. 1. *Ar.* **cacuy.**
caculear.
   I. 1. intr. *PR.* obsol. Mariposear *alguien*. (**caculiar**).
     2. *PR.* Coquetear una mujer con un hombre. rur. (**caculiar**).
   II. 1. intr. *PR.* metáf. Frecuentar *alguien* con exceso las actividades sociales, con o sin invitación. (**caculiar**).
caculeo.
   I. 1. m. *PR.* obsol. Mariposeo de alguien.
     2. *PR.* Coqueteo. rur.
   II. 1. m. *PR.* Asistencia frecuente de alguien a actos sociales, con invitación o sin ella.
caculiar.
   I. 1. *PR.* **caculear.**
caculo.
   I. 1. m. *PR.* Insecto coleóptero de forma ovalada, con la larva blanca, de cabeza negra y gruesa; muy dañina para las plantas. (Scarabaeidae; *Phyllophaga vandinei*).
   II. 1. m. *PR.* Automóvil pequeño.

■

   a. ‖ **~ social.** m. *PR.* Persona que se abre camino con éxito en círculos sociales importantes a los que no pertenece. pop + cult → espon.
cacure.
   I. 1. m. *Ve.O.* Avispa, (**cacuro**).
     2. *Ve:O.* Enjambre de avispas alborotadas. (**cacuro**).
cacuro.
   I. 1. **cacure.**
cacuy.
   I. 1. *Ar.* **urutaú.** (**cacuí**; **cocuy**; **kakuy**).
cadáver.
   ▶ **caerse ~.**
cade.
   I. 1. m. *Ec.* **tagua**, planta y semilla. (**cadi**).
cadeca.
   I. 1. f. *Cu.* Oficina de cambio oficial de moneda.
cadeja.
   I. 1. f. *Ho, ES.* p.u. Hembra del **cadejo.** pop.
   II. 1. f. *Ho:N.* juv. Bicicleta vieja y destartalada.
cadejo.
   I. 1. m, *Ar.* Porción de lana lista para ser hilada. rur.
   II. 1. *Ho.* **zamhool**, animal.
     2. m. *Gu, Ho, ES, Ni, Pa.* Animal mítico mesoamericano, con apariencia de perro lanudo y ojos como tizones, que arrastra una cadena y asusta a borrachos u hombres trasnochadores. (**el cadejos**).

■

   a. ‖ **~ blanco.** m. *Gu, ES, Ni; Ho*, pop. Cadejo bueno que conduce a los borrachos.
   b. ‖ **~ negro.** m. *Gu, ES, Ni; Ho*, pop. Cadejo malo que extravía a los borrachos en el camino.
   c. ‖ **el ~s.** m. *CR.* Cadejo, animal mítico.
   ▶ **andar como el ~; cargarse el ~.**
cadejo, -a.
   I. 1. adj/sust. *Ho, Ni. Referido a persona*, mala, perversa.
cadena.
   I. 1. f. *Gu, RD, Ve, Ec, Py, Ar, Ur, Co*, p.u. **bajante**, descenso del nivel del agua.
   II. 1. f. *Gu, Ho, ES, Ni, Ec, Bo.* Punto de ganchillo o de aguja que se hace con hilo o seda, en forma de cadena. ◆ **cadenilla.**
     2. *Gu.* Adorno hecho con tiras de papel de colores, propio de actos festivos.

   III. 1. f. pl. *PR.* Copla derivada de las seguidillas que cantaban los **jíbaros** en los viajes largos para mantenerse despiertos.
     2. f. *PR.* Baile de influencia española que consiste en entrelazar las manos de los bailarines para crear figuras.

■

   a. ‖ **~ abaniquera.** f. *Pa.* Cadena de la **pollera** que consiste en un cordón para llevar el abanico, tejido con filigrana en forma de corazones o tréboles, con pasador corredizo.
   b. ‖ **~ bruja.** f. *Pa.* Cadena de la **pollera** de oro; se diferencia de la cadena chata en que sus escamas tienen forma de zeta y puede recogerse de tal modo que parece imposible, de ahí su nombre.
   c. ‖ **~ cabestrillo.** f. *Pa.* Cadena de la **pollera**, larga, de eslabones corrientes y monedas coronadas en filigrana; la más costosa.
   d. ‖ **~ chata.** f. *Pa.* Cadena de la **pollera** con escamitas entrelazadas en doble hilera, como una sardinita articulada; es la principal.
   e. ‖ **~ chata abierta.** f. *Pa.* Cadena chata que va abierta y en cada uno de los extremos cuelga una compañía de oro afiligranada en chorrito o lágrimas.
   f. ‖ **~ cola de pato.** f. *Pa.* Cadena de la **pollera** muy larga, de tejido espeso y con eslabones que parecen colas de pato abiertas.
   g. ‖ **~ de barba.** f. *Ho.* Cadenilla curva que atraviesa de una cama a otra del bocado o freno de las caballerías. rur.
   h. ‖ **~ de dijes.** f. *Pa.* Cordón de eslabones muy finos del que penden numerosos dijes.
   i. ‖ **~ de la pollera.** f. *Pa.* Cada una de las que lleva al cuello en orden específico la **empollerada.**
   j. ‖ **~ de oración.** f. *Gu.* Grupo de personas que ora simultáneamente en un determinado período de tiempo con el fin de hacer una petición a Dios.
   k. ‖ **~ doble.** f. *Ho. En la caña de azúcar*, sistema de siembra en el que se traslapan los trozos de caña en el surco como si hubiera dos hileras. rur.
   l. ‖ **~ guachapalí.** f. *Pa.* Cordón formado por delgadas y pequeñas cocadas festoneadas, engarzadas con cintas de oro, y del que cuelga una cruz liviana, un avemaría o el escarbadientes y limpia oídos; es muy frágil, por lo que debe ir siempre por encima de las demás.
   m. ‖ **~ media naranja.** f. *Pa.* Cadena de la **pollera** hecha de eslabones que semejan rebanadas de naranja engarzadas, y de la que cuelga una moneda coronada.
   n. ‖ **~ nacional.**
     i. f. *Mx, Gu, Ho, ES, Ni, CR, Pa, RD, Ve, Ec, Ar.* Conexión obligatoria de todas las emisoras de radio y televisión para retransmitir algún mensaje o acto del gobierno.
     ii. *Ch.* Conexión simultánea de varios medios de comunicación, *especialmente los televisivos*.
   ñ. ‖ **~ salomónica.** f. *Pa.* Cadena de la **pollera** hecha de tejido retorcido que imita las columnas salomónicas; es más larga y gruesa que las demás.
   o. ‖ **~ solitaria.** f. *Pa.* Variante de la cadena chata, formada de angostas chapitas que se semejan a la tenia.
   ▶ **echarle la ~; hacer la ~; halar la ~.**
cadenazo.
   I. 1. m. *CR.* Robo que consiste en arrebatar una pertenencia, *especialmente una joya*, a alguien que transita por un sitio público. pop.
cadeneo.
   I. 1. m. *Ho, Ni.* Persecución de un gallo de pelea al contrario.

cadenero.
  I. 1. m. *Ho.* Ladrón especializado en robo de cadenas y pulseras. delinc.

cadenero, -a.
  I. 1. sust/adj. *Ar, Ur.* Animal de tiro que se coloca como refuerzo en un carruaje, atado con cadenas a alguna parte de este. rur.

cadenilla.
  I. 1. f. *Bo.* Adorno hecho con tiras de papel de colores formando una cadena, *propio de actos festivos.*
  II. 1. *CR.* **cadena,** punto de ganchillo.

cadenillo.
  I. 1. m. *CR.* Viga o madero que sirve de soporte a la armazón de un techo.

cadenú.
  I. 1. adj/sust. *RD. Referido a persona,* que usa muchas cadenas como ostentación de riqueza o bienestar.

caderear.
  I. 1. intr. *RD, Ch, Ur.* Mover ostensiblemente las caderas al realizar una actividad, *especialmente al bailar o caminar.* pop.

cadereo.
  I. 1. m. *RD, Ch, Ur.* Movimiento ostensible de caderas. pop.

caderón, -na.
  I. 1. adj. *Ho, Ni, CR, Pa, Cu, PR, Co, Pe, Bo, Py; Ar.* pop. **caderudo.**

caderudo, -a.
  I. 1. adj. *Gu, ES, Ni, CR, Pa, Cu, PR, Bo, Ch, Ur; Ho,* pop + cult → espon. *Referido a persona, especialmente a una mujer,* que tiene caderas prominentes. (**caderúo**). ♦ **caderón.**

caderúo, -a.
  I. 1. adj. *CR, Pa, Cu, PR, Co; Ar.* pop. **caderudo.**

cadete.
  I. 1. m. *Py, Ar, Ur; Ch.* p.u. Aprendiz de un establecimiento comercial.
  II. 1. m. *ES.* Colilla de cigarro.
  III. 1. m-f. *Ni.* Persona que alquila y conduce un taxi por un día.

cadi. (Del ingl. *caddie*).
  I. 1. *Ec.* **cade,** planta y semilla.

cadillo.
  I. 1. m. *RD, PR, Co, Ve.* **saetilla.** (**caíllo**).
  2. *PR, Co, Ve.* Fruto del **cadillo,** pequeño y de aristas prominentes que se adhieren a la ropa o al pelo de los animales. (**caíllo**).
  3. *Pa.* **ochmul.**
  II. 1. m. *Ve.* Callosidad *que aparece generalmente en las manos* provista de filamentos ásperos.

  ■
  a. ‖ **~ de burro.** m. *Pa.* **ochmul.**
  b. ‖ **~ de gato.** m. *RD.* Planta herbácea de hasta 2 m de altura, erguida, de hojas con forma entre triangular y circular, acuminadas, y flores dispuestas en espigas terminales. (Amaranthaceae; *Achyranthes aspera*). ♦ **huevo de gato.**

cadmia.
  I. 1. f. *Co.* Árbol de hasta 15 m de altura, de copa cónica, ramas colgantes y frutas en pequeños racimos también colgantes, hojas que crecen en dos hileras a lo largo de las ramas y flores blanco amarillentas, que nacen en las axilas de las hojas; el árbol se cultiva como ornamental en climas cálidos. (Annonaceae; *Cananga odorata*).

cadongo.
  I. 1. *Pa.* **anonillo,** árbol.
  2. *Pa.* **anonillo,** fruto.

caedero.
  I. 1. m. *Ar:NO.* Lugar habitual de reunión de un grupo de gente o que una persona suele frecuentar. pop.

caedizo.
  I. 1. m. *Mx:S, Ni, Co.* Tejadillo que sobresale de la pared. (**caidizo**).

caer(se).
  I. 1. intr. *Mx, Cu, RD, PR, Co, Ve, Pe, Bo, Py.* Hacer *alguien* una visita. pop.
  2. *Mx, CR, Co:O, Ec, Py, Ur.* Acudir *alguien* al lugar de una cita. pop + cult → espon.
  II. 1. intr. *Mx, Ec.* Dar o aportar *algo* para un fin determinado. pop.
  2. *CR, Pa, Ve.* Pagar *alguien* determinada cantidad de dinero que debía o que había acordado aportar para un gasto común. pop.
  III. 1. intr. *Mx, Gu, Ni, CR, Ec, Ur.* Quedarse *alguien* profundamente dormido. pop.
  IV. 1. intr. *Mx, Py.* Gustar, agradar *algo* a alguien, o resultarle ventajoso o deseable.
  2. *Pe.* Resultar *alguien* simpático. pop.
  V. 1. tr. *Mx, Gu, Ho, Ni.* Robar *algo.*
  VI. 1. intr. *Gu, Ho, ES, Ni, CR, Co, Pe.* Declararle *alguien* su amor a otra persona. pop.
  VII. 1. tr. *Ec:N, Pe.* Castigar a *alguien.* pop.
  2. *Cu, Ve.* Embestirse o atacarse violentamente dos personas con un arma, con el cuerpo o con los puños. pop.
  3. *Gu.* Recibir una reprimenda o **golpiza.**
  VIII. 1. intr. prnl. *Co, Pe; Ch,* pop + cult → espon. Perder *alguien* la estima de otra persona por un comportamiento indebido.
  IX. 1. intr. prnl. *Gu, Bo, Py.* Ser sorprendido *alguien* haciendo algo, *generalmente prohibido o indebido.* pop + cult → espon.
  2. intr. prnl. *Gu, CR, Ur.* Ser descubierto *alguien* que cometía delitos. pop + cult → espon.
  X. 1. intr. *RD, PR, Py.* Reincidir *alguien.* carc.

  ●
  a. ‖ **ahí te caigo.** fórm. *Mx, Ni.* Se usa como despedida o para emplazar para un próximo encuentro.
  b. ‖ **¡cáete!** fórm. *Mx, Ni, Pe.* Se usa para expresar conminación o exhortación vehemente a alguien para que pague una cantidad o se desprenda de alguna propiedad.
  c. ‖ **¡me caigo!** fórm. *RD, Bo.* Se usa para expresar admiración, disgusto o extrañeza por algo o alguien. pop + cult → espon.
  d. ‖ **se cayó el dinero.** fórm. *Cu.* Se usa para expresar asombro.
  e. ‖ **¿te cae?** fórm. *Mx.* Se usa para expresar interrogación retórica sobre algo a alguien dando a entender que no es posible creer seriamente lo que se enuncia.

  □
  a. ‖ **~ a cama.** loc. verb. *Co:C.* Acostarse una mujer embarazada por haber llegado la hora del parto. rur; pop.
  b. ‖ **~ a cobas.** loc. verb. *Ve.* Engañar, mentir a alguien. pop.
  c. ‖ **~ a las patas.**
    i. loc. verb. *Ho.* Resultar *alguien* antipático. pop.
    ii. *Ho.* Sentar mal una comida o bebida. pop.
  d. ‖ **~ a los huevos.** loc. verb. *Ho.* Resultar *alguien* antipático. vulg.
  e. ‖ **~ a pelo.** loc. verb. *Ec, Pe, Bo.* Suceder *algo* de manera oportuna y adecuada. pop + cult → espon.
  f. ‖ **~ a toda madre.**
    i. loc. verb. *Mx, CR, Pa.* Ser *alguien* muy simpático.
    ii. *Mx.* Ser *algo* muy bueno o estupendo.

g. ‖ ~ **al dedo.** loc. verb. *Bo.* Ocurrir *algo* beneficioso en un momento adecuado. pop + cult → espon.

h. ‖ ~ **arriba.** loc. verb. *ES, PR.* Embestirse o atacarse violentamente dos personas con un arma, con el cuerpo o con los puños.

i. ‖ ~ **burros aparejados.** loc. verb. *RD.* Llover mucho.

j. ‖ ~ **chanchito.**
  i. loc. verb. *Ch.* Caer de lleno en una trampa o ardid que alguien ha preparado. pop + cult → espon.
  ii. *Ch.* Resultar *alguien* sorprendido en el momento de realizar algo indebido. pop + cult → espon.

k. ‖ ~ **chancho.** loc. verb. *Ec.* Resultar *alguien* antipático. pop.

l. ‖ ~ **chinche.** loc. verb. *Pe.* Resultar *alguien* desagradable en el trato.

m. ‖ ~ **comején al palo.** loc. verb. *PR.* Sobrevenirle a alguien varios contratiempos seguidos. pop + cult → espon. ♦ **caerle la changa; caerle la macacoa.**

n. ‖ ~ **comején al piano.**
  i. loc. verb. *Cu.* Complicarse una situación. pop + cult → espon.
  ii. *Cu.* Suceder *algo* inesperado. pop + cult → espon.

ñ. ‖ ~ **como balde de agua fría.** loc. verb. *CR, Pa, RD, PR, Ar, Ur.* Causar *algo* una sorpresa desagradable a alguien.

o. ‖ ~ **como baraja.** loc. verb. *Cu.* Morir muchas personas.

p. ‖ ~ **como barajitas.** loc. verb. *Ve.* Padecer el mismo mal o tener el mismo problema una serie de personas.

q. ‖ ~ **como bomba.** *PR.* **caer como patada de burro.**

r. ‖ ~ **como guanábana madura.** loc. verb. *RD, PR.* Perder *alguien* una posición importante. pop + cult → espon.

s. ‖ ~ **como pana.** *PR.* **caerse como guanábana podrida.**

t. ‖ ~ **como patada de burro.**
  i. loc. verb. *Gu, Ho.* Sentar mal una comida o bebida a alguien. ♦ **caer como patada de mula.**
  ii. *Gu, Ho.* Sentir repulsión por alguien. ♦ **caer como patada de mula.**

u. ‖ ~ **como patada de mula.**
  i. *Ho, Ni, Pa, PR.* **caer como patada de burro.**
  ii. *Ho.* **caer como patada de burro.**

v. ‖ ~ **como patada en la guata.** loc. verb. *Ch.* Resultar *alguien* antipático. pop + cult → espon.

w. ‖ ~ **como pedrada en ojo tuerto.** loc. verb. *Co.* Ocurrir *algo* en el momento oportuno. pop.

x. ‖ ~ **como un baldazo de agua fría.** loc. verb. *Gu, Co, Ec, Pe.* Causar *algo* una sorpresa desagradable a alguien.

y. ‖ ~ **como un chorlito.** loc. verb. *Bo, Ar; Ur,* cult → espon. Resultar *alguien* engañado con facilidad. pop.

z. ‖ ~ **como una onza de oro.** loc. verb. *Cu.* Resultar simpática *una persona.* pop.

a¹. ‖ ~ **como una papaya.** loc. verb. *Gu, Pa.* Sufrir *alguien* una caída aparatosa.

b¹. ‖ ~ **como una patada en el bofe.** loc. verb. *PR.* Resultar *alguien* antipático. vulg.

c¹. ‖ ~ **como zope.** *Gu, Pa; Ho,* pop. **caer como zopilote.**

d¹. ‖ ~ **como zopilote.** loc. verb. *Gu, Ni; Ho,* pop. Abalanzarse vorazmente sobre algo. (**caer como zope**).

e¹. ‖ ~ **con los pies hinchados.** loc. verb. *Gu.* Ser sorprendido *alguien* en una falta o delito.

f¹. ‖ ~ **cuáquer.** loc. verb. *Pe.* Resultar *alguien* desagradable en el trato.

g¹. ‖ ~ **de a madre.** loc. verb. *Mx.* Detestar a *alguien.*

h¹. ‖ ~ **de baboso.** loc. verb. *Gu.* Ser engañado por ingenuo o tonto. pop. ♦ **caer de papo.**

i¹. ‖ ~ **de cajón.**
  i. loc. verb. *Ch; Ar,* pop. Ser *algo* evidente u obvio, estar fuera de toda duda o discusión. (**caerse de cajón**).
  ii. *Bo.* Aparecer *algo* de manera oportuna e inesperada.

j¹. ‖ ~ **de columbrón.** loc. verb. *Gu.* Caerse *alguien* de espaldas.

k¹. ‖ ~ **de leva.** loc. verb. *ES.* Ser engañado por alguien.

l¹. ‖ ~ **de madre.** loc. verb. *Mx.* Actuar *alguien* como se le exige si no quiere ser despreciado.

m¹. ‖ ~ **de maduro.** loc. verb. *Bo, Ch, Ar, Ur.* Ser *algo* evidente u obvio. pop + cult → espon.

n¹. ‖ ~ **de maje.** loc. verb. *CR.* Ser víctima de un engaño. pop.

ñ¹. ‖ ~ **de papo.** *Gu.* **caer de baboso.** pop.

o¹. ‖ ~ **de paracaídas.** loc. verb. *Pa, PR.* Ir donde no se ha sido invitado.

p¹. ‖ ~ **de peso.**
  i. loc. verb. *Mx.* Sentarle a alguien mal un alimento.
  ii. *Mx.* Sobrevenir repentinamente *algo* a alguien, *que generalmente lo abruma y aturde.*

q¹. ‖ ~ **de soguilla.** loc. verb. *Ho.* Abalanzarse por la espalda sobre alguien, agarrándolo del cuello.

r¹. ‖ ~ **del petate.** loc. verb. *Ho.* Perder la confianza de alguien.

s¹. ‖ ~ **el argeño.** loc. verb. *Gu.* Marchitarse una planta. rur.

t¹. ‖ ~ **el chahuiscle.** loc. verb. *Mx.* Sobrevenir a alguien un mal o una molestia. pop + cult → espon ^ fest.

u¹. ‖ ~ **el chahuistle.** loc. verb. *Mx.* Llegar sorpresivamente *alguien* no deseado o una desgracia.

v¹. ‖ ~ **el cuatro.** *CR.* **caer la peseta.**

w¹. ‖ ~ **el veinte.** loc. verb. *Mx, ES; Ho,* pop + cult → espon. Darse cuenta tarde de algo o comprender sorpresivamente algo que era evidente.

x¹. ‖ ~ **en cana.** loc. verb. *Cu, Pe, Bo, Ar, Ur.* Ser encarcelado *alguien,* pop + cult → espon.

y¹. ‖ ~ **en el jamo.** loc. verb. *Cu.* Caer en una trampa o engaño.

z¹. ‖ ~ **en el trago.** loc. verb. *Bo:O.* Volverse *una persona* dependiente del alcohol. pop.

a². ‖ ~ **en grulla.** loc. verb. *Ho.* Abalanzarse sobre alguien en grupo.

b². ‖ ~ **en la bolada.** *Ar, Ur.* **caer en la volteada.** pop + cult → espon.

c². ‖ ~ **en la bolea.** loc. verb. *Ar.* Verse *alguien* afectado injusta o equivocadamente por una situación o problema. pop + cult → espon.

d². ‖ ~ **en la boleada.** *Ar.* **caer en la volteada.** pop + cult → espon.

e². ‖ ~ **en la colada.** loc. verb. *Co; Ar,* p.u. **caer en la volteada.** pop.

f². ‖ ~ **en la página de Cheo.**
  i. loc. verb. *PR.* Caer *alguien* en desprestigio. pop + cult → espon.
  ii. *PR.* Caer *alguien* en el olvido. pop + cult → espon.

g². ‖ ~ **en la redada.** loc. verb. *PR, Ar, Ur.* Verse *alguien* afectado injusta o equivocadamente por una situación o problema. pop.

h². ‖ ~ **en la volteada.** loc. verb. *Ar, Ur.* Verse *alguien* afectado injusta o equivocadamente por una situación o problema. pop + cult → espon. ♦ **caer en la bolada; caer en la boleada; caer en la colada.**

i². ‖ **~ en las patas.** loc. verb. *Ni.* Resultar *alguien* desagradable, odioso.

j². ‖ **~ en los huevos.** loc. verb. *ES.* Resultar *alguien* antipático. vulg.

k². ‖ **~ en pandorga.** loc. verb. *Mx.* Causar *algo* perplejidad o extrañeza a alguien. pop.

l². ‖ **~ en paracaídas.** loc. verb. *Bo:O.* Asistir *alguien* a un acontecimiento social sin ser invitado. pop.

m². ‖ **~ en picada.** loc. verb. *PR.* Empeorarse *algo* de forma acelerada.

n². ‖ **~ en plancha.** loc. verb. *Pa.* Recriminar y desautorizar a *alguien*.

ñ². ‖ **~ en tiempo.** loc. verb. *PR, Py.* Volver *alguien* a la normalidad, retomar la rutina.

o². ‖ **~ en vaca.** loc. verb. *Ho.* Atacar en grupo a *alguien*.

p². ‖ **~ encima.** loc. verb. *ES, Cu, PR, Ve.* Embestirse o atacarse violentamente dos personas con un arma, con el cuerpo o con los puños.

q². ‖ **~ enferma.** loc. verb. *Ve, Py.* Hallarse una mujer en el período de la menstruación.

r². ‖ **~ frutero.** loc. verb. *Ve.* Sufrir *alguien* el fastidio o la molestia de la presencia de una persona. pop.

s². ‖ **~ fuera de la sartén.** loc. verb. *PR.* No beneficiarse *alguien* de algo.

t². ‖ **~ indio.** loc. verb. *Ho.* En el lanzamiento al azar de una moneda de 50 centavos, salir la cara del indio Lempira.

u². ‖ **~ la cora.** loc. verb. *CR.* Percatarse *alguien* de algo. pop.

v². ‖ **~ la mala.** loc. verb. *Cu.* Sobrevenir una racha de calamidades y desventuras a alguien.

w². ‖ **~ la peseta.** loc. verb. *CR.* Percatarse *alguien* de algo. ♦ **caer el cuatro.**

x². ‖ **~ la quincha.** loc. verb. *Pe.* p.u. Sobrevenir a alguien un infortunio del que difícilmente podrá reponerse.

y². ‖ **~ la roya.** loc. verb. *Co.* Sufrir *alguien* contratiempos y desgracias.

z². ‖ **~ la teja.**
   i. loc. verb. *Ch.* Comprender *algo* de improviso en un momento determinado. pop + cult → espon.
   ii. *Pa.* metáf. Recibir *alguien* su merecido. pop + cult → espon.

a³. ‖ **~ ligero.** loc. verb. *Ve.* Caer *alguien* en gracia. pop + cult → espon.

b³. ‖ **~ los chinches.** *PR.* **caer mimes.**

c³. ‖ **~ mala.** loc. verb. *PR.* Hallarse una mujer en el período de la menstruación.

d³. ‖ **~ mimes.** loc. verb. *PR.* Encontrar oposición *una persona* a lo que dice o hace. pop + cult → espon. **(caerle los mimes).** ♦ **caer los chinches; caer moscas.**

e³. ‖ **~ mimes en la leche.** loc. verb. *PR.* Sobrevenir a alguien un contratiempo sin grandes repercusiones. ♦ **caer pajitas en la leche.**

f³. ‖ **~ moscas.** *PR.* **caer mimes.**

g³. ‖ **~ mula.** loc. verb. *CR.* En el *futbol*, jugar bruscamente. pop.

h³. ‖ **~ pajitas en la leche.** *PR.* **caer mimes en la leche.**

i³. ‖ **~ parado.**
   i. loc. verb. *Mx, Gu, Ho, ES, Ni, Cu, RD, PR, Co:O, Ve, Ar:NO, Ur, Ec,* p.u. Tener suerte *una persona*, quedar bien. pop + cult → espon. ♦ **salir parado.**
   ii. *Cu, Pe, Bo, Ch.* Salir con éxito de una situación arriesgada o difícil. pop + cult → espon.
   iii. *Ch.* Caer simpático *alguien*. urb.

j³. ‖ **~ patos asados.** loc. verb. *Ch.* Hacer mucho calor. pop + cult → espon.

k³. ‖ **~ pesado.** loc. verb. *Mx, Ho, ES, Ni, Pa, Cu, RD, PR, Co, Ve, Ec, Pe, Bo, Py, Ar.* Resultar *alguien* desagradable en el trato. pop.

l³. ‖ **~ purga.** loc. verb. *Ho.* Desagradar, molestar a *alguien*.

m³. ‖ **~ redondo.** loc. verb. *Bo.* Ser fácilmente engañada *una persona.* pop + cult → espon.

n³. ‖ **~ tierra.**
   i. loc. verb. *Mx.* Descubrir a *alguien* en un delito o acusarlo con pruebas.
   ii. *Gu.* Reprender o castigar a *alguien*.

ñ³. ‖ **~ un pelo en la sopa.** loc. verb. *Ho.* Salir mal *algo*, tener un contratiempo.

o³. ‖ **~ un veinte de mayo.** loc. verb. *Cu.* Recibir *alguien* duras críticas o una reprensión severa. pop.

p³. ‖ **~ una chispita.** loc. verb. *PR.* Chispear. rur.

q³. ‖ **~ yesca.** loc. verb. *Bo:E.* Morir *alguien* repentinamente. pop.

r³. ‖ **~le.**
   i. loc. verb. *Mx, Ho, Ni, Cu, PR, Pe, Bo, Py, Ar.* Llegar *alguien* de visita.
   ii. *Mx, Ho.* Sorprender a *alguien* cuando comete un delito o una falta.
   iii. *ES, CR, Co:O, Pe, Bo.* Abordar a *alguien* con la intención de iniciar con esa persona una relación sentimental. pop.
   iv. *Mx.* Estar *alguien* seguro o prácticamente seguro de algo.
   v. *Ho.* Actuar contra *alguien*.

s³. ‖ **~le la chaucha.** loc. verb. *Ch.* Darse cuenta *alguien* de algo. pop + cult → espon.

t³. ‖ **~le atrás.**
   i. loc. verb. *Cu, RD, PR.* Perseguir, asediar a *alguien* para conseguir algo de él.
   ii. *Cu, RD, PR.* Cortejar insistentemente.

u³. ‖ **~le chinches.** loc. verb. *PR.* Atacar física o verbalmente a *alguien*. ♦ **caerle moscas.**

v³. ‖ **~le como pandereta aleluya.**
   i. loc. verb. *PR.* Usar *algo, específicamente una ropa,* muchas veces. ♦ **darle como a pandereta aleluya.**
   ii. *PR.* Darle un golpe fuerte a alguien o a algo. ♦ **darle como a pandereta aleluya.**

w³. ‖ **~le el jurado.** loc. verb. *Ni.* juv. Violar varios hombres a una misma mujer.

x³. ‖ **~(le) en los huevos.** loc. verb. *ES.* Resultar antipático a alguien.

y³. ‖ **~le en pandilla.** loc. verb. *Pa.* Recibir *alguien* amonestaciones de diversos colectivos.

z³. ‖ **~le gas.** loc. verb. *RD.* Sobrevenirle a alguien una desgracia. pop.

a⁴. ‖ **~le gas morao.** loc. verb. *RD.* Sobrevenirle a alguien una profunda desgracia o algo muy dañino. pop.

b⁴. ‖ **~le la changa.** *PR.* **caer comején al palo.**

c⁴. ‖ **~le la chota.** loc. verb. *Mx.* Ser sorprendido inopinadamente por la fuerza de orden el que está delinquiendo.

d⁴. ‖ **~le la ficha.** loc. verb. *Ar; Ur,* cult → espon. Tomar *alguien* conciencia de algo. pop.

e⁴. ‖ **caerle la macacoa.** *PR.* **caer comején al palo.**

f⁴. ‖ **~le la mierda al piano.**
   i. loc. verb. *Ho.* Decir o hacer *algo* que desmerece lo hecho con anterioridad. vulg.
   ii. *Ho.* Llegar *una persona* no grata a una fiesta o reunión.

g⁴. ‖ **~le la pesada.** loc. verb. *Ho.* Realizar la tarea más dura. pop.

h⁴. ‖ **~le la porroca.** loc. verb. *Co:N.* Tener *alguien* mala suerte.

i⁴. ‖ **~le la zopilotera.** loc. verb. *Ni.* Atacar física o verbalmente varias personas a *alguien*.

j⁴. ‖ **~le las avispas.**
  i. loc. verb. *Ho.* Culpar varias personas a otra de algo. pop + cult → espon.
  ii. *Ho.* Criticar o interpelar varias personas a *alguien*.

k⁴. ‖ **~le los clavos.** loc. verb. *Ni, CR.* Resultar *alguien* objeto de inculpación.

l⁴. ‖ **~le los mimes.** loc. verb. *PR.* **caer mimes.**

m⁴. ‖ **~le los veinte.** loc. verb. *PR.* Ser acusado *alguien* por algo.

n⁴. ‖ **~le martín callado.** loc. verb. *Ho, ES.* Castigar a *alguien*.

ñ⁴. ‖ **~le moscas.** *PR.* **caerle chinches.**

o⁴. ‖ **~se a cobas.** loc. verb. *Ve.* Engañarse *alguien* a sí mismo. pop.

p⁴. ‖ **~se a embustes.**
  i. loc. verb. *Ve.* Engañarse *alguien* a sí mismo.
  ii. *Ve.* Engañarse dos personas entre sí.

q⁴. ‖ **~se a la botella.** loc. verb. *Ch.* Emborracharse *una persona.* pop ^ fest. ♦ **caer al frasco.**

r⁴. ‖ **~se a latazos.** loc. verb. *Ve.* juv. Besarse apasionadamente. pop.

s⁴. ‖ **~se a mentiras.**
  i. *Ve.* **caerse a embustes,** engañarse a sí mismo.
  ii. *Ve,* **caerse a embustes,** engañarse dos personas.

t⁴. ‖ **~se al frasco.** *Ch.* **caerse a la botella.** pop ^ fest.

u⁴. ‖ **~se cadáver.** loc. verb. *Mx.* Pagar *algo.* pop + cult → espon.

v⁴. ‖ **~se como guanábana madura.** loc. verb. *RD;* Perder *alguien* una posición importante.

w⁴. ‖ **~se como guanábana podrida.** loc. verb. *PR.* Caerse *alguien* estrepitosamente. ♦ **caer como pana.**

x⁴. ‖ **~se de cajón.** *Bo.* **caer de cajón,** ser evidente.

y⁴. ‖ **~se de culo.** loc. verb. *Cu.* Afirmar *algo* con total seguridad. pop + cult → espon. ♦ **cortarse la cabeza; poner la cabeza en un picador.**

z⁴. ‖ **~se de eslay.** loc. verb. *PR.* Caerse *alguien* y quedar tendido en el suelo. pop + cult → espon.

a⁵. ‖ **~se de fondillo.** loc. verb. *PR.* Quedar *alguien* muy sorprendido. pop + cult → espon.

b⁵. ‖ **~se de la cama.**
  i. loc. verb. *EU, Pa, Cu, Ve.* Enfermar *alguien*.
  ii. *Cu.* Ser *alguien* muy crédulo.

c⁵. ‖ **~se de la guajana.** loc. verb. *PR.* Acobardarse *alguien.* pop + cult → espon.

d⁵. ‖ **~se de la mata.**
  i. loc. verb. *Pa, Cu, RD, PR.* Ser *algo* muy evidente.
  ii. *Pa, Cu, RD, PR.* Descubrir *alguien algo* que es evidente.

e⁵. ‖ **~se de maduro.** loc. verb. *Ch; Ve, Ar,* pop; *Bo, Ur.* pop + cult → espon. Ser *algo* evidente u obvio.

f⁵. ‖ **~se de poto.** loc. verb. *Ch.* Experimentar sorpresa o perplejidad. pop.

g⁵. ‖ **~se de un coco.** loc. verb. *Ve.* Llevarse una decepción. pop.

h⁵. ‖ **~se del macho.** loc. verb. *Ho.* Perder el poder o los privilegios que alguien tenía. pop.

i⁵. ‖ **~se del mecate.** loc. verb. *Mx.* Quedar *alguien* en evidencia.

j⁵. ‖ **~se el caché.** loc. verb. *Cu.* Perder *alguien* el prestigio o la fama que tenía.

k⁵. ‖ **~se el carnet.** loc. verb. *Ch.* Notársele la edad a alguien por su conducta o hábitos.

l⁵. ‖ **~se el cartelito.**
  i. loc. verb. *Cu.* Perder el prestigio de que gozaba una persona.
  ii. *Cu.* Fracasar.

m⁵. ‖ **~se el litro.** loc. verb. *Ch.* Beber en exceso. pop.

n⁵. ‖ **~se feo.** loc. verb. *Ch.* Equivocarse, cometer un error. pop + cult → espon.

ñ⁵. ‖ **~se la chapa.** loc. verb. *Pa.* Sorprenderse.

o⁵. ‖ **~se la estantería.**
  i. loc. verb. *Ar, Ur,* pop; *Bo,* pop + cult → espon. *En deportes,* venirse abajo todo el plan que tenía un equipo durante un partido por diferentes causas. pop.
  ii. *Ar, Ur.* Tomar *alguien* conciencia de algo. pop.
  iii. *Ar, Ur.* Venírsele abajo a alguien todo el plan que tenía pensado. pop.

p⁵. ‖ **~se la mollera.** loc. verb. *Ho.* Enfermarse un bebé con hundimiento ligero del cráneo, lo que le provoca diarrea, malestar y constantes lloros.

q⁵. ‖ **~se las alas del corazón.** loc. verb. *Cu, RD.* Perder *alguien* el ánimo ante algún contratiempo.

r⁵. ‖ **~se las medias.**
  i. loc. verb. *Ar, Ur.* Experimentar *alguien* una fuerte sorpresa o impresión. pop ^ fest.
  ii. *PR.* Perder *alguien* el ánimo ante algún contratiempo.

s⁵. ‖ **~se los calzones.** loc. verb. *Ar, Ur,* p.u. Experimentar *alguien* una fuerte sorpresa o impresión, de agrado o de desagrado. pop ^ fest.

t⁵. ‖ **~se los chones.** loc. verb. *Mx.* Sobresaltarse por algo, quedar nervioso.

u⁵. ‖ **~se para atrás.** loc. verb. *Pa.* Sentir admiración, disgusto o extrañeza por algo o alguien. pop + cult → espon.

v⁵. ‖ **caérsele el casete.** loc. verb. *Ch.* Hablar *alguien* excesivamente, revelando más información de la que debe. pop. ♦ **caérsele el compact.**

w⁵. ‖ **caérsele el compact.** *Ch.* **caérsele el casete.** pop.

x⁵. ‖ **caérsele el helado.** *Ch.* **derretírsele el helado.** pop + cult → espon ^ fest.

y⁵. ‖ **caérsele el moco.** loc. verb. *Pa.* Entristecerse *alguien* por no ver cumplido lo que esperaba.

z⁵. ‖ **caérsele la Biblia.** loc. verb. *CR.* Decir palabras soeces o malsonantes. pop ^ fest.

a⁶. ‖ **caérsele la ceja.** loc. verb. *Mx.* Ser o parecer alguien homosexual. pop.

b⁶. ‖ **caérsele la corona.** loc. verb. *Ch.* Hacer una persona algo que considera impropio de ella. pop + cult → espon.

c⁶. ‖ **caérsele la manito.** *Ch.* **caérsele la mano.**

d⁶. ‖ **caérsele la mano.** loc. verb. *Mx, Gu, Ho, Ni, Ch.* Ser un hombre afeminado u homosexual. pop ^ fest.

e⁶. ‖ **caérsele la naturaleza.** loc. verb. *Cu, RD.* Quedarse impotente.

f⁶. ‖ **caérsele la paleta.** loc. verb. *Pa.* Desear *algo, generalmente comida,* con vehemencia.

g⁶. ‖ **caérsele la paletilla.** loc. verb. *Pa.* Apetecerle a *alguien* lo que otra persona come. pop.

h⁶. ‖ **caérsele las babas.**
  i. loc. verb. *Ni, CR, PR, Ec, Pe.* Mostrar complacencia viendo u oyendo algo que resulta muy grato. pop.
  ii. *Pa, Pe.* Extremar el cariño y afición a personas o cosas. pop.

i⁶. ‖ **caérsele las tejas.** loc. verb. *Mx.* Volverse calvo. pop.

j⁶. ‖ **caérsele los brazos.** loc. verb. *Mx, Ur.* Desalentarse, desmoralizarse.

k⁶. ‖ **caérsele los pantalones.** loc. verb. *Ch.* Acobardarse ante algo. pop + cult → espon.

l⁶. ‖ **no ~ la roya.** loc. verb. *Co.* No tener *alguien* éxito en el amor.

◪

a. ‖ **a cualquiera le cae el sello.** fr. prov. *PR.* Indica que no importa el buen nombre de una persona, ya que siempre puede cometer un desliz que manche su reputación.

café.

I. 1. f. *Pa.* Coscorrón.

café.

I. 1. adj. *Mx, Gu, Ho, ES, Ni, CR, Pa, Cu, RD, Co, Ec, Pe, Bo, Ch, Py, Ar, Ur.* De color café.

2. adj/sust. *Mx, Gu, Ho, ES, Ni, CR, Pa, Cu, RD, Co, Ec, Pe, Bo, Ch, Py, Ar, Ur, Referido a color,* similar al del grano de café tostado.

II. 1. m. *Pe, Bo, Py, Ar, Ch, Ur.* p.u. Reprimenda áspera. pop.

■

a. ‖ **~ a la turca.** m. *Bo, Ch, Ar, Ur.* Bebida que se prepara vertiendo agua caliente sobre granos de café molidos, sin utilizar filtro.

b. ‖ **~ bellota.** m. *CR.* **bellota**, grano de café con cáscara.

c. ‖ **~ blanco.** m. *PR.* Café seco, después de **despulpado**.

d. ‖ **~ bolón.** m. *Ve:O.* Infusión concentrada de café sin azúcar.

e. ‖ **~ buche de puerco.** m. *PR.* Café colado de poco sabor. rur.

f. ‖ **~ caracolillo.**
i. m. *Pe.* Café de color verdoso cuyos granos parecen caracoles pequeños.
ii. *PR.* Grano superior, bien lavado y secado, muy estimado por su aroma.

g. ‖ **~ caritoso.**
i. m. *PR.* Grano de café de inferior calidad. rur. ♦ **caritoso**.
ii. *PR.* Grano de café cuya cáscara se seca por el lado que ha estado expuesto al sol. rur. ♦ **caritoso**.

h. ‖ **~ caturro.** m. *RD, Co.* Arbusto del café que no alcanza mucha altura y no requiere sombra.

i. ‖ **~ cereza.** m. *Gu, Ni, PR.* Café muy maduro, de igrano grande y rojo.

j. ‖ **~ cerrero.** m. *Co, Ve.* Infusión de café muy fuerte y sin azúcar.

k. ‖ **~ con gotas.** m. *Ar:NO.* Café al que se añaden gotas de ginebra u otra bebida alcohólica. pop.

l. ‖ **~ con paquete.** m. *Ch.* p.u. Establecimiento atendido por jóvenes semidesnudos. pop.

m. ‖ **~ con piernas.** m. *Ch.* Establecimiento donde se sirven bebidas y que es atendido por mujeres vestidas con poca ropa o de manera provocativa.

n. ‖ **~ concert.** (De *café* y del fr. *concert*).
i. m. *Ec, Pe, Bo, Py, Ar, Ur.* Establecimiento donde se sirven bebidas y se ofrecen espectáculos artísticos.
ii. *Ch.* Espectáculo humorístico y frívolo en el que se sirve un refrigerio, consistente por lo general en una bebida.

ñ. ‖ **~ de Bonpland.** m. *Ar:NO.* Planta herbácea con flores amarillas y una vaina de color castaño rojizo como fruto. (Fabaceae; *Senna occidentalis*). ♦ **café taperibá**.

o. ‖ **~ de cáscara blanca.** m. *PR.* Café seco, después de **despulpado**.

p. ‖ **~ de chuspa.** m. *Ec:N.* Café preparado en **chuspa**, filtro de tela.

q. ‖ **~ de la India.** m. *PR.* **murraya**.

r. ‖ **~ de leche.** m. *Ni.* p.u. Café con leche.

s. ‖ **~ de olla.** m. *Mx, Gu, ES, Ni.* Café casero hervido en olla de barro. rur.

t. ‖ **~ de palo.** m. *ES; Ho, Ni,* pop. Café tostado y molido en casa.

u. ‖ **~ despuntado.** m. *PR.* Café con poca azúcar. rur.

v. ‖ **~ destilado.** m. *Bo.* Infusión de café.

w. ‖ **~ en chibola.** m. *Ho.* Grano de café maduro con pulpa. pop.

x. ‖ **~ guayoyo.** m. *Ve.* Infusión muy clara de café. pop + cult → espon.

y. ‖ **~ internet.** m. *Mx, Gu, Ho, ES, Ni, CR, Pa, Co, Ec, Pe, Bo, Ch.* Establecimiento público equipado con mobiliario y ordenadores de alquiler habilitados para consultar la red, y donde es posible tomar alguna bebida, *especialmente café.* ♦ **café virtual**.

z. ‖ **~ mezclado.** m. *Cu.* Mezcla de café molido con polvo de otros granos molidos, *especialmente el chícharo*.

a¹. ‖ **~ negro.**
i. m. *Mx, Gu, Ni, RD, Ve, Ec, Ch, Py, Ur.* Infusión de café. ♦ **café prieto**.
ii. *RD, PR.* Café solo, sin leche.

b¹. ‖ **~ oro.**
i. m. *Gu, Ni; Ho.* pop. Grano de café verde ya despulpado.
ii. *Gu, CR.* Café listo para ser tostado.

c¹. ‖ **~ pasado.** m. *Ec, Pe, Bo.* Infusión de café.

d¹. ‖ **~ pergamino.** m. *Gu, Ni, CR, PR; Ho,* pop. Café seco, después de despulpado.

e¹. ‖ **~ pilao.** m. *RD, PR.* Café después de haberse limpiado de su cubierta gelatinosa.

f¹. ‖ **~ prieto.** *PR.* **café negro**.

g¹. ‖ **~ prieto y pulla.** m. *PR.* Café sin leche y sin azúcar.

h¹. ‖ **~ puro.** m. *Ec.* Café **tinto** sin nada añadido.

i¹. ‖ **~ puya.** *PR.* **apuyao**.

j¹. ‖ **~ retinto.** *Cu.* **café tinto**.

k¹. ‖ **~ taperibá.** *Ar:NE.* **café de Bonpland**.

l¹. ‖ **~ tinta.** m. *PR.* **café tinto**.

m¹. ‖ **~ tinto.**
i. m. *Pa, RD, Ve, Ec, Bo.* Café negro muy cargado. ♦ **café retinto**; **café tinta**.
ii. m-f. *Bo.* Persona de tez morena.

n¹. ‖ **~ uva.**
i. m. *Ho, ES, Ni, PR.* Grano de café maduro con pulpa. rur.
ii. *PR.* Café colado a mano, a diferencia del de máquina o del instantáneo.
iii. *PR.* Café que tiene juntas las dos partes del grano, envueltas en la cáscara sin secar.
iv. *PR.* Café muy maduro, de grano grande y rojo.

ñ¹. ‖ **~ verde.** m. *Ho, Ni.* Grano de café en cuyo proceso de crecimiento, lavado y secado solo se han utilizado productos orgánicos. rur.

o¹. ‖ **~ virtual.** *Ch.* **café internet**.

p¹. ‖ **~ volón.** m. *Ve:O.* Infusión concentrada y sin dulce de café.

□

a. ‖ **de ~ con leche.** loc. adj. *Cu. Referido a persona,* vulgar, del montón, de pacotilla.

▶ **chorrear ~; colar ~; dar un ~; dárselas de ~ con leche; tirárselas de ~ con leche.**

cafeíllo.

I. 1. m. *PR.* **murraya**.

caferata.

I. 1. m. *Ar.* obsol. Hombre de mal vivir. pop.

cafesero, -a.

I. 1. adj. *Ve, Bo:E. Referido a persona,* aficionada a beber café.

cafeses.

I. 1. m. *Ni, PR.* Sembrado de cafetos, conjunto de **palos** de café. rur.

cafesoso, -a.
 I. 1. adj. *ES, Ni, Ch; Ho*, pop. De color **café**.
cafesusco.
 I. 1. adj. *CR.* **cafesuzco**.
cafesuzco.
 I. 1. adj. *Ni, CR. Referido a color,* marrón que tira a café. (**cafesusco**).
cafetalero, -a.
 I. 1. adj. *Mx, Gu, ES, Ni, Pa, Cu, RD, PR, Co, Ve, Pe, Bo.* Relativo al café.
 2. m. y f. *Mx, Gu, ES, Ni, Pa, Cu, RD, PR, Co, Ve, Pe, Bo.* Dueño de un cafetal.
cafetalista.
 I. 1. m-f. *RD, PR.* obsol. Dueño de un cafetal.
cafeteada.
 I. 1. f. *Mx, Ho, CR.* Reunión o encuentro entre personas para tomar café con algún tentempié y conversar.
 2. *Mx.* Rito de tomar café y conversar mientras se vela el cadáver de un difunto.
 II. 1. f. *Bo; Ur*, p.u. Reprimenda áspera. pop.
cafetear(se).
 I. 1. intr. prnl. *Mx, Ni, CR, Pa; Ho*, pop. Tomarse un café.
 2. *Mx, Pa, Ec:O.* Tomar café en un velatorio. rur.
 II. 1. tr. *Pe; Bo, Ar* obsol; *Ur*, p.u. Reprender *a alguien.* pop.
 III. 1. intr. prnl. *Pa.* Morirse *alguien.*
cafetera.
 I. 1. *Ni, CR.* Recipiente metálico, redondo, *generalmente estrechado hacia su parte superior,* con un asa, una tapa y un pequeño apéndice en forma de tubo curvado hacia arriba para verter el líquido; se emplea para calentar agua.
cafetería.
 I. 1. f. *Mx, Gu, ES, Ni.* Restaurante modesto.
cafetero, -a.
 I. 1. adj. *ES, Pe, Ch, Py.* En el periodismo deportivo, relativo a Colombia.
 II. 1. m. y f. *RD, Co, Ve, Pe, Bo.* Caficultor, persona que cultiva café.
cafetillo.
 I. 1. *RD, PR.* **obatel**.
cafeto.
 I. 1. m. *ES, Ni, Bo, Py; Ho*, pop. Planta de café cuando es joven.
cafichazgo.
 I. 1. m. *Pe.* Zona donde realiza sus actividades un proxeneta. prost.
cafiche.
 I. 1. m. *Ec, Bo, Py; Pe*, obsol; m-f. *Ch.* Persona que obtiene beneficios de la prostitución de otra. pop ^ desp.
 2. adj/sust. *Bo, Ch.* p.u. *Referido a persona,* que obtiene beneficios de otra de mucha confianza abusando de ella.
cafichear.
 I. 1. intr. *Ch, Py.* Ejercer de **cafiche**. desp.
caficho.
 I. 1. m. *Pe, Bo, Py, Ar.* Proxeneta. pop ^ desp.
caficultor.
 I. 1. m. *Ec.* Agricultor que cultiva cafetales. cult → esm.
caficultura.
 I. 1. f. *Gu, Ho, ES, Ni, CR, RD, Co, Ve, Ec, Pe, Bo; PR,* prest; cult → esm. Cultivo del café.
 2. *Gu, Ho, ES, Ni.* Conjunto de técnicas para mejorar el cultivo del café.

cafiolo.
 I. 1. m. *Bo, Ar, Ur; Ch*, p.u. Proxeneta. pop ^ desp.
cafishear.
 I. 1. *Ar.* **cafishiar**, explotar a alguien.
 2. *Ar.* **cafishiar**, vivir a expensas.
cafishiar.
 I. 1. tr. *Co, Ar; Ur*, p.u. Explotar a *alguien* haciendo que ejerza la prostitución. pop. (**cafishear**).
 2. intr. *Co, Ar.* Vivir a expensas de otra persona. pop. (**cafishear**).
cafishio.
 I. 1. m. *Co, Bo, Ar, Ur.* Proxeneta. pop ^ desp. (**cafisho; cafisio; cafiso**).
cafisho.
 I. 1. *Bo, Py, Ar, Ur.* **cafishio**.
cafisio.
 I. 1. *Bo, Ar, Ur.* **cafishio**.
cafiso.
 I. 1. *Ar.* **cafishio**.
cafongo.
 I. 1. m. *Co:N.* Alimento elaborado con maíz, **panela**, queso y aliños que se envuelve en hojas de **plátano** y cocido al vapor.
 2. *Pa.* Pequeña bola de maíz tierno, cocida, en sopas y caldos.
cafre.
 I. 1. sust/adj. *Mx.* Persona que conduce un vehículo temerariamente.
 II. 1. *PR.* Persona de nivel socioeconómico bajo. pop + cult → espon ^ desp.
 2. adj. *PR. Referido a cosa,* vulgar y de mal gusto. pop + cult → espon ^ desp.
 ■
 a. || ~ **del volante.** m. *EU, Mx.* Persona que conduce un vehículo temerariamente.
cafrería.
 I. 1. f. *PR.* Vulgaridad, zafiedad, desfachatez. pop + cult → espon ^ desp.
cafretón, -na.
 I. 1. adj. *PR. Referido a persona,* vulgar, zafia. pop + cult → espon ^ desp. ♦ **cafrondo**.
cafrondo, -a.
 I. 1. adj/sust. *PR.* **cafretón**.
cafúa.
 I. 1. f. *Bo, Ar; Ur*, obsol. Cárcel o prisión. pop + cult → espon.
 2. *Ar:NO.* Círculo que se hace en el suelo, dentro del cual se juega a las canicas. pop + cult → espon.
cafuche.
 I. 1. *Co.* **pecarí**, mamífero.
 II. 1. adj. *Co.* De mala calidad.
cagacatre.
 I. 1. m-f. *PR.* Persona pusilánime, infeliz. vulg; pop + cult → espon ^ desp.
cagada.
 I. 1. f. *Pa, Co, Bo, Py, Ar, Ur.* Acción malintencionada que perjudica a alguien. vulg; pop.
 2. *Pa, Py, Ar, Ur.* Contratiempo, suceso inoportuno. vulg; pop.
 3. *Co.* Mala suerte.
 II. 1. f. *Mx, CR.* Reprimenda vehemente. vulg; pop + cult → espon.
 2. *Ar:NO.* Castigo corporal. vulg; pop.
 III. 1. f. *Ch.* Cosa insignificante o de poco valor. pop + cult → espon.
 □
 a. || ~ **de buey leonés.**
 i. loc. sust. *ES, Ni.* Error craso. vulg.
 ii. *Ni.* Defecación abundante. vulg.

b. ‖ **para la ~.** loc. adv. *ES, Bo, Ch.* En mal estado. vulg; pop.

▶ **mandarse una ~.**

cagadal.

I. 1. m. *Ho, ES.* Desorden, caos, alboroto o riña. vulg.
2. *Ho, ES.* Cosa mal hecha, desastre. vulg.
3. *Ho, ES.* Error craso. vulg.
4. *Ho, ES.* Conjunto de errores o malas acciones cometidas por alguien. vulg; pop + cult → espon.

□
a. ‖ **~ de puro ayote.** loc. sust. *Ho.* Desorden, desastre muy grande. vulg.

▶ **hacer ~ de puro ayote.**

cagadalero, -a.

I. 1. adj. *Ho. Referido a persona*, que gusta de meterse en problemas y líos. vulg.

cagadera.

I. 1. f. *Mx, Gu, Ho, Ni, CR, Pa, Cu, RD, PR, Ve, Pe, Bo, Ch, Ar, Ur.* Diarrea, evacuación del vientre líquida y frecuente. vulg; pop + cult → espon. ◆ **corredera; curseadera; cursera; cursios; mal de estómago.**
2. *EU, Ni, Cu, RD.* metáf. Miedo, temor, pánico.
3. m. *PR.* Lugar extremadamente sucio. vulg; pop + cult → espon ^ desp.

cagadita.

I. 1. f. *Ni, Pa, Bo, Ar, Ur.* Cosa insignificante o de poco valor. pop.
II. 1. f. *Ar:NO.* Impertinencia, inconveniencia. pop.
III. 1. f. *Ho.* Legaña. pop.

■
a. ‖ **~ del ojo.** f. *Ni.* Legaña. vulg.

cagado, -a.

I. 1. sust/adj. *Mx, Pa.* Persona ridícula, grotesca, patética. vulg.
2. adj. *Mx. Referido a cosa*, original, curiosa, digna de atención por su singularidad. pop + cult → espon.
3. *Mx. Referido a cosa*, grotesca, esperpéntica, absurda.
4. adj/sust. *Pe; Ho, ES, Ni.* desp. *Referido a persona o cosa*, que carecen de importancia o son poco dignas de aprecio. pop.
II. 1. adj. *Gu, PR, Co. Referido a persona*, que tiene mala suerte. pop.
2. *Co. Referido a persona*, que no es de fiar, que hace quedar mal a otra persona. pop.
III. 1. adj. *Co. Referido a cosa*, que es fácil de hacer.
IV. 1. adj. *Ni, CR, Cu, RD, PR. Referido a persona*, idéntica o parecida a otra.
V. 1. adj/sust. *PR, Ch. Referido a persona*, tacaña, avara. vulg; pop + cult → espon. ◆ **maceta; maseta.**
VI. 1. m. y f. *Cu.* Persona muy joven. pop + cult → espon.
VII. 1. adj. *Bo. Referido a persona*, decaída física o anímicamente.

■
a. ‖ **la cagada.** f. *Pe, Ch.* juv. Cosa muy buena, óptima. vulg; pop.

□
a. ‖ **a la cagada.** loc. adv. *ES, Bo.* Sin cuidado, de cualquier manera. vulg; pop.
b. ‖ **~ de risa.** loc. sust. *ES.* Persona divertida o que hace gracia. pop + cult → espon.
c. ‖ **~ en pisto.** loc. sust. *Ho, ES.* Persona adinerada. pop.
d. ‖ **estar ~ por los zopes.** loc. verb. *Ho.* Tener *alguien* mala suerte. pop.

▶ **ser ~ a otra persona.**

cagador, -ra.

I. 1. sust/adj. *Ar, Ur.* Persona malintencionada que perjudica a los demás. vulg; desp.

cagaero.

I. 1. m. *PR.* Lugar extremadamente sucio. vulg; pop + cult → espon ^ desp.
2. *PR.* Lugar extremadamente desorganizado. vulg; pop + cult → espon ^ desp.

cagafuego.

I. 1. m-f. *Pa.* Persona que reacciona de manera alocada e irreflexiva.

cagaíto, -a.

I. 1. sust/adj. *RD.* Persona insignificante. vulg.

cagajón.

I. 1. m. *Pa.* Árbol de hasta 25 m de altura, de hojas con puntos o rayas translúcidas, flores blancas y aromáticas y frutos en cápsulas púrpuras o negros cuando están maduros.

cagaleche.

I. 1. sust/adj. *Ve, Bo.* Niño de corta edad. pop + cult → espon ^ desp.
2. *Bo.* Joven que tiene aspecto de niño. pop + cult → espon ^ desp.
II. 1. *Cu.* **cagón**, ave.
III. 1. m-f. *Pa.* Persona de piel blanca. vulg.

cagalera.

I. 1. f. *Ho, Ni.* Árbol de hasta 9 m de altura, de ramas con cuatro espinas en el ápice, flor blanca, fruto ovalado liso o surcado, con pulpa comestible, dulce, negruzca y lechosa cuando ha madurado. (Rubiaceae; *Randia aculeata, R. armata*).
2. *Ho.* **espuela de gallo.**
II. 1. f. *Ho, ES; Ur,* p.u. | meton. Miedo, perturbación del ánimo por lo que pueda ocurrir. vulg.

cagalero.

I. 1. *ES.* **tiamo.**

cagalitroso, -a.

I. 1. adj/sust. *EU:SE, Cu. Referido a persona de edad avanzada*, decrépita, decadente. pop + cult → espon.
II. 1. *PR.* juv. *Referido a persona*, que no vale nada.

caganido.

I. 1. m-f. *ES.* Último hijo.

cagante.

I. 1. adj. *Ve.* juv. Excelente, maravilloso, muy bueno.

cagantina.

I. 1. f. *Ve; RD,* rur; vulg. Diarrea fuerte y frecuente. pop.
II. 1. f. *RD.* Pérdida de consideración en el juego.

cagao, -a.

□
a. ‖ **~ a la madre.** loc. adj. *EU, Cu, RD, PR. Referido a un hijo*, que se parece extraordinariamente a su madre.
b. ‖ **~ al padre.** loc. adj. *EU, Cu, RD, PR. Referido a un hijo*, que se parece extraordinariamente a su padre.

cagapalos.

I. 1. m-f. *Ho.* Persona que es traidora a una **mara**. delinc.

cagapatio.

I. 1. adj. *RD. Referido a persona*, desaseada, que tiene malos hábitos y carente de educación. desp.

cagar(se).

I. 1. tr. *Pa, RD, Pe, Ch, Py, Ar, Ur; Bo,* desp. Perjudicar a *alguien*. vulg; pop + cult → espon.
2. intr. prnl. *PR, Pe, Bo.* Perjudicarse *alguien* a causa de su comportamiento.
3. intr. *Bo, Ch.* Sufrir o experimentar *alguien* un daño grave. pop + cult → espon.
4. intr. prnl. *Ch.* Experimentar una sensación de forma muy intensa.
II. 1. tr. prnl. *PR, Co, Bo.* Romper, estropear *algo*.

2. intr. *PR, Ch.* p.u. Echarse a perder, experimentar un daño irreparable *algo* o *alguien.* vulg.

III. 1. tr. *Ch, Ur.* Engañar *alguien* a su pareja, serle infiel. vulg.

IV. 1. tr. *CR.* Reprender a *alguien* con vehemencia. vulg.

□

a. ‖ ~ **a palos.** loc. verb. *Bo, Ar, Ur,* Propinar una paliza a alguien. vulg.

b. ‖ ~ **a pedos.** loc. verb. *Ar, Ur.* Reprender a *alguien.* vulg.

c. ‖ ~ **en la portaviandas.** loc. verb. *Pa.* Errar de tal modo que se pierda el puesto de trabajo. vulg; pop ^ fest.

d. ‖ ~ **fuego.**
 i. loc. verb. *Ch, Ar, Ur.* Fracasar o sufrir *alguien* un revés. vulg. ♦ **cagar pila; cagar pistola.**
 ii. *Bo, Ar, Ur.* Morir *alguien.* vulg.

e. ‖ ~ **fuego en su propia mano.** loc. verb. *ES.* Dañarse uno mismo.

f. ‖ ~ **fuera del cajón.** loc. verb. *Cu, RD.* Fracasar, errar, meter la pata. vulg. ♦ **cagar fuera del tibor; cagar fuera del tiesto; cagarse fuera del tarro.**

g. ‖ ~ **fuera del tibor.** *Ch.* **cagar fuera del cajón.** vulg; pop + cult → espon.

h. ‖ ~ **fuera del tiesto.** *Ch.* **cagar fuera del cajón.** vulg; pop + cult → espon.

i. ‖ ~ **más arriba del culo.** loc. verb. *PR.* Hacer *alguien* gastos superiores a los ingresos con el propósito de aparentar un estatus social. vulg; pop + cult → espon. ♦ **cagar más arriba del joyete.**

j. ‖ ~ **más arriba del joyete.** *PR.* **cagar más arriba del culo.**

k. ‖ ~ **más que un pato amarrao.** loc. verb. *PR.* Evacuar *alguien* frecuentemente. vulg; pop + cult → espon.

l. ‖ ~ **pelo.** loc. verb. *PR.* Presentar dificultad ante alguien o algo.

m. ‖ ~ **pialera.** loc. verb. *Ho.* Tardar mucho en hacer de vientre. rur; vulg.

n. ‖ ~ **pila.** *Ch.* **cagar fuego,** fracasar. vulg; pop + cult → espon.

ñ. ‖ ~ **pilas.**
 i. loc. verb. *Bo.* Resultar *algo* o *alguien* seriamente perjudicado por algo. pop + cult → espon ^ fest.
 ii. *Bo.* Hacer *alguien* grandes sacrificios físicos o morales. pop + cult → espon ^ fest.

o. ‖ ~ **pistola.** *Cu.* **cagar fuego,** fracasar. vulg; pop + cult → espon.

p. ‖ ~**se a pedos.** loc. verb. *Ar, Ur.* Expulsar gases por el ano. vulg.

q. ‖ ~**se de la risa.** loc. verb. *Gu, Bo.* Reírse mucho. vulg.

r. ‖ ~**se de un golpe.** loc. verb. *Pa, Ar.* Darse un golpe muy fuerte, *generalmente como consecuencia de una caída.* vulg.

s. ‖ ~**se en el mundo.** loc. verb. *RD, PR.* No importarle a alguien nada de lo que digan otros. vulg; pop + cult → espon.

t. ‖ ~**se en la hóspera.** loc. verb. *PR.* Estar *alguien* harto de todo y pedir que lo dejen en paz. vulg.

u. ‖ ~**se en la noticia.** loc. verb. *Cu, Pe, Bo.* Dar poca o ninguna importancia a alguien o algo. vulg; pop + cult → espon ^ desp. ♦ **cagarse en la tapa del órgano.**

v. ‖ ~**se en la olla de leche.** loc. verb. *Ho, ES, Pa; CR,* obsol. Echar a perder *algo.* vulg.

w. ‖ ~**se en la tapa del órgano.** *Pe, Bo.* **cagarse en la noticia.**

x. ‖ ~**se en lo macheteado.** loc. verb. *CR.* obsol. Echar a perder *algo.* vulg.

y. ‖ ~**se fuera de la bacinica.**
 i. loc. verb. *Mx.* Actuar descarriadamente, sin sentido de la realidad, incurriendo en el despropósito y el desacierto de gran magnitud. vulg.
 ii. *Mx.* Obrar incorrectamente, *particularmente infringiendo una norma.* vulg.

z. ‖ ~**se fuera del tarro.** *Pa.* **cagar fuera del cajón.** vulg; pop + cult → espon.

a¹. ‖ ~**se fuera del tibor.** loc. verb. *Cu.* Cometer *alguien* una indiscreción.

■

a. ‖ **cagando aceite.** loc. adv. *Ar; Ur,* p.u. A toda velocidad. pop.

b. ‖ **¡el que caga, caga!** loc. interj. *Bo.* Expresa aviso de peligro o amenaza.

c. ‖ **¡has cagado!** loc. interj. *Bo.* Expresa amenaza. vulg; pop + cult → espon ^ desp.

d. ‖ **¡he cagado!**
 i. loc. interj. *Bo.* Expresa lamentación por una conducta o acción impropia. pop + cult → espon ^ desp.
 ii. *Bo.* Expresa lamentación por el fracaso en la consecución de los ideales o propósitos. vulg; pop + cult → espon ^ desp.

e. ‖ **¡me cago!** loc. interj. *Bo.* Expresa falta de interés por alguien o algo. vulg; pop + cult → espon ^ desp.

f. ‖ **¡me cago en la que canta y no pone!** loc. interj. *Cu.* Expresa molestia o indignación. pop + cult → espon.

g. ‖ **ni cagando.** loc. adv. *Ec, Ch, Py,* vulg; *Bo,* vulg; pop + cult → espon ^ desp. De ninguna manera, ni hablar.

cagarreta.
 I. 1. f. *RD; PR,* rur. Diarrea. vulg; pop + cult → espon.

cagatearse.
 I. 1. intr. prnl. *Ar:NO.* Sentir *alguien* mucho miedo. vulg; pop.

cagatina.
 I. 1. f. *Ar; Ur,* p.u. Diarrea. vulg; pop.

cagatinta.
 I. 1. m. *Bo; Ho, Ni,* vulg; *Ar, Ur,* pop; *Co,* p.u. Abogado que ejerce su profesión ilegalmente o con descuido. desp.

cagaverde.
 I. 1. m. *PR.* Pez de hasta 45 cm de longitud, cilíndrico, delgado y muy espinoso; es comestible. (Exocoetidae; *Hemiramphus brasiliensis*).

cagazo.
 I. 1. m. *Py, Ar, Ur.* Miedo, temor. pop.
 II. 1. m. *Ch.* Error, equivocación. vulg; pop + cult → espon.

cagazón.
 I. 1. f. *Gu, Ho, ES, Ni, Pa, Cu, RD, Ve.* Diarrea. vulg.
 2. m. *Ho, ES, Ni, Cu, Ve.* meton. Miedo por algo. vulg.
 II. 1. f. *Cu.* Suciedad acumulada.

cagón.
 I. 1. m. *Cu, Co.* Ave de hasta 46 cm de longitud, con corona negra verdosa brillante, coloración castaño purpurina en los laterales, parte central del pecho blanca con barras negruzcas, vientre pardo claro y lomo verde grisáceo claro. (Ardeidae; *Butorides virescens*). ♦ **cagaleche; chicuaco cuello rojo; crá crá; espantacaimán; garza dorsiverde; mira; miracaimán.**
 II. 1. m. *ES, Ni.* Ano. vulg.

cagón, -na.
 I. 1. m. y f. *Mx, RD, Co.* Crío, niño que se está criando. pop.
 2. *Pe, Bo.* Niño o joven sin experiencia. desp.

II. 1. adj. *Pe, Ch.* Malo, de poca calidad o categoría. vulg.

2. adj/sust. *Ch. Referido a persona*, tacaña. vulg; pop + cult → espon.

3. adj. *RD. Referido a persona*, insignificante. vulg.

□

a. ‖ ~ **de risa.** loc. adj. *CR.* juv. *Referido a persona o cosa*, que hace gracia o divierte.

cagona.
I. 1. f. *CR.* Borrachera. vulg; pop + cult → espon.

cagotear.
I. 1. tr. *Mx.* Abroncar, increpar a *alguien* destempladamente. vulg.

2. *Mx.* Amonestar a *alguien* contradiciéndole en aquello de lo que no entiende o en lo que se equivoca. vulg.

3. *Mx.* Estropear, echar a perder *algo* mediante una actitud o comportamiento equivocados. vulg.

cagris.
I. 1. m. *Ni.* juv. Policía. desp.

cagua.
I. 1. m. *Cu.* Sombrero de hombre.

caguacha.
I. 1. f. *Ho:N,S, Ni.* Pez con escamas plateadas, de hasta 30 cm de longitud, de cuerpo alargado, ojos grandes, perfil cóncavo en la parte central de la cabeza, aletas dorsal y anal muy largas, y cola bifurcada; su carne no es comestible y se utiliza como carnada en la pesca. (Guerridae; *Diapterus peruvianus, D. rhombeus*). (**cahuacha**).

caguama. (De or. ind. antillano).
I. 1. f. *Mx, Ho, Ni, Cu, Co, Ve;* m. *PR,* rur; m. *Pa.* Tortuga marina de hasta 1,2 m de longitud, de cabeza grande, cuello corto y ancho, caparazón ovalado, sin poros, de color castaño rojizo y pecho amarillento; su carne y sus huevos son comestibles. (Cheloniidae; *Caretta caretta*). (**cahuama**). ♦ **cabezona; tortuga camagua.**

2. f. *PR.* Caparazón de esta tortuga, con manchas oscuras de bordes borrosos y partes blancas de poca transparencia, del que se obtiene una materia córnea de gran utilidad industrial.

II. 1. f. *Mx.* Botella de cerveza de un litro de capacidad.

2. *Mx.* Cantidad de un litro de cerveza contenida en una botella de esta misma capacidad.

caguamo, -a.
I. 1. adj/sust. *Cu.* metáf. *Referido a una mujer*, gorda, poco atractiva.

► **morir como el ~.**

cáguano.
I. 1. m. *Ho.* **mara**, árbol de hasta 45 m.

caguara.
I. 1. f. *PR.* Concha de almeja utilizada para pelar la **yuca.** (**caguará**).

caguará.
I. 1. *PR, Co.* **caguara.**

caguaré.
I. 1. *Ar:NE.* **oso melero.** (Myrmecophagidae; *Tamandua tetradactyla*).

caguaso.
I. 1. m. *Cu.* Hierba que abunda a orillas de ríos y lugares pantanosos, y que el ganado come en épocas de sequía. ♦ **caguaso de caballo.**

2. *Cu.* Caña de azúcar de calidad inferior. ♦ **caguaso de caballo.**

3. *Cu.* metáf. Cosa despreciable, desecho.

■

a. ‖ ~ **de caballo.**
i. *Cu.* **caguaso**, hierba.
ii. *Cu.* **caguaso**, caña de azúcar.

cague.
I. 1. m. *Ho, ES, Pa.* Error o equivocación grave. vulg.

2. *Ho.* Problema o asunto grave y de difícil solución. vulg.

□

a. ‖ ~ **de risa.**
i. loc. adj. *CR, Ec, Pe, Ur.* p.u. *Referido a persona o cosa*, que hace gracia y entretiene.
ii. *Ho. Referido a persona*, que se ríe en exceso sin control. pop.

cagueta.
I. 1. f. *Ho.* Diarrea. vulg.
2. *Ho.* meton. Miedo. vulg.
3. m. *Ho.* Estropicio, desastre.

caguetas.
I. 1. m-f. *Co.* Niño que se está criando. pop + cult → espon.

caguila.
I. 1. adj. *Ar:NO. Referido a persona*, miedosa, cobarde. pop.
2. *Ar:NO. Referido a persona*, mezquina, tacaña. pop.

cagüinear.
I. 1. intr. *Ch.* Propagar comentarios malintencionados o infundios. pop.

cagüinero, -a.
I. 1. adj. *Ch. Referido a persona*, chismosa y malintencionada.

cagüinga.
I. 1. f. *Co.* Pierna muy delgada.
II. 1. f. *Co:SO.* Cuchara de madera, empleada para revolver dulces y líquidos.

caguitas.
► **limpiar las ~.**

cagüite. (Del nahua *cuahuitl*, árbol).
I. 1. *Ho.* **cahuite.**

cagusearse.
I. 1. intr. prnl. *Ho, Ni.* Evacuar el vientre, cagar. rur; vulg.

cagusiada.
I. 1. f. *ES, Ni.* Evacuación del vientre, cagada.

cagusiarse.
I. 1. *ES, Ni; Ho,* rur. **cagusearse.**

cagusioso, -a.
I. 1. adj. *ES. Referido a persona*, cagona.

cahuacha.
I. 1. *Ho.* **caguacha**, pez.

cahuama.
I. 1. *Mx.* **caguama**, tortuga.

cahuana.
I. 1. f. *Pe. En algunas tribus de la Amazonia*, bebida tradicional no alcohólica hecha con almidón de **yuca.**

cahuato.
I. 1. m. *Pe.* Arbusto de tierras áridas, de tallo espinoso y flores de color amarillo presentadas en racimos. (Bignoniaceae; *Tecoma guarume*).

cahui.
I. 1. m. *Pe:S.* Guiso típico preparado con carne de oca secada al sol.

cahuín.
I. 1. m. *Ch.* Reunión de personas *en la que generalmente hay desorden y bullicio.* pop + cult → espon.
2. *Ch.* Intriga, enredo. pop + cult → espon.
3. *Ch.* Situación confusa. pop + cult → espon.
4. *Ch.* Comentario o rumor malintencionado, infundio. pop + cult → espon.

cahuinear.
I. 1. intr. *Ch.* Propagar comentarios malintencionados o infundios. pop + cult → espon.

cahuineo.
>   **I. 1.** m. *Ch. Propagación de comentarios malintencionados o infundios.* pop + cult → espon.

cahuinero, -a.
>   **I. 1.** adj. *Ch. Referido a persona,* aficionada a **cahuinear.** pop + cult → espon.
>   **2.** *Ch.* Relativo a **cahuín.** pop + cult → espon.

cahuiniento, -a.
>   **I. 1.** adj/sust. *Ch. Referido a persona,* que **cahuinea.** pop + cult → espon.

cahuite. (Del nahua *cuahuitl,* árbol).
>   **I. 1.** *Ho.* **chacaj.** (**cagüite**).

caí. (Del guar. *ka'i*).
>   **I. 1.** m. *Bo, Ar:NE.* Mono de cola no prensil, cabeza redondeada, ojos grandes y cuerpo cubierto de pelo largo y abundante. (Cebidae; *Cebus* spp.).
>   ♦ **cay.**

■
>   **a.** ‖ ~ **escalera.** f. *Ar.* Liana trepadora y leñosa de hasta 20 cm de altura, con tallo irregularmente cilíndrico, depresiones longitudinales y algunas espinas en las curvaturas. (Fabaceae; *Bauhinia microstachya*).
>   ♦ **escalera de mono.**
>   ▶ **ir de ~.**

caibil.
>   **I. 1.** m. *Gu.* Soldado del ejército de Guatemala, preparado para situaciones especiales.
>   **II. 1.** adj. *Ni.* juv. *Referido a persona,* hábil, astuta.
>   **2.** *Ni.* juv. *Referido a persona,* malintencionada.

caica.
>   **I. 1.** f. *Co.* Ave acuática zancuda de pico largo y tubular, y plumaje muy entremezclado de claro y oscuro. (Scolopacidae; *Gallinago nobilis*).
>   **II.** (Del quech. *qhayqa,* escandaloso).
>   **1.** m-f. *Bo:O,C.* Persona que causa escándalo en estado de embriaguez. pop + cult → espon.
>   **III. 1.** f. *Ho.* Torta horneada hecha de una mezcla de harina de maíz, canela, queso o cuajada, crema y dulce de **rapadura.** pop.

caico.
>   **I. 1.** m. *PR.* Isleta formada por un **cayo.**

caicobé. (Voz guaraní).
>   **I. 1.** f. *Ar, Ur.* Planta con tallo espinoso de hasta 70 cm de altura, de hojas pecioladas, flores rojas pequeñas y fruto en vainillas con varias simientes; presenta la particularidad de que si se la toca parece marchitarse y vuelve luego a la normalidad. (Fabaceae; *Mimosa polycarpa*).

caicoso, -a. (Del quech. *qhayqa,* bochorno).
>   **I. 1.** adj/sust. *Bo. Referido a persona,* que insiste reiteradamente sobre un mismo tema o asunto. pop.
>   **2.** *Bo. Referido a persona,* que causa escándalo en estado de embriaguez. pop.
>   **3.** *Bo:O,C. Referido a persona,* que se lamenta con reiteración de su suerte. pop + cult → espon ∧ hiperb.

caída.
>   **I. 1.** f. *Gu, Ho, Ni* obsol; *Bo,* metáf. Ingreso ilegal de dinero, *generalmente producto de soborno.*
>   **2.** *Bo.* metáf. Ingreso de dinero por un trabajo o negocio eventual.
>   **3.** *PR.* Pequeña porción extra al pesar un artículo, *especialmente granos.*
>   **II. 1.** f. *Ec.* Juego del **cuarenta.**
>   **III. 1.** f. *Pa, Ch.* Falta, fallo, equivocación. pop.
>   **IV. 1.** f. *Ec.* Fiesta informal organizada por un grupo de amigos en una casa, *a veces para agasajar a alguien por sorpresa.* pop + cult → espon.

V. 1. f. *Ho.* Marea pequeña que suele durar ocho días.
VI. 1. f. *Pa.* Gesto amanerado. desp.

■
>   **a.** ‖ ~ **de concha.** f. *PR. En las peleas de gallos,* caída del animal con el lomo contra el suelo y las patas hacia arriba. ♦ **caída de pámpana.**
>   **b.** ‖ ~ **de mollera.** f. *Ho, Ni, Pa.* Enfermedad de niños menores de un año que se manifiesta en un ligero hundimiento del cráneo, diarrea, malestar general y constantes lloros; popularmente la curan rociando el cuerpo con alcohol y ruda y suspendiendo de los pies al niño. rur.
>   **c.** ‖ ~ **de pámpana.** *PR.* **caída de concha.**
>   **d.** ‖ ~ **del semejante.** f. *Ho:O, Pa.* Síndrome de fobia provocado por un susto o espanto.

□
>   **a.** ‖ ~ **del tapanco.** loc. adj. *Gu. Referido a persona,* tonta.
>   **b.** ‖ ~ **y limpia.**
>   **i.** loc. sust. *Ec.* Triunfo o éxito rotundo, *alcanzado generalmente con mucha rapidez y poco esfuerzo.* pop + cult → espon.
>   **ii.** loc. adj. *Ec. Referido a un producto comercial,* que se vende rápidamente y muy bien por tener mucha demanda. pop + cult → espon.
>   **iii.** loc. sust. *Ec.* Distinción o reconocimiento que se otorga a alguien. pop.
>   ▶ **dar ~ y limpia.**

caidero.
>   **I. 1.** m. *Ar:NO.* Lugar habitual de reunión de un grupo de gente o que una persona suele frecuentar. pop.

caidizo.
>   **I. 1.** *ES.* **caedizo.**

caído.
>   ▶ **agarrar el ~.**

caído, -a.
>   **I. 1.** adj. *ES, Ni, Ve; Ho,* pop. *Referido a persona,* que ha perdido el poder o la confianza de otra.
>   **II. 1.** sust/adj. *Pe.* Persona que se ha quedado sin trabajo o sin dinero. pop + cult → espon.

□
>   **a.** ‖ ~ **de la cama.** *Bo, Py, Ar:NO, Ur.* **caído de la hamaca.** pop + cult → espon.
>   **b.** ‖ ~ **de la esfera.** *Bo.* **caído de la hamaca.**
>   **c.** ‖ ~ **de la hamaca.** loc. sust/adj. *Cu, RD, Co, Ve, Ec.* Persona ingenua o poco inteligente. ♦ **caído de la cama; caído de la esfera; caído de la mata; caído del catre; caído del níspero; caído del palto; caído del zarzo.**
>   **d.** ‖ ~ **de la mata.** *Cu, RD, Ve.* **caído de la hamaca.**
>   **e.** ‖ ~ **del catre.**
>   **i.** *Pe, Ch, Py, Ar, Ur,* pop; *Bo,* pop + cult → espon ∧ desp. **caído de la hamaca.**
>   **ii.** loc. adj. *Ch. Referido a un dicho, un hecho o una situación,* que carece de sentido. pop.
>   **f.** ‖ ~ **del níspero.** *Pe, Ch.* **caído de la hamaca.**
>   **g.** ‖ ~ **del palto.** *Pe, Ch.* **caído de la hamaca.**
>   **h.** ‖ ~ **del zarzo.** *Co, Bo.* **caído de la hamaca.**
>   ▶ **quedar ~.**

¡caifás! (De *José Caifás,* sacerdote judío que vivió durante el reino de Tiberio).
>   **I. 1.** interj. *Mx, Gu, ES, Ni.* Expresa el deseo de que sea pagada una deuda.

caigua.
>   **I. 1.** *Pe, Ch:N.* **achojcha,** planta y fruto. (**caihua**).

caihua.
>   **I. 1.** *Ch:N.* **caigua.**

caíllo.
>   **I. 1.** *PR.* **cadillo,** hierba y fruto.

cailón, -na.
I. 1. adj. *Ar:NO. Referido a persona o cosa*, que es propensa a caerse. pop.
  2. *Ar:NO. Referido a persona*, que es torpe con las manos y deja caer objetos con facilidad. pop.
II. 1. adj. *Ar:NO. Referido a persona o a animal*, débil, enclenque, enfermizo. pop.

caima. (Del aim. *q'ayma*, desabrido).
I. 1. adj. *Bo. Referido a un alimento*, que carece de sabor.
  2. *Bo. Referido a persona*, sosa, sin gracia.
  3. *Bo:SO,C. Referido al sabor de una comida o de una bebida*, amargo. pop + cult → espon.
  4. adj/sust. *Bo:O,C.* metáf. *Referido a persona*, que participa sin entusiasmo en actividades sociales o recreativas. pop + cult → espon ^ fest.
  5. adj. *Bo:C. Referido a la **chicha***, poco fermentada.

caimacán.
I. 1. m. *Co:C, Ve.* Persona de autoridad. pop.

caimán. (De or. ind. antillano).
I. 1. *Bo.* **yacaré overo**.
II. 1. m. *Co, Ve.* Persona hábil y sin principios en los negocios o en asuntos relacionados con el dinero.
III. 1. m. *Co.* Persona que sustituye temporalmente a otra en su oficio o empleo.
IV. 1. m. *Ch. En mecánica*, herramienta similar a una tenaza que se usa para sujetar piezas.
V. 1. m. *Bo.* Camión militar que emplean las fuerzas armadas de Bolivia.
VI. (De *Caimán*®).
  1. m. *Bo.* Alcohol extraído de la caña de azúcar que se emplea para preparar bebidas de baja calidad.

■

  a. ‖ ~ **del Orinoco.** m. *Ve.* Reptil de hasta 7 m de longitud, con el cuerpo cubierto de escamas que sobresalen como espinas, de color verde grisáceo en el dorso y blanco en el vientre. (Crocodylidae; *Crocodylus intermedius*).

□

  a. ‖ **como ~ en boca de caño.** loc. adv. *Ve.* Al acecho.

caimán, -na. (De or. ind. antillano).
I. 1. sust/adj. *Cu, RD, PR.* Persona muy astuta y hábil.
II. 1. adj. *Ec:O. Referido a persona*, ociosa, que gusta de pasarse la vida tumbada, sin hacer nada.
III. 1. m. y f. *Bo.* Persona ingenua o poco inteligente. vulg; pop + cult → espon ^ desp.

caimanear.
I. 1. intr. *Co, Pe; Bo*, rur, pop. Cazar caimanes.
  2. *Bo.* metáf. Estar *alguien* ocioso voluntariamente. vulg; pop → espon ^ desp.
II. 1. intr. *Co:O.* Estafar, engañar. pop.

caimanera.
I. 1. f. *Ve.* Conjunto de deportistas que juegan sin seguir rígidamente los reglamentos, en un terreno cualquiera. pop.
  2. *Ve.* Campo deportivo improvisado. pop.
II. 1. f. *Cu.* Lugar a las orillas de los ríos, lagunas y pantanos que sirve de refugio a los caimanes.

caimanero.
I. 1. m. *Co, Pe, Bo.* Hombre que se dedica a cazar caimanes.
  2. *Bo.* Hombre encargado de cuidar los caimanes en una reserva.

caimanero, -a.
I. 1. adj. *Mx, Ve.* Relativo al caimán.

caimarón.
I. 1. m. *Co.* Árbol de hasta 10 m de alto, de tronco recto, cilíndrico, delgado y con corteza gris provista de anillos, poco ramificado y tiene grandes hojas simples, alternas, y profundamente lobuladas. (Cecropiaceae; *Pourouma cecropiifolia*). ♦ **uvo**.

caimarona.
I. 1. f. *Co.* Fruto del **caimarón**, drupa de forma ovoide, morada cuando madura, con la pulpa blanquecina, dulce y jugosa que envuelve una semilla; crece en racimos colgantes; con este fruto se prepara una bebida alcohólica y de su semilla se sacan tintes. ♦ **uvo**.

caimarote.
I. 1. adj. *Ar:NO. Referido a persona*, poco vivaz o sin energía. pop.

caimital.
I. 1. m. *Gu, Ho, Ni, Cu, RD, PR.* Lugar donde abundan los **caimitos**.
  2. *Cu, RD; PR*, rur. Conjunto de **caimitos**, árboles.
  3. *Cu, RD; PR*, rur. Conjunto de **caimitos**, frutos.

caimitillo.
I. 1. m. *Cu, PR.* Árbol de tronco grueso y recto, con follaje espeso de color castaño rojizo, hojas finas y redondas, y flores pequeñas amarillas verdosas; su madera se usa en carpintería. (Melastomataceae; *Mouriri domingensis*).
  2. *Cu, PR.* Fruto del caimitillo, baya de color morado con cinco semillas puntiagudas; es comestible.

■

  a. ‖ ~ **cimarrón.** m. *PR.* Árbol de hojas redondas, de flores pequeñas y velludas en forma de copa de color verde castaño, y baya con cinco semillas puntiagudas; su madera, de gran dureza, se usa para espeques. (Sapotaceae; *Micropholis garciniaefolia*). ♦ **caimitillo verde**.
  b. ‖ ~ **verde.** *PR.* **caimitillo cimarrón**.

caimito. (De or. ind. antillano).
I. 1. m. *Mx, Gu, Ho, ES, Ni, CR, Pa, Cu, RD, PR, Co, Ve, Ec.* Árbol silvestre de hasta 30 m de altura, de corteza rojiza, hojas alternas, enteras y ovales, flores blanquecinas y fruto grande; se utiliza en la medicina tradicional y su corteza es rica en taninos. (Sapotaceae; *Chrysophyllum cainito*). (**caimo**; **jaimito**). ♦ **jocote mico**.
  2. *Mx, Gu, Ho, ES, Ni, CR, Pa, Cu, RD, PR, Co, Ve, Ec.* Fruto del caimito, redondo, de color púrpura, con semillas duras y pulpa azucarada, mucilaginosa y refrescante; es comestible. (**caimo**; **jaimito**).
  3. *Co, Pe.* Árbol de hasta 20 m de altura, con hojas, alternas y oblongas, de color verde brillante, flores agrupadas en fascículos axilares densos y fruto en forma de baya; tiene propiedades medicinales y su madera y tallos son usados en la industria. (Sapotaceae; *Pouteria caimito*). ♦ **cauje**.
  4. *Pe.* Fruto del caimito, de color amarillento o verdoso al madurar y de pulpa blanca, translúcida, azucarada y mucilaginosa; es comestible. ♦ **cauje**.
  5. *Ec.* Madera del caimito. (Sapotaceae; *Chrysophyllum cainito*).

■

  a. ‖ ~ **morado.** m. *RD.* Árbol de hasta 10 m de altura, con hojas ovaladas, flores pequeñas, fragantes, de color blanquecino y fruto ovalado. (Sapotaceae; *Chrysophyllum oliviforme*). ♦ **teta de burra**.
  b. ‖ ~ **verde.** m. *PR.* Árbol de copa baja y ancha, hojas de color verde plateado, flores en forma de campana, pequeñas y de color amarillo, y baya azul oscuro con grandes semillas de color castaño; del tronco y las ramas se extrae una savia lechosa. (Sapotaceae; *Micropholis chrysophylloides*). ♦ **leche prieta**.

□

a. ‖ **como un ~.** loc. adv. *CR.* Con un color morado intenso en una parte del cuerpo, *generalmente por un golpe.* pop.

caimo.
I. 1. *Co.* **caimito**, árbol. (Sapotaceae; *Chrysophyllum cainito*).
I. 1. *Co.* **caimito**, fruto.

caimoní.
I. 1. m. *Cu, RD.* Arbusto de frutos pequeños y rojos. (Mirsinaceae; *Wallenia laurifolia*).
2. *RD.* Fruta pequeña de color rojo y muy dulce que crece en racimos.

caína. (De *Caín*).
I. 1. f. *Pa.* Mujer malvada. desp.

cainar. (Del quech. *caynana*).
I. 1. intr. *Ec:C,N.* Pasar el tiempo libre o de ocio disfrutando de una actividad. pop + cult → espon.
2. *Ec:C,N.* Holgazanear. pop + cult → espon.

caiqueada. (Del quech. *qhayqa*, persona que protesta).
I. 1. f. *Bo:O,C,S.* Escándalo que ocasiona una persona borracha hablando a gritos. pop + cult → espon.
2. *Bo:O,C,S.* Lamento insistente de una persona por su suerte. pop + cult → espon ^ hiperb.
3. *Bo:O,C,S.* Insistencia en algún tema hasta causar molestia. pop + cult → espon ^ hiperb.

caiqueador, -ra. (Del quech. *qhayqa*, persona que protesta).
I. 1. adj/sust. *Bo:O,C,S. Referido a persona*, que ocasiona escándalo hablando a gritos cuando está borracha. pop.
2. *Bo:O,C,S. Referido a persona*, que suele insistir con frecuencia sobre un mismo tema o asunto. pop.

caiquear(se).
I. 1. tr. *Bo:O,C.* Amonestar a *alguien* por algo. pop + cult → espon.
2. intr. prnl. *Bo:O,C,S.* Lamentarse insistentemente de la propia suerte. pop + cult → espon ^ hiperb.
3. intr. *Bo:O,C,S.* Hablar reiteradamente sobre un tema hasta causar fastidio. pop.

caiquén.
I. 1. m. *Ch, Ar.* Ganso silvestre de hasta 66 cm de longitud, de cabeza y cuello blancos, parte inferior grisácea, lomo negro, alas con barras gruesas oscuras y pico y patas negros. (Anatidae; *Chloephaga picta*). (**canquén**; **cauquén**).

cairel. (Del ingl. *curly*, rizado).
I. 1. m. *Mx; Ho:N*, pop. Rizo de cabello en forma de espiral.

cairicio. (De *caedizo*).
I. 1. m. *Pa.* Techo del trapiche que sirve para resguardar el producto de la caña de azúcar. rur.

cairoa.
I. 1. m-f. *Cu.* Persona muy astuta.

caitazo.
I. 1. m. *Gu, Ho, ES, Ni.* Golpe dado con un **caite**.
2. *CR.* Golpe fuerte. pop + cult → espon.
3. *Gu.* obsol; metáf. Frustración, desencanto.
II. 1. m. *Ho, Ni.* Paso dado por alguien al caminar o bailar.
2. *Ho.* Baile.
III. 1. m. *Ho.* Saludo militar.
IV. 1. m. *CR.* p.u. Cantidad de bebida alcohólica que se toma de una vez. pop + cult → espon.
▶ **dar un ~.**

caite. (Del nahua *cactli*, cacles, zapatos o sandalias).
I. 1. m. *Gu, Ho, ES, Ni.* Calzado similar a una sandalia o abarca con suela de neumático o cuero, que cubre solo la planta y el empeine del pie.
2. *CR.* Zapato, en especial el viejo y desgastado. pop.
II. 1. m. *ES.* Oreja de persona.

■

a. ‖ **~ de llanta.** m. *Ho, ES, Ni.* Abarca con suela de neumático de un vehículo. rur.

□

a. ‖ **a puro ~.** loc. adv. *Ho, ES, Ni.* A pie, andando.
b. ‖ **~ viejo.** loc. sust., *Ho, Ni.* Persona despreciable. desp.
c. ‖ **desde el ~ hasta el sombrero.** loc. adv. *Ho, Ni.* De arriba abajo, de pies a cabeza. rur.
▶ **chupar el ~; colgar los ~s; darle al ~; entregar los ~s; estirar el ~; meterse en sus ~s; mover el ~; parar los ~s; pasar de zapato a ~; pelarse el ~; ponerse los ~s; redoblar de ~s; sentir con ~s; volar ~; voltear los ~s; zafársele el ~.**

caiteada.
I. 1. f. *Ho, ES, Ni.* Caminata, hecho de caminar mucho. rur.
2. *Ho.* Hecho reiterado de bailar. rur.
3. *CR.* p.u. **golpiza**, paliza. pop + cult → espon.

caitear.
I. 1. tr. *Gu, Ni.* Golpear o azotar a *alguien* con un **caite**.
2. *Ni.* metáf. Derrotar a *alguien*.
3. *CR.* Golpear fuertemente a *alguien*. pop + cult → espon.
II. 1. intr. *Ho.* Bailar con alguien. rur.
III. 1. tr. *Ho.* Llevar *algo* consigo.
IV. 1. intr. *Ho, Ni; CR*, pop. Caminar, ir a pie a algún sitio. rur.

□

a. ‖ **caiteárselas.** *CR.* **dar agua a los caites.**

caito. (Del quech. *q'aytu*, hilo grueso de lana).
I. 1. m. *Pe, Bo.* Hilo de lana de llama o de oveja, grueso y rústico. rur. (**caitu**).

caitón.
I. 1. m. *ES.* Árbol de copa ancha, de hasta 10 m de altura, y tronco delgado y liso, de hojas alternas compuestas de hojuelas elípticas, flores blanquecinas en espigas axilares con vello sedoso, cuyo fruto es una legumbre comestible; se utiliza para sombra del café. (Fabaceae; *Inga laurina, I. pavoniana*).

caitu. (Del quech. *q'aytu*, hilo grueso de lana).
I. 1. m. *Pe, Bo:O,C.* **caito.**

caitudo, -a.
I. 1. adj. *Mx, Gu, Ho, ES, Ni. Referido a persona*, tosca o de modales rurales y campesinos.
2. *Gu, Ho, ES, Ni. Referido a persona*, calzada con **caites**.
3. *Ni. Referido a persona*, de pies grandes.
II. 1. adj. *Gu, Ho. Referido a persona*, tonta. desp.
III. 1. *Ho, Ni.* **amontunado**, de campo. pop.

caivo, -a. (Del quech. *k'aywiy*, dormitar por cansancio).
I. 1. m. y f. *Bo.* Padre o madre. pop + cult → espon ^ desp.
2. *Bo.* Persona de edad avanzada.

¡caj! (Del aim. y quech. *q'ax*).
I. 1. interj. *Bo.* Imita el sonido que produce un golpe o la rotura de una cosa. pop.

caja.
I. 1. f. *Ho:O, ES, Pa, Co, Pe, Bo, Ar:NO.* Pequeño tambor de origen indígena, *usado especialmente para acompañar el canto de coplas.*
II. 1. f. *Bo; Ec*, obsol. Institución de seguridad social dependiente del Estado.
2. *Bo.* Dispensario médico de la seguridad social.
III. 1. f. *Gu.* Unidad de medida en la recolección del grano del café que pesa unos 45 kg y contiene diez **comales**.
2. *Bo:N,NE.* Unidad de medida, que se utiliza en la comercialización de la castaña, de 20 o de 22 kg, según se encuentre seca o húmeda.

IV. 1. f. *Ho.* Cangrejo de gran tamaño.
2. *Ho.* Caparazón de un animal, *en especial del cangrejo y la tortuga.*
V. 1. f. *Ho, Ni.* Caja rectangular de madera o de hierro que tiene una capacidad de unos 15 kg de café cosechado o siete latas. pop.
VI. 1. f. *Bo. En minería,* roca que no contiene minerales explotables.
VII. 1. m. *PR.* Hombre que se jacta de valiente.
VIII. 1. m. *PR.* Pez marino de pequeño tamaño, de forma casi redonda, aplastado y ancho de abdomen, cola larga en forma de brocha, escamas de color gris y castaño en hexágonos alternados e irregulares, cabeza y boca pequeñas, y ojo grande, saltón y de color rojo; a pesar de ser muy espinoso, su carne es apreciada. (Ostraciidae; *Lactophry striqueter*).

■

a. ‖ ~ **chica.** f. *Mx, Gu, Ho, ES, Ni, CR, RD, Ve, Ec, Pe, Bo, Ch, Py, Ar, Ur.* Suma de dinero, *generalmente pequeña,* que se destina a los gastos ordinarios y cotidianos durante un período determinado en una empresa o negocio. ♦ **caja menuda.**
b. ‖ ~ **contadora.** f. *Cu.* Caja metálica que se emplea en los establecimientos comerciales para registrar, sumar y depositar el importe de las ventas.
c. ‖ ~ **de agua.**
 i. f. *Pe, Bo.* Depósito de agua potable para abastecer a las poblaciones.
 ii. *PR.* Recipiente subterráneo, *generalmente de cemento,* donde se recoge el agua de lluvia en los campos. rur.
d. ‖ ~ **de alcantarillado.** f. *Ec, Bo. En el sistema de tuberías de desagüe de una vivienda,* cavidad cuadrangular de hormigón que se hace cada cierto tramo para recoger partículas sólidas que pudieran causar obstrucciones. ♦ **caja de desagüe.**
e. ‖ ~ **de bateo.** f. *Ni, Cu, PR. En el beisbol,* zona junto al **plato** dentro de la que debe colocarse el jugador cuando **batea.**
f. ‖ ~ **de bolas.** f. *Cu, PR.* Pieza en que se apoya y gira el eje de un mecanismo.
g. ‖ ~ **de desagüe.** *Cu.* **caja de alcantarillado.**
h. ‖ ~ **de dientes.** f. *RD, PR, Co.* Dentadura postiza.
i. ‖ ~ **de hierros.** f. *RD.* Caja de herramientas.
j. ‖ ~ **de muerto.**
 i. f. *Cu. En el dominó,* ficha que corresponde al seis doble.
 ii. *PR.* **Machina** de feria que gira circularmente.
k. ‖ ~ **de sardina.** f. *Ni.* Vulva. vulg.
l. ‖ ~ **del pan.** f. *Cu.* Estómago de una persona.
m. ‖ ~ **fuerte.** f. *Ho, Ni.* Persona alta, de cuerpo voluminoso y anchas espaldas. desp.
n. ‖ ~ **idiota.** f. *Ch.* Televisión. pop ∧ desp.
ñ. ‖ ~ **menuda.** *Pa.* **caja chica.**

□

a. ‖ **a rompe ~.**
 i. loc. adj. *Bo. Referido al corte en la veta de una mina,* transversal.
 ii. loc. adv. *Bo. En relación con el modo de realizar un corte en la veta de una mina,* transversalmente.
▶ **aflojarse la ~ del pan; andar con la ~ de chaine; andar de ~ fuerte; cambiar de ~; cuadrar ~; dar como ~; echar ~; sacar la ~ de lustrar; sacar la ~ del lustre; sacarse la ~ de chaine; salírsele la ~ del lustre.**

cajacho, -a.
I. 1. adj. *Pe.* Relativo a Cajamarca. pop.
cajada.
I. 1. f. *Pe.* Conjunto de instrumentos constituido fundamentalmente por quenas y tambores.
2. *Pe.* Ritmo de baile tocado con este conjunto de instrumentos.

cajaya.
I. 1. f. *PR.* Tiburón de hasta 8 m de longitud, de piel gris y dura, con las branquias al lado del cuello, la boca en la parte inferior de la cabeza y los dientes triangulares. (Odontaspididae; *Carcharias glaucus*).
cajcha.
I. 1. f. *Pe.* Danza andina, alegre, erótica y ceremonial.
II. 1. f. *Bo.* Estimulación de los órganos genitales o de zonas erógenas con la mano o por otro medio para proporcionar goce sexual. vulg.
III. 1. f. *Bo.* Juego de pelota que se practica en un frontón. pop.
cajchadera.
I. 1. f. *Bo.* Látigo para arrear a los animales, compuesto de dos tiras anchas de cuero.
cajchazo.
I. 1. m. *Bo.* Golpe dado con un látigo. pop.
2. *Bo. En el juego de pelota de mano,* golpe fuerte dado con la palma de la mano y los dedos entreabiertos a la pelota para enviarla contra el frontón. pop.
cajcheadura.
I. 1. f. *Bo.* Paliza que se propina a alguien, *generalmente a un niño,* con látigo o con correa. pop.
cajchear. (Del quech. *q'axchay,* azotar).
I. 1. tr. *Bo.* Dar azotes con un látigo o con una correa. pop.
2. *Bo. En el juego de pelota de mano,* golpear la pelota con la palma de la mano para enviarla con fuerza contra el frontón. pop + cult → espon.
3. *Bo. En panadería,* amasar la masa del pan con la palma de la mano antes de hornearla. pop.
cajchi.
I. 1. m. *Bo.* Juego de pelota que se practica en un frontón. pop.
cajero.
■
a. ‖ ~ **activo.** m. *Ho.* Cajero automático. pop. ♦ **cajero diferido; cajero dinámico; cajero dominical; cajero expreso.**
b. ‖ ~ **diferido.** *Ho, Ec.* **cajero activo.**
c. ‖ ~ **dinámico.** *Ho.* **cajero activo.**
d. ‖ ~ **dominical.** *Ho.* **cajero activo.**
e. ‖ ~ **expreso.** *Ho, Ni, RD.* **cajero activo.**
cajero, -a.
I. 1. m. y f. *Pe, Ar:NO.* Persona que toca la **caja,** pequeño tambor de origen indígena.
cajeta.
I. (Del nahua *caxitl,* escudilla).
1. f. *Mx, Gu, Cu, RD, PR, Pe; Ec,* obsol; *Ho,* pop. Caja en que se ponen o venden dulces, jalea o turrón de diversas formas, según el molde que se use.
2. *Mx, Gu, Pa, Pe; Ho,* pop. Dulce de leche, *generalmente de cabra,* quemada con azúcar, y de consistencia similar al turrón.
3. *Pe.* Pastel pequeño de harina de maíz horneado y relleno *generalmente de* **manjar blanco.**
4. *Ec.* obsol. Dulce de leche o manjar.
5. *Ni, CR.* Dulce similar al turrón, elaborado con **panela,** dulce de leche o leche en polvo; puede añadírsele algún fruto seco rallado, *especialmente* **coco.**
6. *PR.* meton. Dulce que contiene la cajeta.
II. 1. f. *Ar, Ur.* Vulva. vulg.
III. 1. f. *Ve:O.* Caja pequeña, *generalmente con forma de cono truncado,* hecha de cuerno de res o de otros materiales, utilizada para guardar el **chimó.**
2. *Cu.* Caja para el tabaco.
3. *Pa.* Caja de cartón mediana o pequeña para transportar, guardar o envolver cualquier objeto. pop + cult.

IV. 1. f. *Ar.* Buena suerte. vulg.

V. 1. f. *Ec.* Mandíbula, *especialmente la de los prognatos.* pop + cult → espon.

VI. 1. f. *Cu.* Vaina de semillas del algarrobo. rur.

VII. 1. f. *RD.* Molestia, impertinencia.

VIII. (De la sigla *KGB,* policía secreta de la antigua Unión Soviética).

1. f. *Ho.* Policía secreta de la antigua Unión Soviética. cult ^ fest.

☐

a. ‖ ~ **de Celaya.** loc. sust. *Mx.* Conciencia exagerada de la propia valía, complejo de superioridad.

b. ‖ **de ~.** loc. adj. *RD. Referido a objeto,* nuevo, sin estrenar.

▶ **chupar ~; dar ~; tener ~, cuchillo y guaro.**

cajetazo.

I. 1. m. *RD.* Golpe. pop + cult → espon.

cajete. (Del nahua *caxitl,* escudilla).

I. 1. m. *Mx, ES.* metáf. Cazuela honda y gruesa sin vidriar.

2. *Mx.* metáf. Oquedad de la planta del **maguey.**

cajeteado.

I. 1. m. *Gu.* Elaboración de **cajetes.**

2. *Gu.* metáf. Limpieza de hierbas alrededor del tronco de un árbol. rur.

cajetear(se).

I. 1. tr. *Mx.* Abroncar, amonestar ostensiblemente a *una persona.* pop + cult → espon.

2. intr. prnl. *Mx.* Reírse, burlarse de alguien. pop + cult → espon.

3. tr. *RD.* Golpear o molestar a *alguien.*

II. 1. intr. *Mx.* Defecar. euf; pop + cult → espon.

III. 1. intr. *Mx.* Cavar hoyos para plantar vegetales.

IV. 1. tr. *Ar.* p.u. Acariciarle los genitales *a una mujer.* vulg.

V. 1. tr. *Ar.* p.u. Estafar a *alguien.* vulg.

VI. 1. tr. *RD.* Disparar.

☐

a. ‖ **~la.** loc. verb. *Mx.* Meter la pata, cometer un error que arruina las expectativas concebidas. pop + cult → espon.

b. ‖ **~se de la risa.** loc. verb. *Mx.* Carcajearse, experimentar intensos, compulsivos e irrefrenables impulsos de reírse. pop + cult → espon.

cajetero, -a.

I. 1. m. y f. *Mx, Gu, Ni.* Persona que elabora o vende **cajeta,** *generalmente mujer.*

cajetilla.

I. 1. sust/adj. *Py, Ar, Ur.* Hombre de condición socioeconómica alta, excesivamente atildado y presumido. pop ^ desp.

2. adj. *Ar. Referido a persona o cosa,* lujosa, muy elegante. pop.

II. 1. f. *Cu.* Boca de una persona.

▶ **tener la ~ abierta.**

cajetillo.

I. 1. m. *PR.* Árbol de hasta 12 m de altura, de madera color rojizo oscuro o amarillento. (Salicaceae; *Casearia sylvestris*). ♦ **palo de cotorra.**

cajetín.

▶ **vender el ~.**

cajeto.

I. 1. *Co.* **nacedero,** árbol.

cajeto, -a.

I. 1. adj/sust. *Ec. Referido a persona,* que tiene uno o los dos maxilares salientes. pop + cult → espon ^ desp.

cajetudo, -a.

I. 1. *Ar.* **conchudo,** mala persona. vulg.

cajilla.

I. 1. f. *Ni.* Caja rectangular cuyos marcos son tablas de madera y cuyo fondo es una malla metálica, que se utiliza para secar al sol el grano de café.

cajita.

▶ **bregar ~ de pollo; coger ~.**

cajón.

I. 1. m. *Co, Pe, Bo, Ch, Py, Ar, Ur; Mx, Gu, Ho, ES, Ni, Pa,* rur; pop; *Ve, Ec,* pop. Ataúd.

II. 1. m. *Mx.* Plaza delimitada para estacionar un vehículo.

III. 1. m. *Ve, Pe, Bo, Ch, Ar.* Cañada larga por cuyo fondo corre un río o arroyo.

IV. 1. m. *CR, Ec.* En un camión o en una carreta, espacio destinado para llevar la carga.

V. 1. m. *PR.* Caja hecha de acrílico, madera u otro material de donde salen los gallos en el redondel para iniciar la pelea.

■

a. ‖ **~ de ropa.** m. *Mx.* Tienda de ropa.

☐

a. ‖ **de ~.**

i. loc. adj/adv. *Mx, ES, Ec, Ur. Referido a hecho,* que ocurre o se da de forma fija u obligada, indispensablemente.

ii. loc. adv/ adj. *Mx, ES, Ni, Ur.* De manera habitual, acostumbrada.

iii. loc. adv. *Bo.* De manera oportuna e inesperada. pop + cult → espon.

iv. *Bo.* De manera inevitable.

▶ **caer de ~; caerse de ~; cagar fuera del ~; entrar a los ~es; hacer el ~; irse de ~; mandar al ~.**

cajoneador, -ra.

I. 1. m. y f. *Pe.* Persona que toca instrumentos de percusión como el cajón o la **caja,** pequeño tambor de origen indígena.

cajonear.

I. 1. tr. *Py, Ar, Ur.* Demorar un expediente administrativo o un documento con el fin de retrasar su resolución.

II. 1. tr. *Ar:NO.* Golpear *algo* violentamente con los puños, *especialmente una puerta.* pop.

III. 1. tr. *Pe.* Robar una cantidad de la recaudación del cajón de una tienda, *generalmente la persona encargada de la caja.* pop.

IV. 1. intr. *Pe.* Tocar el **cajón.**

V. 1. intr. *Pe. En el mercado de valores,* experimentar un significativo incremento en el valor de las acciones de una compañía. pop + cult → espon.

cajoneo.

I. 1. m. *Co, Pe; Ch,* p.u. Demora deliberada en la tramitación de expedientes o documentos administrativos.

II. 1. m. *Pe.* Acompañamiento musical en el que se tocan acompasadamente instrumentos de percusión, *principalmente el cajón.*

cajonerío.

I. 1. m. *Co.* Conjunto de cajones de un armario o estantería. pop.

cajonero.

I. 1. m. *Co, Ec.* Mueble con varios cajones.

cajonero, -a.

I. 1. m. y f. *Co, Ec, Pe.* Persona que toca el cajón, la **caja** o instrumentos de percusión similares.

II. 1. m. y f. *Co, Ec.* Persona que vende pequeñas cantidades de mercadería que lleva y exhibe en un cajón.

2. *Co.* Vendedor callejero que guarda su mercancía en una caja con ruedecillas.

3. *Ec. En las haciendas bananeras,* persona que se ocupa de colocar en cajas el **banano** de exportación.

III. 1. adj. *Gu, Ni; Ec:E*, p.u. *Referido a trabajo*, repetitivo y aburrido.
    2. *ES, Ni; CR*, pop. *Referido a cosa*, común, corriente.
IV. 1. adj. *Ni. Referido a un escrito de un abogado*, que carece de argumentación jurídica. desp.

cajuche.
    I. 1. m. *Ve:NO*. Miedo, temor.

cajuela.
    I. 1. f. *Mx, Gu, Ho, Ni, Ec, Pe, Py, Ur; CR, Ch*, p.u. Maletero del automóvil.
    2. *Bo*. Caja pequeña en el automóvil frente al asiento del acompañante del conductor.
    II. 1. f. *Co:N*. Agujero que se deja en una pared para introducir el palo horizontal del andamio.
    III. 1. f. *Pe*. obsol. Alcancía pequeña que suele incluir la imagen del santo patrono de una localidad y que portan los devotos. rur.
    2. *Ho, ES*. Caja rectangular de madera o de hierro que tiene una capacidad de unos 12 kg de café cosechado o siete **latas**. rur.
    IV. 1. f. *Ni, CR*. Medida de capacidad equivalente a 16,76 l, *usada especialmente para medir café, **frijoles**, maíz y **papas***.
    2. *CR*. Cantidad que puede contener una **cajuela**, medida de capacidad.
    V. 1. f. *Cu. En carpintería*, escopladura.
    VI. 1. f. *ES*. Tapón metálico para botellas de bebidas gaseosas.
    VII. 1. f. *PR. En la industria azucarera*, surco en la siembra de la caña. rur.

cajuelear.
    I. 1. tr. *ES*. Hacer hoyos cuadrados en un terreno para plantar árboles, *generalmente **cafetos***. rur.

cajuelero, -a.
    I. 1. m. y f. *Pe*. obsol. Persona que porta una **cajuela**, alcancía pequeña. rur.

cajuelita.
    I. 1. f. *PR*. **gaveta**, receptáculo pequeño.

cajuil.
    I. 1. m. *RD, PR, Ec, Bo*. **marañón**, árbol. (**caujil**). ♦ **cajuilito**.
    2. *RD, PR, Ec, Bo*. **marañón**, fruto. (**caujil**).

cajuilito.
    I. 1. *RD, PR, Ec*. **cajuil**, árbol.

■
    a. ‖ **~ Solimán.** m. *PR*. Variedad de **cajuil** cuyos frutos son más pequeños y menos sabrosos.

cake. (Voz inglesa).
    I. 1. m. *EU, ES, Cu, RD, Ec*. Tarta o pastel.
    2. *Cu*. Pastel cuyos ingredientes principales son harina, azúcar y huevos, relleno con crema o dulce de frutas, *generalmente revestido con merengue o crema*.

■
    a. ‖ ***~ cheese.*** (Voz inglesa). m. *PR*. Tarta hecha con queso, crema, azúcar, huevo y leche.
    b. ‖ ***~ coffee.*** (Voz inglesa). m. *PR*. Bizcocho hecho con azúcar, harina, huevo y piña que suele acompañarse con café.
    c. ‖ ***~ pound.*** (Voz inglesa). m. *PR*. Bizcocho hecho con harina, azúcar, mantequilla, leche y extracto de maíz.
    d. ‖ ***hot ~.*** (Voz inglesa). m. *Bo*. **Torta** de harina de trigo, que se sirve en el desayuno untada con miel o mermelada.
    ▶ **comerse un ~.**

cakik.
    I. 1. *Gu*. **kakik**.

cala.
    I. 1. adj/sust. *Pe, Bo. Referido a animal, especialmente a un perro*, que carece de pelo. pop + cult → espon.

    2. *Bo. Referido a persona*, sin ropa, desnuda.
    3. adj. *Bo. Referido a superficie o cosa*, pelada, que aparece desprovista de lo que normalmente la cubre, rodea o adorna. pop.
II. 1. m. *Ar:NO*. Loro de hasta 35 cm de longitud, de cuerpo de color verde intenso y cabeza azul; puede imitar la voz humana y otros sonidos. (Psittacidae; *Aratinga acuticaudata*). ♦ **calancate**; **loro cabeza azul**; **loro de los palos**; **tarechi**.
III 1. f. *Pa, Ur*. **alcatraz**, planta.
IV. 1. f. *Cu*. Calador para sacar muestras.
V. (Del aim. y del quech. *q'ala o q'ara*, desnudo).
    1. m-f. *Bo*. Niño recién nacido o de poca edad. pop + cult → espon.
VI. 1. f. *PR*. Pesca de fondo con cordel y anzuelo.
    2. *PR*. Cordel que se emplea en la pesca de fondo.
    3. *PR*. Cuerda que se usa para medir la profundidad del mar o para atar una pieza de hierro a modo de ancla.

calaba.
    I. 1. m. *PR*. **lechemaría**, árbol.
    2. *Pa*. Árbol de hasta 40 m de altura, de hojas simples y opuestas, flores blancas con los estambres amarillos y frutos en drupas globosas, amarillentos cuando están maduros. (Clusiaceae; *Calophyllum longifolium*).

calabacero.
    I. 1. *CR*. **jícaro**, árbol perenne.

calabacita.
    I. 1. f. *Mx, Bo*. Fruto de la calabacita, de diversas formas, tamaños y colores; es muy utilizado en gastronomía.
    2. *Mx*. Planta herbácea de tallos trepadores provistos de zarcillos, hojas anchas lobuladas y flores amarillas. (Cucurbitaceae; *Cucurbita* spp). ♦ **huevo de gato**.
    II. 1. f. *Cu*. Corte de pelo que usan los niños pequeños que consiste en llevar el cabello cortado en círculo alrededor de la cara y la parte posterior del cuello, a manera de casco.
    III. 1. f. *Cu*. Canción que indica el final de la programación infantil en la televisión cubana durante el día e incita a los niños a dormir.

calabaza.
    I. 1. sust/adj. *Pe*. Persona vacua, sin inteligencia ni sentido común. pop + cult → espon.
    II. 1. f. *RD, PR*. **Bejuco** muy resistente de una planta trepadora de tallo leñoso; se usa para hacer canastillas, banastillas de montar, etc.
    III. 1. f. *Ni*. **guacal**, cabeza.
    IV. 1. f. *PR*. Gallo de plumaje entre amarillo y anaranjado.

■
    a. ‖ **~ de casco.** f. *PR*. Variedad de calabaza que se caracteriza por la dureza extrema de su cáscara. rur.
    b. ‖ **~ hembra.** f. *PR*. Variedad de calabaza que tiene forma de roseta en la parte baja de su centro; sus semillas dan frutos. rur.
    c. ‖ **~ macho.** f. *PR*. Variedad de calabaza que tiene una pequeña protuberancia en la parte baja de su centro; sus semillas son estériles. rur.

◪
    a. ‖ **¡~, ~, cada cual para su casa!**
        i. *PR*. **¡calabaza, calabaza, cada uno para su casa!**
        ii. fr. prov. *PR*. Indica que alguien deja una actividad, se marcha.
    b. ‖ **¡~, ~, cada quien para su casa!** *Ho, CR, Cu, Ch*. **¡calabaza, calabaza, cada uno para su casa!** pop.
    c. ‖ **¡~, ~, cada uno a su casa!** *Pe*. **¡calabaza, calabaza, cada uno para su casa!**

d. ‖ ¡~, ~, **cada uno para su casa!** fr. prov. *Gu, Ho, ES, CR, Cu, Co, Ve; Ch.* esm. Se usa para dar por finalizada una actividad e indicar a los presentes que deben marcharse. pop. ♦ **¡calabaza, calabaza, cada cual para su casa! ¡calabaza, calabaza, cada quien para su casa!; ¡calabaza, calabaza, cada uno a su casa!**
▶ **tener hacha, ~ y miel.**

calabazo.
  I. 1. m. *Mx, ES, Ni, CR; Ho,* pop. Recipiente de uso doméstico hecho de la mitad de una calabaza ahuecada.
  2. *RD, PR, Co.* Vasija hecha con la fruta de la **higüera.**
  3. *Ec; Ho,* pop. Vasija de barro que semeja media calabaza.
  II. 1. m. *Cu.* **güiro,** instrumento musical.
  III. 1. m. *Ni, Pa, Co.* **jícaro,** árbol perenne.
  2. *Pa, Co.* **totumo,** fruto.

calaboz.
  I. 1. *ES.* **calabozo.** rur.

calabozazo.
  I. 1. m. *Co, Pe.* Encierro temporal de una persona en un calabozo. pop + cult → espon.

calabozo.
  I. 1. m. *Ve.* rur. Machete de hoja curva en la punta, (**calaboz**).

calabrote.
  I. 1. *Co.* **moncholo.**

calaca.
  I. 1. f. *Gu, ES, Ni; Mx, Ho,* rur. Cráneo, calavera. pop ^ fest.
  2. *Mx, ES, Ni.* p.u. Muerte.
  3. *Mx; Ho, Ni,* pop. Personaje alegórico que simboliza la muerte y se representa como un esqueleto o una mujer extremadamente delgada.
  4. *Mx.* p.u. Esqueleto humano.
  II. 1. f. *Mx.* Faro, piloto luminoso de un vehículo, *particularmente el que forma parte del sistema de iluminación trasero.*

■

  a. ‖ **valle de las ~s.** m. *Ho.* Cementerio. fest.
▶ **mandar a ~s.**

calacate. (Del nahua *calli,* caza, y *acatl* caña).
  I. 1. m. *Ho, ES, Ni.* Hierba de hasta 60 cm de altura, con flores de color amarillo anaranjadas; tiene diversas aplicaciones en la medicina tradicional. (Asteraceae; *Sclerocarpus phyllocephalus*). ♦ **jalacate.**

calaceado, -a.
  I. 1. adj. *ES, Co.* Referido a *un instrumento cortante,* desgastado.
  2. *ES.* Referido a un instrumento cortante, que tiene el filo mellado.
  3. sust/adj. *ES.* metáf. Mujer que ha tenido relaciones sexuales con varios hombres.
  II. 1. adj. *ES.* Referido a persona, medio borracha.

calacear.
  I. 1. tr. *Mx:SE, ES; Ho,* rur. Causar mellas en un trompo con la punta de otro.
  2. *Ho, ES.* Mellar el filo de un instrumento o arma cortante. rur.

calachaqui. (Del quech. *q'ala,* desnudo, y *chaki,* pie).
  I. 1. adj. *Bo; Ar:NO.* obsol. Referido a persona, que lleva los pies descalzos. rur.

calachazo.
  I. 1. m. *ES.* Herida causada por un cuchillo mellado. carc.

calache.
  I. 1. m. *Ho, ES, Ni.* Utensilio pequeño y viejo. pop + cult → espon.

  2. m. pl. *Ho, ES, Ni.* Enseres personales de poco valor. pop + cult → espon.
  3. *Ho, ES, Ni.* Muebles y utensilios del hogar deteriorados. pop + cult → espon.

calachero.
  I. 1. m. *Ho, ES, Ni.* Conjunto desordenado de muebles, utensilios y enseres personales deteriorados o de escaso valor.

calachuche.
  I. 1. *Mx.* **cacalichuche.**

calada.
  I. 1. f. *ES.* Golpe de látigo o dado con la parte plana de un machete.
  2. *ES.* Herida o señal de un golpe.
  II. 1. f. *ES.* Obtención de un premio de lotería.

caladito.
  I. 1. m. *Cu.* Aguardiente de caña de azúcar de destilación casera.

calado.
  I. 1. m. *Co.* Pan de trigo de forma circular.
  II. 1. m. *Pe. En repostería,* cocción lenta de una fruta en agua con azúcar hasta que resulta una sustancia transparente.
  III. 1. m. *Ec.* Sombrero de **paja toquilla** de tejido abierto como la randa o encaje, *especialmente para mujer.*

calado, -a.
  I. 1. adj. *Pe. Referido a una fruta,* que ha quedado transparente tras ser cocida en agua con azúcar.
  II. 1. adj. *Gu. Referido a persona,* borracha.

calador.
  I. 1. m. *Ch, Ar, Ur.* Barrena acanalada para sacar muestras de los granos u otros alimentos, sin abrir los bultos que los contienen, a fin de conocer su clase o calidad. (**caladora**).

caladora.
  I. 1. f. *Ch.* **calador.**

calafate.
  I. 1. m. *Ch:S, Ar.* Arbusto de hasta 3 m de altura, con espinas en el tallo, hojas perennes y flores amarillas. (Berberidaceae; *Berberis* spp.). ♦ **checche.**
  2. *Ch:S.* Fruto del calafate, de color violeta oscuro; se consume fresco o en dulces y mermeladas, y de él se extraen sustancias colorantes.

calagogo.
  I. 1. adj. *Cu. Referido a persona,* antipática, molesta.

calaguala. (De etim. controv.).
  I. 1. f. *Gu, Ho, ES, Ni, RD, PR, Co, Ec, Pe.* Helecho epífito, con rizoma largo y grueso, cubierto de pelillo de color café claro, frondas verde claro, de ovadas a oblongas, sobre tallos, soros grandes, en línea a cada lado de la nervadura de los segmentos; se usa con fines medicinales. (Polypodiaceae; *Polypodium aureum, P. decumanum*). ♦ **pajarilla; yuquita.**
  2. *Ar:NE, Ur; Ch,* p.u. Helecho terrestre de grueso rizoma leñoso y escamoso, frondas de color verde oscuro, largamente pecioladas, triangulares con pínulas lanceoladas y aserradas; es muy empleado en arreglos florales; posee propiedades medicinales. (Polypodiaceae; *Rumohra adiantiformis*). (**calahuala**).

calaguastazo.
  I. 1. m. *ES.* Trago de licor, *generalmente de* **guaro** *o aguardiente.* rur.

calahuala.
  I. 1. f. *Ec, Pe, Ch,* Helecho de hasta 50 cm de altura con un rizoma rastrero, denso, carnoso, recubierto de escamas oscuras, frondas de color verde oscuro, largas, triangulares con un largo pecíolo; se

usa con fines medicinales. (Polypodiaceae; *Polypodium* spp.). ♦ **doradillo**; **kaaskat**.
2. *Ch.* **calaguala**, helecho terrestre de grueso rizoma.

calaica.
I. 1. f. *Ho.* **cundeamor**.
2. *Ho.* Fruto de la calaica, baya amarilla, carnosa, comestible, cubierta de verrugas y con semillas rojas.

calala.
I. 1. *Ni.* **maracuyá**, planta. (**kalala**).
2. *Ni.* **maracuyá**, fruto. (**kalala**).

calalú.
I. 1. m. *Cu:E, PR.* Sopa espesa de vegetales picados y cocidos con sal, especias, vinagre y manteca.
II. 1. m. *Ni.* **mazorquilla**, planta herbácea.
2. *PR.* Arbusto de hasta 3 m de altura, de hoja perenne y copa densa. (Araceae; *Xanthosoma brasiliense*).

calamarete.
I. 1. m. *Ar, Ur.* Calamar de tamaño pequeño muy abundante en toda la costa. (Loliginidae; *Loligo* spp.). (**calamareti**).

calamareti.
I. 1. *Ar.* **calamarete**.

calambombo.
I. 1. m. *Co:O,SO.* Hueso de pierna de **res** desprovisto de carne o con muy poca.

calambre.
I. 1. m. *Ni, CR, RD; PR*, rur. Pasmo momentáneo producido por un resfriado o un cambio brusco de temperatura.

calambreña.
I. 1. f. *PR.* Árbol silvestre de hasta 2 m de altura, de hoja perenne, cuya fruta, muy apreciada, cambia de roja a verde cuando madura; su madera se emplea como leña. (Polygonaceae; *Coccoloba venosa*).

calambrina.
I. 1. f. *ES, Ni, Pa, Cu, RD; CR*, rur. Temblor prolongado causado por nerviosismo o miedo. pop + cult → espon.
2. *Cu.* Falta de valor o coraje. pop + cult → espon ^ fest.

calambrito.
I. 1. adj/sust. *Ch.* p.u. *Referido a persona*, delgada, flaca. pop.

calambuco.
I. 1. m. *Co:N.* Vasija metálica de muy mala calidad y gran tamaño, en donde se transporta la leche.
II. 1. m. *Cu.* Bebida alcohólica casera.

calamina.
I. 1. f. *Ec, Pe, Bo, Ch.* Plancha ondulada, *generalmente de cinc*, que se usa para techados provisionales.
2. *Pe, Bo, Ch. En los caminos de tierra,* surcos formados por el tránsito y uso prolongado, que dificultan el paso.

□
a. ‖ ~ **de pampa**. loc. sust. *Ch.* p.u. Persona libidinosa. pop ^ fest.

calaminado, -a.
I. 1. adj. *Pe, Bo, Ch. Referido a un camino, generalmente de tierra,* ondulado y con baches.

cálamo.
I. 1. adj/sust. *CR. Referido a persona,* intelectualmente muy capaz.
▶ **hacer ~**.

calamorro.
I. 1. m. *Ch.* Zapato grueso y de forma tosca.

calampear. (Del quech. *q'alampiyay*, despojar).
I. 1. intr. *Bo.* Divertirse en una reunión de amigos interpretando música folclórica, *generalmente con guitarra o charango*. rur; pop.

2. tr. *Bo.* Tocar el charango con rasgueo impetuoso en los **huaiños**. rur; pop. ♦

calancana.
I. 1. f. *PR. En la industria azucarera,* clase de caña de azúcar.

calancas. (Quizá del quech. *kallanca*, fortaleza).
I. 1. f. pl. *Pe.* Piernas largas y flacas.

calancate.
I. 1. *Ar:NO.* **cala**, loro.

calanchado, -a.
I. 1. adj. *Bo. Referido a persona,* desnuda, en cueros.

calanchar(se). (Del aim. *q'ala*, desnudo).
I. 1. tr. *Bo.* Desnudar a *una persona, generalmente a un niño*.
2. intr. prnl. *Bo.* Desnudarse *alguien*.

calanchín, -na.
I. 1. m. y f. *Co.* Persona que presta su nombre para que figure en un contrato o negocio, en lugar del nombre del interesado.

calancho, -a.
I. 1. adj. *Pe:S,* p.u, rur; *Bo*, pop. *Referido a persona,* desnuda, en cueros.

calanchoa.
I. 1. f. *PR.* Planta ornamental de pequeño tamaño, de hojas carnosas, redondas y lustrosas de color verde intenso y de largas espigas con una piña de flores en la punta, *generalmente rojas*.

calanchudo, -a.
I. 1. adj. *Pe.* p.u. *Referido a persona*, de piernas largas. rur. (**calancón**).

calanco.
I. 1. adj/sust. *PR. Referido a un hombre negro,* que tiene el pene más claro que el cuerpo. fest.

calancón, -na.
I. 1. *Pe.* **calancudo**.

calancudo, -a.
I. 1. *Pe.* p.u. *Referido a persona,* de piernas largas. rur.

calandraca.
I. 1. f. *Pe.* Postre hecho con **duraznos** cocidos en agua, canela, clavo y **chancaca**, azúcar de caña sin refinar.
II. 1. f. *Ho, Ni.* meton. Calavera, conjunto de huesos de la cabeza.
III. 1. f. *Bo:E.* Cosa vieja e inservible.

calandraco.
I. 1. m. *Ni.* Miembro o simpatizante del Partido Conservador. desp.

calandraco, -a.
I. 1. sust/adj. *Co:N,NE,C, Bo:E, Ur.* Persona, *generalmente adulta*, que actúa de manera alocada, atolondrada, indolente o descuidada.
2. *Ar, Ur.* obsol. Persona, *particularmente anciana*, que incomoda e incordia a los demás.
II. 1. adj/sust. *Cu. Referido a persona,* muy delgada. pop + cult → espon.
2. *Ni; Ho,* pop. *Referido a persona o animal,* flaco y débil.

calandria.
I. 1. f. *Mx, RD.* Ave canora de hasta 20 cm de longitud, cuyo plumaje es amarillo o anaranjado en la mayor parte del cuerpo, salvo en alas, cola y parte del pecho y la cabeza, en donde es negro. (Icteridae; *Icterus icterus*). ♦ **matico**; **moriche**; **turpial**.
2. *PR.* Pájaro de plumaje negro en el lomo y en las alas, y amarillo en el pecho. (Oriolidae; *Xanthornus portoricensis*).
3. *Ur.* Ave canora de hasta 27 cm de longitud de dorso pardo, alas y cola parduscas con algunas

puntas blancas, pecho y abdomen castaño claro, y que presenta una franja blanca sobre los ojos. (Mimidae; *Mimus saturninus*).

II. 1. f. *Mx.* Carruaje abierto, con toldo móvil, tirado por un caballo, *que en la actualidad se reserva fundamentalmente para uso turístico.*

calandrio.

I. 1. m. *Co:E,S.* Cordel largo y grueso del que penden a trechos unos ramales con anzuelos en sus extremos.

II. 1. m. *PR.* Gallo de color negro azulado o negro rojizo con plumas doradas en las alas. (**calandro**).

calandro.

I. 1. *PR.* **calandrio**, gallo. rur.

calapari. (Del aim. *qala*, piedra, y *pari*, quemante).

I. 1. m. *Bo:C.* Sopa que se calienta introduciendo unas piedras calientes en el recipiente que la contiene. (**kalapari**).

2. *Bo:C.* **calapurca**, variedad de **mazamorra**. pop.

calapi.

I. 1. m. *Ar:NO.* p.u. Alimento elaborado a base de harina de maíz con un poquito de grasa y sal, hervida en agua con cal; es beneficioso para los huesos.

calapitrinche.

I. 1. adj. *Pe:S. Referido a persona*, ridícula, mal vestida. pop ‖ cult → espon.

calapurca.

I. 1. f. *Ar:NO.* Guiso picante hecho con carne, maíz y cebolla.

2. *Ch:N.* Plato preparado con caldo, carne, **papas** molidas, **mote**, cebolla, **ají** y otros vegetales y condimentos; cocinado tradicionalmente con piedras calientes.

3. *Bo.* Variedad de **mazamorra** de harina de maíz, patata, **chuño** y **charque**; se sirve introduciendo unas piedras calientes en el plato. ♦ **calapari**.

calar(se).

I. 1. tr. *Co:O.* Cocinar *algo* a fuego lento.

2. *Co:SO.* Cocer frutas en almíbar.

3. intr. *RD.* Cocer a fuego lento un alimento hasta que espese.

II. 1. tr. *Ec, Ch, Ar, Ur.* Sacar una muestra de granos u otros alimentos de un bulto o bolsa con un **calador**.

III. 1. tr. prnl. *Ni, Pa, Ve.* Soportar o tolerar *algo* molesto, desagradable. pop.

IV. 1. tr. *Ch.* juv. Declarar que algo es propio para evitar que otros se apoderen de ello.

2. intr. prnl. *Ho, Ni, Pa.* Meterse *alguien* en un lugar. pop.

V. 1. tr. *Ch. En el **futbol**,* meter un gol. pop + cult → espon.

VI. 1. tr. *Ec.* juv. Entender.

VII. 1. tr. *Ec.* Deducir *algo* que alguien pretende mantener en secreto.

VIII. 1. intr. *Ho.* Viajar en un vehículo sin pagar.

□

a. ‖ **calársela.** loc. verb. *Ho, ES.* Obtener dinero o beneficios.

calate. (Del nahua *calate*, sarna).

I. 1. *Ho, ES.* **carate**, enfermedad. pop.

2. adj. *Ho, ES. Referido a persona o animal doméstico*, flaco, desnutrido. pop ^ desp. (**carate**).

3. *Ho.* **calatoso**, que no es de raza pura.

II. 1. m. *ES.* Tierra seca y árida.

calateada.

I. 1. f. *Pe.* Desnudamiento de una o varias personas. pop + cult → espon. ♦ **calateadera**; **calatro**.

calateadera.

I. 1. *Pe.* p.u. **calateada**. pop.

calatearse.

I. 1. tr. *Pe.* Quitar la vestimenta o parte de ella a alguien. pop + cult → espon.

2. *Pe.* metáf. Robar, despojar a *alguien* o *algo* de casi todo lo que tiene. delinc; pop + cult → espon.

calateo.

I. 1. m. *Pe.* **calateada**. pop + cult → espon.

calatería.

I. 1. f. *Pe.* Desnudez. pop + cult → espon.

2. *Pe.* Conjunto de personas que van desnudas o con poca ropa. pop + cult → espon.

calatillo.

I. 1. m. *Pe.* Arbusto de tierras áridas de pequeño tamaño, tronco retorcido y hojas redondas. (Myrtaceae; *Myrcianthes quinqueloba*).

calatista.

I. 1. f. *Pe.* Mujer que en un escenario se quita la ropa poco a poco. pop + cult → espon.

calato, -a. (Del quech. *q'ala*, desnudo).

I. 1. adj. *Pe, Bo:N,NE; Ch:N,* pop + cult → espon. Desnudo, en cueros.

2. adj/sust. *Pe.* metáf. *Referido a persona*, que carece de lo necesario para vivir o ha sido despojada de lo que poseía.

3. m. y f. *Pe.* Niño recién nacido o de poca edad. pop + cult → espon.

calatoso, -a.

I. 1. adj. *Ho, ES. Referido a animal*, que tiene sarna. pop.

II. 1. adj. *ES. Referido a cosa*, seca, estéril o calamitosa.

III. 1. *Ho.* **aguacatero**, que no es de raza pura. ♦ **calate**.

calatrava.

I. 1. f. *Bo.* Gorra sin visera que se usa como parte del uniforme en las instituciones militares.

calauchín.

I. 1. *Ar:NO.* **anamú**.

calavera.

I. 1. f. *Mx.* Dulce de azúcar en forma de cráneo, *generalmente adornado con azúcar de colores y con algún nombre escrito, que suele comerse el Día de Difuntos.*

II. 1. f. *Mx.* Composición de versos que, a manera de epitafio festivo, se dedica a una persona viva el Día de Difuntos.

III. 1. f. *Mx.* Dinero o regalo que piden los niños el Día de Difuntos.

IV. 1. f. *Mx.* Cada una de las dos luces de la parte trasera de un vehículo.

V. 1. f. *Mx.* Agujero en el talón de unos calcetines viejos, *generalmente causado por el uso.*

VI. 1. f. *Co.* Orquídea de hojas grandes y anchas y flores blancas con pintas de color café agrupadas en racimos, con un cáliz que se asemeja a una calavera de venado; es planta muy apreciada como ornamental. (Orchidaceae; *Acineta humboldtii*).

VII. 1. m. *Co:O,NE.* Persona que malgasta o derrocha el dinero. pop.

VIII. 1. adj. *Pe. Referido a un hombre*, mujeriego. pop + cult → espon.

IX. 1. f. *Ho, ES, Ni.* Dispositivo eléctrico cuadrado que tiene varias tomas de corriente.

2. *Ho.* Tapa del delco que distribuye la electricidad a las bujías en un motor.

X. 1. f. *ES.* Mentira. delinc.

▶ **marcar ~**; **poner cruz y ~.**

calavereada.

I. 1. f. *Ur, Ar.* p.u. Calaverada. pop.

calazo.

I. 1. *Gu, ES; Ho,* rur. **quiñazo**, golpe que se da con la púa del trompo.

2. m. *ES*; *Ho*, rur. | metáf. Mella en el filo de un machete o cuchillo.
3. *Gu.* **quiñazo**, agujero.
4. *Bo.* Golpe que se da con una piedra arrojada. pop.
5. *Ho.* Golpe fuerte que se da en el agua con una pierna, mientras se nada de costado. pop.
II. 1. m. *ES*, *Ni*. p.u. Trago de bebida alcohólica.
III. 1. m. *Ho.* Calada, aspiración fuerte de un cigarro o puro encendidos.

calca.
I. 1. f. *Mx*, *Ni*, *Pe*, *Bo*; *Ho*, *Ec*, pop. Calco, hoja de papel fino, con tinta en una de sus caras que, intercalada entre dos hojas, sirve para la obtención de copias.
2. *Pe*, *Bo.* Papel cebolla que permite reproducir, *generalmente al trasluz*, figuras y dibujos.
II. 1. f. *Ec.* Adhesivo decorativo que lleva impresos diversos motivos.

calcañal.
I. 1. adj. *Cu. Referido a persona*, que comete acciones despreciables. pop + cult → espon ^ desp. ♦ **calcañal de indígena.**

☐
a. ‖ ~ **de indígena.** loc. adj. *Cu.* **calcañal.** pop + cult → espon ^ desp.

calce.
I. 1. m. *Mx*, *Gu*, *Ni*, *Pa*, *RD*, *PR*, *Ec*, *Bo.* Pie de una página o documento, donde se suele poner una firma o sello. ♦ **al calce.**
II. 1. m. *RD*, *Ch*, *Py*, *Ar.* Ajuste de dos objetos entre sí.
2. *RD*, *Ar*, *Ur*, *Ch*, p.u. Modo de quedarle una prenda de vestir a alguien.
3. *RD*, *Ur.* Parte de un objeto preparada para que otro encaje en ella.
III. 1. m. *Ar.* Oportunidad, ocasión. pop.
IV. 1. m. *Ec:N.* **calza**, materia.
2. *Ec.* **calza**, reparación.

☐
a. ‖ **al ~.** loc. adv. *Mx*, *Gu*, *Ho*, *Ni*, *Pa*, *PR*, *Ec*, *Bo. En un escrito o documento*, debajo, en el espacio inmediatamente posterior al contenido. pop.
▶ **dar ~.**

calceta.
I. 1. f. *Mx*, *Gu*, *Ho*, *ES*, *Ni*, *CR*, *Ch.* Calcetín grueso, *generalmente de punto*, que cubre el pie y la pierna hasta la rodilla; usado por niñas y mujeres jóvenes o en actividades deportivas.
2. *Mx.* Calcetín femenino de fantasía y estilo infantil.
3. *RD.* Zapatilla o zapato bajo de mujer.
II. 1. f. *Co.* Tallo herbáceo y sin hojas que sostiene las flores y el fruto del plátano; se emplea para hacer bolsas y otros objetos.
III. 1. f. *Ve.* Terreno plano de pequeñas dimensiones y vegetación baja, separado de la sabana por árboles y matorrales, que se inunda durante la estación lluviosa.
IV. 1. f. *Gu.* p.u. Hombre homosexual.

calcetearse.
I. 1. intr. prnl. *Co.* juv. Eludir *alguien* una tarea u obligación. pop + cult → espon.

calcetín.
I. 1. m. *Ho*, *ES.* Ano. tabú.
▶ **tratar como ~; usar ~ es de pellejillo.**

calcetinazo.
I. 1. m. *ES. En futbol*, tiro suave.

calcetinero, -a.
I. 1. adj. *Ch. Referido a los adolescentes*, de las décadas de 1950 y 1960, *especialmente de sexo femenino*.

calceto, -a.
I. 1. adj/sust. *Co. Referido a persona*, que suele quedar mal, incumplidora. pop ^ desp.

II. 1. adj. *CR. Referido a un ave*, que tiene plumas en las patas.

calcha.
I. (Del quechua *caucha*).
1. f. *Py*, *Ar:NO.* Manta del apero de montar. rur.
2. *Ar:NO.* Prenda de vestir. rur.
3. *Ar:NO.* Ropa de cama, *especialmente la de abrigo*. rur.
II. (Del map. *calcha*, pelos interiores).
1. f. *Ch*, *Ar:NO.* Mechón de pelos o plumas que tienen ciertos animales o aves en las patas. rur.
III. 1. f. *Ar:NO.* Pila de tallos de tabaco con sus hojas, que se coloca en una carpa para su secado. rur.
IV. 1. f. *Ec:S.* Planta seca de maíz con tallo y hojas, que se utiliza como forraje o como abono.

calchacura. (Del map. *calcha* pelo o barba, *cura*, piedra).
I. 1. f. *Ch.* Liquen que crece y vive sobre rocas o piedras y que se da en zonas húmedas y frías del sur de Chile.

calchaquí.
I. 1. adj. *Ch*, p.u; *Ar*, obsol. Relativo a los calchaquíes o a su cultura.

calchar.
I. 1. tr. *Ar:NO.* p.u. Apilar plantas cosechadas, *especialmente tabaco y maíz*, para protegerlas de las heladas y para su secado. rur.
2. *Ar:NO.* p.u. Superponer cosas desordenadamente. pop.
II. 1. tr. *Ec:S,C.* Cosechar el maíz segando la mata con hoz o machete. rur.

calchón, -na.
I. 1. *Ch.* **calchudo**, referido a ave. rur.
2. *Ch.* **calchudo**, referido a caballería. rur.

calchona.
I. 1. f. *Ch:C,S*, *Ar.* En la tradición popular, bruja, mujer que tiene pacto con el diablo, con capacidad de transformarse en bestia. rur.
2. *Ch:C,S*, *Ar.* En la tradición popular, ser fantástico y maléfico, similar a una oveja o cabra peluda, que atemoriza a los caminantes solitarios.

calchudo, -a.
I. 1. adj. *Ch*, rur; *Ar:NO*, p.u, pop. *Referido a un ave*, que tiene **calchas**. ♦ **calchón.**
2. *Ch*, rur; *Ar:NO*, p.u, pop. *Referido a una caballería*, que tiene **calchas**. ♦ **calchón.**
3. *Ar:NO.* p.u. *Referido a persona*, que tiene abundante cabello. pop.

calchuncho.
I. 1. *Ch.* **cachuncho**, prenda.

cálculo.
☐
a. ‖ **al ~.** loc. adv. *Ho*, *Ni*, *CR*, *Cu*, *Pe*, *Bo*, *Py.* Sin precisión, sin medida.

¡calda!
I. 1. interj. *CR.* obsol. Expresa aviso de peligro, o amenaza. pop.

caldar.
I. 1. tr. *Pa.* Rozar *algo*, *particularmente una prenda de vestir*, una parte del cuerpo, *causando el desprendimiento de la epidermis*.

caldeada.
I. 1. f. *Ho.* En alfarería, cocimiento de vasijas de barro en el horno.

caldén.
I. 1. m. *Ar.* Árbol de hasta 12 m de altura, de copa muy desarrollada, hoja caduca, flores amarillas ligeramente anaranjadas y como fruto una vaina del mismo color. (Fabaceae; *Prosopis caldenia*).

caldera.
- **I. 1.** f. *RD, Bo, Ar:NE, Ur; Ec, Py*, obsol. Pava, recipiente de metal o hierro esmaltado, con tapa y pico, y un asa en la parte superior; se usa para calentar agua.
- **II. 1.** f. *Cu*. Barriga de una persona. pop + cult → espon ^ fest.
- □
    - **a.** ‖ ~ **del diablo.** loc. sust. *PR*. Cárcel, penitenciaría. carc.
- ► **prenderse la** ~.

caldereta.
- **I. 1.** f. *Ve*. Viento terral de dirección sur y suroeste que, acompañado de lluvia y truenos, sopla en las costas de Venezuela desde junio a finales de septiembre.

caldero.
- **I. 1.** m. *RD, Pe*. Ardor estomacal o malestar provocado por la ingestión de bebidas alcohólicas.
- **II. 1.** m. *RD, PR*. Olla de hierro o de acero colado para cocer el arroz.
- **III. 1.** m. *Cu*. Cabeza de una persona. pop + cult → espon ^ fest.
- **IV. 1.** m. *Cu. En la religión conga*, recipiente mágico en cuya proximidad está prohibido tener relaciones sexuales. ♦ **cayuco; cocorioco.**
- ► **meter para el** ~; **montar el** ~.

calderonismo.
- **I. 1.** m. *CR*. Movimiento político fundado por Rafael Ángel Calderón Guardia en la primera mitad del siglo xx.
- **2.** *CR*. Conjunto de seguidores del calderonismo.

calderonista.
- **I. 1.** sust./adj. *CR*. Miembro o seguidor de la agrupación política denominada Partido Unidad Social Cristiana (PUSC).
- **2.** adj/sust. *CR*. Partidario del **calderonismo.**

caldillo.
- **I. 1.** m. *Ni, Ec, Ch*. Caldo que se hace *especialmente con pescados y mariscos, cebolla y papas u otros ingredientes.*

caldito.
- **I. 1.** m. *Cu, Py, Ar, Ur*. Cubito de caldo concentrado. ♦ **cuadrito; pastillita.**

caldo.
- **I. 1.** m. *Mx, Gu, Ho, Ni, CR, Ec, Bo*. Jugo de la caña de azúcar.
- **2.** *PR*. Té de hierbas.
- **II. 1.** m. *Co:C*. Ceremonia de casamiento.
- **III. 1.** m. *Pe*. p.u. Ventosidad. tabú.
- ■
    - **a.** ‖ ~ **avá.** m. *Py*. Sopa elaborada con **churas.**
    - **b.** ‖ ~ **de caña.** m. *Pa, Bo*. Jugo de la caña de azúcar.
    - **c.** ‖ ~ **de cardán.** m. *Bo*. Sopa hecha con el del miembro genital del toro con arroz y patatas.
    - **d.** ‖ ~ **de chochoca.** m. *Bo*. Sopa de maíz amarillo o de cualquier cereal a medio moler, elaborada con **chalona,** ajo, **arveja,** cebolla y **papas.** rur.
    - **e.** ‖ ~ **de fijeza.** m. *ES*. Sopa de tripa de **res,** sazonada con especias y verduras.
    - **f.** ‖ ~ **de maní.** m. *Bo*. Sopa de arroz o de fideos con verduras a la que se le añade **maní** crudo molido.
    - **g.** ‖ ~ **de oso.** m. *PR*. Bebida hecha con jugo de piña, **guayaba** y ron.
    - **h.** ‖ ~ **de pata.** m. *Gu*. Sopa hecha con patas de vacuno cocidas con cebolla blanca, tomate, **chile,** apio, cilantro, zanahorias y **güisquiles.**
    - **i.** ‖ ~ **de patas.** m. *Ec, Ch*. Guiso sustancioso hecho con patas de vacuno cocinadas en una base refrita de **manteca de color,** cebolla blanca, ajo y espe-

cias, y aderezado con maíz desgranado y cocido, maní tostado y molido *y, opcionalmente, leche.*
    - **j.** ‖ ~ **de puya.** m. *ES*. Sopa de tripa de **res,** sazonada con especias y verduras.
    - **k.** ‖ **siete** ~**s.** m. *Gu*. Variedad de chicle muy picante.
- □
    - **a.** ‖ ~ **de cabeza.** loc. sust. *Ch*. Agitación mental desmedida frente a una situación. pop + cult → espon.
    - **b.** ‖ ~ **de pollo.** loc. sust. *PR*. Heroína. drog. (**caldoepollo**).
- ► **confundir el** ~ **con los frijoles; cortar el** ~; **echar** ~; **echar papa al** ~; **irse en** ~; **perder el** ~ **y los huevos; revolver el** ~ **con los frijoles; salir más caro el** ~ **que los frijoles; tomar** ~ **de pollo.**

caldoepollo.
- **I. 1.** m. *Cu*. Sopa espesa preparada con variedad de tubérculos, frutos y carnes.
- **II. 1.** m. *PR*. **caldo de pollo.**

caldosa.
- **I. 1.** f. *Cu*. Sopa espesa hecha con variedad de tubérculos, frutos y carnes.

caldúa.
- **I. 1.** adj/sust. *Ch. Referido a una empanada,* jugosa.

calducho.
- **I. 1.** m. *Ch*. obsol. Fiesta, guateque, reunión para divertirse y bailar.
- **2.** *Ch*. obsol. *En los colegios y universidades,* suspensión espontánea de actividades docentes, con fines recreativos.

calduda.
- **I. 1.** f. *Pe*. obsol. Empanada caldosa de cebolla, huevos, pasas, aceitunas y otros ingredientes.

calé.
- **I. 1.** *Ec*. obsol. **cuartillo,** moneda.

caleado.
- **I. 1.** m. *Bo*. Encalado, acción de pintar con cal las paredes.
- **2.** *Bo*. Añadido de cal en la elaboración de la cocaína. drog.

caleadura. (Del aim. *qala,* piedra).
- **I. 1.** f. *Bo*. Lanzamiento de piedras contra alguien o algo. pop.

calear. (Del aim. *qala,* piedra).
- **I. 1.** tr. *Bo*. Tirar o arrojar piedras a alguien.

calefaccionable.
- **I. 1.** adj. *Ch, Py. Referido a un ambiente,* que se puede templar o aclimatar.

calefaccionar.
- **I. 1.** tr. *Py, Ar, Ur; Ec,* p.u; *Ch,* esm. Templar un ambiente mediante aparatos que generan calor.

calefón.
- **I. 1.** m. *Ec, Bo, Py, Ar, Ur; Pe, Ch,* esm. Aparato de gas o electricidad a través de cuyo serpentín circula agua que se calienta y que luego es distribuida por medio de tuberías a los lavabos, baños y pilas de una casa.

cálefont.
- ► **apagarse el** ~.

calembe.
- **I. 1.** m. *Ve:O*. Cosa vieja o muy usada. pop.
- **2.** *Ve:O*. metáf. Persona inútil, envilecida o degradada. pop.
- **3.** *Ve:O*. Ropa muy raída, conjunto de harapos.

calembé.
- **I. 1.** m. *Cu, RD*. obsol. Pampanilla o taparrabos.

calembero.
- **I. 1.** m. *Ve:O*. Conjunto de **calembes,** cosas viejas. pop.

calendario.
- ▶ andar con el ~ a la espalda; caminar con el ~ a la espalda.

calendarización.
- I. 1. f. *EU, Mx, Gu, Ho, ES, Ni, Cu, RD, PR, Pe, Bo, Ch, Py.* Fijación anticipada de fechas para alguna actividad a lo largo de un período. cult. (**candelarización**). ♦ **calendarizado**.

calendarizado.
- I. 1. m. *CR, Pe.* **calendarización**.

calendarizar.
- I. 1. tr. *Mx, Gu, Ho, ES, Ni, CR, Cu, RD, PR, Pe, Bo, Ch, Py; Ec,* p.u. Fijar anticipadamente las fechas de ciertas actividades a lo largo de un período. cult. (**candelarizar**).

calentada.
- I. 1. f. *Ho, ES, Pa, Cu, RD, Co, Bo.* metáf. Enfado o irritación. pop + cult → espon.
- 2. *RD, Co, Ch.* Calentamiento. pop + cult → espon.
- 3. *Ho, Ni, RD.* Toma excesiva de sol. rur.

calentadilla.
- I. 1. f. *Mx.* Paliza, maltrato o tortura infligidos por la policía a un ciudadano. pop + cult → espon.
- 2. *Mx.* Toque de atención o advertencia rigurosos, amenaza con que se avisa a alguien para que cambie de actitud o actúe de una determinada manera. pop + cult → espon.

calentadito.
- I. 1. m. *Ve:O.* Bebida caliente hecha con licor dulce.
- 2. *Ec.* Plato consistente en arroz y **frijoles** revueltos.

calentado.
- I. 1. m. *RD, Co:C,O, Ec:O, Pe.* Comida que se guarda de un día para otro *y se toma generalmente en el desayuno.* pop.
- II. 1. *Ve:O, Ec.* **canelazo**.
- 2. *Bo.* Bebida preparada con agua caliente, té y aguardiente.
- III. 1. m. *Pe.* Persona con la que se mantiene una relación sentimental extramatrimonial o furtiva.

calentado, -a.
- I. 1. adj. *EU, Ho, Pa, Cu, RD, Bo.* metáf. *Referido a persona,* excitada sexualmente. vulg; pop + cult → espon.
- II. 1. adj. *RD, Bo. Referido a un animal hembra,* que está en celo.

calentador.
- I. 1. m. *Ho, Ar; Ur,* p.u. Pequeña cocina portátil.
- II. 1. m. *Ec.* Ropa deportiva que consta de un pantalón y una chaqueta o jersey amplios.
- III. 1. m. *Cu. En la industria azucarera,* máquina que aplica calor al líquido que sale del molino de la caña.

calentador, -ra.
- I. 1. adj/sust. *Pe. Referido a persona,* que excita sexualmente a otra u otras sin intención de satisfacerlas. pop.

calentano.
- I. 1. m. *Co.* Especie de panecillo hecho de harina de maíz.

calentano, -a.
- I. 1. adj/sust. *Co. Referido a persona,* natural de las regiones de clima cálido de Colombia.
- II. 1. adj/sust. *Co. Referido a persona,* excesivamente apegada a la mentalidad y a las costumbres locales.
- 2. adj. *Co. Referido a las regiones,* de clima cálido.

calentao.
- I. 1. *Ve:O.* **canelazo**, bebida.

calentar(se).
- I. 1. tr. *Gu, RD, Ec, Ch.* Estudiar superficialmente una materia poco antes de un examen. est.
- II. 1. intr. prnl. *Ve, Ec.* Enfadarse, enojarse. pop.
- III. 1. intr. prnl. *Ch.* Entusiasmarse con algo o alguien. pop + cult → espon.
- 2. tr. *RD, Py.* Entusiasmar *algo* o *alguien* a *una persona.* pop + cult → espon.
- IV. 1. tr. prnl. *RD.* Hacer *alguien algo* incorrecto que produce satisfacción. pop + cult → espon.
- 2. *RD.* Drogarse *alguien.* drog.
- □
- a. ‖ ~ **el agua para que otro tome el mate.** loc. verb. *Ch, Ar, Ur.* Hacer *una persona algo* que, involuntariamente, redunda en beneficio de otra. pop + cult → espon.
- b. ‖ ~ **el banco.**
  - i. loc. verb. *Mx, Gu, Ho, ES, Ni, Pa, Ec, Pe, Ch, Py, Ar.* Mantener un alumno una actitud pasiva en la clase. pop.
  - ii. *Ho, ES, Ni, Cu, Ve. En el* **beisbol,** permanecer un jugador en el banco, sin participar en el juego.
  - iii. *Cu, Pe. En ciertos deportes como el* **futbol** *o el* **beisbol,** entrenar uno o más jugadores del banquillo, con el fin de incorporarse al juego.
- c. ‖ ~ **el guarapo.** loc. verb. *Ve:O.* Castigar a *alguien* dándole correazos.
- d. ‖ ~ **el mate.** *Ch.* **calentar la sopa.** pop.
- e. ‖ ~ **la mano.** loc. verb. *Ec.* Dar dinero o bienes a *alguien* para obtener de esa persona algo ilegalmente.
- f. ‖ ~ **la oreja.** loc. verb. *Ve.* Enamorar un hombre a una mujer. pop.
- g. ‖ ~ **la sopa y no tomársela.** loc. verb. *Ch.* Excitar sexualmente a *alguien* sin tener la intención de llegar a consumar el coito. pop + cult → espon ^ fest. ♦ **calentar el mate.**
- h. ‖ ~ **los metales.** loc. verb. *Cu.* Estar *alguien* preocupado por algo. pop + cult → espon.
- i. ‖ ~ **pupitre.** loc. verb. *Ho.* Estar un alumno en clase sin prestar atención.
- j. ‖ ~ **sol.** loc. verb. *Ho.* Tomar el sol.
- k. ‖ ~ **el güergüero.** loc. verb. *Cu.* Ingerir gran cantidad de bebidas alcohólicas.
- l. ‖ ~**se el bocado.** loc. verb. *RD.* Despertársele a *alguien* las ganas de comer.
- m. ‖ ~**se el hocico.** loc. verb. *Cu, Bo, Ch.* Sentir *una persona* deseos irreprimibles de seguir bebiendo alcohol después de haber comenzado a hacerlo. pop + cult → espon. ♦ **calentarse el pico.**
- n. ‖ ~**se el mate.** loc. verb. *Ch.* Fatigarse en cavilaciones o discusiones inútiles. pop.
- ñ. ‖ ~**se el pico.** *Cu.* **calentarse el hocico.**

calentazón.
- I. 1. f. *EU, Ni, Pa, Cu.* Excitación sexual.
- II. 1. f. *Ni, Pa, Ve.* Indignación, enfado vehemente. pop. ♦ **calentera**.
- III. 1. m. *Gu, Ho, Ni.* Calentamiento intenso. rur.
- 2. *Ni.* Fiebre intensa.
- IV. 1. f. *Pa.* Inquietud exagerada y pasajera cuando se desea o se teme algo con vehemencia. pop + cult → espon.
- ■
- a. ‖ ~ **de cabeza.** f. *Ve.* Preocupación, inquietud. pop.

calentera.
- I. 1. *Ve.* **calentazón**, indignación. pop + cult → espon.

calentico.
- I. 1. m. *Cu.* Prenda interior femenina en forma de pantalón muy corto, que deja descubierta parte de los glúteos.

calentito.
- **I. 1.** m. *Co:N.* Bebida hecha con **agua de panela** y especias.

calentón.
- **I. 1.** m. *Ar:NO.* Comida que se consume recalentada. rur; pop.
- **II. 1.** m. *RD.* Vergüenza, bochorno, mal rato. pop + cult → espon.
- **III. 1.** m. *PR.* Acto, objeto o suceso que puede levantar sospechas o poner en descubierto a alguien. ♦ **fogón.**
  - □
  - **a.** ‖ **~ de cabeza.** loc. sust. *Ho, Cu,* pop + cult → espon; *CR,* obsol. Disgusto, sensación desagradable que se experimenta ante una contrariedad.
  - ▶ **coger un ~.**

calentón, -na.
- **I. 1.** adj/sust. *Pe, Py, Ar, Ur,* pop; *RD, PR, Bo,* pop + cult → espon. *Referido a persona,* que se enoja con facilidad.
- **II. 1.** adj/sust. *Pe. Referido a persona,* enamorada intensamente de otra, pero que no se atreve a decírselo. pop.
  - **2.** *Cu. Referido a persona,* enamoradiza, que cambia de pareja con frecuencia. pop.

calentona.
- **I. 1.** f. *RD.* p.u. Disgusto, enfado de una persona. pop + cult → espon.

calentoso, -a.
- **I. 1.** adj/sust. *PR. Referido a persona,* de malos hábitos y reputación. pop + cult → espon.
  - **2.** *PR.* meton. *Referido a persona,* drogadicta. drog.

calentura.
- **I. 1.** f. *Cu, Co, Ec, Bo, Py, Ar, Ur,* pop; *Ve,* p.u. Enojo.
  - **2.** *Ho, CR, Bo, Py, Ar,* espon; *Pa,* metáf. Deseo vehemente de algo.
  - **3.** *Gu, ES, Py; Ec,* pop. | metáf. Excitación sexual, ♦ **enfermedad.**
  - **4.** *Gu.* Calor excesivo, *especialmente en el cuerpo.* fest.
- **II. 1.** adj/sust. *CR, Pa; Pe,* p.u. *Referido a persona,* que tiene un fuerte deseo por realizar algo por lo que siente mucha afición. pop.
  - ■
  - **a.** ‖ **~ de pollo.** f. *Gu, Ho, Ni, RD.* Fiebre benigna. pop + cult → espon.
  - **b.** ‖ **~ malina.** f. *PR.* Fiebre persistente. rur; pop.
  - ▶ **coger ~; no sufrir ~s ajenas; sudar ~s ajenas; tener ~ de pollo; tener una ~ pegada.**

calenturear.
- **I. 1.** intr. *Ho, Ni.* Padecer *alguien* de fiebre.

calenturiento, -a.
- **I. 1.** adj/sust. *Pa, Bo, Py; Pe,* p.u. *Referido a persona,* que se enoja o enardece con facilidad. pop + cult → espon.
- **II. 1.** adj. *Ni. Referido a persona,* excesivamente inclinada a tener relaciones sexuales.

calesita.
- **I. 1.** f. *Ec, Bo, Py, Ar, Ur.* Tiovivo.

calesitero, -a.
- **I. 1.** m. y f. *Py, Ar, Ur.* Persona que es dueña de una **calesita** o se encarga de su funcionamiento.

caleta.
- **I. 1.** f. *Ni, Co, Ch.* Lugar secreto usado por delincuentes para diversos fines ilícitos. delinc.
  - **2.** adj. *Pe. Referido especialmente a un lugar,* que está escondido o es poco conocido.
  - **3.** *Pe. Referido a persona,* que actúa de manera solapada, a escondidas. pop.
  - **4.** adv. *Pe.* De manera oculta o inadvertida.

II. 1. f. *Ch.* Lugar que sirve de alojamiento transitorio, precario e improvisado.
  - **2.** *Ec:O.* Hogar, vivienda. pop.
- **III. 1.** f. *Ve.* Gremio de porteadores de mercancías, *especialmente en los puertos de mar.*
- **IV. 1.** adv. *Ch.* juv. Mucho.
  - **2.** m. *Ch.* juv. Cantidad grande.
- **V. 1.** f. *Pa.* Entrada de mar, más pequeña que la bahía, adecuada para embarcaciones menores. pop + cult.
  - □
  - **a.** ‖ **~ de.** loc. adv. *Ch.* juv. Mucho.

caletal.
- **I. 1.** f. *RD.* Barco que va tocando, fuera de los puertos mayores, en las calas.

caletear.
- **I. 1.** intr. *Pe, Ch.* Tocar un barco en todos los puertos de la costa y no solo en los mayores.
  - **2.** *Pe, Ch.* Hacer muchas paradas un medio de transporte antes de llegar a su destino. (**carretear**).
- **II. 1.** tr. *Ve.* Transportar un **caletero** u otra persona una carga de una parte a otra.
  - **2.** *Ve.* Llevar mercancía, de una parte a otra, a bordo de barcos.
- **III. 1.** tr. *Pe.* Esconder *algo.* pop.
  - **2.** *Ni.* Preparar un lugar secreto en un vehículo para transportar artículos ilícitos.

caletero.
- **I. 1.** m. *Ve.* Trabajador que pertenece a la **caleta,** gremio de porteadores.

caletero, -a.
- **I. 1.** adj. *Pe, Ch; Ec:O,* p.u. *Referido a un medio de transporte,* que **caletea,** que hace muchas paradas antes de llegar a su destino.

caleto.
- **I. 1.** m. *Ve.* Porteador de mercancías de los barcos.

caleto, -a.
- **I. 1.** adj. *Co. Referido a persona,* que tiene mucho dinero. pop.
  - **2.** sust/adj. *Ve.* juv. Persona tacaña y egoísta.

caletrazo.
- **I. 1.** m. *Ve.* Memorización mecánica.

caletre.
- **I. 1.** m. *Ho, Ni.* Cabeza de una persona.
  - □
  - **a.** ‖ **al ~.** loc. adv. *Ve.* De memoria y de corrido.

caletrear.
- **I. 1.** tr. *Ve.* Aprender *algo* de memoria y mecánicamente.

caletrero, -a.
- **I. 1.** adj/sust. *Ve. Referido a persona,* que acostumbra a aprender los textos **al caletre.**

calía. (Sínc. de *calilla*).
- **I. 1.** *Gu, Ho.* **calilla,** persona molesta.
- **II. 1.** f. *Gu, Ni.* Supositorio fino de glicerina, que se introduce en el ano para que expulse los gases o las heces un niño, cuando está estreñido.

calibrador.
- **I. 1.** m. *Co.* Aparato para medir la presión del aire en las llantas.

calibrar(se).
- **I. 1.** tr. *Gu, Ho, RD, Co, Ch, Py, Ar.* Controlar la presión del aire de los neumáticos de un vehículo automotor.
- **II. 1.** intr. prnl. *ES, Ni.* Tomarse unos tragos de licor. pop.

calibrazo.
- **I. 1.** m. *Ho, Ni.* metáf. Tiro, impacto de bala.

calibre.
- **I. 1.** m-f. *Gu.* **caló,** lenguaje popular. fest.
- **II. 1.** m. *ES.* meton. Fusil.

■

a. ‖ ~ **treinta y ocho explosivo.** m. *ES.* Pene grande. hiperb.

calicanto.

I. 1. m. *Ar:NO.* Depósito de agua para abastecer a una hacienda o para lavar cueros. rur.

calichar.

I. 1. intr. *Ec.* p.u. Derramar líquido un recipiente a través de una falla en una soldadura o por una grieta. pop + cult → espon.

II. 1. tr. *Ni.* Unir y fijar las baldosas del suelo de una habitación con cemento.

caliche.

I. (De *cal*).

1. m. *Mx, Gu, Ho, ES, RD, Bo.* Piedra o tierra caliza.

2. *Pe, Bo, Ch.* **calichera**, yacimiento.

3. *Pe.* Barrera, montón de tierra que queda después de haber sacado el salitre.

4. *Bo, Ch.* Salitre de nitrato de sodio en su estado natural.

5. *Ve.* Residuo de la cal que queda después de una lechada.

6. *Pa, RD.* Conjunto de escombros de una construcción derribada.

7. *Bo.* Roca mineral de la que se extrae el salitre de nitrato de sodio.

8. *RD.* Tierra blanquecina y pegajosa.

9. *Ni.* Cal con arena, yeso o cemento blanco para unir y fijar baldosas o ladrillos.

II. (De *caló*).

1. m. *Mx, Gu, Ho, ES.* Lengua popular utilizada por personas poco cultas o semicultas en situaciones de mucha confianza.

2. *Mx, Ho, ES.* Lenguaje coloquial utilizado por los ladrones. delinc.

3. *Ho, ES.* Jerga especializada de una profesión.

III. 1. adj. *Ve.* Referido cosa, de mala calidad. pop + cult → espon.

IV. 1. m. *Ec.* p.u. Escape de líquido por la grieta de una soldadura o por la fisura de un recipiente.

V. 1. m. *PR.* Ojo de agua que mana de una montaña. (**calichi**).

□

a. ‖ ¡ya ~! loc. interj. *Mx.* Expresa que alguien ha entendido lo dicho por otra persona.

calichera.

I. 1. f. *Pe, Bo, Ch.* Yacimiento de nitrato de sodio y otras sustancias, que es la materia prima para la obtención de un abono como el nitrato de Chile. ♦ **caliche**.

II. 1. f. *Ch.* Planta procesadora de **caliche**, salitre.

calichero.

I. 1. m. *Ho, ES.* Lugar donde abunda piedra o tierra caliza. rur.

calichero, -a.

I. (De *cal*).

1. m. y f. *Pe.* Persona que trabaja en una **calichera**.

II. (De *caliche, caló*).

1. m. y f. *ES.* Persona que utiliza constantemente el **caliche** para comunicarse.

calichi.

I. 1. *PR.* **caliche**, ojo de agua.

calichín, -na.

I. 1. sust/adj. *Pe. En deportes*, novato, principiante. pop.

2. adj. *Pe.* Relativo a los **calichines**.

calichoso, -a.

I. 1. adj. *Ho, ES, Co:N,C. Referido a un terreno*, que tiene abundantes piedras calizas.

2. *Ch.* p.u. *Referido a un terreno*, que tiene abundante **caliche**, salitre.

II. 1. adj. *Ve. Referido a una noticia*, que es poco importante o relevante.

calidá.

I. 1. adj. *Py. Referido a persona o cosa*, agradable. pop + cult → espon.

calidad.

I. 1. adj/sust. *Gu, Ho, ES, Ni, CR, RD; Ve*, pop; *Ec*, juv. *Referido a cosa*, bonita y de excelente calidad.

II. 1. adj. *Ve*, pop; *Ho*, juv. *Referido a producto*, muy grande o abundante.

calidoso, -a.

I. 1. sust/adj. *Co.* juv. Persona que tiene aptitudes o capacidad para realizar muy bien una labor o tarea. pop.

calié.

I. 1. m. *RD.* Soplón, chivato, espía.

2. *RD.* Persona chismosa.

calienta.

□

a. ‖ ~ **pichí.** loc. sust. *Ch.* **calientasopas**.

calientaculo.

I. 1. m. *Pa.* Hombre que, pudiendo, no realiza el coito con una mujer. vulg.

calientahuevos.

I. 1. adj/sust. *Mx, Gu, Ni, Co, Ve, Pe; Ec*, fest; *Bo*, desp; f. *ES. Referido a una mujer*, que acostumbra andar insinuándose a los hombres, pero sin intención de llegar a tener relaciones sexuales. vulg; pop + cult → espon. ♦ **calientapichas**.

II. 1. m-f. *Mx.* Persona camorrista, provocadora, que busca la confrontación. vulg.

calientaorejas.

I. 1. m-f. *Ni, Pa.* Individuo que indispone a una persona contra otra con el fin de generar conflictos.

calientapichas.

I. 1. *CR.* **calientahuevos**, mujer.

calientapichí.

I. 1. *Ch.* **calientasopas**. vulg; pop.

calientasopa.

I. 1. *Ch.* **calientasopas**. pop + cult → espon ^ desp.

calientasopas.

I. 1. adj/sust. *Ch. Referido a persona*, que suele excitar sexualmente a otra sin concretar ningún acto sexual. vulg; pop + cult → espon ^ desp. (**calientasopa**). ♦ **calienta pichí; calientapichí**.

caliente.

I. 1. adj. *ES, Pa, Co, Pe, Bo, Ur; Gu, Ch*, p.u; *Ve*, pop + cult → espon; *Ec*, pop. *Referido a persona*, muy enfadada.

II. 1. adj. *Ho, Ni, Pa, Co.* juv. *Referido a cosa o a una situación*, peligrosa.

III. 1. adj. *Ho, Pa, PR. Referido a cosa, especialmente a un vehículo*, robada. delinc; pop + cult → espon.

IV. 1. adj. *Cu. Referido a un artículo en venta*, caro. pop.

V. 1. adj. *CR.* obsol. *Referido a un alimento*, que irrita el estómago. rur.

□

a. ‖ **más ~ que piedra de curanto.** loc. adj. *Ch. Referido a persona*, lujuriosa, libidinosa. pop + cult → espon ^ fest.

b. ‖ **sobre ~.** loc. adv. *Pa, Ar, Ur.* Inmediatamente, sin dejar que pase el primer impulso o la primera impresión. pop.

calientito.

I. 1. m. *Pe.* Infusión con naranja, limón o hierbas medicinales a la que se le agrega aguardiente.

calientito, -a.

I. 1. adj. *Gu, Ho, ES, Ni, Pa, PR, Ve; Py*, pop. *Referido a un producto o mercancía*, que acaba de salir al mercado.

califa.
- **I. 1.** adj/sust. *Ch. Referido a persona*, lujuriosa, excitada sexualmente. pop + cult → espon ^ fest. (**kalifa**).
- **2.** adj. *Ch.* Relativo al erotismo o a la pornografía. pop + cult → espon ^ fest.

calificar. (Del ingl. *to qualify*).
- **I. 1.** intr. *EU, Mx, Gu, Ho, Ni, CR, RD, Co, Ve, Ec, Pe, Bo; Ch*, esm. Cumplir *alguien o algo* ciertos requisitos o exigencias para ocupar un puesto o resolver un problema.

califón.
- **I. 1.** *Ch.* p.u. **cálifon.**

cálifon.
- **I. 1.** m. *Ch.* Calentador de agua que se acciona al paso de esta. (**califón**).

caliga.
- **I. 1.** f. *Cu.* Baile afrocubano. (**caringa**).

caligüeba.
- **I. 1.** *Ve:C.* **caligüeva**, debilidad. vulg.
- **2.** *Ve:O.* **caligüeva**, sentimiento.

caligüeva.
- **I. 1.** f. *Ve:C.* Debilidad, falta de vigor. vulg. (**caligüeba**).
- **2.** *Ve:O.* Sentimiento depresivo de desazón o malestar. vulg. (**caligüeba**).

calilimpieza.
- **I. 1.** f. *Pa.* Desvergüenza.

calilla.
- **I. 1.** f. *Mx, Gu, Ho, Ec.* Persona que molesta o fastidia continuamente. pop + cult → espon ^ desp. (**calía**).
- **2.** *Ni.* Molestia, pejiguera. pop + cult → espon.
- **II. 1.** f. *Gu, Ni, Ve:C, Ec; Pe*, obsol. Supositorio.
- **III. 1.** f. *Co:N,SO, Ve.* Tipo de tabaco largo y delgado.
- **2.** *Pa.* Cabo del cigarrillo fumado. pop + cult.
- **IV. 1.** f. *Ch.* Deuda, obligación de reintegrar algo, por lo común dinero. pop + cult → espon.
- ▶ **meter ~.**

calillo.
- **I. 1.** m. *Co.* Cigarrillo de marihuana. drog.

calimba.
- **I. 1.** *Cu.* obsol. **carimba.**

calimbar.
- **I. 1.** tr. *Cu.* Golpear fuertemente a *una persona*. pop + cult → espon.
- **2.** *Cu.* Cobrar un precio excesivo por una mercancía. pop + cult → espon.

calimbo.
- **I. 1.** m. *PR, Bo:E,S.* **carimba.** rur.

calimete.
- **I. 1.** m. *RD.* Paja para sorber líquidos.
- **2.** *RD.* **yogo**, helecho.

calimochado, -a.
- **I. 1.** adj. *RD. Referido a cosa*, mal cortada.

calinchado, -a.
- **I. 1.** adj. *Ec. Referido a un recipiente*, que deja escapar líquido a través de una falla en una soldadura o por una grieta. pop + cult → espon.

calinchar. (Del quech. *qhalinchay*, hacer travesuras).
- **I. 1.** intr. *Bo:C.* Hacer travesuras, *particularmente un niño*. pop.

calincho, -a. (Del quech. *qhalinchay*, hacer travesuras).
- **I. 1.** sust/adj. *Bo:C.* Niño muy travieso. pop.
- **2.** *Bo:C.* Persona, *generalmente joven*, juguetona y traviesa. pop. (**kalincho**).
- **3.** *Bo:C.* Joven que se comporta como un niño. pop ^ fest.
- **II. 1.** adj. *Bo:C,S. Referido a una mujer*, que excita sexualmente a los hombres con sus actitudes o con su aspecto. pop.

calinglish. (De *caliche* y *english*).
- **I. 1.** m. *ES.* Habla mitad en inglés y mitad en **caliche**. fest.

calinguero.
- **I. 1.** m. *Gu, Ho, Ni, CR.* **yaraguá**, hierba.

calipso.
- **I. 1.** adj/sust. *Bo; Ch, Ur*, p.u. *Referido a un color*, azul verdoso o verde azulado.
- **II. 1.** m. pl. *RD.* Chanclas, zapatillas abiertas de plástico para la playa.

calisaya.
- **I. 1.** m. *Ec, Pe; Bo*, p.u. Árbol muy esbelto y **coposo**, de hasta 30 m de altura, de hojas ovaladas, lisas en el haz y algo vellosas en el envés, flores en racimo terminal, blancas, amarillentas o *generalmente rojas*, algo olorosas, y fruto seco capsular con muchas semillas de forma elipsoidal. (Rubiaceae; *Cinchona* spp.).

calisguate. (Del nahua *calli*, casa, y *ahuatl*, caña de maíz verde).
- **I. 1.** *Ni.* **platanillo.** (Heliconiaceae; *Heliconia psittacorum*).
- **2.** m. *Ni.* Tallo y hojas de esta planta, similares al plátano pero de menor tamaño, que se utilizan para techar.

calistro.
- **I. 1.** m. *ES.* Lenguaje coloquial utilizado por personas poco cultas o semicultas en situaciones de mucha confianza.

calítome.
- □
- **a.** ‖ **a ~.** loc. adv. *RD.* A caballito, a cuestas.

calizos.
- **I. 1.** m. pl. *RD.* Sandalias.

calla.
- **I. 1.** *Cu, RD, PR.* **almendrillo.**

calladingo, -a.
- **I. 1.** adj. *Bo:E,N. Referido a persona*, que permanece en silencio, callada. pop + cult → espon.

callado.
- **I. 1.** m. *ES.* Cuchillo que se lleva escondido. delinc.
- □
- **a.** ‖ **de ~.** loc. adv. *CR, Bo, Ur.* En silencio, sin decir ni una palabra. pop + cult → espon.
- **b.** ‖ **para ~.** loc. adv. *Ch.* En secreto. pop + cult → espon.

callaguagua.
- **I. 1.** m-f. Seno de la mujer. pop + cult → espon ^ fest.

callahuaya. (Del aim. y quech. *kallawaya*).
- **I. 1.** m. *Bo.* Composición musical folclórica típica de la región altiplánica, de ritmo monótono pero alegre. (**kallawaya**).
- **2.** *Bo.* Danza autóctona de la región andina que se baila al compás de la callahuaya. (**kallawaya**).
- **II. 1.** sust/adj. *Bo.* Indígena que habita en la provincia Bautista Saavedra del departamento de La Paz, célebre por su habilidad para curar enfermedades con hierbas y remedios caseros.
- **2.** adj. *Bo.* Relativo a los callahuayas.

callajabo.
- **I. 1.** m. *PR.* Planta trepadora que produce unas vainas largas con varias semillas rojas y duras, entre redondas y ovaladas, de pocos centímetros de longitud. (Fabaceae; *Canavalia rusioperma*). (**cayajabo**).
- **2.** *PR.* Semilla del callajabo.

callamba.
- **I. 1.** f. *Co:SO, Ec.* Hongo comestible.

callampa. (Del quech. *callampa*, hongo).
- **I. 1.** f. *Pe, Bo, Ch, Ar:NO.* Hongo parásito de pequeño tamaño, con sombrero convexo y aplanado, pie

cilíndrico, corto y grueso, de color blanquecino; es comestible. (Agaricaceae; *Agaricus campestres*). (**kallampa**).

2. *Ch.* Sombrero de fieltro. rur.

II. 1. f. *Bo, Ch; Pe,* p.u. Pene. vulg. (**kallampa**).

2. *Bo.* metáf. Glande, cabeza del miembro viril. vulg.

III. 1. f. *Ch.* Chabola, vivienda de escasas proporciones y pobre construcción, que suele edificarse en los suburbios.

2. adj. *Ch. Referido a una población, poblado o barrio,* constituido por callampas, chabolas.

IV. 1. m-f. *Pa.* p.u. Pie grande. pop + cult → espon.

□

a. ‖ **como ~s.** loc. adv. *Ch.* De manera prolífica y rápida. pop + cult → espon.

▶ **importar una ~; ser una ~; valer una ~.**

callampazo.

I. 1. m. *Ch.* Reprensión áspera y severa. vulg; pop + cult → espon.

callamperío.

I. 1. m. *Ch.* Lugar en el que abundan **callampas** o construcciones similares a ellas.

callampero, -a.

I. 1. m. y f. *Ch.* p.u. Persona que vive en una **callampa**, chabola. desp.

2. adj/sust. *Ch.* p.u. *Referido a persona,* mala o vulgar. pop ^ desp.

3. adj. *Ch.* juv. *Referido a cosa,* de mala calidad. desp.

callampín.

•

a. ‖ **~ bombín.** fórm. *Ch.* Se emplea como exhortación para indicar a alguien que guarde silencio. pop + cult → espon.

callana.

I. (Del quech. *k'allana,* olla de barro).

1. f. *Pe; Ec:S, Ch, Ar,* rur. Vasija de barro para tostar granos.

2. *Co.* obsol. Plancha circular de barro cocido que se utiliza para asar o tostar alimentos, como la **arepa**.

3. *Bo.* Escoria metalífera que puede **beneficiarse.**

4. *Bo.* Crisol para ensayar metales.

II. 1. f. *Ch.* obsol. Reloj de bolsillo muy grande.

III. 1. f. *Ch.* p.u. Mancha oscura en la zona del cóccix que tienen los descendientes de indígenas americanos al nacer y que al crecer desaparece.

callanada.

I. 1. f. *Ar.* Porción de maíz que se tuesta de una vez en una **callana.** rur.

callao.

I. 1. m. *RD.* Guijarro, canto rodado.

II. 1. m. *RD.* Una de las modalidades del baile del zapateo, en la que los pasos se combinan de cinco en cinco y los hombres y las mujeres se persiguen los unos a los otros.

□

a. ‖ **¡al ~!** loc. interj. *PR.* Expresa ánimo hacia un grupo de personas para lograr un estado de euforia.

callapa.

I. 1. *Ve.* **cayapa,** conjunto de personas.

2. *Ve.* **cayapa,** grupo de personas.

callapear.

I. 1. *Ve.* **cayapear,** atacar.

II. 1. *Ve.* **cayapear,** realizar un trabajo.

III. (Del aim. *kallapu,* unión de troncos amarrados para navegar).

1. intr. *Bo:N,NE,E.* Viajar *una persona* o un grupo de personas en una pequeña embarcación fluvial hecha de troncos. pop.

IV. (Del quech. *kallapu,* tronco de soporte).

1. tr. *Bo:N,NE,E.* En una mina o en una construcción, poner **callapos** en una galería para evitar el derrumbe de techos y paredes. pop.

V. 1. tr. *Bo:N,NE,E.* Acomodar la carga de una embarcación pequeña. pop.

callapero, -a.

I. 1. *Ve.* **cayapero,** persona que realiza un trabajo.

II. 1. *Ve.* **cayapero,** persona que ataca a otra.

callapo. (Del quech. *kallapu,* tronco de soporte).

I. 1. m. *Pe, Bo, Ch.* En una mina o en una construcción, madero que sirve para apuntalar.

II. 1. m. *Bo.* Pequeña embarcación de río construida con troncos de madera unidos entre sí, que sirve para transportar ganado, combustible, madera y otros objetos.

III. 1. m. *Bo.* Zapato muy grande.

callarse.

□

a. ‖ **~ en siete idiomas.** loc. verb. *Bo.* Abstenerse de emitir opinión acerca del tema que se está tratando. pop + cult → espon.

b. ‖ **~ la de comer.** loc. verb. *Ho.* Dejar de hablar.

calle.

I. 1. f. *Gu, Ho, Ni, CR, Pa, Co.* En el ordenamiento vial de las ciudades trazadas en manzanas, vía que va de norte a sur y cruza perpendicularmente las **avenidas.**

2. *Pa, Co. En el ordenamiento vial de las ciudades trazadas en manzanas,* vía que va de este a oeste, a diferencia de la **carrera.**

3. *Pe.* Tramo en una vía urbana comprendido entre dos esquinas.

II. 1. f. *CR, Cu, RD.* Experiencia de vida que se adquiere a partir de las situaciones cotidianas. pop.

III. 1. f. *Pa, PR.* Hendidura que se abre en el terreno para depositar las semillas. rur.

IV. 1. adj. *PR. Referido a un pedido de comida o bebida,* llevada, consumida fuera del local comercial.

■

a. ‖ **~ cerrada.** f. *Mx, Ho, Ur.* Calle sin salida en uno de sus extremos. ♦ **calle ciega.**

b. ‖ **~ ciega.** *Ve.* **calle cerrada.**

c. ‖ **~ contramano.** *Ur.* **calle de una mano.**

d. ‖ **~ de bolsillo.** f. *RD.* Calle sin salida.

e. ‖ **~ de doble mano.** f. *Py, Ar, Ur.* Calle en la que los vehículos tienen permitido circular ambos sentidos. ♦ **calle de dos manos.**

f. ‖ **~ de doble vía.** f. *Gu, Ho, Ni, RD, Ve, Ec, Pe, Bo.* Calle en la que los vehículos tienen permitido circular en ambos sentidos.

g. ‖ **~ de dos manos.** *Ar, Ur.* **calle de doble mano.**

h. ‖ **~ de la amargura.** f. *Gu, Bo.* Juego en el que se forma una especie de pasillo limitado por dos hileras de personas que golpean al que lo intenta atravesar.

i. ‖ **~ de mano única.** *Ar; Ur,* p.u. **calle de una mano.**

j. ‖ **~ de una mano.** f. *Ar, Ur.* Calle en la que los vehículos solo tienen permitido circular en un sentido. ♦ **calle contramano; calle de mano única; calle flechada.**

k. ‖ **~ de una sola vía.** *Pa, Co.* **calle de una vía.**

l. ‖ **~ de una vía.** f. *Gu, Ho, Pa, RD, Co, Ec, Pe, Bo.* Vía en la que los vehículos solo tienen permitido circular en un sentido.

m. ‖ **~ flechada.** *Ur.* **calle de una mano.**

n. ‖ **~ preferencial.** f. *Cu.* Calle en la que los vehículos tienen prioridad de paso respecto de los que transitan por otras calles que se cruzan con esta.

ñ. ‖ **~ real.** f. *Ni, Cu, Ve.* Vía principal de un pueblo o barrio.

□

a. ‖ **de ~.** loc. adv. *PR.* Sin duda, seguramente. pop + cult → espon. ♦ **de callejón.**

▶ **agarrar la ~; alinear las ~s; aplanar ~s; botar pa' ~; botarse por la ~ del medio; coger ~; coger la ~; es-**

tar dura la ~; **irse por la ~ de tierra**; **juntar la ~**; **medir ~s**; **tener ~**; **tirarse a la ~ de en medio**.

callecalle.
I. 1. m-f. *Ch.* Planta herbácea de hasta 70 cm de altura, con hojas lanceoladas, inflorescencia axilar y flores blancas; *posee propiedades medicinales y es ornamental.* (Iridaceae; *Libertia chilensis*).

callejera.
I. 1. sust/adj. *Mx, Gu, Ho, Ni, Pa, Ec, Py*; *Ve*, obsol. Prostituta.

callejón.
I. 1. m. *CR, RD, Ve, Ar.* Camino de tierra que atraviesa un sembrado.
2. *Cu, Bo, Py.* Calle sin salida.
II. 1. m. *Pe.* Casa de vecindad con servicio sanitario único y habitaciones *generalmente simétricas* a lo largo de un corredor descubierto.

■
a. ‖ ~ **interandino.** m. *Ec.* Espacio geográfico intermedio entre las dos cordilleras centrales de los Andes, que conforma la región llamada Sierra.
b. ‖ ~ **oscuro.** m. *Pe, Bo, Ch.* Juego de muchachos en el que se forma una especie de pasillo limitado por dos hileras de personas que golpean al que lo intenta atravesar.

□
a. ‖ **de ~.** *PR.* juv. **de calle**.
▶ **salir del ~**; **salírsele el ~**.

callejonero, -a.
I. 1. adj/sust. *Pe.* Referido a persona, grosera, ordinaria. pop + cult → espon ^ desp.

calletano, -a.
I. 1. *Ho, Ni*; *Gu*, p.u. **cayetano**. fest.

¡calletano!
I. 1. *Gu.* **¡cayetano!**

calleuque.
I. 1. adj/sust. *Ch.* Referido a persona, callada. pop + cult → espon.

●
a. ‖ ¡~ **el loro!** fórm. *Ch.* Se emplea como exhortación para indicar a alguien que guarde silencio. pop + cult → espon.

callituerto.
I. 1. adj. *PR.* Referido a un gallo, que tiene la quilla desviada. rur.

callo.
I. 1. m. *Pe.* Músculo o parte dura interior comestible de la **concha de abanico**.
II. 1. m. *RD.* Persona molesta e insistente en extremo.
□
a. ‖ **al ~**.
i. loc. adv. *Ch.* De manera directa, sin rodeos. pop + cult → espon.
ii. loc. adj. *Ch.* Referido a cosa, exacta, rigurosa, precisa. pop.
▶ **dejársela en los ~s**; **tener ~**.

callorda.
I. 1. m. *Ar.* obsol. Callo o dureza, *especialmente en el pie.* pop ^ fest.

callu. (Del aim. y quech. *q'allu*, tajada, rebanada).
I. 1. m. *Bo:C.* Ensalada preparada con cebolla, tomate, **locoto** y queso rallado.

callu-callu.
I. 1. f. *Pe.* Sanguijuela, gusano de hasta 12 cm de longitud y 1 cm de grueso, de cuerpo anillado y una ventosa en cada extremo, con la boca en el centro de la anterior. (Annelidae; *Hirudo* spp.).

callulla.
I. 1. f. *Ch.* Nariz de una persona, *especialmente cuando es grande.* pop + cult → espon.
▶ **meter la ~**.

callullento, -a.
I. 1. adj/sust. *Ch.* Referido a persona, que tiene nariz grande. pop + cult → espon.

calluta.
I. 1. sust/adj. *Bo.* Persona que tiene algún corte en la cara. pop + cult → espon ^ desp.

calma.
●
a. ‖ ~ **y tiza.** fórm. *Ch.* p.u. Se usa para pedir tranquilidad. pop + cult → espon.
■
a. ‖ **la ~**. f. *PR.* **calmón**.

¡calmantes!
I. 1. interj. *Mx, Gu, ES, Ni.* Expresa deseo de que alguien se tranquilice o se calle. ♦ **¡calmantes montes!**
□
a. ‖ **¡~ montes!** loc. interj. *Mx, Gu, ES.* **¡calmantes!**

calmatol.
I. 1. adj. *Ch.* p.u. Referido a persona, excesivamente lenta y tranquila. pop ^ fest.

calmazo.
I. 1. m. *PR.* En las actividades marítimas, interrupción de la fuerza del viento o de la agitación de las olas.

calmón.
I. 1. m. *PR.* Corto período de tiempo que transcurre entre dos aguaceros. rur. ♦ **la calma**.

calmoso, -a.
I. 1. adj. *Ni, RD.* Referido a persona, de carácter apacible y sereno. pop + cult → espon.

calnegüe. (Del nahua *calli*, casa, y *necuitle*, enroscado, torcido).
I. 1. m. *Ni.* Cangrejo playero muy pequeño que utiliza conchas de caracolillos para protegerse.

calo.
I. 1. m. *Mx.* Centavo.

caló.
I. 1. m. *Mx, Gu, Ho, Ni.* Lengua popular o jerga utilizada por personas poco cultas o marginales.

caloche.
I. 1. m. *Co.* Pez de agua dulce, de cuerpo alargado; a excepción de las dos pectorales, todas sus aletas están reducidas a una que está situada a lo largo de la parte inferior del cuerpo; es comestible, aunque poco apreciado. (Sternophygidae; *Sternopygus macrurus*). ♦ **veringo**.

calofrío. (Afér. de *escalofrío*).
I. 1. m. *RD, Ec*; *Gu, ES, Ni*, rur. | p.u. Escalofrío.

calón.
I. 1. m. *Mx:SE, ES.* Palo o vara fuerte para sujetar los extremos del **chinchorro** de pescar.
2. *ES.* Pértiga para medir la profundidad de un río, laguna o canal.

calor.
I. 1. m. *RD, Co.* Apetito sexual de un animal.
II. 1. m. *Bo, Ar, Ur.* Bochorno o vergüenza provocados por una situación molesta. pop + cult → espon.
III. 1. m. *Gu, RD.* Enfado muy grande.
IV. 1. m. *CR, RD.* Irritación en el estómago o en el aparato digestivo.
▶ **pasar ~**; **pegarle ~ de vista**.

calorancina.
I. 1. f. *Ni.* Calor excesivo. rur.

calorín.
I. 1. m. *ES.* Modo de hablar.

calorón.
I. 1. m. *Mx, Gu, Ho, Ni, CR, Ve, Ar*; *ES*, rur. Calor excesivo o muy intenso. pop.

2. *Gu, Ve.* Sensación de mucho calor y sofoco en el cuerpo. pop.

calostra.
   I. 1. f. *Co, Ec.* Primera leche que da la hembra después de haber parido.

calostre.
   I. 1. m. *Cu, RD, Ec:N.* Primera leche de la hembra, *especialmente de la vaca*, después de haber parido. rur.

calote.
   I. 1. m. *Ar; Ur,* urb. | p.u. Engaño, estafa. pop.
   ▶ **dar ~.**

caloteador, -ra.
   I. 1. sust/adj. *Ar; Ur,* urb. | p.u. Persona que engaña o estafa. pop.

calotear.
   I. 1. tr. *Py, Ar,* p.u; *Ur.* rur. Timar, estafar. pop.

calpisque. (Del nahua *calli,* casa, y *pixqui,* guardián).
   I. 1. m. *Mx, Gu, Ni. En la época colonial,* capataz encargado por los encomenderos del gobierno, de los indios, de su reparto y del cobro de los tributos. (**calpiste; calpixque**).
   2. m-f. *Ho.* Persona que se encarga de cuidar algo, como la casa, los animales o la milpa. (**calpiste**).

calpiste.
   I. 1. m. *Ho.* **calpisque,** capataz.
   2. *Ho.* **calpisque,** encargado del cobro de los tributos.

calpixque.
   I. 1. *Ho.* **calpisque,** encargado del cobro de los tributos.

calpul. (Del nahua *calpulli,* casa comunal).
   I. 1. m. *Ho, Ni.* Montículo de tierra y piedras que cubre edificaciones prehispánicas.
   II. 1. m. *Gu. En comunidades indígenas,* persona importante por su autoridad o sabiduría.

calpulería.
   I. 1. f. *Ni.* p.u. Conjunto de **calpules,** montículos. cult.

calquelcultrún.
   I. 1. *Ch.* **kakülkultrumg.**

calsao.
   I. 1. *PR.* **coliblanco,** gallo.

calsonte. (Del nahua *calli,* casa, y *tzontli,* cabello, pelo).
   I. 1. m. *Mx, Ni.* Tijera o armazón que sostiene una cubierta o techumbre. (**calzonte**).

calucha.
   I. 1. f. *Bo:NE,E.* Segunda corteza o corteza interior del coco, almendra o nuez.

caluga.
   I. 1. f. *Ch.* Caramelo blando de forma rectangular.
   2. *Ch.* Envase pequeño en forma rectangular, utilizado para artículos de tocador, *especialmente champú y bálsamo.*
   3. *Ch.* Cualquier otro objeto de esa forma y tamaño.
   II. 1. sust/adj. *Ch.* Persona afectuosa en exceso.
   III. 1. f. *Ch.* Sección cuadrangular del músculo recto del abdomen, claramente visible por efecto del ejercicio físico y la ausencia de grasa en la zona.
   IV. 1. f. *Ch.* Trozo rectangular de una sustancia comprimida formada por varios condimentos secos que se usa para preparar caldo.
   ▶ **chupar ~.**

calugazo.
   I. 1. m. *Ch.* Beso dado con efusividad en la boca. pop + cult → espon.

calugón, -na.
   I. 1. sust/adj. *Ch.* juv. Persona cargante, pesada.

calugoso, -a.
   I. 1. adj. *Ch.* p.u. *Referido a persona,* que hace muestras ostensibles de afecto o cariño. pop + cult → espon.

II. 1. adj. *Ch.* p.u. *Referido a cosa,* de consistencia blanda. pop + cult → espon.

caluguiento, -a.
   I. 1. adj. *Ch. Referido a persona,* afectuosa en exceso. pop + cult → espon ∧ desp.

caluma.
   I. 1. f. *Pe.* Garganta o estrechura de la cordillera andina.

calungo, -a.
   I. 1. adj. *Co. Referido a animal, especialmente a un cerdo o a un perro,* flaco o desnutrido.
   II. 1. adj. *Pa. Referido a persona,* calva o de cabello o vello escaso. pop → esm.
   2. *Pa. Referido a animal,* que no tiene pelo. pop → esm.

caluriento, -a.
   I. 1. adj. *Ho, ES, Pe. Referido a persona,* que tiene mucho calor.

calurón.
   I. 1. m. *Ar:NO.* Calor excesivo o muy intenso. pop.

caluyo.
   I. 1. m. *Bo, Ar:NO.* Baile tradicional de la región andina.
   2. *Bo; Ar:NO.* p.u. Música de origen incaico, de ritmo lento y nostálgico, con que se acompaña este baile.

calva.
   I. 1. f. *Ho, Ni.* Pene. vulg.
   2. *Ni.* Cabeza del pene. vulg.

calvacera.
   I. 1. f. *Co.* Serie de golpes que se dan en la cabeza con la mano, como sanción física por una falta cometida, como parte de una celebración o simplemente por **recocha.** pop.

calvarear.
   I. 1. tr. *Ho.* Causar a *alguien* adversidades, molestias e incomodidades.

calvario.
   I. 1. m. *Co:O.* Montón de piedras sobre el cual se coloca una cruz, a la orilla de los caminos, en el sitio donde ha muerto trágicamente una persona.
   II. 1. m. *Bo:E,C,S.* Fiesta popular en la que se compran y venden objetos de artesanía en miniatura. pop.

calvario, -a.
   I. 1. adj. *Gu, ES. Referido a persona,* calva. euf; fest.

calvazo.
   I. 1. m. *Co.* Golpe dado en la cabeza con los nudillos. pop.

calvear(se).
   I. 1. intr. prnl. *Co.* Mandarse rapar el pelo. pop + cult → espon. (**calviarse**).
   2. tr. *Co.* Cortar el pelo a alguien. pop + cult → espon. (**calviar**).
   3. intr. *Ni.* Comenzar a estar calvo *alguien.* pop + cult → espon.

calviar(se).
   I. 1. *Co.* **calvearse,** mandarse rapar.
   2. *Co.* **calvear,** cortar el pelo.

calvo.
   ◪
   a. ‖ **ni tan ~, ni con dos pelucas.** fr. prov. *Ve.* Indica que lo que acaba de decirse es exagerado.
   ▶ **ser tan ~ que se le ven los sesos.**

calvosa.
   I. 1. f. *ES.* Pene. vulg.

calza.
   I. 1. f. *Ni, CR, Pa, Co, Ve, Ec.* Reparación consistente en rellenar con empaste el hueco producido por una caries. (**calce**).

2. *Ni, CR, Pa, Co, Ve, Ec.* Materia con que se llena el hueco dejado por una caries. (**calce**).

II. 1. f. *Gu.* Aporcadura de una planta. rur.

calzada.

I. 1. f. *Ve:E, Bo, Py.* Parte lateral y más elevada de la calle por donde transitan los peatones.

calzado.

I. 1. m. *Cu.* Parte córnea de la pluma de las aves que está incrustada en la piel.

calzado, -a.

I. 1. adj. *Ve, Ar, Ur. Referido a persona*, provista de un arma. pop.

II. 1. adj. *EU, Cu. Referido a niño*, que tiene muy poca frente. rur.

calzadura.

I. 1. f. *Ni.* Empaste de un diente o muela.

calzapollo.

I. 1. m. *RD.* obsol. Zapato, *generalmente nuevos o traídos del extranjero*.

calzar(se).

I. 1. intr. *Ni, Ec, Pe, Bo, Ch.* Ajustar una medida de zapato al tamaño del pie.

2. *Ch, Ar; Ec,* metáf; *Ur,* p.u. Quedar bien a alguien una prenda de vestir *por resultarle adecuados su corte y su tamaño*.

3. *Ni, Ec, Bo, Ch.* Ajustar o cuadrar *algo* con otra cosa.

II. 1. tr. *Gu, Ni, CR, Pa, Co, Ve, Ec, Bo.* Rellenar con empaste una pieza dental cariada.

III. 1. intr. *Gu.* Aporcar. rur.

IV. 1. tr. *Gu.* Firmar un escrito.

V. 1. intr. prnl. *Cu.* Ingerir algún alimento para mitigar el hambre. pop.

VI. 1. tr. prnl. *Pa.* Realizar el coito. vulg.

calzo.

I. 1. m. *Cu.* Alimento ligero que logra mitigar el hambre. pop.

calzón.

I. 1. m. *Gu, Ho, Ni, CR, Co, Ec, Pe, Bo, Ch; Ar, Ur,* obsol. Braga, prenda interior femenina. ◆ **calzonaria; calzonario.**

II. 1. m-f. *Ho, ES.* Persona entremetida en asuntos ajenos.

III. 1. m. *Ho.* Mujer guapa.

IV. 1. m. pl. *Ho.* **Tortilla** de harina doblada, frita y rellena de cualquier tipo de carne. pop + cult → espon.

■

a. ‖ **~ roto.** m. *Ch.* Masa hecha de harina, azúcar, huevos y mantequilla que se moldea en forma de tira con un corte en medio a modo de ojal por el que se hace pasar uno de los extremos y posteriormente se fríe.

b. ‖ **~ sucio.** m. *Bo.* Juego de cartas, en el que pierde quien se queda con el comodín.

□

a. ‖ **~ flojo.** loc. sust. *Ec.* Mujer que accede con facilidad a los requerimientos sexuales de los hombres. pop + cult → espon ^ desp.

b. ‖ **calzones flojos.** loc. sust. *Ho, ES, Ni.* Prostituta.

c. ‖ **por sus calzones.** loc. adv. *Mx.* Unilateralmente, por imposición de la propia voluntad, de forma autoritaria y sin admitir réplica. pop + cult → espon.
◆ **por sus pantaletas; por sus pantalones.**

▶ **caerse los calzones; hablar a ~ quitado; no caber en los calzones de la contentera; no tener ni segundo ~; pararse en sus calzones; tirar los calzones.**

calzonaria.

I. 1. f. *Ec.* p.u. **calzón**, prenda interior femenina. pop.

calzonarias.

I. 1. f. pl. *Co.* p.u. Juego de dos cintas o tiras de piel o tela, *comúnmente con elásticos*, que sostienen de los hombros el pantalón u otras prendas de vestir.

calzonario.

I. 1. *Ec, Pe; Pa,* obsol, fest. | p.u. **calzón**, prenda interior femenina.

calzonazo.

I. 1. m. *ES. En el futbol*, golpe dado al balón con la parte que hay entre el pie y la espinilla.

calzonazo, -a.

I. 1. adj/sust. *Bo;* m. pl. *Ec. Referido a persona*, tonta, lerda. pop + cult → espon ^ desp.

II. 1. adj/sust. *Bo. Referido a persona*, que usa los pantalones largos y muy anchos. pop + cult → espon ^ desp.

calzoncillo.

I. 1. *ES.* **güirote.**

II. 1. m. *ES.* Dulce de masa con forma de calzón.

■

a. ‖ **~ atlético.** m. *Cu.* Prenda de ropa interior masculina que cubre desde la cintura hasta el comienzo de los muslos.

b. ‖ **~ de pata.** m. *Cu.* Prenda de ropa interior masculina que cubre desde la cintura hasta la mitad de los muslos.

c. ‖ **~s de conservador.** m. *Co; Ec,* fest. | obsol. Prenda de ropa interior masculina que llega hasta los tobillos.

□

a. ‖ **~ arrugado.** loc. sust. *Ch.* p.u. Conductor profesional de taxi, autobús u otro vehículo. pop + cult → espon ^ fest.

b. ‖ **~ de manta.** loc. sust. *CR.* obsol. Persona sencilla, no ostentosa ni presumida. pop + cult → espon ^ fest.

c. ‖ **más salado que ~ de pescador.** loc. adj. *Pe. Referido a persona*, que tiene muy mala suerte.

▶ **ver al diablo en ~s.**

calzoncitos.

I. 1. m. *Co.* Hierba de hasta 50 cm de altura, cuyas hojas inferiores están en roseta y divididas, con pequeñas flores blancas agrupadas en racimos terminales y fruto aplanado en forma de corazón; se emplea en medicina tradicional como antiblenorrágico, emenagogo y astringente. (Brassicaceae; *Capsella bursa-pastoris*).

calzoneada.

I. 1. f. *ES.* Coqueteo de una mujer con un hombre.

calzoneado, -a.

I. 1. adj. *Ec:O.* juv. *Referido a persona*, que ha sido ilusionada sexual o sentimentalmente por otra. pop.

calzonear.

I. 1. tr. *Ch.* juv. Incitar una mujer sexualmente a *otra persona* para tener una relación con ella. fest.

2. *Ec:O.* juv. Ilusionar sexual o sentimentalmente *una persona* a otra. pop.

calzonera.

I. 1. sust/adj. *Ch.* juv. Mujer que se insinúa sexualmente a otra persona. pop.

calzoneta.

I. 1. f. *Gu, Ho, ES, Ni, Pa, Pe; CR.* obsol. Bañador o pantalón corto para cualquier deporte.

2. *Ho.* Prenda interior femenina, ajustada, que cubre el cuerpo desde debajo de la cintura hasta las ingles.

calzonte.

I. 1. *Ho:S,C,O, Ni.* **calsonte.**

calzonudo.

I. 1. m. *Mx.* obsol. Campesino indígena y menesteroso que seguía como tropa a un caudillo en los tiempos revolucionarios.

2. *Mx.* Campesino pobre y necesitado, *generalmente indígena*.

3. *Mx.* Indígena considerado como haragán, miserable, ignorante y desidioso. desp.

calzonudo, -a.
I. 1. sust/adj. *Mx.* Persona de izquierdas, considerada exaltada, alborotadora. desp.
2. adj. *Mx. Referido a persona, actitud o idea,* exaltada, brutal, salvaje. desp.
3. adj/sust. *Mx. Referido a persona,* que tiene coraje, determinación y temple. pop + cult → espon.
   ♦ **pantalonudo.**
4. *Pe, Ch, Ar, Bo, Ur.* desp. *Referido a persona,* de carácter débil o condescendiente. pop + cult → espon.
II. 1. sust/adj. *Mx.* Persona que usa pantalón corto y ancho. fest.
2. adj. *Ar:NO.* p.u; *Bo.* pop + cult → espon ∧ desp. *Referido a persona,* que usa pantalones largos y muy anchos.
3. *Bo; Ur,* p.u; pop. *Referido a una prenda de vestir, especialmente a un pantalón,* muy ancha a la altura de las nalgas. pop.
III. 1. m. y f. *Mx.* Hombre o mujer indígena. pop + cult → espon ∧ desp.
2. *CR.* obsol. Hombre o mujer.
IV. 1. adj. *Mx. Referido a cosa,* de poca importancia o entidad.

cama.
I. 1. f. *Ho, Ni, Ec.* Parte honda de un surco.
II. 1. f. *Cu.* Parte posterior de los camiones, destinada a la carga.
III. 1. f. *Bo.* Manta que sirve de abrigo en la cama.
IV. 1. f. *RD.* Corte profundo hecho en el tronco de un árbol antes de talarlo para obligarlo a vencerse de ese lado.
V. 1. f. *Pa.* Terreno preparado para semillero. rur; pop.
■
a. ‖ ~, **cuarto y mujer.** f. *Bo:O.* Juego de dados.
b. ‖ ~ **king.** f. *Ho, Pa, RD, PR, Ch.* Cama de tamaño superior a la matrimonial.
c. ‖ ~ **camarote.** f. *Pa, Co, Pe, Bo; Ch,* p.u. Conjunto de dos camas, dispuestas una sobre la otra. (**camarote**).
d. ‖ ~ **camera.** f. *Cu, Py, Ar; Ur,* obsol. Cama de dos plazas o de matrimonio.
e. ‖ ~ **columpio.** f. *Bo.* Lona o red alargada que, asegurada por las extremidades en dos árboles o postes, queda pendiente en el aire y sirve de cama y columpio.
f. ‖ ~ **de campaña.** f. *Ve.* Cama portátil que consta de un armazón y de una tela de lona muy resistente.
g. ‖ ~ **de cuero templado.** f. *Ho, Ni.* Cama que tiene por somier tiras de cuero crudo tiesas o templadas.
h. ‖ ~ **de pita.** f. *Ho.* Cama formada por un conjunto de cuerdas de pita atadas al marco o armazón.
i. ‖ ~ **de tijera.** f. *Ho, Ni, RD, Ec.* **Camastrón,** catre que tiene dos tijeras de madera en cada extremo.
j. ‖ ~ **de viento.** f. *Ve; Co:N,* obsol. Cama rústica con lecho de lona y armazón de madera que consiste en dos largueros y cuatro patas plegadas cruzadas en aspa.
k. ‖ ~ **enrollable.** f. *Ho, Ni.* **Petate** que se usa para dormir en el suelo. euf.
l. ‖ ~ **grande.** f. *Ni, RD.* El suelo, cuando se usa para dormir.
m. ‖ ~ **imperial.** f. *Cu.* Cama de dos plazas, más ancha que la cama camera.
n. ‖ ~ **marinera.** f. *Ar, Ur.* Cama colocada encima de un cajón de su mismo tamaño que sirve para guardar ropa y otros objetos o para albergar una segunda cama extraíble.
ñ. ‖ ~ **personal.** f. *Cu.* Cama de una plaza.
o. ‖ ~ **sándwich.** f. *RD.* Cama plegable.
p. ‖ ~ **tres cuartos.** f. *Cu.* Cama de tamaño intermedio entre la personal y la camera.

q. ‖ ~s **encaramadas.** f. pl. *Bo:E.* Conjunto de dos o más camas superpuestas.
□
a. ‖ **bajo la ~ del tío Simón.** loc. sust. *Bo.* Escondite, juego infantil.
b. ‖ ~ **adentro.** loc. sust/adj. *Pe, Bo, Ch, Py, Ar, Ur; Ec,* p.u. Persona del servicio doméstico que duerme en la casa donde trabaja.
c. ‖ ~ **afuera.** loc. sust/adj. *Pe, Bo, Ch, Ar, Ur; Ec,* p.u. Persona del servicio doméstico, que no duerme en la casa donde trabaja.
d. ‖ **con ~.** loc. adj. *Ar, Ur. Referido a persona del servicio doméstico,* que duerme en la casa donde trabaja.
e. ‖ **con ~ y rancho.** loc. adv. *Bo. Referido al modo de contratar a alguien para un trabajo o de invitarlo,* con alojamiento y comida.
f. ‖ **con ~(s) y petaca(s).** loc. adv. *Ch.* Con todo lo que se tiene como posesión. pop + cult → espon.
g. ‖ **de ~.**
   i. loc. adj. *CR, PR, Ar, Ur. Referido a persona,* muy cansada, *especialmente después de un gran esfuerzo o de mucho trabajo.* pop + cult → espon.
   ii. *PR, Ar; Ur,* p.u. *Referido a persona,* herida o maltrecha tras haber sido golpeada con dureza. pop + cult → espon.
   iii. *Ar, Ur. Referido a persona,* asombrada, absorta. pop + cult → espon.
h. ‖ **de ~ y rancho.** loc. adj. *Bo. Referido a personas,* que son amigos inseparables.
i. ‖ **sin ~.** loc. adj. *Ur. Referido a persona del servicio doméstico,* que no duerme en la casa donde trabaja.
◪
a. ‖ **no hay ~ para tanta gente.** fr. prov. *Cu, PR, Co, Ve, Ec.* Indica que no hay capacidad en un sitio.
▶ **caer a ~; caerse de la ~; coger ~; estar en la ~ de los perros; hacer ~; tender la ~; tender una ~.**

camacero.
I. 1. *Ve.* **camazo.**
2. *Ve.* Fruto del camacero, de forma globosa, muy grande y con pericarpio resistente.
3. *Ve.* Recipiente que se hace con el fruto del camacero una vez seco.

camada.
I. 1. f. *Mx, Ho, Ni, CR, Co, Bo, Py, Ar, Ur; RD,* p.u. Grupo de personas, *generalmente de edad similar,* que en un período dado participan de experiencias o actividades comunes.
2. *Ho, Bo, Ar; Ec,* metáf; *Ur,* p.u. Conjunto de alumnos que pertenecen a un mismo curso o promoción académica.
▶ **ser lobos de la misma ~.**

camagua. (Del nahua *camahuac,* próximo a madurar).
I. 1. adj. *Mx, Ho, ES, Ni, CR:NO. Referido al maíz,* que se halla en la etapa de maduración cuando los granos no están ni tiernos ni completamente duros o secos. ♦ **cao; cospó.**
2. adj/sust. *Mx, Ho, ES, Ni. Referido a una mazorca o una fruta,* que comienza a madurar.
II. 1. f. *Cu.* Árbol silvestre de hasta 3,5 m de altura que tiene el tronco recto, las hojas grandes, elípticas y obtusas, y flores amarillas en panículas; su madera es dura y de color castaño claro, con vetas; su fruto, de color rojo, sirve de alimento para los animales. (Myrsinaceae; *Wallenia laurifolia*). (**casmagua**).
2. *Cu.* Madera de la camagua.
III. 1. adj/sust. *Ho, ES. Referido a leña,* verde.
□
a. ‖ **entre ~ y elote.**
   i. loc. adv. *Ho, ES, Ni.* Sin terminar de madurar. rur.

ii. *Ho, Ni.* En situación indecisa, sin decidirse por alguna de las opciones.

iii. *CR.* En un estado intermedio de realización. pop.

▶ **estar ~.**

camagüe.

I. 1. adj. *Gu, Ho, ES, Ni. Referido al grano,* que no ha madurado.

2. adj/sust. *Ho. Referido a la leña,* verde.

3. adj. *Ho. Referido a una fruta,* que empieza a madurar.

camagüey.

I. 1. *PR.* **canagüey,** gallo blanco.

¡camagüey!

□

a. ‖ **¡completo ~!** loc. interj. *Cu.* Expresa que ha terminado una tarea o actividad.

camahueto.

I. 1. m. *Ch:S. En la mitología* **chilote,** especie de ternero con un cuerno en la frente.

camaján.

I. 1. m. *Co.* Individuo corpulento y fuerte. pop.

II. 1. m. *Co:O.* p.u. Joven que se caracteriza por su vestimenta estrafalaria y llamativa y su comportamiento vanidoso y pendenciero. pop.

III. 1. *Ar.* **camaján.**

camaján, -na.

I. 1. adj. *Cu. Referido a una persona,* astuta, que se beneficia de una situación. pop.

II. 1. adj. *Pa. Referido a persona,* perezosa, haragana y aprovechada. pop + cult → espon.

camajón.

I. 1. m. *Co.* Árbol de hasta 30 m de altura, frondoso, de copa amplia y densa, de hojas grandes, palmeadas, y flores en forma de campana de color amarillo y rojo; es ornamental. (Sterculiaceae; *Sterculia apetala*). **(camaján).** ♦ **anacahuita; camajorú.**

camajorú.

I. 1. *Co.* **camajón.** **(camajurú).**

camajurú.

I. 1. *Co.* **camajorú.**

camal.

I. 1. m. *Ec, Pe, Bo.* Matadero, sitio donde se mata y desuella el ganado destinado al abasto público.

camalera.

I. 1. m. *Pe, Bo:N,NE,E.* Matarife, oficial que mata y descuartiza las **reses.**

camalero, -a.

I. 1. m. y f. *Pe.* Persona que comercia con carne.

camalotal.

I. 1. m. *Mx, Ho, Ni.* Lugar poblado de **camalotes.**

II. 1. m. *Cu, RD, Bo, Py, Ar, Ur.* Acumulación de **camalotes** desprendidos en la orilla de un río o de un pantano.

camalote. (Del nahua *camalotl*).

I. 1. m. *Mx, Gu, Ho, ES, Ni, Cu, RD.* Planta forrajera, perenne, de hasta 2 m de altura, de tallo áspero y recto, a veces decumbente en la base, raíces en los nudos inferiores, las vainas de las hojas son más grandes que los entrenudos; se utiliza como pasto para el ganado. (Poaceae; *Panicum fasciculatum, Paspalum paniculatum, Setaria paniculifera*).

2. *Bo, Py, Ar, Ur.* Planta acuática con bulbos de tejido aerífero, que le permiten flotar sin que las hojas toquen el agua, y flores azuladas. (Pontederiaceae; *Pontederia* spp.). ♦ **aguapey; aguapé.**

3. *Bo, Py, Ar, Ur.* Conjunto formado por agregación de plantas que arrastra la corriente de los ríos.

4. *Ec.* **gramalote.**

5. *Gu.* Planta de cebolla con seis tallos. rur.

II. 1. m-f. *ES.* Persona aguantadora, imperturbable.

▶ **botar el ~.**

camalotera.

I. 1. f. *Mx:S, Ho.* Lugar poblado de **camalotes.**

camalotudo, -a.

I. 1. adj. *ES. Referido a persona,* aguantadora, imperturbable.

camambú.

I. 1. m. *Ar, Ur.* Planta herbácea de hasta 1 m de altura, con hojas alternas redondeadas y flores amarillas; posee propiedades medicinales. (Solanaceae; *Physalis viscosa*). ♦ **huevo de gallo.**

camambuz.

I. 1. m. *Ar, Ur.* Zapato. pop ^ fest.

caman.

I. 1. m. *Bo.* Juego de azar.

camanance. (Del nahua *camatl*, boca, y *nantzin*, nance).

I. 1. m. *Gu, Ho, ES, Ni, CR.* Uno de los dos hoyuelos que tienen algunas personas en la mejilla.

2. *ES.* Ano. euf; pop.

II. 1. m. *CR.* Pequeño hundimiento o concavidad en una superficie metálica, *especialmente en la carrocería de un vehículo.* pop.

camanay.

I. 1. m. *Ec, Pe.* Ave de hasta 74 cm de longitud, con alas y cola pardo oscuras, al igual que su dorso y lomo, que presenta algunas manchas blanquecinas, el resto de su cuerpo es blanco, a excepción de las patas, que poseen un llamativo color azul; es productora de guano. (Sulidae; *Sula nebouxi*). ♦ **piquero patas azules.**

camanchaca. (Del aim. *kamanchaca*, oscuridad).

I. 1. f. *Bo, Ch; Pe,* rur. Niebla espesa y baja.

camándula.

I. 1. f. *Gu.* Camioneta. euf; fest.

II. 1. *Pa, PR.* **lágrima de san Pedro,** planta.

III. 1. f. *Ur.* p.u. Grupo de personas unidas para determinados fines, *generalmente en busca del propio beneficio.* pop ^ desp.

▶ **ganar indulgencias con ~ ajena; hacerle la ~.**

camandulcar.

I. 1. intr. *Py, Ar; Ur,* p.u. Actuar con engaños e hipocresía dos o más personas en beneficio propio y en perjuicio de otras. pop + cult → espon.

2. tr. *Ni.* Engañar, timar a *alguien.*

camandulero, -a.

I. 1. adj/sust. *Gu, Ni, Co. Referido a persona,* beata, que frecuenta mucho las iglesias y dedica mucho tiempo a las prácticas religiosas. desp.

2. sust/adj. *Ar,* pop ^ desp; *Py,* pop; *Ur,* p.u. Persona que actúa con engaños y de manera hipócrita, *generalmente en beneficio propio.*

3. m. y f. *Ho.* Persona que vende medallas y escapularios.

camani. (Del aim. *qamani*, vigilar).

I. 1. m. *Bo. En una comunidad indígena,* súbdito de la autoridad máxima que tiene la obligación de cuidar, vigilar el trabajo e informar periódicamente.

camaque. (Del aim. *qamaqi*, zorro).

I. 1. adj/sust. *Bo. Referido a persona,* astuta y perspicaz, que actúa en beneficio propio.

2. *Bo:O.* **lobo de páramo.**

cámara.

■

a. ‖ **~ de apelaciones.** f. *RD, Py, Ar.* Tribunal colegiado de segunda o última instancia.

b. ‖ ~ **de representantes.** f. *PR, Co.* Cámara baja en el parlamento.

c. ‖ ~ **séptica.** f. *Ec, Bo, Py, Ar, Ur.* Construcción subterránea que recoge aguas residuales.

▶ **chupar ~.**

¡cámara!

I. 1. interj. *Mx.* Expresa asombro, extrañeza o admiración ante algo repentinamente revelado por alguien o acaecido. pop + cult → espon.

camaral.

I. 1. adj. *Bo, Py.* Relativo a las funciones propias de la cámara de diputados o senadores del Congreso Legislativo.

camarazos.

I. 1. m. pl. *Gu, Pa.* Salvas hechas con bombas pirotécnicas al comenzar las fiestas de un pueblo.

camarero.

I. 1. *Ni, Cu, RD, Co, Ve.* **intermedista.**

camareta.

I. 1. f. *Ec, Pe, Bo, Ar:NO.* Mortero usado en las fiestas populares y religiosas para disparar bombas de estruendo.

2. *Ec, Pe; Bo.* rur. Petardo o cohete que ocasiona mucho estruendo *y que se hace explotar generalmente en fiestas populares.*

camaretazo.

I. 1. m. *Pe, Bo, Ar:NO.* Estruendo producido por la **camareta,** mortero.

2. *Bo:S; Ec,* pop. Estruendo producido por la **camareta,** petardo.

camarico.

I. 1. m. *Co:SO.* Obsequio, regalo.

II. 1. m. *Ch.* p.u. Amorío, enredo amoroso. pop.

camaricultor.

I. 1. m. *Ho, Ni.* Persona que se dedica al cultivo, procesamiento y venta del camarón.

camaricultor, -ra.

I. 1. adj. *Ho, Ni. Relativo al cultivo,* pesca y venta del camarón.

camaricultura.

I. 1. f. *Ho, Ni, Cu, Ec, Ur.* Actividad de cultivo, pesca y venta del camarón. cult. ♦ **camaronicultura.**

camarillero, -a.

I. 1. sust/adj. *Bo.* Persona que suele asociarse con otras para influir en las decisiones de alguna autoridad en beneficio propio.

camarín.

I. 1. m. *Bo, Ch, Py, Ar. En un centro deportivo,* lugar para cambiarse de ropa los jugadores.

camarista.

I. 1. m-f. *Py, Ar.* Miembro de la **cámara de apelaciones.** cult.

camarita.

I. 1. m-f. *Ve.* Camarada. afec.

camarón.

I. 1. m. *Gu, Ho, ES, Ni, Cu, Pe, Ar, Ur.* Persona que tiene la piel enrojecida por haber estado mucho tiempo al sol. pop.

2. *RD, Pe.* Persona que tiene habilidad para cambiar de actitud o de conducta, adoptando en cada caso la más ventajosa.

3. *Pe.* Persona que tiene por costumbre comer, vivir o divertirse a costa ajena.

4. *RD.* Espía.

5. *PR.* Policía encubierto. pop + cult → espon.

6. *PR.* Guardia, agente de policía.

II. 1. m. *Gu, Pe, Ch.* Crustáceo de río, decápodo, de hasta 10 cm de longitud, de color pardusco, rojo cuando es cocinado, muy apreciado en la cocina peruana y chilena. (Palaemonidae; *Chryphiops caementarius*).

2. *Pa, PR.* Planta que debe su nombre a la forma y al color de sus flores, que pueden ser amarillas o naranjas. (Acanthaceae; *Beloperone guttata*).

3. *Pa.* Árbol del litoral caribeño, de hasta 20 m de altura y de hojas simples y alternas, flores blancas y frutos en drupas negras cuando están maduros; su madera se emplea en la construcción. (Chrysobalanaceae; *Hirtella triandra*). ♦ **camaroncillo; garrapato.**

III. 1. m. *Co:SO.* Propina pequeña que se da a alguien por algún servicio.

IV. 1. m. *Ve.* Sueño breve. pop.

V. 1. sust/adj. *Ec.* Conductor inexperto. pop.

VI. (Del ingl. *come around*).

1. m. *Pa; Ni, CR,* pop + cult → espon. **chamba,** trabajo ocasional o esporádico.

VII. 1. m. *ES.* Grupo nutrido de comunistas. desp.

VIII. 1. m. *Ni.* Problema, asunto.

IX. 1. m. *Ni.* Ejercicio de la prostitución. desp.

•

a. ‖ **repite y pon ~.** fórm. *Cu. En un establecimiento público,* se usa para pedir nuevamente la misma bebida.

■

a. ‖ ~ **bocú.** m. *PR.* Tipo de camarón que carece de pinzas. ♦ **camarón de río.**

b. ‖ ~ **de río.** *PR.* **camarón bocú.**

c. ‖ ~ **tigre.** m. *Gu, Ho, Ni.* Camarón que a lo largo de su cuerpo tiene trasversalmente y en forma alternada una lista blanquecina y otra oscura. (Penaidae; *Trachypenaeus byrdi*).

d. ‖ ~ **tití.** m. *Ho, Ni, Ec.* Camarón pequeño, de hasta 5 cm de longitud, de color gris claro. (Penaidae; *Xiphopenaeus riveti*).

e. ‖ ~ **yumbo.** m. *Gu, Ho, Ni.* Camarón muy grande, de color blanco. (Penaidae; *Penaeus vannamei, P. stylirostri, P. californiensis*).

▶ **andar buscando su camaroncito; ganarse un ~; untar el ~.**

camarón, -na.

I. 1. adj. *PR. Referido a cosa,* muy difícil de realizar. euf; pop + cult → espon.

2. *PR. Referido a persona o cosa,* buena o mala, pero fuera de lo común. pop + cult → espon.

II. 1. m. y f. *RD.* Persona habilidosa y astuta.

camarona.

I. 1. f. *Co.* Arbusto de hasta 3 m de altura, de flores rojas y hojas lucientes, alargadas, parecidas al cuero. (Ericaceae; *Gaultheria sclerophylla*).

2. *Co.* Fruto comestible de la camarona, pequeño, redondo y de color negro; tiene propiedades laxantes.

camaronada.

I. 1. f. *Ec.* Maniobra inapropiada que realiza el conductor de un vehículo. pop.

camaroncillo.

I. 1. m. *PR.* Variedad de palma de helecho, de tronco negro, fibroso y seco; usado para la propagación de orquídeas y otras plantas ornamentales. (Cyatheaceae; *Cyathea speciosa*).

2. *Pa.* **camarón,** árbol.

camaronear.

I. 1. intr. *Mx, Gu, Ho, ES, Ni, CR, Pa, Ec, Pe, Ch.* Pescar o recolectar **camarones.**

II. 1. intr. *Pe.* p.u. Mudar de opinión o de bando por favor o interés.

III. 1. intr. *Ec.* Conducir un vehículo sin tener la destreza o experiencia necesarias y, *por lo general, cometiendo imprudencias.* pop.

IV. 1. intr. *Ni, CR, Pa.* Realizar trabajos ocasionales o esporádicos. pop + cult → espon.

V. 1. intr. *Ni.* Ejercer la prostitución. desp.

camaronera.
I. 1. f. *Mx, Gu, Ho, ES, Ni, Pa, Ve, Ec.* Conjunto de instalaciones en donde se cultiva el **camarón**, se pesca, se empaca y se vende o exporta.

camaronero.
I. 1. m. *Gu, Ho, ES, Ni.* Red de malla muy fina que se utiliza para pescar **camarones**.
2. *Pa.* Hombre, que labora en un barco para la pesca del camarón y otros crustáceos. pop + cult → espon.
II. 1. m. *Pe.* Pájaro de hasta 15 cm de longitud, de cabeza gruesa, pico largo y recto, patas cortas, alas redondeadas y plumaje de color verde brillante en la cabeza, lados del cuello y alas, azul en el dorso, castaño en las mejillas, blanco en la garganta y rojo en el pecho y abdomen. (Alcedinidae; *Alcedo athis*).

camaronero, -a.
I. 1. sust/adj. *Mx, Gu, Ho, ES, Ni, Pa, Ec, Ur.* Empresario que se dedica al cultivo y comercialización del **camarón**.
2. adj. *Gu, Ho, ES, Ni, Pa, Ec, Ur.* Relativo al cultivo y venta del **camarón**.
3. adj/sust. *Pa. Referido a persona*, que trabaja en empleos eventuales y por poco dinero. pop + cult → espon.

camaronicultura.
I. 1. *Ni, Ec.* **camaricultura**.

camarote.
I. 1. m. *Ho, ES, Ni, Pa, RD, Co, Bo.* **cama camarote**.
2. *Bo. En los trenes*, compartimento de tamaño reducido con camas.
3. *Bo:N,NE. En las embarcaciones hechas de un solo tronco*, cobertizo.
4. *Bo:NE.* Cubierta hecha con cueros o ramas de palmera sobre una estructura de madera que se coloca encima de los carretones o de las embarcaciones, para proteger del sol o de la lluvia a las personas o la carga que se transporta.

camarotero, -a.
I. 1. m. y f. *Ec, Pe;* m. *RD.* Persona que trabaja como camarero en un barco de pasajeros.

camaruco.
I. 1. m. *Ar.* Rogativa tradicional para alejar epidemias u otros infortunios.

camasa.
I. 1. m. *Ve.* **camazo**.
2. *Ve.* **camaza**, fruto y recipiente.

camasey.
I. 1. *PR.* **rifari**, arbusto.
2. *PR.* Fruto del camasey, en forma de baya de color azul, que sirve de alimento a palomas y otras aves.

■
a. ‖ ~ **peludo.** m. *PR.* Arbusto de hasta 8 m de altura, de hojas opuestas, flores blancas, grandes, en racimos y bayas comestibles de color púrpura; se caracteriza por los pelos pegajosos de sus ramas, flores y frutos. (Melastomataceae; *Heterotrichum cymosum*). ♦ **camasey terciopelo**.
b. ‖ ~ **terciopelo.** *PR.* **camasey peludo**.

camastrón.
I. 1. m. *Ho, ES, Ni.* Cama de madera hecha de tiras de hule, cuero crudo o cuerdas de **pita** sobre la que se pone un petate o un colchón.
II. 1. m. *Ho.* Armazón de la carreta que consta de dos maderos horizontales y dos verticales ensamblados. rur.

camastrón, -na.
I. 1. adj. *Ve. Referido a cosa*, muy grande y anticuada.

camayo.
I. 1. m. *Pe.* Peón que se ocupa de cuidar y regar los terrenos de labranza de poca extensión.

camaza.
I. 1. f. *Co:E, Ve.* Fruto del **camazo**, de forma globosa, muy grande y con pericarpio resistente. (**camasa**).
2. *Co:E, Ve.* Recipiente que se hace con el fruto del **camacero**. (**camasa**).
3. *Ve.* **camazo**.

camazal.
I. 1. m. *Ve.* Lugar donde abundan las matas de **camaza**.

camazo.
I. 1. m. *Co:E, Ve:O.* Planta herbácea trepadora que produce zarcillos con los que trepa sobre la vegetación, tallo acostillado, hojas pecioladas, alternas, y con forma de riñón, ligeramente pilosas. (Cucurbitaceae; *Lagenaria vulgaris*). (**camasa**; **camaza**). ♦ **camacero**; **porongo**; **tula**.

camba.
I. 1. sust/adj. *Ar, Ur.* Persona adinerada. pop.
II. (Del guar. *cambá*, negro).
1. adj. *Bo.* Relativo a los departamentos bolivianos de Santa Cruz, Beni y Pando. pop + cult → espon ∧ desp.
2. m-f. *Bo.* Campesino del oriente boliviano de raza indígena que no tiene instrucción. pop + cult → espon ∧ desp.
III. 1. f. *Ni.* Material parecido al plástico, con agujeros uniformes en la superficie, empleado en la artesanía.

■
a. ‖ ~ **colla.** adj/sust. *Bo. Referido a persona*, que tiene usos y costumbres tanto de la zona oriental como de la zona andina de Bolivia. pop + cult → espon ∧ desp.

□
a. ‖ **a lo ~.** loc. adv. *Bo. En la diversión*, a lo grande, sin escatimar medios.

cambá. (Voz guaraní).
I. 1. m-f. *Ar; Py*, pop + cult → espon. Persona de raza negra.

■
a. ‖ ~ **bolsa.** m. *Ar:NE.* Personaje fantástico con el que se asusta a los niños. inf.
b. ‖ ~ **nambí.** *Ar, Ur.* **timbó**, árbol.

cambada.
I. 1. f. *Bo.* Conjunto de trabajadores o campesinos naturales del oriente boliviano.

cambado.
I. 1. adj/sust. adj. *Ve, Ar:NO*, pop; *Ur*, p.u; rur. *Referido a persona*, que tiene una deformidad en las piernas, que consiste en que, cuando junta los pies, le quedan arqueadas a la altura de las rodillas, o que, cuando junta las rodillas, le quedan separados los pies.

cambaje.
I. 1. m. *Bo.* Conjunto de **cambas**.

cambalache.
I. 1. m. *Pe, Ar, Ur.* Confusión, desorden. pop.
2. *Ar, Ur*, pop; *Py*, metáf. Lugar o situación desordenados y caóticos.
II. 1. m. *RD, Py, Ar, Ur.* obsol. Tienda en la que se compraban y vendían prendas, alhajas o muebles usados.
III. 1. m. *Ho, ES.* Favor.

cambalachero, -a.
I. 1. adj/sust. *Ar, Ur. Referido a persona*, que guarda cosas viejas o innecesarias. pop.

cambalacho.
    I. 1. m. *Ch.* Trueque de cosas, *generalmente de poco valor.* pop.

cambaleto.
    I. 1. m. *PR.* Raíz del **chayote**; es comestible.

cambambeado, -a.
    I. 1. adj. *Pe.* p.u. *Referido a persona, especialmente a niños,* que es objeto de mimos. pop + cult → espon.

cambambear.
    I. 1. tr. *Pa.* Consentir, mimar.

cambambería.
    I. 1. m. *Pa.* Mimo o atención excesiva.

cambear.
    I. 1. tr. *Ho, ES, Ni, RD*; *Ec*, rur. Cambiar.

cambeo.
    I. 1. m. *Ho, ES*; *Ec*, rur. Cambio.

camberío.
    I. 1. m. *Bo.* Conjunto de **cambas**.

cambeto, -a.
    I. 1. adj. *Ve. Referido a persona,* que tiene las piernas torcidas en arco, de modo que las rodillas quedan separadas, y los pies, juntos. pop.

cambiá.
    ▶ **jugar a la ~.**

cambiacasaca.
    I. 1. sust/adj. *Cu.* Individuo que cambia de parecer o de partido, chaquetero. pop + cult → espon ^ desp.

cambiadera.
    I. 1. f. *ES, Pa, RD*; *PR, Ec*, pop. Cambios repetidos y muy frecuentes, que llegan a cansar y a resultar pesados.

cambiado, -a.
    □
    a. ‖ **~ por mierda se pierde el envase.** loc. adj. *Cu. Referido a persona,* poco apreciada.

cambiador.
    I. 1. m. *Ch.* Empleado que tiene a su cargo el manejo de las agujas en los cambios de vía de los ferrocarriles, para que cada tren marche por la vía que le corresponde.
    2. *Ch. En las máquinas,* pieza que sirve para mudar la cuerda o la correa de la polea fija a la mudable y viceversa.

cambiadora.
    I. 1. f. *Ho.* Casa de cambio de moneda nacional y extranjera.

cambiar.
    □
    a. ‖ **~ aros.** loc. verb. *Pe, Bo.* Comprometerse en matrimonio los novios intercambiando los anillos de esponsales.
    b. ‖ **~ chinas por botellas.** loc. verb. *PR.* Salir *alguien* perjudicado al cambiar algo. pop + cult → espon.
    c. ‖ **~ de caja.** loc. verb. *Bo, Py. En los vehículos de motor,* poner otra marcha con el cambio de velocidades.
    d. ‖ **~ de camiseta.**
        i. loc. verb. *Ho, Ni, RD, Ec, Py, Ar.* Dejar el bando o partido al que se pertenecía y pasarse a otro. pop. ♦ **cambiar de chingorro**; **cambiar de santo.**
        ii. *RD, Ec, Bo.* Cambiar *alguien* de ideología o de convicción política o religiosa.
    e. ‖ **~ de chingorro.** *Ni.* **cambiar de camiseta**, dejar el bando o partido.
    f. ‖ **~ de comedura.** loc. verb. *PR.* Mudarse *alguien* de una casa en la que come gratis a otra en la que también le dan de comer. rur; pop + cult → espon.
    g. ‖ **~ de estaca.** loc. verb. *Gu, ES.* Variar de domicilio o de trabajo.

    h. ‖ **~ de marcas.** loc. verb. *PR.* Irse un pescador de un sitio a otro.
    i. ‖ **~ de santo.** *Ni.* **cambiar de camiseta.**
    j. ‖ **~ el catre.** loc. verb. *PR.* Cambiar *alguien* de conversación o asunto. rur; pop + cult → espon.
    k. ‖ **~ el chucho.** loc. verb. *RD.* Mudar de opinión o de conducta.
    l. ‖ **~ el paso.** loc. verb. *Cu.* Rectificar *alguien* la actitud que mantenía sobre algo.
    m. ‖ **~ la baraja.**
        i. loc. verb. *Cu.* Cambiar de opinión.
        ii. *Cu.* Dejar de trabajar.
    n. ‖ **~ la bola.** loc. verb. *Cu.* Cambiar una orientación o disposición, con lo que se modifica el orden previo o planeado.
    ñ. ‖ **~ la carne por el cuero.** loc. verb. *Ho.* Engañar a *alguien*. pop + cult → espon.
    o. ‖ **~ la seña.** loc. verb. *Ve.* Alterar *alguien* las reglas o las normas de hacer algo.
    p. ‖ **~ plata por plata.** loc. verb. *Ch.* Invertir sin obtener ganancias ni nada a cambio. pop + cult → espon.
    q. ‖ **~ se de equipo.** loc. verb. *Pe.* Mostrarse *una persona* como homosexual.

cambiazo.
    ▶ **dar el ~.**

cambímbora.
    I. 1. f. *PR.* Abertura o grieta irregular y profunda en la tierra, *por lo general, cubierta de vegetación, muy peligrosa para personas y animales.* rur.

cambio.
    I. 1. m. pl. *RD, PR, Ec.* Palanca con la que se maneja la transmisión de un automóvil.
    II. 1. m. *ES, RD.* Primera llegada de la menstruación.
    III. 1. m. *RD, Ur.* Local comercial en el que específicamente se realizan transacciones monetarias para obtener un equivalente de dinero en otra moneda.
    IV. 1. m. *Bo:C.* Compraventa de imágenes del culto católico.

    ■
    a. ‖ **~ chico.** m. *Ar, Ur.* Billete o, más frecuentemente, moneda de valor no muy elevado.
    b. ‖ **~ de aros.** m. *Ec.* Ceremonia de carácter familiar en la cual los novios intercambian los anillos de compromiso para oficializar su noviazgo.
    c. ‖ **~ de bola.** m. *Cu.* Cambio que modifica una orden o estado anterior.
    d. ‖ **~ de folio.**
        i. m. *Ch.* Ceremonia anual que se realiza en ciertos periódicos consistente en cambiar en la primera página el nuevo año de circulación.
        ii. *Ch.* Cumpleaños de una persona. pop.
    e. ‖ **~ de velocidad.**
        i. m. *RD, PR, Ve. En el **beisbol**,* lanzamiento al que el **pitcher** le reduce velocidad con el fin de sorprender al bateador.
        ii. *Pa.* Dar *alguien* un cambio radical en algo.
    □
    a. ‖ **~ de luces.** loc. sust. *Ch.* Coqueteo realizado entre hombres y mujeres mediante miradas, parpadeos y cierre de ojos. pop.

cambiolín.
    I. 1. m. *Ni.* Estafa en el cambio de moneda.

cambista.
    I. 1. m-f. *Ar.* Empleado que se encarga de los cambios de vía de los ferrocarriles.

camboatá.
    I. 1. m. *Ar:NE, Ur.* Árbol de hojas compuestas, flores pequeñas y fruto capsular de forma globosa. (Sapindaceae; *Cupania vernalis*). (**cambuatá**).
    ♦ **corpus.**

cambombia.

I. **1.** *Ni, Pa:S.* **cambute**, caracola.

2. f. *Pa:N.* **botudo**, caracol. (**kambombia**).

cambote.

I. **1.** m. *Ve.* Grupo desordenado de personas que realizan una actividad o persiguen un fin.

□

a. ‖ **en ~.** loc. adv. *Ve.* En grupo y desordenadamente.

camboyana.

I. **1.** adj/sust. *Ch.* *Referido a una mujer*, que accede fácilmente a los requerimientos sexuales de otra persona. pop ^ fest ^ desp.

cambrallón.

I. **1.** m. *Ho.* Cambrillón, pieza de metal que se coloca entre la suela y la plantilla para reforzar el calzado. (**cambrellón**).

cambray.

I. **1.** *Gu.* **tamalito de cambray**.

cambrellón.

I. **1.** *Ni.* **cambrallón**.

cambrón.

I. **1.** m. *RD, PR.* Arbusto con espinas en las puntas de las ramas adultas, con flores durante la mayor parte del año. (Salicaceae; *Samyda spinosa*).

cambuatá.

I. **1.** *Ur.* **camboatá**.

cambucha.

I. **1.** f. *Ch:S.* Cometa pequeña y sin palillos con que juegan los niños.

cambuche.

I. **1.** m. *Co; Ec:O*, p.u. Cualquier lugar improvisado con cartón, papel y otros materiales que se utiliza para dormir.

II. **1.** m. *Ar.* Especie de garrafa de barro cocido empleada para mantener frescos los líquidos, *especialmente el agua*.

III. **1.** m. *PR.* **cambustera**.

2. *PR.* Flor de la **cambustera**.

3. *PR.* Fruto de la **cambustera**.

cambuchí.

I. **1.** m. *Py, Ar:NE.* Vasija de barro, de cuello y boca estrechos, empleada para almacenar o contener líquidos, *especialmente agua*.

cambucho.

I. **1.** m. *Pe, Ch.* Papel, cartón o barquillo arrollado en forma cónica, empleado para contener dulces, confites, helados o cosas menudas.

2. *Pe, Ch.* Funda o forro de paja que se pone a las botellas para que no se quiebren.

3. *Ch.* Cesta o canasto en que se echan los papeles inútiles, o se guarda la ropa sucia.

II. **1.** *Ch.* Habitación muy pequeña.

cambuco.

I. **1.** m. *PR.* Variedad de **ñame**. rur.

cambuí.

I. **1.** m. *Ar.* Árbol aromático de tronco liso, hojas duras y fruto esférico. (Myrtaceae; *Myrcia sphaerocarpa*).

cambullón.

I. **1.** m. *Ve:E.* Lugar protegido y seco donde se depositan las mazorcas de maíz.

II. **1.** m. *Ch.* Cosa hecha por confabulación de algunos, con engaño o malicia, para alterar la vida social o política.

cambullonero, -a.

I. **1.** m. y f. *Ch.* Persona que monta **cambullones**, amaños o enredos. pop + cult → espon.

cámbulo.

I. **1.** *Co.* **búcaro**, árbol.

cambumbo.

I. **1.** m. *RD.* Canasto de mimbre u otro material, que tiene distintos usos.

II. **1.** m. *ES.* Cigarro de marihuana. drog.

cambur.

I. **1.** m. *Pa, Ve; Ec*, p.u. **guineo**, fruto. (**cambure**).

2. *Ve.* **guineo**, planta.

II. **1.** m. *Ve.* Cargo, empleo o puesto público. fest.

□

a. ‖ **chévere ~.**

i. loc. adj. *Ve.* *Referido a persona o cosa*, muy buena.

ii. loc. adv. *Ve.* Muy bien.

▶ **cortar el ~; madurar ~es.**

cambural.

I. **1.** m. *Ve.* Plantación de **cambures**.

II. **1.** m. *Ve.* Conjunto de puestos o cargos burocráticos en las oficinas públicas. pop ^ fest.

cambure. (Parag. de *cambur*).

I. **1.** *Pa.* **cambur**, fruto. rur.

camburero, -a.

I. **1.** m. y f. *Ve.* Persona que vende **cambures**.

2. adj. *Ve.* Relativo al **cambur**, banano.

II. **1.** sust/adj. *Ve.* Persona que obtiene un **cambur**, cargo o empleo público, gracias a influencias políticas.

2. adj. *Ve.* Relativo al **cambur**, empleo público.

camburro, -a.

I. **1.** adj/sust. *Ni.* obsol. *Referido al calzado*, que llega por encima del tobillo.

cambustera.

I. **1.** f. *Cu, RD, PR.* Planta herbácea que crece en forma de enredadera, de hojas ovaladas, flores rojas en ramilletes de cinco a seis, y fruto en cápsula. (Convolvulaceae; *Quamoclit quamoclit*). (**cambutera**).

♦ **cambuche**.

cambute.

I. **1.** *Ni, CR, Pa:S.* **botudo**, caracol.

2. m. *Ni, Pa:S.* Caracola del cambute que sirve como instrumento de llamada. ♦ **cambombia**.

cambutera.

I. **1.** *Cu, PR.* **cambustera**.

cambuto.

I. **1.** m. *PR.* Limón grande y rugoso que contiene un jugo muy ácido usado para refrescos y remedios medicinales. (Rutaceae; *Citrus* spp.).

camelear.

I. **1.** tr. *Ar.* Mentir o engañar a *una persona*, *especialmente para impresionarla*. pop.

camelero, -a.

I. **1.** sust/adj. *Ar, Ur.* Persona que miente o engaña, *especialmente con la intención de impresionar*. pop.

camella.

I. **1.** f. *Ni:C,O.* Gamella, cada uno de los dos arcos del yugo. rur.

II. **1.** f. *PR.* Bicicleta de carreras de **competencia**.

camellada.

I. **1.** f. *Gu, Ho, ES, Ni.* Caminata larga y agotadora.

camellador, -ra.

I. **1.** sust/adj. *Ec.* Persona muy trabajadora. pop + cult → espon.

camellar.

I. **1.** intr. *Mx, ES, Co, Ec; Cu*, juv; *CR*, p.u. Trabajar, realizar *alguien* de manera continuada y con esfuerzo una acción para lograr un resultado útil. pop.

2. *Mx, Ho, ES, Ni, RD.* Caminar mucho, recorrer a pie una gran distancia.

camello.

I. 1. m. *Mx, ES, Cu, Co, Ec.* Empleo, trabajo, oficio. pop + cult → espon.

2. *Ec.* Actividad que realiza habitualmente una persona para ganarse la vida. pop + cult → espon.

3. *Ec.* Sitio donde desempeña su trabajo habitualmente una persona.

II. 1. m. *Co.* Tarea pesada y molesta.

2. *ES.* Individuo que trabaja arduamente.

III. 1. sust/adj. *Ar, Ur.* Persona poco inteligente y de comportamiento rudo y torpe. pop ^ desp.

IV. 1. m. *Cu, Ur.* Autobús en el que la zona del conductor está en un nivel más bajo que el resto del vehículo.

2. *Ur.* Vehículo policial acondicionado para el transporte de personas arrestadas por algún delito.

3. *Ur.* obsol. Vehículo militar que echaba un chorro fuerte de agua, empleado para dispersar manifestaciones de protesta.

V. 1. m. *Bo. En zapatería,* pieza metálica que se coloca entre el tacón y la parte inferior de la suela.

VI. 1. m. *PR. En las peleas de gallos,* gallo que tiene una protuberancia en el lomo, lo que le impide pelear.

camellón.

I. 1. m. *Mx, Gu.* Separación de suelo, estrecha y con elevación de bordillo, *generalmente cubierta de tapiz vegetal,* que deslinda los dos sentidos de circulación de una avenida o calle ancha.

2. *Co.* Vía pública *generalmente amplia y poblada de árboles.*

3. *Co.* Paso estrecho y largo entre paredes, casas o elevaciones del terreno.

4. *Ve.* Camino vecinal cubierto por una capa de **granzón**.

5. *Gu, Pa.* Arcén, cada uno de los dos lados de una calzada.

6. *Pa.* Atajo o vereda.

7. *Pa.* Trecho en una playa que, cuando el mar se retira, se aprovecha para transitar. pop + cult.

II. 1. m. *Ve:O.* Surco preparado para sembrar.

III. 1. m. *Ch.* Clavo o punta de hierro que une el tacón a la suela del zapato y le da firmeza.

camerá.

I. 1. f. *Co.* Conejo silvestre, muy parecido al conejo común europeo, tiene las orejas más cortas y es más rechoncho, de color gris o café. (Leporidae; *Sylvilagus* spp.).

cameral.

I. 1. adj. *RD, PR, Ec.* Relativo a la Cámara de Representantes del poder legislativo.

camíbar.

I. 1. m. *Ho, Ni, CR, Pa, Co.* Árbol de hasta 20 m de altura, de copa poco poblada, hojas alternas compuestas de un número par de hojuelas, ovaladas, enteras y lustrosas, y flores blancas de cuatro pétalos en espigas axilares. (Fabaceae; *Copaifera camibar*). ♦ **cabimo**.

2. *Ho, Ni, Co.* Bálsamo o aceite extraído del tronco de este árbol que se usa en la medicina tradicional para curar heridas y llagas.

camiguana.

I. 1. f. *RD, Ve.* Pez pequeño cilíndrico, vermiforme, sin escamas, de hasta 30 cm de longitud. (Engraulidae; *Anchovia clupeoides*).

camijeta.

I. 1. f. *Bo.* Camisa de lino o **tocuyo** cerrada y larga, que llega hasta debajo de la rodilla; la usan los indígenas del oriente boliviano. rur.

camile.

I. 1. m. *Pe:S.* Curandero de algunos pueblos que utiliza hierbas y amuletos para sanar. rur.

¡camina!

I. 1. interj. *Pa.* Expresa orden para urgir a alguien a hacer algo inmediatamente. pop.

caminada.

I. 1. f. *Gu, Ho, Ni, CR, Pa, Ch; ES, Co, Ec,* pop. Caminata, recorrido a pie, *generalmente largo y agotador.*

caminadera.

I. 1. f. *CR, Pa, RD, Co.* Desplazamiento reiterado que realiza una persona a pie, *generalmente sin propósito definido.*

2. *Gu, Ho, ES, Ni, RD.* Caminata larga y agotadora.

caminado.

I. 1. *Ho, ES, Ni, CR, Pa, Co.* **andado.**

▶ dañarse el ~.

caminador.

I. 1. m. *Pa, RD, Co, Ve, Ec.* Aparato con asiento y ruedas en las patas, para que los niños aprendan a caminar.

2. *RD, Co, Ec.* Aparato metálico diseñado para personas con problemas para caminar.

caminadora.

I. 1. f. *Mx, Gu, Ho, ES, Ni, Pa, Ve, Ec, Py.* Máquina de ejercicios con una banda móvil para caminar.

caminante.

I. 1. m. *Ch.* Ave muy parecida a la alondra, que tiene el pico largo, algo encorvado, plumaje de color gris rojizo, como el del terreno, y cola corta. (Furnariidae; *Geositta isabellina*).

II. 1. m. *Ur.* Hombre sin domicilio fijo ni ocupación, que deambula por los caminos y vive de la caridad. rur.

caminar(se).

I. 1. intr. *Cu, RD, PR, Ve, Ec, Pe.* Funcionar una máquina, una empresa o una campaña publicitaria.

2. *RD, PR, Ec, Ar:NO, Ur.* Progresar o seguir su curso un trámite, una gestión o un negocio. pop.

II. 1. tr. *Co.* Cortejar a *alguien.* pop.

2. *Co.* Querer *algo.*

III. 1. tr. *Ar.* Engañar a *alguien* para obtener algo de él. pop.

IV. 1. tr. *Ho, Ni.* Llevar *algo* consigo.

V. 1. tr. *Cu.* Ceder fácilmente una mujer a relaciones sexuales con un hombre. pop + cult → espon.

VI. 1. intr. *Cu.* Practicar religiones de origen africano.

VII. 1. tr. *Cu.* Recorrer un vehículo una determinada distancia.

VIII. 1. intr. *Cu.* Traficar, delinquir.

IX. 1. tr. prnl. *CR.* Tomar *alguien algo* contra la voluntad de su dueño, sin intimidación ni uso de la fuerza. pop + cult → espon. ♦ **cargar.**

□

a. ‖ ~ **bonito.**
   i. loc. verb. *Pa.* Andar con elegancia un caballo fino.
   ii. *Pa.* Andar con rapidez y sin problemas.

b. ‖ ~ **como chancho maiceado.** loc. verb. *Ho.* Andar *alguien* con la cabeza agachada. rur.

c. ‖ ~ **como el cangrejo.** loc. verb. *Cu, Ec.* Fracasar.

d. ‖ ~ **como entierro de pobre.** loc. verb. *Ho.* Caminar velozmente.

e. ‖ ~ **como lora.** loc. verb. *Ni.* Andar con los pies hacia dentro.

f. ‖ ~ **con el calendario a la espalda.** loc. verb. *Ho.* Estar *una persona* próxima a morir. fest. ♦ **caminar con la correa al lomo.**

g. ‖ ~ **con la corona al lomo.** *Ho.* **caminar con el calendario a la espalda.**

h. ‖ ~ **con los codos.** loc. verb. *Cu.* Ser muy tacaño alguien.

■

a. ‖ **¡no camino más!** loc. interj. *Cu.* Expresa la resolución de dar por terminada una actividad o situación.

caminata.
  I. 1.   f. *Pa, RD, PR, Co, Ec.* Desplazamiento, marcha de personas para un fin benéfico.
    2.   *PR.* Actividad pública en la que un gran número de personas se reúne para caminar una ruta previamente delimitada.
  II. 1.   f. *PR. En atletismo,* marcha, carrera que consiste en caminar rápidamente con uno de los pies siempre en contacto con el suelo.

caminera.
  I. 1.   f. *Ec.* Botella de bolsillo, ancha y plana, que sirve para llevar bebidas alcohólicas.

caminero.
  I. 1.   m. *Py, Ur.* Alfombra larga y estrecha que se coloca en zaguanes, corredores, escaleras u otros lugares de paso.
    2.   *Py, Ur.* Tapete largo y estrecho que se coloca como adorno sobre una mesa. ◆ **camino.**

caminí.
  I. 1.   m. *Py, Ar:NE.* Variedad de **yerba mate**, elaborada y molida sin palillos.

camino.
  I. 1.   m. *Ar, Ur.* Alfombra estrecha y larga que se coloca en vestíbulos, escaleras o pasillos.
    2.   *Ni, Ur; Pa,* pop + cult → esm. **caminero,** tapete.
  II. 1.   m. *Gu.* Raya que divide el pelo de la cabeza en dos partes.

■

  a. ‖ ~ **afirmado.** m. *Ec, Ar, Ur.* Pavimento de piedras pequeñas machacadas, unidas con alquitrán y comprimidas con un rodillo.
  b. ‖ ~ **carretero.** m. *Ec, Bo.* Camino de tierra para el tránsito de vehículos motorizados.
  c. ‖ ~ **de cintura.** m. *Ar.* Vía de tránsito rodado que rodea un núcleo urbano.
  d. ‖ ~ **extrajudicial.** m. *Cu, RD.* Camino o senda por los cuales no es costumbre transitar.
  e. ‖ ~ **mejorado.** m. *Ar, Ur.* Pavimento de piedras pequeñas machacadas, unidas con alquitrán y comprimidas con un rodillo.
  f. ‖ ~ **real.**
    i.   m. *Mx, Ho, Ni, Pa, Ec.* Camino en uso, diseñado y construido durante el período de la colonización española.
    ii.   *RD.* Camino más importante.
  g. ‖ ~ **ripiado.** m. *Ec, Bo.* Camino de tierra cubierto por una capa de grava.
  h. ‖ ~ **troncal.** m. *Ar; Bo,* pop + cult → espon. Camino o línea férrea principal donde entroncan los ramales.

□

  a. ‖ ~ **al cielo.** loc. sust. *Ch.* Vehículo automóvil rápido y pequeño. pop.
  b. ‖ ~ **de la felicidad.** loc. sust. *Ch.* Línea de vello masculino que va desde el pecho hasta el pubis. pop ^ fest.
  c. ‖ **medio puesto, al ~.** loc. adj. *CR. Referido a persona,* de poca inteligencia. desp.
  ▶ abrir ~; coger ~; coger el ~ de las yeguas; creer en cuentos de ~ real; dar ~; darle ~; decir por aquí es ~; echar ~; irse por el ~ viejo; ser ~.

camión.
  I. 1.   m. *Mx.* Autobús, vehículo automóvil de transporte público.

■

  a. ‖ ~ **aljibe.** m. *Ch.* Vehículo dotado de un depósito en el que se transporta agua potable.
  b. ‖ ~ **atmosférico.** m. *Ar.* Vehículo provisto del equipo necesario para extraer el líquido de los pozos ciegos.
  c. ‖ ~ **betonero.** m. *Ch.* Vehículo provisto de una máquina para hacer argamasa.

  d. ‖ ~ **carga.** m. *Py.* Vehículo que se encarga de transportar grandes cargas.
  e. ‖ ~ **cava.** m. *Ve.* Vehículo grande con cámara frigorífica que se utiliza para el transporte de alimentos.
  f. ‖ ~ **con volcadora.** m. *Ur.* Vehículo con un dispositivo mecánico que le permite levantar la caja y volcar la carga transportada.
  g. ‖ ~ **de redilas.** m. *Mx.* Vehículo cuya caja de carga está formada por paredes de listones verticales cruzados por otros horizontales.
  h. ‖ ~ **de volteo.** m. *Cu.* Vehículo dispuesto para volcar la carga, volquete.
  i. ‖ ~ **hidrante.** m. *Py, Ar.* Vehículo provisto de un tanque y tubos de descarga de agua empleado por la policía para reprimir tumultos callejeros.
  j. ‖ ~ **jet.** m. *Ch.* Vehículo con un sistema de agua a presión usado para limpiar alcantarillas y otras instalaciones urbanas.
  k. ‖ ~ **materialista.** m. *Mx.* Vehículo que transporta materiales de construcción.
  l. ‖ ~ **mosquito.** m. *Ar.* Vehículo con remolque abierto, provisto de una rampa superior y otra inferior, empleado para el transporte de vehículos desde la fábrica hasta los lugares de venta.
  m. ‖ ~ **recolector.** m. *Ec, Ar.* Vehículo que se encarga de la recogida de basura.
  n. ‖ ~ **tolva.** m. *Ec, Ch.* Vehículo de grandes dimensiones y una gran caja con un dispositivo hidráulico que se eleva e inclina para depositar los materiales que transporta.
  ñ. ‖ ~ **tronquero.** m. *Bo:N,NE,E.* Vehículo de seis o más ruedas, con motor de gran potencia que se utiliza para transportar troncos de árboles. ◆ **tronquero.**
  o. ‖ ~ **volcador.** m. *Ar, Ur.* Vehículo con un dispositivo mecánico que le permite levantar la caja y volcar la carga transportada. (**volcador**).

camiona.
  I. 1.   f. *ES.* Variedad de **cemita** grande.

camionada.
  I. 1.   f. *Ho, ES, Ni; Ec,* p.u. Cantidad, abundancia de algo.

□

  a. ‖ **a ~s.** loc. adv. *Ar, Ur.* En gran cantidad, en abundancia. pop.
  b. ‖ **por ~s.** *Ve.* **a camionadas.**

camionado.
  I. 1.   m. *CR, Co.* Cantidad que puede caber en el **cajón** de un camión o vehículo de carga. pop + cult → espon.

camionera.
  I. 1.   f. *Pe, Ch.* Lesbiana con modales y apariencia masculinos. pop ^ desp.

camioneta.
  I. 1.   f. *ES, Pa.* p.u. Automóvil de turismo, de cinco puertas, una trasera y con el maletero incorporado detrás de los asientos para llevar carga ligera. pop + cult → espon.
  ▶ bajarse de la ~.

camionetero, -a.
  I. 1.   m. y f. *Gu.* Conductor de un autobús de servicio público.

camisa.
  I. 1.   f. *Bo, Ch. Entre los empapeladores,* papel ordinario que suele ponerse debajo del fino para que este asiente y pegue mejor.
  II. 1.   f. *ES.* Preservativo. pop.

■

  a. ‖ ~ **de bacterias.** f. *Ve.* Camisa estampada.
  b. ‖ ~ **de dormir.** f. *Pa, PR, Co, Ec.* Prenda para dormir que cubre el tronco y cae suelta hasta una altura variable de las piernas.

c. ‖ ~ **de manta.** f. *Gu, Ho, ES, Ni.* obsol. Camisa hecha de tela fina de algodón de color blanco que usaban los campesinos.

d. ‖ ~ **de mochila.**
  i. f. *Ve.* p.u. Camisa de tela burda que usaban los hombres del pueblo.
  ii. loc. sust. *Ve.* meton. Persona de la clase obrera.
e. ‖ ~ **de torero.** f. *Ni.* juv. Camisa de color rojo.
f. ‖ ~ **leñadora.** f. *Ec, Ar, Ur.* Camisa de hombre confeccionada en lana y a cuadros de varios colores.

□
  a. ‖ **con la ~ levantada.** loc. adj. *Gu. Referido a persona,* asustada, atemorizada. pop + cult → espon.
  ▶ **estar con la ~ al revés; estar con la ~ levantada; levantar la ~.**

camisaco.
  I. 1. m. *Py, Ar, Ur.* Prenda de vestir masculina en forma de camisa, con bolsillos en los costados, que se lleva por fuera del pantalón. ♦ **camisola.**

camiseado, -a.
  I. 1. adj. *Ho. Referido a un arma de fuego,* que está metida entre la faja o cinturón y tapada por la camisa.

camisearse.
  I. 1. tr. prnl. *Ho.* Colocarse una pistola o revólver en la cintura por debajo de la camisa.
  2. *Ni.* Hacer el ademán de sacar de debajo de la camisa la pistola o el revólver.

camisera.
  I. 1. f. *Ec, Pe, Ch.* **camisero,** prenda de vestir.

camisero.
  I. 1. m. *Pa, Ec, Pe, Ch.* Prenda de vestir que imita las formas del cuello y de la botonadura de una camisa. (**camisera**).
  2. *Ec, Pe.* Vestido de mujer largo hasta las rodillas con cuello, mangas y puños.

camiseta.
  I. 1. f. *Bo:NE,E.* Camisa de lino o **tocuyo** cerrada y larga, que llega hasta debajo de la rodilla; la usan los indígenas del oriente boliviano. rur.

■
  a. ‖ **la ~.** f. *Ho.* Himen, repliegue membranoso que reduce el orificio externo de la vagina mientras se mantiene intacto. desp.
  ▶ **cambiar de ~; mojar la ~; ponerse la ~.**

camisilla.
  I. 1. f. *RD, PR, Ar, Ur.* Prenda interior masculina sin mangas, que cubre el torso.
  2. *Ec, Py.* Prenda de vestir de algodón, sin mangas y con escote.
  3. *Pa.* Camisa de hilo o lino, de uso exterior, con alforcillas, similar a la **guayabera.**

camisola.
  I. 1. f. *Ec.* obsol. Redecilla textil de forma tubular usada en lámparas de gasolina para condensar la gasificación incandescente y difundir la luz.
  II. 1. f. *Ni.* Camiseta, prenda interior masculina sin mangas.
  2. *Ur.* p.u. **camisaco.**

camisolín.
  I. 1. m. *Py, Ar, Ur; Ec,* p.u. Prenda femenina para ir a la cama, confeccionada en tejido suave, ligero, *generalmente con transparencias,* a fin de resaltar las formas del cuerpo.
  2. *Ni.* Camiseta, prenda interior femenina sin mangas.

camisón.
  I. 1. m. *RD, PR, Pe.* Camisa de mujer.
  2. *Ve.* Vestido de mujer sencillo y de una sola pieza.
  3. *PR.* Prenda de dormir, *generalmente compuesta de pantalón y chaqueta.*
  ▶ **ser mucho ~ para Petra.**

camisudo, -a.
  I. 1. adj. *Ho. Referido a persona,* de bajo estrato social, pobre.

camoatí. (Del guar. *caba,* avispa, y *atí,* reunión).
  I. 1. m. *Py, Ar, Ur.* Avispa pequeña, de color negro y muy agresiva. (Vespidae; *Polybia scutellaris*). (**camuatí**).
  2. *Py, Ar, Ur.* Nido colgante del camoatí. (**camuatí**).
  ▶ **alborotar el ~.**

camochayote. (Del nahua *camotli,* camote; *cha-yotl,* chayote).
  I. 1. m. *Mx, Ni.* Raíz del **chayote**; es comestible.

camón.
  I. 1. m. *Cu.* Pieza curva de madera de las que forman el aro de una rueda, *especialmente de una carreta.* rur.

camona.
  I. 1. f. *Pe.* Palma de hasta 30 m de altura, de tronco erecto y sin espinas, apoyado por un denso cono de raíces aéreas, hojas pinnadas, frutos subglobosos u ovoides, *parcialmente lisos,* de color verde pálido; el tronco es utilizado en la fabricación de canoas y en la construcción. (Arecaceae; *Iriartea deltoidea*). ♦ **chonta negra; huacrapona; maquenque; pachiuba; palmilera; pambil.**
  II. 1. f. *PR.* juv. Prostituta. vulg; pop ^ desp.

camorra.
  ▶ **dar ~.**

camorrear.
  I. 1. intr. *ES, Ni, Py.* Reñir o pelear dos o más personas.

camotal.
  I. 1. m. *Mx, Gu, Ho, ES, Ni, CR, Pa, Ec, Pe, Ch.* Terreno plantado de **camotes.**

camote. (Del nahua *camotli,* camote).
  I. 1. m. *Mx, Gu, Ho, ES, Ni, CR, Pa, Ve, Ec, Pe, Bo, Ch, Ar.* Planta cultivada y rastrera, de tallo herbáceo, cilíndrico, hojas alternas, acorazonadas, flores en pedúnculos, en grupos umbeliformes, de corola blanquecina y campanulada, y fruto en cápsula. (Convolvulaceae; *Ipomoea batata*). ♦ **batata; chaco.**
  2. *Mx, Gu, Ho, ES, Ni, CR, Pa, Ve, Ec, Pe, Bo, Ch, Ar.* Tubérculo comestible del camote, con forma de huso, harinoso y azucarado, de color pardo por fuera y amarillento o blanco por dentro. ♦ **chaco.**
  3. *ES.* metáf. Protuberancia o hinchazón en el cuerpo de persona o animal.
  II. 1. m. *Mx.* Hombre que tiene relaciones ilícitas con una mujer. pop.
  2. *Mx.* Hombre relacionado pasionalmente con otro hombre. pop.
  3. *Mx.* Persona desvergonzada. pop.
  4. *Pe, Bo; Ar, Ur,* pop. Enamoramiento.
  5. *Pe.* Mujer que tiene relaciones ilícitas con un hombre. pop.
  6. *Pe.* Afición desmesurada u obsesión hacia alguien o algo. pop.
  7. adj. *Ec;* adj/sust. *Bo.* **arrastrado,** muy enamorado.
  8. m. *Ch.* p.u. Persona cargante, pesada, fastidiosa. pop.
  III. 1. m. *Mx, ES, Ch.* Asunto difícil y enredado.
  2. *Ch.* Mentira, embuste.
  IV. 1. m. *Mx, ES.* Pene. vulg.
  V. 1. m. *Pe. En el* **fútbol** *y otros deportes,* demostración de superioridad de un equipo sobre otro mediante determinadas jugadas de calidad o de burla.
  VI. 1. m-f. *Ho; Ec:S,* obsol. Persona tonta e ingenua.
  VII. 1. m. *Ch.* Piedra o terrón que se puede lanzar con la mano o que se puede rodar.
  VIII. 1. m. *Gu.* Pantorrilla. pop.

IX. 1. m. *CR.* Comportamiento extravagante que adopta repentinamente una persona. pop.

2. sust/adj. *CR.* Persona que adopta repentinamente un comportamiento extravagante. pop.

☐

a. ‖ **¡buena, ~!** loc. interj. *ES.* Expresa aprobación y agrado.

b. ‖ **~ sin suerte.** loc. sust. *Bo.* Persona que se enamora de otra sin ser correspondida.

c. ‖ **chele ~.** loc. sust. *Ni.* Persona de piel blanca.

▶ **agarrar ~; botar el ~; dejar como ~; hacerse ~; medir el agua a los ~s; poner como ~; tantearle el agua a los ~s; tomar un ~; tragar ~.**

camoteadamente.

I. 1. adv. *Ni.* p.u. A escondidas, ilegalmente.

camotear(se).

I. 1. tr. *Ar.* Timar, estafar.

2. *Ho, Ni.* Esconder, ocultar *algo* o a *alguien*.

3. *Ho, Ni.* Robar *algo*. pop.

4. intr. prnl. *Ho.* Enriquecerse *una persona* con el robo. pop.

II. 1. tr. *Ho.* Molestar, fastidiar a *alguien*.

camoteo.

I. 1. *Bo:S.* **camotera**, apasionamiento amoroso.

camotera.

I. 1. f. *Ch.* **Golpiza** que dan unos estudiantes a otros. est.

II. 1. f. *Bo.* Apasionamiento amoroso. ♦ **camoteo.**

III. 1. f. *Ho.* Lugar sembrado de **camotes.**

camotero.

I. 1. m. *Ho. En el ejército,* soldado que evade la formación o una misión.

camotero, -a.

I. 1. m. y f. *Mx.* Persona que cultiva o vende **camotes.**

camotillo.

I. 1. m. *Mx, Ho, ES, Ni.* Planta silvestre con el tallo generalmente subterráneo, subcilíndrico y, a menudo, tuberoso y carnoso, hojas compuestas de hojuelas rígidas terminadas en espinas, la inflorescencia es un estróbilo masculino o femenino, el fruto son pequeños granos, de color parecido al grano de centeno; su raíz, al natural, es muy venenosa y cocida es comestible. (Cicadaceae; *Zamia loddigesii, Euchlanea mexicana*).

2. *Gu, Ho, CR.* **cúrcuma,** hierba.

3. *Gu, Ho.* Rizoma de esta planta semejante al jengibre, huele como él y tiene un sabor amargo; se utiliza como condimento y como tinte amarillo.

4. *Gu, Ho.* Sustancia resinosa y amarilla que se extrae del rizoma de esta planta; se utiliza como condimento y tinte amarillo para textiles.

II. 1. m. *Mx.* Madera de color violado, veteada de negro.

III. 1. m. *Gu, Pe, Ch.* Dulce de camote machacado.

▶ **dar ~; tragar ~.**

camotón.

I. 1. m. *ES.* Moretón.

camotudo, -a.

I. 1. adj. *Pe. Referido a persona,* enamoradiza. pop.

II. 1. adj. *Ch. Referido a un problema o a una situación,* difícil de resolver o entender. pop.

campamentero, -a.

I. 1. sust/adj. *Ar, Ur.* Persona aficionada a la vida al aire libre, en **carpas** o tiendas de campaña. ♦ **campamentista; campinero.**

campamentista.

I. 1. *Ar, Ur.* **campamentero.**

campamocha.

I. 1. f. *Mx, Ec.* Mantis religiosa, insecto de hasta 8 cm de longitud, de color verde o amarillo, cuerpo alargado y cabeza pequeña y triangular, y patas delanteras muy desarrolladas. (Mantidae; *Stagmomantis carolina*).

campana.

I. 1. m. *Mx, ES, Ve, Ec, Pe, Bo:C,O, Py, Ar, Ur.* metáf. *Entre delincuentes,* centinela que vigila un lugar para dar inmediato aviso a los otros si alguien aparece inoportunamente.

2. m-f. *Pe.* Confidente de la policía.

II. 1. f. *Cu, RD, PR.* **cacao sabanero.** (**campano**).

2. *Ec.* **Floripondio** de flores rojizas.

III. 1. sust/adj. *Bo.* Mujer que tiene una vida sexual promiscua. vulg; pop + cult → espon ∧ desp.

IV. 1. f. *Ho.* Especie de copa con un mango fino en que se tiene que colocar una bola de madera que está atada al mango, en el juguete del **enchute** o **capirucho.**

V. 1. f. *PR.* Pieza central de la rueda de una carreta. ♦ **manzana.**

◪

a. ‖ **hay que oír las dos ~s.** fr. prov. *RD.* Indica que se tiene que disponer de toda la información antes de dar una opinión o llegar a una conclusión.

▶ **hacer la ~; no creer ni en los rejos de las ~s; oír las dos ~s; vestirse de ~ grande.**

campanear(se).

I. 1. tr. *Mx.* Acechar, espiar, seguir *alguien* los movimientos y evoluciones de otros con unos propósitos determinados, *generalmente la policía a los delincuentes.* pop.

2. intr. *Mx.* metáf. *Entre delincuentes,* vigilar para alertar a los demás compañeros de cualquier intromisión inoportuna.

3. tr. *CR, Pa, Cu, Ar.* Observar *una persona algo* o a *alguien* sin ser vista. pop.

4. *Ar, Ur,* pop; *Bo,* delinc. Actuar como **campana,** ladrón que alerta.

5. intr. *Ar.* Observar detenidamente, pero con disimulo. pop.

II. 1. intr. prnl. *Mx.* Sufrir un accidente *una persona* a bordo de un vehículo de motor que da varias vueltas de campana.

2. *Mx.* Dar un vehículo de motor varias vueltas de campana.

III. 1. intr. *Mx.* Retirar los desperdicios *una persona* contratada como refuerzo irregular, en una zona desatendida por el servicio oficial de recogida de basura.

2. *Mx.* Avisar acústicamente de su presencia el camión de recogida de basura para que los vecinos la saquen a la calle.

IV. 1. intr. *Mx.* Oscilar, vibrar un pistón golpeando en el curso de su desplazamiento contra las paredes del cilindro a causa del desgaste o de un defecto en el ajuste que generan una ligera holgura.

2. tr. *Mx.* Agredir a *alguien* o atacar una parte de su cuerpo mediante fuertes golpes repetidos. pop.

V. 1. intr. *Mx. En futbol,* golpear la pelota fuertemente impulsada, primero en el travesaño de la portería y luego, despedida, botar en el terreno de juego.

VI. 1. tr. *Cu, RD, Ve.* Mirar con intención lasciva a *una persona.*

VII. 1. intr. prnl. *RD; ES,* pop. Echar a correr, huir asustado de un lugar.

VIII. 1. intr. prnl. *Py.* Ingeniárselas *una persona* para enfrentar y sortear dificultades.

campaneo.

I. 1. m. *Mx.* Sistema de recogida de basura basado en el aviso de un operario mediante el repiqueteo de una campanilla instando a los vecinos a sacar a la calle sus desechos.

2. *Mx.* Repiqueteo de un pistón, en el curso de su desplazamiento, contra las paredes del cilindro a causa del desgaste o de un defecto en el ajuste que generan una ligera holgura.

II. 1. m. *Mx.* Acecho, espionaje de los movimientos y evoluciones de otros con unos propósitos determinados, *generalmente por parte de la policía a los delincuentes.*

2. *Mx. Entre delincuentes,* vigilancia o guardia para alertar a los demás compañeros de cualquier intromisión inoportuna.

III. 1. m. *Mx.* Agresión mediante fuertes golpes repetidos. pop.

campanero, -a.
I. 1. m. y f. *Co, Ve, Ec.* Persona que espía mientras los compañeros cometen un asalto o robo. pop.

campanilla.
I. 1. f. *Pa, Co.* Enredadera de hojas simples, acorazonadas, muchas veces trilobadas y con los pecíolos largos, flores acampanadas de tonos rosado, lavanda y lila, y frutos en cápsula con cuatro semillas que pueden ser negras o de color café, lisas y brillantes. (Convolvulaceae; *Ipomoea trifida*). ◆ **batatilla; batatillo; bejuco de batatilla; churristate.**

2. *Cu.* **Bejuco** de aguinaldo.

II. 1. f. *RD.* metáf. Voz femenina muy aguda y chillona. pop + cult → espon.

campanillero, -a.
I. 1. m. y f. *Ch.* Persona que trabaja a la entrada de un prostíbulo como portera y anunciando a las prostitutas que están en él. prost.

campanita.
□
a. ‖ **de ~s.** loc. adj. *RD. Referido a persona,* importante o de categoría social alta.

campano.
I. 1. *Co.* **samán.**
II. 1. m. *PR.* **campana,** arbusto.

campanudo, -a.
I. 1. adj. *Ec. Referido a persona o cosa,* bravucona, desafiadora.

campanula.
I. 1. f. *Ho, ES.* Cualquier flor que tenga forma acampanada.

campaña.
I. 1. f. *Py, Ar, Ur.* Territorio rural alejado de las zonas urbanas y del turismo.

II. 1. f. *Gu, ES.* Favor, ayuda que se presta a alguien.

■
a. ‖ **~ de terror.** *PR.* **campaña del terror.**
b. ‖ **~ del terror.** f. *PR, Ec, Ch.* Propaganda política en la que se busca atemorizar a los electores con predicciones nefastas si se vota a los adversarios. pop + cult → espon. ◆ **campaña de terror.**

▶ **hacer la ~; romper ~.**

campañista.
I. 1. m. *Ch.* p.u. Hombre que cuida de los animales en las fincas que tienen campaña, cerros o montañas.

II. 1. m-f. *Ch.* Persona experta y acostumbrada a participar en campañas, *especialmente políticas, o a organizarlas.*

¡campas!
I. 1. interj. *ES.* Expresa sorpresa por, la pérdida o desaparición de algo.

campeada.
I. 1. f. *Ch, Ar.* Búsqueda en el campo, *generalmente a caballo,* de una persona, animal o cosa. rur.

campeador, -ra.
I. 1. sust/adj. *Ar:NO.* Persona hábil y experta en recorrer los campos a caballo para buscar o arrear el ganado. rur.

campeano, -a.
I. 1. adj. *Ur. Referido a persona,* práctica y dispuesta. rur.

campear.
I. 1. intr. *Bo:S, Ch, Ar, Ur.* Recorrer el campo, *generalmente a caballo,* en busca de una persona, animal o cosa. rur.

2. *Ar:NO.* Buscar en el campo, normalmente a caballo, personas o animales extraviados. rur.

II. 1. tr. *Pa, Ar.* Observar o vigilar a *alguien.* pop.

III. 1. intr. *Ar:NO.* Sacar a pacer el ganado. rur.

□
a. ‖ **~ por su respeto.** loc. verb. *Cu.* Obrar *una persona* a su antojo, sin tener en consideración el criterio de los demás.

campechana.
I. 1. f. *Mx, Gu.* Bizcocho de hojaldre.
2. *Mx.* Combinado de bebidas alcohólicas.
3. *Mx.* Cóctel de mariscos característico de Campeche, *servido generalmente en copa y especialmente sabroso.*

campechaneada.
I. 1. f. *Mx.* Lote, surtido, conjunto de cosas variadas. pop. (**campechaneado**).

campechaneado.
I. 1. m. *Mx.* **campechaneada.**

campechaneado, -a.
I. 1. adj/sust. *Mx. Referido a una sustancia o a una realidad,* formada por la amalgama o fusión de varios ingredientes o elementos mezclados. pop.

2. adj. *Mx. Referido a una sustancia, generalmente líquida,* rebajada en su pureza por adición de otra en cierta proporción. pop.

3. *Mx. Referido a una pluralidad o un conjunto,* formado por elementos variados, surtidos, heterogéneos. pop.

campechanear(se).
I. 1. tr. *Mx.* Amalgamar, fundir, maridar, mezclar sustancias, datos, elementos, de manera que juntos formen un todo asimilado y homogéneo. pop.

2. *Mx.* Rebajar en su pureza una sustancia, *generalmente líquida,* por adición de otra en cierta proporción. pop.

3. *Mx.* Combinar variedad de elementos heterogéneos. pop.

4. *Mx.* Conciliar, compaginar, hacer compatible una actividad con otra, alternándolas debidamente. pop.

II. 1. intr. *Mx.* Repartir, dividir *alguien* su presencia o tiempo entre dos o más lugares o actividades distintos. pop. ◆ **campechaneársela.**

III. 1. intr. prnl. *Mx.* Comportarse *alguien* con pachorra, flema y relajación ociosa, desentendiéndose de una responsabilidad. pop. ◆ **campechaneársela.**

2. tr. *Mx.* Sobrellevar *alguien* una situación apurada o exigente. pop.

□
a. ‖ **campechaneársela.**
i. loc. verb. *Mx.* **campechanear,** repartir.
ii. *Mx.* **campechanear,** comportarse.

campechanidad.
I. 1. f. *Mx.* Identidad y cultura que caracterizan a los naturales del estado de Campeche o enraizados allí.

2. *Mx.* Amabilidad, franqueza, simpatía y llaneza en el trato entendidos como idiosincrasia de las gentes del estado de Campeche.

campechano, -a.
I. 1. adj/sust. *Ec, Bo:O,C,S,* pop ^ desp; *Ve,* desp. *Referido a persona,* que no es de la capital.

2. *Ve. Referido a persona*, que no tiene trato social. desp.

3. sust/adj. *Bo:O,C,S.* Persona que tiene modales rudos y aspecto sucio y descuidado. pop ^ desp.

campeche. (De *Campeche*, estado mexicano).

I. 1. sust/adj. *Co; ES, Ni*, euf, fest; m-f. *Ve:C*, desp. Persona que vive y realiza labores propias del campo.

2. adj. *Co, Ve:C,O. Referido a persona*, tosca en sus modales o falta de trato social. pop ^ desp.

3. sust/adj. *Co.* Persona excesivamente apegada a la mentalidad y a las costumbres locales. desp.

4. adj. *Bo. Referido a persona*, que tiene modales rudos y aspecto sucio y descuidado. pop ^ desp.

II. 1. m. *Ho, Ni, Ve.* Arbusto de hasta 3 m de altura, de ramas fuertes, a menudo torcidas y con espinas largas y duras, flores amarillas, cuyo fruto es una vaina alargada, estrecha y oblonga; tiene aplicación en la medicina tradicional. (Fabaceae; *Haematoxylon brasiletto*). ♦ **brasil**; **madera de Nicaragua**.

III. 1. m-f. *ES, Ni.* Campesino. euf; fest.

■

a. ‖ **palo de ~.** m. *Cu.* Árbol silvestre, de corteza blanquecina, brillante en las ramas, flores de cuatro pétalos y fruto parecido a la aceituna; la madera se aprovecha para toneles.

campeño, -a.

I. 1. sust/adj. *Ar:NO.* Persona que habita en el campo o que proviene de él. pop.

II. 1. m. y f. *Ho, ES.* Campesino, obrero agrícola, peón.

2. adj. *Ho.* Relativo al campo.

III. 1. m. y f. *Ho.* Persona asalariada que trabaja en una compañía bananera.

2. adj. *Ho.* Relativo a los trabajadores de las compañías bananeras.

campeón.

I. 1. m. *Py, Ar.* Ejemplar de animal ganadero que se exhibe en las ferias como modelo de crianza.

campeonar.

I. 1. intr. *Ec, Pe, Bo, Ch, Ar.* Ganar un campeonato.

2. *Ur.* Participar en un campeonato.

campeonizar.

I. 1. tr. *Ho, ES, Ni, CR.* Hacer campeón a un equipo deportivo.

2. intr. *CR.* Llegar un competidor o un equipo a ser campeón.

cámper. (Del ingl. *camper*).

I. 1. m. *Mx, Pa, PR, Ec.* Vehículo acondicionado para vivir en él.

II. 1. m. *EU, Ho, ES, Ni.* Techo de metal o plástico con laterales de vidrio que se coloca sobre la **paila** del automóvil para guardar la carga y protegerla del sol y de la lluvia.

campera.

I. 1. f. *Bo, Ch, Py, Ar, Ur.* Chaqueta de uso informal o deportivo.

2. *Ho.* meton. Cazadora de material grueso y resistente.

camperear.

I. 1. intr. *Ar, Ur.* Realizar tareas propias de la vida rural. rur.

II. 1. intr. *Ur.* Recorrer el campo. rur.

campero.

I. 1. m. *Ni, Co, Ec.* Automóvil todoterreno.

campero, -a.

I. 1. adj. *Ar, Ur. Referido a persona*, hábil en las tareas propias del campo. rur.

2. *Ur. Referido a un caballo o un perro*, acostumbrado a trabajar en las faenas del campo. rur.

camperucho, -a.

I. 1. sust/adj. *Pa.* Persona del campo.

camperuso, -a.

I. 1. sust/adj. *Ve.* Persona que se comporta como un campesino. rur.

2. adj. *Ve. Referido a persona*, tímida, inhibida, de poco trato social. rur.

campesinato.

I. 1. m. *RD, Co.* Conjunto o clase social de los campesinos. esm.

campestre.

I. 1. adj/sust. *Bo. Referido a persona*, que tiene modales rudos y aspecto sucio y descuidado. pop ^ desp.

2. sust/adj. *RD.* Persona ignorante, zafia.

campichuelo.

I. 1. m. *Ar.* Campo abierto, pequeño y cubierto de hierbas.

campinero, -a.

I. 1. *Ar:C.* **campamentero**.

campiñero, -a.

I. 1. m. y f. *Pe.* Campesino que vive y trabaja en una pequeña parcela.

campirano, -a.

I. 1. adj/sust. *Mx, Ho, ES, Ni, Ec:O. Referido a persona*, que vive y trabaja en el campo.

2. sust/adj. *Mx.* Natural o procedente del medio rural.

3. adj/sust. *Mx. Referido a persona*, que entiende de faenas propias del campo.

4. *Mx. Referido a persona*, diestra en el manejo del caballo y de otros animales.

5. *Ho.* Persona que se encarga de arrear y recoger el ganado vacuno en una hacienda.

campiriño, -a.

I. 1. sust/adj. *Ar:NE.* Persona que vive y trabaja en el campo o que procede de una zona rural.

campisto.

I. 1. m. *Ho.* Hombre que por oficio recorre los bosques o sabanas para vigilar y cuidar el ganado de los hatos.

campisto, -a.

I. 1. adj/sust. *Ho, Ve. Referido a persona*, campesina, que vive en el campo.

II. 1. sust/adj. *Ho, ES, Ni.* Jinete que vigila, cuida y arrea el ganado vacuno.

camplto.

I. 1. m. *Py, Ar, Ur.* Terreno sin construir, en zonas urbanas o suburbanas, en el que se suele jugar al **futbol**.

campo.

I. 1. m. *Gu, Ho, Ni, CR, Co, Bo.* Sitio, lugar que está o puede ser ocupado por algo o alguien.

II. 1. m. *Ar:NO.* Terreno arcilloso y de pastos poco apto para la cría del ganado. rur.

III. 1. m. *Pa, Cu, RD, PR. En el beisbol*, terreno debidamente acondicionado para este deporte.

IV. 1. m. *Cu, RD, PR.* Zonas del país, con excepción de la capital.

■

a. ‖ **~ bananero.**
i. m. *Gu, Ho.* Poblado bananero.
ii. *Ho.* División administrativa y de tierras de las compañías bananeras.

b. ‖ **~ corto.** *PR.* **campocorto**.

c. ‖ **~ de invernada.** m. *Py, Ar, Ur.* Campo con buenos pastos donde se lleva al ganado en los meses de invierno. rur.

d. ‖ **~ pagado.** m. *Mx, Gu, Ho, Es, Ni, CR, Pa.* Espacio de un periódico comprado por una persona, empresa o institución para publicar textos informativos o judiciales.

☐

a. ‖ **a ~.** loc. adj. *Ar, Ur. Referido a la cría de animales,* que se realiza a la intemperie. rur.

b. ‖ **¡~ y anchura!** loc. interj. *Bo.* Expresa la solicitud a alguien para que deje libre el paso o ceda el asiento.

c. ‖ **¡~ y anchura para la gordura!** loc. interj. *Bo.* Expresa la solicitud a alguien para que deje libre el paso o ceda el asiento.

d. ‖ **¡~ y anchura para la hermosura!** loc. interj. *Bo.* Expresa la solicitud a alguien para que deje libre el paso o ceda el asiento.

e. ‖ **¡~ y anchura para que pase la basura!** loc. interj. *Bo.* Expresa la cesión del paso a alguien. fest.

campocorto. (Del ingl. *short stop*).
I. 1.   m. *RD. En el beisbol,* puesto del jugador que se sitúa entre la segunda y la tercera **base,** en el lugar más cercano al lanzador para atrapar la pelota si el bateador la lanza en esa dirección. (**campo corto**).

campuruso, -a.
I. 1.   sust/adj. *Ve.* Persona que vive y trabaja en el campo. pop ∧ desp.
    2.   adj. *Ve. Referido a persona,* tímida, inhibida, de poco trato social. pop.

campuso, -a.
I. 1.   adj. *ES.* Pollo con plumaje rizado. rur.

camu.
■
a. ‖ **~~.**
    i.   m. *Ec, Pe.* Árbol pequeño, de fuste delgado y ramificado desde la base, con hojas simples, lanceoladas u ovoides, flores, agrupadas de color blanco, fruto globoso, y de cáscara delgada, lisa, brillante, de color rosado a negro púrpura, con pulpa carnosa; el fruto se usa con fines medicinales. (Myrtaceae; *Myrciaria dubia*). (**camucamu**). ♦ **guayabillo.**
    ii.   *Ec, Pe.* Fruto del **camu camu.**

camuatí. (Del guar. *caba,* avispa, y *atí,* reunión).
I. 1.   *Py, Ar, Ur.* **camoatí.**

camucamu.
I. 1.   *Pe.* **camu camu,** árbol.
    2.   *Pe.* **camu camu,** fruto.

camuflageado, -a.
I. 1.   *PR.* **camuflajeado.**

camuflagear.
I. 1.   *RD, PR, Ve.* **camuflajear,** camuflar.

camuflajeado, -a.
I. 1.   adj. *Mx, Gu, Ho, ES, Ni, Pa, Cu, RD, PR.* Camuflado, que disimula o encubre su apariencia. (**camuflageado**).

camuflajear(se).
I. 1.   tr. prnl. *Mx, Gu, Ho, ES, Ni, Pa, Cu, RD.* Camuflarse, disimular la apariencia de algo o de alguien.
    2.   tr. *RD, PR, Ve.* Camuflar, disimular *algo* dándole el aspecto de otra cosa. (**camuflagear**).

camuflayar.
I. 1.   tr. *Py.* Camuflar.

camulián, -na. (Del nahua *camiliui,* comenzar a madurar).
I. 1.   adj. *Ho. Referido a una fruta,* que empieza a madurar. (**camuliano**).
    2.   sust/adj. *Ho.* metáf. Persona de mediana edad. (**camuliano**).

camuliano.
I. 1.   *Ho.* **camulián.**

camulín. (Sínc. de *camulián*).
I. 1.   m. *Gu.* Plátano maduro.

camulla.
I. 1.   f. *ES.* Conversación. pop.

camungo.
I. 1.   m. *Pe.* Ave de más de 50 cm de longitud, parecida a un pavo, de color gris oscuro a negro, pico corto y cuello largo, tiene un pequeño cuerno en la cresta, anda erguida y con lentitud, y lanza un fuerte grito. (Anhimidae; *Anhima cornuta*). ♦ **tapacaré cornudo.**

camunina.
I. 1.   f. *Ve.* Trampa, engaño.
▶ **jugar ~.**

camuquengue.
I. 1.   *Ve.* **tacuacín.**

can.
I. 1.   m. *RD.* Grupo, corrillo, reunión. pop + cult → espon.
II. 1.   m. *RD.* Cualquier actividad de diversión.
▶ **gustarle a un ~; pelearse por un ~; plantar un ~.**

cana.
I. 1.   f. *Mx, ES, Ni, Cu, Co, Ve, Ec, Pe, Ch, Ur; Bo,* polic; pop + cult → espon ∧ desp. Cárcel, local destinado a la reclusión de presos. ♦ **cana grande.**
    2.   *Ar, Ur;* pop; *Bo,* polic. pop + cult → espon ∧ desp. Cuerpo de la policía.
    3.   *Bo:O,C.* Oficina o dependencia de la policía. polic; pop + cult → espon ∧ desp.
II. 1.   f. *RD.* Caneca.
III. 1.   f. *PR.* **cucuyús.**
■
a. ‖ **~ chica.** f. *Bo:O,C.* Juzgado policial. pop + cult → espon.
b. ‖ **~ grande.** *Bo.* cana, cárcel.
c. ‖ **palma ~.** f. *Cu, RD.* Una de las variedades del **guano** silvestre, parecida al coco, y cuyo tronco se emplea para hacer cercas.
☐
a. ‖ **en ~.** loc. adj. *Cu, Pe, Ar, Ur. Referido a persona,* encarcelada. pop.
▶ **batir la ~; caer en ~; dar la ~; pegar ~s; sacar ~s verdes; salir ~s verdes; tirar cana.**

canaca.
I. 1.   m. *Pe, Ch.* p.u. Individuo de raza amarilla. desp.
II. 1.   m. *Ch.* Dueño de un burdel.

Canadá.
▶ **estar en ~; mandar al ~.**

canaguay.
I. 1.   adj. *Co. Referido al gallo de pelea,* de color blanco y canela.

canagüey.
I. 1.   adj. *Ve. Referido a un gallo,* que tiene plumas de color castaño en el cuello, las alas y el lomo.
    2.   m-f. *PR.* Gallo o gallina, de color blanco con pintas amarillas o rojas. (**camagüey**).

canal.
I. 1.   m. *RD, Ve.* Carril de una vía pública.
II. 1.   m. *Pe.* Parte más honda de un río por la que se puede navegar sin dificultad.
■
a. ‖ **~ seco.** m. *Ho, ES, Ni.* Carretera o autovía que comunica dos o más puertos.
b. ‖ **tres ~es.** m. *Ho.* Machete cuya hoja lleva tres hendiduras para que entre el aire.
▶ **poner la ~.**

canalero, -a.
I. 1.   adj. *Ho, ES, Ni, CR, Pa.* Relativo al canal de Panamá.

canaleta.
I. 1.   f. *Gu, Ho, ES, Ni, Pa, Co, Bo, Ch, Py, Ar, Ur.* Conducto que recibe y vierte el agua de los tejados.

2. *Ch, Py, Ar, Ur.* Canal de poca profundidad y anchura. ◆ **valo**.

3. *Bo.* En minería, conducto, *generalmente de madera,* por donde circula el agua para lavar los minerales.

canalete.
I. 1. *Co.* **suchicahue**.

canaletear.
I. 1. intr. *Ho, Ni, Pa, Co, Ve, Ec:O.* Impulsar una embarcación con canalete o remo de pala ancha.

canaleteo.
I. 1. m. *Ho, Ni, Ec:O.* Impulso de una embarcación con canalete o remo.

canaletero.
I. 1. m. *Bo.* Hombre que se dedica a la fabricación de **canaletas** y bajantes.

canaleto.
I. 1. m. *Pa.* **bemba de chucha**.

canalista.
I. 1. m-f. *Ch.* Miembro o socio accionista de una sociedad dueña de un canal de regadío.

canalla.
I. 1. adj. *Ni.* juv. *Referido a producto,* bueno, excelente.
▶ **estar ~**.

canallería.
I. 1. f. *RD.* Canallada, perrería.

canalu.
I. 1. *Pa.* **alcarreto**, árbol de hasta 35 m.

canalú.
I. 1. *Pa.* **bemba de chucha**.
2. *Pa.* **alcarreto**, árbol de hasta 35 m.

canalua.
I. 1. *Pa.* **alcarreto**, árbol de hasta 35 m.

canalúa.
I. 1. *Pa.* **bemba de chucha**.

canana.
I. 1. f. *Co.* Camisa de fuerza.
II. 1. f. *RD.* Broma, mala jugada.

cananga.
I. 1. f. *Pa, RD.* **ilan ilan**, árbol.

canapé.
I. 1. m. *Bo:NE,E.* Camastro hecho con la corteza trenzada de algunos árboles o de **bejucos**.
2. *Pa.* Cama pequeña plegable con colchón, de hierro o aluminio, para uso provisional. pop + cult.

canapial.
I. 1. m. *Ve:O.* Hombre que se emborracha con frecuencia.

canar.
I. 1. intr. *Co, Bo.* Ponerse cano.
II. 1. tr. *Ar:NO.* Sorprender a *alguien* haciendo algo indebido o a escondidas. pop.

canarí. (De or. ind. antillano).
I. 1. m. *Ve.* Olla grande de metal con un alambre en forma de arco que sirve de agarradero. (**canarín**).
2. *RD.* Vasija de barro, cántaro.

canaria.
I. 1. *Cu, PR.* **amanda**.

canarín.
I. 1. *Ve.* **canarí**, olla.

canario.
I. 1. m. *RD, PR, Ec.* Ave criolla cantora de pequeño tamaño, de color amarillo brillante con manchitas verde oliva. (Parulidae; *Dendroica petechia*).
◆ **canario de manglar; cigüita del manglar**.
II. 1. m. *Ch.* Pito, vasija de barro o de plástico con agua, para imitar el gorjeo de los pájaros.
III. 1. m. *Ch.* Bebida hecha con vino blanco y huevo.
IV. 1. m. *Ec.* p.u. Pene. euf; espon ^ fest.

V. 1. m. *PR.* Caballo de color amarillo.
VI. 1. m. *PR.* **catalineta**.
■
a. ‖ ~ **de manglar**. *Cu, RD, PR.* **canario**, ave.
▫
a. ‖ **ni el ~**. loc. pron. *Ar.* Nadie. pop.

canario, -a.
I. 1. m. y f. *Ch. Entre los camareros,* persona que deja buenas propinas.
II. 1. sust/adj. *Ur.* Persona que procede del ámbito rural y se desenvuelve con dificultad en el medio urbano.

canarrao.
I. 1. m. *Cu.* Huella acanalada que los vehículos dejan en los caminos durante la época de lluvia.

canasta.
I. 1. f. *Ch, Ar.* Cárcel o prisión. pop ^ fest.
2. *Bo.* Oficina o dependencia de la policía. delinc.
II. 1. f. *CR, RD, Co.* Estructura que se instala sobre el techo de los automóviles para llevar el equipaje.
III. 1. f. *RD, Co.* Caja, *generalmente de plástico,* dividida en compartimentos para transportar bebidas embotelladas.
IV. 1. f. *RD, Bo, Ch.* Conjunto de productos cuyos precios de media al mes permiten el cálculo del Índice de Precios de Consumo por dicho período.
V. 1. f. pl. *Gu, RD.* Pastelillo en forma de cazuela, hecho de harina, **royal**, agua, mantequilla, aceite, manteca y sal, que, una vez horneado, se rellena con carne o verdura.
■
a. ‖ ~ **básica**.
  i. f. *Mx, Gu, Ho, ES, Ni, Pa, RD, Ec.* Conjunto de alimentos que conforman la dieta habitual.
  ii. *CR, RD, PR, Ec.* Conjunto de artículos de primera necesidad.
b. ‖ ~ **familiar**. f. *Pa, Cu, RD, PR, Co, Ec, Py, Ar, Ur; Bo,* pop + cult → espon. Conjunto de productos de primera necesidad, cuyo precio sirve para calcular la carestía de la vida.
▫
a. ‖ **a la ~**. loc. adj/adv. *Ar:NO. Referido a una comida,* celebrada por amigos y familiares que aportan una parte de las viandas. pop.
b. ‖ ~ **limpia**. loc. sust. *Ch.* Victoria clara y rotunda o sucesión de ellas sin derrota. pop + cult → espon.
c. ‖ *rummy* ~. loc. sust. *Ec, Bo.* Juego de cartas con dos barajas.
▶ **llenar la ~**.

canastada.
I. 1. f. *Gu, Ho, ES, Ni.* Cantidad abundante de algo.
2. *CR.* Contenido de un **canasto** lleno. pop + cult → espon. (**canastado**).

canastado.
I. 1. m. *CR.* **canastada**, contenido de un canasto.

canastear.
I. 1. intr. *ES.* Vender *algo* que se lleva en un canasto.

canastera.
I. 1. f. *Gu, Ho, Ni.* Mujer que vende frutas y verduras que lleva en un canasto sobre la cabeza.
II. 1. f. *Ho, Ni.* metáf. Cabello largo, revuelto y crespo.

canastero.
I. 1. m. *Ch.* Ave de 17 cm de longitud, de color parduzco por el lomo y vientre, grisáceo por la garganta y pecho, y flancos color canela, que hace su nido en forma de canasto alargado. (Furnariidae; *Asthenes humicola humicola*).

canastero, -a.
I. 1. m. y f. *Ec, Pe.* Jugador de **básquetbol** que encesta mucho.
2. adj. *Ec.* Relativo al **básquetbol**.

II. 1. m. y f. *Ch.* Vendedor ambulante de alimentos perecederos que lleva su mercancía, *especialmente frutas y mariscos, en canastas.*

2. *Ch.* Persona empleada en una panadería, que traslada el pan en canastos desde el horno hasta el enfriadero.

III. 1. m. y f. *Ch.* Persona aficionada a jugar a la canasta.

canastilla.
I. 1. f. *Mx, Gu, Ho.* **Bejuco** grande, áspero y de tallo cilíndrico, hojas triangulares, base cordada, de flores solitarias, de color amarillo y rojo que se encuentra en las axilas de las hojas, la base es ovoide y horizontal, el tubo erecto, y el labio triangular y oblado; es muy utilizado en la medicina tradicional. (Aristolochiaceae; *Aristolochia anguicida).* ♦ **guaco; raíz de indio.**

II. 1. f. *Cu.* Ajuar de alguien que va a ser iniciado en la santería.

III. 1. f. *ES.* Pan dulce, en forma de **canastita**, hecho de masa de harina de trigo, arroz o maíz rellena con jalea de piña.

canastillo.
I. 1. m. *Pa, RD.* Conjunto de ropa que se prepara para un niño que está próximo a nacer.

2. *RD.* Ajuar de novia.

canastita.
I. 1. f. *Ar.* Ave limícola, de tamaño pequeño, pico largo y patas cortas. (Escolopacidae; *Capella gallinago).*

II. 1. f. *Pa, Bo.* Recipiente pequeño con golosinas y **masitas** que se regala en un una fiesta de cumpleaños infantil.

III. 1. f. *Ni.* Juego infantil en el que los niños hacen una rueda con sus manos y giran a la vez cantando: «una canastita llena de botones, burro te quedaste en las vacaciones».

canasto.
I. 1. m. *Pa, RD, Bo, Ar.* Recipiente, *especialmente de mimbre o alambre,* utilizado para arrojar papeles inservibles u otros desperdicios.

2. *CR, RD.* Recipiente cilíndrico, tejido con fibras de ciertos **bejucos**, que se usa en la recolección del café.

II. 1. m. *Ve.* Boca de una persona.

III. 1. m. *Ho, RD.* Cabello largo, revuelto y crespo.

IV. 1. m. *PR. En el baloncesto,* aro con una red colgante sin fondo, a través del cual debe pasar la pelota.

2. *PR. En el baloncesto,* punto obtenido por encestar.

3. *PR. En el baloncesto,* enceste.

▶ **bajarse el ~.**

canasto, -a.
I. 1. adj. *Ni. Referido a persona,* loca.

canavalia.
I. 1. f. *Gu, Ho, Ni.* Planta anual trepadora, de crecimiento rápido, generalmente erecta y algunas veces arbustiva, de hasta 1 m de altura, los estolones pueden tener algunas veces hasta 10 m de longitud, de enraizamiento profundo y resistente a la sequía; las semillas son comestibles, algo tóxicas si se consumen en grandes cantidades. (Fabaceae; *Canavalia ensiformis).*

canazo.
I. 1. m. *Co; Ch,* pop. Pena de prisión.

cancacho.
I. 1. m. *Pe.* Lechón o cordero asado con **ají** y aceite.

cancagua.
I. 1. f. *Ch:SO.* Piedra de tono gris, de consistencia arenosa y de relativa dureza, lo que permite que se hagan con ella desde herramientas manuales hasta ladrillos. (**cancahua**).

cancahua.
I. 1. *Ch:SO.* **cancagua.**

cáncamo.
I. 1. m. *Cu.* Persona de edad avanzada. desp.

2. *Cu.* Hombre inepto.

3. *Cu.* Mujer fea.

II. 1. m. *RD.* Un peso, moneda.

III. 1. m. *Ho.* Gota de agua o de sudor. rur.

□
a. ‖ **como un ~.** loc. adv. *RD.* Ciertamente, con toda seguridad.

cancán.
I. 1. m. *Py, Ar, Ur.* Prenda femenina de nailon, licra, seda u otros tejidos, que cubre y ciñe el cuerpo desde la cintura hasta los pies.

2. *Ar.* Prenda femenina o de niño, de lana, que cubre y ciñe el cuerpo desde la cintura hasta los pies.

II. 1. f. *Ni.* **Lora** que todavía no habla.

cancana.
I. 1. f. *Ar:NO; Bo:S,* rur. Varilla de hierro o madera en la que se ensarta la carne para asar.

□
a. ‖ **a la ~.** loc. adv. *Bo:N. Referido al modo de asar la carne,* ensartándola en una **cancana.**

cancanear. (De or. onomat.).
I. 1. intr. *Mx, Ni, CR:NO, Pa, Cu, RD, Co:N.* Hablar con pronunciación entrecortada y repitiendo las sílabas, tartamudear.

2. *Cu.* Actuar con vacilación o inseguridad.

3. *RD.* Repetir muchas veces lo mismo. pop + cult → **espon.**

II. 1. intr. *Cu, PR.* Hacer ruido un motor con problemas en las válvulas. pop + cult → **espon.**

cancaneo.
I. 1. m. *Mx, Ni, Co:N; Pa, Cu, RD,* cult → **espon.** Tartamudeo. pop.

II. 1. m. *Cu, RD, PR.* Ruido monótono que produce un motor con válvulas defectuosas. pop + cult → **espon.**

2. *PR.* Fallo en el motor por defectos en las válvulas. ♦ **cojeo.**

cancaruño, -a.
I. 1. adj. *Pa. Referido a anciano,* débil y achacoso.

II. 1. adj. *Pa. Referido a persona,* despeinada y desarreglada en el vestir.

cancato.
I. 1. m. *Ch:SO.* Pescado asado a las brasas, relleno con queso y otros ingredientes.

cancel.
I. 1. m. *Mx.* Conjunto de placas de cristal templado o de otro material, *generalmente transparente,* con que se aísla, para evitar salpicaduras, la ducha o el baño en un aseo, formando un habitáculo que dispone de acceso a la zona de agua.

2. *Mx.* Construcción de paneles, ligera y sin obra, con la que se delimitan y separan espacios o se subdivide en un edificio una sala ya constituida.

3. *Mx.* Estructura metálica con barrotes fuertemente anclada en el vano de una fachada a suelo y paredes con que se protege el acceso a un lugar.

4. *Py, Ar, Ur.* Verja o puerta que separa del zaguán el vestíbulo o el patio.

5. *Co.* Mampara compuesta de varios bastidores unidos por medio de goznes, que se cierra, abre y despliega.

6. *Ec.* **cancela.**

cancela.
I. 1. f. *Ec.* Enrejado divisorio que se coloca *generalmente en las oficinas* para separar el recinto en el que trabajan los empleados, del espacio reservado al público. (**cancel**).

cancelar.

I. 1. tr. *RD, Ec.* Despedir a *alguien* de su puesto de trabajo. pop + cult → espon.

cáncer.

I. 1. m. *PR.* juv. Anillo de matrimonio, *especialmente el del hombre*.

II. 1. m. *PR.* Persona que come mucho. fest.

▶ **comer como un ~.**

cancha. (Del quech. *cancha,* recinto cercado).

I. 1. f. *Pe, Ch, Py, Ar, Ur.* Espacio abierto y desembarazado.

2. *Pe, Bo:SO, Ar:NO.* Corral o cercado espacioso para depositar ciertos objetos o productos agrícolas. (**kancha**).

3. *Ch.* Pista de aterrizaje.

4. *Ch.* Lugar donde se realiza una actividad determinada y que en ocasiones se considera como propio.

5. *Ho, Ni.* Recinto donde se realiza la pelea de gallos.

6. *Bo.* Terreno de poca extensión dedicado a la agricultura. rur.

7. *Bo.* Espacio cercado situado a cualquier lado de la vivienda, que se usa como corral o sembradío.

8. *Bo:O,C,S.* Espacio cercado al aire libre, con suelo de pizarra, donde se pone a secar la coca.

9. *Bo:S.* Patio en una mina, donde se recoge y selecciona el mineral.

10. *Bo:C. En la ciudad de Cochabamba,* mercado que se celebra al aire libre y en días señalados.

11. *Ur. En la construcción,* espacio donde se preparan los materiales que se van a utilizar y, especialmente, la mezcla.

II. 1. f. *CR, Pa, Co, Ve, Pe, Ch, Ar, Ur.* Conocimiento o habilidad que se adquiere con la experiencia. pop.

2. sust/adj. *Cu.* Persona que posee grandes conocimientos para llevar a cabo una actividad.

III. 1. f. *Co:C, Ar.* Sarna. pop.

IV. 1. f. *Pe, Ch.* **chulpi.**

V. 1. adj/sust. *Cu. Referido a persona,* buena.

2. *Cu. Referido a cosa,* prestigiosa.

VI. 1. m. *Cu.* Mostrador de un bar o de un restaurante.

2. f. *ES.* Local o lugar donde se bebe con amigos.

VII. 1. f. *Ho.* Lugar donde se trabaja.

●

a. ‖ **¡~!**

i. fórm. *Bo:O,C. En juegos como el billar o el futbolín,* se usa para pedir al encargado bolas para jugar o autorización para iniciar o reiniciar el juego.

ii. *Bo:O,C. En el juego de billar,* se usa para que el **canchero** sepa que el juego ha terminado y que puede disponer de la mesa.

■

a. ‖ **~ multifuncional.** f. *Bo.* Recinto deportivo, que sirve para la práctica de varias disciplinas deportivas, como fútbol sala, voleibol y **basketball**.

b. ‖ **~ múltiple.** f. *Ho, Ni, Ec.* Terreno o pista deportiva que puede utilizarse para varios tipos de juegos.

c. ‖ **media ~.** f. *Gu, Ho, ES, Ni, Pa, Ec, Bo. En deportes,* zona media del campo de juego.

□

a. ‖ **~ libre.** loc. sust. *Pa, Bo.* Plena libertad de acción. pop + cult → espon.

b. ‖ **como ~.** loc. adv. *Pe.* En gran cantidad. pop + cult → espon.

▶ **abrir ~; abrir la ~; agarrar ~; dar ~; dar ~ libre; dar ~, tiro y lado; dejar ~ libre; despejar la ~; embarrar la ~; ensuciar la ~; estar en su ~; hacer ~; pedir ~; querer la ~ y los cuatro reales; querer la ~ y los veinte; rayar la ~; tener ~.**

¡cancha!

I. 1. interj. *Ve.* Expresa la petición de que abran paso.

canchada.

I. 1. f. *Ur. En la construcción,* cantidad de material que se prepara en la **cancha** de una sola vez.

canchado.

I. 1. m. *Ar.* Primera molienda de las hojas de la **yerba mate**.

canchador.

I. 1. m. *Pe.* Obrero que se dedica a realizar trabajos ocasionales o eventuales poco remunerados.

canchador, -ra.

I. 1. m. y f. *Ar:NE, Ur.* Persona encargada de **canchar** las hojas de la **yerba mate**.

canchadora.

I. 1. f. *Ar:NE.* Máquina para **canchar** las hojas de la **yerba mate**.

canchal.

I. 1. f. *Cu.* Terreno, espacio, local o sitio llano y desembarazado.

II. 1. f. *Cu.* Habilidad que se adquiere con la experiencia. pop + cult → espon.

▶ **ser un ~.**

canchalagua.

I. 1. f. *Ec:C, Pe, Ch.* Hierba de tallo derecho y cuadrangular de hasta 20 cm de altura, de hojas opuestas, oblongas y puntiagudas y flores rosadas; tiene usos medicinales. (Gencianaceae; *Gentiana canchalagua, Erythraea chilensis, E. quitensis*).

2. *Co.* Hierba de hasta 50 cm de altura, de pequeñas hojas aovadas y diminutas flores blancas en racimitos. (Euphorbiaceae; *Euphorbia hypericifolia*). ♦ **lechosa.**

3. *Ar:NO.* Hierba anual de hasta 50 cm de altura, de tallos delgados ascendentes, hojas compuestas y flores azules con pedúnculos largos. (Compositae; *Schkuria pinnata*).

4. *Ho, Ni.* Hierba anual de 15 cm de altura, de hojas opuestas, sésiles, lineares o lanceoladas, flores rosadas o amarillas, solitarias en la axilas de las hojas y fruto en cápsula; en la medicina tradicional se usa contra la calentura y el paludismo. (Gentianaceae; *Schultesea guianensis*). ♦ **caballerito.**

5. *Ur.* Planta rizomatosa de hasta 30 cm de altura, de tallos ramificados, flores de color amarillo y fruto en forma de cápsula. (Iridaceae; *Sisyrinchium vaginatum*).

canchamina.

I. 1. f. *Pe, Bo:SO, Ch, Ar:NO.* **Cancha** o patio en una mina, donde se recoge y selecciona el mineral.

canchaminero.

I. 1. m. *Ch, Ar:NO.* Hombre que trabaja en una **canchamina**.

canchanchán, -na.

I. 1. adj/sust. *Cu, RD. Referido a persona,* adulona. pop + cult → espon.

II. 1. m. *Cu, RD.* Compinche, cómplice, compañero. pop + cult → espon.

▶ **ser el ~ de alguien.**

canchape.

I. 1. m. *Co:S.* **Colada** de maíz.

canchar(se).

I. 1. intr. *Ar. En una pelea con cuchillo,* esquivar los golpes del rival con el movimiento del cuerpo.

2. tr. *Ve.* Dar un golpe a *alguien*.

II. 1. tr. *Ar:NE, Ur.* Moler las hojas de la yerba mate después de su secado.

III. 1. tr. *Pe.* Ganar algo de dinero con trabajos pequeños por encargo o por prestar pequeños servicios.

IV. 1. tr. prnl. *Ve.* Ponerse *alguien* una prenda de vestir que no le queda bien.

cancharagua.
I. 1. f. *RD.* **paraguay,** hierba.

cancharana.
I. 1. f. *Ar:NE.* **cedro macho.** (Meliaceae; *Cabralea oblongifolia*).

cancharina.
I. 1. f. *Co:S.* Masa dulce de harina de trigo, delgada y extendida, que se fríe en aceite.

canche. (Del maya yucat. *xcanché*, variedad de yuca muy blanca).
I. 1. adj/sust. *Gu, ES. Referido a persona*, de pelo rubio y piel blanca.
2. adj. *Gu. Referido al cabello*, rubio.
3. adj/sust. *Gu. Referido a persona*, de pelo y piel rojizos.
II. 1. f. *Gu.* **Tortilla** frita con **frijoles** y queso encima.

cancheada.
I. 1. f. *Bo.* Ingreso de dinero por un trabajo eventual. pop.

canchear.
I. 1. tr. *Bo, Ch.* Ganar algo de dinero con trabajos por encargo o por prestar pequeños servicios. pop.
2. *Bo.* Obtener *una persona* alguna ganancia en especie.
II. 1. intr. *Ec.* Ejercitarse un deportista o atleta en una cancha.
2. *Ec.* Adquirir destreza en un deporte.
III. 1. intr. *Py.* Buscar entretenimiento por no trabajar seriamente.

cancheo.
I. 1. m. *Ch.* Trabajo pequeño realizado por encargo o para prestar algún servicio.
II. 1. m. *Ho, Ni.* Experiencia y capacidad que tiene alguien en alguna actividad manual, deportiva o intelectual.

cancheramente.
I. 1. adv. *Ar, Ur*, pop; *Ec, Bo*, pop + cult → espon ^ fest. Con desenvoltura, facilidad y eficiencia.

canchereada.
I. 1. f. *Ar, Ur.* Alarde, jactancia, o muestra de suficiencia. pop.
2. *Ar.* Maniobra para eludir una responsabilidad, obligación o tarea. pop.

cancherear(se).
I. 1. intr. *Ar, Ur.* Actuar de manera presuntuosa o arrogante. pop.
2. intr. prnl. *Ar.* juv. Eludir una obligación o tarea, *especialmente una clase o unas horas de trabajo*.

canchero, -a.
I. 1. adj. *Co, Pe, Ch, Py, Ar; Ec, Bo*, fest; *Ec*, obsol. *Referido a persona*, habilidosa. pop.
2. adj/sust. *Bo, Ar; Ec, Ur*, obsol. *Referido a persona*, desenvuelta, segura de sí misma.
3. adj. *Ec.* p.u. *Referido a persona*, que tiene facilidad para hacer amistades. pop.
4. sust/adj. *Bo.* Persona hábil en algunos deportes o juegos. pop ^ fest.
II. 1. adj. *Ch, Ar:NO, Ur. Referido a persona*, que actúa de manera arrogante, descarada o desabrida.
2. *Pe. Referido a persona*, que actúa con astucia o con osadía para obtener alguna ventaja.
III. 1. sust/adj. *Ch, Ar, Ur; Bo*, pop. Persona que tiene a su cargo el cuidado de un terreno de juego deportivo.
2. *Bo.* Persona que habitualmente está en la cancha de **futbol** dispuesta a jugar. pop + cult → espon.
3. *Bo. En juegos como el billar o el futbolín*, persona que se encarga de atender a los clientes.
IV. 1. adj. *Ar. Referido a un objeto, especialmente a una prenda de vestir*, que está a la moda.

canchimala.
I. 1. f. *Co.* **barbudo de mar.**

canchinflín. (Epént. de *cachinflín*).
I. 1. *Gu, Ho, ES.* **cachiflín,** fuego de artificio.

canchir.
I. 1. tr. *Ar:NO.* Comer con la mano la carne de un costillar, u otra zona semejante del animal, hasta llegar al hueso. rur.

canchitas.
I. 1. f. *Bo.* Futbolín, juego en que unas figuras pequeñas accionadas mecánicamente imitan un partido de **futbol.**

canchón.
I. 1. m. *Ar:NO.* Espacio llano, amplio y despejado, destinado a distintos usos, *especialmente la carga y descarga*.
2. *Pe.* Terreno rústico amplio y cercado.
3. *Bo.* Espacio cercado situado a cualquier lado de la vivienda, que se usa como corral o sembradío. rur.
4. *Bo:O,C.* Espacio cercado de mediana extensión, *generalmente destinado al cultivo de pastos forrajeros*. rur.
5. *Bo:C,E.* Terreno llano de cierta extensión dedicado al pastoreo.
II. 1 m. *Ec.* Sitio cubierto ligera o rústicamente para resguardar de la intemperie personas, animales o cosas.
III. 1. m. *Gu.* Repollo chino.
■
a. ‖ ~ **municipal.** m. *Ec, Ar:NO.* Espacio abierto que el municipio destina a depósito de vehículos, *especialmente los que han cometido alguna infracción*.

canchoso, -a.
I. 1. adj. *Co. Referido a un perro*, que tiene sarna.
2. *Co. Referido a un perro*, que es cruzado, producto de una mezcla de razas.

canchuncho.
I. 1. *Ni.* **cusuco,** armadillo.

cancín.
I. 1. m. *Gu.* Defecación.

canción.
■
a. ‖ ~ **nacional.** f. *RD, Ch.* Himno nacional.

canco.
I. 1. m. *Ar.* Especie de olla o cántaro hecho de greda.
2. *Ar.* Maceta para cultivar flores.

canco, -a.
I. 1. m. y f. *Ar:O.* Alumno torpe, con dificultades para asimilar conocimientos. pop.

cancona.
I. 1. adj/sust. *Ch. Referido a una mujer*, que tiene caderas anchas. pop.

cancos. (Del map. *can*, cántaro, y *co*, agua).
I. 1. m. pl. *Ch.* metáf. Caderas anchas de mujer. pop.

canculunco. (Del lenca *can*, bejuco, y *culunco*, corto).
I. 1. m. *Ho, ES.* **Bejuco** de tallo grueso y suculento de hojas alternas y grandes con un pecíolo de hasta 80 cm de largo y una lámina triangular, satigada, bipinnada, flores en una espiga carnosa, las femeninas arriba, y abajo, masculinas, y el fruto es un conjunto de bayas pequeñas de color amarillo; en la medicina tradicional, tiene muchas aplicaciones. (Araceae; *Philodendrum warscewiczii*). ♦ **copapayo.**
2. *Ho, ES.* Tallo fibroso de este **bejuco** que se utiliza en cestería.

candadear.
I. 1. tr. *Py.* Cerrar *algo* con candado. pop + cult → espon.

candado.
I. 1. m. *CR, Pa, Cu, PR, Co, Ve*; sust/adj. *Pe.* Conjunto formado por el bigote unido por sus extremos a la porción de barba pequeña del mentón. pop.

II. 1. sust/adj. *Ch.* Sistema o método por el que se consigue rodear por completo a un grupo de personas.
III. 1. m. *ES.* **broca**, enfermedad del café.
IV. 1. m. *ES.* Operación comercial ilícita. delinc.

candanga.
I. 1. m. *Mx, Gu, Ho, ES, Ni, Pa.* El diablo. (**candinga; candonga**).
II. 1. adj. *Ve;* f. *Ho, Cu,* p.u. *Referido a situación,* dura, difícil. pop.
  2. adj. *Ve. Referido a persona,* de carácter fuerte e inflexible. pop.
III. 1. *Cu, PR.* **fastidión**.
▶ llevar ~.

candeal.
I. 1. m. *Ar, Ur; Py,* obsol. Bebida que se prepara a base de huevo, leche, canela y aguardiente.
  2. *Ur.* Plato dulce consistente en yema batida con azúcar.

candela.
I. 1. adj/sust. *Cu, RD, PR, Ve, Ec. Referido a persona,* vivaracha, alegre. pop + cult → espon.
  2. f. *PR, Ve.* Incendio, fuego grande.
  3. adj. *PR.* metáf. *Referido a persona,* respondona, brava, intolerante. pop + cult → espon.
  4. *Pa. Referido a persona,* amigable, divertida, con chispa. pop + cult.
II. 1. f. *RD, Co, Ve.* Disparo de un arma de fuego.
  2. *Ho, Ni.* Cartucho de dinamita.
III. 1. adj. *Cu, RD, PR.* metáf. *Referido a una mujer,* que no tiene pudor, descarada. pop + cult → espon.
  2. *Cu, RD.* metáf. *Referido a una mujer,* enamoradiza. pop + cult → espon.
  3. *Cu, PR.* metáf. *Referido a persona,* especialmente a un niño, traviesa e inquieta.
IV. 1. f. *Gu, Ho, ES, Ni.* Tubo fluorescente de luz eléctrica.
  2. *Gu, Ho, ES.* Bujía de un motor.
V. 1. f. *Co.* Abeja sin aguijón que emplea una secreción cáustica de sus glándulas mandibulares para defender sus nidos. (Apidae; *Trígona* spp.).
  2. *CR.* Hoja central de algunas musáceas, como el plátano y el **banano**, cuando está aún arrollada, erecta y muy tierna. rur.
  3. *Ur.* **chapuliscle**.
VI. 1. adj. *Cu, RD, PR. Referido a un lugar,* caluroso. pop + cult → espon.
  2. *Cu, RD.* Situación peligrosa y conflictiva. pop + cult → espon.
VII. 1. f. *Co:O.* Aparato de bolsillo que produce una llama, *utilizada principalmente para encender cigarrillos.*
VIII. 1. adj. *Cu, RD, PR. Referido a un trabajo,* pesado, agobiante. pop + cult → espon.
IX. 1. *Cu, PR.* **fastidión**.
X. 1. f. *Ec.* metáf. Circunstancia de la vida privada o pública de especial dificultad y exigencia.
XI. 1. m. *Cu.* Cosa buena, excelente. pop + cult → espon.
XII. 1. f. *Cu.* Peso, dinero.
XIII. 1. f. *Gu.* Mucosidad que pende de la nariz, *generalmente de un niño.*

■
a. ‖ ~ **pasmá.** f. *PR.* Tizón a punto de extinguirse. rur.
□
a. ‖ **a toda** ~. loc. adv. *Ho, Ni.* A toda velocidad. pop.
b. ‖ **de** ~. loc. adv/adj. *Pe.* En estado de máxima tensión, excitación o animación. pop + cult → espon.
c. ‖ **en** ~.
  i. loc. adv. *Cu, RD.* En peligro.
  ii. *Ec.* obsol. En una situación difícil, *especialmente* económica. pop + cult → espon.

◪
a. ‖ ~ **al jarro hasta que largue el fondo.** fr. prov. *Cu.* Indica una incitación a disfrutar a plenitud. pop + cult → espon ^ fest.
b. ‖ **con la** ~ **no hay jicotea dura.** fr. prov. *RD.* Indica que con una actitud adecuada, o disponiendo de los medios necesarios, es posible superar grandes problemas o lograr objetivos difíciles.
▶ andar ~; comer ~ ; dar ~; echar ~; echar ~s una mujer; encender ~; estar ~; estar en ~; estar en la ~; estar la cosa en ~; jugar con ~; juntar ~; meter ~; meterse en ~; ser la ~; soplar ~; tirar ~; volar ~ .

candelá.
I. 1. *PR.* **candelaria**, arbusto.
▶ estar en la ~.

¡candela!
I. 1. interj. *Ch.* juv. Expresa llamada de atención o de alerta. pop.

candelabro.
I. 1. m. *Co, Pe, Ar.* Planta de hasta 7 m de altura, de ramas erectas con numerosas espinas, flores de color rojo y blanco, y fruto globoso, también rojo, y de pulpa comestible y dulce. (Cactaceae; *Lemaireocereus griseus*).

candelada.
I. 1. f. *RD, Ve, Ec:O.* Hoguera.
▶ brincar ~s; pasar ~s; tirarse a la ~.

candelaria.
I. 1. f. *RD, PR.* **gallardete**, arbusto. (**candelá**).

candelarización. (Metát. de *calendarización*).
I. 1. *Mx, Ho, ES, Ni, Ar.* **calendarización**.

candelarizar. (Metát. de *calendarizar*).
I. 1. *Ho, ES.* **calendarizar**.

candelazo.
I. 1. m. *RD, Ve.* Resplandor producido en las nubes por una descarga eléctrica, relámpago.
  2. *Ve.* Disparo de un arma de fuego. pop.
  3. *RD.* Llamarada, fogonazo.
II. 1. m. *Pa.* Trago de aguardiente.

candelejón, -na.
I. 1. adj/sust. *Pe. Referido a persona,* cándida, ingenua, sin malicia.
  2. *Pe. Referido a persona,* tonta, torpe, de cortos alcances.

candelejonada.
I. 1. f. *Pe.* Dicho o hecho propio de un **candelejón**. desp.

candelerío.
I. 1. m. *Ho, Ni.* Conjunto de gran cantidad de candelas o velas. rur.

candelero.
I. 1. m. *RD.* Arbusto de hasta 5 m de altura, con látex lechoso, muy ramoso, de color verde oscuro, con manchas blanquecinas entre los ángulos, ramas levantadas, carnosas y angulosas, con flores en estos ángulos, pequeñas y redondas. (Euphorbiaceae; *Euphorbia lactea*).

candelero, -a.
I. 1. sust/adj. *Pe.* p.u. Hijo de un sacerdote. pop.

candelilla.
I. 1. f. *Mx, Ho.* Insecto coleóptero de 1 cm de longitud, la hembra carece de alas y élitros, tiene patas cortas y un abdomen muy desarrollado, cuyos últimos segmentos despiden una luz fosforescente. (Lampyridae; *Lampyris noctiluca*). ♦ **carbunco; ninacuro.**
  2. *CR, Cu, Ve, Ch; PR,* rur. Luciérnaga. (Lampyridae; *Cladodes ater, Pyractonema nigripennis*).

3. *Pa.* Hormiga de hasta 1,5 mm de longitud, de color rojizo marrón y picadura ardentísima. (Formicidae; *Wasmannia Auropunctata*). pop + cult → espon.
4. *Pa.* metáf. Persona inquieta y molesta.
II. 1. f. *Pe.* Bengala, fuego artificial que despide claridad muy viva y de diversos colores.
2. *Ch.* Fuego fatuo.
3. *PR.* Luz o reflejo que produce el agua.
III. 1. f. *Pa, Cu.* Bastilla o hilván a lo largo de la orilla de una tela para que no se deshilache.

candelillar.
I. 1. tr. *Cu.* Dar a una tela o prenda de vestir puntadas en el borde para que no se deshilache. ♦ **encandelillar**.

candelillo.
I. 1. *Ve.* **yuco**, mamífero.

candelita.
I. 1. f. *Ve.* Juego infantil en el que los jugadores ocupan distintos sitios alrededor de uno que queda en el centro, el cual pretende ocupar el lugar de alguno de los otros simulando pedir fuego mientras ellos se intercambian los puestos.
II. 1. f. *Cu, PR.* Pájaro de hasta 13 cm de longitud, de pico negro y patas negras, con plumaje negro y manchas anaranjadas en el macho y en la hembra plumaje pardo y manchas amarillas. (Parulidae; *Setophaga rutinilla*).
III. 1. f. *RD.* Brasa pequeña.
▶ **ser un ~; venir ~**.

candeló.
I. 1. m. *RD.* Uno de los personajes que se utilizan en las ceremonias de vudú que tiene su origen en las costumbres africanas de los esclavos negros y que se unieron a las tradiciones religiosas de los católicos.
2. *RD.* Deidad que goza en Santo Domingo de gran prestigio, tiene por símbolo el fuego, por color el rojo y le gustan el ron, el tabaco y el baile, suele enamorarse con frecuencia y su pasatiempo favorito es la pelea de gallos; se utiliza para lograr suerte y como protector.

candelón.
I. 1. *Cu, RD, PR.* **mangle**, árbol de hasta 4 m.
II. 1. m. *RD.* Tela de algodón de color rojo subido.
2. *RD.* Disfraz con que las comparsas de Samaná, salen a la calle en las fiestas de carnaval.

candeloso, -a.
I. 1. adj. *Ve. Referido a persona o cosa*, de carácter animado y divertido.

candente.
I. 1. adj. *Pa.* metáf. *Referido a persona*, apasionada, fogosa. pop + cult → espon.

candia.
I. 1. f. *Co.* Hierba de hasta 80 cm, de hojas acorazonadas y flores solitarias de color amarillo vivo matizado de violeta que nacen en las axilas de las hojas, y el fruto es una cápsula carnosa comestible; se cultiva como ornamental. (Malvaceae; *Hibiscus esculentus o Abelmoschus esculentus*). ♦ **gombo**; **gombó**.

candial.
I. 1. m. *Py.* obsol. Bebida que se prepara a base de huevo, leche, canela y aguardiente.

candidatar(se).
I. 1. tr. *Py.* Proponer a *alguien* como candidato.
2. tr. prnl. *Py.* Proponerse *una persona* como candidata.
3. intr. *Py.* Presentarse como candidato.

candidateable.
I. 1. adj/sust. *RD, Ch. Referido a persona*, que se puede **candidatear**, proponerse como candidato. pop + cult → espon.

candidatear(se).
I. 1. tr. *RD, Ch, Ar, Ur.* Proponer a *alguien* como candidato. ♦ **candidatizar**.
2. tr. prnl. *RD, Bo, Ar, Ur.* Proponerse *una persona* como candidata. ♦ **candidatizarse**.
3. intr. *RD, Pe, Bo.* Presentarse como candidato.
4. tr. *RD, Ch.* Hacer campaña activamente en favor de un determinado candidato.
5. tr. prnl. *RD, Ch.* Hacerse campaña activamente en favor de *uno mismo*.

candidatizar(se).
I. 1. *Pa, Co, Ec.* **candidatear**, proponer.
2. *Pa.* **candidatearse**, proponerse.

candidato, -a.
I. 1. m. y f. *Ur; Ar*, obsol. Persona cándida, que se deja engañar fácilmente. pop ^ fest.

□
a. ‖ ~ **al hoyo**. loc. sust. *Ni, PR, Ar.* Persona que está próxima a la muerte. pop + cult → espon.

candidatural.
I. 1. adj. *Ve; Ho,* cult. Relativo a la candidatura.

candiel.
I. 1. *Ec.* **pioquinto**, dulce preparado con vino.

candil.
I. 1. m. *Mx.* Lámpara de techo que dispone de un haz de bombillas situada cada una de ellas *generalmente al extremo de un brazo*.
II. 1. m. *Cu, PR, Ve.* Pez marino de hasta 30 cm de longitud, cubierto de grandes escamas y con ojos que brillan en la oscuridad. (Holocentridae; *Myripristis jacobus*). ♦ **cardenal**.
2. *Cu.* Pez marino de hasta 18 cm de longitud, de cuerpo de color amarillo y plateado con rayas longitudinales de color rojo. (Holocentridae; *Holocentrus rufus*).
III. 1. m. *Co:C.* **caspiroleta**.
IV. 1. m. *ES.* meton. Fiesta popular alumbrada con candiles.

□
a. ‖ ~ **de la calle y oscuridad de su casa**.
i. loc. sust/adj. *Mx, Pa.* Persona atenta, diligente y obsequiosa con los extraños, e indiferente, esquiva u hostil para con los próximos o aquellos a quienes más debería considerar. pop.
ii. *Mx.* Persona incongruente, *generalmente un político*, que alardea en ciertos foros y ámbitos de unos principios o desarrolla ciertas actuaciones, que después infringe o desatiende en su entorno próximo. pop.
iii. *Mx. En una **competencia**, generalmente deportiva*, el participante irregular que obtiene sus mejores resultados lejos de su cancha o en campeonatos de elevando rango, mientras que por el contrario en su campo o en la liga local apenas alcanza un rendimiento mediocre. pop.

◩
a. ‖ ~ **de la calle y oscuridad de su casa**. fr. prov. *Gu, Ho, ES, Ni, Pa, RD.* Indica que la gente es atenta y amable con los extraños, pero no con los familiares.

candileja.
I. 1. f. *Co:SO.* Armadura de alambre de un globo donde se coloca la mecha que calienta el gas que lo hace ascender.
II. 1. f. *Co:SO.* Aparición fantástica en figura de mujer, que con un candil en la mano persigue por las noches a los malhechores, según la leyenda.

candiletear.
I. 1. tr. *Ho.* Alumbrar *algo* con un candil. rur.

candinga.
I. 1. f. *ES.* Problema o asunto de difícil solución.

2. *Ho.* Comida hecha con pedazos de hígado de cerdo cocido y frito después con cebolla, **chile dulce**, tomate, **achiote** y pimienta.

II. 1. *Ni.* **candanga**, el diablo.

▸ llevárselo ~s.

candiru.

I. 1. m. *Co, Pe.* Pez de agua dulce, de hasta 10 cm de longitud, alargado, transparente, prácticamente indetectable en el agua, con púas en las agallas. (Trichomycteridae; *Vandellia cirrhosa*). (**candirú**).

♦ **canero; carnero.**

candirú.

I. 1. *Co, Pe.* **candiru.**

candombaile.

I. 1. m. *Ur.* Fiesta de música popular en la que interviene un grupo de **candombe** y se baila.

candombe.

I. 1. m. *RD, Ec, Py, Ar, Ur.* obsol. Música y baile de origen africano muy populares en América del Sur.

2. *Py, Ar, Ur.* Fiesta alegre y bulliciosa. pop.

candombear.

I. 1. intr. *Ar, Ur.* Bailar otros bailes populares. pop.

2. *Ur.* Bailar **candombe.**

candombero, -a.

I. 1. sust/adj. *Py, Ar, Ur.* Persona muy aficionada a bailar el **candombe.** pop.

2. *Ar.* Persona aficionada a los bailes. pop.

II. 1. adj. *Ar:NO.* Referido a persona, que camina moviendo el cuerpo como las personas de raza negra. pop.

candomblé.

I. 1. m. *Ar, Ur.* Religión animista de origen africano que se practica en Brasil y se ha extendido a algunos otros países limítrofes.

candonga.

I. 1. f. *Co, Ve.* Pendiente en forma de aro.

II. 1. *Ho.* **candanga**, el diablo.

candungo.

I. 1. m. *RD.* Cubilete para jugar a los dados.

2. *PR.* Envase o cubeta de cualquier tipo. (**gandungo**).

II. 1. m. *PR. En las peleas de gallos*, balanza de embudo.

candy. (Voz inglesa).

I. 1. m. *Ch.* Caramelo blando de pequeño tamaño y forma cúbica.

▸ durar menos que un ~.

caneado, -a.

I. 1. adj. *Ni.* juv. *Referido a persona*, encarcelada.

canear.

I. 1. tr. *Pe; Ni,* juv. Encarcelar a *alguien*. carc.

II. 1. intr. *ES, Ni.* Encanecer.

2. *RD.* Jugar, pasar bien el tiempo, divertirse.

caneca. (Del port. *caneca*).

I. 1. f. *Co:O, Ve.* Recipiente de latón para transportar petróleo y otros líquidos.

2. *Ec.* Envase de plástico para contener y transportar líquidos o sólidos.

II. 1. f. *Co, Ve.* Cubo de basura.

III. 1. f. *Ar:O.* Vasija de madera de paredes rectas y boca sin tapa, que se usaba para que los vendimiadores vaciaran en ella las cestas llenas de uvas.

IV. 1. f. *Cu, PR.* Especie de botella de ron, de plástico o de otro material, pequeña y de forma aplanada.

2. *Pa.* Botella de cerveza, hecha de barro, color crema y amarillo verdoso, de finales del siglo XIX. pop + cult.

V. 1. f. *Cu.* Medida para líquidos, equivalente a 19 litros.

canecada. (Del port. *caneco,* vaso alto y estrecho).

I. 1. f. *Bo.* Líquido que cabe en un **caneco.**

canecha.

I. 1. f. *Ho, ES.* Vulva. vulg; desp.

canechar.

I. 1. intr. *Ho.* Pescar cangrejos, *generalmente a mano.*

caneche.

I. 1. *ES.* **canecho**, candado.

canecheada.

I. 1. f. *ES.* Toqueteo del órgano genital femenino. vulg.

canechera.

I. 1. f. *Ho.* Oquedad en una poza o rivera de un río.

canecho. (De *cangrejo*).

I. 1. m. *Ho, ES, Ni.* Cangrejo.

II. 1. m. *Ni.* Candado. (**caneche**).

caneco.

I. 1. m. *Bo.* Jarro de hierro enlozado, de aluminio o de otro material, para tomar café u otras bebidas, *generalmente de uso frecuente en las instituciones militares.*

caneguazo.

I. 1. f. *ES.* Rotura de un candado. delinc.

canegüe.

I. 1. m. *ES.* Candado. delinc.

canegüero.

I. 1. m. *ES.* Persona experta en romper candados. delinc.

canei.

I. 1. m. *RD.* Casa grande de los caciques y señores. (**caney**).

II. 1. m. *RD.* Recodo o remanso de un río, que toma forma de círculo.

¡canejo!

I. 1. interj. *Ar; Bo, Ur,* p.u. Expresa enojo o ira. euf; pop.

2. *Ar; Ur,* p.u. Expresa asombro o sorpresa. euf; pop.

canela.

I. 1. f. *Pa, Cu, RD, PR.* Color de la tez de una persona mestiza o blanca, bronceada por el sol.

II. 1. f. *Ch.* p.u. Cárcel, local destinado a la reclusión de presos. pop + cult → espon ^ fest.

2. *Bo:O,C.* Oficina o dependencia de la policía. vulg; pop + cult → espon.

III. 1. f. *Ho, ES, Ni.* Astilla que se desprende de un trompo al ser golpeado con la punta de otro.

IV. 1. f. *Ec.* **canelazo**, bebida.

V. 1. f. *PR.* **barbasco.** (Canellaceae; *Canella winterana*).

■

a. ‖ **canela en raja.** f. *Gu, Ho, Ni, Pa, PR.* Canela sin moler en cáscara.

▸ cortar ~ en palo de jiote.

canelado. (De *canela*).

I. 1. m. *Bo:S.* Bebida preparada con agua de canela caliente y **singani.**

canelazo.

I. 1. m. *Co:C, Ec.* Bebida preparada con aguardiente hecho de ron de caña hervido, canela y azúcar.

♦ **agua caliente; calentado; calentao; canela.**

2. *Co.* Trago grande de bebida alcohólica.

3. *Pe.* Ron hervido con agua y canela.

canelilla.

I. 1. f. *RD.* **berrón**, árbol.

canelita.

I. 1. f. *Bo:S.* Bebida preparada con agua de canela caliente y **singani.**

canelo.

I. 1. m. *Ch, Ar.* Árbol de hojas persistentes y oblongas, flores pequeñas blancas con el cáliz rojo intenso,

una baya alargada de color marrón oscuro y folla-je de fuerte aroma. (Magnoliaceae; *Drymis winteri*).
II. 1. m. *Cu.* Gallo de pelea de color blanco y canela.
III. 1. m. *ES.* Hombre afeminado. desp.
▶ **echar un ~; jugársela al ~.**

canelo, -a.
I. 1. adj/sust. *RD, PR. Referido a una mujer*, mestiza, mulata. pop + cult → espon.
II. 1. adj/sust. *Cu. Referido a persona*, presa, encarcelada.

canelón.
I. 1. m. *Pe, Ar, Ur.* Árbol de hasta 12 m de altura, de corteza rugosa y grisácea con pliegues horizontales, hojas verde oscuro y flores pequeñas en ramitos axilares; se usa en carpintería, en decoración y también como leña. (Myrsinaceae; *Rapanea* spp.). ◆ **caporo-roca; palo de San Antonio.**
II. 1. m. *Bo.* Rizo del pelo que se hace con diversos instrumentos.
III. 1. m. *Bo. En repostería*, masa que resulta de la mezcla de harina, huevo y **singani**, con la que se hacen rosquillas, bañadas, después, con clara de huevo batida con limón.

■

a. ‖ **~ del Telembí.** m. *Co.* Planta sarmentosa de hojas lanceoladas, pecioladas y peninervadas, con corteza de color gris amarillento y tallo de aspecto lanoso; se usa para las mordeduras de ciertas víboras. (Piperaceae; *Peperomia subspathulata*).

canequero, -a.
I. 1. adj. *Co.* p.u. *Referido a un perro o un gato*, de la calle.

canequita.
I. 1. f. *PR.* **Pinta** de ron.

canero.
I. 1. m. *Pe.* **carnero**, candiru.

canero, -a.
I. 1. m. y f. *Pe, Ch.* Persona que está habitualmente encarcelada. pop + cult → espon ^ fest.
2. adj. *Ch.* Relativo a la **cana**, cárcel. pop + cult → espon ^ fest.
II. 1. adj/sust. *RD. Referido a persona*, bullanguera, que le gusta un **can**.
2. *RD. Referido a persona*, que va en compañía de gente de mala reputación.

canevá. (Del fr. *canevas*).
I. 1. f. *Mx; Cu*, obsol. Tela de tejido ralo, dispuesta para bordar en ella con seda o lana de colores.

caney.
I. 1. m. *Co, Ve.* Cobertizo con techo de palma o paja, sin paredes, y sostenido por horcones.
2. *PR.* **canei**, casa grande.

canfín.
I. 1. m. *Ni, CR.* Queroseno, combustible derivado del petróleo.

canfinera.
I. 1. f. *CR.* Lámpara portátil que funciona con queroseno.

canfinflero.
I. 1. *Ar; Ur*, p.u. **canflinflero.**

canínfora.
I. 1. f. *Ve.* obsol. Alboroto, bullicio. pop.

canfli. (Abrev. de *canflinflero*).
I. 1. m. *Ar.* Proxeneta. pop ^ desp.

canflinflero.
I. 1. m. *Ar, Ur.* Proxeneta. pop ^ desp. (**canfinflero**).

canga.
I. 1. f. *Ar, Ur; Py*, p.u. Traba de madera que se ata al cuello de los animales, *especialmente bovinos o porcinos*, para impedir que atraviesen los alambrados. rur.

II. 1. f. *Pe:SE.* Pedazo de carne asado ensartado en una varita.
III. 1. f. *Bo.* Mineral de hierro con arcilla.

cangá.
■

a. ‖ **yerba ~.** f. *PR.* Arbusto de tallos verdes, hojas menudas de color verde pálido, que echa un pequeño capullo redondo blanco; es muy usada en la medicina popular. (Onograceae; *Jussiaea angustifolia*).

cangador.
I. 1. m. *Ec.* Espetón de madera para asar el **cuy**, atravesándolo longitudinalmente de parte a parte.

cangagua.
I. 1. *Ec.* **cangahua.**

cangahua.
I. 1. f. *Ec.* Capa de suelo arcilloso, impermeable y de dureza como la de una roca, localizada en la superficie o a muy poca profundidad, que se ha formado por la cementación de partículas de materiales relativamente insolubles, como sílice, óxido de hierro y materia orgánica. (**cangagua**).
2. *Ec.* Tierra usada para hacer adobes. (**cangagua**).

cangalla.
I. 1. f. *Ch; Ar*, obsol. Residuo o desperdicio de los minerales.
II. 1. f. *Ar.* Aparejo con albarda que se utiliza para llevar cargas a lomo de caballo o de mula.
III. 1. adj/sust. *Ar.* obsol. *Referido a persona*, pusilánime.
IV. 1. f. *Py, Ur.* Traba de madera que se ata al cuello de cerdos y bovinos para impedir que burlen los cercados. rur.
▶ **estar hasta las ~s.**

cangallar.
I. 1. tr. *Ch:N.* p.u. Robar en las minas metales o piedras metalíferas.

cangallero.
I. 1. m. *Pe.* Vendedor de objetos a bajo precio.
2. *Ch:N.* p.u. Ladrón de metales o de piedras metalíferas de la mina donde trabaja.
3. *Ch:N.* p.u. Comprador de **cangalla** o residuo de mineral robado.

canganazo.
▶ **darse un ~.**

cangarú. (De *Kangaroo*®).
I. 1. m. *Pa.* Líquido desinfectante para usos domésticos y para curar el ganado.

cangasapo.
I. 1. m. *Ve.* Lagartija que presenta grupos de escamas espinosas a los lados del cuello, de color pardo con manchas negruzcas. (Iguanidae; *Plica plica*).

cangilón.
I. 1. m. *Mx, Ho, Ni, Ve.* Irregularidad natural del terreno en forma de zanja estrecha y profunda. (**canjilón**).
2. *Ho, Ni, Cu, RD, Co.* Carril o surco hondo por efecto de las ruedas de un vehículo o la acción del agua en un camino. (**canjilón**).
3. *Pa.* Alcorque.

cangorosa.
I. 1. f. *Py, Ar:NE.* Arbusto de hasta 5 m de altura y hojas perennes con bordes espinosos; tiene múltiples aplicaciones medicinales. (Celastraceae; *Maytenus ilicifolia*). (**congorosa**).

cangre.
I. 1. m. *Cu, PR.* Tallo de la **yuca** que se usa como semilla. rur.

cangregear.
I. 1. intr. *CR:NO.* Echar la mata de maíz raíces externas. rur.

cangreja.
   I. 1. f. *Pa:NO.* Cuchilla empleada para cosechar la espiga del arroz. rur. ♦ **marucha.**

cangrejada.
   I. 1. f. *Ec.* Asunto molesto y difícil de resolver. pop + cult → espon.

cangrejal.
   I. 1. m. *Ho, ES, Ni, PR, Ar, Ur.* Lugar donde abundan los cangrejos de agua dulce.
     2. *Ar; Py,* p.u. Terreno pantanoso e intransitable donde abundan cangrejos pequeños.
   II. 1. m. *Ec:O.* **Picantería** donde se preparan exclusivamente platos con cangrejo.
   III. 1. m. *Ho.* metáf. Conjunto de raíces visibles de árboles que pueblan la orilla de ríos y playas.

cangrejear.
   I. 1. intr. *Mx, Gu, Ni, Ec.* Pescar cangrejos.
     2. *Gu, ES, Ni.* metáf. Tocar a una mujer el órgano genital. vulg.
   II. 1. intr. *Ho, CR:NO.* Crecerle a la mata de maíz las raíces adventicias por encima de la tierra. rur.

cangrejero.
   I. 1. *Gu.* **aguará popé.**

cangrejín.
   I. 1. m. *Pa.* Comida hecha con carne de cangrejo en un frito con mantequilla derretida, cebolla, perejil, harina, queso, vino y pimiento.

cangrejo.
   I. 1. m. *Ve.* Caso policial de difícil solución. pop.
   II. 1. m. *Ve.* Problema, lío.
   III. 1. m. *EU.* Persona codiciosa y oportunista.
   IV. 1. m. *ES, Ni.* Candado. delinc.
   V. 1. m. *Cu.* Tumor maligno que destruye los tejidos, cáncer. euf.
   VI. 1. m. *RD.* Pederasta. euf; pop + cult → espon.
   VII. 1. m. *CR.* Pieza de repostería dulce o salada y a veces rellena de queso, hecha con forma similar a la de un cangrejo.
   VIII. 1. m. *CR:NO.* Conjunto de raíces externas de la planta de maíz. rur.
   IX. 1. m. *Pa.* Alambre con dos puntas en uno de sus extremos, empleado para robar corriente eléctrica.

   ■
   a. ‖ **agua de ~.** m. *ES.* Café aguado.
   b. ‖ **~ dorado.** m. *Ch.* Crustáceo decápodo braquiuro, de caparazón cuadrangular y color café claro o amarillento uniforme; es comestible. (Geryonidae; *Chaceon chilensis*).
   ► **caminar como el ~; dar la de ~; pensar en la inmortalidad del ~.**

cangrejo, -a.
   I. 1. sust/adj. *Bo.* Persona malintencionada que actúa deshonestamente.
     2. *Bo.* Persona sinvergüenza, que vive de engaños y estafas. pop + cult → espon ^ desp.
   II. 1. sust/adj. *RD.* Persona de poca importancia.
     2. adj/sust. *RD. Referido a persona,* endeble y flaca.
   III. 1. m. y f. *Ni.* Alumno retrasado en sus conocimientos con relación a su edad.
   ► **dar cangreja.**

cangri. (Apóc. de *cangrimán*).
   I. 1. m. *PR.* juv. Persona importante e influyente.
   II. 1. adj. *PR.* juv. *Referido a persona o cosa,* extraordinaria, excelente.
   ► **ponerse ~.**

cangrimán. (Del ingl. *congressman,* congresista).
   I. 1. m. *PR.* Persona de gran poder e influencia política.
     2. *PR.* Tipo listo, hábil. pop + cult → espon.

cangro.
   I. 1. m. *Mx, Gu, Co.* Cáncer, tumor maligno.

canguerejo.
   I. 1. m. *Ec.* Cangrejo. pop.

canguigua.
   I. 1. m. *Ec.* Cierta clase de cangrejo.

canguil.
   I. 1. m. *Ec.* Variedad de maíz de grano pequeño y muy duro, especial para hacer palomitas.
     2. *Ec.* Palomitas de maíz.

canguro.
   I. 1. m. *Co.* Bolso que se lleva atado a la cintura.
   II. 1. m. *Ec:O.* Tractor de cuatro ruedas, *generalmente con las posteriores más grandes que las anteriores.*

   ■
   a. ‖ **cheque ~.** m. *Ho.* Cheque bancario que es rechazado por el banco por carecer de fondos. fest.

canibalear.
   I. 1. tr. *Mx.* Someter un vehículo, *generalmente desechado,* u otro aparato, a desguace para emplear sus piezas como repuestos de otros todavía en uso. pop.
     2. *Mx.* Aprovechar las piezas de un vehículo u otro aparato, *generalmente desechados,* como repuestos para otro en uso. pop.
     3. *Mx.* Saquear, depredar, estragar bienes o recursos ajenos. pop.
     4. intr. *Cu.* Robar piezas de un aparato electrónico o de un vehículo para utilizarlas en otro o venderlas.
   II. 1. tr. *Mx.* Denostar, descalificar ferozmente, lanzar ataques destemplados y salvajes, con afán destructivo contra algo o alguien. pop.

canibalismo.
   I. 1. m. *Cu.* Robo de piezas de un aparato o vehículo para ponerlas a otro.

canica.
   I. 1. f. *RD.* Excremento. rur.
   ► **botársele la ~.**

canícula.
   I. 1. f. *Bo.* Oficina o dependencia de la policía. delinc.
   II. 1. f. *Ni.* **veranillo de San Juan,** período en el que deja de llover.

canijo, -a.
   I. 1. sust/adj. *Mx, Ni.* Persona mala, despreciable, odiosa. pop + cult → espon.
     2. *Mx. Referido a cosa,* perjudicial, inconveniente o desagradable. pop + cult → espon.
   II. 1. adj. *Mx, Ni. Referido a un asunto o una coyuntura,* comprometidos, delicados, difíciles de afrontar o resolver. pop + cult → espon.
   III. 1. adj/sust. *Mx. Referido a persona,* que es amiga. pop + cult → espon.
   IV. 1. adj. *Mx. Referido a persona,* lista, aguda, inteligente. pop + cult → espon.

   □
   a. ‖ **¡ah, ~!**
     i. loc. interj. *Mx.* Expresa asombro, sorpresa. pop + cult → espon.
     ii. *Mx.* Expresa exaltación, euforia, triunfo. pop + cult → espon.
     iii. *Mx.* Expresa énfasis, ponderación. pop + cult → espon.

canilla.
   I. 1. f. *Mx, RD, Co:O, Bo, Py, Ar, Ur.* Llave colocada en el extremo de una tubería para regular el paso o la salida de líquido.
   II. 1. f. *Mx.* Energía, empuje, fuerza.
   III. 1. f. *Ve.* Bollo de pan largo y delgado.
   IV. 1. f. *Cu, RD.* Grano de arroz, largo, muy blanco, considerado de la mejor calidad.

V. 1. f. *Gu.* Caña en que mecánicamente se enrollan hilos y después se introduce en la lanzadera de los tejedores.

•

    a. ‖ **ni qué ~ de muerto.** fórm. *Ho, Ni.* Se usa para rechazar totalmente algo. pop.

■

    a. ‖ **~ de venado.** f. *Ho.* **achiotillo,** arbusto.

    b. ‖ **~ libre.**
        i. f. *Mx.* Consumo de bebidas ilimitado, en variedad y cantidad, que ofrece con ocasión determinada, el servicio de bar en una fiesta u otro tipo de evento, bien a un precio fijo estipulado o bien gratuitamente.
        ii. *Py, Ar; Ur,* pop. Servicio por el cual en ciertos actos sociales los asistentes pueden beber cuanto quieran por un precio fijo previamente concertado.

    c. ‖ **~s de alcaraván.**
        i. f. pl. *Es.* Piernas muy delgadas.
        ii. m.-f. *Ho,* metón. Persona que tiene las piernas largas y muy delgadas. ♦ **piernas de zanate.**

    d. ‖ **~s de peretete.** f. pl. *ES.* Piernas delgadas.

    e. ‖ **~s de zanate.** m.-f. *Ho, Ni.* Persona que tiene las piernas largas y muy delgadas.

    f. ‖ **ciudad ~.** f. *RD.* Cementerio.

□

    a. ‖ **a ~ libre.** loc. adv. *Mx.* Sin límite, sin tasa, sin restricciones.

    b. ‖ **~ libre.**
        i. loc. sust. *Mx.* Cantidad ilimitada o enorme de algo.
        ii. *Mx.* Libertad de actuación sin tasa ni restricciones.

▶ **agarrar ~; chamuscar la ~; dar ~; pasarse entre las ~s; patear las ~s; pegar en las ~s; quemarle la ~; sonar las ~s; volar ~.**

canillazo.
    I. 1. m. *PR, Ch.* Golpe dado con la canilla o recibido en ella al chocar contra algo.

canillera.
    I. 1. f. *Ho, Ni, Pa, PR, Co, Pe, Bo, Ch, Ar, Ur.* Espinillera, pieza que protege la espinilla en trabajos peligrosos y en algunos deportes.
    II. 1. f. *PR, Ve. En las peleas de gallos,* espolonazo que recibe un gallo de pelea en el muslo o tarso.
    2. *PR. En las peleas de gallos,* hemorragia en las patas del gallo causada por herida o accidente durante la pelea.
    III. 1. f. pl. *PR.* metáf. Cobardía.
    2. f. *CR.* Sensación de miedo que experimenta una persona. pop ^ fest.

▶ **dar ~.**

canillero.
    I. 1. m. *PR.* Puntapié dado o recibido en las canillas.

canillita.
    I. 1. m-f. *Ho, ES, Pa, RD, Ec, Pe, Bo, Py, Ar, Ur; Ch,* p.u. Persona que vende periódicos o loterías en la calle.
    II. 1. m. *Bo.* Limpiabotas.

canillo, -a.
    I. 1. m. y f. *Pe, Bo, Ur.* Persona que vende periódicos en la calle.

canillón, -na.
    I. 1. adj/sust. *Gu, Ho, ES, Ni, RD, Ve; Co:N,* pop ^ desp. *Referido a persona,* que tiene las piernas largas y delgadas.
    2. adj. *Pe. Referido a animal,* que tiene patas largas.
    II. 1. m. *ES.* Pantalón. delinc.

canilludo, -a.
    I. 1. adj/sust. *Mx, Gu, Ho, Ni, Pa, Cu, RD, Ve, Bo, Ar, Ur; CR,* pop; *Pe,* p.u. *Referido a persona,* que tiene las piernas muy largas y delgadas.

canime.
    I. 1. m. *Co.* Árbol de hasta 20 m de altura, de tronco poco ramificado, hojas compuestas que por su brillo y consistencia parecen de cuero, el fruto es una vaina aplanada con una sola semilla; produce una resina comercial y su madera es apropiada para construcciones. (Fabaceae; *Copaifera canime*).

caniquín.
    I. 1. m. *RD.* Porfía, terquedad, obstinación.
    2. *RD.* Canción o cosa dicha con repetición insistente y pesada.

canistel.
    I. 1. *Cu.* **huicumo,** árbol. (**kaniste**).
    2. m. *Cu.* Madera del canistel. (**kaniste**).
    3. *Cu.* Fruto del canistel. (**kaniste**).

canjerana.
    I. 1. f. *Ar:NE.* Árbol de hasta 15 m de altura, de hojas en forma de palma, flores de color verdoso y una cápsula oval como fruto. (Meliaceae; *Cabralea canjerana*).

canjilón.
    I. 1. m. *Cu, RD, Ve.* **cangilón,** irregularidad del terreno y carril de un camino.
    2. *Pa.* Zanja de barro que se llena de agua, usada para riego o protección de las plantas contra las **arrieras.** rur; pop + cult.
    3. *Pa.* Surco que dejan en la tierra las ruedas de un tractor. rur; pop.

canjura. (Del lenca *can,* bejuco, y desconocido el segundo étimo).
    I. 1. f. *Ho, Ni.* **Bejuco** leñoso, de hasta 3 m de altura, de flores blancas o blanco amarillentas. (Connaraceae; *Rourea glabra*).
    2. *Ho, Ni.* Veneno muy activo que se extrae de la semilla de la canjura.
    3. *Ho.* Semilla de la canjura, pequeña, de color negro brillante.

canlli.
    I. 1. m. *Pe.* Arbusto pequeño de tallo espinoso y frutos pequeños y redondos; se usa con fines medicinales y como combustible. (Rosaceae; *Margiricarpus* spp.).

cano.
    I. 1. m. *RD.* Cerdo de pelo blanco y azulado.

cano, -a.
    I. 1. m. y f. *Ar, Ur,* pop; *Bo,* polic; pop + cult → espon. Miembro de la policía.
    II. 1. m. y f. *PR.* Persona de pelo rubio.

canoa. (De or. ind. antillano).
    I. 1. f. *CR, Ve, Ch; Mx, Ho, Ni, Pa, Cu, PR, Co,* rur. Recipiente similar a un cajón, más largo que ancho, *y generalmente de madera,* usado para dar de comer a los animales.
    2. *Cu; Mx, Ni,* p.u. Cualquier tipo de canal, de madera o metal, para conducir agua.
    3. *Pe, Ch.* Canal abierto que conduce agua de un cauce por encima de otro a manera de puente o cruce aéreo.
    4. *Ho, ES:O, Ni.* Tabla ahuecada de un tronco de madera blanda con forma de bandeja rectangular con bordes redondeados para uso doméstico. ♦ **panga.**
    5. *Ch.* Vaina leñosa, grande y ancha de los coquitos de la palmera.
    6. *Ch.* Canal del tejado de cinc, cobre o plástico.
    7. *Ch.* Cubierta de plástico que sirve para cubrir los tubos fluorescentes.
    8. *Ch.* Canal abierto para el escurrimiento de líquidos o materiales en procesos mineros o industriales.
    9. *CR.* Conducto, *generalmente de metal,* que recoge y vierte el agua de lluvia en los techos.
    10. *CR. En la producción de* **panela,** cajón de madera de unos 3 m de largo, 1 de ancho y 1 de profundi-

dad, en el que se vierte la miel para enfriarla moviéndola con una paleta de madera, antes de darle forma en los moldes.

11. *CR.* Cajón de madera, más largo que ancho y con tapa, usado para guardar granos.

II. 1. f. *Cu, RD, PR, Ve, Bo, Ar, Ur.* metáf. Zapato muy grande. pop + cult → espon ^ fest. ♦ **chaguala**; **chaguana**; **chalana**.

III. 1. f. *PR.* Plato compuesto por un **plátano maduro** asado, relleno de **carne molida** y queso.

IV. 1. f. *PR.* Plataforma con ruedas montada en rieles empleada para secar café. rur.

□

a. ‖ ~ **mojada.** loc. sust. *Ho, Ni.* Hombre homosexual. euf; desp.

▶ hacérsele agua la ~; metérsele el agua a la ~; mojársele la ~; pedir ~; poner la ~.

canoero, -a.
I. 1. m. y f. *Pa, Ve, Ec, Py, Ar.* Persona que tiene por oficio conducir canoas destinadas al transporte fluvial de mercaderías o pasajeros.

canoíta.
I. 1. f. *RD.* Instrumento hecho de madera de **jabilla**, en forma de canoa pequeña y cuya parte principal se sostiene con un mango circular integrado al cuerpo de la madera; se toca con un palo pequeño y cilíndrico.

canopista.
I. 1. adj. *Pa. Referido a persona*, que practica el **canopy**.

canopy. (Voz inglesa).
I. 1. m. *Pa, Co.* Deporte ecológico para observar aves en su hábitat; los **canopistas**, con arneses de cintura, se trasladan de árbol en árbol en un cable de acero, varios kilómetros por el dosel del bosque. urb.

canotillo.
I. 1. m. *Pa.* Árbol o arbusto de climas húmedos, de hasta 6 m de altura, de hojas simples y alternas, flores blancas en espigas erectas y frutos ovoides. (Piperaceae; *Piper reticulatum*). ♦ **gusanillo**.

canquén.
I. 1. *Ch, Ar.* **caiquén**.

canquiña.
I. 1. f. *RD.* Caramelo largo de forma cilíndrica.
2. *RD.* Dulce de leche de coco elaborado en forma de barra fina.

cansacerro.
I. 1. m. *Co.* Arbusto de hasta 1 m de altura, de hojas pequeñas y delgadas, y frutos blancos y globosos; se utiliza en la medicina tradicional. (Rosaceae; *Margyricarpus setosus*). ♦ **nigüita**.

cansada.
□

a. ‖ **a la ~.** loc. adv. *Ho, Ec:N, Py.* Tardíamente.
b. ‖ **a las ~s.**
    i. loc. adv. *Ho, Cu, Py, Ur; Ar, Ur,* pop. Con retraso o después de una larga demora.
    ii. *Ni, Ar, Ur.* Sin ganas o a la fuerza. pop.

▶ hacer la ~.

cansadón, -na.
I. 1. adj. *Mx. Referido a cosa*, que produce aburrimiento. pop + cult → espon.

cansador, -ra.
I. 1. adj. *Ni, Co, Ec, Bo, Ch, Py; Ar, Ur,* pop. *Referido a cosa*, que produce fatiga, fastidio o aburrimiento.
2. sust/adj. *Py, Ar, Ur.* Persona que incordia o molesta. pop.

cansancio.
▶ trabajar al ~.

cansaperro.
I. 1. m. *Pa.* Reumatismo. rur.

cansarse.
□

a. ‖ ¡**me canso, ganso!** loc. interj. *Mx.* Expresa afirmación rotunda ante una petición o un reto.

◪

a. ‖ **me canso, ganso, dijo un zancudo cuando volar no pudo.** fr. prov. *Ho.* Indica que una persona está muy cansada. hiperb.

cansito.
I. 1. m. *RD.* Pasatiempo, entretenimiento.
▶ tener un ~ **jodón**.

canso, -a. (Sínc. de *cansado*).
I. 1. adj. *PR. Referido a persona*, cansada. rur.

cansón, -na.
I. 1. adj/sust. *Mx, Ho, ES, Pa, Cu, RD, PR, Co, Ve, Ec. Referido a persona o cosa*, fastidiosa o molesta, que incomoda o cansa por su insistencia o forma de ser. pop.
2. adj. *Gu, Ni, Ve. Referido a una caballería*, cansina, que se cansa pronto.
3. adj/sust. *PR, Ve. Referido a persona*, que se cansa con facilidad, cansina.
4. adj. *Ec. Referido a persona*, inestable, inconstante, falta de perseverancia.
5. *Ec. Referido a animal*, debilitado por el trabajo y la edad.
6. adj. *Ho, RD. Referido a una actividad o a un viaje*, agotador.

canta.
I. 1. f. *Co, Ve.* Copla popular escrita en octosílabos.
2. *Ve.* Tonada, copla.

cantaclaro.
I. 1. m. *Ve.* Coplero que improvisa al pie del arpa **llanera**.

cantada.
I. 1. f. *Mx, Gu, Ho, ES, Ni, Pa.* Canto.
II. 1. f. *Gu, Ni.* Cagada, porción de excremento. euf.
2. *Ni, CR.* Expulsión de los excrementos por el ano. euf.
III. 1. f. *Ho.* Denuncia o declaración en contra de alguien.
2. *Ho.* Interpelación o crítica a alguien cara a cara.
IV. 1. f. *Gu.* Mentirijilla.
▶ dar la ~; tirar a la ~.

cantadera.
I. 1. f. *Mx, Ho, ES, Ni, Cu, PR, Co, Ve.* Canto continuado y repetido.
2. *Pa.* **Competencia** de cantadores de décimas con acompañamiento de guitarras.
II. 1. f. *RD.* Mueble usado en las cocinas o comedores de las casas humildes, compuesto de dos o tres pequeños anaqueles fijos a dos tablas clavadas en la pared, donde se colocan la vajilla, los cubiertos y otros enseres.
III. 1. f. *Ni.* metáf. Acusación o denuncia.

cantadito.
I. 1. m. *Mx, Gu, Ho, ES, Ni, Pa, Cu, PR, Ve; Ec:S,* fest. Modo de hablar de una persona que muestra su variedad dialectal en la entonación y la particular pronunciación de ciertos sonidos.

cantado.
I. 1. m. *Cu, Ec.* Tonillo, forma particular de hablar en una región determinada.
2. *CR.* Forma particular de cantar.

cantador, -ra.
I. 1. adj. *Gu. Referido a persona*, mentirosa y marrullera.
2. m. y f. *ES.* Delator.

cantagallo.

I. 1. *Co.* **búcaro**, árbol.

cantalante.

I. 1. sust/adj. *Pa.* Persona que canta en comparsas y conjuntos de música folclórica.

2. *Pa.* metáf. *En un grupo político*, persona que quiere llevar la voz cantante.

cantaleta.

I. 1. f. *Mx, Gu, Ho, ES, Ni, Pa, Cu, RD, PR, Co, Ve, Ec, Pe, Bo.* Regaño u observación insistente y reiterada hasta causar fastidio. pop + cult → espon.

2. *Mx, CR, Pa, Cu, RD, PR, Ve.* Repetición insistente de algo que resulta molesto o fastidioso. pop + cult → espon.

3. *Mx, Gu, ES, Ni, Pa.* Fórmula verbal, lema o consigna que se reiteran coreándolas machaconamente.

4. *Mx.* Argumento tópico, manido, trillado, sin profundidad ni originalidad.

II. 1. f. *Mx.* Composición musical sencilla, popular, dedicada a un destinatario o propósito muy concretos.

2. *RD.* Ruido o algazara que se hace para burlarse de alguien.

cantaletear.

I. 1. tr. *Pa, Cu, RD, PR, Co, Ve.* Repetir *alguien* las cosas hasta causar fastidio. pop + cult → espon.
♦ **repicar**.

2. intr. *Pe; Ve*, pop. Repetir reiteradamente una llamada de atención, una observación o un recordatorio.

3. *Co.* Regañar reiteradamente.

cantaleteo.

I. 1. m. *Cu, RD, Co.* Repetición molesta y fastidiosa de algo. pop + cult → espon.

cantaletero, -a.

I. 1. adj. *PR, Bo. Referido a persona*, que da **cantaletas**. pop + cult → espon.

cantaletoso, -a.

I. 1. adj. *Co. Referido a persona*, que repite fastidiosamente un regaño o advertencia.

cantar(se).

I. 1. tr. *Co, Pe, Ar; Ur*, pop + cult → espon. Advertir a *alguien* las consecuencias que traerá consigo una determinada manera de actuar. pop.

II. 1. intr. *Gu, Ho, ES, Ni; CR*, euf; pop. Expeler *una persona* excrementos por el ano. fest. ♦ **cortar una flor; cuitear; tirar un venado**.

III. 1. tr. *Ec.* Hablar de una manera característica en una región determinada.

IV. 1. intr. prnl. *Cu.* Romperse *algo*. pop.

V. 1. intr. prnl. *Gu.* Sentir muy intensamente *algo*, como un dolor de muelas.

□

a. ‖ ~ **alto.** loc. verb. *RD, PR.* Pedir *alguien* un precio excesivo por algo. pop + cult → espon.

b. ‖ ~ **el gallo.**
    i. loc. verb. *Cu.* Cumplirse el plazo para el pago de una cantidad de dinero. pop.
    ii. *PR.* Menstruar una chica por primera vez. rur.

c. ‖ ~ **el volado.** loc. verb. *Ni.* Descubrir un secreto.

d. ‖ ~ **la gallina.** loc. verb. *CR, Bo.* Tener autoridad la mujer sobre el hombre en el hogar. pop ^ fest.

e. ‖ ~ **la tabla.** loc. verb. *Co.* Decir *alguien* lo que piensa con franqueza. pop.

f. ‖ ~ **la zona.** loc. verb. *Ve.* Estar *alguien* vigilante de lo que pueda ocurrir y presto a avisar. delinc.

g. ‖ ~ **las golondrinas.** loc. verb. *Ho.* Despedir a *una persona* de un puesto o cargo. fest.

h. ‖ ~ **mal las rancheras.** loc. verb. *Mx.* Mostrar deficiencia o incompetencia en la ejecución o práctica de algo. pop.

i. ‖ ~ **Oaxaca.** loc. verb. *Mx.* Vomitar. pop + cult → espon ^ fest.

j. ‖ ~ **para el carnero.** loc. verb. *Ar, Ur.* p.u. Morir *alguien.* pop.

k. ‖ ~ **pavita.** loc. verb. *Ho. En las peleas de gallos*, animal que ha perdido la pelea o que no quiere continuarla.

l. ‖ ~ **sin guitarra.** loc. verb. *CR.* p.u. Delatarse de manera ingenua. pop ^ fest.

m. ‖ ~ **viajera.** loc. verb. *CR.* p.u. Estropearse o quedar inservible *una cosa.* pop.

n. ‖ ~**le el tecolote.** loc. verb. *Mx.* Estar cerca de la muerte.

ñ. ‖ **cantársele.** loc. verb. *Ar, Ur.* Hacer *alguien* lo que le apetece. pop.

o. ‖ **cantársele las pelotas.** loc. verb. *Ar.* Hacer *alguien* lo que se le antoja. vulg; pop.

p. ‖ **no ~ mal las rancheras.**
    i. loc. verb. *Mx.* Mostrar cierta habilidad o solvencia en la práctica o ejecución de algo. pop.
    ii. *Mx.* Hallarse en el mismo caso o rango que otros en un determinado aspecto, o no quedarse atrás en ello, sobre todo si se trata de algo reprobable o lamentable. pop.

a. ‖ **cantando bajito.** loc. adv. *Ar, Ur.* Con discreción, sin llamar la atención. pop + cult → espon.

b. ‖ **como ~le a Gardel.** loc. adv. *Bo.* Sin posibilidad de lograr algo. pop.

a. ‖ **ni ~ ni comer frutas.** fr. prov. *Cu.* Indica que alguien no tiene aptitud para determinada labor.

cantara.

I. 1. f. *Bo:S.* Cántaro de barro cocido que se emplea para la maceración de la **chicha**. pop.

cantarada.

I. 1. f. *ES.* Conjunto de muchas personas o cosas.

□

a. ‖ **a ~s.** loc. adv. *Ho, Ni.* En gran cantidad. pop.

cantarilla.

I. 1. f. *Ec:S; Co*, p.u. | obsol. Recipiente metálico hermético para transportar leche que se llevaba habitualmente a las casas o tiendas de **expendio**, desde el sitio del ordeño.

2. *Ec:S.* obsol. Cántaro, vasija de barro de regular tamaño, usado en el campo para acarrear agua y guardar el líquido.

II. 1. f. *Co.* Rifa, *especialmente cuando se trata de cosas de poco valor*, que tiene fines benéficos.

III. 1. f. *RD, Bo:S.* Alcantarilla, conducto subterráneo que recoge las aguas para darles salida. pop.

cantarillado.

I. 1. m. *Bo.* Sistema de alcantarillas de una población. pop.

cántaro.

I. 1. m. *RD, Ve.* Jarro provisto de asa o de un mango largo que se utiliza en un **tinajero** para sacar el agua.

2. *RD.* Cualquier vasija que se usa para guardar o transportar líquidos.

▶ **sonar el ~**.

cantarola. (Voz portuguesa).

I. 1. f. *Ur.* Reunión o fiesta bulliciosa con música y canciones. pop.

2. *Ur.* Perorata. pop + cult → espon.

cantarrana.

I. 1. f. *Ve.* Barrio o callejón que está en las afueras de la ciudad.

cantarria.

I. 1. f. *CR.* Cantárida. (Meloidae; *Lytta vesicatoria*).

cantazo.
    I. 1. m. *PR, Ve.* Inyección de heroína. drog.
    II. 1. m. *RD, PR.* Golpe fuerte, puñetazo. pop + cult → espon.
      2. *RD.* Golpe dado con una correa, con un cinturón o con una soga.
    III. 1. m. *PR.* metáf. Trago grande de bebida alcohólica. pop.
    □
    a. ‖ **al ~.** loc. adv. *RD.* Al momento. pop + cult → espon.
    b. ‖ **de ~.** loc. adv. *RD.* Al contado. pop + cult → espon.
    c. ‖ **de un ~.** loc. adv. *RD.* De una vez, rápidamente, definitivamente.
    ▶ **subir el ~.**

cantazón.
    I. 1. m. *Ho, ES.* Canto continuado y repetido.

canteada.
    I. 1. f. *Ni.* Acción descartada.

canteado.
    I. 1. *Ho.* **butuco**, banano. rur.
      2. *Ho.* **butuco**, fruto. rur.

canteado, -a.
    I. 1. adj. *Ho, ES, Ni. Referido a un objeto o a una piedra,* que se coloca de lado.
      2. *Bo. Referido a una piedra,* que procede de una cantera.
    II. 1. adj. *RD. Referido a cosa,* rota.

cantear(se).
    I. 1. tr. *Ho, ES, Ni.* Ladear o inclinar *algo, generalmente en la construcción como una piedra, ladrillo o bloque, fuera de la línea vertical.*
    II. 1. tr. prnl. *RD.* Contribuir con una cantidad de dinero a una fiesta, celebración o una causa.
      2. *RD.* Pagar una cantidad de dinero para conseguir algo que no cuesta nada.
    III. 1. tr. *Gu, Ni.* Torcerse un asunto, ejecutar *alguien algo* mal, con torpeza.
    IV. 1. tr. *Ch.* Labrar la piedra de sillería para las construcciones.
    V. 1. intr. prnl. *RD.* Romperse, reducirse a cantos.
      2. tr. *PR.* **Desboronar** *alguien* los terrones grandes antes de sembrar. rur.
    VI. 1. intr. prnl. *Gu.* Cagarse *alguien.* euf.
    VII. 1. intr. prnl. *RD. En el juego de las canicas,* acercarse con la bola lo más posible, sin pasarse, a una raya dibujada previamente en la tierra.

cantegril. (De *Cantegril Country Club,* club social de Punta del Este).
    I. 1. m. *Ur.* Barrio o zona de viviendas precarias. pop.

cantero.
    I. 1. m. *Pa, Cu, RD, Py, Ar, Ur.* En un parque o jardín, espacio delimitado *generalmente en forma de cuadrado y adornado con plantas pequeñas y flores.*
      2. *Py, Ar, Ur.* En plazas, avenidas o paseos públicos, espacio con césped y plantas ornamentales, acotado y con muy distintas formas y extensión.
      3. *RD.* Cada uno de los pedazos en que se divide algo.
    II. 1. m. *Ec.* Superficie de terreno cultivado, largo y angosto.
      2. *Ec.* Lomo que se forma en la tierra labrada alternando con el surco.
      3. *Ec.* Medida de superficie en la provincia de Chimborazo.

cantidad.
    □
    a. ‖ **~es navegables.** loc. sust. *RD, Pe.* Gran número o abundancia de algo. pop + cult → espon.

    b. ‖ **cualquier ~.**
    i. loc. sust. *Mx, Ho, Ni, CR, Pa, Cu, RD, Ve, Ec, Bo, Py; Pe, Ar, Ur,* juv; pop; *Ch,* pop + cult → espon. Gran número o proporción de algo.
    ii. loc. adv. *CR, Cu, RD, Ve, Ec, Pe, Bo, Py; Ch, Ar, Ur,* pop + cult → espon. Mucho, de manera abundante.

cántido.
    I. 1. m. *Ni.* Canto de un ave. rur.

cantil.
    I. 1. m. *Mx:S, Gu, Ho.* Serpiente de 1 m de longitud, de color café rojizo en el dorso, con manchas café oscuro, posee una banda blanca bordeada por líneas negras que se extienden desde la nariz hasta el ángulo de la boca en cada lado de la cara, el dorso de la cabeza tiene nueve placas agrandadas. (Viperidae; *Agkistrodon bilineatus*). ♦ **cantil de agua**; **castellana**; **zolcuate**.
      2. *Ho, ES.* Lagartija común. ♦ **cantil de tierra**.
    II. 1. m. *Ho, Ni, Cu, RD, Ve; Ch,* p.u. Borde de un despeñadero.
    III. 1. m. *RD.* Hoyo profundo en el mar o en el río.
    ■
    a. ‖ **~ de agua.** *Gu.* **cantil**, serpiente.
    b. ‖ **~ de tierra.** *Gu.* **cantil**, lagartija.

cantimpla.
    I. 1. sust/adj. *Ar.* obsol. Persona tonta, poco inteligente.

cantimplora.
    I. 1. m. *Ni, Bo.* Hombre homosexual. desp.

cantina.
    I. 1. f. *Mx, Gu, Ho, ES, Ni, CR, Pa, RD, PR, Co, Ec, Pe, Bo, Ch, Ar; Ur,* obsol. Establecimiento de carácter popular, en que se sirven y expenden bebidas alcohólicas y, a veces, también comidas.
      2. *Mx, Bo.* Mueble concebido para guardar las bebidas y todo lo necesario para prepararlas y servirlas, que suele incorporar una repisa o pequeña barra.
      3. *RD, Ve, Bo, Py, Ar, Ur.* Establecimiento comercial en una institución educativa, social o deportiva en donde se venden comidas, bebidas y golosinas.
      4. *RD.* Establecimiento donde se hacen y venden comidas para llevar de encargo.
    II. 1. f. *Mx.* Arreo de caballería a modo de banda ancha, *generalmente de cuero,* que se pasa por el lomo del animal, por detrás de la silla de montar, y a cuyos extremos van cosidas sendas carteras o bolsas.
      2. *Cu, Co.* Recipiente metálico de forma cilíndrica y con tapa que se utiliza para guardar y transportar leche.
      3. *Cu, RD.* Fiambrera de diversas formas, con tapa, *generalmente de plástico,* que se utiliza para guardar y transportar alimentos.
    III. 1. f. *Ar:NO.* Huso provisto de una muesca, en lugar de tortera, para torcer el hilo. rur.
    ■
    a. ‖ **~ libre.** f. *Mx, Bo. En ciertos actos sociales o en algunos establecimientos,* consumo gratuito de bebidas. ♦ **cantina pagada**.
    b. ‖ **~ pagada.** *Bo.* **cantina libre**.
    ▶ **comer de ~.**

cantineadera.
    I. 1. f. *Gu.* Enamoramiento.

cantineador, -ra.
    I. 1. sust/adj. *Gu.* Persona enamoradiza.

cantinear(se).
    I. 1. tr. *Gu, ES.* Enamorar a *alguien.*
      2. intr. prnl. *Gu.* Enamorarse de alguien.
    II. 1. intr. *Ni.* Frecuentar **cantinas**.

cantinero, -a.
    I. 1. m. y f. *Mx, Gu, Ho, ES, Ni, CR, Pa, Cu, RD, PR, Co, Pe, Bo, Ch; Py,* pop. Persona que en un bar, se encarga de preparar y servir las bebidas.

cantinflada.

    I. 1. f. *Mx, CR, Pa, Cu, PR, Ve, Ec, Pe, Bo; Ch,* p.u. Declaración o acto necios, insensatos, extravagantes o absurdos. pop + cult → espon ∧ desp.

cantinflas. (De *Cantinflas,* personaje caracterizado por el actor mexicano Mario Moreno Reyes, 1911-1993).

    I. 1. m. *Mx, Ni.* Persona que se expresa de forma embrollada y con conceptos contradictorios para finalmente no decir nada con sentido. pop ∧ desp.

    2. *Mx.* Persona, muchas veces sin cultura, que por sus declaraciones absurdas o su proceder histriónico o extravagante, resulta ridícula. pop ∧ desp.

    3. *Mx.* Persona ocurrente, con habilidad para el chiste improvisado. pop.

    4. m. *Bo,* desp; sust/adj. *Ch,* fest. Persona que habla o actúa de forma enredada y confusa. pop + cult → espon.

cantinfleada.

    I. 1. f. *Bo.* Expresión enredada y confusa. pop + cult → espon ∧ desp.

cantinfleado.

    I. 1. *Ve,* acantinflado.

cantinflear(se).

    I. 1. intr. *Mx, Ni, CR, Pa, Cu, Ve, Pe, Bo, Ch.* Hablar de manera incongruente y disparatada, sin decir nada de sustancia. pop + cult → espon ∧ desp.

    2. *Mx, Cu, Ch.* **acantinflarse.**

cantinfleo.

    I. 1. m. *Mx, Cu; Ch,* p.u; pop + cult → espon ∧ desp. Expresión o discurso con escasa o nula coherencia.

cantinflérico, -a.

    I. 1. adj. *Ve.* p.u. *Referido a gestos, palabras o actitudes,* **acantinflados.**

cantinflero, -a.

    I. 1. adj/sust. *Pe,* desp; *Ch,* fest. | p.u. *Referido a persona,* que habitualmente dice cosas sin sustancia ni fundamento. pop + cult → espon.

cantinflesco, -a.

    I. 1. *Mx, Ho, ES, Ni, CR, Cu, RD, Pe, Ar; Ch,* pop + cult → espon ∧ desp. **acantinflado.**

    2. adj. *Mx, Ve, Pe, Bo, Ch. Referido a un asunto o tema,* de escasa o nula coherencia. pop + cult → espon ∧ desp.

    3. *Mx, Cu, RD, Bo. Referido a persona,* que habla o actúa de manera complicada o incongruente. pop + cult → espon ∧ desp.

cantinflora.

    I. 1. f. *CR, Py, Ur.* Cantimplora. pop.

cantío.

    I. 1. m. *CR, Pa, Cu, RD, Ve; PR,* rur. Canto de las aves. pop + cult → espon.

    □

    a. ‖ **al ~ de un gallo.** loc. adv. *PR.* Cerca, no muy lejos. pop + cult → espon.

    b. ‖ **al ~ del pitirre.** loc. adv. *PR.* De madrugada. rur.

cantito.

    I. 1. m. *Ho, Pa, Ar, Ur; Ch,* pop + cult → espon. Acento peculiar del habla de una determinada zona geográfica.

    2. *Ch.* Entonación especial. pop + cult → espon.

canto.

    I. 1. m. *Co.* Cavidad que hace el cuerpo de la mujer desde la cintura hasta la rodilla cuando está sentada.

    II. 1. m. *Bo.* Lugar situado en las afueras de un poblado. pop.

    III. 1. m. *PR.* Pedazo, porción de algo. pop + cult → espon.

    2. *PR.* Sitio, pedazo de tierra. rur; pop + cult → espon.

    □

    a. ‖ **al ~.** loc. adv. *RD.* De inmediato. pop + cult → espon.

    b. ‖ **de ~.**

      i. loc. adv. *Pe. A partir de la acción que determina un tercero,* en conjunto, con unión de dos o más personas en un mismo lugar.

      ii. *Pe. Respecto a la forma de coger tubérculos o frutas,* en forma ordenada.

      iii. *Bo. Referido al modo de repartir algo,* en orden y sin excepción.

    c. ‖ **de ~ a ~.** loc. adv. *Bo.* De un extremo a otro. ♦ **de canto a punta.**

    d. ‖ **de ~ a punta.** *Bo.* **de canto a canto.**

    e. ‖ **un ~ de.** loc. sust. *RD, PR.* Cosa admirable, excepcional. pop + cult → espon.

    ▶ **comerle el ~; quedarse con el ~; sacarle los ~s; ser un ~ de carne con ojos; tirarle el ~.**

cantón.

    I. 1. m. *Mx, ES.* Casa, barrio o región donde alguien vive.

    2. *Gu, ES, Ni.* p.u. Conjunto de casas cercanas.

    3. *Gu, Ho.* Aldea o barrio que pertenece a un municipio.

    II. 1. m. *Mx.* Tela de algodón que imita al cachemir y tiene los mismos usos.

    III. 1. m. *Ho, CR, Ec, Bo.* Unidad territorial y administrativa en que se divide una provincia.

    IV. 1. m. *Ho, Ni.* Terreno alto y aislado en medio de una llanura.

    V. 1. m. *RD.* Lugar donde acampan las tropas.

    ■

    a. ‖ **~ de reclutamiento.** m. *Ch.* Establecimiento adonde acuden los convocados al servicio militar para tramitar su cumplimiento o exención. ♦ **cantonato.**

    ▶ **plantar ~.**

cantonal.

    I. 1. adj. *Gu, ES, Ni, CR, RD, Bo:C,O.* obsol. Relativo al **cantón,** unidad territorial y administrativa.

    ■

    a. ‖ **cabo ~.** m. *Ho.* Policía o militar encargado de los aspectos policiales de un cantón o aldea.

cantonato.

    I. 1. *CR.* **cantón de reclutamiento.**

cantonera.

    I. 1. f. *ES.* Prostituta. desp.

cantonización.

    I. 1. f. *Ec.* Declaración oficial de **cantón.**

cantonizar.

    I. 1. tr. *Ec.* Declarar oficialmente **cantón** un pueblo.

cantor, -ra.

    I. 1. adj. *Ar. Referido a una prenda de vestir,* muy elegante. rur; pop.

    □

    a. ‖ **de puro ~.** loc. adj. *Bo; Ch,* p.u. *Referido a persona,* que no tiene capacidad ni potestad para decidir en un asunto o tema en el que está presente o ha intervenido. pop + cult → espon.

cantora.

    I. 1. f. *Ec:S,* p.u; *Ch,* obsol, pop + cult → espon. Orinal, recipiente para recoger los excrementos del cuerpo humano. pop.

    II. 1. f. *Bo.* Aparato de radio portátil.

    2. *Bo.* Magnetófono, aparato que se emplea para registrar y reproducir sonidos en una cinta magnética.

    III. 1. sust/adj. *Bo.* Persona que delata a otros por conveniencia o malicia.

cantudo.

    I. 1. *Gu.* **butuco,** banano y fruto.

cantulo.
    I. 1. m. *Pa.* Autoridad de los indios cunas, con atribuciones de adivino, médico y sacerdote.

canturía.
    I. 1. f. *Cu.* Fiesta campesina en la que se improvisan décimas. rur.
    II. 1. f. *Cu.* Insistencia molesta.

canturrear(se).
    I. 1. intr. prnl. *Gu, Ho, Ni, CR.* Evacuar el vientre. vulg; fest.
    II. 1. tr. *ES.* Enamorar a *alguien.*
    III. 1. intr. prnl. *Ho.* Acobardarse por algo.

canturreo.
    I. 1. m. *Ho, Ni, RD.* Modo de hablar de una persona que muestra su variedad dialectal en la entonación y en la pronunciación. desp.

cantuta.
    I. 1. *Pe, Bo.* **flor del inca**, arbusto. (**kantuta**).
    2. *Pe, Bo.* **flor del inca**, flor (**kantuta**).

canuco, -a.
    I. 1. adj. *RD. Referido a persona,* que tiene canas.

canuta.
    ▶ **decir la zamba ~; hacer bailar la quinta ~.**

canuteado, -a.
    I. 1. adj. *Ho, ES, Ni. Referido a cosa,* que tiene forma de canuto.

canutero.
    I. 1. m. *Gu, ES, Ni,* p.u; *Ve, Ec,* obsol. Mango de la pluma de escribir.

canutillo.
    I. 1. m. *Co.* Hierba de hasta 1 m de altura, de tallos cilíndricos desprovistos de hojas, estriados y con reproductores globosos y de color **café** en sus extremos; se emplea en la medicina popular como diurético, astringente y en afecciones pulmonares; sirve de forraje al ganado. (Equisetaceae; *Equisetum* spp.).

canuto.
    I. 1. m. *Bo, Ar; Ni, Pa,* p.u. Mango de la pluma de escribir.
    2. *Ho, Ni, Ur.* Raíz de la pluma de las aves.
    3. *Ur.* Capuchón de bolígrafo.
    II. 1. m. *Gu, ES.* Calcetín.
    III. 1. m. *Ch.* Arma de fuego. delinc.
    IV. 1. m. *ES, Ur.* Pelo.

canuto, -a.
    I. 1. adj. *Pe, Ur. Referido a persona,* que tiene el cabello rizado o ensortijado.
    II. (De *Juan Bautista Canut de Bon,* pastor protestante español establecido en Chile en el siglo xix).
    1. sust/adj. *Ch.* Persona que profesa la religión protestante en cualquiera de sus doctrinas o iglesias.
    2. adj. *Ch.* Relativo a la religión protestante. pop ^ desp.
    III. 1. adj/sust. *Ni, Pa, Cu, RD. Referido a persona,* tonta, falta de entendimiento.
    IV. 1. sust/adj. *Bo:O,C.* Persona delgada, de pocas carnes. pop ^ fest.
    V. 1. sust/adj. *Ur.* Persona prepotente o que gusta de mandar a los demás. pop ^ desp.
    VI. 1. adj. *Ur.* juv. *Referido a un lugar,* controlado en exceso.

canvas. (Voz inglesa).
    I. 1. m. *EU, Ni, Pa, PR.* Lienzo, tela tendida sobre un bastidor y preparada para el trabajo artístico.

canyac.
    I. 1. f. *Pa.* Marihuana. drog; pop. ♦ **kenke.**

canyaccero, -a.
    I. 1. *Pa.* **canyacero.** drog.

canyacero, -a.
    I. 1. m. y f. *Pa.* Persona que fuma marihuana. drog; pop + cult → espon. (**canyaccero**).

canyengue.
    I. 1. adj. *Ar. Referido a persona,* grosera, zafia. pop.
    II. 1. adj. *Ar. Referido a persona,* petulante, soberbia. pop.
    2. *Ar. Referido a persona,* que camina con movimientos afectados o exagerados. pop.
    3. *Ar. Referido al tango,* que se baila con movimientos cortados y exagerados. pop.
    III. 1. m. *Ur.* Fiesta con música y baile, que se desarrolla con confusión. pop ^ fest.
    2. *Ur.* Alboroto. pop + cult → espon ^ fest.

caña.
    I. 1. f. *Ni, Cu, Ve, Py, Ar, Ur.* Aguardiente de caña.
    2. *Co, Ve.* Bebida alcohólica en general. pop.
    3. *Ni, Cu, RD, PR, Ec, Bo.* Por antonomasia, la caña de azúcar.
    4. *Cu, Ch.* Borrachera. pop + cult → espon.
    5. *Ch.* Resaca, malestar que se padece al día siguiente de haber consumido alcohol de manera excesiva. pop + cult → espon.
    6. adj/sust. *Bo. Referido a persona,* borracha. pop ^ fest.
    7. *PR.* **cañita**, ron clandestino.
    II. 1. *Pe.* **caña de dirección.**
    2. f. *Pe.* **carro**, vehículo automotor.
    3. *Pe.* Habilidad en el manejo de carros. pop.
    III. 1. f. *Co; Ec,* obsol. Engaño, mentira. pop.
    IV. 1. f. *Ni, Cu, RD.* Peso, billete o moneda. fest.
    V. 1. f. *Cu, RD.* Bíceps braquial.
    VI. 1. f. *Cu.* Pene. vulg.
    VII. 1. f. *Bo:S.* Instrumento musical de viento, hecho de tallos de caña, horadados longitudinalmente y unidos por correas de piel de cabra.
    VIII. 1. f. *Ni.* Antebrazo.
    IX. 1. f. *PR.* Hueso de la pata del gallo de donde sale la espuela.

■

    a. ‖ ~ **agria.**
    i. *Ho, Ni, Pa.* **caña santa.**
    ii. f. *CR.* Planta de tallos con entrenudos bien definidos *que brotan por lo común en espiral,* hojas dísticas dispuestas hacia un solo lado del tallo y con la vaina peciolar cerrada, e inflorescencias terminales con brácteas y flores muy vistosas de color blanco; su savia, extraída por maceración o infusión, se usa como diurético. (Zingiberaceae; *Costus spicatus*). (**cañagria**).
    iii. *Pa.* **pacaya**, palma.
    b. ‖ ~ **blanca.**
    i. f. *Ve.* Aguardiente de caña. pop.
    ii. *Ho, Ni.* Caña de azúcar que tiene muchas hojas.
    c. ‖ ~ **brava.**
    i. f. *Ho, Ni, CR, Pa, Cu, Co, Ve, Ec, Pe, Bo, Ar.* Planta silvestre de hasta 10 m de altura, de tallo duro, hojas lineares largas y de márgenes aserrados, y flores dispuestas en un racimo plumoso de hasta 1 m; sus tallos se emplean en la construcción de tejados y tabiques. (Poaceae; *Gynerium sagittatum*). (**cañabrava**). ♦ **carrizo; jimba; lata; pindo; plumero.**
    ii. *Ho, Ni, Pa, Cu.* Planta herbácea silvestre, de 1 m de altura, con entrenudos cortos y las vainas de las hojas más largas; se utiliza para techar; en la medicina tradicional, la cocción de la raíz se usa como diurético. (Poaceae; *Gynerium saccharoides*). ♦ **güin.**
    d. ‖ ~ **chica cultura.** f. *PR.* Variedad de caña que se siembra usando la semilla de la cosechada.

e. ‖ ~ **cimarrona.** f. *PR.* Variedad de caña. (Poaceae; *Guadua angustifolia kunth*).

f. ‖ ~ **compuesta.** f. *Ar:NO.* Bebida preparada a base de alcohol puro de caña de azúcar, agua, hierbas aromáticas y cáscara de naranja.

g. ‖ ~ **de Castilla.**
   i. *Co, Ar:NO.* **carrizo**, planta gramínea.
   ii. f. *Ur.* Caña hueca semileñosa de 3 a 6 m, de hojas amplias, planas, glaucas, con inflorescencias en forma de penachos terminales; muy usada en huertos y jardines. (Arundineae; *Arundo donax*).

h. ‖ ~ **de Cristo.** *Ho, ES.* **caña santa.**

i. ‖ ~ **de dirección.** f. *Pe.* Tubo que une el **timón** o volante de un vehículo con el eje delantero. ♦ **caña.**

j. ‖ ~ **de gran cultura.** f. *PR.* Caña que se siembra para ser cosechada a los 18 meses.

k. ‖ ~ **hueca.** f. *CR, Ch, Ar:NO.* **carrizo**, planta gramínea.

l. ‖ ~ **mala.** f. *Ch.* Resaca, malestar corporal provocado por una borrachera. pop.

m. ‖ ~ **quemada.** f. *Ar.* Aguardiente de caña al que se le añade azúcar tostado.

n. ‖ ~ **santa.** f. *Ho, Cu.* Hierba de hasta 3 m de altura, con tallos carnosos, hojas elípticas; inflorescencia terminal y cilíndrica que parece un cono de pino, brácteas de color rojo, aovadas, flores amarillas parecidas a las orquídeas que salen de las brácteas rojas; la raíz o el tallo molidos se utilizan en la medicina tradicional. (Zingiberaceae; *Cactus scaber*). ♦ **caña agria; caña de Cristo.**

ñ. ‖ ~ **tacuara.** f. *Bo, Ar, Ur.* Caña perenne de hasta 7 m de altura, ramas espiniformes, entrenudos ásperos de color verde; forma densas matas. (Poaceae; *Bambusa trinii*).

o. ‖ ~ **tacuarazú.** f. *Ur.* Caña de gran tamaño, gruesa, con nudos espinosos entre nudos lisos de color verde lustroso. (Poaceae; *Guadua chacoensis*).

p. ‖ ~ **verde.** *Pa.* **pacaya**, palma.

☐

a. ‖ ~ **brava.** loc. adj/sust. *Pe.* Referido a persona, habilidosa en el manejo de vehículos.

b. ‖ ~ **hueca.** loc. adj. *Ch.* Referido a persona, habladora, chillona e impertinente.

c. ‖ ~ **monse.** loc. adj/sust. *Pe.* Referido a persona, torpe, *generalmente en el manejo de vehículos.* pop + cult → espon.

d. ‖ **hombre de ~.** loc. sust. *RD.* Hombre fuerte, enérgico.

▶ **andar cortando ~; bajar la ~; chupar ~; coger la ~; componer la ~; estar a media ~; estar la ~ a tres trozos; faltar mucha ~ que moler; gustarle chupar ~; ir como ~ pal ingenio; jalar ~; llevar a uno como ~ pal ingenio; meter ~; no tener ~; tener ~; tirar ~.**

cañabrava.
  I. 1. *Ho, Ni, Pa, Co, Ve, Ec, Pe.* **caña brava**, planta silvestre.

cañada.
  I. 1. f. *Cu, Ve, Bo, Py, Ar.* Terreno bajo entre lomas, cuchillas o sierras, bañado de agua a trechos o en toda su extensión, y con vegetación propia de tierras húmedas.
  2. *Cu, RD, Bo:N,NE,E, Ur.* Corriente de agua de poco caudal que suele no ser permanente.

cañado, -a.
  I. 1. *Ho, Bo:O,C.* **tomado**, borracho.

cañadón.
  I. 1. m. *Bo, Py, Ar.* Cauce antiguo y profundo entre dos lomas o sierras.
  2. *Ch.* Valle muy estrecho entre dos alturas poco distantes entre sí.

3. *Cu.* Parte baja de un campo sin desagüe y donde el agua tiene cierta profundidad cuando llueve.

4. *Ur.* Hondonada en forma de amplio cauce, con riberas altas, por la que circula una pequeña corriente de agua.

cañaduzal.
  I. 1. m. *Co, Ec.* Plantación de caña de azúcar.

cañafistol.
  I. 1. m. *RD.* **cañafístola.** (Fabaceae, *Cassia fistula*).

cañafístola.
  I. 1. f. *Mx, Ho, Ni.* Árbol de hasta 20 m de altura, con hojas pinnadas, flores de color amarillo, en racimos colgantes, y fruto en forma de vaina cilíndrica de color oscuro; se utiliza en la medicina tradicional y como árbol ornamental. (Fabaceae; *Cassia fistula*). (**cañafistol; cañafístula**).
  2. *CR, Co, Ve.* Árbol de hasta 6 m de altura, de flores amarillas y fruto en forma de vaina pulposa; el fruto se usa en la medicina popular como laxante. (Fabaceae; *Cassia moschata*). (**cañafístula**).
  3. *CR, PR, Co.* **cañandonga**, arbusto.
  II. 1. *Ho, Ni.* **cañafístula**, pierna.

cañafístula.
  I. 1. *CR, Co, Ve.* **cañafístola.** (Fabaceae, *Cassia moschata*).
  2. *Ho, ES, Ni, Pa, RD, Ve.* **cañafístola** (Fabaceae; *Cassia fistula*).
  3. *CR, PR, Co.* **cañandonga**, arbusto.
  4. f. *Ar.* **ibirá-pitá.**
  5. *Ho, ES, Ni, Pa, RD.* Fruto de la cañafístula, en forma de vaina cilíndrica de color marrón oscuro; se utiliza en la medicina tradicional. (Fabaceae; *Cassia fistula*).
  II. 1. f. *Ho, ES, Ni.* Pierna delgada y larga. fest. (**cañafístola**). ♦ **cañahueca, cañifla.**

cañagria.
  I. 1. *CR.* **caña agria**, planta.

cañaguastazo.
  I. 1. m. *Ho, Ni.* Golpe que se da con una caña.
  II. 1. m. *ES.* Trago de licor, *generalmente de guaro o aguardiente.* rur.

cañaguate.
  I. 1. *Co.* **guayacán.** (Bignoniaceae; *Tabebuia* spp.).

cañahua.
  I. 1. *Bo.* **cañihua.**

cañahueca.
  I. 1. f. *Bo.* Planta de hasta 2 m de altura, de tallo recto, cilíndrico, hueco y nudoso, con hojas divididas en tiras delgadas y flores amarillas; por incisiones hechas en la base se saca una gomorresina parecida al sagapeno. (Umbelliferae; *Ferula communis*).
  2. *Bo.* Tallo principal de la cañahueca después de cortado y seco.
  II. 1. f. *Ho, ES.* Fusil de cañón largo. polic.
  III. 1. *Bo.* **cañafístula**, pierna.

cañal.
  I. 1. m. *ES; Ho, CR,* pop. Plantación de caña de azúcar.
  ▶ **andar en el ~; meterse en el ~.**

cañalisa.
  I. 1. m. *RD.* Gallo sin espuelas.

cañamazo.
  I. 1. m. *Ec:S.* Trabajador que realiza el acabado de los sombreros de jipijapa.
  II. 1. m. *Cu.* Hierba rastrera, perenne, de hasta 50 cm de altura, con rizomas cortos y gruesos, hojas agrupadas de trecho en trecho en los nudos y espiguillas verdes lustrosas. (Poaceae; *Stenotaphum secundatum*).

cañambuco, -a.
  I. 1. adj. *Ni. Referido a persona*, que no lleva calzoncillos o bragas.

cañamentazón.
  I. 1. f. *Ve.* Ingestión excesiva de bebidas alcohólicas.
    2. *Ve.* Cantidad grande de bebidas alcohólicas disponibles en una fiesta o reunión.

cáñamo.
  I. 1. m. *CR, Pa, RD, PR, Ch.* Cordel delgado hecho de **henequén**.
    2. *Gu, Ni, Bo; Ho*, pop + cult → espon. Hilo bramante.

cañán.
  I. 1. m. *Pe.* Lagartija pequeña de cabeza rojiza, con cuya carne secada al sol se preparan guisos y **cebiches**. (Teiidae; *Dicrodon* spp.).

cañandonga.
  I. 1. f. *Cu, Co.* Arbusto de flores amarillas agrupadas en racimos, y fruto en vaina de hasta 50 cm de longitud. (Fabaceae; *Cassia grandis*). ◆ **bakut**; **bucute; cañafístola; carámbano; carao.**
    2. *Co.* **guamúchil.**
  II. 1. f. *Ve.* Bebida alcohólica en general. pop ^ fest.
    2. *Cu.* Bebida alcohólica de mala calidad.

cañangazo.
  I. 1. m. *Cu.* Trago de bebida alcohólica de alta graduación.

cañango, -a.
  I. 1. adj. *Pa. Referido a persona*, blanca, de pelo rubio. desp.

cañaña.
  I. 1. f. *Ho, Pa, Co.* Fuerza, energía, valor.

cañar(se).
  I. 1. intr. *Co.* Decir mentiras. pop.
  II. 1. intr. *Bo.* Ingerir *una persona* bebidas alcohólicas en exceso. pop.
    2. intr. prnl. *Bo.* Emborracharse *una persona*. pop.
  III. 1. intr. *ES.* Cortar caña de azúcar.

cañaro.
  I. 1. m. *Ec:S.* **ceiba**, árbol de hasta 12 m.

cañaveral.
  I. 1. m. *Mx, Ni, Cu, RD, Co, Ec, Pe, Py.* Plantación de caña de azúcar.
  ▶ **andar por el ~.**

cañaza.
  I. 1. f. *Pa.* Bambú.

cañazo.
  I. 1. m. *Ho, ES, Ni, Pa; CR, Cu, PR, Ve*, pop + cult → espon. Trago de licor.
    2. *Pe, Bo:E.* Aguardiente de caña de azúcar.
  II. 1. m. *Co.* Mentira, engaño. pop.
  III. 1. m. *CR.* p.u. *En el futbol*, disparo potente realizado con el pie por un jugador hacia la portería contraria.
  IV. 1. m. *CR.* Golpe fuerte. pop + cult → espon.
  ▶ **dar ~; dar un ~; darse ~; meter un ~.**

cañengo, -a.
  I. 1. adj/sust. *Cu. Referido a persona, especialmente anciana*, achacosa, débil.

cañengue.
  I. 1. adj/sust. *Cu, RD. Referido a persona, especialmente a un hombre*, enclenque, débil, floja.

cañera.
  I. 1. f. *Mx, Ho, ES, Ni, RD.* Empresa que se dedica al cultivo, corte y procesamiento de la caña de azúcar.
    2. *Ho, ES, Ni, RD.* Terreno cultivado de caña de azúcar.
  II. 1. f. *RD.* Temblor o cansancio de las piernas.

    2. *RD.* Hemorragia en las patas de los gallos de pelea.
  III. 1. f. *PR.* Vaca que tiene un parto cada año. rur.
  ▶ **tener ~.**

cañerista.
  I. 1. m. *Bo:O,S. En minería*, persona encargada de reparar el sistema de cañerías que conducen agua en el interior de una mina.

cañero.
  I. 1. m. *Mx.* Lugar en donde se deposita la caña en los ingenios azucareros.

cañero, -a.
  I. 1. m. y f. *Mx, Gu, Ho, ES, Ni, CR, Pa, Cu, RD, PR, Co, Ec, Bo:NE,E,S, Py, Ar, Ur.* Persona que se dedica al cultivo de la caña de azúcar. ◆ **cañicultor.**
    2. adj. *Mx, Pa, Cu, RD, PR, Ar, Ur.* Relativo a la caña de azúcar.
    3. m. y f. *Mx, Gu, Ni, RD, Bo:NE,E,S, Ar, Ur.* Cortador de caña de azúcar.
    4. sust/adj. *RD, Ar:NO.* Peón que trabaja temporalmente en la plantación y recolección de la caña de azúcar.
    5. m. y f. *RD, Bo:NE,E,S.* Persona que posee un campo sembrado de caña de azúcar.
    6. sust/adj. *Ec.* Terreno cultivado de caña de azúcar.
    7. *RD, PR.* Vendedor de la cana dulce.
  II. 1. adj/sust. *Co, Ve. Referido a persona*, mentirosa. pop.
    2. *Co. Referido a persona*, fanfarrona, charlatana.
  III. 1. adj. *Ve. Referido a persona*, que está borracha con frecuencia. pop.
    2. adj/sust. *Ve. Referido a persona*, que le gustan las bebidas alcohólicas. pop.
    3. adj. *Ve. Referido a una bebida*, fuerte. pop.
  IV. 1. sust/adj. *Pe.* Persona habilidosa en el manejo de vehículos. pop.
  V. 1. adj. *PR. Referido a persona*, huraña.

cañete.
  I. 1. m. *PR.* Ron, *especialmente el de mala calidad*.

cañicultor, -ra.
  I. 1. *Gu, Ho, ES, Ni, Pa, RD, PR, Co, Ve, Ec, Bo, Py.* **cañero**, persona que se dedica al cultivo de la caña de azúcar.
    2. m. y f. *Bo.* Persona que posee un campo sembrado de caña de azúcar.

cañicultura.
  I. 1. f. *Gu, Ho, ES, Ni, RD, Co, Ve, Ec, Bo, Py.* Cultivo de la caña de azúcar.

cañifla.
  I. 1. *Ho.* **cañafístula**, pierna.

cañihua. (Del aim. *qañiwa*).
  I. 1. f. *Pe, Bo.* Planta anual hermafrodita similar al mijo, de hasta 60 cm de altura, de tallo erguido con manchas de color rojo y amarillo igual que las hojas, y flores pequeñas. (Poaceae; *Chenoposium* spp.). (**cañahua**).
    2. *Pe, Bo.* Fruto en forma de grano de la cañihua, de 1 mm de diámetro y cubierta rugosa de color oscuro; sirve para hacer **chicha** cuando fermenta. (**cañahua**).

cañihuaco.
  I. 1. m. *Pe.* Harina que se obtiene de la **cañihua** tostada.

cañiña.
  I. 1. f. *PR.* Excremento de algunos animales, *especialmente de perro*.

  □
    a. ‖ **con ~ de mono.** loc. adj. *PR. Referido a persona*, preparada para cualquier cosa.

cañita.
  I. 1. f. *Cu.* Pulsera de unos 50 mm de ancho, *generalmente de oro*.
  II. 1. f. *PR.* Ron clandestino. (**caña**).

a. ‖ ~ **voladora.** f. *Ar, Ur.* Artificio pirotécnico consistente en una varilla larga con un cartucho de pólvora adosado, que se eleva cuando se enciende y explota en el aire.

cañizo.
I. 1. m. *Pa.* Cesto para granos o cestilla para **rapadura** hechos de bambú. rur.

cañizo, -a.
I. 1. adj. *Ve, Ec.* Referido a cosa, en especial a un techo de una construcción rústica, hecha con cañas de bambú delgadas dispuestas de manera contigua y amarradas entre sí.

caño.
I. 1. m. *RD, Co, Ve, Pe.* Arroyo o río secundario que desemboca o desagua en otro principal.
2. *Co.* En las ciudades, canal amplio, generalmente al aire libre, en el que desaguan las aguas de lluvia.
3. *RD, Ve.* Curso de agua de caudal irregular y lento, sin ribera arenosa, por el que desaguan los ríos y lagunas de las regiones bajas.
II. 1. m. *ES, Ni, Cu; Ec,* p.u; *Bo,* obsol. Conducto urinario de una persona. vulg.
2. *ES.* Cigarrillo o puro de marihuana. drog.
III. 1. m. *Ar.* Bomba de fabricación casera y escasa potencia. pop.
IV. 1. m-f. *Ar:NO.* Alumno torpe, con dificultades para asimilar conocimientos. pop.
V. 1. m. *Ar.* Vivienda pobre y precaria. pop ^ desp.
VI. 1. m. *Pe.* Grifo, llave colocada en la boca de las cañerías a fin de regular el paso.
VII. 1. m. *PR.* Quebrada. rur.

a. ‖ ~ **de escape.** m. *Py, Ar, Ur.* En un vehículo, tubo metálico que da salida a los gases quemados por el motor.
b. ‖ ~ **de la orina.** m. *Cu.* Uretra. ♦ **caño de orín.**
c. ‖ ~ **de orín.** *RD.* **caño de la orina.**

a. ‖ **a los ~s.** loc. adv. *Ar.* A un lugar muy apartado o alejado.
▶ **dar con un ~.**

cañón.
I. 1. m. *Pe, Ar.* juv. Cigarrillo de marihuana. drog.
II. 1. m. *Py, Ar, Ur.* Masa de hojaldre generalmente enrollada en forma de cilindro o cono hueco, rellena especialmente de dulce de leche.
2. *Pa.* Dulce hecho de pasta de hojaldre rellena con mermelada, generalmente de **guayaba.**
III. 1. m. *CR, Co.* Tronco de un árbol.
IV. 1. m. *Cu, RD.* Persona fuerte y saludable. pop + cult → espon.
V. 1. m. *RD.* Cosa o asunto demasiado difícil. pop + cult → espon.
VI. 1. m. *Cu, RD, PR.* Pistola o revólver. pop + cult → espon.
VII. 1. m. *Ec.* Pene en erección. tabú; pop + cult → espon.
VIII. 1. m. *Cu.* Botella de licor de mayor tamaño que el usual.
IX. 1. m. pl. *RD.* Dinero. rur.
X. 1. m. *PR.* Pluma de ave cuando empieza a apuntar.

a. ‖ ~ **ahuevado.** m. *Ho.* Cuerpo del puro que no es rectilíneo. ♦ **cañón figurado.**
b. ‖ ~ **figurado.** *Ho.* **cañón ahuevado.**

a. ‖ **como ~.** loc. adv. *Pa.* Inevitablemente.
b. ‖ **ni a ~.** loc. adv. *Ec, Ch; CR, Pa,* pop. De ninguna manera o en absoluto.

c. ‖ **ni a cañones.** loc. adv. *Pa, Pe, Ch.* De ninguna manera o en absoluto.
d. ‖ **ni a ~ rayado.** loc. adv. *Pa, RD, PR, Ch.* De ningún modo, ni por la fuerza. pop + cult → espon.
e. ‖ **por todo el ~.** loc. adv. *Pa, Ve, Ch.* Sin la menor duda, sin reserva. pop.
▶ **enfilar los cañones; estar ~; ir de ~; montar ~; virar los cañones.**

cañona.
I. 1. f. *Cu.* Imposición grosera, violenta. pop + cult → espon.
2. *Cu.* Imposición sexual violenta. vulg; pop + cult → espon.
II. 1. f. *PR, Ch.* Mala jugada de alguien, traición, engaño, trampa. pop + cult → espon.

a. ‖ **a la ~.**
i. loc. adv. *Cu, RD, PR; Ve,* p.u. Por la fuerza. pop + cult → espon.
ii. *PR.* Sin avisar, de pronto. pop + cult → espon. **(a las malas).**
▶ **tirar ~.**

cañonazo.
I. 1. m. *Mx, RD.* Acierto o éxito extraordinario en algo.
2. *Pa, Bo; Cu,* pop + cult → espon; *Pe,* p.u. Noticia o hecho inesperado, inusitado o asombroso.
II. 1. m. *Mx, Ni, Pa.* Soborno en la vida política o institucional. pop.
III. 1. m. *Ni, Cu, PR, Ve.* metáf. En el beisbol, batazo sencillo conectado con mucha fuerza.
IV. 1. m. *RD, Ve.* Momento en que está a punto de comenzar el año o en que acaba de comenzar.

a. ‖ **como un ~.** loc. adv. *Cu.* Sin falta, puntualmente.
▶ **ser un ~.**

cañoncito.
I. 1. m. *Py, Ar:C.* Pan elaborado con grasa vacuna y que presenta unas puntas que semejan cuernos.
2. *Py, Ar.* Masa de hojaldre enrollada en forma de pequeño cilindro, rellena de crema dulce o salada.

cañoneador.
I. 1. adj/sust. *Bo.* Referido a persona, que expele ventosidades frecuentemente. vulg; pop.

cañonear(se).
I. 1. tr. *Cu, PR.* Dar una persona **cañonas** a alguien. pop + cult → espon.
2. *Cu, PR.* Maniobrar en un automóvil para conseguir paso a la fuerza.
3. *PR.* Robar alguien para conseguir droga. drog.
II. 1. intr. prnl. *Ch.* p.u. Emborracharse, ingerir bebidas alcohólicas. pop.
III. 1. intr. *Bo.* Expeler ventosidades frecuentemente. vulg; pop + cult → espon.
IV. 1. intr. *Bo.* En el **futbol**, lanzar un jugador el balón con fuerza hacia la portería. pop + cult → espon.
V. 1. tr. *Bo.* Hacer muchas preguntas a una persona sobre algo. pop + cult → espon.
VI. 1. tr. *Ni.* Comprar el voto a alguien. pop.

cañonera.
I. 1. f. *RD.* Pistolera.
II. 1. f. pl. *PR.* Pepitas de **pana.** ♦ **disgusto de matrimonio.**

cañonero, -a.
I. 1. sust/adj. *Ni, PR, Ve.* En el **beisbol**, jugador que batea la pelota con mucha frecuencia.
II. 1. adj/sust. *Cu, PR.* Referido a persona, brava, atrevida, que se impone por la fuerza. pop + cult → espon.
2. *Cu, PR.* Referido a persona, agresiva conduciendo un automóvil.

III. 1. adj/sust. *PR. Referido a persona*, embustera, traidora. pop + cult → espon.

IV. 1. adj/sust. *PR. Referido a persona*, que deja plantadas a otras. pop + cult → espon.

cañota.

I. 1. f. *Ar.* Comisión que se retiene en los juegos de azar. vulg.

2. *Ar.* **coima**, soborno. vulg.

cañudo, -a.

I. 1. adj. *RD. Referido a persona*, audaz, osada, atrevida.

cañuela.

I. 1. f. *Co, Bo:NE,E.* Conjunto formado por agregación de plantas acuáticas con bulbos de tejido aerífero, que le permiten flotar sin que las hojas toquen el agua, y otras que arrastra la corriente de los ríos.

II. 1. f. *RD, Ve.* Listón de madera que forma el marco de un cuadro.

2. *ES.* Listones para asegurar el cristal en una ventana o puerta.

III. 1. f. *Ch.* Palo o caña en que se envuelve el hilo de las cometas.

2. f. pl. *Ch.* metáf. Piernas muy delgadas. pop ^ fest.

IV. 1. f. *Ho, Ni.* Lámina vibradora de bambú que llevan en la boquilla algunos instrumentos musicales de viento como la flauta.

V. 1. f. *RD.* Flor del maíz, de la platanera o del cacao.

▶ **dar ~; estar ~; menear las ~s; recoger ~.**

cañuelar.

I. 1. m. *Bo:NE,E.* Lugar donde crece y abunda la **cañuela**.

cañuelita.

I. 1. m. *RD.* Ratón muy pequeño.

cañutos.

I. 1. m. pl. *RD.* Baile de palos, propio de ciertas fiestas religiosas, velatorios y otros ritos.

2. *RD.* Instrumentos con los que se interpreta este baile.

3. *RD.* Tambores tubulares de un solo parche, con clavijas o sin ellas.

cao.

I. 1. m. *Pa, Cu.* Ave de hasta 50 cm de longitud, de color muy negro y lustroso, pico largo y robusto; en cautiividad aprende a repetir palabras. (Corvidae; *Corvus nasicus*).

2. *Cu.* Ave de hasta 40 cm de longitud, de color negro brillante. (Corvidae; *Corvus palmarum*).

II. 1. *Ec.* **camagua**, que está en la etapa de maduración.

2. adj. *Ec:N. Referido a un alimento*, que está a medio cocer. rur.

caoba. (De or. ind. antillano).

I. 1. m. *Cu.* Pene. tabú; pop + cult → espon.

a. ‖ **~ del país.** f. *Ur.* Árbol de hasta 6 m de altura, de ramas abiertas y pendientes, follaje ralo, flores grandes y blancas, y una vaina aplanada como fruto; las hojas tienen aplicación en la medicina tradicional. (Fabaceae; *Bauhinia fortificata*).

b. ‖ **falsa ~.** *Ar.* **pata de buey.**

caobal.

I. 1. m. *Ho, ES, Ni, Pa.* Terreno poblado de caobas. (**caobanal**).

caobanal.

I. 1. *Gu.* **caobal.**

caobanilla.

I. 1. f. *RD.* Árbol de hasta 20 m de altura, de ramitas glabras, folíolos opuestos, el envés con glándulas negras, flores con pétalos amarillos pálidos. (Fabaceae; *Stahlia monosperma*). ◆ **cóbana.**

caobilla.

I. 1. f. *Cu, RD, PR.* Árbol silvestre de mediana altura, de tronco fino con la corteza áspera y rosada, y de hojas apiñadas; su madera se emplea para hacer muebles. (Euphorbiaceae; *Croton lucidum*).

2. *Ni, CR, Pa.* **venadillo**, árbol.

caona.

I. 1. f. *Ar:NE.* Variedad de **yerba mate**. (Aquifoliaceae; *Ilex paraguariensis*).

capa.

I. 1. f. *Ho, Ni, Cu, RD.* En el tabaco, cubierta externa del puro hecha de hoja fina de la parte alta de la planta de tabaco que le da el aroma.

2. *Cu, RD; PR,* rur. Hoja de tabaco de mayor tamaño y limpieza; se utiliza para la envoltura exterior de los puros. (**capá**).

II. 1. f. *CR, Cu, PR, Ur; Ch,* p.u. Guardapolvos de mangas largas y abierto por delante que suele llevarse en el trabajo o en la escuela encima de la ropa de calle.

III. 1. f. *CR, Ch.* Operación que consiste en extirpar o inutilizar los órganos genitales de un animal. rur.

IV. 1. f. *Ho, Ni.* Cada una de las celdillas de un panal de abeja o de avispa.

V. 1. *PR.* **capia**, alfiler.

capá. (De or. ind. antillano).

I. 1. m. *Cu, RD, PR.* Árbol de gran altura, tronco fino y fuerte, hojas ovaladas, finas y algo amarillentas, flores en ramilletes, y nuez pequeña y dura de color castaño; su madera se utiliza en la fabricación de embarcaciones. (Verbenaceae; *Callicarpa ampla*).

II. 1. m. *RD.* **capa**, hoja de tabaco.

∎

a. ‖ **~ de sabana.** m. *RD, PR.* Árbol de hasta 22 m de altura, de hojas elípticas, inflorescencia en panículas y abundantes flores fragantes; la madera se usa en carpintería rural. (Verbenaceae; *Petitia dominguensis*). ◆ **capaz.**

b. ‖ **~ prieto.** *RD, PR.* **suchicahue.**

capacete.

I. 1. m. *RD, PR.* Casco utilizado como protección en las obras de construcción.

2. *PR.* metáf. Preservativo, condón. fest.

3. *Pa.* Forro de cuero con el que se cubre la parte superior de la empuñadura del machete. rur.

capacha.

I. 1. f. *Ch, Ar,* pop; *Ec,* pop + cult → espon. Edificio público donde se mantienen recluidas las personas a quienes se les ha privado de libertad por haber cometido un delito.

capachada.

I. 1. f. *Ch.* Cantidad que cabe en un capacho o capacha.

capachero.

I. 1. m. *Ar:NO.* Peón o ayudante de albañil *que se ocupa especialmente de hacer la mezcla*.

capachero, -a.

I. 1. adj. *Ve:O. Referido a persona*, de modales ordinarios.

2. *Ve:O. Referido a persona*, de mal carácter y camorrista.

capachito.

I. 1. m. *Ar:NO.* Planta herbácea de hasta 40 cm de altura, hojas compuestas, flores amarillas y una pequeña cápsula como fruto. (Scrophulariaceae; *Calceolaria crenatifolia*).

capacho.

I. 1. m. *Co, Ve.* **bandera**, planta.

2. *Ve.* Semilla esférica, dura, lisa y negra del capacho que sirve de sonaja en las maracas.

3. *RD.* **cucuyús.**

II. 1. m. *Co, Ve.* Maraca.

III. 1. m. *Ar; Ec.* p.u. Sombrero viejo.

IV. 1. m. *Co.* Hoja que envuelve la mazorca de maíz.

V. 1. m. *Ar:NO.* Mazo de cuero de forma cilíndrica utilizado para golpear el maíz y desgranarlo. rur.

VI. 1. m. *Ni*; f. *Ni.* Vulva. vulg.

VII. 1. m. *Bo.* Bolsa tejida de lana de oveja, llama o alpaca, que utilizan los **callahuayas** para llevar hierbas medicinales.

capacidad.

I. 1. f. *RD, PR, Py.* Experiencia.

capacillo.

I. 1. *PR.* **capaíllo**.

capada.

I. 1. f. *Mx, Gu, Ho, ES, Ni, Co, Ec, Pe.* Castración de un hombre o animal macho. rur.

2. *Ni, CR, Co, Pe, Bo, Ch, Ar, Ur.* Operación que consiste en extirpar o inutilizar los órganos genitales de un animal. rur.

3. *Ar:NO.* Reunión en la que se capan y marcan los animales. rur.

II. 1. f. *Co.* juv. Falta de asistencia a clase.

capadera.

I. 1. f. *Gu, Co.* Inasistencia continuada a clase. est.

capador.

I. 1. m. *Co.* Instrumento musical compuesto por varios tubos de caña de diferente longitud y diámetro que van unidos entre sí con palillos de un mismo material y con una cuerda.

capadura.

I. 1. f. *Cu.* Hoja de tabaco de calidad inferior que se emplea para la picadura.

capaíllo.

I. 1. m. *PR.* Planta de hasta 2 m de altura, de flores pequeñas de color blanco amarillento en panojas. (Verbenaceae; *Aegiphilla martinicensis*). (**capacillo**).

capanga. (Voz portuguesa brasileña).

I. 1. m. *Ar:NE; Bo, Ur,* pop + cult → espon ^ desp; *Py,* rur. Persona que cumple las funciones de capataz, comportándose, a veces, con prepotencia o violencia.

2. *Bo, Py, Ar.* Guardaespaldas. pop + cult → espon ^ desp.

3. m-f. *Ar,* pop + cult → espon; m. *Py.* Persona con influencia o poder en un grupo, en una actividad, o en una zona.

4. m. *Bo.* Hombre de poder que abusa de su posición en un grupo. desp.

II. 1. m. *Py.* Número cuatro.

capaperro.

I. 1. adj. *RD. Referido a un negocio,* que no produce beneficio o provecho.

II. 1. adj. *Pa. Referido a hombre,* de baja condición, ridículo y perverso. pop + cult → espon.

capapollera.

I. 1. adj. *Bo. Referido a una prenda de vestir,* que queda excesivamente larga. pop ^ fest.

capar.

I. 1. tr. *Mx, Ho, ES, Ni, CR, PR, Co, Ar:NO.* Cortar la flor o el tallo guía de una planta, como el café o el tabaco, para favorecer su crecimiento, el de las hojas o la expansión de las ramas. rur.

2. *Cu, RD, PR.* Cortar, podar y limpiar *alguien* las matas de tabaco para la segunda cosecha. rur.

3. *PR.* Quitar *alguien* la corteza de un árbol en un círculo en el tronco para evitar que suba la humedad y se seque el árbol. rur.

4. *CR.* Cortar la raíz central a una plántula de café. rur.

II. 1. tr. *Co.* No cumplir un deber o una obligación. pop.

III. 1. tr. *Cu.* Robar objetos de una maleta en un aeropuerto o puerto.

2. *Ni.* Robar una parte de algo.

□

a. ‖ ~ **clase.** loc. verb. *Co.* Faltar los estudiantes deliberadamente a clase. pop.

caparachar.

I. 1. intr. *RD.* Monopolizar.

caparacho.

I. 1. m. *CR, Pa, PR; Ho,* rur. Caparazón de algunos crustáceos y moluscos.

caparachón.

I. 1. m. *Cu.* Caparazón.

caparazón.

I. 1. m. *PR.* Envoltura del coco. ♦ **carapacho**.

caparrapí.

I. 1. m. *Co.* Árbol de hasta 25 m de altura, de copa densa y cónica, flores blancas y muy aromáticas, dispuestas en racimos, y fruto globoso y de color verde claro; del tronco se extrae un aceite medicinal, empleado como antirreumático y para curar llagas y heridas. (Lauraceae; *Ocota caparrapí*).

caparro.

I. 1. m. *Pe.* Mono de hasta 60 cm de longitud, con el cuerpo cubierto por un manto suave, de cabeza redondeada y cola extremadamente prensil y flexible, de hasta 80 cm. (Atelidae; *Lagothrix lagotricha*). ♦ **choco; mono choro; mono chorongo**.

caparrosa.

I. 1. f. *ES.* Capa amarillenta y espumosa que se forma en agua remansada. rur.

capataz.

I. 1. *PR.* **dirigente**.

■

a. ‖ ~ **de filtración.** m. *PR. En la industria azucarera,* obrero que trabaja en los filtros de una refinería.

b. ‖ ~ **de riego.** m. *PR. En la industria azucarera,* obrero que vigila la cantidad de agua que necesita el terreno.

▶ **tener alma de ~.**

capaz.

I. 1. adv. *Mx, Ve, Pe, Ch, Ar.* Quizás, tal vez. pop + cult → espon.

II. 1. *Co.* **bagre.** (Pimelodidae; *Pimelodus* spp.).

2. *RD.* **capá de sabana.**

III. 1. adj. *CR.* Posible o probable. rur; pop + cult → espon.

□

a. ‖ ~ **que.** loc. adv. *Mx, Gu, Ho, ES, Ni, Pa, Cu, PR, Co, Ve, Ec, Pe, Bo, Ch, Py, Ar, Ur.* Quizás. pop + cult → espon.

b. ‖ **es ~ que.** loc. conj. *Ho, ES, Ni, CR, Pa, Cu, RD, PR, Bo, Py; Ar,* pop + cult → espon. Es posible que, puede ser que, quizás.

¡capaz!

I. 1. interj. *Ni, Bo, Ch, Py, Ur.* Expresa la posibilidad de que algo suceda.

capazo.

□

a. ‖ **a ~s.** loc. adv. *Bo.* A golpes, a porrazos.

capazote.

I. 1. adj/sust. *Pe. Referido a persona,* inteligente, muy preparada. pop.

capeada.

I. 1. f. *Ch; Gu,* est. Inasistencia a clase o al trabajo. pop + cult → espon. ♦ **capeo**.

capeadera.

I. 1. f. *Gu.* **Capeada** reiterada. est; pop + cult → espon.

capeador, -ra.
  I. 1. sust/adj. *Gu*; *Ch*, p.u. Estudiante o trabajador que falta a clase o a sus actividades laborales. est; pop + cult → espon.

capear (se).
  I. 1. tr. *Mx.* Rebozar, recubrir un alimento sólido con huevo batido.
  II. 1. tr. *Ch*; *Gu*, est. Faltar a clase un estudiante o no acudir a su puesto un trabajador.
  III. 1. tr. *RD.* Poner el caballo a escape.
  IV. 1. tr. prnl. *Ho.* Esquivar *una persona algo*.
  V. 1. tr. *PR.* Buscar, comprar *alguien* droga. drog.

capeazón.
  I. 1. m. *ES.* Incertidumbre, nerviosismo.
  II. 1. m. *ES.* Vagancia.

capela.
  ▶ **cargar a ~.**

capeleti. (Del it. *cappelletti*, pl. de *cappelletto*).
  I. 1. m. *Py*, *Ar*, *Ur.* Comida consistente en una lámina de pasta alimenticia doblada, rellena de carne u otros ingredientes y unida por sus extremos para darle forma de sombrerito. (**capeletti**).

capeletti. (Del it. *cappelletti*, pl. de *cappelletto*).
  I. 1. m. *Py*, *Ar*; *Ur*, p.u. **capeleti**.

capelina.
  I. 1. f. *Py*, *Ar*, *Ur*; *Ch*, p.u. Sombrero femenino de ala ancha, *confeccionado generalmente con paja o rafia*.

capellada.
  I. 1. f. *RD*, *Ve*, *Pe*, *Ch*, *Ur.* Parte superior de los zapatos.

capellanero.
  I. 1. sust/adj. *Bo:C,O.* Hombre que se casa con una mujer por interés económico. pop + cult → espon ^ fest.

capellina.
  I. 1. f. *Ho*, *Ni. En minería*, campana de hierro o bronce bajo la que se colocaban las pellas de plata en sus vasos y hornillos para desazogarlas y afinar la plata con el fuego.

capeo.
  I. 1. m. *Ch.* **capeada**.
  II. 1. m. *Ho*, *Ni.* Hecho de sortear algo que se encuentra en nuestro camino.
  III. 1. m. *PR.* Compra de droga. drog.

caperío.
  I. 1. m. *RD.* Abundancia de caspa en el cuero cabelludo.

caperuza.
  I. 1. f. *Co.* Revestimiento incandescente en forma de red, con el que se cubre la llama de ciertos aparatos de alumbrado para aumentar la fuerza luminosa y disminuir el consumo de combustible.

caperuzo, -a.
  I. 1. sust/adj. *Ch*; *Bo*, pop + cult → espon. Persona muy capaz que destaca en un ámbito determinado. pop.

capi.
  I. 1. sust/adj. *Ch.* Persona de talento, instruida, diestra.
  2. adj. *Ch. Referido a persona*, capaz. pop + cult → espon.
  II. 1. m. *Ch.* Vaina tierna de las leguminosas.
  III. 1. adv. *Ch.* Probablemente. pop + cult → espon ^ fest.
  IV. 1. m. *Ho:N*, *Ni. En las compañías bananeras*, jefe o capataz de una cuadrilla de trabajadores. afec.

capia.
  I. (Del quech. *qhapya*, maíz blando).
  1. f. *Pe*, *Ar:NO*; *Bo*, rur. Maíz blanco y muy dulce que se emplea en la preparación de golosinas.

  II. 1. f. *PR.* Alfiler con cintas que se da como recordatorio en bodas, bautismos, cumpleaños y otras actividades. (**capa**).

capiango.
  I. 1. *Ar:NO.* **tigre**, jaguar.
  2. m. *Ar:NO.* Hombre al que la creencia popular atribuye la facultad de convertirse en jaguar.
  II. (Del port. bras.).
  1. adj/sust. *Ar. Referido a persona*, taimada, pícara, ladronzuela.

capibara.
  I. 1. f. *Ve*, *Ec*, *Pe*, *Bo*, *Ar*; *Py*, rur; *Pa*, p.u. **carpincho**.

capichuá.
  I. 1. f. *Ar:NE.* Juego infantil en el que se usan cinco piedras pequeñas y que consiste en recoger rápidamente las más posibles de cuatro colocadas en el suelo antes de agarrar una que se ha arrojado al aire.

capicú.
  I. 1. *PR.* **capicúa**, modo de ganar en el dominó.

capicúa.
  I. 1. adj. *RD. Referido a un negocio*, dudoso.
  2. m. *RD.* Proposición que implica un indeterminado riesgo.
  3. *RD.* Pregunta que se hace con una intención oculta, pregunta capciosa.
  II. 1. m. *Pa*, *Cu*, *RD. En el dominó*, modo de ganar con la ficha que se puede colocar en los dos extremos. (**capicú**).

capiguara.
  I. 1. *Bo.* **capihuara**.

capihuara.
  I. 1. f. *Bo.* **carpincho**. (**capiguara**).

capilla.
  I. 1. f. *Pa.* Capital de distrito o de departamento. rur.
  □
  a. ‖ **en ~ ardiente.** loc. adv. *Gu.* A la espera de que ocurra algo o de que se produzca un desenlace.
  ▶ **estar en ~ ardiente.**

capillejo.
  I. 1. m. *Pe.* Canasta o cesta hecha con hojas de palmeras. rur.

capillo.
  I. 1. m. *Pe.* Recordatorio que se reparte en los bautizos.
  II. 1. m. *Ho.* Hoja superior de la planta de tabaco.

capillos.
  I. 1. m. pl. *Ec.* Puñado de monedas con que el padrino de un bautizo corresponde al grito de «¡capillos!» que le dirigen muchachos, *generalmente pobres*, reunidos en el exterior de la iglesia.

capin.
  I. 1. m. *PR.* Hierba.

capín.
  I. 1. m. *CR*, *Bo.* **yaraguá**, hierba.
  ■
  a. ‖ **~ melao.** m. *CR*, *Ve.* **yaraguá**, hierba.

capinal.
  I. 1. m. *CR.* Terreno poblado de **capín**. rur.

capinchero.
  I. 1. m. *Ur*; *Ar:NE*, p.u. Cazador de **capinchos** o **carpinchos**.

capincho.
  I. 1. m. *Ur*; *Ar*, p.u. **carpincho**.

capino, -a.
  I. 1. adj. *Ve. Referido a persona*, que tiene la piel y el pelo muy blancos.

capinuri.
  I. 1.   m. *Pe.* Árbol de gran tamaño de la selva amazónica, de corteza clara; se utiliza en la industria de la madera y con fines medicinales. (Moraceae; *Maquira coriacea* spp.). (**capinurí**).

capinurí.
  I. 1.   *Pe.* **capinuri**, árbol.

capio. (Del quech. *qhapya*, maíz blando).
  I. 1.   m. *Co.* Maíz blanco y muy dulce que se emplea en la preparación de golosinas.

capire.
  I. 1.   m. *Mx:SE, Ni.* Árbol de hasta 15 m de altura, de corteza gris oscura, flores de color blanco crema, cuyo fruto es una baya globosa ovoide, puntiaguda, de color amarillento, muy dulce. (Sapotaceae; *Mastichodendrum capiri, M. tempisque*). ♦ **huacux**.
  2.   *Mx:SE, Ni.* Fruto comestible de este árbol que despide un jugo pegajoso.

capirolazo.
  I. 1.   *Gu.* **capirulazo**, trago de licor.

capiroleta.
  I. 1.   f. *Pa.* Dulce sólido hecho de clara de huevo batida, yema, azúcar, vainilla y ralladura de nuez moscada.

capirona.
  I. 1.   f. *Pe.* Árbol de hasta 27 m de altura, de tronco recto y ramificado, de copa heterogénea, hojas oblongas, flores pequeñas y de color blanco, bisexuales y aromáticas; muy apreciado por su madera y utilizado con fines curativos. (Rubiaceae; *Calycophyllum spruceanum*).

capirotada.
  I. 1.   f. *Mx.* Postre que se hace a base de pan rebanado y frito, bañado con miel, al que se le agrega queso, pasas, almendras o algún otro ingrediente.
  2.   *Ho, Bo:NE,E.* Sopa hecha de tortitas de maíz tostado y queso, carne, manteca y especias.

capirote.
  I. 1.   *Ni.* **sirín**, arbusto.

capirreo.
  I. 1.   m. *Cu.* Mezcla de sangre o cultura con la raza negra.

capirro, -a.
  I. 1.   adj/sust. *Cu.* Referido a un mulato, que parece de raza blanca por el color de su piel y por sus rasgos faciales.
  2.   sust/adj. *Cu.* Animal que resulta del cruce de razas diferentes.

capirucha.
  I. 1.   f. *Mx, Gu, Ho, ES.* Capital del país. desp.

capirucho.
  I. 1.   *Mx, Gu, Ho:S,O, ES, Ni.* **balero**, juguete. inf.
  2.   m. *Mx, Gu, Ho:S,O, ES, Ni.* Juego individual o colectivo que consiste o bien en meter la bola en la cazoleta o bien en introducir la punta del palo en el orificio de la bola, gana el que más veces mete la bola o el palo. inf.
  II. 1.   m. *ES.* Vulva. vulg.
  ▶ **volar ~**.

capirulazo.
  I. 1.   m. *Gu, ES.* Trago de licor, *en especial aguardiente*. (**capirolazo**).

capishay.
  I. 1.   m. *Gu.* Poncho hecho de una manta rectangular de lana con un agujero en el centro para meter la cabeza y cosido por los lados, menos la parte de los brazos.

capisucia.
  I. 1.   f. *Pa.* **yigüirro**.

capital.
  ▶ **comer del ~**.

capitán.
  I. 1.   m. *Mx, Cu, RD, PR.* Jefe de camareros en un restaurante. ♦ **capitán de salón**.
  II. 1.   m. *Co.* Pez de agua dulce de hasta 50 cm de longitud, de cuerpo alargado y cilíndrico, levemente aplanado en la zona ventral, la aleta dorsal se encuentra en el tercio posterior del cuerpo, los ojos están en disposición lateral y la cabeza es algo más ancha que el resto del cuerpo. (Trichomycteridae; *Eremophilus mutisii*).
  2.   *RD, PR.* Pez de mar, de cuerpo ancho y plano, cabeza alargada de línea horizontal por debajo, ojo pequeño y rojo, escamas rojizas amarillentas, más claras en el abdomen, aleta dorsal larga y estrecha, con espinas fuertes en los extremos; su carne es muy apreciada. (Labridae; *Lachnolaimus maximus*).
  III. 1.   m. *Pe.* Bebida alcohólica compuesta de **pisco** y vermú.
  ■
  a. ‖ **~ araya.** m. *Ch.* Persona que entusiasma a otras para que le ayuden a realizar algo, pero que luego las dejas solas con toda la responsabilidad. pop + cult → espon ^ fest.
  b. ‖ **~ de línea.** m. *Ho:N.* En las compañías bananeras, persona encargada de vigilar a los obreros que trabajan en la línea donde se transportan los racimos de **banano**.
  c. ‖ **~ de piedra.** m. *PR.* Variedad de capitán. (Labridae; *Halichoeres radiatus*).
  d. ‖ **~ de salón.** *Cu.* **capitán**, jefe de camareros.
  □
  a. ‖ **de ~ a paje.** loc. adv. *Ch.* De manera indistinta, sin distinción de jerarquías.

capitana.
  I. 1.   f. *RD, PR.* Arbusto parásito con raíces que crecen a lo largo de una rama y también raíces insertas en la corteza del hospedero. (Loranthaceae; *Loranthus* spp.).
  II. 1.   f. *RD.* Uno de los tres bailes que integran la fiesta de la Sarandunga, que se celebra con motivo de la festividad de San Juan.
  III. 1.   f. *Ni. En una cofradía*, mujer encargada del santo.

capitaneja.
  I. 1.   f. *PR.* Planta herbácea perenne, con vistosas flores amarillas similares a discos solares. (Asteraceae; *Verbesina* spp.).

capitanejo.
  I. 1.   m. *Ar, Ur.* Hombre que tiene mando o influencia sobre otros, *generalmente apoyado por un político*. desp.

capitari.
  I. 1.   m. *Pe.* **taricaya**.

capitolio.
  ▶ **pedir el ~.**

capitoneado, -a.
  I. 1.   adj. *Ve, Ur.* Referido a cosa, *especialmente a un mueble*, acolchada.

capitonear. (Del fr. *capitonner*).
  I. 1.   tr. *Ur; Ar*, obsol. Acolchar, poner una fibra natural o textil, suave y mullida, como lana, algodón o guata, entre dos telas que se basten.

capitulear.
  I. 1.   intr. *Pe.* Buscar votos con fines electoralistas por medios ilícitos. desp.

capitulerismo.
  I. 1.   m. *Pe.* Tendencia político-social en la que se **capitulea**. desp.

capitulero, -a.
  I. 1.   adj/sust. *Pe. Referido a persona*, mediadora que busca votos para un candidato entre los electores. desp.

capítulo.
   I. 1. m. *PR*; *Ho*, cult. *En los colegios profesionales*, cada una de las divisiones territoriales y de socios por zona o departamento.

capiuza.
   ▶ **irse de ~.**

caplán.
   I. 1. sust. *Ve.* El diablo.
   ▶ **llevárselo ~.**

capo, -a.
   I. 1. adj/sust. *Ec, Pe, Bo, Py, Ar, Ur.* Referido a persona, prestigiosa y entendida en una materia. pop + cult → espon.
   2. *Pe, Bo, Ch, Py.* Referido a persona, muy hábil y capacitada para una tarea. pop + cult → espon.
   II. 1. m. y f. *Co, Ec, Bo, Py, Ar, Ur.* Persona con influencia o poder en un grupo, en una actividad o en una zona. pop + cult → espon.

capocho, -a.
   I. 1. adj. *Ve.* Referido a persona, que es torpe de entendimiento. pop ^ desp.

capocómico, -a. (Del it. *capocomico*).
   I. 1. m. y f. *Ar; Ur*, p.u. Actor muy versátil y brillante que, generalmente, está al frente de una compañía teatral.

capón.
   I. 1. m. *Mx.* **Maguey** al que se le ha cortado el cogollo para estimular la producción del **aguamiel**.
   II. 1. m. *Mx.* Plato compuesto de **chile** con huevo y longaniza.
   III. 1. m. *Ch:S.* Ovino macho castrado o su carne.
   IV. 1. m. *CR, Cu.* Retoño que nace en la planta de tabaco después del primer corte.

capona.
   I. 1. m. *Ho, Ni.* Entre militares, franja de tela con barras y estrellas que se cose en las hombreras de camisas y uniformes, que indican el grado del que las lleva.

caponera.
   I. 1. m. *Ni.* Motocicleta o bicicleta con dos o tres asientos adaptados después del conductor.

caporal.
   I. 1. m. *Mx, Gu, Ho, ES, Ni, RD, Co, Ve, Ec, Ch:S; Pe*, rur. Jefe de peones o vaqueros en una hacienda, hato o rancho.
   2. *Pe.* Presidente de una cofradía o comparsa. rur.
   3. m-f. *Ec.* Persona que **funge** como jefe de un grupo de personas.
   II. 1. m. *Pe, Bo, Ch.* Hombre que dirige y encabeza el baile de la **saya**.
   2. *Ch:N.* Hombre que participa como guía en un baile religioso.
   3. *Bo.* Baile tradicional del folclore boliviano, originario de los Yungas, del departamento de La Paz.

caporale.
   I. 1. m-f. *Ar.* Persona con influencia o poder en un grupo, en una actividad o en una zona. pop.

capororoca. (Del guar. *caá pororog*, hierba que estalla).
   I. 1. m. *Ar:NE.* Árbol de hasta 5 m de altura, con tronco de corteza rugosa, hojas alternas y flores verdosas. (Myrsinaceae; *Rapanea lorentziana*).
   2. *Ur.* p.u. **canelón**, árbol.

capota.
   I. 1. f. *Ho, Ni, Pa, RD, PR, Co, Ve.* Techo del automóvil.
   2. *Bo.* Capó, cubierta del motor de un automóvil.

capotar.
   I. 1. intr. *Ch, Ar.* Estropearse, malograrse o destruirse *algo.* pop + cult → espon.
   2. tr. *Ar.* Hacer que *algo* o *alguien* disminuya en una gradación, se estropee o se malogre.

capote.
   I. 1. m. *Mx, Ni.* Evasión de un problema, engaño o persona.
   II. 1. m. *Co.* Árbol de hasta 8 m de altura, de copa mediana, tronco y ramas tortuosas, con espinas solitarias, rectas y muy agudas, hojas ovaladas, obtusas y coriáceas, flores blanquecinas en hacecillos, fruto en legumbre vellosa, y madera dura, compacta, de grano fino y color rojo y amarillo, que se usa en ebanistería. (Fabaceae; *Machaerium capote*).
   2. *Co.* Hoja que envuelve la mazorca de maíz.
   III. 1. m. *Ho, Ni, Cu.* Hoja que envuelve la **tripa** de un puro y la mantiene unida.
   2. *Ho, Ni.* Hoja superior de la planta de tabaco.
   IV. 1. m. *Ho, Ni; Pa*, pop. Preservativo. rur.
   2. *Gu.* Prepucio.
   V. 1. m. *ES; Bo*, pop + cult → espon. Jugador o equipo que no ha ganado ningún juego.
   VI. 1. m. *Cu.* Cubierta encerada para resguardar el café apilado en los **tendales**.
   VII. 1. m. *Bo.* Capó, cubierta del motor de un automóvil.
   VIII. 1. m. *Ho. En un tejado*, conjunto de tejas o de palos en los techos de palma o **zacate**, que separan y unen las dos vertientes de aguas. pop.
   ▶ **dar ~; dejar ~; hacer ~; perder el ~, quedar ~; remendar el ~; romper ~.**

capoteada.
   I. 1. f. *ES.* Derrota que deja al contrario sin hacer ningún tanto.

capotear.
   I. 1. tr. *ES, Ni.* Ganar a *alguien* en un deporte dejándolo sin hacer ningún tanto.
   II. 1. intr. *Cu. En el proceso de elaboración del tabaco*, envolver la tripa con el **capote**.

capotera.
   I. 1. f. *Co:E, Ve.* Bolsa de tela gruesa más larga que ancha y abierta en los dos extremos, que se cierran o abren con cordones, se usa para llevar la **cobija**, el **chinchorro** y otras pertenencias en el caballo.
   II. 1. f. *Ch.* Serie de golpes que recibe una persona *generalmente con intención festiva.* pop + cult → espon.
   III. 1. f. *Ni.* Percha para la ropa.

capotón.
   I. 1. m. *Ar.* Serie de golpes leves propinados a alguien por otras personas, como broma pesada o festejo grosero. pop.

capotraste.
   I. 1. m. *Ve, Pe, Bo, Ar.* Pieza que, sujeta al mástil de la guitarra, presiona las cuerdas y eleva por igual el tono del instrumento.

capotudo, -a.
   I. 1. adj. *Ch. Referido a los ojos de una persona*, que tienen los párpados caídos o muy hinchados. pop + cult → espon.

caprichitos.
   I. 1. m. *Cu.* obsol. Tipo de dulce cubano hecho de ajonjolí.

capricho.
   I. 1. m. *RD.* Presente o pequeño regalo.

caprichoso, -a.
   I. 1. adj. *RD. Referido a persona*, sospechosa.

capturista.
   I. 1. m-f. *Mx.* Persona que trabaja haciendo acopio de datos a través de un ordenador.

capú. (De *caput*).
   ▶ **dar ~; hacer ~ .**

capuca.
   I. 1. f. *Ho.* Palma de hasta 2 m de altura, que florece cuando todavía no tiene tallo, de frutos globosos

de color negro azulado; las hojas se utilizan para techar casas y las flores son comestibles. (Arecaceae; *Chamaedorea genomalmoformis*).

2. *Ho.* Tallo comestible de esta palma, *en especial en encurtido.*

capucha.

I. 1. f. *Ho*; *Ve*, vulg. Preservativo.
II. 1. f. *Ho*, *Ni*. Tortura que consiste en ponerle al preso o retenido una capucha en la cabeza que le impide respirar.

capuchina.

I. 1. f. *PR*, *Ch*. **pelonchile**.

capuchino.

I. 1. *Gu*, *Ho*, *ES*, *Ni*, *Co*, *Ve*, *Ec*, *Pe*. **machín**, mono.
II. 1. m. *Cu*. Dulce en forma de cono pequeño, empapado en almíbar, que se prepara con huevo, maicena y azúcar.
III. 1. m. *RD*. Pequeño **papalote** o cometa, sin armazón y en forma de **capucho**.

capuera.

I. 1. f. *Py*, *Ar:NE*. Parte de la selva desbrozada para el cultivo.
2. *Py*. Propiedad rural con vivienda, *destinada al cultivo y, a veces, a la cría de animales.*

capuja. (Del quech. *kapujay*, arrebatar con agilidad y violencia).

I. 1. f. *Bo*. Juego, *generalmente de niños*, que consiste en arrebatarle a otro un objeto de un manotazo, al tiempo de decir «¡capuja!». pop.

●
a. ‖ ¡~! fórm. *Bo*. Se usa en el juego de la capuja, al tiempo que se da un manotazo a una persona para arrebatarle un objeto. pop. (**capujo**).

capujada.

I. 1. f. *Bo*. En el juego de *capuja* o *capujo*, acción impetuosa mediante la cual una persona arrebata a otra algo de un manotazo. pop.
▶ **estar a las ~s**.

capujar.

I. 1. tr. *Bo*, *Ar:NO*. Arrebatarle *una persona* a otra *algo* de un manotazo. pop. (**acapujar**).
2. *Bo*, *Ar:NO,O*. Anticiparse *una persona* a otra intencionadamente en decir o hacer algo. pop. (**acapujar**).
3. *Ar:NO,NE,O*. Atrapar *algo* que ha sido arrojado por el aire. pop. (**acapujar**).
4. *Ar:NO*. Superar *una persona* a otra. pop. (**acapujar**).
5. *Bo*. Quitar *algo* a *alguien* valiéndose de engaños o de astucia. pop.

capujo. (Del quech. *kapujay*, arrebatar con agilidad y violencia).

I. 1. m. *Bo*. **capuja**.

●
a. ‖ ¡~! fórm. *Bo*. **capuja**.

capul.

I. 1. m. *Co*. Porción de cabello recortado que cae sobre la frente.
▶ **sacar ~ a una calavera**.

capulamate. (Del nahua *calpulin*, cereza, y *amatl*, amate).

I. 1. m. *Gu*, *ES*. Variedad de **amate**. (Moraceae; *Ficus obtusifolia, F. ovalis*). ♦ **amate capulamate**.

capulí.

I. 1. m. *Co*, *Ec*, *Pe*. Árbol de hasta 15 m de altura, con tronco corto, hojas alternas y aromáticas, flores de pétalos blancos y estambres amarillos. (Rosaceae; *Prunus salicifolia*).
2. *Co*, *Ec*, *Pe*. Fruto del capulí, de 1 a 2 cm de diámetro, circular, de cáscara lisa y de color púrpura intenso, con pulpa ligeramente ácida, verde claro y con una sola semilla esférica.
3. *Cu*, *Ec*. Madera del capulí.

4. *Cu*. Árbol de hasta 6 m de altura, **coposo**, de hojas agudas y dentadas, flores blancas y frutos globosos, comestibles, parecidos a las cerezas pero de color blanco o rosa. (Elaeocarpaceae; *Mutingia calabura*). (**capulina**). ♦ **guásima cereza**.
5. *Bo*. Fruto de una planta solanácea, parecido a una uva, de sabor agridulce, que se emplea como condimento.
II. 1. adj. *Pe*. Referido al color de la piel, *especialmente de la mujer*, marfileño, ligeramente tostado.

capuliceda.

I. 1. f. *Ec*. Sitio poblado de **capulíes**, árboles de hasta 15 m de altura.

capulín. (Del nahua *capulín*, cerezo).

I. 1. m. *Mx*, *Ho*, *ES*, *Ni*. Árbol de copa ancha, corteza marrón rojizo o grisácea, flores blancas pequeñas y fruto pequeño. (Rosaceae; *Prunus capuli*). ♦ **xegua**.
2. *Mx*, *Ho*, *ES*, *Ni*. Fruto del capulín, comestible, de color rojo intenso y similar a una guinda pequeña. (Rosaceae; *Prunus capuli*).
3. *Gu*, *Ho*, *ES*, *Ni*. **ixpepe**.
4. *Gu*, *Ho*, *ES*, *Ni*. **majagüillo**, árbol.
5. *CR*, *Pa*. Árbol de hasta 20 m de altura, de hojas simples y alternas, flores rosadas y fruto capsular de color marrón o negro cuando están maduros. (Tiliaceae; *Trichospermum galeottii*). ♦ **majaguillo**.
II. 1. m. *ES*. Favor.
■
a. ‖ ~ **colorado**.
  i. *Ni*. **sietepellejos**.
  ii. *Pa*. **majagüillo**, árbol.
◪
a. ‖ **ese ~ se heló**. fr. prov. *Ho*. Indica que se malogró algo que se esperaba obtener. rur.

capulina.

I. 1. *Mx*. **araña capulina**.
II. 1. f. *Cu*. **capulí**, árbol de hasta 6 m.

capulinada.

I. 1. f. *ES*. Favor.

capulinazo.

I. 1. m. *ES*. Gran favor.

capulinear.

I. 1. intr. *ES*. Hacer un favor a alguien.

capulinero.

I. 1. m. *Ni*. Ave de hasta 25 cm de longitud, con cresta puntiaguda, pico y patas cortas, plumaje general gris pálido con cabeza, cuello y pecho de color amarillo oliváceo y cola negra. (Ptilogonatidae; *Ptilogonys caudatus*).

capullo.

I. 1. m. *Ho*, *ES*, *Ni*. Porción pequeña de algodón o de lana escarmenada.
II. 1. m. *Pa*. Hoja que envuelve la mazorca de maíz.
■
a. ‖ ~ **de joloche**. m. *Mx*. Envoltura de las mazorcas de maíz.

capuquillo.

I. 1. m. *Bo:O,C*. Pan hecho con harina de trigo y manteca, de corteza ligeramente dura y crujiente.

caque.

I. 1. adj. *Ho*, *ES*. Referido a persona, huraña, retraída y poco sociable. rur.

caqueado.

I. 1. m. *ES*. Huida rápida, carrera.

caqueado, -a.

I. 1. adj. *RD*. Resquebrajado, agrietado.

caquear.

I. 1. tr. *Co*. Robar. pop + cult → espon.

II. 1. tr. *RD.* Romper *algo* de cristal o cerámica de forma que se le desprenda una pequeña porción.

caquero.

I. 1. m. *CR.* Gran cantidad de excrementos. vulg; pop.
2. *CR.* Lugar sucio, de condiciones infraestructurales y de servicios muy deficientes. desp.

caquero, -a.

I. 1. sust/adj. *Ar.* obsol. Persona que en la manera de vestir sigue los dictados de la moda y en su conducta muestra afectación. pop ^ desp.
II. 1. adj/sust. *Gu.* *Referido a persona*, pedante y engreída.
2. *Gu.* *Referido a persona*, suspicaz, quisquillosa.
III. 1. adj/sust. *Ho, ES.* *Referido a persona*, miedosa. vulg; desp.
IV. 1. sust/adj. *Ho.* Hombre homosexual. vulg; desp.
V. 1. adj. *CR.* obsol. *Referido a gallina*, que se cría suelta en el campo y se alimenta de lo que allí encuentra. rur.

caquexico, -a.

I. 1. adj/sust. *ES.* *Referido a persona*, cobarde e inútil. desp.

caqui.

▶ **echar el ~.**

caquinos.

▶ **reírse a ~.**

cáquiri-cáquiri.

I. 1. m. *Pa.* Caracol marino, muy pequeño, que no construye y es huésped de las viviendas desechadas por otros caracoles; su carne es poco apreciada y se utiliza como carnada. (Diogenidae; *Diogenes pugilator*). rur; pop.
II. 1. sust/adj. *Pa.* metáf. *En el dominó*, mal jugador. pop + cult ^ fest.

caquirrí.

I. 1. adj. *RD.* *Referido a persona*, flaca, delgada, fea.
2. m. *RD.* Persona de raza negra escuchimizada y famélica.

car.

■

a. ‖ **~ porch.** (Voz inglesa). m. *Cu.* Espacio techado en el lateral de la casa y a continuación de esta, destinado a guardar el automóvil.
b. ‖ **~ wash.** (Voz inglesa). m. *EU, Ho, ES.* Establecimiento donde se lavan los coches automáticamente.

cara.

I. (Del aim. y del quech. *q'ara*, sin vegetación, pelado).
1. m-f. *Bo:O,C,SO.* Persona de piel blanca con un nivel social y económico elevado *que, generalmente, vive en la ciudad*. pop + cult → espon ^ desp.
II. 1. f. *ES.* Mentira.

●

a. ‖ **~ o escudo.** fórm. *Ho, RD.* Se usa para echar suertes lanzando una moneda al aire.
b. ‖ **por tu linda ~.** fórm. *Cu.* Se usa en sentido irónico para expresar el desagrado que provoca la actitud de alguien.

■

a. ‖ **~ amarrada.** f. *Pa, Cu, Ve.* Semblante serio u hostil. ♦ **cara de tranca.**
b. ‖ **~ de adobe.** f. *Bo; Ho,* rur. Persona con cara seria. desp.
c. ‖ **~ de barro.** f. *Ni, CR.* *Referido a persona*, descarada, sinvergüenza. pop ^ desp.
d. ‖ **~ de bulldog.** f. *Pa, RD, PR, Ar; Ch,* p.u. Persona de cara adusta. pop + cult → espon.
e. ‖ **~ de callo.**
i. f. *Ch.* Persona cínica y falta de vergüenza. pop.

ii. *Ch.* Conducta o actitud cínica y falta de vergüenza. pop.
f. ‖ **~ de cañón.** f. *Ve.* Semblante muy serio y disgustado. pop.
g. ‖ **~ de chancha parida.** m-f. *Ho.* Persona con cara larga y triste. desp.
h. ‖ **~ de culo.**
i. f. *Pe, Py, Ar, Ur.* Persona que constantemente demuestra enfado o desprecio. pop ^ desp.
ii. *Bo, Py, Ar, Ur; Ch,* vulg, pop + cult → espon; *RD,* vulg. Rostro o gesto que expresa enojo, contrariedad o tristeza. pop ^ desp.
iii. *Ho.* Persona que constantemente fastidia o engaña a otra. pop.
i. ‖ **~ de dame medio.** f. *Bo.* Persona que da lástima por algo, *generalmente por su apariencia triste.* ♦ **cara de pide medio.**
j. ‖ **~ de galleta.** f. *Cu, Ar, Ur.* Rostro ancho y achatado de una persona. pop ^ fest. ♦ **cara de galleta de campo; cara de palangana.**
k. ‖ **~ de galleta de campo.** *Ar.* **cara de galleta.**
l. ‖ **~ de gata.** f. *PR.* Persona boba. pop + cult → espon.
m. ‖ **~ de guagua.**
i. m-f. *Ec, Bo, Ch.* meton. Persona que tiene rostro aniñado. pop + cult → espon.
ii. f. *Ec, Ch.* Rostro aniñado en un adulto. pop + cult → espon.
n. ‖ **~ de guante.** *Cu.* Persona que no siente vergüenza.
ñ. ‖ **~ de guayo.** f. *Cu, RD, PR.* Persona con la cara marcada por barros. pop + cult → espon.
o. ‖ **~ de hacha.** f. *Ni, Ch.* Persona que tiene la nariz aguileña. pop.
p. ‖ **~ de lata.** f. *Cu, PR.* Persona que no siente vergüenza. pop + cult → espon. (**caralata**).
q. ‖ **~ de lechuga.**
i. f. *Pa, PR.* Persona descarada, atrevida. pop + cult → espon.
ii. *Pa, PR.* Persona irresponsable. pop + cult → espon.
iii. *Pa, PR.* Persona irreverente, desvergonzada. pop + cult → espon.
r. ‖ **~ de orto.**
i. f. *Ar, Ur.* Rostro o gesto que expresa enojo, contrariedad o tristeza. pop ^ desp.
ii. *Ar, Ur.* Persona que constantemente demuestra enfado o desprecio. pop ^ desp.
s. ‖ **~ de palangana.** *Cu.* **cara de galleta.**
t. ‖ **~ de palo.** f. *Cu, Ec, Ar:NO;* adj/sust. *Ch.* Persona cínica y falta de vergüenza.
u. ‖ **~ de paña.** m-f. *Ni.* Persona de mal carácter, enfadada.
v. ‖ **~ de perro buldog.** f. *Cu.* Semblante serio u hostil. pop + cult → espon.
w. ‖ **~ de pescado.**
i. f. *Ch.* Rostro que expresa desánimo o contrariedad. pop + cult → espon.
ii. *Ec.* Rostro inexpresivo de quien se supone que esconde hipócritamente sus sentimientos. pop ^ desp.
x. ‖ **~ de picha.** adj/sust. *Ni, CR.* *Referido a persona*, grosera y desconsiderada. vulg. (**carepicha**). ♦ **cara de pinga.**
y. ‖ **~ de pide medio.** *Bo.* **cara de dame medio.**
z. ‖ **~ de piedra.**
i. f. *Pa, Ve, Ar.* Rostro inexpresivo e inescrutable.
ii. adj/sust. *Ni, Pa, Py, Ar.* Desvergonzado, descarado. pop.
a¹. ‖ **~ de pinga.** *CR.* **cara de picha.** (**carepinga**).
b¹. ‖ **~ de piña.** m-f. *Ho, Ni.* Persona que tiene la cara marcada con pequeños hoyos como producto del acné o de la viruela. desp.

c¹. ‖ ~ **de pito.** m-f. *Gu.* Persona con cara seria.

d¹. ‖ ~ **de poto.**
    i. f. *Pe.* Rostro que refleja enfado o contrariedad. pop.
    ii. *Ch.* Rostro poco agraciado. vulg; pop + cult → espon.
    iii. m-f. *Ch.* meton. Persona poco agraciada. vulg; pop + cult → espon.

e¹. ‖ ~ **de puñete.** f. *Pa, Bo.* Persona que constantemente demuestra enfado o mal humor.

f¹. ‖ ~ **de raja.**
    i. adj/sust. *Ch. Referido a persona*, que actúa con desfachatez o descaro. pop + cult → espon ^ fest.
    ii. f. *Ch.* Conducta o actitud descarada o que revela desfachatez. pop + cult → espon ^ fest.

g¹. ‖ ~ **de suela.** adj/sust. *Ec. Referido a persona*, descarada. pop + cult → espon ^ desp.

h¹. ‖ ~ **de tabla.** m-f. *Cu.* Persona sinvergüenza.

i¹. ‖ ~ **de teja.** m-f. *Ho.* Persona con cara seria. desp.

j¹. ‖ ~ **de tranca.** *Cu.* cara amarrada.

k¹. ‖ ~ **de tubo.**
    i. m-f. *Hu.* Persona seria. desp.
    ii. *Ni.* Persona sinvergüenza.

l¹. ‖ ~ **de velorio.** f. *Mx, Ho, Cu, RD, Ec, Pe, Bo, Ch, Ar, Ur.* Cara que refleja tristeza, desilusión.

m¹. ‖ ~ **de yo no fui.** f. *Mx, Ho, Ni, CR, Pa, Cu, RD, Co, Ve, Ec, Pe, Py, Ar, Ur.* Semblante de supuesta o fingida inocencia.

n¹. ‖ ~ **de yo no sé.** f. *RD*; *PR, Ar*, pop + cult → espon. Expresión facial que comunica ignorancia sobre algo.

ñ¹. ‖ ~ **difícil.** f. *Ar.* Cara muy fea.

o¹. ‖ ~ **fácil.** f. *Cu.* Cara bonita.

p¹. ‖ ~ **o ceca.** f. *Ar.* Juego entre dos personas que consiste en lanzar al aire una moneda o una **figurita** apostando si al caer queda a la vista la cara o el reverso. (**cara o seca**).

q¹. ‖ ~ **o seca.** *Ar.* cara o ceca.

r¹. ‖ ~ **o sello.** f. *Pa, Co, Ve, Ec, Pe, Ch.* Juego entre dos personas que consiste en lanzar al aire una moneda apostando si al caer queda a la vista la cara o el sello.

s¹. ‖ ~ **parada.** m-f. *Ho.* Persona malhumorada, enfadada. desp.

t¹. ‖ ~ **rota.** adj/sust. *Ar, Ur.* Desvergonzado, descarado. pop.

□
a. ‖ **a ~ o ceca.**
    i. loc. adv. *Ar, Ur. En una decisión*, al azar. pop.
    ii. *Ar, Ur.* Lanzando una moneda al aire para decidir algo entre dos opciones. pop.
b. ‖ **a ~ o sello.** loc. adv. *Co, Ec, Ch.* Lanzando una moneda al aire para decidir entre dos opciones.
c. ‖ ~ **de caballo.** loc. sust. *Ho.* Pene. vulg; pop.
d. ‖ ~ **de gallo.**
    i. loc. sust. *Ch.* Sol, estrella. pop + cult → espon ^ fest.
    ii. *Ho.* Machete grande de hoja recta que lleva incrustado el logotipo de una cabeza de gallo. rur.
e. ‖ ~ **de gato.**
    i. loc. sust. *ES.* Glande. vulg.
    ii. *Ho:N.* Rodaja de plátano verde, aplastada y hervida en aceite.
f. ‖ ~ **y ceca.** loc. sust. *Ar.* Aspectos contrapuestos de un mismo tema o cuestión. (**cara y seca**).
g. ‖ ~ **y seca.** *Ar.* cara y ceca, aspectos.
h. ‖ ~ **y sello.** loc. sust. *Co, Ch.* Aspectos contrapuestos de un mismo tema o cuestión.
i. ‖ **como toda su ~.** loc. adv. *Gu.* Mal, de mala manera. pop + cult → espon.

j. ‖ **con la ~ bien lavada.** loc. adv. *Ve, Ec.* Sin muestra de vergüenza.
k. ‖ **de doble ~.** loc. adj. *Bo. Referido a una prenda de vestir*, reversible, que puede usarse por el derecho o el revés según convenga.
l. ‖ **de dos ~s.** loc. adj. *Bo. Referido a una prenda de vestir*, reversible, que puede usarse por el derecho o el revés según convenga.
m. ‖ **la otra ~ de la medalla.** loc. sust. *RD, Ec, Bo.* Aspecto oculto de una persona, institución o asunto *que, generalmente, resulta ser contrario, opuesto, al aspecto visible.* pop + cult → espon ^ fest.
n. ‖ **mala ~.** loc. sust. *Bo.* Persona sinvergüenza. pop + cult → espon.

▨
a. ‖ ~ **de torta y tu cuchillo que no corta.** fr. prov. *Bo.* Indica respuesta humorística a una persona cuando lo que acaba de decir da lugar a una rima. pop + cult → espon ^ fest.

▶ amarrar la ~; andar de ~; aplaudir la ~; dar ~; estar con ~ de culo; hacer ~s; lavar la ~; no darle la ~; parar la ~; pelar la ~; pelarse la ~; poner ~ de barro; poner ~ de herrero mal pagado; poner ~ de marimbero mal pagado; poner ~ de pascua; poner ~ de tusa; quedar como su ~; quedar con la ~ larga; quedarse con ~ de mexicano; rebotar en la ~; sacar en ~; tener ~ de ratón; tener la ~ como la pitahaya; tener la ~ cortada; tocarle la ~; verle la ~; voltear la ~.

cará.
    ▶ **¡anda pa'l ~!**

¡cará! (Apóc. de *carajo*).
    I. 1. interj. *Bo*; *RD, PR*, cult → espon; *Cu*, rur; euf. Expresa contrariedad o disgusto. pop.

□
    a. ‖ **¡ah ~!** loc. interj. *Ve*, obsol; *Bo*, pop; *Cu*, rur. Expresa contrariedad.

carabajo.
    I. 1. m. *PR.* Escarabajo. rur; pop.

carabalí.
    I. 1. adj/sust. *PR. Referido a persona*, de raza negra.
    2. adj. *Cu. Referido a persona de raza negra*, de piel extremadamente oscura.
    3. m-f. *Pa.* Persona de color blanco y de cabello crespo. rur.
    II. 1. m. *Pa:SE.* Camarón negro de agua salada. ♦ **muñecón.**

▨
    a. ‖ **aquí el que no tiene de congo tiene de ~.** fr. prov. *Cu.* Indica que todas las personas pueden tener ancestros africanos.

caraballo.
    I. 1. adj. *Cu. Referido a persona de raza negra*, de piel extremadamente oscura.

carabelita. (Metát. de *calaverita*).
    I. 1. f. *PR*; *RD*, p.u. Artículo de mala calidad, de manufactura inferior y de marca desconocida. pop + cult → espon.

carabina.
    I. 1. f. *Co:NE, Ve.* Bebida compuesta de varios licores o de licor con soda.
    2. *Ve.* Masa de maíz muy picante que se rellena de **caraotas** negras.
    II. 1. f. *Pe*; *Gu*, fest. Cara, rostro. pop. ♦ **cacharro.**
    III. 1. f. *Cu.* Lance en el juego de dados.
    IV. 1. f. *RD.* Soldado.
    ▶ **estar abocado a ~; obligar a ~; quedar con la ~ al hombro; quedarse con la ~ al hombro.**

carabiné.
　I. 1. m. *RD.* Baile campesino muy movido, en compás de dos por cuatro, con aire de marcha militar; el bastonero del baile marca el ritmo con su bastón.
　　2. *RD.* Música que acompaña este baile.

carabinero, -a.
　I. 1. m. y f. *Co, Bo, Ch.* Miembro de la policía uniformada. ♦ **carabitate**.
　II. 1. m. y f. *RD.* Persona que en los aviones atiende a los pasajeros y a la tripulación, auxiliar de vuelo.

carabitate.
　I. 1. m-f. *Ch.* **carabinero**, miembro de la policía. pop + cult → espon ∧ fest.

carablanca.
　I. 1. *Ho, CR, Co; Ch,* p.u. **machín**, mono. (**cariblanco**).

carabuca.
　I. 1. f. *RD.* Cosa hecha descuidadamente o mal presentada.

carabuche.
　I. 1. m. *Ni.* obsol. Cualquier pequeño adorno del cuerpo.

carabuco, -a.
　I. 1. adj/sust. *RD, PR. Referido a una res,* que tiene los cuernos hacia abajo. rur. ♦ **cornigacho**.

caracajil.
　I. 1. m-f. *RD.* Persona muy delgada.

caracara.
　I. 1. m. *Mx, Gu, Ho, Ni.* Ave rapaz de hasta 60 cm de longitud, de cara rojiza y pico blanquecino, parte superior de la cabeza negra, resto de la misma y cuello de color blanco grisáceo, y dorso y pecho con líneas anchas pardas y grisáceas. (Falconidae; *Caracara plancus*). (**caracará**). ♦ **carancho; guas; querque; traro; tui**.

caracará.
　I. 1. *Bo:NE,E, Py, Ar:NE,E.* **caracara**.

caracasana.
　I. 1. f. *PR.* Arbusto de gran altura, de hojas ovaladas, ramas finas y delgadas, con abundantes pelos y filamentos; el fruto al madurar es de color bermejo; los filamentos en contacto con la piel humana producen picazón. (Urticaceae; *Urtica caracasana*).

caracatey.
　I. 1. m. *Cu.* Ave de hasta 20 cm de longitud, con plumaje oscuro, mezcla de negro, pardo y rojizo y una mancha en la garganta, ojos grandes y negros, y patas cortas. (Caprimulgidae; *Chordeiles gundlachii*). ♦ **guaraiba**.

caracha.
　I. (Del quech. *qaracha*, sarna).
　　1. f. *Co, Ch, Ar:NO; Ec,* pop. Costra, superficie endurecida que se forma en las llagas o granos cuando se van secando. pop + cult → espon.
　　2. *Bo, Py; Pe, Ch, Ar:NO,* pop. Sarna, afección cutánea de personas o animales. (**carache; carachi**).
　　3. *RD, Pe, Bo, Py.* Excoriación y costra que, en hombres y animales, es producida por alguna enfermedad de la piel, como la sarna, la tiña u otras enfermedades.
　II. 1. adj. *Ar:NO.* Sucio. pop.
　　2. *Ar:NE. Referido a persona,* descuidada en su aseo personal. pop ∧ desp.
　III. 1. f. *Co.* Automóvil viejo y destartalado. pop + cult → espon ∧ desp.

¡caracha!
　I. 1. interj. *RD, Ve.* Expresa asombro o molestia. euf.

carachacha.
　I. 1. f. *Pe.* Instrumento musical de percusión hecho con una quijada de caballo o de burro.

carachama.
　I. 1. f. *Pe:E.* Pez de color negro, de hasta 60 cm de longitud, con escamas gruesas y ásperas; es comestible. (Loricariidae; *Liposarcus* spp.).

carachaqui. (Del quech. *q'ara,* sin vegetación, pelado, y *chaki,* pie).
　I. 1. sust/adj. *Bo.* Persona que tiene la costumbre de andar descalza.

¡carachas!
　I. 1. interj. *Co:C.* obsol. Expresa sorpresa por algo inesperado.

carache.
　I. 1. m. *Pa.* **caracha**, sarna. pop.

carachento, -a.
　I. 1. adj/sust. *Pa, Pe, Bo, Py, Ar:NO; Co, Ch,* p.u. *Referido especialmente a persona,* que tiene **caracha** o sarna. pop + cult → espon ∧ desp. ♦ **carachoso**.
　　2. *Ec. Referido especialmente a persona,* que tiene **carachas** o costras en su cuerpo. pop ∧ desp.
　II. 1. adj. *Ar:NO. Referido a persona,* desaseada. pop.

carachi.
　I. (Del aim. y del quech. *qaracha*).
　　1. m. *Bo; Ar,* p.u. **caracha**, sarna.
　II. 1. m. *Pe, Bo.* Pez del lago Titicaca que tiene dientes pequeños, cónicos y fuertes con los que puede romper las conchas y caparazones de moluscos y de crustáceos de los que se alimenta. (Cyprinodontidae; *Orestias* spp.).

caracho.
　I. 1. m. *Ch, Ur.* Cara que denota enfado o mal genio. delinc; pop + cult → espon.
　　2. *Ch.* Rostro, cara de una persona. pop.
　▶ **sacar el ~.**

¡caracho! (De *carajo*).
　I. 1. interj. *Pa, Ve, Ec, Pe, Bo, Ar.* Expresa disgusto o enojo. euf; pop.
　　2. *Pa, Ec, Pe, Bo, Ar.* Expresa asombro o sorpresa. euf; pop.
　□
　　a. ‖ **¡ah ~!**
　　　i. loc. interj. *Ve, Bo; Ec,* p.u. Expresa disgusto o enojo. euf; pop.
　　　ii. *Bo; Ec,* p.u. Expresa asombro o sorpresa. euf; pop.
　　b. ‖ **¡qué ~!**
　　　i. loc. interj. *Ve, Bo, Ar.* Expresa disgusto o enojo. euf; pop.
　　　ii. *Ar.* Expresa ponderación o refuerzo de lo que se está diciendo. euf; pop.
　　　iii. *Bo.* Expresa asombro o sorpresa. euf; pop.

carachoso, -a.
　I. 1. *Pa, Co:C, Pe, Bo.* **carachento**, que tiene sarna.

carachupa. (Del quech. *qara,* pelada, y quech. *chupa,* cola).
　I. 1. f. *Pe, Bo.* **tacuacín**.
　　2. *Pe.* Armadillo de hasta 50 cm de longitud y protegido por un caparazón formado de placas óseas cubiertas por escamas córneas que son movibles. (Dasypodidae; *Dasypus* spp.). (**q'arachupa**).
　　3. m. *Ho.* Marsupial de hasta 53 cm de longitud, de los que 28 corresponden a la cola, el pelo es corto y espeso, de color amarillo combinado con negro; en la frente tiene dos llamativas áreas blancas encima de los ojos, orejas pequeñas, parecidas a las del coyote; las extremidades son cortas y tiene cinco dedos separados, siendo oponibles los dos dedos gordos. (Didelphidae; *Philander opossum*). (**q'arachupa**). ♦ **cayopolín; cuatro ojos**.
　II. 1. sust/adj. *Bo:C.* Persona que actúa de manera descarada con sus semejantes. pop ∧ desp. (**q'arachupa**).

caracol.
  I. 1.   m. *Ch.* Edificio de varias plantas comunicadas por un pasillo que asciende en espiral, donde se encuentran establecimientos comerciales.
  II. 1.   m. *Ho.* metáf. Casilla del juego de rayuela que imita la forma de caracol. inf.
    2.   *PR.* Juego de niños que consiste en tomarse de las manos en una gran cadena formando un caracol y caminando en círculos concéntricos.
  III. 1. m. *RD.* Enfermedad de la piel, especie de roña.
  IV. 1.   m. *PR.* Variedad de **guineo** caracterizada porque los frutos no están en **manos** individuales.
  ■
    a. ‖ **concha de ~.** m. *Ho, ES, Ni.* Instrumento musical y de comunicación que consiste en una concha de caracol con un pequeño agujero que, al soplar por él, emite un sonido grave y fuerte.
  ► **chicotear los ~es; fallar los ~es; tirar los ~es.**

caracola.
  I. 1.   f. *Co.* Hierba de hasta 2 m de altura, de hojas opuestas y flores pilosas de color rojo, *por lo general en las axilas de las hojas* se emplea en la medicina popular como hemostática y como contraveneno de las serpientes. (Gesneriaceae; *Besleria* spp.).

caracolero.
  I. 1.   m. *Ar, Ur.* Ave rapaz de hasta 40 cm de longitud y pico muy curvado, adecuado a su alimentación, que consiste casi exclusivamente en caracoles de agua dulce; la hembra es de color pardo oscuro y el macho tiene plumaje gris plomo oscuro, con el vientre y la punta de la cola blancos. (Accipitridae; *Rosthramus sociabilis*). ♦ **azacuán; gavilán caracolero.**

caracolí.
  I. 1.   m. *Pa, Co.* Árbol de hasta 50 m de altura, de hojas simples, alternas, inflorescencia en panículas, flores rosadas, verdes o amarillentas, fragantes pero poco llamativas y frutos en forma de nuez; su madera se emplea en la fabricación de muebles ordinarios. (Anacardiaceae; *Anacardium excelsum*). ♦ **aspavé; espavel; güegüete; mijao.**
  ■
    a. ‖ **~ de Puerto Rico.** *RD.* **pucté.**

caracolillo.
  I. 1.   m. *RD; Gu, Ho, Ni, CR, PR, Pe,* rur. Grano de café muy pequeño, casi redondo y con forma de caracol; es la variedad más estimada de café.
  II. 1.   m. *Pa, RD, PR.* Árbol de gran altura, de copa grande extendida, corteza gris claro y levemente escamosa, hojas alargadas, ovaladas, terminadas en punta, las flores blanquecinas en racimo que salen de la base de las hojas, y cápsula con una semilla redonda de color castaño; su madera tiene nudos a modo de caracoles. (Salicaceae; *Casearia decandra*).

caracolito.
  ► **hacer ~s.**

carácter.
  ■
    a. ‖ **~ de hombre.** *RD.* **croto,** arbusto.
  ► **dar ~.**

¡carácter!
  I. 1.   interj. *Bo.* Expresa admiración, disgusto o extrañeza.

¡caracteres!
  I. 1.   interj. *Bo.* Expresa admiración, disgusto o extrañeza.

característica.
  I. 1.   f. *Py, Ar, Ur.* Conjunto de las primeras cifras de un número telefónico que indica a qué zona pertenece.

  II. 1.   f. *Ec.* obsol. Sintonía o melodía propia de un programa radiofónico o televisivo que permite identificarlo.

caracterizarse.
  I. 1.   intr. prnl. *RD.* Emborracharse.
  II. 1.   intr. prnl. *RD.* Rebelarse contra alguien.
    2.   *RD.* Encolerizarse, enfadarse *una persona.*
    3.   *CR.* p.u. Adoptar una actitud enérgica. pop + cult → espon.

caracú. (Voz guaraní).
  I. 1.   m. *Bo, Ch, Py, Ar, Ur.* Tuétano de los huesos de los animales, *en particular de los vacunos.*
    2.   *Bo, Ch, Py, Ar, Ur.* Hueso que lo contiene. ♦ **osobuco.**
  II. 1.   m. *Py.* Esencia o punto más importante de algo.
  □
    a. ‖ **hasta el ~.** loc. adv. *Py, Ar.* Profunda y totalmente. pop.
    b. ‖ **hasta los caracuses.** loc. adv. *Ur; Ar,* p.u. Profunda y totalmente. pop.

caracucha.
  I. 1.   f. *Pa, Co;* m. *Co.* Planta herbácea de hasta 80 cm de altura, de hojas muy delicadas, de color verde claro, y flores amarillas de tamaño mediano, con un espolón en su base y agrupadas en ramitos; es ornamental. (Balsaminaceae; *Impatiens noli-tangere*). (**caracucho**).
    2.   *Pa.* Árbol de hasta 8 m de altura, con hojas simples y alternas, carnosas, agrupadas en los extremos de las ramas, flores blancas con tonos amarillos y rosas y frutos negros; es ornamental (Apocynaceae; *Plumeria acutifolia, P. rubra*).

caracucho.
  I. 1.   m. *Co.* **caracucha,** planta herbácea.

caracumbé.
  I. 1.   m. *RD.* Baile de negros. ♦ **cumbé.**
    2.   *RD.* Música de este baile. ♦ **cumbé.**

caracunca. (Del aim. y quech. *q'ara,* sin vegetación, pelado, y del quech. *kunka,* cuello).
  I. 1.   sust/adj. *Bo.* Persona que tiene el cuello desnudo, sin cubrir. pop ∧ desp.
    2.   *Bo.* Ave que no tiene plumas en el cuello, ya sea porque las ha perdido o porque ese es un rasgo característico de su raza.

caradenalga.
  I. 1.   m. *Co:N.* Persona de cara grande. pop + cult → espon ∧ desp.

caradita.
  ► **dar una ~.**

caradurez.
  I. 1.   f. *Py, Ar, Ur.* Actitud de las personas que actúan con descaro o insolencia. pop.
    2.   *Py, Ar, Ur.* Dicho o hecho propio de una persona descarada o insolente. pop.

caradurismo.
  I. 1.   m. *Ve; Ar, Ur,* pop; *Ch,* p.u. Actitud propia de la persona desvergonzada.

caragallo.
  I. 1.   m-f. *Bo.* Persona, *generalmente extranjera,* de piel blanca y cabellos rubios. pop ∧ desp.
  II. 1.   m-f. *Bo.* Persona carente de bienes. pop + cult → espon.

carago. (Epént. de *carao*).
  I. 1.   *Ho, ES.* **carao,** árbol y fruto.

caraguasca.
  I. 1.   f. *Co:S.* Aguardiente de ínfima calidad y muy fuerte.

caraguata. (Del aim. y quech. *q'ara,* pelado, y del quech. *waxta,* costilla).
  I. 1.   *Bo:NE.* **caraguatá.**

II. 1. adj/sust. *Bo:S. Referido a persona*, que no dispone de suficiente dinero. pop ^ desp.

caraguatá.
I. 1. f. *Bo:NE, Py, Ar, Ur.* **chahuar**, planta. (**caraguata**).
2. *Bo:NE, Py, Ar, Ur.* **chahuar**, fibra. (**caraguata**).
3. m. *Ar, Ur.* Planta de tallo erecto, con hojas espinosas de color verde o verde azulado y en forma de roseta, y flores pequeñas y blancas dispuestas en cabezuelas. (Umbelliferae; *Eryngium* spp.).

caraguatal.
I. 1. m. *Bo, Ar.* Lugar en el que abundan las **caraguatás**. (**carahuatal**; **carawatal**).

caraguay.
I. 1. m. *Ar:NO.* Reptil saurio de hasta 1 m de longitud, de color rojizo, miembros cortos y cola larga y fuerte. (Teiidae; *Tupinambis rufescens*). ♦ **lagarto colorado**; **peni**; **uyampuca**.
2. *Ar:NO.* metáf. Persona cuya piel se pone colorada con facilidad. pop.

caragüe. (Epént. de *carao*).
I. 1. *Ho, ES.* **carao**, árbol y fruto. rur.

carahuasca.
I. 1. f. *Pe.* Árbol de más de 30 m de altura y tronco de 1 m de diámetro aproximadamente; su madera se usa en la construcción de muebles y viviendas. (Annonaceae; *Guatteria* spp.). ♦ **sacha anona**.

carahuata. (Del aim. y quech. *q'ara*, pelado, y del quech. *waxta*, costilla).
I. 1. f. *Bo:NE,E,S.* Planta herbácea y acaule, de hojas muy fibrosas que se abren desde el suelo en ramillete hacia arriba, y con un largo eje floral de color verde rojizo con flores en el ápice. (Bromeliaceae; *Serra* spp.).
2. *Bo:NE,E,S.* Fibra extraída de la carahuata.
II. 1. adj/sust. *Bo:S. Referido a persona*, sin suficiente dinero. pop ^ desp.

carahuatal.
I. 1. *Bo:S.* **caraguatal**.

carai. (Del guar. *karaja*).
I. 1. adj/sust. *Bo:NE,E.* Natural de la región oriental de Bolivia, *generalmente de piel blanca*, que tiene un nivel social y económico elevados, y habita en la ciudad. pop ^ desp.

caraiculo.
I. 1. m-f. *Bo.* Rostro o gesto que expresa enojo. vulg; pop + cult → espon ^ desp. ♦ **caraipoto**.

caraipoto.
I. 1. sust/adj. *Bo.* **caraiculo**.

caraira.
I. 1. f. *Cu.* **caricare**.
▶ **ser un ~.**

¡caraj!
I. 1. interj. *RD, PR; Cu*, rur; *Ve*, euf, pop. Expresa contrariedad o disgusto.

caraja
I. 1. m-f. *RD.* **carajo**, persona que no se quiere mencionar.

carajada.
I. 1. f. *Ve, Bo*, vulg; *Mx*, tabú; *Ch*, pop + cult → espon; *RD*, pop. Maldad, acción mala.
II. 1. f. *CR, RD, Co, Bo; Ho, Ni*, desp. Asunto o situación, *generalmente sin importancia*. pop.
2. *Gu, Ho, ES, Ni, CR, Bo, RD.* pop. Cosa sin importancia, objeto sin valor. desp.
3. *CR.* **chéchere**, objeto. pop.
III. 1. f. *Gu.* Órgano genital del hombre y de la mujer. euf; desp.
☐
a. ‖ **cualquier ~.** loc. adv. *CR.* En muy poca cantidad. pop.

carajal.
I. 1. m. *Mx, Pa, Cu, Ve, Ec.* Gran cantidad de personas o cosas aglomeradas en un lugar. pop. ♦ **cojonal**.

carajazo.
I. 1. m. *Mx, Ve.* Golpe fuerte o contundente dado con el puño o con algún objeto a una persona. pop.
2. *Ec, Pe, Bo.* Reprimenda vehemente, *generalmente con palabras soeces*. vulg; pop + cult → espon.
3. *Pa, Ve.* Reprimenda severa y vehemente con palabras soeces o sin ellas. vulg; pop + cult → espon.
4. *Ve.* Impacto moral producido por una mala noticia. pop.
II. 1. m. *Ve.* Número considerable. vulg.
☐
a. ‖ **a ~ limpio.** loc. adv. *Ec, Bo.* Con palabras agresivas y soeces. vulg; pop + cult → espon.
▶ **darse un ~.**

¡carajazo!
I. 1. interj. *Mx, Bo.* Expresa enfado o disgusto.

carajeada.
I. 1. f. *Py; Pe*, rur; *CR*, rur; *Bo*, vulg. Reprimenda vehemente. pop + cult → espon.
2. *Ec, Bo, Py.* Insulto u ofensa que se dirige a alguien con palabras agresivas y malsonantes. vulg; pop + cult → espon.

carajeador, -ra.
I. 1. adj/sust. *Pe, Bo, Ar. Referido a persona*, que acostumbra decir palabras groseras. pop + cult → espon ^ desp.

carajear.
I. 1. tr. *CR, Pa, Co, Ve, Ec, Pe, Py, Ar, Ur; Bo*, desp. Insultar, ofender a *alguien* dirigiéndole palabras agresivas y malsonantes. vulg; pop + cult → espon.
2. intr. *Ec, Bo, Py, Ar, Ur.* Manifestar enojo o contrariedad pronunciando palabras malsonantes. vulg.
II. 1. intr. *Co.* Hacer o decir necedades o tonterías. pop + cult → espon.

carajero, -a.
I. 1. adj. *RD. Referido a persona*, malhablada.

carajete.
I. 1. m. *Ve, Bo; Ch*, pop + cult → espon ^ desp. Persona muy despreciable. vulg; desp.

carajillo, -a.
I. 1. m. y f. *CR, RD.* Niño o adolescente. pop.

carajito, -a.
I. 1. m. y f. *Ho, Ni, Pa, RD, Co, Ve, Bo, Ur.* Persona que está en la niñez. desp.
2. adj/sust. *RD, Ve. Referido a persona*, insignificante, inútil, poco madura.
3. adj. *Pa.* p.u. *Referido a un niño*, pequeño. rur; fest.

carajo.
I. 1. m. *Mx, Co.* Lugar muy lejano. pop.
II. 1. m. *Bo, Ch.* Persona mala, despreciable. pop + cult → espon.
☐
a. ‖ **a casa del ~.** loc. adv. *Cu.* Muy lejos.
b. ‖ **como para el ~.** loc. adv. *Bo.* Sin cuidado, de cualquier manera. pop + cult → espon ^ desp.
c. ‖ **con ~.** loc. adv. *Cu.* Mucho. pop + cult → espon.
d. ‖ **del ~ pa' arriba.** loc. adj. *Pa.* Inmejorable. pop + cult → espon.
e. ‖ **en casa del ~.** loc. adv. *Mx, Cu, RD, PR.* Muy lejos.
f. ‖ **en un ~.** loc. adv. *Bo.* En muy poco tiempo. vulg; pop + cult → espon.
g. ‖ **para el ~.** loc. adv. *Ar.* Muy mal. pop + cult → espon.
▶ **ir para el ~; irse para el ~; llevarse el ~.**

carajo, -a.
    I. 1. m. y f. *Ho, ES, Ni, RD, Co:N, Ve, Bo, Ch*. Persona a la que en una conversación no se quiere mencionar para desvalorizarla. vulg; desp. (**caraja**).
    II. 1. m. y f. *CR, RD, Ve*. Hombre o mujer. pop. ♦ **carambas**.
      2. *Ho, RD*. Persona cualquiera. desp.
    III. 1. m. y f. *Ho, ES, Ni*. Persona incapaz, torpe. desp.
      2. *Bo*. Persona muy hábil para resolver o realizar una actividad o tarea. pop + cult → espon ∧ desp.
      3. adj/sust. *Bo. Referido a persona*, astuta, taimada, que utiliza cualquier recurso para alcanzar sus propósitos.
    □
      a. ‖ ~ **a la vela.** loc. sust. *RD*. Persona que no significa nada, que carece de valor para los demás.

carajón. (De *cagajón*).
    I. 1. m. *Ho*. Porción de excremento de ganado cabrío. rur. ♦ **testarruco**.

carajotillo.
    I. 1. m. *Ho:E*. Parte del panal de abeja silvestre que contiene miel. rur.

carajudo, -a.
    I. 1. adj/sust. *RD. Referido a persona*, problemática, difícil de tratar. vulg; pop + cult → espon.

caralahua. (Del aim. y quech. *q'ara*, pelado, y del aim. *lawa*, palo).
    I. 1. m-f. *Bo*. Persona de estatura alta y de constitución delgada. pop ∧ desp.

caralata.
    I. 1. m. *PR*. **cara de lata**.

caralisa.
    I. 1. m. *Ar*. Proxeneta. pop ∧ desp.

carallanta.
    I. 1. *Bo*. **donjuán**.

caramaná.
    I. 1. f. *RD*. Planta con rizomas muy aromáticos que son utilizados para ahuyentar los insectos en los guardarropas.

caramanchel.
    I. 1. m. *Ni; Ec*, obsol. Puesto de un vendedor ambulante, *situado por lo común en un pórtico*.
    II. 1. m. *ES, Ni*. Mueble viejo.
    III. 1. m. *ES*. Cobertizo o enramada improvisada para resguardarse.

caramaño.
    I. 1. m. *ES*. Pene. vulg.

caramañola. (Del fr. *carmagnole*, y este de *Carmagnola*, ciudad del Piamonte).
    I. 1. f. *CR, Co, Py, Ar, Ur; Ch*, p.u. Recipiente, *generalmente de plástico*, que usan los ciclistas en su bicicleta para llevar líquidos. (**carimañola**).
      2. *ES, Bo, Py, Ar; Ch*, p.u. Recipiente de aluminio en forma de cantimplora, que usan los soldados para llevar agua. (**caramayola**).

caramayola.
    I. 1. *Bo; Ch, Py*, obsol. **caramañola**.

caramba.
    I. 1. m. *Ar*. Danza folclórica de pareja suelta y ritmo vivo, *generalmente acompañada de canto*, en la que los bailarines utilizan castañetas y efectúan giros y vueltas.
    II. 1. *Ho, ES*. **sambumbia**, instrumento.
    □
      a. ‖ ~ **y zamba.** loc. adj/sust. *Ch. Referido a persona*, que no respeta normas. pop + cult → espon ∧ fest.

carambada.
    I. 1. f. *Ho, ES, Ni, CR*. Necedad. pop + cult → espon.
      2. *Ho, ES, Ni*. Cosa de poco valor. pop + cult → espon.

      3. *Ho, ES, Ni*. Asunto sin importancia.
    II. 1. f. *Ni, CR*. **chéchere**, objeto.

carámbano.
    I. 1. m. *Ni*. **cañandonga**, arbusto.

carambas.
    I. 1. m-f. *CR*. **carajo**, hombre o mujer. pop.

carambeño, -a.
    I. 1. sust/adj. *Ho*. Persona que toca la **caramba**. pop. ♦ **carambero**.

carambero, -a.
    I. 1. *Ho*. **carambeño**.

carambillas.
    I. 1. m-f. *CR*. Niño o joven.

carambola.
    I. 1. f. *CR, RD, Co*. Árbol de hasta 6 m de altura, de corteza de color café oscuro, hojas distribuidas a lo largo de las ramas, inflorescencia corta o axilar, flores de color púrpura rosado y frutos en racimos de bayas gruesas, ovoides o elipsoides; se utiliza en la medicina tradicional. (Oxalidaceae; *Averrhoa carambola*). (**carambolo**). ♦ **albaricoque; arava; averea; buñuelo; chiramelo**.
      2. *Gu, Ho, ES, Ni, CR, RD, PR*. Fruto de la **carambola**, de color amarillo, alargado y carnoso, con cinco ángulos, aromático, con pulpa ácida; es comestible y también se usa para hacer refrescos. (**carambolo**). ♦ **albaricoque; arava; averea; buñuelo; chiramelo**.
    □
      a. ‖ **de ~.** loc. adv. *Cu*. De casualidad.

caramboleada.
    I. 1. f. *CR*. p.u. Serie de golpes dados a una persona. pop.
    II. 1. f. *CR*. p.u. *En una competencia*, derrota por amplio margen. pop.

caramboleado, -a.
    I. 1. adj. *Ch. Referido a persona*, borracha. pop + cult → espon ∧ fest.

carambolear(se).
    I. 1. tr. *Ch*. Mover de un lado a otro. pop + cult → espon.
      2. intr. prnl. *Ch*. Moverse de un lado a otro. pop + cult → espon.
      3. *Ch*. Emborracharse *alguien*. pop + cult → espon.
    II. 1. tr. *CR*. p.u. Propinar una **golpiza** a alguien. pop.
      2. *CR*. p.u. *En una competencia*, derrotar a *alguien* por amplio margen. pop.

carambolero, -a.
    I. 1. m. y f. *Pe, Bo, Ch, Ar*. Persona que juega bien o frecuentemente a las carambolas en el billar.
      2. *RD*. Persona que hace frecuentemente carambolas en el billar. pop + cult → espon.

carambolo.
    I. 1. m. *Gu, Ho, ES, Ni, RD, Co, Pe*. **carambola**, árbol.
      2. *Co*. **carambola**, fruto.
    □
      a. ‖ **de ~.** loc. adv. *Cu*. De casualidad.

caramelear.
    I. 1. intr. *RD, Co*. Ser demasiado cariñoso con alguien. pop.
    II. 1. tr. *Co*. **mamar gallo**, engañar a *alguien*. pop + cult → espon.

carameleo.
    I. 1. *Co*. **caramelo**, engaño. pop + cult → espon.

caramelito.
    I. 1. m. *Cu, RD, Ar*. Persona muy atractiva. pop ∧ fest.

caramelo.
    I. 1. m. *Ni, Cu, RD, Ve, Ar*. Persona atractiva. pop ∧ fest.

II. 1. m. *Ho, PR, Ar.* Golosina tipo bombón, chicloso, hecho de dulce de leche que se adhiere a los dientes.

2. *PR. En la industria azucarera,* residuo de azúcar que queda en el **tacho** de la **central**.

III. 1. m. *Co; ES,* delinc. Engaño utilizado para dilatar la solución de un asunto. (**carameleo**). pop.

IV. 1. m. *Cu, RD.* Cosa fácil.

V. 1. adj/sust. *Cu. Referido a persona,* amable, de buen carácter.

VI. 1. m. *PR. En las peleas de gallos,* espuela postiza, de gran calidad, del gallo de pelea.

▶ dar ~; **estar a punto de ~.**

caramelote.
I. 1. m. *Ve.* Persona muy atractiva. pop ^ fest.

caramera.
I. 1. f. *Ve.* Dentadura mal ordenada. (**caramero**).
II. 1. f. *Ve.* Montón de árboles, troncos y hierbas que arrastran las aguas de un río o **caño** y puede convertirse en barrera que obstruye su cauce. (**caramero**).
III. 1. f. *Ve.* Conjunto de los cuernos de un animal cuadrúpedo, *especialmente si es de gran tamaño.* (**caramero**).

caramero.
I. 1. m. *Ve.* **caramera.**

caramo.
I. 1. m. *Ve.* Tronco erguido o tendido a las orillas de un río, laguna o **caño.**

caramona.
I. 1. m. *Gu.* Mentira.

caramora.
I. 1. adj/sust. *Ur. Referido a una oveja,* que pertenece a una raza que se caracteriza por tener la cara de color mora; su carne se utiliza para consumo humano. rur.

carán.
I. 1. m. *Pe:C.* Piel de cerdo sin grasa que se cuece hasta que queda crujiente.

caranchar.
I. 1. tr. *Ar:NO.* Reprender severa y descomedidamente a *alguien.* pop. (**caranchear**).
2. *Ar:NO.* Castigar a *alguien, especialmente tirando de sus cabellos.* pop. (**caranchear**).
II. 1. tr. *Ar.* Comer *algo,* rápida y desordenadamente. rur. (**caranchear**).

caranchear.
I. 1. *Ar:NO.* **caranchar,** reprender.
2. *Ar:NO.* **caranchar,** castigar.
II. 1. *Ar.* **caranchar,** comer.
III. 1. intr. *Ar.* Pelear, reñir.

carancho.
I. 1. *Pe, Bo, Ch, Py, Ar, Ur.* **caracara.** (**karancho**).

¡carancho!
I. 1. interj. *Py; Ar,* p.u. Expresa disgusto o enojo. euf; pop.
2. *Ar.* Expresa asombro o sorpresa. euf; pop.
□
a. ‖ **¡qué ~!**
i. loc. interj. *Ar.* Expresa disgusto o enojo. euf; pop.
ii. *Ar.* Expresa ponderación o refuerzo de lo que se está diciendo. euf; pop.

carandai.
I. 1. *Ar:NE, Ur.* **caranday.** (Palmaceae; *Copernicia* spp.).
2. *Ar:NE, Ur.* **caranday.** (Palmaceae; *Trithrinax brasiliensis*).

carandaí.
I. 1. *Py, Ar.* **caranday.** (Palmaceae; *Copernicia* spp.)
2. *Py.* **caranday.** (Palmaceae; *Trithrinax brasiliensis*).

carandasal.
I. 1. m. *Ar:NE.* Terreno poblado de **carandais.**

caranday. (Voz guaraní.)
I. 1. m. *Py, Ar:NE, Ur.* Palma de hasta 30 m de altura, de hojas en forma de abanico, y flores y frutos amarillos. (Palmaceae; *Copernicia* spp.). (**carandai; carandaí**).
2. *Py, Ar:NE, Ur.* Palma de hasta 8 m de altura, hojas en forma de abanico, y bayas ovoides negras como fruto; con sus fibras se hacen pantallas, canastos o sombreros, y produce una cera de olor muy agradable. (Palmaceae; *Trithrinax brasiliensis*). (**carandai; carandaí**).

caranegra.
I. 1. adj/sust. *Ar, Ur. Referido a una oveja,* que pertenece a una raza que se caracteriza por tener la cara de color negro; su carne se utiliza para el consumo humano. rur.
2. *Ve.* **mono araña.** (Cebidae; *Ateles* spp.).

caranga.
I. 1. f. *Ho, ES, Co.* Chinche, insecto hemíptero de color rojo oscuro, que vive como parásito en la ropa, las camas y los muebles y chupa la sangre humana taladrando la piel con picaduras irritantes. (Cimicidae; *Cimex hemipterus*). ♦ **carángano; chiribico.**

carángano.
I. 1. m. *Co, Ve.* Instrumento musical que consiste en una tabla o caña a la que se ata una cuerda tensa sobre la que se coloca una vejiga de **res** inflada que sirve de resonador.
II. 1. m. *Ni, Pa.* **caranga.**
III. 1. m. *Pa.* Hombre que tiene mal genio.
▶ **joder más que un ~.**

carangoso, -a.
I. 1. adj. *Ho. Referido a persona o animal,* que tiene **carangas.** pop.

carantata.
I. 1. f. *Co:S,SO.* Sopa típica que se prepara con masa de harina de maíz.
2. *Co:S,SO.* Costra que queda adherida en el fondo de la vasija al cocer la masa de maíz.

carantón, -na.
I. 1. adj/sust. *Bo; Ec,* pop; *Pe,* p.u. *Referido a persona,* que tiene la cara grande.

caraña.
I. 1. f. *Ni, Pa, Co.* **xchite.**

caraño.
I. 1. m. *ES, CR, Pa.* Árbol de hasta 20 m de altura, de hojas imparipinnadas y alternas, flores verdes o amarillentas y frutos en cápsulas ovoides que se vuelven rojizos al madurar; la corteza se usa contra la anemia y problemas menstruales y de la piel. (Burseraceae; *Bursera acuminata*).

carao.
I. 1. *Bo, Ar, Ur.* **carau.**
2. *Gu, Ho, ES, Ni, CR.* **cañandonga,** arbusto. ♦ **carago; caragüe; carámbano.**
3. m. *Gu, Ho, ES, Ni, CR.* Fruto del carao, una vaina semicilíndrica, leñosa y negra, de hasta 80 cm de largo, dividida en celdillas; la melaza de su interior posee propiedades tónicas y depurativas. ♦ **carago; caragüe; carámbano.**
II. 1. m. *Ho, ES.* Pierna delgada, *en especial la canilla.* pop ^ desp.
III. 1. m. *CR.* Líquido de color pardo oscuro y de consistencia viscosa, obtenido del fruto del carao, que se toma *generalmente con leche hervida* como complemento alimenticio.

caraota.
I. 1. f. *Ve.* Planta herbácea de hasta 4 m de longitud, de tallos endebles, hojas grandes, compuestas de

tres hojuelas acorazonadas unidas por la base, flores blancas en grupos axilares, y fruto en vainas aplastadas. (Fabaceae; *Phaseolus* spp.).

2. *Ve.* Semilla de la caraota, con mucho valor alimenticio, de varios colores y formas, según la especie.

carapa.
  I. 1. *Pe:NE.* **cáscara**, caparazón.

carapacho.
  I. 1. m. *Ve.* Esqueleto, conjunto de piezas duras y resistentes que da consistencia al cuerpo de los animales, sosteniendo o protegiendo sus partes blandas. pop.
  2. *Ve.* Armazón de una cosa.
  3. *Ve.* meton. Cuerpo humano. pop.
  4. *Ec.* Cubierta, caparazón. pop.
  II. 1. m. *Ve.* Guiso de carne de cangrejo servido en la misma concha del animal.
  2. *Ni.* Guiso de carne de gallina o gallo, **chompipe** o pato con **pinol**, mantequilla, huevos y **recado** de pimienta, tomate y cebolla.
  III. 1. m. *Pe.* Árbol de hasta 35 m de altura y corteza superficial del tronco de color rojo negruzco; cuando se raspa la superficie se torna blanquecina. (Euphorbiaceae, *Micrandra spruceana*) ◆ **rupiña**.
  IV. 1. m-f. *Gu.* Persona sinvergüenza.
  2. m. *Ho:E.* Pequeño escarabajo que ataca el **frijol**. (Chrysomelidae; *Megascelis* spp.).
  V. 1. *PR.* **caparazón**, envoltura del coco. rur.
  VI. 1. m. *PR.* Apariencia, fachada. pop + cult → espon.
  ▶ **partir el ~.**

carapachona.
  I. 1. f. *Ve.* Pez marino de tamaño inferior a los 60 cm de longitud, de cuerpo alargado y comprimido, de color azul o azul verdoso en el dorso y blanco en el vientre. (Clupeidae; *Harengula clupeola*).

carapalismo.
  I. 1. m. *Ch.* p.u. Actitud cínica y desvergonzada de una persona o de un grupo. pop + cult → espon.

carapampear.
  I. 1. intr. *Bo.* Dormir sobre el suelo, en descampado. pop + cult → espon ∧ fest.

carapanza.
  I. 1. sust/adj. *Bo:O,C,S.* Persona, *generalmente un niño*, que tiene el vientre descubierto. pop.

caraparí.
  I. 1. m. *Bo.* Cactus de hasta 12 m de altura cuyo fruto, de color encarnado, es algo insípido, pero comestible; abunda en las zonas desérticas de las tierras bajas, los llanos y valles secos. (Cactaceae; *Neoraimondia herzogiana*).

carapecho.
  I. 1. m. *Bo.* Capa fina de carne que se halla entre la piel y el esternón del ganado vacuno.
  2. adj. *Bo. Referido a persona*, que tiene el pecho desnudo, sin cubrir.

carapelo.
  I. 1. m. *Pa.* Árbol de climas húmedos, de hasta 40 m de altura, de hojas simples y alternas, flores rosadas y frutos cilíndricos; su madera se emplea en ebanistería y postes. (Lecythidaceae; *Couratari panamensis*). ◆ **congolo; coquito**.

carapucho. (Del quech. *qara puchu*).
  I. 1. m. *Pe.* **cebadilla criolla**.

carapulca.
  I. 1. f. *Pe; Bo, Ch:N,* p.u. Guiso hecho con **papas** deshidratadas, carne de cerdo, pollo, llama y, *opcionalmente*, **choclo**.

carapulcra.
  I. 1. f. *Pe, Ch:N.* Guiso hecho con **papas** deshidratadas, carne de cerdo, pollo, llama y, *opcionalmente*, **choclo**.

caraquear.
  I. 1. tr. *Ar:NO.* Golpear un hueso para sacarle el **caracú** o tuétano y comerlo. pop.

caraqueño.
  I. 1. m. *PR. En las peleas de gallos*, casta de procedencia del gallo de pelea.

carar.
  I. (Del quech. *q'aray*, pelar, quitar el pelambre, dejar sin vegetación).
  1. tr. *Bo.* Mondar o quitar la piel, la cáscara o la corteza a algo. rur.
  II. (Del quech. *qaray*).
  1. tr. *Bo:C,SO. En minería*, ofrecer una llama o un feto de llama al **tío** para que exista buena explotación del mineral y para protección de desgracias. rur.
  III. (Del quech. *q'aray*, servir comida).
  1. tr. *Bo:C,SO.* Dar de comer a los animales domésticos. rur.
  IV. (Del quech. *q'aray*, arder la piel).
  1. intr. *Bo:C,SO.* Sentir escozor en una parte del cuerpo. rur.

carare.
  I. 1. m. *Ve.* Enfermedad tropical que se caracteriza por manchas blancas o rosadas en la piel que suelen extenderse por todo el cuerpo; causada por el *Treponema carateum*.

cararoso, -a.
  I. 1. adj. *Ve. Referido a persona*, que padece **carare** o alguna enfermedad cutánea semejante.

cararrota.
  I. 1. adj/sust. *Ar, Ur. Referido a persona*, desvergonzada, descarada. pop.

¡carascho!
  I. 1. interj. *Pa.* Expresa enfado o desagrado. euf.

¡caraspa!
  I. 1. interj. *Bo.* Expresa enfado o sorpresa. pop + cult → espon. (**¡caraspas!**).

¡caraspas!
  I. 1. *Bo.* **¡caraspa!**

¡caráspita!
  I. 1. interj. *Pe, Ar*, obsol; pop; *Ec, Bo*, pop + cult → espon. Expresa disgusto o enojo. (**¡caráspitas!**).
  2. *Ec, Bo*, pop + cult → espon; *Ar*, obsol, pop. Expresa asombro o sorpresa. (**¡caráspitas!**).

¡caráspitas!
  I. 1. *Bo.* **¡caráspita!**, expresa asombro.
  2. *Bo.* **¡caráspita!**, expresa disgusto.

¡caraste!
  I. 1. interj. *Pa.* Expresa impaciencia o enfado. euf. ◆ **¡carástele!**

¡carástele!
  I. 1. *Pa.* **¡caraste!**

carasucia.
  I. 1. m. *Ar.* Manzano de fruto más pequeño que la manzana común y piel de color muy intenso. (Rosaceae; *Malus pumila*).
  2. *Ar.* Fruto del carasucia.
  II. 1. f. *Co, Ve.* **perico carasucia**.
  III. 1. m-f. *Ar, Ur.* Niño o muchacho pobre, sin recursos suficientes para vivir. pop.
  IV. 1. m. *Ar:NO.* Dulce pequeño hojaldrado que se cuece al horno con azúcar negra encima.
  2. *Ec:O.* Pan de dulce que lleva en la superficie trazos de otra textura, en forma de manchas o cuadrícula. pop.
  V. 1. sust/adj. *Ar.* Caballo con manchas blancas en la cara. rur.

caratazo.
  I. 1. m. *Ch.* Golpe fuerte dado con la mano. (**karatazo**).

carate.
  I. 1. m. *Ho, ES, Ni, CR, Co, Ve.* Enfermedad que produce lesiones pigmentarias en la piel, de color blanquecino, rojizo o azul oscuro. (**calate**).
  2. *Ho.* **calate**, flaco. rur.
  II. 1. m. *Co.* Árbol de hojas grandes, opuestas, e inflorescencias en racimos; produce un exudado resinoso de color rojo que se emplea en la medicina popular para diversos usos. (Hipericaceae; *Vismia* spp.). ♦ **manchador; mandul; papamo; pichirina.**
  2. *Pa.* **chacaj.**

caratear.
  I. 1. tr. *Ve.* Rellenar con una mezcla de cal o cemento blanco las rendijas que quedan entre las baldosas de un piso.

caratejo, -a.
  I. 1. *Co:O.* **caratoso**, que padece **carate**.

caratillo.
  I. 1. m. *Ve:O.* Bebida refrescante hecha con harina de arroz, azúcar o **papelón** y, *opcionalmente*, agua de azahar, canela y cáscaras de limón.

carato.
  I. 1. m. *PR*, rur; *Ve*, obsol. Bebida espesa y fría, refrescante, hecha con arroz o maíz molido o con la pulpa de frutas frescas, como piña o **guanábana**, disuelta en agua y endulzada con azúcar blanco o **papelón**. ♦ **carato de guanábana; cordial de guanábana.**
  II. 1. *PR.* **caruto.**
  ■
    a. ‖ ~ **de guanábana.** *PR.* **carato**, bebida. rur.

carato, -a.
  I. 1. adj. *Pa.* **cuijen**, de color ceniza.

caratoso, -a.
  I. 1. adj. *Ho, Ni, Co, Ve. Referido a persona*, que padece **carate**, o alguna enfermedad cutánea semejante. ♦ **caratejo.**
  2. *Ho. Referido a animal, generalmente a un perro*, que tiene sarna. pop.
  3. *Ho. Referido a persona*, que lleva sucia la cara. pop ^ desp.
  II. 1. adj. *Ho.* metáf, *Referido a persona o cosa*, despreciable o sin valor.

carátula.
  I. 1. f. *Mx, Ni, CR, Ec, Pe, Bo, Py, Ar, Ur.* Primera página de un cuaderno o una carpeta escolar, en la que se consignan los datos identificatorios de la asignatura y del estudiante.
  2. *Mx, Bo, Ch, Py, Ar, Ur. En un expediente, especialmente judicial*, hoja en la que consta el número identificatorio, la fecha de ingreso y el título del mismo.
  3. *Py, Ar.* Título identificatorio de una causa judicial penal, en el que se tipifica la clase de delito que se investiga.
  II. 1. f. *Mx, Gu, Ho, ES, Ni, CR.* Esfera, superficie circular sobre la que giran las manecillas del reloj.

caratulado, -a.
  I. 1. adj. *Ch, Py, Ar, Ur. Referido a un expediente, especialmente judicial*, que lleva datos tales como la fecha de ingreso, el número o el título identificatorio.

caratular.
  I. 1. tr. *Ch, Py, Ar, Ur.* Poner a un expediente una **carátula.**
  2. *Ch, Ar.* Tipificar un juez una causa judicial penal.
  3. *Py, Ar.* Poner a un cuaderno o carpeta escolar una **carátula.**

  II. 1. tr. *Ch, Ar.* Clasificar o catalogar a *alguien* por sus características morales.

carau.
  I. 1. m. *PR, Ve, Bo, Py, Ar.* Ave zancuda de hasta 70 cm de longitud, de color pardo, jaspeado de blanco en el cuello y la parte superior del dorso, pico largo y curvo, cuello y patas largas. (Aramidae; *Aramus guarauna*). (**carao; caraú**). ♦ **bruja; carrao; chilacoa; guarino; viuda.**

caraú.
  I. 1. *Ar.* **carau.**

caravana.
  I. 1. f. *Mx, Gu.* Reverencia, inclinación del cuerpo en señal de respeto.
  II. 1. f. *Ur; Bo, Ar, Ur*, obsol; *Bo*, p.u. Pendiente largo, *generalmente de plata u oro*, muy trabajado.
  2. *Ar, Ur.* Dispositivo de plástico a modo de broche o aro, *normalmente de dos piezas que se acoplan*, que se coloca a un animal en la oreja para identificarlo.
  ▶ **hacer ~ con sombrero ajeno.**

caravanear.
  I. 1. tr. *Ar, Ur.* Colocar **caravanas** al ganado.
  II. 1. intr. *RD, Py.* Participar en caravanas políticas.

caravanero.
  I. 1. m. y f. *Ar.* obsol. Persona que va en una caravana. rur.
  2. adj. *Ar.* Relativo a la caravana.

caravelita. (Metát. de *calaverita*).
  I. 1. adj. *RD, PR. Referido a cosas*, que no son de marca.
  II. 1. f. *PR.* Ron de elaboración artesanal elaborado clandestinamente. rur.

caravuelta.
  ▶ **dar ~.**

carawatal.
  I. 1. *Bo:S.* **caraguatal.**

caray.
  I. 1. *RD.* **carey**, tortuga.

carayá. (Del guar. *karaja*).
  I. 1. *Bo, Py, Ar:NE.* **mono aullador.** (Cebidae; *Alouatta caraya*).

carayán.
  I. 1. m. *RD.* Baile típico de Samaná, en el que los participantes hacen un corro cogidos de la mano.

carayana. (Del guar. *caraí*).
  I. 1. adj/sust. *Bo:NE,E.* Natural de la zona oriental de Bolivia, *generalmente de piel blanca*, que tiene un nivel social y económico elevados, y habita en la ciudad. pop + cult → espon ^ desp.
  2. adj. *Bo:NE,E.* Relativo a los carayanas.
  II. 1. m-f. *Bo.* Persona pícara, astuta. pop + cult → espon ^ desp.

carbilio, -a.
  I. 1. adj. *ES. Referido a persona*, adinerada.
  II. 1. adj. *ES. Referido a persona*, borracha.

carbón.
  I. 1. m. *Mx, Gu, Ho, Ar.* Enfermedad del maíz que produce unos tumores de hasta 10 cm de diámetro en las inflorescencias.
  2. *Ar:NO.* Enfermedad de la caña de azúcar que ataca el cogollo.
  3. *PR.* Enfermedad de la semilla de la caña de azúcar.
  4. *Co.* Enfermedad virulenta y contagiosa, frecuente y mortífera en el ganado lanar, vacuno, cabrío y a veces en el caballar; es transmisible al hombre.
  II. 1. m. *Ho, ES, Ni.* Arbusto de hasta 2 m de altura, con tallo pubescente espinoso, hoja compuesta pinnada y oblonga y flores blancas, cuyo fruto es una vaina pubescente; crece en zonas secas y tiene una

madera muy dura, buena para leña; en la medicina tradicional tiene varias aplicaciones. (Fabaceae; *Mimosa tenuifolia*).

III. 1. m. *RD.* Dinero. fest.

▶ acabarse el ~; echar ~; meter ~; sacar agua y ~.

carbonada.
I. 1. f. *Bo, Ch, Ar, Ur.* Guiso compuesto de carne en trozos, **choclo**, **zapallo**, **papa**, arroz y, *en ocasiones*, **durazno** u otra fruta, *generalmente verde.*

carbonal.
I. 1. m. *Ho.* Lugar poblado de arbustos de **carbón**.

carboncillo.
I. 1. m. *Pe, Bo.* Barrita de lápiz o de pizarra no muy dura, *generalmente cilíndrica*, que se usa para escribir o dibujar en pequeñas pizarras.
2. *Ch.* Carbón mineral menudo, que como residuo, suele quedar al mover y trasladar el grueso.

carbonear.
I. 1. tr. *Ni, CR, Pe, Ch.* Persuadir a *alguien* para que piense o actúe de determinada manera, *en especial, para que desarrolle animadversión hacia una o varias personas o hacia algo.* pop.
II. 1. tr. *Ni.* Desprestigiar a *alguien.*
2. *Ni.* Delatar a *alguien.*

carbonera.
I. 1. f. *Mx:NO, Ho.* Árbol de jardín de hasta 9 m de altura, de hojas pinnadas y flores blanco amarillentas cuyo fruto es una vaina de 7 a 12 cm de longitud por 15 mm de ancho. (Fabaceae; *Pithecellobium brevifolium*).
II. 1. f. *Ch, Ar.* En los trenes, parte del ténder en que va el carbón.
III. 1. f. *Co.* Mina de hulla.

carbonería.
I. 1. f. *Ni, Ch.* Instalación destinada en los campos a hacer carbón de leña mediante el empleo de hornos.

carbonero.
I. 1. m. *Cu, Co.* Árbol de hasta 10 m de altura, frondoso y de copa en forma de parasol, con hojas compuestas de hojuelas pequeñitas y flores en cabezuelas, de largos y numerosos estambres de color blanco o rojizo; su madera se utilizaba para hacer carbón vegetal. (Fabaceae; *Calliandra* spp.). ♦ **plumerillo**.
2. *ES.* **zopilote**, ave carroñera.
3. *PR.* **cojinúa**, pez.

carbonero, -a.
I. 1. adj/sust. *Co, Pe, Ch. Referido a persona*, que siembra disensión o enemistad. pop.
II. 1. m. y f. *Ni, CR, Ch.* Persona a la que le gusta **carbonear**, persuadir. pop.
III. 1. sust/adj. *Ni.* Persona delatora.
IV. 1. sust/adj. *Ur.* Miembro o simpatizante del Club Atlético Peñarol de Montevideo. pop.

carbónico.
I. 1. m. *Bo, Py, Ar, Ur.* Hoja de papel fina, entintada por una de sus caras, que sirve para calcar.

carbonileo.
I. 1. m. *Ch.* Sustancia resinosa de color negro que se impregna en la madera para protegerla de la humedad y el deterioro.

carbonilla.
I. 1. f. *Ar, Ur.* Palo delgado de brezo, sauce u otra madera ligera que, carbonizado, sirve para dibujar.
2. *Ar, Ur.* Dibujo hecho con carbonilla.

carborita.
I. 1. f. *Co.* Conglomerado de carbón en forma de ladrillo.

carboya.
I. 1. f. *Ve:O.* Recipiente grande hecho de vidrio.

carbunclo.
I. 1. m. *ES. En la creencia popular*, piedra que rueda por la noche en los caminos encendiéndose y apagándose.

carbunco. (Afér. de *carbunclo*).
I. 1. *Ho, CR.* **cucuyo**, insecto coleóptero.
2. *Ho.* **candelilla**, insecto coleóptero.
II. 1. m. *Ho:S, ES. En la creencia popular*, luz misteriosa o fuego fatuo que sale de ciertos montes y parajes y que indican la existencia de metales preciosos.

carbura.
I. 1. f. *CR.* Lámpara que funciona con carburo.

carburada.
I. 1. f. *ES.* **carburo**, conversación.

carburar.
I. 1. intr. *Gu.* Presumir de algo.

carburear.
I. 1. intr. *ES.* Decir tonterías o cosas intrascendentes.

carburiado, -a.
I. 1. adj. *Ve:O. Referido a persona*, que se encuentra en ligero estado de embriaguez. pop.
II. 1. adj. *Ni. Referido a fruta*, madurada en exceso por la acción del carburo.

carburista.
I. 1. m. *Ar, Ur.* Mecánico especializado en la reparación y **afinación** de carburadores.

carburo.
I. 1. m. *Ho, ES.* Conversación de tonterías o cosas intrascendentes. ♦ **carburada**.
2. *Ho, Ni.* juv. Mentira.
▶ hablar ~.

carca. (Del quech. *karka*, mugre).
I. 1. adj. *Ar:NO. Referido a cosa*, vieja, rota. pop ∧ desp.
2. f. *Pe.* Mugre, suciedad del cuerpo.
3. *Pe.* p.u.; rur. Excremento seco del ganado usado como abono o como combustible.

carcacha. (Del fr. *carcasse*, armazón).
I. 1. f. *Mx, Gu, Ho, ES, Ni, CR, Pa, RD, PR, Co, Ve, Ec, Pe, Bo, Ch, Py.* Máquina, aparato o vehículo inútiles y desvencijados. pop + cult → espon ∧ desp.

carcachento, -a.
I. 1. adj. *Ch. Referido a cosa, especialmente a un vehículo*, deteriorada o desvencijada. pop ∧ desp.

carcaj.
I. 1. m. *Ho.* p.u. Funda de cuero de fusil o de escopeta.

carcajada.
□
a. ‖ ~ de burro. loc. sust. *Ho, ES.* Trago de licor, *generalmente aguardiente*, de muchos grados de alcohol. rur. ♦ **carcajada de muía**.
b. ‖ ~ de muía. *ES.* **carcajada de burro**.

carcamán, -na.
I. 1. m. y f. *Mx, Pe; Ar, Ur*, pop ∧ desp. Carcamal, persona decrépita y achacosa.
2. sust/adj. *Ar, Ur.* Persona vieja y malhumorada. pop ∧ desp.

carcancho. (Del quech. *qharqanchu*).
I. 1. m. *Pe, Bo*; f. *Pe.* Vehículo viejo y destartalado. pop ∧ desp.
II. 1. m. *Bo:O,C,S.* Buitre, ave de rapiña.

carcancho, -a.
I. 1. adj. *Bo. Referido a una peonza o a un trompo*, que baila dando saltos.

carcasana.
I. 1. f. *PR.* Árbol de hasta 15 m de altura, con ramas delgadas, hojas grandes ovaladas cubiertas de ve-

llos, y fruto rojo de pequeño tamaño; es ornamental. (Polygonaceae; *Triplaris caracasana*).

cárcel.
▶ **secar en la ~; tener la ~ de garaje.**

carcelazo.
  I. 1. m. *Co, Ve, Pe; Ec*, pop. Encarcelamiento.

carceleada.
  I. 1. f. *ES, Ni; Ho*, rur. Detención en una cárcel. ♦ **enjaulada.**

carcelear.
  I. 1. tr. *ES, Ni; Ho*, rur. Encarcelar a *alguien*.

carceleta.
  I. 1. f. *Bo*. Sección del régimen penitenciario donde son detenidas las personas preventivamente.

carcocha.
  I. 1. f. *Pe*. Carricoche, coche viejo.
  2. *Ve*. Máquina, aparato o vehículo inútil y desvencijado.

carcoja.
  I. 1. f. *Pa*. Argolla metálica que se pone en las patas delanteras de una caballería para adiestrarla en andar o galopar acompasada. rur.

carcoso, -a.
  I. 1. adj. *Pe; Ec*, pop. Mugriento, con suciedad.

carcuera.
  I. 1. m. *Pa*. **bemba de chucha**, árbol.

cardenal.
  I. 1. m. *Mx, Gu, Ho*. Pájaro cantor de hasta 23 cm de longitud, con un distintivo penacho y una máscara en la cara que es negra en el macho y gris en la hembra; el plumaje del macho es rojo brillante, mientras que el de la hembra es de un tono opaco que mezcla rojo y **café**. (Cardinalidae; *Cardenalis cardenalis*). ♦ **chaccicip.**
  2. *Pe, Bo, Py, Ar, Ur*. Pájaro de hasta 20 cm de longitud, con la cabeza y parte del pecho de color rojo vivo, el dorso gris y la región ventral blanca. (Emberizidae; *Paroaria coronata*).
  3. *Co, Ve*. **rubí**, pájaro.
  4. *PR*. **candil**, pez de hasta 30 cm.
  II. 1. *Mx*. **chilindrón**, árbol.
  2. m. *Ch*. Geranio, planta con tallos herbáceos de hasta 40 cm de altura y ramosos, de hojas opuestas, pecioladas y de borde ondeado y flores en umbela apretada, frutos capsulares, alargados, unidos de cinco en cinco, cada uno con su semilla. (Geraniaceae; *Pelargonium* spp.).
  3. *Ch*. Flor del cardenal, geranio.
■
  a. ‖ ~ **amarillo.** m. *Ar, Ur*. Pájaro de hasta 20 cm de longitud, de color predominantemente amarillo, con la cresta negra. (Emberizidae; *Gubernatrix cristata*).
  b. ‖ ~ **azul.** m. *Ar, Ur*. Pájaro de hasta 20 cm de longitud, de color azul violáceo oscuro, con una mancha roja y otra blanca en la cabeza. (Thraupidae; *Stephanophorus diadematus*).

cardenala.
  I. 1. f. *PR*. Planta herbácea trepadora, de hasta 2 m de altura, con flores pequeñas de color azul; crece en lugares pedregosos. (Campanulaceae; *Lobelia clifftiana*).

cardenalito.
  I. 1. m. *PR, Ve*. Ave de hasta 10 cm de longitud, *generalmente de color rojo bermellón*, con cabeza y cola completamente negras y alas parcialmente negras. (Fringillidae; *Carduelis cucullata*).

cárdex. (De *Kardex*®).
  I. 1. m. *Co, Ec, Bo, Ch, Ar*. Archivador, fichero, clasificador. (**kárdex**).

  2. *Mx, Bo*. Historia personal u otros documentos de antecedentes con orden cronológico que se archivan en fichas de registro.
  3. *Ar*. Clasificación de distintos tipos de información mediante fichas manuales.
  4. *Pe*. Método de archivo.

cardiaca.
  I. 1. f. *Ch*. obsol. Enfermedad del corazón. pop. (**cardíaca**).

cardíaca.
  I. 1. *Ch*. **cardiaca**.

cardilla.
  I. 1. f. *Ur*. Planta de tallo erecto, con hojas espinosas de color verde o verde azulado y en forma de roseta, y flores pequeñas y blancas dispuestas en cabezuelas. (Umbelliferae; *Erymgium* spp.).

cardillo.
  I. 1. m. *Mx*. Escardillo, reflejo del sol producido por un cuerpo brillante.
  II. 1. *PR*. **huitzapole**.

cardista.
  I. 1. m-f. *Bo*. Persona encargada de la administración de **cárdex**, historias personales u otros documentos.

cardo.
  I. 1. *PR*. **huitzapole**.
■
  a. ‖ ~ **bendito.** *RD, PR, Ar*. **chicalote**.
  b. ‖ ~ **santo.**
    i. *Gu, ES, Ni, Cu, RD, PR; Ho*, rur. **chicalote**.
    ii. *Py, Ar*. **maguey**.

cardón.
  I. 1. m. *Mx, Ho, ES, Ni*. Cactus de hasta 12 m de altura, ramificado, con espinas fuertes y gruesas, flores con forma de embudo, de color rojizo en el exterior y blanco en el interior, y fruto cubierto de pelos finos; se usa para crear setos vivos. (Cactaceae; *Pachycereus pringlei*). ♦ **echo.**
  2. *PR, Ve, Bo, Ch, Ar*. Cactus perenne, trepador, con tallos espinosos en forma de columna, una llamativa flor blanca, y fruto ovalado, con pulpa dulce y abundante, comestible en algunas especies; tiene propiedades medicinales. (Cactaceae; *Cereus* spp.). ♦ **breva.**
  3. *Pe, Ch*. **puya**, planta.

cardonal.
  I. 1. m. *Co, Ve, Ar*. Terreno poblado de **cardones**, plantas cactáceas.
  2. *Ch*. Terreno poblado de **cardones**, plantas bromeliáceas.

cardosantera.
  I. 1. f. *PR*. Ave de hasta 20 cm de longitud, de plumaje color marrón claro rojizo con ciertas pintas negras sobre las alas, patas rojas y pico negro. (Columbidae; *Zenaida aurita*). ♦ **paloma cardosantera.**

cardosanto.
  I. 1. *RD, PR, Co, Bo, Ar*. **chicalote**.

cardumen.
  I. 1. m. *Co, Ve, Ch*. Multitud de cosas o de personas.

careador.
  I. 1. m. *Ho, Ni, RD, PR; Ar*, obsol. *En las peleas de gallos*, persona que cuida del gallo durante la pelea. ♦ **coleador.**
  2. *Ho, Ni, RD*. Gallo que solo se utiliza para **carear** a otro de pelea.

careadora.
  I. 1. f. *Ni*. Persona que sirve de señuelo a otra.
  II. 1. f. *Ni*. Trompo pequeño y rústico para entrenamiento.

carear.
- **I. 1.** tr. *Mx, Ho, Ni, RD, PR, Co, Ve, Pe; Ec,* p.u; *Ar,* obsol. Enfrentar dos gallos de pelea, sujetándolos entre las manos, para probar su capacidad de combate.
- **2.** *RD, PR, Bo. Entre galleros,* poner frente a frente dos gallos que han dejado de pelear por cansancio o por las heridas, para que continúen la pelea o para decidir cuál es el vencedor.
- **3.** *PR. En las peleas de gallos,* examinar y curar *alguien* los gallos durante los descansos de la pelea.

caregallo.
- **I. 1.** m. *Ch.* Sol, estrella del sistema solar. pop + cult → espon ∧ fest.

caregüe.
- **I. 1.** m. *ES.* Fusil. carc.

careicillo.
- ■
- **a.** ‖ ~ **del monte.** *Cu.* **cordobancillo,** arbusto.

carelata.
- **I. 1.** m. *PR.* Persona que no siente vergüenza.

carelechuga.
- **I. 1.** adj/sust. *PR. Referido a persona,* descarada, atrevida.
- **2.** m. *PR.* Persona irresponsable.
- **3.** *PR.* Persona irreverente, desvergonzada.

carelo.
- **I. 1.** m. *Ve.* Faro halógeno de potente luz que se coloca en vehículos automotores como accesorio.

carenciado, -a.
- **I. 1.** adj/sust. *Py, Ar, Ur; Ch,* cult. *Referido a persona, barrio o población,* que carece de recursos económicos y suele encontrarse en una situación de extrema pobreza.

carentón, -na.
- **I. 1.** adj. *PR, Ar:NO. Referido a persona,* que tiene la cara grande. pop.

careo.
- **I. 1.** m. *Mx, Ho, Ni, Cu, RD, PR, Co, Ve; Ec,* p.u; *Ar,* obsol. Prueba de la capacidad de combate de dos gallos de pelea, que se hace enfrentándolos mientras dos personas los mantienen sujetos con las manos.
- **2.** *PR. En las peleas de gallos,* espacio de tiempo, *por lo general de un minuto,* que se daba a los **careadores** para auxiliar a los gallos.

carepalismo.
- **I. 1.** m. *Ch.* Actitud cínica y desvergonzada de una persona o de un grupo. pop + cult → espon.

carepalo.
- **I. 1.** adj. *Cu, PR, Ch. Referido a persona,* que no tiene o no muestra turbación, arrepentimiento o vergüenza. pop. ♦ **carepapa; carerraja.**

carepapa.
- **I. 1.** *Cu.* **carepalo.**

carepicha.
- **I. 1.** *CR.* **cara de picha.**

carepinga.
- **I. 1.** *CR.* **cara de pinga.**

carerraja.
- **I. 1.** adj/sust. *Ch.* **carepalo.** pop + cult → espon.

carerrajismo.
- **I. 1.** m. *Ch.* Actitud cínica y desvergonzada de una persona o de un grupo. pop + cult → espon.

careta.
- **I. 1.** f. *Py, Ar.* Moharracho, máscara de carnaval.
- **II. 1.** adj/sust. *Ar, Ur.* Desvergonzado, caradura, insolente. pop.
- **III. 1.** adj/sust. *Ar. Referido a persona,* que se preocupa excesivamente por las apariencias.
- **IV. 1.** f. *RD.* Guarnición de las caballerías de tiro, con dos piezas de vaqueta que caen junto a los ojos del animal para que no vea por los lados, sino de frente.
- **V. 1.** f. *PR.* Gesto facial de enojo.
- ▶ **tener ~.**

caretaje.
- **I. 1.** m. *Ar, Ur.* Hipocresía, adopción de falsas actitudes o comportamientos. pop. ♦ **caretez.**
- **2.** *Ar, Ur.* Conjunto de gente hipócrita o que se preocupa excesivamente por las apariencias. pop.

caretear.
- **I. 1.** intr. *Ar, Ur.* Fingir lo que no se es, aparentar. pop.
- **2.** *Ar, Ur.* juv. Exhibirse *alguien* en público, figurar socialmente.
- **3.** tr. *Ar.* Engañar o mentir a *alguien.*
- **II. 1.** tr. *Ar.* Pedir y conseguir *algo* gratis. pop.

careteo.
- **I. 1.** m. *Ar.* Ocultación de lo que se piensa, se es o se hace. pop.
- **2.** *Ar.* juv. Presencia frecuente de alguien en público para figurar socialmente.

caretez.
- **I. 1.** f. *Ar.* **caretaje.**

careto.
- **I. 1.** m. *PR.* Terreno que no es lo bastante fértil como para lograr buenas cosechas. rur.
- **II. 1.** *CR.* **machín,** mono.

careto, -a.
- **I. 1.** adj/sust. *Ho, ES, Ni, Ve; CR,* obsol, rur. *Referido a persona, especialmente a un niño,* que tiene la cara sucia. pop + cult → espon. ♦ **caretudo.**
- **2.** adj. *Ni, CR, PR. Referido a animal vacuno o caballar,* que tiene una mancha blanca en la frente. rur.
- **II. 1.** adj/sust. *Ho. Referido a un miembro del Partido Liberal,* que militó antes en algún grupo o partido de izquierdas.

caretón, -na.
- **I. 1.** adj. *PR. Referido a persona,* que tiene la cara grande.

caretudo, -a.
- **I. 1.** adj/sust. *Cu. Referido a persona,* desvergonzada, caradura, valentona. pop + cult → espon.
- **II. 1.** adj. *Ho.* **careto,** que tiene la cara sucia.

careverga.
- **I. 1.** m. *Ec.* Hombre de malas intenciones. vulg; pop + cult → espon.
- **2.** adj/sust. *Ec.* juv. *Referido a persona,* estúpida. vulg; desp ∧ sat.
- **3.** *Cu. Referido a persona,* desvergonzada. pop + cult → espon.

carey. (De or. ind. antillano).
- **I. 1.** m. *Mx, Ho, Cu, RD, PR;* f. *Pa.* Tortuga marina de hasta 1 m de longitud de cabeza aguda con la mandíbula superior sobresaliente, caparazón formado por varias capas superpuestas de escamas y coloración que oscila entre los tonos café, anaranjados y negros; su caparazón se utiliza en trabajos de joyería. (Checoniidae; *Eretmochelys imbricata*). (caray). ♦ **paraPe; peje colorado; tortuga carey.**
- **II. 1.** *Cu.* **tachicón.**
- **2.** m. *Cu.* Arbusto de hasta 9 m de altura, de madera muy dura y pesada, vidriosa, de color semejante al **carapacho** del carey, del que toma su nombre, y que se emplea en la fabricación de bastones. (Boraginaceae; *Cordia angiocarpa*).
- ■
- **a.** ‖ ~ **blanco.** *PR.* **jaco.**
- **b.** ‖ ~ **de costa.** m. *Cu.* Arbusto de hasta 4 m de altura, de follaje espeso, hojas elípticas u ovaladas,

flores de color verdoso amarillento en racimos, y fruto de una sola semilla; proporciona una madera fina, dura, jaspeada, del color y aspecto del carey animal. (Rhamnaceae; *Krugiodendron ferreum*). ♦ **ciguamo**; **guafierro**.

▶ **poner los de ~.**

carga.

I. 1. f. *Pe, Ar:NO.* Combinación de peso y volumen que normalmente soporta y transporta un animal de carga. rur.
　2. *Co.* Medida de peso para áridos, equivalente a 10 arrobas.
　3. *Bo:O,C.* Medida de peso de algunos productos agrícolas equivalente a 62,51 kg, aproximadamente.
　4. *Ho.* Unidad de medida de granos, como el maíz, el café y el **frijol**, que oscila entre 200 y 256 libras, 116 kg.
　5. *Ho.* Unidad de contabilidad del maíz que equivale a cuatrocientas mazorcas o a ochenta manos, unos 92 kg.
　6. *Ho.* Unidad de volumen de leña que equivale a sesenta palos.
II. 1. f. *Cu.* Borrachera. pop + cult → espon.
III. 1. f. *Bo.* Roca y tierra mezcladas que se sacan de la mina para extraer el mineral contenido en ellas.
IV. 1. f. *ES.* Botín de cosas robadas.
V. 1. m. *Ho. En la maquila*, cantidad de piezas que recibe un obrero para confeccionarlas en un día.
VI. 1. adj. *CR. Referido a persona*, magnífica, muy buena. pop.
VII. 1. adj. *CR.* **arrecho**, que tiene habilidad.

■
　a. ‖ **~ de bueyes.** f. *PR.* Carreta muy voluminosa y muy pesada. rur.
　b. ‖ **~ en lazo.** f. *PR.* obsol. Carga de dos sacos grandes, atados con cuerdas a los costados del animal. rur.

☐
　a. ‖ **~ pesada.** loc. adj. *CR.* **arrecho**, que tiene habilidad.
▶ **aguantar ~**; **aguantar la ~**; **botar ~**; **echar ~**; **llevar la ~ del haragán.**

cargabates.

I. 1. m. *Ni, Cu, PR. En el beisbol*, chico encargado de recoger los **bates** de su equipo y colocarlos en su lugar.

cargacerrada.

I. 1. f. *Ni.* Artificio de pólvora que se hace con una serie de petardos colocados a lo largo de una cuerda y que estallan sucesivamente.

cargada.

I. 1. adj. *Mx, Gu, Ho, ES, Ni, Cu, Co, Ve. Referido a una hembra*, preñada. rur.
II. 1. f. *Mx. En política*, maniobra, añagaza, acto ilegal o éticamente cuestionable con que una de las partes trata de favorecer su candidatura o su propuesta.
III. 1. f. *Ec, Pe, Ch.* Llenado de un depósito o recarga de una fuente de energía. pop.
IV. 1. f. *Bo, Ar, Ur.* Broma, burla. pop.
V. 1. f. *Co.* Colocación de la mercadería en cualquier medio de locomoción. pop.

cargaderas.

I. 1. f. pl. *Co.* Juego de dos cintas o tiras de piel o tela, *comúnmente con elásticos*, que sostienen de los hombros el pantalón u otras prendas de vestir.
II. 1. f. pl. *RD.* Maderas que, en las casas típicas dominicanas, soportan las vigas del techo.

cargadero.

I. 1. m. *Co.* Planta de cuya corteza se desprenden tiras largas muy flexibles que se utilizan para hacer correas y cuerdas muy resistentes. (Annonaceae; *Guatteria cargadero*).

cargado.

I. 1. adj. *Co:No. Referido a un hombre*, de pene muy grande. vulg.

cargado, -a.

I. 1. adj. *Co. Referido a persona*, que favorece a una de las partes de un litigio o **competencia**.
　2. *Ch. Referido a persona*, inclinada o que muestra preferencia hacia algo. pop + cult → espon.
II. 1. adj. *ES, Ch. Referido a persona*, armada. delinc.
III. 1. adj. *ES, Ni, CR. Referido a persona*, adinerada.
IV. 1. adj. *PR, Py. Referido a persona*, malhumorada debido a múltiples problemas. pop + cult → espon.

☐
　a. ‖ **~ a la ternura.** loc. adj. *Ch. Referido a persona*, enamoradiza. pop + cult → espon ^ fest.
　b. ‖ **~ al oro.** loc. adj. *Ch. Referido a persona*, que lleva o ha conseguido *casualmente* mucho dinero. pop + cult → espon ^ fest.

cargador.

I. 1. m. *Ch, Ar.* Sarmiento algo recortado en la poda, que se deja para que lleve el peso del nuevo fruto.
　2. *Co.* Banda o faja de cuero, **fique** o **cabuya**, que sirve para sujetar un bulto o algo análogo que se lleva a la espalda.
II. 1. sust/adj. *Py, Ar, Ur.* Persona burlona o bromista. pop.
III. 1. m. *Cu.* obsol. Prenda de vestir de un bebé, con bordados y encajes, que llega hasta los pies.
IV. 1. m. *RD.* Arbusto de hasta 1 m de altura, muy ramoso, con ramitas angulosas a cuadrangulares, hojas oblongo lanceoladas y flores terminales y a veces axilares, amarillas. (Hypericaceae; *Hypericum hypericoides*).
V. 1. m. *Ho.* Mochila portabebé.

cargador, -ra.

I. 1. m. y f. *Ve, Ec, Pe, Bo. En los mercados*, persona que trabaja a destajo en la carga y descarga de mercancías. ♦ **aparapita**; **apiri**; **quepiri**.
II. 1. adj. *Ho, Ar. Referido a un árbol*, que tiene abundantes frutos.
III. 1. adj. *ES, Ni. Referido a persona*, adinerada.

cargamento.

■
　a. ‖ **~ de bolas de marfil.** m. *Pa.* Bolas numeradas que se usan en los sorteos de la Lotería Nacional.

cargamontón.

I. 1. m. *Pe.* Agresión o apabullamiento colectivo contra una persona o institución.

cargar(se).

I. 1. tr. *Gu, Ho, ES, Ni, Pa, PR, Co, Ve, Pe, Bo.* Llevar consigo *algo, especialmente un objeto personal*. pop + cult → espon.
　2. *Gu, Pa, Ve, Ec.* Llevar puesta una prenda de vestir. pop + cult → espon.
　3. *Gu, Ho, ES, Ni, Pa.* Estar provisto de algo.
II. 1. tr. *Cu; Mx, Gu, Ho, ES.* rur. Preñar el animal macho a la hembra.
　2. *CR.* **habilitar**, fecundar.
III. 1. tr. *Ni, PR, Co, Pe, Bo.* **Alzar** en brazos a un niño.
IV. 1. tr. *Bo, Ar.* Burlarse de alguien. pop.
V. 1. tr. *Ni, PR, Ve.* Tolerar, sufrir, llevar con paciencia *algo* o a *alguien*. pop.
VI. 1. tr. *Ni, Ve.* Hacer sufrir un golpe o daño a alguien. pop.
VII. 1. tr. *Ve.* Recordar o tener presente *algo* o a *alguien*. pop.
VIII. 1. tr. *Cu.* Encarcelar a *alguien*.
　2. *Bo.* Detener la policía a *alguien* para conducirlo a una comisaría o a un centro de reclusión.

IX. 1. intr. prnl. *Ch.* Inclinarse o mostrar preferencia hacia algo. pop + cult → espon.

X. 1. tr. prnl. *Ni.* Robar *alguien algo*.

2. *CR.* **caminar**, apropiarse de algo.

XI. 1. tr. *PR. En las peleas de gallos*, tirar y castigar con las patas el gallo de pelea a su contrincante.

□

a. ‖ ~ **a capela.** loc. verb. *Ho:N.* obsol. Estibar el racimo de **banano** sin ningún embalaje.

b. ‖ ~ **batería.**
   i. loc. verb. *Mx, PR.* Comer *alguien algo*.
   ii. *Mx, PR.* Descansar *alguien*.

c. ‖ ~ **bronca.** loc. verb. *Co.* Sentir fuerte antipatía hacia alguien. pop.

d. ‖ ~ **con el arpa.** loc. verb. *Gu.* Responsabilizar a *alguien* de algo. fest.

e. ‖ ~ **con el petate.** loc. verb. *PR.* Recaer sobre alguien la culpa de algo. pop + cult → espon.

f. ‖ ~ **en el hombro.** loc. verb. *Pa, RD, PR.* Llevar *alguien algo* a hombros.

g. ‖ ~ **la lápida.** loc. verb. *Co.* Causar *alguien* su perdición o muerte. delinc.

h. ‖ ~ **la mano.** loc. verb. *Cu.* Prestar mayor atención o dedicación a algo.

i. ‖ ~ **la romana.** loc. verb. *Ar, Ur.* Hacer responsable a *alguien* de alguna situación. pop.

j. ‖ ~ **la trampa.** loc. verb. *Bo:O.* Morir *alguien*. pop.

k. ‖ ~ **las baterías.** loc. verb. *Mx, Gu, Ho, ES, Ni, Pa, Cu, PR, Ec, Ur.* Recobrar *alguien* las fuerzas o el ánimo.

l. ‖ ~ **los dados.**
   i. loc. verb. *Ch.* Imponerle a alguien injustamente una obligación, castigo o responsabilidad. pop.
   ii. *RD.* Hacer trampa. pop + cult → espon.

m. ‖ ~ **luto.** loc. verb. *Ni, Co.* Demostrar dolor por la muerte de alguien cercano durante un tiempo en el que se respetan determinadas normas en el vestido y el comportamiento.

n. ‖ ~ **pelo.** loc. verb. *Gu.* Tener miedo *alguien*.

ñ. ‖ ~ **tierra.** loc. verb. *Gu.* Estar muerto *alguien*. fest.

o. ‖ ~ **un costal de sal.** loc. verb. *Ho.* Tener *alguien* mala suerte. pop + cult → espon.

p. ‖ ~**le la mata.**
   i. loc. verb. *Ch.* Ejercer presión sobre una persona o sobre un grupo o cargarles de trabajo. pop + cult → espon.
   ii. *Ch.* Hacer a una persona responsable o atribuirle la culpa de algo. pop + cult → espon.

q. ‖ ~**le los dados.** loc. verb. *RD.* Ser hostil con alguien. pop + cult → espon.

r. ‖ ~**se el año.** loc. verb. *Ec.* Reprobar un estudiante de primaria o secundaria el curso lectivo. pop.

s. ‖ ~**se el cadejo.**
   i. loc. verb. *Gu.* Arruinarse *alguien*. ♦ **cargarse el diablo; cargarse la pelona.**
   ii. *Gu.* Dañarse *algo*. ♦ **cargarse el diablo; cargarse la pelona.**

t. ‖ ~**se el diablo.** *Mx, Gu.* **cargarse el cadejo.**

u. ‖ ~**se la pelona.** *Mx, Gu.* **cargarse el cadejo.**

v. ‖ ~**se puta.** loc. verb. *Gu.* Estar *alguien* en aprietos.

cargazón.
   I. 1. f. *Cu, Ar, Ur.* Recargamiento, exceso de adornos. pop.

cargo.
   I. 1. m. *Pe, Ch, Ar.* Certificado que al pie de los escritos pone el secretario judicial para señalar el día o la hora en que fueron presentados.
   2. *Pe.* Constancia escrita de haber entregado un documento o expediente.

3. *Pe.* Responsabilidad rotativa de organizar la fiesta patronal.

II. (Del ingl. *charge*).
   1. m. *EU, PR, Ar.* Pago por un servicio prestado.

■

a. ‖ ~ **de manejo.** m. *Co.* Empleo o cargo de la tesorería de fondos públicos.

▶ **pasar el ~.**

cargoseada.
   I. 1. f. *Bo, Ch, Ar, Ur.* Incordio, molestia o fastidio causado por alguien demasiado insistente. pop + cult → espon.

cargosear.
   I. 1. tr. *Pe, Bo, Ch; Ar, Ur,* pop; *Py,* p.u. Molestar repetida y frecuentemente a *alguien*. pop + cult → espon.
   2. intr. *Pe, Bo, Ch, Py, Ar, Ur.* Incordiar y molestar insistentemente. pop.

cargosidad.
   I. 1. f. *Ar:NO.* Impertinencia o importunidad excesiva y reiterada. pop.

cargosiento, -a.
   I. 1. sust/adj. *Ch, Ur; Ar,* p.u. Persona que incomoda y molesta a los demás. pop + cult → espon ^ desp.

cargoso, -a.
   I. 1. adj/sust. *Pa, Cu, Ec, Pe, Bo, Ch, Py, Ar, Ur. Referido a persona*, que fastidia o cansa por su comportamiento inoportuno e insistente. pop + cult → espon ^ desp.
   2. adj. *Ec, Pe, Bo, Py. Referido a cosa*, que fastidia o produce hastío. pop + cult → espon ^ desp.

carguera.
   I. 1. f. *Pa.* Mujer que ayuda en la atención de un bebé en sus primeros meses. pop + cult.

carguero.
   I. 1. m. *Co.* Persona que tiene por oficio llevar cargas.
   2. *Co.* Persona que lleva a hombros un paso en las procesiones.
   II. 1. m. *CR.* Pieza de cuero que sostiene la funda y la faja de un cuchillo de trabajos agrícolas.

carguero, -a.
   I. 1. sust/adj. *Bo, Ar.* Bestia de carga. rur.

carguillero.
   I. 1. m. *Ni.* Persona que carga racimos de **bananos**.
   II. 1. m. *Ni.* Conjunto de objetos de que está compuesta una carga.

carguita.
   □
   a. ‖ ~ **pesada.** loc. adj. *CR.* **arrecho**, que tiene habilidad.

cari.
   I. 1. m. *Co.* Macho del **curí**.
   II. (Del map. *cari*, verdoso).
   1. adj. *Ar:NO. Referido a un color*, pardo o plomizo. rur.
   III. 1. m. *Bo:C,SO.* Hombre que mantiene relaciones sexuales con una mujer fuera del matrimonio. pop ^ desp.

cariaca.
   I. 1. f. *PR. En las peleas de gallos*, espuela blanca y negra veteada de un gallo de pelea. ♦ **espuela variaca.**

cariaco.
   I. 1. adj. *RD. Referido al arroz*, que tiene el grano blanco y rosado.

cariamusgado, -a.
   I. 1. sust/adj. *Pa.* Persona triste.

cariaquilla.
   I. 1. f. *PR.* Planta trepadora silvestre, perenne, de hasta 6 m de altura, con muchas espinas diminutas y

con pequeñas flores de color blanco o lila pálido. (Asteraceae; *Chromolaena odorata*).

cariaquillo.
   I. 1. m. *PR.* **lantana.**
   ■
     a. ‖ ~ **blanco.** m. *PR.* Planta herbácea silvestre, perenne, de ramas angulosas, hojas opuestas y flores blancas pilosas de corola tubular; tiene usos medicinales. (Asteraceae; *Melanthera aspera*).

cariaquita.
   I. 1. f. *Co.* **cariaquito.**

cariaquito.
   I. 1. m. *Co, Ve.* Hierba de hasta 2 m de altura, con hojas opuestas, de márgenes dentados, florecitas en cabezuelas, de variados colores según la especie, y frutos morados y carnosos, dispuestos en racimos. (Verbenaceae; *Lantana* spp.). (**cariaquita**). ♦ **venturosa**.

cariba.
   I. 1. f. *PR.* Cangrejo pequeño de tierra de color rojo; es muy apreciado en gastronomía.

caribal.
   I. 1. *Ho.* **morenal**, pueblo de garífunas. pop.

caribana.
   I. 1. f. *RD.* Tierra firme, el continente. (**caritaba**).

caribe.
   I. 1. m. *Co:E, Ve.* Pez de agua dulce, de hasta 40 cm de longitud, de cuerpo alargado, mandíbula pronunciada y dientes triangulares grandes y afilados. (Characidae; *Sernasalmus* spp.). ♦ **palometa; puño.**
   2. *PR.* **carite** (Scombridae; *Scomberomorus caballa*).
   II. 1. m. *Ni, RD, Ve.* Persona astuta, audaz, agresiva.
   III. 1. adj. *RD, Ve. Referido a un alimento*, picante, que excita el paladar.
   IV. 1. m. *Ho, Ni.* Persona que pertenece a la etnia garífuna.
   V. 1. m. *Ho:N,C, Ni.* Variedad de **banano** de hasta 8 cm de largo, de cáscara rojiza. (Musaceae; *Musa sapientium rubra*). ♦ **caribe morado; caribe rojo.**
   VI. 1. adj. *RD.* Picante.
   VII. 1. adj. *RD.* Caliente.
   VIII. 1. m. *RD.* **papel caribe.**
   IX. 1. f. *PR.* Ave de hasta 41 cm de longitud, de color gris y marrón, con tonos rosáceos y verdes en la cabeza y el cuello, y azules en la parte inferior (Columbidae; *Columba caribaea*).
   ■
     a. ‖ ~ **amarillo.** m. *Ho:N,C.* Variedad de **banano** caribe, pero de cáscara de color amarillo cuando está maduro.
     b. ‖ ~ **morado.** *Ho.* **caribe**, variedad de **banano.**
     c. ‖ ~ **rojo.** *Ho.* **caribe**, variedad de **banano.**
     d. ‖ **papel ~.** (De *El Caribe*, diario de circulación nacional).
       i. m. *RD.* Papel exclusivamente de periódicos. ♦ **caribe.**
       ii. *RD.* Periódico impreso, prensa escrita.
   ▶ **mandar al ~.**

caribear.
   I. 1. tr. *Ve.* Ejercer dominio sobre alguien. pop.
   II. 1. tr. *Ve.* Engañar con astucia o picardía a *alguien*. pop.

caribería.
   I. 1. f. *Ve.* Astucia, picardía. pop.

cariblanco.
   I. 1. *CR, Pa, Co.* **carablanca.**
   2. *CR.* **chancho de monte.**

cariblanco, -a.
   I. 1. sust/adj. *Bo.* Persona de tez blanca, descendiente de españoles. pop ∧ desp.

caribo.
   I. 1. m. *PR.* Cangrejo pequeño de mar de color lila.

carica.
   I. 1. f. *Pa.* Gallina sin plumas en el pescuezo.

caricantina.
   I. 1. f. *Ar:NO.* Especie de delantal de cuero con el que se protegen las piernas. rur.

caricare.
   I. 1. m. *Co, Ve.* Ave de rapiña de hasta 60 cm de longitud, de color oscuro con franjas blancas en los lados de la cabeza, cuello y garganta. (Falconidae; *Polyborus plancus*). ♦ **caraira; reina de auras.**

caricatura.
   I. 1. f. *Mx, Gu, ES, Ni, CR, PR, Py*; f. pl. *Mx, ES, Bo*; f. pl. *Ch*, p.u. Serie de dibujos animados.
   2. *Mx, PR.* Película, *generalmente largometraje*, de animación.
   3. f. pl. *Mx.* Película de cine hecha de una serie de dibujos animados que simulan el movimiento.
   4. *Ni, PR.* Cómic, serie de viñetas.

caricón.
   I. 1. m. *Ve.* Cordel para pescar.
   2. *Ve.* Cuerda que se arrolla al peón o trompo para hacerlo bailar.

caricontento, -a.
   I. 1. adj. *Ni, Co. Referido a persona*, que muestra alegría en el semblante.

caridad.
   □
     a. ‖ ~ **con uñas.** loc. sust. *Ve.* Consejo dado o favor que se hace con intención de beneficiarse uno mismo. pop + cult → espon.

cariduro, -a.
   I. 1. adj/sust. *Cu, PR, Co. Referido a persona*, caradura, desvergonzada. pop + cult → espon. ♦ **fuerte de cara.**
   2. *PR. Referido a persona*, obstinada. pop + cult → espon.

carifresco.
   I. 1. adj/sust. *PR.* **carilimpio**, descarado. pop + cult → espon.
   2. *PR. Referido a persona*, que ríe continuamente, con motivo o sin él. pop + cult → espon.

¡carijo! (De *¡carajo!*).
   I. 1. interj. *Pa, Cu, RD, PR, Co, Ve, Pe.* Expresa diversos estados de ánimo, como disgusto, enfado, contrariedad o sorpresa. euf.

carilimpieza.
   I. 1. f. *Pa.* Desfachatez, descaro. pop + cult ∧ fest.

carilimpio, -a.
   I. 1. adj. *Pa. Referido a persona*, descarada, atrevida. pop + cult → espon ∧ fest. ♦ **carifresco; caripelado; caripelao.**

carimacho.
   I. 1. m. *Bo.* Mujer que tiene aspecto, carácter e inclinaciones varoniles. pop ∧ desp.

carimañola.
   I. 1. f. *Pa, Co:N.* Empanada frita de masa de **yuca** rellena de carne condimentada y cocida. pop + cult → espon.
   II. 1. *Co.* **caramañola**, frasco de los ciclistas.

carimba.
   I. 1. f. *Cu; Ar*, obsol. Hierro usado para marcar **reses.** (**calimba; calimbo**).

¡carimba!
   I. 1. interj. *Cu.* Expresa contrariedad o disgusto.

carincho, -a.
   I. 1. sust/adj. *Ar:NO.* Animal que tiene la cara blanca con manchas. rur.

II. 1. sust/adj. *Ar:NO.* Persona dada al juego y la diversión. pop.

III. 1. adj. *Ar:NO. Referido a animal,* que tiene la mandíbula inferior sobresaliente. pop.

caringa.
I. 1. *Cu.* **caliga**, baile afrocubano.

cariñito.
I. 1. *Ni, CR, Pa, RD, Co, Ec, Bo; Ch,* pop + cult → espon. **cariño**. euf; espon.
II. 1. m. *Ho.* Cobro ilegal por algo. sat.

cariño.
I. 1. m. *Ni, RD, Co:C, Pe, Bo, Ar:NO.* Regalo que se hace a alguien como muestra de afecto. ◆ **cariñito**.

●
   a. ‖ **no hay ~ en esta casa.** fórm. *Pe.* Se usa para pedir algo de comer o de beber cuando se está de visita en casa ajena.

■
   a. ‖ **~ malo.**
    i. m. *Ch.* Sentimiento de desamor o ingratitud que tiene una persona hacia quien la quiere. pop + cult → espon.
    ii. *Ch.* Persona que manifiesta desamor o ingratitud hacia quien la quiere. pop + cult → espon.

¡cariños!
I. 1. interj. *PR, Bo, Ch, Py, Ar, Ur.* Expresa un sentimiento de afecto hacia una persona o sus familiares al despedirse de ella.

cariñosear.
I. 1. tr. *Ch.* p.u. Hacer muestras de cariño a *alguien* o *algo*. pop + cult → espon.

cariñoseo.
I. 1. m. *Ch.* p.u. Muestra de cariño. pop + cult → espon.

cariñosito, -a.
I. 1. adj/sust. *PR; Co, Pe, Ch,* pop + cult → espon ^ fest. *Referido a persona,* que acaricia con intenciones eróticas.

cariñoso, -a.
I. 1. adj. *Mx, Gu, Ho, ES, Ni, CR, Pa, Ve. Referido a cosa,* cara, de precio elevado. pop + cult → espon ^ fest.

carioca.
I. 1. f. *Co.* obsol. Banda de material elástico que usan las mujeres para ceñirse el vientre.
II. 1. adj. *Pe. Referido a cosa,* cara, de precio elevado. pop.
III. 1. f. *Cu.* obsol. Caramelo de forma cónica, sin envoltura, que se sostenía por un palillo.
IV. 1. f. pl. *Ni.* p.u. Zapatos sin tacón y con abertura por delante. rur.
V. 1. f. *PR.* Variedad morada de **malanga**.

carioco, -a.
I. 1. adj/sust. *Pe. Referido a un gallo o a una gallina,* que tiene el cuello pelado.

cariola.
I. 1. adj. *Pe.* p.u. *Referido a cosa,* cara, de precio elevado. pop.

cariotazo. (De *Cariota* Barraza, jugador de futbol).
I. 1. m. *ES. En el futbol,* tiro a puerta muy fuerte.

caripela.
I. 1. f. *Ar, Ur.* Cara, rostro de una persona, *especialmente cuando es desagradable, sin atractivo o refleja un estado anímico de abatimiento*. pop.

caripelado, -a.
I. 1. *PR.* **carilimpio**, descarado.

caripelao.
I. 1. *PR.* **carilimpio**, descarado. pop + cult → espon.

caripuna.
I. 1. *PR.* **carite**. (Scombridae; *Scomberomorus caballa*).

cariseca.
I. 1. f. *Co.* **Arepa** de maíz tierno, que se asa envuelta en hojas de plátano o de **chisgua** y también puede llevar cuajada o queso y mantequilla.

carisellazo.
I. 1. m. *Co.* Decisión tomada al azar tras lanzar una moneda al aire.

carisello.
I. 1. m. *Co, Ve.* Juego que consiste en dejar al azar una decisión tirando una moneda al aire y apostando que quedará arriba una cara determinada.

cariseta.
I. 1. f. *Pa.* Comida horneada de maíz, coco rallado, agua y azúcar.

carishina. (Voz quechua).
I. 1. adj/sust. *Ec. Referido a una mujer,* que no sabe hacer los quehaceres domésticos o es poco hacendosa. pop ^ desp.

carisina.
I. 1. f. *Co:S.* Mujer poco diestra en labores domésticas. desp.

carita.
I. 1. f. *Mx.* Hermosura, gracia física. pop.
II. 1. f. *Mx. En un aparato de sonido para un vehículo,* panel frontal extraíble donde se alojan los mandos para su manejo.
III. 1. f. *Ar:NO.* Especie de cromo o figurita de diversas formas con que juegan los niños.
IV. 1. f. *RD.* Persona elegida entre varias como la preferida.
V. 1. *Ni.* **charamusca**, agua o leche azucaradas.

●
   a. ‖ **nada de ~s.** fórm. *CR; Ch,* pop + cult → espon. Se usa para advertirle a alguien que no está permitido quejarse o protestar. espon ^ fest. (**y nada de caritas**).
   b. ‖ **y nada de ~s.** fórm. *CR; Ch,* pop + cult → espon. **nada de caritas**.

■
   a. ‖ **~ tiburona.** f. *PR.* **carite**. (Lamnidae; *Isurus oxyrinchus*).

□
   a. ‖ **~ de.** loc. adv. *RD.* De gorra.
   b. ‖ **de ~.** loc. adj/adv. *RD.* Gratis.
▶ **dar ~; hacer ~s.**

caritaba.
I. 1. *RD.* **caribana**.

caritate.
▶ **dar ~; darse ~.**

caritazo.
▶ **dar el ~.**

carite.
I. 1. m. *Ve.* **sierra**, pez marino.
   2. *RD, PR.* Pez marino, de hasta 1,20 m de longitud, de cuerpo largo y delgado, de color gris oscuro en el lomo y plateado en los laterales y el vientre; su carne es muy apreciada. (Scombridae; *Scomberomorus caballa*). ◆ **caribe; caripuna; galibí**.
   3. *PR.* Pez marino de hasta 4 m de longitud, de cuerpo alargado y cilíndrico, con hocico puntiagudo y dientes finos y alargados, de color gris azulado y vientre blanquecino. (Lamnidae; *Isurus oxyrinchus*). ◆ **carita tiburona; sierra canal**.
II. 1. m. *Ve:NE.* **Parranda** en la que se representa la pesca del **carite**.
III. 1. m. *PR.* Arbusto de corteza lisa y gris con algunas grietas pequeñas, follaje verde siena, flores vellosas y amarillentas en racimos y una cápsula de tres semillas. (Euphorbiaceae; *Alchorneopsis portoricensis*).
   2. *PR.* **matagallina**, arbusto.

carito.
   I. 1. *Co.* **guanacaste**, árbol.
   II. 1. m. *Gu.* Pez marino de hasta 4 m de longitud, con cuerpo rollizo, cabeza apuntada, piel áspera, sin escamas, negruzca por el lomo y blanca por el vientre, con la mandíbula superior en forma de espada; su carne es muy apreciada. (Xiphiidae; *Xiphias gladius*).
   III. 1. m. *Cu.* Grano ovalado, de tamaño mediano y color crema con una pinta negra; es comestible.
   IV. 1. adj. *Mx.* Referido a un hombre, atractivo, bien parecido. pop.

carito, -a.
   I. 1. adj/sust. *RD.* Referido a persona, enchufada, preferida. est.

caritoso.
   I. 1. *PR.* **café caritoso**.

caritriste.
   I. 1. adj. *Co.* Referido a persona, que muestra en el semblante pena, turbación o sobresalto. pop.

cariucho.
   I. 1. m. *Ec:N.* Plato preparado con carne de cerdo frita, acompañada de **papas** y aderezada con una salsa picante preparada con **ají**, cebolla picada y agua o jugo de **tomate de árbol**.

carlanca.
   I. 1. f. *Ho, Ec.* Palo que se cuelga del cuello de los animales, especialmente de caballos, mulas y asnos, para que no traspasen las cercas de los sembrados. rur.
   2. *Ni.* metáf. Molestia o fastidio causado por alguien.
   II. 1. f. *Ni, Pa.* obsol. Grilletes.

carlanco.
   I. 1. m. *Ar, Ur.* Ser fantástico con el que se asusta a los niños, especialmente para que obedezcan.

carlitos.
   I. 1. m. *Ar.* Sándwich de **pan de miga** tostado, con jamón y queso.
   2. *Ar:E.* Sándwich con jamón, queso y manteca o mayonesa.

carló.
   I. 1. m. *Ar.* Vino tinto, espeso y fuerte. (**carlón**).

carlón.
   I. 1. *Ar; Ur*, p.u. **carló**.

carmalero, -a.
   I. 1. sust/adj. *ES.* Persona que es amante de otra.

carmelita.
   I. 1. adj/sust. *Bo, Ch.* Referido a un color, marrón claro.
   2. adj/sust. *Bo.* Referido a cosa, de color café claro.
   II. 1. f. *Ho.* Carro de cinco puertas, una trasera con el maletero incorporado detrás de los asientos.

carmelito, -a.
   I. 1. adj/sust. *Co:C,O.* Referido a un color, similar al del grano de café tostado.
   2. adj. *Co:C.* De color café.
   3. adj/sust. *Cu.* Referido a un color, que comprende desde la tonalidad caramelo hasta el café.
   4. adj. *Cu.* De la gama de colores que comprende desde la tonalidad caramelo hasta el café.

carmelo.
   I. 1. adj/sust. *Pe.* Referido a un gallo de pelea, de color castaño.
   2. adj. *Pa; CR*, obsol. Referido a cosa, de color café claro.
   II. 1. m. *ES.* Hombre que es amante de una mujer casada.

cármica. (De *Cármica*®).
   I. 1. f. *Ur.* Pasta muy dura de madera, revestida de una superficie decorativa lisa y brillante, *usada especialmente en la fabricación de muebles*.

carmín.
   I. 1. m. *PR.* Planta herbácea silvestre, de cuyas hojas se extrae un color rosado y sus frutillas son rojas. (Fitolaceae; *Rivina humilis*).

carnal.
   I. 1. adj. *Mx, Gu, ES, Ni, Ar; Ve.* juv. Referido a un amigo o a una relación entre dos personas, de gran familiaridad y confianza.
   2. m-f. *Mx.* Amigo íntimo, compañero inseparable. pop.
   3. *Mx.* Hermano o hermana. pop + cult → espon.

carnaval.
   I. 1. m. *Ar:NO.* Árbol de hasta 7 m de altura, de copa muy ramificada, hojas compuestas y alternas, flores amarillas y una vaina oscura levemente curvada como fruto. (Fabaceae; *Cassia carnaval*).
   II. 1. m. *Ec.* En los días de carnaval que anteceden al miércoles de ceniza, costumbre que consiste en arrojar agua a los transeúntes o en reunirse en casas de amigos para tirarse unos a otros agua, harina, huevos o cualquier otro producto líquido o semilíquido.
   III. 1. m. *Bo:E.* Música de ritmo alegre del Oriente boliviano.
   ■
   a. ‖ **chico.**
     i. m. *Ar.* Ceremonia de **challa** que se realiza el fin de semana posterior al carnaval tradicional.
     ii. *Bo.* Ceremonia de **challa** que se realiza el lunes de carnaval.
   ▶ **buscarse un ~; encender el ~; estar encendido el ~.**

carnavalear.
   I. 1. intr. *Bo; Pe, Ar*, pop + cult → espon. Festejar el carnaval con todos los rituales propios de este período.
   2. *Ho, Ni, Pa, Cu, Co:N.* Durante los días de carnaval, salir de juerga. pop + cult → espon.
   3. *Ho, Ni, Cu; CR*, p.u. Divertirse en una fiesta o en cualquier otra actividad, *generalmente bulliciosa*, muy concurrida y en la que hay bebidas. pop.
   4. *Ec.* Jugar **carnaval**, costumbre de arrojar agua. pop + cult → espon.

carnavalero, -a.
   I. 1. adj/sust. *Ec.* Referido a persona, que le gusta jugar **carnaval**, costumbre de arrojar agua. pop + cult → espon.
   2. *Cu.* Referido a persona, que le gusta ir a fiestas, divertirse.
   3. sust/adj. *Bo.* Persona a la que le gusta organizar y animar fiestas de confraternidad.

carnavalito.
   I. 1. m. *Pe, Bo, Ar.* Danza folclórica colectiva que se baila *especialmente en carnaval*.
   2. *Pe, Bo, Ar.* Música de esta danza, *generalmente acompañada por coplas en español o en quechua*.
   3. *Pa.* Fiesta carnavalesca en ciertos clubes, pueblos y centros sociales, que se celebra la semana después del carnaval.

carnavalón.
   I. 1. m. *Pe.* Muñeco que representa al carnaval durante esta fiesta.

carnaza.
   I. 1. f. *Py, Ar, Ur.* Trozo de carne sin hueso.
   2. *Py, Ar.* Corte vacuno que se extrae del cuarto delantero.
   3. *Gu, Ho*, pop. Pulpa o endocarpio del fruto del coco.
   4. *Ch.* Cada una de las porciones de carne que quedan adheridas a los huesos después del corte que hace el carnicero.
   II. 1. adj/sust. *Ch.* Referido a persona, que fastidia o tiene hábitos molestos. pop.

carne.
- **I. 1.** f. pl. *Gu, Ho, ES, Ni. En el juego de las tabas,* posición predeterminada en la que el jugador gana.
  - **2.** *Ho, ES. En una partida de dados,* hecho de ganar una jugada por haber salido par de treses, de cincos o de seises.
- **II. 1.** f. *Ho.* Vulva. vulg.
- ■
  - **a.** ‖ ~ **achorizada.** f. *Ni.* Guiso de carne molida que se sofríe con tomate, cebolla y **chiltoma.**
  - **b.** ‖ ~ **ahulada.** f. *ES.* Oreja de animal o persona. fest.
  - **c.** ‖ ~ **asada.**
    - **i.** f. *CR.* Reunión de carácter familiar, *realizada generalmente al aire libre,* en la que se ofrece carne a la parrilla, ensaladas, refrescos y bebidas alcohólicas.
    - **ii.** *CR.* **yaba.**
  - **d.** ‖ ~ **de aguja.** f. *Ho, Py.* Conjunto de costillas del cuarto delantero del animal vacuno.
  - **e.** ‖ ~ **de vaca.**
    - **i.** m. *Cu.* **boj,** árbol.
    - **ii.** adj. *CR. Referido a cosa,* muy demandada. pop.
  - **f.** ‖ ~ **deshilachada.** *Ho.* **carne deshilada.**
  - **g.** ‖ ~ **deshilada.** f. *ES.* Comida que se prepara con carne cocida de las patas traseras de la vaca, deshilachada y frita con huevo, **chile** verde y otras especias. ♦ **carne deshilachada.**
  - **h.** ‖ ~ **desmechada.** f. *CR, Co.* Plato consistente en carne guisada deshilachada. ♦ **carne mechada.**
  - **i.** ‖ ~ **en vaho.** f. *Ni.* Carne cocida al vapor.
  - **j.** ‖ ~ **esmechada.** f. *Ve.* Carne de **res** guisada deshilachada y condimentada que forma parte de diversos platos, *especialmente del* **pabellón** *o como relleno de las* **arepas.**
  - **k.** ‖ ~ **fría.** f. *Cu, Bo;* pl. *Pa.* Carne triturada y condimentada a la que se da forma de embutido.
  - **l.** ‖ ~ **frita.** f. *PR.* Conjunto de pedazos cuadrados y fritos de carne de cerdo, *generalmente con aros de cebolla.*
  - **m.** ‖ ~ **huida.** f. *Ni, RD.* Carne dolorida e hinchada a causa de una luxación.
  - **n.** ‖ ~ **manía.** f. *Pa.* Carne en descomposición.
  - **ñ.** ‖ ~ **mechada.** *CR.* **carne desmechada.**
  - **o.** ‖ ~ **molida.**
    - **i.** f. *Ho, Ni, CR, Pa, Cu, RD, PR, Co, Ec, Pe, Bo, Ch, Py, Ar.* Carne triturada y aderezada, *utilizada especialmente para albóndigas o hamburguesas.*
    - **ii.** m-f. *CR.* Persona que continuamente comete errores y se mete en problemas. pop ^ fest.
  - **p.** ‖ ~ **negra.** f. *ES.* **Frijoles** negros. fest.
  - **q.** ‖ ~ **postiza.** f. *ES.* Piel de persona o animal. fest.
  - **r.** ‖ ~ **prensada.** f. *Mx, Cu.* Carne triturada y prensada, que se comercializa en conservas.
  - **s.** ‖ ~ **ripiá.** *RD.* **carne ripiada.**
  - **t.** ‖ ~ **ripiada.** f. *Cu.* Comida preparada con carne de falda de vaca guisada con tomate y presentada en tiras. (**carne ripiá**).
  - **u.** ‖ ~ **sudada.** f. *Co.* Plato de carne de **res** o de cerdo, cocida en agua con **papas** y aliños.
  - **v.** ‖ ~ **tapada.** f. *Ni.* Guiso hecho con carne vacuna en trozos y cocida con **papas, especies** y otros ingredientes.
  - **w.** ‖ ~ **vieja.** f. *PR.* Tasajo, cecina.
  - **x.** ‖ ~**s frías.**
    - **i.** f. pl. *Ni, Pa, Co.* pop + cult. Carne o embutido que después de cocinado o curado se come frío.
    - **ii.** *Bo.* Embutido hecho con carne de cerdo triturada.
    - **iii.** *Bo.* Embutido o carne curada que se sirve sin calentar, como el jamón. pop + cult → espon.

- ◻
  - **a.** ‖ ~ **amarga.** loc. adj. *Ch. Referido a persona,* que fastidia o tiene hábitos molestos. pop.
  - **b.** ‖ ~ **de cogote.** loc. sust. *Pe, Bo.* Persona despreciada, ninguneada. pop + cult → espon.
  - **c.** ‖ ~ **de culo.** loc. sust. *Cu.* Persona tacaña, avara.
  - **d.** ‖ ~ **de perro.**
    - **i.** loc. adj/sust. *Ar:N, Ur. Referido a una planta,* que crece con facilidad en cualquier ambiente o clima. pop.
    - **ii.** loc. sust/adj. *Ch.* Resistencia, aguante o fortaleza de algo o de alguien. pop + cult → espon.
    - **iii.** loc. adj. *Ch. Referido a cosa,* recia, resistente. pop + cult → espon.
    - **iv.** loc. sust. *Ho.* Vulva. vulg; pop ^ desp.
  - **e.** ‖ ~ **de puerco.** loc. sust. *PR.* Persona antipática, pesada. vulg; pop + cult → espon ^ desp. (**carnepuerco**).
  - **f.** ‖ ~ **fresca.** loc. sust. *PR, Bo.* Prostituta que se inicia en el oficio. prost.
  - **g.** ‖ **en ~.**
    - **i.** loc. adj. *Cu. Referido a persona,* que atraviesa una situación económica precaria.
    - **ii.** *RD. Referido a persona,* idéntica, muy parecida a alguien.

- ◪
  - **a.** ‖ **todo lo que es ~ al gancho.** fr. prov. *Ho.* Indica que cualquier mujer le viene bien al hombre para realizar el coito.
- ▶ **cambiar la ~ por el cuero; comer ~ de burro; comer ~ de gallo; comer de ~ guindá; mandar la ~ con el gato; meter la de asar ~; ser un ~ de puerco; venderse como ~ de vaca.**

carné.
- **I. 1.** m. *Ur.* Boletín de calificaciones.

carneada.
- **I. 1.** f. *Bo, Ch, Py, Ar, Ur.* Sacrificio y descuartizamiento de un animal.
- **II. 1.** f. *Ho, ES.* Comida abundante a base de carne. pop + cult → espon.

carneadero.
- **I. 1.** m. *Ur; Ar,* p.u. Lugar donde se **carnean** los animales.

carneador, -ra.
- **I. 1.** m. y f. *Bo, Ch, Py, Ur; Ar,* p.u. Persona que se encarga de **carnear** animales.

carnear.
- **I. 1.** tr. *Mx, Ni, Ec, Pe, Bo, Ch, Py, Ar, Ur.* Matar y descuartizar un animal grande para aprovechar su carne.
  - **2.** *Mx, Bo; Ch,* delinc. | metáf. Herir y matar a *una persona* con arma blanca.
- **II. 1.** tr. *Mx.* Engañar, inducir a *alguien* a tener por cierto lo que no lo es. vulg; pop.

carneo.
- **I. 1.** m. *Bo, Ch, Ur; Ar,* p.u. Sacrificio y descuartizamiento de un animal.

carnepuerco, -a.
- **I. 1.** adj. *PR.* **carne de puerco,** antipático.

carnerada.
- **I. 1.** f. *Ur.* Conjunto de sementales ovinos destinados a padrear en un establecimiento de cría. rur.

carneraje.
- **I. 1.** m. *Mx, Ar, Ur; Ch,* rur. Carnerada, rebaño de carneros.
  - **2.** *Ur.* Conjunto de sementales ovinos disponibles para el padreo en un establecimiento de cría. rur.
- **II. 1.** m. *Ch,* p.u. Actitud pasiva y gregaria. desp.

carnerear.
- **I. 1.** intr. *Ar, Ur.* Acudir *alguien* al trabajo cuando hay huelga o no adherirse a ella. pop.

carnero.
 I. 1. m. *Pe, Ar; Cu, Ch,* pop + cult → espon ^ desp. Persona que no tiene iniciativa propia ni criterio.
 II. 1. *Co.* **candiru.**
 III. 1. m. *ES.* Miembro del ejército que evade sus obligaciones.
 ▶ **cantar para el ~.**

carnero, -a.
 I. 1. sust/adj. *Ar, Ur; Py,* obsol. Trabajador que no se adhiere a una huelga. pop ^ desp.
 II. 1. sust/adj. *Ar:NO.* Persona a la que su pareja le es infiel. pop.

carnestolendo.
 I. 1. *Co.* **tecomajuche,** árbol.

carnet.
 ▶ **caerse el ~.**

carnetero, -a.
 I. 1. adj. *ES. Referido a persona,* servil.
 II. 1. sust/adj. *ES.* Miembro del ejército que evade sus obligaciones.

carnetización.
 I. 1. f. *Ho, ES, Ni, RD, Co, Ve, Ec, Pe, Bo.* Expedición de un carné o documento identificativo.
 2. m. *Ho. En informática,* sistema **computarizado** para diseñar e imprimir carnés. pop.

carnetizado, -a.
 I. 1. adj. *Co, Ve, Pe, Bo; Ec,* p.u. *Referido a persona,* que ha recibido un documento acreditativo como miembro de una institución u organismo.

carnetizar.
 I. 1. tr. *ES, Ni, RD, Co, Ve, Ec, Pe, Bo.* Dotar de identificación personal a *alguien.*
 2. intr. *Pe, Bo.* Obtener *alguien* un documento de identificación personal.

carnicera.
 I. 1. f. *ES.* Oficina de la policía. sat.
 II. 1. f. *Ho.* Avispa grande y alargada, de coloración oscura por arriba y los laterales y partes bajas entre anaranjado y amarillo. (Vespidae; *Agelaia cajenensis*).

carniprieto.
 I. 1. m. *PR.* Gallo de piel oscura, casi negra, muy parecida a la **gallina de Guinea.**

carnitas.
 I. 1. f. pl. *Mx, Gu, Ho, ES.* Pedazos de carne asada o frita, *generalmente de cerdo,* que se come en tacos.
 2. f. *Ho.* Lugar donde se vende carne asada.
 ■
 a. ‖ **~ de san Vicente.** f. pl. *ES.* Carne de lomo de cerdo asado en brasas que se come con **tortilla** caliente.

carnizuelo.
 I. 1. *Ho.* **güiscanal,** arbusto. rur.

caro.
 I. 1. m. *RD, PR.* **Bejuco** carnoso y trepador que se agarra a los árboles tenazmente y puede ascender hasta 10 m de altura, de hojas simples aovadas o aovadas elípticas, flores blanco verdoso, blancas o amarillas, y fruto de color negro cuando madura; tiene aplicación en medicina. (Vitacaeae; *Cissus verticillata*).
 II. 1. m. *Cu.* Comida que se hace con huevas de cangrejo y de la **buruquena.** fest.

caro, -a.
 I. 1. adj. *Bo:C,O. Referido a persona,* que no lleva ropa, desnuda.

caroba.
 I. 1. f. *Ar:NE.* Árbol de hasta 15 m de altura, de flores de color lila claro agrupadas en panojas y una cápsula de unos 7 cm como fruto. (Bignoniaceae; *Jacaranda micrantha*).

carolino.
 I. 1. m. *Ar.* Álamo de tronco rugoso, ramas angulosas, y hojas acorazonadas y dentadas. (Salicaceae; *Populus deltoides*).

carón, -na.
 I. 1. adj. *Ho, Ni, Co, Ve, Ec, Pe, Bo, Ar, Ur; Cu, RD.* pop + cult. *Referido a persona,* que tiene la cara grande. espon.
 II. 1. adj. *Co:N. Referido a persona,* sinvergüenza, descarada. pop ^ desp.
 III. 1. adj. *Ch. Referido a un objeto,* caro. pop + cult → espon.
 IV. 1. adj/sust. *ES; Ho.* rur. *Referido a persona,* que está medio borracha.
 V. 1. adj/sust. *Ho. Referido a persona,* enfadada, de mal humor. pop + cult → espon.

caronear.
 I. 1. tr. *Ar.* p.u. Faltar al respeto a alguien. rur.

caronero.
 I. 1. m. *Ar, Ur.* **Facón** que se llevaba bajo las caronas del recado.

caronilla.
 I. 1. f. *Ar.* Pieza del recado de montar, tejida con vistosos colores, que se usaba sobre la carona y bajo el **lomillo.**

caroso, -a.
 I. 1. adj/sust. *Pe:S. Referido a persona,* de piel blanca y cabello rubio. pop.

carozo.
 ▶ **quebrar el ~.**

carpa.
 I. (Del quech. *karpa,* toldo, enramada).
 1. f. *Mx, Pa, RD, PR, Co, Ve, Ec, Pe, Bo, Ch, Py, Ar, Ur.* Tienda de campaña.
 2. *Pa, Pe, Ch, Py, Ar, Ur.* Tienda de campaña para la playa.
 3. *Ni, Co, Bo, Ch, Py.* Cubierta de lona o tela que sirve para cubrir un vehículo.
 4. *Ho, Ni, Pa, Bo, Ch, Py.* Lona o tela que sirve para proteger un lugar pequeño o un objeto de la lluvia, sol o viento.
 5. *Pe.* Bulto formado en el pantalón causado por el pene erecto.
 6. *Ho, ES, Ni, PR.* Tenderete ambulante para venta callejera.
 7. *Ni; Ho.* rur. Enramada en un descampado.
 8. *PR.* Venta de mercancía rebajada que se lleva a cabo en una carpa.
 II. 1. f. *ES.* Astucia.
 III. 1. f. *Ho.* Comida. pop.
 ■
 a. ‖ **venta de ~.** f. *Ho.* Venta de mercadería rebajada en una **carpa.**
 ▶ **andar como ~ de circo; estar como ~ de circo; levantar ~.**

carpanta.
 I. 1. f. *Ec:S.* p.u. Persona glotona. pop.
 2. m. *Ec:S.* p.u; metáf. Persona o grupo de personas deseosas de poder, honores y riquezas. pop.
 II. 1. f. *Ec:S.* p.u. Ingestión excesiva de alimentos, *realizada generalmente con mucha ansia.* pop.

carpear.
 I. 1. intr. *Ar.* p.u. Alojarse en **carpas,** tiendas de campaña.
 2. *Ar:NO.* Festejar el carnaval en las carpas o tiendas montadas durante la celebración donde se venden comestibles y bebidas. pop.
 II. 1. tr. *Ho, ES.* Comer *alguien algo.* pop.

carpero, -a.
  I. 1. m. y f. *Pe, Ar, Ur.* Persona que alquila y monta **carpas** en la playa.
    2. *Ar:NO.* Dueño de una carpa o tienda montada durante las fiestas populares donde se venden comestibles y bebidas.
  II. 1. adj/sust. *ES. Referido a persona,* payasa.
    2. *ES. Referido a persona,* mentirosa.

carpeta.
  I. (Del ing. *carpet,* alfombra, tapete, moqueta).
    1. f. *Mx, Pa, Co, Ch, Py, Ar, Ur.* Cubierta de tela o tejido que se pone de adorno o protección sobre algunos muebles o bandejas.
    2. *Ch, Py, Ar, Ur.* Tapete verde, que cubre la mesa de juego.
    3. *Ni, Ar.* Mantel individual.
    4. *EU; Ch,* esm. Alfombra con que se cubre el piso de una habitación.
    5. *Bo, Ch.* **carpeta asfáltica.**
  II. 1. f. *Ar, Ur.* Habilidad o experiencia para desenvolverse en el trato con los demás o en ciertas situaciones. pop.
  III. 1. f. *Cu.* Mesa o escritorio del maestro.
    2. *Cu. En el vestíbulo de un hotel,* mostrador donde se atiende al cliente o a las visitas.
    3. *Ho.* meton. Mesa en donde se tiran los dados. rur.
  IV. 1. f. *RD.* Molestia.
  ■
    a. ‖ **~ asfáltica.** f. *Mx, CR, Ec, Bo, Ch, Py, Ar, Ur.* Capa de asfalto con que se recubre una vía. ♦ **carpeta asfáltica.**
    b. ‖ **~ médica.**
      i. f. *Ar.* Licencia o autorización temporal para faltar al trabajo por causa de enfermedad.
      ii. *Ar.* Documento que acredita esta licencia.
  □
    a. ‖ **en ~.** loc. adj/adv. *RD, Ch, Py, Ar, Ur. Referido a un proyecto o asunto,* previsto para ser considerado en breve.
  ▶ **dar ~; tener ~.**

carpetazo.
  I. 1. m. *Pe.* Golpe dado al unísono por los parlamentarios con las palmas de las manos sobre sus mesas en señal de aprobación o rechazo de una ley o de una proposición.
  ▶ **dar ~.**

carpetear.
  I. 1. intr. *Ar.* Observar detenidamente, pero con disimulo. pop.
    2. tr. *Ar.* Mirar *algo* o a *alguien* con atención, pero disimuladamente. pop.
  II. 1. tr. *ES, Ni, CR; Ch,* p.u. Recubrir una vía con una capa de asfalto.
  III. 1. tr. *Pe.* Aprobar o desaprobar una ley o proposición por **carpetazo.**
  IV. 1. tr. *Cu.* Registrar.

carpeteo.
  I. 1. m. *CR, Ch.* Recubrimiento de una vía con una capa asfáltica.

carpetiar.
  I. 1. tr. *RD.* Molestar.

carpetosito, -a.
  I. 1. *RD.* **carpetoso.** afec.

carpetoso, -a.
  I. 1. adj. *RD. Referido a persona,* molesta. ♦ **carpetosito.**

carpida.
  I. 1. f. *Bo, Py, Ar:NO, Ur.* Extracción de la maleza de un terreno.

  II. 1. f. *Bo.* Actividad que provoca cansancio, agotamiento y sufrimiento. pop + cult → espon ^ fest.

carpido, -a.
  I. 1. adj. *Bo, Py. Referido a un terreno, especialmente a un surco,* que está limpio de maleza.

carpidor.
  I. 1. sust/adj. *Bo, Py, Ar, Ur.* Máquina o instrumento para escardar la tierra. (**carpidora**).

carpidor, -ra.
  I. 1. sust/adj. *Bo, Py.* Persona que se ocupa de limpiar o escardar la tierra con un **carpidor.**

carpidora.
  I. 1. *Bo, Py, Ar, Ur.* **carpidor.**

carpimpuerco.
  I. 1. m. *RD.* Individuo que hace trabajos de carpintería.

carpinchear.
  I. 1. intr. *Ar:NE, Ur.* Cazar **carpinchos.**

carpinchero.
  I. 1. m. *Ar:NE, Ur.* Cazador de **capinchos** o **carpinchos.**

carpincho.
  I. 1. m. *Ec, Pe, Bo, Py, Ar, Ur.* Roedor de hasta 1,5 m de longitud, de cabeza cuadrangular, hocico romo y orejas y ojos pequeños; su piel se utiliza en peletería. (Hydrochoeridae; *Hydrochoerus hydrochaeris*). (**capincho**). ♦ **capibara; capihuara; ponche; poncho; ronsoco; samuu.**

carpincho, -a.
  I. 1. m. y f. *Bo.* Carpintero, persona que por oficio trabaja la madera. pop + cult → espon ^ fest.

carpintear.
  I. 1. tr. *Ar:NO.* Golpear a *alguien* con un palo. pop.
    2. intr. *Ar:NO.* Hacer ruidos molestos, *especialmente los semejantes a los del carpintero cuando trabaja.* pop.

carpintera.
  I. 1. f. *Ni.* juv. Prostituta. desp.

carpinterear.
  I. 1. intr. *Ho, ES, CR, Ch.* Labrar o trabajar la madera por afición, no por oficio. pop + cult → espon.

carpintereo.
  I. 1. m. *Ch.* Trabajo labrado realizado en madera.

carpintería.
  I. 1. f. *Pa.* Parte menos ardua de un trabajo. pop + cult → espon.

carpintero.
  ■
    a. ‖ **~ de ribera.**
      i. m. *Ec:O.* Obrero que construye y repara embarcaciones.
      ii. *PR. En las actividades marítimas,* persona que se emplea para atraer a animales marinos.

carpor.
  I. 1. m. *Gu.* Garaje sin paredes y con techado sobre columnas.

carquiento, -a.
  I. 1. adj. *Pe. Referido a persona,* sucia, desaseada.

carraca.
  I. 1. f. *Co.* Mandíbula o quijada seca de algunos animales.
    2. *Gu.* Osamenta de la cabeza de ganado vacuno. rur.
    3. *Gu.* Calavera.
  II. 1. f. *CR.* Bomba manual usada para aplicar aceite a un mecanismo, *en especial al de un vehículo automotor.*
  III. 1. f. *CR.* **carraco.**

carracacao. (De or. onomat., por su canto).
  I. 1. *Ho, Bo.* **gavilán primito.**

carrache.
  I. 1. m. *ES.* p.u. Molleja de ave. urb.

carracho.
 I. 1.   *PR.* **güiro**, instrumento musical.
 II. 1.   m. *PR.* **higüera**, vasija.
carraco.
 I. 1.   *CR.* **huyuyo**. (**carraca**).
carrada.
 I. 1.   f. *Ar, Ur.* Gran cantidad de algo. cult → espon.
 2.   *Ec.* Volumen de carga que lleva un camión, **camionada**.
 ◻
  a. ‖ **a ~s.** loc. adv. *Ar, Ur.* En gran cantidad, en abundancia. pop.
carramán.
 I. 1.   m. *Co:E.* Animal viejo que muere de enfermedad y se convierte en carroña.
 II. 1.   m. *Co:NE.* Persona vieja y achacosa. pop.
 2.   *Ve:O.* Persona muy delgada.
carramelón, -na.
 I. 1.   sust/adj. *Pa.* Persona muy alta.
carramplón.
 I. 1.   m. *Cu.* obsol. Pequeña lámina de metal que se pone en las suelas y tacones de los zapatos para darles mayor firmeza y duración.
carrancear.
 I. 1.   tr. *Mx.* Rapiñar, robar en grandes proporciones, *generalmente abusando de un rango de poder.* pop ∧ desp.
carranchil.
 I. 1.   m. *Co:O.* Afección cutánea contagiosa provocada por un ácaro o arador, que excava túneles bajo la piel, produciendo enrojecimiento, tumefacción y un intenso prurito. (**carranchín**).
carranchín.
 I. 1.   *Co:O.* **carranchil**.
carrancho, -a.
 I. 1.   adj. *ES; Ho,* pop. *Referido a cosa,* dura, rígida.
carranchoso, -a.
 I. 1.   adj. *Ho. Referido a cosa,* arrugada, rugosa, áspera al tacto. pop.
carranclo, -a.
 I. 1.   m. y f. *Ve.* Persona o cosa de poco valor. pop.
carranclón.
 I. 1.   m. *Ve.* Fusil. pop.
carranclón, -na.
 I. 1.   adj. *Ve. Referido a persona,* vieja, achacosa. pop.
carranco.
 I. 1.   m. *RD.* Vehículo viejo y ruidoso. pop + cult → espon.
 2.   *RD.* Cosa o artefacto en mal estado, destartalado. pop + cult → espon.
carranco, -a.
 I. 1.   m. y f. *RD.* Persona anciana y decrépita. pop + cult → espon.
carrandana.
 I. 1.   f. *Ve:O.* Serie o sucesión de cosas.
carrandanga.
 I. 1.   f. *Co:N.* Montón de personas, animales o cosas.
carranganada.
 I. 1.   f. *Ho, Ni,* p.u. Mucho de algo, gran cantidad de algo.
carranguero, -a.
 I. 1.   m. y f. *Co.* Persona que interpreta **música carranguera**.
carrao.
 I. 1.   *RD, PR, Co, Ve.* **carau**. (**carrau**).
 2.   m. *RD.* metáf. Persona demasiado delgada.
 II. 1.   m. *Pa.* Cantidad grande.
 ▶ **estar como un ~.**

carraplana.
 I. 1.   f. *Ve.* Falta de lo necesario para el sustento, pobreza extremada. pop + cult → espon.
carraplanear.
 I. 1.   intr. *RD.* Importunar, charlatear.
 2.   *RD.* Holgazanear.
carraquear.
 I. 1.   intr. *Co:E.* Sonarle a *alguien* los dientes, al golpear los de una mandíbula contra los de la otra. pop.
 II. 1.   intr. *Ho.* Emitir ciertas aves, como el tucán, voces y reclamos similares a una carraca. rur.
carraqueo.
 I. 1.   m. *Ho.* Canto áspero y carrasposo de ciertas aves, como el tucán o la cigüeña. rur.
carraquillo.
 I. 1.   m. *Co:C,NE.* Hierba de hojas ásperas y rugosas, flores diminutas, amarillas, en cabezuelas, fruto pequeño con coronita de aristas; tiene aplicación en la medicina tradicional. (Asteraceae; *Calea* spp.). ♦ **carrasposa**.
 2.   *Co:E.* Hierba de hasta 1 m de altura, de hojas opuestas con márgenes dentados, florecitas en cabezuelas, y frutos morados y carnosos, dispuestos en racimos. (Verbenaceae; *Lantana* spp.). ♦ **flor de sangre; sanguinaria**.
carrasca.
 I. 1.   *Co.* **guacharaca**.
 II. 1.   f. *Ar:NO.* Pájaro de hasta 10 cm de longitud, de color pardo en el dorso y en las alas, y canela claro en el pecho y en el vientre. (Troglodytidae; *Troglodytes musculus*).
carrascal.
 I. 1.   m. *Ch.* Pedregal, sitio o terreno cubierto casi todo él de piedras sueltas.
carrascaloso, -a.
 I. 1.   adj. *Mx, Gu. Referido a persona,* quisquillosa, susceptible.
carraspiento, -a.
 I. 1.   adj. *Pe, Ch. Referido a persona,* que sufre habitualmente carraspera. pop ∧ desp.
 2.   *Pe. Referido a persona,* que carraspea para aclarar la garganta.
carraspique.
 I. 1.   m. *Mx.* Planta de hasta 40 cm de altura, con hojas oblongas, de color verde oscuro, y flores blancas reunidas en racimos; se cultiva como planta ornamental; sus hojas y raíces tienen propiedades medicinales. (Brassicaceae; *Iberis* spp.).
carrasposa.
 I. 1.   f. *Co.* **carraquillo**. (Asteraceae; *Calea* spp.).
carrasposo.
 I. 1.   m. *Ve, Ec.* Aspereza de garganta que hace que la voz salga ronca. pop + cult → espon.
carrasposo, -a.
 I. 1.   adj. *Ho, ES, Ni, CR, PR, Co, Ve, Ec. Referido a cosa,* áspera al tacto, que raspa la mano.
carrasqueño.
 I. 1.   m. *RD.* Árbol de hasta 30 m de altura, de ramas jóvenes pardo tomentosas, hojas elípticas, panículas laxifloras de pocas flores y fruto elipsoideo, de verde aceituno a oscuro. (Lauraceae; *Beilschmiedia pendula*). ♦ **cigua amarilla**.
carrau.
 I. 1.   *RD.* **carrao**, ave.
carré.
 ■
  a. ‖ **~ de cerdo.** m. *Ar, Ur.* Carne extraída de las costillas del cerdo y que se asa enrollada.

carrear.
   I. 1.   tr. *Ve.* Engañar a *alguien.* pop.
carredear.
   I. 1.   intr. *Gu.* Correr *alguien.* rur.
carrera.
   I. 1.   f. *Mx, Gu, Ho, ES, Ni, CR, Pa, Cu, RD, PR, Co, Ve. En el beisbol,* llegada al **plato** de un corredor desde la **tercera base** o de recorrer las tres **bases** de una vez y anotar en el marcador.
   II. 1.   f. *Co.* En el ordenamiento vial de las ciudades trazadas en manzanas, vía pública que va, *generalmente, de norte a sur, a diferencia de la calle.*
   III. 1.   f. *CR, Ve.* Línea que resulta en la cabeza al peinar una parte del cabello hacia un lado y otra parte hacia el otro.
   IV. 1.   f. *Ec.* Cada una de las hileras concéntricas del tejido del sombrero de **paja toquilla** o **jipijapa**.
   2.   *Ec.* Cada hilera de un tejido cualquiera, hecho a mano o a máquina.
   V. 1.   f. *Bo.* Juego que consiste en hacer avanzar una figura sobre un tablero numerado, a medida que se lanzan uno o dos dados, hasta que se llega a la meta después de vencer los obstáculos establecidos en el juego.
   ■
   a.   ‖ ~ **a la chilena.** f. *Ch.* Carrera corta de dos caballos a campo abierto y en línea recta.
   b.   ‖ ~ **anotada.** f. *Mx, Ni, Cu, RD, PR. En el beisbol,* jugada en la que el corredor pisa el **plato** y anota carrera.
   c.   ‖ ~ **corrida.** f. *Ch.* Carrera o prueba de la que se supone conocer el resultado de antemano.
   d.   ‖ ~ **cuadrera.** f. *Ar, Ur.* Carrera de caballos en el campo.
   e.   ‖ ~ **de bombas.** f. *Ho.* Entretenimiento o **competencia** que consiste en atar al pie de cada participante un globo inflado y cubrir corriendo una distancia; gana el que llega primero sin que se explote el globo.
   f.   ‖ ~ **de costales.** f. *Mx, Ni, Bo.* Juego en el que los participantes avanzan a saltos, metidos hasta la cintura en una bolsa o saco. ♦ **carrera de embolsados; carrera de encostalados; carrera de ensacados; carrera de gangochos.**
   g.   ‖ ~ **de embolsados.** *Bo, Ar, Ur.* **carrera de costales.**
   h.   ‖ ~ **de encostalados.** *Ni, Co, Pe, Bo.* **carrera de costales.**
   i.   ‖ ~ **de ensacados.** *Ec.* **carrera de costales.**
   j.   ‖ ~ **de gangochos.** *Bo.* **carrera de costales.**
   k.   ‖ ~ **de micos.** f. *Ho:N,O.* Broma que consiste en apretar con los dedos alguna zona de la cabeza, moviéndolos de abajo arriba.
   l.   ‖ ~ **de patos.** f. *Ho.* Carrera a caballo que consiste en descabezar con la mano un pato vivo que cuelga de una cuerda a unos 3 m del suelo. rur.
   m.   ‖ ~ **de tres pies.** f. *Ho, Bo.* Juego en el que los participantes corren en pareja con una de las piernas atada a la del compañero. ♦ **carrera en tres pies.**
   n.   ‖ ~ **empujada.** f. *Mx, Ni, Pa, Cu, RD, PR, Ve. En el beisbol,* jugada en la que el **batazo** de un jugador permite anotar una carrera aunque el **bateador** quede fuera de juego. ♦ **carrera impulsada.**
   ñ.   ‖ ~ **en tres pies.** *Bo.* **carrera de tres pies.**
   o.   ‖ ~ **impulsada.** *Cu, Ve.* **carrera empujada.**
   p.   ‖ ~ **limpia.** f. *Mx, Ni, Cu, RD, PR. En el beisbol,* anotación obtenida a base de **batazos**, no por cometer falta un jugador.
   q.   ‖ ~ **mar.** f. *ES. En el ejército,* orden que debe cumplirse de inmediato.
   r.   ‖ ~ **sucia.** f. *Mx, Ni, Cu, RD, PR. En el beisbol,* carrera anotada gracias al error cometido por algún jugador que está en la defensiva.

   s.   ‖ ~**s cuadreras.** f. pl. *Py, Ar, Ur.* Carreras de caballos en campo abierto.
   □
   a.   ‖ **a la ~.**
      i.   loc. adv. *Mx, Ho, Ni, CR, RD, Co, Ve, Ec, Pe, Bo, Ch, Py, Ur.* Sin ningún cuidado ni esmero.
      ii.   *Ec, Pe.* Fácilmente, sin complicaciones. pop.
   b.   ‖ **a las ~s.**
      i.   loc. adv. *Mx, Co, Bo; Ar, Ur,* pop. Apresurada y rápidamente.
      ii.   *Mx, Co, Bo; Ar, Ur,* pop. Sin el cuidado necesario o suficiente.
   c.   ‖ **a toda ~.** loc. adv. *Ec.* Corriendo a toda velocidad.
   d.   ‖ **¡~ mar!** loc. interj. *Bo, Ar.* Expresa orden de iniciar una carrera, *generalmente en las instituciones militares.*
   ▶ **dar ~s.**
¡carrera!
   I. 1.   interj. *Bo.* Expresa la petición de que caminen deprisa.
carrereada.
   I. 1.   f. *ES, Ar:NO.* Carrera, marcha veloz. pop.
   II. 1.   f. *CR.* Espantada, huida de una persona o animal.
carrereado.
   I. 1.   adv. *CR.* Sin cuidado ni esmero. pop.
carrereado, -a.
   I. 1.   adj. *Mx, Ni; Ho,* rur. Referido a *cosa,* hecha muy deprisa.
carrerear(se).
   I. 1.   intr. prnl. *Mx, Gu, Ni, CR; Ar:NO,* pop. Darse prisa, afanarse, atropellarse *una persona* al cumplir algo o al desenvolverse.
   2.   tr. *Mx, Gu, Ni.* Apresurar, meterle prisas a *alguien.*
   II. 1.   intr. *Ar:NO.* Correr, marchar deprisa. pop.
   III. 1.   tr. *Ni; Ho,* rur. Perseguir a *alguien.*
   2.   *Ni; Ho,* rur. Buscar a *alguien.*
   IV. 1.   tr. *CR.* Ahuyentar a *una persona* o a *un animal* corriendo detrás de ellos *y, generalmente, dando voces.* pop.
carrerita.
   I. 1.   f. pl. *Gu.* meton. Defecación.
   II. 1.   f. *ES.* Momento, poco tiempo. pop + cult → espon.
   ▶ **estar de ~.**
carreritas.
   ▶ **estar de ~.**
carrero.
   I. 1.   m. *Cu, RD.* Hombre que transporta, carga y descarga mercancías.
   II. 1.   m. *Bo:SO. En minería,* trabajador encargado de conducir dentro de una mina los carros de acero que van sobre los rieles.
carrero, -a.
   I. 1.   sust/adj. *Ar, Ur.* Persona grosera o descortés. pop ^ desp.
   II. 1.   m. y f. *PR.* Mensajero interno de una empresa.
carreta.
   I. 1.   f. *Co.* Discurso sobre un tema o disciplina.
   2.   *Co.* Discurso largo, pesado y sin sustancia. pop.
   3.   *Co.* Conversación entre dos personas. pop.
   II. 1.   f. *Bo; Co,* p.u. Carrete de hilo.
   III. 1.   m-f. *Pe,* p.u, est; *Ch,* pop. Amigo íntimo, compañero inseparable.
   IV. 1.   f. *Co.* Mentira. pop.
   V. 1.   f. *Ni, RD.* Salto que da el trompo cuando no está afinado o **sedita**.
   VI. 1.   f. *Ho.* Carretilla, carrito de mano, *generalmente con una sola rueda y dos patas,* provisto de un cajón para la carga y dos barras detrás para empujarlo y dirigirlo.
   2.   *Ho.* Carrito manual de madera dirigido por un volante unido por cuerdas a las ruedas traseras, que

funciona por tracción del propio conductor, y se utiliza para el transporte de bastimentos dentro de un mercado.

VII. 1. f. *Ho, Ni.* Juego de niños que consiste en caminar apoyando las manos en el suelo, mientras alguien le sostiene los pies.

VIII. 1. m-f. *Gu.* Persona tonta.

IX. 1. adj. *CR, Ur. Referido a persona o vehículo,* muy lenta.

X. 1. f. *ES.* Objeto que se vende o empeña para comprar licor. pop.

■

a. ‖ ~ **bruja.** f. *Ho:S,C, ES. En la creencia popular,* carreta fantasma sin bueyes que aparece por las noches con gritos de las almas en pena y haciendo un ruido estridente las ruedas como si pasara por un camino empedrado. ♦ **carreta chillona; carreta fantasma; carreta nagua.**

b. ‖ ~ **chancha.** f. *Ch.* Carreta pequeña y baja, que tiene dos ruedas de diámetro reducido. rur.

c. ‖ ~ **chillona.** *ES.* **carreta bruja.**

d. ‖ ~ **fantasma.** *Ho.* **carreta bruja.**

e. ‖ ~ **nagua.** *Ni.* **carreta bruja.**

f. ‖ ~ **pajera.** f. *PR.* Carreta de costados de palo y puyas.

g. ‖ ~ **sin bueyes.** f. *CR. En la mitología popular,* carreta que se desplaza durante la noche por los caminos rurales sin boyero ni bueyes que tiren de ella, asustando a los viandantes.

h. ‖ ~**s y carretones.** f. pl. *Cu.* Grandes dificultades, contratiempos.

▧

a. ‖ **la** ~ **delante de los bueyes.** fr. prov. *Ch, Ur.* Indica que las cosas están al revés de como debieran estar. pop + cult → espon.

▶ **dar** ~; **echar** ~; **hablar** ~; **hacer la** ~; **ir como** ~ **en bajada; jalar la** ~; **poner la** ~ **delante de los bueyes; ser** ~.

carretada.

I. 1. f. *Mx, CR,* obsol. *En una familia,* gran cantidad de miembros. rur.

2. *Ho, Ni; CR,* p.u. Gran cantidad de cosas. pop.

II. 1. f. *Ni, CR.* Cantidad que puede caber en el cajón de una carreta.

III. 1. f. *Ho.* Medida variable de granos entre 813 y 929 kg. pop + cult → espon.

IV. 1. f. *Ho.* Unidad variable de volumen de leña entre 180 y 200 leños.

carretanagua. (De *carreta* y *naualli,* nagual, brujo).

I. 1. f. *Ni. En la mitología popular,* carreta tirada por esqueletos humanos para asustar por la noche a borrachos y tunantes.

carrete.

I. 1. m. *Ch.* juv. Actividad social, *generalmente nocturna.* ♦ **carreteo**

II. 1. m. *PR. En las actividades marítimas,* instrumento para levantar peso en las faenas de mar.

▢

a. ‖ **a todo** ~. loc. adv. *Ch.* juv. Sin parar, con mucho ajetreo. pop.

carreteable.

I. 1. sust/adj. *Co.* Camino estrecho y de tierra por el que solo pueden transitar vehículos de tracción animal o todoterreno.

carreteado, -a.

I. 1. adj. *Ch. Referido a cosa, especialmente a un vehículo o a una máquina,* que ha sido muy usada y le queda poco tiempo de funcionamiento. pop + cult → espon.

II. 1. adj. *Ch. Referido a persona,* que está cansada y agotada por diversas causas. pop + cult → espon.

III. 1. adj. *Ch. Referido a persona,* que tiene mucha experiencia. pop + cult → espon.

carretear.

I. 1. intr. *Pe, Bo, Ch, Py, Ar, Ur; Ec,* p.u. Desplazarse *un avión* sobre la pista durante el aterrizaje y antes de despegar.

2. *Ch.* Desplazarse de un lugar a otro en un vehículo llevando a alguien o algo. pop + cult → espon.

3. *Ch.* Ir de un sitio a otro haciendo trámites y diligencias. pop + cult → espon.

4. *Ch.* **caletear,** hacer paradas un medio de transporte.

5. tr. *PR.* Conducir *una persona* a *alguien* en automóvil a uno o a varios lugares específicos. pop + cult → espon ^ fest.

II. 1. tr. *Ni, Ec.* Pretender, flirtear, cortejar a *alguien.* pop + cult → espon.

III. 1. intr. *Ch.* juv. Participar en un **carrete,** fiesta.

IV. 1. tr. *Cu.* Gritar las cotorras y loros, *especialmente cuando son jóvenes.*

V. 1. intr. *RD.* Saltar el trompo cuando no está afinado.

VI. 1. intr. *ES.* Conseguir dinero, *en especial para beber aguardiente.* pop.

VII. 1. tr. *Ni.* Provocar a *alguien* para que participe en una conversación con fines humorísticos.

carretel.

I. 1. m. *Ho, Ni, Cu, RD, Co, Ec:S, Pe, Bo, Ar, Ur.* Cilindro pequeño, *generalmente taladrado por el eje y con rebordes en sus extremos,* alrededor del cual se enrolla cualquier material flexible, *en especial hilo de coser.*

II. 1. m. *RD.* Vértebra.

carretela.

I. 1. f. *Ch, Ar.* Vehículo de dos ruedas, de tracción animal o humana *que se dedica por lo general al acarreo de bultos.* rur.

carretelero.

I. 1. m. *Ch.* p.u. Conductor de **carretelas.**

carretelero, -a.

I. 1. m. y f. *Ar.* Persona que se dedica a recoger o comprar objetos usados, papel o botellas, y los transporta en una **carretela.**

2. adj. *Ch.* p.u. *Referido a un caballo,* que lleva una **carretela.**

carreteo.

I. 1. m. *Pe, Bo, Ch, Py, Ar, Ur; Ec,* p.u. Desplazamiento que realiza un avión sobre la pista antes del despegue y durante el aterrizaje.

II. 1. m. *Ch.* Transporte en carreta.

2. *Ch.* Conducción de un vehículo llevando a alguien o algo de un lugar a otro. pop + cult → espon.

3. *RD.* Caravana de vehículos, **guaguas,** automóviles, que se desplazan a los pueblos durante la campaña política, para conseguir votos entre los campesinos, para el candidato que apoyan los que participan en el **carreteo.**

III. 1. m. *Ch.* juv. Asistencia frecuente a **carretes.**

2. *Ch.* juv. **carrete,** actividad social.

carretera.

■

a. ‖ ~ **destapada.** f. *Co.* Camino rural sin asfaltar.

▶ **dejar en la** ~ **de la vida y con una llanta ponchada.**

carretero, -a.

I. 1. adj/sust. *Ch.* juv. *Referido a persona,* aficionada a participar en **carretes,** actividades sociales.

2. adj. *Ch.* juv. Relativo a los **carretes.**

carretilla.

I. 1. f. *Mx, Pa, Ch.* Carrete, cilindro para devanar hilos, alambres o cables.

II. 1. f. *Cu, Co, Ec;* m-f. *Bo:E,* pop + cult → espon. Persona que habla muy deprisa.

2. *RD, Ve:O.* Habla rápida y atropellada.

III. 1. f. *Ho, ES, Pe.* Carro común de menores dimensiones de la carreta, *generalmente usado para la venta ambulante de alimentos.*

2. *Ar.* obsol. Carro tirado por caballos, de menor tamaño que la carreta.

IV. 1. f. *Ch, Py, Ar, Ur.* Mandíbula inferior.

2. *Ch.* Articulación donde se unen ambas mandíbulas. pop + cult → espon.

V. 1. f. *Pe.* En el *futbol*, entrada a los pies del rival con la finalidad de derribarlo o quitarle la pelota.

VI. 1. *Ho, ES.* **colgadora**, serpiente.

VII. 1. sust/adj. *Bo:E.* Persona chismosa. pop + cult → espon.

▶ **empujar la ~; hablar como ~.**

carretillado.
I. 1. m. *CR.* Contenido de un **carretillo** lleno.

carretillar.
I. 1. tr. *Cu.* Transportar *alguien algo* en una carretilla. (**carretillear**).

carretillear.
I. 1. *Cu.* **carretillar.**

carretillera.
I. 1. f. *Ar.* Cordón o lonja de cuero que pasa por debajo de la barbilla para sujetar el sombrero.

II. 1. f. *Cu.* obsol. Mujer que accede fácilmente a tener relaciones sexuales con hombres.

2. *Cu.* obsol. Prostituta.

carretillero.
I. 1. m. *Ar.* Hombre que conduce una **carretilla**, carro tirado por caballos.

II. 1. m. *Pa.* obsol. Hombre que empuja una carretilla con artículos para cambiar por botellas o vender frutas.

carretillo.
I. 1. m. *CR.* Carro pequeño de mano, de una sola rueda, con un cajón para poner la carga, dos varas en la parte posterior para agarrarlo y dos pies para apoyarlo, usado en las obras para trasladar tierra, arena y otros materiales.

carretilludo, -a.
I. 1. sust/adj. *Ar, Ur.* p.u. Persona que tiene saliente la mandíbula inferior. pop.

carreto.
I. 1. m. *Co.* Árbol de hasta 30 m de altura, de tronco recto, superficie rugosa, color grisáceo, ramas escuetas de hojas menudas, ovoidales, de verde brillante, fruto grande de color verde, con savia lechosa, adherido en pares opuestos y semillas aladas; su madera, se emplea en ebanistería y en la construcción. (Apocynaceae; *Aspidosperma dugandii*). ♦ **cumulá.**

2. *Gu, Ho, ES.* Árbol de hasta 30 m de altura, con flores rosadas y fruto en forma de vaina comprimida, recta o ligeramente curva. (Fabaceae; *Pethecolobium saman*). ♦ **cenízaro.**

3. *Gu, Ho, ES.* Madera del carreto, dura y resistente, muy apreciada por su dureza y resistencia a las termitas por lo que se usa para hélices de embarcaciones y fabricación de muebles. (Fabaceae; *Pethecolobium saman*).

carretón.
I. 1. m. *Co.* Planta leguminosa silvestre de tallo rastrero, con hojas pequeñas, compuestas, con tres o cuatro hojuelas, y flores en cabezuelas globosas, blancas o rosadas; se cultiva para forraje. (Fabaceae; *Trifolium* spp.).

II. 1. m. *RD, PR.* Carretilla, especie de carro de mano con dos ruedas, para llevar semillas al terreno. rur.

2. *Ho, Ni.* Carrito manual de madera dirigido por un volante unido por cuerdas a las ruedas traseras, que funciona por tracción del propio conductor, y se utiliza para el transporte de bastimentos dentro de un mercado.

3. *RD.* p.u. *En la industria azucarera*, parte que se añade al tractor para cargar caña. rur.

4. *PR.* Plataforma con ruedas que se añade a un automóvil para transportar un bote o una motora acuática.

III. 1. *Ho.* **tubino.**

2. m. *Ho.* Conjunto de la pieza cilíndrica y el material enrollado en ella. pop.

IV. 1. m. *Ho.* Articulación móvil en la unión de dos huesos. rur.

▶ **estar ~; estar como el ~ de madera.**

carretón, -na.
I. 1. adj. *Pe.* Referido a persona, que tiene gran apetito sexual. vulg.

II. 1. adj. *Ho.* Referido a persona, que hace o dice lo que otra le indica. pop.

carretonero, -a.
I. 1. adj/sust. *Cu, Ch.* Referido especialmente a persona, vulgar, tosca, soez. pop + cult → espon ^ desp.

II. 1. adj. *Ni, Ch.* Referido a un caballo o a una yegua, que sirven *especialmente para tirar de un carretón.*

2. sust/adj. *Ho, Ni.* Persona que conduce un **carretón**.

□

a. ‖ como un ~. loc. adv. *Ch.* Mucho, excesivamente. pop + cult → espon.

▶ **tener boca de ~.**

carretones.
I. 1. m. pl. *ES.* Vértebras de la columna de una persona.

carretudo, -a.
I. 1. adj. *Co.* Referido a persona, mentirosa. pop.

2. *Co:O.* Referido a persona, que habla mucho y sin sustancia.

carricito, -a.
I. 1. m. y f. *Ve.* Niño de corta edad. pop ^ afec.

carriel. (Quizás del fr. *cartier*).
I. 1. m. *Co, Ve.* Bolsa de cuero con tapa de piel y varios compartimentos en forma de fuelle para guardar dinero que se coloca en la cintura.

2. *Ni, Pa; CR,* obsol. Bolso de mujer.

carrielito.
I. 1. m. *Co, Ve.* Hierba muy ramosa de hermosas flores amarillas; abunda en climas fríos. (Scrophulariaceae; *Calceolaria* spp.). ♦ **ridículo.**

carrier. (Voz inglesa).
I. 1. m. *Ch.* Empresa de telecomunicaciones que ofrece servicios telefónicos de larga distancia.

2. *Ch.* Código para acceder a redes telefónicas de larga distancia.

carril.
I. 1. m. *Mx, Ho, Ni, Cu, PR, Pe, Bo, Ch, Ur. En ciertas pruebas de atletismo o de natación,* espacio delimitado que corresponde a cada competidor. ♦ **carrilera; senda.**

II. 1. m. *Bo.* Carro pequeño que se desplaza sobre rieles, con tracción mecánica, impulsado manualmente o a motor.

2. *RD.* Tren, ferrocarril. vulg.

III. 1. m. *Ch.* Acto o dicho improvisado para evitar una situación comprometida y aparentar que se actúa con experiencia o se sabe de lo que se habla. pop + cult → espon.

IV. 1. m. *Ec.* p.u. Bolso de cuero u otro material flexible que sirve para que los escolares lleven sus cuadernos, libros y otros enseres.

V. 1. m. *Gu.* Surco sembrado. rur.

VI. 1. m. *CR.* Espacio vacío en forma de línea que queda en un tejido de punto, *especialmente en una media,* al separarse de él uno o más hilos.

▶ **correr por el ~ exclusivo; entrar al carril; pegarse un ~.**

carrilano, -a.
  I. 1. sust/adj. *Pe*; *Bo*, *Ch*, obsol. Trabajador del ferro-carril, *en especial, el que se ocupa de las vías férreas.*

carrilar.
  I. 1. *CR.* **acarrilar**, hacer surcos.
  2. *CR.* **acarrilar**, cortar la maleza.
  3. *CR.* **acarrilar**, disponer en hileras.

carrileada.
  I. 1. f. *Ch.* Aseveración que se hace sin fundamento o verdadero conocimiento de los hechos. pop + cult → espon. ♦ **carrileo.**

carrilearse.
  I. 1. intr. prnl. *Ch.* Hacer aseveraciones sin fundamento o verdadero conocimiento de los hechos. pop.

carrileo.
  I. 1. m. *Gu*, *Ho.* Acumulación de maleza cortada o caña de azúcar en hilera en un cultivo. rur.
  II. 1. m. *Ch.* **carrileada.** pop.

carrilera.
  I. 1. f. *Co.* Vía férrea.
  2. *Cu.* Carril de una vía pública.
  3. *Cu.* **carril**, franja por la que se desplaza el deportista.

carrilero.
  I. 1. m. *Bo.* Minero que conduce un carrito por la vía férrea en el interior de una mina.

carrilero, -a.
  I. 1. adj. *Ch.* Embaucador, que altera la verdad de los hechos aprovechándose de la inocencia de las personas. pop.
  2. *Ch.* Referido a persona, que dice cosas sin fundamento. pop.

carrilete.
  I. 1. m. *ES.* Capitán de la policía o del ejército. delinc.

carrilla.
  I. 1. f. *Mx.* Burla para ridiculizar a alguien. pop + cult → espon.
  ▶ **echar ~; tirar ~.**

carrilleja.
  I. 1. f. *Pa.* Senda de piedras. rur.

carrín.
  I. 1. m. *ES. En futbol*, infracción del portero al dar más de tres pasos con el balón en la mano.

carrindanga.
  I. 1. f. *Ur*; *Ar*, p.u. Vehículo viejo o deteriorado. pop.

carriola.
  I. 1. f. *Mx.* Cochecito para llevar bebés. **(coche).**
  II. 1. f. *Cu.* Juguete formado por una tabla sobre ruedas y un manubrio, que sirve para desplazarse poniendo un pie sobre la tabla e impulsando con el otro pie, **patineta.**
  III. 1. f. *Pa.* Barra metálica extensa, empleada en la construcción para soporte o esqueleto del techo o para otros usos.

carriquí.
  I. 1. m. *Co.* Ave silvestre de tamaño medio y hermoso plumaje, tiene la cabeza azul, el dorso y las alas verdes, la garganta y el pecho negros y el vientre amarillo. (Corvidae; *Cyanocorax yncas*). ♦ **guereguere.**

carritero.
  I. 1. *Py.* **changador.**

carrito.
  I. 1. m. *Cu*, *Pe*, *Ar*, *Ur.* Puesto callejero ambulante donde se venden bebidas y comida rápida. pop.
  2. *Ni*, *PR*, *Ve*, *Ch*, *Py.* Vehículo pequeño de tracción utilizado para la venta ambulante de comidas o bebidas.
  3. *RD*, *Cu*, *Py.* Carro pequeño utilizado para hacer los mandados o meter las mercaderías.

II. 1. m. *Ve:N.* Autobús público, *especialmente de pequeñas dimensiones.* ♦ **carrito por puesto.**
III. 1. m. *Bo. En una relación de pareja*, hombre dominado por la mujer. pop + cult → espon ∧ fest.
IV. 1. m. *RD.* Desayuno que consiste en cuatro ruedas de salchichón o salami y un trozo de plátano.
V. 1. m. *Ho:N.* Piojo común. pop ∧ fest.
■
  a. ‖ ~ **por puesto.** *Ve:N.* **carrito**, autobús público.
  b. ‖ ~**s locos.** m. *Cu.* Atracción de feria que consiste en una plataforma metálica sobre la que ruedan y chocan coches pequeños provistos de bandas protectoras de goma.

carrizo.
  I. 1. m. *Mx*, *Gu*, *Ho*, *ES.* Planta gramínea de hasta 8 m de altura, de tallo grueso y hueco, hojas lanceoladas, lineares, que envuelven el tallo en forma de láminas verdes brillantes, flores en una gran panícula de espiguillas violáceas o amarillas; la caña se usa para hacer paredes, cestos y flautas. (Poaceae; *Arundo donax*). ♦ **caña de Castilla; caña hueca; vara de canasto.**
  2. *Co*, *Ve*, *Ec*, *Pe*, *Ch.* **caña brava**, planta silvestre. **(carruzo).**
  3. *Mx:SO*, *Ho.* Hierba muy robusta, con caña central fuerte, áspera, rizomatosa, cuyo tallo, un junco fino y flexible, se utiliza para hacer sombreros y objetos de artesanía. (Poaceae; *Lasiacis rustifolia*, *Phragmites communis*) ♦ **junco, picuaremo; zongón.**
  4. *Ho*, *ES*, *Ni.* Tallo hueco y nudoso del carrizo.
  II. 1. m. *Ho.* meton. Flauta hecha de cálamo hueco del carrizo.
  2. *Ho.* metáf. Pierna delgada. pop ∧ desp.
  3. *Ho:O.* meton. Vasija hecha de un tronco de bambú cortado de un nudo hasta el otro.
  4. *Pa.* meton. Pajilla para sorber líquidos.
  III. 1. m. *Gu.* Carrete para hilo.
□
  a. ‖ **del ~.**
    i. loc. adj. *Ve.* Muy grande.
    ii. *Ve. Referido a persona o cosa*, que es digna de desprecio.
  ▶ **hacer ~; irse para el ~.**

¡carrizo!
  I. 1. interj. *PR*, *Ve.* Expresa disgusto, rechazo o sorpresa. euf.

carrizo, -a.
  I. 1. m. y f. *Ve.* Persona, individuo.

carro. (Del ingl. *car*).
  I. 1. m. *EU*, *Mx:N,S*, *Gu*, *Ho*, *ES*, *Ni*, *Pa*, *Cu*, *RD*, *PR*, *Co*, *Ve*, *Pe.* Automóvil.
  2. *Mx*, *Ni*, *CR*, *Cu*, *Co*, *Ve*, *Ec*, *Pe*, *Bo*, *Ch.* Vehículo automotor, *generalmente de cuatro ruedas*, destinado al transporte de personas o carga. ♦ **caña.**
  3. *Ve.* Carreta.
  4. *Ch.* p.u. Vehículo pequeño de tracción utilizado para la venta ambulante de comidas o bebidas.
  II. 1. m. *Ve.* Persona engreída.
  2. *Cu.* obsol. Mujer guapa y atractiva. vulg.
  III. 1. m. *Ch.* Vagón de tren.
■
  a. ‖ ~ **aguatero.** m. *Bo.* Camión cisterna que transporta agua potable.
  b. ‖ ~ **alegórico.** m. *Mx*, *Pa*, *Ec*, *Pe*, *Bo*, *Ch*, *Ur.* Vehículo grande y decorado para las festividades populares.
  c. ‖ ~ **altoparlante.** m. *Ho.* Automóvil con altavoces para la venta o promoción de productos en las calles. pop. **(carro parlante).**
  d. ‖ ~ **basurero.** m. *Bo*; *Ur*, obsol. Camión que recoge la basura.

e. ‖ ~ **bomba.** m. *Bo, Ch.* Camión cisterna de los bomberos con el que acuden a sofocar los incendios.

f. ‖ ~ **completero.** m. *Ch.* Vehículo en el que se acarrean y venden **completos**, emparedados de salchicha.

g. ‖ ~ **convertible.** (Del ingl. *convertible*). m. *Mx, Ni, Cu, RD, PR.* Coche descapotable.

h. ‖ ~ **de cambios.** m. *PR.* Automóvil manual, de marchas no automáticas.

i. ‖ ~ **de chorizos.** m. *Ur.* Puesto callejero *donde se venden especialmente* **choripanes.** pop.

j. ‖ ~ **de la basura.** m. *Pa.* Carro que en las noches recoge la basura de la ciudad. pop + cult.

k. ‖ ~ **de la carne.** m. *Cu.* Camión con sistema de refrigeración destinado a la distribución de los productos cárnicos.

l. ‖ ~ **de muerto.** m. *Cu.* Coche destinado al traslado de cadáveres. pop + cult → espon.

m. ‖ ~ **de trasteos.** m. *Co.* Vehículo de motor que se utiliza para transportar los enseres de una mudanza.

n. ‖ ~ **estándar.** m. *Mx, PR.* Automóvil manual, de marchas no automáticas.

ñ. ‖ ~ **fantasma.** m. *Ho.* Automóvil que se da a la fuga después de haber chocado o atropellado a alguien.

o. ‖ ~ **fúnebre.** m. *Cu.* Coche destinado al traslado de cadáveres.

p. ‖ ~ **parlante.** *Ho.* **carro altoparlante.** pop.

q. ‖ ~ **patrullero.** m. *Cu, RD, Bo.* Vehículo automóvil que usa la policía para la vigilancia pública.

r. ‖ ~ **público.**
  i. m. *RD, PR.* Coche o pequeño autobús, de capacidad limitada y ruta fija.
  ii. *RD, PR.* Taxi colectivo de precio fijo.

s. ‖ ~ **sanguchero.** m. *Pe.* Puesto callejero donde se preparan y venden **sánguches** o emparedados.

t. ‖ ~ **transformer.** (Del ingl. *transformer*). m. *EU.* p.u. Vehículo automotor que ha sido reconstruido.

u. ‖ ~**s chocones.** m. *Mx, Ho, Ni, CR, Co, Ve, Ec.* Atracción de feria que consiste en una plataforma metálica sobre la que ruedan y chocan coches pequeños provistos de bandas protectoras de goma. ♦ **carros locos.**

v. ‖ ~**s locos.** *CR, Cu, Co; Ch,* p.u. **carros chocones.**

□

a. ‖ ~ **completo.** loc. sust. *Mx.* Victoria electoral aplastante. pop + cult → espon.

b. ‖ ~ **de la carne.** loc. sust. *Cu.* Mujer voluptuosa y atractiva. pop ^ fest.

▶ **echar un ~; estar de ~; guardar el ~; llevar el ~ delante de los bueyes; pararle el ~; ponerse el ~ de sombrero; puyar al ~; tirar un ~.**

carrocería.
 I. 1. f. *Ho, Ur.* Aspecto externo de una persona. pop ^ fest.

carroñar.
 I. 1. intr. *Ch.* p.u. Alimentarse un animal de carroña.

carrotanque.
 I. 1. m. *Co.* Vehículo utilizado para trasportar líquidos, *especialmente gasolina y agua.*

carrousel. (Voz francesa).
 I. 1. m. *EU, Ho, Ni, Ch.* Carrusel, tiovivo.

carroza.
 I. 1. *Mx, Gu, CR, Pa, RD, Ve, Ec, Pe, Bo, Ch, Ar, Ur.* **carroza fúnebre.**
 ■
 a. ‖ ~ **fúnebre.** f. *Mx, Ho, Ni, Co, Ve, Pe, Bo, Ch, Ar, Ur.* Vehículo de color oscuro destinado a transportar un féretro en que se traslada a un difunto al cementerio. ♦ **carroza.**

carrozable.
 I. 1. adj. *Ec, Pe. Referido a un camino rural,* que permite, por su amplitud y condiciones del suelo, el tránsito de vehículos.

carruaje.
 I. 1. m. *Ni.* juv. Cuerpo escultural de una mujer.
 2. *Ni.* juv; meton. Nalgas prominentes.

carrubio, -a.
 I. 1. sust/adj. *Ve.* p.u. Color rojo oscuro, cercano al violáceo.

carrucha. (De *garrucha*).
 I. 1. f. *Ni, CR.* Carrete de arrollar hilo.
 2. *Pa.* Carrete en que se arrolla y desenrolla una soga o hilo. pop + cult.
 II. 1. f. *CR.* Columna vertebral de una persona. pop ^ fest.

carrucho.
 I. 1. *PR.* **botudo,** caracol.
 2. m. *PR.* Bocina hecha con el caracol del carrucho.

carrucillo.
 I. 1. *PR.* **carruzo,** planta.

carruco.
 I. 1. m. *Ho.* Rollo pequeño de hojas de marihuana envuelto en periódico. pop.
 2. *Ho.* Cigarro de marihuana. drog.
 II. 1. m. *Ho.* Hombre de edad avanzada, viejo desp.

carrufo.
 I. 1. m. *ES.* Cigarro de marihuana. drog.

carrujo.
 I. 1. m. *Mx, ES.* Cigarro de marihuana.

carruquero, -a.
 I. 1. sust/adj. *Ho.* p.u. Persona que vende **carrucos.** drog.
 2. m. y f. *Ho.* Persona adicta a fumar cigarros de marihuana. drog.

carrusel.
 I. 1. m. *Mx.* Fraude electoral que consiste en que un mismo grupo de personas vote en la misma casilla electoral varias veces. pop + cult → espon.
 2. *Pe.* Fraude consistente en vender o utilizar entradas a espectáculos o billetes de transportes ya caducados o utilizados. delinc; pop.
 3. *Pe.* Fraude electoral en el que se cambian votos por una cantidad de dinero. pop + cult → espon.
 II. 1. m. *Mx.* Acción policial de prevención, rastreo o asistencia a gran escala, que involucra numeroso contingente y material a fin de conseguir la máxima cobertura para la misión.

carruzo.
 I. 1. *Ve:O.* **carrizo,** gramínea.
 2. m. *PR.* Planta herbácea perenne, de ramas pequeñas con vello grueso, hojas amplias cubiertas de pelos blancos, flores en ramas que se subdividen en ramitas alargadas, de color blanco verdoso, velludas y de olor fuerte, y fruto negruzco y diminuto con una sola semilla. (Poaceae; *Ichnanthus pollens*). ♦ **carrucillo; tuchina.**

carso.
 I. 1. m. *PR.* Parte elevada o sobresaliente a modo de montículo.
 2. *PR.* Joroba, chichón. pop + cult → espon ^ fest. ♦ **mogote.**
 II. 1. m. *PR.* Montón de cosas en desorden, lío. pop + cult → espon. ♦ **mogote.**
 III. 1. m. *PR.* Alimento en grumos, *especialmente el arroz mal cocido.* pop + cult → espon. ♦ **mogote.**

carta.
 ■
 a. ‖ ~ **blanca.** f. *Cu.* Documento que la Oficina de Inmigración anexa al pasaporte que autoriza la salida del país.

b. ‖ **~ de ciudadanía.** f. *Mx, Ho, Ni, RD, Pe, Bo, Ch, Ar, Ur.* Documento por el que el Estado otorga la nacionalidad a un extranjero residente en el país.

c. ‖ **~ fundamental.** f. *Ec, Bo, Ch, Ur.* Constitución escrita o código fundamental de un Estado.

d. ‖ **~ recomendada.** f. *Co, Ur.* Carta que, mediante pago, el servicio de correos se obliga a hacer llegar a su destino.

e. ‖ **~ rusa.** f. *Bo:E.* Juego en que cinco muchachas anotan sus nombres en diferentes trozos de papel, y, en los reversos, las palabras «matrimonio», «odio» o «amor»; luego, cada una de ellas mastica el trozo de papel que tiene el nombre que ha elegido y lo lanza al techo; se cree que si se adhiere en él, se cumplirá el deseo. pop + cult → espon.

▶ **darse una ~; echar una ~ al correo; jugar a dos ~s; llorar la ~ ; no poder ni con la ~ de venta; tirar las ~s.**

cartabón.
 I. 1. m. *Pe.* Colegio, escuela. pop + cult → espon ^ fest.
 II. 1. m. *Ho, Ni.* Instrumento de madera que consta de una regla fija y graduada en centímetros o pulgadas y una especie de escuadra móvil que sirve para medir la estatura de las personas.

cartacuba.
 I. 1. f. *Cu.* Pájaro pequeño, de color verde metálico, garganta y cuello rojos, pecho blanco y patas anaranjadas. (Todidae; *Todus multicolor*). ♦ **pedorrera.**

cartapaso.
 I. 1. m. *Cu.* Cantidad considerable de algo, *especialmente de papel moneda.* ♦ **paco; purruchada.**

carteada.
 I. 1. f. *Ho, ES.* Intercambio de cartas escritas.

cartel.
 ▶ **fijar ~es.**

cartelearse.
 I. 1. intr. prnl. *Ch.* juv. Presumir o jactarse *alguien* de tener fama y valía. pop + cult → espon.

carteleo.
 I. 1. m. *Ch.* juv. Presunción de una persona. pop + cult → espon.

cartelera.
 I. 1. f. *Co, Ve, Ec.* Tabla o tablero en que se fijan avisos y noticias.

cartelero, -a.
 I. 1. sust/adj. *Ch.* Persona a la que le gusta **cartelearse.** pop + cult → espon ^ desp.

cartelito.
 ▶ **caerse el ~.**

cartera.
 I. 1. f. *Mx, Gu, Ho, ES, Ni, CR, Pa, Cu, RD, PR, Co, Ve, Ec, Pe, Bo, Ch, Py, Ar, Ur.* Bolso de mujer.
 II. 1. f. *Ar, Ur.* Abertura o corte que va desde el cuello de las camisas o blusas hasta el pecho y se cierra con botones.
  2. *Ch:S.* Bolsillo grande de una chaqueta o prenda de vestir.
  3. *Ur.* Abertura o corte en la parte delantera de los pantalones, que se cierra con botones o cremallera.
 III. 1. f. *Cu.* Licencia de conducción.
 □
 a. ‖ **~ vencida.** f. *Mx, Ni, Ec.* Préstamo sin pagar.

carterazo.
 I. 1. m. *Ni, CR, Co, Ch; Pe,* p.u. Hurto rápido e imprevisto de una cartera u objetos similares. pop + cult → espon.
  2. *Gu, Ho, Ni, Cu, PR, Pe.* Golpe dado con un bolso de señora.
  3. *Gu, ES, Ni.* Robo de un bolso de mujer.

carterear.
 I. 1. tr. *ES, RD, Ch.* Robar a *alguien* en un espacio público la cartera o el dinero.
  2. *Cu, RD.* Robar a *alguien* el monedero o la billetera.
  3. *ES.* Robar a una mujer el bolso de mano.

cartereo.
 I. 1. m. *RD, Ch.* Actividad de **carterear.**

carterita.
 I. 1. f. *Ve.* Botella de bolsillo, ancha y plana, en la que se llevan bebidas alcohólicas.

cartillero, -a.
 I. 1. m. y f. *Ch.* Persona que va por las casas de sectores populares difundiendo programas electorales o gubernamentales.
 II. 1. m. y f. *Ch.* Persona que recibe apuestas de forma ilegal en las carreras de caballos.

cartola.
 I. 1. f. *Ch.* Documento que registra el estado de cuenta de las personas en alguna institución financiera.

cartón.
 I. 1. m. *Bo; Ho, ES, Ni, CR, Co, Pe, Ch,* pop. Título o credencial que expide una institución educativa para acreditar un grado académico.
 II. 1. adj/sust. *Ar. Referido a persona,* torpe o tonta. pop + cult → espon.
 ■
 a. ‖ **~ corrugado.** m. *Mx, Ni, Co, Ec, Bo, Ch, Py, Ar, Ur.* Cartón formado por tres láminas, dos lisas y una interior ondulada, que sirve para embalar los objetos que han de transportarse.
 b. ‖ **~ de huevo.**
  i. m. *Cu.* Envase de cartón donde se colocan treinta huevos.
  ii. *Cu.* Conjunto de treinta huevos.
 □
 a. ‖ **¡~ lleno!** loc. interj. *Ar.* Expresa que una situación se acaba de agravar o que ha llegado al límite de lo tolerable. pop.
 b. ‖ **tras ~.** loc. adv. *Ch. En algunos deportes,* inmediatamente. pop + cult → espon.
 ▶ **atender su ~; mojarse los cartones; ponerse para su ~.**

cartonazo.
 I. 1. sust/adj. *Ar.* Persona tonta o torpe. vulg.

cartoncillo.
 I. 1. m. *Gu.* Dolor de muelas. pop.
 II. 1. m. pl. *Ni.* Pulmones de alguien.

cartonear.
 I. 1. intr. *Ch, Ar.* Buscar cartones u otros materiales desechados entre la basura para luego venderlos.
  2. *Ch.* p.u. Trabajar o hacer manualidades con cartón.

cartoneo.
 I. 1. m. *Ch, Ar.* Actividad o acción de buscar cartones y otros materiales entre la basura.

cartonera.
 I. 1. f. *Ch.* Instrumento para cortar papel provisto de una cuchilla extensible.

cartonero, -a.
 I. 1. m. y f. *Ch, Ar.* Persona sin recursos que busca y recoge papeles, cartones y otros desechos en las calles para su posterior venta.

cartoon. (Voz inglesa).
 I. 1. m. *EU:SE, Cu.* Cómic, serie de viñetas.

cartridge. (Voz inglesa).
 I. 1. m. *EU, PR, Bo.* p.u. Estuche en el que vienen las cintas de las impresoras, las películas y la tinta que se usa para imprimir.

cartuchera.
 I. 1. f. *CR, Pa, Cu, RD, PR, Co, Ve, Ec, Pe, Py, Ar, Ur; Ho, ES*, est; *Ch*, p.u. Caja o estuche usado para guardar lápices, bolígrafos y útiles similares.
 ▶ **presentarse con todo y ~.**

cartuchismo.
 I. 1. m. *Ch.* Apego excesivo a las normas morales, sobre todo de índole sexual. pop + cult → espon ∧ desp.

cartucho.
 I. 1. *Co, Ec, Bo, Ur.* **alcatraz**, planta.
 2. m. *Ho.* Plántula de maíz recién nacida. rur.
 3. *Cu, PR.* **cachucho**, pez.
 II. 1. *Ec.* **cucurucho**, persona.
 III. 1. m. *Bo.* Hombre virgen o con poca experiencia sexual.
 IV. 1. m. *Pa, PR.* **funda**, bolsa.
 V. 1. m. *ES.* Cigarro de marihuana. drog.
 ▶ **hacerse el ~; volar el ~.**

cartucho, -a.
 I. 1. adj/sust. *Ho, ES, Co, Ch. Referido a persona*, virgen o con poca experiencia sexual. pop + cult → espon. (**cartuchón**).
 2. *Ch. Referido a persona*, que muestra mucho recato y apego a las normas morales, sobre todo a las de índole sexual. pop + cult → espon ∧ desp. (**cartuchón**).
 II. 1. adj/sust. *RD, Ec, Ch. Referido a persona*, audaz, valiente.
 III. 1. adj. *CR.* Relativo a Cartago, provincia de Costa Rica. pop + cult → espon ∧ desp.

cartuchón, -na.
 I. 1. *Bo, Ch.* **cartucho**, virgen. pop + cult → espon ∧ desp.
 2. *Ch.* **cartucho**, que muestra recato.

cartuso, -a.
 I. 1. adj. *Pa. Referido a ganado vacuno*, flaco. rur.

caruata.
 I. 1. *Ve.* p.u. **cocuiza**.

carubio.
 I. 1. *PR.* **mapurito**, árbol.

carulo, -a.
 I. 1. adj. *ES. Referido a persona*, de raza negra.

caruncho.
 I. 1. m. *Ur.* Cualquiera de los pequeños insectos coleópteros o sus larvas, como la carcoma o el gorgojo, que perforan la madera, papeles o cereales.

carurú.
 I. 1. *PR.* **bledo**, planta oleácea.

carute, -a.
 I. 1. sust/adj. *Ho.* p.u. Niño. rur.
 2. adj/sust. *Ho.* p.u. *Referido a niño*, sucio, desaseado. rur.

caruto.
 I. 1. m. *Ve.* **jagua**, árbol de hasta 20 m. (**carato**).

cas. (Del maya quiché *cag*).
 I. 1. m. *CR.* Árbol de hasta 12 m de altura, de madera dura y hojas menudas. (Myrtaceae; *Psidium friedrichsthalianum*).
 2. *CR.* Fruto del cas, similar a la **guayaba**, pero de sabor muy ácido; *se emplea especialmente para hacer refrescos*.

■
 a. ‖ ~ **moni.** (Del ingl. *cash money*). m. *RD.* Dinero en efectivo.

casa.
 I. 1. f. *RD, Ve. En una casa de juego*, el que hace de juez en las controversias.
 2. *RD.* Dueño o encargado de un garito.

 3. *Ho. En el juego de dados o ruleta*, porcentaje que paga al **casero** el jugador que ha ganado.
 II. 1. f. *Co.* Parte del rosario que consta de un padrenuestro y diez avemarías.
 III. (Del aim. y quech. *q'asa*, desportillado, desmochado).
 1. m-f. *Bo:O,C,S.* Persona a la que le falta uno o dos dientes incisivos superiores. pop + cult → espon ∧ desp.
 2. adj. *Bo:O,C,S. Referido a un objeto de superficie sólida*, desportillado. pop + cult → espon.
 3. *Bo:O,C,S. Referido a un engranaje*, que tiene uno de los dientes rotos. pop + cult → espon.
 IV. 1. f. pl. *Ch.* Construcción habitable y principal de un **fundo**.
 V. 1. f. pl. *CR.* Placenta de los animales, *en especial la de la vaca*. rur.

●
 a. ‖ ¿**cómo andamos por ~?** fórm. *Bo, Ch, Ur.* Se usa para interpelar y replicar a aquellos que hacen lo que critican o lo que consideran como vicio o defecto. pop + cult → espon. ♦ ¿**y por casa cómo andamos?**
 b. ‖ ¿**y por ~ cómo andamos?** *Ar, Ur.* ¿**cómo andamos por casa?**

■
 a. ‖ ~ **abierta.** f. *PR.* **open house.**
 b. ‖ ~ **castor.** f. *Bo:O,C.* Juego infantil que consiste en jugar debajo de la cama como si esta fuera un refugio.
 c. ‖ ~ **central.** f. *Ch.* Edificio principal de una universidad, en el que suele encontrarse el rectorado.
 d. ‖ ~ **chica.** f. *Mx.* Vivienda, domicilio de la amante de un hombre casado.
 e. ‖ ~ **chorizo.** f. *Ar.* Casa con un patio largo y abierto al que dan las distintas habitaciones.
 f. ‖ ~ **de abasto.** f. *Bo.* obsol. Establecimiento comercial en el que se vendían productos al por mayor a precios más bajos de lo normal.
 g. ‖ ~ **de altillo.** f. *Ni; Ho,* rur. | obsol. Casa de dos pisos.
 h. ‖ ~ **de alto.** *Ho, Ni, CR, Cu, Ve:O.* **casa de altos.**
 i. ‖ ~ **de altos.**
  i. f. *RD, PR, Ec, Bo, Ch, Ar, Ur; Pe,* obsol. Casa de dos o más plantas. (**casa de alto**). ♦ **casa de balcón.**
  ii. *Bo.* Edificio que tiene dos o más pisos. pop + cult → espon.
 j. ‖ ~ **de avispas.** f. *PR.* Nido cerrado herméticamente, construido por una clase de avispa en lugares oscuros donde colocan sus huevos y se desarrollan sus larvas.
 k. ‖ ~ **de bajos.** f. *Pe, Bo.* Casa de una sola planta.
 l. ‖ ~ **de balcón.** *Co.* **casa de altos.**
 m. ‖ ~ **de cambio.** f. *Ho, Ni, Cu, RD, Co, Ec, Pe, Bo, Ch, Py, Ar, Ur.* Oficina en la que se compra y vende moneda extranjera. (**casa de cambios**).
 n. ‖ ~ **de cambios.** *Ec, Bo, Py, Ar.* **casa de cambio.**
 ñ. ‖ ~ **de estacón.** f. *Ho.* Vivienda rústica construida con paredes de **bajareque**, y techo de **zacate** u hoja de palmera.
 o. ‖ ~ **de fuerza.** f. *Ch.* Central eléctrica.
 p. ‖ ~ **de gallos.** f. *PR. En las peleas de gallos*, jaula donde están todos los gallos que pertenecen a un solo dueño.
 q. ‖ ~ **de gobierno.** f. *RD, Ve, Pe, Bo, Ch, Ar, Ur.* Edificio que es sede del Gobierno de la nación.
 r. ‖ ~ **de habitación.** f. *Ho, Ni.* Casa o apartamento que se utiliza exclusivamente como vivienda.
 s. ‖ ~ **de huifa.** f. *Ch.* obsol. Prostíbulo.
 t. ‖ ~ **de la pinga.** *Cu.* **casa del carajo.**
 u. ‖ ~ **de masaje(s).** f. *Ch.* Establecimiento en el que se dan masajes y se pueden incluir servicios eróticos.

v. ‖ **~ de material.** f. *Co, Ar, Ur.* Casa construida con ladrillo o piedra, argamasa y cemento.

w. ‖ **~ de remolienda.** f. *Ch.* obsol. Prostíbulo. pop + cult → espon.

x. ‖ **~ de visita.** f. *Cu.* **albergue**, empresa estatal.

y. ‖ **~ del carajo.** f. *Mx, Pa, Cu.* Lugar muy lejano, poco frecuentado o de difícil acceso. ♦ **casa de la pinga**; **casa del diablo.**

z. ‖ **~ del diablo.** *Pa, Cu, RD.* **casa del carajo.**

a¹. ‖ **~ del médico de la familia.** f. *Cu.* Establecimiento médico en el que un médico y una enfermera brindan asistencia primaria a un grupo de familias.

b¹. ‖ **~ en altos.** f. *Cu.* Casa que se encuentra en una segunda planta o en otra superior.

c¹. ‖ **~ funeraria.** f. *Ni, Bo.* Empresa encargada de todo lo concerniente al entierro de una persona.

d¹. ‖ **~ grande.** f. *PR, Ve.* Casa en la que vive el dueño de una hacienda.

e¹. ‖ **~ habitación.** f. *Mx, CR, Bo; Ch,* cult. Hogar, vivienda en la que habita una persona o una familia.

f¹. ‖ **~ llena.** f. *Ho, Ni. En el béisbol,* situación del juego en que hay un corredor en cada una de las tres bases.

g¹. ‖ **~ nueva.** f. *Gu.* Prisión de mujeres.

h¹. ‖ **~ patronal.** f. *Ch.* Construcción habitable y principal de un **fundo**.

i¹. ‖ **~ quinta.** f. *Cu, Co, Ve, Bo, Ch, Py, Ar, Ur.* Casa grande con un jardín o parque *y, generalmente, con árboles frutales, situada comúnmente en las afueras de una ciudad o en el campo.*

j¹. ‖ **~ rodante.** f. *Mx, Ni, Co, Ve, Pe, Ch, Py, Ar, Ur.* Vehículo o remolque acondicionado para servir de vivienda durante los viajes, instalado en *campings* u otros lugares al aire libre.

k¹. ‖ **~ superior de estudios.**
   i. f. *RD, Pe, Bo, Ch, Ur.* Universidad, institución de enseñanza superior.
   ii. *Bo.* Conjunto de edificios o lugar donde se encuentra dicha institución.

l¹. ‖ **magna ~ de estudios.** f. *Ho.* Cualquier universidad pública o privada. cult.

□
a. ‖ **a ~ del carajo.** loc. adv. *Cu, RD.* Muy lejos. pop + cult → espon.

b. ‖ **~ bruja.** loc. sust. *Pa.* Vivienda precaria, pobremente construida, *generalmente en terreno ajeno.*

c. ‖ **~ quiru.** (Del quech. *kiru,* diente). loc. sust. *Bo:E,C.* Persona a la que le falta uno o los dos dientes incisivos superiores.

d. ‖ **de entre ~.**
   i. loc. adj. *Pa, Co, Ve, Pe, Py, Ar, Ur. Referido a una prenda de vestir,* que solo puede ser usada dentro de la casa o en la intimidad por no estar en buen estado o no ser adecuada para usar públicamente.
   ii. loc. adj/adv. *Ar. Referido a un objeto, a un evento o a una situación,* de poca importancia o envergadura.

e. ‖ **en ~ de yuca.** loc. adv. *Cu.* En un lugar muy lejano.

f. ‖ **las ~s.** loc. sust. *Ch, Ar, Ur. En una estancia,* edificio principal. rur.

▶ **botar la ~ por la ventana; hacer ~ con corredor; hacerse a las ~; hacerse a los ~; hacerse el ~; hacerse la ~; tirar la ~ por la ventana; venir a bailar a la ~ del trompo.**

casabe.
  I. 1. *Ho, Cu:E, RD, PR, Co, Ve, Pe.* **cazabe**, torta.
  II. 1. *PR.* **cazabe**, pez marino.
◪
  a. ‖ **a falta de pan, ~.** fr. prov. *Cu, RD.* Indica que ante una carencia u obstáculo debe buscarse una alternativa.

casaca.
  I. 1. f. *Ho, RD, Bo, Ar, Ur.* Camiseta que se utiliza en la práctica de muchos deportes, *especialmente en el fútbol.*
    2. m. *Ec, Pe, Ch.* Prenda de abrigo, *generalmente gruesa e impermeable,* abierta por delante, que cubre el torso hasta las caderas.
  II. 1. f. *Gu, Ho, ES, Ni.* Cháchara, conversación de cosas intrascendentes.
    2. *Gu, Ho, ES.* Mentira o hecho de hablar de algo intrascendente.
□
  a. ‖ **~ roja.** loc. adj. *Ec.* Relativo al Honorable Cuerpo de Bomberos. pop.
▶ **dar ~; hablar ~; meter ~.**

casada.
  I. 1. f. *Gu, ES, Ni.* Apuesta o garantía que se deposita en un tercero antes de la pelea de gallos.
    2. *Gu, Ni.* Cantidad depositada antes de la pelea de gallos.
  II. 1. f. *ES. En el juego de billar,* jugada para asegurar el tiro siguiente.

casadilla.
  I. 1. f. *Co:N, Ve.* Golosina preparada con harina de maíz o de **yuca**, rellena de queso, coco y azúcar.

casado.
  I. 1. m. *Co.* Dulce o postre que consta de dos porciones de alimentos combinados que se comen a la vez.
    2. *CR.* Comida consistente en arroz, **frijoles**, carne de cerdo, pollo, vaca o pescado, ensalada, huevo frito *y, a veces, plátano maduro,* servido todo en un solo plato.
  II. 1. m. pl. *Ni, PR. En las peleas de gallos,* pareja de gallos que reúne las cualidades reglamentarias para que el funcionario oficial autorice la pelea.
  III. 1. m. *Pa.* Billete o **chance** de la Lotería Nacional *que ilegalmente los billeteros no venden solo,* sino con otro similar o con un número de rifa de su elección.

casado, -a.
  I. 1. adj. *Bo. Referido a cosa,* que viene unido con otra cosa.
    2. *Bo. Referido al producto alimenticio,* escaso en el mercado, que se puede adquirir solamente unido a otro que existe en abundancia.
  II. 1. adj. *Cu. Referido al tabaco en rama,* que tiene igual cantidad de hojas para **tripa** que para **capa**.

casahuate.
  I. 1. *Mx.* **cazahuate**.

casal.
  I. 1. m. *Ve, Py, Ar, Ur.* Pareja de animales, macho y hembra, *por lo general de aves.*

casamentear.
  I. 1. intr. *Ho.* Contraer matrimonio dos personas. rur.

casamiento.
  I. 1. m. *ES; Ho,* pop. Revuelto de **frijoles** cocidos con arroz.

casampulga.
  I. 1. f. *Mx, Gu, Ho, ES, Ni.* Araña de pequeño tamaño, muy venenosa, de patas cortas y negras y abdomen rojo. (Theridiidae; *Latrodectus curassaviensis, L. matans*). (**casimpulga**).

casandra.
  I. 1. f. *ES; Ho,* p.u. | juv. Mentira. euf.
    2. *ES.* Cháchara, conversación de cosas intrascendentes.

casanga.
  I. 1. f. *Co.* Escarabajo de 5 cm de longitud, de color verde y forma de cucaracha que perfora y daña la **cañabrava**. (Curculionidae; *Rhynchophorus palmarum*). ♦ **molongo; suri.**
    2. *Pa.* **catarnica**. (Psittacidae; *Pionus menstruus*).

casaqueada.
  I. 1. f. *Ho.* Conversación para convencer de algo. pop.
casaqueado, -a.
  I. 1. adj. *ES; Ho,* pop. *Referido a persona,* engañada.
casaqueador, -ra.
  I. 1. sust/adj. *Ho.* Persona que habla mucho de cosas intrascendentes. pop.
casaquear.
  I. 1. intr. *Gu, ES; Ho,* pop. Hablar de cosas intrascendentes.
  2. tr. *Gu, ES; Ho,* pop. Tratar de convencer a *alguien* con mañas.
  II. 1. tr. *Ho.* juv. Enamorar a *alguien.* pop.
casaquero, -a.
  I. 1. adj/sust. *Gu, ES; Ho,* pop. *Referido a persona,* mentirosa.
  2. *Gu, ES; Ho,* pop. *Referido a persona,* parlanchina.
casaquinta.
  I. 1. f. *Co, Ve, Bo, Ch, Py, Ar, Ur.* Casa grande con un jardín o parque y, generalmente, con árboles frutales, *situada por lo común en las afueras de una ciudad o en el campo.*
casar(se).
  I. 1. tr. *RD, Co.* Convenir, concertar *algo.*
  2. *CR, Co.* Aportar cada uno de los apostantes el dinero para una apuesta.
  3. *Ve.* Injertar *alguien algo.*
  4. *Ho, ES, Ni.* p.u. Concertar apuestas sobre algo, *en especial en el juego de dados o en las peleas de gallos.*
  II. 1. tr. *Ni, Cu, RD, PR. Entre galleros,* pactar, convenir, concertar una pelea entre dos gallos.
  2. *Ni, Cu, PR. En las peleas de gallos,* seleccionar *alguien* dos gallos para formar una pareja de contendientes.
  3. *Ni, Cu.* Determinar *alguien* qué dos gallos van a pelear en el turno correspondiente.
  4. *Ni.* Echar *alguien* a pelear dos gallos con alguna apuesta de dinero o cosa de valor.
  III. 1. m. *Ve.* Pareja de animales, macho y hembra.
  IV. (Del aim. *q'asaña* y del quech. *q'asay,* mellar, desportillar).
  1. tr. *Bo:O,C,S.* Mellar o desportillar *algo* dándole un golpe involuntariamente. pop + cult → espon ∧ fest.
  2. intr. prnl. *Bo:O,C,S.* Desportillarse o abollarse *una cosa.* pop + cult → espon.
  V. 1. tr. *Gu.* Espiar, vigilar a *alguien.*
  VI. 1. tr. *Bo:O,C,S.* Gastar *una persona* una pequeña parte de una cantidad de dinero que tenía que conservar íntegra. pop + cult → espon.
  VII. 1. intr. *ES.* Asegurar buena posición respecto a la bola siguiente en el juego de billar.
  □
  a. ‖ ~ **billetes.** loc. verb. *Pa.* Vender lotería ilegalmente obligando al comprador de billete o **chance** a adquirir otro con menor posibilidad de venderse. pop + cult.
  b. ‖ ~ **caula.** loc. verb. *Gu.* Observar, espiar *algo* o a *alguien.*
  c. ‖ ~ **las postas.** loc. verb. *PR.* Arreglar o disponer *alguien* la riña conforme a las reglas establecidas. rur.
  d. ‖ ~ **medias.** loc. verb. *PR.* Emparejar calcetines.
  e. ‖ ~ **una apuesta.** loc. verb. *Ni, Ve.* Concertar la cantidad de dinero que se va a apostar, *generalmente en las peleas de gallos.* pop.
  f. ‖ ~**se las brujas.** loc. verb. *RD.* Llover y lucir el sol al mismo tiempo.
  g. ‖ ~**se por detrás de la iglesia.** loc. verb. *Cu.* Vivir en concubinato. pop.
  h. ‖ ~**se por el civil.** loc. verb. *Mx, RD, Ch, Ur.* Contraer matrimonio civil.
  i. ‖ ~**se por las tres leyes.** loc. verb. *Ch.* Contraer matrimonio por lo civil, por lo eclesiástico y por haberse quedado embarazada la mujer. euf; pop + cult → espon ∧ fest.
  j. ‖ ~**se una bruja.** loc. verb. *PR.* Llover y lucir el sol al mismo tiempo.
casarasiri.
  I. 1. m. *Pe:C,S.* Danza tradicional que se baila tras la celebración de un matrimonio.
  2. *Pe:C,S.* Fiesta de celebración de un matrimonio.
casas.
  I. 1. f. pl. *Ar.* Caserío de una hacienda rural.
casasola.
  I. 1. sust/adj. *Pa, Cu, Co.* Persona sumamente egoísta. pop + cult → espon.
  2. *Pa.* Persona poco dada a compartir, *especialmente golosinas.* pop + cult → espon.
casata. (Del it. *cassata*).
  I. 1. f. *Ar, Ur.* Postre hecho a base de helado de crema, chocolate y fresa, sobre una base de bizcochuelo.
  2. *Pa, Bo, Ch, Ur.* Helado en bloques rectangulares, con tres o cuatro diferentes sabores.
  3. *Ur.* Helado individual que se vende en un recipiente de plástico en forma de vasija acompañado de una cucharita.
casaventana. (Del aim. y quech. *q'asa,* persona a la que le falta uno o dos dientes, y *ventana*).
  I. 1. sust/adj. *Bo:O,C,S.* Persona a la que le falta uno o los dos dientes incisivos superiores. pop + cult → espon ∧ desp.
casavito.
  I. 1. m. *RD.* Árbol de hasta 8 m de altura, de ramas frágiles y pelosas frecuente en la isla. (Urticaceae; *Gyirotaenia myriocarpa*).
cascabel.
  I. 1. f. *Mx, Gu, Ho, ES, Ni, CR, Pa, Co, Ec, Bo, Py, Ar, Ur.* Serpiente de hasta 2 m de longitud, de cabeza triangular, la parte dorsal más oscura que la lateral y ventral, a todo lo largo de ambos lados tiene una línea clara en forma de X repetida; su principal característica es el crótalo, un apéndice córneo en forma de anillos en disminución, producto de las mudas de piel; se usa en la medicina tradicional, *especialmente para enfermedades de la piel.* (Viperidae; *Crotalus durissus*). (**cascabela**). ♦ **crótalo.**
  II. 1. m. *Co.* Hierba de hasta 1 m de altura, de hojas compuestas, con tres hojuelas, flores amarillas dispuestas en largos racimos y fruto en forma de una vaina de color marrón, con numerosas semillas que se usan como desinfectante y para curar la blenorragia. (Fabaceae; *Crotalaria* spp.).
  III. 1. adj/sust. *Ec. Referido a persona,* alegre, jovial, juvenil. pop + cult → espon.
  2. *Bo. Referido a persona,* que dice mentiras.
  3. *Bo. Referido a persona,* que exagera cuando cuenta algo.
  4. *Bo. Referido a persona,* que incumple compromisos o promesas.
  IV. 1. m. *Gu, Ho, ES, Ni, Bo.* Parte final de la piel de ciertas serpientes constituido por anillos endurecidos.
  V. 1. m. pl. *ES.* Manos. delinc.
  VI. 1. m-f. *Ni.* Persona de malas intenciones. desp.
  VII. 1. f. *CR.* Esposa, mujer casada. pop + cult → espon ∧ desp.
  ▶ **estar hecho un ~.**
cascabela.
  I. 1. *CR.* **cascabel,** serpiente.

cascabelear.
 I. 1. intr. *Mx, ES, Bo.* Moverse mucho el motor de un coche por algún fallo eléctrico, de combustión o mecánico.
 II. 1. intr. *Bo.* Decir exageraciones.

cascabeleo.
 I. 1. m. *ES, Ec.* Ruido y fallo del motor en el sistema eléctrico, la combustión o la mecánica.

cascabelero, -a.
 I. 1. adj/sust. *Bo. Referido a persona,* que dice mentiras.
 2. *Bo. Referido a persona,* que exagera cuando cuenta algo.
 3. *Bo. Referido a persona,* que incumple compromisos o promesas.

cascabelillo.
 I. 1. m. *PR.* Planta herbácea de hasta 1 m de altura, con tallo cilíndrico, hojas alternas, inflorescencia en racimos y flores amarillas cuyo fruto es una legumbre oblonga. (Fabaceae; *Crotalaria* spp.).

cascabillo.
 I. 1. m. *Gu, Ho, Ni.* Cascarilla fina que envuelve el grano de café después de haber sido despulpado.
 II. 1. m. *Gu, Ho.* Cartucho metálico de bala vacío.

cascada.
 I. 1. f. *Ar.* Paliza, serie de golpes dados a una persona o a un animal. pop.
 II. 1. f. *Pe.* Timo consistente en despertar la codicia del timado con el supuesto hallazgo de un fajo de billetes. delinc; pop.

cascadeo.
 I. 1. m. *Ho.* Golpeo y ruido de los cascos de una caballería contra el suelo al caminar. rur. ♦ **casqueo.**

cascahuite. (Del nahua *nacatli,* oreja, y *cuahuitl,* árbol).
 I. 1. m. *Mx, ES.* Árbol de hasta 15 m de altura, de hojas lanceoladas pequeñas, que nacen en ramificaciones de un solo eje, flores blancas y fruto en forma de rama aplanada de hasta 25 cm de longitud, rojizo o morado; sus semillas son comestibles cuando están tiernas y tienen valor medicinal. (Fabaceae; *Leucaena esculenta*). ♦ **uachi.**

cascajo.
 I. 1. m. *RD, Ec, Bo.* Conjunto de piedras pequeñas que se encuentran en la orilla del mar, los ríos o los barrancos.
 II. 1. m. *Ho, ES; RD,* fest. Dinero en monedas. rur.

cascalote. (Del nahua *nacatli,* oreja, y *coloa,* torcido).
 I. 1. *Mx.* **nacascolo.**
 2. m. *Mx.* Sustancia obtenida del cascalote, que sirve para curtir y para teñir.

cascamite.
 I. 1. m. *Ni.* Masilla elaborada con pegamento y serrín, utilizada para sellar o curar la madera.

cascar.
 I. 1. tr. *Ec.* p.u. Masticar *algo* duro hasta romperlo con los dientes. pop.
 2. *Bo:O,C.* Roer un hueso hasta dejarlo sin carne. pop.
 II. 1. intr. *Ch.* Irse *alguien* rápidamente de un lugar. pop + cult → espon.
 III. 1. tr. *Bo:O,C.* Hacer *algo* con muchas ganas y ahínco. pop + cult → espon.

cáscara.
 I. 1. f. *PR, Ar.* metáf. Piel seca y áspera que se forma en llagas y cortaduras durante el proceso de curación.
 2. *RD; Ho,* pop. Corteza de los árboles y plantas.
 3. *RD, PR.* Corteza recia y fibrosa que envuelve la nuez del coco.

 4. *PR.* metáf. Persona o cosa en mal estado, inservible. rur; pop + cult → espon.
 II. 1. f. *Ho, Co.* Trampa o dificultad que una persona o grupo pone a otra para causarle problemas.
 III. 1. f. *Pa; Ho,* pop. Caparazón de algunos crustáceos y moluscos. ♦ **carapa.**
 IV. 1. *CR.* **concho,** descaro. pop.
 V. 1. f. *Pa.* p.u. Vaina o funda del machete. rur.
 ■
 a. ‖ ~ **blanca.** f. *PR.* **pergamino,** cascarilla.
 b. ‖ ~ **de vaca.** f. *Cu.* Látigo con tiras de cuero de vaca con que se daban los azotes.
 c. ‖ ~ **rallada.** *PR.* **cachipa,** residuo del coco.
 ◪
 a. ‖ **la ~ guarda el palo.**
 i. fr. prov. *Mx, Ni, Ve.* Indica crítica y sátira contra aquellos que solo se bañan muy ocasionalmente. pop + cult → espon.
 ii. *Mx, Ni, PR.* Indica justificación humorística de aquellos que solo se bañan muy ocasionalmente. pop + cult → espon.
 ▶ comer ~ **de piña; hablar ~s; hablar ~s de caña; hablar ~s de piña; hacer ~; no comer huevos por no botar la ~; no ser ~ de coco; poner ~; poner ~s; ser ~ de coco; ser ~ del mismo palo**

cascaracuá.
 I. 1. m. *Ni.* juv. Hombre mujeriego.

cascarañado, -a.
 I. 1. adj. *Ve. Referido a persona,* que tiene hoyos o señales en el rostro ocasionados por la viruela. (**cacarañado**).

cascarazo.
 I. 1. m. *Ni, Pa, Ur; CR,* p.u. Golpe fuerte. pop + cult → espon ∧ fest.

cascareada.
 I. 1. f. *CR.* p.u. Serie de golpes dados a alguien. pop + cult → espon.

cascarear.
 I. 1. intr. *ES.* Tratar de encontrar el producto más barato.
 II. 1. intr. *ES.* Enterarse parcialmente de algo.
 III. 1. tr. *CR.* p.u. Dar una **golpiza** a *alguien.* pop + cult → espon.

cascarero, -a.
 I. 1. m. y f. *Co·C,NE.* Persona que hurta cosas de poco valor. pop + cult → espon.
 II. 1. m. y f. *Ve:O.* Persona que vende mercancías en un mercado público.

cascarilla.
 I. 1. f. *Mx, PR.* Árbol de hasta 7 m de altura, espinoso, de hojas pequeñas, flores verde amarillo y frutos arracimados en forma de drupa; su madera sirve para **espeques.** (Rhamnaceae; *Sarcomphalus reticulatus*). ♦ **espejuelo.**
 2. *Co, Ec, Pe.* Árbol de hasta 20 m de altura, con las hojas opuestas, ovaladas, de color verde oscuro y las flores rojas con corola blanca o rosada, agrupadas en espigas; de su corteza se extrae la quinina, que se emplea contra la malaria y el paludismo. (Rubiaceae; *Cinchona officinalis*). (**cascarillo**). ♦ **chinchona.**
 3. *Ho, Ni, CR.* Película de ciertos granos, como el arroz o el café.
 II. 1. f. *Cu.* Polvo blanco hecho de cáscara de huevo al que algunos le confieren propiedades mágicas.

cascarillal.
 I. 1. m. *Pe.* Terreno poblado de **cascarillos.**

cascarillo.
 I. 1. m. *Pe.* **cascarilla,** árbol de hasta 20 m de altura.

cascarita.
 I. 1. f. *Mx.* Partido de **futbol** improvisado entre amigos.

2. *Ec.* Cada uno de los golpes que repetidamente se dan con el pie a un balón procurando que no caiga al suelo. pop + cult → espon.

II. 1. m-f. *ES, Ni.* Persona anciana.

2. *ES.* Persona muy flaca.

III. 1. f. *Ec.* Piel de cerdo soasada en su propia grasa, picada en trozos pequeños y aderezada con sal y **ají**.

IV. 1. f. *RD.* Persona que vale poco o que sirve para poco.

▶ **comer ~s de caña; poner la ~; ponerle ~s; resbalarse en una ~ de banano.**

cascarón.

I. 1. m. *Bo:O,C; Ec,* obsol; *Pe,* p.u. Cáscara de huevo con agua perfumada o relleno de harina que se lanza a las personas a manera de juego en el carnaval.

2. *Gu.* Cáscara de huevo de gallina llena de confeti, *usada como juego en el carnaval.*

II. 1. m-f. *RD.* Persona de avanzada edad. pop + cult → espon.

cascaronazo.

I. 1. m. *Bo:O,C.* Golpe dado con un **cascarón**.

cascarote.

I. 1. m. *PR.* Brisa fuerte del mar.

2. *PR.* Viento alisio

cascarria.

I. 1. f. *Ch:C,S, Ar, Ur.* Suciedad acumulada en la piel de una persona, *especialmente la que resulta visible en los talones.* pop.

2. *Ch:C,S, Ur.* Masa de lodo y estiércol que se adhiere formando bolas en el trasero de los lanares. rur.

3. *Ur.* metáf. Persona o cosa despreciable. rur; desp.

II. 1. adj/sust. *Ch.* Referido cosa, de poco valor o de poca calidad. pop.

cascarriento, -a.

I. 1. sust/adj. *Ch:C,S, Ar, Ur.* Persona sucia o mugrienta. pop + cult → espon ∧ desp.

cascarroya.

I. 1. adj/sust. *Ch:C,S.* Referido *a un animal,* que tiene **cascarria**, acumulación de suciedad.

cascarudo.

I. 1. m. *Py, Ar, Ur.* Escarabajo o coleóptero.

cascarudo, -a.

I. 1. adj/sust. *Ni, CR.* Referido *a persona,* desvergonzada, descarada. pop ∧ desp.

2. adj. *Pa.* Referido *a persona,* terca.

cascás.

I. 1. *Pa.* **yigüirro.**

caschi. (Voz quechua).

I. 1. m. *Ar:NO.* Perro, *especialmente el pequeño y de raza indefinida.* pop.

casco.

I. 1. m. *RD, Co, Ch,* p.u. Cada una de las partes en que está naturalmente dividido el interior de algunos frutos, como la naranja.

2. *Co.* Corteza de algunas frutas que se emplea en repostería.

3. *Ar.* Trozo de fruta conservado en almíbar.

II. 1. adj/sust. *Bo:O,C.* Referido *a persona,* que dice mentiras. vulg; pop + cult → espon.

2. *Bo:O,C.* Referido *a persona,* que exagera cuando cuenta algo.

3. *Bo:O,C.* Referido *a persona* que incumple compromisos o promesas. vulg; pop + cult → espon.

III. 1. m. *Ho, Ni.* Pie de una persona. rur; pop.

2. m. pl. *Ni, PR.* Pata, pie del caballo.

IV. 1. m. pl. *Cu.* Dulce consistente en el pericarpio de algunas frutas, como la **guayaba** y la naranja, cocido en almíbar.

V. 1. m. *Bo:O,C.* Recipiente que se utiliza para recoger la orina. pop + cult → espon ∧ fest.

2. *Bo:O,S,C.* Cuenco pequeño hecho del fruto del **tutumo** que sirve para beber **chicha** o agua fresca. pop + cult → espon.

VI. 1. m. *Ch.* p.u. Suelo de una propiedad rústica, aparte de los edificios y plantaciones.

VII. 1. m. *Cu.* Mujer fea de cuerpo y cara.

VIII. 1. adj. *Bo:O,C.* Referido *a cosa,* ordinaria y de poco valor. vulg; pop + cult → espon.

IX. 1. m. *PR.* **Caparacho** de animal crustáceo. rur.

X. 1. m. *CR.* Hierro semicircular que, como protección, se clava a las caballerías en cada uña de las patas o de las manos.

■

a. ‖ **~ céntrico.** m. *Ar, Ur; Ec, Ch,* p.u. Parte de una ciudad donde se concentra el mayor número de actividades, *especialmente las comerciales.*

b. ‖ **~ colonial.** m. *Ec.* Parte de las ciudades ecuatorianas fundadas durante el período colonial, que conservan aún las características urbanas y de construcción de entonces; suelen ser hoy el centro histórico de aquellas.

c. ‖ **~ de burro.** m. *Gu, Ho:S, ES, Ni.* Molusco bivalvo de hasta 13 cm de diámetro, de forma redondeada; su carne es muy apreciada. (Arcidae; *Grandiarca grandis*). ♦ **chucheca.**

d. ‖ **~ de cadáver.** m. *ES. Entre borrachos, botella vacía.*

e. ‖ **~ de coco.** m. *PR.* Cáscara interior y muy dura del coco.

f. ‖ **~ de estancia.** m. *Ar, Ur.* Espacio ocupado por las edificaciones centrales de una **estancia.** ♦ **estancia.**

g. ‖ **~ de guayaba.** m. *PR.* Dulce hecho con cortezas de **guayaba** hervidas con azúcar.

h. ‖ **~ de vaca.** m. *Co.* **pata de vaca.**

i. ‖ **~ romano.** m. *Ar:NE.* Planta epífita con abundantes raíces aéreas, hojas de hasta 30 cm de longitud, flores masculinas amarillentas y femeninas verdosas, y una cápsula como fruto. (Orchidaceae; *Catasetum fimbriatum*).

□

a. ‖ **~ blanco.** loc. sust. *RD.* Agente de policía.

▶ **dar ~; estar entre ~s; meter ~; meter los ~s; poner ~; quedar con el ~ y la mala idea; tener malos ~s.**

¡casco!

I. 1. interj. *Bo:O,C.* Expresa incredulidad. vulg; pop + cult → espon. ♦ **¡bien casco!**

□

a. ‖ **¡bien ~!** loc. interj. *Bo:O,C.* **¡casco!**

cascoelosa.

I. 1. m. *RD.* Persona calva.

cascol.

I. 1. m. *Ec.* Árbol caducifolio de hasta 13 m de altura, con la corteza muy delgada, de desprendimiento irregular y cubierta con lenticelas equidimensionales solitarias y en filas horizontales, hojas bipinnadas y alternas, flores en corimbos, de color amarillo encendido, y fruto en legumbre negro verdoso. (Fabaceae; *Caesalpinia paipai*).

cascola. (De *Cascola*®).

I. 1. f. *Ur.* Pegamento vinílico.

cascorro.

I. 1. sust/adj. *Ve.* Pederasta. delinc.

cascorvo, -a.

I. 1. adj. *Mx, Gu, Ho, Co, Ve.* Referido *a persona o caballería,* que tiene las rodillas juntas y las piernas abiertas hacia fuera. rur. (**cazcorvo**).

2. *Ho.* Referido *a persona,* que tiene la columna vertebral encorvada. rur.

II. 1. adj. *Ve.* Sospechoso, que genera desconfianza. (**cazcorvo**).

cascoso, -a.
   I. 1. adj. *Pe. Referido a cosa o a la piel,* que desprende escamas.

cascotal.
   I. 1. m. *Ar.* Lugar en el que se han acumulado o amontonado cascotes, piedras u otros materiales de desecho.
   2. *Ar.* Terreno arcilloso que por haberse anegado presenta cascotes de tierra endurecida, grietas y marcas de las pisadas del ganado. rur.

cascote.
   I. 1. sust/adj. *Ar.* Persona torpe para entender o asimilar conocimientos. pop ^ desp.
   II. 1. m. *Py.* Hombre casado. pop.

cascotear.
   I. 1. tr. *Py, Ar, Ur.* Arrojar *una persona* cascotes o piedras a *alguien* o *algo.* pop.
   2. *Pa.* Dar *una persona* **cocotazos** a *alguien.*
   II. 1. tr. *Ur.* Usar mucho *algo, especialmente una prenda de vestir.* pop.
   III. 1. tr. *Ur.* Humillar a *alguien* o herir su dignidad. pop.

cascotera.
   I. 1. f. *Ar.* Empresa que se encarga de recoger los cascotes de una demolición.

cascuche.
   I. 1. m. *Ve:O.* Coscorrón.

case.
   I. 1. m. *Co.* Dinero que aportan los jugadores para una apuesta.
   II. 1. adj. *Co:O.* juv. *Referido a persona, especialmente a hombre,* de cabello largo y abundante. pop + cult → espon.

caseño, -a.
   I. 1. m. y f. *Ar:NO.* Empleado de un ingenio azucarero al que se le proporciona casa para que la habite. rur.

caserenco.
   I. 1. m. *ES.* Casa grande y vieja.

caserío.
   I. 1. m. *PR.* Conjunto de edificios de apartamentos subsidiados por el Gobierno, destinado a personas de pocos recursos. ♦ **residencial público.**

caserito.
   I. 1. *Ar:NO.* **casero,** pájaro.

casero.
   I. 1. *Ar:NO.* **hornero,** pájaro. (**caserito**).
   II. 1. m. *Ho, ES. En los juegos de azar,* dueño del negocio que tira los dados y cobra la **casa** al que gana.
   2. *Ho.* Hombre que cuida del garito y presta con usura a los jugadores.

casero, -a.
   I. 1. m. y f. *Pa, Ec, Pe, Ch; Bo,* vulg, cult → espon. *Respecto de un vendedor o comerciante de una tienda o de un puesto,* cliente habitual. pop.
   2. *Ec, Pe, Ch; Bo,* vulg. *Respecto de un cliente habitual de una tienda o de un puesto de mercado,* vendedor o comerciante.
   II. 1. m. y f. *Pe, Bo.* Persona que frecuenta un lugar por diferentes razones. pop + cult → espon.
   III. 1. adj/sust. *Gu, Ho. Referido a persona,* amante de otra.
   ▶ **tener de ~.**

caserote.
   I. 1. m. *Ar, Ur.* Pájaro de hasta 25 cm de longitud, con copete, alas cortas, pico largo y patas gruesas. (Furnariidae; *Pseudoseisura* spp.). ♦ **cacholote.**

caset. (Del fr. *cassette*).
   I. 1. m. *Mx, Ho, CR, Co, Py.* Casete.

caseta.
   I. 1. f. *Mx, Ni, CR, Cu, PR, Ch, Ar.* Pequeño habitáculo donde se guarece un vigilante o centinela para ejercer su función de control y observación.
   2. *Ni, Cu; Bo, Ch,* p.u. **caseta telefónica.**
   3. *Pe.* Cabina de un camión.
   II. 1. f. *Cu.* Pequeña construcción para cambiarse de ropas en la playa.
   2. *Cu.* Construcción que hay en las paradas de autobuses para protección de la lluvia y del sol.
   III. 1. f. *Ho.* Caja de madera con red metálica en que se transportan los gallos de pelea.
   IV. 1. *PR.* **caseta de campaña.**
   ■
   a. ‖ ~ **de campaña.** f. *PR.* Tienda de campaña. ♦ **caseta; caseta de** *camping.*
   b. ‖ ~ **de** *camping. PR.* **caseta de campaña.**
   c. ‖ ~ **de peaje.** f. *Mx, ES, Pe; Bo, Ch, Ar,* p.u. Pequeño habitáculo donde se guarece para ejercer su función el cobrador de peaje en una carretera.
   d. ‖ ~ **telefónica.** f. *Mx, Ho, ES, RD, Pe; Bo, Ch, Ar,* p.u. Cabina, pequeño alojamiento donde está instalado el teléfono público. ♦ **caseta.**

casete. (Del fr. *cassette*).
   I. 1. m. *Mx, Ho, PR, Co, Pe, Ur; RD, Bo,* p.u. Cartucho y cinta magnetofónica donde hay grabado *algo.*
   ▶ **andar malo el ~; borrársele el ~; caérsele el ~; tener malo el ~.**

casetera.
   I. 1. f. *Mx, Ho, ES, Ni, CR, Cu, Pe; RD, Bo,* p.u. Radiocasete del automóvil.

cash. (Voz inglesa).
   I. 1. m. *EU, Mx, Gu, Ho, Pa, RD, PR, Ec, Bo, Ch, Ar.* Dinero en efectivo.
   2. adv. *EU, Ho, RD, Bo, Ch, Ar.* Al contado, en efectivo.
   □
   a. ‖ **al ~.** loc. adv. *EU, Gu, Ni, CR, Cu, RD, Pe, Bo.* Al contado, en efectivo.

cashapona.
   I. 1. *Pe.* **chonta.** (Arecaceae; *Socratea exorrhiza*).

cashasha.
   I. 1. m-f. *Gu.* Miembro de una **banda de guerra** que toca el clarín.

cashcamote. (Del nahua).
   I. 1. m. *Gu.* **yuca,** planta.
   2. *Gu.* **yuca,** tubérculo.

cashé.
   I. 1. m. *Gu.* Caché, distinción.

cashmilon.
   I. 1. m. *Ar.* Fibra sintética de apariencia similar a la lana, *utilizada especialmente en la confección de prendas de vestir y otros tejidos.*

cashoma.
   I. 1. f. *ES.* Polvo en forma de afrecho que amontonan los **zompopos** a la entrada de sus hormigueros.

cashpeta.
   I. 1. f. *ES.* Vulva. vulg.

cashpián, -na.
   I. 1. adj. *Gu. Referido a persona,* que es amante de otra.

cáshpira.
   I. 1. f. *ES.* Mentira.

cashpor, -ra.
   I. 1. adj/sust. *Gu. Referido a persona,* que es amante de otra.

cashpora.
   I. 1. f. *Gu, ES.* **Tortilla** de maíz.

cashquear.
 I. 1. tr. *Gu.* Pagar una cantidad a alguien.
cashtapo.
 I. 1. m. *ES.* Costra de una llaga.
cashua.
 I. 1. *Pe.* **cachua**, danza y música.
cashul.
 I. 1. m. *ES.* **Tamal** hecho de harina de maíz y que tiene en su interior **frijoles**.
casi.
 ☐
  a. ‖ **por ~.** loc. adv. *Pa.* juv. Por poco. pop.
casia.
 I. 1. f. *Ni, Cu.* Árbol de flores amarillas en grandes ramilletes terminales; se cultiva como ornamental. (Fabaceae; *Cassia siamea*).
  2. *Cu.* Árbol de tamaño mediano, con copa grande y follaje denso, verde oscuro, flores de color rosa, perfumadas; se cultiva como ornamental. (Fabaceae; *Cassia nodosa*).
casiana.
 I. 1. f. *Ho.* p.u. Vulva. vulg.
casilla.
 I. 1. f. *Mx, Ni.* Lugar que aloja las urnas, personas a su cargo y demás dispositivos necesarios para realizar una consulta o una elección ciudadana, en una determinada circunscripción electoral.
  II. 1. f. *Ar, Ur.* Vivienda precaria hecha con chapas, cartones o madera, *que suele levantarse en zonas suburbanas.*
  2. *Ar, Ur.* Construcción pequeña para el perro, en madera u otro material y, *generalmente, con forma de casa.*
  3. *Ho, Ni.* Caja de madera con red metálica en que se transportan los gallos de pelea.
  III. 1. f. *Pa, Pe, Bo, Ch, Py.* Apartado de correos.
  IV. 1. f. *Ho, RD.* Puesto o lugar que ocupa algo o alguien en una lista o clasificación.
  V. 1. f. *Cu.* Pequeño local habilitado para abastecerse de un producto de consumo determinado.
  VI. 1. f. *Cu.* Trampa para cazar pájaros.
  VII. 1. f. *Cu:C.* Pequeño establecimiento dedicado a la venta de carne.
  VIII. 1. f. *Py.* Pequeño puesto de venta de revistas, cigarrillos y golosinas, *ubicado por lo general en las aceras.*
 ■
  a. ‖ **~ de correo.** f. *RD, Pe, Ch, Py, Ar, Ur.* Apartado de correos.
  b. ‖ **~ de voz.** f. *Pe, Ch. En telefonía,* depósito en el que se almacenan los mensajes orales.
  c. ‖ **~ electoral.** f. *Mx, Ni, RD.* Lugar que aloja las urnas, personas a su cargo y demás dispositivos necesarios para realizar una consulta o una elección ciudadana, en una determinada circunscripción electoral.
  d. ‖ **~ postal.**
   i. f. *Cu, Co, Ec, Pe, Bo, Ch, Py, Ar, Ur.* Apartado de correos.
   ii. *Ch.* Código postal. pop.
casillero.
 I. 1. m. *Ho, Ni.* Caja de madera con red metálica en que se transportan los gallos de pelea.
casimba.
 I. 1. f. *Cu, Ve, Pe; Ar,* obsol. Hoyo que se hace en la playa o en el lecho seco de un río para buscar agua potable. (**cazimba**).
  2. *Cu.* **cacimba**.
casimente.
 I. 1. adv. *RD.* Casi, por poco.
  2. *Ho.* De este modo, de esta manera. rur.
  3. *Ho.* Más bien, en verdad.

  4. *Ho, RD.* Aproximadamente.
  5. *Ho.* Por casualidad.
casimir.
 I. 1. m. *Ec.* Tela de lana de buena calidad, que se usa para confeccionar, *especialmente, trajes de hombre.* pop + cult → espon.
casimpulga.
 I. 1. *Ni.* **casampulga**. rur.
casinete.
 I. 1. m. *Pe, Bo, Ar.* Tela similar al cachemir, pero de inferior calidad.
  2. *Pe; Ec,* obsol. Tejido de lana compacto y liso, de mala calidad y bajo precio.
casino.
 I. 1. m. *Co, Ec, Pe, Bo, Ar.* Salón destinado a comedor y bar en los cuarteles militares y policiales.
  2. *Cu, Ch.* Sitio ubicado dentro de una instalación mayor, como una empresa, una estación o un establecimiento educativo, en el que se come.
  II. 1. m. *Bo;* m. pl. *Pe.* Baraja de naipes.
  2. *Pe, Bo.* Juego de naipes.
  3. *Ch.* Juego de cartas en que se forman tríos y escaleras.
  4. *Cu. En el dominó,* jugada que consiste en iniciar el juego con una ficha de poco valor.
  5. *Ho, Ni.* Variedad de juego de cartas. ♦ **casino jugado**.
  III. 1. m. *Cu.* Estilo cubano de baile de los diferentes ritmos derivados del **son**.
 ■
  a. ‖ **~ jugado.** m. *Ni.* **casino**, juego de cartas.
  b. ‖ **rueda de ~.** f. *Cu.* Danza en forma de rueda donde varias parejas bailan **casino** guiadas por uno de los integrantes que orienta cada uno de los pasos.
 ▶ **¡anda pa'l ~!**
casiragua.
 I. 1. f. *Ve.* Roedor silvestre de tamaño grande y de hasta 1 kg. (Echimyidae; *Proechimys* spp.).
casita.
 I. 1. f. pl. *Ch.* obsol. Servicio, excusado de las escuelas. pop.
  II. 1. f. *Ho.* Placenta, órgano de forma redondeada y aplastada que se desarrolla en el útero de la madre durante la gestación, envuelve el feto y permite su nutrición a través del cordón umbilical. rur.
  III. 1. f. *CR.* Conjunto de semillas de **maní** en su cáscara.
 ☐
  a. ‖ **~ de paja.** loc. sust. *PR.* Vulva. delinc; euf; pop + cult → espon.
  b. ‖ **la ~.** loc. sust. *Ec.* La cagada. euf; pop.
 ▶ **hacer ~; ir a las ~s.**
casitico.
 I. 1. *CR; Ec,* rur. **casito**. pop.
casito.
 I. 1. adv. *Co, Ec, Pe.* Por muy poco. (**casitico**).
 ☐
  a. ‖ **~ ya.** loc. adv. *Co.* Dentro de un momento.
casmagua.
 I. 1. *Cu.* **camagua**, árbol.
caso.
 I. 1. m. *Co, Ec, Pe, Py, Ar, Ur.* Relato breve, verdadero o ficticio y de contenido popular, que se ofrece como ejemplo. rur.
 ☐
  a. ‖ **~ de escopeta.**
   i. loc. sust. *Ar.* Persona cuya mala conducta resulta incorregible. pop.

ii. *Ur.* Persona de conducta poco común o imprevisible. pop.
▶ **hacer el ~ del perro; ponerse en el ~.**

casona.
  I. 1. f. *ES.* Casa presidencial.

casorearse.
  I. 1. *Ur; CR,* p.u. **casoriarse.**

casoriarse.
  I. 1. intr. prnl. *Mx, Ni, Pe, Bo, Ch, Ar; Cu,* obsol; rur. Contraer matrimonio. pop + cult → espon ^ fest. (**casorearse**).

casorio.
  I. 1. m. *Bo; CR,* p.u. | obsol. Ceremonia mediante la cual una pareja se une en matrimonio. rur; pop + cult → espon ^ fest.

caspa.
  I. 1. f. *Co.* Persona desagradable que provoca rechazo. pop + cult → espon ^ desp.
  □
    a. ‖ **~ del diablo.** loc. sust. *Ch.* Cocaína, estupefaciente. drog; pop.
  ▶ **botar ~.**

caspado, -a.
  I. 1. adj. *Bo. Referido a un fruto que se emplea como condimento,* ligeramente quemado. pop.

caspar. (Del quech. *q'aspay,* soasar, chamuscar).
  I. 1. tr. *Bo.* Quemar ligeramente un fruto que se emplea como condimento. pop.

caspear.
  I. 1. tr. *Pa.* Eliminar la maleza de un terreno, cortar la hierba. ♦ **casquear.**
  □
    a. ‖ **~ el terreno.** loc. verb. *Pa.* Cortar la hierba a ras de suelo.

caspi.
  I. 1. m. *Co.* Árbol de hasta 10 m de altura, de muchas ramas y florecitas de color blanco; sus emanaciones producen irritaciones en la piel. (Anacardiaceae; *Rhus striata*). ♦ **manzanillo; sarno.**
  □
    a. ‖ **~ chaqui.** loc. sust. *Bo:SO,C.* Mujer de piernas delgadas. pop + cult → espon ^ fest.

caspicaracho.
  I. 1. *Ec.* **alubillo.** rur.

caspichaqui. (Del quech. *k'aspi,* palo, y *chaqui,* pie).
  I. 1. sust/adj. *Bo:O,C.* Persona que tiene las piernas delgadas. pop + cult → espon.

caspiento, -a.
  I. 1. adj. *Mx, Ec, Pe, Bo, Ch; Ar,* p.u. *Referido a persona o al cabello,* que tiene caspa. pop.

caspinchado, -a.
  I. 1. adj. *Bo:S. Referido a la carne,* asada ligeramente al fuego. pop + cult → espon.

caspirol.
  I. 1. m. *Gu, ES.* Árbol de sombra de cafetales, de unos 5 m de altura, de follaje denso. (Fabaceae; *Inga preussi*).

caspirolazo.
  I. 1. m. *Gu.* Trago de aguardiente. (**guaspirolazo**).

caspiroleta.
  I. 1. f. *Co, Ve, Pe.* Bebida compuesta de leche caliente, huevos, canela, aguardiente, azúcar y algún otro ingrediente. ♦ **candil.**

caspiruleta.
  I. 1. f. *ES.* Prepucio.

casposo, -a.
  I. 1. adj/sust. *Co:O.* juv. *Referido a persona,* que habla más de la cuenta o presume mucho. pop + cult → espon ^ desp.

caspote. (Del quech. *k'aspi,* palo, madera).
  I. 1. adj/sust. *Bo:O,C. Referido a una persona, generalmente joven,* robusta y de gran estatura.

casqueador, -ra.
  I. 1. adj/sust. *Bo. Referido a persona,* que dice mentiras.
  2. *Bo. Referido a persona,* que exagera cuando cuenta algo.
  3. *Bo. Referido a persona,* que incumple compromisos o promesas.

casquear(se).
  I. 1. tr. *Ve:O, Ch.* Castigar a *alguien.* pop + cult → espon.
  2. *Pa, RD, Ch.* Golpear la cabeza de alguien con los nudillos. rur; pop + cult → espon.
  II. 1. intr. *Ho, Ve.* Golpear una caballería los cascos contra el suelo al andar.
  III. 1. tr. *Bo:O,C.* Hacer creer a *alguien* una cosa que no es verdad. vulg; pop + cult → espon.
  IV. (Der. de *casco,* cuenco).
  1. intr. *Bo:O,C.* Beber algunos vasos de **chicha.** vulg; pop + cult → espon.
  V. 1. intr. prnl. *Ho.* Beneficiarse *alguien* de algo. pop.
  VI. 1. tr. *Pa.* **caspear,** cortar la hierba.

casqueo.
  I. 1. *Ho.* **cascadeo.** rur.
  II. 1. m. *Pa.* Corte de hierba a ras de suelo. rur.

casquera.
  I. 1. f. *Ve.* Enfermedad que sufre un animal en los cascos.

casquero, -a.
  I. 1. adj/sust. *Bo:O,C. Referido a persona,* que miente con frecuencia. pop + cult → espon.
  II. 1. adj/sust. *Bo:O,C. Referido a persona,* que incumple compromisos o promesas. pop + cult → espon.

casqueta.
  ▶ **hacer la ~.**

casquifloja.
  I. 1. sust/adj. *Co.* Mujer coqueta que se deja seducir fácilmente por los hombres. euf; pop ^ desp.

casquillado, -a.
  I. 1. adj. *Bo. Referido a un objeto,* recubierto de metal.

casquillero, -a.
  I. 1. adj. *Ve. Referido a persona,* que siembra disensiones y enemistades.

casquillo.
  I. 1. m. *Cu, Pe.* Pieza que protege la punta de una pluma estilográfica o bolígrafo.
  2. *Cu.* Refuerzo en la punta del zapato que le da rigidez.
  3. *Cu.* Refuerzo de metal que protege la pieza dental.
  4. *Cu.* Anillo metálico que sujeta la goma del lápiz.
  5. *PR.* **puntera,** tapa de metal para el zapato.
  II. 1. m. *Pa, Ve; PR,* p.u.; rur. Herradura de las caballerías.
  III. 1. m. *Ve.* Discordia, desavenencia.
  IV. 1. m. *Ho.* Cinta de cuero, tela u otro material, de unos 3 cm de ancho que se cose o se pega en la parte interna del sombrero para que no roce la cabeza. rur.
  V. 1. m. *PR. En las peleas de gallos,* aro de metal para proteger la boca del gallo de la espuela.
  ▶ **comer ~; dar ~; meter ~.**

casquín.
  I. 1. m. *Ni.* Coscorrón.

casquinear.
  I. 1. tr. *Ni.* Dar coscorrones a *alguien.*

casquinero, -a.
  I. 1. adj/sust. *Ni. Referido a persona,* buena en golpear.

casquirroto.
 I. 1. adj. *PR. Referido a un gallo*, que no tiene plumas en la cabeza por haber sufrido un golpe o una herida.

casquite.
 I. 1. adj. *Ve. Referido a un alimento, especialmente al cara-to*, agriado.
 2. *Ve. Referido a persona*, de mal carácter.

casquito.
 I. 1. m. *Cu, PR.* Dulce hecho con cortezas peladas de **guayaba**, sin semillas, hervidas con azúcar.
 II. 1. m. *Cu. En el gobierno de Fulgencio Batista*, miembro del ejército. pop.

 ■
 a. ‖ ~ **de guayaba.** m. *Cu.* Dulce consistente en el pericarpio de algunas frutas, como la **guayaba** y la naranja, cocido en almíbar.

casquivanería.
 I. 1. f. *Ho.* Actitud informal o frívola de una mujer en el trato con el sexo masculino.

cassata. (Voz italiana).
 I. 1. f. *Ec, Ch, Ar, Ur.* Postre hecho a base de helado de crema, chocolate y fresa.
 2. *Ur.* Helado individual que se vende en un recipiente de plástico en forma de vasija acompañado de una cucharita.

casta.
 I. 1. f. *Mx, Ni, PR.* Calidad de raza pura del gallo de pelea.
 II. 1. f. *Mx, Ni.* Helado en bloques rectangulares *aproximadamente del tamaño de un ladrillo*.

castadero.
 I. 1. m. *PR.* Sitio donde se tiene a las gallinas de casta acompañadas de un gallo escogido para lograr pollos de calidad que puedan convertirse en gallos de pelea.

castado, -a.
 I. 1. adj/sust. *PR. Referido a persona*, valiente, firme. pop + cult → espon.
 2. *PR. Referido a un gallo de pelea*, valiente, temerario.

castador.
 I. 1. *PR.* **encastador.**

castaña.
 I. 1. f. *Co, Pe, Bo.* Árbol no maderable de hasta más de 20 m de altura, de semillas comestibles que se encuentran en cocos que se desprenden por maduración natural. (Lecythidaceae; *Bartolletia excelsa*).
 2. *Co, Pe, Bo.* Fruto comestible de este árbol.
 3. *RD.* Fruto del **árbol del pan**.
 II. 1. f. *Mx.* p.u. Barril pequeño.
 III. 1. f. *ES.* Dinero. polic.
 IV. 1. f. *PR.* Pedúnculo en el que se cría la semilla del **pajuil**. rur.

 ■
 a. ‖ ~ **de cajú.** f. *Ch, Ar, Ur.* Anacardo, fruto del **marañón**.

castañear. (Sínc. de *castañetear*).
 I. 1. intr. *Ho, Co, Ec, Ch.* Entrechocarse reiteradamente los dientes de una mandíbula con los de la otra. pop + cult → espon.
 2. tr. *Ec, Pe, Ch.* Hacer golpear reiteradamente entre sí una persona los dientes de cada mandíbula.

castañero, -a.
 I. 1. sust/adj. *Bo:N,E.* Persona que se dedica a la recolección de la **castaña**.

castañeta.
 I. 1. f. *Pe, Ch.* Pez marino de hasta 14 cm de longitud, de cuerpo ovalado, de color azul apizarrado por el dorso y plateado por el vientre, con aletas radiadas y una aleta ventral grande y alargada. (Pomacentridae; *Chromis crusma*). ◆ **burrito**.

2. *Ar, Ur.* Pez óseo de hasta 16 cm de longitud, de cuerpo orbicular y franjas verticales oscuras en los flancos. (Cichlidae; *Gymnogeophagus* spp.). ◆ **chanchita**.

castaño.
 I. 1. *RD, PR.* **árbol del pan**.

castaño, -a.
 I. 1. adj. *Ve. Referido a una caballería*, de color rojizo.

castar.
 I. 1. tr. *PR.* Aparear *alguien* un gallo y una gallina de buena raza para lograr gallos de pelea de casta superior.

castellana.
 I. 1. *Ho, ES, Ni.* **cantil**, serpiente.
 II. 1. f. *Gu.* Vasija de barro similar a la botija de Castilla. rur.

castellanista.
 I. 1. adj/sust. *Bo. Referido a un indígena*, que habla español.

castellano, -a.
 I. 1. adj/sust. *Ch. Referido a un color, especialmente de un ave de corral*, jaspeado en blanco y negro, cercano al gris.

castigada.
 I. 1. f. *Ho, CR.* Castigo, *generalmente acompañado de montes* pop.

castigador.
 I. 1. m. *Pa.* Hombre muy atractivo y displicente con sus conquistas. pop.

castigadora.
 I. 1. f. *Cu.* Mujer de gran atractivo físico. pop.

castigar(se).
 I. 1. tr. *Ve, Pe.* Rebajar el precio de un producto por no haberlo conseguido vender o estar deteriorado.
 2. *Ch.* Reducir una cantidad de dinero en una operación comercial para facilitarla.
 II. 1. tr. prnl. *Ar, Ur.* Disfrutar o gozar de *algo* evitando esfuerzos, preocupaciones o problemas. pop + cult → espon ∧ fest.
 III. 1. intr. prnl. *Pe.* Comer. pop + cult → espon ∧ fest.
 □
 a. ‖ ~ **a alguien la lengua.** loc. verb. *CR, Co.* Ser víctima de lo que se ha criticado en otra persona. pop.

castigo.
 I. 1. m. *Pe, Bo.* Rebaja del precio de un producto.
 2. *Ch.* Reducción de una cantidad de dinero en una operación comercial para facilitarla.

castilla.
 I. 1. f. *Gu, Ho*, rur; *Ar:N*, obsol. *Entre los indígenas*, idioma español.
 II. 1. f. *Pe, Bo, Ch.* Bayetón, tela de lana con mucho pelo, que se usa para abrigo.
 III. 1. sust/adj. *Bo.* **conejo de castilla**.
 □
 a. ‖ **de ~.**
 i. loc. adj. *Gu, Ho, ES, Ni, Bo.* Procedente de Castilla.
 ii. *Ho, ES.* Muy grande o de la mejor calidad. rur.

Castilla.
 □
 a. ‖ **de ~.** loc. adj. *Ec.* p.u. *Referido a objeto*, de origen español.

castillo.
 I. 1. m. *Ho. En construcción*, columna de hierro y cemento con que se sostiene un techo o se refuerza una pared.

 ■
 a. ‖ ~ **de la gente en pena.** m. *PR.* Cárcel. carc.

castizar.
 I. 1. tr. *PR.* Aparear *alguien* animales de distintas razas.

castizo, -a.
I. 1. adj. *Py.* p.u. *Referido a persona*, que ha engendrado o es capaz de engendrar muchos hijos. rur.
II. 1. adj. *PR. Referido a un gallo o a una gallina*, que es mezcla de **inglés** y de gallina de la tierra.

castor.
I. 1. *PR.* **palo de cotorra**, árbol de hasta 9 m.

castrado.
I. 1. adj. *PR.* metáf. *Referido a persona o animal*, cobarde. pop + cult → espon.

castrón.
I. 1. m. *Ar:S.* Macho cabrío. rur.

castuzo, -a.
I. 1. adj. *PR. Referido a una persona o a animal*, temerario, valiente.

casual. (Voz inglesa).
I. 1. adj. *EU. Referido a restaurante*, que sirve comida rápida.
■
a. ‖ ~ **day.** m. *PR.* Día en que niños y jóvenes no tienen la obligación de ir al colegio con uniforme.
► estar ~.

casualidad.
□
a. ‖ **con ~.** loc. adv. *Ve.* Casualmente. pop.

casuarina.
I. 1. f. *Mx, Gu, ES, PR, Ve, Ec.* Árbol dicotiledóneo de tronco y copa cónicos, que se caracteriza por tener ramillas muy delgadas, cilíndricas, de color verde, articuladas *y generalmente colgantes*, mientras que sus hojas están reducidas a escamas de forma triangular; su fruto es un cono leñoso ovalado; su madera, densa y dura, café rojizo, se emplea en carpintería; se cultiva como ornamental, para reforestar y para formar cortinas rompevientos. (Pinaceae; *Casuarina equisitifolia*).

casucha.
I. 1. f. *Ur.* Construcción pequeña para el perro, en madera u otro material *y, generalmente, con forma de casa.*

casulla.
I. 1. f. *Ho, Ni.* Película o cáscara de ciertos granos, como el arroz o el café. pop + cult → espon.
2. *Ho.* Tejido que cubre la pupa de varios insectos, como las avispas, en su fase larvaria. pop + cult → espon.
II. 1. f. *Ho.* Placenta, órgano de forma redondeada y aplastada que se desarrolla en el útero de la madre durante la gestación, envuelve al feto y permite su nutrición a través del cordón umbilical. rur.

casumba.
I. 1. f. *Co.* Casucha, casa pequeña y de mala construcción.

cata.
I. 1. f. *Ho, Ch, Ar. En minería*, exploración de un terreno en busca de una veta.
II. 1. *Ch, Ar.* **catita.**
III. 1. *Ec.* **horqueta**, tirachinas. rur.
► no ser ~ ni garrapata.

catabra.
I. 1. f. *Co:NE.* **catabre.** rur.

catabre.
I. 1. m. *Co:NE, Ve:O.* Recipiente de fibra vegetal, en forma de canasta. rur. (**catabra**).

cataco.
I. 1. m. *Ve.* Pez marino de tamaño inferior a 20 cm de longitud, de coloración verdosa o verde azulada en el dorso, que se hace gradualmente blanca en el vientre. (Carangidae; *Trachurus lathami*).

catacuya.
I. 1. f. *ES.* Vulva. vulg.

catada.
I. 1. f. *Ni, Bo.* Cata de bebidas alcohólicas, *especialmente de vino.*

catadura.
I. 1. *ES.* **acabadura.**

catahua.
I. 1. f. *Pe.* **solimanché.**

catajarra.
I. 1. f. *Ve.* Gran cantidad de personas o cosas. (**catajarria**).

catajarria.
I. 1. *Ve.* **catajarra.**

catala.
I. 1. f. *Ho, Ni.* Avispa grande de color amarillento que hace nidos pequeños en hoyos; es agresiva y su picadura es venenosa. (Vespidae; *Polistes* spp.). ♦ **chilera**; **chilizate.**

catálago.
I. 1. m. *ES.* Catálogo.

catalejos.
I. 1. m. *Mx, Fc, Bo, Ch,* p.u. Catalejo, instrumento óptico para ver a larga distancia.

catalina. (De *Santa Catalina*, por alusión a la rueda de su suplicio).
I. 1. f. *Ve:C.* Galleta dulce y redonda que se elabora con harina de trigo, mantequilla, clavos, anís, bicarbonato, **papelón**, ron y canela.
II. 1. f. *Ho, ES, Ni, RD.* Piñón dentado que sirve de transmisión de fuerza en una máquina como una noria, un trapiche o una bicicleta. (**catarina**).
► írsele la ~; trabársele la ~.

cataineja.
I. 1. *Ve.* **cataneja.**

catalineta.
I. 1. f. *Cu, PR.* Pez marino de hasta 30 cm de longitud, con bandas alternas de color amarillo y azul, reflejos plateados en el cuerpo y dos bandas negras, y aletas amarillas; su carne es apreciada. (Pomadasyidae; *Anisotremus virginicus*). ♦ **canario**; **catalufa**; **cataluja.**

catalítico.
I. 1. adj/sust. *Ch. Referido a un automóvil*, que lleva instalado un catalizador.

catalización.
I. 1. m. *Ch.* Instalación de un catalizador en los automóviles.

catalizar.
I. 1. tr. *Mx, Ch.* Instalar un catalizador en un vehículo.

catalufa.
I. 1. *Cu, PR.* **catalineta**, pez.

cataluja.
I. 1. *Cu, PR.* **catalineta**, pez.

catana.
I. 1. f. *Ch, Ar.* obsol. Sable, *en especial el largo y viejo*, que usaban los policías.
II. 1. f. *Ve.* Loro muy pequeño de color verde puro, algo claro. (Psittacidae; *Forpus passerinus*).
III. 1. f. *Cu.* **catanare**, vehículo.
2. *Cu.* **catanare**, aparato.

catanare.
I. 1. m. *Ve.* Vehículo viejo y desvencijado. ♦ **catana.**
II. 1. f. *Cu.* Aparato mecánico viejo o con deficiencias en su funcionamiento. ♦ **catana.**

catanear.
I. 1. tr. *Pe.* p.u. Golpear, dar una paliza a una persona o a un animal.

cataneja.
    I. 1.   *Ve.* **guala**, ave rapaz. (**catalineja**).
catanga.
    I. (Del quech. *aka*, excremento, y *tankay*, empujar).
        1.   f. *Pe, Bo, Ch, Ar:NO*. Escarabajo. (**acatanca**; **acatanga**).
    II. 1.   f. *Co:SO*. Nasa, implemento de pesca.
        2.   *Co:O*. Canasta de mimbre que sirve para recoger o guardar frutas, ropa y otros objetos.
    III. 1.   f. *Ar*. Vehículo viejo y deteriorado. pop.
catano.
    I. 1.   m. *Ni, Pa*. Ave trepadora, variedad de perico de hasta 25 cm de altura con pico róseo, ojos encarnados de contorno blanco, plumas verdes diseminadas por todo el cuerpo, plumas remeras de color verde azulado en el lado externo y amarillo en el interno, mástil negro y patas de color gris. (Psittacidae; *Chrysetis autumnalis, Pionus senitis*).
catano, -a.
    I. 1.   *Co*. **cucho**, viejo. pop ^ desp.
catao. (Del ingl. *cut out switch*).
    I. 1.   m. *Cu*. Interruptor por el que se controla el circuito eléctrico en un lugar.
catapacio.
    I. 1.   m. *Ve*. Grupo de objetos apilados.
catapilco.
    I. 1.   sust/adj. *Ch*. obsol. *En política*, candidatura que se presenta a unas elecciones con pocas posibilidades de éxito, pero que resta votos a otras mejor situadas.
cataplán.
    I. 1.   m. *RD*. Motel, lugar de citas.
cataplasma.
    I. 1.   f. *Pa*. Lugar donde se aparecen las brujas o los duendes. rur.
catara.
    I. 1.   f. *Ve*. Condimento elaborado con **yare** y **ají** picante.
cataracho.
    I. 1.   m. *Ho*. **Tortilla** de maíz frita sobre la que se colocan **frijoles** fritos y queso rallado.
catarina.
    I. 1.   f. *Mx*. Mariquita, insecto de forma semiesférica muy característico por el brillante color anaranjado moteado de puntos negros que decora las cubiertas de sus alas. (Pteromalidae; *Nasonia vitripennis*).
    II. 1.   f. *Gu*. Baile folclórico usual en la fiesta titular de San Juan Chamelco y Chisec.
    III. 1.   f. *Gu*. Dolor de muelas.
    IV. 1.   *Ho*. **catalina**, piñón.
catarnica.
    I. 1.   f. *Co*. Ave prensora robusta, de cabeza grande y cola corta, cuello y pecho de color azul, parte inferior de la garganta roja, lomo y vientre verdes. (Psittacidae; *Pionus menstruus*). ♦ **casanga**.
        2.   *Co*. Ave prensora con el pico blanco y plumas de la cabeza, cuello y parte central de color pardo oscuro. (Psittacidae; *Pionus chalcopterus*).
catarriento, -a.
    I. 1.   adj. *Mx, Ho, ES, Ni, Pa, Cu, Bo, Ch. Referido a persona*, que padece catarro.
        2.   *Mx, ES, Cu, Bo, Ch. Referido a persona*, propensa a contraer catarros.
        3.   *Mx. Referido a un agente causante*, que provoca o puede provocar catarro.
        4.   *Mx. Referido a una enfermedad*, que presenta como sintomatología el catarro.
catarro.
    I. 1.   m. *ES*. Dinero o ganancia ilícitos.

□
    a. ‖ ¡fuera ~!
        i.   loc. interj. *Cu*. Expresa la finalización de una situación o un trabajo.
        ii.   *PR*. Expresa rechazo de algo.
catascán, -na.
    I. 1.   adj/sust. *Ho. Referido a persona o a grupo de personas*, importante, poderosa. pop.
catasuela.
    I. 1.   f. *ES*. Vulva. vulg.
catatar.
    I. 1.   tr. *Pe*. Hechizar, fascinar. rur.
catatumba.
    I. 1.   f. *Mx*. Voltereta, vuelta dada en el aire.
cataure.
    I. 1.   m. *Ve:C*. Recipiente de fibra vegetal, en forma de canasta. rur.
catauro.
    I. 1.   m. *Cu*. Cesta rústica hecha de **yagua**.
catchar. (Del ingl. *to catch*).
    I. 1.   tr. *Ni, PR. En el* **beisbol**, servir de **catcher** o receptor.
        2.   *Ni, PR*. Agarrar, atrapar, coger *alguien algo*.
        3.   *Ni, PR*. Sorprender *una persona* a *alguien* haciendo una trampa.
catchear. (Del inglés *to catch*).
    I. 1.   tr. *EU, Cu, RD, PR. En el* **beisbol**, servir de **catcher** o receptor.
        2.   *Cu, RD, PR*. Agarrar, atrapar, coger *alguien algo*.
        3.   *Cu, RD, PR*. Sorprender *una persona* a *alguien* haciendo una trampa.
catcher. (Voz inglesa).
    I. 1.   m. *EU, Mx, Ho, Ni, CR, Cu, RD, PR, Co, Ve. En el* **beisbol**, **receptor**, jugador que recibe las pelotas tiradas desde el montículo por el lanzador. (**cácher**).
cate.
    I. 1.   m-f. *Bo*. juv. Docente de universidad, catedrático. pop + cult → espon.
caté. (Voz guaraní).
    I. 1.   adj. *Py, Ar:NE. Referido a persona*, que se caracteriza por su buen gusto, elegancia y refinamiento. pop.
        2.   *Py, Ar:NE. Referido a cosa*, que revela elegancia, buen gusto y distinción. pop.
        3.   *Py, Ar:NE. Referido a cosa*, lujosa, o de mucho valor o precio. pop.
        4.   sust/adj. *Py, Ar:NE*. Persona de clase social elevada. pop.
¡cate!
    I. 1.   interj. *Ho*. Expresa sorpresa al descubrir repentinamente algo o a alguien.
cateada.
    I. 1.   f. *Bo, Ch*. Búsqueda y exploración de una veta. pop + cult → espon.
cateado, -a.
    I. 1.   adj. *Mx. Referido a persona*, agotada, exhausta o en precarias condiciones de salud. pop.
        2.   *Mx. Referido a cosa*, deteriorada, con abundantes desperfectos o averías. pop.
    II. 1.   adj. *Pe, Ch. Referido a persona o a un lugar*, registrado por la policía.
    III. 1.   adj. *Pe, Bo. Referido a un terreno o a una mina*, explorados en busca de vetas.
cateador.
    I. 1.   m. *Co, Ve, Ec, Pe, Ch, Ar:NO; Bo*, pop + cult → espon. *En una mina*, hombre encargado de buscar vetas.
    II. 1.   m. *Mx*. Persona que catea, allana una casa. polic.

cateador, -ra.
I. 1.   m. y f. *Bo.* Persona que tiene por oficio catar vinos.

catear.
I. 1.   tr. *Mx, Ni.* Registrar, inspeccionar a fondo las fuerzas de seguridad un lugar, un vehículo o a personas.
2.   *Ho, Ni, Pa, Ve, Ec, Pe, Bo, Ch, Py.* Registrar la policía un domicilio por disposición judicial.
II. 1.   tr. *Ho, Co, Ve, Ec, Pe, Bo, Ch, Ar.* Explorar terrenos en busca de vetas de minerales.
2.   *Bo, Ch.* Mirar *algo* o a *alguien* con suma atención. pop.
III. 1.   tr. *Mx.* Proporcionar a *alguien* una paliza.
2.   *Gu, ES.* Golpear a *alguien* con los puños.
IV. 1.   tr. *Bo.* Catar vino. pop + cult → espon.

catebía.
I. 1.   f. *Ve:E.* Producto que se obtiene luego de rallar la **yuca** y extraer el **yare**, que después se cierne y se convierte en la harina con la que se prepara el **casabe**.

cátedra.
I. 1.   f. *Ve, Ar, Ur. En las carreras de caballos,* conjunto de apostadores que coinciden en el pronóstico del resultado y que, mediante sus apuestas, determinan el favorito.
▶ dar ∼; dictar ∼; golpear la ∼.

catedrático.
I. 1.   m. *Ho.* Miembro del equipo hondureño de **futbol** Real España.

categorización.
I. 1.   f. *Bo, Py.* Asignación de una categoría a un docente del sistema escolar estatal.

catei.
I. 1.   *RD.* **catey**, palma.

cateo.
I. 1.   m. *Mx, Gu, Ho, Ni, Pa, Cu, Pe, Bo, Ch, Py, Ur.* Registro que realiza la policía.
2.   *Ho, Co, Ve, Ec, Pe, Bo, Ch, Py, Ar, Ur.* Exploración de un terreno en busca de vetas minerales.
3.   *Ch.* Observación atenta de algo. pop + cult → espon.
□
a. ‖ **al ∼ de la laucha.** loc. adv. *Ch.* A la espera de la ocasión propicia. pop + cult → espon.

catera.
I. 1.   f. *Bo:O,C,S.* Mujer que vende productos de manera informal, *generalmente verduras,* en la calle o en mercados. pop + cult → espon.

catero, -a.
I. 1.   m. y f. *Bo:O,S,C.* Persona que acostumbra hablar a gritos. pop + cult → espon ∧ hiperb.

caterpila. (De *Caterpillar* ®).
I. 1.   m. *PR.* Ayuda, empujón, recomendación recibida por alguien.

caterpilar. (De *Caterpillar* ®).
I. 1.   m. *Mx, Ho.* Vehículo cuyas ruedas se adhieren fuertemente al terreno, de múltiples usos, tractor.

caterpílar. (De *Caterpillar* ®).
I. 1.   m-f. *Ho, Ni, RD, Pe, Bo, Ch, Ur.* Cualquier tipo y marca de maquinaria pesada que sirve para remover o transportar tierra.

caterva.
□
a. ‖ **en ∼.** loc. adv. *RD.* En gran cantidad, mucho.

catervada.
I. 1.   f. *Ar:NO; Ch,* p.u. Caterva, conjunto de gente o cosas sin orden. pop ∧ desp.
II. 1.   f. *Ch.* Gran cantidad. pop + cult → espon.

catete.
I. 1.   adj/sust. *Ch. Referido a persona,* que molesta, incomoda o cansa por su insistencia o modo de ser. pop + cult → espon.

catetear.
I. 1.   intr. *Ch.* Molestar insistentemente. pop + cult → espon.

cateteo.
I. 1.   m. *Ch.* Molestia o incomodidad reiterada. pop + cult → espon.

catey. (De or. ind. antillano).
I. 1.   m. *RD, PR.* Palma delgada, de tamaño mediano, con tronco y hojas cubiertos de espinas finas, largas y negras, y fruta pequeña, de color rojo, que comen los cerdos y las cotorras o cateyes, de ahí su nombre. (Arecaceae; *Acronomia aculeata, Bactris plumeriana*). (**catei**).
II. 1.   m. *Cu.* Ave pequeña de color verde brillante, con plumas rojas en la cabeza y en el cuello, y la parte inferior de las alas amarilla; la cola larga y puntiaguda; tiene capacidad para repetir palabras. (Psittacidae; *Aratinga euops*).
III. 1.   m. *PR.* Molestia.

catí.
I. 1.   m. *Py.* Sobaquina.

catibía.
I. 1.   f. *Cu, RD.* Harina que se obtiene de la raíz de la **yuca** después de rallada, prensada, exprimida; se emplea para hacer **casabe** y empanadas.
2.   *RD, PR.* Torta fina de forma circular hecha con esta harina.
3.   *PR.* Pulpa del coco, una vez rallada y extraído el jugo.
▶ comer ∼.

catichumbada.
I. 1.   f. *ES.* Gran cantidad de personas, animales o cosas.

catiguá.
■
a. ‖ **∼ blanco.** m. *Ar.* Árbol de hasta 14 m de altura, de tronco recto, hojas oblongas, flores muy pequeñas de color amarillo rojizo, y una cápsula pulposa como fruto. (Meliaceae; *Trichilia hieronymi*).

catimba.
I. 1.   f. *Ch,* p.u. Zapatilla deportiva. pop + cult → espon.
II. 1.   f. *PR.* **Golpiza** dada a una persona.
□
a. ‖ **a ∼.** loc. adv. *Ch,* p.u. A pie, andando. pop + cult → espon.

catinga.
I. 1.   f. *Py, Ar, Ur.* Olor fuerte y desagradable propio de algunos animales y plantas.
2.   *Bo, Ar,* p.u. Olor que emana de la piel de persona de raza negra.
3.   *Ar.* Sabor muy fuerte de algunos alimentos, *especialmente de la carne.* pop.

catingoso, -a.
I. 1.   *Ar.* **cantigudo**, que despide mal olor. pop + cult → espon ∧ fest.
2.   *Ar.* **cantigudo**, de sabor muy fuerte.

catingudo, -a.
I. 1.   adj. *Py; Ar, Ur,* pop + cult → espon. *Referido a persona o animal,* que despide mal olor. ♦ **cantingoso**.
2.   *Ar, Ur. Referido a un alimento, especialmente la carne,* de sabor muy fuerte. pop + cult → espon. ♦ **cantingoso**.

catipa.
I. 1.   f. *Pe.* Adivinación del futuro mediante la masticación de coca. rur.

catipar.
    I. 1. intr. *Pe.* Adivinar el futuro mediante la masticación de coca. rur.

catipurcia.
    I. 1. f. *Gu.* Abundancia de algo, muchedumbre.

catipuzal.
    I. 1. m. *ES.* Gran cantidad de personas, animales o cosas.

catira.
    I. 1. f. *Ve.* Cerveza pílsen, rubia. pop.

catire, -a.
    I. 1. m. y f. *Co:N,E, Ve, Ec.* Persona de cabello rubio.
      2. adj. *Co:N,E, Ec. Referido a cabello*, de color rubio.
      3. sust/adj. *Ve.* Persona de piel blanca y cabello rubio.
    II. 1. adj. *Ve. Referido a un caballo*, rucio, de belfos rosa claro y, a veces, de ojos azules.
      2. *Ec.* obsol. *Referido a ganado, en especial al caballar*, de pelaje rojizo.

catiro, -a.
    I. 1. m. y f. *Co:SO, Ec.* Persona de cabello rubio.
      2. adj. *Co:SO, Ec. Referido a cabello*, rubio.

catirrucio, -a.
    I. 1. sust/adj. *Ve.* Persona de piel blanca y con el cabello claro.

catita.
    I. 1. f. *Bo:O,C, Ch, Ar.* Ave de hasta 20 cm de longitud, de coloración general verde brillante y hábitos gregarios; varias especies pueden repetir algunas palabras. (Psittacidae; *Myopsitta* spp.). (**cata**).

cativí.
    I. 1. m. *Ho, Ni.* Herpes que se manifiesta en manchas moradas y rugosas de la piel. pop + cult → espon.

cativo.
    I. 1. m. *Ni, CR, Pa, Co.* Árbol de hasta 40 m de altura, con fuste recto y cilíndrico de corteza áspera pardo brillante, hojas paripinnadas, alternas, elíptico acuminadas y con puntos translúcidos, flores blanquecinas, con ramitas espigadas, y fruto en legumbre de color pardo; la madera se utiliza para fabricar *plywood* y para hacer **enchapes**. (Fabaceae; *Prioria copaifera*). (**kativo**).

catizumba.
    I. 1. f. *Gu, Ho, ES, Ni.* Gran cantidad de personas, animales o cosas. pop.
      2. *CR.* obsol. Conjunto numeroso de cosas. rur.
      3. *CR.* obsol. Conjunto numeroso de personas, *especialmente de hijos en edad infantil*. rur.

catizumbada.
    I. 1. f. *Gu, Ho, ES, Ni.* Gran cantidad de personas, animales o cosas. pop + cult → espon.

catizumbal.
    I. 1. m. *ES; Ho*, pop + cult → espon. Gran cantidad de algo.

catizumbazo.
    I. 1. m. *Ni.* Gran cantidad de personas, animales o cosas.

cato.
    I. 1. m. *Gu, ES, Ni; Ho, CR*, p.u. Puñetazo.
      2. m. pl. *Gu.* meton. Pelea.
    II. (Del aim. *katuña*, obtener una propiedad).
      1. m. *Bo.* Medida agraria equivalente a 1.600 m².
      2. *Bo:O,C.* Terreno cultivado con plantas de coca en la región de los Yungas.

catocha.
    I. 1. f. *ES; Ho*, p.u. Cartera donde se guarda el dinero. pop + cult → espon.

catorce.
    I. 1. m. *Co.* Favor. pop.
    II. 1. m. *Ho, Ni.* Pene grande. vulg.

    ■
      a. ‖ ~ **pulgadas.** m. *Ho.* Pene grande. vulg.
    ▶ **hacer un** ~.

catorcera.
    I. 1. f. *Ve.* Número considerable de personas o cosas.

catorrazo.
    I. 1. m. *Mx, Ni.* Golpe fuerte, propinado por alguien o causado por accidente. pop.

catorrear.
    I. 1. tr. *ES, Ni.* Golpear a *alguien* con los puños.

catracha.
    I. 1. f. *Ho.* **Tortilla** de maíz frita con **frijoles** machacados y fritos y queso seco rallado. pop + cult → espon.

catrachada.
    I. 1. f. *Ho, Ni.* Conjunto de todos o parte de los hondureños. pop + cult → espon.
      2. *Ho, Ni.* Dicho o hecho propios del hondureño. pop + cult → espon.

catracho.
    I. 1. m. *Ho. En talabartería*, cuero curtido en Honduras. pop + cult → espon.

catracho, -a.
    I. 1. adj. *Gu, Ho, ES, Ni.* Relativo a Honduras. pop + cult → espon.

catramina.
    I. 1. f. *Ar, Ur.* Vehículo viejo y deteriorado. pop + cult → espon.

catrasca. (De *cagada tras cagada*).
    I. 1. adj/sust. *Pa, Ar. Referido a persona*, que se equivoca con gran frecuencia. euf; pop.

catre.
    ■
      a. ‖ ~ **carga.** m. *PR.* Persona sinvergüenza. vulg; pop + cult → espon ^ desp.
      b. ‖ ~ **de lona.** m. *Ho, ES, Pa, Cu; Co, Py*, rur. Cama plegable que tiene el lecho de tela y un armazón compuesto de dos largueros y cuatro pies cruza dos en aspa. ♦ **catre de viento.**
      c. ‖ ~ **de viento.** *Ve.* obsol. **catre de lona.**
    ▶ **cambiar el** ~; **estar en el** ~; **mudar el** ~; **perseguir hasta el** ~; **rechinar el** ~.

catreco, -a.
    I. 1. adj. *Ho. Referido a un mueble*, desvencijado, estropeado. pop + cult → espon.
    II. 1. adj. *Ho. Referido a persona*, enclenque. pop + cult → espon ^ desp.
    III. 1. adj. *Ho. Referido a cosa*, que se logra, realiza o resuelve con mucha dificultad. pop + cult → espon.
    IV. 1. adj. *Ho. Referido a persona*, que tiene las piernas arqueadas hacia fuera y los pies juntos. pop + cult → espon.
      2. *Ho. Referido a persona*, que, por vejez, enfermedad o defecto físico, camina con dificultad. pop + cult → espon.

catrenol.
    I. 1. m. *Ch.* juv. Coito. euf; pop ^ fest.

catrera.
    I. 1. f. *Ar, Ur.* Cama, *especialmente la que es pobre o está en mal estado*. pop + cult → espon ^ fest.
      2. *Bo:S.* Cama sencilla y ligera, *generalmente plegable*, para una persona que forma parte de una institución militar o policial.

catrín, -na.
    I. 1. adj/sust. *Mx, Gu, Ho, ES, Ni; CR*, obsol. *Referido a persona*, que muestra elegancia en el vestir y esmero en el cuidado de su persona.

catrineado, -a.
    I. 1. adj. *ES, Ni, CR.* obsol. *Referido a persona*, vestida con esmero y elegancia.

catrinear(se).
    I. 1. intr. prnl. *Ho, ES, Ni; CR*, obsol. **apirularse**, arreglarse una persona.
    2. tr. *CR*. obsol. Vestir a *una persona* con esmero y elegancia.

catrivoleado, -a.
    I. 1. adj. *Pa. Referido a persona*, de mucha experiencia. pop ^ desp.

catrónico, -a.
    I. 1. adj. *PR*. juv. Tremendo.

catrueca.
    I. 1. f. *PR*. Cabeza. pop + cult → espon.

catso.
    I. 1. *Ec*. **catzo**.

catsup. (Voz inglesa).
    I. 1. m. *EU, Ni; Ec*, p.u. Salsa de tomate.

catu.
    I. (Del aim. *qhathu*, y del quech. *qhatu*, venta).
    1. m. *Bo:O,C*. Mercado popular que se celebra al aire libre, en el que comerciantes minoristas venden artículos muy diversos. pop.
    2. *Bo:O,C*. Puesto de venta en un mercado. pop.
    3. *Bo:O,C*. Mercancía en pequeña cantidad, expuesta en el mercado. pop.
    II. (Del aim. *katuña*, obtener una propiedad).
    1. m. *Bo*. Medida agraria equivalente a 1600 m². pop + cult → espon.

    ■
    a. ‖ **tanta ~.** m. *Bo*. Mercado popular en una ciudad, al aire libre, donde suelen venderse artículos diversos, *usados y generalmente robados*. pop + cult → espon.

catúan.
    I. 1. m. *RD*. Macho de la **hicotea**.
    II. 1. adj/sust. *RD. Referido a persona*, holgazana, haragana.

catuca.
    I. 1. f. *Cu. En el dominó*, forma fantasiosa de designar el número cuatro.

catucho, -a.
    I. 1. adj. *Ar:NO*. Relativo a Catamarca, ciudad argentina, o a su provincia. pop ^ fest.

caturra.
    I. 1. f. *Ho, Ni, Co, Ec*. Variedad de planta de café de porte bajo, entrenudos cortos, abundantes ramas secundarias y terciarias, muy productivo. (Rubiaceae; *Coffea canephora*).

caturro, -a.
    I. 1. adj. *Co:C. Referido a persona*, de baja estatura. pop + cult → espon.
    II. 1. sust/adj. *Ch*. Jugador o simpatizante del equipo de **futbol** Santiago Wanderers.
    2. adj. *Ch*. Relativo al equipo de **futbol** Santiago Wanderers.

¡catús!
    I. 1. interj. *Ho*. Expresa reclamación de un niño de una parte de algo que tiene otro, *generalmente comida o dinero*. inf.

catusear.
    I. 1. tr. *Ho, Ni*. Robar *algo* a *alguien*. pop. ♦ **acatusiar**.

catuta.
    I. 1. adj. *ES. Referido a persona*, de pequeña estatura.

catutería.
    I. 1. f. *ES*. Bajeza, cualidad de bajo.

catzo.
    I. 1. m. *Ec:C,N*. Coleóptero de cuerpo negro y alas amarillas que, en los machos, alcanza hasta 13,5 cm de

largo y 4 cm de ancho, y presenta dos pequeños cuernos. (Scarabaeidae; *Megasoma acteon*). (**catso**). ♦ **malanueva**.

cauba.
    I. 1. *Ar, Ur*. **pata de buey**.

cauca.
    I. 1. adj. *Ar:NO*. p.u. *Referido a un alimento*, crudo o mal cocido.
    II. (Del aim. *k'awkataña*, doblar).
    1. sust/adj. *Bo:O,C*. **cauquita**.
    III. (Der. de *cauquear*, mentir).
    1. adj/sust. *Bo:O,C. Referido a persona*, embustera, mentirosa. pop + cult → espon ^ fest.
    IV. 1. f. *Bo*. Mentira, embuste.

caucara. (Del quech. *caucara, cau, cauca*, semicrudo, y *cara*, piel).
    I. 1. f. *Ec*. Pedazo ancho de falda de carne de vacuno, en lonja de poco espesor, adobada con **achiote** y otros condimentos y finalmente asada.

caucau.
    I. 1. *Pe*. **caucáu**.

caucáu.
    I. 1. m. *Pe*. Guiso hecho con estómago de vaca o carnero en trozos pequeños al que se añaden **papas** picadas y que se adereza con aceite, cebolla, ajo, **ají** y otros ingredientes. (**caucau**).
    II. 1. m. *Pe*. Asunto, caso. (**caucau**).

caucel. (Del nahua *quauh-ocelotl*, tigre de árbol).
    I. 1. *Gu, Ho, Ni, CR*. **tigrillo**, felino.

caucha.
    I. 1. f. *Ec*. Especie de cardo, de hojas lanceoladas, de hasta 20 cm de longitud; se usa como antídoto de la picadura de la araña venenosa. (Apiaceae; *Eryngium rostratum*).

cauchar.
    I. 1. tr. *Ec:E,O*. Recolectar látex de los árboles de caucho. rur.

caucháu.
    I. 1. m. *Ch:S*. Fruto de la **luma**, semejante en la forma y gusto a la **murtilla**.

cauchera.
    I. 1. f. *Ve:O, Ec; Co*, rur. Especie de honda compuesta por una horquilla con mango, *usualmente de madera*, a cuyos extremos se unen los de una goma con una pieza de cuero que, al estirarla, sirve para disparar piedrecillas o perdigones.
    II. 1. f. *Ve*. Establecimiento dedicado a la compra, montaje y reparación de **cauchos**.
    III. 1. f. *Ec*. Plantación de árboles de **caucho**. rur.

cauchería.
    I. 1. f. *Co*. Oficio de cauchero.
    2. *Co*. Plantación de árboles de **caucho** a los que se les extrae el látex.
    3. *Bo:N,E*. Lugar donde se procesa caucho, látex coagulado, y en el que se encuentran todas las instalaciones de una empresa que explota este producto.

cauchero.
    I. 1. m. *Ec*. Trabajador dedicado a recoger el látex de los árboles de caucho. rur.

cauchi.
    I. 1. m. *Pe:S*. Guiso que tiene como principal ingrediente queso fresco al horno.

cauchicultor, -ra.
    I. 1. m. y f. *Ec*. Persona que se dedica al cultivo del árbol de caucho.

caucho. (Del quech. *kawchu*).
    I. 1. m. *Mx, Pa, Cu, PR, Co, Ve, Ec, Pe, Bo:N,E, Py*. Árbol de hasta 30 m de altura, de hojas tripalmea-

das y corteza lisa, de la que se extrae el látex mediante incisiones. (Euphorbiaceae; *Hevea brasiliensis*). ♦ **goma.**

2. *Ho, Ni, Ec.* **hule,** árbol.

II. 1. m. *Co, Ve.* **Llanta,** parte externa de caucho que forma parte de la rueda de un vehículo.

2. *Co, Ve.* Conjunto de la **llanta** y el neumático instalados sobre el **rin** de un automóvil.

III. 1. m. *Ve, Ec; Co:O,SO,E,* p.u. Prenda de vestir de caucho usada para protegerse de la lluvia. rur.

2. *Co:O.* p.u. Sábana impermeabilizada que se pone en la cama de los niños.

IV. 1. m. *Co, Ec.* Tira o banda elástica, *por lo general en forma de anillo,* usada para sujetar cosas pequeñas.

V. 1. m. *Co.* Preservativo. vulg.

VI. 1. m. *Ve.* Pliegue de grasa que se forma en alguna parte del cuerpo.

VII. 1. m. *Ec.* Alumno preferido de un profesor. pop ^ desp.

caucionado, -a.

I. 1. m. y f. *Ec.* Funcionario administrativo de confianza en quien se delega una responsabilidad económica.

cauciril.

I. 1. m. *Ho.* Avispa muy agresiva, de picadura muy dolorosa y panal en forma de testículo. (Vespidae; *Polybia rejecta*). (**causiril; causirín**). ♦ **huevoetoro; turma.**

caucus. (Voz inglesa).

I. 1. m. *PR.* Reunión de los dirigentes que integran la representación de un partido político en una legislatura para concretar la acción que debe ser seguida en el pleno del Congreso.

caudillaje.

I. 1. m. *RD, Co, Ec, Pe, Bo, Py, Ar, Ur.* Época histórica de predominio del gobierno de caudillos.

2. *Pe, Bo, Ar, Ur; Ch,* esm. Sucesión histórica de caudillos.

3. *Ve, Pe, Bo, Ch, Py, Ur.* Conjunto de caudillos.

4. *Ho, Ni, Pe, Ch, Ur.* Intromisión abusiva de una autoridad local en determinados asuntos, valiéndose de su poder o influencia. cult → esm.

5. *Ni, Bo; Ch,* esm. Dominación o influencia del caudillo en un pueblo o territorio.

II. 1. m. *Ni, Cu, PR.* Caciquismo.

caujaro.

I. 1. *Co, Ve.* **masú.**

cauje.

I. 1. *Ec.* **caimito,** árbol y fruto. (Sapotaceae; *Pouteria caimito*).

caujil.

I. 1. *Ve:O.* **cajuil.**

caula. (Apóc. de *cábala*).

I. 1. f. *Gu, ES.* Mentira o engaño hecho con maña.

□

a. ‖ **ni de a ~s.** loc. adv. *Pe.* De ninguna manera. pop.

▶ **casar ~.**

caulear.

I. 1. tr. *Gu.* Mirar, sorprender a *alguien.*

caulero, -a.

I. 1. *Gu.* **caulista.**

caulista.

I. 1. adj. *Gu. Referido a persona,* mentirosa. ♦ **caulero.**

caulote. (Del nahua *quauhxziotl,* herpes de árbol).

I. 1. *Mx, Gu, Ho, ES, Ni.* **guásimo,** árbol y fruto. (**cablote**).

caunce.

I. 1. m. *Co.* Árbol de hojas simples, de hasta 18 cm de longitud, de flores amarillas estrelladas, dispues-

tas en racimos que cubren por completo el árbol, cuyo fruto es una cápsula de 4 cm; la madera se emplea como combustible y en la construcción. (Ochnaceae; *Godoya antioquensis*).

cauncha.

I. 1. f. *Co:SO.* Alimento de maíz tostado y molido con azúcar.

caunter. (Del ingl. *counter*).

I. 1. m. *RD.* Mostrador.

caupí.

I. 1. m. *Ar:NO.* Planta anual de ramas de hasta 4 m de longitud, con hojas trifoliadas, flores violáceas y una vaina cilíndrica de color amarillo rojizo como fruto. (Fabaceae; *Vigna sinensis*). ♦ **frijol de carita.**

cauque.

I. 1. m. *Ch.* p.u. Pez de cuerpo alargado y redondeado en la zona ventral, de cabeza pequeña, boca protráctil y dientes pequeños y puntiagudos; vive en los ríos y aguas continentales. (Atherinopsidae; *Odontesthes mauleanum*).

cauqueada.

I. 1. f. *Bo:O,C.* Exageración cuando se habla o cuenta *algo.* pop + cult → espon ^ fest.

2. *Bo:O,C.* Mentira, embuste. pop + cult → espon ^ fest.

cauqueador, -ra.

I. 1. adj/sust. *Bo:O,C. Referido a persona,* que tiene el hábito de exagerar cuando habla o cuando cuenta *algo.* pop + cult → espon ^ fest.

2. *Bo:O,C. Referido a persona,* que tiene el hábito de decir mentiras. pop + cult → espon ^ fest.

3. *Bo:O,C. Referido a persona,* que no cumple sus compromisos o promesas. pop + cult → espon ^ fest.

cauquear.

I. 1. tr. *Bo:O,C.* Engañar *una persona* a otra. pop + cult → espon ^ fest.

2. *Bo:O,C.* Incumplir un compromiso o una promesa. pop + cult → espon ^ fest.

3. *Bo:O,C.* Exagerar *alguien algo* cuando habla. pop + cult → espon ^ fest.

4. intr. *Bo:O,C.* Exagerar al hablar de algo. pop + cult → espon ^ fest.

cauquén.

I. 1. *Ar.* **caiquén.**

cauquita.

I. 1. f. *Bo.* Pan crujiente, de pequeño tamaño, en forma de dos castañuelas unidas por la parte recta y estrecha. (**cauca**).

causa.

I. 1. m-f. *Pe.* Amigo. pop + cult → espon.

2. m. *Pe.* Hombre cuyo nombre y condición no se saben o no se quieren decir. pop + cult → espon.

II. (Del quech. *kawsay,* sustento de la vida).

1. f. *Pe.* Puré de **papas** con **ají** amarillo y limón, acompañado de lechugas y aceitunas, que se come frío como entrada. pop.

III. 1. f. *RD.* Llaga, **nacido.**

IV. 1. *PR.* **dolama,** achaque. rur.

■

a. ‖ **~ basal.** f. *Ch.* Factor fundamental o predominante en el acto y desarrollo de un suceso. cult.

b. ‖ **~ espiritual.** f. *PR. En el espiritismo,* mal físico motivado por un espíritu. rur.

▶ **apurar la ~.**

causal.

I. 1. f. *Mx, Ni, Co, Ve, Ec, Bo, Ar, Ur; Ch,* esm. Causa legalmente aceptada para que se logre una sentencia judicial, *especialmente en los juicios de divorcio.*

2. Ni, Bo, Ar, Ur; Ec, p.u; Ho, cult; Ch, esm. Razón o motivo de algo.

causante.
   I. 1. m-f. Mx. Contribuyente, persona que paga un impuesto.

causear.
   I. 1. tr. Ch. p.u. Comer abundantemente. pop.
   II. 1. tr. Ch. p.u. Vencer con facilidad a alguien. pop.

causeo.
   I. 1. m. Ch. Comida abundante y poco refinada. pop + cult → espon.

causeta.
   I. 1. f. Ch. Cierta hierba que nace entre el lino.

causiril.
   I. 1. Ho. **cauciril**.

causirín.
   I. 1. ES. **cauciril**.

cautelario, -a.
   I. 1. adj. Ch. Referido principalmente a una medida, cautelar. esm.

cautil.
   I. 1. m. Ni, Pa, Pe, Bo. Cautín, aparato para soldar con estaño.

cava.
   I. 1. f. Ve. Recinto dotado de instalaciones de frío artificial, que se destina a conservar alimentos u otros productos.
   2. Ve. Nevera portátil.

cavanga.
   I. 1. Pa. **cabanga**, conserva.

cavar.
   I. 1. intr. Ec:N. Cosechar **papas**. rur.

cave.
   I. 1. m. Ec:N. Recolección de la **papa**.

caverna.
   I. 1. f. PR. juv. Dormitorio.

cavilosear.
   I. 1. intr. PR. Cavilar alguien. pop + cult → espon.
   II. 1. intr. PR. Hacerse alguien ilusiones. pop + cult → espon.

caviloso, -a.
   I. 1. m. y f. ES. Guardia de una prisión. delinc.

cawi. (Del quech. qawi, asoleado).
   I. 1. adj. Bo:O,C. Referido a tubérculos o frutas, asoleados para adquirir sabor dulce. pop.

cawichar. (Del aim. qawichaña, y del quech. qawichay, asoleado).
   I. 1. tr. Bo:O,C. Asolear tubérculos o frutas para que adquieran sabor dulce. pop.

cay. (Del guar. ka'i).
   I. 1. Py, Ar:NE. **caí**.

caya. (Del aim. kaya, deshidratado).
   I. 1. f. Bo:O,C. **Oca** deshidratada, previamente remojada y helada que se hace secar al sol y adquiere un color oscuro. pop.

cayá.
   I. 1. f. PR. Intermisión de la fuerza del viento o de la agitación de las olas. pop + cult → espon.

cayacoa.
   I. 1. f. PR. Árbol quemado, usado para sembrar **coa**. rur.

cayada.
   I. 1. f. PR. Conjunto de **cayos**.

cayagual. (Del nahua cuaitl, cabeza, y yahualli, yagual).
   I. 1. m. Mx. Rodete, rosca para llevar un peso sobre la cabeza. (**cayahual**).

cayahual.
   I. 1. Mx. **cayagual**.

cayajabo.
   I. 1. m. Cu. Arbusto espinoso trepador, de hojas compuestas y flores rojas, fruto en vaina oblonga, semillas duras, de color rojo oscuro con una lista negra en uno de los lados. (Fabaceae; Canavalia gladiata).
   2. Cu. Semilla del cayajabo.
   3. PR. **callajabo**, planta.

cayama.
   I. 1. f. Cu. **gabán**, ave.

cayana. (Del quech. k'allana, olla de barro para tostar).
   I. 1. f. Pe; Ch, Ar:NO, rur. Vasija de barro para tostar granos.

cayanco.
   I. 1. m. ES. Pescado asado encima de piedras calientes en un hoyo, relleno con picadillo de verduras y envuelto en hojas de **juniapa**. rur.
   2. Ho:O. Sopa hecha con **frijoles**, **ayote** y flor de **izote**. pop + cult → espon.

cayapa.
   I. 1. f. Ve. Conjunto de personas que arremete contra alguien que está indefenso. pop + cult → espon. (**callapa**).
   2. Ve. Grupo de personas que, conjuntamente, realizan un trabajo no remunerado. pop + cult → espon. (**callapa**).

   □
   a. ‖ **en ~.** loc. adv. Ve. Conjuntamente, con rapidez y efectividad.

cayapear.
   I. 1. tr. Ve. Atacar un grupo numeroso de personas algo o a alguien. pop + cult → espon. (**callapear**).
   II. 1. tr. Ve. Realizar varias personas con efectividad y prontitud un trabajo no remunerado, a veces en beneficio de otros. pop + cult → espon. (**callapear**).

cayapero, -a.
   I. 1. m. y f. Ve. Persona que realiza junto con otras un trabajo no remunerado, a veces en beneficio de los demás. (**callapero**).
   II. 1. m. y f. Ve. Persona que en grupo ataca a otra. (**callapero**).

cayaschar.
   I. 1. intr. Ar:NO. Recoger el **cayascho**. rur.
   2. tr. Ar:NO. Recoger el **cayascho**. rur.

cayaschi. (Del quech. ckallaschi).
   I. 1. m. Ar:NO. Sobrante de la cosecha, especialmente de la uva o el maíz, que queda en el terreno o en la planta. rur. (**cayascho**).

cayaschir.
   I. 1. intr. Ar:NO. Recoger el **cayaschi**. rur.
   2. tr. Ar:NO. Recoger el **cayaschi**. rur.

cayascho. (Del quech. ckallaschi).
   I. 1. Ar:NO. **cayaschi**.

cayaya.
   I. 1. f. pl. PR. Persona de nalgas grandes. pop + cult → espon.
   II. 1. f. PR. Comadrona.

cayena.
   I. 1. f. RD, PR, Ve. **cayeno**.

cayeno.
   I. 1. Co. **gallardete**, arbusto. (**cayena**).

cayería.
   I. 1. f. Cu. Conjunto o grupo de **cayos** en el mar. (**cayerío**).

cayerío.
   I. 1. m. Cu. **cayería**.

cayero, -a.
   I. 1. m. y f. Cu. Habitante de un **cayo**.
   2. adj. Cu. Relativo a los **cayos**.

¡cayes!
I. 1. interj. *PR.* Expresa orden de hacer silencio. pop + cult → espon ∧ fest.

cayetano, -a.
I. 1. adj. *Ni, Ve, Ur; Co,* pop. *Referido a persona,* callada, lacónica. (**calletano**).

◪

    a. ‖ ~ **es buen amigo.** *Gu.* p.u. **cayetano es buen muchacho.**
    b. ‖ ~ **es buen muchacho.** fr. prov. *Ho, Ni.* p.u. Indica que alguien debe callarse o ser discreto. pop + cult → espon. ♦ **cayetano es buen amigo.**

¡cayetano!
I. 1. interj. *Gu, Co.* Expresa llamada de atención a alguien para que se calle o no sea indiscreto. pop + cult → espon. (**¡calletano!**).

cayo.
I. 1. m. *Ho, Cu, RD, PR, Co, Ve.* Isla muy pequeña, rasa, arenosa, *frecuentemente anegadiza y cubierta en gran parte de mangle,* muy común en el mar de Las Antillas.
    2. *Cu, RD, PR.* Grupo de islotes en el mar Caribe.

■

    a. ‖ ~-**caico.** m. *RD.* Isla pequeña.
    b. ‖ ~ **de monte.** m. *Cu.* Grupo aislado de árboles y matorrales que cubren una zona poco extensa en medio de la sabana.

cayón.
I. 1. *PR.* **chayón,** planta.
    2. *PR.* **chayón,** fruto.

cayopolín.
I. 1. *Ho.* **carachupa,** mamífero marsupial. (**coyopol**; **coyopolín**).

cayota.
I. 1. *Ar.* **chilacayote,** planta. (**cayote**).
    2. *Ar.* **chilacayote,** fruto. (**cayote**).

cayote.
I. 1. m. *Ar.* **cayota.**

cayú. (De etim. desc.).
I. 1. *Bo:N,E.* **marañón,** árbol y fruto.

cayubaba.
I. 1. adj. *Bo.* Relativo a los indios cayubaba.
II. 1. m. *Bo:N,E.* Cigarrillo preparado manualmente con hojas secas de tabaco, mezclado con sustancias aromáticas, como vainilla, alcohol y miel de abeja, que le dan cierto grado de frescura.

cayuco. (De or. ind. antillano).
I. 1. m. *Ho, ES, Pa.* metáf. Calzado que le viene muy grande a la persona que lo lleva. rur.
    2. *Pa, RD.* Embarcación alargada y de gran capacidad hecha de forma artesanal.
    3. *RD.* meton. Nombre común de diversas especies de plantas de tallos leñosos y distintas dimensiones que se utilizan para construir embarcaciones pequeñas.
    4. *Pa.* metáf. Pie muy grande. pop ∧ fest.
II. 1. *Cu.* **caldero,** recipiente mágico.
III. 1. m. *RD.* Variedad de cactus, de tallos columnarios, estriados de grandes flores blancas y nocturnas.

cayuco, -a.
I. 1. sust/adj. *Cu.* Persona de poca inteligencia.

cayuquero.
I. 1. m. *Cu.* Dueño de un **cayuco,** canoa.
    2. *Cu.* Conductor de un **cayuco,** canoa.

cayur.
■

    a. ‖ ~ **cimarrón.** *PR.* **cayure,** árbol. ♦ **cayur de río.**
    b. ‖ ~ **de río.** *PR.* **cayur cimarrón.**

cayure.
I. 1. m. *PR.* Árbol frondoso, que produce una fruta globosa del mismo nombre; su madera es blanda. (Annonaceae; *Anona glaba*). ♦ **cayur cimarrón.**

cayuro.
I. 1. m. *RD.* **Guanábana** de la sabana.

cayuvava. (De *cayubaba,* grupo étnico de la Amazonia boliviana).
I. 1. adj. *Bo.* Relativo a los cayuvava.

caza.
▶ **vivir de la ~.**

cazabe. (De or. ind. antillano).
I. 1. m. *Ho, Ni, Cu, RD, PR, Co, Ve, Bo; Pe,* rur. Torta grande y muy delgada elaborada con harina de **yuca** a la que se le ha extraído el **yare,** tostada en un **budare.** (**casabe; cazabí**). ♦ **tortita de yuca.**
II. 1. m. *Ec:NO.* Dulce de consistencia gelatinosa elaborado con harina de maíz endulzada y cocinada con canela, anís estrellado y pimienta dulce. (**cazave**).
    2. *Ec:NE.* **Tortilla** de **yuca** rallada y secada al sol que se cuece en un plato de cerámica; se consume sola o acompañada con carne o pescado. (**cazave**).
III. 1. m. *PR.* Pez marino de hasta 80 cm de longitud, sin escamas, de color pardo en la parte superior y blanquecino en la inferior, cabeza muy grande, hocico obtuso, y barbillas; es comestible. (Carangidae; *Chloroscombrus chrysurus*). (**casabe**).

cazabí.
I. 1. *RD.* **cazabe,** torta grande.

cazabobos.
I. 1. sust/adj. *Ni, Co, Bo.* Artefacto explosivo que estalla cuando se mueve el objeto de uso diario al que está conectado.

cazabrujas. (Calco del ingl. *witch-hunting*).
I. 1. m. *Ho, Ni.* Persona que denuncia o persigue a otra por tener ideas o posiciones políticas o religiosas diferentes. cult.

cazabrujismo.
I. 1. m. *Ho.* Persecución o denuncia a alguien por sus ideas opuestas al sistema político dominante o Gobierno de turno. cult.

cazacurioso.
I. 1. m. *Ur.* Cosa, *muchas veces insignificante,* que provoca curiosidad en alguien. pop + cult → espon.

cazadora.
I. 1. f. *Co.* Serpiente de hasta 3 m de longitud, gruesa, de color verde, de lomo más o menos anguloso y doce hileras de escamas dorsales, en la parte superior de la cabeza también tiene grandes escamas. (Colubridae; *Chironius carinatus*). ♦ **lomo de machete.**
II. 1. f. *CR.* obsol. Vehículo automóvil de gran capacidad, destinado al transporte público de personas en una ruta fija. rur.

cazahuate. (Del nahua *cuáhuitl,* árbol, y *záhuátic,* sarnoso).
I. 1. m. *Mx.* Árbol de hasta 12 m de altura, de hojas oblongo-lanceoladas, acuminadas, flores de color blanco y lanosas por fuera, y fruto en cápsula globosa, café-rojizo. (Convolvulaceae; *Ipomoea arborescens*). (**casahuate**). ♦ **palo de ceniza; tararaqui; tutumushte.**

cazar.
□

    a. ‖ ~ **la pelea.**
      i. loc. verb. *Ve.* Aceptar un reto.
      ii. *Cu.* Perseguir, tratar de sorprender.
    b. ‖ ~ **tilingos.** loc. verb. *Ec.* Estar *alguien* distraído. pop + cult → espon.

cazave.
I. 1. *Ec:NO.* **cazabe,** dulce.
    2. *Ec:NE.* **cazabe, tortilla** de **yuca.**

cazcorvo, -a.
I. 1. *Co, Ve.* **cascorvo,** que tiene las piernas torcidas.
II. 1. *Ve.* **cascorvo,** sospechoso.

cazimba.
   I. 1.   *Ve.* **casimba.**
cazo.
   I. 1.   m. *Pa.* Colador hecho de la mitad de una calabaza vaciada y agujereada y un palo largo como mango para limpiar la cachaza y remover la miel en un trapiche.
   ▶ **roncar como ~ de tamales.**
cazolote.
   I. 1.   m. *PR.* **Poleada** de maíz.
cazón.
   I. 1.   m. *Mx, Cu, PR.* Tiburón.
   2.   *Mx, Pa, Ur.* Cría del tiburón.
cazonete.
   I. 1.   m. *Pa.* Trampa para cazar lagartos.
cazote.
   I. 1.   m. *Ar.* p.u. Golpe que se da con el puño. pop + cult → espon.
cazuela.
   I. 1.   f. *Pe, Bo, Ch.* Plato compuesto de caldo, carne, **papas** y verduras cocidas, al que se pueden añadir otros componentes, como **choclo** o **zapallo.**
   2.   *PR.* Dulce que se hace con **batata** y otros tubérculos, huevos, leche de coco, clavos, canela y azúcar.
  II. 1.   f. *Pe, Ch.* Casualidad, azar. pop ^ fest.
 III. 1.   f. *ES.* Molde del **marquesote** y de la **quesadilla.**
  IV. 1.   f. *ES.* Vulva. vulg.
   V. 1.   f. *Ni.* juv. Nalgas pronunciadas. vulg.
  VI. 1.   f. *PR.* Olla con asas.
  ■
   a. ‖ **~ de mariscos.** f. *Ec.* Plato elaborado con distintas clases de mariscos adobados con **maní** y acompañado de **plátano verde.**
  □
   a. ‖ **por ~ virada.** loc. adv. *Cu.* Casualmente. pop ^ fest.
   ▶ **comer en ~; faltar ~.**
cazuelear(se).
   I. 1.   tr. *Ch.* Cocinar *algo*, especialmente *una cazuela*, guiso. pop + cult → espon.
   2.   tr. prnl. *Ch.* metáf. Hacer a *alguien* víctima de engaño o fraude. pop + cult → espon.
cazuelero.
   I. 1.   m. *Cu.* Hombre que se entromete en actividades propias de mujeres.
cd.
  ■
   a. ‖ **~ móvil.** m. *Ec.* Equipo musical con amplificadores de gran potencia, usado para amenizar eventos de carácter social, como fiestas y actividades recreativas.
ce.
  ■
   a. ‖ **~ redonda.** f. *Ch.* Letra c.
ceba.
   I. 1.   f. *Co:C.* juv. Cosa de mal aspecto o de mala calidad. desp.
  II. 1.   f. *Ar:NO.* Cebo de un arma o artefacto explosivo.
 III. 1.   f. *RD.* Dádiva en dinero.
   ▶ **echar la ~.**
cebada.
   I. 1.   f. *Bo, Ar, Ur; Ch,* p.u. Preparación de la infusión de **yerba mate** vertiendo sobre ella pequeños chorros de agua caliente cerca de la **bombilla.**
   2.   *Pe.* Cerveza.
cebadera.
   I. 1.   f. *Ho, ES, Pa.* Bolsa de red de **pita** u otro material que usa el campesino como morral. rur.
   2.   *Ho.* Bolsa grande en que se llevan los artes de pescar u objetos personales. rur.
  II. 1.   *PR.* **chiquera,** establo. rur. (**cebaera**).

cebadilla.
   I. 1.   f. *Mx, ES.* Planta de raíz bulbosa, de hasta 2 m de altura, de hojas estrechas, agudas lineales, enteras, algo rígidas, verdes, parecidas a las de las gramíneas, flores blancas, casi sentadas, en racimos espigados, fruto compuesto de tres cajas delgadas, secas, de color gris rojizo. (Liliaceae; *Schoenocaulon officinalis*).
   2.   *Mx.* meton. Insecticida preparado con las hojas de la cebadilla y usado para destruir piojos, garrapatas o gusanos.
  ■
   a. ‖ **~ chaqueña.** f. *Ar.* Planta perenne, con rizomas cortos y de mata expandida; tiene buena calidad nutritiva para el ganado. (Poaceae; *Brumus auleticus*).
   b. ‖ **~ criolla.** f. *Ar, Ur.* Planta de hasta 30 cm de altura, con numerosas ramificaciones basales y hojas largas; es una buena pastura. (Poaceae; *Bromus catharticus*). ◆ **carapucho.**
   c. ‖ **~ pampeana.** f. *Ar.* Planta de características similares a la **cebadilla criolla,** pero de menor tamaño, con hojas más cortas y de color verde grisáceo; es un forraje de excelente calidad. (Poaceae; *Bromus brevis*).
cebado, -a.
   I. 1.   adj. *Co, Ve, Pe, Bo, Py, Ar, Ur.* Referido a una *fiera*, que, por haber comido carne humana, es más temible.
   2.   *Co, Ve, Ec; Ch,* pop + cult → espon. Referido a una *fiera*, que frecuenta determinado sitio para cazar.
  II. 1.   adj. *Ar:NO, Ur.* Referido a persona, que ha adquirido una mala costumbre y no la puede abandonar. pop + cult → espon.
   2.   *Pa, Ch.* metáf. Referido a persona, que ha recibido un beneficio puntual y cree que lo seguirá recibiendo o disfrutando indefinidamente. pop + cult → espon.
   3.   *Ch.* juv. Referido a persona, muy hábil en algo.
   4.   *Ch.* juv. Excelente.
   5.   *Pa.* Referido a persona, que se ha acostumbrado al buen trato y mimos. pop + cult → espon ^ fest.
cebador.
   I. 1.   m-f. *Py, Ar, Ur; Ch,* p.u. Persona que ceba el **mate.**
  II. 1.   m. *Ar.* Dispositivo de los motores de explosión que facilita su arranque mediante el enriquecimiento de la mezcla de carburación.
cebadura.
   I. 1.   f. *Py, Ar, Ur.* Cantidad de **yerba** que se pone en el **mate** cuando se prepara la infusión.
cebaera.
   I. 1.   *PR.* **cebadera,** establo.
cebar(se).
   I. 1.   intr. prnl. *Mx, Ni.* No dar resultado. pop.
  II. 1.   tr. *Bo, Ch, Py, Ar, Ur.* Verter o agregar, en forma lenta, pequeños chorros de agua caliente a la **yerba mate,** cerca de la **bombilla,** cada vez que alguien va a beber la infusión.
 III. 1.   intr. *Ar, Ur.* Adquirir malas costumbres. pop.
  IV. 1.   tr. *RD.* Dar dinero.
   V. 1.   intr. prnl. *CR.* No disparar un arma de fuego después de haber accionado el gatillo. pop.
   2.   *CR.* No llegar a explotar un petardo. pop.
  VI. 1.   intr. prnl. *Pa.* Consentir, mimar con obsequios de comidas y golosinas. pop + cult → espon ^ fest.
  □
   a. ‖ **cebársele.** loc. verb. *Mx.* Frustrarse *alguien* por algo.
cebichada.
   I. 1.   f. *Pe, Bo.* Comida cuyo plato fundamental es el **cebiche.** pop. (**sevichada**).
   2.   *Pe, Bo.* Reunión de amigos en la que se sirve y se come **cebiche.** pop.
cebiche.
   I. 1.   m. *Mx, Gu, Ho, ES, Ni, CR, Pa, Cu, RD, PR, Co, Ve, Ec, Pe, Bo, Ch, Ar, Ur.* Plato preparado con

trozos pequeños de pescado o marisco crudo, cortado en trozos pequeños, macerado en jugo de limón ácido o de naranja agria, y aderezado con cebolla picada, sal y **ají** picante. (**ceviche; sebiche; seviche**).

▶ **ser más peruano que el ~.**

cebichería.
   I. 1. f. *Mx, Ni, Ec, Pe, Bo, Ch; Ho*, pop + cult → espon. Establecimiento en el que se vende **cebiche**. (**cevichería**).

cebichero, -a.
   I. 1. m. y f. *Mx, Ec, Pe, Bo, Ch*. Persona que hace o vende **cebiche**.
    2. adj. *Mx, Pe, Bo, Ch*. Relativo al **cebiche**.
    3. adj/sust. *Mx, Pe, Bo. Referido a persona*, muy aficionada a comer **cebiche**.

cebil.
   I. 1. m. *Ar:N*. Árbol de hasta 20 m de altura, corpulento y de madera dura y pesada. (Fabaceae; *Anadenanthera colubrina*). ◆ **huilco.**

■
   a. ‖ **~ blanco.** m. *Ar:NO*. Árbol de hasta 25 m de altura, de corteza rugosa y caediza, flores pequeñas de color verde amarillento, y como fruto una vaina estrecha, de entre 10 y 15 cm de largo y color castaño oscuro; su madera, rosa pálido, pesada y dura, se utiliza en carpintería rural. (Fabaceæ; *Piptadenia excelsa*). ◆ **horco cebil.**
   b. ‖ **~ colorado.** *Ar:N*. **curupay**, árbol.

cebilar.
   I. 1. m. *Ar:NO*. Lugar donde abundan los **cebiles**.

cebita.
   I. 1. f. *Ar*. Dispositivo de papel o plástico, que contiene una serie de pequeñas porciones de explosivo con las que se simulan disparos en armas de juguete.

cebito.
   I. 1. *Pa*. **baboso**, árbol.

cebo.
   ▶ **hacer ~.**

cebolla.
   I. 1. f. *Mx*. Pieza agujereada por donde sale el agua de la regadera o de la ducha.
   II. 1. f. *RD, Ve*. Reloj de bolsillo de mala calidad. desp.
   III. 1. f. *Gu*. Planta del pie de los felinos.
    2. *Gu*. Huella que deja la planta del pie de los felinos.
   IV. 1. f. *Gu, Ho*. p.u. Poder, puesto, mando, autoridad. pop.
   V. 1. *Ch*. **cebollento**, que mueve a llanto.
   VI. 1. f. *Cu*. metáf. Peinado que consiste en torcer el pelo y darle vueltas hasta que quede totalmente recogido.
   VII. 1. f. *Ho*. Vulva. vulg.
   VIII. 1. f. *CR*. p.u. **culo**, diferencial.

■
   a. ‖ **~ albarrana.** f. *Mx*. Planta herbácea bulbosa, de hojas largas y anchas que salen al nivel del suelo, flores blancas, grandes y vistosas, y frutos en forma de cápsulas; es apreciada como planta ornamental. (Amaryllidaceae; *Hymenocallis rotata*).
   b. ‖ **~ cabezona.** f. *Co*. Planta herbácea con tallo de hasta 80 cm de altura, hueco, fusiforme e hinchado hacia la base, hojas fistulosas y cilíndricas, flores de color blanco verdoso en umbela redonda, y raíz fibrosa que nace de un bulbo esferoidal, blanco o rojizo, formado de capas tiernas y jugosas, de olor fuerte y sabor más o menos picante. (Liliaceae; *Allium cepa*). ◆ **cebolla de huevo.**
   c. ‖ **~ de hoja.** f. *Co*. Planta herbácea de hojas cilíndricas, ahuecadas, florecitas de color blanco, dispuestas en racimos en forma de parasol, y bulbo pequeño; parte de su tallo es comestible. (Liliaceae;

Allium fistulosum). ◆ **cebolla de verdeo; cebolla junca; cebolla larga.**
   d. ‖ **~ de huevo.** *Co:O*. **cebolla cabezona.**
   e. ‖ **~ de verdeo.** *Ar*. **cebolla de hoja.**
   f. ‖ **~ junca.** *Co*. **cebolla de hoja.**
   g. ‖ **~ larga.** *Co*. **cebolla de hoja.**
   h. ‖ **~ silvestre.** m. *Ho*. Planta silvestre similar a la cebolla, pero con sabor a ajo, con bulbos pequeños, la flor es rojo púrpura, *generalmente con márgenes blancos*, otras veces es blanca con franjas azuladas o púrpura, y el fruto es una cápsula semirredonda; el bulbo se come crudo y se utiliza como condimento en comidas. (Liliaceae; *Allium glandulosum*). ◆ **ajo silvestre; mataras; ramita de San Antonio.**
   i. ‖ **~ siqui.** *Bo:O,C*. **cebollita jiqui jiqui.**

cebollento, -a.
   I. 1. adj. *Ch. Referido a una serie televisiva, una novela o una canción*, lacrimosas, que mueven a llanto. pop + cult → espon. ◆ **cebolla; cebollero.**
    2. adj/sust. *Ch. Referido a persona*, sensiblera, que muestra sensiblería. pop + cult → espon. ◆ **cebollero.**

cebollero.
   I. 1. m. *Co:C*. Autobús de transporte público que está deteriorado. pop.
   II. 1. *Ch*. **cebollento**, que mueve a llanto.
    2. *Ch*. **cebollento**, sensiblero.

cebolleta.
   I. 1. f. *Ho, ES*. Planta de las garras de un felino. pop + cult → espon.
    2. *Ho, ES*. Huella que deja la planta del pie de los felinos. pop + cult → espon.
    3. *ES*. metáf. Huellas digitales.

cebollín.
   I. 1. *Ho*. **amole**, planta erecta.
    2. m. *Ho*. Orquídea erecta que crece en humus o en rocas, el labio de la flor tiene una garganta amarilla con venas rojas que se irradian; la savia de los tallos subterráneos se usa como pegamento para petates, instrumentos musicales y otros objetos. (Orchidaceae; *Maxillaria variabilis*).
   II. 1. m. *Cu*. Persona muy poco inteligente, torpe.

cebollino.
   I. 1. m. *Mx, Ho*. Cebolla de pequeño tamaño y muy delgada. (Alliaceae; *Allium schoenoprasum*).

cebollita.
   I. 1. m-f. *Ar, Ur*. Niño de corta edad, *en especial si es revoltoso y travieso*. pop + cult → espon.
    2. f. *Ar, Ur. En el **baby-futbol***, categoría para niños de corta edad.
    3. m. *Ar, Ur*. Niño que juega en esta categoría.

■
   a. ‖ **~ jiqui jiqui.** f. *Bo*. p.u. Juego infantil en el que se forman dos bandos opuestos, cada uno de ellos formando una columna con los niños tomados de la cintura; el primer niño de una de las columnas se aferra de un lugar fijo, y el otro bando trata de arrancar al último, al penúltimo y así sucesivamente hasta hacerlo con el primero. ◆ **cebolla siqui.**

cebollón.
   I. 1. m. *Cu*. Persona muy poco inteligente, torpe.

cebolludo, -a.
   I. 1. adj/sust. *ES. Referido a persona*, de cabeza grande.
   II. 1. sust/adj. *Ho*. Mujer con vulva abultada. vulg.

cebón, -na.
   I. 1. adj/sust. *Gu. Referido a persona*, perezosa.

ceboruco.
   I. 1. m. *Mx*. Lugar de rocas escarpadas. (**seboruco**).
   II. 1. m. *Cu*. Anillo muy grande.

ceboruquillo.
    I. 1.   m. *PR.* Árbol de hasta 15 m de altura de hojas elípticas, inflorescencia axilar, flores de color verde amarillento y fruto oscuro con una semilla; su madera se usa para construir espeques, y su sombra, para proteger a los cafetos. (Sapindaceae; *Thouinia striata*). (**seboruquillo**). ♦ **guabá; serrasuela.**

cebra.
    I. 1.   f. *Cu, Co, Ur; Ar,* p.u. Franja de una calle señalizada por medio de unas rayas pintadas de blanco o amarillo, por donde el peatón tiene preferencia para cruzar.

cebratana. (Metát. de *cerbatana*).
    I. 1.   f. *Gu.* Cerbatana.

cebro.
    I. 1.   m. *Ar:NO.* Tigre. rur.

cebruno, -a.
    I. 1.   adj. *Ve:C, Ar, Ur.* Referido a un caballo o a su pelaje, de color ceniciento. rur.
    2.   *Ve.* Referido a un caballo o a su pelaje, de color castaño oscuro.

cebú.
    I. 1.   m. *PR.* Hombre a quien la mujer engaña, cornudo. pop + cult → espon.

cebucán.
    I. 1.   *Co, Ve.* **sebucán.**

ceca.
    I. 1.   f. *Ar.* Cruz, reverso de una moneda.
    2.   *Ar.* Faz no impresa de una **figurita.**

cechín.
    I. 1.   adj/sust. *Ni.* Referido a un hombre, homosexual.

ceciliana.
    I. 1.   f. *PR.* Planta medicinal usada en infusiones y tisanas. (**ciciliana**).

cecina.
    I. 1.   f. *Ve, Bo, Py, Ar, Ur,* p.u. Tira de carne de vacuno, delgada, seca y sin sal.
    2.   *Ch.* Embutido de carne.
    3.   *Ec.* Loncha delgada de carne sin cocinar.
    II. 1.   f. *Ni, CR.* Corte de carne de ganado vacuno de la parte delantera de la panza.

    ■
    a. ‖ ~ **de Yecapixtla.** f. *Mx.* Carne cortada en tiras, que se pone a secar y a la que se añade sal; puede acompañarse de salsa, **aguacate, frijoles** o **tortillas.**

cecinar.
    I. 1.   tr. *Ec.* Cortar carne en **cecinas.**

cecinero, -a.
    I. 1.   adj. *Ch.* Relativo a la fabricación, producción y venta de **cecinas,** embutidos.
    2.   sust/adj. *Ch.* Persona que trabaja con **cecinas,** embutidos.

ceda.
    I. 1.   m. *CR.* Señal de tránsito que indica a los conductores la obligatoriedad de ceder el paso a otro vehículo en determinado punto de una vía.

cedazo.
    I. 1.   *RD, PR.* **hollejo.**

ceder.
    □
    a. ‖ ~ **el charco.** loc. verb. *ES.* Ceder el micrófono a alguien. fest.

cedral.
    I. 1.   m. *Mx, Ho, Ve.* Bosque de cedros.

cedrillo.
    I. 1.   m. *Ec, Ar:NE.* Árbol de hasta 10 m de altura, con corteza de color rojo amarillento, hojas con la cara superior brillante, flores blanco amarillentas y fruto

que crece en racimos de color rojo; su olorosa madera, blanco rosácea que se va volviendo rojiza, es apreciada en ebanistería. (Meliaceae; *Guarea coriacea*).
    2.   *Ho, Co.* **cabo de hacha.**

cedro.
    I. 1.   m. *Mx, Gu, Ho, ES, Ni, CR, Co, Ve, Pe.* Árbol de hasta 40 m de altura, de hojas compuestas, alternas, flores en grupos terminales de color amarillo y fruto capsular; se utiliza en la medicina tradicional. (Meliaceae; *Cedrela odorata*). ♦ **cedro amargo; cedro cebolla; cedro colorado; cedro del país; cedro hembra; cedro jupas; cedro maría; cedro real; kuché; nogal cimarrón.**
    2.   *Mx, Gu, Ho, ES, Ni, Pe, Py.* Madera del cedro, olorosa, duradera y muy resistente al **comején**; se utiliza en carpintería y ebanistería.
    3.   *PR, Bo.* Árbol de hasta 30 m de altura, de hojas paripinnadas, inflorescencia panicular, flores blanco verdosas y fruto capsular; su madera se utiliza en carpintería y ebanistería. (Meliaceae; *Cedrela tubiflora*). ♦ **cedro misionero.**

    ■
    a. ‖ ~ **amargo.** *CR, Pa.* **cedro.**
    b. ‖ ~ **cebolla.** *CR, Pa.* **cedro.**
    c. ‖ ~ **colorado.** *Ho, ES.* **cedro.**
    d. ‖ ~ **coya.** *Ar:NO.* **cedro tucumano.**
    e. ‖ ~ **del país.** *PR.* **cedro.**
    f. ‖ ~ **espino.** *Pa.* **pochote,** árbol.
    g. ‖ ~ **espinoso.** *Pa.* **pochote,** árbol.
    h. ‖ ~ **hembra.** *Cu, PR.* **cedro.**
    i. ‖ ~ **jujeño.** *Ar:NO.* **cedro tucumano.**
    j. ‖ ~ **jupas.** *CR.* **cedro.**
    k. ‖ ~ **macho.**
       i. m. *Ar, Ur.* Árbol de hasta 30 m de altura, hojas pinnadas, flores de color blanco verdoso y una cápsula esférica como fruto. (Meliaceae; *Cabralea oblongifoliola*). ♦ **cancharana.**
       ii. *Pa.* **moroporán,** árbol.
    l. ‖ ~ **maría.** *CR.* **cedro.**
    m. ‖ ~ **misionero.** *Ar:NE.* **cedro.**
    n. ‖ ~ **real.** *Ho, ES, Ni.* **cedro.**
    ñ. ‖ ~ **tucumano.** m. *Ar.* Árbol de hasta 15 m de altura, hojas alternas, inflorescencia panicular, y fruto capsular de color castaño oscuro. (Meliaceae; *Cedrela lilloi*). ♦ **cedro coya; cedro jujeño.**

cedrón.
    I. 1.   m. *Ec, Pe, Bo, Ch, Py.* Arbusto de hasta 2 m de altura, que tiene hojas muy aromáticas, y flores hermafroditas de color blanco dispuestas en panojas terminales. (Verbenaceae; *Aloysia citrodora*).
    2.   *Ch, Ar:N.* Planta trepadora, de hojas opuestas y trifoliadas, flores masculinas blancas y femeninas verdosas; se le atribuyen propiedades medicinales. (Verbenaceae; *Aloysia triphylla*).
    3.   *Ho, ES, Ni.* Planta de tallos delgados que alcanzan una altura de hasta 6 m y remata en un penacho de hojas compuestas; semillas muy amargas, que se emplean en infusión contra calenturas, dolor de estómago y el veneno de la picada de culebra. (Simaroubaceae; *Simaba cedron*).

cédula.
    I. 1.   *Ho, Ni, CR, RD, Ve, Ec, Pe, Bo, Ch, Py, Ar, Ur.* **cédula de identidad.**

    ■
    a. ‖ ~ **de apremio.** f. *Bo.* Documento jurídico de detención o reclusión carcelaria.
    b. ‖ ~ **de ciudadanía.** f. *Co, Ec.* Carné de identidad.
    c. ‖ ~ **de comparendo.** f. *Bo.* Documento jurídico en el que se conmina a una persona a comparecer ante un juez.

d. ‖ **~ de empadronamiento.** f. *Mx*. Documento que permite a su poseedor identificarse como votante.

e. ‖ **~ de identidad.** f. *Ho, Ni, CR, RD, Ve, Ec, Pe, Bo, Ch, Ar, Ur; PR*, p.u. Carné de identidad. (**cédula**). ♦ **tarjeta de identidad.**

f. ‖ **~ de votación.** f. *Ho, Pe, Ch*. Papeleta con la que se emite el voto en unas elecciones. ♦ **cédula electoral.**

g. ‖ **~ electoral.** *Pe.* **cédula de votación.**

cedulación.
I. 1. f. *Ho, ES, Ni, CR, Pa, RD, Co, Ve, Ec*. Expedición de **cédulas de identidad** o **de ciudadanía**.

cedular.
I. 1. tr. *Ho, ES, Ni, Co, Ve, Ec*. Expedir la **cédula de identidad** o **de ciudadanía** a *alguien*.

céfiro.
I. 1. m. *RD*. Déficit, agujero contable.

cegadera.
I. 1. f. *Ar*. Arbusto de hasta 1 m de altura, de hojas opuestas, flores blancas y tubulares, y una cápsula globosa como fruto; es tóxico para el ganado. (Rubiaceae; *Hintonia pustulata*).

Cegua. (De *ciguanaba*).
■

a. ‖ **la ~.** f. *Ho, ES, Ni, CR. En la tradición popular*, figura legendaria que vaga en las noches por caminos solitarios y se presenta a los hombres como una hermosa mujer que, de repente, cambia su rostro por el de un caballo.

ceguera.
I. 1. f. *RD, Ve*. Conjuntivitis. rur.

cegueta.
I. 1. sust/adj. *Ni*. Persona miope.

ceiba. (De or. ind. antillano).
I. 1. f. *Mx, Gu, Ho, ES, Ni, Pa, Cu, RD, PR, Co, Ve, Ec, Pe*. Árbol de hasta 50 m de altura, *generalmente cubierto de espinas cortas cuando es joven*, ramas rojizas, flores rojas tintóreas y frutos que contienen seis semillas envueltas en una especie de algodón blanquecino. (Malvaceae; *Ceiba pentandra*). (**ceibo; ceyba; seiba; seyba**). ♦ **árbol de algodón; bonga; inup; jilinjoche; lupuna; pochote; yaxché.**

2. m. *RD, PR, Bo, Ch, Py, Ar, Ur*. Árbol de hasta 12 m de altura, con el tronco de porte bajo, corteza rugosa y copa irregular, hojas compuestas, carnosas y verdes, flores con forma y color similares a la cresta de un gallo, y fruto en vaina leñosa, de 10 a 20 cm de longitud. (Fabaceae; *Erythrina cristagalli*). (**ceibo; seibo**). ♦ **cañaro.**

3. *Co*. Árbol de hasta 15 m de altura, con copa espesa y flores de color rojo anaranjado; se cultiva como ornamental y para dar sombra. (Fabaceae; *Erythrina fusca, E. poeppigiana*).

ceibal.
I. 1. m. *Mx, Gu, Ho, PR, Ve, Ar, Ur*. Lugar poblado de **ceibas**.

2. *PR*. Conjunto de estos árboles.

ceibilla.
I. 1. f. *PR*. **solimanché.**

2. *PR*. **jabillo**, fruto.

ceibo.
I. 1. m. *Mx:SE*. **ceiba**, árbol de hasta 50 m.

2. *RD, PR, Bo, Ch, Py, Ar, Ur*. **ceiba**, árbol de hasta 12 m.

3. *Co*. Árbol de hasta 15 m de altura, con copa espesa y flores de color rojo anaranjado; se cultiva como ornamental y para dar sombra. (Fabaceae; *Erythrina fusca, E. poeppigiana*).

ceibó.
I. 1. m. *Ve; Co*, obsol. Mueble con cajones o gavetas, y estantes donde se guarda lo necesario para el servicio de la mesa. (**seibó**).

ceibón.
I. 1. m. *Cu*. Árbol de hasta 15 m de altura, con tronco verde, liso y abultado en la base, solo tiene ramas en el extremo superior y hojas en las extremidades de las ramas y las flores son de color rojizo; de su corteza se extraen fibras que se utilizan para hacer cuerdas. (Bombacaceae; *Bombax emerginatum*).

ceibor. (Del ingl. *side board*).
I. 1. m. *RD*. Aparador.

ceibote.
I. 1. *PR*. **solimanché.**

2. *PR*. **jabillo**, fruto.

ceja.
I. 1. f. *Bo*. Faja de tierra en una planicie al borde de una quebrada.

2. *RD*. Porción pequeña de terreno.

3. *RD*. Camino estrecho que bordea un monte.

II. 1. f. *Ho. En la rueda de un automóvil*, partes del neumático que están en contacto con el **rin**.

III. 1. f. *Ho*. Saliente de un **horcón** en el que se cuelgan objetos. rur.

■

a. ‖ **~ de monte.**
  i. f. *Ve, Pe, Bo, Ar; Co, Ec*, p.u; rur. Borde de un bosque que a distancia aparece como banda o faja de vegetación elevada.
  ii. *Cu, RD*. Camino estrecho, senda o vereda en una faja de monte o bosque.

b. ‖ **~ de selva.** f. *Ec*. p.u. Borde de un bosque que a distancia aparece como banda o faja de vegetación elevada.

□

a. ‖ **~s de atol.** loc. sust. *CR*. Cejas muy pobladas y casi juntas en el entrecejo. pop ^ fest.

b. ‖ **sin ~s.** loc. sust. *CR*. Serpiente, reptil ofidio. fest.

▶ **caérsele la ~; echar una ~; traer entre ~ y ~.**

¡ceja!
I. 1. interj. *Ho*. Expresa mandato de retroceso a una yunta de bueyes. rur.

cejada.
I. 1. f. *Mx*. Movimiento brusco que hace una bestia cuando se espanta.

cejaivira. (De *ceja* y *vira*).
I. 1. m. *PR*. Trajín, trabajo intenso y sin descanso. pop + cult → espon.

cejar(se).
I. 1. intr. prnl. *Mx*. Espantarse repentinamente una caballería y desviarse del camino.

2. tr. *Ar:NO*. Hacer retroceder a un buey golpeándole suavemente entre las astas. rur.

cejo.
I. 1. m. *Mx*. Ceño, entrecejo.

cejón, -na.
I. 1. adj. *Mx, CR, PR, Co, Ve, Pe, Bo; Ch*, pop + cult → espon. *Referido a persona*, que tiene las cejas muy pobladas y largas. pop.

cejuá.
I. 1. f. *RD*. Planta herbácea tropical, de hojas alternas y flores diminutas. (Urticaceae; *Pilea* spp.).

cel. (Apóc. de *celular*).
I. 1. *Mx, Ho, Pe, Bo*, juv. **celular.**

celaduría.
I. 1. f. *Mx*. Jurisdicción, demarcación administrativa.

celaje.
   I. 1. m. *RD, PR.* metáf. Sombra, aparición fantástica de la imagen de una persona muerta. pop + cult → espon.
      2. *PR.* Estela que deja un objeto que se desplaza a gran velocidad y que percibe el ojo.
   □
     a. ‖ **como un ~.** loc. adv. *Mx, RD, PR, Pe, Ch.* Rápidamente. pop + cult → espon.

celda.
   I. 1. f. *Mx, Pe; Ho,* cult. *En un dispositivo mecánico,* compartimento donde tienen lugar procesos químicos o eléctricos.

cele.
   I. 1. *CR.* **celeque,** que aún no ha madurado.

celebrar.
   I. 1. tr. *Cu:E.* Enamorar a *alguien.*

celeco, -a.
   I. 1. *ES.* **celeque,** que aún no ha madurado.
   II. 1. adj. *ES. Referido a persona o animal,* flaco.

celemín.
   I. 1. m. *RD; Ch.* rur. Gran cantidad de algo.
   ■
     a. ‖ **~ de gente.** m. *RD.* Muchedumbre.

celeque. (Del nahua *celic,* tierno, verde, sin madurar).
   I. 1. adj. *ES, Ni, CR:NO; Ho,* rur. *Referido a fruta,* que aún no ha madurado. ♦ **cele; celeco.**
   II. 1. adj. *Ho. Referido a un niño,* llorón y consentido. rur.
      2. *Ho. Referido a un niño o a un animal,* recién nacido. rur.
      3. *Ni.* metáf. *Referido a persona joven,* inmadura.
   III. 1. adj. *ES. Referido a persona o animal,* flaco. (**seleque**).

celery. (Voz inglesa).
   I. 1. m. *EU, PR, Ve.* Apio, planta.

celeste.
   I. 1. adj. *ES, Ni, CR. Referido a persona,* celosa. fest.
      2. m. pl. *Gu.* Celos. euf; fest.
   II. 1. f. *Ur.* **Seleccionado** de **futbol** del Uruguay.
      2. adj. *Ur.* Relativo a este equipo.
   ► **quedarse ~.**

celestino.
   I. 1. *Ar:N.* **choguí.**
   II. 1. m. *Ch.* **Panqueque** doblado dos veces sobre sí mismo y cubierto con alguna sustancia dulce.
   III. 1. m. pl. *ES.* Celos. fest.

celestino, -a.
   I. 1. adj. *ES. Referido a persona,* celosa. fest.

celestre.
   I. 1. m. *Cu.* Leche impura.

celofán, -na.
   I. 1. sust/adj. *Pe,* Persona celosa. pop + cult → espon.

celoplín. (De *Celoplín*®).
   I. 1. m. *Ar.* Cinta de celulosa o plástico, adhesiva por uno de sus lados, que se emplea para pegar.

celosa.
   I. 1. f. *Mx.* Arbusto de hasta 10 m de altura, con ramas largas que cuelgan, *frecuentemente espinosas,* hojas opuestas u ovales, flores monopétalas lilas o blancas, en racimos y fruto de 7 a 11 mm, redondeado y amarillo. (Verbenaceae; *Duranta repens*). ♦ **violetina.**

celosía.
   I. 1. f. *Ho, CR, Ch.* Cada uno de los cristales alargados, sujetos a un soporte móvil, que conforman la ventana y que, a través de un manubrio, pueden abrirse y cerrarse.

celoso, -a.
   I. 1. adj. *Ni, PR, Co, Ve, Ch, Ar, Ur. Referido a un mecanismo,* sensible al más ligero contacto.
      2. *Bo. Referido a persona,* muy sensible a las cosquillas. pop + cult → espon ^ fest.

celote.
   I. 1. m. *Ve.* Cinta adhesiva.
   II. 1. m. *PR.* juv. Vigilante.

celu. (Apóc. de *celular*).
   I. 1. m. *Ho, PR, Ec, Pe, Bo, Ch.* juv. Teléfono portátil que se conecta a una central mediante ondas hercianas. pop + cult → espon.

celular.
   I. 1. m. *EU, Mx, Gu, Ho, ES, Ni, CR, Pa, Cu, RD, PR, Co, Ve, Ec, Pe, Ch, Py, Ar, Ur; Bo,* pop. Teléfono portátil que se conecta a una central mediante ondas hercianas. (**cel**).
      2. adj. *Ch, Ar.* Relativo a los medios de comunicación en telefonía portátil.

celularizado, -a.
   I. 1. adj. *EU, Gu, Ho.* p.u. *Referido a persona u organismo,* que tiene teléfonos celulares.

celuloides.
   I. 1. m. *Mx.* Celuloide, sustancia.

celute.
   I. 1. adj. *Mx:SE.* obsol. *Referido a un fruto,* verde, que no está maduro. rur.

cema.
   I. 1. f. *Mx.* Pan de acemite. (**sema**).
      2. *Ar:NO.* Harina de trigo con salvado o **afrecho.**

cemboni.
   I. 1. m. *Ni.* juv. Establecimiento en donde se vende y consume bebidas alcohólicas, *en especial aguardiente.*

cementar.
   I. 1. tr. *CR, Bo, Ch.* Cubrir una superficie con una capa de hormigón.

cementerio.
   I. 1. m. *Ho, Ni.* meton. Muerte o destrucción de muchos animales o plantas.
   ► **tener ~.**

cementero, -a.
   I. 1. m. y f. *RD, PR.* Persona que huele cemento o cemento plástico para drogarse. drog.

cemento.
   I. 1. m. *Mx, Ni, CR, RD, Ve, Py, Ar, Ur.* Pegamento.
   II. 1. m. *CR, PR, Py.* Mezcla compuesta de piedras menudas, cemento hidráulico, agua y arena.
   III. 1. m. *Ho.* **Tortilla** de maíz. carc.
   □
     a. ‖ **huele ~.** loc. adj/sust. *RD. Referido a persona,* que se droga con cemento. drog.
   ► **comerse ~.**

cemita. (De *acemite*).
   I. 1. f. *Mx.* Pan de acemite. (**semita**).
      2. *Ar:NO.* Harina de trigo con salvado o **afrecho.**
      3. *Ar:NO.* Pan hecho a base de harina de trigo con **afrecho,** grasa y levadura.
      4. *Gu, Ho, ES, Ni.* Bollo hecho con harina de trigo y yema de huevo, *a veces relleno de dulce o mermelada de fruta y con una capa de harina de maíz o afrecho.* (**semita**).
   II. 1. f. *Ho, ES.* Vulva. vulg.
   ◪
     a. ‖ **como las ~s de Puebla: con la ganancia adentro.** fr. prov. *Mx.* Indica que una cualidad o una circunstancia de alguna cosa o una situación permanecen ocultas o se muestran por sorpresa.

cempasúchil.
   I. 1. m. *Mx.* Hierba anual de hasta 1 m de altura, de hojas compuestas, oblongas, divididas de once a dieci-

siete segmentos lanceolados, con el margen dentado y provistas de glándulas, flores amarillas en cabezuelas, las radiales con lígulas, las del disco con un tubo; se usa con fines medicinales. (Asteraceae; *Tagetes erecta*). (**sempasúchil**; **zempasúchil**). ◆ **cempoal**; **clavel de muerto**; **clavellina**; **flor de muerto**; **musajoyó**.

cempoal.
   I. 1. *Mx.* **cempasúchil**.

cena.
□
   a. ‖ **~ de negros.** loc. sust. *Mx, Ur.* Reunión de personas que termina con mucho alboroto, desorden y confusión. pop + cult → espon ^ desp.

◼
   a. ‖ **la ~ es para el despierto, para el dormido no hay ~.** fr. prov. *Mx.* Indica que una persona ha de ser lo suficientemente inteligente, perspicaz y ágil para conseguir lo que pretende.

cenacho.
   I. 1. m. *PR.* Camastro. rur.

cenada.
   I. 1. f. *Mx.* Cena.

cenaduría.
   I. 1. f. *Mx.* Restaurante en que se sirven comidas por la noche.

cencali.
   I. 1. m. *Mx.* Granero que se utiliza para conservar el maíz. rur.

cencapa. (Del quech. *sinqapa*).
   I. 1. f. *Pe.* Jáquima que se pone a la llama. rur.

cencioso, -a.
   I. 1. adj/sust. *RD. Referido a persona*, versada en ciencias. vulg.

cencuate. (Del nahua *centli*, mazorca de maíz, y *coatl*, serpiente).
   I. 1. m. *Mx.* Serpiente de más de 1 m de longitud, cuya piel exhibe anillos de vivos colores. (Colubridae; *Pityophis deppei*). (**sincuate**; **zincuate**). ◆ **alicante**.

cencuatera.
   I. 1. f. *Mx.* Madriguera de **cencuates**.

cenegal.
   I. 1. m. *Co, Bo*; *Mx*, obsol. Cenagal.

cenegoso, -a.
   I. 1. adj. *Ni, Co, Pe, Bo*; *Ec*, pop; *Ch*, p.u. Cenagoso, lleno de lodo.

cenero.
   I. 1. m. *ES.* Trago de licor que se toma antes de la cena.

cenicero.
   I. 1. m. *Ho, ES.* Personaje mítico que gusta de comer ceniza en los fogones de las casas durante la noche. rur.
   II. 1. f. *Ho.* Gran cantidad de ceniza.
   III. 1. m. *PR. En la industria azucarera*, persona que se encarga de la limpieza de los hornos.
   IV. 1. m. *CR.* Cavidad cuadrangular de hormigón que se hace cada cierto tramo en el sistema de tuberías de desagüe de una vivienda o complejo residencial para recoger partículas sólidas que pudieran causar obstrucciones.

cenicilla.
   I. 1. f. *Gu, Ho.* Enfermedad de muchas plantas, como el repollo, la coliflor, el **sorgo** y el maíz, producida por varios hongos patógenos (*Peronosporas parasitica, Pseudoperosnosporas, P. sorghi*) que se manifiesta en lesiones foliares en el haz con manchas iniciales de color verde claro, después amarillentas y, finalmente, pardas. rur.

cenitud.
   I. 1. f. *Mx.* Senectud. pop.

ceniza.
   I. 1. f. *RD.* Botella de cerveza casi congelada, que aparece cubierta de escarcha.
   ▶ **botar la ~**; **dormirse en la ~**; **tomar ~**.

cenizal.
   I. 1. m. *Bo.* Lugar en el que se acumula la basura de una población, *generalmente para ser eliminada o reciclada*. pop + cult → espon.

cenízaro.
   I. 1. *Ho:E, ES, Ni.* **carreto**. (Fabaceae; *Pethecolobium saman*).
   2. m. *Ho, Ni.* Madera del cenízaro, dura y resistente.
   3. *CR.* **genízaro**.

cenizo.
   I. 1. m. *Mx.* Arbusto de hasta 2,5 m de altura, de hojas alternas pequeñas, aovadas, cubiertas de vello blanquecino, corto y suave que les da un aspecto grisáceo, flores moradas y en forma de embudo; sus hojas se utilizan para una infusión contra la fiebre y las dolencias biliares y estomacales. (Scrophulariaceae; *Leucophyllum texanum*).
   2. *Mx.* **manchamancha**.
   3. *RD.* Árbol de hasta 10 m de altura, con tronco de 40 cm de diámetro, sus ramitas tienen lenticelas, hojas folioladas y flores solitarias de color rosa pálido. (Bignoniaceae; *Tabebuia berterol*). ◆ **muñeco**; **olivo**; **palo cenizo**; **roble**.
   II. 1. m. *Cu*; *PR*, rur. Gallo de calidad, de color gris plomo.

cenizo, a.
   I. 1. adj./sust. *RD. Referido a un color*, negro.
   II. 1. adj. *RD. Referido a cosa*, de color negro.

cenote. (Del maya *tz'onot*, pozo, abismo).
   I. 1. m. *Mx, Ni, Cu.* Pozo, manantial, depósito de agua. cult.
   2. *PR.* Lago, laguna.

censador, -ra.
   I. 1. m. y f. *Pa, Ec, Bo, Ch.* Funcionario encargado de elaborar censos.
   2. *Ch.* Persona que aplica las encuestas en un censo.

censonmaye. (Del nahua *centzontli*, cuatrocientos, *maitl*, mano, y *ye*, que tiene).
   I. 1. m. *Mx, CR.* Ciempiés. (**cenzonmaye**).

censonte.
   I. 1. *Mx.* **cenzontle**.

censontle.
   I. 1. *Mx.* **cenzontle**.

centavear.
   I. 1. intr. *Mx. En un juego*, apostar muy poca cantidad de dinero.
   2. tr. *Ho.* Vender o comprar *algo* de poco valor. pop + cult → espon.
   3. intr. *Ni.* Regatear el precio en cosas baratas.

centavería.
   I. 1. f. *PR.* Cantidad pequeña de dinero. ◆ **clavería**.

centavero.
   I. 1. m. *Ho.* Acumulación de una gran cantidad de monedas de uno, dos y cinco centavos.

centavero, -a.
   I. 1. adj./sust. *Mx. Referido a persona*, tacaña, rácana, avariciosa.

centavo.
   I. 1. m. *Mx, Gu, Ho, ES, Ni, Pa, Cu, RD, Co, Bo.* Moneda fraccionaria que equivale a la centésima parte de la oficial.
   2. m. pl. *Mx, ES*; *Ho, Bo*, pop + cult → espon. Pequeña cantidad de dinero.
   3. *Mx, RD.* Dinero. pop + cult → espon.

□
  a. ‖ **al ~.** loc. adv. *Mx, PR, Ec.* Con exactitud y al detalle.
  b. ‖ **de a ~.**
    i. loc. adv. *Ho, Bo.* En pequeñas cantidades de dinero, poco a poco. pop + cult → espon.
    ii. loc. adj. *Bo.* De poco valor. pop + cult → espon ^ desp.
  c. ‖ **de ~ a ~.** loc. adv. *Bo.* En pequeñas cantidades de dinero, poco a poco. pop + cult → espon.
☑
  a. ‖ **el que ha de ser ~, aunque ande entre los pesos.** fr. prov. *Mx.* Indica que la persona que es humilde o tiene escasos recursos difícilmente puede prosperar o cambiar de condición.
  ► **no tener ni un ~ partido por la mitad; no valer un ~.**

centella.
  I. 1. f. *Ch, Ar:C,O.* Planta herbácea anual de hasta 60 cm de altura, con tallo hueco y ramoso y hojas partidas en tres lóbulos, muy hendidos en las inferiores, y enteros, casi lineares, en las superiores, flores amarillas, y fruto, seco. (Ranunculaceae; *Anemone decapetala*).
  II. 1. f. pl. *Ho.* Variedad de cuarzo translúcido, compuesto de sílice con pequeñas cantidades de agua y alúmina; produce chispas al chocarlo contra un eslabón.
  III. 1. m-f. *PR.* Niño muy travieso.
□
  a. ‖ **¡ea, ~!** loc. interj. *PR.* Expresa asombro. ♦ **¡diache!**
  b. ‖ **¡mala ~ te parta!** loc. interj. *PR.* Expresa maldición muy fuerte. rur; pop + cult → espon. ♦ **malos rayos.**

centellazo.
  I. 1. m. *PR.* Golpe contundente. pop + cult → espon.

centenario.
  I. 1. m. *Mx.* Moneda de oro que acuña el Banco de México y que se compra como una forma de ahorro.
  II. 1. m. *Ar:NO.* **Locro** con muchos ingredientes.

centenarista.
  I. 1. m. *Co.* obsol. Político perteneciente a la generación del 1910, año de la celebración del centenario de la proclamación de la independencia de Colombia.
  2. *Co.* obsol. Persona que participa del modo de pensar de las principales figuras políticas colombianas de aquella época.

center. (Voz inglesa).
  I. 1. m. *Cu, Ve. En el beisbol,* zona central del *outfield.*
  2. *Cu. En el beisbol,* jugador que se sitúa en la zona central del **diamante** para capturar la bola lanzada por el **bateador.**
■
  a. ‖ **~ field.** (Voz inglesa).
    i. m. *EU, Ho, Ni, PR. En el beisbol,* jugador que se sitúa en la zona central del **diamante** para capturar la bola lanzada por el **bateador.**
    ii. *Cu. En el beisbol,* zona central del *outfield.*

centésimo.
  ► **no tener ni un ~ por la mitad.**

centímetro.
  I. 1. m. *Ni, CR, Cu, RD, Ve, Pe, Py, Ar, Ur.* Cinta métrica, de material flexible, de 1 o 2 m de largo y pocos centímetros de ancho, que en las dos caras lleva marcados y numerados los centímetros; se usa en costura.

central.
  I. 1. f. *Ni, Pa, RD, PR*; m. *Cu.* Ingenio azucarero.
  2. *PR, Ve.* Fábrica donde se procesa la caña de azúcar.
  II. 1. f. *Ni.* Sede de una empresa o institución.
■
  a. ‖ **~ camionera.** f. *Mx.* Terminal de autobuses.

centralazo.
  I. 1. m. *Mx:SE.* obsol. Disparo efectuado con una escopeta de dos cañones. rur.

centralear.
  I. 1. intr. *ES.* Arar la **milpa** en medio de los surcos para deshierbar. rur.

centralín.
  I. 1. m. *ES.* Camiseta. rur.

centralista.
  I. 1. m-f. *PR.* Dueño de una central azucarera.

centreada.
  I. 1. f. *Bo. En el futbol,* jugada que consiste en lanzar el balón desde cualquiera de los laterales próximos a la valla hacia el centro del área del equipo contrario.

centrear. (Epént. de *centrar*).
  I. 1. tr. *Bo, Py, Ar, Ur. En el futbol,* pasar el balón desde un lado del terreno hacia la parte central, a un compañero que se aproxima a la portería contraria.
  2. intr. *Bo, Py, Ar, Ur. En el futbol,* lanzar el balón un jugador desde cualquiera de los laterales próximos a la valla hacia el centro del área del equipo contrario.
  II. 1. intr. *Ar.* juv. Pasear o reunirse *una persona* con sus amigos en el centro comercial de la ciudad.
  III. 1. intr. *Ar:NO.* Pasar dos veces el arado por la tierra que tiene cepas de caña de azúcar del año anterior. rur.

centrífuga.
  I. 1. f. *Ni, Cu.* p.u. *En la industria azucarera,* molino que separa el azúcar de la miel, después que sale de los **tachos.** ♦ **lavadora.**

centrifuguero, -a.
  I. 1. m. y f. *Cu. En la industria azucarera,* operario que trabaja en las **centrífugas.**

centro.
  I. 1. m. *Mx:SE.* Vestido completo de hombre, que consta de **saco,** pantalón, camisa y corbata, *y a veces de chaleco.*
  2. *Ec.* Falda de bayeta o lanilla que las **cholas** de Cuenca usan debajo de la **pollera.**
  3. *ES, Ni.* Camiseta de hombre o mujer.
  4. *Bo.* Prenda interior femenina, similar a una falda, que se lleva debajo de esta *y suele ir adornada con encajes.*
  5. *Ni; Pa,* obsol. Chaleco.
  II. 1. m. *Cu, RD, PR.* Lugar donde se celebran reuniones espiritistas.
  III. 1. m. pl. *Cu.* Hojas de la planta del tabaco situadas en la parte central del tallo.
  IV. 1. m. *Bo. En el futbol,* jugador que actúa en el centro de la cancha.
■
  a. ‖ **~ blanco.** m. *ES.* Lugar de adivinación de la suerte.
  b. ‖ **~ cívico.** m. *Ar; Ec,* p.u. Sector de una ciudad en el que se hallan situados los edificios públicos.
  c. ‖ **~ de abasto.** m. *Ni, Bo, Ch.* Mercado, lugar público destinado a la compra y venta.
  d. ‖ **~ de acopio.**
    i. m. *Cu, Bo, Ch.* Lugar en el que se almacenan los productos agrícolas para después ser distribuidos a los puntos destinados para su venta.
    ii. *Ch.* Lugar en el que se almacenan productos mineros antes de su distribución comercial.

iii. *Ho.* Lugar en el que se almacenan productos alimenticios para después distribuirlos a los damnificados.

e. ‖ ~ **de madres.** m. *Bo, Ch.* Establecimiento en el que se reúnen las mujeres casadas de una población o barrio.

f. ‖ ~ **de tolerancia.** m. *Ho.* Prostíbulo. euf.

g. ‖ ~ **delantero.** m. *Co, Bo, Ar. En el futbol,* delantero que se mueve por el centro de la cancha, por oposición a los **punteros**, que lo hacen por los flancos.

h. ‖ ~ **half.** m-f. *Ch; Bo:O,* obsol. *En ciertos deportes,* jugador que actúa en la mitad del campo por delante de los defensas.

i. ‖ ~ **nocturno.** m. *Mx, Ho, Ni, Cu, RD, Pe, Bo; Ch,* esm. Local para divertirse en el que se sirven bebidas alcohólicas y comida, se ofrecen espectáculos y existe un espacio donde se puede bailar. euf.

□

a. ‖ ~ **de mesa.** loc. sust. *Ch.* Persona que gusta de ser el centro de atención y actúa para conseguirlo. pop + cult → espon ^ fest.

b. ‖ **del ~.** loc. adj. *RD. Referido a persona,* que pertenece a la alta sociedad.

▶ **no aparecer ni en los ~s espiritistas**; **no aparecer ni en los ~s espirituales; pasar ~; pegar ~; ser del ~.**

centroatacante.
   I. 1. m-f. *Pe, Bo, Py.* **centrodelantero.**

centrodelantero, -a.
   I. 1. m. y f. *Mx, ES, Ni; Bo, Ch, Py; Ar, Ur; Pe,* p.u. *En el futbol,* delantero que se mueve por el centro de la cancha, por oposición a los **punteros** que lo hacen por los flancos. ♦ **centroatacante; centroforward.**

centroforward. (De *centro* y *forward,* hacia delante).
   I. 1. m-f. *CR, Bo, Ar, Ur; Pe,* p.u. **centrodelantero.**

centropen. (De *centro* y *pen,* bolígrafo).
   I. 1. m. *Cu.* Utensilio para escribir o dibujar, parecido al bolígrafo, con punta de fieltro muy fina que sobresale del mango y que lleva en su interior tinta.

centura.
   I. 1. f. *RD.* Cintura. vulg.

centzontle.
   I. 1. *Mx.* **cenzontle,** pájaro.

cenzoncle.
   I. 1. *Mx.* **cenzontle,** pájaro.

cenzonmaye.
   I. 1. *Mx.* **censonmaye.**

cenzonte.
   I. 1. *Mx, Gu, Ho, ES.* **cenzontle.**

cenzontle. (Del nahua *centzyntli,* que tiene cuatrocientas voces).
   I. 1. m. *Mx, Gu, Ho, Ni, PR.* Pájaro de hasta 30 cm de longitud, de cuerpo delgado y alargado, de plumaje de color gris por encima, con región inferior más pálida y pecho blanquecino, ojos de un amarillo pálido, pico negro mínimamente curvo, cola de color oscuro con los bordes blancos y las alas con finas líneas blancas. (Mimidae; *Mimus polyglottos*). (**censonte; censontle; centzontle; cenzoncle; cenzonte; cinzonte; sensonte; sinsonte; zenzonte; zenzontle; zinzontle; zinzontli**).

ceñar.
   I. 1. intr. *Pa.* Vigilar un baile. rur.

ceñedi.
   I. 1. m-f. *Ni.* juv. Cuñado.

ceñido.
   I. 1. *Ho.* **güiro,** planta.
   2. sust/adj. *Ho.* Recipiente hecho con el fruto del **ceñido.** rur.

ceñido, -a.
   I. 1. adj. *Ho, Ni.* meton. *Referido a persona,* marcada o rozada por apretadura de prendas de vestir o cuerdas. pop + cult → espon.

ceñidor.
   I. 1. m. *Mx.* Faja del **charro.**

ceñirse.
   I. 1. tr. prnl. *Ch; Mx,* rur. Ponerse una prenda de vestir.

cepa.
   I. 1. f. *Mx.* Hoyo de gran tamaño, que se abre para colocar algún cimiento, para plantar un árbol o meter tuberías de agua.
   II. 1. f. *Ch.* Variedad de uva para vino, que tiene características especiales.
   2. *Ni, RD.* Mata de **plátano.**
   3. *Ho.* Conjunto de varios tallos unidos a una misma raíz.
   4. *Ni.* Mata de caña de azúcar.
   5. *PR.* Conjunto de varios árboles o plantas, *especialmente de plátano y guineo,* que tienen una raíz común.
   6. *PR. En la industria azucarera,* **semilla,** retoño de la caña de azúcar.
   III. 1. f. *PR.* Grupo de personas que comparten un antepasado común.
   2. *PR.* Familiar descendiente directo de alguien.
   IV. 1. f. *ES.* Cabeza.
   ●
   a. ‖ ~ **y cepillo.** fórm. *RD.* Se usa para indicar que dos personas tienen iguales hábitos o actitudes, *especialmente si se consideran negativos.*
   ■
   a. ‖ ~ **caballo.** f. *Ch, Py, Ar, Ur.* Hierba anual de hasta 1 m de altura, con tallos ramosos de espinas ganchudas. (Asteraceae; *Xanthium spinosum*). (**cepacaballo**). ♦ **abrojillo; clonqui.**
   b. ‖ ~ **de caballo.** f. *Pa.* **ochmul.**
   c. ‖ **la mera ~.** f. *Ho.* Persona principal, mandamás. pop + cult → espon.

cepacaballo.
   I. 1. *Ch, Py, Ar, Ur.* **cepa caballo.**

cepeada.
   I. 1. f. *Mx, Ar.* p.u. Resultado de colocar un cepo. (**cepeadura**).

cepeadura.
   I. 1. *Mx.* p.u. **cepeada.**

cepear.
   I. 1. intr. *Mx, Ar.* p.u. Colocar un cepo.

cepí.
   I. 1. m. *PR.* Planta de tronco leñoso, erecto y con muchas ramas y flores que crecen en corimbos; es medicinal. (Carduaceae; *Neurolaena portoricensis*). (**sepí**).
   2. *PR.* Árbol de hasta 4 m de altura, de gran follaje, tronco delgado, corteza lisa, verrugosa y de color gris, y flores blancas en forma de campana. (Solanaceae; *Solanum laevigatum; S. triste*). ♦ **tabacón.**

cepillada.
   I. 1. f. *Mx, Ni, Co, Ec, Bo, Py; Ho,* pop + cult → espon. Adulación, servilismo.
   II. 1. f. *Gu, Ho, Ni, RD, Co, Ec, Pe, Bo, Ch, Py, Ar.* Alisamiento hecho con cepillo en una superficie de madera o de metal.
   III. 1. f. *Pa, Co, Ec, Pe, Bo, Ch, Py, Ar.* Limpieza del polvo o la suciedad hecha con un cepillo de cerdas o con otro objeto similar.
   IV. 1. f. *Pa, Co, Ec, Pe, Bo, Ch, Py, Ar.* Peinado del cabello con cepillo.
   V. 1. f. *Bo, Py, Ur; Ho,* pop; *Ar,* p.u. Reprimenda severa.

VI. 1. f. *Bo, Ar, Ur. En el **futbol**,* golpe antirreglamentario dado a un contrario en las piernas con el fin de derribarlo.

VII. 1. f. *Ho, Bo, Ch.* Coito. vulg.

cepillado.

I. 1. m. *Pe, Bo, Py. En peluquería,* técnica que consiste en formar ondas grandes en el pelo usando un cepillo.

II. 1. *Ve:O.* **esnorbor.**

cepillado, -a.

I. 1. *PR.* **acepillado,** cuidadoso de su aspecto.

cepillar(se).

I. 1. tr. *Mx:SE, Gu, Ni, Pa, RD, Co, Ec, Bo, Py; Ho,* p.u; *CR,* obsol. Adular, agradar a *alguien.*

II. 1. tr. *Ar, Ur. En el **futbol**,* derribar un jugador a otro que lleva la pelota, dándole un puntapié en las piernas. pop.

III. 1. *PR.* **acepillarse,** arreglarse.

cepillazo.

I. 1. m. *Mx, Co.* Hecho o dicho adulatorio y servil. pop + cult → espon.

II. 1. m. *Cu. En el beisbol,* **batazo** fuerte de poca altura.

cepillería.

I. 1. f. *Mx.* Manufactura de toda clase de cepillos.

II. 1. f. *Pa, Py.* Adulación. pop + cult → espon ʌ desp.

cepillero, -a.

I. 1. sust/adj. *Co, Py.* Persona aduladora, servil. pop + cult → espon.

cepillo.

I. 1. adj/sust. *Mx, Gu, ES, Ni, Ec; PR, Bo, Py,* pop + cult → espon; *Pa,* pop + cult → espon ʌ desp; *Ho,* p.u; *CR,* obsol. *Referido a persona,* aduladora. pop ʌ desp. ♦ **adulete.**

2. m. *Co, Py.* Halago o adulación fingidos. pop + cult → espon.

II. 1. m. *Ni, Ve.* Herramienta de albañilería que se utiliza para poner las capas de yeso o de cal en las paredes.

III. 1. m. *Bo.* Bigote espeso y lacio. pop + cult → espon ʌ fest.

IV. 1. m-f. *PR.* Persona que recoge y se lleva cuanto encuentra. pop + cult → espon.

2. *PR.* Persona que come mucho. pop + cult → espon.

V. 1. m. *RD.* Automóvil de la marca Volkswagen del modelo conocido popularmente como «escarabajo».

VI. 1. m. *Ho.* p.u. Cárcel.

VII. 1. m. *Ho.* Máquina y anillos metálicos que sirven para medir el grosor de los puros.

VIII. 1. m. *Ni.* Casquillo donde se enrosca la bombilla.

▶ **echar ~.**

cepillón, -na.

I. 1. adj/sust. *Pa. Referido a persona,* que procura agradar a alguien con halagos y acciones desmesuradas. pop + cult → espon ʌ desp.

cepo.

I. 1. m. *Ar.* Lugar seguro en el que se encierra a alguien por haber cometido una falta grave. carc.

II. 1. m. *Py.* Parte del corral utilizada para aislar las cabezas del ganado que han de ser marcadas, inseminadas o curadas.

2. *PR.* Corral especial, muy estrecho, donde se aíslan las cabezas de ganado para curarlas.

III. 1. m. *PR. En las peleas de gallos,* intrumento con espacio de medidas exactas utilizado para corroborar el largo de las espuelas postizas de los gallos de pelea.

■

a. ‖ **~ colombiano.** m. *Ar.* Castigo militar que se ejecutaba oprimiendo al reo entre dos fusiles, uno de los cuales pasaba bajo las corvas y el otro sobre la nuca, ligados con un tiento o correa.

b. ‖ **~ de campaña.** m. *Mx, Ch, Ar.* Castigo militar que se ejecutaba oprimiendo al reo entre dos fusiles, uno de los cuales pasaba bajo las corvas y el otro sobre la nuca, ligados por un tiento o correa.

cepú.

I. 1. *RD.* **guaco.** (Asteraceae; *Mikania cordifolia*).

cequia.

I. 1. f. *Mx, ES; Ch,* pop. Acequia.

cequión.

I. 1. m. *Ve:O, Pe; Ch,* rur. Canal o acequia grande.

cera.

I. 1. f. *RD.* La última moneda o cantidad de dinero.

■

a. ‖ **~ de Campeche.** f. *Mx.* Cera producida por un tipo de abeja sin aguijón; se usa como adhesivo.

b. ‖ **~ de Castilla.** f. *Ho.* Cera amarilla de la mejor calidad.

c. ‖ **~ escamada.** f. *Mx.* Vela con adornos de mucha elaboración que se usa en la decoración de altares.

d. ‖ **~ vegetal.**

i. f. *Gu, Ho.* Arbusto de hasta 4 m de altura, de hojas pequeñas, delgadas y alternas, flores en espiga y fruto subgloboso con semillas redondas, de las que se extrae cera vegetal para fabricar velas y betún. (Myricaceae; *Myrica cerifera*). ♦ **árbol de cera; pimientillo.**

ii. *Ho.* Cera extraída de las semillas de la cera vegetal.

▶ **comer ~.**

cerámica.

I. 1. f. *Ch.* **cerámico.**

cerámico.

I. 1. m. *Pe; Ch,* p.u. Baldosín hecho de cerámica o de materiales similares. (**cerámica**).

ceramio.

I. 1. m. *Pe.* Objeto de arcilla procedente de las culturas precolombinas.

ceraturo.

(De *cera* y del quech. *turo,* barro).

I. 1. m. *Ec:S.* obsol. Greda de fina consistencia que, humedecida, permite moldearse con facilidad.

cerbatana.

I. 1. f. *Mx, Gu, Ho, ES, Ni, Pe,* fest; *Ve,* p.u; pop. Cerveza.

II. 1. *Ve.* **matacaballos,** insecto.

cerbelia.

I. 1. f. *Gu.* Cerveza. fest.

cerbulaca.

I. 1. *Pa.* **saetilla.** (**serbulaca**).

cerca.

I. 1. f. *Ho.* **seto vivo.**

■

a. ‖ **~ de lienzos.** f. *PR.* Cerca hecha con tablones asegurados de trecho en trecho de otros verticales. rur. ♦ **cerca echada.**

b. ‖ **~ de pie.** f. *PR.* Cerca hecha con palos enterrados de punta. rur.

c. ‖ **~ echada.** *PR.* **cerca de lienzos.** rur.

d. ‖ **~ viva.** f. *Pa, Co.* Plantación en hilera de matas o arbustos que sirve para delimitar y aislar un terreno.

▶ **brincar la ~ de una mujer; estar en la ~; llevarse la ~; topar con ~.**

cercado.

I. 1. m. *Pe.* División territorial que comprende la capital de un Estado o provincia y los pueblos que de aquella dependen.

2. *Pe.* Centro de una ciudad.

■

a. ‖ **~ de espeques.** m. *PR.* Cercado de estacas. rur.

cercha.

I. 1. f. *Pe:N.* Pared de vivienda rústica hecha con barro y **maguey, carrizo** o **caña brava.** rur.

II. 1. *ES.* **amarga,** cerveza.

cerco.
- I. 1. m. *Bo*; *Ch*, rur. Plantación en hilera de matas o arbustos que sirve para delimitar y aislar un terreno.
- 2. *Pa*; *Ch*, rur. Terreno cercado destinado a huerto, campo de siembra o para apacentar ganado.
- 3. *CR*. obsol. Terreno situado en la parte posterior de algunas casas campesinas, destinado al cultivo de **plátano**, **banano**, **cafetos**, árboles frutales y hortalizas. rur. ♦ **solar**.

□
- a. ‖ ~ **vivo**. loc. sust. *Pe, Bo, Ch, Ar, Ur*. Plantación en hilera de matas o arbustos que sirve para delimitar y aislar un terreno.

cerdeada.
- I. 1. f. *Ar, Ur*. Recorte descuidado de la crin y la cola del caballo. rur.

cerdo.
- I. 1. m. *PR*. Guardia, agente de policía. delinc.
- 2. *PR*. Policía encubierto. delinc.

■
- a. ‖ ~ **de monte**. m. *Mx, Ho*. Jabalí de cabeza grande, ojos oblicuos, cuello muy corto, y piel gruesa, cubierta de pelaje cerdoso de color grisáceo, casi negro en las extremidades, con un collar blanco en el cuello. (Tayassuidae; *Pecarí tajacu*). ♦ **coche de monte**; **quequeo**; **sajino**.

cerdón, -na.
- I. 1. adj. *Ec. Referido a persona, en especial a un **cholo** o a un indígena*, que tiene el pelo hirsuto. pop + cult → espon ^ desp.

cerdosa.
- I. 1. adj. *Ec. Referido a mentira*, grande. pop.

cerdoso, -a.
- I. 1. adj. *Ec. Referido al cabello*, áspero y duro como las cerdas de un animal. pop + cult → espon ^ desp.

cerealero, -a.
- I. 1. adj. *Cu, Ch, Py, Ar, Ur*. Relativo a la producción y comercialización de los cereales.

cerear.
- I. 1. tr. *ES*. Hurgar *algo*, fisgar. rur.

cerebro.
- I. 1. m. *Cu*. Deseo ardiente.
- 2. m. pl. *PR*. Imaginaciones eróticas.
- ▶ **arratonar el ~**; **hacer ~**; **hacer un ~**; **montar un ~**; **tener un ~ duro**.

cerebrudo, -a.
- I. 1. adj/sust. *Ni. Referido a un alumno*, inteligente. est.

cerebruto.
- I. 1. m. *Pe*. Cerebro. pop ^ fest.

cerebruto, -a.
- I. 1. sust/adj. *Pe*. Persona que cree saber mucho. pop ^ fest.

cerecere.
- I. 1. m. *Ve*. Lluvia menuda que cae blandamente. pop.
- II. 1. m. *Ve*. Residuo de cosas menudas. pop.

cerecillo.
- I. 1. m. *Mx, Gu*. Planta perenne, trepadora, de hojas verdes de oblongas a ovaladas, flores con cinco pétalos separados de color blanco y del centro hasta arriba un rosáceo intenso y los frutos, de color rojizo brillante, son similares en forma y tamaño a una cereza; se usa como antifebrífugo. (Malpighiaceae; *Malpighia glabra, M. punicifolia*).

cereguete.
- I. 1. m. *Ho, ES, Ni*. Ano. vulg.
- 2. *Ho, Ni*. meton. Culo de una persona. vulg.
- ▶ **estar hasta el ~**; **llenar hasta el ~**; **ponerse hasta el ~**.

cereipo. (De or. ind. antillano).
- I. 1. m. *RD, PR, Ve*. Árbol de hasta 20 m de altura, frondoso, de flores blancas, que da una legumbre plana; su madera es de gran dureza y se usa para fabricar vigas. (Fabaceae; *Myrospermum frutescens*). (**sereipo**).

ceremil.
- I. 1. m. *Cu*. Multitud de cosas, mucho. (**seremil**). ♦ **ceremillar**; **serón**.

ceremillar.
- I. 1. *Cu*. **ceremil**.

cereque. (Del maya yucat. *cerek*).
- I. 1. m. *Mx:SE*. **guatusa**, roedor. (**sereque**; **serete**).

cereta.
- I. 1. f. *PR*. Pelo o cabellera muy rizada y desarreglada. pop + cult → espon ^ desp.
- II. 1. f. *PR*. Cadena sobre la nariz del animal para trincarla mientras se doma o se le saca el paso.
- III. 1. f. *PR*. Cerote, miedo.

□
- a. ‖ ¡**cómo tienes esa ~**! loc. interj. *PR*. Expresa una crítica dura a la forma de llevar el pelo alguna persona conocida. pop + cult → espon. ♦ ¡**péinate esa cereta!**
- b. ‖ ¡**péinate esa ~**! *PR*. ¡**cómo tienes esa ~**!

cerete.
- I. 1. m. *Ho, Pa*. Nalgas de una persona. vulg.
- 2. *Ho, Pa*. Ano de una persona. vulg.

cereza.
- I. 1. f. *Mx, Gu, Ho, ES, Ni, CR, Pa, Cu, PR, Co*. Cáscara del grano del café.
- 2. *Mx, Gu, Ho, ES, Ni, CR, Pa, Cu, PR*. Grano de café maduro de color rojo. ♦ **uva**.

■
- a. ‖ ~ **amarilla**. *PR*. **grosella**, árbol.

□
- a. ‖ **en ~**. loc. adj. *Ni, CR. Referido al café*, maduro y que no ha sido procesado.

cerezo.
- I. 1. m. *Co*. Árbol de hasta 5 m de altura, con flores rosas o violáceas, insertas en la base de las hojas, y frutos de color rojizo brillante similares en forma y tamaño a una cereza. (Malpighiaceae; *Malpighia punicifolia*). ♦ **huesito**.

cerilla.
- I. 1. f. pl. *RD*. Legañas. pop.

cerillo.
- I. 1. m. *Mx, Ho, Bo*. Cerilla.
- II. 1. m. *Mx*. Joven que ayuda a empaquetar los productos que se compran en un supermercado.
- III. 1. *CR, Pa*. **machare**, árbol.
- IV. 1. m. *Ho. En la cocina eléctrica o de gas*, protector metálico de calor que hay debajo del fuego.

ceritos.
- I. 1. m. *Cu*. Juego de tres en raya.

cernada.
- I. 1. f. *Gu, Ho, Ni*. Agua con ceniza o cal en la que se ha cocido el maíz.

cernejear. (Epént. de *cernear*).
- I. 1. tr. *ES*. Mover con violencia a *alguien* o *algo*.

cerni.
- I. 1. f. *Ni*. juv. Carne. fest.

cernícalo.
- I. 1. *Ch*. **gavilán primito**.

cernida.
- I. 1. f. *Mx, Gu, Bo*. p.u. Cernido.

cernidera.
- I. 1. f. *Ec*. Utensilio doméstico usado para cerner.

II. 1. f. *Ec.* Boca de un caño cubierta con una rejilla metálica.

cernidito.
I. 1. m. *Cu.* Llovizna muy menuda.

cernidor.
I. 1. m. *Ni, Co, Ve, Bo, Ch, Py, Ar, Ur; Mx,* p.u. Utensilio que consta de un aro a uno de cuyos bordes se sujeta una tela de trama abierta, *generalmente metálica,* y que sirve para separar partículas de diferente grosor.
2. *Bo, Ch, Py.* Bastidor de madera, rectangular, con alambre entretejido que sirve para cerner tierra o arena.
II. 1. m. *Bo.* Persona que tiene huellas o cicatrices de viruelas. pop + cult → espon ^ fest.

cernir.
I. 1. tr. *Ec.* Registrar minuciosamente una zona o territorio en toda su extensión.
II. 1. intr. impers. *Ho:E, Ni.* obsol. Llovíznar. rur.

cero.
□
a. ‖ ~ **al as.** loc. sust. *Ar.* Persona que no es valorada ni tenida en cuenta. pop + cult → espon.
b. ‖ ~ **bolero.** loc. adv. *Pa.* Absolutamente nada. pop ^ hiperb.
c. ‖ ~ **kilómetro.** *Ch.* cero kilómetros.
d. ‖ ~ **kilómetros.**
 i. loc. adj/ sust. *Ho, Ni, CR, RD, Cu, Ve, Bo, Ch, Py, Ar, Ur. Referido a un motor,* que aún no ha sido rodado. (**cero kilómetro**). ♦ **cero millas.**
 ii. loc. adj/ adv. *RD, Bo, Ch, Py, Ar.* metáf. *Referido a cosa,* que está como nueva. (**cero kilómetro**).
e. ‖ ~ **millas.** loc. adj. *PR.* cero kilómetros, que no ha sido rodado.
f. ‖ ~ **pollito.** loc. adv. *Co.* juv. Nada.
g. ‖ ~ **posibilidad.** loc. sust. *Ho, Cu, RD, Ch, Py.* Ninguna posibilidad. pop + cult → espon.

cerón.
I. 1. m. *PR.* Sitio y forma que adquiere la tierra cuando se siembra ñame. rur. ♦ **herote.**

ceroso, -a.
I. 1. adj. *Mx, Ho. Referido a sustancia,* blanda y pegajosa.

cerotada.
I. 1. f. *Ho, ES, Ni.* Excremento voluminoso o conjunto de **cerotes.** vulg.
2. *Ho.* metáf. Dicho o idea tonta o descabellada. pop + cult → espon ^ desp.
3. *Ho.* metáf. Cosa mal hecha. pop + cult → espon ^ desp.

cerotazo.
I. 1. m. *Ho, ES, CR.* Golpe fuerte. vulg; pop + cult → espon.
2. *Ho, ES.* Choque automovilístico. pop + cult → espon.
II. 1. m. *Ho.* Trago de licor. pop + cult → espon.

cerote.
I. 1. m. *Mx, Gu, Ho, ES, Ni, CR, Ar.* Porción de excremento sólido y de forma cilíndrica, *especialmente de humanos o de perros.* vulg. (**sorete; zorete**). ♦ **sorongo; zorongo.**
II. 1. m. *Ar:O.* Crema depilatoria.
III. 1. m. *Ve.* Suciedad acumulada en algunas partes del cuerpo. pop.
IV. 1. *RD.* **jaboncillo,** árbol.
V. 1. m. *PR. En las peleas de gallos,* barra de cera que se derrite para rellenar la boca de la espuela y pegarla al muñón que se ha dejado en la pata del gallo.

■
a. ‖ ~ **electrónico.** m. *PR. En las peleas de gallos,* sistema electrónico con temperatura controlada para derretir el **cerote** que se utilizará para pegar las espuelas en la pata del gallo.

cerote, -a.
I. 1. adj/sust. *Gu, Ho, ES, Ni. Referido a persona o cosa,* despreciable. desp.
II. 1. adj/sust. *ES. Referido a persona,* drogadicta. drog.

cerotear.
I. 1. intr. *Ch.* Gotear la cera de las velas encendidas.
2. tr. *Ch.* Dejar caer gotas de cera sobre *algo.*

cerotera.
I. 1. f. *ES.* Estado de alucinación de una persona drogada.

cerquero.
I. 1. adj. *Cu. Referido a una embarcación,* que se dedica a la pesca de atún.

■
a. ‖ ~ **cabeza castaña.** m. *Ar:NO.* Pájaro de cuerpo oliváceo, con las alas y la cola oscuras, la cabeza de color castaño rojizo y la garganta amarilla. (Emberizidae; *Atlapetes fulviceps*).
b. ‖ ~ **de collar.** m. *Ar:NO.* Pájaro de pico anaranjado y cuerpo oliváceo, con la cabeza y el collar de color negro y las cejas, la garganta y el pecho blancos. (Emberizidae; *Arremon flavirostris*).

cerquillo.
I. 1. m. *Ho, Cu, RD, PR, Ec, Pe, Bo, Ur; Ar,* obsol. Flequillo, porción de cabello recortado que cae sobre la frente de una persona o de un animal.
2. f. *PR.* Terminación que consiste en delinear con una navaja los límites del cabello en ciertos cortes de pelo, *especialmente masculinos.*
II. 1. m. *Ho, ES.* Refuerzo de cuero y adorno de algunos zapatos en el empeine.
III. 1. m. *PR.* Redondel que ha sido deshierbado alrededor del tronco de un árbol o de otra planta.

cerquininga.
I. 1. *RD, Bo:E.* **cerquitica.**

cerquitica.
I. 1. adv. *CR, Cu, RD, Ve; Ec,* rur. Muy cerca. ♦ **cerquininga.**

cerrada.
I. 1. f. *Mx, Co.* Calle que únicamente tiene salida por un extremo.

cerrado, -a.
I. 1. adj. *Bo. Referido a persona,* que habla solo alguna lengua nativa y que no puede comunicarse en español.
□
a. ‖ ~ **como un aguacate.** loc. adj. *RD. Referido a persona,* testaruda.
b. ‖ **más ~ que un coco.** loc. adj. *PR. Referido a persona,* muy torpe, excesivamente bruta. pop + cult → espon.

cerrador.
I. 1. m. *Cu. En el beisbol, pitcher* cuya función es lanzar al final de un juego.

cerraja.
I. 1. *Ni.* **hierba de sapo.** (Asteraceae; *Sonchus oleraceus*).

cerraje.
I. 1. m. *Pe.* Cierre, clausura. cult.
2. *Pe.* Cierre, cosa que sirve para cerrar.
II. 1. m. *Ho. En la montura,* lámina de metal para fortalecer el armazón o los fustes.

cerrar(se).
I. 1. tr. *Ve.* Curar a *alguien* con ensalmos.
□
a. ‖ ~ **con todo.** loc. verb. *Pe.* Acabar de forma rápida y contundente con *algo.* pop + cult → espon.

b. ‖ ~ **el chinamo.** loc. verb. *CR.* Suspender o postergar *alguien* la realización de una tarea para atender otro asunto o para marcharse por haber terminado su jornada de trabajo. pop ^ fest.

c. ‖ ~ **el inning.** loc. verb. *Cu. En el beisbol,* **batear** en la segunda mitad del *inning.*

d. ‖ ~ **el zaguán.** loc. verb. *Ho.* Cerrar la boca una persona, callarse. pop ^ desp.

e. ‖ ~ **gancho.** loc. verb. *Ni.* Juntar las piernas una mujer para no enseñar sus partes íntimas.

f. ‖ ~ **grano.** loc. verb. *Mx.* Formarse el grano de maíz en la mazorca.

g. ‖ ~ **la fábrica.** loc. verb. *Mx, Ho, Ni, CR, Pe, Bo, Ch, Py, Ur; Ec,* fest. Tomar una pareja la decisión de no tener más hijos. pop + cult → espon.

h. ‖ ~ **lance.** loc. verb. *Mx.* Juntarse dos embarcaciones que llevan cada una un extremo de una misma red de pesca, formando con ella un círculo.

i. ~**se a llover.** loc. verb. *Cu; CR, RD,* obsol. rur. Empezar a caer la lluvia.

j. ‖ ~**se de negro.** loc. verb. *Pa, PR.* Vestirse *alguien* de luto riguroso.

k. ‖ ~**se el cuadro.** loc. verb. *Cu.* Volverse una situación difícil.

l. ‖ **cerrársele el chiquito.** loc. verb. *Ni.* Tener miedo *alguien.*

cerrazón.
  I. 1. f. *Ec, Bo, Ch, Py, Ur, Ar,* rur. Niebla espesa que dificulta la visibilidad.
  2. *Ho, Ni, Ch.* Cielo cubierto densamente de nubes.
  3. *Ch.* Lluvia o nieve muy densas.
  II. 1. m. *Mx, Ho, Ni, CR.* Espesura de un bosque.

cerrear.
  I. 1. intr. *Ch, Ar:NO.* Subir o andar por los cerros. rur; pop + cult → espon.

cerrerío.
  I. 1. m. *Gu, Ho, Co.* Conjunto de cerros.

cerrero.
  I. 1. m. *RD.* Caballo **cimarrón,** salvaje.

cerrero, -a.
  I. 1. adj/sust. *Mx, Gu, Ho, Pa, Cu, RD, PR, Co, Ve. Referido a persona,* inculta, tosca.
  II. 1. adj. *Co, Ve. Referido a una bebida,* como el café, muy cargada o fuerte y sin endulzar.
  III. 1. adj/sust. *Ec.* p.u. *Referido a una caballería,* acostumbrada a caminar con agilidad por sitios o senderos ásperos, intrincados, con quiebras o llenos de maleza. rur. ♦ **paramero.**

cerrillada.
  I. 1. f. *Ar, Ur.* Sucesión de afloramientos pétreos en un terreno de escasa altura.

cerro.
  I. 1. m. *Mx, Gu, Ho, ES, Ni, CR, Co, Ve, Pe, Ch, Py.* Conjunto numeroso de cosas amontonadas en desorden o dispuestas en forma de pila. pop.

certeneja.
  I. 1. f. *Mx.* Pantano pequeño y profundo. rur.

certificado.
  I. 1. m. *Ho, Ni, CR, Pe.* Documento bancario en el que se certifica un depósito de dinero en una cuenta de ahorros o de plazo fijo.

cerva.
  I. 1. f. *Cu.* Cerveza. pop ^ fest.
  ■
  a. ‖ ~ **conuco.** *RD.* **xkaná.**

cervalia.
  I. 1. f. *ES.* Cartera. delinc.

cervatana.
  I. 1. f. *Mx, Ho, ES, Ni, Cu, Pe, Bo; Ve,* p.u. Cerveza. pop ^ fest.

cerveceada.
  I. 1. f. *Ho, Ni, Ec, Py; Bo,* desp. Ingestión de cerveza en exceso. pop + cult → espon.

cervecear.
  I. 1. intr. *Ho, ES, Ni, RD, Co, Ec, Bo, Py.* Beber cerveza en exceso. pop + cult → espon.

cervecera.
  I. 1. f. *Cu, RD.* Establecimiento donde se vende cerveza.

cervecerío.
  I. 1. m. *Mx, Ni, PR, Co.* Cantidad grande de cervezas.

cervelia.
  I. 1. f. *Gu, ES.* Cerveza. pop ^ fest.

cervezuana.
  I. 1. f. *RD.* Cerveza o una botella de cerveza.

cesante.
  I. 1. sust/adj. *Mx, Ho, ES, Ni, CR, PR, Pa, Co, Bo, Ch, Py, Ar, Ur.* Persona que se ha quedado sin trabajo.

cesanteado, -a.
  I. 1. adj. *Ni, Cu, RD, PR, Ve, Ar, Ur. Referido a persona,* que ha sido despedida de su empleo.

cesantear.
  I. 1. tr. *Ho, ES, Ni, Cu, RD, PR, Ve, Py, Ar.* Despedir a un empleado.

cesantía.
  I. 1. f. *Ni, Cu, PR, Ve, Ar, Ur.* Rescisión de un contrato laboral, despido.
  2. *Ch.* Desempleo, situación de quien se encuentra sin trabajo.

cesantini.
  I. 1. sust/adj. *Ch.* Persona que se ha quedado sin trabajo. pop ^ fest.

céspol.
  I. 1. m. *Mx.* Trampilla o dos tubos unidos en forma de U en un drenaje, que sirve para impedir el paso de los malos olores de la cañería al exterior.

cesta.
  ■
  a. ‖ ~ **básica.** f. *Ve.* Conjunto de alimentos de primera necesidad cuyo precio está regulado.

cesteril.
  I. 1. *Ch.* **cestero,** relativo al baloncesto. esm.

cestero, -a.
  I. 1. adj. *Ch.* Relativo al baloncesto. esm. ♦ **cesteril.**
  2. m. y f. *Ch.* Jugador de baloncesto. esm.

cesto.
  I. 1. m. *Pe, Bo, Ch. En el baloncesto,* punto o tanto.
  2. *Pe, Ch. En el baloncesto,* enceste o introducción del balón por el aro.
  II. 1. m. *Cu.* Recipiente donde se echa la basura.

cesto, -a.
  I. 1. m. y f. *Bo.* Medida de capacidad equivalente a 11,502 kg.

cesura.
  I. 1. f. *RD, Ve.* Herida.

cetácea.
  I. 1. f. *Ni.* juv. Cabeza. fest.

cetaci.
  I. 1. f. *Ni.* juv. Cigarrillo. fest.

cetelli.
  I. 1. f. *Ni.* juv. Caballo, *generalmente el de carreras.* fest.

cetí.
  I. 1. m. *PR.* Pez de agua dulce, de hasta 20 cm de longitud, de color transparente; su carne es muy apreciada. (Gobiidae; *Sicydium plumieri*). (**setí**). ♦ **chupapiedras; esmeralda; olivo; sirajo.**

cetico.
 I. 1. *Pe:O.* **setico.**

cevepé. (De *CVP,* sigla de Cuerpo de Vigilantes de la Policía).
 I. 1. m-f. *Cu.* Persona encargada de vigilar un lugar.

ceviche.
 I. 1. *Mx, Gu, Ho, Ni, CR, Pa, Cu, RD, PR, Co, Pe, Bo, Ch, Ar, Ur.* **cebiche.**

cevichería.
 I. 1. *Mx, Ni, Co, Ec, Pe, Bo*; *Ch,* p.u. **cebichería.**

cevichero, -a.
 I. 1. m. y f. *Ec, Pe*; *Ch,* p.u. Persona que se dedica a la preparación y venta de **cebiche.**

ceyba.
 I. 1. *PR.* **ceiba,** árbol de hasta 50 m.

¡cha!
 I. 1. interj. *Bo, Ch, Ar, Ur.* Expresa sorpresa o asombro. pop.
  2. *Bo, Ar, Ur.* Expresa contrariedad o desagrado. pop.
  3. *Bo.* Expresa estímulo a un niño que aún no anda para que se mantenga en pie. inf; pop + cult → espon.

cha-cha.
 I. 1. *RD.* **faurestina.**

chaac. (Del maya yucat. *chaac*).
 I. 1. *Mx.* **sagú,** planta.

chaba.
 I. 1. m. *PR.* Conjunto de plumas de los costados del gallo. rur.
  2. *PR.* Conjunto de plumas que cubren el cuello de un gallo. rur.

chabacán.
 I. 1. sust/adj. *Mx, Gu, Ho, ES, Ni, Pa, RD, Bo, Ur*; *Ar,* p.u. Hombre grosero y de mal gusto. (**chabacano**).

chabacanizar.
 I. 1. tr. *Ch.* Hacer que algo se vuelva de mal gusto. esm.

chabacano.
 I. 1. *Mx, Cu, RD, Ar*; *PR,* juv. **chabacán.**
 II. 1. m. *Mx.* Albaricoque, fruto.

chábara.
 I. 1. *PR.* **guábara.**

chabela.
 I. 1. adj. *Ho, ES, Ni.* juv. *Referido a cosa,* de mala calidad. pop + cult → espon ^ desp.
  2. *ES.* juv. *Referido a cosa,* usada.
 II. 1. adj/sust. *Gu. Referido a persona,* miedosa.
 III. 1. f. *Gu.* Esqueleto que sirve de emblema a los estudiantes de la Universidad de San Carlos para su celebración carnavalesca de la Huelga de Dolores. est.
 IV. 1. adj. *Ho. Referido a persona,* despreciable. pop + cult → espon ^ desp.
  2. *Ho. Referido a persona,* tonta, de poco entendimiento. pop + cult → espon ^ desp.

  a. ‖ ~. fórm. *Ch.* Se usa como despedida. pop + cult → espon ^ fest.
 ▶ **darle su son ~.**

chabeleado, -a.
 I. 1. adj. *ES. Referido a un aparato o máquina,* usado.

chabelear.
 I. 1. tr. *ES.* Usar o manosear *algo* que es nuevo, *en especial vehículos o piezas de repuesto.* pop.
 II. 1. tr. *ES.* Sustraer gasolina de un vehículo que está en reparación en un taller.
 III. 1. intr. *ES.* Charlatanear o decir mentiras.
 IV. 1. tr. *ES.* Hacer una imitación, *generalmente de mala calidad.*

chabelero, -a.
 I. 1. sust/adj. *ES.* Persona mentirosa.
  2. *ES.* Persona que falsifica *algo.*
 II. 1. sust/adj. *ES.* Persona copiona o imitadora.

chabelita.
 I. 1. f. *Mx:S, Pa.* Arbusto de jardín de flores más bien pequeñas, con una corola formada de cinco pétalos, blancos, rosados o morados. (Malvaceae; *Robinsonella divergens*).
  2. *Pa.* **chula,** hierba.
 II. 1. sust/adj. *Gu.* Hombre homosexual. desp.
 III. 1. f. *ES.* Empanada.

chabelo, -a.
 I. 1. adj. *Ho, Ni. Referido a un producto,* de mala calidad. pop + cult → espon ^ desp.

chabeta.
 I. 1. f. *Mx*; *Ho,* p.u. Chaveta, cabeza. pop + cult → espon.

chabón, -na.
 I. 1. m. y f. *Ar, Ur.* Persona, tipo.

chaborra.
 I. 1. f. *Mx.* obsol. Prostituta. rur.

chaborro, -a.
 I. 1. adj. *Co, Ve:O. Referido a persona,* que se emborracha habitualmente. pop + cult → espon.

chaca. (Del maya yucat. *cha,* leche, y *cah,* producir).
 I. 1. *Mx:S, SE.* **chacaj.**
 ▶ **estar en la ~.**

chacá.
 I. 1. f. *RD.* **majarete.**

chaca-chaca.
 I. 1. *Mx, Ho, Ni, Pe.* **chacachaca,** coito.

chacabana.
 I. 1. *RD*; *Cu,* obsol. **guayabera,** camisa de lino o algodón.

chacabuco, -a.
 I. 1. adj. *Ar. Referido a persona,* que está muy enferma y decaída. pop ^ desp.

chacachaca.
 I. 1. m. *Mx, Ho, Ni, Pe.* Coito. vulg. (**chaca-chaca**).
 II. 1. f. *Ni.* Comida. pop.

chacado, -a.
 I. 1. adj. *Ar.* p.u. Enfermo o achacoso. pop + cult → espon.
  2. *Ar.* p.u. Roto, estropeado. pop + cult → espon.

chacaj. (Del maya yucat. *cha,* leche, y *cah,* producir).
 I. 1. m. *Mx:S, SE, Gu.* Árbol de hasta 30 m de altura, de copa irregular y espesa, hojas alternas, flores pequeñas, aromáticas, de color verde o amarillo y fruto rojizo; se utiliza en la medicina tradicional. (Burseraceae; *Bursera simaruba*). ♦ **almácigo; cahuite; carate; chaca; chinacahuite; chino; cholo desnudo; cholo pelado; indio desnudo; indio en cuera; indio pelado; jinicuite; jiñocuabe; jiñocudo; jiñote; palo colorado; palo de jiote; palo mulato; palo santo; palojiote; resbalamono; suchicopal.**

chacal. (Del fr. *chacal*).
 I. 1. m-f. *Mx, RD, Ch.* Persona peligrosa, agresiva.
  2. *Mx:NO.* Persona que abusa sexualmente de menores de edad.
 II. 1. adj. *Mx. Referido a cosa,* fea, de mal gusto o de baja calidad.
 III. 1. adj. *Ch.* juv. *Referido a cosa,* excelente o estupenda.
 IV. 1. m. *ES.* Enrejado en forma de embudo para pescar peces en pozas de ríos. rur.

chacalele.
 I. 1. m. *ES.* Reloj de pulsera.
 II. 1. m. *ES.* Corazón de persona.
 III. 1. m. *ES.* Juguete hecho con un hilo y un botón.

chacalín. (Del nahua *chacalin* o *achacalli*, camarón).

    I. 1. m. *Mx, Gu, Ho, ES, Ni.* Crustáceo decápodo de agua dulce, de hasta 4 cm de longitud, similar a una gamba pequeña, pero de color pardusco que se vuelve rojo cuando se hierve; su carne es muy apreciada. (Palaemonidae; *Macrobrachyum* spp.).

    II. 1. *Ho.* **achiotado**, rojo intenso.

    III. 1. m. *CR.* p.u. **güila**, persona que está en la niñez.

chacalina.

    I. 1. f. *Ni.* obsol. Chiquilla, muchacha.

chacalinada.

    I. 1. f. *ES.* Chiquillada, muchachada.

    ▶ **volverse ~.**

chacalinear.

    I. 1. intr. *ES.* Pescar **chacalines**.

chacalinera.

    I. 1. f. *ES.* Atarraya para pescar **chacalines**.

chacalista.

    I. 1. adj/sust. *Cu. Referido a persona*, que toma el mando por la fuerza. pop.

chacalmata. (Del nahua *chacalín*, camarón, y *matlatl*, red).

    I. 1. f. *Ni.* Red redonda de fibra vegetal para pescar camarones.

chacalpeste. (Del nahua *chacalín*, camarón, y *pix-tli*, hueso del zapote)

    I. 1. *Mx::S.* **chacalpiztle**.

chacalpiztle. (Del nahua *chacalín*, camarón, y *pix-tli*, hueso del zapote).

    I. 1. m. *Mx.* Árbol, con frecuencia arbusto, de 10 m de altura, de ramas tetragonales, hojas opuestas, oblongas, elípticas o lanceoladas de color verde oscuro en el haz, inflorescencia en racimos terminales, fruto en racimo, globoso o subgloboso, de color rojo tirando a negro. (Verbenaceae; *Citharexylum affine*). (**chacalpeste**).

chacalshúchil. (Del nahua *chacalín*, camarón, y *xochitl*, flor).

    I. 1. m. *Mx.* **acacia**. (Fabaceae; *Caesalpinia pulcherrima*).

chacamalsóchil.

    I. 1. *Mx.* **chacamalsúchil**.

chacamalsúchil.

    I. 1. m. *Mx.* **acacia**. (Fabaceae; *Caesalpinia pulcherrima*). (**chacamalsóchil**).

chacamol. (Del nahua).

    I. 1. m. *Mx.* Planta perenne, acuática, tubérculo erecto y esférico, de hojas con estípulas infrapeciolares, glabras, borde entero, haz verde, envés de color rojo carmín a púrpura en pedúnculos, flores diurnas, fruto globoso con semillas esféricas; el jugo de esta planta, mezclado con alumbre y ácido fénico, se usa para teñir de rojo la lana. (Nynphaeaceae; *Nymphaea gracilis*). ◆ **chachamole**.

chacana.

    I. 1. f. *Ec, Pe.* Cama estrecha y portátil que se lleva a mano sobre varas o sobre ruedas, usada para transportar enfermos, heridos o cadáveres.

chacanblac. (Del ingl. *chock-a-block*).

    I. 1. m. *Ho.* Prenda de vestir de una sola pieza, de tela fuerte, que consta de cuerpo y pantalones, *que suele utilizarse como traje de faena en ciertos oficios.* (**cachamblac**).

chacar.

    I. 1. intr. *Bo:O.* Ganar dinero extra. pop.

chácara.

    I. 1. f. *Co, Ve:O.* obsol. Monedero para llevar dinero en metálico.

    2. *Pa.* Bolsa tejida con fibra vegetal, pintada con franjas de colores, usada antiguamente por los campesinos para llevar provisiones; hoy solo forma parte del vestido típico del hombre. pop + cult.

    3. *Pa.* metáf. Testículo. vulg.

    II. 1. f. *Co.* Herida profunda.

III. (Del quech. *chakra*).

    1. f. *Ho:N,E, ES:E, Ni.* Terreno de cultivo de **bananos** o café.

    2. *Gu.* Terreno donde se cultivan árboles frutales.

chacarera.

    I. 1. f. *Bo, Ar.* Baile popular de parejas sueltas, cuyo ritmo, variable según la región de procedencia, es de tres por cuatro, alternando con seis por ocho.

    2. *Bo, Ar.* Música y letra de este baile.

chacarería.

    I. 1. f. *Ec, Pe, Bo, Ch.* Cultivo de las **chacras**.

    2. *Ch.* Conjunto de productos de horticultura.

chacarero.

    I. 1. m. *Ch.* Emparedado de carne de vacuno con tomates, **porotos** verdes y otros ingredientes.

    II. 1. m. **paya**, planta.

    III. 1. *Pa.* **yapú**.

chacarero, -a.

    I. 1. m. y f. *Ec, Pe, Bo, Ch, Ar, Ur.* Persona que trabaja como peón en una **chacra**.

    2. *Ec, Pe, Bo, Ch, Ar, Ur.* Dueño de una **chacra**.

    3. adj. *Ch, Ar, Ur; Pe,* p.u. Relativo a la **chacra**.

    4. m. y f. *Pe.* Persona rústica.

    5. *Ec.* Agricultor.

    6. adj. *Ec.* Relativo a la agricultura.

    II. 1. sust/adj. *Ar:NO.* **papa**, planta.

    2. *Ar:NO.* **papa**, tubérculo.

chacarilla.

    I. 1. f. *Pe.* obsol. Finca rústica aledaña a una población.

chacarita.

    I. 1. f. *Ar.* Cementerio. pop ^ fest.

chacarón, -na.

    I. 1. *Pa.* **huevón**, fresco, aprovechado. pop.

chacarudo, -a.

    I. 1. adj. *Pa. Referido a persona*, haragana. pop + cult → espon ^ fest.

¡chacás!

    I. 1. interj. *ES.* Imita el sonido de un golpe del machete contra alguien o algo.

¡chacatau!

    I. 1. interj. *Bo:O.* Expresa que algo se ha perdido, que no está a la vista.

chacate. (Del nahua *zacatl*, hierbazal).

    I. 1. m. *EU:S, Mx.* Hierba anual, de hojas simples, alternas, opuestas o verticiladas, de flores parecidas a las de las leguminosas, cáliz con cinco sépalos, corola con tres pétalos, el ventral de aspecto aquillado y con crestas en la base, y fruto en cápsula; tiene propiedades astringentes y antiblenorrágicas. (Polygalaceae; *Krameria canescens*).

chacay.

    I. 1. m. *Ar:S.* Arbusto de ramas flexibles, hojas opuestas y elípticas, flores verdosas y fruto de tres carpelos. (Rhamnaceae; *Discaria* spp.).

chacayal.

    I. 1. m. *Ar:S.* Lugar poblado de **chacayes**.

chacbolay. (Del maya *chac*, rojo, y *bolay*, tigre).

    I. 1. *Mx:SE.* **tigre**, jaguar.

chacchado.

    I. 1. m. *Pe.* Masticación de hojas de coca. rur.

chacchador, -ra.

    I. 1. m. y f. *Pe.* Persona que tiene la costumbre de masticar hojas de coca. rur.

chacchar.

    I. 1. tr. *Pe.* Masticar de manera continuada hojas de coca, mezcladas a veces con pedacitos de cal u otros componentes, e ir formando poco a poco una bola de **acullico**. rur.

chaccicip. (Del maya yucat. *chac*, colorado, y *cicip*, picador).
  I. 1. *Mx:S,SE.* **cardenal**. (Cardinalidae; *Cardenalis cardenalis*).

chach.
  I. 1. m. *Gu.* Molleja de ave.

chacha.
  I. (Del maya yucat. *cha*, resina, y de *chac*, rojo).
    1. f. *Mx:SE.* Molleja de ave.
  II. (Del quech. *achácha*, juguete).
    1. f. *Ar:NO.* Adorno, *generalmente pequeño y delicado*. pop.
    2. *Ar:NO.* Juguete para entretener a los niños. pop.
  III. (Apóc. de *chachaguato*).
    1. f. pl. *Ho, ES, Ni.* Esposas, par de aros de metal unidos entre sí, que sirven para sujetar las muñecas de una persona, *en especial de un detenido*. pop + cult → espon.
    2. *Ho.* Cepo que utiliza la policía municipal para inmovilizar un vehículo mal aparcado. pop + cult → espon.
    3. f. *Ho.* Aro de hierro que se coloca en la nariz del ganado para mantenerlo quieto. rur.
  IV. (Apóc. de *chachalaca*).
    1. f. *Gu, Ho, ES, Ni.* **chachalaca**.
  V. 1. f. *Bo:O,C,S.* Falta de asistencia a clase injustificada. pop + cult → espon.
  ▶ **irse de ~.**

chachá.
  I. 1. m. *Pe.* Vestido nuevo y vistoso, *especialmente de niño*. inf.

chachaca.
  I. 1. f. *Mx.* **chilindrón**.

chachacaste. (Del nahua *chachacuachtic*, áspero).
  I. 1. m. *ES.* Aguardiente de mala calidad.

chachaco.
  I. 1. adj. *Mx:S,SE, Gu, ES. Referido a persona*, que tiene marcas de viruela en la cara.
    2. *ES.* metáf. *Referido a superficie*, rugosa o áspera al tacto.

chachacoma.
  I. 1. f. *Pe, Bo:O,C,S, Ch:N, Ar:NO.* Arbusto de flores amarillas; se le atribuyen propiedades medicinales. (Asteraceae; *Senecio* spp).

chachacomo.
  I. 1. m. *Ec, Pe.* Árbol de hasta 6 m de altura de madera resinosa de color rojizo; muy utilizado en ebanistería y del que los incas fabricaban vasos ceremoniales. (Saxifragaceae; *Escallonia resinosa*). ♦ **tasta**.

chachada.
  I. 1. f. *Bo:O,C,S.* Falta de asistencia a clase injustificada. pop + cult → espon.

chachafruto.
  I. 1. m. *Mx:SE, Co.* Árbol de hasta 14 m de altura, de tallo cubierto de espinas y flores dispuestas en racimos, de color rojo o anaranjado. (Fabaceae; *Erythrina edulis*). ♦ **balú; pashuro; pisonay**.
    2. *Mx:SE, Co.* Fruto de del chachafruto, vaina alargada de color verde morado con semillas del tamaño de una almendra de cacao; cocidas son comestibles y se usan en la medicina popular.

chachagua. (Apóc. de *chachaguato*).
  I. 1. f. *Ni; Ho.* rur. Dos frutos unidos por la misma cáscara.
  II. 1. *Ni.* Escopeta de dos cañones.
  III. 1. *Ni.* Persona nacida del mismo parto que otra.

chachaguate. (Del nahua *chachahuatl*; de *chacha*, molleja de ave, y *coatl*).
  I. 1. m. *Mx:SE.* Correa que pasa de estribo a estribo, bajo la barriga de la caballería. rur.
    2. *Mx:SE.* **Pretal** que se pone a la **res** para montarla a pelo. rur.

chachaguato, -a. (Del nahua *chachahuatl*; de *chacha*, molleja de ave, y *coatl*).
  I. 1. adj/sust. *Ho. Referido a los frutos*, gemelos, unidos por la misma cáscara. pop + cult → espon.

chachahuata. (De *chachaguato*).
  I. 1. f. *ES.* Par de piedras unidas por una cuerda para derribar una cometa.
    2. *ES.* Afianzamiento del matrimonio o noviazgo.

chachai. (Del chino).
  I. 1. m. *Pa.* Vestido nuevo, bonito o de fiesta. inf; pop + cult ^ fest. (**chachay**).

chachajeado, -a.
  I. 1. adj. *ES. Referido a persona*, que tiene el pelo cortado a tijeretazos.

chachajo.
  I. 1. m. *Co.* Árbol altamente apreciado por su madera muy resistente y aromática. (Lauraceae; *Aniba perutilis*). ♦ **comino**.

chachal. (Del maya *chak*, manojo de hierbas).
  I. 1. m. *Gu.* Collar de mujer indígena hecho con cuentas de coral, vidrio y monedas antiguas.

chachalaca. (Del nahua *chachachalaca*, hablar mucho).
  I. 1. f. *Mx, Gu, Ho, ES, Ni, Pa.* Pavo silvestre, de hasta 56 cm de longitud; cabeza pequeña, cuello y cola largos, garganta desnuda de color rojo encendido, la cabeza y el cuello son grisáceos, cuerpo y alas café oliváceo oscuro, iris café; pico negruzco y patas gris apagado; su carne es comestible. (Cracidae; *Ortalis vetula*). ♦ **chacha; pava de monte**.
    2. *Mx, Gu, Ho, Ni, CR.* Ave de hasta 51 cm de longitud; con la cabeza y la parte superior del cuello de color gris oscuro, el pecho y la región superior oliva opaco, la cola negro verdoso, las timoneras marrón grisáceo pálido con la punta marrón, excepto las centrales, el pico y las patas grisáceos, y los lados desnudos del cuello rojo opaco. (Cracidae; *Ortalis cinereiceps*). ♦ **paisana**.
  II. 1. f. *Mx, Gu, Ho, ES, Ni, CR.* Persona parlanchina. pop ^ desp.
    2. *Gu.* Charla ruidosa y constante. desp.

  ■
  a. ‖ **~ copetona.** f. *Ho.* **alguacil**, pájaro córvido.
  b. ‖ **~ negra.** f. *Ho.* Chachalaca de plumaje negro lustroso. (Cracidae; *Penelopina nigra*).

chachalaco.
  I. 1. *Ho.* **baboso**, árbol.

chachalaco, -a.
  I. 1. adj. *Mx. Referido a persona*, borracha. pop + cult → espon.

chachalaqueadera.
  I. 1. f. *Gu, ES.* Conversación larga e insustancial.

chachalaquear.
  I. 1. intr. *Mx, Gu, Ho, ES, Ni; Pa,* p.u.; rur. Emitir la **chachalaca** una serie de sonidos y reclamos muy sonoros, *generalmente en períodos de apareamiento o cuando va en bandadas*.
    2. *Mx, Gu, Ho, ES, Ni.* metáf. Conversar dos o más personas durante largo tiempo de cosas intrascendentes. pop.

chachalaqueo.
  I. 1. m. *Mx, Ho.* Reclamo de la **chachalaca** que consiste en una serie de sonidos muy sonoros.
    2. *Ho.* metáf. **chachalaquera**. desp.

chachalaquera.
  I. 1. f. *Gu, ES.* Conversación larga e insustancial. ♦ **chachalaqueo**.

chachalaquero.
  I. 1. m. *Mx.* Bandada de **chachalacas**.
    2. *Mx.* Lugar donde abundan las **chachalacas**.

chachalaquero, -a.
    I. 1. m. y f. *Gu, ES.* Persona que habla mucho.

chachalaquiento, -a.
    I. 1. sust/adj. *Mx, Gu, Ho, ES.* Persona que habla mucho y de forma escandalosa. pop + cult → espon.

chachalcahuite. (Del nahua *chachaltic*, cosa dura, y *cuahuitl*, árbol).
    I. 1. m. *Mx.* **acacia.** (Fabaceae; *Caesalpinia pulcherrima*).

chachalte. (Del nahua *xaxaltic*, áspero).
    I. 1. adj. *Ni. Referido a la fruta*, áspera y de sabor acre.

chachama.
    I. 1. f. *ES.* Torta delgada hecha con el pan sobrante y molido del día anterior.

chachamole. (Del nahua).
    I. 1. *Mx.* **chacamol.**

chachapoya.
    I. 1. f. *Ar:NO.* **popoxcal.**

chachar(se).
    I. 1. intr. prnl. *Bo:O,C,S.* Faltar al colegio o ausentarse de él un estudiante sin consentimiento alguno de los padres o de los profesores. pop + cult → espon.
    II. 1. tr. *ES.* Unir o atar dos cosas.

cháchara.
    I. 1. f. *Mx, ES, RD.* Objeto de poco valor.
      2. *Ho.* Mueble, utensilio, aparato o automóvil viejo, roto o destartalado. pop + cult → espon.
    II. 1. f. *Ec.* Broma o burla. pop.
      2. *ES.* Chiste o chascarrillo.

chacharachero, -a.
    I. 1. sust/adj. *Ni; Ch*, pop + cult → espon. Persona muy conversadora.

chachare.
    I. 1. sust/adj. *Ve:O.* Trompo que al girar salta por tener torcido el extremo de la punta del clavo.

chacharear.
    I. 1. intr. *Mx.* Negociar con cosas de poco valor.
      2. tr. *Ec.* Conversar ruidosamente de cosas insulsas para pasar el tiempo.

chachareo.
    I. 1. m. *Cu, PR.* Conversación extensa y amena. pop + cult → espon.
      2. *PR.* Alboroto causado por el ruido de muchas voces. pop + cult → espon. ◆ **vacilón.**

chacharero, -a.
    I. 1. sust/adj. *Mx.* Buhonero, persona que vende chucherías y baratijas.

chachariento, -a.
    I. 1. adj. *Ch. Referido a persona*, que habla en exceso y sin sentido. pop + cult → espon ^ desp.

cháncharo.
    I. 1. *Ve.* **pecarí de collar.**

chacharrear.
    I. 1. m. *Pa.* Protestar murmurando largamente y a cada momento. pop + cult.

chachay.
    I. 1. *Pa.* **chachai.** inf; pop + cult ^ fest.

¡chachay!
    I. 1. interj. *Ec.* Expresa sensación de frío. pop + cult → espon.

chachero, -a. (De *chacha*, esposas).
    I. 1. m. y f. *Ho.* Policía municipal o persona autorizada para poner el cepo o **chacha** a las ruedas de un vehículo aparcado en zona prohibida. pop + cult → espon.

chachicagua. (Del nahua).
    I. 1. f. *Ho.* Hierba perenne y erecta con flores de color rojo salmón, cuyo fruto es una vaina lineal de 2 a 3 cm de largo; la raíz en decocción se utiliza contra la diarrea. (Fabaceae; *Indigofera lespedezioides*). ◆ **alcotana; genciana.**

chacho.
    I. 1. m. pl. *ES.* Testículos.
    II. 1. m. *ES.* Clase de pan dulce hecho de huevo y harina en forma de bolitas.

chacho, -a.
    I. 1. m. y f. *Co.* Persona hábil, que sabe desenvolverse en ciertas situaciones. pop + cult → espon.
    II. (Apóc. de *chachaguato*).
      1. adj. *Ho, ES, Ni. Referido a frutos o semillas*, unidos en un par por una sola cáscara. pop + cult → espon.
      2. m. y f. *Ho:S,O, Ni.* Hermano gemelo. pop + cult → espon.

chachón, -na.
    I. 1. sust/adj. *Bo:O,C,S.* Estudiante que acostumbra faltar al colegio o ausentarse de él sin consentimiento alguno de los padres o de los profesores. pop + cult → espon.
      2. *Bo:O,C,S.* Persona que no asiste a su trabajo. pop + cult → espon ^ fest.

chacinado.
    I. 1. m. *Ar, Ur.* Tripa animal rellena con carne de cerdo picada y adobada.
      2. *Ar.* Carne salada y seca.

chacla.
    I. 1. f. *Co:SO, Pe.* Vara larga y delgada de bambú o de otros arbustos, que se utiliza en la construcción de paredes o techos. rur.

chaclolo. (Del zoque).
    I. 1. m. *Mx.* Arbusto de hasta 5 m de altura, muy ramificado, de hojas subcoriáceas, elípticas con ápice agudo, haz verde lustroso y envés opaco, flores masculinas en espiga, peltadas y margen ciliada, flores femeninas en espiga y fruto en drupa globosa con superficie recubierta de cera; se usa como adulterante de la cera de abejas y para hacer velas. (Myricaceae; *Myrica mexicana*). ◆ **chocolol; guancanalá.**

chacmolché. (Del maya yucat.).
    I. 1. *Mx:SE.* **pito,** árbol.

chacmool. (Del maya yucat. *chac*, rojo, y *mool*, mano).
    I. 1. *Mx:SE.* **tigre,** jaguar.

chacnicté. (Del maya yucat. *chac*, rojo, y *nicté*, flor).
    I. 1. *Mx:SE, Gu.* **cacalichuche.** (**chacnitéc**).

chacnitéc. (Del maya yucat. *chac*, rojo, y *nicté*, flor).
    I. 1. *Gu.* **chacnicté.**

chaco.
    I. 1. m. *Bo, Ar:NO.* Corral extenso cercado en forma de círculo; se usa para cazar **vicuñas,** a las que se hace entrar en el cerco.
      2. *Bo:E,S.* Campo abierto acondicionado para la actividad agrícola.
      3. *Bo:E,S.* Terreno de poca extensión dedicado a la agricultura.
    II. 1. m. *ES, Ni, CR; Ec*, p.u. *En las artes marciales*, dos palos cortos unidos por una cadena.
    III. 1. *Ve:O.* **camote,** planta y tubérculo.

chacoaco.
    I. 1. *Mx.* **chacuaco,** chimenea.
    ▶ **fumar como ~.**

chacoaco, -a.
    I. 1. adj/sust. *Mx.* **chacuaco,** fumador.

chacobear.
    I. 1. tr. *Ni.* juv. Besar a *alguien*.

chacobeo.
    I. 1. m. *Ni.* juv. Besuqueo.

chacobiadita.
    ▶ **darle su ~.**

chacona.

   I. 1. adj. *PR. Referido a una mujer*, coqueta y que tiene las nalgas grandes.

chacota.

   I. 1. f. *Pe, Bo*. Situación caracterizada por el desorden y la confusión. ♦ **chacotería.**

   2. *Ch.* Situación caracterizada por la falta de seriedad. pop + cult → espon.

   ► **hacer ~; tomar a la ~; tomar para la ~.**

chacoteada.

   I. 1. f. *Ni, Bo*. Diversión que causa alboroto.

chacotear.

   I. 1. intr. *Mx*. Pasear sin ningún punto fijo de destino, como diversión.

   II. 1. intr. *Pe, Bo, Ch.* **hacer chacota.**

   2. *Ni.* Hacer bromas o reírse de alguien.

chacotería.

   I. 1. f. *Ni; Ar*, obsol. Broma o burla. pop + cult → espon.

   2. *Bo.* **chacota**, confusión.

chacotero, -a.

   I. 1. adj/sust. *Ni, Pe, Bo; Ch, Ar*, pop + cult → espon. *Referido a persona*, bromista. ♦ **chacotón.**

chacotón, -na.

   I. 1. adj. *Ar.* **chacotero.** pop + cult → espon.

chacra.

   I. (Del quech. *chakra*).

   1. f. *Co:SO, Ec, Pe, Bo, Ch, Py, Ar, Ur.* Terreno de poca extensión dedicado a la agricultura.

   2. *Bo:O,C,S, Ar, Ur.* Alquería o granja.

   3. *Bo.* Pequeña plantación de maíz.

   4. *Bo:E,S.* Campo abierto acondicionado para la actividad agrícola. pop + cult → espon.

   5. *Ho.* Casa rústica.

   II. 1. adj. *Pe. Referido a cosa*, maltratada o descuidada.

   2. *Pe. Referido a una acción o a un proceso*, poco elaborado.

   III. 1. f. *ES, Ni, RD.* Llaga.

   IV. 1. *Bo:O,C,S.* **chacreador.**

   2. m-f. *Bo:O,C,S. En deportes*, persona poco hábil o inferior a su adversario. pop + cult → espon ^ fest.

   V. 1. f. *Ch.* juv. Situación de caos y alboroto. pop + cult → espon.

chacreada.

   I. 1. f. *Bo:O,C,S.* Torpeza que se comete por falta de experiencia o habilidad. pop + cult → espon ^ fest.

chacreador, -ra.

   I. 1. sust/adj. *Bo:O,C,S.* Persona poco diestra en un oficio o que comete errores por falta de experiencia o habilidad. pop + cult → espon ^ fest. ♦ **chacra.**

chacrear(se).

   I. 1. tr. *Ch.* Hacer que *algo o alguien* pierdan su categoría o calidad. pop + cult → espon.

   2. intr. prnl. *Ch.* Perder *algo o alguien* su categoría o calidad. pop + cult → espon.

   II. 1. intr. *Pe.* Usar mal un objeto. pop + cult → espon.

   III. 1. intr. *Ch.* p.u. Trabajar en una **chacra**, terreno de poca extensión.

   IV. 1. intr. *Bo:O,C,S.* Cometer errores *una persona* en la realización de un trabajo por falta de experiencia o habilidad. pop + cult → espon ^ fest.

chacrerío.

   I. 1. m. *Pe, Bo.* p.u. Conjunto de **chacras**, terrenos de poca extensión destinados para la agricultura. rur.

chacrero, -a.

   I. 1. m. y f. *Pe, Bo, Ar, Ur.* Persona que trabaja como peón en una **chacra**.

   2. adj. *Pe, Bo, Ur; Ar*, p.u. Relativo a la **chacra.**

   3. m. y f. *Bo, Ar, Ur.* Dueño de una **chacra**.

   II. 1. sust/adj. *Pe, Bo. En el **futbol***, jugador de poca técnica y que juega de manera violenta. pop ^ desp.

chacruna. (Del quechua *chacruy*, mezclar).

   I. 1. f. *Pe.* Arbusto perenne silvestre que puede alcanzar hasta 3 m de altura; mezclada con la **ayahuasca** por las tribus indígenas tiene efectos alucinógenos. (Rubiaceae; *Psychotria viridis*).

chacta.

   I. 1. f. *Pe.* Aguardiente de caña de azúcar.

chactado, -a.

   I. 1. adj. *Pe. Referido a un alimento, especialmente un **cuy***, cocinado con **chaquenas** por encima. rur.

chactar.

   I. 1. tr. *Pe.* Poner sobre un alimento, *generalmente un **cuy***, piedras o **chaquenas** para cocinarlo.

chacté. (Del maya yucat.).

   I. 1. m. *Mx:SE.* Árbol de hasta 20 m de altura, con copa ramificada en espacio abierto, hojas alternas y compuestas, redondeadas y de textura fina, de color verde brillante, flores en racimos, de un amarillo intenso, fragantes y agrupadas en ramas terminales y frutos globosos amarillentos con semillas duras y venenosas. (Fabaceae; *Caesalpinia mexicana*).

chacuaco. (Del taras. *chakuákua*, chimenea).

   I. 1. m. *Mx.* Chimenea, conducto para que salga el humo. (**chacoaco**).

   II. 1. m. *ES.* Colilla.

   2. m. pl. *ES.* Sobras o desperdicios de algo.

   ► **fumar como ~.**

chacuaco, -a.

   I. 1. adj/sust. *Mx. Referido a persona*, fumadora.

   II. 1. adj/sust. *PR. Referido a persona*, chapucera.

chacualazo.

   I. 1. m. *Mx.* **chacualeo.** rur.

chacualear.

   I. 1. intr. *Mx.* Chapotear, producir ruido al mover las manos o los pies en el agua.

chacualeo.

   I. 1. m. *Mx.* Golpe dado al agua con las manos o los pies. ♦ **chacualazo.**

   2. *Mx.* Ruido que hace el agua al ser golpeada o las gotas de agua al caer en un charco.

chacualole. (Del nahua *xacualoa*, desgranar semillas, y *ololoa*, hacer bolas).

   I. 1. m. *Mx.* Dulce de almíbar que se hace con la pulpa del **chilacayote.**

   II. 1. m. *Mx.* Excremento humano.

chacuatete. (Del nahua *chachacuachtic*, mal molido, mortajado).

   I. 1. *ES.* **chapulín**, saltamontes.

   2. m-f. *ES.* Niño.

chacuatol. (Del nahua *xacualoa*, batir, agitar, y *atolli*, atol).

   I. 1. m. *Ni.* Revoltijo de cosas.

   2. *Ni.* metáf. Confusión de ideas.

chacueca.

   I. 1. adj. *PR. Referido a una mujer*, que no lleva su ropa interior limpia. rur.

chacueco, -a.

   I. 1. adj. *Mx, Ni. Referido a algo*, mal hecho. rur.

   2. *Mx. Referido a cosa*, torcida. rur.

   II. 1. adj. *PR. Referido a persona*, descuidada en el vestir.

   III. 1. adj. *Ni. Referido a persona*, de piernas arqueadas.

chacuna.

   I. 1. f. *Bo:O,C,S.* **barbijo**, cinta o correa. rur.

   II. 1. f. *Ho.* Roedor semejante a una rata grande, de cabeza alargada, con el hocico truncado, labio superior hendido y provisto de vibrisas, orejas pequeñas y redondeadas, cuello corto y grueso, tronco robusto y curvo, cola vestigial, extremidades largas y delgadas, pelaje largo, liso y brillante de color café rojizo. (Dasyproptidae; *Dasyprocta puntacta*).

chacurra.
  I. 1. f. *ES.* **curruchiche**. rur.
chacurú.
  ■
    a. ‖ ~ **cara negra.** m. *Ar:NE.* Pájaro de pico grande y rosado, y plumaje castaño en el dorso, ocre en la zona ventral y blanco rodeado de negro en la auricular. (Bucconidae; *Nystalus chacuru*).
    b. ‖ ~ **grande.** m. *Ar:NE.* Pájaro de plumaje negro en el dorso y en el collar, canela en la zona ventral y blanco en la garganta. (Bucconidae; *Notharcus macrorhynchos*).
chaeldad.
  I. 1. f. *Cu.* Mal gusto. pop.
chafa.
  I. 1. adj. *Mx, Gu, ES, Ni; Bo,* pop + cult → espon ∧ desp. *Referido a cosa,* mala, de poca calidad.
    2. *Mx. Referido a cosa,* de poco valor. ♦ **cacharpa.**
  II. (Apóc. de *chafarote*).
    1. m. *Gu, Ho, ES.* Oficial del ejército. desp.
  III. 1. f. *Ni.* Broma burlesca.
    2. *Ni.* Mentira.
chafalonería.
  I. 1. *Ar, Ur.* **chafalonía**, objeto. pop + cult → espon.
chafalonía.
  I. 1. f. *Pe, Bo, Ar, Ur.* Objeto de poco valor. pop + cult → espon. ♦ **chafalonería.**
    2. *Pe.* Conjunto de objetos inservibles de plata u oro, para fundir.
chafalote.
  I. 1. m. *Mx, Pa.* Cuchillo o machete tosco.
  II. 1. m. *Mx.* Pene. rur; vulg.
  III. 1. m. *Ar, Ur.* Pez de agua dulce, de color plateado y mandíbula muy prominente, que puede alcanzar 80 cm de longitud. (Tetragonopteridae; *Rhaphiodon vulpinus*).
  IV. 1. adj. *Ar,* obsol. *Referido a persona,* poco educada y de modales toscos. pop + cult → espon.
    2. sust/adj. *Pa.* Persona desaseada, sucia.
  V. 1. m. *Ar.* obsol. Cosa o trabajo mal hechos. pop + cult → espon.
chafandonga.
  I. 1. f. *Ho, Ni.* Desorden, tumulto o escándalo. pop + cult → espon.
    2. *Ho.* Fiesta o juerga. pop + cult → espon.
    3. *Ho.* Acto o hecho poco serio, desordenado o de mal gusto. pop + cult → espon.
cháfara.
  I. 1. f. *PR.* Mujer insolente, deslenguada. pop + cult → espon.
chafarotada.
  I. 1. f. *Ho.* Grupo de miembros del ejército. desp.
    2. *Ho.* Acción o hecho propio de militares. desp.
chafarote.
  I. 1. m. *Mx.* Machete tosco.
  II. 1. m. *Gu, Ho, Co, Ve.* Militar ignorante y grosero. pop + cult → espon ∧ desp.
chafarote, -a.
  I. 1. m. y f. *Gu, Ho, ES.* meton. Miembro del ejército. desp.
  II. 1. adj. *Ni. Referido a persona,* desordenada. desp.
    2. *Ni. Referido a persona,* descuidada. desp.
chafarotero, -a.
  I. 1. adj. *Ho.* p.u. *Referido a persona,* que admira o simpatiza con los militares. pop + cult → espon.
chafarotil.
  I. 1. adj. *Ho.* Relativo a los militares. cult ∧ desp.

chafarotismo.
  I. 1. m. *Ho.* Cualquier aspecto relacionado o propio de los militares. cult ∧ desp.
chafear.
  I. 1. intr. *Mx.* Fracasar *algo.*
  II. 1. intr. *Mx.* Equivocarse.
  III. 1. intr. *Ni.* Bromear, burlarse de alguien.
chafero, -a.
  I. 1. adj/sust. *Gu, ES, Ni. Referido a persona,* mentirosa, estafadora.
chafirete, -a.
  I. 1. m. y f. *Mx, ES.* **Chofer** de taxi. fest.
chafiro.
  I. 1. m. *PR.* Pez de hasta 3 m de longitud, dientes muy afilados en el cielo de la boca, coloración blanca con numerosos puntos negros. (Muraenidae; *Gymnothorax oceallaris*).
cháfiro, -a.
  I. 1. adj/sust. *Gu. Referido a persona,* de clase social baja.
  II. 1. sust/adj. *ES.* Miembro de la policía. delinc.
chafista.
  I. 1. adj. *Ni. Referido a persona,* bromista.
chaflan.
  I. 1. m. *RD. Referido a cosa,* ilusoria, irreal.
challán.
  □
    a. ‖ de ~. loc. adv. *Ho. En el futbol* y otros deportes de pelota, con efecto de rotación. pop + cult → espon.
chaflanazo.
  I. 1. m. *ES. En el futbol,* golpe al balón con curva y efecto de rotación.
chaflar.
  I. 1. tr. *Ch.* Despedir a *alguien,* sin previo aviso, de un lugar o de su puesto de trabajo. pop + cult → espon.
chafle.
  I. 1. m. *Pa.* Comida, alimento. pop.
chaflear.
  I. 1. tr. *Pa.* Comer *algo.* pop.
chagal.
  I. 1. m. *ES.* Camarón de hasta 4 cm de longitud, de agua dulce, similar a una gamba pequeña, pero de color parduzco que se vuelve rojo cuando se hierve; es comestible y muy apreciado. (Crustaceae; *Macrobrachyum* spp.).
  II. 1. m. *ES.* Rizo del pelo.
chagaludo, -a.
  I. 1. adj. *ES. Referido a persona,* bigotuda.
chágara.
  I. 1. f. *Cu.* Instrumento para afilar.
    2. *Cu.* Cuchillo de zapatero.
  II. 1. *PR.* **guábara.** rur.
  III. 1. f. *PR.* Mujerzuela. prost.
  IV. 1. m. *PR. En las peleas de gallos,* gallo con pocas plumas en la cola, que crecen hacia abajo.
  ▶ **pasar a alguien por la ~.**
chagático, -a. (De *Chagas*).
  I. 1. adj. *Ho, Bo.* Relativo a la enfermedad del mal de Chagas. cult.
chagolla.
  I. 1. f. *Mx.* p.u. Moneda falsa o muy gastada.
chagra. (Del quech. *chagra* o *chacra,* pegujal).
  I. 1. f. *Co:SO.* Parcela de terreno para cultivo, de poca extensión.
  II. 1. adj/sust. *Ec. Referido a persona,* que habita en un espacio urbano, pero no en la capital del país. pop + cult → espon ∧ desp.
  III. 1. adj. *Ec. Referido a cosa,* que revela mal gusto estético. pop + cult → espon ∧ desp.

IV. 1. m-f. *Ec.* Campesino de la Sierra ecuatoriana. pop + cult → espon ^ desp.

V. 1. adj. *Ec. Referido a persona*, de modales rústicos o de escasa instrucción formal. pop + cult → espon ^ desp.

VI. 1. f. *Cu.* Instrumento para amolar cuchillos.

chagrillo.
I. 1. m. *Ec.* Mezcla de pétalos de ciertas flores, en especial de rosas y geranios, que en algunas procesiones se les lanza a las imágenes religiosas en señal de alabanza.

chagrín. (Del fr. *chagrin*).
I. 1. m. *Mx, Ho.* Piel curtida muy fina y delgada para forrar por dentro el calzado o poner el lomo de los libros encuadernados.

chagua.
I. 1. f. *Ve:O.* Pequeña extensión de tierra sembrada.
II. 1. f. *ES.* Despedida, adiós.

chagual. (Del quech. *ch'aguar*, maguey).
I. 1. m. *Pe, Ch, Ar:NO.* Planta herbácea de hojas muy fibrosas que se abren desde el suelo en ramillete hacia arriba, con un largo eje floral de color verde rojizo con flores en el ápice. (Bromeliaceae; *Aechmea* spp.).
2. *Pe, Ch, Ar.* Fibra extraída del chagual.
3. *Ch.* Fruto del chagual.

chaguala. (De *chacuala*).
I. 1. f. *Mx:O.* Chancleta.
2. *Pa, Co.* Zapato viejo. pop. (**chagualo**).
3. *Pa, PR.* **canoa**, zapato grande.
II. 1. *Co:C,E,NE.* **chamba**, herida. pop + cult → espon.

chagualo.
I. 1. m. *Co.* **chaguala**, zapato viejo.
II. 1. m. *Co.* Árbol de hasta 10 m de altura, con hojas elípticas y flores pequeñas poco vistosas; su madera se emplea para postes. (Myrsinaceae; *Rapanea guianensis*). ♦ **espadero**.

chaguana.
I. 1. m. *Cu.* **canoa**, zapato grande.
II. 1. f. *Bo:S.* Vaca en el período de producción de leche. pop + cult → espon.

chaguar.
I. 1. *Ar:NO.* **chahuar**, planta.
2. *Ar:NO.* **chahuar**, fibra.
II. 1. tr. *Bo:S.* Ordeñar, extraer la leche exprimiendo la ubre. pop + cult → espon.

cháguara.
I. 1. f. *Ar.* Cuerda hecha con **chaguar**. rur.

chaguaral.
I. 1. m. *Ar:NO.* Lugar poblado de **chaguares**, plantas herbáceas.

chaguarama.
I. 1. f. *Ve.* **chaguaramo**.

chaguaramal.
I. 1. m. *Ve.* Lugar poblado de **chaguaramos**.

chaguaramo.
I. 1. m. *Ve.* Árbol de hasta 40 m de altura, de tronco hinchado en la base, con hojas como plumas, delgadas y ondeadas en la punta, y fruto farináceo, dulce y nutritivo; se usa como adorno en jardines y alamedas. (Palmaceae; *Reistonea regia*). (**chaguarama**).

chaguarazo.
I. 1. m. *Ar.* Golpe dado con un látigo o una cuerda. rur.
2. *Ar.* metáf. Insulto, ofensa. rur.

chaguarquero.
I. 1. m. *Ec.* Flor del agave.
□
   a. ‖ ~ **sin alcaparras.** loc. adj. *Ec:S. Referido a persona*, que vive de las apariencias. pop + cult → espon ^ desp.

chaguarrama.
I. 1. f. *PR.* **palmacté**.

chaguayar.
I. 1. tr. *Ec:S.* Echar a perder *algo*.

chague.
I. 1. m. *Mx.* Técnica para pintar en que se utiliza una mezcla de pintura con agua.

chagüe.
I. 1. m. *Mx.* Cultivo en zona pantanosa. rur.

chagüital.
I. 1. *Ho, CR.* **chagüite**, terreno lodoso. pop + cult → espon.
2. m. *Ho.* Sitio bajo donde se detiene el agua llovediza. pop + cult → espon.
3. *Ho.* **chahuite**, charco. pop + cult → espon.
II. 1. *CR.* **chagüite**, finca cultivada.

chagüite. (Del nahua *chahuitl* o *chiahuitl*, humedad, ciénaga).
I. 1. m. *Mx, Gu, Ho, ES; CR*, p.u. Terreno lodoso y anegado. ♦ **chagüital**. pop + cult → espon.
2. *Ho.* **chahuite**, charco. pop + cult → espon.
II. 1. m. *Gu, Ho:N,O, Ni, CR:NO*, p.u. Finca cultivada de **bananos**. rur. (**chahuite**). ♦ **chagüital**.
III. 1. m. *ES.* Lluvia.
IV. 1. m. *Ni.* Discurso político demagógico. desp.
V. 1. m. *Ni.* Llaga de una caballería. rur.

chagüitear.
I. 1. intr. *ES.* Brotar agua en un terreno.
II. 1. tr. *Ho.* Jugar en el agua con los pies o las manos. rur.
III. 1. intr. *Ni.* Hacer proselitismo con discursos. desp.
IV. 1. tr. *Ni.* juv. Enamorar a *alguien*.
V. 1. tr. *Ni.* Espolear a una caballería hasta llagarla. rur.

chagüitero, -a.
I. 1. m. y f. *Ni.* Persona que da discursos demagógicos, *generalmente proselitistas*. desp.
2. adj/sust. *Ni. Referido a persona*, demagoga.
3. *Ni. Referido a persona*, mentirosa.

chagüitoso, -a.
I. 1. adj. *Gu, Ho, ES, Ni. Referido a terreno*, lodoso o con exceso de agua. pop.
2. *Ho, ES. Referido a los objetos o a las frutas*, que rezuman agua. pop.

chahuar.
I. 1. m. *Pe, Ar.* Planta herbácea sin apenas tallo, de hojas muy fibrosas que se abren desde el suelo en ramillete hacia arriba, y con un largo eje floreal de color verde rojizo con flores en el ápice. (Bromeliaceae; *Aechmea* spp.). (**chaguar**). ♦ **caraguata**; **caraguatá**; **piñuela**.
2. *Ar.* Fibra extraída del **chahuar**. (**chaguar**). ♦ **caraguata**; **caraguatá**.
II. 1. adj. *Ec. Referido a una caballería*, baya, de color blanco amarillento. rur.

chahuarmishqui. (Del quech. *chahuar*, penco, y *mishqui*, dulce).
I. 1. *Ec.* **pulque**.

chahuarquero. (Del quech. *chahuarquiru*, y este de *chauar*, agave, penco, y *quiru*, diente).
I. 1. m. *Ec.* Espata del **agave** o **pita**.

chahuiscle.
I. 1. m. *Mx.* Plaga que daña las plantas.
▶ **caer el ~.**

chahuiste. (Del nahua *chiahuitl*, humedad o humor, o *quiahuitl*, lluvia).
I. 1. *Mx.* **chahuiztle**.

chahuistle.
▶ **caer el ~.**

chahuital.
I. 1. *Gu, ES.* **chahuite**, terreno aguanoso.

chahuite. (Del nahua *chiahuitl*, humedad).
- **I. 1.** m. *Gu, Ho.* Terreno aguanoso o con barro casi líquido. pop. ♦ **chahuital.**
- **2.** *Gu, Ho.* Charco de agua. pop. (**chagüite**). ♦ **chagüital.**
- **II. 1.** m. *Gu, Ho.* **chagüite**, finca cultivada.

chahuitoso.
- **I. 1.** adj. *Mx, Gu. Referido a terreno*, lleno de agua.
- **2.** *Mx, Gu. Referido a terreno*, lodoso.

chahuiztle. (Del nahua *chiahuitl*, humedad).
- **I. 1.** m. *Mx.* Hongo, *Hemileia vastatrix*, que ataca principalmente al nopal y a ciertas plantas gramíneas, como el trigo o el maíz, y que se manifiesta en forma de polvillo negro o rojizo en las hojas y los tallos, llegando a secarlos. ♦ **chahuiste; roya.**
- **2.** *Mx.* meton. Plaga de cualquier tipo que afecta a las plantas y que resulta muy dañina. ♦ **chahuiste.**

chaine. (Del ingl. *shine*, brillo).
- **I. 1.** m. *Mx:N, Ho.* Betún para limpiar el calzado. pop.
- **2.** *Mx:N, Ho.* Limpieza del calzado. pop.
- **II. 1.** sust/adj. *Ho.* Persona bien vestida. pop.
- **2.** m. *CR.* p.u. Prenda de vestir, *por lo general, elegante*. pop.

chaineada.
- **I. 1.** f. *Mx:N, Ho.* Limpieza y abrillantamiento del calzado.

chaineado, -a.
- **I. 1.** adj. *Mx:N, Ho, ES, Pa; CR*, pop. *Referido a persona*, vestida con esmero y elegancia. pop.
- **II. 1.** adj. *Mx:N, Ho, Pa. Referido a calzado*, lustrado y brillante. pop.
- **III. 1.** adj/sust. *Mx:N, CR, Pa. Referido a cosa*, recompuesta y muy limpia. pop.

chaineador, -ra. (De *chaine*).
- **I. 1.** m. y f. *Ho.* **Lustrabotas**, persona que se dedica a limpiar el calzado. pop.

chainear(se). (Del ingl. *to shine*).
- **I. 1.** tr. *Mx:N, Ho, ES, Ni.* Lustrar el calzado. pop.
- **2.** *Mx:N, Ho, ES, CR.* **chanear**, limpiar *algo*.
- **3.** *Ho, ES.* Limpiar bien *algo*.
- **II. 1.** intr. prnl. *Ho, ES, CR, Pa.* Arreglarse *una persona* con esmero y elegancia, *especialmente en el vestir.* pop.

chainero.
- **I. 1.** m. *Mx:N, Ho.* Limpiabotas.

chaira.
- **I. 1.** f. *Mx:SE.* Pene. rur; vulg.
- **II. 1.** f. *Pe.* Navaja, delinc.
- **III. 1.** f. *RD.* Halago cargado de ironía para burlarse de alguien.
- **IV. 1.** f. *ES.* Mentira.

chairar.
- **I. 1.** tr. *Py, Ar, Ur.* Afilar la hoja de un cuchillo, unas tijeras u otro objeto similar, con una chaira o cilindro de acero. (**chairear**).

chairear.
- **I. 1.** *Ar.* **chairar.**

chairito.
- **I. 1.** m. *Bo:O.* Selección variada de música criolla que se toca de forma continuada a petición de los invitados, para finalizar una fiesta.

chairo.
- **I. 1.** m. *Pe, Bo, Ch:N.* Guiso o sopa hecha con **chuño**, carne, **papa**, verduras y otros ingredientes.
- **II. 1.** m. *Bo.* Lío, enredo.
- □
  - **a.** ‖ ¡**tampoco es ~!** loc. interj. *Bo:O.* Expresa dificultad para realizar *algo*. pop + cult → espon.

chaite.
- **I. 1.** f. *Mx:SE.* **jícaro**, árbol perenne.
- **2.** *Mx:SE.* **jícaro**, árbol de hasta 10 m.

chaíto.
- ●
  - **a.** ‖ ~. fórm. *Ni, CR, Pa, Cu, PR, Co, Ve, Ec, Pe, Bo, Ch.* Se usa como despedida. pop.
  - **b.** ‖ ~ **no más.** fórm. *Ch.* Se usa como despedida cuando se está enojado.

chaja.
- **I. 1.** adj/sust. *Bo. Referido a persona*, que tiene la voz ronca, temporal o permanentemente. pop.

chajá. (Del guaraní *chachá*).
- **I. 1.** m. *Bo, Py, Ar, Ur.* Ave zancuda de más de 50 cm de longitud, de color gris claro, cuello largo, plumas altas en la cabeza y dos púas en la parte anterior de sus grandes alas. (Anhimidae; *Chauna torquata*). ♦ **takat; tapacaré.**
- **II. 1.** m. *Ur.* Producto de confitería hecho a base de merengue, chantillí, **durazno** en almíbar y **bizcochuelo.**

chajaceado, -a.
- **I. 1.** adj. *Ho, ES. Referido a persona*, herida con arma cortante. pop.

chajaccar.
- **I. 1.** tr. *Ho.* Herir a *una persona* con corte de arma blanca. pop.

chajado, -a.
- **I. 1.** adj. *Ho. Referido a persona*, herida con arma cortante. pop.

chajal.
- **I. 1.** m-f. *Gu.* Persona indígena que presta sus servicios gratuitamente a la iglesia o al ayuntamiento.

chajalele.
- **I. 1.** m. *Gu.* Juguete que consiste en un disco metálico con dos perforaciones equidistantes del centro, al que se le imprime un movimiento de rotación al pasarle una cuerda por los agujeros y estirar o encoger la cuerda con los dos dedos pulgares.

chajar.
- **I. 1.** tr. *Ho.* Herir a *una persona* con corte de arma blanca. rur.

chajazo. (Metát. de *jachazo*, hachazo).
- **I. 1.** m. *Gu, Ho, ES.* Herida alargada hecha con arma cortante. rur. (**chejazo**).
- **2.** *Gu, Ho, ES.* Cicatriz o señal que queda, una vez curada la herida. rur. (**chejazo**).

chajchu. (Del quech. *ch'aqchu*).
- **I. 1.** m. *Bo.* Plato preparado con carne de pecho de vacuno, **papa**, habas, cebolla verde cortada en tiras, queso, todo aderezado con **ají colorado**.

chajchudo, -a.
- **I. 1.** adj. *Bo:SO,C. Referido a cosa*, rociada con agua. pop.

chajchur.
- **I. 1.** tr. *Bo:SO,C.* Rociar con agua el suelo. pop.

chajín, -na.
- **I. 1.** adj. *Ni. Referido a persona*, vestida con elegancia. ♦ **chajineado.**

chajineado, -a.
- **I. 1.** *Ni.* **chajín.**

chajinear(se).
- **I. 1.** intr. prnl. *Ni.* Vestirse *alguien* con elegancia.
- **2.** tr. *Ni.* Engalanar *algo*.

chajwa. (Del quech. *ch'aqwa*, discusión a viva voz).
- **I. 1.** f. *Bo:SO,C.* Discusión, confrontación. rur.

chajwaco, -a. (Del quech. *ch'aqwaku*, que vocifera).
- **I. 1.** sust/adj. *Bo:SO,C.* Persona que habla en voz alta, casi gritando. pop.

2. *Bo:SO,C.* Persona que acostumbra ocasionar bullicio. pop.

3. *Bo:SO,C.* Persona que acostumbra ocasionar camorra cuando está borracha. pop.

chajwar.

I. 1. intr. *Bo:SO,C.* Ocasionar bulla vociferando una o más personas. rur.

chal-chal.

I. 1. *Ur.* **chalchal**.

chala. (Del quech.).

I. 1. f. *Ec:N, Pe, Bo, Ch, Ar, Ur; Py,* rur. Conjunto de hojas que envuelven la mazorca de maíz. ♦ **cutul**; **pucón**.

2. *Pe, Bo:O,C,S, Ch.* Una de estas hojas. rur.

3. *Ec.* **olote**, parte central de una mazorca de maíz.

4. *Bo:O,C,S, Py.* Planta de maíz que queda después de la cosecha y que se utiliza para la alimentación del ganado.

II. 1. f. *Ar.* Marihuana. drog.

2. m. *Ar.* Cigarrillo de marihuana. drog.

3. *Ar:NO.* Cigarrillo armado con tabaco envuelto en **chalas**, hojas. rur.

III. 1. f. *Ar.* Dinero, *en especial papel moneda.*

2. *Bo:O,C.* p.u. Dinero, moneda corriente.

IV. 1. f. *Ch.* Sandalia de cuero crudo. pop + cult → espon. ♦ **chalaila**; **chalala**; **chalupa**.

V. 1. f. *Ec:S.* Parte pequeña de una cosecha que un trabajador se apropia sin consentimiento expreso del dueño de la **hacienda** en la que trabaja. rur.

VI. 1. f. *Pe; Ar.* Región natural situada al oeste de la cordillera de los Andes, hasta los 500 metros sobre el nivel del mar.

VII. 1. f. *Pe.* Símbolo precolombino en forma de cruz escalonada.

▶ **meter ~; parar las ~s; poner ~.**

chalaca.

I. 1. *Pe.* **chilenita**.

chalaco, -a.

I. 1. adj. *Pe.* Relativo a la provincia y puerto del Callao.

chalagüite. (Del nahua *xalli,* arena, y *cuahuitl,* árbol).

I. 1. m. *Mx.* Árbol de hasta 15 m de altura, de copa simple muy verde, flores blancas cilíndricas y alargadas, terminadas en vainas chatas con semillas de color negro cubiertas de una pulpa blanca y dulce; su madera se usa en la construcción. (Fabaceae; *Inga vera*). (**chalahuite**), ♦ **cuajiniquil**, **guama**; **zapato de mico**.

chalahuite.

I. 1. *Mx.* **chalagüite**, árbol.

chalaila.

I. 1. *Ch.* **chala**, sandalia. pop + cult → espon.

▶ **meter ~.**

chalala.

I. 1. *Ch.* **chala**, sandalia. pop + cult → espon ^ fest.

chalán, -na.

I. 1. m. y f. *Ho, Pa, Co, Ve:O, Ec, Bo:S, Ar:NO.* **amansador**, domador de caballos. rur.

2. *Ho, Pa, Co.* Persona diestra en equitación.

3. *Pe.* Jinete de caballo de paso peruano.

II. (Del fr. *chaland,* cliente).

1. m. y f. *Mx.* Ayudante de un albañil, un pintor o algún otro trabajador de la construcción. pop + cult → espon.

III. 1. m. y f. *Mx:NO.* Persona conversadora y de buen humor.

chalana.

I. (Del fr. *chaland*).

1. f. *Mx, Ho:S, PR.* Embarcación de poco calado y ancha, de fondo plano, impulsada por una pérti-

ga o por un motor, que sirve para transportar personas y carga de un lado a otro de un río. rur.

2. *Ve, Bo:E.* Plataforma hecha con tableros o maderos unidos entre sí o sobre un conjunto de canoas unidas, que se usa para transportar personas y carga de una orilla a otra de un río.

II. 1. f. *Gu.* Himno irreverente de los estudiantes universitarios.

III. 1. *PR.* **canoa**, zapato grande.

chalanada.

I. 1. f. *Ni.* Broma pesada.

II. 1. f. *Ni.* Exhibición de un jinete en su montura.

chalaneador.

I. 1. m. *Bo:E.* Hombre que se dedica a amansar caballos. rur.

chalanear.

I. 1. tr. *Ar:NO; Ec,* p.u. Domar potros para convertirlos en caballos de silla. rur.

2. *Ho, Pa.* Amansar, adiestrar caballos. rur.

3. intr. *Ho, Ni.* Montar a caballo. rur.

II. 1. intr. *Ho:S.* Conducir una **chalana** o navegar en ella. rur.

chalanero.

I. 1. m. *Bo:E.* p.u. Hombre que conduce una **chalana**, plataforma. rur.

chalanero, -a.

I. 1. sust/adj. *Ho:S.* Persona que dirige o conduce una **chalana**, embarcación.

chalape. (Del nahua *chatlape*).

I. 1. m. *Mx:N.* p.u. Licor, *generalmente* **pulque** *o aguardiente.*

chalar(se). (Del quech. *chalana,* espigar).

I. 1. tr. *Ec:S.* Robar un trabajador al dueño de la finca una pequeña parte de la cosecha. rur.

II. 1. intr. prnl. *PR.* Fastidiarse.

chalate. (Del nahua *xalli,* arena, y *atl,* agua).

I. 1. m. *Mx.* Árbol de hasta 15 m de altura, de tronco muy corto con raíces aéreas conspicuas, copa densa y extendida, hojas glabras, simples, alternas y oblongas, siconos pareados, glabros y pubescentes con dos brácteas, semillas pequeñas y numerosas. (Moraceae; *Ficus goldmanii*).

chalatón.

I. 1. m. *Ho.* Potrero donde pastan caballos viejos y flacos. rur.

¡chalay! (Afér. de *¡achalay!*).

I. 1. interj. *Ar, Ur.* Expresa admiración o satisfacción. rur.

chalaysanto, -a.

I. 1. adj. *Pe.* Relativo al pueblo de San Jerónimo de Tunán, rico por su orfebrería.

chalazo.

I. 1. m. *Ar:NO.* Grano o absceso pequeño que se forma en el borde del párpado.

chalcha. (Del map.).

I. 1. *Ch.* **charcha**, acumulación de grasa. pop.

chalchal.

I. 1. m. *Ar, Ur.* Árbol de hasta 10 m de altura, con fruto rojo y flores blancas amarillentas dispuestas en racimos; es ornamental. (Sapindaceae; *Allophylus edulis*). (**chal-chal**).

chalchalar.

I. 1. m. *Ar:NO.* p. u. Lugar poblado de **chalchales**.

chalchaleada.

I. 1. f. *Ar:NO.* Puñetazo en la nariz. rur.

chalchalero.

I. 1. m. *Ar.* Pájaro de hasta 25 cm de longitud, con el dorso y el pecho de color pardo oliváceo, y el vientre gris ceniza. (Turdidae; *Turdus amaurochalinus*). ♦ **sabiá**.

chalchigüite.
I. 1. *Mx, Gu.* **chalchihuite**, jade.
2. *Mx.* **chalchihuite**, piedra preciosa.

chalchihuite. (Del nahua *chalchihuite,* cualquier piedra preciosa).
I. 1. m. *Mx, Gu, Ho:O.* Jade o jadeíta, piedra muy dura, de color verdoso, compuesta de silicato de magnesia, alúmina y óxidos de hierro y manganeso. (**chalchigüite**).
2. *Mx.* Cualquier piedra preciosa. (**chalchigüite**).
3. *Gu, ES.* Collar de pequeños adornos que llevan los indígenas.
4. *Gu, ES.* Baratija.

chalchuapa.
I. 1. m. *Ho.* Arbusto de hasta 1 m de altura, de hojas con cuatro verticilos y frutos redondos de color rojo que se vuelven negros cuando maduran; tiene diversas aplicaciones en la medicina tradicional. (Apocynaceae; *Ruvolfia tetraphylla*). ♦ **comida de culebra; matacoyote; señorita.**

chalchudo, -a.
I. 1. adj. *Ch. Referido a persona*, que tiene **charchas**, acumulaciones de grasa. pop + cult → espon.

chalco.
I. 1. adj. *Ni. Referido a una fruta sin madurar*, de sabor ácido y de consistencia dura.

chale.
I. 1. m-f. *Mx.* Persona residente en México, originaria de China, descendiente de chinos o con rasgos orientales. desp.
II. 1. adv. *Ho.* juv. No, nunca. delinc.

¡chale!
I. 1. interj. *Mx.* Expresa sorpresa o desaprobación.
II. 1. interj. *ES.* Expresa orden de guardar silencio. delinc.

chaleca.
I. 1. f. *Ch.* Prenda tejida, abotonada por delante, con o sin mangas, que cubre el torso.

chaleco.
I. 1. m. *Pe.* Guardaespaldas. urb; pop.
II. 1. m. *Gu, CR.* Estafa en la que no se recibe el dinero de un trabajo realizado.
III. 1. *RD.* **bubí**, ave.
IV. 1. m. *ES.* Religioso de la Congregación Salesiana.
□
a. ‖ **a ~.** loc. adv. *Mx, Gu.* Violentamente, por la fuerza.
b. ‖ **como ~ de mono.** loc. adv/adj. *Ch.* En situación de descrédito o desprestigio. pop + cult → espon ^ fest.
c. ‖ **corte de ~.**
i. loc. sust. *Ho.* Regaño, llamada de atención o destitución de alguien de su trabajo.
ii. *Ni.* Muerte producida a machetazos.
▶ **dar corte de ~; dejar como ~ de mono; pintar ~s.**

chaleco, -a.
I. 1. adj/sust. *Bo:O,C,S. Referido a persona*, poco diestra en un oficio o que comete errores por falta de experiencia o habilidad. pop + cult → espon ^ fest.

chalemán.
I. 1. m. *PR.* Persona tramposa, fullera. pop + cult → espon.

chalequeada.
I. 1. f. *Mx.* p.u. Estafa.
2. *Mx.* p.u. Robo.
II. 1. f. *Bo.* Torpeza que se comete por falta de experiencia o habilidad. pop + cult → espon ^ fest.

chalequeado, -a.
I. 1. adj. *Ni. Referido a persona*, muerta a machetazos.

chalequear.
I. 1. tr. *Co, Ar:NO.* Robar a *alguien* dinero u objetos de valor, registrándole furtivamente los bolsillos o la cartera. pop.
2. *Co:C. En una pareja*, coger la mujer un poco de dinero a su pareja, sin que se dé cuenta. pop.
II. 1. tr. *Ve, Ch.* Burlarse de alguien.
III. 1. tr. *Pe.* Extorsionar a *alguien* a cambio de protección. delinc.
IV. 1. tr. *Ve.* Obstruir o entorpecer la realización de una actividad.
V. 1. intr. *Bo:O,C,S.* Cometer errores *una persona* en la realización de un trabajo por falta de experiencia o habilidad. pop + cult → espon ^ fest.

chalequeo.
I. 1. m. *Ve.* Burla o broma reiterada, que en ocasiones puede resultar ofensiva y de mal gusto.

chalequero, -a.
I. 1. m. y f. *Pe, Bo.* Persona que se dedica a alquilar por la calle **celulares** para hacer llamadas a un precio menor que con los de las compañías. pop.

chalequina.
I. 1. f. *Ch:N.* Prenda tejida, abotonada por delante, con o sin mangas, que cubre el torso. pop + cult → espon ^ fest.

chalía.
I. 1. m-f. *Ni.* Persona parlanchina.

chalina.
I. 1. f. *Mx, ES, Co, Ec, Ch, Py, Ar, Ur; Ho, Pa,* p.u. Chal estrecho y largo que usan las mujeres como abrigo y adorno. pop + cult → espon.
2. *Cu, Pe, Bo, Ar, Ur.* Bufanda, prenda larga y estrecha, *por lo común de lana o seda*, con que se envuelve y abriga el cuello y la boca.
3. *RD.* Corbata.
4. *Ni; Pa,* obsol. Velo para ir a la iglesia.

chalita.
I. 1. adj. *Ar:NO.* Muy bueno, en excelentes condiciones o estado. pop.
2. *Ar:NO.* Muy fino o delgado. pop.
II. 1. f. *Bo.* Cigarrillo de tabaco negro picado, liado con la **chala**.
III. 1. adj. *Bo. Referido a persona*, restablecida totalmente de una dolencia o una enfermedad. pop + cult → espon.
IV. 1. adj. *Bo. Referido a un trompo*, que gira suavemente. inf.

challa. (Del quechua *ch'allay,* rociar con agua).
I. 1. f. *Bo:O,C,S, Ch:No, Ar:NO.* Ritual que consiste en rociar el suelo con licor, como ofrenda a la Madre Tierra o **Pachamama**.
2. *Ar:NO,O.* Juego propio del carnaval en el que conocidos y amigos se arrojan agua, harina o serpentinas.
3. *Ar:NO,O.* Fiesta del carnaval.
4. *Ch.* Confeti, conjunto de trozos de papel que se arroja al aire en celebraciones.
5. *Bo:O,C,S.* Ceremonia ritual andina en la que, como ofrenda a la madre tierra o **Pachamama**, se rocía con una bebida alcohólica los objetos nuevos o los bienes recién adquiridos.
6. *Bo:O,C,S. En la fiesta de carnaval*, ceremonia ritual que consiste en rociar propiedades inmuebles, vehículos y lugares de trabajo con bebidas alcohólicas.
7. *Bo:O,C,S. En la mina*, ofrenda a un dios pagano semejante al diablo a quien se pide suerte o fortuna en el trabajo.
II. (Del aim. y del quech. *ch'alla,* arena).
1. f. *Bo:O,C,S.* Arena de río que se utiliza en las construcciones.

■

a. ‖ ~ **de carnaval.** f. *Bo:O,C,S. En la fiesta de carnaval*, ceremonia ritual que consiste en rociar propiedades inmuebles, vehículos y lugares de trabajo con bebidas alcohólicas.

b. ‖ ~ **en bolsa.** f. *Ar:O*. Plato típico preparado con carne de avestruz que se corta en tiras y se cuece en una bolsa hecha con la piel del animal.

challaco.
   I. 1. f. *Bo, Ar:NO*. Ceremonia propiciatoria de carácter comunitario en homenaje a la **Pachamama** o madre tierra, que se realiza en fechas consideradas importantes o señaladas.

challacu.
   I. 1. m. *Bo:O,C,S. En la fiesta de carnaval*, ceremonia ritual, que consiste en rociar propiedades inmuebles, vehículos y lugares de trabajo con bebidas alcohólicas.

challada.
   I. 1. f. *Bo:O,C,S*. Ritual que consiste en rociar la tierra con alguna bebida alcohólica, como un acto de ofrenda a la madre tierra o **Pachamama**. pop + cult → espon.

challanco.
   I. 1. m. *Ch:SO. En la mitología de Chiloé*, especie de espejo empleado en las artes adivinatorias.

challar. (Del quech. *ch'alla*, acto ritual de rociar agua).
   I. 1. tr. *Pe, Ar:NO; Bo:O,C,S*. pop + cult → espon. Rociar el suelo con licor en homenaje a la Madre Tierra o **Pachamama**. rur.
   2. intr. *Ar:NO,O*. Jugar a arrojarse agua, harina o serpentinas durante el carnaval.
   3. tr. *Ar:NO,O*. Arrojar agua, harina o serpentinas a alguien por diversión durante este festejo.
   4. intr. *Ar:NO*. Festejar el carnaval.
   5. tr. *Bo:O,C,S*. Rociar con una bebida alcohólica objetos nuevos o bienes recién adquiridos, como ritual de ofrenda a la madre tierra o **Pachamama**.
   6. *Bo:O,C,S. En la fiesta de carnaval*, rociar el puesto de trabajo en la mina con bebidas alcohólicas y, algunas veces, con sangre de una llama o de un gallo, como ofrenda a la madre tierra o **Pachamama**, para pedir suerte o fortuna en el trabajo.

challi. (Voz quechua).
   I. 1. adj. *Ec:S. Referido a persona*, infiel. pop + cult → espon ^ desp.

challita.
   I. 1. adj. *Bo:O,C,S. Referido a un objeto*, liviano, ligero. pop.

challpar(se).
   I. (Del quech. *ch'allpay*, arrojar algo con violencia contra algo).
   1. tr. *Bo:O,C,S*. Golpear duramente a *alguien* con los puños. pop + cult → espon.
   2. intr. prnl. *Bo:O,C,S*. Caerse *alguien* brusca y estrepitosamente. pop + cult → espon ^ fest.
   3. *Bo:O,C,S*. Chocar un vehículo violentamente contra algo. pop + cult → espon.
   II. 1. intr. prnl. *Bo:O,C,S*. No superar un examinado el nivel mínimo exigido en una prueba o en un examen. pop + cult → espon ^ fest.

challpazo.
   I. 1. m. *Bo:O,C,S*. Caída brusca y estrepitosa de una persona. pop + cult → espon.

chalmates. (Del nahua *chalani*, roto, y *matlatl*, red).
   I. 1. m. pl. *Ho*. Ropa de vestir gastada por el uso, utensilios viejos de la casa u objetos personales de escaso valor. pop + cult → espon.

chalón.
   I. 1. m. *Ch*. Especie de chal grueso más largo que ancho, *generalmente de lana*, con flecos en los extre-

mos, que se pone sobre hombros y espalda a modo de abrigo.

chalona. (Del aim. *chaluna*).
   I. 1. f. *Pe, Bo:O,C,S, Ar:No*. Carne de oveja, salada y seca al sol.

chalpa.
   I. 1. f. *PR*. Chapa donde el adicto prepara la droga. drog. ♦ **chalpón**.

chalpón.
   I. 1. m. *PR*. **chalpa**.

chaludo, -a.
   I. 1. sust/adj. *Ar:NO*. Persona que se halla en muy buena posición económica. pop.

chalungo, -a.
   I. 1. adj. *PR. Referido a persona*, chapucera, que trabaja con tosquedad e imperfección. pop + cult → espon ^ desp. ♦ **chamaco**.
   II. 1. adj. *PR. Referido a un caballo*, desmedrado. ♦ **chongo**; **macuenco**; **matungo**.

chalungosa.
   I. 1. f. *PR*. **chalupa**, canoa angosta.

chalungoso, -a.
   I. 1. adj/sust. *PR. Referido a persona*, andrajosa y tonta. pop + cult → espon ^ desp.

chalupa.
   I. 1. f. *Mx, Ni*. **Tortilla** de maíz gruesa, pequeña y ovalada, en cuyo interior se ponen **frijoles**, queso, hebras de carne, salsa o lechuga.
   II. 1. f. *Mx, CR*. Caja metálica o plástica que se empotra en la pared, para recibir los cables eléctricos y contener las conexiones del apagador y los contactos.
   III. 1. f. *Pa, PR, Co, Ch, Bo:E*. Canoa pequeña y estrecha para navegar por sitios muy estrechos. ♦ **chalungosa**.
   IV. 1. f. *Cu, Pe, Bo, Ch*. Zapato grande y, por extensión, cualquier calzado. pop + cult → espon ^ fest.
   2. *Ch*. **chala**, sandalia. pop + cult → espon ^ fest.
   V. 1. f. *Ho, Ni*. Lotería de cartón en la que cada número, del 1 al 100, tiene el dibujo de una chalupa. rur.
   VI. 1. f. *Ni*. Lugar donde se juega este tipo de lotería.

chalupear.
   I. 1. intr. *Ch*. Caminar, andar. pop.
   2. *Ch*. Caminar *alguien* con un calzado que le queda grande u holgado. pop + cult → espon. ♦ **chancletear**.
   3. *Ch*. Quedar grande u holgado. pop + cult → espon.

chalupero, -a.
   I. 1. m. y f. *Mx*. Persona que elabora o vende **tortillas** de maíz rellenas.
   II. 1. m. y f. *Ho*. Persona que canta la **chalupa**, lotería. pop.

cham. (Del maya).
   I. 1. *Gu*. **motate**, planta y fruto.

chama.
   I. (Del aim. y del quech. *chhama*, granulado).
   1. f. *Bo*. Pan de harina integral de maíz, poco molida, de color negruzco, mezclada con harina de trigo.
   2. adj. *Bo:O,C,S. Referido a un cereal*, poco molido, granulado. pop.
   II. 1. m-f. *Cu*. **chamaco**, niño. pop.
   2. f. *Ni*. Muchacha joven.

chamaca. (Del nahua *chamahuac*, engordar, crecer un niño).
   I. 1. f. *Mx*. Novia.

chamacani. (Del aim. *ch'amaka*, oscuridad).
   I. 1. m. *Bo:O*. Chamán que realiza curaciones o hechizos, con hierbas y otros productos naturales, después de la medianoche.

chamaco.
   I. 1. m. *Pe*. Pez marino de hasta 45 cm de longitud, de cuerpo de color marrón oscuro con manchas y

fajas claras, aletas radiadas y espinas y placas óseas en la cabeza. (Scorpaenidae; *Scorpaena plumieri*).
♦ **rascacio; rascana; rascazo**.
II. 1. m. *PR.* juv. Novio.

chamaco, -a. (Del nahua *chamahuác*, engordar, crecer un niño).
I. 1. m. y f. *Mx, Gu, ES, Cu, RD, PR, Pe; Ho, CR,* p.u; *Bo.* pop + cult → espon ^ afec. Niño o adolescente. (**chama**). ♦ **piquinini; fiñe**.
2. *Mx.* Hijo o hija.
II. 1. adj/sust. *PR.* **chalungo**, chapucero. rur; pop.

chamacona.
I. 1. f. *Mx, Ni, Cu, RD.* Mujer joven y muy hermosa.

chamagoso, -a. (Del nahua *chiamahuia*, embadurnar algo con aceite de chía).
I. 1. adj. *Mx. Referido a persona*, mugrienta, sucia. pop.
II. 1. adj. *Mx. Referido a cosa*, mal diseñada o ejecutada. pop.
2. *Mx. Referido a cosa*, baja, vulgar y deslucida. pop.

chamagua. (Del nahua *camahuac*, comenzar a madurar).
I. 1. f. *Mx.* Maíz que empieza a madurar.

chamais. (Del fr. *chamois*, piel de gamuza).
I. 1. m. *Pa.* Paño de gamuza sintética para limpiar y abrillantar el automóvil. pop + cult.

chamal.
I. 1. m. *Ch, Ar.* Manto o paño grueso y rectangular que las mujeres mapuches usan en la actualidad.

chamaluco.
I. 1. m. *PR.* Variedad de **plátano**.

chamaluco, -a.
I. 1. adj/sust. *PR. Referido a persona*, chapucera. rur; pop. ♦ **quitapulso**.

chamamé.
I. 1. m. *Py, Ar.* Composición musical de ritmo vivo que se ejecuta en compás de tres por cuatro, y se *interpreta generalmente con guitarra y acordeón o armónica;* es muy popular en las provincias del noreste argentino, *particularmente en Corrientes*.
2. *Py, Ar.* Baile de pareja entrelazada que se ejecuta al compás del **chamamé**.
□
a. ‖ **a lo ~.** loc. adv. *Py, Ar:NE.* Descuidada o negligentemente. pop.

chamamecero, -a.
I. 1. m. y f. *Py, Ar.* Compositor o intérprete de **chamamé**.
2. *Py, Ar.* Persona aficionada al **chamamé**.
3. adj. *Py, Ar.* Relativo al **chamamé**.

chamamesero, -a.
I. 1. m. y f. *Py, Ar.* Compositor o intérprete de **chamamé**.
2. *Py, Ar.* Persona aficionada al **chamamé**.
3. adj. *Py, Ar.* Relativo al **chamamé**.

chamana.
I. 1. f. *Pe.* Arbusto de tallo erguido, con hojas ovales, flores dispuestas en racimos colgantes y frutos envueltos en cápsulas; su leña es muy usada en hornos y fogones. (Sapindaceae; *Dodonaea* spp.).

chamanto.
I. 1. m. *Ch, Ar:SO.* Manto de lana fina con muchas listas de colores, que usan los campesinos. rur.
2. *Ch.* Manta multicolor corta, *generalmente listada,* que usa tradicionalmente el **huaso** chileno como parte de la tenida de gala.

chamaquear.
I. 1. tr. *Mx.* Pretender engañar a *alguien* y aprovecharse de él, debido a su inexperiencia o ingenuidad.

chamaquita.
I. 1. f. *PR.* juv. Muchacha joven.

chamaquito, -a.
I. 1. m. y f. *Mx, Ni, RD, PR.* Niño pequeño o adolescente.

chamarasca.
I. 1. *PR.* **charamusca**, leña.

chamarra. (De *zamarra*).
I. 1. f. *Mx, Pa, Ec, Bo; Ho,* p. u. Cazadora, prenda de vestir.
2. *Ve:O.* Prenda de vestir cuadrada, *generalmente de algodón o de lana*, con una abertura en el centro para introducir la cabeza. ♦ **chamarreta**.
3. *Gu, Ni.* Manta gruesa de lana.
II. 1. f. *Mx:NO.* Bozal de correas de cuero para perros bravos.
III. 1. f. *ES.* Ofensa o burla. pop.
■
a. ‖ **~ con tripas.** f. *Gu.* Persona con la que alguien se acuesta. rur; vulg.
► **taparse con la misma ~.**

chamarreada.
I. 1. f. *Ho, ES.* Regaño o reprensión severa.
2. *Gu.* metáf. Derrota abultada.
II. 1. f. *CR.* p.u. *En una transacción o negocio*, engaño o mala pasada. pop.
► **dar una ~.**

chamarreado, -a.
I. 1. adj. *Mx. Referido a persona*, lerda.

chamarrear(se).
I. 1. tr. *Mx, Gu.* Golpear a *alguien*.
2. *Gu.* Derrotar con contundencia a *alguien* en una **competencia** o discusión.
3. *Ni.* Emboscar a *alguien*.
II. 1. tr. *Mx, Ni, CR.* p.u. Engañar a *alguien* en una transacción. pop.
III. 1. intr. prnl. *Mx:SE.* Hacerse rogar.
IV. 1. intr. prnl. *Mx:SE.* Evadirse de un compromiso.
V. 1. tr. *Ho, ES.* Regañar a *alguien*. pop.
VI. 1. tr. *ES.* Montar un potro para domarlo. rur.

chamarreo.
I. 1. m. *ES.* Montura de una caballería para domarla.

chamarrero, -a.
I. 1. m. y f. *Ve.* Persona que, sin ser médico, ejerce prácticas curativas empíricas o rituales. rur.
II. 1. m. y f. *Bo.* Persona que vende cazadoras o **chamarras**. pop + cult → espon.
III. 1. sust/adj. *Ni.* Persona extorsionadora.

chamarreta.
I. 1. *Ve.* **chamarra**.

chamarro.
I. 1. m. *Mx, ES.* Manta burda o tela rústica que se emplea para hacer sacos o para tender en el suelo.
II. 1. m. *Ni.* Tiro falso para atemorizar.
III. 1. m. *Ni.* Engaño para obtener algo, *especialmente en el juego de cartas*.

chamarrudo, -a.
I. 1. *Gu. Referido a persona*, inculta, de zona rural. desp.

chamba. (Del port. *chamba*).
I. 1. f. *Mx, Gu, Ho, ES, Ni, Pa, Cu, PR, Co, Pe; CR, Ve, Ec, Bo,* espon. Actividad que realiza habitualmente una persona para ganarse la vida. pop + cult → espon. ♦ **brete**.
2. *Mx, RD, Co.* Empleo inestable. pop + cult → espon.
3. *Pa, Ec.* p.u. Trabajo, *por lo general de poca importancia*, que se realiza de manera ocasional o esporádica. pop. ♦ **camarón**.
4. *RD.* Empleo inestable. pop + cult → espon. ♦ **chambazo**.
5. *CR.* **brete**, producto de un trabajo.

II. 1. f. *Co.* Zanja o vallado que sirve para limitar los predios. rur.

III. 1. f. *Co:C,O.* Herida o cortadura profunda, *especialmente en la cara o en la cabeza.* pop + cult → espon.
 ♦ **chaguala**.

IV. 1. *Ec.* **champa**, pedazo de tierra.

V. 1. f. *Ni.* Dinero en efectivo.
 2. *Ni.* Propina o recompensa monetaria.

VI. 1. f. *RD.* Jeta.

VII. 1. f. *PR.* Acierto casual de alguien. pop + cult → espon.

VIII. 1. f. *PR.* juv. Muchacha.
 □

 a. ‖ **a la ~.** loc. adv. *RD.* Muy cerca.
 b. ‖ **~ a ~.** loc. adv. *RD.* Frente a frente.
 c. ‖ **en la ~.** loc. adv. *RD.* Muy cerca.

chambado.
I. 1. m. *Ar.* Recipiente hecho de asta de vacuno, que se usa para transportar y beber líquidos, o para tomar **mate**. rur.

chambarete.
I. 1. m. *Mx.* Corte de carne del muslo del ganado bovino.

chambazo.
I. 1. m. *PR.* **chamba**, empleo inestable.

chambeada.
I. 1. f. *Ho, ES.* Jornada de trabajo. pop.

chambeador, -ra.
I. 1. sust/adj. *Mx, Gu, Ho, ES, Ni.* Persona trabajadora, muy dedicada al trabajo. pop + cult → espon. (**chambero**).

chambear.
I. 1. intr. *Mx, Gu, Ho, ES, Ni, Ec, Pe; CR,* p.u; *Ve,* juv. Ocuparse en una actividad profesional remunerada. pop + cult → espon.

chambeco, -a.
I. 1. adj/sust. *Ch. Referido a persona,* torpe, inútil. pop + cult → espon.

chambelán.
I. 1. m. *Mx, Ho, Ni, Pe; Ec,* p.u. Cada muchacho que acompaña a una **quinceañera** en la fiesta que se realiza en su honor. pop + cult → espon.

chambelona.
I. 1. f. *Ve.* Sombrero de paja, bajo de copa y ancho de alas, que usan las mujeres, *especialmente en el verano.*

II. 1. f. *Cu.* Caramelo, *generalmente de forma circular y plano,* provisto de un palito, piruleta.

chamberga.
I. 1. f. *Ho, ES, Ni.* Pan dulce, similar a una galleta alargada, hecho de harina de maíz, con pequeños surcos en la parte de arriba y con un baño de dulce. rur.

chambergo.
I. 1. m. *Bo.* Producto de pastelería en forma de rosca preparada con harina, huevos y azúcar que se sirve con miel.

chamberismo.
I. 1. m. *Ho.* Práctica que favorece los puestos de trabajo obtenidos por recomendación.

chambero, -a.
I. 1. adj/sust. *Mx, Gu, Ho, ES, Ni, Pe.* **chambeador**.
 2. *Mx, Ho. Referido a persona,* que tiene dos o más puestos de trabajo.
 3. *Ho. Referido a persona,* que obtiene un puesto de trabajo por recomendación. desp.

chambeta.
I. 1. f. *PR.* Hoz.
 2. *PR.* Herramienta de zapatero, plancha de metal con filo para levantar suelas.

chambimbe.
I. 1. *Co.* **jaboncillo**, árbol.

chambira.
I. 1. f. *Pe.* Palma con un único tallo, de hasta 25 m de altura, el tallo y las hojas están armadas con espinas aplanadas de hasta 20 cm de longitud, hojas pinnadas, erguidas, y frutos en forma ovoide de color amarillo verdoso; de la palma se extrae una fibra que es muy utilizada en la confección de cestos, esteras y hamacas. (Racaceae; *Astrocaryum chambra*).

chambismo. (De *chamba,* empleo, trabajo).
I. 1. m. *Mx.* Pluriempleo.

chambista.
I. 1. sust/adj. *Mx, Ho.* Persona que tiene dos o más trabajos. pop.
 2. *Ho.* Persona que ha obtenido un trabajo por recomendación. desp.

chambitas. (De *chamba,* trabajo).
I. 1. adj/sust. *Mx. Referido a una persona,* que hace cualquier tipo de trabajo informal. pop + cult → espon.

chambón.
I. 1. m. *PR.* Pedal de un automóvil.

II. 1. m. pl. *PR.* obsol. Zapato tosco.

chambón, -na.
I. 1. adj/sust. *Mx, Ho, Pa, Co, Ve, Bo, Ar, Ur, Pc, Cu,* desp; *Ec,* p.u. *Referido a persona,* que trabaja sin esmero. pop + cult → espon.
 2. adj. *Cu, Co, Bo. Referido a una cosa o a una actividad,* que ha sido hecha con descuido, mal elaborada. pop + cult → espon.
 3. sust/adj. *Pa, Bo.* Persona poco diestra en un oficio o que comete errores por falta de experiencia o habilidad. pop + cult → espon ^ fest.

II. 1. sust/adj. *CR, Pe, Bo, AR.* Persona tonta, ingenua o poco perspicaz. desp.

III. 1. adj. *Pa, RD. Referido a persona,* torpe en el juego, con escasa habilidad.

IV. 1. adj. *Ni. Referido a persona,* grosera, burda.

V. 1. adj. *Cu. Referido al cuerpo de una persona,* feo, desproporcionado.

VI. 1. adj. *PR. Referido a persona, especialmente a una mujer,* culimetida, desnalgada, plana.
 ▶ **meter el ~**; **pisar el ~**.

chambonada.
I. 1. f. *Mx, Gu, Ho, ES, Ni, CR, Pa, Cu, Co, Ve, Pe, Ch, Ar, Ur; Bo,* desp. Trabajo hecho sin cuidado ni esmero. pop + cult → espon.
 2. *Ve, Bo, Ar, Ch; Ur,* desp. Torpeza que se comete por falta de experiencia o habilidad. pop + cult → espon.

chambonamente.
I. 1. adv. *Mx, Ho, Ni.* Improvisadamente, zafiamente, mal elaborado. pop.

chambonear.
I. 1. *Co, Ve, Bo, Ar, Ur.* Trabajar sin arte ni esmero. pop + cult → espon ^ desp.
 2. intr. *Bo, Ar, Ur; Gu, Ho,* juv. Hacer **chambonadas** o chapuzas.

II. 1. tr. *Ni.* Hacer groserías a alguien.

III. 1. intr. *PR.* juv. Bailar **reguetón**.

IV. 1. intr. *PR.* juv. Preparar un arma de fuego para disparar.

chambonería.
I. 1. f. *Mx, Pa, Co.* Tosquedad e imperfección en cualquier obra. pop + cult → espon ^ desp.
 2. *Pa, Ch, Ar:NO.* Error o desacierto cometido por torpeza o falta de habilidad. pop.
 3. *Pa, Cu.* Chapucería.

chamborote.
I. 1. *Gu.* **ají**, planta.
 2. *Gu.* **ají**, fruto.

chambra.
    I. 1. f. *RD.* Machete corto de hoja ancha. rur.
    II. 1. f. *RD.* Fusil de cañón largo.
    III. 1. f. *RD.* Imperdible, alfiler.
    IV. 1. f. *RD.* Chiripa, acierto o logro en el juego de billar o en truco.

    □

    a. ‖ **de ~.** loc. adv. *RD.* De casualidad.

chambral.
    I. 1. m. *ES.* Habladurías, muchos **chambres**.

chambre.
    I. 1. m. *Gu, Ho, ES, Ni.* Chisme, noticia verdadera o falsa para criticar o desprestigiar a alguien. ♦ **aldabonazo**. pop.
    II. 1. m. *RD; PR*, rur. Guiso de arroz con habichuelas.

chambreado, -a.
    I. 1. adj. *Ch. Referido al vino*, que ha sido puesto a temperatura ambiente.
    2. *Ch. Referido a persona*, borracha o casi borracha. pop + cult → espon.
    3. *Ch*, juv. *Referido a una bebida alcohólica, que se toma generalmente fría*, que está a temperatura ambiente.

chambrear. (Del fr. *chambrer*).
    I. 1. tr. *Ch.* Dar al vino tinto la temperatura ambiente. cult.
    2. intr. prnl. *Ch*, juv. Adquirir la temperatura ambiente una bebida alcohólica *que se toma generalmente fría.*
    II. 1. intr. *Ho; ES.* Chismear, traer y llevar chismes. pop.
    2. *Ho.* Conversar, platicar, pop.

chambreo.
    I. 1. m. *Ho, ES.* Habladuría, chisme. pop.

chambrerío.
    I. 1. m. *Ho, ES, Ni.* Muchos chismes. pop.

chambría.
    I. 1. adj. *Pe. Referido a cosa*, de baja calidad o categoría, defectuosa.

chambrista.
    I. 1. sust/adj. *ES.* Persona chismosa.

chambrita.
    I. 1. f. *Mx, Gu, Bo, Ch, p.u.* Chaqueta de punto o de estambre para bebé.
    II. 1. f. *RD.* Niña recién nacida.

chambroso, -a.
    I. 1. adj. *Ho, ES. Referido a persona*, chismosa o que tiene tendencia a serlo. pop.

chambuca.
    I. 1. f. *Ni.* juv. Comida, alimento.

chambulines.
    I. 1. m. pl. *Ni.* Dinero en efectivo.

chambuque.
    I. 1. m. *Co.* Nudo corredizo que se hace en el rejo o lazo para enlazar un caballo o **res**.

chamburo.
    I. 1. m. *Co.* p.u. Árbol de hasta 7 m de altura, de copa ancha y densa, hojas muy divididas y pecioladas, flores pequeñas en cimas dicótomas, de color blanco. (Caricaceae; *Jatropha aconitifolia*). ♦ **panamá; papayuelo**.
    2. *Ec.* Árbol de hasta 7 m de altura, no ramificado y con el tronco fibroso, poco consistente y coronado por hojas palmeadas de largo pecíolo hueco, e inflorescencias axilares en panículas racemosas de flores blancas. (Caricaceae; *Carica microcarpa*). ♦ **siglalón**.
    3. *Ec.* Fruto del chamburo, oblongo y de corte transversal con forma de estrella, con la pulpa de color

amarillo o anaranjado y numerosas semillas recubiertas de una capa mucilaginosa. (Caricaceae; *Carica microcarpa*). ♦ **siglalón**.

chameco.
    I. 1. *Ec.* **chamico**, arbusto.

chami. (Del quech. *ch'ami*, mineral).
    I. 1. m. *Bo:O.* Estaño en su estado natural incrustado en la roca que se puede reconocer a simple vista.

chamicado, -a.
    I. 1. adj. *Pe. Referido a persona*, taciturna.
    2. *Pe. Referido a persona*, perturbada por la borrachera.

chamical.
    I. 1. m. *Ar:NO.* Lugar poblado de **chamicos**.

chamicero.
    I. 1. m. *Co.* Lugar donde abunda la **chamiza** o leña menuda.

chamico. (Del quech. *chamiku*).
    I. 1. m. *Mx, ES, Cu, RD, PR, Ec, Pe, Bo, Ch, Ar:NO, Ur.* Arbusto de hasta 90 cm de altura, de follaje sombrío, hojas grandes, dentadas, flores blancas o moradas, solitarias, fruto del tamaño de un huevo, verdoso, erizado de púas, maloliente y de sabor amargo; es tóxico y tiene diversas aplicaciones en la medicina tradicional. (Solanaceae; *Datura stramonium*). (**chameco; chamisco**). ♦ **hoja de tapa; tapa; tapate; vuelveteloco**.
    2. *Pe.* Brebaje medicinal de efectos narcotizantes e intoxicantes; se usa en brujería.

    ▶ **dar ~.**

chamil.
    I. 1. m. *Mx:E.* Milpa sembrada en el mes de marzo. rur.

chamillo. (Del aim. *chhama*, cereal granulado).
    I. 1. sust/adj. *Bo:O,C.* Pan de harina integral.

chamis.
    I. 1. f. *Ho.* juv. Camisa, prenda de vestir. delinc.

chamisa.
    I. 1. f. *Ec.* Fogata, fuego que levanta mucha llama. (**chamiza**).
    II. 1. f. *Ec:S.* Leña menuda. rur. (**chamiza**).
    III. 1. f. *Ec:S.* Maleza. rur. (**chamiza**).
    IV. 1. f. *Ni.* Marihuana. drog.

chamisco.
    I. 1. *RD.* **chamico**, arbusto.

chamiza.
    I. 1. f. *Gu, Ve, Ar:NO.* obsol. Ramas secas para leña.
    II. 1. f. *Ec.* **chamisa**, fogata.
    III. 1. *Ec:S.* **chamisa**, leña menuda.
    IV. 1. *Ec:S.* **chamisa**, maleza.

chamizal.
    I. 1. f. *Gu, ES.* Lugar donde abunda la **chamiza**.

chamizo.
    I. 1. m. *Mx.* Arbusto de hasta 2 m de altura, de hojas pequeñas, lineales y blanquecinas que se aprovechan como forraje en las zonas áridas del norte; (Amaranthaceae; *Atriplex canescens*).
    2. *Co.* Arbusto seco y sin hojas.

chamo, -a. (Del ingl. *chum*).
    I. 1. m. y f. *ES, Cu, Ve.* Niño o adolescente.
    2. *Ve.* juv. Amigo o compañero.
    3. *ES.* Persona, individuo.

chamois.
    I. 1. m. *Mx.* Fruta seca muy salada.

chamol. (Del nahua, apóc. de *chamo-lli*, penacho, y *xochitl*, flor).
    I. 1. m. *Ho, ES.* **Bejuco** leñoso, trepador, muy grande, con semillas aplanadas y venenosas; las semillas y los tallos macerados producen un líquido usado para que crezca el pelo y se rice. (Fabaceae; *Adenopodia polystachya*). ♦ **amole; tostoncillo**.
    II. 1. m. *Ni.* juv. Alimento, comida.

chamón.
  I. 1. *Co:SO.* **garrapatero**, ave.
chamorreo.
  I. 1. m. *PR.* Tipo de **desyerbo.** rur.
chamorro.
  I. 1. m. *Mx.* Pierna de cerdo, *en especial la pantorrilla.*
  2. *Mx.* metáf. Pantorrilla de mujer, de mayor volumen que el usual.
  II. 1. m. *PR.* Ave de hasta 11 cm de longitud, con la cabeza y el pecho negros y el vientre gris pardo. (Emberizidae; *Tiaris bicolor*). ♦ **chamorro negro.**

■
  a. ‖ ~ **bello.** *PR.* **gorrión barba amarilla.**
  b. ‖ ~ **negro.** *PR.* **chamorro**, ave.
chamorro, -a.
  I. 1. m. y f. *PR.* Persona de baja estatura.
chamoy.
  I. 1. m. *Mx.* Fruta seca, agridulce, cubierta de chile en polvo.
champa. (Del quechua, *champa,* césped, cepellón).
  I. 1. f. pl. *Pe, Ch, Bo, Ar:NO.* metáf. Cabellos enmarañados. pop.
  2. f. *Ec, Ch, Ar:N; Bo:O,C,* pop + cult → espon. Pedazo de tierra cubierto de césped y muy trabado con las raíces de esta hierba, que, *cortado generalmente en forma prismática,* se usa para hacer áreas verdes. ♦ **chamba.**
  3. *Ch, Ar:N; Bo:O,C,* pop + cult → espon. Bloque de tierra que se deja adherida a las raíces de un vegetal para trasplantarlo.
  4. *Ch; Bo,* vulg, fest. | metáf. Vello púbico. euf; pop + cult → espon.
  5. *Bo:O,C.* Hierba perjudicial que crece en los plantíos y hay que extirpar con frecuencia. pop.
  6. *Bo:O,C.* Maraña que resulta de trabarse entre sí desordenadamente cosas flexibles. pop + cult → espon ^ desp.
  7. *Ch.* Cabellera abundante y enmarañada. espon.
  II. (Del nahua *chamapan*; de *chantli,* casa o vivienda, y *pan,* en).
  1. f. *Mx:SE, Ho, ES, Ni.* Cobertizo de ramas hecho en el campo. pop + cult → espon.
  2. *Gu, Ho, ES, Ni, Pa.* Casucha que sirve de vivienda. pop + cult → espon.
  3. *Gu, Ho, ES, Ni.* Puesto al aire libre para venta de mercancías, comida o bebida.
  III. 1. f. *Ch, Bo, Ar:NO.* Leña y pasto que se emplean para encender una fogata.
  IV. 1. f. *Ar:NO.* Limo, ramas y hojarasca que, llevados por la creciente, se acumulan en las acequias u otros cursos de agua.
  V. 1. f. *Pe.* Suceso afortunado, que sobreviene de repente. pop.
  2. *Bo:O,C.* Situación o asunto confusos o complicados. pop.
  VI. 1. f. *ES.* Sombrero de ala muy ancha.

■
  a. ‖ ~ **guerra.** f. *Bo:SO,C.* Conflicto social entre dos bandos que se desarrolla de manera confusa. pop + cult → espon.

□
  a. ‖ **a la ~.**
    i. loc. adv. *Pe.* Por casualidad. pop.
    ii. loc. adj. *Pe. Referido a una labor,* sin ningún esmero. pop.
champal.
  I. 1. m. *Ar:NO.* Lugar donde abundan las **champas**, limo, ramas y hojarasca, endurecidas.
champán.
  I. 1. m. *Co.* Embarcación grande, de fondo plano, que se emplea para navegar por los ríos.
  II. 1. f. *RD.* Lodazal.

2. *RD.* Chapoteo de los caballos cuando pasan por un lodazal.
champanera.
  I. 1. *Co, Ch.* **champaña.** pop.
  2. *Bo.* **champañera**, copa de cristal.
champaña.
  I. 1. f. *Co.* Vino espumoso blanco. (**champanera**).
champañazo.
  I. 1. m. *Bo, Ch.* Celebración de homenaje en la que se sirve champaña. cult.
  II. 1. m. *Ch.* Eyaculación. euf; pop + cult → espon ^ fest.
champañera.
  I. 1. tr. impers. *Mx.* Echar en cara *algo* a alguien. pop.
  II. 1. f. *Bo.* Copa de cristal fino, con recipiente y boca anchos. (**champanera**).
champar.
  I. 1. tr. impers. *Mx.* Echar en cara *algo* a alguien. pop.
champe.
  I. 1. m. *Cu.* Hombre homosexual. vulg. (**chample**).
champear.
  I. 1. tr. *Ec, Pe, Ch.* Cubrir una superficie con **champas**, pedazo de tierra cubierto de césped.
  II. 1. intr. *Pe.* Valerse de medios fortuitos o casuales para decir *algo,* echar a la suerte. pop + cult → espon.
champepiado, -a.
  I. 1. adj. *ES. Referido a persona,* que tiene el pelo cortado de forma dispareja.
champepiar.
  I. 1. tr. *ES.* Cortar a alguien el pelo de forma dispareja.
chámper.
  I. 1. *ES.* **cuayote, bejuco,** planta trepadora.
  2. *ES.* **cuayote,** fruto.
champería.
  I. 1. f. *Pe.* Fiesta de ciertas comunidades indígenas que se suele celebrar durante nueve días, y también es conocida como fiesta del agua o de la limpia de la acequia.
champerío.
  I. 1. m. *Ho, ES.* Conjunto o grupo de **champas**. pop.
  II. 1. m. *Bo:C,O.* Lugar en el que abunda la **champa**, hierba. pop + cult → espon.
champero, -a.
  I. 1. adj/sust. *Pe. Referido a persona,* que obtiene resultados favorables por pura casualidad. pop + cult → espon.
  II. 1. adj. *Ho. Referido a persona,* que vive o trabaja en una **champa**. pop.
champetear.
  I. 1. tr. *ES.* Avisar a *alguien.*
champinol. (De *chancho* y del nahua *pinol*).
  I. 1. m. *Ho.* Comida hecha con costilla de cerdo frita o carne de gallina y revuelta después con **pinol** y especias. pop.
champiñón.
  ► **valer ~.**
champio.
  I. 1. m. *Ch.* Campeonato, torneo de una competición, *en especial de un concurso ecuestre.* rur.
champión.
  I. 1. m. *Py, Ar, Ur,* p. u. Calzado deportivo, *generalmente de tela y con suela de goma.*
champion. (Voz inglesa).
  I. 1. m. *Ni, Ch.* Ejemplar de animal que se exhibe en las ferias como modelo de crianza.
  2. *Ch.* Rodeo más importante del año.
  3. *Ch.* meton. *En los rodeos,* premio principal.
  4. *Ni. En los rodeos,* torneo entre jinetes.

chample.
    I. 1.   *Cu.* **champe.**

champola.
    I. 1.   f. *Mx:SE, Cu, RD, PR.* Refresco hecho con **guanábana** u otras frutas y leche.

champoltrín.
    I. 1.   *Mx:S.* **tigre,** jaguar.

champona.
    I. 1.   f. *Gu.* Cobertizo hecho en el campo con ramas.

champoso, -a.
    I. 1.   adj. *Bo, Ar:NO. Referido a lugar,* que tiene muchas **champas,** limo, ramas y hojarasca. rur.
    II. 1. adj. *Ar:NO. Referido a persona,* que tiene el cabello despeinado o enredado. rur.

champotonera.
    I. 1.   *Mx:SE.* **cacalichuche.**

champú.
    I. 1.   m. *Pe.* **champuz.**
    ▶ **correrse el ~; darse un ~.**

champuceada.
    I. 1.   f. *Ho.* **champuceado,** limpieza.

champuceado.
    I. 1.   m. *Ho.* Limpieza o lavado con champú. pop + cult → espon. (**champuceada**).

champuceado, -a.
    I. 1.   adj. *Ho. Referido a cosa,* limpiada o lavada con champú. pop + cult → espon. (**champuseado**).

champucear. (De *champú*).
    I. 1.   tr. *Ho, Ni.* Lavar o limpiar *algo* con champú. pop + cult → espon.

champucera.
    I. 1.   f. *Ho.* Utensilio de belleza que se utiliza en los salones para el lavado del cabello. pop + cult → espon.

champudo, -a.
    I. 1.   adj. *Pe, Ch,* pop + cult → espon; adj/sust. *Bo:O,C. Referido a persona,* de cabello enmarañado.

champulón, -na.
    I. 1.   adj. *CR.* p.u. *Referido a persona o a ciertos animales,* corpulentos. pop ^ desp.

champurrada.
    I. 1.   f. *Gu.* Bizcocho delgado y redondo.

champurrado.
    I. 1.   m. *Mx.* Atole de chocolate, bebida caliente de harina de maíz y agua o leche.

champurreado.
    I. 1.   m. *Cu, PR; Ho,* p.u. Mezcla de bebidas alcohólicas con jugo de frutas, agua y hielo. (**champurriao**).
    2.   *Cu, PR.* Mezcla de ron o coñac con aguardiente.

champurreado, -a. (Epént. de *chapurreado*).
    I. 1.   adj. *Ho. Referido a una obra o trabajo,* mal hecho. pop.
    2.   *Ho. Referido a persona,* que habla muy mal una lengua. rur.
    3.   adj/adv. *Ch. Referido a un idioma,* hablado con dificultad. pop + cult → espon.
    II. 1. adj. *Ho. Referido a comida o bebida,* mezclada con otros productos. pop.

champurrear(se). (Epént. de *chapurrear*).
    I. 1.   tr. *Ni; Ho,* p. u; *PR, Ch, Ar,* pop + cult → espon. Hablar con dificultad un idioma, pronunciando mal sus palabras y utilizando giros extraños a él.
    2.   intr. *Ar.* Hacer *algo* de manera descuidada. pop.
    3.   tr. *Ho,* p. u. Hacer *algo* mal, defectuoso o poco profesional.
    II. 1. tr. *Ni.* Obtener *algo* con facilidad.
    2.   intr. prnl. *Ni.* Beneficiarse de algo, sacar provecho.
    III. 1. tr. *Ho.* p.u. Mezclar una cosa con otra, *en especial bebidas y alimentos.* rur.

champurreo.
    I. 1.   m. *Ch.* Chapurreo, dificultad al hablar un idioma. pop + cult → espon.

champurriao.
    I. 1.   *RD.* **champurreado,** mezcla de bebidas.

champús. (Del quech.).
    I. 1.   m. *Co:SO.* Bebida preparada con maíz cocido, azúcar o **panela,** jugo de **lulo,** de piña, canela, clavos de olor y hojas de naranjo agrio.
    2.   *Pe.* **champuz,** bebida espesa.

champuseado, -a. (De *champú*).
    I. 1.   **champuceado.**

champusear. (De *champú*).
    I. 1.   tr. *Ho.* **champucear.**

champuz.
    I. 1.   m. *Ec, Pe.* Bebida espesa que se prepara con **guanábana,** mote sancochado, membrillo, harina de trigo y especias. (**champú; champús**).

chamucar.
    I. 1.   intr. *Mx.* p.u. Hablar mal de alguien.

chamuchile.
    I. 1.   f. *ES.* Grupo de niños.

chamuchina.
    I. 1.   f. *Mx, Ar,* p. u. Conjunto de niños o adolescentes. pop ^ desp.
    2.   *RD; Pe, Bo, Ar, Ur,* pop ^ desp. | p. u. Conjunto de gente de clase social baja.
    3.   *Ar:NO.* Conjunto de gente vulgar o tosca. pop ^ desp.
    4.   *Ve; Ec.* p.u, cult → espon. Reunión informal de personas de las clases sociales más bajas que, *por lo general, no se conocen entre sí.* pop.
    5.   *Gu, Ni, Pa.* Grupo de personas bulliciosas.
    II. 1. f. *Ar.* Cosa de poco valor. pop.
    III. 1. f. *Ve.* Desorden, alboroto, *especialmente de niños.* pop.
    2.   *Gu.* Bullicio, escándalo.
    IV. 1. f. *Pe.* metáf. Lenguaje ininteligible.

chamuco.
    I. 1.   m. *Mx, Ni.* Diablo. pop + cult → espon.

chamugra.
    I. 1.   m. *PR.* Árbol de hasta 15 m de altura, de tronco y ramas de color verdoso, hojas elípticas y lustrosas, que produce una semilla que contiene aceite; tiene diversas aplicaciones en la medicina tradicional. (Flacourtiaceae; *Hydnocarpus Kurzii*).

chamullador, -ra.
    I. 1.   sust/adj. *Pe, Ch, Ar.* Persona que habla con habilidad e intenta impresionar y convencer fácilmente a los demás. pop + cult → espon.

chamullar.
    I. 1.   tr. *Mx:N.* Hablar mal una lengua, *generalmente el inglés.*
    2.   intr. *Pe, Ch, Ar.* Hablar mucho intentando convencer al interlocutor. pop + cult → espon.
    3.   *Cu.* Hablar, *en especial una lengua extranjera.*

chamullento, -a.
    I. 1.   *Ch.* **chamullero,** que utiliza expresiones confusas.
    2.   *Ch. Referido a cosa,* que no tiene efectividad. pop + cult → espon.

chamullero, -a.
    I. 1.   adj. *Pe, Ch. Referido a persona, que habitualmente utiliza expresiones confusas* para desorientar a su interlocutor. pop + cult → espon. ◆ **chamullento.**
    2.   adj/sust. *Ar. Referido a persona,* que tiene habilidad para convencer a su interlocutor por medio de la palabra. pop + cult → espon.
    3.   *Ar. Referido a persona,* mentirosa. pop + cult → espon.

chamullo.
- **I. 1.** *Pe, Ch, Bo, Ar, Ur.* **chamuyo**, palabrería que busca impresionar. pop + cult → espon.
- **II. 1.** *Ar.* **chamuyo**, asunto de dudosa moralidad. pop + cult → espon.
- **2.** *Ch.* Tejemaneje, enredo poco claro. pop + cult → espon.
- **3.** *Ch.* Mentira, *especialmente la usada para justificarse.* pop + cult → espon.

chamuña. (Del aim. y del quech. *ch'amuña,* caramelo).
- **I. 1.** f. *Bo:O,C.* Caramelo de azúcar, **maní** y esencias aromáticas.

chamuñero, -a.
- **I. 1.** m. y f. *Bo:O,C.* Persona que vende **chamuñas**, *generalmente en puestos callejeros.*

chamusca.
- **I. 1.** f. *Mx, ES.* Quema parcial de algo.
- **2.** *Ec:S.* Hoguera. rur.
- **II. 1.** f. *Ec:S.* Pelea encarnizada, muy dura. pop + cult → espon.
- **III. 1.** f. *Gu.* Partido de **futbol** informal y amistoso.

chamuscada.
- **I. 1.** f. *Mx, Ho, Ni, CR, Pe, Ch; Co,* pop. Quemada superficial.
- **II. 1.** *Ho.* Ridículo, actuación vergonzosa. pop.

chamuscar(se). (Voz portuguesa).
- **I. 1.** tr. *Mx.* Desacreditar a *alguien* o dejarlo en evidencia.
- **2.** intr. prnl. *Mx.* Quedarse *alguien* en evidencia.
- **II. 1.** intr. *Ho.* Secarse los estambres de la mazorca del maíz. rur.
- □
  - **a.** ‖ ~ **la canilla.** loc. verb. *Gu.* Ser infiel *alguien* a su pareja.

chamusco.
- **I. 1.** m. *Mx:SE, Gu.* Enfermedad del **banano** producida por dos hongos patógenos que manchan las hojas y las secan.

chamuscón.
- **I. 1.** m. *Co.* Acción de chamuscar. pop + cult → espon.

chamusquear(se).
- **I. 1.** tr. *CR, Cu, Bo, Uc.* Chamuscar, quemar una cosa por la parte exterior. (**chamusquiar**).
- **2.** intr. prnl. *ES, CR, Cu, PR, Bo.* Quemarse *algo* o *alguien* completamente, hasta obtener una coloración muy oscura.

chamusquiar.
- **I. 1.** *ES, CR, RD.* **chamusquear**, chamuscar.

chamuyada.
- **I. 1.** f. *Ar, Ur.* Discurso o razonamiento para convencer a alguien. pop.

chamuyador, -ra.
- **I. 1.** sust/adj. *Bo, Ar, Ur;* m. *Pe,* p. u. Persona que habla con habilidad e intenta impresionar y convencer fácilmente a los demás. pop.

chamuyar.
- **I. 1.** tr. *Pe, Bo, Ar, Ur.* Convencer de algo a *alguien*, por medio de la palabra, *particularmente en asuntos amorosos.* pop + cult → espon.
- **II. 1.** intr. *Bo, Ar, Ur.* Hablar dos o más personas susurrando o en voz baja. pop + cult → espon.

chamuyero, -a.
- **I. 1.** adj/sust. *Pe, Ar. Referido a persona,* que tiene habilidad para convencer a su interlocutor por medio de la palabra. pop + cult → espon.
- **2.** *Ar.* Mentiroso. pop + cult → espon.

chamuyo.
- **I. 1.** m. *Pe, Ch, Bo, Ar, Ur.* Palabrería que tiene el propósito de impresionar o convencer. pop + cult → espon. (**chamullo**).

- **2.** *Bo, Ar, Ur.* Conversación susurrada o en voz baja. pop + cult → espon.
- **II. 1.** m. *Ch, Ar.* Acción o asunto de dudosa moralidad o legalidad. pop + cult → espon. (**chamullo**).

chan.
- **I.** (Del nahua *chían* o *chía,* cierta semilla).
  - **1.** m. *Mx, Gu, Ho, ES, CR, Ec.* Planta cultivada de hasta 2 m de altura, de tallo ramificado, hojas opuestas, cubiertas de pelos finos y flores azules en inflorescencias axilares; con las semillas machacadas se elabora una bebida muy agradable que tiene propiedades medicinales. (Lamiaceae; *Salvia hispanica*). pop + cult → espon. ♦ **chía**.
  - **2.** *Mx, Gu, Ho, ES, CR, Ec.* Semilla del chan, de hasta 2 mm de largo, de color café grisáceo con manchas rojizas. pop + cult → espon. ♦ **chía**.
  - **3.** *Mx, Gu, Ho, ES, CR, Ec.* Bebida preparada con las semillas del chan. pop + cult → espon.
- **II. 1.** m. *PR.* juv. Compañero no muy conocido.
- □
  - **a.** ‖ **al** ~. *Bo.* **al chan chan**.
  - **b.** ‖ **al** ~~.
    - **i.** loc. adv. *Bo.* Al instante, en ese momento. ♦ **al chan**.
    - **ii.** *Bo.* Al contado, en dinero efectivo. ♦ **al chan**.
  - **c.** ‖ ~ **con** ~. loc. adv. *Co, Ve.* Con pago inmediato en moneda efectiva o su equivalente. pop.
  - **d.** ‖ ~ **con tan.** loc. adv. *Gu.* Al contado, con dinero en mano.
- ▶ **mandar al** ~.

chana.
- **I. 1.** f. *CR.* Mentira. pop + cult → espon.

Chana.
- ▶ **dar lo mismo** ~ **que Feliciana; dar lo mismo** ~ **que Juana; dar lo mismo Juana que** ~.

chanaco, -a.
- **I. 1.** m. y f. *Pe.* p.u. Hijo menor. rur.

chanarse.
- **I. 1.** intr. prnl. *PR.* juv. Fastidiarse, enfadarse *una persona* con alguien.
- **II. 1.** *PR.* juv. Callarse, sosegarse *alguien.* vulg; pop + cult → espon.

chanate. (De *zanate*).
- **I. 1.** m-f. *Mx.* Persona de piel muy oscura o de raza negra.

chanca. (Del quech, *chhanga*, cereal tóscamente molido).
- **I. 1.** f. *Pe, Bo, Ch, Ar:NO.* Trituración de algo sólido, *especialmente minerales o granos.*
- **2.** *Pe, Ch.* Paliza, serie de golpes dados con un palo o con cualquier otro medio o instrumento. pop + cult → espon.
- **II. 1.** f. *Ar:NO.* Maíz molido que se emplea en la preparación de comidas, *particularmente en la del **locro**.*
- **2.** f. *Bo.* Sopa de pollo o de conejo, que lleva **papas** enteras y peladas, habas tiernas y cebolla cortada en tiritas largas.
- ▶ **dar la** ~.

chanca-chanca.
- **I. 1.** adv. *Bo:O,C.* Con paso vacilante, inseguro.

chancabuque.
- **I. 1.** m. *Pe.* Zapato grande, tosco y deforme. pop + cult → espon.

chancaca. (Del aim. y del quech. *chancaca*, pan de azúcar).
- **I. 1.** f. *Mx, Gu, Ho, ES.* Torta o pan alargado hechos de harina de maíz con un baño de azúcar o miel por encima y harina espolvoreada. pop.
- **2.** *Pa, Co:SO, Ec, Pe, Bo, Ch.* Azúcar de caña sin refinar, solidificada en forma prismática o de cono truncado.
- **3.** *Co.* Dulce hecho con **panela** y coco.

4. *Ar:NO*. Dulce con forma de tableta de chocolate, elaborado con miel hervida a la que se ha dado consistencia o solidez.

5. *Ch*. Salsa preparada con chancaca, agua y aromatizantes.

6. *Bo*. Masa de miel de caña, hervida y moldeada en forma de dos medias naranjas que se envuelve en hojas de **totora** para su comercialización.

7. *Ni*. Dulce hecho con **zurrapas** de **dulce** o **rapadura**.

□

a. ‖ ~ **de los chisos**. loc. sust. *Bo:O,C*. Hombre que atrae a los homosexuales. pop + cult → espon ^ fest.

chancacazo.
I. 1. m. *Bo, Ch*, pop + cult → espon; *Pe*, rur. Golpe fuerte que produce un daño físico o moral. pop.

chancaco. (Del quech. *chankaka*, pan de azúcar).
I. 1. m. *Bo:C,O*. metáf. Hombre que atrae y conquista a las mujeres con facilidad. pop + cult → espon ^ fest.

II. 1. m. *Pa*. Tejo para jugar rayuela.

chancaco, -a.
I. 1. adj. *Bo, Ch. Referido a cosa*, muy fácil de obtener o realizar.

chancada.
I. 1. f. *Mx*. Azúcar mascabado con forma de pan prismático o de cono truncado.

II. 1. f. *Pe*. metáf. Golpe recibido.

III. 1. f. *Ho*. Despulpe del grano de café. rur.

chancadera.
I. 1. f. *Pe*. Estudio perseverante y prolongado. est.

chancado.
I. 1. m. *Ho, Pe, Bo:O, Ch*. Proceso mediante el cual se muele o tritura *algo, especialmente mineral*. rur.

chancado, -a.
I. 1. adj. *Ho, Pe, Bo:O, Ch. Referido a cosa, especialmente al mineral*, triturado, hecho polvo. rur.

chancador, -ra.
I. 1. m. y f. *Bo:O. En minería*, persona que se ocupa de desmenuzar a golpes con un martillo trozos de roca que contienen estaño.

chancadora.
I. 1. f. *Pe, Bo, Ch*. Trituradora, máquina que sirve para triturar.

2. *Ec*. Máquina usada para triturar piedra.

3. *CR*. Máquina usada para quitar la pulpa a los granos de café maduro.

chancao.
I. 1. f. *Bo*. Guiso preparado con carne de pollo o gallina, **papas** y **ají**.

chancapiedra.
I. 1. f. *Ec, Pe*. Arbusto pequeño de hasta 60 cm de altura, silvestre, anual y de tallo erguido, hojas alternas, flores pequeñas y de color blanquecino verdoso; tiene aplicaciones medicinales. (Euphorbiaceae; *Phyllantus niruri*).

chancaquear.
I. 1. tr. *Ch*. p.u. Golpear repetidamente *algo* o a *alguien*. pop.

chancaquita.
I. 1. f. *Pe*. Pastilla de **chancaca** mezclada con nueces, coco o maní.

chancar(se). (Del quech. *ch'amqay*, machacar, moler).
I. 1. tr. *Ec, Pe, Bo, Ch, Ar:NO*. Moler o desmenuzar *algo* sólido sin convertirlo en polvo, *especialmente granos o minerales*. rur.

2. *CR*. Eliminar la pulpa de los granos del café maduro con la **chancadora**. rur.

II. 1. tr. *Pe*. Sobreescribir o reemplazar un archivo informático, con cambio de nombre o sin él.

III. 1. tr. *Pe, Bo, Ch*, p.u. Apalear, golpear, maltratar.

2. *Ch*. p.u. Apabullar, vencer, sobrepujar.

IV. 1. tr. *Pe*. Estudiar con ahínco.

V. 1. tr. *Bo*. Ejecutar *algo* mal o a medias.

2. *Ec*. Hacer daño a *algo* o a *alguien* con el golpe o la presión de un objeto.

VI. 1. intr. prnl. *Bo:O,C*. Caerse estrepitosamente *alguien*. pop + cult → espon ^ fest.

cháncara.
I. 1. f. *Ar:C,O*. **Zapallito** silvestre muy parecido al común. (Cucurbitaceae; *Cucurbita andreana*). ♦ **zapallito amargo**.

chancaroso, -a.
I. 1. adj. *Ho, ES. Referido a superficie*, áspera, poco pulida. rur.

2. *ES. Referido a grano*, mal molido.

chancaste.
I. 1. m. *Mx*. Sedimento del café u otras bebidas.

chancay. (De *Chancay*, provincia de Perú, de donde es originario).
I. 1. m. *Pe*. Pan dulce y esponjoso.

chance. (Voz inglesa).
I. 1. m. *EU, Mx, Gu, Ho, ES, Ni, CR, Pa, Co, Ve, Ec, Pe, Bo, Ch, Ar, Ur; Cu, RD, PR*, pop + cult → espon; *Py*, p. u. Oportunidad de conseguir algo, posibilidad, probabilidad. (**chanza**).

II. 1. m. *Co, Ve*. Lotería informal que se juega diariamente en tiendas o en algunos lugares destinados para tal actividad.

2. *EU, Gu*. Suerte.

3. *Ni*. Lotería menor o popular.

4. *CR*. Fracción de un billete de **chances**.

5. m. pl. *CR*. Lotería emitida por la Junta de Protección Social de Costa Rica, cuyos sorteos se realizan los martes y los viernes.

6. m. *Pa*. Fracción de boleto de la Lotería Nacional menor que el billete. ♦ **cachito**.

III. 1. m. *Gu, Pa, PR, Ve, Pe*. Riesgo.

IV. 1. m. *Gu, ES*. Empleo, trabajo.

V. 1. m. *Mx, CR, Ec*. Espacio temporal breve, *en especial el que se debe esperar antes de recibir la ayuda de otra persona*.

VI. 1. m. *Ec*. Cantidad escasa de algo. pop + cult → espon.

▶ **correr el ~; dar ~**.

¡chance!
I. 1. interj. *Mx*. Expresa el deseo u oportunidad de algo.

chancear.
I. 1. intr. *Gu, ES*. Trabajar *alguien*.

chancero, -a.
I. 1. m. y f. *CR, Pa, Co*. Vendedor de **chance**, lotería.

chancha.
I. 1. f. *Ni, Pe*. Dinero que se reúne entre varias personas para compartir un gasto o para realizar una donación.

II. 1. f. *Ch*, juv. Bicicleta.

2. *Ch*. Plataforma a modo de carro con ruedas pequeñas de hierro o rodillos, con la que los muchachos se deslizan calle abajo sentados sobre ella. pop.

III. 1. f. *Ho. En el juego de dominó*, el seis doble.

2. *Ho:N,O. En el juego de cartas*, socio, compañero.

IV. 1. f. *Ho*. Acordeón, instrumento musical. rur; pop + cult → espon.

V. 1. f. pl. *Ho*. Palas gemelas unidas en la mitad del mango por unas pinzas con muelles que sirven para hacer en la tierra hoyos estrechos y profundos. pop.

VI. 1. f. *CR*. **doble tracción**, sistema. pop.

▰

a. ‖ **aquí fue donde la ~ torció el rabo**. fr. prov. *CR*. obsol. Indica que ha surgido un obstáculo insalvable o un problema muy difícil de resolver.

▶ **estar como la ~ de tía Lacha; ser la misma ~ solo que revolcada**.

chanchac.
  I. 1.   *Mx:SE.* **sanchac.**
chanchaca.
  I. 1.   f. *ES.* Vulva. vulg.
chanchada. (De *chancho*).
  I. 1.   f. *Gu, Ho, ES, Ni, CR, Pa, Ec, Pe, Ch, Bo, Py, Ar, Ur.* Hecho o dicho malintencionado con el que se pretende dañar a alguien. pop + cult → espon.
    2.   *Ho, ES, Ni.* Cosa mal hecha. pop + cult → espon.
    3.   *Ho. En los deportes de equipo,* falta o juego sucio que se hace al contrario. pop + cult → espon.
    4.   *Ho, ES, Ni, Py; Ar, Ur,* pop; *Bo, Ch,* pop + cult → espon. Cosa sucia o desagradable.
    5.   *Ho, ES, Ni, Ch.* Hecho o dicho soez o sucio. pop + cult → espon.
  II. 1.   f. *Ni.* Marihuana. drog.
chanchadal.
  I. 1.   m. pl. *Ni.* Relaciones sexuales entre parejas. desp.
  II. 1.   m. *Ni.* Cúmulo de desaciertos de alguien, *en especial de un funcionario.*
chánchamo.
  I. 1.   *Mx:SE.* **chanchán.**
chanchán. (Del maya *chamcham*).
  I. 1.   m. *Mx:SE.* **Tortilla** de maíz rellena de picadillo de carne y cocida en un comal. ♦ **chánchamo.**
chancharra.
  I. 1.   *Mx.* **arriera.**
chanchavalancha.
  I. 1.   f. *ES.* Juego tradicional, cuya base es una ronda de niños donde se hacen peticiones, cantos y penitencias para quienes no responden correctamente.
chanchera.
  I. 1.   f. *Ho, CR, Ec, Ch.* Lugar cubierto destinado a la crianza de cerdos. rur.
chanchería.
  I. 1.   f. *Pe, Ch, Ar.* Establecimiento donde se vende carne de **chancho** y embutidos.
    2.   *Ch, Ar; Bo,* pop + cult → espon. Lugar destinado a la crianza de **chanchos,** cerdos.
  II. 1.   f. *Bo; Ch, Ar,* pop + cult → espon. | p.u. Hecho o dicho malintencionado.
    2.   *Bo, Ar.* Cosa sucia o desagradable. pop.
chanchero.
  I. 1.   m. *Ar.* Cinturón de cuero de **chancho,** provisto de grandes bolsillos y adornado con monedas de plata.
  II. 1.   m. *Ni.* Moneda muy devaluada.
    2.   *Ni.* Billete de baja **denominación.**
chanchero, -a.
  I. 1.   m. y f. *Ho, Ni, Ec, Pe, Ar, Ur,* rur; sust/adj. *Ch; Bo,* pop + cult → espon. Persona que cuida cerdos, los cría o negocia comprándolos y vendiéndolos.
    2.   m. y f. *Ur.* Persona que vende productos elaborados con carne de cerdo.
  II. 1.   adj/sust. *Ch. Referido a un jugador o deportista,* que es muy violento para jugar. pop + cult → espon ^ desp.
    2.   adj/sust. *Ho, Ch. Referido a un jugador o deportista,* que hace marrullerías u otros actos antideportivos. pop ^ desp.
chanchiro.
  I. 1.   m. *Co:C.* obsol. Prenda de vestir vieja, rota o sucia. pop.
chanchita.
  I. 1.   *Ar.* **castañeta,** pez óseo.
  II. 1.   f. *Ho. En el servicio de licores,* pequeña cantidad que se le regala al cliente en un trago. pop.
    2.   *Ni.* Gratificación monetaria.
  III. 1.   f. *CR, Pa, Ur.* **chanchito,** recipiente.

  IV. 1.   f. *Ur.* Furgón de la policía para transportar detenidos. pop + cult → espon.
  ▶ **recibir su ~; romper la ~.**
chanchito. (De *chancho*).
  I. 1.   m. *Pe, Bo, Ch, Py, Ar, Ur; Bo,* pop + cult → espon. Recipiente con una ranura para guardar dinero, con forma de cerdito. (**chanchita**).
  II. 1.   m. *Bo, Ar:O.* Eructo de un bebé. pop + cult → espon.
  III. 1.   m. *Pe, Ch.* Crustáceo isópodo terrestre, de hasta 2 cm de longitud, de figura aovada, de color ceniciento oscuro con manchas laterales amarillentas, y patas muy cortas. (Porcellionidae; *Porcellio* spp.).
  IV. 1.   m. *Bo.* Ordenador ensamblado por partes. pop + cult → espon.
  ▶ **caer ~; darle su ~; hacerse el ~; pillar ~; romper el ~.**
chanchito, -a.
  •
    a. ‖ ~ **fórm.** *Ch.* Se usa como tratamiento cariñoso a la pareja o a un hijo pequeño. pop + cult → espon ^ afec.
chancho.
  I. 1.   m. *Ni, CR, Ch, Ar, Ur.* Carne de cerdo.
    2.   *Ch.* Embutido de carne de cerdo.
  II. 1.   m. *Ch, Ar:NO, Ur En el juego del dominó,* ficha de número doble. pop + cult → espon.
  III. 1.   m. *Pe; Ch,* obsol. pop ı cult → espon; m. pl. *CR.* Conjunto de ambas nalgas. fest.
  IV. 1.   m. *Pe, Ch, Bo.* Eructo. pop + cult → espon.
  V. 1.   m. *Ar. En un transporte público,* inspector encargado de controlar que los viajeros están provistos de billete.
  VI. 1.   m. *Ni, Bo, Ch, Py.* Recipiente con una ranura para guardar dinero, *generalmente de barro y con forma de cerdito.*
  VII. 1.   m. *Bo.* Cerdo lechón adobado con **ají,** limón, pimienta negra, cominos y sal, que se cuece al horno y se sirve acompañado de **papas, plátanos, camotes,** ensalada y **llajua.**
  VIII. 1.   m. *Ch.* Utensilio de limpieza que sirve para abrillantar suelos, compuesto por un palo largo sujeto a un eje situado en la parte superior de un armazón en el que va acoplado un cepillo de cerdas.
    2.   *Ch.* Enceradora eléctrica. p. u.
  IX. 1.   m. *Ch.* Cigarro grueso de marihuana. drog.
  ■
    a. ‖ ~ **de monte.** m. *Gu, Ho, ES, Ni, CR, Bo, Py, Ar.* Mamífero artiodáctilo de hasta 1 m de longitud y 50 cm de altura, parecido al jabalí europeo, con pelaje oscuro y labios casi blancos, cabeza grande y triangular, y patas delgadas; su carne es comestible. (Tayassuidae; *Tayassu pecari*). pop + cult → espon. ♦ **barbiblanco; báquiro cachete blanco; báquiro labiado; cariblanco; chancho tropero; huangana; huangana-caspi; huangana huasca; huangana-caspi; jagüilla; majano; pecarí; pecarí de labio blanco; pecarí labiado; puerco de trompa; tajasú; tropero.**
    b. ‖ ~ **en piedra.** m. *Ch.* Salsa hecha con tomate, **ají,** cebolla, cilantro, aceite, sal y otros condimentos.
    c. ‖ ~ **enjabonado.** m. *Ch.* Juego popular, de ciertas fiestas campesinas, consistente en aguantar una persona el mayor tiempo posible montada sobre un cerdo que ha sido embadurnado previamente con jabón. rur.
    d. ‖ ~ **ensebado.** m. *CR, Ch. En los festejos populares,* **competencia** que consiste en soltar un cerdo embadurnado de grasa para que los concursantes traten de atraparlo.
    e. ‖ ~ **marino.** m. *Pe.* Carne de delfín, vendida *generalmente de forma ilegal,* para consumo humano.
    f. ‖ ~ **tropero.** *Bo.* **chancho de monte.**

□

a. ‖ **a lo ~ chingo.** loc. adv. *CR.* obsol. Sin ningún tipo de preocupación, con desenfado. pop ^ fest.

b. ‖ **a todo ~.**
  i. loc. adv. *Ch*; *Bo*, fest. Con rapidez. pop + cult → espon.
  ii. *Ch.* Con gran ímpetu. pop + cult → espon.
  iii. *Ch.* Con abundancia o excelencia de algo. pop + cult → espon.

c. ‖ **al ~.** loc. adv/adj. *Ch, juv.* De manera extrema o sobrepasando lo esperado.

d. ‖ **~ al hombro.** loc. sust. *Ch.* Tema o cuestión que alguien saca con insistencia.

e. ‖ **~ eléctrico.** loc. sust. *Ch*, p. u. Enceradora eléctrica.

f. ‖ **~ en bolsa.** loc. sust. *Ch.* Saco con piedras o ladrillos dentro que se utiliza como arma. pop.

g. ‖ **~ en la batea.** loc. sust. *Ch.* Cosa lista o dispuesta para ser hecha.

h. ‖ **como ~ .** loc. adv. *Ch, Ur.* De manera fuerte o intensa. pop + cult → espon.

i. ‖ **como ~ en la batea.**
  i. loc. adj/adv. *Ch. Referido a la acción de gritar,* muy fuerte. pop + cult → espon.
  ii. loc. adv. *Ch. Referido al modo en que se pasa un rato,* muy bien. pop + cult → espon ^ fest.

j. ‖ **como ~ en poza.** loc. adv. *Ec.* Sin ningún tipo de preocupación, con desenfado. fest.

k. ‖ **como ~s.** loc. adv. *Ar, Ur.* Con una relación de gran amistad. pop.

l. ‖ **para pelar ~s.** loc. adj. *Ar, Ur. Referido especialmente a un líquido,* muy caliente. pop + cult → espon.

◪

a. ‖ **a todo ~ gordo se le llega su día (de San Juan).** fr. prov. *CR.* Indica que toda persona deberá responder tarde o temprano por sus malas acciones.

b. ‖ **de aquí no sale ~ con mazorca.** fr. prov. *Ho, Ni.* Indica que todo el mundo paga lo que debe en esta vida.

▶ **salir un ~ con semilla; ser como ~s.**

chancho, -a.

I. 1. m. y f. *Mx, Gu, Ho, ES, Ni, CR, Pa, Ve, Ec, Pe, Bo, Ch, Py, Ar, Ur; RD, PR,* rur. Cerdo, animal mamífero. (Suidae; *Sus scropha*). pop + cult → espon. ◆ **cochi; cuchi; currucho.**

II. 1. sust/adj. *Ni, CR, Pa, Ve, Ec, Pe, Bo, Ar, Ur.* Persona desaliñada y sucia. pop + cult → espon ^ desp.
2. m. y f. *Ho, ES, CR, Ec, Ch.* Persona de modales groseros, sin urbanidad. pop + cult → espon ^ desp.
3. sust/adj. *Gu, Ho, ES, Ni, CR, Ch.* Persona que se caracteriza por su falta de higiene personal o de pulcritud con que realiza sus tareas. pop + cult → espon ^ desp.
4. *Bo, Ch.* Persona miserable, ruin. pop + cult → espon.
5. *Ho.* meton. Persona poco honesta o sin escrúpulos, *especialmente en los negocios.* desp.

III. 1. m. y f. *Ho, ES, Ni, CR, Pe, Bo, Ch, Py, Ar.* Persona muy gorda. pop + cult → espon ^ desp.
2. adj/sust. *Ch.* Glotón. pop + cult → espon.

IV. 1. sust/adj. *Ho.* meton. *En los deportes,* persona que juega sucio y golpea al contrario. desp.

□

a. ‖ **~ al hombro.** loc. sust. *Ch.* Persona lenta. pop.

b. ‖ **~ en misa.** loc. sust. *Ch.* Persona o cosa que se encuentra en una situación distinta o ajena a la suya habitual. pop + cult → espon.

c. ‖ **~ en trapecio.** loc. adj. *Bo. Referido a persona,* confundida, debido a una situación insólita. pop + cult → espon ^ fest.

d. ‖ **~ encebado.** loc. sust. *Bo.* Persona muy gorda. pop + cult → espon ^ desp.

e. ‖ **~ que no da manteca.** loc. sust. *Ch.* Persona de la que no se espera o no se puede obtener ningún beneficio. pop + cult → espon ^ fest.

f. ‖ **~ rengo.** loc. adj. *Ec. Referido a persona,* que se hace la desentendida respecto de un asunto.

g. ‖ **como ~ en el barro.** loc. adj/adv. *Ch. Referido a persona,* cómoda o a su conveniencia. pop + cult → espon.

▶ **a todo ~ le llega su mazorca; a todo ~ le llega su Navidad; agarrar de ~; anadar arriando ~; caer ~; caminar como chancho maiceado; coger de ~; estar mal pelado el ~; hacer la ~; hacerse alguien el ~ rengo; hacerse el ~; irse al ~; largar los ~s; matar el ~; no escaparse ~ con mazorca; no irse ~ con mazorca; parecer ~ de engorde; parecer ~ de engorde; parecer ~ en alforja; pasarlo ~; quedar como la ~ de la tía Lacha; saber el ~ de frenos; vender el ~ con todo y charco.**

¡chancho!

I. 1. interj. *Ho.* Expresa rechazo, insulto o desprecio a alguien.

chanchú.

I. 1. m. *PR.* **chanchullada.**

chanchulla.

I. 1. f. *Bo.* Trozo de papel en el que un estudiante anota fórmulas y otros datos para usarlos a hurtadillas en un examen. pop + cult → espon.

chanchullada.

I. 1. f. *Ho, ES, Ni, Pe, Bo.* pop. Chanchullo, negocio ilícito. (**chanchú**). pop.

chanchullar.

I. 1. intr. *Bo.* Emplear un estudiante ilícitamente alguna forma de apunte con datos durante una prueba de examen. pop + cult → espon. (**chanchullear**).

chanchullear.

I. 1. *Bo.* **chanchullear.**

chanchullero, -a.

I. 1. adj/sust. *Cu.* **bretero**, alborotador. pop + cult → espon.
II. 1. m. y f. *Bo.* Estudiante que emplea ilícitamente **chanchullos** durante una prueba de examen. pop + cult → espon.

chanchullo.

I. 1. m. *Cu.* Pelea, chisme, enredo. pop + cult → espon.
II. 1. m. *Bo.* Trozo de papel en el que un estudiante anota fórmulas y otros datos para usarlos a hurtadillas en un examen. pop + cult → espon.
III. 1. m. *RD.* Engaño, trampa.
IV. 1. m. *PR.* juv. Fiesta con música y copas. (**chanchú**).

chanchullo, -a.

I. 1. adj/sust. *Cu. Referido a persona,* propensa a formar chismes y peleas, enredador. pop + cult → espon.

chancista.

I. 1. sust/adj. *Mx, Bo; Ar*, p.u. Persona que acostumbra a hacer chanzas o bromas. pop + cult → espon.

chancla.

I. 1. f. *Mx.* Mujer homosexual.
▶ **ponerse hasta las chanclas.**

chanclazo.

I. 1. m. *Mx.* Golpe dado con una chancla.
II. 1. m. *Mx.* metáf. Reprimenda. pop.

chancle.

I. 1. m. *Mx:SE.* Planta de hasta 5 m de altura, de inflorescencia ramificada y flores amarillas o rojas. (Cannaceae; *Canna paniculata*). (**changle**).

□

a. ‖ **~ aguatero.** loc. sust/adj. *Gu.* Persona que aparenta ser de la clase alta.

chancle, -a.

I. 1. adj. *Gu. Referido a persona,* elegante, bien vestida.
▶ **ser de la alta ~.**

chanclear.
    I. 1. intr. *Mx.* Hacer el ruido propio de las chanclas cuando se anda con ellas. espon.

chancleta.
    I. 1. f. *Bo*; *Mx, Cu, PR, Pe*, pop + cult → espon ∧ desp; *Ch, Ar, Ur*, pop + cult → espon ∧ fest; *Ec*, obsol; afec ∧ fest. Mujer, en especial la recién nacida.
    2. *PR, Pe, Bo.* **chancletero**, hombre que solo tiene hijas. pop + cult → espon ∧ fest.
    II. 1. adj. *Mx, RD. Referido a persona*, inepta, que no vale para nada.
    III. 1. adj. *Ar. Referido a persona*, cobarde, miedosa. pop.
    IV. 1. f. *Co, Ve.* Acelerador de un vehículo automotor.
    V. 1. f. *Ve.* Objeto inservible y en mal estado. desp.
    VI. 1. f. *Ho, ES.* metáf. Comida hecha de **pataste** o **güisquil** cortado a lo largo por la mitad y hervido, al que se le añade quesillo o queso derretido al hornearse. pop + cult → espon.
    2. *PR.* Galleta dulce de forma alargada, hecha con harina de trigo.
    3. *CR.* Alimento elaborado con pasta de **chayotes** cocidos y una masa dulce, que se sirve en las cáscaras de los mismos chayotes que se les ha extraído la pasta.
    VII. 1. f. *ES.* Boca de persona. desp.
    VIII. 1. f. *Ni.* Persona deteriorada físicamente.
    IX. 1. m-f. *PR.* Jugador o deportista que comete muchos errores. pop + cult → espon.
    X. 1. f. *Pa. En la doma de caballerías*, suela que se pone en los cascos para domarlos en el trote. ♦ **churumbela**.
    ▶ **estar como ~**; **meter la ~**; **tirar la ~**; **tratar como ~ vieja**; **valer ~**.

chancletear.
    I. 1. intr. *Ni, Cu, Co, Ve, Ch, Ar.* Andar arrastrando los pies. pop.
    2. *ES, Ni, CR, Cu, PR, Pe.* Producir un golpeteo con las chancletas al caminar. pop.
    3. *PR, Ch.* Andar, caminar, *especialmente a paso rápido*. pop.
    4. *Ch.* **chalupear**, caminar con calzado grande.
    II. 1. tr. *Mx, ES, Ni.* Golpear a *alguien* con una chancleta.
    III. 1. tr. *Co.* Oprimir reiteradamente el acelerador de un vehículo cuando este tiene problemas para arrancar.
    2. *CR, Ve.* Acelerar un vehículo en movimiento. pop.
    IV. 1. intr. *Cu.* Huir, irse apresuradamente.
    V. 1. intr. *Cu.* Trabajar mucho.

chancleteo.
    I. 1. m. *Cu.* Comportamiento grosero.

chancletera.
    I. 1. f. *Pa.* Mujer de modales groseros. pop + cult → espon ∧ desp.

chancletero.
    I. 1. m. *Cu, PR, Ec, Bo, Ch*, fest; *Pe*, desp. Hombre que solo tiene hijas. pop + cult → espon. ♦ **chancleta**; **chancletudo**.

chancletero, -a.
    I. 1. m. y f. *Cu, RD.* Persona de estrato sociocultural bajo. pop + cult → espon ∧ desp.
    2. adj. *Pa, Cu. Referido a persona*, de modales groseros y de comportamiento vulgar. desp.
    3. adj. *Cu. Referido a la manera de actuar las personas*, poco educada.
    II. 1. m. y f. *PR.* Persona que comete muchos errores en su trabajo o en el juego. pop + cult → espon.
    III. 1. *Pa. Referido a persona*, que anda habitualmente con chancletas.

chancletudo.
    I. 1. *Bo.* **chancletero**, hombre que solo tiene hijas.

chancletudo, -a.
    I. 1. m. y f. *Mx, Gu, Ho, Ve.* Persona pobre y sin relevancia social. desp.
    II. 1. adj. *Mx, Gu, Ho, ES, Ni. Referido a persona*, que usa chancletas.
    III. 1. adj. *Gu, ES, Ch.* Desaliñado, que arrastra los zapatos al caminar. pop ∧ desp.
    IV. 1. adj. *ES. Referido a persona*, deteriorada físicamente.

chanclo.
    I. 1. m. *Mx*; *PR*, rur. Zapato muy viejo y estropeado. pop + cult → espon ∧ desp.

chanclón.
    I. 1. m. *Mx.* Pantufla.

chancomer.
    I. 1. tr. *Ni*; *Ho, ES*, rur. Gastar, corroer, roer.
    2. *Ho, ES, Ni.* Mordisquear o quitar con la mano parte de algo, *generalmente comida*. rur.
    3. *Ho, ES, Ni.* Roer la carcoma la madera. pop + cult → espon.
    II. 1. *Ho, ES, Ni.* Cubrir *algo* de herrumbre. pop + cult → espon.

chancomida.
    I. 1. f. *Ho, Ni.* Marca o huella de **picada** o mordida. pop + cult → espon.

chancomido, -a.
    I. 1. adj. *Ho, ES, Ni. Referido a algo*, mordisqueado. pop + cult → espon.
    2. *Ho. Referido a persona*, mordida o picada por un ácaro. pop + cult → espon.

chancón, -na.
    I. 1. adj. *Pe. Referido a un estudiante*, que prepara mucho sus lecciones y se distingue más por la aplicación que por el talento.

chancorma.
    I. 1. f. *Pe.* Arbusto de hasta 1,5 m de altura, de hojas lanceoladas, aserradas y espinosas y flores blancas; tiene propiedades medicinales. (Asteraceae; *Eryngium paniculatum*).

chancorro.
    I. 1. *Mx.* **guarumo**.

chancroso, -a.
    I. 1. adj. *Ho, ES, Ni. Referido a persona*, que tiene la enfermedad venérea del chancro.

chancua.
    I. 1. f. *Ar:NO.* Trituración de algo sólido, *especialmente minerales o granos*.
    2. *Ar:NO.* Maíz molido que se emplea en la preparación de comidas, *particularmente en la del* **locro**.

chancuaco.
    I. 1. m. *Gu.* Cigarrillo.

chancuaco, -a.
    I. 1. adj. *Ho. Referido a superficie*, áspera, rugosa o desigual.

chancuco.
    I. 1. m. *Co.* Engaño o trampa que se comete en un negocio. pop.

chancumplir.
    I. 1. tr. *Gu.* Cumplir algo a medias.

chanda. (Del quech. *chhanta*, sarna).
    I. 1. f. *Co:O,SO*; *Ec*, p.u. Sarna.
    II. 1. f. *Co.* Perro que no es de raza. pop + cult → espon ∧ desp.
    III. 1. f. *Co.* Cosa fea y de mala calidad. pop + cult → espon ∧ desp.

chandoso, -a.
    I. 1. adj. *Co. Referido a un perro*, que tiene sarna. pop. ♦ **chunchoso**.
    2. *Co. Referido a un perro*, que no es de raza. pop + cult → espon ∧ desp.

chane. (Del nahua *chane*, guía).
  I. 1. m. *Ho, Ni. En el juego del **chingolingo**,* ayudante del dueño que se encarga de cambiar los dados cuando este va perdiendo.
  II. 1. m. *Ho.* Persona que, por conocer bien una región, sirve de guía.

chaneado, -a.
  I. 1. adj. *CR, Pa. Referido a persona,* vestida con esmero y elegancia. pop.
  2. adj. *CR. Referido a cosa,* recompuesta y muy limpia. pop.

chanear(se).
  I. 1. intr. *Ch.* juv. Salir de fiesta o involucrarse sexual o románticamente con **chanos**, jóvenes de clase social baja. pop + cult → espon ^ desp.
  II. (Del ingl. *to shine,* relucir, brillar).
  1. tr. *CR.* Recomponer o limpiar *algo* hasta dejarlo nítido. pop. (**chainear**).
  2. *Pa.* Lustrar, limpiar. pop.
  3. intr. prnl. *CR.* **apirularse**, arreglarse una persona.

chaneque.
  I. 1. m. *Mx:SE.* Ser fantástico con aspecto de niño.
  II. 1. m-f. *ES.* **chane**, persona que sirve de guía.
  2. *ES.* Guardaespaldas.
  3. *ES.* Espía, confidente.
  III. 1. m. *Gu.***iguana**. (Iguanidae; *Iguana iguana*).

chanfa. (Apóc. de *chanfaina*).
  I. 1. *Co.* **chanfaina**, empleo.

chanfaina.
  I. 1. f. *Mx.* Pulmón, hígado y corazón guisados de cerdo.
  2. *Mx:SE.* Guiso elaborado con arroz y picadillo de menudencias de **res**.
  3. *Bo, Ch, Ar:NO.* Comida que se prepara friendo sangre de animal con los menudos bien picados, y con cebolla, **ají**, pimienta, vinagre y limón o vino.
  4. *Co.* Plato que se hace con carne de oveja o cordero.
  5. *Ho, Ni, Pa.* Comida hecha de mezclar o revolver varios alimentos, sobre todo vísceras de cerdo *que, generalmente, se comen por separado.* pop + cult → espon.
  6. *Ec.* Guiso elaborado con vísceras y carne de cerdo, verduras y **papas**.
  7. *Gu.* Fritura de panza y menudos de **res**.
  8. *Gu.* Salsa espesa hecha de vísceras trituradas con **miltomate** y **chile** verde, sazonada con comino, ajo, orégano y **achiote**.
  9. *ES:E.* Guiso de carne de cerdo o de **res** con vegetales bien picados.
  10. *Ni.* Comida con cabeza de cerdo.
  II. 1. f. *Ni, Ec, Pe, Bo.* metáf. Mezcolanza, revoltijo, confusión de cosas.
  2. *Ho.* metáf. Enredo o lío. pop + cult → espon.
  3. *Ni.* metáf. Exposición desordenada de un tema.
  III. 1. f. *Co.* Empleo o trabajo. pop. (**chanfa**).
  IV. 1. adj. *Ni. Referido a cosa,* de mala calidad.
  ▶ **convertir en ~.**

chanfaineado, -a.
  I. 1. adj. *Gu. Referido a cosa,* hecha apresuradamente y con descuido.

chanfainita.
  I. 1. f. *Pe.* Guiso de bofe de **res**, **papas**, cebollas y otros ingredientes.

chanfeado, -a.
  I. 1. adj. *PR. Referido a persona,* que está en aprietos. pop + cult → espon.

chanfla.
  I. 1. adj/sust. *Mx. Referido a persona,* torpe, falta de maña.

chanflaina.
  I. 1. f. *RD.* Impertinencia, necedad.

chanflarreta.
  I. 1. f. *Cu.* Bronca.

chanfle.
  I. 1. m. *Mx, Gu, Cu, Bo, Ar, Ur.* Golpe o corte oblicuo producido en alguna cosa.
  2. *Mx, Cu, Bo, Ar, Ur; CR,* pop + cult → espon. *En un sólido,* cara que resulta de realizar en él un corte oblicuo.
  3. *Mx, Cu.* Plano largo y estrecho que, en lugar de esquina, une dos superficies planas que forman ángulo.
  4. *Mx.* Desvío o ángulo que presenta una superficie recta.
  II. 1. m. *Mx, Gu, ES, Ni, CR, Co, Ec, Pe, Bo, Ch, Ar, Ur. En ciertos deportes, especialmente en el **futbol**,* efecto de rotación de una pelota que hace que esta adopte una trayectoria curva.
  2. *Mx.* Jugador torpe. pop.
  3. *CR. En el **futbol**,* trayectoria curva que describe un balón golpeado con la parte interna o externa del pie.
  □
  a. ‖ **con ~.** loc. adv. *Ch.* De pasada, de refilón. pop + cult → espon.
  b. ‖ **de ~.**
  i. loc. adv/adj *Cu, RD, Ar, Ur,* pop; *Bo,* pop + cult → espon. Oblicuamente.
  ii. loc. adv. *CR. En **futbol** y otros deportes de pelota,* con efecto de rotación.
  c. ‖ **en ~.** loc. adv. *Bo.* Describiendo una línea curva. pop + cult → espon.

¡chanfle!
  I. 1. interj. *Mx, Co; Ec,* p.u. Expresa sorpresa o preocupación. pop. (**¡chanfles!**).

chanfleada.
  I. 1. f. *Bo. En ciertos deportes, especialmente en el **futbol**,* efecto de rotación de una pelota que hace que esta adopte una trayectoria curva. pop + cult → espon.

chanfleado, -a.
  I. 1. adj. *CR, Cu, Bo, Ar, Ur. Referido al corte hecho en un sólido,* oblicuo, inclinado. pop + cult → espon.
  2. *Cu, Ar, Ur.* Inclinado o torcido. pop + cult → espon.
  II. 1. adj. *CR, Bo, Ch, Ar, Ur. Referido a un chut o disparo,* que describe una línea curva al ser ejecutado con efecto.

chanflear(se).
  I. 1. tr. *Cu, Ar, Ur.* Torcer o inclinar *algo.* pop + cult → espon.
  2. intr. prnl. *Cu, Ar, Ur.* Torcerse o inclinarse *algo,* abandonando la posición adecuada. pop + cult → espon.
  II. 1. tr. *CR, Ar, Ur; Bo,* pop + cult → espon. *En el **futbol**,* golpear el balón con la parte interna o externa del pie para hacerle describir una trayectoria curva.
  2. *Ho.* p.u. *En **futbol** y deportes de raqueta,* dar efecto de rotación a la pelota al ser golpeada.
  III. 1. tr. *Cu, Ar, Ur.* Cortar una esquina de modo tal que la unión entre las caras que la componen quede conformada por un tercer plano.
  IV. 1. tr. *Ch.* p.u. Expulsar a *alguien.* pop + cult → espon.

¡chanfles!
  I. 1. *Mx.* **¡chanfle!**

chanflón, -na.
  I. 1. adj/sust. *Mx. Referido a persona,* muy torpe, falta de maña.

changa.
  I. 1. f. *Ar, Ur;* pl. *Ec.* Trabajo temporal, *generalmente informal,* por el que se recibe una remuneración. pop + cult → espon.

II. 1. f. *Ho:S, Ni.* p.u. Novia.

III. 1. f. *Pa, PR.* Insecto roedor de hasta 3 cm de longitud, de color marrón grisáceo, de antenas cortas, con patas anteriores cavadoras y posteriores saltadoras. (Gryllotalpidae; *Scapteriscus didactylus*).

IV. 1. f. *PR.* Colilla de cigarro de marihuana. drog.

▶ **matar la ~.**

changador. (De *changada,* cuadrilla de trabajadores que transportan cueros, y este del port. *jangada,* embarcación de remo para transporte).

I. 1. m. *Ar, Ur; Bo, Ch, Py,* p.u, *Bo,* p.u, pop + cult → espon. Hombre cuyo trabajo consiste en cargar y transportar equipajes o bultos. ◆ **carritero.**

2. *Ec.* p.u. Hombre que se pone en lugares públicos, *generalmente en mercados,* a fin de que cualquiera pueda contratarlo para llevar cosas de carga o para hacer algún mandado.

3. *Ur.* Hombre que se gana la vida haciendo **changas,** trabajos temporales. pop.

chángana.

I. 1. f. *Cu, PR.* p.u. Disputa, altercado.

changar.

I. 1. tr. *Co:SO, Ec.* Montar un animal. rur.

II. 1. intr. *Ar, Ur.* Hacer **changas,** trabajos temporales. pop.

2. *Ur.* Ejercer una mujer la prostitución. tabú; pop + cult → espon.

III. 1. tr. *Ec.* Apretar *algo* con las piernas. pop.

2. intr. *Ec.* p.u. Meter las piernas *alguien* entre las de otra persona. rur; vulg.

changarín.

I. 1. m. *Py, Ar.* Hombre que se ocupa de cargar y transportar equipajes o bultos.

2. *Ar.* Peón que se contrata temporalmente para realizar tareas menores.

changarrero, -a.

I. 1. m. y f. *Mx.* Persona que tiene un **changarro.**

changarro.

I. 1. m. *Mx, Gu, Ho, ES, Ni; Ec,* p.u, pop. Negocio, tienda o taller pequeño.

changastoso, -a.

I. 1. adj. *Ho. Referido a café o refresco,* que tiene muchos posos. pop + cult → espon.

changazo.

I. 1. m. *Mx.* Golpe fuerte que sufre alguien al caerse.

▶ **dar el ~.**

changazos.

☐

a. ‖ **ni a ~.** loc. adv. *PR.* De ninguna manera.

changla.

I. 1. *Mx:SE.* **bandera,** planta.

changle.

I. 1. *Mx:SE.* **chancle.**

2. m. *Ch:S.* Hongo de aspecto similar al coral, de textura blanda y color blanquecino, que crece adherido a algunos árboles, *especialmente en los colihues y los robles.* (Gomphaceae; *Ramaria* spp.).

chango.

I. 1. *Mx, ES; PR,* p.u. **mono araña.** (Atelidae; *Ateles* spp.).

2. *PR.* Ave de hasta 25 cm de longitud, de color negro de viso violado, pico agudo y fino y ojo amarillo con el centro negro; abre su cola igual que un pavo. (Icteridae; *Quiscalus niger brachypterus*). ◆ **machango; masambo; mozambique; pichanga.**

3. *Pa.* **garrapatero,** ave.

II. 1. m. *Mx.* Pubis de la mujer. pop.

III. 1. m. *Ar.* Carro que se lleva para cargar las compras. ◆ **chango de la feria.**

2. *Ur.* Cochecito plegable para llevar a un niño pequeño.

IV. 1. m. *Ho:S.* Viento suave y fresco que sopla en las primeras horas de la mañana del mar a tierra.

V. 1. m. *Ur.* Prostituta. vulg; pop + cult → espon.

■

a. ‖ **~ de la feria.** *Ur.* **chango,** carro para las compras.

chango, -a.

I. 1. m. y f. *Bo, Ar:NO.* Niño de corta edad. pop + cult → espon.

2. *Bo, Ar:NO.* Persona joven o adolescente. pop + cult → espon.

3. *PR, Bo.* Persona de modales afectados o pueriles, que gesticula exageradamente. pop + cult → espon.

4. adj/sust. *RD, PR. Referido a persona,* bromista, guasona. pop + cult → espon. (**ñango**).

5. adj. *Gu. Referido a persona,* valiente.

6. m. y f. *Bo.* Hombre o mujer.

7. adj. *ES. Referido a persona,* lista.

8. *PR. Referido a persona,* engreída y con actitudes infantiles. pop + cult → espon.

9. adj/sust. *PR. Referido a persona,* problemática. pop + cult → espon.

II. 1. adj. *Gu, Ho, ES. Referido a persona,* que tiene buen gusto y distinción para vestir. pop + cult → espon.

III. 1. adj. *RD. Referido a cosa,* cuantiosa, abundante.

▱

a. ‖ **cada ~ a su mecate.** fr. prov. *Mx.* Indica que cada persona ha de ocuparse de lo que le concierne, o ha de permanecer en el lugar que le corresponde.

▶ **caer la ~; ponerse ~; ponerse como ~; ser la changa maximina.**

changó.

I. 1. m. *Ni, RD, PR.* Deidad de la religión **yoruba** que representa al trueno, la justicia, la virilidad, la danza y el fuego en las ceremonias santeras; tiene su origen en las costumbres africanas de los esclavos negros.

▶ **bajarle el ~.**

changón, -na.

I. 1. adj. *Ec. Referido a persona,* de piernas robustas y bien formadas. pop + cult → espon.

changonazo, -a.

I. 1. adj. *Ec:S.* p.u. *Referido a persona,* de piernas robustas y bien formadas. pop + cult → espon.

changoneta.

I. 1. f. *Gu, Ho, ES, Ni.* Broma burlesca. pop + cult → espon.

II. 1. f. *ES.* Cosa mal hecha. pop.

changonetear.

I. 1. intr. *Gu, Ho, ES.* Gastar bromas entre dos o más personas. pop + cult → espon.

changonetero, -a.

I. 1. adj/sust. *ES. Referido a persona,* bromista.

changonguero, -a.

I. 1. adj/sust. *Co:N. Referido a persona,* aficionada a gastar bromas y a burlarse de los demás. pop + cult → espon.

changorria.

I. 1. f. *ES.* Broma burlesca.

II. 1. f. *ES.* Objeto viejo y destartalado.

changua.

I. 1. f. *Co:C.* Caldo preparado con cebolla, cilantro, leche y sal. (**chingua**).

II. 1. sust/adj. *Co.* Persona necia y fastidiosa. pop + cult → espon.

III. 1. f. *Pa.* Terreno lodoso. rur.

2. *Pa.* Charco. rur.

changual.

I. 1. m. *Pa.* Terreno lodoso. rur. ◆ **changuatal; changuazal.**

2. *Pa.* Charco. rur. ◆ **changuatal.**

changualú.
    I. 1. m. *Pa.* Terreno lodoso. rur.
    2. *Pa.* Charco. rur.

changuango, -a.
    I. 1. adj. *Ho.* p.u. *Referido a ropa de vestir,* que está mal confeccionada. rur.
    II. 1. adj. *Ni.* obsol. *Referido a persona,* tonta.

changuarniza.
    I. 1. f. *Mx.* Novia, pareja sentimental.

changuastear.
    I. 1. tr. *ES.* Lavar *alguien* la ropa.

changuatal.
    I. 1. *Pa.* **changual**.

changuazal.
    I. 1. *Pa.* **changual**.

changuear(se).
    I. 1. intr. *Mx. En la pesca,* ayudar al desembarco de un producto a cambio de dinero o de recibir parte de ese producto.
    2. *Mx.* Practicar la pesca de manera ilegal.
    II. 1. intr. *Ar, Ur.* Hacer **changas**, trabajos temporales. pop.
    III. 1. intr. prnl. *Ho.* Vestirse *alguien* con pulcritud y elegancia.

changuenga.
    I. 1. f. *Pa.* Riña, alboroto, trifulca.

changueo.
    I. 1. m. *Mx. En la pesca,* ayuda que se presta para desembarcar un producto a cambio de dinero o de recibir parte de ese producto.
    2. *Mx.* Práctica ilegal de la pesca.

changuería.
    I. 1. f. *Mx, PR.* Broma, chunga, payasada. pop + cult → espon. (**chunguería**).
    2. *PR.* Coquetería, afectación, zalamería. pop + cult → espon. (**chunguería**).
    3. *PR.* Mueca, gesto exagerado. pop + cult → espon. (**chunguería**).
    4. *PR.* Actitud o acción infantil de una persona mayor para llamar la atención. (**chunguería**).
    II. 1. f. *Ho.* Elegancia en el vestir. pop + cult → espon.
    III. 1. f. *PR.* Borrachera incipiente. pop + cult → espon. (**chunguería**).

changuga.
    I. 1. f. *Mx:S.* Fruto del **nance**, de color amarillo, comestible y aromático.

changugo.
    I. 1. *Mx:S.* **yuco**, árbol. (**changungo**).

changüi.
    I. 1. m. *RD.* Chasco, engaño, burla.
    ▶ **dar ~.**

changüí.
    I. 1. m. *Mx, Py; Ar, Ur,* pop + cult → espon. Ventaja, oportunidad, *en especial la que se da en un juego o competición.*
    II. 1. m. *Cu, RD, PR.* Baile popular antiguo.
    2. *Cu.* meton. Baile en general.
    3. *Cu.* Género musical tradicional interpretado por cinco músicos que emplean guitarra, **tres**, **bongó** y maracas.
    III. 1. m. *Cu, PR.* obsol. Reunión de gente de clase social baja.
    ▶ **dar ~.**

changuí. (Del ingl. *chance to wind*).
    ▶ **dar ~.**

changüicero, -a.
    I. 1. adj/sust. *Mx.* *Referido a persona,* que da ventaja en un juego o **competencia** para disimular su superioridad.

changüira.
    I. 1. f. *Ho.* Casualidad, suerte. pop + cult → espon.
    II. 1. f. *Ho. En una competencia,* ventaja que un participante da a otro. pop + cult → espon.
    ▶ **valer ~.**

changüirear.
    I. 1. intr. *ES.* Charlatanear.

changüireo.
    I. 1. m. *ES.* Charlatanería.

changüiro.
    I. 1. m. *ES. En una competencia,* ventaja que un participante da a otro.

changüís.
    I. 1. m. *Mx, Ni.* Ventaja, oportunidad, *en especial la que se da en un juego o competencia.*

changüisero, -a.
    I. 1. m. y f. *Cu.* Persona que interpreta el **changüí**.
    2. adj. *Cu.* Relativo al **changüí**.

changuita.
    I. 1. f. *Mx.* Muchacha. pop ^ fest.
    II. 1. f. *Ur.* Cochecito plegable para llevar a un niño pequeño. (**changuito**).

changuito.
    I. 1. m. *Ar, Ur.* Carro que se lleva para cargar las compras.
    2. *Ur.* **changuita**, cochecito.

changuitos.
    ▶ **hacer ~.**

changulla.
    I. 1. f. *Gu.* Broma burlesca.

changunga.
    I. 1. f. *Mx:S.* Fruto del **nance**, de color amarillo, comestible y aromático.

changungo.
    I. 1. *Mx:S.* **changugo**.

changungo, -a.
    I. 1. m-f. *Pa.* Persona ridícula, inadecuada. pop + cult → espon ^ fest.

chanilla.
    I. 1. f. *Co:C.* Montón de huevecillos que depositan las moscas sobre las materias orgánicas en descomposición.

chanita.
    I. 1. f. *Mx:SE.* Arbusto de hasta 3 m de altura, muy ramificado, con hojas simples, alternas, vellosas y de borde dentado, flores de color rojo intenso y fruto en forma de baya. (Malvaceae; *Malvaviscus arboreus*). ◆ **amapola; arito; malvavisco; monacillo; panecito; quesillo**.

chano, -a.
    I. 1. adj/sust. *Ch.* juv. Joven de clase social baja, *especialmente el que tiene una conducta sexual liberal.* pop + cult → espon ^ desp.
    2. *Ch.* juv. *Referido a persona,* de conducta muy liberal en lo sexual. pop + cult → espon ^ desp.
    II. 1. adj. *Ch.* juv. *Referido a cosa,* de mal gusto. pop + cult → espon ^ desp.
    III. 1. adj. *Ec:S.* obsol. *Referido a persona,* que tiene las piernas largas. pop ^ fest.

chanón.
    I. 1. m. *Ho, Ni. En las cartas españolas,* diez de oros.

chanque.
    I. 1. m. *Pe.* Molusco gasterópodo marino de hasta 10 m, de concha gruesa, dura y calcárea, y cuerpo blando; su carne es muy apreciada. (Muricidae; *Concholepas concholepas*). ◆ **loco; pata de burro; tolina**.

chanquilón, -na.
    I. 1. adj/sust. *Mx:N. Referido a persona,* que tiene los pies muy grandes.

chanta.

I. (Apóc. de *chantapufi*).

1. sust/adj. *Bo, Ch, Py, Ar, Ur.* Persona que destaca sus propias virtudes o persume de algo que no posee o posee en bajo grado. pop + cult → espon. ♦ **chantón; chantún.**

2. *Ch, Py, Ar, Ur.* Persona que suele engañar o estafar a otras, *muchas veces fingiendo poséer influencias que no tiene.* pop + cult → espon.

3. *Ch, Py, Ar, Ur.* Persona irresponsable y poco seria. pop + cult → espon. ♦ **chantún.**

4. adj. *Ch.* Referido a cosa, de mala calidad. pop + cult → espon.

5. sust/adj. *Ur.* Persona tonta, ingenua o poco perspicaz. pop + cult → espon ^ desp.

II. **1.** f. *Ec:E.* Parte inferior de las hojas del plátano que forman el fuste de la planta.

III. **1.** adj. *ES.* Referido a persona, que le falta uno o varios dientes.

▶ **tirarse a ~.**

chantada.

I. **1.** f. *Ar, Ur.* Dicho o hecho poco creíble y con escasos fundamentos. pop + cult → espon ^ desp.

chantado, -a.

I. **1.** adj. *Ch.* Referido a persona, que ha dejado de consumir alcohol o drogas. pop + cult → espon.

chantapufi.

I. **1.** sust/adj. *Ar, Ur.* Persona irresponsable y poco seria. pop.

2. *Ar, Ur.* Persona que suele engañar o estafar a otras, *muchas veces fingiendo poseer influencias que no tiene.* pop.

3. *Ar, Ur.* Persona que destaca sus propias virtudes o presume de algo que no posee o posee en bajo grado. pop.

chantar(se).

I. **1.** tr. *Ec, Pe, Bo, Ch, Ar.* Ponerle a *alguien* una prenda de vestir con premura *y, a veces, descuidadamente.* pop + cult → espon.

2. *Co, Ec, Pe, Bo.* Ponerse *alguien* una prenda de vestir. pop + cult → espon.

3. tr. prnl. *Ch.* Ponerse *alguien* una prenda de vestir con brusquedad. pop + cult → espon.

II. **1.** tr. *Co, Ec, Bo:O, Ar.* Dar un golpe a *alguien.* pop + cult → espon.

III. **1.** tr. *Ec, Bo, Ar.* Poner a *alguien* en un sitio contra su voluntad. pop + cult → espon.

2. *Ec, Ch.* Colocar *algo* de forma brusca. pop + cult → espon.

3. *Bo.* Atribuir a una persona *algo* contra su voluntad o sin su consentimiento. pop + cult → espon.

IV. **1.** tr. *Ec, Pe, Bo, Ar, Ur.* Decir a alguien de manera directa cosas desagradables. pop + cult → espon.

V. **1.** tr. *Co.* Abandonar, burlar el novio a la novia o viceversa. pop + cult → espon.

2. *Co.* Hacer esperar inútilmente a *alguien* no acudiendo a la cita que se había convenido. pop + cult → espon.

VI. **1.** intr. prnl. *Pe, Ch.* Detenerse *alguien* o *algo, generalmente con brusquedad.* pop + cult → espon.

2. tr. *Ch.* Detener o parar *algo* o a *alguien.* pop + cult → espon.

VII. **1.** tr. *Ec, Pe.* Asignar a alguien una tarea, *en particular una que resulta molesta u onerosa.* ♦ **refundir.**

VIII. **1.** intr. prnl. *Ch.* Obstinarse, aferrarse, encapricharse. pop + cult → espon.

IX. **1.** tr. *Ec.* Dar un nombre a *algo* o a *alguien.*

X. **1.** tr. *Ec.* Añadir o poner *algo* a una cosa.

▢

a. ‖ ~ **la moto.** loc. verb. *Ch.* Calmar, sosegar o rebajar el ímpetu de alguien ante una situación determinada. pop + cult → espon.

chante.

I. **1.** m. *Gu, Ho, Ni, CR, Pa.* juv. Casa, hogar. pop + cult → espon. (**chanti; chantín**).

II. **1.** m. *Ec.* Hoja seca de ciertas musáceas, como el **plátano** o el **banano** usada para envolver algo.

III. **1.** m. *CR.* juv. Espacio disponible para sentarse. pop.

IV. **1.** m. *CR.* juv. Establecimiento comercial, *en particular un bar, una discoteca o un restaurante.* pop.

chanté.

I. **1.** *Mx:SE.* **matarratón.**

chantete.

I. **1.** adj. *Ch.* Referido a persona o cosa, vulgar, ordinaria. pop.

chanti.

I. **1.** f. *Ho, Pa.* juv. **chante,** cosa. pop + cult → espon.

chantí.

I. **1.** f. *ES.* Casucha.

chantin.

I. **1.** *Pa.* **chante,** casa.

chantón, -na.

I. **1.** *Ar:NO.* **chanta,** persona que destaca sus propias virtudes.

II. **1.** sust/adj. *Pe.* Entre *transportistas públicos,* chofer que disminuye adrede la velocidad para recoger más pasajeros. pop + cult → espon ^ desp.

chantún, -na.

I. **1.** *Ar, Ur.* **chanta,** persona irresponsable.

2. *Ar, Ur.* **chanta,** persona que destaca sus propias virtudes.

chanxnuc. (Del maya).

I. **1.** m. *Mx.* Planta herbácea perenne, de hasta 1 m de altura, con hojas compuestas y flores de color amarillo limón. (Zygophyllaceae; *Tribulus terrestris*).

chanza.

I. **1.** *Mx, ES, PR.* **chance,** oportunidad.

●

a. ‖ ~. fórm. *ES.* Se usa como despedida. pop ^ fest.

■

a. ‖ ~ **pachuna.** f. *Co.* Broma pesada; alude a los habitantes de Pacho, población de Cundinamarca.

chañar. (Del quech.).

I. **1.** m. *Ch, Ar, Ur.* Árbol espinoso de hojas ovaladas y corteza amarilla, similar en tamaño y forma al olivo; con su fruto se hace arrope. (Fabaceae; *Geoffroea decorticans*).

2. *Ch, Ar, Ur.* Fruto dulce y comestible del chañar.

■

a. ‖ ~ **brea.** *Ar:C,NO,O.* **palo verde.**

chao. (Del ingl. *chow,* comida, alimento).

I. **1.** m. *RD.* Merienda o comida. (**chau.**)

2. *RD.* Rancho, porción ordinaria de comida servida en los cuarteles y penales.

●

a. ‖ ~, **pescado.** (Del it. *ciao,* adiós). fórm. *Pa, Cu, Ec, Ch; Pe,* p.u. Se usa como despedida. pop + cult → espon ^ fest.

chaolín.

●

a. ‖ ~. fórm. *Ch.* Se usa como despedida. pop ^ fest.

chapa.

I. **1.** f. *EU:SO, Mx, ES, Ni, CR, Pa, Co, Ec, Pe, Ch; Bo,* pop + cult → espon. Cerradura de una puerta.

2. *Ch.* Interruptor eléctrico, *especialmente el que hay en el salpicadero de un vehículo,* para hacer contacto en un vehículo mediante una llave.

II. **1.** f. *Mx, Gu, Ho, ES, Ec:S, Pe; Bo,* pop + cult → espon. Color sonrosado que aparece en las mejillas.

2. f. pl. *Pe.* Polvos o pinturas cosméticos rojizos que se aplican en las mejillas para darles color.

3. f. *Ho.* juv. Cara de una persona. pop + cult → espon.

III. 1. f. *Cu, Py, Ar, Ur; Bo,* p.u. Matrícula, placa que llevan los vehículos automotores para su identificación.

2. *Cu, Ar.* Combinación de letras y números identificatorios de un vehículo, que va grabada en estas placas.

3. *Ch.* Carné de identidad. delinc; pop.

IV. 1. f. *Pe; Ec:O, Ch,* delinc; *Bo,* pop + cult → espon. Apodo o nombre que se da a alguien en lugar del suyo, *generalmente humorístico y basado en algún defecto de la persona.*

V. 1. f. *RD, Co.* Hebilla metálica de un cinturón.

VI. 1. f. *Ni, Pa; CR, Ar:NO,* obsol. Dentadura postiza.

VII. 1. f. *Ho, Ar.* Prestigio, fama. pop + cult → espon.

VIII. 1. f. pl. *Ar, Ur.* Cabello, *especialmente el del hombre cuando es escaso.* pop → espon.

IX. 1. f. *Ar.* Loco, persona que tiene alteradas sus facultades mentales. pop.

X. 1. f. *Ve.* Burla, broma festiva, insistente y a veces molesta. pop.

XI. 1. m-f. *Ec.* Agente de la policía. pop + cult → espon.

XII. 1. f. *Gu.* Vulva. tabú.

XIII. 1. f. pl. *PR.* Juego de niños que consiste en tirar monedas hacia arriba cara o cruz; pierde el que va tirando si caen caras hacia abajo.

2. *PR.* **drapa.**

XIV. 1. f. *Ni.* Regaño.

XV. 1. f. pl. *Ni.* Pendientes.

XVI. 1. f. *PR.* Plancha donde el drogadicto prepara la droga. drog.

XVII. 1. f. *PR. En las peleas de gallos,* conjunto de pequeñas plumas de color intenso de un gallo, situado en la parte más ancha del ala, que contrasta con el resto de su plumaje.

XVIII. 1. f. *CR.* Moneda. pop + cult → espon.
■

a. ‖ ~ **acostado.** *Ec.* policía acostado. pop + cult → espon ^ fest.

b. ‖ ~ **contramarcada.** f. *Ho.* Cerradura metálica de una botella en cuyo círculo interior tiene una marca o seña como premio. pop + cult → espon.

c. ‖ ~ **de dos caras.** f. *Ch.* Persona que tiene doble personalidad. pop + cult → espon.

d. ‖ ~ **muerto.** *Ec.* **policía acostado.**

▶ **caerse la ~; dar su ~; darle en la ~; limar la ~; volarse las ~s.**

chapaco, -a.

I. 1. adj. *Bo.* Relativo al departamento boliviano de Tarija.

2. sust/adj. *Bo.* Campesino de Tarija. pop + cult → espon.

II. (Del aim. *ch'apaqa,* sin sal).

1. adj. *Bo. Referido a una comida o a una bebida,* que no tiene la suficiente cantidad de sal o de azúcar. pop.

chapadur. (De *Chapadur*®).

I. 1. m. *Ec, Ar.* Lámina sintética de cartón prensado, con una cara lisa y otra de textura rugosa.

¡chapaj! (Del quech. *ch'apaq,* onomatopeya de golpe).

I. 1. interj. *Bo.* Expresa la imitación del sonido que produce un sopapo. pop + cult → espon ^ fest.

chapalear(se).

I. 1. intr. *Mx:SE.* Desovar el **pejelagarto.**

II. 1. intr. *Ho, Ni, RD, Bo.* Chapotear, andar en sitio anegado. pop + cult → espon.

III. 1. intr. prnl. *ES.* Perder parcialmente la razón.

chapalele.

I. 1. m. *Ch:S.* **Tortilla** pequeña hecha con harina de trigo y **papa** cocida y luego molida que suele acompañar el **curanto.**

II. 1. adj. *Ch:S. Referido a persona,* pálida. pop + cult → espon.

chapaleo.

I. 1. m. *Mx:SE.* Pesca del **pejelagarto.**

2. *Mx:SE.* Desove del **pejelagarto.**

chapaleta.

I. 1. f. *Pa, RD, PR, Ve.* Calzado de goma en forma de aleta de pez que se usa para nadar o bucear.

II. 1. f. *RD.* Hélice.

chapaletear.

I. 1. intr. *Mx:SE.* Desovar el **pejelagarto.** pop.

II. 1. intr. *PR.* Nadar *alguien* con **chapaletas.**

2. *PR.* Chapotear, golpear el agua con los pies o las manos.

chapaleteo.

I. 1. m. *Mx:SE.* Pesca del **pejelagarto.**

2. *Mx:SE.* Desove del **pejelagarto.**

chapalotear.

I. 1. intr. *Bo.* Chapotear, sonar el agua batida por las manos o los pies. pop + cult → espon.

chapana.

I. 1. f. *Pe.* Dulce hecho a base de masa de **yuca** mezclada con azúcar y anís, envuelta en pequeñas porciones en hojas de **plátano** para ser **sancochada.**

chapandongo. (De *chafandonga*).

I. 1. m. *ES, Ni.* Desorden, confusión.

II. 1. m. *ES.* Guiso de carne de cerdo o de **res** con vegetales bien picados.

chapaneco, -a.

I. 1. sust/adj. *Ho.* **Frijol** grande y grueso que se siembra con el maíz. rur.

II. 1. adj. *CR.* p.u. *Referido a una persona,* gruesa y de poca altura. (**sapameco; sapaneco; zapaneco**).
♦ **tapón de chilero.**

chapapa.

I. 1. f. *Bo:E.* Armazón de palos que forman una rejilla, al que, según su tamaño y ubicación, se le dan distintos usos.

2. *Bo:E.* Vivienda rústica construida con cañas de bambú y hojas de palma.

chapapote. (Del nahua *chapopote*).

I. 1. m. *Mx, Gu, Cu, Ve.* Asfalto. pop.

2. *Ve.* Sustancia o mezcla viscosa y no comestible de cualquier tipo. pop + cult → espon ^ desp.

II. 1. m. *RD.* Revoltijo, enredo.

2. *RD.* Arroz cocido pastoso.

III. 1. m. *RD.* Base de piedras y otros materiales de relleno sobre los cuales se monta el piso o firme de una edificación.

chapapotero, -a.

I. 1. adj. *Mx.* Relativo al **chapapote,** asfalto.

chapaqueada.

I. 1. f. *Bo.* Fiesta popular que celebran las personas naturales de Tarija, **departamento** de Bolivia.

2. *Bo.* Canción de coplas satíricas que se canta con acompañamiento de guitarra y **caja.**

chapar(se).

I. 1. tr. *Pe, Bo, Ar, Ur.* Tomar, asir. pop + cult → espon.

2. *Pe, Bo, Ar, Ur.* Coger, pillar, atrapar a *alguien.* pop + cult → espon.

3. *Pe, Ar, Ur; Bo,* juv, fest. Atrapar *algo* que ha sido arrojado en el aire. pop + cult → espon.

4. *Pe, Ar, Ur; Bo,* fest, metáf. Sorprender a *alguien* en una actividad ilícita o indebida. pop + cult → espon.

5. *Bo, Ar, Ur.* metáf. Captar o comprender rápidamente lo que alguien ha querido decir. pop + cult → espon.

II. 1. intr. *Pe, Ar; Bo*, pop + cult → espon ^ fest. Acariciar, *y especialmente besar.*
2. tr. *Pe, Py; Bo*, pop + cult → espon ^ fest. Besar a *alguien* en la boca.
III. 1. tr. *Ec, Py.* Espiar o vigilar *algo* o a *alguien*. pop + cult → espon.

chapara. (Del aim. *chaparaña*, elegir lo mejor).
I. 1. adj. *Bo. Referido a productos agrícolas*, elegidos por su mayor tamaño o calidad. rur.
2. f. *Bo.* Trueque de productos agrícolas por otros comestibles.

chaparral.
I. 1. m. *RD.* Lodazal.

chaparrastroso, -a.
I. 1. adj/sust. *Mx, Gu, ES, Ni. Referido a persona*, zaparrastrosa.

chaparrera.
I. 1. f. *ES.* Lugar donde se elabora clandestinamente aguardiente o **chaparro**.

chaparreras.
I. 1. f. pl. *Mx, Ho, Ni, Ec.* Prenda de cuero que se coloca sobre el pantalón y utilizan como protección vaqueros y **charros**; se atan a la cintura y se ajustan a las piernas por medio de correas y hebillas.

chaparrero, -a.
I. 1. m. y f. *ES.* Persona que elabora o vende aguardiente o **chaparro**.

chaparringuingo, -a.
I. 1. adj. *Ho. Referido a persona*, de baja estatura. desp.

chaparrita.
I. 1. f. *Ch.* Masa horneada rellena con una salchicha y queso.
II. 1. f. *Gu.* Envase de vidrio para licores de unos 37 cl.

chaparro.
I. 1. m. *Mx:O,SE, Gu, Ho, ES, Ni, Cu, Co, Ve.* Árbol de hasta 6 m de altura, de tronco corto, ramas extendidas, hojas ovadas denticuladas, inflorescencia panicular, flores blancas o rosadas y fruto de dos carpelas redondas; se utiliza en la medicina tradicional. (Dilleniaceae; *Curatella americana*). ♦ **chigüe**; **chumico**; **hoja de chigüe**; **malcajaco**; **ojamán**; **peralejo de sabana**; **rascalavieja**; **raspaguacal**; **raspaviejo**.
2. *Mx:C.* **Nopal** de poca altura.
3. *Mx:SE.* Arbusto o árbol de poca altura con tallos que se enredan o trepan.
II. 1. m. *Mx.* Niño o adolescente. pop.
III. 1. m. *Ec.* Terreno montañoso poblado de arbustos y matas.
2. *Ec.* Arbustos y matas que pueblan un terreno.
IV. 1. m. *Ve.* Rama delgada y flexible que se usa para azotar. pop + cult → espon.
V. 1. m. *ES.* Aguardiente de caña de azúcar elaborado clandestinamente.

■

a. ‖ ~ **amargo.** m. *Mx.* Arbusto de hasta 2 m de altura, con ramas espinosas, hojas alternas ovadas o elípticas, flores de color anaranjado y fruto de drupas rojas; se utiliza en la medicina tradicional. (Simaroubaceae; *Castela texana*).
b. ‖ ~ **prieto.** m. *Mx.* Arbusto perenne de hasta 4 m de altura, espinoso, con hojas compuestas de color verde brillante y numerosas espigas de fragantes flores amarillas; se utiliza en la medicina tradicional. (Fabaceae; *Acacia rigidula*).

chaparro, -a.
I. 1. adj/sust. *Mx, Gu, Ho, ES, Ni, Pa, PR; Bo*, pop + cult → espon; *CR*, p.u. *Referido a una persona*, de baja estatura.

chaparrón.
I. 1. m. *Ho.* Regaño, reprimenda. rur.

chaparrón, -na.
I. 1. adj. *Bo. Referido a persona*, rechoncha y fornida.

chápata. (Del taras.).
I. 1. f. *Mx:SO.* **Tamal** preparado con **chía** y maíz de color negro.

chapato, -a.
I. 1. adj. *Ni. Referido a persona*, pequeña y gorda.

chapatón, -na.
I. 1. adj/sust. *Mx:NE. Referido a persona*, que tiene los pies muy grandes.

chapazo.
I. 1. m. *Bo:O,C.* Golpe fuerte. pop + cult ^ fest.

chape.
I. 1. m. *Py, Ar.* Besuqueo apasionado y otras demostraciones cariñosas entre dos personas.
2. *Pe, Py; Bo.* pop + cult → espon ^ fest. Beso en los labios.
II. (Del mapuche).
1. m. *Ni, Ar:NO.* obsol. Trenza de pelo.
2. *Ch.* Trenza o moño en uno y otro lado de la cabeza sujeto con cintas.
III. 1. m. *Ch.* Lapa, molusco de concha cónica con abertura oblonga, lisa o con estrías, que vive asido fuertemente a las rocas de las costas. (Patellidae; *Patella* spp.).
2. *Ch.* Insecto pequeño de color negro brillante cuya larva ataca las hojas de árboles y plantas devorándolas y dejando solo las nervaduras. (Tenthredinidae; *Caliroa cerasi*).

chapea.
I. 1. f. *Mx:SE, CR, Cu, Ec.* Corte de la maleza en un terreno. rur. (**chápea**; **chapia**).
II. 1. f. *RD.* Comida.

chápea.
I. 1. f. *Gu.* **chapea**, corte. rur.

chapeada.
I. 1. f. *Mx, Ho, ES, Ni, Cu, RD.* **chapeado**, limpieza de hierbas.
II. 1. f. *Ho, RD.* Corte de pelo al rape. pop + cult → espon.

chapeadera.
I. 1. f. *Mx.* Corte de la maleza en un terreno. rur.

chapeado.
I. 1. m. *Mx, Ho, ES, Ni, Cu, RD.* Limpieza de hierbas con machete de un terreno. (**chapeada**; **chapiado**).
II. 1. sust/adj. *Ar, Ur.* **Recado** de montar lujoso. rur.
III. 1. m. *Bo.* Reparación de la carrocería o chapa de un automóvil.

chapeado, -a.
I. 1. adj. *Mx, Ho, Pa, Co. Referido a persona*, que tiene las mejillas sonrosadas o con buenos colores. pop + cult → espon. ♦ **chapeteado**.
II. (Del ingl. *chapped*, agrietado).
1. adj. *Mx:N. Referido a las manos o labios*, agrietados.
III. 1. adj. *Ho, Ni, CR, Cu, RD. Referido a terreno*, limpiado de hierbas y malezas con el machete. (**chapiado**).
▶ **dar una ~.**

chapeador.
I. 1. m. *Pe, Bo.* Carpintero encargado de forrar de planchas de madera fina las superficies de los muebles, para dar mayor calidad a su acabado.

chapeador, -ra.
I. 1. adj/sust. *Mx:SE, Ho, Cu, RD, PR. Referido a persona*, que **chapea**, limpia un terreno.

chapeadora.
I. 1. f. *Gu, Ho, CR, Cu, Ec.* Máquina manual o mecánica de cuchillas rotatorias para cortar hierbas y malezas. (**chapiadora**).
2. f. *CR.* Máquina de recortar césped.

chapear(se). (Del ingl. *chop,* cortar bruscamente).
I. 1. tr. *Mx:SE, Gu, Ho, ES, Ni, CR, Pa; Cu, RD, Ec,* rur. Limpiar con el machete un terreno de malezas y hierbas.
II. 1. intr. prnl. *Mx, Co.* Tomar las mejillas un color sonrosado.
III. 1. tr. *Bo, Ar:NO.* Arreglar la carrocería o chapa de un vehículo.
IV. 1. tr. *Ar, Ur.* Adornar el **recado** de montar con **chapeado**. rur.
V. 1. intr. *Ar.* Ostentar autoridad, prestigio o influencia. pop + cult → espon.
VI. 1. intr. *Cu.* meton. Arrasar.
2. tr. *Cu.* obsol. Matar a *alguien.*
VII. 1. intr. prnl. *Ho.* metáf. Cortarse el pelo. pop + cult → espon ^ fest.

chapeca.
I. 1. f. *Ar:O.* Trenza de pelo. rur.
2. *Ar:O.* metáf. Ristra de ajos. rur.

chapel.
I. 1. m. *Ar:S.* Arbusto de hasta 2 m de altura, muy ramificado y con flores de color blanco rosáceo. (Saxifragaceae; *Escallonia virgata*).
2. *Ho.* **chaperno**, árbol de hasta 12 m.

chapelno.
I. 1. *ES.* **chaperno**, árbol de hasta 12 m.

chapeo.
I. 1. m. *Mx:SE, Ho, Ni, Cu, RD.* Limpieza de un terreno con machete.

chapería.
I. 1. f. *Bo.* Taller donde se repara la carrocería o chapa de un automóvil.

chaperío.
I. 1. m. *Bo.* Taller donde se repara la carrocería o chapa de un automóvil.

chapernal.
I. 1. m. *Ho.* Terreno poblado de **chapernos**.

chapernil.
I. 1. *Gu.* **chaperno**, árbol de hasta 12 m.

chaperno.
I. 1. m. *Gu, Ho, ES, Ni.* Árbol de hasta 12 m de altura, de copa muy extendida y redonda, flor de color rojizo púrpura muy intenso y fruto en forma de vaina rojiza oscura. (Fabaceae; *Lonchocarpus minimiflorus, L. guatemalensis, L. hondurensis*). (**chapelno; chapernil**). ♦ **chapel; chapuno; guamaya.**
2. *Pa.* Árbol de hasta 10 m de altura, de hojas compuestas, flores de color púrpura y fruto leguminoso. (Fabaceae; *Lonchocarpus heptaphyllus*).

chapero, -a.
I. 1. m. y f. *Ch;* m. *Pe.* Cerrajero, persona especializada en montar o arreglar cerraduras.

chaperón, -na. (Del fr. *chaperon*).
I. 1. m. y f. *Mx, ES, Cu, PR, Co, Ve, Ch, Ur;* f. *RD; Ec,* p.u. | obsol. Persona que acompañaba a una pareja de enamorados para vigilar su comportamiento. ♦ **tomasito; aguantagorra.**
2. sust/adj. *Mx, Gu, Ho, ES, Ni, Pa, Cu, PR.* Acompañante adulto de una adolescente en fiestas y viajes.
3. *ES, Ni, Cu, PR, Ec, Pe, Ch.* Persona que acompaña a otra para protegerla o vigilar su comportamiento.

chaperona. (Del ingl. *molecular chaperone*).
I. 1. f. *CR, Ch.* Proteína que ayuda a otras a superar plegamientos incorrectos que producen estados inactivos o de agregación. ♦ **chaperona molecular.**

■

a. ‖ ~ **molecular.** *CR, Ch.* **chaperona.**

chaperonear.
I. 1. tr. *Mx, Gu, Ho, Pa, RD.* Cuidar *una persona* de más edad a otra de menor edad en actos sociales como bailes y concursos de belleza.
2. *Mx, Pa, RD; Cu, PR,* fest. Acompañar a una pareja para vigilar su comportamiento.

chapeta.
I. 1. f. *Mx.* Pieza redonda de plata que se pone de adorno en la silla de montar.
II. 1. f. *Ho, ES.* Glande, cabeza del pene. vulg.
2. *ES.* Cabeza de persona.
III. 1. f. *ES.* Gorro que tapa la cabeza y las orejas.
IV. 1. f. *Ho.* Orilla del cuero que queda en la parte superior de la **capellada** del calzado. pop + cult → espon.
V. 1. f. *Ho.* Botón muy grande de una prenda de vestir. pop + cult → espon.
▶ **dar ~; darse ~; valer ~.**

chapete.
I. 1. m. *Mx.* Mancha de color encendido que suele salir en las mejillas.
2. m. pl. *Mx.* Mejillas.

chapeteado, -a.
I. 1. *Mx.* **chapeado**, de mejillas sonrosadas.

chapetearse.
I. 1. intr. prnl. *Mx.* Tomar las mejillas un color sonrosado. pop + cult → espon.

chapetón.
I. 1. m. *Mx.* Rodaja de plata con que se adornan los arneses de montar.
II. 1. m. *RD.* Aguacero.

chapetón, -na.
I. 1. sust/adj. *Py, Ur, Ar,* p.u. Persona torpe o inexperta para desenvolverse en un trabajo. pop + cult → espon.
II. 1. m. y f. *Gu.* Persona que cecea.
2. *ES.* Persona que habla con rapidez o imita la pronunciación del español peninsular.
III. 1. adj. *Ec.* obsol. *Referido a persona,* que tiene dificultades para expresarse y para comprender lo que se le dice.

chapetonada.
I. 1. f. *Co.* Enfermedad pasajera que sufre el europeo recién llegado a América.
II. 1. f. *Ur, Ar,* p.u. Error causado por la torpeza o la inexperiencia de una persona. pop + cult → espon.
▶ **pagar la ~.**

chapi.
I. (Del aim. *ch'aphi* y del quech. *ch'api,* perro lanudo).
1. *Bo.* **perro chapi**.
2. sust/adj. *Bo.* metáf. Hombre que tiene mucha barba. pop + cult → espon ^ fest.
II. (Del aim. *ch'aphi* y del quech. *ch'api,* ordinario).
1. adj. *Bo. Referido a persona o cosa,* ordinaria, vulgar. pop + cult → espon ^ desp.

chapia.
I. 1. *Gu, Ho, Ni, CR, Ec.* **chapea**, corte de la maleza.

chapiada.
I. 1. f. *Ni, CR.* **chapeado**, limpieza de hierbas.
II. 1. f. *Ho.* Corte de pelo al rape. pop + cult → espon.

chapiado, -a.
I. 1. *Ni.* **chapeado**, limpiado.

chapiador, -ra.
I. 1. m. y f. *Ni.* Persona que se dedica a limpiar o cortar la hierba en fincas y jardines.

chapiadora.
 I. 1. *Pa.* **chapeadora**.
chapiar(se).
 I. 1. tr. *Mx, Gu, Ho, Ni, CR, RD*. Limpiar un terreno de hierba y malezas y con machete.
 2. *Cu, RD*. Cortar la hierba.
 3. *Cu, RD*. Eliminar.
 4. tr. prnl. *Ho, RD*. Cortarse el pelo. pop + cult → espon.
 II. 1. tr. *Ni*. Regañar a *alguien*. pop + cult → espon.
 III. 1. tr. *Ni*. Robar alguna de las partes externas de un vehículo. delinc.
chapichalape.
 I. 1. m. *Cu*. Discusión acalorada. pop + cult → espon.
chapico.
 I. 1. m. *Ch*. Arbusto perenne de hasta 2 m de altura, con hojas opuestas, espinosas, que se usan para teñir de amarillo; tiene flores alargadas rojas y amarillas y fruto en forma de baya. (Solanaceae; *Desfontainia spinosa*).
chapil.
 I. 1. m. *Mx*. Depósito que se utiliza para almacenar el grano. rur.
 II. 1. m. *Ec:E*. Palma de hasta 30 m de altura, con el tallo simple, sin espinas, hojas de 3 a 10 m de longitud, dispuestas en espiral, inflorescencia en panícula, con forma de cola de caballo, protegida por brácteas caducas y frutos en racimo de forma casi esférica; sus semillas se usan en bisutería. (Arecaceae; *Oenocarpus bataua*).
chapín.
 I. 1. m. *Mx:SE*. Calcetín corto.
 II. 1. m. *Cu, PR*. Pez marino de pequeño tamaño, con aletas radiadas, de forma casi redonda, aplastado y ancho de abdomen, cola larga en forma de brocha, escamas de color gris y castaño en hexágonos alternados e irregulares, cabeza y boca pequeñas, y ojos grandes, saltones, de color rojizo; su carne es apreciada. (Ostraciidae; *Lactophrys* spp.). ♦ **gallina**.
 III. 1. m. *Cu*. Bote pequeño de fondo plano y proa chata.
 ■
 a. ‖ ~ **baqueta**. m. *RD*. Pez marino de hasta 47 cm de longitud, con aletas radiadas; su cuerpo tetragonal y el pedúnculo de la aleta caudal son de color negruzco con multitud de puntos blancos pequeños. (Ostraciidae; *Lactophrys triqueter*).
 b. ‖ ~ **pintado**. m. *RD*. Pez marino de hasta 48 cm de longitud, con aletas radiadas y cuerpo tetragonal de color blanco con multitud de puntos negros; la zona del morro es de color blanco y las bases de las aletas anales y pectorales son negruzcas. (Ostraciidae; *Lactophrys bicaudalis*).
 c. ‖ ~ **tresfilos**. m. *RD*. Pez marino de hasta 55 cm de llongitud, con aletas radiadas y cuerpo tetragonal de color plateado, más claro en la cabeza, y multitud de puntos blancos pequeños; su carne es muy apreciada. (Ostraciidae; *Lactophrys trigonus*).
chapín, -na.
 I. 1. adj. *Mx, Gu, Ho, ES, Ni, CR, Pa*. Relativo a Guatemala.
 2. sust/adj. *Gu, Ho, ES, Ni, Pa*. Variedad del español hablado por los guatemaltecos.
 II. 1. adj/sust. *Co*. Referido a persona, que tiene los pies torcidos hacia adentro.
 2. *Ho*. Referido a persona o animal, que camina con dificultad, cojo. pop + cult → espon.
chapinada.
 I. 1. f. *Mx*. Dicho o hecho propio de guatemaltecos. desp.
 II. 1. f. *Gu*. Conjunto de guatemaltecos. pop + cult → espon.
chapinés. (De *chapi* y *pekinés*).
 I. 1. *Bo*. **perro chapinés**.
chapinismo.
 I. 1. m. *Gu, Ho, ES, Ni*. Vocablo, locución o frase propia del habla guatemalteca. pop + cult → espon.
chapinizarse.
 I. 1. intr. prnl. *Gu, Ho, ES, Ni*. Adquirir *una persona* las costumbres, el modo de vida y las expresiones propias de los guatemaltecos. pop + cult → espon.
Chapinlandia. (De *chapín*, y la terminación de Disneylandia).
 I. 1. f. *Gu, Ho, ES*. República de Guatemala. fest.
chapino, -a.
 I. 1. adj. *Pa, Ar, Ur*. Referido a una caballería o a una *res*, que tiene las pezuñas muy crecidas y camina con dificultad. rur.
 2. *Ar:NO*. Referido a persona o animal, que camina dando tropiezos continuamente. rur; pop + cult → espon.
chapiollo, -a.
 I. 1. adj. *Ni*. Referido a persona, tercermundista. desp.
 2. *Ni*. Referido a cosa, de mala calidad. desp.
chapiscle. (Del nahua *tzauctli*, engrudo, y *pixtle*, semilla de ciertos frutos).
 I. 1. m *Mx*. Arbusto muy ramoso, con las hojas ovoides y carnosas, el tallo con espinas y las flores de color rojo y amarillo. (Cactaceae; *Pereskiopsis rotundifolia*).
chapistear(se).
 I. 1. tr. *Pa, Cu*. Reparar la carrocería de un vehículo.
 2. *Cu*. Reparar un objeto viejo o roto.
 3. intr. prnl. *Cu*. metáf. Embellecerse, acicalarse.
 4. tr. *Cu*. Someter a *alguien* a un tratamiento médico o de belleza.
chapisteo.
 I. 1. m. *Cu*. Reparación de la carrocería de un vehículo. ♦ **chapistería**.
 2. *Cu*. Embellecimiento, acicalamiento. ♦ **chapistería**.
 3. *Cu*. Sometimiento de alguien a un tratamiento médico o de belleza. ♦ **chapistería**.
chapistería.
 I. 1. f. *Cu*. **chapisteo**.
chapistero.
 I. 1. m. *Pa, Cu*. Hombre que tiene por oficio **chapistear**, reparar la carrocería.
chapita.
 I. 1. f. *Ve*. Juego callejero que sigue las reglas del **beisbol** y que consiste en **batear** con un palo el mayor número de **tapas** de botellas de refresco.
 2. *Cu*. Juego callejero de apuestas que consiste en descubrir una pequeña bolita que es cubierta por una de las tres **tapas** de botellas que se mueven sobre un tablero.
 II. 1. f. *RD, PR*. **Tapa** de metal fino para botellas de vidrio.
 III. 1. f. *Ho*. Tapa de cuero o hule especial para los tacones de los zapatos. pop + cult → espon.
chapla.
 I. 1. adj/sust. *Pe*. Referido a un tipo de pan, hecho con harina de trigo, cuya masa debe pasar por un proceso de fermentación de 24 a 48 horas para obtener un producto compacto de buen aroma y sabor.
chapo.
 I. 1. m. *Pe:NE*. Bebida hecha a base de **plátano maduro** cocido y agua.
 2. *Ec*. Alimento de consistencia espesa, elaborado con canela, harina de cebada tostada, leche y **panela**.
chapo, -a.
 I. 1. m. y f. *Mx*. Persona de baja estatura. pop.
 II. 1. adj/sust. *CR*. Referido a persona, poco hábil o diestra en algo. pop ^ desp.

chapoda.
    I. 1.   f. *Mx:SE, Ho, ES, Ni*; m. *Mx:SE, ES*. Limpieza de hierba y malezas de un terreno. rur.

chapodado.
    I. 1.   adj. *Ho, ES. Referido a terreno cultivado*, limpiado de hierbas y malezas.

chapodar.
    I. 1.   tr. *Mx:SE, Ho, ES, Ni*. Limpiar un terreno de malezas con el machete.

chapodiar.
    I. 1.   *PR*. **chirrear**, podar.

chapol.
    I. 1.   m. *Co*. obsol. Agente de policía.

chapola. (Del quech. *chapola*, mariposa).
    I. 1.   f. *Ho, Co, Ec*. Planta del café que ha echado el primer par de hojas.
    II. 1.   f. *Co*. Mariposa.

chapolear.
    I. 1.   tr. *Mx:SE*. Limpiar un terreno de malezas. rur.
    II. 1.   intr. *Co*. obsol. Dar muchas vueltas alrededor de un asunto.

chapoleo.
    I. 1.   m. *Mx:SE*. Limpieza de hierba y malezas de un terreno. rur.

chapolera.
    I. 1.   f. *Co:O*. Mujer que recolecta el café.

chapoletear.
    I. 1.   intr. *Cu*. Chapotear, golpear el agua con los pies o las manos.

chapoleteo.
    I. 1.   m. *Cu*. Chapoteo, golpeteo del agua con los pies o las manos.

chapolo, -a.
    I. 1.   adj. *Co. Referido a persona*, algo borracha. pop + cult → espon.

chaponar.
    I. 1.   tr. *Mx:S*. Limpiar de malezas un terreno. rur.

chaponato.
    I. 1.   m. *Bo:E*. Bebida hecha con pulpa de una fruta. pop + cult → espon ^ fest.

chaponea.
    I. 1.   f. *Mx:S*. Limpieza de hierba y malezas de un terreno. rur.

chaponear.
    I. 1.   tr. *Mx:S,SE*. Limpiar un terreno de malezas con el machete. rur.

chaponeo.
    I. 1.   m. *Mx:S,SE*. Limpieza de hierba y malezas en un terreno. rur.

chapopota.
    I. 1.   f. *ES*. Sellador de pasta negra para tejados y vehículos.

chapopote.
    I. 1.   m. *Mx, Gu*. **chapapote**, asfalto.

chaporrear.
    I. 1.   tr. *Mx:E, Gu, Ve*. Cortar arbustos o hierba de un terreno con machete. rur.
    II. 1.   tr. *Gu*. Chapurrear un idioma.

chaporro.
    I. 1.   m. *Mx:S,E, Gu*. Limpieza de hierba y malezas en un terreno. rur.

chaposo, -a.
    I. 1.   adj. *Pe; Bo*, pop + cult → espon. *Referido a persona*, que tiene las mejillas sonrosadas.

chapote. (Sínc. de *chapopote*).
    I. 1.   m. *Mx*. Asfalto.

chapoteadero.
    I. 1.   m. *Mx*. Estanque de poca profundidad para niños.

chapoteo.
    I. 1.   m. *PR*. Grupo de olas muy seguidas.

chapuceada.
    I. 1.   f. *PR, Ur*. Cosa mal hecha, *generalmente por prisa o desidia*. pop + cult → espon.
    2.   *Ur*. Imperfección o falta de esmero al realizar algo. pop + cult → espon.

chapucear.
    I. (Epént. de *chapuzar*).
    1.   intr. *ES, Ni, RD, Co, Ur*. Jugar en el agua, dando golpes en la superficie con las manos o los pies.
    II. 1.   tr. *CR, Ve, Bo*. Hablar con dificultad una lengua, entrecortadamente y sin claridad.

chapucería.
    I. 1.   f. *Mx, Ec*. Estafa, engaño.

chapucero, -a.
    I. 1.   adj. *Mx, Ho, Ec. Referido a persona*, estafadora.

chapuco, -a.
    I. 1.   adj. *ES. Referido a cosa*, pequeña.

chapudo, -a.
    I. 1.   adj. *Gu, Ho, Ec:S, Pe, Bo*. p.u. *Referido a persona*, que tiene las mejillas sonrosadas. rur.
    2.   *Ho, ES. Referido a persona*, de piel roja por la acción del sol. pop + cult → espon.
    3.   *Ho, ES*. metáf. *Referido a persona*, que goza de buena salud. pop + cult → espon.

chapul.
    I. 1.   *Co:SO*. **chapulín**, saltamontes.

chapula.
    I. 1.   f. *Ec*. obsol. Mujer de un soldado.

chapule.
    I. 1.   *Mx:NO*. **chapulín**, saltamontes.

chapulín. (Del nahua *chapolín*, langosta).
    I. 1.   m. *Mx, Gu, Ho, ES, Ni, CR, Co:SO, Ve*. Saltamontes de hasta 8 cm de longitud, de color verde, con cabeza gruesa, ojos prominentes, antenas finas y alas membranosas, patas anteriores estrechas, alargadas y resistentes, y las posteriores, mucho más grandes y delicadas. (Acrididae; *Acridium peregrinum*). (**chapul**). ♦ **chacuatete**.
    2.   *EU:SO, Mx, Gu, Ho, ES, Ni*. Saltamontes de color amarillento oscuro o marrón claro, de cabeza gruesa y ojos prominentes, con antenas finas, alas membranosas, patas anteriores cortas y muy robustas y patas posteriores largas. (Acrididae; *Tropidacris dux, Schistocerca americana*). ♦ **chocho**; **cigarrón**.
    II. 1.   m. *CR; Ho, Pa*, rur. Tractor pequeño.
    2.   *Pa*. Remolque que lleva un tractor. rur.
    III. 1.   m. *ES*. Aguardiente elaborado clandestinamente.
    IV. 1.   m. *CR*. Delincuente juvenil urbano que actúa en grupo. pop ^ desp.

¡chapulín!
    I. 1.   interj. *ES*. Imita el sonido de un cuerpo al sumergirse en el agua.

chapulinada.
    I. 1.   f. *EU:SO, Mx, Gu, Ho, ES, Ni*. Bandada de **chapulines**.
    2.   *Gu, ES, Ni, CR*. obsol; metáf. Conjunto de niños. rur; afec.

chapulinero.
    I. 1.   m. *Mx, Ni*. Gavilán de color pardo grisáceo por arriba y en el pecho, blanco amarillento con barritas más oscuras en los muslos; el resto de las partes inferiores en blanco con anchas bandas de canela pálido. (Accipitridae; *Buteo magnirostris*). ♦ **taguató**.
    II. 1.   m. *Ho, Ni, CR*. Gran cantidad de **chapulines**, saltamontes.

chapulinero, -a.
    I. 1. m. y f. *CR.* Persona que tiene por oficio conducir un **chapulín**, tractor.

chapuliscle. (Del nahua *chapolín*, langosta, e *ixtli*, fibra).
    I. 1. m. *Mx.* Arbusto de hasta 3 m de altura, de hojas elípticas y flores amarillas o naranjas, que forman racimos cortos; se usa en medicina tradicional. (Sapindaceae; *Dodonaea viscosa*). ◆ **candela; hayuelo; palo de reina.**

chapulunguear.
    I. 1. intr. *ES.* Chapotear.

chapuno.
    I. 1. *ES.* **chaperno**, árbol de hasta 12 m.

chapupa.
    I. 1. f. *Ho, ES, Ni.* Cosa fácil, sencilla, simple.

chapupero, -a.
    I. 1. m. y f. *ES.* Persona experta en algo.

chapupo.
    I. 1. m. *ES.* Pastilla de color negro o rojo para tapar rajas en el calzado.
    ▶ **agarrar de ~; tomar de ~.**

chapureco, -a.
    I. 1. adj. *ES.* *Referido a persona*, mal vestida o desaliñada.

chapurrado.
    I. 1. m. *Mx; PR*, obsol. Mezcla de bebidas alcohólicas.

chapuspo, -a.
    I. 1. adj. *ES.* *Referido a persona*, graciosa, con humor.

chapuz.
    I. 1. m. *Mx.* Planta de hasta 1,5 m de altura, de hojas alternas y estrechas, y cabezuelas globosas de flores amarillas. (Asteraceae; *Helenium mexicanum*). ◆ **rosilla.**
    II. (Apóc. de *chapuza*).
    1. f. *Gu.* Chapuza, cosa mal hecha.
    ▶ **no tener ~.**

chapuza.
    I. 1. f. *Mx.* Estafa, engaño.

chaque. (Del quech. *ch'aqi*).
    I. 1. m. *Pe.* Sopa de carne con **papas**, tripas de carnero o **res** en trozos, cereales, cecina y verduras.
    2. *Bo.* Sopa espesa hecha con alguna especie de cereal *ligeramente molido*, carne de cordero, **ají colorado** y condimentos.

¡chaque!
    I. 1. interj. *Py, Ar:NE.* Expresa advertencia ante un peligro. pop + cult → espon.
    2. *Ar:NE.* Expresa asombro o sorpresa. pop + cult → espon.

chaqueado, -a.
    I. 1. adj. *Bo.* *Referido a un terreno*, deforestado para cultivarlo.

chaqueador, -ra.
    I. 1. sust/adj. *Bo.* Persona que deforesta un campo, antes de prepararlo para la siembra.

chaquear.
    I. (Del quech. *chakuy*, deforestar).
    1. tr. *Bo.* Deforestar un campo para cultivarlo, quitando primero la vegetación baja, luego los árboles y sus ramas y, finalmente, quemando los desechos.
    II. 1. intr. *RD.* No atacar un gallo de pelea a otro por haber perdido la vista.
    III. 1. tr. *Ni.* Morder el freno la caballería.

¡chaquechaque!
    I. 1. interj. *Pa.* Imita el sonido de los pies al introducirse en un lodazal.

chaquena.
    I. 1. f. *Pe.* Piedra pequeña redondeada muy utilizada en cocina para triturar alimentos. rur.

chaqueo.
    I. 1. m. *Bo*; *Ec*, p.u. Deforestación de un campo mediante corte y quema de las plantas, para cultivarlo.

chaqueta.
    I. 1. f. *Mx, Gu, Ho, ES.* Masturbación masculina. vulg.
    II. 1. f. *Co.* Diente postizo que se pone sobre un espigo.
    III. 1. f. *Co:SO.* Especie de bolsa para transportar gallos de pelea.
    IV. 1. adj. *Pe.* *Referido a persona*, cansada. pop + cult → espon.
    V. 1. f. *Cu.* Lío, discusión, riña.
    VI. 1. f. *Ni, PR.* En el **beisbol**, tipo de abrigo corto que utiliza el **lanzador** para mantener el calor durante los descansos.
    VII. 1. f. *Ho.* Conversación intrascendente.
    ■
    a. ‖ **~ charra.** f. *Mx.* Chaqueta entallada propia de la vestimenta del **charro**.
    b. ‖ **~ de guardia.** f. *ES.* Postre hecho con piña, azúcar, canela y leche.
    □
    a. ‖ **como ~ de salonero.** loc. adv. *CR.* Sin dinero. pop ^ fest. ◆ **como cuello de monja.**
    ▶ **cortar ~s; dejar ~; guiñar la ~; hacer ~; hacerse la ~; irse de ~, jalar la ~; limpiar ~; sacar ~; sudarse la ~; tirar de la ~; volarse la ~; voltearse la ~.**

chaquetazo.
    I. 1. m. *Gu.* Acto o elogio serviles.
    2. *Ho.* Cambio de ideas, partido, empresa o institución por interés personal. pop + cult → espon.

chaqueteado.
    I. 1. m. *ES.* Huida, escape.

chaqueteado, -a.
    I. 1. adj. *ES.* *Referido a persona*, rápida, veloz.

chaquetear(se).
    I. 1. tr. prnl. *Mx, Gu, Ho, ES.* Masturbarse un hombre. vulg.
    II. 1. tr. *Ch.* Desprestigiar a *alguien* con malas artes, para evitar que destaque o sobresalga en una situación o actividad. pop + cult → espon.
    2. intr. *Gu.* Actuar servilmente. pop + cult → espon ^ desp.
    III. 1. intr. *ES, Cu.* Escapar, huir.

chaqueteo.
    I. 1. m. *Mx, Gu.* Masturbación frecuente.
    II. 1. m. *Ch.* Campaña o maniobra con la que se intenta desprestigiar a alguien. pop + cult → espon.
    III. 1. m. *Cu.* Conjunto de gestiones para conseguir algo.

chaqueterismo.
    I. 1. m. *Gu.* Masturbación frecuente.

chaquetero.
    I. 1. m. *Mx, Gu, Ho, ES.* Hombre que se masturba.

chaquetero, -a.
    I. 1. adj/sust. *Gu, ES, Ni.* *Referido a persona*, servil y aduladora.
    II. 1. adj/sust. *Ch.* *Referido a persona*, que suele **chaquetear**, desprestigiar a alguien.

chaqui. (Del aim. *ch'akhi* y del quech. *ch'aki*, seco →)
    I. 1. m. *Ar:NO*; *Bo:SO,C*, pop + cult → espon. Resaca, malestar por haber bebido en exceso. ◆ **chuchaqui.**
    ▶ **curar el ~.**

chaquinani.
    I. 1. m. *Pe.* Camino o senda por donde solo se puede transitar a pie o en animal de carga.

chaquiñán. (Del quech. *chaquiñán*).
    I. 1. m. *Ec.* Camino estrecho, *generalmente formado por el paso continuo de personas o animales*. rur.

chaquira.
I. 1. f. *Mx, Ho, Ni, Ec.* Cuentecilla de vidrio o plástico para collares o adornos.
2. *Co.* Semilla que se emplea para hacer collares.
II. 1. f. *Mx, ES.* Arbusto de hasta 2,5 m de altura, siempre verde, de hojas alternas, lanceoladas y aserradas en los bordes, flores azules muy pequeñas, agrupadas en panículas muy apretadas, y fruto en drupa con cuatro semillas; tiene diversos usos en la medicina tradicional. (Rhamnaceae; *Ceanothus caeruleus*).
♦ **huichagórare; sayolistle.**
III. 1. f. *Ho.* Llaga en la epidermis de un animal, *generalmente una caballería.* ♦ **cháquira, chaquirria.**
IV. 1. f. *Pa.* Cuello postizo hecho con abalorios de diversos colores y que se usa como adorno femenino.

cháquira.
I. 1. *ES.* **chaquira,** llaga.

chaquirria.
I. 1. *Gu.* **chaquira,** llaga.

chaquirriento, -a.
I. 1. adj/sust. *Gu. Referido a persona o animal,* que tiene llagas en la piel.

chaquistal.
I. 1. m. *Mx.* Lugar donde abunda el **chaquiste.**

chaquiste.
I. 1. m. *Mx.* Insecto de tamaño muy pequeño, parecido al mosquito; puede producir picaduras muy dolorosas.

chaquistero.
I. 1. m. *Mx.* Lugar donde abunda el **chaquiste.**

chaquitaclla. (Del quech. *chakitaklla*.)
I. 1. f. *Pe, Bo:SO,C.* Arado de pie formado por un palo con una punta de hierro o piedra que sirve para allanar y preparar el terreno que se va a cultivar. rur.

chara.
I. 1. f. *Co:SO.* Sopa de cebada con los granos tostados y triturados.
2. *Co:N.* Sopa de maíz hecha con los granos tostados.
3. *ES.* **Tortilla** gruesa de maíz.
II. 1. f. *Ve:E.* Finca agrícola pequeña.

¡chará!
I. 1. *CR.* **achará.**

charabón.
I. 1. m. *Ar, Ur.* Ejemplar joven de **ñandú.**
2. *Ar, Ur.* Niño, muchacho. pop + cult → espon.
3. sust/adj. *Ar.* Persona torpe e inexperta. pop + cult → espon.

charabuco.
I. 1. m. *RD.* Maleza tupida.

characa.
I. 1. f. *Pa.* Iguana que ha desovado. rur.
2. *Pa.* Garrapata grande. rur.

characato, -a.
I. 1. adj. *Pe.* Relativo al departamento o provincia de Arequipa.

characo.
I. 1. m. *Pa.* Semilla de **marañón** machacada.

characoso, -a.
I. 1. adj/sust. *Pa. Referido a persona o cosa,* sucia, deaseada.

charada. (Del fr. *charade*).
I. 1. f. *Gu, Bo.* Mentira.
II. 1. f. *Gu.* Chiste.
2. *ES.* Broma con doble sentido.
III. 1. f. *Cu.* Sistema de signos en el que se asocia un significado con un número, del uno al cien, y que sustenta un juego de lotería.

charagua.
I. 1. f. *Mx.* **Pulque** añejo que contiene pimiento.

II. 1. f. *Ve.* **Tapara** de boca ancha *utilizada generalmente para almacenar agua o alimento destinado a animales.*

charal.
I. 1. m. *Mx.* Pez pequeño y delgado, de agua dulce, de hasta 16 cm de longitud, de color plateado, y muy apreciado por su carne. (Atherinopsidae; *Chirostoma chapalae*).
▶ **estar hecho un ~.**

charamasca.
I. 1. f. *Ar:NO.* Cabello enmarañado. rur; pop + cult → espon.
2. adj. *Ar:NO. Referido a persona,* que siempre está desaliñada o despeinada. rur; pop + cult → espon.

charamico.
I. 1. m. *RD.* Leña menuda, conjunto de ramas secas para hacer fuego.
2. m. pl. *RD.* Adornos navideños hechos con ramas secas finas, redondeadas, o con maderas cortadas finamente.

charamil.
I. 1. *ES.* **charamila.**

charamila.
I. 1. f. *Gu, Ho, ES, Ni.* Bebida alcohólica tóxica, de fabricación casera, hecha con alcohol metílico y azúcar, diluidos en agua o refresco que toma el borracho consuetudinario. (**charamil**). ♦ **alquitrán.**

charamilada.
I. 1. f. *ES.* Grupo de **charamileros.**

charamilazo.
I. 1. m. *Gu, Ho, ES.* Trago de **charamila.** ♦ **alquitranazo; zangoloteo.**

charamilero, -a.
I. 1. sust/adj. *Gu, Ho, ES.* Persona que se emborracha diariamente con **charamila.** ♦ **pachanguero; patero.**
2. m. y f. *Gu, Ho, ES.* Persona que vende **charamila.**

charamusca.
I. 1. f. *Mx.* Confitura en forma de tirabuzón, hecha de azúcar ordinario, mezclada con otras sustancias y acaramelada.
2. *Ho, ES, Ni.* Helado casero hecho con refresco natural o leche azucarados y esencia de frutas, que se vende congelada en una bolsa de plástico. ♦ **almohado; carita; chupeta; pocicle; popsicle; tanate; topogigio.**
II. 1. f. *Ar:NO.* Cabello enmarañado. pop + cult → espon.
2. adj. *Ar:NO. Referido a persona,* que siempre está desaliñada o despeinada. rur; pop + cult → espon.
III. 1. f. *Ar, Ur.* Cosa de poca importancia o escaso valor. pop + cult → espon.
IV. 1. f. *Ho, ES, Ni, PR.* Leña menuda y seca de fácil combustión.
V. 1. f. *ES.* Pistola o revólver. cult.
2. *ES.* p.u. Bomba casera fabricada por la guerrilla.
□
a. ‖ **como las ~s: derechas pero torcidas.**
i. loc. adj. *Mx. Referido a persona,* indecisa.
ii. *Mx. Referido a una situación,* incierta, cambiante.

charamusquear. (De *charamusca,* ramita.)
I. 1. intr. *Mx:SE, Ho, Ni.* Recoger en el campo ramitas de leña. rur.

charamusquero, -a.
I. 1. m. y f. *Mx.* Persona que hace o vende **charamuscas,** confituras.

charán.
I. 1. m. *Ec, Pe.* Árbol frondoso de hasta 5 m de altura, con hojas bipinnadas, frutos dispuestos en racimos formado en el ápice de las ramificaciones, cuyo fru-

to es una legumbre de unos 7 cm de longitud; sus hojas y flores son usadas como forraje y los frutos se utilizan para curtir cueros. (Fabaceae; *Caesalpinia* spp.).

charanagua.
I. 1. f. *Mx.* Bebida compuesta de **pulque** agrio, miel y **chile** rojo; se prepara a fuego lento.

charancaco.
I. 1. *Ho, ES.* **pichete**, lagartija.
■
a. ‖ ~ **monterudo.** m. *Ho.* **xera.**

charanda.
I. 1. f. *Mx:SO.* Tierra de color rojizo, por tener óxido de hierro.
   2. *Mx:SO.* meton. Mezcla de color rojizo que forma esta tierra con el agua.
II. 1. f. *Mx.* Aguardiente de caña de azúcar destilado.

charanga.
I. 1. f. *Mx, Co.* Baile familiar.
   2. f. *PR.* Género musical de la familia de la salsa.
II. 1. f. *Ni, CR.* Desorden jocoso.
   2. *Ni.* metáf. Despilfarro.
   3. *Ni.* metáf. Acción ilícita.
III. 1. f. *ES.* Maíz **nixtamalizado** preparado para molerse.

charango.
I. 1. m. *Mx, ES, Co, Ec, Pe, Bo, Ch, Ar.* Instrumento musical, *usado especialmente en la zona andina*, parecido a una pequeña guitarra de cinco cuerdas dobles y cuya caja de resonancia está hecha con un caparazón animal, *por lo común, de armadillo*.
   2. *Bo.* metáf. Niño de pecho que llora continuamente. pop.

charangueada.
I. 1. f. *Bo, Ar, Ch,* p.u. Actividad o fiesta en la que hay música interpretada con **charangos**. pop + cult → espon.
   2. *Ch.* Toque o interpretación con el **charango**.

charanguear.
I. 1. intr. *Pe, Ch, Ar:NO; Bo,* pop + cult → espon. Tocar el **charango**.
II. 1. intr. *Cu.* Bailar con una orquesta.
   2. *Cu.* Divertirse, **fiestear**.

charanguero, -a.
I. 1. adj/sust. *Mx.* Músico de **charanga**, baile.
   2. adj. *Mx.* Relativo a la **charanga**, baile.
   3. m. y f. *Bo, Ar, Ch,* p.u. Persona que toca el **charango**. pop + cult → espon.
   4. adj. *Ch.* Relativo al **charango**, instrumento musical.

charanguista.
I. 1. m-f. *Ec, Pe, Ch, Ar, Bo,* pop + cult → espon. Persona que toca el **charango**.

charapa.
I. 1. f. *Co, Ec, Pe.* Tortuga de agua dulce, cuyo caparazón es de color gris, negruzco o pardo oscuro; su carne y sus huevos son comestibles. (Podocnemididae; *Podocnemis* spp.). ♦ **galápaga; tortuga arrau; tortuga sabanera.**
II. 1. adj/sust. *Pe.* Natural de la zona oriental del Perú.
   2. adj. *Pe.* Relativo a la zona oriental del Perú.

charape.
I. 1. m. *Mx.* Bebida fermentada, hecha con **pulque**, panocha, miel, clavo y canela.

charapear.
I. 1. tr. *Ve:O.* Cortar la maleza con **charapo** o machete. rur.

charapeta.
I. 1. m. *Ho.* Cabeza de una persona. pop.

charapilla.
I. 1. f. *Pe.* Árbol de hasta 40 m de altura, de copa amplia y globosa, tronco recto, corteza externa lisa de color gris amarillento, hojas compuestas, alternas y sin estípulas, y flores en panículas axilares o terminales ligeramente cortas, cuyo fruto es una drupa oblonga casi ovoide. (Fabaceae; *Dipteryx odorata*).
II. 1. f. *Pe.* **Ají** muy picante y aromático, de color amarillento y forma redondeada.

charapo.
I. 1. m. *Ve.* Machete utilizado para cortar la maleza. rur.

¡charas!
I. 1. interj. *Gu.* Expresa la aceptación de un reto.

charata.
I. 1. f. *Bo, Py, Ar:N.* Ave gallinácea de hasta 50 cm de longitud, con copete y de color gris o pardo ocráceo. (Cracidae; *Ortalis canicollis*). ♦ **pava de monte.**
II. 1. f. *Py.* Máquina, aparato o vehículo inútil y desvencijado. desp.

charbasca.
I. 1. f. *Ho, Ni.* Basura, escoria, cosa de pésima calidad.
   2. *Ho.* Marihuana de mala calidad. drog.
   3. *Ni.* Residuo, parte que sobra o queda de algo.
   4. *Ni.* Persona de poca valía.

charcha.
I. (Del quech. *chulcha*, papada).
   1. f. *Gu, Ho, ES.* Cresta de algunas aves como el gallo y la gallina. rur; pop.
   2. *Ch.* Papada de los animales, *especialmente de los vacunos*. (**chalcha**).
   3. *Ch.* Acumulación de grasa, *especialmente en el vientre*.
II. 1. sust/adj. *Ch.* juv. Cosa de mala calidad. pop.
   2. adj. *Ch.* Referido a cosa, ordinaria, vulgar. pop.
III. 1. f. *Ho, ES.* metáf. Vulva. vulg.
IV. 1. f. *ES.* Flema. pop.

charchalear.
I. 1. intr. *Ni.* Vibrar *algo* desacompasadamente.
   2. *Ni.* metáf. Temblar *alguien* por estar colérico.

charchazo.
I. 1. m. *Ch.* Golpe dado a una persona con la mano abierta. pop + cult → espon.

charchelero, -a.
I. 1. adj. *ES.* Referido a persona, mentirosa.

charcheroso, -a.
I. 1. adj. *Pe.* Referido a cosa, especialmente un lugar, vieja, destartalada. pop.

charchetudo, -a.
I. 1. adj. *Ch.* Referido a persona, de mejillas prominentes. pop + cult → espon.
   2. *Ch.* Referido a persona, obesa. pop + cult → espon.

charchigua. (De *chalchigua*, y este de *chalchihmitl*, esmeralda).
I. 1. f. *Ho.* Piedra muy dura, de color verdoso, compuesta de silicato de magnesia, alúmina y óxidos de hierro y manganeso, muy utilizada en las culturas precolombinas para elaborar collares, adornos y figurillas.
II. 1. f. *Ho:O.* Piedra para moler granos, *en especial el maíz*. rur.

charchil.
I. 1. f. *Gu.* Vulva. vulg.

charchina.
I. 1. f. *Mx, ES.* Vehículo automotor viejo y destartalado.
II. 1. f. *Mx.* Caballo flaco y endeble.

charchoso, -a.
I. 1. adj. *ES.* Referido a vehículo, viejo y destartalado.
II. 1. adj. *ES.* Referido a persona, tosigosa y que expulsa flemas.

charchudo.
    I. 1. sust/adj. *Ho.* Hombre al que le gusta discutir o pelearse con mujeres. vulg; desp.

charchudo, -a.
    I. 1. adj/sust. *Ch. Referido a persona*, que tiene **charchas**, acumulaciones de grasa. pop + cult → espon ^ desp.

charco.
    I. 1. m. *Co.* Remanso de un río o arroyo.
    II. 1. m. *ES.* Cielo. carc.
    ▶ **brincar el ~; ceder el ~; salir del ~; tirarse al ~.**

charcoma.
    I. 1. f. *Ar:C,NO,O.* **huañil.**

charcón, -na.
    I. 1. adj. *Ar:NO. Referido a persona o animal*, delgado.

charenco, -a.
    I. 1. adj. *ES. Referido a cosa, especialmente harina*, mal molida.

charging. (Voz inglesa).
    I. 1. m. *PR. En el baloncesto*, falta cometida en ataque contra un defensa.

charla.
    I. 1. f. *PR.* Broma, retozo. rur.

charlada.
    I. 1. f. *Bo.* Conversación para pedirle algo a alguien como favor o por medio de un soborno. pop + cult → espon.

charlador.
    I. 1. m. *Mx:SE.* Pájaro pequeño de plumaje azul oscuro y brillante, con las alas y la cola negras. (Cotingidae; *Cotinga amabilis*).

charlar.
    I. 1. tr. *Bo; Ar*, pop. Tratar de convencer a *alguien*.

charlatán, -na.
    I. 1. adj/sust. *CR, PR. Referido a persona*, bromista.

charle.
    I. 1. m. *Bo.* Conversación con una persona para pedirle algo como favor o por medio de un soborno. pop + cult → espon.

charlear.
    I. 1. intr. *PR.* Charlar. rur.
    2. *PR.* Gastar *alguien* bromas, hacer burlas. rur; pop + cult → espon.

charleo.
    I. 1. m. *PR.* Chanza, broma. pop + cult → espon.

charli. (Del ingl. *Charles*, Carlos).
    I. 1. m. *Ho, ES. En el ejército*, jefe.
    2. *ES.* p.u. Guerrillero. euf.

charlina.
    I. 1. f. *Cu, RD; Ch*, pop. | obsol. Prenda de lana u otro material cálido y de mayor largo que ancho, usada por las mujeres sobre los hombros como abrigo o complemento de su vestimenta.

charlón.
    I. 1. m. *Ch.* Especie de chal grueso más largo que ancho, *generalmente de lana*, con flecos en los extremos, que se pone sobre hombros y espalda a modo de abrigo.
    II. 1. sust/adj. *Ec.* Charlatán.

charlotear. (De *charla* y *parlotear*).
    I. 1. intr. *Ho.* Emitir algunas aves como el loro, periquito y **guacamaya**, ciertos sonidos guturales aprendidos de su dueño. cult.

charloteo.
    I. 1. m. *Ho.* Sonidos guturales y repetitivos de algunas aves como el loro, el periquito y **guacamaya** por imitación. cult.

charnel.
    I. 1. m. *Gu.* Automóvil viejo.
    II. 1. m. *ES:E.* Rosca de un tornillo.
    III. 1. m. *Ni.* Fragmento de metralla, granada o bomba.

charo.
    I. 1. m. *Ar.* Ejemplar joven de **ñandú**.

charo, -a.
    I. 1. adj. *ES. Referido a cosa, especialmente harina*, mal molida.

charol.
    I. 1. *Mx.* **charolazo**, deslumbramiento.
    II. 1. m-f. *Cu.* Persona de piel muy negra. pop + cult → espon ^ fest.

charola.
    I. 1. f. *Mx, Co:O,SO; Ho, ES, Ni, Pe, Bo*, pop + cult → espon; *Ar:NO*, obsol; *Ec*, p.u. Bandeja de metal o de otra materia, plana o algo cóncava, usada para servir, presentar o depositar cosas.
    2. f. pl. *Ho, Ni.* metáf. Ojos, *en especial si son grandes.* pop + cult → espon ^ desp.
    II. 1. f. *Mx.* Placa de identificación de la policía. pop + cult → espon.
    2. *Mx.* Identificación oficial de un alto funcionario. pop + cult → espon.
    ▶ **pasar con las ~s peladas; pasar la ~; pelar las ~s; poner en ~ de plata; servir en ~ de plata.**

charolador, -ra.
    I. 1. m. y f. *Ec, Pe.* Trabajador encargado de charolar muebles.

charolazo.
    I. 1. m. *Mx, CR. En videograbación*, deslumbramiento producido por algún objeto brillante. ♦ **charol.**
    II. 1. m. *Mx.* Presentación de un documento credencial para obtener un beneficio ilícito.
    ▶ **dar el ~.**

charoleado, -a.
    I. 1. adj. *Mx, Ho. Referido a calzado*, lustroso y brillante.

charolear.
    I. 1. tr. *Mx:SE, Ho.* Embetunar y sacar brillo al calzado.
    2. *ES.* Pulir o limpiar la superficie de algo.
    II. 1. intr. *Mx.* Ejercer *una persona* influencia sobre otra.
    III. 1. intr. *Mx.* Pedir dinero a los asistentes a un acto o reunión.

charolero, -a.
    I. 1. m. y f. *Mx.* Limpiabotas.

charoludo, -a.
    I. 1. adj/sust. *Ho, Ec.* obsol. *Referido a persona*, de ojos muy grandes.

charoso, -a.
    I. 1. adj. *ES:E. Referido a harina*, mal molida.

charoto.
    I. 1. m. *Ar.* Cigarro grueso hecho con una hoja de tabaco enrollada, que se afina hacia ambos extremos. pop.

charpa.
    I. 1. f. *Gu, Ho:O, ES, Ni.* obsol. Espada o sable.
    II. 1. adj. *Bo. Referido a un objeto*, ordinario, de poco valor. pop.
    III. 1. f. *ES.* Persona de gran estatura.
    IV. 1. f. *Ni.* Cantidad de personas u objetos de diferentes tamaños.

charpazo.
    I. 1. m. *Gu, Ho, Ni.* p.u. Golpe dado con la parte plana de la hoja de una espada o machete.

charpear.
    I. 1. tr. *Mx, Gu.* Salpicar, manchar *algo*.

charpudo, -a.
    I. 1.   m. y f. *ES.* Militar. desp.

charque. (Del quech. *ch'arki*).
    I. 1.   m. *Ec, Bo, Py, Ar, Ur, Ch,* p.u. Carne salada y secada al aire o al sol para que se conserve.
    ▶ **vender el ~; vender su ~.**

charqueada.
    I. 1.   f. *Ar:NO, Ur.* Salazón y secado de la carne al aire o al sol, para que se conserve por más tiempo.
    II. 1.   f. *Ar:NO.* Herida sangrante. pop + cult → espon.
    III. 1.   f. *Ar:NO.* Conversación en la que se critica a otras personas. pop + cult → espon.

charqueado, -a.
    I. 1.   adj. *Pe. Referido a un alimento, especialmente la carne,* secado al sol o al aire.

charqueador, -ra.
    I. 1.   sust/adj. *Ar:NO, Ur, Ch,* p.u. Persona que prepara el **charque** o **charqui.**
    II. 1.   sust/adj. *Ar:NO.* Matón u hombre pendenciero muy diestro para manejar el cuchillo y herir con él. pop + cult → espon.
    III. 1.   adj. *Ar:NO.* Criticón, cotilla, maledicente. pop + cult → espon.

charquear(se).
    I. 1.   tr. *Pe, Bo, Ch, Ar:NO,O, Ur.* Tratar la carne para hacer **charque** o **charqui.** (**charquiar**).
    II. 1.   intr. prnl. *Ar:NO, Ur.* Sujetarse *alguien* del **recado** o de las crines para no caerse del caballo. rur. (**charquiarse**).
    2.   intr. *Ch.* Sujetarse *alguien* del **recado** o de las crines para no caerse del caballo. rur.
    III. 1.   tr. *Ch, Ar:NO.* Herir a *alguien* repetidamente o matarlo con un cuchillo u otra arma blanca. pop + cult → espon. (**charquiar**).
    IV. 1.   tr. *Ar:NO.* Criticar a personas o acciones. pop + cult → espon. (**charquiar**).

charquecán. (Del quech. *ch'arki,* carne deshidratada, y *kanka,* carne asada).
    I. 1.   m. *Bo.* Guiso hecho a base de **charqui, ají,** maíz y otros ingredientes.
    2.   *Bo.* Plato hecho a base de **charqui, mote,** huevo duro y queso.

charqueo.
    I. 1.   m. *Bo.* Salazón y secado de la carne al aire o al sol, para que se conserve por más tiempo. pop + cult → espon.

charqueral.
    I. 1.   *ES.* **charquerío.**

charquerío.
    I. 1.   m. *Mx, Gu, Ho, ES, Ni, RD.* Charcos abundantes.
    ♦ **charqueral.**

charquero.
    I. 1.   m. *Ho, Ni, Cu, PR, Ve.* Lugar en el que abundan los charcos.
    II. 1.   m. *Cu, PR.* Suciedad producida al pisotear un lugar en el que se ha derramado un líquido. ♦ **fanguero; patiñero.**
    III. 1.   m. *PR.* Agua derramada en el suelo o sobre un mueble. pop + cult → espon.

charqui. (Del quech. *ch'arki*).
    I. 1.   m. *Ec, Pe, Bo, Ch, Py, Ar, Ur.* Carne salada y secada al aire o al sol para que se conserve.
    □
    a. ‖ **con el ~ largo.** loc. adj/adv. *Ch. Referido a persona,* enfadada, enojada. pop.
    ▶ **hacer ~.**

charquiada.
    I. 1.   f. *Ar:NO, Ur.* Salazón y secado de la carne al aire o al sol, para que se conserve por más tiempo.
    II. 1.   f. *Ar:NO.* Herida sangrante. pop + cult → espon.

    III. 1.   f. *Ar:NO.* Conversación en la que se critica a otras personas. pop + cult → espon.

charquiar.
    I. 1.   *Ch, Ar:NO.* **charquear,** herir a alguien.
    II. 1.   intr. prnl. *Ar:NO, Ur.* **charquearse.** rur.
    III. 1.   tr. *Ar.* **charquear,** tratar la carne.
    IV. 1.   *Ar:NO.* **charquear,** criticar.

charquicán.
    I. 1.   m. *Pe, Bo, Ch, Ar:NO,O.* Guiso hecho a base de **charqui, ají,** maíz y otros ingredientes.
    II. 1.   m. *Ch.* p.u. Lío, embrollo. pop + cult → espon.
    ▶ **hacer ~.**

charquicillo.
    I. 1.   m. *Ar:NO.* Guiso hecho a base de **charqui, ají, zapallo,** maíz y otros ingredientes.

charra.
    I. 1.   f. *Mx:NO.* Chiste, ocurrencia graciosa.
    II. 1.   f. *Gu, Ho, ES, Ni.* Sombrero, *generalmente de fieltro,* ancho de falda y alto de copa cónica.
    III. 1.   f. pl. *Gu.* Espuela grande cuya rodaja toca el suelo. rur.

charral.
    I. 1.   m. *Gu, Ho, ES, Ni, CR.* Matorral.
    2.   *Ho, ES, Ni.* metáf. Pelo largo, abundante y desordenado de alguien.
    3.   *Ho.* Conjunto de palos, hojas y basura que quedan acumulados en los recodos y remansos de un río o una quebrada.
    II. 1.   m. *Ni, CR; Ho,* pop. Terreno poblado de maleza.
    III. 1.   m. *ES.* Aguardiente elaborado clandestinamente.
    ▶ **tirarse al ~.**

charraleado, -a.
    I. 1.   adj. *Ho. Referido a cosa, en especial comida,* quemada o chamuscada.
    2.   *Ho. Referido a persona,* quemada ligeramente por el sol.
    II. 1.   adj. *CR. Referido a persona o cosa,* que ha perdido prestigio, buen gusto o calidad. pop + cult → espon.

charralear(se).
    I. 1.   tr. *Ho.* p.u. Quemar o tostar *algo.* rur.
    2.   *Ho.* Quemarse *alguien* por exponerse al sol. rur.
    3.   intr. prnl. *Ni.* Cubrirse un terreno de matorrales.
    II. 1.   intr. prnl. *CR.* Disminuir en *alguien o algo* el prestigio, el buen gusto o la calidad. pop + cult → espon.

charralero, -a.
    I. 1.   adj/sust. *ES. Referido a persona,* campesina.
    2.   *ES. Referido a persona,* de mal gusto.
    3.   adj. *CR.* obsol. *Referido a cosa,* corriente, poco estimada. pop + cult → espon.
    4.   *CR. Referido a persona,* que se inclina por cosas consideradas como de mal gusto o poco refinadas. pop + cult → espon.

charraludo, -a.
    I. 1.   adj. *Ho, ES, Ni. Referido a terreno,* que tiene muchos matorrales y maleza.
    2.   adj/sust. *Ho, ES, Ni.* metáf. *Referido a persona,* de pelo largo, abundante y desordenado.

charranganeado.
    I. 1.   *ES.* **charrangeo.**

charranganear.
    I. 1.   tr. *Ho, ES.* Tocar con fuerza la guitarra. desp.

charranganero, -a.
    I. 1.   *ES.* **charranguero,** persona que toca mal la guitarra.

charrango.
    I. 1.   m. *Gu, ES.* Guitarra.
    II. 1.   m. *Ho.* Fiesta con desorden y jaleo. pop + cult → espon.
    2.   m. pl. *Ho.* Pieza musical de ritmo y letra populares. pop + cult → espon.

3.   m. *Ho.* Baile popular con alboroto y desorden. pop + cult → espon ^ desp.

charranguear.
   I.   1.   tr. *Gu, Ni.* Tocar la guitarra. desp.

charrangueo.
   I.   1.   m. *Gu.* Toque de guitarra. ♦ **charranganeado**.

charranguero, -a.
   I.   1.   sust/adj. *Gu.* Persona que toca mal la guitarra. ♦ **charranganero**.

charrapearse.
   I.   1.   intr. prnl. *Ni.* p.u. Arrugarse la piel por la edad.

charrasca.
   I.   1.   f. *Mx.* Arma blanca, *especialmente un cuchillo*, que está gastada y deteriorada.
   II. 1.   f. *Ar:NO.* **cucarachero**, pájaro.
   III. 1.   f. *Ve.* Pequeño instrumento musical de percusión, de forma cilíndrica, hecho de cobre, bronce o madera y provisto de ranuras que producen sonidos broncos al ser frotadas con una barrita metálica.
        2.   *ES.* Instrumento musical hecho de la quijada del ganado caballar.
   IV. 1.   f. *ES.* Chancleta o zapato viejo.
   V.   1.   f. *Ni.* Piel de cerdo muy frita.

charrascal.
   I.   1.   m. *ES, Ve:O.* Lugar con mucha maleza seca.

charrascar.
   I.   1.   tr. *Ho:S,E.* Soasar, quemar *algo* por su parte externa. rur.
        2.   *Ni.* Tostar *algo*, requemar.

charrascazo.
   I.   1.   m. *PR.* Mordedura de un perro o de cualquier otro animal.

charrasqueado, -a.
   I.   1.   adj. *Mx. Referido a persona*, que tiene una cicatriz de herida hecha con arma blanca.

charrasquear.
   I.   1.   tr. *Gu, Ho, ES, Ni, Pa, Co, Ve; Ch,* pop + cult → espon; *Ec,* p.u. Tocar la guitarra u otro instrumento rozando varias cuerdas a la vez con las puntas de los dedos.
   II. 1.   tr. *Mx.* Herir a *alguien* con cuchillo.

charrasqueo.
   I.   1.   m. *Ho, Pa, Co, Ve; Ch,* pop + cult → espon; *Ec,* p.u. Roce de varias cuerdas de una guitarra u otro instrumento con las puntas de los dedos.

charrasquero, -a.
   I.   1.   m. y f. *Ve.* Persona que toca la **charrasca**, pequeño instrumento musical.

charreada.
   I.   1.   f. *Mx, Ni.* Fiesta de charros mexicanos.

charrear(se).
   I.   1.   intr. *Mx.* Actuar como un **charro**, jinete.
   II. 1.   intr. prnl. *Ho.* Conversar con alguien de cosas intrascendentes, bromear. pop + cult → espon.

charrera.
   I.   1.   f. *Co:O.* Hecho o dicho gracioso. pop.
   II. 1.   f. *Co:C.* obsol. Obra o adorno impropio, sobrecargado o de mal gusto. pop.

charrería.
   I.   1.   f. *Mx.* Conjunto de prácticas y suertes que realiza a caballo el cuidador de ganado vacuno en el campo o en exhibiciones públicas.
        2.   *Mx.* Conjunto de **charros**, jinetes.
   II. 1.   f. *PR.* Objeto o comportamiento considerado de mal gusto.

charrero, -a.
   I.   1.   adj/sust. *Ho. Referido a persona*, bromista. pop + cult → espon.

charretera.
   I.   1.   f. *PR.* Conjunto de plumas de los costados del gallo. rur.
        2.   *PR.* **golilla**, plumas de las aves.

charro.
   I.   1.   m. *Mx.* Pez de hasta 50 cm de longitud, de cuerpo alargado y poco grosor, con el dorso de color azul oscuro y el vientre plateado; es comestible. (Carangidae; *Decapterus hypodus*).

charro, -a.
   I.   1.   adj. *Mx, Cu, RD, PR; Co.* pop + cult → espon ^ desp. *Referido a cosa*, ridícula, de mal gusto.
   II. 1.   adj/sust. *Mx. Referido a persona*, corrupta y desleal.
        2.   sust/adj. *Mx.* Líder sindical que favorece al patrón.
   III. 1.   m. y f. *EU, Mx, Ni;* m. *Bo,* pop + cult → espon. Jinete con traje compuesto de chaqueta corta, pantalón ajustado, camisa blanca y sombrero de ala ancha y alta copa cónica.
   IV. 1.   adj. *Gu, Ho, Pe.* Relativo a México.
        2.   m. y f. *ES.* Profesional graduado en México.
   V.   1.   adj. *RD, PR, Co:O. Referido a persona o cosa*, chistosa, con gracia. pop.
   VI. 1.   adj. *PR.* juv. *Referido a cosa*, aburrida o que no era la esperada.
   □
        a.   ‖ ~ **de agua dulce.** loc. sust. *Mx.* Persona que desatiende los animales que tiene a su cuidado.
   ◼
        a.   ‖ **el que quiera ser buen ~, poco plato y menos jarro.** fr. prov. *Mx.* Indica que para mantenerse en forma hay que moderarse en la comida y en el consumo de alcohol.
   ▶ **poner las ~s; rendir el ~; valer charra.**

¡charro!
   I.   1.   interj. *ES.* Expresa orden de silencio, cuidado o de discreción.

¡charros!
   I.   1.   interj. *Mx.* Expresa sorpresa e irritación.

charrúa.
   I.   1.   adj/sust. *Ho, CR, Pe, Bo, Ar, Ur; Ch.* esm. Relativo a Uruguay.
   II. 1.   f. *Ar:NO.* Liana de hasta 3 m de longitud, de hojas ovales y flores verdosas; la infusión de sus raíces tiene propiedades antisépticas, diaforéticas, diuréticas y emenagogas. (Aristolochiaceae; *Aristolochia argentina*). ♦ **charruga**.

charrudo, -a.
   I.   1.   adj. *Ho, ES. Referido a persona*, que lleva un sombrero de ala muy ancha. pop + cult → espon.

charruga.
   I.   1.   *Ar:NO.* **charrúa**, liana.

charrul, -la.
   I.   1.   *Ni.* **charrulo**.

charrulo, -a.
   I.   1.   adj. *Ho, Ni. Referido a cosa*, de pésima calidad. pop + cult → espon. (**charrul**).
        2.   *Ho. Referido a persona*, que es inútil o inepta para hacer algo. pop + cult → espon ^ desp.

charteador, -ra. (Del ingl. *chat,* conversación).
   I.   1.   adj/sust. *Ec; Ch,* p.u, cult. *Referido a persona*, que **chartea**, arrienda o contrata un medio de transporte.

chartear. (Del ingl. *chat,* conversación).
   I.   1.   tr. *Ec, Pe, Ch, Ar, Ur.* Arrendar o contratar un avión para un vuelo privado. cult.
        2.   *Pe, Ch, Ar, Ur.* Contratar algún medio de transporte, como un ómnibus, un barco, u otro medio de transporte para un viaje privado.

charuto.
- **I. 1.** m. *Ar, Ur.* Cigarrillo de marihuana. drog.
- **2.** *Ar:NE, Ur.* Cigarro grueso hecho con una hoja de tabaco enrollada, que se afina hacia ambos extremos. pop.

chas.
▢
- **a.** ‖ ~~. (De or. onomat., por el ruido que hacen las monedas cuando caen en la mesa). loc. adv. *Mx.* Al contado, con pago inmediato. pop + cult → espon ^ fest. (**al chaz**).

chasajear.
- **I. 1.** tr. *ES.* Herir a *alguien* con un cuchillo.

chasca. (Del quech. *ch'aska,* enmarañado).
- **I. 1.** f. *Ar:NO* desp; *Bo:C,O,* fest. Cabello enmarañado. pop + cult → espon.
- **2.** *Ch.* Cabellera larga y abundante, *especialmente la despeinada.* pop + cult → espon.
- **3.** *Ch.* Crin del caballo, *especialmente la de la frente.*
- **II. 1.** f. *Bo:C,O.* Lucero de la mañana y del atardecer.

chascada.
- **I. 1.** f. *Ho, ES.* Regalo que le dan a alguien por haber comprado algo. pop + cult → espon.
- **2.** *Ho.* Fracción o pico de una cantidad. pop + cult → espon.
- **II. 1.** f. *ES, Ni.* **ajuste**, parte gratuita.
- **2.** f. *Ho. En el servicio de licores,* pequeña cantidad que se le regala al cliente en un trago. pop + cult → espon.

chascañahui. (Del aim. y del quech. *ch'aska,* estrella y del quech. *ñawi,* ojo).
- **I. 1.** m-f. *Bo:O,C.* Persona que tiene las pestañas largas. pop + cult → espon ^ afec.

chascarrido.
- **I. 1.** m. *ES.* p.u. Chascarrillo. rur.

chascarro.
- **I. 1.** m. *Ch.* Anécdota o historieta para hacer reír.

chasco.
- **I. 1.** m. *Ar, Ur.* Artículo de broma, de apariencia inocua, que cuando se utiliza produce un efecto de sorpresa. pop + cult → espon.
▸ **darse un ~.**

chasco, -a. (Del quech. *ch'aska,* enmarañado).
- **I. 1.** adj. *Ar:NO. Referido a cabello,* despeinado o enredado. desp.
- **2.** *Ar:NO. Referido a pelo o a plumaje,* enmarañado, desordenado. desp.
- **3.** m. y f. *Bo:O,C.* Persona que tiene el cabello largo y enmarañado. pop + cult → espon ^ fest.

chascón.
▸ **echar a pelar los chascones.**

chascón, -na.
- **I. 1.** adj/sust. *Pe, Ch; Ar:NO,O,* pop + cult → espon. *Referido a persona o animal,* de pelo o plumaje enmarañado, enredado, greñudo.
- **2.** *Ch. Referido a persona, normalmente de sexo masculino,* que tiene cabellera larga. pop + cult → espon.
- **3.** adj. *Ch. Referido a persona,* despeinada. pop + cult → espon.
- **II. 1.** sust/adj. *Ch.* Persona joven.

chascona.
- **I. 1.** f. *Ch.* obsol. Prostituta. pop + cult → espon ^ desp.
- **2.** *Ch.* Vulva. vulg.
- **II. 1.** f. *Ch.* Juego infantil en el que se salta a la comba mientras se canta y se proponen diversas pruebas que hay que hacer al saltar.

chasconear.
- **I. 1.** tr. *Ch, Ar:O; Bo:O,C,* pop + cult → espon ^ fest. Enredar, enmarañar el pelo.
- **2.** *Ch.* Despeinar. pop + cult → espon.

chascoso, -a.
- **I. 1.** *Pe,* desp; *Ar:NO,* pop; *Bo:O,C,* pop + cult → espon ^ fest. **chascudo.**

chascudo, -a.
- **I. 1.** adj. *Ar:NO; Ch,* p.u; *Bo:O,C,* pop + cult → espon ^ fest. *Referido a persona,* de cabello enmarañado. pop. ♦ **chascoso.**

chasis.
- **I. 1.** m. *RD.* **cola**, plataforma.

chasís. (Del fr. *châsis*).
- **I. 1.** m. *Mx, Gu, ES, CR, Pa, Co, Ve, Ec, Pe, Bo, Ch; Py,* pop. Chasis, armazón de un vehículo.
- **II. 1.** m. *Mx, Ec.* Trasero, nalgas. pop + cult → espon ^ fest.
- **III. 1.** m. *Ch.* Cuerpo de una persona. pop + cult → espon ^ fest.
- **2.** *Ho.* Aspecto externo de una persona. vulg.

chasna.
- **I. 1.** f. *Ar:NO.* Costal o bolsa para llevar cargas ligeras que se coloca al lado de la montura. rur.

chasnar.
- **I. 1.** tr. *Ar:NO.* Poner una carga ligera al animal junto a la montura. rur.

chaso.
- **I. 1.** sust/adj. *Ec:S.* Hombre inculto y de modales rústicos. desp.
- **2.** *Ec:S.* Hombre que no pertenece a la clase alta.
- **II. 1.** sust/adj. *Ec:S.* Campesino de las provincias de Azuay o de Cañar que no es de raza indígena.

chaspar.
- **I. 1.** tr. *Ec.* Quemar *algo* parcialmente. pop + cult → espon.
- **2.** *Ec.* Asar *algo* a medias. pop + cult → espon.

chasparria.
- **I. 1.** f. *Ni, CR.* Enfermedad que destruye las hojas o los frutos de cultivos como el café, el maíz y el arroz, causada por el hongo *Cercospora coffeicola,* y que se manifiesta por la aparición en las hojas de pequeñas manchas circulares de color pardo claro o marrón rojizo.
- **2.** *Ho.* Enfermedad de plantas de cultivo como el **frijol** producida por los hongos fitófagos *Rhizoctania solani* y *Thanatephorus cucumeris.*

chasparriarse.
- **I. 1.** intr. prnl. *CR.* Morirse *una planta* a causa de la **chasparria**. rur.
- **II. 1.** intr. prnl. *CR.* Quemarse *algo* ligera o superficialmente. rur.

chaspear.
- **I. 1.** tr. *CR.* p.u. Rozar levemente *algo* una superficie. pop.
▢
- **a.** ‖ ~ **el terreno.** loc. verb. *Ho.* Cortar con machete las hierbas y malezas de un terreno. rur.

chaspón.
- **I. 1.** m. *ES.* p.u. Raspón. rur.

chasque. (Del quech. *chaski*).
- **I. 1.** m. *Ar, Ur.* Emisario, mensajero. cult.

chasqueadura.
- **I. 1.** f. *Bo:O,C.* Pelea o riña de mujeres en la que se tiran de los cabellos. pop + cult → espon.

chasquear(se).
- **I. 1.** intr. prnl. *Mx, Ec, Pe.* Llevarse un chasco.
- **II. 1.** intr. prnl. *Ni, Co.* Hacer ruido con la boca al masticar.
- **2.** tr. *Co.* Mascar *algo* quebradizo partiéndolo ruidosamente con los dientes. pop + cult → espon.
- **III. 1.** intr. prnl. *Bo:O,C.* Pelearse dos personas, *generalmente mujeres,* tirándose de los cabellos. pop + cult → espon.

IV. 1. intr. *Ho.* Bromear entre dos personas.

V. 1. intr. *Pa.* Hacer ruido con la boca una caballería al tascar el freno. rur.

chasquetear.

I. 1. intr. *Mx.* Dar un chasquido, hacer un ruido con la lengua.

chasqueteo.

I. 1. m. *Mx.* Chasquido, ruido producido con la lengua.

chasqui. (Del quech. *chaski*).

I. 1. *Ho, Pe, Bo, Ar.* Emisario, mensajero. cult.

2. m-f. *Bo:O,C.* Persona que acostumbra recorrer grandes distancias corriendo. pop + cult → espon ^ fest.

▶ **hacer ~.**

chasquilla.

I. 1. sust/adj. *Ch.* Persona que se dedica a labores manuales o técnicas sin tener preparación previa. pop + cult → espon.

2. adj. *Ch.* Relativo a las labores realizadas por personas que no han tenido preparación previa en dicha labor. pop + cult → espon.

3. *Ch.* Referido a persona, que realiza trabajos manuales sin esmero ni cuidado. pop + cult → espon ^ desp.

II. 1. f. *Ch.* Porción de cabello recortado que cae sobre la frente de una persona o de un animal.

chasquiri. (Del quech. *chaski*, mensajero corredor).

I. 1. *Bo:O,C.* **kachiri.**

chasta. (De *Shasta*®).

I. 1. adj. *Ho.* Referido a persona, despreciable. pop + cult → espon.

2. *Ho.* Referido a persona, inútil para hacer algo. pop + cult → espon ^ desp.

II. 1. adj/sust. *Ho.* juv. Referido a un producto, de mala calidad. pop + cult → espon.

chastaca.

I. 1. f. *Py, Ar:NE.* Guiso hecho a base de **charqui**, **ají**, **zapallo**, maíz y otros ingredientes. (**chatasca**).

chat. (Voz inglesa).

I. 1. m. *Pa.* Copa de aguardiente. fest.

chata.

I. 1. f. *Mx, Gu, Ch.* Nariz. pop + cult → espon.

II. 1. f. *Ch, Ar.* Vehículo de transporte, más pequeño que un camión y con caja descubierta, que se emplea para cargas de poco volumen.

2. *Ar.* Vagón de carga, sin techo.

3. *Ur.* Vehículo sin motor para ser remolcado por otro, de plataforma baja, sin paredes laterales y que sirve para transportar cargas.

4. *Ur.* Tabla para desplazar cargas que se desliza por medio de ruedas o **rulemanes**, tirada o empujada por una persona.

5. *Ur.* Tabla con ruedas pequeñas o **rulemanes** *que usan especialmente los niños para deslizarse.*

III. 1. f. *Pa, Pe.* Botella pequeña y aplastada de vidrio que contiene licor, *generalmente ron.*

2. *RD.* Botella pequeña y aplastada, *normalmente hecha en metal y con protecciones de cuero,* que se lleva encima para poder tomar unos tragos sin que nadie lo advierta.

3. *RD.* Vaso pequeño y chato para beber aguardiente.

IV. 1. f. pl. *Co.* Carne del costillar de la **res**.

V. 1. adj. *Ho, Ni, Pa.* Referido a mujer, de nalgas planas.

2. *RD.* Referido a mujer, que tiene poco pecho.

VI. 1. f. *Pa.* Garrapata grande.

▶ **coger de ~; parar la ~.**

chatal.

I. 1. m. *Ho.* Finca cultivada de **bananos**.

chatarra.

I. 1. adj. *Mx, RD, Ve, Ec, Bo:O,C, Ch, Ur, Py,* pop. De baja calidad.

2. f. *Mx, Gu, Ho, ES, RD, Pe, Bo.* Comida rápida de mala calidad. desp.

chatasca.

I. 1. *Ar:N.* **chastaca.**

chatazo.

I. 1. m. *Pa.* Trago de licor, *en especial de aguardiente.*

chateado, -a.

I. 1. adj. *Ni.* Referido a una superficie, abollada. pop + cult → espon.

chateador, -ra. (Del ingl. *chat*, conversación).

I. 1. m. y f. *EU, Ho, RD, Ec, Pe, Bo, Ur.* Persona que conversa con otra por Internet.

chatear. (Del ingl. *chat*, conversación).

I. 1. tr. *Ch.* juv. Hastiar, aburrir a *alguien.*

II. 1. tr. *PR.* En las peleas de gallos, entrenar al gallo enfrentándolo a su contrincante que le sirve de **chato** durante el traqueo.

2. *PR.* En las peleas de gallos, entrenar al gallo después del traqueo con el **chato** para verificar si está en buenas condiciones.

chatel.

I. 1. m-f. *Ni.* Niño de pocos años.

chatero.

I. 1. *Pa.* **pijuy.**

chatero, -a.

I. 1. m. y f. *Ch.* Funcionario auxiliar de un hospital dedicado a atender a los enfermos. pop + cult → espon ^ desp.

chatica.

I. 1. f. *RD.* Envase de 175 ml para el ron.

chatino.

I. 1. m. *EU, Cu.* Corte de **plátano verde**, aplastado, que se fríe y sirve solo o acompañando las comidas. (**tachino**).

chatita.

I. 1. f. *Py, Ar, Ur.* Sandalia o zapato plano, sin tacón.

chato.

I. 1. m. *Mx.* Recipiente para beber **pulque**.

II. 1. m. *Mx.* **Maguey** del que se destila el tequila. (Agavaceae; *Agave tequilana*). ♦ **maguey de tequila.**

III. 1. m. *PR.* En las peleas de gallos, gallo de poca calidad; se utiliza para que otros gallos se ejerciten en la pelea pegándole. ♦ **cogegolpes.**

IV. 1. m. *PR.* Entrenador de boxeadores.

chato, -a.

I. 1. adj/sust. *Pe, Bo:C,O, Ch, Ar:NO.* Referido a persona, de baja estatura. pop + cult → espon.

II. 1. adj. *Ch.* Referido a persona, harta, cansada o hastiada de algo. pop + cult → espon.

2. *Ch.* Referido a persona, saciada, ahíta. pop + cult → espon.

III. 1. adj. *Ve.* Referido a un asunto o negocio, poco rentable. pop.

IV. 1. adj. *Cu.* Referido a persona, que tiene poca imaginación o ingenio.

V. 1. m. y f. *RD.* Persona cobarde.

VI. 1. adj. *Ho.* Referido a la acción de una persona, grupo o equipo, realizada sin brillantez.

VII. 1. adj. *Ur.* Referido a un paisaje, bajo, que no tiene montañas. pop.

■

a. ‖ **buen ~.** m. y f. *Ch.* Persona servicial, que hace favores. pop + cult → espon.

▶ **dejar ~; quedarse ~.**

chatún.
   I. 1.   *Gu.* Terreno cubierto de piedras sueltas.

chau.
   I. 1.   *Ni.* **chao**, merienda o comida.
   □
      a. ‖ **al ~.** loc. adv. *Bo. En deportes*, por eliminación.
   ▶ **estar ~.**
      (Del it. *ciao*.)

¡chau! (Del it. *ciao*.)
   I. 1.   interj. *Bo, Py.* Expresa resignación cuando algo ya no tiene remedio.
   •
      a. ‖ **~** fórm. *PR, Pe, Py; Bo:O,C, Ch, Ar, Ur,* pop + cult → espon; *Ve,* juv. Se usa como despedida.
      b. ‖ **¡~ París!** fórm. *Bo:O,C.* Se usa como despedida. pop + cult → espon.
   □
      a. ‖ **¡~ París!** loc. interj. *Bo.* Expresa resignación cuando algo ya no tiene remedio. pop + cult → espon ^ fest. ♦ **¡chan picho!**
      b. ‖ **¡~ picho!** *Bo.* **¡~ París!**

chauca.
   I. 1.   sust/adj. *Bo.* Persona que incumple compromisos o promesas. pop + cult → espon ^ desp.
   II. 1.   f. *Bo.* Mentira, embuste.

chaucato.
   I. 1.   m. *Pe.* Ave de unos 28 cm de longitud, de alas cortas y cola larga, color pardusco en el lomo, mientras que cabeza pechera y vientre son blancos con manchas y pintas color café. (Mimidae; *Mimus longicaudatus*). ♦ **chisco.**

chaucha.
   I. (Del quech. *chawcha,* inmaduro).
    1.   f. *Py, Ar, Ur.* **ejote**, vaina tierna del **frijol**.
    2.   *Ar, Ur.* Vaina en que están encerradas las semillas de algunas plantas.
    3.   *Ar.* metáf. Pene. vulg.
   II. 1.   f. *Ec, Pe; Ch,* p.u. Patata pequeña y temprana.
    2.   *Co:SO.* Patata morada, blanda y de sabor dulce.
    3.   adj. *Ch. Referido a una patata*, cortada en finas rodajas *y especialmente las fritas con este corte*.
   III. 1.   f. pl. *Bo, Ch, Ar, Ur.* Escasa cantidad de dinero. pop + cult → espon.
    2.   f. *Ch, Ur; Bo:O,C,* pop + cult → espon ^ desp. Moneda chica de plata o níquel.
   IV. 1.   f. *Ch.* obsol. Rizo del pelo sujeto por una pinza hecho en la peluquería.
   V. 1.   f. *Ec.* **cachuelo.**
   VI. 1.   adj. *Ur. Referido a una reunión o un espectáculo*, aburrido.
    2.   *Ur. Referido a objeto*, de poca calidad.
   •
      a. ‖ **~.** fórm. *Ch.* Se usa para avisar de la proximidad de la policía. delinc.
   □
      a. ‖ **~ y palitos.**
       i. loc. sust. *Ar, Ur.* Escasa cantidad de dinero. pop + cult → espon.
       ii. loc. pron. *Ar:NO.* Nada. pop + cult → espon.
   ▶ **caer la ~; contar las ~s; cuidar la ~; faltarle ~ para el peso; no dar una ~.**

chaúcha.
   I. 1.   f. *Cu, RD; PR,* obsol. Comida. vulg; pop + cult → espon.
   II. 1.   f. *PR.* Dinero. pop + cult → espon.

chauchau.
   ▶ **ir al ~.**

chauchear.
   I. 1.   intr. *Pe:E.* Realizar trabajos fuera de la jornada laboral para conseguir un dinero extra. rur.

   II. 1.   intr. *Ch.* p.u. Comerciar al detalle con cosas de escaso valor. pop + cult → espon.

chaucheo.
   I. 1.   m. *Ch.* Conjunto de monedas de escaso valor. pop + cult → espon.
    2.   *Ch.* Pago con monedas de escaso valor. pop + cult → espon.

chauchera.
   I. 1.   f. *Ec, Bo:O,C, Ch, Ar:NO,O.* Portamonedas, bolsa pequeña o cartera, *comúnmente con cierre*, para llevar dinero a mano. pop + cult → espon. (**chauchero**).
    2.   *Bo.* Bolsillo pequeño oculto para guardar monedas, *generalmente localizado en la parte interna de la cintura de un pantalón de hombre.* pop + cult → espon.
   II. 1.   f. *PR.* Fiambrera. pop + cult → espon.

chauchero.
   I. 1.   m. *Pe:E.* Cargador o estibador que trabaja en los puertos y mercados de la selva.
   II. 1.   m. *Ch.* **chauchera**, portamonedas. pop + cult → espon.

chauchilla.
   I. 1.   adj. *Pe. Referido a persona o cosa*, carente de importancia o de poco valor. pop + cult → espon.

chauchitar.
   I. 1.   tr. *Bo:O,C.* Arrojar monedas o golosinas al aire para divertir y agasajar a los niños, *generalmente en la fiesta de carnaval.* pop + cult → espon.

chauchón, -na.
   I. 1.   sust/adj. *Ar.* Persona tonta, ingenua o poco perspicaz. pop ^ desp.

¡chaucito!
   •
      a. ‖ **~.** fórm. *CR, Ve, Ec, Pe, Bo, Py, Ur.* Se usa como despedida. pop + cult → espon.

¡chaufa!
   I. 1.   interj. *Pe.* Expresa despedida. urb.

chaufarín.
   I. 1.   m. *Ec.* Comida consistente en una porción de **chaulafán** y otra de tallarines.

chauhador, -ra.
   I. 1.   adj/sust. *Ec. Referido a persona*, que tiene como ocupación ordeñar vacas. rur.

chauixtlc. (Del náhua *chlahutil,* humedad).
   I. 1.   m. *Gu.* Hongo parásito del árbol del **aguacate** que provoca enfermedades en él. rur.

chaulafán.
   I. 1.   m. *Ec, Pe.* Arroz con **camarones**, carne de cerdo y pollo, **arvejas**, zanahoria y cebolla, aderezado con salsa china.

chaupinchada.
   I. 1.   f. *Bo.* Trago de bebida alcohólica, *generalmente cerveza o* **chicha**, en medio de las comidas. pop + cult → espon ^ fest.

chaupinchar. (Del quech. *chawpinchay,* centrar).
   I. 1.   intr. *Bo. Beber, generalmente cerveza o* **chicha**, en medio de las comidas. pop + cult → espon ^ fest.

chauqueada.
   I. 1.   f. *Bo:O,C.* Engaño con mentiras o exageraciones. pop + cult → espon.

chauqueador, -ra.
   I. 1.   sust/adj. *Bo:O,C.* Persona que incumple sus compromisos o promesas. pop + cult → espon.

chauquear. (Del quech. *ch'awkay,* engañar, mentir).
   I. 1.   intr. *Bo:O,C.* Incumplir *alguien* un compromiso o una promesa. pop + cult → espon.

chauquero, -a.
   I. 1.   m. y f. *Bo:O,C.* Persona que incumple sus compromisos o promesas. pop + cult → espon.

chaura.
    I. 1.   f. *Ur.* Cuerda fina de algodón retorcido.

chava.
    I. 1.   f. *RD.* Botón de gran tamaño que utilizan los mucha-
chos como moneda de canje para jugar con el trompito.

    ■

    a. ‖ **~ rol.** f. *Mx.* Lesbiana que toma la iniciativa en su
relación sentimental con otra. pop.

chavacano, -a.
    I. 1.   adj. *Ho, Ec.* Chabacano. pop + cult → espon.

chavalear.
    I. 1.   tr. *Ni.* Enamorar a una mujer.

chavalo.
    I. 1.   m. *Mx, Ho, Ni, CR, Ve.* Joven o adolescente. pop
+ cult → espon.

chavalongo.
    I. 1.   m. *Ar.* obsol. Fiebre tifoidea. pop + cult → espon.

chavarse.
    I. 1.   tr. *PR.* Molestar, fastidiar *una persona* a *alguien.*
pop + cult → espon.

    □

    a. ‖ **~ la pita.** loc. verb. *PR.* Fastidiar, molestar *una
persona* a *alguien.* pop + cult → espon.

chavarria.
    I. 1.   f. *Co.* Ave silvestre de hasta 80 cm de longitud, de
patas grandes y robustas, pico corto y fuerte de co-
lor negro, y dos espolones sobre el borde anterior
de cada ala. (Anhimidae; *Chauna chavarria*).

chavear.
    I. 1.   intr. *PR.* Trabajar *alguien* con escasos recursos.

chavelita.
    I. 1.   f. *Pa.* Bebida mezcla de vino y **chicha.**

chavelo, -a.
    I. 1.   adj. *Ho. Referido a cosa*, de mala calidad. pop
+ cult → espon.
    2.   *Ho. Referido a persona*, inepta. pop + cult → espon.
    3.   *Ho. Referido a persona*, despreciable. pop + cult
→ espon.
    II. 1.   m. y f. *ES.* Campesino. carc.

chavería.
    I. 1.   f. *PR.* Conjunto de **chavos** o de monedas de poco
valor. pop + cult → espon.
    2.   *PR.* Cantidad insignificante de dinero. pop + cult
→ espon.

chaveta.
    I. 1.   f. *Mx, Cu, Pe.* Navaja, arma blanca.
    2.   *Gu, Ho, Cu.* Pequeña hoja de acero en forma de
cuarto de luna con filo que sirve para cortar las hojas
de tabaco.
    3.   *Cu, RD, PR.* Cuchilla de zapatero para cortar cue-
ros. ♦ **cuchillo.**
    II. 1.   f. *RD.* Botón grande para vestidos, abrigos u otras
prendas semejantes.
    ▶ **echar la ~.**

chavetazo.
    I. 1.   m. *Mx, Cu, Pe.* Golpe dado con una **chaveta**, na-
vaja. pop + cult → espon.
    2.   *Pe.* Herida hecha con una **chaveta**, navaja. pop
+ cult → espon.

chavetear.
    I. 1.   intr. *Mx, Cu.* Cortar reiteradamente con la **cha-
veta.**

chavetero, -a.
    I. 1.   adj/sust. *Pe. Referido a persona*, que usa navaja, *ha-
bitualmente con fines delictivos.*

chavi.
    I. 1.   *Py.* **rabincho**, persona débil.

chavienda.
    I. 1.   f. *PR.* Obstáculo, problema de grandes dimensio-
nes. pop + cult → espon.
    2.   *PR.* Situación desagradable. pop + cult → espon.
    3.   *PR.* Molestia, fastidio, mortificación. pop + cult
→ espon. ♦ **chavonería.**

    □

    a. ‖ **¡qué ~!** loc. interj. *PR.* Expresa contrariedad o mo-
lestia de alguien ante algo. pop + cult → espon.
    ▶ **ser una ~.**

chavinda.
    I. 1.   f. *Mx.* Soga muy resistente.

chavinero.
    I. 1.   m. *Pe.* Pastor, hombre que cuida y guarda el gana-
do. rur.

chavinero, -a.
    I. 1.   adj. *Pe.* Relativo al pastor. rur.

chavito.
    I. 1.   *Cu.* Moneda convertible. pop.

chaviza.
    I. 1.   f. *Mx, Ho, ES.* Conjunto de jóvenes que suelen
divertirse juntos y se visten a la moda. pop + cult
→ espon.

chavo. (Afér. de *ochavo*, antigua moneda española).
    I. 1.   m. pl. *Cu, RD, PR.* Dinero, moneda corriente.
pop + cult → espon.

    ■

    a. ‖ **~ de azada.** m. *PR.* Azada pequeña muy gastada
por el uso. rur.

    □

    a. ‖ **a ~.**
    i. loc. adv. *PR.* En abundancia. pop + cult
→ espon.
    ii. *PR.* De manera perfecta. pop + cult → espon.
    b. ‖ **a dos por ~.** loc. adv. *PR.* Muy barato. pop + cult
→ espon.
    c. ‖ **a un ~ de pan.** loc. adv. *PR.* Cerca.
    d. ‖ **~ banda.** loc. sust. *Mx.* Joven con escasos recur-
sos que forma parte de un grupo *generalmente relacionado con el vandalismo y las drogas.*
    e. ‖ **~ fresa.** loc. sust. *Mx.* Joven que, en ambientes in-
formales, se muestra comedido y educado.

chavo, -a.
    I. 1.   m. y f. *Mx, Gu, Ho, Ni.* Persona joven que viste y
actúa según la moda. pop + cult → espon.
    2.   *Mx, Bo.* Muchacho, niño que aún no es adoles-
cente.
    II. 1.   m. y f. *Mx, Ho, Ni.* Novio o novia, persona que
mantiene relaciones amorosas.

chavón, -na.
    I. 1.   adj/sust. *PR. Referido a persona*, que molesta mu-
cho. pop + cult → espon. ♦ **jorobón.**

chavonería.
    I. 1.   *PR.* **chavienda**, molestia. pop + cult → espon.

chawar. (Del quech. *ch'away*, ordeñar).
    I. 1.   tr. *Bo:O,C.* Ordeñar, extraer la leche exprimiendo
la ubre. pop.
    II. 1.   intr. *Bo:O,C.* Orinar un hombre. pop ^ fest.

chawarado, -a.
    I. 1.   adj. *Bo:O,C. Referido a persona*, insatisfecha por no
emborracharse. pop + cult → espon ^ fest.

chawararse.
    I. 1.   intr. prnl. *Bo:O,C.* Sentirse insatisfecho *alguien* por
no emborracharse. pop + cult → espon ^ fest.

chaxum. (Del maya).
    I. 1.   m. *Gu.* p.u. Dolor de estómago. rur.

chay. (Del maya quiché).
    I. 1.   m. *Gu.* Obsidiana que se empleaba para elaborar ar-
mas y cuchillos.

chaya.

I. (Del quech. *cháya*, llegada).
  1. f. *Ch:N, Ar:NO.* Juego propio del carnaval en el que conocidos y amigos se arrojan agua, harina o serpentinas.
  2. *Ch:N, Ar:NO.* Ritual que consiste en rociar el suelo con licor en homenaje a la madre tierra o **Pachamama**.
  3. *Ar:NO.* Fiesta del carnaval.
  4. *Ch.* Confeti.
II. **1.** f. *Mx:SE, Gu, Ho, ES.* Árbol de hasta 5 m de altura, de hojas grandes y ovaladas con cerco dentado, ásperas y picajosas, tallos herbáceos y nudosos de hasta tres metros, y flores de color blanco; las hojas se comen como legumbre, *en especial en ciertos guisos de carne y, a veces, es utilizado en cercos vivos.* (Euphorbiaceae; *Cnidoscolus aconitifolius*). ♦ **chicasquil**.
III. **1.** f. *Ho:O, ES.* Pedazo de vidrio roto. (**chaye**).
IV. **1.** f. *Ho.* juv. Persona despreciable. desp.
V. **1.** f. *Ho.* Horquilla que sujeta una red de malla para la pesca de larva del **camarón**.

■
  a. ‖ ~ **en bolsa.** f. *Ar:O.* Plato típico preparado con carne de avestruz que se corta en tiras y se cuece en una bolsa hecha con la piel del animal.

chayacate. (Del nahua *xayacatl*, máscara).

I. **1.** m. *Mx.* Persona que se disfraza con una máscara y conduce ciertas ceremonias religiosas que son tradicionales de México.

chayaco.

I. **1.** m. *Ar:NO.* Ceremonia propiciatoria de carácter comunitario en homenaje a la **Pachamama** o madre tierra, que se realiza en fechas consideradas importantes o señaladas.

chayada.

I. **1.** f. *Bo:S.* Broma o burla. pop + cult → espon.

chayar.

I. **1.** tr. *Ch:N, Ar:NO,O.* Arrojar agua, harina o serpentinas a *alguien* por diversión durante el carnaval.
  2. intr. *Ar:NO,O.* Jugar a arrojarse agua, harina o serpentinas durante este festejo.
  3. *Ar:NO.* Festejar el carnaval.
  4. *Ar:NO.* Rociar el suelo con licor en homenaje a la madre tierra o **Pachamama**.

chayastado, -a.

I. **1.** adj. *ES. Referido a cosa*, torcida.

chayastazo.

I. **1.** m. *ES.* Raspón, rayazo.
  2. *ES.* Herida alargada y su cicatriz.

chayaste. (Del nahua).

I. **1.** m. *ES.* p.u. Llaga en la epidermis de un animal, *generalmente caballería.* rur.

chayastera.

I. **1.** f. *Ho.* **chayastero**.

chayastero.

I. **1.** m. *ES.* Conjunto de llagas o úlceras. rur. (**chayastera**).

chaye. (Del maya quiché).

I. **1.** m. *Gu.* **chaya**.

chayerío.

I. **1.** m. *Gu.* Conjunto de **chayes**. esm.

chayero, -a.

I. **1.** adj. *Ar:NO.* Relativo a la **chaya** o carnaval.
  2. sust/adj. *Ar:NO.* Persona que participa en la **chaya** o carnaval.

chayo.

I. **1.** *Mx.* **chayote**, soborno.

chayón.

I. **1.** *PR.* **güisquil**, planta. (**cayón**; **chayonón**).
I. **1.** *PR.* **güisquil**, fruto. (**cayón**; **chayonón**).

chayonón.

I. **1.** *PR.* **chayón**.

chayota. (Del nahua *tzapatli*, espina, y *ayotli*, ayote).

I. **1.** f. *Ve.* **chayote**, **güisquil**.
II. **1.** sust/adj. *Ve.* Persona tonta, lerda, falta de iniciativa.

chayotada.

I. **1.** f. *Mx.* Estupidez, desatino. pop.

chayotal.

I. **1.** m. *Mx, Ho, Ni, CR.* Terreno sembrado de **chayotes**.

chayote. (Del nahua *tzapatli*, espina, y *ayotli*, calabaza).

I. **1.** m. *Mx, Gu:E, Ho, ES, Ni, Pa, Cu, PR.* **güisquil**, planta y fruto. ♦ (**chayota**).
  2. *Ec, Gu.* rur. **güisquil**, fruto.
II. **1.** m. *Mx.* Soborno que se le da a un periodista. (**chayo**).
III. **1.** adj/sust. *Gu, Ho. Referido a persona*, tonta, de escasa inteligencia. rur; pop + cult → espon ^ desp.
  2. sust/adj. *Ho.* Persona cobarde y huidiza. desp.

■
  a. ‖ ~ **blanco con espinas.** m. *PR.* Variedad de chayote caracterizado por su color y por las espinas de su superficie.
  b. ‖ ~ **blanco liso.** m. *PR.* Variedad de chayote caracterizado por su color y por no tener espinas.
  c. ‖ ~ **verde.** m. *PR.* Variedad de chayote caracterizado por su color verde y por tener algunas espinas en su superficie.

► estar ~; medir el agua a los ~s; parir ~s.

chayotera.

I. **1.** f. *Mx, Ho:O, ES, CR, Cu, RD.* **güisquil**, planta.
  2. *PR.* Plantación de **chayotes**.
  3. *CR.* Emparrado en el que se extiende una mata de **chayote**.
II. **1.** f. *CR.* p.u. Firma o nombre de una persona que, escrito por ella *habitualmente con trazos característicos,* lo emplea para darle autenticidad a un documento o para expresar que aprueba su contenido. pop.

chayotón, -na.

I. **1.** adj. *Ho, Ni. Referido a persona*, tonta.

chayul. (De *zayul*).

I. **1.** *Ni.* **zayul**.

chaz.

□
  a. ‖ **al ~~.** loc. adv. *Mx.* **al chas**.

¡chaz!

I. **1.** interj. *Bo.* Imita el sonido que produce la salida del aire de un objeto, como una vejiga, cuando se pincha. pop + cult → espon.

chaza.

I. **1.** f. *Co:SO.* Deporte popular en el que los jugadores de dos equipos se lanzan una pelota, por medio de una especie de raqueta con prominencias de caucho.
II. **1.** f. *Co:N.* Recipiente a manera de artesa en que se venden dulces o frutas.

chazo.

I. **1.** m. *Co.* Pedazo de madera, corto y grueso, que se introduce en una pared para fijar algo en él.

che.

I. **1.** adj. *Ho, Pe, Ch,* p.u. Relativo a la Argentina.
II. **1.** adj. *Mx. Referido a persona*, despreciable, vil. pop ^ desp.
  2. *Mx. Referido a cosa*, maldita, que produce disgusto o rechazo. pop ^ desp.

●

    a. ‖ ~. fórm. *Bo, Py, Ar, Ur*. Se usa al pedir o preguntar algo a una persona con la que se tiene confianza. pop + cult → espon.

¡che!
    I. 1. interj. *Ho, Ni, RD, Bo, Py, Ar, Ur*. Expresa asombro o desagrado. pop + cult → espon. ♦ **¡vaya che!**
    2. *Ho, Py*. Expresa llamada de atención o de regaño. pop + cult → espon.
    3. *Ho*. Expresa ruego o pregunta a alguien de confianza. pop + cult → espon.

□
    a. ‖ **¡~ su madre!** loc. interj. *Pe, Ch*. Expresa enojo o sorpresa. vulg.
    b. ‖ **¡vaya ~!** loc. interj. *Bo*. **¡che!**

cheada.
    I. 1. *Cu*. **chealdad**. pop.

chealdad.
    I. 1. *Cu*. Mal gusto. ♦ **cheada; cheancia**.

cheancia.
    I. 1. *Cu*. **chealdad**. pop.

cheap. (Voz inglesa).
    I. 1. adj. *EU, PR. Referido a cosa*, barata y de mal gusto.

chebada.
    I. 1. f. *Gu, ES*. Tontería, bobada.

chebo, -a. (Hipocorístico de *Eusebio*).
    I. 1. adj. *Gu. Referido a persona*, tonta. (**chevo**).

chebrón.
    I. 1. m. *ES*. Aguardiente elaborado clandestinamente.

checa.
    I. 1. f. *Co*. Tapón de las botellas de cerveza y de gaseosa.
    II. 1. f. *PR. En las peleas de gallos*, tipo de espuela del gallo de pelea, que no es curva desde la boca, sino que tiene un pequeño tramo horizontal y cambia en ángulo hacia arriba.

checada.
    I. 1. f. *Mx*. Chequeo, examen, cotejo. pop + cult → espon.
    II. 1. f. *Mx*. Revisión médica. pop + cult → espon.

checador.
    I. 1. m. *Mx*. Aparato que registra la hora de entrada o salida de un empleado en su lugar de trabajo. ♦ **reloj checador**.

checador, -ra.
    I. 1. m. y f. *Mx*. Persona que **chequea**, examina, coteja.

checanchada.
    I. 1. f. *Bo:O,C*. Camino corto para ir de un lugar a otro. pop + cult → espon.

□
    a. ‖ **a la ~.** loc. adv. *Bo:O,C*. Tomando un camino corto para ir de un lugar a otro. pop + cult → espon.

checanchar.
    I. 1. intr. *Bo:O,C*. Tomar un camino corto para ir de un lugar a otro. pop + cult → espon.

checar. (Del ingl. *to check*).
    I. 1. *EU, Mx, Gu, Ho, ES, Ni, RD; Ec*, p.u. **chequear**, cotejar. pop.
    2. *Mx*. Hacer una marca de verificación.
    II. 1. intr. *Mx*. Juntar, combinar adecuadamente una cosa con otra.

□
    a. ‖ **~ tarjeta.** loc. verb. *Mx, Ni*. Introducir un empleado una tarjeta en un aparato que verifica su hora de entrada y de salida en el lugar del trabajo.

checato, -a. (Del it. *ciecato*).
    I. 1. adj/sust. *Ar, Ur. Referido a persona*, miope. pop + cult → espon.

checazo.
    ▶ **dar el ~.**

checche.
    I. 1. *Pe*. **calafate**, arbusto.

checha.
    I. 1. f. *Ar, Ur*. Cerveza. pop + cult → espon.

cheche.
    I. 1. m. *Mx:SE, Cu, PR*. Valentón, matón, perdonavidas. pop + cult → espon ^ desp.
    II. (Del maya quiché *cheech*, llorar).
    1. m. *Mx:SE, Gu*. Planta de tronco achaparrado de hasta 2 m de altura, de hojas amplias, glaucas muy dentadas en una roseta vertical, flores en panículas angostas, con grandes flores glabras; de sus hojas se extraen fibras, y la planta se usa para adornos de coronas. (Agavaceae; *Furcraea quicheensis*).
    III. (Del maya quiché *cheech*, llorar).
    1. adj. *Mx:SE. Referido a un niño*, llorón.
    IV. 1. m. *PR*. Jefe, director, líder, persona influyente. pop + cult → espon.
    V. 1. m. *PR*. Persona inteligente, eficiente. pop + cult → espon.
    ▶ **ser el ~.**

chechear.
    I. 1. intr. *Bo, Ar, Ur*. Usar *alguien* la fórmula **che** al dirigirse a otra persona. pop + cult → espon.
    2. *Ur*. Usar *alguien* frecuente o habitualmente la interjección **¡che!** para expresar asombro o desagrado. pop + cult → espon.

chechejeado, -a.
    I. 1. adj. *ES. Referido a persona*, que tiene el pelo cortado a trasquilones.

checheo.
    I. 1. m. *Ar, Ur*. Uso de la interjección **¡che!** pop + cult → espon.
    2. *Ar, Ur*. Uso de la fórmula **che**. pop + cult → espon.

chechera.
    I. 1. f. *Mx:SE*. Llanto persistente de un niño. pop.

checheral.
    I. 1. m. *Pa*. Montón de trastos viejos.

chéchere.
    I. 1. m. pl. *ES, Ni, CR, Pa, Co, Ve*. Cosa inútil, vieja o de escaso valor. pop + cult → espon. ♦ **chereveco; chimbilico; cosiaco**.
    2. m. *Pa, Ve*; m. pl. *CR, Co*. Objeto cuyo nombre se desconoce o no se quiere mencionar. pop + cult → espon. ♦ **carajada; carambada; chereveco; chimbilico; chuncha; cosiaca**.

checherero.
    I. 1. m. *Pa*. Conjunto de trastos viejos.

checherero, -a.
    I. 1. m. y f. *Pa*. Persona dada a acumular trastos.

check. (Voz inglesa).
    I. 1. m. *Mx*. Cheque.

checo.
    I. 1. *Ec*. **jaboncillo**, árbol.
    2. m. *Ec*. Fruto del checo, en forma de drupa, con una cáscara carnosa y semitransparente con dos a tres semillas negras, lustrosas y casi esféricas.
    3. *Ec:S*. Semilla del checo.
    II. 1. *Ho*. **cheje**, ave.
    III. 1. m. pl. *Ec:S*. Juego similar a las canicas practicado con semillas de checo.

checonato.
    I. 1. m. *Ar*. Cheque bancario. pop + cult → espon ^ fest.

cheerleader. (Voz inglesa).
    I. 1. f. *Ni, PR, Ec; Ho, CR*, p.u. **porrista**, animadora.
    2. m-f. *Ch*. Persona que practica el **cheerleaderismo**.

3. adj. *Ch.* Relativo al **cheerleaderismo**.
4. *Ch.* **cheerleaderismo**.

cheerleaderismo. (De *cheerleader*).
I. 1. m. *Ch.* Deporte que consiste en la realización de coreografías acrobáticas en grupos de tres o más personas. esm. ♦ *cheerleader*.

cheese.
■
a. ‖ ~ **cake.** (Voz inglesa). m. *EU, Mx, Ho, ES, Ni, CR, PR, Co, Ec, Pe, Ch.* Tarta dulce de queso.

chegre.
I. 1. adj. *Ch.* p.u. *Referido a cosa*, pobre, de poca categoría.

chéguere.
I. 1. *ES.* **cheje**, ave.

cheguero, -a.
I. 1. adj/sust. *ES. Referido a persona*, que distrae a otra.

chejazo.
I. 1. *Ho, ES.* **chajazo**, herida.
2. *Ho, ES.* **chajazo**, cicatriz.

cheje.
I. 1. m. *Ho, ES.* Taller pequeño de carpintería o zapatería. desp.
2. *Ho, ES.* Trabajo.
II. 1. m. *Gu, Ho, ES.* Ave trepadora de hasta 56 cm de longitud, con plumaje de colores iridiscentes, crestas levantadas y picos fuertes, largos y afilados con los que golpean reiteradamente leños resonantes. (Picidae; *Picummus olivaceus, Malanerpes formicivorus, M. pucherani, M. hoffmannii, Spyrapicus varius, Picoides villosus, Veniliornis fumigatus, V. kirkii, Picullus rubiginosus, P. simplex, Celeus castaneus, Campephilus guatemalensis*). ♦ **checo**; **chéguere**; **chengo**; **chequeque**; **cherequeque**; **chorototo**; **labrador**.
III. 1. m. *ES.* Revólver viejo.
▶ **dar una pata de ~**; **tener picado el ~**.

chejear. (De *cheje*, pájaro carpintero).
I. 1. intr. *ES.* Trabajar.
II. 1. tr. *ES.* Tirar del gatillo de un arma descargada.

chejo, -a.
I. 1. sust/adj. *Pe.* Persona bizca, tuerta o corta de vista. rur.

chek.
I. 1. *CR.* **cheque**, válvula.

chekeré.
I. 1. m. *Cu.* Instrumento musical de origen africano, hecho con un **güiro** de hasta 50 cm de longitud, hueco y seco, forrado con una malla en cuyos hilos están insertas cuentas; se toca sacudiéndolo con las dos manos.

chela.
I. 1. f. *Mx, Gu, Ho, ES, Ni, Co, Ec, Pe, Bo.* juv. Cerveza. pop + cult → espon ^ fest.

chelco.
I. 1. m. *Ar:C,NO.* Lagartija de hasta 30 cm de longitud, de color amarronado o pardusco, con manchas. (Iguanidae; *Tropidurus* spp.).

chele. (De etim. contror.).
I. 1. *Mx, Ho, Ni, Ve.* **achiotado**, rojo intenso.
2. adj/sust. *Gu, Ho, ES, Ni, CR. Referido a persona*, rubia o de piel muy blanca. rur.
3. adj. *ES. Referido a cosa*, de color blanco.
4. *CR. Referido a animal*, de pelaje blanco. rur.
5. *Ho. Referido a persona*, de piel rosada o rojiza.
6. *Ho. Referido al ganado*, que tiene el pelaje de color rojizo.
7. *Ho. Referido a cosa*, de color rojizo.
8. *Ho. Referido a persona*, que tiene la piel roja por la acción del sol.
9. *Pa. Referido a persona*, de ojos azules.

II. 1. m. *Gu, Ho, ES.* Legaña.
III. 1. m. *RD.* Dinero, moneda corriente.
IV. 1. f. *Ho, Ni.* Cerveza. pop + cult → espon.
V. 1. adj. *Ho. Referido a jugo de dulce de caña*, de color claro.
VI. 1. adj/sust. *Ho. Referido a persona*, miembro del Partido Liberal de Honduras.
■
a. ‖ ~ **bocón.** m. *Ni.* Taza del baño. fest.
b. ‖ **los diez ~s.** m. *RD.* Himen de la mujer. euf.
▶ **estar ~**; **quitar los diez ~s**; **recoger los ~s**; **tener ~s**.

cheleada.
I. 1. f. *Pe.* Reunión de amigos para tomar **chela**.

cheleado, -a.
I. 1. adj. *Pe. Referido a persona*, que ha bebido abundante **chela**.
II. 1. adj. *ES. Referido a cosa*, blanqueada.

chelear(se).
I. 1. intr. *Mx, Pe, Ch.* Beber **chela**. pop + cult → espon.
II. 1. tr. *Ho, ES.* Blanquear *algo*. rur.
2. intr. prnl. *Ho.* Adquirir *alguien* o *algo* color blanco.
III. 1. intr. *RD.* Realizar trabajos o tareas de ínfima remuneración.
IV. 1. tr. *ES.* Asustar a *alguien*.
V. 1. intr. prnl. *Ho.* Volverse algo de color rojo por efecto del sol o del calor. rur.
VI. 1. intr. *Ho.* Madurar el fruto de una planta. rur.

chelegüe.
I. 1. adj. *ES. Referido a persona o cosa*, blanquecina.

chelele.
I. 1. m-f. *Co:N.* Persona de cabello rubio.

chelenque.
I. 1. adj. *Co. Referido a persona*, de constitución débil y aspecto enfermizo.

chelero, -a.
I. 1. adj/sust. *Mx, Pe, Ch. Referido a persona*, aficionada a beber **chela**. pop.
2. adj. *Mx, Pe, Ch.* Relativo al consumo y producción de **chela**. pop.

chelfa.
I. 1. f. *Pe.* p.u. Mujer, *especialmente la compañera sentimental*. pop + cult → espon.
II. 1. f. *Pa.* Cárcel. carc.

chelo, -a.
I. 1. adj/sust. *Mx, Ho. Referido a persona*, rubia de ojos claros.

chelón, -na.
I. 1. adj/sust. *Gu, Ho, ES. Referido a persona*, de piel muy blanca y cabello rubio. pop + cult → espon.
♦ **chelusquío**.
II. 1. *Gu.* **chemil**.

cheloso, -a.
I. 1. *Ho, ES.* **chemil**. pop + cult → espon.

chelura.
I. 1. f. *ES.* Blancura.
II. 1. f. *ES.* Dificultad.

chelusco, -a.
I. 1. adj. *ES. Referido a persona o cosa*, blanquecina.

chelusquío, -a. (Epént. *chelusquillo*).
I. 1. *Ho.* **chelón**, de piel muy blanca. rur.

chema.
I. 1. f. *CR.* juv. Camisa.

chembo, -a. (De *bembo*).
I. 1. adj. *RD. Referido a persona de raza negra*, de labios gruesos.

chemear(se). (De *chemo*, pegamento).
I. 1. tr. *Ho.* Inhalar *alguien* sustancias alucinógenas como pegamento. drog.

2. intr. prnl. *Ho.* Drogarse inhalando pegamento. drog.

chemero, -a.
I. 1. adj/sust. *Ho:N. Referido a persona*, que inhala productos alucinógenos. drog.

chemicero, -a. (De *chemís*).
I. 1. m. y f. *Ho.* Vendedor de **lotería chica** que vende el número pedido por el comprador, solo si además compra otro que le asigne el vendedor. pop + cult → espon.

chemicol.
I. 1. *Ho.* **chimicol.**

chemil. (Del maya *chem*, legaña).
I. 1. adj. *Mx:SE. Referido a persona*, legañosa. ♦ **chelón; cheloso.**

chemilico.
I. 1. m. *Ch.* Emparedado de carne de vacuno con un huevo frito, cebolla cocida y otros ingredientes adicionales.

chemís.
I. 1. m. *Ho, Ni.* Producto que el vendedor obliga a adquirir al comprador si quiere llevarse otro que escasea en el mercado. (**chemise**).

□
a. ‖ **de ~.** *Ho.* **de ajuste**, además.

chemise. (Voz francesa).
I. 1. m. *Mx, Ec.* Camisón corto de mujer.
II. 1. *Ho.* **chemís.**

chemisero, -a.
I. 1. sust/adj. *Ho.* Traficante ilegal de algo, *en especial en el corte y venta de madera*. pop + cult → espon.

chemo. (Del ingl. *Chemo*®).
I. 1. m. *Mx, Ho.* Pegamento, producto químico que se utiliza como material adhesivo para parches de cámara de bicicleta o automóvil.
2. m-f. *Mx.* Persona que inhala este pegamento para drogarse.

chempear.
I. 1. tr. *ES.* Cortar *algo,* de forma desigual.

chempó. (Del maya *chem-che*, batea, y *poo*, lavado).
I. 1. adj/sust. *Mx:SE. Referido a ropa*, lavada pero sin planchar.

chemulco.
I. 1. m. *RD.* Traje masculino de cachemir.

chen. (Del ingl. *change*).
I. 1. m. *Cu.* Intercambio de productos. pop.

■
a. ‖ **~~.** *Pa.* **chenchén.**

chenca.
I. 1. f. *Gu, Ho, ES.* **pucho**, colilla.
II. 1. f. *ES.* **Tortilla** elaborada toscamente.
III. 1. f. *Ho.* **pichete**.

chencha.
I. 1. f. *Co:N.* Amiga íntima.
□
a. ‖ **¡cómo chava ~!** loc. interj. *PR.* Expresa molestia, fastidio por la pesadez e impertinencia de alguien, especialmente de una mujer.

chenche.
□
a. ‖ **~ por ~.** loc. adv. *Cu. En relación con la manera de hacer un negocio*, en igualdad de condiciones.

chenchen.
I. 1. m. *RD.* Plato típico del sur del país, hecho con harina de maíz, sal y diversas salsas.

■
a. ‖ **~ matriculado.** m. *RD.* Baile popular ejecutado por una sola pareja y con acompañamiento de canciones. fest.

chenchén.
I. 1. m. *Pa.* Dinero. pop. (**chen chen**).

chenchena.
I. 1. f. *Ve.* **hoatzin.**

chenchito.
I. 1. m. *PR.* Conjunto de monedas de poco valor. pop + cult → espon.

chencho.
I. 1. m. *Ho.* Cerdo, animal doméstico. rur.

chencho, -a.
I. 1. adj/sust. *Mx. Referido a persona*, holgazana.
II. 1. adj. *Ho, ES. Referido a persona*, tonta. rur.
III. 1. adj. *Ho. Referido a persona*, desaseada. rur.
2. *Ho. Referido a persona*, que juega sucio. rur.
► **hacerse el ~.**

chenco. (Del quech. *ch'inqu*, desorden).
I. 1. m. *Bo:O,C.* Desorden en el que se encuentran objetos diversos. pop + cult → espon.
2. *Bo:O,C.* Situación desordenada y confusa. pop + cult → espon.

chenco, -a. (De *renco*, cojo).
I. 1. adj. *Gu, Ho, ES. Referido a persona*, renca, que tiene una pierna más corta que la otra. rur.
II. 1. *Ho. Referido a un animal*, de cola corta o que carece de ella. rur.

chendo.
I. 1. m. *Ec.* juv. Mentira. pop.

chenga.
I. 1. f. *ES.* **Tortilla** elaborada toscamente.

chengo.
I. 1. m. *ES.* **cheje**, ave.
2. *Ho.* **pichete**, lagartija.

chenque.
I. 1. m. *Ar:S.* Cueva natural o excavada en la que los aborígenes enterraban a sus muertos junto con los objetos de valor de estos.

chenquear.
I. 1. intr. *Gu, Ho, ES.* Renquear, cojear. rur.

chenqueo.
I. 1. m. *Gu.* Renqueo, cojera.

chenqueque.
I. 1. *ES.* **pichete**, lagartija.

chenquera.
I. 1. m. *Gu.* Renqueo, cojera.

cheo, -a.
I. 1. adj/sust. *Cu. Referido a persona*, que demuestra mal gusto, *especialmente en la forma de vestir*.
2. adj. *Cu. Referido a una prenda de vestir o adorno*, de mal gusto o fuera de moda.

chepa.
I. 1. f. *CR, RD, Co, Ec.* Casualidad favorable, buena suerte. pop.
II. 1. f. *Pe.* Pausa, descanso. pop + cult → espon. (**chepi**).
III. 1. f. *Ec.* Vulva. tabú; pop + cult → espon.
2. *Ec.* Prostituta. pop + cult → espon ^ desp.
IV. 1. f. *Ho.* Cuerpo de policía. desp.
2. *Ho.* meton. Cárcel, prisión.
3. *Ho.* Servicio militar. desp.

□
a. ‖ **~ cachimba.** loc. sust. *Ni.* Persona chismosa.
b. ‖ **de ~.**
i. loc. adv. *RD, Co.* Por casualidad, por suerte, por milagro. pop + cult → espon.
ii. *Cu.* Gratuitamente.
► **pedir ~.**

chepano.
► **irse como los ~s.**

chepazo.
   I. 1. m. *RD, Co.* Casualidad grande. pop + cult
     → espon.

chepe.
   I. 1. *Ho, ES.* **acordeón**, papel. est.

chepeada.
   I. 1. f. *Ho.* Copia reiterada en un examen. est.

chepeado, -a.
   I. 1. adj. *Ho. Referido a cosa*, que ha sido copiada de
     otra. pop + cult → espon.

chepeador, -ra.
   I. 1. adj/sust. *Ho. Referido a persona*, que copia con fre-
     cuencia algo. est.

chepear.
   I. 1. tr. *Ho, ES.* Copiar o imitar *algo*. pop + cult
     → espon.
    2. *Ho, ES.* Copiar *algo* en un examen. est.
   II. 1. *Ni.* juv. **chismosear**.
    2. *CR.* **vinear**.

chepeón, -na.
   I. 1. adj/sust. *Ho, ES. Referido a un estudiante*, que co-
     pia en los exámenes. est. (**chepión**).
    2. *Ho, ES. Referido a persona*, que copia o imita algo
     que produjo otra. pop + cult → espon. (**chepión**).

chepero, -a.
   I. 1. adj/sust. *CR.* p.u. *Referido a persona*, que acierta
     por casualidad. pop.

chepi.
   I. 1. m. *Pe.* **chepa**, pausa.

chepia.
   I. 1. f. *Ho, ES.* **acordeón**, papel para copiar.

chepibe.
   I. 1. m. *Ar.* Persona encargada de hacer tareas o dili-
     gencias varias de escasa responsabilidad.

chepica. (Del map. *chedpica*, hierba).
   I. 1. *Ar:C,O.* **bermuda**. (**chipica**).

chépica.
   I. 1. f. *Ch.* Planta con el tallo cilíndrico y rastrero, que
     echa raicillas por los nudos, con hojas cortas, pla-
     nas y agudas, y flores en espigas filiformes que sa-
     len en número de tres o de cinco en la extremidad
     de las cañitas de dos centímetros de largo; es medi-
     cinal. (Poaceae; *Paspalum vaginatum*).

chepil.
   I. 1. m. *Mx.* Planta de hasta 1,5 m de altura, de hojas
     verde oscuro y flores amarillas; sus hojas se usan
     para preparar **tamales**. (Fabaceae; *Crotalaria longi-
     rostrata*).

chepión, -na.
   I. 1. *Ho, ES.* **chepeón**.

chepito.
   I. 1. m. *Mx.* Pájaro de hasta 16 cm de longitud, con las
     alas y el dorso de color café y las patas naranja
     brillante cuyo pico es delgado y fino (Turdidae;
     Catharus aurantiirostris).
   II. 1. m. *Co.* p.u. Cobrador de deudas. pop + cult
     → espon.
   III. 1. adj. *CR.* p.u. *Referido a persona*, que acostumbra a
     indagar asuntos ajenos en forma indiscreta. pop
     + cult → espon.

chepo.
   I. 1. m. *Ho.* Agente de policía. desp.

chepo, -a.
   I. 1. adj. *Ec.* juv. Muy bueno, estupendo, excelente.
    2. m. y f. *Ec.* juv. Persona muy importante. pop.

chepudo, -a.
   I. 1. adj/sust. *Co. Referido a persona*, que tiene suerte,
     afortunada. pop + cult → espon.

cheque.
   I. 1. m. *Ho, Ni, CR, Cu, Co.* Válvula que permite el
     paso del líquido en una sola dirección. (**chek**).
   II. 1. m. *Gu, Ho, ES.* Señal, parecida a una V con el palo
     derecho más alto y curvo, que se pone al revisar o
     confrontar escritos o cuentas, y que indica con-
     formidad.
    2. adv. *Ho, Ch.* Muy bien. pop + cult → espon.
    3. *Ho.* Sí, de acuerdo. pop + cult → espon.
    4. adj. *Ho. Referido a cosa*, exacta, a la medida. pop
     + cult → espon.
   III. 1. m. *CR.* Persona que tiene por oficio llevar el con-
     trol de las horas a las que un autobús debe salir
     de una terminal o llegar a esta, y de las horas a las que
     debe pasar por determinado punto intermedio de
     su ruta.

  ■

   a. ‖ **~ a fecha.**
    i. m. *Ch.* Cheque girado que se cobra un día
     después al de su giro.
    ii. *Ch.* metáf. Persona o cosa que promete por sus
     especiales cualidades. pop.
   b. ‖ **~ canguro.** m. *Ho.* Cheque sin fondo. pop + cult
     → espon ^ fest.
   c. ‖ **~ certificado.** *Cu, Ec.* **cheque de gerencia**.
   d. ‖ **~ chimbo.** m. *Co.* Cheque que no tiene fondos
     para cobrarlo. pop.
   e. ‖ **~ controlado.** *Cu.* **cheque de gerencia**.
   f. ‖ **~ de gerencia.** m. *Ni, Cu, Co, Ve, Pe, Bo.* Cheque
     cuyo cobro está garantizado por el banco. ♦ **che-
     que certificado; cheque controlado**.
   g. ‖ **~ de goma.** m. *Ve; PR*, pop + cult → espon. Che-
     que cuyo cobro rechaza el banco por fondos insu-
     ficientes.
   h. ‖ **~ de hule.** m. *Mx, Gu, Ho.* Cheque sin fondos.
     pop + cult → espon ^ fest.
   i. ‖ **~ de retención.** m. *Gu, Cu. En una tubería o mo-
     tor de agua*, válvula que permite el paso del agua
     en una dirección e impide su retroceso.
   j. ‖ **~ diferido.** m. *Pe.* Cheque girado que se cobra un
     día después al de su giro.
   k. ‖ **~ nominativo.** m. *Cu.* Cheque que utilizan las
     entidades que no tienen respaldo de saldo garan-
     tizado.
   l. ‖ **~ posfechado.** m. *Ec.* Cheque girado ilegalmente,
     pues ha de cobrarse en fecha posterior a la de su gi-
     ro, previamente establecida entre girador y cobrador.

  □

   a. ‖ **a ~.** loc. adv. *Ch:S.* A la espalda, a cuestas. rur.
  ▶ **quedar ~.**

chequeada.
   I. 1. f. *Ho, Ni, RD, Ec, Pe, Py; Bo:O,C*, pop + cult
     → espon. Comprobación o cotejo de algo.
    2. *Bo:O,C.* Vigilancia de alguien o de algo. pop
     + cult → espon.
    3. *Bo:O,C.* Mirada furtiva con fines amorosos. pop
     + cult → espon.
   II. 1. f. *Gu, Ho, ES, RD, Bo.* Revisión médica.
    2. *Gu, Ho, ES, Ni, Bo.* Revisión cuidadosa de algo.
  ▶ **dar una ~; echar una ~.**

chequeado, -a.
   I. 1. adj. *Gu, Ho, ES. Referido a un escrito*, revisado y
     con el signo de **cheque**.
   II. 1. adj/sust. *ES, Cu. Referido a persona o cosa*, fichada
     o bajo vigilancia.

chequeador.
   I. 1. m. *Ch.* Aparato que sirve para comprobar y fijar medi-
     das y parámetros determinados.

chequeador, -ra.
   I. 1. sust/adj. *Mx, Ho, Ec, Bo.* Persona que **chequea**,
     examina, coteja.

2. m. y f. *Ho, Ni, Ec.* Persona encargada de supervisar o revisar a alguien o algo en una empresa o institución.

3. *Ho, Ch.* Persona encargada de comprobar y controlar los productos en los supermercados o grandes centros comerciales.

4. sust/adj. *Bo:O,C.* Persona que acostumbra observar con detenimiento a una persona atractiva. pop + cult → espon.

chequear. (Del ingl. *to check,* revisar, controlar).

I. 1. tr. *EU, Mx, Gu, Ho, ES, Ni, CR, Pa, Cu, RD, PR, Ve, Pe, Bo, Ch, Py, Ar.* Cotejar, confrontar, revisar. (**checar**).

2. *EU, Mx, Gu, Ni, Pa, Cu, RD, PR, Co, Ve, Pe, Bo.* Registrar, facturar.

3. *Ho, ES, Ni, Cu, PR, Co, Pe, Bo:O,C.* Vigilar a *alguien* o *algo*. pop + cult → espon.

4. *Gu, Ho, ES, Ni, CR, Pa, Py, Ar.* Confirmar la veracidad, la exactitud o el estado de *algo* mediante examen cuidadoso. pop.

5. *EU, Cu, PR, Ec.* Investigar, inspeccionar *alguien algo*.

6. *Bo:O,C.* Observar con detenimiento a una persona atractiva. pop + cult → espon.

7. *Ni.* Mirar morbosamente a *alguien*.

II. 1. tr. *Ni, CR, Co, Ve, Ec, Py.* Entregar un pasajero su equipaje en el aeropuerto para que sea llevado hasta su destino.

III. 1. tr. *Ar.* Pagar una deuda, *especialmente con cheques.* pop.

IV. 1. tr. *Gu, Ho, ES, Bo.* Poner el signo de **cheque** en un escrito revisado.

V. 1. tr. *Bo:O,C.* Encontrarse dos personas. pop + cult → espon.

●

a. ‖ ¡ahí nos chequeamos! *Ho, Bo.* ¡nos chequeamos! pop + cult → espon.

b. ‖ ¡ahí nos cheques! *Bo.* ¡nos chequeamos!

c. ‖ ¡nos chequeamos! fórm. *RD, Bo.* Se usa para despedirse de un amigo o conocido. ♦ ¡ahí nos chequeamos!; ¡ahí nos cheques!; ¡nos cheques!

d. ‖ ¡nos cheques! *Bo.* ¡nos chequeamos!

□

a. ‖ ~ tarjeta. loc. verb. *Gu.* Ponerse en contacto con alguien para justificar la presencia en un lugar o la causa de una ausencia, *especialmente con la pareja o con un superior profesional.*

chequén. (Del map. *chequeñ*).

I. 1. m. *Ch.* Arbusto de hasta 9 m de altura, perenne, con hojas elípticas, coriáceas, inflorescencia axilar y flores blancas; produce un aroma intenso. (Myrtaceae; *Luma chequen*).

chequendengue.

I. 1. adj/sust. *Cu.* obsol. *Referido a persona*, agradable, simpática. (**chequendeque**).

II. 1. adj. *Cu.* obsol. *Referido a persona*, sana, que posee buena salud. (**chequendeque**).

chequendeque.

I. 1. *Cu.* obsol. **chequendengue**, agradable.

2. *Cu.* obsol. **chequendengue**, sano.

chequeo.

I. 1. m-f. *Bo.* Persona a la que se observa detenidamente con fines amorosos. pop + cult → espon.

chequeque. (Apóc. de *cherequeque*).

I. 1. *Ho, ES.* **cheje**, ave.

chequera.

I. 1. f. *Cu.* Talonario de cupones que utilizan los jubilados para cobrar la pensión.

2. *Cu.* Talonario de recibos que acreditan el pago de determinados servicios.

cherada.

I. 1. f. *ES.* juv. Grupo de amigos. pop. ♦ **cheral**.

2. *ES.* Amistad.

cheral.

I. 1. m. *ES.* **cherada**, grupo.

cheraparse. (Del ingl. *to shut up,* callarse).

I. 1. *EU:SO.* p.u.; juv. Callarse. (**cherapearse**).

cherapearse.

I. 1. *EU.* p.u.; juv. **cheraparse**.

chercán. (Del map. *chedcañ*).

I. 1. m. *Ch.* Pájaro de hasta 12 cm de longitud, de color canela y pecho y abdomen blanquecinos, semejante al ruiseñor en la forma pero de canto mucho menos dulce. (Troglodytidae; *Troglodytes aedon chilensis*). ♦ **chercha**.

chercha.

I. 1. f. *Mx:SE.* Prisión, cárcel. pop ∧ fest.

II. 1. f. *RD, Ve.* Conversación bulliciosa, mezclada con chanzas y burlas.

2. *Ho, Pa, RD.* Broma, burla. pop.

3. *RD.* Reunión de personas parlanchinas y bulliciosas.

4. *Ho.* Bulla y alegría mezclada de chanzas y carcajadas, con que se celebra algo. pop.

5. *Ho.* Conversación larga sobre temas intrascendentes. pop ∧ desp.

III. 1. f. *Ch.* **chercán**.

IV. 1. f. *Ho.* Mentira. pop.

▶ **hablar ~.**

cherchar.

I. 1. intr. *RD.* Charlar, conversar. pop.

cherche.

I. 1. adj. *Ho, ES. Referido a persona*, de tez pálida. rur.

cherchero, -a.

I. 1. adj/sust. *RD, Ve. Referido a persona*, bromista, guasona, que le gusta la juerga.

cherchoso, -a.

I. 1. adj. *ES. Referido a persona*, de tez pálida.

II. 1. adj. *ES. Referido a persona*, inútil.

III. 1. adj/sust. *RD. Referido a persona*, aficionada a las **cherchas**, bromas.

chereco.

I. 1. *Ec.* **jaboncillo**, árbol.

2. m. *Ec.* Fruto del chereco, en forma de drupa con una cáscara carnosa y semitransparente y de dos a tres semillas negras, lustrosas y casi esféricas.

3. *Ec:S.* Semilla del chereco.

cherenco, -a.

I. 1. adj. *ES. Referido a persona*, inútil.

2. *ES. Referido a persona*, tímida.

3. *ES. Referido a persona*, tonta.

cherenga.

I. 1. *CR.* **guatusa**, roedor.

II. 1. f. *Pa.* p.u. Discusión.

cherepo.

I. 1. *Ni, CR.* **guataco**, lagarto.

chereque. (De *pereque*).

I. 1. m. *Ho, Ni.* Objeto personal de escaso valor.

cherequeque.

I. 1. *Ho.* **cheje**, ave.

chereveco.

I. 1. *CR.* **chéchere**, cosa inútil.

2. *CR.* **chéchere**, objeto.

chérif. (Del ingl. *sheriff*).

I. 1. m. *Ho.* Jefe. pop.

cherlo.

I. 1. m. *Pe.* Pez pequeño, de cuerpo comprimido, de color bronceado con manchas rojizas que forman diversos dibujos. (Serranidae; *Acanthistius pictus*).

cherna.
 I. 1. f. *Pa, Cu, PR, Ec.* Pez marino de hasta 3 m de longitud, con cabeza grande y aletas radiadas, su coloración oscila entre el pardo, el naranja y el rosado, con manchas y rayas de diferentes colores; es comestible. (Serranidae; *Epinephelus* spp.). (**chesna**).
 II. 1. adj/sust. *Cu.* Homosexual. vulg. ♦ **champe; chernobil; chernona**.
 III. 1. f. *ES.* Pierna. pop.

chernear.
 I. 1. tr. *ES.* Tocar la pierna a *alguien* con fines sexuales.

chernero.
 I. 1. m. *Cu.* Embarcación destinada a la pesca de la **cherna**, pez.
 2. *Cu.* Pescador de la **cherna**, pez.

chernero, -a.
 I. 1. adj. *Cu.* Relativo a la **cherna**, pez.

chernita.
 I. 1. adj/sust. *Cu.* p.u. Homosexual. desp.
 II. 1. f. *PR.* Persona tonta. rur; pop + cult → espon ^ desp.

chernobil.
 I. 1. *Cu.* Hombre homosexual. vulg.

chernona.
 I. 1. *Cu.* Hombre homosexual. desp.

chernudo, -a.
 I. 1. adj. *ES. Referido a persona*, de piernas bonitas.

chero.
 I. 1. m. *Mx.* Prisión, cárcel. carc.

chero, -a.
 I. (Abrev. de *ranchero*).
 1. adj. *Mx. Referido a persona*, huraña y falta de delicadeza por no estar acostumbrada al trato con la gente.
 II. (Del fr. *cher*, querido).
 1. m. y f. *Ho, ES.* Amigo íntimo, compañero inseparable. pop + cult → espon.
 III. 1. m. y f. *ES.* juv. Persona. pop.

cherrecle.
 I. 1. m. *RD.* Persona insignificante.

cherry. (Voz inglesa).
 I. 1. f. *EU*; m. *Bo.* Cereza.
 2. m. *Ch.* Licor dulce con sabor a cereza.
 II. 1. m. *Pe.* Aviso publicitario espontáneo, breve, sin mediar contrato.
 ▶ **hacer ~**.

chesche.
 I. 1. m. *Ar:NO.* Color gris, a veces jaspeado de otro tono. rur. (**cheschi**).

cheschejear.
 I. 1. tr. *ES.* Cortar mal *algo*.

cheschi.
 I. 1. *Ar:NO.* **chesche**.

cheschilo, -a.
 I. 1. adj/sust. *Ar:NO. Referido a animal*, que es de color **chesche**. rur.
 2. adj. *Ar:NO. Referido a un gallo o una gallina*, que tiene plumas de color castaño y pintas blancas y negras. rur.

chesco.
 I. 1. m. *Mx:C,S.* Refresco, bebida.

cheslón. (Del fr. *chaisse longue*).
 I. 1. m. *RD.* Tumbona, hamaca.

chesna.
 I. 1. *PR.* **cherna**, pez.
 ■
 a. ‖ **hijo de la ~.** f. *RD.* Hijo de puta.

chéster. (De *Chesterfield*®).
 I. 1. m. *Gu, ES, Ni.* Cigarrillo.

¡chesu! (Apóc. de *¡che su madre!*).
 I. 1. interj. *Pe.* Expresa contrariedad o disgusto. vulg.

¡chet! (Del ingl. *shit*, mierda).
 I. 1. interj. *EU*; *Cu*, juv; euf. Expresa enfado, contratiempo, rechazo o insulto. vulg.

cheta.
 I. 1. f. *ES.* Escupitajo.

chetada.
 I. 1. f. *Ar, Ur.* juv. Conjunto de **chetos** o personas de posición social elevada.
 2. *Ar, Ur.* juv. Acción o costumbre propia de un **cheto** o persona de posición social elevada.

chetaje.
 I. 1. m. *Ur; Ar,* p.u. | juv. Conjunto de **chetos** o personas de posición social elevada.

cheteado, -a.
 I. 1. adj. *ES. Referido a persona o cosa*, escupida.

chetear.
 I. 1. tr. *ES.* Escupir a *alguien* o *algo*.

cheto.
 I. 1. m. *Ho, Ni, Pa.* **agarradera**, nalgas. pop.
 2. *ES, Ni.* Ano.
 II. 1. m. *Ho.* Mujer guapa. pop.
 III. 1. m. *PR.* Ave de hasta 11 cm de longitud, con la parte superior del cuerpo de color verde oscuro y el resto de un verde brillante con reflejos amarillos, garganta y cuello, rojo carmín orillado de blanco, pecho y vientre gris, y pico largo. (Todidae; *Todus mexicanus*). ♦ **mediopeso; sampedrito**.
 □
 a. ‖ **~ fondeado no tiene dueño.** fr. prov. *Ho, ES.* Indica que cuando alguien está borracho puede ocurrirle cualquier cosa. pop.

cheto, -a.
 I. 1. m. y f. *Py, Ar, Ur.* juv. Persona que en sus maneras responde a la moda vigente entre la gente de altos ingresos y posición social elevada.
 2. adj. *Py, Ar, Ur. Referido a objeto, hábito o lugar*, propio de las personas de altos ingresos y posición social elevada.

chetudo, -a.
 I. 1. adj/sust. *Ho. Referido a persona, generalmente mujer*, de nalgas prominentes. pop.

cheuto, -a.
 I. 1. adj. *Ch, Ar:NO. Referido a persona*, que tiene el labio superior hendido. rur.
 2. sust/adj. *Ch.* p.u. Persona con alguna deformidad física. pop.

cheva.
 I. 1. f. *Bo:O,C.* Cerveza. pop + cult → espon ^ fest.

cheve.
 I. 1. f. *EU, Mx, Gu, ES.* juv. Cerveza.

chévere.
 I. 1. adj. *Ho, ES, Ni, Pa, Ve, Ec, Pe; Co; RD, PR, Bo,* pop + cult → espon; *Cu,* p.u. *Referido a cosa*, bonita, elegante, agradable. ♦ **supicucú**.
 2. *Ho, ES, Ni, Pa, Cu, RD, PR; Co, Ec,* pop; *Bo,* cult → espon. *Referido a cosa*, estupenda o muy buena. ♦ **bacano; supicucú**.
 3. *Ni, Pa, Co, Ve, Ec, Pe; Cu, PR, Bo,* pop + cult → espon. *Referido a persona*, simpática, amable. ♦ **crema; supicucú**.
 4. adv. *Co, Ve, Pe, Bo.* Muy bien, magníficamente. pop. ♦ **supicucú**.
 5. adj. *Cu, RD. Referido a persona*, benévola, indulgente.
 6. *Cu, PR. Referido a cosa*, excelente, de gran calidad. ♦ **crema**.

¡chévere!

I. 1. interj. *Co*; *PR, Ve,* pop + cult → espon; *Pe, Bo:O,C,* pop. Expresa aprobación entusiasta.

☐
    a. ‖ **¡qué ~!** loc. interj. *PR, Co, Ve, Pe.* juv. Expresa agrado, simpatía, admiración.

cheverón, -na.

I. 1. adj. *PR.* Excelente, bien hecho, de calidad superior. pop + cult → espon.

cheviar(se). (Del ingl. *to shave*).

I. 1. tr. *EU:SO.* p.u. Afeitar, rasurar la barba.
2. intr. prnl. *EU:SO.* Afeitarse alguien.

chevis.

I. 1. f. *ES.* juv. Cerveza.

chevo, -a.

I. 1. *Gu.* **chebo.**

chevrón.

I. 1. adj. *PR.* Excelente, bien hecho, de calidad superior. pop + cult → espon.

chevy.

I. 1. m. *Cu.* obsol. Taxi.

chey.

I. 1. f. *Ch.* obsol. Amante, querida. pop.

chi. (Del maya yucat. *chi*).

I. 1. *Mx:SE, Gu.* **yuco,** árbol.
2. m. *Mx:SE, Gu.* Fruto comestible y muy oloroso del chi, agridulce, de color amarillo; de su pulpa se hace refresco y **charamuscas** al diluirlo en agua.
II. 1. m. *Mx.* Orina.
▶ **hacer ~.**

chía.

I. (Del nahua *chían* o *chía,* cierta semilla).
    1. f. *Mx, Ho, Ni.* **chan,** planta.
    2. *Mx, Ho, Ni.* **chan,** semilla.
II. (Del quechua *ch'iya,* liendre).
    1. f. *Co:SO; Bo, Ar:NO,* rur. Liendre.
III. 1. f. *Ho.* Deuda que se contrae con una persona. rur.

■
    a. ‖ **~ de chapata.** *Mx.* **alegría,** planta herbácea.

chiabal. (Del maya yucat.).

I. 1. *Mx.* **jobo,** árbol.

chianatole. (Del nahua *chian* o *chía,* cierta semilla, y *atolli,* atole).

I. 1. m. *Mx.* **Atole** preparado con **chía.**

chibado, -a.

I. 1. adj. *Mx.* Referido a persona, enferma y dolorida.
II. 1. adj. *Ho.* Referido a persona, jorobada, gibosa. rur.

chibaluna. (Del maya *chibal,* morder, y *luna*).

I. 1. f. *Mx:SE.* Lunar grande en el rostro con que nacen algunos niños.

chibanco, -a.

I. 1. adj. *Ho.* Referido a objeto, *en especial ropa,* corto, de poca longitud. rur.
2. *Ho.* Referido a animal, sin cola o que la tiene más corta de lo normal. rur.
II. 1. adj. *Ho.* Referido a cosa, torcida. rur.

chibarse.

I. 1. intr. prnl. *PR.* Sufrir algún desengaño.

chibchense.

I. 1. adj. *Gu, Ho, ES, Ni, CR, Pa, Co.* Relativo a la cultura y al tronco lingüístico **chibcha.** cult.

Chibchombia.

I. 1. f. *Co.* Colombia. fest.

chiberre. (De *chiverro*).

I. 1. *Ho:O, ES.* **chilacayote,** planta. (**chiberro; chiverre**).
2. *Ho:O, ES.* **chilacayote,** fruto. (**chiberro; chiverre**).

chiberro.

I. 1. *Ho.* **chiberre.** pop.

chibilín.

I. 1. m. pl. *Pe.* Dinero.

chibirica.

I. 1. adj. *RD.* **chivirica.**

chibirico. (Metát. de *chiribico*).

I. 1. m. *Co.* Insecto hemíptero que chupa la sangre de las personas y vive en la ropa, cama y muebles.
2. *Co.* Garrapata pequeña que produce la fiebre amarilla.
II. 1. m. *Cu.* Dulce que consiste en una tira delgada de masa de pastel, frita y espolvoreada con azúcar. (**chivirico**).

chibola. (Del maya *tzibol,* bulto, pelota).

I. 1. f. *Gu, Ho, ES, Ni, CR, Pa, Co:N.* Abultamiento redondeado que se forma en una parte del cuerpo, *especialmente en la cabeza,* a causa de un golpe. pop. (**chibolo**).
2. *Gu, Ho, ES.* Pelota, bola, o canica que se utiliza en ciertos juegos y deportes. pop.
3. *Ni, CR.* Cuerpo pequeño esférico.
4. *Ho.* Bola metálica que tienen ciertas cerraduras de puertas. pop.
II. 1. f. *Gu, Ho, ES.* Persona muy gorda. pop.
III. 1. f. pl. *Ho.* Testículos. pop.
2. *Ho.* Ojos grandes y saltones de persona. pop.
IV. 1. f. *ES, Ni.* obsol. Botella de gaseosa. pop.
▶ **hacerse ~s; parar ~.**

chibolear.

I. 1. tr. *Pe.* Atribuir a *alguien* el carácter o comportamiento propio de un niño.
2. intr. *Pe.* Buscar relacionarse sentimentalmente con personas de edad mucho menor. pop.
II. 1. tr. *ES, Ni.* obsol. Echar bola negra o voto negativo en una evaluación o elección.
III. 1. intr. *ES.* Jugar a las canicas.

chibolerío.

I. 1. m. *Ho.* Abundancia de bolas, pelotas o canicas. pop. ♦ **chibolero.**

chibolero.

I. 1. *Ho, ES.* **chibolerío.**

chibolero, -a.

I. 1. adj/sust. *Pe.* Referido a persona, que busca relacionarse sentimentalmente, *en general con personas mucho más jóvenes.* pop.

chibolo.

I. 1. m. *Ec.* **chibola,** abultamiento. pop.

chibolo, -a.

I. 1. m. y f. *Ec, Pe.* Niño de corta edad.
2. *Pe.* Muchacho, joven.
3. *Pe.* Persona que tiene un comportamiento similar al de un niño.

chibolón.

I. 1. m. *Pa.* Chichón grande.

chibolón, -na.

I. 1. adj/sust. *Gu, Ho.* Referido a persona o animal, gordo, obeso. pop.
II. 1. adj/sust. *Ni.* Referido a persona, de ojos grandes y saltones. ♦ **chiboludo.**

chiboloso, -a.

I. 1. adj. *Ho, ES.* Referido a persona o animal, que presenta abultamientos en el cuerpo. pop.
2. *Ho, ES.* Referido a cualquier superficie, que presenta abultamientos más o menos grandes. pop.

chiboludo, -a.

I. 1. adj. *Ho, ES.* Referido a persona o animal, que presenta abultamientos en el cuerpo. pop.
2. *Ho, ES.* Referido a cualquier superficie, que presenta abultamientos más o menos grandes. pop.
II. 1. adj. *Ni.* **chibolón,** de ojos grandes.

chic.

I. 1. m. *ES.* Pene. vulg.

□

    a. ‖ ~ **to** ~. (Del ingl. *cheek-to-cheek*). loc. adv. *Ec, Bo, Ch.* p.u. De manera muy estrecha, juntando las mejillas, *especialmente al bailar.* pop.

chica.

I. 1. f. *Ve.* Arbusto trepador de hojas de color rosado negruzco y flores de color rosado o púrpura; con sus hojas se elabora un tinte de color rojo oscuro. (Bignoniaceae; *Arrabidaea chica*).

II. 1. f. *Ho, ES.* Lotería menor estatal que se realiza cada semana. pop + cult → espon.

■

    a. ‖ ~ **dura.** f. *Cu.* Mujer atractiva.
    b. ‖ ~ **plástica.** f. *Ho, Ni, Pa, RD, PR, Pe.* juv. Chica superficial, antipática, presumida. pop.

▶ **montar la ~ pidona; parecerse a la ~ parida.**

chicabíper.

I. 1. f. *RD.* Prostituta que concierta sus citas a través del *beeper.* prost.

Chicago.

▶ **ir a ~.**

chicagüire.

I. 1. m. *Ve.* Ave de hasta 86 cm de longitud, de coloración general gris oscura con reflejos verdes en la parte de arriba, la cabeza y la cresta son de color gris, el cuello negro y la garganta y lados de la cabeza blancos. (Anhimidae; *Chauna chavarria*).

chicagüita. (De *Chicago*).

I. 1. f. *ES.* Noria, atracción de feria.

▶ **irse de ~.**

chical.

I. 1. m. *Mx:C.* Ración de comida.

chicalá.

I. 1. *Co.* guayacán. (Bignoniaceae; *Tabebuia* spp.).

chicalotal.

I. 1. m. *Mx.* Plantación de **chicalotes.**

chicalote. (Del náhua *chichicallotl*).

I. 1. m. *Mx, Gu, ES.* Planta anual, con numerosas espinas puntiagudas, hojas alternas de lóbulos cortos, los márgenes y las vainas de las hojas son de color blanco, las flores son amarillas o blancas con seis pétalos y el fruto es una cápsula oblonga; la planta tiene una savia amarillenta; se utiliza como remedio para diversas enfermedades. (Papaveraceae; *Argemone mexicana*). ◆ **cardo bendito; cardo santo; cardosanto; xaté.**

chicana. (Del fr. *chicane*).

I. 1. f. *Mx, Bo, Py, Ar, Ur.* pop. Artimaña o maniobra de mala fe, *generalmente con fines dilatorios.*

2. *Ve, Ur.* Astucia o malicia con la que se pretende engañar.

□

    a. ‖ **a la ~.** adv. *Ec.* obsol. Con artimaña, maliciosamente.

chicanada.

I. 1. f. *EU, Mx.* Conjunto de chicanos, ciudadanos de Estados Unidos de origen mexicano.

2. *Mx.* **chicaneada,** artimaña.

chicaneada.

I. 1. f. *Mx, Py, Ar:NO.* pop. Artimaña o maniobra de mala fe, *generalmente con el fin de dilatar algo en el tiempo.* (**chicanada**). ◆ **chicaneo.**

2. *Ar:NO.* Broma, burla. pop.

chicanear.

I. 1. intr. *Mx, Bo:O,C; Py, Ar, Ur,* pop. Recurrir a artimañas o artificios de mala fe, *generalmente con el fin de dilatar algo en el tiempo.*

2. *Ar.* Hacer bromas o burlas. pop.

II. 1. intr. *Co.* Hacer alarde o presumir de algo o con algo. pop.

chicaneo.

I. 1. m. *Mx, Bo, Py.* **chicaneada,** artimaña.

2. *Co.* Hecho de aparentar lo que no se es, presumir. pop.

chicanería.

I. 1. f. *Mx, Bo, Py,* pop ∧ desp. Artimaña o maniobra de mala fe, *generalmente con fines dilatorios.*

2. *Ve, Py.* Astucia o malicia con la que se pretende engañar.

II. 1. f. *Co.* Comportamiento presuntuoso.

chicanero, -a.

I. 1. sust/adj. *Mx, Pe, Bo, Py, Ar, Ur,* pop ∧ desp. Persona, *especialmente un abogado,* a la que le gusta embrollar, enredar o dilatar las cosas.

2. adj. *Mx, Py.* Relativo a la **chicana,** artimaña.

3. sust/adj. *Ve, Py.* Persona astuta y con malicia que pretende engañar.

II. 1. adj/sust. *Co. Referido a persona,* que le gusta presumir, muchas veces de lo que no tiene. pop.

chicao.

I. 1. *Co.* **toche,** pájaro.

chicasquil.

I. 1. m *CR.* **chaya,** árbol.

chicatana. (Del náhua *tzicatl,* hormiga grande, y *tanatli,* bolsa de palmera).

I. 1. f. *Mx.* **zompopo,** hormiga. (**chincatana**).

chicato, -a. (Del it. *ciecato*).

I. 1. adj/sust. *Bo, Py, Ar, Ur; Pe,* p.u. Miope. pop.

chicchipa. (Voz quechua).

I. 1. f. *Pe.* Planta silvestre de hasta 50 cm de altura, de hojas lanceoladas y flores de color anaranjado; las flores son empleadas como condimento. (Asteraceae; *Tagetes mandonii*).

chicha.

I. 1. f. *Mx, Gu, Ho, ES, Ni, CR, Co, Ve, Ec, Pe, Bo, Ch, Ar.* Bebida alcohólica que resulta de la fermentación de ciertos cereales como el maíz, el arroz o la avena, de tubérculos como la **yuca,** o de frutos como la piña, en agua azucarada.

2. *Ve.* Bebida refrescante hecha de harina de arroz, leche, azúcar o **papelón** y especias.

3. *Cu, Py.* Bebida refrescante que se obtiene con azúcar y cáscaras frescas de piña que se dejan fermentar en agua dos o tres días.

4. *Cu.* Bebida alcohólica de alta graduación.

5. *Bo:E.* Bebida refrescante hecha con maíz.

6. *Pa.* Refresco hecho con frutas y azúcar.

II. 1. f. *Pe.* Manifestación cultural de origen occidental interpretada y desarrollada por inmigrantes andinos en ciudades grandes como Lima.

III. 1. f. *Pe.* Actividad informal, de mal gusto y de baja calidad.

IV. 1. f. *Pe.* Género musical que mezcla diferentes ritmos.

V. 1. f. *Cu.* Cigarro de marihuana. drog.

VI. 1. f. *Ni, CR.* Cólera, enojo. pop.

VII. 1. f. *Ni.* Seno de mujer o teta de animal.

■

    a. ‖ ~ **andina.** f. *Co, Ve.* Bebida alcohólica de consistencia espesa y sabor fuerte, que resulta de la fermentación del maíz en **guarapo de piña.**
    b. ‖ ~ **baya.** f. *Ch.* Chicha elaborada con uva.
    c. ‖ ~ **camba.** f. *Bo:O,C.* Bebida refrescante hecha con maíz.
    d. ‖ ~ **colla.** f. *Bo:E.* Bebida alcohólica que resulta de la fermentación de ciertos cereales como el maíz, el arroz o la avena, de tubérculos como la **yuca,** o de frutos como la piña, en agua azucarada.
    e. ‖ ~ **cruceña.** f. *Bo:O,C.* Bebida refrescante hecha con maíz.

f. ‖ **~ culli.** f. *Bo:O,C.* Bebida alcohólica hecha con maíz morado.

g. ‖ **~ de jora.** f. *Ec, Pe.* Chicha elaborada con maíz amarillo germinado, **panela**, hierbas aromáticas y especias.

h. ‖ **~ de paipa.** f. *Pa.* Agua para beber. pop + cult → espon ^ fest. ♦ **chicha de policía.**

i. ‖ **~ de policía.** *Pa.* **chicha de paipa.**

j. ‖ **~ del yamor.** f. *Ec.* **Chicha de jora** elaborada con cinco variedades de maíz secado al sol, tostado y molido.

k. ‖ **~ en cacho.** f. *Ch.* Chicha de calidad que se suele beber en una cuerna y que se sirve en brindis o en ocasiones especiales.

l. ‖ **~ fuerte.** f. *Pa.* Bebida alcohólica a base de maíz fermentado.

m. ‖ **~ mascada.** f. *Pa.* Bebida alcohólica a base de maíz triturado con la dentadura y fermentado, elaborada por algunos grupos étnicos aborígenes.

n. ‖ **~ masticada.** f. *Ec:O.* Bebida a base de **yuca** triturada con la dentadura y fermentada, elaborada por algunos grupos étnicos aborígenes de la Amazonia.

□

a. ‖ **~ de piña.** loc. sust. *Pa.* Tarea muy fácil.

b. ‖ **~ fresca.**
i. loc. sust. *Ch.* Desenfado, desenvoltura.
ii. loc. adj/sust. *Ch. Referido a persona*, desenvuelta, que se muestra desenfadada. pop + cult → espon.

c. ‖ **de ~.** loc. adv. *CR.* Con cólera y enojo. pop.

◪

a. ‖ **¡adiós ~, calabazo y miel!** fr. prov. *Co:O.* obsol. Indica que todo se ha perdido.

► **curar la ~; dar la ~; echar ~ al cumbo; estar chicho; sacar la ~; ser ~; volver ~; volverse ~.**

chichacuar. (Del muisca *bchichysuca*, coger leña menuda por ahí).
I. 1. intr. *Co:SO.* Recoger los restos que quedan en el campo después de la siega del trigo. rur.

chichada.
I. 1. f. *Ec, Ar:NO.* p.u. Reunión o fiesta en la que se bebe **chicha**. pop.
2. *CR.* Fiesta indígena en la que se bebe **chicha**, *por lo general, en exceso*.
II. 1. f. *Ec.* Colilla del cigarro de marihuana.

chichadera.
I. 1. f. *RD, PR.* Coito. tabú; pop + cult → espon.

chichaguate.
I. 1. m. *Gu.* Hilo de hasta 40 cm de longitud, que en cada extremo lleva un plomo, piedra o palo que se utiliza para bajar cometas al enrollarlo en la cuerda. (**chichahuata**).

chichagüi.
I. 1. *Co.* **chichaguy.**

chichaguy. (Del muisca *hybaz ichichanyquy*, deposición con sangre).
I. 1. m. *Co:C,NE.* Pequeña inflamación purulenta que se forma en la dermis de la piel. pop + cult → espon. (**chichagüi**).

chichahuata.
I. 1. f. *ES.* **chichaguate.**

chichaíto.
I. 1. m. *PR.* Bebida compuesta de ron o anís y gaseosa. pop + cult → espon.

chichapal. (Del nahua).
I. 1. m. *Mx.* Vasija, recipiente.

chichar.
I. 1. intr. *Ar:NO.* p.u. Beber **chicha** en abundancia.
II. 1. intr. *RD, PR.* Realizar el coito. vulg; pop + cult → espon.
III. 1. tr. *ES.* Ver a *alguien*. drog.

chícharo.
I. 1. m. *Mx, Ni, Cu.* **alverja**.
2. *Mx, Ni, Cu.* Semilla del **chícharo**, planta trepadora. pop + cult → espon.
3. *Ho, RD.* Guisante parecido al **frijol** o habichuela.
II. 1. m. *Mx.* Joven aprendiz o ayudante en algún oficio, *especialmente el de la peluquería*. pop + cult → espon.
2. *Mx.* Joven que empaqueta los productos que se compran en un supermercado.
III. 1. *Cu.* **clavo**, examen.
IV. 1. m. pl. *Ho:N.* Ojos de una persona. delinc.
► **no disparar un ~; no tirar un ~.**

chicharra.
I. 1. f. *Mx, Ve* drog; *Ec, Pe,* juv. Colilla del cigarro de marihuana.
II. 1. f. *Mx.* Instrumento musical rudimentario que consta de un pequeño tubo o cilindro cerrado por un extremo, en cuyo interior vibra una tripa de cerdo que produce un sonido semejante al del animal.
2. *Gu, Ho.* Juguete que se hace con un entrenudo de bambú cerrado en un extremo del cual sale un cordel hacia un palito con brea en la base; al hacerlo girar el roce del cordel con la brea hace que emita un zumbido similar al del insecto.
3. *Ho:N,E.* Instrumento de madera, en que los dientes de una rueda movidos por un mango, levantando consecutivamente una o más lengüetas, produce un ruido seco y desapacible.
III. 1. f. *Mx, Ho, Ni.* Gusano de hasta 3 mm de longitud, su cuerpo, muy delgado, con forma de cuña, y de color verde. (Cicadellidae; *Empoasca kraemeri*). ♦ **lorito verde.**
IV. 1. f. *Mx.* Pasta hecha con maíz y **frijol** molido, con forma parecida a la de una cigarra, que se consume en ciertas ceremonias indígenas.
V. 1. sust/adj. *Ch.* Persona que disfruta la vida de una manera despreocupada. pop + cult → espon.
VI. 1. f. *Bo:O. En las minas*, taladro vibrador mecánico que se utiliza para perforar la roca y preparar los barrenos en los que se pone y se hace explotar la carga.
2. *PR.* Herramienta de carpintería y plomería utilizada para sacar tuercas.
VII. 1. f. *Gu.* Fruto del pino.
VIII. 1. f. *Ho. En los motores de explosión*, aparato distribuidor que hace llegar por turno la corriente de alto voltaje al motor de arranque y, después, a cada una de las bujías.
IX. 1. f. *Ho.* Piel del cerdo joven, oreada y frita. pop + cult → espon.
X. 1. f. *Ni.* Persona gritona.
XI. 1. f. *PR.* Alarma.
□
a. ‖ **¡ah, ~!** loc. interj. *Mx.* Expresa extrañeza o enfado. euf.
b. ‖ **como ~ de un ala.** loc. adv. *Ar, Ur.* Sin poder protestar o defenderse. pop.
c. ‖ **¡me lleva la ~!** loc. interj. *Mx.* Expresa enfado. euf.
► **dar ~; nacer ~; orinar más que una ~; reventar como ~; tronar como ~.**

chicharrear.
I. 1. intr. *Mx, Ch.* Producir *algo* un sonido desagradable.
2. *Mx.* Cantar la cigarra.

chicharriento, -a.
I. 1. adj. *Mx, Ch. Referido a un sonido*, áspero e intermitente. pop + cult → espon.
2. *Ch. Referido a un artefacto*, que produce un sonido áspero e intermitente. pop + cult → espon.

chicharrillo.
    I. 1. m. *Mx:SE.* Arbusto de hasta 6 m de altura, de madera resistente y flexible. (Fabaceae; *Mimosa leucaenoides*).
chicharrita.
    I. 1. f. *Cu.* Rodaja fina y frita de **plátano** verde.
chicharrón.
    I. 1. m. *Mx, Gu, Ho, ES, Ni, Pa, Cu, RD, PR, Ve, Ec, Pe.* Piel de cerdo joven, oreada y frita.
    2. *CR, Pa, RD, Co, Ve, Pe, Bo, Ch.* Carne de cerdo con porciones de tocino adheridas, picada en trozos pequeños y frita en su propia grasa. ♦ **piña**.
    3. *Mx.* Aperitivo hecho con harina y grasa vegetal, de apariencia similar a la manteca de cerdo.
    II. 1. m. *Pa, Co.* Problema. pop.
    2. *CR.* Situación o asunto difíciles de resolver. pop.
    III. 1. m. *Pe.* **Pisco** recién destilado.
    IV. 1. m. *Cu.* Árbol silvestre de hasta 10 m de altura, con hojas alternas, de color grisáceo, que se agrupan en los extremos de las ramas, flores en espigas, y fruto comprimido; proporciona una madera dura, que se utiliza para fabricar carretas y traviesas de ferrocarril. (Combretaceae; *Terminalia eriostachya*).
    2. *RD.* Árbol endémico de hasta 8 m de altura, con hojas coriáceas y espinosas, inflorescencia axilar y flores marrón oscuro. (Sabiaceae; *Meliosma recurvata*).
    V. 1. m. *CR.* Residuo de miel de la caña de azúcar que permanece en una **paila** y que al entrar en contacto con agua adquiere una consistencia vidriosa. rur.

    ■
    a. ‖ ~ **de leche.** m. *RD.* Dulce hecho con leche reducida y azucarada.
    b. ‖ ~ **de pollo.** m. *RD, Ec, Pe, Bo.* Fritura hecha con pollo cortado en pequeñas porciones.
    c. ‖ ~ **de viento.** m. *Cu.* Chicharrón voluminoso y crujiente.
    d. ‖ ~ **encolado.** m. *Mx.* Piel de cerdo sin terminar de freírse.
    e. ‖ ~ **esponjado.** m. *Mx.* Piel de cerdo frita, hueca y porosa.
    ▶ **dar** ~; **hacer** ~; **hacerse** ~; **tronar los chicharrones**.
chicharrón, -na.
    I. 1. adj. *Ve. Referido al pelo*, ensortijado y muy tupido.
    II. 1. adj/sust. *Cu.* **aceitoso**, que se muestra obsequioso. desp.

    ☐
    a. ‖ **el primer** ~.
    i. loc. sust. *Ve.* Persona muy importante e influyente. fest.
    ii. *Ve.* Primera persona en llegar a una reunión o fiesta. fest.
¡chicharrón!
    I. 1. interj. *Ho, Ni.* Expresa deseo de muerte de alguien. pop.
chicharronada.
    I. 1. f. *Mx, CR, Co, Ve, Bo.* Comida en la que el plato principal es el **chicharrón**. (**chicharroneada**).
chicharroneada.
    I. 1. *Mx, Bo.* **chicharronada**.
chicharronear(se).
    I. 1. intr. *Mx, Ho, ES.* Freír **chicharrones**. pop.
    2. *Ho, ES.* Comer **chicharrones**. pop.
    II. 1. intr. prnl. *Ni, Bo.* Chamuscarse *algo*. pop + cult → espon.
    III. 1. tr. *Cu.* Adular a *alguien*.
    IV. 1. tr. *ES. En el ejército*, realizar ejercicios físicos agotadores.
    V. 1. tr. *Ni.* Matar a *alguien*.
    VI. 1. tr. *Ni.* Despedir a *alguien* del trabajo.

chicharronera.
    I. 1. f. *CR, Ve.* Lugar donde se elabora y vende **chicharrón**, carne de cerdo con porciones de tocino.
    II. 1. f. *Ve.* Cabello excesivamente rizado y enredado. pop.
chicharronería.
    I. 1. f. *Gu, Pe, Bo.* Establecimiento donde se venden **chicharrones**.
    II. 1. f. *Cu.* Comportamiento adulador.
chicharronero, -a.
    I. 1. m. y f. *Mx, Gu, Ho, Ni, Pe, Bo.* pop + cult → espon. Persona que prepara y vende **chicharrones**, carne de cerdo.
    II. 1. sust/adj. *Mx.* Persona torpe.
    III. 1. m. y f. *Mx.* Ladrón que fuerza una cerradura con habilidad.
chichas.
    I. 1. adj/sust. *CR. Referido a persona*, que se emborracha habitualmente. pop + cult → espon.
chichasara.
    I. 1. f. *Pe.* Golosina hecha de granos de maíz tostados e inflados bañados en azúcar.
chichazo.
    I. 1. m. *Co, Ve:O.* Golpe fuerte que se recibe al caer o chocar. pop + cult → espon.
    II. 1. m. *ES.* Trago de **chicha** o de aguardiente.
chiche. (Del nahua *chichi*, mama, teta).
    I. 1. f. *Gu, Ho, ES, Ni*; m. *Bo, Ar:NO*, pop; *Mx*, vulg; *Ec:N*, pop. Pecho, mama de la mujer. (**chichi**). ♦ **guacal**.
    2. f. *Mx, Gu, Ho, ES.* Cualquier objeto o protuberancia en forma de teta. pop.
    3. m. *Bo, Ar:NO.* Pezón femenino. pop.
    4. f. *Ho.* Técnica y adorno de una vasija de barro que consiste en pequeños abultamientos en forma de teta o chiche. pop.
    II. 1. m. *Ch; Pe, Ar*, fest. Artefacto novedoso o sofisticado. pop.
    2. *Bo, Ch, Py, Ar, Ur.* Cosa delicada, bonita y, por lo común, pequeña. pop.
    3. adj. *Bo, Py, Ar, Ur.* Pequeño, delicado, bonito. pop.
    4. m. *Ar, Ur.* Juguete o entretenimiento para niños. inf.
    III. 1. adj. *Mx. Referido a persona*, muy blanca y rubia.
    IV. 1. adj. *Gu, Ho, ES, Ni; CR*, obsol; rur. *Referido a cosa*, fácil de realizar. pop.
    V. 1. m. *Ch.* Dinero. pop.
    VI. 1. *Ho.* **chichigua**.

    ☐
    a. ‖ ~ **de hombre.** loc. sust. *ES.* Persona inútil.
    b. ‖ **como** ~. loc. adv. *Ch, Py.* En perfecto estado, con limpieza y pulcritud. pop + cult → espon.
    c. ‖ ~**s de gallina.** loc. adj. *Mx. Referido a cosa*, absurda, que carece de sentido.
    d. ‖ **con todos los** ~**s.** loc. adj. *Py, Ar, Ur.* Referido a un objeto o a una situación, que goza de todo el lujo o la sofisticación posible. pop.

    ◪
    a. ‖ **jalan más dos** ~**s de mujer que una yunta de bueyes.** fr. prov. *Mx.* Indica que la atracción que alguien siente por una mujer está por encima de cualquier otro interés.
    ▶ **quedar** ~; **valer como** ~**s de gallina**.
chicheme.
    I. 1. m. *CR:NO.* Bebida refrescante elaborada con maíz **pujagua** cocinado y molido, panela y jengibre.
    2. m. *Pa.* Bebida popular hecha del agua de cocción del maíz pilado y del propio grano, a la que se le agrega leche, miel de caña de azúcar y canela o vainilla.

chicheñó.
  I. 1. sust/adj. *Pe.* Persona complaciente, sin carácter e incapaz de opinar por sí misma. fest.

chichera.
  I. 1. f. *ES.* meton. Policía de Hacienda, llamada así por perseguir a los fabricantes y vendedores de **chicha**.
  II. 1. f. *CR.* Establecimiento de baja categoría en que se sirven y expenden bebidas alcohólicas. pop + cult → espon ^ desp.

chichería.
  I. 1. f. *Gu, Ho, ES, Ni, Co, Ec, Pe, Ch, Ar:NO; Bo,* pop + cult → espon. Establecimiento donde se vende **chicha**.
  2. *Co, Ec.* Establecimiento de baja categoría en el que se sirven y venden bebidas alcohólicas. pop ^ desp.

chichero.
  I. 1. m. *Mx, ES.* Sostén, prenda de vestir femenina. vulg.
  II. 1. m. *Pe.* **Chichería**, casa o tienda donde se vende **chicha**.
  III. 1. m. *Ve.* Conjunto desorganizado de personas o cosas.

chichero, -a.
  I. 1. m. y f. *Gu, Ho, Ni, Pa, Ve, Ec, Pe, Bo, Ch, Ar:NO.* Persona que fabrica o vende **chicha**, bebida alcohólica. pop.
  2. adj. *Co, Ec, Bo, Ch; Pe,* p.u. Relativo a la **chicha**.
  3. adj/sust. *Gu, Ho, Ni, Bo, Ch;* m. y f. *Co,* pop. *Referido a persona*, aficionada a la **chicha**, bebida alcohólica. pop.
  4. adj. *Ch. Referido a un lugar*, adecuado para la fabricación y venta de **chicha**.
  5. *Ch. Referido a un objeto*, que sirve para fabricar o guardar **chicha**.
  6. adj/sust. *Ho, Ni. Referido a cántaro u olla*, que se utiliza solo para hacer **chicha**. pop.
  II. 1. adj/sust. *Pe.* Que muestra características de la cultura **chicha**, manifestación cultural, de origen occidental.
  2. m. y f. *Pe.* Cantante de música **chicha**, género musical que mezcla diferentes ritmos.
  3. adj. *Ec. Referido a la música popular*, resultante de la combinación de ritmos tradicionales andinos con arreglos de música tecno y letras que, *por lo general*, tratan sobre decepciones amorosas.
  4. adj/sust. *Bo. Referido a persona*, aficionada a la **música chicha**, música resultante de la fusión de ritmos folclóricos.
  III. 1. adj/sust. *Bo. Referido a persona*, que tiene mucha suerte.
  IV. 1. m. y f. *CR.* Persona que acostumbra a emborracharse en bares de baja categoría o con licores de baja calidad. pop ^ desp.

chiches.
  I. 1. m. pl. *Ho, Ni.* **aguacates**, senos. pop.

chichi. (Del nahua *chichi*, mama, teta).
  I. 1. f. *Mx,* pop; m. *Ar:NO,* pop; f. pl. *Ec,* juv; f. pl. *Pe,* rur. **chiche**, pecho.
  2. f. *Mx.* Mama de un animal hembra. pop.
  3. *Mx.* metáf. Prominencia con forma de pezón, en algunas frutas como la lima.
  4. m. *Bo, Ar:NO.* Pezón femenino. pop.
  II. 1. f. *Mx:SE.* Miga de pan.
  III. 1. m. *Bo.* Carne comestible. inf.
  IV. 1. adj. *Bo:O,C.* Sucio, que tiene manchas. pop.
  V. 1. m. pl. *Bo:O,C.* Dinero. pop + cult → espon.
  □
    a. ‖ **como ~s de gallina.** loc. adj. *Mx.* Absurdo, que carece de sentido.
  ▶ **mamar ~; pedir ~; valer como ~s de gallina.**

chichí.
  I. 1. f. *Mx.* Abuela.
  2. *Mx.* Nodriza, mujer.

  II. 1. m. *Ni.* meton. Biberón.
  III. 1. m. *Ni;* m-f. *ES, CR, RD; Mx, Gu,* inf; *Ho, Pa,* pop + cult → espon ^ afec. Niño o niña de días o de pocos meses.
  IV. 1. m. *Co.* Orina. euf; pop.
  V. 1. m. *Co.* Pene. inf.
  VI. 1. m-f. *CR, Pa.* juv. Hombre o mujer físicamente atractivos.
  ●
    a. ‖ **~.** fórm. *Ho.* Se usa para dirigirse a un hijo, niño o persona joven. pop ^ afec.
  ▶ **hacer ~; hacer ~s.**

chichibe.
  I. 1. m. *Mx:S.* Cactus de hasta 5 m de altura. (Cactaceae; *Polaskia chichipe*). (**chichipe**). ♦ **chichituna**.

chichibé. (Del maya).
  I. 1. m. *Mx:S.* Hierba de hasta 1 m de altura, de tallo leñoso pero flexible, hojas de color verde, con los bordes aserrados, y flores solitarias con pétalos anaranjados; su fibra es útil para la fabricación de escobas. (Malvaceae; *Sida acuta*). ♦ **escoba; escoba dulce; escobadura**.

chichica.
  I. 1. *Gu.* **chichicuá**, serpiente.
  II. 1. f. *Pa.* Planta herbácea de hojas simples y alternas que posee inflorescencias al final de cada tallo y en la base, sus brácteas suelen tener colores vistosos, como rojo, naranja y amarillo; es de tipo ornamental, aunque algunas variedades se usan para envolver alimentos, y tradicionalmente se empleaba para paliar el dolor de cabeza. (Heliconiaceae; *Heliconia latispatha*).

chichicamole. (Del nahua *chichic*, amargo, y *amolli*, jabón).
  I. 1. m. *Mx.* Planta trepadora de hojas amplias, de hasta 10 cm de longitud, y fruto ovoide que puede tener algunas espinas, de color verde con pequeñas manchas blanquecinas o verdosas. (Cucurbitaceae; *Microsechium helleri*). ♦ **neco**.

chichicastal.
  I. 1. m. *Gu, Ho, ES, Ni.* Terreno donde abundan los **chichicastes**. pop.

chichicaste. (Del nahua *tzitzicaztli*, ortiga).
  I. 1. m. *Mx, Gu, Ho, Ni, Cu.* Arbusto de hasta 5 m de altura, cubierto de pelos urticantes, de hojas alternas, de ovadas a redondas, irregularmente dentadas, flores pequeñas sin pétalos y frutos en racimo de bayas blancas; tiene diversos usos en la medicina tradicional. (Urticaceae; *Urtica baccifera*). (**chichicastre; chichicate; chichicaxtle; chichicaztle**). ♦ **jiopacle; nigua; palo de nigua**.

  ■
    a. ‖ **~ de burro.** m. *Ho.* Arbusto de hasta 1,5 m de altura, cubierto con pelos glandulares irritantes al tocarlos con la piel, hojas lobuladas de 10 a 15 cm de longitud, flores en racimos terminales, las masculinas con sépalos blancos, las femeninas de color verde, cuyo fruto es una cápsula trilobada; tiene varios usos en la medicina tradicional. (Urticaceae; *Cnidoscolus urens*). ♦ **tabacón**.
  ▶ **ser ~.**

chichicastón.
  I. 1. m. *Ho.* **sosa.** (Hydrophyllaceae; *Wigardia urens*).

chichicastre.
  I. 1. *Mx.* p.u. **chichicaste**.

chichicate.
  I. 1. *Mx, Cu.* **chichicaste**.

chichicaxtle.
  I. 1. *Mx.* **chichicaste**.

chichicayote. (Del nahua).
  I. 1. m. *Mx.* Planta de hasta 3 m de altura, rastrera, que produce un fruto amargo. (Cucurbitaceae; *Cayaponia racemosa*).

chichicaztle. (Del nahua *tzitzicaztli*, ortiga).
  I. 1. *Mx.* **chichicaste.**

chichicle.
  I. 1. m. *Mx.* Sedimento cristalino que se extrae en una mina.

chichicuá. (Del nahua *chichic*, amargo, y *coatl*, culebra).
  I. 1. f. *Gu, ES.* Serpiente de hasta 2 m de longitud, cuerpo delgado de color negro con barras irregulares o manchas de amarillo a crema, cabeza amarilla, crema o bronceada, y vientre y cola amarillos con manchas negras. (Acrochordidae; *Spilotes pullatus*). (**chichicuba, chichicúa**). ♦ **chichica; chichigua.**
  2. m-f. *Gu.* Persona colérica.

chichicúa.
  I. 1. f. *Gu.* **chichicuá,** serpiente.
  2. *Gu.* **chichicuá,** persona.
  ▶ **estar como ~.**

chichicuate. (Del nahua *chichic*, amargo, y *cóatl*, serpiente).
  I. 1. m. *Mx.* Pato con la cabeza y el cuello de color café oscuro, dorso, costado y alas grisáceas, cola larga y negra, y pico azul grisáceo. (Anatidae; *Anas acuta*).

chichicuba.
  I. 1. *ES.* **chichicuá,** serpiente.

chichicuilote. (Del nahua *chichicatl*, hiel, y *quilitl*, verdura, hierba comestible).
  I. 1. m. *Mx, Ho.* Ave migratoria, zancuda y pequeña, parecida a los correlimos, de patas lobuladas y pico largo y fino, plumaje denso en el vientre y de color gris con blanco. (Phalaropodidae; *Aegialitis collaris, Pharalopus hiperborens*). (**chichihuilote**).
  2. sust/adj. *Mx.* metáf. Persona de piernas largas y delgadas.
  3. m. *Ho.* Palma pequeña y delgada, de hasta 2 m de altura, de fruto redondo de color negro; tiene aplicación en la medicina tradicional. (Arecaceae; *Chamaedores lehmanni*). (**chicuilote**). ♦ **amargón; garrote amargo.**

  a. ‖ **como el ~: pico largo, pero tonto.** fr. prov. *Mx.* Indica que una persona es muy habladora pero su conversación resulta insustancial o poco inteligente.

chichlfo.
  I. 1. m. *Mx.* Hombre que se prostituye. prost.

chichigua. (Del nahua *chichihua*, ama que cría; de *chichi*, mamar).
  I. 1. f. *Mx, Gu, ES, Ni; Ho,* rur. Mujer que cría a un niño que no es su hijo. (**chichihua**).
  2. adj/sust. *Mx, Gu, ES, Ni; Ho,* rur. *Referido a animal,* hembra que cría a otros animales. (**chichihua**).
  3. f. *Mx.* metáf. Árbol que da sombra.
  II. 1. f. *Co.* Cosa o cantidad pequeña, insignificante, *especialmente tratándose de dinero.* pop.
  2. adj. *Ec. Referido a cosa,* de poca utilidad. pop + cult → espon.
  III. 1. m. *Ho, ES, Ni.* Arbusto de hasta 1,5 m de altura, pubescente, con hojas alternas, lobuladas o dentadas, flores de 5 pétalos de rosados a púrpura, y fruto en baya de color amarillo; el fruto molido se aplica en las partes afectadas como afecciones de piel y constipados. (Solanaceae; *Solanum mammosum*). ♦ **chiche; chichimora; chichita; pichichío; teta de vaca.**
  2. *ES.* **chichicuá,** serpiente.
  IV. 1. f. *RD; PR,* p.u. Cometa pequeña de armazón plana y ligera.
  V. 1. f. *Pa.* Dinero. pop.

chichigual.
  I. 1. *Ni.* **jícaro,** árbol perenne.

chichiguar. (De *chichigua*, nodriza).
  I. 1. tr. *Ni; Ho.* rur. Amamantar o mimar a *un niño.*

chichiguazo.
  I. 1. m. *RD.* Golpe dado con la cabeza.

chichigüitero.
  I. 1. m. *ES.* Insecto ortóptero, de cuerpo alargado en forma de palo de hasta 25 cm de largo. (Phasmatidae; *Phasmatidus* spp.).

chichihua. (Del nahua *chichihua*).
  I. 1. *Mx, Gu, Ni.* **chichigua,** mujer.
  2. *Mx, Gu.* **chichigua,** que cría a otros animales.
  3. *Mx.* metáf. **chichigua,** árbol.
  II. 1. m. *RD.* Cometa de forma romboidal.

chichihuilote.
  I. 1. *Mx.* **chichiculote,** ave migratoria.

chichihuite.
  I. 1. m. *ES.* Canasto.

chichil. (Del nahua, apóc. de *chichiltic*, cosa colorada).
  I. 1. m. *Mx.* Mineral cristalizado, de colores y formas llamativos.

chichilasa. (Del nahua *chichiltic*, cosa colorada, y *azcatl*, hormiga).
  I. 1. sust/adj. *Mx.* metáf. Mujer atractiva y con mal carácter.

chichilgüite. (Del nahua).
  I. 1. f. *ES.* Excremento de las gallinas. rur.

chichiliano, -a. (Del nahua *chichiltic*, cosa colorada).
  I. 1. adj/sust. *Mx.* p.u. *Referido a persona,* que tiene el pelo rojizo.

chichilmeco. (Epént. de *chichimeco*).
  I. 1. *Ho, Ni.* **chichimeco,** árbol. pop.

chichilo.
  I. 1. *Bo.* **mono tití.**
  II. 1. adj. *Bo:O,C. Referido a un hombre,* delgado. pop.

chichilsaca.
  I. 1. *Ho.* **chilchaca.**

chichimbré.
  I. 1. *Pa.* **yiyimbré.**

chichimeco. (Del nahua).
  I. 1. *Gu, Ho, ES.* **bledo,** planta herbácea.
  2. m. *Ho, Ni.* Árbol de hasta 12 m de alto, de fruta en vaina de 17 a 20 mm de longitud, de color marrón pálido; en la medicina tradicional, el fruto en infusión se utiliza para curar la inflamación de los riñones. (Fabaceae; *Eysenhardtia adenostylis*). (**chichilmeco**).
  II. 1. m. *Ho:O.* **Gracejo** disfrazado con traje negro y cucurucho rojo que se dedica a hacer letrillas y a molestar con bromas a todos los vecinos del pueblo, *especialmente a las mujeres* en la fiesta patronal.
  III. 1. m. *Ho:S.* Crustáceo decápodo de agua dulce, de hasta 8 cm de longitud, de color café, y patas más flexibles y peludas que el cangrejo; no es comestible y se usa como carnada. (Grapsidae; *Aratus pisconi*).
  IV. 1. m. *Ho.* Insecto con cuatro alas estrechas e iguales y el abdomen muy largo y filiforme, de menor tamaño que la libélula; se distingue de esta por el menor número de venas en las alas y porque las pliega cuando se posa. (Agriidae; *Agrion hamorrhoidalis*).

chichimoco.
  I. 1. m. *Mx.* Ardilla de unos 220 mm, que puede presentar rayas oscuras a lo largo del lomo gris, y se alimenta de insectos y plantas. (Sciuridae; *Tamias dorsalis*).

chichimora.
  I. 1. *Ho, ES, CR.* **secua.**
  2. f. *Ho, ES, CR.* Fruto de la chichimora; la semilla en cocción tiene diversos usos en la medicina tradicional.

3. *Ho, ES, CR.* Semilla de la chichimora.

4. *Ho.* **chichigua.**

chichimulteco, -a. (De nahua).

  I. 1.   m. y f. *Ho.* Persona que, a pesar de su edad, no ha alcanzado la madurez.

chichin.

  ■

   a. ‖ ~ **place.** (Del ingl. *place*, y de *chichar*). m. *PR.* Lugar para mantener relaciones sexuales. tabú; pop + cult → espon.

chichina. (Quizás del nahua *chichina*, chupar algo, o tomar sahumerio de olores con cañas).

  I. 1.   f. *Ho.* Excremento humano. rur. ♦ **chimuchina.**

chichinar. (Del nahua *chichinoa*, tostar).

  I. 1.   tr. *Mx.* Chamuscar.

chichinflor.

  I. 1.   *Ho.* **chuparrosa.**

chichinglás.

  I. 1.   *Ho.* **chuparrosa.**

chichinguaco.

  I. 1.   m. *Cu.* Ave de hasta 30 cm de longitud, de color negro con reflejos verdosos, pico recto y grueso, y cola en forma de hachuela. (Icteridae; *Quiscalus niger*). ♦ **chinchilín; predicador.**

chichinguaste. (Del nahua *chichic*, amargo, y *huautli*, bledo).

  I. 1.   m. *Mx, ES, Ni; Ho,* rur. Planta herbácea de hasta 2 m de altura, muy fragante, con hojas opuestas, ovadas, inflorescencia axilar y pequeñas flores azuladas o purpúreas; se utiliza en la medicina tradicional. (Lamiaceae; *Hyptis suaveolens*). ♦ **mastranto.**

chichintor.

  I. 1.   m. *ES.* Serpiente de tamaño mediano, látigo delgado de color verdoso y el resto marrón oscuro. (Colubriae; *Masticophis mentovarius*). (**chichintora; chinchintorra**).

chichintora.

  I. 1.   f. *ES.* metáf. Persona muy enfadada o colérica.

  II. 1.   f. *Ho.* **chichintor.**

chichipate. (Del nahua *chichic*, amargo, y *patli*, medicina).

  I. 1.   *Gu, Ho, ES.* **huesillo**, árbol.

  II. 1.   *Ho, ES.* **tomado.**

  III. 1.   *Pa.* **chichipati.**

chichipati.

  I. 1.   adj/sust. *Pa.* Referido a persona, que tiene poca estima general, insignificante. pop + cult → espon ^ desp. (**chichipate**).

chichipato, -a.

  I. 1.   adj/sust. *Co. Referido a persona*, que escatima en gastos, tacaño. pop + cult → espon.

  II. 1.   adj. *Co. Referido a un negocio o a una cosa*, de poca importancia o de mala calidad. pop + cult → espon.

chichipe.

  I. 1.   *Mx.* **chichibe.**

chichipince. (Del nahua *chichiltic*, color rojo, y *pitzini*, rajarse o abrirse un fruto).

  I. 1.   *Ho, ES.* **xkaná. (chichipinte).**

chichipinte. (De *chichipince*).

  I. 1.   *Ho, ES.* **chichipince.**

  II. 1.   m. *Gu.* Fiebre.

chichipinze.

  I. 1.   *Ho.* **achiotillo**, arbusto. rur.

chichipío, -a.

  I. 1.   sust/adj. *Ar.* Persona ingenua y sin picardía. pop ^ fest.

chichiquear.

  I. 1.   intr. *Pe.* Lavar en una batea restos de mineral y arena en busca de oro.

chichiquelite. (Del nahua *chichic*, amargo, y *quilitl*, hierba).

  I. 1.   m. *Mx.* Planta de hasta 50 cm de altura, de hojas alternas, lanceoladas o romboidales, inflorescencias compuestas por entre tres y seis flores de color blanco y con las anteras muy prominentes, los frutos son bayas de 1 cm de diámetro; es una planta tóxica que puede usarse como insecticida. (Solanaceae; *Solanum nigrum*). ♦ **macuy; quilete.**

chichiqueo.

  I. 1.   m. *Pe.* Lavado de restos de mineral y de arena en una batea para buscar oro.

chichiquil. (Voz de or. totonaco).

  I. 1.   m. *Mx.* **Tamal** preparado con maíz y **ejotes.**

chichira.

  I. 1.   f. *Pe.* Planta pegada al suelo que tiene de doce a veinte hojas menudas radicales, enteras o partidas, las flores alcanzan con tallo los 30 cm y semillas ovoides de 2 mm de longitud. (Herbaceae; *Lepidium meyenii*).

chichirimico.

  ▶ hacer ~.

chichisbeo.

  I. 1.   m. *Pe, Bo.* Cuchicheo.

chichita.

  I. 1.   f. *Ar:NE.* **molle de beber**, árbol de hasta 10 m.

  2.   *Ar:NO,O.* **molle de beber**, árbol de hasta 8 m.

  3.   *Gu, Ho.* **chichigua**, arbusto.

chichito, -a.

  I. 1.   m. y f. *Gu, RD.* Niño pequeño. inf.

chichituna.

  I. 1.   f. *Mx.* **chichibe.**

chicho.

  I. 1.   m. *RD, PR.* Exceso de grasa alrededor del abdomen. pop + cult → espon.

  2.   *PR.* Pedazo de cerdo frito que conserva bastante grasa.

  3.   *PR.* metáf. Lóbulo de la oreja. pop + cult → espon.

  II. 1.   m. *PR.* Sitio donde se inyecta el adicto la droga. drog.

chicho, -a.

  I. 1.   adj. *Mx. Referido a cosa*, buena, bonita, agradable. pop + cult → espon.

  2.   *Mx. Referido a persona*, lista, sagaz. pop + cult → espon.

  II. 1.   adj. *Co. Referido a persona*, que está de mal humor, disgustada.

  III. 1.   adj/sust. *Ch. Referido a persona*, borracha. pop.

  ▶ estar ~.

chichódromo.

  I. 1.   m. *Pe.* Recinto en donde se baila e interpreta **chicha**, género que mezcla diversos ritmos.

chicholo.

  I. 1.   m. *Ar.* obsol. Dulce de **guayaba** o de melaza de azúcar de caña, envuelto en hojas de maíz.

chichón.

  I. 1.   m. *CR.* Cólera o disgusto. pop.

  ☐

   a. ‖ ~ **de piso.** loc. sust. *Ve.* Persona de baja estatura. desp.

chichón, -na.

  I. 1.   adj. *Gu, Ho, ES, Ni. Referido a cosa o trabajo*, cómodo, fácil, que no ofrece dificultad. pop.

  II. 1.   adj. *Ho. Referido a persona*, muy trabajadora. pop.

chichona.

  I. 1.   adj/sust. *Mx, Gu, Ho, Ni, Ec. Referido a una mujer*, de grandes pechos. vulg; pop + cult → espon.

chichonear.

  I. 1.   intr. *Ar, Ur.* Hacer bromas o burlas. pop.

2. tr. *Ar, Ur.* Hacer a *alguien* objeto de burlas y bromas. pop.

3. *Ur, PR,* rur. Molestar o fastidiar a *alguien.* pop + cult → espon.

chichoneo.
I. 1. m. *Ar, Ur.* Broma o engaño que se hace sin pretender ofender. pop.

chichonera.
I. 1. f. *Co.* Concurrencia tumultuosa de personas en un lugar. pop.

II. 1. f. *Ar, Ur.* Almohadilla que se coloca en la cuna o en el moisés de un bebé para evitar que este se golpee la cabeza.

chichoso, -a.
I. 1. adj. *CR. Referido a persona,* propensa a la ira o al mal humor. pop.

chichota.
I. 1. f. *CR.* Abultamiento que se forma en la cabeza a causa de un golpe. pop.

chichote.
I. 1. m. *Ho, ES:E, Ni, Ve:O.* Hinchazón de forma redondeada en cualquier parte del cuerpo, *particularmente en la cabeza.* pop.

2. *Ni.* Tumor inflamatorio, pequeño, puntiagudo y doloroso, que se forma en el espesor de la dermis y termina por supuración seguida del desprendimiento del llamado clavo.

chichu.
I. 1. sust/adj. *Bo:O,C.* Mujer embarazada. pop + cult → espon ^ desp.

chichudo, -a.
I. 1. adj/sust. *Gu, Ho, ES, Ni, Ar:NO; Mx,* vulg. *Referido a mujer,* de senos grandes. pop.

II. 1. adj/sust. *Bo:O,C. Referido a persona,* que tiene mucha suerte. pop + cult → espon ^ fest.

III. 1. adj. *Ho. Referido a cosa,* fácil, sencilla, simple. pop.

chichuís.
I. 1. *Gu.* **chichuizo,** ladilla.

chichuiza.
I. 1. f. *Ho.* Ladilla de color rojo. (**chichuís**).

chichuizo, -a.
I. 1. sust/adj. *Ho.* Persona de baja estatura.

chichunte.
I. 1. m. *Ho.* Masturbación masculina. vulg.

chichuntearse.
I. 1. tr. prnl. *Ho.* Masturbarse un hombre. vulg.

chichús.
I. 1. m. *Gu.* Piojo blanco.

chiclán. (Del maya *tziclán,* caballo a medio castrar).
I. 1. adj/sust. *Mx, Ho, Ni, CR:NO, Pa, RD, Ve. Referido a una persona o a un animal,* que tiene un solo testículo. ♦ **chiclano.**

2. m. *Ho.* Testículo de una persona o animal. rur.

chiclano.
I. 1. *Pa, Cu.* **chiclán.**

chiclar.
I. 1. tr. *Ni.* Rozar una canica a otra.

II. 1. tr. *Ni.* Realizar el coito. vulg.

chiclazo.
I. 1. m. *Gu.* Beso.

II. 1. m. *Ni.* Golpe de una canica contra otra.

chicle. (Del nahua *tzictli,* y este de *tzicoa,* pegar).
I. 1. m. *Mx, Gu, Ho, ES, CR, Pa, Cu, Co, Ve, Ec, Ur, Pe, Bo,* cult → espon ^ fest. Persona que llega a ser molesta a otra por querer estar siempre en su compañía. pop.

2. *Gu, Pa, RD, Ur.* metáf. Persona pegajosa, entrometida. pop.

---

3. *RD.* Chico o chica pasada de moda.

4. *RD.* Algo que no gusta.

II. 1. *Ho.* **níspero,** árbol y fruto.

2. m. *Ho.* Jugo lechoso que fluye del tronco del **chicozapote** tras hacerle una incisión. pop + cult → espon.

■

a. ‖ ~ **bomba.** m. *Mx, ES, Ec; Pe,* p.u. Goma de mascar que permite hacer globos con la boca.

b. ‖ ~ **globero.** m. *Ur.* Goma de mascar que permite hacer globos con la boca.

▶ **darle para los ~s; mascar ~.**

chiclear(se).
I. 1. intr. *Mx, Ho:N, ES, Ni, Pa.* Dedicarse a la explotación del chicle, gomarresina del chicozapote. pop + cult → espon.

II. 1. tr. *Gu.* Besar.

2. intr. prnl. *Gu.* Besarse dos personas.

III. 1. intr. *ES.* Chismorrear.

chiclera.
I. 1. f. *Ho, Ec.* Pequeño puesto callejero en el que se venden chicles, caramelos, cigarrillos y otras chucherías.

2. *Ho.* Cajón rectangular y poco profundo de madera donde se exhiben para su venta chicles, caramelos, cigarros y otras chucherías. pop + cult → espon.

II. 1. f. *Ho.* Barriga abultada de una persona. pop + cult → espon.

chiclería.
I. 1. f. *Mx, Gu.* Lugar de explotación o comercialización del chicle, gomorresina del chicozapote.

chiclero, -a.
I. 1. m. y f. *Mx, Gu, Ho, ES, Ni.* Persona que vende chicles y otras chucherías. pop + cult → espon.

2. adj. *Mx, Gu, Ho, Ni.* Relativo al chicle, gomorresina que fluye del **chicozapote.** pop + cult → espon.

3. m. y f. *Mx, Gu, Ni.* Persona que se dedica a la industria del chicle.

II. 1. sust/adj. *ES.* Persona vulgar y grosera.

III. 1. adj. *Ho. Referido a persona,* panzona, tripuda. pop.

IV. 1. adj. *Ni.* juv. *Referido a cosa,* de mala calidad o escaso valor.

chiclón.
I. 1. *Pe.* **pijuy.**

chicloso.
I. 1. m. *Mx.* Dulce de leche de la consistencia del chicle.

chicloso, -a.
I. 1. *Ni.* juv. **chicludo,** fastidioso.

chicludo, -a.
I. 1. adj. *Co, Ve. Referido a cosa, especialmente a un alimento,* que tiene consistencia de goma. pop.

II. 1. adj. *Ni.* juv. *Referido a persona,* fastidiosa, molesta. ♦ **chicloso.**

chicmu. (Voz quechua).
I. 1. m. *Pe.* Hierba que crece en climas fríos, que echa tallos pequeños y delgados que apenas alcanzan los 20 cm de altura, con hojas compuestas, de tres folíolos vellosos y unas flores minúsculas blancas o rosadas dispuestas en espigas. (Fabaceae; *Trifolium amabile*).

chico.
I. (Abrev. de *chicozapote*).
1. m. *Mx, Gu, Ho.* **chicozapote,** fruto. rur.

II. 1. m. *Mx.* Vaso pequeño de **pulque,** bebida tradicional mexicana.

III. 1. m. *Co. En el juego del billar,* partida o tanda.

IV. 1. m. *Ch.* Ano. vulg; pop + cult → espon ^ fest.

V. 1. m. *Ur.* Tamboril de tamaño muy reducido, que se emplea en la música afrouruguaya.

□

a. ‖ **¡~ en boca!** loc. interj. *ES.* Expresa orden de guardar silencio.

b. ‖ **como el ~.** loc. adv. *Ch.* Muy mal. vulg; pop.

c. ‖ **el ~.** loc. sust. *Bo.* Pene. vulg; pop ^ fest.

chico, -a.
   I. 1. adj. *Mx. Referido a cosa*, muy grande.

●

   a. ‖ **~.** fórm. *Cu.* Se usa para dirigirse a una persona de igual jerarquía o con la que se tenga cierta familiaridad.

chicoco, -a.
   I. 1. m. y f. *Ch*, cult → espon; *Pe*, afec; *Bo*, cult → espon ^ afec. Niño pequeño. pop.
   2. adj. *Pe, Bo, Ch.* De pequeña estatura. pop + cult → espon ^ fest.

chicocuchi. (De *jilosuchil*).
   I. 1. m. *Mx.* Árbol de hasta 3,5 m de altura, de tronco firme y abombado, brotes de color rojo muy llamativo, y flores de color rojo o blanco, compuestas de un ramillete de estambres cuya forma se asemeja a la de una escobilla. (Bombacaceae; *Bombax ellipticum*). ♦ **jilosúchil; lele; luya; mapola; mocoque; pelínshucil; pongolote; sospó.**

chicol. (Del nahua *chicolli*).
   I. 1. m. *Mx.* Vara provista de un gancho que sirve para recoger frutas en los árboles. rur. (**chicole**).

chicole.
   I. 1. *Mx.* **chicol.**

chicoleada.
   I. 1. f. *Mx.* Gesto de cariño que *una persona* hace a otra, o que dos personas se hacen entre ellas.

chicolear.
   I. 1. tr. *Mx.* obsol. Hacer *una persona* gestos de cariño a otra.

chicoleo.
   I. 1. m. *Mx.* Gesto de cariño que *una persona* hace a otra, o que dos personas se hacen entre ellas.
   II. 1. m. *Pa.* p.u. Broma, dicho o hecho humorístico.

chicolero.
   I. 1. m. *ES.* Montón de cosas viejas e inservibles. pop.

chicolero, -a.
   I. 1. adj. *Mx. Referido a persona*, que hace muchos **chicoleos**, gestos de cariño.

chicón, -na.
   I. 1. adj. *Ch, Ar.* Pequeña o muy pequeña. pop.
   2. *Ar. Referido a persona*, que es muy joven, casi niño. pop.

chicopipe. (Del nahua *xicotl*, jicote, y *pipilli*, muy pequeño).
   I. 1. f. *Ni, CR:NO.* **jicote**, abeja.
   2. *Ni, CR:NO.* **jicote**, miel.

chicora.
   I. 1. f. *Co:O.* **zopilote**. (Cathartidae; *Coragyps atratus*).

chícora.
   I. 1. f. *Ve.* Instrumento de labranza para cavar la tierra, que consiste en una pieza estrecha de hierro, en forma de pala, con uno de los cabos afilados y el otro con una cavidad para adaptarlo y fijarlo a un mango largo de madera. (**chícura**).

chicoria.
   I. 1. f. *Ni.* **culantro.**
   II. 1. f. *Ur.* Situación de estrechez o extrema carencia de recursos económicos. pop.

chicorio, -a.
   I. 1. sust/adj. *Co.* Persona de baja estatura. pop ^ fest.

chicoso, -a.
   I. 1. adj. *Ni. Referido a persona*, fastidiosa y molesta.

chicota.
   I. 1. f. *Ch.* Medicamento de efecto hipnótico que se muele para usarse como droga. drog.
   II. 1. f. *Ho.* Castigo que se da a los niños. rur.

chicotazo. (De *chicote*).
   I. 1. m. *Mx, Gu, Ho, Ni, Ve, Pe, Ar, Ur, RD, PR, Bo, Ch*, pop + cult → espon; *Ec*, p.u, rur; *Cu*, p.u. Golpe dado con un **chicote**, látigo largo y delgado. ♦ **chicoteada, chicoteadura.**
   2. *Ar, Ur, Ch*, pop + cult → espon. Golpe semejante a un chicotazo. pop.
   3. *Ar.* Movimiento descontrolado de la parte trasera de un vehículo. pop.
   4. *Ur.* Descarga eléctrica de poca intensidad. pop.
   II. 1. m. *RD.* Trago de bebida alcohólica.
   III. 1. m. *Ho.* metáf. Coito. rur; vulg.
   IV. 1. m. *Ho.* Picadura de abeja o avispa. rur. ♦ **chicoteada.**

■

   a. ‖ **~ de saliva.** m. *Ho.* Salivazo, saliva que se escupe de una vez. rur.

chicote. (Del nahua *xicotli*, jicote, abeja).
   I. 1. m. *Mx, Gu, Ho, ES, Ni, Pa, Ve, Ec, Pe, Ch, Py, Ar, Ur, Cu, RD, PR, Bo*, pop + cult → espon. Látigo largo, delgado y flexible, hecho de cuero, cuerda u otra materia, *usado especialmente para avivar o castigar las caballerías*. ♦ **chorote.**
   2. *Ch.* Lazo colocado a raíz de la barba del freno para conducir a los animales. pop + cult → espon.
   II. 1. m. *Mx.* Cable de transmisión mecánica entre las palancas de un vehículo y los dispositivos que controlan, como pueden ser el acelerador o el freno.
   2. *ES, Pe, Ch.* Cable, *especialmente de conexión y eléctrico*.
   III. 1. m. *Mx:SE, Co.* Parte que queda sin consumir de un cigarro o de un cigarrillo.
   IV. 1. m. *Mx, Ho, ES.* Escarabajo de hasta 30 mm de longitud, cubierto de pelos blancos, finos y cortos sobre los élitros, y cuerpo con tonalidades pardas sin lustre, hasta bicoloreadas con lustre. (Scarabaeidae; *Phyllophaga* spp., *Cyclocephala* spp., *Anomala* spp., *Bothynus* spp.).
   V. 1. m. *Ho, Ni.* Suerte continuada en cualquier juego.
   2. *Ho.* Jugada de dados.
   VI. 1. m. *Ni, CR.* Trozo de cuerda gruesa.
   2. *Pa.* Tira de tela que sujeta el cinturón del pantalón o de la falda.
   VII. 1. m. *Cu.* Mal olor de los pies.
   VIII. 1. m. *Ho:O.* Palillo de madera con una bola de hule en la punta que se utiliza para tocar la **marimba.**
   ► **estar con los ~s cruzados; irse al ~.**

chicoteada.
   I. 1. f. *Gu, Ho, Pe; Bo*, pop + cult → espon. **chicotazo**, golpe dado con un látigo.
   2. *Ho.* **chicotazo**, picadura.

chicoteado.
   I. 1. m. *Ar.* Revocado de una pared hecho con la mezcla arrojada sobre ella y sin alisar.

chicoteado, -a.
   I. 1. adj. *Mx. Referido a persona*, ajetreada.
   II. 1. adj. *Gu. Referido a persona*, habilidosa.
   ► **traer ~.**

chicoteadura.
   I. 1. f. *Bo.* **chicotazo**, golpe dado con un látigo. pop + cult → espon.

chicotear.
   I. 1. tr. *Mx, Gu, Ho, Ni, Pa, Pe, RD, Bo*, pop + cult → espon; *Ec*, p.u, rur; *Cu*, p.u. Dar **chicotazos** a *alguien*.
   2. *Mx.* metáf. Molestar a *alguien*.
   3. *Ch, Ar, Ur, RD*, cult → espon; *Cu*, p.u. Dar **chicotazos** a *un animal*. pop.

4. intr. *Ar.* Moverse descontroladamente hacia los lados la parte trasera de un vehículo. pop.
5. tr. *Ch.* p.u; metáf. Fustigar, vituperar, censurar *algo* con dureza.
6. intr. *Bo.* Dar golpes un animal con la cola. pop.
7. tr. *ES.* Molestar, importunar o enamorar con insistencia a una mujer.
II. 1. tr. *Mx.* Apremiar a *alguien*, incitarle a que haga algo con rapidez.
2. *Ch.* Incitar, provocar o inducir a *alguien* a que haga algo. pop + cult → espon.
III. 1. intr. *Ch; Ar*, pop. *En albañilería*, arrojar la mezcla con la cuchara sobre la pared y dejarla sin alisar.
IV. 1. intr. *Ch.* Consumir **chicota**. drog.
V. 1. intr. *Ec:E.* Desgranar arroz golpeando las espigas contra una superficie. rur.
VI. 1. tr. *Bo.* Realizar el coito. vulg; pop + cult → espon ^ fest.

□
a. ‖ ~ **los caracoles.**
i. loc. verb. *Ch.* Darse prisa en una actividad. pop + cult → espon ^ fest.
ii. *Ch.* Apremiar a *alguien* para que realice una actividad de forma rápida. pop + cult → espon ^ fest.

chicoteo.
I. 1. m. *Mx; Ar*, pop. Golpeteo.
2. *Mx.* Golpe o movimiento brusco.
II. 1. m. *Ar.* p.u. Revocado de una pared hecho con la mezcla arrojada sobre ella y sin alisar. pop.
III. 1. m. *Ec.* Separación de los granos de arroz de la espiga mediante aporreo.
IV. 1. *Ur.* Descarga eléctrica de poca intensidad. pop.

chicotera.
I. 1. f. *Ar.* Extremo de las riendas que se emplea, a modo de fusta o **chicote**, para estimular a las caballerías.
2. *Ch.* **chicote**, látigo de cuero con el que se aviva o castiga a las caballerías. rur.

chicotería.
I. 1. f. *Pe.* Conjunto de alambres o cables de una instalación eléctrica, *especialmente la de un automóvil*.

chicotero, -a.
I. 1. m. y f. *Ch.* Persona que consume **chicota**. drog.

chicotico.
I. 1. m. *Cu.* Chuchería con forma similar a un cilindro pequeño elaborada con harina de maíz, aceite vegetal, ajo y sal.

chicotillo.
I. 1. m. *Pe.* Fusta de un jinete.
2. *Pe:C,E. En ciertas danzas tradicionales*, cadena de eslabones de metal rematada en una campanilla que es agitada al compás de la música y de los pasos de la danza.
II. 1. m. *Bo.* Tubo pequeño de metal o de plástico muy flexible, que se utiliza para instalaciones sanitarias.
2. *Bo.* Cable metálico delgado recubierto de goma que sirve para hacer conexiones entre instrumentos electrónicos.

chicoyote. (Del nahua, afér. de *chichic*, amargo, y *ayotli*, calabaza).
I. 1. m. *Mx:S.* Calabaza redonda de unos 6 cm de diámetro; no es comestible. (Cucurbitaceae; *Cucurbita radicans*). ♦ **sanacoche.**

chicozapote. (Del nahua *tzictli*, chicle, y *tzapotl*, zapote).
I. 1. *Mx, Gu, Ho, ES, Ni, Ec.* **níspero**, árbol.
2. *Mx, Gu, Ho, ES, Ni, Ec.* **níspero**, fruto.

chicuace. (Del nahua, afér. de *mapilchicuace* o de *xopilchicuace*, de *mapilli*, dedo de la mano, o de *xopilli*, dedo del pie, y *chicuace*, seis).
I. 1. adj. *Mx.* Referido a persona, que tiene seis dedos en una mano o en un pie. (**chicuaz, chincuás**).

chicuaco.
■
a. ‖ ~ **cuello gris.** m. *Ve.* Ave de hasta 41 cm de longitud, muy parecida al **chicuaco cuello rojo** pero con los lados y la parte posterior del cuello de color gris. (Ardeidae; *Butorides striatus*).
b. ‖ ~ **cuello rojo.** *Ve.* **cagón**, ave.
c. ‖ ~ **enmascarado.** m. *Ve.* Ave de hasta 58 cm de longitud, con la cabeza de color negro con barras blancas, el cuello y la región inferior grises, y las plumas del manto gris oscuro bordeadas de plateado; el pico es negro y las patas amarillas. (Ardeidae; *Nyctanassa violacea*).

chicuaco, -a.
I. 1. adj. *Ch.* Referido a persona, de baja estatura. pop + cult → espon ^ desp.

chicuana.
I. 1. f. *Mx.* Arbusto de hasta 5 m de altura, de hojas lanceoladas, oblongas, y flores de color blanco o rosa pálido, muy aromáticas, con un olor semejante al de la vainilla. (Asteraceae; *Vernonia tortuosa*).

chicuate. (Del nahua *chicuatli*, lechuza).
I. 1. m. *Mx.* Lechuza de pequeño tamaño, de color café oscuro con manchas blancas, línea ventral, patas blancas, y ojos de color amarillo intenso. (Strigidae; *Speotyto cunicularia*). ♦ **chicuatotol; lechucita de campo; pejpera.**

chicuatotol. (Del nahua *chicuatli*, lechuza, y *tototl*, pájaro).
I. 1. *Mx.* **chicuate.**

chicuaz.
I. 1. *Mx.* **chicuace.**

chicuca.
I. 1. f. *Co:C.* Pedazo o pieza pequeña en que se divide algo al romperse. pop.
II. 1. f. *Ve:O.* Excremento de algunos animales.
▶ **hacer ~; volver ~.**

chicuí.
I. 1. m. *RD.* Ave de hasta 10 cm de longitud, de color verde brillante en la parte superior y blanco grisáceo en la inferior, con la garganta roja y el pico largo y angosto. (Todidae; *Todus angustirostris*).

chicuije.
I. 1. m. *Ni, CR:NO.* Olor desagradable que impregna el ambiente de una casa como el pescado o el huevo.

chicuijoso, -a.
I. 1. adj. *Ni.* p.u. *Referido a cosa*, que despide mal olor.

chicuilote. (Afér. de *chichiculote*).
I. 1. *Ho.* **chichiculote**, palma.
2. m. *Ho.* Corazón del tallo comestible del **chicuilote**. rur.

chicuís, -sa.
I. 1. m. y f. *Gu.* Niño pequeño.

chícura.
I. 1. *Ve.* p.u. **chícora.**

chido, -a.
I. 1. adj. *Mx.* Bonito, lindo. pop. (**shido**).
2. *Mx.* Muy bueno. pop. (**shido**).

chif. (Del ingl. *chief*, jefe).
I. 1. m-f. *Pa.* Jefe.
2. *Pa.* Amigo íntimo, compañero inseparable.

chifa. (Del chino cantonés).
I. 1. m. *Ec, Pe, Bo, Ch:N.* Restaurante de comida china.
2. *Pe.* Comida preparada al estilo de China en un **chifa**.

chifarse.
I. 1. tr. prnl. *Pe.* juv. Realizar el coito. tabú. (**chiflarse**).
II. 1. tr. prnl. *Pe.* Matar *una persona* a *alguien*. delinc.

chifear.
  I. 1. tr. *Pa.* No prestar atención a *algo* o a *alguien*. pop.
      (**chifiar**).
    2. *Pa.* Esquivar *algo* o a *alguien*. pop. (**chifiar**).

chifeo.
  I. 1. m. *Pa.* Actitud de desconocer o no prestar aten-
      ción a algo o a alguien. pop.

chifero, -a.
  I. 1. adj/sust. *Pe.* Aficionado a la comida china. pop.
    2. adj. *Pe.* Relativo a la comida y a la cocina china.
      pop.

chiffonnier. (Voz francesa).
  I. 1. m. *Ar; Mx, Ve* obsol; *Bo*, p.u. Cómoda alta.

chifiar.
  I. 1. *Pa.* **chifear**.

chifiliar.
  I. 1. tr. *Pa.* Robar. delinc.

chifión, -na.
  I. 1. sust/adj. *Pa.* Persona soberbia y arrogante. pop
      + cult → espon.

chifla.
  I. 1. f. *Mx.* Mal humor. pop + cult → espon.

chiflada.
  I. 1. f. *Ho, CR.* Rechifla. pop.

chifladera.
  I. 1. f. *Mx, Ho, ES, Pe, Bo.* Manía, extravagancia. pop.
  II. 1. f. *Gu, Ho, CR, Pe; Co*, pop. Chiflido reiterado.

chiflado, -a.
  I. 1. adj/sust. *Ni. Referido a persona*, distraída.

chiflador.
  I. 1. m. *Ho.* Silbato, instrumento pequeño y hueco
      que produce un sonido agudo al soplar por él. pop.
    2. *Ho.* Cohete pequeño y rastrero que emite un silbi-
      do mientras se quema la pólvora. pop.

chifladora.
  I. 1. f. *Ni.* Tos intensa.

chiflamicas.
  I. 1. m-f. *Co.* Persona de poco juicio. pop ^ desp.
  II. 1. m-f. *Co:C.* obsol. Músico mediocre.

chiflar(se).
  I. 1. intr. *Mx.* Cantar las aves.
  II. 1. *Ch.* **chifarse**, realizar el coito. vulg; pop.
  III. 1. intr. prnl. *Ho, ES.* Olvidarse de algo. pop.
  IV. 1. intr. *Cu.* Salir *alguien* airoso de algo.
  •
    a. ‖ **no la chifles, que es cantada.**
      i. fórm. *Mx.* Se usa para advertir a alguien de
        que puede cometer un error muy difícil de so-
        lucionar. euf.
      ii. *Mx.* Se usa para expresar asombro. euf.
  □
    a. ‖ **~ el mono.** loc. verb. *Cu.* Hacer mucho frío.
    b. ‖ **chiflársela.** loc. verb. *Mx.* Perder la oportunidad
      de conseguir algo. pop.
  ▨
    a. ‖ **chiflando en la loma.** loc. adv. *Mx, Gu, ES.* Es-
      perando que suceda algo que nunca llega a ocu-
      rrir.
  ◪
    a. ‖ **no se puede ~ y sacar la lengua.** fr. prov. *Cu.*
      Indica que no es posible atender a dos o más cosas
      a la vez.

chifle.
  I. 1. m. *Ar, Ur.* Recipiente hecho de asta de vacuno,
      que se usa para transportar y beber líquidos, o para to-
      mar mate. rur.
  II. 1. m. *Ec, Pe.* **Bocadito** o aperitivo salado hecho de
      plátano verde frito.

  III. 1. m. *RD; PR*, rur. Cuerno de un animal.
    2. *RD.* meton. Cualquier objeto o cosa alargada y
      fina.
    3. *PR.* metáf. Mechón de pelo parado como un cuerno.
  IV. 1. m. *Ho, ES.* Cargador, estuche metálico con un
      muelle impulsor en el que se disponen los proyec-
      tiles para armas automáticas ligeras. pop.
    2. *Ho.* Conjunto de balas que contiene un **chifle**.
  V. 1. m. *Gu.* Pendiente pronunciada en un terreno. rur.
  VI. 1. m. *ES.* Indirecta, palabra o frase contra alguien de
      forma no explícita.
  ■
    a. ‖ **~ de vaca.** m. *PR.* Variedad de **mangle** de hasta
      8 m de altura, con hojas opuestas, de color gris-
      verdoso pálido, flores pequeñas blancas o amari-
      llas y fruto oblicuo; se caracteriza por un particular
      sistema de raíces subterráneas. (Acanthaceae; *Avicen-
      nia nitida*).
  ► **poner los ~s.**

chiflear(se).
  I. 1. tr. *Ec.* p.u. Chiflar, hacer mofa de algo o alguien.
    2. intr. prnl. *Ec.* Silbar, producir silbidos. pop + cult
      → espon.

chiflera.
  I. 1. f. *Pe.* Planta ornamental, con ramas colocadas de
      par en par y rematadas en una especie de sombri-
      lla formada por hojas anchas y aovadas. (Arali-
      ceae; *Schefflera* spp.).
  II. 1. f. *Bo:O, C.* Mujer que vende amuletos, hierbas
      medicinales y productos para brujería.

chiflería.
  I. 1. f. *Pe.* Establecimiento donde se preparan y ven-
      den **chifles**, bocaditos de **plátano verde** frito.

chifleta.
  I. 1. f. *Mx, Ho, ES, Ni.* Indirecta, pulla.
  II. 1. adj/sust. *Ho. Referido a persona*, alocada. pop.

chiflete.
  I. 1. m. *Ar, Ur.* Corriente de aire frío que se introduce
      por una abertura en lugar cerrado. pop.

chifletear.
  I. 1. tr. *ES, Ni.* Hacer a *alguien* bromas o decirle indi-
      rectas.

chifletero, -a.
  I. 1. sust/adj. *ES, Ni.* Persona que hace bromas o dice
      indirectas.

chiflido.
  I. 1. m. *Cu.* Diarrea.
  □
    a. ‖ **como un ~.** loc. adv. *ES, Cu.* Velozmente.
    b. ‖ **en un ~.** loc. adv. *Mx.* En un instante.

chiflis. (De *chiflado*).
  I. 1. adj. *Gu, Ho, ES, CR, Co. Referido a persona*, que
      no está del todo en su sano juicio, que actúa de
      manera extraña. fest. ♦ **chifloreto**.

chiflón.
  I. 1. m. *Mx, Gu, Ho, ES, Ni, CR, Co, Ec, Pe, Bo, Ch,
      Ar.* Corriente impetuosa de aire que pasa a través
      de un espacio estrecho, *especialmente en un edificio o
      una vivienda*. ♦ **chiflonazo**.
    2. *Ho, ES, Ve, Ec:S.* Corriente del río en los lugares
      donde por la estrechez o inclinación del cauce se
      hace muy violenta e impetuosa. ♦ **chiflonazo**.
  II. 1. m. *Mx, Ch.* Canal o tubo por donde sale el agua
      con fuerza del surtidor de una fuente o de la man-
      guera de una bomba de riego.
    2. *Mx.* Derrumbe de piedra suelta en el interior de
      las minas.
  III. 1. m. *Ar, Ur.* **garza silbadora**.
  IV. 1. m. *Ch. En una mina*, cañón o conducto muy in-
      clinado y profundo.

V. 1. f. *Ec.* Bocanada de aire.
VI. 1. f. *Pa.* Tosferina.

chiflonazo.
   I. 1. *Mx, ES, Ni.* **chiflón**, corriente de aire. hiperb.
   2. *ES.* **chiflón**, corriente de río.
   □
   a. ‖ **de ~.** loc. adv. *Mx.* Rápidamente.

chiflonudo, -a.
   I. 1. adj. *Gu, Ho.* Referido a un lugar, que tiene muchos **chiflones**, corrientes de aire.

chifloreto, -a.
   I. 1. *Co.* **chiflis**.

chiflú.
   I. 1. m. *PR. En la industria tabacalera*, gusano pequeño de color verde y con cuernos; se alimenta de las hojas del tabaco. rur.

chiforrober.
   I. 1. m. *Cu.* p.u. Armario de madera de pequeño tamaño compuesto por tres puertas y cajones o gavetas interiores.

chifrijo.
   I. 1. m. *CR.* Plato consistente en **frijoles**, *generalmente* **cubases**, acompañados de carne de cerdo en trocitos, marinada en limón y frita con ajos.

chifurnia.
   I. 1. f. *Gu, Ho, ES.* Lugar poco atractivo y marginal, alejado de los centros de población. desp.
   2. *ES, Ni.* Lugar agreste y con matorrales. rur. (**chijurnia**).
   3. *ES.* Casa o habitación vieja, deteriorada o mal conservada. desp.

chigua.
   I. 1. f. *Ch, Ar:NO.* Especie de serón o cesto hecho con cuerdas o corteza de árboles, de forma oval y boca de madera, que sirve para muchos usos domésticos y hasta de cuna. rur.
   2. *Ve:C.* Recipiente de barro cocido, semejante a una tinaja, de pequeño tamaño.
   II. 1. *Ho.* **aguacatillo**, árbol.
   2. *Ho.* **chigüe**, árbol.

chiguaco.
   I. 1. m. *Co.* Pájaro de hasta 35 cm de longitud, enteramente negro, con el pico y las patas amarillas. (Turdidae; *Turdus fuscater*). ♦ **chilcagua**; **mirla negra**.

chigualo.
   I. 1. m. *Co:SO, Ec:O.* Ceremonia que se hace cuando muere un niño.
   II. 1. m. *Ec:O. En la noche de Navidad*, ceremonia **montubia** profano-religiosa de procesión, alabanza, rondas, declamación de coplas y bailes en la que los participantes solicitan el permiso del niño Dios para realizar estos festejos.

chiguanco. (Del quechua).
   I. 1. m. *Pe, Bo:C, Ch:N, Ar:NO.* Ave de hasta 29 cm de longitud, de color café grisáceo, alas y cola más oscuras, pico y patas amarillos. (Turdidae; *Turdus chiguanco*). (**chihuaco; chihuanco**). ♦ **ishma; isma**.

chiguar.
   I. 1. intr. *Ar:NO.* Tirar dos o más personas o animales de una cuerda en sentido contrario para medir fuerzas. rur.

chiguare.
   I. 1. *Ve.* **tacuacín**.

chiguate.
   I. 1. adj. *ES.* Referido a niño, llorón.
   II. 1. adj. *ES.* Referido a niño, cobarde, miedoso.

chiguayo.
   I. 1. m. *Pa.* Tabaco.

chigüe. (Del nahua *xihuitl,* hierba).
   I. 1. *Ho, ES, Ni.* **chaparro**, árbol. ♦ **chigua**.

chiguete.
   I. 1. *RD.* **chisguete**, porción de líquido.

chigüi.
   I. 1. m. *ES.* Coito. vulg.
   2. *ES.* Llovizna. (**chihue**).

chigüichigüe.
   I. 1. m. *Ve.* **piñuela**, planta terrestre.

chigüil.
   I. 1. m. *Ec.* Alimento elaborado con harina de maíz, manteca, huevos y queso, envuelto en hojas de la mazorca de maíz y cocido al vapor.

chigüín, -na.
   I. 1. m. y f. *Ho, ES, Ni, CR:NO.* Niño. pop.

chigüinada.
   I. 1. f. *Ho, Ni.* Grupo de niños.
   2. *Ho, Ni.* Niñería.

chigüinero.
   I. 1. m. *Ho, Ni.* Grupo grande de niños.

chigüire.
   I. 1. *Ve.* **chigüiro**.

chigüiro.
   I. 1. *Co.* **carpincho**. ♦ **chigüire**.

chigüiza.
   I. 1. f. *Ve:O.* Testículo.

chihuaco.
   I. 1. *Pe, Bo:C, Ar:NO.* **chiguanco**.

chihuaco, -a.
   I. 1. adj. *Ni.* Referido a persona, que tiene las piernas torcidas hacia fuera.

chihuahua. (De *Chihuahua,* estado de México).
   I. 1. f. *Ec.* obsol. Artificio pirotécnico formado por un conjunto de carrizos forrados con papel o trapos y cargado de pólvora en su interior, que se usa para alegrar fiestas religiosas de algunas parcialidades de indígenas de la Sierra.

¡chihuahua! (De *Chihuhua,* estado de México).
   I. 1. interj. *Mx.* Expresa sorpresa o enfado.

chihuanco.
   I. 1. *Pe, Bo:O,C, Ar:NO.* **chiguanco**.

chihue.
   I. 1. *ES.* **chigüi**, llovizna.

¡chija!
   I. 1. interj. *ES.* Imita el estornudo.

chijete.
   I. 1. m. *Ch:N, Ar, Ur.* p.u. Chorro fino de un líquido cualquiera que sale violentamente. pop.
   2. *Ar, Ur.* Corriente de aire frío que se introduce por una abertura en lugar cerrado. pop.
   □
   a. ‖ **como ~.** loc. adv. *Ar, Ur.* Muy rápidamente. pop.

chiji.
   I. 1. m. *Bo:O,C.* Pasto, césped. pop + cult → espon.

chijí.
   □
   a. ‖ **¡~ chijá!** loc. interj. *PR.* Expresa ánimo para un deportista durante el juego.

chijol. (Del nahua *chixolli,* legumbre hinchada).
   I. 1. m. *Mx:SE.* Árbol de hasta 20 m de altura, de tronco delgado y firme, ramas escasas y ascendentes, copa frondosa, hojas compuestas, flores de color grisáceo y frutos con forma de vaina de color pardo amarillento; su madera tiene diversos usos en la construcción. (Fabaceae; *Piscidia communis*).

chijurnia.
   I. 1. *ES.* **chifurnia**, lugar agreste.

chijute. (De or. onomat.).
I. 1. *Gu, ES.* **pijuy.** (**chijuyo**).

chijuyo.
I. 1. *ES.* **chijute.**

chila.
I. 1. *Mx.* **xila.**

chilaca. (Del nahua *chilli*, chile, y *acatl*, caña).
I. 1. f. *Mx.* **jalapeño**, fruto.
II. 1. f. *Gu.* Axila. desp.

chilacastle. (Del nahua).
I. 1. m. *Mx.* Planta que flota en aguas estancadas, con hojas muy pequeñas que tienen el aspecto de una semilla de lenteja, y se agrupan en una fronda de color verde oscuro que se extiende por el agua. (Araceae; *Lemna gibba*).

chilacate. (Del nahua *tzilini*, sonar, y *acatl*, caña).
I. 1. m. *Mx, Ni.* Caña de la que se elaboran flautas.

chilacayote. (Del nahua *tzilacayutli*, calabaza blanca).
I. 1. m. *Mx, Gu, Ho, ES, Ni.* Planta herbácea de tallos alargados y trepadores, hojas anchas y lobuladas de color verde oscuro con manchas de verde amarillentas y flores tubulares amarillas. (Cucurbitaceae; *Cucurbita ficifolia*). ♦ **alcayota**; **cayota**; **chiberre**; **chilacayotera**; **chinchayote**; **lacayote**; **zambo**.
2. *Mx, Gu, Ho, ES, Ni.* Fruto comestible del chilacayote, oblongo, de color verde, y pulpa blanca y fibrosa; se usa para hacer mermeladas y frutas. ♦ **alcayota**; **cayota**; **chiberre**; **chinchayote**; **lacayote**; **zambo**.

chilacayotera.
I. 1. f. *Mx.* **chilacayote**, planta.

chilacear.
I. 1. tr. *ES.* Domar una caballería.

chilacoa.
I. 1. f. *Co.* **carau.**

chilacotear.
I. 1. tr. *ES.* Arreglar, adornar, pintar *algo, en especial la casa.*

chilacuan.
I. 1. m. *Co:SO.* **Papaya** pequeña.

chilacuán.
I. 1. *Ec.* **chilhuacán.**

chilacuate. (Del nahua).
I. 1. m. *Mx.* Árbol de hasta 10 m de altura, de hojas elípticas e inflorescencias compuestas por flores blancas, pequeñas y con forma de estrella. (Styracaceae; *Styrax argenteus*). ♦ **levadura.**

chilalo.
I. 1. *Ec, Pe.* **hornero**, pájaro.

chilamate. (Del nahua *chilli*, chile, y *amatl*, amate).
I. 1. *Mx, Gu, Ho, ES, Ni.* **amate**, árbol. (**chilmate**).

chilanga.
I. 1. f. *Gu.* Porquería, cosa sin valor.

chilango.
I. 1. m. *ES.* Andrajo.

chilango, -a.
I. 1. adj. *Mx.* Relativo al Distrito Federal, en México. pop + cult → espon. (**shilango**).

Chilangolandia. (De *chilango*, natural de la capital de México).
I. 1. f. *Mx.* Ciudad de México. pop ^ fest.

chilapastroso, -a.
I. 1. adj. *Mx.* Referido a persona, vestida de forma descuidada.

chilapate. (Del nahua *chilli*, chile, y *pahtli*, medicina).
I. 1. m. *ES.* Hierba de hasta 50 cm de longitud, de color rosado, hojas compuestas y alternas con margen entero y superficie tomentosa plana, cáliz verde pubescente y corola compuesta por pétalos de color rosado en tonalidades fuertes y pálidas, filamentos blancos, anteras amarillas y pistilo verde; su fruto es una legumbre inmadura, con semillas de color verde. (Fabaceae; *Tephrosia nicaraguensis*).

chilapeño. (De *Chilapa de Álvarez*, municipio del estado de Guerro, en México).
I. 1. m. *Mx.* Sombrero de paja *que tradicionalmente se fabrica en Chilapa de Álvarez,* municipio del estado de Guerrero.

chilaquila. (Del nahua *chilaquilli*, metido en salsa de chile).
I. 1. f. *Gu, Ho, ES, Ni.* **Tortilla** de maíz con relleno de queso, hierbas y **chile.**

chilaquiles. (Del nahua *chilli*, chile, de *atl*, agua, y *quilitl*, hierba comestible).
I. 1. m. pl. *Mx.* Guiso compuesto de **tortillas** de maíz, cortadas, fritas y, posteriormente, cocidas en salsa de **chile.**
2. *Ho.* Trozos de **tortillas** de maíz fritas que se suelen acompañar de salsa.

chilar.
I. 1. m. *Mx, Gu, Ho, ES, Ni, CR, Pa.* Terreno poblado de **chiles**, plantas herbáceas.
2. *Mx.* Rancho donde se cultiva el **chile**, planta herbácea.
II. 1. intr. *Ho.* Contar chistes picantes. rur.

chilarajo.
I. 1. m. *Mx.* Espantajo que se coloca en un sembrado, *generalmente de chile.*
2. *Mx.* metáf. Prenda de vestir vieja y en mal estado.

chilasca.
I. 1. f. *Mx:SE.* Luciérnaga.

chilasta. (Del nahua *chilli*, chile, y *atl*, agua).
I. 1. f. *Ni:N,O.* Oruga con el cuerpo recubierto de pelos negros y amarillos que se alimenta de hojas tiernas de ciertos cultivos como el **frijol** y produce quemaduras y urticaria a quien la toca.

chilata.
I. 1. f. *RD.* Poca cantidad de algo, *generalmente de dinero,* de un pago por algún servicio o de un sueldo.
2. *RD.* Cosa de poca importancia.
□
a. ‖ **por una ~.** loc. adv. *RD.* Por casi nada.

chilatada.
I. 1. *Ho.* **chilateada.** pop.

chilatal.
I. 1. m. *Ho:C.* Lodazal que se forma en el **potrero** donde pisa el ganado en época de lluvias.

chilate. (De *chilli*, chile, y *atl*, agua).
I. 1. m. *Mx, Gu, Ho, ES, Ni; CR,* obsol. Bebida común hecha con **chile**, maíz tostado y cacao.
2. *Ho.* meton. Agua sucia con lodo. pop.
3. *CR.* Terreno con barro casi líquido.
II. 1. m. *Ho. En alfarería,* barro líquido. pop.
III. 1. m. *Ho.* **acabadura**, semen. pop.

chilateada.
I. 1. f. *Ho, ES.* Fiesta o comida en la que se bebe abundante **chilate.** (**chilatada**).

chilatear.
I. 1. *Ho, ES.* Beber **chilate.**
2. intr. *ES.* p.u. Hacer **chilate.**
II. 1. tr. *ES:E.* Molestar o fastidiar a *alguien.*

chilatera.
I. 1. f. *Ho, ES.* Mujer que hace o vende **chilate**, bebida.

chilatería.
I. 1. f. *ES.* Local donde se vende **chilate**, bebida.

chilatero.
   I. 1.   *Gu, Ho, ES.* **nixtamalero.**
chilatole. (Del nahua *chilli,* chile, y *atolli,* atol).
   I. 1.   m. *Mx.* Guiso de maíz, **chile** y carne de cerdo.
chilatoso, -a.
   I. 1.   adj. *Gu. Referido a persona,* andrajosa.
   2.   *ES. Referido a cosa,* espesa, lodosa.
   3.   *Ni. Referido a persona,* llorosa.
chilayo.
   I. 1.   m. *Mx.* Guiso tradicional preparado con **chile**, carne de cerdo, salsa de tomate, arroz y comino.
chilazo.
   I. 1.   m. *Mx.* Instante.
   II. 1.   m. *Mx.* Fumigación que se realiza quemando plantaciones de **chile**. rur.
□
   a. ‖ **al ~.**
     i. loc. adv. *Mx, Gu, ES.* **ahoritita**, ahora mismo.
     ii. *Ho.* De manera improvisada.
chilca. (Del quech. *chilca,* arbusto de hojas pegajosas).
   I. 1.   f. *Mx, Gu, Ho, Co, Ec:C, Pe, Bo:O,C, Ch, Ar, Ur.* Arbusto de hasta 2 m de altura, con hojas de color verde claro, flores pequeñas blanco amarillentas, agrupadas en cabezuelas, y fruto capsular de forma ovoide con semillas oblongas recubiertas por un arilo blanco; tiene diversas aplicaciones en la medicina popular. (Asteraceae; *Baccharis* spp.). ♦ **barsalito; dadín; sanalotodo; suelda con suelda; tola.**
   2.   *Gu, Ho.* **rama de caballo.** (chirca).
   3.   *Ch.* Arbusto de hasta 5 m de altura, de tronco y ramas de color amarillento, de hojas ovaladas y levemente acuminadas y flores colgantes de color entre rojo y púrpura. (Onagraceae; *Fuchsia magellanica*).
   II. 1.   f. *ES, Ni.* Dinero suelto. (chilcra).
■
   a. ‖ **~ dulce.** f. *Ar:C,N, Ur.* Arbusto de hasta 3 m de alto de tallos erectos, hojas lanceoladas y aserradas en el borde, y flores rosáceas. (Asteraceae; *Tessaria dodoneifolia*).
chilcagre.
   I. 1.   m. *Ni.* Tabaco criollo de color negro y un poco picante.
chilcagua.
   I. 1.   f. *Co:O.* **chiguaco.**
chilcal.
   I. 1.   m. *Gu, Ho, Ec, Ar:N, Ur.* Lugar donde abunda la **chilca**.
chilcán.
   I. 1.   m. *Ar:NO.* Alimento semiespeso hecho a base de harina de maíz tostado, azúcar y agua caliente o leche, que suele servirse en el desayuno o por la tarde.
chilcano.
   I. 1.   m. *Pe.* Bebida alcohólica preparada con **pisco** o **guinda**, *mezclado preferentemente con gaseosa y jugo de limón.*
   2.   *Pe.* Caldo hecho con la cabeza y espinas del pescado.
chilchaca.
   I. 1.   f. *Mx:C.* Arbusto de hasta 2 m de altura, con hojas ovadas de márgenes dentados, y flores radiales de color amarillo, dispuestas en cabezuelas en la cima del tallo; se utiliza en la medicina tradicional. (Asteraceae; *Calea urticifolia*). ♦ **chichilsaca; conroro; pashcuana; tatascán.**
chilchar.
   I. 1.   *Bo.* **chilchear.**
chilche.
   I. 1.   *Pe.* **huacatay.**
   II. 1.   *Bo.* **chilchi.**

chilchear.
   I. 1.   intr. impers. *Bo.* Lloviznar, caer lluvia menuda. pop + cult → espon. (chilchar).
chilchi.
   I. 1.   m. *Bo.* Llovizna pasajera. pop + cult → espon. (chilche).
chilchigua.
   I. 1.   adj/sust. *Ec:S.* p.u. *Referido a persona,* de poca importancia y estima social. pop + cult → espon ^ desp.
   2.   adj. *Ec:S. Referido a cosa,* de baja calidad, o sin importancia. pop + cult → espon ^ desp.
chilchil.
   I. (Del quech.).
     1. *Ec:S.* **anís del llano.**
   II. 1.   *Ho.* **ayacastle.**
chilchote. (Del nahua *chilchotl,* chile verde).
   I. 1.   m. *Mx.* **Chile** o **ají** que produce una fuerte sensación de picor.
chilco. (Del map. *chillco*).
   I. 1.   m. *Ch, Ar.* Fucsia silvestre, arbusto perenne de hasta 2 m de altura, de hojas lanceoladas y aovadas dentadas en los bordes y color verde claro. (Onagraceae; *Fuchsia magellanica*). ♦ **aljaba.**
   2.   *Co.* Arbusto de tronco recio y flores de color blanco y rosado, con pétalos retorcidos y pequeños, que crecen en racimos. (Saxifragaceae; *Escallonia tubar*). ♦ **rodamonte; tibar.**
   3.   *Pe.* Arbusto propio de las tierras bajas, con tallo bastante ramoso, hojas, delgadas y largas, algo resinosas; tiene usos medicinales. (Asteraceae; *Baccharis lanceolata*).
chilcra. (Epént. de *chilca*).
   I. 1.   *Ni.* **chilca**, dinero suelto.
chilcuague.
   I. 1.   m. *Mx.* Planta de tallo grueso y erguido, con pocas ramas, hojas opuestas, oblongas y lanceoladas y flores amarillas de aspecto similar a las de un girasol; se le dan varios usos *principalmente como condimento alimenticio, o para tratar infecciones respiratorias y digestivas,* además de servir de analgésico o anestésico. (Asteraceae; *Heliopsis longipes*).
chile. (Del nahua *chilli*).
   I. 1.   *Mx, Gu, Ho, ES, Ni, CR.* **ají**, planta.
   2.   *Mx, Gu, Ho, ES, Ni, CR.* **ají**, fruto.
   3.   m. *Mx, Gu, Ho, ES, Ni.* Salsa picante elaborada con alguna de las variedades de chile picante, sal, agua y especias.
   II. 1.   m. *Mx, Gu, ES.* metáf. Pene. euf.
   III. 1.   m. *Ni, CR.* Narración o cuento breves que se dicen para causar risa.
   2.   *ES.* Agudeza o sentido satírico de un chiste.
   IV. 1.   m. *Gu.* Embuste, engaño.
   V. 1.   m. *CR.* Experiencia o suceso desagradable. pop.
■
   a. ‖ **~ ancho.** m. *Mx, Ni.* Variedad de chile.
   b. ‖ **~ bravo.** m. *Mx, Ho, ES.* Variedad de chile.
   c. ‖ **~ chilaca.** m. *Mx.* Variedad de chile.
   d. ‖ **~ chipotle.** *Mx, Ni.* ♦ **chipotle.**
   e. ‖ **~ de perro.** m. *Ho.* Planta herbácea de flores verdes o blancas; se usa como cataplasma para aliviar varias dolencias. (Polygonaceae; *Polygonum hydropiperoides*).
   f. ‖ **~ dulce.** m. *Gu, Ho, ES, CR.* Variedad de chile.
   g. ‖ **~ guajillo.** m. *Mx.* Variedad de chile.
   h. ‖ **~ habanero.** m. *Mx.* Variedad de chile. ♦ **habanero.**
   i. ‖ **~ jalapeño.** *Mx, Gu, Ho, ES, Ni.* **jalapeño**, fruto.
   j. ‖ **~ morrón.** m. *Ho, ES, Ni.* Variedad de chile.
   k. ‖ **~ mulato.** m. *Mx.* Variedad de **chile poblano** seco.

l. ‖ **~ pasilla.** m. *Mx.* Variedad de chile seco. ♦ **pasilla.**

m. ‖ **~ petenero.** m. *Ho.* Variedad de chile.

n. ‖ **~ picante.**
   i. m. *Gu, Ho, ES.* Salsa picante elaborada a base de chile, sal, agua y especias.
   ii. *Gu, Ho.* **chiltepe,** planta.
   iii. *CR.* **ají,** planta.
   iv. *CR.* **ají,** fruto.

ñ. ‖ **~ pimiento.** m. *Mx, Gu, Ni.* Variedad de chile.

o. ‖ **~ piquín.** m. *Mx.* Variedad de chile.

p. ‖ **~ poblano.** m. *Mx, Ni.* Variedad de chile.

q. ‖ **~ relleno.** m. *Gu, Ho, ES, CR.* Comida hecha con chile verde sin semillas, relleno con carne picada o chorizo molido, huevo batido, cebolla, sal y especias y cocido al horno.

r. ‖ **~ serrano.** m. *Mx.* Variedad de chile.

s. ‖ **~ tabasco.** m. *Ho, ES, Ni.* Salsa de chile muy picante.

t. ‖ **~ verde.** m. *Mx, Gu, Ho, ES.* Variedad de chile.

□
a. ‖ **a medios ~s.**
   i. loc. adj. *Mx. Referido a algo,* que está a medio hacer. pop + cult → espon.
   ii. *Mx. Referido a persona,* semidormida. pop + cult → espon.
   iii. *Mx. Referido a persona,* medio borracha. pop + cult → espon.

b. ‖ **al ~.**
   i. loc. adv. *Gu, ES.* Rápidamente. pop + cult → espon.
   ii. *CR.* juv. De veras, de verdad.

c. ‖ **~ rojo.** loc. sust. *CR.* Narración o cuento breves de tema sexual, que se dice para causar risa.

d. ‖ **de ~, de dulce y de manteca.** loc. adj. *Mx.* De todo tipo, muy variado.

▨
a. ‖ **peor es ~ y agua lejos.** fr. prov. *Mx.* Indica una actitud de conformidad ante una situación desfavorable o que resulta menos satisfactoria de lo que se esperaba.

▶ **dar ~; echar ~; echarse el ~; estar a medios ~s; estar hecho un ~; hablar al puro ~; hacer ~ con el culo; parecer ~ relleno; torear un ~.**

chileajo.
  I. 1. m. *Mx.* Guiso de **chile** con carne de cerdo.

chileancho.
  I. 1. m. *Mx.* **Chile** ancho y de tamaño medio, de color rojo oscuro, no muy picante; se consume seco o tostado.

chilear.
  I. 1. intr. *Ho, Ni.* p.u. Contar chistes relacionados con el sexo.
  II. 1. intr. *Gu.* Brotar mazorcas del árbol del cacao.

chileatole. (Del nahua *chilli,* chile, y *atolli,* atal).
  I. 1. m. *Mx.* Bebida de **atole** y **chile.**
  2. *Mx.* Guiso de maíz, **chile** y carne de cerdo.

chilemotate.
  I. 1. m. *Ho, Ni.* Cogollo o flor del **chilmotate.**

chilena.
  I. 1. adj. *Ec. Referido a música o baile,* muy alegres.
  II. 1. *Ec:O.* **guinea,** pasto.
  III. 1. f. *Bo.* obsol. Prostituta.
  IV. 1. f. *RD.* Escopeta casera.

chilenada.
  I. 1. f. *Ch.* Improperio o expresión malsonante u obscena. pop + cult → espon.
  2. *Ch.* p.u. Acto o situación que se consideran propias de la personalidad y circunstancias chilenas. pop.

chilenero, -a.
  I. 1. adj. *Ch.* p.u. Relativo al folclore y a las manifestaciones artísticas tradicionales chilenos.
  2. sust/adj. *Ch.* p.u. Persona que cultiva y practica estas manifestaciones artísticas.

chilenidad.
  I. 1. f. *Ch.* Identidad chilena.

chilenita.
  I. 1. f. *Gu, Ho, ES, Ec, Bo, Ch. En el futbol,* chilena. ♦ **chalaca.**

chilenitis.
  I. 1. f. *Ch.* p.u. Afección, *generalmente estomacal,* que en ocasiones padecen los extranjeros al poco tiempo de llegar a Chile. pop + cult → espon. ♦ **chilitis.**
  2. *Ch.* Afección física o psicológica que padecen los chilenos en el extranjero, debido a la nostalgia. pop + cult → espon ^ fest. ♦ **chilitis.**

chilenito.
  I. 1. m. *Ch.* Pastel pequeño compuesto por dos capas circulares de masa de harina, rellenas de **manjar blanco,** y recubierto todo con una capa de merengue cocido.

chileno, -a.
  I. 1. adj/sust. *Pe. Referido a un frijol,* pequeño, redondo y de color negro.

□
a. ‖ **más ~ que los porotos.** loc. adj. *Ch. Referido especialmente a persona,* auténticamente chilena. pop + cult → espon ^ fest.

chilensis.
  I. 1. adj. *Ch.* Chileno. pop + cult → espon.

chilera.
  I. 1. f. *Gu, Ho, ES.* Terreno cultivado de **chiles** dulces o picantes.
  II. 1. *Ho.* **catala.**
  III. 1. f. *CR.* **chilero,** recipiente.

chilerear.
  I. 1. intr. *Gu.* Presumir, *especialmente de ropa u objetos caros.*

chilero.
  I. 1. m. *Mx, Ho, Pa.* Pájaro de hasta 44 cm de longitud, de abdomen amarillo o blanco, parte superior y lados de la cabeza grises, espalda y rabadilla oliváceas, garganta blanca grisácea, pico y patas negros. (Tyrannidae; *Tyrannus* spp.).
  II. 1. m. *Ni, CR.* Recipiente, por lo común un frasco o botella de vidrio, en el que se sirve una salsa preparada con pimientos picantes, cebolla, pimienta en grano y vinagre. (**chilera**).
  2. *CR.* Salsa preparada con pimientos picantes, cebolla, pimienta en grano y vinagre, que se sirve en un chilero.

chilero, -a.
  I. 1. sust/adj. *Mx, Gu, Ho, Ni.* Persona que tiene por oficio cultivar, comprar y vender **chiles,** pimientos.
  2. *Mx, Ho.* Persona que come muchos **chiles,** pimientos.
  3. *Gu.* Persona mentirosa.
  II. 1. adj. *Gu. Referido a cosa,* muy buena, excelente, bonita.
  III. 1. sust/adj. *Ni, CR.* Persona a la que gusta contar chistes.

chilgo.
  I. 1. m. *ES.* Rimero de **tortillas,** alimento.

chilguaco.
  I. 1. m. *ES.* Ropa vieja y sucia.

chilguate. (Del nahua).
  I. 1. m. *Gu.* Árbol de hasta 30 m de longitud, de copa amplia, hojas coriáceas, glabras, sin inflorescencia; la madera se emplea para construir cajas y barriles de

embalaje y para construir tabiques y paredes; su látex es tóxico y cáustico, pero rico en **caucho**. (Euphorbiaceae; *Sapium giganteum*).

chilgüitazo.
 I. 1.   m. *ES*. Escupitajo.
 II. 1.   *ES*. Trago de licor. rur.

chilgüitoso, -a.
 I. 1.   adj. *ES. Referido a persona*, que escupe con frecuencia.

chilhuacán.
 I. 1.   m. *Co, Ec*. Árbol de hasta 6 m de altura, de hojas grandes, muy partidas y de largo pecíolo, flores amarillo verdosas y fruto comestible; se usa para preparar dulces, frescos y coladas. (Caricaceae; *Carica* spp.). (**chilacuán**). ♦ **tapaculo**; **tapacú**.
 2.   *Co*. Fruto del chilhuacán, de aspecto y sabor parecido a la **papaya**, pero más pequeño que esta.

chilicate. (Del nahua *chili*, chile, y *mecatl*, cuerda).
 I. 1.   *ES*. **tanchiche**.

chilicote.
 I. 1.   m. *Ar:NO*. Grillo.
 2.   *Ar:NO*. Persona con voz chillona y que habla mucho. pop.

chilicoyote. (Del nahua).
 I. 1.   m. *Mx*. Planta rastrera, de tallos de hasta 6 m de amplitud, de tacto áspero, hojas de hasta 30 cm de longitud, oblongas, alternas, de color verde grisáceo, flores solitarias, amarillas con venas verdes, y fruto globoso de color verde oscuro con franjas blancas. (Cucurbitaceae; *Cucurbita foetidissima*).

chiligüe.
 I. 1.   m. *ES*. **lantana**.

chilila.
 I. 1.   f. *Ve:O*. Excremento de ave.

chilillada.
 I. 1.   f. *Mx:SE, Ho, Ni, CR*. **Golpiza** o castigo dados con un **chilillo** o con un objeto similar.

chilillar.
 I. 1.   tr. *ES, CR*. Castigar a *una persona* o a *un animal* con una vara delgada o un **chilillo**. (**achilillar**).

chilillazo.
 I. 1.   m. *Ho, ES, Ni, CR*. Golpe dado con un **chilillo** o látigo.

chilillo.
 I. 1.   m. *Mx:SE, Gu, Ho, ES, Ni, CR*. Látigo formado por una vara delgada o por una tira de cuero trenzada a un palo redondo y fino. (**chilío**).
 2.   *Ho, ES, Ni, CR*. Vara delgada y flexible de una rama.
 II. 1.   m. *Ho, ES, Ni*. Pene. vulg; fest.
 III. 1.   m-f. *Ho, ES*. Persona de cuerpo delgado y desmedrado.
 IV. 1.   m. *Ho, ES*. Planta herbácea, leñosa en la parte baja, *generalmente recta*, de hasta 2 m de altura y de flores solitarias de color amarillo; *tradicionalmente se utiliza para curar la sarna*. (Onagraceae; *Ludwigia peruviana*).
 V. 1.   m. *Ho, ES*. Arbusto de ramas retorcidas de hojas con envés recubierto de pelos ferruginosos, flores diminutas de color blanco verdoso y fruto pequeño y rojizo. (Boraginaceae; *Cordia spinescens*). ♦ **corralmeca**.
 ▶ **dar ~**.

chililludo.
 I. 1.   adj. *ES. Referido a un hombre*, de pene largo. vulg.
 2.   *ES. Referido a un muchacho*, alto y flaco.

chilimbico. (Epént. de *chilimico*).
 I. 1.   *Pa*. **chilimico**.

chilimico.
 I. 1.   m. *Pa*. Trasto, objeto inútil o estropeado. pop + cult → espon. (**chilimbico**).

chilín. (De or. onomat.).
 I. 1.   m. *Gu, ES, Pe, Bo*. Sonido de una campanilla o de cualquier objeto metálico al caer.
 II. 1.   m. *Ho*. Dinero en monedas. rur.
 III. 1.   m. *ES*. Persona insignificante, un cualquiera. desp.
 IV. 1.   *PR*. **chin**, poca cantidad. pop + cult → espon.
 ▶ **quedarse ~ campana**.

chilinca.
 I. 1.   f. *ES*. Leño para el fuego. rur.
 2.   *ES*. metáf. Pierna de persona.
 3.   *ES*. metáf. Persona alta.

chilinchate. (Quizás del ingl. *sling shot*, tirachinas).
 I. 1.   m. *Ho:N,E*. Horquilla de madera en cuyos extremos se atan dos hules o gomas elásticas, unidas al final por un pedazo de cuero, y que se utiliza para tirar piedritas u objetos similares, y *generalmente para cazar pájaros*.

chilinchile.
 I. 1.   *Co*. **ecapacle**.

chilinco.
 I. 1.   m. *ES:E*. Pantalón corto. rur.

chilincoco. (Sínc. de *chimpilicoco*).
 I. 1.   m. *Ho, ES*. Insecto ortóptero de hasta 25 cm de longitud, con el cuerpo alargado en forma de palito, herbívoro e inofensivo; aunque algunas especies levantan la cola como el escorpión, no son venenosos. (Phasmatidae; *Phasmatidus* spp.). ♦ **secagente**; **secamano**.
 II. 1.   m. *Ho*. Arbusto de hasta 5 m de altura, de ramas pequeñas, flor ocrácea con tinte rojizo, el fruto, de color café y lustroso, en forma de legumbre con de dos a seis semillas. (Fabaceae; *Coursetia polyphylla*).
 2.   *Ni*. **matacaballos**, insecto.

chilincón, -na.
 I. 1.   adj/sust. *ES. Referido a persona*, alta.

chilindrín.
 I. 1.   m. *ES*. Pene. vulg.
 II. 1.   m. *Ho*. Cualquier pieza poco importante del interior de un motor.
 III. 1.   m. *CR*. Juguete infantil que consiste en una bola hueca, *generalmente metálica*, pequeña, con un asa y con trocitos de metal en su interior que, al agitarla, suena.

chilindrín, -na.
 I. 1.   m. y f. *Ho, ES*. juv. Persona muy pequeña.

chilindrina.
 I. 1.   f. *Mx*. Pan dulce, suave y esponjoso, de forma circular y cubierto de azúcar en granos gruesos.
 2.   *Ho*. Tira de **tortilla** de maíz tostada con salsa de tomate, **chile** picante y queso rallado.

chilindrón.
 I. 1.   m. *Mx:SE, Gu, Ho, ES*. Árbol pequeño, de hasta 4 m de altura, con hojas angostas, flores amarillas y fruto carnoso; excepto el néctar, toda la planta es tóxica y se utiliza en preparados medicinales e insecticidas. (Apocynaceae; *Thevetia peruviana*). ♦ **cardenal**; **chachaca**; **cojón de burro**; **cojón de mico**; **flor amarilla**.

chilindrujes. (De *guilinduje*).
 I. 1.   m. pl. *Ni*. Adorno colgante, de escaso valor y gusto.

chilinear.
 I. 1.   intr. *Pa*. Hacer ruido.

chilinga.
 I. 1.   f. *Ho*. Colilla de cigarro o puro. pop.

chilingo.
 I. 1.   m. *Ho*. Pedazo de algo, *generalmente de ropa rota o deshilachada*. pop.

chilío. (Sínc. de *chilillo*).
 I. 1.   *Ho, ES*. **chilillo**, látigo.

chilipe.
    I. 1.   m. *ES.* Legaña.
chilipioso, -a.
    I. 1.   adj. *ES. Referido a persona*, legañosa o de ojos llorosos. (**chiliposo**).
chiliposo, -a.
    I. 1.   *ES.* **chilipioso**.
chilipuca.
    I. 1.   f. *Ho, ES.* **ayacote**, planta. (**chilipuco**).
       2.   *ES.* **ayacote**, semilla. (**chilipuco**).
chilipuco.
    I. 1.   m. *Ho, ES.* **chilipuca**, planta.
       2.   *Ho.* **chilipuca**, semilla.
chilisa.
    I. 1.   f. *ES:E.* **chilizate**.
chilisata.
    I. 1.   f. *ES.* **chilizate**.
chilisca.
    I. 1.   f. *Gu.* Barba.
chilitis.
    I. 1.   *Ch.* p.u. **chilenitis**.
chilizata.
    I. 1.   f. *Ho.* **chilizate**.
chilizate. (Del nahua).
    I. 1.   m. *Ho.* **catala**. (**chilisa**; **chilisata**; **chilizata**).
chilla.
    I. 1.   f. *Mx.* Miseria, carencia extrema de recursos, *generalmente económicos*.
    II. 1.   f. *Ar.* Pelo largo, lacio y duro de los animales ovinos.
       2.   *Ar.* Cabello largo, lacio y fuerte de las personas.
    III. 1.   f. *Pe.* Protesta contra algo que se considera injusto.
    IV. 1.   f. *Ch.* **zorro gris**. (Canidae; *Pseudalopex griseus*).
    □
    a. ‖ **en la quinta ~.** loc. adj/adv. *Mx.* Con gran carencia de recursos, *generalmente económicos*.
chillada.
    I. 1.   f. *Gu, Ho, ES.* Lloro, llanto.
    II. 1.   f. *PR.* Fricción causada entre las gomas de un automóvil y la brea de la carretera al dar una aceleración brusca.
       2.   *PR.* meton. Salida repentina de alguien.
    III. 1.   f. *CR.* Turbación del ánimo causada por timidez. pop.
    ■
    a. ‖ **~ de goma.** f. *PR.* Mancha en la ropa interior debida a una excreción. vulg; pop + cult → espon.
chilladera.
    I. 1.   f. *Mx, Gu, Ni, Pa, Cu, Co, Ec, Pe; Ch*, p.u. Llanto fuerte y continuado.
       2.   *Ho, Cu, Ch.* Protesta o manifestación pública y colectiva contra algo o alguien. pop + cult → espon.
       3.   *Ho, ES.* Lloro débil y repetitivo.
       4.   *Cu.* Chillido reiterado.
chillado, -a.
    I. 1.   adj. *CR. Referido a persona*, que experimenta turbación de ánimo por timidez.
chillador.
    I. 1.   m. *Pe, Ch.* **Charango** de cuerdas de alambre o metálicas que emite notas más agudas.
chilladora.
    I. 1.   f. *Mx.* Morcilla, sangre cocida que se consume.
chillagua.
    I. 1.   f. *Ar:NO.* Planta forrajera de vertientes y partes bajas de la puna. (Poaceae; *Festuca scirpifolia*). ♦ **chillahua**.
chillahua.
    I. 1.   *Ar:NO.* **chillagua**.
¡chíllalas!
    I. 1.   interj. *PR.* Expresa el deseo de que alguien se vaya de inmediato.

□
    a. ‖ **¡~ que está verde!** loc. interj. *PR.* Expresa el deseo de que alguien se vaya de inmediato. pop + cult → espon.
chillante.
    I. 1.   adj. *Mx, Gu, Ho, ES, Ni, CR, Pe, Bo; Ch*, p.u. *Referido a un color*, muy vivo.
    II. 1.   adj. *Pe. Referido a cosa o a un lugar*, que emite una gran cantidad de ruido o un sonido estridente.
chillar(se).
    I. 1.   intr. prnl. *Mx, Gu, Ho, Ni, RD, Co.* Quejarse o lamentarse *alguien* de sus desgracias. pop ^ desp.
       2.   intr. *Gu, Ho, ES, Ni, Pe, Bo, Ch, Ar.* Protestar contra algo que se considera injusto. pop.
    II. 1.   intr. *Mx, Gu, Ho, ES.* Llorar, derramar lágrimas.
    III. 1.   tr. *Gu, Ho, ES, Ni.* Denunciar a *alguien* ante la autoridad.
    IV. 1.   tr. *CR.* Hacer que *alguien* experimente vergüenza y se sonroje. pop.
       2.   intr. prnl. *CR.* Experimentar vergüenza y sonrojo. pop.
    V. 1.   intr. *Ho.* Ladrar.
    □
    a. ‖ **~ gomas.** *Cu.* **chillar las gomas**.
    b. ‖ **~ la goma.** loc. verb. *PR.* Irse rápidamente de algún sitio.
    c. ‖ **~ las gomas.** loc. verb. *RD, PR.* juv. Acelerar bruscamente un automóvil y producir un sonido por la fricción de las gomas con el pavimento. ♦ **chillar gomas**.
    d. ‖ **~la.**
      i.   loc. verb. *PR.* Irse *alguien*, marcharse. pop + cult → espon.
      ii.   *PR.* Correr *alguien* en automóvil. pop + cult → espon.
chillazón.
    I. 1.   m. *Gu, Ho, ES.* Lloradera.
chillería.
    I. 1.   f. *PR.* Infidelidad. pop + cult → espon.
    II. 1.   f. *PR.* Comportamiento propio de amantes. pop + cult → espon.
chillerío.
    I. 1.   m. *Bo, Py.* Protesta o manifestación pública y colectiva contra algo o alguien. pop + cult → espon.
chilletas.
    I. 1.   m-f. *Mx; Co*, pop ^ desp. Persona, *especialmente un niño*, que llora mucho y con facilidad.
chillido.
    ◪
    a. ‖ **a ~s de marrano, oídos de matancero.** fr. prov. *Mx.* Indica la poca atención que debe prestarse a dichos o quejas que se consideran poco inteligentes o sin fundamento.
chilligua.
    I. 1.   f. *Pe.* Planta que crece en terrenos de escasa humedad, formando manojos, que se utiliza para la confección de cordeles, cestos y sombreros. (Poaceae; *Festuca dophichophylla*).
chillina.
    I. 1.   f. *Cu.* Ave de color ceniciento, de hasta 13 cm de longitud, y de cabeza amarilla. (Parulidae; *Teretistris fernandinae*).
chillo.
    I. 1.   m. *Gu, Ho, ES, Ni.* Denuncia contra alguien.
       2.   *Ho.* Chisme, noticia verdadera o falsa para criticar o desprestigiar a alguien. pop.
    II. 1.   m. *Ho, ES.* Deuda pequeña o favor que se debe. rur. (**chiyo**).

III. (De *Chillo,* nombre del valle quiteño donde se teje ese tipo de lienzo).
  1. m. *Ec.* Lienzo de algodón sin blanquear de baja calidad.
IV. **1.** *PR.* **pargo de lo alto.**
  2. m. *PR.* Cría de la **guábara.** rur.
□
  a. ‖ **hilo de ~.** loc. adj. *Ec.* Hilo fabricado en la textilera asentada en el valle de Chillo, al sur de Quito.

chillo, -a.
  I. 1. m. y f. *PR.* Persona con la que se tienen relaciones sexuales, amante. pop + cult → espon.

chillolera.
  I. 1. f. *ES.* Lloradera.
  2. *Ho.* Confusión de gritos y voces. pop.

chillón.
  I. 1. m. *Gu, ES, Ni; Mx:NO,* delinc. Radio, aparato para escuchar música.

chillón, -na.
  I. 1. adj/sust. *Mx, Gu, ES, Pe; Ch,* p.u. *Referido a persona,* que se queja por cualquier motivo.
  2. *Gu, Ho, ES, Ni. Referido a persona,* llorona.
  3. *Pa. Referido a persona,* gritona. pop + cult.

chillona.
  I. 1. sust/adj. *Cu.* Bolsa de nailon.
  II. 1. f. *Ho:N.* Variedad de banano de carne suave, cáscara delgada y de color anaranjado-morado intenso.

chilloncillo.
  I. 1. *Mx.* **cereque,** animal roedor. (Dasyproptidae; *Dasyprocta punctata*). ♦ **cotuza; guaqueque; jochi colorado.**

chilludo, -a.
  I. 1. adj. *Ar. Referido a un animal o a un cuero,* que tiene el pelo largo y duro.

chilmate. (Sínc. de *chilamate*).
  I. 1. *Ho.* **chilamate.**

chilmecate. (Del nahua *chilli,* chile, y *mecatl,* mecate, cuerda).
  I. 1. m. *Mx, Gu, Ho, ES, Ni, CR:NO.* **Bejuco** leñoso, grande, tallo trígono y, a veces, de cinco hasta seis costados de hojas pequeñas, largas, pinnadas, con el raquis y el pecíolo alados y con cinco folíolos, flores blancas, y el fruto en racimo es una cápsula cuneiforme o piriforme, *generalmente de color rojo oscuro;* el tallo seco se utiliza como cordel y las raíces se usan contra el dolor de muelas. (Sapindaceae; *Paullinia pinnata, P. cururu*).

chilmica.
  I. 1. *Ho.* **babosa,** gusano. (**chimilca; chimilía**).

chilmol. (Del nahua *chilli,* chile, y *molli* o *mulli,* guiso).
  I. 1. m. *Mx, Gu, Ho, ES.* Picadillo de tomate, cebolla y rábano con sal, pimienta, vinagre o jugo de naranja agria y **chile picante** que se usa para acompañar a la carne asada o mariscos. (**chilmole; chimol; chimole; chirmol; chismol**).

chilmole. (Del nahua *chilli,* chile, y *molli* o *mulli,* guiso).
  I. 1. m. *Mx.* Salsa preparada con **chile** y tomate, más especias y condimentos que varían dependiendo de su elaboración. (**chirmol**).
  II. 1. *Mx.* **chilmol.**

chilmolero, -a.
  I. 1. adj/sust. *Mx.* Latoso, fastidioso.
  II. 1. m. y f. *Mx.* Persona que hace o vende **chilmoles.**
  III. 1. *Gu.* Persona chismosa. (**chirmolero**).

chilmotate. (Del nahua *chiltic,* rojo, y *motatl,* la piñuela).
  I. 1. *Ho.* **timbiriche,** planta. rur.
  2. *Ho.* **timbiriche,** fruto. rur.

chilmuya.
  I. 1. f. *ES.* Cordel corto.
  2. *ES.* Colilla de cigarro o puro.
  3. *ES.* Persona de poca estatura.

chilnecuatole. (Del nahua *chilli,* chile; *necutli,* dulce, y *atolli,* atole).
  I. 1. m. *Mx.* **Atole** dulce que contiene **chile.**

chilocle. (Del nahua *chilli,* chile, y *octli,* licor).
  I. 1. m. *Mx.* p.u. Bebida que se hace con **pulque, chile, epazote** y ajo.

chilocuil. (Del nahua *chiltic,* colorado, y *oculin,* gusano).
  I. 1. m. *Mx.* Larva de hasta 5 cm de longitud, de color rojo anaranjado cuyo cuerpo es una sucesión de anillos; se consumen tostados, o machacados para hacer con ellos una salsa de tomate. (Cossidae; *Hypopta agavis*).

chilombiana.
  I. 1. f. *Ch.* Cigarrillo de marihuana. drog. (**chilombiano**).

chilombiano.
  I. 1. m. *Ch.* **chilombiana.**

chilorio.
  I. 1. m. *Mx.* Carne de cerdo troceada a la que se le añade de **chile** y especias.
  2. *Ho.* **Chile** picante o salsa de **chile** picante en abundancia. pop.
  3. *Ho.* Conjunto de botes de salsa picante. pop.

chiloso, -a.
  I. 1. adj. *Ho, ES, CR. Referido a alimento,* con sabor a **chile picante.** ♦ **enchiloso.**
  2. *ES, Ni. Referido a ojo,* que sufre ardor o picazón.

chilote.
  I. (Del nahua *chilli,* chile, y *octli,* licor).
  1. m. *Mx.* p.u. Bebida que se hace con **pulque, chile, epazote** y ajo.
  II. 1. adj. *Ch.* Relativo a la isla de Chiloé.
  III. 1. *Gu.* **olote.**
  2. *Ni, CR.* **jilote,** fruto. rur.
■
  a. ‖ **pelo ~.** m. *Ni.* Pelo rojizo.

chilotear.
  I. 1. *Ni, CR:N.* **jilotear.**

chiloto.
  I. 1. m. *Gu.* Porción pequeña de algo en forma de bola.

chilpachole. (Del nahua *chilli,* chile, y *patzolli,* cosa revuelta).
  I. 1. m. *Mx.* Guiso preparado con **jaiba;** es un plato tradicional del estado de Veracruz.

chilpanxóchitl. (Del nahua *chilli,* chile, *pantli,* bandera, y *xochitl,* flor).
  I. 1. m. *Mx.* Planta de tallo ascendente, *frecuentemente colgante,* de color verde en su parte superior y café o amarillento en la inferior con hojas de hasta 7 cm de largo frecuentemente lanceoladas, y flores con forma de tubo que se despliegan en su parte superior, de color rojizo o rosáceo. (Campanulaceae; *Lobelia laxiflora*).

chilpar(se).
  I. 1. tr. *Ar:NO.* Marcar un animal mediante una muesca o corte en una oreja.
  2. *Ar:NO.* Cortar, tajar. pop.
  3. intr. prnl. *Ar:NO.* Herirse o lastimarse un animal. pop.
  II. 1. tr. *Bo:O,C.* Dar estabilidad a un mueble poniendo debajo de sus patas una pieza de madera. pop.

chilpate. (Del nahua *chiltic,* rojo o colorado, y *patli,* medicina).
  I. 1. m. *Mx, Ho, ES.* Arbusto silvestre, con tallos asarmentados, hojas verdes por el haz y verde parduzcas aterciopeladas por el envés, flores pequeñas y blancas en racimo y frutas pequeñas y redondas; en medicina tradicional, las hojas y su látex se usan como tratamiento para las enfermedades cutáneas. (Capparidaceae; *Cleome serrata*).

chilpayate, -a. (Del nahua *tzipitl,* niño enfermo, y *ayatl,* manta de ixtle).
  I. 1. m. y f. *Mx.* Niño de corta edad.

chilpe.
    I. 1. m. *Ec.* Hoja de la **pita**.
    2. *Ec.* Fibra seca de la hoja de la **pita**, usada para atar cosas pequeñas.
    II. 1. m. *Ch.* obsol. Andrajo. desp.
    III. 1. m. *Ec:S.* Esqueje. rur.

chilpepe.
    I. 1. *Ho, ES.* **chiltepe**, planta.

chilpete. (Metát. de *chiltepe*).
    I. 1. *Ho, CR:NO.* **chiltepe**.

chilpir.
    I. 1. tr. *Ec:S.* Obtener esquejes de una planta o un árbol. rur.
    II. 1. tr. *Ec.* Romper o desgarrar *algo*. pop + cult → espon.

chilposo, -a.
    I. 1. adj. *Pe; Ch*, obsol. *Referido a persona*, andrajosa, harapienta. desp.
    2. *Pe. Referido a persona*, de pelo ralo y desgreñado. rur; desp.

chilpotle. (Del nahua *chilli*, chile, y *poctli*, humo).
    I. 1. m. *Mx.* Pene. vulg.

chilquerío.
    I. 1. m. *Gu.* Lugar donde abunda la **chilca**, arbusto.
    2. *Gu.* Conjunto de ramas secas de **chilca**.

chilsaguate. (Del nahua *tlatzatzacutli*, cosa encerrada).
    I. 1. m. *Mx.* **nigua**, insecto.

chiltaco.
    I. 1. m. *ES.* Estorbo u obstáculo.

chiltepe. (Del nahua *chilli*, chile, y *tecpintli*, pulga).
    I. 1. m. *Gu, Ho, ES, Ni.* Planta herbácea de hasta 1 m de altura, muy ramificada, con hojas ovoides, flores blanquecinas y fruto en forma de baya. (Solanaceae; *Capsicum frutescens*). (**chilpepe**; **chilpete**). ◆ **chile picante**; **chiltoma**; **malagueta**.
    2. *Gu, Ho, ES, Ni.* Fruto del chiltepe, en forma de baya alargada, de varios colores y tamaños; se utiliza en la medicina tradicional. ◆ **chirel**; **forote**; **malagueta**.

chiltero, -a.
    I. 1. adj/sust. *Ec. Referido a persona*, embustera o chismosa. pop + cult → espon ^ desp.

chiltipiquín. (Del nahua *chillitipitzin*, chile pequeñito).
    I. 1. *Mx.* **ají**, fruto.

chiltoma.
    I. 1. *Ho, CR.* p.u. **chiltepe**, planta.

chiltomate. (Del nahua *chilli*, chile, y *tomatl*, tomate).
    I. 1. m. *Mx.* Salsa de tomate y **chile**.

chiltota.
    I. 1. f. *ES.* Color amarillo intenso.

chiltote. (Del nahua *chiltic*, rojo, y *tototl*, pájaro).
    I. 1. m. *Mx, Gu, Ho, ES, CR.* Ave de hasta 23 cm de longitud; de pico grueso y negro, con excepción de la base de la mandíbula, que es plateada, patas gris azulado, y resto del cuerpo de color amarillo brillante, excepto la zona frontal de la cabeza, la garganta, el centro del pecho, la espalda, la mayor parte de las alas y el centro de la cola, que son de color negro. (Icteridae; *Icterus mesomelas*). (**chiltotel**). ◆ **chorcha**.

chiltote, -a.
    I. 1. adj. *Gu.* De color amarillo intenso. (**chiltoto**).

chiltotel.
    I. 1. *Co.* **chiltote**, ave.

chiltoto, -a.
    I. 1. *ES.* **chiltote**, de color amarillo.

chiltuca. (Del nahua).
    I. 1. *Gu, ES.* **araña capulina**.

chiluca. (Del nahua *chilocán* o *chilhuacán*, lugar de donde se saca esta piedra).
    I. 1. f. *Mx.* Roca de gran dureza, de color gris oscuro y con cristales de feldespato; se usa en la construcción.
    2. *Mx.* metáf. Cabeza de una persona. pop.

chiludo, -a.
    I. 1. adj. *Ho, ES, Ni. Referido a comidas y alimentos*, muy picantes por exceso de **chile**.
    2. *Ho.* metáf. *Referido a persona*, de carácter fuerte y enojadizo. pop.
    II. 1. adj. *ES. Referido a un hombre*, de pene largo. vulg.
    III. 1. adj. *Ho. Referido a persona*, que cuenta chistes relacionados con el sexo. pop.
    IV. 1. adj. *Ho. Referido a problema, asunto o tema*, difícil de solucionar o comprender. pop.

chimachima.
    I. 1. *Ar:NE, Ur.* **halcón garrapatero**.

chimada.
    I. 1. f. *Ho, Ni, CR.* Roce en la piel de una persona o de un animal. ◆ **chimadura**.
    2. *ES.* Molestia, dificultad.
    3. *Ho.* Daño intencionado que una persona hace a otra. vulg.
    II. 1. f. *Ho:O.* Coito. tabú; pop.

chimadera.
    I. 1. f. *ES.* Casa, motel o lugar donde se realiza el coito.
    II. 1. f. *Ni.* Molestia persistente. pop.

chimado, -a.
    I. 1. adj. *Gu, Ho, ES. Referido a persona*, que ha realizado pasivamente el coito.
    II. 1. adj. *ES. Referido a persona*, despreciable por su maldad.
    III. 1. adj. *Ho. Referido a la piel de una persona o de un animal*, que tiene llagas por rozadura. pop.
    IV. 1. *CR.* **picado**, que tiene resquemor.

chimadura.
    I. 1. *Ho, Ni, CR.* **chimada**, roce.
    II. 1. f. *Ho:N.* Locura o afición desmedida por algo. pop.

chimagüevo.
    I. 1. f. *Ni.* juv. Mujer de cuerpo delgado. vulg.

chimal. (Del nahua).
    I. 1. *Mx.* Cabello despeinado y revuelto.

chimalacate. (Del nahua *chimalli*, escudo, y *acatl*, caña).
    I. 1. m. *Mx.* Planta herbácea de hasta 2,5 m de altura, con hojas de hasta 12 cm de largo, opuestas o alternas, acuminadas en el ápice, inflorescencia en panículas, flores amarillas, y fruto oblongo. (Asteraceae; *Viguiera dentata*). ◆ **tah**.

chimán.
    I. 1. adj. *Bo.* Relativo a este grupo étnico o a su cultura.
    II. 1. m. *Gu.* Chamán, curandero, brujo.

chimane.
    I. 1. adj. *Bo.* Relativo a este grupo étnico o a su cultura.

chimango.
    I. 1. m. *Pe, Ch, Ar, Ur.* Ave rapaz, de hasta 40 cm de longitud y coloración general color café, variando las tonalidades según la parte del cuerpo, pico color hueso con base más clara y patas gris claro en el macho y amarillentas en la hembra. (Falconidae; *Polyborus o Milvago chimango*). ◆ **tiuque**.

chimar(se). (Del nahua *xima*, raspar, afeitarse, labrar piedras).
    I. 1. intr. *Ni; Mx, Ho, ES*, pop. Causar molestia.
    2. intr. prnl. *Gu, ES; Ho*, rur. Realizar el coito.
    3. tr. *Ho, ES, Ni, CR.* Rozar una cosa con otra.
    4. intr. *CR.* Causar *algo* un roce.
    II. 1. intr. prnl. *Ni.* Sentirse enfermo *alguien*.

chimay.
    I. 1.   f. *Ec.* **fragata**, ave marina.
chimba.
    I. 1.   f. *Pe.* p.u. Margen contraria del río. rur.
      2.   *Ch.* p.u. Suburbio o arrabal, *especialmente cuando se sitúa al otro lado de un río o una quebrada.*
    II. 1.   f. *Co.* Cosa buena o excelente.
    III. 1.   f. *Co.* Persona bien parecida.
    IV. 1.   f. *Co.* Parte externa del órgano genital masculino. vulg.
    V. 1.   f. *Pe.* Cabeza, parte superior del cuerpo del hombre. delinc.
    VI. 1.   f. *Ho.* Arma de fuego de fabricación artesanal.
chimbada.
    I. 1.   f. *Co.* Cosa o situación que resulta como no se esperaba. pop ^ desp.
    II. 1.   f. *Pe.* Paso de un río de una orilla a otra. rur.
chimbador. (Del quech. *chimpay,* cruzar un río).
    I. 1.   m. *Pe.* Hombre experto en atravesar ríos. rur.
chimbador, -ra.
    I. 1.   sust/adj. *Ec. En un proceso electoral,* candidato que, sin ninguna posibilidad de obtener el triunfo, se mantiene en la contienda solamente para obtener determinado número de votos que puedan impedir a uno de los principales oponentes pasar a una segunda ronda de votaciones. pop ^ desp.
      2.   *Ec. En una subasta pública,* persona que mediante posturas falsas induce a otros sujetos a participar en el proceso del remate para que suban la puja o se retiren. pop ^ desp.
chimbango.
    I. 1.   m. *Pe.* Licor dulce elaborado con higos fermentados.
chimbánguele.
    I. 1.   m. *Ve:O.* Baile de origen africano que se realiza en honor a san Benito, en el que los hombres, vestidos de blanco, danzan tejiendo cintas en un palo.
chimbar. (Del quechua *chimpay,* cruzar un río).
    I. 1.   tr. *Ec, Pe.* Vadear un río. rur.
    II. 1.   intr. *Ec. En una subasta pública,* actuar de **chimbador.** pop.
    III. 1.   intr. *Ho.* juv. Doler la cabeza a alguien.
chímbaro.
    I. 1.   m. *Ho.* **Frijol** pequeño, de color café claro, con una pinta blanca en el centro de la línea de germinación. rur.
chimbazo.
    I. 1.   m. *Ho.* Disparo hecho con una **chimba,** arma de fuego.
chimbear.
    I. 1.   tr. *Co:O.* Causar molestia o fastidio *a alguien.* pop.
    II. 1.   tr. *Ho.* Tirotear a *alguien.* delinc.
      2.   *Ho.* Matar a *alguien* con arma de fuego. delinc.
chimbero.
    I. 1.   m. *Ho:S.* Variedad de **trasmallo,** de 5 cm de ancho de la malla, que se utiliza para pesca de peces pequeños.
chimbero, -a.
    I. 1.   sust/adj. *Ho.* Persona que fabrica o vende ilegalmente **chimbas,** pistolas.
chimbilá.
    I. 1.   m. *Co.* Murciélago. (Emballonuridae; *Centronycteris maximiliani*). ♦ **chimbilaco.**
chimbilaco.
    I. 1.   *Co:SO.* **chimbilá.**
chimbilico.
    I. 1.   *Pa.* **chéchere,** cosa inútil. pop.
      2.   *Pa.* **chéchere,** cualquier objeto. pop.

chimbilín.
    I. 1.   m. *ES, Pa.* Dinero, riquezas. pop.
    II. 1.   m. *RD.* Niño pequeño.
chimbiliques.
    I. 1.   m. pl. *Pa.* p.u. Objetos diversos que pertenecen a una persona. pop.
chimbimba.
    I. 1.   f. *Gu.* Balón de **futbol.**
chimbimbear.
    I. 1.   intr. *Gu.* Jugar al **futbol.**
chimbiroca.
    I. 1.   f. *Ch.* obsol. Prostituta. prost; pop.
chimbito.
    I. 1.   m. *Ho. En la baraja española,* el dos de espadas.
chimbo.
    I. 1.   m. *ES:E.* Barril.
      2.   *Ho.* Cilindro metálico en donde se almacena a presión el gas propano.
    II. 1.   m. *Ho. En minería,* parte central del horno.
      2.   *Ho. En minería,* máquina movida por agua que produce aire para lograr que las partículas de oro o plata se acumulen en el fondo de un chimbo o recipiente.
    III. 1.   m. *Ec:NO.* Hechizo o acción mágica dañina.
    IV. 1.   m. pl. *Ho.* Testículos. vulg.
chimbo, -a.
    I. 1.   adj. *Co, Ec. Referido a cosa,* falsa, que no es original, adulterada. pop + cult → espon.
      2.   *Co, Ec. Referido a un cheque,* que no tiene fondos.
      3.   *Ve, Ec. Referido a cosa,* de mala calidad. pop.
    II. 1.   adj. *Co. Referido a una actividad o tarea,* fácil. est; pop.
    III. 1.   adj. *Ve. Referido a persona,* falta de habilidad, talento o instrucción.
    IV. 1.   adj. *Ve. Referido a una situación o asunto,* desventajoso.
chimbola.
    I. 1.   *Gu, Ho, ES, Ni.* **pepesca,** pez.
chimbolear.
    I. 1.   tr. *ES.* Pescar **chimbolas.** rur.
chimbolero.
    I. 1.   m. *ES.* Poza o lugar donde abundan las **chimbolas.**
    II. 1.   m. *ES.* Infierno.
chimbolón.
    I. 1.   m. *Pa.* Bulto formado en cualquier parte del cuerpo como resultado de un golpe.
chimbomba.
    I. 1.   *Gu, Ho, ES, Ni.* **pepesca,** pez.
    II. 1.   f. *Ho, ES.* Vejiga, órgano musculoso y membranoso en forma de bolsa en el que se deposita la orina procedente de los riñones.
      2.   *Ho, ES.* Ampolla, abultamiento o elevación de la piel por acumulación de fluido, *debido generalmente a roce o quemadura.*
      3.   *Gu.* Pelota o balón.
      4.   *Ni.* Globo pequeño de goma que se hincha con aire o éter.
    III. 1.   m-f. *ES.* Persona obesa. pop.
      2.   f. *ES.* Vientre abultado, barriga. pop.
    IV. 1.   m-f. *Ho.* Periodista que realiza pequeños cobros ilegales. cult. ♦ **sardinita.**
chimbombazo.
    ▶ **dar el ~.**
chimbombero.
    I. 1.   m. *ES.* Hombre encargado de llevar los balones de **futbol** a los entrenamientos del equipo.
chimbombo.
    I. 1.   m. *Ch.* juv. Bidón con vino de mala calidad. pop.

chimbombo, -a.
  I. 1. sust/adj. *Pe.* Hombre homosexual. tabú; pop + cult → espon ^ fest.
  II. 1. adj/sust. *Ho, Ni. Referido a persona o cosa*, gorda, obesa.

chimbombó.
  I. 1. m. *Mx:SE, Ho.* Planta de hasta 2 m de altura, con hojas lobuladas, inflorescencia axilar y flores solitarias, amarillas, con puntos rojos en la base, y fruto comestible en cápsula piramidal; de las semillas se extrae un aceite y la infusión del fruto tiene aplicaciones en la medicina tradicional. (Malvaceae; *Hibiscus esculentus*). ♦ **angú; guingambó; molondrón; ñajú; ocra; quingombó.**

chimbuzo.
  I. 1. m. *Ec.* Bolsa cilíndrica de lona para llevar equipaje, *originalmente usada por soldados en campaña.*

chime. (Voz inglesa).
  I. 1. m. *ES.* Vibración del volante de un automóvil.

chimecate. (Del nahua *chilli*, chile, y *mecatl*, mecate, cuerda).
  I. 1. *Gu.* **paste**, planta.

chimeco, -a.
  I. 1. adj. *Mx:S. Referido a persona*, manchada, que tiene suciedad en alguna parte del cuerpo.

chimelo.
  I. 1. adj/sust. *Mx. Referido a persona*, que le faltan algunos dientes.

chimeneada.
  I. 1. f. *Pa.* Fumada. pop.

chimenear.
  I. 1. intr. *Pa.* p.u. Fumar en pipa.

chimentar.
  I. 1. intr. *Py, Ar, Ur, Ch,* p.u. Hablar sobre temas variados e intercambiar novedades. pop ^ fest.
  2. *Bo, Py, Ar, Ur.* Criticar frecuente y malintencionadamente a los demás. pop.
  3. tr. *Bo, Py, Ar, Ur.* Contar con indiscreción a *alguien* lo que otra persona ha hecho o dicho. pop.
  4. *Py, Ar, Ur.* Proporcionar una información o un dato que aún no es de conocimiento general. pop.

chimenterío.
  I. 1. m. *Ar, Ur.* Murmuración o habladuría en grupo. pop.

chimentero, -a.
  I. 1. sust/adj. *Bo, Ar, Ur.* Persona dada a murmurar y a generar discordias entre otras personas. pop ^ desp.

chimento.
  I. 1. m. *Bo, Py, Ar, Ur.* Murmuración sobre una persona o sus asuntos privados. pop.
  2. *Py, Ar, Ur.* Información o dato que se da a otra persona de modo confidencial. pop.
  3. *Bo, Py.* Comentario con el que se pretende generar discordias entre otras personas. pop.

chimete.
  I. 1. m. *ES.* Racimo de frutas. rur.

chimi.
  I. 1. m. *ES.* Tic nervioso. rur.
  2. *Pa.* Temblor corporal.
  II. 1. m. *RD.* Emparedado que contiene salchicha, jamón, repollo, tomate, mostaza y otros ingredientes.
  III. 1. m. *Pa.* Miedo.

chimichaca.
  I. 1. f. *ES.* Hierba muy robusta, con caña central fuerte, áspera, rizomatosa, que crece en grandes colonias y cuyo tallo, un junco fino y flexible, se utiliza para hacer sombreros y otros trabajos artesanales. (Poaceae; *Phragmites communis, Lasiacis rustifolia*). ♦ **jimilile; visgüis.**

chimichanga.
  I. 1. f. *EU, Mx.* **Burrito** que se fríe en aceite o en manteca.

chimichurri.
  I. 1. m. *Ar, Ur.* Salsa hecha con ajos, perejil, **ají** picante, sal y vinagre, que se emplea para aderezar la carne.
  2. *RD.* Embutido preparado con carnes de distintas partes del cerdo: se toma en bocadillos.
  3. *RD.* meton. Quiosquito al aire libre donde se venden estos **chimichurris.**
  4. *CR.* Salsa hecha con tomate picado en cuadritos, cebolla, **chile** dulce, culantro y limón, que se emplea como acompañamiento de muchos platos.

chimicol. (Del nahua *chimalli*, escudo, y *ticatl*, especie de barniz, tierra, polvo blanco).
  I. 1. m. *Ho.* Betún líquido. pop. (**chemicol**).

chimicolito.
  I. 1. m. *Ho.* Revólver o pistola de bajo calibre. rur.

chimicuí.
  I. 1. adj/sust. *RD. Referido a persona*, que es muy poquita cosa tanto en lo físico como en lo social.
  II. 1. m. *RD.* Mal olor.

chimilaco.
  I. 1. m. *Ec.* p.u. Murciélago. pop.

chimilca.
  I. 1. f. *ES.* Larva del mosquito.
  II. 1. *Ho:O.* **chilmica.** pop.

chimilía.
  I. 1. f. *Ho.* **chilmica.** pop.

chimilicuarta.
  I. 1. f. *Ho.* **chimiricuarta.** inf.

chimilingo, -a.
  I. 1. adj. *Ec. Referido a persona o cosa*, pequeña. pop + cult → espon.

chiminango.
  I. 1. *Co:SO.* **guamúchil.**

chimiricuarta.
  I. 1. f. *Ho.* Cosa de poco valor o mal hecha. (**chimilicuarta**).
  •
  a. ‖ ¡~! fórm. *Ho. En un juego infantil*, se usa para indicar que se libera a los compañeros atrapados por el perseguidor de turno. inf.

chimirimico.
  I. 1. m. *Ec:S.* Conjunto de cosas disímiles puestas en desorden. pop + cult → espon.
  2. *Ec:S.* Desorden, caos. pop + cult → espon.

chimirringo.
  I. 1. adj. *Ni. Referido a persona o cosa*, pequeña.

chimiscol. (Del nahua *xim-ixcolli*, toma un trago).
  I. 1. m. *Ni, CR.* obsol. **chimichaca**, aguardiente.

chimiscolazo.
  I. 1. m. *Ni.* Trago de aguardiente.

chimiscolear(se).
  I. 1. intr. *Mx.* Chismorrear. pop.
  II. 1. intr. prnl. *Ni, CR:N.* Emborracharse. rur.

chimiscoleo.
  I. 1. m. *Mx.* Chismorreo. pop.

chimiscolero, -a.
  I. 1. m. y f. *Mx.* Persona chismosa. pop. ♦ **chimiscolo.**

chimiscolo, -a.
  I. 1. *Mx.* **chimiscolero.**

chimisturria.
  I. 1. f. *Mx, ES.* Objeto inútil y que tiene poco valor.
  II. 1. f. *Mx.* Mezcla de bebidas alcohólicas.

chimiz.
 I. 1. m. *Ho:O.* Arbusto de hasta 6 m de altura, con flores diminutas de color blanco y fruto con forma de costillas. (Myrtaceae; *Eugenia octopleura*).

chimiza.
 I. 1. m. *Ho.* Leña delgada. rur.

chimizal.
 I. 1. m. *Ho.* Lugar poblado de **chimiz**. rur.

chimo.
 I. 1. m. *Mx:SO.* Aguardiente.

chimó.
 I. 1. m. *Ve.* Pasta elaborada con extracto de tabaco, sales y distintas sustancias aromáticas que se mastica.

chimocero, -a.
 I. 1. m. y f. *Ve.* Persona que se dedica a la fabricación del **chimó**.

chimol.
 I. 1. *ES.* **chimole**.

chimole. (Del nahua *chilli*, chile, y *molli* o *mulli*, guiso).
 I. 1. *Mx, Ho, ES.* **chilmol**. (**chimol**).

chimolero, -a.
 I. 1. m. y f. *Mx.* Persona a cargo de un establecimiento de poca categoría donde se sirven comidas.
 2. *Mx.* Persona que hace o vende **chimoles**.
 II. 1. sust/adj. *Mx.* Latoso, fastidioso.

chimón.
 I. 1. m. *Ho, ES, Ni.* Rozadura.
 II. 1. m. *ES.* Vara fina que se utiliza como látigo.

chimón, -na.
 I. 1. sust/adj. *Gu.* Persona a la que le gusta mantener relaciones sexuales o las practica con frecuencia.

chimpa.
 I. 1. f. *Ar:NO.* Pompón en forma de flor confeccionado con hilos de lana de colores; sirve de adorno a los animales con ocasión de la **señalada**. rur.

chimpe.
 I. 1. m-f. *ES.* Último hijo.

chimpilicoco. (Del nahua *tzinili*, cimiento, base; *pilli*, hijo o hija, y *cocoatl*, alimento).
 I. 1. *Ho, Ni.* **matacaballos**, insecto.
 II. 1. m. *Ho.* Juego de niños que consiste en darse volantines, diciendo: ¡Chimpilicoco, bebete el agua y dejame el coco!

chimpilinearse.
 I. 1. intr. prnl. *Ni.* Entregarse de lleno al trabajo.

chimpilo.
 I. 1. m. *Ch.* p.u. Pámpano, sarmiento tierno de la vid. rur.

chimpinilla.
 I. 1. f. *Ho, ES, Ni.* Parte anterior de la pierna, que va desde la rodilla hasta el tobillo.
 2. *ES, Ni.* Hueso que va desde la rodilla al tobillo.

chimpinillazo.
 I. 1. m. *Ho, ES.* Golpe en la **chimpinilla**, parte anterior de la pierna.

chimpinillera.
 I. 1. f. *Ho, ES, Ni. En algunos deportes*, pieza que protege la **chimpinilla**.

chimpu.
 ☐
 a. ‖ ~~. m. *Pe.* Arbusto escasamente ramificado que posee flores ornamentales de color fucsia, que aparecen al caer las hojas, sus frutos cilíndricos son de color violáceo y son comestibles. (Onagraceae; *Fuchsia boliviana, F. corymbliflora*).

chimpún.
 I. 1. m. *Pe.* Zapatilla con suela antideslizante que se utiliza para jugar el **futbol**.
 II. 1. m. *Ec.* Grito de ánimo que da la afición a sus jugadores en una competición deportiva.
 ▶ **colgar los chimpunes**.

chimuchina.
 I. 1. f. *Ec, Ch.* Reunión numerosa de gente que se hace con fines políticos o sociales. pop + cult → espon.
 2. *Ch.* obsol. Conjunto de cosas o dichos poco importantes. pop ^ desp.
 3. *Ch.* obsol. Conjunto de murmuraciones o intrigas que deterioran la convivencia dentro de un grupo o colectivo.
 II. (Epént. de *chichina*).
 1. *Ho.* **chichina**.

chimuelo, -a.
 I. 1. adj/sust. *Mx, Gu, Ho, ES, Ni. Referido a persona*, que carece de uno o más dientes.

chin.
 I. 1. m. *RD, PR.* Poca cantidad de algo. pop + cult → espon. ♦ **chilín**; **chinchín**; **chischis**; **chispitín**; **chispito**; **chispo**.
 ☐
 a. ‖ **al ~ chin**. loc. adv. *Bo.* **al chinchín**.

¡chin!
 I. 1. interj. *Mx.* Expresa sorpresa o enfado. euf.

china.
 I. 1. f. *Mx.* Mujer joven.
 2. *Mx.* Mujer acompañante del **charro**, vestida de manera tradicional con telas de colores llamativos, rebozo, blusa blanca bordada y falda ancha y larga con lentejuelas. ♦ **china poblana**.
 3. *Ar, Ur. Entre los gauchos*, mujer.
 4. *Ec:S, Pe.* Mujer indígena adolescente. rur.
 5. *Ch.* Mujer del pueblo, de clase social baja. desp.
 6. *Ch.* Mujer acompañante del **huaso**, *que tradicionalmente lleva un vestido floreado de una pieza y un delantal blanco pequeño que cubre solo su falda*.
 II. 1. f. *Co.* Utensilio, *comúnmente de esparto u otra fibra vegetal*, con mango o sin él, que se usa para avivar el fuego.
 2. *Ve.* Horqueta hecha de madera en la que se sujeta una goma que sostiene un trozo de cuero donde se coloca un objeto, sea de piedra o semilla, que se va a lanzar.
 III. 1. f. *Gu, Ho, ES, Ni, CR, Pa.* Niñera. pop + cult → espon ^ afec.
 2. *Ec.* p.u. Mujer, *por lo general adolescente*, que se ocupa en oficios domésticos.
 IV. 1. f. *Ho, ES.* **brinco**, planta.
 2. *RD, PR.* Naranja. (Rutaceae; *Citrus sinensis*). ♦ **china dulce**.
 3. *CR.* Planta de hasta 70 cm de altura, con tallo simple o ramificado, verdoso o teñido con rosa o rojo, de hojas alternas, aovadas, dispuestas en espiral, con el borde aserrado y por lo general con tintes rojizos o purpúreos, *especialmente en el envés*, flores de varios colores, por lo común rojas, anaranjadas, moradas, rosadas, blancas y matizadas, y fruto capsular fusiforme con numerosas semillas marrones. (Balsaminaceae; *Impatiens walleriana*).
 V. 1. f. *Cu.* Enfermedad infecciosa, benigna, que se caracteriza por la aparición de pequeñas pápulas por todo el cuerpo, *especialmente en la cara y en los brazos*.
 2. *Cu.* Cada una de las pequeñas pápulas de esta enfermedad.
 VI. 1. f. *RD.* Prostituta.

■

a. ‖ ~ **dulce.** *RD*, *PR*. **china**, cítrico.

b. ‖ ~ **pelona.** f. *Cu.* Piedra lisa y redonda que abunda en la orilla de algunos ríos.

c. ‖ ~ **poblana.** f. *Mx.* **china**, mujer acompañante del charro.

d. ‖ ~ **supay.** f. *Bo.* Personaje de la **diablada** que representa a la mujer del diablo.

◪

a. ‖ **unos mondan la ~ y otros pasan la dentera.** fr. prov. *PR*. Indica que mientras que alguien hace algo a otros se les atribuye la responsabilidad de haberlo hecho.

▶ **cambiar ~s por botellas; llegarte la ~; ponerse en ~.**

China.

▶ **largarse a la ~; mandar a la ~; ponerla en ~; quedarse en ~.**

chinaca.

I. (Del nahua *tzintli,* trasero, y *nacatl,* carne).
1. f. *Mx.* Pobretería, conjunto de pobres. pop ^ desp.
II. 1. f. *ES, Ni.* Circo sin carpa. rur.

chinacahuite. (Del nahua *chinamitl,* seto o cerco de cañas, y *cuahuitl,* árbol).

I. 1. *Ho.* **chacaj.**

chinacastear.

I. 1. tr. *Mx:SE.* Fecundar un animal macho a la hembra. rur.

chinacasteo.

I. 1. m. *Mx:SE.* Fecundación de un animal hembra por parte del macho. rur.

chinacate. (Del nahua *tzinacan*).

I. 1. m. *Mx.* Murciélago.

chinaco, -a.

I. 1. adj/sust. *Mx.* *Referido a persona,* que lleva la ropa vieja, sucia o rota.

chinama. (Del nahua *chinàmitl,* seto o cerca de cañas).

I. 1. f. *Gu, ES.* Cabaña, construcción rústica.

chinamero, -a.

I. 1. m. y f. *CR.* Propietario o encargado de un **chinamo**, puesto en el mercado.

chinámil. (Del nahua *chinamitl,* seto o cerca de cañas).

I. 1. m. *Mx.* Seto de cañas que forma parte de la estructura de una vivienda rústica construida con materiales pobres. (**chinamitle**).

chinamitla. (Del nahua *chinamitl,* seto o cerca de cañas).

I. 1. f. *Mx.* Choza pequeña de paja.

chinamitle.

I. 1. **chinámil.**

chinamo. (Del nahua *chinamitl,* seto o cerca de cañas).

I. 1. m. *Ni, CR.* En los *festejos populares,* puesto destinado a la venta de comidas o a la instalación de ciertos juegos de azar.
2. *Ho.* Cobertizo hecho con ramas en el campo. pop.
3. *Ho.* Cada uno de los juegos mecánicos que se suelen instalar en las ferias o fiestas de los pueblos. pop.
4. *CR. En un mercado,* puesto permanente en el que se venden comidas o mercancías, o se presta determinado tipo de servicio.

▶ **cerrar el ~.**

chinampa. (Del nahua *chinamitl,* tejido de cañas, y *pan,* encima de).

I. 1. f. *Mx.* Huerto pequeño de verduras y flores, situado en lagunas próximas a la Ciudad de México; originariamente estos huertos eran flotantes y estaban construidos con cañas, piedras y tierra.

chinampear.

I. 1. intr. *Mx. En las peleas de gallos,* huir de ellos.
2. *Mx.* metáf. Rehuir *alguien* un compromiso.

chinampero, -a.

I. 1. m. y f. *Mx.* Persona que cultiva una **chinampa**.
2. adj. *Mx.* Relativo a la **chinampa**.

chinampina.

I. 1. f. *Mx.* Buscapiés, cohete.

chinana. (Del nahua *tzinana,* curar enfermedades en el ano).

I. 1. f. *Mx.* Supositorio.
2. *Mx.* metáf. Molestia, fastidio.

chinancal. (Del nahua *chinancalli,* cercado de seto).

I. 1. m. *Mx.* Edificación pequeña construida en una **chinampa**.

chinapo. (Del taras. *tzinapu*).

I. 1. m. *Mx.* Obsidiana.

chinapopo. (Del maya *chinac,* frijol, y *popo,* colorado, grande).

I. 1. *Ho, Ni.* **ayacote**, planta.
2. *Ho, Ni.* **ayacote**, semilla.

chinascle. (Del nahua *xinachtli,* semilla de hortaliza).

I. 1. m. *Mx.* Nido, lugar donde se juntan personas, animales o cosas. ♦ **chinaste; chinastle; chinaxtle.**

chinaste. (Del nahua *xinachtli,* semilla de hortaliza).

I. 1. *Mx.* **chinascle.**
II. 1. m. *Ho, Ni.* Semilla, *especialmente la del maíz o la del frijol.* pop + cult → espon. (**shinaste**).
2. *Gu.* Ovario de un animal. rur.
3. *Ho.* Conjunto de espermatozoides y sustancias fluidas que se producen en el aparato genital masculino de los animales y de la especie humana. pop + cult → espon ^ desp.
4. *Ho.* Condimento a base de semillas de **ayote** tostadas y molidas con **chile** que se usa para espolvorear sobre la bebida del **atol** agrio.
III. 1. m. *Ho.* Animal respecto de su padre o de su madre. pop + cult → espon.
2. *Ho.* metáf. Persona respecto de su padre o de su madre. pop + cult → espon ^ desp.

▶ **dejar el ~; entregar el ~.**

chinastle. (Del nahua *xinachtli,* semilla de hortaliza).

I. 1. *Mx.* **chinascle.**

chinata.

I. 1. f. *Cu.* Indirecta, pulla.

chinaxtle. (Del nahua *xinachtli,* semilla de hortaliza).

I. 1. *Mx.* **chinascle.**

chinazo.

I. 1. m. *PR.* Roce accidental que se produce entre dos personas que están de espaldas. pop + cult → espon.

chincaca. (Del nahua *tzintli,* trasero, y *cacayolli,* hueso saliente).

I. 1. *Ni, CR.* **colita**, cóccix de las personas. rur; fest.
2. *Ni.* Rabadilla de persona o de ave.

chincaste. (Del nahua).

I. 1. m. *Mx.* Azúcar moreno que, en su proceso de fabricación, sale en último lugar de las calderas. (**chincate**).

chincatana.

I. 1. *Mx.* **chicatana.**

chincate.

I. 1. *Mx.* **chincaste.**

chincha.

I. 1. f. *Mx, CR, Cu, RD, Py; PR*, rur. Insecto hemíptero, de hasta 5 mm de longitud, de cuerpo muy aplastado, casi elíptico, de color rojo oscuro, antenas cortas y cabeza inclinada hacia abajo. (Cimicidae; *Cymex* spp.).
II. 1. f. *Cu.* Chincheta.
III. 1. f. *ES.* Cárcel, prisión. delinc.

▶ **ponerse como ~.**

chinchal.
    I. 1. m. *Mx, Cu.* Tienda o taller de aspecto muy pobre. (**chinchorro**).
    2. *Cu,* obsol. Puesto de tabaco muy reducido.

chinchalero, -a.
    I. 1. m. y f. *Cu.* obsol. Dueño o encargado de un **chinchal**.

chinchalete, -a.
    I. 1. adj/sust. *Mx. Referido a persona,* que lleva la ropa vieja, sucia o rota.

chinchamenta.
    I. 1. f. *Co:O.* Conjunto de niños. pop.

chincharrazo.
    I. 1. m. *Mx.* Golpe brusco que se da con alguna cosa.

chinchayote. (Del nahua).
    I. 1. m. *Mx.* Raíz comestible del **chayote**, planta trepadora.
    2. *Ni.* **chilacayote**, planta.
    3. *Ni.* **chilacayote**, fruto.

chinche.
    I. 1. f. *Ar, Ur.* Malhumor, enojo. pop + cult → espon.
    2. adj. *Ho. Referido a persona,* enojada. pop.
    II. 1. adj. *Co. Referido a un niño,* llorón y quejica. pop ^ desp.
    III. 1. f. *Ar.* obsol. Enfermedad venérea, *especialmente la sífilis.* pop.
    IV. 1. m. *Ve.* Persona antipática.
    V. 1. m. *Pa.* Persona inquieta y vivaz.
■
    a. ‖ **~ pata de hoja.** *Ho, Ni.* **chinche patona**. pop.
    b. ‖ **~ patona.** f. *Ho.* Insecto hemíptero, de hasta 25 mm de longitud, de color café oscuro o negro claro con una banda transversal amarilla a través de las alas; posee una antena alargada, alternando el color amarillo y anaranjado, y las patas traseras expandidas. (Coreidae; *Leptoglossus zonatus*).
    c. ‖ **~ picuda.** m. *Ho, Ni.* Insecto heteróptero, de 5 mm de largo, cuerpo muy aplastado, casi elíptico, de color rojo oscuro, cabeza alargada con cuello estrecho, antenas cortas y patas largas; transmite la enfermedad mortal del mal de Chagas. (Reduviidae; *Triatoma dimidiata, T. nitida, Rhodnius prolixus*). ♦ **picuda.**
□
    a. ‖ **todo ~ y talepate.** loc. sust. *ES.* Toda clase de gente.
☑
    a. ‖ **para que acaben las ~s, hay que quemar el petate.** fr. prov. *Mx.* Indica que para solucionar ciertos problemas es necesario eliminar la causa que los provoca.
▶ **caer los ~s; caerle ~s; estar como ~; hacer ~.**

chinchear.
    I. 1. tr. *Bo, Ur, Ar,* p.u. Molestar repetida y frecuentemente a *alguien.* pop.
    2. intr. *Ur.* Incordiar y molestar insistentemente. pop.
    3. *Ur.* Sentir enojo y manifestarlo con quejas y reproches. pop.

chinchel.
    I. 1. m. *Ch.* obsol. Cantina, puesto público en que se venden bebidas y algunos comestibles.

chinchemalinche. (De *chinche* y *malinche*).
    I. 1. m. *Mx::SE.* **acacia**. (Fabaceae; *Caesalpinia pulcherrima*).

chinchemolle.
    I. 1. m. *Ch, Ar.* Insecto de cuerpo alargado, que presenta en el tórax glándulas productoras de olores; despide un hedor que se puede percibir a gran distancia. (Agathemeridae; *Agathemera* spp.). (**chinchimolle; chinchimollo; chinchimoye**). ♦ **tabolango.**

chinchenero, -a.
    I. 1. *Ch.* **chinchinero**. pop.

chinchento, -a.
    I. 1. adj. *Mx. Referido a algo,* que tiene muchos chinches, insectos.

chinchero.
    I. 1. m. *Mx, Ho, Ni.* Lugar donde hay muchas chinches, insectos. pop.
    2. *Mx, Ho, Ni.* Criadero de chinches, insectos. pop.
    II. 1. m. *Mx.* Lugar desorganizado de aspecto pobre y sucio. pop + cult → espon.
    III. 1. m. *ES.* Pequeño taller de zapatería.
    IV. 1. m. *PR.* Catre. rur; pop + cult → espon.
    V. 1. m. *PR.* Chaqueta de caballero. rur; pop + cult → espon.
    VI. 1. m. *PR.* Cárcel. carc.
■
    a. ‖ **~ chico.** m. *Ar.* Pájaro de pico curvo largo, dorso pardo, zona ventral de color grisáceo entreverado con blanco, y anchas cejas blancas. (Dendrocolaptidae; *Lepidocolaptes angustirostris*).
    b. ‖ **~ grande.** m. *Ar.* Pájaro de pico curvo muy largo, plumaje pardo claro en el dorso y marcadas cejas blancas. (Dendrocolaptidae; *Drymornis bridgesii*).

chinchi.
    I. 1. m. *Bo:O, C.* **Ají** muy pequeño y picante.

chinchibí. (Del ingl. *ginger beer,* cerveza de jengibre).
    I. 1. m. *ES, Ni, CR.* Bebida alcohólica espumante y de sabor dulce, que se elabora con jengibre, **panela**, agua y arroz. (**chinchibir**).

chinchibir. (Del ingl. *ginger beer,* cerveza de jengibre).
    I. 1. *Gu.* **chinchibí**.

chinchibira.
    I. 1. *Ar.* **chinchibirra**.

chinchibirra.
    I. 1. f. *Ar.* obsol. Bebida gaseosa dulce, *generalmente con sabor a limón,* que se tomaba como refresco. (**chinchibira**).

chinchilejo.
    I. 1. m. *Pe.* Libélula.

¡chinchilete!
    I. 1. interj. *Gu, Ho, ES, Ni.* Expresa el deseo de regalar algo a quien primero conteste «yo, machete». inf. (**chinchillete**).

¡chinchilillo!
    I. 1. interj. *Ho, ES, Ni.* Expresa el deseo de regalar algo a quien primero conteste: «yo, cuchillo». inf.

chinchilín. (Del nahua *tzitzilinia,* repicar campanas).
    I. 1. *Ho.* **chinchín**, sonajero. pop.
    2. *Ho.* metáf. Cola de la serpiente cascabel. pop.
    II. 1. *RD.* **chichinguaco**.
    III. 1. m. pl. *Pa.* Dinero en monedas.
■
    a. ‖ **olor a ~.** m. *RD.* Mal olor.

chinchilla.
    I. 1. f. *Ar:N.* **huacatay**.

¡chinchillete!
    I. 1. *CR.* **¡chinchilete!**

chinchillón.
    I. 1. m. *Ar:NO,O,S.* Mamífero roedor de hasta 45 cm de longitud, color gris a ocráceo y cola larga y peluda. (Chinchillidae; *Lagidium viscacia*). ♦ **vizcacha de la sierra.**

chinchimén.
    I. 1. *Ch.* **perro de agua**. (Mustelidae; *Lutra felina*).

chinchimolle.
    I. 1. *Ar.* **chinchemolle**.

chinchimollo.
    I. 1. *Ch.* **chinchemolle**.

chinchimoye.
  I. 1.   *Ar.* **chinchemolle**.
chinchin.
  ●
    a. ‖ ~. fórm. *Mx.* Se usa para amenazar a alguien.
chinchín.
  I. (Sínc. de *chinchilín*).
    1.   m. *Mx:SE, Gu, Ho, ES.* Sonajero.
    2.   *Gu, Ho, ES.* Maraca, instrumento musical hecho de jícaro vaciado al que se le ha introducido piedrecitas o semillas, y se utiliza para llevar el ritmo y acompañar a otros instrumentos.
    3.   *Ch.* Instrumento musical compuesto por un bombo con platillos que el músico lleva cargado a la espalda y que acciona con el pie mientras marca el ritmo o baila.
    4.   *Ho.* Instrumento musical de percusión que consta de una pequeña horqueta de madera en forma de Y con dos alambres de lado a lado con chapas metálicas insertadas que al moverse producen un sonido similar a las sonajas o maracas. pop.
  II. 1.   m. *Ch, Ar.* Arbusto perenne de hasta 5 m de altura, de hojas alternas mellizas, flores en espigas de color amarillo, a veces olorosas, y fruto en forma de baya esférica. (Salicaceae; *Azara microphylla*).
    2.   *Ho, ES.* Planta herbácea, con hojas simples, flores de colores vistosos y fruto verde. (Fabaceae; *Crotalaria retusa*). ♦ **zapatico**.
    3.   *Ho, ES.* Fruto de la planta herbácea del chinchín que, una vez seco, se utiliza como sonajero o chinchín. pop.
  III. 1.   adv. *Ve, Ch.* **al chinchín**. pop.
  IV. 1.   m. *Ho, ES.* Cola de la serpiente cascabel.
  V. 1.   *RD, PR.* **chin**, poca cantidad. pop + cult → espon.
  VI. 1.   m. *Cu.* p.u. Repetición insistente de algo que resulta molesto o fastidioso. pop + cult → espon.
  VII. 1.   m. *PR.* Llovizna menuda y continua. pop + cult → espon. (**chischis**).
  □
    a. ‖ **al** ~. loc. adv. *Ve, Pe, Ch.* Al contado, con dinero en efectivo. pop. (**al chin chin**; **chinchín**).
  ▶ **ser el** ~.
chinchina.
  I. 1.   *ES.* **chinchineca**.
chinchinear. (De *chinchín*).
  I. 1.   tr. *Mx:SE, Gu, Ho, Ni.* Entretener a un niño tocando el **chinchín**, sonajero. pop.
    2.   intr. *Mx:SE, Gu.* Sonar el **chinchín**, sonajero.
    3.   *Ch.* Tocar el **chinchín**, instrumento musical compuesto por un bombo con platillos.
    4.   *Ch.* Trabajar como **chinchinero**, artista callejero.
  II. 1.   tr. *Gu, Ho, ES, Ni.* Preferir, consentir, mimar a alguien.
chinchineca.
  I. 1.   f. *ES.* Semilla del fruto del **marañón**. ♦ **chichina**.
chinchineo.
  I. 1.   m. *Mx:SE, Ho, ES, Ni.* Toque descompasado y repetido del **chinchín**. pop + cult → espon.
  II. 1.   m. *Gu, Ho, ES, Ni.* Consentimiento, mimo. pop + cult → espon.
chinchinero.
  I. 1.   m. *Gu.* Pájaro de hasta 13 cm de longitud, de cabeza marrón, parte superior verde, parte inferior amarilla y vientre blanco. (Thraupidae; *Chlorospingus ophthalmicus*).
chinchinero, -a.
  I. 1.   m. y f. *Ch.* Artista callejero que baila girando sobre sí mismo, al ritmo del **chinchín** o bombo que lleva a la espalda. (**chinchenero**).

chinchintor.
  I. 1.   m. *Ho, ES.* **chinchintora**, serpiente.
chinchintora.
  I. 1.   f. *Gu, Ho, ES.* Serpiente muy agresiva, similar al **tamagás**, que se mantiene en ramas y copas de los árboles. (Colubridae; *Coluber jaculatrix*). (**chinchintor**).
  II. 1.   f. *Gu, Ho.* metáf. Persona muy enojada. pop.
chinchintorra. (Epént. de *chinchintora*).
  I. 1.   *Ni.* **chichintor**, serpiente.
chinchircoma.
  I. 1.   *Bo:O,C, Ar:NO.* **chinchircuma**.
chinchircuma.
  I. 1.   f. *Pe, Ar:NO.* Planta herbácea y trepadora de hojas alternas y ovales, flores de color rojo o amarillo anaranjado y fruto seco. (Asteraceae; *Mutisia* spp.). (**chinchircoma**).
chinchirioles.
  I. 1.   m. pl. *ES.* **Frijoles**. fest.
chinchirria.
  I. 1.   f. *Gu.* p.u. Fastidio o molestia continua.
chinchita.
  I. 1.   m-f. *Gu.* Persona lista y pícara.
chinchivirín.
  I. 1.   *Gu.* **curruchiche**.
chincho.
  I. 1.   m. *Pe.* Arbusto cuyas hojas se utilizan como condimento y un extracto de las mismas se usa con fines medicinales. (Asteraceae; *Tagetes elliptica*).
  II. 1.   m. *PR.* Muda de ropa vieja y sucia. rur.
  □
    a. ‖ **en dos** ~s. loc. adv. *Ec.* p.u. Rápidamente. pop. (**en un chincho**).
    b. ‖ **en un** ~. *Ec.* **en dos chinchos**.
chinchona.
  I. 1.   *Co, Ec, Pe.* **cascarilla**, árbol de hasta 20 m de altura.
chinchorra.
  I. 1.   f. *Pa.* Guitarra. pop.
chinchorrazo.
  I. 1.   m. *RD, Ve.* Trago grande de una bebida alcohólica fuerte. pop + cult → espon.
  II. 1.   m. *Ve.* Permanencia breve en un **chinchorro**, hamaca. pop.
  III. 1.   m. *Cu.* Conjunto de peces o crustáceos que quedan atrapados de una vez en un **chinchorro**, red larga y estrecha.
  IV. 1.   m. *Ni, Pa.* Latigazo.
chinchorreada.
  I. 1.   f. *Mx.* **chinchorreo**.
chinchorreadero.
  I. 1.   m. *Mx.* Lugar apropiado para pescar con **chinchorro**.
chinchorreador, -ra.
  I. 1.   m. y f. *Mx.* Persona que pesca con **chinchorro**, red que se recoge a pulso desde la orilla.
chinchorrear.
  I. 1.   intr. *Mx, Ni.* Pescar con el **chinchorro**, red que se recoge a pulso desde la orilla.
    2.   *Cu.* Pescar con el **chinchorro**, red larga y estrecha.
  II. 1.   intr. *RD, PR, Ve.* Mecerse en el **chinchorro** o hamaca.
chinchorreo.
  I. 1.   m. *Mx, Cu.* Pesca que se realiza con el **chinchorro**, red que se recoge a pulso desde la orilla. ♦ **chinchorreada**.
chinchorrero, -a.
  I. 1.   m. y f. *Ch.* Persona que se dedica a recoger carbón picado o menudo del agua para su uso o venta particular.

chinchorro.

I. 1. m. *Mx, Co, Ve.* Red de pesca que se recoge a pulso desde la orilla.

2. *Cu, Pe.* Red larga y estrecha que sirve para atrapar peces en el mar. rur.

3. *RD, PR.* Arte de malla de arrastre.

4. *Ho, Ni.* Red redonda de fibra vegetal para pescar **camarones**. pop.

5. *Ho.* Bolsa hecha de malla fina para transportar pequeñas cosas. rur.

6. *PR.* Red de pesca larga y ancha que va montada en **pita**. ♦ **colada; trasmallo.**

II. 1. m. *Mx.* Recua de pocos animales.

III. 1. m. *Ni, RD, Co, Ve.* Hamaca tejida en forma de red.

2. *Pa.* Hamaca pequeña urdida de hilo fino. rur; pop.

IV. 1. m. *CR, RD, PR.* **chinchal**, tienda o taller de aspecto pobre. pop ∧ desp.

2. *RD.* Oficina humilde.

3. *PR.* Establecimiento modesto situado a la orilla de la carretera donde se vende comida y bebida. pop + cult → espon.

4. *CR.* Grupo de viviendas pobres, feas y mal acondicionadas, *dispuestas generalmente de pared por medio* en una zona marginal. pop ∧ desp.

V. 1. m. *Ch.* Carbón mineral en trozos muy pequeños.

VI. 1. m. *Ec.* **vinchuca.**

VII. 1. m. *ES.* Sombrero viejo.

VIII. 1. m. *ES.* Cosa mal hecha.

IX. 1. m. *PR.* Embarcación de remos usada en alta mar para la pesca.

X. 1. m. *PR.* Cárcel. carc.

chinchosear.

I. 1. intr. *Ch.* Galantear, coquetear con piropos y gestos.

II. 1. intr. *Ch.* Reír sin motivos, procurando ocultarlo.

III. 1. tr. *Bo.* Molestar o fastidiar a *alguien*.

chinchoso, -a.

I. 1. adj/sust. *PR, Ec. Referido a persona*, quisquillosa, que se ofende por cualquier cosa. pop + cult → espon.

2. adj. *Ni. Referido a persona*, furiosa.

II. 1. adj. *Ch.* obsol. *Referido a persona*, que suele participar en el juego amoroso sin comprometerse.

III. 1. adj. *Ch.* p.u. *Referido a persona, especialmente a un niño*, risueño y alegre.

IV. 1. adj. *Ec. Referido a persona*, engreída, presuntuosa. pop + cult → espon ∧ desp.

V. 1. sust/adj. *RD.* Persona muy pobre.

VI. 1. adj. *Ho. Referido a cosa o lugar*, plagado de chinches, insectos.

chinchú, -úa.

I. 1. adj. *Cu. Referido a persona*, antipática, odiosa. pop.

chinchudo, -a.

I. 1. adj/sust. *Bo, Py, Ar, Ur.* pop + cult → espon. *Referido a persona*, que se enoja o irrita con facilidad.

2. adj. *Py* pop; *Ar*, pop + cult → espon. Enfadado, de mal humor.

chinchul.

I. 1. *Ar:NO, O.* **chinchulín.**

chinchulín. (Del quech. *ch'únchull[i]*).

I. 1. m. *Ec, Ch, Ar, Ur, Bo*, pop + cult → espon. Intestino delgado comestible de ovinos o vacunos. (**chinchul**).

II. 1. m. *ES.* Cría de la ladilla.

2. *ES.* metáf. *En el ejército*, recluta.

III. 1. m. *ES.* Vulva. vulg.

chinchunte. (Del nahua *tzin*, pequeño, y *tzontli*, cabeza).

I. 1. adj. *Ni:O. Referido a persona*, infeliz.

II. 1. *Ni:O. Referido a persona*, debilucha.

chinchuntearse.

I. 1. tr. prnl. *Ho.* Masturbarse. rur.

chinchurreta.

I. 1. adj. *Mx:SE. Referido a algo*, de mala calidad.

chinchurria.

I. 1. f. *Co:N,C,O, Ve.* Intestino delgado de **res** o de cerdo que se aliña y se come frita o asada.

II. 1. sust/adj. *Ve.* Persona o cosa despreciable y ruin.

chinco, -a.

I. 1. *Ho, ES.* **chingo**, que queda muy corto.

2. *Ho.* **chingo**, rabón.

▶ **hacerse chinca.**

chincol.

I. 1. m. *Ch.* Pájaro de hasta 15 cm de longitud, de cabeza gris con tres líneas negras a cada lado que parten desde la base del pico hacia la nuca y plumas de la corona levantadas a modo de copete, el resto del cuerpo es de tonalidades pardas, menos en el abdomen que es blanquecino. (Emberizidae; *Zonotrichia capensis chilensis*).

□

a. ‖ **de ~ a jote.** loc. adv. *Ch.* De manera indiscriminada, sin exclusiones. pop + cult → espon.

chincolo, -a. (Del nahua *tzintli*, ano, y *cola*).

I. 1. sust/adj. *Mx.* Ave que no tiene cola.

chincoto, -a.

I. 1. adj. *Ni. Referido a persona*, que tiene algún miembro mutilado.

chincúa.

I. 1. *Mx:S.* **chincuya.**

chincual. (Del nahua *tzintli*, ano, y *cualli*, caliente).

I. 1. m. *Mx.* Sarampión.

▶ **tener ~.**

chincualear.

I. 1. intr. *Mx.* Ir de juerga o parranda.

chincualeo.

I. 1. m. *Mx.* Juerga, parranda.

chincualero, -a.

I. 1. adj/sust. *Mx. Referido a persona*, juerguista, parrandero. ♦ **chincualudo.**

chincualón.

I. 1. m. *Mx.* Pago que se hace por anticipado a un trabajador.

chincualudo, -a.

I. 1. *Mx.* **chincualero.**

chincuás.

I. 1. adj/sust. *Mx.* **chicuace.**

chincuete. (Del nahua *tzintli*, nalgas, y *cueitl*, falda).

I. 1. m. *Mx.* Prenda de vestir tradicional que algunas mujeres usan a modo de falda, y que consiste en un trozo de lana que cubre desde la cadera hasta los tobillos. ♦ **chincuey; chincuil.**

chincuetuda.

I. 1. sust/adj. *Mx.* Mujer que viste un **chincuete.**

chincuey.

I. 1. *Mx.* p.u. **chincuete.**

chincuil.

I. 1. *Mx.* **chincuete.**

chincurriento, -a.

I. 1. adj. *Gu. Referido a persona o animal*, débil o desmejorado por una enfermedad.

chincuya.

I. 1. f. *Mx:SE, Gu.* Árbol de hasta 20 m de altura, de corteza gris o negra con manchas blancas, hojas simples y alternas, elípticas, flor de color rojo violáceo, fruto globoso de hasta 20 cm de diámetro, con picos de forma cónica alrededor de toda su superficie y la pulpa de color naranja; la pulpa del fruto es fragante y comestible, con un sabor parecido al del mango. (Annonaceae; *Annona purpurea*). ◆ **chincúa**.

chindada.
► **vivir por la ~ grande.**

chindondear.
I. 1. tr. *ES*. Golpear a *alguien* produciéndole **chindondos**.

chindondo.
I. 1. m. *Gu, Ho:S,O, ES*. p.u. Chichón, bulto en la cabeza a consecuencia de un golpe. rur.
2. *ES*. Cualquier abultamiento externo en el cuerpo. rur.

chine.
I. 1. *Ar:NO*. **chiñe**.
II. 1. adj. *Ec:S. Referido a persona*, irritante o fastidiosa.

chineada.
I. 1. f. *Ho, ES, Ni*. Acto de llevar en brazos a un niño. pop + cult → espon.
2. *Ho, ES*. Mimo, cuidado, trato esmerado.
II. 1. f. *Pe*. Mirada rápida o superficial. pop.

chineadera.
I. 1. f. *Ho, ES, Ni*. Acto reiterado de llevar en brazos a un niño. pop.
2. *Ho, ES, Ni*. Mimo y cuidado excesivo y reiterado. pop.

chineado, -a.
I. 1. adj. *Ho, ES, CR*. Mimado, consentido, tratado con cuidado.
II. 1. adj. *CR. Referido a cosa*, tratada con especial cuidado y delicadeza.
2. *CR. Referido a una parte del cuerpo lesionada*, tratada con cuidados especiales para acelerar el proceso de recuperación.
III. 1. adj. *Ni. Referido a persona*, beneficiada en un negocio o trabajo.

chineador, -ra.
I. 1. sust/adj. *Ho, ES, Ni*. Persona que tiene en brazos a un bebé o niño. pop.
2. *Ho, ES, CR*. Persona que mima y cuida algo o a alguien en exceso. pop.
II. 1. sust/adj. *Ec*. Persona que asalta y despoja por la fuerza a alguien de sus pertenencias mientras le oprime el cuello. pop.

chinear. (De *china*, nodriza).
I. 1. tr. *Gu, Ho, ES, Ni, Pe*. Llevar en brazos o a cuestas *algo* o a *alguien, generalmente un bebé*.
2. *Gu, Ho, ES, Ni, CR*. metáf. Tratar con excesivo cariño y condescendencia a *alguien, en especial a un niño*. ◆ **nenequear**.
3. *Gu, Ho, CR*. Mecer en brazos a un niño pequeño.
4. *Gu, Ho, CR*. metáf. Tratar o transportar *algo* con especial cuidado y delicadeza.
5. *Gu, Ho*. Cuidar o mimar a un niño. pop + cult → espon.
6. *Ho*. Mimar, preocuparse mucho por *alguien* o por *algo*.
7. *Ho*. Retener *algo* o atrasar un asunto, *generalmente administrativo o legal*. sat.
8. *Ni*. Proteger o encubrir a *alguien*.
9. *CR*. metáf. *En un proceso de convalecencia*, dar el *paciente* a uno de sus miembros lesionados, *especialmente a un pie o una mano*, un cuidado especial para acelerar la recuperación. pop.
II. 1. tr. *Pe*. p.u. **aguaitar**, mirar de forma superficial. pop.
III. 1. intr. *Ch*. Frecuentar un hombre el trato con **chinas**, mujeres de clase baja. desp.
IV. 1. intr. *Ch*. Participar en una celebración como **chino**, persona que baila en una festividad religiosa.

V. 1. tr. *Ec*. Asaltar y despojar por la fuerza a *alguien* de sus pertenencias oprimiéndolo por el cuello. pop + cult → espon.
VI. 1. intr. *Ho*. Lisonjear al jefe inmediato. pop.
VII. 1. intr. *CR*. Haber tenido recientemente una mujer un niño.

chineazón.
I. 1. f. *CR*. Condescendencia excesiva con que se trata a alguien, *especialmente a un niño*. pop.

chinegros.
I. 1. m. pl. *Ni*. Personas pintadas y disfrazadas de negro en fiestas populares.

chinela.
I. 1. f. *Ni, CR:O, Bo*. Tipo de sandalia hecha de una suela que se sostiene al pie por medio de una tira en forma de V, que separa el pulgar de los dedos restantes.
2. *Ho*. Zapato de vestir elegante.

chinene. (Del nahua).
I. 1. *Mx:SE*. **chinín**, árbol.

chineo.
I. 1. m. *Gu, CR*. Acto de llevar en brazos a un niño.
2. *Gu, CR*. metáf. Trato esmerado y cuidadoso dado a algo o a alguien. pop.
3. *Gu, CR*. metáf. Condescendencia excesiva con que se trata a alguien, *especialmente a un niño*. pop.
II. 1. m. *Ec*. Tipo de robo en el que el ladrón toma por detrás a su víctima apretándola por el cuello y golpeándola en el abdomen.

chinerío.
I. 1. m. *Mx*. Conjunto de chinos.
II. 1. m. *Ur*. Conjunto de gente vulgar o tosca. pop + cult → espon ^ desp.

chinero, -a.
I. 1. adj/sust. *Ch. Referido a un varón*, que **chinea**, frecuenta a mujeres de clase baja. pop ^ desp.
2. adj. *Ec:S*. p.u. *Referido a hombre*, dado a tener aventuras amorosas con **chinas** o indígenas jóvenes.
II. 1. adj/sust. *RD. Referido a persona*, que vende **chinas**, naranjas.

chinga.
I. 1. f. *Mx*. Situación que resulta fastidiosa, pesada y muy molesta. vulg.
2. *Mx*. Obligación mal recibida. vulg.
3. *Mx*. Maltrato excesivo. vulg.
4. *Mx*. Paliza, serie de golpes. vulg.
II. 1. f. *Gu*. Embravecimiento de los gallos de pelea que se hace sosteniendo a dos de ellos para que se piquen la cresta.
2. *PR. En las peleas de gallos*, animal preparado para que pierda en la pelea.
III. 1. f. *Gu*. Residuos o posos del café, té o **atol**.
IV. 1. f. *Ni*. Carreta sin plataforma que se usa para trasportar troncos.
2. *CR*. Camión que en su parte posterior tiene adaptada una plataforma para transportar cargas pesadas. pop.
V. 1. f. *Ho*. Prostituta. pop.
VI. 1. f. *CR*. Porcentaje de dinero que el administrador de una casa de juego deduce a un jugador de lo que este ha ganado en una apuesta. pop.
VII. 1. f. *CR*. **pucho**, colilla del cigarrillo. pop + cult → espon.
VIII. 1. f. *CR*. Último pago que recibe de la empresa beneficiadora un productor de café por su cosecha. rur.
□
a. ‖ **en chinga.** loc. adv. *Mx*. Rápidamente, deprisa.
► **arrimar una ~; hacerse ~; ponerse una ~.**

chingada.
I. 1. f. *Mx*. Prostituta. vulg.
II. 1. f. *Ar:NO*. Acción desacertada o torpe. pop.

III. 1. f. *Ho.* Cantidad grande de cosas. pop + cult → espon.

□

a. ‖ **a la ~.**
   i. loc. adv. *EU, Mx, Gu, Ho, ES, Ni.* A paseo. pop.
   ii. *EU, Mx.* Con disgusto, con padecimiento. vulg.

b. ‖ **como la ~.**
   i. loc. adj. *Mx. Referido a persona*, maliciosa por hacer lo contrario de lo que debería. pop.
   ii. *Gu. Referido a persona*, muy enojada. vulg.

c. ‖ **de la ~.**
   i. loc. adj. *EU, Mx.* Extremadamente difícil, complicado y que suscita grandes problemas. vulg.
   ii. *EU, Mx. Referido a persona*, que se encuentra muy mal. vulg.
   iii. *Gu, ES, Pa.* Pésimo, muy malo. vulg.

d. ‖ **en la ~ grande.** loc. adv. *Ho, Ni.* Muy lejos. vulg.

▶ **irse a la ~; irse a la ~ grande; largarse a la ~; llevarse la ~; mandar a la ~; ¡me lleva la ~!**

chingadazo.
I. 1. m. *Mx.* Golpe fuerte propinado por alguien. vulg.
   2. *Mx.* Golpe fuerte que alguien recibe al caerse. vulg.

□

a. ‖ **al ~.** loc. adv. *Mx.* Con prisas y mal hecho. vulg.

chingadera.
I. 1. f. *Mx, Gu.* Cualquier objeto o hecho molestos o indeseables.
   2. *Gu, Ho, ES, Ni, CR.* Molestia que causa alguien comportándose con insistencia de manera inoportuna. pop + cult → espon.
   3. *Gu, Ho, ES.* Molestia reiterada, engorro. vulg.
II. 1. *CR.* Jolgorio, diversión bulliciosa. pop + cult → espon.
III. 1. f. *Mx.* Acción ruin. vulg.
IV. 1. f. *ES.* Coito. vulg.

chingaderita.
I. 1. f. *Mx.* Cosa pequeña y de poco valor.

chingado, -a.
I. 1. sust/adj. *EU, Gu, ES; Mx,* vulg. Persona que ha sufrido daño.
   2. adj/sust. *EU, Mx, Gu, ES. Referido a cosa*, estropeada, que ha sufrido un daño. vulg.
   3. sust/adj. *Ho, Ni.* Persona que molesta mucho. vulg; desp.
   4. m. y f. *Ho, Ni.* Persona despreciable. vulg; desp.

●

a. ‖ **¡ah, ~!** fórm. *Mx.* Se usa para expresar sorpresa o protesta. vulg.

chingador.
I. 1. *Ho.* **chingón**, gallo de entrenamiento. rur.

chingador, -ra.
I. 1. sust/adj. *Ho, ES.* Persona que molesta mucho. rur.
II. 1. *Ho, ES.* Persona que tiene con frecuencia relaciones sexuales con otra. vulg.

chingala.
I. 1. f. *Cu.* Protector que utiliza el *catcher* en las piernas para evitar golpes.

chingalavista.
I. 1. adj. *Gu, ES. Referido a un color*, fuerte, intenso, chillón.

chingalé.
I. 1. m. *Co.* **palma amarga**.

chingamadral.
I. 1. m. *Mx.* Cantidad grande de cosas. pop ∧ hiperb.

chingambó.
I. 1. *PR.* **guingambó**, planta.
   2. *PR.* **guingambó**, fruto.

chingamurria.
I. 1. f. *Mx.* p.u. Cosa de poco valor.

chingana. (Del quech. *chinkana*, laberinto).
I. 1. *Pe; Bo:E,C,* p.u.; pop + cult → espon. Taberna donde se expenden y consumen licores baratos. desp.
   2. *Ec.* obsol. Restaurante popular frecuentado *especialmente por las clases bajas*. pop.
II. 1. f. *Bo.* Túnel, paso subterráneo.

chinganear.
I. 1. intr. *Pe; Ch,* obsol. Ir de parranda por **chinganas**, taberna de licores baratos. desp.

chinganero, -a.
I. 1. m. y f. *Pe.* Persona que posee una **chingana**, taberna de licores baratos, o trabaja en ella. desp.

chingaquedito.
I. 1. m-f. *Mx.* Persona que quiere conseguir algo de alguien, con buenos modales pero insistentemente, de forma que resulta molesta.

chingar(se). (De etim. contr.).
I. 1. intr. prnl. *EU, Mx, Gu, ES; Ch,* pop + cult → espon. Frustrarse, fracasar *algo*, no llegar al término deseado. vulg.
   2. *EU, Mx, Gu, ES, Ch,* pop + cult → espon. Romperse, dejar de funcionar *una cosa*. vulg.
II. 1. tr. prnl. *EU, Mx.* Agredir físicamente a *alguien*. vulg.
   2. *EU, Mx.* Violar sexualmente a *alguien*. vulg.
III. 1. intr. prnl. *EU, Mx, Gu, Ho, ES.* Sacrificarse *alguien* en extremo, trabajar duro para lograr algo. vulg.
IV. 1. tr. prnl. *EU, Mx.* Consumir una comida o una bebida. vulg.
V. 1. tr. prnl. *Mx.* Robar, tomar *alguien algo* que no le pertenece. vulg.
VI. 1. intr. *Py, Ar, Ur.* Caer desparejamente el **ruedo** de una prenda. vulg.
   2. intr. prnl. *Ar, Ur.* Estirarse o deformarse una prenda de vestir.
VII. 1. tr. *Ho, ES.* Divertirse. est.
VIII. 1. tr. *Pa; CR,* rur. Cortar total o parcialmente el rabo a un animal.

●

a. ‖ **chinga a tu madre.** fórm. *EU, Mx.* Se usa para ofender a alguien con mucha violencia. vulg.
b. ‖ **¡chínguele!** fórm. *Mx.* Se usa para dar prisa a alguien o para incitarle a que haga algo con rapidez.
c. ‖ **¡chínguenle!** fórm. *Mx.* Se usa para dar prisa a dos o más personas o para incitarles a que hagan algo con rapidez.

□

a. ‖ **~ la pita.** loc. verb. *Gu.* Divertirse. pop.
b. ‖ **~la.** loc. verb. *Gu, Bo:E, Ar.* Equivocarse, fracasar. pop. (**chingarle**).
c. ‖ **~le.** loc. verb. *Ar.* **chingarla**.

■

a. ‖ **¡chíngale!** loc. interj. *Mx.* Expresa ánimo para que alguien haga algo con rapidez.
b. ‖ **¡chíngales!** loc. interj. *EU.* juv. Expresa incitación a la prisa.

chíngar. (Del ingl. *shin guard*, espinillera).
I. 1. m. *EU.* Espinillera, pieza que protege la espinilla.

chingastal.
I. 1. *ES.* **chingastero**.

chingaste. (Del nahua, tal vez de *xinachtli*, semilla).
I. 1. m. *Mx, Gu, Ho, ES, Ni.* Sedimento en algunas bebidas como café o refresco. pop + cult. (**shingaste**).
   2. *Mx, Gu, Ho, ES, Ni.* Residuo de los granos molidos o quebrados, como los del maíz o del café. pop + cult. (**shingaste**).

3. *Gu, Ho, Ni.* Sobra o desperdicio de cualquier cosa o comida. pop + cult. (**shingaste**).
4. *ES.* Salpicadura de un líquido espeso.
II. 1. m. *Ho, ES, Ni.* Semen. vulg; pop.
III. 1. m. *ES.* Pedazo de un cristal roto.
IV. 1. m-f. *Ho.* Persona despreciable. desp.
► **hacer ~; revolver el ~.**

chingastear(se).
I. 1. tr. *ES.* Realizar el coito. vulg.
2. *Ho.* Preñar el macho a la hembra. rur.
II. 1. intr. *Ho, Ni.* Quedarse *alguien* hasta el final de una fiesta. rur.
III. 1. tr. prnl. *Ni.* p.u. Beber café o **fresco** natural hasta las heces o el **chingaste**. rur.
IV. 1. tr. *ES.* Salpicar a *alguien.*
V. 1. tr. *Ni.* Hacer pedazos *algo.*

chingastero.
I. 1. m. *ES, Ni.* p.u. Gran cantidad o reguero de **chingaste**.

chingastoso, -a.
I. 1. adj. *Ho, Ni. Referido a café o refresco,* con muchos posos.

chingatal.
I. 1. m. *Mx.* Abundancia de algo, gran cantidad. pop ^ hiperb.

chingazal.
I. 1. m. *Ho, ES.* Mucho de algo, gran cantidad. pop.

chingazo.
I. 1. m. *Mx.* Puñetazo. pop.
2. *Pa.* Golpe fuerte. pop.
□
a. ‖ **al ~.** loc. adv. *Mx.* Perfectamente, oportunamente. pop ^ hiperb. ♦ **al puro chingazo.**
b. ‖ **al puro ~.** loc. adv. *Mx.* **al chingazo.** pop ^ hiperb.

chingo.
I. 1. m. *Gu, ES; Mx,* vulg. Abundancia de algo, gran cantidad. pop.
II. 1. m. *Pe.* Embarcación unipersonal a remos que usan los **tablistas** para correr olas.
2. *Ec:O.* Canoa rústica de madera y de pequeño tamaño.
3. *Pa.* Canoa pequeña tallada de una sola pieza.
III. 1. m. *Ec.* p.u. Recipiente de barro cocido. pop.
IV. 1. m. *PR.* Perro **sato**, sin casta.
V. 1. m. pl. *CR.* Prenda de vestir que usan las mujeres por encima de la ropa interior y debajo del vestido.
VI. 1. m. *Pa.* Camión de remolque que cuando no lleva carga, consta únicamente de la cabina del conductor. pop.
◨
a. ‖ **hasta los ~s colean.** fr. prov. *Ni.* Indica el deseo de hacer algo que se considera imposible.

chingo, -a.
I. 1. adj. *Gu, Ho, Ni, CR, Pa.* metáf. *Referido a ropa de vestir, en especial falda y pantalón,* que queda muy corta. pop.
2. *Gu, Ho, Ni, Pa. Referido a animal,* rabón. ♦ **cuto.**
3. *Gu, Ho, Ni, Pa. Referido a un ave de corral, especialmente a un gallo,* que no tiene plumas en la cola o las tiene muy cortas.
4. *Gu, Ho; CR,* pop. *Referido a animal,* que le ha sido total o parcialmente cortado el rabo.
II. 1. sust/adj. *Ve.* Persona de nariz chata, poco prominente. pop.
2. *Ve.* Persona de labio leporino. pop.
III. 1. adj. *Ve. Referido a persona,* ávida, ansiosa por hacer algo o conocer algo específico. pop.
IV. 1. adj. *Ho. Referido a propuesta o cantidad de dinero,* que queda corta frente a lo que se esperaba.
2. *Ni. Referido a persona,* con poco dinero.

V. 1. adj. *Ho. Referido a persona,* bien vestida, elegante. pop.
2. *CR. Referido a persona,* sin ropa, desnuda. pop.
●
a. ‖ **~ de.** fórm. *CR.* Se usa para elogiar las cualidades de lo designado por el anterior sustantivo, o para hacer burla de ellas. pop.

chingolear(se).
I. 1. intr. *Ho; CR,* obsol. Pasar el tiempo *una persona* sin hacer nada, *generalmente andando por la calle de un sitio a otro.* rur.
II. 1. intr. prnl. *Ni.* Contonearse *alguien, generalmente una mujer,* para llamar la atención.

chingoleta.
I. 1. f. *Ni.* Mujer coqueta.
II. 1. adj. *CR.* obsol. *Referido a una mujer,* que lleva la falda o el vestido más corto de lo normal. (**chingoreta**).

chingoleto, -a.
I. 1. adj. *CR.* obsol. *Referido a persona,* desnuda o con muy poca ropa puesta. (**chingoreto**).

chingolingo.
I. 1. m. *Mx, Gu, Ho, ES.* Juego de dados en el que ganan las figuras iguales de color negro y pierden las rojas o la combinación de roja y negra. pop.
► **tener como ~ y querendón.**

chingolinguear.
I. 1. intr. *Mx.* Jugar al **chingolingo.**

chingolinguero, -a.
I. 1. m. y f. *Mx.* Persona que tira los dados en el **chingolingo.**

chingolo.
I. 1. m. *Gu, ES, Ec, Ar, Ur.* Pájaro de hasta 14 cm de longitud, de cabeza gris con copete de rayas negras, garganta blanca con un collar de color canela, vientre pardo y dorso también pardo manchado de negro. (Emberizidae; *Zonotrichia capensis*). ♦ **papachiuchi; pichitanca.**
2. *Ar:NO.* Pájaro de hasta 15 cm de longitud, de dorso pardo y veteado de negro, vientre blanco, garganta blanca con un collar rojizo, y cabeza gris con un pequeño copete. (Emberizidae; *Junco capensis*).

chingolotear.
I. 1. intr. *Ho, ES.* Alborotar, causar desorden. pop.

chingoloteo.
I. 1. m. *Ho, ES.* Desorden, alboroto. pop.

chingón.
I. 1. m. *Ho.* Gallo que se utiliza para entrenar a los que van a pelear. rur. ♦ **chingador.**

chingón, -na.
I. 1. adj/sust. *Mx, Gu, Ho, ES. Referido a un objeto o producto,* muy bonito o de excelente calidad. pop.
2. *Mx, Ho, ES. Referido a persona,* experta en una actividad o rama del saber. vulg; pop + cult → espon.
3. *Ho, ES. Referido a persona,* de carácter y trato afables. pop.
4. *Ho, Pa. Referido a un negocio, evento o hecho,* excelente, animado o bien hecho. pop.
5. *Ho. Referido a persona o cosa,* extraordinaria, magnífica. pop.
6. *Ho. Referido a algo,* muy grande o abundante. pop.
II. 1. adj/sust. *Gu, Ho, ES. Referido a persona,* molesta, fastidiosa. pop ^ desp.
III. 1. adj/sust. *PR. Referido a persona,* que practica mucho el acto sexual. tabú; pop + cult → espon.

chingonería.
 I. 1. f. *Mx.* Maravilla, cosa que causa admiración. pop.

chingongo. (Del ingl. *chewing gum*).
 I. 1. m. *Pa, Co:SO.* Chicle, goma de mascar. vulg; pop.

chingoreta.
 I. 1. adj. *CR. Refererido a una mujer,* **chingoleta,** que lleva la falda más corta.

chingoreto, -a.
 I. 1. adj. *Ni. Referido a ropa de vestir,* corta. desp.
 2. *Ni. Referido a animal,* sin cola o de cola corta. desp.
 3. *CR.* **chingoleto.**

chingorro.
 I. 1. m. *Ni.* Gorro.
 2. *Ni.* metáf. Cabeza del pene.
 ▶ **cambiar de ~.**

chingote.
 I. 1. m. *Ho:N.* Chorrillo de orín. inf.

chingoteo.
 I. 1. m. *PR.* Coito. tabú; pop + cult → espon.

chingrear.
 I. 1. tr. *ES.* Salpicar a *alguien* o *algo* con un líquido.

chingua.
 I. 1. *Co:NE.* **changua,** caldo.

chingue.
 I. 1. m. *Ar:NO.* Equivocación, error. pop.
 2. adj. *Ar:NO. Referido a cosa,* torcida o mal hecha. pop.
 3. m. *Ar:NO.* Efecto que hace la caída irregular de una prenda de vestir, *especialmente una falda.* pop.
 II. (Del mapuche *chige*).
 1. *Ch, Ar:S.* **zorrillo,** mofeta.
 III. 1. m. *Co:C.* p.u. Camisa larga y sin mangas que usan las mujeres para bañarse.
 IV. 1. m. *Ni.* Refresco hecho de maíz a medio tostar, con canela, azúcar y agua.
 V. 1. m. *CR.* juv. Jolgorio, diversión bulliciosa. ♦ **chiringue.**

chinguear(se).
 I. 1. tr. *Ho, Ni.* Cortar a un animal la cola o parte de ella.
 2. *Ho.* Cortar el extremo de algo. pop.
 3. *Ho.* Acortar o menguar *algo, en especial el largo de una falda.* pop.
 II. 1. tr. *CR.* p.u. *En una casa de juego,* cobrar el administrador un porcentaje de lo que alguien haya ganado en una apuesta.
 2. intr. *Pa.* Participar en juegos de azar. pop + cult → espon ^ desp.
 III. 1. tr. *ES.* Pescar camarones metiendo un palo con carnaza en la cueva.
 IV. 1. intr. *Ho.* Hacer bromas. pop.
 V. 1. intr. prnl. *Ho.* Llevarse *alguien* un chasco, amilanarse. pop.

chinguemaíz.
 I. 1. *Ni.* **chingue,** refresco.

chingüengüenchón, -na.
 I. 1. adj/sust. *Mx, Gu, Ho, ES, Ni, RD. Referido a persona,* muy sinvergüenza. fest.

chingueo.
 I. 1. m. *Ho.* Entrenamiento de los gallos de pelea. rur.

chínguere.
 I. 1. m. *Mx.* Aguardiente.
 2. *Mx.* Bebida alcohólica destilada.

chinguerito.
 I. 1. m. *Pe.* Bebida elaborada con el jugo fresco de la uva recién pisada, **pisco,** canela y limón.

chinguero.
 I. 1. m. *Mx.* Abundancia de algo.
 II. 1. m. *Gu, Ho, ES.* Gallo para entrenar a otro de pelea. rur.

chinguero, -a.
 I. 1. m. y f. *CR.* p.u. *En una casa de juego,* persona que deduce un porcentaje de lo que ha ganado un apostador.
 2. adj/sust. *Pa. Referido a persona,* aficionada a la **chinguia,** juegos de azar. pop + cult → espon ^ desp.
 II. 1. adj. *ES. Referido a persona,* molestona, provocadora.

chinguia.
 I. 1. f. *Pa.* Juegos de azar. pop + cult → espon.
 2. *Pa.* Pasión por el juego de azar. pop + cult → espon.

chinguiña.
 I. 1. f. *Mx.* Legaña.

chinguiñoso, -a.
 I. 1. adj. *Mx. Referido a persona o animal,* legañoso.

chinguirito.
 I. 1. m. *Mx.* Aguardiente de caña de calidad inferior.
 2. *Pe:N.* Bebida hecha con agua de coco y aguardiente.
 3. *Cu:E.* Bebida que resulta de la mezcla del aguardiente con el jugo de algunos cítricos, *principalmente naranja y limón.*
 II. 1. m. *Pe:N.* **Cebiche** a tiras hecho básicamente con carne seca y salada de **pez guitarra.**

chingurria.
 I. 1. f. *ES.* Semilla pequeña de **marañón.**

chinilla.
 I. 1. f. *CR.* Tela estampada con una cuadrícula de dos colores alternos, usada en la confección de manteles y de ciertas prendas de vestir.

chinín. (Del nahua *xinine*).
 I. 1. m. *Mx, Ho.* Árbol de hasta 30 m de altura, frondoso y ramificado, de hojas verdes, perennes, coriáceas y ovales, con flores sin pétalos. (Lauraceae; *Persea schiedeana*). (**chinene; chinini; xinene**). ♦ **aguacamico; aguacate de mico; aguacate de monte; chucte; shute.**
 2. *Mx, Ho.* Fruto comestible del chinín, más pequeño que el aguacate común, cáscara lisa, de color verde oscuro y pulpa suave y fibrosa. (**xinene**). ♦ **aguacamico; aguacate de mico; aguacate de monte; chucte; shute.**

chinini.
 I. 1. *Mx.* **chinín,** árbol.

chininingo, -a.
 I. 1. adj. *RD. Referido a cosa,* muy pequeña. rur.

chinita.
 I. 1. f. *Gu, Ho, ES, Ni, CR, Cu, RD, PR.* Cosa que se dice indirectamente para indisponer o zaherir a alguien. pop. ♦ **filazo.**
 II. 1. *Ar:NO.* **mercadela.**
 III. 1. f. *Ch.* Mariquita, insecto pequeño de hasta 7 mm de longitud, de cuerpo semiesférico negruzco y encarnado brillante por encima, con varios puntos negros en los élitros, cabeza pequeña, alas membranosas muy desarrolladas y patas muy cortas. (Coccinellidae; *Caleomigilia cuadrifasciata*).
 IV. 1. f. pl. *Ho.* Pedazos pequeños en que se divide algo al romperse. pop.
 V. 1. adj/sust. *PR. Referido a un color,* anaranjado. pop + cult → espon.
 VI. 1. f. *PR.* Bebida carbonatada con sabor a naranja.

chinitas.
 ▶ **echar ~; tirar ~.**

chinito.
 ▶ **ponerse ~.**

chinizcán. (Del nahua *tzinitzcan*).
  I. 1. m. *Mx.* Pájaro de hasta 40 cm de longitud, con dorso de color verde grisáceo, vientre rojo o amarillo, cola de forma rectangular, negra, con tres bandas blancas horizontales si la especie es macho, cuello corto, patas muy pequeñas y pico ancho. (Trogonidae; *Trogon mexicanus*). ♦ **pájaro bandera.**

chino.
  I. 1. m. *Mx.* Rizo del pelo.
  II. 1. *Ho.* **chacaj.**
■
  a. ‖ ~ **básico.** m. *Ar, Ur.* Cosa incomprensible o muy difícil de entender. pop.
  b. ‖ ~ **tuerto.** m. *Ch.* Pene. vulg; pop ^ fest.
☑
  a. ‖ **no te cleo, dijo el ~.** fr. prov. *Ch.* Indica reticencia para creer algo dicho por alguien. pop + cult → espon.
▶ **cobrarse a lo ~.**

chino, -a.
  I. 1. sust/adj. *Ve, Ch; Ar, Ur,* desp. Persona de rasgos aindiados.
    2. adj/sust. *Pe.* **chino cholo.**
  II. 1. adj/sust. *Mx.* Referido a persona, que tiene el cabello muy rizado.
    2. *Gu, Ho, ES; Cu, PR,* pop. Referido a persona, que no tiene vello ni barba o que tiene muy poco.
    3. adj. *Cu, PR.* Referido al cabello, muy lacio.
  III. 1. m. y f. *Co, Ve.* Persona joven o de corta edad. pop.
    2. *Co, Ec.* Hijo, *especialmente cuando es de corta edad.* pop.
    3. *Ec.* Persona de corta edad que pertenece a la clase social baja.
  IV. 1. m. y f. *Co:C; Ec,* obsol; f. *Ch,* obsol. Sirviente joven.
    2. m. y f. *Ar.* Sirviente, *generalmente de rasgos aindiados.* pop + cult → espon ^ desp.
  V. 1. adj. *Ar, Ur.* Referido a un trabajo, que demanda mucho esfuerzo.
  VI. 1. m. y f. *Ec, Pe.* Hombre o mujer.
  VII. 1. adj. *Ve.* Referido a persona, desnuda, sin ropa. pop.
  VIII. 1. m. y f. *Ch.* Persona que baila o toca instrumentos en una festividad religiosa.
●
  a. ‖ ~. fórm. *Cu.* Se usa para dirigirse a una persona de manera afectiva. pop.
■
  a. ‖ ~ **molongo.** m. y f. *RD.* Persona achinada, con rasgos orientales muy marcados.
  b. ‖ ~ **palangueta.** m. y f. *RD; Cu,* obsol; desp. Persona natural de China. (**chino palanqueta**).
  c. ‖ ~ **palanqueta.** *RD.* **chino palangueta.**
□
  a. ‖ ~ **cholo.** loc. adj/sust. *Pe.* Referido a persona, descendiente de indio y negra, o de negro e india. ♦ **chino.**
▶ **dar ~; estar ~; hacer el ~; meterle el ~; quedarse ~; tener un ~ atrás.**

chinola.
  I. 1. *RD, Co.* **maracuyá,** planta.
    2. *RD, Co.* **maracuyá,** fruto.
  II. (De *Shinola*®).
    1. f. *Gu, Ho, ES, Ni.* Mezcla de varios ingredientes, líquida o en pasta, que se usa para poner lustroso el calzado, *especialmente el de color negro.* pop. (**shinola**).
    2. sust/adj. *Ho.* meton. Persona mestiza cuyo color de piel es muy oscuro, tirando a negro. pop ^ desp.

chinoleado, -a.
  I. 1. adj/sust. *Ho.* Referido a calzado, embetunado con **chinola.** pop ^ desp.

    2. *Ho.* meton. Referido a persona, de piel oscura, casi negra. pop ^ desp.

chinolear.
  I. 1. tr. *Mx:N, Ho.* Lustrar el calzado. pop.
  II. 1. tr. *Ho.* Cubrir de merengue un pastel o una tarta. pop.

chinopote.
  I. 1. m. *Mx.* Dulce con forma de rombo hecho con **pinole,** harina; es tradicional en el estado de Tabasco.

chinquearse.
  I. 1. intr. prnl. *Mx:NO.* Agacharse curvando la espalda hacia el suelo.

chinquechate.
  I. 1. m. *Mx:NO.* Voltereta que se da hacia atrás.

chinta.
  I. 1. f. *Gu, ES.* Muñeca.
  II. 1. f. *ES.* **yax.**
  III. (Del nahua *tzintli,* la parte de abajo).
    1. f. *ES.* Raíz comestible del **güisquil.**

chintalala.
  I. 1. f. *ES.* Trompo hecho de la mitad de un carrete.
  II. 1. f. *ES.* Pene. vulg.

chintamal. (Del nahua *tzintli,* nalgas, y *tamalli,* tamal).
  I. 1. m. *Ni.* Nalgas de una persona.

chintano, -a.
  I. 1. adj/sust. *Ni.* Referido a persona, a la que le falta uno o varios dientes.

chintatlahua. (Del nahua *tzintli,* nalgas, y *tlatlahuqui,* colorado).
  I. 1. f. *Mx.* Araña de pequeño tamaño, muy venenosa, de patas cortas y negras y abdomen rojo. (Theridiidae; *Latrodectus curassaviensis*). (**chintlatlahua**).
    2. *Mx.* metáf. Prostituta. (**chintlatlahua**).

chintear. (De *chinto*).
  I. 1. intr. *ES.* Menstruar.

chintete. (Del nahua).
  I. 1. m. *Mx.* Lagartija de hasta 10 cm de longitud, de color café claro, escamas con aspecto de espinas, cola larga y cuerpo robusto; se consume como alimento en algunas regiones del estado de Hidalgo. (Phrynosomatidae; *Sceloporus horridus*).

chintlatlahua.
  I. 1. *Mx.* **chintatlahua.**

chinto.
  I. (Del nahua *chiltic,* rojo).
    1. m. *Gu, Ho, ES.* Menstruación. rur; tabú.
  II. 1. m. *ES.* Rimero de **tortillas.**

chinto, -a.
  I. 1. adj. *Gu.* Referido a persona, indígena. desp.
  II. 1. adj. *Gu.* Referido a un color, brillante.

chintorol.
  I. 1. *Gu.* **chintorolo,** árbol.
    2. *Gu.* **chintorolo,** fruto.

chintorola.
  I. 1. f. *ES.* **chintorolo,** arbusto.

chintorolo.
  I. 1. m. *Ho:O.* Arbusto lampiño, de hasta 12 m de altura, flor de 12 a 16 cm, fragante y muy blanca, varas delgadas y rectas de color rojizo; el color de su madera es también rojizo. (Rubiaceae; *Posoqueira latifolia*). rur. (**chintorol; chintorola**). ♦ **gualinga.**
    2. *Ho:O, ES.* Fruto comestible de este arbusto que es redondo, de color negro y dulce. rur. (**chintorol**).

chintul. (Del nahua *tzintli,* raíz, y *tulli,* junco).
  I. 1. m. *Mx.* Planta herbácea de aspecto parecido al junco, de tallo alto, cilíndrico y hueco, más grueso en la base de la planta, sin hojas; inflorescencias en espiguillas; se emplea en perfumería porque su raíces son

aromáticas, de olor parecido al del sándalo. (Cyperaceae; *Cyperus articulatus*). (**chintule**). ♦ **piripiri**.

chintule.
   I. 1. *Mx:SE.* **chintul**.

chinvarón, -na.
   I. 1. m. y f. *Ni.* Niño travieso.

chinvarona.
   I. 1. f. *ES, Ni.* Niña que participa con frecuencia en juego de niños. desp.
   II. 1. f. *Ni.* Prostituta. desp.

chinvaronear.
   I. 1. intr. *Ni.* Jugar una niña o adolescente con los varones.

chiñe.
   I. 1. *Ar:NO.* **zorrillo**. (**chine**).

chiotilla.
   I. 1. f. *Mx.* Cactus de hasta 6 m de altura, ramoso, fruto pequeño y globoso, de color morado y sin espinas. (Cactaceae; *Escontria chiotilla*). (**jiotilla**).

chip. (Voz inglesa).
   I. 1. m. *EU, Ho*; m. pl. *ES.* **Papas** fritas o **plátano verde** frito cortados en tiras muy finas. pop.
   II. 1. m. *Ch.* Madera desmenuzada para usos industriales.
   III. 1. m. *Ni.* Número que identifica a un policía.
   ▶ **estropearse el ~**.

chipa. (Del aim. y quech. *chipa*, cesto para llevar frutas)
   I. 1. f. *Co:C.* Rollo de cuerda o alambre.
   2. *Pe*, rur; *Bo*, pop + cult → espon. Cesta a modo de red en la que se llevan apiñados frutas o productos del campo.
   3. *Bo.* Embalaje de un producto agrícola, *generalmente fruta*, hecho con lonjas de corteza de **plátano** liadas entre sí formando un fardo. pop + cult → espon.
   4. adj. *Bo. Referido a cosas*, enredadas, enmarañadas. pop + cult → espon.
   5. f. *Bo.* Situación caracterizada por el desorden y la confusión. pop + cult → espon.
   II. 1. *Py, Ar:NE.* **chipá**.

chipá.
   I. 1. m. *Py, Ar.* Torta de harina de maíz o **mandioca**, queso, huevos y otros ingredientes. (**chipa**).

chipaco.
   I. 1. m. *Ar:NO.* Pan elaborado con harina de cemita, grasa y **chicharrones**.

chipagua. (Del nahua *chipahuac*, cosa limpia o clara).
   I. 1. f. *ES.* Fruto mal madurado por exceso de agua.

chipalón, -na.
   I. 1. adj/sust. *Mx:S.* obsol. *Referido a persona*, que come mucho.

chipar(se).
   I. 1. tr. *Bo, Ar:NO.* Enredar *algo, especialmente cabellos, hilos o alambres*. pop + cult → espon.
   2. intr. prnl. *Bo.* Entrelazarse *algo*, como cabellos, hilos o alambres, de manera desordenada. pop + cult → espon.
   3. tr. *Bo.* metáf. Enredar un asunto. pop + cult → espon.
   4. intr. prnl. *Bo.* metáf. Complicarse un asunto. pop + cult → espon.
   5. *Bo.* metáf. Trabarse *alguien* al hablar. pop + cult → espon.
   6. *Bo.* metáf. Abrazarse apasionadamente dos personas. pop + cult → espon.
   II. 1. tr. *Bo.* Embalar un producto, como fruta, coca o **charque**, con tiras de cuero, lonjas de corteza de **plátano** u otro material para su transporte. pop + cult → espon.

2. *Bo:O,C.* Amarrar *algo* fuertemente. pop + cult → espon.
   III. 1. tr. *Pa.* Robar *algo* de poco valor. pop.

chíparo.
   I. 1. m. *Ve.* Ave de 60 cm de longitud, sin contar las plumas alargadas de la cola, que miden 40 cm, de color general blanco con una línea negra que le cruza el ojo y una banda negra en las alas cuyas puntas son también negras, el pico es muy rojo. (Phaethontidae; *Phaethon aethereus*).

chipasmute.
   I. 1. m. *Pe.* Guiso hecho de **frijoles verdes**, **choclo** desgranado al que se le añade salsa de cilantro, **ají** y cebolla.

chipe.
   I. (Del ingl. *cheap*, barato).
   1. m. *Ve.* Moneda de escaso valor. pop.
   2. adj/sust. *EU:SO. Referido a persona*, avara y tacaña.
   3. m. *Ch.* obsol. Dinero. vulg; pop.
   II. (Del nahua *tzipitl*, niño enfermo o desganado).
   1. m-f. *Gu.* Niño más pequeño de una familia.
   2. adj. *ES. Referido a persona*, desmedrada.
   IV. 1. m. *ES.* Cabeza de persona.
   ◻
   a. ‖ **~ libre**. loc. adv. *Ch.* Sin restricciones.
   ▶ **estar ~**.

chipeador, -ra.
   I. 1. adj/sust. *PR, Ch. Referido a persona o a una máquina*, que desmenuza la madera para hacer *chip*.

chipear.
   I. 1. tr. *Bo.* Robar cosas de poco valor.
   2. tr. *Bo.* Engañar, estafar a *alguien*.
   II. 1. intr. *Ch.* p.u. Pagar al contado. pop.
   III. 1. tr. *PR. En carpintería*, desbastar con azuela.

chipera.
   I. 1. f. *Ch.* Industria o empresa dedicada a la fabricación y comercio del *chip*, madera desmenuzada.
   2. *Ch.* Máquina que convierte la madera en *chip*.

chipero.
   I. 1. m. *Ch.* Vehículo, *especialmente un barco*, que transporta *chip*, madera desmenuzada.

chipero, -a.
   I. 1. m. y f. *Py, Ar:NE.* Persona que hace y vende **chipas** o **chipás**, tortas de maíz.
   II. 1. adj. *Ch.* Relativo al *chip*, madera.
   III. 1. m. y f. *RD.* Trabajador ocasional, persona que trabaja en lo que surge.

chipi. (Abrev. de *chipichape*).
   I. 1. m-f. *PR.* Persona boba, tonta. pop + cult → espon.

chipiado, -a.
   I. 1. adj. *ES. Referido a cosa*, difícil.
   2. *ES. Referido a persona*, de difícil trato.
   II. 1. *ES. Referido a persona*, malvada.

chipiar(se).
   I. 1. tr. *Gu, ES.* Molestar, fastidiar a *alguien*.
   2. intr. *RD.* Saltar chispas.
   3. intr. prnl. *RD.* Enfadarse, enfurecerse.
   4. tr. *ES.* Regañar a *alguien*.
   II. 1. intr. impers. *RD.* Caer gotas menudas de agua.

chipica. (Del map. *chedpica*, hierba).
   I. 1. *Ar:C,O.* **chepica**.

chipichape.
   I. 1. adj. *PR. Referido al trabajo*, hecho a la ligera. pop + cult → espon.
   2. *PR. Referido a cosa*, barata, de baja calidad. pop + cult → espon.
   ◻
   a. ‖ **de ~**. loc. adj. *PR.* De medio pelo, de poco valor. pop + cult → espon.

chipichipi.
   I. (Del nahua *chichipini*, lloviznar).
     1. m. *Mx, Gu, Ho.* Llovizna. pop.
   II. 1. m. *Co:N, Ve.* Molusco cuyas valvas, de 3 a 4 cm de longitud, son finas, ovales, muy aplastadas, y de color gris blanquecino con manchas rojizas; su carne es comestible. (Veneridae; *Donax denticulatus*).
   III. 1. m-f. *Pa.* Cosa barata, de poca calidad.

¡chipijale!
   I. 1. interj. *Pa.* Expresa aprobación de algo bien hecho.

chípil. (Del nahua *tzipitl*, niño enfermo o desganado).
   I. 1. adj/sust. *Mx. Referido a un niño*, que está molesto por hallarse embarazada la mujer que lo cría.
     2. *Mx. Referido a un niño*, que siente malestar en los dientes.
     3. adj. *Mx. Referido a persona*, melindrosa.

chipilín.
   I. 1. m. *Mx, Gu, Ho, ES.* Planta herbácea de hojas pequeñas, olorosas, de agradable sabor y de color verde, flores amarillas cuyo fruto es una vaina pelada retorcida, parecida a un caracolito, cargada de semillas pequeñas que, al madurar, revientan con estrépito. (Fabaceae; *Crotalaria longirostrata, C. striata,C. vitelia*).
     2. *Mx, Gu, Ho, ES.* Hoja del chipilín, que en el sureste de México se emplea como condimento de la masa de algunos **tamales.** pop.
     3. *Mx, Gu, Ho, ES.* Flor amarilla del chipilín, comestible una vez cocida. pop.

chipilín, -na.
   I. 1. sust/adj. *Ve.* Persona que está en la niñez.

chipilingo, -a.
   I. 1. m. y f. *Mx.* Niño de corta edad.

chipilo.
   I. 1. m. *Bo:E.* Rodajas de **plátano** fritas.

chipilo, -a.
   I. 1. sust/adj. *Mx.* Niño **chípil**, melindroso.
     2. *Mx.* Niño de menor edad en una familia.

¡chipín!
   I. 1. interj. *Pa.* Expresa orden de que se calle alguien.

chipión.
   I. 1. m. *ES.* Contestación grosera.
     2. *ES.* Regaño.
   II. 1. m. *ES.* Raspón.

chipiza. (Del nahua *chipini*, gotear).
   I. 1. f. *Ni.* Úlcera varicosa en la espinilla de la pierna de lenta curación.

¡chiplungún! (De or. onomat.).
   I. 1. interj. *Gu.* Imita el sonido de un cuerpo al caer al agua.

chipo.
   I. 1. m. *Co, Ve.* Insecto hemíptero de hasta 3 cm de longitud, de color negro o castaño, con manchas de diversos tonos; es transmisor del mal de Chagas. (Reduviidae; *Rhodnius prolixus*).

chipocle. (Del nahua *chilpoctli*, chile ahumado).
   I. 1. *Mx.* **jalapeño**, fruto.

chipocludo, -a.
   I. 1. adj/sust. *Mx. Referido a persona*, influyente o que tiene poder en algún ámbito. pop.
     2. *Mx. Referido a persona*, muy hábil para realizar alguna actividad. pop.
     3. adj. *Mx. Referido a cosa*, que resulta bonita, agradable a la vista. pop.

chipola.
   I. 1. f. *Ve.* Composición musical del folclore venezolano del género del **joropo**, de ritmo rápido, que se canta y se baila.

chipolo.
   I. 1. m. *Co. En el juego de cartas denominado veintiuna,* lance en el que se consiguen dos ases, en las dos primeras cartas que se reparten.

chipororo.
   I. 1. m. *Ve:O.* Chichón.

chiporro.
   I. 1. m. *Ch.* Cordero nuevo.
     2. *Ch.* Piel de cordero nuevo con su lana aún adherida, *que se usa, por lo común, como forro de prendas de abrigo.*
   II. 1. *Ch.* Hombre joven sin experiencia en un trabajo, *especialmente un marinero.* pop.

chipota.
   I. 1. f. *Ni.* Cabeza de persona.
   ▶ tener ~.

chipotazo.
   I. 1. m. *Gu, Ho, ES, Ni.* Manotazo, bofetada. pop.
     2. *CR.* Golpe fuerte. pop.

chipote.
   I. (Del nahua *xixipochtic*, hinchado).
     1. m. *Mx, Ho, Ni.* Chichón. rur. ♦ **chipuste**.
     2. *Ho.* Hinchazón, tumor o bulto que se forma anormalmente en alguna parte del cuerpo. rur.
     3. *Ho. En ciertos juegos de niños como la peonza*, castigo que sufre el perdedor, que consiste en recibir un golpe en la cabeza con los nudillos. rur; inf.
   II. 1. f. *Ch.* Mujer baja de busto y nalgas grandes. pop ^ fest.
   III. 1. *ES.* Ojo, órgano de la vista. pop.
   IV. 1. *Ho. En la fabricación casera de quesos*, bola de leche cuajada. rur.
   V. (Del nahua *tzin*, pequeño, y *tepuztli*, cobre).
     1. m. *Ho.* Flecha para cazar pájaros o pescar peces que en un extremo tiene una bolita de cobre. rur.
   VI. 1. adj. *Ni. Referido a persona*, inteligente.
   ■
     a. ‖ ~ **chillón.** m. *Ch.* Mazo de juguete grande y blando que suena al golpear un objeto o a una persona. inf.

chipotear.
   I. 1. tr. *Gu.* Dar golpes con la mano abierta a *alguien*.

chipotle. (Del nahua *chilpoctli*, chile ahumado).
   I. 1. m. *Mx, Co.* Variedad de chile. ♦ **chile chipotle**.

chipotudo, -a.
   I. 1. adj. *ES. Referido a persona*, de ojos grandes.
   II. 1. adj. *Ni. Referido a persona*, inteligente.

chipuste. (Del nahua *xixipóchtli*, hinchado).
   I. 1. m. *Gu, Ho, ES.* Masa blanduzca en forma de bola pegada a algo.
     2. *Gu, ES.* **chipote**, chichón.
     3. *Gu, ES.* Hinchazón en forma de pelota en cualquier parte del cuerpo.
     4. *ES.* Excremento humano en forma de bola. vulg.
   II. 1. m. *ES.* Vara de la flor de la caña de azúcar.
     2. *ES.* Flor de la caña de azúcar.
   III. 1. m-f. *ES.* Niño. desp.
   IV. 1. m. *Ho.* Cantidad pequeña de algo. rur.

chipusteado, -a.
   ▶ salir ~.

chipustear(se).
   I. 1. intr. *Gu, ES.* Pegar **chipustes** o pegotes de algo blando sobre una superficie.
   II. 1. intr. prnl. *Gu.* Salirle a alguien bultos en el cuerpo.
   III. 1. intr. *ES.* Florecer la caña de azúcar. rur.

chipustero.
   I. 1. m. *ES.* Gran cantidad de **chipustes**, masa blanduzca.

chiqueado.
    I. 1. m. *Ho, ES.* Modo de andar moviendo mucho las caderas. pop.

chiqueado, -a.
    I. 1. adj. *Mx. Referido a persona,* mimada en exceso.

chiqueador.
    I. 1. m. *Gu.* Bizcocho pequeño y alargado que se come con el helado.
    II. 1. m. *ES.* Cohete rastrero que cambia bruscamente de dirección.

chiqueador, -ra.
    I. 1. adj/sust. *Gu. Referido a persona,* que se contonea mucho.

chiqueadores.
    I. 1. m. pl. *Mx.* Rodajas de hierba empapada en alguna sustancia medicamentosa que se adhiere a las sienes como remedio casero para algunos dolores.

chiquear(se).
    I. 1. tr. *Mx; Cu,* pop + cult → espon. Mimar a *una persona,* tratarla con mucha consideración.
    II. 1. intr. prnl. *Gu, Ho, ES, Ni.* Caminar *una persona, generalmente una mujer,* moviendo mucho las caderas. pop.
    III. 1. intr. prnl. *CR.* obsol. Mostrar *alguien* mucho orgullo de sí mismo o de sus cosas.

chiqueo.
    I. 1. m. *Mx; Cu,* pop + cult → espon. Mimo, halago.
    II. 1. m. *Gu, Ni.* Contoneo.

chiqueón, -na.
    I. 1. adj. *Mx, Cu. Referido a persona,* que continuamente solicita mimos, cariños.
    2. *Mx, Cu. Referido a persona,* que le gusta mimar y consentir.
    II. 1. adj. *Ho. Referido a persona,* que camina moviendo mucho las caderas. pop.
    III. 1. adj. *CR.* obsol. *Referido a persona,* presumida.

chiquera.
    I. 1. f. *PR.* Establo para ganado porcino. ♦ **cebadera.**
    II. 1. f. *Ho.* Caja rectangular de madera donde se exhiben y venden los décimos de la **chica,** lotería.

chiquereja.
    I. 1. f. *Pa.* obsol. Cerco o vallado construido a la orilla de un río para evitar que el ganado lo vadee. rur.

chiquerero, -a. (De *chiquero*).
    I. 1. m. y f. *Ho.* Persona que cuida un **chiquero,** terreno cercado. rur.
    2. *Ho.* Persona que cuida una **chiquera,** establo. rur.

chiquerito.
    I. 1. m. *ES.* Señal que consiste en cruzar los dos dedos índices de las manos y besarlos.

chiquero.
    I. 1. m. *Mx, Gu, Ho, ES, Ni, CR, Pa, Co, Ec, Py, Ar, Ur; Cu, RD, PR,* cult → espon; *Ve, Bo.* Lugar sucio y desordenado. pop + cult → espon.
    2. *Ho, RD; PR,* rur. Terreno cercado en donde se encierra al ganado vacuno para descansar, ordeñar u otros menesteres.
    3. m. *Bo. En la elaboración de cocaína,* espacio cercado y cubierto que se emplea para pisar las hojas de coca mezcladas con sustancias químicas líquidas. drog.
    4. *Ho.* Cuadrado hecho de leña que recubre las vasijas de barro para su cocción.
    5. *Ho.* metáf. Recinto pequeño, consistente en una armazón portátil, acondicionado para que jueguen los niños que aún no caminan.

chiquero, -a.
    I. 1. m. y f. *Ho.* Persona que se dedica a la venta de **chica,** lotería.

chiquetazo.
    □
    a. ‖ **como ~.** loc. adv. *Ar.* Muy rápidamente. pop.

chiqui.
    □
    a. ‖ **en ~.** loc. adv. *Ec.* juv. En secreto. pop.
    b. ‖ **en ~ y corto.** loc. adv. *Ec.* juv. En secreto.

Chiqui.
    ▶ **bregar Chiqui Star.**

chiquia.
    I. 1. f. *Ve:E.* **azulejo,** ave.

chiquichique.
    I. 1. m. *Ve.* Palma de tronco robusto que alcanza hasta 12 m de altura, con hojas de más de cuatro metros, flores olorosas en largos espádices, fruto rojo oscuro comestible. (Arecaceae; *Leopoldina piassaba*).
    2. *Ve.* Fibra que se extrae de los pecíolos de la palma del mismo nombre, con la que se fabrican escobas, y también cuerdas y cables *utilizados principalmente en la navegación* por ser muy ligeras y resistentes.
    3. *Ve:C.* Arbusto de 50 cm de altura, de hojas compuestas pinnadas, alternas, con estípulas; tres pares de folíolos aovados, los más lejanos al pecíolo más largos que los más próximos; presenta un par de glándulas entre los pares de folíolos, amarillas o anaranjadas, flores amarillas pequeñas, en grupitos, y su fruto es una legumbre cilíndrica, ligeramente curva. (Fabaceae; *Cassia tora*). ♦ **ejotil.**
    II. 1. m. *Ve:E.* Erupción e inflamación de la piel, causada por hongos, que se manifiesta con escozor y descamación de los dedos de los pies.

chiquicientas.
    I. 1. *Ar, Ur.* **quichicientas.**

chiquigüite. (Del nahua *chiquihuitl,* cesto, canasto).
    I. 1. m. *Mx, Gu.* Cesto o canasta sin asas, hecho de mimbre, **bejuco** o **carrizo.**

chiquihuiste. (Epént. de *chiquihuite*).
    I. 1. *Ni.* **chiquihuite,** planta.

chiquihuite. (Del nahua *chiquihuitl,* cesto, canasto).
    I. 1. m. *Mx, Gu.* Cesto o canasta sin asas, hecho de mimbre, **bejuco** o **carrizo.**
    II. 1. m. *Gu, Ho, ES, Ni.* Planta con tallos de hasta 8 m de altura, densamente cespitosos; se utiliza en la construcción de paredes de **bahareque,** elaboración de flautas o pitos y como soplador para avivar el fuego. (Poaceae; *Arthrostylidium pitticei*). (**chiquihuiste**).

chiquihuitero, -a.
    I. 1. m. y f. *Mx.* Persona que hace o vende **chiquihuites,** cestos o canastas.

chiquilín, -na.
    I. 1. sust/adj. *Py, Ar, Ur,* pop + cult → espon; *Bo,* pop. Persona que muestra una conducta infantil.
    2. *Ur.* Hijo. pop.

chiquilinada.
    I. 1. f. *Ni, Bo, Ar, Ur, Py,* pop + cult → espon. Acción o comportamiento propio de un niño o de un adulto que muestra una conducta infantil o inmadura. pop.
    2. *Ar, Ur.* **chiquillada.**

chiquilingo, -a.
    I. 1. *RD.* **chiquiningo,** muchacho.

chiquillada.
    I. 1. f. *CR, Cu, RD, Co, Ec, Bo.* Conjunto de niños. pop. ♦ **chiquilinada.**

chiquimangue.
    I. 1. m. *PR.* Regaño, reprimenda, reprensión. pop + cult → espon.

chiquinday.
    I. 1. m. *Ho.* Ano de una persona. vulg.

chiquindorrio, -a.
 I. 1. adj. *ES. Referido a persona o cosa*, muy pequeña o de baja estatura. desp.
chiquiningo, -a.
 I. 1. adj. *Ho, RD. Referido a persona o cosa*, muy pequeña o de baja estatura. rur.
 II. 1. m. y f. *RD.* Muchacho, niño. (**chiquilingo**).
chiquipil. (Del nahua *xiquipil*, ocho mil).
 I. 1. *Ni.* **cachipil.**
chiquirín. (Del nahua *chiquilichtli* o *tziquilin*, cigarra).
 I. 1. m. *Gu, Ho, ES, Ni.* Insecto parecido a la cigarra, pero de canto más agudo y fuerte. (Cicadidae; *Odopaea imbellis*). pop.
  2. *Ho:S.* Crustáceo decápodo marino, muy estimado como alimento. (Penaeidae; *Trachypenaeus fascina, T. similis pacificus*). pop.
 II. 1. m. *Gu.* Ano. euf.
chiquirín, -na.
 I. 1. m. y f. *Gu.* Niño pequeño.
  2. adj. *Gu.* Pequeño, diminuto.
chiquirringuingo, -a. (Epént. de *chiquirringo*).
 I. 1. adj. *Ho. Referido a persona o cosa*, muy pequeña o de baja estatura.
chiquirristico, -a.
 I. 1. adj. *ES. Referido a persona o cosa*, muy pequeña o de baja estatura. desp.
chiquis.
 □
  a. ‖ **en ~.** loc. adv. *Ec.* juv. En secreto. pop.
chiquita.
 I. 1. f. *Pe.* p.u. Castigo, daño físico o moral que se impone a quien ha cometido un delito o ha errado. pop + cult → espon.
 II. 1. f. *Ec.* **chonta.** (Arecaceae; *Socratea exorrhiza*).
  ▶ **hacérsele ~.**
chiquitear.
 I. 1. tr. *Mx, Gu, ES.* Sodomizar a *alguien*. vulg.
 II. 1. tr. *Mx.* Consumir despacio y en pequeñas porciones una comida o bebida. pop + cult → espon.
chiquitito, -a.
 ▶ **hablar en chiquitito; ponerse ~.**
chiquito.
 I. 1. m. *Mx, Gu, Ho, ES, Ni*, euf; *Co*, vulg, pop; *Ec*, euf, pop + cult → espon ^ fest; *Ve:O*, vulg. Ano.
 II. 1. m. *Ar, Ur.* Pequeña cantidad de algo. pop.
  2. *Ar, Ur.* Espacio breve de tiempo. pop.
  ▶ **cerrársele el ~; dejar ~; ponerse ~.**
chiquito, -a.
 I. 1. adj. *Ec. Referido a persona*, que no es lo suficientemente capaz para enfrentarse a otra en algo.
 II. 1. m. y f. *Cu.* juv. Persona joven.
chiquitón.
 I. 1. m. *Pa.* Ano. vulg.
chiquitura.
 I. 1. f. *Ar:NO, Ur.* Cosa muy pequeña. pop.
chiquiturri.
 I. 1. adv. *Ch.* Muy mal. vulg; pop ^ fest.
  2. adj. *Ch.* Pequeño, de poco tamaño. pop + cult → espon ^ fest.
chiquiviejo, -a.
 I. 1. m. y f. *Pe.* Persona que aparenta por su forma de hablar y actuar una edad mayor a la que tiene. desp.
chiquizuela.
 I. 1. f. *Ar, Ur.* Rótula de un animal, *generalmente bovino*, que suele emplearse para dar sustancia a la sopa. pop.
  2. *Ar, Ur.* Rótula o rodilla de una persona. pop.

chira.
 I. 1. f. *Co.* Prenda de vestir vieja y rota. pop.
  2. *Co:C.* Trapo para limpiar. pop.
 II. 1. f. *Ho, ES.* Boca, *en especial del cerdo.* rur.
 III. 1. *Ho, ES.* Vejiga de persona o animal.
  2. *Ho, ES.* Globo inflable de goma elástica.
 IV. 1. f. *ES, Ni.* Llaga.
 V. 1. f. *CR, Pa.* Espata de ciertas musáceas, como el **plátano** y el **banano.**
 VI. 1. f. *ES.* Enfado.
 VII. (Sínc. de *chirimía*).
  1. f. *Ho.* Chirimía, instrumento musical parecido al clarinete.
 VIII. 1. f. *Pa.* Ave playera de tamaño mediano, con plumaje pardo, y pico rojizo y muy fino. (Scolopacidae; *Actitis macularia, Calidris minutilla, Numenius phaeopus, Tringa melanoleuca*). pop. (**chirita**).
 □
  a. ‖ **ni ~.** loc. adv. *Ho.* Nada de algo. rur.
  ▶ **irse a la ~.**
chirajear.
 I. 1. tr. *ES.* Hacer andrajos *algo, en especial ropa.*
chirajera.
 I. 1. f. *ES.* Montón de andrajos, telas o ropas.
chirajiento, -a.
 I. 1. adj. *Gu, ES. Referido a persona*, andrajosa.
chirajos.
 I. 1. m. pl. *Gu, Ho, ES.* Ropa de vestir gastada por el uso, utensilios viejos de la casa u objetos personales de escaso valor.
chiramelo.
 I. 1. m. *Ho.* **carambola**, árbol y fruto.
chirapa.
 I. (Del quech. *chirapa*, llovizna).
  1. f. *Pe.* Lluvia con sol. rur.
 II. 1. f. *Bo:E.* Prenda de vestir vieja. pop.
chirapeado.
 I. 1. adj. *Ec:S.* juv. *Referido al cabello de una persona*, desgreñado. pop.
  2. *Ec.* p.u. **chirapo**, erizado. rur.
chirapear.
 I. 1. intr. *Ec.* Desordenar o revolver *algo.*
chirapo, -a. (Del quech. *chirapana*, plumas encrespadas de un ave).
 I. 1. adj. *Ec. Referido a un ave gallinácea*, que tiene el plumaje erizado y dispuesto en desorden. ♦ **chirapeado.**
  2. *Ec:SE. Referido al cabello*, crespo, rizado o en desorden. pop.
chiraposo, -a.
 I. 1. adj. *Ec. Referido a prenda de vestir*, vieja, raída o maltratada. pop + cult → espon.
  2. adj/sust. *Ec. Referido a persona*, que viste ropa vieja o rota. pop + cult → espon.
 II. 1. adj. *Ec. Referido a cosa*, revuelta o desordenada. pop.
chiras.
 ■
  a. ‖ **el ~.** m. *Co.* El diablo. pop + cult → espon.
 □
  a. ‖ **del ~.**
   i. loc. adj. *Co:C.* Muy bueno. pop.
   ii. loc. adv. *Co:C.* Muy bien. pop.
  b. ‖ **ni por el ~.** loc. adv. *Co.* De ninguna manera. pop.
  ▶ **hacer ~ pelas.**
chirbala.
 I. 1. *CR.* **chisbala.**

chirca.
  I. 1. f. *CR, Co, Pe, Bo.* **naranjo amarillo**.
  2. *Ho, ES.* **chilca**, arbusto.
  II. 1. f. *Ho.* Colilla de cigarro o puro. pop.
  III. 1. f. *Ni.* Dinero en efectivo.

chircal.
  I. 1. m. *Co.* Sitio donde se fabrican tejas, ladrillos y adobes.
  II. 1. *Ho, Ur.* **chilcal**.

chircán.
  I. 1. m. *Ar:NO.* Alimento semiespeso hecho a base de harina de maíz tostado, azúcar y agua caliente o leche, que suele servirse en el desayuno o por la tarde.

chirel.
  I. 1. m. *Ve.* **chiltepe**, fruto.

chirete.
  I. 1. m. *Ar:NO.* Niño o muchacho, *especialmente el indígena.* rur.

chirguar.
  I. 1. intr. *Pe:S.* Llorar, derramar lágrimas.

chirgües. (Del lenca *shirge*, tendón, nervio).
  I. 1. m. pl. *Ho:O,S,C.* Tendones y nervios contiguos a las articulaciones. (**ñirgües**).

chirguete.
  I. 1. *ES, CR.* **chisguete**.

chirguetear.
  I. 1. tr. *CR.* Manchar o mojar *algo* o a *alguien* una sustancia que salpica.

chiri.
  I. 1. m. *Ho.* Militar, persona que profesa la milicia. pop ^ desp.
  II. 1. sust/adj. *Bo:O,C.* Persona que tiene el cabello muy rizado. pop + cult → espon.
  2. adj. *Bo:O,C. Referido al cabello de una persona,* crespo, ensortijado. pop + cult → espon.
  III. 1. f. *Ho.* Cárcel, lugar destinado a reclusión de presos. pop ^ desp.
  2. *Ho.* Servicio militar. pop ^ desp.
  3. *Ho.* Ejército de Honduras. pop ^ desp.
  4. *Ho.* Conjunto de miembros de la policía. pop.

chiribico.
  I. 1. m. *Co:C.* **caranga**.

chiribico, -a.
  I. 1. m. y f. *RD.* Persona enamoradiza y frívola.
  II. 1. adj. *ES. Referido a persona,* vivaracha.
  III. 1. adj. *ES. Referido a persona o cosa,* bonita.

chiribiscal.
  I. 1. *Ho, ES.* **chiriviscal**.

chiribisco.
  I. 1. *Gu, Ho, ES.* **chirivisco**, ramaje seco. ♦ **xicay**.
  II. 1. *ES.* **chirivisco**, flaco.
  III. 1. *Ni.* **chirivisco**, inquieto.

chiribisquear.
  I. 1. *Gu, Ho, ES.* **chirivisquear**, buscar ramitas.
  II. 1. *ES.* **chirivisquear**, vagar.

chiribisquero.
  I. 1. *Gu, ES.* **chirivisquero**.

chiribita.
  I. 1. f. *Ho, Ni.* Ramita seca.

chiribital.
  I. 1. m. *Mx:SE, Ho, Ni, Ve.* Lugar lleno de ramaje o maleza.
  2. *Mx:SE, Ho, Ni.* Matorral. rur.
  3. *Pa, Ve.* Tierra o campo sin cultivar ni labrar.
  4. *Ho.* Lugar apartado o poco transitado.

chiribitear.
  I. 1. intr. *Pa.* Jugar o corretear en un patio. inf; pop.

chiribitil.
  I. 1. m. *Ho, RD.* Cuarto muy pequeño.
  2. *RD.* Desván, rincón o escondrijo.

chiribito.
  I. 1. m. *Ho.* Arbusto de hasta 2 m de altura, de hojas verdes pequeñas y flores de color crema, amarillo o amarillo-verdoso muy olorosas que se utilizan para adornar nacimientos o belenes; en la medicina tradicional, la infusión de las hojas combate las molestias intestinales y respiratorias. (Verbenaceae; *Lippia oxyphyllaria*).

chiriboga. (De *Chiriboga*).
  I. 1. m. *Ec.* obsol. Cigarrillo ordinario de picadura negra, muy fuerte y pestilente.

chiric.
  ■
    a. ‖ ~ **sanango**. m. *Pe.* Arbusto de hasta 5 m de altura, de hojas alternas, inflorescencia en forma de cima y flores de color morado y blanco con corola tubular, campanulada y con cinco grandes lóbulos; tiene aplicaciones medicinales y como reconstituyente. (Solanaceae; *Brunfelsia grandiflora*).

chirica.
  I. 1. f. *ES.* Estiércol.
  II. 1. f. *ES.* El diablo.

chiricaca.
  ▶ **parecer gallina ~.**

chiricano.
  I. 1. m. *Pa.* Árbol del litoral caribeño, de hasta 40 m de altura, de hojas simples y alternas, flores blancas y frutos en drupas, negros cuando están maduros. (Humiriaceae; *Vantanea depleta*). ♦ **corocito**.
  II. 1. m. *Pa.* Bollo cocido hecho con harina de maíz y miel.

chiricano, -a.
  I. 1. adj. *Ni, CR. Referido a un ave gallinácea,* que no tiene plumas en el pescuezo.

chiricatana. (Del quech. *chiri*, frío, y *catana*, que cobija).
  I. 1. f. *Ec:N.* Poncho de tela grueso.

chiricaya.
  I. 1. f. *Ho, Ni.* p.u. Dulce hecho de leche, yema de huevo, azúcar y canela, preparado en baño María.

chirichi. (Del quech. *chirichi*).
  I. 1. f. *Ec:S.* Frío, escalofrío que precede a la fiebre. pop.
  II. 1. *Ec:S.* **chirimoya**, pieza metálica.

chiricoé.
  I. 1. *Py.* **popoxcal**.

chiricolchón.
  I. 1. *ES.* **curruchiche**.

chiricote.
  I. 1. *Py, Ar, Ur.* **popoxcal**.

chiricuaca.
  I. 1. f. *Ni.* Mujer pintarrajeada y estrafalaria en el vestir. desp.

chiricuta.
  I. 1. f. *Gu.* Bebida compuesta por alcohol metílico diluido con agua o refrescos.

chiricuto. (De *Chiricuto*, personaje de tebeo mexicano de la década de 1970 con el pelo tieso y corto).
  I. 1. m. *Ho.* Miembro del ejército de Honduras. pop ^ desp.

chiriento, -a.
  I. 1. adj. *ES. Referido a persona o animal,* llagoso.

chiriflís.
  I. 1. m. *Gu.* Trago de aguardiente.

chirigua.
  I. 1. f. *Ve:O.* Vasija de barro de forma esférica u oblonga, de cuello corto y estrecho, *utilizada generalmente para transportar agua.*

chiriguano.
    I. 1. m. *Bo, Ar.* Lengua hablada por los **chiriguanos**.

chiriguano, -a.
    I. 1. adj. *Bo, Ar.* Relativo a los **chiriguanos** o a su cultura.

chiriguare.
    I. 1. *Ve.* **halcón garrapatero**.

chirigüe. (Del map.).
    I. 1. *Ch.* **misto**. (chirihue).

chirihue.
    I. 1. *Ch.* **chirigüe**.

chirilica.
    I. 1. f. pl. *ES.* Dinero.
    2. f. *ES.* Colón salvadoreño.

chirimacha. (Voz quech.).
    I. 1. f. *Pe.* Insecto hemíptero, de color negro o castaño, con manchas de diversos tonos, de hasta 3 cm de longitud; es transmisor del mal de Chagas. (Reduviidae; *Triatoma* spp.).

chirimbolo.
    I. 1. m. pl. *Py.* Enseres personales de poco valor.

chirimía.
    I. 1. f. *Co.* Conjunto de músicos populares, *generalmente dos o tres*, que usan instrumentos de viento, entre ellos las chirimías.
    2. *Co.* Música típica de la costa pacífica colombiana.
    II. 1. f. *Gu.* Persona que habla mucho y con voz desagradable y aguda. desp.

chirimingo.
    I. 1. m. *Ho.* Vulva. vulg.

chirimoya.
    I. 1. f. *Gu, Ho, ES, Ni, RD, Ve; Mx, Bo,* pop + cult → espon ^ fest; *Cu,* obsol; *CR,* p.u.; espon ^ fest. Cabeza de una persona. pop + cult → espon ^ desp. ♦ **cocorioco**.
    II. 1. f. *Ec:S.* Pieza metálica y semiesférica que, dispuesta con otras en filas sobre determinado punto de una carretera, se usa como reductor de velocidad. pop. ♦ **chirichi**.

    ■

    a. ‖ ~ **alegre.**
      i. f. *Ch.* Postre de chirimoya fresca con jugo de naranja.
      ii. *Ch.* Helado que tiene sabor a chirimoya alegre.
    ▶ **ser una ~.**

chirimoyal.
    I. 1. f. *Ec.* Sitio plantado de chirimoyas. rur.

chirimoyero, -a.
    I. 1. sust/adj. *Ch.* Persona que emite y gira cheques sin fondos. delinc; pop + cult → espon.
    II. 1. adj. *Ch.* Relativo al cultivo o comercio de la chirimoya.

chirimoyo.
    I. 1. m. *Ch.* Cheque sin fondos. delinc.

chirimpico.
    I. 1. m. *Pe.* Guiso hecho con mondongo de cabrito acompañado por una salsa de cebolla, ajo, **ají** y cilantro, y que se sirve con **yuca** y **camote sancochados**.

chirinada. (De *V. Chirino,* cabecilla de una revuelta frustrada en la Argentina en el siglo XIX).
    I. 1. f. *Ar, Ur.* p.u. Levantamiento o motín que no tiene éxito.

chirincho.
    I. 1. m. *Ec:S.* Escalofrío. pop + cult → espon.

chirindingüi.
    I. 1. m. *ES.* Diarrea. pop.

chiringa.
    I. 1. f. *Cu, RD, PR.* Cometa de pequeño tamaño.
    ▶ **mandar a empinar ~.**

chiringo.
    I. 1. m. *PR.* Caballo pequeño, de inferior calidad. rur.
    2. *PR.* metáf. Vehículo pequeño y en mal estado. pop + cult → espon.
    II. 1. m. *Ho.* Pedazo de algo, *generalmente de ropa rota o deshilachada.* pop ^ desp.

chiringo, -a.
    I. 1. adj/sust. *PR. Referido a una prenda de vestir,* que le queda pequeña a la persona que la lleva. rur.

chiringue.
    I. 1. *CR.* **chingue**, jolgorio.

chiringuita.
    I. 1. f. *Cu.* Cosa insignificante.

chiringuito.
    I. 1. m. *Pe.* **Cebiche** hecho con pescado seco y salado.

chirinola.
    I. 1. f. *ES.* Lloriqueo enrabietado de un niño.

chiripa.
    I. 1. f. *RD, PR.* Trabajo extra que permite aportar a la economía familiar un dinero no previsto. pop + cult → espon.
    2. *RD, PR.* Empleo modesto, de pocas horas. pop + cult → espon.
    3. *RD.* Negocio, ocupación lucrativa. pop + cult → espon.
    II. 1. adj. *Bo.* Perteneciente o relativo al grupo étnico chiripa.
    III. 1. f. *Ve.* Cucaracha muy pequeña, de cuerpo brillante con tonalidades que van del marrón claro al negro. (Blattidae; *Blatta orientalis*).
    IV. 1. *RD, PR.* **ñapa**, pequeña cantidad extra de mercancía.

chiripá.
    I. 1. m. *Ar, Ur, Py,* obsol. Prenda exterior de vestir que usaron los gauchos de la Argentina, Río Grande del Sur, en el Brasil, el Paraguay y el Uruguay, y que consistía en un paño rectangular que, pasado por la entrepierna, se sujetaba a la cintura.
    2. *Py, Ur, Ar,* p.u. Pañal que se pone a los niños.

chiripazo.
    I. 1. m. *Mx, Gu, Ho, Ni, Pa, Co, Ec, Pe, Ch, Ar, ES, Cu, PR, Bo,* pop + cult → espon. Acierto o logro casual. pop. ♦ **arepazo**.

    □

    a. ‖ **de ~.** loc. adv. *Cu.* Por casualidad. pop + cult → espon.

chiripear.
    I. 1. intr. *RD, PR, Pe.* Buscar o realizar trabajos extra. pop + cult → espon.
    2. *RD, PR.* Hacer **chiripas**, negocios de poca monta y escasa duración. pop + cult → espon. (**chiripiar**).

chiripeo.
    I. 1. m. *RD.* Realización de trabajos extra. pop.

chiripepé.
    I. 1. m. *Ar:N.* Loro de hasta 25 cm de longitud, de color verde, con las remeras azules y una llamativa mancha ventral roja. (Psittacidae; *Pyrrhura* spp.).

chiripero.
    I. 1. m. *Ve.* Gran cantidad de **chiripas**.
    2. *Ve.* Conjunto de políticos pertenecientes a partidos pequeños que apoyaron a Rafael Caldera en las elecciones de 1993. pop ^ desp.

chiripero, -a.
    I. 1. adj/sust. *RD, PR. Referido a persona,* que no tiene trabajo ni sueldo fijos y se dedica a realizar tareas

de forma eventual que le reportan lo necesario para vivir. pop + cult → espon.

2. m. y f. *RD.* Vendedor ambulante.

chiripiar.

I. 1. intr. *PR.* **chiripear**, hacer negocios. pop + cult → espon.

chiripiolca.

I. 1. *ES, Ni, Ec.* fest. **chiripiorca**, ataque de nervios. pop.

2. *Ch.* **chiripiorca**, acceso súbito de enojo. pop + cult → espon.

chiripiorca.

I. 1. f. *Mx, Gu, CR, PR, Co, Ar, Ec, Pe, Ch,* juv. Ataque nervioso o epiléptico. pop + cult → espon ^ fest. (**chiripiolca**).

2. *Mx, PR, Py.* metáf. Comportamiento extraño de alguien. pop + cult → espon.

3. *Co.* Rabieta grande. pop ^ fest.

4. *Ch.* Acceso súbito de enojo u otra emoción similar, que por lo general se manifiesta abiertamente. pop + cult → espon. (**chiripiolca**).

5. *PR.* Tic muy acusado de alguien. pop + cult → espon ^ fest.

chiriría.

I. 1. f. *PR.* Ave de hasta 58 cm de longitud, de color marrón, con la garganta y el abdomen blancos y manchas negras en los costados, pico negro, casi del mismo tamaño que la cabeza y patas largas y negruzcas. (Anatidae; *Dendrocygna arborea*). (**chirría**).

chiriricas.

I. 1. *PR.* **chopa.** (Kyphosidae; Kyphosus spp.).

chiris.

■

a. ‖ ~~. f. *Ec:NO.* **Garúa**, llovizna.

chirís, -sa.

I. 1. m. y f. *Gu, ES.* Niño pequeño. pop + cult → espon. (**chiriz**).

chirisada.

I. 1. f. *Gu.* Conjunto de niños. (**chirizada**).

chirisiqui. (Del quech. *chiri*, frío, y *siqui*, trasero).

I. 1. adj. *Ec.* p.u. *Referido a persona*, que no lleva ropa, desnuda. pop.

chirisuya.

I. 1. f. *Pe.* Cornetín de madera que oscila entre los 25 y 50 cm, con lengüeta de caña, seis agujeros frontales y uno o dos inferiores.

chirita.

I. 1. *Pa.* **chira**, ave.

chiriumpi.

I. 1. m. *Pe:E.* Irritación cutánea en forma de erupción de granos inflamados.

chirivá.

I. 1. f. *Ur.* Palma de hasta 20 m de altura, de tronco delgado y grisáceo, hojas grandes y flores de color blanco. (Arecaceae; *Arecastrum romanzofianum*).

chirivica.

I. 1. f. *RD.* Mujer excesivamente coqueta.

chiriviscal.

I. 1. m. *ES; Ho,* rur. Matorral. (**chiribiscal**).

2. *ES; Ho,* rur. Gran cantidad de ramitas secas. (**chiribiscal**)

chirivisco.

I. 1. m. *Gu, Ho, ES.* Rama delgada de árbol, *usada generalmente como combustible por los campesinos o para defenderse de los perros*. pop. (**chiribisco**).

2. adj/sust. *ES.* metáf. *Referido a persona*, flaca. (**chiribisco**).

II. 1. adj/sust. *Ho. Referido a niño*, pícaro e inquieto. rur.

2. *Ni. Referido a persona*, inquieta, nerviosa. (**chiribisco**).

chirivisquear.

I. 1. tr. *Gu, ES; Ho,* rur. Buscar y recoger **chiriviscos**. (**chiribisquear**).

II. 1. intr. *ES.* Vagar. (**chiribisquear**).

chirivisquero.

I. 1. m. *Gu, ES.* Matorral. (**chiribisquero**).

2. *Gu, ES.* Gran cantidad de ramas secas. (**chiribisquero**).

chirivita.

I. 1. f. *PR.* Pez marino de hasta 23 cm de longitud, de cuerpo lateralmente comprimido, aletas radiadas y coloración plateada con rayas verticales que alternan el negro y el amarillo. (Pomacentridae; *Abudefduf saxatilis*). ♦ **pintado**.

chiriz, -za.

I. 1. *Gu.* **chirís.**

chirizada.

I. 1. *Gu.* **chirisada**.

chirizo, -a.

I. 1. adj. *Ho, Ni, Pa. Referido al cabello*, corto y tieso. pop + cult → espon.

2. adj/sust. *ES. Referido a persona*, de pelo rizado.

3. *Ho. Referido a persona*, desnuda, carente de vestido. pop + cult → espon.

4. m. y f. *Ni.* Persona despeinada.

II. 1. m. y f. *Ho, ES.* Soldado. pop + cult → espon ^ desp.

III. 1. adj/sust. *Ho. Referido a gallina*, clueca. pop + cult → espon.

2. adj. *Ho. Referido a un ave de corral, especialmente a un gallo*, que no tiene plumas en la cola o las tiene muy cortas. pop.

IV. 1. m. y f. *Ni.* Niño.

V. 1. adj. *Ni. Referido al corte de una cosa*, de forma irregular y desigual.

chirlazo.

I. 1. m. *Ec.* Golpe dado en la cara con la mano abierta.

2. *Bo, Ur.* Golpe dado con un látigo. pop + cult → espon.

chirle.

I. 1. adj. *ES, Ec, Bo, Ar, Ur, CR,* obsol, rur. *Referido a una sustancia*, aguada, de consistencia poco espesa o casi líquida.

2. *Ec:S.* metáf. *Referido a conversación*, frívola. pop + cult → espon.

II. 1. adj. *Ar:NO. Referido a persona*, de poco carácter y carente de gracia. pop.

chirleada.

I. 1. f. *Ec.* Tanda de **chirlazos** que se da a alguien. pop.

chirlear.

I. 1. tr. *Ec; Ar,* p.u. Golpear a *alguien, especialmente con la mano*. pop.

chirlito.

I. 1. m. *Ch.* Golpe suave que se da con la mano laxa. pop + cult → espon. ♦ **chirlo**.

chirlo.

I. 1. m. *Ec, Ar, Ur.* Golpe que se da con la mano abierta en la cara o en las nalgas, *especialmente a un niño*. pop.

2. *Bo, Ar, Ur.* Golpe que se da con algo flexible, como una cuerda o una rama fina. pop.

3. *Ch.* p.u. **chirlito**. pop.

II. 1. m. *ES.* Cantidad pequeña de algo.

chirlo, -a.
  I. 1. adj. *Ur. Referido a una sustancia*, de consistencia blanda y casi líquida. pop.

chirlobirlo.
  I. 1. m. *Co.* Ave de tamaño mediano, con el dorso café y la garganta y el pecho amarillos con una banda negra en el pecho. (Icteridae; *Sturnella magna*).
  ◆ **jaqueco; sabanera.**

chirmol.
  I. 1. *Mx, Gu, Ho, ES.* **chilmol.**
  2. *Gu.* metáf. Intriga, enredo. pop + cult → espon.

chirmolada.
  I. 1. f. *Gu.* Cantidad grande de **chirmol.**

chirmoleada.
  I. 1. f. *Gu.* Atracón de **chirmol.**

chirmolero, -a.
  I. 1. m. y f. *Gu.* **chilmolero,** persona chismosa.

chirmoliento, -a.
  I. 1. sust/adj. *Gu.* Persona intrigante. desp. (**chirmoloso**).

chirmoloso, -a.
  I. 1. *Gu.* **chirmoliento.**

chiro.
  I. 1. m. *Ec. En la tradición popular*, monstruo que rapta mujeres y se las lleva a los montes.

chiro, -a.
  I. 1. adj. *Mx.* Bonito, lindo. pop.
  2. *Mx.* Muy bueno. pop.
  II. (Del quech. *chiru*, pobre).
  1. adj. *Ec. Referido a persona*, carente de dinero. pop + cult → espon.

chiroca.
  I. 1. f. *Ec:S, Pe.* Pájaro de hasta 20 cm de longitud, con el dorso, pecho y vientre de color amarillo, la cabeza amarilla o amarillo naranjada, las alas negras con una banda blanca y una banda amarilla en las cobertoras, la máscara, garganta y cola son de color negro y la cola tiene plumas externas de borde y extremo blancos. (Icteridae; *Icterus graceannae*). ◆ **chiroque.**

chirola.
  I. 1. f. *Mx, Ni, CR, Pa, RD, PR,* delinc; *Pe,* p.u; *Bo,* pop + cult → espon. Cárcel, prisión.
  II. 1. f. *Ar, Ur.* Moneda, *especialmente la pequeña y de poco valor*. pop.
  2. pl. *Ar, Ur.* Cantidad pequeña de dinero. pop.
  3. *Ar, Ur.* Cantidad que excede de un número redondo o entero. pop.
  III. 1. f. *ES.* Pelota para jugar.
  2. *ES.* Canica.
  3. *ES.* Globo inflable.
  4. *ES.* Vejiga.
  5. *ES.* Protuberancia en el cuerpo, hinchazón.
  IV. 1. f. *CR, Ve:C.* **bote,** edificio público.
  V. 1. f. *Ho.* Excremento del ganado cabrío. rur.
  2. *Ho.* Excremento humano en forma de bolita. rur.
  VI. 1. f. pl. *Ni.* Ojos grandes.
  ▶ **tirar la ~.**

chirolazo.
  I. 1. m. *Ch.* Golpe de fortuna, *generalmente buena*. pop + cult → espon.
  II. 1. m. *ES.* Pelotazo.
  III. 1. m. *Ni.* Trago de aguardiente.
  ▶ **tirar el ~.**

chirolear.
  I. 1. intr. *Ni.* Entretenerse saltando y brincando.
  II. 1. tr. *Ni.* Espiar a *alguien*.

chirolero, -a.
  I. 1. m. y f. *Py.* Persona que dirige con un bastón en la mano una banda de música que desfila.

chirolón.
  I. 1. m. *ES.* Canica grande.

chirona.
  I. 1. f. *Pa, Ec.* Calabozo del cuartel de policía.

chironda.
  I. 1. f. *Gu, ES.* Cárcel.

chironeada.
  I. 1. f. *Gu.* Detención en una cárcel.

chironear.
  I. 1. tr. *Gu.* Encarcelar a *alguien.*

chironja.
  I. 1. f. *PR.* Cítrico híbrido de **china** y **toronja,** del tamaño de esta última pero con sabor a **naranja.** (Rutaceae; *Citrus paradisi, C. sinensis*).

chiroque.
  I. 1. m. *Pe.* **chiroca.**

chiroquear. (De *Sheetrock®*).
  I. 1. tr. *EU.* p.u. Colocar placas de cartón y yeso a *una construcción.*

chiroso, -a.
  I. 1. adj. *Co. Referido a persona*, que se viste con prendas rotas y viejas. pop ∧ desp.

chirote.
  I. 1. m. *Ec, Pe.* Ave canora de la Sierra, de hasta 15 cm de longitud de color pardo moteado con manchas más oscuras; el macho tiene el pecho de color rojo encendido intenso. (Icteridae; *Sturnella militaris*).
  II. 1. m. *Ec:S.* p.u. Pan al que al cocerlo se le pone una porción de **achiote** por encima.
  ▶ **mandar a pastar ~s.**

chirote, -a.
  I. 1. adj. *Ho; CR,* obsol. *Referido a persona*, afable y condescendiente. rur; pop.
  2. *CR.* obsol. *Referido a persona*, alegre. rur.
  II. 1. adj. *Ho, ES. Referido a persona*, desnuda, que no lleva ropa. pop.
  III. 1. adj. *CR.* obsol. *Referido a persona*, que goza de buena salud. rur.
  IV. 1. adj. *CR:NO. Referido a asunto o tarea*, que no presenta complicaciones. rur.

chirotear.
  I. 1. intr. *Mx, Ho, ES; CR,* obsol. Divertirse *una persona, en especial un niño*, correteando y dando saltos. pop + cult → espon.
  2. *Ho.* Bromear con alguien. pop.
  3. *CR.* obsol. Pasar *alguien* el tiempo yendo de un lugar a otro para distraerse. pop + cult → espon.
  II. 1. tr. *Ho, ES.* Desnudar.
  III. 1. tr. *Ni.* Cortar burdamente el pelo a una persona. pop.

chiroto, -a.
  I. 1. m. y f. *Ni.* Caballería con la cola corta y la crin dispareja.

chirpín, -na.
  I. 1. adj. *Ho. Referido al pelo del ganado vacuno*, lleno de manchas o brisas de un color diferente al que sirve de base del pelaje. rur.

chirraca.
  I. 1. f. *Ni, CR.* Resina del chirraca.
  II. 1. f. *Ni, CR.* Árbol de hasta 45 m de altura, de copa redondeada, hojas imparipinnadas de ápice acuminado, flores blancas en racimos axilares y frutos en legumbres indehiscentes y glabras que se adelgazan hacia la base; su madera se utiliza en ebanistería y para hacer pisos, carrocerías, objetos decorativos e instrumentos musicales; su bálsamo se emplea como espectorante y antiséptico. (Fabaceae; *Myroxilum balsamum*). ◆ **sándalo.**

chirrango.
   I. 1. m. *ES:E, Ni.* Ropa vieja con remiendos, pedazo de tela.

chirrascuá.
   I. 1. *CR.* **perdiz de los altos.** (**chirrascuasa**).

chirrascuasa.
   I. 1. *CR.* **chirrascuá.**

chirre.
   I. 1. adj. *Ni. Referido a un líquido,* de poca consistencia.
   II. 1. f. *PR.* Ave acuática de tamaño mediano, plumaje blanco, pico corto y virado, con la cola en forma de tijeras y alas estrechas y puntiagudas. (Laridae; *Thalasseus acuflavidus*).
   III. 1. m-f. *Pa:O.* Niño o niña. pop.
   ■
     a. ‖ ~ **de altura.** f. *PR.* Variedad de chirre.
     b. ‖ ~ **de pico colorado.** f. *PR.* Variedad de chirre, que se caracteriza por el color de su pico.

chirrear.
   I. 1. intr. *PR.* Cantar un pájaro. pop + cult → espon.
   II. 1. tr. *PR.* Podar la hierba con machete a baja altura, rápida y descuidadamente. rur. (**chirriar**). ♦ **chapodiar.**

chirreo.
   I. 1. m. *PR.* **Desyerbe** con machete.

chirrete.
   I. 1. adj/sust. *Co:O,SO. Referido a persona,* drogadicta. drog.

chirria.
   I. 1. f. *Ho.* Café aguado. rur.
     2. adj. *Ho. Referido a cosa,* escasa, de poca cantidad o de mala calidad. rur.
   II. 1. f. *ES.* Ganas, deseo de algo.
   III. (De *tirria*).
     1. f. *ES.* Antipatía.

chirría.
   I. 1. *PR.* **chiriría.**

chirriadera.
   I. 1. f. *Ni, Cu; Co,* pop. Ruido que produce el roce de una cosa con otra.

chirriado, -a.
   I. 1. adj. *Co. Referido a persona,* simpática, agradable. pop.
     2. *Co:C. Referido a persona,* bien parecida, atractiva, pop.

chirriar.
   I. 1. intr. *Ho, Ni.* Sonar los jugos intestinales a una persona.
   II. 1. *PR.* **chirrear,** podar la hierba.

chirriburri.
   I. 1. sust/adj. *Cu.* Persona insignificante. pop ^ desp. ♦ **culichiche.**

chirrico.
   I. 1. m. *Pa.* Aguardiente elaborado clandestinamente.

chirril.
   I. 1. adj. *Gu. Referido a cosa,* vieja, inservible.
     2. m. *ES.* Ropa vieja y rota.
   II. 1. m. *ES.* Pene que ya no tiene erección. vulg.

chirrilera.
   I. 1. f. *ES.* **chirrilero.**

chirrilero.
   I. 1. m. *ES.* Montón de cosas viejas e inservibles. (**chirrilera**).

chirriludo, -a.
   I. 1. adj. *ES. Referido a persona,* andrajosa.

¡chirrín!
   I. 1. interj. *Cu.* Expresa el fin de una actividad. ♦ **¡chirrín chirrán!**

   □
     a. ‖ **¡~ chirrán!** loc. interj. *Cu.* **¡chirrín!**

chirrinchao.
   I. 1. m. *Co.* Árbol de hasta 5 m de altura que se asemeja a un pequeño cedro, tiene flores blanco rojizas, rosadas y amarillentas y frutos pequeños, de color rojizo. (Euphorbiaceae; *Phyllanthus salviaefolius*). ♦ **maduraplátano; piedro.**

chirrinche.
   I. 1. m. *Co:C,N,NE.* Aguardiente de mala calidad.

chirrinchera.
   I. 1. f. *Ve:O.* Camioneta acondicionada en su parte trasera con techo y asientos de fabricación casera que se utiliza para el transporte de personas, *especialmente guajiros.*

chirringo, -a.
   I. 1. adj/sust. *Co. Referido a persona, especialmente a un niño,* muy pequeña. pop.

chirrión.
   I. 1. m. *Mx, Ho, Ni, Pa.* Látigo hecho de cuero.
     2. *Ho, ES, Ni.* Tallo o vara delgada y larga que puede servir de látigo.
     3. *Ho, Ni.* Rama pequeña llena de flores o frutos. rur.
     4. m. *CR.* Tallo largo, delgado y sin hojas.
   II. 1. m. *ES.* Pene. vulg.
   III. 1. m. *CR.* Sucesión de varias cosas. pop.
   □
     a. ‖ **¡ah ~!** loc. interj. *Mx.* Expresa sorpresa o enfado. pop.
   ▶ **salir el ~ por el palito; voltearse el ~ por el palito.**

¡chirrión!
   I. 1. interj. *ES:E.* Expresa sorpresa o enfado.

chirrionar.
   I. 1. tr. *Mx.* Azotar con un **chirrión**, látigo.

chirrionazo.
   I. 1. m. *Mx, Ho, ES, Ni.* Golpe dado con un látigo o **chirrión**.

chirrioncito.
   I. 1. m. *Ho.* Flor masculina del maíz cuando empieza a salir. pop.

chirriondío.
   I. 1. m. *Ho.* Infección de los riñones que se caracteriza por ardor uretral doloroso que dificulta la emisión de orina. pop.

chirrionudo, -a.
   I. 1. adj/sust. *ES. Referido a hombre,* de pene grande.

chirriquitico, -a.
   I. 1. adj. *Cu, PR; Co,* pop. Muy pequeño. (**chirrisquitico**).

chirris.
   I. 1. m. *Mx.* Porción muy pequeña de algo. pop + cult → espon.

chirrisco.
   I. 1. m. *Pa.* Bebida alcohólica elaborada clandestinamente y fermentada a base de ácido de batería.

chirrisco, -a.
   I. 1. adj/sust. *Mx. Referido a persona,* que se enamora fácilmente o con frivolidad. pop.
     2. sust/adj. *Mx.* Mujer con inclinaciones amorosas que resultan impropias de su edad. pop.
   II. 1. adj. *CR; Ho:O,* rur. *Referido a persona,* delgada y de baja estatura. pop.
   III. 1. adj. *CR. Referido a cosa,* de pocas dimensiones. pop.

chirrisquitico, -a.
   I. 1. *CR.* **chirriquitico.**

chirrite.
    I. 1.   m. *CR.* **cususa.**

chirú.
    I. 1.   m. *Pa:SE.* Camarón grande de los esteros, de agua salada.

chirudo, -a.
    I. 1.   adj. *ES. Referido a persona,* que tiene los labios salientes.
       2.   *ES.* meton. *Referido a persona,* enfadada.

chirujo.
    I. 1.   m. *Mx.* Hombre joven que se prostituye. pop.

chirulí.
    I. 1.   m. *Pa, Ve.* Ave canora de hasta 12 cm de longitud, de color olivo claro en la parte de arriba y amarilla por abajo, las alas y cola son parduzcas; su canto parece repetir las sílabas de su nombre. (Fringillidae; *Carduelis psaltria*).

chirulo.
    I. 1.   m. *Gu.* Pedazo pequeño y redondeado de algo blando y pegajoso.

chiruso, -a.
    I. 1.   m. y f. *Py, Ar, Ur.* Persona de comportamiento vulgar o tosco. desp.

chirustazo.
    I. 1.   m. *ES.* Golpe dado con un **chiruste.**

chiruste.
    I. 1.   m. *ES; Ho,* rur. Pedazo pequeño y redondeado de algo blando y pegajoso. (**chirustillo**).

chirustear.
    I. 1.   tr. *ES.* Tirar **chirustes** a *alguien.*

chirustero.
    I. 1.   m. *ES.* Montón de **chirustes.**

chirustillo.
    I. 1.   *ES.* **chiruste,** pedazo de algo blando.

chirute.
    I. 1.   m. *Ho.* Flor de la **malanga.** pop.

chirutillo.
    I. 1.   m. *Ho:E.* Flor masculina del maíz cuando empieza a salir. rur.

chiruzo, -a.
    I. 1.   m. y f. *Py, Ar, Ur.* Persona de comportamiento vulgar o tosco. pop ∧ desp.

chis.
    ▶ **hacer ~; no decir ni ~ ni mus.**

¡chis!
    I. 1.   interj. *Ch.* Expresa reprobación o molestia. pop + cult → espon.
    II. 1.   interj. *Gu.* Expresa rechazo a la suciedad existente.

chisa. (Del muisca *zisa,* gusano).
    I. 1.   f. *Co:C.* Larva de varias especies de coleópteros de hasta 7 cm de longitud, de cuerpo robusto, ensanchado hacia atrás y de color blanco con la cabeza café. (Melolonthidae; *Phyllophaga* spp). (**chiza**).

¡chisa!
    I. 1.   interj. *Ec.* Expresa admiración, alegría, desencanto o disgusto.

chisacá.
    I. 1.   f. *Co:C.* Hierba de hasta 60 cm de altura, de tallos rojizos, hojas opuestas y flores agrupadas en pequeñas cabezuelas de color amarillo; tiene diversos usos en medicina tradicional. (Campanulaceae; *Spilanthes americana*). ♦ **guaca; quemadera; yuyo quemado.**

chisbala.
    I. 1.   f. *CR.* Lagartija. (Lacertidae; *Lacerta muralis*). (**chirbala**).

chischilero, -a.
    I. 1.   adj/sust. *Ni. Referido a persona,* juerguista y fiestera.
    II. 1.   adj/sust. *Ni. Referido a persona,* alcahueta.

chischis.
    I. 1.   *PR.* **chin.** rur.
    II. 1.   *PR.* **chinchín,** llovizna. rur; pop + cult → espon.

chischís.
    I. 1.   m. *Ho, ES, Pa; PR,* rur. Lluvia fina, llovizna.

chisco.
    I. 1.   *Pe.* **chaucato.**

chisga.
    I. 1.   f. *Co:C.* p.u. Cosa que se compra por poco dinero. pop.

chisgua.
    I. 1.   *Co:C.* **bandera,** planta.

chisguetazo.
    I. 1.   m. *Mx::SE, Gu, ES, RD, Ec, Pe,* pop; *Bo.* pop + cult → esm. Salida violenta de agua de una manguera o de un **chisguete,** tubo.
       2.   *Gu, ES.* Salpicadura o mancha de un líquido.

chisguete.
    I. 1.   m. *Gu, ES, CR, Co; Ho,* rur. Porción de líquido, *generalmente espeso o viscoso,* que salta por choque o movimiento brusco y se esparce en gotas menudas sobre una superficie. (**chiguete; chirguete**).
    II. 1.   m. *Ec, Pe, Bo.* Tubo de plástico u otro material cerrado por un extremo y con una abertura muy estrecha por el otro, que al apretarse deja salir un líquido, crema o pasta.
    III. 1.   m. *Ar.* Corriente de aire frío que se introduce por una abertura en lugar cerrado. pop.
    IV. 1.   adj. *Ec:S. Referido a persona,* de cuerpo pequeño.
       2.   m. *Ec:S.* Niño pequeño.

chisguetear.
    I. 1.   tr. *Mx:SE, Gu, Ho, ES, Ni, Pa, Co.* Salpicar a *alguien* o *algo* con un líquido.
       2.   *Pe, Bo.* Hacer salir un líquido, masa o pasta por un tubo estrecho. pop.

chisgueteo.
    I. 1.   m. *Pe, Bo.* Salida de un líquido, masa o pasta por un tubo estrecho.

chisir.
    I. 1.   intr. *Bo.* Dormir. inf.

chisito.
    I. 1.   m. *Bo.* Bocado pequeño o salado de fabricación industrial que tiene queso como uno de sus ingredientes y se toma como aperitivo. pop + cult → espon.

chisla.
    I. 1.   adj. *Bo:O,C. Referido a persona,* de poca estatura. pop + cult → espon.

chislazo. (Epént. de *chilazo*).
    I. 1.   m. *Pa.* Latigazo.

chislli.
    I. 1.   adj. *Bo.* Referido a persona o cosa, sucia, mugrienta.

chisme.
    ◪
       a. ‖ **el ~ agrada, pero el chismoso enfada.** fr. prov. *Mx.* Indica que escuchar rumores que resultan perjudiciales para otros puede gustar, en contraposición al rechazo que genera la persona que los difunde.
    ▶ **ir con el ~.**

chismeadera.
    I. 1.   f. *Ve, Pe.* Comentario continuo y reiterado que pretende indisponer a unas personas con otras.
       2.   *Ho, ES, Ni, CR, Pe.* Chismorreo.

chismería.
   I. 1. f. *RD, PR.* Enojo, resentimiento. pop + cult → espon.
   II. 1. f. *PR.* Chismorreo, habladuría. pop + cult → espon ^ desp. (**chusmería**).

chismerío.
   I. 1. m. *Mx, Ho, ES, Pe, Py; Co,* pop. Chismorreo.
   2. *Mx, Ni, CR, Ve, Bo, Ch, Py, Ur.* Conjunto de comentarios verdaderos o falsos que, *generalmente, tratan sobre la vida privada de una persona,* y con los cuales se pretende desacreditarla. pop + cult → espon.

chismol.
   I. 1. *Ho.* **chilmol.**

chismosa.
   I. 1. f. *Cu.* Lámpara de queroseno pequeña y rudimentaria.
   2. *Ho.* Candil de mecha que ilumina por la noche los tramos en reparación de una carretera. rur.
   II. 1. f. *Ur.* Bolsa de hilos entretejidos que se usa para ir a la compra y permite ver lo que se lleva dentro.

chismosear.
   I. 1. intr. *Mx, Ni, CR, Cu, RD, PR, Co, Pe, Bo, Ch, Py; Gu, Ho, ES,* desp; *Ec,* pop. Contar chismes. pop + cult → espon.

chismoseo.
   I. 1. m. *Cu.* Chismorreo.

chismosería.
   I. 1. f. *Cu, RD, Co, Ec, Pe; Ch,* p.u. Chismorreo, acción de contar chismes. pop.

chismoso.
   I. 1. *Mx.* **alguacil,** pájaro.
   II. 1. m. *Gu.* Teléfono. fest.
   III. 1. m. *ES.* Silbato de la policía.

chismoso, -a.
   I. 1. adj. *Mx, Gu, Ni, Pa, RD, PR, Ve, Py; Co,* desp. *Referido a persona,* delatora, soplona.

chiso.
   I. 1. m. *Bo:O.* Hombre homosexual. vulg; pop + cult → espon ^ desp.
   2. *Bo.* Hombre afeminado.

chisote.
   I. 1. m. *Bo:O.* Hombre homosexual. vulg; pop + cult → espon ^ desp.

chispa.
   I. 1. adj. *Mx, Co. Referido a algo que se dice,* gracioso, divertido o interesante. pop.
   II. 1. f. *Pe.* Combustión que activa y mantiene el funcionamiento de un motor.
   III. 1. f. *Cu, Bo:O.* Partícula de oro incrustada en el diente que se lleva como adorno.
   IV. 1. f. *Ec.* p.u. Revólver, arma de fuego corta.
   V. 1. f. *Cu.* Pequeño carro que se impulsa sobre rieles con una palanca de manos.
   VI. 1. f. *PR.* Azada. rur.

   ■
   a. ‖ **~s del oficio.** f. *Gu, CR.* Molestias o contratiempos propios de un oficio, actividad o circunstancia.

   □
   a. ‖ **¡ah, ~s!** loc. interj. *Mx, Ec.* Expresa sorpresa o protesta.
   ▶ **encenderse la ~; prenderse la ~; sacar ~s; sacar ~s de la humedad; sacar la ~; saltársele la ~; ser ~; tener la ~ atrasada; tener la ~ encendida.**

chispado, -a.
   I. 1. adj. *Mx. Referido a persona,* borracha.
   II. 1. *Gu. Referido a persona,* que va o hace algo con rapidez.
   2. *Gu. Referido a cosa,* que va a mucha velocidad.

chisparse.
   I. 1. intr. prnl. *Mx, Gu, ES.* Zafarse, escaparse con rapidez.

chispazo.
   I. 1. m. *Co:C.* Gracejo.
   II. 1. m. *Ho, ES, Ni.* Destello, *en especial al disparar una bala.*

chispeado, -a.
   I. 1. adj. *Mx, Ho, Pe, Ar, Ur; CR, Ch, Ar,* p.u.; cult → espon; sust/adj. *Ve; Bo,* pop + cult → espon. *Referido a persona,* ligeramente borracha. pop.
   II. 1. adj. *Cu. Referido a persona,* que se ha defecado ligeramente sobre la ropa.
   III. 1. adj. *ES. Referido a persona,* que se ha ido con rapidez de un lugar.
   IV. 1. adj. *PR. Referido a una vaca,* que presenta pintas. rur.

chispearse.
   I. 1. intr. prnl. *Ho, CR, Bo.* Comenzar a emborracharse.
   II. 1. intr. prnl. *Ch.* Avivarse, despabilarse *alguien.* pop.
   III. 1. intr. prnl. *Cu.* Defecarse ligeramente *alguien* sobre la ropa.
   IV. 1. intr. prnl. *ES.* Irse, marcharse rápidamente de un lugar.

chispería.
   I. 1. f. *ES.* Jugarreta.

chisperío.
   I. 1. *Mx, Ho, ES, Ni, CR, Ur; Ch,* p.u. **chispero,** conjunto de chispas.
   2. *Pa; Ho,* rur. Gran cantidad de relámpagos.

chispero.
   I. 1. m. *Ni, CR, Cu, Ve; Mx, Ho,* rur; *Co,* pop. Conjunto de chispas que saltan simultáneamente. (**chisperío**).
   2. *Ar.* Aparato que produce una chispa y sirve para encender las **hornallas** de gas.
   3. *Ho, ES, Ni.* Encendedor, mechero. rur.
   4. *Ni.* Bujía de un motor.
   II. 1. m. *Gu; Ho,* rur. Pistola o revólver.
   III. 1. m. *Ni.* Ano. fest.
   IV. 1. m. *CR.* obsol. Local público de baja categoría social donde se realizan bailes bulliciosos.
   V. 1. m. *Ur.* Especie de mampara de hierro o bronce que se pone delante de las chimeneas para que sirva de protección frente a las chispas.
   ▶ **dejar viendo un ~; quedarse viendo un ~.**

chispetrén.
   I. 1. m. *Cu.* Bebida alcohólica destilada rudimentariamente.

chispín.
   I. 1. adj. *Ec. Referido a persona,* que acostumbra a emborracharse con frecuencia. pop.
   2. m. *Ho.* Trago de bebida alcohólica. pop.

chispita.
   I. 1. f. *Ho.* Porción mínima de algo.
   2. *Ho.* Bolita de pólvora envuelta en papel que estalla al pisarla o chocar contra algo. pop.
   II. 1. m-f. *Ni.* Persona que se enfada con facilidad.
   ▶ **caer una ~.**

chispitín.
   I. 1. *PR.* **chin.**

chispito.
   I. 1. *PR.* **chin.**

chispo.
   I. 1. *PR.* **chin.**

chispo, -a.
   I. 1. adj. *Ec. Referido a persona,* ligeramente borracha.
   2. *Ec. Referido a persona,* que se emborracha con frecuencia.

3. *ES. Referido a persona*, vivaz, ocurrente. ◆ **chispolillo**.

chispolillo, -a.
I. 1. *Ni*. **chispo**, vivaz.

chispón, -na.
I. 1. adj. *Co:C. Referido a persona*, ligeramente borracha. pop.

chispoteante.
I. 1. adj. *PR. Referido a un aceite*, hirviente.

chispotear(se).
I. 1. tr. *RD; Mx, ES*, pop + cult → espon. Decir *algo* involuntariamente, *especialmente un secreto*.
2. tr. prnl. *PR*. Decir *algo* involuntariamente, *especialmente un secreto*.
II. 1. intr. prnl. *ES, Ni, CR, Ch*. Olvidarse *alguien* de algo. pop + cult → espon ^ fest.
III. 1. intr. prnl. *Pa, PR*. Dañarse, estropearse *algo*.
2. *PR*. Fracasar un asunto. pop + cult → espon.
IV. 1. intr. *Ho*. Chisporrotear, despedir chispas *algo*. rur.
V. 1. tr. *PR*. Rociar, esparcir un líquido en gotas menudas.

chispudo, -a.
I. 1. adj. *Gu, ES; Ho*, rur. *Referido a persona*, vivaracha, lista, *especialmente para los negocios*.

chisquete.
I. 1. m. *Ar:NO*. p.u. Chorro fino de un líquido cualquiera que sale violentamente. pop.

chistata. (*Del nahua, quizás de axixtli, orines, y atl, agua*).
I. 1. f. *Ho, Ni*. Inflamación de los órganos urinarios que provoca ardor al orinar. rur. (**chistate**).

chistate.
I. 1. m. *Ni, CR*. **chistata**. rur.

chiste.
I. 1. m. *Gu, Pe*. Revista de historietas cómicas.
II. 1. m. *Ch*. Asunto o cuestión desagradable que debe ser afrontado con seriedad. pop + cult → espon.
III. 1. m. *Ec*. Chasco. pop + cult → espon ^ sat.
■
a. ‖ ~ **alemán**. m. *Mx, Bo, Ch, Ar, Ur; Ec*, obsol; *Pe*, p.u. Chiste que no causa risa. ◆ **chiste flojo**; **chiste mongo**.
b. ‖ ~ **colorado**. m. *Mx, Ho, ES, Ni, CR, Cu, RD, PR, Ve, Ec, Pe, Bo*. Dicho u ocurrencia aguda y graciosa de tema sexual u obsceno. ◆ **chiste de color**; **chiste rojo**.
c. ‖ ~ **de color**. *Mx, RD, Py*. **chiste colorado**.
d. ‖ ~ **flojo**. *PR, Co*. **chiste alemán**.
e. ‖ ~ **mongo**. *PR*. **chiste alemán**.
f. ‖ ~ **rojo**. *CR, Pe*. **chiste colorado**.
□
a. ‖ **ni de ~**. loc. adv. *Mx, Ni, RD, PR, Ec, Py*. De ninguna manera. ◆ **ni en chiste; ni por chiste**.
b. ‖ **ni en ~**. *Cu*. **ni de chiste**.
c. ‖ **ni por ~**. *Bo*. **ni de chiste**.
d. ‖ **sin ~**. loc. adj. *Ni, Bo. Referido a un trabajo*, mal hecho.
▶ **dar con el ~; estar un ~; ser un ~; tener ~; tener su ~**.

¡chiste!
I. 1. interj. *Ec, Bo*. Expresa molestia, fastidio por algo que no tiene gracia. pop + cult → espon ^ sat.

chistear.
I. 1. intr. *Ho, Ni, Py*. Contar chistes o bromear.

chistería.
I. 1. f. *Pa*. obsol. Broma, gracia.

chistosada.
I. 1. f. *Mx, Ni*. Chiste que no produce gracia.

chistosería.
I. 1. f. *Cu, RD, Pe*. Serie de actos, chascarrillos o chistes que provocan risa.

chistoso, -a.
I. 1. adj. *Mx, Ec*. Raro, extraño.

chita.
I. 1. f. *Pe*. Pez de cuerpo ancho, de color gris plateado con el dorso verdoso y el vientre más claro, aletas dorsales arqueadas y cola corta. (Haemulidae; *Anisotremus scapularis*).
II. 1. f. *Bo:O,C*. Cría de animal doméstico. pop + cult → espon.
III. (*De Chita, nombre de la mona de las películas de Tarzán*).
1. f. *Ho*. Hembra del mono. pop.
IV. 1. f. *PR*. Persona desaseada, maloliente. pop + cult → espon ^ desp.

¡chita!
I. 1. interj. *Ch; Ec*, obsol. Expresa sorpresa o admiración. pop + cult → espon. (**¡chitas!**).
2. *Ch*. Expresa extrañeza o enfado. pop + cult → espon. (**¡chitas!**).
□
a. ‖ **¡por la chita!** loc. interj. *Bo, Ch*. Expresa extrañeza o enfado. pop + cult → espon.

¡chitas!
I. 1. *Ch*. **¡chita!** pop.

chitató.
I. 1. *Co*. **palmán**.
2. m. *Co*. Fruto comestible del chitató, de forma ovoide y color rojo brillante con pequeños puntos blancos.

chite.
I. 1. m. *Co*. Pequeño arbusto, de ramas delgadas y hojas opuestas, ovales simples, con flores amarillas y poco vistosas, y fruto *normalmente en una cápsula seca con fracturas para esparcir las semillas pequeñas y numerosas*. (Guttiferae; *Hypericum* spp.).

¡chite!
I. 1. interj. *Co*. Voz que se emplea para espantar a un animal, *especialmente a un perro*. pop.

chitearse.
I. 1. intr. prnl. *Co:C,NE*. Romperse o quebrantarse una cosa. pop.

chiti.
I. (*Del aim. y quech. ch'iti, pequeño, niño*).
1. m-f. *Bo:O,C*. Niño de corta edad. pop + cult → espon ^ afec.
2. m. *Bo:O,C*. Hermano, *generalmente menor*. pop + cult → espon ^ fest.
3. *Bo:O,C*. Hombre de pequeña estatura. pop + cult → espon ^ fest.
II. 1. m. *Bo:O,C*. metáf. Pene. vulg; pop + cult → espon ^ fest.

chitiar. (*Del ingl. to cheat*).
I. 1. intr. *EU*. Copiar en un examen.

chiticallar.
I. 1. tr. *Ho*. Hacer *algo* calladamente o a escondidas. rur.

chito.
I. 1. m. *Mx*. Carne de chivo que se fríe.
II. 1. m. *Pe*. Mujer lesbiana de apariencia masculina.
III. 1. m. *Gu, Cu*. Besito. inf; afec.

chitos.
I. 1. m. pl. *Co*. Golosina salada, ligera y crujiente, de forma alargada o de gancho.
2. *Ec*. Golosina de maíz inflado, de sabor salado, crocante y forma cilíndrica.

chitra.
I. 1. f. *Pa*. **jején**, insecto díptero.

chitrulo, -a.
I. 1. adj/sust. *Ar, Ur. Referido a persona*, tonta, necia. pop + cult → espon.

chiva.

I. 1. f. *Mx, Gu, ES, CR, Ve; Ar, Ur,* pop. Barba que cubre el mentón y las mejillas.
  2. *Gu, RD, PR, Ec; Ve, Bo:E, Py, Ar, Ur,* pop. Porción de barba que se deja crecer en la punta del mentón. (**chivo**).
II. 1. f. *Cu, Co:N,O, Ve, Pe, Bo, Py, Ar, Ur.* **chivo,** cabra.
III. 1. f. pl. *Mx, Gu.* Pertenencias, cosas que son propiedad de alguien.
IV. 1. f. *Mx.* Acto ilegal, *especialmente de contrabando.* delinc.
V. 1. f. *Mx.* Cocaína o heroína. drog.
VI. 1. f. pl. *Mx:C.* Palomitas de maíz.
VII. 1. f. *Pa, Co.* Autobús de transporte público interurbano, con la carrocería completamente abierta por los costados y asientos corridos en su perímetro, de forma que los pasajeros dan la espalda a los ventanales.
  2. *Ec, Ur.* Bicicleta. pop + cult → espon.
  3. *CR, Pa.* Vehículo de transporte público de menor tamaño que el autobús, cuyos dos asientos, estaban dispuestos de un lado al otro de la nave, frente a frente. pop + cult → espon.
VIII. 1. f. *Co. En periodismo,* primicia informativa.
IX. 1. f. *Ve:O, Ch.* Mentira, embuste. pop + cult → espon.
X. 1. f. *Gu, Ho, ES.* Manta de lana.
XI. 1. f. *Ve.* Suerte favorable. pop + cult → espon.
XII. 1. f. *Ve.* Prenda de vestir o cualquier otro objeto, *por lo común usado,* que se regala, alquila o vende.
XIII. 1. adv. *ES, CR.* juv. Muy bien.
  2. *ES.* juv. Sí, de acuerdo. pop.
XIV. 1. f. *RD.* Mujer liviana y coqueta.
  2. *Ho.* juv. Mujer que es novia o amante de un hombre.
XV. 1. f. *RD, PR.* Golpe de mar.
XVI. 1. *Ho.* **parada,** partida clandestina.
XVII. 1. f. *Ni.* **pucho,** colilla de cigarrillo. pop + cult → espon.
XVIII. 1. f. *PR.* Hoguera de carbón vegetal. rur.
XIX. 1. adj. *CR.* **arrancado,** irritable. pop + cult → espon.
  ■
  a. ‖ **~ quiteña.** f. *Ec.* Camión adornado con mucho colorido en el que viaja un grupo musical amenizando carnavales y festividades populares de Quito.
  □
  a. ‖ **de ~.** loc. adv. *Ve.* Por casualidad. ♦ **por chiva.**
  b. ‖ **por ~.** *PR.* **de chiva.**
  c. ‖ **¡por ~!** loc. interj. *PR.* Expresa alegría ante un momento de buena suerte. pop + cult → espon. ♦ **¡qué chiva!**
  d. ‖ **¡qué ~!** *PR.* **¡por chiva!.**
  ▶ **amarrar la ~; andar ~s; dar ~; dar más vueltas que una ~; estar ~; estar ~s; irse las ~s; jugar las ~s; librar la ~; matar la ~; no haber ni donde amarrar la ~; no tener ni donde amarrar la ~; quedar en ~; ser ~; tener la ~ amarrada.**

chivada.

I. 1. f. *Cu.* Molestia o perjuicio que ocasiona una persona o cosa a alguien.

chivadera.

I. 1. f. *Gu.* Molestia constante.

chivado, -a.

I. 1. adj. *Ar. Referido a persona,* sudada, transpirada. pop.
  2. *Ar. Referido a una prenda de vestir,* húmeda o mojada por la transpiración. pop.
II. 1. adj. *Gu, Pa, Cu. Referido a persona,* que tiene problemas, *especialmente económicos o de salud.*
  2. *Gu, Pa, Cu. Referido a un asunto,* complicado, dificultoso.

III. 1. adj. *Ar. Referido a persona,* enfadada, de mal humor. pop.

chivador, -ra.

I. 1. sust/adj. *Gu, Cu.* Persona que molesta mucho.

chivar(se).

I. 1. intr. prnl. *Gu, Ve, Ar.* pop. Enojarse.
  2. tr. *Gu, Pa, Cu.* Molestar, fastidiar a *alguien.*
  3. intr. prnl. *Cu.* Enfadarse, irritarse *alguien.*
II. 1. intr. *Ar.* Transpirar. pop + cult → espon.
  2. tr. *Ar.* Empapar en sudor una prenda de vestir. pop + cult → espon.
III. 1. tr. *Cu.* Estropear *algo.*
  2. *Cu.* Perjudicar a *alguien.*
  3. intr. prnl. *Cu.* Arruinarse *alguien.*
  4. *Cu.* Estropearse, malograrse *algo.*
  5. *Gu.* Pasar dificultades.
  ●
  a. ‖ **¡no chives!** fórm. *Cu.* Se usa para expresar asombro o sorpresa ante lo que dice otra persona.

¡chivas!

I. 1. interj. *Gu, Ho, ES.* Expresa asombro o sorpresa.
  2. *Ho, ES.* **¡águila!**

chivateado, -a.

I. 1. adj/sust. *Cu.* **volado,** irritado, de mal humor.

chivatear.

I. 1. intr. *Gu, Bo; Ar:O,NO,* pop. Jugar bulliciosamente *los niños.*
  2. *Ch:N; Pe:S,* p.u. Gritar, vociferar.
II. 1. tr. *Co:C,SO, Bo, Ch; Cu, RD,* pop+cult → espon. Acusar, delatar a *alguien.* pop.
III. 1. intr. *Pe.* Deambular por las calles sin propósito ni destino fijos. pop + cult → espon.
IV. 1. tr. *Ve.* Engañar a *alguien* mediante picardías o artimañas. pop.
V. 1. tr. *Cu.* Irritar, encolerizar a *alguien.*
  2. intr. prnl. *Cu.* Irritarse, encolerizarse *alguien.*

chivateli.

I. 1. adj. *Ar.* p.u. *Referido a persona,* que lleva barba o la tiene incipiente por no haberse afeitado. pop ^ fest.

chivateo.

I. 1. m. *Ar.* pop. Bullicio de los niños al jugar.
  2. *Ch:N.* Emisión de gritos y chillidos.
II. 1. m. *Cu.* Sentimiento de irritación, cólera, enojo.

chivatería.

I. 1. f. *Ve.* Picardía, astucia. pop + cult → espon.
II. 1. f. *Cu.* Delación.

chivatero, -a.

I. 1. m. y f. *Pe.* Pastor de cabras. rur.
II. 1. sust/adj. *Gu.* Estudiante que copia en un examen.

chivática.

I. 1. f. *RD.* **Grajo,** mal olor.

chivato.

I. 1. m. *Co.* Árbol hasta 8 m de altura, con flores pequeñas que crecen en racimos vistosos, fruto de color café, alargado y aplanado. (Apocynaceae; *Aspidosperma cuspa*).
  2. *Py.* **flamboyán.**
II. 1. m. *Pe.* Hombre homosexual. pop ^ desp.
III. 1. m. *Ch.* **Chivo,** macho cabrío adulto.
IV. 1. m. *Ch.* obsol. Aguardiente ordinario mezclado que tiene un peculiar olor.
V. 1. m. *Pa. En la tradición popular,* fantasma que representa al demonio, y se manifiesta bajo la forma de un chivo que despide llamas por los ojos.

chivato, -a.

I. 1. adj/sust. *Bo, Ar:NO,O; Co:C,* p.u. *Referido a un niño,* vivaz y atrevido, que mezcla ingenio y descaro. pop.

chivatón, -na.
   I. 1. sust/adj. *Cu, RD.* Persona que delata a *alguien.*
     pop ^ desp.

chivé.
   I. 1. m. *Co:S, Pe, Bo:E.* Harina de **yuca** tostada.
    2. *Co:S, Bo:E.* Bebida refrescante de sabor agridulce
     preparada con harina de **yuca.**

chiveada.
   I. 1. *Ho, ES.* **parada**, partida clandestina. (**chiviada**).

chiveadera.
   I. 1. f. *Ho, ES.* Lugar donde se realizan partidas clan-
     destinas de dados o cartas. (**chiviadera**).
    2. *Ho, ES.* Juego continuado de cartas o dados.

chiveado, -a.
   I. 1. adj. *Co.* Referido a cosa, falsificada, adulterada.
     pop. (**chiviado**).
   II. 1. adj. *Gu, ES.* Referido a persona, avergonzada. (**chi-
     viado**).

chiveador, -ra.
   I. 1. m. y f. *Ho, ES.* Persona que juega dados o cartas
     apostando. (**chiviador**).

chivear(se).
   I. 1. tr. *Mx, Gu, ES.* Hacer sentir vergüenza a *alguien,*
     cohibirlo.
    2. intr. prnl. *Mx, Gu, ES.* Sentir vergüenza, cohibi-
     ción. (**chiviarse**).
   II. 1. intr. prnl. *Mx, Ni.* Huir por miedo.
   III. 1. intr. *Ar, Ur.* Juguetear, entretenerse. pop.
    2. *Bo.* Hacer travesuras, *particularmente un niño.*
   IV. 1. tr. *Co.* Adulterar, falsificar mercancía. pop. (**chi-
     viar**).
   V. 1. intr. *Pe.* Trabajar *ocasionalmente cantando o tocando en
     un evento.*
    2. tr. *PR.* Hacer trabajos de poca importancia. rur;
     pop + cult → espon.
   VI. 1. tr. *Gu, Ho, ES.* Jugar a los dados o a las cartas
     apostando dinero. (**chiviar**).
   VII. 1. tr. *Ve.* Engañar a *alguien* mediante picardías o arti-
     mañas.
   VIII. 1. tr. *Ho, CR.* Hacer que *alguien* se ponga colérico.
     pop. (**chiviar**).
    2. intr. prnl. *CR.* Ponerse *alguien* colérico. pop.
   IX. 1. tr. *RD.* Coquetear una mujer.

chivera.
   I. 1. f. *Co.* Barba que se deja crecer en el mentón.
   II. 1. f. *Ve.* Establecimiento donde se compran y ven-
     den artículos usados.

chivería.
   I. 1. f. *RD.* Conducta desordenada de una mujer, pu-
     tería. vulg; pop + cult → espon.
   II. 1. *RD.* Coquetería.

chivero.
   I. 1. m. *Ho, ES.* Lugar donde se juega a dados o cartas.
   II. 1. m. *PR.* Hombre que se dedica a hacer mejoras y
     modificaciones en residencias. pop + cult → espon.
   III. 1. m. *PR.* Persona con suerte. pop + cult → espon.
   IV. 1. m. *Pa.* Conductor de una **chiva**, autobús. pop.

chivero, -a.
   I. 1. adj. *Ec.* Referido a persona, camorrista.
    2. *Ec.* obsol. *Referido a persona,* tramposa.
   II. 1. adj/sust. *RD, PR.* Referido a persona, que no tiene
     trabajo ni sueldo fijos y se dedica a realizar tareas
     de forma eventual que le reportan lo necesario para
     vivir.
    2. adj. *PR.* Referido a persona, que comete **chivos**,
     errores pop + cult → espon.
   III. 1. sust/adj. *Ch.* Persona que tiene costumbre de
     mentir. pop + cult → espon.

chiverral.
   I. 1. m. *CR.* Terreno plantado de **chiverres**.

chiverre.
   I. 1. *CR.* **chiberre**.
   II. 1. m. *CR.* Vientre abultado de una persona. pop
     ^ fest.

chiverudo.
   I. 1. m. *Co:E.* Hombre que lleva **chivera**, barba. pop.

chiveta.
   I. 1. adj/sust. *Cu, PR.* **fastidiona**.
    2. f. *Cu.* Contrariedad, molestia, fastidio.

chivetería.
   I. 1. f. *Ur.* Establecimiento donde se sirven **chivitos**.

chiví.
   I. 1. m. *Ar.* Pájaro de pico robusto, dorso oliváceo, zona
     ventral blanquecina, corona gris, sobrecejas ne-
     gras e iris pardo. (Vireonidae; *Vireo olivaceus*).
     ◆ **julián ojirrojo**.
    2. *PR.* **julián chiví**.
   II. 1. m. *PR.* **cojinúa**.
   ■
    a. ‖ **~ coronado.** m. *Ar.* Pájaro de dorso y alas verdes,
     zona ventral amarilla, garganta blanquecina, co-
     rona y nuca de color rojo anaranjado y manchas
     auriculares negras. (Vireonidae; *Hylophilus poici-
     lotis*).

chiviada.
   I. 1. *Ho, ES.* **chiveada**.

chiviadera.
   I. 1. *Ho, ES.* **chiveadera**, lugar de juego.

chiviado, -a.
   I. 1. *Gu, ES; Mx.* pop. **chiveado**, avergonzado.
   II. 1. *Co.* **chiveado**, falsificado. pop.

chiviador, -ra.
   I. 1. *Ho, ES.* **chiveador**.

chiviar(se).
   I. 1. *Gu, ES; Mx,* pop. **chivearse**, sentir vergüenza.
   II. 1. *Co.* **chivear**, adulterar. pop.
   III. 1. tr. *Co.* Adelantar un periodista o un periódico a
     sus colegas a la hora de dar una noticia.
   IV. 1. *Gu, Ho, ES.* **chivear**, jugar a cartas.
   V. 1. *Ho, CR.* **chivear**, poner colérico. pop.

chivicabra.
   I. 1. f. *Ec.* **yuco**, mamífero.

chivichana.
   I. 1. f. *Cu.* Plataforma pequeña de madera, con cuatro
     ruedas y con un eje delantero móvil, que usan los
     niños para deslizarse.

chivichanga.
   I. 1. m-f. *PR.* Persona de poco valer por su falta de serie-
     dad. pop + cult → espon.

chiviento, -a.
   I. 1. adj. *Ch.* juv. Mentiroso, que tiene costumbre de
     mentir. pop + cult → espon ^ desp.

chivillo. (Del quech. *chiwi*).
   I. 1. m. *Pe.* Ave de hasta 28 cm de longitud, con cuer-
     po de color negro con visos de azul, aterciopela-
     do, patas y pico negros. (Icteridae; *Dives wars-
     zewiczi*).
    2. adj. *Pe.* Referido a un color, negro azabache.
    3. m. *Pe.* Color **chivillo**.
    4. adj. *Pe.* De color **chivillo**.

chivirica.
   I. 1. sust/adj. *RD.* Mujer desinhibida en su relación
     con los hombres. (**chibirica; chivírica**).

chivírica.
   I. 1. f. *RD.* **chivirica**.

chivirico.
  I. 1. *Cu.* **chibirico,** dulce.
  II. 1. m. *RD.* Planta herbácea de hasta 3 m de altura, con hojas dentadas y llamativas flores de color naranja o rojizo; tiene propiedades medicinales. (Lamiaceae; *Leonotis nepetifolia*).

chivirico, -a.
  I. 1. adj. *ES. Referido a cosa,* bonita o de buena calidad.
  2. *ES. Referido a persona,* agradable, simpática.
  II. 1. adj. *RD. Referido a persona,* muy alegre, *a veces extremadamente coqueta y enamoradiza.*

chivista.
  I. 1. adj. *Ec. Referido a persona,* camorrista.
  2. *Ec. Referido a persona,* tramposa.
  II. 1. adj/sust. *Ec.* p.u. *Referido a persona,* intrigante. pop.

chivita.
  I. 1. f. *RD, PR.* Barba que, unida al bigote, rodea la boca hasta la barbilla o el mentón.
  •
  a. ‖ **~.** fórm. *CR.* Se usa para provocar enfado en alguien que ha sido objeto de burla.

chivitero.
  I. 1. m. *Ur.* Máquina destinada a la cocción y preparación de **chivitos,** comida de elaboración rápida.

chivito.
  I. 1. m. *RD.* Individuo de poca o ninguna importancia.
  II. 1. m. *PR.* Cordero de menos de un año.
  III. 1. *Ur.* **chivito al pan.**
  •
  a. ‖ **~.** fórm. *CR.* Se emplea para provocar enfado en alguien que ha sido objeto de burla.
  ■
  a. ‖ **~ al pan.** m. *Ur.* **Comida al paso** compuesta de un pan abierto relleno de carne a la plancha, mayonesa, lechuga y tomate. (**chivito**).
  b. ‖ **~ al plato.** m. *Ur.* Plato compuesto *principalmente por carne a la plancha, ensalada rusa, lechuga, tomate y huevo duro.*
  c. ‖ **~ canadiense.** m. *Ur.* Pan pequeño abierto relleno de carne a la plancha, jamón, huevo duro, verduras en vinagre, lechuga y tomate.
  ▶ **ser un ~ harto de jobo.**

chivito, -a.
  I. 1. adj. *PR. Referido a persona,* encolerizada. pop + cult → espon.

chivo.
  I. 1. m. *Cu, Co:N,O, Ve, Pe, Bo, Py, Ar, Ur.* Cabra. ♦ **chiva.**
  2. *Ni, CR, Pa, Cu, RD, PR, Ve, Pe, Ch, Ur.* Macho de la cabra.
  II. 1. m. *Mx.* Salario fijo. pop.
  2. *Mx.* Cantidad fija de dinero *que periódicamente entrega el marido a su esposa para gastos domésticos.* pop.
  III. 1. m. *Ve, Ar, Ur.* Olor a sudor. pop + cult → espon.
  IV. 1. m. *Ar, Ur.* Anuncio publicitario que se hace de manera encubierta en una transmisión **radial** o televisiva. pop ^ fest.
  V. 1. m. *Gu, Cu, RD, PR. Entre estudiantes,* escrito que se lleva disimuladamente para copiarlo en un examen. est.
  VI. 1. m. *Gu, Ho, ES.* Juego de naipes o dados.
  2. *Ho.* Dado para jugar.
  3. *PR.* Acierto, ganancia casual en un juego.
  VII. 1. m. *Ho, ES, Ni, CR.* Hombre mantenido por una mujer. pop ^ desp.
  2. *Ho, Ni.* Hombre casado al que le es infiel su mujer.
  VIII. 1. m. *RD, PR.* Error, falta, defecto en un trabajo realizado. pop + cult → espon.

  2. *RD.* Parte de un trabajo que por falta de práctica, por descuido o dejadez, se queda sin terminar.
  IX. 1. m. *Cu, RD.* Chanchullo, negocio turbio, enjuague. pop + cult → espon.
  2. *PR.* Comercio ilegal, o con apariencia de serlo. pop + cult → espon.
  3. *PR.* Cosa que se hace clandestinamente. pop + cult → espon.
  X. 1. m. *Pe.* Trabajo ocasional cantando o tocando en un evento. pop.
  2. *Pa, PR.* Trabajo eventual. pop + cult → espon.
  XI. 1. m. *Pe.* Hombre homosexual. pop ^ desp.
  XII. 1. m. *Cu, Ch.* **chiva,** porción de barba.
  XIII. 1. m. *Ve.* Hombre de prestigio e influencia.
  XIV. 1. m. *Cu.* Bicicleta.
  XV. 1. m. *Ho.* Proxeneta. desp. ♦ **mámaro; power.**
  2. *PR.* Cliente de prostituta. drog.
  XVI. 1. m. *Ho.* juv. Fusil ametrallador AK-47. delinc.
  XVII. 1. m. *PR.* Adicto a drogas. drog.
  ■
  a. ‖ **~ de samaná.** m. *PR.* Variedad del baile del **merengue,** en el que se suprime el **paseo** y se cambia por un paso doble. ♦ **chivo florete.**
  b. ‖ **~ florete.** *PR.* **chivo de samaná.**
  □
  a. ‖ **~ emisario.** loc. sust. *Ar, Ur.* Persona a quien se achaca la culpa de un fracaso o de un suceso que ocasiona perjuicios, para eximir a otras. pop.
  b. ‖ **~ jarto é jobo.** loc. adj. *RD. Referido a persona,* considerada inferior, *especialmente por su capacidad intelectual.* pop + cult → espon ^ desp.
  c. ‖ **como ~ sin ley.** loc. adv. *RD.* Desordenadamente, sin ningún orden.
  d. ‖ **de ~.**
    i. loc. adv. *Cu.* De contrabando.
    ii. loc. adv/adj. *RD.* De balde, gratis.
  e. ‖ **entre ~ y conejo.** loc. adj. *Pa.* Ambiguo, dudoso.
  ◪
  a. ‖ **~ que se devuelve se esnuca.** fr. prov. *Ve.* Indica que quien retrocede en lo que ha emprendido acaba fracasando. fest.
  ▶ **buscar ~ con cencerro; comer ~; comer ~s; estar ~; hacer de ~ los tamales; hacerse el ~; hacerse el ~ loco; jugar ~; largar el ~; meter un ~; oler a ~; oler a ~ corroteado; ponerse ~; ver ~s; vivir como ~ sin ley.**

chivo, -a.
  I. 1. adj/sust. *Gu, Cu; Mx,* pop. *Referido a persona,* delatora.
  2. *Mx. Referido a persona,* cobarde. pop.
  II. 1. adj/sust. *Ar:NO, Ur. Referido a un niño,* revoltoso y travieso. pop.
  III. 1. m. y f. *Gu, Ho, ES.* Cordero, ternero o cabrito. rur.
  IV. 1. adj. *ES, CR.* juv. *Referido a cosa,* muy buena, bonita o agradable.
  V. 1. *ES.* **achivado,** bien vestido.
  VI. 1. sust/adj. *Ho.* Persona que juega cartas, dados o perinola.
  VII. 1. adj. *Ni. Referido a cosa,* difícil, complicada.
  VIII. 1. adj. *CR. Referido a persona,* colérica, iracunda. pop.

¡chivo!
  I. 1. interj. *PR.* Expresa provocación a una persona colérica. pop + cult → espon.

chivón, -na.
  I. 1. adj. *Ec. Referido a persona,* que se ha dejado crecer la barba en forma de perilla.
  II. 1. adj/sust. *Cu. Referido a persona,* fastidiosa, molesta.
  III. 1. *Cu.* **chota,** bromista.

chivou.
 I. 1. m. *Ho.* Resina del **indio desnudo** de la que se extraen barnices. rur.

chivú.
 I. 1. sust/adj. *PR.* **chivudo**, persona con el mentón saliente.

chivudo, -a.
 I. 1. adj/sust. *Ve, Pe; Ar, Ur,* pop; *PR, Bo,* pop + cult → espon ^ fest. *Referido a un hombre,* barbudo.
 2. *Ar. Referido a un hombre,* que tiene barba incipiente por no haberse afeitado. pop.
 3. *Ec. Referido a un hombre,* que se ha dejado crecer la barba en forma de perilla.
 4. *PR.* metáf. *Referido a persona,* que tiene el mentón puntiagudo y saliente. pop + cult → espon. (**chivú**).
 II. 1. adj. *Ar. Referido a persona,* enojada, de mal humor. pop.

chiwiña.
 I. 1. f. *Bo:O.* Sombrilla grande de tela blanca con armazón de madera o hierro, que utilizan los comerciantes en la calle o en el mercado al aire libre.

chiyo.
 I. 1. *ES.* **chillo**, deuda.

chiza.
 I. 1. *Co:C.* **chisa**.

chizito. (De *Chizito*®).
 I. 1. m. *Pe, Bo, Ar.* Aperitivo en forma de bastón, *hecho generalmente de harina de maíz,* y con sabor a queso.

¡cho!
 I. 1. interj. *Ec.* Expresa estímulo a una caballería para que ande.
 2. *Ho.* Expresa voz de parada para las caballerías. rur.
 II. 1. interj. *ES, Ni, Pa.* Expresa solicitud de silencio. desp.
 III. 1. interj. *CR:NO, Pa; Ho,* rur. Expresa admiración o asombro.
 IV. 1. interj. *Ho.* Expresa protesta o desacuerdo con algo. rur.

choapino.
 I. 1. m. *Ch.* Alfombra pequeña *tejida generalmente a mano.*

choba.
 I. 1. f. *Pe:NE.* Porción de cabellos. rur.

chobear.
 I. 1. tr. *Pe:NE.* Agarrar de los cabellos a *alguien.*

chobena.
 I. 1. f. *Bo:E.* Instrumento musical de viento con forma de flauta.
 2. *Bo:E.* Composición musical festiva en compás de dos por cuatro.
 3. *Bo:E.* Danza folclórica cadenciosa y alegre, que se baila al ritmo de la chobena; es parecida al **taquirari**.

chobi.
 I. 1. m. *Ni.* juv. Vulva. vulg.

chobón.
 I. 1. adj/sust. *Pe:NE. Referido a un hombre,* que tiene pelo largo y abundante.

choborro, -a.
 I. 1. sust/adj. *Pa.* p.u. Persona torpe o incompetente.

choc. (Del ingl. *choke,* ahogador, estrangulador).
 I. 1. m. *ES.* Mecanismo que controla la entrada de aire al carburador de un automóvil.

choca.
 I. 1. f. *Pe, Bo.* Ave acuática de tamaño mediano, plumaje de color gris claro, la cabeza negra, y en la frente una mancha de color amarillo blanquecino. (Rallidae; *Fulica* spp.). ♦ **hayno**.

 II. 1. f. *Ch.* Bebida caliente, *habitualmente café,* **mate** *o cualquier otra infusión,* preparada en el **choquero** *y que se suele tomar al aire libre.* pop.
 2. *Ch.* meton. Recipiente o tarro pequeño de lata de conserva provisto de asa en forma de arco, usado para tomar café o infusiones calientes. pop.
 III. 1. f. *Bo.* Juguete compuesto por un palo terminado en punta que va unido por un cordón a una bola provista de un agujero; se juega lanzando la bola hacia arriba y se procura recoger ensartándola con el extremo de la varilla. (**choco**).

chocado, -a. (Del ingl. *shock,* choque).
 I. 1. adj. *Ec. Referido a persona,* que ha sufrido un colapso o estado de debilidad extrema.
 II. 1. adj. *Ec. Referido a persona,* que se le ha aplicado una descarga o choque eléctrico con fines terapéuticos.
 ▶ **estar ~.**

chocancia.
 I. 1. f. *Ve.* Dicho o hecho impertinente o molesto.

chocante.
 I. 1. adj. *Mx, Gu, Ho, ES, Ni, CR, Pa, Cu, Ve, Ec, Pe, Ch, Ar, Ur; Bo,* pop + cult → espon. *Referido a persona o situación,* que **choca** o produce aversión.
 2. adj/sust. *Mx, Gu, ES, Ni, Pa, PR, Co, Ve, Ec, Pe, Ur; Bo,* pop + cult → espon ^ fest. *Referido a persona,* antipática y fastidiosa.
 II. 1. adj. *Cu, RD, PR.* Incómodo, desagradable. pop + cult → espon.

chocantear.
 I. 1. tr. *Ar:NO.* Incomodar o fastidiar a *alguien.* pop.

chocantería.
 I. 1. f. *Mx, Pa, Ve; Ar:NO,* pop. Impertinencia, cosa desagradable y molesta.
 2. *Mx, Pa.* Pedantería.

chocao.
 I. 1. m. *CR:NO.* Puré hecho a base de **banano**. rur.
 2. *CR:S.* Alimento elaborado con **plátano** maduro y agua o leche. rur.
 3. *Pa.* Comida hecha a base de **guineo** maduro, coco y harina. rur.

chocar(se).
 I. 1. tr. *Mx, Ve, Ec, Py; Ar, Ur,* pop. Causar fastidio o molestia a *alguien.*
 2. *Ni, CR, Co, Ec, Bo.* Producir *algo* o *alguien* aversión o rechazo a *una persona.* pop + cult → espon.
 3. intr. *Cu.* Producir *alguien* o *algo* un fuerte sentimiento de incomodidad o disgusto.
 II. 1. tr. *Ni, Pe.* Dar un golpe violento sobre *algo.*
 2. *Ni, PR. En el beisbol,* golpear la pelota con el **bate**.
 III. 1. intr. prnl. *Gu, Cu, Py.* Encontrarse dos o más personas.
 □
 a. ‖ **~ con la concreta.** loc. verb. *Cu.* Hacer frente a una situación, *generalmente difícil.*

chocha.
 I. 1. f. *EU, Mx, Cu, PR, Co.* Vulva. tabú; pop + cult → espon.

chochada.
 I. 1. f. *Ni.* Objeto sin valor.
 II. 1. f. *Ni.* Problema.
 2. *Ni.* Asunto sin importancia.
 3. *Pa.* Tontería propia de un viejo.

chochal.
 I. 1. m. *Ec.* Terreno plantado de **chochos**, planta anual.

chochar.
 I. 1. intr. *Gu, Ho, ES, Ni, Pa, RD, Ec, Bo.* Tener debilitadas las facultades mentales por efecto de la edad. pop.
 II. 1. intr. *Gu, Ec, Pe, Bo.* Extremar el cariño y la afición por personas o cosas. pop. (**chochear**).

choche.
I. 1. m-f. *Pe.* Amigo.
2. m. *Pe.* Hombre cuyo nombre y condición se desconocen o no se quieren decir.

chochear.
I. 1. *Ec.* **chochar**, extremar el cariño.

chochera.
I. 1. f. *Mx, Cu, Bo, Ar, Ur.* Cariño profundo o inclinación especial por alguien, *especialmente el de los abuelos por los nietos.* pop.
2. *Ni, Pa, Ec.* Cariño y caricias propias de los abuelos.
3. *Bo.* Afición que siente una persona por algo que le resulta muy placentero. pop.
II. 1. m-f. *Pe.* Amigo.
III. 1. m. *Pe.* Hombre cuyo nombre y condición se desconocen o no se quieren decir.
IV. 1. f. *Ni.* Cosa de poco valor.
2. *Ni.* Asunto sin importancia.
▶ **ser la ~.**

chochí.
I. 1. *Ar.* **urutaú.**

chochito.
I. 1. m. *Mx.* Píldora homeopática.
II. 1. *Ec.* **chocho**, planta y semilla.

chocho.
I. 1. m. *Mx.* Grano de azúcar con que se recubren algunos dulces.
2. *Mx.* Dulce pequeño de forma esférica.
3. *Mx.* metáf. Píldora homeopática.
4. *Mx.* metáf. Píldora que contiene droga o una sustancia estimulante.
II. 1. *Mx.* **chapulín**, saltamontes.
2. m. *Mx:SO.* Insecto saltador cualquiera.
III. 1. m. *RD, Co.* **peonía**, planta trepadora.
2. *Ec, Pe:N.* Planta anual de hasta 1 m de altura, con hojas digitadas, de forma oval a lanceolada, flores azules de cinco pétalos y frutos en vaina con semillas comestibles; antes de consumirse, estas semillas se ponen a remojar para extraerles el amargor y la acidez. (Fabaceae; *Lupinus mutabilis sweet*). (**chochito**).
♦ **tarhui; tarwi; tawri.**
3. *Ec, Pe:N.* Semilla comestible del **chocho**. (**chochito**). ♦ **tarhui; tarwi; tawri.**
4. *Pe.* Ensalada de estas semillas cocidas, con sal.
□
a. ‖ **¡ni con ~s!** loc. interj. *Mx.* Expresa negación rotunda. pop.

chocho, -a.
I. 1. adj. *Co, Ec, Pe, Ch, Py, Ar, Ur, Bo,* cult → espon. *Referido a persona*, complacida, contenta. pop.
II. 1. adj. *Co. Referido a persona*, que se molesta u ofende con pequeña causa o pretexto. pop.
2. *RD. Referido a persona*, decrépita, acabada, desgastada.
III. 1. adj. *CR. Referido a cosa*, descompuesta, averiada. pop.

¡chocho!
I. 1. interj. *Ni.* Expresa asombro, alegría o enfado. pop.

chochoca.
I. 1. f. *Ar:NO; Bo:C,* pop + cult → espon. Maíz secado al sol o al horno.
2. *Ar:NO.* Especie de sopa elaborada con **choclo** fresco desgranado y molido, cebolla, comino y pimienta.
3. *Pe.* Harina precocida de maíz amarillo.
4. *Ch:S.* Alimento preparado con **papa** molida y, *generalmente*, **chicharrones** *o carne de cerdo*, que se enrolla en un madero cilíndrico y se asa a fuego lento.
▶ **sacar la ~; sacarse la ~.**

chochocol. (Del nahua *tzotzocolli*).
I. 1. m. *Mx.* Vasija grande de barro.

chochosca.
I. 1. f. *CR.* Dinero. pop ^ fest.

chochueca.
I. 1. f. *RD.* Fritura de **yuca**.

choclear.
I. 1. intr. *Pa.* Brotar el grano en un **choclo**. rur.

choclero.
I. 1. m. *Ch.* Diente delantero de la mandíbula superior de una persona. pop + cult → espon ^ fest.

choclero, -a.
I. 1. adj. *Ch, Ar.* Relativo a los **choclos**, mazorcas.
2. m. y f. *Ar:NO.* Persona que vende **choclos**, mazorcas.
3. adj/sust. *Ch. Referido al maíz,* tierno desgranado, crudo o cocido.

choclillo.
I. 1. m. *Ch.* Corte de carne de res redondo y alargado, con poca grasa.

choclo. (Del quech. *chuqllu*, mazorca de maíz).
I. 1. m. *Co:O,SO, Ec, Pe, Bo, Ch, Py, Ar, Ur.* Mazorca tierna de maíz.
2. *Ec, Ch, Py.* Maíz tierno desgranado, crudo o cocido.
II. 1. m. *Ar.* Cosa que resulta larga o pesada, *especialmente un discurso o una materia de estudio.* pop.
2. *Ur.* Relato exagerado o falso de un hecho. pop.
III. 1. m. *Ar.* Cantidad grande de algo. pop.
IV. 1. m. *Ec.* p.u. Diente de una persona.
V. 1. *Pa.* **chocolón**, hoyuelo.
▶ **desgranar el ~; estar ~.**

choclón.
I. 1. m. *Pe.* Conjunto numeroso de cosas, personas o animales. pop.
2. *Ch.* Aglomeración desordenada de personas o cosas.
3. *Ch.* Juego de **bolitas** en el que se lanza un grupo de **bolitas** o canicas hacia un agujero y según el número que caiga en él, par o impar, los jugadores deben intentar meter el resto con determinados golpes de pulgar.

choclón, -na.
I. 1. adj. *Pe. Referido a cosa,* vieja. desp.
2. adj/sust. *Pe. Referido a persona o animal,* de edad avanzada. pop ^ desp.

choclonear.
I. 1. tr. *Ec.* p.u. Agitar el cubilete de dados. fest.

chocloneo.
I. 1. m. *Ec.* p.u. Acción de **choclonear** el cubilete de dados.

choclonero, -a.
I. 1. m. y f. *Ch.* p.u. Persona aficionada a participar en **choclones**. pop.

¡choclós! (De or. onomat.).
I. 1. interj. *Ho.* Expresa el sonido de un animal o persona que camina por un lodazal. pop.

choclotanda.
I. 1. *Ec.* **humita**, alimento elaborado con maíz tierno.
♦ **chumal.**

choco.
I. 1. *Pe.* **caparro.**
II. 1. m. *Ch.* Helado de crema bañado en chocolate de bajo precio que se adquiere habitualmente en los transportes públicos.
III. 1. m. *Ch.* Mechón de pelo que se deja crecer en la nuca mientras que el resto del pelo queda más corto. pop + cult → espon.
IV. 1. m. *Bo.* Hombre joven. pop ^ afec.

V. 1. m. *Bo:O,C.* Asiento rústico construido con un tronco grueso. pop + cult → espon.

VI. 1. m. *Bo:SO,C.* **choca**, juguete.

VII. 1. m. pl. *ES.* Anteojos. pop.

VIII. 1. m. *PR.* Variedad de **plátano**. rur.

choco, -a.
I. 1. adj. *Mx.* Relativo al estado de Tabasco.
II. 1. adj. *Gu, Ho, ES, Ni. Referido a persona o animal,* tuerto, corto de vista o ciego. pop + cult → espon.
2. *Ch. Referido a un animal,* rabón, que tiene el rabo más corto de lo ordinario en su especie o que no lo tiene. pop + cult → espon.
3. *Ch.* p.u. *Referido a persona,* que le falta una pierna o una oreja. pop.
4. *Ho, ES. Referido a cosa,* torcida, mal hecha, falsa o ilegal. pop + cult → espon ^ desp.
5. *Ho. Referido a los faros de un vehículo,* que no enciende uno de ellos. pop.
III. 1. m. y f. *Ar:NO,O.* Perro, *especialmente el pequeño y de raza indefinida.* pop.
IV. 1. sust/adj. *Bo.* **gringo**, extranjero de tez blanca. pop + cult → espon.
2. adj. *Bo. Referido al color del cabello de una persona,* rubio, pelirrojo o castaño claro. pop + cult → espon.
V. 1. adj. *Ni. Referido a persona,* sucia, maloliente.
VI. 1. adj. *Ni. Referido a comida,* de sabor agrio o fermentada. pop.

¡choco!
I. 1. interj. *Ni.* Expresa admiración o asombro. pop.

chocobanana.
I. 1. m-f. *Ec.* Golosina consistente en un **banano** congelado y recubierto de chocolate.

chocobanano.
I. 1. m. *Gu, Ho, ES, Ni, CR.* Dulce compuesto por un **plátano** recubierto de chocolate que se toma frío.
2. *Ho.* Batido hecho con **banano**, chocolate y leche. pop.

chococrema.
I. 1. m. *Ho. En pastelería,* rosquilla bañada de chocolate y crema.

chócola.
I. 1. f. pl. *CR.* obsol. Juego de canicas.
2. f. *CR.* obsol. Hoyo pequeño hecho en el suelo para jugar a las canicas.
II. 1. f. *CR.* obsol. Llaga en forma de hoyuelo. rur.

chocolate. (Del nahua *xocoatl;* de *xococ,* ácido, y *atl,* agua).
I. 1. adj. *Mx.* Ilegal. pop.
II. 1. m. *Ec, Ch, Ur.* Sangre, *especialmente la que fluye por hemorragia nasal.* pop.
III. 1. m. *Bo. En el ejército,* ejercicio físico de castigo que consiste en flexionar repetidamente las piernas manteniendo recto el cuerpo. ♦ **chocolateada**.

■
a. ‖ ~ **aireado.** m. *Ar, Ur.* Tableta de chocolate en cuya preparación se introduce aire antes de que se haya solidificado.

◪
a. ‖ **¡~ por la noticia!** fr. prov. *Ar, Ur.* Indica que lo dicho por alguien como novedad ya es conocido por todos. pop.

▶ **coger de ~; sacar ~; sacar el ~; ser de ~; tomar ~.**

chocolateada.
I. 1. f. *Bo.* **chocolate**, ejercicio físico.

chocolatear.
I. 1. tr. *Pe. En un sorteo,* mover el recipiente o remover su contenido.
II. 1. intr. *Bo. En el ejército,* realizar ejercicios físicos agotadores.

chocolatera.
I. 1. f. *Gu, Ho, ES, Pe; CR,* p.u. Cabeza de una persona. pop ^ fest.
II. 1. f. *Ec.* Nariz. pop ^ fest.
III. 1. f. *Bo.* Bota de cuero que llega hasta la pantorrilla, sin cordones, *que, generalmente, usan los militares.*

chocolatero, -a.
I. 1. *Pe.* **chocolatinero**.

chocolatín.
I. 1. m. *Cu.* Producto industrial elaborado con azúcar, leche y chocolate en polvo.

chocolatinero, -a.
I. 1. m. y f. *Ar; Ur,* p.u. Persona que vende golosinas, *especialmente en los cines y en espectáculos públicos.* ♦ **chocolatero**.

chocolato.
I. 1. m. *Gu.* obsol. Dulce que se hace con leche y azúcar, cortado en cuadritos y envuelto en papel.

chocolatoso, -a.
I. 1. adj. *Mx, Ho, CR, PR. Referido a agua u otro líquido,* que tiene el color oscuro del chocolate.

chocolear.
I. 1. tr. *ES.* Molestar a *alguien* con peticiones.

chocoleyde. (De *chocolate* y *Leyde*®).
I. 1. m. *Ho.* Chocolate diluido en leche. pop.

chocolía.
▶ **meter ~.**

chocolito. (De *Chocolito*®).
I. 1. m. *Ch.* **Paleta** helada de crema con cobertura de chocolate. (**chocolo**). ♦ **chocopanda**.

chocollo, -a.
I. 1. adj/sust. *Pe:S. Referido a persona,* cobarde, pusilánime.

chocolo.
I. 1. *Ch.* **chocolito**. pop + cult → espon.

chócolo.
I. 1. m. *Co:O,SO; Pe,* p.u. Mazorca tierna de maíz.

chocolol.
I. 1. *Mx.* **chaclolo**.

chocolomo. (Del maya *choco,* caliente, y *lomo*).
I. 1. m. *Mx::S,SE.* Guiso de carne de **res** con tomate.

chocolón. (Del ingl. *chuckhole,* bache, hoyo del juego).
I. 1. m. *ES; Ho,* rur. Juego de canicas. inf. (**choclo**). ♦ **boche**.
2. *Ho.* Golpe fuerte de una canica con la que está en el hoyo. rur; inf.
II. 1. m. *Ho. En la rayuela,* casilla en la que se puede descansar, poniendo los dos pies. inf; pop.
III. 1. m. *Ho.* Instrumento de labranza consistente en un palo largo con punta que sirve para ahoyar.

chocolongo.
I. 1. m. *Cu.* obsol. Hoyo en la tierra.
2. *Cu.* obsol. Hoyuelo, juego de muchachos que consiste en introducir bolitas de cristal en un hoyo hecho en la tierra.

chocomico.
I. 1. *Ho, ES, Ni.* **pepenance**, arbusto y fruto.

chocomil.
I. 1. *Gu.* **xocomil**.

chocomilk. (De *choco,* y del ingl. *milk,* leche).
I. 1. m. *Mx, Gu.* Bebida hecha de chocolate diluido en leche.

chocón, -na.
I. 1. adj. *Mx. Referido a persona,* antipática.

chocopanda.
I. 1. *Ch.* **chocolito**. pop + cult → espon.
II. 1. m. *Ch.* Corte de pelo caracterizado por ser más corto por delante y dejar más largos mechones o

porciones de cabello desde la nuca. pop + cult → espon.

chocopandero, -a.
I. 1. sust/adj. *Ch. Persona que vende, de manera ambulante,* **chocopandas.** pop + cult → espon.
II. 1. adj. *Ch. Referido a un corte de pelo,* corto por delante con mechones o porciones de cabello más largas que nacen desde la nuca. pop + cult → espon.

¡chocoplós! (De or. onomat.).
I. 1. interj. *Ni.* Imita el sonido de la caída de un cuerpo al agua o de la zambullida.

chócora.
■
a. ‖ ~ **de Tamá.** f. *Ve.* Ave de hasta 38 cm de longitud, de coloración parda olivácea con ondulaciones y estrías horizontales negras en el lomo, capuchón castaño, garganta blanca y vientre canela brillante. (Tinamidae; *Nothocercus julius*).

chocorosi.
I. 1. m. *Pe:SE.* Arcilla de color blanco parduzco especial para modelar.

chocorrón.
I. 1. *Ho.* **ronrón,** escarabajo. pop.
II. 1. m. *Ni.* juv. Helicóptero.

chocoso.
I. 1. m. *Ch.* Pan de masa batida, sin manteca añadida, de corteza dura y forma cilíndrica, estrecha y corta.
2. *Ch.* Cheque, mandato escrito de pago, para cobrar una cantidad determinada de los fondos que quien lo expide tiene disponibles en un banco. pop ^ fest.

chocoso, -a.
I. 1. adj. *Mx. Referido a persona,* presumida. pop + cult → espon.
2. *Mx. Referido a persona,* antipática. pop + cult → espon.

chocoto.
I. 1. m. *Ec:N.* Mezcla de barro con paja que se usa para **empañetar** los muros y hacer adobes.

chocoya.
I. 1. f. *ES.* Hembra del **chocoyo.**
II. 1. f. *ES.* Cabeza de persona.
III. 1. sust/adj. *Ni.* Naranja agria.

chocoyo. (Del nahua *chocoa,* llorar).
I. 1. m. *Gu, Ho, ES, Ni, CR:NO.* Ave de hasta 40 cm de longitud, con plumaje verde, más oscuro en el lomo y más claro en el vientre, copete y garganta blancos, pico y anillos oculares claros y plumas rojas por debajo de la cola; es fácilmente domesticable. (Psittacidae; *Pionus senilis*). (**chucuyo**).
II. 1. m. *Ho.* Hoyuelo en las mejillas de algunas personas. pop + cult → espon.

chocozuela. (De *choquezuela*).
I. 1. f. *Pa, Ve.* Corte de carne entre la pierna y la cadera de la **res.**

chocueca.
I. 1. m. *RD.* Personaje de la cultura popular dominicana que acostumbra a recoger ropa y enseres de las personas fallecidas, en sus propias casas, en los entierros o funerales.

chofear.
I. 1. tr. *PR.* Remojar la ropa antes de lavarla.
2. *PR.* Restregar la ropa al lavarla.

chofer.
I. 1. m-f. *EU, Mx, Gu, Ho, ES, Ni, CR, Pa, Cu, RD, PR, Co, Ve, Ec, Pe, Bo, Ch, Py, Ar, Ur.* Conductor de un vehículo.

choferear.
I. 1. intr. *Ni, Co, Ch.* Conducir un vehículo motorizado o hacer de chofer. pop + cult → espon.
2. tr. *Ch.* p.u. Llevar a *alguien* en automóvil.

chofereo.
I. 1. m. *Ch.* Hecho de **choferear** o hacer de chofer.

choferil.
I. 1. adj. *RD, Ch.* Relativo a los choferes.

choferismo.
I. 1. m. *RD.* Oficio del chofer.

¡chófiro!
I. 1. interj. *Ni.* Expresa asombro o disgusto.

chogllo. (Del quech. *chugllu*).
I. 1. m. *Ec.* Maíz tierno desgranado, crudo o cocido. rur.

chogorro.
I. 1. m. *Pa.* Pez pequeño, no comestible, que se cría en quebradas y zanjas. (Cichlidae; *Aequidens coeruleopunctatus*).

chogorro, -a.
I. 1. adj. *Pa. Referido a persona,* de modos vulgares, de baja condición social y económica.

chogüí.
I. 1. m. *Py, Ar:NE.* Ave de hasta 15 cm de longitud y plumaje de color celeste verdoso, con la cabeza y el cuello grises. (Thraupidae; *Thraupis sayaca*). ♦ **celestino; sayubú.**

choice. (Voz inglesa).
I. 1. m. *EU, PR.* Alternativa, selección, opción.

choique.
I. 1. m. *Ar.* Ave parecida al **nandú** pero de menor tamaño y de color gris parduzco. (Rheidae; *Pterocnemia pennata*). ♦ **ñandú; ñandú overo; ñandú petiso.**

choiquera.
I. 1. f. *Ar.* **Boleadora** pequeña empleada para capturar **choiques.**

chojín.
I. 1. m. *Ho, ES.* Comida, alimento. pop.
2. *Gu.* Plato hecho con rábanos y carne picados, sazonados con limón y sal.
II. 1. m. *Ho; Ni,* desp. Fiesta, reunión alegre. pop.
2. *Ho.* Desorden, alboroto, escándalo. pop.

chojinear.
I. 1. tr. *Gu.* Asar a fuego lento una carne, *especialmente de caza.*
II. 1. tr. *ES.* Comer.
III. 1. intr. *Ho.* Estar *alguien* de fiesta, divertirse. pop.

chojinero, -a.
I. 1. adj. *Ho. Referido a persona,* fiestera y juerguista. pop.

chojito, -a.
I. 1. adj. *ES. Referido a persona,* de ojos pequeños.

chojo.
I. 1. m. *Bo:O,C.* Tos. pop + cult → espon.

chojo, -a.
I. 1. adj. *Ni. Referido a persona,* que tiene un ojo medio cerrado.

chok. (Del ingl. *to choke,* obstruir).
I. 1. m. *Ho.* Dispositivo que abre o cierra el paso del aire al carburador de un motor. pop + cult → espon.

chola.
I. 1. f. *Ve.* Zapato que no tiene talón. pop.
2. *Ve.* Sandalia, *en especial la de goma.* pop.
II. 1. f. *Pe, Bo.* Mujer que se emplea en el servicio doméstico.
III. 1. f. *Pe.* Concubina o prostituta de clase social baja. desp.
2. *Bo.* Mujer que mantiene relaciones sexuales con un hombre fuera del matrimonio. pop + cult → espon ^ desp.
IV. 1. f. *Ve. En un automóvil,* acelerador. pop + cult → espon.

V. 1. f. *Ec.* Mujer de rasgos predominantes propios de la raza blanca, que está casada con un **chaso** o campesino de Azuay.

2. adj. *Ni. Referido a mujer*, que es novia o amante. afec.

VI. 1. f. *Ho, Ni.* Casa pequeña y modesta. pop ∧ afec.

VII. 1. f. *Gu.* Pene. vulg; pop.

VIII. 1. sust/adj. *Bo.* Persona que ocasiona escándalo profiriendo gritos e insultos cuando discute con alguien. pop + cult → espon ∧ desp.

IX. 1. f. *RD.* Dulce hecho con coco.

•

a. ‖ **la misma ~ con distinto calzón.** fórm. *Pe.* Se usa para indicar la similitud entre personas, cosas o situaciones. pop + cult → espon. ♦ **¡la misma chola con otra pollera!**

b. ‖ **¡la misma ~ con otra pollera!** *Bo.* la misma chola con distinto calzón.

cholada.

I. 1. f. *CR, Pe, Bo.* Grupo de personas cuyos rasgos físicos corresponden o semejan a los de los indígenas. desp.

2. m. *Ch.* Conjunto de personas que tienen rasgos indígenas andinos. pop + cult → espon ∧ desp. ♦ **cholaje.**

3. f. *Ec.* p.u. Multitud de cholos y cholas.

4. *Bo.* Grupo de personas de estrato social popular. pop + cult → espon ∧ desp.

II. 1. f. *Pe, Bo.* Actuación o dicho propios de una persona maleducada o de poca cultura. desp.

2. *Pe.* Estupidez, desatino. desp.

3. *Pa.* Comportamiento que denota falta de clase.

cholaje.

I. 1. m. *Ch.* **cholada**, conjunto de personas que tienen rasgos indígenas andinos. pop + cult → espon ∧ desp.

2. *Bo.* Grupo de personas de estrato social popular. cult → espon ∧ desp.

cholazo.

I. 1. m. *PR.* Golpe recibido en la cabeza. pop + cult → espon.

cholco, -a.

I. 1. adj. *Gu, ES. Referido a persona*, que le falta uno o varios dientes. (**sholco**; **xolco**).

2. *ES. Referido a cosa*, mellada.

chole.

I. 1. m. pl. *Gu.* **Frijoles.** pop ∧ fest.

2. *Gu.* Comida, sustento. pop.

II. 1. m-f. *Gu.* Persona que percibe un sueldo por realizar trabajos domésticos.

□

a. ‖ **¡ya ~!** loc. interj. *Mx.* Expresa enfado y disconformidad.

choleada.

I. 1. f. *Bo.* Bebida que consiste en una mezcla de cerveza y refresco de cola.

cholear.

I. 1. tr. *Ec, Pe.* Tratar a *alguien* despectivamente.

II. 1. tr. *Ve.* Accionar el mecanismo acelerador de un vehículo automóvil para que funcione con mayor rapidez.

III. 1. intr. *Bo:O,C,S.* Mantener un hombre relaciones amorosas con varias mujeres. cult → espon ∧ fest.

IV. 1. intr. *Ho.* Ser o vivir como **cholo**, joven que viste ropa de talla superior.

cholenco, -a.

I. 1. adj. *Ni. Referido a un caballo*, flaco y viejo. rur.
▶ **parecer caballo ~.**

choleo.

I. 1. m. *Ec.* Desprecio que se le hace a alguien, *especialmente por su condición racial.*

choleo, -a.

I. 1. adj. *ES. Referido a persona*, que carece de uno o varios dientes.

cholepán.

I. 1. adj/sust. *PR. Referido a persona*, estúpida.

cholera.

I. 1. f. *Ho.* Prostituta. desp.

II. 1. f. *PR.* Cabeza de persona. pop + cult → espon ∧ fest.

chólerboy. (De *cholero* y *boy*, chico).

I. 1. m. *ES.* Persona que percibe un sueldo por realizar trabajos domésticos. fest.

cholerear.

I. 1. intr. *ES.* Trabajar como empleado doméstico.

cholerero.

I. 1. m. *Gu.* Hombre que enamora a empleadas de hogar.

cholerío.

I. 1. m. *Gu, ES, Bo; Ec*, p.u. Grupo de personas de estrato social popular. cult → espon ∧ desp.

2. *Ec.* p.u. Multitud de cholos y cholas.

chólerman. (De *cholero* y *man*, hombre).

I. 1. m. *ES.* Persona que percibe un sueldo por realizar trabajos domésticos. fest.

cholero.

I. 1. m. *Pa; Bo*, cult → espon ∧ desp. Hombre aficionado a seducir o conquistar a las mujeres mestizas.

2. *Bo:O,C,S.* Hombre que mantiene relaciones amorosas con varias mujeres. pop + cult → espon ∧ fest.

cholero, -a.

I. 1. adj. *Gu, Ho, ES. Referido a persona*, de bajo estrato social y sin educación. pop.

2. adj/sust. *Ho, ES. Referido a persona*, que trabaja en oficios humildes y mal remunerados. pop ∧ desp.

3. m. y f. *Gu.* Persona que percibe un sueldo por realizar trabajos domésticos. pop ∧ desp.

4. adj. *Ho. Referido a persona*, indígena o mestizo aindiado. desp.

5. *Ho.* **acalichado**, vulgar. pop.

II. 1. sust/adj. *Pe.* Persona aficionada a frecuentar el trato de **cholas**, prostitutas. pop ∧ desp.

cholga.

I. 1. f. *Ch, Ar; Bo*, p.u. Molusco bivalvo marino similar al mejillón, pero de mayor tamaño. (Mytilidae; *Aulacomya ater*). ♦ **cholgua.**

2. *Pe.* **choro**, molusco.

cholgua.

I. 1. *Ch:S.* **cholga.**

cholguán. (De *Cholguán*®).

I. 1. m. *Ch.* Madera prensada, *generalmente de pino*, en forma de planchas.

2. *Ch.* meton. Plancha o pieza de esta madera.

cholifacio, -a.

I. 1. sust/adj. *Pe.* Mestizo de sangre europea e indígena. pop ∧ desp. ♦ **chontril.**

cholificación.

I. 1. m. *Pe, Bo.* Proceso de mestizaje étnico y sobre todo cultural de un país.

2. *Pe.* Emigración hacia la capital o hacia la costa de indígenas y **cholos**, mestizos.

cholina.

I. 1. f. *ES.* Empleada doméstica.

cholita.

I. 1. f. *Ec, Pe, Bo:O,C,S, Ch:N.* Mujer de clase social humilde, *generalmente de origen campesino*, que viste **pollera**, **manta** y sombrero. pop + cult → espon ∧ desp.

●

a. ‖ ¡**zas** ~ ! fórm. *Bo.* Se usa para recalcar lo tajante o práctico de una decisión o acción.

cholito, -a.
I. 1. adj/sust. *Pa. Referido a persona*, campesina, ignorante, poco diestra. pop + cult → espon ^ desp.
▶ **hacer cholito.**

cholla.
I. 1. f. *Mx, Ni.* Cabeza de una persona. pop.
II. 1. *Gu, Ho, Ni.* **choya.**
   2. f. *Gu, Ni.* Lentitud, tardanza, indolencia. (**pacholla**).

chollado, -a.
I. 1. adj. *Ho, ES, Ni. Referido a una persona, animal o cosa*, que presenta rozaduras o rayones. pop.
II. 1. adj. *CR. Referido a persona*, que aprovecha abusivamente el trabajo y los esfuerzos ajenos en beneficio propio. rur.

cholladura.
I. 1. f. *Ho, Ni, CR.* Rozadura. pop.

chollar(se).
I. 1. *Ho, ES, Ni.* **choyar**, causar una lesión.
   2. *Ho, ES, CR.* **choyarse.**
II. 1. intr. *CR. En la recolección de café*, pasar la mano rápidamente a lo largo de una **bandola**, sin discriminar entre granos verdes ni maduros y arrancando algunas hojas. rur.

chollón.
I. 1. *ES, Ni.* **choyón.**
   2. *CR.* **chollonazo.**

chollonazo.
I. 1. m. *Ho, CR.* Lesión superficial causada en la piel o en una cosa por un roce violento. pop. ♦ **chollón.**

cholludo, -a.
I. 1. adj. *Gu, Ho, ES. Referido a persona*, lenta, perezosa. pop ^ desp.

cholo.
I. 1. m. *EU:S, Mx, Gu, Ho.* Joven que pertenece a una pandilla, con formas de vestir y de expresarse características; *suelen habitar en el norte de México o en la frontera con Estados Unidos.* pop.
   2. *EU:S, Mx, Ho, Ni.* juv. Joven que viste ropa de talla muy superior a la que tiene. pop ^ desp.
   3. *Ni.* juv. Pantalón ancho muy grande.
II. 1. m. *Bo:O,C,S.* obsol. Mestizo que viste sombrero negro de ala ancha, camisa y chaleco.
III. 1. m. *CR.* Tronera de la mesa de billar.
   2. *CR. En el billar*, bola de color negro. pop.
IV. 1. m. *PR.* Fruto más pequeño de la mata del **plátano**. rur.

■
a. ‖ ~ **desnudo.** *Pa.* **chacaj.**
b. ‖ ~ **pelado.** *Pa.* **chacaj.**
▶ **pasa** ~ .

cholo, -a. (De etim. contr.).
I. 1. adj/sust. *Mx, Ve, Ec, Pe. Referido a un indígena*, que ha adoptado usos y costumbres urbanos y occidentales. desp.
   2. sust/adj. *CR, Pa, Ar:NO.* Indio o mestizo en el que predominan los rasgos indígenas. rur.
   3. *Bo; Pe.* pop. Mestizo de sangre europea e indígena.
   4. *Pe.* Indígena. desp.
   5. *Ch.* Persona de Perú o Bolivia, *especialmente si tiene rasgos indígenas andinos.* pop + cult → espon ^ desp.
   6. m. y f. *Ec.* Campesino de la costa en el que predomina la sangre indígena.
   7. adj/sust. *Ec:C. Referido a persona nativa de Ecuador*, que tiene el pelo lacio, rasgos aindiados y la piel oscura. desp.

8. sust/adj. *Ec.* Mestizo de rasgos aindiados, de origen campesino y hablante de español, que habita en las ciudades de la Sierra del Ecuador.
9. adj/sust. *CR, Pa. Referido a persona*, de pelo lacio y piel oscura. pop + cult → espon ^ desp.
10. m. y f. *CR.* Aborigen costarricense.
11. sust/adj. *CR.* Mestizo que hereda las facciones y el color de un aborigen costarricense.
II. 1. adj/sust. *Mx, Pa, Pe, Ar:NO*, pop ^ desp; *Bo:O,C,S*, pop + cult → espon ^ desp. *Referido a persona*, tosca, de escasa cultura.
   2. adj. *Ec, Bo. Referido a cosa*, de mal gusto. pop + cult → espon.
III. 1. m. y f. *CR, Ec, Pe.* Hombre o mujer. afec.
   2. sust/adj. *Ve.* Persona o animal muy querido. afec.
IV. 1. sust/adj. *Ar:NO.* Persona o animal cobarde. pop.
   2. adj/sust. *Ho. Referido a gallo de pelea*, cobarde, poco agresivo. pop.
V. 1. m. y f. *Ec:E; Bo:O,C,S*, p.u, pop + cult → espon ^ desp. Persona de clase social baja.
VI. 1. adj. *Ch.* obsol. *Referido a animal, en especial al gato*, de color negro. pop.
VII. 1. adj/sust. *ES. Referido a persona*, saludable, de cachetes rosados.
   2. *ES. Referido a persona*, fuerte, robusta o musculosa.
VIII. 1. m. y f. *Ec.* obsol. Persona que trabaja en el servicio doméstico. pop.
IX. 1. adj. *Ec.* juv. *Referido a cosa*, cuya marca no es original. pop + cult → espon.

cholojero, -a.
I. 1. m. y f. *Gu.* Persona que vende **cholojos**.

cholojo.
I. 1. m. *Gu.* Vísceras de cerdo o de ganado vacuno.

cholola.
I. 1. *ES.* **pepesca**, pez.

chololo, -a.
I. 1. m. y f. *Pe.* Hombre o mujer con los que se tiene confianza. pop ^ afec.

cholón.
I. 1. m. *Pe.* Bolita o canica de mayor tamaño. inf.

cholón, -na.
I. 1. sust/adj. *Pe.* Persona de rasgos indígenas y constitución gruesa. pop ^ desp.

cholondrón, -na.
I. 1. adj. *Pa. Referido a persona*, tosca, de escasa cultura. desp.

choloque.
I. 1. *Pe.* **jaboncillo**, árbol.
   2. m. *Pe.* Fruto del choloque.

cholotón, -na.
I. 1. adj. *Ho, ES. Referido a persona*, de aspecto saludable.

cholpa.
I. 1. f. *Ho, Ni, CR.* **bote**, cárcel. (**chorpa**).

cholulear.
I. 1. intr. *Ar.* Demostrar un interés excesivo por la vida de actores, deportistas, músicos u otras personas famosas. pop.

cholulismo.
I. 1. m. *Ar.* Admiración intensa e ingenua por las personas famosas.

cholulo, -a.
I. 1. adj/sust. *Ar, Ur. Referido a persona*, que demuestra un interés excesivo por la vida de actores, deportistas, músicos u otras personas famosas.
   2. *Ar. Referido a persona*, frívola, superficial.

cholywood.
I. 1. m. *Pa.* Conjunto de personas que pertenecen a la farándula. fest ^ desp.

choma. (De *macho*, por inversión silábica).
  I. 1. m. *Ar, Ur.* Hombre, varón. pop ^ desp.
    2. *Ar, Ur.* Novio, compañero o esposo de una mujer. pop ^ desp.

chomba.
  I. 1. f. *Py, Ar.* Prenda de punto ligera, poco ceñida y larga hasta la cintura, con mangas cortas y cuello abierto.
    2. *Ch.* Prenda de punto que cubre el torso, con mangas largas.
  II. 1. f. *Pe.* Vasija de barro cocido, de cuello y base estrechos y parte central abultada, usada para hacer fermentar la **chicha**, bebida alcohólica.

chombelear.
  I. 1. tr. *ES.* Mirar a *alguien* o *algo.* drog.

chombo, -a.
  I. 1. m. y f. *Pa.* Persona negra de habla inglesa. pop ^ desp. ♦ **merolo.**
    ●
    a. ‖ ~. fórm. *Pa.* Se usa entre los miembros de una pareja. pop + cult → espon ^ afec.

chombón.
  I. 1. m. *Ch.* p.u. **Chomba** larga, que llega a la altura de los muslos.

chompa.
  I. 1. f. *Co, Ec; Pa,* p.u. Chaqueta deportiva, *generalmente con cremallera y ajustada a la cintura.*
    2. *Ec, Pe, Bo, Py, Ur.* Prenda de vestir usada como abrigo, hecha de punto, cerrada y con mangas largas, que cubre desde el cuello hasta la cintura o la cadera.

chompapo, -a.
  I. 1. adj. *Ni. Referido a persona,* que tiene la mandíbula inferior saliente.

chompe. (Sínc. de *chompipe*).
  I. 1. *Ho, ES.* Pene. rur; vulg. ♦ **chompipe.**

chompeta.
  I. 1. f. *Mx:NO.* Cabeza, parte superior del cuerpo de una persona. pop.

chompetear.
  I. 1. intr. *Mx.* Pensar, reflexionar. pop.

chompipa.
  I. 1. f. *CR.* Camión provisto en su parte posterior de un gran receptáculo a manera de tolva y dispuesto en forma oblicua, destinado al transporte de hormigón.

chompipe.
  I. 1. *Ho.* **chompe.**
    □
    a. ‖ ~ **de la fiesta.** loc. sust. *Gu, Ho, ES.* Persona o entidad a quien se achacan todas las culpas para eximir a otras. rur.
    ▶ **pasarle las del ~; sentir como ~.**

chompipe, -a.
  I. 1. m. y f. *Mx, Gu, Ho, ES, Ni, CR.* Pavo, ave gallinácea. (Cracidae; *Meleagris gallopavo*). (**chumpipe**). ♦ **chumbo; chumpe; chunto; guajolote; jolote; picho; pisco; xolo.**
  II. 1. adj/sust. *Gu. Referido a persona,* que se enoja con facilidad, agresivo. pop.

chompipear.
  I. 1. intr. *Gu.* Pasear, caminar sin dirección determinada.

chómpiras.
  I. 1. m. *Mx.* Amigo. pop.

chompolón, -na.
  I. 1. adj. *CR. Referido a persona o a ciertos animales, como las aves gallináceas,* corpulentos. pop.

chompón.
  I. 1. m. *Pe.* **Chompa** tejida con puntos abiertos que la hacen más holgada.

chomporoco, -a.
  I. 1. adj. *Ni. Referido a persona,* que tiene el cabello mal cortado. rur.

chomporoquear.
  I. 1. tr. *Ni.* Cortar el pelo a *alguien* de forma desigual.

chon.
  I. 1. m. pl. *Mx;* m. *Mx.* Prenda de ropa interior masculina o femenina que cubre desde la cintura hasta el principio de los muslos.
  II. 1. m. *Ho.* Cualquier persona. pop.
    □
    a. ‖ ¡**cómo no ~!**
      i. loc. interj. *Ho, ES, Ni.* Expresa desconfianza, duda, incredulidad o ironía. pop.
      ii. *Gu, Ho.* Expresa negación.
  ▶ **aventar el ~; caerse los ~es.**

chona. (Hipocorístico de Visitación Padilla, feminista hondureña, 1822-1960).
  I. 1. f. *Ho.* Mujer feminista. pop.

chonchi.
  I. 1. *PR.* **choncho,** persona gorda y de poca altura.

choncho.
  I. 1. m. *PR.* Cerdo pequeño.
  II. 1. m. *PR. En el juego del billar,* jugador poco hábil, torpe. pop + cult → espon.

choncho, -a.
  I. 1. adj/sust. *Mx, Co; Gu, PR,* vulg, pop + cult → espon. | p.u.; metáf. *Referido a persona,* gorda y de poca altura. pop ^ desp. (**chonchi**).
    2. adj. *Mx. Referido a cosa,* de grandes dimensiones. pop.

choncholí.
  I. 1. m. *Pe.* Trozo de tripa de vaca cocido y luego asado a la parrilla, que puede estar aderezado con ajo, **ají** o cebolla. (**chunchulí**).

chonchón.
  I. 1. m. *Ch. En la mitología popular,* ave rapaz nocturna de mal agüero que puede adquirir diversas formas y es la encarnación de los brujos.
    2. *Ch.* p.u.; meton. Cualquier ave rapaz nocturna. rur.
    3. *Ch. Según la tradición popular mapuche,* cabeza de un brujo que se separa del cuerpo y vuela con las orejas.
  II. 1. m. *Ch.* obsol. Farol portátil y rudimentario que tenía un pequeño depósito para el combustible.

chonco.
  I. 1. m. *CR.* Parte de un brazo o de un pie amputado que permanece adherida al cuerpo. pop.

chonco, -a.
  I. 1. adj. *Ni, CR. Referido a cosa,* que tiene mutilada una parte. pop.
    2. adj/sust. *CR. Referido al brazo o al pie de una persona,* cortado total o parcialmente. pop.
    3. adj. *CR. Referido a un animal,* que le han cortado el rabo. pop.

chonela.
  I. 1. f. *Ni.* Astilla que se desprende de un trompo al ser golpeado por otro. inf.
  II. 1. f. *CR.* Llaga producida por un roce continuo. pop.

chonete.
  I. 1. m. *Ni.* **Frijol** grande y redondo de color amarillo con manchas negras.
  II. 1. m. pl. *Ni.* Ojos.
  III. 1. adj. *Ni. Referido a persona,* sinvergüenza y vividor.
  IV. 1. m. *CR.* Sombrero, *en especial el de lona blanca.*

V. 1. adj. *CR.* obsol. *Referido a persona*, sin recursos económicos. pop ^ fest.

choneto, -a.
  I. 1. adj. *Co. Referido a cosa*, torcida.
  2. *Co. Referido a persona*, que tiene las piernas torcidas hacia fuera y las rodillas juntas. pop ^ desp.

chonga.
  I. 1. f. *ES.* Corbata.
  2. *ES.* Lazo hecho de cintas, *generalmente de color*, que sirve de adorno. (**chongo**).
  ▶ **valer ~.**

chongo. (Del nahua *tzónyoc*, cabellera abundante).
  I. 1. m. *Mx, Gu, ES, Ni.* Peinado hecho con el pelo recogido en forma de moño.
  2. *Gu.* Rizo de cabello. pop + cult → espon.
  3. m. pl. *Gu.* Trenzas.
  II. 1. m. *Ec, Pe.* obsol. Prostíbulo. vulg.
  III. 1. sust/adj. *Ar. Entre homosexuales*, gay físicamente atractivo. pop.
  IV. 1. m. *Ch.* Muñón, parte de un miembro amputado que permanece adherida al cuerpo. pop.
  2. *Ch.* Resto que queda de un objeto alargado que se gasta con el uso, como un lápiz o una vela. pop.
  3. *Ni.* Protuberancia en la piel, *generalmente alargada y colgante*, en la parte inferior del cuello.
  V. 1. m. *Pe.* Alboroto, bulla. pop,
  VI. 1. m. *Ho.* Lazo, cintas que sirven de adorno a un regalo.
  2. *Ho.* Lazo negro en señal de luto por la muerte de alguien.

  ■

  a. ‖ **~s zamoranos.** m. *Mx.* Dulce hecho con leche cuajada, almíbar y canela.
  ▶ **agarrarse del ~; ponerse los ~s; soltarse el ~.**

chongo, -a.
  I. 1. adj. *Ur, Ar,* p.u. *Referido a cosa*, que tiene mal gusto. pop + cult → espon ^ desp.
  2. adj/sust. *Ur. Referido a persona*, que tiene costumbres poco refinadas. pop + cult → espon ^ desp.
  II. 1. adj/sust. *PR. Referido a persona*, débil, floja, falta de capacidad para ejecutar algo. pop + cult → espon.
  2. *PR. Referido a persona*, atontada, avergonzada. pop + cult → espon.
  III. 1. m. y f. *Py.* Amante, persona con la que alguien tiene relaciones sexuales ilícitas o clandestinas. vulg; pop.
  ▶ **quedar ~.**

chonguear.
  I. 1. intr. *Pe.* Divertirse, pasarlo bien, entretenerse bromeando. pop.
  II. 1. intr. *Pe.* Armar jaleo, desorden o tumultos. pop.
  III. 1. intr. *Py.* Mantener relaciones sexuales ilícitas o clandestinas. vulg; pop + cult → espon.

chonguenga.
  I. 1. f. *ES.* Fiesta, diversión.
  II. 1. f. *Ho.* Borrachera. rur.

chonguengue.
  I. 1. m. *Gu, Ho.* Fiesta, jolgorio, diversión. rur.
  2. *Gu, Ho.* Desorden, tumulto o escándalo. rur.

chonguenguear.
  I. 1. intr. *ES.* Estar de fiesta.

chonguero, -a.
  I. 1. adj/sust. *Pe. Referido a persona*, que se divierte bromeando o causando alboroto. pop.
  2. adj. *Pe. Referido a cosa o a una situación*, que produce risa, alegría o jovialidad. pop.

chonguinada.
  I. 1. f. *Pe.* Baile típico en el que los danzantes ataviados con vestuario rico y colorido llevan máscaras de fina malla de alambre que representa un rostro sonrosado de ojos azules. (**chunguinada**).

chonguino, -a.
  I. 1. m. y f. *Pe.* Danzante de una **chonguinada**.

chonguito.
  I. 1. m. *Pe.* Prostíbulo, local de alterne. pop.

chonguito, -a.
  I. 1. adj. *Pe. Referido a persona*, baja y gorda. pop ^ afec.

choniar.
  I. 1. tr. *ES.* Matar *una persona* a *alguien*. delinc.

chonono.
  I. 1. m. *Bo.* Goma que utiliza una mujer, *generalmente niña*, para sujetar un mechón del cabello. pop + cult → espon.
  2. *Bo.* Rizo o mechón del cabello de una mujer. pop + cult → espon.

chonque.
  I. 1. *Co.* **taro.**

chonquear.
  I. 1. tr. *PR.* juv. Vomitar por embriaguez.

chonta. (Del quech. *chunta*).
  I. 1. f. *Gu, Ho, Ni, Ec, Pe.* Palma de hasta 7 m de altura, con tallo cubierto de espinas largas y negras, hojas pecioladas, flores en panícula y frutos rojos, anaranjados o amarillos en racimos; se come cocida con sal. (Arecaceae; *Bactris gasipaes*). ♦ **cachipay; chontaduro; pejibaye; pibá; pijibay; pijuayo; pipire; pisbae; tembe.**
  2. *Ni, Pa, Co.* Palma de hasta 7 m altura, con el tronco cubierto de fuertes y largas espinas negras; sus frutos crecen en racimos y son de color negro y de pulpa dulce comestible. (Arecaceae; *Bactris* spp.). ♦ **coquillo; coquito.**
  3. *CR, Ec, Pe.* Palma de 25 m de altura, de tallo erecto y sin espinas, raíces aéreas espinosas, hojas pinnadas, flores blancas y frutos en drupas globosas, parcialmente lisas, de color entre verde y amarillento; la madera, muy dura, se usa en la construcción. (Arecaceae; *Socratea exorrhiza*). ♦ **cashapona; chiquita; maquenque; palmito amargo; patona; pejibaye; rayador; ñico.**
  4. *Ar.* Palma de fruto y semilla comestibles; la semilla se puede consumir tanto fresca como tostada y de ella se extrae aceite. (Arecaceae; *Acrocomia chunta*). (**chunta**).
  5. *Bo.* Palma espinosa cuya madera, fuerte y dura, se emplea en bastones y otros objetos de adorno por su color oscuro y jaspeado. (Arecaceae; *Socratea durissima*).
  II. 1. f. *Gu, ES.* Cuerpo de policía. vulg; pop ^ desp.
  III. 1. f. *ES.* Cabeza de persona.

  ■

  a. ‖ **~ negra.** *CR.* **camona,** palma.

chontada.
  I. 1. f. *Gu.* Cuerpo policial. vulg; pop ^ desp.

chontaduro.
  I. 1. m. *Co, Ec, Pe.* **chonta.** (Aracaceae; *Bactris gasipaes*).
  2. *Co, Ec, Pe.* Fruto comestible del chontaduro, de color rojo, anaranjado o amarillo al madurar y de forma elipsoidal u ovoide, *ligeramente picuda*.

chontajuane.
  I. 1. m. *Pe.* Tamal o masa en la que entre otros ingredientes figura el palmito, todo ello envuelto en hojas de **bijao**.

chontal.
  I. 1. m. *Ni, Pe.* Sitio poblado de palmas **chontas**.

chontalada.
  I. 1. f. *ES.* Tontería, bobada.

chontaquiro.

I. 1.   m. *Pe.* Árbol de zonas tropicales, de madera dura, muy usada comercialmente. (Fabaceae; *Diplotropis martiusii*).

chonte.

I. 1.   m. *Gu, Ho, ES.* Miembro del cuerpo de policía. vulg; pop ^ desp.

chonterío.

I. 1.   m. *Gu.* Cuerpo policial. vulg; pop ^ desp.

chontoca.

I. 1.   f. *ES.* Cabeza.

chontril.

I. 1.   *Pe.* **cholifacio.**

chontudo, -a.

I. 1.   m. y f. *ES.* Agente de policía. desp.

choña.

□

a. ‖ **de ~.** loc. adv. *Ni.* Gratis. pop.

▶ **vivir de ~.**

choñero, -a.

I. 1.   adj. *Ni. Referido a persona*, que quiere todo gratis.

chop. (Del fr. *chope* y este del al. *schoppen*).

I. 1.   m. *Pe, Bo, Py, Ar, Ur.* Jarra o copa de tamaño grande para beber cerveza. (**chopp**).

2.   *Pe, Bo, Py, Ar, Ur.* meton. Contenido de este recipiente. (**chopp**).

chopa.

I. 1.   f. *Ho:S, ES.* Pez marino de hasta 90 cm de longitud, plateado, con cuatro o seis bandas verticales de color oscuro en cada flanco, cuerpo fuertemente comprimido y aletas dorsales claramente separadas; su carne es muy apreciada. (Ephippidae; *Chaetodipterus faber*).

2.   *PR.* Pez marino de hasta 90 cm de longitud, con aletas radiadas, de color gris con rayas longitudinales azules y amarillas. (Kyphosidae; *Kyphosus* spp.). ♦ **chiriricas.**

II. 1.   f. *PR.* Persona cobarde, floja. pop + cult → espon.

2.   *PR.* Persona altiva, que se cree más de lo que es realmente. pop + cult → espon.

III. 1.   f. *RD.* Sirvienta, criada. desp.

■

a. ‖ **~ caracolera.** f. *PR.* Variedad de chopa, de agua dulce, caracterizada por un lunar negro en el opérculo y un margen de color rojo o anaranjado. (Centrarchidae; *Lepomis microlophus*).

b. ‖ **~ de abdomen colorado.** f. *PR.* Variedad de chopa, de agua dulce, caracterizada por el color rojo del área ventral y abdominal y por tener la punta del opérculo alargada y negra. (Centrarchidae; *Lepomis auritus*).

c. ‖ **~ negra.** f. *PR.* Variedad de chopa, de agua salada, caracterizada por el color violeta o marrón oscuro de la espalda y la parte superior. (Lutjanidae; *Apsilus dentatus*).

d. ‖ **~ prieta.** f. *PR.* Variedad de chopa, de agua dulce, caracterizada por el color marrón verdoso del cuerpo y la parte superior, con barras verticales, y el abdomen amarillento. (Centrarchidae; *Lepomis gulosus*).

chopaipa.

I. 1.   f. *PR.* Acto sexual entre lesbianas. tabú; pop + cult → espon.

II. 1.   f. *PR.* **Tortilla** de calabaza.

chopazo.

I. 1.   m. *Bo, Ch.* Golpe dado con el puño de la mano. pop + cult → espon.

2.   *Pa.* Golpe del retroceso de una escopeta o fusil al ser disparado.

chope. (Del mapuche *chope*, gancho).

I. 1.   m. *Ch.* Palo con un extremo plano para sacar de la tierra los bulbos, raíces y para otros usos del campo.

2.   *Ch.* Garfio de hierro con mango largo de madera, que sirve para arrancar de las peñas las ostras o las lapas.

■

a. ‖ **~ fiesta.** m. *Bo:NE.* Fiesta popular en la celebración de la Santísima Trinidad.

b. ‖ **~ piesta.** m. *Bo:NE.* Fiesta popular en la celebración de la Santísima Trinidad.

chopé.

I. 1.   m. *Pe.* Árbol de hasta 30 m de altura, de corteza externa marrón oscura, hojas simples, subopuestas o ligeramente verticiladas y sin estípulas, inflorescencia en racimos simples, agrupados en ramas gruesas y ramas terminales, flores bisexuales y frutos que se dan en inflorescencias compactas. (Lecythidaceae; *Gustavia longifolia*).

chopeadura.

I. 1.   f. *Ni.* Abolladura.

chopear. (Del ingl. *to chop*).

I. 1.   intr. *Ch.* Trabajar con el **chope.**

II. 1.   tr. *RD.* Enamorar **chopas**, sirvientas.

III. 1.   tr. *Ni.* Abollar un objeto metálico.

IV. 1.   tr. *PR.* Cortar *alguien algo* en rodajas.

V. 1.   tr. *PR.* juv. Robar *alguien algo*.

chopeo.

I. 1.   m. *PR.* juv. Robo.

chopera.

I. 1.   m. *Ar.* Máquina empleada para almacenar y servir cerveza en bares y otros establecimientos similares.

chopería.

I. 1.   f. *Py, Ar, Ur*, p.u. Establecimiento donde se sirve cerveza, *especialmente en* **chop**. (**chopería**; **chopería**).

II. 1.   f. *Bo.* Establecimiento donde se sirven bebidas alcohólicas.

chopero.

I. 1.   m. *Bo.* Jarra, *generalmente de vidrio*, en la que se toma cerveza helada sacada de un barril.

II. 1.   m. *RD.* Hombre que enamora a **chopas**, sirvientas.

chopetería.

I. 1.   *Ar:NO.* obsol. **chopería**, establecimiento donde se sirve cerveza.

chopetón, -na.

I. 1.   adj. *Py. Referido a persona*, gruesa y de poca altura. pop + cult → espon.

chopi. (Del ingl. *shopping*).

I. 1.   f. *Cu.* **chopin.**

chopí.

I. 1.   m. *Py, Ar.* Pájaro negro, de brillo sedoso, pico negro algo curvo y con surcos en la mandíbula, e iris de color pardo oscuro. (Icteridae; *Gnorimopsar chopi*).

chopin. (Del ingl. *shopping*).

I. 1.   f. *Cu.* Tienda donde se venden artículos al por menor en la moneda convertible usada en Cuba. (**chopi**).

chopleta.

I. 1.   f. *PR.* Cosa ancha y plana.

chopo.

I. 1.   m. *Ve.* Arma de fuego de fabricación casera.

2.   *Ho, Ni, Pa.* Escopeta.

II. 1.   m. *Cu.* Parte de la **malanga** en la que nacen los tubérculos y por la que se reproduce la planta.

chopo, -a.

I. 1.   adj. *RD. Referido a cosa*, de mal gusto o de poca calidad.

¡chopongós! (De or. onomat.).
   I. 1. interj. *Ho.* Expresa el ruido de algo o alguien al caer al agua. pop.

chopp.
   I. 1. *Pe, Py, Ar, Ur.* **chop.**

chopper. (Voz inglesa).
   I. 1. m. *PR.* **Sobretiro** de un periódico o cuadernillo que anuncia productos comerciales; a veces disponible en las puertas de las tiendas.

choppera.
   I. 1. m. *Ar.* Máquina empleada para almacenar y servir cerveza en bares y otros establecimientos similares.

choppería.
   I. 1. f. *Py; Ar,* p.u. **chopería,** establecimiento, donde se sirve cerveza.

choque.
   I. (Del ingl. *chalk*).
     1. m. *EU.* p.u. Tiza para escribir en la pizarra.
   II. 1. m. *ES.* Mecanismo que regula la entrada de aire en el carburador de un motor.
   ■
     a. ‖ ~ **y fuga.** m. *Pe.* Relación sexual fortuita. fest.
     ▶ **tirar al ~.**

choqueado, -a.
   I. 1. adj. *Ho. Referido al borde de un recipiente,* que ha perdido un pedazo. pop.
   II. 1. adj. *Ho. Referido a un automóvil,* que tiene el motor ahogado por un exceso de gasolina en el carburador. pop.

choqueante.
   I. 1. adj. *Bo, Ch. Referido a una cosa o a una situación,* que **choquea** o produce un impacto emocional. pop + cult → espon.

choquear(se).
   I. (Del ingl. *to shock*).
     1. intr. prnl. *EU, Mx, Pe, Bo, Ch, Py.* Sufrir un impacto emocional.
     2. tr. *EU, Cu, Pe, Bo, Ch, Py.* Producir un impacto emocional.
     3. *EU, Ho.* Torturar a *alguien* con corriente eléctrica. pop.
   II. (De *choco,* tuerto).
     1. intr. prnl. *Ho, ES.* Padecer pérdida de visión momentánea. pop.
     2. *Ho.* No encender el faro de un vehículo. pop.
   III. (Del ingl. *to choke*).
     1. tr. *Ho.* Interrumpir la entrada de aire en el carburador de un vehículo para conseguir una mezcla más pura de gasolina. pop.
     2. intr. prnl. *Ho.* Interrumpirse el funcionamiento de un vehículo por falta de aire en la mezcla excesiva de gasolina. pop.

choqueco.
   I. 1. m. *Pe.* Ave de color marrón con rayas blancas en el dorso y cola, y la parte inferior blanca moteada con marrón o gris; su pico y cola son ligeramente curvos. (Troglodytidae; *Campylorhynchus fasciatus*).

choquela.
   I. 1. f. *Pe, Bo.* Danza típica del altiplano que se baila al son de flautas y tambores y recuerda al chaco o cacería que hacían algunos antiguos pueblos de América del Sur.
     2. *Bo.* Instrumento musical de viento fabricado con caña hueca que lleva seis agujeros en la parte anterior y uno en la posterior.

choquera.
   I. 1. f. *Gu.* Ceguera, problema en la vista o falta de visión en un ojo.

choquero.
   I. 1. m. *Ch.* Recipiente o tarro pequeño de lata de conserva provisto de asa en forma de arco, usado para tomar café o infusiones calientes.

choquete.
   I. 1. m. *Ho.* Gran cantidad de agua que cae con fuerza. pop.
   □
     a. ‖ **en ~.** loc. adv. *Ho.* De golpe, con fuerza. rur; pop.

chor. (Del ingl. *short*).
   I. 1. m. *EU, Ho, ES, CR, Cu, RD, Ve.* Pantalón que cubre hasta la mitad del muslo.

chorbelear.
   I. 1. tr. *ES.* Mirar fijamente a *alguien.* drog.

chorcha.
   I. 1. f. *Mx.* juv. Reunión de amigos que se juntan para charlar. pop + cult → espon.
     2. *Mx:SO.* Prole, conjunto numeroso de personas. pop + cult → espon.
   II. 1. f. *Gu, Ho, ES, Ni, CR:N,C.* **chiltote.**
     2. *Ho, Ni.* Ave de hasta 35 cm de longitud, cresta con unas pocas plumas estrechas y alargadas, y cabeza, cuello, rabadilla, parte baja del abdomen y coberteras caudales de color castaño oscuro. (Icteridae; *Psarocolius montezuma, P. wagleri*). ♦ **oropéndola; ura; urupa.**
   III. (Del ingl. *church*).
     1. f. *RD.* Iglesia protestante.
   IV. 1. f. *Ho.* Vulva. rur; vulg.
   ■
     a. ‖ ~ **de cajete.** m. *Ho.* Pájaro **bolsero** de 21 cm de largo; el macho tiene coloración negra en el pecho y en la espalda y alas remeras blancas. (Icteridae; *Icterus pectoralis*).
   □
     a. ‖ **como ~ en guayabal.** loc. adv. *Ho.* Con algarabía y escándalo. pop.
     ▶ **estar en la ~; hacer ~.**

chorchero, -a.
   I. 1. adj/sust. *Mx. Referido a persona,* fiestera. pop.

chorchita.
   I. 1. f. *Ho.* Joven o mujer muy guapa. pop.

chórcholas.
   I. 1. f. pl. *Pe:N.* Dinero en monedas. delinc.

choreada.
   I. 1. f. *Mx.* Discurso largo y exagerado que alguien ha elaborado, y que resulta pesado y poco creíble. pop ∧ desp.
   II. 1. f. *Bo, Ch.* Robo. vulg; pop + cult → espon.
     ▶ **echar la ~a.**

choreado, -a.
   I. 1. adj. *Ch.* juv. *Referido a persona,* que está aburrida o desanimada por la ausencia de actividades entretenidas.
     2. *Ch. Referido a persona,* hastiada, molesta. pop + cult → espon.

choreador, -ra.
   I. 1. sust/adj. *Pe, Bo, Ch:N.* Ladrón, persona que se adueña ilícitamente de algo ajeno. vulg; pop + cult → espon.

chorear(se).
   I. 1. tr. *Pe, Bo, Ch, Ar, Ve, Ec,* delinc; *Co,* pop; *Bo,* vulg; *Ur,* p.u. Robar *algo.* pop + cult → espon.
   II. 1. intr. *Mx.* Elaborar **choros,** discursos largos. pop ∧ desp.
     2. tr. *Ch.* Aburrir a *alguien.* pop + cult → espon.
     3. intr. prnl. *Ch.* juv. Aburrirse *alguien.*
     4. tr. *Ch.* Exasperar a *alguien.* pop + cult → espon.

5. intr. prnl. *Ch.* Exasperarse *alguien.* pop + cult → espon.

III. 1. intr. *Mx.* Tomar el pelo a *alguien.*

IV. 1. intr. *Ch.* p.u. Pescar **choros**, moluscos.

choreco, -a.
I. 1. adj. *CR.* obsol. *Referido a cosa*, descompuesta, averiada. rur.

choreja.
I. 1. m-f. *ES.* Persona a la que le falta una oreja.
II. 1. m-f. *ES.* Delator de la policía.
III. 1. f. *Ni.* Fruto del **guanacaste**, vaina en forma de oreja.

chorejazo.
I. 1. m. *ES.* Tirón de orejas.

chorejear.
I. 1. tr. *Ni.* Dar un tirón de orejas a *alguien.*
2. *Ni.* metáf. Reprender o regañar a *alguien.*

chorengo, -a.
I. 1. adj. *CR.* obsol. *Referido a cosa*, descompuesta, averiada. rur.

choreo.
I. 1. m. *Ve, Ec, Pe, Bo, Ch, Ar; Ur,* p.u. Robo. pop + cult → espon.
II. 1. m. *Ch.* Hastío, tedio. pop + cult → espon.
2. *Ch.* juv. Desánimo causado por la ausencia de actividades estimulantes.
III. 1. m. *Ch.* p.u. Recolección de **choros**, moluscos.

choreque.
I. 1. *Gu, Ni.* **raspasombrero**.

chorero, -a.
I. 1. sust/adj. *Mx.* Persona de discursos largos y exagerados que resultan pesados y poco creíbles. pop ^ desp.
2. adj. *Ch.* Relativo a la ciudad chilena de Talcahuano. pop.

choreta.
I. 1. f. *Ho.* Instrumento musical de viento, consistente en un tubo largo de metal que va ensanchándose desde la boquilla hasta el pabellón y produce diversidad de sonidos según la fuerza con que la boca impele el aire. pop + cult → espon.
2. m. *Ho.* Soldado que se encarga de hacer los toques de la trompeta. pop + cult → espon.
II. 1. f. *Ho.* Risa o burla. pop.
III. 1. f. *Ho.* Boca de persona. fest.
□
a. ‖ **de ~.** loc. adv. *Ho.* De improviso, de casualidad, por mala suerte. pop + cult → espon.
▶ **ser pura ~.**

choretear.
I. 1. tr. *Ve.* Estropear, deformar *algo.*

choreto, -a.
I. 1. adj. *Ve. Referido a persona*, que tiene todo el cuerpo o algún miembro deforme. pop.
2. *Ve. Referido a cosa*, torcida, mal hecha. pop.
II. 1. adj. *PR.* Abundante, en gran cantidad. pop + cult → espon.
III. 1. adj. *PR. Referido a persona*, loca, enajenada. pop + cult → espon.

choretudo, -a.
I. 1. adj. *Ho. Referido a persona*, de labios gruesos y salientes. pop.

choreza.
I. 1. f. *Ch.* p.u. Cualidad de matón. pop + cult → espon.
2. *Ch.* Acción propia del matón. pop + cult → espon.
II. 1. f. *Ch.* Acción extraña, poco usual, que llama la atención. pop + cult → espon.
2. *Ch.* Simpatía, gracia. pop + cult → espon.

chori.
I. 1. adj. *Ch.* juv. Muy bueno, excelente.
II. 1. m. *PR.* juv. Individuo que engaña a una muchacha con la novia de otro.

choriceada.
I. 1. f. *Bo, Py, Ar, Ur.* Comida en la que el plato principal o único es el chorizo, *generalmente a la parrilla.*

choricear.
I. 1. tr. *Ni, CR.* Realizar una transacción comercial o un trámite de manera ilícita. pop + cult → espon.
2. intr. *CR.* Realizar negocios ilícitos. pop + cult → espon.
3. *CR.* Dedicarse *una persona* a la reventa de mercancías de poco valor *y generalmente mal adquiridas.* pop + cult → espon.
II. 1. intr. *Py.* Consumir chorizo. pop.

choricera.
I. 1. *Cu.* **rebambaramba**, situación en que impera la confusión.
2. *PR.* Trifulca, riña, reyerta. pop + cult → espon.
II. 1. f. *Ho, Ni.* Conjunto de cosas colocadas unas tras otras. pop.

choricería.
I. 1. f. *Bo.* Establecimiento donde se sirven y venden platos de chorizo.

choricero, -a.
I. 1. adj/sust. *CR. Referido a persona*, que se dedica a transacciones o negocios ilíticos. pop.

chorifaite.
I. 1. m-f. *Pe.* Ladrón, ratero. delinc.

choriflai.
I. 1. adj. *Ch. Referido a cosa*, muy buena, excelente. pop.

choripán. (Acr. de *chorizo y pan*).
I. 1. m. *EU, ES, Pa, Ec, Pe, Bo, Ch, Py, Ar, Ur.* Emparedado de chorizo asado.

choripanada.
I. 1. f. *Ch.* p.u. Reunión de amigos o evento con fines lucrativos en donde se comen **choripanes**.

chorito.
I. 1. m. *Ch.* Molusco marino similar al mejillón, bivalvo, de unos 6 cm de longitud, concha color negro violáceo con estrías concéntricas; es comestible. (Mytilidae; *Mytilus chilensis*).
II. 1. m. *Ch.* Portamonedas, bolsa pequeña para llevar dinero a mano. pop + cult → espon.

chorizada.
I. 1. f. *Pa, Ch.* Retahíla, serie larga e ininterrumpida de cosas. pop + cult → espon.

chorizo.
I. 1. m. *Mx, Gu, Ho, Ec, Py.* Hecho que parece no tener fin. pop.
II. 1. m. *Gu, Ho, ES, Ni, CR, Ec, Pe; Cu, Bo,* vulg., fest. Pene. tabú; pop + cult → espon.
III. 1. m. *Bo, Ar:N, Ur.* Haz hecho con barro, mezclado con paja, que se utiliza para hacer las paredes de los **ranchos**.
2. *Ho, Ec.* En alfarería, rollo de arcilla.
3. *Ur.* Ladrillo cortado longitudinalmente, que se usa como recubrimiento y adorno de paredes.
IV. 1. m. *Bo, Ar.* Corte de carne del lomo vacuno, situada a cada lado del espinazo.
V. 1. m. *Ar, Ur.* Charla, exposición o discurso largo, desordenado y pesado. pop.
VI. 1. m. *Ni, CR.* Negocio o trámite ilegales. pop.
VII. 1. m. *Bo:O.* Garrote corto de tela que emplean los **pepinos** en los carnavales para golpear a personas.

VIII. 1. m. *PR.* Ave silvestre de unos 45 cm de longitud, con el cuerpo de color marrón rojizo, el pico azul y la cara blanca con la parte superior negra. (Anatidae; *Oxyura jamaicensis*).

IX. 1. m. *Pa.* Exceso de información.

■
  a. ‖ ~ **chuquisaqueño.** m. *Bo.* Plato preparado con chorizos grandes fritos en aceite, se acompaña con ensalada y pan sopado en el mismo aceite que se utilizó para freír.

□
  a. ‖ **de ~.** loc. adv. *Ho, ES.* Gratuitamente, sin pagar. pop.

◪
  a. ‖ **estar como ~ en tienda.** fr. prov. *Gu.* Indica que dos personas están muy enamoradas.
  ▶ **comer ~; estar como ~ en tienda; importar un ~; mandar al ~.**

chorizo, -a.
I. 1. sust/adj. *Ve, Ur.* Persona tonta, boba.

chorlito.
▶ **caer como un ~.**

chorlo.
I. 1. m. *Ec, Pe, Ch, Ar.* Ave limícola de hasta 25 cm de longitud, de aspecto compacto, patas largas, cuello grueso y pico robusto y el diseño del plumaje que varía con las especies, aunque predominan los dorsos pardos o grises moteados de oscuro. (Charadriidae; *Pluvialis* spp.).

II. 1. *PR.* **chorno,** tataranieto.

chorno, -a.
I. 1. m. y f. *Mx, PR.* Tataranieto o hijo de un tataranieto, chozno. (**chorlo**).

choro.
I. 1. m. *Mx.* Discurso largo y exagerado que resulta pesado y poco creíble. pop + cult → espon.
2. *Mx.* Engaño, mentira. pop + cult → espon.

II. 1. m. *Gu, Pe, Bo, Ch.* Molusco bivalvo comestible, de concha oval negruzca y estriada concéntricamente en la parte exterior, y en la interior lisa y clara con visos violáceos. (Mytilidae; *Choromytilus chorus*). ♦ **cholga.**
2. *Ch.* metáf. Vulva. vulg.
▶ **sacar los ~s del canasto.**

choro, -a.
I. 1. m. y f. *Ve, Ec, Pe, Bo, Ch, Ar.* Ladrón, *especialmente el de poca categoría.* pop.
2. sust/adj. *Cu.* Carterista. delinc.

II. 1. adj/sust. *Ch. Referido a persona,* audaz, resuelta. pop + cult → espon.
2. adj. *Ch.* Muy bueno, excelente. pop + cult → espon.

III. 1. m. y f. *ES.* Variedad de hongo comestible, de color anaranjado intenso casi rojizo, que se cría en la época lluviosa en pinares y robledales. rur. (**shoro**).

IV. 1. adj. *ES. Referido a huevo,* huero. (**shoro**).
▶ **botarse a ~.**

choroco.
I. 1. m. *Ho.* Sombrero viejo y roto. rur.

chorola.
I. 1. f. *ES.* Cabeza.
II. 1. f. *Pa.* **ajicillo,** árbol.

chorombo.
I. 1. sust/adj. *ES.* **chorompo.**
II. 1. sust/adj. *ES.* Gallo con las plumas erizadas.

chorompo.
I. 1. adj/sust. *Ho, ES:E. Referido a persona,* tonta. pop. (**chorombo**).
2. *ES. Referido a persona,* lenta. (**chorombo**).
II. 1. *Ho. Referido a persona,* cobarde. pop.

III. 1. m. *ES.* Gallo sin plumas en el cuello y con penacho.

chorongo.
I. 1. m. *Cu.* Tirabuzón, pelo rizado de esta forma.

chorontoca.
I. 1. f. *ES.* Cabeza. desp.

chorontoco.
I. 1. m. *Ho.* Larva de **ronrón,** escarabajo. pop.

choropa.
I. 1. f. *ES.* Cabeza.

chororó.
I. 1. m. *Ar.* Pájaro de pico negro y robusto, con la cola muy larga y el iris rojo; el macho presenta el dorso de color pardo muy oscuro, con las alas y la cola estriadas de blanco; la hembra tiene el plumaje del dorso castaño y sin estrías. (Thamnophilidae; *Taraba major*).

chorote.
I. 1. m. *Mx.* Bebida hecha con maíz cocido y cacao tostado y molido.
2. *Ve.* Especie de chocolate con el cacao cocido en agua y endulzado con **papelón.**
3. *RD.* Bebida espesa.
4. *RD.* Caldo muy concentrado.
5. *PR.* Café hecho con maíz, **palmiche, gandules** u otros granos.
6. *PR.* Café mezclado con azúcar negra.
7. *PR.* Bebida de cualquier tipo sin sustancia ni fuerza.
8. *PR.* Bebida que se hace con **gofio** y leche.
9. *PR.* Ajonjolí tostado y hervido en leche.
II. 1. adj. *Ar.* Relativo a los chorotes o a su cultura.
III. 1. m. *Co.* Vasija de barro cocido.
IV. 1. *RD.* **jaboncillo.** (Sapindaceae; *Sapindus saponaria*).
V. 1. m. *RD.* Cosa descompuesta.
VI. 1. *PR.* **chicote,** látigo.

choroteca.
I. 1. f. *Pa.* **yigüirro.**

chorototo.
I. 1. f. *Ho.* **cheje,** ave.

choroy.
I. 1. m. *Ch.* Ave similar al loro, de hasta 40 cm de longitud, de color verde encendido en el lomo, ceniciento en el vientre, corona de ribetes oscuros y cola roja oscura. (Psittacidae; *Enicognatus leptorhynchus*).

chorpa.
I. 1. *Ho, CR.* **cholpa,** cárcel.

chorrea.
I. 1. f. *CR.* Vertido de hormigón en determinado punto de una obra.

chorreada.
I. 1. f. *Mx.* Esposa, mujer. pop.
II. 1. f. *Co, Ar, Ur.* Mancha o huella que deja un líquido que ha caído en forma de chorro. pop.
III. 1. f. *Ec.* Sopa elaborada con porciones pequeñas de masa de harina de trigo o de harina de habas.
2. *CR.* Alimento de forma circular y aplanada que se elabora con maíz tierno molido y azúcar, *y se cuece generalmente en un comal.*
IV. 1. f. *Bo. En el ejército,* ausencia injustificada de un soldado o un cadete.

chorreadera.
I. 1. f. *Ho, Ni, Pa, Pe; Ec,* hiperb. Salida continua de un líquido. pop.
2. *Ec.* metáf. Despilfarro de dinero.
3. *Pa.* metáf. Afluencia continua de personas o cosas a un sitio.

chorreado.

I. 1. sust/adj. *Ve.* Gallo de pelea con el plumaje rayado.

II. 1. m. *Ch.* Método de limpieza de superficies mediante chorros de líquido.

2. *Ho.* Técnica de recubrir una vasija de barro con lustre o engobe en forma de chorreras.

chorreado, -a.

I. 1. adj. *Gu, Ho, Ni, CR, Pa, Co, Ve, Pe, Ar, Ur, Cu, RD, PR*, cult → espon. *Referido a cosa*, sucia o manchada, *especialmente por un líquido*. pop.

2. *Mx, Ho, Ni. Referido a persona*, manchada, con la ropa o el cuerpo sucios. (**chorriado**).

3. *Ec:N. Referido a persona*, que viste mal, que anda toda **descachalandrada** y descuidada.

4. adj/sust. *Ho. Referido a persona, especialmente un niño*, que tiene la cara sucia. pop.

II. 1. adj. *Gu. Referido a cosa*, de mala calidad.

2. *Ho. Referido a persona*, de estrato social bajo. desp.

III. 1. adj. *Cu, PR. Referido al pelo*, lacio, que cae sin poder mantenerse en un sitio por falta de cuerpo. pop + cult → espon.

IV. 1. adj. *Ec.* obsol. *Referido a persona o animal*, completamente mojado.

V. 1. adj. *Ec.* obsol. *Referido a persona*, físicamente agotada por el cansancio o por una emoción.

VI. 1. adj. *Bo. Referido a una mujer*, que ha perdido su atractivo físico.

chorreador.

I. 1. m. *CR.* Estructura, *generalmente de madera o de alambre*, que sostiene la bolsa de **chorrear café**.

chorreador, -ra.

I. 1. m. y f. *Bo. En el ejército*, soldado o cadete que acostumbra ausentarse sin permiso.

chorrear(se).

I. 1. intr. prnl. *Mx, Ho, ES, Ni, CR, Pa, RD, Ec, Ch, Ar, Ur.* Ensuciarse *una persona* con una sustancia que le cae en forma de chorro o de gotas sobre la ropa. pop + cult → espon.

2. *Mx, RD.* Ensuciarse *algo*.

3. tr. *RD.* Ensuciar *algo*. pop + cult → espon.

II. 1. intr. prnl. *Ho, Ni, Mx.* Eyacular, llegar al orgasmo. vulg.

III. 1. intr. *Pe, Ch.* Hacer que recaigan en las personas que están en una posición inferior los excedentes de las ganancias o beneficios que obtiene una empresa. pop + cult → espon.

2. tr. *Ch.* Emitir, emanar, desprender *algo* de sí *una persona o cosa*. pop + cult → espon.

IV. 1. intr. prnl. *Ho, Ni, Ve; Ec*, p.u. Acobardarse *una persona*. pop.

V. 1. intr. prnl. *Pe, Bo.* Aflojársele los músculos a una persona, a causa de una enfermedad. pop + cult → espon.

2. *Bo.* Desvanecerse, perder el sentido *una persona*. pop + cult → espon.

VI. 1. intr. prnl. *Ve.* Deslumbrarse *alguien* ante una persona del sexo opuesto. pop.

2. *Ho, Ni.* Estar muy enamorado. vulg; pop.

VII. 1. tr. *Gu, Ho, ES.* Estropear *algo*, echarlo a perder. pop + cult → espon.

VIII. 1. intr. prnl. *Bo.* Ausentarse sin permiso un soldado o un cadete de un recinto militar.

IX. 1. intr. *CR.* Verter hormigón en determinado punto de una obra.

2. tr. *CR.* Hacer una estructura de hormigón.

X. 1. intr. *Ni.* Distribuir marihuana. drog.

XI. 1. intr. prnl. *PR.* Deslizarse *algo* o *alguien* por una pendiente o declive.

XII. 1. intr. *CR. En la elaboración de la **panela***, verter la miel en los moldes. rur.

XIII. 1. tr. *Ur.* Adueñarse ilícitamente de *algo* ajeno. pop.

□

a. ‖ ~ **café.** loc. verb. *CR.* Preparar café vertiendo el agua hervida dentro de una bolsa de tela en la que se ha puesto el café en polvo.

b. ‖ **chorreársele el helado.** *Pe, Ch.* **derretírsele el helado**. pop + cult → espon ^ fest.

chorreazón.

I. 1. f. *Gu, Ho.* Derramamiento de un líquido.

chorrellana.

I. 1. f. *Bo.* Salsa de cebollas y tomates picados y cocidos.

chorreo.

I. 1. m. *Pe, Ch.* Hecho de **chorrear**, hacer que recaigan excedentes de las ganancias. pop + cult → espon.

2. *Pe, Ch.* Excedentes de las ganancias o beneficios que obtiene una empresa y que recaen en las personas que están en una posición inferior. pop + cult → espon.

chorreoso, -a.

I. 1. adj. *Ve. Referido a un objeto*, húmedo.

chorrera.

I. 1. f. *Gu, Ho, Ni, Cu, Ve, Bo, Ch, Ar, Ur.* Cantidad grande de personas, animales, cosas o entidades inmateriales. pop + cult → espon.

2. *ES, Co.* Serie o sucesión de cosas en línea. pop.

II. 1. f. *Mx.* Diarrea. pop.

III. 1. f. *Cu, RD.* Torrente, agua que cae precipitadamente.

IV. 1. f. *PR.* Tobogán.

V. 1. f. *PR.* Canal para recoger las aguas de un manantial o un techado.

VI. 1. f. pl. *PR.* Chatarreras, plumas de los costados del gallo de pelea.

chorrero.

I. 1. m. *PR.* Goteo, líquido que sale de una vasija. pop + cult → espon.

2. *PR.* Hilera de semillas, granos o cosas similares que queda en el suelo mientras son trasportadas.

II. 1. m. *RD.* Chorro de sangre.

chorrerón.

I. 1. m. *Ve.* Caída desde cierta altura del agua de un río.

chorrete.

I. 1. m. *Gu, Ho, ES, CR, Ur.* Salpicadura que produce una mancha.

chorreteada.

I. 1. f. *Pa.* Número grande de personas o cosas. pop.

chorretear(se).

I. 1. intr. prnl. *Ni.* Defecar.

II. 1. intr. prnl. *Ni.* Drogarse, *en especial con marihuana*.

III. 1. intr. prnl. *Ni.* Enamorarse perdidamente.

IV. 1. tr. *PR.* Dejar caer chorretes.

chorriado, -a.

I. 1. adj. *Ho, Ni, CR. Referido a persona*, **chorreada**, manchada.

II. 1. adj. *Ho. Referido a un recipiente*, lleno a rebosar. pop.

chorrillana.

I. 1. f. *Ch.* Guiso cuya base la constituyen **papas** fritas, cebolla cortada en tiras finas con huevo revuelto y, por encima, carne picada.

□

a. ‖ **a la ~.** loc. adv/adj. *Pe, Bo. En un guiso*, con abundante cebolla.

chorrillero, -a.

I. 1. adj/sust. *Pa. Referido a persona*, que vive en El Chorrillo, barrio de la ciudad de Panamá.

2. *Pa. Referido a persona*, de modales toscos o groseros. desp.

chorrillo.
  I. 1. f. *Mx, Gu, Ho.* Diarrea. vulg.
chorrioso.
  I. 1. m. *RD.* Cabello muy lacio.
chorrioso, -a.
  I. 1. adj. *RD. Referido a persona,* sucia, mal vestida.
chorritos.
  ▶ **pagar por ~.**
chorro.
  I. 1. m. *Mx, ES.* Diarrea. pop.
  II. 1. m. *Ho, Co.* Salto de agua.
   2. *Co.* Parte de un río donde la corriente fluye con ímpetu debido al estrechamiento o a la inclinación del cauce.
   3. *Ho, PR.* Corriente de agua marina o de un río. pop.
   4. *Bo.* Cascada, caída desde cierta altura del agua de un río u otra corriente.
  III. 1. m. *Gu, ES, Ni, Ve.* Grifo, llave colocada en el extremo de una tubería para regular el paso o la salida de líquido.
  IV. 1. *Ho, CR, RD.* **cachimbazo,** gran cantidad.
  V. 1. m. *Ho.* **acabadura,** semen. pop. ♦ **chorro de hombre.**

  ■
  a. ‖ ~ **de hombre.** m. *Ho.* **acabadura,** semen. rur; vulg.
  □
  a. ‖ **a ~.** loc. adj. *Ch.* p.u. *Referido a un ladrón,* que arrebata a la carrera algún bien a alguien.
  b. ‖ **a ~ parado.** loc. adv. *CR.* Vertiendo un líquido continuamente y con fuerza. pop.
  c. ‖ ~ **de humo.** loc. sust. *Gu, Ho.* Persona de raza negra. pop ^ fest.
  d. ‖ ~ **de plomo.** loc. adj. *Cu.* obsol. *Referido a persona,* antipática, molesta.
  ▶ **estar a chorros; irse por el ~; parar el ~; salir con un ~ de babas; sembrar a ~ corrido; subirse al ~; subirse por el ~.**
chorro, -a.
  I. 1. sust/adj. *Py, Ar, Ur.* Ladrón, estafador. pop + cult → espon.
  II. 1. adj. *Ho.* juv. *Referido a cosa,* elegante o bonita.
   2. *Ho. Referido a persona o animal,* bueno, excelente. pop.
¡chorro!
  I. 1. interj. *Ni.* Expresa asombro o admiración.
chorrocientos, -as.
  I. 1. adj. *Mx, Gu, ES, CR; Ec, Ch,* juv. Muchos. fest. (**chorroscientos**). ♦ **cuchucientos.**
chorromil.
  I. 1. adj. *Mx, ES.* Muchísimo. fest.
chorroscientos, -as.
  I. 1. *Mx, Ni.* **chorrocientos.**
chorrosco.
  I. 1. *Ve:C.* **chupapiedras.** (Loricariidae; *Hypostomus* spp.).
chorrotal.
  I. 1. m. *Mx.* Cantidad muy grande de algo. pop + cult → espon ^ hiperb.
chortes. (Del ingl. *shorts*).
  I. 1. m. pl. *EU:SO.* Calzoncillos, prenda interior masculina.
   2. *EU.* Traje de baño masculino.
chota.
  I. 1. f. *Mx, Ho, ES.* Conjunto de miembros de la policía. pop.
   2. *Pa.* Furgón de la policía para transportar detenidos. pop. ♦ **alacrán.**

  II. 1. f. *Ar, Ur.* Pene. tabú.
  III. 1. f. *Bo.* Mujer joven, impúber, que viste falda corta. pop + cult → espon ^ desp.
  IV. 1. f. *CR.* Ridiculización que se hace de alguien poniendo de manifiesto sus errores. pop.
  □
  a. ‖ ~ **chola.**
   i. f. *Bo.* Mujer mestiza que ha cambiado la **pollera** por una falda corta. pop + cult → espon ^ desp.
   ii. *Bo.* Mujer que viste falda o **pollera** alternativamente, según la situación social. pop + cult → espon ^ desp.
  ▶ **caerle la ~; coger de ~.**
chotacabras.
  I. 1. m. *Ho, Ec.* **tapacaminos,** ave.
chotada.
  I. 1. f. *Ar, Ur.* Dicho o acción propios de un **choto,** persona que tiene pocas luces. pop.
chotar.
  I. 1. tr. *PR. En el juego de las canicas,* chocar una con otra.
chote.
  I. 1. m. *Pe.* Rechazo o desdén hacia una persona. (**choteo**).
  II. 1. m. *Ni.* Capullo de una flor.
choteada.
  I. 1. f. *CR, Pe.* Ridiculización que se hace de alguien poniendo de manifiesto sus errores.
   2. *Pe.* Rechazo o desdén que sufre una persona.
choteado, -a.
  I. 1. adj. *Mx, Gu, Ho, ES, Ni, Cu, PR. Referido a un asunto,* tratado repetidamente, falto de originalidad. pop + cult → espon.
   2. *Cu. Referido a una prenda de vestir,* muy usada. pop + cult → espon.
  II. 1. adj/sust. *CR, Cu, Pe. Referido a persona,* que ha sido objeto de burla o chanza en público.
   2. adj. *Gu, Ho, Ni, Cu. Referido a persona,* desprestigiada.
   3. adj/sust. *Pe.* juv. *Referido a persona,* que ha sido rechazada o desairada en sus pretensiones amorosas.
  III. 1. adj. *Ho, PR. Referido a persona,* descubierta. pop + cult → espon.
  IV. 1. adj. *ES. Referido a un asunto,* fácil.
choteador, -ra.
  I. 1. sust/adj. *Mx, Gu, CR, Cu.* Persona a la que le gusta burlarse de los demás. (**choteón**).
chotear(se).
  I. 1. tr. *Mx, Gu, CR, Cu, Pe.* Desacreditar o ridiculizar a *alguien* poniendo de manifiesto sus errores o defectos.
   2. intr. prnl. *Mx, Gu, Cu.* Desacreditarse *alguien.*
   3. tr. *Pe.* Expulsar a *alguien* de un lugar o de un grupo de personas.
   4. *Pe.* juv. Rechazar o desdeñar a *alguien.*
  II. 1. intr. prnl. *Mx.* Volverse *una cosa* vulgar, perder su originalidad por repetirse muchas veces.
  III. 1. tr. *Gu, Ho, Ni, Pa.* Vigilar a *alguien.* pop.
   2. *Gu, Ho, Ni.* Descubrir a *alguien.* pop.
   3. *Gu, Ho.* Mirar, dirigir la vista. pop.
  IV. 1. tr. *Pe.* Suspender *alguien* una asignatura o materia.
  V. 1. intr. prnl. *Ho, ES.* Volverse *algo* vulgar por su repetición excesiva.
   2. tr. *Cu.* Ponerse para uso diario una prenda de vestir destinada a fiestas u ocasiones señaladas.
  VI. 1. tr. *CR, Cu, PR.* Mofarse, burlarse de *alguien.* pop + cult → espon.
  VII. 1. intr. *ES.* Estar *alguien* de vacaciones.

VIII. 1. intr. prnl. *Ni.* juv. Avergonzarse.

IX. 1. tr. *PR.* Delatar a *alguien.* pop + cult → espon.

choteo.

I. 1. *Pe.* **chote**, rechazo.

choteón, -na.

I. 1. *Cu.* **choteador**.

chotería.

I. 1. f. *Cu.* Choteo, burla.

chotez.

I. 1. f. *Ar, Ur.* Dicho o acción propios de un **choto**, persona que tiene pocas luces. pop.

2. *Ar, Ur.* Cosa o tarea fácil de hacer. pop.

choting.

I. 1. m. *Pa.* juv. Saludo, palabra, gesto o fórmula para expresar cortesía. pop.

choto.

I. 1. m. *Ar, Ur.* Pene. tabú.

II. 1. m. *ES; Pa,* obsol. Policía, cuerpo de seguridad.

III. 1. m. *ES.* Vacación.

IV. 1. m. *PR.* Boxeador profesional que sirve para entrenar a otros.

V. 1. m. *PR.* Gallo usado para entrenar a los de pelea de buena casta.

■

a. ‖ **de ~.**

i. loc. adv. *Gu, Ho, ES.* Gratuitamente. pop.

ii. *Ho.* De vacaciones, sin trabajar. pop.

▶ **vivir de ~.**

choto, -a.

I. 1. m. y f. *Mx, ES.* Miembro de la policía. pop.

II. 1. sust/adj. *Ar, Ur.* Persona que tiene pocas luces o que obra como tal. pop.

III. 1. adj/sust. *CR, Cu.* Referido a persona, bromista, burlona. ♦ **chivón**.

IV. 1. adj. *Bo.* Referido a una prenda de vestir, corta. pop + cult → espon.

2. sust/adj. *Py.* Persona de baja estatura. pop.

V. 1. adj. *Ni.* Referido a animal, planta o fruta, de color naranja intenso o rojizo. rur.

2. *Ni.* Referido a persona, de piel roja por efecto del sol.

VI. 1. adj/sust. *PR.* Referido a persona, pusilánime, cobarde. pop + cult → espon.

VII. 1. m. y f. *PR.* juv. Persona que trabaja con drogas.

¡chotoj!

I. 1. interj. *Bo.* Expresa la imitación del sonido que produce un sopapo.

2. *Bo.* Expresa la imitación del sonido que produce un beso sonoro en la mejilla. pop + cult → espon ^ fest.

chotorro, -a.

I. 1. m. y f. *PR.* Persona que habla más de la cuenta.

chotoy.

I. 1. m. *Ar.* Pájaro de plumaje de color pardo rojizo, con manchas oscuras en las alas, y cola muy larga. (Furnariidae; *Schoeniophylax phryganophila*).

chovena.

I. 1. f. *Bo:E.* Composición musical festiva en compás de dos por cuatro.

2. *Bo:E.* Danza folclórica cadenciosa y alegre, que se baila al ritmo de la **chobena**; es parecida al **taquirari**.

¡choy!

I. 1. interj. *Bo:O,C,S.* Expresa llamada de atención a una persona de confianza o de menor rango social. pop + cult → espon. (**¡chuy!**).

choya.

I. 1. f. *Mx.* Cabeza de una persona. pop.

II. 1. f. *Gu, Ho, ES.* Pereza, pachorra, pesadez. vulg; pop + cult → espon ^ desp. (**cholla**).

choyadero.

I. 1. m. *ES.* Manicomio. pop.

choyado, -a.

I. 1. adj. *Gu, Ho, Ni.* Referido a persona o caballería, que tienen llagas o rozaduras. rur.

II. 1. adj. *ES.* Referido a persona, que ha perdido la razón.

▶ **estar ~.**

choyar(se).

I. 1. tr. *Gu, Ho, ES, Ni, CR.* Causar *alguien* o *algo* una lesión superficial en la piel o en la superficie de una cosa, por roce violento o continuado. (**chollar**).

II. 1. intr. prnl. *Ho, ES, Ni, CR.* Rozarse con algo. (**chollar**).

choyón.

I. 1. m. *Gu, Ho, ES, Ni, CR.* Rozadura o matadura. (**chollón**). ♦ **choyonazo**.

choyonazo.

I. 1. *CR.* **choyón**.

choyudear.

I. 1. intr. *ES.* Hacer algo con lentitud.

choyudencia.

I. 1. f. *ES.* Lentitud, pachorra, flojera.

choyudo, -a.

I. 1. adj. *Gu, Ho, ES.* Referido a persona, perezosa, pachorruda. vulg; pop + cult → espon ^ desp.

choza.

I. 1. f. *Gu, Ni, CR, Pa.* juv. Hogar, vivienda.

chozón.

I. 1. m. *Ec.* Cobertizo amplio que se levanta en el campo para diversos usos.

Christmas. (Voz inglesa).

I. 1. f. pl. *EU.* Navidad.

¡chu!

I. (Apóc. de *chucha* o *chuta*).

1. interj. *Ch.* Expresa sorpresa o contrariedad. pop + cult → espon.

II. (Del nahua *xuh,* del que se espanta).

1. interj. *Ni.* Expresa acción de espantar o ahuyentar a un animal.

chúa.

I. 1. f. *Pe, Bo.* Plato de cerámica decorado habitualmente con colores ocres y verdes vidriado por su parte inferior.

chua-chuá.

I. 1. m. *RD.* Pájaro de hasta 28 cm de longitud, de color gris en la parte superior y blanquecino en la inferior, garganta blanca con rayas negras y pico y patas rojizos. (Turdidae; *Turdus plumbeus*).

¡chuata!

I. 1. interj. *Ch.* Expresa sorpresa o contrariedad. pop + cult → espon.

¡chúbale!

I. 1. interj. *RD.* Expresa la voz para azuzar a los perros.

chubasca.

I. 1. f. *Ve.* Lluvia fuerte y de poca duración.

chubasquera.

I. 1. f. *Ar:NO.* Bolsita de tela o cuero que lleva una persona con el tabaco y la **chala** para **armar** los cigarrillos. rur.

II. 1. f. *Ho, Cu, RD.* Abrigo que se utiliza para proteger a la vez de la lluvia y el frío.

chubasquina.

I. 1. f. *Ho.* Lluvia repentina, intensa y de corta duración, *generalmente acompañada con viento*.

chubazo.

I. 1. m. *RD.* obsol. Chubasco.

chubete.
    I. 1.   m. *ES*. Fraude. delinc.
chubi.
    I. 1.   m. *Mx:N*. Cigarro de marihuana. drog.
chubí.
    I. 1.   m. *RD*. Especies de algas marinas.
chubs.
    I. 1.   *PR*. **wipe**, toallita húmeda.
chucán, -na.
    I. 1.   sust/adj. *Gu, ES*. Persona bromista. rur.
    II. 1. adj. *ES, Ni*. *Referido a persona*, zafia y grosera.
chucanada.
    I. 1.   f. *Gu, Ho, ES*. Broma jocosa.
chucanear.
    I. 1.   intr. *Gu, Ho, ES*. Gastar bromas jocosas entre dos o más personas.
chucano, -a.
    I. 1.   adj/sust. *Gu, ES*. Bromista, burlón. rur.
chucao. (Del map.).
    I. 1.   m. *Ch, Ar*. Pájaro del tamaño del zorzal, de plumaje pardo. (Rhinocryptidae; *Scelorchilus rubecula*).
chucaque.
    I. 1.   m. *Pe*. Malestar, angustia o bochorno provocados por una impresión desagradable o una situación embarazosa.
chucar.
    I. 1.   tr. *Ec:S*. Hechizar, embrujar. pop + cult → espon.
chúcaro. (Del quech. *chucru*, duro).
    I. 1.   m. *Co*. Individuo que realiza el servicio militar como auxiliar de policía. delinc.
    II. 1. adj. *Ho*. *Referido a frijoles cocidos*, que están duros.
chúcaro, -a. (Del quech. *chucru*, duro).
    I. 1.   adj. *Gu, Ho, ES, Ni, CR, Ec, Pe, Ch, Ar, Ur*, rur; *Bo:O,C*, pop + cult → espon. *Referido especialmente al ganado vacuno, caballar y mular*, bravío, arisco.
       2.   *Ho, Pe, Bo:O,C,S, Ch*. *Referido a persona*, indócil, rebelde. pop + cult → espon.
       3.   sust/adj. *Bo, Ar, Ur*. Persona huraña, poco tratable, áspera.
       4.   adj. *Pe, Ch*. metáf. *Referido a cosa*, difícil de controlar o mantener estable dentro de unos niveles. pop + cult → espon.
       5.   *Ho*. metáf. *Referido a cuerda, pelo o cuero*, difícil de amoldar por su dureza.
    II. 1. adj. *Ec:S*. p.u. *Referido a persona*, atemorizada.
       2.   *Ni*. *Referido a persona*, grosera. desp.
chuce.
    I. 1.   m. *Ar:NO*. Frazada o manta de tejido grueso y rústico. (**chuse**; **chusi**).
       2.   *Ar:NO*. Tapete o alfombra rústica. (**chuse**).
chuceador.
    I. 1.   m. *Bo:O,C,S*. Instrumento metálico pequeño con una aguja o alambre fino en la punta, que se utiliza para destapar la válvula del quemador por donde sale el gas de combustión de un **anafre**.
chucear(se).
    I. 1.   tr. *Ho, ES, Ni, CR, Pa, Ve, Pe, Bo, Ar, Ur*. Herir a *una persona* o un animal con un **chuzo** u otro objeto puntiagudo. pop + cult → espon.
       2.   *Ho*. Golpear con un **chuzo** a *alguien*.
       3.   intr. prnl. *Pa*. Herirse con un objeto punzante.
    II. 1. tr. *Ar:NO*. Espolonear al caballo. rur.
       2.   *CR*. Acicatear un buey con el **chuzo** para que camine más rápidamente.
    III. 1. tr. *Ar:NO*. Molestar a *alguien*, incitándolo a la pelea. pop.
    IV. 1. intr. *ES*. Realizar el coito. vulg.
    V. 1. intr. *CR*. Producir punzadas. pop.

chucema.
    ► **estar ~.**
chucha.
    I. 1.   f. *Pa, Ve:C, Ec, Pe, Bo, Ch, Ar, Ur*. Vulva. vulg; pop + cult → espon. (**xuxa**).
    II. 1. *Co:O*. **pega**, juego de niños.
       2.   f. *PR*. *En el juego del dominó*, ficha de doble blanco. (**chucho**).
       3.   *PR*. Puntuación cero en los juegos. pop + cult → espon.
    III. (Del quech. *chucha*, animal hediondo).
       1.   f. *Co:C,O*. **tacuacín**, mamífero marsupial.
    IV. 1. f. *Co:C,O*. **grajo**, mal olor en las axilas. pop ^ desp.
    V. 1. f. pl. *ES*. Esposas que usa la policía en los arrestos.
    ●
      a. ‖ **sí, ~, cómo no.** fórm. *Mx*. Se usa para mostrar incredulidad ante lo dicho por otra persona.
    ■
      a. ‖ **la ~.** f. *Ch*. Lugar muy lejano o al que es difícil llegar. vulg. ♦ **la chucha de la loma**; **la chucha del mundo**.
      b. ‖ **la ~ de la loma.** *Ch*. **la chucha**.
      c. ‖ **la ~ del mundo.** *Ch*. **la chucha**.
    □
      a. ‖ **a ti qué ~.** loc. interj. *Pe; Ec*, vulg. Expresa rechazo de algo con vehemencia.
      b. ‖ **~ cuerera.** loc. adj. *Mx*. *Referido a persona*, que tiene gran astucia para salir adelante en situaciones difíciles. pop + cult → espon.
      c. ‖ **como la gran ~.** loc. adj. *Gu*. *Referido a persona*, muy enojada.
      d. ‖ **más que la ~.** loc. adv. *Ch*. Mucho, con abundancia o en alto grado. vulg; pop + cult → espon.
    ► **agarrar ~; irse a la ~.**
¡chucha!
    I. 1.   interj. *Ec, Pe, Bo, Ch*. Expresa disgusto, desagrado o contrariedad. vulg. (**¡chuchas!**). ♦ **¡a la chucha!**; **¡a la gran chucha!**; **¡por la chucha!**; **¡por qué chucha!**
       2.   *Pa, Pe, Bo, Ch*. Expresa admiración o sorpresa. vulg. (**¡chuchas!**). ♦ **¡a la chucha!**; **¡a la gran chucha!**; **¡chucha madre!**; **¡por la chucha!**
    □
      a. ‖ **¡a la ~!** loc. interj. *Gu, Ho, ES, Bo*, euf; *Ch*, vulg. **¡chucha!** pop + cult → espon.
      b. ‖ **¡a la gran ~!** loc. interj. *Gu, Ho, ES*. **¡chucha!** euf.
      c. ‖ **¡~ madre!** loc. interj. *Pa, Ec, Ch*. **¡chucha!**, expresa sorpresa. vulg.
      d. ‖ **¡por la ~!** loc. interj. *Ch*. **¡chucha!**
      e. ‖ **¡por qué ~!** loc. interj. *Pe*. **¡chucha!**, expresa disgusto. vulg; pop + cult → espon.
chuchada.
    I. 1.   f. *Ch*. Expresión grosera o malsonante. vulg.
       2.   *Ch*. Cosa o asunto pequeño o sin importancia. vulg; desp.
    II. 1. f. *Gu*. Acción que lleva a cabo una persona ambiciosa para sacar partido de algo.
chuchadas.
    I. 1.   f. pl. *ES*. Golosinas.
chuchaqui.
    I. 1.   *Ec*. **chaqui**.
       2.   m. *Ec*. Estado depresivo que experimenta alguien embriagado. pop + cult → espon.
       3.   *Ec*. Malestar que padece al despertar quien ha bebido alcohol en exceso.
chuchar.
    I. 1.   tr. *PR*. Achuchar, incitar *una persona* a *alguien* a la riña. pop + cult → espon.

chuchas.
    I. 1. adj/sust. *Ec. Referido a persona*, valiente, animosa. pop + cult → espon.

¡chuchas!
    I. 1. *Ch.* ¡**chucha!**

chuchazo.
    I. 1. m. *Cu, RD, Ve.* Latigazo dado con el **chucho**.
    2. *Cu.* Golpe dado con intención de hacer daño.
    3. *Cu.* Golpe que se recibe por accidente o descuido.
    4. *Cu.* **corrientazo**, descarga eléctrica.

chuchear.
    I. 1. tr. *Ve.* Tomar chucherías o golosinas entre horas.
    II. 1. tr. *Ch.* Insultar a *alguien*. pop + cult → espon.

chucheca.
    I. 1. f. *CR.* **casco de burro**.

chuchequero, -a.
    I. 1. adj. *CR.* Relativo a Puntarenas, provincia de Costa Rica. pop.

chuchereque.
    I. 1. m. pl. *ES.* Enseres o trastos viejos y de escaso valor.
    II. 1. m. *ES.* Pene. vulg.

chucherío.
    I. 1. m. *Gu, ES.* Gran cantidad de perros.

chuchero.
    I. 1. m. *Gu, ES, Ni.* Conjunto de muchos perros.
    2. *Ho.* Cazador que utiliza perros.
    II. 1. m. *Cu, PR.* Guardagujas.

chuchero, -a.
    I. 1. adj/sust. *Ve. Referido a persona*, que es aficionada a comer chucherías o golosinas.

chucheta.
    I. 1. adj/sust. *Ch. Referido a persona*, que actúa con picardía, que carece de prejuicios o a la que no le importa la opinión de los demás. pop + cult → espon.

chuchi.
    I. 1. adj. *Bo, Ar, Ur. Referido a persona*, que habla o se comporta de una manera afectada. pop.
    2. *Bo, Py, Ur. Referido a persona*, muy bien vestida o arreglada. pop.
    3. sust/adj. *Py.* Persona que tiene costumbres o gustos refinados.
    4. adj. *Py.* Elegante, distinguido.

¡chuchi!
    I. 1. interj. *Ar:NO.* Expresa cariño o afecto. pop.
    2. *Ar:NO.* Expresa admiración o sorpresa. pop.
    3. *Pa.* Expresa dolor, sorpresa, susto, disgusto. euf; pop.

chuchín, -na.
    I. 1. adj. *PR.* Bueno, formidable. pop + cult → espon. (**chulín**).

chuchinesco, -a.
    I. 1. adj. *PR.* Buenísimo, formidable, estupendo. pop + cult → espon.

chuchinga.
    I. 1. adj. *CR. Referido a hombre*, que suele discutir y pelear con mujeres. pop ^ desp.
    II. 1. adj. *CR. Referido a hombre*, semejante a una mujer en su aspecto y comportamiento. pop ^ desp.

Chuchita.
    ◪
    a. ‖ **a ~ la bolsearon.** fr. prov. *Mx.* Indica intención de eludir responsabilidades aduciendo pretextos o lamentaciones vanos e inconsistentes. pop + cult → espon.

chuchito.
    I. 1. m. *Mx:SE.* Planta perenne de fruto venenoso, de hojas lobuladas, dentadas y con pelusa fina en el anverso, flores moradas en ramilletes y frutos amarillos en forma de senos, con numerosas semillas. (Solanaceae; *Solanum mammosum*).
    2. *Mx:SE.* Fruta venenosa de esta planta; se usa en la medicina moderna contra el pie de atleta, la irritabilidad y como relajante; en la medicina tradicional, para curar llagas y mordeduras de perros.
    II. 1. m. *Gu.* **Tamal** pequeño elaborado con masa de maíz y mezclada con tomate y con un relleno de **res** o cerdo.

chucho.
    I. (Del quech. *chujchu*, frío que se experimenta al tener fiebre).
    1. m. *Pe, Bo, Py, Ar, Ur.* Temblor del cuerpo causado por la baja temperatura o por un estado febril. pop + cult → espon.
    2. *Bo, Py, Ar, Ur.* Miedo. pop + cult → espon.
    3. *Bo, Ar:NO.* Malaria o paludismo.
    II. 1. m. *Mx, Ur.* Pez de más de 2,5 m de longitud, con cabeza abultada, ojos prominentes, cola muy larga con dos carreras de espinas y hocico prolongado en una especie de visera cuyo perfil recuerda la forma de una mitra. (Myliobatidae; *Pteromylaeus bovinus*).
    2. *Ar, Ur.* Pez cartilaginoso de cuerpo aplanado, boca en posición ventral, ojos dorsales, y cola provista de una o más espinas largas y fuertes cuya picadura es muy dolorosa. (Dasyatidae; *Dasyatis pastinaca*).
    III. 1. m. *Cu, RD, Ve.* Azote, látigo de cuero. rur.
    2. *RD, Ve.* Látigo pequeño.
    3. *RD.* **Foete** hecho con el vergajo del toro, una vez seco, recubierto de badana fina. rur.
    IV. 1. m. *Ar:NO.* Planta herbácea de hasta 20 cm de longitud, de tallos ramosos y flores violáceas. (Solanaceae; *Nierembergia hippomanica*). ♦ **chuscho**.
    V. 1. m. *Cu, PR.* Aguja que sirve para el cambio de vía férrea.
    2. *Cu.* Interruptor de la corriente eléctrica.
    VI. 1. m. *Gu.* Tuerca para fijar la rueda de un vehículo al tambor.
    2. *Gu.* Cuña para calzar las ruedas de un vehículo.
    VII. 1. m. *Cu.* p.u. *En la industria azucarera*, plaza donde se carga la caña para llevarla al **central**.
    2. *RD.* p.u. *En la industria azucarera*, pequeña grúa con la que se carga la caña en los vagones.
    VIII. 1. m. *Ch.* Ave de rapiña, diurna y nocturna, de hasta 20 cm de longitud, de color gris pardo con manchas blancas en el dorso y garganta blanca. (Strigidae; *Glaucidium nanum*). (**chuncho**).
    IX. 1. m. *Ch.* Cárcel, local destinado a reclusión de presos. pop + cult → espon.
    X. 1. m. *Ec.* obsol. Mama de la mujer. pop.
    XI. 1. m. *Ec.* Instrumento musical de percusión consistente en un canuto de **guadúa** con semillas duras en el interior.
    XII. 1. m. *Cu.* Ridiculización de alguien. pop. ♦ **cuero**.
    XIII. 1. m. *PR.* Vástago pelado.
    2. *PR.* Cosa pelada.
    XIV. 1. m. *PR.* **chucha**, ficha de dominó.
    ■
    a. ‖ **~ de agua.** *Ho.* **perro de agua**, animal semiacuático.
    ◪
    a. ‖ **~ no come ~.** fr. prov. *Gu, ES.* Indica que dos personas de la misma condición no se perjudican entre sí.
    ▶ **cambiar el ~; dar ~; echar los ~s; estar para los ~s; mandar a la ~; matar el ~ a tiempo; no quitar el ~ de encima; ponerse ~; quedar para los ~s; sacar la ~; soltar los ~s.**

chucho, -a.
    I. 1. adj. *Co. Referido a un fruto*, arrugado, que ha empezado a pudrirse.
    2. *Co. Referido a persona*, vieja, llena de arrugas.

II. 1. adj. *Ho, ES. Referido a persona*, tacaña.
  2. *Ho. Referido a persona*, de mal carácter.

chuchoca.
  I. 1. f. *Ch, Ar:NO.* Maíz secado al sol o al horno.
  2. *Ar:NO.* Especie de sopa elaborada con **choclo** fresco desgranado y molido, cebolla, comino y pimienta.
  II. 1. f. *Ch.* Lío, desorden. pop + cult → espon.

chuchón, -na.
  I. 1. adj. *Ec.* obsol. *Referido a mujer*, de grandes pechos.
  II. 1. adj/sust. *Gu. Referido a persona*, glotona, que come mucho.
  III. 1. adj. *Ni. Referido a persona*, que realiza el coito con gran frecuencia. vulg.
  IV. 1. adj. *Ni. Referido a persona*, cobarde.

chuchonal.
  I. 1. m. *Pe.* Cantidad considerable de personas o cosas.

chuchoncría.
  I. 1. f. *Gu.* Glotonería.

chuchoquear. (Del quech. *chuchuqa,* maíz hervido y puesto a secar).
  I. 1. intr. *Ch.* Armar desorden o participar en él. pop + cult → espon.

chuchoqueo.
  I. 1. m. *Ch.* Situación en la que se arma desorden. pop + cult → espon.
  2. *Ch.* Desorden, disturbio. pop + cult → espon.

chuchoquero, -a.
  I. 1. adj/sust. *Ch.* Aficionado a los **chuchoqueos** o desórdenes. pop + cult → espon.

¡chuchú!
  I. 1. interj. *Gu.* Expresa orden de sentarse. pop.

chuchuba.
  I. 1. *Ve.* **mirla blanca**.

chuchuca.
  I. 1. f. *Ec.* Maíz algo tierno, secado al sol y quebrantado, que se usa en la preparación de sopas.
  II. 1. f. *Ec.* Sopa elaborada con chuchuca.

chuchuchú.
  I. 1. adj. *Cu.* Habladuría, rumor.

chuchuco.
  I. 1. m. *ES.* Casa vieja.

chuchuhuasi.
  I. 1. m. *Pe.* Árbol de hasta 30 m de altura, de corteza amarilla y madera de calidad, con hojas alargadas o redondeadas; tanto sus raíces como su corteza tienen amplios usos medicinales, así como para la preparación de licor. (Olacaceae; *Heisteria* spp.).

chuchuleo.
  I. 1. m. *RD.* Cuchicheo.

chuchuluco.
  I. 1. m. *Mx, ES.* Objeto personal de poco valor.
  II. 1. m. *Mx.* Golosina. inf.
  III. 1. m. *Mx.* Peluca pequeña que usan los hombres y que cubre solo una parte de la cabeza.
  IV. 1. m. *ES.* Golpe en la nalga.

chuchulucos.
  I. 1. m. pl. *Mx.* Pertenencias, cosas que son propiedad de alguien.

chuchumeca.
  I. 1. f. *Pe.* Prostituta. tabú; pop + cult → espon.
  2. *Pe.* Mujer que se viste y se maquilla de manera llamativa.

chuchumeco.
  I. 1. m. *Ec.* Disfraz grotesco que representa a un viejo o vieja; es común su uso en las fiestas de los Santos Inocentes.

chuchumeco, -a.
  I. 1. adj. *Ec; Ar,* obsol; *Co,* pop ∧ desp; sust/adj. *Ve. Referido a persona*, envejecida, achacosa, venida a menos. pop.
  II. 1. m. y f. *Ec.* Político que se acerca en el momento del triunfo a un candidato ganador para obtener algún beneficio. pop + cult → espon ∧ desp.

chuchumecón.
  I. 1. adj. *Pe:S. Referido a cosa*, cargada en exceso, con exageración.

chuchunte.
  I. 1. adj. *ES. Referido a objeto*, lleno de dinero.
  2. *ES. Referido a persona*, harta de comida.

chuchupate.
  I. 1. *Pa.* **moroporán**.

chuchupe.
  I. 1. *Pe.* **shushupe**.

chuchupuste.
  I. 1. m. *Ho.* Pelota de maíz reventado, bañada en miel.

chuchuqueada.
  I. 1. f. *Ho.* Burla.

chuchusapa.
  I. 1. sust/adj. *Pe:E.* Mujer de senos prominentes o grandes. rur.

chuchusmuti.
  I. 1. m. *Bo:O,C.* Semilla de **chocho** cocida que se consume como refrigerio. pop + cult → espon.

chuchuy. (Voz quech.).
  I. 1. m. *Pe.* **hita**.

chuclla.
  I. 1. f. *Pe.* Choza, *generalmente circular y de techo cónico*, con paredes de barro sin ventanas que se sustenta en una frágil armazón de madera.

chuco.
  I. 1. m. *Pe.* Manto femenino que cubre desde la cabeza hasta los hombros y parte de la espalda. rur.
  2. *Ec.* obsol. Mama de la mujer. pop.
  3. *ES.* Prenda interior femenina.
  ▶ irse ~; llevarse ~.

chuco, -a. (Del nahua *xococ,* agrio).
  I. 1. adj. *Gu, Ho. Referido a cosa*, sucia. (**shuco**).
  2. *Gu, Ho. Referido a persona*, desaseada, sucia. (**shuco**).
  3. *Gu, Ho. Referido a alimento*, que se halla en mal estado. (**shuco**).
  4. m. y f. *Ho.* Persona que despide mal olor.
  II. 1. adj. *Ho. Referido a persona*, insignificante. desp.

chucraco.
  I. 1. *Pe.* p.u. **pijuy**. rur.

chucte. (Del maya *shute,* aguacate silvestre).
  I. 1. *Mx, Gu, Ho, ES.* **chinín**, árbol. (**chupte; sucte**).
  2. *Mx, Gu, Ho, ES.* **chinín**, fruto. (**chupte; sucte**).

chucu.
  ▶ hacer ~~.

chucua. (Del muisca *chubcua,* lugar para pescar).
  I. 1. f. *Co:C.* p.u. Terreno cenagoso.

chucuala.
  I. 1. m. *Ho.* **iguana**. (Iguanidae; *Iguana iguana*).

chucuchucu. (De or. onomat.).
  I. 1. m. *Co.* Música o ritmo tropicales. pop.
  II. 1. m. *Ho, Ni, Pa.* Coito. vulg.

chucula.
  I. 1. f. *Co.* Bebida hecha de cacao tostado y molido al que se agregan harina de cereales, **panela** y especias.
  2. *Co.* Pastilla de chocolate hecha de cacao y harina.

3. *Pa, Ec:O.* Alimento preparado con **plátanos** maduros y azúcar.

chuculún. (De or. onomat.).
  I. 1. m. *Pe.* Coito. pop ^ fest.
  II. 1. m. *Cu, PR.* Conclusión, fin de algo. pop + cult → espon.
  □
    a. ‖ ¡y ~! loc. interj. *PR; Cu,* obsol. Expresa negativa a seguir con lo anterior. pop + cult → espon.

¡chuculún!
  I. 1. interj. *PR.* Imita el ruido que hace un cuerpo al caer al agua.
  □
    a. ‖ ¡y ~! loc. interj. *Cu, PR.* Imita el ruido que hace un cuerpo al caer al agua. pop + cult → espon. (¡chuculún!).

¡chucuplún!
  I. 1. *Ni.* ¡chucús!

chucuri.
  I. 1. *Ec.* sabín.

¡chucús!
  I. 1. interj. *ES.* Imita el sonido de una zambullida.
    ♦ ¡chucuplún!
  ■
    a. ‖ ~ pico verde. *Bo.* chucuta.

chucuto.
  I. 1. m. *Co.* Mono de hasta 57 cm de altura, con la cara y parte de la frente calvas y la cola corta. (Cebidae; *Cacajao rubicundus*).

chucuto, -a.
  I. 1. adj. *Ve.* Referido a *animal*, que tiene el rabo más corto que lo ordinario en su especie, o que no lo tiene. pop.
  2. *Ve.* Referido a *una prenda de vestir*, que queda corta o pequeña. pop.
  3. *Ve.* Referido a *cosa*, que resulta incompleta o deficiente. pop.

chucuyarse.
  I. 1. *Ho.* achucuyarse, perder el ánimo.
  II. 1. *Ho.* achucuyarse, tener miedo.

chucuyo.
  I. 1. *ES, CR.* loro cabeciazul.
  2. *Ho.* chocoyo, ave.

chueca.
  I. 1. f. *Ch.* Juego en el que se enfrentan dos equipos dispuestos en dos bandas iguales, procurando cada uno que una pelota, empujada con unos palos que llevan los jugadores, no pase la raya que señala su término; *tradicionalmente lo practican los mapuches.*
  2. *Ch.* Bastón curvo en su parte inferior para jugar a la chueca.

chuecada.
  I. 1. f. *ES.* Cosa mal hecha.

chuecamente.
  I. 1. adv. *Ch.* Con poca honestidad, sin transparencia. pop + cult → espon.
  2. *Ho.* De mal gusto, de mala manera.

chueco, -a. (Quizás del nahua *xocuo,* cojo).
  I. 1. adj. *Mx, Gu, Ho, ES, Ni, CR, Pa, Cu, Co, Ve, Ec, Pe, Bo, Ch, Py, Ar, Ur.* Torcido, que no es recto. pop + cult → espon.
  2. *Mx, Ec, Bo, Ch.* metáf. Referido a *persona*, que no obra con rectitud. pop + cult → espon.
  3. *Gu, Ho, ES, Ni, CR, RD.* Referido a *cosa*, mal hecha, defectuosa, inútil. pop + cult → espon.
  4. *Bo, Ch; Ec,* p.u. | metáf. Referido a *persona*, desleal. pop + cult → espon.
  5. *Ec.* Doble, pérfido. pop.

6. *Bo.* Referido a *la mirada*, envidiosa y malintencionada. pop + cult → espon.
7. *Pa.* Referido a *una idea*, errónea, desviada.
  II. 1. adj. *Mx, Ho, Ni, Pa, Co, Ec, Bo.* Referido a *asunto o negocio*, ilegal o que no tiene visos de legalidad. pop + cult → espon.
  2. *Mx, Ho, ES, Ni, Pa, Ec.* Referido a *hecho*, confuso, turbio, sospechoso.
  3. *Mx, Ho, Pa.* Referido a *documento*, falso.
  III. 1. adj/sust. *Mx, Gu, ES, Pa, Co, Ve, Ec, Pe, Bo, Ar, Ur.* Referido a *persona*, que tiene las piernas arqueadas, de tal modo que, con los pies juntos, le quedan separadas las rodillas. pop + cult → espon.
  2. *Mx, Ni.* Referido a *persona*, coja. pop + cult → espon.
  IV. 1. adj/sust. *Mx, Ni.* Referido a *persona*, zurda. pop + cult → espon.
  V. 1. adj. *Ar; CR,* p.u. Referido a *persona*, que sufre problemas de salud. pop.
  VI. 1. adj. *Ar:NO.* Referido a *persona*, molesta, enojada o agobiada por algo. pop.
  VII. 1. adj. *Ni, CR, Ec.* Referido a *cosa*, dañada o descompuesta. pop + cult → espon.
  2. m. y f. *RD.* Cosa rota, mal arreglada, con problemas.
  VIII. 1. adj. *RD.* Referido a *persona*, enferma, achacosa.
  IX. 1. adj. *Ho.* Referido a *problema*, de difícil resolución.
  X. 1. adj. *Pa.* Referido a *hombre*, afeminado.
  ▶ jugar ~.

chuecura.
  I. 1. f. *Mx, Ch.* Hecho propio de una persona **chueca**, que no obra con rectitud. pop + cult → espon.
  2. *Mx.* Cualidad de **chueco**, que no obra con rectitud.
  3. *Ch.* Falta de lealtad. pop + cult → espon.

chuequear.
  I. 1. intr. *Ve, Bo, Ar, Ur.* Caminar *alguien* con dificultad o balanceándose hacia los lados, *generalmente por tener las piernas o los pies torcidos.* pop.
  2. *Ar:NO.* Andar en dificultades una persona, un asunto o un negocio. pop.
  3. tr. *Pe, Bo.* p.u. Torcer, desviar *algo* de una línea recta. pop.

chuequera.
  I. 1. f. *Bo, Ar, Ur.* Cualidad de **chueco**, que tiene las piernas arqueadas. pop.
  2. *Ve.* Cojera.
  3. *Bo, Ur.* Cualidad de **chueco**, torcido, no recto. pop.

chufla.
  I. 1. f. *Pe.* Bebida obtenida del agua que proviene del primer hervor de la **chicha** o del arroz hervido y que se acompaña con azúcar y otros ingredientes.
  II. 1. f. *Gu.* Indirecta, dicho o hecho de dar a entender algo sin hacerlo explícitamente. pop + cult → espon.

chuflai.
  I. 1. *Ch.* **chuflay**, bebida.
  II. 1. *RD.* **chuflay**, regalo.

chuflay.
  I. 1. m. *Bo; Pe, Ch,* p.u. Bebida compuesta de una parte de licor y otra de gaseosa, a la que se añaden rodajas de limón. (**chuflai**).
  II. 1. m. *RD.* Regalo, sorpresa de poco valor. (**chuflai**).

chufle.
  I. 1. *Gu, ES.* **macús**, planta.
  2. *Gu, ES.* Flor comestible que se usa en gran cantidad de platos.
  II. 1. m. *ES.* Pene. vulg.
  III. 1. m. *ES.* Diente muy grande.

chufludo, -a.
   I. 1. adj/sust. *ES. Referido a persona*, de dientes grandes.
   II. 1. adj/sust. *ES. Referido a hombre*, de pene grande.

chuga.
   I. 1. f. *Pe.* obsol. Plato pequeño de barro cocido algo hondo y sin borde.

chugchucara.
   I. 1. f. *Ec.* Plato elaborado con carne y cuero de cerdo, y servido con empanadas de queso, maíz tostado y **plátano** frito.

chugi.
   I. 1. f. *PR.* juv. Muchacha.

chugo, -a.
   I. 1. adj. *Ec:S. Referido a persona*, que tiene manchas grandes en la cara. pop + cult → espon.
     2. *Ec:S. Referido a persona*, de piel muy colorada. pop + cult → espon.
   II. 1. adj. *Ec:S. Referido a una caballería*, de pelaje color canela con grandes manchas blancas. rur.

chugua.
   I. 1. f. *Co.* **ulluco**, planta.
     2. *Co.* **ulluco**, tubérculo.

chuguacá.
   I. 1. f. *Co.* Arbusto de hojas opuestas y pequeñas flores blancas, agrupadas en forma de sombrilla; es muy rico en tanino y se emplea como planta ornamental. (Caprifoliaceae; *Viburnum* spp.).

¡chui!
   I. 1. interj. *Ar:C,NO.* Expresa sensación de frío intenso. pop.

chuica.
   I. 1. f. *Ch.* Garrafa de vidrio de hasta unos 15 litros de capacidad, *generalmente cilíndrica*, protegida por una funda de mimbre. (**chuico**).
   II. 1. m. *CR.* Harapo, pedazo o jirón de tela viejo. pop + cult → espon.
     2. *CR.* Prenda de vestir, *especialmente la que es vieja*. pop + cult → espon.
   ▶ **poner como un ~.**

chuico. (Del map. *chuyco*, tinajita).
   I. 1. m. *Bo.* **chuica**, garrafa.

chuico, -a. (Del aim. *huyccu*, ciego de uno o ambos ojos).
   I. 1. adj. *Pa. Referido a persona*, tuerta.

chuín.
   I. 1. m. *RD.* Canto popular improvisado, hecho a base de coplas o ripios y una música sencilla y rítmica.

chuinero, -a.
   I. 1. m. y f. *RD.* Persona que practica e improvisa **chuines** en fiestas para divertir o divertirse.

chuingo.
   I. 1. m. *PR.* Chicle.

chuipi.
   I. 1. m. *RD.* Cosa barata y de mala calidad.

¡chuipi!
   I. 1. interj. *RD.* Expresa admiración.

chuisle.
   I. 1. m. *Ni:N.* Canal de desagüe.
     2. *Ni:N.* Corriente de agua.

chuita.
   I. 1. f. *Pe.* Ave de hasta 60 cm de longitud, de plumaje pardo grisáceo en la cabeza y el dorso y más claro en la parte anterior del cuello y en el vientre; el pico y las patas son amarillos. (Phalacrocoracidae; *Phalacrocorax gaimardi*). ◆ **lile**.

chujiar.
   I. 1. tr. *PR.* Azuzar *alguien* a los perros o a otros animales.

chula.
   I. 1. f. *Mx:SE, Ho, ES.* Hierba erecta y perenne de hasta 80 cm de altura, de hojas aovadas y flores blancas o rosadas con el centro rojo oscuro; produce un látex lechoso y tiene numerosas aplicaciones en la medicina tradicional. (Apocynaceae; *Catharanthus roseus*). ◆ **binca; chabelita; clavellina; cortejo; guajaca; maravilla; mulata; primavera; primorosa; vicaria**.
   II. 1. f. *Ch.* Pene. vulg.
   III. 1. f. *Ho.* Personaje mítico en forma de bella mujer que atrae por la noche a los hombres para espantarlos con su cara de calavera.
   ▶ **dormir con la ~; llevársela la ~; no salirle ni la ~.**

chulada.
   I. 1. f. *Mx, Gu, Ho.* Belleza de las personas.

chulámbrico, -a.
   I. 1. adj. *RD.* Atractivo, bonito, gracioso.

chulampín.
   I. 1. m. *Cu.* Hombre que aprovecha el afecto o amistad que siente hacia él otra persona, *especialmente una mujer*, para obtener beneficios.

chulavita.
   I. 1. adj. *Co. Referido a un Gobierno o a su política*, de filiación conservadora.

chulco.
   I. 1. m. *Ec.* Préstamo de dinero al que se aplica una tasa de interés mayor que la establecida por las instituciones financieras oficiales. pop.
   □
   a. ‖ **al ~.** loc. adj. *Ec. Referido a un préstamo*, que aplica una tasa de interés mayor que la establecida por las instituciones financieras oficiales. pop.
   b. ‖ **al ~.** loc. adv. *Ec.* Con una tasa de interés mayor que las establecidas por las instituciones financieras oficiales. pop.

chulear(se).
   I. 1. tr. *Mx, Gu, ES.* Piropear *algo* o a *alguien*. pop + cult → espon.
     2. *ES, RD.* Enamorar a *alguien*.
   II. 1. tr. *Co.* Marcar parte de un documento con un **tic** para señalar que se ha revisado y controlado. pop.
   III. 1. tr. prnl. *CR, Ve.* Sacar provecho de una o varias personas. pop + cult → espon.
     2. *CR.* Perjudicar a *alguien* en un trato o negocio. pop + cult → espon.
     3. *CR.* Robar, *especialmente objetos de poco valor*. pop + cult → espon.
   IV. 1. tr. *Pa, RD, Ve.* Imitar lo que otra persona ha dicho con intención de burlarse de ella.
   V. 1. intr. prnl. *Ch.* p.u. Volverse **chulo**, vulgar.
   VI. 1. tr. *Py.* Emplear *algo* como pretexto. pop.
     2. *Py.* Inducir a *alguien* a tener por cierto lo que no lo es, valiéndose de palabras fingidas. pop + cult → espon.
   VII. 1. tr. *PR.* Alcahuetear. pop + cult → espon.

chulengo.
   I. 1. m. *Ar.* **Ñandú** joven.
     2. *Ch.* **Guanaco** de poca edad y, *especialmente, el recién nacido*.

chulengueador.
   I. 1. m. *Ar:S.* Cazador de **chulengos**.

chulenguear.
   I. 1. intr. *Ch:S, Ar:S.* Cazar **chulengos**.

chuleo.
   I. 1. m. *Ve.* Remedo en tono de burla que se hace de alguien.

chulería.
   I. 1. f. *Cu, RD, PR.* Cosa bonita, graciosa, divertida. pop + cult → espon.

2. *RD, PR.* Hermosura, belleza, gracia. pop + cult → espon. (**chulín**).

II. 1. f. *Ch.* Vulgaridad, falta de calidad. pop + cult → espon ^ desp.

2. *Ch.* Cosa vulgar, de muy poca calidad. pop + cult → espon ^ desp.

□

a. ‖ ~ **al pote.** loc. sust. *PR.* Algo muy bueno. pop + cult → espon.

chulerío.

I. 1. m. *Ch.* Conjunto o reunión de **chulos**, personas de clase social baja o que gustan de lo popular. pop + cult → espon ^ desp.

chuleta.

I. 1. f. *Ch.* p.u. Patilla, porción de barba que se deja en los carrillos. pop + cult → espon.

II. 1. f. *Ch.* p.u. Patada o puntapié. pop + cult → espon.

III. 1. m. *Ho.* Hombre homosexual. desp.

IV. 1. adj. *Ni.* juv. *Referido a una mujer*, que tiene atractivo físico y sexual.

V. 1. f. *PR.* Embuste, mentira.

VI. 1. f. *PR.* Marihuana. drog.

VII. 1. f. *PR.* Obstáculo *para hacer algo*.

▶ **dejar esa ~.**

¡chuleta!

I. 1. interj. *Pa.* Expresa estupefacción. euf; pop + cult → espon.

chuleteo.

I. 1. m. *Ch.* Broma que se hace tomando a alguien o algo a la ligera. pop.

▶ **agarrar para el ~.**

chuletero, -a.

I. 1. adj/sust. *Ch. Referido a persona, especialmente a un jugador de futbol,* que propina muchas patadas a los rivales. pop.

chuletón.

I. 1. sust/adj. *Ho, ES.* Hombre homosexual. fest.

chulillo.

I. 1. m. *Pe.* Cobrador de autobús. rur; pop.

2. *Pe.* Muchacho que trabaja como ayudante de un conductor de camiones. pop.

3. *Pe.* Sirviente o aprendiz. pop.

4. *Pe.* Cargador de bultos. pop. (**chulío**).

chulín.

I. 1. m. *Ni.* Pez de agua dulce, alargado, de hasta 23 cm de longitud, barbilla corta, largos bigotes, sin escamas, de color grisáceo y con aletas radiadas; vive en aguas profundas de los lagos. (Heptapteridae; *Rhandia laticauda*).

II. 1. m. *PR.* **chulería**, belleza.

III. 1. *PR.* **chuchín**, formidable.

chulinga.

I. 1. *Ve:E.* **mirla blanca.**

chulingo, -a.

I. 1. sust/adj. *Ho.* Persona altanera y engreída.

chulío.

I. 1. m. *Ec:S, Pe.* Hombre que tiene por oficio cobrar el pasaje en los autobuses. pop + cult → espon.

2. *Pe.* **chulillo,** cargador.

chulisnais. (De *chuli* y del ingl. *nice*).

I. 1. adj. *PR.* Atractivo, ingenioso, interesante. pop + cult → espon.

chulla. (Del aim. y del quech. *chu'lla,* impar).

I. 1. adj. *Co:SO, Ec, Pe.* Solo, único, que no forma pareja o conjunto con otros de su clase. pop.

2. *Bo; Ec, Ar,* pop. *Referido a un objeto que forma parte de un par,* que ha perdido su complemento.

II. 1. adj. *Ec.* Relativo al equipo de **futbol** Deportivo Quito. pop.

III. 1. adj. *Ec. Referido a mujer,* que accede con facilidad a los requerimientos sexuales de los hombres. pop + cult → espon.

IV. 1. adj. *Ec.* Relativo a Quito.

V. 1. adj. *Ec. Referido a persona,* que hace ostentación de cualidades y posesiones que no posee, para tener acceso a ambientes sociales de las clases altas.

chullaleva.

I. 1. adj/sust. *Ec:N.* obsol. *Referido a persona,* que presume de cosas que no posee. pop.

chulleco, -a.

I. 1. adj/sust. *Ch. Referido a persona,* que tiene una malformación física, *especialmente en las piernas.* rur; desp.

chullo. (Del quech. *ch'ullu*).

I. 1. m. *Pe, Bo; Ec,* p.u. Gorro con orejeras, tejido en lana, con dibujos multicolores, usado en las regiones andinas para protegerse del frío. (**chulo; chuyo**).

chullpa. (Del aim. y del quech. *chullpa,* torre funeraria de piedra).

I. 1. f. *Bo.* Momia preincaica.

2. sust/adj. *Bo.* metáf. Persona de edad avanzada. pop + cult → espon ^ fest.

chullpar.

I. 1. m. *Bo.* Lugar en el que se encuentran momias preincaicas. ♦ **chullperío.**

chullperío.

I. 1. **chullpar.**

2. *Bo.* Conjunto de **chullpas,** momias preincaicas.

chullpi. (Del quech. *chu'llpi*).

I. 1. *Ec, Pe.* **chulpi.**

chullu-chullu.

I. 1. m. *Bo.* Instrumento musical fabricado con tapas metálicas aplanadas de botella, ensartadas en un alambre en forma de arco que se utiliza para marcar el ritmo en algunas composiciones autóctonas o para acompañar el canto de villancicos de Navidad. (**chulluchullu**).

chulluchullu.

I. 1. *Bo.* **chullu-chullu.**

chulo.

I. 1. *Co, Ve:O.* **zopilote.** (Cathartidae; *Coragyps atratus*).

II. 1. m. *Co.* Signo gráfico, similar a una V, que se pone al margen de un escrito, para indicar que ha sido revisado. pop.

III. (Del aim. y del quech. *ch'ullu*).

1. *Bo, Ar.* **chullo.**

2. m. *Bo:C,O.* Gorro de lana. pop.

IV. 1. m. *Bo:C,O.* Preservativo. pop ^ fest.

chulo, -a.

I. 1. adj. *Mx, Gu, Ho, ES, Ni, Cu, RD, PR, Bo; Ec,* p.u. *Referido a persona,* atractiva, bella, ingeniosa, interesante. pop + cult → espon.

II. 1. adj/sust. *Ch. Referido a persona,* de clase social baja o que gusta de lo vulgar. pop + cult → espon ^ desp.

2. adj. *Ch. Referido a cosa,* vulgar, ordinaria, de poca calidad. pop + cult → espon ^ desp.

III. 1. adj. *CR, Cu. Referido a persona,* que acostumbra a sacar provecho de los recursos económicos y de los esfuerzos ajenos. pop ^ desp.

¡chulo!

I. 1. interj. *Co.* Expresa los deseos de que algo salga bien. pop.

chulonear(se).

I. 1. tr. *ES.* Desnudar a *alguien.*

2. intr. prnl. *ES.* Desnudarse *alguien.*

chulpe. (Del quech. *chu'llpi*).

I. 1. *Ec, Pe.* **chulpi.**

chulpi. (Del quech. *chu'llpi*).
  I. 1. m. *Ec, Pe; Ch*, p.u. Maíz de grano menudo, rugoso y alargado, *que se consume habitualmente tostado*. (Poaceae; *Zea maidis*). (**chullpi**; **chulpe**). ♦ **cancha.**

chulquero, -a. (De *chulcu*).
  I. 1. m. y f. *Ec*. Persona que presta dinero a un interés muy alto. pop.

¡chultín!
  I. 1. interj. *Bo:C,O*. Expresa la imitación del sonido que produce la caída de una persona o de un objeto en el agua. pop ^ fest.

chulunco, -a.
  I. 1. adj. *Ho, ES*. Referido a una prenda de vestir, especialmente un pantalón o una falda, muy corta.
  2. *Ho*. Referido a animal, que tiene cortados el rabo o las plumas de la cola.
  3. *Ho*. Referido a caballería, que no tiene pelo en el rabo.

chulungo, -a.
  I. 1. adj/sust. *PR*. Referido a persona, chapucera, que trabaja con tosquedad e imperfección.
  II. 1. adj. *PR*. Referido a un caballo, pequeño, viejo, de poco valor.

chulunquear.
  I. 1. tr. *Ho, ES*. Acortar algo, generalmente una prenda de vestir.
  2. *ES, Ni:O*. Trasquilar a alguien.
  3. *Ho*. Cortar el rabo a un animal.

chulupi.
  ◻
  a. ‖ **como ~ en asamblea de pollos.** loc. adj. *Bo:E*. Referido a persona, nerviosa y asustada.

chulupo.
  I. 1. m. *Co*. Enredadera de hojas brillantes de color verde y flores rosadas, colgantes y muy vistosas; su fruto es de color verde, redondo, de cáscara dura y quebradiza y contiene numerosas semillas rodeadas de una pulpa dulce. (Passifloraceae; *Passiflora ornata*). (**gulupo**).

chuma. (Del quech. *ch'uma*).
  I. 1. f. *Ec, Ar*, cult → espon; *Co*, espon; *Pe*, juv. Borrachera. pop.
  2. adj. *Bo*. Referido a persona, que ha consumido bebidas alcohólicas en exceso hasta emborracharse. pop.
  II. 1. adj. *Pe*. Referido a una comida o a una bebida, insípida, falta de sabor. pop.
  2. adj/sust. *Pe*. metáf. Referido a persona, especialmente a una mujer, que carece de gracia o simpatía. pop.
  ▶ **pegarse una ~.**

chumacearse.
  I. 1. intr. prnl. *Ho*. juv. Drogarse fumando marihuana. drog.

chumacera.
  I. 1. f. *ES*. Vello del pubis. vulg.
  2. *ES*. Ano. vulg.
  3. *ES*. juv. Nalgas. vulg.
  II. (De *humareda*).
  1. f. *Ho*. Abundancia de humo. pop.
  2. *Ho*. meton. Vehículo muy viejo y en mal estado.
  III. (Del port. *chumaceira*).
  1. f. *Ho*. Dispositivo que recubre los ejes, rodamientos y cojinetes de una máquina en el que se inyecta y conserva la grasa o el aceite para evitar el desgaste.
  2. *Ho*. Parte córnea de la pluma de las aves que está incrustada en la piel.
  IV. 1. f. *PR*. Pieza de madera que se coloca al borde de las embarcaciones de remo en cuyo medio está el tolete.

chumado, -a.
  I. 1. adj/sust. *Co, Ec, Bo, Ar:NO,O*. Referido a persona, borracha. pop. (**achumado**).

chumal.
  I. 1. m. *Ec:S*. p.u. Alimento elaborado con maíz tierno, huevos, mantequilla, manteca de cerdo, queso rallado, sal y polvo de hornear, que se cocina en agua caliente y envuelto en las hojas tiernas que cubren la mazorca del maíz.

chumalada.
  I. 1. f. *Ec:S*. p.u. Comilona de **chumales**.

chumalera.
  I. 1. f. *Ec:S*. p.u. Olla grande adecuada para cocer **chumales** al vapor.

chumar(se).
  I. 1. intr. prnl. *Co, Ec, Bo:C,O, Ar*. Ponerse borracha una persona. pop + cult → espon.
  II. 1. tr. *Bo:C,O, Ar:NO*. Apretar o estrujar algo para extraer el líquido que contiene. pop.
  III. 1. intr. *Ar:NO*. Llorar. pop.

chumazo.
  I. 1. m. *Mx:S, Ho, ES*. Manojo, mazo o ramillete de cosas.

chumba. (Sínc. de *chumbimba*).
  I. 1. f. *ES*. Partido Demócrata Cristiano.
  2. *ES*. Miembro del Partido Demócrata Cristiano.
  II. 1. *Ho, ES*. **chumbimba**, pez.
  III. 1. f. *ES*. Persona con doble personalidad.

¡chumbale!
  I. 1. interj. *ES*. Expresa una orden para castigar a un animal, generalmente un perro.

¡chúmbale!
  I. 1. interj. *Ar, Ur*. Expresa azuzamiento a un perro. pop.

chumbar(se).
  I. 1. intr. *Ar*. Ladrar un perro, especialmente ante la presencia de un extraño. pop.
  2. tr. *Ar:NO*. Incitar a alguien a que entre en una pelea. pop.
  3. *Ur*. Azuzar a un perro para que ladre, ataque o muerda a alguien o a otro animal. pop.
  II. 1. intr. *Ar*. En el *futbol*, patear la pelota con excesiva violencia. inf.
  III. 1. intr. prnl. *Ar:NO*. obsol. Emborracharse. pop.
  IV. 1. intr. prnl. *Ar:NO*. Enflaquecer o ponerse muy delgado. pop.
  V. 1. tr. *Pa*. Cubrir a un niño muy pequeño con mantas de modo que no se pueda desarropar.

chumbazo.
  I. 1. m. *Bo, Ar, Ur*. Balazo, disparo de un arma de fuego. pop.
  2. *Ar, Ur*. Impacto, herida o daño causado por un balazo o disparo. pop.
  II. 1. m. *Bo, Ar, Ur*. En el *futbol*, disparo muy fuerte y rápido que se da a un balón.

chumbe.
  I. 1. *Pe:E, Ar:N*. **chumpi**. rur.

chumbeque. (De *Chumbeque®*).
  I. 1. m. *Pe, Ch:N*. Dulce hecho con tres capas de masa de harina y manteca, con relleno de miel de limón u otros ingredientes.

chumbera.
  I. 1. f. *PR*. Cualidad de **chumbo**, de pocas nalgas.
  II. 1. f. *Ur*. Rifle o escopeta de aire comprimido.

chumbi.
  I. 1. m. *Ec*. Faja de hasta 2 m de longitud, tejida con hilos de lana de varios colores, usada para ceñir a la cintura la **cushma**, el **anaco** o los pantalones.

chumbimba.
 I. 1. f. *Co.* Tiroteo. delinc.
 II. 1. f. *Gu, Ho, ES.* Pez de agua dulce de hasta 50 cm de longitud, con una franja negra que le atraviesa el costado y su coloración va del gris al azul; los machos tienen la cabeza más convexa y un color más intenso. (Cichlidae; *Cichlasoma maculicauda*).
 ▶ darse ~.

chumbimbo.
 I. 1. *Co.* jaboncillo, árbol.

chumbito.
 I. 1. m. *Ur.* Proyectil pequeño, *generalmente de papel.* pop + cult → espon.

¡chumbluj!
 I. 1. *Ec:S.* p.u. **¡chumbulún!**

¡chumblún!
 I. 1. *ES.* **¡chumbulún!**

chumbo. (Del port. *chumbo*, plomo).
 I. 1. m. *Bo, Ar, Ur.* Revólver o pistola. pop + cult → espon.
 2. *Bo, Ar, Ur.* p.u. Bala, proyectil que se dispara con un arma de fuego. pop + cult → espon.
 3. *Ar.* p.u. Balazo. pop + cult → espon.
 4. *Ar:NO.* Golpe dado con el puño. pop + cult → espon.
 □
 a. ‖ como ~. loc. adv. *Ar, Ur.* Muy rápidamente. pop + cult → espon.

chumbo, -a.
 I. 1. *Co:SO.* chompipe, pavo.
 II. 1. *PR.* planchado, de nalgas caídas.
 2. adj. *PR. Referido a persona, especialmente a una mujer,* culimetida, desnalgada, plana. pop + cult → espon. (**chumbón; culichumbo**).

chumbón, -na.
 I. 1. *PR.* chumbo, de pocas nalgas.

¡chumbulún!
 I. 1. interj. *ES, Ni, Pa.* Imita el sonido de un cuerpo al sumergirse en el agua. (**¡chumblún!**). ♦ **¡chumbluj!**

chume.
 I. 1. m. *Bo.* Maleza casi impenetrable de las regiones tropicales.

chumeco, -a.
 I. 1. adj. *RD.* Canijo, enclenque.
 II. 1. adj/sust. *CR. Referido a persona,* de raza negra. pop.
 2. *CR. Referido a persona,* de piel oscura, pero no de raza negra. pop.

chumelear.
 I. 1. tr. *ES.* Realizar el coito de forma pasajera con *alguien.*

chumelera.
 I. 1. f. *ES.* chumelo, abeja.

chumelo.
 I. 1. m. *Ho, ES.* Abeja silvestre, muy pequeña, de color amarillento, que produce miel. (Apidae; *Nannotrigona* spp.). (**shumelo**).
 2. *Ho, ES.* Panal fabricado por el chumelo. (**shumelo**).
 II. 1. m-f. *ES.* Persona tonta.
 ■
 a. ‖ miel de ~. f. *Ho, ES.* Miel que produce el chumelo y que tiene usos medicinales.
 ▶ andar para los ~s; estar para los ~s; quedar para los ~s.

chumero, -a.
 I. 1. sust/adj. *Ni.* juv. Persona muy fumadora.

chumical.
 I. 1. m. *Pa.* Lugar poblado de **chumicos**.

chumichunga.
 I. 1. f. *Ar:NO; Ur.* desp. Conjunto de gente vulgar o tosca. desp.

chumico. (Epént. de *chocomico*).
 I. 1. *Mx:O,SE, Gu, Ho, ES, CR, Pa.* chaparro, árbol.
 2. *CR.* jaboncillo, árbol.
 3. m. *CR.* Semilla del fruto del chumico. (Sapindaceae; *Sapindus saponaria*).
 II. 1. m. *CR.* Grano de café unido a otro de mayor tamaño.
 III. 1. m. pl. *CR.* Juego similar a las canicas practicado con semillas del fruto del chumico.

chumina.
 I. 1. f. *Gu.* juv. Cazadora, chaqueta corta.

chumino.
 I. 1. m. pl. *CR.* p.u. Dinero, *generalmente el que se tiene ahorrado.* pop.

chumo.
 I. 1. m. *Gu.* Campesino, persona que trabaja el campo.

chumpa. (Del ingl. *jumper*).
 I. 1. f. *Gu, Ho, ES, Ni, Pa.* Chaqueta corta de uso informal o deportivo, que se ajusta a la cadera mediante un elástico y, a veces, se cierra con cremallera.

chumpe. (Sínc. de *chompipe*).
 I. 1. m-f. *Mx, Gu, Ho, ES, Ni.* chompipe, pavo.

chumpeo.
 I. 1. adv. *Ch.* Rápidamente. pop.

chumpi. (Del aim. y el quech. *ch'umpi*).
 I. 1. m. *Pe, Bo:C,O, Ar:NO.* Faja de lana tejida, ancha, gruesa y muy vistosa *que llevan especialmente las mujeres* para ajustarse la ropa o protegerse el vientre.

chumpipe, -a.
 I. 1. *Mx, Gu.* chompipe, ave.
 ▶ ser el ~ de la fiesta.

chumpipear. (De *chumpipe*).
 I. 1. intr. *ES.* Hacer tonterías.
 2. *Ho.* Cantar el pavo.

chumplaco, -a.
 I. 1. adj. *ES:E. Referido a persona,* tonta.

chumuco.
 I. 1. m. *Ar:NO.* Ave acuática de hasta 70 cm de longitud, de plumaje negro, patas cortas, dedos unidos por una membrana interdigital, y cuello y cola largos. (Phalacrocoracidae; *Phalacrocorax oilvaceus*).
 II. 1. m. *Ar:NO.* Juego consistente en hacer salpicar el agua tirando piedras a los charcos o ríos. rur; pop.

chumuco, -a.
 I. 1. adj. *Ar:NO.* Empapado o muy mojado. rur; pop.
 2. *Ar:NO.* Que está arrugado por haber permanecido mucho tiempo en el agua. rur; pop.

chumucuco.
 I. 1. *Ar:NO.* mbiguá.

chumul.
 I. 1. m. *Gu.* Grupo grande de personas.

chun.
 ■
 a. ‖ ~~~.
 i. loc. adv. *PR.* Sin miramientos. pop + cult → espon. (**chún-chún**).
 ii. *PR.* Subrepticiamente. pop + cult → espon.

chún-chún.
 I. 1. *PR.* chun chun chun, sin miramientos.

chuna.
 I. 1. f. *Ho, ES.* Pene. vulg.

chuná.

I. 1. f. *Pe.* Planta de tallo cilíndrico, espinoso, con flores que aparecen en racimos colgantes y frutos comestibles de consistencia esponjosa y sabor agridulce, el tallo y el nacimiento de flores y frutos están cubiertos de una vellosidad blanca. (Cactaceae; *Novoespostoa lanata*).

chunca.

I. 1. f. *Ar:NO.* Pantorrilla de una persona, *especialmente de una mujer.* pop.

2. *Ar:NO.* Pierna de una persona. pop.

3. *Ar:NO.* Hueso de la rodilla, *especialmente de un animal.* pop.

chuncano, -a.

I. 1. sust/adj. *Ar:C,NO.* Persona que proviene de la montaña o del campo. pop ^ desp.

2. adj. *Ar:C,NO. Referido a persona,* de modales torpes en un medio que le resulta extraño. pop ^ desp.

chuncha.

I. 1. f. *Ni, CR.* Pene. vulg.

II. 1. f. *Ni, CR.* **chéchere,** objeto.

chunchaca.

I. 1. f. *ES.* Vulva. vulg.

chunchada.

I. 1. f. *Ho, ES.* Cualquier cosa u objeto, *generalmente de poco valor.* pop.

2. *Ho.* Cualquier cosa u objeto del que no se sabe el nombre o no se quiere decir. pop.

chunche. (Quizás del nahua *tsultic*, viejo).

I. 1. m. *Mx:C,S, Gu, Ho, ES, Ni, CR, Pa; PR,* juv. Cualquier objeto al que no se le denomina por su nombre específico, *especialmente un aparato o herramienta.* pop.

2. *Gu, Ho, ES, Ni, CR, Pa.* Objeto del que se desconoce su nombre o no se quiere mencionar. ♦ **chunchereco.**

II. 1. m. pl. *Gu, Ho, ES, Ni, CR, Pa.* Trastos viejos y enseres personales de escaso valor. pop. ♦ **muleles.**

2. *Ho.* Ropa de vestir gastada por el uso.

III. 1. m. *Ho, ES.* Pene. vulg.

2. *Ni.* Vulva. vulg.

IV. 1. *CR.* Vehículo automóvil. pop + cult → espon.
▶ **dar el ~.**

chunchereco.

I. 1. *CR.* **chunche,** objeto. rur.

chuncherequear.

I. 1. tr. *Ni, CR.* p.u. Manipular *algo, en especial un dispositivo o un mecanismo.* pop + cult → espon.

chunchería.

I. 1. m. *ES, CR.* Gran cantidad de **chéncheres.**

chunchero.

I. 1. m. *Gu, Ho, Ni, CR.* Gran cantidad de **chéncheres.** pop + cult → espon.

chunchi.

I. 1. m. *Ec.* Banda de goma usada por las mujeres para sujetar el pelo.

chuncho. (Del quech. y del aim. *ch'unchu*, plumaje).

I. 1. m. *Co:SO, Ar:NO.* Caballo de poca alzada. pop.

II. 1. *Ch.* **chucho,** ave de rapiña.

III. 1. m. *Bo:C,O.* Danza folclórica indígena en la que los bailarines blanden en sus manos un arco y flechas que mueven al compás de la música, mientras realizan sus evoluciones y saltan, como parte de la coreografía.

IV. 1. m. *Pa.* Vehículo automóvil. pop + cult → espon.
▶ **matar el ~.**

chuncho, -a. (Del quech. y aim. *ch'unchu*, plumaje).

I. 1. adj/sust. *Pe; Bo,* pop. *Referido a persona,* que es natural de la región selvática y que no se ha incorporado a la civilización occidental. (**chunchu**).

2. *Pe, Bo. Referido a persona,* incivil, rústica, huraña. pop. (**chunchu**).

II. 1. adj/sust. *Ar:NO. Referido a persona,* de baja estatura. pop.

III. 1. adj/sust. *Ch. Referido a persona,* gafe, que trae mala suerte.

chunchoso, -a.

I. 1. *Co:SO.* **chandoso,** que tiene sarna.

chunchu.

I. 1. *Pe, Bo.* **chuncho,** que es natural de la región selvática.

2. *Pe, Bo.* **chuncho,** huraño.

II. 1. m. *Pe.* **yacushapana,** árbol.

chunchucuyo.

I. 1. m. *Gu, Ho, ES, Ni. En las aves,* rabadilla, extremidad movible donde van las plumas de la cola.

2. *Gu, ES.* Ano de las aves o de las personas. vulg.

chunchul. (Del quech. *ch'únchull*, tripas).

I. 1. m. *Ch, Ar:NO;* m. pl. *Pe, Ch.* Tripa de vacuno, ovino o porcino que se asa en parrilla.

2. *Ch.* metáf Corbata masculina. pop + cult → espon ^ fest.

chunchula. (Del quech. *ch'únchula*, intestino).

I. 1. f. *Bo; Ec,* rur. Intestino delgado comestible de ovinos o vacunos.

chunchuli.

I. 1. *Ar:NO.* **chunchulín.**

chunchulí.

I. 1. *Pe.* **choncholí.**

chunchulín.

I. 1. m. *Bo, Py, Ar:NO.* Tripa, *especialmente el intestino delgado de los vacunos,* que se asa a la parrilla. (**chunchulí**).

chunchullo, -a. (Del quech. *ch'úncull*, tripas).

I. 1. m. y f. *Co.* Parte del intestino delgado de la **res,** del cerdo o del cordero, que se come asada o frita. ♦ **chunchurria.**

chunchurria.

I. 1. f. *Co:O.* **chunchullo.**

chunco, -a.

I. 1. adj. *Co. Referido a persona,* que carece de una mano o un brazo o ha perdido el uso de ellos. pop ^ desp.

2. *Co. Referido a persona,* que tiene solo una pierna o un pie. pop ^ desp.

3. *ES. Referido a animal,* que carece de rabo o lo tiene muy corto.

chuncu. (Del quech. ¡*chunku!*).

•
a. ‖ ~. fórm. *Bo:C,O.* Se usa como tratamiento cariñoso entre enamorados. pop. ♦ **chunquito; chunquitu; chunquituy.**

□
a. ‖ ¡~ **palomita!** loc. interj. *Bo.* Expresa cariño o afecto. pop.

chuncudo, -a.

I. 1. adj. *Ar:NO. Referido a persona,* que tiene las piernas largas. pop.

2. *Ar:NO. Referido a persona,* que tiene las pantorrillas muy desarrolladas o bien formadas. pop.

chundo, -a.

I. 1. adj. *Mx. Referido a persona o animal,* que carece de algún miembro o parte articulada del cuerpo.

II. 1. m. y f. *Mx.* Persona que no transmite confianza.

chunero.

I. 1. m. *Gu, ES:O.* Aprendiz de albañil.

chunero, -a.
  I. 1. sust/adj. *Gu.* Persona tosca y burda en sus modales.

chunga.
  I. 1. f. *ES. En el juego de las canicas,* raya marcada en el suelo desde la que se tiran las canicas.
    2. *Ec. En el juego de las cánicas,* el hoyo.
  II. 1. f. *PR.* Borrachera.
  III. 1. *Pa.* **mocora,** palma.

chungana.
  I. 1. f. *Pe.* Sonajero o maraca usada por los curanderos y brujos en sus ceremonias.

chungar.
  I. 1. tr. *ES.* Molestar, importunar a *alguien.*

chungo.
  I. 1. m. *Pe.* Instrumento de piedra en forma de media luna para triturar o moler.
  II. 1. m. *RD.* Amante secreto de una mujer. desp.

chungón, -na.
  I. 1. adj. *ES. Referido a persona,* burlona.

chunguear.
  I. 1. tr. *Gu, ES.* Gastar bromas a *alguien.*
  II. 1. intr. *Ho.* Ingerir bebidas alcohólicas. pop.

chunguería.
  I. 1. *PR.* **changuería.**

chunguero, -a.
  I. 1. adj/sust. *PR. Referido a persona,* bromista, divertida. pop + cult → espon.

chunguinada.
  I. 1. *Pe.* **chonguinada.**

chungungo.
  I. 1. *Pe, Ch.* **perro de agua.** (Mustelidae; *Lutra felina*).

chuno.
  I. 1. m. *Ec.* Harina que se extrae del rizoma de la **achira.**

chunqueada.
  I. 1. f. *Bo.* Serie de besos apasionados dados a una persona. pop.

chunquear(se).
  I. 1. tr. *Bo.* Besar reiteradamente a una persona con la que se mantiene una relación amorosa. pop.
    2. intr. prnl. *Bo.* Besarse de forma insistente una pareja. pop.

chunqueo.
  I. 1. m. *Bo.* Serie de besos apasionados de una persona a su pareja. pop.

chunquera.
  I. 1. f. *Ar:NO.* Faja elástica que protege la pierna de los deportistas.

chunquita.
  I. 1. f. *Ar:NO.* Novia o mujer con la que se mantiene una relación amorosa. rur.

chunquito.
  •
    a. ‖ ~. *Bo:C,O.* **chuncu.**

chunquitu.
  •
    a. ‖ ~. *Bo:C,O.* **chuncu.**

chunquituy.
  I. 1. *Bo:C,O.* **chuncu.**

chunta.
  I. 1. *Ar:NO.* **chonta.** (Arecaceae; *Acrocomia chunta*).

chúntaro, -a.
  I. 1. adj/sust. *Mx. Referido a persona,* huraña. desp.
  II. 1. adj/sust. *Mx.* Ignorante, inculto. desp.

chuntarro, -a.
  I. 1. sust/adj. *Ho.* juv. Pandillero recién aceptado en la **mara.** delinc.

chunte.
  I. 1. *Gu, Ho:C,O.* **bagre.** (Ariidae; *Arius melanopus, Bagre marinus, B. panamensis, Galeichthus guatemalensis*).
  II. 1. m-f. *Gu, Ho.* Miembro del ejército o de la policía. desp.
  III. 1. m. *Ho:O.* Ano. vulg.

chuntearse.
  I. 1. intr. prnl. *Ho.* Evacuar el vientre. rur; vulg.

chunteca.
  I. 1. f. *Gu.* Cabeza.

chuntería.
  I. 1. f. *Ch.* Puntería, destreza para dar en el blanco. pop + cult → espon.

chunto.
  I. 1. m. *Gu.* **chompipe,** ave.

chuntunki.
  I. 1. m. *Bo.* Ritmo de música folclórica que se interpreta con **charango,** guitarra, quena y zampoña.

chununo. (Del lenca *shuno,* vulva).
  I. 1. *Ho, ES.* **cuayote,** bejuco.
    2. *Ho, ES.* **cuayote,** fruto.

chuña.
  I. 1. f. *Ar.* Ave zancuda y corredora, de hasta 1 m de altura, cola larga y plumaje grisáceo. (Cariamidae; *Chunga burmestieri, Cariama cristata*). ♦ **sariá.**
  II. 1. f. *Ch.* Derroche, acción de malgastar.
  III. 1. f. *Bo:C,O.* Pelea a puñetazos. pop.
  ▶ **para tirar a la ~; tirar a la ~.**

chuñada.
  I. 1. f. *Ar:NO.* Salida violenta por la boca de lo que contiene el estómago. pop.
    2. *Ar:NO.* Vómito, aquello que se expulsa violentamente por la boca. pop.

chuñadura.
  I. 1. f. *Bo.* Pelea a puñetazos. pop.

chuñar(se).
  I. 1. tr. *Ar:NO.* Vomitar, arrojar violentamente por la boca el contenido gástrico. pop.
  II. 1. intr. prnl. *Bo.* p.u. Ausentarse un estudiante de un centro educativo en horario de clase. pop.

chuñazo.
  I. 1. m. *Bo.* Puñetazo dado en la cara. pop.
    2. *ES.* Puntapié a un balón con el pie descalzo.

chuñeador, -ra.
  I. 1. sust/adj. *Bo:C,O.* Persona que pelea frecuentemente y es muy hábil con los puños. pop.
  II. 1. sust/adj. *Bo:C,O.* Estudiante que falta a clases sin el consentimiento de sus padres. pop.

chuñear(se).
  I. 1. tr. *Bo.* Golpear a *alguien* con los puños. pop.
    2. intr. prnl. *Bo.* Pelearse dos o más personas a puñetazos. pop.

chuñento, -a.
  I. 1. adj. *Ch:N.* Sucio, desaseado. pop.

chuñiar.
  I. 1. tr. *Ar:NO.* Vomitar, arrojar violentamente por la boca el contenido gástrico. pop.

chuño.
  I. (Del quech. *ch'uñu,* patata helada y secada al sol).
    1. m. *Ec, Pe, Bo, Ch, Ar, Ur.* Fécula de la **papa** o patata, secada al sol durante el día y en las heladas nocturnas. ♦ **tunta.**
    2. *Pe, Ar.* Harina de **papa** o patata secada al sol.
    3. *Ar:NO.* Postre hecho con fécula de patata disuelta en leche; *se prepara especialmente para niños y enfermos.* pop.
  II. 1. m. *Bo.* Parte final y puntiaguda del hocico del perro. pop ^ fest.

a. ‖ ~ **cachi.** m. *Bo:O.* **Papa** secada al sol durante el día y en las heladas nocturnas; se utiliza en la cocina tradicional de la región andina.

b. ‖ ~ **puti.** m. *Bo:C,O, Ch:N.* Alimento que se elabora con trozos pequeños de **chuño** cocido mezclados con huevo, queso rallado o **maní** molido, sirve de guarnición en algunas comidas.

□
a. ‖ **cuando florezca el ~.** loc. adv. *Bo:O.* Nunca.

chuño, -a.
I. 1. sust/adj. *Pe:S.* Indio adinerado.
II. 1. adj. *Ho, ES, Ni. Referido a persona,* descalza. pop.
♦ **chuñón.**

chuñón, -na.
I. 1. *Ho.* **chuño,** descalzo.

chuñoputi.
I. 1. m. *Bo:C,O.* Trozos pequeños de **chuño** cocido mezclados con huevo, queso rallado o **maní** molido, sirve de guarnición en algunas comidas.

chuñoso, -a.
I. 1. adj. *Pe:S.* Sucio, mugriento. pop.

chuñusco, -a. (Del quech. *ch'uñusqa,* y este de quech. *ch'uñu,* papa deshidratada.)
I. 1. adj. *Ch. Referido a persona, generalmente anciana,* ajada, disminuida, decrépita. pop + cult → espon.
2. *Ch. Referido a cosa,* arrugada. pop + cult → espon.

chup.
I. 1. m. *Pe.* Refresco congelado de fruta que se vende en bolsitas alargadas de plástico. ♦ **marciano.**

chupa.
I. 1. f. *Gu, Ho, ES, RD, Ec, Bo, Ar.* Borrachera. pop.
2. *Ho; Ec, juv; Ar:O, pop; Bo,* pop + cult → espon. Reunión informal en la que se consumen bebidas alcohólicas.
3. *Ar:NO.* Bebida alcohólica. pop.
4. *Ho, ES, Ni.* Ingesta de bebidas alcohólicas.
II. 1. m. *Pe, Ar:NO; Ec,* obsol. Divieso. pop.
III. 1. m-f. *Co.* Agente de la policía de tráfico.
IV. 1. f. *Co.* Instrumento para desatascar cañerías.
V. 1. f. *Bo:C.* Rabadilla y rabo de los animales. pop.
VI. 1. f. *Ho.* Inflorescencia del **plátano.**
VII. 1. f. *PR.* Bagazo de la naranja.
VIII. 1. m. o f. *CR.* Golosina consistente en un caramelo sólido circular sostenido por un palito.

■
a. ‖ ~ **bebis.** m. *RD.* Dulce, golosina.
b. ‖ ~~.
  i. m-f. *CR;* m. *Cu, Ur;* m. *Ar:NO,* obsol. Golosina consistente en un caramelo sólido esférico sostenido por un palito.
  ii. f. *Cu.* Prostituta que se encuentra en las carreteras y se dedica exclusivamente a la felación. pop.
c. ‖ ~ **pija.** sust/adj. *Ar, Ur.* Persona idiota. vulg; desp.
d. ‖ ~ **verga.** sust/adj. *Ar, Ur.* Persona idiota. vulg; desp.
▶ **dejar como ~; poner como ~; poner como ~ de china.**

¡chupa!
I. 1. interj. *Pa, RD.* Expresa exhortación a aguantar una situación negativa.

chupa-chupa.
I. 1. *Cu.* **chupachupa,** golosina.
II. 1. *Cu.* **chupachupa,** prostituta.

chupabesitos.
I. 1. m. *ES.* Dulce de miel de **panela.**

chupacabras.
I. 1. m. *Mx, Ho, Ni, CR, Ch, Py. En la mitología popular,* criatura que mata y chupa la sangre de sus víctimas como un vampiro.

II. 1. m. *Ho:N.* Pinza que sirve para sujetar el pelo que tiene dos filas de dientes similares a un peine.

chupacacao.
■
a. ‖ ~ **negro.** *Ve.* **atatao.**
b. ‖ ~ **ventriblanco.** m. *Ve.* Ave de hasta 56 cm de longitud, de color general negro con reflejos grises o azules, los lados de la cabeza están rayados de blanco, y el vientre, muslos y coberteras subcaudales son blancas, la cola es completamente negra, el cuello desnudo y los carrillos y las patas rojos. (Falconidae; *Daptrius americanus*).

chupacalcetines.
I. 1. m-f. *Ho.* Persona servil y aduladora por interés personal.

chupacallos.
I. 1. m. *PR.* Árbol de hasta 10 m de altura, con hojas elípticas y fruto ovoide globoso y verde, con numerosas semillas de color castaño oscuro; su fruto es comestible. (Canellaceae; *Pleodendron macranthum*). (**chupacayos**).

chupacayos.
I. 1. *PR.* **chupacallos.**

chupachupa.
I. 1. m. *CR, Cu, Ve:O, Ur;* f. *CR.* Golosina consistente en un caramelo sólido circular sostenido por un palito. (**chupa-chupa**).
II. 1. f. *Ho:S, ES.* **chupamiel,** bejuco.
III. 1. f. *Cu.* Prostituta que se encuentra en las carreteras y se dedica exclusivamente a la felación. (**chupachupa**).

chupaclavos.
I. 1. m-f. *PR.* Individuo que fuma marihuana. drog.

chupaco, -a.
I. 1. adj/sust. *Ar:NO; Bo,* pop + cult → espon. *Referido a persona,* que tiene hábito de embriagarse.

chupacoto.
I. 1. m. *Bo.* Lagartija de hasta 20 cm de longitud, de color gris pardo, cabeza ancha que se acorta hacia el hocico, dientes pequeños y almohadillas de fricción en las puntas de los dedos que le permiten adherirse a las superficies lisas. (Gekkonidae; *Hemidactylus* spp.).

chupada.
I. 1. f. *Ve.* juv. Besuqueo entre enamorados.
II. 1. f. *Pa.* Hábito de tomar bebidas alcohólicas.
2. *Pa.* Fiesta donde abunda el alcohol.
□
a. ‖ **la última ~ del mango.** loc. sust. *Pe.* Persona o cosa excelente.

chupadera.
I. 1. *Gu, Ho, ES, Pa, RD, Ec, Pe.* **bebedera.** pop.
2. *Pe, Bo.* Reunión en la que se bebe alcohol. pop.
♦ **chupeta.**
3. *Gu, Ho, ES, Pa.* Borrachera o consumo prolongado de bebidas alcohólicas.
II. 1. f. *Ar, Ur.* Enojo, malhumor. pop.
III. 1. f. *Ec, Pe.* Enfermedad provocada por hongos y gorgojos que ataca a las raíces de las plantas y que se manifiesta por unas manchas rojizas en ellas.

chupadero.
I. 1. m. *Pe.* Lodazal, arenas movedizas que no soportan peso y provocan el hundimiento de los cuerpos que lo pisan.
II. 1. m. *Ho, ES, Ni.* Local o negocio donde se expenden bebidas alcohólicas. desp.
III. 1. m. *Ho.* Remolino en una corriente de agua de un río.
IV. 1. m. *Ho:C,S.* Lugar en donde se da sal al ganado.

chupado, -a.

   I. 1. adj. *Mx, Gu, Cu, RD, Ar, Ur. Referido a persona,* borracha. pop + cult → espon.

   II. 1. adj/sust. *Pe; Ch,* pop + cult → espon. *Referido a persona,* tímida, apocada.

   2. *Pe. Referido a persona,* cobarde.

   III. 1. adj. *Bo:O. Referido a una prenda de vestir,* muy ajustada. pop + cult → espon.

   IV. 1. adj. *ES. Referido a persona,* empapada de agua.

chupador, -ra.

   I. 1. sust/adj. *Gu, Ho, ES, Ni, Pa, Pe, Ch, Ar, Ur.* Persona que tiene por hábito ingerir bebidas alcohólicas. pop + cult → espon.

chupaflor.

   I. 1. m. *Mx, Gu, Ho, PR, Co, Ve; Ec,* p.u. Colibrí. ♦ **zumbador**.

   2. *Mx, Gu, Ho.* **chuparrosa**.

   3. *Ho.* metáf. Hombre que corteja a varias mujeres a la vez o que cambia de pareja con frecuencia.

chupahuevos.

   I. 1. adj/sust. *Pe. Referido a persona,* aduladora. pop.

chupaleta.

   I. 1. f. *Ho.* Helado de forma alargada, provisto de una paleta adherida a su base.

   II. 1. f. *Ho.* Asunto o problema pequeño de fácil solución. pop ^ fest.

   III. 1. f. *Ho.* Borrachera prolongada. pop ^ fest.

chupaletear.

   I. 1. intr. *Ho:N.* Ingerir bebidas alcohólicas. pop ^ fest.

chupaletero, -a.

   I. 1. m. y f. *Ho.* Persona que vende helados, *en especial* **chupaletas**.

chupalimón.

   I. 1. m-f. *Ho.* Persona servil y aduladora por interés personal.

chupalla. (Del quechua *achupalla*).

   I. 1. f. *Ch, Ar:NO.* Sombrero de paja de ala hecho con tirillas de las hojas de la **chupalla**.

   2. *Pe, Ch.* Planta de tallos gruesos, escamosos y retorcidos, con hojas alternas, envainadoras y espinosas por los bordes, flores en espiga, y fruto en caja. (Bromeliaceae; *Achupalla* spp.). (**achupalla**).

¡chupalla!

   I. 1. interj. *Ch.* Expresa disgusto, desagrado o contrariedad. euf.

   2. *Ch.* Expresa admiración o sorpresa. euf.

chupamangos.

   I. 1. f. *CR.* p.u. Boca de una persona. pop + cult → espon ^ fest.

chupamedia.

   I. 1. *Ni, Pa, Ve, Bo, Ch, Py, Ar, Ur.* **chupamedias**, adulador.

chupamedias.

   I. 1. adj/sust. *Ho, Ni, Pa, Co, Ve, Ec, Pe, Bo, Ch, Py, Ar, Ur. Referido a persona,* aduladora y servil. pop + cult → espon ^ desp. (**chupamedia**). ♦ **alcahuete**; **chupe**.

chupamiel.

   I. 1. *Mx, Gu, Ho, ES, Ni.* **chuparrosa**.

   2. m. *Ho, ES, Ni.* **Bejuco** grande, de flores rojas o amarillas a rojo-anaranjadas, estambres rojos y fruto rojo oscuro con semillas aladas; en la medicina tradicional, el agua de sus tallos se aplica para limpiar los ojos y, bebida, para aires y dolor de estómago. (Combretaceae; *Combretum fructicatum*). ♦ **chupachupa**.

chupamirto.

   I. 1. *Mx:S, Ho.* **chuparrosa**.

chupamocos.

   I. 1. m. *Ho, Ni.* Niño, adolescente. rur; desp.

   II. 1. m. *Ni.* juv. Niño, adolescente que se droga inhalando pegamento.

   III. 1. m. *Ni.* Abeja pequeña que busca los orificios de oídos y narices de las personas.

chupandín, -na.

   I. 1. sust/adj. *Ar, Ur.* Persona que tiene por hábito ingerir bebidas alcohólicas. pop.

chupandina.

   I. 1. f. *Ar, Ur.* Fiesta *en la que generalmente se bebe en exceso.* pop.

   2. *Ar:NO.* Consumo de bebidas alcohólicas. pop.

chupapico.

   I. 1. adj/sust. *Ch. Referido a persona,* que gusta de practicar el sexo oral a un hombre. vulg. (**chupapicos**).

   2. *Ch.* metáf. *Referido a persona,* aduladora y servil. vulg; desp. (**chupapicos**).

chupapicos.

   I. 1. *Ch.* **chupapico**, que gusta de practicar el sexo oral.

   2. *Ch.* **chupapico**, adulador.

chupapiedras.

   I. 1. m. *Pa, Ve:O.* Pez de agua dulce, de pequeño tamaño, de color pardo, con el cuerpo recubierto por placas óseas a manera de armadura y boca en forma de ventosa. (Loricariidae; *Hypostomus* spp.). ♦ **chorrosco; guaraguara**.

   2. *Ho, Pa.* Pez de agua dulce, de cuerpo cilíndrico, hocico largo y ancho y aletas pélvicas en forma de ventosa; su coloración general es amarillenta clara con tonos verdosos y manchas negras e irregulares en el dorso y costados superiores. (Gobiidae; *Awous tajasica, Sicydium multipunctatum*).

   3. *PR.* **cetí**.

chupapinga.

   I. 1. sust/adj. *Pe.* Persona adulona. vulg; desp.

   II. 1. adj. *PR. Referido a persona,* tonta, idiota. tabú; pop + cult → espon.

   III. 1. f. *PR.* Prostituta que practica la felación. tabú; pop + cult → espon.

chupaplatos.

   I. 1. m-f. *Ni.* Persona servil y aduladora por interés.

chupar(se).

   I. 1. intr. *Mx, Gu, Ho, ES, Ni, CR, Pa, RD, Co, Ec, Pe, Bo, Ch, Py, Ar, Ur.* Ingerir bebidas alcohólicas, *generalmente en exceso y por vicio.* pop + cult → espon.

   2. intr. prnl. *Ec, Bo, Ar, Ur.* pop. Emborracharse. pop + cult → espon.

   3. tr. *Ho.* Gastar el dinero bebiendo.

   II. 1. tr. *Mx, RD, Ve.* Fumar un cigarro o un puro. pop.

   III. 1. intr. prnl. *Mx.* Romperse *algo,* estropearse. pop.

   IV. 1. intr. prnl. *Pe, Ch.* Asustarse, amedrentarse *alguien.* pop + cult → espon.

   2. *Pe.* Avergonzarse, tener vergüenza.

   V. 1. intr. prnl. *Gu, Cu, Ec:C, Ch.* Volverse enjuta *una persona* por edad o enfermedad.

   VI. 1. tr. *Ch.* Robar, apropiarse de lo ajeno. pop + cult → espon.

   VII. 1. tr. prnl. *RD, PR.* Aguantarse, soportar *algo* desagradable.

   VIII. 1. tr. *Ec. En los juegos de naipes,* tomar un jugador una o más cartas del montón, a su turno.

   IX. 1. tr. *Bo.* Reducir el ancho de una prenda de vestir, *especialmente de unos pantalones o de una falda.* pop.

   X. 1. intr. *Ni.* Mamar.

   XI. 1. intr. prnl. *Ur.* Enfadarse, disgustarse.

   ●

   a. ‖ **¡chúpate un ojo!** fórm. *RD, Ch.* Se usa para dar una respuesta de rechazo a una propuesta. vulg; pop ^ desp.

□

a. ‖ ~ **a dos coyoles.** loc. verb. *Ho.* Recibir dos sueldos.

b. ‖ ~ **banca.** loc. verb. *CR. En el futbol,* permanecer como suplente un jugador. pop.

c. ‖ ~ **cachimbo.**
   i. loc. verb. *Ve.* Chuparse *un niño* algún dedo de la mano. pop.
   ii. *RD, PR.* Atenerse a las consecuencias.

d. ‖ ~ **cajeta.** loc. verb. *RD.* Aguantar.

e. ‖ ~ **caluga.** loc. verb. *Ch.* Llevar *alguien* la ropa interior metida incómodamente en las partes íntimas. pop ^ fest.

f. ‖ ~ **caña.**
   i. loc. verb. *Gu.* Chasquear en señal de molestia o inconformidad.
   ii. *Ho.* juv. Llevar *una persona* el pantalón muy metido entre las nalgas. fest.

g. ‖ ~ **el caite.** loc. verb. *Ni.* Adular a *alguien* por interés, humillarse ante alguien. rur.

h. ‖ ~ **el cigarro por el lado prendido.** loc. verb. *PR.* Tomar alguien el partido equivocado. pop + cult → espon.

i. ‖ ~ **el rabo a la jutía.** loc. verb. *Cu, PR.* Emborracharse.

j. ‖ ~ **faros.**
   i. loc. verb. *Mx.* Morir. pop ^ fest.
   ii. *Mx.* Presentarse un problema. pop ^ fest.
   iii. *Mx.* No tomar una situación el rumbo esperado. pop ^ fest.

k. ‖ ~ **gladiolo.** loc. verb. *Ve.* Morir. delinc.

l. ‖ ~ **guaro.** loc. verb. *Co.* Beber aguardiente en exceso. pop.

m. ‖ ~ **jilguillo.** loc. verb. *PR.* Conversar dos novios íntimamente. pop + cult → espon.

n. ‖ ~ **la alegría.** loc. verb. *PR.* Quitarle *alguien* o *algo* la alegría a una persona. pop + cult → espon.

ñ. ‖ ~ **la bruja.** loc. verb. *PR.* Fastidiarse *alguien.* pop + cult → espon.

o. ‖ ~ **la sangre.** loc. verb. *Mx.* Molestar a alguien. pop.

p. ‖ ~ **las medias.** loc. verb. *Pa, Ch.* Adular a alguien. pop.

q. ‖ ~ **las patas.** loc. verb. *Ch.* Adular a alguien por interés de forma lisonjera y servil. pop + cult → espon.

r. ‖ ~ **piña.** loc. verb. *Co.* Besarse en la boca. pop.

s. ‖ ~**se la píldora.** loc. verb. *Bo:O.* Asumir las consecuencias de un hecho. pop.

t. ‖ ~**se los bigotes.** loc. verb. *Ch.* Encontrar *alguien* mucho gusto o satisfacción en algo. pop + cult → espon.

u. ‖ ~**se los dientes.**
   i. loc. verb. *Ho, Ni.* Mostrar enfado o desaprobación a alguien con un chasquido en los dientes. pop.
   ii. *Ho.* Sonreír a alguien.

v. ‖ ~**se los jutes.** loc. verb. *ES.* Chuparse los mocos.

w. ‖ ~**se los mostachos.** loc. verb. *Ch.* Encontrar alguien mucho gusto o satisfacción por algo.

x. ‖ **chupárselo la bruja.**
   i. loc. verb. *Mx, Gu, Ho, Ni.* Fracasar alguien en algo. pop.
   ii. *Mx, Ni.* Desmejorarse mucho *una persona.* pop.
   iii. *Mx.* Morir. pop.
   iv. *Mx.* Desaparecer *algo* sin dejar rastro. pop.

y. ‖ **chupárselo un burro.** loc. verb. *Ho.* Irle muy mal a alguien en algo.

a. ‖ **¡chúpate esa, en lo que yo te mondo la otra!** loc. interj. *PR.* Expresa orden festiva de aguantar un insulto mientras le preparan el siguiente. pop + cult → espon.

b. ‖ **¡chúpate esa, mientras te mando la otra!** loc. interj. *PR.* Prepararse para lo próximo.

c. ‖ **de chupa y déjame el cabo.**
   i. loc. adv. *Cu.* De rechupete.
   ii. *Cu.* Mal.

d. ‖ **para ~se los bigotes.** loc. adj. *Ch.* Muy bueno. pop + cult → espon.

chuparrosa.
  I. 1. m. *EU, Mx.* Ave de hasta 3 cm de longitud, de pico recto, negro y afilado, plumaje brillante de color verde dorado con cambiantes bermejos en la cabeza, cuello y cuerpo, gris claro en el pecho y vientre, y negro rojizo en las alas y cola; hay varias especies, de tamaños diversos, pero todas pequeñas y de precioso plumaje. (Trochilidae; *Anthracothoray prevastic, Campylopterus hemileacurus, Chlorostilbon canivettii, Colibri delphinae, C. thalassinus, Kais guimeti, Lophornis helenae, Phaeochroa covierii, Phaethornis longuemareus, P. superciliosus, Thelurania colombica, Therenetes ruckeri*). ♦ **chichinflor; chichinglás; chupaflor; chupamiel; chupamirto.**

chupasangre.
  I. 1. m-f. *Gu, Ch.* Persona que vive a expensas de otra.
  II. 1. m-f. *ES.* Abogado. pop ^ desp.

chupata.
  I. 1. f. *Pu.* Fiesta, *por lo general improvisada,* donde se bebe bastante licor. pop.

chupatero, -a.
  I. 1. sust/adj. *Pa.* Persona a la que le gusta **chupar**, tomar bebidas alcohólicas. pop.

chupatinta.
  I. 1. m-f. *Bo, Ch.* p.u. Chupatintas, oficinista. pop ^ desp.

chupatullo.
  I. 1. m. *Ec.* Cóccix. rur.

chupavelas.
  I. 1. sust/adj. *Ar.* Persona que muestra una devoción exagerada o afectada. pop ^ desp.

chupaya.
  I. 1. f. *Ar:NO.* Sombrero de ala ancha hecho con tirillas de paja.

chupazo.
  I. 1. m. *PR.* Golpe dado por alguien a una persona o cosa con una **chupa** o bagazo de naranja. pop + cult → espon. (**chuponazo**).
  II. 1. m. *PR.* Fumada. pop + cult → espon.

chupe.
  I. 1. m. *Mx, Ar, Ur, Ho,* juv. Bebida alcohólica. pop + cult → espon.
  2. *Mx, Ar, Ur.* Consumo de bebidas alcohólicas. pop + cult → espon.
  3. m. *Ec.* juv. Fiesta en la que se consumen bebidas alcohólicas en exceso. pop.
  II. (Del quech. *chupí,* sopa).
  1. m. *Pa, Co, Pe, Bo:C,O.* Guisado hecho de **papas** en caldo, al que se le añade carne o pescado, mariscos, huevos, **ají**, tomates y otros ingredientes.
  2. *Ar:NO.* Caldo espeso hecho con leche o agua, **papa,** carne, **choclos** y otros ingredientes.
  3. *Ve.* Sopa hecha con caldo de gallina, pollo o **camarones** al que se le añaden leche, granos de maíz, trocitos de **papa** y queso.
  4. *Ch.* Guiso hecho con pan, queso y otros ingredientes al que se le añaden carne, mariscos o pescado.
  5. *Pa.* Sopa muy espesa hecha a base de **ñame** y carne de **res** o pescado.
  III. 1. sust/adj. *Pe.* Empleado que ocupa un cargo de poca importancia.
  2. *Pe.* **chupemedias.**

IV. 1. m. *ES.* Aspiración del humo de un cigarrillo.

V. 1. m. *Ur.* Malhumor, enojo. pop + cult → espon.

■

a. ‖ ~ **de viernes.** m. *Pe.* **Chupe de papas** en caldo con pescado, habitual en Cuaresma y Semana Santa.

chupé.

I. 1. m. *Ec.* Guiso preparado con pescado o **camarones**, leche, **papas**, cebollas picadas, ajos machacados, **arvejas**, **maní** tostado y molido, sal, pimienta, comino y orégano.

¡chupe!

I. 1. interj. *Co.* Expresa satisfacción por algo malo que le sucede a alguien.

chupeta.

I. 1. f. *Pe,* juv; *Cu,* pop + cult → espon. Borrachera.

2. *Pe.* **chupadera,** reunión.

II. 1. f. *RD, Ve; Cu,* obsol. Caramelo sostenido por un palito que sirve de mango para poder chuparlo.

III. 1. f. *Ni, CR, Cu.* **chupón,** objeto con una parte de goma.

2. *CR, Cu.* **chupón,** pezón de goma.

IV. 1. m. *RD, PR.* Beso prolongado y pasional. pop + cult → espon.

V. 1. *Ni.* **charamusca,** helado.

VI. 1. m. *PR.* Empleo político de conveniencia. pop + cult → espon.

□

a. ‖ ~ **electrónica.** f. *CR.* Aparato receptor de televisión. pop ∧ fest.

chupetazo.

I. 1. m. *CR, Pe.* Beso con succión. pop ∧ fest.

2. *Ho.* Marca en la piel de una persona después de recibir un beso.

II. 1. m. *Ho.* Chupada intensa de un cigarrillo.

chupete.

I. 1. m. *Mx, Ho, ES, Ni, Pa, Pe; Ec,* juv. Señal roja que queda en el cuello o en cualquier otra parte del cuerpo a causa de un beso fuerte o succión. pop ∧ fest.

♦ **mamada; mamoncillo.**

2. *Pe.* Beso con succión.

II. 1. m. *Gu, Ec, Pe, Bo, Ch:N.* Golosina consistente en un caramelo sólido con forma de bola o de disco, sostenida por un palito.

2. m. *Pe.* Refresco congelado de fruta que se vende en bolsitas alargadas de plástico.

3. *Bo.* Helado que se come cogiéndolo de un palito hincado en su base.

III. 1. m. *Ho.* Cargo o puesto municipal o estatal en el que se gana buen sueldo sin trabajar mucho. pop ∧ fest.

□

a. ‖ ~ **de fierro.** loc. sust. *Ch.* Persona antipática en el trato. pop + cult → espon ∧ fest.

b. ‖ **desubicado como** ~ **en el culo.** loc. adj. *Ar. Referido a persona,* que no se comporta apropiadamente según las circunstancias y dice cosas inoportunas. vulg; fest. ♦ **desubicado como chupete en la oreja.**

c. ‖ **desubicado como** ~ **en la oreja.** *Ar.* **desubicado como chupete en el culo.** pop ∧ fest.

▶ **dejar como** ~ **de china; hacer** ~.

chupetear.

I. 1. tr. *CR, RD, Ec, Pe.* Besar *algo* o a *alguien repetidamente.* pop.

II. 1. tr. *Bo.* Beber, ingerir un líquido. pop.

chupeteo.

I. 1. m. *RD, Ec, Pe.* Besuqueo.

II. 1. m. *Ch.* Denuncia que se realiza sobre algo o alguien. pop + cult → espon.

chupetería.

I. 1. f. *Pe.* Lugar dedicado a la fabricación o venta de **chupetes,** refresco congelado de frutas.

chupetero, -a.

I. 1. m. y f. *Pe.* Vendedor de **chupetes,** refresco congelado de frutas.

2. adj. *Pe.* Relativo a la fabricación y venta de **chupetes,** refresco congelado de frutas.

chupetín.

I. 1. m. *Pe, Bo, Py, Ar, Ur.* Caramelo que se come sosteniéndolo con un palito hincado en su base.

chupi.

I. 1. m. *Py, Ar, Ur.* Bebida alcohólica. pop + cult → espon.

2. *Py, Ar, Ur.* Consumo de bebidas alcohólicas. pop + cult → espon.

II. 1. m. *Ar:NO.* Caldo espeso hecho con leche o agua, **papa,** carne, **choclos** y otros ingredientes.

III. 1. m. *Bo.* **apasanca,** vulva.

▶ **andar** ~**s.**

chupiento, -a.

I. 1. adj/sust. *Pe:E. Referido a persona,* que tiene muchos **chupos** o diviesos en la piel. pop ∧ desp.

chupila. (Voz aim. y quech.).

I. 1. f. *Bo.* Vulva. tabú.

chupilca. (Del quech. *chupirka,* y este del quech. *chupi,* sopa).

I. 1. f. *Ch, Ar:O.* Bebida popular hecha a base de harina tostada desleída en **chicha** o vino.

chupín.

I. 1. m. *Pe, Ar, Ur.* Comida hecha principalmente a base de pescado, **papas** y vino blanco.

■

a. ‖ ~ **de pescado.** m. *Bo, Py.* Sopa de pescado con verduras, vino blanco y crema de leche.

chupín, -na.

I. 1. sust/adj. *ES.* Persona que tiene por hábito ingerir bebidas alcohólicas.

▶ **hacerse la** ~.

chupindanga.

I. 1. f. *Ar, Ur.* Fiesta *en la que generalmente se bebe en exceso.* pop.

2. *Ar, Ur.* Consumo de bebidas alcohólicas. pop.

chupindengue.

I. 1. m. *Ur.* Consumo de bebidas alcohólicas. pop + cult → espon ∧ fest.

2. *Ur.* Bebida alcohólica. pop + cult → espon ∧ fest.

chupinero, -a.

I. 1. adj/sust. *Ar:C. Referido a un alumno,* que falta injustificadamente a clase. est.

chuping.

■

a. ‖ ~ *pool.* f. *Pa.* Piscina poco profunda con asientos para tomar bebidas alcohólicas.

chupino, -a.

I. 1. adj. *Ar:NO. Referido a un niño,* que está desnutrido o mal alimentado. pop.

2. *Ar:NO. Referido a persona,* delgada. pop.

II. 1. adj. *Ar:NO. Referido a persona,* que tiene los dedos o las manos cortadas. rur; pop.

2. *Ar:NO,O. Referido a animal,* que carece de cola o la tiene más corta de lo normal en su especie. pop.

chupinoso, -a.

I. 1. adj. *Pe. Referido a la superficie del mar,* que presenta abundantes ondulaciones pequeñas causadas por el viento.

chupista.

I. 1. sust/adj. *ES.* Borracho consuetudinario.

chupita.
   I. 1. f. *Ar*. p.u. Bolsita de goma flexible, que se llena de agua para arrojarla a las personas y mojarlas durante la época de carnaval.

chúpite.
□
   a. ‖ **de ~.** loc. adj. *RD*. Inmejorable.

chupitegui.
   I. 1. sust/adj. *Ar, Ur*. Persona que tiene por hábito ingerir bebidas alcohólicas. pop ^ desp.

chuplaj. (Voz quechua).
   I. 1. adj/sust. *Ec:S*. Huevo huero o podrido. rur.

chupliqui.
   I. 1. adj. *Bo:E. Referido a una prenda de vestir*, muy ajustada.

¡chuplon!
   I. 1. *RD*. ¡**chuplún!**

¡chuplón!
   I. 1. *RD*. ¡**chuplún!**

¡chuplún! (De or. onomat.).
   I. 1. interj. *RD*. Imita el ruido causado por una persona al caer en el agua. (¡**chuplon!**; ¡**chuplón!**).

¡chuplús! (De or. onomat.).
   I. 1. interj. *Ho*. Imita el ruido que ocasiona la caída de algo o de alguien en una superficie blanda. pop.

chupo.
   I. 1. m. *Co*. Chupete, objeto de goma que se da a chupar a los bebés para que se entretengan. pop.
   2. *Co*. Tetina, objeto de goma que se pone al biberón para que el niño succione.
   II. 1. m. *Pe*. Cantidad grande de personas, dinero o cosas.
   III. (Del quech. *chupu*, forúnculo).
   1. m. *Ec:C, Bo*. Forúnculo, divieso, nacido. pop.
   IV. 1. m. *PR*. Chupada. vulg; pop + cult → espon.

chupo, -a.
   I. 1. adj/sust. *Co, Ar:O*, desp; *Bo*, pop + cult → espon. *Referido a persona*, aduladora y servil.
   2. *Ar:NO. Referido a un niño*, que no se separa de sus padres. rur.
   3. sust/adj. *Bo:C*. Persona que persigue a otra donde quiera que vaya, *especialmente un niño a la madre*. pop.

chupódromo.
   I. 1. m. *Pe, Bo*. Lugar donde la gente se reúne para consumir bebidas alcohólicas. fest.

chupógrafo, -a.
   I. 1. m. y f. *Ho*. Persona que vive a costa de otra. fest.
   2. *Ho*. Borracho consuetudinario. pop ^ fest.

chupón.
   I. 1. m. *Mx, Ho, Ni, Pa, Co, Ve, Ec, Pe, Bo, Ch, Ar, Ur; PR*. pop + cult → espon. Objeto con una parte de goma o materia similar en forma de pezón, que se da a chupar a los niños de pecho para que se entretengan. ♦ **chupeta**.
   2. *Mx, Ho, Ni, CR, Pa, Ec, Bo*. Pezón de goma que tienen adaptados los biberones para permitir la succión de la leche. ♦ **chupeta**.
   3. *Ho, ES, Ni, CR, RD, PR*. meton. Biberón.
   4. *CR*. Contenido de un chupón, biberón.
   II. 1. m. *Gu, Ho, Cu, Bo; Ar, Ur*, pop; *Ch*, pop + cult → espon. Señal que deja en la piel un chupón, chupetón o succión apasionada.
   2. *Gu, Cu, Ar, Ur*. Chupetón o succión apasionada, especialmente en el cuello. pop.
   III. 1. m. *PR, Ec, Bo*. Rama de poca utilidad en los **cafetos**.
   2. *PR, Ch*. Planta silvestre desprovista de tallos, de cuya raíz nacen las hojas rectas, gruesas y carno-

sas, provistas de espinas en los bordes, las flores son solitarias, medio purpúreas, de unos 6 cm de longitud y dispuestas en espigas axilares. (Bromeliaceae; *Greigia sphacelata*).
   3. *Ch*. Fruto del chupón.
   IV. 1. m. *RD, Ar:NO, Ur; PR*, cult → espon. Chupada que se da a un cigarro. pop.
   V. 1. m. *Gu, ES*. Persona que bebe alcohol muy frecuentemente o en demasía.
   VI. 1. m. *ES, Ni*. Pelota pequeña, esponja o algodón que se humedece en un líquido para frotar o limpiar algo.
   2. *PR*. Objeto circular y cóncavo en el centro, de plástico gomoso, que al oprimirlo sobre una superficie queda adherido a ella al formarse vacío.
   VII. 1. m. *Pa, RD*. Resto de la naranja, después de extraído el jugo.

■
   a. ‖ **~ de china.** m. *PR*. Abertura que se hace en la cáscara de la naranja china para succionar por ella el jugo de la fruta.

chuponazo.
   I. 1. *PR*. **chupazo**, golpe.

chuponear.
   I. 1. tr. *Pe*. Interceptar una línea o una llamada telefónica.
   II. 1. tr. *ES, Ni*. Untar, restregar u humedecer *algo*.
   III. 1. tr. *Ho*. Beber en chupete o a sorbitos un líquido. pop.

chuponeo.
   I. 1. m. *Pe*. Intervención que se realiza sobre una línea telefónica.

chuponero, -a.
   I. 1. adj/sust. *Mx. Referido a persona*, que es adicta al éxtasis, droga sintética alucinógena. drog.

chupte.
   I. 1. *Gu*. **chucte**.

chupu. (Del aim. *ch'uphu* y del quech. *ch'upu*, divieso, absceso).
   I. 1. m. *Bo:O*. Divieso. pop.

chupudo, -a.
   I. 1. adj. *Ar:NO*. Que tiene muchos **chupos**, diviesos. pop.
   II. 1. adj. *Gu. Referido a persona*, bebedora.
   III. 1. adj/sust. *Ho. Referido a persona*, entrometida.

¡chupulún! (De or. onomat.).
   I. 1. interj. *RD, Ve; Ho, ES, CR*, pop. Imita el ruido de una persona o un objeto pesado cuando cae al agua.

¡chupunglús! (De or. onomat.).
   I. 1. interj. *Ho*. Imita el ruido de la garganta al beber con rapidez un líquido. pop ^ fest.

chupuste.
   I. 1. m. *Ho, ES*. Porción pequeña de algo, *generalmente redondeado*. pop ^ fest.
   II. 1. m. *Ho*. Bulto de ropa.

chuquear(se). (De *chuco*, sucio, agrio).
   I. 1. tr. *ES*. Ensuciar *algo*. (**shuquear**).
   2. intr. prnl. *ES*. Ensuciarse *algo*. (**shuquearse**).
   II. 1. intr. prnl. *Ho*. Echarse a perder *algo, en especial alimentos*, despidiendo mal olor.
   III. 1. tr. *Py*. Presumir. pop.

chuquedad.
   I. 1. f. *Ho, ES*. Suciedad.

chuquencia.
   I. 1. f. *Ho, ES*. Suciedad.
   2. *Ho*. Mal olor que despide algo, *en especial los alimentos*.

chuquillo.
   I. 1. m. *Gu*. Hedor corporal causado por la falta de higiene.

chuquiraga.
   I. 1. *Ch*. p.u. **chuquiragua**.

chuquiragua.
  I. 1. f. *Ec, Pe.* Arbusto pequeño, de tallo cilíndrico, leñoso, de corteza dura, con espinas axilares, hojas alternas, en espiral, de forma entre aovada y lanceolada, coriáceas, inflorescencia en capítulos terminales o axilares, las flores se distribuyen en corolas tubulares amarillas o blanquecinas, los frutos son aquenios turbinados y vellosos; se usa como febrífugo y en otras aplicaciones médicas. (Asteraceae; *Chuquiraga* spp.). (**chuquiraga; chuquirahua**).

chuquirahua. (Del quech.).
  I. 1. *Ec, Pe.* **chuquiragua.**

chura.
  I. 1. f. *Ho:C,O, ES:E.* Ardilla.
  II. 1. f. *Py.* Víscera comestible de una **res**. pop + cult → espon.

churar.
  I. 1. tr. *Bo.* Realizar el coito. tabú; pop.

churcal.
  I. 1. m. *Bo, Ar:NO.* Lugar poblado de **churques** o **churquis**.

chúrchil.
  I. 1. m. *CR.* Golosina que se prepara con hielo raspado, sirope y, *opcionalmente, leche condensada, leche en polvo o helados.*

churchur. (De or. onomat.).
  I. 1. interj. *ES.* Imita el sonido de los intestinos.

churco.
  I. 1. m. *Ch.* Arbusto de color ceniza, ramoso y con flores solitarias y amarillas. (Oxalidaceae; *Oxalis gigantea*). ♦ **churqui.**

churco, -a. (Del quech. *chullcu*).
  I. 1. adj. *Ve:O, Bo; Ar,* pop. *Referido al cabello*, rizado.

churear.
  I. 1. tr. *Ec.* Arrollar *algo* dándole forma similar a la de un caracol. pop + cult → espon.

churepo, -a.
  I. 1. adj. *Ni. Referido a persona*, que tiene torcido un labio.

churero, -a. (De *chura*).
  I. 1. m. y f. *Py.* Persona que vende vísceras en el mercado.

churí.
  I. 1. m. *Ve.* **ahuyama**, planta.
    2. *Ve.* **ahuyama**, fruto.

churica.
  I. 1. f. *Ve*; m. *Ve:O.* Ave de hasta 19 cm de longitud, de color general verde, más azul o pardo en la parte superior de la cabeza, con una mancha anaranjada en el mentón, coberteras alares interiores pardas y coberteras primarias azul oscuro. (Psittacidae; *Brotogeris jugularis*).

churico, -a.
  I. 1. adj. *Ho. Referido a persona o animal*, que le falta una oreja.
    2. *Ho. Referido a una taza o vasija*, que le falta un asa.

churido, -a.
  I. 1. adj. *Mx.* Marchito, muy deteriorado. pop ^ desp.

churmar.
  I. 1. tr. *Ar:NO.* Escurrir la ropa mojada, un trapo o cualquier otra pieza mojada de tejido. pop.

churo. (Del quech. *churu*, caracol).
  I. 1. m. *Ec, Pe, Bo.* Caracol de hasta 13 cm de longitud, de hábitos nocturnos, que vive principalmente en las orillas de los ríos; es comestible. (Pilidae; *Pomacea* spp.). (**churu**).
    2. *Pe.* Concha de un molusco.
  II. 1. m. *Co:SO, Ec.* Mechón con forma helicoidal.

  III. 1. m. *Ec.* Instrumento musical fabricado con la concha de ciertas especies de caracol marino gigante, usado para animar festividades y como medio para convocar manifestaciones populares.
  ▶ **dejar con los ~s hechos; quedarse con los ~s hechos.**

churo, -a.
  I. 1. adj. *Bo, Ar:NO.* Bueno, generoso. pop.
    2. *Bo, Ar:NO.* Amable, agradable. pop.
    3. *Bo, Ar:NO. Referido a persona*, muy atractiva. pop.
    4. *Bo:S, Ar:NO. Referido a cosa*, linda, bonita. pop.

churón, -na.
  I. 1. adj. *Ec. Referido a persona*, que tiene pelo rizado.

churque.
  I. 1. *Ar:C,NO.* **churqui.** (Fabaceae; *Acacia caven*).

churqui.
  I. 1. m. *Bo:C,O, Ar:C,NO.* Árbol de hasta 6 m de altura, espinoso, de abundantes ramas, hojas finas, pequeñas, de color verde claro, flores también pequeñas, amarillas, aromáticas y con forma de espiga, fruto en legumbre. (Fabaceae; *Acacia caven*). (**churque**). ♦ **espinillo negro; espino chileno.**
    2. *Ch.* **churco.**

churquial.
  I. 1. m. *Bo, Ar:NO.* Lugar poblado de **churques** o **churquis**.

churra.
  I. 1. *PR.* **churreta**, diarrea. pop + cult → espon.

churral.
  I. 1. m. *Ni.* Terreno cubierto densamente de matorral.

churras.
  I. 1. f. pl. *PR.* Diarrea. vulg; pop + cult → espon.

churrasco.
  I. 1. m. *Pe, Bo, Py.* Bistec de carne con hueso que se cocina de diversas maneras.
    2. *Ch.* Corte de carne de vacuno fileteado en finas lonjas.
    3. *Ch.* Emparedado de carne de vacuno sin grasas fileteado en finas lonchas, *acompañado generalmente por otros ingredientes.*
    4. *Ec.* Plato consistente en arroz, filete de carne frita, dos huevos fritos, **papas** fritas, **aguacate** y tomate.
    5. *Pa.* Bistec de carne de **res** de muy buena calidad que se asa, *generalmente, en barbacoa.* pop.

churrasqueada.
  I. 1. f. *Bo, Py, Ar, Ur.* Comida en la que el plato principal es la carne a la plancha o a la parrilla. pop.
    2. *Bo, Py, Ar, Ur.* Reunión en la que se prepara carne a la plancha o a la parrilla. pop.

churrasquear.
  I. 1. intr. *Bo, Py, Ar, Ur.* p.u. Hacer o comer churrascos.

churrasquera.
  I. 1. f. *Ch, Ar.* Plancha de metal sobre la que se preparan churrascos y se calientan otros alimentos.

churrasquería.
  I. 1. f. *Ec, Bo, Py, Ar, Ur, Pe,* p.u. Restaurante cuya especialidad es el **churrasco.**
    2. *Ch.* Lugar en que se venden **churrascos**, emparedados.

churrasquero, -a.
  I. 1. sust/adj. *Bo, Ch, Py, Ar, Ur, Ec,* p.u. Plancha de metal o en forma de rejilla sobre la que se preparan **churrascos** y se calientan otros alimentos.
    2. m. y f. *Bo, Ch, Ar.* Persona que prepara y vende carnes asadas a la parrilla.
    3. adj. *Bo, Ch, Ar.* Relativo a la preparación y venta de **churrascos**.
    4. m. y f. *Bo, Ar, Ur.* Construcción o lugar, *generalmente al aire libre*, que permite hacer fuego y colocar una parrilla para asar.

churrasquita.
   I. 1. f. *Ur.* Electrodoméstico de uso similar al horno de una cocina, para asar o calentar alimentos.

churre.
   I. 1. m-f. *Pe:N.* Niño o niña. pop.
   II. 1. m. *Cu.* Suciedad acumulada.

churreadera.
   I. 1. f. *Ar.* p.u. Diarrea. pop.

churrear(se).
   I. 1. tr. prnl. *RD, PR.* Evacuarse *alguien* en la ropa. vulg; pop + cult → espon.
   II. 1. intr. *Ni.* juv. Fumar marihuana.
   III. 1. intr. prnl. *PR.* Acudir *alguien* a determinado lugar de manera imprevista. pop + cult → espon.

churrería.
   I. 1. f. *Ni.* juv. Lugar donde se vende cigarros de marihuana.

churrero, -a.
   I. 1. sust/adj. *Ni.* juv. Persona que fuma marihuana.

churreta.
   I. 1. f. *PR, Ec,* vulg; pop + cult → espon; *Pe,* obsol; pop. Diarrea. ♦ **churra; coladera**.

churrete.
   I. 1. m. *Ni, Ec, Ch.* Diarrea. pop.
   2. *Pe.* Excremento. vulg; pop.
   3. adj. *Ch. Referido a persona,* que está con diarrea. pop.
   II. 1. m. *Pe, Ch.* Ave de hasta 20 cm de longitud, de color marrón grisáceo en el dorso y gris claro en el vientre, bandas de color marrón rojizo en las alas y bandas superciliares blancas, de cola relativamente larga y delgada, y pico delgado, recto y negro; vive en lugares costeros aunque tiene hábitos terrestres. ♦ **cacha; kachiranga; meneacola**.
   ▶ **tomar para el ~**.

churreteada.
   I. 1. f. *PR, Pe, Ar:NO.* Diarrea. vulg; pop + cult → espon. (**churrutá**).
   II. 1. f. *Pe.* Deslizamiento lateral de un objeto en movimiento que le hace perder la dirección.

churreteado, -a.
   I. 1. adj/sust. *Ni. Referido a persona,* miedosa.

churretear(se).
   I. 1. intr. prnl. *Ni, Ch, Ar:C,NO,O.* Defecar excremento líquido o muy blando. pop + cult → espon.
   2. tr. prnl. *Ni, Ch, Ar:C,NO,O.* Defecar sobre *algo, especialmente la ropa.* pop + cult → espon.
   3. intr. *Ni, Pe, Ch.* Defecar excremento líquido o muy blando. pop + cult → espon.
   4. intr. prnl. *Ar:C,NO,O.* Asustarse, acobardarse. pop + cult → espon ^ desp.
   II. 1. intr. prnl. *Pe.* Deslizarse lateralmente un objeto en movimiento perdiendo la dirección. pop + cult → espon.

churretera.
   I. 1. f. *Ec, Ch, Ar:NO,O.* Diarrea, síntoma o fenómeno morboso que consiste en evacuaciones de vientre líquidas y frecuentes. pop.

churria.
   I. 1. f. *Mx, ES, Pa, PR, Ve;* f. pl. *RD, Co.* Diarrea. ♦ **soltura**.
   2. *Ve:E.* Diarrea del recién nacido.
   II. 1. f. *ES:S.* Molusco marino, lamelibranquio con valvas ovaladas, casi redondas, estrías finas, de color blanco mate por fuera y blanquecino en su interior, tiene una pulgada de diámetro y su carne es comestible. (Mytilidae; *Mitella guyanensis*).
   III. 1. f. *Pa. En deportes,* victoria por amplia ventaja.
   ▶ **dar ~**.

churriarse.
   I. 1. intr. prnl. *Ho, RD.* Evacuar el vientre.
   2. *Ho, ES.* metáf. Acobardarse, echarse atrás en algo.

churriento, -a.
   I. 1. adj. *ES, PR, Co. Referido a persona o animal,* que padece diarrea. vulg; pop + cult → espon. (**churroso**).

churrín.
   I. 1. m. *Ch.* Ave de hasta 12 cm de longitud, de color negro apizarrado, de pico negro y patas córneas. (Rhinocryptidae; *Scytalopus fuscus*).

churrinche.
   I. 1. *Ar, Ur.* **rubí**.

churrines.
   I. 1. m. pl. *Ch.* Prenda interior femenina que cubre desde la cintura hasta el principio de los muslos, con dos aberturas por donde pasan las piernas. pop + cult → espon ^ fest.

churrioso, -a.
   I. 1. adj. *Cu. Referido a persona o cosa,* sucia.

churrisquear(se).
   I. 1. intr. *Ho.* **afuerear**, salir alguien a defecar.
   2. intr. prnl. *Ho.* **zurrarse**, defecar una persona o animal.
   3. *Ho.* metáf. Tener miedo.
   4. *Ho.* metáf. Hacer algo mal.

churristate.
   I. 1. m. *CR.* **campanilla**, enredadera.

churro.
   I. 1. m. *Mx, Ho, Ni.* Cigarro de marihuana. drog.
   2. *ES.* Planta de marihuana en flor. drog.
   II. 1. m. *Mx.* Rizo.
   III. 1. m. *Ho.* juv. Persona presumida y orgullosa. desp.
   IV. 1. m. *Ho.* Masa de harina hecha con queso, **chicharrón** y otros condimentos, colorantes y conservantes, frita y **empacada** en bolsitas con forma parecida a un pedacito de churro.
   V. 1. m. *Ho.* Persona deficiente en los conocimientos de su oficio o profesión. pop.
   VI. 1. m. *Ho. Entre periodistas,* conversación o entrevista larga e insustancial.

churro, -a.
   I. 1. sust/adj. *Co, Pe, Bo, Ar, Ur; Ch.* obsol. Persona bien parecida y atractiva. pop.
   2. adj. *Ar, Ur. Referido a persona,* muy bien vestida o arreglada. pop.

churroso, -a.
   I. 1. *Cu.* **churriento**.

churruco.
   I. 1. m. *Pa.* Cesta hecha con fibras vegetales utilizada para alimentar a los caballos. rur.

churrundanga.
   I. 1. f. *ES.* Diarrea. vulg.

churrupaco, -a.
   I. 1. m. y f. *Pe.* **Cholo** o mestizo de escasa cultura. desp.
   2. *Pe.* Persona tosca, zafia, que se comporta como un patán. desp.

churrupiento.
   I. 1. adj. *Cu. Referido a cosa,* que no vale nada, mala.
   2. *Cu. Referido a persona,* sucia, maltrecha.

churruscarse.
   I. 1. intr. prnl. *Co.* Ensortijarse o rizarse *el cabello.* (**enchurruscarse**).

churrusco.
   I. 1. m. *Co.* Cepillo con mango corto y cerdas que forman una bola usado para lavar la taza del baño.
   2. *Co.* Cepillo en forma de espiral que se usa para lavar vasos y botellas.

II. 1. m. *Pe:N.* Bebida alcohólica hecha con jugo de caña fermentado al que se le añade aguardiente.

churrusco, -a.
 I. 1. adj. *Pa, Ve. Referido al cabello,* ensortijado o rizado.
 2. adj/sust. *Pa. Referido a persona,* que tiene el cabello muy rizado.

churrusqueado, -a.
 I. 1. adj. *Gu. Referido a persona o cosa,* chamuscada.
 II. 1. adj. *ES. Referido a persona,* cagada.

churrusquearse.
 I. 1. intr. prnl. *Ho.* Evacuar el vientre.

churrusquera.
 I. 1. f. *Pa.* Cabellera rizada y desordenada.

churrutá.
 I. 1. *PR.* **churreteada,** diarrea.

churrutaca.
 I. 1. *ES.* **currutaca,** diarrea.

churu.
 I. 1. m. *Pe, Bo.* **churo,** caracol.
 2. *Bo.* Concha de un molusco.

churú.
 I. 1. *Pa.* **macho,** grano de arroz con cáscara. pop.

churuata.
 I. 1. f. *Ve.* Vivienda indígena hecha de paja, de forma cónica y de grandes dimensiones, donde se vive en comunidad.

churuco.
 I. 1. m. *Co.* Mono de hasta 70 cm de longitud, de cabeza redondeada, cuello corto, cola prensil larga, pelo *generalmente oscuro* y vientre abultado. (Cebidae; *Lagothrix lagothrichia*). ♦ **mono lanudo; mono machín.**
 II. 1. m. *CR.* Acto de hablar, *especialmente de manera prolongada y sin dar oportunidad al interlocutor para que intervenga.* pop ∧ fest.
 ▶ **echar el ~.**

churuco, -a.
 I. 1. adj. *Gu, ES.* Arrugado, seco, sin carnes.
 II. 1. adj. *CR.* Relativo a San Rafael de Oreamuno, ciudad de la provincia de Cartago, Costa Rica. pop ∧ desp.
 III. 1. adj. *Ni. Referido a persona, generalmente varón,* que tiene mucho pelo en la cabeza o lo tiene largo.

churudo, -a.
 I. 1. adj. *Ec. Referido a persona,* que tiene el pelo ensortijado o crespo. pop.

churula.
 I. 1. f. *ES.* Pene. vulg.

churumbela.
 I. 1. *Pa.* obsol. **chancleta,** suela que se pone en los cascos.

churumbita.
 I. 1. f. *ES.* Pene. euf.

churumbitas.
 I. 1. f. pl. *ES.* Testículos de un niño.

churumbo.
 I. 1. m. *Pe.* **Chupe** o sopa hechos con **yuca** y queso.
 II. 1. m. *ES.* Calabaza de boca estrecha y con forma de 8, usada por los campesinos para llevar agua al campo de trabajo.

churunco, -a. (Var. de *chulunco*).
 I. 1. adj. *Ho, ES. Referido a cosa, en especial vestidos,* corta.

churuncullada.
 I. 1. f. *Ho.* Cosa mal hecha. pop. (**churuncuyada**).
 2. *Ho.* Dicho o hecho tonto o intrascendente. pop.

churuncullo, -a.
 I. 1. adj. *Ho. Referido a cosa,* fea o mal hecha. pop. (**churuncuyo**).

2. *Ho. Referido a escrito o documento,* falsificado o mal hecho. (**churuncuyo**).
 II. 1. adj/sust. *Ho. Referido a persona,* de mal actuar. (**churuncuyo**).

churuncuyada.
 I. 1. *Ho.* **churuncullada.**

churuncuyo, -a.
 I. 1. *Ho.* **churuncullo.**

churupo.
 I. 1. m. *Ve.* Antigua moneda de cobre con un valor de cinco céntimos de bolívar.
 2. m. pl. *Ve.* Dinero, moneda corriente. pop.

churuquear.
 I. 1. intr. *Ec:S.* Volar la cometa describiendo movimientos aleatorios debido a golpes de viento o que ha sido mal construida. pop.

¡chururuy! (De or. onomat.).
 I. 1. interj. *Ho.* Imita el movimiento y el ruido al mecerse una persona en una hamaca.

churute.
 I. 1. m. *Ho, ES.* Cualquier cosa de forma cónica.
 II. 1. m. *Ho, ES.* Protuberancia, saliente u objeto rollizo.
 III. 1. m. *Ho, ES.* Pene. vulg.

chus.
 I. 1. m. pl. *Ho, ES.* Zapatos.

¡chus!
 I. 1. interj. *Bo.* Expresa la orden dada a una persona para que se calle. ♦ **¡chusta!**
 □
 a. ‖ **¡ay ~!** loc. interj. *PR.* **¡ay fo!**

chusa.
 I. 1. f. *RD.* obsol. **Fuete** que se usa para espantar a los perros.

¡chusa!
 I. 1. interj. *Ec.* Expresa sorpresa o susto.
 2. *Bo.* **¡chusu!**

chusalongo. (Del quech. *chusalunga, chusa,* pequeño, y *lungu,* muchacho).
 I. 1. m. *Ec.* Enano fantástico de enorme pene a quien se atribuye la habilidad de seducir a mujeres vírgenes.

chuscada.
 I. 1. f. *Pe.* Baile típico parecido al **huaino.**
 2. *Pe.* Música que acompaña a este baile.
 II. 1. f. *Pe:N.* Dicho o hecho torpe, sin fundamento ni utilidad.
 2. *Ho, Ni, Ur.* Broma de mal gusto. desp.
 3. *Ho, Ni.* Contratiempo, chasco burdo y vulgar. desp.

chuscha.
 I. 1. f. *Ar:NO.* Cabello de una persona, *especialmente el largo y despeinado.* pop.

chuschada.
 I. 1. f. *Ar:NO.* Jalón o tirón de pelo. pop.

chuschalo, -a.
 I. 1. adj/sust. *Ar:NO.* Agradable, grato.
 II. 1. adj. *Ar:NO. Referido a una caballería,* que tiene la crin larga y abundante.

chuschar.
 I. 1. tr. *Ar:NO,O.* Tironear del pelo a *alguien.* pop.
 2. *Ar:NO.* Pellizcar a *alguien.* pop.

chuschazo.
 I. 1. m. *Ar:NO.* Jalón o tirón de pelo. pop.

chuschento, -a.
 I. 1. adj. *Ar:NO.* Que padece **chuscho,** malaria. pop.

chuschín.
 I. 1. *Ar:NO.* **afrechero.** (Emberezidae; *Junco capensis*).

chuscho.
 I. 1. *Ar:NO.* **chucho,** planta.
 II. 1. m. *Ar:NO.* Malaria o paludismo.

chuschudo.
I. 1. m. *Ar:NO.* Utensilio de limpieza compuesto por un palo largo y un conjunto de hilos relativamente gruesos en uno de sus extremos, que sirve para sacar brillo al piso.

chuschudo, -a.
I. 1. adj. *Ar:NO.* Que tiene cabellos largos, lacios y desgreñados. pop.

chusco.
I. 1. m. *ES.* En el juego de canicas, hoyo hecho en la tierra para meterlas.

chusco, -a.
I. 1. adj/sust. *Pe*; *Bo*, pop; *Ho*, desp. *Referido a persona*, de modales toscos.
2. adj. *Pe*, p.u; *Bo*, pop; *Ho*, desp. *Referido a algo*, ordinario y de poco valor.
3. *Ho, Ch. Referido a expresión, escrito u obra*, burda, en que se utilizan palabras vulgares. desp.
4. sust/adj. *Ch.* Persona, *especialmente una mujer*, de vida licenciosa. pop ^ desp.
II. 1. adj. *Co, Py. Referido a persona*, bien parecida, atractiva. esm.
III. 1. adj. *Ar:NO. Referido a persona*, presumida, engreída. pop.
IV. 1. adj. *Py, Ar:NO.* Que se asusta o espanta con facilidad. pop.
V. 1. adj. *Pe. Referido a un animal*, cruzado o de castas distintas.

chuse.
I. 1. *Ar:NO.* **chuce.**

chusear.
I. 1. intr. *Bo.* Consumirse la dinamita por el fuego sin que se produzca la explosión.

chuseca.
I. 1. f. *Bo:C,O.* Lechuza.

chusema.
I. 1. adj/sust. *Gu.* Loco, extravagante. pop + cult → espon.

chusi.
I. 1. *Ar:NO*; *Bo:C*, pop. **chuce**, tapete.
2. *Ar:NO.* **chuce**, frazada.
3. *Pe*; *Bo:C*, pop. Tejido grueso hecho de lana.
II. (Del ingl. *to choose*).
1. adj. *PR. Referido a persona*, quisquillosa.

chusín.
I. 1. m. *ES.* Guardaespaldas.

chusma.
I. 1. sust/adj. *Bo, Py, Ar, Ur.* Persona chismosa y entrometida. pop ^ desp.
2. f. *Ni, Pa, Pe, Bo, Py*; m. y f. *Cu.* Persona de modales groseros y comportamiento vulgar. pop + cult → espon ^ desp.
II. 1. f. *PR.* Broma.

chusmaje.
I. 1. m. *Ar:NO, Ur*; *PR*, pop + cult. Conjunto de gente vulgar o tosca. pop ^ desp.

chusmarita.
I. 1. f. *Ar:NO.* Cierto tipo de **yuyo**, hierba perjudicial.

chusmear.
I. 1. intr. *Bo, Py*; *Ur*, pop. Criticar frecuente y malintencionadamente a los demás.
2. tr. *PR, Bo, Py, Ar, Ur.* Contar con indiscreción a *alguien* lo que otra persona ha hecho o dicho. pop + cult → espon.
3. intr. *Py, Ar, Ur.* Hablar sobre temas variados e intercambiar novedades. pop ^ fest.
4. tr. *Py, Ar, Ur.* Proporcionar una información o un dato que aún no es de conocimiento general. pop.

5. intr. *Py, Ar, Ur.* Informarse de algo, *generalmente revisando a escondidas un objeto o un lugar*. pop.
6. intr. *PR.* Burlar, hacer burla *alguien* de personas o cosas. pop + cult → espon.

chusmería.
I. 1. f. *Cu.* Falta de clase, comportamiento grosero.
2. *PR.* Bajeza, escándalo. pop + cult → espon.
II. 1. f. *PR.* **chismería**, chismorreo. pop + cult → espon.

chusmerío.
I. 1. m. *Bo*; *Mx, CR, Ve, Ec, Ar, Ur*, pop ^ desp. Conjunto de gente vulgar o tosca.
2. *Py, Ar, Ur.* Ambiente laboral o social en el que son frecuentes los chismes o habladurías. pop.
3. *Py, Ar, Ur.* Rumor o habladuría. pop.
4. *Py, Ar, Ur.* Conjunto de personas dadas a propagar y fiarse de rumores y comentarios malintencionados. pop.

chusmero.
I. 1. m. *CR, Pa, Ve, Ec.* Conjunto de gente vulgar o tosca.

chusmeta.
I. 1. sust/adj. *Ar, Ur.* Persona dada a murmurar y a generar discordias entre otras personas. pop ^ desp.

chusmita.
I. 1. f. *Ve.* Ave de hasta 60 cm de longitud, de plumaje completamente blanco y pico y patas negros, estas con los dedos amarillos. (Ardeidae; *Egretta thula*). ◆ **garcita blanca**; **garza chica**.

chusmón, -na.
I. 1. m. y f. *Cu.* Persona de modales y comportamiento groseros. vulg; pop + cult → espon. ^ desp.
2. adj. *Ni. Referido a persona*, cobarde.

chusno.
I. 1. m. *Ar:NO.* Arbusto de hasta 1,5 m de altura, de hojas compuestas, flores en racimos amarillos y una legumbre plana como fruto. (Fabaceae; *Cassia hookeriana*). ◆ **nogal del zorro**.

chuso.
I. 1. m. *Pe.* Calzado deportivo, *especialmente el de **futbol***. pop.
II. 1. m. *Bo.* Hombre que toca un instrumento musical, *generalmente de viento*, en una banda, y desentona con frecuencia.

chuso, -a.
I. 1. adj. *Bo:N,E*; *Ar:NO*, rur. *Referido a una planta, una flor o una fruta*, mustia o seca. pop.
2. *Ar, Ur. Referido a una planta gramínea*, que grana mal o no ha madurado. rur; pop.
3. *Ar:NO. Referido a una persona o a una parte de su cuerpo*, enjuta o muy delgada. rur; pop.
4. *Ar:NO. Referido a un miembro del cuerpo humano*, inútil, sin movimiento. rur; pop.
II. 1. sust/adj. *Ar:NO.* Penúltimo hijo. rur.
III. 1. adj. *Ec:S*, pop + cult → espon; *Bo:C,O*, pop. *Referido a cosa*, desinflada.
IV. 1. m. y f. *PR.* Perro que no es de raza.

¡chuso!
I. 1. *Bo.* **¡chusu!** pop.

chusón.
I. 1. m. *ES.* Autobús viejo. desp.

chuspa. (Del quech. *chuspa*, bolsa).
I. 1. f. *Bo:C,O, Ar:N,O*; *Pe, Ch:N*, rur. Bolsa pequeña, *especialmente aquella en la que se lleva el tabaco o lo necesario para **coquear***.
2. *Co:O, Ar:NO.* Bolsa hecha de cualquier material flexible que se emplea para guardar y llevar la compra.
3. *Pa, Pe, Bo:C,O*; *CR*, obsol. Bolsa de fibra vegetal o cuero, que se emplea para llevar las pertenencias personales.

4. *Ho, ES, Ni.* Bolsa de cuero u otro material, *en especial la que usan los cazadores.*

5. *Ho, ES, Ni.* Escroto, bolsa de piel que cubre los testículos y las membranas que los recubren.

II. 1. f. *Ho:N, ES, CR.* En el **basquetbol**, enceste en el aro.

2. *Ho:N, ES.* Aro y red del tablero de baloncesto.

III. 1. f. *CR, Ec.* Filtro consistente en una bolsa cónica de tela, con un aro metálico adaptado alrededor de su boca, usado en la preparación de café. ♦ **destiladera.**

IV. 1. f. *Ec.* Bolita de harina de maíz crudo usada para preparar sopa.

V. 1. f. *ES.* Bráctea grande y rojiza que envuelve la inflorescencia del **banano**. rur.

VI. 1. f. *ES.* Juego de canicas.

VII. 1. f. *ES.* Vulva. vulg.

VIII. 1. adj/sust. *Ho. Referido a un producto*, de mala calidad.

IX. 1. f. *Ni.* Media naranja, una vez que ha sido chupado su jugo.

X. 1. f. *CR.* Teta o glándula mamaria, *especialmente la de forma cónica y alargada.* pop.

chuspear.

I. 1. tr. *ES.* Introducir el balón en la cesta o **chuspa** del contrario.

chuspi. (Del quech. *chuspi,* mosca).

I. 1. m. *Bo.* Mosca. (Muscidae; *Musca domestica*).

2. *Bo.* **zancudo**, mosquito.

II. 1. adj. *Ec. Referido a los ojos de una persona*, pequeños, negros y vivaces.

chuspillo. (Del quech. *ch'uspillu,* maíz).

I. 1. m. *Bo:C.* Variedad de maíz, pequeño y dulce, que se tuesta para comer con tocino.

chuspiojos.

I. 1. adj. *CR. Referido a los ojos de una persona*, pequeños, negros y vivaces.

chusque.

I. 1. m. *Co.* Gramínea de tallos arqueados y nudosos, hojas lanceoladas y flores pequeñitas que forman espigas amarillentas. (Poaceae; *Chusquea* spp.).

chusquear.

I. 1. intr. *Ch.* p.u. Vivir *una persona* una vida licenciosa y desordenada. pop.

chusqui.

I. 1. m. *Ec.* Dinero. pop + cult → espon.

¡chusta!

I. 1. *Bo:O.* **¡chus!**

¡chusu!

I. 1. interj. *Bo.* Expresa el deseo de que una persona yerre en la acción que está realizando, *especialmente en el deporte y en los juegos de azar.* pop. (**¡chusa!**; **¡chuso!**).

¡chuta!

I. 1. interj. *Ec, Ch.* Expresa sorpresa, enfado o contrariedad. pop + cult → espon.

2. *Ec.* juv. Expresa compasión o decepción. pop.

chutar(se).

I. 1. tr. prnl. *Mx.* Terminar *alguien* de realizar una actividad que le resulta pesada y compleja. pop + cult → espon.

2. *Mx.* Aguantar, soportar *alguien* una situación que le resulta falta de interés. pop + cult → espon.

II. 1. intr. *Ec.* Ganar *algo* o *alguien* la voluntad o el afecto de una persona. pop + cult → espon.

☐

a. ‖ **chutársela.** loc. verb. *Mx.* Realizar el coito. vulg.

chútaro, -a.

I. 1. adj/sust. *Mx. Referido a persona*, huraña. desp.

II. 1. adj/sust. *Mx. Referido a persona*, ignorante, inculta. desp.

¡chutas!

I. 1. interj. *Ch.* Expresa sorpresa, enfado o contrariedad. pop + cult → espon.

chutazo.

I. 1. m. *Gu.* Herida producida por un aguijón u otro objeto punzante.

chute.

I. 1. m. *Gu.* Aguijón u otro objeto punzante.

2. *ES.* Aplicación de una inyección. drog.

II. 1. m. *Ch.* Hombre joven que se compone mucho y sigue rigurosamente la moda. pop ^ desp.

III. 1. m. *Ch.* p.u. Tubo dispuesto de forma vertical o inclinada, *generalmente cubierto por uno de sus extremos*, por el que se arrojan desperdicios para su posterior traslado o eliminación.

IV. 1. m. *ES.* Persona entremetida.

V. 1. m. *Pa:NO.* Corral estrecho y con conducto por donde se transporta el ganado a los camiones. rur.

chuteador.

I. 1. m. *Ch.* Zapato de **futbol**.

chuteador, -ra. (Del ingl. *to shoot,* tirar, disparar).

I. 1. m. y f. *Ho, Ch, Ar:NO; Bo,* pop. Chutador, jugador que dispara bien y con potencia.

2. m. *Ch.* Zapato de **futbol**.

chutear(se).

I. (Del ingl. *to shoot,* tirar, disparar).

1. tr. *Ho, ES, Ni, Pa, Ec, Bo, Ar:NO.* En el **futbol**, golpear fuertemente el balón con el pie.

2. *Ch, Py.* Lanzar *algo* lejos, golpeándolo con el pie. pop + cult → espon.

3. *Ch.* metáf. Terminar unilateralmente una relación amorosa. pop + cult → espon.

II. 1. tr. *Ch.* Dejar de hacer *algo* momentáneamente, con idea de realizarlo más adelante. pop + cult → espon.

III. 1. intr. prnl. *ES.* Inyectarse droga. drog.

chuteo.

I. 1. m. *Ch, Py.* Patada, golpe con el pie. pop + cult → espon.

2. *Ch.* metáf. Fin que unilateralmente alguien pone a una relación amorosa. pop + cult → espon.

chutera.

I. 1. f. *Bo.* Zapatilla que se utiliza para jugar al **futbol**.

chutero, -a.

I. 1. sust/adj. *Bo.* Persona que se dedica al contrabando de vehículos.

chuti.

I. 1. m. *Bo. En el juego de las canicas*, golpe que da una a otra después de haber sido impulsada.

chutillo.

I. 1. m. *Bo.* Festividad pagano religiosa de origen aimara que data de la época precolombina.

chutis.

I. 1. m. *Bo.* Juego de niños que se hace con bolas pequeñas de barro, vidrio u otra materia dura.

chuto.

I. 1. m. *Pe.* Indio de la **puna**.

II. 1. m. *Ve.* Vehículo de gran tamaño al que se le acopla un remolque o **gandola** con carga.

III. 1. m. *Ch:N.* Pene. vulg.

IV. 1. m. *Bo. En los carnavales y algunas fiestas folclóricas*, personaje disfrazado que representa al siervo de los terratenientes en la organización feudal.

V. 1. m. *Bo:E.* Perro, can. pop.

VI. 1. m. *Bo.* Cigarrillo preparado con sulfato base de cocaína. drog.

chuto, -a.

I. 1. adj. *Ve, Bo, Ar:NO. Referido a cosa*, recortada, corta. pop.

2. *Ve, Bo, Ar:NO. Referido a animal*, que no tiene cola.
3. *Ar:NO. Referido a animal*, que tiene la cola muy corta.
II. 1. adj. *Co. Referido al cabello*, ensortijado, rizado.
2. *Pe. Referido al cabello*, lacio.
III. 1. adj/sust. *Pe. Referido a persona*, tosca, inculta.
IV. 1. adj/sust. *Bo. Referido a un vehículo automóvil*, introducido de contrabando en el país.
V. 1. sust/adj. *Bo*. Persona que realiza contrabando en pequeña escala.
VI. 1. adj/sust. *Bo. Referido a persona*, que le falta alguna de sus extremidades.
VII. 1. adj. *Bo. Referido a persona*, que va desnuda o con poca ropa.

chutra.
I. 1. f. *Pa*. Árbol de los lugares húmedos, de hasta 20 m de altura, de hojas imparipinnadas y alternas, flores amarillas y aromáticas, y frutos en cápsulas ovoides, rojos cuando están maduros; la resina del árbol se emplea en medicina. (Burseraceae; *Protium glabrum*).
II. 1. f. *Pa*. Pasillo de maderas o cañizo que se emplea para trasladar el ganado a un lugar concreto. rur.

¡chutri!
I. 1. interj. *Pa*. Expresa sorpresa o enfado. vulg.

chutusca.
I. 1. sust/adj. *Ar:NO*. Persona tosca o rústica. pop.

chuvar.
I. 1. tr. *RD*. Azuzar.

chuvis.
□
a. ‖ **con ~.** loc. adv. *Bo:C,O*. Con mucho detalle y pormenor. pop.

¡chuy!
I. 1. interj. *Ar:C,NO*. Expresa sensación de frío intenso. pop.
2. *Gu, ES*. Expresa agrado, cariño o ternura.
II. 1. *Bo:O,C*. **¡choy!** pop + cult → espon.

chuya.
I. 1. f. *Ar:NO*. Fermento dulce que queda después de preparada la **chicha** y se da de beber a los animales en las **señaladas**.

chuyerito.
I. 1. m. *Ar:NO*. Vaso ritual, *generalmente de arcilla o plata y zoomorfo o con adornos*, que se utiliza para servir la **chuya**.

chuyo.
I. 1. m. *Pe*. **chullo**.
II. 1. m. *Ho*. Cualquier arma blanca. polic.

chuyo, -a.
I. 1. adj. *Ar:NO. Referido a una sustancia*, de consistencia poco espesa o casi líquida. pop.
2. *Ec*. p.u. *Referido a un guiso*, preparado con menos verduras y legumbres de lo normal. pop.
3. *Ec*. p.u. *Referido a un alimento*, que no ha espesado por falta de harina. pop.

chuza.
I. 1. f. *Mx, CR, RD. En el juego del boliche*, lance que consiste en derribar todos los bolos de una vez.
II. 1. *Ar:N, Ur*. Espolón del gallo.
2. *ES*. Instrumento pequeño de hierro para abrir automóviles.
3. *Ho:N*. Machete de mango largo y hoja curva al final que se utiliza para cortar a la mata del **banano** las hojas secas o infectadas de **sigatoka**.
4. *CR*. **esbajeradora**.
5. *CR*. Palo largo con un instrumento cortante adaptado en un extremo, usado para cortar frutos de árboles altos.
III. 1. f. pl. *Ar, Ur*. Cabellos largos y despeinados. pop.
2. *Ni; Ur*, pop. Cabellos lacios y duros.

chuzalongo.
■
a. ‖ **el ~.** m. *Ec. En la tradición mítica popular*, enano de pene enorme que ataca en el campo a las mujeres.

chuzar(se).
I. 1. tr. *Ni, Co, Ve, Bo; ES*, rur. Pinchar o herir a *alguien* con un objeto cortante o punzante.
2. intr. prnl. *Ni, Pa, Co, Bo*. Pincharse o herirse con un objeto cortante o punzante.
3. tr. prnl. *Co*. Inyectarse droga. drog.
II. 1. tr. *Co*. Manipular una línea telefónica para espiar las conversaciones que se realicen a través de ella.

chuzazo.
I. 1. m. *Mx, Ho, Pa, Ve, Ch*. Herida producida por un **chuzo** o arma blanca.

chuzmero, -a.
I. 1. adj. *PR. Referido a una persona*, guasona, burlona. pop + cult → espon.

chuznieto, -a.
I. 1. m. y f. *Ec*. obsol. Cuadrinieto, hijo del tataranieto.

chuzo.
I. 1. m. *Mx:SE, Gu, Ho, ES*. Instrumento de siembra consistente en un palo largo con punta en uno de sus extremos que sirve para ahoyar.
2. *Pa, Co; CR, Ec*, pop + cult → espon; *Bo*, pop. Arma blanca, *en especial el cuchillo o el puñal*.
3. *Ve, Pe*. Arma blanca rústica que fabrican los presos en la cárcel de manera clandestina.
4. *Pe*. meton. Corte en la piel hecho con arma blanca.
5. *Pa, Co*. Objeto puntiagudo.
6. *Ho, ES*. Aguijón de abeja o de avispa.
7. *Ho, Ni*. Cuchillo o punzón pequeño y puntiagudo. delinc.
8. *Ho*. Palo de unos 35 cm de largo por 3 de diámetro que utiliza la policía para defenderse.
II. 1. m. *CR, Co, Ec:O*. Brocheta.
2. *Co*. Trocito de carne asada ensartado en un **chuzo**.
III. 1. m. *Co*. Negocio o tienda pequeño y poco importante. desp.
IV. 1. sust/adj. *Ar:NO*. Penúltimo hijo. rur.
V. 1. m. *Cu, RD, PR*. Látigo con una parte cubierto de cuero.
VI. 1. m. *Ch*. Barra de hierro cilíndrica y puntiaguda en un extremo, que se usa para abrir los suelos.
2. *Ni, CR*. Palo o látigo con un pincho de hierro adaptado en un extremo, usado para animar a andar a los bueyes.
VII. 1. m. *Ec:O*. juv. Zapato, calzado que cubre solo el pie.
VIII. 1. m-f. *Ho*. Miembro de la policía. desp.
IX. 1. m. *CR*. juv. Vehículo automotor de características óptimas en su clase.

chuzo, -a.
I. 1. adj. *Ar, Ur. Referido a una planta gramínea*, que grana mal o no ha madurado. rur; pop.
2. *Ar, Ur. Referido a una planta, una flor o una fruta*, mustia o seca. rur; pop.
II. 1. adj. *Ar, Ur. Referido a un miembro del cuerpo humano*, inútil, sin movimiento. rur; pop.
2. *Ch. Referido a persona*, poco hábil. pop + cult → espon.
III. 1. adj. *Ar, Ur. Referido a una persona o a una parte de su cuerpo*, enjuta o muy delgada. rur; pop.
IV. 1. sust/adj. *Ar:NO*. Penúltimo hijo. rur.
V. 1. adj. *CR. Referido al cabello de una persona*, lacio, hirsuto *y, generalmente, levantado*.
2. *CR. Referido a persona*, de pelo chuzo.
VI. 1. adj/sust. *ES. Referido a persona o cosa*, lista, preparada.
▶ **estar ~; ser un ~.**

¡chuzo!
I. 1.　interj. *Pa.* Expresa susto o asombro. euf.

chuzografiar.
I. 1.　intr. *Co.* Pulsar las teclas de una máquina con dos dedos o con menos de los normales.

chuzón.
I. 1.　m. *Co.* Pinchazo.
II. 1.　m. *ES.* Autobús viejo. desp.

chuzudo, -a.
I. 1.　adj. *ES. Referido a cosa*, punzada.

ciba. (De or. ind. antillano).
I. 1.　f. *RD.* Piedra.

cibanco.
I. 1.　m. *PR.* Paraje alto y peligroso.

cibano.
I. 1.　adj. *RD. Referido a terreno*, pedregoso.

cibaque.
I. 1.　m. *Gu.* Médula fibrosa de una planta que se emplea para atar tamales y otros usos.

cibí.
I. 1.　m. *PR.* Pez marino de hasta 75 cm de longitud, de cuerpo alargado y algo comprimido y aletas radiadas cuya coloración oscila entre el azul grisáceo y el amarillo; su carne es comestible. (Carangidae; *Caranx* spp.). ♦ **cibí amarillo; ciguatero.**

■
　　a. ‖ ~ **amarillo.**
　　　i.　m. *Cu.* Pez marino de hasta 50 cm de longitud, con el cuerpo ovalado de color amarillo, excepto la parte superior del lomo, que es azul metálico, tiene aletas radiadas y cola ahorquillada abierta; es comestible. (Carangidae; *Caranx bartholomaei*).
　　　ii.　*PR.* **cibí**, pez de hasta 75 cm de longitud.
　　b. ‖ ~ **carbonero.** m. *Cu.* **cojinúa negra.**

cibinga.
I. 1.　f. *Ar:NO.* **suncho**, arbusto.

cibucán.
I. 1.　m. *RD.* Serón donde se echa la **yuca** rallada o **guayada** que va a ser prensada para extraerle el jugo venenoso que contiene, a fin de hacer el **cazabe.**

cica.
I. 1.　f. *RD.* Mierda, excremento humano.

■
　　a. ‖ ~~. f. *PR.* juv. Muchacha bonita y de buen cuerpo.

cicagüite.
I. 1.　*Mx, ES.* **cicahuite.**

cicahuite. (Del nahua, quizás de *chicactic*, cosa recia y fuerte, y *cuahuitl*, árbol).
I. 1.　m. *Ho, ES.* Árbol de hasta 35 m de altura, con copa ancha y extendida y flores blancas en cabezas redondas densas; la madera se utiliza para postes, techos y pisos. (Fabaceae; *Pithecollobium arboreum*). (**cicagüite; sicahuite**).

cichón.
I. 1.　m. *Ni.* juv. Hombre homosexual.

cici.
I. 1.　*PR.* **cachicata**, pez.

ciciliana.
I. 1.　*PR.* **ceciliana.**

cicla.
I. 1.　f. *Co, Ve, Ec:N.* Bicicleta. (**cicle**). ♦ **cicleta.**

ciclaje.
I. 1.　m. *Mx, Bo. En electricidad*, medida de la frecuencia de una corriente alterna.

ciclán. (Del maya *tziclán*, caballo a medio castrar).
I. 1.　adj. *Ho, ES, Ni. Referido a un macho*, que solo tiene un testículo.

cicle.
I. 1.　m. *Gu.* **cicla.** pop.

cicleta.
I. 1.　*Ch.* p.u. **cicla.** pop.

cicletada.
I. 1.　*Ch.* **bicicleteada.**

cicletear.
I. 1.　intr. *Ch.* Montar en bicicleta.

ciclo.
I. 1.　m. *Cu, Bo.* Vehículo de dos ruedas que se mueve por pedales, un piñón y una cadena de transmisión.
II. 1.　m. *CR.* Establecimiento comercial dedicado a la venta y reparación de bicicletas.

ciclón.

■
　　a. ‖ ~ **batatero.** m. *RD.* Brisa muy fuerte que arrasa con todo, incluso lo que está al ras de suelo.

ciclonera.
I. 1.　f. *RD.* Habitación pequeña, de **concreto**, que se construye junto a la casa cuando esta es de madera, para protegerse ante la llegada de un ciclón o huracán.

ciclorruta.
I. 1.　f. *Co, Ec.* **ciclovía**, carril.

ciclovía.
I. 1.　f. *ES, CR, Cu, Co, Ec, Pe, Ch, Bo, Py, Ur.* Carril destinado para el uso de bicicletas. ♦ **ciclorruta.**
2.　*Co.* Actividad, *especialmente deportiva*, que se realiza *en general los días festivos* en vías que se cierran al uso automotor por un tiempo determinado.

cicote.
I. 1.　m. *Cu, RD, PR, Ve:E.* Mal olor de pies.
2.　*Cu, PR, Ve.* Secreción de olor desagradable producida por el sudor o falta de higiene en los pies.

cicurí.
I. 1.　*Bo.* **sicurí.**

cicutilla.
I. 1.　m. *Ve:O.* Suciedad que se forma alrededor del cuello en forma de collar.

ci-di. (Sigla de C.D., *Compact disk*).
I. 1.　m. *EU, RD, PR, Ve.* Disco óptico que se graba en forma digital, lo que permite acumular una gran cantidad de información. (**cidí**).

cidí.
I. 1.　*CR, Ec, Py.* **ci-di.** pop + cult → espon.

cidracayote.
I. 1.　m. *Ar:C,NO,O.* Planta herbácea de tallos alargados y trepadores, similar al **chilacayote.** (Cucurbitaceae; *Citrullus* spp.).
2.　*Ar:C,NO,O.* Fruto del cidracayote, globoso, con cáscara verde oscura, y pulpa blanca e insípida.

cidrayota.
I. 1.　f. *Co, Ec, Ch.* **güisquil**, planta.

cidrón.
I. 1.　m. *Co, Ec.* Hierba de hasta 70 cm de altura, de hojas algo carnosas, ásperas, con venas marcadas, y flores blancas, pequeñas, agrupadas en cabezuelas; tiene diversas aplicaciones en la medicina tradicional. (Verbenaceae; *Lippia nodiflora*). ♦ **tiquil-tiquil.**

ciegamachos.
I. 1.　f. *PR.* Mujer soltera que mantiene relaciones con hombres casados a quienes conquista fácilmente. pop + cult → espon.

ciegaojo.
I. 1.　m. *Ho.* **rama de caballo.**

ciegavistas.
I. 1.　m. *Ho.* **rama de caballo.**

ciegayernos.
I. 1.　f. *PR.* Madre alcahueta que busca marido para sus hijas. pop + cult → espon.

ciego.
    I. 1. m. *Co, Ve, Ec, Bo, Py, Ur.* Jugador que posee malas cartas o que no tiene triunfos.
    2. *Ur. En algunos juegos de cartas,* seña que hace un jugador a su pareja para indicar que posee malas cartas o no tiene triunfos.
    II. 1. m. *EU.* Juego de la gallina ciega.
    III. 1. m. *RD.* Plato de comida con que se obsequian los vecinos, o que se regala a cualquier persona.
    2. *PR.* Guiso o comida con muy poca sustancia.
    ▶ **ni para hacer cantar a un ~.**

ciego, -a.
    I. 1. adj. *Ar. Referido a persona,* que no tiene dinero, *especialmente por haberlo perdido en el juego.* pop.
    II. 1. m. y f. *Pe. En algunos juegos de cartas,* jugador que tiene que realizar una apuesta sin haber visto sus cartas.
    III. 1. sust/adj. *Bo.* Persona corta de vista.
    IV. 1. adj. *CR, Bo. Referido a nudo,* muy apretado y difícil de soltar. pop.

cielazo.
    I. 1. m. *Cu.* Golpe que el gallo da con el espolón en la garganta de su rival.
    2. *PR.* Hemorragia que brota del paladar del gallo.

cielito.
    I. 1. m. *Ar, Ur.* Baile tradicional campesino nacido por influjo de las contradanzas europeas.
    2. *Py, Ar, Ur.* Música y canto, de tema patriótico o amoroso, con que se acompaña este baile.

cielo.
    I. 1. m. *Pa. En las peleas de gallos,* herida que se le hace al animal en el cielo de la boca.
    □
    a. ‖ a ~ cerrado.
    i. loc. adj. *Ar. Referido a un campo de deportes,* techado.
    ii. *Ho. Referido a la minería,* explotación bajo tierra.

ciempatas.
    I. 1. m. *Co.* Ciempiés.

cien.
    I. 1. m. *Ar; ES.* Lugar donde se encuentra el retrete. euf; fest.
    □
    a. ‖ de ~. loc. adv. *Cu.* De seguro, de cumplimiento cierto.

ciénaga.
    I. 1. f. *Co.* Depósito natural de agua de menor dimensión que la laguna.

cienagal.
    I. 1. m. *Ho.* Ciénaga.

ciénago.
    I. 1. m. *Ve:O, Ar:NO.* Lugar o paraje pantanoso.

cienchavos.
    I. 1. m. *PR.* Pájaro de hasta 14 cm de longitud, con alas cortas y redondeadas y cola ahorquillada, de plumaje verde oliva en la parte superior y amarillo en la parte inferior. (Vireonidae; *Vireo gundlachii*).

ciencia.
    I. 1. m-f. *Cu.* Persona muy inteligente.

ciénego.
    I. 1. m. *Ec, Ar:NO,* obsol. Ciénaga.

cieneguillo.
    I. 1. m. *PR.* Árbol de pequeño tamaño, con tronco y ramas de color gris, corteza lisa o con grietas muy pequeñas, hojas aovadas, flores blancas en pequeñas espigas, y fruto en forma de baya ovalada y pequeña; sus ramas flexibles sirven para **foetes.** (Myrtaceae; *Eugenia confusa, Myrcia deflexa, M. diva-*

ricata, M. ferruginosa, M. leptoclada, Thymelaeaceae; *Daphnopsis philippiana*).

cienta.
    I. 1. f. *RD.* Ciento.

cientifista.
    I. 1. *PR.* **cientista.**

cientista. (Del ingl. *scientist,* científico).
    I. 1. m-f. *Ho, Ni, Cu, RD, PR, Pe, Bo, Ch.* Científico. cult. (**cientifista**).

cientoemboca.
    I. 1. m. *Cu.* **Plátano manzano** de hasta 5 cm de longitud, de color amarillo y forma semejante al **guineo** ordinario.
    2. f. *PR.* Galleta de muy pequeño tamaño, redonda y dulce.

cientopié.
    I. 1. m. *Ar:NO.* obsol. Ciempiés. pop.

cierrapuertas.
    I. 1. m. *Pe.* Cierre súbito de establecimientos públicos y privados en previsión de desmanes.
    2. *Pe.* Venta a puerta cerrada en que se ofrecen productos con precios rebajados.

cierre.
    I. 1. m. *Ve, Ec, Pe, Bo, Ch, Ar, Ur.* Cremallera con que se cierra una prenda de vestir, un bolso u otras cosas semejantes. ♦ **cierre eclair; cierre relámpago**.
    II. 1. m. *Ho.* Himen, repliegue membranoso que reduce el orificio externo de la vagina mientras se mantiene intacto. vulg.
    ■
    a. ‖ ~ eclair. m. *Ch.* **cierre,** cremallera.
    □
    a. ‖ ~ relámpago. loc. sust. *Pe, Bo, Py, Ar, Ur.* **cierre,** cremallera.

cierro.
    I. 1. *Ch.* Cerca, tapia o vallado.

cierto.
    ●
    a. ‖ por ~ de. fórm. *Mx.* obsol. Se usa para manifestar desprecio por algo.

¿cierto?
    ●
    a. ‖ ¿cierto? fórm. *Co, Bo:O.* Se usa para buscar el asentimiento del interlocutor.

ciervo.
    ■
    a. ‖ ~ de la pampa. m. *Ar.* Mamífero rumiante de hasta 70 cm de altura, pelaje de color pardo a rojizo y vientre blanco; el macho tiene astas ramificadas, *generalmente en tres puntas.* (Cervidae; *Odocoileus bezoarticus*).
    b. ‖ ~ de los pantanos. m. *Ar:E,NE, Ur.* Mamífero rumiante de más de 1 m de altura con pelaje de color pardo a rojizo, y patas negras; el macho tiene astas ramificadas en al menos cinco puntas. (Cervidae; *Odocoileus dichotomus*).
    c. ‖ ~ volátil. m. *PR.* Escarabajo.

cifarra.
    I. 1. f. *Cu.* Negocio del que vive alguien engañando a los demás.

cifarrero.
    I. 1. adj. *Cu. Referido a persona,* que vive de la **cifarra.**

cifra.
    I. 1. f. *Mx.* Dinero, monedas o billetes.
    II. 1. f. *Ch. En el futbol,* gol.

cigarrería.
    I. 1. f. *RD, Ec:O, Pe, Ar, Ur; Pe, Ch,* obsol. Establecimiento en el que se venden cigarrillos, tabaco y artículos para fumador.

2. *Co*, Establecimiento en el que se venden cigarrillos, licores, vinos, conservas y otros artículos de alimentación.

cigarrillera.
I. 1. f. *RD*, *Co*, *Ec*. Estuche para guardar cigarrillos.

cigarrillo.
I. 1. m-f. *Bo*. Persona de constitución delgada.

cigarro.
▶ **chupar el ~ por el lado prendido.**

cigarrón.
I. 1. *Mx*. **chapulín**, saltamontes de color amarillento.
2. *RD*, *PR*, *Co*, *Ve*. Insecto himenóptero de hasta 3 cm de longitud, de color negro, con alas brillantes de matices verdosos, tórax liso, patas velludas, y aguijón largo y fino. (Apidae; *Antophora* spp.).
3. *RD*, *PR*. Escarabajo. rur; pop.
II. 1. m. *Co:N*. Hombre homosexual. desp.

cigua.
I. 1. f. *Cu*, *RD*. Árbol silvestre de hasta 20 m de altura, con tronco maderable, hojas gruesas, elípticas, pecioladas, flores verdosas en grupos axilares y bayas ovoides sostenidas por el cáliz de la flor; su madera es usada en construcciones. (Lauraceae; *Ocotea leucoxylon*). (**sigua**). ♦ **geo; laurel cigua; laurel geo.**
2. *Cu*. Caracol de mar.
3. *PR*. Árbol silvestre de hasta 10 m de altura, de hojas verdes lustrosas con sabor a especias, flores blancas, y fruto en baya de color negruzco o azul muy oscuro; su madera se utiliza en carpintería y ebanistería. (Lauraceae; *Nectranda coriacea*).
II. 1. *Ho*, *ES*. **ciguanaba.**
III. 1. adj. *RD*. *Referido a una mujer*, que tiene mal aspecto, fea, muy delgada.

■
a. ‖ ~ **amarilla.**
i. f. *RD*. Ave de hasta 15 cm de longitud, con la cabeza de color negro con franjas blancas, alas negras matizadas de blanco y parte inferior amarillo brillante. (Thraupidae; *Spindalis dominicensis*).
ii. *RD*. **carrasqueño**, árbol.
b. ‖ ~ **canaria.** f. *RD*. Ave de 20 cm de longitud, de color negro lustroso con grandes manchas amarillas en las alas, la rabadilla y la parte inferior, cola larga y pico puntiagudo y fuerte. (Icteridae; *Icterus galbula*).
c. ‖ ~ **palmera.** f. *RD*, *PR*. Ave de 20 cm de longitud, con la parte superior de color pardo olivo, matizado con marrón, las patas y los dedos grandes y el pico amarillo y fuerte. (Dulidae; *Dulus dominicus*). ♦ **sigua palmera.**
▶ **no ser ~ este año.**

ciguamo.
I. 1. *RD*. **carey de costa**, arbusto.

ciguamonta. (Del nahua *cihuatl*, mujer).
I. 1. *ES*. **ciguanaba.**
II. 1. *Ho*. **siguamonta.**

ciguampera. (Del nahua *cihuatl*, mujer).
I. 1. *ES*. **ciguanaba.**

ciguana.
I. 1. *PR*. **iguana**, lagarto.

ciguanaba. (Del nahua *cihuatl*, mujer, y *nahualli*, brujo, nagual).
I. 1. f. *Ho*, *ES*, *Ni*. Personaje mítico mesoamericano en forma de bella mujer que atrae a los hombres por la noche para luego espantarlos con su cara de calavera. (**cigua**). ♦ **ciguamonta; ciguampera; siguabana.**

ciguanabo.
I. 1. *ES*. **piquero**, ave.

ciguapa.
I. 1. f. *Cu*, *RD*. Ave rapaz nocturna, de hasta 40 cm de longitud, con la parte superior del cuerpo de color leonado y la inferior de tono claro con manchas y rayas oscuras; tiene plumas en la cabeza semejantes a orejas. (Strigidae; *Asio stygius*). (**ciguata**; **siguapa**). ♦ **lechuza orejita.**
II. 1. f. *RD*. Personaje fantástico con forma de bella mujer de larga y espesa cabellera, con los pies al revés, que vive en el fondo de los lagos y ríos.
2. *RD*. Fantasma en forma de mujer vieja.

ciguapate. (Del nahua *cihuatl*, mujer, y *patli*, medicina).
I. 1. f. *Mx*, *Gu*, *Ho*, *ES*, *Ni*. Arbusto silvestre de hasta 4 m de altura, de hojas alternas, de aovado-oblongas a elípticas, pubescentes en la parte superior y aterciopeladas en la inferior, flores rosadas en cabezuela en forma de campana e inflorescencia grande; es una planta aromática; la cocción de la hoja se utiliza en la medicina tradicional. (Asteraceae; *Pluchea* spp.). (**siguapate; ziguapate**). ♦ **suapatli; zoapacle; zuapatle.**

ciguaraya.
I. 1. f. *Cu*. **estribillo**, arbusto (**siguaraya**).

ciguata. (Del nahua *cihuatl*, mujer).
I. 1. *Cu*. **ciguapa**, ave.
II. 1. f. *Ho*. Muchacha joven.

ciguatarse.
I. 1. intr. prnl. *Cu*, *RD*. **Aciguatarse**, contraer la ciguatera.

ciguateado, -a.
I. 1. adj. *Ve:E*. *Referido a persona*, intoxicada por haber comido pescado con **ciguatera.**

ciguatera. (De etim. contr.).
I. 1. f. *Mx*, *Ho*, *Cu*, *RD*, *PR*, *Ve*. Enfermedad de peces, crustáceos y moluscos que produce en quien los come intoxicación o envenenamiento graves. (**siguatera**).

ciguatero.
I. 1. *PR*. **cibí.**

ciguato, -a.
I. 1. adj. *Mx*, *Cu*, *RD*, *PR*. *Referido a persona*, que padece **ciguatera.** (**siguato**).
2. *Mx*, *Cu*, *RD*, *PR*. *Referido a un pez u otro animal*, intoxicado o envenenado por la **ciguatera.** (**siguato**).
3. *Ve*. *Referido a persona*, pálida y de aspecto enfermizo.
II. 1. adj. *PR*, *Ve*. *Referido a una fruta*, que se ha puesto blanda y amarillenta o podrida.
III. 1. adj/sust. *Cu*, *RD*. *Referido a persona*, tonta, simple.

cigüeña.
I. 1. f. *Cu*, *RD*. Vagoneta de ferrocarril que se impulsa manualmente a través de una palanca.
II. 1. f. *Ho*, *Ni*. **gabán**, ave.
□
a. ‖ ~ **americana.** f. *Pa*. **gabán**, ave.

cigüirillin.
I. 1. adj/sust. *RD*. metáf. *Referido a una mujer*, pequeña, delgada, insignificante.

cigüita.
I. 1. f. *RD*. Ave de hasta 12 cm de longitud, de color negro con la rabadilla amarilla, con una línea blanca muy visible desde el pico hacia atrás y una mancha blanca en el ala, el pico es negruzco, de comisuras rojas, delgado y curvo. (Coerebidae; *Coereba flaveola*). ♦ **pinchita.**

■
a. ‖ ~ **del manglar.** *RD*. **canario.**

cilampa. (Del quech. *tzirapa*).
I. 1. *Ni*, *CR*. obsol. **silampa**. rur.

cilampear.
  I. 1. *Ho, Ni.* **silampear**.
cilián.
  I. 1. m. *Ni.* Bebida alcohólica de color rojizo hecha de granos de maíz fermentado. (**ciliano**).
ciliano.
  I. 1. *Ni.* **cilián**.
cilindradora.
  I. 1. f. *Co.* Máquina automóvil que rueda sobre unos cilindros de acero muy pesados, usada para allanar y compactar el firme de caminos o el pavimento de otras superficies.
cilindrero, -a.
  I. 1. m. y f. *Mx.* Persona que toca el **cilindro**, órgano pequeño.
cilindro.
  I. 1. m. *Mx.* Órgano pequeño o piano que se hace sonar por medio de una superficie cilíndrica con púas, movida por un manubrio y encerrada en un cajón portátil.
  II. 1. m. *Gu, Ho, Co.* Vasija metálica muy resistente, de forma cilíndrica o acampanada y cierre hermético, que sirve para contener gases a presión y líquidos volátiles.
    2. *ES.* Botella cilíndrica de un cuarto de litro de aguardiente.
  III. 1. m. *Ve.* Aparato para descerezar la semilla del café.
  IV. 1. m. *Ho. En la cocina eléctrica o de gas,* protectores metálicos de calor que hay debajo del fuego.
  V. 1. m. *Ni.* obsol. Revólver.
  VI. 1. m. *Ni.* juv. Cigarrillo.
  ■
    a. ‖ ~ **nicotinoso**. m. *Ch.* Cigarrillo. euf; pop ^ fest.
cimarra.
  I. 1. f. *Ch, Ur.* Falta de asistencia deliberada a un centro de estudio. pop + cult → espon.
  II. 1. f. *Ni.* Arbusto de hasta 3 m de altura cuya hoja tiene una espina en el extremo y el fruto es pequeño y de cáscara dura; la flor marchita conserva su perfume y al contacto con el agua recobra su frescura. (Theophrastaceae; *Jacquina aurantica*).
  ▶ hacer la ~.
cimarrear.
  I. 1. intr. *Ar:O; Ch,* p.u. Faltar frecuentemente a clases o sesiones previamente establecidas. pop + cult › espon.
cimarrero, -a.
  I. 1. adj/sust. *Ch. Referido a persona,* que comete **cimarras**. pop + cult → espon.
cimarrón.
  I. 1. *Ar, Ur.* **mate amargo**.
  II. 1. m. *Pa.* Aguardiente de fabricación rústica. rur.
cimarrón, -na.
  I. 1. adj. *Ho, ES, Ni, Co:E, Ve, Ec, Pe, Bo, Ar, Ur; CR, Cu, RD.* rur. *Referido a animal,* salvaje, no domesticado.
    2. *Ho, ES, Ni, CR, Cu, RD, PR, Ve, Bo, Ch; Pe, Ar, Ur,* rur. *Referido a un animal doméstico,* que huye al campo y se hace salvaje.
    3. *Pa, Ur. Referido al ganado,* montaraz, huidizo, espantadizo. rur.
  II. 1. adj. *Mx, Ho, CR, Cu, RD, PR, Pe, Ch, Ar, Ur. Referido a una planta,* silvestre.
  III. 1. adj. *RD, PR, Ve, Ur. Referido a persona,* que no tiene cultura ni modales. pop + cult → espon.
    2. *Ho, ES, Ur. Referido a persona, forma de vida o régimen político,* poco civilizado, salvaje o cruel. desp.
cimarrona.
  I. 1. f. *Gu.* Falta de leche en una mujer o una hembra durante la lactancia. rur.
  II. 1. f. *Ni.* Limonada con sal.

  III. 1. f. *CR.* Banda musical *que ameniza generalmente festejos populares y mascaradas.*
cimarronada.
  I. 1. f. *Pa, Cu, RD, Ar, Ur.* Conjunto de animales no domesticados. rur.
  II. 1. f. *PR.* Animalada, acción torpe grosera.
cimarronear.
  I. 1. intr. *Ar; Ur.* pop. Tomar **mate cimarrón**. rur.
  ♦ **amarguear**.
cimba. (Del quech. *símp'a*, trenza).
  I. 1. *Pe, Bo:C, Ar:NO.* **cimpa**.
  II. 1. f. *Ar:NO.* Repulgo o borde labrado de una empanada o pastel.
cimbado.
  I. 1. m. *Ar:NO.* Repulgo o borde labrado de una empanada o pastel.
  II. 1. m. *Bo.* Látigo trenzado.
cimbar.
  I. 1. tr. *Bo, Ar:NO.* Trenzar.
    2. *Ar:NO.* Hacer un repulgo o borde labrado a una empanada o pastel.
cimbilín.
  I. 1. m. *RD.* Niño pequeño.
cimbra.
  I. 1. f. *Mx.* Madero grande al que se amarra un anzuelo, usado para pescar tiburones en el océano Pacífico.
    2. *ES, Ar:NE.* Trampa hecha de cañas o palos que se utiliza para cazar aves u otros animales pequeños.
    3. *Ar, Ur.* Trampa para cazar aves u otros animales pequeños, que consta básicamente de un nudo corredizo.
    4. *Ho, Ur.* Trampa para cazar animales cuadrúpedos de pequeño tamaño que consiste en uno o varios palos largos y delgados con pinchos de madera o de metal, tensado con cuerdas y que se suelta cuando el animal tira de un hilo de pescar que cruza por el suelo.
  II. 1. f. *Ar:NE, Ur; Py,* rur. Puerta rústica de un cercado o alambrado.
  III. 1. f. *Ar:NO.* Mortero en forma de balancín, *usado principalmente para moler algarroba.*
  IV. 1. f. *Gu, Ho.* Persona de gran estatura. (**simbra**).
cimbradero.
  I. 1. m. *Ar:NO.* Poste clavado en el suelo para amarrar ganado que se desea amansar, herrar, curar o sacrificar. rur.
cimbrar(se).
  I. 1. tr. *Gu, ES, CR, Bo.* Vibrar *algo* que está fijo.
    2. tr. prnl. *Ec.* Sufrir *alguien* una sacudida brusca en una de sus extremidades. pop + cult → espon.
cimbriazo.
  I. 1. m. *PR.* Golpe que se da de plano.
    2. *PR.* Cualquier golpe que se asesta a alguien.
cimbrón.
  I. 1. m. *Mx, Gu, CR, Ar; ES, Ec,* pop + cult → espon. Sacudida o movimiento violento.
    2. *Co, Ar.* **cimbronazo**, estremecimiento. pop + cult → espon.
    3. *Ar, Ur.* **cimbronazo**, tirón.
    4. *ES.* Empujón, impulso. pop.
  II. 1. m. *Ec.* Dolor agudo, repentino y pasajero, similar al que produce un objeto puntiagudo cuando se clava. pop + cult → espon.
cimbronazo.
  I. 1. m. *Co, Ar, Ur.* Estremecimiento corporal intenso. ♦ **cimbrón**.
    2. *Ar, Ur.* Tirón fuerte y súbito, *especialmente de un lazo u otra cuerda.* ♦ **cimbrón**.
    3. *CR, Ar, Ur.* Sacudida o movimiento violento.
    4. *Ec, Ar, Ur.* Revés, golpe de mala suerte.

cimbronear.
  I. 1.   intr. *Ar, Ur.* Vibrar un objeto flexible al ser movido o agitado. pop.
    2.   tr. *Ar.* Provocar *algo* una reacción o un cambio de actitud en *alguien*. pop.

cimiento.
  ▶ **tener buenos ~s.**

cimpa.
  I. 1.   f. *Pe, Bo, Ar.* Trenza hecha con cualquier material, *especialmente con el cabello*. (**cimba**).

cina.
  ■
    a. ‖ ~-~. *Ar, Ur.* **cinacina**.

cinacina.
  I. 1.   f. *Ar, Ur.* **huacáporo**. (**cina-cina**).

cinato, -a.
  I. 1.   adj. *RD, PR. Referido a persona*, irritada, colérica.

cinazo.
  I. 1.   m. *RD.* Arbusto de hasta 8 m de altura, con ramas finas, largas y con espinas ganchudas, flores blancas y legumbre curva o enrollada y roja. (Fabaceae; *Pithecellobium circinale*).

cincahuite.   (Del nahua *cintli*, mazorca, y *cuáhuitl*, árbol).
  I. 1.   m. *ES.* Árbol de manglar de hojas aovadas o elípticas con un par de glándulas en la base de la lámina, flores en panículas terminales o en espiga solitaria, son pentámeras y pequeñas de color blanco verdoso; su madera se usa como combustible. (Combretaceae; *Laguncularia recemosa*).

cincel.
  ▶ **cortar a ~; cortar con ~.**

cincha.
  I. 1.   f. *Ar:NE.* Juego en que dos equipos se colocan a cada lado de una línea divisoria trazada en el suelo y tiran en sentido contrario de una cuerda hasta que uno de los grupos lleva al otro hacia su zona.
  II. 1.   f. *CR.* Tira o banda de unos 15 cm de ancho, *a cuyos extremos se ata generalmente un trozo de* **mecate**, usada para sujetar el **canasto** a la cintura del **cogedor**. rur.
  □
    a. ‖ **a raja ~.**
      i.   loc. adv. *Ar, Ur.* Atropelladamente, muy deprisa.
      ii.   *Ar, Ur.* Con exceso, sin medida.
    b. ‖ **a rompe ~.** loc. adv. *Ec.* Atropelladamente, muy deprisa.
  ▶ **aflojarse la ~.**

cinchaceada.
  I. 1.   f. *Gu, Ho, ES, Ni.* Azotaina que se da con un cincho o cinturón.

cinchacear.
  I. 1.   tr. *Gu, Ho, ES, Ni.* Dar golpes con el cincho o cinturón. pop + cult → espon.

cinchaco.
  I. 1.   m. *Ar:NO.* Carga liviana que se transporta a lomos de una caballería.

cinchada.
  I. 1.   f. *Ar, Ur.* Juego en que dos equipos se colocan a cada lado de una línea divisoria trazada en el suelo y tiran en sentido contrario de una cuerda hasta que uno de los grupos lleva al otro hacia su zona.
    ♦ **cinchada loca**.
  ■
    a. ‖ **~ loca.** *Ur.* **cinchada**.

cinchana.
  I. 1.   m. *Ar:NO.* Tira de cuero o lana, que reemplaza a la cincha en el aparejo.

cinchar(se).
  I. 1.   intr. *Ar, Ur.* Tirar fuertemente de algo, *particularmente de una soga*.
    2.   prnl. *Ho, Bo.* Apretarse el cinturón una persona.
  II. 1.   intr. *Ar, Ur.* Trabajar empeñosamente para que algo se realice. pop.
  III. 1.   intr. *Ar, Ur. En competiciones deportivas*, alentar. pop.

cinchazo.
  I. 1.   m. *Ho, Ni, PR.* Golpe que se da con la parte plana del machete, espada o sable.

cincho.
  I. 1.   m. *Mx, RD, Bo:S; Pe, Ar:NO,* rur. Tejido o faja con que se aseguran la silla o la carga en las caballerías.
    2.   *Mx, Gu, Ho.* Tira ancha de cuero que rodea el cuerpo del toro detrás de las patas delanteras y que sirve para sujetarse el que lo monta al toro en los **jaripeos**.
    3.   *RD, PR.* Correa.
  II. 1.   m. *Ho, ES, Ni, CR:NO, Pa, Ve:C, Ar:NO.* Utensilio en el que se le da la forma deseada al queso. (**suncho**).
  III. 1.   m. *Ve.* Pez de agua dulce de más de 70 cm de longitud, el dorso es de color verde amarillento y el vientre es blanco con tres líneas verticales negras con manchas claras; su carne es muy apreciada. (Cichlidae; *Cichla temensis*).
  IV. 1.   m. *Ec.* Aro de hierro con que se aseguran o refuerzan barriles, ruedas, maderos ensamblados, partes de un edificio y otras cosas similares. (**cinchón**).
  ▶ **estar ~.**

cinchón.
  I. 1.   m. *Ve:C, Ar, Ur.* Faja con que se aseguran partes de la silla de montar de una cabalgadura ciñéndola por detrás de los codillos o por debajo de la barriga y apretándola con una o más hebillas.
    2.   *Co, Ch.* Faja ancha o soga que se echa encima de la carga de una caballería para asegurarla.
    3.   *Ar:NO.* Aro hecho de paja que sirve de molde para el queso.
    4.   *Ec.* **cincho**.
  II. 1.   m. *Ur.* Tirón o **jalón** fuerte.

cinchonazo.
  I. 1.   m. *Ho, Ni.* Golpe que se da con la parte plana del machete, espada o sable.
    2.   *CR.* obsol. Golpe dado con un látigo o con otro objeto semejante. rur.

cinchoneada.
  I. 1.   f. *Ho, CR.* obsol. Castigo propinado con un látigo u otro objeto similar. rur.

cinchoneado, -a.
  I. 1.   adj. *Ho, Ni. Referido a persona o animal*, que ha recibido **cinchonazos**.

cinchonear.
  I. 1.   tr. *Ho; CR,* obsol. Castigar a *alguien* con un látigo u otro objeto.
    2.   *Ni.* Golpear a *alguien* con la parte plana de la hoja del machete.

cinco.
  I. 1.   m. *Ve.* Instrumento musical parecido a una guitarra pero de menor tamaño.
  II. 1.   m. *Gu.* Juego de niños que se hace con bolas pequeñas de barro, vidrio u otra materia dura.
    2.   *Gu.* Cada una de estas bolas.
  III. 1.   m. *Pa, Cu.* Pausa, descanso.
  ■
    a. ‖ **~ centavos.** *Ho.* **cinco clavos**.
    b. ‖ **~ clavos.** m. *Ho.* Machete de hoja recta con cinco remaches en el mango. rur.

c. ‖ ~ **negritos**. m. pl. *Mx:SE, Gu, Ho*. **lantana**.

d. ‖ ~ **y seis**. m. *Co*. obsol. Apuesta hípica en la que hay que acertar los ganadores de cinco de las seis carreras que se celebran.

e. ‖ **un** ~. m. *CR, Ch, Bo*. Muy poco o ningún dinero. pop.

☐

a. ‖ ~ **de yuca**. loc. sust. *ES*. Cosa sin valor ni importancia.

b. ‖ **sin un** ~. loc. adj. *Ni, Bo, Ch*. Que no tiene dinero. pop.

▶ **coger un** ~; **echar las** ~ **al piano**; **echar las** ~ **repúblicas**; **echar un** ~; **estar en sus** ~; **faltar** ~ **para el peso**; **hace el** ~; **importar un** ~; **lavar el** ~; **no dar ni un** ~.

cincolote.

I. 1. m. *Mx*. Armazón de madera similar a una jaula, de grandes dimensiones y más alto que ancho, y que sirve para almacenar las mazorcas de maíz. rur.

cinconegritos.

I. 1. m. *CR*. Arbusto de hasta 3 m de altura, con hojas opuestas o ternadas, aserradas y aovado-oblongas, e inflorescencias en cabezuelas con flores amarillas, anaranjadas y rojo purpúreo. (Verbenaceae; *Lantuma camara*).

cincuenta.

☐

a. ‖ ~~. loc. adj. *Co, Ec*. Al cincuenta por ciento o a medias.

cincuya.

I. 1. *Gu, ES*. **suncuya**, fruto.

II. 1. f. *ES*. Cabeza de persona.

cincuyo.

I. 1. *Mx, Gu*. **suncuyo**, árbol.

cine.

■

a. ‖ ~ **continuado**. m. *Bo, Ar, Ur*. Espectáculo cinematográfico en el que se proyecta, repetidamente y sin interrupciones, el mismo programa durante todo el día.

cineasta.

I. 1. m-f. *Gu, Co*. **cinero**.

cinemero, -a.

I. 1. sust/adj. *Pe*, p.u. Aficionado al cine.

2. adj. *Pe*, p.u. Relativo al cine.

cinero, -a.

I. 1. m. y f. *Mx, Gu, ES, Bo*. Persona aficionada al cine. ♦ **cineasta**.

2. sust/adj. *Bo*. p.u. Persona que trabaja en la industria artística del cine. pop.

cineteca.

I. 1. f. *Mx, Ch*. Lugar donde se conservan las películas para su estudio y exhibición.

2. *Mx*. Sala en la que se proyectan estas películas.

cínico, -a.

I. 1. adj/sust. *PR, Ur*. Referido a persona, negativa, que no cree en acciones desinteresadas. pop + cult → espon.

II. 1. adj/sust. *PR*. juv. Referido a persona, tonta, idiota.

cinqueño, -a.

I. 1. adj. *Cu, RD, PR*. Referido a un gallo o una gallina, que tiene cinco dedos.

2. *Cu, RD, PR*. Referido a persona, que tiene seis dedos.

3. *PR*. Referido a una vaca, que tiene cinco tetas en la ubre.

cinquera.

I. 1. f. *ES*. obsol. Tocadiscos de bares y centros nocturnos que funciona con monedas.

cinquito.

▶ **tirar un** ~.

cinta.

I. 1. f. *Mx, Ni, Cu*. **En artes marciales**, categoría o grado conseguidos por el luchador y que se distinguen por el color de la faja que sujeta el quimono.

II. 1. f. *Co*. Arbusto de tallos aplanados y segmentados, con pequeñas hojas en las articulaciones de los segmentos, flores pequeñas blanco verdosas y frutos de color rojo; es ornamental. (Poligonaceae; *Muehlenbeckia platyclada*).

III. 1. f. *PR*. Metro de material flexible que se usa en las construcciones.

IV. 1. f. *PR*. **ángel mío**.

■

a. ‖ ~ **bebé**. f. *Py, Ar, Ur*. Cinta fina, *generalmente de raso*, que sirve para ribetear una tela.

b. ‖ ~ **canela**. f. *Mx*. Cinta de plástico, ancha y de color café, que es adhesiva por uno de sus lados.

c. ‖ ~ **de frenos**. f. *Py, Ar, Ur*. Material formado con fibras de amianto e hilos metálicos, *que se emplea principalmente para forrar las zapatas de los frenos*.

d. ‖ ~ **de siete nudos**. f. *PR*. Fetiche constituido por una cinta negra con siete nudos, a cada uno de los cuales se le pone perfume diferente y se le formula un pensamiento a tono con el propósito del trabajo; usado en brujería y curandería.

e. ‖ ~ **pegante**. *RD, Co*. cinta *scotch*.

f. ‖ ~ *scotch*. (De *Scotch*®). f. *CR, Ec, Pe, Py, Ar, Ur*. Cinta de celulosa o plástico, adhesiva por uno de sus lados, que se emplea para pegar. ♦ **cinta pegante**; **cintex**.

▶ **borrársele la** ~; **echar** ~; **tirar** ~.

cintear.

I. 1. tr. *RD*. Dividir una **res** sacrificada para el consumo, en porciones largas y estrechas.

cintex. (De *Cintex*®).

I. 1. m. *Py*. **cinta** *scotch*.

cintigrama.

I. 1. f. *Ch*. **En Medicina**, prueba consistente en inyectar un reactivo en la sangre para encontrar tumores cancerosos y cuyo resultado se reproduce en una cinta grabada.

cintillo.

I. 1. m. *Mx, Ho, Ni, Cu, Co:N, Ve, Pe, Bo, Ch, Py*, Tira de tela u otro material, *generalmente elástica*, que sirve para sujetar, atar o ceñir el pelo o como adorno.

2. *Ho, Bo*. Lazo pequeño de cinta que algunas personas se ponen en la solapa como señal de luto, reivindicación o protesta de algo.

II. 1. m. *Cu*. Moldura niquelada que se coloca en los laterales de los autos para embellecerlos.

2. *PR*. Bordillo de una acera.

III. 1. m. *Ho*. Anuncio o noticia breve que se pone en la parte inferior de una hoja de periódico o de la pantalla de televisión sin interrumpir las imágenes.

cinto.

I. 1. m. *Py, Ar, Ur*. Cinturón de cuero curtido, propio de la vestimenta del **gaucho**, provisto de bolsillos y adornado con una pieza, *generalmente de plata labrada*, llamada **rastra**. rur.

cintoteca.

I. 1. f. *Ve*. Colección de cintas de sonido o de **video** grabadas.

cintura.

▶ **dar** ~; **tirar** ~.

cinturón.

▶ **ajustar el** ~; **amarrarse el** ~.

cinuco.

I. 1. m. *Gu*. Sala de cine. pop.

cinzonte.
    I. 1.   *Gu.* **cenzontle.**
cío.
    I. 1.   m. *Mx.* p.u. Recipiente con agua que se pone en la mesa al final de la comida para lavar algunas frutas y enjuagarse los dedos.
cipa.
    I. 1.   f. *Ve:O.* Lodo, cieno.
cipayarse.
    I. 1.   tr. prnl. *Cu.* Dejar de ser cubano.
cipayo, -a.
    I. 1.   sust/adj. *Cu, Ur.* Persona que sirve a los intereses extranjeros en detrimento de los de su país. desp.
cipe. (Del nahua *tzipitl,* niño desmedrado).
    I. 1.   adj/sust. *Mx:SE, Ho. Referido a grano o fruta,* tierno, comenzando a madurar.
       2.   *Ho. Referido a planta, animal o persona,* poco desarrollado, desmedrado.
       3.   adj. *Ho. Referido a una* **tortilla** *o a un* **tamal,** hecho de maíz tierno. (**shipe**).
       4.   *Ho. Referido a un grano, generalmente de maíz, frijol o café,* que ha crecido mucho menos que los demás.
    II. 1.   *Ho.* **cipitío.**
    III. 1.   sust. *Ho.* Niño de edad comprendida entre los cero y los doce años.
    IV. 1.   adj/sust. *Ho, Ni. Referido a un niño,* encanijado durante la lactancia por embarazo de la madre. rur; pop.
cipeado, -a.
    I. 1.   adj. *Ho. Referido a planta o fruto,* desmedrado, de escaso desarrollo.
       2.   *Ni. Referido a niño,* desmedrado, de escaso desarrollo.
cipearse.
    I. 1.   intr. prnl. *Ho.* Dejar de crecer una planta o fruto, marchitarse.
       2.   *Ho.* Volverse una planta de color amarillo, en especial el maíz, por efecto de la sequía.
    II. 1.   intr. prnl. *Ho, Ni.* Enfermarse un niño lactante por continuar amamantándolo su madre después de quedar nuevamente embarazada.
cipencia.
    I. 1.   f. *Ni.* obsol. Enfermedad que contrae un niño por haber mamado la leche de la madre o de la nodriza embarazada.
cíper.
    I. 1.   *Gu.* **zíper,** cremallera.
cipitillo.
    I. 1.   *Ho.* **cipitío.**
cipitillo, -a.
    I. 1.   adj/sust. *Ho. Referido a niño,* desmedrado.
cipitío.
    I. 1.   m. *Ho, ES.* Ser fantástico que gusta de comer ceniza en los fogones de las casas durante la noche. ◆ **cipe; cipitillo.**
cipo.
    I. 1.   m. *Ve:C.* Residuo que queda del café después de cocido y colado.
cipó.
    I. 1.   *Ar:NO.* **farolito,** planta enredadera.
cipotada. (De *cipote,* niño).
    I. 1.   f. *Ho, ES, Ni.* Grupo de **cipotes,** niños.
       2.   *Ho, ES.* Acción infantil, propia de un **cipote,** niño.
       3.   *Ho.* Período de tiempo que dura la infancia y adolescencia de una persona.
cipotazo.
    I. 1.   m. *Co.* Objeto de gran tamaño.

cipote.
    I. 1.   m. *PR.* Lugar imaginario, supuestamente espantoso y muy desagradable donde se suele enviar de palabra a ciertas enemistades. ◆ **sirete.**
    □
      a. ‖ **más malo que el ~.** loc. adj. *PR. Referido a persona,* mala, tramposa. pop + cult → espon.
    ▶ **mandar al ~.**
cipote, -a. (Quizás del nahua *cipotl*).
    I. 1.   adj. *Co.* **berraco,** extraordinario. pop ∧ hiperb.
    II. 1.   m. y f. *Ho, ES, Ni.* Niño, muchacho.
    III. 1.   sust/adj. *Ve.* Persona poco digna de estima y consideración. (**sipote; zipote**).
    IV. 1.   m. y f. *ES.* pop. Novio, persona que mantiene relaciones amorosas con fines matrimoniales.
    □
      a. ‖ **¡qué ~!** loc. interj. *PR.* Expresa disgusto. pop + cult → espon.
cipotear.
    I. 1.   intr. *ES.* Andar con niños o adolescentes *alguien* que no lo es.
cipoterío.
    I. 1.   *ES.* **cipotero.**
cipotero.
    I. 1.   m. *Ho, Ni.* Grupo de niños o adolescentes. desp. (**cipoterío**).
cipotón.
    I. 1.   sust/adj. *Ho, ES.* Persona joven o adolescente.
cipotudo, -a.
    I. 1.   adj. *Co:N. Referido a persona o cosa,* de gran tamaño.
cipracho, -a.
    I. 1.   adj. *Pe:E.* Pelado, que no tiene plumas, pelos o vello. rur.
ciprés.
    I. 1.   m. *ES.* Cigarro. drog.
    II. 1.   m. *Ho:N.* juv. Niño o adolescente. delinc.
    ■
      a. ‖ **~ de México.** *Mx.* **ahuehuete.**
    ▶ **oler a ~.**
ciprián.
    I. 1.   m. *PR.* juv. **jíbaro.**
ciprión.
    I. 1.   m. *Ni.* juv. Camión grande de carga. (**cirrión**).
ciquitrilla.
    ▶ **sacarle hasta la ~.**
ciralillo.
    I. 1.   *PR.* **guayarote.**
circo.
    I. 1.   m. *PR.* Redondel de la gallera donde pelean los gallos.
    ■
      a. ‖ **~ criollo.** m. *Ar, Ur,* obsol. Modalidad característica del circo rioplatense, que dividía el espectáculo en una primera parte con números tradicionales y una segunda con representaciones dramáticas, *generalmente de índole gauchesca.*
    ▶ **hacer ~, maroma y teatro; hacer un ~; hacer un ~ en el estómago.**
circuitazo.
    I. 1.   m. *ES.* Trago de licor. pop.
circulación.
    I. 1.   f. *Ni, Cu.* Documento oficial de identificación de un vehículo automotor que registra sus características y autoriza su movilidad durante un período determinado.
circulado.
    ▶ **estar ~.**

circulante.
 I. 1. m. *Mx, Ni, RD, Ve, Ec, Pe, Bo, Ch, Ur.* Dinero que está en circulación en un país.

circular.
 I. 1. tr. *Cu.* Registrar la policía los datos de un vehículo que ha sido robado o cuyo conductor ha cometido alguna infracción.

circulina.
 I. 1. f. *Ho.* Piloto de luz que llevan sobre el techo de la cabina algunos vehículos policiales u oficiales, que les permite circular con preferencia en las vías públicas en caso de urgencia.

círculo.
 I. 1. m. *Cu.* Guardería infantil.
 ■
 a. ‖ ~ **de abuelos.** m. *Cu.* Grupo de personas de la tercera edad que viven en una misma zona y que se reúnen para hacer ejercicios y participar en actividades recreativas.
 b. ‖ ~ **de estudio.** m. *Cu.* Grupo de estudiantes que se reúnen fuera del horario escolar para realizar sus tareas docentes.
 c. ‖ ~ **de interés.** m. *Cu.* Grupo de estudiantes que en el horario docente se preparan para una profesión.
 d. ‖ ~ **virtuoso.** m. *Ch.* Conjunto de circunstancias que se combinan para crear una situación favorable.

circuloso, -a.
 I. 1. adj. *PR. Referido a persona,* aficionada a frecuentar los círculos sociales. pop + cult → espon.

circunstancia.
 ■
 a. ‖ **en ~s de que.** conj. *Ch, Bo.* Aunque, a pesar de.

circunstanfláutico, -a.
 I. 1. adj. *Pe.* Complicado, difícil de resolver o entender. fest.
 II. 1. adj/sust. *Ho. Referido a persona,* de aparente seriedad y comportamiento. fest.

cirgüelo, -a.
 I. 1. sust/adj. *Ve.* Persona a la que por su torpeza no pueden encomendársele determinadas tareas.

ciriaco, -a.
 I. 1. adj. *Ve. Referido a la* **pava** *o mala suerte,* extremada.

¡ciriaco!
 I. 1. interj. *Gu, ES, Ni.* Expresa afirmación.

ciriar.
 I. 1. tr. *Pe.* p.u; juv. Cortejar, piropear, requebrar a *alguien.*

cirigaña.
 I. 1. f. *Cu.* Pequeña cantidad de algo.

cirigüelo.
 I. 1. m. *Co.* **garrapatero,** ave.

cirilo.
 □
 a. ‖ **hasta el ~.** loc. adv. *RD.* En lo más profundo.

cirimba.
 I. 1. f. *Gu, Ho.* Barriga abultada de una persona.

cirín.
 I. 1. *Ho, ES.* **sirín,** arbusto y fruto.

cirindanga.
 I. 1. f. *ES.* Borrachera.

¡cirineo!
 I. 1. interj. *ES.* Expresa afirmación. pop ^ fest.

cirio.
 I. 1. m. *Mx.* Árbol de hasta 20 m de altura, muy erguido y parecido a una columna, de tronco grueso, ramas cortas, cubiertas de hojas y flores agrupadas en pequeños racimos, de color amarillo y con olor parecido al de la miel. (Fouquieriaceae; *Fouquieria columnaris*). ♦ **palo de Adán.**
 II. 1. m. *Pe.* juv. Galán, pretendiente, galanteador.
 2. *Pe.* juv. Hombre enamoradizo.
 III. 1. m. *Ho.* Cigarro o puro de tabaco o marihuana. drog.

cirirí.
 I. 1. *Co.* **bienteveo.**
 II. 1. m. *Co:O,SO.* Algo molesto. pop.

ciro.
 I. 1. adv. *Cu.* Sí. ♦ **ciro moracén.**
 □
 a. ‖ ~ **moracén.** loc. adv. *Cu.* **ciro.**

cirquero, -a.
 I. 1. m. y f. *RD, Ec, Ch, Ar;* sust/adj. *Mx, Ho, Ni, Cu, Pe, Bo, Ur.* Persona que en un circo forma parte de la compañía.
 2. adj. *Mx, Ho, Ni, Cu, Pe, Bo, Ch, Ar.* Relativo al circo.
 3. m. y f. *Pe, Bo, Ch, Ur.* Propietario de un circo.
 II. 1. adj. *Ar. Referido a persona,* extravagante e histriónica. pop.

cirri.
 I. 1. f. *Ni.* juv. Bicicleta.

cirriador.
 I. 1. m. *Ni.* juv. Automóvil.

cirrión.
 I. 1. *Ni.* juv. **ciprión.**

ciruela.
 ■
 a. ‖ ~ **de fraile.** f. *Pe.* Árbol de hasta 4 m de altura, de hojas opuestas, y fruto de color morado rosáceo. (Malpighiaceae; *Bunchosia armeniaca*).

ciruelillo.
 I. 1. m. *Ch, Ar.* Árbol de hasta 10 m de altura, de follaje persistente, flores rojas dispuestas en racimos compactos y tronco liso, rojizo o ceniciento; su madera se emplea en ebanistería. (Proteaceae; *Embothrium coccineum*). ♦ **notro.**
 2. *Ch, Ar.* Madera del ciruelillo.

ciruelo.
 I. 1. *Ho, Pa, Cu, PR, Co, Ve.* **jocote,** árbol.
 2. *Ho, ES, Pa, Co.* **jocote,** fruto.
 ■
 a. ‖ ~ **japonés.** m. *Ho.* Árbol perenne de hasta 6 m de altura, de copa redondeada, tronco delgado y ramas abiertas, hojas pecioladas grandes, verdes por el haz y pubescentes en el envés, flores blancas axilares y fruto de color amarillo, globoso, con dos o tres semillas; es comestible. (Rosaceae; *Eriobotrya japonica*).

cirugía.
 I. 1. f. *Mx.* Robo que consiste en quitarle el dinero o la cartera a alguien utilizando una navaja pequeña para rajar el lugar donde lo lleva. delinc.

ciruja.
 I. 1. m-f. *Py, Ar.* Persona sin ingresos fijos que vive de lo que recoge en la basura. pop.
 II. 1. sust/adj. *Ar:NO,O.* Niño revoltoso, travieso y pícaro. pop.
 III. 1. m-f. *Ch.* Cirujano, persona que profesa la cirugía. pop + cult → espon.

cirujano.
 I. 1. *PR, Ec.* **barbero.**

cirujear.
 I. 1. intr. *Ar.* Recoger residuos en las calles o en **basurales** para subsistir comercializando aquellos que sean recuperables o reciclables.

cirujeo.
   I. 1.   m. *Ar.* Búsqueda y recolección en las calles o en **basurales** de residuos que se puedan revender.

cirupítico, -a.
   I. 1.   sust/adj. *Ar.* Persona remilgada, de modales afectados o excesivamente pudorosa. pop.

cisca.
   I. 1.   f. *Gu.* Malestar corporal como consecuencia de una borrachera.

ciscar(se).
   I. 1.   tr. *Mx.* Hacer perder a *alguien* la concentración.
   II. 1.   intr. prnl. *Mx.* Sobresaltarse *alguien*, asustarse.
   III. 1.   tr. *Cu.* Avergonzar, abochornar a *alguien*.
      2.   tr. prnl. *Cu.* Turbarse, avergonzarse *alguien*.

cisco.
   I. 1.   m. *Co.* Cáscara del café seco, después de trillado el grano, que se usa como combustible.

cisionar.
   I. 1.   tr. *Pe.* Dividir, separar un país, partido, sociedad o administración. cult.

cismático, -a.
   I. 1.   adj. *Co. Referido persona*, que muestra delicadeza afectada y excesiva en palabras, acciones y ademanes.

cisne.
   I. 1.   m. *Ar, Ur.* Borla utilizada para empolvarse la cara.
   ■
      a. ‖ ~ **coscoroba.** m. *Ch.* **coscoroba.**

ciso, -a.
   I. 1.   adj. *RD.* Constante, continuo.

citadino, -a. (Del it. *cittadino*).
   I. 1.   adj. *Mx, Ni, CR, Pa, Cu, Co, Ve, Bo, Ec, Pe, Ch, Ur,* cult → esm. Relativo a la ciudad.
      2.   adj/sust. *Mx, Ni, CR, Pa, Cu, Co, Ve, Bo; Ec, Pe, Ch, Ur,* cult → esm. *Referido a persona*, que vive en la ciudad y le agrada estar en ella.

citarón.
   I. 1.   m. *Cu.* Pared que tiene de grosor la longitud de un ladrillo.

cité.
   I. 1.   f. *Ch.* Conjunto de viviendas que comparten un patio interior en forma de pasaje.

citicar.
   I. 1.   m. *Ch.* Automóvil de consumo bajo y tamaño pequeño *diseñado especialmente para moverse por ciudad y ser estacionado con facilidad.*

citofonía.
   I. 1.   f. *Ec, Ch.* p.u. Conjunto de **citófonos** que existen en un edificio.
      2.   *Ch.* Tecnología relativa a los **citófonos.**

citófono.
   I. 1.   m. *Co, Ec, Ch.* Aparato telefónico para comunicarse entre las dependencias interiores de un mismo edificio.

citrus.
   I. 1.   m. *Py, Ar, Ur.* Árbol que da frutos cítricos.
      2.   *Ar, Ur.* Fruto cítrico.

ciudad.
   ■
      a. ‖ ~ **de la eterna primavera.** f. *Ho.* Ciudad de Guatemala.
      b. ‖ ~ **de las colinas.** f. *Ho.* Municipio de Danlí, en el departamento de El Paraíso.
      c. ‖ ~ **de los zorzales.** f. *Ho.* Ciudad de San Pedro Sula.
   □
      a. ‖ ~ **de los acostados.** loc. sust. *Ve.* Cementerio. euf.

      b. ‖ ~ **perdida.** loc. sust. *Mx.* Lugar de una ciudad donde se concentran personas pobres, *generalmente inmigrantes*, con viviendas y medios de vida deficientes.
   ▶ hacer ~.

ciudadela.
   I. 1.   f. *Ec.* Pueblo, ciudad o villa.

cívica.
   I. 1.   f. *PR.* Mujer que participa en actividades sociales y altruistas.

cívico, -a.
   I. 1.   adj. *RD.* Civil, que no es militar.
   II. 1.   adj. *RD. Referido a persona*, inexperta, fácil de engañar.

civil.
   I. 1.   m. *Cu.* **cojinúa negra.**
   II. 1.   f. *CR.* Carrera de ingeniero civil.
   ▶ casarse por el ~.

civilón, -na.
   I. 1.   m. y f. *Ho. En el ejército y la policía*, persona civil. desp.

civinche.
   I. 1.   m. *Pe:S.* Comida elaborada con pequeños trozos de **camarón** crudo sazonado con vinagre de vino, cebolla picada y **papas** cocidas.

clac.
   I. 1.   m. *RD.* obsol. Sombrero de copa que podía plegarse.

clachar.
   I. 1.   tr. *Mx, ES.* Mirar, vigilar a *alguien*. (**tlachar**).

clachique.
   I. 1.   m. *Mx.* **aguamiel**, jugo del **maguey** sin fermentar.

clacote.
   I. 1.   m. *Mx.* Tumorcillo o divieso.

clamor.
   I. 1.   *PR.* **clemón.**
      2.   *PR.* **emajagüilla**, fruto.

clan.
   I. 1.   *Gu.* **clandestino**, aguardiente ilegal.

clanchar. (Del ingl. *to clench*, apretar, agarrar).
   I. 1.   tr. *Pa.* Meterse a la fuerza en una prenda de vestir.

clandestinaje.
   I. 1.   m. *Ho, Ni, RD, Pe.* Cualidad o condición de clandestino. cult.

clandestino.
   I. 1.   m. *Ch.* Establecimiento en el que se venden y consumen bebidas alcohólicas de espaldas a la ley.
      2.   *Gu.* Aguardiente fabricado o vendido de forma ilegal. ♦ **clan.**

claque.
   ▶ hacer ~.

clara.
   ▶ estar ~; estar santa ~.

clareada.
   I. 1.   f. *Ho.* Crepúsculo matutino.

clareado, -a.
   I. 1.   adj. *Ho, ES. Referido a persona*, desvelada, que no ha dormido esa noche.

clarearse.
   I. 1.   intr. prnl. *Ho.* Desvelarse hasta el amanecer.

clarencia.
   I. 1.   f. *Gu.* Inflamación renal.
   II. 1.   f. *ES.* Claridad.

claridoso, -a.
   I. 1.   adj. *Mx, Gu, Co:N, Ve:O. Referido a persona*, sincera y que habla sin rodeos.

clarificado, -a.
   I. 1.   adj. *Ho. Referido a un líquido, especialmente el jugo de caña hervido*, que se le ha añadido cal, ceniza o claras de huevo para lograr su depuración.

clarificador.
 I. 1. m. *PR, Ec, Py*, p.u. *En la industria azucarera*, equipo que permite el proceso de clarificar el líquido que sale del molino de la refinería.

clarificadora.
 I. 1. f. *Cu.* p.u. *En la industria azucarera*, tanque cilíndrico con varios compartimentos poco profundos donde se separa la **cachaza** del jugo de la caña.

clarificar. (Del ingl. *to clarify*).
 I. 1. tr. *Cu, Ec, Py. En el proceso de la fabricación de azúcar*, purificar el jugo de la caña separándolo de la **cachaza**.
 II. 1. tr. *PR, Ar.* Derretir la mantequilla sin quemarla y sin que se separe la grasa.

clarín.
 I. 1. m. *Ch.* **alverjilla**, planta.
 II. 1. adv. *Ni.* juv. Sí, de acuerdo.
 □
  a. ‖ **en clarines.** loc. adv. *Ve:C.* Sin apenas vestido.
  ▶ estar ~ **clarinete.**

¡clarín!
 I. 1. interj. *Mx, Ni, Bo.* Expresa asentimiento. ♦ **¡clarín corneta!; ¡clarín que ves!**
 □
  a. ‖ ¡ ~ **corneta!** loc. interj. *Mx.* ¡clarín!
  b. ‖ ¡ ~ **que ves!** loc. interj. *Mx.* ¡clarín!

clarinada.
 I. 1. f. *Ho.* Pensamiento o idea repentinos. pop.

clarinero.
 I. 1. m. *Gu, Ho, ES, Ni.* **Zanate** macho.

clarines.
 I. 1. adv. *Gu.* Claro, por supuesto, evidentemente. pop.

¡clarines!
 I. 1. interj. *Mx; Ec.* juv. Expresa asentimiento. pop.

clarinete.
 I. 1. adv. *Ho, Ni, CR, Bo; Cu*, p.u. Sí, afirmación de algo. fest.
 II. 1. m. *Ho.* juv. Casualidad, combinación de circunstancias que suceden sin haberlas preparado o sin que se puedan prever.

¡clarinete!
 I. 1. interj. *Ec:S.* juv. Expresa afirmación. fest.

clarito.
 I. 1. m. *Py, Ar, Ur.* Mechón de pelo teñido en color distinto al resto del cabello.
 II. 1. m. *Pe.* **Chicha** menos densa y con menor graduación que la común. (**claro**).

claro.
 I. 1. m. *PR, Co:O.* Líquido de la **mazamorra** que se toma como refresco.
  2. *Pe.* **clarito**, chicha.
 □
  a. ‖ ~ **y pelado.** loc. adv. *Gu, Ho, Ni, RD.* Claramente, sin rodeos. ♦ **claro y raspado.**
  b. ‖ ~ **y raspado.** *Ve.* claro y pelado. pop.
  c. ‖ **de ~ en ~.** loc. adv. *Ec.* En vela, sin dormir.
 ◪
  a. ‖ ~ **como el ojo de piche.** fr. prov. *Ho, Ni.* Indica la transparencia de algo o su comprensión total.
  b. ‖ **más ~ ni el agua clara.** fr. prov. *Gu.* Indica que un asunto se expresa franca y categóricamente.
  c. ‖ **más ~ no canta un gallo.** fr. prov. *Gu, Co.* Indica que alguien se expresa con franqueza, sin rodeos ni disimulos.
  ▶ **dejar el ~; estar ~; quedar ~; salir al ~.**

clarona.
 I. 1. f. *Cu.* Hoja de tabaco de color claro.

clase.
 I. 1. m. *Gu, Ec, Bo. En el ejército*, cabo o sargento.
 □
  a. ‖ **de ~.** loc. adj. *ES. Referido a una planta*, originaria del extranjero, de fuera del país.
  b. ‖ **mala ~.** loc. adj. *Ch. Referido a persona*, que por naturaleza actúa de forma poco correcta.
  ▶ **agarrar ~; capar ~; cortar ~s; hacer ~; hacer ~s; matar ~; ser ~.**

clasemediero, -a.
 I. 1. adj/sust. *Pe. Referido a persona*, que pertenece a la clase media.

clásico.
 I. 1. m. *Ve, Ch, Ar, Ur.* **Competencia** hípica de importancia que se celebra anualmente.
  2. *PR.* Celebración gallística en la que juegan los mejores ejemplares y se otorga un premio en honor o en recuerdo de un deportista prominente.

clasificador.
 I. 1. m. *Ch.* Apartado de correos.

clasificar.
 I. 1. intr. *Mx, Cu, Co.* Reunir *alguien* o *algo* los requisitos necesarios para alguna cosa.

clasificatoria.
 I. 1. f. *Mx, RD, Ec, Bo, Ch, Py, Ar, Ur.* En una **competencia** deportiva, proceso de selección al que se somete a los equipos o jugadores.

clasiquero, -a.
 I. 1. adj/sust. *Ch. Referido a persona*, aficionada a asistir a eventos deportivos considerados importantes por su historia y duración en el tiempo. pop + cult → espon.
  2. *Ch. Referido a un caballo, especialmente apto para correr en un* **clásico**.

class.
 □
  a. ‖ **high ~.** (Voz inglesa). f. *EU, CR.* Clase social alta o adinerada.

cláusulas.
 I. 1. f. pl. *Ho. Entre los cazadores*, culata de una escopeta.

clavada.
 I. 1. f. *PR, Ch.* Penetración del pene durante el coito. tabú; pop + cult → espon.
  2. *PR.* meton. Coito. tabú; pop + cult → espon.
 II. 1. f. *Bo. En el juego de la taba*, jugada ganadora en la que la taba cae con la cara cóncava hacia arriba.

clavadismo.
 I. 1. m. *Mx, Gu, Ho, ES, RD, Ar.* Deporte que consiste en hacer **clavados**, zambullidas en el agua.

clavadista.
 I. 1. m-f. *Mx, Gu, Ho, ES, Ni, CR, Pa, Cu, RD, PR, Co, Ve, Ec, Pe, Bo, Ch, Ar, Ur.* Deportista que practica **clavados** o saltos de trampolín.

clavado.
 I. 1. m. *Mx, Ho, CR, Cu, Pa, RD, Co, Ve, Ec, Pe, Bo, Ch, Py, Ar, Ur. En natación*, zambullida vertical.

clavado, -a.
 I. 1. adj. *RD, Bo, Py, Ar, Ur. Referido a persona*, plantado, abandonado. pop.
 II. 1. adj/adv. *Ar, Ur.* Total o fácilmente previsible. pop.
 III. 1. adj. *Ho, PR, Ar, Ur; Ch*, pop + cult → espon. *Referido a persona*, que ha sido engañada o timada por otra.
  2. *Ho, Ur. Referido a cosa*, que ha sido robada. delinc.

IV. 1. adj. *Gu, Ho. Referido a persona*, que permanece en un lugar o trabajo.
2. *Gu. Referido a persona*, molesta por excesivo trabajo o problemas.
V. 1. adj. *Mx, Ho, ES; Bo*, juv. *Referido a persona*, enamorada de otra.
VI. 1. adj. *ES. Referido a persona*, drogada.
VII. 1. adj. *Ur, PR. Referido a un alumno*, suspenso en un examen.

clavao.
I. 1. m. *RD.* Antigua moneda de gran tamaño pero pobre en aleación, con valor de un peso, equivalente a 20 centavos de dólar.

clavar(se).
I. 1. intr. prnl. *Mx, Gu, Ho, RD, PR, Co:N, Ur.* Realizar el coito. tabú; pop + cult → espon.
2. tr. *Bo.* Realizar el coito. tabú; pop + cult → espon.
II. 1. tr. prnl. *Mx, Gu, Ho, ES, Ni.* Robar, tomar *alguien algo* que no le pertenece. pop.
2. tr. *Gu, Ho, Ur; Ch*, pop + cult → espon. Hacer una mala pasada a *alguien*, crearle un problema.
3. *Ho.* Golpear o maltratar a *alguien*.
III. 1. intr. prnl. *Mx.* Dedicarse *alguien* intensamente a una actividad. pop + cult → espon.
2. *Co.* Estudiar mucho.
IV. 1. intr. prnl. *Ve:O, Pe, Ch.* Equivocarse, tomar a algo o a alguien por ciertos o adecuados. pop + cult → espon.
2. *Bo, Ch, Ar, Ur.* Gastar *alguien* tiempo o dinero en algo que finalmente no colma sus expectativas. pop + cult → espon.
V. 1. intr. prnl. *Mx, Ho, ES.* Enamorarse de alguien. pop.
VI. 1. intr. prnl. *Mx.* Obsesionarse *alguien.* pop + cult → espon.
VII. 1. tr. *Bo, Ar, Ur.* Dejar plantado a *alguien.* pop.
2. *Ar, Ur.* No pagar una deuda a *alguien.* pop.
VIII. 1. tr. *PR, Ve.* juv. **Aplazar** a *alguien* en un examen. est.
2. intr. prnl. *Ho, ES, PR.* juv. Fracasar *alguien* en un examen porque estaba muy difícil. est.
3. tr. *Ho, ES.* Poner una calificación a un estudiante.
IX. 1. intr. prnl. *Pe.* Introducirse *alguien* en un lugar en el que no se le espera o al que no está autorizado. pop.
X. 1. tr. *Ve.* Matar a *alguien.* pop.
XI. 1. tr. *Cu, Ve, Bo.* Endilgar *algo* a alguien. pop + cult → espon ^ desp.
XII. 1. tr. *Ch.* Pinchar, picar, punzar con algo en punta.
XIII. 1. tr. *Ho, ES.* Poner un apodo a *alguien.*
XIV. 1. intr. prnl. *Ho, ES.* Emborracharse.
XV. 1. tr. *Cu.* Esconder. pop.
▢
a. ‖ **~ el cacho.**
   i. loc. verb. *Ve.* Engañar a alguien. pop.
   ii. *Ve.* **clavar el pico**, morir. pop.
b. ‖ **~ el fierro.** loc. verb. *Gu.* Firmar un documento.
c. ‖ **~ el pico.**
   i. loc. verb. *CR, Bo, Ur; Co:C*, espon. Quedarse dormida *una persona.* pop + cult → espon ^ fest.
   ii. *Gu, Ho, Ni, Bo, Ar, Ur.* Morir, llegar al término de la vida. pop + cult → espon. ♦ **clavar el cacho; clavar las guampas; clavar los cachos.**
d. ‖ **~ las guampas.**
   i. *Ar, Ur.* **clavar los cachos.**
   ii. *Ar, Ur.* **clavar el pico**, morir.
e. ‖ **~ los cachos.**
   i. *Bo; Ar:O*, pop + cult → espon. **clavar el pico**, morir.
   ii. loc. verb. *Bo, Ar:O.* Dormirse profundamente. pop + cult → espon. ♦ **clavar las guampas.**

f. ‖ **~ sitio.** loc. verb. *Ho.* Permanecer en un lugar vigilando a alguien. rur.
g. ‖ **~se una cucuruca.** *Ho.* **clavársela.**
h. ‖ **clavársela.** loc. verb. *Gu, Ho.* Emborracharse. pop. (**clavárselo**). ♦ **clavarse una cucuruca.**
i. ‖ **clavárselo.** *CR.* **clavársela.**

clavayegua.
I. 1. f. *RD.* Persona insignificante.

clavazón.
I. 1. f. *ES.* Discusión sin motivo. drog.
II. 1. f. *ES.* Fijación, obstinación.
III. 1. f. *Ho.* Daño, jugarreta.

clave.
I. 1. f/m. *Cu, RD, Ve.* Instrumento musical de percusión que consiste en dos palos pequeños que se golpean uno contra otro.
II. 1. m. *Cu.* Lugar que se utiliza para esconder algo. pop.
2. *Co.* Objeto que ha sido escondido. pop.

clavear.
I. 1. tr. *Ho, Ni.* Buscar y causar problemas a *alguien.*
2. *Ho.* Indisponer o enemistar a *una persona* contra otra. pop.
3. *Ho.* Denunciar a *alguien* ante la autoridad. pop.
II. 1. intr. *Ni, CR.* Protestar o reclamar. pop + cult → espon.
III. 1. tr. *ES.* Entorpecer una relación amorosa a *alguien.*

clavel.
I. 1. m. *PR.* Margarita silvestre. (**clavelillo**). ♦ **clavellina.**
■
a. ‖ **~ de muerto.**
   i. *Ho.* **cempasúchil.**
   ii. m. *PR.* **gallinaza.**
b. ‖ **~ de perro.** m. *PR.* Margarita de botón amarillo y pétalos blancos. ♦ **clavel rosón.**
c. ‖ **~ del aire.** m. *Ar, Ur.* **flor del aire.**
d. ‖ **~ rosón.** m. *PR.* **clavel de perro.**
▢
a. ‖ **como un ~.** loc. adv. *Ve.* Con puntualidad.
► **hacer ~.**

clavelillo.
I. 1. m. *Ho.* Planta herbácea anual con raíz pivotante, tallo erecto y ascendente, hojas alternas y aovadas, inflorescencia terminal y florecillas de color púrpura suave, el fruto es un aquenio con muchas semillas; se utiliza en la medicina tradicional. (Asteraceae; *Emilia fosbergii*). ♦ **tabaquillo.**
2. *PR.* **clavel.**

clavelina.
I. 1. *Ho.* **clavellina**, chula, hierba.

clavelito.
I. 1. m. *Ar:S.* Planta herbácea perenne, de poca altura y flores blancas o rosadas, muy perfumadas, con estigmas de color ocre anaranjado. (Asteraceae; *Hypochoeris incana*). ♦ **hipoqueris.**
► **dar agua de ~.**

clavellina.
I. 1. *Cu, PR.* **acacia.** (Fabaceae; *Caesalpinia pulcherrima*)
2. *Ho, Pa.* **chula**, hierba. (**clavelina**).
3. f. *PR.* **clavel.**
4. *PR.* **trinitaria**, arbusto.
5. f. *Pa.* **cempasúchil**, hierba.
■
a. ‖ **~ del monte.** f. *Cu.* **cordobancillo.**

clavellino.
I. 1. *Co.* **flamboyán.**

clavera.
    I. 1. *PR.* **clavería**, montón de clavos.

clavería.
    I. 1. f. *Mx, Ho.* Oficina que en una catedral se encarga de la recaudación y distribución de las rentas del cabildo.
    II. 1. *PR.* **centavería.**
    III. 1. f. *PR.* Montón de clavos. (**clavera**; **clavero**).

clavero.
    I. 1. m. *Mx, Ho.* Persona encargada de la clasificación, recaudación y distribución de las rentas de la **clavería.**
    II. 1. m. *PR.* **clavería**, montón de clavos.

clavero, -a.
    I. 1. adj/sust. *Ho, ES. Referido a persona*, que denuncia a otra o habla mal de ella.
    II. 1. m. y f. *Gu.* Persona ridícula, que produce vergüenza a los demás.
    III. 1. m. y f. *Cu.* Persona que toca el instrumento musical llamado **clave.**

clavetazo.
    I. 1. m. *Ho.* Picadura dolorosa de un animal, *generalmente abeja, avispa, ácaro o mosquito.*

clavija.
    I. 1. f. *RD.* Diente grande y feo.
    2. *Ni.* Diente o muela de persona. rur.
    II. 1. f. *ES.* Pene. vulg.
    ▶ **ajustar las ~s; echar ~.**

clavijudo, -a.
    I. 1. adj. *Gu.* Delgado, flaco.

clavillo.
    I. 1. m-f. *PR.* Persona muy delgada. pop + cult → espon.

clavista.
    I. 1. m-f. *Cu.* Persona encargada de cifrar o descifrar mensajes.

clavito.
    I. 1. m. *Gu.* Brote germinal del maíz que primero despunta en la superficie. rur.
    II. 1. m. *Gu.* Signo para desear que algo no suceda cruzando el dedo índice con el dedo corazón.
    III. 1. m. pl. *ES.* Dedos de la mano. pop.
    IV. 1. *Ho, Ni.* Larva de mosquito.
    V. 1. m. *Pa.* Árbol de climas secos o húmedos, de bosques secundarios, de hasta 10 m de altura, hojas simples y alternas, flores verdes y agrupadas y frutos en cápsulas redondeadas, de color crema cuando están maduros. (Euphorbiaceae; *Margaritaria nobilis*).
    ▶ **hacer ~.**

clavo.
    I. 1. m. *Mx.* Dinero, conjunto de monedas o billetes. pop + cult → espon.
    2. *Mx.* Dinero u objetos de valor que alguien guarda escondidos. pop.
    3. *RD.* Dinero ahorrado para usar en cualquier momento de necesidad. pop.
    II. 1. m. *Mx, Ho.* En minería, parte de una veta rica en metales.
    III. 1. m. *Mx.* Escondrijo donde se guardan cosas.
    IV. 1. m. *Gu, Ho, ES, Ni, CR, Cu, Py, Ur.* Situación problemática de difícil solución. pop.
    2. *Ho.* Culpa.
    3. *Ho.* Delación o denuncia.
    4. *CR.* Duda o asunto intrigante. pop.
    5. *Cu.* Examen o tarea académica difícil. ◆ **chícharo.**
    V. 1. m. *Ve.* Protuberancia que sale a los gallos en las patas y les impide caminar.
    2. *Ve.* Deformación en la planta de los pies que molesta para caminar.

    VI. 1. sust/adj. *Bo, Ch.* Persona que no paga sus deudas.
    VII. 1. m. *Gu.* Acto que provoca vergüenza.
    VIII. 1. m. *Cu.* Cosa aburrida o de mala calidad.
    IX. 1. m. *ES.* metáf. Persona inoportuna que impide que se haga algo.

    ■
    a. ‖ **~ miguelito.** m. *Ar, Ur.* Artificio utilizado principalmente para pinchar los neumáticos de los vehículos, provisto de dos clavos grandes y retorcidos.
    b. ‖ **tres ~s.** m. *Ho.* Machete cuyo mango tiene tres remaches.

    □
    a. ‖ **~ pasado.**
      i. loc. sust. *Ve.* Acción que se ha llevado a cabo adelantándose a cualquier evento que pudiera dificultarla o impedirla.
      ii. *Ve.* Hombre casado. pop.
    b. ‖ **~ remachado.**
      i. loc. sust. *Ar, Ur.* Cosa inútil o perjudicial. pop.
      ii. *Ar, Ur.* Deuda no saldada. pop.
      iii. *Ar, Ur.* Persona molesta o inoportuna. pop.
    c. ‖ **como un ~.** loc. adv. *Ve.* Estupendamente bien. pop.
    ▶ **caerle los ~s; cortando ~s; cortar ~s; dar ~; echar el ~; echar los ~s; hacer ~; hacer de un ~ un machete; llevarse hasta los ~s; llevarse hasta los ~s de la cruz; meter en un ~; pegarle al ~; quedarse con el ~; reventar el ~; sacarse un ~ de arriba; sacarse un ~ de encima; ser un ~ pasado; tener ~.**

clazol.
    I. 1. *Mx.* **tlazol**, basura.

clé.
    ▶ **dar la ~.**

clean. (Voz inglesa).
    I. 1. adj. *PR. Referido a cosa*, limpia, reluciente.

cleaner. (Voz inglesa).
    I. 1. m. *EU, RD, PR.* Limpiador.
    2. *PR.* metáf. Borrador de las computadoras.

clearance. (Voz inglesa).
    I. 1. m. *EU, PR.* Remate de mercancías, liquidación, venta especial.

clearing. (Voz inglesa).
    I. 1. m. *EU, PR, Ur.* Puesta al día de estados financieros.
    2. *EU, PR.* Revisión de cuentas o de mercancías.
    3. *EU, PR.* Abono de cheques sin fondos.
    4. *EU, PR, Ur.* Corroboración de pagos.
    5. *EU, PR.* Liquidación de un negocio entre varias personas.

cleca.
    I. 1. m-f. *PR.* **fatulo**, deficiente.

clefa.
    I. 1. f. *Bo.* Pegamento de olor penetrante y de composición viscosa *que se utiliza, generalmente, en zapatería.*

clefeador, -ra.
    I. 1. m. y f. *Bo.* Persona que inhala **clefa** para drogarse.

clefear.
    I. 1. intr. *Bo.* Inhalar **clefa** u otras sustancias alucinógenas para drogarse.

clefero, -a.
    I. 1. adj/sust. *Bo. Referido a persona*, que inhala **clefa** para drogarse.

clemón.
    I. 1. m. *Co.* Árbol que alcanza los 10 m de altura, de hojas en forma de corazón, flores amarillas y frutos negros y globosos; se cultiva como ornamental y su madera se usa en ebanistería. (Malvaceae; *Thespesia populnea*). (**cremón**). ◆ **clamor**; **emajagüilla**; **frescura.**

cleopatra.
   I. 1. f. *PR.* Variedad de **china** mandarina.
clerén.
   I. 1. m. *RD.* Aguardiente de caña.
cleri.
   I. 1. *Ch.* **clericot.**
clerical. (Voz inglesa, oficinesco).
   I. 1. adj. *PR.* Relativo al trabajo de oficina.
clericó. (Del ingl. *claret cup,* una copa de clarete).
   I. 1. *Py, Ar, Ur.* **clericot.**
clericot. (Del ingl. *claret cup,* una copa de clarete).
   I. 1. m. *Mx, Pe, Ar, Ur.* Bebida refrescante a base de vino blanco y frutas de la estación cortadas en trozos. (**clericot**). ♦ **cleri**; *clery.*
clérigo.
   I. 1. *PR.* **guatíbere.** (Tyrannidae; *Tyrannus caudifasciatus*).
clerk. (Voz inglesa).
   I. 1. m. *PR.* Empleado de oficina para trabajos secundarios, ayudante.
   2. *PR.* Secretario, tenedor de libros.
clery.
   I. 1. *Ch.* **clericot.**
cleta.
   I. 1. f. *Ch; CR, Pe,* p.u; urb. | juv. Bicicleta.
cley. (Del ingl. *clay*).
   I. 1. f. *EU,* Tierra constituida por agregados de silicatos de aluminio hidratados.
clica.
   I. 1. f. *EU; Ho, ES, Ni,* juv. Cada uno de los subgrupos organizados de jóvenes que forman una **mara.** delinc. (**clika**).
   II. 1. f. *Bo:E.* Vulva. tabú; pop.
cliente, -a.
   I. 1. m. y f. *Gu, Ni, Co.* p.u. Individuo, persona.
clientela.
   I. 1. f. *Mx.* Personas que son partidarias de un determinado partido político por los beneficios que este les promete.
clientelismo.
   I. 1. m. *Mx, Py, Ur.* Conjunto de personas comprometidas con una determinada causa política.
clika.
   I. 1. *EU, Ho.* juv. **clica,** subgrupo organizado de jóvenes. delinc.
clima.
   □
   a. ‖ **al ~.** loc. adj. *Co, Ec. Referido a una bebida,* que no está fría, sino a temperatura ambiente.
climatérico, -a.
   I. 1. adj. *PR, Ur.* Climático. pop.
clina.
   I. 1. f. *Ar:NO,C, Ur.* Cerda de un animal, *especialmente del caballo.*
   2. pl. *Ar:NO,C, Ur.* Cabello lacio y fuerte de una persona. pop.
clinch. (Del ingl. *to clinch,* agarrar).
   I. 1. m. *Gu.* Aventura amorosa ocasional.
   2. *Cu,* obsol. Beso y abrazo apasionado de una pareja.
clinchar. (Del ingl. *to clinch,* agarrar).
   I. 1. tr. *RD. En deporte,* seguir adelante en una **competencia.**
clinche. (Del ingl. *to clinch,* abrazar, apretar).
   I. 1. m. *Ni. En el boxeo,* amarre de los brazos del adversario.
   II. 1. m. *Ni.* Pelea, pleito.

clinear.
   I. 1. tr. *ES.* Tirar del cabello a *alguien.*
clineja.
   I. 1. f. *RD, Ve.* Trenza de cabellos. (**crineja**).
   2. *Cu, PR.* Soga en forma de trenza. pop. (**crineja; crisneja; crizneja**).
   3. *PR.* Tejido hecho con hojas de maíz, hollejos de **guineo** o tiras de **majagua.**
clínica. (Del ingl. *clinic*).
   I. 1. f. *Mx, RD, PR, Ch.* Cursillo práctico sobre procedimientos básicos empleados en un deporte o pasatiempo.
   II. 1. f. *Ec.* Establecimiento en el que se hacen reparaciones para determinados objetos o aparatos.
   III. 1. f. *PR.* Lugar donde se consume drogas. drog.
   ▶ **dar ~s.**
clinker. (Del ingl. *clink,* escoria de cemento).
   I. 1. m. *Ho.* Granulado que resulta de cocer en un horno a alta temperatura una mezcla de caliza y arcilla con que se hace el cemento. (**klinker**).
clinudo, -a.
   I. 1. adj. *Gu, ES, Ar, Ur. Referido a persona,* que tiene el cabello largo y desgreñado. pop.
   2. *Ar. Referido a una caballería,* que tiene la crin larga y desarreglada. rur.
clip. (Voz inglesa).
   I. 1. m. *EU, PR, Ar.* Horquilla para el pelo.
   II. 1. m. *EU, PR.* Hebilla, pincho.
clipear. (Del ingl. *clip*).
   I. 1. tr. *PR.* Grapar, **presillar.**
clipsadora.
   I. 1. f. *Pa.* Implemento de escritorio que sirve para unir hojas por medio de un gancho o grapa. pop + cult → **espon.**
clipsar.
   I. 1. tr. *Pa.* Sujetar *algo* con un gancho o grapa.
cliquear.
   I. 1. intr. *Ho.* juv. Entablar relaciones de entendimiento y colaboración entre dos o más **clicas.** delinc.
cliro.
   I. 1. m. *Gu.* Arma blanca.
   II. 1. m. *Gu.* Hombre homosexual.
clisclís.
   I. 1. *Gu.* **gavilán primito.**
   II. 1. m-f. *Gu.* Persona de piernas largas y delgadas. fest.
cloaquero, -a.
   I. 1. m. y f. *Py.* **cloaquista.**
cloaquista.
   I. 1. m-f. *Ar.* Persona que trabaja en el saneamiento, arreglo o construcción de cloacas. ♦ **cloaquero.**
cloch. (Del ingl. *clutch*).
   I. 1. m. *EU, Mx, Gu, Ho, ES, CR, Cu, RD, PR, Co, Ve. En un vehículo automotor,* mecanismo que acopla el motor con el sistema de cambio de velocidades. (**cloche; closh;** *clutch*).
   2. *EU, Mx, Gu, Ho, ES, CR, Cu, RD, PR, Co, Ve. En un vehículo automotor,* pedal que acciona el **cloch.** (**cloche; closh;** *clutch*).
cloche. (Del ingl. *clutch*).
   I. 1. *Ni, Cu, RD, PR, Co, Ve.* **cloch,** mecanismo.
   2. *Ni, Cu, RD, PR.* **cloch,** pedal.
   ▶ **patinar el ~; desangrar el ~.**
clon.
   I. 1. m. *Ni, Ec, Pe, Bo, Ch, Ur.* Objeto industrial idéntico a otro que ha sido clonado.
clonación.
   I. 1. f. *Mx, Ni, Ve, Pe, Bo, Ch, Ur.* Reproducción o copia de un objeto, *especialmente de una tarjeta o de un dispositivo electrónico.* ♦ **clonamiento.**

clonado, -a.
- **I. 1.** adj/sust. *RD, Ec, Pe, Ch. Referido a un objeto*, industrial o no, idéntico a otro.
- **II. 1.** adj. *ES. Referido a una tarjeta de débito o crédito*, falsificada.
  - **2.** *Ho. Referido a papeles de propiedad de un vehículo*, falsificados. delinc.

clonador, -ra.
- **I. 1.** adj/sust. *ES, Pe, Bo, Ch. Referido a persona*, que se dedica a **clonar** o copiar tarjetas y dispositivos electrónicos ilegalmente.
  - **2.** *ES, Pe, Ch. Referido a una máquina o a un programa informático*, que copia o permite copiar tarjetas o dispositivos electrónicos.

clonamiento.
- **I. 1.** m. *Ch.* **clonación.**

clonar.
- **I. 1.** tr. *ES, CR, Co, Ve, Ec, Pe, Bo, Ch, Ur.* Hacer copias de objetos, *especialmente electrónicos*, utilizando los mismos componentes que el original.

clonear.
- **I. 1.** tr. *Ch.* p.u. Hacer copias de un objeto, *especialmente de tarjetas o dispositivos electrónicos*.

clonqui.
- **I. 1.** m. *Ch.* **cepa caballo.**

cloriloc.
- **I. 1.** m. *ES.* Mezcla de alcohol metílico con agua.

cloris.
- □
  - **a.** ‖ **de ~.** loc. adv. *ES.* Gratis, sin pagar.

cloro.
- **I. 1.** m. *Pe.* Cocaína. urb; drog.
- **II.** (De *Clorox®*).
  - **1.** m. *Ho, Cu, Ve.* Disolución de sales alcalinas o neutras en agua que se emplea para limpieza y blanqueo de ropa.

clorofilo, -a.
- **I. 1.** adj. *RD.* Pálido, anémico. (**clorófilo**).

clorófilo, -a.
- **I. 1.** *RD.* **clorofilo.**

cloroformar.
- **I. 1.** tr. *Mx, PR. En medicina*, aplicar el cloroformo para anestesiar.

clorótico, -a.
- **I. 1.** adj/sust. *PR. Referido a persona*, que padece de tuberculosis.

clórox. (De *Clorox®*).
- **I. 1.** m. *EU, PR.* Detergente desinfectante hecho a base de hipoclorito de sodio.

close.
- ■
  - **a.** ‖ **~ up.** (Voz inglesa).
    - **i.** m. *Ev, Mx, ES, CR, Cu, PR, Ve.* Plano fotográfico cercano.
    - **ii.** *EU, Ho.* Técnica para sacar fotografías con la lente muy cerrada.

clóset. (Del ingl. *closet*).
- **I. 1.** m. *EU, Mx, Gu, Ho, ES, Ni, CR, Pa, Cu, RD, PR, Co, Ve, Ec, Pe, Bo, Ch, Py, Ar, Ur.* Guardarropa empotrado. (**closet**).
- ▶ **salir del ~.**

closet. (Voz inglesa).
- **I. 1.** *EU, Mx, ES, CR, Pa, Cu, RD, PR, Ec, Ch.* **clóset.**
  - ♦ *walking closet.*

closh.
- **I. 1.** *Gu, ES, Co.* **cloch.**
- ▶ **sobársele el ~.**

clotear.
- **I. 1.** intr. *Ch.* Dejar de existir, morir. pop + cult → espon.
  - **2.** *Ch.* Dejar de funcionar un mecanismo o un aparato. pop + cult → espon.

club.
- **I. 1.** m. *Pa.* Sistema de compras, vinculado al juego de la lotería. pop.
- ■
  - **a.** ‖ **joven ~.** m. *Cu.* Centro que ofrece, *de forma gratuita*, cursos para la enseñanza masiva de la **computación** y servicios de búsquedas en las redes informáticas. ♦ **joven club de computación.**
  - **b.** ‖ **joven ~ de computación.** m. *Cu.* **joven club.**

clueco, -a.
- **I. 1.** adj. *Mx, Ec.* Que se siente muy orgulloso de alguien, *especialmente los padres de los hijos*.
- **II. 1.** adj. *PR, Ar. Referido a persona*, debilitada o sin fuerzas. pop + cult → espon.

cluequera.
- **I. 1.** f. *Ve.* Afecto intenso de una persona hacia otra, *especialmente hacia los niños*. pop.

cluster. (Voz inglesa).
- **I. 1.** m. *Ho. En economía*, mercado de un producto de exportación especializado que tiene un determinado número de clientes fieles en el mercado mundial.

clutch. (Voz inglesa).
- **I. 1.** *EU, Mx, Gu, Ho, ES, Ni, CR, PR, Co.* **cloch.**

coa.
- **I.** (De or. ind. antillano).
  - **1.** f. *Mx, Ho, Ni, Pa, Cu, RD, PR, Ve:E.* Instrumento de labranza con un mango de madera y pala de hierro que se usa para hacer hoyos. (**coba; cúa**).
  - **2.** *Cu, RD.* obsol. *Entre los indios taínos*, palo con la punta endurecida al fuego que servía para cavar la tierra.
  - **3.** *PR.* Cavidad, fosa.
  - **4.** *PR.* metáf. Fuente, causa, origen.
- **II.** (De or. onomat.).
  - **1.** f. *Mx, Ho, ES.* Ave de hasta 27 cm de longitud, de cabeza, pecho y alas, negro opaco, espalda verde iriscente, rabadilla y coberteras supracaudales azul profundo, por encima la cola es verde azulada con punta negra, abdomen y coberteras infracaudales, amarillo profundo desvaneciéndose a blanquecino cerca del pecho, anillo ocular desnudo, azul claro, pico, gris azulado y patas fuscas. (Trogonidae; *Trogon melanocephalus*).
- **III. 1.** *Ar:NO.* **muña-muña.**
- **IV.** (De *coba*).
  - **1.** m. *Ch.* Jerga hablada por la gente del hampa.
- **V. 1.** *PR.* **cua,** tambor.

coaba.
- **I. 1.** f. *RD.* Denominación común a varias especies de árboles.

coabuelos.
- **I. 1.** m-f. pl. *PR.* Abuelos paternos y maternos.

coach. (Voz inglesa).
- **I. 1.** m. *EU, Mx, Ho, ES, Ni, Cu, PR, Ve, Ch, Ur.* Entrenador, *especialmente en los deportes*.
  - **2.** *Cu. En el beisbol*, asistente que se sitúa junto a la primera y la tercera base, por fuera de los límites del terreno, para dirigir al **bateador** y los corredores.

coachear. (Del ing. *coach*).
- **I. 1.** tr. *Cu.* Dirigir un equipo *durante el juego*, especialmente de **beisbol.**
  - **2.** *Cu.* Dominar o dirigir la conducta de una persona.

coactar.
- **I. 1.** tr. *Mx, Pe.* Coaccionar. cult.

coamil. (Apoc. de *coamilpa*).
    I. 1. m. *Mx.* Terreno agrícola de pequeña extensión que no permite el trabajo con arado, sino con azada. rur.

coanimador, -ra.
    I. 1. m. y f. *ES, Ec, Pe, Ch.* Persona que colabora y ayuda en las labores de presentación de un evento.

coarrugado, -a.
    I. 1. adj/sust. *CR, Pe, Ch.* Referido a *un material o a una superficie*, **corrugado**, con estrías o resaltes dispuestos de forma regular para asegurar la inmovilidad de un cuerpo en contacto con él y facilitar la adherencia.

coat. (Voz inglesa).
    I. 1. m. *EU.* p.u. Abrigo.
       2. *EU.* p.u. Chaqueta, saco.

coatí. (Del guar. *coatí*; de *coá*, largo, y *tí*, nariz).
    I. 1. m. *Cu, RD, PR, Co, Ve, Ec, Pe, Bo, Ch, Py, Ar, Ur; EU, Mx, Gu, Ho, ES, Ni, CR, Pa*, p.u, cult. Mamífero plantígrado de hasta 67 cm de longitud, cabeza alargada, hocico estrecho con nariz muy saliente y puntiaguda, orejas cortas y redondeadas y pelaje largo y tupido; sus uñas fuertes y encorvadas le sirven para trepar a los árboles. (Procyonidae; *Nasua nasua*). (**cuatí**). ♦ **achuni; cuchucho; cusumbo; cuyago; gato solo; guache; tejón; zorro guache.**

coba.
    I. 1. f. *Ni, Ve.* Mentira o embuste.
    II. 1. m. *Bo*; f. *Ec.* Jerga de los delincuentes, *particularmente usada por los jóvenes.*
    III. (Epént. de *coa*).
       1. f. *Gu, Ni.* **coa**, instrumento de labranza.
    IV. 1. f. *Cu.* Ropa. pop.
    ▶ **caer a ~s; caerse a ~s; darse ~; meter ~; tirarse una ~.**

cóbana.
    I. 1. *PR.* **caobanilla.** (**cóbano**).

cóbano.
    I. 1. *ES, Ni.* **venadillo**, árbol.
       2. m. *PR.* **cóbana**, árbol.

cobarde.
    I. 1. adj. *Cu. Referido a cosa*, de mala calidad. ♦ **michi michi**.

cobeado, -a.
    I. 1. adj. *Ve. Referido a persona*, engañada.
    II. 1. adj. *Cu. Referido a persona*, elegante.

cobear.
    I. 1. intr. *Ve.* Decir mentiras o cobas.
       2. tr. *ES.* Adular a *alguien*.

cobero, -a.
    I. 1. sust/adj. *Ve.* Persona que dice **cobas** o embustes.
       2. *ES, RD.* Persona aduladora.

cobija.
    I. 1. f. *Mx, Gu, Ho, Py, ES, Ni, CR, Pa, Cu, RD, PR, Co, Ve, Ec, Pe, Bo, Py, Ar, Ur; Cu, Ch*, p.u.; cult → esm. Manta que sirve de abrigo, *especialmente en la cama.*
       2. *Ve.* Capa de lana muy tupida, *generalmente bicolor*, roja por un lado y azul o negra por el otro, cerrada adelante, con abertura en el centro para meter la cabeza.
       3. *RD.* Piel de ganado vacuno.
    II. 1. f. *Cu, RD.* p.u. Techo rústico hecho de **guano** o de **yagua**. rur.
       2. *Cu.* Hogar.
    III. 1. m-f. *Ho, ES.* Persona cobarde.
    IV. 1. f. *ES.* Papel para envolver un cigarro de marihuana. drog.
    V. 1. f. *Ho:N.* Colchoneta plástica protectora que lleva en el hombro la persona que transporta racimos de **banano**.
    VI. 1. *PR.* **espada**, pluma.

■
    a. ‖ **~ burrera.** f. *Ve.* Cobija gruesa de lana que se hace en Los Andes o en la región de Quibor. ♦ **burrera.**
□
    a. ‖ **~ de dos orejas.** loc. sust. *Ho.* Persona que se acuesta con otra. pop ^ fest.
    b. ‖ **hasta donde le da la ~.** loc. adv. *Ho, ES, Ni.* Hasta donde puede, hasta donde alcanza. pop.
◪
    a. ‖ **cada uno se arropa hasta donde le alcanza la ~.** fr. prov. *Ve.* Indica que cada uno sabe cuáles son sus posibilidades.
    b. ‖ **la ~ y la mujer, suavecitas han de ser.** fr. prov. *Mx.* Indica que las mujeres han de mostrarse amables, complacientes o afectuosas en el trato.
    ▶ **andar arrastrando la ~ por alguien; arrastrar la ~; arroparse hasta donde llegue la ~ mover la ~; pegársele las ~s; perder la ~; taparse con la misma ~; tirar de la ~.**

cobijar(se).
    I. 1. tr. *Cu, RD, PR.* Techar casas rústicas.
       2. *Ec.* p.u. Cubrir de paja el techo de una choza. rur.
    II. 1. tr. *Ec.* p.u. Proteger con paja u otro material similar la acumulación de granos de cosecha expuesta a la intemperie. rur.
    III. 1. tr. prnl. *Mx, ES, Ni, PR, Ur.* Cubrirse *alguien* con mantas, arroparse.

cobio, -a.
    I. 1. m. y f. *Cu.* Amigo íntimo, compañero inseparable.

cobita.
    I. 1. f. *PR.* Mujer fácil. pop + cult → espon ^ desp.

cobito. (Del ingl. *cub*, cachorro).
    I. 1. m. *PR.* Niño que pertenece a la organización internacional Boy Scouts.

cobo.
    I. 1. *Cu, RD.* **botudo**, caracol. (**cohobo**).
       2. m. *Cu, RD.* Carne del cobo, muy estimada. ♦ **lambi.**
    II. 1. m. *PR.* Persona de baja condición moral.
       2. *PR.* Mujer que le es infiel a su marido.
       3. *PR.* Prostituta vieja. prost.

coboyada.
    I. 1. f. *Pe.* Película del oeste o que tiene sus características. pop + cult → espon.
       2. *Pe*, obsol. Juego de niños en el que se reproducen los esquemas y personajes de las películas del oeste.

cobra.
    I. 1. m-f. *Ho, Ni.* Agente policial de antimotines.
    II. 1. f. *ES.* Corbata. pop ^ fest.
    III. 1. m-f. *Ho.* Persona escurridiza, que nunca da la cara. desp.
    IV. 1. f. *PR.* Hoz.
    V. (Apóc. de *cobrador*).
       1. m-f. *Pa.* Cobrador.

cobrador.
■
    a. ‖ **~ automático.** m. *Ch.* Dispositivo instalado en vehículos de transporte público en el que los viajeros adquieren el billete o introducen una tarjeta que les permite utilizar este servicio. ♦ **cobradora.**

cobradora.
    I. 1. f. *Ch.* **cobrador automático.**

cobrar.
    I. 1. intr. *Ni, Ec, Pe, Bo, Ch.* Apremiar a *alguien* para que pague una deuda y obligación.
       2. tr. *Bo, Ch.* Pedir *alguien* con insistencia lo que se le debe, *especialmente la palabra dada o la promesa hecha.*
    II. 1. tr. *Ch, Py, Ur. En el **futbol** y otros deportes*, señalar el árbitro las infracciones e incidencias del juego.
    III. 1. tr. *Ho, ES, Bo. En el **futbol***, tirar una falta.

□

a. ‖ **~ hasta las pisadas.** loc. verb. *Ch, Py.* Cobrar en demasía o sin perdonar nada de lo adeudado. pop + cult → espon.

b. ‖ **~se a lo chino.** loc. verb. *Mx.* Tomar *alguien* el dinero que otra persona le debe sin tener en cuenta su consentimiento.

cobre.

I. 1. m. *RD, Ve:O, Ar, Ur; PR,* pop + cult → espon; *Pe,* p.u. Dinero.

■

a. ‖ **~ amarillo.** m. *Co.* Aleación de cobre y cinc, de color amarillo pálido y susceptible de gran brillo y pulimiento.

▶ asomar el ~; batir el ~; **enseñar el ~; mostrar el ~; pelar el ~; saber cómo se bate el ~; sacar ~; sacar el ~; se le salió el ~.**

cobrero, -a.

I. 1. adj. *Ch.* Relativo a la explotación, transporte e industria del cobre.

cobrizar.

I. 1. tr. *Ch, Ni,* p.u. Cubrir con un baño de cobre otro metal.

cobro.

I. 1. m. *ES, Ni, Ch. En ciertos deportes, especialmente en el fútbol,* sanción de una infracción o incidencia indicada por el árbitro, *generalmente considerada como injusta por uno de los contendientes.*

cobrón, -na.

I. 1. adj/sust. *RD, Ni, CR.* Referido a *persona,* tenaz, insistente en cobrar lo que le deben.

coca.

I. (De *Coca Cola*®).

1. f. *Mx, ES.* Refresco de cualquier sabor.

II. 1. f. *Co.* Juguete formado por un palo terminado en punta y por una bola taladrada sujeta a él por un cordón, la que, lanzada al aire, se procura ensartar en la punta del palo.

2. *Co:C.* **balero,** juguete.

III. 1. f. *Co:O.* Recipiente pequeño, *generalmente de plástico,* que se usa para guardar alimentos.

IV. 1. f. *RD, Ve.* Cuco, fantasma para asustar a los niños.

V. 1. f. *Ho, ES.* Inteligencia de una persona. pop.

VI. 1. f. *ES.* Enredo hecho en un hilo.

■

a. ‖ **~ silvestre.** f. *Bo:C,O.* Coca de baja calidad. drog.

▶ hacer ~; mirar en ~; mirar en la ~; preguntar en la ~; ver en ~.

cocacheador, -ra.

I. 1. sust/adj. *Bo.* Persona que suele golpear en la cabeza con los nudillos de la mano cerrada. pop + cult → espon.

cocachear.

I. 1. tr. *Bo.* Golpear a *alguien* en la cabeza con los nudillos de la mano. pop + cult → espon.

cocacho.

I. 1. m. *Pa, Pe, Ar:NO,O; Ec, Bo,* pop + cult → espon. Golpe dado en la cabeza con los nudillos de la mano.

cocacola. (De *Coca Cola*®).

I. 1. adj. *Pe. Referido a persona,* disparatada, de poco juicio. pop ^ fest.

cocacolada. (De *Coca Cola*®).

I. 1. f. *Ni.* obsol. Fiesta, *generalmente de niños o adolescentes,* en que solo se bebe refrescos, *en especial Coca Cola.*

cocacolero. (De *Coca Cola*®).

I. 1. m. *Bo, Py.* Persona que reparte o distribuye bebidas gaseosas con un camión. pop.

cocacolero, -a. (De *Coca Cola*®).

I. 1. adj. *Ho, Ni, Bo, Ur.* Relativo a la Coca Cola.

cocacolo, -a.

I. 1. m. y f. *Co.* obsol. Adolescente.

cocada.

I. 1. f. *Ch.* Bola pequeña de una pasta hecha con galleta molida y **manjar blanco,** cubierta con coco rallado.

2. *Mx, CR, Co, Ec, Bo, Ur.* Especie de turrón hecho con coco y azúcar.

3. *Gu, ES, Ni, Pa.* Dulce hecho de coco, miel o azúcar, y leche. ♦ **cocaleca.**

4. *Ve.* Bebida refrescante que se prepara con el agua y la pulpa del coco disueltas y azúcar.

5. *Ch.* Dulce pequeño mezcla de merengue y coco rallado que se cuece al horno.

6. m. *Ho.* Dulce hecho de harina horneada con conserva de coco en el centro.

II. 1. f. *Pe.* Dibujo o marca en neumáticos o suelas de calzados que permite una mayor sujeción y agarre en el suelo.

III. 1. f. *Pa.* Cada una de las cartas de la baraja de póquer que tiene incluida la figura de un rombo.

cocadita.

I. 1. f. *Pa. En la baraja francesa,* figura en forma de rombo.

2. *Pa.* Dulce de coco en forma de rombo.

cocahui.

I. 1. m. *Bo.* Provisión de víveres que los campesinos llevan en sus viajes o en sus jornadas de trabajo en el campo. (**kohawi**).

cocaína.

■

a. ‖ **~ falsa.** *PR.* **piragua,** arbusto.

cocainero, -a.

I. 1. adj. *Ni, Co, Pe, Bo, Ch.* Relativo a la cocaína.

2. sust/adj. *Bo; Pa, Pe,* drog. Persona que consume cocaína.

3. *Bo.* Persona que se encarga del proceso de refinación de la coca.

cocal.

I. 1. *Gu, Ni, CR, Pa, Cu, RD, Co, Ve.* **cocotal.**

II. 1. m. *Pe, Bo.* Terreno donde se cría o cultiva el arbusto de la coca.

III. 1. m. *Ho.* Torreta de madera en el patio de la casa que se utiliza para guardar los granos como el maíz, **frijol** o arroz.

cocaleca.

I. 1. f. *Gu.* **cocada,** dulce hecho de coco, miel o azúcar.

II. 1. f. *Cu.* Sandalia con dos tiras que se ajustan dando vueltas alrededor de la pierna en forma de cruz.

III. 1. f. pl. *RD.* Palomitas de maíz. (**cocaleka**).

IV. 1. f. *PR.* juv. Cocaína.

V. 1. f. *Pa.* Molusco bivalvo de **manglares** y **esteros** de la costa del Pacífico, de hasta 13 cm de diámetro, de forma más o menos redondeada; su carne es comestible y muy apreciada. (Arcidae; *Anadara grandis*).

cocalekas.

I. 1. *RD.* **cocalecas,** palomitas de maíz.

cocalero, -a.

I. 1. adj. *Pe, Bo, Ch.* Relativo a los **cocales,** terreno donde se cultiva el arbusto de la coca.

cocani.

I. 1. m-f. *Bo:O.* Persona que comercializa legalmente la hoja de coca. pop + cult → espon.

cocaví.

I. 1. m. *Pe, Ch.* Provisión de víveres para un viaje.

cocazo.
   I. 1. m. *Gu, Ho, ES, Ar, Ur.* Golpe fuerte dado con la cabeza. pop.
   2. *Ar. En el futbol,* golpe dado al balón con la cabeza. pop.
   3. *Gu, Ho, ES, PR.* Golpe dado con un coco. pop.
   4. *RD.* Cocotazo, coscorrón.
   II. 1. m. *Ho.* Cantidad de cocaína que una persona absorbe de una vez por la nariz. drog.
   III. 1. m. *Pa.* Deseo sexual.

cocedura.
   I. 1. f. *Ch.* Escocedura, inflamación e irritación de la piel.

cocer(se).
   I. 1. intr. prnl. *Ch.* Irritarse o inflamarse la piel o una parte del cuerpo, *generalmente a causa del roce de algo.*
   2. tr. *Ch.* Producir *algo* una irritación o inflamación en la piel de alguien.
   ☐
   a. ‖ **no ~ al primer hervor.** loc. verb. *Mx.* Haber rebasado ya la juventud. pop.

cocha. (Del quech. *cocha,* lago, laguna).
   I. 1. f. *Ec, Pe, Bo:C,E.* pop. Laguna.
   2. *Ec.* Parte de un río que se ensancha y se remansa.

cochabambinidad.
   I. 1. f. *Bo.* Carácter cochabambino.
   2. *Bo.* Comunidad cochabambina.

cochabambinismo.
   I. 1. m. *Bo.* Locución, giro o modo de hablar propio de los cochabambinos.
   2. *Bo.* Amor o apego a las cosas características o típicas de la ciudad de Cochabamba, Bolivia.

cochabamburro, -a.
   I. 1. adj. *Bo. Referido a alguien,* que comete errores. pop + cult → espon ^ fest.

cochada.
   I. 1. f. *Co, Ar.* Conjunto de las crías de ciertos animales nacidas en el mismo parto.
   2. *Co, Ve.* Cantidad o porción de pan u otras cosas que se cuece de una vez en el horno.
   3. *Co. En el proceso de elaboración de la panela,* cantidad de miel que se cuece en una operación.
   4. *Co.* Conjunto de individuos de la misma generación, que acaban al mismo tiempo una carrera, o reciben a la vez el nombramiento para un cargo.
   5. *Ar.* Lote o conjunto de cosas similares que se agrupan con un fin determinado.
   II. 1. f. *Ar:NO.* Bebida hecha con harina tostada, azúcar y agua o leche caliente.

cochado, -a.
   I. 1. adj. *Ho. Referido a persona,* dominada o convencida por otra.
   2. *Pa. Referido a persona,* que resiste bien los golpes y las adversidades de la vida.

cochala.
   I. 1. adj. *Bo.* Relativo a la ciudad de Cochabamba.

cochamolle.
   I. 1. m. *Ar:NO.* Árbol de gran altura, tronco grueso y madera dura; crece a orillas de lagunas y ríos. (Myrtaceae; *Blepharocalyx montanus*).

cochano.
   I. 1. m. *Ve.* Trozo de oro en estado natural.

cochapolla.
   I. 1. f. *Ar:NO.* **popoxcal.**

cochar.
   I. 1. intr. *Ar:NO.* Tomar **cocho,** bebida. rur.
   II. (Sínc. de *cochear*).
   1. *Ho, ES.* **cochear,** entrenar.

   III. 1. tr. *PR.* Conducir *alguien* el ganado vacuno de un sitio a otro.

cochayuyo. (Del quech. *kocha,* laguna, y *yuyu,* hierba comestible).
   I. 1. m. *Pe, Bo, Ch.* Alga marina cuyo tallo, en forma de cinta, puede alcanzar más de 3 m de longitud; es comestible. (Durvillaeaceae; *Durvillea antarctica*). ♦ **collofe.**
   ▶ **remojar el ~.**

coche.
   I. 1. m. *PR, Pe, Ur.* **carriola,** cochecito para bebés.
   ■
   a. ‖ **~ barredera.** m. *Pe.* Vehículo destinado a la limpieza de las vías públicas.
   b. ‖ **~ comedor.** m. *Bo, Ch, Ar, Ur. En un tren,* vagón en el que se sirven comidas y bebidas a los pasajeros.
   c. ‖ **~ de ruleteo.** m. *Mx.* Taxi que transita por las calles y está disponible.
   d. ‖ **~ de sitio.** m. *Mx.* Taxi situado de forma permanente en un lugar y que está disponible.
   e. ‖ **~ dormitorio.** m. *Co, Bo, Ch, Ur.* Vagón de ferrocarril dividido en varios compartimentos cuyos asientos y respaldos pueden convertirse en camas o literas.
   f. ‖ **~ guagua.** m. *Ur.* Carrito para pasear bebés y niños pequeños.
   g. ‖ **~ libre.** m. *Mx.* Automóvil de alquiler.
   ▶ **ir en ~; irse en ~; salir en ~.**

¡coche!
   I. 1. interj. *Ni.* Expresa orden a un cerdo para que se aleje.

coche, -a.
   I. 1. m. y f. *Gu.* Cerdo, puerco. rur.
   2. sust/adj. *Gu.* metáf. Persona sucia o desaseada. pop + cult → espon.
   3. *Gu.* metáf. Persona muy gorda. pop.
   ■
   a. ‖ **~ de monte.** m. y f. *Gu.* **cerdo de monte.** (**cochemonte**).

cochear. (Del ingl. *to coach,* preparar, instruir).
   I. 1. tr. *Ho, ES, Bo.* Entrenar a *alguien* en el ejercicio de un deporte. (**cochar**).
   2. *Ho.* Ver o sorprender a *alguien* haciendo algo.
   3. *Ho.* Convencer a *alguien* de algo, *generalmente para beneficio propio.*

cochecara.
   I. 1. m. *Ec:S.* Piel de cerdo asada a las brasas.

cocheche. (Del nahua, quizás de *chocheva,* levantarse, salir de la cama).
   I. 1. adj. *Ni. Referido a persona,* de carácter débil.
   II. 1. sust/adj. *Ni.* Hombre homosexual. rur.
   2. *Ni. Referido a hombre,* afeminado.
   III. 1. adj. *Ni. Referido a persona,* chismosa.

cochecho, -a.
   I. 1. adj. *Ch. Referido a persona,* borracha. pop + cult → espon.

cocheguagua.
   ☐
   a. ‖ **a la ~.** loc. adv. *Ch.* p.u. Fácilmente, sin esfuerzo ni dificultades. pop + cult → espon ^ fest.

cochemonte.
   I. 1. *Gu.* **coche de monte.**

cochemotor.
   I. 1. m. *Ar, Ur.* Tren de pocos vagones y con locomotora en cada uno de sus extremos, que puede desplazarse en ambos sentidos sin cambiar de vía.

cocheo.
   I. 1. m. *Ho.* Convencimiento que se hace a alguien de algo.

cochera.
> **I. 1.** f. *Co.* Lugar desarreglado y sucio.
> **II. 1.** f. *Gu.* Enamoramiento.

cochería.
> **I. 1.** f. *Bo, Py, Ar, Ur.* Empresa de pompas fúnebres.

cochero.
> **I. 1.** m. *Ec:S.* Lugar desarreglado y sucio.
> ▶ **salir ~.**

cochero, -a.
> **I. 1.** m. y f. *Gu.* Persona que cría cerdos o **coches.**

cochi. (Apóc. de *cochino*).
> **I. 1.** m. *Mx:NO, PR, Ar:N.* **chancho,** cerdo. pop.
> **II. 1.** m. *Ar:N.* Persona desaliñada y sucia. pop ^ desp.

cochiguagua.
> ◻
> **a.** ‖ **a la ~.** loc. adv. *Ch. En relación con la realización de algo difícil,* fácilmente, sin esfuerzo, dejando que sean otros los que se esfuercen. pop + cult → espon ^ fest.

cochinada.
> **I. 1.** f. *CR, RD, Ur.* Actitud propia de la persona mezquina. pop + cult → espon.

cochinata.
> **I. 1.** f. *Cu.* Cerda mayor de un año que aún no ha parido. rur.

cochinato.
> **I. 1.** m. *Cu.* Cerdo menor de un año.

cochinear.
> **I. 1.** tr. *Pe.* Gastar bromas a *alguien,* en ocasiones llegando a la molestia. pop.

cochinera.
> **I. 1.** f. *Ve.* Lugar donde se crían cochinos.

cochinita.
> **I. 1.** f. *Mx.* Guiso de carne de cerdo cubierto de hojas de **plátano,** aderezado con **achiote** y jugo de naranja agria.
> ■
> **a.** ‖ **~ pibil.** f. *Mx.* Guiso de carne de cerdo cubierto de hojas de **plátano,** aderezado con **achiote** y jugo de naranja agria.

cochinito.
> **I. 1.** m. *Ho.* Hucha con forma de cerdo.

cochino, -a.
> **I. 1.** adj. *PR, Bo, Ur. Referido a persona,* tramposa. pop + cult → espon.
> **2.** *PR. Referido a persona,* que juega un deporte deficientemente.
> ◪
> **a.** ‖ **a cada ~ le toca su sábado.** fr. prov. *Ve.* Indica que toda persona deberá responder tarde o temprano por sus malas acciones.

cochinón, -na.
> **I. 1.** adj. *RD, Ch. Referido a persona,* vil, grosera, obscena. pop + cult → espon.
> **2.** *Ch.* Manchado o sucio. pop + cult → espon.
> **3.** *Ch. Referido a persona o a animal,* que tiene hábito de ensuciar. pop + cult → espon.

cocho.
> **I. 1.** m. *Ch:N, Ar:NO.* Bebida hecha con harina tostada, agua caliente y azúcar.
> **II. 1.** m. *Bo:E; ES,* vulg. Vulva. tabú; pop.
> **III. 1.** m. *Ch.* Lío, embrollo. pop + cult → espon.
> **IV.** (De or. onomat.).
> **1.** m. *Ho.* Cerdo, animal doméstico.

cocho, -a.
> **I. 1.** adj/sust. *Pe. Referido a persona,* anciana, de edad avanzada. pop.
> **2.** adj. *Pe,* p.u. metáf. *Referido a cosa,* vieja, antigua. pop.

cochocho.
> **I. 1.** m. *Ve.* Piojo blanco que se alimenta de la sangre de los mamíferos sobre los que vive parásito. (Pediculidae; *Pediculus humanus*).

cochofle.
> **I. 1.** m. *PR.* Prostituta, *en especial, la desmadejada y fea.* pop + cult → espon.

cochón, -na. (Del nahua *cochi,* dormir).
> **I. 1.** sust/adj. *Ho, ES, Ni.* Persona homosexual. desp.
> **II. 1.** sust/adj. *Ho, ES, Ni.* Persona cobarde.

cochosa.
> **I. 1.** f. *Gu, ES.* Lagartija. rur.

cochoso.
> **I. 1.** m. *RD.* Palo de madera verde, difícil de cortar.

cochuchal.
> **I. 1.** m. *Ar:NO.* Lugar poblado de **cochuchos,** árboles.

cochucho.
> **I. 1.** m. *Ar:NO.* Árbol de hasta 10 m de altura, de hojas alternas y flores arracimadas; su madera, dura y liviana, de color amarillo con vetas verdosas, es apreciada en carpintería; sus hojas se emplean en la medicina popular. (Rutaceae; *Fagara coco*). ◆ **coco; cocucho; saúco hediondo.**
> **2.** *Ar:NO.* Fruto del cochucho, comestible y de forma esférica. ◆ **cocucho.**

cochupo.
> **I. 1.** m. *Mx.* Soborno que se hace a un periodista entregándole dinero. pop.

cochuso, -a.
> **I. 1.** *Cu.* p.u. **cochuzo.**

cochuzo, -a.
> **I. 1.** sust/adj. *Cu.* p.u. Persona de comportamiento vulgar, de modales groseros. desp. (**cochuso**).
> **2.** *Cu.* p.u. Persona de baja clase social. desp. (**cochuso**).
> **3.** *Cu.* p.u. Persona tonta. desp. (**cochuso**).
> **II. 1.** sust/adj. *Cu.* p.u. Persona, *especialmente una mujer,* que tiene poco cabello. (**cochuso**).

cocimiento.
> **I. 1.** m. *Ch.* Caldo hecho con trozos de carne o de pescado y que se sirve caliente.

cocina.
> **I. 1.** f. *Co, Pe, Bo, Ch.* Laboratorio clandestino donde se procesa la cocaína. drog.
> **II. 1.** f. *Pe.* Juego infantil que se practica con trompos y en el que el jugador que lanza el suyo intenta sacar a los otros de un círculo trazado en el suelo.
> **III. 1.** f. *Cu.* Parte trasera de algunos autobuses, cercana al motor, que es muy calurosa.
> ■
> **a.** ‖ **~ económica.** f. *Mx.* Establecimiento donde se prepara y se vende comida casera.
> ◻
> **a.** ‖ **por la ~.** loc. adv. *Ho.* Por la parte de atrás. pop.

cocinado.
> **I. 1.** m. *Co.* obsol. Juego infantil que consiste en la preparación de una comida.

cocinado, -a.
> **I. 1.** adj. *Ho, Ni, Bo; Pe, Py,* metáf; pop; *Ch,* pop + cult → espon. *Referido a un asunto o a negocio,* acordado o preparado de antemano, en ocasiones, de manera fraudulenta.

cocinao.
> **I. 1.** m. *RD.* Comida, cualquier plato de cocina.

cocinar(se).
> **I. 1.** tr. *Mx, Ho, Vi, Cu, Ve, Pe, Bo, Py, Ar, Ur.* metáf. Tramar *alguien* o un grupo reducido de personas *algo* a espaldas de otras personas. pop + cult → espon.

II. 1. *Co.* Preparar un alimento en agua hirviendo, hasta que esté listo para comer.

III. 1. tr. *Pe.* Acribillar, herir repetidamente a *alguien*. pop.

IV. 1. intr. prnl. *Cu.* Sentir alguien mucho calor.

cocinería.

I. 1. f. *Pe, Ch.* Figón, casa o establecimiento abierto a la calle, donde se guisan y venden cosas de comer.

cocinero.

I. 1. m. *Ni.* Cocina rústica de leña.

2. *Ni.* Banco de cocina.

◪

a. ‖ **demasiados ~s estropean el caldo.** fr. prov. *Mx.* Indica que ciertas actividades han de realizarse individualmente.

cocinero, -a.

I. 1. m. y f. *Ch.* Persona encargada de procesar la cocaína en un laboratorio clandestino. drog.

II. 1. sust/adj. *Bo.* Persona que habla sin discreción y más de lo conveniente.

▶ pelearse con el ~.

cocineta.

I. 1. f. *Mx.* Mueble de cocina que integra, en una sola estructura y con la misma decoración, los módulos que lo componen, como los armarios, los fuegos o el fregadero.

2. *Ho, Co.* Aparato con uno o varios hornillos o fuegos que se emplea para cocinar.

3. *Co.* Espacio pequeño destinado a la cocina en apartamentos de un solo ambiente.

cocinita.

▶ echar una ~.

cocinol.

I. 1. m. *Co.* p.u. Combustible derivado del petróleo, de bajo precio, que se usa para ciertas estufas. pop.

cocktail. (Voz inglesa).

I. 1. m. *EU, PR.* **Coctel**.

coclaria.

I. 1. f. *PR.* **alumbre**.

coclillo.

I. 1. m. *PR.* Pasto de mala calidad que crece en los jardines y en medio de la **grama**.

coco.

I. 1. *Ar:N.* **cochucho**, árbol.

2. m. *Ar:NO.* Lechuza de color overo. (Strigidae; *Strix chacoensis*).

3. *Pe.* Pez marino de hasta 45 cm de longitud, de cuerpo alargado y redondeado y coloración gris plateado con franjas oscuras ventrales de la cabeza a la cola; es comestible. (Sciaenidae; *Paralonchurus peruanus*). ♦ **suco.**

4. *RD, PR.* Palma de hasta 30 m de altura, de tronco único, hojas pinnadas de gran tamaño, inflorescencia axilar y fruto ovoide, cubierto de fibras, con la pulpa comestible. (Arecaceae; *Cocos nucifera*). ♦ **palma de coco.**

5. *RD, PR.* Fruto del coco, carnoso y jugoso, de sabor dulce y agradable; se utiliza para elaborar aceite y bebidas alcohólicas.

II. 1. m. *Mx, RD.* Cocaína. delinc.

III. 1. m. *Mx.* Golpe que se da en la cabeza con los nudillos de la mano cerrada.

IV. 1. m. *Pe, Bo, Ch, Ar, Ur,* p.u. Testículo. pop + cult → espon.

V. 1. m. pl. *Ec.* Juego tradicional que tiene por objetivo sacar mediante un golpe con una bola de acero, otras bolas que se hallan dentro de un círculo trazado en el suelo.

2. m. *Ec.* Una de las bolas de acero con que se juega a los cocos.

3. *Ec. En el juego de los cocos,* golpe con el que se logra sacar del círculo una de las bolas de acero.

VII. 1. m. *Pe.* Rombo, figura geométrica.

VIII. 1. m. *Ve.* Idea fija, obsesión.

IX. 1. m. *Ve.* Juicio, talento y capacidad.

X. 1. adj. *Ec. Referido a persona, en especial a una mujer,* que no ha tenido relaciones sexuales. pop + cult → espon.

2. m. *PR.* Enamoramiento, atracción fuerte. pop + cult → espon.

XI. 1. m. pl. *Ho, ES.* Senos de mujer. pop.

XII. 1. m. *Bo.* Guiso preparado con carne de pollo, tomate, fideo y **ají** colorado.

XIII. 1. m. *PR.* Vasija hecha con la cáscara del coco. pop + cult → espon.

2. *PR.* Vasija hecha con la cáscara de la **higuera**. pop + cult → espon.

XIV. 1. m. *ES.* Semilla de marihuana. drog.

■

a. ‖ **~ blanco.** m. *Cu, RD.* Ave zancuda de hasta 65 cm de longitud, con pico largo y arqueado, cuello y patas largas, plumaje blanco, excepto las puntas de las alas que son de color negro, las patas y los pies, anaranjados. (Threskiornithidae; *Eudocimus albus*).

b. ‖ **~ chileno.** *Ec.* **coquito**, fruto de la **palma de Chile**.

c. ‖ **~ de agua.** m. *Ni, RD, PR.* Coco verde que aún no ha madurado y cuya pulpa blanda no puede aprovecharse, pero está lleno de un agua muy apreciada, por ser dulce y refrescante; este agua se utiliza para mezclarla con ron.

d. ‖ **~ mamá.** *Ho.* **cocolobo**.

e. ‖ **~ prieto.** m. *Cu, RD.* Ave zancuda de hasta 65 cm de longitud, con pico largo y arqueado, cuello y patas largas y plumaje de color castaño. (Threskiornithidae; *Plegadis falcinellus*). (**cocoprieto**).

f. ‖ **~ seco.** m. *RD, PR.* Coco con la tela madura.

g. ‖ **~ zarazo.** m. *PR.* Fruto del cocotero cuando está muy seco y adquiere un sabor rancio.

☐

a. ‖ **~ de mono.** loc. sust. *Pe, Ch.* Cosa de poco valor o sin importancia. pop + cult → espon.

b. ‖ **~ duro.** loc. sust. *RD.* Persona testaruda. pop.

c. ‖ **~ macaco.** loc. adj. *Cu, PR. Referido a persona,* muy fea. (**cocomacaco**).

d. ‖ **como ~.** loc. adv. *PR.* En muy buenas condiciones, estupendamente. pop + cult → espon.

e. ‖ **como ~ rancio.** loc. adv. *PR.* En malas condiciones, lamentablemente. pop + cult → espon.

◪

a. ‖ **todos los ~s no dan agua dulce.** fr. prov. *RD.* Indica que no todos tenemos las mismas facultades. pop + cult → espon.

▶ abrir el ~; caerse de un ~; cortar a ~; dar en el ~; dar en los ~s; dar los ~s; echar ~; encendérsele el ~; estar de ~; hacer ~; hinchar los ~s; limpiarse el ~; llevar ~s a Sonsonate; meter dentro del ~; meterle ~; parar ~; pasar por el ~; patinarle el ~; pelarse a ~; pesarle los ~s; ponerle ~; preparar los ~s antes de vender la vaca; pujar un ~; quedarse con el ~ vacío; quemarse el ~; secársele el ~; ser un ~; tener de un ~; tener un ~.

coco, -a.

I. 1. adj/sust. *Mx. Referido a persona,* que se droga con cocaína. delinc.

II. 1. adj. *CR, Ec. Referido a persona,* que tiene el cabello recortado al rape. pop.

2. *CR. Referido a persona,* calva. pop.

III. 1. adj/sust. *PR. Referido a persona,* tonta, imbécil. pop + cult → espon.

cocó.
   I. 1.   m. *Ar*, obsol. Cocaína. pop.

cocoa.
   I. 1.   f. *Mx, ES, Cu, Co, Pe, Bo, Ch, Py, Ar, Ur.* Cacao en polvo.
     2.   *Ho, Ni, Bo, Ch, Ar, Ur.* Bebida preparada con cacao en polvo y leche.
   II. 1.   adj. *Ch.* obsol. Fácil. pop.
   III. 1.   m. *Cu.* Tierra arcillosa y blanquecina que se utiliza en obras de mampostería y suelos de hormigón.
   IV. 1.   f. *Pa.* Chisme novedoso e inédito. pop.

cocobola.
   I. 1.   f. *Ni.* Resalte en las carreteras para obligar a reducir la velocidad.
   II. 1.   f. *Ni.* Rótula.
   III. 1.   f. *CR.* **cocobolo.**

cocobolo.
   I. 1.   m. *Ni, CR, Pa.* Árbol de hasta 20 m de altura, con el tronco negruzco, con fisuras, irregular y retorcido, hojas imparipinnadas, alternas, con folíolos, ramificaciones a baja altura, copa muy abierta, flores blancas en panículas axilares o terminales, y el fruto en legumbre más o menos oblonga, aplanada; su madera es muy apreciada en ebanistería. (Fabaceae; *Dalbergia retusa*). (**cocobola**).

cocobolo, -a.
   I. 1.   m. y f. *Pa, Pe.* Persona calva o con el pelo cortado al rape.

cocochita.
   I. 1.   f. *Pa.* Ave de hasta 15 cm de longitud, de plumaje pardo rojizo o grisáceo escamado con motitas oscuras; se desplaza en parejas o grupos y su hábitat es frecuentemente urbano. (Columbidae; *Columbina talpacoti*).

cococho.
   □
   a. ‖ a ~. loc. adv. *Ar.* Sobre los hombros o la espalda de alguien. pop.

cocodrilo.
   I. 1.   m. *Ve, Py.* Insecto coleóptero de hasta 15 cm de longitud, con protuberancias dentadas y coloración general negra lustrosa con élitros de color verde claro aceitunado con manchas negras. (Scarabacidae; *Dynastes hercules*).
   II. 1.   adj. *PR. Referido a un hombre,* seductor, aprovechado. pop + cult → espon.

cocohite. (Del nahua).
   I. 1.   *Mx.* **matarratón.**

cocól. (Del nahua *cocoltic*, reduplicación de *coltic*, torcido).
   I. 1.   m. *Mx.* Panecillo con forma de rombo.
   II. 1.   m. *ES, Ni.* Cocaína. drog.
   ▶ **estar ~; irle ~.**

cocolazo.
   I. 1.   m. *Mx.* Golpe fuerte que alguien recibe en la cabeza. pop ^ hiperb.

cocolea. (Del nahua *cocotli*, tórtola, y *atl*, agua).
   I. 1.   *Ho.* **ala blanca**, ave.

cocolero, -a.
   I. 1.   m. y f. *Mx.* p.u. Persona que hace o vende **cocoles**.

cocolía.
   I. 1.   f. *Mx.* obsol. Antipatía que se siente hacia alguien.
   II. 1.   *PR.* **jaiba**, crustáceo.

cocoliche.
   I. 1.   *Ar.* Habla híbrida o ininteligible. desp.
   II. 1.   sust/adj. *Ar, Ur.* Cosa llamativa y de escaso gusto. pop.
     2.   *Ar, Ur.* Persona que se viste con mal gusto, *generalmente portando prendas o adornos de colores llamativos.* pop.

     3.   m-f. *Ar.* Persona ridícula o demasiado extravagante. pop ^ desp.
   III. 1.   m. *Ar, Ur.* Mezcla confusa, sin orden ni concierto.
   IV. 1.   m. *Pe.* Golosina consistente en maíz inflado de manera artesanal.

cocoliso.
   I. 1.   m. *Ve.* Prenda de vestir infantil cuya parte inferior termina en un cordón que cierra toda la pieza a manera de saco.

cocoliso, -a.
   I. 1.   adj. *PR. Referido a persona,* tonta, boba. pop + cult → espon.

cocoliste. (Del nahua *cocoliztle*, peste).
   I. 1.   f. *Mx.* Epidemia, enfermedad.
     2.   *Mx.* Tifus, enfermedad.

cocollaco.
   I. 1.   m. *PR.* juv. Conquistador aficionado.

cocollera.
   I. 1.   *PR.* **cocoyal.**

cocolmeca. (Del nahua *cocoltic*, torcido, y *mecatl*, soga).
   I. 1.   m. *Mx, Gu.* Planta herbácea perenne de hasta 90 cm de altura, de forma redondeada, en época de lluvias toma una coloración rosada o rojiza. (Smilacaceae; *Smilax rotundifolia*). ♦ **olcacatzin, raíz de china.**

cocolo, -a.
   I. 1.   m. y f. *RD, PR.* Persona, *generalmente de raza negra,* natural de Las Antillas menores. pop + cult → espon ^ desp.
     2.   adj. *RD.* Relativo a los cocolos.
   II. 1.   adj/sust. *PR. Referido a persona,* muy aficionada a la música de salsa. pop + cult → espon.

cocoloba.
   I. 1.   f. *ES.* **cocolobo.**
     2.   *Ni.* **uva de playa.**

cocolobo.
   I. 1.   m. *Gu.* Árbol mediano, con hojas oblongas o elíptico oblongas, acuminadas en el ápice, trinervias y glabras, flores solitarias o en racimos, pétalos blancos, espatulados u oblongos y fruto ovoide. (Bombacaceae; *Quararibea guatemalteca*). (**cocoloba**). ♦ **coco mamá; moro.**

cocolón.
   I. 1.   m. *Ve, Ec.* Arroz tostado que queda adherido en el fondo de la olla en la que se ha cocinado. (**concolón**).

cocomacaco.
   I. 1.   m. *Cu, RD, PR.* Bastón fuerte hecho de palma u otra madera dura.
   II. 1.   m. *Cu, PR.* **coco macaco.**

cocombro.
   I. 1.   m. *Co; RD,* vulg. Planta hortense, variedad de pepino. (Cucurbitaceae; *Cucumis flexuosus*).
     2.   *Co.* Fruto del cocombro, muy largo y asurcado, que puede alcanzar hasta 1 m.

cocomecome.
   I. 1.   m-f. *RD.* Persona muy fea.

cocón, -na.
   I. 1.   adj. *Pa. Referido a persona,* de escasa inteligencia. pop.

cocona.
   I. 1.   f. *Pe.* Planta de hasta 2 m de altura, de tallo cilíndrico con pubescencia dura y grisácea, hojas grandes y ovaladas de lóbulos triangulares, irregulares, con cara superior cubierta de pelos duros y blanquecinos, las flores miden hasta 5 cm de diámetro, en racimos axilares cortos. (Solanaceae; *Solanum sessiliflorum*).

2. *Pe.* Fruto casi esférico u ovoide, de color desde amarillo hasta rojizo, cuya cáscara es suave y rodea la pulpa, gruesa, amarilla y acuosa; muy usado en la fabricación de refrescos, helados y salsas.

II. 1. f. *Cu.* Propina, gratificación.

cócona.
    I. 1. f. *Cu.* Propina, gratificación (**cócona**).

coconete.
    I. 1. m. *RD.* Dulce de harina y coco.

cócono.
    I. 1. m. *Mx.* Pavo, ave. (Phasianidae; *Pavo* spp.).

coconut. (Voz inglesa).
    I. 1. m. *PR.* Regaño.

cocopa.
    I. 1. f. *Pe.* **Papa** cocida y dejada secar a la intemperie, utilizada en guisos.

cocopelado, -a.
    I. 1. adj. *Cu, PR. Referido a persona*, que no tiene pelo o tiene muy poco. pop + cult → espon. (**cocopelao**).

cocopelao.
    I. 1. adj. *PR.* **cocopelado**, persona calva.

cocopiña.
    I. 1. m. *Ho.* Hombre homosexual.

cocoprieto.
    I. 1. *PR.* **coco prieto**.

cocora.
    I. 1. f. *Ve.* Vulva.
    II. 1. f. *Ve:E.* Envase hecho con la cáscara del coco que se utiliza como unidad de medida para ciertos granos y para transportar y vender alimentos caseros.
    III. 1. f. *Ho. En la tradición popular*, personaje que se nombra para asustar a las personas, *en especial a los niños*.
    2. *Ho.* Miedo, recelo o aprensión que alguien tiene de que le suceda algo contrario a lo que desea.
    3. *Ni.* Preocupación.

cócora.
    I. 1. f. *Cu.* Persona o cosa ante la que se siente temor.
    2. *RD.* Miedo, temor.
    II. 1. f. *PR; Cu*, obsol. Incomodidad, molestia, escozor.
    III. 1. f. *Pa.* Persona a la que se trata mal, con la que se desquitan malestares. pop.
    ▶ **meterse en ~.**

cocorícamo.
    I. 1. m. *RD.* Mal olor.
    2. *RD.* Personaje propio del carnaval; lleva un traje elaborado con trapos y la máscara es muy llamativa.
    3. adj. *RD. Referido a un concepto o frase*, que tiene un sentido oculto, engañoso.

cocorino, -a.
    I. 1. adj. *PR.* Relativo a la cólera o al colérico.

cocoríoca.
    I. 1. adj/sust. *Cu, PR. Referido a una mujer*, excesivamente fea. pop + cult → espon. (**cocoríoco**).

cocoríaco.
    I. 1. *PR.* **cocoríaca**.

cocorioco.
    I. 1. m. *Cu.* **chirimoya**, cabeza de una persona.
    II. 1. m. *Cu.* **caldero**, recipiente mágico.

cocorioco, -a.
    I. 1. adj/sust. *Cu, PR. Referido a una persona*, excesivamente fea. pop + cult → espon.

cocorito, -a.
    I. 1. sust/adj. *Ar, Ur.* Persona altiva o jactanciosa. pop.
    2. *Ar.* Persona desabrida o enojadiza. pop.

cocoro.
    I. 1. m. *Ve:E.* Envase hecho con la cáscara del coco que se utiliza como unidad de medida para ciertos granos y para transportar y vender alimentos caseros.

II. 1. m. *CR.* Variedad de **chayote** característica por su pequeño tamaño y forma redondeada.

cocoroca.
    I. (Del nahua *cocoloa*, cantar o graznar).
    1. f. *RD.* Cabeza.

cocoroco.
    I. 1. m. *Ar:NO*, p.u. Gallo. pop.
    II. 1. m. *Pe.* Golosina en forma de pera con franjas rosas y amarillas.
    III. 1. m. *RD.* Coscorrón, golpe en la cabeza.
    IV. 1. m. *PR.* Persona importante e influyente.
    ▶ **ser un ~.**

cocoroco, -a.
    I. 1. adj. *Ch. Referido a persona*, ufana, arrogante. pop + cult → espon.
    II. 1. adj. *Ch. Referido a persona*, que está muy contenta y lo manifiesta exteriormente. pop + cult → espon.

cocorotina.
    I. 1. f. *Cu.* Parte superior de la cabeza.

cocorrón.
    I. 1. m. *RD, PR, Ve.* Coscorrón.
    II. 1. m. *Ve:E.* Dulce en forma de panecillo, cocido al horno, hecho con almidón, **papelón** y anís.
    III. 1. m. *Cu, PR.* Mazorca de maíz de pequeño tamaño y de granos esparcidos que no llega a desarrollarse. (**coscorrón**).
    2. m. *PR.* Árbol de hasta 10 m de altura, de copa redonda, hojas alternas y flores pequeñas de color amarillo verdoso; su madera, de color amarillo, es muy compacta y dura. (Celastraceae; *Gyminda latifolia*). (**coscorrón**).
    IV. 1. m. *Pa.* Cigarra.

cocorrona.
    I. 1. f. *RD.* **Guayaba** en flor, aún inmadura, que suele ser muy dura para comer.

cocorronazo.
    I. 1. m. *RD, Ve.* Golpe dado en la cabeza con los nudillos de la mano cerrada.
    2. *Pa.* Coscorrón, golpe en la cabeza.

cocotal.
    I. 1. m. *Mx, Ni, PR, Ch.* Lugar poblado de cocoteros.
    ♦ **cocal**.

cocotaxi.
    I. 1. m. *Cu.* Triciclo con motor empleado como medio de transporte urbano con asientos posteriores y una carrocería semicircular imitando la forma de un coco.

cocotazo.
    I. 1. m. *Mx, Ni, Pa, Cu, Co, Ve.* Golpe dado en la cabeza.
    2. *Mx, Cu, RD, PR, Ve.* Coscorrón, golpe dado con los nudillos.
    II. 1. m. *Cu.* Trago de bebida alcohólica de alta graduación.

cocote.
    I. 1. m. *RD, PR.* Cabeza. pop + cult → espon.
    2. *RD.* Cuello, *especialmente el de la gallina*.
    II. 1. adj. *PR. Referido a persona*, inteligente. pop + cult → espon.
    ▶ **romper el ~.**

cocotear.
    I. 1. tr. *Co.* Dar **cocotazos** a *alguien*.
    2. intr. *PR.* Pelear *alguien*.
    II. 1. intr. *PR.* Cabecear alguien cuando se está quedando dormido sentado o de pie. pop + cult → espon.

cocoteo.
    I. 1. m. *PR.* Pelea con los puños o a **cocotazos**, *especialmente entre niños*.
    II. 1. m. *PR.* Bajada de cabeza.

cocotera.
- **I. 1.** f. *Ho.* Recipiente de plástico u otro material con dos niveles que se cierra herméticamente y que permite tener encima de la comida otros alimentos.
- **II. 1.** f. *PR.* **bichera**, enfermedad de las aves.
- **III. 1.** adj. *Mx, PR.* Relativo a la palma del coco.

cocotero, -a.
- **I. 1.** m. y f. *Ho.* Jugador o seguidor del equipo de **futbol** Vida de La Ceiba.

cocotudo, -a.
- **I. 1.** adj. *RD. Referido a persona*, soberbia y altanera.
- **2.** adj/sust. *Pa, RD. Referido a persona*, adinerada, que tiene muchas riquezas. pop + cult → espon ^ desp. (**cocotúo**).
- **II. 1.** adj. *RD, PR. Referido a persona*, de carácter firme, testaruda. pop + cult → espon.
- **2.** *PR. Referido a persona*, de cabeza grande. pop + cult → espon.
- **III. 1.** adj. *PR. Referido a un gallo*, de pescuezo grueso y fuerte.

cocotúo.
- **I. 1.** m. *RD.* Individuo influyente en política.
- **II. 1.** *RD.* **cocotudo**, persona adinerada.

cocowash. (De *coco*, cabeza, y del ingl. *wash*, lavado).
- **I. 1.** m. *Mx, Gu, CR*, juv. Lavado de cerebro. fest.

cocoy.
- **I. 1.** m. *ES.* Alcohol mezclado con agua. pop.

cocoya.
- **I. 1.** f. *Ve.* Vulva. tabú.

cocoyal.
- **I. 1.** m. *PR.* Lugar donde se amontonan los cocos recolectados para proceder a quitarles la **yesca**. ♦ **cocollera**.

cocoyé.
- **I. 1.** m. *Cu.* Baile popular de origen haitiano.
- **2.** *Cu.* Música de este baile.

cocoyoco, -a.
- **I. 1.** adj. *ES. Referido a persona*, tonta.

coctel. (Del ingl. *cock-tail*).
- **I. 1.** m. *Mx, Gu, Ho, Ni, Cu, Ve.* Bebida compuesta de una mezcla de licores y otros ingredientes.

cocua.
- **I. 1.** *Pa.* **sande**.

cocucho.
- **I. 1.** *Ar:NO.* **cochucho**, árbol.
- **2.** *Ar:N.* **cochucho**, fruto.

cocui.
- **I. 1.** m. *Ve.* Planta pequeña, de tallo corto y semileñoso, hojas anchas, cortas, aserradas y carnosas, flores amarillas formando un racimo en la cúspide en un asta larga. (Agavaceae; *Agave cocui*). (**cocuy**; **cucuy**). ♦ **dispopo**.
- **2.** *RD.* **cocuyo**, insecto volador.

cocuisa.
- **I. 1.** f. *PR.* Planta de hasta 12 m de altura, de tronco corto, hojas lanceoladas, de color verde pálido a gris y borde blanco, *generalmente cóncavas en el haz y convexas en el envés*, inflorescencia en umbelas y flores amarillo verdosas. (Amaryllidaceae; *Furcraea tuberosa*). (**cucuisa**).

cocuiza.
- **I. 1.** f. *Ve.* Cuerda muy resistente que se hace con las fibras del **cocuy**. ♦ **caruata**.

cocuizo.
- **I. 1.** adj. *Ve. Referido a un caballo*, de color amarillento.

cocuma.
- **I. 1.** f. *Ar:NO.* Mazorca de maíz asada. rur.

cocuy.
- **I. 1.** *Ar.* **cacuy**.

2. *RD, Ve.* **cocuyo**, insecto volador.
3. *Ve.* **cocui**, planta.
4. m. *Ve.* Bebida alcohólica hecha con la savia de esta planta una vez seguido un proceso de fermentación y de destilación; es típica del estado de Lara.
5. *Pa.* **pita**, **maguey**.

cocuyera.
- **I. 1.** f. *RD.* Vasija agujereada para **cocuyos** o luciérnagas. (**cucuyera**).
- **2.** *Cu.* Jaula de diferentes formas, hecha de palitos o alambres.
- ▶ **estar hecho una ~.**

cocuyitos.
- ▶ **ver ~.**

cocuyo.
- **I. 1.** m. *Mx, Ho, Ni, Pa, Cu, RD, PR, Co, Ve, Ec, Bo, Ar:NO,O.* Insecto volador de hasta 27 mm de longitud, de cuerpo estrecho y aplanado, de color pardo con dos manchas amarillentas a los lados del tórax, por las cuales despide de noche una luz azulada bastante viva. (Lampyridae; *Pyrophorus luminosus*). (**cocui**; **cocuy**; **cucaya**; **cucuya**; **cucuyo**).
- **2.** *Ar:NO.* Cigarra, *especialmente la de tamaño grande*. (Cicadidae; *Quesada gigas*). ♦ **coyuyo**.
- **3.** *Cu.* Árbol de hasta 15 m de altura, de hojas lanceoladas y lampiñas, y fruto en forma de baya; su madera, dura, se utiliza en la construcción. (Rhamnaceae; *Reynosia wrightii*).
- **4.** *Cu.* Madera del cocuyo.
- **5.** *Pa.* **curiango**.
- **II. 1.** m. *Co, Ve.* Luz de posición de un vehículo.
- **III. 1.** *Pa.* **maquech**.

COD. (Del ingl., sigla de *Collect on delivery*).
- **I. 1.** m. *EU, PR.* Sistema de pago contra reembolso de una mercancía adquirida.

codalear.
- **I. 1.** tr. *Ni.* Nivelar el repello de una pared.

codastre.
- **I. 1.** m. *Ve.* Madero grueso puesto verticalmente sobre el extremo de la quilla inmediato a la popa, que sirve de fundamento a toda la armazón de esta parte del buque; en las embarcaciones de hierro forma una sola pieza con la quilla.

codear.
- **I. 1.** tr. *ES, Bo, Py, Ur, Ch*, p.u. Llamar la atención de *alguien* dándole unos ligeros golpes con el codo.

codeguín.
- **I. 1.** m. *Ar, Ur.* Embutido a base de carne de cerdo y vacuno y piel de cerdo desmenuzada, que se come hervido o a la parrilla.

codez.
- **I. 1.** f. *Mx.* Avaricia.

código.
- ▪
- **a.** ‖ **~ de tránsito.** m. *Cu, Pe, Bo, Ch.* Código de circulación, conjunto de normas que regulan la circulación vial.
- **b.** ‖ **~ de área.** m. *Mx, ES, PR, Co, Ve, Pe, Ch. En una comunicación telefónica automática*, cifras que indican la zona, la ciudad o el país, y que se marcan antes del número del abonado a quien se llama.

codiguero, -a.
- **I. 1.** m. y f. *Mx.* Abogado que solo memoriza leyes y es poco diestro interpretándolas. pop + cult → espon ^ desp.

codina.
- **I. 1.** adj. *Cu.* Tacaño.

codito.
- **I. 1.** m. *Pa, Cu, Pe*; m. pl. *ES, RD.* Fideo grueso en forma de tubitos cortos y acodados.

II. 1. adj/sust. *Ar. Referido a persona*, tacaña, mezquina.
♦ **codito de oro**.

□

a. ‖ **~ de oro**. loc. adj/sust. *Ar.* p.u. **codito**, tacaño.

codo.

I. 1. adj. *Mx, Gu, Ho, ES, Ni, CR, Pa, Ec, Pe; Bo*, cult → espon. *Referido a persona*, tacaña, mezquina. pop ^ desp. ♦ **coño**; **coñón**; **coñudo**.

II. 1. m. *Ho.* Parte de un talonario que queda encuadernada al cortar o separar los talones, cheques o títulos que lo forman.

▶ **agarrarse del ~**; **borrar con el ~**; **caminar con los ~s**; **doblar el ~**; **doblar los ~s**; **dolerle el ~**; **golpear el ~**; **ser duro de ~**.

codorniz.

■

a. ‖ **~ careta**. f. *Ho.* Ave pequeña y rechoncha, de hasta 19 cm de longitud, pico grueso y prácticamente sin cresta, coronilla y lista ocular café oscuro y resto de la cabeza rufa, garganta blanquecina y pecho negro pizarra con escamado café. (Phasianidae; *Odonthoporus erythrops*). ♦ **codorniz orejinegra**.

b. ‖ **~ moteada**. f. *Ho.* golonchaco.

c. ‖ **~ orejinegra**. *Ho.* **codorniz careta**.

coendú.

I. 1. m. *Ar, Ur.* Roedor arborícola de hasta 40 cm de longitud, de cola prensil, hocico corto en forma de morro, patas con cuatro dedos funcionales y pelaje caracterizado por presentar, *especialmente en el dorso*, cortas espinas entremezcladas con pelos cerdosos. (Erethizontidae; *Coendu spinosus*).

2. *Ho.* **huiztlacuache**.

cofani.

I. 1. m. *Ni.* Amigo.

coffee.

■

a. ‖ **~ break**. (Voz inglesa).
  i. m. *EU, Ho, ES, CR, Pa, Ec, Ch, Py; Co*, p.u. Pausa que se hace en el trabajo o en actividades académicas y empresariales para tomar café o refrescos con pastas.
  ii. *ES, Ec.* Café o refrigerio que se ofrece en el período de descanso de ciertas actividades como seminarios y congresos.

cofi.

■

a. ‖ **~ brei**. m. *Mx, Gu, ES, Pa, PR; Co*, p.u, esm. Pausa realizada en las tareas para tomar café. pop + cult → espon.

cofio.

I. 1. *Pa.* **gofio**, harina.

▶ **no salir de una para entrar en ~**.

cofla.

I. 1. adj/sust. *Pe*, juv, pop; m. *Ve*, delinc. *Referido a persona*, delgada, flaca.

cofre.

I. 1. m. *Mx.* Parte del automóvil que contiene el motor.

▶ **echarse el ~**.

cofrudo, -a.

I. 1. adj. *Ni.* juv. *Referido a persona*, desvergonzada, descarada.

cogeculo.

I. 1. m. *Ve.* Alboroto, desorden. pop.

cogedera.

I. 1. f. *Mx, Ho, ES, Ni.* Realización frecuente del coito. tabú.

II. 1. *Ho, Ni.* Reprobación masiva de alumnos en un examen, asignatura o curso. est; vulg.

III. 1. f. *RD.* Robo o sisa que se hace en un negocio o empleo.

IV. 1. f. *Pa.* Desorden, tumulto, jaleo. pop.

cogedero.

I. 1. m. *Ho, ES, Ur.* Lugar donde se realiza el coito con frecuencia. tabú.

II. 1. *PR.* **gancho**, percha.

III. 1. m. *Pa.* Arreglo, solución.

▶ **no tener ~**.

cogedor, -ra.

I. 1. adj/sust. *Gu, Ho, Ar, Ur. Referido a persona*, que practica el sexo con frecuencia. vulg.

II. 1. m. y f. *Ho.* Profesor que suspende mucho. est; vulg.

III. 1. m. y f. *CR, Ve.* Persona que se ocupa en la recolección del café.

IV. 1. adj. *RD. Referido a persona*, que saca un provecho ilícito de un negocio o empleo.

cogedora.

I. 1. *CR.* **apeadora**.

cogegolpes.

I. 1. m. *PR.* **chato**, gallo de poca calidad.

¡cógelo!

I. 1. interj. *RD.* Expresa asombro, sorpresa.

cogenalga.

I. 1. m. *Pa.* Alboroto, lío. rur.

cogencina.

I. 1. f. *Ho.* Realización frecuente del coito. tabú.

II. 1. *Ho.* Reprobación masiva de alumnos en un examen, asignatura o curso. est; vulg.

cogeollas.

I. 1. m. *Co.* Pieza de tela, *generalmente acolchada*, que se emplea para asir los recipientes de cocina cuando están muy calientes.

coger(se).

I. 1. tr. prnl. *Mx, Gu, Ho, ES, Ni, CR, Pa, RD, Ve, Ar, Ur*, vulg; pop; *Bo*, p.u, tabú. Realizar el coito.

II. 1. intr. *Ec.* Causar muy rápidamente embriaguez una bebida alcohólica. pop.

2. intr. prnl. *Gu.* Sentir los efectos del alcohol.

III. 1. intr. *Ve.* Empezar *alguien* bruscamente una acción.

IV. 1. intr. prnl. *RD, PR.* Acostumbrarse.

2. *RD, PR.* Llevarse bien, congeniar dos personas.

V. 1. intr. prnl. *RD.* Equivocarse.

2. *RD.* Incurrir en falta o delito.

VI. 1. intr. *Ec.* Apretar o lastimar un calzado por quedar muy estrecho.

VII. 1. tr. *Ho.* Suspender un alumno un examen o asignatura.

●

a. ‖ **¡cógeme esa gaa por el rabo!** form. *PR.* Se usa para manifestar preocupación por lo complicado de una situación dada. pop + cult → espon.

b. ‖ **¡cógeme ese trompo en la uña!** fórm. *Ve.* Se usa para instar con altanería a un contrincante a ser capaz de superar un argumento. pop ^ fest.

□

a. ‖ **~ a lazo**. loc. verb. *Ve.* Engañar a *alguien* aprovechándose de su ingenuidad.

b. ‖ **~ agua la nube**. loc. verb. *Ni.* Obtener dinero. pop.

c. ‖ **~ asando la batata**. *RD.* **coger asando maíz**.

d. ‖ **~ asando maíz**. loc. verb. *Cu.* Coger desprevenido a *alguien*. ♦ **coger asando la batata**.

e. ‖ **~ banda**. loc. verb. *PR.* Tomar *alguien* un receso en las actividades de la prostitución. prost.

f. ‖ **~ barriga**. loc. verb. *Co.* Quedar embarazada una mujer. pop.

g. ‖ **~ bola.** loc. verb. *PR.* Tomar *alguien* **pon** en un automóvil. pop + cult → espon. ♦ **coger botella.**

h. ‖ **~ botella.** *Cu.* **coger bola.**

i. ‖ **~ brisa.** loc. verb. *Pa, PR.* Irse o huir con rapidez. pop + cult → espon. ♦ **coger la juyilanga; coger la verdolaga.**

j. ‖ **~ bruja.**
i. loc. verb. *Gu.* Equivocarse, obstinarse en una idea errónea.
ii. *Ni.* Ponerse al revés una prenda de vestir.

k. ‖ **~ cacao.** loc. verb. *RD.* Sufrir un daño.

l. ‖ **~ cajita.** loc. verb. *Cu.* Obtener beneficios de una situación determinada.

m. ‖ **~ calentura.** loc. verb. *Cu.* Disgustarse *alguien.*

n. ‖ **~ calle.** loc. verb. *Ho, Ni, Cu.* Pasear, vagabundear.

ñ. ‖ **~ cama.**
i. loc. verb. *CR, RD.* Permanecer *una persona* en cama sin levantarse a causa de una enfermedad. pop.
ii. *Pa.* Sentirse tan enfermo como para acostarse. pop + cult.

o. ‖ **~ camino.** loc. verb. *PR.* Irse *alguien,* salir de viaje. pop + cult → espon.

p. ‖ **~ cola.** loc. verb. *Ve.* Lograr *alguien* un empleo o una buena posición política o económica, gracias a favores de algún amigo o copartidario. pop.

q. ‖ **~ como pez en nasa.** loc. verb. *PR.* Pillar *alguien* o *algo* desprevenida a *una persona.* pop + cult → espon.

r. ‖ **~ con su avena.** loc. verb. *RD.* Simplificar *alguien* una situación difícil. pop.

s. ‖ **~ contralto.** loc. verb. *Cu.* Coger una buena borrachera.

t. ‖ **~ cranque.**
i. loc. verb. *Cu.* Molestarse *alguien.*
ii. *Cu.* Reaccionar *alguien* ante la presión de una persona.

u. ‖ **~ cuchillo.** loc. verb. *Ni.* Tener miedo.

v. ‖ **~ cuerda.**
i. loc. verb. *Cu.* Reaccionar *alguien* ante la presión de una persona.
ii. *Cu.* Molestarse *alguien.*
iii. *RD.* Picarse.

w. ‖ **~ de aire.** loc. verb. *Cu, RD.* Apresar una bola en el aire, antes del primer bote.

x. ‖ **~ de atrás palante.** loc. verb. *RD.* Poner a *alguien* en situación de no poder discutir ni replicar, o de no poder escapar o defenderse.

y. ‖ **~ de atrás para adelante.** loc. verb. *Cu.* Descubrir un engaño, con intención o no.

z. ‖ **~ de bola.** loc. verb. *Cu.* Lograr conocer *alguien* los distintos aspectos de un asunto o de una situación. ♦ **tener de bola.**

a¹. ‖ **~ de chancho.** *CR.* **agarrar de chancho.**

b¹. ‖ **~ de chata.**
i. loc. verb. *PR.* Burlarse de *alguien.*
ii. *PR.* Pegar a *una persona,* maltratarla. ♦ **coger de chota.**

c¹. ‖ **~ de chocolate.** loc. verb. *PR.* Abusar de *alguien.* pop + cult → espon. ♦ **coger de mango; coger de mango bajito; coger de mingo; coger de picúa.**

d¹. ‖ **~ de chota.** *PR.* **coger de chata.** pop + cult → espon.

e¹. ‖ **~ de congo.**
i. loc. verb. *Pa.* Tomar a *alguien* como víctima o para desahogarse.
ii. *Pa.* Aprovecharse de *alguien.*

f¹. ‖ **~ de encargo.** loc. verb. *Ho, Ni, CR, PR.* Molestar permanentemente a *alguien.*

g¹. ‖ **~ de goleta.**
i. loc. verb. *RD.* Someter *una persona* a otra a su voluntad y capricho.
ii. *RD.* **coger de mojiganga.**

h¹. ‖ **~ de guaitaca.** loc. verb. *PR.* Ser *alguien* objeto de burla.

i¹. ‖ **~ de guasa.**
i. loc. verb. *Cu.* Obtener *algo* fácilmente.
ii. *PR.* Ser el blanco de burlas y bromas. pop + cult → espon.

j¹. ‖ **~ de jamón.** loc. verb. *Cu.* Obtener *algo* fácilmente.

k¹. ‖ **~ de leva.** loc. verb. *Gu.* Engañar a *alguien* a raíz de su confianza o ingenuidad.

l¹. ‖ **~ de maje.** *CR.* **agarrar de chancho.**

m¹. ‖ **~ de mango.** *RD.* **coger de chocolate.**

n¹. ‖ **~ de mango bajito.** *RD, PR.* **coger de chocolate.**

ñ¹. ‖ **~ de marrana.** loc. verb. *RD.* Explotar a *alguien.*

o¹. ‖ **~ de mingo.** *Cu, PR.* **coger de chocolate.**

p¹. ‖ **~ de mojiganga.** loc. verb. *RD.* Mofarse de *alguien.* ♦ **coger de goleta.**

q¹. ‖ **~ de mona.** *CR.* **agarrar de chancho.**

r¹. ‖ **~ de oso.** loc. verb. *PR.* Burlarse de *una persona.* pop + cult → espon.

s¹. ‖ **~ de palo de cagar.** loc. verb. *PR.* Abusar de *alguien.* vulg; pop + cult → espon.

t¹. ‖ **~ de pelón de hospicio.** loc. verb. *ES.* Maltratar constantemente a *alguien.* pop.

u¹. ‖ **~ de picúa.** *PR.* **coger de chocolate.**

v¹. ‖ **~ easy.** loc. verb. *RD.* Tomarse *algo* con calma, no apresurarse.

w¹. ‖ **~ el alimento.** loc. verb. *Ec.* Experimentar somnolencia después de haber tomado una comida abundante y sustanciosa. pop.

x¹. ‖ **~ el batán.**
i. loc. verb. *RD.* Frotar una tela entre los dedos para saber si es de buena o mala calidad.
ii. *RD.* Tomar gusto a una cosa.

y¹. ‖ **~ el bolado.** *CR.* **agarrar el bolado.**

z¹. ‖ **~ el buey.** loc. verb. *PR.* Tapar *una persona* la boca a alguien. pop + cult → espon.

a². ‖ **~ el camino de las yeguas.** loc. verb. *Ni.* Caer *alguien* en los vicios. pop.

b². ‖ **~ el culo.** loc. verb. *Cu.* Poseer un hombre sexualmente a alguien. vulg.

c². ‖ **~ el dedo la puerta.** loc. verb. *Gu.* Retrasarse alguien.

d². ‖ **~ el día.** loc. verb. *PR.* Hacerse tarde. pop + cult → espon.

e². ‖ **~ el golpe.**
i. loc. verb. *Cu, PR, Ve.* Entender *alguien* cómo se hace algo. pop + cult → espon.
ii. *PR.* Hacerse *alguien* un hábito de algo. pop + cult → espon.

f². ‖ **~ el juego.**
i. loc. verb. *Cu.* Llegar a conocer bien a una persona para evitarse problemas con ella o sacarle provecho.
ii. *Cu.* Llegar a dominar el funcionamiento de algo.

g². ‖ **~ el monte.**
i. loc. verb. *Co.* Huir de la justicia.
ii. *Co.* Unirse a la guerrilla.
iii. *RD, PR, Ve.* Irse, escabullirse, marcharse lejos. pop + cult → espon.
iv. *Cu, RD.* Incomodarse inoportunamente por una broma inconveniente.
v. *Ni.* Caer *alguien* en los vicios.

h². ‖ **~ el patio.** loc. verb. *Ve:C.* Adaptarse, familiarizarse *alguien* con determinado lugar o situación. pop.

i². ‖ ~ **el pico.** loc. verb. *Cu.* juv. Besar a alguien en la boca.

j². ‖ ~ **el piso.** loc. verb. *RD, PR.* Adaptarse *una persona* a alguien o a algo. pop + cult → espon.

k². ‖ ~ **el tiro.**
   i. loc. verb. *Co.* Aprender la forma de hacer algo. pop.
   ii. *PR.* Adelantarse en alguna situación o circunstancia. pop + cult → espon.

l². ‖ ~ **el tumbado.** loc. verb. *Cu.* Conocer muy bien algo o a alguien

m². ‖ ~ **el volado.**
   i. loc. verb. *Ho.* Quitar el novio o pretendiente a alguien.
   ii. *Ni.* Adelantarse a alguien, aprovecharse de alguien.

n². ‖ ~ **en diente.** loc. verb. *Ec.* p.u. Desarrollar antipatía por *alguien*. pop.

ñ². ‖ ~ **en el brinco.** loc. verb. *Cu.* Sorprender a *alguien* in fraganti.

o². ‖ ~ **en grande.** loc. verb. *Cu.* Disfrutar *algo* al máximo. pop + cult → espon.

p². ‖ ~ **estilo.** loc. verb. *PR.* juv. Enmendarse.

q². ‖ ~ **fiado.**
   i. loc. verb. *PR; Cu,* obsol. Tener los novios relaciones sexuales antes de casarse. pop + cult → espon.
   ii. *PR.* Tener *una persona* mucha confianza con *otra*. pop + cult → espon.
   iii. *PR.* Abusar *una persona* de la confianza de *alguien*. pop + cult → espon.
   iv. *PR.* Hacer *alguien algo* indebido. pop + cult → espon.

r². ‖ ~ **frío una herida.** loc. verb. *RD.* Enconarse.

s². ‖ ~ **fuego.**
   i. loc. verb. *RD.* Incendiarse *algo*.
   ii. *RD.* Incomodarse o emborracharse *alguien*.
   iii. *RD.* Arruinarse *algo*.
   iv. *RD.* Volverse ingobernable o incontrolable una situación o un grupo de personas.

t². ‖ ~ **fuera de base.**
   i. loc. verb. *ES, Ni, CR, Cu, RD, Ve; Co,* espon. Sorprender, coger desprevenido a *alguien*. pop + cult → espon.
   ii. *Cu.* Sorprender *alguien* a su pareja en una infidelidad.

u². ‖ ~ **fuerza.** loc. verb. *Gu.* Emborracharse intensamente o durante mucho tiempo.

v². ‖ ~ **fundamento.** loc. verb. *Cu, PR.* Volverse serio y formal.

w². ‖ ~ **goteras.** loc. verb. *Cu, Ve.* Reparar las filtraciones de agua en el techo de una edificación.

x². ‖ ~ **idea.** *CR, Co.* **agarrar idea.** pop.

y². ‖ ~ **isy.** loc. verb. *RD.* Tomarse *algo* con calma, no apresurarse.

z². ‖ ~ **jamón.** loc. verb. *Cu.* Obtener *algo* fácilmente.

a³. ‖ ~ **juelgo.** loc. verb. *Ni.* Tomar aliento.

b³. ‖ ~ **la baja.** loc. verb. *Cu.* Aprovecharse del punto débil de una persona. pop + cult → espon.

c³. ‖ ~ **la boca.** loc. verb. *Cu.* Besar a alguien en la boca.

d³. ‖ ~ **la calle.** loc. verb. *Ni, CR, RD.* Prostituirse una mujer. pop. ♦ **agarrar la calle.**

e³. ‖ ~ **la caña.** *Co.* **coger la flota.**

f³. ‖ ~ **la confronta.** loc. verb. *Cu.* Sobrevenirle a *alguien* una situación difícil y comprometida.

g³. ‖ ~ **la corriente.** loc. verb. *Cu, RD.* Recibir una descarga eléctrica.

h³. ‖ ~ **la embocadura.** loc. verb. *PR.* Acostumbrarse *alguien* a algo. pop + cult → espon.

i³. ‖ ~ **la flota.** loc. verb. *Co.* Aceptar las promesas o propuestas de alguien, antes de que cambie de opinión. pop. ♦ **coger caña.**

j³. ‖ ~ **la hora.** loc. verb. *RD.* Estar retrasado *alguien*.

k³. ‖ ~ **la jicotea.** loc. verb. *RD.* Llegar a la presidencia de la República.

l³. ‖ ~ **la juyilanga.** *PR.* **coger brisa.**

m³. ‖ ~ **la loma.** loc. verb. *RD.* Salir a escape, olvidarse de algo.

n³. ‖ ~ **la marchita.**
   i. loc. verb. *Cu.* Volver a la rutina.
   ii. *Cu.* Conocer muy bien a una persona. pop.
   iii. *Cu.* Tener la habilidad y la experiencia necesaria para saber cómo funciona algo. pop.

ñ³. ‖ ~ **la noche.**
   i. loc. verb. *Cu.* Hacérsele tarde a *alguien*.
   ii. *PR.* Recibir *alguien* una sentencia entre diez y quince años de cárcel. carc.

o³. ‖ ~ **la rueda.**
   i. loc. verb. *Cu.* Sobrevenirle a *alguien* una situación difícil o comprometida. pop + cult → espon.
   ii. *Cu.* Hacérsele tarde a *alguien* para algo determinado.

p³. ‖ ~ **la seña.** loc. verb. *Cu.* Entender, captar rápidamente lo que una persona insinúa. pop.

q³. ‖ ~ **la taranta.** loc. verb. *Ec.* p.u. Volverse loca *una persona*, perder el juicio. pop.

r³. ‖ ~ **la vara.** loc. verb. *Ni.* Dejarse engañar.

s³. ‖ ~ **la vena del gusto.** loc. verb. *PR.* Plantearle a alguien su tema favorito. pop + cult → espon.

t³. ‖ ~ **la verdolaga.** *PR.* **coger brisa.**

u³. ‖ ~ **lo que se unta al queso.** loc. verb. *PR.* Llevarse *alguien* un chasco, encontrarse lo inesperado. pop + cult → espon.

v³. ‖ ~ **los mangos bajitos.**
   i. loc. verb. *RD, Ve.* Aprovecharse de una situación propicia.
   ii. *Ve.* No enfadarse. pop + cult → espon.
   iii. *Pa, Cu, RD.* Lograr un propósito sin grandes esfuerzos.

w³. ‖ ~ **los nazarenos.** loc. verb. *RD.* Hacérsele tarde a *alguien*.

x³. ‖ ~ **lucha.**
   i. loc. verb. *Cu.* Angustiarse por algo o alguien. pop.
   ii. *RD.* Trabajar mucho y esforzándose.

y³. ‖ ~ **mínimo.** loc. verb. *Ve.* Tomar impulso para realizar algo. pop.

z³. ‖ ~ **pan grande.** loc. verb. *Cu.* Obtener algo fácilmente.

a⁴. ‖ ~ **para el bonche.** loc. verb. *Cu.* Hacer bromas a *alguien* sin intención de ofenderlo. pop. ♦ **coger para el trajín.**

b⁴. ‖ ~ **para el trajín.** *Cu.* **coger para el bonche.**

c⁴. ‖ ~ **pelota.** loc. verb. *Ve.* Adquirir *alguien* conocimiento o experiencia por el ejemplo. pop + cult → espon.

d⁴. ‖ ~ **pique.** loc. verb. *RD.* Enojarse *alguien*.

e⁴. ‖ ~ **pon.** loc. verb. *PR.* Utilizar *alguien* un transporte sin pagar.

f⁴. ‖ ~ **por el cogote.** loc. verb. *Ni.* Tener dominado a *alguien*.

g⁴. ‖ ~ **por la punta.**
   i. loc. verb. *PR.* juv. Interpretar *alguien* las cosas con doble sentido.
   ii. *PR.* Captar *alguien* la intención de un dicho, frase o palabra. pop + cult → espon.

h⁴. ‖ ~ **por la sombrita.** loc. verb. *PR.* Tener *una persona* cuidado con *alguien* o *algo*. pop + cult → espon.

i⁴. ‖ **~ querencia.** loc. verb. *PR.* Simpatizar con alguien. pop + cult → espon.

j⁴. ‖ **~ recorte.** loc. verb. *Cu.* Tomar a alguien como ejemplo a imitar.

k⁴. ‖ **~ suave.**
  i. loc. verb. *Pa, RD, PR.* No apresurarse o no enfadarse. pop + cult → espon.
  ii. *PR.* juv. Coger *alguien* las cosas poco a poco.

l⁴. ‖ **~ su cachachá.** loc. verb. *Ve:C.* Marcharse *alguien* de un sitio apresuradamente. pop.

m⁴. ‖ **~ tema.** *Ni.* **agarrar idea.**

n⁴. ‖ **~ toto.** loc. verb. *RD.* Poseer sexualmente. vulg.

ñ⁴. ‖ **~ un aire.**
  i. loc. verb. *Ve.* Sufrir una alteración muscular en la cara.
  ii. *CR, Cu, RD.* Sufrir un dolor muscular en alguna parte del cuerpo.
  iii. *RD.* Entumecerse algún miembro del cuerpo.
  iv. *RD.* Contraer un resfriado.

o⁴. ‖ **~ un buche.**
  i. loc. verb. *PR.* Callarse *una persona*.
  ii. *PR.* Mandar *una persona* callar a otra.

p⁴. ‖ **~ un calentón.** loc. verb. *PR.* Hacer *una persona* el amor con otra.

q⁴. ‖ **~ un cinco.** loc. verb. *Pa, Cu.* Descansar por un momento, para luego continuar el trabajo. ♦ **echar un cinco.**

r⁴. ‖ **~ un diez.** loc. verb. *Cu.* Descansar *alguien* de una actividad. pop + cult → espon.

s⁴. ‖ **~ un güiro.** loc. verb. *RD.* Descubrir algo revelador de unas ocultas relaciones amorosas.

t⁴. ‖ **~ un insulto.** loc. verb. *Cu.* Irritarse, encolerizarse. ♦ **coger una insultada.**

u⁴. ‖ **~ un mono.** loc. verb. *Pa.* Dormir una siesta.

v⁴. ‖ **~ un pinche.** loc. verb. *PR.* Quedar *alguien* preso.

w⁴. ‖ **~ un siguivete.** loc. verb. *PR.* Recibir *alguien* una sentencia de diez años o más. carc.

x⁴. ‖ **~ una insultada.** *Cu.* coger un insulto.

y⁴. ‖ **~ una jalaíta.** loc. verb. *PR.* Fumar *alguien* un cigarrillo de marihuana. drog.

z⁴. ‖ **~ una pelona.** loc. verb. *PR.* Recibir *alguien* cadena perpetua. carc.

a⁵. ‖ **~ un parguito.** loc. verb. *PR.* Salir una prostituta a buscar clientes. prost.

b⁵. ‖ **~ veleta.** loc. verb. *Cu.* Irse a pasear o vagabundear.

c⁵. ‖ **~ zafra.** loc. verb. *Ho, Ni.* Emborracharse por varios días. pop.

d⁵. ‖ **~se de las mechas.** *Co, Ve, Pe.* **agarrarse de las greñas.**

e⁵. ‖ **~se el culo con la puerta.** loc. verb. *Cu.* Obtener *alguien* un resultado opuesto al que pretendía.

f⁵. ‖ **~se el mandado.** loc. verb. *Ni.* Abusar de la confianza de alguien. pop + cult → espon.

g⁵. ‖ **~se un guayo.** loc. verb. *PR.* Emborracharse.

■

a. ‖ **coge *free!*** (Voz inglesa). loc. interj. *PR,* juv. Expresa la orden de que alguien se vaya del lugar.

b. ‖ **cógelo *easy!*** (Voz inglesa). loc. interj. *PR,* juv. Expresa consejo de tomar algo con calma.

cogezón.
  I. 1. m. *ES.* Realización frecuente del coito. tabú.

cogible.
  I. 1. adj. *Mx, Ho, ES. Referido a persona*, que está bien para realizar el coito. vulg.

cogida.
  I. 1. f. *Mx, Ho, ES, Ni, CR, Ar, Ur.* Realización del coito. vulg.
  II. 1. *Ho, Ni, CR.* Reprobación de un examen, asignatura o curso. est; vulg.
  III. 1. f. *Ni, Cu, RD, PR.* En el *beisbol*, captura de la pelota lanzada por un **batazo**.

IV. 1. f. pl. *CR.* Recolección de café.
  2. *CR.* Época del año en que se realiza la recolección del café.
V. 1. f. *PR.* Ardid, engaño. pop + cult → espon.
□
  a. ‖ **~ de chancho.** loc. sust. *CR.* Engaño que se le hace a alguien gastándole una broma. pop + cult → espon ^ fest. ♦ **cogida de maje.**
  b. ‖ **~ de maje.** *CR.* **cogida de chancho.**
  ▶ **dar una ~ de cuello; estar ~.**

cogido.
■
  a. ‖ **los ~s.** m. pl. *Cu.* Juego infantil en el que uno de los participantes trata de coger a los otros, que huyen corriendo. (**los agarrados**).

cogido, -a.
  I. 1. adj. *Mx, Ho, ES, Ni, Py, Ur. Referido a persona*, que ha realizado el coito. vulg.
  II. 1. adj. *Cu.* juv. *Referido a persona*, apresurada. (**cogío**).
  2. *Cu.* juv. *Referido a persona*, que tiene problemas que resolver. (**cogió**).
  III. 1. adj. *Cu, PR.* metáf. *Referido a persona*, enamorada y correspondida. pop + cult → espon. (**cogío**).
  2. *PR. Referido a persona*, que ha alcanzado lo que ambicionaba. pop + cult → espon.

cogienda.
  I. 1. f. *Co, Ve.* Operación de recoger los frutos de la tierra.

cogío, -a.
  I. 1. *Cu.* **cogido**, apresurado.
  2. *Cu.* **cogido**, que tiene problemas pendientes.
  II. 1. *Cu, PR.* **cogido**, enamorado.

cogioca.
  I. 1. f. *RD.* Comisión ilícita.
  2. *RD.* Despilfarro, robo.
  3. *PR.* Negociación oculta para conseguir lo que no se espera lograr por medios regulares.

cogión, -na.
  I. 1. m. y f. *Ho, ES.* Persona que realiza frecuentemente el coito. vulg.

cogiona.
  I. 1. f. *Ho.* Prostituta.

cogioquero, -a.
  I. 1. adj/sust. *PR. Referido a persona*, tramposa, sablista, que admite sobornos. pop + cult → espon.

cogite.
  I. 1. *PR.* **cohitre.**

cogitre.
  I. 1. *PR.* **cohitre.**

cógnito.
  I. 1. m-f. *Ni.* Abogado o representante legal. cult.

cogollero.
  I. 1. m. *Ho, Ni, Co, Ve.* Insecto lepidóptero de hasta 50 mm de longitud, de color gris con marcas negras en las alas anteriores y blanco con un manchón gris o café en las alas posteriores; la larva ataca a los cultivos. (Noctuidae; *Heliothis* spp.). (**gusano cogollero**).
  2. sust/adj. *Pe.* Larva de la palomilla nocturna *que ataca principalmente los cultivos de maíz, sorgo y arroz.* (Noctuidae; *Spodoptera frugiperda*). (**gusano cogollero**).

cogollismo.
  I. 1. m. *Ve.* Gobierno de una empresa o institución de acuerdo con las decisiones del grupo dirigente.

cogollo.
  I. 1. m. *Ar:NO.* Serie de primeros sorbos de **chicha** que se toman al destapar la tinaja.

2. *Pe.* **Chicha** de la mejor calidad, libre de residuos de maíz germinado.

3. *Pe.* Vaso de cristal de un litro y medio de capacidad donde se sirve **chicha**.

II. 1. m. *Ch, Ar:NO,O.* Copla que se agrega al final de una composición más larga, con el fin de alabar, censurar o burlarse de manera picaresca de una persona, o bien, para enviar mensajes amorosos al objeto de su amor.

III. 1. m. *Ch.* Marihuana. drog.

2. *Ch.* Colilla o parte final de un cigarrillo de droga, *especialmente de marihuana.* drog.

IV. 1. m. *RD, PR.* juv. Parte alta de la copa de cualquier árbol. (**coollo**).

2. *PR.* Punta de la caña de azúcar, que cuando está verde sirve de alimento al ganado. rur. ♦ **rama**.

3. *PR.* Conjunto de hojas rectas y finas que se elevan sobre la copa de la palma. (**coollo**). ♦ **renuevo**.

4. *PR.* **moña de la piña**.

V. 1. m. *Ve.* Sombrero de ala ancha tejido con las hojas tiernas de algunas palmeras; *lo usan generalmente los campesinos para protegerse del sol.*

VI. 1. m. *Ve.* Grupo de personas que dirigen y controlan una institución, *especialmente un partido político.*

▶ **comenzar a gatear por el ~**.

cogollo, -a.
I. 1. adj. *PR.* juv. *Referido a persona*, fastidiosa, molesta, impertinente.

cogotada.
I. 1. f. *PR.* Gran bofetada.

cogote.
I. 1. m. *CR, Pe, Bo, Ch, Ur.* Cuello, parte que une el tronco con la cabeza. pop + cult → espon.

2. *Gu, Ni.* Garganta.

3. *Ch.* metáf. Cuello, parte superior más estrecha de una botella o vasija.

■

a. ‖ **~ de suri.** m. *Ar:NO.* Planta cultivada fundamentalmente como ornamento; su fruto se usa en la preparación de arropes. (Cactaceae; *Cleistocactus smaragdiflorus*).

□

a. ‖ **~ de almeja.** loc. sust. *Ch.* Persona de cuello corto o a la que no se le ve por su gordura. pop + cult → espon ^ fest.

b. ‖ **~ pelado.** loc. sust/adj. *Ch, Ur.* Ave, *especialmente una gallina*, que tiene el cuello sin plumas. pop.

c. ‖ **hasta el ~.** loc. adv/adj. *Ni, Ve, Ch.* En situación de hartura o cansancio total. pop + cult → espon ^ fest.

▶ **apretar el ~**; **coger por el ~**.

cogoteada.
I. 1. f. *Pe, Ar:NO.* Zarandeo de una persona a la que se sujeta con la mano por el cuello. pop.

II. 1. f. *Ar:NO.* Recorrido o paseo largo y pesado. pop.

cogotear.
I. 1. tr. *Pe, Bo, Ch.* Asaltar con violencia a *alguien* para robarle. pop + cult → espon.

2. *Ch.* Hacer que *alguien* pague más dinero por algo aprovechándose de una situación de poder, fuerza o privilegio. pop + cult → espon.

II. 1. tr. *Ar:NO.* Agarrar a *alguien* por la parte posterior del cuello y zarandearlo. pop.

2. *Bo.* Golpear a *alguien* en la nuca con la palma de la mano abierta. pop.

III. 1. intr. *Ar:NO.* Caminar prolongadamente. pop.

cogoteo.
I. 1. m. *Pe, Bo, Ch.* Asalto con violencia para robar. pop + cult → espon.

2. *Ch.* Exceso o abuso que se impone a alguien aprovechándose de una situación favorable. pop + cult → espon.

cogotera.
I. 1. f. *Cu.* Callosidad que se le forma a los bueyes en el pescuezo por el roce del yugo.

cogotero.
I. 1. *Bo.* **acogotador**.

cogotero, -a.
I. 1. sust/adj. *Pe, Bo, Ch.* Delincuente que roba a sus víctimas con violencia. pop + cult → espon.

cogotudo, -a.
I. 1. sust/adj. *Pe, Bo, Ar, Ur.* Persona adinerada que se comporta con soberbia y arrogancia. pop ^ desp.

2. m. y f. *RD.* Persona que se ha enriquecido bruscamente y que hace ostentación de su dinero. pop + cult → espon ^ desp.

II. 1. adj. *Ar:NO.* Terco u obstinado. pop.

III. 1. adj. *Ch, Ur. Referido a persona o animal*, que tiene el cuello largo. pop + cult → espon ^ fest.

cóguil. (Del mapuche).
I. 1. m. *Ch.* **coguilera**.

2. *Ch.* Fruto del cóguil o **coguilera**.

coguilera.
I. 1. f. *Ch.* Planta leñosa trepadora de hojas compuestas trifoliadas y flores violáceas muy oscuras. (Lardizabalaceae; *Lardizabala biternata*). ♦ **cóguil**.

cogullita.
I. 1. f. *Ve:O.* Cosquillas. pop.

coherenciar.
I. 1. tr. *Ch.* p.u. Dar coherencia a *algo*, *especialmente a un argumento*. cult.

cohetazo.
I. 1. m. *Ho, ES, Ar.* Disparo de bala. (**cuetazo**).

2. *PR, Ar.* Explosión muy fuerte de un artefacto.

□

a. ‖ **en dos ~s.** loc. adv. *Ho.* En un momento, inmediatamente, con mucha rapidez. pop.

cohete.
I. 1. *Mx, Ho, ES.* **cuete**, pistola. pop.

2. *Mx, Gu.* Cartucho de dinamita.

3. *Mx.* Agujero lleno de materia explosiva.

II. 1. m. *Mx, Ur.* Borrachera.

III. 1. m. *Mx, Ur.* Enredo, lío, problema.

IV. 1. m. *Cu, Ar, Ur.* Ventosidad que se expele del vientre por el ano. euf.

V. 1. m. *Ar, Ur.* Cigarrillo de marihuana. drog; pop.

2. *Bo.* Cigarrillo preparado con sulfato base de cocaína. drog.

VI. 1. m. *Ho, Cu.* Prostituta.

VII. 1. m. *ES, Ni.* Pene. vulg.

VIII. 1. m. pl. *RD.* Pesos, dinero.

■

a. ‖ **~ de vara.** m. *Ho, ES.* Variedad de artificio pirotécnico que se halla en un extremo de una caña o vara y que, al encenderse, sube verticalmente y explota.

□

a. ‖ **al ~**.
i. loc. adv. *Bo, Py, Ar, Ur.* Inútilmente, en vano. pop. ♦ **al divino cohete**.
ii. loc. adj. *Pe. Referido a una prenda de vestir*, muy ajustada.

b. ‖ **al divino ~.** *Ar.* **al cohete**, inútilmente.

c. ‖ **~ explotado.** *RD, PR.* **cohete quemado**, prostituta vieja.

d. ‖ **~ quemado.**
i. loc. sust. *Ve.* Hombre casado. pop ^ fest.
ii. *Ho.* Persona desprestigiada.
iii. *PR.* Prostituta vieja. prost. ♦ **cohete explotado**.

e. ‖ **~ tirado.** loc. sust. *RD.* Persona sin ningún valor.

f. ‖ **como ~.**
  i. loc. adv. *Mx, Bo, Py.* Rápidamente.
  ii. *Cu.* Muy bien.
g. ‖ **como vara de ~.** loc. adj. *Ho, ES.* Referido a persona o cosa, derecha, directa, recta. pop.
h. ‖ **de ~.** loc. adv. *Ho.* Rápidamente. pop.
i. ‖ **hecho un ~.** loc. adj/adv. *Ho, ES, Ni, Cu, Pe.* Rápido. pop.
▶ **no volar ni con ~.**

cohetear(se).
  I. 1. tr. *Cu.* Inducir, presionar a hacer algo.
  2. intr. prnl. *Cu.* Reaccionar *alguien* ante la presión de una persona.
  3. tr. *Cu.* Molestar a *alguien.*
  4. intr. prnl. *Cu.* Molestarse *alguien.*
  II. 1. tr. *Ho, ES.* Disparar un tiro a *alguien.* (**cuetear**).

cohetillo.
  I. 1. m. *Bo.* Petardo pequeño que consiste en un conjunto de tubitos rellenos de pólvora y con una mecha en la punta, que está sujeta a otra mecha más gruesa, larga y trenzada; al encender la mecha gruesa, esta activa, sucesivamente, las mechas de todos los tubos pequeños, que explotan en cadena.
  2. *Bo.* metáf. Niño muy travieso. pop + cult → espon.
  II. 1. m. *Bo.* Cigarrillo preparado con sulfato base de cocaína. drog.

cohibá.
  I. 1. *PR.* **cohobo**, planta.

cohitre.
  I. 1. *PR.* **balancín**, planta herbácea. (**cogite**; **cogitre**; **cojitre**; **coítre**).

■

  a. ‖ **~ azul.** m. *PR.* Variedad de cohitre caracterizada por sus flores de color azul intenso. (Commelinaceae; *Commelina elegans*).
  b. ‖ **~ blanco.** m. *PR.* Variedad de cohitre caracterizada por sus flores de color blanquecino. (Commelinaceae; *Commelina zanonia*).
  c. ‖ **~ enano.** m. *PR.* Variedad de cohitre caracterizada por sus tallos, primero erguidos o rastreros y luego colgantes. (Commelinaceae; *Callisia repens*).
  d. ‖ **~ morado.** m. *PR.* Variedad de cohitre caracterizada por una roseta basal de hojas carnosas, con el envés verdoso y los márgenes del haz de intenso color púrpura. (Commelinaceae; *Callisia monandra*).

cohoba.
  I. 1. f. *RD.* **cojoba**, árbol de hasta 15 m.
  2. *RD.* **cojoba**, **yopo**.

cohobillo.
  I. 1. *PR.* **cohobo**, planta.

cohobo.
  I. 1. *RD.* **cobo**, caracol marino.
  2. m. *PR.* Planta herbácea perenne de más de 1 m de altura, de tallo erecto y hojas grandes alternas, de color verde pálido, que despiden un olor ligeramente acre debido a la nicotina; tiene flores verde-amarillentas o rosadas y fruto capsular; de sus hojas se extrae la mayor parte del tabaco consumido hoy en el mundo. (Solanaceae; *Nicotiana tabacum*). (**cohibá**; **cohobillo**; **cojibá**; **cojioba**).

coicha.
  I. 1. f. *RD.* Sábana rameada que se usa sobre el colchón.

coicopihue.
  I. 1. *Ch.* **copihue**, arbusto.
  2. *Ch.* **copihue**, flor.

coicoy.
  I. 1. m. *Ve:O. En la tradición popular,* ave fantástica que habita en los despeñaderos de las sierras, lanza fuego por las fosas nasales y encanta a quien la mira.

  2. *Ch.* Sapo pequeño que tiene en la espalda cuatro protuberancias a manera de ojos. (Leptodactylidae; *Pleurodema thaul*). ♦ **sapo de cuatro ojos.**

coifa.
  I. 1. f. *Ho.* Hombre homosexual. vulg; desp.

coigüe.
  I. 1. *Ch, Ar.* **coihué**, árbol.
  2. *Ar.* **coihué**, madera.

coigüilla.
  I. 1. f. *Ch.* Renacuajo del **coicoy** o **sapo de cuatro ojos**. pop.

coihue. (Del map. *koiwe*).
  I. 1. *Ch, Ar.* **coihué**, árbol.
  2. *Ar.* **coihué**, madera.
  3. *Ch.* Hongo de hasta 30 cm de diámetro, con la parte superior muy suave y porosa y de sabor ácido, cuya parte inferior es más consistente y menos ácida; se usa en la medicina popular. (Poliporaceae; *Polyporus senex*).

coihué. (Del map. *koiwe*).
  I. 1. m. *Pe, Ch, Ar.* Árbol de hasta 40 m de altura, de copa ovoide, follaje denso y hojas persistentes; su corteza en infusión tiene propiedades medicinales. (Fagaceae; *Nothofagus dombeyi*). (**coigüe**; **coihue**; **coíhue**).
  2. *Ar.* Madera del coihué, homogénea, de veteado suave y muy apreciada en carpintería. (**coigüe**; **coihue**; **coíhue**).

coíhue. (Del map. *koiwe*).
  I. 1. *Ar.* **coihué**, árbol.
  2. *Ar.* **coihué**, madera.

coima.
  I. 1. f. *Mx, Ho, Ni, CR, Pa, Ec, Ch, Py; Pe, Ar, Ur,* pop; *Co:SO,* p.u; *Bo,* pop + cult → espon. Dinero o regalo con que se soborna.
  II. 1. f. *Co:C.* p.u. Empleada del servicio doméstico. desp.
  III. 1. f. *Ho, Ni. En los juegos de azar,* cantidad o porcentaje de dinero que los jugadores de una mesa entregan al **coime** en cada jugada.
  2. *Cu. En las peleas de gallos,* cantidad de dinero que los jugadores apuestan en una pelea.

coimar.
  I. 1. *Ec:C.* **coimear**, dar dinero.

coime.
  I. 1. m. *Gu, Co.* obsol. **mesero**, empleado.
  II. 1. m. *Ho, Ni, Ve. En el juego del billar,* persona encargada de anotar los puntos que hace cada jugador.
  2. *Ho, Ni. En los juegos de azar,* dueño del negocio que tira los dados y cobra la **casa** al que gana.

coime, -a.
  I. 1. m. y f. *Ho.* Persona inseparable de otra que está a su servicio. pop.

coimeador, -ra.
  I. 1. sust/adj. *Bo, Ur.* Persona acostumbrada a sobornar para obtener beneficios.

coimear.
  I. 1. tr. *Ni, Pa, Pe, Bo, Ch, Py, Ar, Ur.* Dar dinero o regalos a *alguien* para conseguir de él algo ilícitamente. pop + cult → espon. (**coimar**).
  2. intr. *Pe, Bo, Ar, Ur.* Dar o recibir **coima** *una persona.* pop + cult → espon.
  3. *Ho.* Ganar dinero. pop.

coimeo.
  I. 1. m. *Bo, Ch.* Corrupción que se realiza sobre alguien dándole dinero o regalos para obtener un beneficio. pop.

coimero, -a.
  I. 1. sust/adj. *Ni, Pa, Bo, Py; Pe, Ch, Ar, Ur,* pop + cult → espon; *Co:SO,* p.u. Persona que da o recibe una **coima**.

coimío.
  I. 1. *Ch.* **cormorán de las rocas.**

coimisión.
    I. 1. f. *Pe, Bo, Ch, Py, Ar.* Comisión ilícita que se obtiene a modo de **coima** desde un puesto influyente o de poder. pop + cult → espon ^ fest.

coipa.
    I. 1. f. *Ar:NO.* Tierra blanca de los Andes, rica en metales alcalinos, *especialmente potasio y sodio.*
    II. 1. f. *Ch.* Gorro de lana con orejeras *que suelen ponerse los trabajadores.*

coipana.
    I. 1. f. *Ar:NO.* Lugar donde hay **coipa. ♦ coipar.**

coipar.
    I. 1. *Ar:NO.* **coipana.**

coipiadero.
    I. 1. m. *Ar:NO.* Lugar salitroso adonde se lleva el ganado a lamer.

coipo. (Del map. *coipu*).
    I. 1. m. *Ch, Ar.* **nutria,** mamífero (**coipu**).

coipu.
    I. 1. *Ch:S.* **coipo.** rur.

coirón.
    I. 1. m. *Pe, Ch, Ar:O,SO.* Planta xerófila de hasta 50 cm de altura, con hojas duras y punzantes de color verde amarillento. (Poaceae; *Stipa malalhuensis*).

    ■
    a. ‖ ~ **poa.** m. *Ar:C,S.* Planta herbácea perenne, cespitosa, de hasta 20 cm de altura, hojas de color verde oscuro e inflorescencias en panoja con espiguillas verdosas; se utiliza como forraje para el ganado. (Poaceae; *Poa dusenii*).

coironal.
    I. 1. m. *Ch, Ar:O.* Terreno en que abunda el **coirón.**

coítre.
    I. 1. *PR.* **cohitre.**

cojaleco, -a.
    I. 1. sust/adj. *Pa.* Persona que cojea. pop.

cojeo.
    I. 1. *PR.* **cancaneo,** fallo en el motor.

cojibá.
    I. 1. *PR.* **cohobo,** planta.

cojín.
    I. 1. m. *Gu, Ni, Co, Bo.* **almohadilla,** utensilio para borrar.
    II. 1. m. *Ni, Cu, RD, PR, Ve. En el **beisbol,** almohadilla* que marca cada uno de los cuatro ángulos del terreno de juego o **diamante.**
    III. 1. m. *Pe.* Envase plástico flexible y abultado en que se vende un producto líquido, como champú o cera.
    IV. 1. m. *Cu.* Pequeño adorno floral con que se rinde homenaje a un difunto.

cojinillo.
    I. 1. m. *Ur, Ch, Ar,* rur. Manta pequeña de lana o vellón que se coloca sobre la silla de montar para hacerla más blanda.

cojinoba.
    I. 1. *Pe, Ch.* **cojinova,** pez.

cojinova.
    I. 1. f. *Pe, Ch.* Pez marino de cuerpo comprimido, escamas pequeñas, dorso azul grisáceo oscuro y uniforme, con visos plateados en los lados y vientre, y cola ahorquillada abierta; es comestible. (Atherinopsidae; *Odontesthes* spp.). (**cojinoba**).
    II. 1. adj/sust. *Ch. Referido a persona,* que cojea o renquea. pop + cult → espon ^ fest.

cojinúa.
    I. 1. f. *Pa, Cu, RD, PR.* Pez de hasta 60 cm de longitud, de cuerpo ovalado, dorso de color oliváceo o

azul verdoso, lados plateados y vientre con tonalidades rosadas; su carne es muy apreciada. (Carangidae; *Caranx crysos*). (**cojinuda**). ♦ **carbonero; chiví; cojinúa azul; guaymén; güira; sibí.**

    ■
    a. ‖ ~ **amarilla.** f. *Cu, RD.* Pez marino de hasta 50 cm de longitud, con el cuerpo ovalado de color amarillo, excepto la parte superior del lomo que es azul metálico; tiene aletas radiadas y cola ahorquillada abierta; es comestible, aunque puede transmitir la **ciguatera.** (Carangidae; *Carangoides bartholomaei*).
    b. ‖ ~ **azul.** *Cu, RD.* **cojinúa.**
    c. ‖ ~ **negra.** f. *Cu, RD.* Pez marino de hasta 50 cm de longitud, de color gris plateado, con el dorso azul violáceo y una banda negra en la aleta dorsal; es comestible, aunque puede transmitir la **ciguatera.** (Carangidae; *Caranx ruber*). ♦ **civil; cibí carbonero.**

cojinuda.
    I. 1. *PR.* **cojinúa.**

cojioba.
    I. 1. m. *PR.* **cohobo,** planta.

cojitre.
    I. 1. *PR.* **cohitre.**

cojo.
    □
    a. ‖ **a** ~ **pie.** loc. adv. *Ho.* Con un solo pie, agarrándose el otro con una mano. inf.
    ◪
    a. ‖ **el** ~ **le echa la culpa al empedrado.** fr. prov. *Bo, Ch.* Indica que alguien no asume la culpa o responsabilidad de un acto, achacándolo a otros factores o a la mala fortuna. pop + cult → espon.
    ▶ **irse** ~.

cojoba.
    I. 1. m. *RD, PR.* Árbol de hasta 15 m de altura, de follaje verde luminoso, hojas compuestas, flores blancas y fruto leguminoso con semillas elípticas; su madera, de color rojo oscuro, se utiliza en ebanistería y en la construcción. (Fabaceae; *Pithecellobium arboreum*). (**cohoba**). ♦ **tamarindillo.**
    2. *RD.* **yopo.** (**cohoba; cojobo**).

cojobanal.
    I. 1. m. *PR.* Bosque de **cojobas.**

cojobeo.
    I. 1. *PR.* **jurel ojón.**

cojobillo.
    I. 1. f. *PR.* Arbusto perenne de hasta 3 m de altura, con hojas bipinnadas, flores blancas fragantes y fruto en vaina. (Fabaceae; *Calliandra portoricensis*).

cojobo.
    I. 1. m. *PR.* **cojoba, yopo.**

cojolita.
    I. 1. *Gu.* **cojolite.**

cojolite.
    I. 1. m. *Mx.* Ave de hasta 91 cm de longitud, de plumaje pardo grisáceo oscuro con bordes blancos, área alrededor de los ojos desnuda y de color azul, garganta ancha y roja, pico negro brillante, patas rojas y, en los machos, copete gris desarrollado a manera de cresta. (Cracidae; *Penelope purpurascens*). (**cojolita**). ♦ **pacharaca; pava; pava crestada; pava granadera.**

cojollito.
    I. 1. m. *RD.* Persona distinguida.

cojollo.
    I. 1. m. *Ho, ES, Ni, CR.* Cogollo.
    II. 1. m. *RD.* Copa de un árbol.

¡cojollo!
    I. 1. interj. *Cu, RD.* Expresa contrariedad o disgusto. euf.

cojón.
   I. 1. m. *Ch.* Ave de hasta 23 cm de longitud, con la cabeza, el cuello trasero, el dorso, las alas supracaudales y la cola parduzcos con plumas ribeteadas de ocre, que le dan una apariencia parecida a la de la perdiz, la frente gris azulada, alas negruzcas con bordes claros, pico pardo, patas amarillentas; la hembra tiene un color ribeteado más uniforme. (Thinocoridae; *Thinocorus orbignyanus*). ♦ **cojón corralero; perdicita cojón.**

   ●
   a. ‖ **el ~ divino.** fórm. *Cu.* Se usa al final de una enumeración para marcar su carácter sorprendente.

   ■
   a. ‖ **~ corralero.** *Ch.* cojón.
   b. ‖ **~ de burro.** *Ho.* **chilindrón.**
   c. ‖ **~ de caballo.** m. *Gu.* Árbol de hasta 5 m de altura, de tronco ramificado, corteza grisácea, ramas con lenticelas blancas, hojas simples y opuestas, elípticas, flores amarillas con sépalos en forma de hojitas y fruto en folículos pares y globosos, de color verde que amarillea al madurar; desprende una sustancia de tipo lechoso. (Apocynaceae; *Stemmadenia grandiflora*). ♦ **lechugo; venenillo.**
   d. ‖ **~ de mico.** *Ho.* **chilindrón.**
   e. ‖ **~ de puerco.** *ES.* **utzupec.**
   f. ‖ **~ del diablo.** m. *Pe.* Planta herbácea de hojas dentadas, flores blancas, y fruto ovoide con púas. (Solanaceae; *Datura* spp.).

   □
   a. ‖ **con cojones.** loc. adv. *Cu.* Mucho. pop.
   b. ‖ **de a cojones.** loc. adv. *Cu.* A la fuerza, sin razón. pop.

   ▶ **echar ~es; oler a ~ de oso.**

cojonal.
   I. 1. *Cu.* **carajal.**
   2. adv. *Cu.* Mucho.

cojonera.
   I. 1. f. *Ve.* Inflamación de los testículos.
   II. 1. f. *Cu.* Gran cantidad de insultos. tabú.

cojonudo, -a.
   I. 1. adj. *Cu, PR. Referido a persona*, que exige a los demás que le sirvan sin merecerlo. vulg; pop + cult → espon.

cojosa.
   I. 1. f. *Co.* Leche fermentada.

cojudear(se).
   I. 1. tr. *Pe.* Engañar a *alguien*, burlarse de él. pop + cult → espon.
   2. *Pe.* Gastar bromas a *alguien*. pop + cult → espon.
   II. 1. tr. *Bo.* Causar hartazgo o molestias a *alguien*. tabú.
   III. 1. intr. prnl. *Bo.* Perder *alguien* su tiempo. tabú.
   IV. 1. intr. prnl. *Bo.* Actuar *alguien* con ingenuidad y torpeza. tabú.

cojudez.
   I. 1. f. *Ec, Pe, Ch,* pop + cult → espon; *Bo,* tabú. Cosa tonta o idiota.
   2. *Pe.* Cosa de poco valor, insignificante. pop.

cojudeza.
   I. 1. f. *Bo.* Hecho o dicho absurdo. vulg.

cojudito.
   I. 1. m. *Pe:N.* Recipiente pequeño de boca amplia usado para extraer una pequeña cantidad de **chicha** para probarla.

cojudizado.
   I. 1. adj. *Bo. Referido a un hombre*, aturdido por la ingestión de bebidas alcohólicas.

cojudo.
   I. 1. m. *Ar, Ur.* Caballo semental. rur.

   2. *Gu, ES, Ur.* Cerdo macho sin capar, *especialmente si es semental*. rur.
   II. 1. m. *ES.* Hombre con poder, jefe.
   ●
   a. ‖ **~.** fórm. *Bo.* Se usa como forma de tratamiento entre varones. tabú.
   ▶ **hacerse el ~.**

cojudo, -a.
   I. 1. adj/sust. *Ec, Pe, Ar,* pop + cult → espon; *Bo,* tabú. *Referido a persona*, boba, tonta.
   2. adj. *Pe,* pop + cult → espon; *Bo,* tabú. Propio de la persona cojuda.
   II. 1. adj. *Ar, Ur.* Valiente, intrépido. vulg.

col.
   I. 1. m. *Gu.* Parte inferior de una calabaza que se emplea como vasija para depositar alimentos.
   ▶ **irse de ~es; pasar de ~es a nabos.**

cola.
   I. 1. f. *Ni, RD, Co, Py, Ar, Ur, Mx, ES, CR, Py,* euf; *PR, Bo,* cult → espon ∧ fest. Trasero, nalgas. pop. ♦ **papaya.**
   II. 1. f. *Mx.* Muchacha, mujer joven. pop ∧ fest.
   III. 1. *Gu, ES, Ni, Bo, Py, Ar:NO.* metáf. Persona que sigue o acompaña a otras personas.
   IV. 1. f. pl. *Ar.* En cinematografía, fragmentos seleccionados de una película que se proyectan antes de su estreno para promocionarla.
   V. 1. f. *ES, RD, Ec.* Refresco gaseoso de sabor y color artificiales, producido industrialmente.
   2. *Ve.* Bebida gaseosa industrializada de color rosado, con sabor artificial a fresa o a frambuesa.
   VI. 1. f. *Ve.* Traslado gratuito de una persona en cualquier medio de transporte.
   VII. 1. f. *Ho, ES, Ni, CR.* Anillo elástico, *generalmente con un adorno*, usado por las mujeres para sujetar el pelo.
   VIII. 1. f. *Ch.* Resto o parte final de una cosa, *especialmente de un cigarro*.
   IX. 1. m. *Ch.* Hombre homosexual. pop + cult → espon.
   X. 1. f. pl. *Ec.* Propina. pop + cult → espon.
   XI. 1. f. *Bo:C,O.* Prostituta. tabú; pop + cult → espon ∧ desp.
   XII. 1. f. *PR.* Corona de la piña.
   2. *PR.* Hoja verde de la parte superior de la caña que no contiene azúcar; cortada la caña, se deja sobre el terreno para abono o alimento de las reses.
   XIII. 1. f. *RD.* Plataforma sobre la que se coloca el contenedor utilizado en los transportes marítimos, para, una vez enganchada al **cabezote** de camión, transportar estos contenedores por tierra hasta su destino. ♦ **chasis.**

   ●
   a. ‖ **¡vamos a estar aquí (y no en la ~ del pan)!** fórm. *Cu.* Se usa para advertir a una persona que debe prestar más atención a lo que está haciendo.

   ■
   a. ‖ **~ de alacrán.** f. *Ho, ES.* **rabo de gallo,** planta.
   b. ‖ **~ de ardilla.** f. *Gu.* **plumajillo.**
   c. ‖ **~ de caballo.** f. *Gu, Ho, ES, Ni, Pe, Bo, Ur.* Planta herbácea de hasta 5 m de altura, de tallos sencillos y ramosos, con rizomas largos, hojas que forman vainas cilíndricas sobre los nudos de los tallos, con muchas hojuelas lineales, y frutos en espiga negra; tiene múltiples usos en la medicina tradicional. (Equisetaceae; *Equisetum giganteum*). ♦ **barba de jolote.**
   d. ‖ **~ de chancho.**
     i. f. *Ch.* Antena de aparatos de radio con forma helicoidal. pop.
     ii. *Ch.* Cable telefónico en espiral. pop.
     iii. *Ch.* Herramienta que sirve para sacar pernos rotos, *especialmente en un vehículo*. pop.
   e. ‖ **~ de escorpión.** f. *PR.* **rabo de gallo,** planta.

f. ‖ **~ de gallo.** f. *Ho, Ni, Ve.* Machete ancho en forma de sable largo con la punta de la hoja aguda y curva hacia arriba.

g. ‖ **~ de macho.** f. *Gu.* Peinado en el que se recoge todo el pelo hacia atrás con una goma.

h. ‖ **~ de mono.** f. *Ch.* Licor hecho con aguardiente, leche, café y especias; se consume preferentemente en Navidad.

i. ‖ **~ de paja.** f. *Ch.* Ave insectívora de 24 cm de longitud, de color rojizo por encima, alas grises oscuras, capucha bermeja, con dos plumas en la cola más largas que todo el cuerpo. (Furnariidae; *Sylviorthorhynchus desmursii*). ♦ **colilarga.**

j. ‖ **~ de paloma.** f. *RD.* **croto,** arbusto.

k. ‖ **~ de pato.**
   i. f. *Mx.* Pieza con forma de trapecio que se usa para unir tablas de madera que forman esquina.
   ii. *Ho, ES, Ni, CR.* En un automóvil, especie de aleta que se coloca sobre la parte trasera de la carrocería, *generalmente con fines aerodinámicos o decorativos.*
   iii. *Cu.* Sección trasera de un automóvil, *especialmente la de algunos modelos estadounidenses antiguos,* que soporta los focos en forma de picos elevados.
   iv. *Ho. En la guitarra y otros instrumentos musicales de cuerda,* pieza de madera opuesta a las clavijas, en la que se atan las cuerdas del instrumento.

l. ‖ **~ de quetzal.** f. *Gu.* Helecho de hasta 2,5 m de longitud, de frondas alargadas, con pinnas alternas de forma triangular y levemente serradas. (Lomariopsidaceae; *Nephrolepis exaltata*).

m. ‖ **~ de quirquincho.** f. *Ar:C,NO.* Planta perenne de tallos subterráneos, hojas en forma de escamas y frutos dispuestos en la extremidad de las ramas; la infusión de sus hojas se utiliza como afrodisíaco. (Lycopodiaceae; *Lycopodium saururus*). ♦ **pilliján.**

n. ‖ **~ fría.** f. *Ch, Ur.* Pegamento líquido y viscoso elaborado a partir de resina sintética.

ñ. ‖ **siete colas.** f. *Ch.* Ave de hasta 16 cm de longitud, corona y nuca pardo oscuro con líneas café claro, resto del cuerpo de color blanquecino, alas negruzcas, con borde externo rojo claro y cola negra. (Furnariidae; *Leptasthenura aegithaloides*). ♦ **tijeral; tijereta.**

□

a. ‖ **~ alegre.** loc. sust. *Ho, Ni.* Hombre que tiene relaciones sexuales con varias mujeres. pop.

b. ‖ **~ de chancho.** loc. sust. *Ch.* Persona que se comporta de manera incorrecta, artera o traidora. pop ^ desp.

c. ‖ **~ de paja.** loc. sust. *Pe, Bo, Py; Ar, Ur,* pop. Remordimiento.

d. ‖ **~ del diablo.** loc. sust. *ES, Bo.* Niño muy travieso. pop.

e. ‖ **con ~.** loc. adj. *Ch. Referido a un político o a un candidato,* derrotado en una votación o elección. pop + cult → espon ^ fest.

f. ‖ **con la ~ entre las piernas.** loc. adv. *Pe, Bo, Ur.* Con vergüenza y humillación. pop.

g. ‖ **de ~ grande.** loc. adj. *Ho. Referido a un hombre,* que tiene relaciones sexuales con varias mujeres. pop.

h. ‖ **en la ~ de un venado.** loc. adv. *CR.* De realización muy poco probable. pop.

i. ‖ **en la ~ del venado.** loc. adj. *Ho. Referido a cosa o asunto,* imposible o muy difícil de obtener o realizar. pop.

▶ **aflojarse la ~; coger ~; cortar la ~; echar ~ de mico; estar con la ~ floja; estar en ~ de perico; estar en la ~ de un venado; estar en la ~ del sapo; estar más** pelado que la ~ de un tacuacín; **librar la ~; llevar ~; no tener ~ que majar; parar la ~; parecer ~ de macho; pedir ~; pisarse la ~; salirle ~; ser ~ de Judas; tener ~; tener ~ de paja; tener ~ que le pisen; tirar para la ~.**

colablanca.
   I. 1. m-f. *Ni.* Profesional con escasa clientela.

colaceada.
   I. 1. f. *Gu.* Paseo.

colacear.
   I. 1. intr. *Gu.* Pasear.

colachata.
   I. 1. m. *Ur.* p.u. Automóvil de la década de 1950 con la parte trasera muy alargada.

colación.
   I. 1. f. *Ar.* Golosina hecha con una masa liviana, *generalmente ovalada,* que se hornea y recubre con dulce de leche y un baño de azúcar.
   2. *Ec, Ch.* Merienda consistente en sándwiches, golosinas y frutas o el jugo de estas, que los escolares llevan en la **lonchera** o compran en la escuela para tomar al mediodía.
   3. m. *Ho, ES.* Dulce sólido hecho con clara batida de huevo y azúcar, horneados.
   4. f. *Ec.* Dulce sólido que tiene como núcleo un **maní** o un **coco chileno** recubierto con azúcar caramelizado.
   II. 1. f. *Py.* Acto de graduación de escuelas, colegios y universidades.

■

   a. ‖ **~ escolar.** f. *Ec.* Colación que el Gobierno da gratuitamente a los niños de las escuelas públicas.

colaciones.
   I. 1. f. pl. *Co.* Conjunto de galletas dulces de diferentes tipos.

colada.
   I. 1. f. *Co, Ec.* Alimento que se prepara disolviendo harina de maíz en agua o leche caliente con azúcar o sal y cociendo la mezcla resultante hasta que adquiera una consistencia espesa.
   II. 1. f. *RD, Ar, Ur.* Entrada o acceso a una fiesta o espectáculo sin haber sido invitado o sin pagar. pop.
   III. 1. f. *Gu.* Embrollo, trifulca.
   IV. 1. f. *Gu.* Asunto, negocio.
   V. 1. f. *Cu.* Preparación del café.
   VI. 1. *Ho.* Equivocación, error.
   VII. 1. f. *PR.* **chinchorro,** red de pesca montada en pita.

■

   a. ‖ **~ morada.** f. *Ec.* Bebida dulce y de consistencia espesa que se elabora con harina de maíz negro o solamente con la fécula, moras, **mortiños, naranjillas,** piña y **babaco,** *y que se consume especialmente en la época próxima al día de los difuntos.*

▶ **caer en la ~; dar ~; irse en la ~; llevar en la ~; meter en la ~; no ser de la ~.**

coladera.
   I. 1. f. *Mx, Ho, Co, Pe, Bo; Ch,* p.u. Utensilio para colar líquidos.
   2. *Pa, RD.* Utensilio de cocina hecho de tela empleado para colar el café. rur.
   II. 1. f. *Mx, PR, Pe, Ar, Ur; Ch,* p.u. Sumidero, alcantarilla.
   2. f. *Gu, Pe.* Techo por el que se cuela fácilmente el agua.
   III. 1. f. *Pe.* Lugar por el que es fácil introducirse sin visto. pop + cult → espon.
   2. *Cu, Ur.* Entrada o acceso a una fiesta o espectáculo sin haber sido invitado o sin pagar. pop.
   IV. 1. f. *Ho, ES.* Persona que no guarda los secretos.

V. 1. *PR.* **churreta**, diarrea. pop + cult → espon.
VI. 1. f. *Ur.* Fila larga de gente o de vehículos. pop.

coladero.
I. 1. sust/adj. *Pe. En el futbol*, portero al que es fácil meterle goles.

coladero, -a.
I. 1. adj/sust. *Bo. Referido a persona*, que tiene huellas o cicatrices en el rostro ocasionadas por la viruela.

colado.
I. 1. m. *Mx, Ur.* Proceso que consiste en echar cemento sobre un armazón de varillas de hierro para construir un techo.
II. 1. m. *Ch.* Papilla de bebé.

colado, -a.
I. 1. adj/sust. *Mx, Gu, ES, Ni, Ec, Pe, Ch, Py, Ar, Ur. Referido a persona*, que se presenta en un lugar sin haber sido invitada. pop + cult → espon.
2. adj. *ES, PR, Ch, Py, Ur. Referido a persona*, que se pasa al inicio de una cola sin esperar su turno. pop + cult → cspon.

colador.
I. 1. m. *Cu. En la industria azucarera*, malla de bronce que sirve para filtrar el jugo de la caña que se extrae de los molinos.
▶ **estar pasado por el ~.**

colador, -ra.
I. 1. sust/adj. *Bo.* Persona que no guarda el orden en una fila, y aprovecha cualquier circunstancia o descuido para ponerse delante.
2. *Bo.* Persona que aprovecha ciertas circunstancias para sacar beneficio propio. pop + cult → espon ^ fest.

colaless.
I. 1. m. *Ch, Py, Ar, Ur.* Prenda interior femenina que cubre la zona pélvica y por detrás adopta la forma de una cinta estrecha dejando nalgas y caderas al descubierto.

colapís.
I. 1. m. *Pe, Bo. En repostería*, gelatina que se utiliza para cuajar o espesar. (**colapiz**).

colapiz.
I. 1. *Bo.* **colapís.**

colar(se).
I. 1. intr. prnl. *Cu.* Ganarse la confianza de alguien.
2. *Cu.* Conocer bien algo.
II. 1. tr. *Cu, RD.* Hacer café.
III. 1. intr. prnl. *Ho.* Apartar todo lo que estorba para realizar una persona cualquier movimiento. rur.
□
a. ‖ **~se por el hueco de una aguja.** loc. verb. *Cu.* Ser *alguien* muy habilidoso para conseguir lo que se propone. pop.

colateral.
I. 1. m-f. *Ni, Ec. En una transacción bancaria*, aval, garante.
2. sust/adj. *Ho.* Dinero agregado a la nómina por conceptos extraordinarios.

colazo.
I. 1. m. *Ho, ES, Ni, Co, Ve.* Golpe dado con la cola.
2. *Co.* Sacudida de la parte final de un cuerpo largo.
3. *Ho.* Golpe que una persona da a otra con la pierna cuando se bañan.
II. 1. m. *Gu.* Paseo.
2. *ES.* Paseo corto y gratuito en un automóvil.

colazón.
I. 1. m. *Ho, ES.* Hecho de entrar muchas personas a un lugar sin pagar.

colca.
I. 1. f. *Pe.* obsol. Depósito o granero para almacenar frutos y grano.

colcha.
I. 1. f. *Ho, ES, Ni, Cu, Py.* **Cobija** gruesa usada para protegerse del frío. pop.
II. 1. f. *Cu.* Bayeta, paño que se usa para limpiar el piso.
III. 1. f. *Bo.* Conjunto de plantas acuáticas que flotan en la superficie del agua.
●
a. ‖ **tápate con colcha.** fórm. *Cu.* Se usa para expresar que lo que se dirá a continuación será sorprendente.
■
a. ‖ **~ espuma.** f. *RD.* Espuma de poliuretano.

colchón.
I. 1. m. *Cu.* Conjunto de cosas semejantes colocadas unas sobre otras.
II. 1. m. *ES, Ur. Entre bebedores*, alimento que se toma antes de comenzar a beber.
III. 1. *Ho.* **curruchiche.** ♦ **colchonera.**
IV. 1. m. *Ho.* Mantillo de hojas y hierbas secas que permite mantener húmedo un terreno cultivado.
□
a. ‖ **bajo el ~.** loc. adj/adv. *Mx, Ni, Pe, Bo, Ch, Py, Ur. Referido al dinero*, guardado en casa, no invertido. pop + cult → espon.
b. ‖ **~ editorial.** loc. sust. *Cu.* Grupo de obras que están en una editorial y que no se han publicado. cult.

colchonera.
I. 1. adj/sust. *Cu.* Mediadora en amores.
II. 1. f. *Ho.* **colchón**, curruchiche.

colcol.
I. 1. m. *Ar:NO.* Búho, ave nocturna.

cold. (Voz inglesa, *frío,-a*).
■
a. ‖ **~ cream.**
i. f. *EU, Ho, ES, Cu, Ur.* Crema desmaquilladora.
ii. *Cu.* Crema que se usaba para suavizar la piel y el cabello.
b. ‖ **~ cuts.** m. pl. *EU, PR.* Platos fríos, *generalmente fiambres de jamón, pavo o quesos*, servidos en bandeja.
c. ‖ **~ wave.** m. *EU, Cu.* Producto para ondular el cabello.

cole.
I. 1. m. *Ch.* Coletero, goma o aro pequeño con que se recoge o sujeta el pelo, *especialmente de las mujeres*.

coleada.
I. 1. f. *Mx, Ho, Ve, Ur, Ar*, rur. Derribo de una **res** tirándole de la cola.
II. 1. f. *Ve.* Derrape de un vehículo.
III. 1. f. *Ho.* Final de algo.

coleadera.
I. 1. f. *Pa. En la hierra*, derribo de una **res** tirándole de la cola.

coleadero.
I. 1. m. *Mx.* Lugar donde se **colea** a una **res.**

coleado.
I. 1. adj. *Ve. Referido a un vehículo*, que ha patinado hacia un lado, que va sin el control del chofer. pop.
II. 1. adj/sust. *Ve. Referido a un toro*, que está derribado en el suelo después de haberle tirado de la cola.

coleado, -a.
I. 1. adj/sust. *Ve. Referido a persona*, que se ha metido en una fila sin seguir el orden.
2. *Ve. Referido a persona*, que asiste a una fiesta sin haber sido invitada.
3. *Ve. Referido a persona*, que entra en un lugar público sin pagar la entrada.
II. 1. adj/sust. *Ch. Referido a persona, especialmente a un político*, que ha sido derrotado en una elección. pop.

coleador.
    I. 1. m. *Mx, Co, Ve, Ar.* Jinete que, a modo de **competencia**, tira de la cola de una **res** para derribarla en la carrera.
    II. 1. m. *PR. En las peleas de gallos*, **careador**, persona que cuida del gallo durante la pelea.

colear(se).
    I. 1. tr. *Mx, Ho, Co, Ve, Ar, Ur.* Tirar, corriendo a pie o a caballo, de la cola de una **res** para derribarla.
    II. 1. intr. prnl. *Ni, Co, Ve. Referido a un vehículo automotor*, patinar desviándose lateralmente de la dirección que llevaba. pop + cult → espon.
    III. 1. intr. *Ar:NO.* Sacar provecho de los demás, *especialmente para que corran con los gastos de comida, bebida o diversiones.* pop.
    2. intr. prnl. *Ve.* Asistir a una reunión o fiesta sin haber sido invitado. pop + cult → espon.
    IV. 1. intr. prnl. *Ve.* Adelantarse a alguien quitándole el puesto en una fila de personas o de vehículos. pop + cult → espon.
    V. 1. tr. *Ho, PR.* Acercarse *alguien* a una determinada edad, *generalmente avanzada.*
    2. *Ho.* Sobrepasar el precio anterior algún producto.
    VI. 1. tr. *Gu.* Seguir a *alguien* insistentemente.
    VII. 1. intr. prnl. *Bo.* Estimularse *alguien* con drogas u otras sustancias alucinógenas. (**kolear**).
    VIII. 1. tr. *PR.* Preparar *alguien* los gallos para la pelea.
    2. *PR.* Probar *alguien* los gallos, tener idea de su forma de pelear.
    IX. 1. tr. *RD.* Enamorar.
    X. 1. tr. *CR.* Ayudar *una persona* a otra a cargar sobre los hombros un saco. pop.

    □
    a. ‖ ~ **la parada.**
      i. loc. verb. *Ve. En los juegos de azar*, quitarle a otro jugador, mediante artimañas, el turno en la jugada.
      ii. *Ve.* Adelantarse a alguien y privarlo de algún beneficio.

coleco-coleco-clueco.
    I. 1. adj. *RD. Referido a persona*, envanecida, orgullosa, muy apegada de sí misma.

colectivero, -a.
    I. 1. m. y f. *Pe, Bo, Py, Ar, Ec,* obsol. Persona que tiene por oficio conducir un autobús.
    2. adj. *Ch, Ar.* Relativo a los colectiveros y al transporte público colectivo.
    3. sust/adj. *Pe, Ch.* Persona que conduce un **colectivo**, taxi con ruta fija.

colectivo.
    I. 1. m. *Mx, Ho, CR, Co, Pe, Ch.* Taxi con ruta fija que recoge varios pasajeros a los que va dejando en su recorrido. ♦ **coleto.**
    2. *Ve, Py, Ar.* Autobús.
    3. *Pe.* Autobús pequeño.
    II. 1. m. *Pe, Ur.* Colecta que se recauda en beneficio de unos recién casados o de quien celebra un aniversario.

colegallo. (De *cola* y *gallo*).
    I. 1. m. *Ho, Ni, Ve.* Machete ancho en forma de sable largo con la punta de la hoja aguda y curva hacia arriba.

colegial.
    I. 1. m. pl. *Cu, PR.* Zapatos bajos de cuero, con cordones, *que usan generalmente los colegiales.*
    II. 1. m. *Ch.* Pájaro que vive a orillas de los ríos y lagunas y tiene hasta 13 cm de longitud; la hembra es de color ceniciento, y el macho, negro y rojo. (Tyrannidae; *Lessonia rufa*).

III. 1. m. *Ch.* Pastel hecho con pan bañado en leche tibia, leche condensada y huevos, acompañado de frutas confitadas, que se corta en pequeños cuadrados.

colegiatura.
    I. 1. f. *Mx, Ho, ES, Ni, Ch. En los colegios privados*, cuota mensual que paga el alumno a su centro educativo.

colegio. (Del ingl. *college*).
    I. 1. m. *PR.* Universidad que no ofrece titulación superior.

    ■
    a. ‖ ~ **fiscal.** m. *Bo.* Institución educativa dependiente del Estado.
    b. ‖ ~ **particular.** m. *Bo.* Institución educativa de carácter privado.

colemico.
    I. 1. f. *Ni. En el **beisbol***, lanzamiento en curva del **pícher.**
    ▶ **hacer la ~.**

colemono.
    I. 1. m. *Ch.* Licor hecho con aguardiente, leche, café y especias; *se consume preferentemente en Navidad.*

coleo.
    I. 1. m. *Ve.* Derribo de una **res**.
    II. 1. m. *PR.* Cogida en la mano de uno de los gallos moviéndolo el **coleador** delante de otro para que se acostumbre a la pelea y poder corregir sus defectos.

colepato.
    I. 1. m. *Pe,* obsol. Taxi con ruta fija que recoge varios pasajeros a los que va dejando en su recorrido.
    II. 1. m. *Ni.* Frac. fest.
    III. 1. m. *Ni.* Parte trasera de un automóvil con alerón.

colera.
    I. 1. f. *Pa.* Niña que en una boda tiene por encargo llevar la cola del vestido de novia.

cólera.
    I. 1. f. *Ho, ES, Ni.* Diarrea.
    2. *Ho:E,O.* Enfermedad animal, *especialmente de aves de corral*, muy contagiosa, causada por un virus que produce merma en la puesta de huevos, hemorragias internas y edemas y, finalmente, la muerte.
    II. 1. f. *RD.* Tela blanca de algodón engomada.

colérico, -a.
    I. 1. sust/adj. *Bo, Ch.* obsol. Joven rebelde de la década de los sesenta que se caracterizaba por una actitud de protesta contra lo establecido manifestada en sus formas de hablar, vestir o de vida llamativas.
    2. adj. *Bo, Ch.* obsol. Relativo a los coléricos de los años sesenta.

colerín.
    I. 1. f. *Gu, Ho, Ni, CR.* Diarrea constante.

colerismo.
    I. 1. m. *Ch.* obsol. Postura ideológica y actitud propia de los **coléricos**.

colero.
    I. 1. m. *Gu.* Vehículo con personas armadas cuyo objetivo es proteger a otro vehículo que le precede, en el que viaja alguien importante.
    II. 1. m. *Ur.* Aro de material elástico que se utiliza para sujetar el cabello.

colero, -a.
    I. 1. adj/sust. *CR, Cu, RD, Co, Ve, Pe, Bo. Referido a un equipo o a un deportista*, que ocupa el último puesto de la clasificación. pop.
    2. sust/adj. *RD.* Persona que se dedica a hacer cola para luego vender su turno.
    3. *Ni, Py.* Persona que es la última en algo.
    II. 1. sust/adj. *Ar:NO.* Persona que come, bebe o se divierte a costa de los demás. desp.
    III. 1. m. y f. *Ch.* Vendedor ocasional que pone un puesto improvisado en la calle los días de feria. pop.

IV. 1. (Del aim. y del quech. *ghulu*, duro). sust/adj. *Bo*. Persona adicta a las drogas u otras sustancias alucinógenas.

coleron.
  I. 1. m. *CR, Pe, Bo, Ar:NO*, pop; *Bo*, pop + cult → espon. Cólera o disgusto.
  2. *Bo:C,O*. Dolencia caracterizada por la súbita elevación de temperatura, dolor de cabeza, inflamación de las vías respiratorias y otros síntomas. pop + cult → espon.

colet. (Del fr. *collet*, cuello de una prenda de vestir).
  I. 1. m. *Ch*. p.u. Red pequeña elástica que se usa para recoger el pelo en la nuca. (**collet**).

coleta.
  I. 1. f. *Ve*. Tejido *por lo común de estopa muy basta*, con que se cubren determinadas cosas para defenderlas del polvo y del agua. (**coleto**). ♦ **coletón**.
  2. *Ve*. Paño que sirve para limpiar o fregar el piso. (**coleto**).
  3. *RD*. Tela fuerte usada para sacos.
  4. *Pa*. Prenda de vestir utilizada por los campesinos, confeccionada con tela gruesa y burda.

coleteada.
  I. 1. f. *Ve*. Abundancia de resultados negativos en un examen. est.

coletear.
  I. 1. tr. *Ve*. Limpiar el piso con el **coleto**.

coletero.
  I. 1. m. *ES*. Peine.

coletilla.
  I. 1. f. *Ho*. Matriz de un talonario o boleto.

coleto.
  I. 1. m. *Ar:NO*. Especie de gabán largo de cuero que se usa para protegerse de ramas, espinas o alimañas al caminar por el monte.
  2. *Ve*. **coleta**, tejido.
  3. *Ve*. **coleta**, paño para limpiar.
  II. 1. *Ch*. **colectivo**, taxi. pop + cult → espon.
  2. *Ec:O*. Autobús. pop + cult → espon.
  III. 1. m. *Ch*. Golpe dado con un dedo o con la mano. pop + cult → espon.
  IV. 1. m. *Ho*. Bolsillo de un pantalón o de una chaqueta.
  V. 1. m. *CR*. Saco o receptáculo hecho de **guangoche**, plástico o manta. rur.

coletón.
  I. 1. m. *Ve*. **coleta**, tejido.

colgada.
  I. 1. f. *Ni, Co*. Retraso en el cumplimiento de algo, *especialmente de un trabajo o de una tarea*.
  II. 1. f. *Bo*. *En el **futbol***, disparo suave y de trayectoria muy curva para marcar un gol, que hace volar el balón por encima del portero.

colgadejo.
  I. 1. *PR*. **colgalejo**.

colgadero.
  I. 1. m. *Ar, Ur*. En la terraza de un edificio de viviendas, lugar donde se tiende la ropa para que se seque.
  2. *Ve, Ur*. Pieza que se utiliza para colgar diversos objetos, *especialmente prendas de vestir*.
  3. *Ve:C*. Cuerda con la que se cuelgan los **chinchorros**.

colgadizo.
  I. 1. m. *Cu, RD*. Techo de una sola agua.
  2. *Cu*. Casa baja con techo de una sola vertiente.
  3. *PR*. Ampliación en la parte trasera de una casa de madera que consiste en una pieza con techo de una sola agua y que suele hacer de cocina.

colgado, -a.
  I. 1. adj. *Mx*. Ridículo, falto de sentido.
  II. 1. adj. *Co, Ar*. *Referido a persona*, retrasada en el cumplimiento de algo, *especialmente de un trabajo o de una tarea*. pop.

III. 1. adj. *Co*. *Referido a persona*, escasa de dinero. pop.
IV. 1. adj/sust. *Ni, RD, PR*. *Referido a estudiante*, **reprobado**, suspendido en un examen. est.

□
  a. ‖ ~ **como ampolleta.** loc. adj. *Ch*. *Referido a persona*, ignorante en un tema o discusión. pop + cult → espon ^ fest.
  b. ‖ ~ **de la brocha.**
    i. loc. adj. *Co*. *Referido a persona*, abandonada, que carece de apoyos.
    ii. *Ch*. *Referido a persona*, despedida de un puesto de trabajo o cesada de un cargo. pop + cult → espon.
  ▶ **quedar ~; quedarse ~ de la brocha.**

colgadora.
  I. 1. f. *Co*. Serpiente venenosa de hasta 1 m de longitud de cabeza triangular, cuerpo fino, cola prensil, escamas supraoculares con dos o tres elevaciones en forma de cuernecitos, y coloración que oscila entre el verde, el pardo y el amarillo; es arborícola. (Viperidae; *Bothrops schlegelii*). ♦ **carretilla**; **cornuda**; **flecha**.

colgaleja.
  I. 1. f. *PR*. **colgandijo**.

colgalejo.
  I. 1. *Cu, PR*. **guindalejo**, colgajo. (**colgadejo**).

colgandejo.
  I. 1. *Co*. **colgandijo**. desp.

colgandijo.
  I. 1. m. *Bo, Ar:NO*. Cosa que cuelga. pop ^ desp. (**colgandejo**). ♦ **colgaleja**.

colgar(se).
  I. 1. intr. prnl. *Mx, Ni, Co, Ar*. Retrasarse en el cumplimiento de algo, *especialmente de un trabajo o de una tarea*.
  2. *Mx, Ni*. Llegar *alguien* tarde.
  II. 1. tr. *Mx*. Distraer a *alguien* para poder robarle. delinc.
  2. *Ch*. Atacar con violencia a *alguien*, *especialmente para robarle*. delinc.
  III. 1. intr. prnl. *Mx, Co, Pe, Ch, Ar, Ur*. Conectarse ilegalmente a una línea eléctrica o telefónica o a una señal televisiva o similar.
  IV. 1. intr. prnl. *Cu, RD, PR, Co*. metáf. Ir mal un estudiante en una asignatura. est.
  2. tr. *Ni, PR*. metáf. Suspender *una persona* a *alguien*, *especialmente un docente a un alumno*. est.
  V. 1. tr. *Pe, Bo*. *En el **futbol***, meter un gol al portero con un disparo bombeado por encima de su cabeza aprovechando que está lejos de la portería.
  2. intr. prnl. *Ch*. *En el **futbol***, dar un gran salto un jugador para golpear el balón *y especialmente el portero para atajarlo*.
  VI. 1. intr. prnl. *Co*. Perder fuerza un vehículo al ascender una cuesta.
  VII. 1. tr. *Ar*. *En un deporte, especialmente en el **futbol***, apartar a un jugador indefinidamente del equipo titular.
  VIII. 1. intr. prnl. *Ch*. Aprovecharse de algo o de alguien que puede resultar beneficioso para hacer o decir algo.

□
  a. ‖ ~ **el sable.** loc. verb. *Cu*. Abandonar una actividad o desistir de un proyecto o empresa. pop.
  b. ‖ ~ **la galleta.** loc. verb. *Ar, Ur*. *En una pareja*, cortar *alguien* la relación sentimental con la otra persona. pop. ♦ **dejar colgado**.
  c. ‖ ~ **la manilla.** loc. verb. *Pa*. Retirarse un jugador del **beisbol**.
  d. ‖ ~ **las botas.** *Ho, Ni*. **colgar los tenis**. fest.
  e. ‖ ~ **las tenis.** *CR*. **colgar los tenis**.

f. ‖ ~ **los botines.**
   i. loc. verb. *Bo; Ar, Ur,* pop. Retirarse *una persona* de una actividad laboral o deportiva.
   ii. *Ar.* Abandonar una actividad o desistir de un proyecto o empresa. pop.

g. ‖ ~ **los cachos.**
   i. loc. verb. *Bo.* Abandonar la práctica de un deporte, *especialmente el futbol.*
   ii. *Bo.* Morir, llegar al término de la vida. pop + cult → espon ^ fest.

h. ‖ ~ **los caites.** loc. verb. *Gu, ES, Ni, Ho.* pop. Morirse *alguien.*

i. ‖ ~ **los chimpunes.** loc. verb. *Pe.* Retirarse *una persona* de una actividad laboral o deportiva.

j. ‖ ~ **los guantes.** *Ni.* **colgar los tenis.** fest.

k. ‖ ~ **los guayos.**
   i. loc. verb. *Co.* Retirarse de la práctica de **futbol.** pop.
   ii. *Co.* **colgar los tenis.** pop.

l. ‖ ~ **los tacos.** loc. verb. *ES, CR.* Retirarse definitivamente de la práctica de **futbol.** pop.

m. ‖ ~ **los tenis.**
   i. loc. verb. *Mx, Gu, Ho, ES, Ni, CR, RD, Co.* Llegar *algo* o *alguien* al término de la vida. pop + cult → espon. (**colgar las tenis**). ♦ **colgar las botas; colgar los guantes; colgar los guayos.**
   ii. *Ho.* Jubilarse *una persona* o abandonar su profesión. pop + cult → espon.

n. ‖ ~**se los guantes.** *Cu, PR.* **colgarse los tenis.**

ñ. ‖ ~**se los tenis.**
   i. loc. verb. *PR.* Abandonar *alguien* una actividad. pop + cult → espon. ♦ **colgarse los guantes.**
   ii. *PR.* Morirse *alguien.* pop + cult → espon. ♦ **colgarse los guantes.**
   iii. *PR.* Colgarse *alguien* en un examen. est. ♦ **colgarse los guantes.**

colgarejo.
   I. 1. m. *ES.* Objeto de poco valor que cuelga de algo o alguien.

colgazón.
   I. 1. f. *Gu.* Enamoramiento intenso, dependencia amorosa de alguien.
   II. 1. m. *Ho.* Hecho de colgar a varias personas o cosas.

colgona.
   I. 1. f. *ES.* Prostituta. desp.

colguije.
   I. 1. m. *ES.* Cadena de mano o collar.
   2. *Ho.* Fleco de algo.

colí.
   I. 1. m. *Co:C.* Sopa que se prepara con **colicero.**

coliblanca.
   I. 1. *Ni, CR.* **yerutí.**

coliblanco.
   I. 1. m. *Cu, PR.* Ave de corral con algunas plumas blancas en la cola.
   2. *PR.* Gallo de cualquier color, con plumas blancas en las patas. ♦ **calsao.**

colibrí.
   I. 1. m. *Mx, Gu, Ho, ES, Ni, CR, Pa, Cu, Ve, Ec, Bo.* Pájaro insectívoro de pequeño tamaño, con plumaje de colores iridiscentes, gorguera o coronilla brillante, collares y otros adornos, y pico adaptado al tipo de flor preferida por cada especie. ♦ **gorrión; hueleflor; pájaro mosca; pájaro mosquito; tucusito; zunzún.**

colibrillo, -a.
   I. 1. sust/adj. *Ar.* Persona que tiene algo alteradas sus facultades mentales. pop. (**colibriyo**). ♦ **colifa.**

colibriyo, -a.
   I. 1. *Ar, Ur,* obsol. **colibrillo.**

colicero.
   I. 1. m. *Co:C.* Variedad de **plátano** que se usa para cocinar sopas y otros platos.

colichuacho.
   I. 1. m. *Ch.* Moscardón negro, especie de tábano, con los bordes del coselete y el abdomen cubiertos de pelos anaranjados o rojizos. (Tabanidae; *Scaptia lata*). ♦ **coliguacho.**

cólico.
■
   a. ‖ ~ **menstrual.** m. *Mx, Ni, RD, Pe.* Dolor que presentan algunas mujeres en el bajo vientre y la cintura durante su periodo menstrual.

colicoli. (Del map.).
   I. 1. m. *Ch.* Especie de tábano, de color pardo, muy común y molesto.

colicorto.
   I. 1. m. *Pe.* Mamífero marsupial que mide unos 12 cm desde la cabeza hasta el final de la cola y tiene color pardo. (Didelphidae; *Monodelphis* spp.).

colier. (Del fr. *collier*).
   I. 1. m. *RD.* Collar.

colifa. (Abrev. de *colifato*).
   I. 1. *Ar.* **colibrillo.**

colifato, -a.
   I. 1. *Ar, Ur.* **colibrillo.**

coliflor.
   I. 1. m. *Ch.* p. u. Col que al entallecerse echa una pella compuesta de diversas cabezuelas o grumos blancos.
   II. 1. m. *Ch.* Hombre homosexual. pop + cult → espon ^ desp.
   III. 1. f. *Gu.* Trasero, nalgas. pop.
   IV. 1. m. *Cu.* Pañuelo del bolsillo del **saco.**

colifroncido, -a.
   I. 1. adj/sust. *PR.* juv. *Referido a persona,* extremadamente orgullosa.

coligallar.
   I. 1. intr. *CR.* Buscar oro de forma artesanal en ríos y minas explotadas.

coligallero, -a.
   I. 1. m. y f. *CR.* Minero que se dedica artesanalmente a extraer oro en ríos o en minas explotadas.

coliguacho. (Del map. *collihuacho*).
   I. 1. *Ch.* **colichuacho.**

coligual.
   I. 1. m. *Ch, Ar.* Terreno poblado de **colihues.**

coliguay. (Del map. *colliguayl*).
   I. 1. m. *Ar:C,O.* Arbusto odorífero, muy tóxico para el ganado; los indígenas ponían el jugo de la raíz, muy venenoso, en las puntas de sus flechas. (Euphorbiaceae; *Colliguaya integerrima*). ♦ **colihuai; colihuay.**

coligüe. (Del map. *coliu*).
   I. 1. m. *Ch, Ar.* Planta perenne de cañas rectas, con la corteza lisa y muy resistente, hojas alternas y lanceoladas, e inflorescencias en panoja; sus cañas se usan en la fabricación de muebles. (Poaceae; *Chusquea culeou*). ♦ **colihue.**

colihuai.
   I. 1. *Ar:C,O.* **coliguay.**

colihual.
   I. 1. m. *Ch, Ar.* Terreno poblado de **colihues.**

colihuay.
   I. 1. *Ar:C,O.* **coliguay.**

colihue.
   I. 1. *Ch, Ar.* **coligüe.**

colila.
   I. 1. f. *Bo.* Pegote de lana endurecida y apelmazada que se forma por la suciedad en la parte trasera e inferior del cuerpo de las ovejas. pop. ♦ **kollita.**

colilarga.
   I. 1.   *Ch.* **cola de paja.**

colilla.
   I. 1.   f. pl. *Ar*, p.u. Fragmentos de una película que se proyectan antes de su estreno para promocionarla.
   II. 1.   f. *Ho, Ni, CR, Ch.* Recibo o documento en que consta la entrega de algo.
   III. 1.   f. *PR.* Tela de un pantalón o de una falda que se introduce accidentalmente entre las nalgas. pop + cult → espon.
   IV. 1.   *PR.* **golilla**, plumas de las aves.

colima.
   I. 1.   f. *Gu, ES.* p.u. *collins*.

colimamil.
   I. 1.   m. *Ar:NO,O.* Arbusto de 1 m de altura, ramas algo rígidas, hojas trifoliadas y una vaina áspera como fruto. (Fabaceae; *Anarthrophyllum rigidum*). ♦ **mata amarilla.**

colimba. (Acr. de *corre, limpia y barre*).
   I. 1.   f. *Ar.* Servicio militar obligatorio que debían prestar los ciudadanos varones.
   II. 1.   m. *Ar, Ur.* Soldado en cumplimiento de este servicio.

colimocho, -a.
   I. 1.   adj. *Co. Referido a un animal, especialmente a un caballo*, que tiene la cola más corta de lo ordinario o que no la tiene.

colin.
   I. 1.   *Ho, Pa, RD. collins*. rur.

colín.
   I. 1.   *Cu, RD, PR. collins*.

colinado, -a.
   I. 1.   adj. *Ch. Referido a un terreno o superficie*, empinado o que va tomando forma de colina.

colinaje.
   I. 1.   m. *Ch.* Conjunto de colinas o elevaciones naturales del terreno. cult.

colincharse.
   I. 1.   intr. prnl. *Co:C.* Viajar sin pagar agarrándose a la parte posterior de un autobús o de cualquier otro vehículo.

colinche.
   I. 1.   adj. *Ar:NE. Referido a animal*, que carece de cola o la tiene más corta de lo normal en su especie. pop.

colincho, -a.
   I. 1.   adj. *Ar:NO. Referido a animal, especialmente vacuno o equino*, que tiene la cola corta o pelada. pop.
   2.   *Ar:NO. Referido a una caballería*, que tiene la cola torcida para un lado. pop.

colino.
   I. 1.   m. *Co.* Retoño o brote de ciertas plantas como el **plátano** o el tabaco.
   2.   *Ec.* Planta musácea, *en especial el banano y el plátano*.
   II. 1.   *Ho.* **almácigo**, terreno donde se planta y luego se trasplanta.

colino, -a.
   I. 1.   m. y f. *Co.* obsol. Persona adicta a las drogas. pop.

colins.
   I. 1.   *ES, Ni. collins*.

colipato.
   I. 1.   m. *Ch.* Hombre homosexual. pop + cult → espon ^ fest.

coliquiento, -a.
   I. 1.   sust/adj. *Ni, CR.* Persona que padece muchos cólicos.
   2.   adj. *Ni. Referido a ciertos alimentos*, que favorecen los cólicos.

colirio.
   I. 1.   adj/sust. *ES, Cu. Referido a persona, especialmente un hombre*, muy bonito.
   II. 1.   *PR.* **marango.**

colirrubia.
   I. 1.   *RD.* **rabirrubia.**

colirrubio.
   I. 1.   m. *PR.* Gallo de pelea con la cola de color oro.

colisa.
   I. 1.   *Pe, Bo, Ch.* **coliza**, pan.

coliseo.
   I. 1.   m. *Pe.* Gallera, recinto para las peleas de gallos.
   II. 1.   m. *Ho, Ec, Pe, Bo.* Recinto cerrado y bajo techo, diseñado para la práctica de ciertos deportes, como el baloncesto o el voleibol.

colisionar.
   I. 1.   tr. *Ch.* Dar un golpe violento sobre *algo.* esm.

colita.
   I. 1.   f. *ES, Ni, Bo, Py, Ar, Ur.* Mechón de cabello sujeto con una goma o un lazo, *especialmente a cada lado de la cabeza*.
   2.   *Ar, Ur.* Goma que se utiliza para recoger el cabello en una **colita**.
   II. 1.   f. *Gu, Ho, ES, Ni, CR.* Cóccix de las personas. pop. ♦ **chincaca.**
   2.   *CR, Ur.* Trasero, conjunto de ambas nalgas. euf; pop.
   III. 1.   f. *Bo:C,O. En una fiesta privada*, pequeña insignia que se prende en la ropa como recuerdo del acontecimiento que se está llevando a cabo.
   IV. 1.   f. *Ho.* Añadido que se hace a un texto o escrito.

colitear.
   I. 1.   tr. *ES.* Perseguir muy de cerca a *alguien*.

cólix.
   I. 1.   m. *ES.* Paseo corto y gratuito en un automóvil.

coliza.
   I. 1.   f. *Ch.* Fardo o bala.
   2.   *Ch.* **hallulla**, sombrero.
   II. 1.   f. *Pe, Bo, Ch.* Pan hojaldrado de forma cuadrada. (**colisa**).
   III. 1.   m. *Ch.* Hombre homosexual. pop + cult → espon ^ fest.

colizón, -na.
   I. 1.   adj/sust. *Ch. Referido a persona*, homosexual. pop + cult → espon ^ desp.
   2.   adj. *Ch.* Propio o característico de un colizón. pop + cult → espon ^ desp.

colla.
   I. 1.   sust/adj. *Ch, Ar, Ur.* Grupo indígena que habita en el noroeste argentino y se considera descendiente de distintos grupos aborígenes que ocuparon la región, como diaguitas, omaguacas, atacamas, quechuas o aimaras.
   2.   *Ch, Ar, Ur.* Indio perteneciente a este grupo.
   3.   adj. *Ch, Ar, Ur.* Relativo a los collas o a su cultura.
   4.   sust/adj. *Bo.* Persona que habita en las mesetas andinas.
   5.   *Bo. Entre los habitantes de la región oriental de Bolivia*, habitante del occidente del país.
   6.   adj. *Bo.* Relativo al occidente boliviano.

collac.
   I. 1.   m. *Ch.* Caramelo de forma esférica, con un palito que sirve de mango para poder chuparlo.

collán.
   I. 1.   *Ch.* **hualle**, árbol.

collar.
   I. 1.   m. *PR.* **golilla**, plumas de las aves.

■

a. ‖ **~ de la reina.** m. *Gu, ES.* Planta herbácea de hasta 1,5 m de altura, de hojas perennes y flores de color blanco con forma de concha que florecen en una vara; es ornamental. (Zingiberaceae; *Alpinia speciosa*). ♦ **colonia; dragón.**

b. ‖ **~ de San Pedro.** m. *ES.* **lágrima de San Pedro,** planta.

c. ‖ **~ del churre.** m. *Cu.* Suciedad que se acumula en los pliegues del cuello.

d. ‖ **~ del pique.** m. *PR.* Boca o abertura de un socavón.

collareja.
I. 1. *Ho, Co.* **paloma volcanera.**
2. sust/adj. *Ar:NO.* **papa,** planta. rur.
3. *Ar:NO.* **papa,** tubérculo. rur.
4. f. *CR.* Ave de hasta 35 cm de longitud, cola larga con una franja negra, pico amarillo y una media luna blanca y vistosa en la nuca. (Columbidae; *Patagioenas fasciata*).

collarejo.
I. 1. adj. *Ho, Ni. Referido a animal,* que lleva en el cuello unas manchas de plumas o pelo de otro color que semeja un collar.
II. 1. m. *PR.* Apero del caballo de tiro que se coloca alrededor del cuello y del que se sujetan los tiros. ♦ **collera; collerín.**

collareta.
I. 1. f. *Ho, Ni. En la maquila,* máquina que hace bordados en la ropa de vestir.

collarín.
I. 1. m. *Cu.* Pieza del embrague de un vehículo motor.

collarina.
I. 1. f. *PR.* Ave silvestre de hasta 22 cm de longitud, de plumaje castaño claro o blanco, con un collar de plumas negras en el cuello; se cría con facilidad en jaulas grandes. (Columbidae; *Streptopelia risoria*).

collect. (Voz inglesa).
I. 1. f. *EU, PR.* Llamada telefónica a cobro revertido.

collera.
I. 1. f. *Ar:NE.* Cantidad numerosa de personas, animales o cosas. rur.
2. *Pe.* juv. Grupo de amigos.
II. 1. f. *Ch, Ar:NO.* Pasador que se usa para cerrar el puño de la camisa.
III. 1. f. *Ch.* **Competencia** entre dos adversarios o bandos, *especialmente entre conductores.* pop + cult → espon.
IV. 1. m-f. *PR.* Persona estúpida.
2. *PR.* Persona bruta.
V. 1. f. *PR.* **collarejo,** apero del caballo.
VI. 1. f. *Pe,* p.u. Grupo cohesionado de amigos.
▶ **írsele en ~.**

collerear.
I. 1. intr. *Ch.* Correr a la par los caballos en las **carreras a la chilena.**
2. *Ch.* metáf. Competir estrechamente *alguien.* pop + cult → espon.

collereo.
I. 1. m. *Ch.* **Competencia** estrecha entre personas o bandos. pop + cult → espon.

collerín.
I. 1. *PR.* **collarejo,** apero del caballo.

collet. (Voz francesa).
I. 1. f. *Ch.* **colet.**
II. 1. f. *EU.* Llamada telefónica a cobro revertido.

colliguay. (Del map.).
I. 1. m. *Ch.* Arbusto de 1 m de altura, hojas alternas, lanceoladas, aserradas, coriáceas y pecioladas; el jugo de su raíz es venenoso y su leña, al quemarse, exhala un olor agradable. (Euphorbiaceae; *Colliguaya* spp.).

collín.
I. 1. m. *Ch:S.* Estructura de varas sobre un fogón en la que se cuelgan ollas o bien alimentos para ahumar.
II. 1. m. *Cu.* Machete de hoja alargada y estrecha.
□
a. ‖ **hasta donde dice ~.** loc. adv. *Cu,* obsol. *En relación con la forma de clavar un arma blanca,* profundamente.

collins. (De *Collins*®).
I. 1. m. *Ho, ES, Ni, Cu.* Machete grande y recto para uso agrícola. (**colima; colin; colins**). ♦ **adivinador.**

colliri.
I. 1. m-f. *Bo:O.* **yatiri.**

collo. (Del aim. *q'ullu,* huevo descompuesto, y del quech. *q'ulluy,* malograrse).
I. 1. adj. *Bo:O. Referido a un huevo,* huero. pop.
2. sust/adj. *Bo:O.* Hombre estéril. pop ^ desp.

collofe.
I. 1. *Ch.* **cochayuyo.**

colloma.
I. 1. f. *Ch.* Pene. vulg.

collonco, -a.
I. 1. adj/sust. *Ch. Referido a animal, especialmente a una gallina,* con rabo o cola más cortos de lo normal, o que no tiene. rur.

collor.
I. 1. m. *PR.* Grano de café de inferior calidad debido a que se le seca la cáscara sin pasarlo por la despulpadora.

collpa. (Del aim. y quech. *qollpa,* salitre).
I. 1. f. *Bo. En minería,* fragmento grande de sal o **caliche,** nitrato de sodio.
2. *Bo.* Sal mineral para alimentar al ganado.

colmar(se).
I. 1. tr. *Ni, Bo, Ch, Ur.* Producir *algo* o *alguien* fastidio o cansancio.
2. intr. prnl. *Ni, Ch, Ur.* Hartarse, sufrir fastidio o cansancio *alguien.*
II. 1. tr. *Ec.* Aporcar. rur.

colmena.
I. 1. f. *Co:N.* Puesto de venta en un mercado público.

colmenear.
I. 1. intr. *Ho, Ni.* Buscar colmenas de abejas silvestres para recolectar su miel.

colmenero, -a.
I. 1. adj. *Cu.* p.u. *Referido a un caballo,* que camina con la cabeza muy levantada. rur.

colmillera.
I. 1. f. *Pa.* Dentadura. vulg.

colmillo.
I. 1. m. *Mx, Gu, CR.* Astucia que tiene una persona debido a su experiencia.
II. 1. m. *PR.* Parte blanca que echa la espuela del gallo. ♦ **yeso.**
■
a. ‖ **~ blanco.** m. *Cu.* obsol. Tipo de ómnibus japonés de servicio interprovincial en el que predomina el color blanco.
□
a. ‖ **~ largo.** loc. sust. *Ch.* Hambre, apetito. pop + cult → espon ^ fest.
▶ **amolar los ~s; escupir por el ~; mudar los ~s; tener ~; tener el ~ ahumado.**

colmillú.
I. 1. *PR.* **colmilludo.**

colmilludo, -a.
I. 1. adj/sust. *Mx, PR. Referido a persona,* astuta y difícil de engañar. pop + cult → espon. (**colmillú**).
2. m. y f. *PR.* Político dispuesto a hacer lo necesario para conseguir el triunfo. (**colmillú**).

II. 1. adj/sust. *PR. Referido a persona*, acaudalada e interesada en acrecentar su fortuna y sus privilegios. pop + cult → espon. (**colmillú**).

colmo.
I. 1. m. *PR.* Pequeña cantidad, un poco.

colmoyote. (Del nahua *ocuilin*, gusano, y *moyotl*, mosca).
I. 1. m. *Mx:SE, Gu.* Insecto grande de extremidades largas parecido al tábano que, al picar, deposita bajo la piel una larva que se alimenta de los tejidos subcutáneos. (Gasterophilidae; *Dermatobia cyaniventris*). ♦ **moyocuil.**

colo.
I. 1. adj. *Bo:O. Referido a algo*, duro y seco, *especialmente el pan.* pop.
II. 1. sust/adj. *Bo:O.* Persona adicta a las drogas. pop + cult → espon.

colocha.
I. 1. f. *Gu, Ho:N, ES.* Vulva. vulg; fest.
2. *ES.* Prostituta.

colochera. (De *colocho*).
I. 1. f. *Gu, Ho, ES, Ni.* Conjunto de pelo de una persona o animal, relativamente largo y muy rizado.
2. *CR.* Cabellera corta y rizada.

colochero.
I. 1. m, *Gu, Ho, Ni, CR.* Conjunto de **colochos**, virutas.

colocho. (Del nahua *colotli*, cuerno, y *tzin*, diminutivo cariñoso).
I. 1. m. *Gu, Ho, ES, Ni, CR, Pa, Pe.* Rizo de pelo.
2. *CR.* metáf. Situación o asunto confuso o complejo. pop.
II. 1. m. *Ho, Ni.* Dios o Jesucristo. pop ^ fest.
2. *Ho.* San Nicolás. pop ^ fest.
III. 1. m. *Ho, CR.* Viruta de madera o de metal. pop.
► **dejar con los ~s hechos; ponerse los ~s; quedarse con los ~s hechos.**

colocho, -a. (Del nahua *colotli*, cuerno, y *tzin*, diminutivo cariñoso).
I. 1. adj. *Pe.* Relativo a Colombia.
II. 1. adj. *Gu, Ho, ES, CR. Referido a persona*, de cabello crespo, ensortijado. ♦ **colochudo; colochón; musuco.**
III. 1. adj. *Ho. Referido a persona*, miembro del Partido Liberal de Honduras, por el color rojo de su bandera, que recuerda la ropa del mismo color de San Nicolás.

colochón.
I. 1. m. *Ho, ES, Ni.* Dios o Jesucristo. pop + cult → espon ^ fest.
2. *Ho.* San Nicolás o Papá Noel, que en Navidad trae los regalos a los niños. pop + cult → espon ^ fest.

colochón, -na.
I. 1. adj/sust. *Ho, Ni.* **colocho**, de cabello crespo.

colochudo, -a.
I. 1. adj. *Ho, ES, Ni, CR.* **colocho**, de cabello crespo. pop + cult → espon ^ desp.

colocolo. (Del map.).
I. 1. *Ch.* **gato del pajonal.**

cologüina.
I. 1. f. *Gu.* Variedad de gallina.

coloma.
I. 1. f. *ES.* Pene de niño.

colombiana.
I. 1. f. *ES.* Marihuana de buena calidad. drog.

colombiche.
I. 1. adj. *Ec.* Relativo a Colombia. pop ^ desp.

colombina. (De *Colombina*®).
I. 1. f. *Co.* Caramelo con un palito que sirve de mango.
II. 1. f. *Cu.* Cama individual, con bastidor de alambre y patas plegables.

colón, -na.
I. 1. adj. *Cu. Referido a un caballo*, de color amarillento con la crin blanca.

a. ‖ **ya, colón.** fórm. *Gu.* Se usa para manifestar alguien que, tras haber pensado un tiempo, finalmente se ha dado cuenta de algo o ha comprendido una idea.

colonato.
I. 1. m. *RD.* p.u. Grupo de administradores o dueños de terrenos destinados a la siembra de caña de azúcar.

colonche.
I. 1. m. *Mx.* Bebida alcohólica que se hace con el zumo de la **tuna** colorada y azúcar.

coloncontrear.
I. 1. tr. *Ho.* Chocar con violencia dos objetos o dos personas que van rodando.

coloncontrón.
I. 1. *Ho.* **coloncontronazo.**

coloncontronazo.
I. 1. m. *Ho.* Choque violento y brusco contra un terraplén. ♦ **coloncontrón.**

colonia.
I. 1. f. *Mx, Gu, Ho, ES, Ni.* Barrio de una ciudad.
II. 1. f. *Ar, Ur.* obsol. Institución, *generalmente estatal*, donde residen y reciben asistencia médica enfermos, *en especial mentales o crónicos*, que carecen de recursos económicos.
2. *Ar, Ur.* Institución, *generalmente estatal*, donde residen niños huérfanos, abandonados o cuyos padres no pueden criarlos.
3. *Ar.* Institución estatal donde son ingresados, para su rehabilitación, menores que han cometido algún delito.
III. 1. f. *Cu, RD.* p.u. Finca de caña **refaccionada** por la **central** azucarera.
IV. 1. f. *Cu.* **collar de la reina.**

coloniaje.
I. 1. m. *Mx, Gu, Ho, Ni, CR, Cu, RD, PR, Ec, Pe, Bo, Ch, Ar, Ur.* Período histórico en el que algunos países de América fueron colonias de España. prest; pop + cult → espon.

colono.
I. 1. m. *RD.* p.u. Hacendado de caña de azúcar **refaccionado** por la **central** azucarera.
2. *RD.* p.u. Dueño o administrador de terrenos destinados a la siembra de caña de azúcar.

colono, -a.
I. 1. sust/adj. *Ch.* Niño o adolescente que toma parte en una colonia o campamento de verano.

color.
I. 1. m. *Co, Ve.* Pasta tintórea de color rojo oscuro, parecida al pimentón, que se extrae de la semilla del **achiote.**
II. 1. f. *Ch, Ar.* Aceite o grasa derretida a los que se añade pimentón y que se usa para condimentar los guisos.
III. 1. m. *Co, Ni, Cu.* Lápiz de color.
IV. 1. m. *Ve.* Tamaño de una cosa o de una persona.
V. 1. m. *Gu, Ni.* Fama, opinión que se tiene de alguien.
VI. 1. *CR.* **bañazo**, vergüenza. pop.
2. adj. *CR.* **bañazo**, que actúa de manera ridícula. pop.
VII. 1. m. *ES.* Café, grano y líquido. carc.

a. ‖ **buenas y de ~es.** fórm. *Cu, RD.* Se usa como saludo entre personas de confianza.

a. ‖ **~ chinita.** m. *PR.* Color anaranjado.
b. ‖ **~ de guatuza.** m. *Ho.* Color rojizo.
c. ‖ **~ de jilote.** m. *Ho.* Color rojizo, *en especial del pelo o la barba de una persona.*

d. ‖ ~ **temblor.** sust/adj. *Ch.* Color no definido, desvaído y de fea apariencia. pop ^ fest.

e. ‖ ~ **zapote.** m. *Ho, CR.* Color anaranjado suave.

f. ‖ **el mismo** ~. m. *Cu.* El número nueve en el dominó.

□

a. ‖ ~ **cartucho.** loc. adj/sust. *Cu. Referido a persona,* mulata, de piel clara.

b. ‖ ~ **de hormiga.** *Mx, Gu, Ho, ES, Ni, CR, Cu, RD, Co, Ve, Ec, Ve, Ec, Pe, Bo:C,O, Ch.* **color hormiga.**

c. ‖ ~ **hormiga.** loc. adj. *Mx, Gu, Ho, ES, Ni, CR, Cu, RD, Co, Ve, Ec, Pe, Bo:C,O, Ch. Referido a una situación,* difícil, complicada, tensa. (**color de hormiga**).

d. ‖ **con** ~**es propios.** loc. adv. *Ch.* En beneficio propio y no en el de la persona o institución para los que se trabaja. pop + cult → espon.

e. ‖ **de** ~ **entero.** loc. adj. *Cu, Bo. Referido a una tela o prenda de vestir,* de un solo color.

f. ‖ **del** ~ **del tiempo.** loc. adj. *Ho.* Desteñido. pop.

g. ‖ **en** ~**es.** loc. adj/adv. *Ch. Referido a la televisión, a la fotografía o a cualquier medio audiovisual,* que muestra o reproduce las imágenes con todos los colores.

h. ‖ **sin mucho** ~. loc. adv. *Ho, ES.* Disimuladamente, con discreción. pop + cult → espon.

▶ **comer la** ~; **dar** ~; **darle** ~ **a una cosa**; **darse** ~; **estar** ~ **de hormiga**; **pintarse de** ~**es**; **ponerle de colores**; **ponerse** ~ **de hormiga**; **ponerse** ~ **de pichete**; **subir de** ~; **subírsele el** ~; **ver la** ~ **de hormiga.**

colorada.

I. 1. f. *Mx, Cu.* Rubeola.

II. 1. f. *Ar.* Ave de cuello largo, de plumaje con vistosas manchas de color pardo rojizo en el dorso, y patas fuertes. (Tinamidae; *Rynchotus rufescens*).

III. 1. f. *RD.* **la colorada.** ♦ **colorada.**

□

a. ‖ **la** ~. loc. sust. *Gu, Ho, ES, Ni, RD.* La sangre.

▶ **ponerse en las** ~**s.**

coloradearse.

I. 1. intr. prnl. *Gu, ES.* Ruborizarse *alguien.*

II. 1. intr. prnl. *Ni.* Desprestigiarse *alguien,* adquirir mala fama.

coloradilla.

I. 1. f. *Mx, Ho, ES, Ni, CR, Pa.* Garrapata de pequeño tamaño y color rojizo, que se adhiere a la piel provocando una fuerte picazón; común en pastizales de regiones cálidas. (Trombiculidae; *Amblyomma mixtum*).

2. *CR, Pa.* Garrapata diminuta de color rojizo. (Ixodidae; *Boophilus* spp.).

coloradillo.

I. 1. *Ho.* **achiotillo**, árbol pequeño.

2. *Ho.* **achiotillo**, arbusto.

colorado.

I. 1. m. *RD.* Pez marino de hasta 10 cm de longitud, rojo en su parte trasera y superior, y rosado con un brillo plateado en la parte inferior y vientre, con diez espinas dorsales y anales, cabeza pequeña, morro corto y chato, ojos grandes y aletas del pecho largas, hasta la zona anal; su carne es muy apreciada. (Lutjanidae; *Lutjanus purpureus*). ♦ **pargo rojo.**

2. *PR.* **pargo de lo alto.**

II. 1. m. *RD.* Árbol de hasta 20 m de altura, hojas de folíolos de marginados a redondeados en el ápice, flores de cáliz acampanado y pétalos estrechamente oblongos; carece de fruto. (Bombacaceae; *Bombacopsis emarginata*).

colorado, -a.

I. 1. adj. *Mx, Gu, Ho, ES, Ni, RD, Ve, Pe, Bo, Ch. Referido a un chiste, un cuento, una comedia, una poe-*

sía o cualquier otra manifestación literaria o artística, de contenido indecente, obsceno o impúdico. pop.

II. 1. adj. *Ec, Pe. Referido a persona,* de pelo claro y piel con tendencia al enrojecimiento. pop.

2. adj. *RD, Bo, Ur;* sust/adj. *PR, Ar. Referido a persona,* pelirroja. ♦ **pelicolorao.**

III. 1. adj/sust. *RD, Ur. Referido a persona,* seguidora del Partido Colorado.

2. adj. *RD, Ur.* Relativo al Partido Colorado.

3. *Ho. Referido a persona,* miembro o simpatizante del Partido Liberal de Honduras.

IV. 1. adj. *ES, Ni. Referido a persona,* de mala reputación.

V. 1. adj. *CR, RD. Referido a persona,* tostada por el sol.

■

a. ‖ ~ **requemado.** adj/sust. *Ar. Referido especialmente al color de una caballería,* rojo muy intenso.

▶ **estar** ~.

coloraduzco, -a.

I. 1. adj. *Cu. Referido a cosa,* que tiende a rojo.

colorana.

I. 1. *Ar:NO.* **papa**, planta. rur.

2. *Ar:NO.* **papa**, tubérculo. rur.

colorao.

I. 1. m. *RD.* Rubéola.

coloreada.

I. 1. f. *Ch.* Aplicación de color a una imagen. pop + cult → espon.

coloreado, -a.

I. 1. adj. *Ho, ES. Referido a persona,* que ha mostrado en público sus ideas o intenciones.

II. 1. adj. *CR. Referido a persona,* que se le tiene prevención o desconfianza, fichada. pop.

colorear(se).

I. 1. intr. prnl. *Ho, ES.* Mostrar abiertamente *alguien* sus ideas o intenciones.

II. 1. tr. *CR.* p.u. Observar *una persona algo* o a *alguien* sin ser vista. pop.

colorete. (De *color*).

I. 1. m. *ES, Pa, Co, Pe, Py.* Pintalabios, cosmético usado para colorear los labios, *generalmente en forma de barra.*

II. 1. m. *ES.* p.u. Color rojo.

coloriento, -a.

I. 1. adj/sust. *Ch. Referido a persona,* que reacciona de una manera excesiva. pop + cult → espon.

II. 1. adj. *Ch. Referido a cosa, como ropa o pintura,* que tiene colores muy vivos y fuertes.

colorín, -na.

I. 1. adj. *Ch. Referido especialmente a persona,* que tiene rojo el pelo.

colorinche.

I. 1. adj/sust. *Mx, Pa, Pe, Bo, Py; Co, Ec, Ch, Ar, Ur,* pop + cult → espon. De muchos colores vivos y mal combinados.

2. m. *Py, Ar, Ur;* m. pl. *PR.* Mezcla o combinación poco armónica de colores llamativos. pop + cult → espon.

3. adj/sust. *Ch. Referido a cosa,* pintada de modo llamativo. pop + cult → espon.

colorista.

I. 1. m-f. *Py, Ar. En las peluquerías,* persona especializada en preparar la mezcla para teñir el cabello y en aplicarla.

colorón.

I. 1. m. *Ho, ES, Ni.* Exhibición escandalosa de las preferencias ideológicas, políticas, sexuales o religiosas.

coloso.

I. 1. m. *Ch.* Remolque de carga, *generalmente de cuatro ruedas,* que se acopla a otro vehículo.

II. 1. m. *Cu.* **Central** azucarera con instalaciones modernas y alta capacidad de molida.

colosoma.
I. 1. m. *Pa.* **cachama**.

colote. (Del nahua).
I. 1. m. *Mx.* Canasto de forma cilíndrica que sirve para guardar la ropa.
2. *Mx.* Construcción de forma cilíndrica donde se almacena el maíz.

colpa.
I. 1. f. *Ar:NO.* Tierra blanca de los Andes, rica en metales alcalinos, *especialmente potasio y sodio*.
2. *Bo, Ch.* En minería, fragmento grande de sal o **caliche**, nitrato de sodio.
II. 1. f. *Pe.* Punto de reunión, *sobre todo de aves*, en la ribera de los ríos.
2. *Ch.* Grupo de animales de una especie que están muy juntos y forman un bloque compacto.

colquiyuyo.
I. 1. m. *Ar:NO.* Arbusto de hasta 5 m de altura, con hojas grisáceas, flores de color verde amarillento y una cápsula de color morado como fruto. (Celastraceae; *Maytenus vitis-idaea*).

colsilla.
I. 1. f. *Ch.* Hierba perenne con hojas en roseta, lo mismo que las flores, grandes y blancas, que florecen por la noche; es usada con fines medicinales. (Onagraceae; *Oenothera acaulis*).

colt. (De. *Colt*®).
I. 1. m-f. *Gu, Ho, ES, Ni*; f. *PR, Ur*, p.u. Pistola automática.

coltro, -a.
I. 1. sust/adj. *Ch:S.* Niño, muchacho. rur.

coludido, -a.
I. 1. adj. *Mx, Ho. Referido a persona*, que ha pactado con otra para dañar a una tercera.

coludirse.
I. 1. intr. prnl. *Mx, Ch.* Aliarse o ponerse de acuerdo un grupo de personas o instituciones para realizar algo en común, *generalmente ilícito o en perjuicio de un tercero*. cult.

coludo.
I. 1. m. *Ho, ES, Ni, Pe, Ch, Ar:NO.* meton. Diablo.
☑
a. ‖ **o todos ~s o todos rabones.** fr. prov. *Mx, Ho.* Indica que toda persona debe tener los mismos derechos que otra. pop + cult → espon.
▶ **tener el ~ adentro.**

coludo, -a.
I. 1. adj. *Ho, ES, Ni, Ve, Pe, Bo, Ch, Ar, Ur. Referido a un animal*, que tiene cola larga. pop.
2. *Bo, Ar, Ur. Referido a persona*, que tiene nalgas abultadas. pop.
3. *Ho, ES, Ni. Referido a hombre*, de pene largo.
4. *Ch.* p.u, metáf. *Referido a un automóvil*, más largo que la media.
II. 1. adj. *Ch, Ar. Referido a persona*, que tiene la costumbre de dejar las puertas abiertas. pop.

columbia.
I. 1. f. *Cu.* Modalidad de la rumba, de origen afrocubano, en la que en el texto del canto se hace referencia a determinados hechos o personas; el baile lo realiza un hombre que ejecuta figuras acrobáticas.

columbio.
I. 1. m. *Ch*, p.u; *Bo*, pop. Columpio.

columbrón.
▶ **caer de ~.**

columnaris.
I. 1. m. *PR.* Variedad de café de gran calidad.

columnista.
I. 1. m-f. *Cu.* Cada uno de los miembros de una columna de trabajadores.

columpiar.
I. 1. tr. *Ch.* Hacer a *alguien* víctima de bromas. pop + cult → espon.

columpio.
I. 1. m. *Cu, PR.* Cuerda en la que se mece el gallo para ejercitar su cuello y sus alas.
II. 1. *PR.* **balancín**, planta.
▶ **subir al ~.**

colúo.
I. 1. adj. *RD.* Relativo al Horacismo.

coluvio.
I. 1. m. *Ch.* Aluvión constituido por granos finos de limo y arena transportados por el agua de lluvia.

comadre.
I. 1. f. pl. *Mx.* Senos de una mujer. pop.
II. 1. *Gu, Pa.* **bacinica**, orinal. pop + cult → espon ^ fest.
III. 1. f. pl. *Bo.* Fiesta popular que se celebra el jueves anterior al carnaval.
●
a. ‖ ~. fórm. *ES, Cu, Ch, Ur, Bo, Ar*, obsol. Se usa como forma de tratamiento entre mujeres de clase popular para establecer confianza o familiaridad. pop.

comadreador, -ra.
I. 1. m. y f. *Bo.* Persona habladora y chismosa. pop.

comadrear.
I. 1. intr. *Mx, Ho, ES, RD, Bo, Ch, Py, Ar, Ur.* Charlar, conversar, *generalmente de cosas sin importancia.* pop + cult → espon.

comadreja.
I. 1. f. *PR.* Mangosta.
II. 1. f. *PR.* Mujer a la que le gustan los hombres casados. pop + cult → espon.
●
a. ‖ ~. fórm. *Bo.* Se usa como forma de tratamiento entre mujeres de clase popular para establecer confianza o familiaridad. pop ^ fest.
■
a. ‖ ~ **andina.** f. *Ec.* **sabín**.
b. ‖ ~ **trompuda.** f. *Ch.* Mamífero marsupial, de poco más de 10 cm de cuerpo y unos 8 cm de cola, hocico alargado y pelaje suelto de color gris ceniciento, más oscuro en el dorso. (Caenolestidae; *Rhyncholestes raphanurus*). ♦ **comadrejita trompuda.**

comadrejita.
■
a. ‖ ~ **trompuda.** *Ch.* **comadreja trompuda.**

comadreo.
I. 1. m. *RD, Ch, Ur.* Charla, conversación. pop + cult → espon.
2. *Ho, ES.* Chisme, noticia verdadera o falsa para criticar o desprestigiar a alguien.

comadrerío.
I. 1. m. *Bo.* Grupo de personas que tienen lazos familiares o de amistad reunidas para contar chismes o murmurar. pop ^ fest.

comadrilla.
I. 1. f. *Cu.* Sillón pequeño sin brazos. (**comadrita**).

comadrita.
I. 1. *Cu.* **comadrilla**.

comae.
I. 1. f. *PR.* Comadre. rur; pop. (**comai**; **comay**).

comai.
I. 1. f. *RD, PR, Py.* **comae**. vulg.
2. *RD.* meton. Nombre que se da a todas las campesinas en el sur de la República.

comal. (Del nahua *comalli,* comal).

I. 1. m. *Mx, Gu, ES, Ni, CR, Pa.* Utensilio de metal o de barro y de superficie plana o ligeramente cóncava, empleado para cocer **tortillas** o para tostar granos.

☑

a. ‖ **el ~ le dijo a la olla: ¡qué tiznada estás!** fr. prov. *Mx, ES, Ni, CR.* Indica que hay personas que se fijan en los defectos de otras y los censuran sin darse cuenta de que ellas mismas los tienen en igual o mayor grado.

b. ‖ **el ~ le dijo negra a la olla.** fr. prov. *Ho.* Indica que una persona critica a otra lo que ella misma hace. pop + cult → espon.

comaleada.

I. 1. f. *Mx, ES.* Cocimiento o calentamiento de muchas **tortillas** de maíz en un **comal**. rur.

comalear.

I. 1. tr. *Mx, Gu, Ho.* Limpiar y acercar la tierra al tronco o tallo de una planta.

II. 1. tr. *ES, Ni.* Calentar o tostar *algo* en un **comal**.

III. 1. tr. *Ni.* Influenciar a *alguien* para las malas artes.

comaleo.

I. 1. m. *Mx, Ho.* Remover y acercar la tierra al tallo o tronco de una planta, *en especial la caña de azúcar.*

comalero.

I. 1. m. *Ni.* Trapo o pedazo de tela para asir un recipiente de cocina cuando está caliente.

comalero, -a.

I. 1. m. y f. *Mx, Ho, ES, Ni.* Persona que hace o vende **comales**.

2. adj. *Ni. Referido a* **tortilla**, del tamaño de un **comal**.

comalito.

I. 1. m. *Ho.* Rodilla. rur.

II. 1. m. *Ho.* Mancha oscura de la piel en el área de la rabadilla que tienen muchas personas mestizas o indias.

comanche.

I. 1. m. *ES, Cu, Ni, Pe.* Comandante del ejército o de una unidad policial. pop + cult → espon. ♦ **comandiolo.**

2. m-f. *ES.* Persona de la guerrilla. pop + cult → espon ^ desp.

3. *ES.* Miembro de la policía. pop + cult → espon ^ desp.

4. *Ho.* Miembro o simpatizante de algún partido u organización de izquierda, *en especial del Partido Comunista.* pop + cult → espon ^ desp.

5. *Ni.* Jefe militar cualquiera que sea su grado. pop + cult → espon ^ desp.

II. 1. m-f. *Ni.* juv. Persona amiga.

comandiolo.

I. 1. *Cu.* **comanche**, comandante.

comando.

I. 1. m. *RD, Ve, Bo.* Grupo de personas que dirige un grupo, *especialmente dentro de un partido político.*

2. *Bo, Ch.* Grupo pequeño de personas que actúa en representación de los intereses de un gremio o colectivo.

II. 1. m. *Ar, Ur.* Dispositivo que permite actuar sobre un mecanismo o aparato para gobernar su funcionamiento.

III. 1. m. *RD.* Jefe.

IV. 1. m. *Ho.* Camión o todoterreno del ejército.

■

a. ‖ **~ radioeléctrico.**

i. m. *Ar, Ur.* Central telefónica de la policía, a través de la cual se reciben las llamadas de los ciudadanos y se dan órdenes a las patrullas para que actúen.

ii. *Ar, Ur.* Patrulla policial que recibe a través de una central telefónica las llamadas de los ciudadanos y acude en su auxilio.

comante.

I. 1. m-f. *Ch.* Comandante, mando militar. pop.

comarca.

I. 1. f. *Ni.* Caserío.

comay.

I. 1. *Cu, RD, PR.* **comae**. vulg.

comba.

I. 1. f. *Pe, Bo, Ar, Ch,* p.u. Mazo de hierro de mango largo.

II. 1. f. *Ch, Ar, Ur.* Trayectoria curva que describe un cuerpo al ser lanzado.

III. 1. f. *Ho.* Saliente del tronco de un árbol corpulento que desemboca en las raíces.

▶ **buscar la ~ al palo.**

combarbalita.

I. 1. f. *Ch.* Piedra de origen volcánico, semiblanda, semejante al lapislázuli, de tonos grises y parduscos, aunque puede tener otros colores dependiendo de su composición química; se considera la piedra nacional de Chile y se usa con fines ornamentales.

combazo.

I. 1. m. *Pe, Ch, Bo,* pop + cult → espon; *Ar:NO,* pop. Golpe dado con una **comba**, mazo.

2. *Pe, Bo.* Golpe fuerte dado con el puño de la mano.

combi.

I. 1. f. *Mx, Py.* Camioneta.

2. m. *Pe, Bo, Ar; Mx,* p.u. Vehículo de transporte público para pocos pasajeros que realiza trayectos cortos y fijos. pop + cult → espon.

3. *Pe, Py.* Vehículo de transporte sin licencia que traslada grupos reducidos de pasajeros en trayectos cortos. pop.

combina.

I. 1. f. *Ch.* p.u. Combinación, unión de dos cosas en un mismo sujeto. pop.

combinada.

I. 1. f. *Cu.* p.u. *En la industria azucarera,* maquinaria agrícola que corta, limpia, recoge y apila en una carreta la caña de azúcar.

combinado.

I. 1. m. *Ar, Ur.* p.u. Aparato de música compuesto por un tocadiscos y una radio en una sola pieza con altavoces integrados.

II. 1. m. *Cu.* Empresa o conjunto de empresas que realizan diferentes tareas pero relacionadas entre sí.

III. 1. m. *Cu.* Establecimiento penitenciario en el que los presos se acogen a un plan de rehabilitación y reintegración social.

combinola.

I. 1. f. *Bo.* Trama, confabulación para perjudicar a alguien.

2. *Bo.* Combinación, unión de dos cosas en un mismo sujeto.

combo. (Voz inglesa).

I. 1. m. *Mx, Ho, ES, Ni, CR, Pa, RD, PR, Co, Ve, Pe, Ch, Bo, Py, Ar, Ur. En un restaurante de comidas rápidas,* conjunto de alimentos ofrecidos a un precio menor del que cuestan todos ellos si se compran individualmente.

2. *Ho, ES, Ni, Ve, Bo, Ch, Ar, Py,* pop. Lote de varias cosas que se venden juntas o de forma ventajosa para el comprador.

3. *Pe.* Comida, reunión para comer. pop.

II. 1. m. *Co, Ve.* Conjunto de personas que realizan una misma actividad.

2. *Pa, Co.* juv. Grupo de amigos.

3. *Ho.* Conjunto de algo.

4. *PR.* Grupo de personas que se juntan para un propósito festivo.
5. *PR.* Grupo de estudiantes combinados para copiar en los exámenes. est.
6. *PR.* Grupo de delincuentes que se hacen fechorías menores. delinc.

III. 1. m. *ES, CR, Pa, Cu, RD, PR, Co, Ve, Bo.* Grupo musical que interpreta ritmos populares.
IV. 1. m. *Pe, Bo, Ch.* Golpe dado con el puño de la mano.
V. 1. m. *Ec.* Herramienta de percusión que consiste en una cabeza de hierro y un mango, *generalmente de madera*, adaptado a ella.

□
a. ‖ en ~. loc. adv. *Ho, ES, Py.* En conjunto.

come.
I. 1. m. *RD.* Prurito, desazón.

■
a. ‖ ~ *back.* (Voz inglesa). m. *PR.* Vuelta de alguien o algo a estar de moda.

comearroz.
I. 1. m-f. *Bo:N.* Persona de ojos pequeños y rasgados. pop ^ fest.
II. 1. m-f. *Pa.* Hijo o hija.

comebalas.
I. 1. adj. *RD. Referido a persona*, valiente.

comebanco.
I. 1. *PR.* **banquero.**

comebasura.
I. 1. adj/sust. *Cu. Referido a persona*, tonta.

comebiblia.
I. 1. m-f. *Cu.* Persona de la religión protestante.
II. 1. sust/adj. *Cu.* **comebola**, persona que dice o hace algo inconveniente.

●
a. ‖ ~. *Cu.* **comebola.**

comeboca.
I. 1. adj/sust. *RD. Referido a persona*, que está pendiente de todo lo que se dice en una reunión y no se pierde nada de lo que se habla.
II. 1. m. *PR.* Gallo que pica a su contendiente dentro de la boca cuando quiere ahuyentarlo.

comebola.
I. 1. adj/sust. *Cu, RD. Referido a persona*, ingenua, crédula, tonta. desp. ♦ **comefana; comegofio; comemierda; comemierdería; comepinga; comepiojo; comequeque; cometrapo.**
2. sust/adj. *Cu.* Persona que dice o hace algo inconveniente, inoportuno o inadmisible, por indiscreción, falta de inteligencia o de consideración. ♦ **comebiblia; comecatibía; comefana; comegofio; comemierdería; comepinga; comequeque; cometrapo.**

●
a. ‖ ~. fórm. *Cu.* Se usa para insultar a una persona o para referirse a ella con desprecio. ♦ **comebiblia; comecatibía; comefana; comegofio; comemierdería; comepiojo; comequeque.**

comecaca.
I. 1. adj/sust. *PR.* metáf. *Referido a persona*, que pretende ser lo que en realidad no es. pop + cult → espon ^ desp.

¡comecallado!
I. 1. interj. *Bo.* Expresa aceptación de la comida sin rechistar. pop.

comecandela.
I. 1. m-f. *Ve.* Militante o simpatizante radical de un partido de izquierda.
2. sust/adj. *Cu, PR.* Persona de ideas y actitudes radicales e intransigentes. pop + cult → espon.
3. *Cu, PR.* Comunista. pop + cult → espon.

4. *Cu.* Individuo muy identificado con los principios de la revolución cubana.
5. *PR.* metáf. Persona de conducta rebelde e impetuosa. pop + cult → espon.
II. 1. *Cu.* Persona que presume de valiente.
2. *Cu.* obsol. Persona capaz de afrontar situaciones de riesgo.

comecatibía.
I. 1. *Cu.* **comebola**, persona que dice o hace algo inconveniente.

●
a. ‖ ~ *Cu.* **comebola.**

comecemento.
I. 1. sust/adj. *PR.* juv. Muchacha muy hermosa, de cuerpo estupendo.

comecerebro.
I. 1. sust/adj. *PR.* metáf. Persona que trata de convencer a otra para que consuma drogas. drog.

comechado, -a.
I. 1. adj/sust. *Pe. Referido a persona, especialmente a un funcionario público*, que percibe un salario sin trabajar. pop.

comecherry.
I. 1. sust/adj. *PR.* metáf. Persona a quien le gusta lo fácil. pop + cult → espon.

comechicles.
I. 1. sust/adj. *PR.* metáf. Persona que está en todas partes. pop + cult → espon.

comecoco.
I. 1. *PR.* **comecuco.**

comecomía.
I. 1. m. *RD.* Persona egoísta.
2. *RD.* Persona de poca valía.

comecomida.
I. 1. m. *RD.* Persona a la que solo le interesa su propio provecho. desp.

comecuco.
I. 1. sust/adj. *PR.* Persona que tiene muy salientes los incisivos superiores. pop + cult → espon. (**comecoco**). ♦ **cómeme.**

comecura.
I. 1. adj/sust. *Ni, Pe, Bo, Ch.* Contrario al clero, anticlerical pop ^ fest. (**comecuras**).

comecuras.
I. 1. *Ni, Pe, Ch.* **comecura.**

comedera.
I. 1. f. *Mx, Gu, Ho, ES, Ni, CR, Ve.* Ingestión de alimentos frecuente y abundante. pop.
II. 1. f. *Gu.* Picazón en alguna parte del cuerpo.
III. 1. f. *CR.* obsol. Conjunto de víveres o provisiones de primera necesidad. rur.

□
a. ‖ ~ de mierda.
i. loc. sust. *Cu.* Tontería. (**comedura**).
ii. *Cu.* Pedantería, falso orgullo. (**comedura**).

comedero.
I. 1. m. *Mx:SO.* Terreno del que se obtiene salitre.
II. 1. m. *Ho, ES, Co, Ar.* Establecimiento público de carácter popular en donde se sirven comidas. pop + cult → espon.
2. *Ar:NO.* Lugar en el campo donde la gente va a comer o merendar. pop.
III. 1. m. *Co:N.* Local donde se ejerce la prostitución.
IV. 1. m. *CR. En un bosque*, sitio que frecuentan ciertos animales para comer frutos.

comedia.
I. 1. f. *Ve, Ur; Ch.* pop + cult → espon; *Mx*, p.u. Telenovela.

comedidamente.
  I. 1. adv. *Bo.* Por iniciativa propia.

comedido, -a.
  I. 1. *Co, Pe, Bo, Ch, Py, Ar, Ur.* **acomedido**, dispuesto a prestar ayuda.
  II. 1. adj/sust. *Bo, Ar. Referido a persona*, que tiene costumbre de meterse donde no la llaman.

comedimiento.
  I. 1. m. *Ec, Bo, Ar.* Buena disposición que muestra alguien al prestar un servicio.
  2. *Ec, Bo, Ar:NO.* Servicio o favor realizado con buena disposición.

comedirse.
  I. 1. *Co, Bo, Ch, Py, Ar, Ec:C*, p.u. **acomedirse**, ofrecerse voluntariamente.

comedor.
  ■
  a. ‖ **~ de diario.**
    i. m. *RD, Bo, Ch, Ur.* Habitación destinada en las casas para comer. (**comedor diario**).
    ii. *Ch, Ur.* Mobiliario de esta habitación. (**comedor diario**).
  b. ‖ **~ diario.** *Ch.* **comedor de diario.**
  c. ‖ **~ popular.** m. *Ni, RD. En un mercado*, sector destinado a vender comida.

comedura.
  I. 1. f. *Ch.* p.u. Ingestión de alimentos. rur.
  II. 1. f. *PR.* Desgaste físico.
  III. 1. m. *Pe.* Lugar donde se sirve comida a bajo precio para personas de pocos recursos económicos.
  2. f. *Bo. En un mercado*, sector destinado a vender comida.
  □
  a. ‖ **~ de mierda.** loc. sust. *Cu.* **comedera.** pop + cult → espon.
  ▶ **cambiar de ~.**

comeduría.
  □
  a. ‖ **~ de mierda.**
    i. loc. sust. *Cu.* Tontería. pop + cult → espon.
    ii. *Cu.* Pedantería, falso orgullo. pop + cult → espon.

comefana.
  I. 1. sust/adj. *Cu.* **comebola**, persona que dice algo inoportuno.
  II. 1. sust/adj. *Cu.* **comebola**, persona tonta.
  ●
  a. ‖ **~.** fórm. *Cu.* **comebola**, insulto a una persona.

comefraile.
  I. 1. *Ch.* p.u. **comefrailes**.

comefrailes.
  I. 1. adj/sust. *Ch.* p.u. *Referido especialmente a persona*, contraria al clero o a la Iglesia. (**comefraile**).

comefuego.
  I. 1. sust/adj. *PR.* metáf. Partidario exaltado de una causa, *especialmente de la independencia de Puerto Rico*. pop + cult → espon.

comegente.
  I. 1. sust/adj. *RD, PR.* Individuo guapetón. pop + cult → espon.
  II. 1. m-f. *PR.* Cosa muy difícil de hacer. pop + cult → espon.

comegofio.
  I. 1. *Cu.* **comebola**, persona que dice algo inoportuno.
  2. sust/adj. *Cu.* **comebola**, persona tonta.
  3. sust/adj. *PR.* Persona orgullosa, antipática, que se cree superior a todos. pop + cult → espon.
  II. 1. sust/adj. *PR.* Persona poco trabajadora, vaga. pop + cult → espon.

comeguagua.
  ● **a.** ‖ **~.** fórm. *Cu.* **comebola**.

comeguagua.
  I. 1. adj/sust. *Bo, Ch. Referido a persona*, acusada de maltratar a niños. pop + cult → espon ∧ sat. (**comeguaguas**).
  2. *Ch.* p.u. *Referido a persona*, que tiene relaciones sexuales con personas de mucha menor edad que ella. pop ∧ fest.

comeguaguas.
  I. 1. adj/sust. *Bo, Ch.* p.u. **comeguagua**, maltratador de niños. pop + cult → espon.

comehostias.
  I. 1. sust/adj. *Bo, Ar, Ur.* Persona que muestra una devoción religiosa exagerada o afectada. pop ∧ desp.

comeibebe.
  I. 1. m. *Ec.* Bebida refrescante elaborada con vainilla y con jugo y trozos de piña, **babaco**, **maracuyá**, granos de maíz cocido o **mote** y **frutilla**.

comeivete.
  I. 1. m. *PR.* ***fast food***, establecimiento.

comejaiba.
  I. 1. m. *ES.* Pez marino de hasta 1,5 m de longitud, de cabeza muy aplastada en forma de pala y sin hendidura en la línea media del margen anterior, que tiene muy separados los ojos y los órganos nasales. (Sphyrnidae; *Sphirna tiburo*).

comején. (De or. ind. antillano).
  I. 1. m. *Mx, Gu, Ho, Ni, CR, Pa, Cu, RD, PR, Co, Pe.* Insecto isóptero de hasta 3 mm de longitud, de color blanco, que vive en grandes colonias y roe toda clase de sustancias, *especialmente madera y papel*. (Kalotermitidae; *Kalotermes castanea*, Termitidae; *Nasutitermes*; *Termes belicosus*, spp.). (**comijén**; **comixén**). ◆ **sepe.**
  2. *PR, Pe.* metáf. Intranquilidad, desasosiego. cult.
  3. *CR, PR.* Nido del comején.
  II. 1. m. *RD.* Enfermedad que sufren los caballos en los cascos. rur.
  III. 1. m. *Ho.* Comida en general. pop + cult → espon ∧ fest.
  ■
  a. ‖ **bola de ~.** f. *PR.* Panal donde se cría el comején. ◆ **cabeza de comején.**
  b. ‖ **cabeza de ~.** *PR.* **bola de comején.**
  c. ‖ **cadena de ~.** f. *PR.* Línea que forma el comején en su trayectoria.
  d. ‖ **~ de pelota.** m. *Ho.* Termita que hace su nido en forma de pelota en los árboles.
  e. ‖ **porra de ~.** f. *PR.* Plato hecho de **plátano** maduro frito, huevos batidos, carne molida y habichuelas tiernas.
  ▶ **caer ~ al palo; caer ~ al piano; entrar el ~; meterse en el ~; tener ~ en la azotea.**

comejenera.
  I. 1. f. *PR, Ve.* Panal ovalado construido por el **comején** en los árboles o en los postes que a veces alcanza hasta 60 cm de diámetro.
  2. *PR.* metáf. Madriguera o pasaje en el que se reúnen gentes de mal vivir. pop + cult → espon.

comejenol. (De *Comejenol*®).
  I. 1. m. *Ho.* Insecticida hecho de varios componentes químicos que provoca la muerte del **comején**.

comejobos.
  I. 1. sust/adj. *PR.* Estudiante que falta voluntariamente a clase. est.

comejueyes.
  I. 1. sust/adj. *PR.* Individuo adicto a comer **jueyes** o cangrejos. pop + cult → espon ∧ fest.

comelana.

   I. 1.   *Cu, PR, Ve.* **comelata.**

comelata.

   I. 1.   f. *Cu, PR.* Comida informal en la que hay abundancia de alimentos, comilona. pop + cult → espon ^ fest. ♦ **comelana.**

    2.   *PR.* Comida para muchas personas. pop + cult → espon. ♦ **comelana.**

comelenguas.

   I. 1.   m. *Ho.* Animal mítico, similar a un vampiro gigantesco, que chupa la sangre y corta de tajo la lengua del ganado vacuno.

comelibros.

   I. 1.   sust/adj. *Pa, RD, PR, Ur.* Estudiante muy aplicado, empollón. est. ♦ **estofón.**

comelón, -na.

   I. 1.   adj. *Mx, Gu, Ho, ES, Ni, CR, Pa, Co, Ve, Ec;* adj/ sust. *Cu, RD, PR, Pe, Bo, Ch. Referido especialmente a persona,* que come mucho.

comemano.

   I. 1.   m. *ES.* **Bejuco** de hasta 10 m de largo, de hoja aovada con margen dentado, flores pequeñas, verdes, rosadas o rojas, fruto redondo, de color negro; las hojas se aplican a los tumores. (Vitaceae; *Cissus rhombifolia, C. sicyoides*). ♦ **picamano.**

cómeme.

   I. 1.   m, *RD, PR.* Persona muy fea. pop + cult → espon ^ desp.

    2.   m-f. *PR.* **comecuco,** persona de incisivos superiores salientes. pop + cult → espon ^ fest.

comemierda.

   I. 1.   f. *Cu.* Tontería. pop + cult → espon. ♦ **comemierdurías.**

    2.   *Cu.* **comemierdería,** pedantería.

  II. 1.   adj. *CR, RD. Referido a persona,* arrogante. vulg; desp.

    2.   *PR.* **echón,** fanfarrón.

 III. 1.   *Cu.* **comebola,** persona tonta.

    2.   *Cu, PR. Referido a persona,* orgullosa, jactanciosa a causa de su dinero o de su estilo de vida de gran lujo.

comemierdería.

   I. 1.   f. *Ho, ES.* Mediocridad, estupidez. pop + cult → espon ^ desp.

  II. 1.   f. *Cu, PR.* Pedantería, falso orgullo; pop + cult → espon ^ desp. ♦ **comemierda.**

 III. 1.   adj/sust. *Cu.* **comebola,** que dice o hace algo inconveniente.

    2.   *Cu.* **comebola,** ingenuo.

  ●

    a. ‖ ~. fórm. *Cu.* **comebola.**

comemierdero, -a.

   I. 1.   adj. *Ho, ES. Referido a persona,* despreciable, mediocre. pop + cult → espon ^ desp.

comemierdurías.

   I. 1.   f. pl. *Cu.* **comemierda,** tontería. p.u.

comemote.

   I. 1.   f. *Ch.* Boca, cavidad bucal. pop ^ fest.

comencubo.

   I. 1.   sust/adj. *Cu.* Persona que come en exceso.

comenencia.

   I. 1.   f. *RD.* Lentitud para hacer algo.

    2.   *RD.* Persona lenta para hacer algo.

comenenes.

   I. 1.   sust/adj. *PR.* Individuo que se enamora de alguien mucho más joven que él. pop + cult → espon.

comensal.

   I. 1.   m-f. *Mx, Pe, Bo.* Persona que acude a comer a un restaurante.

comenunca.

   I. 1.   sust/adj. *Bo.* Persona de constitución delgada. fest.

comenzar.

  □

    a. ‖ ~ **a gatear por el cogollo.** loc. verb. *RD.* Comenzar la casa por el tejado.

comeojo.

   I. 1.   adj. *RD. Referido a persona,* mirona, curiosa.

comepatos.

   I. 1.   m-f. *Ni.* Persona a la que nadie le hace caso en una fiesta.

comepinga.

   I. 1.   *Cu.* **comebola,** persona que dice algo inoportuno.

  II. 1.   sust/adj. *Cu.* **comebola.** ingenuo.

comepiojo.

   I. 1.   m. *Ar.* **mamboretá.**

  II. 1.   *Cu.* **comebola,** ingenuo, tonto.

  ●

    a. ‖ ~ fórm. **comebola.**

comequeque.

   I. 1.   *Cu.* **comebola,** persona que dice algo inoportuno.

  II. 1.   *Cu.* **comebola,** ingenuo, tonto.

  ●

    a. ‖ ~. fórm. *Cu.* **comebola.**

comequeso.

   I. 1.   m-f. *PR.* Alcahuete, tercero de una pareja de novios. pop + cult → espon.

  II. 1.   m-f. *PR.* Persona miedosa. pop + cult → espon.

comer(se).

   I. 1.   tr. *Cu, RD, Co, Ve:C; Bo, Py, Ar, Ec, Ur.* juv. Realizar el coito. vulg.

    2.   tr. prnl. *Pe, Ch, Bo, Py, Ar.* Realizar el coito. vulg; pop.

    3.   tr. *Cu,* obsol; *RD, PR.* Realizar el coito, *especialmente a una mujer virgen,* con el propósito de abandonarla después.

  II. 1.   intr. *CR, Co, Ve.* Tomar la **comida,** alimento que se toma entre las 17 y 19 horas.

 III. 1.   intr. *Co.* Participar en un negocio ilícito.

  IV. 1.   tr. *Ve, Ar, Ur.* Pasar por alto *algo* o a *alguien.*

   V. 1.   tr. prnl. *Ho, ES. Ni, CR.* Criticar a *alguien, especialmente en su ausencia.* pop.

  VI. 1.   tr. prnl. *Ec.* Matar a *alguien* con premeditación y sin que medie ninguna justificación legal.

 VII. 1.   tr. *Cu.* Insultar a *alguien.* pop + cult → espon.

  ●

    a. ‖ **comé acá.** fórm. *Ar:NO.* Se usa para negar una petición. pop.

    b. ‖ **y a mí que me coma mucho.** fórm. *Gu.* Se usa para reclamar alguien los beneficios que se les brindan a otras personas y no a él.

  □

    a. ‖ ~ **a dos bocas.** loc. verb. *PR.* Hartarse *alguien* de comer. pop + cult → espon.

    b. ‖ ~ **a dos cachetes.** loc. verb. *Pe.* Beneficiarse *alguien* doblemente de una situación. pop + cult → espon.

    c. ‖ ~ **agallas.** loc. verb. *PR.* Tomar *alguien* el pelo a una persona sin que esta se dé cuenta. pop + cult → espon.

    d. ‖ ~ **ají chombo.** *Pa.* **comer gallo.**

    e. ‖ ~ **alacranes.** loc. verb. *Ho, ES, Ni.* Enfadarse mucho *alguien* o tener mal carácter. pop + cult → espon ^ hiperb.

    f. ‖ ~ **ansias.** loc. verb. *Mx, Ho, ES, Ni.* Impacientarse por que ocurra algo. pop + cult → espon.

    g. ‖ ~ **arroz con perico.** loc. verb. *PR.* Hablar *alguien* demasiado. pop + cult → espon.

    h. ‖ ~ **avispa.** loc. verb. *Ve.* Estar *alguien* alerta o prevenido. pop.

i. ‖ ~ **balas.** loc. verb. *RD*. No tener miedo en la guerra.

j. ‖ ~ **boca.** loc. verb. *RD*. Escuchar una conversación ajena.

k. ‖ ~ **bola.**
  i. loc. verb. *Cu, RD*. Perder el tiempo. pop + cult → espon.
  ii. *Cu*. Comportarse con pedantería y arrogancia.
  iii. *Cu*. Hacer o decir algo inoportuno por imprudencia o desconsideración.

l. ‖ ~ **bulones.**
  i. loc. verb. *Ar, Ur*. Ingerir alimentos de difícil digestión. pop.
  ii. *Ar*. Tener *una persona* fortaleza física. pop.

m. ‖ ~ **burro.**
  i. loc. verb. *Gu*. Frustrarse en algo.
  ii. *ES*. Equivocarse. pop.

n. ‖ ~ **cable.** loc. verb. *PR*. Aburrirse *alguien*. pop + cult → espon.

ñ. ‖ ~ **cabuya.** loc. verb. *Ve*. Encontrarse *alguien* en una mala situación económica, sin dinero y sin trabajo. pop.

o. ‖ ~ **candela.**
  i. loc. verb. *Cu, PR*. Ser *alguien* muy valiente y decidido. pop + cult → espon.
  ii. *Cu*, Ser *alguien* radical e intransigente. pop + cult → espon.
  iii. *Cu*. Identificarse mucho *alguien* con los principios de la revolución cubana.

p. ‖ ~ **carne de burro.** loc. verb. *PR*. Fornicar *alguien* a un homosexual. vulg; pop + cult → espon.

q. ‖ ~ **carne de gallo.** loc. verb. *Cu*. Practicar el sexo entre varones. vulg.

r. ‖ ~ **cáscara de piña.**
  i. loc. verb. *Cu*, Perder el tiempo.
  ii. *Cu*. Hacer o decir algo inoportuno por imprudencia o desconsideración.

s. ‖ ~ **cascaritas de caña.** loc. verb. *Cu*. Hacer el tonto.

t. ‖ ~ **casquillo.** loc. verb. *Ve*. Dejarse influir *alguien* por lo que otros dicen. pop + cult → espon.

u. ‖ ~ **catibía.** loc. verb. *Cu*. p.u. Hacer o decir *alguien* algo inconveniente, inoportuno o inadmisible, por indiscreción, falta de inteligencia o consideración.

v. ‖ ~ **cera.** loc. verb. *Gu*. Frustrarse en algo.

w. ‖ ~ **chivo.** loc. verb. *Ve*. Pelear los novios o los esposos. pop + cult → espon.

x. ‖ ~ **chivos.** loc. verb. *Ch*. p.u. Tener un hombre relaciones con una mujer casada. pop.

y. ‖ ~ **chorizo.** loc. verb. *Gu*. Frustrarse en algo.

z. ‖ ~ **comida cocinada.** loc. verb. *RD*. Tener empleo.

a¹. ‖ ~ **como contratado.** loc. verb. *Ni*. Hartarse.

b¹. ‖ ~ **como jolota tuerta.** loc. verb. *Ni*. Hartarse.

c¹. ‖ ~ **como llaga mala.** loc. verb. *PR*. Comer *alguien* mucho. pop + cult → espon.

d¹. ‖ ~ **como nigua.** loc. verb. *Cu*. Comer en abundancia.

e¹. ‖ ~ **como un cáncer.** loc. verb. *PR*. Comer *alguien* mucho. pop + cult → espon.

f¹. ‖ ~ **como una nigua.** loc. verb. *Ve*. Comer en abundancia. pop + cult → espon.

g¹. ‖ ~ **con manteca.** loc. verb. *Ho*. Tener buena posición económica. rur.

h¹. ‖ ~ **con su dama.** loc. verb. *RD*. Abusar de alguien o aprovecharse de una situación.

i¹. ‖ ~ **cuento.**
  i. loc. verb. *Pa, Co; CR*, pop. Creer *alguien algo* o darlo por cierto.
  ii. *Pa, Co*. Dejarse convencer *alguien* de algo.
  iii. *RD*. Confiar plenamente en alguien.

j¹. ‖ ~ **cuentos.**
  i. loc. verb. *Ve*. Creer *alguien* en fantasías o en situaciones imposibles. pop + cult → espon.
  ii. *Ve*. Creer *alguien* todo lo que se le diga.

k¹. ‖ ~ **de cantina.**
  i. loc. verb. *Cu*, obsol. Estar *una persona* excesivamente delgada.
  ii. *Cu*. Recibir, mediante pago, la comida a domicilio.

l¹. ‖ ~ **de carne guindá.** loc. verb. *PR*. Hacer *alguien algo* con suma facilidad. pop + cult → espon.

m¹. ‖ ~ **de guinea.** loc. verb. *PR*. Fornicar los negros y los mulatos. vulg; pop + cult → espon.

n¹. ‖ ~ **de la becerra.** loc. verb. *RD*. Tener participación en algún sucio manejo.

ñ¹. ‖ ~ **de lo que come el zope.** loc. verb. *Gu*. Frustrarse en algo.

o¹. ‖ ~ **del capital.** loc. verb. *PR*. No poder salir *alguien* a ganar el jornal por lluvia u otro impedimento. pop + cult → espon.

p¹. ‖ ~ **el bizcocho antes de la boda.** loc. verb. *RD, PR*. Estar encinta una mujer soltera. pop + cult → espon.

q¹. ‖ ~ **el tigre.** loc. verb. *Pa*. Irle a *alguien* mal.

r¹. ‖ ~ **en cazuela.** loc. verb. *Cu*. Hablar mal de una persona sin que ella se dé cuenta.

s¹. ‖ ~ **en vega.** loc. verb. *PR*. Estar *alguien* cómodo y pasar por una situación económica favorable. pop + cult → espon.

t¹. ‖ ~ **espagueti.** loc. verb. *RD*. Pronunciar *una persona* muchas eses al hablar. pop.

u¹. ‖ ~ **fana.** loc. verb. *Cu*. Hacer o decir algo inoportuno por imprudencia o desconsideración. pop.

v¹. ‖ ~ **frijoles y eructar pollo.** loc. verb. *Ho, ES, Ni*. Aparentar lo que no se es. pop + cult → espon.

w¹. ‖ ~ **frito.** loc. verb. *ES*. Estar *alguien* en buena posición económica.

x¹. ‖ ~ **gallina.**
  i. loc. verb. *RD*. Conversar y hacerse gestos de cariño una pareja de enamorados, *generalmente vigilados por la madre de la novia*.
  ii. *Ho*. Realizar el coito.

y¹. ‖ ~ **gallo.** loc. verb. *Mx*. Mostrarse agresivo, estar de mal humor. pop + cult → espon ^ fest. ♦ **comer ají chombo.**

z¹. ‖ ~ **gente.** loc. verb. *Ni, CR*. Censurar o hablar mal de las personas. pop.

a². ‖ ~ **gofio.**
  i. loc. verb. *Cu*. Hacer o decir algo inoportuno por imprudencia o desconsideración. desp.
  ii. *Cu*. **atracarse**, comportarse con pedantería.
  iii. *Cu; PR*. Perder el tiempo.

b². ‖ ~ **gordo.** loc. verb. *ES*. Tener buena posición económica. pop.

c². ‖ ~ **huevo.** loc. verb. *Gu*. Frustrarse en algo.

d². ‖ ~ **jobillos.** *PR*. comer jobos.

e². ‖ ~ **jobos.** *PR*. hacer brusca. (comer jobillos).

f². ‖ ~ **jute.** loc. verb. *Gu*. Tragarse los sentimientos.

g². ‖ ~ **la color.** loc. verb. *Ch*. Establecer o intentar establecer contacto amoroso con la pareja de otra persona. pop + cult → espon.

h². ‖ ~ **las del zope.** loc. verb. *Ho*. Despedir a alguien con aspereza, enfado o sin miramientos. desp.

i². ‖ ~ **las manos.** loc. verb. *Ch*. Experimentar *una persona* vivos deseos de actuar en algo en lo que no puede o que tiene que esperar a que acabe.

j². ‖ ~ **más que buquí.** loc. verb. *RD*. Comer mucho.

k². ‖ ~ **mierda.**
  i. loc. verb. *Cu*. Hacer o decir algo inoportuno por imprudencia o desconsideración. vulg.
  ii. *Cu*. Comportarse con pedantería y arrogancia. vulg.

l². ‖ ~ **mierda y eructar pollo.** loc. verb. *Gu*. Aparentar lo que no se es. pop + cult → espon.

m². ‖ ~ **pavo.**
  i. loc. verb. *Pa, Co, Ve.* obsol. Quedarse sentada una mujer por falta de pareja mientras las demás bailan.
  ii. *Ve.* Frustrársele a *alguien* un propósito. pop + cult → espon.
  iii. *PR.* Sufrir *alguien* una decepción fuerte. pop + cult → espon.

n². ‖ ~ **payaso.** loc. verb. *Mx.* Reírse mucho. pop.

ñ². ‖ ~ **perico.** loc. verb. *RD.* Estar *una persona* muy habladora. pop + cult → espon.

o². ‖ ~ **pescado.** loc. verb. *Ni.* Realizar el coito. pop ^ fest.

p². ‖ ~ **pinga.** loc. verb. *Cu.* Hacer o decir algo inoportuno por imprudencia o desconsideración. pop.

q². ‖ ~ **por una pata.**
  i. loc. verb. *Cu.* Aprovecharse de alguien.
  ii. *Cu.* Representar *algo* o *alguien* un gasto muy grande para una persona.

r². ‖ ~ **queque.**
  i. loc. verb. *Cu.* Hacer o decir algo inoportuno por imprudencia o desconsideración. desp.
  ii. *Cu.* Comportarse con pedantería y arrogancia. desp.
  iii. *Cu.* Carecer de inteligencia. desp.

s². ‖ ~ **santos y cagar diablos.** loc. verb. *Ho, Ni.* Aparentar ser bueno cuando en realidad se es malo. pop + cult → espon.

t². ‖ ~ **sapillo.** loc. verb. *Gu.* Quedar una mujer embarazada.

u². ‖ ~ **soga.** loc. verb. *Cu.* Afrontar *alguien* una mala situación económica.

v². ‖ ~ **tajadas de aire.** loc. verb. *Cu.* Hallarse *una persona* en mala situación económica.

w². ‖ ~ **torta.**
  i. loc. verb. *Ve.* No entender lo que se dice. pop.
  ii. *Bo.* Contraer matrimonio.
  iii. *Bo.* Asistir a la celebración de una boda.

x². ‖ ~ **vacío.** loc. verb. *ES.* Ingerir solo **tortilla** de maíz. pop.

y². ‖ ~ **vidrio.** loc. verb. *RD.* Tener *alguien* una pareja no aceptada por la sociedad por su aspecto físico. pop ^ desp.

z². ‖ ~ **zapatos y todo.** loc. verb. *Bo.* Reprender a alguien con dureza y severidad, sin darle oportunidad de que se defienda. pop + cult → espon.

a³. ‖ ~ **zompopos.** loc. verb. *ES.* Estar *alguien* ronco o un muchacho cambiando la voz.

b³. ‖ ~**le.** loc. verb. *Co.* Creer plenamente algo o a alguien. pop.

c³. ‖ ~**le el canto.** loc. verb. *PR.* Mantener *alguien* relaciones sexuales.

d³. ‖ ~**le gallina.** loc. verb. *CR.* Tenerle miedo a alguien. pop + cult → espon.

e³. ‖ ~**le los pulmones.** loc. verb. *Ch.* Explotar a alguien en el trabajo. pop.

f³. ‖ ~**se cemento.** loc. verb. *Ec.* p.u. Enojarse mucho. pop + cult → espon.

g³. ‖ ~**se con zapatos.** loc. verb. *Ch.* Superar o apabullar a *alguien* en un enfrentamiento. pop + cult → espon ^ fest.

h³. ‖ ~**se el buey.** loc. verb. *Ch.* Aguantarse, contenerse *alguien* la rabia o el enojo. pop.

i³. ‖ ~**se el mandado.** loc. verb. *Mx, Gu, Ho, ES, Ni.* Adelantarse a alguien, hacer una cosa antes que otra persona para conseguir algo. pop + cult → espon.

j³. ‖ ~**se el mundo y no eructarlo.** loc. verb. *Pa.* Hacer algo indebido y quedarse como si no se hubiese hecho nada.

k³. ‖ ~**se el sucio de las uñas.** loc. verb. *Ho.* Estar muy pobre, en la miseria.

l³. ‖ ~**se el trazo.** loc. verb. *Ve.* Errar, equivocarse. pop + cult → espon.

m³. ‖ ~**se la flecha.** loc. verb. *Ve.* Avanzar un vehículo en dirección contraria. pop + cult → espon.

n³. ‖ ~**se la guásima.** loc. verb. *Cu.* obsol. Faltar un alumno a clase.

ñ³. ‖ ~**se la lengua.** loc. verb. *Bo.* Permanecer callada *una persona.*

o³. ‖ ~**se la luz.** loc. verb. *RD, PR, Ve.* Avanzar con el vehículo sin hacer caso a la señal del semáforo. pop + cult → espon.

p³. ‖ ~**se la torta antes del recreo.** loc. verb. *Mx.* Quedarse embarazada una mujer antes de casarse. pop ^ fest.

q³. ‖ ~**se las uñas.** loc. verb. *Mx, Gu, ES; Ho.* pop + cult → espon. No tener alguien dinero o tener muy poco.

r³. ‖ ~**se los hierros.** loc. verb. *Cu.* Realizar ejercicios con mucho empeño.

s³. ‖ ~**se un boniato.**
  i. loc. verb. *Cu.* Tropezar *una persona* con algo.
  ii. *Cu.* Cometer un error.

t³. ‖ ~**se un cable.**
  i. loc. verb. *Pa, Cu, RD, Ve.* Pasar *alguien* una situación económica difícil. pop.
  ii. *Cu.* Equivocarse en una decisión tomada o en el concepto que se tiene de alguien.

u³. ‖ ~**se un *cake*.** loc. verb. *Cu.* Equivocarse, sentirse defraudado.

v³. ‖ ~**se un garrón.**
  i. loc. verb. *Ar, Ur.* Atravesar una situación dificultosa o desagradable.
  ii. *Ar, Ur.* Cumplir una condena por un delito que no se ha cometido. carc.

w³. ‖ ~**se un queso.** loc. verb. *Ve.* Apropiarse, disponer *alguien* del dinero que tiene bajo responsabilidad o custodia, *especialmente en la administración pública.* pop + cult → espon.

x³. ‖ ~**se una corvina.** loc. verb. *Ec:E.* Matar a *alguien* sin justificación legal y con premeditación, *generalmente a cambio de una recompensa.* delinc.

y³. ‖ **comérsela.**
  i. loc. verb. *Ch, Ar, Ur.* En el ***futbol***, acaparar un jugador la pelota para lucirse. pop + cult → espon.
  ii. *Ar, Ur.* Creer o aceptar fácilmente algo que es un engaño. pop + cult → espon.
  iii. *Ve.* Superar una prueba o una situación difícil o comprometida. pop + cult → espon.
  iv. *Cu, Ve.* **devorársela.**

z³. ‖ **no ~ de nada.** loc. verb. *Co.* No creer en nada. delinc.

a⁴. ‖ **no ~ huevos por no botar la cáscara.** loc. verb. *Bo.* Ser *una persona* muy tacaña. pop + cult → espon ^ desp.

b⁴. ‖ **no ~ miedo.** loc. verb. *Cu.* No dejarse amedrentar por nadie. pop.

c⁴. ‖ **no ~ un huevo por no perder la cáscara.** loc. verb. *Bo, Ch, Ar, Ur.* Ser tacaño. pop.

d⁴. ‖ **no ~le a nadie.** loc. verb. *Co.* No tener miedo a nadie. delinc.

a. ‖ **come cuando hay.** loc. sust. *Ni, CR.* p.u. Perro, *especialmente el callejero y flaco.* pop + cult → espon ^ desp.

b. ‖ **comiendo tierra.** loc. adj. *Cu.* Referido a persona, que atraviesa una situación económica precaria.

comercial. (Calco del ingl. *commercial,* anuncio).
  I. 1. m. *EU, Mx, Gu, Ho, ES, CR, Pa, Cu, RD, PR, Co, Ve, Ec, Pe, Bo, Ch, Py, Ar, Ur.* Anuncio, soporte

visual o auditivo en el que se transmite un mensaje publicitario.

II. 1. f. *Bo.* Empresa destinada a gestionar para el público la compra o venta de inmuebles.

comercio.

■

a. ‖ ~ **informal.** m. *Pe, Bo, Ur.* Actividad comercial que funciona al margen de la regulación legal del Estado.

comerrulo.

I. 1. m. *RD.* Persona insignificante.

comes.

I. 1. m. *Ch:SO.* Molusco bivalvo de valvas grandes y alargadas, de color blanquecino y superficie rugosa en forma de celdillas. (Pholadidae; *Pholas chiloensis*).

comesebo.

I. 1. m. *Ch.* Ave de hasta 12 cm de longitud, muy vivaz, de pico fuerte y puntiagudo, de color grisáceo, que suele alimentarse de la grasa de animales muertos. (Thraupidae; *Conirostrum* spp.).

■

a. ‖ ~ **andino.** m. *Ar.* Pájaro de color oliváceo en dorso y zona ventral, con capuchón gris azulado en el macho y estriado en la hembra. (Emberizidae; *Phrygilus gayi*).

b. ‖ ~ **grande.** m. *Ch.* Ave de hasta 16 cm de longitud, de cabeza, cuello trasero y dorso café oscuro; lomo, alas supracaudales y cola, rojizos; garganta, cuello y pecho, blancos; el pico es ligeramente encorvado hacia arriba. (Furnariidae; *Pygarrichas albogularis*).

c. ‖ ~ **patagónico.** m. *Ar.* Pájaro similar al comesebo andino, pero con el dorso canela, el vientre amarillo y la zona dorsal del cuello de color oliváceo. (Emberizidae; *Phrygilus patagonicus*).

comesolo.

I. 1. adj. *RD. Referido a un partido político que llega al poder,* que sitúa en todos los puestos de funcionario a sus correligionarios, echando a los que los ocupaban en el gobierno anterior.

cometa.

I. 1. f. *Ar, Ur.* Dinero o regalo con que se soborna. pop.

II. 1. sust/adj. *Ho, ES, Ni, Pa.* Persona que solo asiste a su trabajo u obligación ocasionalmente.

III. 1. m. *Cu.* Embarcación rápida de transporte marítimo para viajes cortos de pasajeros.

▶ **volar** ~.

cometear.

I. 1. tr. *Ar, Ur.* Dar dinero o regalos a *alguien* para conseguir de él algo ilícitamente. pop.

2. intr. *Ar, Ur.* Dar o recibir **cometa** o **coima** *una persona.* pop.

cometero, -a.

I. 1. sust/adj. *Ar, Ur.* Persona que da o recibe una **cometa** o **coima.** pop.

cometimiento.

I. 1. m. *Ch.* Realización de un delito o de una falta. cult.

cometocino.

I. 1. m. *Ch.* Ave de alrededor de unos 15 cm de longitud, *de color predominante azulado,* aunque también puede tener tonalidades amarillas y pico pequeño y fuerte. (Emberizidae; *Phrygilus* spp.).

cometrapo.

I. 1. *Cu.* **comebola**, persona inoportuna o ingenua.

2. *Cu.* **comebola**, ingenuo, tonto.

comevelas.

I. 1. sust/adj. *Ar.* Persona que muestra una devoción exagerada o afectada. pop ^ desp.

comezón.

I. 1. f. *PR*; m. *ES.* Envidia. pop + cult → espon.

comforter. (Voz inglesa).

I. 1. m. *EU.* p.u. Manta rellena de plumas o de cualquier material de abrigo.

cómica.

I. 1. f. *Pa.* Historieta, serie de dibujos.

2. *Pa.* Dibujos animados.

II. 1. f. *Pe.* Comisaría de policía, pop.

▶ **dar la** ~; **poner la** ~.

comicalla.

I. 1. f. *PR.* **Gofio** de maíz tostado y molido.

comicha.

I. 1. adj. *Ar:NO. Referido a persona,* que tiene prognatismo.

cómico.

I. 1. m. *PR.* **pancha.**

comida.

I. 1. f. *CR, PR, Co, Ve, Pe.* Alimento que se toma entre las 17 y las 21 horas.

2. *Ve, Ch.* Reunión social después de las siete de la noche que tiene por objeto comer en compañía.

3. *Cu.* Conjunto de alimentos que se toma de una vez en las horas de la noche establecidas para ello.

II. 1. f. *Ve:O.* Porción de **chimó** que se puede consumir de una sola vez.

III. 1. f. *Ni, Ve.* Pulpa de las frutas.

IV. 1. f. *CR.* Crítica mordaz que se hace de una persona para desacreditarla. pop + cult → espon.

■

a. ‖ ~ **a la canasta.** f. *Ar.* Comida de amigos o familiares en la que cada uno aporta su vianda. pop.

b. ‖ ~ **al paso.** f. *Bo, Ar, Ur.* En bares u otros *establecimientos similares,* comida de preparación rápida, que se puede consumir de pie.

c. ‖ ~ **chatarra.** f. *Ho, ES, Cu, RD, Py.* Comida rápida y poco saludable.

d. ‖ ~ **corrida.** f. *Mx.* Comida que incluye unos platos determinados a un precio fijo, *generalmente sopa, guisado y bebida.*

e. ‖ ~ **de culebra.**

i. f. *Ho.* **chalchuapa,** arbusto.

ii. *Ho.* **cundeamor,** planta trepadora.

iii. *Ho.* Árbol de hasta 8 m de altura, hojas alternas, aovadas o aovado-elípticas, agudas en el ápice, inflorescencia axilar de tres flores rojas y pentapartidas y fruto globoso; tiene diversas aplicaciones en la medicina tradicional. (Olacaceae; *Schoepfia schreberi*). ◆ **palo de golpe.**

□

a. ‖ ~ **por libra.** loc. sust. *EU:SE.* Establecimiento donde se puede adquirir comida al peso.

▶ **comer** ~ **cocinada; creer que es** ~ **de hocicón; creer que es** ~ **de trompudos; engañar la** ~; **no ser** ~ **de bembudo; no ser** ~ **de trompudo; pisar la** ~ **con algo.**

comidal.

I. 1. m. *Ho.* Gran cantidad de comida.

comidería.

I. 1. f. *Ni.* Casa donde se sirven comidas. rur.

comidero.

I. 1. m. *Ve.* Comida muy abundante.

comidero, -a.

I. 1. m. y f. *Gu, Ni, Ec, Bo.* Persona que se dedica artesanalmente a la elaboración de comidas y a la venta de estas en sitios públicos.

comidillo.

I. 1. m. *Pe, Ch,* p.u. Comidilla, tema preferido en alguna murmuración o conversación de carácter satírico. pop + cult → espon.

comido.
□
   a. ‖ ~ **de luna.** loc. sust. *ES, Ni.* Labio leporino. pop + cult → espon.

comiján.
   I. 1. *PR.* **comején**, insecto isóptero.

comilón, -na.
   I. 1. adj/sust. *Ch, Ar, Ur. Referido a persona, especialmente a un jugador de futbol*, individualista, que acapara para sí el protagonismo de una acción sin contar con los demás. pop + cult → espon.

comín.
   I. 1. m. *RD.* Ayudante.

cominillo.
   I. 1. m. *Ch.* Duda o recelo que inquieta sobre si algo es cierto o bueno. pop + cult → espon.
   ▶ hacer ~ las manos.

comino.
   I. 1. *Co.* chachajo.

comiñones.
   I. 1. m. pl. *Cu.* Dedos de los pies.

comiquero, -a.
   I. 1. adj. *Ch.* Relativo a los cómics e historietas gráficas.
   2. m. y f. *Ch.* Dibujante de cómics e historietas gráficas.

comiquita.
   I. 1. f. *Ve.* Historieta ilustrada breve o larga.
   2. *Ve.* Película de dibujos animados del cine o la televisión.

comiquito, -a.
   I. 1. adj. *Cu. juv. Referido a persona o cosa*, linda, graciosa.

comisaría.
   I. 1. f. *CR.* Establecimiento u oficina donde se aloja la jefatura de la Guardia Civil.

comisariato. (Del ingl. *commissariat*, economato).
   I. 1. m. *Gu, Ni, Pa, Ec, Co*, p.u. Almacén establecido por una empresa o institución para vender entre sus miembros artículos de primera necesidad a precios reducidos.

comisión.
■
   a. ‖ ~ **civil.** f. *Ch.* Grupo de agentes de policía, carabineros o inspectores sin uniforme oficial.
   b. ‖ ~ **de embuyo.** m. *Cu.* Comisión o grupo organizador de cualquier actividad o festejo.
   c. ‖ ~ **de hombres buenos.** f. *Ch.* Grupo de personas respetables que son encargadas para juzgar y solucionar un conflicto entre dos individuos o instituciones.

comisionado.
   a. ‖ ~ **municipal.** m. *Gu, Ho, ES, Ni, CR, Pa.* Miembro de una corporación municipal que tiene las funciones de controlar y vigilar la ejecución de proyectos.
   b. ‖ ~ **residente.** m. *PR.* Representante del Gobierno de Puerto Rico ante la Cámara de Representantes de los Estados Unidos.

comiso.
   I. 1. m. *Co.* Comida ligera que se lleva al trabajo, cuando se va de viaje o excursión.

comisor, -ra.
   I. 1. m. y f. *Cu.* Persona que ha cometido un delito. cult.

comistrajo.
   I. 1. m. *Ch.* Provisión que se lleva para un viaje o excursión. pop.
   2. *Ch.* Conjunto de alimentos que sirven para picoteo o una comida informal. pop.

comité.
   I. 1. m. *ES, RD, Ar, Ur.* Local de un partido político.

comivete. (De *come* y *vete*).
   I. 1. m. *PR.* Restaurante en el que sirven comidas rápidas, *generalmente para consumir de pie.* pop + cult → espon.
   2. *PR.* Restaurante de autoservicio. pop + cult → espon.

comixén.
   I. 1. *RD.* **comején**, insecto isóptero.

cómo.
●
   a. ‖ ¿a ~? fórm. *Cu.* Se usa para preguntar el precio de algo.
   b. ‖ ~ **la ve.** fórm. *Mx, Ho, ES, Ni, Pe, Bo, Ur.* Se usa para preguntar a alguien su opinión sobre algo.
   c. ‖ ¿de a ~?
     i. fórm. *Mx.* Se usa para preguntar con cuánto dinero hay que cooperar. pop.
     ii. *Mx.* Se usa en una discusión o riña para amenazar o para que se aclaren las cosas hasta las últimas consecuencias. vulg.
     iii. *ES. En los bancos*, se usa para preguntar qué tipos de billetes se quieren al retirar una cantidad de dinero.
   d. ‖ ¿de a ~ no?
     i. fórm. *Mx.* Se usa para preguntar cómo, especialmente cuando ello involucra dinero.
     ii. *Mx.* Se usa para expresar afirmación rotunda, sin duda alguna.
□
   a. ‖ ~ **no.**
     i. loc. adv. *Gu, Ho.* No. pop + cult → espon ^ sat.
     ii. loc. adv. *Mx, Gu, Ho, ES, Ni, CR, Pa, Cu, Pe, Bo, Py.* Sí, claro. pop + cult → espon.
   b. ‖ ~ **que.** loc. adv. *Mx, Ho.* De modo que parece. pop + cult → espon.

comodidoso, -a.
   I. 1. adj/sust. *Ni, CR. Referido a persona*, que le gusta evitarse molestias y estar cómoda a costa ajena. pop.

comodín, -na.
   I. 1. adj/sust. *Mx, PR, Py. Referido a persona*, que busca excesivamente la comodidad. (**comodino**).
   2. *Pe, Py, Ur. Referido a persona*, que se acomoda a una situación que es favorable a sus intereses o que le beneficia, *especialmente en política.*
   II. 1. adj/sust. *PR. Referido a una persona*, que sabe muchos oficios y hace distintos trabajos para un mismo patrono. (**comodino**).

comodino, -a.
   I. 1. adj/sust. *Mx, PR, Ar*, p.u. **comodín**, cómodo.
   II. 1. adj/sust. *PR.* **comodín**, con muchos oficios.

cómodo.
   I. 1. *Mx.* **pato**, recipiente.
   ▶ llevar ~.

cómodo, -a.
   I. 1. adj. *Gu, Ho, ES. Referido a un producto*, de precio bajo o asequible al comprador.
   II. 1. adj. *Ni. Referido a persona*, solvente económicamente.

comodón, -na.
   I. 1. adj. *Ve. Referido a persona*, que se adapta a todos los ambientes o situaciones.

¡comonié!
   I. 1. interj. *Ve.* Expresa negación y rechazo.

comosellama.
   I. 1. m-f. *Ni, Ar:NO.* Cosa cuyo nombre no se recuerda. pop.

compa.
  I. (Apóc. de *compañero*).
    1. m. *Mx, Gu, Ho, ES, Ni.* Amigo íntimo, compañero inseparable. pop + cult → espon ∧ afec.
    2. *Mx, Gu, CR, Ar.* Amigo, conocido. pop.
    3. *ES, Ni. En la guerrilla,* compañero de armas. pop + cult → espon ∧ afec.
  II. (Apóc. de *compadre*).
    1. m. *Mx, Gu, Ho, ES.* Padrino de bautismo de uno de los hijos de alguien. pop + cult → espon ∧ afec.
    2. *Pa, Ve, Pe.* Compadre.
  ●
    a. ‖ ~
      i. *Mx, Gu, Ho, ES, Ni, CR, Pa, Py.* Se usa como forma de tratamiento afectivo para dirigirse a los amigos.
      ii. *Mx, Gu, Ho, ES, Ni.* Se usa para dirigirse al padrino de bautismo.
      iii. *ES, Ni.* Se usa para dirigirse a un compañero de la guerrilla.

compact.
  ▶ caérsele el ~.

compactado.
  I. 1. m. *Ho, ES.* Compactación.

compactado, -a.
  I. 1. adj/sust. *Pe. Referido a persona, especialmente un hechicero,* que ha hecho pacto con el diablo para adquirir poderes o beneficios.

compactar.
  I. 1. tr. *Ho, ES, Ni.* metáf. Unir o juntar cosas o personas para algo.
  II. 1. intr. *Ho.* Terminar de formarse el cogollo del repollo.
  III. 1. tr. *Ni.* Reducir el número de empleados en una empresa o institución.

compactera.
  I. 1. f. *Ar, Ur.* Dispositivo de un ordenador o de un equipo de audio donde se colocan los discos compactos para su lectura.

compacto.
  I. 1. m. *Ve, Ur.* Grupo de noticias que se transmiten durante un corto espacio de radio.
    2. *Ch.* Programa o montaje en el que se presenta sintetizado un tema o monográfico para ver audiovisualmente.

compadrada.
  I. 1. f. *Ar, Ur.* Jactancia o presunción. pop. (**compadreada**).
    2. *Ar, Ur.* Actitud provocadora que pretende enojar a alguien. pop. (**compadreada**).

compadrazco.
  I. 1. m. *Ch.* p.u. Unión o concierto de varias personas para ayudarse mutuamente. pop + cult → espon ∧ desp.

compadre.
  I. 1. m. pl. *Bo.* Fiesta popular que se celebra el jueves anterior al carnaval.
  ●
    a. ‖ ~
      i. fórm. *Es, Ni, Cu, Pe, Bo, Py, Ur.* Se usa para dirigirse a un compañero de la guerrilla.
      ii. *Ni, Cu, Pe, Bo, Py, Ur.* Se usa para dirigirse al padrino de bautismo.
      iii. *Ni, CR, Cu, Pe, Bo, Ur.* Se usa para dirigirse a un amigo.
      iv. *Cu, Ar, Ur.* Se usa para dirigirse a un hombre en tono de confianza.
  □
    a. ‖ a lo ~. loc. adj/adv. *Ch. Referido especialmente a un acuerdo, derecho o privilegio,* que se obtiene con el apoyo de alguien sin respetar la legalidad. pop + cult → espon.
    b. ‖ ~ hablado. loc. sust. *Ho, ES.* Acuerdo previo entre dos o más personas para obtener ventajas. pop.
  ▶ estar de ~s hablados; no me defiendas, ~.

compadreada.
  I. 1. f. *Ar, Ur.* **compadrada**, jactancia.
    2. *Ar, Ur.* **compadrada**, actitud provocadora.

compadrear.
  I. 1. intr. *Ar, Ur, Py,* p.u. Presumir, vanagloriarse. pop.
    2. *Ar, Ur, Py,* p.u. Comportarse provocadoramente, tratando de causar enojo o incitar a la pelea. pop.

compadrerío.
  I. 1. m. *Bo, Ch.* Relación de conveniencia mutua que se establece entre dos o más personas para conseguir beneficios.

compadrito.
  I. 1. m. *Pe, Ar, Ur.* Hombre provocativo, pendenciero y presumido. pop.
    2. adj. *Ar, Ur.* Propio de un compadrito. pop.

compadrito, -a.
  I. 1. adj. *Ar, Ur.* obsol. *Referido a objeto,* vistoso o llamativo.

compadrón, -na.
  I. 1. sust/adj. *Ar, Ur.* Hombre provocativo, pendenciero y presumido. pop.
    2. adj. *Ar, Ur.* Propio de un compadrón. pop.

compae. (Var. de *compadre*).
  I. 1. m. *PR.* Compadre. pop + cult → espon.
    2. *PR.* juv. Amigo íntimo, compañero inseparable.

compai.
  I. 1. m. *RD, PR.* Compadre. vulg.
  ●
    a. ‖ ~. fórm. *RD.* Se usa como saludo entre campesinos.

compaña.
  I. 1. f. *Pe,* p.u. Compañera sentimental o pareja de un hombre. pop.
  II. 1. f. *RD.* Comestible con el que se acompaña un plato principal. rur.

compañebrio, -a.
  I. 1. m. y f. *CR.* juv. Compañero de copas. fest.

compañera.
  ■
    a. ‖ ~ de la noche. f. *Ch.* Prostituta. pop + cult → espon.

compañero.
  I. 1. m. pl. *Ho, ES, Bo:O, E, Ar:NO;* m. *Gu, Ni, PR, Ch.* Testículo. vulg; pop + cult → espon.
    2. *Bo:O,E.* Pene. pop ∧ fest.

compañero, -a.
  I. 1. m y f. *Pe.* Militante del partido APRA.

compañía.
  I. 1. f. *Gu.* Placenta y cordón umbilical. rur.

compañón.
  I. 1. m. *Ch, Ar:NO.* p.u. Testículo. pop + cult → espon.

comparancia.
  I. 1. f. *Ve, Ch, Ar, Ur,* rur; *Pa,* obsol. Comparación. pop.

comparanza.
  I. 1. f. *ES.* p.u. Comparación. rur.

comparente.
  I. 1. m-f. *Mx.* Persona que comparece ante un juez, un tribunal, un notario o un órgano público.

comparón, -na.
  I. 1. adj. *RD. Referido a persona,* presumida, pretenciosa, arrogante.

compartimentaje.
  I. 1. m. *Ch.* División de un todo en partes menores. cult.

compartimentar.
  I. 1. tr. *Cu, Pe.* Fragmentar la información sobre un asunto dando a cada persona interesada la parte que le corresponde.
  2. *Cu, Ni.* Mantener a *alguien* al margen de un asunto.

compartimento.
  I. 1. m. *PR.* **gaveta**, receptáculo pequeño.

compartimiento.
  I. 1. m. *Ni, PR.* Guantera.
  II. 1. m. *PR.* Tabique.

compartir.
  I. 1. intr. *Cu, Pe.* Departir.

compás.
  •
  a. ‖ **¡con ~ mar!** fórm. *Bo. En el ejército*, se usa para ordenar el inicio de una marcha.
  ▶ **abrir el ~.**

compasión.
  ▶ **ser una ~.**

compay.
  I. 1. m. *Cu, RD, PR.* Compadre. vulg.

compé.
  I. 1. m. *RD.* Compadre. vulg.

compendio.
  I. 1. m. *ES, Ni.* Problema, dificultad.

compendioso, -a.
  I. 1. adj. *ES, Ni. Referido a un asunto o un problema*, complicado, de difícil solución.

compenetrarse.
  I. 1. intr. prnl. *Mx, ES, Bo, Ch.* Llegar a entender completamente algo.

compensador.
  I. 1. m. *CR. En el sistema de suspensión de un vehículo*, amortiguador.

cómper. (Apóc. de *con permiso*).
  •
  a. ‖ fórm. *Mx, Gu,* juv; *ES,* pop. Se usa para pedir permiso cortésmente para entrar en un lugar o utilizar algo.

competencia.
  I. 1. f. *Mx, Gu, Ho, ES, CR, Pa, Cu, RD, PR, Co, Ve, Ec, Pe, Ch, Py, Ar, Ur.* **Competencia** o prueba deportiva. ♦ **engarre.**

competente.
  I. 1. adj. *RD. Referido a una persona*, presuntuosa, petulante.

compinchería.
  I. 1. f. *Co.* Relación de camaradería o amistad para lograr un fin, *con frecuencia ilícito o poco honrado.*

compio.
  I. 1. *PR.* **pana**, amigo.

complaint. (Voz inglesa).
  I. 1. m. *EU, PR.* Queja oficial o formal.

complejista.
  I. 1. sust/adj. *Cu.* Persona que tiene complejos.

complejizar.
  I. 1. tr. *Ni, Pe; Bo,* p.u. Hacer más difícil o complejo *algo.*

complemento.
  I. 1. m. *ES, Ni, Pe, Bo, Ch. En el futbol*, segunda parte.

completa.
  I. 1. f. *Cu.* Conjunto de alimentos que se sirven juntos en un mismo recipiente.

completada.
  I. 1. f. *Ch.* Reunión de amigos o evento con fines lucrativos en que se comen **completos**, emparedados de salchicha.

completero, -a.
  I. 1. m. y f. *Ch.* Persona que se dedica a hacer y vender **completos**, emparedados de salchicha.
  2. adj. *Ch.* Relativo a los **completos**, emparedados de salchicha.

completo.
  I. 1. m. *Ar.* Desayuno o merienda que consiste en café con leche, tostadas, manteca y mermelada.
  2. *Ch.* Emparedado de pan alargado de corteza blanda, abierto por uno de sus costados, que contiene una salchicha acompañada de tomate picado, chucrut, mayonesa y otros ingredientes adicionales.
  □
  a. ‖ **~ camagüey.** loc. adv. *Cu.* Por completo, totalmente.
  ▶ **creerse el ~.**

completo, -a.
  I. 1. adj. *Cu, Py. Referido a persona*, que posee grandes valores humanos.
  II. 1. *Cu.* Bisexual. vulg.
  III. 1. adj. *Ch. Referido a un emparedado de carne o a una pizza*, que contiene tomate, chucrut y mayonesa.
  ▶ **estar ~; no ser ~.**

complexión.
  I. 1. f. *PR.* Porte. prest; cult → esm.

complicadera.
  I. 1. f. *Cu, RD, Pe.* Complicación.

complicado, -a.
  ▶ **estar ~.**

complicadón, -na.
  I. 1. adj. *CR, Ch.* Complicado o problemático en exceso. pop + cult → espon.

complicarse.
  □
  a. ‖ **~ el inning.** loc. verb. *Cu.* Embrollarse, liarse una situación.

complotado, -a.
  I. 1. sust/adj. *Ch.* Persona que se une a un complot y participa en él.

complotar(se). (Del ingl. *complot*, conspiración).
  I. 1. intr. prnl. *Mx, Gu, Ho, Cu, RD, Pe, Bo, Ch, Ar, Ur.* Confabularse.
  2. intr. *Ve, Pe, Bo, Ch.* Unirse varias personas contra otra u otras, *generalmente con fines políticos.*
  3. *Gu, RD, Ec, Ur.* Conspirar.
  4. *Ch.* Concurrir dos o más causas para dar lugar a un resultado determinado.

complotista.
  I. 1. m-f. *Gu.* Persona implicada en un complot o conspiración.

componedor, -ra.
  I. 1. m. y f. *Mx, Ho, Ni, Co:N, Ch; Ar,* rur; *Mx,* pop. Persona hábil en tratar dislocaciones de huesos. ♦ **compositor.**
  II. 1. m. y f. *Ar:NO.* Persona que entrena una caballería para la carrera o un gallo para la pelea. pop.
  □
  a. ‖ **~ de batea.** loc. sust. *Cu.* Persona conciliadora, que intenta arreglar situaciones y pleitos.

componedora.
  I. 1. f. *Ar:NO.* Mujer que se encarga de arreglar y vestir a los santos en una iglesia, *especialmente antes de alguna fiesta o procesión.* pop. ♦ **compositora.**

componer(se).
  I. 1. tr. *Gu, Ho, ES, Ni, Pa, Bo; Co, Ec, Pe, Ch:S, Ar,* rur; pop; *Mx, ES,* pop. Restituir un **sobador** a su lugar los huesos dislocados.
  II. 1. intr. prnl. *Mx, Gu, Ho, ES, Ni, Ve, Ar, Ur.* Recuperarse de una enfermedad.

III. 1. tr. *Mx.* Añadir jugo de fruta al **pulque**.
 2. *Ho.* Aliñar *alguien* una comida o preparar una bebida.
IV. 1. tr. *Mx.* Castrar a un animal. rur.
V. 1. intr. prnl. *Mx, Ni, Cu, Bo, Ar, Ur.* Mejorar el tiempo. pop.
VI. 1. tr. *Ar, Ur.* Entrenar una caballería para la carrera o un gallo para la pelea.
VII. 1. tr. *Ar:NO.* obsol. Arreglar y vestir a los santos en una iglesia, *especialmente antes de alguna fiesta o procesión.*
VIII. 1. tr. *Ar:NO.* Hacer que a *alguien* se le pasen los efectos de una borrachera, *especialmente con infusiones.* pop.
IX. 1. intr. prnl. *Gu, ES.* Parir una mujer.
X. 1. tr. *Ho, ES.* Realizar *alguien* el coito. pop + cult → espon.
XI. 1. intr. prnl. *Ni, Cu.* Enmendar la conducta *una persona.*
XII. 1. intr. *RD.* Tener significación social.
XIII. 1. tr. *PR.* Dar masajes los curanderos con ciertos ungüentos para aliviar algunos dolores.
XIV. 1. intr. *CR.* Poseer *algo* o *alguien* determinadas características o cualidades tenidas como buenas o ideales. pop.

□
 a. ‖ ~ **el cuerpo.** loc. verb. *Ch*, pop; *Bo*, pop + cult → espon. **componer la caña.**
 b. ‖ ~ **la caña.** loc. verb. *Ch.* Aliviar la resaca y el malestar provocados por el consumo abundante de alcohol. pop + cult → espon. ♦ **componer el cuerpo.**
 c. ‖ ~ **los animales.** loc. verb. *PR.* Amarrar *alguien* a los animales durante la noche en un lugar con comida para que puedan alimentarse durante esas horas.

componte. (Del ingl. *component*).
 I. 1. m. *RD.* Arreglo, solución.
 II. 1. m. *PR.* Equipo electrónico para la reproducción del sonido.
 ▶ **no tener ~.**

comportación.
 I. 1. f. *Ve.* obsol. Comportamiento.

compositor.
 I. 1. m. *Ar, Ur, Py*, pop, p.u. Hombre encargado de entrenar caballos de carrera.
 2. *Ar, Ur, Py*, pop. Hombre encargado de adiestrar gallos de pelea.

compositor, -ra.
 I. 1. m. y f. *Ch, Ar:NO,O.* **componedor**, persona hábil en tratar dislocaciones. rur.

compositora.
 I. 1. f. *Ar:NO.* **componedora**, mujer que arregla y viste santos.

composta.
 I. 1. *PR.* **composte.**

composte.
 I. 1. m. *PR.* Conjunto de hojas, tallos, recortes de grama o cáscaras de huevo puesto a pudrirse para preparar una tierra rica en materia orgánica. (**composta**).

composteo.
 I. 1. m. *ES.* Lugar en que se deposita la cáscara del café para ser utilizada posteriormente como abono. rur.
 II. (De *poste*).
 1. m. *Ho.* Cercamiento de un terreno con postes.

compostura.
 I. 1. f. *Ho:O.* Ritual de ofrenda para la madre tierra como pago a las divinidades.

compota.
 I. 1. f. *Cu, RD, Ve.* Alimento infantil, consistente en un puré de diversos ingredientes, *especialmente fruta*, envasado para su consumo.

compra.
 ■
 a. ‖ ~ **nerviosa.** f. *Ve.* Adquisición de un producto en gran cantidad por miedo a que escasee.
 □
 a. ‖ ~ **huevos.**
  i. loc. sust. *Ch.* **comprahuevos**, conjunto de trámites.
  ii. *Ch.* **comprahuevos**, situación o conflicto.
 b. ‖ **de ~s.** loc. adj. *Ar, Ur.* Referido a una mujer, embarazada. pop ^ fest. p.u.

comprachilla.
 I. 1. f. *Gu.* **madrugador.**

comprada.
 I. 1. f. *Ho, ES.* Compra.

compradera.
 I. 1. f. *Ni, Cu, RD, Pe.* Compra abundante y continua.

comprado, -a.
 I. 1. adj. *Ch.* Referido a algo que se tiene o se puede tener, que está asegurado para un tiempo futuro. pop + cult → espon.

comprador, -ra.
 I. 1. adj/sust. *Bo, Py, Ar, Ur.* Referido a *persona*, que granjea fácilmente el afecto o la voluntad de los demás. pop.
 2. adj. *Bo, Py, Ar, Ur.* Referido a una conducta o a un gesto, agradable, cautivador. pop.
 ■
 a. ‖ ~ **de chueco.** m. y f. *Mx.* Persona que compra cosas robadas. pop.

comprahuevos.
 I. 1. m. *Ch.* Conjunto de trámites burocráticos, *generalmente inútiles e innecesarios*. pop. (**compra huevos**).
 2. *Ch.* Situación o conflicto en que alguien elude su responsabilidad y la desvía hacia otros. pop. (**compra huevos**).
 3. *Ch.* p.u. Juego de las cuatro esquinas en el que los jugadores se distribuyen en cuatro puntos que se van intercambiando mientras que otro intenta quitarles el puesto.

comprar(se).
 I. 1. tr. *Bo, Ar, Ur.* Granjearse el afecto y la simpatía de *alguien*.
 II. 1. tr. prnl. *Ar.* Chocar *alguien* contra algo. pop + cult → espon.
 ●
 a. ‖ **si no compra, no mallugue.** fórm. *Mx, ES.* Se usa como advertencia de una persona hacia otra para que no le haga perder el tiempo inútilmente.
 □
 a. ‖ ~ **a dinero.** loc. verb. *PR.* Comprar al contado.
 b. ‖ ~ **a la flor.** loc. verb. *RD.* Comprar la cosecha por adelantado.
 c. ‖ ~ **a precio de gallo muerto.** loc. verb. *Ho.* Obtener *alguien algo* muy barato. ♦ **comprar a precio de guate mojado; comprar a precio de mula muerta; comprar a precio de mula tuerta.**
 d. ‖ ~ **a precio de guate mojado.** *Ho, Ni.* **comprar a precio de gallo muerto.**
 e. ‖ ~ **a precio de mula muerta.** *Ho.* **comprar a precio de gallo muerto.**
 f. ‖ ~ **a precio de mula tuerta.** *Ni.* **comprar a precio de gallo muerto.**
 g. ‖ ~ **aguate mojado.** loc. verb. *Ni.* Comprar *algo* a bajo precio.
 h. ‖ ~ **al tiempo.** loc. verb. *Mx.* Negociar con granos antes de la cosecha. rur.
 i. ‖ ~ **gatos entre sacos.** loc. verb. *PR.* Comprar *alguien* sin ver bien la mercancía.

j. ‖ ~ **huevo para vender huevo.** loc. verb. *Pa.* Comprar *algo* a cierto precio y después venderlo por el mismo valor.

k. ‖ ~ **huevos.** loc. verb. *Ch.* Realizar de un lado para otro trámites burocráticos, *generalmente inútiles e innecesarios*. pop.

l. ‖ ~ **pleito.**
   i. loc. verb. *Mx, Pe.* Hacerse *alguien* cargo de un problema o una disputa que corresponde a otra persona. pop + cult → espon.
   ii. *RD.* **comprarse un disgusto.**

m. ‖ ~ **soga para su pescuezo.** loc. verb. *Cu.* Actuar en perjuicio propio. pop.

n. ‖ ~ **terreno.** loc. verb. *Ar, Ur.* Caerse *una persona.* pop + cult → espon ^ fest.

ñ. ‖ ~**se un disgusto.** loc. verb. *RD.* Verse con problemas por culpa propia. ♦ **comprar pleito.**

◪

a. ‖ **que te compre quien no te conozca.** fr. prov. *Cu.* Indica desconfianza hacia la persona a la que se dirige.

compraventa.
   I. 1. f. *RD, Co.* Establecimiento en el que se hacen préstamos mediante el empeño de alhajas y otros objetos de valor.

compraventero, -a.
   I. 1. sust/adj. *Ch,* pop + cult → espon ^ desp; m. y f. *Bo.* pop. Persona dedicada a la compraventa.

comprenderse.
   I. 1. intr. prnl. *Mx, ES.* Compenetrarse dos personas.

comprendido.
   I. 1. m. *Ni, Ve, Ch, Ur.* Respuesta o señal que se envía para que el interlocutor de una emisión radiotransmitida sepa que se ha recibido su mensaje.

comprensión.
   I. 1. f. *Pe.* Zona o sector que depende administrativamente de un distrito.

comprimido.
   I. 1. m. *Co, Pe.* Trozo de papel en el que un estudiante anota fórmulas y otros datos para usarlos a escondidas en un examen. est.

comprometido, -a.
   I. 1. m. y f. *Ni, RD, Bo, Py.* Persona que tiene contraída con otra una promesa de matrimonio. pop.

compromiso.
   I. 1. m. *Mx.* obsol. Rizo en el pelo de una mujer, *especialmente el que está sobre una mejilla.*
   II. 1. m. *Pe.* Convivencia de dos personas que no se han casado. pop.

compromitente.
   I. 1. adj/sust. *Ch.* Referido a persona o cosa, que compromete o se compromete. cult.

comptroller. (Voz inglesa).
   I. 1. m-f. *EU, PR.* Auditor, contable.

compuerta.
   I. 1. f. *Bo.* Armazón de tablas de madera en forma de reja que se sujeta con trabas por las dos partes laterales y se encaja en los orificios de la plataforma o piso del camión.

compuesto.
   I. 1. m. *Ve.* Manojo de hierbas aromáticas que se usa como condimento para la sopa.
   II. 1. m. *Ni, CR, Cu.* obsol. Bebida elaborada con aguardiente y el jugo de alguna fruta, *por lo general de un cítrico.*

compullar.
   I. 1. tr. *Ar:NO.* Atar a un animal con una soga o tiento desde los cuernos a una pata delantera, para poderlo conducir fácilmente. rur.

compulsorio, -a. (Del ingl. *compulsory*).
   I. 1. adj. *PR.* Referido a persona o cosa, obligatoria, compulsiva.

compurgar.
   I. 1. tr. *Ho.* Purgar o pagar *alguien* una pena o pecado.

computación.
   I. 1. f. *Mx, ES, Ni, CR, Pa, Cu, RD, PR, Co, Ve, Pe, Bo, Ch, Py, Ar, Ur.* Informática.

computador. (Del ingl. *computer*).
   I. 1. m. *EU, Mx, Gu, Ho, ES, Ni, Pa, RD, Ve, Pe, Ch.* Ordenador personal, de uso individual. (**computadora**). ♦ **computer.**
   2. m. *EU, Mx, Gu, Ho, ES, Ni, Pa, RD.* Máquina electrónica de tratamiento de la información, capaz de almacenar, ordenar y memorizar datos a gran velocidad, gracias al empleo de diversos programas.

computadora. (Del ingl. *computer*).
   I. 1. f. *EU, Mx, Gu, Ho, ES, Ni, Cu, RD, PR, Ve, Pe, Bo, Py, Ar, Ur.* **computador.** ♦ **computer.**
   ▶ **estar como una ~.**

computar. (Del ingl. *to compute*).
   I. 1. tr. *ES, PR, Bo, Pe,* juv. Asimilar, comprender, entender. pop.

computarizar.
   I. 1. tr. *RD, Bo, Ch, Py.* Introducir datos en un ordenador para que sean procesados por este.

computer. (Voz inglesa).
   I. 1. *EU.* **computador.**
   2. *Cu.* **computadora.**
   ▶ **ser un ~.**

computín, -na.
   I. 1. sust/adj. *Ch.* Persona aficionada a la **computación**, experta en ella. pop + cult → espon.
   2. adj. *Ch.* Relativo a la **computación**. pop + cult → espon.

computista.
   I. 1. m-f. *Ve.* Persona que elabora programas para los **computadores** electrónicos.

comulgar.
   ▢
   a. ‖ ~ **con adobes.** loc. verb. *Gu, ES.* Ser *alguien* excesivamente crédulo.
   b. ‖ ~ **con ruedas de carreta(s).** loc. verb. *Ch.* Aceptar o creer algo inverosímil. pop + cult → espon.

común.
   I. 1. m. *Mx, Gu, ES, Ni, Bo.* p.u. Retrete. rur.
   II. 1. f. *RD.* División territorial más pequeña que el municipio y que la provincia.

   ■
   a. ‖ ~ **cabecera.** f. *RD.* La principal de todas las divisiones de la provincia o municipio.

   ▢
   a. ‖ ~ **y silvestre.** loc. adj. *Pe, Bo, Ch, Ar, Ur.* Ordinario, idéntico a la mayor parte de los de su especie. pop + cult → espon ^ fest.
   ▶ **ser ~ y silvestre.**

comuna.
   I. 1. m. *Pa, Ve, Pe, Bo, Ch, Py, Ar, Ur.* Municipio, conjunto de habitantes de un mismo término.
   2. f. *Bo, Ar.* Entidad que se encarga de la administración de un municipio o ayuntamiento.
   3. *Ar.* Circunscripción administrativa bajo la autoridad de un ayuntamiento.
   4. *Ho, Ni.* Lugar donde se halla la sede de un ayuntamiento y la oficina de su alcalde.
   II. 1. f. *Ec.* Grupo de personas, *por lo general indígenas,* asentado en una zona rural.

a. ‖ ~ **dormitorio.** f. *Ch.* Conjunto suburbano de una gran ciudad cuya población laboral se desplaza a diario fuera de él a su lugar de trabajo.

comunacho, -a.
I. 1. sust/adj. *Bo, Ar.* Persona que tiene ideas de izquierda. pop ^ desp.
2. adj/sust. *Bo, Ch. Referido a persona*, comunista. pop + cult → espon ^ desp.
3. adj. *Bo, Ch.* Relativo al comunismo. pop + cult → espon ^ desp.
II. 1. m y f. *Py.* Persona que carece de educación y viste inadecuadamente. pop + cult → espon ^ desp.
2. adj. *Py. Referido a cosa*, que es de baja calidad y de excesivo uso común. pop + cult → espon ^ desp.

comunal.
I. 1. adj. *Ni, Pa, Ve, Pe, Bo, Ch, Py, Ar, Ur.* Relativo a la **comuna**, municipio.
2. *Py, Ar.* Relativo a la **comuna**, conjunto de habitantes.
3. *Py, Ar, Ur.* Relativo a la **comuna**, circunscripción administrativa.
4. *Ho, ES.* Relativo a la alcaldía.
5. *Ho, ES, Py.* Relativo a la comunidad de vecinos.
6. *Ec, Py.* Relativo a la **comuna**, grupo de personas.

comunario, -a.
I. 1. m. y f. *Bo.* Miembro de una comunidad rural campesina.

comunero, -a.
I. 1. m. y f. *Ec, Bo.* p.u. Miembro de una comunidad rural campesina.
2. *Ec.* Miembro de una **comuna** o colectividad, *por lo general indígena*, asentada en una zona rural.

comunicación.
▶ **caerse la ~.**

comunicado.
I. 1. m. *ES, Pe, Bo, Py.* Avance informativo que se intercala en un programa de radio o televisión.

comunicador, -ra.
I. 1. m. y f. *Cu, RD, Ch.* Persona que trabaja en telecomunicaciones.
2. *Cu, RD, Py, Ur.* Persona que habla o escribe en los medios de difusión.
II. 1. m. y f. *Ho.* Persona que sirve de intermediario en un secuestro. delinc; pop + cult → espon.

a. ‖ ~ **social.** m. y f. *Ho, RD, Bo, Py, Ur.* Periodista de prensa, radio o televisión.

comunidad.
□
a. ‖ **la ~.** loc. sust. *Cu.* Conjunto de cubanos que viven en el extranjero, *en especial en los Estados Unidos*.

comunitario, -a.
I. 1. m. y f. *Cu.* Cubano que vive en los Estados Unidos, *especialmente en Miami*.

cona.
I. 1. *Ar:NO.* **conana**, piedra rectangular.
2. *Ar:NO.* **conana**, mortero.
3. *Ar:NO.* **conana**, piedra fusiforme.

conacaste.
I. 1. *Gu, ES.* **guanacaste**, árbol.

conana. (Del airn. *qhuna* y del quech. *qhunana*, piedra para moler).
I. 1. f. *Ar:NO.* Piedra rectangular y cóncava en el medio sobre la que se muele el grano por medio de otra piedra. (**cona**).
2. *Ar:NO.* Mortero para machacar. (**cona**).
3. *Bo, Ar:NO.* Piedra fusiforme con la que se muele. (**cona**).
II. 1. adj/sust. *Bo. Referido a persona*, que repite algo con insistencia hasta causar fastidio.

conato.
I. 1. m. *Cu, Ur.* Discusión, gritería.

concaverna.
I. 1. f. *Ho.* Hueco formado por la **comba** de los troncos y raíces de grandes árboles.

concejillo.
I. 1. m. *Pe.* Reunión previa e informal del alcalde con los concejales anterior a la oficial.

concejo.
■
a. ‖ ~ **deliberante.** m. *Py, Ar, Ur.* Conjunto de concejales presididos por un **intendente**.

concencia.
I. 1. f. *Cu, RD.* Conciencia. vulg.

concentrado.
I. 1. m. *Cu.* Curso intensivo de una disciplina en un corto período de tiempo. est.

concepto.
□
a. ‖ **por todos ~s.** loc. adv. *Mx, Ur.* Desde cualquier punto de vista.

concertacesión.
I. 1. f. *Mx. En política*, ceder una posición partidista para llegar a un acuerdo.

concertacionismo.
I. 1. m. *Ch.* Ideario político, económico y social de la Concertación de Partidos por la Democracia, agrupación de varios partidos de izquierda y centro-izquierda chilenos.
2. *Ch.* Conjunto de los **concertacionistas**.

concertacionista.
I. 1. sust/adj. *Ch.* Partidario de la Concertación de Partidos por la Democracia.
2. adj. *Ch.* Relativo a esta agrupación de partidos chilenos.

concertado.
I. 1. sust/adj. *Ve:O.* Empleado de servicio doméstico.

concertar(se).
I. 1. *Ve:O.* **conchabarse**, conseguir un trabajo.
2. *Ve:O.* **conchabar**, contratar.

concesionable.
I. 1. adj. *Ni, Bo, Ch. Referido a cosa*, que se puede otorgar en concesión. cult.

concesionamiento.
I. 1. m. *Ni, Ch, Ar,* p.u. Concesión de un bien o posesión que se otorga a alguien. cult.

concesionar.
I. 1. tr. *Ni, CR, Pe, Py, Ar, Ur, Mx, Ho, ES,* prest, cult → esm; *Ch,* cult. Otorgar un producto o servicio en concesión.

concesionaria.
I. 1. f. *Ni, Ch, Ar.* Establecimiento comercial que tiene la concesión oficial de una determinada marca de automóviles.

concha.
I. 1. f. *Mx, Ho, Ni.* Revestimiento duro que cubre la parte carnosa de algunos animales, como la **jaiba**, la tortuga y el armadillo.
2. *Ho, Ni, Co:N, Ve.* Cáscara o cubierta exterior de los huevos y de varias frutas.
3. *Ho, Co:N, Ve.* Corteza de un árbol.
4. *Ve.* Cápsula vacía de cualquier proyectil de armas de fuego.
II. 1. f. *Mx, Ni, CR, Pa, PR, Co:N, Ec, Pe,* vulg. Descaro, desfachatez. pop + cult → espon. ♦ **cáscara**.
III. 1. f. *Gu, ES, Co:N, Ec, Pe, Bo, Ch, Py, Ar, Ur.* Vulva. vulg.
IV. 1. f. *Mx.* Pan dulce semiesférico y esponjoso, *cubierto generalmente de costras de manteca azucarada*.

V. 1. f. *Mx.* Protector para los testículos, hecho de material resistente, que usan algunos deportistas.

VI. 1. f. *Pe, Bo.* Suerte favorable. pop.

VII. 1. (Del quech. *q'uncha*).
f. *Bo.* Fogón rústico, fijo o móvil, hecho de arcilla cocida o de barro, que funciona con leña o con estiércol. (**kuncha**).

VIII. 1. f. *ES, Ni.* Molusco bivalvo, lamelibranquio, con valvas ovaladas, casi redondas, estrías finas, de color blanco mate en el exterior y de color marrón oscuro en el interior; se come crudo en su jugo colorado. (Arcidae; *Anadara similis, A. tuberculosa*).

IX. 1. f. *Ni.* Espalda encorvada.

X. 1. f. *PR.* Caída del gallo sobre su lomo, patas arriba, en medio de la pelea. ♦ **pámpana**.

■

a. ‖ ~ **de abanico.** f. *Pe.* **ostión**.

b. ‖ ~ **nácar.** f. *Ho.* **conchanácar**, pistola.

□

a. ‖ ~ **de ajo.** loc. sust. *Ve.* Cantidad insignificante de algo. pop.

b. ‖ ~ **de cambur.** loc. sust. *Ve.* Trampa o engaño. pop.

c. ‖ ~ **de mango.** loc. sust. *Ve.* Ardid que se tiende a alguien con malicia. pop.

d. ‖ ~ **de su madre.** loc. sust/adj. *Pe, Ch.* Persona a la que se reprende o insulta porque se considera que ha hecho algo malo, inadecuado o porque se lo merece. vulg; pop.

e. ‖ ¡~ **de tu madre!** *Bo.* ¡la concha de tu madre!, expresa enojo. ♦ **¡tumay!**

f. ‖ ¡~ **de la lora!** *Ch, Ar, Ur.* ¡la concha de tu madre!, expresa enojo.

g. ‖ ¡**la** ~ **de la vaca!** *Ar.* ¡la concha de tu madre!, expresa enojo.

h. ‖ ¡**la** ~ **de tu abuela!** *Ar, Ur.* ¡la concha de tu madre!

i. ‖ ¡**la** ~ **de tu madre!**
i. loc. interj. *Ec, Bo, Ch, Ar, Ur.* Expresa insulto grave. vulg. ♦ **¡la concha de tu abuela!; ¡la concha de tu tía!**
ii. *Ch, Ar, Ur.* Expresa enojo o contrariedad. vulg. ♦ **¡ concha de tu madre!; ¡concha de la lora!; ¡la concha de la vaca!; ¡la concha de tu abuela!; ¡la concha de tu tía!; ¡por la concha!**

j. ‖ ¡**la** ~ **de tu tía!** *Ar, Ur.* ¡la concha de tu madre!

k. ‖ ¡**por la** ~! loc. interj. *Bo.* ¡la concha de tu madre!, expresa enojo. tabú.

l. ‖ ¡**qué** ~!
i. loc. interj. *Ho, Ni, Pa.* Expresa contrariedad ante el descaro o desfachatez de alguien.
ii. *Pa.* Expresa desacuerdo.

▶ **doblar la ~; hacer ~; hacerse ~; mandar ~; pisar una ~ de mango; tener ~; tragarse algo con ~ y todo.**

conchabado.

I. 1. sust/adj. *Ve:O, Py.* Empleado de servicio doméstico.

conchabador.

I. 1. m. *Bo, Ar:N.* Hombre que se dedica a la contratación de trabajadores para la tala de árboles o para tareas rurales. rur. ♦ **aconchabador**.

conchabar(se).

I. 1. tr. *Bo, Py, Ve:O, Ar, Ur,* rur. Contratar a *alguien* para un trabajo, *generalmente doméstico, rural o de tipo manual.* ♦ **concertar**.

2. intr. prnl. *Bo, Py, Ar, Ur.* rur. Conseguir *alguien* un trabajo, *generalmente doméstico, rural o de tipo manual.* ♦ **concertarse**.

II. 1. intr. prnl. *Bo, Ur.* Contraer matrimonio. pop.

2. *Bo, Ur.* Establecer una relación marital sin estar casados. pop.

III. 1. intr. prnl. *RD.* Romperse, quebrarse. ♦ **desconchabar**.

IV. 1. intr. prnl. *RD.* Frustrarse, malograrse un intento. ♦ **desconchabar**.

conchabe.

I. 1. m. *Ec.* Acto de ponerse de acuerdo dos o más personas para obrar, *generalmente, de modo ilícito.* pop + cult → espon.

conchabo.

I. 1. m. *Ve:O; Py, Ar,* rur; *Ur,* pop. Trabajo, *generalmente, rural, doméstico o de tipo manual, y de carácter temporal.*

conchada.

I. 1. f. *CR.* Grosería o acción descortés e irrespetuosa. pop + cult → espon.

conchal.

I. 1. m. *Ho, Ni, CR, Pe, Ch.* Lugar en el que se han acumulado conchas de moluscos durante varias generaciones.

conchalagua.

I. 1. f. *Ho, Ni.* **sulfatillo**.

¡cónchale!

I. 1. interj. *RD, Ve, Ch.* Expresa sorpresa, asombro, admiración. euf; pop + cult → espon.

II. 1. interj. *ES, Ve, Ch.* Expresa protesta, disgusto, contrariedad. euf; pop + cult → espon.

conchán.

I. 1. adj/sust. *Pe. Referido a persona,* descarado, que no tiene vergüenza.

conchana.

I. 1. f. *Ar:NO.* Círculo de piedras que se hace en el suelo y en cuyo centro se enciende fuego para cocinar.

2. *Ar:NO.* Fuego que se enciende dentro de este círculo de piedras.

conchanácar.

I. 1. m. *Ho, ES, Ni.* Material brillante de color blanquecino del que se hacen cachas de revólveres y pistolas.

II. 1. sust/adj. *Ho.* Pistola de la marca Smith and Wesson. (**concha nácar**).

conchanero, -a.

I. 1. adj/sust. *Ar:NO. Referido a persona,* que gusta de estar calentándose cerca de la **conchana**, círculo de piedras.

2. m. y f. *Ar:NO.* Persona que cuida de la **conchana**, fuego.

conchaperla.

I. 1. f. *Ch.* **concheperla**.

conchar.

I. 1. intr. *Co.* p.u. Recoger conchas los nativos de la costa del Pacífico, *generalmente en condiciones infrahumanas.*

II. 1. intr. *RD.* Trabajar en el transporte público de pasajeros, *generalmente urbano,* con **concho**, auto o motocicleta.

III. 1. intr. *RD.* Tomar tragos de licor por poco dinero.

conchazo.

I. 1. m. *Ch.* Golpe fuerte y estrepitoso. pop + cult → espon.

II. 1. m. *Bo.* Suerte favorable. pop.

concheo.

I. 1. m. *Ch:S.* **Callana** en la que se tuesta grano con rescoldos o arena calientes.

concheperla.

I. 1. f. *Ve, Pe, Ch.* Nácar de la concha de la madreperla que se utiliza en joyería y orfebrería. (**conchaperla**).

conchera.

I. 1. f. *Gu.* Enamoramiento.

conchería.

I. 1. f. *CR.* Poema o romance de tema costumbrista.

concherío.
- I. 1. m. *Co:N.* Montón de **conchas** o cáscaras.

conchero.
- I. 1. m. *Ve.* Gran cantidad de conchas o cáscaras.
- ▶ dejar el ~.

conchero, -a.
- I. 1. m. y f. *Ni, Pe.* Persona que se dedica a recoger moluscos en el barro o en las aguas bajas, para después venderlos.
- II. 1. sust/adj. *Bo.* Persona que tiene buena suerte. pop.

concheto, -a.
- I. 1. m. y f. *Ar, Ur.* juv. Persona que en sus maneras responde a la moda propia de gente de altos ingresos y posición social elevada.
- 2. adj. *Ar, Ur.* juv. *Referido a objeto, hábito o lugar,* propio de una de estas personas.

conchetumadre.
- I. 1. sust/adj. *Ch.* Persona a la que se reprende o insulta porque se considera que ha hecho algo malo, inadecuado o porque se lo merece. vulg; pop.

conchevino.
- I. 1. *Ch.* **conchovino**, rojo oscuro.
- 2. *Ch.* **conchovino**, de color rojo oscuro.

conchijunto, -a.
- I. 1. adj/sust. *Ch. Referido especialmente a una mujer,* recatada, de moral estricta en lo sexual. vulg; pop + cult → espon ^ sat.

conchito.
- I. 1. m-f. *Bo, Ch.* Hijo menor de una familia. pop ^ afec.

conchitoreado, -a.
- I. 1. adj. *Ch.* p.u. *Referido a persona,* borracha. pop + cult → espon ^ fest.

concho.
- I. (Del quech. *qonchu, cunchu,* heces, posos).
- 1. m. *Pa, Pe, Ch; Ec, Bo,* pop. Sedimento de una bebida.
- 2. *Pa, Ch.* Restos de comida de un envase.
- 3. *Bo:C,O. En la elaboración de la* **chicha***,* líquido espeso que se obtiene después de hacer reposar el **wiñapo** hervido.
- 4. *CR:NO, Pa.* Capa de alimento tostado que se queda adherida en el fondo del recipiente en que se ha cocinado. ♦ **corroncha**.
- II. 1. m. *Pe, Bo, Ch.* Hijo último cuyos hermanos son bastante mayores que él.
- III. 1. m. *RD.* Vehículo de transporte público urbano de pasajeros, muy popular y, a veces, en muy mal estado.
- 2. *RD.* Taxi, automóvil de alquiler.
- ■
- a. ‖ ~ **del baúl.** m. *Ch.* p.u. Ropa que se deja para ocasiones y eventos importantes. pop.
- □
- a. ‖ a ~. loc. adv. *Ch.* Hasta el fondo o máximo de algo. pop + cult → espon.
- b. ‖ ~ **de vino.**
  - i. loc. adj. *Ec, Pe, Ch.* De color rojo oscuro.
  - ii. *Ch. Referido a color,* rojo oscuro.
- c. ‖ ~ **puchu.** loc. sust. *Bo:C.* Hijo menor de una familia.
- d. ‖ **hasta el ~.** loc. adv. *Bo, Ch.* Hasta el fondo. pop + cult → espon.

concho, -a.
- I. 1. adj/sust. *Gu, ES, Ni. Referido a persona,* sinvergüenza, descarada.
- II. 1. sust/adj. *Gu.* Persona estricta.
- III. 1. adj. *Ho, CR. Referido a persona,* de extracción campesina, modales rústicos y escasa cultura.
- IV. 1. adj. *Bo:O,C. Referido a un líquido,* turbio y sucio. pop.

¡concho!
- I. 1. interj. *Cu.* p.u. Expresa dolor, conmiseración o protesta, según las situaciones. ♦ **¡cónchole!**

¡cónchole!
- I. 1. interj. *PR.* **¡concho!**
- 2. *Pa.* Expresa sorpresa, asombro o agrado.

conchoprimo.
- I. 1. m. *RD.* Personaje propio de las revoluciones **montoneras**, que participaba en los alzamientos armados.

conchoprinismo.
- I. 1. m. *RD.* Estilo de vida en tiempos de las revoluciones **montoneras**.

conchovino.
- I. 1. adj/sust. *Ch. Referido a color,* rojo oscuro. (**conchevino**).
- 2. adj. *Ch.* De color rojo oscuro. (**conchevino**)

conchú.
- I. 1. adj/sust. *RD. Referido a persona,* perezosa, vaga, indolente. (**conchudo**).
- II. 1. adj/sust. *PR. Referido a persona,* terca, temeraria. (**conchudo**).

conchucharse.
- I. 1. tr. prnl. *Cu, PR.* Conchabarse, confabularse. pop + cult → espon.

conchudamente.
- I. 1. adv. *Mx, Ho, Ni, CR, Pe, Bo.* Sin miedo ni vergüenza, descaradamente.

conchudez.
- I. 1. f. *Mx, Gu, Co, Ec, Pe, Bo.* Descaro, desfachatez. pop.

conchudo.
- I. 1. m. *Ho.* Sombrero **aludo**.

conchudo, -a.
- I. 1. adj/sust. *Mx, Gu, Ho, Ni, CR, Pa, Co, Ve, Ec, Pe, Ch,* pop + cult → espon ^ desp; *Bo:O,S,* pop. *Referido a persona,* desvergonzada, descarada.
- 2. *Mx, Gu, Ho, Ni. Referido a persona,* sinvergüenza en su actuar.
- 3. sust/adj. *Ch, Ar, Ur.* Mala persona. vulg. ♦ **cajetudo; culeado; zorrudo**.
- II. 1. adj/sust. *Mx, Gu, Ho, ES, RD. Referido a persona,* perezosa o sin interés en lo que hace.
- III. 1. adj. *Pe, Bo, Ch, Ar, Ur. Referido a persona,* que tiene buena suerte. pop.
- IV. 1. adj. *Ve. Referido a animal,* que tiene la piel áspera o dura.
- 2. *Ve. Referido a objeto o a alimento,* que tiene un recubrimiento o una cáscara gruesa.
- V. 1. adj/sust. *Gu, Ho. Referido a persona,* que no se afecta o conmueve por nada.
- VI. 1. adj. *ES, Ni. Referido a persona,* con joroba.
- VII. 1. adj. *ES. Referido a persona,* valiente.
- VIII. 1. *PR.* **conchú**, terco. pop + cult → espon.

conchuela.
- I. 1. f. *Mx, Gu, Ni.* Insecto coleóptero de hasta 7 mm de longitud, de color amarillo cuando llega a la fase adulta y marrón anaranjado a medida que madura, con pequeñas manchas oscuras o negras. (Coccinellidae; *Epilachna varivestis*).
- II. 1. f. *Ch.* Concha desmenuzada que se deposita en la arena y en el fondo marino.
- III. 1. f. *Ch.* Plaga que se manifiesta en las hojas de las plantas en forma de placas de distinto tamaño y coloración.
- IV. 1. f. *Pa.* Variedad comestible de la almeja de mayor tamaño que la normal.

conchupancia.
- I. 1. f. *Ve.* Alianza censurable o vergonzosa entre funcionarios o empleados para lograr un beneficio económico o político.

conciente.
  I. 1. adj. *Bo, Ch, Py, Ar, Ur.* Consciente.
    2. *Cu. Referido a un alumno,* muy estudioso, est.
concientización.
  I. 1. f. *Mx, Gu, Ho, ES, Ni, CR, Pa, Cu, RD, PR, Co, Ve, Ec, Pe, Bo, Py, Ar, Ur, Ch,* cult → esm. Toma de conciencia.
concientizador, -ra.
  I. 1. adj. *ES, BO, Ch, Ar. Referido a persona o cosa,* que toma o hace tomar conciencia de algo. cult.
    ♦ **concientizante.**
concientizante.
  I. 1. *Ch; Ar,* p.u. **concientizador.**
concientizar(se).
  I. 1. tr. *Mx, Gu, Ho, ES, Ni, CR, Pa, Co, Ve, Ec, Pe, Bo, Ch, Py, Ar, Ur; Cu, RD, PR,* prest, cult → esm. Hacer que *alguien* adquiera conocimiento pleno de una situación y asuma la responsabilidad que ella implica.
    2. intr. prnl. *Mx, Gu, Ho, ES, Ni, CR, Pa, Co, Ve, Ec, Pe, Bo, Ch, Py, Ar, Ur.* Adquirir conocimiento pleno de una situación y asumir la responsabilidad que ella implica.
concientón, -na.
  I. 1. adj/sust. *Cu. Referido a un alumno,* muy estudioso. desp.
conclapache.
  I. 1. m-f. *Mx.* Compinche. desp.
concolón.
  I. 1. m. *Pa, Pe.* Sedimento, heces de las bebidas como el chocolate.
    2. *Pa, Pe.* Resto de un guiso o alimento que se queda adherido en el fondo de la olla.
    3. *Ec.* **cocolón.**
    4. *CR:NO.* Sedimento del **pinolillo.**
    5. *Pa.* Mejor parte de algo. pop.
  □
    a. ‖ **en el ~.** loc. adv. *Pa.* Dentro, en lo más íntimo.
concolonear.
  I. 1. intr. *Pa.* Quedarse en una fiesta hasta el final. cult → esm.
    2. *Pa.* Comer **concolón** ruidosamente. pop.
concompe.
  I. 1. m. *Pe:E.* Caracol terrestre de gran tamaño que puede superar los 15 cm de longitud. (Cionellidae; *Bulimus maximus*).
concón.
  I. 1. m. *Ch.* Ave rapaz nocturna, de hasta 38 cm de longitud, de plumaje color café con estrías blanquecinas o amarillentas, según la zona. (Strigidae; *Strix rufipes*).
  II. 1. m. *Ch.* p.u. Viento terral en la costa suramericana del Pacífico.
  III. 1. m. *RD.* Costra de arroz que queda pegada a la cazuela o caldero; es muy apreciada.
  IV. 1. m. *RD.* Persona que, en ciertos círculos, goza de confianza.
  V. 1. m. *RD.* Catarro fuerte.
  □
    a. ‖ **de a ~.** loc. adj. *RD.* Excelente, magnífico.
    ▶ **saber del ~; tener ~ una cosa.**
conconcito.
  □
    a. ‖ **de ~.** loc. adv. *RD.* De alto rango social, de alcurnia.
concreta.
  □
    a. ‖ **la ~.** loc. sust. *Cu.* Lo real, lo acertado.
    ▶ **chocar con la ~.**

concretación.
  I. 1. f. *Ch.* Concreción. cult.
concretera. (De *concreto,* cemento).
  I. 1. f. *Ho, ES, Cu.* Hormigonera, máquina para hacer hormigón o **concreto.**
    2. *ES, CR.* Fábrica de productos de **concreto.**
    3. *PR.* Camión que lleva un aditamento que prepara el **concreto.**
concretero.
  I. 1. m. *Ch.* Obrero encargado de echar **concreto** sobre una superficie.
concretero, -a.
  I. 1. adj. *Ch. Referido a una máquina o herramienta,* que sirve para mezclar **concreto** o trabajar con él.
concreto. (Del ingl. *concrete*).
  I. 1. m. *EU, Mx, Gu, Ho, ES, Ni, CR, Pa, Cu, RD, PR, Co, Ve, Ec, Pe, Bo, Ch, Ar, Ur.* Material de construcción resultante de la mezcla de piedras menudas, arena, agua y cemento.
  ■
    a. ‖ **~ armado.**
      i. m. *Mx, Ho, Ni, CR, RD, Ve, Pe, Bo, Ch, Ur, Ar,* p.u. Aquel que recubre la armazón de barras de hierro o acero.
      ii. *RD.* Cemento solidificado que forma la estructura de un edificio.
concuasar.
  I. 1. intr. *Pe, Bo, Py.* Coincidir, ajustarse o cuadrarse una cosa con otra.
    2. *Bo.* Coincidir dos o más personas en algo que se ha dicho o hecho.
concubinarse.
  I. 1. intr. prnl. *Bo, Py.* Unirse en vida marital sin estar casados.
concubino.
  I. 1. m. *Mx, Ho, ES, Ni, Ve, Pe, Bo, Ch, Py, Ar.* Hombre que vive en concubinato.
concuño, -a.
  I. 1. m. y f. *Ho, ES, Ni, CR, Pa, Cu, PR; Ch,* p.u. Concuñado. pop + cult → espon.
concursabilidad.
  I. 1. f. *Ch.* Calidad de **concursable.** cult.
concursable.
  I. 1. adj. *Ch, Ur. Referido a persona,* que puede concursar o participar en un concurso. cult.
concurso.
  ■
    a. ‖ **~ de manchas.** m. *Ar.* Concurso de dibujo y pintura *por lo común para niños y jóvenes.*
  □
    a. ‖ **de ~.** loc. adj. *Ve. Referido a un ser vivo,* que es muy hermoso.
condenación.
  I. 1. f. *RD.* Calamidad.
  □
    a. ‖ **~ de centella.** loc. sust. *PR.* Persona que hace travesuras. pop + cult → espon.
condenado.
  I. 1. m. *PR.* Pez marino de hasta 30 cm de longitud, con aletas radiadas, de color amarillo, con líneas claras longitudinales en la parte superior, y diagonales en la inferior, las escamas inferiores están dispuestas en finas líneas diagonales y son más grandes que las escamas superiores. (Haemulidae; *Haemulon flavolineatum*). (**condenao**).
condenado, -a.
  I. 1. adj. *Ni, CR;* adj/sust. *Bo.* | obsol. *Referido a persona,* bribona y astuta. ♦ **condenito; condolido.**

condenao.
   I. 1.   *PR.* **condenado**, pez marino.
condenito, -a.
   I. 1.   *CR.* **condenado**, bribón. rur.
condesa.
   I. 1.   f. *Cu.* Leche condensada. delinc.
condición.
   I. 1.   f. *Ar.* Danza de salón de pareja suelta, cuya música consta de una parte lenta y otra viva, separadas por un interludio; se baila con pañuelo y fue muy popular a finales del siglo XIX.
condicional.
   I. 1.   adj. *Ch, Py, Ar, Ur. Referido a un alumno o estudiante*, que puede asistir a un determinado curso aunque no haya aprobado el anterior, con la condición de que lo haga dentro de un plazo establecido.
condicionalidad.
   I. 1.   f. *Ch, Py, Ar, Ur.* Situación de un alumno o estudiante al que se permite asistir a un determinado curso aunque no haya aprobado el anterior, con la condición de que lo haga dentro de un plazo establecido.
condolido, -a.
   I. 1.   *CR.* obsol. **condenado**, bribón. rur.
condominio. (Del ingl. *condominium*).
   I. 1.   m. *Mx, Ni, CR, Pa, RD, Co, Ve, Ec, Pe, Bo, Ch, Py, Ur.* Conjunto habitacional formado por un grupo de viviendas separadas o por un bloque de apartamentos, *generalmente con una misma fachada y distribución interna*, construido en un terreno tapiado y con vigilancia en la entrada común.
   2.   *EU, Mx, ES, Cu, RD, Ur,* p.u. Edificio poseído en régimen de propiedad horizontal.
   II. 1.   m. *PR.* metáf. Penitenciaria estatal. carc.
condongo.
   I. 1.   m. *Gu.* juv. Preservativo, profiláctico. fest.
condonguearse.
   I. 1.   intr. prnl. *PR.* Contonearse *alguien, especialmente una mujer.*
condonizar.
   I. 1.   tr. *Ch.* p.u. Hacer una campaña en la sociedad con fines preventivos en favor del uso de métodos preservativos en las relaciones sexuales. cult.
cóndor.
   I. 1.   adj. *Bo. Referido a alguien*, que tiene la nariz aguileña. pop + cult → espon ^ fest.
   ■
   a. ‖ **~ rachi.** m. *Pe.* Celebración popular en la que se unían por medio de un cordel un cóndor, en la actualidad un pavo, y un toro; al toro se le hacen dos incisiones en el cuello para las que se pasa el cordel que tiene atado en uno de sus extremos al ave, que al sentirse libre clava involuntariamente sus garras sobre el cuello de la **res**, lo que hace a esta saltar y correr de dolor.
   ▶ **andar ~.**
condorearse.
   I. 1.   intr. prnl. *Ch.* Equivocarse, cometer un error. pop + cult → espon.
condorilla.
   I. 1.   sust/adj. *Ar:NO.* p.u. **papa**, planta. rur.
   2.   *Ar:NO.* p.u. **papa**, tubérculo. rur.
condorito. (De *Condorito*, nombre de un personaje de historietas).
   I. 1.   m. *Ch.* Sandalia, *generalmente de material sintético o plástico*, en la que una tira separa el dedo gordo del pie del resto. pop + cult → espon ^ fest.
condoro.
   I. 1.   m. *Ch.* Torpeza grave y vergonzosa. pop + cult → espon.

conducción. (Calco del ingl.).
   I. 1.   m. *Py, Ar, Ur.* Dirección de una institución, empresa o programa.
conduce.
   I. 1.   m. *Cu, RD, PR.* Documento en el que se hace constar la mercancía que se entrega.
   □
   a. ‖ **de ~.** loc. adj. *Cu. Referido a un preso*, que va escoltado por varios policías hasta un lugar.
conducir. (Del ingl. *tu conduct*, dirigir).
   I. 1.   tr. *Bo, Ar, Ur.* Dirigir una institución, empresa o programa.
conducta.
   ▶ **hacer ~.**
conducto.
   ■
   a. ‖ **~ regular.** m. *Pe, Bo, Ch, Ur.* Procedimiento reglamentario que se debe seguir a la hora de tramitar un documento, expediente o solicitud.
   ▶ **salvar el ~.**
conductor.
   I. 1.   m. *Cu.* obsol. Cobrador de un autobús.
   II. 1.   m. *PR. En la industria azucarera*, canal para transportar caña, **bagazo**, líquido o azúcar.
conduerma.
   I. 1.   f. *Co:N.* Tema fastidioso.
   II. 1.   f. *Ve.* Lentitud o tardanza, *especialmente para iniciar alguna actividad.*
condumio.
   I. 1.   m. *Cu.* Situación económica.
   II. 1.   m. *Pa.* Gran cantidad de gente o de cosas.
   ▶ **estar el ~ de picadillo y yuca.**
conectar(se). (Del ingl. *to connect*).
   I. 1.   tr. *Mx, PR.* Conseguir drogas. drog.
   II. 1.   tr. *ES, Ni, Cu, PR, Ve.* metáf. *En el beisbol*, dar un **batazo.**
   2.   *CR, Cu.* **aflojar**, propinar golpes. pop + cult → espon.
   III. 1.   intr. prnl. *Pe.* Aspirar cocaína. drog.
   2.   *ES.* Beber licor.
   IV. 1.   intr. prnl. *Gu, Ho, ES, Ni, Ur.* Relacionarse con alguien que tiene influencias o poder. pop + cult → espon.
   □
   a. ‖ **~ de hit.** loc. verb. *Cu.* Destacar *alguien* en alguna actividad.
   b. ‖ **~ el plug.** loc. verb. *Cu.* Concentrarse en algo.
conecte.
   I. 1.   m. *Mx, Gu, Ho, ES, Ni.* Cargo que se tiene por amistad o influencia política, sin méritos. pop + cult → espon.
   2.   *Gu, Ho, ES; Ni, CR, Mx.* pop + cult → espon. Influencia ante una autoridad para conseguir de ella algún favor.
   3.   *Ho, ES.* Contacto con alguien.
   II. 1.   m-f. *Gu.* Persona con la que se mantiene una aventura amorosa.
conectista.
   I. 1.   m-f. *RD, PR.* Conferenciante.
conecto.
   I. 1.   m. *Cu.* Enchufe.
   2.   *Cu.* metáf. Persona que sirve de conexión o enlace para obtener o lograr algo concreto.
coneja.
   ▶ **correr la ~.**
conejear.
   I. 1.   intr. *Ch.* Conducir un vehículo esquivando a otros y evitando las dificultades de tránsito. pop + cult → espon.
   II. 1.   tr. *Gu.* Sospechar o intuir *algo.*

conejeo.
    I. 1. m. *Ch.* Conducción de un vehículo evitando las dificultades provocadas por un tráfico denso. pop + cult → espon.

conejistos.
    I. 1. m. pl. *Pa.* Primeros dientes de un niño. pop.

conejito.
    I. 1. m. *Ar.* Planta de hojas elípticas, flores amarillas y fruto capsular. (Scrophulariaceae; *Calceolaria polyrhiza*). ♦ **zapatito.**
    II. 1. m. *Pe.* Bebida alcohólica compuesta de anís y de agua.

    ■

       a. ‖ ~ **del campo.** m. *Ar:NO.* Planta herbácea con llamativas flores de color blanco rosado; tiene diversas aplicaciones en la medicina tradicional. (Scrophulariaceae; *Anthirrhinum majus*).

conejitos.
    ► **hacer ~.**

conejo.
    I. 1. m. *Mx; Bo,* pop. Bíceps braquial.
    II. 1. m. *Mx.* Ladrón que roba cosas de poco valor. delinc.
    III. 1. m. *Co.* Acumulación de grasa en la parte lateral superior de los muslos de la mujer. pop.
    IV. 1. m. *Ch.* Pastel pequeño alargado hecho con harina de trigo y relleno con crema.
    V. 1. m-f. *Gu.* Policía de investigación. desp.
    VI. 1. m. *Ho:S. En una embarcación,* trozo cuadrado de madera con una incisión en la parte de abajo que sirve de punto de apoyo al remo.
    VII. 1. m. *PR.* Pez marino, de hasta 1 m de longitud, cuerpo fino y alargado, ojos grandes y aletas radiadas, la aleta dorsal se extiende a lo largo de todo el lomo y la coloración es mezcla de plateado y de vivos colores. (Gempylidae; *Promethichthys prometheus*). ♦ **macaco; ratón.**
    VIII. 1. m. *Pe.* Sonido que se produce al flexionar algunas articulaciones.

    ■

       a. ‖ ~ **de castilla.** m. *Pe, Bo.* Conejo doméstico, de hasta 50 cm de longitud, con el cuerpo cubierto de un pelaje espeso y lanudo, de color pardo pálido o gris, cabeza ovalada y ojos grandes. (Leporidae; *Oryctolagus cuniculus*). ♦ **castilla.**
       b. ‖ ~ **de palo.** m. *Ar.* Roedor de hasta 40 cm de longitud, orejas grandes, patas largas y color castaño en el dorso; las patas posteriores están adaptadas para saltar, por lo que es muy ágil y rápido. (Caviidae; *Pediolagus salinicola*).
       c. ‖ ~ **estirado.** m. *Bo.* **estirados.**
       d. ‖ ~ **muleto.** *Pa.* **tapetí.**
       e. ‖ ~ **pintado.** m. *Pa, Co.* **tepescuintle.**
       f. ‖ **falso ~.** m. *Bo.* Guiso preparado con carne de **res** previamente empanada y frita que se cuece en un **ahogado.**
    ► **hacer ~; ir a amarrar un ~; poner ~; sacar ~s de los dedos.**

conejo, -a.
    I. 1. sust/adj. *Gu.* Persona tonta.

conero, -a.
    I. 1. m. y f. *Ho.* Persona que vende conos o helados.

conexión.
    I. 1. f. *PR.* Jefe de las organizaciones que se dedican a robar. delinc.
    II. 1. m-f. *PR.* Vendedor de drogas. drog.

confección.
    I. 1. f. *Mx, Pe.* Prenda de vestir.

conferencista.
    I. 1. m-f. *Mx, Gu, Ho, ES, Ni, CR, Pa, Cu, RD, PR, Co, Ve, Ec, Pe, Bo, Ch, Py, Ar, Ur.* Persona que da una conferencia o participa en ella.

confesada.
    I. 1. f. *Co.* Manifestación o declaración de algo que se mantenía en secreto. espon.
    II. 1. f. *CR.* Sacramento de la penitencia realizado en forma profunda y concienzuda. pop.
    III. 1. f. *CR.* Interrogación exhaustiva que se hace a alguien, *especialmente para enterarse de asuntos de otras personas.* pop.

confianza.
    ⬓

       a. ‖ ~ **ni en la camisa.** fr. prov. *Bo.* Indica la desconfianza que provocan ciertas personas por sus actitudes.

confianzudcz.
    I. 1. f. *Ch.* p.u. Familiaridad o libertad excesiva en el trato. pop.

confianzudo, -a.
    I. 1. adj/sust. *Ec.* Referido a persona, que se excede en muestras de confianza o familiaridad en el trato con otros, o en sus acciones.

conficao.
    I. 1. adj. *RD.* Referido a persona, malvada.

confidencial.
    I. 1. m. *Gu.* Agente de la policía.

    ■

       a. ‖ **la ~.** f. *Gu.* Cuerpo de policía.

confidenciante.
    I. 1. m-f. *PR.* Confidente. polic.

confidenciar.
    I. 1. tr. *Ec, Ch.* Revelar secretos o hechos reservados. pop + cult → espon.

confinio.
    I. 1. m. *Ec.* Confinamiento.

confirma. (Apóc. de *confirmación*).
    I. 1. f. *Ho, CR.* Confirmación, sacramento de la Iglesia católica. pop.

¡cónfiro!
    I. 1. interj. *Ve.* Expresa sorpresa, asombro, admiración. euf; pop + cult → espon.
    II. 1. interj. *Ve.* Expresa protesta, disgusto, contrariedad. euf; pop + cult → espon.

confiscado, -a.
    I. 1. adj. *Ve.* Referido a persona, inquieta y traviesa.

confisgado, -a.
    I. 1. adj. *CR.* obsol. Referido a persona, bribona y astuta. rur.

confisión.
    I. 1. f. *RD, PR.* Confesión. vulg.

confite.
    ► **estar a partir de un ~.**

confitería.
    ■

       a. ‖ ~ **bailable.** f. *Ar.* Establecimiento público al que van generalmente los jóvenes para bailar y escuchar música.

confitillo.
    I. 1. m. *Cu.* Pelo rizado de la raza negra.
    II. 1. m. *Cu.* **escoba amarga.**

confitura.
    I. 1. f. *Cu, Ni, Ur.* Golosinas.

conflé.
    I. 1. *RD.* **conflei.**

conflei. (Del ingl. *corn flakes,* hojuelas de maíz).
    I. 1. m. *Pa, PR.* Cereal. pop. (**conflé**).

confleis. (Del ingl. *corn flakes,* hojuelas de maíz).
  I. 1. m. pl. *EU.* juv. Cereales tostados que se suelen tomar con leche. (**confleys**).

confles. (Del ingl. *corn flakes,* hojuelas de maíz).
  I. 1. m. *Ho, ES.* Hojuelas de maíz o de otro cereal, *generalmente azucaradas que se toman con leche en el desayuno.*

confleys.
  I. 1. *EU.* **confleis.**

conflictuar(se).
  I. 1. tr. *Mx, ES, Ec, Bo, Py, Ar, Ur, Ch,* esm. Provocar un conflicto en *algo* o *alguien.*
  2. intr. prnl. *Mx, Ec, Bo, Py, Ar, Ur, Ch,* esm. Tener *alguien* un conflicto interno o preocupación que puede llegar a condicionar el comportamiento.

confligir.
  I. 1. intr. *PR.* Entrar en conflicto una disposición de ley con otra ley, o reglamento, norma o costumbre.

conformación.
  I. 1. f. *Ve.* Trámite o diligencia que hace un banco para garantizar el pago de un cheque.
  II. 1. m. *Ho.* Compactación del balasto. prest; cult → esm.

conformar.
  I. 1. tr. *Ho.* Compactar con máquinas apisonadoras el balasto. prest; cult → esm.
  II. 1. tr. *PR.* Confortar, consolar.

confort. (De *Confort*®).
  I. 1. m. *Ch.* Papel higiénico. pop + cult → espon.

confortable.
  I. 1. m. *Pe.* Sillón amplio y cómodo. pop.
  2. m. pl. *Pe.* Conjunto de sofá y dos sillones a juego. pop.

conforto.
  I. 1. m. *Ho, ES.* Remedio medicinal de consistencia blanda que, envuelto en una tela, se aplica sobre una parte del cuerpo, *especialmente como calmante o para reblandecer.*

confronta.
  I. 1. f. *Cu.* Ómnibus local que comienza su servicio a las doce de la noche y termina a las seis de la mañana.
  ▶ **coger la ~.**

confrontacional.
  I. 1. adj. *PR; Ch,* cult. *Referido a persona,* que puede provocar confrontación o enfrentamiento.
  2. *Ec. Referido a cosa,* que provoca confrontación o enfrentamiento.

confrontamiento.
  I. 1. m. *Ni, RD, PR, Co, Ve, Ec, Bo, Ch, Ur.* Confrontación.

confrontar(se).
  I. 1. tr. *Mx, RD, Ve, Ec, Ur.* Hacer frente a un problema o situación comprometida.
  II. 1. intr. *Gu.* Gustar, agradar.
  2. intr. prnl. *Gu.* Atraerse o gustarse mutuamente dos personas.
  □
  a. ‖ **~ billetes.** loc. verb. *RD.* Verificar en la lista de lotería si ha sido premiado el número que se jugaba.

confrontativo, -a.
  I. 1. adj. *Ho, ES, Co. Referido a personas o cosas,* opuestas una a la otra. cult → esm.
  2. *Ec. Referido a persona o cosa,* que produce enfrentamiento.

confronte.
  I. 1. m. *Ch.* Encuentro o enfrentamiento deportivo entre dos personas o equipos. pop + cult → espon.

confundir.
  □
  a. ‖ **~ el caldo con los frijoles.** loc. verb. *Ho, Ni.* Mezclar una cosa con otra o un asunto con otro,

cuando no es posible o no tienen ninguna relación. pop.
  b. ‖ **~ la peste con el mal olor.** loc. verb. *Cu.* Equivocarse.
  c. ‖ **~ la retreta con la serenata.** loc. verb. *PR.* Tergiversar *alguien* las cosas. pop + cult → espon.

conga.
  I. 1. f. *Co:S, SO, Ec.* Hormiga negra de hasta 4 cm de longitud, que tiene en su cabeza dos salientes similares a cuernos. (Formicidae; *Paraponera clavata*). ♦ **hormiga cachona; isula; tucandera; veinticuatro.**
  2. *Ho, ES.* **mojarra.** (Cichlidae; *Cichlasoma* spp.).
  II. 1. *Co.* Planta herbácea perenne, con raíces carnosas, grandes hojas verdes, oscuras y brillantes, y flores blancas, amarillas o salmón, muy perfumadas, dispuestas en racimos; sus hojas se emplean para envolver alimentos. (Zingibeaceae; *Hedychium coronarium*). ♦ **heliotropo; jazmín de río; mariposa.**
  2. *Pa.* Palma de climas húmedos, de hasta 20 m de altura, de flores amarillentas y frutos en drupa, rojizos cuando están maduros; el tronco se emplea en postes y las hojas sirven para techar viviendas. (Arecaceae; *Welfia regia*).
  III. 1. f. *Mx.* Mezcla de jugos de varias frutas.
  IV. 1. f. *Gu, ES.* Fiesta, juerga.
  2. *Cu, PR.* Danza popular de origen africano, que se ejecuta por grupos colocados en fila doble y al compás de un tambor.
  3. *Cu.* Tambor de forma cónica y de unos 70 cm de altura, *empleado especialmente para acompañar música folclórica y jazz.*
  4. f. *PR.* **tumba,** tambor.
  V. 1. f. pl. *ES.* Pendientes.
  ▶ **llevar a paso de ~.**

congal.
  I. 1. m. *Mx.* Prostíbulo.

congelada.
  I. 1. f. *Cu.* Zona de peligro para cometer actividades delictivas.

congelado, -a.
  I. 1. adj. *Gu, Ho, Ni, RD, Ec, Ch, Ur. Referido al salario o al precio de un producto,* que no tiene incremento.

congeladora.
  ▶ **enviar a la ~.**

congelamiento.
  I. 1. m. *Ho, Ec, Ch.* Detención de la subida de precios de ciertos productos o del salario.

congestionamiento.
  I. 1. m. *Mx, Ho, ES, Ni, Ec, Bo, Ch, Py, Ur.* Embotellamiento de automóviles.
  2. *Mx, Ec, Pe, Ch, Py, Ur.* Congestión.

congo.
  I. 1. m. *Co:N.* Danza del carnaval de Barranquilla, realizada por una comparsa compuesta por parejas de hombres danzantes, acompañados por un grupo de mujeres, gente disfrazada de animales y un grupo de músicos.
  2. *Co:N.* Comparsa que baila dicha danza.
  3. *Co:N.* Integrante de dicha comparsa.
  4. *Co:N.* Disfraz que usa el integrante de dicha comparsa y que consta de un pantalón rojo o negro hasta las rodillas, camisa de varios colores, capa amarilla y un sombrero alto adornado con múltiples flores.
  5. *Cu, Ec.* Antiguo baile popular en parejas.
  6. *Ni, Cu, RD.* Baile y música populares de origen afrodominicano.
  7. *Cu, RD, PR.* Música con que se acompaña el congo.

8. *RD, PR.* Tambor utilizado para amenizar las **congas**.
9. *Pa.* Danza característica del carnaval de la costa de Colón, en Portobelo.
10. *Pa.* Persona que se disfraza durante el carnaval de Portobelo.
II. 1. m. *Ve.* Cerdo de hocico, cuello y patas cortas que no crece mucho y engorda hasta que la obesidad le impide caminar.
III. 1. m. *Gu.* Avispa pequeña que, antes de picar, se mete en la ropa; su panal es pequeño y redondo, recubierto de una telilla muy fina. (Vespidae; *Protopolybia acutiscutis*).
2. *Ho.* **mojarra** (Cichlidae; *Cichlasoma* spp.).
3. *Ni, CR.* **mono aullador**. (Atelidae; *Alouatta palliata*).
IV. 1. m. *PR.* Hombre de raza negra. pop + cult → espon ^ desp.
2. *PR.* Fetiche que representa a un negro africano, en posición erecta, con el pecho desnudo, falda roja y turbante blanco; usado en brujería para dominar a los enemigos y protegerse de las malas influencias.
V. 1. m. *PR.* Hoja de tabaco de la segunda cosecha.
VI. 1. m. *PR.* **plátano**.
VII. 1. m. *Pa.* Panal de avispas.
▶ **coger de ~; costar un ~; ir como ~ de hoya**.

congo, -a.
I. 1. adj/sust. *Ar:NO. Referido a un gallo, especialmente de pelea*, de plumaje rojizo dorado.
II. 1. adj. *Ve. Referido a persona o a animal*, pequeño y muy gordo.
IV. 1. adj. *PR. juv. Referido a persona*, alabanciosa.
V. 1. adj/sust. *Pa. Referido a persona*, cándido, incauto, fácil de engañar.

congolá.
I. 1. f. *PR.* Madera podrida, dañada.

congolo.
I. 1. m. *Ve:O.* Caja pequeña, *generalmente con forma de cono truncado*, utilizada para guardar el **chimó**.
II. 1. *Pa.* **carapelo**.

congolona.
I. 1. *Ho, Ni, CR.* **gallina de monte**, ave de hasta 43 cm de longitud. (**gongolona**).

congona. (Del quech. *concona*).
I. 1. f. *Ec, Pe, Bo, Ch.* Hierba glabra, con hojas verticiladas, pecioladas, enteras y algo pestañosas en la punta, y flores en espigas terminales; tiene usos medicinales. (Piperaceae; *Peperomia congona*).

congonilla.
I. 1. f. *Ch.* Hierba de hojas verticiladas, pecioladas, similar a la **congona**. (Piperaceae; *Peperomia* spp.).

congorocho.
I. 1. m. *Ve.* Insecto miriápodo, de hasta 8 cm de longitud, con el cuerpo dividido en anillos y de color negro o marrón oscuro, que tiene la peculiaridad de arrollarse en espiral cuando se le toca. (Scarabaeidae; *Scutigera forceps*).

congorocho, -a.
I. 1. sust/adj. *Ve:O.* Persona que tiene joroba.

congorosa.
I. 1. *Ar:NE, Ur.* **cangorosa**.

congratulation. (Voz inglesa).
I. 1. f. *EU, Ni.* Felicitación. prest; cult → esm.

congre.
I. 1. m. *PR.* Pez marino de hasta 1 m de longitud, con boca grande y aletas radiadas, de color plateado con el margen de las aletas negro. (Congridae; *Conger triporiceps*).

congresal.
I. 1. m-f. *Co, Ve, Ar, Ur.* Miembro de cualquier tipo de congreso.

2. *PR, Co, Pe, Bo, Ch.* Miembro del Congreso de la nación.
3. adj. *Co, Ve, Pe.* Relativo a cualquier tipo de congreso.
4. *Ho, Ni, Ec, Co, Pe, Bo, Ch.* **congresional**. esm.

congresante.
I. 1. sust/adj. *Ve.* Miembro del congreso de la nación.

congresil.
I. 1. adj. *Ec.* Relacionado o referido al Congreso Nacional.

congresional. (Calco del ingl. *congressional*).
I. 1. adj. *EU, ES, Ni, Cu, RD, PR, Co, Bo.* Relativo al congreso de la nación. ◆ **congresal**.

congrí.
I. 1. m. *Cu, RD.* Arroz con **frijoles** negros o colorados.
II. 1. m. *Cu.* Reunión de blancos y personas de color.

congrio.
I. 1. m. *Ch.* obsol. Persona que se halla realizando el servicio militar obligatorio. pop.

conguear.
I. 1. intr. *ES.* Ir de fiesta, divertirse.
II. 1. tr. *Pa.* Utilizar abusivamente a *alguien*, manipularlo o aprovecharse de él. pop.

conguero, -a.
I. 1. adj/sust. *PR, Ec:O. Referido a persona*, que toca la **conga**.

conguito.
I. 1. *RD.* **congo**, tambor.
II. 1. adj. *RD. Referido al brazo o a la pierna*, corto y grueso.
III. 1. adj. *RD. Referido a una mujer*, gruesa y de poca estatura.
IV. 1. *Pa.* **ají**, planta y fruto.

conjeturación.
I. 1. f. *Ch, Ur.* p.u. Conjetura. cult.

conmutador.
I. 1. m. *Mx, Gu, ES, Ni, Co, Bo, Ar.* Aparato que conecta una o varias líneas telefónicas con diversos teléfonos instalados en los locales de una misma entidad.

connavegante.
I. 1. adj/sust. *Ch. Referido a persona*, que ha compartido travesía en un mismo barco con otros. cult.

connotado, -a. (Del ingl. *to connote*).
I. 1. adj. *EU, Mx, ES, Co, Ve, Pe, Bo, Ar, Ur; Ho, Ni, Cu, RD, PR, Ec, Ch,* cult → esm. *Referido a persona*, notable, destacada.

connotar.
I. 1. tr. *Ve.* Dar a conocer *algo*.

cono. (Del ingl. *cone*).
I. 1. m. *Pe.* Sector del área metropolitana de Lima que se proyecta a partir del centro.
II. 1. m. *ES.* Pene. vulg.
III. 1. m. *Ho.* En la rayuela, casilla en forma cónica. inf.
IV. 1. m. *Ho.* Piña del pino.
V. 1. m. *PR.* Vasitos de papel en forma de cono que aparecen en los botellones de agua semiautomáticos.

■
a. ‖ **~ urbano**. m. *Ar, Ur.* Extrarradio de una población formado por varios núcleos urbanos contiguos, en un principio independientes, que fueron extendiéndose hasta unirse.

conocencia.
I. 1. f. *Pe.* Conocido, persona a la que se conoce solo superficialmente. pop + cult → espon.
II. 1. f. *RD.* Conocimiento.

conocer.

☐

  a. ‖ ~ **al muerto que va a panteón.** loc. verb. *PR*, p.u. Saber *alguien* la situación económica de las personas por las circunstancias que rodean un suceso familiar. pop + cult → espon.

  b. ‖ ~ **al pájaro por la cagada.** loc. verb. *Cu.* Identificar a una persona por su apariencia o comportamiento. pop. ♦ **conocer al viajero por el equipaje.**

  c. ‖ ~ **al pájaro por la pluma.** *PR.* conocer al pasajero por la maleta.

  d. ‖ ~ **al pasajero por la maleta.** loc. verb. *RD, PR, Ve.* Identificar a una persona por la condición de sus cosas. pop + cult → espon. ♦ **conocer al pájaro por la pluma.**

  e. ‖ ~ **al viajero por el equipaje.** *Cu.* conocer al pájaro por la cagada.

  f. ‖ ~ **de atrás.** loc. verb. *Ni, Cu, PR.* Saber *alguien algo* sobre el pasado de otra persona. pop.

  g. ‖ ~ **el San Dame, pero no el San Toma.** loc. verb. *PR.* Depender *alguien* de otros, pero no importarle sus necesidades. pop + cult → espon. p.u.

◪

  a. ‖ ~ **el buey que faja.** *PR.* conocer el buey que faja y a la víbora que pica.

  b. ‖ ~ **el buey que faja y a la víbora que pica.** fr. prov. *PR.* Indica que hay que estar alerta ante cualquier posible amenaza o peligro. pop + cult → espon. ♦ **conocer el buey que faja.**

conocimiento.

  I. 1. m. *Mx.* Documento donde se registra la mercancía que alguien transporta y tiene que entregar.

☐

  a. ‖ ~ **de firma.** loc. sust. *Mx, Ni.* Documento con el que una entidad identifica o certifica la firma de una persona.

conoto.

  I. 1. *Ve.* **yapú.**

conque.

  I. 1. m. *Ho; Mx,* rur. Pretexto o excusa.

conqué.

  I. 1. m. *Ho, ES.* Comida, como **frijoles** o carne, que acompaña a la **tortilla** de maíz.

  2. *Ho.* Porción de hortalizas o legumbres que acompaña a un plato de carne o pescado.

conquiam.

  I. 1. m. *Gu, Ho, ES.* **conquián.**

conquián.

  I. 1. m. *Mx, Gu, ES.* Juego de cartas con varios jugadores que se realiza con una carta descubierta por cada uno de ellos. (**conquiam**).

conquibus.

  I. 1. m. *Ni, RD.* Dinero, moneda, caudal.

conquista.

  I. 1. f. *Ec, Pe, Bo, Ch, Ur.* En el *futbol*, gol. pop + cult → espon.

conquistador, -ra.

  I. 1. m. y f. *Ch.* p.u. En el *futbol*, goleador. pop + cult → espon.

conquistar.

  I. 1. tr. *Ec, Ch.* En el *futbol*, conseguir goles. pop.

conradia.

  I. 1. f. *PR.* Planta herbácea perenne, de hasta 50 cm de altura, con desarrollo arbustivo, hojas opuestas, inflorescencia axilar, flores rojizas y fruto en cápsula con numerosas semillas. (Gesneriaceae; *Gesneria reticulata*).

conroro.

  I. 1. m. *Ho.* **chilchaca.**

consciente.

  I. 1. adj. *Cu.* Bueno.

  2. *Cu. Referido a una mujer,* muy bella.

  II. 1. adj. *Cu.* **conscientizado,** que cumple como un autómata.

conscientizado, -a.

  I. 1. adj. *Cu. Referido a persona,* que cumple como un autómata los dictámenes del régimen comunista. pop. ♦ **consciente.**

conscientón, -na.

  I. 1. adj/sust. *Cu. Referido a un alumno,* muy responsable y cumplidor de sus deberes docentes. est.

conscripción. (Del fr. *conscription*).

  I. 1. f. *RD, Co, Pe, Bo, Ch, Py, Ar, Ur.* Reclutamiento, alistamiento.

  2. *Ec, Ar,* cult. Servicio militar.

  3. *Ve.* Cuartel en que los **conscriptos** cumplen el servicio militar obligatorio.

  II. 1. f. *Ar.* Incorporación de nuevos socios a un club, asociación o institución, efectuada periódicamente y durante un plazo determinado de tiempo.

conscripto.

  I. 1. m. *Mx, Ni, RD, Ve, Ec, Pe, Bo, Py, Ur, Ho, PR, Ar,* obsol. Persona que se halla realizando el servicio militar. (**conscripto**).

conscripto, -a.

  I. 1. m. y f. *Co, Ch.* **conscripto.**

consecuencia.

☐

  a. ‖ en ~ **de que.** *Ch.* en consecuencia que.

  b. ‖ en ~ **que.** loc. conj. *Ch.* Aunque, a pesar de que. (en **consecuencia de que;** en **consecuencias de que;** en **consecuencias que**).

  c. ‖ en ~s **de que.** *Ch.* en consecuencia que.

  d. ‖ en ~s **que.** *Ch.* en consecuencia que.

consecuente.

  I. 1. adj. *Mx, Ni. Referido a persona,* que es tolerante con acciones de otros que pueden considerarse censurables. pop.

conseguidor, -ra.

  I. 1. m. y f. *Gu.* Alcahuete, persona que concreta o facilita relaciones amorosas o sexuales.

conseguir.

  I. 1. tr. *RD.* Enamorar a *alguien.*

  II. 1. tr. *Ho.* Lograr *alguien* realizar el coito. pop.

☐

  a. ‖ ~se **la papa.** loc. verb. *Co.* Sustentarse *alguien* con el producto de su trabajo. pop.

  b. ‖ ~ **marrano.** loc. verb. *Co.* Conseguir *alguien* un buen novio. pop.

  c. ‖ ~ **un buey muerto.** loc. verb. *PR.* obsol. Alcanzar *alguien* una ganga. pop + cult → espon.

consejería.

  I. 1. f. *Pa. En las escuelas,* hora dedicada a la formación ética y social de los alumnos.

consejero.

  I. 1. m. y f. *Pa. En la escuela media,* profesor responsable de la conducta y productividad de un grupo de alumnos.

consejillo.

  I. 1. m. *Cu, Pe.* Reunión que mantiene el presidente solo con uno o varios de sus ministros.

consejo.

■

  a. ‖ ~ **de vecinos.** m. *Cu. En un edificio de viviendas,* grupo de inquilinos elegido para velar por el orden y mantenimiento del inmueble.

◤

a. ‖ **un ~ aunque sea de un conejo.** fr. prov. *Pe, Bo.* Indica que ante cualquier consejo uno debe estar dispuesto a escucharlo y valorarlo.

consensar.
I. 1. tr. *Mx, Ec.* Consensuar.

consentidera.
I. 1. f. *Ni, Cu, RD, Ve.* Mimo, condescendencia excesiva y repetida con que se suele tratar especialmente a los niños.

consentidor, -ra.
I. 1. adj. *Pa. Referido a persona,* que mima a los niños.

conserva.
I. 1. f. *Gu, Ho, ES, Ni, CR, RD, Ve.* Dulce que se hace con pulpa de frutas y **panela** o azúcar y se deja secar para poder cortarlo en secciones.
2. *Cu:E.* Jalea de **guayaba**.
II. 1. sust/adj. *Ar.* Persona de ideas políticas conservadoras. pop ∧ fest.
III. 1. f. *Ho.* Vulva. tabú; pop ∧ fest.

■

a. ‖ **~ de coco.** m. *Ho.* Torta hecha de conserva de leche y pedazos de **coco** con un baño de caramelo.

□

a. ‖ **en ~.** loc. adj. *Ni, CR, RD, Co, Pe. Referido a un fruto,* cocinado y conservado en almíbar.

conservarse.

□

a. ‖ **~ en alcohol.**
i. loc. verb. *Ec. Referido a persona,* conservarse bien.
ii. *Mx, Cu.* Pretender mantenerse en buena salud mediante la ingestión de bebidas alcohólicas. pop + cult → espon ∧ fest.

conservatismo.
I. 1. m. *Ho, Ni, Co, Ec; Ch,* p.u; esm. Doctrina política, ideología o actitud conservadoras.

consiga.
I. 1. f. *ES.* Obtención de algo.
2. *ES.* Conquista amorosa.

consignación.
I. 1. f. *Co.* Cantidad de dinero que se deposita en una cuenta bancaria.
2. f. *Mx, RD, Pe, Bo.* Venta de una mercadería ajena, cuyo valor se va pagando al dueño conforme se va vendiendo a un precio previamente pactado.

consignar.
I. 1. tr. *Co.* Depositar dinero en una cuenta bancaria.
2. tr. *Mx, Ve, Pe, Bo.* Dejar en un comercio una mercadería cuyo valor se va cobrando conforme se vaya vendiendo a un precio previamente pactado.
3. *Ec.* Dejar mercadería a alguien para que la cantidad que no sea vendida sea devuelta al dueño.

■

a. ‖ **a ~.** loc. adj. *Py. Referido a mercadería,* que se entrega para ser vendida con posibilidad de devolución.

consignismo.
I. 1. m. *RD.* Tendencia a establecer consignas a fin de movilizar a grupos de personas para tratar de resolver problemas de una institución.

consiguiente.

□

a. ‖ **por lo ~.** loc. adv. *Mx, Ni, Co, Ve, Ur.* Como consecuencia de lo anterior.

consistente. (Del ingl. *consistent*).
I. 1. adj. *EU. Referido a persona,* conscuente.

consola.
I. 1. f. *Mx, Ni, Pe; Bo,* p.u. Mueble cerrado que contiene un radiorreceptor, un tocadiscos y unos altavoces.

2. *Ch.* Armazón de un vehículo en donde se encuentra el motor o la caja de cambios.

consolidado.
I. 1. m. *Cu.* Empresa estatal.
II. 1. m. *Cu.* Taller en el que se realizan reparaciones de calzado y de aparatos eléctricos.

consorte.
I. 1. m-f. *Cu, PR,* p.u. Amigo íntimo, compañero inseparable. vulg. ♦ **cónsul.**

●

a. ‖ **~fórm.** *Cu.* Se usa para dirigirse a una persona en tono de confianza. vulg.

constipado.
I. 1. m. *Py, Ar:NO.* Indigestión. pop.
2. *Py, Ar:NO.* Estreñimiento. pop.

constipado, -a. (Del ingl. *constipated,* estreñido).
I. 1. adj. *EU, Py; Ar:NO.* pop. *Referido a persona,* que padece un trastorno producido por falta de digestión.
2. *Py, Ar:E,N, Ur. Referido a persona,* que padece estreñimiento. pop.

constrictora.
I. 1. f. *Ve, Ec.* **boa de las vizcacheras.**

constructivo, -a.
I. 1. adj. *Ec. Referido a una persona,* que enfrenta con optimismo las circunstancias, incluso aquellas que pueden ser adversas.
2. *Cu, Ar.* Relativo a la construcción de obras de arquitectura o ingeniería.

consuelda.
I. 1. f. *Gu, Co, Ec.* Planta herbácea perenne de raíz semejante al nabo con amplias hojas melenudas y flores blancas o rosadas acampanadas; en la medicina tradicional, las hojas y la cáscara se utilizan para fracturas, inflamaciones y trastornos menstruales. (Boraginaceae; *Symphytum officinale*).

consuelito.
I. 1. m. *RD.* Parranda navideña campesina.

consuelo.
I. 1. m. *Pa.* Chupete, objeto de goma que se da a chupar a los bebés para que se entretengan.
II. 1. *Pa.* **ajicillo.**

cónsul.
I. 1. m. *PR,* p.u. **consorte,** amigo.

consulita.
I. 1. f. *RD.* Arbusto de hasta 4 m de altura, con hojas lanceoladas y flores terminales con pétalos amarillos; es ornamental. (Malpighiaceae; *Galphimia gracilis*).

consulta.

■

a. ‖ **~ deslizante.** f. *Cu.* Consulta médica con horario prolongado para poder atender a personas fuera de las horas de su trabajo.

consultante.
I. 1. m-f. *Cu.* Persona que guía y ayuda a otra en una tesis sin ser tutor oficial de ella.
II. 2. *Cu.* Categoría docente que se comparte con otra y se otorga a profesores de mucha experiencia y prestigio que deben orientar académicamente a estudiantes o profesores.

consultarse.
I. 1. intr. prnl. *Cu.* Visitar a un santero.

□

a. ‖ **~ con la bolsa.** loc. verb. *Ho, Ni.* Examinar la cantidad de dinero disponible que se tiene.

consumao.
I. 1. m. *Cu.* Producto del robo. delinc.

consumerismo.
  I. 1.   m. *PR.* Vicio de comprar cosas impelido por una publicidad exagerada.

consumida.
  I. 1.   f. *CR.* Zambullida. pop.

consumidero.
  I. 1.   m. *RD, Ve:O.* Canal de desagüe.

consumir(se).
  I. 1.   tr. *CR; Co:C,* p.u. Meter *algo* o a *alguien* debajo del agua u otro líquido.
      2.   intr. prnl. *CR; Co:C,* p.u. Meterse *una persona* o *cosa* debajo del agua con ímpetu.
      3.   intr. *CR.* Meter *una persona* su cuerpo debajo del agua con ímpetu o de golpe.
      4.   intr. prnl. *Pe.* Adelgazarse excesivamente *una persona* por sus malos hábitos.

consumirista.
  I. 1.   m. *RD.* Consumidor. vulg.

contabilista.
  I. 1.   m. *CR, Ve, Ec:O.* Profesional encargado de llevar la contabilidad de una oficina o establecimiento.

contabilización.
  I. 1.   f. *Ec.* Acción de contabilizar.

contactar.
  I. 1.   tr. *RD, PR, Bo, Py, Ur.* Establecer una relación directa.

contada.
  I. 1.   f. *Ho, Ni, Co, Pe.* Cuenta o numeración.
  II. 1.   f. *Co, Pe.* Narración de un hecho o de una historia.

contado.
  I. 1.   m. *Co.* Pago parcial de los varios en que se acuerda dividir el coste de algo.
  □
      a. ‖ **al ~ rabioso.** loc. adv. *PR, Pe, Bo, Py, Ar, Ur.* Al contado, en efectivo. pop.
      b. ‖ **de ~.** loc. adv. *Mx, Ho, Ni, RD, Ec.* Al contado.

contador.
  □
      a. ‖ **sin ~.** loc. adv. *PR.* Sin tasa ni medida.

contador, -ra.
  I. 1.   m. y f. *Mx, Ni, CR, RD, PR, Ec, Pe, Bo, Ch, Py.* Profesional encargado de llevar la contabilidad de una oficina o establecimiento.
      2.   *PR.* Prestamista.
  ■
      a. ‖ **~ privado.** m. y f. *Mx.* Profesional con estudios básicos que lleva la contabilidad de un negocio.

contaduría.
  I. 1.   f. *Ec.* Casa de empeños.

container. (Voz inglesa).
  I. 1.   m. *EU, PR.* Envase de tamaño pequeño.

containero, -a.
  I. 1.   adj/sust. *Ch. Referido especialmente a un vehículo,* destinado al transporte de contenedores de mercancías o que sirve para ello.

contamal. (Del nahua *comalli,* comal, y *tamalli,* tamal).
  I. 1.   m. *Ho, ES.* Árbol de hasta 35 m de altura, flor blanca y fruto en cápsula densamente cubierta de pelos, como terciopelo; las hojas se utilizan para envolver tamales y quesos. (Tiliaceae; *Luchea candida*).

contamusa.
  I. 1.   sust/adj. *Ar, Ur.* Persona que dice mentiras. pop.

contar.
  I. 1.   tr. *PR.* Suponer *alguien algo.*
  □
      a. ‖ **~ bulto.** loc. verb. *Mx.* Acompañar con gestos y ademanes lo que se está contando. pop + cult → espon.

b. ‖ **~ cuentos de camino real.** loc. verb. *Ho, Ni.* Decir *alguien* mentiras.

c. ‖ **~ las chauchas.** loc. verb. *Ch, Ur.* Estar *alguien* escaso de dinero. pop + cult → espon. ♦ **contar los pesos.**

d. ‖ **~ las costillas.**
      i.   loc. verb. *Gu, Ho.* Pedir cuentas de algo a alguien. pop + cult → espon.
      ii.   *Gu, Ni.* Fiscalizar, criticar. pop + cult → espon ^ fest.

e. ‖ **~ los pesos.** *Ch, Ur.* **contar las chauchas.** pop + cult → espon.

f. ‖ **~ los pollitos antes de nacer.** loc. verb. *Ve.* Dar por segura una cosa antes de que suceda.

g. ‖ **~ plata delante de los pobres.** loc. verb. *Ni, Co:O, Ch.* Hacer ostentación de algo frente a quien no lo tiene. pop + cult → espon.

h. ‖ **~le al gallo.** loc. verb. *PR. En las peleas de gallos,* conteo que realiza el juez de valla con un reloj especial de un minuto para determinar si el gallo pierde o empata en la pelea.

conte.
  I. 1.   *Mx, Gu, Ho.* **conté.**

conté.
  I. 1.   m. *Mx, Gu, ES.* Planta trepadora epifita, de hasta 20 m de longitud, de hojas grandes y brillantes con perforaciones de gran tamaño, escasos frutos de color amarillo pálido o blanquecino; sus raíces aéreas se utilizan para tejer cestos, sombreros y otros objetos. (Araceae; *Monstera deliciosa*). (**conte**). ♦ **balazo; mano de tigre; piñanona.**

contemplado, -a.
  I. 1.   adj/sust. *Gu, Ho, Co:O, Ur. Referido a niño,* mimado, consentido.

contemplar.
  I. 1.   *Ho.* Acunar a un niño para que se tranquilice o se duerma.

contén.
  I. 1.   m. *Cu, RD.* Borde formado por piedras estrechas y largas que limita cada lado de la calle destinado a los peatones.
  II. 1.   m. *RD.* Vasija, recipiente.
  III. 1.   m. *RD.* Parte lateral de la cerca que sirve de pared por donde las aguas llovedizas o inmundicias corren hacia la red de alcantarillado.
  □
      a. ‖ **de ~ a ~.**
        i.   loc. adv. *Cu.* Por completo.
        ii.   *RD.* De un lado a otro, con agitación.

contenazo.
  I. 1.   m. *Cu.* Roce brusco de los neumáticos de un vehículo con el **contén** de la acera.

contención.
  I. 1.   f. *Ec.* Retención.
  II. 1.   m. *PR.* Opinión.

contendor, -ra.
  I. 1.   sust/adj. *Ho, Ni, CR, Pa, RD, Co, Ve, Ec, Pe, Bo, Ch, Ur. En una contienda política o deportiva,* rival.

contenedorizar.
  I. 1.   tr. *Ch.* p.u. Utilizar contenedores para transportar mercancías. cult.

contenerización.
  I. 1.   f. *Cu; Ec,* p.u. Envase de mercancías en contenedores.

contenerodizado, -a.
  I. 1.   adj. *Ch. Referido especialmente a una carga o mercancía,* introducida en contenedores para su transporte.

contenta.
  I. 1.   f. *Pe,* p.u. *En algunos centros educativos,* calificación máxima honorífica que se otorga al finalizar

los estudios y que conlleva la exención del pago en la expedición del título.

contentar(se).
> **I. 1.** intr. prnl. *Mx, Ni, CR, RD, Co, Ve, Ec, Ch.* Hacer las paces dos o más personas, o una con otra. pop.
> **2.** tr. *Gu, CR, RD, Ch.* Hacer que dos o más personas que estaban enojadas vuelvan a la concordia. pop.

contentera.
> **I. 1.** f. *CR.* Alegría desbordante. pop + cult → espon.

contentillo.
> □
> **a.** ‖ **de ~.** loc. adj. *Mx.* Descontento, difícil de contentar.

contento, -a.
> **I. 1.** adj. *Ni, CR, RD, PR. Referido a persona*, reconciliada, vuelta a la amistad. pop + cult → espon.
> **II. 1.** adj/sust. *Gu. Referido a persona*, aficionada al sexo opuesto.
> **III. 1.** m y f. *Cu.* Persona que vive alegremente y sin preocupaciones.
> □
> **a.** ‖ **al ~.** loc. adv. *Ch.* Al contado. pop ^ fest.
> **b.** ‖ **más ~ que marrano estrenando lazo.** loc. adj. *Co.* Muy contento.

contentona.
> **I. 1.** adj. *RD. Referido a una mujer*, coqueta, casquivana.

contentoso.
> **I. 1.** m. *RD.* Persona que muestra alegría casi siempre y por cualquier causa.

contentoso, -a.
> **I. 1.** adj. *Cu. Referido a persona*, alegre, de buen humor.

contentura.
> **I. 1.** f. *ES, Cu, RD, PR, Co.* Satisfacción, alegría, regocijo.
> **II. 1.** f. *Ve.* Borrachera. pop.
> **III. 1.** f. *Gu.* Actitud de la persona aficionada al sexo opuesto.
> **IV. 1.** f. *RD.* Contextura. vulg.

conteo.
> **I. 1.** m. *Mx, Ho, Ni, CR, Pa, Co, Ve, Ec, Pe, Bo, Ch, Ar, Ur.* Cuenta o establecimiento de la cantidad exacta de personas o cosas.
> **2.** *Ni, Cu, RD, PR, Co, Bo, Py, Ar.* Cómputo o recuento que se hace de algo.
> ■
> **a.** ‖ **~ de regalos.** m. *Bo.* Reunión al día siguiente de la boda en la que se cuentan los regalos obtenidos en presencia de los familiares y amigos muy allegados.
> **b.** ‖ **~ regresivo.** m. *RD, PR, Pe, Ch, Ur.* Cuenta atrás.

contesta. (Apóc. de *contestación*).
> **I. 1.** f. *EU, Ve; Pa, Cu, RD, Ch,* rur; *Co,* pop. | p.u. Contestación o respuesta.

contestada.
> **I. 1.** f. *Ni, Ar:NO.* Contestación grosera o descomedida. pop.

contestador, -ra.
> **I. 1.** adj/sust. *RD, Bo, Ch, Py, Ar, Ur. Referido especialmente a un niño*, que acostumbra a replicar irrespetuosamente a sus superiores o a las personas mayores. pop.

contestadora.
> **I. 1.** f. *Ec, Ch, Ur.* Aparato electrónico que está conectado al teléfono y que graba las llamadas.

conteste.
> **I. 1.** *Ar:NO.* **contesto.**

contesto.
> **I. 1.** m. *Ar:C,NO.* obsol. Contestación, respuesta, mensaje. rur. (**conteste**).

conticinio.
> **I. 1.** m. *RD.* Hora de la noche en que todo está en silencio.

contigrillo.
> **I. 1.** *ES.* **guaje**, árbol.

contil. (Del nahua).
> **I. 1.** m. *Ni, CR:NO.* Tizne o humo que se pega a un recipiente que ha estado expuesto al fuego. rur.
> **2.** *Ni, CR:NO.* Hollín. rur.
> **3.** *CR:NO.* Carbón. rur.

contimás. (De *cuanto* y *más*).
> **I. 1.** adv. *Cu, RD, PR.* Cuanto más, mientras más. (**cuantimás**).
> **2.** *Gu, ES, Ni.* p.u. Cuanto más, sobre todo. rur.

contingencial. (Del ingl. *contingency*, contingencia, eventualidad).
> **I. 1.** adj. *Ho, Ch. Referido a un hecho*, que ha ocurrido accidentalmente. prest; cult → esm.

contingencialmente.
> **I. 1.** adv. *Ho, Ch.* Accidentalmente. prest; cult → esm.

continuante.
> **I. 1.** sust/adj. *Cu.* Alumno que continúa los estudios en un centro de enseñanza. est.

contlapache. (Del nahua *con-tlapachoa*, de *tlapacho*, gallina que cubre los huevos).
> **I. 1.** m-f. *Mx.* Compinche. desp.

contlapachcarse. (De *contlapache*).
> **I. 1.** intr. prnl. *Mx.* Pactar dos o más personas en perjuicio de otra o para obtener un beneficio común. pop + cult → espon

contó.
> ▶ **hacer un ~.**

contra.
> **I. 1.** f. *Mx, Gu, Ho, Ni.* Movimiento político y militar nicaragüense que luchó en la década de 1980 contra el gobierno del Frente Sandinista de Liberación de Nicaragua.
> **2.** m-f. *Mx, Gu, Ho, Ni.* Persona que luchó para derrocar al gobierno sandinista de Nicaragua.
> **II. 1.** f. *Ni, CR, Co, Ve, Ch, Ar:NO.* Objeto mágico, como un amuleto, talismán o feriche, con el que se contrarrestan los efectos de embrujos, hechicerías o maleficios.
> **2.** *Ni, Co, Ve, Ch.* Brebaje para contrarrestar el veneno de las mordeduras de serpiente o los efectos de los embrujos, hechicerías o maleficios.
> **III. 1.** sust/adj. *Ar, Ur.* Persona que acostumbra llevar la contraria. pop.
> **IV. 1.** f. *Cu.* Regalo en especies, de poca cantidad, que el comerciante daba a sus clientes.
> **V. 1.** adj/sust. *Cu.* Contrarrevolucionario.
> **VI. 1.** f. *Ho. En el juego de la rayuela*, casillas pequeñas que se añaden a la rayuela normal para complicarla y hacerla más difícil. inf.
> □
> **a.** ‖ **de ~.**
> **i.** loc. adv. *Cu.* Gratuita y adicionalmente.
> **ii.** *Cu.* Por si fuera poco.
> ▶ **tirar ~.**

¡contra!
> **I. 1.** interj. *RD, Ve.* Expresa sorpresa, asombro, admiración. euf.
> **2.** *Pe.* Expresa oposición a una orden o sentencia dada por otra persona.

contrabando.
> **I. 1.** m. *RD.* Dificultad, incomodidad. rur.
> ■
> **a.** ‖ **~ hormiga.** m. *Pe, Bo, Ur.* Contrabando en pequeña escala.

contrabarbada.
> **I. 1.** f. *Pe.* Cadena de unión que se coloca en la parte inferior de las piernas del freno para evitar que se abran las riendas.

contracandela.
> **I. 1.** f. *Cu, PR.* Fuego que se da en un cañaveral o en otra plantación para que cuando llegue allí el incendio no se propague por falta de combustible.
> ▸ **dar ~.**

contracarátula.
> **I. 1.** f. *Ho, Co, Ec, Pe.* Hoja final de un libro, opuesta a la portada. prest; cult → esm.

contracción.
> **I. 1.** f. *Pe, Ar, Ur.* Dedicación perseverante a un trabajo o al estudio.

contrachequear.
> **I. 1.** tr. *Cu.* Comprobar *algo* que ya se había examinado con anterioridad.

contracorriente.
> ▸ **dar ~.**

contraenchapado, -a.
> **I. 1.** sust/adj. *Ve.* Tablero que está formado por dos o más capas de madera encoladas, de modo que sus fibras queden cruzadas entre sí.

contraerse.
> **I. 1.** intr. prnl. *Pe, Ar.* Dedicarse *alguien* por entero a los estudios o a una actividad.

contraflujo.
> **I. 1.** m. *Co, Ve, Ec.* Cambio en la dirección de algunas vías principales para lograr mayor fluidez de tráfico a determinadas horas.

contrafómeque.
> **I. 1.** m. *Pa, Co:C.* Persona o acción que neutraliza o contrarresta a otra perjudicial.

contrafuego.
> **I. 1.** m. *Ho, Co, Ve.* Vereda ancha que se hace en los sembrados y montes para que no se propaguen los incendios.

contragavilana.
> **I. 1.** *Pa.* **gavilana.**

contraherrar.
> **I. 1.** tr. *Mx, Ni.* Colocar la marca al ganado sobre la que tenía anteriormente. rur.

contrahierba.
> **I. 1.** f. *Mx, Gu, Ho, ES, Ni, Pa.* Planta herbácea sin tallo, de raíz gruesa, olorosa y nudosa, con raíces secundarias, hojas lobuladas, sobre pecíolos largos, y flores masculinas y femeninas dentro del mismo receptáculo espeso y cuadrangular; la raíz en decocción o tostada y machacada, disuelta en agua, se utiliza en la medicina tradicional. (Moraceae; *Dorstenia contrajerva*). (**contrayerba**). ◆ **contrahierba yucateca; iztacpate; xcambahau.**
> ∎
> a. ‖ **~ yucateca.** *Mx.* **contrahierba.**

contraído, -a.
> **I. 1.** adj. *Pe, Ur.* Referido a persona, dedicada por entero a los estudios u otra actividad.

contrainsurgente.
> **I. 1.** adj/sust. *Ho, Ni, Co, Ec, Ar, Ur.* Referido a persona o cosa, que lucha contra cualquier insurgencia.

contralaría.
> **I. 1.** f. *PR; RD*, pop. Órgano encargado de examinar la legalidad y corrección del gasto público.

contralátigo. (De *contra* y *látigo*).
> **I. 1.** m. *Mx, Ni.* Correa que asegura la argolla de la cincha de la montura. rur.

¡contrale!
> **I. 1.** interj. *RD.* Expresa contrariedad.

¡cóntrale!
> **I. 1.** interj. *Ve.* Expresa sorpresa, asombro, admiración. euf.

¡contrallación!
> **I. 1.** interj. *PR.* Expresa contrariedad, molestia, enojo. pop + cult → espon. ◆ **¡contrallao!**

contrallado, -a.
> **I. 1.** adj. *PR. Referido a niño o adolescente*, travieso, irrespetuoso, respondón. pop + cult → espon.

¡contrallao!
> **I. 1.** *PR.* **¡contrallación!**

contralor.
> **I. 1.** m. *Ar, Ur. Especialmente en el ámbito de la administración pública*, control o vigilancia sobre un procedimiento o gestión.

contralor, -ra. (Del ingl. *comptroller*).
> **I. 1.** m. y f. *Mx, Gu, Ho, ES, CR, Pa, RD, PR, Co, Ve, Ec, Pe, Bo, Ch, Py, Ar.* Funcionario encargado de controlar las cuentas y la legalidad de los gastos estatales.
> **2.** adj/sust. *Ho. Referido a persona u organismo*, que tiene la función exclusiva de controlar el gasto.

contraloría. (Del ingl. *comptroller*).
> **I. 1.** f. *Mx, Gu, Ho, ES, Ni, CR, Pa, RD, Co, Ve, Ec, Pe, Bo, Ch, Py.* Dependencia encargada de controlar las cuentas y la legalidad de los gastos estatales.
> **2.** *Mx, Gu, Ho, Ni, CR, Bo, Ch, Ur.* Contraloría General de la República.

contralto.
> ▸ **coger ~.**

contramaestre.
> **I. 1.** m. *Ec.* Ave marina de tamaño mediano, plumaje blanco con rayas negras en los extremos de las alas y en la cabeza, pico rojo y una larga cola blanca. (Phaethontidae; *Phaeton aethereus*).

contramano.
> **I. 1.** f. *Bo, Py, Ch, Ar.* Dirección contraria a la autorizada en una calle o carretera.
> ▢
> a. ‖ **a ~.** *Ur.* de contramano.
> b. ‖ **de ~.** loc. adv. *Py, Ar.* En dirección contraria a la autorizada por las normas de circulación. (**a contramano**).

contramarcha.
> **I. 1.** f. *Ec, Pe.* Agrupación de personas que se reúne para manifestarse en contra de quienes han organizado una marcha a favor o en contra de algo o de alguien.

contramatada.
> **I. 1.** f. *Ho, Pa, Co:C.* Caída violenta que causa un gran golpe. pop.

contramatar(se).
> **I. 1.** tr. *Co:C, Ec; Pa, Pe*, p.u. Golpear fuertemente a *una persona.* pop.
> **2.** intr. prnl. *Ho, Ni, Pa, Co:C; Pe*, p.u. Caerse y golpearse con violencia. pop.

contraminado, -a.
> **I. 1.** adj. *Ho, ES. Referido a persona o cosa*, apretada u oprimida entre otras dos.

contraminar.
> **I. 1.** tr. *Ho, ES.* p.u. Apretar u oprimir *algo* o a *alguien* contra *una cosa.*

contraparte. (Del ingl. *counterpart*).
> **I. 1.** f. *Mx, ES, Ni, Pa, Ec, Bo; Ho, Cu, Ec, Pe, Ch, Ar*, cult. Individuo u organismo cuya actividad es paralela a la de otros, con características afines.
> **II. 1.** *Ni, RD, Pe, Bo, Ch.* Cantidad de dinero que tiene que aportar quien recibe apoyo económico de algún organismo público. cult.
> **III. 1.** f. *Mx, Pa, Cu, PR, Co, Ec, Pe, Bo, Ch, Py, Ar, Ur. En un litigio*, parte que actúa en contraposición a la otra.

contrapelo.
□
    a. ‖ **a ~.** loc. adv. *Ch.* De manera poco entusiasta, sin ganas de realizar una actividad. pop.

contraplacar.
    I. 1. tr. *Pe. En ebanistería y carpintería*, superponer un tablero fino de madera sobre puertas o muebles con fines decorativos.

contraprueba.
    I. 1. f. *PR, Co, Ve, Bo.* Prueba que se presenta para desmentir o contradecir algo que se tiene por cierto.

contrapunteada.
    I. 1. f. *Bo.* Canto de versos improvisados que hacen poetas populares en **competencia**.

contrapuntear(se).
    I. 1. intr. *Mx, Ni, Cu, Co, Pe, Bo, Ar.* Estar en disputa dos o más personas.
    2. intr. prnl. *Cu, PR, Pe, Bo.* Entrar en **competencia** dos o más personas en algo.
    3. tr. *Ec.* Refutar continuamente y con malicia los argumentos del interlocutor para fastidiarlo o incomodarlo. pop.
    II. 1. intr. *Pa, Cu, Co, Ve, Bo, Ch, Ar, Ur.* Cantar versos improvisados para competir entre sí dos o más poetas populares.
    2. intr. prnl. *Cu, Ve, Ec, Pe, Bo, Py.* Alternarse dos o más poetas populares en cantar versos improvisados para competir entre sí.
    3. tr. *Ch.* Alternar coplas en contrapunto los poetas populares.

contrapunteo.
    I. 1. m. *Cu, PR, Co, Ve, Ec, Pe, Bo:E, Ch.* Canto de versos improvisados que hacen poetas populares en **competencia**.
    2. *Mx, Ni, Bo.* Confrontación de pareceres.
    3. *Ni, Cu, Pe, Bo, Ch.* Disputa o contienda de cualquier tipo en la que se replican dos o más personas o bandos enfrentados.
    4. m. *Ec.* Refutación continua y con malicia de los argumentos del interlocutor para fastidiarlo o incomodarlo. pop.
■
    a. ‖ **~ amoroso.** m. *Bo:E.* Canto de coplas que hacen un hombre y una mujer con el acompañamiento de guitarras, coqueteando alternativamente al improvisar versos con los que se zahieren mutuamente.

contrapunto.
    I. 1. m. *Mx, Cu, RD, PR, Ec, Pe, Bo, Ch, Ar, Ur.* Desafío entre dos poetas populares, que improvisan sobre un tema tratando de superar al oponente en agudeza e ingenio. ♦ **controversia**.
    2. *Co, Ve.* Debate musical en el que compiten dos cantadores alternándose, y que se acompaña con ritmo de **joropo llanero**.

contraputear.
    I. 1. tr. *ES, Ni.* Insultar o regañar mucho a *alguien*. pop.

contrarrayo.
    I. 1. m. *Ch.* Planta herbácea anual que crece hasta 1 m de altura, con tallo corto, sencillo y garzo, hojas lanceoladas, opuestas, en cruz, enteras y obtusas, flores unisexuales sin corola, y fruto seco, capsular, redondeado, con semillas arrugadas, del tamaño de cañamones; tiene propiedades purgantes y eméticas. (Euphorbiaceae; *Euphorbia lathyris*).

contrarruta.
    I. 1. adv. *Bo. En relación con el modo de circular un vehículo*, en dirección contraria a la establecida por las leyes de **tránsito**. ♦ **en contrarruta**.
□
    a. ‖ **a ~.** loc. adv. *Bo.* Al contrario, de un modo opuesto.
    b. ‖ **en ~.** loc. adv. *Bo.* **contrarruta**.

contraste.
    I. 1. m. *Bo, Ur.* p.u. Revés, infortunio, derrota. cult.

contrasuelazo.
    I. 1. m. *Pe.* Golpe fuerte y con estruendo que da una persona cuando cae al suelo. pop + cult → espon.
    2. *Pe.* metáf. Caída o derrota inesperada. pop + cult → espon.

contratado, -a.
□
    a. ‖ **como ~.** loc. adv. *Ch.* Con entusiasmo y dedicación excesivos. pop + cult → espon.
    ► **comer como ~.**

contratapa.
    I. 1. f. *Ni, Co, Ec, Pe, Bo, Ch, Py, Ar, Ur.* Cubierta posterior de un libro, revista, periódico o cuaderno.

contrato.
    ► **agarrar de ~.**

contravía.
    I. 1. f. *Ho, Co, Ec, Bo.* Dirección contraria, dirección prohibida.
□
    a. ‖ **en ~.** loc. adv. *Ho, Ni, CR, Co, Ec, Bo. En el tránsito de vehículos*, en dirección prohibida. pop.

contraviento.
    I. 1. m. *PR.* Viento de cara.

contrayerba.
    I. 1. *Mx, Gu, Ho, ES, Pa.* **contrahierba**.
    2. *Ar.* **balda**, planta.
    3. *Ar:NE.* **pareira brava**.
    4. *Ar:NE.* Planta perenne, con rizoma engrosado de 5 a 10 cm de profundidad; cocida o en infusión, la raíz se emplea en la medicina popular como estimulante, diaforética y diurética. (Moraceae; *Dorstenia brasiliensis*). ♦ **higuerilla**.

contre.
    I. 1. m. *Ch.* Molleja, estómago de las aves.
□
    a. ‖ **el ~.** loc. sust. *Ch.* Alma, sustancia, lo más hondo, profundo o importante de algo o de alguien. pop ^ hiperb.
    ► **llegar al ~.**

contrera.
    I. 1. sust/adj. *Ch, Py, Ar, Ur.* Persona que acostumbra llevar la contraria. pop + cult → espon.

control.
    I. 1. m. *Mx, Ho, Ni, CR, Cu, PR, Co, Ve, Ec, Pe, Bo, Py, Ar, Ur.* Dispositivo que regula a distancia el funcionamiento de un aparato, *especialmente de un televisor u otro electrodoméstico similar*. ♦ **control remoto**.
■
    a. ‖ **~ remoto.** *Mx, Ni, CR, PR, Co, Ec, Pe, Bo, Ch, Py, Ar, Ur.* **control**.
    b. ‖ **~ y ayuda.** m. *Cu.* Inspección que se realiza en los centros de trabajo para chequear la marcha de los mismos.
□
    a. ‖ **~ político.** loc. sust. *Bo:O,S. En una relación amorosa*, persona que ejerce un control obsesivo sobre su pareja. pop + cult → espon ^ fest.

controlador.
    I. 1. m. *Ec.* Ayudante del chofer de un autobús o camión.

controller. (Voz inglesa).
    I. 1. m. *EU, PR.* Auditor, contable.

controversia.
    I. 1. f. *Cu.* **contrapunto**, desafío.

controversial. (Del ingl. *controversial*).
    I. 1. adj. *EU, Mx, Ni, CR, Cu, RD, PR, Co, Ve, Ec, Pe, Bo, Py, Ar, Ur, Ch*, cult → esm. *Referido a persona o cosa*, que suscita el debate o la discusión.

controversiar.
> I. 1. intr. *PR.* Llevar *alguien* la contraria a una persona. rur.

contulmo.
> I. 1. m. *Ch.* Arbusto pequeño de hojas grandes, amargas, flores azules y bayas globosas. (Solanaceae; *Solanum gayanum*).

contumelia.
> I. 1. f. *Ni, CR.* obsol. Remilgo.
> ► sacarle la ~.

contumelioso, -a.
> I. 1. adj. *Ni; CR.* obsol. *Referido a persona*, melindrosa. (**contumerioso**).

contumenia.
> I. 1. f. *Pa.* obsol. Actuación ceremoniosa, dilatada y obsequiosa.

contumeria. (De *contumelia*).
> I. 1. f. *Ho, ES.* Problema engorroso, impedimento.
> II. 1. f. *Ho, ES.* Cuidado excesivo a una persona o cosa.
> III. 1. f. *Ho, ES.* Indecisión o contradicción que muestra alguien al actuar con otra persona.

contumeriar.
> I. 1. *Ho, ES, Ni.* **achichiguar**, mimar.

contumerioso, -a.
> I. 1. adj. *Mx:SE, Ho, ES, Ni. Referido a persona*, que tiende a sentirse ofendida o molesta por causas pequeñas.
> 2. *Ho, ES. Referido a acción o trámite*, engorroso y complicado.
> 3. *Ho, ES.* **contumelioso**.
> 4. *Ho.* metáf. *Referido a un objeto, arcilla o metal*, difícil de trabajar.
> 5. *Ho.* metáf. *Referido a un cultivo*, difícil de cultivar o **riesgoso**.
> 6. *Ho. Referido a persona*, perpleja, irresoluta, que tiene dificultad para decidirse.

contundente.
> I. 1. adj. *Cu. Referido a una mujer*, voluptuosa.

contursi.
> •
> **a.** ‖ **¿qué me ~?** fórm. *Ur; Ar*, p.u. Se usa para expresar asombro ante un determinado hecho e invitar al interlocutor a hacer algún comentario sobre el mismo. pop ^ fest.

conuco. (De or. ind. antillano).
> I. 1. m. *Cu, Ve.* Parcela pequeña de tierra destinada al cultivo de frutos menores, casi sin regadío ni laboreo.
> II. 1. m. *RD, PR.* Pequeña propiedad rural con su huerto. (**conucu**).

conucu.
> I. 1. *PR.* **conuco**, huerto. rur.

conuquero, -a.
> I. 1. m. y f. *Ve; RD*, rur. Persona que tiene un **conuco** o lo cultiva.
> 2. adj. *Ve; RD*, rur. Relativo al **conuco**.
> 3. m. y f. *RD.* Persona que trabaja en un **conuco**. rur.

conuquiar.
> I. 1. tr. *RD.* Trabajar o cultivar la tierra.

conurbado, -a.
> I. 1. adj. *Mx.* Relativo al extrarradio de una población.

conurbano.
> I. 1. m. *Ar.* Extrarradio de una población formado por varios núcleos urbanos contiguos, en un principio independientes, que fueron extendiéndose hasta unirse.

convencedora.
> ► echar la ~.

convención.
> ■
> **a.** ‖ **~ colectiva de trabajo.** f. *Co, Ve, Ar.* Acuerdo vinculante entre los representantes de los trabajadores y los empresarios de un sector o empresa determinados, que regula las condiciones de trabajo.

convencionista.
> I. 1. m-f. *Gu, Ni, RD, Ve, Py; Ch*, p.u. Persona que participa en una convención.

convenencioso, -a.
> I. 1. adj. *Pe.* p.u. *Referido a persona o a una actitud*, que se comporta según sus intereses y conveniencias. cult.

conveniado, -a.
> I. 1. adj. *Ni, Cu. Referido a una persona o entidad*, que ha llegado a un acuerdo con otra parte.

conveniar.
> I. 1. tr. *Ni, Cu.* Acordar mediante convenio *algo*.

convenido, -a.
> I. 1. adj. *Pe. Referido a persona*, que no da importancia a ser engañada por su cónyuge, por conveniencia. pop.

conventillar.
> I. 1. intr. *Ch.* **conventillear**. pop ^ desp.

conventillear. (De *conventillo*, casa de vecindad).
> I. 1. *Ar, Ur; Ch*, desp. Chismorrear. pop. (**conventillar**).

conventilleo.
> I. 1. m. *Ar, Ur; Ch*, desp. Chismorreo.

conventillerío.
> I. 1. m. *Ar, Ur.* **conventillo**, ambiente laboral. pop.

conventillero, -a.
> I. 1. adj/sust. *Ar, Ur; Ch*, desp. *Referido a persona*, chismosa. pop.

conventillo.
> I. 1. *Bo; Ec, Pe, Ch, Py, Ar, Ur*, obsol. Casa antigua, *en general con un gran patio interior*, cuyas habitaciones se alquilan a numerosas familias que comparten el baño y la cocina.
> 2. *Ch.* Inmueble con entrada, patio y servicios comunes, con habitaciones que sirven de vivienda.
> II. 1. m. *Ec, Ch, Py, Ar, Ur.* Ambiente laboral o social en el que son frecuentes los chismes y habladurías. pop + cult → espon. ♦ **conventillerío**.

conversa. (Apóc. de *conversación*).
> I. 1. f. *Pa, Ec, Pe, Bo, Ch; Ho, Co*, rur. Conversación. pop + cult → espon.
> 2. *Ve.* Rumor que corre entre la gente.

conversable.
> I. 1. adj. *Ni, Ec, Pe, Bo, Ch, Py. Referido a un precio*, negociable. pop.

conversación.
> ► meter ~.

conversacionista.
> I. 1. m-f. *Mx.* Persona que hace amena una conversación.

conversada.
> I. 1. f. *CR, Cu, RD, Co, Ve, Bo, Ch.* Conversación, *especialmente cuando es prolongada*. pop.

conversadera.
> I. 1. f. *Ni, CR, Cu, Co, Ve, Ec, Pe, Bo.* Plática continuada y extensa.

conversado, -a.
> I. 1. adj. *Gu, Ho, ES, Ni, Cu, Pe, Ur. Referido a un tema*, muy discutido y comentado.
> 2. *CR.* obsol. *Referido a un asunto*, no del todo claro.
> 3. *Ur. Referido a un encuentro de **futbol** o de otros deportes*, que se desarrolla con muchas interrupciones y discusiones.

II. 1. adj. *Ch. Referido especialmente a una actividad realizada en común*, propicia para charlar o en la que se ha desarrollado una conversación. pop + cult → espon.

conversador, -ra.
I. 1. sust/adj. *Mx, Ni, Cu, RD, Pe, Bo, Ch, Py, Ur.* Persona que habla mucho.

conversao.
I. 1. f. *RD.* Conversación, palique. rur.

conversar.
I. 1. tr. *Ar, Ur.* Tratar de convencer a *alguien*. pop.
II. 1. tr. *Ec.* Narrar o contar sucesos reales o ficticios.
□
a. ‖ ~ **de bueyes perdidos.** loc. verb. *Py, Ur; Ar,* p.u. Conversar de cosas triviales o inconexas. pop + cult → espon.
b. ‖ ~ **de bueyes perdidos y vacas encontradas.** loc. verb. *Py.* Conversar sobre un tema cualquiera independientemente de su trascendencia. pop + cult → espon.

conversata.
I. 1. f. *RD.* Conversación larga.

conversatorio.
I. 1. m. *Co, Pe.* Grupo de personas especializadas en un tema que debaten ante un público.
2. *Pa, Cu, RD; Ec, Pe,* cult. Reunión concertada para debatir sobre un tema de interés público.
3. *Gu, Ho, Ni, Pa.* Reunión de un grupo de personas versadas en alguna materia, más informal que la mesa redonda. prest; cult → esm.

converseteo.
I. 1. m. *Cu.* Conversación larga o serie de conversaciones frecuentes.

conversón, -na.
I. 1. adj. *Co:N,C,SO, Ve, Ec; CR,* obsol. *Referido a persona*, que habla mucho y sin sustancia. pop + cult → espon.

conversona.
I. 1. f. *CR.* obsol. Conversación o plática.

convertible. (Del ingl. *convertible*).
I. 1. adj. *Mx, Ni, Pa, Co, Ve, Ec, Pe, Py, Ar, Ur,* adj/sust. *Ho, Cu, RD, PR, Bo, Ch. Referido a un vehículo*, descapotable. ♦ **descapotado.**

convertir.
□
a. ‖ ~ **en chanfaina.** loc. verb. *Ho.* Matar a una persona o animal. pop + cult → espon.

convidado, -a.
I. 1. adj. *RD. Referido a persona*, que ha quedado satisfecha con algo y le apetece su repetición.

convidar.
I. 1. tr. *Mx, Gu, Ho, Ni, Co, Ve, Ec, Bo; Pe, Ch,* pop + cult → espon. Invitar u ofrecer algo, *especialmente comida o bebida*, a *alguien*.

convido.
I. 1. m. *Ar:NO.* Ofrecimiento de alimentos y bebidas a la **Pachamama** o madre tierra.

convite.
I. 1. m. *Ve.* Acuerdo entre dos personas para solucionar un problema.
II. 1. m. *Ve.* Reunión de trabajadores que prestan sus servicios a cambio de comida.
III. 1. m. *Gu, Bo.* Fiesta pública de tipo popular en la que los participantes, disfrazados, bailan y recorren las calles.

conviviente.
I. 1. m-f. *Co, Ec, Pe, Bo, Ch.* Persona que convive y mantiene una relación marital con otra sin estar legalmente casados.

convocatoria.
□
a. ‖ **de alta ~.** loc. adj. *Ni, Co, Ec, Ch. Referido a un evento, especialmente un partido de fútbol*, que se prevé que atraerá a mucho público. pop + cult → espon.

convoyar(se).
I. 1. intr. prnl. *Ve.* Ponerse de acuerdo dos o más personas para emprender algo arriesgado, misterioso, o para hacer daño a alguien. pop + cult → espon.
II. 1. tr. *Cu.* Acompañar, ir junto a *algo*.
2. *Cu.* obsol. Poner a la venta una mercancía de poca demanda junto a otra que sí la tiene.

coña.
I. 1. f. *Ch.* Marihuana. drog.
II. 1. f. *Ec.* Señal que deja en un trompo el golpe dado por la púa de otro.

coñacear.
I. 1. tr. *Ve.* Dar a *alguien* muchos golpes fuertes. vulg.

coñamentazón.
I. 1. f. *Ve.* Pelea callejera entre varias personas. vulg.
2. *Ve.* Serie de golpes dados con un palo o con cualquier otro medio o instrumento a una persona. vulg.

coñaza.
I. 1. f. *Ve.* juv. Pelea a golpes. vulg.

coñazo.
I. 1. m. *Co:N.* Golpe dado con el puño de la mano. pop.
2. *Pa, RD, Ve.* Golpe fuerte que le propina una persona a otra. vulg.

coñete.
I. 1. adj. *Pe, Bo; Ch,* desp. *Referido a persona*, tacaña, miserable.

coñetería.
I. 1. f. *Ch.* p.u. Avaricia, tacañería. pop ^ desp.

coñichi.
I. 1. m. *Bo.* Comida guardada del día anterior. pop + cult → espon.

coñito.
I. 1. m. *Cu.* obsol. Café con coñac.

coño.
I. 1. m. *Ve.* Individuo, hombre. vulg; pop.
II. 1. m. *Ec.* Golpe que se da con la púa de un trompo a otro.
□
a. ‖ ~ **de su madre**
i. loc. sust. *Ve.* Persona de malas intenciones. vulg; desp.
ii. *Ve.* Persona astuta. vulg; fest.
iii. *Ve.* Persona ingrata. vulg.
iv. *Ve.* Persona mediocre, ineficiente. vulg; desp.
b. ‖ ¡~ **de su madre!**
i. loc. interj. *Ve.* Expresa desprecio hacia quien se dirige. vulg.
ii. *Ve.* Expresa desahogo en momentos de dolor o ira.
c. ‖ **del ~ de su madre.** loc. adj. *Cu. Referido a algo*, importante, de envergadura. pop.

coño, -a.
I. 1. *Ec, Ch.* **codo**, tacaño.

coñón.
I. 1. adj/sust. *Ec.* **codo**, tacaño. pop.

coñudo, -a.
I. 1. adj. *Ec.* **codo**, tacaño. vulg.

cooker. (Voz inglesa).
I. 1. m. *PR.* Chapa donde se prepara la droga. drog.

cool. (Voz inglesa).
I. 1. adj. *EU, Ni, Pa, PR, Ve, Ec, Pe, Bo, Ch, Ur; CR,* p.u. | juv. Muy bueno, bonito o agradable.

2. adv. *EU, Ni, Pa, PR, Pe, Ch, Ur, CR, Bo,* p.u. | juv. Muy bien, estupendamente.

3. adj. *EU, Ho, Ni, Bo, Ur.* juv. *Referido a un evento o espectáculo,* excelente, fenomenal.

▶ **sentirse ~.**

coolant. (Voz inglesa).

I. 1. m. *EU, Ho, PR.* Líquido refrigerante para el radiador de motores. pop + cult → espon.

cooler. (Voz inglesa).

I. 1. m. *EU, Pe, Ch, Ho, Ec,* p.u. Nevera pequeña transportable para conservar mejor alimentos y bebidas.

2. *Ho. En el cultivo del camarón,* cuarto refrigerado. rur.

coollo.

I. 1. *PR.* **cogollo,** parte alta de la copa.

2. **cogollo,** conjunto de hojas.

cooperacha.

I. 1. *Mx, Pe, Py,* pop + cult → espon. **coperacha,** cooperación.

cooperado, -a.

I. 1. sust/adj. *Ch.* Persona que es miembro de una sociedad cooperativa o participa en ella.

cooperar.

I. 1. tr. *Ni, Bo, Ch, Ur.* Ayudar a *alguien* en algo.

cooptar.

I. 1. tr. *Mx, Ni, Co.* Obligar a *alguien* a que piense de una manera determinada. cult.

2. *Mx, Ni.* Sobornar. cult.

copa.

I. 1. f. *Ho, Ni, CR, Pa, Co. En algunos vehículos automotores,* cubierta circular que tapa la parte central de la rueda, en la que se encuentran los tornillos de sujeción. pop + cult → espon.

2. *Ni.* metáf. Cabeza del pene. vulg.

☐

a. ‖ **a la ~.** loc. adj. *Bo, Ch. Referido a un huevo,* pasado por agua.

b. ‖ **~ de agua.** loc. sust. *Ch.* Depósito elevado para almacenar agua potable.

c. ‖ **en ~s.** loc. adj. *Ar:NO, Ur.* Borracho. pop.

▶ **agarrar la ~; estar con ~s; estar en ~s; llenar la ~; llenarse la ~; pasársele las ~s; subírsele las ~s.**

copada.

I. 1. f. *PR.* Planta de tallos frágiles, de hojas ovaladas de pequeño tamaño que produce la flor llamada **siempreviva;** es ornamental y medicinal.

copado, -a.

I. 1. adj. *Ni, RD, Co, Ve, Ec. Referido a persona,* sobrecargada de trabajo.

II. 1. adj. *Ni, Cu, RD, PR, Ec, Bo. Referido a un lugar,* lleno de personas.

2. *Ni, Cu. Referido a un árbol o a un arbusto,* lleno de flores o frutos. rur.

3. *Gu. Referido a un bosque o cultivo,* con vegetación espesa. rur.

III. 1. adj. *Ar, Ur.* juv. *Referido a persona o a cosa,* que resulta muy agradable o interesante. pop.

IV. 1. adj. *Ar, Ur.* juv. *Referido a persona,* que tiene mucho interés o entusiasmo por algo. pop.

copagar.

I. 1. tr. *Ch.* Pagar una deuda de manera compartida. esm.

copago.

I. 1. m. *Co, Ch.* Dinero de una deuda abonado de forma compartida. esm.

copaiba.

I. 1. f. *Pa, RD, PR, Co, Ve, Bo, Ar:NO.* Árbol de hasta 20 m de altura, copa poco poblada, hojas alternas compuestas de un número par de hojuelas, flores blancas en espigas axilares y fruto leguminoso con una sola semilla. (Fabaceae; *Copaifera* spp.). (**copaibo**). ♦ **copayero; cupay; currucay.**

2. *Pa, RD, PR, Ve, Ar:NO.* Aceite extraído del tronco de la copaiba que tiene propiedades medicinales. (**copaibo**).

copaibo.

I. 1. m. *Pe, Bo.* **copaiba,** árbol.

2. *Pe, Bo.* **copaiba,** aceite.

copajira.

I. 1. f. *Bo, Ar:NO.* Agua acidulada del interior de una mina o excavación o proveniente de los **relaves,** que contiene sulfato de cobre, hierro o cinc.

copal. (Del nahua *copalli,* resina).

I. 1. m. *Mx, Gu, Ho, ES, Ni, Co, Ec, Bo.* Árbol resinoso de hasta 8 m de altura, corteza de color rojo oscuro y fruto bivalvo y subgloboso; la extracción de la resina se hace por exudaciones espontáneas o por medio de incisiones en el tronco. (Burseraceae; *Bursera* spp.). rur. ♦ **pom.**

2. *Mx, Gu, Ho, ES, Ni, Co, Bo.* Resina aromática que se obtiene del copal y que suele utilizarse en ceremonias religiosas. pop + cult → espon.

II. 1. m. *Ho.* Recipiente de barro, a modo de incensario, para quemar resina de copal. rur.

copalchí. (Del nahua *copalli,* resina y *chichic,* amarga).

I. 1. m. *Mx, Gu, ES, Ni, CR.* Arbusto silvestre de hasta 6 m de altura, hojas aromáticas aovadas o triangulares, flores en racimos y fruto verde, redondo, en forma de cápsula subglobosa, que se usa en la medicina tradicional. (Euphorbiaceae; *Crotan guatemalensis*).

copaleada.

I. 1. f. *Ho.* Sahumerio con **copal.** rur.

copalear.

I. 1. tr. *Ho.* Esparcir el humo del **copal** sobre *algo* o a *alguien.* rur.

2. *Ho.* metáf. Adular a *alguien, generalmente por interés.* rur.

copaleo.

I. 1. m. *Ho.* Sahumerio con **copal.** rur.

2. *Ho.* metáf. Adulación por interés. rur.

copalero.

I. 1. m. *Ho.* Hombre que esparce el humo del **copal.** rur.

2. *Ho.* Incensario de barro. rur.

copalillo.

I. 1. m. *Cu.* Árbol de hasta 3 m de altura, con hojas trifoliadas y flores blancas; proporciona una madera dura, compacta y veteada, de color amarillo rojizo claro. (Sapindaceae; *Thouinia trifoliata*). ♦ **negra cuba.**

copamiento.

I. 1. m. *Bo, Ch.* Movimiento sorpresivo con el que se rodea a un enemigo o se le corta la retirada.

2. *Ur.* Ocupación por la fuerza de un lugar o recinto.

II. 1. m. *Ec.* p.u. Consecución de todos los puestos en una elección.

copánido, -a.

I. 1. adj. *Ho.* Relativo a la cultura maya de Copán. prest; cult → esm.

copante.

I. (Del nahua *quappantli,* puente de maderos, de *cuahuitl,* árbol, y *pantli,* hilera).

1. m. *Gu, Ho, ES.* Puente hecho con un tronco o un tablón. rur.

2. *Gu, Ho.* Pasarela hecha de una hilera de pedruscos para cruzar un río o **quebrada.** rur.

II. 1. adj. *Ar, Ur.* juv. Estupendo, fantástico.

copao.
   I. 1. m. *Ch:N.* Planta que crece en forma de columna, sin hojas, pero con espinas. (Cactaceae; *Eulychnia acida*).
   2. *Ch:N.* Fruto del copao, grande y bulboso; es comestible.

copapayo.
   I. 1. *ES, Ni.* **canculunco, bejuco**. rur.

copaquira. (Del quech. *q'upa,* turquesa).
   I. 1. f. *Pe.* Caparrosa azul, sulfato cúprico empleado en medicina y tintorería.

copar(se).
   I. 1. tr. *Ar, Ur.* juv. Provocar gran entusiasmo a *alguien*.
   2. intr. prnl. *Ar, Ur.* juv. Entusiasmarse.
   II. 1. intr. prnl. *Ar.* juv. Aceptar realizar una acción o participar de algo. pop.
   III. 1. tr. *Ho, Ni, Cu, RD, Co, Ec, Pe.* Cubrir o llenar totalmente *algo*.

copaso.
   I. 1. *RD.* **copazo**.

copastor.
   I. 1. m. *Ho, PR.* En las iglesias protestantes, ayudante del pastor. pop + cult → espon.

copayero.
   I. 1. m, *Ar.* **copaiba**, árbol.

copazo.
   I. 1. m. *RD.* Bocanada de humo de un cigarrillo. (**copaso**).

copazón.
   I. 1. m. *ES.* Follaje espeso. rur.

cope.
   I. 1. m. *Ar, Ur.* juv. Entusiasmo causado por algo o alguien.

copeado, -a.
   I. 1. adj. *ES. Referido a licor*, vendido por copas.

copearse.
   I. 1. intr. prnl. *Mx, Bo.* Emborracharse.

copei.
   I. 1. *PR.* **copey**.

copel.
   I. 1. m. *Ho.* Herramienta en forma de cruz, que por uno de sus extremos enrosca y desenrosca la válvula de un neumático. pop + cult → espon.

copenayada.
   I. 1. f. *Ve.* Dicho o hecho de un **copeyano**.

copera.
   I. 1. f. *Ar, Ur; Co,* p.u., desp. Mujer que en bares o locales nocturnos de diversión alterna con los clientes con el fin de hacerles consumir bebidas.

coperacha.
   I. 1. f. *Mx, Gu, Ho, Ni, Ec.* Cooperación que se realiza voluntariamente con un fin determinado. pop + cult → espon. (**cooperacha**).
   II. 1. *PR.* **caballo**, colecta.

coperación.
   I. 1. f. *Ec.* Cooperación.

copero, -a.
   I. 1. sust/adj. *Bo, Ch.* Persona que atiende a la clientela en un bar, *especialmente sirviendo bebidas*.
   II. 1. m. y f. *CR.* Persona que se dedica a la venta de **copos** o granizados.
   III. 1. adj. *Ur.* Elegante.

copete.
   I. 1. m. *Py, Ar, Ur. En la prensa escrita*, breve resumen y anticipación de una noticia periodística, que sigue inmediatamente al título.
   2. *Ho, CR.* Punto más alto de una cosa, como un cerro, una montaña o un árbol.

II. 1. m. *Ar.* p.u. Espuma o yerba seca que corona la boca del mate bien cebado.
III. 1. *Ch.* Pájaro de hasta 15 cm de largo, cabeza gris con tres líneas negras a cada lado y plumas de la corona levantadas a modo de copete; una mancha rojiza le rodea el cuello excepto en la línea divisoria entre la garganta y el pecho; el resto del cuerpo es de tonalidades pardas, excepto el abdomen que es blanquecino. (Emberizidae; *Zonotrichia capensis chilensis*).
   2. *Cu.* Ave de rapiña diurna, de hasta 56 cm de longitud, con plumaje oscuro y pico y patas de color anaranjado. (Accipitridae; *Buteogallus anthracinus*).
IV. 1. m. *Ch.* Bebida alcohólica. pop + cult → espon.
V. 1. m. *Pa.* **retama**, árbol.
□
   a. ‖ **de ~.** loc. adj. *Gu, Ho, Ni; Ec,* p.u. *Referido a persona o cosa*, importante, distinguida, de clase social alta.
   ▶ **estar hasta el ~; estar hasta el ~ de trabajo.**

copeteado, -a.
   I. 1. adj/sust. *Ch. Referido a persona*, borracha. pop + cult → espon.

copetear(se).
   I. 1. tr. *Mx.* Llenar completamente un recipiente.
   II. 1. intr. prnl. *Bo, Ch.* Tomarse unas copas. pop + cult → espon.
   2. intr. *Ho.* Tomar unas copas. pop + cult → espon.
   III. 1. tr. *Ni.* Tirar a *alguien* del pelo.
   IV. 1. tr. *Ni.* Reprender severamente a *alguien*.

copetengue.
   I. 1. m. *Ch.* Bebida alcohólica. pop ^ fest.

copetín.
   I. 1. m. *Mx, Gu, Ho.* Chorizo muy pequeño y delgado para freír o asar.
   2. *Bo; Ec, Ar, Ur,* p.u. Bebida que se toma antes de una comida principal.
   3. *Ar, Ur, Py,* obsol. Comida ligera que suele acompañar a esta bebida.
   4. *Gu, Ho; Ch,* pop + cult → espon. Trago de licor.
   II. 1. m. *Py.* **copetín al paso**.
□
   a. ‖ **~ al paso.** loc. sust. *Ar.* Establecimiento comercial pequeño en el que se venden bebidas y comidas ligeras. ♦ **capetín**.

copetinera.
   I. 1. f. *Ch, Py; Ec,* obsol, desp. Camarera que sirve copas de licor en un bar o en un restaurante.
   2. f. *Pe, Bo.* Mujer de alterne.
   3. *Py.* Mujer que es propietaria de un **copetín**. pop.

copetinero.
   I. 1. m. *Pe, Py, Ar, Ur.* Bandeja o juego de bandejas o recipiente para servir aperitivos.

copetón.
   I. 1. *Co.* **afrechero**, ave.
   II. 1. m. *PR.* Conjunto de ciertas flores que crecen apiñadas.

copetón, -na.
   I. 1. adj. *Ho, Bo; Gu, CR, Ec, Ch,* p.u, rur. *Referido a un ave*, que tiene un moño o penacho de plumas.
   II. 1. *Co.* **alegrón**, ligeramente borracho. pop.
   III. 1. adj/sust. *Gu, Ni, Ch; Bo,* desp. *Referido especialmente a persona*, que pertenece a una clase social elevada. pop.
   IV. 1. sust/adj. *Ve:C.* Persona pusilánime.
   V. 1. adj. *Ni.* metáf. *Referido a persona*, que ostenta un puesto de importancia o de poder.
   VI. 1. adj. *CR. Referido a un recipiente*, cuyo contenido supera el nivel de medida. pop.

copetona.
 I. 1.   f. *Ar.* Ave de hasta 40 cm de longitud y color pajizo manchado de pardo, caracterizada por un copete de plumas. (Tinamidae; *Eudromia* spp.).

copey.
 I. 1.   m. *Gu, Ni, CR, Pa, Cu:O, RD, PR, Co:N, Ve.* Árbol de hasta 20 m de altura, de tronco grueso, hojas aovadas, flores blancas o rosadas y fruto redondo de pulpa anaranjada; su madera castaña rojiza se utiliza para postes y traviesas, y el látex que despide la corteza tiene usos medicinales. (Clusiaceae; *Clusia rosea*). (**copei**; **cupey**). ♦ **renaquilla**.

copeyanización.
 I. 1.   f. *Ve.* Adquisición de la ideología **copeyana**.

copeyanizar.
 I. 1.   tr. *Ve.* Convertir a *alguien* en **copeyano**.

copeyano, -a.
 I. 1.   m. y f. *Ve.* Militante o simpatizante del partido político socialcristiano COPEI (Comité de Organización Política Electoral Independiente).
 2.   adj. *Ve.* Relativo a este partido.

copeyejo.
 I. 1.   m. *RD.* Arbusto de hasta 10 m de altura, de ramitas angulosas, hojas aovadas, con pocas flores de pétalos blancos o rosados, y fruto subgloboso. (Clusiaceae; *Clusia minor*). (**cupeyito**). ♦ **cupey chiquito**; **cupey trepador**.

copia.
 I. 1.   m. *ES.* Falsificador de billetes. delinc.
 ■
 a. ‖ ~ **fotostática**. f. *Mx, Ho, Ni, RD, Co, Bo.* Fotocopia. cult → esm.

copiadera.
 I. 1.   f. *Ho, Pe, Ch, Ur, Ni, Ec*, desp. Copia generalizada que ocurre en un examen o en una prueba. est. ♦ **copiazón**.
 2.   *Cu.* Papel escrito que se utiliza para copiar en un examen. ♦ **copiazón**.
 3.   *Cu.* Imitación de *alguien* o *algo*.

copiadora.
 I. 1.   f. *Ni, CR, Ec, Pe.* Establecimiento donde se sacan fotocopias.

copialina.
 I. 1.   f. *Co.* **acordeón**, papel. est.

copiancho.
 I. 1.   m. *Ar:NO.* Hoja superior de la planta del tabaco.

copiar.
 I. 1.   intr. *RD.* Fumar.
 II. 1.   tr. *PR.* Comprar *alguien* drogas. drog.

copiatín.
 I. 1.   *Py.* **acordeón**, papel. est.

copiazón.
 I. 1.   f. *Ho.* **copiadera**, copia en un examen. est.
 2.   m. *Py.* **acordeón**, papel. est. ^ desp. est.

copietas.
 I. 1.   m-f. *Co.* Persona que copia o imita a otra. pop.

copiete.
 I. 1.   m. *PR.* Ayuda mutua en un examen, copiándose. est.

copihual.
 I. 1.   m. *Ch.* Sitio poblado de **copihues**.

copihue.
 I. 1.   m. *Ch, Ar.* Arbusto de hasta 4 m de altura, con hojas ovaladas o acorazonadas, de color verde oscuro por encima, flores rojas y fruto verde o amarillo; a veces es comestible. (Liliaceae; *Lapageria rosea*). (**coicopihue**).
 2.   Flor del copihue. (**coicopihue**).

copina. (Del nahua *copina*, sacar una cosa de otra).
 I. 1.   f. *Mx.* p.u. Piel sacada entera.

copinar.
 I. 1.   tr. *Mx.* p.u. Desollar animales sacando entera la piel.

copinol. (Del nahua *cuahuitl*, árbol, y *pinolli*, harina).
 I. 1.   m. *Gu, Ho, ES, Ni.* **algarrobo**, árbol. (Fabaceae; *Hymenaea courbaril*).
 2.   *Gu, Ho, ES, Ni.* **algarrobo**, fruto.

copiosa.
 I. 1.   f. *Mx.* Copa, bebida alcohólica. fest.
 ► **entrarle a las ~s**.

copita.
 I. 1.   f. *CR.* Plántula de café a la que le han brotado las dos primeras hojas y conserva aún adherida a ellas la cáscara de la semilla. rur.

copito.
 I. (De *Copito*®).
 1.   *Co.* **hisopo**, palillo.
 II. 1.   m. *CR.* Parte alta de una planta de café muy cargada de fruto. rur.
 III. 1.   m. pl. *CR.* Testículos del hombre. euf; pop ^ fest.

copla.
 I. 1.   f. *Pe, Bo, Ch.* Junta, *generalmente metálica*, por la que se unen dos cañerías o tubos.

cople. (Del ingl. *couple*, juntar, unir).
 I. 1.   m. *Ho:N.* Mecanismo de unión de dos vagones de tren. rur.
 II. 1.   m. *Mx, Ho.* En un motor o vehículo, eje de extremo cuadrado o circular que se une a otra pieza para transmitir o recibir la fuerza de tracción. pop.

copleador.
 I. 1.   sust/adj. *Bo:E,S.* Persona que canta coplas. pop.

copleo.
 I. 1.   m. *Bo:E,S.* Canto de coplas. pop.

copo.
 I. 1.   m. *Ve.* Parte más alta de ciertas cosas, *especialmente de un árbol o de una montaña*.
 II. 1.   m. *CR.* Granizado que se sirve en un cono de papel y al que, *opcionalmente, se le añade leche condensada o leche en polvo*.
 ► **volar ~**.

copón.
 I. 1.   m. *RD.* Gran cantidad de dinero.
 ●
 a. ‖ **el ~ divino**. fórm. *Cu.* Se usa al final de una enumeración para marcar su carácter sorprendente.

coporo.
 I. 1.   m. *Ve.* Pez de agua dulce de hasta 60 cm de longitud, de color azul oscuro en el dorso y blanco en el abdomen, con bandas verticales oscuras más o menos visibles según la luz; es comestible. (Prochilodontidae; *Prochilodus mariae*).

coposo, -a.
 I. 1.   adj. *Ni, CR, Co:O, Ec, Bo. Referido a un árbol*, que tiene copa tupida y extensa.

coprófago, -a.
 I. 1.   adj. *PR. Referido a persona*, orgullosa, jactanciosa a causa de su dinero o de su estilo de vida de gran lujo.

coptar.
 I. 1.   tr. *Mx, Co.* Obligar a *alguien* a que piense de una manera determinada. cult.
 2.   *Mx.* Sobornar. cult.

copucha.
 I. 1.   f. *Ch.* Rumor, expresión de algo que no se sabe con seguridad.
 2.   *Ch.* Curiosidad por saber algo.
 3.   *Bo.* Mentira, expresión contraria a lo que se sabe.
 II. 1.   f. *Ch.* Vejiga que sirve para varios usos domésticos.
 ► **hacer ~s**.

copuchar.
    I. 1. intr. *Ch.* Conversar, intercambiar pareceres. pop + cult → espon.
    2. *Bo.* Propagar noticias alarmantes, exagerando los hechos.

copuchear.
    I. 1. intr. *Ch.* Murmurar, chismorrear. pop + cult → espon.
    2. *Ch.* Entremeterse *alguien*, curiosear en algo que no le importa o atañe. pop + cult → espon.

copuchentear.
    I. 1. intr. *Ch.* Murmurar, chismorrear. pop + cult → espon.

copuchenteo.
    I. 1. m. *Ch.* Difusión o propalación de noticias falsas o exageradas. pop.
    2. *Ch.* Chisme, murmuración. pop.

copuchentismo.
    I. 1. m. *Ch.* p.u. Actitud de la persona que se entromete en donde no le incumbe. pop + cult → espon.
    2. *Ch.* p.u. Actitud de la persona que chismorrea o murmura de los demás. pop + cult → espon.

copuchento, -a.
    I. 1. adj/sust. *Bo, Ch. Referido a persona*, que propala noticias exageradas que abultan las cosas. pop + cult → espon.
    2. *Bo, Ch. Referido a persona*, que cuenta chismes y murmuraciones. pop + cult → espon.
    3. *Ch. Referido a persona*, que curiosea o presta atención a algo que no le incumbe. pop + cult → espon.

copucheo.
    I. 1. m. *Ch.* Difusión o propagación, de forma exagerada, de noticias de las que no se tiene certeza. pop + cult → espon.
    2. *Ch.* Chisme, murmuración. pop + cult → espon.

copuchero, -a.
    I. 1. m. y f. *Ch.* Ladrón especializado en el robo de dinero o de valores y bonos.

copus.
    I. 1. *Pe:N.* **copús**.

copús.
    I. 1. m. *Pe:N.* **Pachamanca** hecha básicamente con cabezas de carnero y porcino, o también aves. (**copus**).

coqueada.
    I. 1. f. *Bo.* Reunión en la que varias personas se juntan para **acullicar**.
    2. *Bo.* Mascado de las hojas de coca para extraer su jugo estimulante.

coqueado, -a.
    I. 1. adj. *ES. Referido a cosa*, muy pensada.
    II. 1. adj. *Ho, Pe, Referido a persona*, drogada con cocaína. pop.

coqueador, -ra.
    I. 1. sust/adj. *Pe, Bo.* Persona que tiene la costumbre de mascar coca.

coquear(se).
    I. 1. intr. *Bo, Ch:N, Ar:NO; Pe,* rur. Mascar hojas de coca, *a veces mezcladas con cenizas de* **quinua** *o cal y* **papa** *hervida*, para obtener un jugo de efecto estimulante.
    II. 1. *Ho, ES, Ni.* **cranear**, pensar detenidamente.
    III. 1. tr. *Gu.* Provocar o enojar a *alguien* para pelear.
    IV. 1. intr. prnl. *Ho, Ni, Pe.* Drogarse *alguien* con cocaína. pop.
    V. 1. tr. *PR.* Atisbar, velar, vigilar *una persona* a *alguien* o *algo*. (**coquiar**).
    VI. 1. intr. *Pa.* Pescar *alguien* sardinas.

coquecha.
    I. 1. f. *ES.* Gallina de cabeza pelada, cresta ósea, carúnculas rojizas en las mejillas y plumaje negroazulado, con manchas blancas, pequeñas y redondas, simétricamente distribuidas por todo el cuerpo, cola corta y puntiaguda, lo mismo en el macho que en la hembra, y tarsos sin espolones. (Numididae; *Agelastes niger, Numida meleagris*).

coqueli.
    I. 1. f. *Ch.* Cocaína. drog.

coqueluche.
    I. 1. f. *Ec.* obsol. Tos ferina.
    II. 1. *Ho:O.* **coquito**, tórtola.

coqueo.
    I. 1. m. *Bo, Ch:N, Ar:NO; Pe,* rur. Mascado de las hojas de coca para extraer su jugo estimulante.

coquera.
    I. 1. f. *Ar.* Protector inguinal utilizado por los hombres, *especialmente en algunos deportes*.
    II. 1. f. *Ar:NO.* Bolsa pequeña, *especialmente aquella en la que se lleva el tabaco o lo necesario para* **coquear**, mascar hojas de coca.

coquería.
    I. 1. f. *Ch.* Lugar donde se almacena coque, combustible que resulta del calcinado de ciertas clases de carbón mineral.

coquero, -a.
    I. (De *cocaína*).
    1. adj. *Ho, CR, PR, Co, Ur;* sust/adj. *Ho, CR, Co,* pop; sust/adj. *Pe, Ch. Referido a persona*, que consume cocaína. drog.
    2. adj. *Co, Pe, Ch; Ec,* p.u. Relativo a la cocaína.
    3. m. y f. *Co, Pe, Bo; Ec,* p.u; sust/adj. *Bo.* Persona que cultiva la coca, planta alucinógena.
    4. adj. *Co, Pe, Bo.* Relativo al cultivo de la coca.
    5. m. y f. *Pe, Bo, Ar:NO.* Persona que tiene la costumbre de **coquear**, mascar hojas de coca.
    6. *Ho, Ni, Co, Ch.* Traficante de cocaína.
    7. *Bo.* Persona dedicada a la comercialización de la coca, planta alucinógena.
    II. (De *coco*).
    1. sust/adj. *Mx, Ho, ES, RD, PR.* Persona que cultiva **cocos**, frutos. pop + cult → espon.
    2. m. y f. *RD, PR.* Dueño de una plantación de **cocos**, palmas.
    3. adj. *RD, PR.* Relativo al **coco**.
    4. m. y f. *RD, PR.* Vendedor de **coquitos**.
    IV. 1. adj/sust. *RD, PR. Referido a un jugador*, moroso, que no paga sus deudas.
    V. 1. adj. *PR. Referido a persona*, enamoradiza, provocadora. pop + cult → espon.

coqueta.
    I. 1. f. *PR.* Arbusto ornamental de follaje tupido y perenne, y de hoja ancha, *que se emplea habitualmente como seto vivo en jardines y avenidas*. (Malvaceae; *Hibiscus rosa sinensis*). ♦ **pavona**.
    2. *PR.* Flor de la coqueta, de gran tamaño, con forma de embudo y de color rojo, aunque existen variedades amarillas, rosas y anaranjadas.

coquetería.
    I. 1. f. *PR.* Arte, gusto exquisito para las cosas materiales y en el orden y arreglo de las mismas.

coquetoso, -a.
    I. 1. adj. *Pa.* juv. *Referido a persona*, que llama la atención por su belleza física.

coquí. (De or. onomat.).
    I. 1. m. *PR, Ve.* Rana de pocos milímetros de longitud, de coloración muy variada, desde el marrón oscuro hasta el marrón claro, rojizo, amarillento o verdo-

so, con variedad de líneas y manchas en el cuerpo. (Leptodactylidae; *Eleutherodactylus* spp.).

II. 1. m-f. *PR.* Persona que usa una vestimenta extravagante y rara.

III. 1. m. *PR.* Pegamento de acción rápida, muy efectivo, que se comercializa con este nombre y se vende en tubitos de plástico muy pequeños.

coquiar.
I. 1. *PR.* **coquear**, atisbar.

coquiduro, -a.
I. 1. adj/sust. *PR. Referido a persona*, cabecidura, testaruda. pop + cult → espon.

coquillo.
I. 1. *RD.* **coquito**, planta.
2. *ES.* **najualá**.
3. *Pa.* **chonta**. (Arecaceae; *Bactris* spp.).
II. 1. m. *RD.* Moco.

coquimbano.
I. 1. m. *Ch.* Testículo. pop + cult → espon ^ fest.

coquimbo, -a.
I. 1. adj. *Ni, CR:NO.* Cerdo pequeño y regordete. rur.
II. 1. m. y f. *Pa.* Persona de color negro.

coquipelado, -a.
I. 1. sust/adj. *Cu, PR.* Persona que se corta el pelo al rape.

coquis.
I. 1. f. *Pe.* **zompopo**, hormiga.

coquiseco, -a.
I. 1. adj/sust. *PR.* metáf. *Referido a persona*, torpe, bruta. pop + cult → espon ^ desp.
II. 1. adj. *PR. Referido a un coco*, que no tiene agua.

coquito.
I. 1. m. *Mx.* Tórtola de 14 cm de longitud, de coronilla y nuca grises azuladas y cuerpo de color café grisáceo con distintas tonalidades rosadas. (Columbidae; *Columbina minuta*). ♦ **coqueluche**.
II. 1. *Ec, Pe, Ch.* Fruto de la **palma de Chile**, de hasta 5 cm de diámetro y de color amarillo al madurar. ♦ **coco chileno**.
2. *Co.* Planta herbácea perenne de hasta 50 cm de altura, con raíces y rizomas subterráneos, tallo triangular sin nudos, hojas delgadas, lineares, y flores pequeñitas de color café o rojizo; sus raíces bulbares contienen una sustancia que inhibe el desarrollo de plantas de otras especies. (Cyperaceae; *Cyperus rotundus*). (**coquillo**). ♦ **coyolillo; pimientilla**.
3. *Pa.* **carapelo**.
4. *Pa.* **chonta**. (Arecaceae; *Bactris* spp.).
5. *Pa.* Árbol de climas húmedos, de hasta 25 m de altura, hojas simples y alternas, flores amarillas y frutos secos en forma de cápsulas globosas de color marrón. (Lecythidaceae; *Eschweilera pittieri*). ♦ **ollita**.
6. *Pa.* Fruto del coquito, usado en artesanía.
III. 1. m. *Bo, Ar, Ur.* Dulce pequeño hecho con una masa esponjosa de yema de huevo y **coco** rallado.
2. *Cu, PR, Ve.* Dulce pequeño en forma de bola hecho con **coco** rallado bañado en caramelo.
3. *Py.* Galleta pequeña y redonda.
4. *PR.* Bebida preparada con leche de **coco**, ron, huevos, azúcar y canela, típica de la época navideña.
IV. 1. m. *Cu.* Peso, dinero.
V. 1. m. *CR.* **Bolincha** de un solo color.
VI. 1. m. *Pa.* Tela de fondo blanco con flores de un solo color, empleada para hacer polleras.

■
a. ‖ ~ **prieto**. m. *Cu.* Dulce seco que se hace con la masa rallada del **coco** y **melado** o azúcar prieta.

□
a. ‖ **como un ~**. loc. adj. *PR. Referido a persona*, borracha. pop + cult → espon.

► **rasparse una de ~**.

coquizable.
I. 1. adj. *Co, Ec. Referido a la hulla*, susceptible de volverla coque.

cora.
I. 1. (Del quech. *qura*, hierba). f. *Pe, Bo, Ar:NO.* Maleza que crece en los plantíos.
II. 1. f. *Ho.* juv. Amistad solidaria. delinc.

□
a. ‖ **de ~**. loc. adj. *PR.* juv. *Referido a persona*, que siente estimación por algo.

► **caer la ~**.

coraila.
I. 1. f. *Ch.* **Papa** amarilla de gran calidad.

¡coraje!
I. 1. *Pa:O.* **¡meto!**

corajeada.
I. 1. f. *Bo, Ar.* Acción esforzada y valiente.

corajear.
I. 1. intr. *Bo, Ar.* Luchar contra algo o contra alguien.
2. *Ar.* p.u. Hacer alarde de coraje.

corajiento, -a.
I. 1. adj. *PR. Referido a persona*, iracunda, de mal carácter. rur. pop + cult → espon.

coral.
I. 1. f. *Mx, Gu, Ho, Ni, CR, Pa, Co, Ve, Ec, Bo, Py, Ar, Ur.* Culebra de hasta 1 m de longitud, de cabeza plana redondeada y cuerpo con franjas transversales de vivos colores, rojo, naranja, amarillo, blanco y negro según las variedades. (Elapidae; *Micrurus* spp.). ♦ **naca naca; víbora de coral**.
II. 1. f. *Cu, PR.* Árbol de hasta 12 m de altura, con tronco de 45 cm de diámetro, flores rojo bermellón y vainas con semillas, redondas y achatadas, rojo subido; su madera es apropiada para la ebanistería y la construcción y sus semillas se utilizan para hacer collares y otros adornos. (Fabaceae; *Adenanthera pavonina*). ♦ **mato colorado; palo de mato**.
2. *Pa.* **achiotillo**, arbusto.

■
a. ‖ ~ **del monte**. *Ch.* Planta trepadora perenne, que se adhiere a los troncos por medio de finas raíces, con hojas alternas, de borde entero, de forma oblongo-lanceoladas, láminas de color verde claro y flores solitarias o reunidas en grupos de dos o cuatro inflorescencias; el fruto es una baya globosa, lisa, roja anaranjada. (Luzuriagaceae; *Luzuriaga radicans*). ♦ **quilineja**.
b. ‖ **falsa ~**. f. *Co, Ec, Bo, Ar, Ur.* Culebra de hasta 70 cm de longitud, hocico puntiagudo y respingado, dorso con barras transversales en rojo, negro y amarillo, y vientre de color negro y amarillo. (Colubridae; *Oxyrhopus rhombifer*).

coralillo.
I. 1. m. *Pe, Bo.* Culebra de hasta 1 m de longitud, de cabeza plana, redondeada, cuerpo con franjas transversales de vivos colores, rojo, naranja, amarillo, blanco y negro según las variedades. (Elapidae; *Micrurus tschudii*).
2. *Ho.* Gusano que ataca los cultivos; la hembra pone los huevos en tallos y hojas cercanos al suelo o en la base de las plantas huéspedes; las larvas llegan a medir 1,5 cm de longitud, y son de color azul verdoso, con bandas transversales café rojizo. (Pyralidae; *Elasmopalpus lignosellus*).
II. 1. *Cu, RD.* **bellísima**, planta.
2. *Ch.* **yaoyín**.
3. *Cu, PR.* **rosa de mayito**.
4. *RD.* **xkaná**. ♦ **coralito**.
5. *Pa.* **huairuro**, árbol.
6. *Ni.* **achiotillo**, arbusto.

■

a. ‖ **~ blanco.** m. *Gu.* Árbol de hasta 15 m de altura, tronco con la corteza exterior marrón o gris, hojas simples y opuestas, aovadas a oblongas, con ápice agudo o redondeado, y dos glándulas aplanadas en la base, flores blancas y frutos en drupas globosas; su madera se emplea en carpintería y construcciones. (Verbenaceae; *Citharexylum caudatum*).

coralito.
　I. 1.　m. *Co.* Hierba rastrera o muy poco erguida que tiene hojas pequeñas y flores rojas, cuyo fruto, globoso, es también rojo. (Rubiaceae; *Relbunium hypocarpium*).
　　2.　*Ch.* Planta perenne de hasta 8 cm de largo, maloliente, pelada o apenas peluda con el tallo ramoso, rastrero, formando céspedes, tiene hojas opuestas de borde entero y de forma aovada, flores hermafroditas solitarias, muy pequeñas, y el fruto es una drupa suculenta, sin vello y en forma de globo, de color rojo anaranjado brillante. (Rubiaceae; *Nertera granadensis*).

corambre.
　I. 1.　f. *Ur.* obsol. Proceso de tratamiento de las pieles, *especialmente vacunas*, desde el desuello de las **reses** muertas hasta el curtido y secado al sol y al aire de los cueros. rur.

corapear.
　I. 1.　tr. *Pe.* p.u. Limpiar un terreno de hierbas malas y rastrojos antes de sembrar. rur.

coraza.
　I. 1.　f. *Co.* Funda de caucho reforzado, que envuelve y protege la cámara de la rueda de un automóvil, una bicicleta o una motocicleta.
　II. 1.　m. *Ec:C,N.* Personaje enmascarado que representa un guerrero durante las festividades rituales que rodean la cosecha del maíz, celebradas en honor de San Luis, en la Parroquia de San Rafael, cantón de Otavalo.
　III. 1.　f. *ES.* Camisa. delinc.

corazán.
　I. 1.　m. *Ar.* Cruasán. pop.

corazón.
　I. 1.　m. *PR.* **moña de la piña.**

■

a. ‖ **~ de hombre.** *PR.* **alumbre**
b. ‖ **~ de paloma.**
　i.　sust/adj. *Ch.* Cereza de mayor tamaño que la normal, de color entre rojo y rosado y forma acorazonada.
　ii.　m. *RD.* Arbusto de hasta 7 m de altura, de hojas elípticas y provisto de numerosas flores de colores azules o morados. (Verbenaceae; *Duranta erecta*). ♦ **fruta de chivo; fruta de paloma; limoncillo cimarrón.**
c. ‖ **~ del rollo.**
　i.　m. *PR.* Núcleo en torno al cual se envuelven las hojas de tabaco en el proceso del hilado.
　ii.　*PR.* Grupo de personas más comprometidas con un partido político. pop + cult → espon.
d. ‖ **~ negro.** m. *Pa, Ec.* Figura de la baraja de póquer en forma de corazón invertido.
e. ‖ **~ prieto.** m. *Gu.* Árbol de hasta 40 m de altura, con tronco acanalado, hojas simples, alternas y elípticas, inflorescencia en racimos, flores blancas y fruto subgloboso, drupáceo, aplanado lateralmente, amarillo cuando ha madurado; su madera es resistente y se usa en carpintería y construcciones. (Fabaceae; *Lecointea amazonica*).

□

a. ‖ **~ de abuelita.**
　i.　loc. sust/adj. *Ch.* Persona de carácter bueno o ingenuo. pop + cult → espon.

　ii.　loc. sust. *Ch.* Carácter bueno o ingenuo. pop + cult → espon.
b. ‖ **~ de alcachofa.**
　i.　loc. sust/adj. *Ch.* Persona sentimental y compasiva. pop + cult → espon.
　ii.　loc. sust. *Ch.* Carácter sentimental y compasivo. pop + cult → espon.
c. ‖ **~ de batata mameya.** loc. sust. *PR.* metáf. Persona dulce, agradable, cariñosa. pop + cult → espon.
d. ‖ **mal ~.** loc. adj. *CR.* p.u. *Referido a persona*, inhumana. pop.

◪

a. ‖ **el ~ del ñame solo lo sabe el cuchillo.** fr. prov. *RD.* Indica que el sufrimiento de una persona es privado o no se exterioriza.
b. ‖ **~ de arroz, cuándo seremos dos.** fr. prov. *Bo.* Indica un trato afectivo para dirigirse a una mujer.
▶ **apachurrar el ~; no tentarse el ~; tener el ~ de alambre de púas.**

corbata.
　I. 1.　m. *Mx, Gu, Ho, Ni.* Bollo en forma de corbatín hecho de hojaldre y endulzado por encima con una fina capa de caramelo. pop + cult → espon.
　　2.　f. *Mx.* Pan recubierto de azúcar de aspecto parecido a una corbata de moño.
　　3.　*Bo, Co:C.* Fideo en forma de corbatín o lazo.
　II. 1.　f. *PR, Co.* Apéndice que tiene el gallo en la parte anterior del cuello.
　III. 1.　f. *Co:C.* Empleo conseguido a través de influencias y que requiere poco esfuerzo. pop.
　IV. 1.　f. *Cu; ES.* carc. Lengua.

■

a. ‖ **~ de humita.** f. *Gu, Ch.* Tipo de corbata que se anuda por delante en forma de lazo. ♦ **corbata humita.**
b. ‖ **~ de mariposa.** f. *Mx, Gu.* Tipo de corbata que se anuda por delante en forma de lazo.
c. ‖ **~ de moño.** f. *Mx, Gu, Ni, Co, Ar.* Tipo de corbata que se anuda por delante en forma de lazo sin caídas. (**corbata moñito**).
d. ‖ **~ humita.** f. *Ch.* **corbata de humita.**
e. ‖ **~ michi.** f. *Pe.* Tipo de corbata que se anuda por delante en forma de lazo.
f. ‖ **~ moñito.** f. *Ar.* **corbata de moño.**
▶ **llevarse de ~; machacarse la ~; ser de ~ blanca; tener de la ~.**

corbatear(se).
　I. 1.　intr. *Ni, Ve. En el juego del billar*, realizar una corbata.

corbatera.
　I. 1.　f. *PR, Ur.* Percha especial para colgar corbatas.

corbatita.
　I. 1.　m-f. *Ar, Ur;* m. *Ch.* Pájaro de hasta 10 cm de longitud y pico amarillento; la hembra tiene el dorso pardo oliváceo y la zona ventral ocrácea, el macho presenta la cabeza y el dorso de color gris plomizo, y el pecho y el vientre, blancos o castaños. (Emberizidae; *Sporophila* spp.).

■

a. ‖ **~ dominó.** m-f. *Ar.* Pájaro de hasta 10 cm de longitud y pico negro; el macho presenta la corona, la cara y el collar negros, blancas las manchas frontales y suboculares y la garganta, la zona ventral, canela, y el dorso y la cola, negros. (Emberizidae; *Sporophila collaris*).

corbato.
　I. 1.　adj. *Ar:NO. Referido a animal*, que tiene en el cuello una franja blanca o de color distinto al del resto del pelaje o plumaje.

corbatudo.
　I. 1.　m. *Ho.* Hombre de ciudad. rur.
　　2.　*Ho.* Hombre influyente, con poder. pop.

corbatudo, -a.
    I. **1.** sust/adj. *Ni, Bo*. Hombre que usa corbata.
    2. m. y f. *Bo*. Persona elegante y adinerada. pop
    ^ desp.

corbeja.
    I. **1.** f. *RD, PR*. Pelo largo, *especialmente alrededor de las orejas o del cogote*.
    II. **1.** f. *PR*. juv. Prostituta. pop.

corbejo.
    I. **1.** m. *PR*. Prostituta, *especialmente vieja o desmadejada y fea*. pop.

corchador, -ra.
    I. **1.** adj. *Co*. *Referido a persona*, que hace preguntas difíciles o capciosas. est.

corchar(se).
    I. **1.** tr. *Co*. Hacer que *alguien* se sienta incómodo por no saber responder a una pregunta. pop.
    2. intr. prnl. *Co*. Sentirse *alguien* incómodo por no saber responder a una pregunta. pop.
    II. **1.** tr. *Ec*. *En una vía pública*, obstaculizar un vehículo o el conductor de este el paso o el avance a otro vehículo. pop.
    2. *Ec*. Obstaculizar *alguien* el progreso en una actividad profesional o de otra índole, a otra persona.

corchearse.
    I. **1.** intr. prnl. *Bo*. Adular a alguien para obtener algún beneficio.
    II. **1.** intr. prnl. *Bo*. Dedicarse por entero al estudio.

corchete.
    I. **1.** m. *Ch, Py*. Grapa de metal, cuyos dos extremos, doblados y aguzados, se clavan para unir o sujetar hojas de papel.
    II. **1.** sust/adj. *Bo*. obsol. Persona acostumbrada a adular a alguien para obtener algún beneficio. pop ^ fest.
    III. **1.** m-f. *Ho*. juv. Miembro de la policía o del ejército. delinc.

corcheteada.
    I. **1.** f. *Ch*. Sujeción de algo por medio de **corchetes** o grapas.

corcheteado, -a.
    I. **1.** adj. *Ch*. *Referido especialmente a un papel*, unido por medio de **corchetes** o grapas.

corchetear.
    I. **1.** tr. *Ch*. Fijar *algo* con **corchetes** o grapas.

corcheteo.
    I. **1.** m. *Ch*. Sujeción de algo por medio de **corchetes** o grapas.

corchetera.
    I. **1.** f. *Ch*. Utensilio para poner **corchetes** o grapas.

corcho.
    I. **1.** m. *Pe; Ec*, p.u; *Ch*, pop + cult → espon. Persona que no se compromete con nada, que solo actúa según sus intereses.
    2. adj. *Pe*. *Referido a persona*, torpe, de poco entendimiento.
    3. sust/adj. *Bo*. Persona acostumbrada a adular a alguien para obtener algún beneficio.
    4. *Bo*. Persona acostumbrada a delatar por conveniencia o malicia.
    II. **1.** m. *Gu*. Acto que causa vergüenza o deja en ridículo a quien lo lleva a cabo.
    III. **1.** m. *Cu*. Colmena hecha con un tronco hueco.
    IV. **1.** sust/adj. *Bo*. Persona aplicada en los estudios.
    V. **1.** m. *PR, Co*. Árbol de hasta 30 m de altura, de hojas redondeadas, flores blanquecinas o rosa pálido y fruto en forma de baya alargada, con numerosas semillas y recubierto de una fibra algodonosa.
    ♦ **corcho blanco**; **corcho bobo**.

■
    a. ‖ ~ **blanco**. m. *PR*. **corcho**, árbol.
    b. ‖ ~ **bobo**. m. *PR*. **corcho**, árbol.
    ▶ **hacer ~; ser un ~.**

corcholata.
    I. **1.** f. *Mx, Ho, ES, Ni*. Tapa de latón recubierta en su interior de corcho o plástico y colocada a presión en botellas de vidrio de refresco o cerveza. pop.

corcholeado, -a.
    I. **1.** adj. *Ni*. *Referido a persona*, que ha perdido el amor o la amistad de otra.
    II. **1.** adj. *Ni*. *Referido a persona*, que ha sido despedida de su trabajo.

corcholear.
    I. **1.** tr. *Ni*. Interrumpir *alguien* las relaciones con otra persona.
    2. *Ni*. Despedir a *alguien* del trabajo.
    II. **1.** tr. *Ho*. Tratar de que alguien no haga o consiga *algo*. pop.

corcojar.
    I. **1.** intr. *RD*. Andar con un pie en alto.

corcojita.
    □
    a. ‖ **a la ~.** loc. adv. *RD*. A saltos sobre un solo pie.

corcol.
    I. **1.** *CR*. **corcor**, de un trago.

corcolén.
    I. **1.** m. *Ch*. Arbusto siempre verde, parecido al aromo por sus flores, aunque menos oloroso. (Saliceaceae; *Azara dentata*).

corcomer.
    I. **1.** tr. *Cu*. Carcomer.

corcomilla.
    I. **1.** f. *Cu*. Preocupación obsesiva.

corcominillo.
    I. **1.** m. *Cu*. Comezón, deseo vehemente.

corcor.
    I. **1.** adv. *CR*. De un trago. (**corcol**).
    □
    a. ‖ **a ~.** *PR*. **a curcur.**

corcoser.
    I. **1.** tr. *Cu*. Zurcir mal. (**corcusir**).

corcova.
    I. **1.** f. *Bo; Ec:S, Ch:S*, obsol; pop. Celebración que se realiza al día siguiente de una festividad.

corcovado.
    I. **1.** m. *Pe*. Danzante que aparece en un baile típico disfrazado imitando las vestimentas de los españoles del siglo XVIII.
    II. **1.** m. *Gu*. Pez de hasta 45 cm de longitud, de cuerpo alargado y elíptico, cabeza grande, boca pequeña, color gris plateado con líneas onduladas, cobrizas o doradas, oblicuas en el dorso y horizontales debajo de la línea lateral, vientre blanquecino y aletas azul oscuro. (Haemulidae; *Orthopristis chalceus*). ♦ **zapata.**
    2. *PR*. Pez marino, de unos 30 cm de longitud, de color plateado, cabeza achatada, boca pequeña, cuerpo ancho, plano, sin escamas, con la aleta dorsal pequeña y triangular; aunque es muy espinoso, su carne es apreciada. (Carangidae; *Vomer setapinnis*). ♦ **sol.**

corcoveador, -ra.
    I. **1.** adj. *Mx, Gu, Ni, CR, Cu, Co, Bo, Ar, Ur*. *Referido a una caballería*, que tiene el hábito de dar corcovos para librarse del jinete. rur.

corcoveante.
    I. **1.** m-f. *Ho*. Caballería que encorva el lomo para derribar al jinete. rur.

corcovear.
I. 1. intr. *Cu, RD, PR, Ve, Ur.* Levantarse de manos o dar coces un caballo para deshacerse del que lo monta. (**corcoviar**).
II. 1. intr. *Cu.* Dudar.
2. *Cu.* Empezar a alejarse de una conducta honesta.
3. *PR.* obsol. Refunfuñar, protestar *alguien.*

corcoveo.
I. 1. m. *Mx, Gu, Ho, Ni, CR, Cu, Co, Ve, Ec, Bo, Ch, Ar, Ur, Py,* pop + cult → espon. Salto que dan algunos animales encorvando el lomo. (**corcovio**).
II. 1. m. pl. *Ho.* Ataques, trampas o dificultades. cult.

corcoviar.
I. 1. *RD.* **corcovear**, levantarse de manos o dar coces.

corcovio.
I. 1. *Cu.* **corcoveo**, salto.

corcovo.
I. 1. m. *Ho.* Susto, espanto. rur.
II. 1. m. *Ho.* Protesta airada. rur.

corcusir.
I. 1. *Cu.* **corcoser**.

cordel.
I. 1. m. *Cu.* Medida agraria de 414 centiáreas.
II. 1. m. *ES.* Llavero. rur.
III. 1. m. *Ni, Bo.* Cuerda que se arrolla a la peonza.
IV. 1. m. *PR.* Línea de arrastre.
V. 1. m. pl. *PR, Pe, Py.* Tendedero de ropa.
■
a. ‖ ~ **de mano.** f. *PR.* Cuerda de arrastre.
▶ **dar ~; enredársele los ~es.**

cordellate.
I. 1. m. *Pe.* Tela burda de lana tejida artesanalmente.

corderada.
I. 1. f. *Ur.* Conjunto de niños de corta edad. pop.

corderaje.
I. 1. m. *Ch, Ar, Ur.* Conjunto de corderos. rur.
2. *Ch.* metáf. Conjunto de personas que obedecen sin reflexionar. desp.

cordero, -a.
I. 1. sust/adj. *Bo.* Persona poco diestra en un oficio que comete errores en la realización de un trabajo por inexperiencia o por falta de habilidad.

corderoy.
I. 1. *Bo, Ar, Ur.* **corduroy**.

cordial.
I. 1. m. *Ch.* Licor, *generalmente el que se toma después de las comidas.* pop.
■
a. ‖ ~ **de guanábana.** *PR, Ve.* **carato**, bebida.

cordillera.
I. 1. f. *Cu.* Grupo de presos que se traslada a otra prisión. carc.
□
a. ‖ ~ **de carros.** m. *Cu.* Fila de autos estacionados o en movimiento.
b. ‖ **por ~.**
i. loc. adv. *Ho, ES.* A campo través. rur.
ii. *Ho.* A pie, caminando. rur.
iii. *Ho.* Lentamente, con mucha tardanza. rur.

cordiona.
I. 1. f. *Ar, Ur,* obsol. Acordeón, instrumento musical de fuelle y teclado. pop + cult → espon.

cordobán.
▶ **morder el ~.**

cordobancillo.
I. 1. m. *Cu.* Arbusto de hasta 2 m de altura, con hojas aovadas, rugosas y flores en umbela, de color rojo anaranjado; se cultiva como ornamental. (Rubiaceae;

Rondeletia odorata). ◆ **careicillo del monte; clavellina del monte; rondelecia.**

cordón.
I. 1. m. *CR, Bo, Py, Ar, Ur.* Borde de hormigón de una acera.
2. *Py, Ar, Ur.* Bordillo, faja o cinta de piedra que forma el borde de una acera.
3. *PR, Py.* Serie, fila.
II. 1. m. *Pe.* Remolino de burbujas que se forma en el centro de una botella de **pisco** al agitarla y que sirve para comprobar la calidad de la bebida.
III. 1. m. *Bo, Py.* Alambre o cuerda para tender la ropa.
2. *PR.* Tendedero, conjunto de alambres o cuerdas donde se tiende la ropa.
■
a. ‖ ~ **de cerros.** m. *PR.* Serie de **mayas**, que, por lo regular, se siembran en las **guarrarayas.**
□
a. ‖ ~ **y rosa.** loc. sust. *Pe.* Prueba que se realiza para comprobar la buena calidad del **pisco** por la forma en que se arremolinan las burbujas y la espuma que hace al agitarlo.

cordonazo.
I. 1. m. *Pe.* Último aguacero inesperado al final de una temporada de lluvias. rur.
■
a. ‖ ~ **de San Francisco.** m. *Mx, Gu, Ni, CR, Ve, Ec.* Lluvia torrencial que cae en una fecha próxima al 4 de octubre, día de San Francisco de Asís.

cordoncillo.
I. 1. m. *Mx, Gu, Ho, ES, Ni, Ec.* Arbusto perenne de hasta 3 m de altura, tallo leñoso, nudoso, ramificado, de color verde o gris pálido, hojas alternas, ovaladas, con el ápice terminal en punta, inflorescencia en espiga simple, con flores pequeñas, y fruto drupáceo; tiene diversas aplicaciones en medicina tradicional. (Piperaceae; *Piper angustifolium*). ◆ **hierba del soldado; matico; rabo de zorra; soldadillo.**
2. *Co, Ve, Pe.* Arbusto de flores diminutas dispuestas a lo largo del tallo. (Piperaceae; *Piper* spp.*).*
3. *Gu, Ho, Pa.* Arbusto de hasta 6 m de altura, de hojas alternas, oblongo-lanceoladas, de ápice acuminado, y flores pequeñas en espigas erectas y curvadas; se utiliza en la medicina tradicional. (Piperaceae; *Piper aduncum*). ◆ **barrecandela; cuturo.**

cordonear.
I. 1. intr. *Ar, Ur.* Rozar o golpear la llanta de un vehículo contra el **cordón** de la acera. pop.

corduroi.
I. 1. *Cu, RD.* **corduroy**.

corduroy.
I. 1. m. *Ho, Ni, CR, Cu, RD, Co, Pe.* Tela gruesa de algodón, parecida a la pana, que se utiliza para confeccionar prendas de vestir. pop + cult → espon. (**corduroi**).

core. (Acr. de *consejero regional*).
I. 1. m-f. *Ch.* Consejero regional.

corecore.
I. 1. m. *Ch:S.* Planta de tallo derecho o doblado con hojas divididas en cinco lóbulos, raíz gruesa y flores de diversos tamaños y colores, aunque predominan los tonos morados y amarillos; tiene múltiples aplicaciones medicinales. (Geraniaceae; *Geranium berterianum*).

corí.
I. 1. *Ve.* **apereá**.
II. 1. m. *Pa. Curry,* condimento originario de la India.

coriana.
 I. 1. f. *Co*. Cobertor, cobija, manta.

corillo.
 I. 1. m. *PR*. Grupo de jóvenes alegres y alborotosos. pop + cult → espon.

coriloxis.
 I. 1. m. *Ni*. p.u. Trago de licor, *generalmente combinando dos o más bebidas alcohólicas*.

corina.
 I. 1. f. *RD*. Cubilete para jugar a los dados. ♦ **corna**.

corineo.
 I. 1. m. *Ch*. Hongo que afecta a las hojas de los árboles frutales y que se manifiesta por los múltiples agujeros que deja en ellas. (Melanconiaceae; *Coryneum beijerinckii* o *Wilsonomyces carpophilus*). ♦ **tiro de munición**.

corino.
 I. 1. m. *PR*. Gallo que ha nacido con uno o más dedos de sus patas virados, metidos para dentro.

corino, -a.
 I. 1. sust/adj. *RD*; *PR*, rur. Persona que tiene torcidos los brazos o los pies y los tobillos. ♦ **corombo**.

corita.
 I. 1. f. *PR*. Arbusto de más de 3 m de altura, con hojas lanceoladas, inflorescencia panicular y flores amarillo-verdosas; es ornamental. (Agavaceae; *Agave missionum*).

corito.
 □
  a. ‖ ~ **peña**. loc. adj/sust. *PR*. juv. *Referido a persona*, bruta, estúpida.

cormillo.
 I. 1. m. *Ec:O*. Colmillo. pop.

cormorán.
 I. 1. m. *Ec*. Ave marina de hasta 1 m de longitud, plumaje oscuro con tonos negros y pardos, pico largo y ganchudo y patas palmeadas. (Phalacrocoracidae; *Phalacrocorax harrisi*).
 ■
  a. ‖ ~ **de las rocas**. m. *Ch*. Ave de hasta 70 cm de longitud, cabeza y cuello de color negro azulado con una pequeña mancha blanca, manto y cubiertas alares verde oscuro tornasolado, parte inferior blanca, pico negro y patas rosadas. (Phalacrocoracidae; *Phalacrocorax magellanicus*). ♦ **coimío**.
  b. ‖ ~ **guanay**. *Ch*. **guanay**.

corna.
 I. 1. *RD*. **corina**.

cornalito.
 I. 1. m. *Ar, Ur*. Pescado pequeño que se come frito.

corneada.
 I. 1. f. *Ho, Ni, Pe, Ur*. Cornada. pop.

cornecho, -a.
 I. 1. adj. *Ho*. *Referido a persona*, que tiene las piernas arqueadas hacia fuera y los pies juntos. rur.

corned.
 ■
  a. ‖ ~ **beef**. (Voz inglesa). m. *PR, Bo, Py*. *Ur*. Carne de ternera, curada con sal, enlatada; procede de Argentina, Uruguay y Brasil.

cornelio.
 I. 1. m. *Bo, Ch, Ur*. Hombre al que su mujer ha sido infiel. pop ^ fest.

corneta.
 I. 1. f. *Pe, Ch*. Pene. vulg; pop + cult → espon.
 II. 1. f. *Ar, Ur*. Voz fuerte y chillona de una persona. pop.
 III. 1. f. *Ar:NO*. Instrumento musical de viento compuesto por una larga caña hueca y un pabellón

que puede estar hecho de diferentes materiales; se utiliza en procesiones y bailes populares.
 IV. 1. f. *Ve*; *Ur*, obsol. Bocina de los automóviles, que se usa para alertar.
 V. 1. f. *Ve*. Altavoz, aparato electroacústico que aumenta el sonido.
 VI. 1. f. *Cu*. Nariz de una persona.
 VII. 1. f. *Bo*. Matasuegras, tubo enroscado de papel con una boquilla en uno de sus extremos por la que se sopla para que se desenrosque bruscamente.
 □
  a. ‖ **para la ~**. loc. adv. *Ch*. En mal estado, para el arrastre. pop.
  ▶ **salir ~**.

cornetazo.
 I. 1. m. *Ve*. Ruido fuerte producido con la **corneta** del automóvil.
 II. 1. m. *Ch*. Felación, estimulación bucal del pene. vulg; pop + cult → espon.

cornete.
 I. 1. m. *Ch*. Golpe, puñetazo. pop + cult → espon.

cornetear.
 I. 1. intr. *Ve*. Tocar insistentemente la **corneta** o bocina del automóvil.

corneteo.
 I. 1. m. *Ve*. Toque insistente y prolongado de la **corneta** o bocina del automóvil.
 II. 1. m. *Ch*. Felación. vulg.

cornetero.
 I. 1. m. *Pe, Bo*. Persona que toca la **corneta**, instrumento musical.

corneto.
 I. 1. m. *PR*. Pez marino de hasta 1 m de longitud, de cuerpo alargado y fino, ojos pequeños y cola corta y roma, su coloración oscila entre el marrón oscuro y el verdoso, y tiene una boca estrecha que puede abrirse hasta casi igualar el diámetro corporal. (Aulostomidae; *Aulostomus maculatus*).
 II. 1. m. *Pa*. Palma de lugares húmedos, de hasta 25 m de altura, de flores blancas y frutos en drupas globosas, de color verde limón cuando están maduros. (Arecaceae; *Iriartea corneto, I. gigantea*).

corneto, -a.
 I. 1. m y f. *Cu*; *Ur*, p.u. Persona que delata a alguien. delinc.
  2. *PR*. Persona que se presta para cualquier cosa. pop + cult → espon.
  3. *PR*. Individuo servil. pop + cult → espon.
 II. 1. adj. *Ve*. *Referido a una res*, a un burro o a una mula, que tiene una oreja caída.
 III. 1. *Gu, Ho, Ni*. **quisneto**, que tiene las piernas arqueadas. pop + cult → espon.
 IV. 1. m y f. *Py*; *PR*, juv. Persona tonta, bruta, estúpida.
 V. 1. sust/adj. *Bo*. Persona que habla mucho causando fatiga a quienes la escuchan.
  2. *Bo*. Persona que tiene la voz fuerte y chillona.

cornigacho.
 I. 1. *RD, PR*. p.u. **carabuco**, **res** con los cuernos hacia abajo.

corno.
 □
  a. ‖ **¡un ~!**
   i. loc. interj. *Ar, Ur*. Expresa negación o rechazo. pop.
   ii. *Ar, Ur*. Expresa incredulidad. pop.
  ▶ **importar un ~**; **mandar al ~**.

cornúa.
 I. 1. f. *Cu*. Tiburón de hasta 4 m de largo, de color violáceo o gris castaño, con los lados del cuerpo más

claros, y el vientre gris, la cabeza, en forma de martillo, se ensancha hacia los lados y en sus extremos están los ojos. (Sphyrnidae; *Sphyrna lewini*). (**cornuda**).

cornuda.
   I. 1. *Co:N.* **fiera**, pez.
     2. *Cu.* **cornúa**.
   II. 1. *Ho.* **colgadora**.

coro.
   □
   a. ‖ **en ~.** loc. adv. *Ho, Co, Pe, Bo.* A la vez, a un mismo tiempo y en voz alta. pop + cult → espon.

coroba.
   I. 1. f. *Ve.* **migucho**.

corobero.
   I. 1. m. *Ve.* Ave de hasta 38 cm de longitud, de cabeza encrestada y coloración general azul violeta, más clara en la parte de abajo, y pecho de color negro. (Corvidae; *Cyanocorax violaceus*).

corocero, -a.
   I. 1. adj. *PR. Referido a persona*, cicatera, mezquina. pop + cult → espon ^ desp.

corocito.
   I. 1. *Pa.* **chiricano**, árbol.

corocora.
   I. 1. f. *Ve.* **corocoro**, ave zancuda.
     2. *Ve.* **corocoro**, pez marino.

corocoro.
   I. 1. m. *Co:E, Ve.* Ave zancuda de hasta 58 cm de altura, tiene el pico largo y curvo y su color es muy variado dependiendo de las diferentes especies. (Threskiornithidae; *Eudocimus* spp.). (**corocora**).
     2. *Ve.* Pez marino, de hasta 63 cm de longitud, de color amarillento, con líneas azules en el dorso y la cabeza y el interior de la boca rojos. (Haemulidae; *Haemulon plumierii*). (**corocora**).
     3. *PR.* Pez marino de hasta 43 cm de longitud, con aletas radiadas, de color gris plateado con franjas oscuras en la mitad superior del cuerpo; es comestible. (Hacmulidae; *Haemulon macrostomum*).

coroj.
   I. 1. *PR.* obsol. **corojo**.

corojo.
   I. 1. m. *Cu.* Palma de hasta 7 m de altura, de tronco ancho en el centro y estrecho en los extremos, el fruto es redondo, de color amarillo, y tiene en su interior una nuez blanca, carnosa, de sabor parecido al del coco; de las hojas se fabrican cuerdas y del fruto se extrae aceite. (Arecaceae; *Acrocomia armentalis*). (**coroj**).
   ▶ **romper el ~.**

coromanía.
   I. 1. f. *Cu.* Plato fuerte de comida como el potaje.

corombo, -a.
   I. 1. *RD.* **corino**, persona que tiene torcidos los brazos.

corona.
   I. 1. f. *Cu, PR.* Grupo de hojas más altas de la planta del tabaco.
     2. f. pl. *Ho.* Hojas superiores de la mata de tabaco.
     3. f. *PR.* Moña de la piña.
   II. 1. f. *Gu.* Cometa hexagonal.
   III 1. f. *ES, Bo.* Mujer que engaña a los hombres.
   IV. 1. f. *Bo.* Aro de mimbre forrado con papel de seda negro y morado con que se honra a un muerto.
   V. 1. f. *ES.* Diferencial del motor de un automóvil.
   VI. 1. f. *PR.* Levantamiento del fondo marino.
   VII. 1. f. *CR. En construcción*, viga de hormigón armado que remata un muro o una pared.
   VIII. 1. f. *CR.* Cara de las monedas costarricenses en la que está grabado el valor.

■
   a. ‖ **~ de Cristo.**
     i. f. *Co, Bo, Ar.* Arbusto carnoso y espinoso de hasta 1 m de altura, hojas alternas agrupadas en el extremo de las ramas, flores rojas y una cápsula de color castaño como fruto. (Euphorbiaceae; *Euphorbia splendens*).
     ii. *CR, Ve, Bo.* **cuculmeca**.
   b. ‖ **~ de muerto.** f. *Mx, Ho, Ni, Pe, Ur, Ec,* obsol. Adorno de flores con que se honra a un fallecido. pop + cult → espon.
   c. ‖ **~ del inca.**
     i. f. *Ch.* Arbusto de hasta 3 m de altura, con ramas huecas en su interior, hojas vellosas opuestas o alternas, sostenidas por pecíolos rojos, aovadas, elípticas, agudas, enteras o con senos poco profundos, y flores protegidas por grandes y vistosas hojas de color rojo. (Euphorbiaceac; *Poinsettia pulcherrima*).
     ii. *Ch.* Flor de la corona del inca.

□
   a. ‖ **~ de caridad.** loc. sust. *Ch.* Óbolo que se da para que se realice una misa en recuerdo de un difunto.

◪
   a. ‖ **cada quien se pone la ~ que se labra.** fr. prov. *Mx.* Indica que el éxito o el beneficio que obtiene alguien es consecuencia del trabajo que ha realizado.
   ▶ **andar con la ~ al lomo; caérsele la ~; caminar con la ~ al lomo; llevar la ~ al lomo; tener ~.**

coronación.
   I. 1. f. *Ar. En el folclore tradicional*, encuentro final de una pareja de baile en el cuadrado de danza.

coronar.
   I. 1. tr. *Co, Pe, Ur.* Finalizar con éxito un negocio o una actividad, *generalmente ilegal*. pop.
   II. 1. tr. *Ho, ES.* Poner flores en la tumba de alguien. pop + cult → espon.
   III. 1. tr. *Ec. En el andinismo*, llegar a la cumbre de una elevación.

coronel.
   I. 1. m. *Cu.* Cometa muy grande.
   II. 1. m. *ES.* Pavo americano. fest.

coronela.
   I. 1. f. *Ho.* Automóvil de lujo, con doble tracción, cómodo y confortable. pop + cult → espon.

coronelato.
   I. 1. m. *Ec.* Coronelía, dignidad o empleo de coronel.
     2. *Ho, Ni, Bo.* Grado de coronel. cult.

coronilla.
   I. 1. f. *Ar, Ur.* **coronillo**, árbol espinoso.
   II. 1. f. *Cu.* Aguardiente de caña.

■
   a. ‖ **~ del fraile.** f. *Ch.* Arbusto de tallo blanco o ceniciento con lígulas amarillas. (Asteraceae; *Encelia* spp.).
   ▶ **llegar a la ~.**

coronillo.
   I. 1. m. *Ar.* Árbol espinoso de hasta 10 m de altura, corteza delgada de color castaño claro y follaje verde oscuro. (Rhamnaceae; *Scutia buxifolia*). (**coronilla**). ♦ **coronillo colorado**.
     2. *Ar.* Árbol de hasta 7 m de altura, de copa amplia, hojas compuestas, espinas punzantes y ramificadas, flores pequeñas amarillentas y una vaina rojiza como fruto; su madera se utiliza en carpintería. (Fabaceae; *Gleditsia amorphoides*). ♦ **espina corona**.
     3. *Ar:NO.* **espinudo**. rur.
     4. *Pa.* Árbol de climas húmedos, de hasta 10 m de altura, de hojas con nervaduras, flores axilares blancas o rosadas, y frutos en bayas globosas, comestibles. (Melastomataceae; *Bellucia pentamera*).

a. ‖ **~ colorado.** *Ar.* **coronillo**. (Rhamnaceae; *Scutia buxifolia*).

coronita.
▶ **tener ~.**

coronta. (Del quech. *'korónta* o *qurunta*).
 I. 1. f. *Pe, Ch, Ar:NO,O; Bo*, pop. Mazorca desgranada del maíz.
 2. *Ch.* Resto que queda de una pieza de fruta después de haber sido comida a mordiscos. pop.
 II. 1. f. *Ch.* Pene. vulg.

corontillo.
 I. 1. m. *Ch.* Arbusto aromático silvestre de hojas barnizadas y pegajosas, con flores en racimo. (Saxifragaceae; *Escallonia* spp.).

cororo.
 I. 1. m. *PR.* Variedad de **yuca**, caracterizada por su color rojizo.

corota.
 I. 1. f. *Ve:E, Ec.* Vulva. vulg.
 2. f. *Bo*, tabú; *Ar:NO*, pop. Testículo.
 3. *Ar:NO.* Escroto. vulg.
 II. 1. f. *Ve.* **coroto**, objeto.
 ▶ **hinchar las ~s.**

corotada.
 I. 1. f. *Bo, Ar:NO.* Dicho o acción propios de un **corotudo**, persona que tiene pocas luces. pop.
 II. 1. f. *Ve.* Gran cantidad de **corotos**, objetos de uso personal o domésticos. pop.

corotaje.
 I. 1. m. *Ve.* Gran cantidad de **corotos**, objetos de uso personal o doméstico. pop.

corotear.
 I. 1. tr. *Ve. En una cacería*, atraer al **tigre** con el sonido ronco, parecido a su rugido, que se produce soplando una **tapara** a la que se le han abierto huecos en la parte inferior. pop.
 II. 1. tr. *Ve:C.* Sacarle la pulpa a una fruta que tiene dos mitades, y dejar la cáscara vacía. pop.

corotera.
 I. 1. f. *Ve.* **corotero**. pop.

coroterío.
 I. 1. *Ve.* **corotero**.

corotero.
 I. 1. m. *Ve.* Gran cantidad de **corotos**, objetos de uso personal o doméstico. pop. (**corotera**; **coroterío**).

corotilla.
 I. 1. f. *Pe.* Cactus pequeño redondo muy espinoso. (Cactaceae; *Opuntia corotilla*).

coroto.
 I. 1. m. pl. *Pa, Cu, RD, PR, Co:N,E, O, Ve.* Conjunto de objetos de uso personal o doméstico. pop.
 2. m. *Pa, RD, Co:N,E, Ve.* Objeto cualquiera que no se quiere mencionar o cuyo nombre se desconoce. pop. (**corota**).
 II. 1. m. *VE:E, Ec.* p.u. Vulva. vulg.
 III. 1. m. *Ve.* Poder político.
 IV. 1. m. *Ve.* Secreto o información privada.
 V. 1. m. *Ve.* Mitad de una fruta o semilla de cáscara dura una vez vaciada de su pulpa o contenido.
 □
 a. ‖ **¡adiós ~s!** loc. interj. *Ve.* Expresa asombro o extrañeza ante algo inesperado. pop.
 ▶ **alzarse con el ~; armarse con el ~.**

corotón. (Del quech. *q'uruta*, testículo).
 I. 1. sust/adj. *Bo.* Hombre de testículos grandes.
 2. *Bo.* Animal macho de testículos grandes.
 3. *Bo.* Persona que es o actúa de modo poco inteligente o ingenuo.

¡corotos!
 I. 1. interj. *Ve.* Expresa admiración, sorpresa.

corotú.
 I. 1. *Pa.* **guanacaste**, árbol.
 ■
 a. ‖ **~ de montaña.** m. *Pa.* **yaba**.

corotudez.
 I. 1. f. *Bo, Ar:NO.* Dicho o acción propios de un **corotudo**, persona que tiene pocas luces. pop.

corotudo, -a.
 I. 1. sust/adj. *Bo; Ar*, tabú, pop. Persona que tiene pocas luces o que obra como tal.

coroyuyo.
 I. 1. m. *Ar:NO.* Planta herbácea de hojas lanceoladas y pubescentes, flores tubulares y fruto capsular. (Solanaceae; *Petunia* spp.).

coroza.
 I. 1. f. *Gu, Ho, ES, PR.* Palma de hasta 20 m de altura, corteza espinosa, hojas palmadas en forma de abanico, inflorescencia panicular, flores pequeñas amarillas y fruto en drupa globosa; es comestible. (Arecaceae; *Acrocomia aculeata*). ◆ **coyol; palma de corozo; totaí**.
 2. *Gu, Ni.* Flor de la coroza, grande, blanca y muy olorosa.

corozal.
 I. 1. m. *Gu, Ho, Ni, PR, Co, Ve.* Terreno poblado de **corozos**. rur.

corozo.
 I. 1. m. *Gu, Ho, ES, Ni, Pa, Cu, RD, PR, Co, Ve.* Palma de hasta 12 m de altura, con el tronco cubierto de hojas secas colgantes; las hojas son pinnadas con hojuelas lineares, angostas y puntiagudas; se emplea en la construcción y para cordelería. (Arecaceae; *Acrocomia antioquensis*).
 2. *Gu, Ho, ES, Ni, Pa, Cu, RD, PR, Co, Ve.* Fruto del corozo, globoso y amarillo, tiene un tapón por el que se puede abrir con facilidad.
 3. *Co.* **palma de aceite.**
 4. *Ec.* **tagua**, palma.
 5. *Ec.* **tagua**, semilla.
 6. *RD.* Palma de hasta 30 m de altura, con tronco revestido de fuertes espinas, hojas pinnadas con hojuelas lineares, angostas y puntiagudas, y fruto en drupa globular. (Arecaceae; *Acrocomia* spp., *Bactris* spp.).
 ▶ **estar como el ~; romper ~s.**

corpachada.
 I. 1. f. *Bo, Ar:NO.* Ceremonia propiciatoria de carácter comunitario en homenaje a la **Pachamama** o madre tierra, que se realiza en fechas consideradas importantes o señaladas.

corpachar.
 I. 1. tr. *Bo, Ar:NO.* Homenajear con ofrendas a la **Pachamama** o a la Virgen.

corpida.
 I. 1. f. *Py.* Corte de la maleza de un terreno con machete. rur.

corpiño.
 I. 1. m. *Mx, Ni, Co, Bo, Ch, Py, Ar, Ur; Ho*, p.u. Sostén, prenda interior que ciñe el pecho de las mujeres. pop + cult.
 2. *Mx, Ho, Ni, Pe.* Prenda de vestir femenina que cubre el cuerpo de la cintura hacia arriba. pop + cult.
 3. *Ec, Ch, Ar. En un vestido completo de mujer*, parte que cubre el torso.

corpir.
 I. 1. tr. *Py.* Cortar la maleza a ras del suelo, con el machete o con la hoz. rur.

corpus.
  I. 1. *Ar:NE.* **camboatá**.
  II. 1. m. *Ec.* Temporada en la que se celebran actos religiosos solemnes y de regocijo popular durante siete días, en el mes de junio.

corral.
  I. 1. m. *Mx, Ho, ES, Cu, Co, Ve, Ec, Pe, Bo, Ch, Ur.* Pequeño recinto para niños que aún no andan, dotado de una baranda protectora. pop + cult.
  II. 1. m. *PR.* Penitenciaría estatal.
  III. 1. m. *PR.* juv. Vehículo de policía.
  IV. 1. m. *PR.* juv. Terminal de la Autoridad Metropolitana de Autobuses. (AMA).

corraleja.
  I. 1. f. *Ve:O.* Potrero para una sola **res**. rur.
  2. *Ve:C.* Cercado pequeño anexo al corral principal donde se guarda el ganado. rur.

corralera.
  I. 1. f. *Ar.* Chaqueta corta usada por el gaucho.
  II. 1. f. *Co:N.* Cercado rudimentario que se construye ocasionalmente en una calle o plaza para celebrar fiestas taurinas.

corralero.
  I. 1. m. *Ho, Ni, Ur.* Hombre que se encarga de cuidar al ganado en los corrales. rur.
  2. *Ho.* Animal semental. rur.

corralero, -a.
  I. 1. adj. *Ch.* Relativo al ganado caballar adiestrado para participar en rodeos.
  2. adj. *Ni, Cu, Ur.* Referido a una **res**, que entra en el corral sin resistencia. rur.

corraleta.
  I. 1. f. *Cu.* Corral pequeño destinado al ganado. rur.

corralito.
  I. 1. m. *Mx.* Área reservada a la prensa en la Cámara de los Diputados.
  II. 1. m. *Bo, Ar, Ur.* Inmovilización colectiva de los depósitos que realiza una entidad financiera en detrimento de la disponibilidad pactada con el cliente.
  III. 1. m. *Pe.* Conjunto de maniobras que organizan familias y amigos que pretenden que dos jóvenes se enamoren y lleguen al matrimonio; se aplica especialmente a las maniobras que se realizan sobre el varón. pop.
  ▶ **estar siempre en el ~.**

corralmeca. (De *corral,* y de la voz nahua *mecatl,* mecate o soga).
  I. 1. *Ho.* **chilillo**, arbusto.

corralón.
  I. 1. m. *Mx, Ar.* Terreno donde la policía guarda los vehículos retirados por estar estacionados en lugares prohibidos. ♦ **corralón municipal**.
  2. *Pe.* Terreno sin construir.
  II. 1. m. *Ar, Ur.* Establecimiento en el que se comercia con materiales para la construcción.
  2. *Ni, Ve.* Construcción rústica, cerrada con paredes y cubierta con un techo provisional, que se utiliza como vivienda o depósito.
  3. *Ve.* Edificio mal construido o en mal estado de conservación. desp.
  III. 1. m. *Ho.* Cárcel. pop.
  □
  a. ‖ ~ **municipal.** loc. sust. *Ar, Ur.* **corralón**, terreno donde la policía guarda los vehículos retirados.

corre.
  ■
  a. ‖ ~~. m. *Ec.* **correcorre**.
  b. ‖ ~ **costa.** f. *PR.* Mujer de vida airada, prostituta. prost.

  c. ‖ ~ **gofio.** m. *PR.* Individuo zángano, bobo. pop + cult → espon.

correa.
  I. 1. f. *ES.* Mujer que es amante de un hombre. desp.
  II. 1. f. *Pa.* **correa del abanico**.
  ■
  a. ‖ ~ **de la suela.** f. *Ho.* Correas de cuero suave que cuelgan de la silla de montar y sirven para atar objetos. pop.
  b. ‖ ~ **del abanico.** f. *Ni, Pa.* Banda del **abanico** de un vehículo automotor. ♦ **correa; faja del abanico**.
  ▶ **salir de las mismas ~s; tener ~s.**

correcalle.
  I. 1. m. *Cu.* **Carriola**, juguete de niños que se construye con tabla y ruedas de patines.

correcaminos.
  I. 1. m. *EU, Mx, Gu, Ho, ES, Ni.* Cuclillo de hasta 30 cm de longitud, de plumaje café grisáceo por encima y verde bronceado en las dos alas y en la cola, pico amarillo y patas café amarillento. (Cuculidae; *Geococcyx californianus, G. velox melanchima, Coccyzus minor, Tapera naevia*). ♦ **alma de perro; pájaro del amor; pájaro errante; sigualepa; siguamonta, tanuna; tununa**.
  II. 1. m-f. *Cu.* Persona que camina muy rápidamente.

corrección.
  I. 1. f. *Ar:NE.* Hormiga carnívora y terrícola que se desplaza en densas columnas. (Dorylidae; *Eciton praedator*).

correcorre.
  I. 1. m. *Cu, RD, PR.* Huida desordenada de personas. pop + cult → espon. ♦ **corredera**.
  2. *Ni, Cu, Co, Ve, Ec, Pe.* Situación de actividad intensa ante una tarea apremiante. (**corre corre**). ♦ **corredera**.
  II. 1. m. *Co:O, Bo.* Diarrea, evacuación frecuente del vientre. pop + cult → espon.

corrector.
  I. 1. m. *Mx, Ni, CR, Pa, Co, Ec, Bo, Ur.* Líquido blanco utilizado para tapar trazos de tinta en un documento.

corredera.
  I. 1. f. *CR, Pa, PR; Gu, Ho, ES, Ni, vulg; Ar, pop.* **cagadera**.
  II. 1. f. *Ni, Ve.* Carrera considerable.
  2. *Cu, Ec, Pe.* **correcorre**, actividad intensa.
  3. *RD.* **correcorre**, huida.
  III. 1. f. *Ho, Ni, Ve.* Trajín, ajetreo ocasionado por tener muchas actividades. pop.
  IV. 1. f. *PR. En la industria cafetalera,* plataforma con ruedas montada en rieles empleada para secar café.

corredor.
  I. 1. m. *Pe.* Vía para la circulación ininterrumpida de tránsito terrestre entre zonas alejadas.
  II. 1. m. *Cu.* En el **beisbol**, jugador que logra ubicarse en una **base** y que debe alcanzar el **home**.
  ■
  a. ‖ ~ **bioceánico.** m. *Co, Bo, Ch.* Franja de tierra que atraviesa un territorio continental situado entre dos océanos y que permite el paso entre los países que abarca.
  b. ‖ ~ **vial.** m. *Co, Ve.* Vía de circulación de tránsito terrestre donde está prohibido estacionar vehículos durante un horario determinado.
  □
  a. ‖ ~ **de carros.** loc. sust. *Cu.* Persona que se dedica, clandestinamente, a localizar las opciones de compra y venta de carros para satisfacer las demandas de los clientes a cambio de una comisión.

b. ‖ ~ **de permuta.** loc. sust. *Cu.* Persona que se dedica, clandestinamente, a localizar las opciones de intercambio de cosas para satisfacer las demandas de los clientes a cambio de una comisión.

corregido.

☐

a. ‖ ~ **y aumentado.** loc. adj. *Ec, Bo. Referido a persona*, en relación con otra conocida, que tiene un comportamiento negativo y con propensión a empeorarlo.

corregidor, -ra.

I. 1. m. y f. *Co.* Funcionario que gobierna un **corregimiento**.
2. *Bo.* Autoridad de un pueblo designada por el gobierno.

corregiduría.

I. 1. f. *Pa.* Oficina gubernamental del corregidor donde se atienden casos penales y civiles.

corregimiento.

I. 1. m. *Pa, Co.* Población pequeña que depende administrativamente de un municipio.

corregir(se).

I. 1. intr. *Cu.* obsol. Defecar *alguien*.
2. intr. prnl. *Cu,* obsol. Defecarse *alguien*. euf.
3. intr. *Gu.* Tener *alguien* diarrea.
II. 1. intr. prnl. *Ho. En el ejército*, cambiarse *alguien* la ropa de civil por la de militar.

correlativo, -a.

I. 1. adj. *Cu.* Habitual, que ocurre con frecuencia.

correlija.

I. 1. m-f. *Ch.* Correligionario político. pop + cult → espon ^ fest.

correlón, -na.

I. 1. adj. *Mx, Gu, Ve. Referido a persona*, cobarde, pusilánime, que huye ante las situaciones adversas o difíciles.
II. 1. adj. *Ve; Gu, Ho, Co, Pe,* pop. *Referido a persona o animal*, que corre mucho. rur.

correlona.

I. 1. f. *ES.* Bicicleta.

correncia.

I. 1. f. *RD.* Vergüenza.
II. 1. f. *PR.* Diarrea. pop.

correncioso, -a.

I. 1. adj. *RD. Referido a persona*, ocurrente.

correntada.

I. 1. f. *Mx, Ho, ES, Ni, CR, Ec, Pe, Bo, Ar, Ur.* Corriente impetuosa de agua, *generalmente de un río, que corre fuera de su cauce.* ♦ **correntía.**
2. *ES, Ni, Pe, Bo, Ch, Ar, Ur.* Corriente de agua, *generalmente de un río o arroyo*, que fluye con fuerza.
II. 1. f. *Ch, Ar, Ur.* Masa de aire que se desplaza con fuerza, *especialmente en un espacio estrecho.*

☐

a. ‖ **de ~.** loc. adj. *CR.* obsol. *Referido a cosa*, corriente, ordinaria. pop + cult → espon.

correntera.

I. 1. f. *Ho, Bo.* Corriente impetuosa de agua.

correntía.

I. 1. *PR.* **correntada**, corriente impetuosa de agua.

correntina.

I. 1. f. *PR.* Juerga sin límites. pop + cult → espon.

correntino, -a.

I. 1. adj. *PR. Referido a persona*, pervertida, descarriada. pop + cult → espon.

correntón.

I. 1. sust/adj. *Cu, RD.* Hombre casado que acostumbra a ir de fiesta.
II. 1. m. *PR.* Corriente grande de agua o de otro líquido.

correntón, -na.

I. 1. adj. *Ec. Referido a cosa*, de mediano tamaño. pop + cult → espon.
II. 1. adj. *Ec. Referido a la apariencia física de una persona*, poco atractiva. pop + cult → espon.
III. 1. adj. *PR. Referido a persona*, dada a amoríos. rur. pop + cult → espon.

correntoso, -a.

I. 1. adj. *Ho, Ni, PR, Co, Ec, Pe, Bo, Ch, Ar, Ur,* obsol. *Referido a un río o a una corriente de agua*, de curso rápido e impetuoso. pop. ♦ **torrentoso.**

correo.

I. 1. m-f. *PR, Pa.* Persona chismosa o alcahueta. pop + cult → espon.
II. 1. m. *Bo, PR, Ve.* Disco de papel o cartón con un agujero en el centro que los chicos ponen en la cuerda de la cometa para que el viento la eleve hasta ella.

■

a. ‖ ~ **recomendado.** m. *Co, Ur.* Correo certificado.

☐

a. ‖ ~ **de brujas.** loc. sust. *Ec, Pe.* **correo de las brujas.** fest.
b. ‖ ~ **de las brujas.**
  i. loc. sust. *Co, Pe, Ch; CR,* pop. Información que se transmite por medios informales *y que generalmente no es veraz.* fest. (**correo de brujas**).
  ii. *Ch.* Persona que da una información sin dar su nombre. fest.

correón.

I. 1. m. *Ar:NO.* Correa con la que se ciñe la cincha de las caballerías. rur.
2. *Ch.* Cinta de cuero que tiene diversos usos.

correquetealcanzo.

I. 1. f. *Ho, Ni, Co:O.* meton. Diarrea. pop + cult → espon ^ fest.

correr(se).

I. 1. tr. *Mx, Ni, Ch, Ar, Ur; CR,* p.u; *Bo,* pop. Expulsar a *alguien* de un lugar por desprecio, animadversión o castigo.
2. intr. *EU, PR.* Postularse *alguien* para ocupar algún puesto o cargo.
3. tr. *Ni, Ve, Bo, Ur.* Echar a *alguien* de un sitio, ponerlo en fuga. pop + cult → espon.
4. *Ho, Ni, Bo, Ur.* Despedir a *alguien* de un empleo. pop.
II. 1. tr. *Mx, Ni.* Hacer que circule una mercancía o comerciar con ella.
III. 1. intr. *PR.* Administrar *alguien* algo, dirigir un negocio.
IV. 1. tr. *Mx.* Fecundar un toro a la vaca. rur.
V. 1. intr. prnl. *Pe, Bo; Co,* espon. Volverse atrás, incumplir *alguien* un negocio o compromiso.
2. *Ni, Pe, Bo, Ch.* Eludir *alguien* un problema, una dificultad o una responsabilidad. pop.
3. *Ni, Bo.* Acobardarse *alguien* en el preciso momento de decir o hacer algo. pop.
VI. 1. intr. *Pe, Bo, Ch, Ur.* Funcionar un dispositivo o un programa informático.
2. tr. *Pe, Bo, Ch.* Hacer funcionar un dispositivo o un programa informático.
VII. 1. intr. prnl. *Ho, Ni, Ec.* Irse *alguien* precipitadamente, huir. pop.
VIII. 1. intr. *Ch.* Golpear o insultar de manera reiterada o abundante. pop.
IX. 1. intr. *Ch.* Estar *algo* o *alguien* vigente sin que le afecte el paso del tiempo. pop + cult → espon.
X. 1. intr. prnl. *Ni, Pe, Bo, Ur.* Soltarse o romperse los puntos del tejido de una media. pop.
XI. 1. intr. prnl. *Cu.* Tener un desliz amoroso.
XII. 1. intr. prnl. *Ho.* Sortearse los números de la lotería.

XIII. 1. intr. *Ni, PR. En el* **beisbol**, avanzar un jugador defensivo hacia la captura de la pelota para impedir que su rival llegue a la **base**.

XIV. 1. tr. *PR.* Entrenar *alguien* a un gallo de pelea, enfrentándolo con el palo de la escoba o con otro gallo, **chato**, para que el animal críe músculos y extreme y afine sus instintos de lucha.

☐

a. ‖ ~ **a Cristo**. loc. verb. *Ch.* Salir una comitiva de **huasos** con el sacerdote durante el domingo después de Resurrección a llevar la comunión a los enfermos. rur.

b. ‖ ~ **aceite**. loc. verb. *Ec.* Mediar soborno en algo. pop.

c. ‖ ~ **atole por las venas**. loc. verb. *Mx.* Ser *alguien* flemático, poco sensible a las emociones. pop + cult → espon.

d. ‖ ~ **como perro capado**. loc. verb. *Ni.* Huir *alguien* precipitadamente. rur.

e. ‖ ~ **como yegua esnúa**. loc. verb. *PR.* Correr *alguien* velozmente. pop + cult → espon.

f. ‖ ~ **con el caballo del comisario**. loc. verb. *Ar, Ur. En una situación de* **competencia**, disponer *una persona* de una ventaja injusta. pop.

g. ‖ ~ **con el petate de un muerto**. loc. verb. *Ho.* Despedir a *alguien* del puesto sin ninguna compensación. pop.

h. ‖ ~ **con la parada**. loc. verb. *Ar.* Imponerse o dominar a *alguien* con la sola presencia. pop + cult → espon.

i. ‖ ~ **dugos**. loc. verb. *Gu.* Interceder *alguien* a favor de otra persona.

j. ‖ ~ **el albur**. loc. verb. *Gu, Ho.* Arriesgar *alguien* algo. pop.

k. ‖ ~ **el chance**. loc. verb. *PR.* juv. Arriesgarse *alguien* a algo.

l. ‖ ~ **la bola**. loc. verb. *Gu, Ho, Ni, Pa, Cu, Co, Pe, Bo, Ch, Ar, Ur.* Divulgar noticias, a veces infundadas o inquietantes. pop + cult → espon. (**correr una bola**). ♦ **correr la bolilla**.

m. ‖ ~ **la bolilla**. *Bo, Ar, Ur.* **correr la bola**. pop.

n. ‖ ~ **la butaca**. loc. verb. *Co.* Quitar a alguien el empleo, usando, algunas veces, artimañas. pop.

ñ. ‖ ~ **la coneja**. *Ar.* **correr la liebre**.

o. ‖ ~ **la liebre**. loc. verb. *Ar, Ur.* Pasar una situación económica difícil. pop. ♦ **correr la coneja**.

p. ‖ ~ **la paja**. loc. verb. *Pe, Ch.* Masturbar o masturbarse. vulg; pop + cult → espon. ♦ **corrérsela**.

q. ‖ ~ **las bases**. loc. verb. *Cu. En el* **beisbol**, desplazarse un corredor de una **base** a otra. pop.

r. ‖ ~ **mano**. loc. verb. *Ch.* Tocar lascivamente una persona a otra en zonas erógenas del cuerpo. pop + cult → espon.

s. ‖ ~ **máquina**.
i. loc. verb. *Cu, PR.* Hacer pasar *alguien* por tonta a *una persona*. pop + cult → espon.
ii. *Cu, PR.* Gastar *alguien* una broma a *una persona*. pop + cult → espon.

t. ‖ ~ **pato**. loc. verb. *Gu.* Ser *alguien* víctima de un robo.

u. ‖ ~ **plata**. loc. verb. *Bo, Ch.* Sobornar, dar dádivas para conseguir algo. pop + cult → espon.

v. ‖ ~ **por el carril exclusivo**. loc. verb. *PR.* Ser *alguien* homosexual. pop + cult → espon.

w. ‖ ~ **silga**. loc. verb. *PR.* Pescar *alguien* con anzuelo desde una embarcación en marcha. pop + cult → espon.

x. ‖ ~ **tabla**. loc. verb. *Pe.* Practicar surf.

y. ‖ ~ **tendidos**. loc. verb. *Gu.* Interceder *alguien* a favor de una persona.

z. ‖ ~ **traslado**. loc. verb. *Mx, Ar. En un juicio*, dar una copia de un escrito a la parte contraria.

a¹. ‖ ~ **una bola**. *Ve; Cu, Ur*, pop + cult → espon. **correr la bola**.

b¹. ‖ ~**la en pelo**. loc. verb. *Gu.* Arriesgar *alguien* algo.

c¹. ‖ ~**le**. loc. verb. *Mx.* Evitar a *alguien* y huir de él. pop.

d¹. ‖ ~**se el champú**. loc. verb. *Co.* Volverse loco alguien, perder el juicio. pop ∧ fest.

e¹. ‖ ~**se para atrás**. loc. verb. *Ch.* Echarse atrás en una postura o en un negocio. pop + cult → espon.

f¹. ‖ ~**se un níquel**. loc. verb. *PR.* Ir alguien más allá de lo debido en el trato a una persona a quien se le debe respeto. pop + cult → espon.

g¹. ‖ **corrérsela**. loc. verb. *Pe, Ch.* **correr la paja**. vulg.

h¹. ‖ **corrérsele las tejas**.
i. loc. verb. *Ni, CR, Co, Ch.* Volverse loca una persona, perder el juicio. pop ∧ fest.
ii. *Ni, CR.* Adoptar alguien repentinamente un comportamiento similar al de quien ha perdido el juicio. pop ∧ fest.

a. ‖ **corre que te alcanzo**. loc. sust. *Mx, Ho, ES, Ni, Pa.* Diarrea. fest.

▶ **estar de ~ y parar**.

correrío.
I. 1. m. *Pe.* Desplazamiento rápido de alguien de un lugar a otro por necesidad o urgencia. pop.

corretaje.
I. 1. m. *Cu.* Huida desordenada de personas en distintas direcciones.
2. *Cu.* Situación de actividad intensa ante una tarea difícil.
II. 1. m. *Ho.* Renta que paga el que alquila tierra al dueño, *generalmente en granos, en frutos o dinero*. cult.

correteada.
I. 1. f. *Mx, Gu, Ho, ES, Ni, Pe, Bo.* Persecución, acoso que se realiza sobre alguien.

correteadera.
I. 1. f. *Ni, Ec, Pe.* Persecución que se realiza corriendo. pop.

correteado.
I. 1. m. *Ch.* Baile popular en el que las parejas bailan abrazadas moviendo los hombros y las caderas.

correteado, -a.
I. 1. adj. *Mx. Referido a persona*, ajetreada, con mucho trabajo que hacer.
II. 1. adj. *Mx. Referido a persona*, envejecida y de aspecto deteriorado.
III. 1. adj. *Mx. Referido a cosa*, que ha sido obtenida con mucho esfuerzo.

correteador, -ra.
I. 1. sust/adj. *Bo.* Persona que persigue insistentemente a otra del sexo opuesto para piropearla y enamorarla. pop.

corretear.
I. 1. tr. *Mx, Gu, Ho, Ni, Cu, Ec, Pe, Ar:NO; ES, Ec, Bo, Ch*, pop + cult → espon. Perseguir, acosar.
2. *Gu; Ch*, pop + cult → espon. Alejar a una persona o a un animal de un sitio.
II. 1. tr. *Ar, Ur.* Vender al por mayor artículos de uno o de varios ramos, recorriendo comercios minoristas para conseguir pedidos de compra.
III. 1. intr. *PR.* Irse de juerga *alguien*.
IV. 1. tr. *Cu.* Gestionar *algo*.

correteo.
I. 1. m. *Ho, ES; Ni, Pe, Bo, Ch*, pop + cult → espon. Persecución, acoso que se realiza a alguien.
II. 1. m. *Gu, Ho, Ni, CR.* Proceso de clasificación del grano de café sin mucílago y sin pulpa, en el que los

granos se ponen a fluir en un sistema de canales con grandes cantidades de agua, de manera que los más livianos se adelanten con la corriente y los más pesados y de mejor calidad se queden atrás.

III. 1. m. *Cu, Bo.* Diligencia presurosa para conseguir algo. pop.

corretiza.

I. 1. f. *Mx.* Persecución, acoso que se realiza a alguien. pop + cult → espon.

correvolando.

I. 1. sust/adj. *Bo.* Persona que hace las cosas con mucha prisa.

2. *Bo.* Persona acostumbrada a caminar deprisa.

corrial.

I. 1. m. *Pa, Py.* Bebida refrescante a la que se atribuyen virtudes cordiales y diuréticas. pop.

corricán.

I. 1. m. *PR.* Instrumento que mide la profundidad del mar.

II. 1. *PR.* **curricán,** cuerda resistente.

corrida.

I. 1. f. *Pe, Bo, Ar, Ur.* Línea o puntos que se sueltan en la media o en otro tejido análogo.

2. *Ar:NO.* Hilera de casas iguales en las poblaciones mineras. rur; pop.

3. *Ch.* p.u. Hilera o sucesión de cosas o acciones.

4. *Ch. En minería,* veta, e*n concreto, la que se encuentra casi en la superficie.*

II. 1. f. *Mx.* Viaje, traslado de pasajeros entre dos lugares, *especialmente el que se realiza en autobús.*

III. 1. f. *Ar, Ur.* Disturbio producido entre la multitud, *en especial en manifestaciones callejeras o espectáculos deportivos.*

2. *Ch.* metáf. Alud de piedras, barro o tierra.

IV. 1. f. *Ar:NO.* Rodeo y recuento del ganado mayor de una finca disperso por el campo, para marcarlo. rur.

V. 1. adj. *Cu, Ch. Referido a una mujer,* que ha tenido relaciones sexuales con varios hombres. ♦ **baqueteada; ponchada; rodada; traqueteada.**

VI. 1. f. *Ch.* Carrera popular.

VII. 1. adj. *Ho. Referido a hembra,* preñada. ♦ **cubierta; encrillada.**

VIII. 1. f. *PR.* Juerga nocturna. pop + cult → espon.

■

a. ‖ ~ **bancaria.** f. *Bo, Ch, Ar, Ur; Ec.* p.ü. Crisis del sistema financiero, que se produce cuando gran cantidad de depositantes quieren extraer su dinero simultáneamente o en un corto lapso de tiempo.

b. ‖ ~ **de peces.** f. *PR. En las actividades marítimas,* mancha de peces que se acerca a la orilla.

□

a. ‖ **a las ~s.** loc. adv. *Ar, Ur.* **a los apurones.** pop + cult → espon.

b. ‖ **en la ~.** loc. adv. *Cu.* En determinada ocasión o circunstancia.

▶ **no perderse la ~ de un catre.**

corrido.

I. 1. m. *Mx, Ho, Ni, Ur.* Composición poética musical que narra distintos acontecimientos, como la vida de personajes históricos o ficticios, combates o relaciones sentimentales; pertenece a la poesía popular mexicana. pop + cult.

2. *Co:E, Ve, Ur.* Composición musical con letra en forma de romance, que se acompaña con arpa o guitarra, **cuatro** y maracas.

3. *Ni, Cu, RD.* Romance o composición octosilábica con variedad de asonancias.

4. *Ni; Ch, Ur.* Composición musical con letra en forma de romance, de ritmo rápido y acompañada de guitarra y acordeón.

5. *RD.* Música popular.

II. 1. m. *Ch.* juv. Insinuación, sugerencia.

III. 1. m. *ES.* Sorteo de lotería.

■

a. ‖ ~ **de (las) bases.** m. *Cu. En el beisbol,* acción de correr un jugador de una **base** a otra.

b. ‖ ~ **prohibido.** m. *Co.* Composición musical con letra en forma de romance, en donde se exaltan acciones catalogadas como delictivas. pop.

▶ **hablar de ~.**

corrido, -a.

I. 1. adj. *Co. Referido a persona,* un poco loca. pop.

2. *Co. Referido a persona,* alocada. pop.

II. 1. adj. *Cu, Ar, Ur. Referido a una actividad, especialmente a una fiesta o diversión,* continua, ininterrumpida. pop.

III. 1. adj. *Pe. Referido a persona,* prófuga, que huye de la justicia. pop.

IV. 1. *Ho.* **achacado,** acobardado. rur.

V. 1. adj. *PR. Referido al bochinche,* sostenido, cabal, completo.

▶ **estar ~.**

corriendito.

I. 1. adv. *Ho, ES, Ni, Pe.* Deprisa, con rapidez. rur; pop.

corrientazo.

I. 1. m. *Ho, ES, Ni Cu, RD, Co, Ve, Ec.* Descarga eléctrica en el cuerpo de una persona o de un animal, de poca o gran intensidad. pop. ♦ **chuchazo.**

corriente.

I. 1. *PR.* Torrentera, barranquera.

□

a. ‖ **de baja ~.** loc. sust. *Ho.* Persona tranquila y paciente en el trato. pop.

▶ **botar ~; coger la ~; tirar ~.**

corrientoso, -a.

I. 1. adj. *Ve.* Común, no extraordinario.

corrimiento.

I. 1. m. *Ve:C, Ar:NO.* Infección en la cara y en las muelas.

2. *Ar:NO.* Infección en los dedos alrededor de las uñas.

3. *PR.* Inflamación alrededor de una úlcera o de una herida. (**currimiento**).

II. 1. m. *RD.* Cansancio.

2. *RD.* Sensación de fiebre.

III. 1. m. *Pa.* Reumatismo. rur.

corrinchadera.

I. 1. f. *Pa.* Diversión. pop + cult → espon ^ fest. ♦ **corrinche.**

corrinche.

I. 1. m. *PR.* **trulla,** grupo de amigos en Navidad.

2. *Pa.* **corrinchadera.**

corrinchear.

I. 1. intr. *Pa.* Divertirse con gran jolgorio y desorden. pop + cult → espon ^ fest.

corromet.

I. 1. m. *Ch. En la construcción,* plancha de hierro galvanizado utilizada como base para estucar.

corromper.

I. 1. tr. *PR.* Facilitar *alguien* o *algo* las evacuaciones fecales, por medio de lavativas o de medicamentos.

corrompición.

I. 1. f. *CR;* m. *Ho, ES, Ni,* rur; fest. ‖ obsol. Corrupción, depravación. pop + cult → espon.

corroncha.

I. 1. f. *Ho, ES, Ni, CR, Co:N.* Costra dura y escamosa que se forma en una superficie. pop.

2. *Ho.* **corroncho,** caparazón.

II. 1. f. *Ho, ES.* Desvergüenza. pop.

III. 1. f. *Ni, CR.* **concho,** capa de alimento.

corroncho.
   I. 1. m. *Co, Ve.* Pez de agua dulce, de pequeño tamaño, con caparazón duro de color marrón oscuro, escamoso y áspero al tacto. (Loricariidae; *Panaque gibbosus, Plecostomus tenuicauda*).
   II. 1. m. *ES.* Caparazón duro de algunos animales, como la tortuga. pop. (**corroncha**).
   2. *Ho.* Piel gruesa de algunos animales, como el cocodrilo. pop.

corroncho, -a.
   I. 1. sust/adj. *Co:C,O.* Habitante de la costa norte de Colombia respecto de los del interior. pop ^ desp.
   2. adj. *Co:N.* Referido a persona, tosca en sus modales o falta de trato social. pop ^ desp.
   3. *Co:N.* **lobo**, de mal gusto.
   II. 1. sust/adj. *Ve.* Persona lenta, tarda, pausada. pop.
   III. 1. adj. *Ho, ES.* Referido a persona o cosa, de piel o superficie áspera y rugosa. pop.

corronchoso, -a.
   I. 1. adj. *Ho, ES, Ni, CR, Pa, Co:N, Ve.* Referido a una superficie, escamosa, áspera. pop. ♦ **corronchudo**.

corronchudo, -a.
   I. 1. *Ho, Ni.* **corronchoso**.
   II. 1. adj/sust. *Ni.* Referido a persona, descarada, desvergonzada.

corrongo, -a.
   I. 1. adj. *CR.* Referido a persona, agraciada. pop.

corronguera.
   I. 1. f. *CR.* p.u. Lindura. pop. (**corrongura**).

corrongura.
   I. 1. *CR.* **corronguera**.

corroñoso, -a.
   I. 1. adj. *ES, PR.* Referido a persona o cosa, áspera, tosca y rugosa.

corrosca.
   I. 1. f. *C:C. N.* Sombrero de paja gruesa y de alas anchas que usan los campesinos para protegerse del sol.

corrotoco.
   I. 1. m. *PR.* Fruto pequeño.
   2. *PR.* metáf. Niño poco crecido.
   3. *PR.* Persona de baja estatura. ♦ **guatapo; porrotoco; tapón**.

corruptólogo.
   I. 1. m. *Ho, Ec.* p.u. Persona especializada en el conocimiento y desvelo de procesos de corrupción política y económica. prest; cult → esm ^ fest.

corsage. (Voz francesa).
   I. 1. m. *EU, Ni, PR, Ve; Cu,* p.u. Adorno floral que las señoras llevan cerca del hombro de sus vestidos.

corsario.
   I. 1. m. *Ho.* En el cultivo del camarón, persona que realiza los trabajos más difíciles y desagradables.

corsario, -a.
   I. 1. adj. *Ho.* Referido a persona o animal, astuto, listo.
   2. *Ur.* Referido a persona, hostigadora.

corsear.
   I. 1. tr. *PR.* Buscar *alguien* dinero para comprar droga. drog.

corso.
   I. 1. m. *Ec:S, Pe, Bo, Ch, Py, Ar, Ur.* Desfile de carruajes, vehículos, personas disfrazadas y comparsas *que generalmente se realiza en la época de carnaval.* ♦ **corso de corsos; corso de flores**.
   2. sust/adj. *Ar.* Situación o persona jocosa, alegre o festiva. pop.
   II. 1. adj. *PR.* Referido a persona, de muy mal genio. pop + cult → espon.

■
   a. ‖ **~ de flores.** *Ec, Pe, Ch, Ar.* **corso**, desfile.
   b. ‖ **~ de ~s.** *Bo.* **corso**, desfile.
   c. ‖ **~ infantil.** m. *Pa, Bo, Ur.* Desfile de carnaval en el que niños disfrazados bailan por las calles con el acompañamiento de bandas de música.
   ▶ tener un **~** a contramano; tener un **~** de contramano.

corta.
   I. 1. f. *Mx.* Soborno. pop + cult → espon.
   II. 1. f. *Ve:O.* Recolección del trigo. rur.
   2. *Ho, ES, Ni, ER, CR.* Recolección de un fruto, *en especial del que se obtiene mediante corte, como la caña de azúcar.* rur.
   III. 1. f. *Ch.* p.u. Colilla de cigarro. pop + cult → espon.

■
   a. ‖ **~ lengua.** *Pa.* **manga larga**.
   ▶ echar la **~**; hacer la **~**.

cortá.
   I. 1. f. *RD.* Cortadura.

cortabolsas.
   I. 1. m. *Ho.* Ladronzuelo. delinc.

cortacartón.
   I. 1. m. *Ch.* Instrumento para cortar papel provisto de una cuchilla extensible.

cortachurro.
   I. 1. m. *Ch.* Ano. vulg; fest. (**cortachurros**).

cortachurros.
   I. 1. *Ch.* **cortachurro**.

cortada.
   I. 1. f. *Mx, Gu, ES, Ni, CR, Pa, Cu, RD, PR, Co, Ve, Ec, Pe, Bo, Ch, Ar, Ur, Ho,* pop. Herida hecha con un objeto cortante.
   II. 1. f. *Bo, Ch, Ar, Ur.* Atajo.
   III. 1. f. *Ar.* Calle corta y angosta que se extiende entre dos paralelas, *generalmente contiguas.*
   IV. 1. f. *Ar:NO.* Lugar de donde se extrae arcilla y en el que suelen fabricarse ladrillos.

cortadera.
   I. 1. f. *Cu, Pe, Ch, Ar, Ur.* Planta herbácea perenne, de hasta 3 m de altura, de hojas estrechas de borde cortante, de color verde azulado y flores en panícula fusiforme, grisácea con reflejos plateados. (Poaceae; *Cortaderia* spp.).
   2. *PR.* **zacatón**, planta.

cortaderal.
   I. 1. m. *Pe, Ar, Ur.* Terreno poblado de **cortaderas**. rur.

cortado.
   I. 1. m. *PR.* En las peleas de gallos, gallo que ha tenido varias peleas, muy experimentado en la riña.
   2. *PR.* En las peleas de gallos, gallo al que le cortan las espuelas para ponerle las postizas.

□
   a. ‖ **~ por la misma tijera.** loc. adj. *RD, Ec, Ch.* Referido a persona, semejante a otra. pop + cult → espon.
   ▶ irse **~**; mandar **~**.

cortado, -a.
   I. 1. adj. *Cu, Pe.* Referido a persona, en estado febril, con escalofríos o descomposición. pop.

cortador.
   I. 1. m. *PR.* En el deporte de las peleas de gallos, gallo diestro con la espuela que hiere a su contrincante en cada espolonazo que tira.

cortador, -ra.
   I. 1. sust/adj. *Ho, Ni.* Persona que se dedica a cosechar el grano de café o el algodón o cortar racimos de **banano**. rur.
   2. *Ho, Ni, Ur.* Persona que se dedica a cortar la caña de azúcar.

II. 1. sust/adj. *Ho.* Gallo de pelea, que ataca con la **cortadora** el cuello del contrario.

cortadora.
I. 1. *Ho. En la elaboración de puros*, máquina que se utiliza para medir su longitud y cortar la parte sobrante. rur.
II. 1. f. *Ho.* Cuchilla o navaja que se coloca a los gallos de pelea en la **botana**, sujeta al espolón. rur.

cortafierro.
I. 1. m. *Pa, Py, Ar, Ur.* Cortafrío, cincel fuerte para cortar hierro frío a golpes de martillo. (**cortahierro**).

cortafrío.
I. 1. m. *Ve:O, Bo.* Tenaza pequeña de metal.

cortahierro.
I. 1. m. *Pa, Py, Ar, Ur.* **cortafierro**.

cortajeada.
I. 1. f. *Ar:NO.* Cantidad de cortes hechos sin ningún cuidado. pop.

cortajeado, -a.
I. 1. adj. *Cu, Ar. Referido a un objeto, especialmente a una cortina o prenda de vestir*, que presenta cortes o tajos.
II. 1. adj. *Cu, Ar. Referido a la piel de las manos*, agrietada por la acción del sol, frío u otras causas.

cortajear(se).
I. 1. tr. *Bo; Ar.* pop. Cortar o retacear *algo, a veces para estropearlo*.
2. intr. prnl. *Ar.* Agrietarse la piel, *especialmente por los efectos del agua y el frío*. pop.
3. tr. *Bo.* Cortar la cara con arma blanca.

cortalambre.
I. 1. m. *PR.* Instrumento del zapatero para cortar clavos.

cortalengua.
I. 1. *Pa.* **mauro**, árbol.

cortamonte.
I. 1. m. *Pe.* Baile típico en el que las parejas se mueven alrededor de un árbol al que se van dando hachazos hasta derribarlo.

cortanotas.
I. 1. f. pl. *Ec.* **violinista**. pop ^ desp.

cortapalo.
I. 1. m. *Ar.* Coleóptero de cuerpo alargado, antenas de gran longitud y mandíbulas fuertes; sus larvas son xilófagas. (Cerambycidae; *Oncideres* spp.).

cortapapel.
I. 1. m. *Ni, Pa, Cu, RD, PR, Co, Ve, Ec, Pe, Bo, Ch, Ar, Ur.* Instrumento de madera, metal, hueso o marfil, a manera de cuchillo, que sirve para plegar o cortar papel.

cortapelo.
I. 1. m. *Pe.* Fiesta popular en la que se corta por primera vez el pelo a un niño, y durante la cual se cortan los acompañantes un mechón, convirtiéndose en sus padrinos. rur.
II. 1. m. *Ec.* **agshashúa**. pop.

cortapluma.
I. 1. m. *Pa, RD, Bo, Ar;* f. *Ch.* Cortaplumas, navaja pequeña.
2. m. *Ni, Pa, RD.* Pequeño cuchillo portátil de múltiples usos.

cortar(se).
I. 1. intr. *Mx.* Dejar de participar en una reunión. pop + cult → espon.
2. prnl. *Mx, Ni, Bo, Ar, Ur,* juv. Dejar de frecuentar a una persona o un grupo de personas con las que se mantenía una amistad.
3. *Mx, Ar, Ur.* juv. Mostrarse antipático y poco dispuesto a la interacción.
II. 1. intr. prnl. *Mx.* Marcharse *alguien* repentinamente. pop + cult → espon.

2. intr. *Ch.* Tomar una dirección, echarse a andar. pop.
3. tr. *Ni, Cu, PR, Bo, Ar.* Acortar *alguien* un camino, atrechar.
III. 1. tr. *Ve.* Criticar, desacreditar a *alguien*.
2. *Ho; Ch.* p.u. Despedir a *una persona* de su puesto de trabajo. pop + cult → espon.
3. intr. *Ho, Ni, RD, Bo.* metáf. Interrumpir *alguien* la relación con otra persona. pop.
4. tr. *Ho, ES, Ni.* Recolectar *alguien* granos de café. rur.
IV. 1. intr. prnl. *Ar:NO.* Morir. pop + cult → espon.
V. 1. intr. *Cu, RD.* Hacer un giro con el volante para evitar un obstáculo o estacionar el vehículo.
VI. 1. intr. prnl. *Ch.* Sentir muy intensamente algún deseo o necesidad. pop + cult → espon.
VII. 1. tr. *RD, PR.* Ensuciarse *alguien*, meter el pie en algún excremento.
VIII. 1. intr. *Cu.* Congeniar con alguien.
IX. 1. intr. *RD.* Obtener algo, *especialmente dinero*, de manera engañosa.
X. 1. tr. prnl. *PR.* Sentir escalofríos.
XI. 1. intr. *CR.* Alcanzar una mezcla un grado de consistencia más o menos sólido.

●
a. ‖ **córtala.** fórm. *ES, Ar, Ur; Co:O,* juv; espon. Se usa para pedir a alguien que ponga fin a una conversación o un comportamiento molesto.
b. ‖ **¡~ la barba!** fórm. *Cu.* Se usa para concluir una conversación aburrida.

□
a. ‖ **~ a cincel.** *Ch.* **cortar con cincel**.
b. ‖ **~ a coco.** loc. verb. *Pe.* Cortar el pelo al cero. pop.
c. ‖ **~ boletos.** loc. verb. *Ch.* Trabajar vendiendo **boletos**, entradas.
d. ‖ **~ canela en palo de jiote.** loc. verb. *Ho, Cu.* Hacer o decir algo incoherente.
e. ‖ **~ chaquetas.** loc. verb. *RD, PR.* Hablar mal de *alguien* a sus espaldas. pop + cult → espon.
f. ‖ **~ clases.** loc. verb. *PR.* Faltar voluntariamente a clase. est.
g. ‖ **~ clavos.** loc. verb. *ES, Bo.* Tener miedo.
h. ‖ **~ con cincel.** loc. verb. *Ch.* Ganar mucho dinero con facilidad. pop + cult → espon. (**cortar a cincel**).
i. ‖ **~ el agua.** loc. verb. *RD, Ch.* Dejar de dar algo, *especialmente dinero*, a alguien. pop + cult → espon.
j. ‖ **~ el aire.** loc. verb. *Bo.* Agravar el frío la embriaguez de una persona al salir esta de un ambiente cálido.
k. ‖ **~ el brazo.** loc. verb. *EU:E.* Conminar a alguien a que haga algo que lo beneficiaría.
l. ‖ **~ el caldo.** loc. verb. *PR.* juv. Desilusionar *algo* o *alguien* a *una persona*, quitarle el ánimo.
m. ‖ **~ el cambur.** loc. verb. *Ve.* Destituir, despedir de un cargo a *alguien*. pop.
n. ‖ **~ el hilo por lo más delgado.** loc. verb. *RD, Ch.* Resolver una situación difícil mediante el sacrificio de lo más débil o fácil. pop + cult → espon. ♦ cortar el hilo por lo más fino.
ñ. ‖ **~ el hilo por lo más fino.** *RD, Ch.* p.u. **cortar el hilo por lo más delgado**.
o. ‖ **~ el pasmo.** loc. verb. *PR.* Aguantar a *alguien*, frenarlo. pop + cult → espon.
p. ‖ **~ el pasmo a tiempo.** loc. verb. *RD, PR.* Tomar *alguien* medidas para lograr un cambio rápido ante una situación incómoda. pop + cult → espon.
q. ‖ **~ el queque.** loc. verb. *Ch.* Tomar *alguien* las decisiones importantes e imponerlas al resto. pop + cult → espon. ♦ cortar el queso.

r. ‖ ~ **el queso.** *Ch.* **cortar el queque.** pop + cult → espon.

s. ‖ ~ **el rabo.**
  i. loc. verb. *CR.* Despedir a una persona de su empleo. pop + cult → espon.
  ii. *CR.* Romper una mujer la relación sentimental con un hombre. pop + cult → espon ^ fest.
  ♦ **dar los veinte a alguien.**

t. ‖ ~ **el rostro.** loc. verb. *Ar, Ur.* Despreciar, dar la espalda a *alguien*. pop + cult → espon.

u. ‖ ~ **florecitas.** loc. verb. *Gu, Ni.* Orinar. pop ^ fest.

v. ‖ ~ **flores en el jardín de los vergazos.** loc. verb. *Gu.* Exponerse a generar una discusión, a ser insultado o a ser agredido. pop ^ desp.

w. ‖ ~ **la cola.** loc. verb. *Ch.* Hacer negocio, sacar beneficio o lucro de algo. pop.

x. ‖ ~ **la lata.** loc. verb. *Ch.* Dejar de hablar, *en especial, de cosas que resultan molestas o aburridas.* pop.

y. ‖ ~ **la mañana.** loc. verb. *Pe.* p.u. Tomar una copa de licor por la mañana, *especialmente para eliminar el frío.* pop.

z. ‖ ~ **la tripa del ombligo.** loc. verb. *Cu.* Ganarse la voluntad de alguien. pop.

a¹. ‖ ~ **las güinchas.** *Ch.* **cortar las huinchas.** pop + cult → espon.

b¹. ‖ ~ **las huinchas.** loc. verb. *Ch.* Estar impaciente por empezar a hacer o conseguir algo. pop + cult → espon. (**cortar las güinchas**).

c¹. ‖ ~ **las patas.**
  i. loc. verb. *Ve.* Romper una relación sentimental con otra persona.
  ii. *PR.* Negarle a *alguien algo* que ha deseado con entusiasmo. pop + cult → espon.
  iii. *PR.* Quitarle a alguien los privilegios que tenía en la cárcel. carc.
  iv. *PR.* **cortar majagua.**
  v. *PR.* Perder *una persona* la confianza y la buena voluntad de alguien. pop + cult → espon.

d¹. ‖ ~ **las uñas.** loc. verb. *PR.* Dar *alguien algo* en forma muy retrasada y con mezquindad. pop + cult → espon.

e¹. ‖ ~ **leva.** loc. verb. *Cu.* Conversar en perjuicio de una persona ausente. pop.

f¹. ‖ ~ **los brazos.** loc. verb. *Bo, Ch.* Impedir a alguien continuar con la actividad que estaba realizando. pop + cult → espon.

g¹. ‖ ~ **los ojos.** loc. verb. *RD.* Mirar con desprecio o con ira.

h¹. ‖ ~ **majagua.** loc. verb. *PR.* Abochornarse *una persona* de alguien o de algo. ♦ **cortar las patas; cortar yagua.**

i¹. ‖ ~ **palito.** loc. verb. *Pa.* Romper relaciones con alguien, sean amorosas, amistosas o de negocios.

j¹. ‖ ~ **un diente.** loc. verb. *Ar, Ur.* Iniciar un niño la dentición. pop.

k¹. ‖ ~ **una flor.** *CR.* **cantar,** expeler los excrementos.

l¹. ‖ ~ **varas.**
  i. loc. verb. *Gu, Ho, Ni.* Estar distraído.
  ii. *ES.* No entender lo que se dice.

m¹. ‖ ~ **yagua.** *PR.* **cortar majagua.**

n¹. ‖ ~**la.**
  i. loc. verb. *Mx, Gu, Ho.* Romper la amistad o relación con alguien.
  ii. *Ch, Ar, Ur.* Dejar de hacer algo que molesta a alguien. pop.

ñ¹. ‖ ~**se con vidrio inglés.** loc. verb. *Cu.* Pisar algo apestoso.

o¹. ‖ ~**se el hilito.** loc. verb. *Ch.* Interrumpirse algo que estaba produciendo satisfacción o que se estaba desarrollando bien. pop + cult → espon.

p¹. ‖ ~**se la cabeza.** *Cu.* **caerse de culo.** pop + cult → espon.

q¹. ‖ ~**se la leche.** loc. verb. *Ch.* Acabarse algo o perder el entusiasmo que se tenía por ello de manera imprevista. pop.

r¹. ‖ ~**se solo.** loc. verb. *Ar, Ur.* Hacer o decir algo sin consultarlo con nadie. pop.

▪

a. ‖ **cortando bulones.** loc. adv. *Ar.* A toda prisa. pop.

b. ‖ **cortando clavos.**
  i. loc. adj/adv. *Ar. Referido a persona,* inquieta, angustiada. pop.
  ii. loc. adv. *Ar.* A toda prisa. pop.

c. ‖ **cortando varas.** loc. adv. *Gu.* Ignorando intencionadamente alguien lo que se le dice, o desviando a propósito el tema de la conversación.

cortarramas.
I. 1. m. *Ar.* Pájaro con semicopete, pico grueso, iris rojo, cola larga y plumaje colorido, pardo y rojizo, en el macho, y pardusco estriado en la hembra. (Cotingidae; *Phytotoma rutila*).

cortarrostro.
I. 1. m-f. *Ar.* juv. Persona de actitud despreciativa hacia los demás.

cortaúña.
I. 1. m. *Pa, RD, PR, Bo Ch, Ar.* Cortaúñas, especie de tenacillas, alicates o pinzas con la boca afilada y curvada hacia dentro.

cortavenas.
I. 1. adj. *PR, Co, Ec, Pe. Referido a canción o música,* que tiene una letra que trata sobre decepciones amorosas. pop + cult → espon ^ fest.

corte.
I. 1. f. *Ni, Pa, Cu, RD, PR, Co, Ve, Ec, Pe, Bo, Ch, Ar, Ur.* Tribunal de justicia.
  2. *Ni, CR, Pa, Co, Bo.* Corte Suprema de Justicia.
II. 1. m. *Cu, RD, Ec, Ch.* Siega.
  2. *Ve.* Tarea de un día que se realiza en una plantación.
  3. *Ve.* Plantación de un solo cultivo.
  4. *Ho, Ni, RD.* Recolección del grano de café, del algodón, del **banano** o de la caña de azúcar. rur.
  5. *Ho.* Cosecha del ajonjolí o el arroz. rur.
  6. *PR.* Franja de terreno con siembra de ciertos árboles u otras plantas.
  7. *CR. En un terreno,* límite que marca el lugar por donde va el avance de la corta o recolección de un cultivo, o la realización de cualquier otra labor agrícola.
  8. *CR.* Área o sección cultivada de un terreno o en la que se va a realizar un trabajo.
III. 1. m. *Bo, Ar. En la coreografía del tango,* paso o figura.
IV. 1. m. *Ni, Ve.* Terminación de una relación amorosa.
V. (Del ingl. *short cut*).
  1. m. *EU, Pe, Bo.* Senda o lugar por donde se abrevia el camino; atajo.
VI. 1. m. *Gu.* Enagua larga y gruesa que emplean las indígenas.
VII. 1. m. *Bo.* Billete de banco.
VIII. 1. m. *Bo.* Golpe seco dado con el puño en la boca del estómago con el propósito de cortar la respiración a una persona.
IX. 1. m. *PR.* Droga mezclada. drog.
X. 1. m. *PR.* juv. Amante.
XI. 1. m. *Ur.* Instrumento cortante confeccionado y usado por los presos con fines defensivos y ofensivos.
XII. 1. m. *Pa.* Parte final de un cigarrillo. pop + cult → espon.
XIII. 1. m. *Cu.* Medición parcial de los resultados obtenidos en un momento determinado.

■

a. ‖ ~ **cadete.** m. *Pa, Ec, Bo. En peluquería*, corte de pelo a ras del cuero cabelludo, con algo más de tamaño en la parte delantera.

b. ‖ ~ **comercial.** m. *Ho, ES, Ni, Pa, Co, Ec, Pe, Bo, Ur.* Interrupción que se hace en la programación de la televisión para pasar una tanda de anuncios publicitarios. pop.

c. ‖ ~ **de escardilla.** m. *Ve.* Terreno de cultivo, de poca extensión, que se labra con azadón.

d. ‖ ~ **de hebra.** m. *Ho. En la maquila*, corte con tijeras del hilo que sobra de una prendas ya confeccionada. pop.

e. ‖ ~ **de izquierda.** m. *PR.* Viraje a la izquierda de la tabla de surf.

f. ‖ ~ **de totuma.** m. *Co:C, Ve.* Corte de pelo que parece haber sido hecho poniendo un casquete sobre la cabeza y recortando el cabello sobrante. fest.

g. ‖ ~ **hongo.** m. *Ni, Ec, Pe, Bo. En peluquería*, corte de pelo redondeado a la altura de la nuca y sobre la frente, que imita la forma ahuecada y redonda de un hongo.

h. ‖ ~ **pastelillo.** m. *PR.* Maniobra abrupta de dirección de un automóvil, cruzándose de forma muy violenta a otro carril donde otro va conduciendo.

i. ‖ **Corte Suprema de Justicia.** f. *Gu, Ho, ES, RD, Co, Ec, Pe, Bo.* Máximo tribunal de justicia. cult.

j. ‖ ~ **publicitario.** m. *Ho, ES, Ur.* **corte comercial**.

□

a. ‖ ~ **de caja.** loc. sust. *Mx, Ni.* Revisión que se hace cada cierto tiempo del estado de las cuentas de una entidad o un negocio.

b. ‖ ~ **de franela.** loc. sust. *Co.* Decapitación por corte del cuello encima de las clavículas.

▶ **dar** ~; **dar** ~ **de chaleco**; **dar un** ~; **darle** ~; **darse** ~; **ponerse al** ~; **quedarse al** ~.

cortecircuito.
  I. 1. m. *Bo, Ch.* Cortocircuito. pop.

cortejo.
  I. 1. m. *Co.* **chula**, hierba.
  II. 1. m. *RD; Bo:E.* Novio o pretendiente.
  III. 1. m. *PR.* Individuo que vive de una prostituta. delinc; pop + cult → espon.

cortejo, -a.
  I. 1. m. y f. *Cu, PR.* Amante, querido. pop + cult → espon.
  2. *Bo:E.* Persona que tiene una relación amorosa con otra del sexo opuesto sin compromiso formal para el matrimonio. pop.

corteli.
  I. 1. adj. *Ch; Ar,* obsol. | juv. *Referido a persona*, corta, escasa, *especialmente de dinero.* pop ^ fest.

cortero.
  I. 1. m. *Ho, Co, Ve:O.* Persona encargada de cortar la caña en una plantación. rur.
  II. 1. m. *Ch.* obsol. Hombre o muchacho que se dedicaba a realizar pequeños encargos como ayudar a cargar y descargar equipajes en una estación por una pequeña cantidad de dinero.

cortero, -a.
  I. 1. sust/adj. *Ho.* Persona que recoge los granos de café. rur.
  2. *Ho.* Persona que corta el racimo de **bananos**. rur.

cortés. (De Hernán *Cortés*, conquistador español, 1485-1547).
  I. 1. m. *Ho, ES, Ni.* Árbol de hasta 35 m de altura, corteza de color café claro a gris, suave y, a veces, con escamas, madera blanca o café claro, flor amarillo brillante, fruto en una cápsula; la madera es muy apreciada en carpintería. (Bignoniaceae; *Roseadendron donnellsmithii, Tabebuia heterotricha, T. chrysantha*). (**cortez**).

2. *Gu.* Árbol caducifolio de hasta 30 m de altura, de copa semiglobosa con el follaje concentrado en la parte alta, hojas opuestas y pecioladas con cinco folíolos ligeramente aserrados, flores grandes y de forma tubular, rosadas o moradas, con cuatro estambres; su madera se emplea en mueblería y construcción, y la cocción de su corteza tiene diversas propiedades en la medicina tradicional. (Bignoniaceae; *Tabebuia impetiginosa*). ◆ **tajibo morado**.

cortez.
  I. 1. *ES.* **cortés**, árbol de 35 m.

corteza.
  I. 1. f. *Pa, PR.* Cáscara recia y fibrosa que envuelve la nuez del **coco**.

■

a. ‖ ~ **de chivo.** f. *Gu.* Árbol de las tierras bajas, de hasta 15 m de altura, de hojas digitadas y opuestas, flores amarillentas y en forma de campana y frutos en cápsulas tubulares; su madera se emplea en construcción. (Bignoniaceae; *Godmania aesculifolia*). ◆ **cachillo**.

cortezo.
  I. 1. *Pa.* **peinecillo**.

cortico.
  I. 1. m. *Cu.* Pene pequeño. vulg; pop + cult → espon. ◆ **corto**.
  2. *Cu.* Hombre de pene pequeño. vulg; pop + cult → espon. ◆ **corto**.

□

a. ‖ **a lo** ~.
  i. loc. adv. *Cu. En relación con la manera de controlar a alguien*, severa y rigurosamente.
  ii. *Cu. En relación con la manera de comunicarse con alguien*, sin tapujos, sin reservas.

cortina.
  I. 1. f. *Mx, Ec, Bo, Ar, Ur.* Barrera o puerta metálica que se enrolla sobre sí misma y que se usa para permitir o impedir el acceso a un local, *especialmente un comercio o almacén*.
  2. *RD, PR.* Toldo.
  II. 1. f. pl. *Cu; Bo,* fest. Párpados.
  III. 1. f. *Bo.* Flequillo, porción de cabello recortado que a manera de fleco se deja caer sobre la frente. pop + cult → espon ^ fest.
  IV. 1. m. *Ho.* Himen, repliegue membranoso que reduce el orificio externo de la vagina mientras se mantiene intacto. pop.

■

a. ‖ ~ **americana.** f. *Ar.* Persiana formada por varillas horizontales que, ensartadas mediante cordones o correas, pueden separarse o superponerse para graduar la entrada de luz.

b. ‖ ~ **de acero.** f. *Ni, CR.* **cortina de hierro**.

c. ‖ ~ **de enrollar.** f. *Ar, Ur.* Persiana que, en ventanas o puertas, puede envolverse gradualmente en forma de rollo.

d. ‖ ~ **de hierro.** f. *Bo.* Barrera metálica que se enrolla sobre sí misma y que se usa para permitir o impedir el acceso a un local, *especialmente un comercio o almacén*. ◆ **cortina de acero**.

□

a. ‖ ~ **de hierro.** loc. sust. *Ni, RD, Co, Ve, Bo, Ch, Ar, Ur.* Frontera política e ideológica que separaba los países del bloque soviético de los occidentales.

b. ‖ ~ **musical.**
  i. loc. sust. *Mx, Co, Ec, Pe, Bo, Ch, Py, Ar, Ur.* Melodía que caracteriza, encabeza o acompaña un programa de radio, televisión o una obra teatral o película.
  ii. *Co, Pe, Bo. En el lenguaje radiofónico y televisivo*, música que marca los traslados de lugar y

las transiciones de tiempo durante la emisión de los programas con el fin de crear un clima emocional en el público.

c. ‖ **cuero de ~.** loc. sust. *RD.* Prostituta de alta categoría.

d. ‖ **la ~.** f. *Ho.* Himen. rur; vulg.

▶ **bajar la ~; hacer ~; irse ~; recorrer la ~.**

cortinado.

I. 1. m. *Pa, Bo, Ar, Ur.* Conjunto o juego de cortinas.

cortinero.

I. 1. m. *Mx, Ec.* Varilla de una cortina.

cortinero, -a.

I. 1. m. y f. *Pa, Bo, Ar.* Persona que fabrica o repara cortinas.

cortiñan.

I. 1. adj. *Cu.* Corto, escaso. (**cortiñán**).

cortiñán, -na.

I. 1. *Cu.* **cortiñan.**

cortis.

•

a. ‖ **~.** fórm. *CR. En ciertos juegos de niños como el* **quedó**, *se usa para que un jugador pueda interrumpir definitiva o momentáneamente su participación.*

cortito, -a.

I. 1. adj. *Ch.* Rápido, que se desarrolla o desenvuelve con rapidez. pop.

2. *Ur. Referido a persona,* apremiada, instada a hacer algo con rapidez. pop.

▶ **hacerla cortita; llevar cortito; tener ~.**

corto.

I. 1. m. *Gu, Ho, ES, Ni, PR, Co*; m. pl. *Ec.* Fragmento de una película que se proyecta antes de su estreno con fines publicitarios.

II. 1. m. *Pe, Bo, Ch.* Copa o vaso pequeño de un licor o aguardiente, *tomado generalmente después de comer.*

III. 1. m. *Cu.* **cortico,** pene pequeño. vulg; pop + cult → espon.

2. *Cu.* **cortico,** hombre de pene pequeño. vulg; pop + cult → espon.

IV. 1. adj/sust. *Cu. Referido a persona,* lenta para el trabajo, que rinde poco.

V. 1. m. *Bo.* Pantalón deportivo que van de la cintura al muslo.

VI. 1. m. *Bo.* Golpe seco dado con el puño en la boca del estómago con el propósito de cortar la respiración a una persona.

☐

a. ‖ **en ~.**

i. loc. adv. *Ec.* En secreto. pop.

ii. *Ec.* Brevemente.

▶ **traérselo ~.**

cortón.

I. 1. m. *Mx, Gu.* Separación, distancia que se establece entre dos cosas.

II. 1. m. *Mx, Gu, Ni.* Frase cortante que se dice para acallar a alguien.

cortón, -na.

I. 1. adj. *Ar. Referido a una prenda de vestir,* demasiado corta. pop.

cortoplacismo.

I. 1. m. *Co, Ec, Pe, Bo, Ar.* Tendencia o actitud cortoplacista.

cortopunzante.

I. 1. adj. *Mx, Ho, Ni, Co, Ec, Pe, Bo, Ch. Referido a arma o utensilio,* que corta y pincha. pop.

corúa.

I. 1. f. *Cu.* Ave palmípeda de hasta 91 cm de longitud, de pico recto y comprimido, con la punta encor-

vada y la base de color anaranjado, el plumaje es negro verdoso, con rayas blancas en el cuello, y las patas negras. (Phalacrocoracidae; *Phalacrocorax auritus*).

corunda.

I. 1. f. *Mx.* Tamal de forma triangular que se sirve con crema y salsa de **chile;** es un plato típico del estado de Michoacán.

corvazo.

I. 1. m. *Gu, ES.* Golpe dado con un **corvo.** rur.

2. *Gu, ES.* Herida o cicatriz producida por ese golpe. rur.

corveja.

I. 1. f. *RD.* Pelo largo que crece en el cogote.

corvejón.

I. 1. m. *Ar:NO.* Cueva relativamente profunda.

II. 1. *ES.* **ahuizote,** ave.

corvetas.

I. 1. adj. *CR. Referido a persona,* que tiene las piernas arqueadas de tal manera que, con los pies juntos, le quedan separadas las rodillas. pop. ♦ **corveto.**

corveto, -a.

I. 1. *CR:NO.* **corvetas.**

corvina.

I. 1. f. *PR.* Pez marino de hasta 30 cm de longitud, de cuerpo corto, oblongo, moderadamente comprimido, de color plateado parduzco con puntos negros, cabeza baja, hocico cónico y ojos grandes. (Sciaenidae; *Odontoscion dentex*).

▶ **comerse una ~.**

corvinata.

I. 1. f. *Ho, Co.* Pez de agua dulce, de cuerpo alargado con una especie de giba en el centro del dorso, aleta dorsal espinosa, de color gris con franjas amarillas verticales por el dorso; vive en fondos arenosos y con fango. (Sciaenidae; *Umbrina cirrosa*).

corvinera.

I. 1. f. *Ho.* Red de malla fina para pescar corvinas.

corviñero, -a.

I. 1. adj. *Ec:E. Referido a persona,* asesina. delinc.

corvino.

I. 1. m. *PR.* Pez marino de hasta 36 cm de longitud, con cuerpo fusiforme y comprimido, cubierto por escamas grandes y fuertes, el dorso y los flancos de color amarillo dorado, con estrías oblicuas más oscuras y el vientre blanco, cabeza grande y boca pequeña. (Sciaenidae; *Micropogonias furnieri*). ♦ **burro; verrugato.**

corvino, -a.

I. 1. m. y f. *Ec:O.* Víctima de homicidio. pop + cult → espon.

corvo.

I. 1. m. *Gu, ES, Ni, Ch.* Cuchillo curvo de uno o dos filos.

2. *CR:NO.* Cuchillo de labranza pequeño, usado para desherbar. rur.

corvo, -a.

I. 1. adj/sust. *PR.* **gambado,** persona con piernas arqueadas.

corwarita.

I. 1. adj. *Bo. Referido a los alimentos,* enmohecidos.

▶ **oler a ~.**

corzo.

■

a. ‖ **~ chocolate.** m. *Pa.* Venado pequeño, de piel suave y color grisáceo, marrón claro o rojizo. (Cervidae; *Mazama gouazoubira*).

corzuela.
   I. 1.   f. *Ar:NO.* **venado colorado**.

cosa.
   I. 1.   f. *Mx, Gu, Ho, ES, Ni, Ve, Pe, Bo,* vulg. Órgano sexual de personas y animales. inf.
   II. 1.   f. *Ho, ES.* Coito. euf.
   III. 1.   f. *Ho, Bo.* Menstruación. euf.
     2.   *Ho.* Sangre evacuada durante la menstruación. tabú.

●
   a. ‖ **otra ~ es con guitarra.** fórm. *Ch, Ar, Ur.* Se usa para burlarse de alguien que tiene dificultades ante una cosa que él mismo había calificado de muy fácil. pop + cult → espon. ♦ **una cosa es con guitarra y otra cosa es con violín.**
   b. ‖ **una ~ es con guitarra y otra ~ es con violín.** *RD.* **otra cosa es con guitarra.**
   c. ‖ **y toda la ~.** fórm. *Mx, Ni.* Se usa para poner fin a una enumeración y evitar detallar la parte final que complementa innecesariamente lo que ya se ha dicho.

□
   a. ‖ **¡buena ~!** loc. interj. *RD, Bo, Ch.* Expresa admiración o extrañeza ante un hecho. pop.
   b. ‖ **~ de gallo bolo.** loc. sust. *PR.* Tontería.
   c. ‖ **~ que.** loc. conj. *Ni, RD, Co, Ec, Pe.* De modo que, de suerte que. pop + cult → espon.
   d. ‖ **¡es la ~!.** loc. interj. *PR.* Expresa afirmación.
   e. ‖ **la ~.** loc. sust. *Cu, RD, PR.* Vulva. euf; pop + cult → espon.

▨
   a. ‖ **~ o persona sin pero, no la hay en el mundo entero.** fr. prov. *Mx.* Indica que cualquier persona o cosa es susceptible de presentar defectos e imperfecciones.
   b. ‖ **otra ~ es con guitarra.** fr. prov. *RD, Bo, Ch, Ar, Ur.* Indica que los resultados de algo son mejores cuando se utilizan los medios adecuados. pop + cult → espon. ♦ **una cosa es con guitarra y otra cosa es con bandola; una cosa es con guitarra y otra cosa es con violín.**
   c. ‖ **una ~ es con guitarra y otra ~ es con bandola.** *Ve.* **otra cosa es con guitarra.**
   d. ‖ **una ~ es con guitarra y otra ~ es con violín.** *RD.* **otra cosa es con guitarra.**
   ▶ **armarse con una ~; cogerle a uno con persona o ~; darle color a una ~; dejarse de ~s; estar una ~ de culín, culón; hacer ~; hacer las ~s como los blancos; hacerse la gran ~; pegar en una ~; ponerse para las ~s; ponerse peluda la ~; quitarse de ~s; sentirse la gran ~; ver la ~ peluda.**

cosaco.
   I. 1.   m. *Ch.* Infante de marina.

cosaica.
   I. 1.   f. *PR.* Cualquier cosa insignificante. pop + cult → espon.

coscachear.
   I. 1.   tr. *Ch, Ar:C, NO.* Dar **coscachos**. pop + cult → espon.

coscacheo.
   I. 1.   m. *Ch.* Golpeo que se da a alguien. pop + cult → espon.

coscachero, -a.
   I. 1.   adj/sust. *Ch. Referido a persona,* que golpea o da puñetazos con frecuencia. pop.

coscacho.
   I. 1.   m. *Ec, Ch, Ar:C, NO; Bo,* p.u. Golpe dado en la cabeza con los nudillos de la mano. pop + cult → espon. ♦ **cosco; coshco; cushque.**
     2.   sust/adj. *Ch.* obsol. Gorra militar pequeña.

cosco.
   I. 1.   *CR.* p.u. **coscacho**, golpe.

coscoja.
   I. 1.   f. *Ar, Ur.* Pieza de metal en forma de rueda que eleva el puente del freno o el de la brida. rur.
   II. 1.   f. *Ec.* Parásito, denominado *fasciola hepática*, que infecta el hígado de los rumiantes.
     2.   *Ec.* Infección hepática causada por la **coscoja.**
   III. 1.   f. *Ec.* p.u. Tos. rur.
   IV. 1.   f. *Bo.* Juego infantil consistente en recorrer, saltando con un solo pie, unas casillas que están dispuestas en la figura de un avión dibujado en el suelo.

coscojero, -a.
   I. 1.   adj. *Ar, Ur. Referido a una caballería,* que agita las **coscojas** del freno. rur.

coscolina.
   I. 1.   f. *Mx, Gu.* Persona descocada, descarada.

coscolino, -a.
   I. 1.   adj. *Mx, Gu, Ni. Referido a persona,* enamoradiza.
   II. 1.   adj. *Ni. Referido a persona,* hiperactiva, inquieta.
     2.   *Ni. Referido a persona,* traviesa.

coscomate. (Del nahua *cuzcomatl*, troje).
   I. 1.   m. *Mx.* Construcción hecha con barro y **zacate** que se usa para almacenar maíz.

coscongo.
   I. 1.   m. *Co.* Ave rapaz nocturna de hasta 25 cm de longitud, con penachitos auriculares como los de los búhos y plumaje pardo con manchas negras. (Strigidae; *Otus choliba*). (**cuscungo**). ♦ **morrocó; sumurucu; urcututo.**

coscoroba.
   I. 1.   f. *Ch, Ar.* Cisne de hasta 80 cm de longitud, plumaje totalmente blanco y patas y pico de color salmón. (Anatidae; *Coscoroba coscoroba*). ♦ **cisne coscoroba; ganso blanco.**

coscorrón.
   I. 1.   m. *Cu:E.* Confitura cúbica de harina y azúcar.
     2.   *Cu:E.* Pan pequeño, de forma redondeada, de harina y azúcar.
   II. 1.   m. *Ch.* **Poroto** de tono grisáceo y de coloración jaspeada. pop + cult → espon.
   III. 1.   *PR.* metáf. Trozo pequeño de algo. pop + cult → espon.
   IV. 1.   *PR.* **cocorrón**, árbol.
     2.   *PR.* **cocorrón**, mazorca.

coscorronear.
   I. 1.   tr. *ES, Ni, Bo, Ch.* Dar golpes o coscorrones *a alguien* o *algo*. pop + cult → espon.

coscoso, -a. (Del aim. y del quech. *qhushcu*, grasiento).
   I. 1.   sust/adj. *Bo.* Persona desaliñada y desaseada. pop.

cosecha.
   I. 1.   f. *PR.* Plantación de marihuana. drog.
   ▶ **pararse para toda la ~.**

cosechar.
   I. 1.   tr. *Mx.* Imitar, copiar.

cosechero, -a.
   I. 1.   m. y f. *Cu.* Persona que siembra marihuana. drog.

cosecho.
   I. 1.   m. *RD.* obsol. Cosecha. rur.

cosedora.
   I. 1.   f. *Co.* Implemento de escritorio que sirve para unir hojas por medio de un gancho o grapa.

cosepán.
   I. 1.   m. *Ve:E.* Alimento que se sirve como acompañamiento en las comidas y se utiliza como pan, *especialmente papa, plátano, yuca.*

coshco.
   I. 1.   *Gu, ES.* **coscacho**, golpe. (**cushque**).

II. (Del quech. *cushcu*, rapado, pelado).
1. m. *Ec.* Miembro de bajo rango de las fuerzas armadas del Ecuador. pop ∧ desp.

cosho.
I. 1. m. *Pe:E.* Vasija hecha del tronco de un árbol donde se prepara el **masato**. rur.

cosiaca.
I. 1. f. *Co, Ec, Bo, Ch, Ar:NO.* Cosa sin importancia. pop + cult → espon ∧ desp.
2. *Co:N.* **cosiánfira**.
3. *Ar:NO.* Persona insignificante. pop.
4. *Ar:NO.* Persona o cosa cuyo nombre no se recuerda. pop.
5. *Ch.* Cosa, objeto o asunto en sentido general. pop.
6. *CR.* **chéchere**, objeto.

cosiaco.
I. 1. *CR.* **chéchere**, cosa inútil.

cosiánfira.
I. 1. f. *Co:C.* Objeto cualquiera que no se quiere mencionar o cuyo nombre se desconoce. pop. (**cosiánfiro**). ♦ **aparatejo; cosiaca; cosiato**.

cosianfirar.
I. 1. tr. *Co.* Realizar o ejecutar la acción de un verbo que se ha dicho antes, que no se conoce o que se ha olvidado. pop. ♦ **cosiatar**.

cosiánfiro.
I. 1. m. *Co:C.* **cosiánfira**.

cosiatar.
I. 1. tr. *Co:C.* **cosianfirar**.

cosiato.
I. 1. m. *Co:C.* **cosiánfira**.

cosifai.
I. 1. m-f. *Bo, Ar, Ur.* Persona o cosa cuyo nombre no se recuerda o no se quiere citar. pop + cult → espon. (**cusifai**).

cosijo, -a.
I. 1. m. y f. *Mx.* Persona que alguien ha criado como su hijo sin serlo.

cosijoso, -a.
I. 1. adj. *Mx, Ho, Ni. Referido a persona*, quejosa, molesta.

cosininga.
I. 1. f. *RD.* Cosa muy pequeña.

cosismo.
I. 1. m. *Ch.* Afición o capacidad para resolver o lograr muchas cosas específicas, que no llegan a ser trascendentes. pop + cult → espon.

cosista.
I. 1. adj. *Ch.* Relativo al **cosismo**. pop + cult → espon.
2. adj/sust. *Ch. Referido a persona*, que pretende realizar muchas cosas diferentes en poco tiempo. pop + cult → espon.

cosita.
I. 1. f. *Ho, ES.* Mujer bonita, atractiva. afec.
II. 1. f. *Pa.* Merienda que comen los niños, *especialmente en la escuela*.

cositero, -a.
I. 1. adj. *Co. Referido a persona*, que se fija mucho en los detalles al llevar a cabo una labor. pop.

cosmético, -a.
I. 1. adj. *Ho, RD, PR, Ec, Bo, Ar. Referido a medidas o reformas*, más aparentes que reales. cult.

cosmetiquera.
I. 1. f. *Mx, Ho, Ni, CR, Co, Ec, Ch.* Pequeño bolso o estuche, *generalmente de tela o plástico*, usado por las mujeres para guardar cosméticos y utensilios de higiene. pop + cult. (**cosmetiquero**).

cosmetiquero.
I. 1. m. *Ch.* **cosmetiquera**.

coso.
I. 1. m. *Ho, RD, Co, Ve, Ec, Ar.* Cualquier objeto como arma, vehículo, computadora, al que no se le denomina por su nombre específico. pop.
2. *CR, RD, Py, Cu, PR, Ur,* pop + cult → espon. Objeto de cualquier naturaleza, del que se desconoce su nombre o no se quiere mencionar. pop.
3. *Bo.* Persona adulta, de sexo masculino, de quien no se conoce o no se recuerda el nombre. pop.
II. 1. m. *Co. En los colegios*, lugar en el que recogen los objetos perdidos o que no están en su lugar, y cuya devolución se hace mediante el pago de una multa.
III. 1. m. *Bo.* Vulva. tabú.
2. *Bo.* Pene. tabú.
IV. 1. adj. *PR. Referido a persona o a cosa*, despreciable. pop + cult → espon.

cosoria.
I. 1. f. *ES.* Cosa pequeña o de escaso valor. desp. ♦ **cosoroila**.
II. 1. f. *ES.* Secreto.

cosoroila.
I. 1. *ES.* **cosoria**.

cosota.
I. 1. f. *PR.* juv. Persona cariñosa.

cospe.
I. 1. m. *CR.* Porción de césped arrancada que conserva algo de tierra adherida a las raíces.
2. *Pa.* Cubierta o corteza exterior formada por acumulación de suciedad.

cospel.
I. 1. m. *Ar, Ur.* Pieza pequeña, en general redonda y de metal, con un valor monetario asignado, que se introduce por una ranura y sirve para hacer funcionar máquinas automáticas.

cospó.
I. 1. *CR.* **camagua**, que está en etapa de maduración.
2. m. *CR.* Maíz en mazorca cuyos granos no están ni tiernos ni completamente duros o secos.
□
a. ‖ **en ~.** loc. adj. *CR. En relación con un maizal*, en la fase de maduración en la que los granos de las mazorcas no están ni tiernos ni completamente duros o secos. rur.

cosposa.
I. 1. f. *CR.* Alimento de forma circular y aplanada que se elabora con **cospó** molido *y se cuece generalmente sobre un comal*.

cosposón.
I. 1. adj. *CR.* p.u. *Referido a un hombre entrado en años*, corpulento y de aspecto saludable. pop + cult → espon.
II. 1. adj. *CR.* p.u. *Referido a un hombre*, excitado sexualmente. pop + cult → espon ∧ fest.

cosposona.
I. 1. *CR.* p.u. *Referido a una mujer entrada en años*, que se conserva bella. pop + cult → espon.

cosquilla.
I. 1. f. *Ho, ES, Ni, PR, Ch, Py.* Sensación que se experimenta en alguna parte del cuerpo cuando se toca ligeramente, y que consiste en cierta conmoción desagradable que suele provocar, en ocasiones, una risa involuntaria. pop + cult.

cosquilludo, -a.
I. 1. adj. *Mx, Gu, Ho, Ni, CR, PR, Ec, Pe, Bo, Ar, Ur. Referido a persona*, que es muy sensible a las cosquillas. espon.
II. 1. adj. *Mx, Ur. Referido a persona*, muy delicada de genio y que se ofende con poco motivo. pop + cult → espon.

costa.
  I. 1. f. *Ve:O, Ar:NO.* Faja de terreno que se extiende a lo largo del pie de una sierra.
costado.
  I. 1. m. *Bo; Ar:NO,* rur. Pulmonía. pop.
  II. 1. m. *Ar.* Espacio que queda en blanco a derecha e izquierda de una página.
  ▶ **dar un paso de ~.**
costal.
  ■
  a. ‖ **~ sin fondo.** loc. sust. *Gu, Ho.* **barril sin fondo,** persona que come en exceso.
  ▶ **cargar un ~ de sal; llevar un ~ de sal; parecer un ~ de huesos; ser un ~ de sal.**
costalada.
  I. 1. f. *Gu, Ho, ES, Ni, Bo.* **costalado,** cantidad de cosas que caben en un costal.
  2. f. *Gu, Ho.* **costalado,** cosas de la misma especie.
costalado.
  I. 1. m. *Co.* Cantidad de cosas que caben en un costal. (**costalada**).
  2. *Co:O.* Gran cantidad de cosas de la misma especie. (**costalada**).
costalar.
  I. 1. intr. *Ar.* Sufrir una costalada. rur.
  2. *Ar.* Rodar.
costalear(se).
  I. 1. intr. prnl. *Co, Bo, Ch, Ar.* Caerse de costado o de espalda. pop + cult → espon.
  2. intr. *Ar.* Caer de costado un jinete o un animal. pop + cult → espon.
  3. intr. prnl. *Ch.* metáf. Sufrir un desengaño o decepción. pop + cult → espon.
costanera.
  I. 1. f. *RD, Ve, Pe, Bo, Ch, Py, Ar, Ur.* Avenida o paseo que se extiende a lo largo de una costa.
  2. *Cu.* Faja de tierra firme, *a veces cultivable,* que rodea una ciénaga.
  II. 1. f. *Py.* Cada uno de los cuatro tablones que se saca de una viga de madera al cuadrarla. rur.
costar.
  □
  a. ‖ **~ muelas.** loc. verb. *Ec, Bo.* Ser *algo* difícil de realizar.
  b. ‖ **~ un bigote.**
    i. loc. verb. *Gu, Ni, CR.* obsol. Costar mucho algo, ser muy caro. pop + cult → espon. ♦ **costar un sentido.**
    ii. *Gu; CR,* obsol; pop + cult → espon. Ser algo difícil de realizar. pop.
  c. ‖ **~ un fardo.** loc. verb. *Ho.* p.u. Ocasionar *algo* trabajo o dificultad.
  d. ‖ **~ un sentido.** *Ec.* **costar un bigote,** ser muy caro. pop + cult → espon.
costeada.
  I. 1. f. *Co, Bo.* Acción de pagar o satisfacer los gastos de algo.
costeante.
  I. 1. adj. *Pe.* Gracioso, cómico, que hace reír. pop.
costear(se).
  I. 1. intr. *Mx.* Merecer la pena *algo,* ser rentable económicamente.
  II. 1. intr. prnl. *Ar.* Trasladarse hasta un lugar, *generalmente con esfuerzo y molestia.* pop.
  2. intr. *Py, Ar:NO.* Marchar por la base de un cerro. rur.
  III. 1. intr. *PR.* Estar *alguien* en la costa.
  IV. 1. intr. prnl. *PR.* Tomarse *alguien* el trabajo de hacer una cosa.

costeleta.
  I. 1. f. *Py, Ar.* Pieza de carne de vacuno o de cerdo, con hueso, extraída del lomo y cortada en rodajas.
  □
  a. ‖ **de ~.** loc. adv. *Ar.* De lado, oblicuamente. pop ^ fest.
costeño, -a.
  I. 1. adj. *Co.* Relativo a esta zona de Colombia.
  2. *Ec.* Referido *a una persona o cosa,* originaria de la Costa ecuatoriana.
  3. *Ho, Ni.* Referido *a una persona,* originaria de la franja de tierra costera del Atlántico. pop + cult.
cóster. (Del ingl. *coaster brake,* freno de contrapedal).
  I. 1. m. *Gu.* Freno trasero y manual de una bicicleta.
costichar.
  I. 1. tr. *Bo.* Pagar los gastos de *algo* como muestra de cortesía. pop.
costilla.
  I. 1. f. *Cu.* Vena fina que, partiendo de la vena central, cruza la hoja del tabaco.
  II. 1. f. *CR. En el proceso de aserrado,* una de las piezas con partes de corteza que resulta antes de que el tronco alcance la sección cuadrangular. ♦ **costillón.**
  III. 1. f. *Pa.* **bemba de chucha.**
  •
  a. ‖ **~s guardan ~s.** fórm. *Bo.* Se usa para amenazar y poner en su lugar a una persona que ha sobrepasado el límite del respeto. pop ^ fest.
  ■
  a. ‖ **~ de vaca.** f. *Ar:S.* Helecho erecto de hasta 1 m de altura, de ramas leñosas y rizoma rastrero. (Blechnaceae; *Blechnum chilense*). ♦ **quilquil.**
  □
  a. ‖ **a ~s de.** loc. prep. *Mx, Ni, CR, Cu, RD, Co, Ec, Pe, Bo, Ch, Ur.* A expensas de. pop + cult → espon. ♦ **a su costilla.**
  b. ‖ **a su ~.** *Bo, Py.* **a costillas de.** pop.
  c. ‖ **sobre las ~s.** loc. adv. *Mx.* Bajo la responsabilidad y el deber de alguien.
  ▶ **contar las ~s; medir las ~s.**
costillado.
  I. 1. m. *PR. En las actividades marítimas,* tablazón de una embarcación.
costillambre.
  I. 1. f. *CR.* p.u. Conjunto de las costillas, *en especial las de una persona.*
costillar.
  I. 1. m. *Ch.* Baile folclórico en el que los danzantes giran rápidamente alrededor de una botella a la que se van aproximando progresivamente.
costillón.
  I. 1. m. *CR.* **costilla,** pieza que resulta en el proceso de aserrado.
costino, -a.
  I. 1. adj. *Ch.* Referido especialmente a *persona o animal,* que habita en la costa.
costo.
  I. 1. m. *Cu, PR.* Trabajo, esfuerzo.
  ■
  a. ‖ **~ de la vida.** m. *RD, Co, Ec, Pe, Bo, Ch, Py.* **costo de vida.**
  b. ‖ **~ de vida.** m. *Mx, Ni, CR, PR, Co, Ec, Pe, Ch, Py, Ar, Ur.* Precio relativo de un conjunto determinado y representativo de productos de consumo básico. (**costo de la vida**).
  □
  a. ‖ **a todo ~.** loc. adv. *Pe, Ch.* A cualquier precio.
  b. ‖ **con ~s.** loc. adv. *CR.* Apenas. pop.

costra.
    I. 1. f. *Ch.* Capa externa endurecida que cubre el **caliche** en estado natural y que se desecha dejándola abandonada acumulándose sobre el terreno.
    II. 1. f. *Ec:S.* Pan de dulce.
    ☐
      a. ‖ **ni ~.** loc. pron. *CR.* Nada, ninguna cosa.
    ▶ **tener ~.**

costral.
    I. 1. m. *Ch:N.* Lugar en el que abundan **costras** de **caliche**.

costumbre.
    I. 1. f. *Mx, RD.* Menstruación de la mujer. rur.

costura.
    I. 1. f. *Co:C.* Asignatura que se considera poco importante y fácil de aprobar. est.
    II. 1. f. *PR.* Soldadura eléctrica o de soplete, larga y uniforme.
    ▶ **dale en la ~; dar en la misma ~; dejar ver las ~s; hablar hasta por las ~s.**

costurado, -a.
    I. 1. adj. *Bo. Referido a cosa*, cosida, unida con hilo. pop + cult → espon.

costurar.
    I. 1. tr. *Mx, Gu, Ho, Ar, Bo:E.* pop + cult → espon. Coser, unir con hilo dos piezas, *generalmente de tela.*
    2. intr. *Ar.* Hacer labores de costura. pop.

costurear.
    I. 1. intr. *Py, Ar, Ch,* pop + cult → espon. Coser artesanalmente.
    2. tr. *Py, Ar.* Coser una prenda de vestir a mano o a máquina. pop.
    3. *Ni, CR.* Unir *algo* mediante costura. pop.
    4. intr. *Ni, CR.* Dedicarse por oficio a la costura. pop.

costureo.
    I. 1. m. *Ch, Py.* Realización de una labor de costura de manera artesanal. rur; pop + cult → espon.

costurero.
    I. 1. m. *Pe.* Dedo cordial o corazón de la mano en el que se suele poner el dedal. inf; pop.

cosuba.
    I. 1. f. *Cu:E.* Película o telilla que cubre el grano del maíz.
    2. *Cu:E.* Residuo inservible de la **yuca**.

cota.
    I. 1. f. *Ve.* obsol. Blusa.
    2. *PR.* Camisa larga de recién nacido. ◆ **cotita; cotona**.
    3. *PR.* Camisón de dormir que usan los niños. pop.
    4. *PR.* Chaqueta holgada de hombre. pop.
    5. *PR.* Camisa de hombre.
    II. 1. f. *RD.* Suciedad acumulada en alguna parte del cuerpo, como en sobacos o los pies.

cotacha.
    I. 1. *Gu.* **cutacha**.

cotanero, -a.
    I. 1. adj. *RD. Referido a persona*, que se aprovecha de las fiestas para comer o beber gratuitamente.

cotara.
    ■
      a. ‖ **~ montañera.** f. *Ve.* Ave de 30 cm de longitud, de coloración castaño rojizo en la cabeza, el cuello, el pecho, los costados y las plumas de vuelo, centro de la garganta blanquecino, manto gris azulado, color negro en el lomo inferior, el vientre, los muslos y la cola. (Rallidae; *Aramides axillaris*).

cotarrillo.
    I. 1. m. *PR.* Grupo de personas dedicadas a difundir noticias verdaderas o falsas sobre la vida de los demás.

coté. (Del fr. *côté*).
    ☐
      a. ‖ **de ~.**
        i. loc. adv. *Ar.* De reojo. pop + cult → espon.
        ii. *Ar.* De costado. pop.

cotear.
    I. 1. intr. *Bo.* Decir exageraciones.

coteja.
    I. 1. m-f. *Ec, Bo.* Competidor que tiene cualidades muy similares a las de su adversario.
    II. 1. m-f. *Pa.* Persona coetánea de otra. pop.

cotejar(se).
    I. 1. intr. *Bo:S; Ch,* p.u. Tener un enfrentamiento deportivo con un rival.
    2. intr. prnl. *Ch, Py; Ur,* p.u. Enfrentarse deportivamente en un encuentro dos personas o equipos.
    II. 1. intr. *Ch.* Realizar un caballo carreras y otras pruebas durante su entrenamiento para comprobar su resistencia y velocidad.
    2. tr. *Ch.* Hacer a un caballo, antes de una prueba, carreras previas.

cotejas.
    I. 1. adj. *Ec. Referido a contrincantes o a personas que se comparan en cuanto a sus atributos*, que están en igualdad de condiciones. pop.

cotejo.
    I. 1. m. *CR, Pa, Ec, Bo, Ch, Ar, Ur; Py,* pop. | obsol. **Competencia** deportiva.
    2. *Co.* Partido de **futbol** de carácter informal.
    3. *Ho, Ec.* Encuentro entre dos equipos deportivos. pop + cult → espon.
    4. *Ch.* Prueba o carrera de preparación de un caballo para comprobar su resistencia y velocidad.
    II. 1. m. *Ho.* Elecciones para un cargo. pop + cult → espon.

cotelé.
    I. 1. m. *Ch.* obsol. Fiesta de carácter exclusivo y distinguido.

cotelete.
    ☐
      a. ‖ **de ~.**
        i. loc. adv. *Ar, Ur.* De lado, oblicuamente. pop ^ fest.
        ii. *Ar, Ur.* De reojo. pop ^ fest.

cotencio.
    I. 1. m. *Bo.* Tela de pita, yute o cáñamo de tejido burdo. (**cotense; cotensio**).

cotense.
    I. 1. m. *Bo.* **cotencio**.

cotensio.
    I. 1. *Bo.* **cotencio**.

cotere. (Del lenca *kotere*, molleja).
    I. 1. m. *Ho:O, ES.* p.u. Molleja de ave.

cotero.
    I. 1. m. *Co.* Hombre que tiene por oficio llevar cosas pesadas de un sitio a otro. ◆ **bulteador**.

cótex. (De *Kotex*®).
    I. 1. *Ho, ES, Ni; Ec,* p.u. **kótex**. pop + cult → espon.

coti.
    I. 1. m. *PR.* Tela de algodón rayada.
    2. *PR.* Paño grande de lona usado por los quincalleros ambulantes para llevar su mercancía.
    II. 1. m. *Ni.* juv. Noticia.
    III. 1. m. *Ni.* juv. Codo.

cotiar.
    I. 1. tr. *Ni.* Mirar *alguien* con disimulo a una mujer.
    2. *Ni.* Espiar, vigilar a *alguien*.

cotica.
    I. 1.   *Cu, RD.* **cotorra.**
cotidiano.
    I. 1.   m. *Mx.* Periódico de publicación diaria.
cotienero.
    I. 1.   m-f. *PR.* Alumno que falta a clase con mucha frecuencia.
cotillón.
    I. 1.   m. *Pe.* Bolsa o paquete con chucherías, adornos y artículos de broma que se dan, en las fiestas, *especialmente en las de niños.*
cotinga.
    I. 1.   f. *Pe. Co.* Ave de hasta 51 cm de longitud, de pico ganchudo y patas fuertes, alas cortas y redondeadas, que se caracteriza por sus colores brillantes y por tener, en la mayoría de los casos, crestas o barbas. (Cotingidae; *Cotinga* spp., *Lipaugus* spp.).
cotis.
    I. 1.   m. *ES.* Lado, cara.
cotisuelto.
    I. 1.   m. *PR.* Muchacho que suele llevar la camisa por fuera de los pantalones.
cotita.
    I. 1.   *PR.* **cota,** camisa de recién nacido.
cotiza.
    I. 1.   f. *Co:C, NE, E, Ve:O.* Sandalia rústica con la suela de cuero y la parte superior de lona o tejida.
cotizar(se).
    I. 1.   intr. prnl. *Ar, Ur.* Aportar *una persona* cierta cantidad de dinero para un fin determinado. pop.
    2.   tr. *Mx, Cu, RD, Ch.* Pagar una cuota con fines **previsionales.**
    3.   intr. prnl. *PR, Ho, Py, Ar, Ur.* Escotar, pagar *alguien* la cuota correspondiente, contribuir a escote. pop + cult → espon.
    II. 1.   tr. *PR.* Vender *alguien algo.*
cotizazo.
    I. 1.   m. *Ve:O.* Golpe dado con una **cotiza,** y por extensión con cualquier objeto.
cotizudo, -a.
    I. 1.   adj. *Ve. Referido a un joven de condición humilde,* que se da aires e imita modales ajenos. pop.
coto.
    I. 1.   m. *Pa, Ve:O, Pe; Co, Ar:NO,O,* pop; *Ec,* p.u, pop + cult → espon; *Ch,* rur; *Bo,* pop + cult → espon. Bocio.
    2.   *Bo.* Cuello. pop + cult → espon.
    II. 1.   m. *CR:NO.* Cuchillo grande usado en trabajos agrícolas. rur.

■
    a. ‖ ~ **negro.** *Ec.* **mono aullador.** (Atelidae; *Alouatta palliata*).
    ▶ **tincarse el ~.**
coto, -a.
    I. 1.   adj. *Bo, Ar:NO. Referido a persona,* que padece de **coto,** bocio. pop.
    II. 1.   adj. *Ni, CR:NO. Referido a persona,* que ha perdido un brazo. rur.
    2.   *CR:NO. Referido a una res,* que ha perdido un cuerno. rur.
    3.   *CR:NO. Referido a animal,* que ha perdido la cola. rur.
cotofada.
    I. 1.   f. *ES.* Engreimiento.
cotofo, -a.
    I. 1.   adj. *Ni. Referido a persona,* engreída.
cotomono.
    I. 1.   *Pe.* **omeco.**

cotón. (Del ingl. *cotton,* algodón).
    I. 1.   m. *Mx, Ve.* Camisa de tela sin mangas usada para las faenas agrícolas. rur. (**cotona**).
    2.   *Mx.* Jubón corto.
    3.   *Pe.* Traje femenino largo de manga corta utilizado en diversas danzas populares, *generalmente de color negro y con un corazón bordado en el vértice del escote.*
    4.   *EU.* Prenda de vestir que se pone sobre las demás para abrigar.
    5.   *Gu.* Calzón blanco de algodón que llega hasta los tobillos. rur.
    6.   *Pa.* Camisa de tela fuerte y resistente usada para las faenas agrícolas.
cotona. (Del ingl. *cotton,* algodón).
    I. 1.   f. *Mx.* Chaqueta de gamuza, piel o tejido.
    2.   *Mx.* **cotón,** camisa sin mangas.
    3.   *Gu, Ho, ES, Ni, Ec, Pe; Ve,* obsol. Camisa *hecha generalmente de algodón,* sin cuello, de mangas largas, de color blanco y que cubre hasta la cintura, usada con las faldas por fuera *especialmente por campesinos.*
    4.   *Pe, Ch.* Camisa larga de algodón resistente que usan niños y trabajadores a modo de guardapolvos o bata corta sobre la ropa de calle para determinadas tareas.
    5.   *Ho, ES.* Camiseta. pop.
    6.   *PR.* **cota,** camisa para recién nacido.
    7.   *PR.* Camisa larga de dormir, usada por los niños.
    8.   *PR.* Prenda femenina, especie de blusa corta y holgada, de tela liviana.

□
    a. ‖ **con la ~ al aire.** loc. adj. *PR.* Casi desnudo.
    ▶ **jalar la ~; sudar la ~.**
cotoneado, -a.
    I. 1.   adj. *Ni. Referido a persona,* presionada o perseguida por otra.
cotonero, -a.
    I. 1.   m. y f. *Ni.* Persona que hace o vende **cotonas.**
cotonete. (De *Cotonetes*®).
    I. 1.   m. *Mx, Ec, Bo, Py, Ar, Ur; Ch,* p.u. Bastoncillo recubierto de algodón en sus puntas, usado para limpiar las fosas nasales o los oídos. ◆ **cotonito.**
cotonía.
    I. 1.   f. *Ve.* Tela rústica y fuerte de lino o cáñamo.
□
    a. ‖ **a todo lo ancho de la ~.** loc. adv. *Ve.* Con comodidad. pop.
cotonilla.
    I. 1.   f. *PR.* obsol. Tela blanca de algodón.
cotonito.
    I. 1.   *Ch.* **cotonete,** bastoncillo.
cotonudo.
    I. 1.   m. *Ni.* Religioso que lleva hábito.
cotonudo, -a.
    I. 1.   sust/adj. *Gu.* Hombre que usa calzón largo.
    II. 1.   sust/adj. *ES.* Persona bien vestida.
    III. 1.   sust/adj. *ES.* Persona importante.
cotoperís.
    I. 1.   m. *Ve.* Árbol de hasta 18 m de altura, de follaje tupido color verde oscuro, hojas alternas y flores blancas. (Sapindaceae; *Talisia oliviformis*). ◆ **jurgay.**
    2.   *Ve.* Fruto comestible del cotoperís, globoso, denso y tomentoso, de semilla aovada grande.
cotópolis.
    I. 1.   f. *Ar:NO.* Nombre que se da a las provincias y ciudades de Salta y Jujuy. pop ^ fest.
cotorra.
    I. 1.   adj/f. *Mx.* Mujer soltera. pop + cult → espon ^ desp.
    II. 1.   f. *Gu, Ho, RD, Co.* Ave prensora de hasta 28 cm de longitud, de color verde, más claro y amarillento

por debajo, frente carmesí, forro de las alas rojo anaranjado, mezclado con amarillo en la región carpal, iris anaranjado, anillo ocular desnudo blanquecino, pico de color café oscuro con la punta grisácea y patas gris apagado. (Psittacidae; *Aratinga finschi*).

2. *Cu, RD, PR, Co.* Ave de hasta 35 cm de longitud, de plumaje verde, con la frente y la parte anterior de la corona blancas, el pico de color hueso amarillento y la garganta y la cara de color rojo; anida en cautividad y puede aprender a repetir palabras. (Psittacidae; *Amazona leucocephala*). ♦ **cotica**.

3. *RD.* Ave de hasta 25 cm de longitud, plumaje verde brillante con algunas plumas azules en las alas y una franja blanca y roja en la frente, y el pico abultado, corvo y de color amarillento; produce sonidos que se asemejan al habla humana. (Psittacidae; *Amazona ventralis*). ♦ **higuaca**.

III. 1. *PR.* **achiotillo**, árbol de hasta 15 m de altura.

IV. 1. f. *Ar, Ur.* Vulva. vulg.

V. 1. f. *Ve.* Conversación larga y fastidiosa. pop.

VI. 1. f. *ES.* Mentira.

VII. 1. f. *ES.* Pene. vulg.

VIII. 1. f. *PR.* Tipo de grúa.

IX. 1. sust/adj. *Mx, Ni.* Mujer soltera. pop + cult → espon^ desp.

cotorrear(se).

I. 1. tr. prnl. *Mx, Ur.* Hacer burlas a *alguien* por entretenimiento. pop.

2. *Mx.* Engañar a *alguien* para reírse o burlarse de él. pop.

II. 1. tr. *ES.* Inducir a *alguien* al mal.

□
a. ‖ **~la**. loc. verb. *Mx.* Ocupar el tiempo de manera ociosa o haciendo algo entretenido.

b. ‖ **~se el punto**. loc. verb. *Mx.* Hablar de un tema determinado.

cotorrelillo.

I. 1. m. *PR.* **guajanilla**.

cotorreo.

I. 1. m. *Mx, Ho, Ni, RD, Ve, Bo, Ur.* Conversación informal entre amigos. pop + cult → espon.

II. 1. m. *Mx.* Noticia falsa. pop + cult → espon.

cotorrera.

I. 1. f. *PR.* Conversación de varias personas que hablan a la vez. pop + cult → espon.

II. 1. *PR.* **hediondilla**. (Boraginaceae; *Heliotropium curassavicum*).

cotorrero, -a.

I. 1. adj. *Bo:E.* Referido a persona, que habla mucho.

cotorrita.

■
a. ‖ ~ **azul**. *PR.* **vaquita**.

cotorrito.

I. 1. m. *PR.* Galería de la Penitenciaría Estatal en la que abunda el homosexualismo. carc.

cotorro.

I. 1. m. *Ar, Ur.* obsol. Departamento o vivienda modesta. pop.

II. 1. m. *Cu.* Pez marino de hasta 60 cm de longitud, de color rojizo en la parte superior y plateado en la inferior, con líneas amarillentas, y aletas radiadas; su carne es muy apreciada. (Lutjanidae; *Rhomboplites aurorubens*). ♦ **besugo**; **buchón**; **buchona**; **buchú**; **rubia**; **sardo**.

2. *Mx, PR.* Loro.

cotorro, -a.

I. 1. adj. *Mx. Referido a cosa*, divertida, entretenida. pop + cult → espon.

2. adj/sust. *Mx. Referido a persona*, simpática y divertida. pop + cult → espon.

II. 1. m. y f. *Mx, RD, Ar.* Persona que habla mucho. pop + cult → espon.

III. 1. m. y f. *Cu; PR,* delinc. Persona que delata a un compañero. pop + cult → espon.

IV. 1. adj. *Gu. Referido a persona*, avergonzada.

cotorrón, -na.

I. 1. adj. *Cu;* adj/sust. *Ho, ES, Ni. Referido a persona*, solterona.

2. adj. *RD. Referido a persona*, de muchos años.

II. 1. adj/sust. *Ho. Referido a persona*, habladora, parlanchina.

cotoso, -a.

I. 1. adj. *RD. Referido a persona*, sucia, desaseada.

cototo.

I. 1. m. *Ch.* Hinchazón o bulto en la cabeza, que resulta de un golpe. pop + cult → espon.

2. *Ch.* Prominencia o protuberancia en un objeto. pop + cult → espon.

cototo, -a.

I. 1. adj. *Ch.* Difícil, complicado. pop + cult → espon. ♦ **cototudo**.

2. *Ch.* juv. Grande, notable. pop + cult → espon. ♦ **cototudo**.

cototudo, -a.

I. 1. *Ch.* **cototo**, difícil.

2. *Ch.* **cototo**, grande.

cotoyo.

I. 1. m. *Cu.* Automóvil en muy mal estado.

► **ser un ~**.

cotú.

I. 1. adj. *RD. Referido a persona o cosa*, sucia.

cotúa.

■
a. ‖ ~ **agujita**. f. *Ve.* **ahuizote**, ave.

b. ‖ ~ **olivácea**. f. *Ve.* **mbiguá**.

cotudera.

I. 1. f. *RD.* obsol. Costurera. rur.

cotudo, -a.

I. 1. adj. *Co, Ve:O, Bo, Ar:NO,O; Ec,* p.u. *Referido a persona*, que padece de **coto**, bocio. pop + cult → espon.

II. 1. sust/adj. *Co:C, Bo, Ar.* Persona tonta, ingenua o poco perspicaz. pop ^ desp.

cotufa.

I. 1. f. *Ve.* Grano de maíz tostado y reventado.

cotuta.

I. 1. f. *Ch.* **pidén**.

cotuza. (Var. de *guatusa*).

I. 1. f. *Gu, Ho:O, ES.* **chilloncillo**.

couch. (Voz inglesa).

I. 1. m. *EU, PR.* Cama plegable.

2. *EU, Mx, PR.* Sofá, diván.

counter. (Voz inglesa).

I. 1. m. *EU, Ho, Ni, CR, PR, Ve, Ec, Pe, Bo, Ch.* En un *aeropuerto*, mostrador donde el viajero presenta los documentos y registra el equipaje. pop + cult → espon.

II. 1. m. *CR.* Agente de servicio al cliente.

country. (Voz inglesa, *campo*).

■
a. ‖ ~ **club**. m. *EU, Ni, PR, Ve, Ec, Ch, Py.* Club campestre de actividades deportivas, *especialmente de golf*.

coure. (Del it. *cuore*, por metátesis).

I. 1. m. *Ar.* Corazón de un ser humano. pop + cult → espon.

courier. (Voz inglesa).
  I. 1. m. *EU, Ho, Ec, Bo, Ni, Pe*, cult. Servicio de correo expreso y rápido. (**courrier**).

courrier. (Del ingl. *courier*).
  I. 1. *Ni, Ec, Bo, Ch.* **courier**.

course.
  a. ‖ **of~.** loc. adv. *Ni, PR.* Ciertamente, por supuesto, naturalmente, desde luego. pop + cult → espon.

court. (Voz inglesa).
  I. 1. m. *EU, PR, Ch.* Cancha de tenis.

cousín.
  I. 1. m. *Ni.* juv. Amigo íntimo, compañero inseparable.

coutí.
  I. 1. *Py.* **oso melero**. (Procyonidae; *Potos flavus*).

covacha.
  I. 1. f. *Ar. En cuentos o relatos fantásticos*, casa de una bruja.
  II. 1. f. *Ec.* Puesto o local pequeño y de mala apariencia en el que se venden al por menor productos agrícolas. pop ^ desp.
      2. *Ur.* Puesto o local pequeño y de mala apariencia.
  III. 1. f. *Bo:E.* Tumba o nicho en un cementerio. pop ^ fest.
  IV. 1. f. *PR.* Trastero o pieza de la casa destinada a guardar productos y objetos de limpieza. pop + cult → espon.
  V. 1. f. *PR.* obsol. Perrera.

covadera.
  I. 1. f. *Pe, Ch:N; Bo*, obsol. Espacio de tierra en la costa en donde se encuentra guano.

covar(se).
  I. 1. tr. *Ve.* Levantar y mover la tierra con la azada, el azadón u otro instrumento semejante.
  II. 1. intr. prnl. *Ni, CR:NO.* Producirse un hoyo o una zanja en un terreno a causa de una caída continua de agua. rur.

cover. (Voz inglesa).
  I. 1. m. *EU, Mx, Cu, PR, Co, Ec, Pe, Bo.* Precio que se paga para entrar a un bar o una discoteca.
  II. 1. m. *Pe.* Interpretación de una pieza musical ajena.

cow.
  ■
  a. ‖ **~ boy.** (Voz inglesa). m. *EU, Ho, Ni, Bo.* Hombre con botas, pantalón vaquero y pistola al cinto, copia del antiguo hombre del Oeste de los Estados Unidos de América. pop + cult → espon.

cowa.
  I. (Del quech. *q'uway*).
      1. f. *Bo.* Arbusto de hasta 2 m de altura, con hojas opuestas, ovales o lanceoladas; sus flores son blancas o violáceas, pubescentes y solitarias, dispuestas en las axilas de las hojas; tiene diversas aplicaciones en la medicina tradicional. (Labiatae; *Satureja* spp.).
  II. 1. f. *Bo.* Ritual que consiste en quemar caramelos, lana de llama teñida en distintos colores, incienso, algunas hierbas, nuez y otros elementos, en homenaje a las deidades andinas como la madre tierra.

cowar.
  I. 1. intr. *Bo.* Quemar la **cowa** con incienso en las brasas, para pedir la protección de la madre tierra.

cowboy. (Voz inglesa).
  ▶ **mandarse una de ~s.**

coy.
  I. 1. *Bo.* **cuy**.

coya.
  I. 1. adj. *Ar, Ur.* Relativo a los coyas o a su cultura.
  II. 1. f. *Ec. Entre los antiguos incas*, mujer del emperador, señora soberana o princesa.

□
  a. ‖ **~ loco.** loc. sust. *Bo.* Hombre que trabaja en una mina. pop ^ fest.

cóyac.
  I. 1. m. *Ch.* Caramelo de forma esférica, con un palito que sirve de mango para poder chuparlo.

coyán.
  I. 1. *Ch.* **hualle**.

coyello.
  I. 1. m-f. *PR.* Amante. pop + cult → espon.

coyenturo.
  I. 1. *PR.* **coyunto**, camarón.

coyguá.
  I. 1. adj. *Bo. Referido a persona*, rústica. (**koyguá**).

coyol. (Del nahua *coyolli*).
  I. 1. m. *Mx, Gu, Ho, ES, Ni, CR, Pa.* Fruto del coyol. pop + cult → espon.
      2. *Mx, Gu, Ho, ES, Ni.* Palma de hasta 10 m de altura, tronco grueso y recubierto de espinas largas, agudas y de color marrón oscuro, y fruto redondo y deprimido, de color marrón con manchas oscuras; la cáscara del fruto se utiliza para artesanía popular y de la savia se hace una bebida alcohólica. (Aracaceae; *Acrocomia mexicana*). ♦ **guacoyol**; **sagó**.
      3. m. pl. *Gu, Ho, ES, Ni, Pa;* *CR*, tabú | metáf. Testículos. vulg; pop + cult → espon.
      4. m. *Gu, CR, Pa.* **coroza**, palma
      5. pl. *Ho.* metáf. Pecho pequeño de mujer. vulg.

■
  a. ‖ **~es en miel.** m. *Ho, Ni.* Dulce hecho del coyol pelado, machacado y hervido con azúcar o pedazos de **rapadura**. pop + cult → espon.

□
  a. ‖ **a ~ quebrado, ~ comido.** loc. adv. *Ho, CR.* Viviendo apenas con lo justo para cada día. pop + cult → espon. (**coyol quebrado, coyol comido**).
  b. ‖ **~ quebrado, ~ comido.** *CR.* **a coyol quebrado, coyol comido**.
  ▶ **chupar a dos ~es; darse la piedra con el ~; tener los coyoles bien rayados; vivir ~ quebrado, ~ comido.**

coyola.
  I. 1. f. *Gu.* Bola de vidrio o acero empleada para jugar.

coyolar.
  I. 1. m. *Mx, Gu, Ho, Ni, CR:NO.* Terreno plantado de **coyol**.
      2. *CR:NO.* Gran cantidad de árboles de **coyol**.
      3. *CR:NO.* Gran cantidad de frutos del **coyol**.

coyolazo.
  I. 1. m. *Ho. En el futbol*, gol que se mete al contrario. pop.
  II. 1. m. *Ho.* Trago de licor. pop.

cóyoleada.
  I. 1. f. *ES.* Paliza, serie de golpes.

coyolear.
  I. 1. intr. *CR:NO.* Fabricar vino de **coyol** de manera artesanal.
      2. *CR:NO.* Beber vino de **coyol**.
  II. 1. intr. *Ni.* Cortar el tronco de la palma o cosechar los frutos. rur.

coyolera.
  I. 1. f. *CR.* Fábrica de vino de **coyol**.

coyolero, -a.
  I. 1. sust/adj. *Ho, Ni.* p.u. Persona que cosecha **coyoles** o los vende.
      2. m. y f. *CR:NO.* Persona que se dedica artesanalmente a la fabricación de vino de **coyol**.
  II. 1. adj. *Ni.* juv. *Referido a persona*, chismosa.

coyolillo.
  I. 1. m. *Gu, Ho, ES, Ni, CR.* **coquito**, planta. (**coyolito**).

coyolito.
  I. 1. *ES.* **coyolillo.**

coyoludo, -a.
  I. 1. adj. *Gu, Ho, ES. Referido a persona,* valiente. pop.
  II. 1. adj. *Ho. Referido a persona,* haragana. pop.

coyoma.
  I. 1. f. *Ch.* Pene. vulg.

coyón, -na.
  I. 1. adj/sust. *Mx, Gu. Referido a persona,* muy cobarde. pop.

coyontura.
  I. 1. f. *Ec.* Coyuntura. pop.

coyopol. (Apóc. de *coyopolín*).
  I. 1. *Ho.* **cayopolín.**

coyopolín. (Del nahua *coyotl,* coyote, zorro y *pollin,* pequeño gusano).
  I. 1. *Ho.* **cayopolín.**

coyor. (De or. ind. antillano).
  I. 1. m. *PR.* Palma de hasta 10 m de altura, con tronco solitario, espinoso, hojas pinnadas y pequeñas flores amarillas; sus hojas se utilizan para tejer sombreros. (Arecaceae; *Aiphanes acanthophylla*). (**coyora; coyur**) ♦ **coyure.**
  2. *PR.* Fruto del coyor, de pequeño tamaño, redondo, de color rojo brillante, con hueso negro y durísimo; es comestible, y su hueso se utiliza para hacer adornos. (**coyur; coyure**) ♦ **coyora.**
  II. 1. m. *PR. En la industria cafetera,* grano de café de color muy oscuro por haberse cosechado estando aún verde.
  2. *PR. En la industria cafetera,* grano de inferior calidad.
  III. 1. adj. *PR. Referido a persona,* tacaña, mezquina. pop + cult → espon.
  □
  a. ‖ **duro como el ~.**
   i. loc. adj. *PR. Referido a cosa,* muy dura y resistente. rur; pop + cult → espon.
   ii. *PR. Referido a persona,* tacaña. rur; pop + cult → espon.

coyora.
  I. 1. f. *PR.* **coyor,** palma.
  2. *PR.* **coyor,** fruto.

coyoso, -a.
  I. 1. adj. *CR.* obsol. *Referido a un grano seco y con cáscara, especialmente de café,* de consistencia correosa por haberse humedecido. rur.

coyota.
  I. 1. f. *Mx.* Bebida compuesta de diversos ingredientes, que en su mayoría contienen alcohol.
  II. 1. f. *Mx:NO.* Empanada con forma circular hecha de harina de trigo y rellena de **piloncillo.**

coyotada.
  I. 1. f. *Ho.* Robo. pop.

coyotaje.
  I. 1. m. *Ec; Mx, Ho,* pop + cult → espon. Actividad propia del **coyote,** persona que hace trámites, *especialmente los relativos a viajes,* sin tener los papeles en regla para salir del país. ♦ **coyoteo; coyoterismo.**
  II. 1. m. *Ho.* Acaparamiento de productos para luego venderlos en época de escasez a un elevado precio. pop + cult → espon.

coyote. (Del nahua *coyotl*).
  I. 1. m. *Mx.* Juego de niños, que consiste en formar un círculo con ellos, dentro del cual hay uno que representa una gallina y afuera otro que hace de coyote y que tratará de atrapar al primero.
  2. *Mx.* Juego de mesa, que consiste en mover fichas en un tablero cuadrado, de las que doce son iguales y representan gallinas y una es distinta y representa a un coyote,

que tratará de capturar al resto a menos que las otras la encierren.
  II. 1. m. *Mx.* Hijo de menor edad. pop + cult → espon.
  III. 1. m. *PR.* Persona que entra ilegalmente en el país.
  IV. 1. m. *PR.* juv. Individuo aprovechado.
  □
  a. ‖ **~s de la misma loma.** loc. sust. *Gu.* Personas que pertenecen a un mismo grupo o colectivo, *especialmente de tipo ideológico o político,* y se caracterizan por su comportamiento incorrecto o ilícito. desp.
  ▶ **ponerse ~; ser ~s de la misma loma.**

coyote, -a. (Del nahua *coyotl*).
  I. 1. m. y f. *EU, Mx, Gu, Ho, ES, CR, Ec.* Persona que se encarga de hacer trámites oficiosamente y a cambio de una remuneración, *especialmente a emigrantes que no tienen los papeles en regla.* pop. ♦ **coyotero.**
  II. 1. m. y f. *Mx, Gu, Ho, ES, Ni, Co.* Animal carnívoro de hasta 1,2 m de longitud, pelaje gris amarillento, cabeza cónica, hocico agudo, boca con grandes maxilares, tronco vigoroso y cola larga y peluda. (Canidae; *Canis latrans*).
  III. 1. m. y f. *Ho, ES.* Persona intermediaria entre el comprador y el vendedor o entre el productor y el consumidor que recibe comisión de ambos o acapara productos para venderlos en época de escasez a mayor precio. pop + cult → espon.

coyotear.
  I. 1. intr. *EU, Mx, Gu, Ho, ES.* Actuar como un **coyote,** persona que hace trámites oficiosamente. pop + cult → espon.
  2. *Mx.* Ejercer de abogado sin título. pop + cult → espon.
  3. *Ho.* Especular *alguien* con productos y precios. pop.

coyoteo.
  I. 1. *EU, Mx.* **coyotaje,** actividad. pop + cult → espon.

coyotera.
  I. 1. f. *Mx; Ho,* rur. Trampa para cazar **coyotes,** *generalmente un lazo de alambre clavado en el suelo o atado en un arbusto.*
  2. *Gu, Ni; Ho,* rur. Manada de **coyotes.**
  3. *Ho.* Guarida del **coyote.** rur.
  II. 1. f. *Mx, Gu.* metáf. Griterío.

coyotería.
  I. 1. f. *EU, Mx.* Acción de **coyotear.** pop + cult → espon.

coyoterismo.
  I. 1. *Ec.* **coyotaje,** actividad propia del coyote.

coyotero, -a.
  I. 1. adj. *Mx. Referido a un perro,* amaestrado para perseguir **coyotes.**
  II. 1. *Ec.* **coyote,** persona que se encarga de hacer trámites.

coyotillo.
  I. 1. m. *Mx.* Arbusto silvestre de hasta 10 m de altura, de corteza oscura, hojas simples y alternas, elípticas a oblongas, inflorescencias aisladas y flores pequeñas con una baya morada muy oscura; las semillas son muy tóxicas y su consumo produce parálisis. (Rhamnaceae; *Karwinskia humboldtiana*).

coyotito.
  I. 1. m. *Mx, ES.* Siesta breve.

coyunda.
  I. 1. f. *RD, Ar:NO, Ur.* Tira o lonja de cuero crudo, con que se unen los bueyes al yugo.
  2. *Ni.* Cincha de cuero.
  3. *Ni.* Cintas de cuero de la albarda para atar cosas.
  II. 1. f. *Ni, CR.* rur. Látigo largo de cuero.
  III. 1. f. *Ni.* Pene. vulg.

□

    a. ‖ **en ~.** loc. adv. *Ho.* Conjuntamente, de común acuerdo. rur.

▶ **echarse la ~.**

coyundazo.
    I. 1. m. *Ni.* Latigazo.

coyundear.
    I. 1. tr. *Ni.* Golpear a una persona o animal con una **coyunda.**

coyundoso, -a.
    I. 1. adj. *CR. Referido a un alimento, en especial al que ha perdido sus propiedades,* que tiene cierta elasticidad, pero no resulta fácil de cortar. pop + cult → espon.

coyuntero.
    I. 1. *PR.* **coyunto,** camarón.

coyunto.
    I. 1. m. *PR.* Camarón de río de pequeño tamaño, de color amarillento con manchas más oscuras y patas anteriores de gran tamaño. (Palamonidae; *Macrobrachium faustinum*). (**coyenturo; coyuntero; coyunturo**).

coyunto, -a.
    I. 1. sust/adj. *RD, PR.* p.u. Persona unida a otra por lazos de parentesco, *especialmente los cónyuges.* rur; pop + cult → espon.

coyuntoso, -a.
    I. 1. adj. *PR.* obsol. *Referido a personas,* emparentadas. rur.

coyunturo.
    I. 1. *PR.* **coyunto,** camarón.

coyur.
    I. 1. *PR.* **coyor,** palma.
    2. *PR.* **coyor,** fruto.

coyure.
    I. 1. *PR.* **coyor,** palma.
    2. *PR.* **coyor,** fruto.

coyuyo.
    I. 1. m. *Bo, Ar:NO. Cigarra, especialmente la de tamaño grande.* (Cicadidae; *Quesada gigas*).

coz.
    I. 1. f. *Ho.* Hueco en la base de la esteva donde se acopla un extremo del timón del arado. rur.
    II. 1. f. *Ho.* Hendidura en el centro del yugo en que se amarra el barzón. rur.

cra.
    I. 1. sust/adj. *Cu.* juv. Estudiante inteligente.

crac.
    ▶ **dar ~.**

crakeado. (Del ingl. *cracked,* loco).
    I. 1. *PR.* **craqueado,** desajustado.
    2. *PR.* **craqueado,** demente.

crakearse.
    I. 1. *PR.* **craquearse,** turbarse.
    II. 1. *PR.* **craquearse,** astillarse.

crakeo.
    I. 1. *PR.* **craqueo,** hendidura.
    II. 1. *PR.* **craqueo,** demencia.

cran.
    ▶ **dar ~.**

crancazo.
    ▶ **dar un ~.**

craneada.
    I. 1. f. *Bo, Ch, Py.* Creación y maduración de un plan, idea u obra. pop.
    2. *Ho, ES.* Pensamiento profundo y meticuloso. pop + cult → espon.
    3. *Bo, Py.* Actividad intelectual que conlleva mucho esfuerzo. pop + cult → espon.
    4. *Ho, Pe.* Resolución de un problema. pop.

craneado, -a.
    I. 1. adj. *Co, Ec, Pe, Bo, Py. Referido a cosa,* bien pensada, planificada o analizada. pop + cult → espon.

cranear.
    I. 1. intr. *Gu, Ho, Es, Pa, Co, Ve, Ec, Pe, Bo, Ch, Py, Ur;* tr. *Ar; Cu, PR,* juv. Pensar profunda y detenidamente sobre algo. ◆ **coquear.** pop + cult → espon.
    2. tr. *Gu, Ho, Es, Ni, Pa, Bo, Ch, Py, Ar, Ur.* Inventar o descubrir la solución a un problema. pop + cult → espon.
    3. *Ni, Pe, Bo, Ch, Py.* Idear, inventar o forjar *algo.* pop + cult → espon.
    4. intr. *Ni, Ec, Bo,* Realizar un esfuerzo mental extraordinario para resolver un asunto difícil o para tratar de recordar algo. pop + cult → espon.
    5. tr. *ES; Ur,* pop. Reflexionar.
    6. *Co, Pe, Bo, Py.* Pensar, analizar o planificar *algo* con mucho esfuerzo mental o intelectual. pop + cult → espon.

¡cranéatelo!
    I. 1. interj. *PR.* juv. Expresa orden de reflexionar sobre algo.

cráneo.
    I. 1. m. *Gu, Pa, PR, Ve, Ec, Pe, Ar, Ur;* sust/adj. *Bo.* Persona muy inteligente. pop.
    2. m. *Ho, Ni, Pa, Bo.* Alumno muy inteligente. est.
    II. 1. m. *Cu.* Fijación por alguien.
    2. *Cu.* Enamoramiento.
    3. *PR.* juv. Propósito.
    III. 1. m. *PR.* Alucinación producida por la droga. drog.

■

    a. ‖ **buen ~.** m. *PR.* Buen propósito.
    b. ‖ **~ *heavy*.** m-f. *PR.* juv. Individuo que piensa inteligentemente.

□

    a. ‖ **no hay ~.** loc. adv. *PR.* No. pop + cult → espon.
    b. ‖ **sin ~.** loc. adv. *PR.* Sin pensarlo. pop + cult → espon.

▶ **dar ~; dejar ese ~; hacer ~; meter ~; poner ~; ser ~; ser puro ~.**

cranque. (Del ingl. *crank*).
    I. 1. m. *Cu.* Manivela que pone en marcha un motor.

▶ **coger ~; dar ~.**

cranquear(se).
    I. 1. tr. *Cu.* Incitar, empujar a *alguien* para que haga o diga algo.
    2. intr. prnl. *Cu.* Sentirse *alguien* incitado por alguien o por algo para hacer o decir una cosa.

cranquero, -a.
    I. 1. adj. *Cu,* p.u. *Referido a persona,* cizañera, que indispone a una persona contra otra.
    2. *Cu,* p.u. *Referido a persona,* que incita o empuja a otra para que haga o diga algo.

cranqui.
    I. 1. adj. *Pa. Referido a persona,* loca, chiflada. (**kanki; krankin**).

crao.
    I. 1. m. *PR.* Reunión de adictos a la droga. drog.

craqueado, -a. (Del ingl. *to crack up*).
    I. 1. adj. *PR.* juv. *Referido a persona,* **desajustada,** casi loca. (**crakeado; craqueao**).
    2. *PR.* juv. *Referido a persona,* demente. (**crakeado; craqueao**).
    II. 1. adj. *ES. Referido a persona,* que no tiene dinero. delinc.

craqueao.
    I. 1. *PR.* **craqueado,** persona loca.
    2. *PR.* **craqueado,** demente.

craquearse. (Del ingl. *to crack up*).
 I. 1. intr. prnl. *PR.* Turbarse *alguien* por algo, desconcertarse, enloquecerse. pop + cult → espon. (**crakearse**).
 II. 1. *PR.* Hendirse, astillarse, descascararse la madera o la porcelana. pop + cult → espon. (**crakearse**).

craqueo. (Del ingl. *to crack up*).
 I. 1. m. *PR.* Hendidura. pop + cult → espon. (**crakeo**).
 II. 1. *PR.* Demencia. pop + cult → espon. (**crakeo**).

crash.
 I. 1. m. *Cu.* Tela fuerte de algodón, usada para prendas de vestir.

cráter.
 I. 1. m. *Ho, PR, Ec, Py.* Bache grande en una calle o carretera. pop + cult ^ hiperb.

craudiao. (Del ingl. *crowd,* multitud).
 I. 1. adj. *PR.* juv. *Referido a un local*, lleno, con mucha gente.

crazy. (Voz inglesa).
 I. 1. adj/sust. *Ho, Ni, Cu, RD, Pe, Bo; PR,* pop/juv. *Referido a persona,* loca. (**creisi**; **creysi**).
 2. *Ho, Bo.* Referido a persona, que se hace el desentendido de algo. pop.

crebá.
 I. 1. *RD, PR.* **crebada**.

crebada.
 I. 1. *RD, PR.* **quebrada**, arroyo. (**crebá**).

crebar.
 I. 1. tr. *RD.* Romper, quebrar.
 2. intr. *RD.* Fracasar un negocio.

crecedor, -ra.
 I. 1. adj. *Ec.* Referido a un grano seco, que aumenta de volumen más de lo normal cuando se cuece.

crecer.
 I. 1. tr. *Ho:S, Ar:NO.* Criar a un niño. rur.
 □
 a. ‖ ~ **el hule.** loc. verb. *Gu.* Enfadarse *alguien*.
 b. ‖ ~**le el pelo.** loc. verb. *Ch.* Ascender en un puesto o categoría de forma rápida.

creche.
 I. 1. f. *Cu.* Grupo numeroso, *especialmente de niños.*
 II. 1. f. *Cu.* Beca.
 ▶ **ser un ~.**

credencial.
 I. 1. *Py, Ar, Ur.* **credencial cívica.**
 ■
 a. ‖ ~ **cívica.** f. *Py, Ar, Ur.* Documento que habilita al ciudadano a ejercer su derecho al voto. (**credencial**).
 ▶ **tener ~es.**

credencialización.
 I. 1. f. *Mx.* Emisión de una credencial por parte de una institución.

credencializar.
 I. 1. intr. *Mx.* Emitir una institución una credencial.

creder.
 I. 1. intr. *RD.* Correr.

crédito.
 I. 1. m. *Ar.* Caballo en el que el dueño deposita su mayor confianza. rur.
 II. 1. m. *Pa, PR.* Expediente académico. est.
 □
 a. ‖ **al ~.** loc. adv. *Pe, Bo.* Con pago aplazado. pop + cult → espon.

credo.
 □
 a. ‖ **con el ~ en la boca.** loc. adv/adj. *Cu, Ve, Ch.* Con inquietud constante. pop + cult → espon.
 ▶ **estar con el ~ en la boca.**

creer(se).
 □
 a. ‖ ~ **en cuentos de camino real.** loc. verb. *Ho, Ni, RD.* Ser una persona crédula. pop + cult → espon.
 b. ‖ ~ **en huevos de lechuza.** loc. verb. *RD.* p.u. Tener *alguien* por cierto o posible algo que es ficticio o producto de su imaginación.
 c. ‖ ~ **en pajaritos preñados.**
  i. loc. verb. *PR, Ve.* Ser *alguien* muy ingenuo. pop + cult → espon.
  ii. *ES.* Estar engañado.
 d. ‖ ~ **en velorios.** loc. verb. *PR.* Creer en infundios o engaños.
 e. ‖ ~ **que es comida de hocicón.** loc. verb. *Ni.* Pensar que algo es fácil cuando no lo es.
 f. ‖ ~ **que es comida de trompudos.** loc. verb. *Ho, Ni.* Pensar que algo es fácil cuando no lo es. pop + cult → espon.
 g. ‖ ~ **que la vida es moronga.** loc. verb. *Ho, Ni.* Pensar que la vida es fácil cuando no lo es. pop + cult → espon. ♦ **creerse la divina garza**; **creerse la verga de Nerón.**
 h. ‖ ~ **que tiene a Dios cogido por el rabo.** loc. verb. *RD, PR.* Creerse *alguien* dueño de la verdad absoluta. pop ı cult › espon.
 i. ‖ ~ **se cosas.** loc. verb. *Cu.* Ser *alguien* vanidoso y petulante. pop + cult → espon.
 j. ‖ ~**se de la pata del rey.** loc. verb. *Gu.* Considerarse *alguien* el más importante o el único en algo.
 k. ‖ ~**se el arroz con pollo.** loc. verb. *Ho, Ni.* Ser engreído *alguien*. pop ^ fest.
 l. ‖ ~**se el completo.** loc. verb. *Ho.* Creerse *alguien* perfecto, sin ningún error. pop + cult → espon.
 m. ‖ ~**se el conde Quirico.** loc. verb. *PR.* Ser *alguien* jactancioso, petulante. pop + cult → espon.
 n. ‖ ~**se el 4 de julio.** loc. verb. *PR.* Creerse *alguien* muy importante. pop + cult → espon ^ desp.
 ñ. ‖ ~**se el gran culo.** loc. verb. *Ho.* Ser *alguien* engreído. pop + cult → espon.
 o. ‖ ~**se el hoyo del queque.** loc. verb. *Ch.* Considerarse *alguien* el más importante o el único en algo. pop + cult → espon ^ fest.
 p. ‖ ~**se la caca.** loc. verb. *Ch.* Considerarse *alguien* el más importante o el único en algo. pop ^ desp.
 q. ‖ ~**se la divina garza.**
  i. loc. verb. *Mx, Gu, Ho, Pa.* Considerarse *alguien* el más importante o el único en algo.
  ii. *Ho, Ni.* **creer que la vida es moronga.** pop.
 r. ‖ ~**se la divina papaya.** loc. verb. *Ec.* Considerarse *alguien* muy bello. pop ^ fest.
 s. ‖ ~**se la divina verga.** loc. verb. *Gu.* Considerarse *alguien* el más importante o el único en algo.
 t. ‖ ~**se la gran babosada.** loc. verb. *Gu, ES; Ho,* pop. Considerarse *alguien* el más importante o el único en algo.
 u. ‖ ~**se la gran mierda.** loc. verb. *Ho.* Considerarse *alguien* el más importante o el único en algo. vulg.
 v. ‖ ~**se la gran papada.** loc. verb. *Ho.* Sentirse *alguien* superior a los demás. pop + cult → espon.
 w. ‖ ~**se la gran verga.** loc. verb. *Gu, ES; Ho,* pop. Considerarse *alguien* el más importante o el único en algo.
 x. ‖ ~**se la Greta.** loc. verb. *ES.* Presumir, hacerse el importante.
 y. ‖ ~**se la mamá de Tarzán.**
  i. loc. verb. *Mx, Gu, Ho, CR, Ec; Co,* p.u; *Ni,* pop. Considerarse *alguien* el más importante o el único en algo.
  ii. *Gu, Ho, Ni.* Pensar que la vida es fácil cuando no lo es.

z. ‖ **~se la mamacita.** loc. verb. *Ni.* Dárselas *alguien* de ser el mejor sin serlo.

a¹. ‖ **~se la mona de Tarzán.** loc. verb. *Ho.* Sentirse *alguien* más importante que los demás. pop + cult → espon ^ fest.

b¹. ‖ **~se la muerte.** loc. verb. *Ch.* Considerarse *alguien* el más importante o el único en algo. pop + cult → espon. ♦ **creerse la raja.**

c¹. ‖ **~se la raja.** *Ch.* **creerse la muerte.**

d¹. ‖ **~se la última chupada del mango.** loc. verb. *Pe.* Considerarse alguien el más importante o el único en algo. pop + cult → espon.

e¹. ‖ **~se la vaca que más caga.** loc. verb. *Co.* Considerarse *alguien* el más importante o el único en algo. pop.

f¹. ‖ **~se la verga de Nerón.**

i. loc. verb. *Gu.* Considerarse *alguien* el más importante o el único en algo.

ii. *Gu.* **creer que la vida es moronga.**

g¹. ‖ **~se lo último.** loc. verb. *Co, Ch.* Considerarse *alguien* el más importante o el único en algo. pop + cult → espon.

h¹. ‖ **~se más mierda que nadie.** loc. verb. *PR.* Actuar *alguien* con altanería. pop + cult → espon.

i¹. ‖ **~se muy salsa.** loc. verb. *Mx, Gu.* Considerarse *alguien* el más importante o el único en algo.

j¹. ‖ **~se que inventó la orilla azul de la bacinica.** loc. verb. *Ho, ES.* Ser engreída *una persona*.

k¹. ‖ **~se que los pollos maman.** loc. verb. *PR.* Creerse *alguien* que todo es fácil en la vida. pop + cult → espon.

l¹. ‖ **~se una mierda en un palito.** loc. verb. *PR.* Creerse *alguien* mejor que los demás, tener aire de superioridad. vulg; pop + cult → espon ^ desp.

m¹. ‖ **no ~ en refranes para ciegos.** loc. verb. *Ho.* Ser incrédulo.

n¹. ‖ **no ~ en palomitas preñadas.** loc. verb. *Ho.* Ser incrédulo. pop + cult → espon.

ñ¹. ‖ **no ~ lo que reza.** loc. verb. *Ho, Ch.* No creer a *alguien* nada por no ser digno de confianza. pop + cult → espon.

o¹. ‖ **no ~ ni en la madre de los tomates.** loc. verb. *Cu.* Ser severo, riguroso e intransigente. pop.

p¹. ‖ **no ~ ni en la paz de los sepulcros.** loc. verb. *Cu.* Ser *una persona* desconsiderada. pop.

q¹. ‖ **no ~ ni en los peces de colores.** loc. verb. *Cu.* Actuar *alguien* sin tener en cuenta los intereses o el bienestar de los demás. pop.

r¹. ‖ **no ~ ni en los rejos de las campanas.** loc. verb. *Co:O.* p.u. Ser *alguien* muy incrédulo y desconfiado.

s¹. ‖ **no ~le ni el bendito.** loc. verb. *Mx, Ho, ES.* Desconfiar de alguien. pop.

◪

a. ‖ **~ que (sólo) es soplar y hacer botellas.** fr. prov. *ES, Ni, Co, Ve, Ur; Ho,* pop. Indica que alguien piensa que algo es fácil y no lo es.

b. ‖ **~ que la mar es leche.** fr. prov. *Ho.* Indica que alguien piensa que algo es fácil o muy abundante.

creído, -a.
I. 1. f. *RD, PR. Referido a persona,* confiada.

creisi. (Del ingl. *crazy*).
I. 1. *Ni, Cu, Bo.* **crazy,** loco.

crem. (Del fr. *crème*, crema).
I. 1. f. *Co:C, Bo.* Clase social alta.

crema.
I. 1. adj/sust. *Mx, Ni. Referido a persona,* adinerada o perteneciente a una clase social distinguida.
II. 1. *Cu, PR.* **chévere,** amable.
2. *Cu, PR.* **chévere,** de gran calidad.

III. 1. f. *Pa, RD.* Leche evaporada.
2. *PR, Ur.* Dulce hecho con maicena, yema de huevo, leche y azúcar.
IV. 1. f. *Ch.* Aturdimiento, desbarajuste o ruina generalizados provocados por algo o alguien. pop + cult → espon.
V. 1. f. *Ec.* Licor denso, dulce, con esencias o extractos de frutas o de ciertos vegetales aromáticos.
VI. 1. m-f. *PR.* juv. Individuo escrupuloso.
2. *PR.* juv. Individuo hipócrita.
VII. 1. *Ho.* **acabadura,** semen.
VIII. 1. f. *Ch;* sust/adj. *Cu.* Persona o grupo en el que sobresalen cualidades rechazables por el resto.

■

a. ‖ **~ amarilla.** f. *Ch.* Dulce hecho con leche, vainilla y huevo.

b. ‖ **~ chantilly.** f. *Ch.* Pasta hecha de nata batida y azúcar que se usa en pastelería.

c. ‖ **~ de cacao.** f. *Co, Ve, Bo.* Bebida alcohólica hecha con cacao.

d. ‖ **~ de enjuague.** f. *Bo, Py, Ur.* Crema que sirve para desenredar y suavizar el cabello después de aplicar el champú.

e. ‖ **~ de leche.** f. *Co, Ec, Bo, Ur.* Materia grasa de la leche, batida hasta quedar espesa.

f. ‖ **~ de vie.** f. *Cu.* Bebida elaborada con ron, leche condensada, canela y huevo.

g. ‖ **~ doble.** f. *Ar, Ur.* Grasa de la leche industrializada, *que se utiliza generalmente en pastelería*.

h. ‖ **~ volteada y nata.** f. *Pe.* Postre cuajado a partir de lecha, azúcar, huevos y maicena, y cocido al horno en moldes previamente acaramelados.

▶ **dejar la ~; echarle mucha ~ a sus tacos; sacar la ~; ser ~.**

cremar.
I. 1. tr. *EU, Mx, Gu, Ho, ES, Ni, CR, Cu, RD, PR, Co, Ve, Ec, Pe, Bo.* Incinerar un cadáver.

crematorio.
I. 1. m. *Ho.* Basurero al que se le prende fuego.

cremera. (Del ingl. *creamer*, sustituto de la leche en polvo).
I. 1. f. *Mx, Ho; Ec,* p.u. Recipiente o jarra pequeña para la crema de café. pop.
2. sust/adj. *Ch.* Máquina para hacer cremas.

cremería.
I. 1. f. *Cu.* Establecimiento donde se venden helados.

cremolada.
I. 1. f. *Pe.* Refresco hecho con pulpa o jarabe de frutas u otros componentes, esencias y hielo picado.

cremón.
I. 1. *Co.* **clemón.**

cremora. (Del ingl. *Cremora®*).
I. 1. f. *Ho, Ni, RD.* Leche en polvo desnatada que se añade al café.

crencha.
I. 1. f. pl. *Bo, Ar, Ur.* Cabellos largos y desaliñados. pop.
II. 1. f. *Ho.* Especie de cresta que tiene algunos saurios en la cabeza y lomo, como la iguana.

crenchudo, -a.
I. 1. adj/sust. *Bo, Ar, Ur. Referido a persona,* que tiene el cabello largo y desgreñado. pop.

creole. (Del ingl. *creole*, criollo).
I. 1. m. *Ho, Ur.* Criollo caribeño, mezcla de negro africano y blanco. pop + cult → espon.
2. *Ho, Co, Ur.* Variante dialectal del inglés que se habla en los países caribeños. pop + cult → espon.
3. adj. *Ho, Ur.* Relativo a los criollos caribeños. pop + cult.
4. m. *RD.* Variante dialectal del francés que se habla en Haití.

crepa. (Del fr. *crêpe*).
I. 1. f. *Mx, Gu, Ni, CR, PR.* Torta delgada hecha con harina de trigo, leche y huevos, y cuajada en la sartén, *que se come generalmente enrollada en ciertos alimentos dulces o salados.*

crepar.
I. 1. intr. *Bo*; *Ar, Ur,* pop ^ fest. Morir *una persona.*
2. *Bo, Ar:NO.* Fracasar un proyecto o empresa. pop.
3. *Bo.* Atravesar *alguien* un mal momento. pop.
4. tr. *Bo.* Hacer que *alguien* sufra agotamiento físico. pop.

crepusculario, -a.
I. 1. adj. *PR.* Crepuscular.

crequeté.
I. 1. m. *Cu, PR.* Ave de hasta 20 cm de longitud, de color negro en la parte superior, con tonos variados de gris y rojizo, alas negruzcas con manchas blancas y cola negra matizada de rojo, su canto ha dado lugar a su nombre. (Caprimulgidas; *Chordeiles minor vicinus*).

creso.
I. 1. m. *Ec, Bo*; *Pe.* p.u. Producto líquido desinfectante hecho a base de fenol. ♦ **cresolina; cresota.**

cresolina.
I. 1. f. *PR.* **creso.**

cresota.
I. 1. f. *PR.* **creso.**

crespera.
I. 1. f. *Ve.* Cabellera ondulada y abundante.

crespilla.
I. 1. f. *Ch.* Arbusto leñoso con hojas dentadas próximas, provisto de ramas pequeñas con hojas en las axilas que le dan un aspecto crespo al tallo y flores involucradas, comúnmente rojizas. (Asteraceae; *Haplopappus parvifolius*).

crespillo.
I. 1. m. *Pe.* Planta perenne que tiene cañas delgadas y erguidas de hasta 20 cm, hojas en la base, con limbo filiforme y panículas florales, de color verde pálido. (Poaceae; *Calamagrostis* spp.).
2. m. *Gu, Ho.* **barba de viejo,** bejuco.
3. m. *ES.* Helecho de frondas que toman forma de **bejuco,** de hasta 3 m de longitud, pinnas lanceoladas en la base cordada, y soros que se producen en el margen de las pínnulas a cada lado de las nervaduras marginales; tiene múltiples aplicaciones en la medicina tradicional. (Schizaeaceae; *Lygodium venustum*).

crespín.
I. 1. *Ar, Ur.* **barranquillo.**

crespo.
I. 1. adj/sust. *Ni, Pa, RD, Co, Ec, Pe, Bo, Ch, Py, Ur.* Referido *a persona,* que tiene el cabello ensortijado.
II. 1. *Ur.* **popoxcal.**
□
a. ‖ **con los ~s hechos.** loc. adv. *Ni, Pa, Co, Ve, Pe, Bo, Ch.* Con decepción, con lo contrario de lo que se esperaba. pop + cult → espon. ♦ **con los cachirulos hechos; con sus crespos hechos.**
b. ‖ **con sus ~s hechos.** *Bo.* **con los crespos hechos.**
▶ **dejar con los ~s hechos; quedarse con los ~s hechos.**

crespón.
I. 1. m. *Ch, Ar:N.* Árbol pequeño con flores blancas o liliáceas de pétalos rizados que forman pequeños capullos. (Lythraceae; *Lagerstroemia indica*). ♦ **astromelia; júpiter.**
▶ **quedarse con los crespones hechos.**

cresta.
I. 1. f. *Mx.* Sombrero. pop.
II. 1. f. *Ho, Bo.* Cabeza de una persona.

■
a. ‖ ~ **de gallo.** *PR, Co.* **mano de león.** (Amaranthaceae; *Celosia cristata*).
b. ‖ ~ **de pavo.** f. *PR.* Tipo de cresta de gallo.
c. ‖ ~ **de serrucho.** f. *PR.* Tipo de cresta de gallo en forma de **serrucho** hacia arriba.
d. ‖ ~ **de tomate.** f. *PR.* Tipo de cresta de gallo en forma circular y de pequeño tamaño. ♦ **cresta rosita.**
e. ‖ ~ **rosana.** f. *PR.* Tipo de cresta de gallo parecida a la serrucho pero menos alta o más ancha.
f. ‖ ~ **rosita.** *PR.* **cresta de tomate.**
□
a. ‖ ¡**a la ~!** loc. interj. *Ch.* Indica impaciencia o enfado ante algo que se rechaza o desprecia. pop.
b. ‖ **más que la ~.** loc. adv/adj. *Ch.* Mucho. pop.
c. ‖ ¡**por la ~!** loc. interj. *Ch.* Expresa disgusto. vulg; pop + cult → espon.
▶ **irse a la ~; mandar a la ~; picarle la ~; romperle la ~; romperse la ~; sacar la ~.**

¡cresta!
I. 1. interj. *Ch.* Expresa generalmente enfado, contrariedad o extrañeza. vulg; pop.

¡crestas!
I. 1. interj. *Ch.* Expresa generalmente enfado, contrariedad o extrañeza. pop + cult → espon.

crestialto.
I. 1. m. *PR.* Gallo de cresta muy alta.

crestón, -na.
I. 1. adj. *Bo, Ch.* Referido *a un ave,* que tiene mucha cresta.
2. *Cu, PR.* Referido *a un gallo,* que tiene la cresta terminada en punta.
3. sust/adj. *Ho.* Gallo de pelea con la cresta grande y caída a uno de los lados.

crestudo.
I. 1. m. *Ar.* Pájaro con copete o cresta, de plumaje estriado de negro o marrón oscuro en el dorso y de canela en la zona ventral. (Furnariidae; *Coryphistera alaudina*).

creta.
I. 1. f. *RD.* Vulva. vulg.

cretinoideo.
I. 1. m. *Cu.* Persona estúpida.

creyensero, -a.
I. 1. adj. *CR.* Referido *a persona,* que cree en supersticiones. pop.

creyente.
I. 1. adj/sust. *Cu.* Referido *a persona,* vanidosa. fest.

creyón. (Del fr. *crayon*).
I. 1. m. *Cu, RD, Ve.* Lápiz o barra de color que se usa para hacer dibujos o rellenarlos.
2. *Cu, Ve.* **creyón de labios.**
□
a. ‖ ~ **de labios.** loc. sust. *Cu, Ve.* Cosmético usado para colorear los labios, *que se presenta generalmente en forma de barra guardada en un estuche.* (**creyón**).

creysi. (Del ingl. *crazy,* loco).
I. 1. adj. *Ni, Bo.* juv. *crazy,* loco.

cría.
I. 1. f. *PR.* Prosapia, estirpe de persona o de animal.
□
a. ‖ **de ~.** loc. adj. *PR, Bo.* Referido *a persona o animal,* de clase.
b. ‖ **de mala ~.** loc. adj. *PR.* Referido *a persona o animal,* de mala clase.
▶ **alzar ~; dar ~.**

criadero.
I. 1. m. *PR.* Local construido expresamente para celebrar peleas de gallos.

II. 1. m. *PR.* Sitio en bahías, **manglares**, o **esteros**, donde se encuentran pequeños animales marinos.

■

a. ‖ ~ **de vagos.** *PR.* **ture**, asiento.

criado, -a.
I. 1. sust/adj. *Bo.* Niño o joven huérfano que ha sido adoptado por alguien.

□

a. ‖ ~ **con la leche que pedía.**
 i. loc. adj. *RD, PR.* Referido a persona, débil, floja. pop + cult → espon.
 ii. *RD, PR.* Referido a persona, tacaña, agarrada. pop + cult → espon.

▶ **parecer ~ con leche pedida; salirle a uno la ~ respondona.**

criador.
I. 1. *PR.* **encastador.**

criancero, -a.
I. 1. m. y f. *Ar:SO.* Pastor trashumante.
2. sust/adj. *Ch.* Persona encargada de criar animales.
3. adj. *Ch.* Relativo a la crianza de animales.

criandera.
I. 1. f. *Ho, Cu.* Nodriza.
2. *Ho.* Vaca o yegua que está criando. rur.

crianza.
I. 1. f. *Ch.* Conjunto de animales nacidos en una hacienda y destinados a ella.

criar(se).
□

a. ‖ ~ **a toda teta.** loc. verb. *Cu.* Consentir excesivamente a un niño.
b. ‖ ~**se con leche de burra.** loc. verb. *RD.* Gozar *una persona* de buena salud y ser fuerte o robusta. pop + cult → espon.

▨

a. ‖ **a como te criaste.** loc. adv. *Bo:N.* **a la que te criaste.** pop ^ fest.
b. ‖ **a la que te criaste.** loc. adv. *Bo, Ch, Ar, Ur.* De manera irreflexiva, sin cuidado. pop ^ fest. (**a lo que te criaste**). ♦ **a como te criaste.**
c. ‖ **a lo que te criaste.** *Ch.* **a la que te criaste.** pop ^ fest.

▨

a. ‖ **no** ~**se con leche pedida.** fr. prov. *PR.* Indica que *alguien* ha sido criado en una familia cuyos padres, gracias a su trabajo y sin depender de nadie, pudieron darle lo necesario para su desarrollo.

criaturero.
I. 1. adj. *Ch.* Referido a una comida o a un alimento, afrodisíaco. pop + cult → espon.

criaturo.
I. 1. m. *Co:C.* Niño varón recién nacido o de poco tiempo. rur; pop.

criba.
I. 1. f. *Mx, PR.* Joroba.

cribado, -a.
I. 1. adj. *PR.* Referido a persona, jorobada.
2. *PR.* metáf. Referido a persona, fastidiada.

cribora.
I. 1. adj. *PR.* juv. Referido a persona, lista.

crica.
I. 1. f. *Pa, Cu, RD, PR.* Vulva. tabú; pop + cult → espon.

crical.
I. 1. m. *PR.* Barullo, confusión, desorden. vulg; pop + cult.

cricamola.
I. 1. *Pa.* **sangre de drago.** (Fabaceae; *Pterocarpus officinalis*).

crico.
I. 1. m. *ES.* Escobilla del limpiaparabrisas.

crimen.
□

a. ‖ **para el** ~. loc. adj. *Bo, Ar, Ur.* Referido a persona, sumamente atractiva. pop.

criminal.
I. 1. m. *RD.* Catre, lecho. pop ^ fest.

criminoso, -a.
I. 1. adj. *PR.* Criminológico.

crineja.
I. 1. *RD, Ve.* **clineja**, trenza.
2. *Cu, RD, PR.* **clineja**, soga.
3. f. *Pa.* Tejido hecho con tallos de **majagua** que se emplea para atar animales domésticos de carga.

crinolina.
I. 1. f. *Mx; Pa, RD, Ve, Ec,* obsol. Enagua con volantes almidonados para ahuecar la falda.

crinudo, -a.
I. 1. adj. *Ni, Ch, Ar.* Referido a una caballería, que tiene la crin larga y desarreglada. rur.
2. *Bo, Ar.* Referido a persona, que tiene el cabello largo y desgreñado. pop.

criolla.
I. 1. f. *Cu, RD.* Canción y danza populares, de ritmo lento, en compás de seis por ocho, *generalmente para canto y piano*.

■

a. ‖ ~ **oscura.** f. *Cu.* Cerveza negra.

□

a. ‖ **a la** ~.
 i. loc. adv. *PR, Pe, Ar:NO; Bo,* p.u. Con sencillez o de manera llana. pop.
 ii. *Ec, Pe, Bo.* Sin esmero, de manera descuidada. pop.
 iii. *Bo.* p.u. A porrazos, a golpes. pop.
 iv. *Bo.* En relación con el modo de resolver un asunto, *generalmente engorroso*, con mucho esfuerzo.
 v. *PR.* Al estilo del país.
 vi. *Cu.* En relación con la manera de elaborar un plato, con condimentos propios de la cocina cubana.

▶ **echar una** ~.

criollada.
I. 1. f. *Pe.* Conjunto de criollos. desp.
2. *Pe.* Costumbre o tradición propia de ciudad. urb.
II. 1. f. *Pe.* Engaño o estafa.
2. *Pe.* Incumplimiento de la ley en beneficio propio. pop + cult → espon.

criollaje.
I. 1. m. *Bo, Py, Ar, Ur.* Conjunto de criollos.

criollo.
□

a. ‖ **a lo** ~. loc. adv. *PR.* A la manera **criolla**, al estilo del país.
b. ‖ **en buen** ~. loc. adv. *Cu, RD, PR.* De forma clara y natural.
c. ‖ **en** ~.
 i. loc. adv. *Ve, Ar, Ur.* Con claridad y sin rodeos. pop.
 ii. *Ar:NO.* Con sencillez o de manera llana. pop.

criollo, -a.
I. 1. adj. *Mx, Ho, Bo, Py,* cult. Referido a un animal o una planta, que es producto de la aclimatación a un determinado lugar.
2. *Cu, RD, Co, Ve, Pe, Bo.* Referido a las aves de corral, criadas en su ambiente natural y no por medios artificiales.
3. *CR, Cu, RD.* Referido a una especie vegetal o a una raza animal autóctona, que no ha sido cruzada con otra extranjera.

4. *Bo. Referido a algún animal,* como un perro, que pertenece a una raza híbrida.

5. *Cu. Referido a un huevo,* puesto por una gallina criolla.

6. *Cu. Referido a una comida,* propia de Cuba.

7. *Cu. Referido a un objeto,* elaborado artesanalmente.

II. 1. sust/adj. *Cu, PR.* Nacido en América.

2. adj. *Cu, PR.* Relativo al continente americano.

3. adj. *Ar.* Relativo a lo que es propio de Argentina y procede de la tradición española, en especial en el ámbito rural.

III. 1. adj. *Ho, Ur. Referido a persona,* nacido en el país.

IV. 1. adj. *PR. Referido a persona,* que tiene aspecto de puertorriqueño.

2. *PR.* Característico, típico de Puerto Rico.

V. 1. adj. *Pe. Referido a la música,* perteneciente a la tradición musical peruana cultivada desde principios del siglo XX en la costa, a partir de géneros musicales europeos.

2. *Pe. Referido a persona,* que cultiva la música criolla.

■

a. ‖ ~ **rellollo.** m. y f. *Cu.* Cubano de pura cepa.

criollote.

I. 1. m. *RD.* Criollo. fest.

cripe.

I. 1. adj. *PR.* juv. *Referido a persona,* torpe.

2. *PR.* juv. *Referido a persona,* floja, vaga.

3. *PR.* juv. *Referido a persona,* cursi.

4. *PR.* juv. *Referido a persona o cosa,* pasada de moda.

cripería.

I. 1. f. *PR.* juv. Comportamiento inadecuado de alguien que causa molestia.

crique.

I. 1. m. *Ar, Ur.* Máquina con un engranaje y cremallera, que sirve para levantar grandes pesos a poca altura.

II. (Del ingl. *creek,* canal).

1. m. *CR.* Canal artificial hecho para drenar un terreno.

críque. (Del ingl. *creek*).

I. 1. m. *Ho:N,E, Ni.* Riachuelo costero de zonas pantanosas, *generalmente con agua casi estancada.*

criquita.

I. 1. f. *RD.* Cosa muy pequeña.

cris.

I. 1. m. *RD.* Eclipse.

crisanta.

I. 1. f. *Ch.* Mujer que domina a su marido. pop + cult → espon ^ fest.

crisneja.

I. 1. f. *Pe:O.* Hoja de palma tejida que sirve para techar las casas. rur.

II. 1. *Cu, PR.* **clineja,** soga.

crispeta.

I. 1. f. *Co,* obsol. Palomita de maíz.

2. *Ni, Co.* obsol. Golosina preparada con granos de **maíz pira** y **panela,** que al tostarse se abren en forma de flor.

crispín.

I. 1. *Ar.* **urutaú.**

Crispín.

▶ **llevarse san ~.**

cristal.

I. (De *Cristal®*).

1. f. *Pe.* Cerveza.

II. 1. m. *RD, PR.* Jalea, dulce.

2. *Cu.* Dulce gelatinoso extraído de la **guayaba,** siempre que sea transparente.

III. 1. m. *Cu.* Lámina transparente y fina que se encuentra en el interior de la langosta y el calamar; es tóxica.

IV. 1. m. pl. *Ni, Cu.* **espejuelos.**

V. 1. m. *Bo:E.* Vaso o copa de vidrio. pop.

■

a. ‖ ~ **nevado.** m. *Cu.* Cristal de un color opaco.

▶ **dejar limpiando ~es.**

cristalazo.

I. 1. m. *Mx, Ho.* Robo que se comete rompiendo el cristal de un automóvil o de una tienda. delinc; pop + cult → espon.

cristalería.

I. 1. f. *Bo.* Testículos de un hombre. pop ^ fest.

cristalero, -a.

I. 1. m. y f. *Mx, Gu, ES.* Ladrón de automóviles que rompe los cristales.

cristalizador.

I. 1. m. *Cu. En la industria azucarera,* recipiente de hierro en el que se cristaliza la masa cocida en los **tachos.**

cristalizadora.

I. 1. f. *PR. En la industria azucarera,* equipo que recibe el volumen de azúcar que se produce en los **tachos** antes de pasar a las **centrífugas.**

cristiano, -a.

I. 1. adj. *Ch. Referido a persona o a cosa,* buena, que está en perfecto estado. pop ^ fest.

cristina.

I. 1. f. *Ec; Pe,* obsol. Gorro militar sin visera, que usaban también los estudiantes de escuelas públicas.

cristo.

I. 1. m. *Bo.* Dinero.

●

a. ‖ **ya empezó Cristo a padecer.** fórm. *Cu.* Se usa para expresar contrariedad ante algo que causa desagrado.

■

a. ‖ ~ **de lata.** m. *ES, Ho.* pop. Persona muy flaca.

□

a. ‖ **sin un ~.** loc. adv. *Bo:O,C.* Sin dinero. pop.

▶ **correr a Cristo; no tener un ~.**

cristóbal.

I. 1. *CR.* **granadillo.** (Fabaceae; *Platymiscium pinnatum*).

cristofué. (De or. onomat., por el canto del ave).

I. 1. m. *Mx, Gu, Ho, ES, CR, Co, Ve.* Ave de hasta 25 cm de longitud, con plumaje amarillo intenso en el pecho y el abdomen, cabeza negra con faja blanca a la altura de los ojos y el dorso pardo; se caracteriza por su particular canto. (Tyrannidae; *Pitangus sulphuratus*). ◆ **benteveo; bicho feo; dichofeo; dichosfui; diostedé; justofué; pecho amarillo; pistoqué; pitofé; pitogüe; pitojuán; pitojí; piturría; quechupay; testigo.**

cristoteama.

I. 1. m-f. *PR.* Miembro de una confesión religiosa caracterizada por el uso frecuente de esta expresión.

criteriómetro.

I. 1. m. *Ch.* p.u. Criterio basado en la improvisación sin fundamentos para valorar o juzgar. pop + cult → espon ^ fest.

criterioso, -a.

I. 1. adj. *Bo, Ch, Py, Ar, Ur. Referido a persona,* que demuestra sensatez y buen juicio al hablar o actuar.

II. 1. adj. *Ec:E. Referido a persona o cosa,* que tiene criterio. pop.

crizneja.

I. 1. *Cu, PR.* **clineja,** soga.

croaba.

I. 1. f. *PR.* Cangrejo con caparazón ovalado y grandes tenazas en las patas anteriores, de color azulado con algunas manchas amarillas y las patas rosáceas cubiertas de pelos. (Ocypodidae; *Ucides cordatus*).

croche. (Del ingl. *clotch*).
   I. 1.   m. *Ve. En un vehículo automotor*, mecanismo que acopla el motor con el sistema de cambio de velocidades.

crocher. (Voz inglesa).
   I. 1.   m. *PR. En la industria azucarera*, muestra que se toma de la caña desmenuzada en el primer molino.

crolo, -a.
   I. 1.   adj/sust. *Pe. Referido a persona*, de raza negra o de ascendencia afroperuana. delinc; pop ^ desp.

cromi. (De *micro*).
   I. 1.   f. *Ch* juv. Microbús. pop + cult → espon ^ fest.

cromium. (Del ingl. *chromium*, elemento mineral).
   I. 1.   m. *PR*. Mueble de metal.

cromo.
   I. 1.   m. *Mx*. Persona muy atractiva.
   II. 1. m. *Ec*. Rostro de una persona, *especialmente cuando está bien arreglado*. pop.

cromósfera.
   I. 1.   f. *Ho, Cu, RD, PR, Ch, Py, Ar, Ur*. Cromosfera.

cronch.
   ► estar ~.

crónico.
   I. 1.   m. *Ar:NO*. Recipiente para hervir **yerba mate** tiznado por el fuego. rur.

croniquero, -a.
   I. 1.   sust/adj. *Pe*. Cronista de un medio de prensa. desp.

cronograma.
   I. 1.   m. *Mx, ES, Ho, Ni, CR, Cu, RD, Co, Ec, Pe, Bo, Ch, Py, Ar, Ur*. Calendario de trabajo.

cronogramar.
   I. 1.   tr. *Ho, ES, Pe, Ch*.Programar un calendario de trabajo. esm.

cronometrista.
   I. 1.   m. *PR. En las peleas de gallos*, funcionario que mide el tiempo establecido por la ley durante las peleas de gallos, quince minutos para la duración total y un minuto para cualquier interrupción.

croprófago, -a.
   I. 1.   adj. *PR*. juv. *Referido a persona*, muy grosera.
   II. 1. adj. *PR*. juv. *Referido a persona*, orgullosa.

croquear.
   I. 1.   tr. *Ch*. Trazar un croquis de un lugar o realizar una descripción superficial de una persona. pop.

croqueo.
   I. 1.   m. *Ch*. Trazado o dibujo de un croquis.

croqueta.
   I. 1.   f. *Ar, Ur*. Cabeza, pensamiento, imaginación de una persona. pop ^ fest.
   ► hacer la ~.

croquinol.
   I. 1.   m. *Cu*. Procedimiento artificial para ondular el pelo.

crotal.
   I. 1.   adj/sust. *PR. Referido a persona*, torpe, con dificultad para aprender.

crótalo.
   I. 1.   m. *Mx, Ho, Ni, Co, Bo*. **cascabel**, serpiente.
   II. 1. m. *Ho*. Instrumento musical de percusión hecho de conchas y caracolitos que se pone en brazos y piernas de los danzantes.

crótalo, -a.
   I. 1.   adj. *PR*. juv. *Referido a persona*, bruta, torpe, que no vale para nada.

croto.
   I. 1.   m. *CR, Co, Ec*. Arbusto de hasta 3 m de altura, de follaje denso, hojas de colores amarillo, rojo, verde y púrpura; se cultiva como ornamental. (Euphorbiaceae; *Codiaeum variegatum*). (**crotón**). ♦ **carácter de hombre; cola de paloma.**
   2.   *PR*. Planta ornamental cuyas flores presentan variedad de formas y colores. (Euphorbiaceae; *Croton* spp.).

croto, -a.
   I.   (De *J. Crotto*, gobernador de la provincia argentina de Buenos Aires que alrededor de 1920 autorizó el traslado gratuito en el ferrocarril de jornaleros y personas sin recursos).
   1.   sust/adj. *Ar, PR*. cult → espon. Persona descuidada en su vestimenta y en su aspecto exterior. pop.
   2.   m. y f.*Ar*. Persona sin domicilio fijo y sin recursos, que vive de trabajos ocasionales o de la caridad.
   3.   sust/adj. *Ar*. Persona que carece de aptitudes o habilidad para el deporte. pop.
   II. 1. adj/sust. *Ur. Referido a persona*, boba, tonta. pop.

crotón.
   I. 1.   *RD*. **croto**, arbusto.

cruce.
   I. 1.   m. *Co*. Favor o ayuda. pop.
   II. 1. m. *Ni, Co*. Cambio de algo por otra cosa. pop.
   III. 1. m. *PR*. Segundo o tercer corte con el arado. rur.
   ■
      a. ‖ **~ cebra.** m. *Ch*. p.u. Paso de cebra, espacio marcado en una vía pública con rayas anchas paralelas a la acera, por el que, en ausencia de otra señal reguladora, pueden cruzar los peatones con preferencia sobre los vehículos. (**cruce de cebra**).
      b. ‖ **~ de aros.** m. *Ve*. Ceremonia en la que los novios se comprometen a contraer matrimonio.
      c. ‖ **~ de cebra.** *Ch*. **cruce cebra.**

crucelete.
   I. 1.   m. *Ho. En las armas blancas*, pieza metálica en forma de cruz que sirve de protector de la mano en las empuñaduras. pop.

cruceñidad.
   I. 1.   f. *Bo*. Carácter cruceño.
   2.   *Bo*. Comunidad cruceña.

cruceñismo.
   I. 1.   m. *Bo*. Locución, giro o modo de hablar propio de los cruceños.
   2.   *Bo*. Amor o apego a las cosas características o típicas del departamento de Santa Cruz de la Sierra, Bolivia.

crucera.
   I. 1.   *Ar, Ur*. **equis**, serpiente.

crucero.
   I. 1.   m. *Ch, Ar*. Arbusto caducifolio de ramas con espinas horizontales opuestas o cruzadas de apariencia desfoliada, hojas opuestas, de forma entera o dentada y la inflorescencia, fasciculada o de flores solitarias hermafroditas, blancas o rosadas. (Rhamnaceae; *Colletia* spp.).
   II. 1. m. *Cu. En una carretera o en un camino*, punto por el que atraviesa el ferrocarril.
   III. 1. m. *Ho*. Machete que al principio del mango tiene una cruceta para proteger la mano. pop.
   IV. 1. m. *Ho*. Hombre que carga una cruz en ciertas procesiones de Semana Santa. pop.

cruceta.
   I. 1.   f. *Co, Ur*. Herramienta en forma de cruz que sirve para apretar o aflojar las tuercas que aseguran las ruedas de los automóviles.

II. 1. f. *Cu.* Tipo de cuchillas que se usan en las cometas, en forma de cruz, para cortar el cometa o **papalote**
del contrario.

2. f. *CR.* Cuchillo largo cuya guarnición forma una
cruz con el puño y la hoja.

III. 1. f. *Cu.* Dispositivo que indica el nivel de azúcar en
el **cristalizador.**

IV. 1. m. *Cu.* Hombre malvado.

V. 1. f. *Ni, PR.* Pieza de madera o de metal adosada
transversalmente a un poste de tendido eléctrico.

crucetear.
I. 1. intr. *RD; Cu,* p.u. Cruzar repetidamente por el
mismo lugar.

2. *RD, PR.* Pasar *una persona* varias veces por el mismo lugar.

cruceteo.
I. 1. m. *Cu, RD, PR.* Tránsito frecuente por un mismo
sitio en diversas direcciones.

crucifico.
I. 1. m. *Py, Ar:NO.* Crucifijo. rur; pop.

crucito.
I. 1. m. *Ho.* **marucha,** arbusto.

crucutear.
I. 1. intr. *RD.* Trastear, buscar entre las cosas revolviéndolas.

cruda.
I. 1. f. *Mx, Gu, Ho, ES, Ni, Bo; Ec,* p.u. Resaca, malestar por haber bebido en exceso. pop.

■

a. ‖ ~ **colorada.**
i. f. *Ar:NO.* Variedad de papa. (Solonaceae; *Solanum tuberosum* spp.). rur.
ii. *Ar:NO.* Tubérculo comestible de la **cuarentona colorada.** rur.

crudeli.
I. 1. adj. *Ar, Ur.* Referido especialmente a un alimento,
que no está suficientemente cocido o preparado.
pop ^ fest.

crudio, -a.
I. 1. adj. *Ch:S.* Referido especialmente al cuero de vaca,
áspero, que está sin curtir.

crudo.
I. 1. m. *Pe.* Tela burda de algodón o cáñamo.

II. 1. m. *Ch.* Plato compuesto principalmente por carne cruda y molida, limón y cebolla.

III. 1. m. *Ec.* Petróleo sin refinar.

■

a. ‖ ~ **de pescado.** m. *Cu.* Plato compuesto esencialmente por pescado crudo, limón o vinagre, sal y
cebolla.

crudo, -a.
I. 1. adj. *Mx; Ec,* p.u. *Referido a persona,* que tiene **cruda** o resaca por haber bebido en exceso. pop + cult
→ espon.

2. *Ni, Bo. Referido a persona,* borracha.

II. 1. adj. *Cu, RD, PR, Pe, Ar. Referido a persona,* que
carece de experiencia. pop + cult → espon.

2. *RD, PR. Referido a persona,* que no ha estudiado
bien un asunto. pop + cult → espon.

3. *RD, PR. Referido a un estudiante,* poco preparado
para un examen. est.

4. *Bo. Referido a persona,* tonta, ingenua. pop + cult
→ espon.

5. *PR. Referido a persona,* torpe, inhábil. pop + cult
→ espon ^ desp.

III. 1. adj. *Ho. Referido a selva,* que no ha sido alterada
por el hombre. pop.

IV. 1. adj. *Pe. Referido a persona,* de piel clara por falta de
exposición solar.

crudón, -na.
I. 1. adj. *Ch, Ar. Referido especialmente a un alimento,*
crudo en exceso, poco cocinado. pop + cult
→ espon.

crueca.
I. 1. *PR.* **culeca,** clueca.

cruento, -a.
I. 1. adj. *PR.* Trabajoso, esforzado.

cruisín.
I. 1. m. *Ni.* juv. Vuelta, paseo.

crujía.
I. 1. f. *Cu.* Hambre.

2. *RD.* Crisis económica.

crujida.
I. 1. f. *Gu.* Penuria, dificultad, problema.

▶ **verse en ~s.**

crujidera.
I. 1. f. *Ch.* Ruido o sonido continuado semejante a un
crujido.

2. *Ch.* metáf. Situación difícil o comprometida, *especialmente de personas o de empresas,* que aparece durante algún tiempo en momentos de crisis y escasez.

crujimiento.
I. 1. m. *Ch.* Crujido o ruido producido por un cuerpo sólido al rozarse o al romperse. cult.

crujir.
I. 1. intr. *Ch.* Funcionar el entendimiento a alguien,
mostrarse capaz de solucionar un problema. pop
+ cult → espon.

II. 1. intr. *Bo.* Atravesar una mala situación económica.
pop.

III. 1. tr. *Ho.* Despedir *alguien* mal olor. pop ^ desp.

crumiro, -a.
I. 1. sust/adj. *Ch; Ur,* obsol; *Ar,* obsol; desp. Trabajador que no acata una huelga dispuesta por el sindicato.

2. *Ch.* Persona que no acata las decisiones de un grupo por miedo a las represalias.

crupón.
I. 1. m. *Ho.* Piel de vaca curtida a la que se le ha cortado
la parte de la falda, las patas, la cola y la cabeza.

crusete.
I. 1. *Pa.* **hombre grande.**

crutón. (Del fr. *croûton*).
I. 1. m. *Ch, Ar, Ur.* Rebanada o trozo pequeño de pan
frito.

cruz.
I. 1. f. *Gu, Ho, ES, Ni, CR, Pa.* Camisa. delinc.

●

a. ‖ **¡~ diablo!**
i. fórm. *Py; Ar, Ur,* pop. Se usa para expresar temor y como conjuro frente a un mal inminente.
ii. *Ar, Ur.* Se usa para indicar que no se quiere tener relación o trato con alguien. pop.

b. ‖ ~ **para el cielo.** fórm. *Ch.* Se usa por la persona
que habla para indicar que lo que está diciendo es
verdad. pop.

■

a. ‖ ~ **bronca.** f. *Ho.* Cruz tosca de madera en un cruce de caminos o la entrada de cementerios. pop.

b. ‖ ~ **de la Pasión.** f. *Pe.* Cruz en madera decorada
con el rostro de Cristo rodeado de los objetos de
la Pasión.

c. ‖ ~ **de palqui.** m. *Ch.* Cruz hecha con maderos de
palqui que están sujetos con cintas blancas y rojas
de las que cuelgan ajos, que se coloca a la entrada
de los hogares para evitar, según la creencia popular, la
entrada de desgracias y otros males. rur.

d. ‖ **~ y cero. m.** *Pa.* Juego entre dos personas que consiste en colocar tres cruces o tres ceros sucesivos en una de las líneas trazadas en el cuadro.

☐
a. ‖ **entre la ~ y las espada.** loc. adv. *Bo.* En la disyuntiva forzosa de tomar una decisión.

▶ **besar la ~; echar la ~; echar tres cruces; hacer cruces; hacer la ~; hacerle la ~; hacerse cruces; no negar la ~ de su parroquia; poner ~ y calavera.**

cruza.
 I. 1. f. *Mx, Ho, Ec, Ch.* Segunda arada de un terreno con surcos perpendiculares a los anteriores. rur.
 II. 1. f. *Ec.* Cruzamiento de vacas de media sangre con un macho de raza pura, por medios naturales o mediante inseminación artificial.

cruzacharcos.
 I. 1. m. pl. *Pa.* Pantalón más corto de lo usual, que queda por encima del tobillo.

cruzadera.
 I. 1. f. *RD.* Cruce reiterado por un mismo lugar.

cruzadilla.
 I. 1. f. *Gu.* obsol. Cruce de una carretera o un camino con una línea férrea.

cruzado.
 I. 1. m. *Ch.* Seguidor del equipo de **futbol** Universidad Católica.

cruzado, -a. (Del ingl. *crossed,* cruzado).
 I. 1. adj. *Mx, Gu, ES; Ho,* pop. *Referido a persona,* drogada con varias drogas o con mezcla de alcohol y droga.
 II. 1. adj. *Pe, Ar, Ur. Referido a persona,* enfadada, de mal humor. pop.
 III. 1. adj. *EU. Referido a persona,* bizca, que tiene la mirada torcida.
 IV. 1. adj. *Cu. Referido a persona,* hambrienta.
 V. 1. adj. *Cu. Referido a persona,* confundida.

cruzar(se).
 I. 1. intr. prnl. *Mx, Gu, Ho, ES, Ni.* Drogarse mezclando varias drogas o alcohol con droga. drog.
 II. 1. tr. *Mx.* Robar una mercancía fingiendo que se compra otra. pop.
 III. 1. intr. prnl. *PR, Ch.* Indisponerse, enfrentarse violentamente con *alguien.* pop.
 IV. 1. tr. *Ho, Ec.* Labrar por segunda vez un terreno, trazando el surco perpendicularmente al anterior. rur.
 2. tr. *Ho, Ni, RD.* Injertar dos variedades de plantas, *generalmente de la misma familia.* rur.
 3. intr. *Ho.* Brotar las primeras tres hojas a la planta del café. rur.
 V. 1. tr. *Ec.* juv. Quitar un joven a otro la enamorada.
 VI. 1. tr. *RD.* Adelantar de forma imprevista o violenta a *alguien* obstaculizando su camino.
 VII. 1. tr. prnl. *ES.* Comer o beber *alguien algo.* rur.
 VIII. 1. intr. prnl. *Ni.* Cambiarse *alguien* de bando, partido o religión.
 2. intr. *Ho.* Confundirse *alguien.*
 IX. 1. intr. *PR.* Pasear *alguien* por un lugar, transitar.

☐
a. ‖ **~ aros.** loc. verb. *Ve, Bo.* Comprometerse en matrimonio los novios intercambiando los anillos de esponsales.
b. ‖ **~ banda.** loc. verb. *Bo:NE,O.* Atravesar un río por la parte menos peligrosa y profunda.
c. ‖ **~ las navajas.** loc. verb. *PR.* Actuar *alguien* con perspicacia y advertencia. rur; pop + cult → espon.
d. ‖ **~ ríos de sangre.** loc. verb. *Bo.* Pasar por alto o dejar en el olvido viejos agravios, aunque haya habido sangre de por medio. pop + cult → espon.

◧
a. ‖ **no ~ el puente antes de llegar a él.** fr. prov. *RD, PR.* Indica que no hay que precipitarse ante una

determinada situación, sino actuar después de haberla estudiado y analizado.

cruzrojista.
 I. 1. sust/adj. *CR, Bo;* m. y f. *Ho, Ni.* Persona que trabaja para la Cruz Roja prestando auxilio en situaciones de emergencia. pop + cult.

¡cu!
 I. 1. interj. *CR.* Se emplea para azuzar.

cua.
 I. 1. m. *PR.* Tambor pequeño de una sola membrana que se usa en los bailes de bombas y en fiestas de personas de raza negra. (**coa**).
 II. 1. *PR.* **cúa.**

cúa.
 I. 1. *PR.* **coa**, instrumento de labranza. rur. (**cua**).

¡cuá!
 I. 1. interj. *RD.* Expresa el sonido de la carcajada.

cuaba.
 I. 1. f. *Cu, RD.* Arbusto de hasta 4 m de altura, con hojas opuestas, inflorescencia panicular y fruto en forma de drupa de color oscuro; su madera, dura, pesada y resinosa, se utiliza en carpintería y para hacer antorchas. (Rutaceae; *Amyris balsamifera*).
 2. *RD.* Madera resinosa extraída del pino, que se utiliza para hacer fuego.
 II. 1. f. *Cu, RD.* Persona tramposa o mala pagadora.
 III. 1. f. *RD.* Problema, disgusto, preocupación. desp.

■
a. ‖ **~ de costa.** f. *Cu.* Arbusto o árbol de altura variable, con flores blancas y fruto de color negro en forma de drupa; su madera es amarilla y dura. (Rutaceae; *Amyris elemifera*).
b. ‖ **~ blanca.** f. *Cu.* Cuaba, arbusto.
c. ‖ **~ de monte.** f. *Cu.* Cuaba, arbusto.
▶ **echarle la ~.**

cuabal.
 I. 1. m. *Cu.* Lugar donde abundan las **cuabas**.
 2. *Cu.* Terreno estéril y de poca extensión.

cuabilla. (De or. ind. antillano).
 I. 1. f. *PR.* Arbusto resinoso de hasta 1 m de altura, de copa redonda, hojas lanceoladas verde amarillentas, flores de color blanco verdoso y fruto ovalado, de pequeño tamaño, que contiene una sola semilla; su madera se usa preferentemente para hacer antorchas. (Rutaceae; *Amyris elemífera*). ◆ **tea.**

cuaca.
 I. 1. f. *ES.* Pastilla para drogarse. drog.

cuacha. (Del taras.).
 I. 1. f. *Mx.* Excremento. vulg; pop.
 2. sust/adj. *Mx.* Persona despreciable. vulg; pop ^ desp.

cuachalalate. (Del nahua *cuahuitl,* árbol, y *alactic,* resbaladizo).
 I. 1. m. *Mx.* Árbol de hasta 6 m de altura, de hojas alternas y dentadas, flores unisexuales y fruto indehiscente con una sola semilla; en medicina tradicional, la corteza se emplea como astringente. (Julianaceae; *Juliana adstringens*). ◆ **volador.**

cuachalote, -a. (Del nahua).
 I. 1. adj. *Mx. Referido a persona,* mal vestida.

cuache, -a. (Del nahua *coatl,* serpiente).
 I. 1. adj. *Gu.* **cuate**, mellizo.
 2. *Gu. Referido a cosa,* que tiene dos partes iguales.

cuachipiar.
 I. 1. tr. *Gu.* Recomponer o montar *alguien* las partes de un todo.

cuachito, -a.
 I. 1. adj. *Gu. Referido a persona,* melliza. afec.

cuaco.

   I. 1. m. *Mx, Gu.* Caballo, mamífero. rur.
     2. *ES, Pa.* Pelícano.
   II. 1. adj/sust. *RD. Referido a un caballo*, viejo, flaco, de mal aspecto.
   III. 1. adj. *RD. Referido a persona*, inútil.

cuadera.

   I. 1. f. *Ni.* Cadena de una embarcación que sirve de anclaje.

cuaderno.

   I. 1. m. *Mx.* Amigo íntimo, compañero inseparable. pop + cult → espon^ fest.

■

   a. ‖ **~ borrador.** m. *Ec, Bo.* Cuaderno para tomar apuntes.
   b. ‖ **~ empastado.** m. *Pe, Bo.* Conjunto de pliegos de papel cortados y cosidos, con tapas gruesas, encuadernados en forma de libro.
   c. ‖ **~ en limpio.** m. *Pe, Bo.* Cuaderno para realizar los deberes escolares.
   d. ‖ **~ ferrocarril.** m. *Co.* Cuaderno que tiene doble línea y es usado para mejorar la letra de los niños.
   e. ‖ **~ universitario.** m. *Ni, RD, Ch, Py.* Cuaderno de tamaño similar a un folio con las hojas unidas por una espiral en el lomo.

cuadernola.

   I. 1. f. *Ar:NO, Ur.* Cuaderno con espiral, de hojas de aproximadamente 20 por 30 centímetros.

cuadra.

   I. 1. f. *Mx, Gu, Ni, CR, Cu, RD, PR, Co, Ve, Ec, Pe, Bo, Ch, Py, Ar, Ur; Ho*, pop + cult. *En una manzana*, distancia que va de una esquina a la siguiente.
     2. *Mx.* p.u. Vecinos que habitan en una de las calles que forman una manzana.
     3. f. *Cu, RD, PR, Pe, Bo, Ch, Ar.* Medida de longitud entre 100 y 150 m.
     4. *Ve, Ec.* Medida de superficie agraria equivalente a cien varas cuadradas.
     5. *Gu, Ho, ES, Ni, Ec.* Medida de longitud de 100 varas u 83,6 m.
     6. *CR, RD, Py. En una ciudad*, espacio cuadrangular de aproximadamente 100 m de lado, con edificaciones o destinado a la edificación.
     7. *Ch.* obsol. Medida de superficie equivalente a 1,5 hectáreas. rur.
     8. *Ec.S.* Propiedad suburbana.
   II. 1. f. *Bo, Ch. En cárceles y cuarteles*, sala amplia que sirve de dormitorio para varias personas.
     2. *Ho.* Celda especial de la cárcel que ocupan aquellos presos que pagan una determinada cantidad mensual a cambio de ciertos privilegios. carc.
   III. 1. *Ur. En las panaderías*, lugar donde se encuentra el horno. pop.
   IV. 1. f. *Bo. En el juego de dados*, número cuatro.
   V. 1. f. *ES.* Persona que no fuma marihuana. drog.
   ▶ **tirar ~s.**

cuadrada.

   I. 1. f. *Pe.* Patada lateral que se da en las nalgas de una persona. pop.
   II. 1. f. *Pe.* Reprimenda o respuesta cortante que se realiza a una persona. pop + cult → espon.

cuadradito.

   I. 1. adj. *Cu. Referido a cosa*, perfecta.

cuadrado.

   I. 1. m. *Cu.* Hombre tosco y de modales torpes.

cuadrado, -a.

   I. 1. adj. *Mx, Gu, Ho, ES, Ni, Cu, Ec, Pe, Ch, Py*; sust/adj. *Bo. Referido a persona o a su mentalidad o conducta*, rígida o poco flexible. pop + cult → espon.
     2. sust/adj. *Bo, Ar, Ur;* adj. *Ho, ES, Ch.* Persona torpe para entender o asimilar conocimientos. pop ^ desp.
     3. adj. *Pe. Referido a cosa*, poco manejable o funcional. pop.
     4. *ES, Ni, RD; Ho*, pop. *Referido a persona*, terca.
   II. 1. adj/sust. *Cu, Pr, Pe. Referido a persona*, gorda, que no tiene figura o curvas. pop.
     2. adj. *Cu, PR. Referido al cuerpo de una persona*, que no tiene curvas.
   III. 1. adj. *Co. Referido a persona*, ennoviada.
   IV. 1. adj. *Ni, Cu.* **amarrado**, garantizado.
     2. *Cu. Referido a una reunión o fiesta*, preparada para su realización adecuada.

□

   a. ‖ **más cuadrado que un dulce de coco.** loc. adj. *PR. Referido a un asunto*, que coincide de manera perfecta con otra parte implicada. pop + cult → espon.
   ▶ **dejar ~.**

cuadrangular.

   I. 1. *Mx, Ni, RD, PR.* **jonrón**, batazo.

cuadrar(se).

   I. 1. intr. *Mx, Gu, Ni; Ho*, pop; *Bo.* juv. Gustar *algo* a alguien.
   II. 1. intr. prnl. *Cu, Co, Ve, Ec.* p.u. Lograr éxito en un asunto o negocio.
     2. intr. *Cu, RD.* p.u. Enriquecerse *alguien*.
   III. 1. tr. *RD, Co, Pe.* **parquear**, estacionar un vehículo. pop.
   IV. 1. intr. prnl. *Co, Ve.* juv. Ennoviarse con alguien.
     2. intr. *Cu.* Entablar una relación amorosa con alguien. pop.
   V. 1. intr. prnl. *Ni, RD, PR, Ve.* Situarse *una persona* en posición desafiante o de pelea.
     2. tr. *Pe.* Responder a *alguien* haciéndole ver cuál es su posición o situación para que no se tome más libertades de las debidas. pop.
     3. *Pe.* Dejar en claro a *alguien* la propia razón o posición. pop + cult → espon.
     4. intr. prnl. *Cu.* Adoptar una postura intransigente, inflexible.
     5. intr. prnl. *Ni, PR. En el boxeo*, situarse en posición de ataque contra el rival.
   VI. 1. intr. *Co.* **salir**, combinar. pop.
   VII. 1. intr. prnl. *Mx, Ve, Ch.* Adherirse a la voluntad o posición de alguien, *especialmente en política*.
   VIII. 1. intr. *Gu, Ni, CR; Cu*, pop. Resultar agradable o placentero *algo* a alguien.
     2. *Ni, CR.* Resultar sexualmente atractiva *una persona* a otra.
   IX. 1. intr. prnl. *RD, Ve. En el dominó*, colocar en los extremos la misma piedra para cerrar el juego.
   X. 1. tr. *Pe.* Rodear, acorralar a *algo* o a *alguien*. pop.
   XI. 1. intr. prnl. *Ch.* Suscribirse con una significativa cantidad de dinero, o dar de hecho esa cantidad o valor.
     2. *Cu.* Estar de acuerdo con alguien.
   XII. 1. intr. prnl. *Ve.* Colocarse los caballos competidores en el puesto de partida para iniciar la carrera.
   XIII. 1. intr. prnl. *Gu.* Comportarse correcta o adecuadamente.
   XIV. 1. tr. *Cu.* Preparar adecuadamente *algo, especialmente una reunión o fiesta*.
   XV. 1. tr. *ES.* Imponer a *alguien* una condena en un juicio.
   XVI. 1. intr. *Ni.* Inclinarse o moverse *alguien* en actitud de pelea o riña.
   XVII. 1. intr. prnl. *CR.* Empezar *alguien* a realizar una acción.

□

   a. ‖ **~ caja.**
    i. loc. verb. *Cu.* Ponerse de acuerdo dos o más personas entre sí para realizar determinada actividad. pop + cult → espon.
    ii. *PR.* Arreglar *alguien* las cosas.
   b. ‖ **~la caja** loc. verb. *Cu.* Actuar adecuadamente.

cuadre.
    I. 1. m. *Cu; Co:N,* pop. Cita amorosa.
    II. 1. m. *Cu, PR.* Balance que realiza el cajero para comprobar si coincide el debe con el haber.
    III. 1. m. *RD.* Postura o pose, *generalmente para impresionar a los demás.*
    IV. 1. m. *PR.* juv. Carrera clandestina.
    2. m. *Cu.* Negocio clandestino. pop.
    ▶ tirar un ~.

cuadrero, -a.
    I. 1. adj. *Ar, Ur. Referido a una caballería,* adiestrada para correr **carreras cuadreras.**
    2. adj/sust. *PR. Referido a persona,* que cuida de una caballeriza. rur.

cuadricular.
    I. 1. tr. *PR.* Mirar *alguien* insistentemente a *una persona* de arriba abajo. pop + cult → espon.

cuadril.
    I. 1. m. *Pa, Ve, Ur.* Cadera de una persona o de un animal.
    2. *Bo, Py, Ar, Ur.* Corte de carne de ganado vacuno, *especialmente de la cadera.*
    II. 1. m. *Ho.* Parte de tronco de un árbol en donde empiezan a derivarse las ramas gruesas.
    □
    a. ‖ hasta el ~. loc. adv. *Ar, Ur.* Profunda y totalmente. pop.

cuadrilete.
    I. 1. m. *Ni.* Juego infantil con monedas.

cuadrilla.
    I. 1. f. *Mx, Ve, Pe, Bo.* Danza por parejas que realizan figuras de baile de forma coordinada.

cuadrillar.
    I. 1. tr. *Ch.* p.u. Dar forma de cuadrícula a *algo.*

cuadrillazo.
    I. 1. m. *Bo, Ch.* Asalto, ataque por sorpresa de varias personas contra una.

cuadrillé.
    I. 1. adj. *Ch, Py, Ar, Ur. Referido a una tela o a una prenda de vestir,* que presenta un diseño de cuadrículas.

cuadrillera.
    I. 1. f. *PR.* Piedra de río de gran tamaño. rur.

cuadrista.
    I. 1. m-f. *Cu.* Persona a la que le gusta practicar el acto sexual colectivamente. vulg.

cuadrito.
    I. 1. *Cu.* **caldito.**
    II. 1. m. *Ho.* Fajo de billetes. pop.
    □
    a. ‖ la de ~s. loc. sust. *Ho.* La cárcel. fest.
    ▶ estar a ~s; hacer ~s; verse a ~s.

cuadro.
    I. 1. m. *Mx, Gu, Ec, Pe, Bo, Ar, Ur. En el **futbol***, conjunto de jugadores del mismo club. ◆ **cuadro de futbol.**
    II. 1. m. *Cu, Co:N.* Amigo íntimo, compañero inseparable.
    III. 1. m. *Cu, RD.* Dirigente político.
    2. m-f. *Cu.* Persona que forma parte de la directiva de una entidad.
    IV. 1. m. pl. *Ch.* Braga, prenda interior femenina.
    V. 1. m. *Cu.* Acto sexual con más de dos participantes.
    VI. 1. m. *Ho.* Escena que monta una persona para impresionar a otra. pop + cult → espon.
    VII. 1. m. *Ho.* Problema grave o asunto difícil de resolver. pop + cult → espon.

    VIII. 1. m. *Ni.* Campo de juego del **beisbol.**
    2. m. *Cu.* **diamante.**
    ●
    a. ‖ ~. fórm. *Cu.* Se usa para dirigirse a una persona de mucha confianza.
    ■
    a. ‖ **brincar los ~s.** m. *EU.* Juego que consiste en sacar, saltando en un solo pie, un tejo o piedra de un trazado en el suelo.
    b. ‖ **~ de futbol.** *Bo, Py, Ar, Ur.* **cuadro,** conjunto de jugadores.
    ▶ hacer ~; hacerse ~; hacerse la vida de ~s; rayar el ~; pintar en ~;

cuadrúpedo.
    I. 1. m. *PR.* juv. Muchacho.

cuádruple.
    I. 1. m. *PR.* Cuatrillizo. pop.

cuadrupleta.
    I. 1. f. *Ch. En ciertos deportes,* acierto o logro cuádruple de una sola vez.

cuafo, -a.
    I. 1. adj/sust. *Ch. Referido a persona o a cosa,* ordinaria, vulgar, de poca importancia. pop.

cuahuayote. (Del nahua *cuahuitl,* árbol y *ayotli,* calabaza).
    I. 1. m. *Mx.* Árbol de hasta 15 m de altura de color gris plomizo, con pocas ramas, hojas dispuestas en espiral, flores masculinas en panículas glabras y terminales y flores femeninas solitarias y fragantes, el fruto en baya de color verde, ápice agudo y base truncada. (Caricaceae; *Pileus mexicanus*). (**cuajayote**).

cuaima.
    I. 1. f. *Ve.* Persona muy lista, peligrosa y cruel. pop.
    II. 1. *Ve.* **verrugosa.**

cuaja.
    I. 1. f. *RD.* Pereza, holgazanería.

cuajá.
    □
    a. ‖ de una sola ~. loc. adv. *Cu.* De una sola vez. rur.

cuajacera.
    I. 1. f. *PR.* Cubeta para hacer hielo.

cuajachote. (Del nahua *cuahuitl,* árbol, y *achiotl,* achote).
    I. 1. *Ho.* **achiotillo,** arbusto. pop.

cuajada.
    I. 1. f. *Cu.* Queso blanco, blando y sin sal, envuelto en **yaguas,** hecho por los campesinos. rur.
    II. 1. f. *Ni.* Porción de marihuana. drog.

cuajado, -a.
    I. 1. adj. *Co. Referido a persona,* robusta y fuerte.
    II. 1. adj. *Gu. Referido a persona,* repleta de bienes, *generalmente dinero.*
    III. 1. adj. *RD. Referido a persona,* haragana. (**cuajao**).

cuajaní. (De or. ind. antillano).
    I. 1. *Cu.* **almendrillo.**

cuajar(se).
    I. 1. intr. prnl. *Mx, Gu, Ho, ES.* Dormirse *alguien.*
    II. 1. tr. *ES.* Tener *alguien* muchos hijos de una misma mujer.
    2. *Ho.* Tener *alguien* poder, fuerza o valor. rur.
    III. 1. intr. *Cu.* Integrarse.
    IV. 1. tr. *ES, CR.* Golpear a *alguien,* acertar con un golpe.
    V. 1. intr. *Ho.* Formar el grano algunas plantas como el maíz o el **frijol.** rur.
    VI. 1. intr. *PR. En la industria cafetalera,* florecer el cafeto. rur.
    □
    a. ‖ **~ el hielo.** loc. verb. *Ni, PR.* Congelarse el agua en las cubetas de hielo.

cuajatinta.
   I. 1. m. *Ho, ES, Ni.* **sacatinta**. (**guajatinta**).
      2. *Ho.* Tinte líquido de color azul extraído de las hojas en agua del cuajatinta que se utiliza para colorear el lino. pop.

cuajayote.
   I. 1. *Ni.* **cuahuayote**, árbol.

cuajazo.
   I. 1. m. *Cu.* Golpe dado con intención de hacer daño.

cuaje.
   I. 1. m. *Gu.* Sueño.
   ▶ **echar un ~.**

cuajero.
   I. 1. m. *Ve.* Recipiente cerrado en el que se prepara el cuajo para hacer queso.

cuajilla.
   I. 1. f. *Ar:C,O.* Hierba usada en medicina popular por sus propiedades diuréticas, sudoríficas y antidiarréicas. (Asteraceae; *Aconthospermum hispidum*).
   ◆ **rodajillo.**

cuajilote. (Del nahua *cuahuitl*, árbol, y *xilotl*, jilote).
   I. 1. m. *Mx, Gu, Ho, ES, Ni, CR, Cu.* Árbol de hasta 12 m de altura, tronco recubierto de espinas cortas y curvas, hojas lustrosas de color verde intenso, flores que crecen en el propio tronco, fruto de forma casi cilíndrica, superficie estriada, de color pardo verdoso y pulpa fibrosa llena de semillas. (Bignoniaceae; *Parmentiera edulis*).
      2. *Mx, Gu, Ho, ES, Ni, CR, Cu.* Fruto en baya de forma casi cilíndrica y de superficie estriada, de color pardo verdoso y pulpa fibrosa llena de pequeñas semillas; es comestible.
      3. *Mx, Gu, Ho, ES, Ni.* Árbol de hasta 8 m de altura, el tronco está recubierto de espinas cortas y curvas y el fruto es una baya comestible. (Bignoniaceae; *Permentiera aculeata*). (**guajilote**).

cuajiniquil. (Del nahua *cuahuitl*, árbol, y *xonecuilín*, pie torcido).
   I. 1. m. *Mx, Gu, Ho, Ni, CR.* Árbol de hasta 20 m de altura, de corteza gris, copa extendida en forma de paraguas o plana, hojas con cuatro a seis hojuelas elípticas, flores aromáticas de color verde pálido, y fruto en vaina colgante, verde o verde amarillento en la madurez. (Fabaceae; *Inga punctata*).
   ◆ **ixcapirol.**
      2. *Gu, Ho, ES, Ni.* Árbol de hasta 15 m de altura, de copa redondeada, tronco recto, corteza exterior castaña, ramitas terminales ferruginosas y pubescentes, hojas paripinnadas y alternas, inflorescencia en espiga y flores blancas. (Fabaceae; *Indigo* spp.). (**cujiniquil**) ◆ **cujín.**
      3. *Gu, Ho, ES, Ni.* Vaina cilíndrica y comestible del cuajiniquil (*Indigo*, spp.). (**cujiniquil**).
      4. *Gu, Ho, ES, Ni.* Semilla con arilo comestible y recubierta de una pulpa algodonosa de color blanco y de sabor dulce. (**cujiniquil**).
      5. *Gu, ES.* **chalagüite.**

cuajiote. (Del nahua *cuahuitl*, árbol, y *xiotl*, sarna).
   I. 1. m. *Mx, Ho.* Árbol o arbusto resinoso, el tronco tiene variedad de colores según la especie y corteza suave que al desprenderse, le da un aspecto sarnoso; la resina se utiliza como incienso en rituales indígenas y tiene diversas aplicaciones en la medicina tradicional. (Burseraceae; *Bursera excelsa, B. graveolens, B. simaruba*). (**guajiote**). ◆ **zongolica.**

cuajito.
   I. 1. *PR.* **cuajo**, fritura.

cuajo.
   I. 1. m. *Ec.* Humor, carácter, temperamento, genio.
      2. *Ec.* Descaro, desvergüenza.

   II. 1. m. *Ve.* Mujer fea. pop ^ desp.
   III. 1. m. *PR.* Estómago del cerdo.
      2. *PR.* Fritura hecha a base de estómago de cerdo cortado en trozos muy pequeños. (**cuajito**).
   IV. 1. m. pl. *ES.* Nalgas. vulg.
   V. 1. m. *Ho.* Dulce que se forma espontáneamente en los utensilios utilizados en el trapiche.
   VI. 1. m. *Ho.* Ofensa, daño o resentimiento. rur.
   ▶ **helarse el ~; irse el ~ a los talones; secársele el ~.**

cualquier.
   I. 1. adj. *Ch.* juv. *Referido a una cantidad*, grande. pop.

cualquierita.
   I. 1. pron. *Gu, Ve, Pe, Py, Ar.* Una persona o cosa indeterminada e insignificante. pop.

cualquierización.
   I. 1. m. *RD.* Proceso de descenso en la calidad de las cosas o los hechos.

cualquieroso, -a.
   I. 1. m. y f. *Pa.* Persona de poca importancia o indigna de consideración. pop.

cualquierote, -a.
   I. 1. pron. *Gu.* Una persona grosera o vulgar.

cualunque. (Del it. *qualunque*, cualquiera).
   I. 1. sust/adj. *Ar, Ur*; adj. *Ch.* Persona o cosa sin ningún valor o característica especial o relevante. pop + cult → espon.

cuancuarancuas.
   •
      a. ‖ **~.** fórm. *ES.* Se usa para preguntar a alguien qué cantidad de droga quiere comprar. drog.

cuando.
   I. 1. m. *Ar.* Baile de salón emparentado con la gavota y el minué, acompañado de una música estructurada en dos partes, una lenta y otra con paso muy rápido.

cuango.
   I. 1. m. *CR:NO.* Pelícano. (Pelecanidae; *Pelecanus onocratus*).

cuantimás.
   I. 1. adv. *Ec.* Tanto más, cuanto que. rur; pop.

cuantito.
   I. 1. loc. conj. *Bo; Ar:NO*, rur, pop. En cuanto, tan pronto como.
   II. 1. adv. *Ar:NO.* Muy poco. rur; pop.

cuanto.
   ■
      a. ‖ **por ~.** m. *Ho.* Acta escrita que hace un juez en el lugar de los hechos para iniciar un proceso judicial. cult.

¡cuánto!
   I. 1. interj. *Ch.* Expresa sorpresa ante algo que acaba de decirse. pop + cult → espon.

cuantoay.
   I. 1. m. *Ch.* p.u. Totalidad de lo que hay de una clase o especie en un ámbito determinado. pop.
      2. *Ec.* Todo. rur; pop.

cuapaste. (Del nahua *cuahuitl*, árbol, y *pachtli*, paste).
   I. 1. *Ho, Ni.* **paste**, planta epifita.

cuape.
   I. 1. adj. *Ni. Referido a persona*, melliza de otra.
      2. *Ni. Referido a cosa*, que tiene dos partes iguales.
   II. 1. m. *Pa.* Amigo.

cuapear.
   I. 1. tr. *Ni.* Juntar *alguien* dos cosas iguales o muy semejantes.

cuapinol. (Del nahua *cuahuitl*, árbol, y *pinolli*, palvillo o harina).
   I. 1. *Ho.* **guapinol**, árbol. (Fabaceae; *Hymenaea courbaril*).
      2. *Ho.* **guapinol**, fruto. (Fabaceae; *Hymenaea courbaril*).

cuáquer. (De *Quaker Oats*®).
I. 1. m. *Cu, Pe, Bo, Ch, Py, Ar.* Avena machacada. (**quáker**).
2. *Cu.* Producto obtenido del grano de avena pelado, aplastado y ablandado al vapor.
3. *Bo.* Avena en hojuelas.
▶ **caer ~.**

cuáquero, -a.
I. 1. adj. *PR. Referido a persona*, de conceptos morales considerados absurdos.

cuarahí.
I. 1. m. *Py. En la mitología guaraní*, personificación del Sol. (**cuarasí**).

cuarasí.
I. 1. *Py.* **cuarahí**.

cuaremito.
I. 1. m. *PR.* juv. Hijo pequeño.

cuarenta.
I. 1. m. *Ec.* Juego en el que se utilizan cuarenta naipes y quince fichas de colores diferentes. ♦ **caída**.
II. 1. f. *CR.* p.u. Prostituta. pop.
■
a. ‖ **~ horas.** f. *Ec.* obsol. Jubileo de las cuarenta horas.

cuarentano.
I. 1. m. *Mx, ES.* Variedad de **frijol** de tamaño mediano, con vaina de color amarillo, fruto leguminoso y flores de color morado. (Fabaceae; *Vigna unguiculata*). ♦ **alacín**; **cuarentero**; **frijol alasín**.

cuarentenario.
I. 1. adj/sust. *Ch. Referido a un recinto*, destinado para que las **reses** pasen un período de cuarentena. rur.

cuarenteño.
I. 1. *Ho, ES.* **cuarentano**.

cuarentilla.
I. 1. *Ar:NO.* **papa**, planta. rur.
2. *Ar:NO.* **papa**, tubérculo.

cuarentiña.
I. 1. f. *Cu. A finales de la década de 1980*, ómnibus que realizaba una ruta por el precio de cuarenta centavos.

cuarentón.
I. 1. m. *Bo. En el juego de la* **lota**, el número cuarenta.

cuarentona.
□
a. ‖ **~ colorada.**
i. loc. sust/adj. *Ar:NO.* **papa**, planta rur.
ii. loc. sust/adj. *Ar:NO.* **papa**, tubérculo. rur.

cuaresma.
■
a. ‖ **~ hembra.** f. *RD, PR.* p.u. Tiempo de Cuaresma en que llueve suficientemente. rur.
b. ‖ **~ macho.** f. *RD, PR.* p.u. Tiempo de Cuaresma en que llueve poco. rur.

cuaresmero.
I. 1. adj/sust. *Pe. Referido al fruto del mango*, que resulta más pequeño que el habitual y por su aroma es utilizado en la industria de la cosmética.

cuaresmillo.
I. 1. m. *Pe.* **Durazno** pequeño que madura entre los meses de marzo y abril.

cuaresmón.
I. 1. m. *PR.* Aguacero que no llega a producirse, a pesar de los síntomas atmosféricos que lo anuncian; es frecuente durante la Cuaresma.

cuareto, -a.
I. 1. adj. *PR.* juv. *Referido a un alimento*, dañado, estropeado.

cuaricha.
I. 1. f. *Pa.* Prostituta. pop.

cuarta.
I. 1. f. *Mx.* Látigo corto para las caballerías.
II. 1. f. *Ar, Ur.* Soga, cadena o barra que se utiliza para tirar de un vehículo atascado o detenido por fallos mecánicos.
2. *Ni, Cu, PR.* p.u. Yunta de bueyes, guía o animal que se agrega a un vehículo como fuerza de tiro.
3. *Ni.* Cadena o trozo de cable que va desde la punta del pértigo al yugo de la yunta delantera de la carreta.
III. 1. f. *CR, Ec.* Medida de capacidad para líquidos, equivalente a la cuarta parte de una botella o aproximadamente 190 ml.
2. *Bo.* Cantidad que corresponde a la tercera parte de una docena.
3. *Bo.* Medida de capacidad para líquidos, equivalente a la cuarta parte de un litro.
4. *PR, Bo.* Cuarta parte de una botella de un litro, *generalmente de una bebida alcohólica*.
5. *CR.* Cantidad que puede contener una cuarta.
IV. 1. f. *Ar.* Animal de tiro al que, solo o junto a otro, se engancha un carro. rur; pop.
V. 1. f. *Gu, RD, PR.* Juego infantil de grupo que se practica con una moneda que se tira contra la pared.
VI. 1. f. *ES.* Pene. vulg.
VII. 1. f. *PR.* Amigo íntimo, compañero inseparable.
■
a. ‖ **~s de final.** f. pl. *Ch.* p.u. *En el beisbol*, **bateador** de gran poder ofensivo al que le corresponde batear en el turno número cuatro.
□
a. ‖ **de la ~ al pértigo.** loc. adv. *Ar.* Sin dinero o con escasos medios económicos. rur; pop.
◪
a. ‖ **a la ~ ni los bueyes.** fr. prov. *Ni.* Indica que si se repiten los intentos, se suele conseguir el fin deseado.
▶ **echar ~ y geme; enredarse en las ~s.**

cuartago, -a.
I. 1. sust/adj. *Ch. En hípica*, caballo que anda con un paso corto y suave sin haber sido adiestrado para ello.

cuartazo.
I. 1. m. *Mx, PR.* obsol. Golpe que se da con la **cuarta**, látigo.
2. *Mx.* metáf. Caída violenta. pop + cult → espon ^ hiperb.

cuarteada.
I. 1. f. *Ch.* **cuarteo**. pop.

cuarteador, -ra.
I. 1. m. y f. *Ar.* obsol. Persona que iba al cuidado de la yunta o caballería de refuerzo que se añadía a las que tiraban de un vehículo para subir las cuestas o salir de los malos pasos.

cuarteadura.
I. 1. f. *Ec.* Cuarteamiento de una construcción.
2. *Ec.* Grieta, fisura, en un muro.

cuartear(se).
I. 1. tr. prnl. *Mx.* Acobardarse.
II. 1. tr. *Ar, Ur.* Tirar con una soga, cadena o barra, de un vehículo atascado o detenido por fallos mecánicos.
2. *Cu.* Uncir a la carreta una segunda yunta de bueyes. rur.
III. 1. tr. *Ch.* Mirar lascivamente partes del cuerpo de una persona. pop.
2. intr. prnl. *Ch.* Deleitarse *alguien* mirando lascivamente a una persona o a una parte de su cuerpo. pop.
IV. 1. intr. prnl. *PR, Pe.* Llenarse *algo* de surcos debido a la sequedad del ambiente.

V. 1. intr. *PR*. obsol. Suspender el trabajo antes de terminar la jornada para que los obreros cobren solo el tiempo trabajado.

cuartel.
I. 1. m. *RD, PR*. Comisaría de policía.
II. 1. m. *Bo. En un cementerio*, conjunto de huecos en un muro vertical para enterrar cadáveres.
III. 1. m. *PR*. obsol. Caserón donde viven muchas familias pobres.

cuartelero, -a.
I. 1. m. y f. *Pe, Ec, Uc*, obsol. Persona encargada del cuidado y limpieza de habitaciones y cuartos de hoteles.
2. *Cu. En una escuela interna*, estudiante encargado del cuidado y limpieza del dormitorio.

cuartelesco, -a.
I. 1. adj. *Pe*. Relativo a los cuarteles o centros militares. desp.

cuarteleta.
I. 1. f. *ES*. Botella de licor de un cuarto de litro.

cuartco.
I. 1. m. *Ch*. Mirada lasciva. pop. ♦ **cuarteada**.

cuartería. (De *cuarto*).
I. 1. f. *Ni, Cu, RD*. Conjunto de viviendas y cuartos situados en las afueras de las ciudades acondicionados para la gente pobre.
2. *Ho, Ni, Cu*. Casa grande con patio interior y dividida en cuartos de alquiler.

cuarterón.
I. 1. m. *Mx*. Unidad para medir volumen o peso; su equivalencia con respecto a otras unidades que miden lo mismo es diferente para cada región. rur.
II. 1. m. *Ni*. Ladrillo rectangular de barro cocido para la construcción.
III. 1. m. *Ni*. Trago grande de aguardiente.

cuarteta.
I. 1. f. *Cu, Ch*. Conjunto de cuatro personas, *especialmente deportistas*, que forman un equipo.

cuarteto.
I. 1. m. *Cu. En el dominó*, número cuatro.

cuartico.
I. 1. m. *RD*. Décimo de un billete de lotería.

•
a. ‖ **el ~ está igualito.** fórm. *Cu*. Se usa para indicar que una situación no ha cambiado. pop.

cuartilla.
I. 1. f. *Ec*. obsol. Cuarta parte de una arroba.
2. f. *RD*. **cuartillo**, medida para venta de sal.
3. f. *PR*. Cuarta parte de un almud de café.

cuartillo.
I. 1. m. *Mx*. Medida de capacidad para granos o semillas que equivale a 2 litros.
2. *RD*. Medida para la venta de sal. (**cuartilla**).
3. *Ho, Ni*. Medida variable de granos y semillas según el país.
4. *Ho, PR*. Medida de capacidad para líquidos que equivale aproximadamente a medio litro.
5. *CR*. Medida de capacidad equivalente a la cuarta parte de una **cajuela**.
6. *CR*. Cantidad que puede contener un cuartillo.
▶ **andar a tres menos ~.**

cuartirolo. (Del it. *quartirolo*).
I. 1. sust/adj. *Py, Ar, Ur*. Variedad de queso fresco, blando y cremoso, de origen italiano.

cuarto.
I. 1. m. *Mx*. Luz de posición de un automóvil.
II. 1. m. *Pe*. Calabozo. carc.
III. 1. m. *RD*. Dinero.
IV. 1. m. *Ho*. Medida de líquidos que equivale a 0,946332 litros.
V. 1. m. *Py*. Muslo de persona. pop.

a. ‖ **el otro ~se alquila.** fórm. *Cu*. Se usa para expresar en una conversación que una persona tiene características similares a otra de la que se está hablando.

■
a. ‖ **~ bate.** m. *RD, PR. En el **beisbol***, **bateador** de gran poder ofensivo al que le corresponde **batear** en el turno número cuatro.
b. ‖ **~ de desahogo.** m. *Cu*. Habitación en que se guardan numerosos objetos, *generalmente viejos o en desuso*.
c. ‖ **~ de hora.** *Cu, Ec, Bo, Pe, Ch*. Momento decisivo de algo. pop + cult → espon.
d. ‖ **~ de las papas.** m. *Cu*. Sala de un hospital donde se colocan los cadáveres.
e. ‖ **~ de pilas.** loc. sust. *CR. En una vivienda*, habitación destinada para lavar la ropa.
f. ‖ **~ de reflexiones.** m. *PR. En masonería*, pequeña habitación lóbrega, decorada con símbolos de vida y muerte, donde los neófitos meditan antes de ser iniciados.
g. ‖ **~ de San Alejo.** m. *Co. En una vivienda*, habitación *generalmente pequeña* que suele destinarse a guardar objetos de poco uso. ♦ **cuarto del reblujo**; **cuarto del reblujo**.
h. ‖ **~ del reblujo.** *Co:O*. **cuarto de San Alejo**.
i. ‖ **~ del reblujo.** *Co:O*. **cuarto de San Alejo**.

j. ‖ **~ oscuro.** m. *Py, Ar, Ur. En elecciones públicas*, recinto acondicionado para que el ciudadano elija en soledad la boleta por medio de la cual emitirá su voto.
k. ‖ **~ redondo.** m. *CR*. Moldura de madera que consiste en una vara larga cuya sección longitudinal tiene la forma de la cuarta parte de un cilindro, y *que se usa generalmente para dar acabado a los vértices que forman las paredes con el cielo raso*.
l. ‖ **~ secreto.** m. *Bo, Ur*. Pequeño recinto donde los electores seleccionan o marcan la papeleta que depositarán en el **ánfora**.

□
a. ‖ **a tres ~s y un repique.** loc. adv. *Ch*. En situación de apuros económicos. pop + cult → espon.
b. ‖ **~ fambá.**
i. loc. sust. *Cu*. **fambá**.
ii. *Cu*. **fambeco**.
c. ‖ **~ intermedio.**
i. loc. sust. *Pe, Bo, Py, Ar, Ur*. Interrupción de una reunión oficial o profesional para que los participantes puedan descansar.
ii. *Bo. En una asamblea*, pausa que dura unos quince minutos y que sirve para tomar acuerdos cuando existen diferencias de opinión sobre algún asunto.
▶ **echar a tres ~s y un repique; hacer ~; llegarle su ~ de hora; llenarse el ~ de agua; pasar al ~; pasarse el ~ de hora; quebrantar el ayuno al ~ para las doce.**

cuarto, -a.
I. 1. adj. *PR. Referido a persona*, afable, dispuesta a colaborar.

cuartocho.
I. 1. m. *Ho*. Quinto día después de la luna nueva. rur.

cuartón.
I. 1. m. *Ve*. Viga de construcción hecha de madera cortada a escuadra.
2. *Ec*. Viga en la que se monta el armazón de un cielo raso.
3. *Ho, Ni*. Tablón largo, de unos 35 cm de ancho y 10,16 cm de grosor, que se cruza con las vigas para formar el artesonado de los techos de una casa.

II. 1. m. *Ec.* Pedazo de ladrillo utilizado en trabajos de albañilería.

III. 1. m. *PR. En los instrumentos de cuerda*, pieza de madera en la que se ha labrado, pulido y decorado su caja de resonancia.

IV. 1. m. *PR.* Tabla gruesa y cúbica.

V. 1. m. *Cu.* Parte en la que se divide un **protero**.

cuasimodista.

I. 1. sust/adj. *Ch.* Persona que participa en la celebración de **correr a Cristo** que se celebra el domingo siguiente al de Resurrección, llamado de Cuasimodo.

2. adj. *Ch.* Relativo a la celebración que se realiza el Domingo de Cuasimodo.

cuasimonga.

I. 1. f. *PR.* juv. Mentira.

cuasiterremoto.

I. 1. m. *Ch.* Temblor de tierra muy fuerte.

cuasplato. (Del nahua *cuauhuitl*, árbol, y *plato*).

I. 1. m. *CR:NO*; *Ni*, obsol. **Batea** o recipiente de madera, de grandes dimensiones.

cuasquesa.

I. 1. f. *Ho:O*, *Ni*. obsol. **Tortilla** hecha de masa de maíz con queso.

cuata.

I. 1. f. *Ho.* Hormiga obrera, de color café o rojizo, que convive en el hormiguero con una reina, los soldados y las obreras; corta hojas en semicírculos que lleva por caminos bien definidos al hormiguero. (Formicidae; *Atta, Acromyrmex octospinosus* spp.).

cuatache, -a. (De *cuate*).

I. 1. m. y f. *Mx.* Persona que es muy amiga de otra.

cuatachismo.

I. 1. m. *Mx.* Nepotismo.

cuatacho, -a. (De *cuate*).

I. 1. m. y f. *Mx, ES*; *Bo*. pop + cult → espon. Gran amigo.

cuate. (Del nahua *coatl*, serpiente).

I. 1. m. *Mx, Ni.* Individuo, persona.

cuate, -a. (Del nahua *coatl*, serpiente o mellizo).

I. 1. m. y f. *Mx, Gu, Ho, Ni, PR, Ve, Bo, Py*. Camarada, amigo íntimo. pop + cult → espon.

2. adj. *Mx, Pa.* Igual o semejante.

3. *Mx. Referido a persona*, buena y que inspira confianza.

II. 1. adj/sust. *Mx.* Mellizo, nacido del mismo parto. (**cuache**).

III. 1. adj. *Mx. Referido a cosa*, doble, que forma pareja con otra de su misma clase. pop + cult → espon.

IV. 1. adj/sust. *Ch.* Natural de México. pop + cult → espon.

2. adj. *Ch.* Relativo a México. pop + cult → espon.

▶ **no tener ~.**

cuatete.

I. 1. *Gu.* **pichete**, lagartija.

cuatezón, -na.

I. 1. adj. *Mx. Referido a animal*, que carece de cuernos aunque, por su especie, debiera tenerlos.

cuatí.

I. 1. *Bo, Ar.* **coatí**.

cuática.

I. 1. f. *Ch.* juv. Escándalo, alboroto.

cuático, -a.

I. 1. adj. *Ch.* juv. Que se produce o desarrolla con escándalo y alboroto.

2. adj/sust. *Ch.* juv. *Referido a persona*, que se manifiesta de manera exagerada o vehemente.

II. 1. adj. *Ch.* juv. Extraño, raro. pop + cult → espon.

cuatiquero, -a.

I. 1. adj/sust. *Ch.* Escandaloso o que promueve escándalo. pop.

cuatrapear(se).

I. 1. intr. prnl. *Mx.* Desconcertarse *alguien*, confundirse. pop + cult → espon.

2. tr. *Mx.* Desconcertar a *alguien*, confundirlo. pop + cult → espon.

cuatreado, -a.

I. 1. adj. *Ho. Referido a ternero*, desnutrido porque no se le deja leche a la vaca después del ordeño. rur.

cuatreador.

I. 1. m. *Ho.* Ordeñador que no le deja leche a la vaca para que mame el ternero. rur.

cuatrera.

I. 1. f. *Pa.* Prostituta.

cuatrerear.

I. 1. intr. *Ar, Ur.* Robar ganado para venderlo después. rur.

cuatrería.

I. 1. f. *Ur, Ar*, p.u. **cuatrerismo**, robo.

cuatrerismo.

I. 1. m. *RD, Ar, Ur.* Robo de ganado. ◆ **cuatrería**.

2. *Pa, RD, Ch.* Actividad delictiva propia de los cuatreros.

cuatrero.

I. 1. m. *Bo:E.* Hombre que, en compañía de otros, sorprende a alguien para darle una paliza.

II. 1. m. *PR.* Persona que toca el **cuatro**.

cuatrero, -a.

I. 1. sust/adj. *Ch, Ar.* Estudiante que suele obtener en los exámenes un cuatro, la puntuación mínima para aprobar. pop + cult → espon.

2. adj. *Ch. Referido a un profesor o maestro*, que aprueba mucho pues califica de cuatro para arriba. est.

II. 1. m. y f. *Ve.* Persona que toca el **cuatro**.

III. 1. adj. *Ni, CR. Referido a persona*, que acostumbra hacer malas pasadas. pop ^ desp.

cuatriborlado, -a.

I. 1. adj. *PR, Ve. Referido a persona*, de grandes conocimientos. pop + cult → espon. (**cuatriborleado**).

2. *PR. Referido a cosa*, magnífica, estupenda. pop + cult → espon. (**cuatriborleado**).

cuatriborleado, -a.

I. 1. *PR, Ve.* **cuatriborlado**, de gran conocimiento.

2. *PR.* **cuatriborlado**, estupendo.

cuatrimoto.

I. 1. m. *Mx, Ho, Co, Pe, Ch.* Moto de cuatro ruedas anchas, dos delanteras y dos traseras, para cualquier tipo de terreno. pop + cult → espon.

cuatrista.

I. 1. m-f. *PR, Ve.* Persona que toca el **cuatro**.

cuatro.

I. 1. m. *Mx, Co, Ve, Bo.* Instrumento musical de cuatro cuerdas, parecido a la guitarra aunque más pequeño, que se toca punteado o más comúnmente rasgueado para acompañar composiciones folclóricas o populares.

2. *PR.* Instrumento musical parecido a la guitarra pero de diez cuerdas ordenadas en cinco pares, muy utilizado en las composiciones populares.

II. 1. m. *Mx.* obsol. Disparate, dicho sin sentido.

III. 1. m. *Ni, PR, Bo.* Pirueta que consiste en formar un cuatro con las piernas para saber si uno está borracho.

■

a. ‖ ~ **letras.** f. pl. *Ho:N.* Puñal. rur.

b. ‖ ~ **ojos.**

i. *Gu, Ho, Ni.* **caburé.**

ii. *Gu.* Pez de hasta 32 cm de longitud, con una membrana transversal que divide cada ojo en

dos córneas y dos retinas, de manera que puede ver al mismo tiempo por encima y por debajo del agua. (Anablepidae; *Anableps dowi*).
iii. *Ho.* **carachupa**, mamífero marsupial.
c. ‖ **~ plumas.**
i. m. *CR.* Aguardiente de caña de azúcar. pop ^ fest.
ii. *CR.* Trago de aguardiente de caña de azúcar. pop ^ fest.

☐

a. ‖ **todo ~.** loc. adv. *Ho.* juv. Excelente.
▶ **buscarse un ~ de septiembre; caer el ~; echar ~s; hacer ~; hacer el ~; meter las ~; ponerle un ~.**

cuatrobemba.
I. 1. *PR.* **cuatrobembe.**

cuatrobembe.
I. 1. m-f. *PR.* Persona de labios muy gruesos. pop + cult → espon. (**cuatrobemba**).

cuatrochi. (Del it. *quattrocchi*).
I. 1. sust/adj. *Ar.* Persona que lleva **anteojos**.

cuatrocincuenta.
I. 1. adj. *Ec*, obsol. Variedad de **papa**. rur.

cuatrofilos.
I. 1. m. *PR.* Variedad de plátano.

cuatrojos.
I. 1. sust/adj. *Co; Pe, Bo, Ch, Py, Ar,* pop + cult → espon; *Mx, Ni, Ec,* inf. Persona que lleva gafas, anteojos que se sujetan a las orejas. fest.

cuatromilpas. (De *cuatro* y *milpa*).
I. 1. m. *Mx.* Persona que lleva gafas. pop ^ fest.
II. 1. m. *Ho:N.* Sombrero hecho de hoja de palma fina.

cuatronarices.
I. 1. f. *Co, Ve.* Serpiente de hasta 1,5 m de longitud, que tiene fosas faciales con órganos sensibles al calor. (Viperidae; *Bothrops* spp.). ◆ **pelo de gato**.

cuatrualas.
I. 1. m. *RD.* Gallo que tiene sobre las alas otras más pequeñas. (**cuatruales**).

cuatruales.
I. 1. *RD.* **cuatrualas.**

cuauetecomate. (Del nahua *cuahuitl*, árbol, y *tecomatl*, tecomate).
I. 1. *Ni.* **jícaro**, árbol perenne.

cuauhnahuacense. (Del nahua *cuauhnahuac*, cerca de los árboles).
I. 1. adj. *Mx.* Relativo a esta ciudad de Cuernavaca, capital del estado de Morelos.

cuayote. (Del nahua *cuaitl*, cabeza, y *axotli*, calabaza)
I. 1. m. *Mx, Ho, ES.* **Bejuco** silvestre leñoso, con flores en racimo de color verde y amarillo y fruto verdoso. (Asclepiadaceae; *Gonolobus barbatus*). ◆ **chámper; chununo; cuchamper; matabuey; siguampero**.
2. *Mx, Ho, ES.* Fruto silvestre y carnoso del cuayote, con manchas longitudinales; su pulpa y semilla son comestibles una vez asadas. ◆ **chámper; chununo; cuchamper; siguampero**.

¡cuaz!
I. 1. interj. *Ho.* Imita el sonido de un golpe o puñetazo en algo relativamente blando. rur.

cuba.
I. 1. m. *Mx, ES, Bo; Pe,* p.u, pop. Bebida de ron con refresco de cola.
II. 1. m-f. *Co, Ve:O.* Hijo menor. pop.

cubá.
I. 1. *CR.* **frijolillo.** (Fabaceae; *Phaseolus lunatus*).
2. m. *CR.* Fruto del cubá, de color amarillo, aplanado, casi redondo, de piel gruesa y tamaño mayor que el de otras variedades.

cubana.
I. 1. f. *Pa.* Camisa corta de cuello cerrado.

a. ‖ **de linda ~.**
i. loc. adv. *Cu.* Por simple deseo o capricho. pop.
ii. *Cu.* Por las malas. pop.

cubanear(se).
I. 1. tr. *Cu.* Tratar un asunto sin la seriedad que corresponde.
II. 1. intr. prnl. *RD.* Pasearse del brazo las parejas de un baile.
III. 1. intr. *Cu.* p.u. Conducirse de manera alegre y festiva.

cubaneo.
I. 1. m. *Cu.* Comportamiento alegre y festivo característico del cubano.
2. *Cu.* Actitud despreocupada y superficial. desp.

cubanería.
I. 1. f. *Cu.* Manera de ser despreocupada y bromista propia del cubano.
2. *Cu.* p.u. **cubanía**, conjunto de ciudadanos.

cubanía.
I. 1. f. *Cu.* Conjunto de valores propios de la nación cubana.
2. *Ho.* Conjunto de ciudadanos cubanos. cult. ◆ **cubanería**.

cubaniche.
I. 1. *Cu.* **cubiche.**

cubanito.
I. 1. m. *Ar, Ur.* Barquillo en forma de cilindro, relleno con dulce de leche o crema *y, a veces, cubierto de chocolate*.
II. 1. m. *Cu.* Bebida preparada con jugo de tomate y ron.

cubano.
I. 1. m. *ES.* Ano. fest.

cubana.
I. 1. sust/adj. *Ho.* Variedad de caña de azúcar muy dulce conocida científicamente como POJ2878.

cubasal.
I. 1. m. *CR.* Plantación de **cubases**.

cubayera. (De *Cuba,* y la terminación de *guayabera*).
I. 1. f. *Ho.* Camisa de manga corta, sin bolsillos laterales, amplia y con pliegues por delante que llega y se ciñe a la cintura y que utilizan los estudiantes como parte de su uniforme. pop + cult → espon.

cube.
I. 1. *Pe.* **barbasco**, bejuco.
2. *Pe.* **barbasco**, veneno.

cubear.
I. 1. tr. *RD.* Timar, engañar a *alguien*.

cubera.
I. 1. f. *Ho:N, Cu, PR.* Pez marino de hasta 1 m de longitud, blanquecino por el vientre, aceitunado por el lomo, con cola ahorquillada y dientes caninos muy pronunciados; su carne es muy apreciada. (Lutjanidae; *Lutjanus pargus*).
2. *Ho:N.* Pez marino de hasta 1 m de longitud, de color grisáceo o negro con tonalidades rojizas, *especialmente en el abdomen y en la región anterior*, dientes caninos muy pronunciados, ojos con cerco amarillo, cola ahorquillada y aletas dorsal y anal tirando a moradas con líneas negras; su carne es muy apreciada. (Lutjanidae; *Lutjanus cyanopterus*). ◆ **guasinuco; pargo guacinuco; pargo mulato**.

cubero, -a.
I. 1. adj. *RD. Referido a persona,* engañadora, timadora.

cubeta.
I. 1. f. *Mx, Ho.* Recipiente metálico o de plástico en forma de cono truncado. pop.
2. *Ni.* Bidón plástico de cinco **galones**, usado para almacenar pinturas o agua.

3. *PR. En la industria cafetalera,* recipiente de metal para medir el café.

II. 1. f. *Ho:C,E.* Pieza de montura, *generalmente de metal o cuero,* que pende de una correa y en la que el jinete apoya el pie. pop.

III. 1. m. *Ho. En minería,* pequeño vagón de hierro sobre railes para sacar la broza de la mina. pop.

▶ **patear la ~.**

cubetada.
I. 1. f. *Co; Mx, Gu, Ho, Ni,* pop. Cantidad de cosas que caben en una **cubeta.** ♦ **cubetazo.**

cubetazo.
I. 1. m. *Ho.* **cubetada.**
2. *Ho.* Oferta de seis cervezas en una **cubeta** con hielo. pop.

cubeteado, -a.
I. 1. adj. *Ho. Referido a un líquido, generalmente agua,* que se acarrea en **cubeta.** pop.

cubetear.
I. 1. tr. *Gu.* Lavar un lugar o una cosa mediante **cubetadas** de agua.
2. *Ho.* Transportar *alguien* agua u otro líquido en **cubeta.** pop.

cubetera.
I. 1. f. *Ch, Py, Ar, Ur.* Recipiente con compartimentos para hacer cubos de hielo.

cubia.
I. 1. f. *Co.* Planta semitrepadora con tallo suculento de color rojo y flores de color rojizo morado; es de clima frío. (Tropaeolaceae; *Tropaeolum tuberosum*). ♦ **isaño; mashua.**

cubicador, -ra.
I. 1. m. y f. *RD, Ch.* Trabajador encargado de medir y calcular volúmenes en las obras, *especialmente en estructuras metálicas.*

cubicar.
I. 1. tr. *Cu.* obsol. Observar disimuladamente a *alguien* o *algo.*
2. *Cu.* obsol. Observar detenidamente a *alguien* o *algo.*
II. 1. tr. *PR.* Engañar, jugar *una persona* una mala pasada a *alguien.*
III. 1. tr. *Mx, PR, Bo.* Calcular *alguien algo, especialmente la cantidad de madera necesaria para una construcción.*

cubiche.
I. 1. adj/sust. *Cu; Ho, ES,* desp. Natural de Cuba. fest. (**cubaniche**).

cubichete.
I. 1. m. *Ch. En una embarcación,* tapa que cubre a modo de techumbre una dependencia y la protege de las inclemencias del tiempo.

cubículo.
I. 1. m. *Mx, Ho, Ni, CR, RD, Pe, Ur.* Oficina o despacho pequeño.

cubierta.
I. 1. *Ho.* **corrida,** preñada.
II. 1. f. *CR.* Funda de cuero usada para guardar el cuchillo de trabajos agrícolas.

cubiertera.
I. 1. f. *Cu, Ur.* Cajón o utensilio con separaciones para colocar los cubiertos.

cubiertería.
I. 1. f. *Co, Ve; Ec,* pop. Cubertería.

cubierto.
I. 1. m. *Ho, Ni, RD, Ve:O, Py.* Tenedor. pop.
2. *Ni, CR, RD, Py.* Cuchillo de mesa.

■

a. ‖ **~ de camarones.** m. *Pe.* Guiso hecho con **camarones** rebozados y fritos que luego se cuecen en

leche con **ají,** cebolla y otros ingredientes y se acompaña de arroz.

cubija.
I. 1. f. *Ar.* obsol. Manta que sirve de abrigo, *especialmente en la cama.* pop.

cubilán.
I. 1. m. *Ec.* Arbusto de hasta 3 m de altura con hojas ascendentes oblolanceoladas, coriáceas y de color verde del grisáceo al azulado; crece en la alta Sierra y sus hojas tienen aplicación en la medicina tradicional. (Asteraceae; *Senecio vaccinioides*).

cubilete.
I. 1. m. *Gu.* Pequeño pastel hecho de pan dulce, más ancho por la base que por la parte superior.
II. 1. m. *Gu.* Nalgas. euf.
III. 1. m. *Cu.* Juego de dados.

cubio.
I. 1. m. *Co.* Tubérculo de la **cubia,** pequeño y de color morado; es comestible. ♦ **isaño.**

cubo.
I. 1. m. *Gu.* Reja del arado de madera. rur.
II. 1. m. *Ch.* Agua helada con esencias de zumos de frutas o de sabor de leche, contenida en una bolsa de plástico estrecha y cilíndrica.
III. 1. m. *Gu.* Instrumento de siembra consistente en un palo de 1,5 m con punta en uno de sus extremos que sirve para ahoyar. rur.
IV. 1. m. *RD.* Engaño, mentira, falsas promesas.
V. 1. m. *RD.* Cárcel.
VI. 1. m. *Ho.* Estribo. rur.
VII. 1. m. *Ho.* Punta del calzado. pop.
VIII. 1. m. *PR.* Cilindro metálico o de material plástico en el que se encaja la bombilla eléctrica.

■

a. ‖ **~ habado.** m. *Ho. En el juego de dados,* cubilete hecho de piel de ganado vacuno, cuyo pelo, que queda al exterior, es de color blanco con pintas negras. pop.

▶ **echarle un ~.**

cubrecarro.
I. 1. m. *PR.* Cubierta para proteger del polvo un automóvil estacionado por largo tiempo.

cubrelecho.
I. 1. m. *Co.* Cobertura de cama que se pone encima de las demás y sirve de adorno.

cubrepiso.
I. 1. m. *Ch.* Cubierta delgada de material sintético, similar a una alfombra, que se adhiere al suelo de una habitación y lo recubre por completo. (**cubrepisos**).

cubrepisos.
I. 1. *Ch.* **cubrepiso.**

cubreterraza.
I. 1. m. *Ch.* Toldo o cubierta, *generalmente metálica,* para cubrir terrazas. (**cubreterrazas**).

cubreterrazas.
I. 1. *Ch.* **cubreterraza.**

cubrimiento.
I. 1. m. *Pa, Cu, Co, Ve, Pe, Bo, Ch, Py.* Cobertura o extensión territorial que abarcan diversos servicios, *especialmente los de telecomunicaciones.*

cubrir. (Del ingl. *to cover*).
I. 1. tr. *Cu, En el beisbol,* ocupar un jugador determinada posición.

cubujón.
I. 1. m. *PR.* Espacio muy reducido, estrecho. pop + cult → espon.
2. *PR.* Cuartucho, covacha. pop + cult → espon.
3. *PR.* Escondrijo. pop + cult → espon.
4. *PR.* Sitio urbano muy pobre. pop + cult → espon.
5. *PR.* Callejón de extramuros. pop + cult → espon.

II. 1. m. *RD.* Parte de la capacidad del estómago de una persona.

III. 1. m. *Ho.* Cogujón, cada una de las cuatro puntas en que termina las jamugas de un aparejo.

cuca.
 I. 1. f. *Gu, Ho, ES, Pa, RD, Ve:C; Co, Pe,* vulg. Vulva.
 2. *Ho, ES, Ni.* Pene, *en especial el de niño.* euf.
 II. 1. f. *PR, Co:O,SO, Ve:O.* Galleta dulce y redonda que se elabora con harina de trigo y **panela.**
 III. 1. *Ch.* **garza cuca.**
 IV. 1. f. *Ch.* Furgón de la policía para transportar detenidos. pop + cult → espon.
 V. 1. f. *Ec.* Juguete de niñas que consiste en una figura humana y sus vestidos, impresos en papel, que se recortan. (**cuquita**).
 VI. 1. f. *Ec:S.* p.u. Cáncer. euf.
 VII. 1. f. *Cu.* Contracción muscular, dolorosa e involuntaria, en una pierna.
 VIII. 1. f. pl. *Cu.* Pesos.
 IX. 1. f. *ES.* Banqueta de madera.
 X. 1. f. *ES.* Monedero.
 XI. 1. f. *Ho.* Orilla del cuero que queda en la parte superior de la **capellada** del calzado.

cucabe.
 I. 1. m. *Ec.* p.u. Alimento que se lleva para consumir en el trabajo o en un paseo.

cucador, -ra.
 I. 1. sust/adj. *Ho.* Persona que gusta de provocar a otras. pop.

cúcala.
 I. 1. f. *Ni, CR:N.* Perezoso, mamífero arborícola desdentado de movimientos pausados. (Bradiopodidae; *Bradypus* spp.). (**cúcula**).

cucalón.
 I. 1. m. *Ch.* p.u. Casco ligero semiesférico de ala corta, rígida y caída, más ancha por la nuca, muy usado por los exploradores para protegerse del sol.

cucama.
 I. 1. f. *Ec.* Planta enredadera de hasta 5 m que produce un tubérculo comestible. (Fabaceae; *Pachyrhizus* spp.). ♦ **jícama.**
 2. *Ec.* Tubérculo de la cucama, amarillo por fuera y blanco cremoso por dentro, de textura quebradiza, semejante a la de una **papa** cruda o una pera, y sabor dulce; se puede consumir crudo o cocinado y posee propiedades medicinales y edulcorantes.

cucamba.
 I. 1. sust/adj. *Ni.* p.u. Persona cobarde.

cucambé.
 I. 1. m. *Co, Ve.* Juego del escondite.
 ▶ **jugar al ~.**

cucamona.
 I. 1. f. *Ni.* Fingimiento, mentira, engaño.
 ▶ **hacer la ~; meter la ~.**

cucañero, -a.
 I. 1. *PR.* **cucarachero,** astuto.

cucar(se).
 I. 1. *Gu, Ho, ES, PR.* **cuquear,** provocar.
 2. tr. *Ho. En las peleas de gallos,* picotear un gallo a otro, sujetado por sus dueños, para que tome bravura.
 3. *Ho.* Hacer burla a alguien, molestar.
 II. 1. intr. prnl. *ES.* Animarse, motivarse.
 □
 a. ‖ ~ **las ganas.** loc. verb. *PR.* Incitar *una persona* a otra. pop + cult → espon.

cucaracha.
 I. 1. f. *Ve:C,O; Gu, Ho, ES, Ni, PR,* vulg; *Pe,* p.u, prost, vulg. Vulva. pop + cult → espon.
 II. 1. f. *Cu, RD, PR.* **almendrillo.**
 2. *Cu, RD.* **matalí.**

III. 1. f. *Ar.* Firma manuscrita. pop.

IV. 1. f. *Ec.* Automóvil de modelo antiguo. fest.
 2. *Cu, Ar.* Automóvil pequeño y, *por lo común,* desvencijado.
 3. *Ho.* Automóvil de carrocería curva de la marca Volkswagen.
 4. *PR.* Automóvil de mal aspecto. pop + cult → espon ^ desp.

V. 1. f. *Cu, Py.* Persona que vale poco.
 2. adj. *RD. Referido a una mujer,* fea, mal arreglada, de poca clase y mala apariencia.

VI. 1. adj/sust. *Ec.* obsol. *Referido a persona,* que tiene mucha habilidad para salir bien librada de situaciones difíciles. pop.

VII. 1. f. *Cu.* Tijeretazo en el pelo.

VIII. 1. f. *PR.* Sinuosidad que queda en el hormigón fraguado.

 •
 a. ‖ **con qué se sienta la ~.** fórm. *Cu.* Se usa para expresar la imposibilidad de realizar algo cuando faltan los medios necesarios.

 ■
 a. ‖ ~ **de agua.** f. *Ar, Ur.* Chinche de gran tamaño que vive en los charcos y se alimenta de otros insectos acuáticos. (Belostomatidae; *Belostoma* spp.).
 ▶ **estar como ~ con mecha; estar como ~ fumigada; estar en alas de ~; parecer una ~ loca; ponerse en alas de ~; ser ~ con mecha.**

cucarachear.
 I. 1. intr. *PR.* Tratar *alguien* de conseguir las cosas con poco trabajo y esfuerzo, o a costa ajena. pop + cult → espon.
 II. 1. intr. *PR.* Hacer *alguien* pequeños trabajos bien remunerados. pop + cult → espon.
 III. 1. intr. *PR.* Andar un hombre a la conquista de mujeres. pop + cult → espon.
 IV. 1. intr. *PR.* Registrar, revolver, revisar *alguien* papeles, ropas o baúles. pop + cult → espon.

cucarachero.
 I. 1. m. *Mx, Gu, Ho, ES, Ni, CR, Pa, Cu, PR, Co.* Abundancia de cucarachas.
 2. *Mx, Gu, Ho, ES, Ni, CR, Pa, Cu, PR, Py.* Lugar donde abundan las cucarachas.
 II. 1. m. *Co, Ve, Pe.* Pájaro insectívoro de 10 cm de longitud, de dorso color pardo rojizo y vientre blanco opaco; vive en parejas cerca del suelo entre arbustos y matorrales. (Troglodytidae; *Troglodytes aedon*). ♦ **arrocero; charrasca; curucucha; ratona; ratonera; tacuarita.**
 2. *Ho.* **curruchiche.**
 III. 1. m. *Gu, Ho, ES, CR, PR.* Habitación sucia.
 IV. 1. *PR.* **caculo social.**
 V. 1. m. *PR.* Gallo que pelea ordenadamente.

cucarachero, -a.
 I. 1. adj/sust. *RD, PR. Referido a un hombre,* mujeriego, enamoradizo. pop + cult → espon.
 II. 1. adj/sust. *PR. Referido a persona,* astuta, solapada. pop + cult → espon. ♦ **cucañero.**
 III. 1. m. y f. *Ar.* Persona que tiene por oficio eliminar los insectos en las casas o edificios. pop.

cucarachita.
 ■
 a. ‖ ~ **martina.** f. *PR.* Juego de niñas que se acompaña con versos alusivos al insecto que le da nombre, *en ocasiones cantados.* inf.
 ▶ **estar como la ~ Martina.**

cucaracho.
 I. 1. m. *Pa.* Árbol de tierras bajas y medianas, de hasta 30 m de altura, hojas imparipinnadas y alternas, flores verdes o amarillentas y frutos negros cuando

están maduros. (Anacardiaceae; *Astronium graveolens*).
♦ **ronrón**; **tigrillo**; **zorro**.

cucarachón.
  I. 1. adj. *Ve. Referido a un hombre*, enamoradizo.
  II. 1. adj/sust. *Cu. Referido a persona*, cobarde. desp.

cucarachoso, -a.
  I. 1. adj. *ES.* p.u. *Referido a cosa*, vieja o en mal estado.

cucaramácara.
  I. 1. f. *RD.* Cosa engañosa.

cucarda.
  I. 1. f. *Pe, Bo.* **gallardete**, arbusto.

cucarrear.
  I. 1. intr. *Ch.* Tener *algo* o *alguien* un movimiento o comportamiento irregular. pop.

cucarreo.
  I. 1. m. *Ch.* Movimiento o comportamiento irregular. pop.

cucarro, -a.
  I. 1. adj. *Ch, Ar,* p.u. Irregular en el movimiento. pop.
    2. *Ch, Ar. Referido a persona*, que tiene mareo. pop.
    3. *Ch, Ar:NO. Referido a un trompo*, que salta al girar por tener la púa torcida o muy aguda.

cucarrón.
  I. 1. *Ho, Co.* **ronrón**, escarabajo.
    2. *Ec:NO.* Moscardón.

cucarroncito.
  I. 1. m. *Ho.* **maya**, escarabajo.

cucasmonas.
  I. 1. f. pl. *PR.* Gestos o ademanes de coquetería. pop + cult → espon.

cucaya.
  I. 1. f. *Ec.* p.u. **cocuyo**, insecto.
  II. 1. f. *Ec.* p.u. Señal reflectante que se coloca en las vías públicas para guiar a los conductores.

cucayo.
  I. 1. m. *Co:N.* **pega**, costra de arroz.
  II. (Del quech. *cucayu*).
    1. m. *Ec.* Provisión de alimento que se lleva para un viaje. pop.
    2. *Ec.* Comida ligera que toman los jornaleros. pop.

cucazo.
  I. 1. m. *ES.* Mujer hermosa, atractiva y provocativa.

cucha.
  I. 1. f. *Py, Ar, Ur.* Construcción pequeña para el perro, en madera u otro material *y, generalmente, con forma de casa*.
  III. 1. f. *Pe.* Laguna.
  IV. 1. f. *Ch, Ur.* Lugar en donde tiene su cobijo un animal doméstico, *en especial, un perro o un gato*.

cuchada.
  I. 1. f. *ES.* Grupo de personas de bajo nivel socioeconómico. desp.

cuchamper.
  I. 1. *Ho, ES.* **cuayote**, bejuco.
    2. *Ho, ES.* **cuayote**, fruto.
  II. 1. m. *ES.* Corazón.

cuchara.
  I. 1. f. *Mx, Gu, Ho, Ni, CR, Cu, RD, Ve, Py, Ur.* Herramienta compuesta de una lámina metálica con forma aovada, pero más alargada en unos de sus extremos, y una manija o asa, que usan los albañiles para extender o aplicar la **mezcla**.
    2. *Cu.* Maestro de albañil.
  II. 1. f. *Gu, Ho, ES, Ve:C,O.* Vulva. vulg; pop.
  III. 1. f. *Co.* Sustento, alimento. pop.
  IV. 1. f. *Ar.* **espátula**, ave.
  V. 1. f. *Ch.* Corazón de una persona. pop + cult → espon ^ fest.

  VI. 1. f. *ES.* Persona entrometida.
    2. *Ho.* Chisme. pop.
  VII. 1. f. *Ec:S,C.* Calle o callejón sin salida que termina en forma semicircular.
  VIII. 1. f. *Ho, PR.* Gesto real o fingido que precede al llanto. pop. (**cucharita**).
  IX. 1. f. *PR.* Onza de heroína. drog.
    2. *PR.* meton. Droga. drog.
  X. 1. f. *PR.* Parte de la pala mecánica que recoge la tierra.

■

  a. ‖ **~ de guacal.** *Ho.* **cuchara de jícara**.
  b. ‖ **~ de jícara.** f. *Ho.* Pedazo de cáscara del fruto del **jícaro** que se utiliza para raspar y alisar una vasija de barro.
  c. ‖ **~ mama.** *Ec.* **mama cuchara**.
  d. ‖ **mama ~.** f. *Ec.* Gran cuchara de palo utilizada en la cocina para mover o agitar las comidas en las grandes ollas y servir la comida de la gente. (**cuchara mama**).
  e. ‖ **media ~.** m. *Mx, Cu; Ho,* pop. Aprendiz de albañil o mal albañil.

□

  a. ‖ **de recoger con ~.** loc. adj. *Co. Referido a persona*, muy cansada. pop.
  ▶ **cuidar la ~; dejar la ~ enganchada; despacharse con la ~ grande; estar de recoger con ~; fallar la ~; hacer ~s; mete ~; sacar con ~; servirse con la ~ grande; tener buena ~.**

cucharada.
  I. 1. f. *Gu, Ho, ES.* Trago de aguardiente.
    2. *Gu.* meton. Aguardiente.

●

  a. ‖ **¡dos ~s y a la papa!** fórm. *Ch.* Se usa para anunciar el inicio de una acción previa antes del disfrute de algo. pop ^ fest.
  ▶ **pasársele las ~s.**

cucharear(se).
  I. 1. intr. prnl. *Co.* Torcerse o combarse.
  II. 1. tr. *Ho, Ni, Pe.* Sonsacar información disimuladamente *a alguien*. pop.
    2. intr. *ES.* Entrometerse *alguien* en asuntos ajenos. pop.
  III. 1. tr. *Ho, ES; Co,* pop. Comer *alguien algo* con una cuchara, *generalmente la sopa.* rur.
  IV. 1. intr. *Ho.* Hacer *alguien* gestos con la cara que preceden al llanto. pop + cult → espon.
  V. 1. tr. *Ho.* Trabajar *alguien* con la paleta. pop.

cuchareo.
  I. 1. m. *Ch.* juv. Ingestión de comida que se comparte de un mismo plato o recipiente. pop.
  II. 1. m. *Ch.* Legrado, raspado. pop.

cucharero.
  I. 1. m. *Ar:C,O.* Pájaro insectívoro de 10 cm de longitud y color pardo en el dorso y en las alas, canela claro en el pecho y en el vientre. (Zygophyllaceae; *Porlieria microphylla*). ♦ **cucharupí**.

cucharero, -a.
  I. 1. adj. *Ar:NO. Referido a un hombre de campo*, que arroja el lazo de cerca, a las manos de los animales. rur.
  II. 1. m. y f. *Ar.* Persona que realiza abortos clandestinos. pop ^ desp.
  III. 1. m. y f. *Ec:S.* obsol. Oriundo de la ciudad de Azogues. pop ^ desp.

cuchareta.
  I. 1. adj/sust. *Cu, RD. Referido a persona*, entrometida, que se mete en todo.
  II. 1. f. *Ch.* Instrumento alargado con final en cuña que sirve para extraer las caries y suciedad dental.
  III. 1. f. *PR.* Cucharón.
  IV. 1. f. *PR.* Pico del pato.
  V. 1. f. *PR.* Visera de la gorra.
  ▶ **meter ~; meter la ~.**

cucharilla.
I. 1. f. *Pe.* **cucharillo**, arbusto.
II. 1. f. *PR.* Droga estupefaciente. drog.

cucharillo.
I. 1. m. *Ec.* Arbusto de hasta 5 m de altura, con un recubrimiento céreo en los tallos e inflorescencias en densos racimos terminales con numerosas flores conspicuas blanco rojizo o violáceo y numerosas semillas aladas; la flor tiene usos medicinales. (Proteaceae; *Oreocallis grandiflora*). (**cucharilla**).
♦ **galuay; gañal; saltaperico.**
2. *Ec.* Madera del cucharillo, que se utiliza para tallar.

cucharita.
I. 1. f. *Ch, Ar, Ur.* Postura en la que una persona tumbada se acurruca junto a otra a la que abraza y que está de espaldas a ella. pop + cult → espon.
2. adv. *Ch, Ar.* En postura de cucharita. pop + cult → espon.
II. 1. f. *Cu.* Persona que ocupa un puesto importante pero sin autoridad.
III. 1. *Ni, Pa, PR.* **cuchara**, gesto.
IV. 1. m-f. *ES.* Persona que tiene la barbilla puntiaguda.
V. 1. m. y f. *Ho.* Persona entrometida en asuntos ajenos. pop.
VI. 1. f. *PR.* Palustre usado para encalar.
► **hacer ~; hacer ~s.**

cucharo.
I. 1. *Pa.* **bemba de chucha**, árbol.

cucharón.
I. 1. m. *Pe, Bo, Ch, Ur*, fest; *Gu, ES, Co*, p.u; *Mx*, p.u, fest. Corazón de una persona. pop.
II. 1. m. *Ho, ES.* Vulva. vulg.
III. 1. *Gu.* **pichilingo**.
IV. 1. m. *PR.* Pequeña pala de mango corto para sacar granos de un recipiente.
2. *CR.* Recipiente de hierro, similar a un tazón, con un mango de unos 25 cm de largo, usado en los **trapiches** *especialmente para verter la miel en los moldes.*
► **despacharse con el ~.**

cucharón, -na.
I. 1. m. y f. *Ho, ES.* Persona entrometida. pop.

cucharonada.
I. 1. f. *Bo, Ch.* Porción de alimento que cabe en un cucharón o cuchara grande.

cucharudo, -a.
I. 1. sust/adj. *Ho.* Hombre al que le gusta discutir o pelearse con mujeres. vulg; desp.
II. 1. adj. *Ho. Referido a persona*, chismosa. pop.

cuche. (De or. onomat., por el reclamo de llamada).
I. 1. m. *Gu, Ho, ES*; *Pe*, cult → espon; *CR*, rur. Cerdo, animal doméstico.
2. adj/sust. *ES, Pe.* metáf. *Referido a persona*, sucia. pop.
II. 1. m. *ES.* Lugar repleto de personas.
► **dejar ~; estar ~; hacer ~; no decir ni ~; tener ~.**

¡cuche!
I. 1. interj. *Ho, Ni.* Expresa la forma de llamada al cerdo.
2. *Ni, CR.* Expresa la forma para animar a andar a los cerdos. rur.

cucheco, -a.
I. 1. sust/adj. *Gu.* Persona conflictiva o peligrosa.

cuchepo.
I. 1. m. *Ch.* Vehículo de cuatro ruedas tirado por un grupo de corredores en carreras populares estudiantiles. est.

cuchepo, -a.
I. 1. m. y f. *Ch.* Persona mutilada de ambas piernas. pop.

cucheta. (Del it. *cuccetta*, litera de los barcos o trenes, y este del fr. *couchette*).
I. 1. f. *Ar, Ur.* Mueble formado por dos camas colocadas una encima de la otra.
2. *Ar, Ur.* Cada una de las camas de una cucheta.

cuchi.
I. 1. m. *Ec, Bo, Py, Ar:N.* **chancho**, cerdo.
II. 1. m. *Bo, Ar:N.* Persona desaliñada y sucia. pop ^ desp.
III. (Del aim. *khuchhi* y del quech. *khuchi*).
1. sust/adj. *Bo:E.* Persona muy gorda. pop ^ desp.
IV. 1. sust/adj. *Bo:C,O.* Persona que engaña con frecuencia a su pareja, manteniendo relaciones amorosas con otras personas. pop ^ desp.
V. 1. sust/adj. *Bo:O,C. En los deportes, especialmente en el futbol*, jugador excesivamente violento. pop.
VI. 1. *Bo.* **urundel**.

¡cuchi!
□
a. ‖ ¡~~! loc. interj. *Ec.* Expresa la forma de llamada al cerdo. rur.

cuchibachero, -a.
I. 1. adj. *RD. Referido a persona*, enamoradiza y fiestera.

cuchibarbi.
I. 1. f. *Co.* Mujer madura que aparenta ser joven y atractiva. pop.

cuchicama. (Del quech. *cuchi*, cerdo, y *camac*, cuidador).
I. 1. m. *Ec.* Porquerizo, cuidador de puercos. rur.

cuchicara. (De *cuchi*, cerdo, y del quech. *gara*, piel).
I. 1. f. *Ec, Pe, Bo.* Piel de cerdo soasada en su propia grasa, picada en trozos pequeños y aderezada con sal y **ají**.

cuchicheada.
I. 1. f. *Bo.* Cuchicheo, acción de hablar en voz baja o al oído a alguien, de modo que otros no se enteren.

cuchicheado, -a.
I. 1. adj. *RD, Bo, Ch, Py, Ar. Referido a la voz o a una manifestación hablada*, baja, casi inaudible.

cuchichear.
I. 1. *PR.* **bochinchear**, hacer alboroto.

cuchichugo.
I. 1. m. *Ec:S.* Ave de hasta 20 cm de longitud, con plumaje vistoso en tonos verde y amarillo. (Thraupidae; *Rhodinocichla roseu, Thraupis palmarum*).

cuchicientos.
I. 1. *RD, PR.* **chorrocientos**. pop + cult → espon ^ hiperb.

cuchicuchi.
I. 1. *Ve.* **oso melero**. (Procyonidae; *Potos flavus*).
II. 1. m. *Cu, RD.* Acto sexual. fest.
III. 1. m. *Ho, PR.* Cuchicheo, habladuría. pop + cult → espon.

cuchifrita.
I. 1. f. *Pa.* Guiso elaborado con trozos de corazón de **res**.

cuchilla.
I. 1. f. *Cu, RD, Ve, Ar, Ur.* Elevación de terreno muy prolongada, cuyas pendientes se extienden suavemente hasta la tierra llana.
2. *Gu, Ho, ES.* Parcela de tierra de forma triangular. rur.
3. *Ho.* Corte profundo y perpendicular en una montaña. pop.
4. *Ni.* Pedazo de papel o tela de forma triangular.
5. *PR.* Cordillera.
6. *PR.* Cima de una montaña o cordillera.
II. 1. f. *Pa, RD, PR.* Cortaplumas. pop + cult → espon.
2. *Cu, PR.* metáf. Pequeño pedazo de vidrio colocado en el rabo de una cometa para cortar el hilo de otra y hacer que se pierda.

3. *RD, PR.* Herramienta de artesano para tallar madera.
4. *Ho, Ni, PR.* Instrumento para cortar pieles, muy usado por los zapateros.
5. *Ho, Ni.* Pequeña hoja de acero en forma de cuarto de luna con filo que sirve para cortar las hojas de tabaco.
6. *PR.* Hoz para cortar la hierba. rur.
7. *PR. En la industria azucarera*, arado que penetra hasta las capas más profundas del terreno; se emplea en tierras duras y compactas. rur.
8. f. pl. *PR.* Dental del arado. rur.

III. 1. m-f. *RD, Co, Ch.* Profesor muy exigente y estricto con sus alumnos. est; pop.
2. *Ni.* Estudiante que sabe muy bien un tema o asignatura.

IV. 1. f. *Pe.* Añadidura o pliegue que se cose a una prenda de vestir para ensancharla o estrecharla.
2. *Ho. En la confección de faldas*, pliegue triangular alargado que se hace de las nalgas para abajo. pop + cult → espon.

V. 1. f. *Ho:E.* Mazorca de maíz cuando apenas empieza a formarse. rur.

VI. 1. f. *Ni, CR.* Interruptor eléctrico consistente en una base de porcelana con dos láminas de cobre adaptadas a ella por uno de sus extremos, las cuales giran 180° sobre un eje para abrir o cerrar el circuito.

▶ **estar** ~; **meter** ~.

cuchillar.
  I. 1. intr. *Ho.* Comenzar a echar el maíz la mazorca. rur.
  2. *CR.* Comenzar el **frijol** a echar la vaina. rur.
  II. 1. tr. *Ho:N.* Cortar en **manos** un racimo de **bananos**. rur.

cuchillero, -a.
  I. 1. sust/adj. *Mx, Gu, ES, Ni, Ch, Ar, Ur; Ho,* pop. Persona pendenciera y diestra en pelear con el cuchillo.
  2. *Ar, Ch,* pop. Cirujano que acostumbra a intervenir quirúrgicamente a sus pacientes sin motivos plenamente justificados. pop.

cuchillita.
  I. 1. f. *CR.* **cuchillito.**

cuchillito.
  I. 1. m. *CR.* Flor del **poró.** (**cuchillita**).
  □
  a. ‖ ~ **de palo.** loc. sust. *Mx.* Persona que insiste y molesta respecto de algún punto, sin llegar a solucionar nada.

cuchillo.
  I. 1. *Cu, RD, PR.* **chaveta,** cuchilla de zapatero.
  II. 1. m. *Ve.* Pez de agua dulce de forma similar a la del **temblador,** pero de menor tamaño y con capacidad de emisión de descargas eléctricas menos intensas; tiene una vistosa coloración. (Gymnotidae; *Gymnotus* spp.).
  III. 1. m. *Cu.* Lugar donde convergen dos calles que han sido más o menos paralelas.
  IV. 1. sust/adj. *Bo.* Persona que destroza o envejece rápidamente sus prendas de vestir, *especialmente el calzado.*
  ■
  a. ‖ ~ **cartonero.** m. *Ch.* Instrumento para cortar papel provisto de una cuchilla extensible.
  □
  a. ‖ **con el** ~ **bajo el poncho.** loc. adv. *Ar, Ur.* Con intenciones aviesas que se procuran mantener ocultas. pop.
  b. ‖ **con el** ~ **entre los dientes.** loc. adv. *Cu.* obsol. Con decisión para realizar algo beneficioso.
  ▶ **coger** ~; **estar** ~; **meter** ~; **querer cajeta,** ~ **y guaro;** **ser un** ~; **tener cajeta,** ~ **y guaro.**

cuchimalva.
  I. 1. f. *Ec.* Malva de una variedad ordinaria, de que gustan los cerdos.

cuchinato, -a.
  I. 1. m. y f. *PR.* Último cerdo de una lechigada. rur.

cuchipapa.
  I. 1. f. *Ec.* **Papa** de inferior calidad, muy menuda y deteriorada. rur.

cuchipe.
  I. 1. m. *Pe.* Enfermedad contagiosa, caracterizada por la erupción en la cara, manos, pies y regiones genitales de unas excrecencias fungosas semejantes a frambuesas, blancas o rojas, susceptibles de ulcerarse.

cuchipoñi.
  I. 1. f. *Ch:S.* **Papa** pequeña que se destina para alimentación de los **chanchos,** animales.

cuchiquiro.
  I. 1. m. *Ec.* Diente incisivo demasiado grande, deforme o mal situado. pop.

cuchitico, -a.
  I. 1. adj. *CR.* obsol. *Referido a persona,* que no dice nada, *generalmente por temor a ser reprendida o puesta en entredicho.* pop + cult → espon.

¡cúchito!
  I. 1. interj. *Co.* Expresa la llamada al perro.

cuchitril.
  I. 1. m. *RD, PR, Ur.* Pequeña tienda, cafetín o taller. pop + cult → espon ^ desp. (**timberiche**).
  2. *PR, Ur.* Casucha. pop + cult → espon. ♦ **timberiche.**

cuchivilu.
  I. 1. m. *Ch:SO.* Criatura fantástica marina mitad cerdo, mitad serpiente, que, según la creencia popular, allí por donde pasa arruina los corrales de pesca y contamina el barro y el agua.

cucho.
  I. 1. m. *Co.* Pez de forma aplastada con un abultamiento en la parte anterior de la cabeza y boca en forma de ventosa; tiene el cuerpo gris claro con puntos irregulares más oscuros de buen tamaño; es comestible. (Loricariidae; *Chaetostoma* spp.). ♦ **zapatero.**
  II. 1. m. *Ec.* p.u. *En un edificio,* espacio formado por el encuentro de dos paredes. rur; pop + cult → espon.
  2. *Ec.* p.u. Rincón, lugar retirado o escondido. rur; pop + cult → espon.
  III. 1. m. *Ch.* Gato, mamífero félido. pop + cult → espon.
  ▶ **hacerse el** ~.

cucho, -a.
  I. (Del maya *cuch,* joroba).
  1. adj/sust. *Mx. Referido a persona,* que ha nacido con malformaciones en la nariz y la boca o en las extremidades.
  2. *ES. Referido a persona,* que tiene joroba.
  II. 1. adj/sust. *Co.* Viejo, anciano. pop ^ desp. ♦ **catano.**
  2. m. y f. *Co.* Profesor que enseña en colegios y universidades. est; desp.
  III. 1. adj. *PR.* juv. *Referido a persona,* guapetona, bien parecida.
  ▶ **hacer una** ~.

¡cucho! (De or. onomat.).
  I. 1. interj. *Ch.* Expresa llamada al gato.

cuchubal.
  I. 1. m. *Gu, ES.* Cantidad de dinero que mensualmente reúnen los compañeros de una oficina para rifarlo entre ellos.
  2. *ES.* Alcancía.
  II. 1. m. *ES.* Recipiente para guardar cosas.
  III. 1. m. *Ho.* Pacto entre dos o más personas para realizar una acción poco transparente. pop ^ desp. (**cuchuval**).

cuchubaleado, -a.
  I. 1. adj. *Ni. Referido a persona,* que sigue una consigna.

cuchubalearse.
   I. 1. intr. prnl. *Ni.* Confabularse dos o más personas en algo, *generalmente ilícito.*

cuchubaleo.
   ▶ **haber un ~.**

cuchuchear.
   I. 1. intr. *Ch.* p.u. Cuchichear, hablar en voz baja o al oído a alguien, de modo que otros no se enteren. pop.

cuchucheo.
   I. 1. m. *Ch.* p.u. Cuchicheo. pop.

cuchucho.
   I. 1. *Ec:O.* **coatí.**

cuchucientos, -as.
   I. 1. *Pe.* **chorrocientos.** pop ^ fest.

cuchuco.
   I. 1. m. *Co, Ve.* Sopa muy espesa que se prepara a base de granos de trigo, maíz o cebada.

cuchuflaca.
   I. 1. f. *ES.* Vulva. vulg.

cuchufleta.
   I. 1. f. *Mx, RD.* Cosa insignificante o de poca importancia.
   II. 1. f. *Gu, RD, PR.* Calzado viejo o deteriorado.
     2. *PR.* Zapato de punta ancha.
     3. *PR.* juv. Zapatilla de andar por casa.
   III. 1. sust/adj. *Ch.* Asunto, proyecto o cosa tramposa. pop.
   IV. 1. f. *Ho, ES.* Vulva. vulg.
   V. 1. f. *Ni.* Insulto o ataque verbal indirecto.
   VI. 1. f. *PR.* Especie de bizcocho.

cuchufletear.
   I. 1. intr. *Ch.* Decir o hacer trampas, engaños. pop.

cuchuflí.
   I. 1. m. *Co.* Cosa, objeto cuyo nombre no se recuerda. pop.
   II. 1. m. *Ch.* Barquillo relleno con dulce de leche.

cuchugo.
   I. 1. m. *Ec:S.* obsol. Una de las dos alforjas de cuero usadas para transportar objetos en una caballería. rur.

cuchumbada.
   I. 1. f. *ES.* Cantidad de agua que cabe en un **cuchumbo.**
     2. *ES.* Cantidad grande de algo.

cuchumbalear.
   I. 1. intr. *Ni.* juv. Chismear *alguien.*

cuchumbalero, -a.
   I. 1. adj. *Ni.* juv. *Referido a persona,* chismosa.

cuchumbazo.
   I. 1. m. *Gu, ES.* Golpe dado con un **cuchumbo.**

cuchumbeada.
   I. 1. f. *ES.* Petición de dinero con un **cuchumbo.**

cuchumbear.
   I. 1. intr. *Mx, Gu, ES.* Jugar *alguien* a los dados.

cuchumbo. (Del maya *chum,* calabaza).
   I. 1. m. *Mx, Gu, ES, Ni; Ho,* pop. Cubilete para echar los dados.
     2. *Mx, Gu, Ni; Ho,* pop. | meton. Juego de dados.
   II. 1. m. *Ho, ES, Ni.* Recipiente para llevar el agua hecho de una calabaza ahuecada.
     2. *Gu.* Recipiente para guardar las **tortillas** hecho de la parte baja de una calabaza ahuecada.
   III. 1. m. *Ho, ES.* Hombre homosexual. desp.
   IV. 1. m. *ES.* Cuerpo de mujer.
   V. 1. m. *Ho.* Intercambio de regalos, mediante sorteo previo de nombres, entre un grupo de personas amigas o compañeros de trabajo. pop + cult → espon.
   VI. 1. m. *Ni.* Querida o amante.

cuchumil.
   I. 1. adj. *RD, Pe.* Mucho, *generalmente de manera indeterminada.* pop ^ fest.

cuchún.
   I. 1. m. *Cu.* Desorden, relajo.
   II. 1. m. *Cu.* Coito, acto sexual.

cuchuna.
   I. 1. f. *Pe, Ar:NO.* Cuchillo, *generalmente algo curvo,* para cortar. rur.

cuchupa.
   I. 1. f. *Ar:NO.* Bolsa pequeña, *especialmente aquella en la que se lleva el tabaco o lo necesario para* **coquear.** rur.
     2. *Ar:NO.* Bolsa tejida que se usa como monedero. rur.

cuchupeta.
   I. 1. f. *ES.* Chupete.

cuchupí.
   I. 1. *Ar:NO.* **cucharero.**

cuchuqui.
   I. 1. sust/adj. *Bo:E.* Persona desaseada y de aspecto descuidado.
     2. adj. *Bo:E. Referido a cosa,* sucia y de mal aspecto.

cuchuval.
   I. 1. *Ni.* **cuchubal,** pacto.

cuchuvalcarse.
   I. 1. intr. prnl. *Ni.* Pactar algo dos o más personas.

cuclas.
   □
     a. ‖ **de ~.** loc. adv. *Bo.* En cuclillas, con las piernas dobladas, asentando las nalgas sobre los talones.

cucleto, -a.
   I. 1. adj/sust. *Gu. Referido a persona,* que tiene un defecto en las piernas por el que camina irregularmente.

cuclillas.
   □
     a. ‖ **de ~.** loc. adv. *RD, Co, Bo, Ch, Py.* En cuclillas, con las piernas dobladas, asentando las nalgas sobre los talones. pop + cult → espon.

cuclinche.
   I. 1. adj. *Pa. Referido a un ave,* que no tiene cola.

cuco.
   I. 1. m. *Gu, RD, PR, Ec, Pe, Bo, Ch, Py, Ar, Ur.* Ser fantástico con el que se asusta a los niños, *especialmente cuando se quiere que obedezcan.* pop + cult → espon. (**cucu**). ♦ **cucú lele; cuculelé; cuculi.**
     2. *Gu, Bo, Ch.* Cosa con la que se infunde temor o miedo. pop + cult → espon.
     3. *Bo, Ch.* Miedo, temor.
   II. 1. m. *RD, PR, Pe, Bo, Ar, Ur,* p.u. Persona de aspecto feo y desagradable. pop.
   III. 1. m. pl. *Co:C, Ec:S.* Prenda interior femenina que cubre la parte inferior del tronco y tiene dos aberturas en las piernas. inf.
   IV. 1. m. *Gu, ES, Ni.* Grano, llaga, raspón o herida. inf.
     2. *Ec:S,* p.u. Cáncer. euf.
   ▶ **meter ~.**

cuco, -a.
   I. (Del aim. *k'uk'u*).
     1. sust/adj. *Bo.* Persona muy tacaña.
   II. 1. adj. *PR. Referido a persona,* de edad avanzada, alegre y vivaracha.
   III. 1. adj. *CR:NO. Referido a persona o animal,* que no tiene dientes. pop.
   □
     a. ‖ **de ~.** loc. adj/adv. *Ch. Referido a persona o cosa,* excelente. pop + cult → espon.

cucón, -na.
   I. 1. adj. *Gu, ES; Ho,* pop. *Referido a persona,* provocadora.

cucu.
   I. 1.   *Bo.* **cuco**, ser fantástico.
     2.   m. *Bo.* Persona de aspecto feo y desagradable. pop ^ desp.

cucú.
   I. 1.   m. *EU, Cu.* Culo de niño. euf.
     2.   f. *ES, Pe.* Nalgas. euf.
   II. 1.   adj. *Ch.* Referido a persona, algo trastornada, chiflada. pop + cult → espon.
   III. 1.   f. *ES.* Vulva. tabú.
   IV. 1.   f. *Ni.* Pene de niño. inf.
   ■
     a. ‖ ~ **lele.** *Py.* **cuco**, ser fantástico.

cucua.
   I. 1.   *Pa.* **cucuá**.

cucuá.
   I. 1.   m. *Pa.* **yanchama**, árbol. (**cucua**).

cucúas.
   I. 1.   m. pl. *Pa.* Personas disfrazadas de diablos que danzan en la festividad cristiana del Corpus.

cucuba.
   I. 1.   m. *Ve.* Pan hecho con harina de **plátano** verde secado al sol a la que se añaden huevos y melaza.
   II. 1.   f. *Cu.* Ave de rapiña, diurna, de unos 20 cm de longitud y de color pardo oscuro con manchas blancas en el dorso y patas. (Strigidae; *Gymnoglaux lawrencii*).

cucubanear.
   I. 1.   *RD.* **fiestear**.

cucubano.
   I. 1.   m. *PR.* Insecto coleóptero de hasta 3 cm de longitud, oblongo, de color pardo o negro, con manchas amarillas a los lados del tórax por las que despide de noche una luz azulada intensa. (Elateridae; *Pyrophorus* spp.). ♦ **aguaviva**; **estrellita**.
   II. 1.   m. *PR.* Árbol de hasta 7 m de altura, de flores rosadas y blancas y madera de color castaño oscuro, fuerte y pesada, muy usada para postes y para combustible. (Rubiaceae; *Ixora ferrea*). ♦ **dajao**.
   ■
     a. ‖ ~ **de mayo.** m. *PR.* Luciérnaga de dos luces de mayor tamaño que el **cucubano** corriente.

cucubo.
   I. 1.   m. *Co:C.* Arbusto espinoso, con fruto de **pepas** verdes, redondas, de diámetro aproximado de un centímetro. (Solanaceae; *Solanum saponaceum*).

cucuche. (Del maya *cuch*, espalda).
   I. 1.   m. *Gu.* Espalda.
   □
     a. ‖ a ~. loc. adv. *Gu, Ho:N,O, ES.* A la espalda. (**acucuche**; **a cucucho**).
     b. ‖ en ~. loc. adv. *Gu, Ho:N,O, ES.* En la espalda. pop + cult → espon. (**en cucucho**).

cucucho.
   I. 1.   m. *ES.* Espalda.
   □
     a. ‖ a ~. *ES.* **a cucuche.** (**acucucho**).
     b. ‖ en ~. *ES.* **en cucuche.**

cucufate.
   I. 1.   m. *Gu, ES, Ni.* Nalgas. euf.
     2.   *ES.* Ano.
   II. 1.   sust/adj. *Cu.* Persona que no vale nada.
   III. 1.   adj. *Ho.* Referido a persona, altanera, engreída, pagada de sí misma. rur.

cucufatería.
   I. 1.   f. *Pe.* Actitud en la que hay santurronería o beatería. pop ^ desp.

cucufato, -a.
   I. 1.   adj/sust. *Pe, Bo.* Referido a persona, santurrona, mojigata en materia religiosa o moral. pop.
   II. 1.   adj. *Bo, Ch.* obsol. Referido a persona, algo trastornada, chiflada. pop.
     2.   adj/sust. *PR.* Referido a persona, tonta. pop + cult → espon ^ fest.
   III. 1.   *PR.* Referido a persona, fea. pop + cult → espon ^ fest.

cucuisa.
   I. 1.   *PR.* **cocuisa**.

cúcula.
   I. 1.   *CR:N.* **cúcala**, perezoso.

cuculelé.
   I. 1.   *Py.* **cuco**, ser fantástico.

cuculi.
   I. 1.   *Bo.* **cuco**, ser fantástico.

cuculí. (Del aim. *kukuri*).
   I. 1.   m. *Ec, Pe, Bo, Ch:N, Ar.* Paloma silvestre de tamaño similar a la doméstica, pero de forma más esbelta, de color ceniza y con una faja de color azul muy vivo alrededor de cada ojo. (Columbidae; *Columbina picui*). ♦ **torito**; **palomita de la Virgen**; **torcacita**; **tórtola**; **ulincha**; **untucuru**; **urpilla**.

cuculistearse. (Del nahua *cocoliztli*, enfermedad o pestilencia).
   I. 1.   intr. prnl. *Ho.* Nacer a una cosa o comida moho blanco. rur.

cuculmeca.
   I. 1.   f. *Gu, Ho, Ni, CR.* **Bejuco** de hasta 10 m de altura, de tallos espinosos, hojas ovaladas o elípticas y flores blancas, cuya raíz forma un rizoma grande y leñoso; se utiliza en la medicina tradicional. (Smilacaceae; *Smilax spinosa*). (**cuculmeque**). ♦ **corona de Cristo**.

cuculmeque. (Del nahua *cuculi*, enfermo, y *miqui*, muerto).
   I. 1.   m. *ES; Ho,* pop. **cuculmeca**, bejuco.
   II. 1.   adj. *ES.* Referido a persona, enfermiza.
   III. 1.   adj. *ES.* Referido a persona, miedosa, cobarde.

cucumbé.
   I. 1.   m. *Ho, Ni.* Juego del escondite, que se inicia con esta palabra. inf. ♦ **cucumbete**.

cucumbete.
   I. 1.   *Ho.* **cucumbé**.

cucurruquear.
   I. 1.   intr. *Ni.* Cantar una paloma.

cucuruca.
   I. 1.   f. *Ho.* Borrachera. pop.
   ▶ **clavarse una ~.**

cucurucho.
   I. 1.   m. *Ho, Ni, CR, Pa, Co, Ve; PR,* cult → espon. Punto más alto de una cosa, como un cerro, una montaña, una torre o un árbol. pop.
     2.   *Ho.* metáf. Cúpula dirigente de una empresa, institución u organización.
     3.   *PR.* Colina.
     4.   *PR.* Tope o ramas altas de un árbol. rur.
     5.   *PR.* Caballete de un techo de dos aguas.
   II. 1.   m. *Gu, ES, Ec.* meton. Persona que viste de túnica y capirote en las procesiones de Semana Santa. ♦ **cartucho**.

cucurucú. (De or. onomat.).
   I. 1.   m. *Ar:NO.* obsol. Pan con forma de trenza.
   II. 1.   m. *RD, PR.* Canto del gallo.

¡cucurucú!
   I. 1.   interj. *RD, Bo.* Imita el sonido que produce el gallo cuando canta.

cucusa.
   I. 1.   f. *Ar.* Cabeza de una persona. pop ^ fest.
   II. 1.   adj. *RD.* Referido a persona, fea, desagradable.

cucushque.
    I. 1. m-f. *ES.* Persona sucia, desaseada.
    II. 1. m-f. *ES.* Persona haragana.

cucutear.
    I. 1. tr. *RD.* Buscar, rebuscar *algo* entre las cosas.

cucuteo.
    I. 1. m. *Ho.* Bailongo popular. desp.

cucuy. (De or onomat., por su canto).
    I. 1. m. *Mx.* Personaje imaginario con que se asusta a los niños, y que los rapta si no se portan bien. inf.
    II. 1. *Ve.* **cocui.**
    III. 1. m. *Ve.* Bebida alcohólica hecha con la savia del cucuy una vez seguido un proceso de fermentación y de destilación; es típica del estado de Lara.

cucuya.
    I. 1. f. *Ec.* p.u. **cocuyo**, insecto.
    2. *Ec.* p.u. Señal reflectante que se coloca en las vías públicas para guiar al conductor de noche.

cucuyarse.
    I. 1. intr. prnl. *Ho.* Ponerse *alguien* en cuclillas. rur.

cucuyera.
    I. 1. *Cu, RD.* **cocuyera**, vasija.
    2. f, *RD.* Pared o envase lleno de agujeros.

cucuyero.
    I. 1. m. *PR.* Conjunto de **cucuyos** revoloteando en un sitio.

cucuyo.
    I. 1. *Pa, Cu, RD, PR, Co.* **cocuyo**, insecto.
    2. m. *Ho, Ec.* Insecto coleóptero, de hasta 3 cm de longitud, oblongo, pardo y con dos manchas amarillentas a los lados del tórax por las que despide de noche una luz azulada muy viva. (Elateridae; *Pyrophorus noctilucus*). ♦ **carbunco.**
    3. *Ho, ES, Pa.* **tapacamino.**

cucuyú.
    I. 1. m. *Ni.* **bandera**, planta.

cucuyús.
    I. 1. m. *Gu.* Planta herbácea de hasta 2 m de altura, con tallos largos, hojas oblongas, flores grandes, rojas, naranjas o amarillas, agrupadas en espigas y fruto en forma de cápsula con numerosas semillas de color negro brillante. (Cannaceae; *Canna edulis*). ♦ **cana; capacho; maraca.**

cucuza.
    I. 1. f. *Ar, Ur.* Cabeza de una persona. pop ^ fest.

cudequén.
    I. 1. m. *Ch:S.* Ruido que se produce por la noche y que se considera de mal agüero.

cudicia.
    I. 1. f. *RD.* Codicia. vulg.

cudiciar.
    I. 1. tr. *RD.* Codiciar. vulg.

cudicioso, -a.
    I. 1. adj. *RD.* Codicioso. vulg.

cue. (Del maya *ku, kuyen,* cosa santa o sagrada).
    I. 1. m. *Gu.* Templo o lugar sagrado. prest; cult → esm.

cueca.
    I. 1. f. *Bo, Ch, Ar, Ur.* Composición musical típica de la región andina, de ritmo vivaz, *interpretada generalmente con guitarra.*
    2. *Ar, Ur.* Danza tradicional que se baila acompañada de dicha composición.
    3. *Bo, Ch.* Baile tradicional que simboliza las distintas etapas de un idilio, en el que los danzantes con rápidos movimientos se buscan y se esquivan.
    II. 1. f. *Ar:NO.* Lombriz de tierra que se utiliza como carnada o cebo.
    III. 1. *PR.* **culeca**, clueca.

□
    a. ‖ **la ~ en pelota.** loc. sust. *Ch.* Grado máximo que puede alcanzar algo y que razonablemente no se puede superar. pop + cult → espon ^ fest.
    ▶ **avivar la ~; parecer ~.**

cuecada.
    I. 1. f. *Pa.* Acción propia del **cueco**. pop.

cuecha.
    I. 1. f. *Ni,* rur; *CR,* obsol. Porción de tabaco que se masca.
    2. *CR.* **cuechazo.**

cuechado, -a.
    I. 1. adj. *ES. Referido a persona,* cómplice.

cuecharse (De *cohechar*).
    I. 1. intr. prnl. *ES.* Ponerse dos o más personas de acuerdo en algo, *generalmente ilegal.* desp.

cuechazo.
    I. 1. m. *CR.* Salivazo. pop. ♦ **cuecha.**
    2. *CR.* Gargajo. pop. ♦ **cuecha.**

cueche. (De *cohecho*).
    I. 1. m. *ES.* Pacto. desp.

cuechero, -a.
    I. 1. adj. *Ni. Referido a persona,* chismosa.

cuecho.
    I. 1. m. *Ni.* Chisme, rumor.
    II. 1. *Ni.* Colilla de cigarro o puro.

cuechoso, -a. (Del nahua *cuechtic,* cosa muy molida).
    I. 1. adj. *Ni. Referido a cosa,* muy molida.

cueco.
    I. 1. m. *Cu.* Cuesco, hueso de la fruta.
    ▶ **salirse del ~.**

cueco, -a.
    I. 1. sust/adj. *Pa.* Persona homosexual.

cuelcha.
    I. 1. f. *Ch.* Trenzado o tejido de hilos de paja de trigo que sirve para elaborar distintos objetos.

cuelelé.
    I. 1. adj. *Ar:NE. Referido a cosa,* vieja, muy deteriorada o inservible. pop.

cuelga.
    I. 1. f. *Pa, Ve:C.* Regalo que se da con motivo de la onomástica o cumpleaños.

□
    a. ‖ **~ de ajo.** loc. sust. *Ch.* Asalto con intimidación. delinc; pop.

cuelleada.
    I. 1. f. *Bo.* Exageración de una persona en una conversación por no sentirse inferior a los demás.

cuellear.
    I. 1. intr. *Bo.* Exagerar *alguien* en una conversación por no sentirse inferior a los demás.

cuello.
    I. 1. m. *Ar, Ur.* Espuma que se forma en la parte superior del vaso o de otro recipiente similar al servir la cerveza.
    II. 1. m. *Gu, Ho, ES.* Influencia, amistad con una autoridad para conseguir de ella algún favor. pop + cult → espon.
    III. 1. adj/sust. *Bo. Referido a persona,* que exagera en una conversación para no sentirse inferior a los demás.

■
    a. ‖ **~ beatle.** *Bo, Ch.* **cuello de tortuga.**
    b. ‖ **~ de tortuga.** m. *Mx, Gu, Ho, Ni, CR, Cu, Co, Ec, Bo, Ch.* p.u. *En ciertas prendas de vestir como los suéteres o jerséis,* el que rodea o cubre el cuello de la persona y que puede doblarse sobre sí mismo. (**cuello tortuga**). ♦ **cuello beatle; cuello jorge chávez.**

c. ‖ ~ **jorge chávez.** *Pe.* **cuello de tortuga.**

d. ‖ ~ **tortuga.** *CR, Co, Bo, Ch.* **cuello de tortuga.**

□

a. ‖ **como** ~ **de monja.** *CR.* **como chaqueta de salonero.**

b. ‖ ~ **de peta.** loc. sust. *Bo:E.* Persona que tiene el cuello corto. pop ∧ fest. ♦ **cuello de tatú.**

c. ‖ ~ **de tatú.** *Bo:E.* **cuello de peta.**

d. ‖ **de** ~ **blanco.**

    i. loc. adj. *Ve, Bo.* *Referido a persona,* que actúa de forma elegante y sin emplear la violencia.

    ii. *Ho, RD, Ec.* *Referido a un funcionario o a una persona en general,* de alto nivel.

e. ‖ **de** ~ **duro.** loc. adj. *Bo.* *Referido a persona,* que pertenece a una clase social media o alta. pop.

f. ‖ **la** ~ **de tortuga.** loc. sust. *Ho.* Pene. euf.

▶ **dar** ~; **estar del** ~; **levantar lo del** ~ **de la camisa; levantarse el** ~; **pararse el** ~; **quedar con** ~; **quedarse con** ~ **de camello; tener** ~; **torcer el** ~.

cuelludo, -a.

    I. 1. adj/sust. *Gu, Ho, ES.* *Referido a persona,* que recibe la protección o preferencia de alguien que detenta cierto poder.

cuenca.

□

a. ‖ **en** ~. loc. adv. *RD.* En quiebra, en bancarrota.

cuencanidad.

    I. 1. f. *Ec.* Conjunto de cualidades y circunstancias que resaltan el valor de la pertenencia al carácter cuencano. pop + cult → espon ∧ hiperb.

cuencuén.

▶ **haber** ~.

cuenta.

    I. 1. f. *Ch.* En ciertos deportes como el *futbol,* resultado parcial o final.

    II. 1. f. *Ec.* obsol. Descuento, rebaja.

    III. 1. f. *Ec.* Hato de ganado bovino. rur.

    IV. 1. f. *PR.* Cuidado. rur.

■

a. ‖ ~ **de San Pedro.** f. *Ho.* **lágrima de San Pedro,** planta.

b. ‖ ~ **mínima.** f. *Ch.* En ciertos deportes como el *futbol,* mínima ventaja o victoria por la mínima que se puede alcanzar de manera parcial o final.

c. ‖ ~ **regresiva.**

    i. f. *RD, Co, Ch, Ar, Ur.* Tiempo, cada vez menor, previo al desenlace de un acontecimiento previsto.

    ii. *RD, Ch, Ar, Ur.* En *astronáutica,* cómputo en sentido contrario al de los minutos y segundos que preceden al lanzamiento de un cohete.

d. ‖ ~**s de Gárinson.** f. pl. *Ho.* Operaciones aritméticas amañadas para no pagar deudas o impuestos.

□

a. ‖ **a** ~ **de.** loc. adv. *Ec.* En condición o estado de algo.

b. ‖ **a** ~ **de oreja de cochino.** loc. adv. *Ve.* Sin razón o justificación.

c. ‖ **en buena** ~. loc. adv. *Pe.* En resumen, en conclusión. pop + cult → espon.

d. ‖ **en buenas** ~**s.** loc. adv. *Bo, Ch.* En resumen, en conclusión. pop + cult → espon.

▶ **estar de su** ~; **hacer** ~ **y caso; hacer de** ~; **llevar la** ~ **en la uña; pasar la** ~; **pasar la** ~ **de cobro.**

¡cuenta!

    I. 1. interj. *Pa.* Expresa cuidado o precaución.

cuentacacao. (De *cuenta* y del nahua *cacáhuatl,* cacao.)

    I. 1. m. *Gu, Ho, ES.* Araña venenosa, de color negro, recubierta de pelos blancos, cuerpo redondo y patas grandes y fuertes, que deja en la piel de los anima-

les o en la superficie de plantas una cadena de salpullidos parecidos a la semilla de cacao. (Theraphosidae; *Brachypelma albopilosa*). ♦ **meacaballos; picacaballo.**

cuentachiles.

    I. 1. adj/sust. *Mx.* *Referido especialmente a persona,* cicatera, que escatima lo que da. pop + cult → espon.

cuentahabiente.

    I. 1. m-f. *Mx, Gu, Ho, Ni, CR, Pa, RD, Co, Bo.* Persona que tiene cuenta corriente en un establecimiento bancario.

cuentahorrista.

    I. 1. m-f. *Cu, Ec, Bo.* Persona que tiene una cuenta de ahorro en el banco.

cuentahuesos.

    I. 1. sust/adj. *Co.* p.u. Persona que cuenta los chistes sin ninguna gracia.

cuentametuvida.

    I. 1. m. *Cu.* Formulario en que se piden muchos datos sobre la vida de una persona. pop + cult → espon ∧ fest.

    2. *Cu.* Autobiografía. pop + cult → espon ∧ fest.

cuentamusa.

    I. 1. *Ur.* **cuentamusas.** pop.

cuentamusas.

    I. 1. sust/adj. *Ur, Ar,* obsol. Persona que dice mentiras. pop + cult → espon. (**cuentamusa**)

cuentapropismo.

    I. 1. m. *Cu, Ar.* Actividad profesional de los **cuentapropistas.**

cuentapropista.

    I. 1. m-f. *Cu, Ar; Ur,* p.u. Persona que realiza una actividad comercial independiente.

cuentario.

    I. 1. *Ec.* **cuentayo.**

cuentayazgo.

    I. 1. m. *Ec.* Ocupación de **cuentayo.** rur.

cuentayo.

    I. 1. m. *Ec.* obsol. Trabajador agrícola al que se le encarga el cuidado del ganado. rur. (**cuentario**).

cuentazo.

    I. 1. m. *RD, Pe.* Gran mentira.

    II. 1. m. *Gu.* Golpe fuerte.

cuenteada.

    I. 1. f. *Mx, Ho.* Mentira, engaño. pop + cult → espon.

    II. 1. f. *Ho, ES.* Cortejo, intento de enamoramiento. pop + cult → espon.

cuenteado, -a.

    I. 1. adj. *Ho, ES, CR.* *Referido a persona,* que ha sido engañada con promesas o argumentos falsos. pop + cult → espon.

    II. 1. adj. *Ho, ES.* *Referido a persona,* cortejada. pop + cult → espon.

cuentear.

    I. 1. tr. *Mx, Gu, Ho, ES, Ni, CR, Pa, Co, Ec, Pe, Bo, Ch, Ar.* Engañar a *alguien* con promesas o argumentos falsos. pop + cult → espon. (**cuentiar**).

    2. intr. *Pe, Bo, Ar.* Decir mentiras. pop.

    3. tr. *Co, Bo.* Decir a *alguien* cosas ciertas o imaginarias con el fin de obtener de él algo que se desea. pop.

    4. intr. *Ni, Bo, Py.* Contar chismes.

    5. *Bo.* Exagerar *alguien* cuando habla o cuenta algo.

    6. tr. *Ho.* Requebrar a una mujer. pop + cult → espon.

    II. 1. tr. *Ho, ES, Ni.* Enamorar a *alguien.* pop + cult → espon.

cuenteo.

    I. 1. m. *ES, Ch.* Engaño por medio de palabrería. pop + cult → espon.

cuenteraile.
    I. 1.   *Gu, ES.* **cuenterete**, mentira.
    II. 1.   *Gu, ES.* **cuenterete**, objeto.

cuenterete.
    I. 1.   m. *Gu, Ho, ES, Ni.* Mentira, chisme, enredo. desp. ♦ **cuenteraile**.
    II. 1.   m. *Gu, ES.* Cosa, objeto cualquiera sin importancia. ♦ **cuenteraile**.
    III. 1.   m. *ES.* Pene. vulg.

cuenteretes.
    I. 1.   m. pl. *CR.* obsol. Embustes o engaños.
    II. 1.   adj. *CR.* obsol. *Referido a persona*, que acostumbra a contar chismes.

cuenterío.
    I. 1.   m. *Mx, Ho.* Gran cantidad de operaciones matemáticas o cuentas.
    II. 1.   m. *Bo, Py, Ar.* Rumor o habladuría. pop.
    2.   m. *ES, Py.* Gran cantidad de chismes.

cuentero, -a.
    I. 1.   sust/adj. *Mx, Gu, Ho, ES, Ni, Pa, Cu, PR, Pe, Bo, Ur.* Persona que dice mentiras o embustes.
    2.   *PR, Ec, Pe, Bo, Ch, Ar, Ur.* Estafador que utiliza historias falsas para embaucar a sus víctimas. pop + cult → espon.
    II. 1.   m. y f. *Cu, Co, Ec.* Persona aficionada a narrar historias, reales o inventadas.
    2.   m. y f. *Gu, Ho, ES, Ni, Ec, Bo;* m. *RD.* rur. Persona diestra en el arte de contar cuentos.

cuentiar.
    I. 1.   *Pa, Co.* **cuentear**, engañar.

cuentisto, -a.
    I. 1.   m. y f. *RD, Pe, Bo.* Persona que estafa, embauca o engaña por medio de cuentos e historias falsas. delinc.
    II. 1.   adj/sust. *Ni, Bo. Referido a persona*, chismosa.

cuento.
    I. 1.   m. *ES.* Pene. rur.

■
    a. ‖ ~ **colorado.** m. *Mx, RD, Bo.* Dicho u ocurrencia aguda y graciosa de tema sexual u obsceno.
    b. ‖ ~ **de camino real.** m. *Ho, Ni.* Relato fantástico e inverosímil de dominio público.
    c. ‖ ~ **picante.** m. *RD, Co, Bo.* Dicho u ocurrencia aguda y graciosa de tema sexual u obsceno.
    d. ‖ ~**s de camino.** m. *Ni, RD, PR.* Pretexto o excusa para justificar algo.

□
    a. ‖ ~ **del gallo capón.** loc. sust. *Co.* Asunto o negocio que se dilata y embrolla de modo que nunca se le ve el fin. pop + cult → espon.
    b. ‖ ~ **del tío.** loc. sust. *Pe, Bo, Ch, Ar, Ur.* Estafa o engaño que se realiza contando a alguien una historia falsa. pop + cult → espon.
    c. ‖ **¡qué ~!** loc. interj. *CR, RD.* Expresa incredulidad u oposición.

▶ **comer ~; comer ~s; contar ~s de camino real; creer en ~s de camino real; echar ~; echar el ~; echar un cuentico; estar contando un ~; estar en el ~; hacer el ~; hacerle al ~; llevarse de ~s; meter ~; no hacer el ~; para no hacer el ~ largo; quedar para contar el ~; tirar el ~; volverse puro ~.**

cuentón.
    I. 1.   m. *Pa.* Mentira, gran falsedad. pop.

cuentononón.
    I. 1.   m. *Mx.* Cantidad de dinero muy elevada que se tiene que pagar por concepto de algún servicio.

cuepa. (Del nahua *cuepa*, volverse, voltearse).
    I. 1.   f. *ES, Ni, CR.* obsol. Juego infantil que consiste en tirar un disco; gana el que apuesta por el que queda arriba.

    2.   *ES, Ni, CR.* obsol. Disco cóncavo de cera negra con que se juega.

cuepearse.
    I. 1.   intr. prnl. *Ni.* p.u. Realizar el coito. tabú; pop + cult → espon.

cuequear.
    I. 1.   intr. *Bo, Ch.* Bailar o interpretar una **cueca**, baile tradicional. pop + cult → espon.

cuequeo.
    I. 1.   m. *Ch.* Baile de una o varias **cuecas**, bailes tradicionales.

cuequería.
    I. 1.   f. *Pa.* Acción exhibicionista de un **cueco**. pop.

cuequero, -a.
    I. 1.   adj. *Bo, Ch.* Relativo a la **cueca**, baile tradicional.
    2.   sust/adj. *Bo, Ch.* Persona que baila o gusta de **cuecas**, bailes tradicionales.

cuequiviris.
    I. 1.   adj. *Pa. Referido a un hombre*, homosexual. pop ^ fest.

cuera.
    I. 1.   f. *Pe, Bo.* Paliza, azotaina. pop.
    2.   *Pa, Bo.* Castigo infligido con una correa o tiras de cuero.
    II. 1.   f. *RD, PR, Bo.* Prostituta. pop. ♦ **flcjc**.
    III. 1.   f. *Bo.* Mujer que mantiene relaciones sexuales con un hombre con el que convive ocasionalmente.
    IV. 1.   f. *ES.* meton. Cartera o bolso. delinc.
    V. 1.   f. pl. *Ni.* Polaina de cuero curtido.

cuerada. (Sínc. de *cuereada*).
    I. 1.   f. *Ch.* Cuerpo bello y bien formado. pop + cult → espon.
    2.   *Ch.* Piel del cuerpo. pop.
    II. 1.   f. *Ho, ES, Ni.* Paliza, azotaina.
    III. 1.   f. *PR.* Trastada, mala pasada. pop + cult → espon.
    IV. 1.   f. *CR.* obsol. Cantidad de **frijoles** que se pueden aporrear en una tanda. rur.

cuerazo.
    I. 1.   m. *Mx, Gu, Ho, ES, Ni, Pe, Bo, Py; Ch,* pop + cult → espon. Cuerpo bello y bien formado, *generalmente de mujer*.
    2.   *Mx, ES, Ni, Ec, Bo; Ch,* pop; *Pe,* pop + cult → espon. Persona hermosa, *especialmente una mujer*.
    3.   *Ni, Ec, Bo.* Mujer físicamente atractiva que despierta el interés sexual en los hombres.
    4.   *ES.* Mujer robusta de formas provocativas. vulg.
    5.   f. *RD.* Prostituta.
    II. 1.   m. *Ho, Ni, CR, Pa, Co, Ve, Ec, Bo; Cu, PR,* cult → espon. Golpe dado con un látigo. pop.
    2.   *Mx.* Pinchazo que se recibe fuera de una vena.
    3.   *Ho.* Golpe de la cola de la culebra **mica**. pop.
    III. 1.   m. *Cu.* Caída, costalada.
    2.   *Cu.* Golpe.
    IV. 1.   m. *Cu.* Trago, cantidad de líquido que se bebe de una vez.
    V. 1.   m. *Cu.* Coito, acto sexual. vulg.
    VI. 1.   m. *CR.* Estruendo producido por la descarga eléctrica de un rayo. pop + cult → espon.
    VII. 1.   *CR.* **jalonazo**.
    ▶ **dar un ~.**

cuerda.
    I. 1.   f. *Mx.* Rosca, resalto en forma de espiral de un tornillo o una tuerca.
    II. 1.   f. *Bo, Pe,* p.u. | juv. Grupo de amigos.
    2.   *Ve.* Conjunto de personas, de animales, de cosas.
    III. 1.   f. *Cu, RD.* Broma, burla.
    IV. 1.   f. *Ec.* obsol. Tortícolis, neuritis que ataca a los nervios y músculos del cuello.
    V. 1.   f. *Ec.* Muelle metálico, *especialmente el de un reloj, un gramófono o un juguete mecánico.*

VI. 1. f. *Gu, Bo.* meton. Juego de la comba.

VII. 1. f. *PR.* Medida agraria de superficie equivalente a 4000 m².

VIII. 1. f. *PR.* Afición peculiar de una persona.

■

    a. ‖ ~ **rejuida.** f. *ES.* Golpe en un tendón.

□

    a. ‖ ~ **larga.** loc. sust. *PR.* Lengua larga. pop + cult → espon.

    b. ‖ **de ~.** loc. adj. *Bo:E,O. Referido a persona,* muy sociable y locuaz, que aguanta las bromas de los amigos sin molestarse.

    ► **coger ~; dar ~; dar por la ~; estar en su ~; seguir la ~.**

cuerdear.

I. 1. intr. *CR.* p.u. Flirtear, coquetear. pop. ♦ **dar cuerda.**

cuerdón.

I. 1. m. *ES.* Tendón.

¡cuerea!

I. 1. interj. *Ni.* Expresa esfuerzo, sudor o dolor.

cuereada.

I. 1. f. *Mx, Gu, Ho, Ni, Pa, Ve, Bo; Ec,* pop; *Pe,* p.u; *CR,* obsol, rur. Castigo que alguien recibe, *especialmente con azotes o golpes.* ♦ **cuerera; cueriza.**

II. 1. f. *Ar.* Proceso de tratamiento de las pieles, *especialmente vacunas,* desde el desuello de las reses muertas hasta el curtido y secado al sol y al aire de los cueros. rur.

2. *Ar.* Crítica malintencionada dirigida a una persona. pop.

cuereador, -ra.

I. 1. m. y f. *Ar:NO.* Persona que desuella las **reses.** rur; pop.

II. 1. sust/adj. *Ar:NO.* obsol. Persona que suele hablar mal de otras. pop.

cuerear.

I. 1. tr. *Mx, Gu, Ho, ES, Ni, Pa, Ve, Bo; CR,* obsol, rur; *Ec,* pop; *Pe,* p.u. Castigar a *alguien, especialmente con azotes o golpes.*

2. *Bo, Ar.* Hablar mal de *una persona.* pop.

3. *Ho.* metáf. Dar a *alguien* experiencia los sufrimientos, peripecias y dolores de la vida.

4. *Ho.* Golpear una **mica** con la cola a *alguien.*

II. 1. tr. *Ch, Ar, Ur.* Desollar una **res** muerta. rur.

2. *Bo, Ar.* Realizar la **cuereada,** proceso de tratamiento de las pieles. rur.

III. 1. intr. *RD, PR.* Ejercer una mujer la prostitución. vulg; pop + cult → espon.

□

    a. ‖ ~**le.** loc. verb. *Ni.* Ser difícil y trabajoso algo.

cuerera.

I. 1. *Pa.* **cuereada,** castigo.

□

    a. ‖ **en la ~.** loc. adv. *Ch.* En la ruina. pop + cult → espon.

cuerero.

I. 1. sust/adj. *Gu, RD.* Hombre que frecuenta asiduamente a las prostitutas.

cuereta.

I. 1. f. *Ho, ES.* Cuero curtido muy fino para parches.

2. *Ho, ES.* Pieza de cuero que une los dos extremos de los hules o gomas de un tirachinas.

II. 1. m-f. *ES.* Persona loca.

2. *ES.* Persona entrometida.

III. 1. f. *ES.* Vulva. vulg.

2. *Ho.* Piel fina que cubre la parte externa del prepucio del pene. vulg; pop + cult → espon.

    ► **ser ~.**

cuerín.

I. 1. f. *PR.* **cuero,** prostituta.

cuerina.

I. 1. f. *Ho, Ni, Co, Pe, Bo, Ch, Py, Ar, Ur.* Material sintético similar al cuero que se emplea en la confección de ropa, calzado y muebles.

cuerito.

I. 1. m. *Mx.* **Ate** de fruta, prensado y enrollado.

2. *Mx.* **Chicharrón** de cerdo **sancochado.**

3. *Mx.* Piel de cerdo encurtida en vinagre, aceite y especias.

II. 1. m. *Ar, Ur.* Arandela de cuero o goma que se pone en los grifos para asegurar el cierre del paso al agua.

III. 1. m. *Ar:NO.* Cutícula, epidermis. pop.

IV. 1. m. *RD.* Prostituta.

2. *Ni.* Mujer virgen.

3. *Ni.* Cosa nueva.

cueriza.

I. 1. f. *Mx, Pa, Cu, Co, Ve, Ec, Pe, Bo.* **cuereada,** castigo. pop + cult → espon.

2. *Cu, PR, Bo.* Tunda, azotaina, zurra. pop + cult → espon. ♦ **cuera; foetiza.**

cuernear.

I. 1. tr. *Ec.* **poner cachos.**

cuernecillo.

I. 1. *Ch.* **cuerno de cabra.**

cuernito.

I. 1. *Bo, Ar, Ur.* Pan pequeño con puntas que semejan cuernos y se elabora con grasa.

cuerno.

I. 1. m. *Mx, Ho.* Cruasán, bollo de hojaldre en forma de media luna.

●

    a. ‖ **de ~s.** fórm. *Bo.* Se usa precedida de un insulto para expresar bruscamente rechazo. pop.

    b. ‖ **y ~s.** fórm. *Bo.* Se usa precedida de un insulto para expresar bruscamente rechazo. pop.

■

    a. ‖ ~ **de brazada.** m. *Ho.* Cuerno de ganado vacuno con la punta hacia fuera.

    b. ‖ ~ **de cabra.** m. *Ch, Ar:NO,O.* Planta que presenta una bifurcación en las hojas terminales, de flores amarillas. (Fabaceae; *Adesmia* spp.). (**cuernecillo**). ♦ **palhuén.**

    c. ‖ ~**s del diablo.** m. *Ar:C,NO,O.* Planta anual de hasta 70 cm de altura, cotiledones con pecíolos gruesos, hojas carnosas, flores amarillas, semillas comestibles de sabor dulce y fruto bífido con dos largas aristas en forma de cuerno; en la medicina popular se aprovechan sus propiedades como emoliente y resolutivo. (Martyniaceae; *Ibicella lutea*).

□

    a. ‖ **en los ~s de la luna.** loc. adv. *Ch.* En situación de haber adquirido un gran prestigio o recibido una serie de alabanzas difícilmente superables. pop + cult ^ hiperb.

    ► **irse a la punta de un ~; meter ~s; meter los ~s; no servir para ~s.**

cuernófono.

I. 1. m. *Ho, ES, Ch.* Aparato de teléfono. pop + cult → espon ^ fest.

2. *PR, Ch.* Teléfono, conjunto de aparatos e hilos conductores con los cuales se transmite a distancia la palabra y toda clase de sonidos por la acción de la electricidad. pop + cult → espon ^ fest.

3. *Ch.* Número asignado a un aparato. pop + cult → espon ^ fest.

¡cuernos!

I. 1. interj. *Mx, Bo; Ec,* p.u. Expresa negación o rechazo. pop.

cuernuda.
   I. 1. f. *ES.* Colecta de dinero entre compañeros o amigos para un bien común.
cuernudo.
   I. 1. m. *ES.* Diablo.
   II. 1. m. *ES.* Militar.
cuernudo, -a.
   I. 1. sust/adj. *RD, PR, Pe, Bo. En una relación amorosa*, persona que es engañada por su pareja.
cuero.
   I. 1. m. *Mx, Gu, Ho, ES, Ni, Ec, Pe, Bo, Ch.* Persona hermosa, *especialmente una mujer.* pop + cult → espon.
   2. *Mx, Ho, Ec*, pop + cult → espon; *Gu*, vulg; *Bo*, pop. Mujer atractiva y de buen cuerpo.
   3. *Mx*, vulg; *Bo*, pop ^ desp. Amante.
   4. *Mx.* Mujer homosexual que es muy atractiva. pop.
   5. *CR, Pa, PR, Co, Ve.* Mujer avejentada y fea. pop + cult → espon ^ desp.
   6. *Pe, Ch.* Cuerpo bello y bien formado, *generalmente de mujer.* pop + cult → espon.
   7. *Ve, Bo*, vulg; *Ec*, pop. Mujer que mantiene relaciones sexuales con un hombre fuera del matrimonio.
   8. *Ho*, meton, vulg; *Ch*, pop + cult → espon. Piel de una persona.
   9. *RD, PR.* Persona que no vale nada. pop + cult → espon ^ desp.
   10. *Cu.* Mujer muy delgada y sin atractivo. pop + cult → espon ^ desp.
   11. *Bo.* Mujer que accede fácilmente a tener relaciones sexuales con los hombres. pop ^ desp.
   II. 1. m. *Mx, PR.* Látigo o cinturón de piel que se usa para golpear a una persona o un animal. pop.
   2. *Mx.* Golpe que se da con el cuero. pop.
   III. 1. m. *Mx, Ar.* Billetera, cartera para guardar billetes. pop.
   IV. 1. m. *Ec, RD, PR*, vulg; *Bo*, desp; *Cu*, obsol. Prostituta. pop. ♦ **cuerín**.
   2. *PR.* Prostituta vieja. pop.
   V. 1. m. pl. *Ar:NO.* **Guardamontes** y demás prendas del apero criollo. rur.
   VI. 1. m. *Gu, Bo.* Desvergüenza, falta de vergüenza. pop + cult → espon ^ desp.
   VII. 1. *Cu.* **chucho**, ridiculización de alguien.
   VIII. 1. m. pl. *Cu.* Zapatos.
   IX. 1. m. *Cu.* Instrumento de percusión con parche de cuero.
   X. 1. m. *Cu.* obsol. Pene. vulg.
   XI. 1. m. *Gu.* Hombre que domina a los de su grupo.
   XII. 1. m-f. *PR.* Persona deficiente en su trabajo. pop + cult → espon.
   2. *PR.* Persona floja en cualquier deporte. pop + cult → espon ^ desp.
   XIII. 1. m. *ES.* Botella de un litro de aguardiente.
   XIV. 1. m. *Ni.* Virginidad de una mujer.
   XV. 1. m. *Ni.* Cosa nueva.
■
   a. ‖ **~ crudo.** m. *Ho, Ni, Bo, Py.* Cuero sobado, pero no curtido.
   b. ‖ **~ de danto.** m. *Ho.* Pequeño látigo hecho de una tira de cuero extraída de la piel del tapir.
   c. ‖ **~ de tigre.** m. *ES.* Jefe de grupo.
   d. ‖ **~ flaco.** m. *PR.* Persona extremadamente delgada. pop + cult → espon ^ desp.
   e. ‖ **~ malo.** m. *PR.* Muchacha que sale con muchos chicos.
   f. ‖ **~ reventado.** m. *Ec.* Piel asada de cerdo que, por efecto del calor, se hincha y revienta.
   g. ‖ **~ siete ~s.** *Ho.* **sietecueros**, inflamación.

□
   a. ‖ **~ de elefante.** *Ch.* cuero duro.
   b. ‖ **~ de rana.** loc. sust. *Mx.* Dólar. delinc.
   c. ‖ **~ duro.** loc. sust. *Ch.* p.u. Carácter insensible o resistente a las desgracias, críticas o al dolor en general. pop + cult → espon. ♦ **cuero de elefante**.
◪
   a. ‖ **de ~ ajeno, correas largas.** fr. prov. *Ho.* Indica que hay que aprovecharse al máximo de aquello que es ajeno. pop + cult → espon.
   b. ‖ **del mismo ~ saldrán las correas.** fr. prov. *Ho.* Indica que se obtendrá algo del mismo lugar de siempre. pop + cult → espon.
▶ apostar el ~; arriesgar el ~; dar ~; darle el ~; dejar el ~; enchinársele el ~; estacar el ~; estar en ~s; exponer el ~; hinchar el ~; jugarse el ~; montar ~; nacer en ~ negro; no darle el ~; pelar el ~; pulir el ~; sacar el ~; sacar los ~s al sol; tener ~; tener muchos ~s; vender caro el ~; vender el ~ antes de matar el venado; volar ~.

cuerola.
   I. 1. f. *Ho.* Tira estrecha y larga de cuero que se utiliza para embrocar el calzado.
cuerona.
   I. 1. f. *Py.* Mujer hermosa. pop.
cuerpada.
   I. 1. f. *Ch.* Cuerpo voluminoso de una persona. pop.
   2. *Ch.* Cuerpo bien formado de una persona. pop.
cuerpeada.
   I. 1. f. *Bo, Py, Ar, Ur.* Movimiento de desviación del cuerpo, *generalmente para esquivar un golpe.* pop.
   2. *Ar, Ur.* Elusión de un compromiso o responsabilidad. pop.
cuerpeador, -ra.
   I. 1. adj. *Bo, Ar:NO. Referido a persona*, que mueve el cuerpo desviándolo con mucha rapidez, *especialmente para esquivar un golpe.* pop.
   2. *Ar:NO. Referido a persona*, que elude fácilmente compromisos y responsabilidades. pop.
cuerpear.
   I. 1. tr. *Bo, Py, Ar, Ur*, pop. Evitar un golpe o un contacto indeseado moviendo rápidamente el cuerpo.
   2. *Bo, Ar, Ur.* metáf. Evitar una situación difícil o problemática. pop.
   II. 1. tr. *Ar.* Empujar a *alguien* con el hombro o el pecho.
cuerpeo.
   I. 1. m. *Ar:NO.* Movimiento de desviación del cuerpo, *generalmente para esquivar un golpe.* pop.
   2. *Ar:NO.* Elusión de un compromiso o responsabilidad. pop.
cuerpo.
■
   a. ‖ **~ de delegados.** m. *Ar.* Órgano representativo de los trabajadores de una empresa, que tiene como función la defensa de sus derechos.
□
   a. ‖ **con el ~ cortado.** loc. adj/adv. *Mx, PR, Pe, Ch. Referido a persona*, cansada o que está con malestar corporal por enfermedad o embriaguez. pop + cult → espon.
   b. ‖ **~ cortado.** loc. sust. *Cu.* Malestar corporal causado por un estado febril o escalofríos.
   c. ‖ **~ de oquis.** loc. sust. *Mx:N.* Hombre grande y musculoso que se amilana fácilmente. pop + cult → espon.
   d. ‖ **~ incómodo.** loc. sust. *Cu.* Persona de cuerpo desproporcionado.
   e. ‖ **~ malo.** loc. sust. *Ch.* Resaca, malestar por haber bebido alcohol en exceso. pop + cult → espon.

f. ‖ **en ~.** loc. adv. *Ch.* Con poca ropa. pop + cult → espon.

▸ **agarrar ~; componer el ~; curar el ~; dar del ~; echar ~; enchinársele el ~; ganar ~; meter el ~; no dar ni del ~; quebrar el ~; quitar el ~; sacar ~; sacar el ~; sacarle el ~; tirarse algo en el ~.**

cuerporruín.
I. 1. m. *Gu.* Cuclillo de hasta 31 cm de longitud, plumaje de color café, apéndice vermicular negro y el resto del cuerpo con tonalidades negras y rojizas a excepción de la parte baja de la garganta que es blanca. (Cuprimulgidae; *Cuprimulgus carolinensis*).

cuerpudo, -a.
I. 1. adj. *RD, Bo, Ar:NO. Referido a persona,* que tiene cuerpo robusto y fornido. pop.

cuerú.
I. 1. *PR.* **cuerudo,** testarudo.

cueruda.
I. 1. f. *Ar.* Cartera para guardar billetes y documentos. pop.

cuerudo, -a.
I. 1. sust/adj. *Gu, Ho, ES, Ni, Bo.* Persona a la que no le hacen mella alguna los reveses, los tratos, castigos o reprimendas. pop + cult → espon.
2. adj. *Bo, Ar:NO. Referido a persona,* capaz de soportar adversidades y sufrimientos. pop.
3. adj. *Gu, Ho, Ni, Pa;* sust/adj. *Bo. Referido a persona,* desvergonzada. pop + cult → espon ^ desp.
4. *Gu, ES, Ni;* sust/adj. *Bo. Referido a persona,* de tal índole que no le hacen mella las críticas. pop + cult → espon ^ desp.
II. 1. adj. *Bo, Ar:NO. Referido especialmente a un animal,* que tiene el cuero grueso y duro. rur; pop.
III. 1. adj. *ES, PR. Referido a persona,* testaruda, terca. pop + cult → espon. (**cuerú**).
2. *PR.* juv. *Referido a persona,* altanera, salvaje, difícil de tratar.
IV. 1. adj. *PR. Referido a una caballería,* lerda. rur.
2. *PR. Referido a una caballería,* que tiene el cuero grueso.

cuervillo.
■
a. ‖ **~ de cañada.** m. *Ar:NO.* Ave de plumaje oscuro con brillos verdes y violáceos, *especialmente en las alas y en la cola,* y pico muy largo y curvado. (Threskiornithidae; *Plegadis chihi*). ◆ **cuervo de pantano; gallareta.**

cuervo.
I. 1. m. *Ar:NO.* Jugador del equipo futbolístico del Club Central Norte. pop.
II. 1. *Ar, Ur.* **gallinazo,** ave rapaz.
2. *Ho, RD.* p.u. **cacalote,** cuervo.
III. 1. m. *Ho:N.* Cuchillo corto, delgado y filoso con mango que sirve para cortar las **manos** del racimo de **bananos.**
IV. 1. m. *Ur.* Árbitro de **futbol.** pop ^ desp.
■
a. ‖ **~ de cabeza negra.** *Ur.* **zopilote.** (Cathartidae; *Coragyps atratus*).
b. ‖ **~ de cabeza roja.** *Ur.* **gallinazo,** ave rapaz.
c. ‖ **~ de mar.** m. *Pe, Ch.* Ave de unos 70 cm, de plumaje totalmente negro brillante; el pico es de color café, con punta ganchuda; las patas son negras. (Phalacrocoracidae; *Phalacrocorax brasilianus*). ◆ **patillo; pato yeco; yeco.**
d. ‖ **~ de pantano.** *Ch.* **cuervillo de cañada.**

cuervo, -a.
I. 1. sust/adj. *Ar.* Simpatizante del Club San Lorenzo de Almagro. pop.

cuesco.
I. 1. m. *Co, Ve.* Palma que crece hasta 30 m de altura, con tallo grueso, hojas largas de color verde en el haz y grisáceo en el envés y frutos en racimo. (Arecaceae; *Scheelea butyracea*). ◆ **palma de vino.**
2. *Co, Ve.* Fruto del cuesco, amarillo y perfumado, dispuesto en racimos que alcanzan un tamaño medio de 1 m.
3. *Co, Ve.* Aceite que se extrae de la nuez del cuesco.
II. 1. m. *Mx.* p.u. Masa redondeada de mineral de gran tamaño.
III. 1. m. *Ec.* Trompada, puñetazo.
2. *Ec.* Golpe dado en la cabeza de otro con los nudillos.
IV. 1. m. *Ch.* p.u. Cabeza humana. pop ^ fest.
V. 1. adj. *Ec. Referido a persona,* que es buena peleadora. pop.
VI. 1. m. *RD.* Caparazón de un crustáceo.
□
a. ‖ **en dos ~s.** loc. adv. *Ec.* En un instante.
▸ **buscarle el ~ a la breva; importar un ~.**

cueshte. (Del nahua *cuechtic,* muy machacado, molido).
I. 1. adj. *Gu, Ho, ES. Referido a grano,* molido finamente.
▸ **hablar ~.**

cuesquear.
I. 1. tr. *Ec. En las riñas,* dar **cuescos** o puñetazos. pop.

cuesquiza.
I. 1. f. *Ec.* Serie de golpes dados a una persona con el puño o con los nudillos. pop.

cuesta.
□
a. ‖ **~ abajo en la rodada.** loc. adv. *Ch.* En situación de decadencia.

cuestear.
I. 1. intr. *Ar:NO.* Ascender una cuesta. rur.

cuestión.
I. 1. f. *Ni, RD, Ve, Ec, Py.* Cosa cuyo nombre se desconoce, no se desea mencionar o no se puede precisar. pop.
II. 1. f. *Bo; Ni,* euf. Menstruación de la mujer.
III. 1. f. *Ho.* Droga, *en especial la cocaína.* euf.
■
a. ‖ **~ de estómago.** m. *Pe.* Cuestión que depende del gusto de cada cual. pop + cult → espon.

cuetazo.
I. 1. *Ho, ES, Ni, Ch.* **cohetazo,** disparo.
II. 1. m. *ES.* Trago de licor.
III. 1. *Pa.* **fuetazo,** golpe dado con un **fuete.**
□
a. ‖ **en dos ~s.** loc. adv. *Ho.* Rápidamente, en un instante. pop + cult → espon.

cuete.
I. 1. m. *Mx, Gu, Ho, ES, Ni, Ec, Pe, Bo.* Cohete.
2. *Mx, Gu, Ho, ES, Ni, Pe.* metáf. Pistola o revólver. (**cohete**).
3. *Mx.* metáf. Bala.
4. *Pe.* metáf. Puñetazo.
II. 1. m. *Mx, Gu, Ar, Ur.* Embriaguez, borrachera. pop.
2. adj. *Mx. Referido a persona,* borracha. pop.
III. 1. m. *Mx.* Mechón de pelo de una mujer, que se lía en un trozo de papel para hacer con él un rizo.
2. *Mx.* Trenza doblada sobre sí misma y con forma redondeada que se hacen las niñas a cada lado de la cabeza.
IV. 1. m. *Mx.* Problema, situación complicada.
V. 1. sust/adj. *Mx:NO.* Mujer muy desinhibida sexualmente. pop.
VI. 1. m. *Mx.* Corte de carne que se saca del muslo de la **res.**

VII. 1. m. *Pe, Ch, Ar, Ur.* Ventosidad que se expulsa por el ano. vulg; pop.

VIII. 1. *Ec.* **balurde**, de mala calidad, no original.

IX. 1. m. *Ch.* Cigarrillo de marihuana. pop + cult → espon.

X. 1. m. *Ch.* Cortocircuito. pop + cult → espon.

XI. 1. adj. *Ec.* Rápido, inmediato. pop.

XII. 1. m. *ES.* Pene. vulg.

□

a. ‖ ~ **al** ~.
  i. loc. adv. *Ch, Ar, Ur.* En vano, inútilmente. pop.
  ii. loc. adj. *Ar, Ur. Referido a persona*, ociosa, sin trabajo o sin nada que hacer. pop.
  iii. *Pe. Referido a una prenda de vestir*, ceñida al cuerpo. pop.

b. ‖ **al divino** ~. loc. adv. *Ar.* En vano, inútilmente. pop.

c. ‖ **al puro** ~. loc. adv. *Ar, Ur.* En vano, inútilmente. pop.

d. ‖ **como** ~.
  i. loc. adv. *Mx, Ni, Ec, Pe, Bo, Ch, Ar, Ur.* Rápidamente. pop + cult → espon.
  ii. loc. adj. *Pe. Referido a persona*, de buena apariencia. pop.

e. ‖ **medio** ~. loc. adj. *Mx. Referido a persona*, algo borracha.

f. ‖ **ni en** ~. loc. adv. *Ar, Ur.* De ninguna manera, en absoluto. pop.

▶ **importar un** ~; **ir de** ~; **ponerse un** ~; **salir de** ~; **ser** ~ **quemado**.

cueteado, -a.
I. 1. adj. *Pe. Referido a persona o cosa*, que se desplaza muy rápido. pop + cult → espon.

cuetear(se).
I. 1. *Ho, ES.* **cohetear**, disparar a alguien.
  2. tr. *Ho. Ni.* Matar o herir a *alguien* con bala.

II. 1. intr. *Ch.* Provocar *algo* un cortocircuito. pop.
  2. intr. prnl. *Ch.* Producirse un cortocircuito eléctrico en una máquina o en un dispositivo. pop.

III. 1. intr. *Ch.* Hacer un vehículo o motor ruidos similares a explosiones. pop + cult → espon.

IV. 1. tr. *ES.* Disparar *alguien* cohetes o petardos.

V. 1. tr. *Ni.* Azotar a *alguien*.

cueteo.
I. 1. m. *Ch.* Explosión que se produce en un vehículo, en su motor o sistema eléctrico. pop.

cuetería.
I. 1. f. *Ec.* Cohetería. pop.

cuetero, -a.
I. 1. sust/adj. *Mx, Ni, Ec, Pe, Bo; Ch*, p.u. Persona que fabrica o vende cohetes y artefactos pirotécnicos. pop.

cuetillo.
I. 1. m. *Bo.* Petardo pequeño que consiste en un conjunto de tubitos rellenos de pólvora y con una mecha en la punta, que está sujeta a otra mecha más gruesa, larga y trenzada; al encender la mecha gruesa, esta activa, sucesivamente, las mechas de todos los tubos pequeños, que explotan en cadena.

cueva.
I. 1. f. *Ho, ES, Ni,* metáf. Vulva. vulg.

II. 1. f. *Ch.* Suerte, fortuna. pop + cult → espon.

III. 1. f. *Ch.* Ano. vulg; pop + cult → espon.

IV. 1. f. *Ni.* juv. Cartera para guardar dinero.

V. 1. f. *Cu, PR.* metáf. *En el beisbol*, lugar donde están los jugadores que no participan en el juego.
  2. *Cu. En el beisbol*, estadio propio de un equipo.

VI. 1. f. *PR.* Celda de una cárcel. carc.

■
a. ‖ ~ **de las golondrinas**. f. *PR.* Penitenciaria estatal. carc. ♦ **cueva del indio**.

b. ‖ ~ **del indio**. *PR.* **cueva de las golondrinas**.

◪
a. ‖ **mala** ~, **dijo el conejo**. fr. prov. *Ch.* Indica que alguien ha tenido mala suerte. vulg; pop + cult → espon.

▶ **apretar** ~.

cuevazo.
I. 1. m. *Ch.* Golpe de fortuna bueno o inesperado. vulg; pop + cult → espon.

cueveada.
I. 1. f. *Ho, ES.* Toqueteo de la vulva. vulg.
  2. *ES.* Toqueteo del cuerpo de la mujer por parte del hombre. vulg.

cuevear(se).
I. 1. intr. *Ho, ES, Ve:O.* Pescar utilizando las manos para recoger peces que están dentro de una cueva.
  2. *Ho.* Pescar cangrejos, *generalmente a mano*.

II. 1. tr. prnl. *Ho, ES, Ni.* Tocar los genitales de una mujer o realizar el coito. vulg.
  2. *ES.* Tocar un hombre el cuerpo a una mujer, con afán meramente sexual. vulg.

III. 1. intr. *Ho.* Extraer arcilla de un terraplén para alfarería o cal para blanquear los fogones.

cueverío.
I. 1. m. *Cu.* Conjunto de cuevas.

cueviento, -a.
I. 1. adj/sust. *Ch.* **cuevudo**. vulg; pop + cult → espon.

cuevudo, -a.
I. 1. adj/sust. *Ch. Referido a persona*, afortunada, con suerte. pop. ♦ **cueviento**.

cufa.
I. 1. f. *Ar.* Cárcel o prisión. pop.

cufiar.
I. 1. tr. *Ec.* Espiar, atisbar. pop.

cufifo, -a.
I. 1. adj. *Ch. Referido a persona*, borracha. pop + cult → espon.
  2. *Ch. Referido a persona*, loca, trastornada. pop + cult → espon.

cugul, -la.
I. 1. m. y f. *Ho:C,S,O.* Cántaro globular alargado de base convexa, cuello curvo, boca ancha y borde liso, con dos asas, que se usa para acarrear agua.

cui.
I. 1. *Pa, Bo, Ch, Ar, Ur, Ec,* obsol; *Pe*, p.u. **cuy**.

cuí.
I. 1. *PR.* **güiro**, planta.

cuica.
I. 1. f. *Mx.* Canica, bola. pop.

II. 1. f. *Ec.* Lombriz de tierra.
  2. *Ec.* Parásito intestinal.

III. 1. f. *RD, PR.* Comba, cuerda para saltar con la que juegan las niñas.

IV. 1. f. *RD.* Contratiempo, contrariedad.

cuichi. (Del quech. *cuichi*).
I. 1. m. *Ec.* Mal o enfermedad atribuidos supersticiosamente a la influencia negativa del arco iris. rur.
  2. *Ec.* Inflamación o irritación de los tejidos, como la tumoración causada por una muela infectada. rur.

II. 1. m. *Ec.* Arco iris. rur.

cuico.
I. 1. m. *PR.* Labio leporino. pop + cult → espon. ♦ **labio rajado**.
  2. *PR.* metáf. Ave de pico defectuoso cuyas dos partes, al cerrarlo, no quedan encajadas sino cruzadas.

II. 1. *PR.* **güiro**, planta.

cuico, -a.
 I. 1. m. y f. *Mx*, *ES*. Agente de policía. pop ^ desp.
 II. 1. sust/adj. *Ch*. Persona de clase social alta y que muestra en todo momento los modales de dicha clase. pop + cult → espon.
  2. adj. *Ch*. Relativo a la clase social alta. pop + cult → espon.
  3. sust/adj. *Ch*. Persona de costumbres y conducta remilgadas. pop + cult → espon.
 III. (Del nahua *cuico*, que viene a coger o prender).
  1. sust/adj. *Gu*, *Ho*, *ES*. Persona que tiene una mano o brazo con alguna disfunción.
  2. *Pa*. obsol. Persona tuerta, que no ve por un ojo.
 IV. 1. adj/sust. *Ch*. *Referido a persona*, curiosa en exceso, entremetida. pop ^ desp.
 V. 1. m. y f. *Ec*. Persona flaca.
 VI. 1. m. y f. *ES*. Niño o muchacho.

cuicoso, -a.
 I. 1. adj. *RD*. *Referido a persona o cosa*, delicada.

cuicui.
 I. 1. m. *Ar*. Miedo, temor. pop.

cuicuí.
 I. 1. m. *RD*. Risa, burla.
 •
  a. ‖ ~. fórm. *RD*. Se usa para que los niños ingieran jarabes o medicamentos.

cuidacoches.
 I. 1. m-f. *Mx*, *Py*, *Ar*, *Ur*. Persona que vigila automóviles estacionados en la vía pública y que recibe una propina por ello. ♦ **cuitlacoche**.

cuidada.
 I. 1. f. *Ni*, *Co*. Cuidado o asistencia de los niños. pop.

cuidado.
 □
  a. ‖ **bien ~**. loc. sust. *Pa*. Persona que ofrece sus servicios para cuidar automóviles estacionados en la vía pública a cambio de propinas. pop + cult → espon.
  b. ‖ **¡~ con la cuenta!** loc. interj. *CR*. obsol. Expresa amenaza. pop.

cuidandero, -a.
 I. 1. m. y f. *CR*, *Co*, *Ve*; *Ho*, *ES*, *Ni*, rur. Persona que se ocupa de la vigilancia de una propiedad ajena, *generalmente de una finca o una casa rural*, y que realiza en ella algunas tareas de administración o mantenimiento.

cuidapalos.
 I. 1. m. *Ni*, *Co*, *Ec*, *Bo*; *Py*, *Ec*, *Ar*, *Ur*, pop. *En el futbol*, jugador que defiende la portería.

cuidar(se).
 I. 1. tr. *Ve:C*. Administrar una propiedad, *especialmente un* **hato**.
 II. 1. tr. *CR*. Alimentar un animal. rur.
 □
  a. ‖ **~ como gallo fino**. loc. verb. *Cu*. Proteger *algo* o a *alguien* con especial esmero.
  b. ‖ **~ el culo**. loc. verb. *Cu*, p.u. Conservar *una persona* la virginidad. vulg.
  c. ‖ **~ el gorro**. loc. verb. *Ve*. obsol. Vigilar *alguien* a una pareja de novios.
  d. ‖ **~ la chaucha**. loc. verb. *Ch*. p.u. Ahorrar dinero. pop.
  e. ‖ **~ la cuchara**. loc. verb. *Co*. Hacer *alguien* lo posible por no perder un empleo. pop.
  f. ‖ **~ la milpa**. loc. verb. *Gu*, *Ho*. Prestar atención al negocio, la vivienda o las pertenencias propias.
  g. ‖ **~ la raja**. loc. verb. *Cu*. Mantener un hombre vigilada a su esposa o a su novia por celos o porque desconfía de ella.
  h. ‖ **~se como gallo fino**. loc. verb. *Cu*. Protegerse mucho *alguien*, *especialmente en lo que respecta a su salud*.

cuido.
 I. 1. m. *PR*. Guardería infantil.
 II. 1. m. *PR*. Conjunto de atenciones que recibe el gallo de pelea a lo largo de su preparación como peleador.
 III. 1. m. *CR*. Alimento, *generalmente pasto*, que se da al ganado. rur.
 □
  a. ‖ **en ~**.
   i. loc. adv. *Pa*. A dieta.
   ii. *Pa*. En reposo.

cuidón, -na.
 I. 1. m. y f. *Ve:O*. *En una finca*, persona encargada de cuidar la casa y la **hacienda** y de alimentar a los animales. rur.

cuija. (Del nahua *cuixa*, variedad de lagartija).
 I. 1. f. *Mx*, *Ho*. Lagartija pequeña con rayas oscuras a lo largo del lomo. (Gekkonidae; *Phylloctactyllus tuberculosus*). (**guija**).
  2. *Ho*. **paterno**.
  3. *Ho*. Semilla de la cuija que tiene un arilo comestible como verdura.

cuije. (Del nahua *cuixín*, milano o gavilán).
 I. 1. m. *Mx*, *Gu*, *Ho*, *ES*, *Ni*. Búho de 41 cm de longitud, de color gris pizarra por encima, coberteras supracaudales blancas, listado fino de color blanco gris por debajo, cola negra con una banda blanca, iris café, cera y patas amarillas. (Accipitridae; *Buteo nitidus*).
 II. 1. m-f. *Gu*, *ES*. Espía, confidente de otra persona.
 III. 1. m. *ES*. *En juegos de mesa*, jugador que ayuda a otro a hacer trampas.

cuijen.
 I. 1. adj. *CR*. *Referido a una ave gallinácea*, de color cenizo u oscuro y con pintas blancas distribuidas uniformemente por todo el cuerpo. ♦ **búlico**; **carata**.
 II. 1. m. *CR*. Diablo, espíritu del mal. euf; pop.

cuijina.
 I. 1. *Ho*. **pichete**, lagartija.

cuijo.
 I. 1. m. *Ni*. Dermatosis de origen micótico.

cuilampalo. (Del quech. *cuilampalu*).
 I. 1. m. *Ec*. Lagartija pequeña común en las cercas y breñas de la Sierra en las áreas secas y no muy elevadas.

cuilía. (Del nahua *cuilía*, robar o tomar algo).
 I. 1. f. *ES*. Policía, cuerpo de seguridad. desp.

cuiliar.
 I. 1. tr. *ES*. Vigilar a *alguien*.

cuilío, -a. (Del nahua *cuilía*, robar o tomar algo).
 I. 1. m. y f. *Gu*, *Ho*, *ES*. Agente de policía. desp.

cuiliote.
 I. 1. m. *ES*. Palma de hasta 7 m de altura, hojas pinnadas; las yemas de las flores son comestibles, al igual que los cogollos y tallos delgados y tiernos. (Aracaceae; *Chamaedorea tepejilote*).

cuillar.
 I. 1. tr. *Ho*, *Ni*. Gruñir el cerdo. rur.

cuillo.
 I. 1. m. *Gu*. Miembro de la policía. desp.
 II. 1. m. *Ni*. Gruñido del cerdo.

cuilmas.
 I. 1. adj. *CR*. obsol. *Referido a persona*, cobarde. desp.

cuilo.
 I. 1. *CR*. **cuyo**.

cuina.
 I. (Del ingl. *queen*, reina).
  1. f. *Mx*, *Ho*, *CR*, *Ch*. *En la baraja francesa*, reina, carta marcada con la letra Q.

II. 1. f. *Ho, ES, Ni.* Mentira.
III. 1. f. *Ho, ES.* Labia, charlatanería.
► **hablar ~.**

cuinear. (De *cuina,* mentira).
   I. 1. intr. *Ho.* Hablar mal de *alguien* o de *algo.*
   2. *Ho.* Hablar *alguien* de temas intrascendentes.
   II. 1. tr. *Ho.* Tratar de convencer a *alguien* con mañas.

cuinero, -a.
   I. 1. sust/adj. *Ho, Ni.* Persona mentirosa.
   II. 1. sust/adj. *Ho.* Persona charlatana.

cuino, -a.
   I. 1. m. y f. *Mx.* Cerdo, animal mamífero.

cuio.
   □
   a. ‖ **¡ni ~!** loc. interj. *ES.* Expresa negación o carencia total de algo.
   ► **no decir ni ~; no hacer ni ~.**

cuío.
   □
   a. ‖ **ni ~.** loc. adv. *Ni, CR.* obsol. Nada. pop.

cuipo.
   I. 1. m. *Pa.* Árbol de hasta 45 m de altura de copa pequeña localizada en el extremo del tronco, y corteza lisa y grisácea; tiene hojas simples y alternas, flores rojas agrupadas en los extremos de las ramas y frutos verdes que se vuelven rojos o marrones al madurar. (Bombacaceae; *Cavanillesia platanifolia*).

cuiqueli.
   I. 1. adj. *Ch. Referido a cosa,* que tiene clase y categoría. pop + cult → espon ^ fest.
   2. adj/sust. *Ch. Referido a persona,* que es de clase social alta, o que tiene sus modales. pop + cult → espon ^ fest.

cuiquería.
   I. 1. f. *Ch.* p.u. **cuiquerío.** pop ^ desp.
   2. *Ch.* Dicho o hecho propio de una persona de clase social alta o que aparenta serlo. pop + cult → espon.

cuiquerío.
   I. 1. f. *Ch.* Conjunto de **cuicos,** personas de clase social alta. pop + cult → espon. (**cuiquería**).

cuiquiento, -a.
   I. 1. adj. *Ec. Referido a persona o animal,* atacado de lombrices. vulg; desp.
   2. *Ec. Referido a persona,* muy flaca. pop.

cuiquismo.
   I. 1. m. *Ch.* Conducta y conjunto de valores propios o asociados a las clases altas. pop + cult → espon.
   2. *Ch.* Tendencia a seguir la conducta y valores de las clases altas. pop + cult → espon.

cuis.
   I. 1. *Bo, Ar, Ur.* **cuy.**
   □
   a. ‖ **ni ~ ni muis.** loc. adv. *ES.* Calladamente, en silencio.

cuiscuís.
   I. 1. m. *ES.* Ano. vulg.

cuises.
   I. 1. m. *ES.* obsol. Centavos, dinero.

cuita. (Del nahua *cuitlat,* excremento, mierda).
   I. 1. f. *Mx, Ho, Ni, CR, Pa.* Excremento de las aves.
   2. *Mx, Ni.* Excremento humano.
   II. 1. adj. *CR. Referido a persona,* que muestra delicadeza afectada y excesiva en sus palabras, acciones y gestos. pop + cult → espon ^ desp. (**cuitas**).
   ♦ **delicuitas.**
   ► **hacer ~.**

cuitado, -a.
   I. 1. adj/sust. *Ho. Ni. Referido a persona,* cagada por un ave.
   II. 1. adj/sust. *Ho. Referido a persona,* enferma por un maleficio.

cuitas.
   I. 1. adj. *CR.* **cuita,** que muestra delicadeza.

cuitear.
   I. (Del ingl. *to quit,* dejar).
   1. intr. *EU:SO.* Abandonar un juego o una tarea.
   II. (De *cuita*).
   1. intr. *Ni, CR, Pa; Ho.* p.u. Expeler las aves los excrementos por el ano.
   2. *CR.* obsol. **cantar,** expeler excrementos. vulg.

cuítiba.
   I. 1. *Co:C.* **yaya,** ácaro.

cuítiva.
   I. 1. *Co:C.* **yaya,** ácaro.

cuitlacoche. (Del nahua *cuitlacochi,* y este de *cuitlatl,* excremento y *cochtli,* dormido).
   I. 1. m. *Mx.* Hongo comestible de la mazorca de maíz provocado por el parásito *Ustilago maydis.* (**güitlacoche; huiclacoche; huitlacoche; quitlacoche**).
   II. 1. m. *Mx.* **cuidacuche.** fest.

cuja. (Del fr. *couche*).
   I. 1. f. *Cu:C, Ve, Ec, Bo, Ch, Ar, Pe.* obsol. Cama amplia y lujosa.
   2. *ES, Ni, Bo, Ar, Ec.* obsol. Catre.
   3. *ES.* Cama plegable de tijera.
   II. 1. f. *Ho.* Persona de gran estatura.
   ► **ser la ~.**

cujazo.
   I. 1. m. *Cu, RD.* Golpe dado con un **cuje.**
   2. *Pa, Cu.* meton. Golpe fuerte.

cuje.
   I. 1. m. *Cu, PR.* Vara vegetal flexible, sin hojas, usada para **foetes** o látigos.
   2. *Cu,* obsol; metáf. Persona alta y delgada.
   II. 1. m. *Gu, ES.* Árbol de hasta 15 m de altura, copa redondeada, tronco recto, cilíndrico, corteza castaña, hojas alternas, inflorescencias en espigas, flores blancas, fruto comestible; se utiliza como sombra para el café. (Fabaceae; *Indigo spuria, I. paterna, I. jinicui, I. radians, I. xalapensis*).
   III. 1. m. *Cu.* Mujer fea.

cujeado, -a.
   I. 1. adj. *Cu. Referido a persona,* castigada, reprendida.
   2. *Cu. Referido a persona,* prevenida, advertida, con experiencia.

cujear(se).
   I. 1. tr. *Cu.* Preparar a *alguien* para que adquiera experiencia en una actividad, oficio o deporte.
   2. prnl. *Cu.* Adquirir experiencia *una persona* por las adversidades sufridas.
   II. 1. tr. *Cu.* Azotar, zurrar.

cují.
   I. 1. m. *Co, Ve.* Árbol de hasta 3 m de altura, de tallo espinoso y flores globosas, de color amarillo brillante, agrupadas en cabezuelas; el fruto es una vaina cilíndrica de 5 cm, de color negro. (Fabaceae; *Vachellia farnesiana*).
   II. 1. adj/sust. *Co:N. Referido a persona,* tacaña. pop ^ desp.
   III. 1. m. *Pa.* Engaño o estafa.
   2. *Pa.* Atribución fraudulenta de la paternidad.

cujicero, -a.
   I. 1. sust/adj. *Pa.* Persona que dice mentiras o que estafa.

cujín. (Apóc. de *cujiniquil*).
   I. 1. *ES.* **cuajiniquil,** árbol. (Fabaceae; *Indigo* spp.).

cujiniquil. (Del nahua).
  I. 1. *ES.* **cuajiniquil**. (Fabaceae; *Indigo* spp.).
     2. *ES.* **cuajiniquil**, vaina.
     3. *ES.* **cuajiniquil**, semilla.

cujisal.
  I. 1. m. *Ve.* Terreno poblado de **cujíes**.

cujón.
  I. 1. m. *Ho.* Horquilla en posición invertida, acolchonada y forrada, que sirve de soporte y armazón en los dos extremos del aparejo de las caballerías. rur.

cuju-cuju.
  I. 1. m. *Cu.* Tos continua.

cul.
  ▶ beber ~ a ~.

culabasate.
  I. 1. m. *Ho:N.* p.u. Comida costeña hecha de plátano **martajado**, cocido con dulce de **panela**.

culada.
  I. 1. f. *Co.* Cosa o entidad de poca importancia. vulg.
  II. 1. f. *Ar; Ur.* p.u. Gran cantidad de algo. vulg.

culanchada.
  I. 1. f. *Ar:NO.* Desistimiento de una empresa o intento, por miedo o falta de valor. rur; pop.
     2. *Ar:NO.* Retroceso o freno por temor ante un adversario. rur; pop.

culanchador, -ra.
  I. 1. adj. *Ar:NO. Referido a persona*, que desiste de una empresa o de un intento, por miedo o falta de valor. rur; pop.
     2. *Ar:NO. Referido a persona*, que retrocede ante un adversario por temor. rur; pop.

culanchar.
  I. 1. intr. *Ar:NO.* Desistir de una empresa o intento por miedo o falta de valor. rur; pop.
     2. *Ar:NO.* Retroceder, caminar hacia atrás. rur; pop.

culanchero, -a.
  I. 1. adj. *Ar:NO. Referido a persona*, que desiste de una empresa o de un intento por miedo o falta de valor. rur; pop.

culancho.
  I. 1. *Ni.* **cusuco**, armadillo.

culandro.
  I. 1. m. *Bo.* Cilantro. (Umbelliferae; *Coriandrum sativum*).

culantrillo.
  I. 1. m. *Mx, Gu, Ho, ES, Ni, Pe.* Helecho perenne con el rizoma que produce hojas de hasta 40 cm de alto que crecen sobre tallos oscuros y pálidos, cada una de ellas es dos veces pinnada con hojuelas en forma de abanico de 1 cm de largo; tiene diversas aplicaciones en la medicina tradicional. (Polypodiaceae; *Adiantum concinnum*).
     2. *PR.* Planta de hojas aromáticas usadas para condimentar comidas. (**culantro**).
  II. 1. m. *Cu.* Apuro.
     2. *Cu.* Persona muy nerviosa.
  □
  a. ‖ ~ **de pozo.** m. *Ec.* Helecho que crece en los lugares sombreados y húmedos de la alta Sierra; sus hojas verde tierno o profundo son menudas, circulares y con frecuencia tienen manchas de color negro intenso.

culantro. (De *cilantro*).
  I. 1. m. *Mx, Gu, Ho, CR, Pa, Ve:O, Pe.* Conjunto de las dos nalgas. euf; pop.
     2. *Ho, ES, Ni, CR, Ve.* Ano. euf; pop.
  II. 1. m. *Mx, Gu, Ho, ES, Ni, Pa, Cu, RD, Pe.* Hierba de hasta 60 cm de altura, hojas lanceoladas, flores pequeñas, blancas; nativa de América tropical, es un condimento para las sopas y comidas; en la medicina tradicional tiene múltiples aplicaciones. (Apiaceae; *Eryngium foetidum*). ◆ **chicoria; culantro coyote**.
     2. *RD, PR.* **culantrillo**, planta.
  III. 1. m. *Ho.* Hombre homosexual. fest.
  ■
  a. ‖ ~ **cimarrón.** m. *CR.* **achicoria**, planta.
  b. ‖ ~ **coyote.** *CR.* **culantro**, hierba.
  c. ‖ ~ **de Castilla.** *Ho, CR.* **curatú.**
  d. ‖ ~ **de España.** m. *PR.* Variedad de culantro de hoja redonda y fina.
  e. ‖ ~ **de gallina.** *Ho.* **acapate**, hierba.
  f. ‖ ~ **de monte.** *Ho.* **acapate**, hierba.
  g. ‖ ~ **de pata.** *Ho.* **acapate**, hierba.
  h. ‖ ~ **de pozo.** *Ho.* **acapate**, hierba.
  i. ‖ ~ **de tripa.** *Ho.* **acapate**, hierba.
  j. ‖ ~ **del monte.** m. *PR.* Variedad de culantro espinoso y de hoja más larga que ancha.
  □
  a. ‖ **el ~.** loc. sust. *Cu.* El culo.
  ◪
  a. ‖ **está bien ~ pero no tanto.** fr. prov. *Pe.* Indica que no es bueno excederse en lo que se hace. pop + cult → espon.
  ▶ sentar ~; tener el ~.

culata.
  I. 1. f. *Pe.* Parte baja de un terreno o **chacra** por donde desaguan las aguas del riego. rur.
     2. *Ve:O.* Parte posterior de una casa.
  II. 1. f. *Pa, Cu.* Parte superior triangular de la fachada de un edificio en donde descansan las dos vertientes del tejado. rur.
     2. *PR.* Lado derecho e izquierdo de una casa.
  III. 1. f. *ES.* Nalgas. vulg.
  IV. 1. f. *ES.* Ayuda.
  □
  a. ‖ **de ~.** loc. adv. *Ar, Ur. En relación con el movimiento de un vehículo*, marcha atrás. pop.
  ▶ echar ~.

culateada.
  I. 1. f. *Mx, Gu, Ho, ES, Ni.* **Golpiza** propinada con culata de fusil.

culatear(se).
  I. 1. tr. *Mx, Gu, Ho, ES, Ni, Cu, Ch, Py, Ec,* p.u. Golpear con la culata de un fusil.
  II. 1. intr. prnl. *Ve.* Acobardarse *alguien* en una situación que requiere esfuerzo o resolución.
  III. 1. intr. *Pe.* Perder el control de un vehículo deslizándose lateralmente. pop + cult → espon.

culatero.
  I. 1. m. *Ar.* Ladrón que suele robar del bolsillo trasero del pantalón. pop.

culatero, -a.
  I. 1. adj. *Ve:O. Referido a una bestia de carga*, que es la última de un **arreo**.

culazo.
  I. 1. adj. *CR. Referido a persona*, que se cree importante y actúa con arrogancia. pop + cult → espon ∧ desp.
  ●
  a. ‖ **ni que fueras un ~.** fórm. *Ni, CR.* Se usa como respuesta ante un comportamiento arrogante. pop ∧ fest.

culcul.
  I. 1. *PR.* **curcur.**
  □
  a. ‖ **a ~.** *PR.* **a curcur.**

culcuta.
  I. 1. f. *Ch.* Ave de unos 18 cm de longitud con la parte superior gris parduzca mientras que la inferior es

de tono vinoso; la cola corta de color negro y las patas de color rosa pálido. (Columbidae; *Metriopelia aymara*). ♦ **tortolita de la puna**.

culeable.
> I. 1. adj. *Ch. Referido especialmente a una mujer*, considerada por un hombre como idónea para tener una relación sexual con ella. vulg.

culeada.
> I. 1. f. *Ho, ES, Ni, CR, Ch* vulg; pop + cult → espon; *Bo*. tabú. Coito, acto sexual.
> II. 1. f. *Ho*. Derrota verbal que sufre alguien. vulg; pop + cult → espon.
> 2. *CR*. Reprobación o resultado no apto en una prueba académica. vulg; pop + cult → espon.

culeado, -a.
> I. 1. adj/sust. *Ni, Pa, Ec, Pe, Bo,Ch. Ar. Referido a persona*, poseída sexualmente, *especialmente, sodomizada*. tabú; pop + cult → espon ^ desp.
> 2. m. y f. *Ch*. Persona, individuo. vulg; pop.
> II. 1. sust/adj. *Ch, Ar*. **conchudo**, mala persona. vulg.
> III. 1. adj. *PR. juv. Referido a persona*, calmada, amable, amistosa.
> 2. *PR. Referido a persona*, alejada de la droga, tranquila. pop + cult → espon.
> 3. *PR. Referido a persona*, escondida, tapada. pop + cult → espon.
> 4. *PR. Referido a persona*, reconciliada con alguien tras un período de enemistad. pop + cult → espon.

culeador, -ra.
> I. 1. m. y f. *Ni, Bo, Ch*. Persona que mantiene relaciones sexuales con frecuencia. vulg.

culear(se).
> I. 1. intr. *Mx, Gu, Ho, ES, Ni, Pa, Co, Ve, Pe, Ch, Ar; CR, Ec* vulg; pop + cult → espon; *Bo*. tabú. Realizar el coito. vulg. (**culiar**).
> 2. tr. prnl. *Ni, CR, Co, Pe, Bo, Ch, Ar; Ec*. tabú. Realizar el acto sexual con *alguien*. vulg.
> 3. *Ch, Ar*. Someter sexualmente a *alguien*. vulg.
> II. 1. tr. prnl. *Pa, Ar*. Estafar o producir un perjuicio en general a *una persona*. vulg.
> 2. *Ar*. Superar ampliamente al rival en una **competencia**. vulg.
> III. (Del ingl. *to cool*).
> 1. tr. *RD*. Vigilar, dar seguimiento a *algo* o a *alguien*.
> 2. prnl. *PR*. Enfriarse *alguien* o *algo*, refrescarse. pop + cult → espon.
> 3. *PR*. Reconciliarse *una persona* con *alguien*. pop + cult → espon.
> 4. tr. *PR*. Enfriar, tranquilizar *una persona* a *alguien*. pop + cult → espon.
> IV. 1. tr. *PR*. Bailar provocativamente moviendo el trasero, *especialmente al ritmo del reguetón*.
> V. 1. intr. prnl. *PR*. Disimular *alguien* lo que está haciendo para no ser descubierto. pop + cult → espon.
> VI. 1. intr. prnl. *PR*. Acobardarse *alguien*. pop + cult → espon.
> VII. 1. intr. prnl. *PR*. Exaltarse *alguien*, molestarse. pop + cult → espon.
> VIII. 1. tr. prnl. *CR*. No aprobar a un alumno en una prueba académica o en una asignatura. vulg; pop + cult → espon.
> IX. 1. intr. prnl. *Mx*. Echarse para atrás, arrepentirse *una persona* después de haber aceptado un trato o encomienda.

culebra.
> I. 1. f. *Mx*. Tramo horizontal de la tubería de drenaje.
> II. 1. f. *Pa, Co, Ec*. Persona con quien se ha contraído una deuda. pop.
> 2. *Co*. Deuda. pop.
> III. 1. *Gu, Ho, Ch*. **achichincle**, asistente.
> 2. *Gu, Ho, ES*. **anaconda**, persona servil por interés. pop + cult → espon ^ desp.
> IV. 1. f. *Ve*. Malentendido.
> V. 1. f. *Ve*. Parte superior del arpa que contiene el clavijero.
> VI. 1. f. *Ve*. Telenovela sumamente larga y de acentuado carácter melodramático. pop.
> VII. 1. f. *ES*. Fiesta que ofrece a sus compañeros de oficina el nuevo empleado con su primer sueldo.
> VIII. 1. f. *ES*. Homosexual. desp.
> IX. 1. f. *Ho*. Entretejido de hoja de **tule** en forma de culebra, con el centro ahuecado y una apertura con asa en uno de sus extremos para meter triturada la **yuca** amarga y que rezume el veneno.
> X. 1. f. *Ho*. Pene. vulg.

■
> a. ‖ ~ **de dos cabezas**. f. *Co*. Lagarto de cuerpo vermiforme y ojos diminutos que tiene las extremidades rudimentarias o carece de ellas; es inofensivo, aunque existe la creencia popular de que es venenoso, y vive bajo tierra. (Amphisbaenidae; *Amphisbaena alba*). ♦ **tatacoa**.
> b. ‖ ~ **parada**. loc. sust. *Ho*. Persona de cuerpo delgado y porte tieso. fest.
> c. ‖ ~ **verde**. f. *Ar, Ur*. Culebra no venenosa, de vivo color verde y muy rápida y agresiva. (Colubridae; *Philodryas* spp.). ♦ **víbora verde**.

□
> a. ‖ ~ **de agua**. loc. sust. *Mx*. Columna de agua que se eleva desde el mar por efecto del viento.

► **como matar ~**; **desenrollar la ~**; **hacer bailar la ~**; **mover la ~**; **pasar la ~**; **peinar la ~**; **sacar la ~**; **verle patas a la ~**.

culebraje.
> I. 1. *Ho*. **culebreo**, servilismo.

culebrear(se).
> I. 1. intr. *Gu, Ho, ES*. Adular y mantener una conducta servil ante *alguien*. pop + cult → espon.
> II. 1. intr. *RD, PR*. Eludir *alguien* una dificultad o responsabilidad con subterfugios. pop + cult → espon.
> 2. *PR*. Quedarse *alguien* indeciso por conveniencia. pop + cult → espon.
> 3. intr. prnl. *Mx*. Arrepentirse de un compromiso, después de haber dicho que sí. pop + cult → espon.
> III. 1. intr. *PR*. Engañar *una persona* a *alguien* solapadamente. pop + cult → espon.

culebreño, -a.
> I. 1. adj. *PR*. Relativo a la culebra.

culebreo.
> I. 1. m. *RD, PR*. Elusión, evasión de una dificultad o responsabilidad.
> II. 1. m. *Ho*. Servilismo, adulación. ♦ **culebraje**.

culebrera.
> I. 1. f. *Co*. Sitio donde abundan las culebras. pop.

culebrero.
> I. 1. m. *Co, Ve*. Persona que vende productos para curar enfermedades, exhibiendo una culebra y pronunciando largos discursos.
> 2. *Ni, CR, Ve*. Sitio donde abundan las culebras. pop.
> II. 1. m. *Ho*. Persona que entretiene en la vía pública con una boa, contando anécdotas y narraciones.

culebrero, -a.
> I. 1. adj. *Ch. Referido a un camino*, serpenteante, con curvas. pop.
> 2. *Ec. Referido a una decisión o resolución que se toma*, arriesgada, peligrosa, osada.
> II. 1. adj/sust. *PR, Ch. Referido a persona*, astuta, sagaz, que evita comprometerse o definirse en una situa-

ción o conversación. pop + cult → espon ∧ desp. ♦ **culebrino**.

III. 1. adj/sust. *Ho. Referido a persona*, servil, aduladora por interés. pop + cult → espon.

culebrilla.

I. 1. f. *RD, PR, Ur.* Enfermedad cutánea, a modo de herpes, con ramazonas rojas muy dolorosas, que se extiende formando líneas onduladas; es propia de los países tropicales. ♦ **hicotea**.

2. *PR.* Enfermedad que ataca a los gallos en los ojos. rur.

3. *PR.* Enfermedad propia del cerdo.

II. 1. f. pl. *RD.* **fideos**, planta parásita.

III. 1. f. *PR.* Vuelta circular, precipitada y continua, que da un volatín en el aire porque el viento es fuerte o por tener el rabo corto o enredado.

▶ **dar ~**.

culebrina.

I. 1. f. *Gu.* obsol. Viento muy fuerte. rur.

II. 1. *Cu.* **baboyana**.

III. 1. f. *Ho, CR. En la fabricación clandestina de aguardiente*, serpentín del alambique. rur.

IV. 1. f. *CR, Pa.* obsol. Resplandor intenso e instantáneo producido en las nubes por una descarga eléctrica. pop.

culebrino, -a.

I. 1. *PR.* **culebrero**, astuto.

culebro, -a.

I. 1. sust/adj. *Co,* p.u; *RD.* pop + cult → espon. Persona astuta.

culebrón.

I. 1. adj. *RD. Referido a persona*, temida.

II. 1. m. *PR.* Hombre de raza negra, grande y fuerte. pop + cult → espon ∧ desp.

culeca.

I. 1. adj/sust. *Mx, Gu, Ho, Ni, CR, Pa, Cu, RD, PR, Co, Ve:O; Ur,* p.u; *Ec,* obsol; rur. *Referido a una gallina*, clueca. (**crueca**; **cueca**).

II. 1. f. *Ec:S;* adj, *Ho, RD.* Madre sobreprotectora o muy apegada a los hijos. pop + cult → espon.

culecada.

I. 1. f. *Co:O; CR.* obsol; rur. Conjunto de pollos que sacan de una vez las gallinas.

culecarse.

I. 1. intr. prnl. *Ho, Ni, RD.* Ponerse clueca una gallina. rur.

culeco.

I. 1. *Cu.* **fundillo**, nalgas.

II. 1. m. *Ni.* Padre de un niño recién nacido.

III. 1. m. *Pa.* Comparsa carnavalesca que desfila con la reina y se acompaña de música y agua para mojar al público.

IV. 1. adj. *Ho. Referido a hombre*, homosexual.

V. 1. adj. *CR:S. Referido a hombre*, casero, apegado al hogar, que no le gusta salir. pop + cult → espon.

culeco, -a. (Metát. de *clueco*)

I. 1. adj. *Ec. Referido a persona*, cobarde, pusilánime, apocada. pop + cult → espon.

2. *RD.* metáf. *Referido a persona*, vanidosa. pop + cult → espon.

3. *RD. Referido a persona*, desconfiada. pop + cult → espon.

4. *Cu, Ec. Referido a persona*, que se siente muy orgullosa de algo o de alguien, *especialmente los padres de sus hijos y los abuelos de sus nietos*.

II. 1. adj. *Ho, ES. Referido a persona*, enfermiza. rur.

2. *Ur. Referido a persona*, enferma. pop.

III. 1. adj. *PR.* metáf. *Referido a persona*, muy enamorada. pop + cult → espon ∧ fest.

2. *Mx, PR.* metáf. *Referido a persona*, contenta y alegre. pop + cult → espon ∧ fest.

IV. 1. adj. *ES. Referido a persona*, miedosa.

culei. (De *Kool-Aid®*).

I. 1. m. *Ho, Pa.* Refresco en polvo que se prepara diluido en agua.

culelé.

I. 1. adj. *RD, PR. Referido a persona*, tonta, idiota. pop + cult → espon.

culén.

I. 1. m. *Pe, Ch, Ar.* Arbusto de hasta 3 m de altura, hojas de tres folíolos lanceolados, flores azules y una vaina alargada como fruto; la infusión de sus hojas y flores tiene propiedades digestivas. (Fabaceae; *Psoralea glandulosa*). ♦ **hierba de San Agustín**.

II. 1. m. *Ch:SO.* **culengue**.

culencillo.

I. 1. m. *Ar:C,O.* Planta herbácea con una raíz muy desarrollada, hojas pinnadas, flores moradas dispuestas en panícula y una vaina como fruto; el jugo de sus rizomas se usa en medicina popular por sus propiedades béquicas o antitusivas y hecho pasta se toma como golosina. (Fabaceae; *Glycyrrhiza astragalina*). ♦ **locancia**; **oruzú**.

culengue.

I. 1. m. *Pe, Ch.* Molusco bivalvo de concha oval delgada casi transparente y con estrías concéntricas. (Psammobiidae; *Gari solida*). ♦ **culén**.

culeo.

I. 1. m. *Ho, Co; Ch.* p.u. Coito, acto sexual. vulg.

culepe.

I. 1. *Ch.* p.u. **julepe**, miedo. pop.

culequear.

I. 1. intr. *PR.* Cloquear la gallina. pop + cult → espon.

II. 1. intr. *Pa.* Participar en un **culeco**, comparsa.

culequera.

I. 1. f. *Co.* Obstinación, encaprichamiento. pop + cult → espon.

II. 1. f. *Cu, PR.* metáf. Euforia, alegría. pop + cult → espon ∧ fest.

2. *Cu.* Cariño, simpatía que se siente por alguien o algo. pop + cult → espon ∧ fest.

3. *PR.* metáf. Enamoramiento ciego de alguien. pop + cult → espon ∧ fest.

III. 1. f. *ES.* Período de incubación de la gallina.

IV. 1. f. *ES.* Miedo, temor.

cúler. (Del ingl. *cooler*, refrigerador portátil).

I. 1. m. *Bo, Ch.* Nevera pequeña transportable en que se puede colocar hielo para conservar mejor alimentos y bebidas. pop.

culerada.

I. 1. f. *Ho, ES.* Conducta afeminada u homosexual. tabú.

2. *Ho, ES.* Miedo, cobardía. vulg.

culero.

I. 1. m. *Mx, Gu, Ho, ES.* Persona miedosa o cobarde. vulg.

II. 1. m. *Ar.* Delantal de cuero que usa el gaucho u hombre de campo para protegerse los muslos cuando trabaja o arroja el lazo de cerca a las manos de los animales. rur.

2. *Ch.* Pieza de cuero que se pone sobre el pantalón y cubre desde las nalgas al abdomen; antiguamente se lo ponían los mineros.

3. *Cu.* Paño de tela que se les pone a los niños muy pequeños entre las piernas y se sujeta en la cintura con imperdibles.

III. 1. m. *Gu, Ho.* Hombre homosexual. vulg.

IV. 1. m. *Ni.* Hombre mujeriego.

culero, -a.
  I. 1. adj/sust. *Mx. Referido a persona*, vil y desconsiderada. vulg; pop + cult → espon.
    2. *Mx. Referido a persona*, traidora. vulg; pop + cult → espon.
  II. 1. adj/sust. *Mx. Referido a persona*, perezosa, que tarda mucho en hacer algo.

culetazo.
  I. 1. m. *PR.* Golpe dado por una persona en el trasero de otra. vulg; pop + cult → espon.

culetear.
  I. 1. intr. *Ec.* Deslizarse un vehículo, moviéndose la parte trasera, al desviarse de su dirección normal en un camino con barro o arena.

culey. (Del ingl. *Kool-Aid*®).
  I. 1. m. *Ho, ES.* Hombre homosexual. euf.
  II. 1. m. *Ho, Ni, Pa.* Granitos de azúcar y extracto de jugo de alguna fruta que se diluye en agua para hacer refresco.

culí. (Del ingl. *coolie*).
  I. 1. m-f. *Pe, Ur.* Trabajador proveniente de la China.
    2. m. *Ve.* Persona de rasgos hindúes que procede de la isla de Trinidad.
    3. m-f. *Ho, Pa.* Persona originaria de India.
    4. adj/sust. *CR:SE, Pa. Referido a persona*, de aspecto similar al de un nativo de la India. desp.
    5. *CR:SE, Pa. Referido a persona*, inmigrante de la India. desp.
    6. adj. *CR.* Relativo al culí. desp.

culí, -isa.
  I. 1. m y f. *Pa.* Persona de tez oscura y cabello liso.

culiar.
  I. 1. tr. *ES, Ni, Pa.* **culear**, realizar el coito.

culicacho, -a.
  I. 1. adj/sust. *Ho. Referido a ganado vacuno*, flaco y enfermo. rur.
  II. 1. adj/sust. *Ho. Referido a persona*, cobarde.

culicagado, -a.
  I. 1. sust/adj. *Pa, Cu, PR, Co:O.* Niño o niña de corta edad. pop + cult → espon.
    2. *Ho, Ni, Pa, Cu, RD.* Niño o adolescente que se comporta como si tuviese más edad. pop + cult → espon ^ desp.
  II. 1. adj/sust. *PR. Referido a persona*, **comemierda**, tonta, mentecata. vulg; pop + cult → espon.
    2. *PR. Referido a persona*, trepadora. vulg; pop + cult → espon.
  III. 1. adj/sust. *ES. Referido a persona*, cobarde.
  IV. 1. adj/sust. *Pa. Referido a persona*, inexperta.
  V. 1. sust/adj. *Pa.* Persona que carece de medios económicos, pobre.

culicaliente.
  I. 1. m-f. *Pa.* Persona que está excitada por algo. pop.

culicha.
  I. 1. f. *Ho, ES.* Lombriz común de tierra.

culiche, -a.
  I. 1. adj. *Mx.* Relativo a Culiacán, ciudad del estado de Sinaloa.
  II. 1. m. *Ho, ES*; f. *Ho, ES.* Gusano parásito que vive en el intestino del ser humano y de algunos animales. (Ascaridae; *Ascaris lumbricoides*).

culichi.
  I. 1. m-f. *Bo:E.* Persona que tiene las nalgas muy abultadas o muy pequeñas, o con algún defecto.

culichiche.
  I. 1. *Cu.* **chirriburri**. pop ^ desp.

culichoso, -a.
  I. 1. adj/sust. *Ho, ES. Referido a persona o animal*, infestado de **culiches**. pop + cult → espon.

---

    2. *Ho, ES. Referido a persona*, panzona por efecto de las **culiches**. pop + cult → espon.

culichumbo.
  I. 1. *PR.* **chumbo**, de trasero plano.

culicunco, -a.
  I. 1. adj. *Ho. Referido a persona o animal*, cobarde, miedoso o temeroso. pop + cult → espon. ♦ **culicunque**.
  II. 1. adj. *Ho. Referido a cosa, en especial ropa de vestir*, corta. pop + cult → espon.

culicunque.
  I. 1. *Ho.* **culicunco**, cobarde.

culifáis. (De *culo* y del ingl. *face*, cara).
  I. 1. m. *Ho.* Culo de persona. pop + cult → espon^ fest. (**culiflash**; **culiflay**). ♦ **culistrín**.

culifalda.
  I. 1. f. *Co.* Minifalda. espon ^ desp.

culiflaco, -a.
  I. 1. adj/sust. *Cu, PR. Referido a persona*, de pocas nalgas. vulg; pop + cult → espon. ♦ **culimetido**.

culiflash.
  I. 1. *ES.* **culifáis**. fest.

culiflay.
  I. 1. *Ho, ES.* **culifáis**. fest.

culifloja.
  I. 1. f. *Pa.* Mujer dispuesta a realizar el coito. pop.
    ♦ **culipronta**.

culiflojo, -a.
  I. 1. adj. *Pa; PR.* vulg; cult → espon. *Referido a persona*, cobarde, miedosa. pop.

culillera.
  I. 1. f. *ES, Ni, Pa.* Sensación de miedo o temor.

culillo.
  I. 1. m. *Gu, Ho, ES, Ni, Pa, Ve; Co, Ec* pop; *PR.* pop + cult → espon. Sentimiento de temor. (**culío**).
    2. *ES, Ni, Pa.* Inquietud, preocupación. pop.
    3. *Cu, PR.* Impaciencia, comezón. pop + cult → espon.
    4. *RD.* Rabia, ira, enojo. pop + cult → espon.
  II. 1. m. *Ve.* Irritación o prurito del ano.

culillo, -a.
  I. 1. sust/adj. *Ar:O.* Persona entrometida y curiosa. pop.
  II. 1. adj. *ES, Ni. Referido a persona*, miedosa.
    2. adj/sust. *Ho. Referido a persona*, débil, endeble, de salud delicada.
  III. 1. sust/adj. *Ho.* Adolescente o joven. desp.
  IV. 1. adj. *PR. Referido a persona*, alegre. pop + cult → espon.
    ▶ tener ~.

culilloso, -a.
  I. 1. adj. *Pa. Referido a persona*, miedosa, cursi. pop.

culilludo, -a.
  I. 1. adj. *Ve. Referido a persona*, cobarde, miedosa.

culimaya.
  I. 1. m-f. *Cu.* Persona de baja condición social.

culimbo, -a.
  I. 1. adj. *Co.* Simple, insignificante.
  II. 1. m. y f. *Co:C.* Niño de corta edad. pop.

culimetido, -a.
  I. 1. adj/sust. *PR.* **culiflaco**.

culin. (Del ingl. *cooling*, enfriamiento).
  I. 1. m. *PR. En la crianza de gallos*, proceso que elimina a los pollos defectuosos o enfermos, que no prometen ser buenos lidiadores.

culín.
    ▶ estar una cosa de ~, culón.

culinche.
    I. 1.   adj. *Ec. Referido a animal*, de cola corta. rur.
    II. 1.   adj. *Ec.* p.u. *Referido a prenda de vestir*, más corta de lo normal. rur.

culincho.
    I. 1.   m. *Ar.* Trasero, culo. euf.

culincho, -a.
    I. 1.   adj/sust. *Ar:NO. Referido a persona*, que tiene las nalgas abultadas. pop + cult → espon.
    II. 2.   *Ec. Referido a un animal*, que no tiene cola. pop.

culindingo, -a.
    I. 1.   adj/sust. *CR. Referido a persona*, que manifiesta una delicadeza afectada y excesiva en palabras, gustos, acciones y gestos. pop ^ desp.

culingo.
    I. 1.   m. *Ec.* p.u. Ave a la que se han recortado las plumas de la cola, o de la cola y las alas. pop.

culingo, -a.
    I. 1.   adj. *Ec:O. Referido a prendas de vestir, especialmente pantalones o faldas*, muy cortas. pop.

culintrín.
    I. 1.   m. *ES.* Hombre homosexual. desp.

culío.
    I. 1.   *Gu, Ho, ES, Ni.* **culillo**, miedo.

culío, -a.
    I. 1.   adj. *Ho. Referido a persona*, que está nerviosa y con miedo. pop.

culiolada.
    I. 1.   f. *CR.* Actitud o comportamiento propios del **culiolo**. vulg; pop + cult → espon.

culiolo.
    I. 1.   m. *CR; Ho, Ni,* p.u, fest. Hombre homosexual. pop + cult → espon ^ desp.
    2.   *CR.* Hombre afeminado. pop + cult → espon ^ desp.

culiolo, -a.
    I. 1.   adj. *CR. Referido a persona*, que adopta comportamientos afectados o semejantes a los de un afeminado.

culipandear(se).
    I. 1.   intr. *Cu, RD, PR, Ve.* Evadir con astucia una dificultad prevista para no enfrentarla. pop + cult → espon.
    II. 1.   intr. prnl. *Ho, Cu, PR, Bo.* Acobardarse, echarse atrás o arrepentirse *alguien* de algo que iba a hacer. vulg; pop + cult → espon.
    2.   *RD, PR.* No respetar *alguien* la palabra dada, cambiar de opinión. vulg; pop + cult → espon.
    III. 1.   intr. prnl. *PR.* Mover una mujer rítmicamente el trasero al caminar. vulg; pop + cult → espon.

culipandeo.
    I. 1.   m. *Ho, Cu, PR, Ve.* Evasiva, excusa. pop + cult → espon.
    II. 1.   m. *Ho.* Miedo. vulg.
    III. 1.   m. *Ho, PR.* Movimiento rítmico del trasero al caminar, *especialmente el de las mujeres*. vulg; pop + cult → espon.

culipandero, -a.
    I. 1.   sust/adj. *Ve, Bo.* Persona que no se compromete o no toma decisiones.

culipi.
    I. 1.   m. *Bo:N,E.* Bebida que se prepara mezclando agua y limón con licor flambeado. pop + cult → espon.

culipronta.
    I. 1.   *Mx, Pa.* **culifloja**. pop.
    2.   f. *Co.* Mujer que por dinero accede a mantener relaciones sexuales con hombres.

culipronto, -a.
    I. 1.   adj. *Co. Referido a persona*, apresurada, precipitada.

culis-soquis.
    I. 1.   m-f. *Ho.* Persona pedante y engreída. desp.

culisa.
    I. 1.   f. *Pa, Ve.* Mujer de aspecto hindú o procedente de la India.

culiscunque.
    I. 1.   m. *ES.* Culo. fest.
    2.   m. *ES.* Ano. fest.
    II. 1.   m. *ES.* Hombre homosexual. fest.

culiscuquis.
    I. 1.   m. *ES.* Hombre afeminado. fest.

culishte. (Del nahua).
    I. 1.   m. *Gu.* Moho.
    2.   adj. *Gu. Referido a cosa*, mohosa.

culisnay.
    I. 1.   m. *Ni.* Ano. fest.

culiso, -a.
    I. 1.   m. y f. *Pa.* Persona de tez morena y pelo lacio.

culispipian. (De *culo* y *pipián*).
    I. 1.   m. *ES.* Hombre homosexual. fest. ♦ **culispipis**.

culispipis.
    I. 1.   *ES.* **culispipian**. fest.

culistrín.
    I. 1.   *Ho.* **culifáis**. fest.
    2.   *Ho:N.* Mujer de cuerpo bonito. vulg.

culisucio, -a.
    I. 1.   sust/adj. *Cu.* Niño o adolescente que se comporta como si tuviera más edad. desp.

culito.
    I. 1.   m. *Ho.* Pequeña cantidad de líquido que queda en una vasija o recipiente.
    II. 1.   m. *Ho.* Ojo de una aguja. rur.
    □
    a. ‖ ~ **cagado.** loc. sust. *Ho, Ni, RD.* Adolescente o joven que se cree hombre. desp.
    b. ‖ ~ **de pollo.**
      i. loc. sust. *Ho.* Castigo militar que consiste en juntar los dedos de la mano y golpear sus yemas con una pistola.
      ii. *Ho:N.* Persona sin dientes y con los labios arrugados. desp.
    c. ‖ ~ **parado.** loc. sust. *Ho, RD.* Mujer bonita y coqueta.
    ▶ **ser un ~.**

culitranquear.
    I. 1.   intr. *Pa.* Echarse para atrás, después que se ha alardeado de poder realizar una empresa, acobardarse. pop + cult → espon.

culitranqueo.
    I. 1.   m. *Pa.* Acobardamiento. pop.

culituerto.
    I. 1.   m. *RD.* Desviación ocular en sentido opuesto al bizco, con los globos oculares hacia fuera.

culiverde.
    I. 1.   m-f. *Ec.* Indígena. vulg; pop + cult → espon ^ desp.

cullaca.
    I. 1.   f. *Ch.* Danza folclórica tradicional *bailada generalmente por mujeres jóvenes*, y que forma parte de los bailes rituales dedicados a la Virgen María.
    2.   *Ch.* Mujer joven que participa en esta danza.

cullahuada. (Del quech. *Kullawa*).
    I. 1.   f. *Bo.* Danza folclórica que representa a los hilanderos y tejedores aimaras. (**kullahuada**).

cullazo. (De *cullu*, tronco).
    I. 1.   m. *Bo.* Golpe fuerte dado con un palo.

culle.

 I. 1. m. *Pe.* Lengua extinguida de la sierra norte del Perú.

 II. 1. *Ch.* Planta de tallo cortísimo, en forma de bulbo escamoso, con hojas numerosas de largos pecíolos; con ella se hace un zumo que se usa como bebida refrescante. (Oxalidaceae; *Oxalis adenophylla*).

culli. (Del aim. y del quech. *kulli*, morado).

 I. 1. m. *Bo:C,E.* Maíz de color morado oscuro. pop + cult → espon.

 2. *Bo:C,E.* Bebida alcohólica producida por la fermentación del maíz morado, con agua y azúcar. pop + cult → espon.

cullín. (Del map. *kullin*).

 I. 1. m. *Ch.* p.u. Dinero. pop.

cullo, -a.

 I. 1. adj. *Ar:NO. Referido a persona*, atrevida y desobediente. rur; pop.

cullu.

 I. (Del aim. y del quech. *k'ullu*, madera).

 1. m. *Bo:C,O.* Tronco de árbol listo para ser aserrado. pop + cult → espon.

 2. f. pl. *Bo:O.* metáf. Piernas o pantorrillas de una persona. pop + cult → espon.

 II. 1. adj/sust. *Bo. Referido a persona*, terca, obstinada. pop + cult → espon.

 III. 1. *Bo. Referido a persona*, insensible al dolor. pop + cult → espon.

 IV. 1. adj/sust. *Bo. Referido a persona*, que no devuelve con prontitud las cosas que le han prestado. pop + cult → espon.

 2. sust/adj. *Bo.* Persona que no paga sus deudas. pop + cult → espon.

culluca.

 I. 1. *Ch.* **tórtola cordillerana.**

cullupipa.

 I. 1. f. *Bo.* Pequeña pipa de madera. pop.

culo.

 I. 1. adj/sust. *Mx. Referido a persona*, cobarde, miedosa. pop.

 II. 1. m. *Gu, CR, Pe; Ec*, p.u.; vulg. Mujer, *en especial la que por sus atributos físicos despierta el interés sexual en los hombres.* vulg; pop + cult → espon.

 2. *Gu, Ho, ES. Ni.* Mujer muy guapa. vulg; pop + cult → espon.

 3. *Gu, Ho, ES, Ni.* meton. Mujer de cuerpo bonito. vulg.

 III. 1. m. *Ar, Ur.* Buena suerte. vulg.

 IV. 1. m. *Gu, Cu.* Vulva. vulg.

 V. 1. adj. *Cu. Referido a persona*, tacaña, avara.

 2. *Cu. Referido a persona*, despreciable.

 VI. 1. m. *Bo. En el juego de la taba*, cara convexa de la taba, que indica pérdida del tanto.

 2. m. pl. *Bo. En el juego de dados*, pérdida en una jugada por haber salido ases, doses o cuatros.

 VII. 1. m. *CR.* Diferencial de un vehículo automotor. pop. ♦ **cebolla.**

■

 a. ‖ **~ de buey.**

  i. m. *Ho, ES.* Pequeña abeja silvestre, sin aguijón, de color negro y abdomen amarillo. (Apidae; *Trigona fulviventris*). ♦ **culo de vieja.**

  ii. *Ho, ES.* Panal y miel de esta abeja, que construye debajo de la tierra.

 b. ‖ **~ de señora.** *ES, Ni.* **talnete**, abeja.

 c. ‖ **~ de vieja.** *Ho.* **culo de buey.**

□

 a. ‖ **a ~ pelado.** loc. adv. *CR.* Sin ninguna ropa de la cintura hacia abajo o en completa desnudez. vulg.

 b. ‖ **agua de ~.** loc. sust. *Cu.* Bebedizo.

 c. ‖ **con el ~ a cuatro manos.**

  i. loc. adv. *Ni, Ar, Ur.* En una situación apremiante o con miedo.

  ii. loc. adj/adv. *Gu. Referido a persona*, afligida, angustiada. vulg.

 d. ‖ **~ alegre.** loc. sust. *Ho.* Prostituta.

 e. ‖ **~ apretado.** loc. sust. *Ve.* Persona arrogante y presuntuosa.

 f. ‖ **~ arriba.** loc. adv. *Ho.* Boca arriba, al revés.

 g. ‖ **~ cagado.**

  i. loc. sust. *RD.* Persona, *especialmente un niño*, de poca importancia.

  ii. loc. sust/adj. *Ur.* Persona que falta a la confianza que en ella se pone. vulg; desp.

 h. ‖ **~ caliente.** loc. sust. *Ho.* Mujer fácil para las relaciones sexuales. vulg.

 i. ‖ **~ crespo.** loc. sust. *Ar:NO.* Persona que aparenta ser lo que no es o tener lo que no tiene. pop.

 j. ‖ **~ de araña boba.** loc. adj. *PR. Referido a persona*, que tiene el culo gordo. vulg; pop + cult → espon.

 k. ‖ **~ de candela.** loc. sust. *CR.* Cabo de vela.

 l. ‖ **~ de langosta.** loc. sust. *Cu.* Culo empinado.

 m. ‖ **~ de puntilla.** loc. sust. *Cu.* Persona que tiene glúteos prominentes y caderas estrechas.

 n. ‖ **~ de vaca.** loc. adj. *PR. Referido a cosa*, burda, tosca. vulg; pop + cult → espon.

 ñ. ‖ **~ loco.** loc. sust. *Ho.* Prostituta.

 o. ‖ **~ sucio.** loc. sust. *Ar, Ur.* **culosucio.**

 p. ‖ **de ~.** loc. adv. *Ar, Ur.* Por casualidad o suerte. vulg.

 q. ‖ **en el ~ del perro.** loc. adv. *Cu.* Muy lejos.

 r. ‖ **~ flojo.** loc. sust. *Ho.* Mujer fácil para las relaciones sexuales. vulg.

 s. ‖ **hasta el ~.**

  i. loc. adv. *CR.* En estado de ebriedad. vulg. ♦ **hasta las tetas.**

 t. ‖ **para el ~.** loc. adv/adj. *Ar, Ur.* Sumamente mal. vulg.

 u. ‖ **~ roto.**

  i. loc. sust/adj. *Ar, Ur.* Persona que falta a la confianza que en ella se pone. vulg; desp.

  ii. loc. sust. *Ho, Ar.* Persona pobre, sin dinero ni bienes.

 v. ‖ **un ~.** loc. adv. *Co.* juv. Nada.

◪

 a. ‖ **~ fondeado no tiene dueño.** fr. prov. *Ho.* Indica que un borracho corre muchos peligros. vulg.

▶ andar con el ~ en las manos; andar de ~; buscar fuete para su ~; caerse el ~; cagar más arriba del ~; coger el ~; cogerse el ~ con la puerta; creerse el gran ~; cuidar el ~; dar el ~; decir hasta ~; echar ~; echar el ~ al charral; estar del ~; fajar el ~ a una mujer; hablar ~; helarse el ~; importar un ~; ir hecho un ~; irse de ~; lamber el ~; meter el ~; metérselo y sacárselo del ~; parecer ~ con pujo; partir el ~; pelar ~; pelar el ~; pelarse el ~; picarle el ~; poner como ~; poner como un ~; quebrarle el ~; quebrarse el ~; quebrarse un ~; quemarse el ~; quitarle el ~ a la jeringa; rajarse el ~; romper el ~; romperse el ~; roncar del ~; sacarle el ~ a la jeringa; salir como ~ quemado; salir hecho un ~; ser ~ y calzón; ser ~ y camisa; ser más cerrado que el ~ de un macho; tener ~ de araña bomba; tener del ~; valer un ~.

culón, -na.

 I. 1. adj/sust. *Mx.* Cobarde, miedoso. pop.

 II. 1. adj/sust. *Ar, Ur. Referido a persona*, que tiene buena suerte. vulg.

 2. adj. *CR.* p.u. *Referido a persona*, ufana, contenta o satisfecha. pop + cult → espon.

 III. 1. adj. *ES, Ni. Referido a persona*, engreída.

culona.
    I. 1.   *Co.* **hormiga culona.**

culosucio.
    I. 1.   m. *Ar, Ur, Ec,* obsol. Juego de naipes infantil en el que se van formando parejas con las cartas. (**culo sucio**). ♦ **hueso.**

culot. (Del fr. *culotte*).
    I. 1.   m. *PR.* Falda pantalón femenina que llega hasta las rodillas.

culote. (Del fr. *culotte*).
    I. 1.   m. *Ar, Ur.* Prenda interior femenina ancha que cubre desde la cintura hasta la mitad superior del muslo.

culpa.
    ◪
    a. ‖ **la ~ de todo la paga el totí.** fr. prov. *EU, Cu.* Indica que se ha responsabilizado a alguien de algo que no ha realizado.

culpable.
    I. 1.   *ES.* Hombre afeminado. euf.
    2.   m. *Ho.* Hombre homosexual. euf.

culpeo. (Del map. *culpeu*).
    I. 1.   *Ch, Ar:S.* **zorro culpeo.**

culpiche.
    I. 1.   m. *Ve:E. En el juego de **metras**,* jugada en la que se golpea la **metra** del jugador contrario con la propia, para moverla de la posición que ocupa en el área de juego.

culpógeno, -a.
    I. 1.   adj/sust. *Ar, Ch.* p.u. *Referido a cosa,* que provoca sentimiento de culpa. cult.

culprito, -a.
    I. 1.   m. y f. *Ho.* Persona ladrona.

cultero.
    I. 1.   m. *Cu.* Protestante.

culto, -a.
    I. 1.   adj. *Gu, Ho, ES, Co. Referido a persona,* que tiene buena educación o urbanidad.

cultrún.
    I. 1.   m. *Ch, Ar.* Tambor tradicional mapuche, de tamaño relativamente pequeño, hecho de madera con forma de media esfera; se usa en rituales. (**kultrum; kultrún**).

cultura.
    ▢
    a. ‖ **~ de babería.** loc. sust. *Cu.* Conocimiento superficial que tiene una persona de una disciplina.

culturoso, -a.
    I. 1.   adj. *Cu, Ve, Ar. Referido a persona,* que aparenta tener alta formación cultural. desp.

culuca.
    I. 1.   f. *Ho, ES. En el ejército,* ejercicio físico de castigo que consiste en flexionar repetidamente las piernas manteniendo recto el cuerpo.

culuco.
    I. 1.   m. *Ho.* Renacuajo. rur.
    II. 1.   adj/sust. *Ho. Referido a hombre,* homosexual. rur; desp.

culuco, -a.
    I. 1.   adj. *ES, Ni. Referido a un ave,* que no tiene plumas en la cola.
    II. 1.   adj. *Ho. Referido a persona,* pequeña de estatura y gorda. rur.

culumate. (Del nahua *cula,* torcer y *maitl,* rama, brazo).
    I. 1.   *Ni.* **curuma,** arbusto.

culumbrón.
    ▢
    a. ‖ **a ~.** *ES.* **de culumbrón.**

b. ‖ **de ~.** loc. adv. *Gu, Ho, ES.* De rodillas, con los codos apoyados sobre el suelo y las nalgas hacia arriba. ♦ **de culumbrón.**

culumpiarse.
    I. 1.   intr. prnl. *Ho, ES, Co.* Columpiarse. pop.

culumpio.
    I. 1.   m. *Ho, ES, RD, Co.* Columpio. pop.
    II. 1.   m. *PR.* Cuerda en la que se mece el gallo para ejercitar su cuello y sus alas.

culumuco.
    I. 1.   m. *Ni.* Diablo.

culunco, -a.
    I. 1.   adj. *Ho. Referido a un ave,* que no tiene cola o la tiene muy corta. pop + cult → espon. (**julunco**).

culuqueada.
    I. 1.   f. *Ho.* Serie de **culucas** repetidas durante largo tiempo. pop + cult → espon.

culuqueado, -a.
    I. 1.   adj. *Ho. Referido a persona,* derrotada de manera contundente. pop + cult → espon.

culuquear.
    I. 1.   tr. *Ho. En el ejército,* castigar a un subalterno a hacer **culucas.** pop + cult → espon.
    II. 1.   *Ho.* Derrotar al contrario con contundencia. pop + cult → espon.

cuma.
    I. 1.   f. *Ar:N.* Madrina de bautizo respecto de los padres del ahijado. pop.
    2.   *Ar:N.* Madre del ahijado respecto de los padrinos. pop.
    3.   *Ar:N.* Amiga de gran confianza. pop.
    II. 1.   sust/adj. *Ch.* Persona de clase social baja, comportamiento vulgar y forma de vestir extravagante. pop + cult → espon ^ desp.
    2.   adj/sust. *Ch. Referido a persona,* de comportamiento poco refinado. pop + cult → espon ^ desp.
    3.   adj. *Ch. Referido a cosa,* de mal gusto. pop + cult → espon ^ desp.
    4.   *Ch. Referido a cosa,* de mala o poca calidad. pop + cult → espon ^ desp.
    III. (Del lenca *kúma,* uña).
    1.   m. *Gu, Ho, ES, Ni.* Machete con hoja curvada hacia adentro y mango de madera, un poco más pequeño que el **corvo** y de hoja más fina, con filo en ambos lados.

cumajón. (De *Kazán el cazador y los cinco leones del CUMAJÓN,* la radionovela).
    I. 1.   m. *Ho:N.* Lugar donde abundan los prostíbulos. rur.
    2.   *Ho:N.* Prostíbulo. rur.

cumala.
    I. 1.   f. *Pe.* Árbol cuya corteza es de color marrón grisáceo; muy usado en la industria de la madera. (Myristicaceae; *Virola* spp.).

cumanana.
    I. 1.   f. *Pe:N.* Composición improvisada en forma de cuartetas o décimas, que se acompaña con música de arpa o guitarra.

cumananero.
    I. 1.   m. *Pe.* Cantor e intérprete de **cumananas.**

cumandá.
    I. 1.   m. *Py.* **Porotos** con queso.

cumare.
    I. 1.   m. *Co, Ve.* Palma de poca altura, que se caracteriza por tener el tallo cubierto de muchas espinas; sus frutos, de 6 a 8 cm, son ovalados y terminados en punta. (Arecaceae; *Astrocaryum vulgare*).
    2.   *Ve.* Fibra suave y flexible que se obtiene de las hojas tiernas del cumare con la que se fabrican **chinchorros** muy apreciados.

cumarú.
    I. 1. m. *Pe.* Árbol de mediano a gran porte, según la edad, que puede alcanzar 30 m de altura, con inflorescencias hermafroditas que dan lugar a un fruto de color amarillo verdoso cuando madura; la madera es dura, pesada, de lento secado, difícil de tratar, durable y de olor desagradable. (Fabaceae; *Diptex odorata*).

cumaso.
    I. 1. adj. *Ch.* Ordinario, vulgar. pop.

cumazo.
    I. 1. m. *Ho, ES.* Golpe dado con el machete **cuma**. rur.

cumba.
    I. 1. f. *Pe.* Techo de paja de dos vertientes. rur.
    2. *Ec.* Cumbrera o caballete del tejado.
    3. *Ho, Ni.* meton. Cabeza de una persona.

cumbada.
    I. 1. f. *ES.* Cantidad de líquido o de granos que cabe en un **cumbo**.

cumbamba.
    I. 1. f. *Co.* Mandíbula inferior de las personas. pop.

cumbancha.
    I. 1. f. *Mx, Pa, Cu, RD.* Baile, juerga, diversión. pop + cult → espon. (**cumbanchá**).
    2. *Cu.* Orgía. pop + cult → espon.

cumbanchá.
    I. 1. *Cu, RD.* **cumbancha**, baile, diversión.

cumbanchar.
    I. 1. intr. *Cu, RD.* Divertirse bulliciosamente. (**cumbanchear**).

cumbanchear.
    I. 1. *Cu, RD.* **cumbanchar**.

cumbanchero, -a.
    I. 1. adj/sust. *Ni, Pa, Cu, RD. Referido a persona*, juerguista.
    2. adj. *Ni, Cu.* Relativo a la **cumbancha**.

cumbarí.
    I. 1. m. *Py, Ar.* Planta herbácea de hasta 80 cm de altura, con hojas alternas y flores blancas. (Solanaceae; *Capsicum microcarpum*). ♦ **putita; uchu; ucuchita**.
    2. *Py, Ar.* Fruto del **cumbarí**, que, seco, molido o conservado en aceite, se emplea como condimento. ♦ **aribibi; putita; uchu; ucuchita**.

cumbé.
    I. 1. *RD.* **caracumbé**.

cumbeada.
    I. 1. f. *Ho.* **cumbo**.

cumbear.
    I. 1. tr. *Ho.* Adular o elogiar a *alguien* por interés. pop + cult → espon.

cumbeo.
    I. 1. *Ho.* **cumbo**.

cumbero, -a.
    I. 1. *Ho, ES.* **alabardero**.

cumbi.
    I. 1. m. *Ec.* Fruto de un cocotero de almendra comestible.

cumbí.
    I. 1. m. *RD.* Fiesta rural.

cumbia.
    ▶ armar una ~.

cumbiamba.
    I. 1. f. *Co:N.* Danza similar a la cumbia, que se baila con acordeón y **flauta de millo**.
    2. *Co:N.* Fiesta en la que se baila. pop.

cumbiambero, -a.
    I. 1. m. y f. *Co:N, Ec, Pe, Py.* Persona que baila la cumbia o es aficionada a ella.
    2. adj. *Ec, Py.* Relativo a la cumbia.

cumbianchero, -a.
    I. 1. sust/adj. *Mx, Ch, Py, Ar, Ur.* Persona aficionada a bailar o tocar cumbia. pop + cult → espon.
    2. adj. *Ch, Py, Ar, Ur.* Relativo a la cumbia. pop + cult → espon.

cumbianga.
    I. 1. f. *Pe.* p.u. Dicho o hecho tonto con el que se pretende sorprender a alguien. pop.

cumbiero, -a.
    I. 1. adj. *Bo, Ch, Py, Ar.* Relativo a la cumbia. pop + cult → espon.
    2. sust/adj. *Bo, Ch, Py, Ar.* Persona aficionada a bailar o tocar cumbia. pop + cult → espon.

cúmbila.
    I. 1. m-f. *Cu.* Amigo íntimo, compañero inseparable.

cumbista.
    I. 1. m-f. *ES.* Persona aduladora.

cumbo.
    I. 1. m. *Ho, ES.* Elogio excesivo e interesado. pop + cult → espon. ♦ **cumbeada, cumbeo**.
    2. *ES.* Piropo.
    II. 1. m. *Gu.* metáf. Sombrero bombín.
    2. *CR.* Calabaza redonda y grande, *usada generalmente como recipiente en la elaboración de chicha, bebida alcohólica*. pop + cult → espon.
    III. 1. *ES.* Hombre afeminado.
    2. m. *Ho.* Hombre homosexual. desp.
    IV. 1. m. *ES.* Cárcel.
    V. 1. *Ho.* **güiro**, planta.
    □
    a. ‖ **metido en ~.** loc. sust. *Ni.* Persona callada.
    ▶ **volar ~.**

cumbo, -a.
    I. 1. m. y f. *Ho, Ni, CR.* Calabaza de boca estrecha y con forma de ocho, usada por los campesinos para llevar agua al campo de trabajo.
    2. *Ho, ES.* Vasija para tomar líquidos hecha de media calabaza estrecha y ahuecada. pop + cult → espon.
    II. 1. adj. *Ho. Referido a cosa*, torcida hacia adentro. pop + cult → espon.
    III. 1. adj. *CR:NO. Referido a un animal vacuno*, que solo le queda un cuerno.

cumbre.
    ▶ hacer ~.

cumbrera.
    I. 1. f. *Ho.* p.u. Persona que tiene muchos conocimientos. (**cumbrero**).

cumbrero.
    I. 1. m. *Ec.* **cumbrera**.

cume. (Sínc. de *cumiche*).
    I. 1. *Gu, ES.* **cumiche**, hijo más joven.

cumear.
    I. 1. tr. *Ho, ES.* Trabajar *alguien* con el **cuma**, machete. rur.
    2. *Ho, ES.* Herir a *alguien* con el **cuma**, machete. rur.
    II. 1. tr. *Ho.* Robar *algo* a *alguien*. delinc.

cumero, -a.
    I. 1. m. y f. *Gu, ES.* Persona que trabaja con el **cuma**, machete.

cumiche. (Del nahua *cómitl*, olla o jarro, y el sufijo diminutivo cariñoso *tzín*).
    I. 1. m. *Gu, Ho, ES, Ni, CR, Pa.* p.u. Hijo más joven de una familia. pop. ♦ **cume**.
    2. *Ho.* metáf. Dedo meñique de la mano o del pie.
    II. 1. m. pl. *ES.* Dinero.

cumiento, -a.
I. 1. adj. *Ch. Referido a cosa*, de mala o poca calidad. pop + cult → espon.
2. adj/sust. *Ch. Referido a persona*, de clase social baja, comportamiento vulgar y forma de vestir extravagante. pop + cult → espon.

cumpa.
I. 1. m. *Pe, Bo, Ch, Ar:N*. Amigo de gran confianza. pop + cult → espon.
2. *Ch, Ar:N*. Padrino de bautizo respecto de los padres del ahijado. pop + cult → espon.
3. *Ar:N*. Padre del ahijado respecto de los padrinos. pop + cult → espon.

cumpleaños.
I. 1. m. *RD*, p.u. Aniversario del fallecimiento de una persona en que se rezan tres tercios del rosario. rur.

cumplemés.
I. 1. m. *RD, Ch, Ar, Ur*. Día en el que se cumple mes o meses de algún suceso señalado.

cumples.
I. 1. m. pl. *Bo:C,O*. **cumplesanto**.

cumplesanto.
I. 1. m. *Bo:C,O*. Día del aniversario del nacimiento de una persona. pop. ♦ **cumples**.

cumplido.
I. 1. m. *Cu*. obsol. Resto de comida o bebida que se deja en el plato o taza como muestra de buenos modales.

cumplido, -a.
I. 1. adj. *Ni, Pa, Co, Ec; Ch*, p.u, pop + cult → espon. *Referido a persona*, puntual, que llega a la hora convenida.
□
a. ‖ **más ~ que novia fea**. loc. adj. *Co. Referido a persona*, muy cumplidora y educada. pop ^ fest.

cumplimiento.
I. 1. *Ho, RD*. **agradecimiento**.

cumu.
I. 1. adj/sust. *Bo. Referido a persona*, que tiene joroba. pop.

cumucumu.
I. 1. adj/sust. *Bo. Referido a persona*, agachada o acurrucada. pop.

cumulá.
I. 1. *Co.* **carreto**. (Apocynaceae; *Aspidosperma dugandii*).

cumunta.
I. 1. f. *Bo*. Gran cantidad de personas o cosas. pop.

cuna.
I. 1. f. *Ve*. Pez marino de tamaño mediano y grande, con características genéricas similares al mero; es de coloración parda con grandes variaciones que dependen de la edad, ambiente y otros factores; muy abundante en las costas. (Serranidae; *Mycteroperca* spp.).
II. 1. f. *Ch*. Carro de pequeño tamaño, *generalmente con toldo*, usado por los comerciantes ambulantes para vender sus mercancías.
▶ **ser una ~**.

cunaguá.
I. 1. *Ve:O*. **frijolillo**, felino.

cunaguaro.
I. 1. *Ve*. **frijolillo**, felino.

cunca.
I. 1. f. *Bo, Ar:NO*. Cuello de una persona o de un animal. rur.
2. *Ar:NO*. Carne extraída del cuello de la **res**. rur.

cunchi.
I. 1. *Pe*. **bagre**. (Pimelodidae; *Pimelodus* spp.).

cuncho.
I. 1. m. *Co*. Sedimento de una bebida.
2. *Co*. Sorbo de una bebida, *generalmente la última porción*.

cuncún.
I. 1. *Pe*. **huitatobe**.
□
a. ‖ **a ~**. loc. adv. *Cu. En relación con el modo de beber algo*, rápidamente, de manera continua.

cuncuna.
I. 1. f. *Co*. Paloma silvestre, de color pardo purpúreo, sin manchas blancas notables y con patas rojas y largas. (Columbidae; *Columba subvinacea*). ♦ **guarumera**; **torcaza**.
II. 1. f. *Ch*. Autobús articulado, de tamaño doble del largo habitual, con un dispositivo de caucho similar a un fuelle en la mitad para facilitar su maniobrabilidad. pop.
III. 1. f. *Ch*. Acordeón, instrumento musical de viento, formado por un fuelle cuyos dos extremos se cierran por sendas cajas en las que juegan cierto número de llaves o teclas. pop + cult → espon.

cuncuno, -a.
I. 1. adj. *Co. Referido a animal*, que tiene el rabo más corto que lo ordinario en su especie, o que no lo tiene.

cunda.
I. 1. adj. *Pe. Referido a persona*, alegre, bromista, traviesa. pop.

cundango.
I. 1. sust/adj. *Cu*, obsol, vulg; *Ho*, desp. Homosexual.
II. 1. adj/sust. *Cu*. obsol. Cobarde. vulg.

cundanguería.
I. 1. f. *Cu*. obsol. Comportamiento amanerado propio de un **cundango**.

cundeamor.
I. 1. m. *Ho, Ni, Pa, Cu, RD, PR, Co, Ve*. Planta herbácea anual, trepadora, de hasta 5 m de altura, con tallo largo, ramoso, provisto de zarcillos, hojas alternas y flores amarillas, el fruto es comestible, oblongo, atravesado de verrugas, de color amarillo con semillas muy rojas; tiene propiedades medicinales. (Cucurbitaceae; *Momordica charantia*). (**cundiamor**). ♦ **calaica**; **comida de culebra**; **pepino**.

cundería.
I. 1. f. *Pe*. Actuación o acción propia de una persona **cunda**. pop + cult → espon.
2. *Pe*. Conjunto de personas **cundas**. pop.

cundiamor.
I. 1. *Pa, Cu, RD, PR, Ve*. **cundeamor**.

cundido, -a.
I. 1. adj. *Ni, Cu, RD, PR, Co, Ve*. Lleno o cubierto de una cosa nociva o no conveniente. (**cundío**).
2. *Ho, ES, Ni, RD. Referido a cosa o lugar*, lleno de personas o animales. pop + cult → espon.
3. *Ho, ES, Ni. Referido a planta*, llena de flores o frutos. pop + cult → espon.
II. 1. adj. *PR. Referido a cosa*, que se encuentra con facilidad.

cundidora.
□
a. ‖ **a la ~**. loc. adv. *Ch*. De manera descuidada, improvisada o sin calidad. pop + cult → espon.

cundío.
I. 1. *RD, PR*. **cundido**, lleno o cubierto.

cundir(se).
I. 1. intr. prnl. *Ni, Cu, Co, Ve*. Llenarse o cubrirse de una cosa, *generalmente nociva o no conveniente*. pop.
2. *Ho, ES, Ni, RD, PR*. Llenarse, *en especial de hijos o frutos*. pop + cult → espon.
3. intr. *PR, Ve*. Abundar *algo*.

cundundear.
  I. 1. tr. *Ho:N,O, ES.* Mimar a *alguien, en especial a un niño.*
  2. *Ho, ES.* Tratar con esmero y cariño a *alguien.*
  II. 1. tr. *ES.* Galantear.

cundurango.
  I. 1. m. *Ec.* Planta medicinal.

cunenco, -a.
  I. 1. adj. *ES. Referido a persona,* coja.

cunero.
  I. 1. m. *Mx, Cu; Ec,* p.u. *En una maternidad o en un hospital,* lugar donde se tiene a los recién nacidos.
  2. *Ar.* Adorno o juguete que se engancha en los barrotes de la cuna de los niños.

cuneta.
  I. 1. f. *Bo, Py, Ar, Ur.* En una ciudad, depresión de la calzada de una calle en su intersección con otra.
  2. *Ni, Ch.* Resalte de piedra o cemento que separa la calzada de la acera.
  ▶ **arrastrarse por las ~s.**

cunetazo.
  I. 1. m. *Ni, Ec, Ch.* Golpe que se da un vehículo contra una **cuneta**. pop + cult → espon.

cuneteado, -a.
  I. 1. sust/adj. *Ch.* Beso que se da en la mejilla y alcanza la comisura de los labios. pop + cult → espon.
  2. adj. *Ch. Referido a un golpe,* que pasa de refilón. pop + cult → espon.
  II. 1. adj. *Ch. Referido a algo que se puede consumir o disfrutar,* adquirido a un vendedor ambulante *ubicado generalmente en la acera de una calle.* pop + cult → espon.

cunetear(se).
  I. 1. tr. *Ni, Ch.* Topar las ruedas de un vehículo con una **cuneta**, resalte de piedra o cemento. pop + cult → espon.
  2. intr. prnl. *Ni, Ch. Al conducir un vehículo,* toparse *alguien* con la **cuneta**, resalte de piedra o cemento. pop + cult → espon.
  II. 1. intr. *RD.* Limpiar las cunetas.

cuneteo.
  I. 1. m. *Ch, Ar.* Construcción de **cunetas**, resaltes, en los caminos y vías públicas.
  2. *Ch.* Choque con una **cuneta**, resalte.

cunetero, -a.
  I. 1. adj. *Ch. Referido a cosa,* que se vende en las cunetas y bordes de carreteras y calles de manera ilegal. pop + cult → espon.
  2. *Ch. Referido al comercio o a la venta,* que se desarrolla de manera ilegal en las cunetas. pop + cult → espon.
  3. sust/adj. *Ch.* Persona que vende en las cunetas de manera ilegal. pop + cult → espon.

cunga. (Voz quechua).
  I. 1. m-f. *Ec:S.* Cuello o pescuezo. pop + cult → espon.

cungapaño. (Del quech. *cunga,* cuello, y *paño*).
  I. 1. f. *Ec.* p.u. *En el ajuar del niño indígena recién nacido,* pañuelo de tela suave que sirve para ponerlo alrededor del cuello. rur.

cunumi.
  I. 1. f. *Bo:E.* Mujer indígena del oriente boliviano que está en la adolescencia. pop.
  2. *Bo:E.* Mujer indígena del oriente boliviano que presta servicio doméstico. pop + cult → espon ^ desp.
  3. m. *Bo:E.* Hombre indígena del oriente boliviano que realiza algunas tareas domésticas. pop + cult → espon ^ desp.
  4. sust/adj. *Bo:N.* Indígena del oriente boliviano de escasos recursos económicos. pop ^ desp.

  5. m-f. *Bo.* Indígena del oriente boliviano a quien se considera poco instruido. pop.

cunumí.
  I. 1. m-f. *Ar:NE.* Niño o adolescente. pop + cult → espon.

cununo.
  I. 1. m. *Co.* Tambor hecho de tronco de palma, usado por los negros de la costa pacífica de Colombia.
  2. *Ec:NO.* Instrumento musical de percusión.

cuña.
  I. 1. *Mx.* Político infiltrado. pop + cult → espon.
  2. f. *RD, Co, Ve, Bo, Ch, Ar, Ur.* Influencia de la que se vale una persona para obtener ventajas o beneficios como un cargo o un puesto de trabajo. pop.
  3. *RD, Bo, Ch, Ar.* Persona con poder o influencia. pop + cult → espon.
  II. (Apóc. de *cuñado, -a*).
  1. m-f. *Ho, Ve, Ec, Pe, Bo, Ch.* Cuñado o cuñada. pop.
  III. 1. f. *Cu,* p.u. Automóvil deportivo de dos plazas.
  IV. 1. adj/sust. *Ho, ES. Referido a persona,* tacaña.
  V. 1. f. *ES.* Calcañar.
  VI. 1. f. *Ho.* Producto que el vendedor obliga a adquirir al comprador si quiere llevarse otro que escasea en el mercado.
  VII. 1. f. *Ho. En la lotería,* número obligado que uno tiene que comprar si quiere que le vendan el que solicita.
  ■
  a. ‖ **~ de catre.** f. *Ho.* Persona entrometida en asuntos que no le competen. pop + cult → espon.
  □
  a. ‖ **de ~.** loc. adv. *Ho.* Además. pop + cult → espon.

cuñado.
  ●
  a. ‖ **~.** fórm. *Ni, CR, Co, Pe, Bo.* Se usa para el trato afectivo entre amigos.
  □
  a. ‖ **¡adiós ~!** loc. interj. *Mx, Ho, Ni, Co.* Expresa un halago indirecto de un hombre a una mujer, dirigiéndolo al hombre que la acompaña.

cuñapé.
  I. 1. m. *Bo.* Panecillo de harina de **yuca**, queso y leche.
  ●
  a. ‖ **~s.** form. *Bo:U.* Se usa como forma de tratamiento entre cuñados. pop ^ fest.

cuñar.
  I. 1. tr. *Ho.* Cerrar *alguien* con tranca o cuña una puerta o ventana. rur.

cuñataí. (Del guar. *kuñatai,* niña).
  I. 1. f. *Ar:NE.* Mujer joven. pop.

cuño.
  ▶ **ponerle ~.**

cuore. (Voz italiana).
  I. 1. m. *Ar.* Corazón de un ser humano.

cuotativa.
  I. 1. f. *Cu.* Conjunto de productos alimenticios **normados** que mensualmente se le vende a la población en las bodegas.

cuotativo, -a.
  I. 1. adj. *Ch. Referido a una cantidad de dinero,* que se reparte o está repartido en cuotas. esm.

cuotear.
  I. 1. tr. *Bo, Ch.* Repartir una cantidad entre varias personas, según la parte que proporcionalmente toca a cada una.

cuoteo.
  I. 1. m. *Bo, Ch; Py,* cult. *En política,* reparto de cargos públicos de acuerdo con los resultados de las elecciones parlamentarias.

2. *Bo, Ch.* Prorrateo, repartición distributiva entre varios.

3. *Bo, Ch.* metáf. Reparto ilegítimo de cuotas de poder.

cupa.
I. 1. f. *ES.* **Tortilla** de maíz doblada en forma de media luna que lleva en medio **frijoles**, carne, **loroco** o **ayote** tierno y picado.

cupana.
I. 1. f. *Ve.* Planta trepadora, frondosa, cuyo fruto tiene cáscara roja o anaranjada que cuando madura deja ver la pulpa blanca y las semillas, de manera que parecen ojos; las semillas contienen una sustancia idéntica a la cafeína. (Sapindaceae; *Paullinia upana*).

2. *Ve.* Bebida amarga y tónica hecha con el fruto de la cupana, que toman algunos indígenas para recuperar las fuerzas.

cupaneca.
I. 1. f. *Ve.* Pez de agua dulce de hasta 30 cm de largo, de color verde oliva muy vistoso con un ocelo negro rodeado por un círculo anaranjado o amarillo en la aleta caudal. (Cichlidae; *Astronotus ocellatus*). ♦ **palometa**; **vieja.**

cupay.
I. 1. m. *Ar:NE, Ur.* **copaiba**, árbol.

cupé.
I. 1. m-f. *Ar:E.* Perro pequeño y de cuerpo alargado.

cupeíllo. (De or. ind. antillano).
I. 1. m. *PR.* Árbol de más de 12 m de altura, con tronco de corteza gris, lisa y cubierta de musgo, flores amarillas y fruto redondo y verde con varias semillas de color castaño, rodeadas de una pulpa anaranjada; su madera se usa como combustible. (Ereteaceae; *Clusia acuminata*).

cupertino.
I. 1. m. *Ni.* Ano.

cupesí.
I. 1. m. *Bo.* Árbol de hasta 14 m de altura, de ramas espinosas y flores de color amarillo verdoso, con frutos en vaina, de color beis en su madurez, que contienen semillas ovaladas y amarillentas. (Fabaceae; *Prosopis chilensis*).

cupet.
I. 1. *Cu.* **servi.**

cupey. (De or. ind. antillano).
I. 1. *Cu:E, RD, PR, Co:N.* **copey.**
■
a. ‖ ~ **chiquito.** *RD.* copeyejo.
b. ‖ ~ **de altura.** m. *PR.* Variedad de cupey, arbusto de hojas opuestas, inflorescencia terminal y flores rosadas. (Clusiaceae; *Clusia gundlachii*).
c. ‖ ~ **trepador.** *PR.* copeyejo.

cupeyito.
I. 1. *RD.* copeyejo.

cupo.
I. 1. m. *Mx, Ho, ES, Ni, Pa, Cu, RD, PR, Co, Ve, Pe, Bo; Py, Ur.* cult. Espacio o plaza disponible.
2. *Ni, Pa, Co, Bo.* Plaza o asiento en un vehículo.
II. 1. *Mx.* Cárcel. delinc; pop.
III. 1. m. *Co.* Margen de endeudamiento en servicios financieros.
2. *Pe.* Impuesto ilegal con el que se extorsiona a alguien a cambio de protección o seguridad.
IV. 1. m. *Gu.* Servicio militar obligatorio.
■
a. ‖ ~s **de poder.** m. pl. *Mx, Bo.* Reparto de cargos públicos que acuerdan los integrantes de una coalición de partidos políticos, cuando llegan al gobierno.

cupón.
I. 1. m. pl. *EU, PR.* Dineros que ofrece el Gobierno a personas de escasos recursos económicos para su alimentación.
□
a. ‖ **medio** ~. loc. sust. *Ve.* Cincuenta años de edad.
▶ **sacar el** ~.

cuponera.
I. 1. f. *Ch, Ur.* Bloque de cupones que cuando se cortan, queda una parte encuadernada como comprobante.

cuponero, -a.
I. 1. adj/sust. *PR. Referido a persona*, que vive de los **cupones** de alimentos subvencionados y distribuidos por el Gobierno.

cuprero, -a.
I. 1. adj. *Ch.* Relativo al cobre.
2. adj/sust. *Ch. Referido a persona*, que trabaja en un yacimiento de cobre o se encarga de su producción.

cuque.
I. (Del ingl. *cook*).
1. m-f. *Ho:N, Ni, Ch:S.* Persona que cocina en un restaurante. pop.
II. 1. m. *Gu, ES.* Soldado.
2. *ES.* Miembro de la policía. delinc; pop ^ desp.
III. (Del ingl. *cookies*).
1. f. *Ve.* Galleta de color marrón hecha de harina de avena, chocolate y otros ingredientes.
IV. 1. m. *PR.* Chapa para preparar la droga. drog.

cuquear.
I. 1. tr. *Ho, Cu, RD, PR, Ve:O.* Provocar, molestar a una persona o animal. (**cucar**).
2. *Ho, Cu, RD.* Azuzar a un animal.
II. (Del quech. *k'uk'u,* fruta casi madura).
1. tr. *Bo.* Robar fruta u hortalizas de un huerto ajeno. pop.
III. (Del ingl. *to cook,* cocinar).
1. tr. *PR.* Preparar la droga químicamente, cocinarla. drog.

cuqueo.
I. 1. m. *PR.* Introducción de droga en el cuerpo. drog.

cuquera.
I. 1. f. *Co.* Cosa pequeña, delicada y primorosa. pop.

cuquérico, -a.
I. 1. adj. *Ve:O.* Gracioso o agradable a la vista. pop.

cuquero, -a.
I. 1. adj/sust. *Ar:NO. Referido a un alumno*, que falta injustificadamente a clase. est.
II. 1. adj. *PR. Referido a persona*, coqueta. pop + cult
→ espon.
2. *PR. Referido a persona*, graciosa. pop + cult
→ espon.
3. *PR. Referido a persona*, bien vestida. pop + cult
→ espon.
III. (Del quech. *k'uk'u,* fruta casi madura).
1. sust/adj. *Bo.* Persona que roba fruta u hortalizas de huertos ajenos. pop.

cuquiar.
I. 1. tr. *RD.* Incitar, alborotar a *alguien*.

cuquicá.
I. 1. m. *RD.* Producto de mala calidad, sin marca reconocida.

cuquimbo.
I. 1. m. *CR:NO.* **coquimbo**, cerdo.

cuquita.
I. 1. f. *Cu.* **cuca**, juguete de niñas.

cuquito. (De *Ku-Kú*®).
I. 1. m. *Gu.* Refresco congelado en una bolsa transparente de plástico.

cura.
 I. 1. f. *Mx:NO, PR.* Cosa que resulta graciosa o que hace reír. pop + cult → espon.
 2. *PR.* Dosis de droga que satisface la necesidad inmediata. drog.
 II. (Del tunebo *cúrwa*).
 1. f. *Co:C, Ve:O,* p.u. **aguacate,** fruto.
 III. 1. *Ni, Co, Bo.* **curita.**
 IV. 1. *Cu.* **curación,** proceso del tabaco.
 V. 1. f. *Bo.* Borrachera. pop.
 ■
 a. ‖ ~ **negra.**
 i. f. *Ve.* Técnica de preparación del tabaco en la cual este se ennegrece después de someterlo a un proceso especial de fermentación para luego extraerle el **chimó.**
 ii. *Ve.* Tabaco preparado según esta técnica.
 □
 a. ‖ **buena ~.** loc. sust. *Ch.* Comportamiento correcto durante una borrachera. pop.
 b. ‖ **mala ~.** loc. sust. *Ch.* Comportamiento incorrecto durante una borrachera. pop.
 ▶ ahorcar el ~; buscar la ~; pasar de ~ a sacristán; tener buena ~; trabajar para el ~.

curabichera.
 I. 1. f. *Py, Ar, Ur.* Producto veterinario que se usa para curar heridas afectadas por parásitos. rur.

curaca. (Del quech. *kuraka*).
 I. 1. m. *Co:SE, Ec:C, Bo, Ar:NO*; m-f. *Pe.* Jefe o autoridad en una comunidad indígena.
 2. *Ec:E.* En algunas parcialidades indígenas del oriente ecuatoriano, cacique o máxima autoridad.
 II. 1. f. *Pe.* Pez costero de color grisáceo y con dientes en forma de cuchara. (Kyphosidae; *Doydixodon laevifrons*). ♦ **alpargata; baunco.**

curacasco.
 I. 1. m. *PR.* Ungüento medicinal para curar el pico de las aves, *en especial el de los gallos de pelea.* rur.

curacha.
 I. 1. f. *Pa.* Baile folclórico panameño.

curación.
 I. 1. f. *Ni, Cu, RD.* Proceso a que se someten las hojas del tabaco después de cortadas, que comienza en las casas del tabaco y termina en la fábrica. ♦ **cura.**

curada.
 I. 1. f. *Bo.* Curación por medio de prácticas esotéricas o de terapias alternativas, *especialmente para alejar a los enemigos.* pop + cult → espon.

curadera.
 I. 1. f. *Ch.* Borrachera.

curado.
 I. 1. m. *Mx.* **Pulque** que se mezcla con el jugo de alguna fruta.

curado, -a.
 I. 1. adj. *Gu, Ho, ES, Bo.* Referido al tabaco picado, tratado con aguardiente, canela y especias aromáticas. pop.
 2. *Ni, Bo, Ch.* Referido a un utensilio para cocinar, tratado con grasa para que los alimentos no se quemen o se peguen.
 3. *Gu, Ho, Ni.* Referido a grano, *en especial de maíz,* que ha sido tratado con algún producto químico para evitar el gorgojo.
 II. 1. adj. *Bo, Ar:NO*; sust/adj. *Bo, Ch; PR,* pop + cult → espon. *Referido a persona,* borracha. pop.
 III. 1. adj. *Gu, Ho, ES.* Referido a persona, hechizada, con maleficio. pop.
 2. *Ho.* Referido a una bala, que se le ha hecho una cruz en la punta.

 3. *Ho.* Referido a un arma, preparada ceremonialmente para ser útil contra los malos espíritus.
 ●
 a. ‖ ~ **no vale.** fórm. *Ch.* Se usa como excusa para indicar que lo hecho bajo los efectos del alcohol no tiene validez o implica responsabilidad. pop + cult → espon ^ fest.
 ▶ tener ~.

curador, -ra.
 I. 1. adj. *Ch.* Referido a una bebida, que tiene un alto índice de alcohol.

curagua.
 I. 1. f. *Ve.* Fibra fina y resistente que se saca de las hojas de la curagua con la que se elaboran **chinchorros** y otros enseres.
 2. *Ve:C,S.* Planta de hojas lanceoladas y sin espinas parecida al **sisal.**
 3. m. *Ch.* p.u. Variedad de maíz seco y tostado que revienta con el calor.

curagüilla.
 I. 1. adj/sust. *Ch.* Referido a persona, borracha. pop + cult → espon ^ desp.

curamagüey.
 I. 1. m. *RD.* Planta trepadora lenosa, de hojas oblongas, lanceoladas y pálidas en el envés; es venenosa para el ganado. (Asclepiadaceae; *Marsdenia clausa*).

curamichate.
 I. 1. m. *Ve.* Cura, sacerdote. pop ^ desp ^ fest.

curanto.
 I. 1. m. *Ch, Ar:S.* Comida a base de legumbres, mariscos o carne, cocida sobre piedras muy calientes en un hoyo que se recubre con hojas.
 ■
 a. ‖ ~ **en olla.** m. *Ch, Ar:S.* Comida hecha a base de mariscos y cerdo cocidos en una olla tapada.

curar(se).
 I. 1. tr. *Mx, Ho, Ec, Pe, Bo, Ch, Ar, Ur.* Someter a vasijas de barro o recipientes de madera a un tratamiento de impermeabilización antes de su utilización.
 2. *Mx, Gu, Ho, ES, Ni, Cu, RD, Ve.* Preparar la hoja de tabaco sometiéndola a un proceso especial para su industrialización.
 3. *Ve, Bo.* Preparar un utensilio de cocina nuevo, *especialmente un caldero o un* **budare,** untándolo con grasa y calentándolo para que los alimentos que van a ser asados no se quemen o no se peguen.
 II. 1. intr. prnl. *Bo, Ch, Ar:NO,O.* Emborracharse. pop.
 2. tr. *Gu, Ni, Ar.* Hacer que a *alguien* se le pasen los efectos de una borrachera. pop + cult → espon.
 3. intr. prnl. *Ni, Ec, Bo.* Ingerir un trago de licor después de haber tenido una borrachera, para mitigar los efectos de la resaca.
 III. 1. intr. prnl. *Mx:NO.* Divertirse o reírse.
 IV. 1. tr. prnl. *Gu, Ho, ES, Pa.* Embrujar o hechizar a *una persona* o un objeto como un arma. esm.
 2. tr. *Gu, Ho, ES.* Hacer *alguien* maleficio o hechizo a otra persona.
 V. 1. tr. *Ni, RD, PR.* En la industria tabacalera, poner a secar las hojas de tabaco.
 2. *ES.* Ensalivar *alguien* el papel del cigarrillo de marihuana antes de fumarlo. drog.
 VI. 1. intr. prnl. *PR.* Medicarse *alguien* consumiendo drogas. drog.
 2. *PR.* Sentirse *alguien* bien por los efectos de la droga. drog.
 3. *PR.* Sentirse bien *alguien* por hacer lo que le gusta. pop + cult → espon.
 VII. 1. intr. prnl. *Ho.* Prevenirse *alguien* contra la mordedura de serpiente.

□

a. ‖ ~ **balas.** loc. verb. *Ho.* Hacer una cruz en la bala con ceniza o agua bendita para dispararla contra animales o personas que tienen pacto con el diablo. pop + cult → espon.

b. ‖ ~ **el chaqui.** *Bo:SO,C.* **curar la cabeza.**

c. ‖ ~ **el cuerpo.** loc. verb. *Bo.* Aliviar la resaca y el malestar provocado por el consumo abundante de alcohol. pop + cult → espon.

d. ‖ ~ **la cabeza.** loc. verb. *Bo.* Ingerir un trago de licor o comer un plato picante después de una borrachera, para mitigar los efectos de la resaca. pop + cult → espon ^ fest. ♦ **curar el chaqui.**

e. ‖ ~ **la chicha.** loc. verb. *Bo.* Adulterar la **chicha** mezclándola con alcohol para que tenga más graduación.

f. ‖ ~**se hasta las patas.** loc. verb. *Bo, Ch.* Embriagarse en exceso. pop + cult → espon ^ hiperb.

g. ‖ **curársela.** loc. verb. *Mx:NO.* Divertirse o reírse.

curarina.
 I. 1. *Gu, Ni, CR, Pe.* **pareira brava.**
  2. *Ho, ES.* **lengua de suegra,** hierba.

curatú.
 I. 1. m. *Py, Ar:NE.* Cilantro. (Umbelliferae; *Coriandrum sativum*). ♦ **culantro de Castilla.**

curbasá.
 I. 1. m. *Ni.* Dulce hecho con **mango** maduro, **papaya, jocote** verde y dulce de **rapadura.**

curbeta.
 I. 1. f. *Ve.* Tambor pequeño, redondo, de un solo parche, que tiene la parte inferior tallada en tres patas; acompaña música y bailes de origen africano.

curca.
 I. 1. f. *Ch.* Joroba. pop.

curcay.
 I. 1. m. *Gu.* Luciérnaga.

curco, -a. (Del quech. *kurku,* jorobado).
 I. 1. adj. *Ec, Bo, Ar:NO,* pop; *Ho, ES,* p.u; *Pe,* rur. *Referido a persona,* que tiene joroba.
 II. 1. *Ch. Referido a persona,* con hastío, disgusto. pop + cult → espon.

curcucho, -a. (Del quech. *kurku,* jorobado).
 I. 1. adj/sust. *Gu, Ho, ES, Ni, CR:NO. Referido a persona,* que tiene joroba. pop + cult → espon.

cúrcuma.
 I. 1. m. *Gu, Ho, Ni, Ve;* f. *Pe.* Hierba perenne de tallo pequeño y vivaz, hojas con largos pecíolos y limbo oblongo o elíptico, flores amarillas agrupadas en espigas basales, con brácteas violáceas y fruto capsular con tres semillas ovoides. (Zingiberaceae; *Curcuma longa*). ♦ **camotillo; palillo; yuquilla.**
  2. f. *Gu, Ho, Ni, Pe.* Rizoma del cúrcuma, semejante al jengibre, que tiene un sabor amargo y se utiliza como condimento y como tinte amarillo.
  3. *Gu, Ho, Ni, Pe.* Sustancia resinosa y amarilla que se extrae del rizoma del cúrcuma, y se utiliza como condimento y tinte amarillo para textiles.

curcunchar(se).
 I. 1. tr. *Ar:NO.* Arquear o combar *algo.* rur; pop + cult → espon.
  2. intr. prnl. *Ar:NO.* Encorvarse *alguien.* rur; pop + cult → espon.

curcuncho, -a.
 I. 1. adj/sust. *Pe, Bo, Ch, Ar:NO,O; Ec,* desp. *Referido a persona,* que tiene joroba. pop + cult → espon.
  2. *Ar. Referido a una caballería,* que tiene el lomo arqueado en forma convexa. pop + cult → espon.
 II. 1. adj. *Pe, Ch. Referido a persona,* fastidiada, molesta. pop + cult → espon.
 ▶ **enderezar ~s.**

curcur. (De or. onomat.).
□
 a. ‖ **a ~.** loc. adv. *RD, PR.* De un solo trago. pop + cult → espon. (**a corcor; a culcul**).

curcuris.
 I. 1. *Ho, ES.* **tapacaminos,** ave.

curcutear.
 I. 1. tr. *RD.* Revisar o buscar entre las cosas ajenas, revolviéndolas.

curda.
 I. 1. f. *Cu.* Bebida alcohólica.

curdar(se).
 I. 1. intr. *Cu.* Ingerir bebidas alcohólicas.
  2. intr. prnl. *Cu.* Emborracharse. (**curdearse**).

curdearse.
 I. 1. *Cu.* **curdarse,** emborracharse.

curdeli.
 I. 1. sust/adj. *Ar, Ur.* Persona que tiene por hábito ingerir bebidas alcohólicas. pop + cult → espon.
  2. adj. *Ar.* Borracho. pop + cult → espon.

curdo, -a.
 I. 1. adj/sust. *Bo* pop; *Ve,* juv. *Referido a persona,* borracha o drogada.

cureña.
 I. 1. adj/sust. *Ch. Referido a persona,* borracha. pop. ♦ **cureque.**
 II. 1. f. *ES.* Pene. rur.
 III. 1. f. *Ho.* Cada uno de los dos palos laterales clavados en el suelo que sujetan el **zangarro.**
 IV. 1. f. *CR:NO.* Carreta sin las partes laterales del **cajón.**

curepí.
 I. 1. *Py.* **curepa.**

cureque.
 I. 1. *Ch.* **cureña.** pop ^ fest.

curero, -a.
 I. 1. sust/adj. *ES.* Persona que acompaña con frecuencia a un cura.

cureta.
 I. 1. f. *Ec.* Cucharilla con filo cortante usada por los cirujanos.

curetaje.
 I. 1. f. *Ec.* Raspado uterino realizado con una **cureta,** *normalmente después de un aborto,* a fin de limpiar totalmente el interior del útero.

curí.
 I. 1. m. *Co, Ve.* Mamífero roedor de hasta 35 cm de longitud, herbívoro, de pelaje áspero, luciente, liso y de color pardo, gris o amarillento, según la estación, el lomo, orejas y patas apenas tienen pelo. (Cavidae; *Cavia aperea*).

curia.
 I. 1. m. *Pa, PR.* Hierba, de hasta 60 cm de longitud, de tallos postrados o erectos, a menudo formando raíces en los nudos inferiores, hojas opuestas, lanceoladas, flores tubulares de color lila o rosadas, fruto en cápsula; tiene aplicación en la medicina tradicional. (Acanthaceae; *Justicia pectoralis*).
 ▶ **ponerse en ~.**

curía.
 I. 1. f. *RD.* Mujer muy fecunda.
 II. 1. f. *PR.* Planta herbácea de tallo nudoso, de flores pequeñas y fragantes, de color azul morado; tiene aplicación en la medicina tradicional. (Acanthaceae; *Dianthera pectoralis*).

curiango.
 I. 1. m. *Ar:NE.* Ave de hasta 28 cm de longitud, de plumaje color café grisáceo y leonado por encima, blan-

co en la garganta y abdomen, pico corto, alas largas de punta redondeada. (Caprimulgidae; *Nyctidromus albicollis*). ◆ **aguaitacamino**; **cocuyo**; **pucuyo**.

curiara.
 I. 1. f. *Co:E, Ve.* Embarcación indígena que se fabrica con un solo tronco de árbol, ahuecado con hacha y fuego.

curiche.
 I. 1. m. *Bo:N,E.* Terreno bajo, situado en una depresión, en el cual se acumulan las aguas en época de lluvias. pop. (**curichi**).
 2. *Bo:N,E.* Pantano o laguna. pop. (**curichi**).
 II. 1. m. *Ch.* Persona de color de piel oscura o negra. pop ^ desp.

curichi.
 I. 1. m. *Pe:E.* Refresco congelado de fruta que se vende en bolsitas alargadas de plástico. pop.
 II. 1. *Bo:N,E.* **curiche**, terreno bajo.
 2. *Bo:N,E.* **curiche**, pantano.

curicuaco.
 I. 1. m. *Ec:NO.* Cierta clase de cangrejo.

curicuinga.
 I. 1. *Ec.* **curiquinga**.

curicuingue.
 I. 1. *Ec.* **curiquinga**.

curiel.
 I. 1. *PR.* **güiro**, planta.

curío.
 I. 1. m. *RD.* Ratoncito blanco, *generalmente doméstico*.

curiol.
 I. 1. m. *CR.* Pigmento de origen mineral que se extrae de tierras arcillosas y se usa en alfarería.

curiosidad.
 I. 1. f. *Mx, Ni.* Artículo exótico que suele venderse como *souvenir*.

curiosito, -a.
 I. 1. adj. *Mx. Referido a un niño*, lindo, hermoso.
 2. *Mx. Referido a algo frágil o de pequeño tamaño*, lindo, bonito.

curioso, -a.
 I. 1. m. y f. *RD, Co:N,NE, Ve, Pe, PR,* obsol. rur. Persona que, sin ser médico, se dedica a curar personas utilizando métodos empíricos, curandero. ◆ **hierbero**; **médico**.
 II. 1. adj. *Ve:O, Pe; CR,* obsol, pop. *Referido a persona*, que tiene habilidad para los trabajos manuales.

curiquinga.
 I. 1. m. *Ec.* Ave rapaz y carroñera, de hasta 64 cm de longitud, con un copete negro sobre la cabeza, el dorso pardo oscuro moteado de blanquecino y amarillento en la base, el pecho crema blanquecino con moteado negruzco, las alas pardas y la cola blanquecina con **barreteado** oscuro. (Falconidae; *Phalcoboenus carunculatus*). (**curicuinga**; **curicuingue**; **curiquingue**).

curiquingue.
 I. 1. *Ec:N.* **curiquinga**.

curis.
 I. 1. m. *Pe.* Cacto de altura considerable, de tallos columnares prismáticos, cuyos frutos al madurar adquieren un color morado. (Cactaceae; *Cereus macrostibas*).

curita. (De *Curitas*®).
 I. 1. f. *Mx, Gu, Ho, ES, Ni, CR, Pa, Cu, RD, PR, Co, Ve, Ec, Pe, Bo, Ch, Py, Ar, Ur.* Tira adhesiva que tiene en una de sus caras una gasa esterilizada, y que sirve para cubrir cortaduras y otras heridas leves. ◆ **cura**; **leuco**.

curito.
 I. 1. *Ve.* **busco**, pez de agua dulce.

curiyú.
 I. 1. f. *Ar:NE;* m-f. *Py.* Serpiente acuática de hasta 3 m de longitud y color ocráceo con manchas oscuras en la línea media dorsal. (Boidae; *Eunectes notaeus*).

curo.
 I. (Del tunebo *cúrwa*).
 1. *Co:C, Ve:O.* **aguacate**, árbol.
 II. 1. m. *Bo.* Hombre joven que aún no ha tenido novia.
 2. *Bo.* Hombre joven que no ha tenido relaciones sexuales.

curo, -a.
 I. 1. sust/adj. *Bo.* Persona de carácter tranquilo y sosegado.

curochupa.
 I. 1. *Ec.* p.u. **curuchupa**, apegado a la tradición católica.

curpita. (Del quech. *curpa*, bola).
 I. 1. adj. *Ec. Referido a persona o cosa*, que forma un bulto muy pequeño, como una criatura envuelta. pop.

curralar.
 I. 1. intr. *Cu.* Trabajar. pop + cult → espon.

curralo.
 I. 1. m. *Cu.* Trabajo, ocupación. pop + cult → espon.

currambero, -a.
 I. 1. sust/adj. *Co.* Natural de Barranquilla.
 2. adj. *Co.* Relativo a Barranquilla.

currar.
 I. 1. tr. *Ar.* Tomar ilegalmente para sí algún bien ajeno. pop + cult → espon.
 2. *Ar.* Estafar a *alguien*. pop + cult → espon.
 II. 1. intr. *Ar.* Realizar una tarea u ocupar un empleo para el que no se está capacitado, percibiendo dinero u obteniendo beneficios a cambio. pop + cult → espon.

currican.
 I. 1. *RD.* **curricán**, inquietud.
 2. *RD.* **curricán**, enamoramiento.

curricán.
 I. 1. m. *Co:N, Ve:O; PR.* rur. Cuerda resistente de hilos de algodón muy retorcidos. (**corricán**).
 II. 1. m. *RD.* Inquietud. (**currican**).
 III. 1. m. *RD.* Enamoramiento. (**currican**).
 ■
 a. ‖ ~ **de gente**. f. *RD.* Muchedumbre.

currícula.
 I. 1. f. *Ho, ES, RD, Pe, Bo.* Conjunto de asignaturas de un plan de estudios de una carrera o de un postgrado. prest; cult → esm.

currimiento.
 I. 1. *PR.* **corrimiento**, inflamación.

currito, -a.
 I. 1. adj/sust. *Ho. Referido al ganado vacuno*, que tiene cuernos cuyas puntas están inclinadas hacia abajo.
 ▶ **hacerse el ~**.

curro.
 I. 1. m. *Ar, Ur.* Trabajo o negocio circunstancial que reporta ganancias en poco tiempo. pop + cult → espon.
 II. 1. m. *Ar.* Estafa. pop + cult → espon.
 III. 1. m. *Ar:C,E.* Arbusto de 1 m de altura, con de ramas cilíndricas con espinas triangulares, de hojas lanceoladas y flores de color blanco. (Rhamnaceae; *Colletia paradoxa*).
 IV. 1. m. *Gu, Ho:O, ES, Ni.* Cerdo, animal doméstico, *especialmente el que es gordo*.

curro, -a. (De or. onomat., por la forma de llamarlo).
 I. 1. m. y f. *Cu.* obsol. Andaluz.

II. 1. adj. *Gu. Referido a persona*, gorda.

III. 1. adj. *CR. Referido a animal vacuno*, que tiene los cuernos enroscados, quebrados o curvados hacia abajo. ♦ **currutaco.**

▶ hacerse el ~.

currú.
I. 1. m. *RD.* Mala suerte.
II. 1. m. *RD.* Parranda, juerga.

▶ tener un ~.

currucay.
I. 1. m. *Ar.* **copaiba**, árbol.

currucha.
I. 1. f. *Ni.* Hembra del cerdo.

curruchete.
I. 1. m. *Ve:O.* Golosina hecha con queso, **papelón** y especias cocidos al fuego en una olla.

curruchiche.
I. 1. m. *Gu, ES.* Ave de hasta 17 cm de longitud, con pico largo y corvo, plumaje de color pardo oscuro en la parte superior y claro en la inferior, manchitas blancas en las alas y una franja negra alrededor de los ojos. (Troglodytidae; *Campylorhynchus rufinucha*). ♦ **chacurra; chinchivirín; chiricolchón; colchón; cucarachero; guacalchía; sacudecolchón; sacudica; salicolchón; sigogo; siricolsonchinchina; taricolchón; zancuda.**

currucho, -a.
I. 1. *Ni, CR:NO,S.* **chancho**, cerdo, animal mamífero.

currulao.
I. 1. m. *Co.* Baile típico realizado por parejas que van sueltas, que se juntan y se separan repetidas veces, con avances y retrocesos ágiles y movimientos fuertes.
2. *Co.* Música que acompaña a este baile.

currumbamba.
I. 1. f. *Pa.* Diarrea. pop + cult → espon.

curruncha.
I. 1. f. *ES.* Superficie áspera y rugosa.
2. *ES.* Caparazón áspero de animal.
II. 1. f. *Ho.* Pene. vulg.

currunchete.
I. 1. m. *Ve:O.* Dulce hecho con **papelón**, queso blanco, huevos y **miche**.

currunchín.
I. 1. m. *ES.* Escarabajo de hasta 30 mm de longitud, cubierto de pelos blancos, finos y cortos, sobre los élitros, con tonalidades pardas sin lustre, pardo rojizo, y hasta bicoloreadas con lustre. (Scarabaeidae; *Phyllophaga* spp., *Cyclocephala* spp., *Anomala* spp, *Bothynus* spp.).

currunchoso, -a.
I. 1. adj. *ES. Referido a una superficie*, áspera y rugosa. ♦ **currunchudo.**

currunchudo, -a.
I. 1. adj. *ES.* **currunchoso.**

curruncuchún. (De or. onomat.).
I. 1. m. *Ho.* Música popular a base de instrumentos de cuerda como la guitarra y el contrabajo.

currungo.
I. 1. m. *Ve:O.* Sopa de maíz, carne y **arvejas.**

curruña.
I. 1. m-f. *Ve.* Amigo íntimo, compañero inseparable. pop.

currupantioso, -a.
I. 1. adj/sust. *Pe.* p.u. *Referido a persona*, engreída y que suele vestir de manera llamativa. pop ^ desp.

currutaca.
I. 1. f. *Gu, Ho, ES, Ni, CR:NO.* Diarrea. pop + cult → espon. (**churrutaca**).

currutaco.
I. 1. m. *PR.* Escarabajo pequeño que se cría en el tronco del plátano.

currutaco, -a.
I. 1. adj. *Ar:NO; Mx, Ho*, desp; sust/adj. *RD, Pa, Co:C,NE, Ve. Referido a persona o animal*, de poca altura y, *generalmente, grueso*. pop + cult → espon.
II. 1. adj. *CR:NO.* **curro**, de cuernos enroscados.

cursada.
I. 1. f. *Ar.* Estudio reglamentado de una materia durante un período de tiempo establecido.

cursado.
I. 1. m. *Pe, Ar.* Estudio reglamentado de una materia durante un período de tiempo establecido.

curseadera.
I. 1. *Ur* pop; *CR*, vulg; pop + cult → espon; *Ar*, p.u. **cagadera.**

cursear(se). (De *curso*).
I. 1. intr. prnl. *Ec, Ar:N; Gu, Ho, ES, Ni*, euf; *CR*, obsol. Sufrir diarrea. vulg; pop + cult → espon. (**cursiar**).
2. *Ho.* **afuerear**, salir a defecar.
II. 1. intr. prnl. *Ho, Ni.* Tener *alguien* miedo.

cursera.
I. 1. *Mx, Gu, ES, Ni, CR, Pa, Ve.* **cagadera**, diarrea. vulg.

cursería.
I. 1. f. *Gu, Ho, ES, Ni.* meton. Diarrea. fest.
2. *Ve:O.* Disentería crónica.

cursi.
I. 1. adj. *Py.* juv. *Referido a persona*, excepcional, fuera de lo común.

cursiar.
I. 1. intr. prnl. *Ec.* **cursearse.** vulg.

cursiento, -a.
I. 1. adj/sust. *Mx, Gu, Ho, ES, Ni, Ch, Ar:NO,O, Ur, CR, Ec.* pop + cult → espon. | p.u. *Referido a animal o persona*, que tiene diarrea. vulg.
II. 1. m. y f. *CR.* p.u. Niño, *especialmente el de poca edad*. vulg; pop + cult → espon ^ desp.

cursios.
I. 1. m. pl. *CR, Ec.* **cagadera**, diarrea.

curso.
I. 1. m. *Mx, Pa, Ve:O; Gu, Ho, ES, Ec*, euf; *Co*, obsol. Diarrea.
II. 1. m. *Bo.* Aula, sala donde se dan las clases en los centros docentes.

■

a. ‖ ~ **por encuentro.** m. *Cu.* Modalidad de la enseñanza universitaria en la que el alumno no asiste a clases regularmente, sino que tiene consultas periódicas con los profesores de acuerdo con un programa previamente establecido.
b. ‖ ~ **vestibular.** m. *Bo.* Curso preparatorio para el ingreso en la universidad.

cursoso, -a.
I. 1. adj. *Ho, ES. Referido a persona*, que tiene diarrea. rur.

curteador, -ra.
I. 1. adj. *RD. Referido a persona*, que **curcutea.**

curtida.
I. 1. f. *Bo.* Chupada que se da a un cigarrillo que contiene sulfato base de cocaína. drog.

curtido.
I. 1. m. *PR.* Adobo hecho de vinagre, azúcar y **ajíes** picantes que se añade a la comida para darle sabor.

curtido, -a.
I. 1. adj. *Ho, ES, Ni, RD, PR, Co, Ve. Referido a persona o cosa*, renegrida por la suciedad.
II. 1. adj. *Ve. Referido a persona*, perezosa o negligente.

III. 1. adj. *Ve:O. Referido a persona*, desvergonzada o irrespetuosa.

IV. 1. adj. *Ho. Referido a objeto o persona*, lleno de algo.

2. *Ho. Referido a una vasija de barro*, que se le ha aplicado engobe de tintes vegetales.

V. 1. adj. *ES. Referido a persona*, terca.

curtiembre. (Epént. de *curtimbre*).

I. 1. f. *Ni, Pa, Co, Ve, Ec, Pe, Bo, Ch, Ar, Ur.* Establecimiento donde se curten pieles.

2. *Ho, Ni, CR, Pa, Ch, Py.* Curtido de pieles.

II. 1. f. *CR.* obsol. Suciedad. rur; pop.

curtir(se).

I. 1. intr. prnl. *Ho, ES, Ni, RD, Co.* Perder la ropa su color original.

2. tr. *Ho, ES, Ni, Ar:NO; CR,* obsol. Ensuciar *algo, en especial la ropa que se lleva puesta.* rur.

II. 1. tr. *Bo; Ar, Ur,* pop. Azotar a una persona o a un animal.

III. 1. intr. *Ar, Ur.* juv. Realizar el coito.

2. *Ur.* juv. Mantener una relación amorosa incipiente o no completamente formal con una persona.

IV. 1. tr. *Ar,* juv; *Ur,* p.u. Tener un cierto estilo de vida o un conjunto de preferencias determinado.

V. 1. tr. *Gu.* Macerar *alguien* un alimento en vinagre para su conservación.

2. *PR.* Añadir *alguien* sal a los minerales fríos o magistral a los calientes para amalgamarlos.

VI. 1. tr. *PR. En las peleas de gallos,* endurecer la piel de la cara al gallo de pelea para protegerlo de los picotazos de su rival, afeitándolo y dándole fricciones de polvo bórico o alcohol.

□

a. ‖ ~**se la ropa.** loc. verb. *Ni, PR.* Llenarse la ropa blanca de manchitas parecidas a las que dejan las pulgas.

curuba. (De or. ind. antillano).

I. 1. f. *Co.* Fruto del **curubo,** de hasta 6 cm de longitud, ovoide, carnoso, de piel lisa y brillante que se vuelve amarilla o violeta cuando madura; la pulpa es amarilla, jugosa y gelatinosa, y contiene numerosas semillas negras.

2. m. *Ec:C,S.* **tumbo,** planta y fruto.

3. f. *PR.* Planta trepadora que crece en forma de enredadera, hasta 15 m de longitud, con grandes hojas lobuladas palmadas y flores solitarias. (Cucurbitaceae; *Sicaria odorifera*). ♦ **pepino; zocato.**

4. *PR.* Fruto comestible de la curuba, cilíndrico, liso y lustroso, de color entre amarillo y rojo, y pulpa amarilla; la cáscara y las semillas tienen propiedades medicinales. ♦ **pepino; zocato.**

5. *PR.* **parcha,** planta trepadora.

curubica.

I. 1. f. *Py, Ar:NE.* Fragmento diminuto que resulta de la trituración de una piedra o de cualquier otro material sólido.

curubicar(se).

I. 1. tr. *Py, Ar:NE.* Romper, hacer pedazos, destrozar *algo.* pop.

2. intr. prnl. *Py, Ar:NE.* Romperse *una cosa* en pedazos. pop.

curubo.

I. 1. m. *Co.* Enredadera de follaje persistente, verde vivo y brillante; hojas alternas, trilobadas, onduladas, con lóbulos ovoides y márgenes dentados; las flores, solitarias, surgen en la axila de las hojas, y tienen una corona con numerosos filamentos y un pistilo con tres estigmas. (Passifloraceae; *Passiflora antioquensis*).

curuchupa. (Del quech. *curu,* gusano, y *chupa,* rabo o cola).

I. 1. adj/sust. *Ec. Referido a persona,* apegada a la tradición católica conservadora frente a los cambios o innovaciones. pop + cult → espon ^ desp. ♦ **curochupa.**

2. *Ec.* Militante del partido conservador. ♦ **curuncho.**

curuchupear.

I. 1. intr. *Ec.* obsol. Participar activamente *una persona* en el partido conservador. pop ^ desp.

curuchupismo.

I. 1. m. *Ec.* obsol. Manera de ser y actuar de los **curuchupas.** pop ^ desp.

curucucha.

I. 1. f. *Ar:C,NE.* **cucarachero,** pájaro.

curucusí.

I. 1. m. *Bo.* Insecto volador de unos 3 cm de longitud, oblongo, pardo y con dos manchas amarillentas a los lados del tórax, por las cuales despide de noche una luz azulada bastante viva. (Lampyridae; *Pyrophorus phosphorescens*). ♦ **tucu-tucu.**

curucutear.

I. 1. tr. *Co:N.* Buscar con ahínco en muebles y cajones para encontrar algo determinado que no se recuerda dónde se guardó.

2. *Ve.* Hurgar en cosas propias o ajenas. pop.

curudo, -a.

I. 1. adj. *PR. Referido a persona,* de piel ajada. pop + cult → espon.

curuhuinsi.

I. 1. *Pe:E.* **zompopo,** hormiga.

curul.

I. 1. f. *Mx, Gu, Ho, ES, CR, RD, Co, Ec, Pe.* Silla que ocupa un parlamentario en la cámara legislativa.

2. m. *Mx, Gu, Ho, ES, Ni, Pa, RD, Co, Bo.* Puesto de los parlamentarios en una cámara legislativa.

curuma.

I. 1. sust/adj. *Ho, ES, Ni.* Comida que tiene excesiva cantidad de sal.

2. f. *Ho, Ni.* Piedra de sal marina para el ganado.

II. 1. m. *Ho, ES.* Arbusto grande que crece en los **manglares,** de hoja verde, gruesa y aovada, corteza negra con fisuras, madera de color anaranjado oscuro, flor verdosa, crema o blanca y fruto en cápsula oblonga, aovada y comprimida lateralmente; su madera se usa para la construcción, como leña y para la curtimbre. (Verbenaceae; *Avicennia germinans*). ♦ **culumate; palo de sal.**

curumba.

I. 1. f. *Pa.* Parte más alta o cúspide de un cerro, un árbol o un tejado.

curunca.

I. 1. *Ho, ES:E.* **turunca,** piedra grande.

curuncal.

I. 1. *Ho, ES.* **turuncal,** cantidad de piedras.

2. *Ho.* **turuncal,** terreno con piedras.

curuncazo.

I. 1. *Ho.* **turuncazo,** golpe con una piedra.

curuncho, -a.

I. 1. adj. *Ec.* **curuchupa,** militante del partido conservador. pop ^ desp.

curunco.

I. 1. m. *Gu, Ho:O, ES.* Hormiga, parecida al **zompopo,** pero de menor tamaño, de 2 a 2,50 mm, con cuerpo de color ámbar, con una punta oscura en el abdomen, hace sus hormigueros en muros y debajo de suelos y se encuentra en los alrededores de la cocina buscando toda clase de comidas dulces. (Formicidae; *Monomorium pharaonis*).

curunco, -a.
 I. 1. adj. *Ho. Referido a persona*, de pelo rubio. rur.
curunquera.
 I. 1. f. *Ho:O.* Gran cantidad de hormigas.
curunquero.
 I. 1. m. *Ho.* Terreno con gran cantidad de piedras grandes.
curupay. (Del guar.).
 I. 1. m. *Py, Ar:N, Ur.* Árbol de hasta 25 m de altura, corteza oscura y rugosa, flores de color crema, y una vaina como fruto; la corteza, rica en tanino, es un buen curtiente. (Fabaceae; *Anadenanthera macrocarpa*). ♦ **cebil colorado; sachacebil; sachasebil.**
 2. *Py, Ar:N, Ur.* Madera del curupay, dura y muy utilizada en carpintería.
curupí.
 I. 1. *Ar:C,NE.* **curupí-caí.**
 ∎
  a. ‖ **~-caí.**
   i. *Py, Ar:C,NE.* **lecherón**, árbol (Eurphorbiacae; *Sapium* spp.). ♦ **curupí.**
   ii. m. *Py, Ar:C,NE.* **lecherón**, madera (Eurphorbiacae; *Sapium* spp.). ♦ **curupí.**
cururo.
 I. 1. m. *Ch.* Rata campestre de cuerpo cilíndrico, con orejas, ojos y cola pequeños; sus manos tienen grandes garras y su boca, grandes incisivos; es de color negro y resulta dañina para los cultivos. (Octodontidae; *Spalacopus cyanus*).
cururú.
 I. 1. *Py, Ar:NE.* **sapo cururú.**
curutié.
 ∎
  a. ‖ **~ blanco.** m. *Ar:NE.* Pájaro de plumaje pardo en el dorso y blanco en la zona ventral, corona estriada, alas y cola rojizas, y cejas blancas. (Furnaridae; *Cranioleuca pyrrhophia*).
  b. ‖ **~ colorado.** m. *Ar:NE.* Pájaro de plumaje castaño en el dorso y blanco en la zona ventral, con las alas y la cola rojizas, y la barba amarilla. (Furnariidae; *Certhiaxis cinnamomea*).
  c. ‖ **~ ocráceo.** m. *Ar:NE.* Pájaro de plumaje parduzco en el dorso y grisáceo en la zona ventral, con la cola de color acanelado, las cejas blancas y una mancha amarilla en la garganta. (Furnariidae; *Cranioleuca sulphurifera*).
curuvica. (Del guar. *kuruvi*, fragmento, trozo).
 I. 1. f. *Py, Ar:NE.* Fragmento diminuto que resulta de la trituración de una piedra o de cualquier otro material sólido.
curuvicar(se).
 I. 1. tr. *Py; Ar:NE*, pop. Romper, hacer pedazos, destrozar *algo.*
 2. intr. prnl. *Py; Ar:NE*, pop. Romperse *una cosa* en pedazos.
curva.
 I. 1. f. *Ni, Cu, RD, PR. En el **beisbol***, lanzamiento en el que el **pícher** hace un determinado movimiento con la mano para que la pelota cambie de dirección antes de llegar al bateador.
 II. 1. f. *CR, PR. En una embarcación*, una de las piezas curvadas cuya base encaja en la quilla. (**curvia**).
 ▶ **acomodarse en la primera ~; agarrar en ~; esperar la ~; meter ~.**
curvaje.
 I. 1. m. *PR.* Tablazón de la embarcación.
curvar.
 I. 1. intr. *Ec.* Variar *una persona* el rumbo que lleva inclinándose a distinta dirección, sea a la derecha o a la izquierda.

 2. *Ec.* Dar a un vehículo otra dirección que la que lleva.
curvazo.
 I. 1. m. *RD.* Giro violento dado por un automóvil en la carretera.
curvazón.
 I. 1. m. *PR.* Curva que forman los costados de la embarcación.
curvear.
 I. 1. tr. *Ho, Ni, Bo.* Curvar, doblar *algo* en forma curva.
 II. 1. intr. *Ni, RD, PR. En el **beisbol***, lanzar el **pícher** la pelota de forma que esta describa una trayectoria curva.
 III. 1. intr. *PR.* Seguir una trayectoria curva.
curvia.
 I. 1. *PR.* **curva**, pieza.
curvina.
 I. 1. f. *Ve.* Pez de agua dulce y salada de más de un 1 m de largo y de color amarillento. (Sciaenidae; *Cynoscion acoupa*).
curvinata.
 I. 1. f. *Ve.* Pez de agua dulce y salada similar a la **curvina**, de 40 cm de largo y color plateado; frecuente en aguas próximas al litoral y en fondos fangosos en aguas estuarias. (Sciaenidae; *Macrodon ancylodon*).
cury.
 I. 1. m. *Ar:NE.* Árbol de hasta 30 m de altura, corteza gruesa y resinosa, hojas perennes y piñas de color castaño rojizo como frutos. (Araucariaceae; *Araucaria angustifolia*). ♦ **pino de Misiones; pino Paraná.**
cusabarajo.
 I. 1. m. *PR.* Escarabajo. rur.
cusco.
 I. 1. m. *Ar.* Perro, *especialmente el pequeño y de raza indefinida.* pop + cult → espon.
 2. *Ve:O.* Perro pequeño y de pelo rizado.
 II. (Del quech. *cuscu*).
 1. m. *Ec.* Variedad de maíz caracterizado por su subido color morado y su cáscara muy dura.
cusco, -a.
 I. 1. adj. *Gu, Ar:NO; Mx*, desp. *Referido a persona*, coqueta, presumida. pop + cult → espon.
 2. *Ar:NO. Referido a persona*, entrometida, curiosa. pop + cult → espon.
 II. 1. adj. *Gu, Ho, ES. Referido a persona*, que tiene joroba. pop + cult → espon.
cuscú.
 I. 1. adj. *Pa. Referido al cabello*, muy rizado. (**cuscús**).
cuscún.
 I. 1. m. *Gu.* Comida, alimento. pop + cult → espon.
cuscungo.
 I. 1. *Co.* **coscongo.**
 2. *Ec.* Ave rapaz nocturna, similar a la lechuza, de unos 50 cm de largo, con penachos grandes en la cabeza y plumaje de color blanco en la garganta y gris parduzco con rayas oscuras en el resto del cuerpo. (Strigidae; *Bubo virginianus*).
 II. 1. adj. *Ec:S. Referido a persona*, de raza negra y con los labios muy gruesos y pronunciados. pop + cult → espon ∧ desp.
 2. *Ec:S.* p.u. *Referido a persona*, que tiene la cabeza rapada o el pelo muy corto.
cuscús.
 I. 1. *Pa.* **cuscú.** pop.
cush.
 I. 1. m. *Gu.* Grano o verruga.
cusha. (Sínc. de *cushusha*).
 I. 1. *Gu.* **cususa.**

cushma. (Voz quechua).
    I. 1.   f. *Pe:E.* Saya de algodón usada por los indígenas que viven en la selva de la Amazonia.
    2.   *Ec.* Prenda de vestir interior de algodón, similar a una túnica, con diseños geométricos complejos en tonos oscuros, que se ciñe a la cintura con un **chumbi** o faja.
    3.   *Ec.* Cáscara o cutícula del grano de arroz que no ha sido pilado.

cushque.
    I. 1.   *Gu.* **coscacho**, golpe.

cushqui. (Voz quechua).
    I. 1.   m. *Ec.* juv. Dinero. pop.

cushta.
    I. 1.   f. *ES.* Fruto del cacao.
    II. 1.   f. *ES.* Pedazo de machete o de cuchillo.

cushuna.
    I. 1.   f. *ES.* Vulva. vulg.

cushuro.
    I. 1.   m. *Pe.* Alga verde azulada que forma colonias con formas esféricas que se aplanan posteriormente, de textura membranosa, coriácea, que cuando se seca adquiere un color verde oliva que pasa a pardo amarillento; habita en las aguas de las montañas y es muy apreciada en cocina. (Nostocaceae; *Nostoc commune*).
    ♦ **murmunta.**

cushusha.
    I. 1.   *Gu, ES.* **cususa.**

cusi.
    I. 1.   adj. *Ec.* p.u. *Referido especialmente a una mujer*, hacendosa, diligente y comedida. pop.
    II. 1.   m. *Bo.* Palma de hasta 15 m de altura, de tronco con bases foliares persistentes y hojas compuestas pinnadas, flores en una sola inflorescencia pendular y frutos comestibles, ovoides y con varias semillas; el tronco y las hojas son utilizadas como material de construcción. (Arecaceae; *Orbignya phalerata*).

cusifai.
    I. 1.   *Ar, Ur.* **cosifai.** pop ^ desp.

cusillo.
    I. 1.   m. *Bo.* Personaje bufo que preside la danza de los **morenos** o de los **choquelas.**
    2.   sust/adj. *Bo.* Persona que hace de monigote para divertir a los demás. pop + cult → espon.

cusingo.
    I. 1.   *CR.* **tucancillo.**

cusma. (De etim. desc.).
    I. 1.   f. *Co.* Vestido indígena, especie de camisa, hecho de una tela ancha y burda de lana o de fibras vegetales; con una abertura para meter la cabeza; cubre desde el cuello hasta las rodillas dejando al descubierto los brazos y se ata a la cintura con una faja o un **bejuco.**
    2.   *Ec.* Camisa de tela basta que usan los indios.

cusnaca. (Del nahua, quizás de *xócotl* o *xúcutl*, jocote, y *nácatl*, carne).
    I. 1.   f. *Ho:E, Ni.* Dulce hecho de **jocotes** cocidos, leche y agua.

cusni. (Voz quech.).
    I. 1.   adj. *Ec:S.* Mugriento, sucio.

cuso.
    I. 1.   m. *Ec.* Larva de un coleóptero, plaga de los sembríos de **papa** porque destruye al tubérculo alimentándose de él dentro de la misma tierra.

cuspa.
    I. 1.   f. *Ve.* Armadillo similar al **cuspón**, de tamaño más pequeño y sin la escama protectora en la frente. (Dasypodidae; *Cabassous unicinctus*).

cuspe.
    □
    a. ‖ como ~. loc. adj. *Ch.* obsol. *Referido a persona*, que se mueve con rapidez. pop.

cuspón.
    I. 1.   *Ve.* **tatú carreta.**

cusquear.
    I. 1.   intr. *Gu; Ar:NO.* rur; pop. Coquetear, presumir.

cusquería.
    I. 1.   f. *Gu.* Coquetería.

custodia.
    I. 1.   m. *Ni, Py, Ar, Ur.* Persona contratada para vigilar y proteger bienes o personas.
    II. 1.   f. *Pe, Ch. En estaciones de ferrocarril, aeropuertos o alojamientos*, local en que los viajeros depositan temporalmente su equipaje.

custodio.
    I. 1.   m. *Mx, Ho.* Guardia de una cárcel.
    2.   *Ni, Cu, Bo, Py, Ar, Ur.* Persona contratada para vigilar y proteger bienes o personas.

customer. (Voz inglesa, *cliente*).
    I. 1.   m-f. *PR.* Comprador de droga. drog.

cusubé.
    I. 1.   m. *Cu.* Dulce seco hecho de almidón de **yuca**, agua, azúcar y, a veces, huevos.

cusuca. (Del maya quiché *uxuka*, caparazón).
    I. 1.   f. *Ho.* Vulva. vulg.

cusuco. (Del maya quiché *uxuka*, caparazón).
    I. 1.   m. *Mx, Gu, Ho, ES, Ni, CR, Pa.* Armadillo. (Dasypodidae; *Dasypus novemcinctus*). (**cuzuco**). ♦ **armado; cachicamo; cachicamo montañero; canchuncho; culancho; gurre; hueche; mangungo; mulita; pitero; tatú; tatú mulita; timbo; tumulle.**
    II. 1.   m. *Ho, ES.* Problema, asunto de difícil solución.
    III. 1.   m. *Ho.* Chisme, infundio.
    ▶ **meterse en un ~.**

cusul.
    I. 1.   *Ho:N,E,O.* **cuzul.**

cusumbé.
    I. 1.   *Co:SO.* **cusumbo.**

cusumbi.
    I. 1.   *Ec:NO.* **cusumbo.**

cusumbo.
    I. 1.   m. *Co, Ec.* **coatí.** (**cusumbé; cusumbi**).

cusumbosolo, -a.
    I. 1.   *Co:O.* **montañero**, persona huraña. pop.

cusungo, -a.
    I. 1.   adj. *Ec:S. Referido a persona*, de raza negra. pop + cult → espon ^ desp.

cusuquear.
    I. 1.   intr. *Ho, ES.* Cazar **cusucos** o armadillos. rur.
    II. 1.   tr. *ES.* Tocar *alguien* los genitales a una mujer.

cusuquero, -a.
    I. 1.   adj. *Ho, ES. Referido a persona o perro*, cazador de **cusucos.** rur.

cusuquito.
    I. 1.   m. *Ho, ES.* Insecto neuróptero que excava un pozo en arena fina para atrapar desde el fondo a sus presas, puede llegar a medir 1 cm, posee grandes y poderosas mandíbulas con las que inyecta a su presa una enzima digestiva que después succiona, y alas muy delicadas de color gris o marrón. (Mirmeleontidae; *Mymeleón* spp.).
    II. 1.   m. *Ho:O, ES.* Gesto de arrugar la nariz y resoplar que hacen ciertos niños a petición de alguien. inf.

cususa. (Voz indígena).
    I. 1.   f. *Ho, ES, Ni; CR,* obsol. Aguardiente de caña de azúcar producido clandestinamente. rur. (**cusha; cushusha**). ♦ **chirrite.**

cususera.
I. 1. f. *Ho.* Destilería clandestina de aguardiente. pop + cult → espon.

cususero, -a.
I. 1. m. y f. *Ho.* Persona que se dedica a la fabricación o venta clandestina de la **cususa**. pop + cult → espon.

cuta.
I. 1. f. *Gu.* Mentira.

cutacha. (Del ingl. *cutlass*, alfanje).
I. 1. f. *Gu, Ho, ES, Ni, CR, Pa.* Cuchillo largo, angosto y recto. rur. (**cotacha**).

cutachero, -a.
I. 1. sust/adj. *Gu.* Persona diestra en el manejo de la **cutacha**.
2. *Gu.* Persona pendenciera que hiere con **cutacha**.

cutaco, -a.
I. 1. adj. *Ar:NO,C.* Referido a persona o animal, saciado, lleno, harto. rur.

cutama.
I. 1. f. *Ch, Ar:NO.* Costal o bolsa de tejido rústico. rur.
II. 1. f. *Ar:NO.* Manta o cubrecama.

cutana. (Del quech. *kutana*, mortero, moledor).
I. 1. f. *Pe, Ar:NO.* Mano de piedra para moler grano, con forma de media luna y que se acciona por balanceo.

cutara.
I. 1. f. *Cu:E, RD.* Chancleta.

cutarear.
I. 1. intr. *Cu:E.* Hacer sonar las **cutaras** al caminar.
2. *Cu:E.* Callejear.

cutarra.
I. 1. f. *Gu, ES, Ni.* Zapato viejo o deteriorado.
2. *Ho.* Botín alto, de cuero grueso, que llega hasta media pierna.
3. *Pa.* Sandalia de cuero tejida a medida, es usada por los campesinos y forma parte del vestido típico. pop.
II. 1. f. *RD.* Cabeza.
▶ **virar las ~s.**

cutarrada.
I. 1. f. *ES.* Tacañería.

cutarrear(se).
I. 1. tr. *ES.* Robar *algo*.
II. 1. intr. prnl. *Ho.* Evacuar *alguien* el vientre. rur.

cutarrero, -a.
I. 1. adj/sust. *Gu.* Referido a persona, tacaña.

cutarro, -a.
I. 1. adj. *ES.* Referido a persona, tacaña.

cutáto, -a.
I. 1. adj/sust. *Pe.* Referido a persona, de raza negra. pop + cult → espon.

cute.
I. 1. *Ho, ES.* **zopilote**. (Cathartidae; *Cathartes burrovianus*). ♦ **kute**.
2. *Ho, ES.* **zopilote**. (Cathartidae; *Coragyps atratus*). ♦ **kute**.
II. 1. m. *Ve:O.* Enfermedad caracterizada por lesiones pigmentarias en la piel, de color blanquecino, rojizo o azul oscuro.
III. 1. m. *RD.* Cutis.
IV. 1. m. *Pa.* Trago de aguardiente.
▶ **amarrar el ~.**

cutear.
I. (De *cuto*).
1. tr. *ES.* Cortar *alguien algo*.
II. (De *cute*, zopilote).
1. tr. *Ho.* Vomitar *alguien*, arrojar *alguien* la comida por la boca.

cutero, -a.
I. 1. adj/sust. *Gu.* Referido a persona, mentirosa.

cutete.
I. 1. m. *Gu, Ho:O.* Nalgas de persona.
2. *ES.* Ano de persona. rur.
II. 1. m. *Gu.* Género de reptiles del tipo de la iguana.

cútex. (De *Cutex®*).
I. 1. m. *Bo, Ch.* Sustancia coloreada o transparente para pintar las uñas.

cuti.
I. 1. m. *Pe.* Laguna pequeña natural llena de peces que se forma cuando las aguas de un río decrecen, situación que los indígenas de la selva aprovechan para realizar una fiesta que celebra la captura que van a realizar. rur.

cutichi.
I. 1. m. *Pe.* p.u. Práctica con la que se intenta contrarrestar los efectos de un hechizo. rur.

cutinay.
I. 1. m. *ES.* Ano. fest.

cutipar.
I. 1. intr. *Ar:NO.* Masticar un animal rumiante. rur.
2. tr. *Ar:NO.* Masticar un alimento un animal rumiante. rur.
II. 1. tr. *Ar:NO.* Pensar o reflexionar reiteradamente sobre un determinado asunto o problema. rur.

cutis.
▢
a. ‖ **en ~.** loc. adv. *Ch.* Sin ropas, en estado de desnudez. pop ^ fest.

cuto.
I. 1. m. *Gu.* Botella pequeña de aguardiente.

cuto, -a. (Del nahua *cutuche*, cortado).
I. 1. adj. *Gu, Ho, ES.* Referido a persona, que le falta un miembro o parte de él.
2. *Gu, Ho, ES.* Referido a animal, especialmente a un perro, **chingo**.
3. *Gu, ES.* Referido a un vestido, corto.
4. *Gu, Ho.* Referido a un machete, que le falta parte de la hoja.
5. adj. *Ec:S.* p.u. Referido a prenda de vestir, especialmente el pantalón, más corta que lo normal. pop.

cutoso, -a.
I. 1. adj. *Ve:O.* Referido a persona, que padece **cute**, o alguna enfermedad cutánea semejante.
II. 1. adj. *Ho.* Referido a persona, sucia, desaseada. rur.

cutra.
I. 1. f. *Ch.* Bolsa o cuero para llevar aguardiente, especialmente de manera ilegal. pop.
2. *Ch.* metáf. Barriga o panza, sobre todo la originada por ingerir alcohol. pop.
II. 1. f. *Pe.* Provecho o dinero obtenido de un particular por un funcionario o empleado, con abuso de las atribuciones de su cargo. pop.

cutre.
I. 1. m. *Pa:NO.* Suciedad que se forma en la piel por falta de aseo. rur.

cutrero, -a.
I. 1. sust/adj. *Pe.* Estafador o persona que se aprovecha de sobornos para enriquecerse. delinc.

cutriaco.
I. 1. m. *Ar:O.* Guiso modesto elaborado con restos de otras comidas o con pocos ingredientes, generalmente trozos de carne, tomate, patata y cebolla.

cutroso, -a.
I. 1. adj. *Pa:NO.* Referido a persona, que tiene la piel sucia por falta de aseo. rur.

¡cutu!
I. 1. interj. *Co.* Expresa llamada a las aves de corral.

cutucán.
    I. 1. m. *ES.* p.u. Cerdo, animal doméstico. rur.

cutuchi.
    I. 1. m. *Bo.* Lagarto de cuerpo vermiforme y ojos diminutos que tiene las extremidades rudimentarias o carece de ellas; es inofensivo, aunque existe la creencia popular de que es venenoso. (Amphisbaenidae; *Amphisbaena* spp.).
    II. 1. sust/adj. *Bo:E.* Persona inquieta, nerviosa, que no deja de moverse. pop.

cutucho. (Del quech. *cutu*, corto).
    I. 1. adj. *Ec. Referido a persona*, de estatura pequeña. pop.

cutuchupa. (Del quech. *cutu*, corto, y *chupa*, rabo).
    I. 1. adj. *Ec. Referido a animal*, de rabo corto.

cutucito, -a.
    I. 1. adj. *Gu.* Pequeño, diminuto. afec.

cutuco.
    I. 1. *Ho, ES.* **jícaro**, árbol de hasta 10 m.
    II. 1. m. *ES.* Pedazo, trozo.

cutufa.
    I. 1. f. *Ch.* Empresa fraudulenta. pop + cult → espon.

cutufero, -a.
    I. 1. adj/sust. *Ni. Referido a persona*, que le desagrada cualquier olor.
    2. *Ni.* p.u. *Referido a persona*, melindrosa.

cutul.
    I. 1. m. *Ec:N.* **chala**, hojas que envuelven la mazorca de maíz. rur; pop.

cutulo, -a.
    I. 1. adj. *Ec*, obsol; *Pe:C*, p.u. *Referido a animal*, que carece de cola. rur.

cutuma.
    I. 1. f. *Ch.* Protuberancia, bulto, *especialmente en la piel.*

cutungo, -a.
    I. 1. adj. *Ec:S.* obsol. *Referido a prenda de vestir, especialmente al pantalón*, más corta que lo normal.

cutuntear.
    I. 1. tr. *Ho.* Cuidar *alguien* con cariño y esmero a una persona, consentirla. rur.

cutunteo.
    I. 1. m. *Ho.* Mimo, caricia. rur.

cutupito.
    I. 1. *ES.* **ixcanal**.

cutuqui.
    I. 1. adj. *Bo:E. Referido a persona*, que despide mal olor.

cutuquito.
    I. 1. m. *ES.* Pedazo pequeño de algo.

cuturina. (Del ingl. *cotton*, algodón).
    I. 1. f. *Ho, ES.* Camiseta de cualquier material, *en especial de niños*. pop + cult → espon.
    2. *Ho.* Camisa ancha de algodón o de **manta**, para bebés. pop + cult → espon.

cuturo. (Del lenca).
    I. 1. *Ho.* **cordoncillo**. (Piperaceae; *Piper aduncum*).
    2. *Ho.* **sietepellejos**.

cuturpilla.
    I. 1. f. *Ec.* Variedad de tórtola, *más pequeña que la corriente*, con la cola muy pequeña.

cutusa.
    I. 1. *Co.* **abuelita**, pequeña tórtola.

cututa.
    I. 1. *Ch:NE.* Ave de unos 18 cm, con cabeza gris parduzca, garganta blanquecina y cuello vinoso, lo mismo que el pecho; alas negro parduzco, cola gris parduzca, pico negruzco con punta negra y patas rosadas. (Columbidae; *Metriopelia ceciliae*).

cututeada.
    I. 1. f. *Ho.* Conversación larga de temas intrascendentes. pop + cult → espon.

cututear.
    I. 1. intr. *Ho.* Conversar largamente dos o más personas de temas intrascendentes. pop + cult → espon.
    II. 1. tr. *Ho.* Tratar de convencer a alguien con mañas. pop + cult → espon.

cututeo.
    I. 1. m. *Ho.* Conversación larga de temas intrascendentes. pop + cult → espon.
    ▶ **hablar ~.**

cututuy.
    I. 1. m-f. *Gu.* Niño o animal pequeño, bonito y gracioso. afec.

cuy. (Del quech. *quwi*).
    I. 1. m. *Co, Ec, Pe, Bo, Ar.* Conejillo de Indias más grande que el corriente, con orejas cortas, cola casi nula, tres dedos en las patas posteriores y cuatro en las anteriores. (Caviidae; *Cavia* spp.). (**coy**; **cui**; **cuis**; **cuye**). ♦ **macabeo**.
    □
    a. ‖ **ají de ~.** loc. sust. *Ec.* Guiso popular consistente en **papas** cocidas con **achiote**, pedazos de carne de cuy y salsa picante de **ají**.
    ▶ **pasar el ~.**

¡cuy! (De or. onomat.).
    I. 1. interj. *Ec.* Imita el sonido de las articulaciones, especialmente de las de los dedos de las manos o los pies, al forzar su posición.

cuya.
    I. 1. m. *Ho.* Árbol de hasta 12 m de altura, de corteza delgada y escamosa, coloración de gris claro a blanca, flores olorosas blancas o rosadas. (Mirsinaceae; *Ardisia escallonioides*, *Parathesis vulgata*). ♦ **cuyucul**.
    2. *Ho.* Fruto del cuya, pequeño y redondo, de color blanco o rosado o negro azulado; es comestible. ♦ **cuyucul**.
    II. 1. m. *RD.* **cuyá**, árbol.

cuyá.
    I. 1. m. *Cu, PR.* Árbol de hasta 20 m de altura, de hojas pequeñas, inflorescencia en racimos y flores pequeñas fragantes de color crema; el fruto es una baya verde con varias semillas cuya coloración se torna rojiza cuando madura; proporciona una madera dura, elástica y casi incorruptible, que se utiliza en construcciones acuáticas o bajo tierra. (Sapotaceae; *Dipholis salicifoliá*). (**cuya**). ♦ **xac-chum**.
    2. *Cu.* Madera del cuyá.

cuyabro, -a.
    I. 1. adj. *Co. Referido a persona*, originaria de la ciudad de Armenia. espon.

cuyada.
    I. 1. f. *Ec, Pe.* Actividad para conseguir fondos en la que se venden porciones de **cuy** asado.

cuyago.
    I. 1. *Ec.* **coatí**.

cuyamel.
    I. 1. m. *Gu, Ho.* Pez de agua dulce de hasta de 70 cm de largo, con dos aletas dorsales, hocico carnoso y protuberante, dorso de color gris olivo oscuro, costados plateados y abdomen blanco amarillento, aletas pectorales transparentes y pélvicas negras en los adultos. (Mugilidae; *Joturus pichardi*). ♦ **joturo**.

cuyamiz.
    I. 1. f. *Gu.* Planta de alrededor de 1 m de altitud, tallo grueso y rígido, hojas lanceoladas, grandes y carnosas de color verde intenso con manchas alarga-

das amarillas, y flores pequeñas de color blanco verdoso; es venenosa y su savia es de tipo cáustico. (Araceae; *Dieffenbachia seguine*). ♦ **oto de lagarto.**

cuyanigua.
  I. 1. *ES.* **cuyanís,** planta.

cuyanís.
  I. 1. m. *Ho:O, ES.* Planta de tallo carnoso con manchas blancas o crema que crece en las quebradas de regiones altas; su tallo y hoja machacados y diluidos en agua se usan como insecticida contra gusanos y pulgones de las hortalizas. (Araceae; *Dieffenbachia picta*). ♦ **cuyanigua.**

cuyano, -a.
  I. 1. adj. *Ch.* p.u. Relativo a la Argentina. pop.

cuyar. (Del quech. *cuyana*).
  I. 1. tr. *Ec:S.* p.u. Acariciar *algo* o a *alguien* con mimo, *especialmente a un niño.* pop.

cuyaya.
  I. 1. f. *RD.* Danza popular.
    2. *RD.* Toque alegre de cornetas para anunciar una buena noticia.
  II. 1. f. *RD, PR.* **gavilán primito.**
  □
    a. ‖ **infeliz ~.** loc. adj/sust. *RD. Referido a persona,* desgraciada, que padece desgracias o tiene mala suerte.

cuye.
  I. 1. *Ch, Ar:O.* **cuy.**

cuyeo.
  I. 1. *CR.* **tapacamino.**

cuyera.
  I. 1. f. *Ec:N.* Lugar cerrado en el que se crían **cuyes.**

cuyero.
  I. 1. m. *Ec:S, Pe.* Lugar cerrado en el que se crían **cuyes.**

cuyo.
  I. 1. m. *Mx, Gu, Ho, ES.* Conejillo de Indias, mamífero roedor. (Caviidae; *Cavia cobaya*). ♦ **cuilo.**
    2. *Mx, Gu, Ho, ES.* Mamífero roedor, parecido al conejo, pero más pequeño, con orejas cortas, cola casi nula, tres dedos en las patas posteriores y cuatro en las anteriores; según la raza, el pelo puede ser corto, semilargo y con remolinos o largo, el pelaje puede variar de negro a blanco, tostado o tricolor; se usa mucho en experimentos de medicina y bacteriología. (Caviidae; *Cavia porcellus*).

cuyuco.
  I. 1. m. *ES.* **Muñón.** rur.

cuyucul.
  I. 1. *Ho.* **cuya,** árbol.
    2. *Ho.* **cuya,** fruto.

cuyusa.
  I. 1. f. *Ni.* **oso melero.** (Procyonidae; *Potos flavus*).

cuyuscare.
  I. 1. adj. *Ho. Referido a tela,* de varios colores. rur.

cuyuscate.
  I. 1. m. *Gu.* Algodón natural de color marrón o café.

cuyuya.
  I. 1. f. *ES.* Cogollo tierno y comestible del **izote.**

cuzco, -a.
  I. 1. adj. *Mx, Gu.* Coqueto, presumido. pop.
    2. adj/sust. *Mx, Gu. Referido a persona,* coqueta.
  II. 1. adj/sust. *Ho. Referido a persona,* que tiene joroba.
  ▶ **tener ~.**

cuzo.
  I. 1. m. *Ec.* Larva del **catzo.**

cuzquear.
  I. 1. intr. *Gu.* Coquetear.
    2. tr. *RD.* Enamorar.

cuzqueña. (De *Cuzqueña*®).
  I. 1. f. *Pe.* Cerveza.

cuzquería.
  I. 1. f. *Gu.* Coquetería.

cuzuco.
  I. 1. *Ho, Ni.* **cusuco,** armadillo.

cuzul.
  I. 1. m. *Ho.* Construcción pequeña e improvisada para vivir. desp. (**cusul**).
    2. *Ho.* Cuarto muy pequeño, oscuro, sin ventilación. desp. (**cusul**).
    3. *Ho:O.* **Troje** de madera, sobre cuatro pilares, construido en el patio de una casa. rur. (**cusul**).

D.

I. 1. f. *PR, Pe.* Calificación académica que corresponde a desaprobado o suspenso.

■

a. ‖ ~ ⁺. f. *PR.* Desaprobado o suspenso cerca del aprobado.

b. ‖ ~ ¯. f. *PR.* Desaprobado, suspenso.

dachi.

I. 1. m. *Ch:S.* Hoyo empleado para el cultivo de **papas**. rur. (**dachin**).

dachín.

I. 1. m. *Ch:S.* **dachi**.

dacron. (De *Dacron*®).

I. 1. *Ho, Ni, RD.* **dacrón**.

dacrón. (De *Dracon*®).

I. 1. m. *Co, PR, Ec, Pe, Bo.* Tejido de fibra artificial para confeccionar ropa. (**dacron**).

dadín.

I. 1. m. *Ch.* **chilca**, arbusto de hasta 2 m.

dado.

I. 1. m. pl. *Pe, Bo, Ch. En mecánica*, herramienta para ajustar o desajustar pernos, *generalmente de las ruedas de un vehículo*.

2. m. *PR.* Pieza de la terraja que da el corte que hace la rosca. rur.

■

a. ‖ ~ **compuesto.** m. *Ho, RD.* Dado trucado para que salga un determinado número que pierde.

▶ **cargar los ~s; cargarle los ~s; ponerse el ~ malo.**

dado, -a.

I. 1. adj. *PR, Ve, Py, Ar, Ur. Referido a persona,* que es sociable y agradable en el trato. pop.

2. *Ve, Py, Ar, Ur. Referido a un niño,* que acepta con facilidad mimos y otras muestras de cariño de personas que no conoce. pop.

II. 1. adj. *Ho, RD. Referido a persona,* vencida, sin fuerzas para continuar la lucha.

2. *CR. Referido a persona,* afectada negativamente en el ánimo por una experiencia desagradable. pop.

3. *CR. Referido a persona,* avejentada o consumida físicamente. pop.

III. 1. adj. *Ho.* juv. *Referido a persona,* que está muy enamorada de otra.

□

a. ‖ ~ **a la chingada.** loc. adj. *Mx. Referido a persona,* arruinada, empobrecida. vulg.

b. ‖ ~ **al catre.**

　i. loc. adj. *Mx. Referido a cosa,* deteriorada, estropeada. pop + cult → espon. ♦ **dado al cuas.**

　ii. *Mx. Referido a persona,* enferma o muy cansada. pop + cult → espon. ♦ **dado al cuas.**

c. ‖ ~ **al cuas.** *Mx.* **dado al catre.**

▶ **cargar los ~s; cargarle los ~s; ponerse el ~ malo.**

daga.

I. 1. f. *Ho:E, Ni, PR; Mx,* p.u. Pene. vulg; hiperb.

II. 1. f. *Pa, RD, PR, Bo:E.* Machete corto usado en tareas agrícolas. rur. ♦ **daga cañera; espadín.**

■

a. ‖ ~ **cañera.** *PR.* **daga**, machete. rur.

▶ **meter la ~; pegar ~.**

dagame.

I. 1. *Cu.* **salamo**.

2. m. *Cu.* Madera del dagame que se utiliza en carpintería.

dagazo.

I. 1. m. *Mx, Ni, Bo:E.* Golpe dado con una **daga**. rur.

2. *Ni, Bo:E.* Herida producida con una **daga**. rur.

daguilla.

I. 1. f. *CR.* Planta arbórea de hasta 10 m de altura, con el tallo engrosado en la base, la corteza áspera, las hojas lanceoladas y de ápice muy agudo, duras y fibrosas, y las flores blancas o cremosas en racimo de crecimiento vertical; se cultiva como seto y por sus flores que son comestibles. (Agavaceae; *Yucca elephantipes*). (**daguillo**. ♦ **itabo; palma del desierto; pichón.**

2. *CR.* Hoja de la daguilla.

3. *CR.* **Amarra** extraída de las hojas de la daguilla.

daguillo.

I. 1. m. *Cu, RD.* Árbol, de hasta 9 m de altura, con hojas aovadas y acuminadas; de su corteza se obtiene una fibra textil. (Timelaceae; *Lagetta lintearia*).

2. *CR:NO.* **daguilla**, planta.

¡dah!

I. 1. interj. *Ar, Ur.* Expresa desdén o incredulidad. pop.

dahue. (Del map. *dawe*).

I. 1. m. *Ch.* **quinua**.

daiper.

I. 1. *ES, Ni.* **dáiper**.

dáiper. (Del ingl. *diaper*).

I. 1. m. *Ni.* Pañal de bebé. (**daiper; dayper**).

daisi.

I. 1. m. *ES.* Hombre que vive con prostitutas. carc.

dajao. (De or. ind. antillano).

I. 1. m. *Cu, RD, PR.* **besote**. (Mugilidae; *Agonostomus monticola*).

II. 1. *PR.* **cucubano**, árbol. ♦ **palo de dajao.**

□

a. ‖ **palo de ~.** loc. sust. *PR.* **dajao, cucubano.**

dala.

I. 1. f. *Mx.* Viga de hormigón reforzado.

daledale.

I. 1. *Pe.* **llerén**, planta.

dama.

I. 1. f. *Ec.* Pez de agua dulce de cuerpo medianamente alargado y algo comprimido, con dos aletas dorsales, frecuentemente las escamas a lo largo de la línea lateral se encuentran modificadas en espinas; su pesca es importante comercialmente. (Carangidae; *Hemicaranx atrimanus*).

II. 1. f. *Ni.* juv. Fiesta bulliciosa, *generalmente con alcohol.*

a. ‖ ~ **de color.** f. *Ch.* Mujer que participa en alguna de las instituciones que se dedican a asistir a enfermos pobres, y que se caracteriza por llevar cada una un uniforme de un color determinado.

b. ‖ ~ **de compañía.** f. *Mx.* Prostituta. euf.

c. ‖ ~ **de la noche.** f. *Ni.* Prostituta. euf; pop + cult → espon.

▶ **comer con su ~; ser una ~.**

damajagua.

I. 1. m. *Mx, Cu, RD, PR, Ec.* Árbol de hasta 15 m de altura, con el tronco recto, las hojas pecioladas y acorazonadas en la base, la inflorescencia terminal con flores de color rosa, amarillo o rojo, y fruto capsular globoso; las hojas tienen propiedades broncodilatadoras. (Malvaceae; *Hibiscus elatus*). (**demajagua**; **tamajagua**). ♦ **holó**; **majagua.**

2. f. *Ec.* Corteza del damajagua; se usa para fabricar esteras, cuerdas y telas. (**demajagua**; **tamajagua**).

damasana.

I. 1. f. *Cu, Pe; Mx,* obsol. Recipiente de vidrio o barro cocido, de cuello corto, a veces protegido por un revestimiento, que sirve para contener líquidos. (**damesana**).

damasca.

I. 1. f. *Ar:NO.* Fruto del damasco.

damesana.

I. 1. *Pa; RD,* obsol. **damasana.**

damiana.

I. 1. f. *Mx.* Arbusto de hojas verde pálido, con pelusas, flores pequeñas de color amarillo, cáliz tubular, corola con cinco pétalos, y fruto en cápsulas de color marrón; tiene diversos usos en la medicina tradicional. (Turneraceae; *Turnera diffusla*). ♦ **oreganillo**; **orégano cimarrón**; **pastora**; **peludillo.**

damisela.

I. 1. f. *Bo.* Mujer perezosa. pop + cult → espon ^ desp.

damisnovio, -a.

I. 1. m. y f. *ES.* Persona que vive en concubinato.

damitajuana.

I. 1. f. *Ar:C.* Damajuana de poca capacidad. rur.

damn!

□

a. ‖ ~ **it!** (Voz inglesa). loc. interj. *PR.* Expresa enojo extremo. vulg; pop + cult → espon.

damo.

I. 1. m. *Ar:NO.* Novio, pareja. pop.

2. *Ch.* Varón adulto *que generalmente desempeña un rol atribuido a una mujer en una ceremonia o tarea social.* pop ^ fest.

3. *Ch.* Hombre de modales afeminados. pop ^ fest.

4. *Ho, ES.* Hombre que es amante o compañero de hogar de una mujer. desp.

5. m. *Ni.* Hombre de compañía de alguien.

dance. (Voz inglesa).

I. 1. m. *Ni.* Fiesta juvenil.

dancing. (Voz inglesa).

I. 1. m. *Mx.* Reunión social con la finalidad de bailar.

2. *Bo; Ni, Cu, Ve,* obsol. Local público destinado al baile y a la diversión.

3. *Pa, Bo; Ni,* p.u; *Ec,* p.u; juv; pop. Baile.

dandí.

I. 1. m. *RD.* Enfermedad catarral que padecen algunos animales. rur.

danés.

I. 1. m. *Mx.* Pan dulce de masa suave, *generalmente enrollado,* con nueces, pasas y mermelada.

2. *Mx.* Dulce de nuez y dátil.

danish. (Voz inglesa).

I. 1. m. *EU, PR. En pastelería*, pastel de hojaldre relleno de manzana y almendras.

dansón.

I. 1. *RD.* **danzón.**

danta.

I. 1. f. *CR, Co, Ve, Ec, Ar:NE.* **danto**, mamífero.

2. *Ho.* Hembra del **danto.**

▶ **torear la ~.**

danto.

I. 1. m. *Mx, Gu, Ho, Ni, Co, Ve.* Mamífero de hasta 2 m de longitud, con cabeza achatada, trompa y orejas cortas, tronco arqueado y compacto, pelaje liso, corto y de color café opaco, y cola corta. (Tapiridae; *Tapirus bairdii*). (**danta**). ♦ **beori**; **macho de monte.**

II. 1. m. *Ni, CR.* Pájaro de hasta 41 cm de longitud, de cuerpo robusto, cabeza grande, con una cresta en forma de sombrilla, pico ancho y grueso, cola corta, plumaje mayoritariamente negro, con azul intenso glaseado en la parte superior, la garganta rojo anaranjado brillante y el pecho bermellón. (Cotingidae; *Cephalopterus glabricollis*). ♦ **pájaro danta**; **pájaro sombrilla cuellinudo.**

III. 1. m. *Ni.* Látigo hecho de la verga de toro. rur.

danubiano, -a.

I. 1. adj/sust. *Ur.* Simpatizante del Club Deportivo Danubio.

2. adj. *Ur.* Relativo a este equipo de **futbol.**

danza.

I. 1. f. *RD, PR.* Pieza musical bailable originalmente circunscrita a una frase repetida de 8 compases, llamada **paseo**, y de dos partes más de 8 o de 16 compases repetidos.

2. *RD, PR.* Baile de esta pieza musical.

■

a. ‖ ~ **de las cintas.** f. *Bo, Ar, Ur.* Baile en el que los participantes trenzan y destrenzan cintas de varios colores alrededor de un poste.

b. ‖ ~ **de las tijeras.** f. *Pe.* Baile en el que los danzantes portan hojas metálicas en forma de tijera y bailan en contrapunto complicando progresivamente los pasos.

c. ‖ ~ **de los cuartos.** f. *Ar:NO.* Danza ceremonial que se ejecuta delante de la imagen del santo patrono agitando cuartos de chivo o cordero.

d. ‖ ~ **de los macheteros.** f. *Bo.* Baile típico de la región de Moxos, en el que los danzantes llevan machetes de madera y se desplazan con paso marcial al compás de sus cascabeles y su orquesta.

e. ‖ ~ **del caimán.** f. *Co.* Danza en la que una persona, con una figura en forma de caimán atada a la cintura, baila imitando los movimientos del caimán mientras, a su alrededor, otros danzarines palmotean, improvisan coplas y bailan al son de la música típica del carnaval.

f. ‖ ~ **del garabato.** f. *Co:N.* Danza en la que se escenifica con ironía y sarcasmo la lucha entre la vida y la muerte.

danzant.

I. 1. adj. *Pe; PR.* cult → esm. *Referido a un evento o reunión social*, que incluye baile.

danzante.

I. 1. m. *Ec:C.* Personaje del folclore de la Sierra central de Ecuador, que baila en las calles con una vestimenta muy vistosa y colorida durante ciertas fiestas religiosas.

2. *Ec:C.* Ritmo tradicional de la serranía ecuatoriana que se interpreta con tambores, maracas, cascabe-

les, sonajas, pitos y el **pingullo**, y se baila en determinadas fiestas religiosas.

3. pl. *Bo*. Danza típica en la que los bailarines van
disfrazados de diablos.

danzón.

I. 1. m. *Mx, Ni, Cu, RD, PR*. Música del danzón, en
compás de dos por cuatro y ritmo lento. (**dansón**).

2. *Cu, RD, PR; Pa,* obsol. Baile popular parecido a la
habanera. (**dansón**).

danzonete.

I. 1. m. *Cu*. Baile que combina elementos del **danzón**
y del **son**.

2. *Cu*. Género musical derivado de este baile.

daña.

■

a. ‖ ~ **ropa.** m-f. *PR*. Persona de muy baja estatura.
pop + cult → espon ^ fest.

dañación.

I. 1. f. *RD*. Daño. rur.

dañadito, -a.

I. 1. adj/sust. *Mx.* juv. *Referido a persona*, que sufre
trastornos psíquicos menores. pop + cult → espon
^ desp. ♦ **dañado**.

dañado, -a.

I. 1. m. *Mx, RD*. dañadito. pop + cult → espon.

II. 1. adj/sust. *RD; PR, Pe,* pop + cult → espon; *Co,*
pop ^ desp; *Ec,* pop + cult → espon ^ desp. *Referido a persona*, de costumbres sexuales consideradas socialmente inmorales.

2. sust/adj. *RD, Ve; Ec,* desp. | juv. Persona que con-
sume drogas.

III. 1. adj. *RD, PR, Co, Ec, Pe, Bo. Referido a un aparato,*
que no funciona correctamente.

IV. 1. adj. *Ni. Referido a persona*, tuberculosa.

V. 1. adj. *PR. Referido a un animal hembra*, que está en
celo. rur.

VI. 1. adj. *CR. Referido a persona*, que está bajo el influjo
de un maleficio. pop + cult → espon.

dañao, -ñá.

I. 1. adj/sust. *RD. Referido a persona*, que padece la tisis. euf.

dañar(se).

I. 1. intr. prnl. *Mx, Ho, Pa, RD, PR, Co, Ve, Ec, Pe, Bo,
Py*. Estropearse algo.

2. tr. *RD, Ve*. Iniciar a *alguien* en el consumo de
drogas.

3. *RD, Ve:O*. Violar a *alguien*.

4. *Ec*. Pervertir a *alguien*, iniciarlo en los vicios.

II. 1. tr. *Mx, RD, Ve; Ar, Ur,* pop. Embrujar a *alguien* o
hacerle un maleficio.

III. 1. intr. prnl. *RD, Co*. Suspenderse o interrumpirse
algo.

IV. 1. intr. prnl. *Ni*. Enfermarse *alguien* de tuberculosis.

●

a. ‖ **mejor, se daña.** fórm. *Pa*. Se usa para agradecer el
buen trato recibido.

□

a. ‖ **~se el caminado.** loc. verb. *Co*. Tener *alguien*
problemas para llevar a buen término una tarea. pop
+ cult → espon.

dañineada.

I. 1. f. *Ar:NO*. Perjuicio de poca gravedad. pop.

2. *Ar:NO*. Robo o hurto de poca importancia. pop.

dañinear.

I. 1. intr. *Ar:NO*. Provocar *algo* o *alguien* un perjuicio,
generalmente leve. pop + cult → espon.

2. *Ar:NO*. Cometer un robo o hurto de poca importancia. pop + cult → espon.

3. tr. *Ho, Bo:E*. Causar daño *una persona* a *alguien* o
algo, generalmente por maldad, por gusto o por diversión.

dañino, -a.

I. 1. adj. *Ni, RD, PR, Co, Ec, Py. Referido a persona, generalmente niño*, que daña o rompe las cosas con facilidad, que no tiene cuidado y destroza todo.

II. 1. adj/sust. *RD, Ar. Referido a persona*, que hurta o
roba. pop.

III. 1. adj. *Ni. Referido a persona*, que busca comida a
horas intempestivas.

IV. 1. adj. *Ni. Referido a un amigo*, que es buena persona. sat.

daño.

I. 1. m. *Mx, Ho, ES, Ni, Pa, Cu, Co, Ve, Ec, Pe, Bo; Ar,
Ur,* pop; *CR, RD,* pop + cult → espon; *PR, Ch,*
rur, pop. Maleficio, hechizo. ♦ **mal**.

2. *Pa, RD, Pe, Ar, Ur*. meton. Perjuicio causado por
medio de maleficios. ♦ **mal**.

3. *ES, Ni, RD*. Mal de ojo.

II. 1. m. *RD, Ar:NO*. Perjuicio provocado por animales
en las majadas o siembras. rur.

2. *Ar:NO*. Animal que causa perjuicios en majadas o
gallineros, *especialmente el zorro*. rur.

III. 1. m. *RD, Co*. Desperfecto que impide o dificulta el
normal funcionamiento de un vehículo.

IV. 1. m. *Ve:O*. Malestar de estómago producido por indigestión.

V. 1. m. *Ni, RD*. Embarazo de una mujer.

VI. 1. m. *Pa, RD*. p.u. Violación.

■

a. ‖ ~ **de estómago.** m. *Co*. Diarrea.

▶ **estar para el ~; hacer el ~.**

dao.

□

a. ‖ ~ **al diablo.** loc. adj. *RD. Referido a persona*, muy
enojada. ♦ **dao al pecao**.

b. ‖ ~ **al pecao.** *RD*. dao al diablo.

dar(se).

I. 1. intr. prnl. *Mx, RD*. Darse por vencido, reconocer-
se equivocado.

II. 1. intr. prnl. *RD, Ch, Ar*. Ser sociable y agradable en
el trato. pop.

2. *Cu*. Aceptar gustoso un niño la compañía de una
persona.

III. 1. tr. *Bo, Ch, Ar, Ur*. Realizar un examen o una prueba de aptitud o conocimientos.

IV. 1. intr. prnl. *Bo, Ar*. Entusiasmarse con algo o con
alguien.

V. 1. intr. prnl. *CR*. Desistir *alguien* de continuar lu-
chando por algo al reconocer que no tiene posibilidades de vencer.

VI. 1. intr. prnl. *CR*. Afectarle negativamente a *alguien*
el ánimo una experiencia desagradable. pop.

●

a. ‖ **a ~le, que es mole de olla.** fórm. *Mx*. Se usa para
pedir que algo se realice con celeridad.

b. ‖ **brincos dieras.** fórm. *Mx*. Se usa para indicar al
interlocutor que su pretendido rechazo o tibieza
hacia algo expresa en realidad un vivo deseo hacia
ello.

c. ‖ **dale.** fórm. *Ve, Bo, Py, Ar; Pe, Ch,* pop + cult
→ espon; *Ur,* juv, pop. Se usa para responder afirmativamente a una proposición.

d. ‖ **dale con que las gallinas mean.** *Ch.* dale con
que va a llover.

e. ‖ **dale con que va a llover.** fórm. *Ch*. Se usa para
dar a entender la testarudez del interlocutor que
insiste continuamente en un punto de una discusión. pop + cult → espon. ♦ **dale con que las gallinas mean; dale, machuca.**

f. ‖ **dale, machuca.** *Ch.* **dale con que va a llover.**

g. ‖ **y dale Juana con la palangana.** fórm. *Cu.* Se usa para mostrar hastío o disgusto cuando alguien repite algo con insistencia. pop.

□

a. ‖ **~ a pirquén.** loc. verb. *Ch. En el lenguaje de las minas,* trabajar sin condiciones ni sistema determinados, sino como el minero determine, pagando lo convenido al dueño de la mina.

b. ‖ **~ abajo.**
 i. loc. verb. *Cu.* Excluir a *alguien* de una actividad. pop.♦ **dar agua.**
 ii. *Cu.* Prescindir de un objeto por estar viejo. pop.♦ **dar agua.**
 iii. *Cu.* Rehusar una proposición. pop. ♦ **dar agua.**

c. ‖ **~ agua.**
 i. loc. verb. *Cu. En el dominó,* mezclar las fichas. pop.
 ii. *Cu.* **dar abajo.**
 iii. *CR.* obsol. *En una actividad competitiva,* conceder voluntariamente ventaja al oponente. pop.

d. ‖ **~ agua a los caites.** loc. verb. *CR.* obsol. Marcharse apresuradamente *una persona.* ♦ **caiteárselas.**

e. ‖ **~ agua de calzón.** loc. verb. *Ho.* Seducir a alguien con malas artes o brujería. pop + cult → espon.

f. ‖ **~ agua de clavelito.** loc. verb. *Pa.* Conquistar a una mujer. pop ^ fest.

g. ‖ **~ agua que beber.**
 i. loc. verb. *RD.* Causar *algo* o *alguien* problemas o preocupaciones a otra persona.
 ii. *RD.* Ser motivo de polémica.

h. ‖ **~ aire.**
 i. loc. verb. *Mx.* Despedir a alguien de un trabajo. pop.
 ii. *Mx.* Concluir una relación amorosa. pop.
 iii. *Mx.* Alejar, ignorar o no considerar a alguien para algo.
 iv. *Mx.* Descansar. pop + cult → espon.

i. ‖ **~ alicate.** loc. verb. *Ni.* Interrumpir una relación amorosa. pop.

j. ‖ **~ atol con el dedo.** *Gu, Ho, ES, Ni.* **dar atole con el dedo.**

k. ‖ **~ atole con el dedo.** loc. verb. *Mx, Ho.* Engañar o embaucar a alguien con falsas promesas. pop + cult → espon. ♦ **dar atol con el dedo.**

l. ‖ **~ atolillo con el dedo.** loc. verb. *CR.* Dar largas a un asunto engañando con falsas promesas a la persona interesada. pop + cult → espon.

m. ‖ **~ aviada.** loc. verb. *Cu.* Dar abasto. rur.

n. ‖ **~ baba.** loc. verb. *Cu.* Hablar sobre temas frívolos o insustanciales. pop + cult → espon. ♦ **dar muela.**

ñ. ‖ **~ baje.**
 i. loc. verb. *Mx.* Deshacerse o desprenderse de alguien o algo. pop + cult → espon.
 ii. *Mx.* Robar, arrebatar algo a alguien. pop + cult → espon.
 iii. *Mx.* Cesar, relegar, preterir a alguien relevándolo de su puesto o haciéndole perder protagonismo. pop + cult → espon.
 iv. *Mx.* Perjudicar, lesionar los intereses de alguien. pop + cult → espon.

o. ‖ **~ bajón.** loc. verb. *Mx.* Robar, arrebatar algo a alguien. pop + cult → espon.

p. ‖ **~ balón.** loc. verb. *ES.* Engañar a alguien. pop. + cult → espon.

q. ‖ **~ baqueta.** loc. verb. *Ur.* Dar un uso intenso a algo. pop + cult → espon.

r. ‖ **~ barbasco.** loc. verb. *ES.* Despedir a alguien del trabajo.

s. ‖ **~ barquinazos.** loc. verb. *PR.* p.u. Caminar *alguien* sin rumbo fijo, no tener meta segura, estar desorientado. pop + cult → espon.

t. ‖ **~ barra.** loc. verb. *Cu.* Realizar el coito un hombre. vulg.

u. ‖ **~ barraca.**
 i. loc. verb. *Ch.* Hacer que alguien realice una actividad física o violenta, a veces mediante el castigo corporal. pop.
 ii. *Ch.* Ganar a un adversario por una amplia ventaja. pop.

v. ‖ **~ barreta.** *Cu.* **dar barra.**

w. ‖ **~ base por bola.** loc. verb. *Mx, CR, Cu, RD. En el beisbol,* permitir el *pitcher* del equipo defensor que el **bateador** llegue a primera **base** por haberle lanzado cuatro bolas en su turno.

x. ‖ **~ bateo.**
 i. loc. verb. *Cu.* Protestar enérgicamente. pop. ♦ **dar tángana.**
 ii. *Cu.* Ocasionar problemas. pop.

y. ‖ **~ batería.** loc. verb. *Mx, Gu, ES, Pa.* Causar *alguien* problemas o molestias. pop.

z. ‖ **~ bimba.**
 i. loc. verb. *CR.* Llevar a cabo una acción. pop + cult → espon.
 ii. *CR.* p.u. Causar *algo* muchas molestias. pop + cult → espon.
 iii. *CR.* p.u. Realizar el coito un hombre con una mujer. tabú; pop + cult → espon.
 iv. *CR.* p.u. Vencer en una **competencia.** pop + cult → espon.

a¹. ‖ **~ bitoque.** loc. verb. *ES.* Dar salida a algo, usar *algo.*

b¹. ‖ **~ bola.**
 i. loc. verb. *Gu, Ho, Ni, CR, Ec, Bo, Py, Ar, Ur,* espon; *Pe, Ch,* pop + cult → espon. Prestarle atención a alguien. ♦ **dar pelota; dar piola.**
 ii. *Pe, Bo, Ch,* pop + cult → espon; *Ar, Ur,* espon. Aceptar una propuesta amorosa.
 iii. *Gu, Ho, Ni, Pa.* Hacer *alguien* bien algo. pop + cult → espon.
 iv. *Cu, RD.* Trasladar gratuitamente a alguien en una ruta determinada.
 v. *CR, Ec, Bo.* Coquetear con alguien, seguirle el juego amoroso. pop.
 vi. *ES.* Desprestigiar a alguien.

c¹. ‖ **~ bola negra.**
 i. loc. verb. *Gu, Ho, ES, Pa, Cu, RD, Ve.* Excluir o discriminar a alguien de una agrupación o asunto.
 ii. *Pa, Cu, Ve.* Impedir a alguien realizar algo que se propone. pop + cult → espon.
 iii. *Ho, ES, Ni.* Desprestigiar a una persona, empresa o institución. pop + cult → espon.

d¹. ‖ **~ boleta.** loc. verb. *Ch. En una competencia deportiva, especialmente en el futbol,* ganar por una amplia ventaja. pop + cult → espon.

e¹. ‖ **~ boleto.** *Ch; Ec,* p.u. **dar bolilla.**

f¹. ‖ **~ bolilla.**
 i. loc. verb. *Pe, Bo, Py, Ar, Ur.* pop. Prestar atención a alguien.
 ii. *Pe, Bo, Ar, Ur.* Aceptar una propuesta amorosa. pop.

g¹. ‖ **~ bollo.** loc. verb. *Ve.* juv. Golpear a alguien.

h¹. ‖ **~ bolsa.** loc. verb. *Ec.* Realizar el coito.

i¹. ‖ **~ borona.**
 i. loc. verb. *Ni.* Vencer a alguien.
 ii. *Ni.* Castigar a alguien.
 iii. *Ni.* Ejecutar o realizar algo.

j¹. ‖ **~ borriguero por iguana.** loc. verb. *Pa.* Engañar en la calidad de algo por medio de otra cosa inferior que se le asemeja. pop + cult → espon.

k¹. ‖ ~ **bote.** loc. verb. *Ch.* Fracasar en alguna actividad por comportarse de manera inadecuada. pop + cult → espon. (**dar botes**).

l¹. ‖ ~ **botella.** loc. verb. *Cu.* Permitir un conductor que alguien que va en la misma dirección viaje gratuitamente en su vehículo.

m¹. ‖ ~ **botes.**
   i. *Ch.* **dar bote.**
   ii. loc. verb. *Ec.* Estar desesperado por alguien o por algo.

n¹. ‖ ~ **brillo a la hebilla.** loc. verb. *Pa.* juv. Ir a una fiesta o baile.

ñ¹. ‖ ~ **brocha.**
   i. loc. verb. *Cu, RD.* juv. Frotar el pene contra la vulva. vulg.
   ii. *Cu; Pa,* pop + cult → espon. Adular.

o¹. ‖ ~ **bronca.** loc. verb. *Bo, Py, Ar.* Producir animadversión *una cosa* o *una persona* en alguien.

p¹. ‖ ~ **cabeza.** *PR.* **dar cráneo,** pensar.

q¹. ‖ ~ **cabilla.**
   i. loc. verb. *Cu.* Rebajar los gastos.
   ii. *Cu.* Realizar el coito un hombre. vulg.

r¹. ‖ ~ **cábula.** loc. verb. *Ni.* Estimular a alguien para que continúe la acción que estaba realizando.

s¹. ‖ ~ **cabuya.** loc. verb. *Ve.* Alargar innecesariamente un asunto.

t¹. ‖ ~ **caca.** loc. verb. *Pa.* Castigar, reprender, *particularmente a un niño.*

u¹. ‖ ~ **caída y limpia.** loc. verb. *Ec.* Tener *alguien* más fortuna que otra persona en aspectos trascendentales de la vida como el matrimonio o el trabajo. pop + cult → espon.

v¹. ‖ ~ **cajeta.**
   i. loc. verb. *RD.* Molestar o crear problemas *una persona.*
   ii. *Ni.* Vencer a alguien.
   iii. *Ni.* Castigar a alguien.
   iv. *Ni.* Ejecutar o realizar algo.

w¹. ‖ ~ **calce.**
   i. loc. verb. *Ar.* Prestar atención a los demás o tener en cuenta sus sugerencias o preocupaciones. pop.
   ii. *Ar.* Dar la posibilidad a alguien de hacer algo determinado. pop.
   iii. *Ar.* Corresponder *una persona* a quien la corteja. pop.

x¹. ‖ ~ **calote.** loc. verb. *Ar.* p.u. Eludir un pago, estafar.

y¹. ‖ ~ **camino.** loc. verb. *Cu.* Deshacerse de algo. pop + cult → espon.

z¹. ‖ ~ **camorra.** loc. verb. *Gu.* Hacer a alguien una broma, *sobre todo si es impertinente.* pop + cult → espon.

a². ‖ ~ **camotillo.** loc. verb. *Ho, ES, Ni.* Matar *una persona* a alguien. pop.

b². ‖ ~ **cancha.** loc. verb. *Ve, Bo; Ec,* pop. *En un juego,* abrir campo, hacer espacio.

c². ‖ ~ **cancha libre.** loc. verb. *Ho, CR, Pa, Bo.* Conceder plena libertad de acción a alguien o retirarse de algo. pop.

d². ‖ ~ **cancha, tiro y lado.** loc. verb. *Ch.* Tener ventaja o supremacía abrumadora sobre otra persona. pop + cult → espon.

e². ‖ ~ **candela.**
   i. loc. verb. *Co.* Tirotear.
   ii. *PR, Ve.* Fastidiar, molestar.
   iii. *Ve.* Realizar *alguien* un trabajo con decisión. pop.

f². ‖ ~ **cangreja.** loc. verb. *Ve. En el juego del billar,* dar un jugador ventaja a otro al comenzar una partida.

g². ‖ ~ **canilla.** loc. verb. *RD.* Caminar, ir andando.

h². ‖ ~ **canillera.**
   i. loc. verb. *CR, PR.* Temblarle a alguien las piernas. pop + cult → espon ^ fest.
   ii. *CR, PR.* Acobardarse *alguien.* pop + cult → espon ^ fest.

i². ‖ ~ **cañuela.**
   i. loc. verb. *Ch.* Soltar hilo para que la cometa suba más alto.
   ii. *Ch.* p.u. Dar libertad para que alguien siga haciendo lo que quiere hacer. pop + cult → espon.

j². ‖ ~ **capote.**
   i. loc. verb. *Pe, Bo.* Conseguir todos los puntos de una **competencia.**
   ii. *Ch.* Propinar a alguien muchas palmadas en son de broma o castigo.
   iii. *Ch.* p.u. Violar a alguien en forma colectiva.
   iv. *PR.* **dar chiva.**

k². ‖ ~ **capú.** loc. verb. *PR.* obsol. Engañar *una persona* a alguien. pop + cult → espon.

l². ‖ ~ **cara.**
   i. loc. verb. *Pe, Bo.* Afrontar o no eludir un peligro, situación o responsabilidad.
   ii. *Pa.* Sacar brillo a los zapatos.

m². ‖ ~ **caramelo.** loc. verb. *Co.* Engañar a alguien dilatando la solución de un asunto.

n². ‖ ~ **caravuelta.** loc. verb. *Gu.* Dar la vuelta a algo de forma brusca.

ñ². ‖ ~ **carita.** loc. verb. *Gu, Ho, ES.* Provocar envidia a alguien.

o². ‖ ~ **caritate.** loc. verb. *Cu.* obsol. Causar envidia y celos.

p². ‖ ~ **carpeta.**
   i. loc. verb. *RD.* Molestar, *especialmente los niños revoltosos a sus padres.*
   ii. *RD.* Resultar una cosa molesta o pesada, *especialmente algo que hay que hacer.*

q². ‖ ~ **carpetazo.** loc. verb. *Mx.* Hacer **perdediza** una investigación.

r². ‖ ~ **carreras.** loc. verb. *Cu.* Hacer toda clase de gestiones trasladándose de un lugar a otro.

s². ‖ ~ **carreta.**
   i. loc. verb. *ES, Ni.* Provocar que alguien hable, sin creer en lo que dice.
   ii. *Ni.* Tratar de enamorar a alguien.

t². ‖ ~ **casaca.** loc. verb. *Ho.* Alabar a una persona, ensalzar a alguien. pop.

u². ‖ ~ **casco.** loc. verb. *PR.* Pensar, reflexionar *alguien.* pop + cult → espon ^ fest.

v². ‖ ~ **casquillo.** loc. verb. *Co, Ve.* Provocar o incitar a una persona para que discuta con otra. pop. ♦ **meter casquillo.**

w². ‖ ~ **cátedra.**
   i. loc. verb. *CR, RD, Ec, Bo, Ch, Ar.* Demostrar *una persona* a alguien amplios conocimientos sobre un tema. pop + cult → espon ^ hiperb ^ fest.
   ii. *RD, Ec, Bo, Ar.* Ejercer la docencia en una institución de educación superior.
   iii. *RD, Bo. En el **futbol** y en otros deportes,* ganar demostrando amplia superioridad. pop + cult → espon ^ hiperb ^ fest.

x². ‖ ~ **chamico.** loc. verb. *Ec.* Someter la voluntad de una persona mediante hechizo para aprovecharse sexualmente de ella. pop + cult → espon.

y². ‖ ~ **chance.**
   i. loc. verb. *EU, Mx, Ho, ES, CR, Cu, RD.* Otorgar permiso para algo. pop + cult → espon.
   ii. *Ho, ES, CR, Cu, Ec,* juv. Dejar un espacio libre a alguien, ceder el paso.

z². ‖ ~ **changüí.**
   i. loc. verb. *Ar.* Dar ventaja.
   ii. *RD.* Engañar con habilidad, timar.

a³. ‖ ~ **changuí.** loc. verb. *Ni, RD.* juv. Molestar, provocar a *alguien.*

b³. ‖ ~ **changüí.**
  i. loc. verb. *Mx.* Conceder ventaja a alguien en un juego o competición.
  ii. *RD, PR.* obsol. Distraer a una persona y engañarla. rur; pop + cult → espon.

c³. ‖ ~ **chapeta.**
  i. loc. verb. *Ec:O.* Hacer salir a alguien de un lugar donde no se desea su presencia. pop + cult → espon.
  ii. *Ec:O.* Matar a alguien. pop + cult → espon.

d³. ‖ ~ **chicharrón.**
  i. loc. verb. *Mx, Gu, Ho, ES, PR, Ec.* Matar *una persona* a alguien.
  ii. *PR.* Poner a alguien en ridículo.

e³. ‖ ~ **chile.** loc. verb. *Ho.* Provocar envidia.

f³. ‖ ~ **chilillo.** loc. verb. *Ni.* En *el juego de tirar de la cuerda*, tensarla y agitarla con fuerza.

g³. ‖ ~ **chino.** loc. verb. *PR.* Pegar los genitales masculinos al trasero de otras personas, *especialmente en las aglomeraciones.* vulg; pop + cult → espon.

h³. ‖ ~ **chiva.** loc. verb. *PR.* Ganar *alguien* contundentemente en el juego de dómino. ♦ **dar capote.**

i³. ‖ ~ **chucho.** loc. verb. *Cu.* Burlarse de alguien. pop. ♦ **dar cuero.**

j³. ‖ ~ **chumbimba.** loc. verb. *Co.* Tirotear. delinc.

k³. ‖ ~ **churria.** loc. verb. *Pa.* En *deportes*, ganar por amplia ventaja.

l³. ‖ ~ **cintura.** loc. verb. *Cu.* Bailar moviendo las caderas de forma circular.

m³. ‖ ~ **clavo.** loc. verb. *Co.* Penetrar, poseer a alguien. vulg.

n³. ‖ ~ **clínicas.** loc. verb. *RD.* Dar a alguien lecciones prácticas, entrenarlo para alguna actividad.

ñ³. ‖ ~ **colada.** loc. verb. *Ar:NO.* Prestar atención a alguien o concederle importancia. pop.

o³. ‖ ~ **color.** loc. verb. *Pa, PR; Ch,* p.u, pop + cult → espon. Darle *alguien* demasiada importancia a algo.

p³. ‖ ~ **como a pillo de película.**
  i. loc. verb. *PR.* Pegar *una persona* excesivamente a *alguien.* pop + cult → espon ^ fest. ♦ **dar como a puerco; dar como en yagua; dar de arroz y de masa; dar hasta entre el pelo.**
  ii. *PR.* Abusar *una persona* de *alguien.* pop + cult → espon.
  iii. *PR.* Usar *alguien* demasiado una cosa. pop + cult → espon ^ fest.

q³. ‖ ~ **como a puerco.** *PR.* **dar como a pillo de película,** pegar.

r³. ‖ ~ **como a violín prestado.** loc. verb. *Co.* Maltratar *algo.*

s³. ‖ ~ **como bombo.** loc. verb. *Ec, Ch.* Infligir a *alguien* o *algo* un castigo o maltrato severo y prolongado. pop + cult → espon ^ fest. ♦ **dar como bombo en fiesta; dar como caja; dar como tarro.**

t³. ‖ ~ **como bombo en fiesta.** *Ch.* **dar como bombo.**

u³. ‖ ~ **como caja.**
  i. *Ch.* **dar como bombo.**
  ii. loc. verb. *Ch.* Hacer uso de un objeto o máquina de forma prolongada, sometiéndolo a desgaste. pop + cult → espon.
  iii. *Ch.* Poseer sexualmente a *alguien* de manera apasionada. pop + cult → espon.
  iv. *Ch.* Realizar una actividad con dedicación y esmero. pop + cult → espon.

v³. ‖ ~ **como en bolsa.**
  i. loc. verb. *Ar.* p.u. Castigar duramente de palabra. pop.

ii. *Ur.* Derrotar al oponente de forma amplia. pop + cult → espon.

iii. *Ur.* Criticar mucho a *una persona.* pop + cult → espon.

iv. *Ur.*, Utilizar *algo* intensamente. pop + cult → espon.

w³. ‖ ~ **como en yagua.** *PR.* **dar como a pillo de película,** pegar.

x³. ‖ ~ **como guasca.**
  i. loc. verb. *Ch.* Hacer uso de un objeto o máquina de forma prolongada, sometiéndolos a desgaste. pop + cult → espon. (**dar como huasca**).
  ii. *Ch.* Poseer sexualmente a *alguien* de manera apasionada. pop + cult → espon. (**dar como huasca**).
  iii. *Ch.* Realizar una actividad con mucha frecuencia e intensidad. pop + cult → espon. (**dar como huasca**).

y³. ‖ ~ **como huasca.** loc. verb. *Cu.* **dar como guasca.**

z³. ‖ ~ **como tarro.** *Ch.* **dar como bombo.**

a⁴. ‖ ~ **con banda.** loc. verb. *RD.* A todo dar; sin control.

b⁴. ‖ ~ **con el chiste.** loc. verb. *Co.* Acertar. pop.

c⁴. ‖ ~ **con el mocho del hacha.** loc. verb. *Ch.* Tratar con dureza o rigor excesivo. pop + cult → espon.

d⁴. ‖ ~ **con la punta del ovillo.** loc. verb. *Bo.* Encontrar el origen de un problema no resuelto.

e⁴. ‖ ~ **con todo.** loc. verb. *Cu.* Golpear duramente a *alguien.*

f⁴. ‖ ~ **con un caño.**
  i. loc. verb. *Ar.* Propinar una paliza a *alguien.* pop.
  ii. *Ar.* Cobrar a *alguien* un precio excesivo o más alto del estipulado. pop.

g⁴. ‖ ~ **contra.** loc. verb. *Ec.* Oponerse *alguien* a *algo,* contradecir, objetar.

h⁴. ‖ ~ **contracandela.**
  i. loc. verb. *Cu.* Trabajar dos personas sobre un asunto, una empezando por el principio y la otra por el final.
  ii. *Cu.* En *un campo incendiado,* provocar un fuego por el lugar opuesto a la dirección que lleva el fuego inicial para evitar que se propague más.

i⁴. ‖ ~ **cordel.**
  i. loc. verb. *Cu.* Permitir a alguien que siga obrando sin saber que está siendo observado para valorar su conducta.
  ii. *RD.* Fingir *alguien* que cree lo que otra persona le cuenta para que llegue hasta el final de su relato.

j⁴. ‖ ~ **corte.**
  i. loc. verb. *Ar, Ur.* Prestar atención a alguien. pop + cult → espon.
  ii. *Ho.* Terminar con una relación amorosa.

k⁴. ‖ ~ **corte de chaleco.**
  i. loc. verb. *Ho.* Terminar con una relación amorosa. pop + cult → espon.
  ii. *Ho.* Destituir a alguien de un puesto.

l⁴. ‖ ~ **crac.** loc. verb. *PR.* p.u. Terminar *alguien* una relación. pop + cult → espon ^ fest.

m⁴. ‖ ~ **cran.**
  i. loc. verb. *Mx.* Despedir a un trabajador. pop.
  ii. *Mx.* Matar *una persona* a alguien. pop.
  iii. *Mx.* Terminar un asunto o un problema. pop.
  iv. *Mx.* Terminar una relación amorosa. pop.

n⁴. ‖ ~ **cráneo.**
  i. loc. verb. *PR.* Utilizar *alguien* la inteligencia. pop + cult → espon ^ fest.
  ii. *PR.* Pensar *alguien* intensamente en algo. pop + cult → espon ^ fest. ♦ **dar cabeza.**
  iii. *PR.* Considerar *alguien* algo con seriedad. pop + cult → espon ^ fest.

iv. *PR.* Ir *alguien* directamente al asunto. pop + cult → espon ^ fest.

ñ⁴. ‖ ~ **cranque.**
i. loc. verb. *Cu.* Persuadir a alguien para que realice algo. pop + cult → espon.
ii. *Cu.* Cizañar. pop + cult → espon.

o⁴. ‖ ~ **cría.** loc. verb. *Ve.* Parir.

p⁴. ‖ ~ **cuello.**
i. loc. verb. *Mx.* Matar *una persona* a alguien. pop.
ii. *Mx.* metáf. Consumir *algo* por completo. pop.

q⁴. ‖ ~ **cuerda.**
i. loc. verb. *Mx, Bo.* Estimular o animar a alguien para que haga algo que desea o que le gusta. pop + cult → espon.
ii. *Cu, Ch.* Incitar a *alguien* a que haga algo. pop + cult → espon.
iii. *Cu, RD.* Molestar reiteradamente con burlas o chanzas. pop + cult → espon. ♦ **dar cuero.**
iv. *Gu.* Estimular a alguien con palabras o hechos, para que diga lo que deseamos saber, o para ridiculizarlo.
v. *CR.* **cuerdear.**

r⁴. ‖ ~ **cuero.**
i. loc. verb. *Ho*; *Ec*, pop. Azotar o golpear a alguien.
ii. *Cu.* **dar cuerda.** pop + cult → espon.
iii. *Cu.* **dar chucho.**
iv. *Pa.* Poner en acción.

s⁴. ‖ ~ **culebrilla.** loc. verb. *PR.* obsol. Dar *alguien* ventaja a una persona. pop + cult → espon.

t⁴. ‖ ~ **de alma.** loc. verb. *Pe.* Dar *alguien* con mucha fuerza. pop.

u⁴. ‖ ~ **de ancho.** loc. verb. *Cu.* Ensanchar una prenda de vestir.

v⁴. ‖ ~ **de arroz y de masa.**
i. loc. verb. *PR.* Apabullar, humillar *una persona* a *alguien*. pop + cult → espon.
ii. *PR.* **dar como a pillo de película,** pegar.

w⁴. ‖ ~ **de comer a la Pachamama.** loc. verb. *Bo.* Ofrecer *algo* a la Pachamama, *generalmente para pedir protección.*

x⁴. ‖ ~ **de comer a la tierra.** loc. verb. *Ar:NO.* Homenajear a la Pachamama o madre tierra, depositando para ella comida, bebida y coca en un pozo excavado.

y⁴. ‖ ~ **de cuerpo.** *Cu.* **dar del cuerpo.**

z⁴. ‖ ~ **del bueno.** loc. verb. *Pa.* Propinar a alguien una paliza.

a⁵. ‖ ~ **del cuerpo.** loc. verb. *CR, Pa, Cu, RD, PR, Ve.* Expeler *una persona* los excrementos por el ano. euf. **dar de cuerpo.**

b⁵. ‖ ~ **dentera.** loc. verb. *Ve.* Desear vehementemente a una persona al verla.

c⁵. ‖ ~ **diarrea.** loc. verb. *RD, Ch.* Poner *alguien* o *algo* nerviosa o excitada a una persona. vulg; pop.

d⁵. ‖ ~ **duro.**
i. loc. verb. *CR, Cu, RD, Co, Bo, Ch.* Golpear a *alguien.*
ii. *Ch.* Hacer uso de un objeto o máquina de forma prolongada, sometiéndolo a desgaste. pop + cult → espon.
iii. *Ch,* Realizar una actividad con dedicación y esmero. pop + cult → espon.
iv. *Ch.* Poseer sexualmente a *alguien* de manera apasionada. pop + cult → espon.

e⁵. ‖ ~ **duro al vidrio.** loc. verb. *Pa.* Beber alcohol frecuentemente o en grandes cantidades.

f⁵. ‖ ~ **el ala para comerse la pechuga.** loc. verb. *PR.* Hacer *alguien* un beneficio para conseguir otro mayor. pop + cult → espon.

g⁵. ‖ ~ **el ancho.** loc. verb. *Gu, Ho, Ni, Bo, Ch; Pe,* p.u; *Mx,* pop. Ser *alguien* apto para algo.

h⁵. ‖ ~ **el avión.** loc. verb. *Mx. En una conversación,* fingir *alguien* poner atención o coincidir con su interlocutor en algo que no es de su interés. pop + cult → espon.

i⁵. ‖ ~ **el azotón.** loc. verb. *Mx.* Caer, perder el equilibrio.

j⁵. ‖ ~ **el barquinazo.**
i. loc. verb. *Ho, Ni.* Morir *una persona.*
ii. *Ni.* Despedir a *alguien* de su cargo o puesto de trabajo. pop.

k⁵. ‖ ~ **el bate.**
i. loc. verb. *Cu.* Botar, expulsar, negar una solicitud. pop + cult → espon.
ii. *Cu.* Terminar una relación amorosa uno de los miembros de la pareja. pop + cult → espon.

l⁵. ‖ ~ **el brinco.** loc. verb. *Mx.* Reaccionar decisiva y resueltamente ante algo. pop + cult → espon ^ hiperb.

m⁵. ‖ ~ **el brindis.** loc. verb. *Ni.* Insinuar a alguien que debe celebrar algo e invitarle.

n⁵. ‖ ~ **el cachimbazo.**
i. loc. verb. *Ho, Ni.* Morir *una persona* o un animal. pop.
ii. *Ho, Ni.* Estropearse *algo,* dejar de funcionar *algo.* pop.

ñ⁵. ‖ ~ **el cambiazo.** loc. verb. *Pa.* Cambiar *alguien* notoriamente de partido o ideología política. pop.

o⁵. ‖ ~ **el caritazo.** loc. verb. *Ni.* Aparentar *alguien* lo que no es.

p⁵. ‖ ~ **el changazo.**
i. loc. verb. *Mx.* Recibir un fuerte golpe al caerse.
ii. *Mx.* metáf. Morirse *alguien.*

q⁵. ‖ ~ **el charolazo.** loc. verb. *Mx.* Presentar un documento credencial de policía o de un cargo gubernamental para obtener un beneficio ilícito o eludir responsabilidades por cometer alguna infracción. pop + cult → espon.

r⁵. ‖ ~ **el checazo.** loc. verb. *Ni.* Estafar a *alguien* con cheque bancario.

s⁵. ‖ ~ **el chimbombazo.** loc. verb. *Ni.* Morirse *alguien.*

t⁵. ‖ ~ **el chunche.** loc. verb. *Ni.* Acceder una mujer a realizar el coito con un hombre. vulg.

u⁵. ‖ ~ **el corte.** loc. verb. *Cu.* Evitar a *alguien* o *algo.* pop.

v⁵. ‖ ~ **el culo.**
i. loc. verb. *Cu, RD, Co.* Ser sodomizado. vulg.
ii. *Cu.* Tener relaciones sexuales. vulg.

w⁵. ‖ ~ **el dedo y querer la mano.** loc. verb. *Cu, Bo.* Abusar *alguien* de la generosidad y de la confianza de otro. pop + cult → espon.

x⁵. ‖ ~ **el dulce.** loc. verb. *ES, Ar.* Ilusionar a alguien dándole solo un poco de algo que le agrada.

y⁵. ‖ ~ **el frente.**
i. loc. verb. *Cu, PR, Ve.* Desafiar a alguien, oponerse a él.
ii. *Cu.* Afrontar con determinación una situación o necesidad.

z⁵. ‖ ~ **el gancho.** loc. verb. *Ni.* Acceder una mujer a realizar el coito con un hombre. vulg.

a⁶. ‖ ~ **el gatazo.**
i. loc. verb. *Mx.* Tener *algo* una buena apariencia sin ser realmente de buena calidad, o ser *algo* falso muy parecido al objeto imitado. pop.
ii. *Mx.* Tener *alguien* apariencia de saludable o de joven sin realmente serlo o estarlo. pop.

b⁶. ‖ ~ **el golpe.** loc. verb. *Mx, ES.* Inspirar profundamente al fumar.

c⁶. ‖ ~ **el golpe al puro.** loc. verb. *Gu.* Quedar embarazada una mujer.

d⁶. ‖ ~ **el la.** loc. verb. *PR.* Ofrecer un indicio a alguien, mediante palabra o gesto. ♦ **dar una orejita.**

e⁶. ‖ ~ **el mamellazo.** loc. verb. *Ni.* Morirse *alguien.*

f⁶. ‖ ~ **el mameyaso final.** loc. verb. *PR.* Dar *una persona* el golpe de gracia a alguien. pop + cult → espon.

g⁶. ‖ ~ **el mate.** loc. verb. *PR.* Comerse *alguien* la colilla de un cigarrillo de marihuana. drog.

h⁶. ‖ ~ **el medio vuelto.** loc. verb. *Ni.* Actuar *alguien* con otra persona de la misma forma en que esta lo hizo.

i⁶. ‖ ~ **el olivo.** loc. verb. *Ar, Ur.* Despedir, expulsar a alguien. pop + cult → espon.

j⁶. ‖ ~ **el pago de la vaca atollada.** loc. verb. *Ni.* No corresponder a alguien o causarle perjuicio. rur.

k⁶. ‖ ~ **el palo.**
  i. loc. verb. *Pa, PR.* Causar admiración, producir buena impresión. pop + cult → espon.
  ii. *PR.* Aparentar *alguien* lo que no es. pop + cult → espon.
  iii. *Pa.* Tener éxito.

l⁶. ‖ ~ **el palo al gato.** loc. verb. *Ch.* Arriesgarse o alcanzar el éxito en algo que supone un riesgo. pop + cult → espon.

m⁶. ‖ ~ **el pan.** loc. verb. *Gu.* Ser prostituta o mujer fácil.

n⁶. ‖ ~ **el pesto.**
  i. loc. verb. *Ar, Ur.* Reprender o amonestar severa y duramente a alguien. pop.
  ii. *Ar, Ur. En deportes,* derrotar ampliamente al adversario. pop.

ñ⁶. ‖ ~ **el pie forzado.** loc. verb. *Cu, PR. En la música tradicional campesina,* improvisar un verso que sirve de motivo para terminar la décima final del cantador.

o⁶. ‖ ~ **el piojo.**
  i. loc. verb. *Mx.* Arruinarse *alguien.* pop + cult → espon.
  ii. *Mx.* Quedarse *alguien* dormido. pop + cult → espon.

p⁶. ‖ ~ **el pitazo.** loc. verb. *Mx, Cu, Ve.* Avisar a alguien de algo, dar un soplo. pop.

q⁶. ‖ ~ **el plante.** loc. verb. *Cu.* Estar presentable.

r⁶. ‖ ~ **el platanazo.** loc. verb. *Ni.* Morirse *alguien.*

s⁶. ‖ ~ **el pronto.** loc. verb. *PR.* Entregar un comprador una cantidad de dinero al firmar un contrato de compra a plazos.

t⁶. ‖ ~ **el punto.** loc. verb. *ES.* Estar *alguien* en el momento oportuno.

u⁶. ‖ ~ **el raje.** loc. verb. *Ar, Ur.* Echar a *alguien.* pop.

v⁶. ‖ ~ **el sábado.** loc. verb. *Ve.* Otorgar un obsequio como premio.

w⁶. ‖ ~ **el teboté.** loc. verb. *Cu.* Romper la relación sentimental que se mantiene con otra persona.

x⁶. ‖ ~ **el vamos.** loc. verb. *Ch.* Declarar oficialmente el inicio de una actividad.

y⁶. ‖ ~ **el vergazo.** loc. verb. *Ni.* Morirse *alguien.* vulg.

z⁶. ‖ ~ **el vicho.** loc. verb. *Ni.* Acceder una mujer a realizar el coito con un hombre. vulg.

a⁷. ‖ ~ **el viejazo.** loc. verb. *Mx, Ar.* Exhibir *alguien* signos de decaimiento o envejecimiento de forma intempestiva. pop + cult → espon.

b⁷. ‖ ~ **el vire.** loc. verb. *Ec.* Matar *una persona* a alguien. pop + cult → espon.

c⁷. ‖ ~ **en bola.** loc. verb. *Ch; Bo,* p.u. Conducirse *alguien* con tino o acierto en una situación. pop + cult → espon.

d⁷. ‖ ~ **en el coco.** loc. verb. *PR.* obsol. Acertar, poner el dedo en la llaga. pop + cult → espon.

e⁷. ‖ ~ **en el matado.**
  i. loc. verb. *Ni.* Adivinar *alguien* el gusto de otra persona.
  ii. *Ni.* Halagar a *alguien* con un regalo.

f⁷. ‖ ~ **en el mero mole.** loc. verb. *Gu.* Acertar de lleno, dar en el centro, tocar en el corazón de alguien.

g⁷. ‖ ~ **en el nance.** loc. verb. *ES.* Realizar el coito. vulg.

h⁷. ‖ ~ **en el yunque.** loc. verb. *PR.* Golpearse *alguien* en la nuca. rur; pop + cult → espon.

i⁷. ‖ ~ **en hueso.** loc. verb. *Mx.* Equivocarse, fracasar, fallar. pop + cult → espon.

j⁷. ‖ ~ **en la cabeza.**
  i. loc. verb. *Co.* Estafar o robar a *alguien.* pop.
  ii. *PR.* Probarle *una persona* a alguien su equivocación con respecto a un asunto. rur.

k⁷. ‖ ~ **en la costura.** loc. verb. *Cu.* En el **beisbol**, pegarle el **bateador** a la pelota con mucha fuerza y contundencia.

l⁷. ‖ ~ **en la madre.** loc. verb. *Ho* pop; *Mx,* vulg. Golpear o insultar a *alguien.*

m⁷. ‖ ~ **en la misma costura.**
  i. loc. verb. *Cu.* Conocer *algo* perfectamente, dominarlo.
  ii. *Cu.* Dedicarse por completo a una cosa.

n⁷. ‖ ~ **en la nuca.** loc. verb. *Co.* Engañar o estafar a *alguien.* pop + cult → espon.

ñ⁷. ‖ ~ **en la torre.**
  i. loc. verb. *Mx, Gu, Ho, Ni.* Golpearse o pelearse dos o más personas.
  ii. *Ho, ES.* Derrocar, quitar a *alguien* de un puesto.

o⁷. ‖ ~ **en la vena del gusto.** loc. verb. *Cu, Ve.* Acertar a la hora de complacer o agradar a alguien. pop + cult → espon.

p⁷. ‖ ~ **en la yema del gusto.** loc. verb. *Pe, Ch.* Acertar a la hora de complacer o agradar a alguien.

q⁷. ‖ ~ **en las bolas.** loc. verb. *Ar.* pop + cult → espon. Fastidiar, molestar. vulg.

r⁷. ‖ ~ **en los cachos.** loc. verb. *Ch.* p.u. Acertar o atinar en algo. pop + cult → espon.

s⁷. ‖ ~ **encuentro.** loc. verb. *Pe.* Salir a recibir y recoger a *alguien* en un lugar determinado. pop.

t⁷. ‖ ~ **entrada.** loc. verb. *Mx, Cu.* Responder positivamente a cortejos amorosos. pop.

u⁷. ‖ ~ **espuela.** loc. verb. *Cu.* Meter el dedo en el ano del amante durante el coito. vulg. ♦ **medir el aceite.**

v⁷. ‖ ~ **estilla.** *RD.* dar etilla.

w⁷. ‖ ~ **etilla.** loc. verb. *RD.* juv. Realizar el coito. vulg. (**dar estilla**).

x⁷. ‖ ~ **fiero.**
  i. loc. verb. *PR.* Sentir *una persona* envidia de algo o de alguien. ♦ **dar mulo.**
  ii. *CR.* hacer fieros, ufanarse.

y⁷. ‖ ~ **filo.**
  i. loc. verb. *Ch.* juv. Dar fin a la relación amorosa que se mantiene con alguien.
  ii. *Ch.* Rechazar, despreciar o desestimar a alguien o algo. pop + cult → espon.
  iii. *Cu.* Dejar ver a alguien, *especialmente a una mujer,* alguna zona erógena del cuerpo.
  iv. *Pa.* Herir a alguien con un arma blanca.

z⁷. ‖ ~ **fin.** loc. verb. *CR.* obsol. Cuidar de una persona anciana y enferma hasta su fallecimiento.

a⁸. ‖ ~ **flor de baqueta.** loc. verb. *Ur.* Dar un uso intenso a algo. pop.

b⁸. ‖ ~ **flor de felpa.** loc. verb. *Ur.* Rezongar. pop + cult → espon.

c⁸. ‖ ~ **flor de un baile.** loc. verb. *Ur.* Derrotar ampliamente al adversario en una **competencia** deportiva. pop + cult → espon.

d⁸. ‖ ~ **forata.**
   i. loc. verb. *Pe.* Despedir a alguien del trabajo.
   ii. *Pe.* Acabar una relación sentimental con alguien. pop.

e⁸. ‖ ~ **frío.**
   i. *Cu.* **hacer un fo**, tratar con indiferencia.
   ii. loc. verb. *Ho, Ni.* Causar temor, miedo u horror alguien o algo.

f⁸. ‖ ~ **fuete.**
   i. loc. verb. *Pa, RD, PR, Co.* Golpear a alguien con un **fuete** o correa. pop.
   ii. *Pa, RD.* **dar guate.**
   iii. *Cu.* Dar un uso reiterado a algo. pop + cult → espon.

g⁸. ‖ ~ **funda.**
   i. loc. verb. *RD.* Dar a alguien una paliza, serie de golpes. pop + cult → espon.
   ii. *RD.* Atacar o combatir moralmente y con contundencia a alguien. pop + cult → espon.

h⁸. ‖ ~ **gabela.** loc. verb. *RD, PR.* Dar *una persona* ventaja a alguien.

i⁸. ‖ ~ **galleta.**
   i. loc. verb. *Bo.* Ser infiel al enamorado.
   ii. *PR.* Estar *alguien* en estado de confusión mental. rur.

j⁸. ‖ ~ **gancho.** loc. verb. *ES.* Aprobar o aplaudir maliciosamente lo que alguien hace o dice.

k⁸. ‖ ~ **garganta.**
   i. loc. verb. *PR.* Beber *alguien* gratis. pop + cult → espon ^ fest.
   ii. *PR.* Ir *alguien* a una fiesta sin haber sido invitado. pop + cult → espon ^ fest.

l⁸. ‖ ~ **garrote.** loc. verb. *Ni.* Estafar o robar a alguien.

m⁸. ‖ ~ **gatillo.** loc. verb. *Co.* Disparar un arma de fuego. delinc.

n⁸. ‖ ~ **gato por ñeco.** loc. verb. *Ho.* Engañar a alguien, dar una cosa por otra.

ñ⁸. ‖ ~ **gladiolo.** loc. verb. *Co.* Asesinar a alguien. delinc.

o⁸. ‖ ~ **guante.** loc. verb. *Pa.* Propinar una **golpiza** a alguien.

p⁸. ‖ ~ **guaraca.**
   i. loc. verb. *Ch.* Vencer por una ventaja abultada, *especialmente en una competición deportiva*, pudiendo incluso llegar a mofarse del adversario. pop + cult → espon. (**dar huaraca**).
   ii. *Ch.* Hacer que alguien realice una actividad física o violenta, *a veces mediante el castigo corporal*. pop. (**dar huaraca**).

q⁸. ‖ ~ **guasca.**
   i. loc. verb. *Ar, Ur.* Golpear o azotar, *especialmente con la guasca*. rur; pop.
   ii. *Ar.* Trabajar dura e ininterrumpidamente. rur; pop.

r⁸. ‖ ~ **guate.** loc. verb. *Pa, RD.* Usar *alguien* algo de manera excesiva. ♦ **dar fuete.**

s⁸. ‖ ~ **guayabazo.** loc. verb. *Mx.* Adular a alguien. pop + cult → espon.

t⁸. ‖ ~ **guiso.**
   i. loc. verb. *Cu.* obsol. Matar a alguien.
   ii. *Cu.* obsol. Despedir a alguien de su trabajo.
   iii. *Cu.* obsol. Realizar el coito un hombre. vulg.

u⁸. ‖ ~ **hasta entre el pelo.** *PR.* **dar como a pillo de película**, pegar.

v⁸. ‖ ~ **hielo.** *Cu.* **hacer un fo**, tratar con indiferencia.

w⁸. ‖ ~ **huaraca.** *Ch.* **dar guaraca.**

x⁸. ‖ ~ **jabón.**
   i. loc. verb. *Gu.* Reprender a alguien.
   ii. *Ho, Ur.* Despedir a un empleado. pop.
   iii. *Ho.* Matar *una persona* a alguien. pop + cult → espon.

   iv. *Ho.* Suspender un alumno un examen o asignatura. est.

y⁸. ‖ ~ **jalón.** loc. verb. *Gu, Ho, ES.* Llevar gratuitamente a alguien en un vehículo a un lugar. pop + cult → espon.

z⁸. ‖ ~ **jan.** loc. verb. *Cu.* Usar algo con mucha frecuencia, *especialmente una prenda de vestir*.

a⁹. ‖ ~ **juan.** loc. verb. *ES.* Matar *una persona* a alguien. delinc.

b⁹. ‖ ~ **jugo.**
   i. loc. verb. *Ch.* juv. Hacer o decir cosas sin sentido o ridículas..
   ii. *Ch.* juv. No hacer nada provechoso en un grupo o en el marco de una actividad.

c⁹. ‖ ~ **julepe.** loc. verb. *Ve.* Utilizar algo con mucha frecuencia.

d⁹. ‖ ~ **la batera.** loc. verb. *Gu.* Molestar a alguien, dar la lata.

e⁹. ‖ ~ **la boca.**
   i. loc. verb. *Cu.* Besar a alguien.
   ii. *Cu.* Delatar a *alguien*.

f⁹. ‖ ~ **la boca a uno.** loc. verb. *Cu.* Solicitar un favor a quien antes se mostraba altivo y desdeñoso.

g⁹. ‖ ~ **la cacha.**
   i. loc. verb. *Ch.* Actuar de manera insatisfactoria en determinadas circunstancias. vulg; pop.
   ii. *Ch.* No hacer nada útil o provechoso *una persona* dentro de un grupo o en una actividad colectiva. vulg.

h⁹. ‖ ~ **la cana.** loc. verb. *Ar, Ur.* Descubrir o sorprender a alguien en falta o en algo que desea ocultar. pop.

i⁹. ‖ ~ **la cantada.** loc. verb. *Ni.* Defecar *alguien*, cagar. euf.

j⁹. ‖ ~ **la chicha.** loc. verb. *Ni.* Insinuar a alguien que debe celebrar algo e invitarle.

k⁹. ‖ ~ **la clé.** loc. verb. *RD.* Morir alguien.

l⁹. ‖ ~ **la cómica.** loc. verb. *Ve.* Hacer *alguien* el ridículo. pop.

m⁹. ‖ ~ **la de cangrejo.** loc. verb. *ES.* Pedir la mano para el matrimonio. sat.

n⁹. ‖ ~ **la dura.**
   i. loc. verb. *Ch.* juv. Propinar una fuerte **golpiza** a alguien. pop.
   ii. *Ch.* juv; metáf. *En una **competencia**, vencer a un adversario de manera contundente o por una amplia ventaja. pop.

ñ⁹. ‖ ~ **la hora.**
   i. loc. verb. *Cu, Pe; RD*, p.u. Llamar la atención una mujer por su belleza o elegancia. pop.
   ii. *Ch.* Actuar de manera insatisfactoria en determinadas circunstancias. pop + cult → espon.
   iii. *Ch.* No hacer nada útil o provechoso *una persona* dentro de un grupo o en una actividad colectiva. pop + cult → espon.
   iv. *Cu.* Ser hermosa y atractiva *una persona*. pop + cult → espon.
   v. Actuar de manera satisfactoria.

o⁹. ‖ ~ **la mala.** loc. verb. *Cu.* Ocasionar un perjuicio a alguien.

p⁹. ‖ ~ **la mano y agarrarse el pie.** loc. verb. *Gu.* Abusar *alguien* de la generosidad y de la confianza de otro. pop + cult → espon.

q⁹. ‖ ~ **la música.**
   i. loc. verb. *PR.* Visitar a amigos llevando música, *especialmente en las Navidades*.
   ii. *PR.* Dar la lata *una persona* a alguien con un tema muy manido.
   iii. *PR.* Ponerse *alguien* melodramático.
   iv. *PR.* Comer *alguien* copiosamente. pop + cult → espon. ♦ **dar la noble.**

r⁹. ‖ ~ **la negra.**
  i. loc. verb. *Gu.* Robar a alguien.
  ii. *ES.* Engañar a alguien.
s⁹. ‖ ~ **la noble.** *PR.* **dar la música**, comer.
t⁹. ‖ ~ **la nota alta.** loc. verb. *Cu, Ch, Bo.* Destacar *alguien* por algo positivo. pop + cult → espon. (**dar la nota más alta**).
u⁹. ‖ ~ **la nota más alta.** *Cu, Ch.* **dar la nota alta.**
v⁹. ‖ ~ **la ñapa.** loc. verb. *RD, Ve.* Otorgar un obsequio como premio.
w⁹. ‖ ~ **la pasada.** loc. verb. *Ch.* Permitir *una persona* a alguien tener sexo con ella. pop + cult → espon ^ fest.
x⁹. ‖ ~ **la patada a la lata.** loc. verb. *Cu.* Acertar, atinar en algo. pop.
y⁹. ‖ ~ **la reverenda gana.** loc. verb. *Cu.* Dar la real gana.
z⁹. ‖ ~ **la salida.** loc. verb. *CR.* Autorizar el médico a un paciente el abandono del hospital.
a¹⁰. ‖ ~ **la salsa.**
  i. loc. verb. *Ar.* Dar una **golpiza**, maltratar. pop + cult → espon.
  ii. *Ar. En los deportes*, derrotar ampliamente al adversario. pop + cult → espon.
b¹⁰. ‖ ~ **la suave.** loc. verb. *Mx.* Adular a alguien, concediéndole aparentemente la razón.
c¹⁰. ‖ ~ **la torta.**
  i. loc. verb. *Ch.* p.u. Dar una serie de golpes a alguien. pop.
  ii. *Ch.* Derrotar ampliamente a alguien en una disputa o en cualquier enfrentamiento, juego, competición deportiva, etc. pop.
d¹⁰. ‖ ~ **lado.** loc. verb. *Co.* Dar ocasión para que se haga u ocurra *una cosa.*
e¹⁰. ‖ ~ **las bolas.** loc. verb. *Ch.* Tener *alguien* arrestos, valentía o ganas para realizar algo. vulg; pop. (**dar los cocos**).
f¹⁰. ‖ ~ **las nalgas.**
  i. loc. verb. *Mx, RD.* Ofrecérsele sexualmente una mujer a un hombre. vulg. ♦ **darlas.**
  ii. *Mx.* Entregarse sin condiciones, humillarse. vulg. ♦ **darlas.**
g¹⁰. ‖ ~ **lata.**
  i. loc. verb. *Cu, PR, Bo.* Hablar *alguien* constantemente, sin descanso. pop + cult → espon.
  ii. *Ch.* Causar pereza una actividad o tarea a alguien. pop + cult → espon.
  iii. *Ch.* Abrumar, atosigar o deprimir a alguien una situación. pop + cult → espon.
h¹⁰. ‖ ~ **leña.**
  i. loc. verb. *Cu.* Realizar el coito un hombre. vulg.
  ii. *RD.* Atacar o molestar a alguien con insistencia. pop.
  iii. *RD.* Llevar a cabo una acción con empeño y no desistir. pop.
i¹⁰. ‖ ~ **letra.**
  i. loc. verb. *Ar.* Facilitarle a alguien las palabras o ideas de lo que debe decir.
  ii. *Ar. En teatro*, repasar de memoria un actor sus parlamentos sin cargarlos de intencionalidad.
j¹⁰. ‖ ~ **lidia.** loc. verb. *Co.* Dar guerra, causar molestia.
k¹⁰. ‖ ~ **lija.** loc. verb. *Ve.* Adular.
l¹⁰. ‖ ~ **línea.**
  i. loc. verb. *Mx.* Convencer a alguien para que actúe como se le dice. pop + cult → espon.
  ii. *Mx. En política*, indicar a una persona el modo en que debe proceder.
  iii. *Cu.* Engañar, mentir, pop.
  iv. *Cu.* Estafar, pop.

m¹⁰. ‖ ~ **linga.**
  i. loc. verb. *Cu.* Realizar el coito. vulg.
  ii. *Cu.* **darle fuete.**
n¹⁰. ‖ ~ **lo mismo atrás que en la espalda.** loc. verb. *RD, Co*, pop. Poder realizarse *algo* de distintas maneras y obtener el mismo resultado con cada una de ellas
ñ¹⁰. ‖ ~ **lo mismo Chana que Feliciana.** loc. verb. *PR, Ch*, p.u. Dar igual o lo mismo una cosa que otra. pop + cult → espon.
o¹⁰. ‖ ~ **lo mismo Chana que Juana.** loc. verb. *Mx, Ho, ES, Ni, Pa; Ch*, pop + cult → espon. Dar igual o lo mismo una cosa que otra. pop → espon.
p¹⁰. ‖ ~ **lo mismo Juana que Chana.** loc. verb. *Ho, ES.* Matar una persona a alguien. delinc.
q¹⁰. ‖ ~ **lo mismo Juana que su hermana.** loc. verb. *Cu.* Dar igual o lo mismo, una cosa que otra. pop.
r¹⁰. ‖ ~ **lora.** loc. verb. *Co.* Molestar, fastidiar a alguien. pop.
s¹⁰. ‖ ~ **los cocos.** *Ch.* **dar las bolas.**
t¹⁰. ‖ ~ **los tres golpes.** loc. verb. *Pa.* Comer las tres comidas diarias.
u¹⁰. ‖ ~ **los veinte.** *CR.* **cortarle el rabo.**
v¹⁰. ‖ ~ **luz al gas.** loc. verb. *Ch.* Revelar una información que se espera que se mantenga en secreto. pop + cult → espon.
w¹⁰. ‖ ~ **maceta.** loc. verb. *Ho.* Golpear a alguien.
x¹⁰. ‖ ~ **machete.** loc. verb. *Pa.* Criticar a alguien.
y¹⁰. ‖ ~ **manigueta.** loc. verb. *PR.* Hacer *una persona* señales a otra por detrás. pop + cult → espon.
z¹⁰. ‖ ~ **manija.** loc. verb. *Bo, Py, Ar, Ur.* Incitar interesadamente a alguien para que piense, diga o haga algo determinado. pop + cult → espon.
a¹¹. ‖ ~ **mano y muñeca.** loc. verb. *PR.* p.u. Vencer *una persona* a otra con suma facilidad.
b¹¹. ‖ ~ **mantenimiento.** loc. verb. *Cu.* Realizar el coito con regularidad. pop.
c¹¹. ‖ ~ **máquina para atrás.** loc. verb. *RD.* Desistir, dejar de hacer algo.
d¹¹. ‖ ~ **maroma.**
  i. loc. verb. *ES.* Repartir garrotazos a alguien.
  ii. *ES.* Realizar el coito con una mujer. vulg.
e¹¹. ‖ ~ **marrón.** loc. verb. *PR.* Inventar *alguien* datos. rur.
f¹¹. ‖ ~ **más vueltas que una chiva.** loc. verb. *Cu.* Tomar mucho tiempo antes de llegar a una decisión.
g¹¹. ‖ ~ **masilla.** loc. verb. *CR.* Golpear un grupo de personas a alguien, *generalmente en broma o como castigo por haber perdido en un juego.*
h¹¹. ‖ ~ **matacán.** loc. verb. *ES.* Matar *una persona* a alguien.
i¹². ‖ ~ **matarile.**
  i. loc. verb. *RD, Ve.* Detener o interrumpir algo.
  ii. *Ve.* Negar a un alumno la calificación de aprobado en un examen o en una asignatura.
  iii. *Cu.* Hacer un trabajo mal por no esmerarse en él.
  iv. *PR.* p.u. Finalizar algo. pop.
  v. *Pa.* Realizar rápidamente un trabajo o misión. pop + cult → espon.
j¹¹. ‖ ~ **mate.** loc. verb. *Co.* Acabar algo rápidamente, agotarlo. pop.
k¹¹. ‖ ~ **matica de café.**
  i. loc. verb. *Ve.* Matar *una persona* a alguien.
  ii. *Ve.* Vencer a alguien en cualquier ámbito.
  iii. *Ve.* Detener o interrumpir algo.
  iv. *Ve.* Despedir a alguien de un trabajo.
  v. *Ve.* Negar a un alumno la calificación de aprobado en un examen o en una asignatura.
l¹¹. ‖ ~ **mazo.** loc. verb. *Ni.* Estafar o robar a alguien.

m[11]. ‖ ~ **mecha.**
   i. loc. verb. *Ho, ES.* Ofrecer fuego a alguien.
   ii. *ES.* Matar *una persona* a alguien.
   iii. *ES.* Iniciar algo.
   iv. *ES.* Llevarse o comerse algo.

n[11]. ‖ ~ **media vuelta española.** loc. verb. *PR.* Interrumpir el gallo súbitamente la pelea, fingiendo abandono, girando sobre sí mismo y sorprendiendo a su rival con un tiro inesperado. rur.

ñ[11]. ‖ ~ **meme.**
   i. loc. verb. *ES.* Matar *una persona* a alguien.
   ii. *ES.* Ofrecer fuego a alguien.

o[11]. ‖ ~ **merengue.** loc. verb. *ES.* Matar a alguien.

p[11]. ‖ ~ **mico.** loc. verb. *PR.* Consumir algo *alguien* y no pagar. pop + cult → espon. ♦ **dar pájara.**

q[11]. ‖ ~ **mongo.**
   i. loc. verb. *Pa.* Golpear. pop.
   ii. *Pa.* Realizar el coito. pop.

r[11]. ‖ ~ **mordida.** loc. verb. *Gu.* Dar dinero a una autoridad o funcionario para encubrir faltas a la ley.

s[11]. ‖ ~ **muela.**
   i. loc. verb. *Cu, RD.* Intentar convencer a alguien para que haga algo. pop + cult → espon.
   ii. *Cu.* Hablar mucho. pop + cult → espon.
   iii. *Cu.* **dar baba.**

t[11]. ‖ ~ **mulo.**
   i. *PR:E.* **dar fiero,** sentir.
   ii. *CR.* **hacer fieros,** ufanarse.

u[11]. ‖ ~ **nabo,** loc. verb. *Pu.* Realizar el coito. pop.

v[11]. ‖ ~ **negra.**
   i. loc. verb. *ES.* Dejar a alguien sin nada. carc.
   ii. *ES.* Hacer daño a alguien.
   iii. *ES.* Realizar el coito.

w[11]. ‖ ~ **ñámpiti gorrión.** loc. verb. *Cu.* Asesinar, matar a alguien. pop + cult → espon.

x[11]. ‖ ~ **oxígeno.** loc. verb. *Co, Ve, Bo, Ar, Ur.* Vigorizar una situación deteriorada mediante la introducción de algún aporte innovador.

y[11]. ‖ ~ **pachó.** loc. verb. *PR.* Avergonzarse *alguien.* pop + cult → espon.

z[11]. ‖ ~ **pájara.** *PR.* **dar mico,** consumir.

a[12]. ‖ ~ **palo.** loc. verb. *Co, Bo.* Derrotar a alguien de forma contundente. pop.

b[12]. ‖ ~ **pam-pam.** loc. verb. *PR.* Dar *alguien* nalgadas a un niño. inf.

c[12]. ‖ ~ **pan.** loc. verb. *Gu.* Matar *una persona* a alguien.

d[12]. ‖ ~ **papaya.** loc. verb. *Co, Ve; Ec.* pop + cult → espon. Brindar oportunidad a alguien para que se aproveche o tome ventaja de algo. pop.

e[12]. ‖ ~ **para adelante.** loc. verb. *RD, Ar, Ur.* Alentar a *alguien.* pop + cult → espon.

f[12]. ‖ ~ **para las aguas.** loc. verb. *Mx.* Dar propina. pop + cult → espon.

g[12]. ‖ ~ **pasada.** loc. verb. *Ch.* Dar permiso, consentimiento o libertad a alguien. pop + cult → espon.

h[12]. ‖ ~ **pasto.** loc. verb. *Co, Bo.* Otorgar ventaja a un contrincante. pop.

i[12]. ‖ ~ **pasto a las fieras.** loc. verb. *Ar, Ur, Ch,* p.u. Otorgar *una persona* argumentos a otra que, finalmente, los utilizará en contra de aquella. pop + cult → espon.

j[12]. ‖ ~ **pata.** loc. verb. *Cu.* Caminar mucho *alguien.*

k[12]. ‖ ~ **paupau.** loc. verb. *Pa, Cu, RD.* Propinar azotes a un niño, darle nalgadas.

l[12]. ‖ ~ **película.** loc. verb. *RD.* Tener una relación amorosa o sexual a la vista de otras personas.

m[12]. ‖ ~ **pelo.** loc. verb. *Ch.* Dar categoría o enjundia a algo. pop + cult → espon.

n[12]. ‖ ~ **pelota.**
   i. *Ho, Ni, CR, Pe, Bo:C,O,S; Ch, Ar:NO, Ur,* pop + cult → espon; *Py,* pop. **dar bola,** prestar atención.
   ii. loc. verb. *Pe, Bo, Ar, Ur.* Aceptar una propuesta amorosa. pop.
   iii. *Ho, Ni.* Hacer caso a algo o informar sobre algo.
   iv. *Py.* Corresponder a alguien en una conversación o llamar la atención de otra a fin de formar pareja. pop.

ñ[12]. ‖ ~ **penca.** loc. verb. *Ho, Ni.* Golpear a alguien o algo.

o[12]. ‖ ~ **pensamiento.** loc. verb. *PR.* Reflexionar *alguien,* meditar sobre algo.

p[12]. ‖ ~ **pensión.** loc. verb. *Pa.* Sentir lástima o pena.

q[12]. ‖ ~ **perico.** loc. verb. *PR.* Hablar *alguien.* pop + cult → espon.

r[12]. ‖ ~ **perro muerto.**
   i. loc. verb. *Cu.* Causar molestias o fastidio a alguien.
   ii. *Cu.* Conversar largamente sobre temas que no parecen interesantes.

s[12]. ‖ ~ **pichón.** loc. verb. *Pa.* Permitir *una persona* a otra participar en algo divertido que ella misma está realizando. pop + cult → espon.

t[12]. ‖ ~ **picón.** loc. verb. *Ve.* Mostrar una mujer, en determinadas posturas, parte de sus piernas o de su ropa interior.

u[12]. ‖ ~ **picones.** loc. verb. *Gu, Ho, Ni.* Provocar celos o envidia. pop + cult → espon.

v[12]. ‖ ~ **pie.** loc. verb. *Cu.* En el mar o en un río, tocar el fondo con los pies sin que el agua impida la respiración.

w[12]. ‖ ~ **pie atrás.** loc. verb. *Co, Ch, Bo.* Dar un paso atrás, cambiar de opinión ante algo o no continuar haciéndolo. pop + cult → espon.

x[12]. ‖ ~ **pija.**
   i. loc. verb. *Gu.* Pegar, azotar a alguien.
   ii. *Ho.* Golpear o derrotar a *alguien.* vulg.

y[12]. ‖ ~ **piola.** *Py, Bo, Ur.* **dar bola,** prestar atención. pop + cult → espon.

z[12]. ‖ ~ **pique.** loc. verb. *RD.* Molestar a alguien.

a[13]. ‖ ~ **pirey.**
   i. loc. verb. *Cu.* Despedir a alguien de su trabajo. pop + cult → espon.
   ii. *Cu.* Rechazar algo o a alguien. pop + cult → espon.
   iii. *Cu.* Matar a alguien o a un animal. pop + cult → espon.
   iv. *Cu.* Acabar algo, *principalmente un alimento o bebida.* pop + cult → espon.

b[13]. ‖ ~ **plomo.**
   i. loc. verb. *Co.* Disparar *alguien* un arma de fuego. pop.
   ii. *Pa, Ve.* Empezar o continuar *alguien* una acción.
   iii. *Pa.* Criticar las acciones de alguien para ofenderlo.

c[13]. ‖ ~ **pon.** loc. verb. *RD, PR.* Llevar *una persona* a alguien en automóvil. pop + cult → espon. ♦ **dar un empujón.**

d[13]. ‖ ~ **por donde le gusta.** loc. verb. *PR.* Tocar *alguien* un tema de interés para el aludido. pop + cult → espon. ♦ **dar por la cuerda.**

e[13]. ‖ ~ **por el pelado.** loc. verb. *RD.* Hablarle a *alguien* de algo que puede resultarle molesto o afectarle.

f[13]. ‖ ~ **por la cabeza.** loc. verb. *CR, Co, Ar, Ur.* Cobrar a alguien un precio excesivo por algo. pop.

g[13]. ‖ ~ **por la cuerda.** *PR.* **dar por donde le gusta.**

h[13]. ‖ ~ **por la pupila.** loc. verb. *PR.* Mirar *una persona* fijamente a *alguien.* pop + cult → espon.

i[13]. ‖ ~ **por la vena del gusto.** loc. verb. *Cu, Co.* Complacer a alguien.

j[13]. ‖ ~ **por las bolas.** loc. verb. *Ar.* Fastidiar, molestar. vulg.

k[13]. ‖ ~ **por las pelotas.** loc. verb. *Ar:NO.* Molestar, fastidiar. pop.

l[13]. ‖ ~ **prenda.** loc. verb. *Gu.* Dar un objeto a cambio de algo.

m[13]. ‖ ~ **puerta.**
 i. loc. verb. *Gu, ES.* Coquetear.
 ii. *ES.* Enseñar, mostrar algo.
 iii. *Ni.* Dejar a alguien en libertad.

n[13]. ‖ ~ **punta.**
 i. loc. verb. *Bo.* Hacer progresar un negocio, empresa o hacienda.
 ii. *Pa.* Realizar el coito. pop.

ñ[13]. ‖ ~ **pupila.** loc. verb. *PR.* Curiosear *alguien*, observar con disimulo. pop + cult → espon.

o[13]. ‖ ~ **queme.** loc. verb. *Cu.* Usar mucho *algo, generalmente una prenda de vestir.*

p[13]. ‖ ~ **queso al ratón.** loc. verb. *PR.* Castigar *alguien* físicamente al traidor o al delator. carc.

q[13]. ‖ ~ **reata.** loc. verb. *Gu.* Propinar a alguien una paliza. pop.

r[13]. ‖ ~ **recorderis.** loc. verb. *Co.* Recordar algo a alguien. pop.

s[13]. ‖ ~ **rejo.** loc. verb. *Co.* Golpear a alguien con un látigo.

t[13]. ‖ ~ **relleno.** loc. verb. *Pe, Ch.* Dar información, informar. pop + cult → espon.

u[13]. ‖ ~ **rueda.**
 i. loc. verb. *Cu.* Recorrer largas distancias.
 ii. *Cu.* Recorrer diferentes lugares para realizar algo determinado.

v[13]. ‖ ~ **sajiro.**
 i. loc. verb. *Pe.* Dar una posibilidad a alguien de realizar algo en un momento determinado. pop.
 ii. *Pe.* Dar ventaja a alguien. carc; pop.
 iii. *Pe.* p.u. Provocar, excitar a alguien. pop.

w[13]. ‖ ~ **saltito.** loc. verb. *Pe.* Realizar un viaje, o una visita de corta duración.

x[13]. ‖ ~ **sánsara.**
 i. loc. verb. *Cu.* Ir de un lado a otro para realizar una gestión o solventar un asunto.
 ii. *Cu.* Conversar. pop + cult → espon.

y[13]. ‖ ~ **seguimiento.**
 i. loc. verb. *RD, PR, Ve.* Continuar *alguien* realizando algo.
 ii. *Cu, PR.* Examinar, fiscalizar *alguien* algo.

z[13]. ‖ ~ **soga.** loc. verb. *Cu, RD.* Fingir *alguien* que cree lo que otra persona le cuenta para que llegue hasta el final de su relato.

a[14]. ‖ ~ **sopa y seco.** loc. verb. *Co.* Recibir *alguien* una reprimenda o derrota en una disputa, enfrentamiento o **competencia.** pop + cult → espon.

b[14]. ‖ ~ **su chapa.** loc. verb. *Ni.* Tratar mal a alguien.

c[14]. ‖ ~ **su guayabazo.** loc. verb. *Mx.* Adular a alguien. pop + cult → espon.

d[14]. ‖ ~ **su salpique.**
 i. loc. verb. *Pa.* Sobornar a alguien.
 ii. *Pa.* Ayudar a alguien.
 iii. *Cu.* Conversar. pop + cult → espon.

e[14]. ‖ ~ **tafia.** *Cu.* obsol. **dar pirey.**

f[14]. ‖ ~ **taller.** loc. verb. *Cu.* Hacer *alguien* una profunda reflexión. pop.

g[14]. ‖ ~ **tallos.** loc. verb. *Pa.* Dar media voltereta. pop. (**virar tallos**).

h[14]. ‖ ~ **tángana.** *Cu.* **dar bateo.** pop + cult → espon.

i[14]. ‖ ~ **tenteallá.** loc. verb. *Pa.* Enviar a los niños latosos con otra persona para que los entretenga.

j[14]. ‖ ~ **teque.** loc. verb. *Cu.* Hablar en exceso.

k[14]. ‖ ~ **terapia.**
 i. loc. verb. *Cu, PR.* Aconsejar a alguien. pop + cult → espon.

ii. *Cu, PR.* Convencer a alguien para que consuma alguna droga. pop + cult → espon.

l[14]. ‖ ~ **tijera.** loc. verb. *Pa.* Criticar duramente a alguien.

m[14]. ‖ ~ **tijeras.**
 i. loc. verb. *RD.* Criticar algo o a alguien.
 ii. *RD.* Cortar una discusión.

n[14]. ‖ ~ **tiro.** loc. verb. *Co.* Ofrecer una oportunidad a alguien. pop.

ñ[14]. ‖ ~ **tiza directa.** loc. verb. *PR.* Copiar *alguien* en un examen. est.

o[14]. ‖ ~ **tortol.** loc. verb. *Ni.* Retorcer el pescuezo a un ave.

p[14]. ‖ ~ **trompo.** loc. verb. *Ve.* Circular sin rumbo en un vehículo durante largo tiempo. pop.

q[14]. ‖ ~ **trova.** *Cu.* **dar teque.**

r[14]. ‖ ~ **un aire.** *Mx.* **agarrar un aire.**

s[14]. ‖ ~ **un aletazo.** loc. verb. *PR.* Oler *alguien* mal cuando levanta el brazo o se quita la chaqueta. vulg; pop + cult → espon.

t[14]. ‖ ~ **un baile.**
 i. loc. verb. *Bo, Ch, Ar, Ur.* Derrotar ampliamente al adversario en una **competencia** deportiva. pop + cult → espon.
 ii. *Ar, Ur.* Obligar a alguien a hacer un esfuerzo o un trabajo pesado como castigo. pop.

u[14]. ‖ ~ **un barco.** loc. verb. *Cu.* En una cita, dejar *una persona* plantada a otra.

v[14]. ‖ ~ **un berrinche.** loc. verb. *Cu.* Reprender a alguien con duras palabras.

w[14]. ‖ ~ **un berro.** loc. verb. *Cu.* Dar *alguien* un escándalo.

x[14]. ‖ ~ **un boche.** loc. verb. *RD, Ve.* **bochar,** desairar. pop + cult → espon. ♦ **pegar un boche.**

y[14]. ‖ ~ **un breik.** loc. verb. *EU, Cu, RD.* Otorgar un breve espacio de tiempo para realizar una actividad.

z[14]. ‖ ~ **un café.** loc. verb. *Ar, Ch,* obsol. Reprender o amonestar severamente a alguien. pop.

a[15]. ‖ ~ **un caitazo.** loc. verb. *Gu.* Vencer a alguien.

b[15]. ‖ ~ **un cañazo.** loc. verb. *RD.* Tomar una resolución firme y definitiva.

c[15]. ‖ ~ **un colazo.** loc. verb. *Gu.* Dar *alguien* un paseo corto en un vehículo.

d[15]. ‖ ~ **un corte.**
 i. loc. verb. *PR.* Sugerir *una persona* una idea, una solución a alguien.
 ii. *PR.* Ofrecer *una persona* una pista a alguien.

e[15]. ‖ ~ **un crancazo.**
 i. loc. verb. *Cu.* Animar a alguien a hacer algo.
 ii. *Cu.* Meter cizaña.

f[15]. ‖ ~ **un cuerazo.** loc. verb. *Cu.* Realizar el coito un hombre. vulg.

g[15]. ‖ ~ **un *down*.** loc. verb. *PR.* Deprimirse.

h[15]. ‖ ~ **un empujón.** *PR.* **dar pon.**

i[16]. ‖ ~ **un fajazo.**
 i. loc. verb. *PR.* Pedir *alguien* dinero prestado. pop + cult → espon.
 ii. *PR.* Timar a alguien. pop + cult → espon.

j[15]. ‖ ~ **un filo de bola.** loc. verb. *Cu.* Dar una oportunidad a alguien.

k[15]. ‖ ~ **un jolope.** loc. verb. *PR.* Asaltar o robar para conseguir droga. drog.

l[15]. ‖ ~ **un limazo.** loc. verb. *PR.* Regañar a alguien.

m[15]. ‖ ~ **un ojito.** loc. verb. *Cu.* Lavar una prenda de vestir de forma superficial. pop.

n[15]. ‖ ~ **un *page*.** loc. verb. *PR.* Llamar *una persona* a alguien con **beeper.**

ñ[15]. ‖ ~ **un paletazo.** loc. verb. *Cu.* Lograr algo con éxito. pop.

o¹⁵. ‖ ~ **un palo.**
   i. loc. verb. *Cu, RD, PR, Ve. En el beisbol*, dar un **batazo** largo.
   ii. *RD, PR.* Sorprender *alguien*, deslumbrar por algo que ha hecho. pop + cult → espon.
   iii. *Cu.* Hacer algo extraordinario o sorprendente. pop.

p¹⁵. ‖ ~ **un parado.** loc. verb. *Ve.* Frenar una situación desagradable o inconveniente, o a alguien que actúa de forma indebida.

q¹⁵. ‖ ~ **un parón.** loc. verb. *Cu.* Detener o interrumpir algo inconveniente o a alguien que intenta hacer algo indebido.

r¹⁵. ‖ ~ **un pase.** *PR.* **dar una cachá,** pasar un cigarrillo.

s¹⁵. ‖ ~ **un paso de costado.** loc. verb. *Ch.* Decidir abandonar una actividad. pop + cult → espon.
   ♦ **dar un paso de lado.**

t¹⁵. ‖ ~ **un paso de lado.** *Ch.* **dar un paso de costado.** pop + cult → espon.

u¹⁵. ‖ ~ **un pcle.** loc. verb. *PR.* Mirar *alguien* con lascivia a una mujer sentada con descuido. pop + cult → espon.

v¹⁵. ‖ ~ **un pesto.**
   i. loc. verb. *Ar, Ur.* Reprender o amonestar severa y duramente a alguien. pop.
   ii. *Ar, Ur. En deportes,* derrotar ampliamente al adversario. pop.

w¹⁵. ‖ ~ **un piquete.**
   i. loc. verb. *PR.* Echar *alguien* una cana al aire. pop + cult → espon.
   ii. *PR.* Farolear. pop + cult → espon.

x¹⁵. ‖ ~ **un quemón.**
   i. loc. verb. *Mx, Ho.* Provocar envidia en alguien.
   ii. *Mx.* Humillar a alguien demostrando superioridad. pop.
   iii. *Ho.* Denunciar a alguien.

y¹⁵. ‖ ~ **un *sip*.** loc. verb. *PR.* Dar *alguien* un sorbo de algún líquido.

z¹⁵. ‖ ~ **un sombrerazo.** *Ho.* Hacer algo ilegal.

a¹⁶. ‖ ~ **un tarjetazo.** loc. verb. *PR.* Pagar *alguien* con tarjeta de crédito. pop + cult → espon.

b¹⁶. ‖ ~ **un tip.** *Cu.* **dar el pitazo.**

c¹⁶. ‖ ~ **un tucutucu.** loc. verb. *PR.* Ponerse *alguien* nervioso o tener pálpitos cardíacos por presentir algo desagradable. pop + cult → espon.

d¹⁶. ‖ ~ **un tumbe.** loc. verb. *PR.* Asaltar *alguien*, saquear. pop + cult → espon.

e¹⁶. ‖ ~ **un zurdazo.** loc. verb. *Bo.* Derrotar a *alguien* con habilidad, destreza y conocimiento de alguna materia. pop + cult → espon.

f¹⁶. ‖ ~ **una asareada.** loc. verb. *Ni.* Regañar a *alguien*.

g¹⁶. ‖ ~ **una baqueteada.**
   i. loc. verb. *Ar.* Someter a alguien a trabajos difíciles o pesados.
   ii. *Ar.* Hacer que *algo,* como el motor de un vehículo, soporte un esfuerzo excesivo. pop.

h¹⁶. ‖ ~ **una barnizada.** loc. verb. *Gu.* Regañar a alguien.

i¹⁶. ‖ ~ **una cachá.** loc. verb. *Cu, RD, PR.* Pasar un cigarrillo *una persona* a alguien. pop + cult → espon.
   ♦ **dar un pase; dar una jalá; dar una jaladita.**

j¹⁶. ‖ ~ **una caradita.** loc. verb. *Cu.* Hacerle una visita corta a alguien.

k¹⁶. ‖ ~ **una chamarreada.** loc. verb. *Gu.* Vencer a alguien, *especialmente en el juego.*

l¹⁶. ‖ ~ **una chapeada.** loc. verb. *Ni.* Regañar a alguien.

m¹⁶. ‖ ~ **una chequeada.** loc. verb. *Bo.* Comprobar, cotejar algo. pop + cult → espon.

n¹⁶. ‖ ~ **una cogida de cuello.** loc. verb. *PR.* Regañar o amonestar a alguien. pop + cult → espon.

ñ¹⁶. ‖ ~ **una frenada.** loc. verb. *Ar, Ur.* Reprender a una persona. pop.

o¹⁶. ‖ ~ **una galleta sin mano.** loc. verb. *Cu.* Demostrar *alguien* que otra persona miente o que estaba equivocada. pop.

p¹⁶. ‖ ~ **una jalá.** *PR.* **dar una cachá.**

q¹⁶. ‖ ~ **una jaladita.** *PR.* **dar una cachá.**

r¹⁶. ‖ ~ **una lavada.** loc. verb. *Pa.* Criticar con dureza a alguien. pop.

s¹⁶. ‖ ~ **una lechada.** loc. verb. *Cu. En el beisbol*, impedir que el equipo contrario anote **carreras.**

t¹⁶. ‖ ~ **una letra.**
   i. loc. verb. *Cu.* Tener mala suerte.
   ii. *Cu.* Dar una información que no es de dominio público. pop.

u¹⁶. ‖ ~ **una manita.** loc. verb. *Mx, RD.* Prestar *alguien* ayuda.

v¹⁶. ‖ ~ **una manito.** loc. verb. *Cu, Ve, Pe, Bo, Ch.* Ayudar a alguien en la ejecución de algo.

w¹⁶. ‖ ~ **una mano.** loc. verb. *Mx, Cu, RD, Co, Ve, Bo, Ch.* Ayudar, auxiliar a alguien.

x¹⁶. ‖ ~ **una mente de cacaíto.**
   i. loc. verb. *RD.* Enamorar.
   ii. *RD.* Convencer.

y¹⁶. ‖ ~ **una muenda.** loc. verb. *Co.* Derrotar a alguien de forma contundente. pop.

z¹⁶. ‖ ~ **una orejita.**
   i. loc. verb. *RD, PR.* **dar el la.**
   ii. *PR.* Comunicar *alguien* en secreto una noticia interesante a una persona. pop + cult → espon.

a¹⁷. ‖ ~ **una pasada.** loc. verb. *Ho, CR.* obsol. Reprender con vehemencia a alguien. pop.

b¹⁷. ‖ ~ **una pata de cheje.** loc. verb. *ES.* Regalar algo.

c¹⁷. ‖ ~ **una pela de lengua.** loc. verb. *RD.* Insultar a alguien.

d¹⁷. ‖ ~ **una pichoneada.** loc. verb. *Ec.* Permitir *una persona* a otra el uso momentáneo de su vehículo recién estrenado. pop.

e¹⁷. ‖ ~ **una plomera.** loc. verb. *Pa.* Derrotar a alguien.

f¹⁷. ‖ ~ **una puñalada de carne.** loc. verb. *Cu.* Penetrar un hombre a alguien. vulg.

g¹⁷. ‖ ~ **una salsa.**
   i. loc. verb. *Ar, Ur. En los deportes*, derrotar ampliamente al adversario. pop + cult → espon.
   ii. *Ar.* Dar una **golpiza,** maltratar. pop + cult → espon.
   iii. *Ur.* Reprender a una persona. pop + cult → espon.

h¹⁷. ‖ ~ **una tirada.** loc. verb. *PR.* Hacerle *una persona* una mala pasada a alguien. pop + cult → espon.

i¹⁷. ‖ ~ **una trapeada.** loc. verb. *Ho.* Regañar a alguien.

j¹⁷. ‖ ~ **una trilla.** loc. verb. *Co.* Golpear a alguien sin compasión.

k¹⁷. ‖ ~ **una trompita.** loc. verb. *Ni.* Besar a alguien.

l¹⁷. ‖ ~ **una uña.** loc. verb. *PR.* Abusar *alguien* de la generosidad y de la confianza de otro. pop + cult → espon. ♦ **dar una uña y cogerse hasta el codo.**

m¹⁷. ‖ ~ **una uña y cogerse hasta el codo.** *PR.* **dar una uña.**

n¹⁷. ‖ ~ **una vaina.**
   i. loc. verb. *Pa.* Tener cualquier tipo de dolencia.
   ii. *Pa.* Enfadarse o disgustarse por algo.

ñ¹⁷. ‖ ~ **uso al cerebro.**
   i. loc. verb. *PR.* Planear *alguien* un atraco. pop + cult ^ espon ^ fest.
   ii. *PR.* Analizar y probar *alguien* algo. pop + cult → espon ^ fest.

o¹⁷. ‖ ~ **vajilla.** loc. verb. *Mx.* Robar, arrebatar algo a alguien.

p[17]. ‖ ~ **vara.**
  i. loc. verb. *ES.* Animar burlescamente a alguien.
  ii. *Ho.* Molestar a alguien con insistencia.

q[17]. ‖ ~ **vejiga.** loc. verb. *Gu.* Golpear a alguien.

r[17]. ‖ ~ **verga.**
  i. loc. verb. *Ho, ES, Ni.* Golpear a alguien, dar una paliza.
  ii. *Ec.* Realizar el coito con alguien. vulg; pop + cult → espon.

s[17]. ‖ ~ **viada.** loc. verb. *Mx, Pe.* juv. Dar permiso.

t[17]. ‖ ~**viaje.**
  i. loc. verb. *Ho, ES, Ni.* Iniciar *alguien* una acción.
  ii. *Ho, Ni.* Autorizar, aceptar o consentir algo.

u[17]. ‖ ~ **violín.** loc. verb. *Mx.* Violar a alguien.

v[17]. ‖ ~ **visaje.** loc. verb. *Co.* Actuar *alguien* llamando la atención.

w[17]. ‖ ~ **volantín.**
  i. loc. verb. *Ho.* Hacer desaparecer algo de donde estaba. pop + cult → espon.
  ii. *Ho.* Matar a alguien. pop + cult → espon.

x[17]. ‖ ~ **vuelta.**
  i. loc. verb. *Pe.* Matar a alguien. pop + cult → espon.
  ii. *CR.* Serle infiel a la pareja. pop + cult → espon.

y[17]. ‖ ~ **vuelta el codo.** loc. verb. *Ur.* Entrar en edad avanzada. pop + cult → espon.

z[17]. ‖ ~ **yuca.** loc. verb. *Ec.* Hacerle a alguien el gesto obsceno que consiste en levantar un brazo con el puño cerrado y el dedo corazón extendido, golpeando simultáneamente el antebrazo con la otra mano. pop + cult → espon. ♦ **hacer yuca.**

a[18]. ‖ ~ **zancadas de araña viuda.** loc. verb. *Ho.* Dar pasos largos. fest.

b[18]. ‖ ~**la.** loc. verb. *Ch.* Dar una **golpiza** o castigo severo a alguien. pop. (**darlas**).

c[18]. ‖ ~**las.**
  i. *Mx.* **dar las nalgas.**
  ii. *Ch.* **darla.**

d[18]. ‖ ~**le.** loc. verb. *RD.* Tomar *alguien* bebidas, *especialmente alcohólicas.*

e[18]. ‖ ~**le a la bemba.** loc. verb. *Cu, RD.* Hablar sobre temas frívolos e insustanciales.

f[18]. ‖ ~**le a la bola.** loc. verb. *Mx, Cu.* Atinar, acertar en algo. pop + cult → espon.

g[18]. ‖ ~**le a la bola en la costura.** loc. verb. *Cu.* Acertar plenamente en cualquier propósito o intento.

h[18]. ‖ ~**le a la guinda.** loc. verb. *Ni.* Romper las relaciones amorosas con alguien.

i[18]. ‖ ~**le agua de culo.** loc. verb. *Ho, Ni.* Seducir a alguien con malas artes o brujería.

j[18]. ‖ ~**le al caite.** loc. verb. *Ho, Ni.* Caminar o trabajar mucho *una persona.* rur.

k[18]. ‖ ~**le al miriñaque.** loc. verb. *Co.* Tener relaciones sexuales. euf; pop.

l[18]. ‖ ~**le bomba.** loc. verb. *Ar.* Tener relaciones sexuales intensas. vulg.

m[18]. ‖ ~**le camino.** loc. verb. *CR.* Poner algo en marcha, llevarlo a la práctica. pop + cult → espon.

n[18]. ‖ ~**le candela al jarro.** loc. verb. *Cu.* Llevar una labor hasta sus últimas consecuencias. pop + cult → espon.

ñ[18]. ‖ ~**le como a pandereta aleluya.** *PR.* **caerle como pandereta aleluya.**

o[18]. ‖ ~**le con banda y piquete.** loc. verb. *RD.* Hacer *algo* rápidamente y sin control.

p[18]. ‖ ~**le corte.** loc. verb. *Py.* Prestarle atención a alguien o a algo.

q[18]. ‖ ~**le de bomba.** loc. verb. *Ur.* Tener relaciones sexuales intensas. vulg.

r[18]. ‖ ~**le duro.**
  i. loc. verb. *CR, RD, Ve, Bo, Py; Ar, Ur.* pop + cult → espon. Trabajar con empeño, denodadamente.
  ii. *RD, Ve, Bo.* Ingerir bebidas alcohólicas en gran cantidad y en corto tiempo.

s[18]. ‖ ~**le el agua.** loc. verb. *Gu, Ho, ES, Ni.* Matar a alguien.

t[18]. ‖ ~**le el aire.**
  i. loc. verb. *Mx.* Enfermarse súbitamente alguien, *generalmente con parálisis parcial de alguna parte del cuerpo.*
  ii. *Ec, Pe, Bo.* Experimentar una persona un enfriamiento repentino y, como consecuencia de ello, sufrir nefritis o parálisis facial.

u[18]. ‖ ~**le el bajo.**
  i. loc. verb. *Ch.* Consumir o apurar los últimos restos de una bebida o de una comida. pop + cult → espon.
  ii. *Ch.* metáf. Matar *una persona* a alguien. pop + cult → espon.

v[18]. ‖ ~**le el cuero.** loc. verb. *Ch.* Mostrar aguante, resistencia o decisión ante algo. pop + cult → espon.

w[18]. ‖ ~**le el naipe.** loc. verb. *Gu, Ve.* Tener alguien aptitud o habilidad para hacer algo.

x[18]. ‖ ~**le el santo.** loc. verb. *Cu.* Perder una persona el control de sus actos.

y[18]. ‖ ~**le en la chapa.** loc. verb. *Mx.* Golpear, herir o matar a *alguien.*

z[18]. ‖ ~**le fli.** loc. verb. *Cu.* Rechazar, excluir a alguien de un grupo. pop + cult → espon.

a[19]. ‖ ~**le fuete.** loc. verb. *Cu, RD.* Utilizar algo con mucha frecuencia.

b[19]. ‖ ~**le la mala.**
  i. loc. verb. *Cu.* Dejar la peor parte de algo a alguien. pop + cult → espon.
  ii. *Cu.* Engañar a alguien. pop + cult → espon.

c[19]. ‖ ~**le la pálida.** loc. verb. *RD, PR, Co.* Marearse alguien. pop. ♦ **agarrar la pálida.**

d[19]. ‖ ~**le la quiebra.** loc. verb. *Ni.* Romper el noviazgo uno de los novios.

e[19]. ‖ ~**le la vuelta.**
  i. loc. verb. *Mx.* Eludir un problema. pop.
  ii. *Mx.* Evitar a una persona. pop.

f[19]. ‖ ~**le las doce.** loc. verb. *Mx, RD.* Estar alguien cerca de un peligro o situación negativa inminente. pop + cult → espon.

g[19]. ‖ ~**le masilla.** loc. verb. *CR.* Propinar una **golpiza** a alguien. pop + cult → espon.

h[19]. ‖ ~**le mejenga.** loc. verb. *Ni.* Realizar algo con rapidez.

i[19]. ‖ ~**le mente.** loc. verb. *CR, Cu, RD.* Pensar mucho en algo, preocuparse por ello.

j[19]. ‖ ~**le nucazos.** loc. verb. *Ni.* Estafar o robar a alguien.

k[19]. ‖ ~**le para el refresco.** loc. verb. *Ho, Ni.* Regalar una propina pequeña a alguien. ♦ **darle para los chicles; darle para los frescos.**

l[19]. ‖ ~**le para los chicles.** *Ho.* **darle para el refresco.**

m[19]. ‖ ~**le para los frescos.** *Ho, Ni.* **darle para el refresco.**

n[19]. ‖ ~**le pena.** loc. verb. *Co, Ve.* Sentir vergüenza.

ñ[19]. ‖ ~**le sopa de muñeca.** loc. verb. *Ni, CR.* Propinar una paliza a alguien.

o[19]. ‖ ~**le su chacobiadita.** loc. verb. *Ni.* Besar intensamente a *alguien.*

p[19]. ‖ ~**le su chanchita.** loc. verb. *Ni.* Regalar una propina pequeña a alguien.

q[19]. ‖ ~**le su pasaporte.** loc. verb. *Ni.* Matar a alguien.

r[19]. ‖ ~**le su son chabela.**
  i. loc. verb. *Ni.* Vencer a alguien.
  ii. *Ni.* Castigar a alguien.
  iii. *Ni.* Ejecutar o realizar algo.

s¹⁹. ‖ **~le su vuelta.** loc. verb. *Mx.* Visitar con frecuencia a alguien con el fin de comprobar que está bien o si necesita algo.

t¹⁹. ‖ **~le tupido.**
  i. loc. verb. *Gu.* Trabajar o esforzarse mucho. pop + cult → espon.
  ii. *Gu.* Pegar con frecuencia a *alguien*. pop + cult → espon.

u¹⁹. ‖ **~le un toma que lleva.** loc. verb. *RD.* Reprender o castigar a alguien con dureza, *especialmente a un niño*.

v¹⁹. ‖ **~le una pasada.** loc. verb. *CR.* obsol. Reprender con vehemencia. pop + cult → espon.

w¹⁹. ‖ **~le viento.** loc. verb. *Ho, ES.* Autorizar a hacer algo o comenzar a hacerlo.

x¹⁹. ‖ **~le vuelo a la hilacha.**
  i. loc. verb. *Mx.* Divertirse desenfrenadamente. pop.
  ii. *Mx.* Excederse sexualmente. pop.
  iii. *Mx.* Hacer algo sin limitaciones, con mucho gusto. pop.

y¹⁹. ‖ **~se a desear.** loc. verb. *Mx.* Aparentar desinterés ante un requerimiento amoroso o erótico para intensificar el deseo de la persona que requiere.

z¹⁹. ‖ **~se a la garufa.** loc. verb. *Bo:O.* Echarse a perder *una persona* por llevar una vida disoluta. pop + cult → espon.

a²⁰. ‖ **~se al estricote.** loc. verb. *Ve.* Abandonarse *alguien* o darse al mal vivir.

b²⁰. ‖ **~se balijú.** loc. verb. *Cu.* Darse importancia *una persona*.

c²⁰. ‖ **~se baños de pureza.** loc. verb. *Mx.* Hacerse pasar por honrado y honesto alardeando pública y enfáticamente de las supuestas propias virtudes. pop.

d²⁰. ‖ **~se barniz.** loc. verb. *ES.* Procurar *alguien* que sea conocido por los demás. delinc.

e²⁰. ‖ **~se bomba.**
  i. loc. verb. *Ve.* Elogiarse.
  ii. *Ve.* Tomarse tiempo para hacer algo.

f²⁰. ‖ **~se bondo.** loc. verb. *PR.* Hacerse *alguien* una cirugía plástica con propósitos cosméticos. pop + cult → espon.

g²⁰. ‖ **~se caché.** loc. verb. *Mx, Ho, ES, Ni, Pa, Cu, RD, Co, Ve.* Darse importancia, bien por el modo de vestir, bien por gestos o palabras. pop + cult → espon.

h²⁰. ‖ **~se cañazo.** loc. verb. *Cu.* Engañarse.

i²⁰. ‖ **~se caritate.** *Cu.* **darse lija**, darse importancia una persona.

j²⁰. ‖ **~se chapeta.** loc. verb. *Ec:O.* Marcharse *alguien* de un lugar. pop + cult → espon.

k²⁰. ‖ **~se coba.** loc. verb. *Cu, RD, PR.* Elogiarse uno mismo. pop + cult → espon.

l²⁰. ‖ **~se color.**
  i. loc. verb. *Mx.* Darse cuenta. pop + cult → espon.
  ii. *Gu, Ho, ES, Ni.* Mostrar públicamente la ideología política o la forma de pensar propia. pop + cult → espon.

m²⁰. ‖ **~se con la frente sobre la laja.** loc. verb. *PR.* Repetir *alguien* un comportamiento perjudicial para sí mismo. pop + cult → espon.

n²⁰. ‖ **~se con los dientes contra el suelo.** loc. verb. *Ar, Ur.* Sufrir una contrariedad o una gran decepción. pop.

ñ²⁰. ‖ **~se con piedras en el pecho.** *CR, PR.* **darse con una piedra en el pecho**.

o²⁰. ‖ **~se con un canto en el pecho.** *Cu.* **darse con una piedra en el pecho**.

p²⁰. ‖ **~se con una piedra en el pecho.** loc. verb. *Cu, Ch.* Considerarse *alguien* muy satisfecho por obtener algo mejor de lo que esperaba. pop + cult → espon. (**darse con piedras en el pecho**). ◆ **darse con un canto en el pecho; darse con una piedra en los dientes**.

q²⁰. ‖ **~se con una piedra en los dientes.** *Ve, Ch.* **darse con una piedra en el pecho**.

r²⁰. ‖ **~se corte.** loc. verb. *Ar, Ur.* Hacer alarde o jactarse de algo. pop.

s²⁰. ‖ **~se de baja en la libreta.** loc. verb. *Cu.* Morirse *una persona*. fest.

t²⁰. ‖ **~se de filazo.** loc. verb. *Ho, ES.* Pelear con cuchillo o con machete.

u²⁰. ‖ **~se de patada.** *PR.* **darse una patada**.

v²⁰. ‖ **~se de santos.** loc. verb. *Mx. En imperativo*, incitar a *alguien* a que agradezca su condición desfavorable dentro de una situación que podría ser peor.

w²⁰. ‖ **~se de topes.** loc. verb. *Mx.* Lamentarse por algo. pop + cult → espon.

x²⁰. ‖ **~se derecha.** loc. verb. *PR.* Pasar *alguien* junto a un conocido sin mirarlo. pop + cult → espon.

y²⁰. ‖ **~se dique.** loc. verb. *Ar, Ur.* Jactarse o alabarse excesivamente de algo. pop.

z²⁰. ‖ **~se el agua.** loc. verb. *Ho.* Suicidarse *alguien*.

a²¹. ‖ **~se el guille.** loc. verb. *PR.* Creerse *alguien* superior a los demás.

b²¹. ‖ **~se el puesto.** loc. verb. *ES.* Hacerse respetar.

c²¹. ‖ **~se el taco.** loc. verb. *Mx, CR.* Presumir de algo. (**darse su taco**).

d²¹. ‖ **~se en el huesito del gusto.** loc. verb. *PR.* Golpearse *alguien* en el cóccix. pop + cult → espon.

e²¹. ‖ **~se en la madre.**
  i. loc. verb. *Mx, Ho, Ni.* Golpearse con fuerza o insultarse. vulg.
  ii. *Mx.* Provocar la desgracia de alguien. vulg.
  iii. *Ho.* Estrellarse, chocar alguien contra algo. pop.

f²¹. ‖ **~se facha.** loc. verb. *Ch.* Mostrarse de manera jactanciosa. pop.

g²¹. ‖ **~se ferré.** loc. verb. *RD.* Vestirse y arreglarse *alguien* con esmero.

h²¹. ‖ **~se garra.** loc. verb. *Co.* Excederse en algo, ir más allá de lo razonable. pop.

i²¹. ‖ **~se la biaba.**
  i. loc. verb. *Ar.* p.u. Acicalarse excesivamente.
  ii. *Ar:NO.* Realizar un esfuerzo excesivo. pop.

j²¹. ‖ **~se la birra.** loc. verb. *PR.* Tomarse *alguien* una cerveza. pop + cult → espon.

k²¹. ‖ **~se la del perro.** loc. verb. *Cu, PR.* Gozar *alguien* de un placer muy grande. pop + cult → espon.

l²¹. ‖ **~se la fría.** loc. verb. *RD, PR.* Tomarse *alguien* una cerveza. pop + cult → espon.

m²¹. ‖ **~se la grande.** loc. verb. *Gu.* Disfrutar o gozar *alguien* mucho.

n²¹. ‖ **~se la lengua.**
  i. loc. verb. *Cu, RD.* Besarse apasionadamente. pop.
  ii. *Cu.* Congeniar. pop.

ñ²¹. ‖ **~se la lógica.** loc. verb. *Ch.* Cumplirse lo que se esperaba según las condiciones y antecedentes previos. pop + cult → espon.

o²¹. ‖ **~se la papa.** loc. verb. *Ar, Ur.* Drogarse. drog.

p²¹. ‖ **~se la pela.** loc. verb. *Co.* Hacer grandes esfuerzos por lograr un objetivo. pop.

q²¹. ‖ **~se la piedra con el coyol.** loc. verb. *Ho.* Juntarse dos personas iguales. pop.

r²¹. ‖ **~se las papas.** loc. verb. *Ch.* p.u. Resultar favorable el curso de los acontecimientos. pop + cult → espon.

s²¹. ‖ **~se las tres.** loc. verb. *Mx.* Fumar marihuana. drog; euf.

t²¹. ‖ ~se lija.

   i. loc. verb. *Cu, RD, PR, Ve.* Darse importancia *una persona.* pop + cult → espon. ♦ **darse caritate; darse tonelete.**

   ii. *RD.* Vestirse y arreglarse *una persona* con esmero.

u²¹. ‖ ~se madera.

   i. loc. verb. *Co.* Atacarse dos o más personas verbalmente.

   ii. *Co.* Atacarse dos o más personas en una competición o en un juego.

v²¹. ‖ ~se manija. loc. verb. *Ar, Ur.* Tener pensamientos recurrentes u obsesionarse con algo o alguien. pop + cult → espon.

w²¹. ‖ ~se paquete. loc. verb. *Mx, Gu.* Presumir, darse importancia. pop + cult → espon.

x²¹. ‖ ~se puerta. loc. verb. *Ni.* Tratar *alguien* de hacerse conocer.

y²¹. ‖ ~se puesto.

   i. loc. verb. *PR.* Alardear *alguien* de superioridad social. pop + cult → espon.

   ii. *PR.* Demorarse *alguien* en una cita. pop + cult → espon.

z²¹. ‖ ~se rejera. loc. verb. *Ve:O.* Permanecer *alguien* más de lo conveniente en un lugar.

a²². ‖ ~se sangre. loc. verb. *PR.* Ser *alguien* pariente de otra persona. pop + cult → espon.

b²². ‖ ~se sillón. loc. verb. *Cu.* Mecerse o descansar *alguien* en un sillón o mecedora.

c²². ‖ ~se su desembarcada. loc. verb. *Ni.* Conversar largamente dos personas.

d²². ‖ ~se su guayabazo. loc. verb. *Mx.* Aparentar *alguien* importancia ante otros. pop + cult → espon.

e²². ‖ ~se su lado. loc. verb. *Pe.* Tener mucho amor propio *alguien.*

f²². ‖ ~se su lugar.

   i. loc. verb. *Cu, Ve.* No consentir alguien que otra persona le falte el respeto.

   ii. *Cu, Ve.* Comportarse con corrección.

g²². ‖ ~se su paquete. loc. verb. *Ni.* Darse gusto en algo.

h²². ‖ ~se su taco. *Mx.* darse el taco.

i²². ‖ ~se teja. *Ec.* echar prosa.

j²². ‖ ~se tinte. loc. verb. *ES, Ni.* Desprestigiarse alguien.

k²². ‖ ~se tonelete. loc. verb. *Cu.* darse lija, darse importancia una persona.

l²². ‖ ~se un agarrón. loc. verb. *Mx.* Enfrentarse dos personas a golpes o verbalmente. pop + cult → espon.

m²². ‖ ~se un banquete. loc. verb. *Pa, Cu, RD, Ve, Ch, Ar.* Disfrutar intensamente con algo o alguien.

n²². ‖ ~se un bollo. loc. verb. *Ar.* Chocar un vehículo automotor. pop.

ñ²². ‖ ~se un champú. loc. verb. *Co.* Gozar *alguien* de un privilegio o de una situación fortuitos. pop.

o²². ‖ ~se un chasco. loc. verb. *Ar.* Asustarse. pop.

p²². ‖ ~se un entre. loc. verb. *Mx.* Tener un pleito acalorado. pop.

q²². ‖ ~se un estrellón. loc. verb. *Pa.* Enfrentarse *alguien* a algo inesperado. pop + cult → espon.

r²². ‖ ~se un frentazo. loc. verb. *Mx.* Tropezar *alguien* con un obstáculo.

s²². ‖ ~se un jalón. loc. verb. *Mx, Ve.* Drogarse *alguien.* delinc; vulg.

t²². ‖ ~se un jinquetazo. loc. verb. *PR.* Tomarse *alguien* una copa de una bebida alcohólica fuerte. pop + cult → espon.

u²². ‖ ~se un llegue. loc. verb. *Mx.* Sufrir un golpe un vehículo.

v²². ‖ ~se un palo. loc. verb. *Cu, RD, PR.* Tomarse *alguien* una copa.

w²². ‖ ~se un pase. loc. verb. *Cu.* Hartarse *alguien* de algo.

x²². ‖ ~se un quemón.

   i. loc. verb. *Mx.* Ponerse en ridículo.

   ii. *Mx.* Decir algo para impresionar a alguien.

   iii. *ES.* Disfrutar de un gustazo.

y²². ‖ ~se un taco de ojo. loc. verb. *Mx.* Disfrutar con la observación persistente hacia alguien o algo.

z²². ‖ ~se un toque. loc. verb. *Co.* Fumar marihuana. drog.

a²³. ‖ ~se un trasunto. loc. verb. *RD; Cu,* obsol. Parecerse físicamente a alguien.

b²³. ‖ ~se un verde. loc. verb. *ES.* Disfrutar de un gustazo.

c²³. ‖ ~se una *beer.* loc. verb. *PR.* Tomarse *alguien* una cerveza. pop + cult → espon.

d²³. ‖ ~se una buena moqueteada. loc. verb. *Ni.* Golpearse dos o más personas.

e²³. ‖ ~se una carta. loc. verb. *PR. En el juego de naipes,* ganar una misma carta varias veces seguidas.

f²³. ‖ ~se una descobijada. loc. verb. *Ni.* Mostrarse *alguien* tal cual es.

g²³. ‖ ~se una desmarimbada. loc. verb. *Ni.* Caerse *alguien* con fuerza contra el suelo.

h²³. ‖ ~se una despapayada. loc. verb. *Ni.* Mostrarse *alguien* tal cual es.

i²³. ‖ ~se una desvelada. loc. verb. *Mx, Pa, Cu, Bo.* Desvelarse, no poder dormir.

j²³. ‖ ~se una explotada. loc. verb. *RD, PR.* Trabajar *alguien* en exceso. pop + cult → espon.

k²³. ‖ ~se una insultada. loc. verb. *Cu.* Insultarse.

l²³. ‖ ~se una lata. loc. verb. *Ve.* juv. Besarse apasionadamente. pop.

m²³. ‖ ~se una manito de gato. loc. verb. *ES, Ni.* Arreglarse y pintarse *alguien* el rostro.

n²³. ‖ ~se una matada. loc. verb. *Cu.* Caerse violentamente *alguien.*

ñ²³. ‖ ~se una paseada. loc. verb. *Gu.* Reprender a alguien con dureza.

o²³. ‖ ~se una patá. *Cu, PR, Ve.* darse una patada.

p²³. ‖ ~se una patada. loc. verb. *Cu, PR, Ve.* Presumir *alguien* o actuar con altanería. pop + cult → espon. (**darse de patada; darse una patá**).

q²³. ‖ ~se una perdida. loc. verb. *Cu, PR, Ve.* Dejar *una persona* de frecuentar a alguien o un lugar.

r²³. ‖ ~se una puñalada. loc. verb. *Cu.* Quedarse *alguien* con una importante cantidad de dinero que no le corresponde procedente de un negocio o actividad.

s²³. ‖ ~se uña. loc. verb. *Cu, PR.* Rascarse *una persona.* pop.

t²³. ‖ ~se violín. loc. verb. *Cu.* Rascarse *alguien* los dedos de los pies.

u²³. ‖ ~se vitrina. loc. verb. *Cu.* obsol. Mostrarse *alguien* en público para presumir de algo.

v²³. ‖ ~se vuelo. loc. verb. *Mx.* Encaminarse, dirigirse por el camino más conveniente.

w²³. ‖ ~se vuelta la chaqueta. loc. verb. *Ch.* Abandonar un bando o partido a que se pertenecía y pasarse a otro por conveniencia. pop + cult → espon.

x²³. ‖ ~se vuelta la vianda. loc. verb. *Ch.* Vomitar por haber comido o bebido en exceso. pop + cult → espon.

y²³. ‖ dársela.

   i. loc. verb. *Ar, Ur.* Pegar o golpear a alguien para lastimarlo o reprenderlo. pop.

   ii. *Ho.* Irse *alguien* rápidamente de un lugar.

   iii. *Ho.* Viajar *alguien* a algún lugar.

   iv. *Ur.* Drogarse. drog.

z²³. ‖ dárselas.

   i. loc. verb. *Mx.* Acceder fácilmente una mujer a tener una relación sexual.

ii. *Mx.* Ceder completamente ante una situación algo complicada y presionante.

a²⁴. ‖ **dárselas de arroz con pollo.** loc. verb. *Ni.* Estar convencido *alguien* de que es bueno o experto en algo, sin serlo.

b²⁴. ‖ **dárselas de café con leche.** loc. verb. *Co:C,O.* Presumir, hacer alarde de algo. pop.

c²⁴. ‖ **dárselas de gallito.** loc. verb. *Ho.* Presumir *alguien* de valiente.

d²⁴. ‖ **dárselas de gran cacao.** loc. verb. *Ve, Ec.* Presumir de superioridad, *especialmente en algo que no se tiene, como riqueza, valentía, belleza o habilidad.* pop + cult → espon.

e²⁴. ‖ **dárselas de guapo.** loc. verb. *Cu, Ar.* Mostrar *una persona* una actitud pendenciera. desp.

f²⁴. ‖ **dársele vuelta el paraguas.** loc. verb. *Ch.* Ser *alguien* homosexual. pop ^ fest.

g²⁴. ‖ **dárselo.** loc. verb. *RD, Co.* Entregarse sexualmente. vulg.

h²⁴. ‖ **no ~ alce.** loc. verb. *Ar, Ur.* No dar a alguien ni un momento de descanso o alivio. pop + cult → espon.

i²⁴. ‖ **no ~ balance.** loc. verb. *RD.* No obtener ganancias o provecho en un negocio, profesión u oficio.

j²⁴. ‖ **no ~ bola.**
 i. loc. verb. *Co.* No acertar *alguien* a comprender o a hacer algo debidamente.
 ii. *Gu, Ho, Ni, Pa, RD.* No ser eficaz *alguien*.

k²⁴. ‖ **no ~ dos brincos.** loc. verb. *Ho, Ni.* Comportarse bien *una persona* por temor. pop.

l²⁴. ‖ **no ~ ni boleto.** loc. verb. *Ch.* No hacer caso a alguien. pop.

m²⁴. ‖ **no ~ ni del cuerpo.** loc. verb. *CR.* Ser *alguien* muy mezquino. vulg; fest.

n²⁴. ‖ **no ~ ni la hora.** loc. verb. *Ec.* No hacer caso a nadie, ser indiferente. pop.

ñ²⁴. ‖ **no ~ ni para un jocote.** loc. verb. *Ni.* Ser tacaño.

o²⁴. ‖ **no ~ ni un cinco.** loc. verb. *CR.* No apostar en favor de algo o alguien. pop.

p²⁴. ‖ **no ~ patada sin mordida.** loc. verb. *Ho, ES.* No hacer un favor a alguien sin beneficio personal.

q²⁴. ‖ **no ~ pie en bola.** loc. verb. *CR, Co, Pe, Bo, Ch. Ur,* pop + cult → espon. Hacer mal las cosas por ignorancia o aturdimiento.

r²⁴. ‖ **no ~ puntada sin dedal.** loc. verb. *Co.* Actuar *alguien* de manera calculada en busca del propio provecho.

s²⁴. ‖ **no ~ sal ni para un huevo.** loc. verb. *CR.* Ser *alguien* muy mezquino. pop ^ fest.

t²⁴. ‖ **no ~ una chaucha.** loc. verb. *Ch.* Considerar como seguro el fracaso de algo o de alguien. pop.

u²⁴. ‖ **no ~le el cuero.** loc. verb. *Ar, Ur.* No ser capaz *alguien* de algo por falta de dinero, de fuerzas o de coraje. pop.

v²⁴. ‖ **no ~le gusto al diablo.** loc. verb. *CR.* obsol. Realizar nuevamente y de inmediato algo que ha salido mal. pop.

w²⁴. ‖ **no ~le la cara.** loc. verb. *Ar, Ur.* Carecer *alguien* del desenfado o valor para hacer algo. pop + cult → espon.

x²⁴. ‖ **no ~se jalón.** loc. verb. *ES.* Ser iguales dos personas, aunque no lo parezcan.

a. ‖ **a lo que da.** loc. adv. *Bo.* Hasta lo máximo, todo lo posible. pop. ♦ **a lo que da el tejo.**

b. ‖ **a lo que da el tejo.** *Co:C.* **a lo que da.**

c. ‖ **a todo ~.**
 i. loc. adj/adv. *Mx, Ho, Ec, Pe, Bo, Ch.* Muy bueno, excelente. pop + cult → espon.
 ii. loc. adv. *Mx, CR, Ch.* En condiciones óptimas. pop + cult → espon.
 iii. *RD, Ve, Py; Bo,* pop. Con celeridad.

d. ‖ **a todo lo que da.**
 i. loc. adv. *Cu, RD, Ar, Ur.* Muy rápidamente. pop.
 ii. *RD, Bo.* Con toda la potencia o capacidad. pop + cult → espon.

e. ‖ **al dele.** loc. adv. *CR.* p.u.; juv. A pie.

f. ‖ **¡brincos dieras!** loc. interj. *Mx, Bo; Ec,* p.u. Indica deseo de que alguien guste de algo o quiera algo. pop + cult → espon ^ hiperb.

g. ‖ **¡da la vuelta!** loc. interj. *PR.* Expresa reprobación ante una comparación que alguien ha hecho.

h. ‖ **dale al que no te dio.** loc. sust. *Cu.* Alboroto, trifulca. pop + cult → espon.

i. ‖ **¡dale huevo!** loc. interj. *Pa.* Expresa aprobación. vulg.

j. ‖ **¡dale, que es tarde!** loc. interj. *PR.* Expresa malestar e impaciencia ante la insistencia de alguien. pop + cult → espon.

k. ‖ **dale que suene.** loc. adv. *Ch.* De manera insistente y reiterada. pop.

l. ‖ **¡dale vellón!** loc. interj. *PR.* Expresa recomendación a alguien que se olvide de algo que no vale la pena.

m. ‖ **dando y dando.** loc. adv. *Mx, CR, Cu, Ec; Ho, RD,* pop + cult → espon. *En un intercambio directo de bienes,* considerando del mismo valor las cosas que se intercambian y produciéndose al mismo tiempo el intercambio.

dariano, -a.
 I. 1. adj. *Ni, Ec.* Relativo a Rubén Darío. prest; cult → esm.

darketo, -a.
 I. 1. m y f. *Mx.* Persona que sigue una tendencia caracterizada por el uso de ropas de color negro y por una actitud melancólica.

darling. (Voz inglesa).
 ▶ **quedar ~.**

darsenero, -a.
 I. 1. adj/sust. *Ur.* Simpatizante del Club Atlético River Plate.

dash. (Voz inglesa).
 I. 1. m. *PR.* Panel delantero de mandos de un vehículo de motor. ♦ *dashboard*
 2. *PR.* Pizarra o tablero de instrumentos. ♦ *dashboard*.

dashboard. (Voz inglesa).
 I. 1. *PR.* *dash*, panel.
 2. *PR.* *dash*, tablero.

dasónomo.
 I. 1. m-f. *Ho.* Persona experta en la conservación, cultivo y aprovechamiento de los bosques. prest; cult → esm.

data.
 I. 1. f. *Ec. En el juego de* **cuarenta** *o la* **caída**, el turno de dar o repartir las cartas.
 2. *Cu.* Cada una de las rondas que componen una partida de dominó.
 3. *Cu. En el dominó,* conjunto de fichas que se reparte a cada jugador en una ronda.
 II. (Voz inglesa, de origen latino).
 1. f. *PR.* Conjunto de datos estadísticos.
 □
 a. ‖ **de vieja ~.** loc. adj. *Co, Ve, Py, Ar.* Antiguo, de hace mucho tiempo. esm.

date. (Voz inglesa).
 I. 1. m. *EU, PR; Pa, Ec,* juv. Cita amorosa. ♦ *dating*.

dateada.
 I. 1. f. *Ch.* Entrega de información reservada. pop.

datear(se).

I. 1. tr. *Co.* Obtener información acerca de un tema.
2. *Ve, Ch.* Dar alguna información o datos a alguien.
3. intr. prnl. *Ve.* Informarse sobre algún asunto de interés.
4. intr. *Ch.* Entregar datos confidenciales para que puedan ser utilizados para obtener un beneficio personal.

dateo.

I. 1. m. *Ch.* Entrega de información reservada. pop.

datero, -a.

I. 1. m. y f. *Ve, Ch, Ar, Ur.* Persona que suministra datos o alguna información de cierta importancia a otra.
2. *Ve, Ar, Ur. En hípica,* persona que da información o datos a los apostantes sobre posibles caballos ganadores en las carreras.
3. *Pe. En las empresas de transporte,* persona encargada de informar a los conductores de los intervalos de tiempo en las líneas y en las rutas.

dátil.

I. 1. m. *Ho, Ni, PR.* Planta herbácea, variedad de **banano** cuya altura es menor que las demás variedades, con fruto en racimos. (Musaceae; *Musa cavendishii*). (**átile**). ♦ **polinés.**
2. *Ho, Ni, PR.* Fruto del dátil, de hasta 4 cm de longitud, cáscara amarilla que se va poniendo negra con el tiempo, y pulpa más consistente y fibrosa que otras variedades. (**átile**). ♦ **polinés.**

datilero.

I. 1. m. *Pe, Ch.* Árbol de hasta 30 m de altura, con hojas largas, tiesas, de color verde azuloso que se arquean cuyo fruto es un dátil oblongo-ovoide con una sola semilla. (Arecacea; *Phoenix dactylifera*).
2. y f. *Ho.* Mata del **dátil.**

dating. (Voz inglesa).

I. 1. *EU, PR.* juv. *date.*

dato.

I. 1. m. *Ve.* Cactus columnar de hasta 8 m de altura, con espinas de color gris y flores rosadas de 7 cm de longitud. (Cactaceae; *Lemaireocereus griseus*).
2. *Ve.* Fruto del dato, subgloboso, de 5 cm de diámetro, de pulpa roja, comestible y espinoso.

daudá. (Del map. *daldal*).

I. 1. f. *Ch.* Planta herbácea de hasta 60 cm de altura, con tallo nudoso, hojas contrapuestas de dos en dos, flores axilares, pequeñas y amarillas, y raíz fusiforme, blanca, amarga y de olor aromático, que se ha usado en medicina como contraveneno. (Asteraceae; *Flaveria contrayerba, Eupatorium chilense*).

dauntaun. (Del ingl. *downtown*).

I. 1. m. *EU.* Centro urbano.

davueltar.

I. 1. tr. *Ar:N.* Girar o dar la vuelta a alguien o algo. rur. (**davueltear**).
2. *Ar:N.* Atravesar o pasar de una ladera a otra de un cerro. rur. (**davueltear**).
II. 1. tr. *Ar:N.* Demorar la realización de un trabajo o el cumplimiento de una obligación. pop. (**davueltear**).

davueltear.

I. 1. intr. *Ar:N.* Pasear sin rumbo fijo. pop.
2. *Ar:N.* Dar vueltas alrededor de un punto. rur.
3. *Ar:N.* **davueltar**, girar.
4. *Ar:N.* **davueltar**, atravesar.
II. 1. *Ar:N.* **davueltar**, demorar.

day

■

a. ‖ ~ *off.* (Voz inglesa). m. *PR.* Día libre.

daya.

I. 1. *Ve.* **verrugosa.**

dayper.

I. 1. *Ho.* **dáiper.**

de.

I. 1. conj. *RD, Pe, Ch.* Y.

deabollo. (De *a bollo*).

I. 1. m. *Ni.* Costo simbólico.

deacuatro. (De *a cuatro*)

I. 1. m. *Ni.* Mitad de una moneda.
II. 1. m. *Ni.* Látigo hecho de cintas de cuero atadas a un mango de madera.

dealer. (Voz inglesa).

I. 1. m. *EU, RD, PR, Ve.* Concesionario de automóviles. (**díler**).
2. *EU, RD, PR, Ve.* Distribuidor de automóviles. (**díler**).

dealtiro.

I. 1. *Mx.* **de a tiro.** pop.
II. 1. *Gu.* **altiro.** pop.

deam.

■

a. ‖ ~ *light.* (Voz inglesa). f. pl. *PR.* p.u. Luces intermitentes, *especialmente las del automóvil.*

deatiro.

I. 1. *Mx.* **de a tiro.**

deaverga. (De *a verga*).

I. 1. adv. *Ni.* Estupendamente, muy bien.

debajera.

□

a. ‖ **por ~.** loc. adv. *Ni.* Por acuerdo subrepticio.

debajero.

I. 1. m. *Ec:C.* Falda corta, *por lo general de bayeta o paño,* que usan sobre las enaguas las mujeres campesinas de la Sierra.

debe.

□

a. ‖ **al ~.** loc. adv. *RD, Co, Pe, Bo. En una compra,* a crédito.

debenture. (Voz inglesa).

I. 1. m. *Ch, Ar, Ur.* Obligación o título de crédito de una sociedad anónima que se emite al portador o al nombre de una persona.

deber.

□

a. ‖ **~ a cada santo una vela.** loc. verb. *RD, PR, Ve, Py, Ar, Ur; Ch.* pop ^ fest. Tener *alguien* muchas deudas.
b. ‖ **~ hasta la manera de caminar.** loc. verb. *Ve.* Tener *alguien* muchas deudas. pop.
c. ‖ **~ un ayote.** loc. verb. *Gu.* p.u. Haber asesinado *una persona* a *alguien.*
d. ‖ **~ un freno.** loc. verb. *Ho, ES.* Tener pendiente una ofensa o una deuda de honor.
e. ‖ **~ una misa a cada santo.** loc. verb. *RD, PR, Ve.* Tener *alguien* muchas deudas.
f. ‖ **~la.** loc. verb. *Mx.* Tener culpa pendiente de castigo. pop.
g. ‖ **~le a las once mil vírgenes.** loc. verb. *ES.* Tener deudas con muchísimas personas.
▶ **hacer el ~.**

debetiempo.

I. 1. m-f. *PR.* Persona que disfruta de libertad bajo palabra. carc.

debilidades.

I. 1. f. pl. *Ho, ES; Gu,* pop. Tonterías, cosas sin sentido. rur.

debilidencia.
    I. 1. f. *RD.* obsol. Debilidad.

debis.
    □
    a. ‖ **de a ~.** *Mx.* **de a devis.**

debitado, -a.
    I. 1. adj. *Gu, Ho, Ni, CR, RD, PR, Ve, Ec. Referido a dinero,* cargado en el debe de una cuenta.

debitar. (Del ingl. *to debit,* cargar una suma en cuenta).
    I. 1. tr. *EU, Mx, Gu, Ho, Ni, CR, Pa, RD, PR, Co, Ec, Bo, Ch, Py, Ar, Ur.* Cargar una cantidad de dinero en el debe de una cuenta.

debocar.
    I. 1. tr. *Ar:NO; Pe,* p.u. Vomitar *alguien* lo que se ha ingerido. pop.

debrecina.
    I. 1. f. *Ar.* Embutido elaborado con carne de cerdo y varias especias, que se come asado.

debujar.
    I. 1. tr. *RD.* obsol. Dibujar. rur.

debujo.
    I. 1. m. *RD.* obsol. Dibujo. rur.

debutar.
    I. 1. intr. *CR, Pe, Ch, Ar.* Tener *alguien* una relación sexual por primera vez. euf. pop + cult → espon.

decacarañar.
    I. 1. *RD.* **descascarañar.**

decacarar.
    I. 1. tr. *RD.* Descascarar.

decadencia.
    I. 1. f. *Ho, Ni; PR.* pop. Decaimiento, debilidad física. pop.

decaecido, -a.
    I. 1. adj. *Ar:N. Referido a persona,* débil o enfermiza. rur; pop. (**decaicido**).
    2. *Ar:NO. Referido a persona,* triste o desanimada. rur; pop. (**decaicido**).

decaicido, -a.
    I. 1. adj. *Ar:NO.* **decaecido,** débil.
    2. *Ar:NO.* **decaecido,** triste.

decalabre.
    I. 1. m. *RD.* Descalabro.

decalentado.
    I. 1. m. *RD.* Enfado o irritación. pop + cult → espon.

decalentado, -a.
    I. 1. adj. *RD. Referido a persona,* impetuosa, viva.
    II. 1. adj. *RD. Referido a persona,* enamoradiza.

decalentar(se).
    I. 1. tr. *RD.* Animar *algo* o *alguien* a una persona, darle energía.
    2. intr. prnl. *RD.* Animarse *alguien,* adquirir energía.

decaliente.
    I. 1. m. *RD.* Ímpetu, ánimo para hacer algo.

decanatura.
    I. 1. f. *Mx, Ho, Ni, Co, Bo, Ch; Ec.* p.u. Dignidad de decano.
    2. *Mx, Ho, Ni, Co, Bo, Ch; Ec,* p.u. Período de tiempo en el que ejerce la dignidad el decano.
    3. *Mx, Ho, Ni, Co, Bo; Ec,* p.u. Conjunto de dependencias destinadas oficialmente al decano para el desempeño de sus funciones.

decatao, -a.
    I. 1. adj/sust. *RD.* Degenerado. pop.

decé.
    I. 1. sust/adj. *Ch.* Partidario de la Democracia Cristiana, partido político de centro-izquierda.
    2. adj. *Ch.* Relativo a la Democracia Cristiana.

decenal.
    I. 1. adj. *Mx, RD. Referido a algo,* que sucede cada diez días.

decenarios.
    I. 1. m. pl. *RD.* Oraciones que se rezan por el alma de un difunto cuando es velado.

decentón, -na.
    I. 1. adj. *PR, Ch. Referido a cosa o a un evento,* de calidad suficiente, pero no excesiva.

decesado, -a.
    I. 1. sust/adj. *Ec.* Persona fallecida.

dechabar(se).
    I. 1. tr. *Cu.* Desacreditar, desprestigiar *una persona a alguien.*
    2. intr. prnl. *Cu.* Estropearse *algo.*

decididor, -ra.
    I. 1. adj/sust. *Mx; Ec,* p.u. *Referido a persona,* que decide.

decidor, -ra.
    I. 1. adj. *Ec, Ch. Referido a algo,* significativo, que da a entender o revela algo importante. cult → esm.

décima.
    I. 1. f. *Ec.* **amorfino,** baile y estrofa. pop + cult → espon
    ■
    a. ‖ **~ guajira.** f. *Cu.* Canto popular de tema campesino.

decimero.
    I. 1. m. *Pa, Cu, RD, Co, Pe.* Especie de juglar que recita versos.

decimero, -a.
    I. 1. sust/adj. *Ec:O.* Poeta popular que compone y recita **amorfinos.**

decimista.
    I. 1. m. *Pe.* Especie de juglar que recita versos.
    2. y f. *Cu.* Cantante popular que improvisa décimas y suele participar en **contrapuntos.**

decir.
    I. 1. tr. *Ho, ES, CR, Ve.* Iniciar *alguien* una acción.
    II. 1. tr. *Ho.* Ir *alguien* a un lugar. rur.
    III. 1. tr. *Ho.* Insultar *una persona a alguien.*
    IV. 1. tr. *Ho.* Pensar *alguien algo.*
    ●
    a. ‖ **dijo.** fórm. *RD.* Se usa para anunciar el comienzo de una acción.
    b. ‖ **dime bichán.** fórm. *RD.* juv. Se usa para saludar. pop.
    c. ‖ **quién dice.** fórm. *CR, PR.* Se usa con tono admirativo para expresar negación o desacuerdo rotundos. pop.
    □
    a. ‖ **~ a.** loc. verb. *Ve.* Empezar a hacer algo.
    b. ‖ **~ apártate.** loc. verb. *RD.* Poseer *alguien* o *algo* una característica negativa en mayor grado que otra persona o cosa semejante la tiene.
    c. ‖ **~ botija verde.** loc. verb. *Cu, RD.* Insultar o increpar *una persona a alguien.* pop + cult → espon.
    ◆ **decir hasta botija verde.**
    d. ‖ **~ cierto güis.** loc. verb. *Ni.* Mantener el anonimato del informante.
    e. ‖ **~ hasta botija verde.** loc. verb. *Cu,* obsol; *Co,* p.u. **decir botija verde.**
    f. ‖ **~ hasta culo.** loc. verb. *Cu.* Insultar *una persona a alguien.*
    g. ‖ **~ hasta de lo que va a morir.** loc. verb. *Gu, Ho, CR, PR, Co, Ve, Ec, Pe, Bo, Ch.* Tratar mal de palabra a *alguien.* pop + cult → espon.
    h. ‖ **~ hasta misa.** loc. verb. *Ni, CR, Co.* Hablar *alguien* en abundancia y sin reservas. pop + cult → espon.

i. ‖ ~ **hasta perro muerto.** loc. verb. *Ni, CR, PR*. Insultar *una persona* gravemente a *alguien*. pop + cult → espon.

j. ‖ ~ **hasta vela verde.** loc. verb. *Pa*. Insultar *una persona* a *alguien*.

k. ‖ ~ **incendios.** loc. verb. *Pe, Ar:NO*. Hablar *una persona* mal de alguien, *especialmente por estar molesto o enojado con él*. pop + cult → espon.

l. ‖ ~ **la zamba canuta.**
i. loc. verb. *Pe; Ec*, p.u. Decir *una persona* improperios a alguien. pop + cult → espon.
ii. *Bo*. Manifestar a una persona las verdades sin miramientos. pop.

m. ‖ ~ **por aquí es camino.**
i. loc. verb. *PR*. Irse *alguien* precipitadamente de un lugar.
ii. *CR*. Huir *alguien* de un sitio para evitar una situación comprometedora. pop.

n. ‖ ~ **relación.** loc. verb. *Ch; Ec*, p.u. Tener *algo* o *alguien* vínculo con otras cosas, personas o materias. cult → esm.

ñ. ‖ ~**le hasta la despedida.** loc. verb. *Mx*. Insultar *una persona* mucho a *alguien*, injuriarlo hasta no encontrar ya palabras para ofender.

o. ‖ ~**le hasta misa.** loc. verb. *CR, Co:C,O*. Insultar o increpar a alguien. pop.

p. ‖ ~**le la vela verde.** loc. verb. *Pe*. Insultar *una persona* fuertemente a *alguien*. pop.

q. ‖ ~**le vela verde.** loc. verb. *Ec*. Insultar o increpar a *alguien*. pop + cult → espon.

r. ‖ ~**le velas verdes.** loc. verb. *Pe*. Insultar o increpar a alguien. pop.

s. ‖ **no** ~ **ni a.** loc. verb. *CR, Ar*. No decir nada. pop.

t. ‖ **no** ~ **ni busú.** loc. verb. *RD*. No decir nada.

u. ‖ **no** ~ **ni chis ni mus.** loc. verb. *Pe, Bo; Ec*, p.u. No decir nada. pop.

v. ‖ **no** ~ **ni cuche.** loc. verb. *Ho*. No decir nada. pop + cult → espon.

w. ‖ **no** ~ **ni cuio.** loc. verb. *ES, Ni*. No decir nada.

x. ‖ **no** ~ **ni ji.** loc. verb. *Cu, RD*. No decir nada. pop.

y. ‖ **no** ~ **ni jugo de piña.** loc. verb. *Cu*. No decir nada. pop.

z. ‖ **no** ~ **ni ñe.**
i. loc. verb. *Ve*. No decir nada. pop.
ii. *Ve*. No reaccionar ante un comentario o una situación.

a¹. ‖ **sin** ~ **busú.** loc. verb. *RD*. No decir palabra, no soltar prenda.

a. ‖ **dime que te diré.** loc. sust. *Cu*. Discusión o debate agresivo y confuso.

b. ‖ **¡dígame eso!** loc. interj. *Ve*. Expresa asombro o sorpresa ante un hecho que se desaprueba.

c. ‖ **en lo que dicen berenjena.** loc. adv. *RD*. En un instante.

d. ‖ **ni que se diga.** loc. adv. *Bo:O*. Ni mucho menos.

e. ‖ **por** ~ **lo menos.** loc. adv. *Ec*. De la manera más ligera e inofensiva posible. pop + cult → espon.

f. ‖ **por** ~ **nomás.** loc. adv. *Ec, Ch, Ar:NO*. Con respecto a algo que se ha dicho, sin ninguna intención especial. pop.

g. ‖ **sin** ~ **agua va.** loc. adv. *Ar, Ur*. Repentina e inesperadamente. pop + cult → espon.

decisional.
I. 1. adj. *PR; Ec*, p.u. *Referido a una entidad o cosa*, que tiene capacidad para decidir.

deck. (Voz inglesa).
I. 1. m. *PR*. Sobre de heroína. drog. (**deique**; **deque**; **dequer**).

declarada.
I. 1. f. *ES*. Declaración de amor. rur.

declaratoria.
I. 1. f. *Mx, Gu, Ho, CR, Pa, PR, Co, Ve, Ec, Ch, Ar*. Manifestación pública u oficial del establecimiento de algo.
2. *Ni*. Sentencia de un juez.

declive.
☐
a. ‖ **buen** ~. loc. sust. *Ch*. Capacidad y resistencia de alguien para no emborracharse. pop + cult → espon.
▶ **tener buen** ~.

decocotar.
I. 1. tr. *RD*. Desnucar a *alguien*.

decodear. (Del ingl. *to decode*).
I. 1. tr. *EU*. Descodificar, descifrar *algo*.

decol. (De *Decol®*).
I. 1. m. *Co*. Líquido de protección industrial que se utiliza como limpiador y blanqueador.

decolaje. (Del fr. *décollage*).
I. 1. m. *Co, Ec, Ar, Ur, Ho, Ch*, p.u. Despegue de una aeronave. prest; cult → espon.

decolar. (Del fr. *décoller*).
I. 1. intr. *Co, Ec, Ar, Ur, Ho, Ch*, p.u. Despegar una aeronave. prest; cult → espon.

deconchinflar.
I. 1. *PR*. **desconchinflar**, estropear.

decoyuntao, -a.
I. 1. adj. *RD*. *Referido a persona*, que siente dolor en alguna articulación de su cuerpo por haber sufrido una luxación.

decrepitar.
I. 1. intr. *RD*. Tener *una persona* debilitadas sus facultades mentales por efecto de la edad.

decretal.
I. 1. adj. *Ho*. Relativo a decretos legislativos. prest; cult → esm.

decretar.
I. 1. tr. *RD*. Cortarle *alguien* la cresta al gallo de pelea.

decricajar(se).
I. 1. tr. *RD*. Descomponer, deshacer o dañar *alguien* *algo*.
2. intr. prnl. *RD*. Descomponerse, deshacerse o dañarse *algo*. ♦ **escriquillarse.**

decricaje.
I. 1. m. *RD*. Deterioro o estado lamentable de algo o de alguien.
2. *RD*. Agotamiento, extenuación de alguien.

decunchunflar(se).
I. 1. *PR*. **desconchinflar**, estropear.
2. *PR*. **desconchinflarse**, estropearse.

dedal.
I. 1. m. *Mx, Gu*. Copa pequeña de licor.
☐
a. ‖ **un** ~ loc. sust. *Cu*. Cantidad pequeña de algo.

dedalito.
I. 1. m. *Ar, Ur*. Pasta alimenticia de harina en forma de anillo.

dedazo.
I. 1. m. *Mx, Ho, Ni, CR, Bo; Ec*, desp. Designación de un candidato a un puesto público, *realizada especialmente por el Poder Ejecutivo*, sin respetar las formalidades de rigor. pop ∧ sat.
2. *ES*. Acusación, denuncia.
II. 1. m. *CR*. Error que se comete al introducir datos en una computadora mediante el teclado. pop.

dedear(se).
I. 1. tr. *Mx*. Masturbar *alguien* a una mujer con los dedos. vulg.

2. intr. prnl. *Mx.* Masturbarse una mujer con los dedos. vulg.

3. tr. *Pe, Ch.* Tocar con los dedos las partes erógenas de una persona para estimulárselas y excitarla sexualmente.

II. 1. tr. *Pe.* Delatar o acusar *una persona* a *alguien.* pop.

III. 1. intr. *Bo. En un camino o carretera*, hacer determinadas señas para solicitar transporte gratuito a los automovilistas que circulan.

dedeo.
I. 1. m. *Pa.* Rasgueo de guitarra.

dedetización.
I. 1. f. *Ar, Ur.* Rociado de los cultivos con un producto desinfectante, para evitar plagas.

dedetizar. (De *DDT,* compuesto orgánico que se emplea como insecticida).
I. 1. tr. *RD, Ar, Ur.* Rociar los cultivos con un producto desinfectante, para evitar plagas.

dedicancia.
I. 1. f. *ES.* Dedicación. fest.

dedicarse.
□
a. ‖ **dedicársela.** loc. verb. *Ve.* Molestar *una persona* a otra de forma insistente.

dediparado, -a.
I. 1. adj/sust. *Co. Referido a persona*, de clase social alta. pop.

dedo.
I. 1. adj. *Mx.* meton. *Referido a persona*, delatora.

2. m-f. *ES.* Persona que es confidente de la policía.

II. 1. m. *Gu, Ho:N, CR, Pa.* Uno de los frutos que conforman el racimo de una musácea, como el **plátano** o el **banano.**

III. 1. m. *Ec.* Embuste, engaño, mentira. pop.

■
a. ‖ **~ del medio.** m. *Cu.* Dedo corazón, cordial.

b. ‖ **~ grande.** m. *PR, Co, Ve:O.* Dedo pulgar.

c. ‖ **~ miche.** m. *Ho.* Dedo pequeño de la mano o del pie de una persona.

□
a. ‖ **al ~.**
i. loc. adv. *Bo, Py.* A dedo, mediante designación personal, de manera arbitraria.
ii. *Bo.* En autoestop.
iii. *CR.* A pie, caminando. pop.

b. ‖ **de ~ parado.**
i. loc. adj. *Co. Referido a persona*, de clase social alta. pop.
ii. *Co. Referido a persona o cosa*, elegante, distinguida. pop.

c. ‖ **~ a ~.**
i. loc. sust. *Mx.* Viaje en autoestop. pop.
ii. *Mx.* Mentira, embuste. pop.

d. ‖ **~ chiquito.** loc. sust. *Mx.* Persona favorita, consentida o de confianza de alguien. pop + cult → espon.

e. ‖ **~ malcriado.** loc. sust. *Bo.* Gesto obsceno de desprecio que consiste en levantar un brazo con el puño cerrado y el dedo corazón extendido. pop + cult → espon.

f. ‖ **~ sin uña.** loc. sust. *Mx, Ho, ES, CR.* juv. Pene. vulg; fest.

g. ‖ **~s de seda.** loc. sust. *Bo.* Carterista, ladrón de carteras de bolsillo. ♦ **dedos finos; dedos largos.**

h. ‖ **~s finos.** *Bo.* dedos de seda.

i. ‖ **~s largos.** *Bo.* dedos de seda.

j. ‖ **~s verdes.** loc. sust/adj. *Ch.* Persona que tiene habilidad para cuidar y hacer crecer las plantas. pop + cult → espon.

◪
a. ‖ **al ~ malo todo se le pega.** fr. prov. *RD.* Indica que las desgracias se acumulan sobre la persona que ya está maltrecha.

▶ amarrar el ~; caer al ~; coger el ~ la puerta; dar el ~ y querer la mano; echar ~; halar ~; jugar el ~ en la boca; mamarse el ~; meter el ~ en el ventilador; meter el ~ en la boca; meter los ~s a la boca; no quitar el ~ del renglón; parar el ~; picar los ~s; poner el ~; poner el ~ en el renglón; sacar el ~; tener ~s para el piano; tener ~s verdes; tener el ~ metido en el culo; tirar ~.

dedocracia.
I. 1. f. *Ho, PR, Ec, Bo, Ch, Ar.* Práctica que se caracteriza por el otorgamiento arbitrario de cargos públicos o posiciones importantes sin mediar concursos, elecciones o postulaciones regulares. prest; cult → espon.

dedón, -na.
I. 1. adj. *Mx. Referido a persona*, de dedos grandes.

default. (Voz inglesa).
I. 1. m. *Ch; Ec*, p.u. *En economía*, cese en el pago de los intereses y el capital de una deuda.

2. *Ho. En economía*, incumplimiento del pago de una cantidad acordada.

defección. (Del ingl. *defecation*).
I. 1. f. *Pa.* Evacuación líquida y frecuente de vientre. cult → esm.

defeccionar.
I. 1. intr. *Mx, Co, Pe, Bo.* Cometer defección.

2. *Pe. Especialmente en una **competencia** deportiva*, fallar, no alcanzar buenos resultados. cult → esm.

defectuoso.
I. 1. m. *Mx.* Distrito Federal de la Ciudad de México. fest.

defender.
•
a. ‖ **no me defiendas, compadre.** fórm. *Mx, Gu, Cu.* Se usa para hacerle saber a alguien que, con su intención de ayudar, puede empeorar una situación.

defensa.
I. 1. f. *Mx, Ho, Pa, Cu, Co, Pe, Ch, Ur.* Pieza o aparato que llevan exteriormente los automóviles y otros vehículos automotores, en la parte delantera y trasera, para amortiguar los efectos de un choque. pop + cult → espon.

II. 1. f. *Ve, Ch.* Parapeto o valla resistente y de poca altura que se coloca al borde de una carretera o camino con fines de seguridad.

III. 1. f. pl. *Ho.* Nalgas. vulg; pop + cult → espon.

IV. 1. *PR.* **defensiva**, intento de los jugadores.

defensable.
I. 1. adj. *RD.* Defendible.

defensiva. (Del ingl. *defensive*).
I. 1. f. *Cu, RD, PR, Ve. En el **beisbol***, jugador o equipo que lanza la pelota y recibe los **batazos** del contrario.

2. *RD, PR. En el **beisbol***, intento de los jugadores que ocupan el terreno del equipo que está en el turno del **bate** no anote carreras. ♦ **defensa.**

defensor.
■
a. ‖ **~ de los habitantes.** m y f. *CR.* Titular de la **Defensoría de los Habitantes.**

defensoría.
I. 1. f. *Mx, Pa, Co, Ve, Ec, Pe, Bo, Ar, Ur.* Función o ejercicio de defensor.

2. *Ec, Pe, Bo*. Institución que defiende y protege los derechos fundamentales de la persona, de la comunidad o de un colectivo.

3. *CR.* **Defensoría de los habitantes**.

■

a. ‖ **~ de los habitantes**. *CR.* **defensoría del pueblo**. (**defensoría**).

b. ‖ **~ del pueblo**. f. *Pa, Co, Ve, Ec, Pe, Bo, Ar, Ur*. Institución y cargo del defensor del pueblo. ◆ **Defensoría de los habitantes**.

defensorista.
I. 1. adj/sust. *Ur*. Simpatizante del Club Deportivo Defensor.

definfarrar.
I. 1. tr. *RD*. Desgarrar, rasgar *alguien algo*.
II. 1. tr. *RD*. Despilfarrar *alguien algo*.

definir.
□
a. ‖ **en ~**. loc. adv. *Pa*. En conclusión, en fin de cuentas. rur.

deflecar(se).
I. 1. tr. *RD*. Romper, destrozar *alguien algo*.
2. prnl. *RD*. Pegarse dos o más personas, enredarse a golpes.
II. 1. tr. *RD*. Consumir, comer o beber *alguien algo*.

deflector. (Voz inglesa).
I. 1. m. *Ho*. Aparato de plástico que se adapta por fuera a las ventanillas de un automóvil para cortar el viento o desviar la lluvia.

defondado, -a.
I. 1. adj/sust. *Cu, RD. Referido a persona*, que ha perdido la virginidad. vulg; pop + cult → espon ^ desp.

defondar.
I. 1. tr. *RD*. Desfondar.
2. *RD*. metáf. Penetrar violentamente un hombre a *alguien*, poseerlo. vulg.

deforzado, -a.
I. 1. adj. *RD. Referido a persona*, que se ha quedado sin fuerzas, exhausta.

defuerzado, -a.
I. 1. adj. *Ar:NO. Referido a persona o animal*, que ha perdido las fuerzas, agotado. rur; pop.

defumador.
I. 1. m. *Pe*. Construcción que posee un depósito de barro en forma de volcán en el que se introduce la leña y que sirve para ahumar el **caucho**. rur.

defumar.
I. 1. tr. *Pe*. Humear un lugar con productos, hierbas y plantas especiales para protegerse del mal. pop.

degaritar(se).
I. 1. *RD*. **desgaritar**, dispersar.
2. *RD*. **desgaritarse**, huir.

degenerado, -a.
I. 1. adj. *PR. Referido a un gallo o a un caballo*, que ha quedado inutilizado. rur.

degenere.
I. 1. m. *Mx, ES, PR, Co*. Desorden, barullo. pop + cult → espon.
2. *Ho, Ni, PR*. Comportamiento vicioso o inmoral de alguien. (**degenerio**).
II. 1. m. *Gu, Ho, Co; Mx*, obsol. Deterioro, decaimiento de alguien. pop + cult → espon.
2. *CR, PR*. Transformación de algo, *especialmente de costumbres o de hábitos*, en otra cosa considerada como peor. pop.
III. 1. m. *Mx, PR*. Perversión. pop + cult → espon.
IV. 1. m. *ES, Ni*. juv; meton. Fiesta.

degenereque.
I. 1. adj/sust. *Ch. Referido a persona*, degenerada, de condición mental o moral depravada. pop + cult → espon ^ desp.
2. m. *Ch*. Degeneración, depravación. pop + cult → espon ^ desp.

degenerio.
I. 1. *Ho*. **degenere**, comportamiento.

degollado.
I. 1. m. *Mx*. Ave migratoria de pequeño tamaño, con plumaje negro en el cuerpo, blanco en la cabeza y rojo en el cuello, pico grueso y ancho y alas largas. (Fringillidae; *Zamelodia ludoviciana*).

degracimao, -a.
I. 1. adj/sust. *RD. Referido a persona*, desgraciada. ◆ **degrampado**.

degrampado, -a.
I. 1. *RD*. **degracimao**.

degredo.
I. 1. m. *Ve*. Hospital de enfermos contagiosos.
II. 1. m. *Ve*. Sitio donde se arrojan los desperdicios públicos.
► **echar al ~**; **estar en el ~**; **mandar al ~**.

degreñao, -a.
I. 1. adj. *RD. Referido a persona*, despeinada.

deguabine.
I. 1. m. *RD*. Agotamiento, cansancio extremo.

deguañangue.
I. 1. *RD*. **desguañangue**.

degüellador.
I. 1. m. *Ve:O*. Hombre que mata y desuella las **reses** en el **degüello**.

degüello.
I. 1. m. *Ve:O*. Sitio donde se mata y desuella el ganado destinado al abasto público.

deique.
I. 1. *PR*. **deck**. drog.

dejación.
I. 1. f. *PR*. Dejadez, abandono. ◆ **dejadencia**.

dejada.
I. 1. f. *Mx*. Viaje en un taxi.
II. 1. f. *Ni*. Regreso de la imagen del santo de una iglesia visitada a su santuario.
2. *Ni*. Procesión en que se regresa la imagen a su santuario.

dejadencia.
I. 1. f. *ES*. **dejación**.

dejado, -a.
I. 1. adj. *Mx, PR. Referido a persona*, que ha sido abandonada por su pareja.
2. *Mx. Referido a persona*, que no se defiende.
3. sust/adj. *Ve:O*. Hombre cuya esposa le es infiel.
II. 1. adj. *Py. Referido a persona*, descuidada en su apariencia personal.
2. *Ni. Referido a persona*, inepta o inexperta.

dejante.
I. 1. prep. *Gu; Ch*, rur. Aparte de, además de.
□
a. ‖ **~ que**. loc. conj. *Mx, Gu; Ch*, rur. No obstante, además de que.

dejar(se).
I. 1. intr. prnl. *Mx; Ec*. pop. Someterse *alguien* a algo.
II. 1. tr. prnl. *Gu, Ni, RD, PR, Co, Py*. Finalizar dos personas su relación amorosa.
III. 1. intr. *CR, Pa, Ve*. Dar el último toque de campanas de los tres con que se llama a misa a los feligreses.

IV. 1. tr. *PR, Ve.* No esperar a *alguien* con quien se iba a ir a un determinado lugar.

V. 1. tr. prnl. *CR.* Adquirir *algo*, o pasar a poseerlo.

□

a. ‖ ~ **a medio palo.** loc. verb. *RD.* Dejar *alguien algo* inconcluso. pop + cult → espon.

b. ‖ ~ **a pie.** loc. verb. *ES.* Robar todo a alguien. delinc.

c. ‖ ~ **abajo.** loc. verb. *Mx.* Fallar, abandonar, decepcionar. pop.

d. ‖ ~ **al rescoldo.** loc. verb. *PR.* Aplazar *alguien algo* para otra ocasión. cult → esm.

e. ‖ ~ **arrollado.** *PR.* **dejar guindado.**

f. ‖ ~ **así.** *Ni, Pa, RD, Co, Ve, Ec, Py.* **dejar de ese tamaño.**

g. ‖ ~ **baboso.** loc. verb. *Gu.* Causar asombro o estupefacción a alguien.

h. ‖ ~ **botado.**

  i. loc. verb. *Ho, RD, PR, Co, Ve, Pe.* Dejar a *alguien* atrás en un recorrido. pop.

  ii. *CR, Ec.* Dejar rezagado, abandonar a *alguien.* pop.

  iii. *Cu, PR.* Sorprender a *alguien* con un comentario o una actitud inesperada. pop.

  iv. *Cu.* Ocultarle a alguien parte de la información que necesita para comprender un asunto. pop.

i. ‖ ~ **capote.** loc. verb. *Mx. En un juego*, quedar sin puntuar el contrario. pop.

j. ‖ ~ **chaqueta.** loc. verb. *Ch.* Dejar un hombre embarazada a una mujer y no asumir sus responsabilidades como padre, llegando incluso a la huida. pop.

k. ‖ ~ **chato.**

  i. loc. verb. *Mx.* Engañar a *alguien.*

  ii. *Ar, Ur.* Dejar a *alguien* cortado o sin capacidad de reacción. pop.

l. ‖ ~ **chiquito.** loc. verb. *Ec.* Vencer fácilmente a *alguien.*

m. ‖ ~ **colgado.** *Ar, Ur.* **colgar la galleta.**

n. ‖ ~ **colgado de la brocha.**

  i. loc. verb. *Ni.* No cumplir con lo prometido a alguien.

  ii. *Ni.* No presentarse *alguien* a una cita.

ñ. ‖ ~ **como camote.** loc. verb. *Ni.* Mostrar *alguien* moretones por haber sido golpeado.

o. ‖ ~ **como chaleco de mono.** loc. verb. *Ch.* Dejar a *alguien* en una situación embarazosa, complicada o de descrédito. pop + cult → espon ^ fest.

p. ‖ ~ **como chupa.** loc. verb. *PR.* Insultar *una persona* a *alguien.* pop + cult → espon. ♦ **dejar como chupete de china.**

q. ‖ ~ **como chupete de china.** *PR.* **dejar como chupa.**

r. ‖ ~ **como mocho de escoba.** loc. verb. *Ni.* Cortar mal el pelo a alguien. ♦ **quedar como gallina chiricana.**

s. ‖ ~ **como novia de pueblo.** loc. verb. *Gu, Ho.* Quedar *una persona* esperando a alguien.

t. ‖ ~ **como palo de gallinero.**

  i. loc. verb. *Mx.* Insultar fuertemente a *alguien* o hablar muy mal de él.

  ii. *Pa.* metáf. Tener *alguien* en determinado momento, gran acumulación de adversidades.

u. ‖ ~ **como salón de baile.** loc. verb. *Ho.* Robar todo lo que hay en un lugar.

v. ‖ ~ **como semáforo.** loc. verb. *Ni.* No presentarse *alguien* a una cita.

w. ‖ ~ **como un santocristo.** loc. verb. *Mx.* Maltratar a *alguien*, herirlo con mucho rigor y crueldad. pop + cult → espon.

x. ‖ ~ **como una tusa.** loc. verb. *Co.* Dejar muy corto el pelo a alguien. pop.

y. ‖ ~ **con los brazos cruzados.** loc. verb. *Gu, Ho.* Desposeer a *alguien* de su dinero o sus pertenencias.

z. ‖ ~ **con los churos hechos.** loc. verb. *Ec.* Desairar a *alguien.* pop.

a¹. ‖ ~ **con los colochos hechos.**

  i. loc. verb. *Gu, Ho, ES, Ni.* Dejar plantado a *alguien.* pop.

  ii. Dejar *una persona* a *alguien* ya preparado para algo, como una fiesta u otra invitación. pop.

b¹. ‖ ~ **con los crespos hechos.** loc. verb. *Co, Ve, Pe, Bo.* Dejar esperando a *alguien* con todos los preparativos hechos. pop + cult → espon.

c¹. ‖ ~ **con los ojos cuadrados.** loc. verb. *Mx, Ni, CR, Pa.* Impresionar a *alguien.* ♦ **dejar cuadrado.**

d¹. ‖ ~ **cuadrado.** *Mx.* **dejar con los ojos cuadrados.**

e¹. ‖ ~ **cuche.** loc. verb. *Ho.* Impedir la salida de algo, *especialmente de un vehículo.* pop + cult → espon.

f¹. ‖ ~ **de ese tamaño.**

  i. loc. verb. *Mx, Ni, CR, Pa, Co, Ve, Ec.* Dejar *alguien* un asunto complicado o difícil en el punto en el que se encontraba. pop. ♦ **dejar así.**

  ii. *RD, Ve.* Desistir *alguien* de algo.

g¹. ‖ ~ **de seña.** loc. verb. *Ar.* Faltar *una persona* a una cita con alguien o retrasarse mucho. pop + cult → espon.

h¹. ‖ ~ **duro, -a.** loc. verb. *Ar, Ur.* Dejar *algo o alguien* muy sorprendido o admirado a una persona. pop.

i¹. ‖ ~ **el cacaste.**

  i. loc. verb. *Ho, ES, Ni.* Morir *alguien.* pop + cult → espon ^ fest.

  ii. *Ni.* Trabajar *alguien* hasta la extenuación.

j¹. ‖ ~ **el chinaste.** loc. verb. *Ni.* Morir *alguien.* pop + cult → espon ^ fest.

k¹. ‖ ~ **el claro.** loc. verb. *RD.* Marcharse *alguien.*

l¹. ‖ ~ **el cuero.** loc. verb. *Ho.* Esforzarse *alguien* al hacer algo.

m¹. ‖ ~ **el encargo.** *Bo.* Dejar embarazada a una mujer. pop + cult → espon.

n¹. ‖ ~ **el gufeo.** *PR.* **dejar el relajo**, dejar de hacer bromas.

ñ¹. ‖ ~ **el julepe.** *PR.* **dejar el relajo**, dejar de hacer bromas.

o¹. ‖ ~ **el limpio.** loc. verb. *RD.* Marcharse *alguien.*

p¹. ‖ ~ **el mejor plato para lo último.** loc. verb. *PR.* Dejar *alguien* para el final lo más lucido o más atractivo. delinc.

q¹. ‖ ~ **el muerto boca arriba.** loc. verb. *ES.* Olvidarse de algo y tener que volver a un lugar. fest.

r¹. ‖ ~ **el ombligo.** loc. verb. *CR.* obsol. Haber nacido *alguien* en un sitio determinado. pop + cult → espon.

s¹. ‖ ~ **el pegao.** loc. verb. *PR.* Matar *una persona* a *alguien.* delinc.

t¹. ‖ ~ **el pelero.**

  i. loc. verb. *Ve.* Abandonar *alguien* una empresa. pop.

  ii. *Ve.* Fugarse *alguien*, escaparse. pop.

u¹. ‖ ~ **el plato enganchado.** loc. verb. *PR.* Reincidir *alguien* en algo, *especialmente en algún delito.* polic. ♦ **dejar la cuchara enganchada.**

v¹. ‖ ~ **el pugilato.** loc. verb. *PR.* Dejar *una persona* de molestar y de burlarse de alguien. pop + cult → espon.

w¹. ‖ ~ **el relajo.**

  i. loc. verb. *PR.* Dejar *alguien* de hacer bromas. pop + cult → espon. ♦ **dejar el gufeo; dejar el julepe; dejar el vacilón; dejar la bachata.**

  ii. *PR.* **dejar esa guasa**, no decir tonterías.

  iii. *PR.* **dejar esa guasa**, no ser mentiroso.

x¹. ‖ ~ **el traqueteo.** loc. verb. *PR.* Abandonar *alguien* lo que está haciendo. pop + cult → espon.

y¹. ‖ ~ **el tren.** loc. verb. *Gu, Ho, Ni, CR, Co, Bo.* Quedarse soltera una mujer. espon ^ fest. ♦ **írsele el tren.**

z¹. ‖ ~ **el vacilón.** *PR.* **dejar el relajo**, dejar de hacer bromas.

a². ‖ ~ **embarcado.** loc. verb. *Ho, Cu, PR, Ve.* Dejar *una persona* esperando a *alguien.*

b². ‖ ~ **en banda.**
    i. loc. verb. *Cu, Ar, Ur.* No invitar *una persona* a *alguien* o no darle participación en algo. pop. + cult → espon.
    ii. *Cu, Ar, Ur.* Abandonar o dejar desatendido *una persona* a *alguien* o algún asunto. pop.

c². ‖ ~ **en el esterero.** loc. verb. *Ve.* Dejar *una persona* esperando a *alguien.*

d². ‖ ~ **en el limbo.** loc. verb. *RD, PR, Pe.* No hacerse entender *alguien.* pop + cult → espon.

e². ‖ ~ **en el petate.** loc. verb. *Ni.* pop + cult → espon ^ fest. Arruinar *una persona* a *alguien.*

f². ‖ ~ **en esa.**
    i. loc. verb. *Cu.* Incumplir *alguien* una promesa.
    ii. *Cu.* Dejar *una persona* esperando a *alguien.*

g². ‖ ~ **en la carretera de la vida y con una llanta ponchada.** loc. verb. *Ho.* Abandonar, desamparar *una persona* a *alguien* en una situación difícil. sat.

h². ‖ ~ **en la lona.** loc. verb. *Ni, Ec. Bo, Py.* Derrotar *una persona* a *alguien* con contundencia, sin posibilidades de reaccionar positivamente.

i². ‖ ~ **en la luna.** loc. verb. *Cu.* Quedarse *una persona* sin comprender a la otra.

j². ‖ ~ **en la mano.**
    i. loc. verb. *Cu.* Evitar a *alguien.*
    ii. *Cu.* Abandonar *alguien* a su pareja.
    iii. *Cu.* Desobedecer, no realizar lo ordenado.

k². ‖ ~ **en la tusa.** loc. verb. *CR.* obsol. Dejar *una persona* a *alguien* en la miseria. pop + cult → espon.

l². ‖ ~ **en las latas.** loc. verb. *Ho, Ni.* Arruinar *una persona* a *alguien.* pop + cult → espon ^ fest.

m². ‖ ~ **en llanta.** loc. verb. *RD.* Abandonar a *una persona* o faltar a una cita con ella.

n². ‖ ~ **encampanado.**
    i. loc. verb. *Mx;* pop + cult → espon. Abandonar *una persona* a *alguien*, dejándolo comprometido en un peligro o un mal negocio.
    ii. *Gu.* Abandonar *una persona* a *alguien*, dejándolo entusiasmado en un proyecto o negocio.

ñ². ‖ ~ **enganchado.** loc. verb. *RD.* No pagar *una persona* a *alguien* una cantidad de dinero que se le debe. ♦ **dejar pillado.**

o². ‖ ~ **entendiendo.** loc. verb. *Ve.* Dejar *una persona* solo a *alguien* con un problema.

p². ‖ ~ **esa chuleta.** loc. verb. *PR.* Dejar *alguien* las cosas como están. pop + cult → espon.

q². ‖ ~ **esa guasa.**
    i. loc. verb. *PR.* No ser mentiroso. ♦ **dejar el relajo.**
    ii. *PR.* No decir tonterías. ♦ **dejar el relajo.**

r². ‖ ~ **esa vaina.** loc. verb. *RD, PR.* Dejar *alguien* de molestar, dejar tranquila a una persona. pop + cult → espon. ♦ **dejarse de vainas.**

s². ‖ ~ **ese cráneo.**
    i. loc. verb. *PR.* Cambiar *alguien* de tema. pop + cult → espon.
    ii. *PR.* Dejar *alguien* de hacer algo. pop + cult → espon.

t². ‖ ~ **guindado.** loc. verb. *Ho, Cu, PR, Co:N.* No acudir *una persona* a una cita con alguien y hacerle esperar. ♦ **dejar arrollado; dejar puyú.**

u². ‖ ~ **hecho paste.** loc. verb. *Ho, Ni.* Quedar *alguien* maltrecho física, psicológica o económicamente. pop + cult → espon. ♦ **dejar hecho verga.**

v². ‖ ~ **hecho verga.** *Ho, Ni.* **dejar hecho paste.** vulg.

w². ‖ ~ **hule.**
    i. loc. verb. *Ho.* Quedar *una persona* sin dinero.
    ii. *Ho.* Matar *alguien* a una persona o animal.

x². ‖ ~ **jalando el fuelle.** loc. verb. *Ve.* obsol. Engañar *una persona* a *alguien.*

y². ‖ ~ **la bachata.** *PR.* **dejar el relajo**, dejar de hacer bromas.

z². ‖ ~ **la crema.** *Ch.* **dejar la grande.**

a³. ‖ ~ **la cuchara enganchada.** *PR.* **dejar el plato enganchado.** delinc.

b³. ‖ ~ **la grande.** loc. verb. *Ch.* Producir *algo* o *alguien* aturdimiento, desbarajuste o desorden generalizado. pop + cult → espon. ♦ **dejar la crema.**

c³. ‖ ~ **la jeringa.** loc. verb. *PR.* Dejar *una persona* de molestar a alguien. pop + cult → espon.

d³. ‖ ~ **la osamenta.**
    i. loc. verb. *Ar.* Morir *una persona.* pop ^ fest.
    ii. *Ar:NO.* Gastar *alguien* las fuerzas y la salud en trabajos cansados y continuos. pop.

e³. ‖ ~ **la vara alta.** loc. verb. *Pe, Ch.* Conseguir *alguien* un grado de excelencia en el desempeño de algo dejando difícil al sucesor alcanzar o superar sus mismos logros. pop + cult → espon.

f³. ‖ ~ **limpiando cristales.** loc. verb. *Ho.* Quedarse *alguien* saludando o diciendo adiós a una persona conocida sin que el otro se lo devuelva. pop + cult → espon ^ fest.

g³. ‖ ~ **los ojos azules.** loc. verb. *Ni.* Quedar *alguien* con los ojos amoratados por una **golpiza.** pop + cult → espon ^ fest.

h³. ‖ ~ **los pies en la calle.** loc. verb. *Ch.* Caminar *alguien* mucho realizando una tarea determinada. pop + cult → espon.

i³. ‖ ~ **metido.** loc. verb. *Co.* No acudir *una persona* a una cita con alguien y hacerle esperar. pop.

j³. ‖ ~ **nuevo.** loc. verb. *Ho, ES, PR; CR,* obsol. Castigar o reprender *una persona* a *alguien* con vehemencia. pop.

k³. ‖ ~ **pagando.**
    i. loc. verb. *Ch, Ar:NO.* Dejar a *alguien una persona* sin ver cumplidas sus esperanzas o expectativas. pop + cult → espon.
    ii. *Ar, Ur.* Decir o hacer *alguien* algo que deja a otra persona sin capacidad de reacción. pop.

l³. ‖ ~ **pillado.** *PR.* **dejar enganchado.**

m³. ‖ ~ **puyú.** *PR.* **dejar guindado.**

n³. ‖ ~ **regado.**
    i. loc. verb. *Ni, Co.* Dejar *una persona* atrás a *alguien*, vencerlo en una **competencia** con amplia ventaja. pop.
    ii. *CR.* Dejar *una persona* rezagado a *alguien.* pop + cult → espon.

ñ³. ‖ ~ **sembrado.**
    i. loc. verb. *Gu.* Dejar *una persona* endeudado o comprometido a *alguien.*
    ii. *Ni.* Derrotar *una persona* a *alguien* con contundencia.

o³. ‖ ~ **sobre el tapete.** loc. verb. *PR.* Dejar *alguien algo* pendiente.

p³. ‖ ~ **tachuela.** loc. verb. *Pa.* Sobrepasar a *alguien.*

q³. ‖ ~ **ver las costuras.** loc. verb. *Cu.* Manifestar, mostrar los desperfectos.

r³. ‖ ~ **vestido y alborotado.** loc. verb. *Mx, Gu, Ho, Ni, RD, PR, Ve, Pe.* Plantar *una persona* a *alguien*, abandonarlo. pop + cult → espon.

s³. ‖ ~ **viendo un chispero.** loc. verb. *Co.* Chasquear *una persona* a *alguien*, privándolo de lo que esperaba conseguir. pop.

t³. ‖ ~**lo de ese largo.** loc. verb. *RD.* Dejar de preocuparse *alguien* por algo con lo que podría no estar de acuerdo.

u³. ‖ ~**se de brincos.** loc. verb. *Mx, PR.* Cesar *alguien* de jactarse o proferir bravuconadas acerca de algo.

v³. ‖ ~**se de cosas.** loc. verb. *Mx, PR, Ec.* Desentenderse, despreocuparse *una persona* de algo.

w³. ‖ ~**se de ñeñeñé.** loc. verb. *Gu, Ni, RD, PR.* Actuar *alguien* con firmeza y resolución. pop + cult → espon.

x³. ‖ ~**se de vainas.** *RD, PR, Ec, Pe.* **dejar esa vaina.**

y³. ‖ ~**se estar.** loc. verb. *Bo, Ch. Py, Ar.* Dejarse llevar *alguien*, descuidarse, abandonarse. pop + cult → espon.

z³. ‖ ~**se ir sin paracaídas.** loc. verb. *Ho.* Hacer o decir *algo* espontáneamente sin analizar sus consecuencias.

a⁴. ‖ **dejársela caer.**
  i. loc. verb. *Mx.* Introducir *alguien* el pene, *generalmente en la vagina de una mujer.* vulg.
  ii. *Mx.* Advertir o echar en cara *una persona algo* a alguien bien a las claras, sin tapujos e inesperadamente. pop + cult → espon.
  iii. *Mx.* Encargar *una persona* a *alguien* una tarea inopinadamente y sin margen de tiempo.

b⁴. ‖ **dejársela en la mano.** loc. verb. *Ni.* Ganar o superar *una persona* a *alguien* en algo.

c⁴. ‖ **dejársela en la rama.** *Ni.* **dejársela en la mano.**

d⁴. ‖ **dejársela en los callos.**
  i. loc. verb. *Cu.* Irse *alguien* de un sitio. pop + cult → espon.
  ii. *Cu.* Abandonar *una persona* a *alguien*. pop + cult → espon

e⁴. ‖ **no ~ que se lleven la milpa.** loc. verb. *ES.* Evitar cualquier robo.

f⁴. ‖ **no ~ tentar tierra.** loc. verb. *Gu.* Impedir a alguien tomarse un rato de descanso.

g⁴. ‖ **no ~se caer.** loc. verb. *RD, Py.* Conservar *una persona* mayor el ánimo y el vigor que se consideran propios de la juventud. pop + cult → espon.

h⁴. ‖ **no dejársela montar.** loc. verb. *Ho, PR, Co.* Hacerse respetar *alguien*.

▪
  a. ‖ **por no ~.** loc. prep. *Mx, RD.* Por cortesía.

◨
  a. ‖ **~ como la chancha de tía Lacha.** fr. prov. *Ni.* Indica que alguien está bajo la responsabilidad de otra persona que no le proporciona los medios suficientes para la subsistencia.
  b. ‖ **~ como macho sin dueño.** fr. prov. *Ni.* Indica la despreocupación hacia alguien que está bajo nuestra tutela.
  c. ‖ ~**se caer para que lo carguen.** fr. prov. *PR.* Indica que hay quien se hace pasar por humilde y sometido para lograr el reconocimiento de los demás.
  d. ‖ **no ~ camino por vereda.** fr. prov. *Cu, PR.* Indica que a veces se opta por el camino que se cree más fácil sin saber si por él se obtendrá el éxito deseado.

dejativez.
  I. 1. f. *Ni.* Decaimiento de alguien por enfermedad. rur.

dejazón.
  I. 1. f. *Mx, Gu, Ho, ES, Ni, CR, Ve, Ar:NO.* Descuido o falta de interés al atender las cosas en las que se tiene responsabilidad directa. pop.

deje.
  I. 1. m. *Ni, CR, Co,* obsol. Último toque de campanas de los tres que se dan para llamar a los feligreses a misa. rur.
  II. 1. m. *PR.* Placer o disgusto que siente alguien después de una acción.

dejuramente.
  I. 1. adv. *Ar:N.* obsol. Ciertamente, con toda seguridad. rur. pop. ♦ **dejuro.**

dejuro.
  I. 1. *PR, Ar:NO.* **dejuramente.**

delantal.
  I. 1. m. *Ch. En los puertos*, construcción que sobresale en la parte delantera del muelle por debajo de este y que sirve a modo de defensa.
  II. 1. m. *Py, Ur.* Trozo de arpillera u otro tejido fuerte, que se ata a los carneros esterilizados a guisa de delantal y empapado en tiza líquida para que deje una marca en las hembras en celo.
  III. 1. m. pl. *ES.* Dedos de la mano. carc.

delantar.
  I. 1. m. *Mx, Gu, ES, Ni.* Delantal, prenda para cubrir la parte delantera. vulg; pop.

delante.
  I. 1. m. *Ec.* Presencia.

¡dele!
  I. 1. interj. *Ho, ES, Ni, CR, Ec, Bo.* Expresa orden o autorización para que alguien inicie una acción. pop + cult → espon

□
  a. ‖ **¡~ breque!** loc. interj. *Gu, ES.* Expresa exhortación a que alguien continúe realizando una acción.

delegación.
  I. 1. f. *Mx.* División política y administrativa del Distrito Federal.
  2. *Mx.* Edificio que ocupan las autoridades de dicha división política.
  3. *Mx.* Oficina del Distrito Federal en donde la policía atiende las quejas y denuncias del público, levanta las actas y realiza las averiguaciones correspondientes.

delegacional.
  I. 1. adj. *Mx.* Relativo a una **delegación.**

delegado.
▪
  a. ‖ **~ de la palabra.** m. *Ho.* Persona católica encargada por el sacerdote de predicar y dirigir los rezos de una comunidad durante su ausencia.

delegado, -a.
  I. 1. m. y f. *Mx.* Funcionario que administra una delegación política en el Distrito Federal.
  2. *Cu.* Funcionario que representa a la población de una determinada circunscripción en los órganos del Poder Popular.

delegatario, -a.
  I. 1. adj/sust. *Pa, Co, Pe. Referido a persona*, que recibe del pueblo o de sus representantes el encargo de desempeñar determinadas funciones.

delema.
  I. 1. *Ho.* **dolama.**

delfín.
▪
  a. ‖ **~ de río.**
    i. m. *Ve, Ec.* Mamífero cetáceo de hasta 180 cm de longitud, de coloración gris clara en el dorso y blanquecina o rosada en el vientre, que, aunque parecido al delfín marino, vive en agua dulce. (Delphinidae; *Sotalia guianensis*).
    ii. *Ve.* **bufeo,** delfín de agua dulce.

delgadita.
□
  a. ‖ **en las ~s.** loc. adv. *Mx; Ec,* pop + cult → espon. obsol. En peligro inminente. pop.

delgado, -a.
   I. 1. adj. *Mx. Referido a líquido*, poco denso, aguado, claro.

delgadón, -na.
   I. 1. adj. *Ho, Ni, Ar, Ur. Referido a persona*, delgada, flaca. pop.

delia.
   I. 1. f. *Ec, Pe.* Planta bulbosa de hojas amplias unidas al tronco con flores de simetría radial, hermafroditas, blancas y muy vistosas. (Amaryllidaceae; *Eucharis amazónica*).
   ▶ **ser una ~.**

¡delia!
   I. 1. interj. *ES.* Expresa orden o autorización para que un conductor continúe la marcha del vehículo. pop.

delicado.
   I. 1. m. *Ec.* Pan dulce de pasta dura y quebradiza, elaborado con harina de maíz, **panela** y huevos.

delicado, -a.
   I. 1. adj. *Ni, RD, Pe. Referido a hombre*, afeminado u homosexual. euf.
   II. 1. adj. *Pa; RD*, euf. *Referido a persona*, tuberculosa.
   □
      a. ‖ **~ de cutis.** loc. adj/sust. *Ch. Referido a persona*, susceptible, melindrosa. pop + cult → espon.

delicosa.
   I. 1. m-f. *Pa.* Persona susceptible.

delicuitas.
   I. 1. adj. *CR.* p.u. **cuita**, que muestra delicadeza. pop + cult → espon ^ desp.

deligencia.
   I. 1. f. *Ho, RD; Ec, Pe, Py*, p.u. Diligencia, trámite. rur.

delineador.
   I. 1. m. *Ch.* Poste o señal reflectante en una calzada que indica la separación que hay entre los carriles de circulación.
   II. 1. m. *Cu.* Lápiz de cejas.

deliquete.
   I. 1. sust/adj. *PR, Ar.* p.u. Persona excesivamente sensible al dolor o al esfuerzo físico. pop.
   2. *Ar:NO.* Persona susceptible o quisquillosa. pop.

delirancia.
   I. 1. f. *Ch.* p.u. Cualidad de delirante o disparatado.

delis. (Apóc. de *delicioso*).
   I. 1. adj. *Gu. Referido a cosa*, muy buena, deliciosa.

delivery. (Voz inglesa).
   I. 1. m. *PR, Ch, Py, Ar, Ur; Ec*, p.u. Servicio de entrega de comida a domicilio.
   2. m-f. *Py, Ur*; m. *PR.* Persona que entrega comida a domicilio.

delivrar. (Del ingl. *to deliver*).
   I. 1. tr. *EU.* Parir una mujer.

deluvio.
   I. 1. m. *Pe.* p.u. Diluvio. rur.

demajagua.
   I. 1. *Cu, PR, Ec.* **damajagua**, árbol.
   2. *Ec.* **damajagua**, corteza.

demanda.
   I. 1. f. *CR:NO.* Visita anual que realizan feligreses a varios pueblos de Santa Cruz, provincia de Guanacaste, con la imagen del Santo Cristo de Esquipulas el 14 de enero, víspera de la fiesta patronal en Santa Cruz.

demandante.
   I. 1. m. *Ho, ES.* obsol. Hombre que carga la imagen de un santo y pide limosna de pueblo en pueblo.

demandingue.
   I. 1. m. *RD.* Alboroto, desbarajuste.

demandón, -na.
   I. 1. sust/adj. *Ar.* Persona que suele delatar a los demás.

demañanarse.
   I. 1. intr. prnl. *Mx.* Levantarse al amanecer o muy temprano. pop.

demás.
   □
      a. ‖ **de ~.** loc. adj. *Mx, Ho.* p.u. Demás.
      b. ‖ **por ~.** loc. adv. *Mx, Ho, Ve, Ec, Pe, Bo, Py.* Muy, demasiado, en exceso. rur.
   ▶ **estar por ~.**

demasiado.
   □
      a. ‖ **~ de.** loc. adv. *CR.* obsol. Exageradamente. rur; pop.

dembow. (Voz inglesa).
   I. 1. m. *PR.* juv. Baile con movimientos sensuales. pop.
   ▶ **tener ~.**

demencia.
   I. 1. f. *PR.* juv. Diversión. pop.
   ▶ **hacer ~.**

dementado, -a.
   I. 1. adj/sust. *Ec:O; Mx*, p.u. *Referido a persona*, demente, loca. ♦ **demento.**
   2. *Ec:O.* Simplón, zopenco.

dementizar.
   I. 1. tr. *Mx.* p.u. Hacer *algo* o *alguien* perder el juicio a una persona.

demento, -a.
   I. 1. sust/adj. *Pe.* p.u. **dementado**, loco. rur; pop.

demeritar(se).
   I. 1. tr. *Mx, Gu, Ho, Ni, Pa, Cu, PR, Co, Ve, Ec, Bo, Ar, Ur; CR, Ch*, cult. Quitar mérito o restar valor *una persona* a alguien o algo. (**desmeritar**).
   2. intr. prnl. *Co, Ve.* Perder *alguien* su crédito o reputación.

demetrio.
   I. 1. m. *Ni.* juv. Dedo. fest.
   □
      a. ‖ **~ y medio.** loc. sust. *Bo; Ec*, p.u. Hombre de pequeña estatura. fest.

democión.
   I. 1. f. *Cu.* Descenso de categoría laboral.
   II. 1. f. *Ni.* Remoción.

demonial.
   I. 1. m. *Mx.* Montón, número considerable. pop + cult → espon.

demonio.
   □
      a. ‖ **en casa del ~.** *PR.* **hasta casa del demonio.**
      b. ‖ **hasta casa del ~.** loc. adv. *Mx.* Muy lejos. pop. ♦ **en casa del demonio.**
   ▶ **llevarse el ~.**

demontres.
   I. 1. m. pl. *CR, Cu.* Demonios. rur. euf.

¡demontres!
   I. 1. interj. *Mx, CR; Ho*, obsol. Expresa sorpresa, contrariedad o asombro.

demorar.
   I. 1. tr. *Ar, Ur.* Mantener la policía detenido a *alguien* mientras se identifica o se investigan sus antecedentes.

demorón, -na.
   I. 1. sust/adj. *Cu, Pe, Bo, Ch, Py, Ar, Ur.* Persona que tarda mucho en hacer las cosas. pop.

2. adj. *Ec, Pe, Referido a algo*, que tarda o requiere mucho tiempo en realizarse. pop + cult → espon.

3. *Ec. Referido a persona o a institución*, que retrasa deliberadamente el cumplimiento de lo que ha prometido. pop + cult → espon.

demoroso, -a.
I. 1. adj/sust. *Ec, Bo, Ch*. Lento, tardo o pausado.
2. adj. *Ec, Ch. Dicho de una actividad*, que toma tiempo o tarda en realizarse.

demover.
I. 1. tr. *Cu*. Descender *alguien* a un empleado, bajarlo de categoría.

denario.
I. 1. m. *Pe, Ch; Ec*, p.u. Collar o pulsera a modo de rosario compuesto por diez cuentas y una cruz.
2. *Pe*. Collar de frutas que llevan las mujeres en carnaval y con el que se defienden de las acometidas de los hombres que tratan de arrancárselo.

dende.
I. 1. prep. *Gu, ES, RD, Ec, Bo:E*. Desde. rur.

dendioy. (De *desde hoy*).
I. 1. adv. *Gu*. Hace poco tiempo, recientemente.

denenti.
I. 1. m. *Ar*. Juego infantil en el que se usan cinco piedras pequeñas y que consiste en recoger rápidamente las más posibles de cuatro colocadas en el suelo antes de agarrar una que se ha arrojado al aire.

dengoso, -a.
I. 1. adj. *Ni. Referido a persona*, que contonea mucho las caderas al andar.

dengue.
I. 1. m. *Mx*. Berrinche.
II. 1. m. *Mx, Co, Ve; Ar:NO*, pop. Contoneo.
III. 1. m. *Ho, Ni, CR, Cu, Ve, Bo, Ch*. Enfermedad tropical infecciosa que se caracteriza por fiebres altas y dolores de los miembros y se transmite de personas enfermas a personas sanas a través de la picadura de la hembra del mosquito *Aedes aegypti*. pop + cult → espon.
2. *PR*. Gripe, catarro muy fuerte.
IV. 1. m. *Ch*. Planta herbácea, ramosa, de hojas opuestas, ovaladas y carnosas, flores inodoras, rojas, amarillas o blancas, pedunculadas en hacecillos terminales que se marchitan al menor contacto; es ornamental. (Nyctaginaceae; *Mirabilis jalapa*).
2. *Ch*. Flor del dengue.

■
a. ‖ ~ **hemorrágico.** m. *Mx, Ho, Ni, CR, Cu, Pe, Bo, Py* Variedad de dengue que provoca fuerte hemorragia nasal e interna y que puede causar la muerte rápidamente a quien la padece. pop + cult → espon.

denguear.
I. 1. intr. *Co, Ve:O*. Contonearse. pop.

denso, -a.
I. 1. adj. *Mx, CR, Cu, Ch. Referido a persona*, insoportable, pesada.
2. sust/adj. *Ar, Ur*. Persona que incomoda e incordia a los demás. pop.

dentera.
▶ **dar ~.**

dentistería.
I. 1. f. *CR, Co, Pa, PR, Mx, Ec*, obsol. Consultorio del dentista.
2. *Gu, Pa, Ve*, obsol. Estudio de los dientes y del tratamiento de sus dolencias.
3. *PR*. obsol. Cirugía dental.

dentística.
I. 1. f. *Ch*. p.u. Odontología.

dentrada. (Prót. de *entrada*).
I. 1. f. *Gu, Ho, ES, Ni, Bo, Ch; Pe*, rur. Entrada. pop.

dentrar(se). (Prót. de *entrar*).
I. 1. intr. *RD; Mx, Ho, ES, Ni, Pa, Cu, PR, Co, Ve, Pe*, rur; *Bo, Ch*, pop; *CR, Ec*, obsol; rur; pop. Entrar.
2. tr. *Co*. Ingresar *alguien algo* en un lugar. rur.
3. intr. prnl. *Bo*. Ingresar *alguien* en un lugar. pop.

dentrífico. (Metát. de *dentífrico*).
I. 1. m. *Mx, Ho, ES, Ni, Cu, Ve, Pe, Py*. Dentífrico. vulg.

dentro.
▶ **ir por ~; quedar por ~.**

dentudo.
I. 1. *Ar:E,NE, Ur*. **dientudo**.
2. m. *Cu*. Tiburón de hasta 3 m de longitud, de color azul o gris en el dorso y blanco en el vientre, con dos filas de dientes largos y puntiagudos en cada mandíbula, aletas escapulares medianas y la caudal grande en forma de media luna. (Lamnidae; *Isurus oxyrhynchus*). (**dientuzo**).

denuncia.
▶ **sentar ~; sentar la ~.**

denuncio.
I. 1. m. *Co, Ve, Bo, Ch*. Denuncia. rur.
2. *Co, Ec*. p.u. Documento en que se da noticia a la autoridad competente de la comisión de un delito o de una falta. rur.

deoquis.
I. 1. adv/adj. *Mx*. **de oquis.**

depa.
I. 1. m. *Mx, Pe, Ch*. Apartamento, vivienda. pop.
2. *Ch*. Departamento, residencia situada en un edificio mayor, usualmente de varios pisos. pop + cult → espon.

departamentalización.
I. 1. m. *Ho, CR, Ch*. Proceso de organizar académicamente una Facultad o centro educativo por departamentos según los campos del saber. prest; cult → esm.
2. *Ho, CR, Ch*. Proceso de organizar administrativamente algo en cada uno de los departamentos del país. cult.

departamentalizar.
I. 1. *Ho, Ni, CR, RD, Ch*. Otorgar a cada departamento académico la responsabilidad de programar y servir sus asignaturas a cualquier Facultad o carrera.
2. tr. *Ho, Ni, CR, Ec*. Descentralizar la acción administrativa del Estado, dando capacidad de decisión a las autoridades de cada departamento del país.

departamento.
I. 1. m. *Co, Pe, Bo*. División territorial que dispone de administración autónoma y está presidida por un gobernador.
2. *Ar*. Cada una de las zonas en que se divide administrativamente una provincia.
3. *Ur*. Cada una de las divisiones políticas del territorio, que cuenta con autoridades propias.

□
a. ‖ ~ **de grasa y humo.** loc. sust. *RD*. Cocina, lugar de una casa.

depeluñao, -a.
I. 1. adj. *RD. Referido a persona*, despeinada. pop + cult → espon.
2. *RD. Referido a persona*, mal vestida, descuidada o andrajosa. pop + cult → espon.

dependedera.
 I. 1. f. *Ve.* Dependencia continua de algo o de alguien.

dependedura.
 I. 1. f. *ES*; *RD*, pop. Dependencia. fest.

dependiente.
 I. 1. sust/adj. *EU*, *RD*, *PR*, *Ch.* Persona, *generalmente un niño,* que económicamente depende de otra.
 II. 1. sust/adj. *Ch.* Drogodependiente. ♦ **dependiente a drogas.**

■
 a. ‖ ~ **a drogas.** m. *Ch.* **dependiente,** drogodependiente.

depintarse.
 I. 1. intr. prnl. *RD.* Librarse *alguien* de algo.

deplayarse.
 I. 1. intr. prnl. *RD.* Recostarse *alguien* y permanecer ocioso.

deponer.
 I. 1. tr. *Mx, Gu, ES.* Vomitar *alguien.*

deporte.
■
 a. ‖ ~ **de caballeros.** m. *PR.* Pelea de gallos.

deportivo.
 I. 1. m. *Mx, Ve.* Conjunto de instalaciones destinado a la práctica de diversos deportes.
 2. *Ur.* Equipo deportivo.

deposición.
 I. 1. f. *Gu.* Vómito.

depositada.
 I. 1. sust/adj. *Ar:NO.* **Carrera cuadrera** de importancia mayor por la calidad de las caballerías y el monto de las apuestas.

depósito.
 I. 1. m. *Ho, Ni, Ec.* Edificio o local de venta de cervezas y refrescos al por mayor o de bombonas de gas. pop + cult → espon.
 II. 1. m. *PR.* Cárcel municipal en la que se realizan detenciones por breve tiempo. polic.
 2. *PR.* Lugar para detenidos en un cuartel de policía.

■
 a. ‖ ~ **de licores.** m. *Ve:O.* Establecimiento donde se venden o consumen bebidas alcohólicas.
 b. ‖ ~ **de materiales.** m. *CR, RD, Co, Ec, Py.* Establecimiento dedicado a la venta de materiales para la construcción.

□
 a. ‖ **en** ~. loc. adv. *Ho.* En espera de un nuevo destino en la administración del Estado. fest.

deposorio.
 I. 1. m. *RD.* Matrimonio, casamiento.

depra.
 I. 1. adj/sust. *Ch.* Referido a persona, depravada. pop + cult → espon.

deprivado, -a. (Del ingl. *deprived*).
 I. 1. adj. *PR, Ch.* Referido a persona, desprovista de ciertos beneficios. cult → esm.

deque.
 I. 1. *PR.* **deck.** drog.

dequer.
 I. 1. *PR.* **deck.** drog.

¡dequera!
 I. 1. interj. *Ar.* obsol. Expresa advertencia ante un peligro inminente. delinc.

-dera.
 I. 1. suf. *Mx, Gu, Ho, ES, Ni, CR, Cu, RD, PR, Ve, Ec, Ch. En sustantivos,* indica acción reiterada. pop + cult → espon.

 II. 1. suf. *Mx, Gu, Ho, ES, Ni, Ec. En sustantivos provenientes de verbos,* indica gran cantidad de lo que significa el sustantivo. pop + cult → espon.

derbista. (Del ingl. *derby*).
 I. 1. m. *Ch.* Caballo que participa en un derbi.

derecera.
 I. 1. f. *Ar:NO.* Camino o senda derecha, que no da rodeos. rur.

derecha.
□
 a. ‖ **por** ~. loc. adv. *Ar.* Con rectitud y sin doblez.
 ▶ **darse** ~; **ponerse a** ~s.

derecho.
 I. 1. m. *Ec.* Turno de seis horas que se otorga para utilizar el agua de riego en un sembradío. rur.

■
 a. ‖ ~ **de vía.** m. *Ho.* Preferencia que tiene un vehículo al circular por una calle o carretera.

□
 a. ‖ **de a por** ~. loc. adj. *CR.* **por derecho.**
 b. ‖ ~ **al berreo.** loc. sust. *CR.* Libertad de protestar o quejarse. pop ^ fest.
 c. ‖ ~ **de cancha.** loc. sust. *Bo.* Cantidad de dinero que se paga por usar un terreno de juego.
 d. ‖ ~ **de frente.** loc. sust. *Ve.* Impuesto municipal que se paga por longitud de la fachada de una edificación o de un terreno.
 e. ‖ ~ **de picaporte.** loc. sust. *Mx.* Privilegio que un jefe concede a sus subordinados para visitarle en su despacho sin petición previa.
 f. ‖ ~ **de piso.** loc. sust. *Bo; Ec, Ar, Ur,* pop. Contratiempo o contrariedad que sufre una persona por inexperiencia en una nueva actividad, considerados como un tributo que ha de pagar para mantenerse en ella.
 g. ‖ ~ **viejo.**
  i. loc. adv. *Ar.* Resuelta y decididamente. pop.
  ii. *Ar.* Directamente y sin rodeos. pop.
 h. ‖ **por** ~.
  i. loc. adv. *Ho.* Definitivamente, de manera permanente. prest; cult → espon.
  ii. loc. adj. *CR.* obsol. *Referido a persona,* de proceder recto. pop. (**de a por derecho**).
  iii. *CR.* obsol. *Referido a persona,* atenta y servicial. pop. (**de a por derecho**).
 ▶ **mirar el** ~ **de su nariz; pagar derecho de piso; ponerse a** ~; **ver el** ~ **de su nariz.**

derecho, -a.
 I. 1. adj. *Mx, Gu, Ni, Co:O, Pe, Bo, Ch, Ar, Ur. Referido a persona,* honesta, honrada.
 II. 1. adj/sust. *Gu, CR, PR, Co, Pe, Bo, Ch, Ar, Ur. Referido a persona,* que tiene tendencia natural a utilizar la mano y el pie de la parte derecha del cuerpo.
 III. 1. adj. *Gu, Ho, ES, Ni, CR, RD. Referido a persona,* que tiene buena suerte. pop.
 IV. 1. adj. *Ur. Referido a persona,* que tiene ideas conservadoras. pop.

derechohabiente.
 I. 1. m. *Ho.* Persona que es aportante y beneficiario de un sistema de salud o jubilación.
 2. *Ho.* Persona afiliada a una institución social.

derechura.
 I. 1. f. *Ho.* Atajo, senda. rur.

derogatoria.
 I. 1. f. *CR, RD, Ve, Ec.* Anulación del efecto de una norma vigente. prest; cult → esm.

derramar(se).
 I. 1. intr. prnl. *Co.* Eyacular *alguien.* vulg.
 II. 1. intr. *Bo.* Extraviar *alguien algo* por descuido.
 III. 1. tr. *CR.* Cortar *alguien* ramas a un árbol.

□
a. ‖ ~ **bilis.** loc. verb. *Mx.* Encolerizarse, irritarse, enconarse furiosamente contra algo o alguien, o a causa de ello.
b. ‖ ~ **la miel.** loc. verb. *Mx.* Enamorarse intensamente *alguien.*

derrame.
I. 1. m. pl. *Ch.* Aguas sobrantes de un predio, que, por inclinación natural del terreno, vierten en otro interior.

derrapado, -a.
I. 1. sust/adj. *Ve.* Persona de costumbres desordenadas que se comporta de forma no admitida socialmente.

derrapar(se).
I. 1. tr. *Mx.* Estar *una persona* muy enamorada de alguien.
II. 1. intr. prnl. *Ve.* Comportarse de manera contraria a los cánones tradicionales de una sociedad. pop.

derrape.
I. 1. m. *Co, Ve.* Conducta contraria a los cánones tradicionales de una sociedad.

derrapón.
I. 1. m. *Mx.* Derrape.
2. *Mx.* Huella que deja un vehículo al derrapar.

derrengadera.
I. 1. f. *Ve.* Enfermedad que padecen ciertos mamíferos, *especialmente los solípedos,* caracterizada por lesiones en el espinazo y en el lomo que les producen una parálisis mortal.
II. 1. f. *Cu.* Molestar físico, dolor. pop.

derrengado, -a.
I. 1. adj. *RD. Referido a persona,* dolorida físicamente. pop.

derrengue.
I. 1. m. *PR.* Deficiencia alimenticia de ciertos minerales que debilita las patas traseras de los vacunos. rur.

derrepente.
I. 1. adv. *Ec.* De vez en cuando. pop + cult → espon.

derretido.
I. 1. m. *Cu.* Mezcla de cemento blanco y agua que se emplea para sellar las juntas de losas, baldosas y azulejos.
II. 1. m. *Gu.* Emparedado, trozo de pan relleno de queso fundido. pop + cult → espon.
2. m. *RD.* Trozo de pan relleno de queso fundido y algún alimento.

derretir(se).
I. 1. tr. *Mx, Gu, CR, Cu, PR.* Hacer que alguien se ponga tierno.
II. 1. intr. prnl. *CR.* Morir una planta por exceso de agua. rur.
□
a. ‖ **derretírsele el helado.** loc. verb. *Ch.* Ser *una persona, especialmente un varón,* homosexual. vulg. pop. (**derretírsele los helados**). ♦ **caérsele el helado; chorreársele el helado.**
b. ‖ **derretírsele los helados.** *Ch.* derretírsele el helado.

derriba.
I. 1. f. *Mx, Ho, Ni, Pa, Co.* Desmonte, corte de árboles y de las matas en un monte. rur.

derribada.
I. 1. f. *Ho.* Caída, derribo. ♦ **derribamiento.**

derribamiento.
I. 1. m. *Ho, Bo.* **derribada.**

derricadero.
I. 1. m. *RD.* Pendiente escarpada.

derricar(se).
I. 1. *RD.* **derriscar,** caer.
2. *RD.* **derriscarse,** caerse.
3. *RD.* **derriscar,** tirar.
4. *RD.* **derriscarse,** arrojarse.

derrienga.
■
a. ‖ ~ **chivo.** f. *RD.* Arbusto de hasta 4 m de altura, de ramas pubescentes, hojas elípticas, flores blancas o rosadas y cápsula roja o amarilla. (Salicaceae; *Samyda dodecandra*).

derriengue.
I. 1. m. *Mx.* Enfermedad del tipo de la rabia que afecta al ganado vacuno.
II. 1. m. *RD.* Dolor, molestia en alguna parte del cuerpo. pop.
2. *RD.* metáf. Sensación de alguien de estar muy enamorado de una persona.

derrier. (Del fr. *derrière*).
I. 1. m. *Co, Pe, Ch.* Trasero, nalgas. pop + cult → espon.

derripiador, -ra.
I. 1. adj/sust. *Ch. Referido a persona,* que quita los restos de **ripio** sobrantes de una construcción o pavimentación.
2. m y f. *Ch, En las fuenas mineras,* persona encargada de remover restos de los tanques en que se procesan los minerales.

derriscadero.
I. 1. m. *Cu.* Despeñadero, barranco.

derriscar(se). (Der. de *risco*).
I. 1. intr. *PR; Cu,* p.u; *RD,* obsol. Caer *algo* o *alguien* desde una pendiente o un barranco. (**derricar**).
2. intr. prnl. *PR; Cu,* p.u; *RD,* obsol. Caerse *alguien* a un precipicio. (**derricar**).
3. tr. *PR; Cu,* p.u; *RD,* obsol. Tirar *alguien* a *una persona* o *una cosa* por un despeñadero. (**derricar**).
4. intr. prnl. *PR; Cu,* p.u; *RD,* obsol. Tirarse *alguien* por un derrumbadero. (**derricar**).
II. 1. tr. *PR; Cu,* p.u; *RD,* obsol. Derrumbar *alguien algo.*
2. intr. prnl. *PR; Cu,* p.u; *RD,* obsol. Derrumbarse *algo.*
III. 1. intr. prnl. *PR.* metáf. Arriesgarse *alguien,* precipitarse a una situación peligrosa. rur.

derrisco.
I. 1. m. *Cu.* Despeñadero, precipicio.

derrite.
I. 1. m. *CR.* Enfermedad del café, producida por el hongo *Phoma costarricensis,* que se manifiesta en forma de manchas oscuras en el borde de las hojas, que se van arrollando y secando progresivamente.

derrochar.
□
a. ‖ ~ **físico.** loc. verb. *Ve.* Exhibir *alguien* su atractivo físico, *generalmente en la playa.*

derrumbadero.
I. 1. m. *Ho.* Precipicio vertical de una montaña por donde se deslizan los troncos de árboles cortados.

desabandonado, -a.
I. 1. adj. *Bo; Ch:S,* p.u. Abandonado. pop.

desabandonar.
I. 1. tr. *Bo, Py; Ch:S,* p.u. Abandonar *algo* o a *alguien.* pop.

desabichar.
I. 1. tr. *Ar, Ur.* Curar a un animal que tiene parásitos externos en sus heridas. rur.

desabrido.
I. 1. adj. *Mx, Gu, Ni, Cu, RD, Ve, Ec. Referido a persona,* que carece de gracia o viveza.

II. 1. adj. *Ho.* **agarroso,** que produce sensación de sequedad y amargor.

desabrión, -na.
I. 1. adj. *RD. Referido a persona,* de mal carácter y que no muestra sus emociones. desp.

desabrochado, -a.
I. 1. adj. *Co. Referido a persona,* que no es afectada ni guarda las formas. pop.
II. 1. adj. *Co:O. Referido a persona,* que actúa precipitadamente y sin reflexión. pop + cult → espon.

desaburrirse.
I. 1. intr. prnl. *Mx, Ho, ES, Ni, Co.* Emprender alguna actividad para superar el tedio o aburrimiento. pop + cult → espon.

desacabalar.
I. 1. tr. *Mx.* Descabalar, quitar o perder alguien algunas de las partes o piezas precisas para constituir una cosa cabal o completa.

desachirado, -a.
I. 1. adj. *Gu.* p.u. *Referido a persona,* descuidada, desarreglada.

desacomedido, -a. (Epént. de *descomedido*).
I. 1. adj. *Mx, Gu, Ho, Co, Pe, Ch. Referido a persona,* poco o nada servicial.
2. *Ho, ES, Ni. Referido a persona,* descortés, irrespetuosa.

desacomodado, -a.
I. 1. adj. *CR, Pa, Ve, Ec, Pe, Bo, Referido a cosa,* desordenada o desarreglada.

desacomodar.
I. 1. tr. *Mx, Gu, Ho, CR, Pa, Ve, Ec, Pe, Py, Ar, Ur, Bo,* pop + cult → espon. Desordenar, desarreglar *alguien algo.*

desacompasado, -a.
I. 1. adj. *Mx. Referido a persona o cosa,* descomedida, desproporcionada.

desacompletar.
I. 1. tr. *Mx.* Dejar una cosa falta de algo.

desacotejado, -a.
I. 1. adj. *Cu, RD. Referido a persona o cosa,* desordenada, con desorden o desarreglo. pop + cult → espon.

desacotejar.
I. 1. tr. *Cu, RD.* Desordenar, desarreglar *algo.* pop + cult → espon.

desactualizado, -a.
I. 1. adj. *Mx, Gu, Ho, Ni, CR, Pa, Cu, PR, Co, Ve, Ec, Bo, Ch, Py, Ar, Ur. Referido a un profesional,* que no está al tanto de los últimos conocimientos o avances en un campo o en su área de especialidad.
2. *Mx, Gu, Ho, Ni, Pa, Cu, RD, PR, Co, Ve, Bo, Ch, Py, Ar, Ur. Referido a persona,* que no está al tanto de los últimos acontecimientos.
3. adj. *Mx, Gu, Ho, Ni, CR, Pa, Cu, RD, PR, Co, Ve, Ec, Bo, Py, Ar, Ur. Referido a cosa,* que no es modelo reciente o que carece de nuevos accesorios.

desactualizarse.
I. 1. intr. prnl. *Mx, CR, Cu, Co, Ec, Pe, Bo, Ch, Ar, Ur.* Quedarse un profesional al margen de los últimos conocimientos o avances en un campo o en su área de especialidad.
2. *Mx, CR, Cu, Co, Ec, Pe, Bo, Ar, Ur.* Dejar *algo* de ser actual.

desaduanado, -a.
I. 1. adj. *Ho, Ni, RD, Ec, Ch. Referido a cosa,* que ha salido de la aduana previo pago de los respectivos impuestos.

desaduanaje.
I. 1. *Ho, RD; Ch,* cult. **desaduanamiento.**
II. 1. m. *Ho, Ni, RD.* Aforo, efecto de **desaduanar.**

desaduanamiento.
I. 1. m. *Ni, RD, Ec, Ch, Ar. En el comercio,* retirada de los efectos y mercancías de una aduana una vez satisfechos los derechos arancelarios correspondientes. ♦ **desaduanaje.**

desaduanar.
I. 1. tr. *Ho, Ni, RD, Ec, Ch, Ar, Ur.* Retirar efectos y mercancías de una aduana, una vez pagados los derechos arancelarios correspondientes. ♦ **desaforar.**

desafanarse.
I. 1. intr. prnl. *Mx.* Resolver un problema, salir de una situación engorrosa o evitar una responsabilidad. pop + cult → espon.

desafectar(se).
I. 1. tr. *Ch. En el ámbito jurídico,* dejar de aplicar una ley de protección.
II. 2. intr. prnl. *Ch.* Perder el afecto o la adhesión a una persona o institución. cult.

desafinada.
I. 1. f. *Ni, Bo, Ch.* Desafinación. pop + cult → espon.

desafío.
I. 1. m. *RD, PR. En el beisbol,* partido, juego, encuentro.
II. 1. m. *RD.* Nalgas de una mujer. pop + cult → espon. ^ fest.
III. 1. m. *PR.* Pelea de gallos.

desaforar. (Prót. de *aforar*).
I. 1. *Ho.* **desaduanar.**

desafornado, -a.
I. 1. adj. *Ho, ES. Referido a persona,* que padece enrojecimiento, irritación, excoriación o escozor en alguna parte del cuerpo.

desafornadura.
I. 1. f. *Ho.* Enrojecimiento, irritación, excoriación o escozor en alguna parte del cuerpo por roce.

desafornarse.
I. 1. intr. prnl. *Ho, ES.* Sufrir *alguien* enrojecimiento, irritación, excoriación o escozor en alguna parte del cuerpo. (**safornarse**).

desagilado, -a.
I. 1. adj. *Ni, RD. Referido a persona,* debilitada y con mareos y náuseas.

desagilamiento.
I. 1. m. *Ni, RD.* Pérdida de la actividad muscular con presencia de mareos y náuseas.

desagilarse.
I. 1. tr. prnl. *Ni, RD.* Agotarse o debilitarse *alguien* físicamente.

desagotar(se).
I. 1. tr. *Ar, Ur.* Extraer o sacar todo el agua que hay en un lugar.
2. intr. *Ar, Ur.* Dar salida un recipiente al agua que contiene.
3. intr. prnl. *Ar, Ur.* Vaciarse un recipiente o lugar que contiene agua.

desagote.
I. 1. m. *Ar, Ur.* Salida o extracción de agua de un lugar.
2. *Ar, Ur.* Lugar donde cae o por donde pasa el agua **desagotada.**

desagradado, -a.
I. 1. adj. *Py. Referido a persona,* molesta, descontenta. pop.

desaguar.
I. 1. tr. *Ec.* Remojar granos, frutas y otras sustancias para ablandarlos o hacer que suelten en el agua el amargor o las sustancias ácidas que contienen.

¡desagüévate!
>   **I. 1.**   interj. *Pa.* Expresa petición a alguien de que se espabile.

desahijar.
>   **I. 1.**   tr. *Mx.* Arrancar las partes perjudiciales de una planta. rur.

desahije.
>   **I. 1.**   m. *Mx. En agricula,* operación consistente en arrancar las partes perjudiciales de una planta. rur.
>   **2.**   *Pe.* **raleo,** proceso de arrancado de plantas débiles. rur.

desahogarse.
>   **I. 1.**   intr. prnl. *PR.* Tener *alguien* un orgasmo. prost; euf.

desahuciar.
>   **I. 1.**   tr. *Ec.* Notificar a un empleado su despido. pop + cult → espon.

desahuevar(se).
>   **I. 1.**   intr. prnl. *Pa, Pe.* Volverse *una persona* más capaz y entendida.
>   **2.**   tr. *Pa, Pe.* Espabilar *una persona* a *alguien* para que venza su cortedad o ineptitud.

desahuevina.
>   **I. 1.**   f. *Pe.* Medicina imaginaria que sirve para avivar el ingenio y desatontar. pop + cult → espon ^ fest.

desahumerio.
>   **I. 1.**   m. *PR.* p.u. Sahumerio. rur; pop.

desailado, -a.
>   **I. 1.**   adj. *Pe:S. Referido a persona,* desarreglada, desaliñada, descuidada en su aspecto. pop.

desajilo. (De *ahílo*).
>   **I. 1.**   m. *RD.* Trastorno intestinal que ocasiona dolor de estómago y desfallecimiento por no haber comido.

desajustado, -a.
>   **I. 1.**   adj. *Mx, Ho, ES, Ni. Referido a persona,* que ha gastado más dinero del presupuestado.
>   **II. 1.**   adj. *Ho. Referido a persona,* que ha perdido la serenidad y el control de sí misma.
>   **III. 1.**   adj. *Ni. Referido a persona,* tonta.

desajustar(se).
>   **I. 1.**   tr. *Mx, Ho, ES, Ni.* Gastar *alguien* más dinero que el presupuestado.
>   **2.**   intr. prnl. *Mx, Ho, ES, Ni.* Gastarse *alguien* más dinero que el presupuestado.
>   **II. 1.**   tr. *Ho.* metáf. Perder *alguien* la serenidad, enfadarse, alterarse.

desaldabar.
>   **I. 1.**   tr. *Bo; Ec,* p.u. Quitar la aldaba de una puerta o una ventana. pop + cult → espon.

desalmidonado, -a.
>   **I. 1.**   adj. *Cu. Referido a persona,* desalentada.

desalmidonar(se).
>   **I. 1.**   tr. *Cu.* Desanimar a *alguien.*
>   **2.**   intr. prnl. *Cu.* Desilusionarse de algo.

desalzarse.
>   **I. 1.**   tr. prnl. *Ni.* Rendirse un grupo armado al Gobierno de un país bajo determinadas condiciones.

desamarrado, -a.
>   **I. 1.**   adj. *Mx, Ho, Ni, CR, Pa, Cu, RD, Ec. Pe, Bo, Ch. Referido a cosa,* desenlazada, suelta. pop + cult → espon.

desamarrar.
>   **I. 1.**   tr. *Mx, Ho, Ni, CR, Cu, RD, PR, Co, Ec, Pe, Bo, Ch.* Desenlazar una cosa de otra, soltar lo que está atado. pop + cult → espon.

desamarre.
>   **I. 1.**   m. *Cu, RD.* Liberación de alguien que estaba atado. pop + cult → espon.

desambrido, -a.
>   **I. 1.**   adj. *RD. Referido a persona,* hambrienta, con ganas de comer.

desamorarse.
>   **I. 1.**   intr. prnl. *PR.* Desencantarse *una persona,* decepcionarse de algo o de alguien. rur.

desamorizado, -a.
>   **I. 1.**   adj. *Ni; CR,* obsol. *Referido a persona,* que ha perdido el cariño por alguien, *especialmente por un hijo o por los padres.* rur.

desamorizarse.
>   **I. 1.**   intr. prnl. *Ni; CR,* obsol. Perder *alguien* el cariño por otra persona, *especialmente un hijo por los padres.* rur.

desandar.
>   **I. 1.**   tr. *Ve:O.* Desordenar, revolver objetos.

desandarado.
>   **I. 1.**   m. *RD.* metáf. Vagabundo, persona sin oficio ni domicilio determinado.

desandarado, -a.
>   **I. 1.**   adj. *RD. Referido a persona,* desorientada, errante.

desangelamiento.
>   **I. 1.**   m. *Ho.* Desilusión o decepción.
>   **II. 1.**   m. *Ho.* Síndrome de fobia provocado por un **espanto.**

desangrar.
>   □
>   **a.** ‖ ~ **el cloche.** loc. verb. *Cu.* Extraer el aire de los conductos del **cloche.**

desangre.
>   **I. 1.**   m. *Mx, Co, Ec.* Desangramiento.

desaparecer.
>   **I. 1.**   tr. *Mx, Ho, Ni, RD, Pe, Bo.* Matar *una persona* a *alguien.* euf; pop.
>   **2.**   *Mx, Ho, RD.* Secuestrar a *alguien.* euf; pop.
>   **3.**   *Ni, CR, RD, Ec, Pe, Bo, Ch.* Hacer que algo o alguien desaparezca. pop + cult → espon.

desapartar.
>   **I. 1.**   tr. *Mx, Ho, Ni, CR, Cu, RD, Ve.* Separar a dos o más personas que riñen. pop + cult → espon.

desapersogar. (De *apersogar*).
>   **I. 1.**   tr. *Ho.* Desatar *alguien* a un animal que está atado. rur.

desaplomo.
>   **I. 1.**   m. *PR, Py.* Falta de serenidad y calma.

desaporque.
>   **I. 1.**   m. *Ar:NO.* Eliminación de tierra, maleza o raíces que cubren las cepas, *generalmente por medio de una vertedera.* rur.
>   **2.**   *Ho. En la caña de azúcar,* retiro de la tierra de alrededor del tallo para airear la planta y lograr el brote de los hijuelos. rur.

desaprevenido, -a. (Epént. de *desprevenido*).
>   **I. 1.**   adj. *Mx, ES, Ni, Py. Referido a persona,* desprevenida, descuidada.

desarbolar(se).
>   **I. 1.**   tr. *Cu, RD, PR.* Desordenar *alguien* o alguna cosa, *especialmente papeles o documentos.* pop + cult → espon. (**esarbolar**).
>   **2.**   intr. prnl. *RD, PR.* Descomponer *alguien,* perder la calma. pop + cult → espon. (**esarbolar**).
>   **II. 1.**   tr. *Cu.* Golpear *una persona* duramente a *alguien* hasta dejarle maltrecho.

desarmadero.
>   **I. 1.**   m. *Ar, Ur.* Lugar en el que se almacenan o compran vehículos inservibles, para desarmarlos y vender sus piezas como repuestos.

desarmador.
  I. 1. m. *Mx, Gu, Ho, ES, Ni, Pe, Bo*. Herramienta que
    consta de un mango y una barrita metálica que se
    inserta en la ranura del tornillo, que sirve para apre-
    tar y aflojar tornillos.
  II. 1. m. *Mx*. Bebida compuesta de jugo de naranja y
    vodka.
  ■
    a. ‖ ~ **estrella.** m. *Pe*. Destornillador con punta de
      estrella. pop + cult → espon.
    b. ‖ ~ **philips.** m. *Ho*. Destornillador con punta de
      estrella. pop + cult → espon.
    c. ‖ ~ **plano.** m. *Ho, Ni, Ec, Pe*. Destornillador con
      punta plana. pop + cult → espon.

desarmaduría.
  I. 1. f. *Ch*. Lugar en el que se desarman máquinas, *espe-
    cialmente vehículos*.

desarmar.
  I. 1. tr. *Ch, Ar, Ur*. Vaciar una maleta o un bolso de
    viaje.

desarrabalizar.
  I. 1. tr. *RD*. Deshabitar un núcleo de población, *espe-
    cialmente el ocupado por personas de pocos recursos econó-
    micos*, y eliminar sus viviendas con el fin de desarro-
    llar en él proyectos urbanísticos u obras civiles.

desarrajar.
  I. 1. tr. *Cu, RD*. Arrancar o violentar una cerradura.
  II. 1. tr. *Cu*. Dar un golpe a alguien o a un animal.

desarrollar(se).
  I. 1. tr. *Co*. Hacer visible la imagen impresa en la placa
    o película fotográfica.
  □
    a. ‖ ~**se la mar.** loc. verb. *PR*. Tener el mar olas muy
      seguidas.

desasitiado, -a.
  I. 1. adj. *RD*. *Referido a persona*, descolocada o aturdi-
    da por alguna situación molesta o inoportuna.

desasurdo.
  I. 1. m. *RD*. Falta de cuidado en los hábitos de vida de
    una persona que puede dañarle su salud.
  II. 1. m. *RD*. Disparate.

desatencionar.
  I. 1. tr. *Ni*. p.u. No prestar atención a *alguien* o *algo*.

desaterrar.
  I. 1. tr. *Ho, Ni, CR; Mx*, rur. Quitar la tierra de un lugar,
    como una vía, zanja o conducto, para despejarlo.
  2. *Ec*. p.u. Eliminar los escombros o tierra de un lu-
    gar para allanarlo.

desatinarse.
  I. 1. intr. prnl. *CR*. obsol. Desasosegarse *alguien*. rur.

desatino.
  I. 1. m. *CR*. obsol. Desasosiego. rur.

desatorar(se).
  I. 1. tr. *Mx, Gu, Ho, Ni, CR, PR, Pe, Bo, Ch*. Desatascar,
    desobstruir.
  2. intr. prnl. *Ch*. Liberarse *alguien* de las angustias
    o problemas cotidianos que afectan al ánimo.

desatornillador.
  I. 1. m. *Mx, Ho, ES, Ni, Ch*. Destornillador.

desatracar.
  I. 1. tr. *Pe*. Quitar obstáculos o impedimentos de algo.
    pop + cult → espon.

desavero.
  I. 1. m. *RD*. Eliminación de las hierbas de un terreno
    que se realiza antes del período de cosecha.

desayunadero.
  I. 1. m. *Co; Ec*, p.u. Establecimiento en el que se sir-
    ven desayunos, *especialmente cuando se trasnocha*.

desayunador.
  I. 1. m. *Mx, Gu, RD, Ec*. Habitación con mesa y sillas,
    cercana a la cocina, para tomar comidas ligeras.
  2. *Mx, Gu, Py*. Juego de mesa y sillas de la habitación
    cercana a la cocina para tomar comidas ligeras.
  3. *Gu, Ho, Ni, CR, Pa, RD, Ec. Py, Ar*. Barra que
    separa la cocina del comedor y que se utiliza para
    desayunar o comer.

desayuno.
  ■
    a. ‖ ~ **análisis.** m. *Ch*. Reunión o sesión formal de
      discusión que se realiza mientras se desayuna.

desazolvado.
  I. 1. m. *Ho*. Desatasco de un conducto obstruido.
    pop.

desazolvar.
  I. 1. tr. *Mx*. Quitar el **azolve** que ciega un conducto.
    (**desenzolvar**).

desazolve.
  I. 1. m. *Mx*. Extracción del **azolve** que ciega un con-
    ducto.

desbabadero.
  I. 1. m. *Ve*. Utensilio con desaguadero utilizado para co-
    locar el cacao durante varios días hasta que pierda el jugo
    pegajoso o baba que lo recubre.

desbabar.
  I. 1. tr. *Pe*. Quitar la baba al fruto del café o del cacao.

desbajadora.
  I. 1. *CR*. **desbajeradora**. (**esbajadora**).

desbajeradora.
  I. 1. f. *CR*. Herramienta compuesta de una varilla
    muy larga con una pieza de hierro en una de sus
    puntas, la cual tiene filo en la parte superior y
    una curvatura en la parte inferior, usada para cortar
    las hojas del **plátano** y otras musáceas. rur. ♦ **desba-
    jadora**.

desbajerar.
  I. 1. tr. *Gu, Ni, CR*. Recolectar las hojas bajas de una
    planta de tabaco. rur.
  II. 1. tr. *Gu, CR*. Cortar ciertas hojas a una planta mu-
    sácea con una **desbajeradora**.

desbalagado, -a.
  I. 1. adj. *Mx, Ho. Referido a persona o cosa*, dispersada.
    (**desvalagado**).
  2. *Mx. Referido a cosa*, suelta, separada de su grupo,
    fuera de su lugar. (**desvalagado**).
  II. 1. adj. *ES. Referido a persona*, dilapidadora.

desbalagar(se).
  I. 1. intr. prnl. *Mx, Ho, Ni*. Esparcirse o dispersarse los
    elementos de un conjunto o agrupación.
  II. 1. tr. *Ho, ES*. Dilapidar *alguien* bienes o dinero.

desbalance.
  I. 1. m. *Pa*. Desequilibrio.

desbalancear.
  I. 1. tr. *Mx, Ni, RD, PR, Bo, Ch, Ar*. Deshacer o elimi-
    nar el equilibrio existente entre dos cosas, fuerzas
    o posturas antagónicas.

desbambarse.
  I. 1. tr. prnl. *Mx*. Deshacerse una tela o un tejido.

desbancar.
  I. 1. tr. *Gu*. Despedir a *alguien* de su trabajo o de su
    cargo.
  2. *Gu*. Quitar la pareja a otra persona.
  II. 1. tr. *Gu, Ec*. Remover el suelo para sacar el material que
    hay en él. pop + cult → espon.

desbandarse.
  I. 1. intr. prnl. *Cu, Ch, Ar*. Perder *alguien* la compostu-
    ra o la disciplina. pop.

II. 1. *Ch, Ar.* Desprenderse la cubierta o banda de rodamiento de un neumático.

desbande.
I. 1. m. *Pe, Bo, Ch; Ec, Py, Ar, Ur.* pop. Desbandada, huida desordenada.
II. 1. m. *Pe.* Desentreno.
☐
a. ‖ **en ~.** loc. adv. *RD, Bo.* En desbandada, de manera desordenada.

desbandolar.
I. 1. tr. *CR.* Quitar las **bandolas** superfluas a una planta de café. rur.

desbarajustada.
I. 1. f. *Ho, ES.* Huida repentina de una caballería.

desbarajustado, -a.
I. 1. adj. *Ho. Referido a persona*, nerviosa y alterada por miedo.

desbarajustar.
I. 1. intr. *Ho, ES.* Espantarse un animal o huir precipitadamente *alguien.*

desbarajuste.
I. 1. m. *ES.* Espantada de una caballería.
☐
a. ‖ **en ~.** loc. adv. *Ho, RD.* Alocadamente, desordenadamente.

desbaratado, -a.
I. 1. adj. *Cu, RD, PR. Referido a persona*, cansada, exhausta. (**esbaratado; esbaratao**).

desbaratar(se).
I. 1. tr. *Mx, Ni, RD, Co.* Estropear una máquina.
2. intr. prnl. *Mx, Ni, RD.* Estropearse una máquina.
3. tr. *Cu.* Golpear duramente a *alguien* hasta dejarlo maltrecho.

desbarbar.
I. 1. tr. *PR. En las peleas de gallos*, cortar *alguien* las plumas que le crecen al gallo de pelea en el cuello. (**esbarbar**).
2. *PR. En las peleas de gallos*, cortar *alguien* las dos partes carnosas que le crecen al gallo de pelea debajo del pico. (**esbarbar**).

desbarejar.
I. 1. tr. *Ar:NO.* Limpiar un terreno de maleza. rur.

desbarrancada.
I. 1. f. *Pe.* Caída, bajada, desplome de algo. pop + cult → espon.

desbarrancadero.
I. 1. m. *Mx, Gu, Ho, Ni, CR, Co, Ve, Ec, Pe.* Despeñadero, sitio alto, peñascoso y escarpado.

desbarrancado, -a.
I. 1. adj. *Mx, Ho, ES, Ni, Cr, Ec, Pe, Bo, Ch, Ar. Referido a persona o animal*, que ha caído por un barranco o precipicio.

desbarrancamiento.
I. 1. m. *Ho, Pe, Ch.* Caída, bajada violenta por un barranco o precipicio.
2. *Ho, Ec.* metáf. Desorden y mala administración de empresa, negocio o institución.

desbarrancar(se).
I. 1. intr. prnl. *Mx, Gu, Ho, ES, Ni, CR, Pa, Cu, Co, Ve, Ec, Pe, Bo, Ch, Ar, Ur.* Caerse *alguien* accidentalmente por un barranco o precipicio. pop + cult → espon.
2. tr. *Mx, Gu, Ho, ES, Ni, CR, Pa, Cu, Co, Ve, Ec, Pe, Bo, Ch, Ar.* Arrojar a *alguien* por un barranco o precipicio. pop + cult → espon.
3. intr. prnl. *Co, Ve, Ar:NO.* Desprenderse parte de un cerro.
4. *Ec, Ar, Ur.* metáf. Sumirse algo en el caos, como una institución o un país.

5. intr. prnl. *Ar, Ur.* metáf. Decaer *alguien* física, moral o económicamente.
6. *Pe, Bo*, metáf. Depreciarse una moneda.
7. tr. *Pe, Bo*, metáf. Derrocar, deponer *algo* o a *alguien* de un cargo o puesto.
8. *Pe, Bo*, metáf. Desbaratar o hacer fracasar *algo.*
9. intr. *Bo.* Caer un vehículo por un barranco o precipicio.
II. 1. intr. prnl. *Ho, CR.* Contraer matrimonio. rur; pop + cult → espon ∧ fest.
III. 1. tr. *Ni.* Despedir a *alguien* de su trabajo.

desbarranque.
I. 1. m. *Pr, Ec, Pe.* Despeñamiento. pop + cult → espon.

desbarrar. (Del ingl. *to disbar*, excluir del foro).
I. 1. tr. *PR.* Desaforar, expulsar a un abogado del Colegio de Abogados.

desbarrumbarse.
I. 1. intr. prnl. *CR.* Venirse abajo una construcción o parte de ella. pop.
2. *CR.* Precipitarse *algo* o *alguien* desde un desfiladero. pop.

desbarrumbe.
I. 1. m. *CR.* Desprendimiento de una gran masa de tierra de un cerro. (**desbarrumbo**).

desbarrumbo.
I. 1. m. *CR.* **desbarrumbe.**
2. *CR.* Masa grande de tierra desprendida de un terreno o de un talud.

desbasurar.
I. 1. tr. *Gu, Ho:O, Ni, CR.* Eliminar las basuras de un terreno. rur.

desbautizarse.
I. 1. intr. prnl. *Bo.* Asombrarse *alguien* por una noticia inesperada. pop + cult → espon.

desbembado, -a.
I. 1. adj. *Cu. Referido a una prenda de vestir*, que cae de forma irregular, de un lado más largo que del otro. pop + cult → espon.

desbembarse.
I. 1. intr. prnl. *Cu, RD.* Caer una prenda de vestir de manera irregular, quedando un lado más largo que otro. (**esbembarse**).

desbichinado, -a.
I. 1. adj. *Ho. Referido a persona*, que le falta uno o varios dientes.
2. *Ho. Referido a una pieza de loza*, que tiene astillado el borde.

desbichinar(se).
I. 1. tr. *Ho.* Golpear *algo* desprendiendo una pequeña parte de su borde, *en especial loza.*
2. tr. prnl. *Ho.* Perder o partirse *alguien* uno o varios dientes.

desbinzar.
I. 1. tr. *Gu.* obsol. Descoyuntar, desencajar los huesos de su lugar.

desbitocado, -a.
I. 1. adj. *Gu.* obsol. *Referido a persona*, atontada.

desbitocar.
I. 1. tr. *Gu.* Quitar el tapón a un depósito.

desbocado, -a.
I. 1. adj. *Gu, RD, PR, Co, Ve, Ec, Bo. Referido a persona o a animal*, que va a gran velocidad. (**esbocado; esbocao**).

desbocarse.
I. 1. intr. prnl. *Gu, Ni, Cu, RD, PR.* Precipitarse *alguien* en la toma de decisiones. (**esbocarse**).
2. *Cu.* Ejecutar *alguien* una acción de forma precipitada. pop + cult → espon.

desbol.
I. 1. m. *Ve.* Pelotazo que lanza el ***pitcher*** al bateador.

desbolado, -a.
I. 1. adj/sust. *Ar, Ur. Referido a persona*, desorganizada y carente de criterio para actuar. vulg; pop + cult → espon.
2. *Ar, Ur. Referido a persona*, desordenada en la colocación de sus cosas. pop + cult → espon.
3. adj. *Ar, Ur. Referido a un conjunto de cosas*, que no tiene orden ni organización. pop + cult → espon.

desbolar(se).
I. 1. tr. *Ar, Ur.* Provocar *alguien* desorden o confusión en algo. vulg; pop + cult → espon.
2. intr. prnl. *Ar, Ur.* Confundirse, embarullarse. vulg; pop + cult → espon.
3. *Ur.* Dejar *alguien* de actuar según ciertas pautas. vulg; pop + cult → espon.
4. *Ur.* Desatender o descuidar *alguien* sus obligaciones. vulg; pop + cult → espon.
II. 1. intr. prnl. *Ur.* Desnudarse *alguien*. pop + cult → espon.

desbole.
I. 1. m. *Ar, Ur.* Desorden o confusión. vulg.

desboquillada.
I. 1. f. *Ar:NO.* Tarea consistente en quitar parte de la tierra que rodea a la planta de la caña de azúcar, para facilitar la salida de los brotes. rur. ♦ **desboquille**.

desboquillar.
I. 1. tr. *Ar:NO.* Quitar la tierra que impide el crecimiento de los brotes de caña de azúcar. rur.

desboquille.
I. 1. m. *Ar:NO.* **desboquillada**.

desboquinarse.
I. 1. tr. prnl. *Pa.* p.u. Romperse *alguien* la boca.

desboronamiento.
I. 1. m. *PR, Co; RD.* pop. Reducción del pan a migas. (**esboronamiento**).

desboronado,-a.
I. 1. adj. *Py. Referido a persona*, deshecha por un fuerte dolor de cabeza.

desboronar(se).
I. 1. tr. *Mx, Gu, Ho, Ni, CR, RD, PR, Co, Ve, Ch.* Deshacer una cosa en porciones muy pequeñas. pop. (**esboronar**).
2. intr. prnl. *Gu, Ho, PR, Co.* Deshacerse una cosa en porciones muy pequeñas. (**esboronarse**).
II. 1. intr. prnl. *Gu, Ho, Ni, Ve, Py.* metáf. Decaer *alguien* moral o físicamente. pop + cult → espon.
2. *Ho, Ni, Py, Ch.* p.u. Arruinarse, deteriorarse una edificación por el paso del tiempo o por las inclemencias de la naturaleza. pop.
3. *Ho, Ni. CR, Py.* Caerse un muro o un edificio. pop.
4. tr. *Ho, Py.* metáf. Funcionar mal una empresa o institución o degradarse *algo*.

desborrondingarse.
I. 1. intr. prnl. *Ho.* Derrumbarse una pared, un edificio o un cerro.

desborrumbarse.
I. 1. intr. prnl. *Gu.* obsol. Caerse, derrumbarse *algo*.

desbotamiento.
I. 1. *Ho.* **desbotoneo**. rur.

desbotonamiento.
I. 1. m. *Cu.* Proceso de **desbotonar** una planta.

desbotonar.
I. 1. tr. *Mx, Ho, Pa, Cu, PR, Ch.* Quitar los botones a las plantas para impedir su crecimiento y para que ganen en tamaño las hojas.

II. 1. tr. *Ho.* Despuntar *alguien* los cuernos del ganado. rur.
2. *PR.* Capar *alguien* a un animal. rur.

desbotoneo.
I. 1. m. *Ho, Ni.* Despunte o corte de botones y guía de una planta, *especialmente a la del tabaco*. rur. (**desbotamiento**).

desbozalado, -a.
I. 1. adj/sust. *CR.* obsol. *Referido a persona*, que habla con desenfado y utilizando un lenguaje soez. pop + cult → espon.

desbozalarse.
I. 1. intr. prnl. *CR.* obsol. Empezar a hablar con desenfado y con un lenguaje soez. pop + cult → espon.

desbreñar.
I. 1. tr. *Mx.* Arrancar y retirar la maleza de un lugar.

desbundarse.
I. 1. intr. prnl. *Ur.* juv. Emborracharse o drogarse *alguien* excesivamente.

desbunde.
I. 1. m. *Ur.* juv. Fiesta desordenada y tumultuosa.

desburrumbadero.
I. 1. m. *Gu.* obsol. Lugar en un barranco o talud donde se acumula la tierra derrumbada. rur.

desburrumbar(se).
I. 1. intr. prnl. *Gu.* Caerse *alguien* o *algo* por un precipicio.
2. tr. *Ni.* Demoler *alguien* un edificio.
3. *Ni.* metáf. Despedir a *alguien* del cargo o puesto de trabajo.

desburruncarse.
I. 1. *Ho.* **desburrungarse**.

desburrungar(se).
I. 1. tr. *Ho, ES, Ni.* Tirar o demoler *alguien* una cosa, *en especial una pared o edificio*. (**desburruncarse**).
2. intr. prnl. *Ho, ES, Ni.* Venirse abajo una pared, edificio o puente. (**desburruncarse**).
3. *Ho, Ni.* Deslizarse un cerro por efecto del agua. (**desburruncarse**).
II. 1. intr. prnl. *Ho, Ni.* Caerse *alguien* o *algo* por un precipicio o despeñadero. (**desburruncarse**).

desburrungazón.
I. 1. m. *ES.* Derrumbe de un edificio, pared o cerro. (**desburrungue**).
2. *ES.* Conjunto de cosas derrumbadas.

desburrungue.
I. 1. m. *Ho.* **desburrungazón**, derrumbe de un edificio, pared o cerro.

descabar.
I. 1. tr. *ES.* Quitar las puntas de los cuernos al ganado.

descabezar.
I. 1. tr. *Ho, Ni, Bo, Py; Co, Ec,* pop. Destituir o expulsar *a alguien* de un puesto o cargo. pop + cult → espon.
2. *PR.* Disminuir *alguien* la graduación alcohólica de un licor, añadiéndole agua.

descabullarse.
I. 1. intr. prnl. *Ve.* Escaparse, huir, escabullirse. ♦ **jullirse**.

descacarañado, -a.
I. 1. adj. *Pa.* Agujereado, picado, *especialmente el rostro a causa de la viruela*.

descachado, -a.
I. 1. adj. *Co. Referido a una decisión*, desatinada. pop.

descachalandrado, -a.
I. 1. *Ni, Pa, Co, Ve, Ec, Pe; Ch,* p.u. ♦ **descuajeringado**. pop.
2. adj. *Pe; Ni, CR.* p.u. *Referido a cosa*, destruida o estropeada. pop + cult → espon.

descachalandrar(se).
   I. 1. tr. *Ni, CR, Pe.* p.u. Destruir o estropear *alguien algo.* pop + cult → espon.
   2. intr. prnl. *Ni.* Destruirse, estropearse una cosa.

descachar(se).
   I. (De *cacho,* cuerno).
   1. tr. *Mx, Ho, Ni, CR, Pa, Co, Ve.* Quitar los cuernos a *un animal.* rur.
   2. intr. prnl. *Ho, Ni, CR, Ch.* Romperse o perder un animal los cuernos. rur.
   II. 1. intr. prnl. *Mx, Co. En algunos juegos como el billar o el futbol,* no acertar el golpe a la bola o balón. pop. (**escacharse**).
   2. *Co.* metáf. Cometer un desacierto o indiscreción. pop. (**escacharse**).
   III. 1. intr. prnl. *Co.* Estropearse un vehículo por el rompimiento de los ejes o **cachos.** pop. (**escacharse**).
   IV. (De *cacho,* pedazo).
   1. intr. prnl. *Ho.* Romperse o desprenderse una parte de algo. rur.
   V. 1. intr. prnl. *CR.* p.u. Sufrir *alguien* una caída aparatosa. pop ^ fest.

descacharado, -a.
   I. 1. adj. *Ni.* **descacharrado**, desaliñado.

descacharrado, -a.
   I. 1. adj. *Gu, Ho. Referido a persona,* desaliñada, *especialmente en la forma de vestir y en el aseo.* (**descacharado**).

descachazador.
   I. 1. m. *Co, Ec.* Utensilio consistente en un mango largo con un colador adaptado en uno de sus extremos, usado para **descachazar.** rur. (**pascón**).

descachazador, -ra.
   I. 1. sust/adj. *Ho.* Persona que se encarga de quitar la suciedad o **cachaza** al jugo de la caña de azúcar.

descachazadora.
   I. 1. f. *Co.* Recipiente que se usa para **descachazar.**

descachazar.
   I. 1. tr. *Gu, Ho, Cu, Co; CR, Ec,* rur. Eliminar la **cachaza** del jugo de la caña de azúcar.

descache.
   I. 1. m. *Co.* Error, desacierto. pop.
   2. *Co. En algunos juegos como el billar o el futbol,* golpe falso que se da a la bola o al balón.
   II. 1. m. *Co.* Ruptura de los ejes de un vehículo.
   III. 1. m. *Ec.* Descornamiento de un animal. rur.

descachimbada.
   I. 1. f. *Ho, ES, CR.* Caída, golpe fuerte.
   II. 1. f. *Ho.* Desorden, barullo, altercado. pop.

descachimbado, -a.
   I. 1. adj. *Ho, Ni, Cu. Referido a cosa,* estropeada, deteriorada, rota. pop.
   2. *Ho, Ni. Referido a una cosa o un asunto,* malogrado.
   3. *Cu. Referido a persona,* maltrecha. pop.
   4. *Ho. Referido a una herramienta o enseres,* rotos o destartalados.
   II. 1. adj. *Ho. Referido a persona o vehículo,* que va a gran velocidad.
   2. *Ho. Referido a persona o vehículo,* que cae por un precipicio.
   III. 1. adj. *Ho, Ni. Referido a persona,* alocada.
   IV. 1. adj. *Ho, Ni. Referido a persona,* desaliñada, *especialmente en la forma de vestir.*

descachimbamiento.
   I. 1. m. *Ni.* Destrucción física de algo. pop ^ fest.
   2. *Ni.* Desastre mental o psíquico de alguien.
   3. *Ni.* Fin de una relación sentimental.

descachimbar(se).
   I. 1. intr. prnl. *Ho, ES, Ni.* Derrumbarse *algo* con estruendo.

   2. *Ho, ES, Ni.* Caerse *alguien* o *algo* por un precipicio.
   3. *CR, Cu.* Sufrir *alguien* una caída aparatosa. pop ^ fest.
   II. 1. intr. prnl. *Ho, Ni; CR,* pop + cult → espon. Arruinarse o malograrse *algo.*
   2. tr. *Ho, Ni; CR,* pop + cult → espon. Arruinar o malograr *algo.*
   III. 1. intr. prnl. *Ho, ES, Ni.* Separarse o soltarse las partes o piezas de algo, como muebles o máquinas.
   2. intr. *Ho.* Apartarse *alguien* repentinamente de la vida ordenada que llevaba. pop + cult → espon.
   3. tr. *Ho.* Dejar de tener relaciones cordiales dos o más personas.
   IV. 1. tr. *Cu.* Golpear con saña a *alguien* hasta dejarlo maltrecho. pop.
   V. 1. intr. prnl. *Ho.* Excederse *alguien* en su comportamiento, hasta el punto de perder la cordura.
   VI. 1. tr. *Ho.* Conducir *alguien* un vehículo a gran velocidad.

descachimbe.
   I. 1. m. *Ho, ES, Ni.* Desorden, barullo, alteración del orden público.

descaderado, -a.
   I. 1. adj. *Co, Ec, Ch. Referido a ropa interior o a un pantalón,* que se ciñe al cuerpo por debajo de la cintura.

descaderarse.
   I. 1. intr. prnl. *RD, Ve.* Mover *alguien* mucho sus caderas.

descalabrado, -a.
   I. 1. adj. *Ni, RD, PR. Referido a cosa,* destartalada, en mal estado.
   II. 1. adj. *Ni. Referido a persona,* loca, demente.

descalabrar(se).
   I. 1. tr. *Mx, RD.* Estar en bancarrota. pop + cult → espon.
   2. intr. prnl. *Mx, RD.* Arruinarse, estar en bancarrota. pop + cult → espon.
   II. 1. intr. prnl. *CR, RD.* p.u. Sufrir *alguien* una caída aparatosa. pop.
   III. 1. *PR.* metáf. **tostonear**, cortar el cabello pop + cult → espon ^ fest.

descalfe.
   I. 1. m. *Ho, Ni.* Descuento del sueldo de una cantidad de dinero. pop + cult → espon.

descalaverado, -a.
   I. 1. adj. *ES. Referido a persona,* de poco juicio y mesura.

descalentado, -a.
   I. 1. adj. *RD. Referido a persona,* enfurecida, enojada.
   II. 1. adj. *RD. Referido a persona, especialmente una mujer,* ardiente, que siente mucho deseo sexual.

descalentar(se).
   I. 1. tr. *RD.* Enfurecer a *alguien,* enojarlo.
   2. intr. prnl. *RD.* Enfurecerse *alguien,* enojarse.
   II. 1. intr. prnl. *RD.* Excitarse *alguien* sexualmente.

descalfar.
   I. 1. tr. *Ho, Ni.* Deducir a alguien una cantidad de dinero del salario.

descalar.
   I. 1. tr. *RD.* Matar *una persona* a *alguien.*

descalostrar.
   I. 1. tr. *Co:C.* Sacarle a la vaca recién parida la primera leche o calostro. rur.

descalza.
   I. 1. f. *ES.* Cuerpo de la Policía.

descalzo.
    I. 1. m. *ES.* Cigarrillo hecho a mano. carc.
descalzurriado, -a.
    I. 1. adj. *Co. Referido a persona*, de aspecto o vestir descuidados. pop.
    2. *Co. Referido a persona*, que lleva los pantalones muy caídos, por debajo de las caderas. pop.
descambiar.
    I. 1. tr. *Gu, Ho, ES, Ni, Co, Ve, Ec, Pe*, rur; pop. Convertir billetes o monedas de alto valor en dinero menudo equivalente, o a la inversa. pop + cult → espon. (**escambiar**).
descamburado, -a.
    I. 1. sust/adj. *Ve.* Persona que ha sido destituida o expulsada de un puesto o cargo.
descamburador, -ra.
    I. 1. m. y f. *Ve.* Persona que destituye a otra de su puesto o cargo.
descamburamiento.
    I. 1. m. *Ve.* Destitución de una persona del puesto o cargo que ejerce.
descamburar.
    I. 1. tr. *Ve.* Destituir o expulsar a *alguien* de un puesto o de un cargo, *especialmente político*.
descamisado.
    I. 1. m. *Ho.* Hombre pobre. pop.
descamisado, -a.
    I. 1. sust/adj. *PR.* metáf. *Referido a persona*, desvergonzada. pop + cult → espon.
descamisarse.
    I. 1. intr. prnl. *Ho.* **alzarse**, robar.
descansada.
    I. 1. f. *Co, Pe, Ve, Bo, Ch, Ar:NO.* Reposo o pausa en el trabajo o en alguna actividad.
    2. *Gu, Ni, CR, Py.* Descanso o reposición de fuerzas. pop.
    ▶ **echar una ~.**
descansar.
    I. 1. tr. *Ar*, juv. Tomar el pelo a alguien.
    □
    a. ‖ **~ haciendo adobes.** loc. verb. *Mx.* Trabajar durante el tiempo de descanso o de ocio.
descansé.
    I. 1. m. *Co.* Hierba de hasta 1,50 m de altura, con tallos subcuadrangulares y lampiños, hojas oblongo-ovadas u ovado-lanceoladas, e inflorescencia en espigas con corolas de color rosado o amarillo; se emplea como tónico cardíaco y para el tratamiento de la neumonía. (Acanthaceae; *Justicia phylicoides*).
descanso.
    I. 1. m. *Py.* Juego de muchachos que consiste en desplazar por varias divisiones trazadas en el suelo un tejo al que se da con un pie, llevando el otro en el aire y cuidando de no pisar las rayas y de que el tejo no se detenga en ellas.
descantillar.
    I. 1. tr. *Cu.* Recortar los bordes de una prenda que está siendo confeccionada.
descañangada.
    I. 1. f. *Cu.* Ruptura o desvencijamiento de algo.
    II. 1. f. *Cu.* Sufrimiento repetido en un accidente o pelea.
descañangar.
    I. 1. tr. *Cu.* Golpear duramente a *alguien* hasta dejarlo maltrecho.
descapotado.
    I. 1. adj. *Ni. Referido a hombre*, que realiza el coito sin preservativo.

descapotar.
    I. 1. tr. *Co.* Quitar las plantas y raíces que cubren la superficie de un campo. rur.
descapullador.
    I. 1. m. *Pa.* Instrumento para **descapullar** el fruto del maíz.
descapullar.
    I. 1. tr. *Pa.* Quitar el capullo al fruto del maíz.
descarachado, -a.
    I. 1. adj. *Co:O. Referido a cosa*, que tiene desprendida la cáscara o superficie.
descarachar(se).
    I. 1. tr. *Co:SO.* Quitar la cáscara o superficie fina a algo.
    2. intr. prnl. *Co:SO.* Desprenderse la cáscara o superficie fina de algo.
descaracterizar.
    I. 1. tr. *Cu.* Revelar los propósitos o sentimientos negativos de alguien, desenmascararlo.
    II. 1. tr. *Cu.* Desprestigiar a *alguien*.
descarapelado, -a.
    I. 1. adj. *Mx, CR, Co. Referido a superficie*, que ha perdido parte del revestimiento.
    2. *Mx, Co. Referido a la piel*, levantada y desprendida del cuerpo.
descarapelar(se).
    I. 1. tr. *Mx, CR, Co.* Quitar parte del revestimiento a una superficie.
    2. intr. prnl. *Mx, CR, Co.* Perder una superficie parte del revestimiento.
    3. *Mx, Co.* Levantarse o desprenderse la piel del cuerpo.
descarchar.
    I. 1. tr. *ES.* Quitar *una persona* el empleo a alguien.
descarga.
    I. 1. f. *Cu, RD, PR, Ve.* **halón de orejas.** pop + cult → espon.
    II. 1. f. *Cu.* Actuación musical, espontánea o programada, de uno o varios artistas ante un público reducido.
descargar.
    I. 1. tr. *Mx, RD.* Evacuar el vientre, defecar. pop.
    II. 1. tr. *Mx, RD.* Dejar salir un sentimiento.
    III. 1. tr. *Cu, RD, PR, Ve.* Reprender verbalmente a *alguien*.
    IV. 1. intr. *Cu.* Actuar en un espectáculo musical.
    V. 1. tr. *Cu.* juv. Tener intercambio de caricias y besos, o relaciones sexuales sin que medie compromiso ni relación amorosa.
    VI. 1. tr. *Cu.* juv. Gustar *algo* a *alguien*.
    VII. 1. tr. *ES.* Entregar el botín a alguien. carc.
descarguita.
    I. 1. f. *Cu.* Fiesta familiar, reunión entre amigos. ◆ **motivito.**
descariñado, -a.
    I. 1. adj/sust. *Ec, Ch. Referido a persona*, que no da cariño ni hace muestras de ello, *generalmente por no haberlo recibido*. pop + cult → espon.
descarminado.
    I. 1. m. *Ho.* Proceso que se hace a la fibra de **pita** para extraer una a una sus hebras.
descarne.
    I. 1. *Ho, Ni, Ec, Ar. En la curtimbre*, proceso de quitar la carne y las impurezas al cuero de un animal.
    2. *Ho, Ec, Ar, Ur.* Parte interior del cuero del animal vacuno, de inferior calidad que la externa. rur.
    3. *Ur.* Carne de vacuno que se saca de la piel o del hueso del animal.

descarozado.
  I. 1. m. *Ch, Ar.* **Durazno** secado al sol sin carozo. ♦ **descorazado.**

descarozar.
  I. 1. tr. *Mx, Cu, Bo, Ch, Ar, Ur.* Quitar el carozo a una fruta.

descarranchado, -a.
  I. 1. adj. *Ho, PR. Referido a persona,* desgarbada. (**escarranchado; escarranchao**).
  2. *PR. Referido a cosa,* estropeada, que no funciona.

descarretillar(se).
  I. 1. tr. *Ch.* Desencajar las mandíbulas a alguien. pop + cult → espon.
  2. intr. prnl. *Ch.* Desencajarse las mandíbulas. pop + cult → espon.

descarriar.
  I. 1. tr. *CR.* obsol. *En un juego de apuesta,* ganar a los demás participantes la totalidad de lo que disponían para apostar. rur.

descarrilado, -a.
  I. 1. adj. *Ho, Ni, CR, RD, PR, Ve, Pe.* metáf. *Referido a persona,* descarriada.
  2. *Cu, RD, PR. Referido a persona,* que incumple las normas impuestas por una sociedad.
  3. *Ho.* metáf. *Referido a proyecto, idea o institución,* fracasado.

descarrilamiento.
  I. 1. m. *RD.* metáf. Desorden, fracaso, ruina.

descarrilar(se).
  I. 1. tr. *Mx, Ho. En deportes,* derrotar a *alguien* o a un equipo que hasta ahora era ganador.
  2. intr. prnl. *Mx, Ho.* Sufrir *una persona* o un equipo una derrota.
  II. 1. intr. prnl. *Gu, Ho, Ni, CR, Cu, RD, PR, Co, Ve.* Alejarse *una persona* del camino debido o conveniente.
  2. tr. *Ho.* Fracasar *alguien* o *algo* en una cosa.
  III. 1. intr. prnl. *RD, Pe, Ar:NO.* Apartarse *alguien* de lo que se considera justo o en consonancia con las buenas costumbres. pop.

descartable.
  I. 1. adj/sust. *Ho, RD, PR, Ec, Pe, Bo, Py, Ar, Ur. Referido a objeto,* desechable, destinado a ser usado solo una vez.
  II. 1. f. *Ni, RD.* Dispositivo formado por una jeringa y una aguja para inyectar.

descartuchamiento.
  I. 1. m. *Bo, Ch.* Relación sexual con la que alguien pierde su virginidad. pop + cult → espon.
  2. *Ch.* Proceso por el que se pretende conseguir que alguien deje de mostrar inhibición o ignorancia en temas sexuales. pop + cult → espon. ♦ **descartuche.**

descartuchar(se).
  I. 1. intr. prnl. *Bo, Ch.* Tener *una persona* su primera relación sexual. vulg; pop + cult → espon.
  2. tr. *Bo, Ch.* Hacer que alguien pierda su virginidad. vulg; pop + cult → espon

descartuche.
  I. 1. *Ch.* **descartuchamiento,** proceso.

descasar.
  I. 1. tr. *PR. En las peleas de gallos,* echar *alguien* atrás las apuestas hechas.
  2. *PR. En las peleas de gallos,* no echar *alguien* a pelear los gallos que habían sido acordados.

descascarado, -a.
  I. 1. adj. *Ni, Ec. Referido a una fruta,* pelada.

descascarañado, -a.
  I. 1. adj. *Cu, RD. Referido a cosa,* descascarillada o desportillada.

descascarañar(se).
  I. 1. tr. *Cu, RD.* Quitar parte del revestimiento de una superficie, *especialmente de una pared.* (**decacarañar**).
  2. *Cu, RD.* Quitar la corteza o la cáscara de una fruta. (**decacarañar**).
  3. intr. prnl. *Cu, RD.* Desprenderse parte del revestimiento de una superficie, *especialmente de una pared.*

descase.
  I. 1. m. *PR. En las peleas de gallos,* cancelación de las apuestas hechas.
  2. *PR. En las peleas de gallos,* ruptura del compromiso oficial de pelea de gallos por parte de uno de sus dueños.

descasullar. (De *casulla,* cáscara del arroz).
  I. 1. tr. *Ho.* Descascarillar, quitar la cáscara al grano de arroz y, a veces, al café.

descentrado, -a.
  I. 1. adj. *Pe. Referido a un país, organismo o institución,* que actúa o funciona de una manera dispersa, sin cohesión ni unidad.

descentralismo.
  I. 1. m. *Co, Pe, Py.* Sistema político, social o económico que tiende a descentralizar los organismos estatales de un país. cult.

descentralista.
  I. 1. adj/sust. *Co, Pe, Py. Referido a una persona, organismo, partido o gobierno,* que tiende a descentralizar las instituciones de un país. cult.

descerezar.
  I. 1. tr. *PR. En la industria cafetalera,* **despulpar.**

deschabado, -a.
  I. 1. adj. *Cu. Referido a persona,* descarada, desvergonzada.
  2. *Cu. Referido a persona,* descarriada.

deschabar(se).
  I. 1. intr. prnl. *Cu.* Comportarse con desenfado y atrevimiento en una situación determinada.
  2. *Cu.* Incumplir las normas de urbanidad que una sociedad impone.
  II. 1. intr. *Cu.* Hablar mal de alguien.

deschabe.
  I. 1. m. *Cu.* Comentario malintencionado que se hace sobre otra persona.

deschabetado, -a.
  I. 1. *Ve.* **deschavetado.**

deschabetarse.
  I. 1. *Ve.* **deschavetarse.**

deschalador, -ra.
  I. 1. m. y f. *Ar, Ur.* Persona encargada de quitar la **chala** a la mazorca de maíz. pop.

deschalar.
  I. 1. tr. *Ar:NO, Ur.* Quitar la **chala** a la mazorca de maíz. pop.

deschalecado, -a.
  I. 1. sust/adj. *Mx.* Persona muy pobre, desharrapada.

deschambado, -a.
  I. 1. adj. *Ho. Referido a persona,* que ha sido destituida o ha perdido su puesto de trabajo.

deschambar.
  I. 1. tr. *Ec.* Arrancar tepes de un lugar.
  II. 1. tr. *Ho.* Despedir a *alguien* de su puesto de trabajo.

deschampar.
  I. 1. tr. *Ar:NO.* Quitar las **champas** que dificultan o interrumpen un curso de agua. rur.

deschapar(se).
  I. 1. tr. *Mx, Ec, Pe, Bo, Ar.* Arrancar o abrir por la fuerza la cerradura de algo, *en especial de una puerta o una ventana.* pop + cult → espon.

II. 1. tr. *Bo.* Poner de manifiesto *una persona algo* oculto. pop + cult → espon.
2. intr. prnl. *Bo.* Delatarse *alguien*. pop + cult → espon.

deschaparrado, -a.
I. 1. adj. *Ec. Referido a terreno*, que le ha sido cortada la maleza con el fin de cultivarlo. rur.

deschaparrar.
I. 1. tr. *Ec.* Quitar la vegetación a un terreno para dedicarlo al cultivo. rur.

deschapinar.
I. 1. tr. *Ar.* Recortar los vasos o cascos excesivamente crecidos de una caballería. rur.

descharchado, -a.
I. 1. adj. *Gu, Ho, Ni, CR. Referido a persona*, descuidada en el vestir o en su arreglo personal. pop.
2. *Ho. Referido a un objeto*, desvencijado, inservible.

descharchalar(se).
I. 1. tr. *Ni.* Desarmar o destartalar *alguien algo*.
2. intr. prnl. *Ni.* Destartalarse *algo*.
II. 1. *Ni.* **descharchar**, destituir a *alguien*.

descharchar. (Del ingl. *discharge*, despedir).
I. 1. tr. *Gu, Ho, ES, Ni, Pa.* Destituir del cargo o puesto de trabajo a *alguien*. ♦ **descharchalar.**

descharche.
I. 1. m. *Ni.* juv. Desacuerdo, ruptura, desentendimiento.

descharro.
I. 1. m-f. *ES.* Persona mal vestida. carc.
□
a. ‖ ¡qué ~! loc. interj. *ES.* Expresa rechazo o demostración de que algo no vale.

deschavada.
I. 1. f. *Ar, Ur.* Revelación de algo que se tenía callado u oculto. pop.

deschavado, -a.
I. 1. sust/adj. *Ar, Ur.* Persona de comportamiento irresponsable o desvergonzado. pop.
2. adj/sust. *Ar, Ur. Referido a persona*, que no puede guardar un secreto.
3. adj. *CR, Pe. Referido a persona*, que se comporta de manera que contraviene las reglas de urbanidad socialmente aceptadas. pop + cult → espon.
II. 1. adj. *CR. Referido a persona*, que viste de manera descuidada. pop.

deschavar(se).
I. 1. tr. *Ar, Ur; Pe,* delinc. Desvelar o descubrir *algo* que se tenía callado u oculto. pop.
2. intr. prnl. *Pe, Ar, Ur.* Ponerse en evidencia. pop.
3. *Ar, Ur.* Confesar o revelar *algo* que se mantenía oculto. pop.
4. tr. *Ar, Ur.* Dejar a *alguien* en evidencia. pop.
II. 1. intr. prnl. *Ho, CR, Cu, Pe,* juv. Adoptar *una persona* un comportamiento que contraviene las reglas de urbanidad socialmente aceptadas. pop.

deschave.
I. 1. m. *Ar, Ur; Pe,* delinc. Revelación de algo que se tenía callado u oculto. pop.
II. 1. m. *CR, Pe; Ho,* juv. Desmadre, desorden, barullo, alteración del orden. pop.

deschavetado, -a.
I. 1. adj. *Mx, Gu, Es, Ni, CR, Pa, Cu, Co, Ve, Ec, Pe, Bo, Ch, Ar, Ur. Referido a persona*, que se ha vuelto loca o ha perdido la razón. pop + cult → espon. (**deschabetado**).
2. adj. *Pe, Bo, Ch,* p.u. *Referido a algo*, que está hecho sin sentido ni razón. pop + cult → espon.

II. 1. adj/sust. *Gu, Ho, ES; Co:O,* espon. *Referido a persona*, desordenada, descuidada en el vestir. pop + cult → espon.

deschavetar(se).
I. 1. intr. prnl. *Mx, Gu, Ho, ES, Ni, CR, Pa, Cu, Co, Ve, Ec, Pe, Bo, Ch, Py, Ar, Ur.* Volverse *alguien* loco. pop + cult → espon. (**deschabetarse**).
2. tr. *Ch.* p.u. Hacer que alguien pierda la razón. pop + cult → espon.
3. intr. prnl. *Ho, ES.* Actuar *alguien* de manera alocada o desinhibida.

deschaveto.
I. 1. m. *Bo:E.* Situación caracterizada por el desorden y la confusión. pop + cult → espon.

deschilampado, -a.
I. 1. adj. *CR.* p.u. *Referido a persona o cosa*, que se mueve o actúa a gran velocidad. pop + cult → espon.

deschincacado, -a.
I. 1. adj/sust. *Ni. Referido a persona*, que tiene múltiples fracturas.
2. *Ni. Referido a persona*, que padece dolor en las fracturas.

deschincacarse.
I. 1. *Ni, CR.* obsol. Golpearse violentamente *alguien* al caer de trasero. rur; pop + cult → espon.
2. intr. prnl. *Ni.* Fracturarse o dislocarse *alguien* un hueso o extremidad.

deschingar.
I. 1. tr. *CR.* Quitar la ropa a alguien. pop.
II. 1. tr. *CR.* Cortar el rabo a un animal. rur.

deschirajar.
I. 1. tr. *ES.* Hacer *alguien* andrajos una tela o ropa.

deschoncado, -a.
I. 1. adj. *CR. Referido a ciertas hortalizas y frutos como la cebolla y la piña*, que tiene las hojas o tallos arrancados. pop.

deschoncar.
I. 1. tr. *CR.* Arrancar las hojas a ciertas hortalizas o frutos como la cebolla o la piña. pop.

deschongada.
I. 1. m. *Mx.* Parranda, juerga, diversión desenfrenada. pop + cult → espon.

deschongarse.
I. 1. tr. prnl. *Mx.* Descomponer, desordenar los cabellos, despeinarse. pop + cult → espon.
II. 1. intr. prnl. *Mx. Entre mujeres*, reñir, pelearse. pop + cult → espon.
III. 1. tr. prnl. *Mx.* Perder el control o las inhibiciones; liberarse. pop + cult → espon.
2. intr. prnl. *Ho.* Desinhibirse *alguien*, hacer cosas que no haría normalmente.

deschongue.
I. 1. m. *Mx, Gu, Ho, ES.* juv. Desorden, barullo, alteración del orden.
2. *Ho, ES.* Fiesta desordenada.
II. 1. m. *Ho, ES.* Problema, asunto o dificultad.

deschorchado, -a.
I. 1. adj. *ES. Referido a persona*, despedida de su trabajo.

deschorchar(se).
I. 1. tr. *Ho:N, ES.* Despedir a *alguien* del trabajo.
II. 1. *Ho.* **alzarse**, robarse.

deschorche.
I. 1. m. *Ho:N, ES.* Despido de alguien del trabajo. ♦ **deschuce.**

deschorcholado, -a.
I. 1. adj. *ES. Referido a persona*, desanimada.

deschoretado, -a.
  I. 1. adj. *Ve. Referido a cosa*, que está dañada a consecuencia de un golpe.

deschoretar(se).
  I. 1. tr. *Ve.* Estropear *una cosa.*
    2. intr. prnl. *Ve.* Herirse o hacerse daño *alguien* a consecuencia de un golpe.

deschuce. (De *chuzo*).
  I. 1. m. *Ho:N.* p.u. **deschorche.**

deschunchar.
  I. 1. tr. *Ni.* Estropear, desbaratar *alguien algo.*

deschuponar.
  I. 1. tr. *Co.* Quitar a las plantas los renuevos o vástagos inútiles.
    2. *Ve:O.* Quitar las ramas tiernas a la planta del café.

descifración.
  I. 1. f. *Pe.* p.u. Desciframiento.

desclochar. (Del ingl. *clutch*, embrague).
  I. 1. tr. *Mx.* Estropear el embrague de un vehículo, de manera que se pierde la conexión del motor con las ruedas.

desco.
  I. 1. m-f. *Pa.* Nombre que se da a una persona desconocida. desp.

descobajado.
  I. 1. m. *Ch.* Separación del escobajo o raspa del racimo de la uva.

descobijado, -a.
  I. 1. adj. *CR. Referido a persona*, lista y desenvuelta. pop + cult → espon.
  ▶ **darse una ~.**

descobijarse.
  I. 1. intr. prnl. *Ni.* juv. Avivarse *alguien*, tomar ventaja a otros.
    2. intr. prnl. *CR.* Volverse *alguien* más listo y desenvuelto. pop + cult → espon.

descocado, -a.
  I. 1. adj/sust. *Ec, Pe, Bo, Ch. Referido especialmente a persona*, sin criterio, irreflexiva. pop + cult → espon.
  II. 1. adj. *Gu, Ni, CR, Cu, Bo. Referido a persona*, atolondrada.
  III. 1. adj. *Ho, ES.* juv. *Referido a persona*, que actúa sin medida ni control, desmadrada.
  IV. 1. adj. *Ho. Referido a persona*, de escasa inteligencia. pop + cult → espon.

descocarse.
  I. 1. intr. prnl. *Gu, Ho, ES, Ec, Ar.* juv. Desmadrarse *alguien*, actuar sin medida ni control.

descocherado, -a.
  I. 1. adj. *CR. Referido a cosa*, estropeada. pop + cult → espon.

descocherar.
  I. 1. tr. *CR.* Estropear *algo.* pop + cult → espon. (**escocherar**).

descochiflado, -a.
  I. 1. *CR.* **desconchinflado**, estropeado. pop.
  II. 1. adj. *CR. Referido a persona*, que se ha vuelto loca. pop + cult → espon ^ fest.

descochiflar(se).
  I. 1. *CR.* obsol. **desconchinflar**, estropear.
  II. 1. intr. prnl. *CR.* obsol. Volverse loca *una persona.* pop + cult → espon ^ fest. (**desconchinflar**)

descochinflar.
  I. 1. *PR.* **desconchinflar**, estropear.

descochuflado, -a.
  I. 1. *PR.* **desconchinflado**, estropeado.

descocido.
  ☐
    a. ‖ **como ~.** loc. adv. *Bo:O,C.* Mucho. pop + cult → espon ^ fest.

descocorado, -a.
  I. 1. adj. *RD. Referido a persona*, imprudente e irreflexiva. pop + cult → espon.

descocotado, -a.
  I. 1. adj. *Cu. Referido a una palmera*, despojada de sus hojas.
  II. 1. adj. *Cu. Referido a persona*, descarada, atrevida. pop.

descocotar(se). (De *coco*, cabeza).
  I. 1. intr. prnl. *RD, PR, Ve.* Desplomarse *alguien*, caer pesadamente. pop + cult → espon. (**escocotar**).
  II. 1. intr. prnl. *RD, Ve.* Realizar *alguien* un gran esfuerzo para conseguir algo. pop + cult → espon. (**escocotar**).
  III. 1. tr. *Cu.* Quitar al cocotero o a la palma sus hojas o penachos dejando el tallo desnudo.
  IV. 1. intr. prnl. *Cu.* Mostrar desparpajo y atrevimiento.
  V. 1. tr. *RD.* Matar a *alguien.* pop.
  VI. 1. tr. prnl. *PR.* metáf. Desnucarse *alguien.* pop + cult → espon ^ fest. (**escocotar**).
  VII. 1. tr. *PR.* Quebrar *alguien* algún objeto. pop + cult → espon ^ fest. (**escocotar**).

descodalado, -a.
  I. 1. adj. *Ho. Referido a pared o edificio*, torcido en alguna de sus esquinas.
    2. *CR. Referido a cosa*, que ha perdido la verticalidad, torcida. pop.

descodalar(se).
  I. 1. tr. *CR.* Hacer *algo* a *alguien* que una cosa pierda la verticalidad o se tuerza. pop.
    2. intr. prnl. *CR.* Torcerse o perder *algo* la verticalidad. pop.

descoger. (Prót. de *escoger*).
  I. 1. tr. *Ni.* p.u. Seleccionar o elegir a *alguien* o *algo.* rur.

descoivarada.
  I. 1. f. *Ar:NE.* Tarea consistente en reunir y quemar los troncos y ramas que han quedado en un terreno ya rozado. rur.

descoivarar.
  I. 1. tr. *Ar:NE.* Reunir y quemar los troncos y ramas que han quedado en un terreno ya rozado. rur.

descojollar.
  I. 1. tr. *Ho, RD.* Quitar los cogollos a una planta.

descojonado, -a.
  I. 1. adj. *RD, PR; Cu.* obsol. *Referido a objeto*, roto, destruido. tabú; pop + cult → espon.
    2. *Cu, PR. Referido a persona*, cansada, exhausta. tabú; pop + cult → espon.
    3. *PR. Referido a persona*, que tiene muchos problemas. tabú; pop + cult → espon.

descojonar(se).
  I. 1. tr. *RD, PR; Cu*, obsol. Romper o destrozar *alguien algo.* tabú; pop + cult → espon.
    2. intr. prnl. *PR; Cu, RD*, obsol. Romperse *algo.* tabú; pop + cult → espon.
  II. 1. tr. *Cu.* Agotar *algo* o *alguien* a una persona tabú; pop + cult → espon.
  III. 1. tr. *RD.* p.u. Poner nervioso e irritable a *alguien* tabú; pop + cult → espon.

descolada.
  I. 1. f. *Mx.* **descolón.**

descolado, -a.
  I. 1. adj. *Ur. Referido a persona*, dolorida, enferma, maltrecha. pop + cult → espon.

descolar.
    I. 1. tr. *Mx.* Tratar a *alguien* con desprecio o aspereza.
    II. 1. tr. *Ec.* Excluir a *alguien* de algo.
    III. 1. tr. *Ni.* p.u. Descontar dinero de un jornal o de una semana. rur.
    IV. 1. tr. *Ni.* Cortar *alguien* las malezas de un cultivo. rur.

descolgadero.
    I. 1. m. *RD.* Afluencia masiva de personas a un lugar determinado.

descolgado, -a.
    I. 1. sust/adj. *Ch.* Persona que se ha separado y ha dejado de pertenecer a un grupo subversivo o **violentista**. pop + cult → espon.

descolgar(se).
    I. 1. intr. prnl. *Cu, RD; Mx,* pop + cult → espon. Acudir muchas personas a un lugar determinado.
    2. *Mx, Cu, RD.* Presentarse *alguien,* llegar a un sitio de forma inesperada.
    3. tr. prnl. *Gu.* Visitar a *alguien.* pop + cult → espon.
□
    a. ‖ **~ los cachos.** loc. verb. *Bo.* Reanudar una actividad, *generalmente deportiva,* abandonada hace un tiempo.

descolón.
    I. 1. m. *Mx.* Desaire, desprecio, afrenta. (**descolada**).

descolorado, -a.
    I. 1. adj. *Ho, Py.* Referido a persona o cosa, descolorida, pálida.

descombrador.
    I. 1. m. *Ho.* Hombre que tala árboles.

descombrar.
    I. 1. intr. *Ho.* Talar árboles.

descombre.
    I. 1. m. *Ho.* Terreno talado de árboles. pop. (**descombro**).

descombro.
    I. 1. m. *Ho.* Tala de árboles.
    2. *Ho.* **descombre**.

descomer.
    I. 1. intr. *Bo:E.* Vomitar. pop + cult → espon.

descomido, -a.
    I. 1. adj. *Cu.* Referido a persona, enflaquecida y desmejorada. pop + cult → espon.

descomillarse.
    I. 1. intr. prnl. *Ho.* Perder *alguien* ímpetu o combatividad. rur.

descompletar.
    I. 1. tr. *Pa, Cu, RD.* Sustraer *alguien* una parte de algo, de modo que quede incompleto.

descompleto, -a.
    I. 1. adj. *RD, Co, Ve.* No completo.

descomponerse.
    I. 1. intr. prnl. *Gu, Ho, Ni, CR, RD, Bo. Ar.* Empeorar, volverse inestable el tiempo. pop + cult → espon.
    II. 1. intr. prnl. *ES, RD, Co.* Dislocarse un hueso o una articulación. rur.

descompostura.
    I. 1. f. *Mx.* Fallo o avería de una máquina que impide su normal funcionamiento.

descompuesto, -a.
    I. 1. adj. *Gu, ES, Ni, Ch.* Referido a persona, borracha. pop + cult → espon.
    II. 1. adj. *Pe.* Referido a persona, decaída por un malestar o enfermedad.
    III. 1. adj. *Ho, Ni.* Referido a persona, que tiene diarrea.
    IV. 1. adj. *Cu.* Referido a la hembra de un mamífero, especialmente doméstico, que está en celo.
    V. 1. adj. *Ho.* Referido a persona, nerviosa, alterada.

descomputado, -a.
    I. 1. adj. *ES.* Referido a persona, que no piensa con cordura. pop.

descomputarse.
    I. 1. intr. prnl. *ES.* Perder *alguien* el control mental, enloquecer.

descompute.
    I. 1. m. *ES.* Distracción, pérdida de memoria.

descomulgado, -a. (Prót. de *excomulgado*).
    I. 1. adj. *Ec.* Referido a persona, excomulgada. pop.

descomulgar. (Prót. de *excomulgar*).
    I. 1. tr. *Ec.* Excomulgar. pop.

desconcentrado, -a.
    I. 1. adj. *Ec, Ho.* Referido a un organismo o a una institución del Estado, que tiene capacidad en sí mismo para actuar o tomar decisiones. pop + cult → espon.

desconcentrar.
    I. 1. tr. *Ho, Ni; Ec,* cult → esm. Otorgar autonomía administrativa a regiones o instituciones que pertenecen al Estado o a una corporación.

desconchabado, -a.
    I. 1. adj. *Ho, ES, RD.* Referido a un objeto, desarticulado o desvencijado. pop + cult → espon.

desconchabador, -ra.
    I. 1. sust/adj. *Ho.* Persona que separa a otras que están juntas. (**desconchavador**).

desconchabar(se).
    I. 1. tr. *Mx, Gu, Ho, ES, Ni, Pa, Cu, RD, Ch,* p.u. Descomponer, separar las diversas partes que forman un compuesto. pop + cult → espon.
    2. intr. prnl. *Mx, Gu, Ho, ES, Ni, Pa, Cu, RD.* Descomponerse, separarse las diversas partes que forman un compuesto.
    3. *RD; Cu,* p.u. Golpear a *alguien* con fuerza. pop.
    4. *Ho, ES, Ni.* Averiar o estropear *alguien algo.*
    II. 1. *Ni, RD.* **conchabarse**, romperse.
    2. intr. prnl. *RD.* **conchabarse**, frustrarse *alguien* o *algo.*

desconchado, -a.
    I. 1. adj. *RD, Ve.* Referido a cosa, desgastada por el uso. pop.
    II. 1. adj. *Ve.* Referido a un grano o a una semilla, desprovisto de su cáscara.

desconchar(se).
    I. 1. tr. *Ho, Ve.* Quitar la cáscara o piel de frutas, semillas, raíces o tubérculos. pop + cult → espon.
    2. *Ve:O.* Desollar una **res**.
    3. *Ho.* Quitar la corteza a un árbol. pop + cult → espon.
    II. 1. tr. *RD, Ve.* Desgastar *algo* por el uso. pop.
    III. 1. intr. prnl. *Gu.* Irse, abandonar un lugar. pop + cult → espon.

desconchavador, -ra.
    I. 1. *Ho.* **desconchabador**.

desconche.
    I. 1. m. *Gu, Ho, Ar, Ur.* Desorden o confusión. vulg.
    2. *Ho.* juv. Juerga, alboroto. pop + cult → espon.
    II. 1. m. *Ho, Ve.* Descortezamiento.

desconchiflado, -a.
    I. 1. *PR.* **desconchinflado**, estropeado.
    II. 1. *PR.* **desconchinflado**, golpeado.

desconchiflar(se).
    I. 1. *PR.* **desconchinflar**, estropear.
    2. *PR.* **desconchinflarse**, estropearse.

desconchifle.
    I. 1. m. *ES.* Rotura, destartalamiento de algo.

desconchinflado, -a.
    I. 1. adj. *Mx, Gu, ES, Cu, RD, PR.* Referido a cosa, deteriorada, estropeada o rota. pop. (**descochiflado**;

descochuflado; desconchiflado; desconchuflado; desconchunflado). ♦ **desconflautado**.

II. 1. adj. *Cu; Ec*, pop ^ fest. *Referido a persona*, muy cansada, exhausta. pop. ♦ **desconflautado; destutanado**.

III. 1. adj. *Cu, PR. Referido a persona*, golpeada, maltrecha. pop. (**desconchiflado; desconchuflado; desconchunflado**). ♦ **desconflautado**.

2. *Pa. Referido a persona*, desaliñada, andrajosa.

desconchinflar(se).

I. 1. intr. prnl. *Mx, Gu, ES, Pa, Cu, PR; Pe*, p.u. Estropearse, deteriorarse una cosa. pop. (**decunchunflar; descochiflar; desconchiflar; descuchunflar**).

2. tr. *Mx, Gu, ES, Pa, Cu, RD, PR*. Deteriorar, estropear o romper una cosa. pop. (**deconchinflar; decunchunflar; descochinflar; desconchiflar; desconchuflar; desconchunflar; descuchunflar**).

II. 1. *CR*. **descochiflarse**, volverse loco.

desconchuflado, -a.

I. 1. *PR*. **desconchinflado**, estropeado.

II. 1. *PR*. **desconchinflado**, golpeado.

desconchuflar.

I. 1. *PR*. **desconchinflar**, estropear.

desconchunflado, -a.

I. 1. *PR*. **desconchinflado**, estropeado. (**desconchunflao**).

II. 1. *PR*. **desconchinflado**, golpeado. (**desconchunflao**).

desconchunflao, -a.

I. 1. *PR*. **desconchunflado**.

desconchunflar.

I. 1. *PR*. **desconchinflar**, estropear. pop + cult → espon.

desconectado, -a.

I. 1. adj/sust. *RD, PR*. metáf. *Referido a persona*, loca, imprudente o que tiene poco juicio.

2. adj. *PR*. metáf. *Referido a persona*, distraída.

II. 1. adj. *ES. Referido a persona o un vehículo*, que se desplaza velozmente.

desconectar.

□

a. ‖ ~ **el plug**. loc. verb. *Cu*. Relajarse, despreocuparse.

desconfiado, -a.

□

a. ‖ ~ **como gallo tuerto**. loc. adj. *Ar. Referido a persona*, muy desconfiada. pop. ♦ **desconfiado como mula tuerta**.

b. ‖ ~ **como mula tuerta**. *Ar*. **desconfiado como gallo tuerto**.

desconflautado, -a.

I. 1. *Pa, Cu, RD*. **desconchinflado**, deteriorado.

2. *Pa, Cu*. **desconchinflado**, golpeado.

3. *Cu*. **desconchinflado**, cansado. pop + cult → espon.

desconflautar(se).

I. 1. tr. *Cu, RD*. Romper o descomponer *algo*. pop + cult → espon.

2. intr. prnl. *Cu*. Romperse *algo*. pop + cult → espon.

3. tr. *Cu*. Golpear con saña a *alguien*. pop + cult → espon.

4. *Cu*. Agotar físicamente *algo* o *alguien* a una persona. pop + cult → espon.

5. intr. prnl. *Cu*. Lesionarse *una persona*. pop + cult → espon.

desconfluflado, -a.

I. 1. *PR*. **desguañangado**, desvencijado.

desconformado, -a.

■

a. ‖ ~ **cerebral**. sust/adj. *Ch*. Persona que carece de juicio o criterio. cult ^ desp.

descongelamiento.

I. 1. m. *Ho, Bo, Ar*. Subida de precios, salarios o depósitos que estaban estancados por algún tipo de regulación.

II. 1. m. *Ho, Py*. Continuación de un proceso administrativo, político o de otra índole que estaba estancado.

descongelar.

I. 1. tr. *Ho, Ec, Bo*. Permitir *alguien* la subida de precios, sueldos o depósitos, que estaban retenidos.

II. 1. tr. *RD, PR, Ec*. Librar *alguien* los fondos retenidos de una cuenta bancaria.

III. 1. tr. *Ho, Ec*. Continuar *alguien* algún proceso administrativo, político o de otra índole que estaba estancado.

desconocer(se).

I. 1. intr. prnl. *Ar:NO*. Discutir, reñir. pop.

II. 1. tr. *ES*. Tratar mal o golpear a *alguien*.

desconocida.

I. 1. f. *ES, Ni*. **Golpiza** o trato desconsiderado.

▶ **hacer la ~**.

descontar.

I. 1. tr. *Mx*. Golpear, propinar un **descontón**. pop.

2. *Mx*. Herir a *alguien* como resultado de una pelea. pop.

descontentado, -a.

I. 1. adj/sust. *Bo:O,C. Referido a persona*, que manifiesta disconformidad con algo.

descontinuado, -a.

I. 1. adj. *Mx, Gu, Ho, Ni, CR, Cu, RD, PR, Ec, Pe, Ch. Referido a un producto*, que ha dejado de fabricarse.

2. *Ho, Ni. Referido a persona o a cosa*, anacrónica.

descontinuar. (Del ingl. *to discontinue*).

I. 1. tr. *Gu, PR*. Interrumpir la realización de algo.

II. 1. tr. *Cu*. Dejar de fabricar un producto.

III. 1. tr. *RD*. Destituir a *alguien* para que deje de desempeñar algún cargo o empleo.

descontón.

I. 1. m. *Mx*. Golpe que se da por sorpresa y que deja sin sentido a alguien. pop.

descontrol.

I. 1. m. *Cu, RD, PR. En el beisbol*, falta de dominio de un **pícher** para dirigir sus lanzamientos en la forma deseada.

descontrolado, -a.

I. 1. adj. *Cu, RD, PR. Referido a un pícher*, que no tiene dominio sobre sus lanzamientos.

descoñetado, -a.

I. 1. adj. *PR, Ve. Referido a persona*, muy cansada. (**escoñetado**).

2. *PR, Ve. Referido a persona*, herida o magullada. (**escoñetado**).

3. *PR, Ve. Referido a cosa*, rota o defectuosa. (**escoñetado**).

descoñetar(se).

I. 1. tr. *PR, Ve*. Golpear *algo* o a *alguien* hasta casi destruirlo. vulg; pop + cult → espon. (**escoñetar**).

2. intr. prnl. *PR, Ve*. Herirse o hacerse daño *una persona* a consecuencia de un golpe. vulg; pop + cult → espon. (**escoñetar**).

3. tr. *Ve*. Matar, una persona a *alguien*. vulg; pop + cult → espon. (**escoñetar**).

4. intr. prnl. *Ve*. Morirse *alguien*. vulg; pop + cult → espon.

5. tr. *Ve*. Arruinar moralmente a *una persona*. vulg; pop + cult → espon.

descopetar.

I. 1. tr. *Mx. En minería*, extraer el mineral.

II. 1. tr. *CR*. Cortar la copa a un árbol. rur.

descoque.
> **I. 1.** m. *Gu, Ho, ES.* Descoco, acción poco pudorosa.
> **2.** *Gu, Ho, ES.* Escándalo, desorden, bullicio.
> **3.** *ES.* Fiesta escandalosa.

descorar.
> **I. 1.** tr. *Bo:O,C.* Arrancar *alguien* las hierbas o malezas que crecen en los sembradíos o terrenos destinados para cultivo. pop.

descorazado.
> **I. 1.** *Ch.* **descarozado.**

descorchar.
> **I. 1.** tr. *Co.* Desvirgar a *alguien.* vulg.
> **2.** *Ho, ES.* metáf. Desvirgar a una mujer. vulg.
> **II. 1.** intr. *CR.* Pagar determinada cantidad de dinero que se debe o que se había acordado aportar para un gasto común. pop.

descorche.
> **I. 1.** m. *Ni, Pa, PR, Co, Ve, Ec.* Cantidad de dinero que se paga en un restaurante u otro establecimiento similar por el derecho a llevar las bebidas alcohólicas que se van a consumir.

descornetado, -a.
> **I. 1.** adj. *CR. Referido a persona o cosa*, que se mueve o actúa a gran velocidad. pop.

descoronte. (Del quech. *qurunta*, zuro de maíz).
> ☐
> **a.** ‖ **el ~.** loc. sust. *Ch.* obsol. Cualidad de estupendo o sobresaliente. pop.

descorrotarse.
> **I. 1.** intr. prnl. *PR.* Salirse un líquido por algún hueco de su contenedor. pop + cult → espon.
> **2.** *PR.* metáf. Hablar *alguien* demasiado y sin reflexión. pop + cult → espon.

descosechar. (Prót. de *cosechar*).
> **I. 1.** tr. *RD.* Recoger los productos del campo cuando están maduros. rur.

descoser(se).
> **I. 1.** tr. *Gu, Ho.* Hablar *alguien* mucho y mal de una persona o de algo.
> **2.** intr. prnl. *Gu.* Hablar más de la cuenta. pop.
> ☐
> **a.** ‖ **~se de la risa.** loc. verb. *Ar:NO.* Reírse mucho y sin poder contenerse. pop. ♦ **escocotarse de la risa.**

descosido, -a.
> **I. 1.** adj. *Ho. Referido a persona*, que habla mucho y mal de alguien o algo.
> ☐
> **a.** ‖ **como ~.** loc. adv. *Ec.* De manera descontrolada.
> ► **estar ~.**

descostillar(se).
> **I. 1.** tr. *ES.* Serrar *alguien* una troza de forma cuadrangular o rectangular.
> ☐
> **a.** ‖ **~se de risa.** loc. verb. *Ar:NO, Ur.* Reírse mucho y sin poder contenerse. pop.

descostillo.
> **I. 1.** m. *ES.* Tabla de orilla que resulta de serrar una troza en forma cuadrada o rectangular.

descosturar.
> **I. 1.** tr. *Bo.* Deshacer *alguien, generalmente con una navaja*, la costura de algo. pop + cult → espon.

descotado, -a.
> **I. 1.** adj. *Ni, RD, PR*; *Ec*, pop. *Referido a una prenda de vestir*, que tiene mucho escote.
> **II. 1.** *PR. Referido a un bebé*, sin **cota** o camisón, desnudo.

descotorrarse.
> **I. 1.** intr. prnl. *ES.* Agravarse la enfermedad de un paciente.

descoyolado.
> **I. 1.** m. *ES.* Hombre cobarde.

descoyolar.
> **I. 1.** tr. *ES.* Castrar a un animal macho.

descoyuntadura. (Epént. de *descoyuntura*).
> **I. 1.** f. *Ho.* Descoyuntamiento de un hueso.

descoyuntar(se).
> **I. 1.** intr. prnl. *Cu.* Bailar con desenfreno, moviendo la cintura. pop + cult → espon.
> **II. 1.** tr. *PR.* metáf. Moler a golpes a *alguien.* pop + cult → espon.
> **III. 1.** intr. prnl. *PR.* metáf. Sentirse con fiebre y dolor de huesos. pop + cult → espon. (**escoyuntarse**).

descrecido, -a.
> **I. 1.** adj. *Ni. Referido a persona, animal o planta*, poco crecidos en relación a su edad y tamaño normal. rur.

descrestada.
> **I. 1.** f. *Co.* Impresión favorable que causa una persona en otra. pop.

descrestado, -a.
> **I. 1.** adj. *Co. Referido a persona*, deslumbrada o impresionada.

descrestador, -ra.
> **I. 1.** m. y f. *Co.* Persona que impresiona a los demás, a veces fingiendo ser lo que no es. pop.

descrestar(se).
> **I. 1.** tr. *Co*; *Ec*, p.u. Impresionar *alguien* o *algo* favorablemente a *una persona.* pop.
> **II. 1.** intr. prnl. *Ch.* Accidentarse *alguien* de gravedad. pop + cult → espon ^ fest.
> **2.** tr. *Ch.* Golpear y dejar malherido *una persona* a *alguien.* pop.
> **3.** *Bo.* Doblegar la altivez y el orgullo de alguien. pop + cult → espon ^ fest.
> **III. 1.** intr. prnl. *Ch.* Trabajar en exceso y con gran sacrificio. pop + cult → espon ^ fest.
> **IV. 1.** tr. *PR. En las peleas de gallos*, cortar la cresta al gallo para habilitarlo como gallo de pelea. ♦ **encrestar.**

descreste.
> **I. 1.** m. *Co.* Pretensión de superioridad intelectual.
> **II. 1.** m. *PR. En las peleas de gallos*, cortadura de la cresta a un gallo de pelea.

descriado, -a.
> **I. 1.** adj. *Ec*, p.u, pop; *Ho*, rur. *Referido a persona*, raquítica.

descriar(se).
> **I. 1.** tr. *Cu, RD.* Dar de comer a un niño cosas que se consideran que no son buenas o saludables para su edad.
> **2.** intr. prnl. *Gu, Ho.* Cesar el crecimiento de alguien por falta de nutrición o por enfermedad.
> **3.** *Ho.* Tener una persona, animal o planta un crecimiento muy inferior al que le corresponde en relación a su tamaño y edad. rur.
> **II. 1.** intr. prnl. *Cu.* Disgustarse un niño cuando no se le complace algún antojo. pop + cult → espon.

descripto, -a.
> **I. 1.** adj. *Py, Ar, Ur.* Descrito.

descriteriado, -a.
> **I. 1.** adj. *Pe, Bo, Ch, Ur*; *Ec*, p.u, desp. *Referido a persona*, que carece de buen juicio o sentido común.

descriterio.
> **I. 1.** m. *Bo, Ch, Py.* Falta de criterio. pop + cult → espon.

descruzar.
 I. 1. intr. *Gu.* Doblar *alguien* una esquina.
descuachalangado, -a.
 I. 1. **descuacharrangado**, desvencijado.
descuachalangarse.
 I. 1. tr. prnl. *Mx.* Averiarse, descomponerse *algo.* pop.
descuacharrangado, -a.
 I. 1. adj. *Mx. Referido a cosa*, desvencijada, aflojada. pop + cult → espon. (**descuachalangado**).
 2. *Mx. Referido a persona*, desaliñada, desaseada. pop + cult → espon.
 II. 1. adj. *Mx. Referido a persona*, vejada, tratada con displicencia por alguien.
descuachipado, -a.
 I. 1. adj. *ES. Referido a persona o cosa*, desaliñada, destartalada.
descuadrado, -a.
 I. 1. adj. *RD, Co. Referido a una cuenta*, que arroja pérdidas.
 2. *Co. Referido a persona*, que no tiene orden en sus cuentas. pop.
 II. 1. adj. *Co, Pe. Referido a cosa*, que no se acopla a otra con la que estaba unida.
descuadrar(se).
 I. 1. intr. prnl. *Pe.* Desencajarse una cosa respecto de otra.
 II. 1. tr. *PR.* metáf. Indisponer *alguien* a una persona con otra.
 2. *PR.* metáf. Perder un empleado la confianza de su superior.
 3. tr. prnl. *PR.* metáf. Salirse alguien involuntariamente de un espacio político, perdiendo los beneficios que tenía.
 III. 1. tr. *PR.* Desfalcar *una persona* a *alguien* o a alguna institución.
descuadre.
 I. 1. m. *RD, PR, Co, Ec.* Desajuste entre el debe y el haber de una cuenta. pop + cult → espon.
descuahipar(se).
 I. 1. tr. *ES.* Desarmar o desempaquetar *alguien* una cosa.
 II. 1. intr. prnl. *ES.* Afearse *alguien* o *algo.*
descuajado, -a.
 I. 1. adj. *CR. Referido a árbol*, que le han sido cortadas algunas de las ramas altas. rur.
descuajar.
 I. 1. tr. *CR.* Cortar algunas de las ramas altas a un árbol para permitir la entrada de la luz solar. rur.
descuajaringado, -a.
 I. 1. *Mx, Ni, CR, Pa.* **descuajeringado.** pop.
descuajeringado, -a.
 I. 1. adj. *Mx, Ni, Cu, RD, Ec, Pe, Bo, Ch, Py, Ur, Pa,* rur. *Referido a persona*, de aspecto o vestir descuidados. pop. (**descuajaringado**) ♦ **descachalandrado.**
descuajeringarse.
 I. 1. tr. prnl. *Ni, RD, Pe, Bo, Py.* Descuidar *alguien* su aspecto o su forma de vestir.
descuajinado, -a.
 I. 1. adj. *RD. Referido a persona*, descuidada en su aseo y forma de vestir.
descualificar. (Del ingl. *disqualify*).
 I. 1. tr. *RD, PR.* Hacer perder a *una persona* la oportunidad de competir o de participar en algo.
 2. *PR.* Rechazar *algo* o a *alguien* por no reunir los requisitos necesarios.
descuancharrado, -a.
 I. 1. *ES.* **desguañangado**, desvencijado. (**descuarranchado**).

descuancharrar.
 I. 1. tr. *ES.* Desencuadernar o desarmar *alguien* una cosa. ♦ **descuarranchar.**
descuarranchado, -a.
 I. 1. *ES.* **descuancharrado**, algo desarmado.
descuarranchamiento.
 I. 1. *ES.* Desorden, destrucción.
descuarranchar.
 I. 1. *ES.* **descuancharrar**, desarmar.
descuarranche.
 I. 1. m. *ES.* Desorden.
descuarrangado, -a.
 I. 1. adj. *Mx. Referido a persona*, desaliñada, desaseada. pop.
descuartado, -a.
 I. 1. adj. *RD. Referido a persona*, que está sin dinero.
descubrir.
  □
 a. ‖ ~ América. *Ch.* descubrir el agua tibia.
 b. ‖ ~ el agua azucarada. *Gu.* descubrir el agua tibia.
 c. ‖ ~ el agua fría. *Pa, Cu.* descubrir el agua tibia.
 d. ‖ ~ el agua tibia. loc. verb. *Ho, Ni, CR, Co, Ec, Bo.* Presentar como novedoso algo ampliamente conocido. pop + cult → espon, ♦ **descubrir América; descubrir el agua azucarada; descubrir el agua fría; descubrir el hilo en bollitos; descubrir el hilo negro; descubrir el hoyo de la rosquilla.**
 e. ‖ ~ el hilo en bollitos. *RD.* descubrir el agua tibia.
 f. ‖ ~ el hilo negro. *Ch.* descubrir el agua tibia.
 g. ‖ ~ el hoyo de la rosquilla. *Ho.* descubrir el agua tibia.
  ◪
 a. ‖ ~ con los ojos lo que se conocía con el corazón. fr. prov. *PR.* Indica que a veces se encuentra explicación a algo en un presentimiento. pop + cult → espon.
descuchunflar(se).
 I. 1. *PR.* **desconchinflar**, estropear.
 2. *PR.* **desconchinflarse**, estropearse.
descuechado, -a.
 I. 1. adj. *CR. Referido a persona o cosa*, que se mueve o actúa a gran velocidad. pop.
descuentero, -a.
 I. 1. m. y f. *Ni:O.* Vendedor al por menor que va de casa en casa.
descuento.
  ▶ jugar los ~s.
descuerada.
 I. 1. f. *Co, Bo, Ar:NO; Ec*, desp. Crítica o censura que se hace de una persona a sus espaldas. pop.
 2. *Ni, Bo:E, Ar.* Desolladura, arrancamiento de la piel o una parte de ella a un animal. rur.
descuerador.
 I. 1. m. *Bo:E.* Hombre que tiene por oficio desollar o despellejar animales. rur.
descuerar.
 I. 1. tr. *Ho, Ni, Ve, Pe, Bo, Ch, Ar.* Desollar, despellejar un animal.
 2. *Ho, Ve, Bo, Ar:NO.* Criticar malintencionadamente a *alguien.* pop + cult → espon. (**descuerar**).
 3. *Ni.* metáf. Desvirgar a una mujer. vulg; pop + cult → espon. ♦ **descuerinar.**
descuerdar.
 I. 1. tr. *Pa.* obsol. Criticar a *alguien* con malicia.
descuereada.
 I. 1. f. *Ar:NO.* Crítica malintencionada a alguien que no está presente. pop + cult → espon.

descuerear.
 I. 1. *Ar:NO.* **descuerar**, criticar. pop + cult → espon.
 II. 1. tr. *Py.* Someter a *alguien* a ejercicios físicos intensos y agotadores, *generalmente como castigo.* pop.

descuereo.
 I. 1. m. *Py. En el ejército,* exceso de ejercicios a los que son sometidos los reclutas.

descuerinar.
 I. 1. *Ni.* **descuerar**, desvirgar. vulg.

descuernar. (Epént. de *descornar*).
 I. 1. tr. *Ho.* Arrancar *alguien* los cuernos a un animal.

descueve.
 ☐
 a. ‖ **el ~.**
  i. loc. adj. *Ch.* Referido a cosa, formidable, excelente. pop + cult → espon.
  ii. loc. adv. *Ch.* Bien, excelentemente. pop + cult → espon.

descuidista.
 I. 1. m-f. *Ve, Bo, Ar, Ur.* Ladrón que roba aprovechándose del descuido ajeno. urb.

desculado, -a.
 I. 1. adj. *Ho, CR, Cu. Referido a persona,* de nalgas caídas y aplanadas. vulg; pop + cult → espon.
  2. *Ho. Referido a animal doméstico,* que se le ha salido el ano al parir o al poner huevos. vulg; pop + cult → espon.
 II. 1. sust/adj. *Ho.* Mujer desvirgada. vulg; pop + cult → espon.

descular(se).
 I. 1. tr. *Ar.* Desentrañar un asunto o el funcionamiento de algo. vulg; pop + cult → espon.
 II. 1. tr. *Ho, Ni.* Desvirgar a una mujer. vulg; pop + cult → espon.
 III. 1. intr. prnl. *Ni, Pa.* Golpearse *alguien* el trasero. vulg; pop + cult → espon.
 ☐
 a. ‖ **~ hormigas.** loc. verb. *Ar.* Realizar una tarea lenta y aburrida. vulg; pop + cult → espon.

descule.
 I. 1. m. *CR, Bo.* Situación caracterizada por el desorden y la confusión. vulg; pop + cult → espon.
  2. *ES, CR.* Desorden, escándalo, juerga. vulg; pop + cult → espon.
  3. *CR.* Comportamiento desmesurado en el que se llega hasta el punto de perder la dignidad. vulg; pop + cult → espon.

descumbrado, -a.
 I. 1. adj. *CR. Referido a árbol,* que le han sido cortadas algunas de las ramas altas. rur.

descumbrar.
 I. 1. tr. *Co:C,O.* Derribar los árboles de una montaña. rur.
  2. *CR.* Cortar algunas de las ramas altas de un árbol para permitir la entrada de la luz solar. rur.

descumbre.
 I. 1. m. *Co.* Tala. rur.
 II. 1. m. *PR.* Poda del ramaje superior de los árboles, *generalmente en el cultivo del café.*

descunchar.
 I. 1. tr. *Co:CE.* Hacerle perder dinero a *alguien, especialmente en el juego.* pop.

descunchunflado.
 I. 1. *PR.* **desguañangado**, desvencijado.

descurtir.
 I. 1. tr. *Ni, Co:O.* Lavar y blanquear la ropa mal lavada.

descutular. (Del quech. *cutul,* mazorca de maíz en sus hojas).
 I. 1. tr. *Ec:N.* Quitar a una mazorca de maíz las hojas que la envuelven. rur.

descuyuntura.
 I. 1. f. *Ho.* Descoyuntamiento de un hueso de la articulación.

desde.
 ☐
 a. ‖ **~ que.**
  i. loc. conj. *Co, Ch.* Dado que, puesto que.
  ii. *Co.* En el caso de que.
 b. ‖ **~ ya.**
  i. loc. adv. *Gu, Ho, Ni, Cu, Co, Pe, Py.* Desde ahora, desde este momento. pop + cult → espon.
  ii. *Pe, Bo.* Desde luego, por supuesto.

desdichado, -a.
 I. 1. adj. *Mx, RD; Ec,* desp. *Referido a persona,* despreciable.

desdientado, -a. (Epént. de *desdentado*).
 I. 1. adj. *Ho, Ni, CR, RD. Referido a persona o animal,* desdentado. rur.

desdientar. (Epént. de *desdentar*).
 I. 1. tr. *Ho, Ni, CR, RD.* Desdentar, extraer o perder algún diente.

desdolarización.
 I. 1. f. *Bo.* Conversión de los depósitos bancarios en dólares en pesos bolivianos al cambio oficial, inferior al del cambio real.

desechable.
 I. 1. m-f. *Co.* Joven que vive en la calle, reducido al abandono total.

desechar.
 I. 1. intr. *Ni, Mx, RD, Ve.* Tomar un atajo por donde se hace más corto el camino.

desecho.
 I. 1. m. *Mx, Ho, ES, Ni, RD, PR, Co, Ve, Bo.* Atajo, senda por donde se abrevia el camino. pop + cult → espon.
 ☐
 a. ‖ **de ~.** loc. adj. *Ec. Referido a animal,* que ha dejado de ser rentable para la producción de leche, o que ha perdido su capacidad como animal de trabajo. rur.

desembalsar.
 I. 1. tr. *Pe.* Eliminar o reducir la contención artificial de precios dejándolos libremente fluctuar según la oferta y la demanda.

desembalse.
 I. 1. m. *Pe.* Eliminación o reducción de la contención de precios para dejarlos fluctuar libremente.

desembarazarse.
 I. 1. intr. prnl. *Pe, Bo; Ec,* p.u. Parir una mujer. pop.

desembarazo.
 I. 1. m. *Ec, Pe, Bo.* euf. Parto. pop.

desembarcada.
 ▶ **darse su ~.**

desembarcar.
 I. 1. tr. *Pe.* Expulsar a *alguien* de un grupo o actividad de la que formaba parte.
 II. 1. tr. *RD.* Parir, dar a luz.

desembolsillar.
 I. 1. tr. *Cu, RD, PR, Co, Ve, Bo, Py.* Pagar o entregar una cantidad de dinero. pop.

desembrocar(se).
 I. 1. tr. *Mx:SE, Ho, ES, Ni.* Poner boca arriba un vaso, un jarro u otro objeto semejante. pop + cult → espon.
 II. 1. intr. prnl. *Ho.* Levantarse *alguien* que ha caído de bruces. pop + cult → espon.

desembullado, -a.
 I. 1. adj. *Cu. Referido a persona,* que ha perdido el ánimo para hacer algo.

desembullar.
I. 1. tr. *Cu.* Desinflar, desanimar a *alguien.* pop + cult → espon.

desemburujar.
I. 1. tr. *Mx, PR.* Desenredar lo que estaba emburujado o enredado. pop.

desempacar.
I. 1. tr. *Mx, Gu, Ho, Ni, CR, Cu, RD, PR, Co, Ve, Ec, Pe, Bo, Ch, Ar, Ur.* Deshacer una maleta o el equipaje. cult.

desempajado, -a.
I. 1. adj/sust. *Co. Referido a un hombre,* que está calvo.
II. 1. adj. *Ec. Referido a casa o techo,* que carece de la cubierta de paja. rur.

desempajar.
I. 1. tr. *Ni, Co, Ec.* Quitar la paja al techo de una casa para volverla a **empajar.** rur.

desempalizar.
I. 1. tr. *Pa.* Sembrar un campo. rur.

desempance.
I. 1. m. *Mx.* Disminución o alivio de la sensación de hartazgo producida por una comida copiosa.

desempantanar.
I. 1. tr. *Mx, Ni, Cu, RD, Ec, Pe, Ar; Ch,* cult. Hacer avanzar un asunto, trabajo o negocio que estaba detenido o en suspenso.

desempaquetarse.
I. 1. tr. prnl. *Mx, Ni, PR.* Quitarse los zapatos, las prendas o ropas elegantes, para estar más cómodo. pop.

desemparvar.
I. 1. tr. *Ec:S.* Deshacer una **parva** para quitar las hojas que envuelven las mazorcas. rur.

desempastar.
I. 1. tr. *Mx, Gu, Ni, Co.* Quitar la pasta a un libro.

desempatar(se).
I. 1. tr. *Mx.* obsol. Desatar, deshacer un nudo.
2. *Cu, PR, Ve.* Separar dos objetos que se encuentran unidos entre sí.
3. tr. *RD, PR.* Soltar amarras una embarcación.
4. *PR.* Desamarrar, desatar *alguien* a un animal. rur.
III. 1. intr. prnl. *PR.* metáf. Irse *alguien* con urgencia a algún lugar distante.

desempavar.
I. 1. tr. *Ve.* Quitar la mala suerte a *alguien* o a *algo.*

desempeñarse.
I. 1. intr. prnl. *Gu, CR, Pa, Cu, RD, PR, Co, Ve, Ec, Pe, Bo, Ch, Ar, Ur.* Ejercer *alguien* una profesión u oficio.

desempercudido, -a.
I. 1. *Cu, PR.* **despercudido,** referido a la piel.
2. adj. *Cu. Referido a la ropa,* sin las manchas o el **viso** dejados por el uso.

desempercudir.
I. 1. tr. *Cu.* Quitar la suciedad a *alguien* o a *algo.*
2. *Cu.* Lavar la ropa sucia.

desemplumar.
I. 1. tr. *Ho, RD, Co; Mx,* p.u. Quitar las plumas a un ave.

desempurrarse.
I. 1. intr. prnl. *Ho.* Mostrar *una persona* con gestos que ha dejado de estar enfadada. pop.

desencabar(se).
I. 1. tr. *Co.* Quitar o romper el mango a una herramienta.
2. intr. prnl. *Co.* Perder el mango una herramienta.

desencalar.
I. 1. tr. *Ho.* Quitar la cal a algo, *en especial a las pieles.*

desencamar.
I. 1. tr. *Co.* Sacar *alguien* a otra persona de la cama. pop + cult → espon.
2. *RD.* Descubrir una cosa que era secreta o darla a conocer.

desencarrillarse.
I. 1. intr. prnl. *RD.* Salirse del carril un medio de transporte que circule sobre raíles.

desencartarse.
I. 1. intr. prnl. *Co.* Deshacerse de alguien o de algo molesto. pop.

desencartuchar.
I. 1. tr. *Co:C.* Extender o desenrollar *algo* que está enrollado.

desencasquillar.
I. 1. tr. *Cu.* Quitar las herraduras a un animal, *especialmente los de carga o caballería.*

desencetar.
I. 1. tr. *RD* obsol; *PR,* rur. Abrir por primera vez un envase. (**esencetar**).

desenchilarse.
I. 1. intr. prnl. *Mx, Gu, Ho.* Beber o comer *alguien* algo para mitigar los efectos del excesivo **chile** picante en una comida.

desenchipar(se).
I. 1. tr. *Co:C,E.* Extender o desenrollar *algo.*
2. intr. prnl. *Co:C,E.* Extenderse o desenrollarse *algo.*
II. 1. intr. prnl. *Co:C,E.* Manifestársele a alguien una enfermedad que estaba incubando.
III. 1. tr. *Co:C,E.* Decir *una persona* lo que sabe y tiene callado.

desenchismarse.
I. 1. intr. prnl. *RD.* Poner *alguien* fin a un disgusto, a un enojo. pop + cult → espon.

desenchuchado, -a.
I. 1. adj. *Cu. Referido a persona,* desconcentrada, distraída.

desenchuchar.
I. 1. tr. *Cu, Py.* Desconectar un aparato. pop.
2. *Cu.* **desenclochar,** interrumpir una labor. pop.

desenchuche.
I. 1. m. *Cu.* Desorientación, confusión.
2. *Cu.* Equivocación, fallo.

desenchufado, -a.
I. 1. adj/sust. *Ec, Ch, Py, Ar. Referido a persona,* distraída. pop + cult → espon.
2. *Ni, Bo, Ar. Referido a persona,* que desconoce lo que pasa a su alrededor.
3. *Ec.* metáf. *Referido a persona,* **desactualizada** por ignorancia o indiferencia.
4. *Bo. Referido a persona,* que está confundida o desconcertada.

desenchuflar. (Epént. de *desenchufar*).
I. 1. tr. *Ho, ES, RD, Co; PR,* pop. Separar o desacoplar *algo* de aquello en que está enchufado.

desenclochar.
I. 1. tr. *ES, Ni,* Desembragar, quitar el embrague a un automóvil.
2. *ES.* Desconectar la transmisión de un motor.
3. intr. *Cu.* Interrumpir una labor para relajarse y descansar. ♦ **desenchuchar.**

desencorralar.
I. 1. tr. *Mx, Co.* Sacar ganado de los corrales o cercados. rur.

desencuartelar.
I. 1. tr. *Co.* Sacar las tropas de los cuarteles.

desencuevar.
I. 1. tr. *Mx, Ho, Ni, RD, Co.* Hacer salir de una cueva un animal que se trata de cazar. rur.

2. *Cu, RD.* metáf. Hacer salir de su casa a una persona que acostumbra a permanecer en ella la mayor parte del tiempo.

desenculebrarse.
I. 1. intr. prnl. *Co.* Liberarse *alguien* de las deudas contraídas. pop + cult → espon.

desenfado.
I. 1. m. *Pe.* Descaro, desfachatez, desvergüenza.

desenfrenarse.
I. 1. intr. prnl. *Ho.* Perder los frenos un vehículo automotor.

desengañado, -a.
I, 1. adj. *Mx.* obsol. *Referido a persona*, envalentonada, que ha perdido el miedo. rur.
II. 1. adj. *Ec. Referido a persona*, que carece de gracia y belleza. pop.

desengavetar.
I. 1. tr. *Gu, Ho, ES, Ni, Cu, PR, Ve.* Sacar *algo* que estaba guardado desde hacía tiempo.
2. *Ho, Ni, Ve.* Volver a ocuparse de algo olvidado o abandonado hacía tiempo.

desengomar(se).
I. 1. tr. *Ho, Ni.* Quitar el malestar a *alguien* de la resaca comiendo o bebiendo algo.
2. intr. prnl. *Ho, Ni.* Quitarse *alguien* el malestar de la **goma.**

desengome.
I. 1. m. *CR.* p.u. Curación de los malestares provocados por la resaca. pop + cult → espon.

desengrampar.
I. 1. tr. *Gu, Pe, Ur, Ec, Bo,* pop. Quitar las **grampas** a papeles sujetos por ellas.

desengrapado, -a.
I. 1. adj. *Mx, Gu, Ho, Ni, CR, Pa, Pe. Referido a cosa,* que le han sido quitadas las grapas.

desengrapar.
I. 1. tr. *Mx, Gu, Ho, ES, Ni, CR, Pa, RD, Ec.* Quitar o sacar grapas.

desenguaracar.
I. 1. tr. *Ni.* Deshacer una maleta desordenadamente.
2. *Ni.* Sacar *alguien algo* que estaba guardado o escondido.

desenguayabar(se).
I. 1. tr. *Co.* Quitar *algo* el **guayabo** o resaca.
2. intr. prnl. *Co.* Quitarse *alguien* el **guayabo** o resaca.
3. intr. *Co.* Pasar *alguien* el **guayabo** en un lugar.

desenguayabe.
I. 1. m. *Co.* Remedio utilizado para quitarse el **guayabo** o resaca.

desenhuesarse.
I. 1. intr. prnl. *Co.* Deshacerse de mercancía de mala calidad y sin posibilidad de venta.

desenliar.
I. 1. tr. *RD,* obsol. Desliar *alguien algo.*

desenllantar.
I. 1. tr. *Pe.* Sacar la **llanta** de un vehículo para cambiarla. pop + cult → espon.

desenllavar.
I. 1. tr. *Ni, Pa.* Eliminar la seguridad de cierre de una puerta o gaveta.
2. *Ni.* metáf. Liberar fondos o reiniciar *algo* que estaba detenido.

desenmochilar.
I. 1. tr. *Co:SO.* Decir *una persona* lo que sabe y tiene callado.

desenmoldar.
I. 1. tr. *Ho.* Sacar *algo* de un molde como la **panela** o el queso.

desenraizado.
I. 1. m. *Bo.* Arranque de raíz de un árbol o una planta.

desenraizar(se).
I. 1. tr. *Mx, Gu, Ho, ES, Ni, RD, Co, Ve, Bo, Ar.* Arrancar de raíz una planta.
2. *Mx, Ho, Bo, Py.* Separar a *alguien* del lugar o medio donde se ha criado, o cortar los vínculos afectivos que tiene con ellos.
3. tr. *Gu, Co.* metáf. Arrancar *algo* de raíz.
4. tr. prnl. *Mx, Ho.* Extinguir, extirpar enteramente una pasión, una costumbre o un vicio.
II. 1. tr. *Co.* Expulsar *alguien* o *algo* a los habitantes asentados en un lugar.

desenrejar.
I. 1. tr. *Ho.* Quitar *alguien* el **rejo** al ternero. rur.

desenrollar.
I. 1. tr. *Ho.* Investigar algo.
□
a. ‖ ~ **la culebra.** loc. verb. *Ch.* p.u. Hablar, *especialmente de cosas sin importancia.* pop + cult → espon. ^ fest.

desensillar(se).
I. 1. tr. prnl. *Ar, Ur.* metáf. Quitarse los zapatos o la ropa, para estar más cómodo. pop.
□
a. ‖ ~ **hasta que aclare.** loc. verb. *Ar.* Esperar un momento más favorable antes de tomar una decisión o hacer algo determinado. pop.

desentapiar.
I. 1. tr. *Ho.* Desatascar *alguien* un conducto o una alcantarilla.

desentechar. (Epént. de *destechar*).
I. 1. tr. *Ho, ES, Ni, Co, Ec.* Quitar el techo a una casa o a un edificio.

desentejar. (Epént. de *destejar*).
I. 1. tr. *Mx, Ho, ES, Ni, Co, Ve, Ec,* pop. Destejar, quitar las tejas a un tejado.

desenterrar.
□
a. ‖ ~ **muertos.** loc. verb. *Ho.* Sacar como candidato a algo a *una persona* ya fracasada o desconocida.

desentierro.
■
a. ‖ ~ **del carnaval.** m. *Ar:NO.* Ceremonia popular con la que se inician las fiestas de carnaval y durante la cual se desentierran los elementos simbólicos sepultados en el entierro del año anterior. rur.

desentoldarse.
I. 1. intr. prnl. *Mx.* Despejarse o aclararse el cielo.

desentorchar.
I. 1. tr. *Co, Ve.* Extender o desenrollar *algo* que está enrollado.

desentornillador.
I. 1. m. *Pe.* Destornillador, herramienta para desatornillar. pop.

desentrabamiento.
I. 1. m. *Ve.* Eliminación de las dificultades que impiden la realización de algo.

desentrabar.
I. 1. tr. *RD, Ve.* Eliminar las dificultades que impiden la realización de algo.

desenvaine.
I. 1. m. *ES, RD.* Extracción del machete o la espada de su vaina.

desenvolvimiento.
I. 1. m. *PR.* Brebaje elaborado por curanderos con esencias y zumos de yerbas aromáticas que se utiliza con fines medicinales. rur.

desenyugarse. (De *yugo*).
   I. 1. tr. *Mx, Ho, ES, Ni, CR, Cu, Ec, Ch*, p.u. Quitar el yugo a los bueyes. rur. (**desenyuntar**).
   II. 1. tr. *PR.* Separar *alguien* lo que está unido. pop + cult → espon. (**desenyuntar**).
   III. 1. intr. prnl. *PR.* metáf. Divorciarse. pop + cult → espon ^ fest.

desenyuntar.
   I. 1. *Cu; PR*, rur. **desenyugar**, quitar el yugo.
   II. 1. *PR.* **desenyugar**, separar lo unido. rur.

desenzolvar.
   I. 1. *Mx.* **desazolvar.**

deserbar. (Sinc. de *desherbar*).
   I. 1. tr. *Ho.* Desherbar, quitar la hierba a un cultivo.

desespero.
   I. 1. m. *Mx, Ho, Ni, Cu, PR, Co, Ve.* Desazón, intranquilidad o impaciencia.
   2. *Mx, Co; Ec*, p.u. Desesperación, pérdida total de la esperanza.

desestatización.
   I. 1. f. *Cu, Co,Ve, Ec, Bo, Py, Ar.* Eliminación o reducción de la presencia del Estado en determinadas actividades, especialmente en la economía. prest; pop + cult → esm.

desestatizar.
   I. 1. tr. *Cu, RD, Co, Ve, Ec; Bo, Py, Ar.* Eliminar o reducir la presencia del Estado en determinadas actividades, especialmente en la economía. prest; pop + cult → esm.

desestimular(se).
   I. 1. tr. *Ni, Cu, Ec, Pe, Bo, Py.* Quitar a *alguien* el empuje o el ánimo de realizar una tarea.
   2. intr. prnl. *Ni, Cu.* Perder el ánimo *una persona*.

desestímulo.
   I. 1. *Pa, Cu.* Pérdida del interés por algo.
   2. m. *Ec.* Falta de estímulo.

desestrucurado, -a.
   I. 1. sust/adj. *Ar, Ur.* Persona despreocupada de las formalidades.

desfajado, -a.
   I. 1. adj/sust. *Co:C. Referido a persona*, descuidada en su apariencia y arreglo personal.
   2. *Co:C. Referido a persona*, mal vestida.

desfaratado, -a.
   I. 1. adj. *Ve. Referido a cosa*, que está estropeada. pop.
   2. *Ve. Referido a persona*, desaliñada. pop.

desfaratar.
   I. 1. tr. *Ve.* Deshacer o arruinar *algo*. pop. (**esfaratar**).

desfarfalado, -a.
   I. 1. adj. *Ur. Referido a persona*, desvergonzada.

desfasaje.
   I. 1. m. *Cu.* Desajuste que se produce entre un individuo o cosa y un hecho determinado.

desfavor.
   I. 1. m. *Ve, Ar.* Perjuicio. pop.

desfibradora.
   I. 1. f. *Cu, Ec. En la industria azucarera*, cuchilla que corta la caña.

desfibrar.
   I. 1. tr. *Cu, Ec.* Cortar en tiras la caña de azúcar.

desfiguro.
   I. 1. m. *Mx.* Cosa vergonzosa. pop.
   II. 1. m. *Cu.* Semblante enfermizo o que denota cansancio. pop.

desfile.
   ■
   a. ‖ ~ **cívico.** m. *Gu, Ho, Ni, Pa, RD, Co, Pe, Bo, Ch, Py.* Recorrido que hacen por las calles de una ciu-

dad un conjunto de instituciones como colegios, organizaciones sindicales o asociaciones, conmemorando fechas especiales.

desfinanciado, -a.
   I. 1. adj. *Ec, Pe, Bo, Ch. Referido a persona o institución*, que no tiene el dinero necesario para invertir o pagar deudas.

desflecado, -a.
   I. 1. m. y f. *Cu.* Destrozo, rotura. pop + cult → espon.
   2. adj. *Cu. Referido a cosa*, rota, destrozada. pop + cult → espon.
   3. *Cu. Referido a persona*, maltrecha, malherida. pop + cult → espon.

desflecar(se).
   I. 1. tr. *Cu; RD*, p.u; pop. Golpear con saña a *alguien*. (**esflecar**).
   2. intr. prnl. *Cu, RD.* Deteriorarse *algo*. pop + cult → espon.
   3. tr. *Cu.* pop + cult → espon. Destruir, deteriorar *algo*. pop + cult → espon. (**esflecar**).
   4. prnl. *Cu.* metáf. Lesionarse *alguien* en un accidente.

desflemo.
   I. 1. m. *Mx.* Cese del riego en los cañaverales previo a la tarea de cortar la caña. rur.

desflocado, -a.
   I. 1. adj. *ES. Referido a cosa*, desatada, floja o suelta. prest; cult → esm.

desflocar.
   I. 1. tr. *ES.* Aflojar o soltar *alguien algo*. prest; cult → esm.

desflorador, -ra.
   I. 1. m. y f. *Ho, Ec. En el cultivo del **banano***, persona que **desflora**. rur.

desflorar.
   I. 1. tr. *Ho. En el cultivo del **banano***, quitar a cada racimo el sépalo seco. rur.

desfloronar.
   I. 1. tr. *Ho, ES, Ni.* Desvirgar a una mujer. vulg; pop + cult → espon.
   II. 1. tr. *Ho, ES.* Romper *alguien algo*, haciéndolo pedazos.

desfogar.
   I. 1. tr. *Mx, Ec.* Dar salida al agua que está embalsada o estancada.

desfogue.
   I. 1. m. *Mx, Ec.* Salida del agua embalsada.
   2. *Mx.* Conducto u orificio por donde sale el agua embalsada.

desfondado, -a.
   I. 1. adj. *CR. Referido a cosa*, abollada o deformada. pop + cult → espon. (**esfondado**).

desfondar(se).
   I. 1. tr. *Ch.* Hacer perder *una persona* a *alguien* el apoyo o seguridad que tenía o esperaba tener.
   2. *Ch.* Hacer perder la virginidad a *alguien*. vulg; pop + cult → espon.
   II. 1. intr. prnl. *Ho:E.* Herirse en la panza un animal o *una persona*. rur.
   III. 1. tr. *CR.* Abollar o deformar *algo*. pop + cult → espon. (**esfondar**).

desfuerzado, -a.
   I. 1. adj. *RD, Ar:NO.* Sin fuerzas, agotado. rur; pop.

desgajarse.
   □
   a. ‖ ~**un aguacero.** loc. verb. *Co.* Diluviar.

desgalillarse.
   I. 1. intr. prnl. *Ho, ES, Ni, CR, Pa, RD, PR.* Desgañitarse *alguien*. pop + cult → espon. (**esgalillarse**).

desganchar.
   I. 1. tr. *PR.* Podar *alguien algo.*

desganche.
   I. 1. m. *PR, Ch.* Caída o poda de ramas de los árboles.

desgano.
   I. 1. m. *Ho, ES, Ni, CR, Co, Ec:O, Bo.* Desgana.
   2. *Pa, Cu, PR, Ch, Py.* Depresión emocional.

desganoso, -a.
   I. 1. adj. *RD. Referido a persona,* inapetente.
   2. *RD.* metáf. *Referido a persona,* falta de ganas para realizar el trabajo y los deberes.

desgañitadamente.
   I. 1. adv. *Ho, RD.* A gritos. pop + cult → espon.

desgañotar(se).
   I. 1. tr. *Mx:SE.* Cortar a *alguien* la parte superior de la tráquea. pop + cult → espon. (**esgañotar**).
   2. *Ho, Ni, RD.* Retorcer el pescuezo a *una persona* o a un animal. pop + cult → espon.
   3. *Ho, Ni.* metáf. Destituir, despedir del cargo o puesto a *alguien.* pop + cult → espon.
   4. intr. prnl. *Ho.* Desgañitarse *alguien.* pop + cult → espon.
   II. 1. intr. prnl. *Co; RD, Ve,* pop + cult → espon. Esforzarse *alguien* violentamente gritando o voceando. pop + cult → espon.
   2. intr. *RD.* Llorar *alguien* en exceso. pop + cult → espon.
   3. intr. prnl. *RD.* Reírse *alguien* a carcajadas.

desgaritado, -a.
   I. 1. adj. *Pa, RD, Ve; Ar:NO. Referido a animal,* que está apartado de la manada. rur.
   2. *Pa, Ar:NO. Referido a persona,* que está extraviada, perdida. rur; pop.
   3. *Ar:NO. Referido a persona,* que vive aislada. rur; pop.
   II. 1. adj. *Ar:NO. Referido a persona,* indecisa. rur; pop.
   III. 1. adj. *RD. Referido a persona,* desesperada. pop.

desgaritar(se).
   I. 1. intr. prnl. *RD; Mx:SE, Ar:NO,* rur. Huir o separarse de un grupo. (**degaritarse**).
   2. tr. *RD.* Dispersar o echar a *alguien.* (**degaritar**).
   II. 1. intr. prnl. *Ar:NO.* Estar indeciso o perplejo. rur.

desgarite.
   I. 1. m. *RD.* Dispersión o huida de un grupo de personas que se encontraban juntas.

desgarnatarse.
   I. 1. *PR.* desgaznatarse.

desgarranchado, -a.
   I. 1. adj. *Ho. Referido a persona,* desgarbada. pop + cult → espon.
   2. *Ho. Referido a cosa,* destartalada, estropeada. pop + cult → espon.

desgarranchar(se).
   I. 1. tr. *Ho.* Desgarrar, separar o partir *alguien* parte de algo, *en especial una rama.* pop + cult → espon.
   2. intr. prnl. *Ho.* Separarse o soltarse las partes de una cosa, *generalmente muebles.* pop + cult → espon.
   II. 1. intr. prnl. *Ho.* Averiarse o estropearse una cosa. pop + cult → espon.

desgarrapatar.
   I. 1. tr. *Ec.* Dejar libre de garrapatas un animal. rur.

desgarrar.
   I. 1. tr. *Gu, Cu, Co, Ve, Ch;* intr. *Ec; ES,* obsol. Expeler flema por la boca *una persona.*

desgarre.
   I. 1. *Mx, Ho, Ni, CR, RD, PR, Co, Pe.* Desgarro, rotura de un tejido muscular.
   2. m. *PR, Ve, Ec, Bo, Py.* Distensión de un músculo o un tendón.

desgarreate.
   I. 1. *Mx.* **desgarriate.**

desgarretar.
   I. 1. tr. *Ar:NO, Ur.* Cortar *alguien* las piernas de los animales por el jarrete. rur.

desgarriate.
   I. 1. m. *Mx.* Revoltijo, conjunto de cosas sin orden. pop. (**desgarreate**).

desgarro.
   I. 1. m. *Ho, ES, Ni, Ve, Bo, Ch.* Flema, esputo. (**esgarre; esgarro**).

desgaste.
   I. 1. m. *Ni.* obsol. Gastroenteritis.
   II. 1. m. *CR.* Artrosis.

desgavetarse.
   I. 1. intr. prnl. *Ni.* juv. Enloquecerse *alguien.*

desgaznatarse.
   I. 1. intr. prnl. *PR.* Llorar y gritar *alguien* con fuerza y prolongadamente. rur; pop + cult → espon. (**desgarnatarse; esgaznatarse**). ♦ **esmelenarse.**

desglosar.
   I. 1. tr. *Ve, Pe.* Separar o recortar un cupón, un vale o una parte de un impreso o documento.

desgolillado.
   I. 1. adj. *PR. Referido al gallo de pelea,* que tiene cortada la **golilla.**

desgolillar.
   I. 1. tr. *PR.* Cortar *alguien* la **golilla** a los gallos de pelea. rur. (**esgolillar**).

desgolletado, -a.
   I. 1. adj. *RD. Referido al cuello de algunas prendas de vestir,* desabrochado o abierto con descuido.
   II. 1. adj. *Ar, Ur. Referido a persona,* desfachatada, carente de formalidad. pop.

desgomar.
   I. 1. tr. *RD.* Despedir a un trabajador, prescindir de sus servicios.

desgonzado, -a.
   I. 1. *Ho, Cu, Co, Ve. Referido a persona,* agotada, carente de fuerzas.
   2. *Co, Ve. Referido a una planta o a un animal,* que está decaído físicamente.
   3. adj. *Ur; CR, Cu,* obsol. *Referido a persona,* que tiene las articulaciones sueltas o relajadas, *generalmente por cansancio físico.* pop.

desgonzar(se). (De *gonce*).
   I. 1. intr. prnl. *RD, Co, Ve.* Caer sin fuerzas por debilitamiento o cansancio físico.
   2. *Gu, Cu, RD, Ar, Ur; CR,* obsol. Relajársele o soltársele las articulaciones *a una persona, generalmente por cansancio físico.* pop.
   3. tr. *Cu, RD.* Agotar *una persona* físicamente *a alguien.*
   II. 1. tr. prnl. *Ho, Ni, Ec,* p.u. Dislocarse *alguien* un hueso o una articulación.
   III. 1. tr. *Cu.* Golpear con saña *una persona* a *alguien* hasta dejarlo malherido.

desgorrarse.
   I. 1. intr. prnl. *Ho.* juv. Desinhibirse *una persona* en su forma de actuar, hacer cosas que no haría normalmente. pop + cult → espon.

desgorre.
   I. 1. m. *Ho.* Participación en juergas o fiestas en las que se producen alborotos, escándalo y algún tipo de relación amorosa. pop + cult → espon.
   II. 1. m. *Ho.* juv. Desorden, barullo, alteración del orden.
   III. 1. m. *Ho.* juv. Comportamiento desinhibido.

desgraciadez.
   I. 1. f. *Mx.* Vileza, ruindad, mezquindad.
desgraciado, -a.
   I. 1. adj. *Mx, Ho, Ni, Pa, Cu, RD, PR, Ve, Ec, Bo, Ch.* *Referido a persona*, miserable, ruin. pop + cult → espon ∧ desp.
   II. 1. adj. *Ec.* juv. *Referido a hombre*, que tiene afición por la conquista de mujeres. pop.
desgraciar(se).
   I. 1. intr. prnl. *RD, Ar; Ch,* p.u. Herir *una persona* gravemente o matar a alguien, *especialmente en una pelea.*
   2. *Ni, Pe.* Perjudicarse *alguien* por haber dado muerte a una persona. euf.
   3. tr. *Ec.* Arruinar la vida a *alguien.* pop.
   4. intr. prnl. *Ec.* Arruinarse, perjudicarse gravemente *alguien* a sí mismo.
   II. 1. intr. prnl. *Ar:NO, Ur; Ch,* obsol. Ensuciarse *una persona* la ropa al evacuar el vientre. euf.
   III. 1. tr. *Ho, Ni, PR.* Desvirgar un hombre a una mujer. euf.
desgracias.
   I. 1. f. pl. *ES.* Objetos personales y menaje del hogar.
desgranado, -a.
   I. 1. adj. *Cu, RD. Referido al arroz*, que presenta sueltos los granos por la cocción. ♦ **graneado; granoso; sueltecito.**
desgranar(se).
   I. 1. intr. prnl. *Cu, RD, Ec.* Quedarse suelto el arroz después de haberse cocido.
   2. *RD, PR.* metáf. Hacerse *algo* pedazos al romperse. (**esgranarse**).
   3. *RD.* metáf. Debilitarse con la edad las facultades físicas de alguien. (**esgranarse**).
   ☐
   a. ‖ ~ **el choclo.** loc. verb. *Ch.* Separar *alguien* o hacer que se separen los integrantes de un grupo. pop + cult → espon. ♦ **desgranar la mazorca.**
   b. ‖ ~ **la mazorca.** *Gu, Ni.* **desgranar el choclo.**
desgrapadora.
   I. 1. f. *RD.* Utensilio que se utiliza para quitar las grapas fijadas en el papel.
desgrapar.
   I. 1. tr. *RD, PR.* Quitar las grapas fijadas en el papel.
desgreñón.
   I. 1. m. *Mx.* Tirón de pelo fuerte que desarregla el peinado.
desguabilado, -a.
   I. 1. adj. *Ho, Ni; CR,* obsol. *Referido a cosa*, desvencijada. pop + cult → espon ∧ fest.
   II. 1. adj. *Ho, ES. Referido a persona*, desgarbada, mal vestida. pop + cult → espon ∧ fest. (**desguavilado**).
   III. 1. adj. *CR. Referido a persona*, maltrecha, golpeada. pop + cult → espon ∧ fest.
desguabilar(se).
   I. 1. tr. *Ho, Ni; CR,* obsol, cult → espon. Desvencijar *algo.* pop + cult → espon ∧ fest.
   2. intr. prnl. *Ho, Ni; CR,* obsol, cult → espon. Desvencijarse *algo.* pop + cult → espon ∧ fest. (**desguavilarse**).
   3. tr. *Ho.* Averiar o estropear *alguien algo.* pop + cult → espon ∧ fest.
   4. intr. prnl. *Ho.* Averiarse o estropear *algo.* pop + cult → espon ∧ fest.
   5. tr. *Ho.* Desarmar *alguien* desordenadamente un aparato o un automóvil. pop + cult → espon ∧ fest.
   6. *Ni.* Partir *alguien* longitudinalmente una pieza de madera o de otro material. pop + cult → espon ∧ fest.

   II. 1. intr. prnl. *Ho.* Sufrir *alguien* un accidente automovilístico. pop + cult → espon ∧ fest.
   III. 1. tr. *Ni.* Desvirgar un hombre a una mujer. vulg; pop + cult → espon.
desguabinación.
   I. 1. f. *PR.* metáf. Gran cansancio de alguien. pop + cult → espon ∧ fest. ♦ **desguaje; esguabinamiento.**
desguabinado, -a.
   I. 1. *Cu, RD, PR.* **desguañangado**, malherido. (**esguabinado**).
   2. *Cu, RD, PR.* **desguañangado**, debilitado. (**esguabinado**).
   3. *Cu, PR.* **desguañangado**, desvencijado. (**esguabinado**).
   4. *PR.* **esguabinado**, descuidado.
   5. *PR.* **esguabinado**, doblado.
desguabinamiento.
   I. 1. m. *Cu.* Cansancio que siente una persona después de realizar un gran esfuerzo. pop + cult → espon ∧ fest.
   II. 1. m. *PR.* **esguabinación**, suceso. ♦ **esguabinamiento.**
desguabinar(se).
   I. 1. tr. *Pa, Cu.* Desarmar, deshacer, descalabrar *una persona algo* o a *alguien.*
   2. intr. prnl. *Pa, Cu.* Desarmarse, deshacerse, descalabrarse *alguien* o *algo.* pop + cult → espon ∧ fest.
   II. 1. *PR.* **desguañangar**, desvencijar.
   2. *PR.* **desguañangar**, causar daño.
   3. *PR.* **desguañangarse**, acobardarse.
   4. *PR.* **desguañagarse**, rendirse.
   III. 1. intr. *RD.* Desfallecer.
desguachipado, -a.
   I. 1. adj. *Mx:SE, Gu, Ni. Referido a persona*, desarreglada, mal vestida. pop + cult → espon ∧ fest.
desguachipar(se).
   I. 1. tr. *Gu, Ni.* Desmontar, desvencijar o desarticular *alguien algo.* pop + cult → espon ∧ fest.
   2. intr. prnl. *Gu, Ni.* Desvencijarse o desarticularse *algo.* pop + cult → espon ∧ fest.
   3. tr. *Gu.* metáf. Despachurrar *alguien algo.* pop + cult → espon ∧ fest.
desguajado, -a.
   I. 1. adj. *Gu. Referido a un vehículo*, que le han desmontado piezas, *especialmente con la intención de robarlas.*
desguajar.
   I. 1. tr. *Gu.* Desmontar *alguien* piezas de un vehículo, *especialmente con la intención de robarlas.*
desgualangado, -a.
   I. 1. *Co:O.* **desgualetado.**
desgualetado, -a.
   I. 1. adj. *Co. Referido a persona*, que tiene o muestra falta de cuidado en la forma de vestir o en el aseo. pop + cult → espon ∧ fest. ♦ **desgualangado.**
   2. *Co. Referido a persona*, mal vestida. pop + cult → espon ∧ fest. ♦ **desgualangado.**
   ☐
   a. ‖ **a lo ~.** loc. adv. *Co.* Con exceso, sin medida. pop + cult → espon ∧ fest.
desguamilado, -a.
   I. 1. adj. *ES. Referido a persona*, descuidada en el vestir. pop + cult → espon ∧ fest.
desguampar.
   I. 1. tr. *Ur.* Cortar o quitar las **guampas** o cuernos a un animal, *generalmente vacuno.* rur.
desguanchar.
   I. 1. tr. *Ho.* Quebrar *alguien* con las manos dos cosas unidas. rur.

desguangañado, -a.
 I. 1.   adj. *Ni, RD. Referido a persona*, descuidada en el vestir. pop + cult → espon ^ fest.
desguangañar.
 I. 1.   tr. *Ni, RD*. Estropear *alguien* una cosa. pop + cult → espon ^ fest.
desguanguañar.
 I. 1.   intr. *Ni*. Vestir *alguien* mal. pop + cult → espon ^ fest.
desguanguilado, -a.
 I. 1.   *Mx:N.* obsol. **desguangüilado**.
desguangüilado, -a.
 I. 1.   adj/sust. *Mx:N.* obsol. *Referido a persona*, mal vestida o con la ropa desordenada. pop + cult → espon ^ fest. (**desguanguilado**).
desguansado, -a.
 I. 1.   adj. *ES. Referido a persona*, enfermiza. pop + cult → espon ^ fest.
desguanzado, -a.
 I. 1.   adj. *Mx. Referido a persona*, que no tiene fuerza ni vigor. pop + cult → espon ^ fest.
desguanzarse.
 I. 1.   intr. prnl. *Mx.* Quedarse sin fuerza o vigor. pop + cult → espon ^ fest.
desguanzo.
 I. 1.   m. *Mx.* Carencia de fuerza o vigor. pop.
desguañangado, -a.
 I. 1.   adj. *Ho, ES, Ni, PR, Bo, Ch; Ar; RD, Ve*, pop. *Referido a persona*, descuidada en el vestir, desgalichada, desarreglada. (**esguañangado**; **esguañingado**; **esjuañangado**). ♦ **esguabinado**.
  2.   *RD, PR, Ve.* metáf. *Referido a persona*, debilitada, cansada. (**desguañingado**; **esguañangado**; **esguañingado**; **esjuañangado**). ♦ **desguabinado**.
  3.   *PR* pop + cult → espon; *Pa*, vulg. **desguañingado**, malherido. (**esjuañangado**). ♦ **desguabinado**.
  4.   *PR.* **esguañangado**, doblado. pop + cult → espon. (**esjuañangado**). ♦ **esguabinado**.
  5.   *PR.* metáf. **esguañangado**, acobardado. pop + cult → espon. (**esjuañangado**). ♦ **esguabinado**.
 II. 1.   adj. *Ni, PR, Bo; RD, Ve*, pop; *Pa*, vulg. *Referido a cosa*, desvencijada, desarmada, estropeada. (**desguañingado**). ♦ **desconfluflado**; **descuancharrado**; **descunchunflado**; **desguabinado**.
desguañangar(se).
 I. 1.   tr. *Ho, Pa, RD, Ve, Ch, Ar; PR, Bo*, pop + cult → espon. Desvencijar, estropear *algo*. (**esguañangar**). ♦ **desguabinar**; **esguabinar**.
  2.   intr. prnl. *Pa, RD, PR, Ve.* Caerse, hacerse daño. pop + cult → espon ^ fest. (**esguañangarse**; **esguañingarse**). ♦ **desguabinarse**; **esguabinarse**.
  3.   *Ho, Ni, Bo, Ch.* Desvencijarse, deshacerse, desparramarse. pop + cult → espon ^ fest.
  4.   tr. *PR, Bo.* Causar daño a alguien. (**esguañangar**). ♦ **desguabinar**; **esguabinar**.
  5.   intr. prnl. *Bo.* Agotarse por el excesivo esfuerzo físico. pop + cult → espon ^ fest.
  6.   *PR.* metáf. Acobardarse *alguien*. pop + cult → espon ^ fest. ♦ **desguabinarse**.
  7.   *PR.* metáf. Rendirse *alguien*. pop + cult → espon ^ fest. ♦ **disguabinarse**.
  □
  a. ‖ ~**se de la risa**. loc. verb. *Ve.* Reír *alguien* con vehemencia y con movimientos descompasados. pop + cult → espon ^ fest.
desguañangue.
 I. 1.   m. *RD.* Cansancio, falta de fuerzas. pop + cult → espon ^ fest (**deguañangue**).
 II. 1.   m. *RD.* Alboroto, desorden. pop + cult → espon ^ fest (**deguañangue**).

desguañingado, -a.
 I. 1.   *Cu, PR, Ve.* **desguañangado**, desvencijado. pop + cult → espon ^ fest. (**esguañangado**; **esguañingado**).
  2.   adj. *Cu, PR. Referido a persona*, maltrecha, malherida. pop + cult → espon ^ fest (**desguañangado**; **esguañangado**; **esguañingado**).
  3.   *Cu, PR.* **desguañangado**, debilitado.
  4.   *Cu, Referido a persona*, exhausta. pop + cult → espon ^ fest.
desguañingar(se).
 I. 1.   tr. *Cu, Ve.* pop. Romper, destrozar un objeto. pop + cult → espon ^ fest.
  2.   intr. prnl. *Cu, Ve.* Romperse un objeto. pop + cult → espon ^ fest.
  3.   tr. *Cu.* Golpear con saña a *alguien* hasta dejarlo malherido. pop + cult → espon ^ fest.
  4.   *Cu.* Agotar físicamente a *alguien*. pop + cult → espon ^ fest.
  5.   prnl. *Cu.* Lesionarse *alguien* en un accidente. pop + cult → espon ^ fest.
desguapar.
 I. 1.   tr. *Ni.* Estropear *alguien* una prenda de vestir. pop + cult → espon.
  2.   *Ni.* Partir *alguien* troncos. rur.
desguaralado, -a.
 I. 1.   adj. *Ve. Referido a persona*, desaliñada, desarreglada. pop + cult → espon.
  2.   *Ve. Referido a cosa*, deteriorada. pop + cult → espon.
desguarambilado, -a.
 I. 1.   adj. *Co. Referido a persona*, que tiene o muestra falta de cuidado en la forma de vestir o en el aseo. pop + cult → espon.
  2.   *Co. Referido a persona*, mal vestida. pop + cult → espon.
desguarrancharse.
 I. 1.   intr. prnl. *PR.* Apocarse *alguien*. pop + cult → espon. (**esguarrancharse**).
  2.   *PR.* Darse *alguien* por vencido. pop + cult → espon. (**esguarrancharse**).
desguasar.
 I. 1.   *PR.* **desguazar**, desbaratar.
  2.   *PR.* **deshuesar**, apalear.
desgüasarse.
 I. 1.   intr. prnl. *Pa.* Espabilarse. vulg; pop + cult → espon.
desguavilado, -a.
 I. 1.   *Ho, Ni.* **desguabilado**, desgarbado.
desguavilarse.
 I. 1.   intr. prnl. *Ho, Ni.* **desguabilarse**, desvencijarse.
desguavile.
 I. 1.   m. *Ho.* juv. Comportamiento desinhibido.
desguazadero.
 I. 1.   m. *CR, Co, Ec, Ch, Ur.* Lugar donde se desarman los vehículos robados para vender sus piezas. pop + cult → espon.
desguazado, -a.
 I. 1.   adj. *Ve. Referido a persona*, criticada duramente. pop + cult → espon ^ fest.
  2.   *Ni. Referido a persona*, difamada. pop + cult → espon ^ fest.
desguazar.
 I. 1.   tr. *Cu, RD, PR.* Romper o estropear *algo*. pop + cult → espon.
  2.   *PR, Ec.* Desbaratar *alguien algo, especialmente un automóvil robado para venderlo en piezas*. pop + cult → espon. ♦ **desguasar**.
  3.   *Ni.* Hacer jirones una tela o una ropa. pop + cult → espon.

4. *Ni.* metáf. Desprestigiar a *alguien.* pop + cult → espon.

II. 1. tr. *PR, Ve.* Criticar duramente a *una persona.* pop + cult → espon ^ fest.

III. 1. tr. *Ve.* Cruzar un río por una parte poco profunda.

desguazo.
    I. 1. m. *Ho, Ni.* Desguace.

desgüello.
    ▶ tirarse al ~.

desgüevado, -a.
    I. 1. *Ho, ES.* **deshuevado**, desanimado.

desgüevar.
    I. 1. *Ho, ES.* **deshuevar**, desanimar.

desgüeve.
    I. 1. m. *Pa.* Enredo, lío. vulg; pop + cult → espon.

desguindar(se).
    I. 1. intr. prnl. *Ho, ES, Ni, RD.* Bajarse o caerse *alguien* o *algo* de un lugar alto. pop + cult → espon.
    3. *Ho, ES.* Caminar o ir *alguien* o *algo* cuesta abajo. pop + cult → espon.
    II. 1. intr. prnl. *Ni, RD.* Desviarse *alguien* de un camino para tomar un atajo. rur.

desguinde.
    I. 1. m. *Ho, ES.* Caída desde un lugar alto. pop + cult → espon.
    2. *Ho, ES.* Huida rápida cuesta abajo. pop + cult → espon.

desguindo.
    I. 1. m. *Ni.* Despeñadero, precipicio. pop + cult → espon.

desgurrumbarse.
    I. 1. intr. prnl. *PR.* obsol. Derrumbarse *alguien*, sentirse frustrado. pop + cult → espon ^ fest. (**esgurrumbarse**).

desgusanar.
    I. 1. tr. *Mx, Gu, Ho, Ni, CR, Co, Ve, Ec, Ar.* Quitar los gusanos a un animal o a una planta. rur.

deshacer(se).
    I. 1. intr. prnl. *Gu.* Ventosearse, expeler del cuerpo los gases intestinales.
    2. *Bo.* Parir una mujer.
□
    a. ‖ ~ **los pasos.** loc. verb. *Co. Según la creencia popular*, volver a recorrer *alguien* a punto de morir, los lugares por donde anduvo.

deshecho.
    I. 1. m. *EU, Gu, Ho, ES, Ni, Co, Ve, Bo, Py, Ar*; f. *Bo.* Atajo, senda por donde se abrevia el camino.

deshecho, -a.
    I. 1. adj. *Ve, Pe, Bo, Py, Ur. Referido a persona*, desaliñada.

deshielar(se).
    I. 1. tr. *RD, Pe, Bo, Ch; Ec*, pop. Quitar el hielo de cosas o alimentos congelados mediante la elevación de la temperatura.
    2. intr. prnl. *RD, Pe, Bo, Ch; Ec*, pop. Perder una cosa el hielo que la recubre por elevación de la temperatura.

deshierba.
    I. 1. f. *Ec, Bo.* **deshierbe**.

deshierbaje.
    I. 1. *Bo.* **deshierbe**. pop + cult → espon.

deshierbe.
    I. 1. m. *Mx, Ho, Cu, RD.* Arranque o corte de hierbas y maleza de un cultivo. (**deshierba**; **deshierbo**; **deshierve**). ♦ **deshierbaje**.

deshierbo.
    I. 1. *Ho.* **deshierbe**.

deshierve.
    I. 1. m. *Gu, Cu.* **deshierbe**.

deshija.
    I. 1. f. *CR, Co.* Eliminación de ciertos retoños o renuevos a una planta o un árbol. rur.
    2. *CR.* Época en la que se practica la **deshija**.

deshijada.
    I. 1. f. *Ho, Ni.* **deshije**.

deshijador, -ra.
    I. 1. m. y f. *Ho.* Persona que, en algunos cultivos como el **banano**, corta los retoños o vástagos.

deshijar.
    I. 1. tr. *Mx, Gu, Ho, ES, Ni, CR, Pa, PR, Co, Ve, Ar:NO; Cu, PR*, rur. Quitar a una planta o a un árbol ciertos retoños o renuevos superfluos. ♦ **despampanar**.
    II. 1. tr. *Ni.* Desahijar, destetar a una cría de su madre. rur.

deshije.
    I. 1. m. *Ho, ES, Ni, CR, Cu.* Eliminación de ciertos retoños o renuevos superfluos a una planta o un árbol. ♦ **deshijada**; **despampane**.

deshipoteca.
    I. 1. f. *Co.* Cancelación de una hipoteca.

deshoja.
    I. 1. f. *Ec.* Deshojadura de la planta de maíz para extraer la mazorca. rur. ♦ **deshoje**.

deshojador.
    I. 1. m. *Co.* Instrumento puntiagudo para romper la mazorca de maíz. rur.

deshojador, -ra.
    I. 1. m. y f. *Ec.* Persona que deshoja la mazorca de maíz. rur.

deshojar.
    I. 1. tr. *Ec.* Cosechar el maíz sacando la mazorca de la **chala** o **pucón**.

deshoje.
    I. 1. m. *PR, Ec.* Eliminación de las hojas que cubren la mazorca de maíz. rur.
    2. *Ec:S.* **deshoja**.

deshuaviladamente.
    I. 1. adv. *Ho.* Desgarbadamente, con descuido.

deshuesada.
    I. 1. f. *ES.* Pene. vulg.

deshuesadero.
    I. 1. m. *Mx, Co.* Cementerio de automóviles.

deshuesado, -a.
    I. 1. adj. *CR. Referido a vehículo robado*, desarmado para venderlo en piezas. pop.

deshuesador, -ra.
    I. 1. sust/adj. *Ho.* Persona que desmonta las piezas de un vehículo para su venta.

deshuesar.
    I. 1. tr. *Ho, CR, Co, Ec.* Desarmar un vehículo robado para venderlo en piezas. pop.
    II. 1. tr. *PR.* metáf. Apalear *una persona* a *alguien*. pop + cult → espon. ♦ **desguasar**.

deshuevado, -a.
    I. 1. adj. *Ho, ES. Referido a persona*, desanimada. vulg; pop + cult → espon. (**desgüevado**).

deshuevar.
    I. 1. tr. *Ho, ES.* Desanimar a *alguien*. vulg; pop + cult → espon. (**desgüevar**).

deshueve.
    I. 1. m. *Pe.* Cualidad de estupendo o sobresaliente. vulg; pop + cult → espon.

deshuezadero.
 I. 1. m. *CR*. Lugar donde se desarman los vehículos robados para vender sus piezas. pop + cult → espon.
 2. m. *Pa*. Lugar donde se desarman los vehículos viejos para aprovechar sus piezas.

desierto.
 ▶ **creerse la última Coca Cola del ~.**

designado, -a.
 I. 1. m. y f. *Ho, Co*. Vicepresidente.
 2. *Co*. Sustituto del presidente de la República cuando a este le es imposible ejercer sus funciones.

desinfestar.
 I. 1. tr. *Mx, Ho*. Limpiar un lugar de ciertos animales, como insectos roedores.

desinflada.
 I. 1. f. *Co*. Desánimo, desilusión. pop.
 II. 1. adj. *Bo:O*. Referido a una mujer, que ha perdido su atractivo físico. pop + cult → espon ^ fest.

desinflamatorio, -a.
 I. 1. adj. *Mx, Gu, Ho, Ni, Pa, Cu, RD, Co, Ar, Ur*; adj/sust. *CR, Ec, Pe*. Referido especialmente a un medicamento, que quita la inflamación.

desinflar(se).
 I. 1. intr. prnl. *Gu, Ho, RD, Co*. Decepcionarse. pop + cult → espon.
 2. tr. *CR, RD, Co*. Decepcionar a *alguien*. pop + cult → espon.
 II. 1. intr. prnl. *Ch*. p.u. Expulsar gases por el ano. euf.

desinquieto, -a.
 I. 1. adj. *RD, PR*. Referido a persona, especialmente un niño, inquieta, nerviosa. pop.

desinteligencia.
 I. 1. *Pe, Bo, Ch, Py, Ar*. Incomprensión, desacuerdo.
 2. f. *Pe, Bo, Ch, Py*. Error de interpretación de lo que hace o dice alguien.

desintonización.
 I. 1. f. *ES*. En un motor, desincronización en los tiempos de explosión.
 2. *Ho*. Falta de sincronía entre dos o más personas al realizar una acción.
 II. 1. f. *Ho, Ni*. Discrepancia entre dos o más personas.

desintonizado, -a.
 I. 1. adj. *Ho, ES, Ni*. Referido a persona, que no está en sintonía con la mayoría.
 2. *Ho, Ni*. Referido a persona o discusión, discrepante.

desintonizar.
 I. 1. tr. *Ho, ES, Ni*. Apagar o cambiar de canal de televisión o de emisora radial.
 II. 1. tr. *Ho, ES, Ni*. metáf. Discrepar dos o más personas en algo.

desjachado. (De *jacha*, diente).
 I. 1. adj. *Ho:S,E*. Referido a persona o animal, que no tiene dientes o que le faltan varios. ♦ **desjochado**.
 2. *Ho*. metáf. Referido a herramienta con corte, que le falta un pedazo.

desjetar.
 I. 1. tr. *Co*. Deformar *algo* alargándolo o ensanchándolo. pop.

desjochado, -a. (De *jocho*).
 I. 1. *Ho*. **desjachado**, que no tiene dientes.

desjullar.
 I. 1. tr. *Ve:E*. Desgranar un fruto.
 2. *Ve:E*. Quitar la concha a un molusco.

deslamar.
 I. 1. tr. *Ho*. Eliminar *alguien* musgos y líquenes del tronco de una planta, *en especial del café*. rur.

deslame.
 I. 1. m. *Bo:O*. Limpieza de los sedimentos que se acumulan en el fondo de un río o una represa.

deslanado, -a. (De *lana*, dinero).
 I. 1. adj. *RD*. Referido a persona, que tiene poco o ningún dinero.

deslaneo.
 I. 1. m. *Bo:O,C*. Arranque de hojas de la planta de coca.

deslavar.
 I. 1. tr. *Mx, Gu, Ho, ES, Ni*. Desmoronarse la tierra de un cerro a causa de la lluvia.

deslave.
 I. 1. m. *Mx, Ho, ES, Ni, Cu, Co, Ec, Pe, Bo*. Desprendimiento de tierra provocado por el agua.
 2. *Ch*. Alud de agua, barro o de otros detritos.

deslechado, -a.
 I. 1. adj. *PR*. Referido a un hombre, que ya ha eyaculado. tabú; pop + cult → espon. (**eslechado**).
 2. *PR*. metáf. Referido a un hombre, deleitado. vulg; pop + cult → espon. (**eslechado**).
 II. 1. adj. *PR*. Referido a persona, débil, carente de fuerzas, flaca. vulg; pop + cult → espon. (**eslechado**).

deslechar(se).
 I. 1. tr. *Mx, RD, Ve, Ar, Ur*. Destetar un becerro. rur. (**eslechar**).
 2. *PR*. Ordeñar a un animal hembra. rur.
 3. *PR*. Sacar *alguien* la leche o la resina a un árbol.
 II. 1. intr. prnl. *Bo*. Eyacular un hombre. pop + cult → espon.
 2. *PR*. Masturbarse *alguien*. tabú; pop + cult → espon. (**eslecharse**).
 3. *PR*. Excitarse *una persona* sexualmente. tabú; pop + cult → espon. (**eslecharse**).
 III. 1. intr. prnl. *PR*. Perder *alguien* un privilegio o prebenda. pop + cult → espon. (**eslecharse**).

deslembado, -a.
 I. 1. adj. *PR*. Referido a persona, embelesada, ausente. pop + cult → espon. (**eslembado**).
 2. *PR*. Referido a persona, que tiene siempre la boca abierta, cuando mira algo. pop + cult → espon. (**eslembado**).

deslembarse.
 I. 1. intr. prnl. *PR*. Embobarse *alguien*, alelarse, quedarse boquiabierto. pop + cult → espon. (**eslembarse**).

desliendrar.
 I. 1. tr. *Ho*. Deslendrar, quitar las liendres a *alguien*.

desligar.
 I. 1. tr. *PR*. Quitar *alguien* el esparadrapo que sostiene las espuelas postizas del gallo.

deslizadero.
 I. 1. *Co:O*. **rodadero**.

deslizador.
 I. 1. m. *Co, Pe, Bo:NE*; *Py*, p.u. Lancha rápida, con motor de propulsión, que se usa en ríos y lagos. (**deslizadora**).
 2. *Ec*. Lancha de alta velocidad, *construida generalmente con fibra de vidrio* y propulsada con motor de combustión interna, que se usa en ríos y lagos.
 3. *Bo:NE*. Embarcación rústica, de motor, hecha de madera, que dispone de una habitación pequeña y se utiliza para transportar viajeros o mercancías.

deslizadora.
 I. 1. f. *Py*. **deslizador**, lancha rápida.

deslizamiento.
 I. 1. m. *Pa*. Derrumbe *causado generalmente por la lluvia o la erosión*.

deslizarse.
 I. 1. intr. prnl. *RD, PR*. En **beisbol**, lanzarse el jugador al suelo y llegar a la **base** por deslizamiento.

desllavar.
  I. 1.   tr. *Ar:NO,O.* Desechar la llave a una puerta. pop. (**desllavear**).
desllavear.
  I. 1.   *Ar:NO,O.* p.u. **desllavar**.
deslomada.
  I. 1.   f. *Ho, Ni.* Deslomadura, acción de deslomarse.
  II. 1.   f. *Ho.* Dicho tonto, despropósito o disparate. rur.
desmache.
  I. 1.   m. *PR.* Primera copa de ron bebida a la mañana siguiente de una gran borrachera. pop + cult → espon.
desmachetado, -a.
  I. 1.   *Ve.* **esmachetado**.
desmachetarse.
  I. 1.   *Ve.* **esmachetarse**.
desmadrado, -a.
  I. 1.   adj. *Ho, ES. Referido a persona o vehículo,* que va a gran velocidad.
  II. 1.   sust/adj. *Cu.* Persona ruin y despreciable. pop + cult → espon.
desmadrar(se).
  I. 1.   intr. prnl. *Mx, Gu, Ho, ES.* Tener una caída ruidosa o un accidente con grave daño físico.
  2.   *Mx, Cu, Ho.* Romperse, estropearse, desarticularse *algo.* vulg; pop + cult → espon.
  3.   tr. *Mx, Gu, Ho.* Averiar o descomponer *algo.* vulg; pop + cult → espon ^ desp.
  4.   *Mx.* Golpear a *alguien* con fuerza desmedida. vulg; pop + cult → espon ^ desp.
  5.   intr. prnl. *Ho, ES, Ni.* Caerse *alguien* desde muy alto o despeñarse. vulg; pop + cult → espon.
  II. 1.   intr. prnl. *CR.* Ir *una persona* o un vehículo a gran velocidad. pop + cult → espon.
desmadre.
  ▶ echar ~.
desmaletarse.
  I. 1.   intr. prnl. *ES.* Esquivar *alguien* un golpe tirándose al suelo. rur.
desmalezadora.
  I. 1.   sust/adj. *Ve, Ch, Py, Ar.* Máquina para **desmalezar** un terreno.
desmalezar.
  I. 1.   tr. *Mx, Pa, Co, Ve, Pe, Bo:E, Ch, Ar, Ur, Cu, PR,* rur. Escardar, desbrozar, quitar la maleza.
desmalotado, -a.
  I. 1.   adj. *PR. Referido a persona,* muy cansada, exhausta. rur; pop + cult → espon ^ fest. (**esmalotado**).
  ♦ **desmamoneado**.
desmamantar.
  I. 1.   tr. *Ve; Ar,* rur. Separar de su madre a un niño o a una cría de animal para que deje de mamar.
desmamante.
  I. 1.   m. *Ar:NE.* Cese definitivo de la lactancia de un niño o de una cría animal. rur.
  2.   *Ar:NE.* Ternero separado de su madre para que deje de mamar y se acostumbre a la alimentación sólida. rur.
desmamarracharse.
  I. 1.   tr. prnl. *Ho.* Desarticular, destruir *alguien algo.* pop + cult → espon ^ fest.
desmambichar(se).
  I. 1.   tr. *Ni.* Golpear a *alguien* provocándole fracturas. pop + cult → espon ^ fest.
  2.   intr. prnl. *Ni.* Golpearse o caerse *alguien* y sufrir fracturas. pop + cult → espon ^ fest.
desmameyado, -a.
  I. 1.   adj. *Cu. Referido a cosa,* rota, destrozada. pop + cult → espon ^ fest.

desmameyar(se). (De *mamey*).
  I. 1.   tr. *Cu, PR.* Romper, destrozar *algo.* pop + cult → espon ^ fest.
  2.   intr. prnl. *Cu.* Destrozarse un objeto. pop + cult → espon ^ fest.
  3.   *PR.* Golpearse *alguien* mucho y con fuerza. pop + cult → espon ^ fest.
  II. 1.   intr. prnl. *PR.* Despeñarse *alguien,* desbarrancarse. pop + cult → espon ^ fest.
  2.   *Pa.* Caerse *alguien* aparatosamente. pop + cult → espon ^ fest.
  III. 1.   *Pa.* Enamorarse perdidamente. pop + cult → espon ^ fest. ♦ **despapayarse**.
desmamonar(se).
  I. 1.   tr. *PR.* Apabullar *una persona* a *alguien.* pop + cult → espon ^ fest. (**esmamonar**).
  2.   intr. prnl. *PR.* Estropearse *alguien* mucho, destruirse, agotarse. pop + cult → espon ^ fest. (**esmamonarse**).
  3.   *PR.* Acobardarse *alguien.* pop + cult → espon ^ fest. (**esmamonarse**).
desmamoneado, -a.
  I. 1.   *PR.* **desmalotado**. (**esmamoneado**).
desmanado, -a.
  I. 1.   adj. *Cu. Referido a un plátano,* que ha sido separado de la **mano**.
desmanador, -ra.
  I. 1.   m. y f. *Ho:N.* Persona que corta las **manos** al racimo de **bananos** en la **empacadora**. rur.
desmanar.
  I. 1.   tr. *Ho, CR, Pa, Cu, Ve.* Dividir en **manos** el racimo de una planta musácea como el **plátano** o el **banano**.
desmanchada.
  I. 1.   f. *Pe, Bo, Ch.* Eliminación de manchas con un **desmanchador**. pop + cult → espon.
desmanchado.
  I. 1.   m. *Mx, Ni, Pe, Ch.* p.u. Limpieza de manchas.
desmanchado, -a.
  I. 1.   adj. *Ec. Referido a animal bovino sin desbravar,* que ha sido separado de la manada. rur.
desmanchador.
  I. 1.   m. *Pe.* Producto dermatológico para eliminar las manchas de la piel.
desmanchador, -ra.
  I. 1.   sust/adj. *Co, Ve, Pe, Bo, Ch.* Producto natural o preparado que sirve para quitar las manchas.
desmanchar(se).
  I. 1.   tr. *Mx, Ni, CR, Pa, Bo, Ch.* p.u. Quitar las manchas a algo.
  II. 1.   intr. prnl. *CR, Pe.* Desbandarse, huir, salir corriendo.
  2.   tr. *Pe.* Abandonar el grupo o compañía de que se forma parte, alejarse de amistades.
desmanche.
  I. 1.   m. *Pe, Bo.* Producto químico a base de cloro que se utiliza para blanquear tejidos.
desmandada.
  I. 1.   f. *Gu.* Descuido en la preservación de la salud personal.
desmandado, -a.
  I. 1.   adj. *Cu. Referido a persona,* que se dirige a un sitio con mucha celeridad.
desmandarse.
  I. 1.   *PR.* **esmandarse**, echarse a correr.
  2.   *PR.* **esmandarse**, desbocarse.
  3.   *PR.* **esmandarse**, pasarse.
  II. 1.   intr. prnl. *Cu.* Dirigirse aceleradamente a un lugar.

III. 1. intr. prnl. *Ni.* No cuidarse bien un enfermo convaleciente.

desmandilado, -a.
I. 1. adj. *CR.* p.u. *Referido a persona*, desordenada en la presentación personal.

desmandingar.
I. 1. tr. *RD, PR.* Destruir *alguien algo*, desmantelarlo. pop + cult → espon ∧ fest. (**esmandingar**).

desmandingue.
I. 1. m. *RD.* Desastre, cosa que funciona mal. pop + cult → espon ∧ fest.

desmando.
I. 1. m. *Ni.* Actividad **riesgosa** para un enfermo.

desmane.
I. 1. m. *Ho.* Corte de las **manos** de un racimo de **bananos**. rur.

desmanear.
I. 1. tr. *Ar, Ur.* Soltar la manea o desprenderla librando las manos del caballo.
II. 1. tr. *Ho.* metáf. Hacer y deshacer *alguien* cuanto quiere.

desmangado.
I. 1. adj. *Ho, ES. Referido a persona o cosa*, caída desde gran altura. pop + cult → espon ∧ fest.
II. 1. adj. *Ho, Ni. Referido a persona, animal o vehículo*, que va a gran velocidad. pop + cult → espon ∧ fest.
III. 1. adj. *Ho, Ni. Referido a vestido o camisa*, que no tiene mangas o tiene manga corta.

desmangarse.
I. 1. intr. prnl. *Ho, ES.* Tirarse o caerse *alguien o algo* desde una gran altura o por un precipicio.
II. 1. intr. prnl. *Ho, Ni.* Salir una persona, animal o vehículo a toda prisa, a gran velocidad. ♦ **desmantelarse**.

desmanguerado, -a.
I. 1. adj. *CR. Referido a persona o cosa*, que se mueve o actúa a toda prisa. pop + cult → espon ∧ fest.

desmanguillarse.
I. 1. tr. prnl. *PR.* Remangarse *alguien* las mangas de la camisa por causa del calor. pop + cult → espon. (**esmanguillarse**).

desmangurrillado, -a.
I. 1. adj. *Ve. Referido a persona*, que no tiene fuerza ni vigor, *especialmente por cansancio o por maltrato físico*. pop + cult → espon ∧ fest.
II. 1. adj. *Ve. Referido a cosa*, rota. pop + cult → espon ∧ fest.
III. 1. adj. *Ve:E. Referido a persona*, de pocos recursos económicos. pop + cult → espon ∧ fest.
IV. 1. adj. *Ve. Referido a persona*, desarreglada, desaseada. pop + cult → espon ∧ fest.

desmangurrillarse.
I. 1. intr. prnl. *Ve.* Quedarse *alguien* sin fuerza y sin vigor *especialmente por cansancio o por maltrato físico*. pop + cult → espon ∧ fest.

desmantelarse.
I. 1. *Ho.* **desmangarse**, salir a toda prisa. rur.

desmanto.
I. 1. m. *PR.* Planta herbácea de hasta 2 m de altura, de tallo erecto, hojas pequeñas bipinnadas, inflorescencia axilar, flores de color blanco o crema y semillas oblicuas. (Fabaceae; *Desmanthus virgatus*).

desmañado, -a.
I. 1. adj. *Gu, ES. Referido a persona*, tonta, torpe.

desmañanada.
I. 1. f. *Mx.* Resultado de madrugar.

desmañanado, -a.
I. 1. adj. *Mx. Referido a persona*, molesta por haber madrugado mucho.

desmañanarse.
I. 1. intr. prnl. *Mx.* Madrugar, levantarse *alguien* al amanecer o muy temprano. rur.

desmarimbado, -a.
I. 1. adj. *Ni. Referido a persona*, loca. pop + cult → espon ∧ fest.
II. 1. adj. *Ni. Referido a persona*, desarreglada, mal vestida. pop + cult → espon ∧ fest.
III. 1. adj. *Ni. Referido a persona*, golpeada o enferma. pop + cult → espon ∧ fest.
▶ darse una ~.

desmarimbarse.
I. 1. intr. prnl. *Ni.* Caerse *alguien o algo* al suelo con estrépito. pop + cult → espon ∧ fest.
2. *Ni.* Desprenderse *algo* de algún sitio. pop + cult → espon ∧ fest.

desmarlar.
I. 1. tr. *Ur.* Arrancar las mazorcas de maíz a las plantas.

desmaterializado, -a.
I. 1. adj. *Co. Referido a persona*, desinteresada de los bienes materiales.

desmatonado, -a.
I. 1. adj. *CR. Referido a terreno*, que le han sido arrancadas de raíz las malas hierbas. rur.

desmatonar.
I. 1. tr. *Ho, ES, CR.* Quitar de un terreno la mala hierba arrancándola de raíz. rur.

desmayado, -a.
I. 1. adj. *PR. Referido a persona*, pobre. (**esmayado**).
2. *PR. Referido a persona*, interesada y egoísta. (**esmayado**).
3. *PR. Referido a persona*, avara, mezquina. (**esmayado**).
II. 1. adj. *Ec. Referido a color*, que ha perdido brillo e intensidad. pop.

desmayamiento.
I. 1. m. *RD, PR.* Apetencia desordenada por comida u otras cosas. pop + cult → espon. (**esmayamiento**).

desmayar.
I. 1. intr. *Ec.* Perder un color intensidad y brillo. pop.

desmechado, -a.
I. 1. sust/adj. *Mx, Ve, Ar.* Persona que tiene el cabello alborotado. (**esmechado**).
2. adj. *Ar. Referido a un peinado*, desordenado o alborotado.
II. 1. adj. *Co, Ve. Referido a la carne cocinada*, que se desmenuza en trozos delgados y largos, como hilachas.

desmechar(se).
I. 1. tr. *Mx, Co, Ve.* Tironear, enredar el cabello.
2. intr. prnl. *Ve.* Enredarse el cabello de una persona.
II. 1. tr. *Ho, Co, Ve.* Deshilachar la carne cocida.

desmelechado, -a.
I. 1. adj. *ES. Referido a persona*, desmelenada. pop + cult → espon ∧ fest.

desmelechar(se).
I. 1. tr. *ES.* Desordenar *alguien* el pelo. pop + cult → espon ∧ fest.
2. intr. prnl. *ES.* Desordenarse *alguien* el pelo. pop + cult → espon ∧ fest.

desmelenado, -a.
I. 1. adj. *Cu. Referido a persona*, que se desplaza con mucha celeridad.

desmelenarse.
□
  a. ‖ ~ **llorando.** loc. verb. *PR.* Llorar *alguien* a lágrima viva. pop + cult → espon.

desmentido.
  I. 1. adj. *Ec.* obsol. *Referido a hueso o articulación*, dislocado. rur; pop.

desmentirse.
  I. 1. intr. prnl. *Ec.* obsol. Dislocarse un hueso o articulación. rur; pop.

desmenuzadora.
  I. 1. f. *Cu. En la industria azucarera*, máquina que aplasta y tritura la caña para extraer su jugo.

desmeritar.
  I. 1. *Mx, Ho, Ni, Cu, RD, PR, Co.* **demeritar**, quitar mérito.

desmérito.
  I. 1. m. *PR.* Demérito. rur.

desmierdarse.
  I. 1. intr. prnl. *Pa.* Destrozarse *algo*.

desmochado, -a.
  I. 1. adj. *PR. Referido a cosa*, trunca, cortada. pop + cult → espon.
  II. 1. adj. *CR. Referido a árbol*, que le han sido cortadas todas las ramas. rur.
  III. 1. adj. *CR. Referido a cuchillo*, que ha perdido el filo por uso continuado. rur.

desmochador.
  I. 1. m. *Cu.* Hombre que se dedica a desmochar palmas.

desmochador, -ra.
  I. 1. adj/sust. *Pe.* obsol. *Referido a cosa*, que quita, corta o elimina la parte superior de algo dejándola mocha.

desmochadora.
  I. 1. f. *Ur.* Máquina que se utiliza para cortar desde la base las astas de los vacunos. rur.

desmocharse.
  I. 1. tr. *CR, Ch.* Cortar todas las ramas a un árbol. rur.
  II. 1. tr. *Bo:E,O.* Desgranar una mazorca de maíz.
  III. 1. tr. *Bo.* Hacer brotar mediante presión de la yema de los dedos la materia cerosa de los barros de la piel.
  IV. 1. tr. *PR.* Dejar *alguien* a medio cortar unas plumas del gallo de pelea y dejar otras sin cortar por prisa o descuido.
  V. 1. tr. *CR.* Perder un cuchillo el filo por el uso continuado. rur.

desmoderado, -a.
  I. 1. adj. *Mx. Referido a persona*, carente de moderación.

desmollejarse.
□
  a. ‖ ~ **de la risa.** loc. verb. *Cu.* Reírse a carcajadas, inconteniblemente. ♦ **desmondingarse de la risa.**

desmollerado, -a.
  I. 1. adj. *Ho, ES. Referido a un niño pequeño*, que padece hundimiento o **caída de mollera**. rur.

desmollerarse.
  I. 1. intr. prnl. *ES.* Padecer un niño pequeño la **caída de mollera**.

desmolotar.
  I. 1. tr. *Ni.* Dispersar *alguien* a un grupo de personas.

desmondingada.
  I. 1. f. *Cu.* Ruptura o desvencijada de un objeto. pop + cult → espon.
  2. *Cu.* **Golpiza**, dada duramente a alguien hasta dejarlo maltrecho. pop + cult → espon.
  3. *Cu.* Sufrimiento de lesiones en un accidente o una pelea. pop + cult → espon.

desmondingado, -a.
  I. 1. adj. *Cu. Referido a persona*, muy cansada, *especialmente después de un gran esfuerzo físico*. pop + cult → espon ∧ fest.
  2. *Cu. Referido a un objeto*, que ha quedado roto o desvencijado. pop + cult → espon ∧ fest.
  3. *Cu. Referido a persona*, maltrecha por los golpes recibidos o a causa de un accidente. pop + cult → espon ∧ fest.

desmondingamiento. (De *mondongo*).
  I. 1. m. *Cu.* Cansancio que se siente *especialmente después de mucho esfuerzo o mucho trabajo*.

desmondingarse. (De *mondongo*).
  I. 1. tr. *Cu.* Romper o desvencijar *una persona* un objeto.
  2. intr. prnl. *Cu.* Golpearse duramente *alguien* hasta quedar maltrecho.
  3. *Cu.* Cansar mucho *alguien* o *algo* a una persona.
  4. *Cu.* Sufrir *una persona* lesiones en un accidente o una pelea.
  5. intr. prnl. *Cu.* Cansarse mucho *una persona*, especialmente después de un gran esfuerzo físico.
□
  a. ‖ ~ **de la risa.** *Cu.* **desmollejarse de la risa.**

desmondongado, -a.
  I. 1. adj. *Pe. Referido a persona*, gorda. pop + cult → espon ∧ fest.
  2. adj/sust. *Pe. Referido a persona*, que luce su tripa o vientre descubiertos al vestir. pop + cult → espon ∧ fest.

desmondongar(se).
  I. 1. tr. *Pe.* Herir a *alguien* en el vientre provocando la salida de las vísceras. pop ∧ fest.
  II. 1. intr. prnl. *Pe.* Engordar *una persona* o una parte de su cuerpo. vulg.

desmonetizar(se).
  I. 1. *PR, Bo, Py, Ar.* p.u. Disminuir el valor o precio de *algo*.
  2. intr. prnl. *Py, Ar, Ur.* p.u. Perder *algo* parte de su valor o precio.
  3. tr. *PR.* Despreciar *alguien algo*.

desmongar(se).
  I. 1. tr. *PR.* Poner *a alguien* **mongo**. pop + cult → espon. (**esmongar**).
  2. intr. prnl. *PR.* Debilitarse *alguien*, desmayarse, ponerse **mongo**. pop + cult → espon. ♦ **desmonguillarse**.

desmonguillamiento.
  I. 1. m. *ES, PR.* **monguera**, flojera. (**esmonguillamiento**).
  2. *ES, PR.* **monguera**, pereza. (**esmonguillamiento**).
  3. *ES, PR.* Debilidad de carácter de una persona. (**esmonguillamiento**).

desmonguillarse.
  I. 1. *PR.* **desmongarse**, debilitarse. (**esmonguillarse**).
  II. 1. intr. prnl. *PR.* Desternillarse *alguien* de risa. pop + cult → espon. (**esmonguillarse**).

desmontador.
  I. 1. m. *Ho.* Hombre que se dedica a la tala de grandes árboles. rur.

desmontador, -ra.
  I. 1. m. y f. *RD, Bo, Py.* Persona que se encarga de realizar el desmonte de un terreno.

desmontarse.
  I. 1. intr. prnl. *Pa.* Caerse de algún lugar.
  II. 1. tr. prnl. *Pa.* Perder parte de la uña o la piel de un dedo a consecuencia de un golpe fuerte.

desmonte.
  I. 1. m. *Pe, Bo, Ch, Ar:NO.* Lugar donde se arrojan los desechos de material de las minas.

2. *Pe.* Acumulación de desechos de construcción o de basura en grandes montículos.

3. m. *Ch*; m. pl. *Bo.* Mineral de baja ley no aprovechable en minería.

II. 1. m. *RD, Co.* Desmontaje o separación de las piezas que componen el mecanismo de algo.

III. 1. m. *Co.* Supresión o cambio de una política o de una norma jurídica.

☐

a. ‖ **~ arriba.** loc. sust. *PR.* Poda del ramaje superior de los árboles, *generalmente en el cultivo del café.*

desmontero.

I. 1. m. *Ho.* Hombre que se dedica a la tala y poda de grandes árboles.^ fest.

2. adj. *Ho. Referido a un machete,* de hoja larga, gruesa, sin punta y muy pesado.

desmorcillado, -a.

I. 1. adj. *PR. Referido a persona,* desternillada de la risa. pop + cult → espon ^ fest. (**esmorcillado**).

2. *PR. Referido a cosa,* que se halla en malas condiciones. pop + cult → espon ^ fest. (**esmorcillado**).

desmorecerse.

I. 1. intr. prnl. *CR, Cu.* Faltar la respiración por reír o llorar mucho.

2. *RD.* Desmayarse *alguien.*

desmorecido, -a.

I. 1. adj. *Cu. Referido a un niño pequeño,* que respira con dificultad por reír o llorar mucho.

2. adj. *PR. Referido a persona,* desfallecida. pop + cult → espon. (**esmorecido**).

desmoronamiento.

I. 1. m. *Cu, Co:C.* Reducción del pan a migas.

desmoronar.

I. 1. tr. *Cu, Co:C.* Desmigajar el pan.

desmorono.

I. 1. m. *PR.* Desmoronamiento, derrumbe.

desmorrar.

I. 1. tr. *Mx:SE.* Cortar ramas de los árboles con el fin de que den más fruto. rur.

desmorre.

I. 1. m. *Mx:SE.* Poda de ramas de los árboles con el fin de que den más fruto. rur.

desmorusar(se).

I. 1. *PR.* **esmorusar,** despeinar.

2. *PR.* **esmorusarse,** despeinarse.

desmostolado, -a.

I. 1. adj. *Gu, ES. Referido a cosa,* hecha añicos.

desmostolar(se).

I. 1. tr. *Ho, ES.* Hacer *alguien* pedazos una cosa. ♦ **desmostolongar.**

2. intr. prnl. *Ho, ES.* Romperse *algo* en pedazos.

desmostolongar.

I. 1. *ES.* **desmostolar,** hacer pedazos *algo.*

desmovilización.

I. 1. f. *Co.* Entrega de guerrilleros o paramilitares que abandonan voluntariamente sus actividades como miembros de organizaciones armadas al margen de la ley y se acogen a la política del gobierno.

2. *Co.* Política gubernamental que reinserta en la sociedad a guerrilleros o paramilitares que abandonan sus actividades como miembros de organizaciones armadas al margen de la ley.

desmovilizado, -a.

I. 1. sust/adj. *Co.* Guerrillero o paramilitar que abandona voluntariamente sus actividades como miembro de organizaciones armadas al margen de la ley y se acoge a la política del gobierno.

desmovilizarse.

I. 1. intr. prnl. *Bo, Py.* Dispersarse, separarse un grupo de personas que se hallan en una concentración social.

desmuelado, -a. (Epént. de *desmolado*).

I. 1. adj. *Mx, Ho, ES, Ni, RD, Co, Pe, Bo:E. Referido a persona o animal,* que le faltan dientes o muelas. pop + cult → espon.

II. 1. adj. *Ho. Referido a persona,* lenta en actuar. pop + cult → espon

desmuelar(se).

I. 1. tr. *Ho, ES, RD.* Quitar a *alguien* una o varias muelas. pop + cult → espon.

2. intr. prnl. *Ho, ES, RD.* Romperse *alguien* una o varias muelas. pop + cult → espon.

desmueletado, -a.

I. 1. adj. *Co:C, NE. Referido a persona o animal,* que ha perdido algunos dientes o muelas. pop + cult → espon ^ desp.

desmugrar.

I. 1. tr. *Ch.* Quitar la mugre y suciedad de la ropa o de otra cosa, *generalmente remojando la ropa en agua con detergente.*

desmuñecado, -a.

I. 1. adj. *PR. Referido a persona,* que le falta un dedo o una mano. (**esmuñecado**).

desnalgado, -a.

I. 1. adj/sust. *Mx, Ho, Ni, RD. Referido a persona,* de glúteos poco prominentes. pop + cult → espon.

desnalgue.

I. 1. m. *Ve.* juv. Diversión desordenada y concurrida.

desnargue.

I. 1. m. *Pa.* Desorden. pop.

desnarizado, -a.

I. 1. adj. *PR. Referido a persona,* de nariz poco prominente y casi plana. (**esnarizado**).

desnarizarse.

I. 1. intr. prnl. *Mx.* Afanarse *alguien* por conseguir algo con vehemencia. pop + cult → espon.

desnietar.

I. 1. tr. *Ar:NO.* Quitar a una planta los brotes que impiden su crecimiento. rur.

desniete.

I. 1. m. *Ar:NO.* Tarea consistente en quitar a una planta los brotes que impiden su crecimiento. rur.

desniñar.

I. 1. tr. *Ni.* Desvirgar *alguien* a una mujer joven. vulg; pop + cult → espon.

desnivelado, -a.

I. 1. adj. *ES. Referido a persona,* alocada.

desnortearse.

I. 1. intr. prnl. *Ur.* Perderse, salirse del camino o rumbo que se llevaba.

2. *Ur.* Equivocarse, actuar desacertadamente.

desnucadero.

I. 1. m. *Co.* Establecimiento en el que se alquilan habitaciones para encuentros eróticos de carácter reservado. pop + cult → espon ^ fest.

desnucar.

I. 1. tr. *Ho.* Destituir a *alguien* del cargo. pop.

II. 1. tr. *CR.* Cobrar a *alguien* más de lo debido por un bien o servicio. pop + cult → espon ^ fest.

desnudar.

I. 1. tr. *Ho, RD.* Desenmascarar una persona a *alguien* públicamente. pop + cult → espon.

II. 1. tr. *PR.* Limpiar *alguien* totalmente al árbol de granos. rur.

desnuque.
    I. 1.   m. *Ho, Ni, RD.* Desnucamiento.
    II. 1.   m. *Ho, RD.* juv. Pedido o donación de dinero. pop + cult → espon ^ fest.

desobligado, -a.
    I. 1.   adj/sust. *Mx, Ni. Referido a persona*, irresponsable con sus obligaciones familiares.

desobligar(se).
    I. 1.   tr. *Ec.* Desilusionar *algo a alguien.* pop + cult → espon.
    2.   intr. prnl. *Ec.* Desilusionarse. pop + cult → espon.

desobligo.
    I. 1.   m. *Ec.* Desilusión, decepción. pop + cult → espon.
    2.   *Ec.* Despecho, sentimiento de venganza nacido de un fracaso. pop + cult → espon.

desocado, -a.
    I. 1.   adj. *RD. Referido a persona*, que siente molestia o fatiga en los pies.

desocar(se).
    I. 1.   tr. *Ar:NO, Ur.* Sacar de su posición habitual el hueso de un animal. rur.
    2.   intr. prnl. *Ar:NO, Ur.* Dislocarse un hueso de la pata de un animal. rur.
    3.   *Ar:NO, Ur.* Dislocarse un animal un hueso de la pata. rur.

desocupación.
    I. 1.   m. *Mx, CR, Cu, Co, Ec, Pe, Bo, Ch, Py, Ar, Ur.* Desempleo.

desocupado, -a.
    I. 1.   adj/sust. *Mx, Ho, Ni, CR, RD, Co, Ec, Pe, Bo, Ch, Py, Ar. Referido a persona*, que no tiene trabajo o empleo.

desocuparse.
    I. 1.   intr. prnl. *RD, Ve, Bo, Ar:NO; Ho,* euf. Parir.

desojado, -a.
    I. 1.   adj. *PR. Referido a persona*, que no ve por un ojo, tuerta. pop + cult → espon ^ fest. (**esojado**).

desoliñador.
    I. 1.   m. *Pa.* Utensilio parecido a una escoba que se emplea para limpiar las partes altas de una habitación.

desoliñar.
    I. 1.   tr. *Pa.* Limpiar el techo y la parte alta de las paredes de una habitación.

desolle.
    I. 1.   m. *Ec.* p.u. Desgaste por rozamiento de la rosca de un tubo metálico.

desorbitado, -a.
    I. 1.   adj. *Ho, Cu; Pe,* p.u. *Referido a persona*, que ha perdido el juicio. pop + cult → espon.
    2.   *Pe.* p.u. *Referido a persona*, que muestra las facciones desencajadas.

desorbitarse.
    I. 1.   intr. prnl. *Cu.* Perder el control de sí mismo. pop.

desorejado, -a.
    I. 1.   adj. *Ur, Cu, Ar.* p.u. *Referido a persona*, irresponsable. pop.
    2.   *Cu, Ar.* p.u. *Referido a persona*, derrochadora. pop.
    3.   *Pe. Referido a persona*, desobediente. pop.
    4.   *Gu, ES, Ni, Pa. Referido a persona*, tonta.
    II. 1.   adj. *Pa, Pe, Bo, Ar. Referido a persona*, que no tiene buen oído para la música. pop + cult → espon ^ fest.
    III. 1.   adj. *Ho, CR, Co. Referido a un recipiente*, que ha perdido una o las dos asas. pop.

desorejar.
    I. 1.   tr. *Ho, CR, PR, Co.* Romper una o las dos asas a un recipiente. pop.
    II. 1.   intr. *Pe; Bo.* Cantar *una persona* desentonando. pop + cult → espon ^ fest.

    III. 1.   tr. *PR.* Cortar *alguien* las orejas a un gallo, en preparación para la pelea.

desorientada.
    I. 1.   f. *Mx, Ho, Cu.* Desorientación, confusión. pop + cult → espon.

desorillado, -a.
    I. 1.   adj. *Ni. Referido a persona*, desorientada. rur.

desorillar.
    I. 1.   tr. *Cu, PR.* Limpiar de malas hierbas el pie de una planta.
    II. 1.   tr. *PR.* Comenzar *alguien* alguna tarea. pop + cult → espon.
    III. 1.   tr. *PR.* Gastar *alguien* una pequeña cantidad de un billete de alta denominación. pop + cult → espon.

desortijado, -a.
    I. 1.   adj. *Ur. Referido a persona o animal*, que camina con gran dificultad. rur.

desortijadura.
    I. 1.   f. *Ar:NO.* Dislocación de un animal. rur.

desortijarse.
    I. 1.   intr. prnl. *Ar:NO.* obsol. Dislocarse un animal. rur.

desosiego. (Sínc. de *desasosiego*).
    I. 1.   m. *RD.* Falta de sosiego. rur; pop

desosirío.
    I. 1.   m. *PR.* Angustia, desesperación. (**esosirío**).

desota.
    I. 1.   f. *Mx.* Árbol subtropical de zonas secas de hasta 12 m de altura, espinoso, de ramaje denso, hojas verde grisáceas y flores blancas; su copa proporciona una sombra tupida. (Fabaceae; *Acacia occidentalis*).
    ♦ **tésota.**

despabilar.
    □
    a. ‖ **al ~.** loc. adv. *ES.* Al momento.

despabile.
    I. 1.   adj. *Ni.* juv. *Referido a persona*, alocada.

despachado, -a.
    I. 1.   adj. *Pe. Referido a persona, especialmente una mujer*, de cuerpo hermoso y proporcionado. pop + cult → espon.
    II. 1.   adj. *CR.* obsol. *Referido a persona*, que habla con desenfado o sin miramientos *y, por lo general, usando lenguaje soez.* pop + cult → espon.

despachador, -ra.
    I. 1.   m. y f. *Mx, Cu.* Jefe de una estación de ferrocarriles.
    2.   *Ni, Pe, Bo, Ch, Py.* Agente de aduanas. ♦ **despachador de aduana.**
    II. 1.   adj. *CR. Referido a un asiento*, poco cómodo. pop ^ fest.

    ■
    a. ‖ **~ de aduana.** *Bo, Ch, Py.* **despachador**, agente.

despachar(se).
    I. 1.   intr. prnl. *Mx, Gu, Ho, Cu, Py, Ar.* Comer o beber ávidamente. pop + cult → espon.
    2.   *PR, Ar.* Servir *alguien* comida en abundancia.
    3.   tr. *PR.* Comer *alguien* los alimentos con gran rapidez. pop + cult → espon.
    II. 1.   tr. *RD, Ve.* Malversar fondos públicos.
    III. 1.   intr. prnl. *Ho.* Exhibirse *alguien.*
    IV. 1.   intr. prnl. *Ho.* Tener *alguien* relaciones sexuales con otra persona. vulg; pop + cult → espon.
    V. 1.   tr. prnl. *Ho.* Derrotar a *alguien* en una contienda política o deportiva.

    □
    a. ‖ **~ las almas.** loc. verb. *Ar:NO. Según creencia popular*, hacer regresar las almas de los familiares fallecidos al más allá después de haber comido las ofrendas que se les preparan el día de los difuntos.

b. ‖ ~se con el cucharón. *PR.* despacharse con la cuchara grande.

c. ‖ ~se con la cuchara grande. loc. verb. *Mx, PR.* Adjudicarse *alguien* la mejor parte cuando se distribuye algo entre varias personas. pop + cult → espon. ♦ despacharse con el cucharón; despacharse hermoso.

d. ‖ ~se hermoso. *Ni.* despacharse con la cuchara grande.

despacharrado, -a.
I. 1. adj. *PR. Referido a persona*, de nariz poco prominente y casi plana. pop + cult → espon. (espacharrado).

despachero, -a.
I. 1. m. y f. *Ch.* obsol. Persona que tiene un despacho, tienda donde se venden determinados efectos.

despacho.
I. 1. m. *Pe. En las prácticas religiosas de los pueblos andinos*, ceremonia de ofrecimiento a la tierra.
2. *RD. En la creencia popular*, rito mediante el cual un espíritu es trasladado al más allá.
II. 1. m. *Ni.* Reunión de una autoridad gubernativa con sus colaboradores para resolver conjuntamente un asunto o problema.

■

a. ‖ ~ de las almas. m. *Ar:NO. En la creencia popular*, despedida y regreso de las almas de los familiares fallecidos al más allá después de haber comido las ofrendas que se les preparan el día de los difuntos.

despachurrador.
I. 1. m. *PR.* Hombre de gran fortaleza física que pelea bien con los puños. pop + cult → espon. (espachurrador).

despacientarse.
I. 1. intr. prnl. *Py.* Ponerse impaciente. pop.

despacio.
I. 1. adv. *Gu, Pe, Bo, Py, Ar.* En voz baja.

▢

a. ‖ con ~. loc. adv. *Bo.* Con mucho cuidado y lentitud. pop.
b. ‖ ~ por las piedras. loc. adv. *Ch, Ar, Ur.* Con cuidado.

despacito.
I. 1. adv. *Ni, RD, Ve:O, Pe, Bo, Ch, Py.* Sin ruido. pop.

despajar.
I. 1. tr. *Ho.* Quitar la cáscara al grano de arroz con un mortero. rur.

despaje.
I. 1. m. *Pe.* Eliminación y arrancado de malas hierbas y rastrojos de un sembrado. rur.

despalar.
I. 1. tr. *Ar:NO.* Desprender del tallo seco las hojas de una planta de tabaco. rur.
II. 1. tr. *Ni.* Talar *alguien* árboles.

despale.
I. 1. m. *Ni.* Tala de árboles.

despaletar(se).
I. 1. tr. *Ar, Ur.* Dislocar o romper *alguien* la paleta a un animal. rur.
2. intr. prnl. *Ar, Ur.* Dislocarse la paleta o espaldilla de un animal. rur.
3. *Ar, Ur.* Dislocarse un animal la paleta o espaldilla. rur.
4. intr. prnl. *Pa.* Fracturarse un hueso.

despaletillada.
I. 1. f. *Cu.* Golpiza que deja maltrecho a quien la recibe.
2. *Cu.* Rotura o desvencijamiento de algo.
3. *Cu.* Conjunto de lesiones sufridas por una persona en un accidente.

despaletillado, -a.
I. 1. adj. *Cu. Referido a un objeto*, que ha quedado roto o inservible.
2. *Cu. Referido a persona*, maltrecha por los golpes recibidos o a causa de un accidente.
3. *Cu. Referido a persona*, muy cansada, *especialmente después de un gran esfuerzo físico*.

despaletillar(se).
I. 1. tr. *Cu.* Romper o desvencijar *alguien* un objeto.
2. intr. prnl. *Cu.* Romperse o desvencijarse *algo*.
3. tr. *Cu.* Golpear *una persona* duramente a *alguien* hasta dejarlo maltrecho.
4. intr. prnl. *Cu.* Sufrir *una persona* lesiones en un accidente o una pelea.

despalillar.
I. 1. tr. *Ho, Cu, RD, Ve, Ar:NO.* Quitar el nervio central y el pecíolo a las hojas de tabaco. (espalillar).
II. 1. tr. *Cu, Ve.* Consumir una cosa hasta acabar con ella.
2. *Cu.* Dilapidar el dinero. pop.
III. 1. tr. *Cu, Ve.* Realizar algo con rapidez. pop.
IV. 1. tr. *Cu.* Hablar una persona mal de alguien. pop.
V. 1. tr. *PR.* Matar a *una persona alguien.* (espalillar).

despalillo.
I. 1. m. *Cu. En la producción de tabaco*, eliminación de las venas centrales de las hojas que envuelven la tripa del puro.

despalmado, -a.
I. 1. adj. *CR. Referido a instrumento cortante*, que ha sido afilado por primera vez. rur.

despalmar.
I. 1. tr. *Cu; Mx, Ho, Ni, CR,* rur. Hacer filo a un instrumento cortante por primera vez.
II. 1. tr. *Cu.* Quitar las asperezas más gruesas de un madero.
III. 1. tr. *PR.* Cortar *alguien* una capa muy fina a algo, en *especial madera o queso.* (espalmar).

despalomado, -a.
I. 1. adj. *Co, Ve. Referido a persona*, distraída, que no presta atención a lo que hace o a lo que pasa a su alrededor. pop.
II. 1. sust/adj. *Ve.* Persona torpe de entendimiento.

despalotar.
I. 1. tr. *Mx:SE.* Limpiar un cauce de río o un terreno de ramas y troncos de árboles. rur.
II. 1. tr. *PR.* Quitar el nervio central o las fibras a las hojas de tabaco. (espalotar).
2. *PR.* Cortar las hojas al palote, seudotallo. (espalotar).
III. 1. tr. *RD.* Consumir comida o bebida. pop.

despampanar.
I. 1. tr. *Cu.* deshijar, quitar los retoños.
II. 1. tr. *PR.* Cortar *alguien* la pámpana al racimo de plátanos o guineos. (espampanar).
III. 1. tr. *PR.* Hablar *alguien* sin reservas. pop + cult → espon. (espampanar).

despampane.
I. 1. *Cu.* deshije.

despampanillar(se).
I. 1. intr. prnl. *PR.* Explayarse *alguien.* pop + cult → espon. (espampanillarse).
2. *PR.* Reírse *alguien* mucho. pop + cult → espon. (espampanillarse).
II. 1. tr. *PR.* Abrir *alguien* puertas o ventanas de par en par. rur.

despancado.
I. 1. m. *Pe.* Separación y eliminación de las hojas que envuelven la mazorca de maíz. ♦ despanque.

despancador.
I. 1. m. *Pe.* Instrumento de madera que sirve para separar la panca del maíz. rur.

despancar.
    I. 1. tr. *Pe.* Quitar a la mazorca del maíz las hojas que la envuelven.

despanocharse.
    I. 1. intr. prnl. *CR.* p.u. Sufrir una caída *alguien*, *especialmente una mujer.* vulg; fest.

despanque.
    I. 1. *Pe.* **despancado**.

despanzar(se).
    I. 1. intr. prnl. *Ar.* Reírse mucho y sin poder contenerse. pop.
    II. 1. tr. *Bo.* Romper un muñeco para sacar lo que tiene dentro.
    □
        a. ‖ **~se de risa.** loc. verb. *Pe, Bo, Ar:NO.* Reírse *alguien* muchísimo. pop + cult → espon ∧ fest.

despanzurrado, -a.
    I. 1. adj. *Ch. Referido a persona*, mal vestida, desaliñada. pop + cult → espon ∧ fest.

despanzurro.
    I. 1. m. *Ch.* p.u. Disparate. pop + cult → espon ∧ fest.

despañetar.
    I. 1. tr. *RD, Co.* Quitar el **pañete** a una pared.

despapayado, -a.
    I. 1. adj. *CR. Referido a cosa*, destrozada, destruida. pop + cult → espon ∧ fest.
    ▶ **darse una ~.**

despapayar(se).
    I. 1. intr. prnl. *Ni, CR, Pa.* Sufrir *alguien* una caída. pop + cult → espon ∧ fest.
      2. *Pa.* **desmameyarse**, enamorarse.
    II. 1. intr. prnl. *Ni.* Sincerarse *alguien* con una persona, hablar sin tapujos. pop + cult → espon ∧ fest.
    III. 1. intr. prnl. *Ni.* juv. Enterarse, darse cuenta *alguien* de algo, informarse. pop + cult → espon ∧ fest.
    IV. 1. tr. *CR.* p.u. Destrozar o destruir *algo.* pop + cult → espon ∧ fest.

despapaye.
    I. 1. m. *CR; Mx,* vulg. Desorden, confusión. pop + cult → espon ∧ fest. (**despapayo**).
    II. 1. m. *Ni.* juv. Fiesta juvenil. (**despapeye**).

despapayo.
    I. 1. *CR.* **despapaye**, desorden.

despapeye.
    I. 1. *Ni.* **despapaye**.

despapucho.
    I. 1. m. *Pe.* obsol. Disparate, sandez, tontería.

desparchado, -a.
    I. 1. adj. *Co.* juv. *Referido a persona*, aburrida, que no tiene nada que hacer.

desparpajar(se).
    I. 1. intr. prnl. *Mx, Ho, PR, Co.* Espabilarse *alguien*, sacudirse el sueño. pop.
    II. 1. intr. prnl. *Mx.* Desinhibirse.
    III. 1. tr. *Ho, Ni.* Dispersar personas o animales.
      2. intr. prnl. *Ho.* Salir huyendo desordenadamente un grupo de persona o animales.
    IV. 1. intr. *PR.* Hablar *alguien* con desparpajo. (**esparpajarse**).

desparpajo.
    I. 1. m. *ES, Ni, Pa, Pe; Cu, RD, Ve,* cult → espon. Desbarajuste, desorden, confusión. pop + cult → espon. ♦ **salpafuera**.
      2. m. *Ho.* Dispersión desordenada de personas o animales. rur.

desparparrar.
    I. 1. tr. *ES.* Desparramar *algo.* pop.
    II. 1. tr. *ES.* Despilfarrar dinero o bienes. pop.

desparramadero.
    I. 1. m. *Pe.* Lugar de un río en el que se extiende el agua haciendo imposible la navegación por no tener su cauce casi profundidad.

desparramar.
    I. 1. tr. *PR, Pe, Py, Ar, Ur.* Divulgar *alguien* una noticia. pop + cult → espon.

desparrame.
    I. 1. *Cu.* **desparramo**, desorden.

desparramo.
    I. 1. m. *Ni, Cu, Bo, Ch, Ar, Ur.* Desbarajuste, desorden. pop + cult → espon. (**desparrame**).
      2. *Ch, Ar; Bo.* Disgregación o separación de algo que formaba un todo. pop + cult → espon.
      3. *RD, Bo.* Vertido de un líquido que se ha derramado. pop + cult → espon.

despasar.
    I. 1. intr. *PR.* Perder *alguien* el paso en una marcha.

despastar.
    I. 1. tr. *Ch.* Eliminar el pasto de un terreno. rur.

despatarrado, -a.
    I. 1. adj. *Cu, Bo. Referido a cosa*, rota, desvencijada. pop + cult → espon.
      2. *Cu. Referido a persona*, malherida, maltrecha. pop + cult → espon.
    II. 1. adj. *Ho, Py; Bo,* p.u. *Referido a cosa*, desordenada, confusa. pop + cult → espon.
      2. *Py. Referido a persona*, desordenada. pop + cult → espon.
    III. 1. adj. *Bo. Referido a un discurso*, incoherente. pop + cult → espon.
    IV. 1. adj. *PR. Referido a persona*, que camina muy rápidamente. pop + cult → espon. (**espatarrado**).

despatarragado, -a.
    I. 1. adj. *ES. Referido a persona*, despatarrada. pop + cult → espon.

despatarrangarse.
    I. 1. tr. prnl. *ES.* Despatarrarse *alguien.* pop + cult → espon.

despatarrar(se).
    I. 1. tr. *Cu, Bo.* Romper, destrozar *algo.* pop + cult → espon.
      2. *Cu.* Golpear con saña a *alguien* hasta dejarlo malherido. pop + cult → espon.
      3. intr. prnl. *Bo.* Desbaratarse, deshacerse *algo.*
    II. 1. intr. prnl. *Cu, PR.* Ir andando o corriendo muy deprisa. pop + cult → espon.
    III. 1. intr. *Bo.* Hablar *alguien* de manera incoherente. pop + cult → espon.

despatarre.
    I. 1. m. *Ho.* Abertura de piernas. pop + cult → espon.

despatarro.
    I. 1. m. *Bo.* Desorden, confusión. pop + cult → espon.
    ♦ **despatife**.

despatife. (Del port. *espatifar*, disipar).
    I. 1. *Ur.* **despatarro**.

despatillado, -a.
    I. 1. adj. *RD, PR, Ve; Cu,* p.u. *Referido a persona*, que camina muy rápidamente. pop + cult → espon. (**espatillado**).
    II. 1. adj. *Cu, RD; Pa. Referido a persona*, que tiene las piernas muy abiertas o separadas. pop + cult → espon.

despatillar(se).
    I. 1. intr. prnl. *RD, PR; Cu,* p.u. Ir andando o corriendo muy deprisa. pop + cult → espon. (**espatillarse**).
    II. 1. tr. *Cu.* Destrozar algo.

2. *Cu.* Golpear con saña a *alguien*. pop + cult → espon.

III. 1. intr. prnl. *RD.* Caerse *alguien* aparatosamente. pop + cult → espon.

IV. 1. intr. prnl. *Pa, PR.* Abrirse *alguien* de piernas. pop + cult → espon. (**espatillarse**).

despatriar(se).

I. 1. tr. *Ni, RD, PR, Ve.* Expatriar. (**espatriar**).

2. tr. prnl. *RD, PR, Ve.* Expatriar a *alguien*. (**espatriarse**).

despatronar.

I. 1. tr. *Cu.* Cortar una planta por encima del injerto para estimular el brote de este.

despaturrado, -a.

I. 1. adj. *Cu, Co, Bo.* Referido a *persona*, que está con las piernas abiertas o separadas. pop + cult → espon.

II. 1. adj. *Ve.* Referido a *cosa*, aplastada y destrozada. pop + cult → espon. (**espaturrado**).

III. 1. adj. *Ch.* Referido a *persona*, que anda desgarbada y mal vestida. pop + cult → espon.

despaturrar(se).

I. 1. intr. prnl. *Cu, Co, Ve, Ch.* Quedarse una persona o un animal con las piernas o patas muy separadas al caerse al suelo o sentarse. pop.

2. *Ve.* Golpearse *alguien* o *algo* fuertemente aplastándose o deformándose. pop + cult → espon.

II. 1. tr. *Ch.* Descuajaringar, desvencijar *una persona* a *alguien*. pop + cult → espon.

2. intr. prnl. *Ch.* Relajarse las partes del cuerpo hasta hacer que pierda su postura rígida. pop + cult → espon.

III. 1. intr. prnl. *PR.* Ir andando o corriendo muy deprisa. pop + cult → espon. (**espaturrarse**).

despecotar.

I. 1. tr. *PR.* Quitar *alguien* de la planta las mazorcas de maíz o las vainas de habichuelas. rur.

despedida.

▶ **decir hasta la ~.**

despedidor.

■

a. ‖ **~ de duelo.** m. *Cu. En un entierro*, persona que exalta las virtudes del difunto para conmover a sus deudos.

despedidor, -ra.

I. 1. m. y f. *Cu.* Persona encargada de regular la entrada y salida de vehículos en una terminal de transporte urbano.

despedorrar.

I. 1. tr. *Mx.* juv. Averiar, estropear. vulg; pop.

despeinada.

▶ **hacerse la ~.**

despeinar(se).

I. 1. intr. prnl. *Ho.* Mostrar *alguien* abiertamente su homosexualidad. fest.

II. 1. tr. *PR.* Abofetear *una persona* a *alguien*. pop + cult → espon ^ fest.

despejar.

◻

a. ‖ **~ la cancha.** loc. verb. *Ch.* Dejar espacio libre para el acceso o camino de algo. pop + cult → espon.

despelechar(se).

I. 1. intr. *Bo, Py, Ar, Ur.* Perder el pelo un animal, *especialmente un perro*.

II. 1. intr. prnl. *Bo; Ar, Ur,* pop. Pelársele a una persona una parte del cuerpo quemada por el sol o por el frío.

despellejada.

I. 1. f. *Mx, Ho, Cu.* Pérdida parcial de la epidermis debida a la excesiva acción solar.

II. 1. *Ho, Ni, Cu.* Crítica despiadada.

despelotado, -a.

I. 1. adj/sust. *Ho, Co, Ve, Ch, Ar, Ur.* Referido a *persona*, desorganizada, carente de orden y criterio para actuar. pop + cult → espon.

2. adj. *Ch, Ar.* Referido a *cosa*, que no tiene orden ni criterio. pop + cult → espon.

3. adj/sust. *Py.* Referido a *persona*, desordenada en la colocación de sus cosas. pop + cult → espon.

despelotar(se).

I. 1. tr. *Ve, Py; Ar, Ur,* vulg; *Co, Ch,* pop. Desordenar un sitio, un objeto o una situación.

2. intr. prnl. *Py, Ar, Ur,* vulg; *Co, Ch,* pop. Confundirse, perder claridad u orden en la forma de realizar una tarea.

II. 1. *Cu, Co, Ve.* Conducirse *una persona* sin respeto ni medida, sobrepasando las normas de conducta éticas y sociales.

III. 1. *Ur.* Desatender o descuidar *alguien* sus obligaciones.

despelote.

I. 1. m. *Ho, CR, Pa, Co, Ve, Ec, Pe, Ch, Py, Ar, Ur; Bo.* Situación confusa y de desorden. pop + cult → espon.

2. *Ho, Ni, Co, Ve, Ch, Ur.* Conjunto desordenado y ruidoso de personas. pop + cult → espon.

II. 1. m. *RD.* Pelea.

despelucado, -a.

I. 1. adj. *Co.* Despeinado. pop + cult → espon ^ fest.

despelucar(se).

I. 1. tr. *Mx, PR, Ch.* Desplumar, dejar a *alguien* sin dinero o pertenencias. pop + cult → espon ^ fest. (**espelucar; espeluscar**). ♦ **espeluznar.**

II. 1. *Ho, Ni, Pa, PR, Co, Ve.* **espelucar**, desordenar el cabello.

2. *PR.* **espelucarse**, levantarse. (**espeslucarse**). ♦ **espeluzcarse.**

III. 1. intr. prnl. *Co:NE.* Preocuparse o moverse *alguien* por algo. pop + cult → espon.

IV. 1. intr. prnl. *Pa.* Animarse, cobrar vigor. pop + cult → espon.

despeluque.

I. 1. m. *Co:N.* Desorden. pop + cult → espon ^ fest.

despeluzar(se).

I. 1. tr. *Ni, Cu, PR.* Desplumar, dejar a *alguien* sin dinero o pertenencias. pop + cult → espon. (**espeluzar**).

2. intr. prnl. *PR.* Arruinarse *alguien* en el juego. pop + cult → espon. (**espeluzarse**).

despenador, -ra.

I. 1. m. y f. *Pe, Ar:N.* Persona que daba la muerte a los enfermos desahuciados, a petición de los parientes.

despenar.

I. 1. tr. *Py, Ar, Ur.* Rematar a un animal moribundo para evitarle sufrimientos.

2. *Ar:NO.* Acabar con la vida de una persona agonizante o desahuciada, para que no sufra.

despendejarse.

I. 1. intr. prnl. *PR.* Afanarse *alguien* mucho para cumplir un compromiso. vulg; pop + cult → espon. (**espendejarse**). ♦ **despescuezarse.**

2. *PR.* Apurarse *alguien* mucho. vulg; pop + cult → espon.

despenicar.

I. 1. tr. *Gu, Ho, ES.* Quitar las hojas a una planta, la vaina a un fruto, los frutos a un racimo o los pétalos a una flor.

despensa.

I. 1. f. *Ho, Py, Ar, Ur.* Establecimiento donde se venden al por menor comestibles, bebidas y artículos de uso doméstico.

despentrocar(se).
I. 1. tr. *Cu.* Romper, destrozar *algo.* pop.
2. intr. prnl. *Cu.* Romperse un objeto.
3. tr. *Cu.* Golpear con saña a *alguien.* pop.
4. *Cu.* Agotar físicamente a *alguien.* pop.
5. intr. prnl. *Cu.* Huir apresuradamente de un lugar.
6. *Cu.* Desternillarse de risa. pop.

despepar.
I. 1. tr. *Co, Bo, Ch.* Quitar la pepa o las semillas de las frutas.

despepitado.
I. 1. m. *Bo, Ar:NO.* **Durazno** secado al sol sin carozo.

despepitadora.
I. 1. f. *Mx, Bo.* Máquina para quitar pepitas de los productos agrícolas.

despepitar(se).
I. 1. intr. prnl. *Mx, Gu, Ho, ES, Pa.* Apresurarse, darse prisa.
II. 1. tr. *PR.* Quitar *alguien* la pepita a un ave de corral. rur. (**espepitar**).
III. 1. tr. *PR.* Criticar *una persona algo* o a *alguien.* pop + cult → espon. (**espepitar**).

desperar.
I. 1. tr. *Ho.* Cortar *alguien* el borde de la plantilla de ensuelar el calzado.

despercudida.
I. 1. f. *Co, Bo.* Eliminación de las manchas de una prenda de vestir o de una tela mediante el uso de un producto químico.
2. *CR.* Eliminación de la suciedad en una superficie mediante lavado.

despercudido, -a.
I. 1. adj. *Mx, Gu, Ni, Pa, PR, Co, Ve; Ar:NO,* pop. *Referido a la piel*, que ha adquirido un tono más claro del que tenía antes. pop + cult → espon. ♦ **desempercudido.**
2. *Ho, CR, Co; Pe,* p.u. *Referido a cosa*, que le ha sido eliminada la suciedad.
3. *Co, Ve, Bo. Referido a una tela o a una prenda de vestir*, blanqueada mediante un producto químico diluido en agua.
4. *Co. Referido a persona*, que siendo o estando morena se ve más blanca. fest.
5. *CR, Ec. Referido a piel*, que le han sido eliminadas las impurezas o la suciedad mediante lavado o tratamiento estético. ♦ **desempercudido.**
6. *Ho, Ni. Referido a persona*, de piel más clara que la propia de su raza.
7. *Ni. Referido a ropa*, limpia y blanca.
II. 1. adj. *Ve, Pe, Ch.* Despabilado, despierto. pop + cult → espon.

despercudir(se).
I. 1. intr. prnl. *Mx, Ho, Ni, Pa, Cu, Co, Ve; Pe,* rur, pop; *Ch,* p.u. Blanquearse, clarearse la piel.
2. *Mx, Ho, CR, Pa, Co, Ve; Pe, Ch,* p.u. Eliminar la suciedad de algo que está percudido, *especialmente de tejidos y superficies porosas.*
3. tr. *Mx, CR, Co.* obsol. Dar a *algo* su brillo y color original lavándolo.
4. *Ho, Ni.* Blanquear la ropa.
5. *CR, Ec.* Eliminar impurezas y suciedad de la piel mediante lavado o tratamiento estético.
II. 1. tr. *Pe, Ch, Ar; Pa,* obsol. Despabilar, despertar a *alguien.*
2. intr. prnl. *Pe; Pa,* obsol. Despabilarse, despertarse *alguien.*

desperdicio.
I. 1. m. *PR.* juv. Muchacho atractivo, de buen ver.
▶ **tirarse al ~.**

desperdigarse.
I. 1. intr. prnl. *Ve.* Perder *alguien* el camino o la orientación.

desperfilamiento.
I. 1. m. *Ch.* Pérdida de rasgos o características esenciales. cult.

desperfilar.
I. 1. tr. *Ch.* Hacer perder rasgos o características esenciales a *algo* o a *alguien.* cult.

desperillar.
I. 1. tr. *Cu.* Cortar el cigarro puro por el extremo del que se fuma.

despernancado, -a.
I. 1. adj. *Gu, Ni; Co,* pop. *Referido a persona*, despatarrada, abierta de piernas. pop + cult → espon.
2. *Co. Referido a persona*, que camina con las piernas abiertas. pop + cult → espon.

despernancar(se).
I. 1. intr. prnl. *Co.* Arrellanarse, sentarse cómodamente. pop + cult → espon.
II. 1. tr. *Ni.* Arrancar o cortar la pierna a un animal, *generalmente un ave.*

desperolado, -a.
I. 1. adj. *Ve. Referido a cosa*, estropeada. pop + cult → espon.
2. *Ve. Referido a persona*, maltrecha. pop + cult → espon.

desperolar(se).
I. 1. tr. *Ve.* Estropear *algo.*
2. intr. prnl. *Ve.* Estropearse una cosa.
II. 1. tr. *Ve.* Desordenar un lugar o alguna cosa.
2. intr. prnl. *Ve.* Desordenarse un lugar o alguna cosa.

desperrugido, -a.
I. 1. adj. *Ve. Referido a persona*, de aspecto descuidado. pop + cult → espon ^ fest.
2. *Ve. Referido a persona*, que sufre decaimiento físico. pop + cult → espon ^ fest.

despertadores.
I. 1. m. pl. *Ar, Ur.* Pequeñas elevaciones en forma de media caña colocadas en la calzada en sentido transversal a la circulación, con el fin de obligar a los vehículos a reducir la velocidad.

despescuezamiento.
I. 1. m. *Ho.* Corte o descoyuntamiento del cuello de un animal.

despescuezar(se).
I. 1. tr. *Gu, PR, Co, Py.* Torcerle el cuello a un ave. pop + cult → espon. (**espescuezar**).
2. *Ho, ES, Ve.* Cortar el cuello a una persona o a un animal. rur; pop.
3. intr. prnl. *PR.* Torcérsele a uno el cuello. pop + cult → espon. (**espescuezar**).
4. tr. *PR.* metáf. Dar *alguien* un castigo a un niño travieso. pop + cult → espon. (**espescuezar**).
II. 1. tr. *ES.* Abrir una botella de licor. pop + cult → espon.
III. 1. tr. *ES.* Cometer un error o tener una equivocación que daña gravemente a una persona.
IV. 1. *PR.* **despendejarse**, afanarse. (**espescuezarse**).

despetacado.
I. 1. adv. *Gu.* Precipitadamente, rápidamente.

despetalar(se).
I. 1. tr. *Ec.* Quitar los pétalos a una flor. cult.
2. intr. prnl. *Ec.* Perder una flor los pétalos. cult.

despetroncado, -a.
I. 1. adj. *Cu. Referido a cosa*, rota, desvencijada.
2. *Cu. Referido a persona*, maltrecha, malherida.
3. *Cu. Referido a persona*, extenuada.

despetronque.
    I. 1. m. *Cu.* Situación de confusión que se produce por una desbandada. pop + cult → espon.

despezoñar.
    I. 1. tr. *PR.* Sacar *alguien* los **plátanos** del racimo uno a uno, usando una cuchilla o arrancándolos. (**espezoñar**).

despezuñarse.
    I. 1. intr. prnl. *Ho, ES, Ni; PR,* metáf. Caminar muy deprisa. pop + cult → espon.
    2. *PR.* Huir *alguien* rápidamente. pop + cult → espon.
    II. 1. intr. prnl. *Ho, PR, CR,* p.u. Desvivirse por algo. pop + cult → espon.

despiado, -a.
    I. 1. adj. *Ar:NO. Referido a un animal vacuno o equino,* que tiene los cascos de las patas resentidos o lastimados por haber caminado excesivamente o sin herradura. rur.
    2. *Ar:NO. Referido a persona,* que tiene los pies doloridos o con heridas. rur.

despicado, -a.
    I. 1. adj. *Co. Referido a una vasija,* que tiene quebrados la boca o pico.
    II. 1. adj. *Ho. Referido a planta,* carente de hojas.
    2. m. y f. *Ho.* Despunte del pico de un gallo o gallina.
    3. *Ho.* Desprendimiento de hojas, flores o frutos de una planta.

despicar(se).
    I. 1. intr. prnl. *Cu, PR, Co, Ve, Ar, Ur.* Perder el gallo de pelea la parte más aguda del pico.
    2. tr. *Cu, Co, Ve, Ar, Ur.* Hacer perder al gallo de pelea la parte más aguda del pico.
    3. *Ho.* Cortar parte del pico de una gallina o gallo.
    II. 1. tr. *Pe.* Arrancar, quitar las hierbas malas y sobrantes de los sembrados y los cultivos. rur.
    III. 1. intr. prnl. *Ho.* Caerse al suelo *algo* o *alguien* desde muy alto.
    IV. 1. tr. *Ho.* Desprender la hoja, la flor o el fruto de una planta o el fruto de un racimo.
    V. 1. intr. prnl. *Ho.* Ir *una persona,* animal o vehículo a gran velocidad.

despichado, -a.
    I. 1. *Ho.* **achacado,** gallo de pelea.
    II. 1. adj. *CR. Referido a cosa,* destrozada o destruida. vulg; pop + cult → espon.
    III. 1. adj. *CR. Referido a persona o cosa,* que se mueve o actúa a toda prisa. vulg; pop + cult → espon.

despichar(se).
    I. 1. tr. *Co, Ve.* Aplastar u oprimir *algo* por presión o golpe. vulg; pop + cult → espon.
    2. *CR.* Destrozar o destruir *algo.* vulg; pop + cult → espon.
    II. 1. tr. *Ch.* Liberar un fluido bajo presión de un recipiente, cañería u otro sistema o mecanismo. vulg; pop + cult → espon. (**despilchar**).
    2. intr. *Ch.* Orinar, expeler la orina. vulg.
    III. 1. tr. *PR.* Abrir *alguien* un hueco en un tanque o vasija. (**espichar**). vulg; pop + cult → espon.
    IV. 1. intr. prnl. *CR.* Sufrir *alguien* una caída o un accidente aparatosos. vulg; pop + cult → espon.

despiche.
    I. 1. m. *CR, Pa,* delinc. Situación confusa y de desorden. vulg; pop + cult → espon.
    II. 1. m. *CR.* Desmadre, comportamiento desmesurado. vulg; pop + cult → espon.

¡despídase!
    I. 1. interj. *PR.* Expresa entusiasmo o ponderación de algo. pop + cult → espon.

despido.
    ■
    a. ‖ ~ **indirecto.** m. *Gu, Ho, Ni, RD, Co, Ve, Py.* Procedimiento ilegal, *generalmente una reducción de sueldo,* por el que se logra que un empleado renuncie a su trabajo. pop + cult → espon.

despiedrar.
    I. 1. tr. *Pe, Bo.* Quitar piedras de un terreno.

¡despiértalo!
    I. 1. interj. *PR.* Expresa asentimiento entusiasta. pop + cult → espon.
    2. *PR.* Expresa ponderación intensa. pop + cult → espon.

despijado, -a.
    I. 1. adj. *Ho. Referido a persona o vehículo,* que va a gran velocidad. vulg; pop + cult → espon.
    2. *Ho. Referido a vehículo o aparato,* roto, destartalado. vulg; pop + cult → espon.

despijar(se).
    I. 1. tr. *Ho.* Romper, desarmar, desarticular *algo.* vulg; pop + cult → espon.
    II. 1. intr. prnl. *Ho.* Desinhibirse *alguien,* hacer cosas que no haría normalmente. vulg; pop + cult → espon.
    III. 1. intr. prnl. *Ho.* Conducir *alguien* un vehículo a gran velocidad. vulg; pop + cult → espon.
    IV. 1. intr. prnl. *Ho.* Caerse *alguien* o *algo* desde muy alto, chocar contra algo. vulg; pop + cult → espon.
    V. 1. intr. prnl. *Ho.* Divorciarse, separarse una pareja estable. vulg; pop + cult → espon.

despije.
    I. 1. m. *Ho, ES.* Perturbación del orden y disciplina de un grupo, de una reunión, de una comunidad de personas. vulg; pop + cult → espon.
    2. *Ho, ES.* Pelea, trifulca. vulg; pop + cult → espon.

despilchar.
    I. 1. tr. *Ch, Ar.* Despojar a *alguien* de sus ropas. pop.
    2. *Ch.* **despichar,** liberar un fluido que está bajo presión.

despilfarrear.
    I. 1. tr. *Bo, Ch.* p.u. Despilfarrar. pop.

despingado, -a.
    I. 1. adj. *Cu. Referido a cosa,* rota, desvencijada. vulg; pop + cult → espon.
    2. *Cu. Referido a persona,* maltrecha, malherida. vulg; pop + cult → espon.
    3. *Cu. Referido a persona,* exhausta. vulg; pop + cult → espon.

despingar(se).
    I. 1. tr. *Cu.* Romper, destrozar *algo.* vulg; pop + cult → espon.
    2. intr. prnl. *Cu.* Romperse *algo.* vulg; pop + cult → espon.
    3. tr. *Cu.* Golpear con saña a *alguien.* vulg; pop + cult → espon.
    II. 1. *Cu.* Agotar físicamente a *alguien.* vulg; pop + cult → espon.
    III. 1. intr. prnl. *Cu.* Desternillarse de la risa. vulg; pop + cult → espon.

despingue.
    I. 1. m. *CR, PR,* **rebambaramba,** confusión y desorden. vulg; pop + cult → espon.
    2. *CR.* Desmadre, comportamiento desmesurado. vulg; pop + cult → espon.

despinicar.
    I. 1. tr. *ES.* Desprender *alguien* los frutos de un racimo.

despintarse.
    I. 1. intr. prnl. *Pe, Bo.* Perder *una persona* o un grupo relevancia o prestigio por errores o faltas cometidas.

2. *Pe.* Perder importancia una propuesta o proyecto.
II. 1. intr. prnl. *ES.* Morirse *alguien*.
III. 1. intr. prnl. *ES, Bo.* Retirarse *alguien*, irse de un lugar.

¡despíntate!
I. 1. interj. *PR.* juv. Expresa orden de expulsar a alguien de un lugar.

despinte.
I. 1. m. *Ch.* Porción de mineral de ley inferior a la que se espera o le corresponde.

despiolado, -a.
I. 1. adj/sust. *Ar. Referido a persona*, despistada o atolondrada.
2. *Ar. Referido a persona*, desordenada.
3. adj. *Ar. Referido a cosa o lugar*, que se caracteriza por el desorden y la confusión.

despiolar(se).
I. 1. tr. *Ar.* Desordenar, embarullar.
II. 1. intr. prnl. *Ur.* Comportarse de forma desfachatada o desvergonzada.

despiole.
I. 1. m. *Ch, Ar, Ur*; *Bo*, euf. Desorden, confusión. ♦ **despipe**; **despiplume**; **despiporro**.
2. *Bo.* Reunión en la que se bebe y se baila con gran entusiasmo.

despipe.
I. 1. *Bo:E.* **despiole**, confusión.
□
a. ‖ **el ~.** loc. sust. *Ch.* obsol. Persona o cosa estupenda, excelente. pop + cult → espon.

despiplume.
I. 1. *Ar.* **despiole**, confusión.

despiporro.
I. 1. *Ar.* **despiole**, confusión.

despique.
I. 1. m. *Mx.* Corte o extracción del pico de un ave.

despistada.
I. 1. f. *Mx, Gu, Ho, ES, Ni, Cu, Co, Pe, Bo, Ch, Py.* Distracción, desorientación.

despistaje.
I. 1. m. *Ve, Pe.* Examen médico preventivo.

despistarse.
I. 1. intr. prnl. *Pe, Bo, Ch, Ar. Referido a un vehículo*, salirse de la pista por pérdida de control del conductor.

despiste.
I. 1. m. *Pe, Ch, Ar. En **competencias** deportivas*, salida de pista involuntaria de un vehículo.
□
a. ‖ **al ~.** loc. adv. *CR.* De manera descarada. pop + cult → espon. ♦ **al puro despiste**.
b. ‖ **al puro ~.** *CR.* **al despiste**.

despistolización.
I. 1. f. *Mx, Gu, Ho, ES.* Control e incautación de armas de fuego por la autoridad. polic.

despistolizar.
I. 1. intr. *Mx, Gu, ES.* Tomar medidas la autoridad para evitar la posesión y uso de armas de fuego. polic.

desplacado, -a.
I. 1. adj. *PR. Referido a un conductor*, que carece de licencia para conducir. (**esplacado**).

desplacar.
I. 1. tr. *PR.* Conducir *alguien* un vehículo sin licencia.
2. *PR.* Quitarle la policía la licencia a un conductor. (**esplacar**).

desplatado, -a.
I. 1. adj. *Ho, Pa, RD, Co, Ch. Referido a persona*, que no tiene dinero. pop + cult → espon.

desplayado.
I. 1. m. *Ni, Ar, Ur.* p.u. Terreno descubierto, libre de tropiezos, malezas y espesuras.
2. *Ar, Ur.* p.u. Espacio sin árboles en el interior de un bosque.
3. *Ar.* p.u. Ribera plana y arenosa del mar o de un río grande.

desplayado, -a.
I. 1. adj. *ES, Ni, RD, PR, Ve. Referido a persona*, tumbada o recostada con los miembros extendidos y el cuerpo relajado.
II. 1. adj. *Ho. Referido a cosa, en especial una vasija de barro*, de boca muy ancha. rur.
III. 1. adj. *Ni. Referido a persona*, que habla con mucha soltura y libertad.

desplayarse.
I. 1. intr. prnl. *Cu.* Extenderse *alguien* en algo.

desplegado.
I. 1. m. *ES.* **Campo pagado** en un periódico.

desplomada.
I. 1. f. *Mx.* Derrumbe, caída brusca o estrepitosa de algo.

desplome.
I. 1. m. *Pe.* Sistema antiguo de explotar minas, que consiste en socavar parte del filón, hasta que cae por su propio peso.

desplumadero.
I. 1. m. *Mx.* Casa de juego.

desplumar.
I. 1. tr. *Mx, Gu, Ho, CR, Co, Ch, Ar, Ur.* Criticar a *alguien* que no está presente. pop + cult → espon.
II. 1. tr. *Ho.* Podar *alguien* las ramas de un árbol. pop ^ fest.

despochinar.
I. 1. tr. *Mx:N.* obsol. Revolver, desordenar. pop + cult → espon.

despojar.
I. 1. tr. *RD, PR.* Liberar a *una persona* de la mala suerte por medio de un ritual propio de la santería.

despojo.
I. 1. m. *Cu, RD, PR. En la santería*, ritual con el que se pretende librar a una persona de la mala suerte.
▶ **hacer un ~.**

desponjo.
I. 1. m. *ES.* Terreno preparado para la siembra. rur.

desporcar.
I. 1. tr. *Pe, Bo.* Quitar la tierra que cubre los tallos y bulbos de las plantas dejándolos limpios para que estén más tiernos y blancos. rur.

desporrar.
I. 1. tr. *Ar.* Desenredar las cerdas de la crin de una caballería. rur.

desporrondingar(se).
I. 1. tr. *Pa, Ve.* Desparramar, desmoronar una cosa. pop + cult → espon.
2. intr. prnl. *Pa.* Perder la forma una cosa, desparramarse. pop.

despostado.
I. 1. m. *Ch, Ar, Ur.* Descuartizamiento de una **res** o de un cerdo.
2. *Ar, Ur.* Descuartizamiento de un ave.

despostado, -a.
I. 1. adj. *Ec, Ch, Ar, Ur. Referido a una **res** o a un cerdo*, descuartizado.
2. *Ar, Ur. Referido a un ave*, descuartizada.

despostador, -ra.
I. 1. m. y f. *Ch, Ar, Ur.* Persona encargada de descuartizar **reses**, cerdos o aves.

despostar.
I. 1. tr. *Ec, Bo, Ch, Ar, Ur.* Descuartizar una **res**, un cerdo o un ave.

desposte.
I. 1. m. *Ec, Bo, Ch, Ar, Ur.* Descuartizamiento de una **res**, de un cerdo o de un ave.
2. *Ar, Ur.* Descuartizamiento de un ave.

despostillado, -a.
I. 1. adj. *Mx. Referido a cosa,* **desportillada** en la punta o en los bordes.

despostilladura.
I. 1. f. *Mx.* Fragmento o astilla que por accidente se separa del borde o canto de algo.
2. *Mx.* Mella o defecto que queda en el borde de una cosa después de saltar de él un fragmento.

despostillar(se).
I. 1. tr. *Mx, Ho.* Desportillar, romper *alguien* parte del borde de una vasija o plato.
2. intr. prnl. *Mx, Ho.* Desportillarse una vasija o plato.
3. tr. *RD, PR.* Quitar la capa dura que se forma en la cicatrización de una herida. (**espostillar**).

despotizar.
I. 1. tr. *Ec, Pe, Bo, Ar.* Gobernar o tratar despóticamente, tiranizar.

despozolar(se).
I. 1. tr. *Ho, ES.* Hacer añicos *algo*.
2. intr. prnl. *Ho.* Hacerse añicos *algo*.
3. *Ho.* Romperse *alguien* uno o más dientes.

¡despre! (Apóc. de *despreocúpate*).
I. 1. interj. *PR.* Expresa indicación a alguien de que pierda cuidado.

despredicar.
I. 1. tr. *Mx.* Decir lo contrario de lo que antes se había dicho. cult.

desprender(se).
I. 1. tr. *Ni, RD, PR, Ar, Ur.* Desabrochar, desabotonar.
2. intr. prnl. *Ni.* Desabotonarse una cosa.
II. 1. intr. prnl. *Cu, RD.* Salir apresuradamente de un lugar. pop + cult → espon.

desprendible.
I. 1. m. *Co;* sust/adj. *Ve.* Parte de un talonario o formulario que se desprende como comprobante.
2. adj. *RD, Bo, Py. Referido a una parte de una prenda de vestir,* que se puede separar del resto de la prenda, *normalmente mediante una cremallera o botones.*

despreocupado, -a.
I. 1. m. y f. *ES.* Cartero. desp.

despresado, -a.
I. 1. adj. *Ec, Bo, Ch. Referido a ave, liebre o conejo,* cortados y separados por las articulaciones.
2. *Ec. Referido a* **res** *o cerdo,* descuartizados.

despresar.
I. 1. tr. *Co, Ve, Ec, Bo, Ch, Py, Ar, Ur.* Cortar y separar por las articulaciones las partes de un ave, una liebre o un conejo.
2. *Co, Ve, Ec, Ar:NO.* Descuartizar una **res** o un cerdo.

desprestigioso, -a.
I. 1. adj. *Mx.* Carente de prestigio o que resta prestigio.

despretinada.
I. 1. adj. *Bo. Referido a una falda o a una* **pollera,** ceñida por debajo de la cintura.

desprive.
I. 1. m. *PR. En las peleas de gallos,* acción de eludir nuevos golpes el gallo atontado hasta recobrar el dominio de sus facultades para la pelea.

desprofesamente.
I. 1. adv. *ES.* Ex profeso.

desprofeso.
I. 1. adv. *ES.* Ex profeso.

desprolijamente.
I. 1. adv. *Bo, Py, Ar, Ur; Ch,* pop + cult → espon. Con **desprolijidad** o descuido.

desprolijidad.
I. 1. f. *Bo, Py, Ar, Ur; Ch,* pop + cult → esm. Descuido, falta de esmero.
II. 1. f. *Ch, Ar.* Irregularidad cometida en la gestión de la administración pública o privada.

desprolijo, -a.
I. 1. adj. *Bo, Py, Ar, Ur; Ch,* pop + cult → esm. Descuidado, hecho sin esmero.
2. adj/sust. *Ar, Ur. Referido a persona,* que hace las cosas descuidadamente o sin esmero.

despropasado, -a.
I. 1. adj. *Ni. Referido a persona o cosa,* exagerada.

despuecito.
I. 1. *Gu, Bo; Co,* rur, pop; *Pe,* p.u. **despuesito.**

después.
□
a. ‖ en ~. loc. adv. *CR.* obsol. Después. rur; pop.

despuesito.
I. 1. adv. *Mx, Gu, Ho, Ni, CR, Pa, PR, Ec, Pe, Ar; Bo.* afec; *Ch,* p.u. Después, al poco tiempo, enseguida. pop + cult → espon. (**despuecito**).

despulgar(se). (Prót. de *espulgar*).
I. 1. tr. *Ho, CR, Co, Ch.* Quitar pulgas o piojos a un animal o persona.
2. intr. prnl. *Ho, Co, Ch.* Quitarse *alguien* pulgas o piojos.

despulmonarse.
I. 1. intr. prnl. *Mx.* Gritar o vocear intensamente. pop + cult → espon.

despulpadora.
I. 1. f. *Mx, Gu, Ho, Ni, Cu, RD, PR, Co.* Aparato que sirve para despulpar.

despulpar.
I. 1. tr. *PR, Co. En el cultivo de café,* quitar la baya a la semilla del café. rur. ♦ **descerezar.**

despulpe.
I. 1. m. *Mx, Gu, Ho, ES, Ni, PR. En el cultivo de café,* limpieza y lavado del **café uva.**
2. *Gu, Ho, ES, Ni, Co.* Despulpado del grano de café.
▶ ir al ~.

despuntado, -a.
I. 1. adj. *Mx. Referido a un caballo,* que tiene un anca más alta que la otra.
II. 1. adj/sust. *PR. Referido al café,* que tiene poca azúcar. (**espuntado**).
III. 1. adj. *CR. Referido a rama de árbol,* que se le han cortado las ramificaciones más delgadas. rur.

despuntador.
I. 1. m. *Mx.* Aparato para separar minerales.
2. *Mx.* Martillo que se usa para romper minerales al separarlos.
II. 1. m. *CR. En un aserradero,* trabajador encargado de cortar a la madera aserrada las partes que no se ajustan al ancho o al grosor de cada tipo de pieza.

despuntar.
I. 1. *Ar, Ni, CR, Ch.* Quitar las hojas y ramificaciones más delgadas a las ramas que se cortan de un árbol. rur.
2. *CR. En un aserradero,* cortar a la madera las partes que no se ajustan al ancho o al grosor de cada tipo de pieza aserrada.

II. 1. tr. *Cu. En un **almácigo** de tabaco*, seleccionar las plántulas que serán trasplantadas.

despunte.
I. 1. m. *Mx, RD, Bo, Py. En peluquería*, corte de las puntas abiertas del cabello.
II. 1. m. *Ch, Ar.* Leña de rama delgada.
III. 1. m. *Ar:NO.* Parte superior de la caña de azúcar, que se corta y se utiliza como forraje. rur.
IV. 1. m. *RD, Bo. En confección*, costura de una prenda hecha a máquina.
V. 1. m. *Cu.* Selección de las plántulas de tabaco que serán trasplantadas.

despupusado, -a.
I. 1. adj. *Ho. Referido a persona o vehículo*, que va a gran velocidad. pop + cult → espon.

despupusarse. (De *pupusa*).
I. 1. intr. prnl. *Ho.* Ir *una persona* o un vehículo a gran velocidad.
2. *Ho.* Caerse por un precipicio. pop.

despute.
I. 1. m. *Bo.* Situación caracterizada por el desorden y la confusión. vulg; pop + cult → espon.

□
a. ‖ **al ~.** loc. adv. *Bo.* De manera descuidada.

despuyonado, -a.
I. 1. adj. *CR. Referido a plántula de café*, que tiene el **puyón** cortado.

despuyonar.
I. 1. tr. *CR.* Eliminar la punta de la raíz central a una plántula de café. rur.

desquebrajado, -a.
I. 1. adj. *Ni. Referido a persona*, golpeada o enferma.

desquebrajar.
I. 1. tr. *Gu, ES, Ni, CR.* Resquebrajar.

desquelitar.
I. 1. tr. *Mx.* Arrancar las hierbas silvestres o **quelites** de un terreno. rur.

desquelite.
I. 1. m. *Mx.* Eliminación de las hierbas silvestres o **quelites** de un terreno.

desquicio.
I. 1. m. *Gu, Ch, Ar, Ur.* Desorden, confusión.

desquinchar.
I. 1. tr. *Bo, Ch. En minería*, perforar una pared para sacar el metal adyacente a una veta y ponerle vigas para evitar un derrumbe posterior.

desquinche.
I. 1. m. *Bo, Ch. En la mina*, ensanche de una excavación.
2. *Bo, Ch. En minería*, perforación, derribo y apuntalamiento de una pared o del techo de una galería para sacar el mineral de la veta.
3. *Bo. En construcción de caminos*, roca suelta o sobresaliente en una superficie.

desquintar.
I. 1. tr. *Mx.* Quitar la virginidad. vulg; pop + cult → espon.

desquitanza.
I. 1. f. *Mx.* Desquite, satisfacción o venganza de una ofensa o un daño. pop + cult → espon.

desquite.
I. 1. m. *Bo. En la educación secundaria*, prueba extraordinaria a fin de curso en la que se presentan las materias no aprobadas en el período regular de exámenes de curso.

desrabadillar(se).
I. 1. intr. prnl. *PR, Ve.* Derrengarse *alguien*. pop + cult → espon. (**esrabadillarse**).

2. tr. *ES, Ni, PR.* Golpear a *alguien* en la rabadilla. pop + cult → espon. (**esrabadillar**).
3. intr. prnl. *ES, Ni, PR.* Golpearse *alguien* en la rabadilla. pop + cult → espon. (**esrabadillarse**).

desraizado.
I. 1. m. *Ho, Ch.* Arranque de raíz de una planta. pop + cult → espon.

desraizado, -a.
I. 1. adj. *Ho, Ni, Pe, Bo, Ch. Referido a planta*, arrancada de raíz. pop + cult → espon.
2. *Ho. Referido a persona*, desarraigada. pop + cult → espon.

desraizar.
I. 1. tr. *Mx, Ho, Ni, CR, Co, Ve, Bo:E, Ch; Ec*, rur. Desarraigar, arrancar de raíz una planta. pop + cult → espon.
2. *Ho, Ni.* Extirpar o extinguir totalmente una pasión, una costumbre o un vicio.

desramar.
I. 1. tr. *Ni, CR, Bo.* Cortar ramas a un árbol.

desrancharse.
I. 1. intr. prnl. *PR.* Quedarse *alguien* quieto y triste por sentirse enfermo. (**errancharse**).

desrielamiento.
I. 1. m. *Ch.* Descarrilamiento de un tren.

desrielar(se).
I. 1. tr. *Mx.* Quitar los rieles de una vía férrea.
II. 1. intr. *Ho, Pa, Ch.* Descarrilar un tren o vehículo que va sobre un riel.
2. intr. prnl. *Ni, Ch.* metáf. Desviarse *algo* o *alguien* de un estado o condición considerados como normales.
3. tr. *Ch.* Hacer descarrilar un tren o vehículo que va sobre un riel.

destacador.
I. 1. m. *Ch.* Rotulador de tinta fosforescente usado para resaltar líneas de un texto.

destace.
I. 1. m. *Gu, Ho, Ni, CR.* Corte en piezas de un animal muerto para aprovechar su carne.

destache.
I. 1. m. *ES.* Cartera grande. delinc.

destajar.
I. 1. tr. *Mx, Gu.* Despedazar, descuartizar un animal.

destaje.
□
a. ‖ **al ~.** loc. adv. *Ho.* A destajo, por una cantidad concertada de dinero.

destanteada.
I. 1. f. *Mx.* **destanteo.** pop + cult → espon.

destanteado, -a.
I. 1. adj. *Mx, ES. Referido a persona*, desorientada, despistada. pop + cult → espon.

destantear(se).
I. 1. intr. prnl. *Mx, Gu, ES, Ni.* Despistarse, desorientarse. pop + cult → espon.
2. tr. *Mx, ES.* Despistar, desorientar a *una persona*. pop + cult → espon.

destanteo.
I. 1. m. *Mx.* Despiste, desorientación, confusión. ♦ **destanteada.**

destapabotellas.
I. 1. *Ar, Ur.* **destapador.**

destapacaños.
I. 1. m. *Mx.* Bomba o compuesto químico que sirve para destapar un conducto obstruido.

destapada.
I. 1. f. *Ho, ES, Ni, Ch.* Mostración o revelación de algo que estaba oculto o tapado. pop + cult → espon.

■

a. ‖ ~ **de olla.**

    i. f. *Ar:NO.* Revelación de algo que se tenía en secreto u oculto. pop.

    ii. *Ch.* Revelación pública de un asunto o cuestión que se mantenía oculto por ser contrario a la ley. pop + cult → espon.

destapado.

  I. 1. m. *Bo.* Desatranco de una cañería o conducto obstruido.

  ▶ **salir ~.**

destapador.

  I. 1. m. *Mx, Gu, Ho, CR, Pa, Cu, RD, PR, Co, Ve, Ec, Pe, Bo:E, Ch, Ar, Ur.* Instrumento para quitar las tapas metálicas a las botellas. ♦ **destapabotellas.**

destapar(se).

  I. 1. tr. *Mx, Gu, RD, Co, Bo, Ch, Py, Ar, Ur.* Limpiar o dejar libre un conducto obstruido.

  2. intr. prnl. *RD, Co, Bo, Ch, Py, Ar, Ur.* Quedarse libre un conducto obstruido.

  II. 1. tr. *Mx, Bo, Ar, Ur. En política,* dar a conocer el nombre del **tapado.**

  III. 1. tr. *PR.* Dar de bofetadas, abofetear a *alguien.*

  □

    a. ‖ ~ **el tamal.** loc. verb. *Ho.* Descubrir algo ilícito, mal hecho u oculto.

    b. ‖ ~ **la olla.** loc. verb. *Ho, Bo.* Dar a conocer un asunto ilegal. pop + cult → espon.

    c. ‖ ~**se el tamal.** loc. verb. *CR, Pa.* obsol. Descubrirse *algo* que estaba oculto, *especialmente cuando es ilícito.* pop + cult → espon.

destape.

  I. 1. m. *Mx. En política,* nombramiento del candidato oficial.

destaquear. (De *taco*).

  I. 1. tr. *Ho, Ni.* Quitar el tapón u obstrucción a un conducto o tubería.

destarabillado, -a.

  I. 1. adj/sust. *PR. Referido a persona,* descontrolada, alocada. pop + cult → espon. (**estarabillado**).

destarabillar(se).

  I. 1. tr. *PR.* Enloquecer *algo* o *alguien* a *una persona.* pop + cult → espon.

  2. intr. prnl. *PR.* Enloquecerse *alguien.* pop + cult → espon.

  3. *PR.* metáf. Obrar *alguien* con desatino. pop + cult → espon.

destarrarse.

  I. 1. intr. prnl. *Cu.* Sufrir un accidente.

  2. *Cu.* Resultar malherido o morir en un accidente.

destartabillado, -a.

  I. 1. adj. *PR. Referido a persona,* que no parece estar en su sano juicio. pop + cult → espon. (**estartabillado**).

destartalado, -a.

  I. 1. adj. *Gu, Ni, CR, Cu, RD, Ec, Pe, Bo, Ch, Ar. Referido a cosa,* desvencijada. pop + cult → espon.

  II. 1. adj. *Mx, Gu, RD.* Desprovisto de lo necesario.

destartalar(se).

  I. 1. tr. *Mx, Ho, RD, PR, Pe, Bo, Ch, Py, Ar:NO.* Desarmar, desmontar, romper *algo.* pop. (**estartalar**).

  2. intr. prnl. *Mx, RD, PR, Bo.* Ponerse *algo* en mal estado. pop + cult → espon. (**estartalarse**).

  3. *CR, Cu, RD, PR, Ec.* Desvencijar. pop + cult → espon.

destasajar.

  I. 1. tr. *PR.* Romper *alguien* violentamente *algo* en pequeños pedazos. pop + cult → espon. (**estasajar**).

2. *PR.* Descuartizar, desgarrar *una persona algo* o *a alguien.* pop + cult → espon. (**estasajar**).

  II. 1. tr. *PR.* Cobrar *alguien* más de lo debido. pop + cult → espon. (**estasajar**).

  III. 1. tr. *PR.* metáf. Aprovechar *alguien* las circunstancias para medrar. pop + cult → espon. (**estasajar**).

destazadero.

  I. 1. m. *Ho, Ec.* Establecimiento donde se realiza el **desposte** de ganado vacuno.

destazador.

  I. 1. m. *Ch. En la mina,* operario encargado de triturar o despedazar piedra o materiales.

destazar.

  I. 1. tr. *Mx, Ni.* Criticar con furia a *alguien.*

  II. 1. *Ho, Ni.* **aliñar,** matar un animal.

destazo.

  I. 1. m. *Ho.* Matanza, despellejamiento y troceo de un animal vacuno.

deste.

  •

    a. ‖ ~. fórm. *Mx.* Se usa para expresar un olvido o una laguna mental en el discurso.

destechado.

  I. 1. adj/sust. *Co. Referido a un hombre,* calvo. pop + cult → espon.

destelengado, -a.

  I. 1. adj. *RD. Referido a persona,* muy cansada, exhausta. (**detelengao**).

  2. *RD. Referido a cosa,* descompuesta, deshecha o estropeada. (**detelengao**).

destelengar.

  I. 1. tr. *RD.* Descomponer, desbaratar o estropear *algo.* (**detelengar**).

destelengue.

  I. 1. m. *RD.* Cansancio extremo, falta de fuerzas. (**detelengue**).

  II. 1. m. *RD.* Alboroto, desorden. (**detelengue**).

destemplado, -a.

  I. 1. adj. *Ho. Referido a ganado vacuno,* de cuernos con puntas muy abiertas.

destemplar(se).

  I. 1. intr. prnl. *Mx, Gu, Ho, CR, Pa, Co, Ec, Pe, Bo, Ch.* Experimentar una sensación desagradable en los dientes y encías por comer sustancias agrias, oír ruidos desapacibles o tocar determinados objetos.

  2. tr. *CR, Pa, Co, Ve, Ec, Pe, Bo, Ch.* Producir *algo, especialmente un ruido metálico o un alimento muy frío o ácido,* una sensación desagradable en los dientes y en las encías de *alguien.*

  3. intr. prnl. *Ni, Cu.* Desanimarse.

destender.

  I. 1. tr. *CR, Co, Pe, Bo, Ch, Ar.* Deshacer la cama.

desteñido, -a.

  I. 1. adj/sust. *Mx, RD, Pe. Referido a persona,* de piel blanca.

desteñir(se).

  I. 1. intr. *Ch.* Defraudar las esperanzas o expectativas de alguien.

  2. *Ch.* Aparecer *algo* o *alguien* sin el lucimiento, atractivo o interés que se esperaba.

  3. prnl. *Cu.* Perder *alguien* respaldo político. pop ^ desp.

  4. *Cu.* Abandonar unos ideales políticos por otros. pop.

  II. 1. intr. prnl. *ES.* Morirse *alguien.*

desternerar.

  I. 1. tr. *PR, Ar, Ur.* Separar a la vaca de sus terneros.

destetunarse.
    I. 1.   *PR.* **destinterarse**, romperse.
      2.   *PR.* **destinterarse**, descaderarse.

destiemple. (Epént. de *destemple*).
    I. 1.   m. *ES, Co.* Dentera.

destiladera.
    I. 1.   f. *Gu, Pa, Ec, Ar:NO.* Filtro consistente en un gran trozo de piedra pómez, usado para potabilizar agua.
      2.   *Ec.* **chuspa**, filtro consistente en una bolsa de tela.

destilar.
    I. 1.   tr. *Bo.* Hacer pasar agua hervida por una porción de café o té para obtener su esencia.

destimbalado, -a.
    I. 1.   adj. *Cu. Referido a cosa*, rota, desvencijada. pop. ♦ **destoletado**.
      2.   *Cu. Referido a persona*, maltrecha. pop. ♦ **destoletado**.
      3.   *Cu. Referido a persona*, exhausta. pop. ♦ **destoletado**.

destimbalar(se).
    I. 1.   tr. *Cu.* Romper, destrozar *algo*. pop. ♦ **destotelar**.
      2.   intr. prnl. *Cu.* Romperse un objeto. ♦ **destotelarse**.
    II. 1.   tr. *Cu.* Agotar físicamente a *alguien*. pop.
      2.   intr. prnl. *Cu.* Quedar *alguien* malherido o morir en un accidente. pop.
    III. 1.   intr. prnl. *Cu.* Desternillarse de la risa. pop.

destinación. (Del ingl. *destination*).
    I. 1.   f. *PR.* Lugar de destino.

destinterarse.
    I. 1.   intr. prnl. *PR.* Romperse *alguien* la crisma. pop + cult → espon. ♦ **destetunarse; destortillarse**.
      2.   *PR.* Descaderarse *alguien*. pop + cult → espon. ♦ **destetunarse**.
      3.   *PR.* **destontillarse**, golpearse.

destocar.
    I. 1.   tr. *Ar:NE.* Talar árboles para abrir **picadas** o sendas.

destoconar.
    I. 1.   tr. *RD, PR.* Afeitar la barba de raíz. (**detoconar**).
    II. 1.   tr. *PR.* Arrancar de cuajo los **tocones**. (**estoconar**).

destoldar.
    I. 1.   tr. *Mx.* Quitar un toldo o una cubierta de otro tipo.

destoletado, -a.
    I. 1.   *Cu.* **destimbalado**, roto.
      2.   *Cu.* **destimbalado**, maltrecho.
      3.   *Cu.* **destimbalado**, exhausto.

destoletar(se).
    I. 1.   *Cu.* **destimbalar**, romper. pop.
      2.   *Cu.* **destimbalarse**, romperse.
      3.   tr. *Cu.* Golpear con saña a *alguien*. pop.
      4.   intr. prnl. *Cu.* Lesionarse *alguien* en un accidente. pop.

destontillado, -a.
    I. 1.   adj/sust. *PR. Referido a persona*, alocada. pop + cult → espon. (**estontillado**).

destontillarse.
    I. 1.   intr. prnl. *PR.* Golpearse *alguien* al caer. (**estontillarse**). ♦ **destinterarse**.
    II. 1.   intr. prnl. *PR.* Enloquecerse *alguien*. pop + cult → espon. (**estontillarse**).

destorlongado, -a.
    I. 1.   adj/sust. *Mx.* p.u. *Referido a persona*, atolondrada, que actúa sin reflexión, *especialmente en cuestiones económicas*. pop + cult → espon.

destorlongo.
    I. 1.   m. *Mx.* p.u. Desorden, desbarajuste, *especialmente en la gestión de asuntos económicos*. pop + cult → espon.

destornillado, -a.
    I. 1.   adj. *ES, Ni, Ar. Referido a persona*, alocada.

destornillador.
    I. 1.   m. *Bo.* Bebida alcohólica preparada con **singani**, gaseosa y limón, que se sirve con hielo.

destornudar.
    I. 1.   intr. *Gu, Ho, Ni, RD.* Estornudar.

destornudo.
    I. 1.   m. *Ho, Ni.* p.u. Estornudo. rur; pop.

destoroliyar.
    I. 1.   tr. *ES.* Desarmar, descomponer, abrir *algo*, dejándolo desordenado.

destorrentado, -a.
    I. 1.   adj. *ES; CR,* obsol. *Referido a persona*, que actúa de modo precipitado e irreflexivo. pop + cult → espon. (**estorrentado**).

destorrentar(se).
    I. 1.   intr. prnl. *Mx.* Desorientarse, extraviarse *alguien*.
    II. 1.   tr. *CR.* obsol. Ahuyentar *algo* o *alguien* a *una persona*. pop. (**estorrentar**).
      2.   intr. prnl. *CR.* obsol. Marcharse *alguien* precipitadamente hacia un lugar muy apartado, *generalmente para huir de alguien o algo*. rur.
    III. 1.   tr. *ES.* Desordenar *alguien algo*.

destorrento.
    I. 1.   m. *ES.* Desorden de cosas.

destortillado, -a.
    I. 1.   adj. *PR. Referido a persona*, maltrecha por una caída.

destortillar(se).
    I. 1.   intr. prnl. *Co.* Caerse abruptamente *alguien*. pop.
    II. 1.   tr. *PR.* Dejar *una persona* en mal estado a *alguien*. pop + cult → espon. (**estortillar**).
    III. 1.   intr. prnl. *PR.* Volverse *alguien* loco. pop + cult → espon. (**estortillarse**).
    IV. 1.   *PR.* **destinterarse**, romperse. (**estortillarse**).

destortolado, -a.
    I. 1.   adj. *ES. Referido a cosa*, desarmada, desarreglada.
    II. 1.   adj. *PR. Referido a persona*, que lleva una vida desordenada y pecaminosa. pop + cult → espon. (**estortolado**).

destortolar.
    I. 1.   tr. *ES.* Desarmar, destartalar una cosa.

destostuzar(se).
    I. 1.   intr. prnl. *PR.* Realizar *alguien* una tarea con mucho empeño hasta agotarse. pop + cult → espon.
      2.   tr. *PR.* Explotar *una persona* a *alguien*. pop + cult → espon.
    II. 1.   tr. *PR.* Castigar *una persona* fuertemente a *alguien*. pop + cult → espon. (**estostuzar**).
      2.   *PR.* Golpear *una persona* con saña a *alguien*. pop + cult → espon. (**estostuzar**).

destrabado, -a.
    I. 1.   adj. *Ho, ES. Referido a persona*, desinhibida en su actuar.
    II. 1.   adj. *Gu. Referido a persona*, estrafalaria, alocada.
    III. 1.   adj. *ES.* juv. *Referido a persona*, que viste a la moda.

destrabalenguas.
    I. 1.   m. *Ar, Ur.* Trabalenguas.

destrabe.
    I. 1.   m. *Ch.* Dispositivo que sirve para liberar un mecanismo que se ha bloqueado.
    II. 1.   m. *ES.* Fiesta alegre.

destrampado, -a.
    I. 1.   adj. *Ho, ES. Referido a persona*, vestida de manera juvenil y llamativa.

destrampar(se).
    I. 1. intr. prnl. *Mx.* Enloquecer.
    II. 1. tr. *Ec.* juv. Dar un beso con lengua. pop + cult → espon.

destrampe.
    I. 1. m. *Mx.* Ataque de desorden, relajo.
    II. 1. m. *Ec.* juv. Beso con lengua. pop + cult → espon.
    III. 1. m. *ES.* Festín o reunión caracterizada por la diversión desenfrenada. pop + cult → espon.

destrancar.
    I. 1. tr. *Mx, Ho, Ni, CR, Co, Ve, Bo, Ch, Ar, Ur, PR,* rur. Quitar la tranca de una puerta. pop + cult → espon.
    2. *Bo, Ch, Ar:NO.* Limpiar y dejar libre de cualquier suciedad una cañería o conducto. pop + cult → espon.
    3. *Bo, Ch.* Eliminar el bloqueo de un mecanismo.
    4. *Bo.* Quitar *algo,* como una cuña o calza, que mantenía firme un mueble. pop + cult → espon.

destranque.
    I. 1. m. *Ar:NO.* Limpieza de una cañería o conducto obstruidos.

destratar.
    I. 1. tr. *Ar.* Tratar *una persona* mal a *alguien.*
    2. *PR.* Anular *alguien* un trato o un compromiso.

destremecerse.
    I. 1. tr. prnl. *Ho.* Estremecerse. rur.

destrenzada.
    I. 1. f. *Bo.* En el **baile de la trenza**, movimiento en el que los danzantes van deshaciendo las cintas trenzadas. pop + cult → espon.

destripadura.
    I. 1. f. *ES.* Destripamiento.

destripar.
    I. 1. intr. *Mx.* Abandonar un estudiante los estudios. pop + cult → espon ^ fest.

    ☐
    a. ‖ ~ **el nance.** loc. verb. *ES.* Desvirgar a una mujer. rur; vulg.

destrompar.
    I. 1. tr. *ES.* Abrir la boca a *una persona* o animal.
    2. *ES.* Destapar *algo* que está cerrado.

destroncado, -a.
    I. 1. adj. *CR.* Referido a *terreno,* que ha sido limpiado de troncos. rur.

destroncar(se).
    I. 1. tr. *Mx, Gu, Ho, Ni, Bo, Ch; Pe,* p.u. Arrancar plantas de raíz. pop + cult → espon. (**destronconar; destruncar**).
    2. *Ho, Ni, CR, Ve, Pe, Bo, Ch, Py, Ar, Ur.* Limpiar de troncos un terreno. (**destronconar; destruncar**).
    II. 1. intr. prnl. *PR.* Lastimarse *alguien* el cuerpo de la cintura hacia abajo. pop + cult → espon.

destronconar.
    I. 1. *Mx, Gu, Ho.* **destroncar**.

destronque.
    I. 1. m. *Mx, Ho, Ni, Pe, Bo, Ch, Py, Ar.* Remoción de un tronco, plantas y hierbas desde la raíz.
    2. *Mx, Ho.* Descuajo.
    3. *Py.* Limpieza y retirada de troncos de un terreno. pop.

destróyer. (Del ingl. *destroyer,* destructor).
    I. 1. m. *Mx.* Destructor, buque de guerra rápido, de tamaño medio, preparado para misiones ofensivas y de escolta.

destruido, -a.
    I. 1. adj. *Cu, RD.* Referido a *persona,* exhausta. pop.

destruncar.
    I. 1. *Ho.* **destroncar,** arrancar de raíz una planta.
    2. *Ho.* **destroncar,** limpiar un terreno de troncos.

destucar.
    I. 1. tr. *PR.* Cortar *alguien* la crin a un animal.

destupidor.
    I. 1. m. *Cu.* Utensilio que se emplea para desatascar una cañería.

destupir.
    I. 1. tr. *Cu.* Eliminar las obstrucciones de un conducto.

desturcado, -a.
    I. 1. adj. *Ni.* juv. Referido a *persona,* alocada, de poco juicio.
    2. *Ni.* Referido a *cosa,* destruida, estropeada.

desturcar(se).
    I. 1. tr. *Ni.* Dañar a *alguien* o estropear *algo.*
    II. 1. intr. prnl. *Ni.* Accidentarse o caerse *alguien.*

desturque.
    I. 1. m. *Ni.* juv. Fiesta bulliciosa, *generalmente con bebida.*

desturrumbar(se).
    I. 1. tr. *ES.* Derribar *algo* como una casa o pared.
    2. intr. prnl. *ES.* Caerse, venirse abajo una construcción o un cerro.

desturrumbudo, -a.
    I. 1. adj. *ES.* Referido a *cosa,* que se derrumba o que cae desde lo alto.

destusada.
    I. 1. f. *Ho, ES.* Deshoje de la mazorca de maíz. pop + cult → espon. (**destuzada**).
    2. *Ho.* metáf. Robo. delinc; pop. (**destuzada**).

destusado.
    I. 1. m. *CR.* Cobro que no se ajusta a lo razonable o a lo establecido por ley. pop + cult → espon.

destusado, -a.
    I. 1. adj. *Ho, ES, Ni, CR.* Referido a *mazorca de maíz,* que le ha sido eliminada la **tusa.** (**destuzado**).
    2. *Ho, ES.* metáf. Referido a *persona,* que ha sufrido un robo. delinc.

destusador.
    I. 1. m. *CR.* Utensilio plano, puntiagudo *y generalmente de madera dura,* usado para quitar las hojas que cubren la mazorca del maíz. rur.

destusar(se).
    I. 1. tr. *Ho, ES, Ni, CR, Co:N.* Quitar a la mazorca del maíz las hojas que la cubren.
    2. *Ho, ES, Ni, CR.* metáf. Robar *algo* a *alguien.* delinc; pop + cult → espon. (**destuzar**).
    3. *Ec:N.* Desgranar maíz. rur.
    4. *CR.* metáf. Cobrar más de lo razonable o de lo establecido por ley. pop + cult → espon.
    II. 1. *PR.* **estusar,** azotar.
    2. *PR.* **estusarse,** afanarse.

destuse.
    I. 1. m. *Ho, ES.* Deshoje de la mazorca de maíz.

destutanado, -a.
    I. 1. adj. *RD.* Referido a *persona,* agotada de trabajar.
    2. *RD.* **descanchinflado,** cansado.
    II. 1. adj. *RD.* Referido a *persona,* cesada o destituida de un cargo o empleo.

destutanar(se).
    I. 1. intr. prnl. *Cu; Co:C,* p.u. Herirse *alguien* al darse un golpe fuerte. pop.
    2. tr. *Cu.* Romper, destrozar *algo.* pop.
    3. *Cu.* Golpear con saña a *alguien.* pop.
    II. 1. intr. prnl. *Cu, RD.* Agotarse *alguien* por haber trabajado mucho.
    III. 1. tr. *RD.* Despedir a un trabajador, prescindir de sus servicios.

destuzada.
 I. 1. *Ho.* **destusada**, deshoje.
 II. 1. *Ho.* **destusada**, robo.
destuzado, -a.
 I. 1. *CR.* **destusado**, sin tusa.
destuzar(se).
 I. 1. tr. *Mx:SE, Ho.* Quitar la **tusa** a la mazorca de maíz. rur.
 II. 1. *Ho.* **destusar**, robar.
desubicación.
 I. 1. f. *Bo, Py, Ar, Ur, Cu,* obsol. Dicho o hecho inoportuno o inconveniente. pop + cult → espon.
desubicada.
 I. 1. f. *Bo, Ch.* Dicho o expresión inoportuno, inadecuado o fuera de lugar. pop + cult → espon.
desubicado, -a.
 I. 1. adj. *Mx, Gu, Ho, Ni, CR, Pa, Cu, RD, Co, Ve, Pe, Bo, Ar, Ur. Referido a persona,* que no se comporta apropiadamente según las circunstancias y dice cosas inoportunas. pop + cult → espon.
 2. *Ho. Referido a persona,* descentrada del tema o discusión.
desubicar(se).
 I. 1. tr. *Mx, Gu, Ni, CR, Pe, Bo, Ch.* Desorientar a *alguien.*
 2. intr. prnl. *Ni, RD, Pe, Bo, Py, Ar, Ur, Cu,* obsol. Decir o hacer *alguien algo* inoportuno o inconveniente.
 3. *Pe, Ar:NO, Ur.* No encajar en una situación. pop + cult → espon.
 4. intr. prnl. *Ho, CR, Pe.* Perder *alguien* el hilo conductor de un tema.
desubique.
 I. 1. m. *Ho, Co, Bo.* Desorientación espacial.
 II. 1. m. *Cu, Ar, Ur.* **desubicación**. pop.
desuerado.
 I. 1. m. *Ec. En la elaboración de queso,* eliminación del suero de la cuajada.
desuerado, -a.
 I. 1. adj. *Ec. Referido a leche cuajada,* que le ha sido eliminada el suero. ♦ **desuere.**
desuerar.
 I. 1. tr. *Mx, Ve:C, Ec. En la elaboración de queso,* separar el suero de la leche cuajada.
desuere.
 I. 1. *Ec.* p.u. **desuerado.**
desueto, -a.
 I. 1. adj. *Co. Referido a cosa,* desusada. esm.
desurtido, -a.
 I. 1. adj. *Co, Pe, Ar. Referido a una tienda o a un establecimiento,* que carece de muchos productos. rur.
desurtir.
 I. 1. tr. *PR.* Dejar *alguien* de traer surtido a un negocio.
desvaciar(se).
 I. 1. tr. *Ho, ES.* Vaciar, verter *alguien* el contenido de un recipiente. pop + cult → espon.
 2. intr. prnl. *Ho, ES.* Quedarse vacío un recipiente que estaba lleno. pop + cult → espon.
desvalagado, -a.
 I. 1. *Mx.* **desbalagado.**
desvalije.
 I. 1. m. *Ho.* Desvalijo, robo de cosas valiosas de una casa o negocio.
desvarada.
 I. 1. f. *Co.* Reparación provisional de un vehículo averiado.
 2. *Ch.* Reflotamiento de una embarcación que estaba varada o encallada. ♦ **desvaramiento.**

desvaramiento.
 I. 1. m. *Ch.* **desvarada**, reflotamiento de una embarcación.
desvarar(se).
 I. 1. tr. *Co.* Reparar de forma provisional la avería de un vehículo.
 II. 1. intr. prnl. *Co.* Salir de una mala situación económica. pop.
desvare.
 I. 1. m. *Co.* Reparación provisional de un vehículo averiado. pop.
 II. 1. m. *Co.* Hecho de lograr salir de una mala situación. pop.
desvasada.
 I. 1. f. *Ar, Ur.* Recorte y limpieza del vaso o casco de una caballería antes de herrarla.
desvasador.
 I. 1. m. *Ar, Ur.* Cuchillo fuerte y de filo muy cortante, cuyo canto se golpea con un martillo y sirve para recortar el vaso o casco de una caballería.
desvasar.
 I. 1. tr. *Ar, Ur.* Recortar el vaso o casco a una caballería antes de herrarla.
 II. 1. tr. *PR.* Sacarle *alguien* la baba al gallo después de la pelea, introduciéndole una pluma por la garganta.
desvelada.
 I. 1. f. *Mx, Gu, Ho, ES, Ni, CR, Pa, Cu, Co, Pe, Bo, Ch.* Paso de la noche sin poder conciliar el sueño.
 ▶ **darse una ~.**
desvelizar. (Epént. de *develizar*).
 I. 1. tr. *Gu, Ho, Ni.* Descorrer o quitar el velo a *alguien,* descubrir. pop + cult → espon → espon. (**develizar**).
desvenado.
 I. 1. m. *Ho.* Eliminación de los nervios o venas a la hoja del tabaco.
desvenado, -a.
 I. 1. adj. *Ho. Referido a hoja de tabaco,* sin nervios o venas.
desvenadora.
 I. 1. f. *Ho.* Máquina movida manualmente por pedales que corta y separa el pecíolo y los nervios principales de la hoja de tabaco.
desvenar.
 I. 1. tr. *Mx.* Quitar las venas de los **chiles**, para que piquen menos.
 2. *Ho, Cu. En la elaboración de tabaco,* quitar las fibras gruesas de la hoja que envuelve la tripa.
desvengar.
 I. 1. tr. *Pe:NO.* p.u. Rebajar o disminuir una cantidad de algo que ha resultado excesivo.
desvergue.
 I. 1. m. *Ho, ES, Ni.* Desorden, barullo, alteración del orden. vulg.
 II. 1. m. *Ho.* Persona inútil, desordenada o alborotadora.
desviadero.
 I. 1. m. *Mx.* Apartadero, vía corta derivada de la principal, que sirve para apartar en ella vagones, tranvías y locomotoras.
desviejadero.
 I. 1. m. *Mx.* Gran mortandad de personas mayores.
desvielado, -a.
 I. 1. adj. *PR. Referido a persona,* cansada, exhausta. pop + cult → espon ^ fest.
desvío.
 I. 1. m. *CR, PR, Bo, Ch, Ar, Ur.* Apartadero de una línea férrea.

□
    a. ‖ **por el ~.** loc. adv. *Ch.* Por lo accesorio o menos importante.

▶ **echar por el ~; mandar al ~; tirar al ~.**

desvirar.
    I. 1. tr. *Ar:NO.* Cortar el cuero en tiras muy finas y preparar los bordes de estas para facilitar el trenzado.

desvirgar.
    I. 1. tr. *Ho.* metáf. Estrenar *algo, en especial un automóvil.*

desvirolado, -a.
    I. 1. adj. *CR, Co. Referido a persona,* que ha perdido el juicio. pop.
    II. 1. adj. *Co. Referido a persona,* abstraída, que no se da cuenta de lo que pasa a su alrededor. pop + cult → espon.

desvirolarse.
    I. 1. intr. prnl. *Co.* Abstraerse *alguien,* no darse cuenta de lo que pasa a su alrededor. pop + cult → espon .
    II. 1. intr. prnl. *CR.* obsol. Perder el juicio. pop + cult → espon.

desvisado, -a.
    I. 1. adj. *Ho. Referido a persona,* que tiene cancelada la **visa** de entrada a un país.

desvoluntado, -a.
    I. 1. adj. *ES. Referido a persona,* sin voluntad o decisión.

desyemado, -a.
    I. 1. adj. *PR. Referido a un hombre,* impotente sexualmente. tabú; pop + cult → espon. (**esñemado**).
    2. *PR.* metáf. *Referido a persona,* sin ambiciones. vulg; pop + cult → espon. (**esñemado**).
    3. *PR.* metáf. *Referido a persona,* alicaída, agotada. vulg; pop + cult → espon. (**esñemado**).
    II. 1. adj. *PR. Referido a persona,* desorientada. vulg; pop + cult → espon. (**esñemado**).

desyemarse.
    I. 1. intr. prnl. *PR.* Quedarse un hombre impotente. tabú; pop + cult → espon. (**esñemarse**).
    2. *PR.* Agotarse *alguien.* vulg; pop + cult → espon. (**esñemarse**).

desyerba.
    ■
    a. ‖ **~ conuco.** *RD.* **xkaná.**

desyerbamiento.
    I. 1. m. *Ho.* Limpieza de hierbas y malezas de un terreno. prest; cult → esm.

desyerbe.
    I. 1. m. *Mx, Ho, CR, Cu, RD, Co, Ec, Bo, Ar:NO.* Eliminación de las malas hierbas en un terreno. (**desyerbo**).

desyerbo.
    I. 1. *Ho, PR, Co, Ve.* **desyerbe.**

desyugular.
    I. 1. tr. *Ho.* Cortar la yugular a *una persona.*

desyuntar.
    I. 1. tr. *Ho, Ni, RD, Bo.* Desuncir dos bueyes, quitar el yugo a bueyes o caballerías. rur.

desyuyar.
    I. 1. tr. *Ar, Ur.* Quitar de un terreno el **yuyo** o hierba perjudicial. pop.

desyuye.
    I. 1. m. *Ar, Ur.* Extracción del **yuyo** o hierba perjudicial de un terreno.

detal.
    I. 1. m. *Co, Ve.* Establecimiento o almacén minorista.
    □
    a. ‖ **al ~.** loc. adv. *Pa, Co, Ve.* En pequeñas cantidades.

detallado, -a.
    I. 1. adj. *RD, Ve. Referido a una venta,* al por menor.

detallar(se).
    I. 1. tr. *Co, Ve.* Fijarse atentamente en *una persona* o cosa.
    II. 1. tr. *Gu.* Besarse apasionadamente. pop + cult → espon.

detalle.
    I. 1. m. *Mx, Gu.* Amante. pop + cult → espon.
    2. *Gu.* Cita amorosa. pop + cult → espon.
    ■
    a. ‖ **~ de carpintería.** m. *Ho.* Pequeño detalle, menudencia.

detectivismo.
    I. 1. m. *Co, Ve.* Profesión de detective.

detelengao, -a.
    I. 1. *RD.* **destelengado.**

detelengar.
    I. 1. *RD.* **destelengar.**

detelengue.
    I. 1. *RD.* **destelengue.**

detener.
    I. 1. tr. *Mx.* Sostener un objeto.

detenido, -a.
    ■
    a. ‖ **~ desaparecido.** m. y f. *Ch.* Persona que ha desaparecido después de su detención.

determinar.
    I. 1. tr. *Ho, Pa, Co.* Prestar atención de forma patente a una persona.

detoconar.
    I. 1. *RD.* **destoconar.**

detrimental. (Voz inglesa).
    I. 1. adj. *PR.* p.u. *Referido a cosa,* perjudicial, desventajosa, dañina.

detroit.
    □
    a. ‖ **por ~.**
    i. loc. adj/adv. *Mx, Pe, Ch; Ho,* juv. *Referido al acto sexual,* realizado por sodomía. vulg; pop ^ fest.
    ii. loc. adv. *Pe.* Por detrás. pop + cult → espon ^ fest.

deuda.
    ■
    a. ‖ **~ política.** f. *Ho.* Dinero que adeuda el Tribunal Nacional de Elecciones a los partidos políticos por cada voto obtenido en las elecciones generales. pop + cult → espon.

devanado, -a.
    I. 1. adj. *ES. Referido a persona,* encarcelada, presa. delinc.
    II. 1. adj. *Ho. Referido a un producto,* **empacado** o embalado como el **banano** o la **panela.**
    III. 1. adj. *PR. Referido a un caballo de paso fino,* andadura lateral muñequeada, baja y muy cómoda. pop + cult → espon.

devanador.
    I. 1. m. *Ho.* **devanadora.**

devanadora.
    I. 1. f. *Ho.* **terciopelo.** (Viperidae; *Bothrops asper*). (**devanador**).

devanar(se).
    I. 1. tr. *Ho, ES.* Tirar al suelo a *alguien* o *algo* retorciéndose.
    2. intr. prnl. *Ho, ES.* Revolcarse una caballería en el suelo.
    3. *Ho.* Esparcirse *algo* por el suelo. (**devanear**).
    II. 1. tr. *Ho.* Atar, embalar o empacar *algo, en especial la* **panela** *o* **rapadura.** (**devanear**).
    III. 1. tr. *Ho.* Elaborar puros o cigarrillos a mano.
    IV. 1. intr. prnl. *Ho.* Cubrirse *alguien* con una **cobija.**

☐
   a. ‖ **~ el hilo de la conversación.** loc. verb. *PR.* Entender *alguien* el curso del coloquio.
   b. ‖ **~se los sesos.** loc. verb. *Gu.* Decir *alguien* disparates.

devane.
   I. 1. m. *ES.* Esfuerzo, sacrificio.
   II. 1. m. *Ho.* Transacción comercial ilegal. delinc.

devanear.
   I. 1. *Ho.* **devanar**, envolver *algo.*
   II. 1. *Ho.* **devanar**, esparcir *algo* por el suelo.

devaneo.
   I. 1. m. *Ho.* Trato, negocio, arreglo entre dos personas. rur.

develación.
   I. 1. f. *Ho, Pa, RD.* En un acto público, descubrimiento del velo que cubre una estatua, un retrato o una placa. prest; cult → esm.

develizar.
   I. 1. *Ho, CR, RD.* **desvelizar**, quitar el velo.

deveras.
   I. 1. adv. *Mx, Gu, Ni, CR, Bo.* De verdad.
☐
   a. ‖ **de a ~.** loc. adv. *Mx, Ho, ES, Ni, CR, Ec:S, Pe, Bo.* De veras, con verdad. pop. **(de deveras).**
   b. ‖ **de ~.** *Mx, RD.* **de a deveras.** pop.

deveritas.
   I. 1. adv. *Bo.* De verdad. pop + cult → espon.

devis.
☐
   a. ‖ **de a ~.** loc. adv. *Mx.* De verdad. pop + cult → espon ∧ sat. **(de a debis).**

devoción.
   I. 1. f. *Ho.* **agradecimiento**

devolver(se).
   I. 1. intr. prnl. *Mx, Gu, Ho, ES, Ni, CR, Pa, RD, PR, Co, Ve, Ec, Pe, Bo, Ch.* pop. Volverse al lugar de donde se ha salido. pop.
●
   a. ‖ **sin ~.** fórm. *Bo:O,C.* En ciertos juegos de niños, se usa para decir al jugador que ha recibido un golpe que no puede devolverlo.
☐
   a. ‖ **~ atenciones.** loc. verb. *Co.* Vomitar. euf; pop.
   b. ‖ **~ la mano.** loc. verb. *Ch.* Devolver un favor con otro. pop + cult → espon.
   c. ‖ **~se en u.** loc. verb. *Ve.* En una vía, girar en sentido contrario.

devorar.
   I. 1. tr. *ES.* Tener *alguien* deudas. carc.
☐
   a. ‖ **~sela.** loc. verb. *Cu, Ve.* Hacer *alguien* muy bien una cosa. ♦ **comérsele.**

devoto, -a.
☐
   a. ‖ **~ de la Virgen del Codo.** loc. adj/sust. *Pa, Pe, Ar, Ur.* Referido a persona, tacaña, mezquina. pop + cult → espon ∧ fest.

devuelta.
   I. 1. f. *RD, Co:O;* Dinero que se devuelve al cobrar a quien paga con moneda o billete de valor superior al del importe.
   2. f. *Ch.* Devolución o restitución de algo a alguien. pop + cult → espon.

día.
●
   a. ‖ **buen ~.** fórm. *Gu, Ho, ES, Ni, Pa, RD, Pe, Bo, Ch, Py, Ar, Ur.* Se usa como saludo durante la mañana.

   b. ‖ **buen ~ de Dios.** fórm. *Ho, Bo.* Se usa como saludo durante la mañana. rur.
■
   a. ‖ **~ de cancha.** m. *Bo:C.* Día de mercado.
   b. ‖ **~ de finados.** m. *Ho, CR, RD, Bo.* Día de la fiesta religiosa de Todos los Santos. pop + cult → espon. ♦ **día de las almas.**
   c. ‖ **~ de la virgen.** m. *ES.* En el ejército, día de pago. fest.
   d. ‖ **~ de las almas.** m. *RD, Bo.* **día de finados.**
   e. ‖ **~ de los muertos.** m. *EU, Gu, Ho, Ni, Pa, RD, PR, Pe.* Día de las ánimas, de los fieles difuntos. pop + cult → espon.
   f. ‖ **~ de tianguis.** m. *Mx.* Día de mercado.
   g. ‖ **~ del chivo.** m. *Mx.* Día en el que un trabajador recibe su sueldo. pop + cult → espon.
   h. ‖ **~ muerto.** m. *Ho, Ni, Ch.* Día en el que no hay actividades comerciales o no se consiguen realizar ventas o ganancias. pop + cult → espon.
   i. ‖ **~ sándwich.** m. *Ch, Ar, Ur.* Día entre dos festivos que se aprovecha para vacación. pop + cult → espon.
   j. ‖ **~s grandes.** m. pl. *Ho, ES.* Jueves y Viernes Santos. pop + cult → espon.
☐
   a. ‖ **de ~ claro.** loc. adj/adv. *Ch.* Del día, limitado a las horas del día en contraposición a las horas de la noche. pop + cult → espon.
   b. ‖ **~ de por medio.** loc. adv. *CR, RD.* Cada dos días.
   c. ‖ **de por ~s.** loc. adj. *Co.* Referido a persona, que trabaja en un oficio uno o varios días a la semana.
   d. ‖ **~ criollo.** loc. sust. *Pa:NO.* Conjunto de actividades culturales populares celebradas por la noche, al aire libre, con motivo de alguna festividad.
   e. ‖ **~ de manteles largos.** loc. sust. *Mx, Gu, ES, CR, Bo.* Aquel en que se tienen invitados y se les trata con esplendidez, en especial para celebrar un cumpleaños.
   f. ‖ **~ de por medio.** *Ho, CR, Pa, Co, Ve, Ch, Py.* **día por medio.**
   g. ‖ **~ foguero.**
     i. loc. sust. *PR.* Día de mucha agitación.
     ii. *PR.* Día de sol muy intenso.
   h. ‖ **~ por medio.** loc. adv. *CR, Cu, PR, Ve, Ec, Pe, Bo, Ch, Ar, Ur.* Cada dos días. pop. **(día de por medio).**
   i. ‖ **el ~ de san blando.** loc. adv. *Cu, Co, Pe, Bo, Ch.* p.u. Nunca. pop + cult → espon.
   j. ‖ **el ~ de san blando que no se sabe cuándo.** loc. adv. *Bo.* Nunca.
   k. ‖ **el ~ del arquero.** loc. adv. *Ar.* Nunca. pop.
   l. ‖ **el ~ del huevo.** loc. adv. *Pa.* En un momento de tiempo futuro o indefinido.
   m. ‖ **el ~ del pico.**
     i. loc. adv. *Ch.* Nunca. vulg; pop + cult → espon ∧ fest.
     ii. *Ch.* En un momento de tiempo futuro o indefinido. vulg; pop + cult → espon ∧ fest.
   n. ‖ **en ~ claro.** loc. adv. *Ch.* A la luz del día. pop.
▶ **amanecer con el ~; coger el ~; echarse el ~; estar en los ~s.**

diábetes.
   I. 1. f. *Cu.* No ir a trabajar.

diabetis.
   I. 1. *Bo.* **diábetis.**

diábetis.
   I. 1. f. *Ho, ES, Ni.* Diabetes. **(diabetis).**

diabla.
   I. 1. sust/adj. *PR.* Mujer muy femenina y extraordinariamente atractiva. pop + cult → espon.

II. 1.   f. *PR*. Artefacto que da calor y evita la humedad, *especialmente en algún mueble o instrumento musical.*

□

    a. ‖ **a la ~.** loc. adv. *Gu, Ho, Pe, Ch.* De cualquier manera, descuidadamente. pop + cult → espon.

    b. ‖ **de la gran ~.** loc. adj. *Gu.* Muy fuerte, grave o intenso. pop + cult → espon.

▶ **ponerse como la gran ~.**

diablada.

I. 1.   f. *Mx; Ar:NO,* pop. Travesura de poca importancia, *especialmente de niños.*

II. 1.   f. *Pe, Bo, Ch.* Danza típica en la que los danzantes van disfrazados de diablos.

    2.   *Ho, Ni.* Grupo de diablos.

diablal.

I. 1.   m. *Mx.* Número considerable, gran cantidad de algo. pop + cult → espon. (**diablar**).

diablar.

I. 1.   *Mx.* **diablal.**

diablero.

I. 1.   m. *Mx.* Trabajador que transporta mercancías en un mercado con un **diablito.** pop + cult → espon.

diablico.

I. 1.   m. pl. *Pe.* Danza popular en la que los participantes van disfrazados de diablo.

    2.   m. *Pa.* Persona disfrazada de diablo en festividades.

■

    a. ‖ **~ limpio.** m. *Pa.* Persona que en determinadas festividades se disfraza con un vestido de seda de distintos colores y una máscara de animal.

    b. ‖ **~ sucio.** m. *Pa.* Persona que en determinadas festividades se disfraza con un vestido a rayas de colores rojo y negro y una máscara multicolor. (**diablito sucio**).

diablillo.

I. 1.   m. *Ec.* Fuego de artificio que consiste en una pastilla de fósforo blanco que se enciende por percusión o frotación.

    2.   *Ho.* Bolita de pólvora envuelta en papel que estalla al pisarla o chocar contra algo.

II. 1.   m. *CR.* Herramienta similar a un alicate, que tiene una cabeza con dos extremos, uno de los cuales sirve para clavar, y el otro, para sacar grapas de las cercas de alambre de púas.

    2.   *CR.* Herramienta consistente en una pletina con dos mangos y una cuchilla de acero adaptada a ella, usada en ebanistería para cepillar ciertas partes de una pieza de madera, *en especial secciones curvas.*

III. 1.   m. *PR.* Ave de hasta 10 cm de longitud, con pico corto y grueso, cuerpo compacto y plumaje oscuro, que combina el negro, el castaño y el verde, con la parte inferior de color crema y la cola negra. (Estrildidae; *Lonchura cucullata*).

diablito.

I. 1.   m. *Mx, Gu.* Aparato usado para robar corriente de las líneas eléctricas públicas. (**diablo**).

II. 1.   m. *Mx.* Carrito de dos ruedas con una plataforma sobre la que se transportan cosas.

III. 1.   m. *Ve.* Pasta de jamón molido y condimentado.

IV. 1.   m. *Ch.* **diablo,** herramienta.

■

    a. ‖ **~ sucio.** loc. sust. *Pa.* **diablico sucio.**

▶ **sacar el ~.**

diablo.

I. 1.   *Mx.* **diablito,** aparato para robar corriente.

II. 1.   m. *Ch.* Herramienta de hierro acabada en una cabeza en forma de horquilla que sirve para desenclavar. (**diablito**).

III. 1.   *PR.* Pez marino de hasta 31 cm de longitud, de color grisáceo con manchas más claras, con cuerpo en forma de disco, cola larga y aletas pectorales y ventrales muy desarrolladas. (Ogcocephalidae; *Ogcocephalus vespertilio*). ♦ **murciélago.**

●

    a. ‖ **~.** fórm. *RD, Ve.* Se usa para saludar. pop ∧ fest.

    b. ‖ **el ~ y la vela.** fórm. *Cu.* Se usa al final de una enumeración para marcar su carácter sorprendente.

    c. ‖ **no vaya y sea el ~.** fórm. *Ni, Co.* Se usa para explicar el temor, peligro o contingencia de algo. pop.

■

    a. ‖ **~ fuerte.**

      i.   m. *Pe, Bo, Ch.* Tela gruesa, acanalada, suave al tacto, que se utiliza sobre todo para hacer chaquetas y pantalones. ♦ **rompe diablo.**

      ii.   *Pe.* Árbol de hasta 25 m de altura, de hojas y ramas cónicas de gran persistencia; es muy apreciado en la industria de la madera. (Podocarpaceae; *Podocarpuss* spp.). ♦ **ulcumano.**

      iii.   *Pe:N.* Mezcla de cemento y yeso con que se recubren las paredes de las casas.

      iv.   *Pa.* Pantalón vaquero.

    b. ‖ **rompe ~.** m. *Bo.* p.u. **diablo fuerte.**

□

    a. ‖ **como cien ~s.** loc. adj. *Gu. Referido a persona,* muy enojada.

    b. ‖ **como los ~s.** loc. adj. *CR. Referido a persona,* muy enojada. pop. ♦ **como todos los diablos.**

    c. ‖ **como todos los ~s.** *CR.* **como los diablos.**

    d. ‖ **¡con todos los ~s!** loc. interj. *CR.* Expresa enfado. tabú.

    e. ‖ **del ~.** loc. adj. *RD.* Tremendo o extraordinario. pop.

    f. ‖ **~ montado en bicicleta.** loc. adj. *PR. Referido a persona,* pícara, bribona, sinvergüenza. pop + cult → espon.

    g. ‖ **~ rojo.**

      i.   loc. sust. *Pa.* Autobús urbano de servicio público. pop + cult → esm.

    h. ‖ **~s azules.** loc. sust. *Ni, CR, Pa, Pe, Bo.* Delirio acompañado de alucinaciones, que sufren los alcohólicos crónicos.

    i. ‖ **~s de zacate.** loc. sust. *CR.* p.u. Fechorías. pop.

    j. ‖ **donde el ~ dio las tres voces.** loc. adv. *Cu, RD.* Muy lejos. pop.

    k. ‖ **donde el ~ perdió el poncho.** loc. adv. *Pe, Ch, Ar, Ur; Bo.* pop + cult → espon. En lugar muy distante o poco transitado. ♦ **donde el diablo perdió la chaqueta.**

    l. ‖ **donde el ~ perdió la chaqueta.** *CR.* **donde el diablo perdió el poncho.**

    m. ‖ **gran ~.** loc. sust. *Pa.* Farsa folclórica desarrollada el día de Corpus Christi, en la que intervienen diversos personajes disfrazados de diablos, uno de alma y otro de ángel. (**grandiablos**).

    n. ‖ **hasta casa del ~.** loc. adv. *Mx, RD.* Muy lejos. pop.

◰

    a. ‖ **el ~ predica y no se convierte.** fr. prov. *Gu.* Indica que hay quienes dan consejos de tipo moral a otras personas sin atenderlos ellos mismos.

▶ **cargarse el ~; echando ~s; estar como ~ dentro de calcetín; estar viendo ~s azules; hacer ~s de zacate; jugar el ~; llevarse el ~; matar un ~; ver al ~ calato; ver al ~ en calzoncillos; ver ~s azules.**

diablofuerte.

I. 1.   m. *Pa, Bo; Pe, Ch, Ar:NO,* obsol. Tela gruesa de algodón, de textura semejante al terciopelo *y con hendiduras generalmente verticales,* que se emplea en la confección de prendas de vestir. rur.

2. *Pa.* Pantalón hecho de diablofuerte. pop + cult → espon.

II. 1. m. *Pe.* Árbol de hasta 25 m de altura, de hojas y ramas cónicas de gran persistencia; muy apreciado en la industria de la madera. (Podocarpaceae; *Podocarpus* spp.). ♦ **mañío; uncumano.**

III. 1. m. *Pe:N.* Mezcla de cemento y yeso con que se recubren las paredes de las casas. ♦ **diablotín.**

diablotín.
I. 1. *Pe:N.* **diablofuerte,** mezcla de cemento y yeso.
II. 1. m. Ave marina de mediano tamaño, de plumaje negruzco en las partes superiores, incluyendo las alas y el rabo, y de color blanco las partes inferiores, los lados de la cabeza y el cuello. (Procellariidae; *Procellaria wilsonii*). ♦ **pampero.**

diacepán. (De *Diazepam*®).
I. 1. adj. *Ni.* juv. *Referido a profesor,* aburrido. est.

diachacu.
I. 1. f. *Bo:SO,C.* Cumpleaños. pop.

diachar.
I. 1. tr. *Bo:SO,C.* Festejar el cumpleaños de una persona. pop.

¡diache! (De *diablo*).
I. 1. interj. *RD, PR; Ve,* rur. Expresa sorpresa o contrariedad. euf; pop + cult → espon. (**¡dianche!**).
□
a. ‖ **¡ea, ~!** loc. interj. *PR.* **¡ea, centella!** pop + cult → espon.

diagramado.
I. 1. m. *Ni, RD, Bo, Ch, Py, Ar.* Diagramación, elaboración de un esquema, gráfico o dibujo.
2. *Ni, CR, Bo, Ch, Py, Ar.* Diseño de una publicación.

diagramador, -ra.
I. 1. adj/sust. *Mx, Ho, Ni, RD, Ch, Ur. Referido a una máquina,* que sirve para diseñar una publicación y darle formato.

diagramar.
I. 1. *Ar.* Concebir anticipadamente una actividad o evento, planear.

diai.
□
a. ‖ **en ~.** loc. adv. *RD.* Después, a continuación.

dialtiro.
I. 1. *Mx.* **de a tiro.** pop.
II. 1. *Gu.* **altiro,** inmediatamente. pop.

diamante. (Calco del ingl. *diamond*).
I. 1. m. *Mx, Gu, Ho, ES, Ni, Pa, Cu, RD, PR.* En el *beisbol,* área interior del campo de juego dentro de la que se encuentran el **montículo,** el **home** y las **bases.** ♦ **cuadro; infield.**

diamantina.
I. 1. f. *Pe.* Bebida alcohólica hecha a base de aguardiente, huevos, leche, canela, azúcar y limón.

diamela.
I. 1. f. *PR.* Arbusto de hasta 3 m de altura, con hojas simples, opuestas y ovadas, follaje verde oscuro, inflorescencia panicular y flores fragantes de color blanco; es ornamental. (Oleaceae; *Jasminum sambac*).

diamelo.
I. 1. *Ch.* **jazmín del Paraguay,** arbusto ramoso. (Rubiaceae; *Guettarda uruguensis*).

diana.
I. 1. f. *Pe.* Bebida alcohólica hecha con aguardiente, leche, almendras, castañas, coco rallado y canela; se toma caliente.
2. *Bo:C,S.* Bebida alcohólica preparada con leche de cabra, azúcar, canela y **singani**; se toma caliente.

II. 1. f. *Bo; RD,* p.u. Serenata interpretada por amigos y parientes para una persona que cumple años.
2. *Bo. En una fiesta popular,* interpretación musical corta, ejecutada cada vez que llega un invitado con su regalo.

dianche.
I. 1. m. *Ho, Pa.* Diablo. euf.

¡dianche!
I. 1. interj. *Ho, RD; PR; Ve,* rur. **¡diache!** euf. pop + cult → espon.

¡diantre!
I. 1. interj. *RD.* Expresa asombro. pop.
□
a. ‖ **¡~, que chavienda!** loc. interj. *PR.* Expresa queja por la mala suerte. pop + cult → espon.

¡diañe!
I. 1. interj. *RD.* Expresa asombro.

diapana.
I. 1. f. *PR.* **doctorcito,** planta herbácea.

diapositivo.
I. 1. m. *Pe.* p.u. Diapositiva.

diarero, -a.
I. 1. *Ch, Ar; Bo,* p.u. **diariero.**

diariero, -a.
I. 1. m. y f. *Bo, Ch, Py, Ar, Ur.* Vendedor de diarios. (**diarero**).

diarina.
I. 1. adv. *Ni.* Diariamente.

diario.
I. 1. adv. *Mx, Gu, Ho, Ni, RD, PR, Co, Pe, Bo; CR,* obsol; rur. Diariamente, con mucha frecuencia. pop + cult → espon.
II. 1. m. *Ni, CR, RD; Co,* pop. | obsol. Conjunto de comestibles que se compran, *generalmente por semana,* para el consumo diario en el hogar.
III. 1. m. *RD, Co.* Tarifa que se paga diariamente por la estancia y la comida en un hotel o alojamiento similar o en una clínica.

diarrea.
I. 1. sust/adj. *Bo.* Persona que suele molestar. vulg. pop + cult → espon.
▶ **dar ~; fregar más que la ~; joder más que la ~.**

diarrial.
I. 1. f. *ES.* Diarrea. carc.

diasco.
I. 1. m. *Pa.* Diablo. euf.

diasque.
I. 1. m. *ES.* Diablo. euf.

¡diastre!
I. 1. interj. *Ni.* Expresa extrañeza, sorpresa. euf.

diatiro.
I. 1. *Mx.* **de a tiro.** pop.

diay.
•
a. ‖ **¿~?**
  i. fórm. *Ho, CR.* Se usa en tono interrogativo para exhortar al interlocutor a que suspenda su discurso. pop.
  ii. *CR.* Se usa para introducir un saludo y la respuesta a este. pop.
b. ‖ **¿y ~?** *Gu.* **¿y de ahí?**

¡diay! (Afér. de *y de ahí*).
I. 1. interj. *Ho.* Expresa saludo.
2. *Ho.* Expresa pregunta, admiración, desconocimiento o deseo de que el emisor termine su discurso.
II. 1. interj. *CR.* **¡idiay!,** expresa asombro. pop.

diazepam. (De *Diazepam*®).
I. 1. m. y f. *Cu.* juv. Asignatura aburrida.
2. *Cu.* juv. Profesor aburrido.

□
a. ‖ ~ **en vena.**
  i. loc. sust. *Cu.* juv. Asignatura aburrida.
  ii. *Cu.* juv. Profesor aburrido.

dibidibi.
  I. 1. *PR.* **dividivi**, árbol.

dibujar.
  I. 1. tr. *Bo, Ar, Ur. En el futbol*, hacer regates.
  II. 1. tr. *Ar.* Cuadrar las cifras de un balance, presupuesto o medición estadística maquillándolas para que resulten aceptables.
  III. 1. intr. *PR.* Lucir *alguien* ropa, automóvil o algo. nuevo y atractivo.

dicembrino, -a.
  I. 1. adj. *Ho; RD,* cult. Decembrino, relativo al mes de diciembre.

díceres.
  I. 1. m. pl. *Mx, Gu, Ho, Ni, RD, Ve, Bo; Pe,* p.u. Habladurías, murmuraciones.

dicha.
□
a. ‖ **por ~.** loc. adv. *CR, RD.* Por suerte, afortunadamente.

dicharacho.
  I. 1. m. *Ho.* Dicho versificado y cantado improvisadamente en las mojigangas. pop + cult → espon.

dicho.
  I. 1. m. *RD.* Maldición o insulto.

dichofeo.
  I. 1. *Ho.* **cristofué.**

dichosofui.
  I. 1. *ES.* **cristofué.**

dichosote, -a.
  I. 1. adj. *Gu. Referido a persona,* afortunada, feliz. pop.

diciente.
  I. 1. adj. *Pa, Co. Referido a persona o cosa,* elocuente, significativa.

dictación.
  I. 1. f. *Bo, Ch.* Aprobación y publicación de una disposición gubernativa.

dictamo.
  I. 1. *Co.* **ponopinito.**

díctamo.
■
a. ‖ ~ **real.**
  i. m. *Ve.* Hierba de hasta 1 m de altura, de flores con corola blanca; tiene propiedades medicinales. (Asteraceae; *Ichthyothere terminalis*).
  ii. *Cu.* **ponopinito.**

dictar.
□
a. ‖ ~ **cátedra.** loc. verb. *RD, Bo, Ar.* Ejercer la docencia en una institución de educación superior.

dictatorialismo.
  I. 1. m. *RD, Bo.* Posición ideológica o actitud favorable a las dictaduras.

dictatorialista.
  I. 1. adj. *Bo. Referido a la manera de gobernar,* absoluta, arbitraria, no sujeta a las leyes.

dida.
  I. 1. f. *PR.* Mujer que se ha ido a vivir con un hombre en concubinato. pop + cult → espon.

dieciocho.
  I. 1. m-f. *Pa.* Persona chismosa, murmuradora.

dieciséis.
■
a. ‖ **el ~.** m. *Ho.* Juego de billar americano de dieciséis bolas.

---

a. ‖ **un ~.** loc. adv. *Ho.* Cantidad pequeña de algo.

diente.
■
a. ‖ ~ **de arado.** m. *Ho.* Parte de la cama del arado que va desde la telera a la punta del barrón que penetra en la tierra. rur.
b. ‖ **~s pelados.**
  i. m. pl. *Gu.* Persona risueña.
  ii. *Ho.* Persona enfadada o de mal carácter.

□
a. ‖ **buen ~.** loc. adj. *Gu, Ho, Pa, RD, Ve, Pe, Bo. Referido a persona,* comedora. pop + cult → espon.
b. ‖ **de ~ largo.** loc. adj. *RD, Ch. Referido a persona,* que come mucho y de todo. pop.
c. ‖ **de ~s para afuera.** *Co.* **de los dientes para afuera.**
d. ‖ **de los ~s para afuera.** loc. adj/adv. *RD, Bo, Ch. Referido a persona,* que actúa con hipocresía. pop + cult → espon. (**de dientes para afuera**).
e. ‖ **del ~ al labio.** loc. adv. *Gu, Ho, RD.* Falsamente.
f. ‖ ~ **de perro.**
  i. loc. sust. *Cu.* Piedra porosa, coronada de puntas muy salientes. ♦ **seboruco.**
  ii. *Gu.* Variedad de **chile** de forma cónica alargada; es muy picante.
  iii. loc. sust. *Ho.* Pedernal que produce chispas con la fricción.
  iv. loc. adj/sust. *PR. Referido a persona,* mediocre, inhábil. pop + cult → espon.
g. ‖ ~ **de ratón.** loc. sust. *Bo.* Pinza pequeña, que se emplea para diseccionar en una operación quirúrgica.
h. ‖ ~ **de tigre.** loc. sust. *Cu.* Bebida alcohólica que se destila de forma rudimentaria.
i. ‖ ~ **encarnado.** loc. sust. *Bo.* Persona que tiene los colmillos muy grandes.
j. ‖ ~ **frío.**
  i. loc. sust. *Bo; Pe,* p.u. Persona que tiene un diente prominente.
  ii. *Bo; Pe,* p.u. Persona que solamente tiene una pieza dental.
  iii. loc. adj. *Cu. Referido a persona,* que tiene los dientes superiores desproporcionados y prominentes. desp.
k. ‖ **~s cómeme.** loc. sust. *PR.* metáf. Persona que tiene los incisivos superiores muy salientes. pop + cult → espon ^ fest.

◪
a. ‖ **primero mis ~s que mis parientes.** fr. prov. *Ho, Bo.* Indica que primero es lo de uno, después lo de los demás.
▶ **botar el ~ de leche; chuparse los ~s; coger en ~; cortar un ~; darse con los ~s contra el suelo; engañar el ~; estar con los ~s al sol; meter el ~; pegar el ~; pelar los ~s; tener el ~ largo; volar ~.**

dientemeno.
  I. 1. m-f. *RD.* Persona que carece de uno o más dientes.

dientera.
  I. 1. f. *Pa, RD.* Dentera, sensación desagradable que se experimenta en los dientes.

dientón.
  I. 1. m. *Co.* Pez de agua dulce, de hasta 50 cm de longitud, de cuerpo comprimido lateralmente, ancho cerca de la cabeza, hocico puntiagudo y boca prominente con dientes relativamente grandes, coloración oscura en el dorso y blanca en el centro con algunas partes plateadas y una mancha oscura en la parte superior de la cabeza. (Anostomidae; *Leporinus muyscorum*). ♦ **moino.**
  2. *PR.* Pez marino de hasta 50 cm de longitud, con aletas radiadas, de color grisáceo en la parte su-

perior y plateado en la inferior, con dientes grandes y puntiagudos en el maxilar superior, de ahí su nombre. (Sciaenidae; *Cynoscion jamaicensis*).

dientón, -na. (Epént. de *dentón*).

I. 1. adj/sust. *Mx, Ho, ES, Ni, CR, Pa, Cu, Co, Ve, Pe, Bo. Referido especialmente a persona*, que tiene dientes muy grandes. pop + cult → espon.

dientú.

I. 1. adj. *RD. Referido a persona*, que tiene los dientes grandes, *especialmente los incisivos*. desp.

dientudo.

I. 1. m. *Bo, Ar:E,NE, Ur.* Pez de color plateado y escamas brillantes, que tiene los dientes superiores muy desarrollados. (Characidae; *Oligosarcus* spp.). **(dentudo)**.

dientudo, -a. (Epént. de *dentudo*).

I. 1. adj/sust. *Mx, Gu, Ho, ES, Ni, CR, Cu, Co, Pe, Bo, Ch, Ar. Referido a persona*, que tiene los dientes superiores grandes. pop + cult → espon ^ desp.
♦ **dientuso**.

dientuso.

I. 1. *Cu.* **dientuzo**.

dientuso, -a.

I. 1. sust/adj. *Cu.* **dientudo**, persona con los dientes superiores grandes.

dientuzo.

I. 1. m. *Cu.* **dentudo**, tiburón. **(dientuso)**.

dientuzo, -a.

I. 1. sust/adj. *Cu.* **dientudo**, persona con los dientes superiores grandes.

dieta.

I. 1. f. *Ho, Co; ES,* rur. Período que permanece una mujer en cama tras el parto.
☑

a. ‖ **la ~ del lagarto.** fr. prov. *Ch.* Indica que se come poco, pero se tiene mucha actividad sexual. pop + cult → espon ^ fest.

diez.
□

a. ‖ **puros dieces.** loc. adv. *CR.* Muy bien. pop.
► **coger un ~.**

diezmillo.

I. 1. m. *Mx.* Solomillo, carne de animal que se extiende entre las costillas y el lomo.

diezmo.
■

a. ‖ **los ~s de Olancho.** m. pl. *Ho, Ni.* Cantidad excesiva que se pide o se paga por algo.

diferencial.

I. 1. sust/adj. *Ar.* Ómnibus de línea que ofrece mayores comodidades de las ordinarias.

diferendo.

I. 1. m. *Gu, Ho, Ni, CR, Pa, Cu, Co, Ec, Pe, Bo, Ch, Ar, Ur.* Diferencia o desacuerdo, *especialmente el que se da entre instituciones o Estados*.

difícil.

I. 1. adj. *Mx:C. Referido a persona*, torpe, poco hábil. pop.
□

a. ‖ **en ~.** loc. adv. *Bo, Ch, Ar, Ur,* pop. Con un estilo enrevesado y poco comprensible.

dificultad.

I. 1. f. *RD.* Discusión, disensión.

dificultoso, -a.

I. 1. adj. *RD, PR. Referido a persona*, que siempre pone dificultades.

difuntear.

I. 1. tr. *Mx, Gu, Ho, Ar.* Matar *una persona* a *alguien* violentamente. rur; pop.

difunterio.

I. 1. m. *Gu.* obsol. Cementerio.

difusora.

I. 1. f. *Mx, Gu, Ni, RD, Ar, Ur.* Empresa dedicada a la emisión radiotelefónica.

¡dígame!

I. 1. interj. *Co:N.* Expresa que lo que alguien pregunta es evidente.

digger. (Voz inglesa).

I. 1. m. *PR.* Excavadora para hacer zanjas de gran tamaño.
2. *PR.* metáf. Ayuda, empujón, recomendación recibida por alguien.
3. *PR.* metáf. Persona muy influyente que apoya a otra.

digitado, -a.

I. 1. adj. *CR, RD, Ec. Referido a un dato*, introducido en la computadora mediante el teclado.

digitador, -ra.

I. 1. m. y f. *Ho, ES, CR, Pa, RD, Co, Ec, Ch, Py, Ur.* Persona que tiene por oficio introducir datos en una computadora utilizando el teclado. prest; cult → esm.

digitar.

I. 1. tr *Ho, ES, CR, Pa, RD, Co, Ec, Pe, Bo, Ch, Py, Ur.* Introducir datos en la computadora utilizando el teclado. prest; cult → esm.
2. intr. *Ho, ES, Bo, Ch, Py, Ur.* Manejar los dedos con destreza, *especialmente al hacer funcionar un instrumento provisto de teclas o cuerdas*. prest; cult → esm.

digüeñe.

I. 1. m. *Ch.* Hongo comestible de diversos tipos que crece en algunos robles; haciéndolos fermentar, obtienen los indios una especie de **chicha**. (Cyttariaceae; *Cyttaria* spp.). **(dihueñe; dihueñi)**. ♦ **pinatra; puna**.

dihaca.

I. 1. *PR.* **viajaca**.

dihueñe. (Del map. *dihueñ*).

I. 1. *Ch.* **digüeñe**.

dihueñi.

I. 1. *Ch.* **digüeñe**.

dije.

I. 1. adj/sust. *Ch; Bo,* obsol. *Referido especialmente a persona*, muy agradable, encantadora. pop ׀ cult → espon.

dijecito, -a.

I. 1. adj/sust. *Ch. Referido a persona*, no muy agraciada físicamente, pero con cierta simpatía. pop + cult → espon.

dijunto, -a.

I. 1. sust/adj. *CR, Ar:NO; Ho, ES, Ni,* p.u. Difunto. rur.

dijura.

I. 1. sust/adj. *Bo.* obsol. Persona muy agradable, encantadora.

dijusto, -a.

I. 1. adj. *Ho, ES.* p.u. *Referido a persona*, que le falta uno o varios dientes. rur.

dilatar(se).

I. 1. intr. prnl. *Ve; Mx, Gu, Ho, ES, Ni, CR, RD, Bo,* rur. Retrasarse, demorarse *alguien*. pop + cult → espon.
2. *Mx, Gu, Ho, ES, Ni.* Hacer que algo vaya más lento.
3. intr. *CR:C,NO, Ec.* Tardar, durar. rur.

dilate.

I. 1. m. *ES.* Tardanza.

dilatría. (De *ida y traída*).

I. 1. f. *RD.* Trámite que consiste en hacer llegar un mensaje a una persona y comunicar después la respuesta a este.

dildo.

I. 1.   *PR.* Cactus de hasta 6 m de altura, de tallo erecto, suculento y muy espinoso, con ocho lóbulos y flores blancas; su fruto es comestible. (Cactaceae; *Cephalocereus royenii*). ♦ **sebucán.**

díler.

I. 1.   *RD.* **dealer.**

diligencia.

▶ **hacer ~s.**

diligenciar.

I. 1.   tr. *RD, PR.* Comunicar *alguien* una orden judicial al destinatario.

dilín.

I. 1.   m. *ES.* Pene, *en especial el del niño.*

diluir.

I. 1.   tr. *ES.* Haraganear *alguien*. pop.

dime. (Voz inglesa).

I. 1.   m. *PR.* Cigarrillo de marihuana. drog.

2.   *PR.* Cantidad de marihuana que corresponde a 10 dólares. drog.

¡dime!

•

a.   ‖ **¡dime!** fórm. *Cu.* **¿qué hubo?**

dimicado.

I. 1.   m. *Ar.* Calado que se hace como adorno en algunas telas o tejidos.

dinacho. (Del map.).

I. 1.   *Ch.* **quitasol**, planta.

dinde.

I. 1.   *Co.* **guamúchil**, árbol.

2.   *Co.* **palo amarillo.** (Moraceae; *Chlorophora tinctoria*).

dineraje.

I. 1.   m. *RD.* Dineral. rur.

dinero.

■

a.   ‖ **~ menudo.** m. *Ho, RD.* Dinero en monedas de baja denominación.

□

a.   ‖ **~ caliente.** loc. sust. *Co.* Dinero mal ganado, *generalmente por medios ilícitos.* pop.

▶ **botar el ~; comprar a ~.**

dinky.

I. 1.   m. *Bo.* Pequeño vehículo metálico de juguete hecho a escala e imitación de los modelos originales de tamaño estándar.

diolén.

I. 1.   m. *Ni.* Tipo de tela gruesa que se estira con el uso.

diomate.

I. 1.   m. *Co.* **zongolica**, árbol.

dioquis.

I. 1.   adv/adj. *Mx.* **de oquis.**

dios, -sa.

•

a.   ‖ **Dios guarde.** fórm. *Gu, Ho, Ni, CR, Pa, RD, Ve.* Se usa para desear que no ocurra algo. pop. ♦ **Dios guardísimo.**

b.   ‖ **Dios guardísimo.** *CR.* **Dios guarde.**

c.   ‖ **Dios libre.** fórm. *Ho, CR, Pa, RD, PR, Ve.* Se usa para desear que no ocurra algo.

d.   ‖ **Dios primero.** fórm. *Ho, Ni, CR, Pa, RD.* Se usa para desear que ocurra algo. pop + cult → espon. (**primero Dios**).

e.   ‖ **Dios te bendiga.** fórm. *Ho, Ni, Ve.* Se usa para expresar afecto al despedir a un familiar joven. pop + cult → espon.

f.   ‖ **ni quiera Dios.** fórm. *Ho, Ni, CR, Pa, RD, Co.* Se usa para desear que no ocurra algo.

g.   ‖ **primero Dios.** *Mx, Gu, Ho, Ni, CR, Pa, RD.* **Dios primero.**

□

a.   ‖ **¡a Dios que reparta suerte!** loc. interj. *PR.* Expresa el deseo de que sea Dios quien disponga.

b.   ‖ **a la buena de Dios.** *Cu.* **Como Dios pintó a Perico.**

c.   ‖ **como Dios pintó a Perico.** loc. adv. *Cu.* Descuidadamente. ♦ **a la buena de Dios.**

d.   ‖ **¡de por Dios!** loc. interj. *RD, Co.* Expresa sorpresa, asombro o enfado.

e.   ‖ **la diosa blanca.** loc. sust. *Bo, Ch.* Cocaína. drog.

▶ **creer que tiene a Dios cogido por el rabo; estar bien con Dios y con el diablo; quedar bien con Dios y con el diablo; tener a Dios agarrado por la chiva; tener a Dios cogido por el rabo; tener a Dios cogido por la cota; tener un dios aparte; tocar a Dios con las manos sucias.**

diosma.

I. 1.   f. *Ar.* Arbusto muy ramificado, de pequeñas hojas color verde claro y flores blancas muy fragantes. (Rutaceae; *Coleonema album*).

diostedé. (De *Dios te dé*).

I. 1.   *Co, Ve, Ec, Pe.* **tucán**, ave.

2.   *Ar.* **cristofué.**

dip. (Voz inglesa).

I. 1.   m. *Gu, Ho, CR.* Salsa untuosa que se prepara con queso crema o yogur, aceite, ajo, jugo de limón y algún vegetal o hierba aromática.

dipe.

I. 1.   adj/sust. *Ni.* juv. *Referido a persona*, que molesta por estar siempre pegada a otra.

diplo.

I. 1.   f. *Ni.* p.u. obsol. Tienda o establecimiento en el que se paga en dólares. ♦ **diplotienda.**

diplomado.

I. 1.   m. *Gu, Ho, Ni, RD, Pe, Bo, Ch.* Diplomatura. prest; cult → esm.

diplomático.

I. 1.   m. *Ch.* Emparedado de lomo de cerdo y queso caliente. pop.

2.   *RD.* Dulce semejante al flan, aunque más denso y hecho con cóctel de frutas.

diplotienda.

I. 1.   m. *Mx:N.* p.u. Estación de ferrocarril.

II. 1.   *Cu.* **diplo.**

dipo. (Del ingl. *depot*).

I. 1.   m. *Mx:N.* p.u. Estación de ferrocarril.

dipu.

I. 1.   m-f. *Bo.* Diputado. pop.

diputadil.

I. 1.   adj. *Ho, CR, Ec.* Relativo a los diputados.

diputados.

I. 1.   m. *Bo, Ur.* Cámara o Congreso de los Diputados.

diputítere. (De *diputado* y *títere*).

I. 1.   m-f. *Gu, Ho.* Persona que es un mal diputado. desp.

dique.

▶ **darse ~; estar en ~; estar en ~ seco.**

diquearse.

I. 1.   intr. prnl. *Bo:O,C.* p.u. Actuar *alguien* de forma contraria a la convenida. pop + cult → espon ^ fest.

diquera.

I. 1.   f. *Pe.* Mujer que provoca y excita a los hombres sin intención de satisfacerlos. pop.

diquero, -a.

I. 1.   sust/adj. *Ar, Ur.* obsol. Persona que se alaba a sí misma desmesuradamente. pop.

dirección.
■
   a. ‖ ~ **hidráulica.** f. *Mx, Ho, Ni, CR, Pa, Co, Bo, Ch, Py, Ar. En un vehículo automotor,* dirección provista de un dispositivo hidráulico que multiplica la fuerza aplicada al volante. pop + cult → espon.

direccional.
   I. 1. f. *Mx, Ni, CR, Pa, RD, Co, Ve*; m. *CR. En un vehículo,* una de las luces o focos, *generalmente de color amarillo,* situada a cada lado de la parte frontal y posterior de la carrocería, que se usa para indicar la dirección de viraje.

directiva.
   I. 1. f. *RD, PR, Py.* Directorio.

directo, -a.
   I. 1. adj. *ES. Referido a persona,* loca o drogada. pop + cult → espon.

direuto.
   I. 1. adj. *Gu.* Directo.

dirigencial.
   I. 1. adj. *Ho, ES, Ni, RD, Pe, Bo, Ch, Ar.* Relativo a la dirigencia. pop + cult → espon.

dirigente.
   I. 1. m. *RD, PR. En el* **beisbol,** mánager del equipo. ◆ **capataz.**
■
   a. ‖ ~ **cívico.** m. *RD, Bo.* Persona que forma parte de una organización que representa a una ciudad.

dirigirse.
□
   a. ~ **al país.** loc. verb. *Ch.* Realizar una felación una mujer. vulg; pop ^ fest.

dirty. (Voz inglesa).
   I. 1. adj. *PR. Referido a persona o a una situación,* poco digna.

disán. (De *Disán*®).
   I. 1. m. *Ur.* Disolvente derivado del petróleo, *utilizado especialmente para quitar manchas.*

discado. (Calco del ingl. *to dial, dialing*).
   I. 1. m. *Ho, Ni, Pa, Cu, RD, Co, Ve, Pe, Bo:O,C, Ch, Py, Ar, Ur, PR,* obsol. Marcación en el disco de un número telefónico. pop + cult → espon.
■
   a. ‖ ~ **directo.** m. *Ho, Ni, Pa, Cu, RD, Co, Ve, Pe, Bo, Ch, Py, Ar, Ur.* Sistema de comunicación telefónica que permite hacer llamadas de larga distancia sin tener que recurrir a la operadora.

discantado, -a.
   I. 1. adj. *Pe. Referido a una ceremonia religiosa,* rezada con acompañamiento de música.

discar.
   I. 1. tr. *Mx, Ho, Ni, Pa, Cu, PR, Co, Ve, Pe, Bo, Ch, Py, Ar, Ur.* obsol. Marcar en un teléfono el número de una persona para establecer comunicación con ella. pop + cult → espon.
   2. *Ho.* Pulsar una tecla de una **rockola** y echar monedas para que suene un disco de música.

dischar. (Del ingl. *discharge*).
   I. 1. m. *PR.* Ruptura de relaciones amorosas. pop + cult → espon. ◆ **discharge.**

discharge. (Voz inglesa).
   I. 1. *PR.* **dischar.**

disciplina.
■
   a. ‖ ~ **de monja.** f. *Ar:NO.* Arbusto de hasta 3 m de altura, de hojas compuestas, flores amarillas y penacho de estambres rojos; es ornamental. (Fabaceae; *Caesalpinia gilliesii*). ◆ **disciplina de monje; es-** piga de amor; espiga de oro; lagaña de perro; lágrima de la Virgen; mal de ojo; piscala.
   b. ‖ ~ **de monje.** *Ar:NO.* **disciplina de monja.**

disco.
   I. 1. m. *ES.* **Tortilla** de maíz.
   II. 1. m. *ES.* Moneda de oro.
■
   a. ‖ ~ **boy.** (Voz inglesa). m. *RD; PR,* juv. Persona que se encarga de seleccionar las canciones y manejar el equipo de sonido de una discoteca.
   b. ‖ ~ **de sentencia.** m. *Ch. En las carreras de caballos,* disco que señala la línea de meta.
□
   a. ‖ ~ **volador.**
     i. loc. sust. *Cu.* Aparato con asas y dos planchas redondas de hierro que se emplean para tostar un emparedado.
     ii. Emparedado tostado en un disco volador.
▶ **cambiar de ~; rayar el ~.**

discomóvil. (De *disco* y *móvil*).
   I. 1. m. *Ho, CR, RD.* Equipo musical móvil de gran potencia que se alquila para amenizar una fiesta con baile.

discorola.
   I. 1. f. *Bo.* p.u. Tocadiscos.

discotec. (Del ingl. *discotheque*).
   I. 1. f. *Mx, Ho.* Discoteca. pop + cult → espon.

discoteca.
   I. 1. *Pa.* **discotienda.**

discotequear.
   I. 1. intr. *Gu, Co, Ve, Pe; PR,* juv; *Ch,* p.u. Ir a bailar a una discoteca.

discotienda.
   I. 1. f. *Pa, Ve, Pe.* Local comercial donde se venden discos. ◆ **discoteca.**

discount.
□
   a. ‖ ~ **coupon.** (Voz inglesa). m. *PR.* Cupón de descuento en la compra de una mercancía.

discovianda.
   I. 1. m. *Cu.* Mercado agrícola que se utiliza como discoteca por las noches.

discozoi.
   I. 1. m. *RD:N.* Escozor.

discrimen.
   I. 1. m. *Pa, RD, PR, Pe; Ec,* cult. Discriminación.

disculpa.
   I. 1. f. *Bo.* Certificado que un alumno presenta a maestros o profesores para justificar su inasistencia a clase o la falta de cumplimiento de alguna tarea.

discursante.
   I. 1. m-f. *Ho.* Persona que da un discurso.

discursar.
   I. 1. intr. *Ho.* Discursear, decir un discurso.

discurseadera.
   I. 1. f. *Ho.* Alocución reiterada de discursos. pop + cult → espon.

discursero, -a.
   I. 1. adj/sust. *Gu, Ho, Ni, Co, Ar.* p.u. *Referido a persona,* que pronuncia discursos frecuentes. desp.

discurso.
▶ **fajarse un ~.**

discutido, -a.
   I. 1. adj/sust. *Mx. Referido a persona,* generosa, que invita frecuentemente. pop.

discutir(se).
   I. 1. tr. *Mx.* Invitar. pop.
   2. *ES.* juv. Repartir *algo,* como cigarrillos.

II. 1. intr. prnl. *Mx.* Lucirse, quedar bien en un empeño. pop.

III. 1. tr. *ES.* juv. Beber *algo*, como cerveza o ron.

disecador.

I. 1. m. *PR.* p.u. *En la industria azucarera*, aparato que quema la fibra de las muestras de caña. ◆ **microondas.**

disentería.
□

a. ‖ ~ **de sangre.** m. *RD, PR.* Disentería.

diseñador, -ra.

I. 1. *Ho, RD.* **alistador**, persona que corta y cose el calzado.

disforzado, -a.

I. 1. adj. *Pe.* Referido a persona, que hace **disfuerzos.**

disforzar(se).

I. 1. intr. prnl. *Pe.* Manifestarse *una persona* de una manera exagerada en sus actos o forma de hablar para llamar la atención.

2. tr. *Pe.* p.u. Exagerar los gestos o forma de hablar.

disfuerzo.

I. 1. m. *Pe.* Libertad y osadía excesivas en palabras y acciones.

2. *Pe.* Delicadeza exagerada o afectada, mostrada con gestos expresivos.

disgustado, -a.

I. 1. adj. *Mx, Ni, CR, RD, Ve, Pe, Bo, Ch.* Referido a *persona*, enojada.

disgusto.
□

a. ‖ ~ **de matrimonio.** loc. sust. *PR.* **cañonera**, pepita.

▶ **comprarse un ~; matar el ~.**

disímbolo, -a.

I. 1. adj. *Mx.* Disímil, diferente, disconforme.

disimulo.

I. 1. m. *RD.* Prenda de vestir que se lleva con motivo de la muerte de un ser querido.

I. 1. m. *RD.* Disquete.

disolvencia.

I. 1. f. *Mx, Ni, Cu. En cine y televisión*, transición gradual de un plano a otro durante su proyección, de modo que se mezclan los últimos momentos de una secuencia con los primeros de otra, y se sugiere así una elipsis temporal.

disolverse.

I. 1. intr. prnl. *Ni.* juv. Desaparecer, alejarse *alguien* rápidamente de un lugar.

disparada.

I. 1. f. *Ho, Bo, Ar, Ur.* Escapada de una persona que sale corriendo. pop + cult → espon.

2. *Bo, Ar, Ur.* Partida precipitada de alguien. pop + cult → espon.

II. 1. f. *Ho, Ni, Pe, Bo, Py, Ar, Ur.* Alza súbita y considerable de precios. pop + cult → espon.
□

a. ‖ **a la ~.**
i. loc. adv. *Pe, Bo, Ch, Py, Ar, Ur.* A todo correr. pop. ◆ **a las disparadas.**
ii. *Pe, Bo, Ch, Py, Ar, Ur.* Precipitada y atolondradamente. pop. ◆ **a las disparadas.**
b. ‖ **a las ~s.** *Bo, Ar, Ur.* **a la disparada.**
c. ‖ **de ~.** loc. adv. *Bo:E.* A todo correr. pop + cult → espon.
d. ‖ **de una ~.** loc. adv. *Ar, Ur.* Con gran prontitud, al momento. pop.

▶ **pegar una ~.**

disparadero.

I. 1. m. *Bo.* Situación caracterizada por el desorden y la confusión.

disparado, -a.

I. 1. adv. *Mx, Gu, Ho, ES, Ni, CR, RD, Co.* Precipitadamente, rápidamente. pop + cult → espon.

2. adj. *Cu.* Referido a persona o cosa, que se desplaza o actúa rápidamente.

II. 1. adj/sust. *Cu, Bo.* Referido a persona, que actúa precipitada y atolondradamente. pop + cult → espon.

2. adj. *Cu.* Referido a persona, excitada y ansiosa. pop + cult → espon.

3. *Cu.* Referido a persona, excitada sexualmente. pop + cult → espon.

disparador, -ra.

I. 1. adj/sust. *Mx.* Referido a persona, generosa, dadivosa. pop + cult → espon.

disparar(se).

I. 1. tr. *Mx, Ho, Ni.* Pagar *alguien* las cosas que otro consume o invitarle a algún lugar. pop + cult → espon.

II. 1. intr. prnl. *Ho, Cu, RD, PR, Bo.* Salir *alguien* precipitadamente de un lugar. pop + cult → espon.

III. 1. intr. prnl. *Ho, Bo.* Expresar *alguien* incoherencias, a causa del enojo u otra razón, sin pensar en lo que se dice. pop + cult → espon.

2. *Ho, Bo.* Salirse del tema que se está tratando o hablando. pop + cult → espon.

IV. 1. tr. *Ni, Cu, RD, PR. En el **beisbol**, **batear** la pelota con mucha fuerza.

V. 1. tr. prnl. *Cu.* Soportar, aguantar *algo* o a *alguien*.

VI. 1. tr. prnl. *PR.* Contestar *alguien* con rapidez un dicho o una acción. pop + cult → espon.

VII. 1. intr. prnl. *PR.* Hacer *alguien* algo atrevido, inaudito. pop + cult → espon.
□

a. ‖ ~ **de la vaqueta.** loc. verb. *PR.* Hablar *alguien* sin pensar en lo que se dice. pop + cult → espon.
b. ‖ ~ **una maroma.** loc. verb. *PR.* Arriesgarse *alguien* mucho. pop + cult → espon.
c. ‖ **no** ~ **un chícharo.** loc. verb. *Cu.* No trabajar *una persona* lo suficiente por ocio o pereza.

disparate.

I. 1. m. *Bo.* Objeto o evento mediocre o de mala calidad. pop.

disparatear.

1. *RD, Bo.* Decir palabras groseras. pop.

2. intr. *PR, Bo.* Expresar conceptos sin fundamento, *especialmente en una conversación*. pop + cult → espon ^ desp.

disparatero, -a.

I. 1. adj. *Ni, Cu, RD, PR, Ve, Py, Ar.* Referido a persona, que hace o dice cosas absurdas o contrarias a la razón. pop + cult → espon ^ desp.

2. m-f. *Ni, RD.* Obra u escrito que contiene muchos disparates.

II. 1. adj/sust. *RD, Bo.* Referido a persona, que emplea palabras groseras para hablar o insultar. pop + cult → espon.

disparatoso, -a.

I. 1. adj. *RD.* Referido a persona, que dice disparates.

disparejo.

I. 1. m. *Mx.* Lanzamiento de monedas al aire para que el azar decida una resolución en un pleito o disputa entre tres o más personas.

disparo.

I. 1. m. *Cu.* Petición, solicitud. pop + cult → espon.

2. *Cu.* Declaración de un sentimiento o atracción. pop + cult → espon.

II. 1. m. *RD, PR. En el **beisbol**, lanzamiento que hace un jugador defensivo a otro.

disparón.
    I. 1. m. *Bo:E.* Alza súbita y considerable de precios. pop + cult → espon.

dispendiar.
    I. 1. tr. *Ve.* Gastar *algo* en exceso e innecesariamente.

dispensarizado, -a.
    I. 1. sust/adj. *Cu.* Persona que recibe una atención médica programada.

dispensarizar.
    I. 1. tr. *Cu. En medicina,* registrar y clasificar a una población, según sus tipos de enfermedades y factores de riesgo, con el fin de prestarle una atención sanitaria sistematizada.

disperso, -a.
    I. 1. sust/adj. *Mx.* Efectivo militar que, tras un combate, se separa temporal o definitivamente de la formación a la que pertenecía.

display. (Voz inglesa).
    I. 1. m. *Ho.* Muchacho que se encarga de transportar las cajas de mercadería a la impulsadora.
    II. 1. m. *PR.* Mostrador refrigerado de uso comercial.
    III. 1. m. *PR.* Objeto que se exhibe para su venta en una tienda.

disponedor, -ra.
    I. 1. sust/adj. *Ve.* Persona que se inmiscuye en los asuntos de los demás y los resuelve a su manera.

disponerse.
    I. 1. intr. prnl. *Bo.* Ponerse un animal hembra en celo.

dispopo.
    I. 1. *Ve.* **cocui.**

dispuesta.
    I. 1. adj. f. *Bo. Referido a la hembra de un mamífero,* que está en celo.

disquera.
    I. (De *disco*).
    1. f. *Mx, Gu, Ho, Ni, CR, Pa, Cu, RD, Co, Ve, Pe, Bo, Ch.* Discografía. pop + cult → espon.
    2. f. *Mx, Gu, Ho, Ni, CR, Pa, Cu, RD, Co, Ve, Pe, Ch.* Empresa que se encarga de la manufactura, producción y distribución de discos musicales. pop + cult → espon.
    3. *Bo.* Establecimiento comercial donde se venden discos y casetes.
    II. (Sínc. de *disquetera*).
    1. f. *Ho, Ni, RD, Ur.* **disquetera,** mueble donde se guardan los discos.
    III. 1. f. *Ur.* Herramienta constituida por discos metálicos sujetos a unas barras, que se acopla a un tractor para romper los terrones de la tierra arada. rur.

disquería.
    I. 1. f. *Bo, Ch, Py, Ar, Ur.* Establecimiento en el que se venden casetes y discos compactos.

disquero, -a.
    I. 1. adj. *Mx, Ho, CR, Pa, Cu, RD, Co, Ve, Bo, Ch.* Relativo al disco o a la discografía. pop + cult → espon.
    2. m. y f. *Ch.* Persona que trabaja en una **disquería** o es dueño de ella. pop.

disquetera.
    I. 1. f. *Ho, RD, Bo.* Aparato o mueble en que se guardan los discos. pop + cult → espon. ♦ **disquera.**

distancia.
    I. 1. f. pl. *Mx.* p.u. Dichos o frases que no tienen relación con el tema tratado en una conversación.
    •
    a. ‖ ~ **y categoría.** fórm. *Cu, Ve, Pe.* Se usa para delimitar las relaciones y situaciones interpersonales.
    □
    a. ‖ **a la ~.** loc. adv. *Mx, Ho, Ch, Py, Ar.* Lejos en el tiempo o en el espacio. pop + cult → espon.

distemperoso, -a.
    I. 1. adj. *PR. Referido a persona,* floja. pop.
    II. 1. *PR.* juv. *Referido a persona,* sin dinero.

disticoso, -a.
    I. 1. adj/sust. *Pe.* obsol. *Referido a persona,* melindrosa, *sobre todo con la comida.*

distinguir.
    I. 1. tr. *Co:C.* Conocer a *una persona.* rur; pop.

distintivo.
    I. 1. m. *PR.* Cinta de color que se ata a una de las patas de cada gallo combatiente para su identificación.

distraído, -a.
    I. 1. sust/adj. *RD, Ve:O.* Persona que no está en su sano juicio.

distribuida.
    I. 1. f. *Mx, Ni.* Distribución.

distribuidor.
    I. 1. m. *Mx, Ve, Ar.* Conjunto de autopistas que permiten el acceso a otras de distinta dirección.

distrital.
    I. 1. adj. *Mx, Gu, Ho, Ni, CR, Pa, Cu, RD, PR, Co, Ve, Ec, Pe, Bo, Ch, Py, Ar.* Relativo al **distrito.** pop + cult → espon.

distrito.
    I. 1. m. *Cu, PR, Ve, Pe, Bo.* Circunscripción territorial más pequeña del país en que se divide una provincia y cuyo gobierno está a cargo de una municipalidad distrital o municipio regido por un alcalde.
    2. *CR.* Unidad territorial y administrativa en que se divide un **cantón.**

disvariar.
    I. 1. intr. *ES, Ni, CR, Pe.* Desvariar. rur.

disvarioso, -a.
    I. 1. adj. *RD. Referido a persona,* que dice cosas que resultan disparatadas o incoherentes.

dita. (De or. ind. antillano).
    I. 1. f. *Mx, Gu, Pe, Ch.* p.u. Deuda que alguien tiene que pagar, satisfacer o reintegrar a otra persona, *por lo común de dinero.*
    II. 1. f. *PR.* Vasija hecha con la mitad de la corteza de una higuera, de un coco o de una calabaza, *utilizada para usos varios.*

ditanear. (De *Ditianon*®).
    I. 1. tr. *Ho:N, Pa.* Rociar los frutos del **banano** con **ditano,** un producto químico.

ditanero. (De *Ditianon*®).
    I. 1. m. *Ho:N.* Persona que trabaja en una empacadora de fruta y saca las **manos** de **banano** de las pilas de **ditano** y las **empaca** en las cajas.

ditano. (De *Ditianon*®).
    I. 1. m. *Ho:N.* Ditianón, compuesto químico antifúngico de amplia utilización en los frutales, en especial el **banano.**

ditén.
    I. 1. m. *RD.* Tomillo.

ditero.
    I. 1. m. *PR.* Sitio en el que se guardan las **ditas.**

ditero -a.
    I. 1. m. y f. *PR.* Fabricante de **ditas.**

¡dito! (Abrev. de *¡bendito!*).
    I. 1. *PR.* **¡bendito!**

diuca. (Del map.).
    I. 1. f. *Ch, Ar.* Pájaro de hasta 15 cm de longitud, de cabeza, cuello, dorso y pecho gris apizarrado, pecho y abdomen blancos y tintes acanelados en el abdomen y subcaudales. (Emberizidae; *Diuca diuca*).
    II. 1. f. *Ch.* Pene. rur.

□
a. ‖ **como ~.** loc. adj. *Ch. Referido a persona o animal*, empapado, mojado. pop + cult → espon.

▶ **quedar como ~.**

diucón.
  I. 1. m. *Ch, Ar:S.* Pájaro de hasta 20 cm de longitud, de plumaje grisáceo, garganta blanquecina, pecho gris claro, ojos rojos y patas negras. (Tyrannidae; *Xolmis pyrope*).

diurex. (De *Diurex*®).
  I. 1. m. *Mx, Bo.* Cinta con adhesivo por uno de sus lados, *generalmente transparente.*

divariar.
  I. 1. intr. *RD*; *PR*, rur. Desvariar.
  2. *PR.* Actuar *alguien* con inseguridad a la hora de tomar una decisión. rur.

divertida.
  I. 1. f. *Ho.* Diversión, divertimiento.

divertido, -a.
  I. 1. adj. *Pe, Ar. Referido a persona*, ligeramente borracha.

dividendo.
  I. 1. m. *RD, Ch.* Parte proporcional, variable según el alza del costo de la vida, de una suma mayor que se adeuda y que se abona periódicamente.

dividí.
  I. 1. m. *Ch.* Parte de las ganancias de una empresa, proporcional al número de acciones, que se reparte al menos una vez al año.

dividive.
  I. 1. *PR, Co, Ve.* **dividivi**, árbol.

dividivi.
  I. 1. m. *Mx, Gu, Ho, ES, Ni, Pa, Co, Ve.* Árbol de hasta 10 m de altura, espinoso y ramoso, con hojas bipinnadas, inflorescencia panicular y flores pequeñas de color crema, cuyo fruto es una legumbre plana y carnosa con varias semillas; tiene propiedades medicinales. (Fabaceae; *Acacia macracantha*). (**dibidibi**; **dividive**; **libidibi**). ♦ **garrobillo**; **guarango**; **quiebrahacha**.
  2. *Ho, PR, Co, Ve.* Sustancia tintórea que se extrae del fruto del dividivi y se emplea en la industria de la **curtiembre**.
  3. *Ho, Ve.* Tanino tintóreo para curtiembre que se extrae de la vaina del **nacascolo** una vez hervida en agua.

divierta.
  I. 1. f. *Gu, Ho, ES, Ni.* p.u. Diversión.

divino, -a.
▶ **creerse la ~ garza**; **creerse la ~ papaya**; **creerse la ~ verga.**

divis.
  I. 1. adj. *Mx.* Muy bonito, muy bueno, excelente. pop.

divisa.
  I. 1. f. *Ve.* Equipo de **beisbol**.

divisadero.
  I. 1. m. *Mx, Gu, Ho, Bo*; *Ar:NO.* rur. Mirador, lugar para contemplar un paisaje.

división. (Del ingl. *division*, área, sección).
  I. 1. f. *Ho, RD, Ch.* Forma de organizarse territorialmente una institución o empresa multinacional. pop + cult → espon.
  2. *Ho, Py.* Departamento o sección especializada de una empresa o institución. pop + cult → espon.

■
a. ‖ **~ de ascenso.** f. *Ni, Ch, Ar, Ur. En un campeonato deportivo, especialmente en el **futbol***, categoría en la que es posible ascender a la inmediatamente superior.

divisionario.
  I. 1. m. *Mx.* General de división.

divisionismo.
  I. 1. m. *Ho, CR, Pa, Cu, RD, Co, Ve, Ec, Pe, Bo, Ar, Ur, PR*, prest; cult → esm. Tendencia o actitud promotora de discordia y desunión entre personas o grupos sociales.

divisionista.
  I. 1. adj./sust. *Ho, Ni, CR, Co, RD, Ec, Ar. Referido a persona*, que promueve la discordia y desunión entre personas o grupos sociales.
  2. adj. *Ho, CR, RD, Co, Ec, Ar.* Relativo al **divisionismo**.

divorcialidad.
  I. 1. f. *Cu.* Número de divorcios que se han producido en un período de tiempo.

divorciero, -a.
  I. 1. m. y f. *Mx. En derecho*, abogado civilista especializado en divorcios. pop + cult → espon.

diyales.
  I. 1. m. pl. *Gu.* p.u. Período de tiempo que abarca muchos días.

diyero.
  I. 1. m. *ES.* Hombre amante de una mujer casada. fest.

diyero, -a. (Epént. de *diero*).
  I. 1. m. y f. *Ho, Ni.* Persona que trabaja en labores del campo, contratada por día. rur.

diz.
□
a. ‖ **~ que.**
  i. loc. adv. *CR, Ar.* **dizque**, al parecer.
  ii. loc. adj. *CR.* **dizque**, presunto.

dizque. (Sínc. de *dice que*).
  I. 1. adv. *Mx, Gu, Ho, Ni, CR, Pa, RD, PR, Co, Ve, Ec, Pe, Bo, Ar, Ur, Ch*, p.u. Al parecer, presuntamente. pop + cult → espon. (**diz que**; **quizque**).
  2. adj. *Bo; Mx, CR, Pe*, pop. *Referido a persona o cosa*, presunta o pretendida. (**diz que**; **quizque**).
  3. m. pl. *Bo.* Habladurías, murmuraciones. pop + cult → espon.

●
a. ‖ **~.** fórm. *Bo*; *Pe*, p.u. Se usa para introducir un relato, un cuento o cualquier tipo de anécdota.

□
a. ‖ **~s y conques.** loc. sust. *Bo:E.* Habladurías, murmuraciones. pop + cult → espon.

¡dizqué!
  I. 1. interj. *Bo.* Expresa afirmación dudosa, insegura.
  2. *Bo.* Expresa admiración o incredulidad.

dóberman.
  I. 1. m-f. *ES.* metáf. Fiscal de un tribunal de justicia. desp.
  II. 1. m-f. *Pa.* metáf. Miembro de la policía antidisturbios.

dobla.
  I. 1. f. *Mx:SE, Gu, Ho, ES, Ni.* Doblamiento de las plantas de maíz cuando está maduro para favorecer su secado. rur.
  II. 1. f. *Ho.* Máquina que se utiliza para colocar el **tape** a las prendas de vestir confeccionadas.

doblada.
  I. 1. f. *Ch.* Pan hecho de una masa mantecosa de forma plana triangular doblada en dos.

dobladillador.
  I. 1. m. *Mx.* Pieza de una máquina de coser que sirve para hacer dobladillos.

dobladillo.

■

a. ‖ ~ **de ojo.** m. *Cu.* Labor de deshilado que se realiza en una tela.

dobladita.

I. 1. f. *Ch.* Pan triangular hecho a partir de un cuadrado de masa delgada doblado dos veces sobre sí mismo.

dobladizo, -a.

I. 1. adj. *Mx.* Referido a cosa, que se dobla con facilidad.

doblado, -a.

I. 1. adj. *ES; Ch,* juv. *Referido a persona,* borracha.
2. *Cu.* **herido,** con hambre.
II. 1. adj. *Ho, ES. Referido a persona,* asesinada. pop.
III. 1. adj. *Ho.* juv. *Referido a persona,* detenida o presa. delinc.

doblador.

I. 1. m. *Gu:C.* Hoja que envuelve la mazorca del maíz.

dobladora.

I. 1. f. *Bo.* Máquina para doblar planchas metálicas.

doblar(se).

I. 1. tr. *Mx.* Tirotear, disparar balas sobre alguien o algo.
2. tr. prnl. *Gu, Ho, ES.* Matar *una persona* a alguien.
3. tr. *Ho.* metáf. Suspender un estudiante un examen, asignatura o curso.
II. 1. tr. *Ho, ES, Ni.* Torcer el tallo de la mazorca de maíz para acelerar la maduración del grano.
III. 1. tr. prnl. *Gu, Ho.* Mantener dos personas relaciones sexuales.

□

a. ‖ ~ **el cacho.** *ES.* **doblar el petate.** rur.
b. ‖ ~ **el codo.** loc. verb. *Bo.* Ingerir bebidas alcohólicas en exceso. pop + cult → espon.
c. ‖ ~ **el moco.** loc. verb. *PR.* Quedarse *alguien* dormido. vulg; pop + cult → espon.
d. ‖ ~ **el paquete.** loc. verb. *PR.* Pasar *alguien* de los cincuenta años. pop + cult → espon ^ fest.
e. ‖ ~ **el petate.** loc. verb. *Mx, Ho, ES.* Morir alguien. pop. ♦ **doblar el cacho; doblar los codos.**
f. ‖ ~ **el pico.** *Ho.* Aceptar *alguien* una derrota.
g. ‖ ~ **en u.** loc. verb. *Ve.* Girar en sentido contrario.
h. ‖ ~ **la concha.** loc. verb. *CR.* Trabajar, *especialmente cuando se debe realizar mucho esfuerzo físico o doblar la espalda.* pop.
i. ‖ ~ **la hoja.**
   i. loc. verb. *Ni, Bo, Ar:NO.* Invitar a olvidar un asunto desagradable o un suceso traumático. pop + cult → espon.
   ii. *Gu, Ho.* Cambiar *alguien* de tema en una conversación.
j. ‖ ~ **la muñeca.** loc. verb. *Ho.* Ser un hombre homosexual.
k. ‖ ~ **los codos.** *Ho, Ni.* **doblar el petate.**
l. ‖ ~ **los nacos.** loc. verb. *Ho.* Morirse *una persona.* fest.
m. ‖ **doblársele la milpa.** loc. verb. *Ho.* Carecer *alguien* de potencia sexual. rur; fest.

doble.

I. 1. m. *Ho, Cu, RD, PR. En el beisbol,* **batazo** que le permite al jugador llegar desde el **jon** hasta la **segunda base.**
2. *Ho, Cu, RD. En el beisbol,* jugada en la que se pone *out* sucesivamente a dos **corredores.**
II. 1. m. *RD.* Sueldo extra que recibe un empleado en Navidad.
III. 1. adj. *ES. Referido a persona,* fornida.
IV. 1. *CR.* **doble tracción.**

■

a. ‖ ~ **juego.** m. *Cu, PR. En el beisbol,* serie de dos juegos entre dos equipos celebrados el mismo día.

□

a. ‖ **a dos ~s y un repique.** loc. adv. *Pe, Bo, Ch.* Sin dinero, casi en la pobreza. pop + cult → espon.
b. ‖ ~ **matanza.** loc. sust. *PR.* metáf. *En el beisbol,* acción en que se pone fuera de juego a dos jugadores del equipo contrario de forma sucesiva. ♦ **doble *play*.**
c. ‖ ~ **nueve.** loc. sust. *Cu.* **hígado,** persona antipática.
d. ‖ ~ ***play*.** (Del ingl. *double play*).
   i. loc. sust. *Ho. En el beisbol,* realización de dos juegos seguidos en el mismo campo.
   ii. *PR.* **doble matanza.**
e. ‖ ~ **u.** loc. sust. *Mx, Gu, Ho, ES, Ni.* Letra w del alfabeto del español.

▶ **estar a dos ~s y un repique; llevar con la ~.**

dobletazo.

I. 1. m. *Ho. En el juego de billar americano,* tiro que consiste en que la bola blanca toca primero una banda y después debe meterse en la **buchaca.**

doblete.

I. 1. m. *Gu, Ho, Ni, Pa, Cu, RD, PR, Co, Ve. En el beisbol,* **batazo** que permite alcanzar dos bases.
II. 1. m. *Gu, Ho, ES, Ni.* Cosa que se realiza dos veces en un corto período de tiempo.
III. 1. m. *Gu.* Suma que se entrega subrepticiamente a un funcionario público.
IV. 1. m. *Ni.* Trago de licor doble.

dobletear.

I. 1. tr. *Mx, Ho, ES, Ni.* Hacer una cosa dos veces.
2. *Mx.* Cobrar una cosa al doble de su precio.
3. intr. *Pe.* Cubrir dos turnos de trabajo sin descansar. pop.
4. tr. *Ho, Ni.* Repetir una comida o un plato.
II. 1. tr. *Ho, Ni. En el beisbol,* conectar uno o más **batazos** de dos bases.

dobletroque.

I. 1. m. *Co.* Camión de gran capacidad y potencia que se emplea para el transporte de carga pesada.

doblón.

I. 1. m. *Gu, Ho.* Torcedura de un miembro o extremidad.

doblona.

I. 1. f. *Ch. En ciertos deportes,* victoria doble o conseguida por dos personas en una misma jornada.

doc. (Apóc. de *doctor*).

I. 1. m. *Ho; Bo,* pop + cult → espon; m-f. *Ch, Ar.* Doctor.

doca.

I. 1. f. *Ar.* Planta de hasta 3 m de altura, muy ramificada, con hojas en forma de flecha, flores verdosas muy perfumadas y fruto ovoide; los tallos, frutos y raíces se emplean en la medicina popular. (Asclepiadaceae; *Morrenia odorata*). ♦ **tasi.**
2. *Ch.* Planta perenne rastrera de tallo largo ramoso, con hojas carnosas prismáticas, flor rosácea-amoratada y fruto carnoso; tiene efectos purgantes. (Aizoaceae; *Carpobrotus aequilaterus*).

doce.

□

a. ‖ **al cuarto para las ~.** loc. adv/adj. *Mx.* A última hora.

▶ **darle las ~.**

docentado.

I. 1. m. *Bo.* Cuerpo de docentes de una institución educativa.

dochpatas. (De *Dodge®* y *patas*).

□

    a. ‖ **en ~.** loc. adv. *Pa.* A pie, caminando. pop + cult → espon ∧ fest.

docilizar.

    I. 1. tr. *Mx*; *RD*, cult. Hacer a *alguien* dócil.

doctor.

    I. 1. m. *Pa.* Traficante o vendedor de drogas. drog.

doctorcito.

    I. 1. m. *Ar:NO.* Planta herbácea perenne, con grandes hojas finas, flores de color rosa y tallo rojizo sin pelos; sus hojas tienen propiedades medicinales. (Asteraceae; *Eupatorium* spp.). ♦ **ayapana**; **diapana**.

    II. 1. m. pl. *Bo.* Danza folclórica de ritmo lento y pausado, en la que los participantes imitan a los profesionales de la clase alta de la sociedad colonial, *especialmente a los abogados.*

doctrinero.

□

    a. ‖ **de ~.** loc. adj. *Bo:E. Referido a persona*, instruida en la doctrina cristiana mediante la lectura de libros sagrados y de catequesis.

documentario.

    I. 1. m. *Pe.* Oficial del ejército encargado de custodiar y conservar la documentación de un regimiento o batallón.

documentista.

    I. 1. m-f. *Mx.* Persona dedicada a recopilar datos sobre determinada materia.

dodge. (De *Dodge®*).

□

    a. ‖ **en ~.** loc. adv. *Ho*, *CR.* p.u; juv. A pie, caminando. pop + cult → espon ∧ fest.

    b. ‖ **en ~ patas.** loc. adv. *CR.* juv. A pie, caminando. pop + cult → espon ∧ fest.

dogao. (Del ingl. *dugout*, cobertizo bajo).

    I. 1. *RD*, *PR.* **dugout.**

dogaut. (Del ingl. *dugout*, cobertizo bajo).

    I. 1. *Ho*, *Ni*, *RD.* **dugout.**

doggy ∎

    a. ‖ **~ *bag*.** (Voz inglesa). m. *PR.* Bolsa o caja para llevarse de un restaurante lo que ha sobrado de la propia comida.

dogout.

    I. 1. *Ho*, *Ni*, *RD.* **dugout.**

dolama.

    I. 1. m. *Ho*, *Ni*, *Pa*, *RD*; f. pl. *Pe*, p.u; *PR*, pop + cult → espon. Achaque, dolor o indisposición persistente. (**delema**). ♦ **causa**; **dolimiento**; **mal**.

dolape.

    I. 1. adj/sust. *Ch. Referido a persona*, calva. pop.

dolarización.

    I. 1. f. *Mx*, *Gu*, *CR*, *Pa*, *Ec*, *Pe*, *Bo*, *Ch*, *Py*, *Ar.* Adopción del dólar estadounidense como patrón monetario.

    II. 1. f. *Mx*, *Gu*, *Ho*, *ES*, *Pa*, *Pe.* Proceso de la economía y del mercado por el que el pago de servicios y productos se hace en dólares estadounidenses.

dolarizar(se).

    I. 1. intr. prnl. *Mx*, *Gu*, *Ho*, *ES*, *Ni*, *CR*, *Pa*, *Co*, *Ec*, *Pe*, *Bo*, *Ch*, *Py*, *Ar.* Adoptar un país o su economía el dólar estadounidense como patrón monetario.

    2. tr. *Mx*, *Gu*, *Ho*, *Ni*, *CR*, *Pa*, *Ec*, *Pe*, *Bo*, *Ch*, *Py*, *Ar.* Hacer que una economía pase a tener el dólar estadounidense como patrón monetario.

dolby. (De *Dolby®*).

    I. 1. m. *Ho*, *Cu.* Procedimiento destinado a reducir el nivel de ruido de fondo en las grabaciones magnéticas de discos, y también de emisoras.

dolencia.

    I. 1. f. *Mx*, *Ho.* Dolor o molestia puntual, localizado en una parte del cuerpo. pop.

doler.

    I. 1. tr. *Ch.* p.u. Sentir duelo por la muerte de alguien. cult.

□

    a. ‖ **~ feo.** loc. verb. *Mx.* Doler intensamente *algo* a alguien.

    b. ‖ **~ las de zenate.** loc. verb. *Ho.* Doler las piernas o los pies a alguien.

    c. ‖ **~le el codo.** loc. verb. *Mx*, *Gu.* Estar *alguien* poco dispuesto a dar o compartir *algo*.

dolfín.

    I. 1. *PR.* **dorado.** (Coryphaenidae; *Coryphaenahippurus*).

dólico.

    I. 1. m. *Ho.* Variedad de **frijol** que, además de servir de alimento para el hombre, se usa como abono. (Fabaceae; *Dolicus lablad*). ♦ **caballero.**

dolimiento.

    I. 1. m. *ES.* **dolama.**

dolín.

    I. 1. m. *RD.* Resentimiento, sentimiento de pesar o enojo.

dolmero. (Del ingl. *dolm*).

    I. 1. m. *Ho.* Hombre que se dedica a cortar árboles.

dolomillo.

    I. 1. m. *Gu.* Solomillo, carne de animal de matadero.

dolor.

    I. 1. sust/adj. *CR.* Persona escrupulosa y que se indispone con facilidad. pop + cult → espon.

    2. *CR.* Persona arrogante y difícil de complacer. pop + cult → espon. ♦ **dolor de huevos.**

∎

    a. ‖ **~ correlativo.** m. *PR.* Supuesta dolencia. rur.

    b. ‖ **~ de corazón.** m. *Mx:SE.* Gastritis.

    c. ‖ **~ de ijada.** m. *RD*; *Ho.* rur. Dolor, *generalmente menstrual*, de la parte inferior del vientre.

    d. ‖ **~ en el sentido.** m. *RD.* Dolor de cabeza.

□

    a. ‖ **~ con armonía.** loc. sust. *Pa.* Dolor constante y punzante.

    b. ‖ **~ de espalda.** loc. sust. *RD*, *Ve.* Persona desagradable. ♦ **dolor de parto.**

    c. ‖ **~ de huevos.**

      i. loc. sust. *CR.* Persona escrupulosa y que se indispone con facilidad. pop + cult → espon ∧ desp.

      ii. *CR.* dolor, persona arrogante. pop + cult → espon ∧ desp.

    d. ‖ **~ de nuca.** loc. sust. *Pa.* Persona o cosa que resulta molesta o desagradable. pop + cult → espon ∧ fest.

    e. ‖ **~ de parto.** *Cu*, *RD*, *Ve.* **dolor de espalda.**

dolorón.

    I. 1. m. *Mx.* Dolor muy intenso. pop + cult → espon.

dolphin. (Voz inglesa).

    I. 1. m. *Ho.* p.u. Muelle pequeño de embarque y desembarque.

doma.

    I. 1. f. *ES.* Engaño.

    II. 1. f. *ES.* Fastidio, molestia.

    III. 1. f. *Ho.* Ablandamiento y flexibilidad del calzado.

domada.

    I. 1. f. *Mx*, *Gu*, *Ho*, *ES*, *Co*, *Bo.* Doma de un animal.

    2. *Co*, *Ar*, *Ur.* Tarea de domar o adiestrar un potro. rur.

    II. 1. f. *ES.* Engaño.

    III. 1. f. *Ho.* Paliza.

domado, -a.
   I. 1. adj. *ES. Referido a persona*, engañada.

domador.
   I. 1. *Ho.* **amansador**, poste.

domador, -ra.
   I. 1. m. *Mx, Ho, ES, Co, Ve, Ec, Pe, Bo, Ch, Ur.* Persona que amansa caballos.
   II. 1. m. y f. *ES.* Persona que engaña.

domani. (Del it. *domani*).
   I. 1. adv. *Ar, Ur.* Mañana, en el día siguiente al de hoy. pop + cult → espon ^ fest.
   ●
      a. ‖ **a ~.** fórm. *Ar, Ur.* Se usa entre amigos y conocidos para despedirse. pop ^ fest.
      b. ‖ **hasta ~.** *Ar, Ur.* **a domani.**

domar.
   I. 1. tr. *Gu, ES.* Engañar a *alguien*.

doméstica.
   I. 1. f. *Ho, ES, RD.* Sirvienta de una casa.

doméstico, -a. (Del ingl. *domestic*).
   I. 1. adj. *Mx, Ho, Pa, RD, PR. Referido a hecho*, que ocurre dentro de las fronteras de un país. pop + cult → espon.
   2. *Mx, Ho, Pa, RD, Co. Referido a vuelo aéreo*, que se realiza dentro del territorio de un país. pop + cult → espon.
   II. 1. sust/adj. *Ch.* Ladrón que roba a los vecinos de su casa o barrio. delinc.

domi.
   I. 1. m. *PR.* Engaño.

dominar.
   I. 1. tr. *Cu, RD.* Ganar una partida de dominó.

domingo.
   I. 1. m. *Mx, Gu.* Paga semanal que se da a un niño, generalmente el domingo.
   II. 1. m. *PR.* Pez marino de hasta 60 cm de longitud, con cuerpo alargado y algo comprimido, aletas radiadas y hocico pronunciado, de color gris plateado, más claro en la parte inferior y con tonos amarillentos en las aletas; es comestible. (Branchiostegidae; *Caulolatilus cyanops*). ♦ **limosnero.**
   ■
      a. ‖ **~ cimarrón.** m. *RD.* Día feriado, fiesta oficial que no cae en domingo.
      b. ‖ **~ de tentación.** m. *Bo.* Primer domingo después de la fiesta de carnaval, *que generalmente se celebra con una fiesta.*
      c. ‖ **~ de palmas.** (Calco del ingl. *Palm Sunday*). m. *EU.* Domingo de Ramos.
   □
      a. ‖ **~ siete.**
        i. loc. sust. *Ve, Pe, Ch, Ar, Ur.* Dicho o hecho inesperado *y, generalmente, descabellado.* pop + cult → espon.
        ii. *Ho, Pe, Bo.* Día considerado como nefasto o de mala suerte.
        iii. *Gu.* Persona impertinente o que cae mal. pop.
   ▶ **salir con ~ siete; salir con su ~ siete; salir con un ~; salir con un ~ siete.**

dominguear.
   I. 1. intr. *Gu, Ho, ES, Ni, Co.* Salir a pasear los domingos por la tarde. pop.
   2. *Ho.* Vestir bien y acicalarse *alguien* los domingos.
   II. 1. intr. *Pa, Bo.* Comer en casa de domingo.
   □
      a. ‖ **de ~.**
        i. loc. adj. *CR, Co. Referido a ropa*, elegante o reservada para ocasiones especiales. pop.
        ii. *CR.* obsol. *Referido a palabra*, considerada propia de personas cultas.

dominguero, -a.
   I. 1. adj. *Gu, Pa, Ve, Bo*; adj/sust. *RD; Cu*, p.u; *Co*, obsol. *Referido a un traje*, elegante, que solo se usa para una fiesta u ocasión especial. pop + cult → espon.

dominguilla.
   I. 1. f. *Mx:N.* Planta herbácea de hasta 1 m de altura, de hojas alternas y puntiagudas, flores en racimos cubiertos de pelos, cáliz tubular y de color azul morado, y fruto seco, algo cilíndrico, con una cubierta dura; en la medicina la tradicional posee diversas aplicaciones. (Plumbaginaceae; *Plumbago pulchella*). ♦ **lagaña de perro; pañete; tianguis.**

dominical.
   I. 1. adj/sust. *Pe. Referido a un salario*, que es percibido el domingo tras haber trabajado de lunes a sábado.

dominicano.
   ■
      a. ‖ **~ ausente.** m. *RD.* Natural de la República Dominicana que reside en un país extranjero.

dominico.
   I. 1. m. *Mx, ES, Pa, Cu, RD, PR, Ve, Ec, Pe.* Variedad de **plátano.**
   2. *Mx, ES.* **Banano** muy pequeño; es comestible.
   II. 1. m. *Ar:NO.* Ave de pequeño tamaño, plumaje tornasolado y de colores vistosos, y pico muy largo. (Trochilidae; *Sappho sparganura*). ♦ **rundún; tumiñico.**

dominiquito.
   I. 1. m. *Mx.* Pájaro de hasta 13 cm, de color café grisáceo por arriba, gris por abajo, y motas amarillas sobre cola y alas, pico delgado y puntiagudo, y cola profundamente amuescada. (Fringillidae; *Carduelis pinus*).

dominó.
   I. 1. f. *Ve.* **Arepa** rellena con **caraotas** negras y queso blanco.

domitila.
   I. 1. f. *Pa. En los festejos populares*, muñeca de grandes dimensiones que se pasea por las calles.

dompe. (Del ingl. *dump*, basurero).
   I. 1. m. *EU.* Vertedero.

dompear(se). (Del ingl. *to dump*, verter).
   I. 1. intr. prnl. *Mx.* juv. Quedarse dormido de forma repentina. pop.
   II. 1. tr. *EU.* Deshacerse de *algo*, tirarlo a la basura.

domplín.
   I. 1. m. *Pa, RD.* Bollo hecho de harina de trigo, leche y huevos, condimentado con salsa de pescado.

don.
   ■
      a. ‖ **~ tomás.** *PR.* **palo de fraile.**

don, -ña.
   I. 1. *Gu, Ho, ES, Ni, CR, Pa, Co, Bo.* Persona de edad madura. pop.
   ●
      a. ‖ **~.** fórm. *Gu, Ho, ES, Ni, RD, PR, Co, Ve, Pe, Bo.* Se usa para tratar con respeto a una persona mayor.

dona. (Del ingl. *doughtnut* o *donut*).
   I. 1. f. *EU, Mx, Gu, Ho, ES, Ni, CR, Pa, RD, PR, Co, Ec, Bo, Py.* Pieza de repostería de masa esponjosa y frita, con forma de rosquilla y cubierta con azúcar glaseado o chocolate.
   II. 1. f. *Mx.* Liga decorativa para sujetar el cabello.

donaca.
   I. 1. f. *PR.* Molusco bivalvo de pequeño tamaño, con la concha de color marrón claro, con estrías concéntricas más claras; su carne es muy apreciada.

donape.

　I. 1. m. *Mx.* Planta arbustiva de hasta 1,5 m de altura, con ramas de color pardo, hojas trifolioladas, ápice agudo a obtuso, flores solitarias con sépalos lanceolados y corola de cinco pétalos de color verde con extremos rosados, y fruto globoso con aguijones purpúreos. (Krameriaceae; *Krameria cytisoides*).

doncel.

　I. 1. m. *Co.* Árbol de hasta 10 m de altura, con tronco cubierto de gruesas espinas, hojas aromáticas y flores y frutos diminutos; se cultiva como cerca viva. (Rutaceae; *Xanthoxylum monophyllum*). ♦ **moló; naranjuelo.**

doncella.

　I. 1. f. *Pe.* Pez de hasta 25 cm de longitud, de cuerpo delgado y comprimido, *generalmente de color pardo claro*, con una mancha oscura debajo de la aleta dorsal espinosa. (Labridae; *Halichoeres dispilus*).

　2. *Pe.* Pez fluvial, sin escamas; su carne es muy apreciada. (Pimelodidae; *Pseudoplatystoma fasciatum*).

　3. *PR.* Pez marino de hasta 46 cm de longitud, de cuerpo alargado, cilíndrico, aleta dorsal corta y boca oblicua y grande, de color café grisáceo en la parte superior, con bandas más claras por debajo de la línea lateral. (Synodontidae; *Synodus intermedius*). ♦ **guavina; lagarto.**

　4. *PR.* **noro.**

　II. 1. f. *Ve.* Inflamación aguda del tejido celular de los dedos, *principalmente de su tercera falange.*

　III. 1. f. *Gu.* Colmena de abejas pequeñas y amarillentas que producen miel.

　IV. 1. f. *PR.* Bebida hecha con crema de cacao y leche, que se toma después de las comidas.

doncellía.

　I. 1. f. *PR.* Doncellez.

doncellita.

　I. 1. f. *Mx.* Planta herbácea de hasta 1,5 m de altura, de tallo piloso, hojas verticiladas, frecuentemente elíptico-lanceoladas y de ápice agudo, flores con corola tubular, de color rojo o anaranjado, y fruto capsular; tiene propiedades medicinales. (Rubiaceae; *Bouvardia ternifolia*).

doncenón.

　I. 1. m. *Co.* **alverjilla,** planta.

donde.

　□
　a. ‖ **de ~.** loc. adv. *RD, Ve.* No, imposible.
　b. ‖ **~ mismo.** loc. adv. *RD.* En el mismo sitio. rur.

dónde.

　•
　a. ‖ **¿a ~ bueno?** fórm. *Ec.* Se usa para preguntar a alguien hacia dónde se dirige.
　b. ‖ **de ~ michi.** fórm. *Pe.* Se usa para indicar que no se sabe de dónde es algo o alguien. pop + cult → espon.

dondequiera.

　I. 1. f. *Co.* Árbol de hasta 6 m de altura, con ramas extendidas y hojas simples y alternas, de forma lanceolada y margen serrado, flores pequeñas, de color amarillo cremoso, y fruto en forma de cápsula ovoide rojo anaranjado; se emplea para curar afecciones de la piel. (Salicaceae; *Casearia corymbosa*). ♦ **ondequiera.**

dondorindo.

　I. 1. m-f. *ES.* Persona, sujeto.

donguey.

　I. 1. *PR.* **dunguey.**

dongüey.

　I. 1. *PR.* **dunguey.**

donjuán.

　I. 1. m. *Mx.* Arbusto de hasta 6 m de altura, con tallo verdoso, hojas elípticas o lanceoladas, flores en panículas cortas, amarillentas, en forma de trompeta, y fruto capsular de forma elipsoide; sus hojas, tóxicas para el ganado, se usan en medicina popular. (Solanaceae; *Nicotiana glauca*). ♦ **carallanta; falso tabaco; gretana; helado; maraquiana; mostaza montés; palán-palán; palancho; tabaquillo; tacote; virginio.**

donquear(se). (Del ingl. *to dunk,* sumergir).

　I. 1. intr. *Ho, RD. En el básquet,* encestar a bocajarro sin que el balón se despegue de la mano.

　2. intr. prnl. *Ho.* metáf. Realizar el coito. vulg.

　3. intr. *PR. En el básquet,* saltar cerca de la canasta y soltar el balón muy cerca de ella con intención de encestar.

donqueo.

　I. 1. m. *Ho. En el básquet,* enceste a bocajarro sin que el balón se despegue de la mano.

donquiar. (Del ingl. *to dunk*).

　I. 1. tr. *RD, PR. En el básquet,* encestar con una o dos manos impulsando el balón con fuerza sobre el aro.

dontomás.

　I. 1. *PR.* **palo de fraile.**

doña.

　I. 1. f. *Ni, RD, Bo, Py.* Esposa. afec.

　•
　a. ‖ **~.** fórm. *Ho, Pa, Co; RD, Py,* afec; *Ch,* fest. Se usa para saludar a una señora.

　■
　a. ‖ **~ juanita.** *Mx.* **juana.**

doñita.

　•
　a. ‖ **~.** fórm. *Gu, Ni, RD, PR, Bo.* Se usa como tratamiento de cortesía a una señora. pop + cult → espon ∧ afec.

doparse.

　I. 1. intr. prnl. *Mx, Gu, Bo.* Drogarse.

　2. *Ch.* Drogarse con sustancias adormecedoras o relajantes.

dopear(se).

　I. 1. tr. *Pa.* Dopar, administrar drogas para aumentar la capacidad física.

　2. intr. prnl. *Pa.* Doparse, consumir drogas para aumentar la capacidad física.

dora.

　I. 1. f. pl. *Ec, Bo.* Electrodomésticos. pop + cult → espon.

　2. f. *Bo.* Mujer que realiza las tareas domésticas. pop + cult → espon ∧ fest.

doradilla.

　I. 1. f. *Pa, Ar, Ur.* Planta de tallos subterráneos, hojas con vellosidades anaranjadas y frutos en espigas, se utiliza en la medicina popular. (Schizaeaceae; *Anemia tomentosa*).

　2. *Co.* Hierba de hasta 20 cm de altura, de tallo delgado y piloso, hojas muy pequeñas y florecitas amarillas con el centro rojizo; se utiliza en la medicina tradicional. (Melastomataceae; *Chaetolepis microphylla*).

　3. *Pe, Ch:N.* Helecho de hasta 25 cm de altura, de tallos cortos y erectos, hojas compuestas de pecíolos cortos, lanceoladas o aovadas que presentan el revés cubierto por un polvo amarillo. (Polypodiaceae; *Notholaena nivea*). ♦ **raqui raqui.**

　4. *PR.* **calahuala.**

doradillo.
I. 1.   *Bo, Py.* **dorado.** (Characidae; *Salminus maxillosus*).

doradillo, -a.
I. 1.   adj/sust. *Bo:E,S, Py, Ar, Ur. Referido a un caballo*, de color melado brillante.

doradito.
I. 1.   m. *Ar, Ur.* Pájaro de hasta 12 cm de longitud que se caracteriza por tener el vientre de color amarillo. (Tyrannidae; *Pseudocolopteryx flaviventris*).

dorado.
I. 1.   m. *Mx.* Pájaro pequeño del tipo del colibrí, de hasta 90 mm de longitud, de garganta de color naranja intenso y la espalda rojiza brillante, aunque la hembra tiene la espalda verde, los lados color rojizo mate y la base de la cola muy rojiza. (Trochilidae; *Selasphorus rufus*).
2.   m. *Ar, Ur.* Pájaro de hasta 14 cm de longitud caracterizado por su plumaje oliváceo en el dorso y dorado en el pecho. (Emberizidae; *Sicalis* spp.). ♦ **ulincho.**
3.   m. *Pe, Bo, Ur.* Pez de hasta 70 cm de longitud, con el vientre plateado y reflejos dorados en las escamas laterales. (Characidae; *Salminus maxillosus*). ♦ **doradillo; pirayú.**
4.   *Pe.* Pez marino de hasta 2 m de longitud, de cabeza voluminosa y cuerpo alargado, de colores llamativos aunque predomine el azul mezclado con verde y motas negras en el dorso. (Pimelodidae; *Brachyplatysoma flavicans*).
5.   m. *PR.* Pez marino de hasta 1 m de longitud, con la parte frontal alta y redondeada, cuerpo comprimido, aleta caudal surcada y cabeza con cresta y una coloración vistosa, que oscila entre los tonos azul, amarillo, blanco y verde; es comestible. (Coryphaenidae; *Coryphaena hippurus*). ♦ **dolfín.**

doraíto.
I. 1.   m. *PR.* Pez marino de hasta 1 m de longitud, con la cabeza y el cuerpo comprimidos lateralmente y una única aleta dorsal; es de color azul plateado, aunque puede presentar tonalidades verde amarillentas; se utiliza en la pesca deportiva. (Coryphaenidae; *Coryphaena equiselis*).

dorapa. (De *parado*, inver. silábica).
□
   a. ‖ **de ~.** loc. adv. *Ar, Ur.* De pie. pop + cult → espon ^ fest.

dorar.
I. 1.   intr. *CR, RD.* Empezar a madurar el arroz. rur.
□
   a. ‖ **~ la papa.** loc. verb. *Ho.* Tratar de quedar bien con alguien, adular a alguien.

dorima. (De *marido*, inver. silábica).
I. 1.   m. *Ec, Bo, Pe, Ch, Ar, Ur; Pe, p.u.* | juv. Marido, esposo. pop + cult → espon ^ fest.

dormición.
I. 1.   f. *Ve.* Adormecimiento de alguna parte del cuerpo.

dormida.
I. 1.   *Bo, p.u; pop; Pe:S, obsol.* | meton. Habitación de una vivienda destinada a dormir.
2.   *Ho, CR, Bo.* Descanso que alguien se toma durmiendo, *generalmente por tiempo prolongado.* pop.
3.   *Bo.* Siesta después de la comida.
4.   f. *RD, Co.* Pernoctación. pop.
II. 1.   f. *Bo.* metáf. *En el juego del cacho*, jugada en que los cinco dados que han sido lanzados presentan el mismo número en la cara superior.

dormidebas.
I. 1.   f. *Pa.* Adormidera, planta de la que se extrae el opio.

dormidera.
I. 1.   f. *Mx, Pa, Cu, RD, PR, Co, Ve, Ec, Bo:S.* Planta silvestre de hasta 1 m de altura, de tallos muy finos, pero resistentes y espinosos, hojas bipinnadas, muy sensibles, que se cierran al menor contacto, flores de color rosa o lila pálido en cabezuelas. (Fabaceae; *Mimosa pudica*). (**adormidera**). ♦ **dormilona; moriviví; quececupatle; sensitiva; vergonzosa.**
II. 1.   f. *Co, Ve.* Somnolencia, adormecimiento. pop.

dormidero.
I. 1.   m. *Gu, RD, PR; Ec,* rur. Lugar muy poblado de árboles y matorrales en el que se recogen las aves silvestres para dormir.
II. 1.   m. *PR.* Sitio donde duermen los animales, *en especial las aves de corral.* rur.
2.   *PR.* Rama de árbol en la que duermen las gallinas. rur.

dormido, -a.
I. 1.   adj. *Gu, Ni, Pa, RD, Co. Referido a persona*, lenta, parada, con poca iniciativa.

dormilón.
I. 1.   m. *Ar:NO.* Ave de alas y cola largas, cabeza grande, color pardusco y hábitos vespertinos. (Caprimulgidae; *Hydropsalis* spp.). ♦ **llanarca.**
2.   m. *Ve.* Mamífero de hasta 60 cm de longitud, de cola prensil larga, peluda y delgada, patas con dos garras largas, la parte dorsal de color dorado-grisáceo brillante con una franja **café** oscura desde los hombros hasta los cuartos traseros. (Myrmecophagidae; *Cyclopes didactylus*). ♦ **gato balsa; tapacara.**
3.   *Ho.* Pez de agua dulce, de hasta 35 cm de longitud, de cuerpo alargado y cilíndrico, hocico puntiagudo, boca grande y mandíbula inferior saliente, escamas longitudinales, radios pectorales, dorso hasta la mitad de los costados de color pardo con dos barras oscuras y anchas y la cola profusamente manchada de negro; su carne es comestible. (Eleotridae; *Gobiomorus dormitor*). ♦ **guabina de río.**
III. 1.   m. *Ch.* Golpe dado con el puño en el brazo de alguien que deja entumecida la zona golpeada. pop + cult → espon.

dormilona.
I. 1.   f. *Mx, Gu, Ho, ES, Ni, Pa, Cu, RD, Co.* Planta de hasta 70 cm de altura, con tallo lleno de aguijones ganchosos, hojas pecioladas, flores pequeñas de color rojo oscuro, fruto en vainillas con varias simientes. (Fabaceae; *Mimosa* spp.). ♦ **puta vieja; quecupatli.**
2.   *Ho, ES, Ni, CR, Cu, RD, Bo.* **dormidera**, planta.
II. 1.   f. *Co:N, Ve.* Camisa de dormir de mujer.
III. 1.   f. *Pe.* Pendiente largo de pinza hecho de filigrana que cuelga del lóbulo de la oreja.
2.   *Pa, RD.* Broche pequeño con filigranas que sirve como ornamento en algunas ropas.
IV. 1.   f. *Ur.* juv. Actividad recreativa que consiste en pasar la noche junto a amigos y compañeros.
V. 1.   f. *Pa.* Mujer que adormece a los hombres para robarles. delinc.

dormir(se).
I. 1.   intr. prnl. *Mx, Gu, Ho, ES, Cu.* Engañarse *alguien.* pop + cult → espon.
II. 1.   intr. *Ec.* Pasar la noche a la intemperie *algo que usualmente se guarda en un lugar destinado para él.*
III. 1.   *Cu.* **bajear**, acosar.
IV. 1.   tr. *Bo.* Remojar la ropa en agua con detergente para que salga la suciedad. pop + cult → espon.
V. 1.   tr. *Bo.* Sumergir un trozo de carne en un jugo hecho con diversos ingredientes para que adquiera el sabor de los condimentos. pop + cult → espon.
VI. 1.   tr. *PR.* Conseguir, coger *alguien algo.*

a. ‖ **con eso me dormían.** fórm. *RD.* Se usa para mostrar una persona su incredulidad ante algo que le cuentan.

□

a. ‖ **~ a pata ancha.** loc. verb. *Cu, Ar.* Dormir *alguien* profundamente y durante un tiempo prolongado. pop + cult → espon.

b. ‖ **~ a rejo pelado.** loc. verb. *Ni.* Dormir *alguien* desnudo.

c. ‖ **~ como piedra en pozo.** loc. verb. *Mx.* Dormir profundamente. pop + cult → espon.

d. ‖ **~ como yuca.** loc. verb. *PR.* Estar *alguien* profundamente dormido. pop + cult → espon.

e. ‖ **~ con la chula.** loc. verb. *Ho.* Tener mala suerte *alguien.* pop + cult → espon.

f. ‖ **~ de ese lado.** loc. verb. *Pa.* Hacerse *alguien* ilusiones. pop + cult → espon.

g. ‖ **~ el sueño eterno.** loc. verb. *Cu.* Quedar *algo* detenido mucho tiempo o pendiente de solución.

h. ‖ **~ ensillado.** loc. verb. *Ch.* p.u. Dormir pocas horas y con la ropa puesta para no perder tiempo al levantarse.

i. ‖ **~se el pájaro.**
  i. loc. verb. *Ho.* Descuidarse, despreocuparse, no estar atento.
  ii. *Ni.* Ser *alguien* muy lento.
  iii. *Ni.* Perder una oportunidad.
  iv. *Ni.* No lograr un hombre una erección.

j. ‖ **~se en la ceniza.** loc. verb. *Gu, Ho, ES.* No obrar con celeridad, descuidarse. pop + cult → espon.

k. ‖ **poder ~ parado.** loc. verb. *Cu.* Tener el pie grande.

dormisión.
  I. 1. f. *Ni.* Somnolencia constante por debilidad o anemia. rur.

dorremí.
  I. 1. m. *Ar.* Hurto, robo. pop.

dos.
■

a. ‖ **~ para dos.** m. *Ve.* Pareja de personas que realiza alguna actividad con otra pareja.

□

a. ‖ **del ~.** loc. sust. *Mx, Ho.* Excremento. inf; euf.

b. ‖ **~ de bastos.** loc. sust. *Mx, ES.* Ladrón de carteras. delinc.

c. ‖ **~ por uno.**
  i. *Ch.* **con gancho**, válido para dos personas.
  ii. *Ch.* **con gancho**, que pueden acceder dos personas.

d. ‖ **~ que tres.**
  i. loc. adv. *Mx, Gu, ES.* Más o menos, regular.
  ii. *Ho, ES.* Alguna vez, un poco.
  iii. *ES.* Rápidamente, al momento.

e. ‖ **en ~.** loc. adv. *PR.* A medias.

▶ **hacer del ~; hacer el ~; pedir el ~; poner las ~ y veinte; ser ~ veinte.**

dosaje.
  I. 1. m. *Pe.* Dosis, cantidad o porción de algo.
■

a. ‖ **~ etílico.** m. *Pe, Ar.* Prueba que se realiza a los conductores para comprobar el grado de alcohol en la sangre que pudieran tener.

dosañero, -a.
  I. 1. sust/adj. *Ve.* Caballo o yegua de pura sangre de dos años de edad.

dosar.
  I. 1. tr. *Ar, Ur. En un laboratorio*, medir la cantidad de ciertos componentes o sustancias, *especialmente en la sangre.*

dostiar. (Del ingl. *to dust*, polvo).
  I. 1. tr. *EU.* Quitar el polvo, sacudir.

dougout. (Del ingl. *dugout*, cobertizo bajo).
  I. 1. *RD, Ve.* **dugout**.

down. (Voz inglesa).
  I. 1. adj. *PR, Ve. Referido a persona*, triste, decaída, deprimida.
  2. *Ve.* Estado depresivo. urb.
  3. *Ve.* Estado depresivo causado por el consumo de drogas. drog.

□

a. ‖ **~ payment.** (Voz inglesa). m. *PR.* Depósito, adelanto de parte del precio total de una compra.

▶ **dar un ~; estar ~.**

drac.
  I. 1. m. *Bo:S.* Aguardiente con agua fría y azúcar.

draft. (Voz inglesa).
  I. 1. m. *Ho, PR. En el beisbol*, situación de libertad de que disfruta un jugador al finalizar la temporada para firmar con otro equipo.
  II. 1. m. *PR.* Borrador, esquema inicial de un escrito.

draga.
  I. 1. adj. *PR. Referido a persona*, glotona. pop + cult → espon.

drago.
  I. 1. *Cu.* **ceibón**.

dragón.
  I. 1. f. *Cu.* **collar de la reina**, planta.
  II. 1. m. *Ch.* Aliento fuerte y desagradable producto de un exceso de comida o bebida. pop ^ fest.
  III. 1. m-f. *PR.* Persona que come mucho. pop + cult → espon.
  2. *ES.* **guardabarranco**.
  IV. 1. m. *Ur.* obsol. Novio o pretendiente.

dragona.
  I. 1. f. *Ch. En el uniforme militar de carabinero*, pieza que sirve para sujetar la espada y que no se mueva.

dragonazo.
  I. 1. m. *ES. En el ejército*, mal aliento.

dragoneante.
  I. 1. m. *Co*; m-f. *Bo.* Soldado que reemplaza al cabo en ausencia de este.
  2. m-f. *Ar. En las Fuerzas Armadas*, cadete, y antiguamente **conscripto**, que por sus méritos desempeña funciones propias de un rango superior al suyo.
  3. *Ch.* obsol. Militar que desempeñaba una obligación o función sin contar aún con un título para hacerlo.

dragonear(se).
  I. 1. intr. *Gu, Ch, Ar, Pe,* p.u. Ejercer *alguien* un cargo o función superior al que le corresponde o para el que no está habilitado.
  II. 1. intr. *Ar, Pe,* obsol. Hacer alarde, presumir de algo.
  III. 1. tr. *Ar, Ur.* obsol. Cortejar *alguien* a *una persona.*
  IV. 1. tr. *ES.* Estar un militar en proceso de preparación para obtener un rango.
  V. 1. intr. prnl. *ES.* Escaparse el soldado del cuartel sin licencia.
  VI. 1. tr. *Ur.* Seguir con la mirada *algo* con la intención de obtenerlo.

dragoneo.
  I. 1. m. *Ar, Ur.* Galanteo, coqueteo.
  II. 1. m. *Ur.* p.u. Mirada fija e insistente de alguien.

dragoniante.
  I. 1. m-f. *Bo.* Soldado que reemplaza al cabo en ausencia de este. pop.

dragueo. (Del ingl. *to drag*).
 I. 1. m. *RD*; *PR*, juv. Carrera en la que se compite con coches de gran cilindrada o camiones de gran envergadura.

dráiclin. (Del ingl. *drycleaner*).
 I. 1. *Ho, ES, RD*. **draicliner**.

draiclineado. (Del ingl. *dry cleaning*, lavado en seco).
 I. 1. m. *ES*. Lavado de ropa en seco.

draiclineado, -a. (Del ingl. *dry cleaning*, lavado en seco).
 I. 1. adj. *Gu, Ho, ES, Ni. Referido a ropa*, lavada en seco.

draiclinear. (Del ingl. *dry cleaning*, lavado en seco).
 I. 1. tr. *Gu, Ho, ES, Ni*. Lavar en seco la ropa.

draicliner. (Del ingl. *dry cleaner*, tintorería).
 I. 1. m. *Ho, ES, RD*. Establecimiento donde se limpian prendas de vestir, telas o alfombras. (**dráiclin**).

draipen. (Del ingl. *drypen*).
 I. 1. *Ur.* **drypen**.

draipén. (Del ingl. *drypen*).
 I. 1. *Ar, Ur.* **drypen**.

draj.
 I. 1. m. *Ar:NO*. Bebida a base de alcohol o aguardiente, agua y azúcar; se usa contra el mal de altura.

drama.
 ■
  a. ‖ **cualquier ~.** m. *RD*. juv. Suceso de resultados lamentables de grandes proporciones o que se repite reiteradamente. pop ^ hiperb.

drapa.
 I. 1. f. *PR*. Juego de niños que consiste en sacar con un trompo las chapas que se colocan dentro de un círculo trazado en el suelo. ♦ **chapilla**.

draque.
 I. 1. m. *Ec:S*. **Canelazo** con jugo de limón ácido.

drasticidad.
 I. 1. f. *Ho, RD*. Severidad o intransigencia con alguien o algo.

dressing. (Voz inglesa).
 I. 1. m. *PR*. Aderezo, aliño para las comidas.

driblador, -ra.
 I. 1. m. y f. *Ho, ES, CR, Co. En deportes*, persona que regatea con facilidad a un contrario.

drible.
 I. 1. m. *Pe, Bo, Ch*. Regate o finta que hace un jugador para esquivar al contrario y que no le arrebate el balón.
  2. *Ch*. Bote o golpeo continuado de un balón.

dribleada.
 I. 1. f. *Pe. En el futbol*, jugada en la que se regatea a varios jugadores.

dribleador, -ra.
 I. 1. m. y f. *Cu, Pe, Bo, Ch, Ur*. Jugador que dribla.

driblear. (Del ingl. *to dribble*).
 I. 1. tr. *Ho, Pa, Cu, PR, Ve, Pe, Bo, Ch, Ar, Ur. En ciertos deportes*, hacer fintas un jugador para no dejarse arrebatar el balón.
  2. intr. *Ch. En ciertos deportes*, llevar un jugador el balón botándolo con una mano o golpeándolo con el pie.
 II. 1. intr. *PR*. juv; metáf. Mariposear *alguien*.

dribleo.
 I. 1. m. *Ho, Bo, Ch*. Regate o finta que hace un jugador para esquivar al contrario y que no le arrebate el balón.
  2. *Ch*. Bote o golpeo continuado de un balón.
  3. *Bo*. Elusión de un tema o un asunto.

driblin. (Del ingl. *to dribling*).
 I. 1. m. *Ho, CR, Pe. En el futbol y otros deportes*, finta o regate que hace un jugador a un contrario.

dril. (Del ingl. *drill*).
 I. 1. m. *Ho, RD*. Tela de lino blanco o de algodón.

drink. (Voz inglesa).
 I. 1. m. *EU, Mx, PR*. Trago de bebida alcohólica. (**drinque**).

drinkear.
 I. 1. intr. *Ch*. Beber en exceso hasta emborracharse. pop + cult → espon.

drinque.
 I. 1. *Cu, PR*. **drink**.

drive. (Voz inglesa).
 I. 1. m. *PR*. Palanca del automóvil.
 □
  a. ‖ **~ in.** m. *PR*. Servicio que el usuario recibe en su automóvil.

driver. (Voz inglesa).
 I. 1. m-f. *PR*. Individuo con habilidades para organizar y dirigir.

droga.
 I. 1. f. *Mx, ES*. Deuda de alguien.
 II. 1. f. *Gu*. Cosa inútil o de poco valor. desp.
  2. *Gu*. Lugar imaginario adonde se manda a *alguien* que molesta. pop + cult → espon.
  3. *Ur*. Cosa aburrida, tediosa o de mala calidad.
 III. 1. f. *PR*. Papel con apuntes para copiar en un examen. est. (**droguita**). ♦ **drogón**.
 □
  a. ‖ **en la ~.** loc. adv. *Ho*. Muy lejos, a gran distancia.
  b. ‖ **ni ~.** loc. adv. *Ho*. Ni caso, nada no.
 ▶ **echar a la ~; estar hecho una ~; hacer ~; irse a la ~; largarse a la ~.**

drogo.
 I. 1. m. *CR, Ec*. Drogadicto. pop.

drogo, -a.
 I. 1. adj/sust. *Mx, Gu, Ho, ES, CR, PR, Co, Ve, Ec, Pe, Bo, Ch. Referido a persona*, drogadicta. pop + cult → espon.
 □
  a. ‖ **~ malo.** loc. sust. *PR*. Persona drogadicta muy enganchada. drog.

drogómano, -a.
 I. 1. adj/sust. *RD, Ve. Referido a persona*, adicta a las drogas.

drogón.
 I. 1. m. *PR*. **droga**, papel.

drogón, -na.
 I. 1. m. *Mx*. **droguero**.
 II. 1. adj/sust. *Ar, Ur*. Drogadicto. pop + cult → espon ^ desp.

droguería.
 I. 1. f. *Ho, ES, Cu, RD, PR, Co, Ve, Bo, Ar, Ur*. Establecimiento donde en ocasiones se preparan y siempre venden drogas o medicamentos.

droguero, -a.
 I. 1. adj. *Mx. Referido a persona*, morosa, mal pagadora. ♦ **drogón**.

droguita.
 I. 1. *PR*. **droga**, papel.

drolático, -a.
 I. 1. adj. *Mx*. p.u. *Referido a cosa*, grotesca, chusca, ridícula.

droma. (Del ingl. *drummer*, tambor, viajante).
 I. 1. m/f. *EU*. Vendedor callejero.

dromo.
 I. 1. m. *RD*. Lugar donde se celebran **competencias** de perros.

dron. (Del ingl. *drum*, bidón).
 I. 1. m. *Ho, PR*. Recipiente de gran tamaño, especie de tonel, destinado a usos variados, *pero en especial para tirar basura y señalizar las carreteras*.

2. *Ho.* Bidón, recipiente hermético y cilíndrico con capacidad de 200 litros, destinado a contener líquidos u otras sustancias que requieren aislamiento.

dronero, -a.
I. 1. adj. *Gu. Referido a persona o animal*, que hurga en un **dron** en busca de comida.

dropeado, -a.
I. 1. adj. *PR. Referido a persona*, mal vestida. pop + cult → espon.
2. *PR. Referido a persona*, suspendida, expulsada. est.

dropear(se). (Del ingl. *to drop*, tirar, echar).
I. 1. intr. prnl. *EU, PR.* Abandonar los estudios. est. (**dropiarse**).
2. *EU.* No asistir a una clase a propósito. est.
3. tr. *PR.* Expulsar *alguien* a un estudiante de una institución educativa o de una asignatura. est. (**dropiar**).
4. *PR.* Suspender *alguien* a un estudiante por bajo índice académico. est. (**dropiar**).
II. 1. tr. *PR.* Cancelar, terminar *alguien algo.*

dropiar(se).
I. 1. *PR.* **dropearse**, abandonar.
2. *PR.* **dropear**, expulsar.
3. *PR.* **dropear**, suspender.

drugstore. (Voz inglesa).
I. 1. f. *PR.* Farmacia, droguería.

drum. (Voz inglesa).
I. 1. m. *PR.* Bidón.
2. *PR.* Tambor de metal o de material plástico para envasar líquidos.

dry. ▪
a. ‖ ~ **cleaner.** (Voz inglesa). m. *EU, Ho, RD.* Tintorería, establecimiento donde se limpian prendas de vestir.
b. ‖ ~ **cleaning.** (Voz inglesa).
i. m. *RD, PR, Bo.* Tintorería.
ii. *Ni, PR.* Lavado en seco.

dryclean. (Voz inglesa).
I. 1. m. *EU, RD.* Limpieza de prendas de vestir, telas o alfombra.

drypen.
I. 1. m. *Ar, Ur.* Instrumento provisto de una punta de fibra y una carga de tinta para escribir o dibujar. (**draipen; draipén**).

duartiano, -a. (De Juan Pablo *Duarte*, político dominicano, 1813-1876).
I. 1. adj. *RD.* Relativo a Juan Pablo Duarte y a su ideario.

dub.
I. 1. m. *ES.* Cigarro de marihuana. drog.

dubi.
I. 1. m. *PR.* Peinado femenino que consiste en poner el pelo lacio y suave. ♦ **tubitubi.**

duchada.
I. 1. f. *Pe, Bo.* Baño rápido bajo la ducha.

duchador.
I. 1. m. *Ar.* Ducha provista de un tubo flexible y una empuñadura móvil que permiten dirigir manualmente el agua.

duchero.
I. 1. m. *Ar, Ur. En el cuarto de baño*, compartimento donde está la ducha.
II. 1. m. *Ur.* Pieza agujereada por donde sale el agua de la ducha.

ducho, -a.
I. 1. adj/sust. *Bo. Referido a persona*, que saca beneficio de las circunstancias que se le presentan favorables, *normalmente sin escrúpulos.*

duco. □
a. ‖ **al ~.** loc. adj/adv. *Pe. Referido a un objeto, especialmente un mueble o un automóvil*, pintado con pulverizador eléctrico.

ducto.
I. 1. m. *Mx, CR, Pa, Co, Ec, Pe, Bo, Ch, Ur.* Tubería o canal.
2. *Ve, Pe, Ch, Ur.* Conducto metálico que sirve para transportar la basura desde cada uno de los distintos pisos de un edificio hasta los depósitos del sótano.

duda. □
a. ‖ **por las ~s.** *CR, Cu, RD, Co, Ec, Ar, Ur.* **por si las dudas.**
b. ‖ **por si las ~s.** loc. adv. *Mx, CR, RD, Ve, Ec, Bo, Py, Ar, Ur.* Por si acaso, en previsión de una contingencia. (**por las dudas**).

dudar. •
a. ‖ **¡lo duda!** fórm. *Ho, CR.* Se usa con tono exclamativo para reafirmar la veracidad de lo dicho por el interlocutor. pop.

duela.
I. 1. f. *Mx, Ec, Bo.* Tabla larga y estrecha usada en pisos de aposentos o entarimados.
2. *Mx, Ec, Bo.* Piso hecho con **duelas.**

duende.
I. 1. m. *RD, Ar:NO. En la tradición popular*, personaje fantástico travieso y burlón, de baja estatura, con un gran sombrero, y una mano de lana y otra de hierro; es de origen español.
II. 1. m. *PR.* Planta herbácea silvestre, perenne, tallos bulbosos, raíces fasciculadas, hojas simples, oblongas, muy carnosas, y flores vistosas; los bulbos se utilizan en la medicina tradicional. (Amaryllidaceae; *Amaryllis equestris*).
2. *PR.* Flor del duende, con forma de lirio, de pequeño tamaño y de color rosado; se utiliza en la medicina tradicional.

dueño. ▪
a. ‖ ~ **de monte.** m. *CR.* Personaje legendario que habita en el bosque y tiene el cuerpo cubierto de vegetación, largas barbas y cabellera greñuda gris; persigue a quien ose hacer daño a la naturaleza o contestar a los aullidos que le emite.
b. ‖ ~ **del sol.** m. *Ar:NE.* Ser fantástico con el que se asusta a los niños para que permanezcan en casa durante las horas de siesta.

dueño, -a. ▪
a. ‖ ~ **de casa.**
i. m. y f. *RD, Bo.* Propietario de una casa alquilada. pop.
ii. *Ch.* Persona que está a cargo de una casa o de una familia.
b. ‖ ~ **del balón.** m. y f. *Co.* Persona que manda o dispone. pop.
c. ‖ ~ **del santo.** m. y f. *Bo.* Persona que cumple años. pop.
▶ **ser el ~ de los caballitos; ser el ~ del bate, el guante y la pelota.**

duglas.
I. 1. adj. *Gu, ES, Ni.* Dos. pop + cult → espon.

dugo.
I. 1. m. *Gu.* Ayuda, auxilio.
▶ **correr ~s.**

dugout. (Voz inglesa).

   I. 1. m. *Ho, Ni, Cu, RD, PR, Ve. En* **beisbol,** zona donde los jugadores esperan su turno o descansan durante un partido. (**dogao; dogaut; dogout; dougout**).

dujo.

   I. 1. m. *PR.* Taburete rústico.

dulce.

   I. 1. m. *Mx, Gu, Ni, Ch.* Caramelo, golosina aromatizada con diferentes sabores.

   2. *Gu, Ho, CR, Ec.* **panela,** azúcar sin refinar.

   3. *Gu, Ho, ES, Ni.* Bloque de azúcar de varias formas y tamaños elaborado en el trapiche.

   4. *PR.* Azúcar.

  II. 1. *Ch. Referido a persona,* que lleva mucho dinero. delinc.

  III. 1. m. *ES.* Cigarro de marihuana hecho en casa. drog.

  2. *PR.* Marihuana. drog.

  IV. 1. m. *Ho. En el juego de la rayuela,* dos pequeñas casillas a ambos extremos de la línea de salida que no pueden ser tocados ni con el tejo ni con el pie. inf.

  V. 1. m. *Ni.* juv. Dos de la tarde.

■

   a. ‖ ~ **abrillantado.** m. *Ve.* Dulce en forma de frutas que se prepara con leche y azúcar y se recubre con una capa de azúcar cristalizada de colores.

   b. ‖ ~ **cubierto.** m. *Mx.* Golosina consistente en un trozo de fruta envuelto en una capa de azúcar.

   c. ‖ ~ **de abejas.** m. *RD.* Miel producida por las abejas.

   d. ‖ ~ **de budoque.** m. *Gu.* Dulce hecho con huevos, leche, azúcar y canela batidos y al fuego.

   e. ‖ ~ **de chiberro.** *Ho.* **alcitrón,** calabaza confitada.

   f. ‖ ~ **de nevera.** m. *RD.* Dulce hecho de una base de bizcocho o galletas y una mezcla de huevo, vainilla, azúcar y cóctel de frutas; se sirve frío.

   f. ‖ ~ **de palito.** *PR.* **dulce en palito,** caramelo.

   g. ‖ ~ **de panela.** m. *Ho.* Bloque de azúcar de varias formas y tamaños elaborado en el trapiche. ♦ **dulce de rapadura.**

   h. ‖ ~ **de rapadura.** *Ho.* **dulce de panela.**

   i. ‖ ~ **en palito.** m. *RD.* Caramelo con un pequeño mango de madera. (**dulce de palito**).

   j. ‖ ~ **en vasito.** m. *Pa.* Dulce pequeño, hecho y presentado en molde de papel rizado, con los mismos ingredientes que el bizcocho en distintas proporciones.

□

   a. ‖ ~ **de nariz.** loc. sust. *Ch.* Cocaína. drog.

   b. ‖ **hasta para hacer ~.** loc. adv. *Cu.* En abundancia. pop + cult → espon.

   c. ‖ **ni ~ ni bombo.** loc. adj. *Cu. Referido a un alimento,* que no tiene mucho azúcar pero sí buen sabor.

  ▶ **dar el ~; gustarle el ~; no hallar dónde poner el ~; ser el mismo ~ con diferente palito; tirarse al ~.**

dulceabrigo.

   I. 1. m. *Co.* Tela de algodón tupida y suave que se emplea para confeccionar ropa interior o prendas de dormir.

dulcera.

   I. 1. f. *CR.* Recipiente pequeño, semejante a un tazón, usado para servir postres.

dulcero, -a.

   I. 1. m. y f. *Ho, ES.* Persona que produce dulce de **panela.**

  II. 1. sust/adj. *Ho.* Olla muy grande, de pared vertical, base plana, borde saliente, con dos asas que se utilizaba para cocer el jugo de caña de azúcar hasta convertirlo en dulce o miel. ♦ **mielea; trapichera.**

dulcete.

   I. 1. adj. *Pe, Bo. Referido a cosa, especialmente una comida o una bebida,* de sabor dulce o tirando a ello. pop + cult → espon.

dulcito.

   I. 1. m. *RD.* Sabor, sensación que se percibe por el sentido del gusto.

dulumoco.

   I. 1. m. *Co.* Árbol de hasta 6 m de altura que está cubierto de pelos ásperos, de color rojizo, hojas grandes, de forma ovalada, y pequeñas flores blancas con numerosos estambres amarillos; su fruto es una baya globosa, comestible. (Dilleniaceae; *Saurauia* spp.).

dulzaina.

   I. 1. f. *Gu, Ho, CR, Co.* Armónica. ♦ **violina; violineta.**

dulzón, -na.

   I. 1. adj. *PR. Referido a persona,* mareada por los efectos del alcohol. pop + cult → espon.

dulzoso, -a.

   I. 1. adj. *Mx, Ho, Ni. Referido a bebida o comida,* dulce.

dulzudo, -a.

   I. 1. adj. *Ni. Referido a bebida o comida,* muy dulce.

dumpling. (Voz inglesa).

   I. 1. m. *PR.* **arepa,** especie de pan.

dunario, -a.

   I. 1. adj. *Ch.* Relativo a las dunas. prest.

dunda.

■

   a. ‖ **la ~.** f. *Ho.* Pene. vulg; pop + cult → espon.

dundada.

   I. 1. f. *Ho,* Dicho o hecho tonto. pop + cult → espon.

dundear.

   I. 1. intr. *Ho, ES, Ni.* Decir o hacer *alguien* tonterías. pop + cult → espon.

  II. 1. intr. *ES.* Vagar *alguien* sin rumbo. pop + cult → espon.

  2. *ES.* Desorientarse *alguien.* pop + cult → espon.

dundeco, -a.

   I. 1. adj. *Ho, ES, Ni. Referido a persona,* tonta. pop + cult → espon ^ desp.

dundera.

   I. 1. f. *Ho, ES, Ni.* Dicho o hecho tonto. pop + cult → espon ^ desp.

  II. 1. f. *Ni.* Cosa sin valor. pop + cult → espon ^ desp.

dundería.

   I. 1. f. *Ho, ES.* Tontería. pop + cult → espon ^ desp.

dundo, -a.

   I. 1. adj. *Gu, Ho, ES, Ni, CR, Pa, RD. Referido a persona,* tonta. pop + cult → espon ^ desp. ♦ **aguacatón; ajolotado; lumbo; patastón; tuntuneco.**

  II. 1. adj. *Ho; Gu, CR,* obsol. *Referido a persona,* que tiene el uso normal de los sentidos parcialmente alterado a causa de un golpe o ruido fuertes. rur.

dundón, -na.

   I. 1. adj. *Ho. Referido a persona,* tonta. pop + cult → espon ^ desp. ♦ **dundulario; dunduneco.**

dundulario, -a.

   I. 1. adj. *Ni. Referido a persona,* tonta. pop + cult → espon ^ desp.

dundún.

   I. 1. m. *RD.* Ser imaginario que, según la creencia popular, tiene el poder de transformarse en animal o en árbol.

  II. 1. m. *PR.* Trago de ron seguido de un vaso de cerveza. rur.

dunduneco, -a.

   I. 1. *Ho.* **dundón.**

dunguey. (De or. ind. antillano).
I. 1. m. *PR.* **Bejuco** leñoso, con espinas, de hojas acorazonadas también espinosas que asciende hasta lo más alto de algunos árboles de bosques muy densos y que produce el **ñame** nativo. (Dioscoreaceae; *Dioscorea altisima,* Smilacaceae; *Smilax* spp.). (**donguey; dongüey**).

■
a. ‖ ~ **blanco.** m. *PR.* Variedad de **dunguey**; posee propiedades medicinales.

dunlopillo. (De *Dunlopillo®*).
I. 1. m. *Pe.* Gomaespuma.

dúo.
I. 1. m. *Py.* Amigo íntimo, compañero inseparable.

dupla.
I. 1. f. *Ho, ES, Co, Pe, Bo, Ch, Ar, Ur.* Conjunto de dos personas que habitualmente trabajan en equipo. ♦ **dupleta.**
2. *Ho, ES, CR, Co, Pe, Bo, Ch, Ur. En el deporte,* conjunto de dos jugadores que se complementan muy bien y realizan una buena función dentro del equipo. ♦ **dupleta.**
3. *En deportes de vela,* pareja que forma el equipo. ♦ **dupleta.**
II. 1. f. *Ni.* Bulevar con área ajardinada en el centro de la calle.

dupleta.
I. 1. f. *Ve, Pe, Bo.* Doblete, acierto doble.
II. 1. *Pa, Bo.* **dupla,** conjunto de personas.
2. *Cu.* **dupla,** pareja de vela.
3. *Bo.* **dupla,** conjunto de jugadores.

duque.
I. 1. m. *Mx, Cu; Bo,* fest. *En algunos juegos,* el número dos.

duquesa.
I. 1. f. *Cu.* **duque.**

dura.
•
a. ‖ **la ~.** fórm. *Ch.* juv. Se usa para indicar que el que habla dice completamente la verdad.
▶ **dar a la ~; pasar las ~s y las maduras.**

duraco, -a.
I. 1. adj. *PR. Referido a un estudiante,* aplicado, preparado. pop + cult → espon ∧ fest.
2. *PR. Referido a persona,* eficiente en su profesión. pop + cult → espon ∧ fest.
3. *PR.* **caballo,** persona hábil. pop.

durana.
I. 1. f. *Pe.* Varilla o aguja para tejer y hacer punto. rur.

durango.
I. 1. m. *Mx.* Variedad de algodón caracterizada por su calidad que se cultiva en el estado mexicano de ese mismo nombre.
II. 1. m. *Gu.* **Durazno** que tiene la pulpa rojiza en torno al hueso.
III. 1. adj. *Ho.* juv. *Referido a persona,* tacaña. fest.

durapás.
I. 1. m. *ES.* Material plástico, fofo y liviano que sirve para empaquetar y proteger artículos comerciales.

durar.
•
a. ‖ **¡que le dure!** fórm. *CR.* Se usa para felicitar a alguien que está estrenando algo.
□
a. ‖ ~ **lo que dura un pedo en una canasta.** loc. verb. *Ch.* Mantenerse o estar *alguien* o *algo* en un sitio poco tiempo. pop ∧ fest.
b. ‖ ~ **menos que un *candy*.** loc. verb. *Ch.* Desarrollarse muy poco *algo* o transcurrir en poco tiempo. pop + cult → espon ∧ fest.

duraznal.
I. 1. m. *Mx, Gu, Ho, Co, Ve, Pe, Bo, Ch, Ar, Ur.* Terreno poblado de **duraznos.**
2. *Gu; Pe, Ch.* p.u. Árbol que produce **duraznos.**

duraznate.
I. 1. m. *Mx.* Dulce hecho con pasta de **durazno.**

duraznear.
I. 1. intr. *Gu.* p.u. Robar **duraznos.** rur.

duraznera.
I. 1. f. *Bo.* Borrachera.

duraznero, -a.
I. 1. adj. *Bo, Ch.* Relativo a la producción y comercialización del **durazno.**

duraznillal.
I. 1. m. *Mx.* Lugar poblado de **duraznillos.**
2. *Ar.* Lugar poblado de **duraznillos blancos.**

duraznillar.
I. 1. m. *Ar.* Lugar poblado de **duraznillos blancos.**

duraznillo.
I. 1. m. *Mx.* Arbusto arbolado de hasta 5 m de altura, con hojas carnosas de color verde, cubiertas de espinas, flores de color amarillo y fruto aromático y comestible. (Cactaceae; *Opuntia leucotricha*).
II. 1. m. *Pe.* Árbol que alcanza hasta 10 m de altura, de hojas, anchas y ovales, algo coriáceas y pubescentes, las flores crecen en panojas cuya cápsula es lanceolada. (Rubiaceae; *Cinchona ovata*).
III. 1. m. *Bo:S.* p.u. Aguardiente preparado con **duraznos.**

■
a. ‖ ~ **blanco.** m. *Ar.* Planta de hasta 1,5 m de altura, con hojas simples, flores de color azul violáceo y una baya globosa con abundantes semillas como fruto. (Solanaceae; *Solanum glaucophyllum*).
b. ‖ ~ **negro.** m. *Ar, Ur.* **hediondilla,** arbusto.

durazno.
I. 1. m. *Gu, Ho, ES, Ni, Pa, Co, Ve, Pe, Bo, Ch, Ar:NO.* Nombre genérico de varias especies de árboles, como el melocotonero, el pérsico y el duraznero.
2. *Gu, Ho, ES, Pa, Co, Ve, Pe, Bo, Ch, Ar:NO.* Fruto del durazno, globoso, amarillento, de carne apretada y jugosa con un surco longitudinal y una gran semilla protegida por una cáscara dura; es comestible.

durazno, -a.
I. 1. sust/adj. *Ar.* Persona torpe, de pocas luces. pop + cult → espon ∧ fest.
2. adj. *Ch. Referido a persona,* testaruda. pop + cult → espon.
II. 1. adj. *Ch, Ar. Referido a cosa,* dura, tiesa. pop + cult → espon.
2. adj. *Gu. Referido a persona,* tacaña, poco generosa. pop + cult → espon ∧ fest.

dure.
I. 1. *Ve.* **ture.**

dureli.
I. 1. adj. *Ch, Ar. Referido a cosa,* dura, rígida. pop + cult → espon ∧ fest.
2. *Ch, Ar. Referido especialmente a un mecanismo o a un motor,* que funciona con cierta resistencia. pop + cult → espon ∧ fest.
3. *Ch, Ar. Referido a cosa,* difícil, trabajosa. pop + cult → espon ∧ fest.
II. 1. adj. *Ch, Ar. Referido a persona,* torpe o lenta para pensar o aprender. pop + cult → espon ∧ fest.
2. *Ch, Ar. Referido a persona,* poco habilidosa para realizar algo. pop + cult → espon ∧ fest.

durísimo, -a.
I. 1. adj. *Cu, PR.* juv. *Referido a persona,* bien formada y en excelentes condiciones físicas.
II. 1. m. y f. *RD.* metáf. Persona tacaña.

durmia.
  I. 1. f. *ES.* Dormida.
  II. 1. f. *ES.* Haraganería.
durmiente. (Calco del ingl. *sleeper*).
  I. 1. m. *Mx, Gu, Ho, Ni, CR, Pa, Co, Ve, Bo, Ch, Ar, Ur, Pe,* p. u. Cada una de las traviesas de una línea férrea.
durmilí.
  I. 1. m. *Ar:C.* Ave que tiene el dorso de color ocre, con manchas negras transversales, y el vientre blanco, con rayas negras longitudinales. (Bucconidae; *Nystalus maculatus*). (**dúrmili**).
dúrmili.
  ■
  a. ‖ ~-~. *Ar:NO.* **durmilí.**
duro.
  I. 1. adv. *Ho, ES, Ni, Pa, RD, PR, Co. Al hablar en voz alta*, con fuerza.
  II. 1. adv. *Ho, Ni.* Mucho, en abundancia.
  III. 1. adv. *ES.* Velozmente, con rapidez.
  IV. 1. m. *Pa.* Refresco congelado.
  ▶ agarrar ~.
duro, -a.
  I. 1. adj. *Mx:S, Ho, ES, Pa, Cu, PR, Co, Ve, Pe, Bo, Py. Referido a persona,* tacaña, que escatima excesivamente al gastar o dar dinero. pop + cult → espon ∧ fest. ◆ **duro del codo.**
  II. 1. adj. *Mx, Co. Referido a la forma de llover,* intensa.
  III. 1. sust/adj. *RD, PR, Ve, Ec.* Persona que posee la mejor preparación en un campo determinado. pop + cult → espon.
  2. *PR, Co.* **caballo,** persona hábil. pop.
  IV. 1. adj. *Pe, Ch, Ar. Referido a persona,* drogada. drog.
  2. adj/sust. *Ur,* pop; *Bo,* pop + cult → espon. *Referido a persona,* borracha.

V. 1. m. y f. *Co. En narcotráfico,* persona con mucho dinero que impone leyes y dominio en su territorio.
VI. 1. adj. *Cu, PR. Referido a persona,* hermosa, atractiva. pop + cult → espon.
  2. adj. *RD. Referido a persona,* vieja, que tiene muchos años.
VII. 1. adj. *Ho, Ni. Referido a moneda,* estable en su conversión con otras.
VIII. 1. adv. *Ho, Ni.* Mucho, en abundancia.
IX. 1. adv. *ES.* Velozmente.
  ■
  a. ‖ ~ del codo. m. y f. *Ho.* **duro,** tacaño. pop + cult → espon.
  □
  a. ‖ ~ como el ausubo. *PR.* **duro como el guayacán.**
  b. ‖ ~ como el coyor. *PR.* **duro como el guayacán.**
  c. ‖ ~ como el guayacán. loc. adj. *PR. Referido a cosa,* extremadamente dura. ◆ **duro como el ausubo; duro como el coyor.**
  d. ‖ ~ de vicio. loc. adj. *PR. Referido a persona,* excesivamente avara. pop + cult → espon ∧ desp.
  e. ‖ ~ y parejo. loc. adv. *Mx, Ho, CR, Pa, Co, Ve, Ec, Pe, Bo, Ch, Ar, Ur.* Con ánimo y constancia. pop. ◆ **tieso y parejo.**
  f. ‖ en la dura. loc. adv. *Ch.* De manera combativa y oponiendo resistencia. pop + cult → espon.
  □
  a. ‖ más ~ que un coco seco. loc. adj. *PR. Referido a persona,* muy tacaña, agarrada. pop + cult → espon.
durofrío.
  I. 1. m. *Cu.* Helado, *generalmente casero,* hecho de jugo de frutas.

e

earring. (Voz inglesa).
   I. 1.   m. *EU.* Pendiente, adorno que se lleva en el lóbulo de la oreja.

easy. (Voz inglesa).
   ▶ **coger ~.**

ébano.
   I. 1.   *Co.* Arbusto de hasta 5 m de altura de tallos erectos, hojas lanceoladas, rígidas y puntiagudas, y flores vistosas de color rojo, rosado o blanco; contiene una savia lechosa y blanca, muy venenosa. (Apocynaceae; *Nerium oleander*). ♦ **flor de La Habana; habano; laurel rosa; rosa francesa.**
   2.   m. *Mx, RD.* Árbol de hasta 10 m de altura, de corteza lisa de color oscuro verdoso, follaje denso y flores amarillas en racimos; su madera compacta, muy dura y de color oscuro, se emplea para hacer muebles en ebanistería. (Fabaceae; *Caesalpinia sclerocarpa*).
   3.   *PR.* **bariaco,** arbusto.
   ■
   a. ‖ **~ de Santo Domingo.** *RD.* **granadillo.** (Fabaceae; *Machaerium capote*).
   b. ‖ **~ junero.** m. *Gu.* Árbol de hasta 20 m de altura, de copa muy abierta, con forma semejante a la de una sombrilla, hojas compuestas y alternas, de color verde oscuro brillante, inflorescencia en forma de panícula terminal y flores blancas. (Fabaceae; *Dalbergia funera*).
   c. ‖ **~ verde.** m. *RD.* Árbol de hasta 20 m de altura, de follaje espeso, hojas aovadas de color verde oscuro, flores terminales de color blanco y fruto globoso con semilla de color rojo oscuro; su madera es muy apreciada en ebanistería. (Magnoliaceae; *Magnolia pallescens*).

ebeje.
   I. 1.   m. *Bo:E.* Utensilio hecho de hojas de palma, usado para avivar el fuego de leña.

ebó.
   I. 1.   m. *Cu. En la santería,* ceremonia de ofrenda con la que se pretende alejar a los malos espíritus.

ebora.
   I. 1.   f. *Cu.* Hechicería o brujería.

ebrio, -a.
   □
   a. ‖ **ni ebrio ni dormido.** loc. adv. *Ar.* Nunca. pop.

ecapacle. (Del nahua *ecatl,* aire, y *patli,* medicamento).
   I. 1.   m. *Mx.* Planta herbácea anual de hasta 1,5 m de altura, con tallo erecto, leñoso, ramificado, hojas compuestas, inflorescencia axilar, flores amarillas y pequeñas, raíz pivotante y fruto en forma de legumbre aplanada con semillas aovadas; tiene usos medicinales (Fabaceae; *Cassia occidentalis*). ♦ **brusca; chilinchile; hediondilla; jiopacle; mezquitillo; potra.**

echada.
   I. 1.   f. *Mx.* Fanfarronada, bola, mentira. pop + cult → espon.

   II. 1.   f. *Pe.* Sometimiento, humillación. pop + cult → espon.
   2.   *Pe.* Delación malintencionada. pop.
   III. 1.   f. *ES, Ni, RD, Bo.* pop. Incubación de huevos de una gallina.
   IV. 1.   f. *Ho, RD.* Despido de alguien de su puesto de trabajo.

echadero.
   I. 1.   m. *Pe, Bo:NE.* Pradera de pasto que se extiende al borde de una ciénaga o que está regada por manantiales procedentes de las montañas.

echado, -a.
   I. 1.   adj/sust. *Ni, CR, PR,* metáf; adj. *Ve. Referido a persona,* que muestra lentitud o falta de ganas al actuar. pop + cult → espon ∧ desp.
   2.   *Ve. Referido a persona,* floja, holgazana, sin ocupación ninguna. pop + cult → espon.
   3.   *Ch. Referido a persona,* acostada sin hacer nada cuando debiera estar haciendo algo. pop + cult → espon.
   II. 1.   adj. *ES. Referido a autobús,* lento, retrasado. pop.
   III. 1.   adj. *PR. Referido a persona,* acomodada en un puesto gubernamental descansado y bien retribuido.
   □
   a. ‖ **~ llave.** loc. adj. *Bo, Ec. Referido a persona,* encerrada con llave en el interior de una habitación. pop + cult → espon.
   b. ‖ **~ para adelante.**
     i. loc. adj. *Ve. Referido a una mujer,* que es sexualmente liberada. pop.
     ii. *Ve. Referido a persona,* presuntuosa, que pretende ser más de lo que es.
     iii. loc. adj/sust. *Cu. Referido a persona,* **hocicuda,** soberbia. pop + cult → espon.
   c. ‖ **~ para atrás.**
     i. loc. adj. *Ar; Ec,* p.u. *Referido a persona,* arrogante, altanera. pop.
     ii. *Ur. Referido a persona,* que está en muy buena situación económica. pop.
   ▶ **estar bien ~; estar ~ para atrás.**

echador.
   I. 1.   m. *Ho. En las peleas de gallos,* persona experta que prepara y echa en la **cancha** a la hora debida el gallo que pelea.

echador, -ra.
   I. 1.   adj/sust. *Mx, RD. Referido a persona,* fanfarrona.
   II. 1.   m. y f. *Ho.* Persona que gusta de provocar enemistad entre otras.
   □
   a. ‖ **~ de verga.** loc. adj. *ES. Referido a persona,* muy trabajadora. vulg.

echadote, -a.
   I. 1.   *Mx, Ec.* **acostadote.**

echar(se).
   I. 1.   tr. prnl. *Mx, Cu, RD, Co, Ch.* Matar a *alguien.* delinc.
   2.   tr. *Mx, Ho, ES, RD.* Matar a *alguien.*
   3.   intr. prnl. *Mx, Ho, ES.* Morirse *alguien.*

4. *Pe.* Someterse *una persona* a alguien o quedar vulnerable a su agresión. pop.

II. 1. tr. prnl. *Mx, Ho, ES, CR, Pa, Cu, RD.* Poseer sexualmente un hombre a *alguien*. vulg; pop + cult → espon.

III. 1. intr. prnl. *Ar.* Aportar *una persona* cierta cantidad de dinero para un fin determinado. pop.

2. *Ho.* Ganar *alguien* dinero.

IV. 1. tr. prnl. *Co.* juv. **Reprobar** una asignatura.

V. 1. tr. *Pe.* Delatar malintencionadamente a *alguien*. delinc.

VI. 1. tr. *Ho, RD.* Meter *alguien algo* en un lugar.

2. *PR.* juv; metáf. Presentar *una persona* a *alguien*.

VII. 1. tr. prnl. *Ho, Co, RD.* Comer o beber *alguien algo*. pop.

VIII. 1. tr. *PR.* Pagar *alguien* lo necesario que se solicita.

IX. 1. tr. *PR.* Proponer o presentar *alguien* a *una persona* o animal como de superior calidad a otro con quien se supone que tendrá que medir sus fuerzas o habilidades.

X. 1. intr. prnl. *CR.* Desistir *alguien* de un propósito por pereza o indolencia. pop + cult → espon.

•

a. ‖ **a ~ pulgas a otro lado.** fórm. *Ho, ES.* Se usa para mandar a alguien que se vaya lejos. desp.

b. ‖ **échate ese trompo a la uña.** fórm. *Mx, Gu, Ho, ES.* Se usa para indicar que un asunto reviste gran dificultad. ♦ **échese ese trompo a la uña a ver si tatarea.**

c. ‖ **échese ese trompo a la uña a ver si tataratea.** *Ho, ES.* **échese ese trompo a la uña.**

☐

a. ‖ **~ a la droga.** loc. verb. *Gu, Ho, ES, Ni, Pa.* Mandar a *alguien* a paseo, despedirlo de malos modos. pop.

b. ‖ **~ a la mierda.** loc. verb. *Gu, RD.* Poner fin a una relación personal o profesional. pop.

c. ‖ **~ a pelar los chascones.** loc. verb. *Ch.* Realizar el coito. vulg; pop.

d. ‖ **~ a rodar.** loc. verb. *Bo.* Rechazar a *alguien* bruscamente. pop + cult → espon.

e. ‖ **~ afuera.** loc. verb. *Ch.* Hablar, revelar alguna información o secreto. pop + cult → espon. ♦ **echar para afuera.**

f. ‖ **~ agua de socorro.** loc. verb. *Ni.* Bautizar a un niño con urgencia y sin agua bendita.

g. ‖ **~ aguas.** loc. verb. *Mx.* Alertar a alguien de un riesgo o amenaza. pop.

h. ‖ **~ al agua.** loc. verb. *CR; Ch,* pop + cult → espon. Delatar a *alguien*. pop. ♦ **echarse al pico.**

i. ‖ **~ al degredo.** loc. verb. *Ve.* Relegar, olvidar a *alguien*.

j. ‖ **~ al pico.** loc. verb. *Co:N.* Matar *una persona* a *alguien*. pop.

k. ‖ **~ al saco.** loc. verb. *Ve.* juv. Comer.

l. ‖ **~ al trajín.** loc. verb. *Ch.* Usar cotidianamente *algo, especialmente la ropa,* que era nuevo o exclusivo hasta gastarlo. pop + cult → espon.

m. ‖ **~ bala.**

i. loc. verb. *Cu.* Enamorar *una persona* a *alguien*.

ii. *Gu, Ec.* Disparar un arma de fuego.

n. ‖ **~ bando.** loc. verb. *Gu.* Insultar a alguien. pop.

ñ. ‖ **~ bencina al fuego.** loc. verb. *Ch.* Contribuir *una persona* a que se acreciente algo que se considera negativo. pop.

o. ‖ **~ bola negra.** loc. verb. *Ho, Ni, RD.* Desprestigiar a alguien.

p. ‖ **~ bolas.** loc. verb. *Ve.* Emprender *alguien* con decisión y coraje la ejecución de alguna cosa. vulg.

q. ‖ **~ broma.**

i. loc. verb. *RD, Ve.* Jugar o divertirse *alguien*. pop + cult → espon.

ii. *RD, Ve.* Causar *alguien* o *algo* molestia, fastidio. pop + cult → espon.

iii. *Ve.* No funcionar bien una cosa, *especialmente un aparato mecánico o eléctrico.* pop + cult → espon.

r. ‖ **~ bronca.** loc. verb. *Mx.* Reclamar algo. pop.

s. ‖ **~ bueno.** loc. verb. *Co:C.* Pasarlo *alguien* bien. pop.

t. ‖ **~ cachucha.** loc. verb. *ES.* Trabajar *alguien* con ahínco.

u. ‖ **~ caja.**

i. loc. verb. *Co:O.* Reír.

ii. *Co:O.* Divertirse. pop + cult → espon.

v. ‖ **~ caldo.** loc. verb. *PR.* Hacer *alguien* algo con entusiasmo. pop + cult → espon.

w. ‖ **~ camino.** loc. verb. *Ni.* Irse *alguien*.

x. ‖ **~ candela.** loc. verb. *RD, Co, Ve.* Dar *alguien* muestras de enojo o furor. pop.

y. ‖ **~ candelas.** loc. verb. *Cu.* Estar una mujer muy hermosa.

z. ‖ **~ carbón.** loc. verb. *Ch.* Contribuir *alguien* a que se acreciente una discusión o diferencia entre otras personas.

a¹. ‖ **~ carga.** loc. verb. *Ho.* Fructificar una planta, *en especial un árbol frutal.* rur.

b¹. ‖ **~ carreta.** loc. verb. *Co.* Charlar *alguien* por pasar el tiempo, decir cosas triviales.

c¹. ‖ **~ carrilla.** loc. verb. *Mx.* Hacer objeto a alguien de bromas y burlas insistentes sobre un asunto que le es sensible. pop + cult → espon.

d¹. ‖ **~ cepillo.** loc. verb. *Co.* **cepillar,** adular. pop.

e¹. ‖ **~ chicha al cumbo.** loc. verb. *Ni.* Complicar *una persona* un asunto más de lo que estaba.

f¹. ‖ **~ chile.** loc. verb. *Gu.* Presumir *alguien* de algo, *especialmente de un objeto o de un vestido.*

g¹. ‖ **~ chinitas.** loc. verb. *Gu, Ho, Ni.* Atacar verbal e indirectamente a alguien.

h¹. ‖ **~ cinta.** loc. verb. *Pa.* juv. Hablar, charlar con los amigos.

i¹. ‖ **~ clavija.** loc. verb. *Co.* Engañar a alguien cobrándole más dinero del debido.

j¹. ‖ **~ coco.**

i. loc. verb. *Ho, Ve.* Pensar algo detenida y cuidadosamente. pop + cult → espon.

ii. *Ve.* Presumir, alardear de lo que se es o de lo que se tiene. pop + cult → espon.

k¹. ‖ **~ cojones.** loc. verb. *Cu.* Proferir insultos, maldecir.

l¹. ‖ **~ cola de mico.** loc. verb. *Ni.* Lograr *una persona* con malas artes que alguien se enamore de ella.

m¹. ‖ **~ con el rayo.** loc. verb. *Cu.* Censurar a *alguien*, tratarlo duramente, con severidad. ♦ **tirar con el rayo.**

n¹. ‖ **~ cuarta y geme.** loc. verb. *Ni.* Pagar *alguien* con creces el mal que ha hecho.

ñ¹. ‖ **~ cuatros.** loc. verb. *Gu.* obsol. Frustrarse, salir *algo* mal.

o¹. ‖ **~ cuento.** loc. verb. *Pa, Ec.* Engañar a alguien.

p¹. ‖ **~ cuerpo.**

i. loc. verb. *CR, RD.* Desarrollarse notoriamente el cuerpo de una persona.

ii. *Bo.* Aumentar *alguien* de peso y volumen corporal.

q¹. ‖ **~ culata.** loc. verb. *ES.* Ayudar a alguien a subir a un lugar empujándolo de las nalgas. pop.

r¹. ‖ **~ culo.** loc. verb. *Ar.* Echarse atrás en un compromiso o en un reto. rur; pop.

s¹. ‖ **~ de cabeza.** loc. verb. *Mx; Ec,* p.u. Poner al descubierto, denunciar, delatar a *alguien* que ha cometido acciones reprobables.

t¹. ‖ **~ de cacayacas.** loc. verb. *Mx.* Reprender o regañar a *alguien*. pop + cult → espon.

u¹. ‖ **~ de menos.** loc. verb. *Bo.* Interesarse *una persona* por la situación de alguien. pop + cult → espon.

v¹. ‖ **~ dedo.** loc. verb. *Co.* Hacer autoestop. pop.

w¹. ‖ **~ desmadre.** loc. verb. *Mx.* Excederse *alguien* en palabras o acciones. vulg.

x¹. ‖ **~ el ala.** loc. verb. *Bo*; *Ho, ES,* rur. Enamorar un hombre a una mujer. pop + cult → espon.

y¹. ‖ **~ el brinco.** loc. verb. *Mx, Ni.* Realizar el coito. pop.

z¹. ‖ **~ el buitre.** loc. verb. *Gu.* Vomitar.

a². ‖ **~ el caballo.**
　i. loc. verb. Seducir un hombre a una mujer o viceversa. ♦ **echar el cuento; echar el ruco.**
　ii. *ES.* Competir una persona. ♦ **echar el churuco.**

b². ‖ **~ el churuco.** *CR.* **echar el caballo,** seducir. pop + cult → espon.

c². ‖ **~ el clavo.** loc. verb. *Ho, Ni.* Culpar una persona a alguien de una cosa que no ha hecho.

d². ‖ **~ el cuento.** *Ho, CR.* **echar el caballo,** seducir. pop + cult → espon.

e². ‖ **~ el culo al charral.** loc. verb. *Ho.* Abandonar *alguien* lo que se está haciendo o retractarse de ello. pop.

f². ‖ **~ el fardo.** loc. verb. *Ch.* Atribuirle a alguien la culpa o responsabilidad de algo. pop.

g². ‖ **~ el gallo.** loc. verb. *Gu.* Competir o rivalizar una persona con otra, *generalmente presumiendo de cualidades que tiene en igual o mayor grado.*

h². ‖ **~ el ganso.** loc. verb. *Ve.* Atribuir *una persona* a alguien la culpa de un delito. delinc.

i². ‖ **~ el guante de repente.** loc. verb. *RD, PR.* Agarrar *alguien* algo en el momento. pop + cult → espon.

j². ‖ **~ el hombro.** loc. verb. *Ec.* Ayudar, cooperar.

k². ‖ **~ el justán.** loc. verb. *Ni.* Estar dos personas muy enamoradas.

l². ‖ **~ el ojal.** loc. verb. *Ch.* Observar a alguien o algo con detenimiento. pop.

m². ‖ **~ el pelo.** loc. verb. *Ch.* Divertirse, pasarlo bien. pop + cult → espon.

n². ‖ **~ el perro.** loc. verb. *Ni.* Vomitar.

ñ². ‖ **~ el perro muerto.**
　i. loc. verb. *Gu,* pop + cult → espon; *Bo:O,* pop. Atribuirle a alguien una falta que ha cometido otra persona.
　ii. *RD.* Obligar a alguien a que haga algo que no le gusta. pop + cult → espon.

o². ‖ **~ el rey.** loc. verb. *CR. En el fútbol,* actuar el árbitro con parcialidad. pop.

p². ‖ **~ el ruco.** *CR.* **echar el caballo.** pop + cult → espon.

q². ‖ **~ el tamal.** loc. verb. *Ho.* Culpar a alguien de algo que no ha hecho.

r². ‖ **~ el topilzin.** loc. verb. *Mx.* Defecar. vulg; pop + cult → espon. ♦ **echar el topo.**

s². ‖ **~ el topo.** *Mx.* **echar el topilzin.** fest.

t². ‖ **~ el trote.** loc. verb. *CR.* obsol. Hacer *alguien* una cosa sin esmero. pop + cult → espon.

u². ‖ **~ el verbo.**
　i. loc. verb. *Ho.* Enamorar a alguien.
　ii. *Ni.* Insultar a alguien.

v². ‖ **~ en banda.**
　i. loc. verb. *RD.* Descender al suelo un cometa o **papalote** porque la cuchilla de otro le corta la cuerda.
　ii. *RD.* Contagiar una enfermedad venérea.
　iii. *RD.* **Reprobar** una asignatura.

w². ‖ **~ en boche.** loc. verb. *PR.* Reprender, regañar *una persona* a *alguien.* pop + cult → espon. ♦ **echar un boche.**

x². ‖ **~ escardillo.** loc. verb. *Mx.* Tratar de causar admiración.

y². ‖ **~ ese muerto encima.** loc. verb. *RD, Ve.* Descargar *una persona* la responsabilidad de un asunto difícil.

z². ‖ **~ flores.** loc. verb. *Cu.* Decir maldiciones o palabras malsonantes. pop + cult → espon.

a³. ‖ **~ flotas.** loc. verb. *Co.* Fanfarronear, alardear. pop.

b³. ‖ **~ frijoles.** loc. verb. *Mx.* Decir mentiras.

c³. ‖ **~ gallitos.**
　i. loc. verb. *Ch.* Enfrentarse en una situación dos personas para ver quién tiene más poder. pop + cult → espon.
　ii. *Ch.* Probar su fuerza dos personas con los brazos y las manos. pop.

d³. ‖ **~ globos.** loc. verb. *Co.* Estar absorto o distraído. pop.

e³. ‖ **~ guata.** loc. verb. *Ch.* Engordar. pop + cult → espon ^ fest.

f³. ‖ **~ habladas.**
　i. loc. verb. *Mx.* Mentir.
　ii. *Mx.* Fanfarronear.

g³. ‖ **~ hoja.** loc. verb. *Ec.* obsol. Faltar injustificadamente toda una clase al colegio. pop.

h³. ‖ **~ humo.**
　i. loc. verb. *Ho, Ch.* Fumar. pop.
　ii. *Ho, Ec.* juv. Estudiar mucho, esforzarse en algo. est.
　iii. *Ho. En el ejército,* dormir.

i³. ‖ **~ la aburridora.** loc. verb. *Mx.* Regañar, reprender a alguien.

j³. ‖ **~ la baba.** loc. verb. *Co.* Sentir *una persona* gran atracción amorosa por otra. pop ^ fest.

k³. ‖ **~ la bendición.** loc. verb. *RD, Ve.* Saludar o despedir un mayor a un familiar menor, diciéndole Dios te bendiga.

l³. ‖ **~ la caballería encima.** loc. verb. *Ch.* Adoptar o manifestar *una persona* una actitud agresiva y poco respetuosa. pop.

m³. ‖ **~ la cadena.** loc. verb. *Gu.* Casarse.

n³. ‖ **~ la ceba.** loc. verb. *Co.* Vomitar, *especialmente como consecuencia de una borrachera o de consumo de drogas.* pop.

ñ³. ‖ **~ la chaveta.** loc. verb. *Gu.* Enloquecer.

o³. ‖ **~ la choreada.** loc. verb. *Ch.* Desafiar a alguien, mostrarse agresivo con él.

p³. ‖ **~ la comida en la boca y mover la quijada.** loc. verb. *PR.* Facilitar los medios para actuar a una persona indolente y vaga. pop + cult → espon.

q³. ‖ **~ la convencedora.** loc. verb. *Ni.* Convencer a alguien de algo.

r³. ‖ **~ la corta.** loc. verb. *Ch.* Orinar. pop ^ fest.

s³. ‖ **~ la cruz.** loc. verb. *Pe.* Dejar de visitar intencionadamente un lugar o una persona. pop.

t³. ‖ **~ la foca.**
　i. loc. verb. *Ch.* Abroncar ásperamente a alguien. pop + cult → espon.
　ii. *Ch.* Amenazar o desafiar a alguien. pop + cult → espon.

u³. ‖ **~ la cuaba.** loc. verb. *RD.* Culpar, acusar a alguien.

v³. ‖ **~ la gandinga.** loc. verb. *Cu.* Trabajar duramente una persona. pop.

w³. ‖ **~ la guaca.** loc. verb. *Gu.* Vomitar.

x³. ‖ **~ la hueva.**
　i. loc. verb. *Mx, Gu, Ho.* Holgazanear. pop.
　ii. *Gu, Ho, ES.* Descansar, reposar. pop.

y³. ‖ **~ la larga.** loc. verb. *Ch.* Defecar. vulg; pop + cult → espon.

z³. ‖ **~ la madre.** loc. verb. *Co.* Ofender a alguien mencionándole a su madre. pop.

a⁴. ‖ **~ la partida.** loc. verb. *Gu.* Fracasar.

b⁴. ‖ **~ la partida para atrás.** loc. verb. *Ve.* Impedir *alguien* que una cosa se pueda realizar.

c⁴. ‖ ~ **la pesada.** loc. verb. *Ho.* Utilizar todos los recursos contra alguien.

d⁴. ‖ ~ **la picuda.** loc. verb. *Ho. En el ejército*, culpar a alguien de algo que no ha realizado.

e⁴. ‖ ~ **la pulpería.** loc. verb. *Ni.* Vomitar.

f⁴. ‖ ~ **la ronca.** loc. verb. *Mx.* Decir fanfarronadas. pop + cult → espon.

g⁴. ‖ ~ **la sal.** loc. verb. *Mx.* Atribuir a lo dicho por alguien que algo no se realice o que no tenga buen término.

h⁴. ‖ ~ **la soga al cuello.**
    i. loc. verb. *CR, RD, PR, Co, Ec.* Contraer matrimonio. pop + cult → espon ∧ fest.
    ii. *CR, Co.* Actuar en perjuicio propio. pop + cult → espon ∧ fest.

i⁴. ‖ ~ **la talla.** loc. verb. *Ch.* Conversar animadamente en un grupo. pop + cult → espon.

j⁴. ‖ ~ **la vaca.**
    i. loc. verb. *Ho, Ni.* Atacar varias personas a una sola.
    ii. *Ho.* Ayudar varias personas a alguien.

k⁴. ‖ ~ **la viola.** loc. verb. *Ho.* Atacar, poner en aprietos a alguien.

l⁴. ‖ ~ **la visual.** loc. verb. *Ho, ES.* Dar un vistazo a alguien o algo.

m⁴. ‖ ~ **las cabras.** loc. verb. *Mx.* Acusar a alguien. pop.

n⁴. ‖ ~ **las cacas.** loc. verb. *PR.* Echar a alguien la culpa de algo. pop + cult → espon.

ñ⁴. ‖ ~ **las cinco al piano.** loc. verb. *Ho.* Robar. fest.

o⁴. ‖ ~ **las cinco repúblicas.** loc. verb. *ES.* Robar.

p⁴. ‖ ~ **las petacas.** loc. verb. *Ni.* p.u. Descuidar *alguien* sus asuntos o negocios.

q⁴. ‖ ~ **lavativas.** loc. verb. *Ve.* Perjudicar o molestar mucho a alguien.

r⁴. ‖ ~ **lengua.** loc. verb. *Co.* Hablar mucho y con indiscreción. pop.

s⁴. ‖ ~ **lente.** loc. verb. *Ec.* Atisbar, mirar algo con suma atención.

t⁴. ‖ ~ **lonjas.** loc. verb. *PR.* Engordar. pop + cult → espon ∧ fest.

u⁴. ‖ ~ **los chuchos.** loc. verb. *Gu.* Enamorar a alguien.

v⁴. ‖ ~ **los clavos.** loc. verb. *CR.* Culpar a alguien.

w⁴. ‖ ~ **los frijoles.** loc. verb. *Ho.* Vomitar.

x⁴. ‖ ~ **los palitos.** loc. verb. *Ho.* Lanzar indirectas.

y⁴. ‖ ~ **los perritos.** loc. verb. *Ho, Ni.* Contraer una mujer los músculos de la vagina en el coito.

z⁴. ‖ ~ **los perros.**
    i. loc. verb. *Mx, Gu, Ni, Pa, PR, Co, Ve, Ch.* rur. Cortejar a alguien. pop + cult → espon.
    ii. *Ho.* Insultar, regañar o criticar a alguien.

a⁵. ‖ ~ **los veinte.** loc. verb. *PR.* juv. Culpar a alguien por haber hecho algo que no hizo.

b⁵. ‖ ~ **lujo.** loc. verb. *Co.* Hacer *alguien* exhibición de riqueza. pop.

c⁵. ‖ ~ **maceta.** loc. verb. *Ho.* Trabajar o pelear con constancia e intensidad.

d⁵. ‖ ~ **machete.**
    i. loc. verb. *Co.* Recortar o reducir un trabajo o un escrito sin tener cuidado al hacerlo. pop.
    ii. *Co.* Hacer las cosas sin mucha precisión. pop.
    iii. *Ni.* Insultar, regañar o criticar a alguien.

e⁵. ‖ ~ **madres.** loc. verb. *Mx.* Maldecir, decir obscenidades. vulg.

f⁵. ‖ ~ **maíz.** loc. verb. *RD.* Estar pendiente de una muchacha para pretenderla o seducirla cuando alcance cierta edad.

g⁵. ‖ ~ **maíz a la pava.**
    i. loc. verb. *PR.* Hacer *alguien algo* fácil. pop + cult → espon.
    ii. *PR.* Hacer un trabajo rutinario que no termina nunca. pop + cult → espon.

iii. *PR.* Perder el tiempo. pop + cult → espon.

iv. *Ni.* Realizar el coito.

h⁵. ‖ ~ **manos al bulto.** loc. verb. *PR.* Comenzar a trabajar. pop + cult → espon.

i⁵. ‖ ~ **más leña a la candela.** loc. verb. *RD.* Hacer o decir cosas que empeoran una situación.

j⁵. ‖ ~ **mecha.** loc. verb. *Ho.* Trabajar o pelear con constancia e intensidad.

k⁵. ‖ ~ **mielita.** loc. verb. *Ni.* Aportar dinero para una actividad común.

l⁵. ‖ ~ **montón.** loc. verb. *Mx.* Agruparse varias personas en contra de alguien. pop.

m⁵. ‖ ~ **muela.** loc. verb. *Co.* Comer. pop.

n⁵. ‖ ~ **oreja.** loc. verb. *Co.* Poner atención para oír algo, *especialmente conversaciones ajenas.* pop.

ñ⁵. ‖ ~ **paja.**
    i. loc. verb. *Co.* Charlar por pasar el tiempo, decir cosas triviales. pop.
    ii. *Ve.* Hablar mal de alguien. pop.
    iii. *Ho.* Enamorar a alguien. pop + cult → espon.

o⁵. ‖ ~ **palo.** loc. verb. *Bo.* Criticar a alguien mientras está ausente.

p⁵. ‖ ~ **pan en su matate.** loc. verb. *Gu.* Aprender de una experiencia negativa y actuar en consecuencia para evitar que ocurra.

q⁵. ‖ ~ **papa.** loc. verb. *Mx.* Comer. pop.

r⁵. ‖ ~ **papa al caldo.** loc. verb. *Pe.* Aumentar *alguien* su volumen de grasa o tejido muscular para tener una apariencia saludable o atractiva.

s⁵. ‖ ~ **para acá.** loc. verb. *PR.* Pedir a alguien que se acerque. pop + cult → espon.

t⁵. ‖ ~ **para adelante.** loc. verb. *PR, Ec.* Progresar *alguien.* pop + cult → espon.

u⁵. ‖ ~ **para afuera.** *RD, Ch.* **echar afuera.** pop.

v⁵. ‖ ~ **para allá.** loc. verb. *PR.* No querer ver a una persona. pop + cult → espon.

w⁵. ‖ ~ **para atrás.** loc. verb. *PR.* Engreírse, darse importancia. pop + cult → espon.

x⁵. ‖ ~ **para fuera.** loc. verb. *RD, Ve.* Contar *algo.*

y⁵. ‖ ~ **párrafo.** loc. verb. *Gu.* Conversar. vulg; pop.

z⁵. ‖ ~ **patas.** loc. verb. *CR.* Desaparecer *algo* de un lugar por robo. pop + cult → espon ∧ fest.

a⁶. ‖ ~ **pelos a la leche.** *Ch.* **echar pelos a la sopa.**

b⁶. ‖ ~ **pelos a la sopa.** loc. verb. *RD, Ch.* Molestar, fastidiar o perjudicar a algo o a alguien. pop + cult → espon. ♦ **echar pelos a la leche.**

c⁶. ‖ ~ **penca.**
    i. loc. verb. *Ho.* Trabajar hasta el cansancio.
    ii. *Ho.* Pelear, enfrentarse con alguien.

d⁶. ‖ ~ **percha.** loc. verb. *Co.* Ir *alguien* muy bien vestido y arreglado. pop.

e⁶. ‖ ~ **pericos.** loc. verb. *Ch.* Quejarse *alguien* vivamente con insultos y palabras malsonantes. pop + cult → espon. **echar periquitos.**

f⁶. ‖ ~ **periquitos.** *Bo:O.* **echar pericos.** pop ∧ fest.

g⁶. ‖ ~**pesca.** loc. verb. *Ni.* Coger. pop.

h⁶. ‖ ~ **pichón.**
    i. loc. verb. *Ve.* Emprender algo con decisión y coraje.
    ii. *PR.* Olvidarse de un asunto. pop + cult → espon.

i⁶. ‖ ~ **pie atrás.** loc. verb. *Ch.* Dar *alguien* un paso atrás, cambiar de opinión ante algo o no continuar haciéndolo. pop + cult → espon.

j⁶. ‖ ~ **pierna.** loc. verb. *Ve.* Emprender algo con entusiasmo.

k⁶. ‖ ~ **pija.**
    i. loc. verb. *Gu.* Golpear a alguien.
    ii. *Ho.* Trabajar hasta el cansancio. vulg.

l⁶. ‖ ~ **pinta.** loc. verb. *Co.* Ir *alguien* muy bien vestido y arreglado. pop.

m⁶. || ~ **plomo.**
  i. loc. verb. *Gu, Ec.* Disparar o luchar con armas de fuego.
  ii. *Cu.* Desahogarse vehementemente.
n⁶. || ~ **polvo.** loc. verb. *PR.* Matar *una persona* a alguien. pop + cult → espon.
ñ⁶. || ~ **por el desvío.**
  i. loc. verb. *Ch.* Hacer *algo* perder la pista a *alguien.*
  ii. *Ch.* Prescindir de alguien.
o⁶. || ~ **porras.** loc. verb. *Mx.* Alentar y apoyar a alguien. pop.
p⁶. || ~ **prosa.** loc. verb. *Ec.* Adoptar *alguien* una actitud de superioridad, darse importancia. ♦ **darse teja.**
q⁶. || ~ **punta.** loc. verb. *Gu.* Trabajar, realizar una actividad que requiere esfuerzo.
r⁶. || ~ **pupila.** loc. verb. *Co.* Mirar algo con mucha atención. pop + cult → espon.
s⁶. || ~ **quimba.** loc. verb. *Co:C.* Andar mucho. pop.
t⁶. || ~ **reata.** loc. verb. *Ho.* Trabajar con constancia e intensidad.
u⁶. || ~ **relajo.** loc. verb. *Mx.* Divertirse de forma bulliciosa.
v⁶. || ~ **rodilla en tierra.** loc. verb. *Cu.* Ayudar incondicionalmente a alguien.
w⁶. || ~ **seises.** loc. verb. *ES.* Realizar el coito.
x⁶. || ~ **sesos.** loc. verb. *PR.* Pensar en algo. pop + cult → espon ^ fest.
y⁶. || ~ **sombras.** loc. verb. *PR.* Desacreditar a alguien. pop + cult → espon.
z⁶. || ~ **tacos.** loc. verb. *Bo:E.* Decir palabrotas y maldiciones.
a⁷. || ~ **tallas.** loc. verb. *Ch.* Decir chanzas o chascarrillos en son de burla o crítica contra alguien. pop + cult → espon.
b⁷. || ~ **tierra.**
  i. loc. verb. *ES.* Olvidar a alguien o dar por perdida una cosa.
  ii. *Ho.* Hablar mal de alguien, dañar su reputación.
c⁷. || ~ **tijera.** loc. verb. *Mx, Ve.* Criticar, murmurar *alguien* de otras personas.
d⁷. || ~ **toda la carne a la parrilla.** loc. verb. *Bo.* Hacer uso de todos los recursos disponibles para conseguir un objetivo. pop + cult → espon.
e⁷. || ~ **tres cruces.** loc. verb. *Bo.* Marcar alguien algo en señal de rechazo, aversión o aborrecimiento.
f⁷. || ~ **un boche.** *RD, PR.* **echar en boche.**
g⁷. || ~ **un bollo.** loc. verb. *Ve.* Reprender a alguien. pop.
h⁷. || ~ **un brujo.** loc. verb. *PR.* Hacer un trabajo de brujería a alguien. pop + cult → espon. ♦ **echar un fufú.**
i⁷. || ~ **un canelo.** *PR.* **echar un palo.**
j⁷. || ~ **un carro.** loc. verb. *Ve.* Irse de un establecimiento sin pagar lo comprado o consumido.
k⁷. || ~ **un cinco.** *Pa.* **coger un cinco.**
l⁷. || ~ **un cuaje.** *Gu.* Dormir, reposar.
m⁷. || ~ **un cubo.**
  i. loc. verb. *RD.* Engañar a una persona, hacerle creer como cierto algo que no lo es.
  ii. *RD.* No pagar un hombre a una prostituta.
n⁷. || ~ **un cuentico.** loc. verb. *Ve.* Predecir algo.
ñ⁷. || ~ **un evidente.** loc. verb. *PR.* Calcular algo.
o⁷. || ~ **un feli.** loc. verb. *RD.* Censurar o reprender a alguien. ♦ **echar un sofoco.**
p⁷. || ~ **un fufú.** *PR.* **echar un brujo.**
q⁷. || ~ **un grito.** loc. verb. *Mx, RD.* Llamar a alguien. pop + cult → espon.
r⁷. || ~ **un guangá.** loc. verb. *RD.* Dañar o perjudicar a *alguien.*

s⁷. || ~ **un guarapo.** *PR.* **echar un palo.**
t⁷. || ~ **un kilo.** loc. verb. *Ve.* juv. Esforzarse en lograr algo.
u⁷. || ~ **un luquin.** loc. verb. *Ch.* Echar un vistazo rápido a algo o a alguien, examinarlo superficialmente. urb; pop.
v⁷. || ~ **un motoso.** loc. verb. *Co:C.* Dormir una siesta breve. pop.
w⁷. || ~ **un paliacate.** loc. verb. *Mx.* Realizar el coito.
x⁷. || ~ **un palo.** loc. verb. *Gu, Cu, PR.* Realizar el coito. tabú; pop + cult → espon. ♦ **echar un canelo; echar un guarapo.**
y⁷. || ~ **un patín.** loc. verb. *Cu.* Escapar, echar a correr. pop.
z⁷. || ~ **un pelón.** loc. verb. *Ni.* Dormir una siesta. pop + cult → espon ^ fest.
a⁸. || ~ **un pestañazo.** loc. verb. *RD, Bo; Gu, Ho, Pa, Cu,* fest. Dormir una siesta. pop + cult → espon.
b⁸. || ~ **un pie.** loc. verb. *Cu, PR, Ve.* Bailar. pop + cult → espon.
c⁸. || ~ **un pisto.** loc. verb. *Mx.* Dormitar brevemente una siesta. pop + cult → espon.
d⁸. || ~ **un quinto.** loc. verb. *Cu.* Marcharse *alguien* con mucha prisa. ♦ **echar un tacho.**
e⁸. || ~ **un sofoco.** *RD.* **echar un feli.**
f⁸. || ~ **un tacho.** *Cu.* **echar un quinto.**
g⁸. || ~ **un tacón.** loc. verb. *Cu.* Salir corriendo de un lugar. pop.
h⁸. || ~ **un vellón.** loc. verb. *PR.* Hostigar a una persona, molestarla. pop + cult → espon.
i⁸. || ~ **un volado.** loc. verb. *Mx.* Echar a suerte, decidir algo a través de la suerte.
j⁸. || ~ **una alpargata.** loc. verb. *Cu.* Huir rápidamente. pop.
k⁸. || ~ **una araña.** loc. verb. *Gu.* Orinar. euf; pop.
l⁸. || ~ **una broma.** loc. verb. *Ve.* Causar perjuicio a alguien.
m⁸. || ~ **una cacha.** loc. verb. *Ch.* Realizar el coito. vulg.
n⁸. || ~ **una carta al correo.** loc. verb. *PR.* Defecar. euf; pop + cult → espon. ♦ **echar una criolla.**
ñ⁸. || ~ **una ceja.** loc. verb. *Ec.* Dormir un rato. pop + cult → espon.
o⁸. || ~ **una chequeada.** loc. verb. *Ec, Bo.* Comprobar, cotejar algo. pop + cult → espon.
p⁸. || ~ **una cocinita.** loc. verb. *PR.* Jugar *alguien* un partido de baloncesto a treinta puntos.
q⁸. || ~ **una criolla.** *PR.* **echar una carta al correo.**
r⁸. || ~ **una firma.** loc. verb. *Mx.* Orinar. pop + cult ^ fest.
s⁸. || ~ **una pestañada.**
  i. loc. verb. *Mx, RD, Co, Bo.* Dormir por un breve período de tiempo. pop.
  ii. *Co.* Dormir una siesta. pop.
t⁸. || ~ **una tala.** loc. verb. *PR.* Preparar, sembrar y cultivar un terreno. rur.
u⁸. || ~ **vaina.** loc. verb. *RD, Ve.* Perjudicar o molestar mucho a alguien.
v⁸. || ~ **vellón.** loc. verb. *PR.* Gastar bromas para hacer hablar extensamente a alguien. pop + cult → espon.
w⁸. || ~ **verga.** loc. verb. *Gu, Ho, ES, Ni.* Trabajar hasta el cansancio. vulg.
x⁸. || ~ **vicks.** loc. verb. *Gu.* Rechazar a una persona, alejarla o apartarla.
y⁸. || ~**le agua al caldo.** loc. verb. *Gu, RD, Ec.* Preparar más comida o cocinar más cantidad de la prevista.
z⁸. || ~**le al cacho.** loc. verb. *Gu.* Dedicarse *alguien* a emborracharse.
a⁹. || ~**le al guaipe.** loc. verb. *Gu.* Tomar bebidas alcohólicas.
b⁹. || ~**le con el rayo.** loc. verb. *Cu.* Vituperar, criticar mordazmente a *alguien* o *algo.*

c⁹. ‖ ~**le duro.**
  i. loc. verb. *Ve, Bo*; *Ur.* Trabajar con empeño, denodadamente. pop + cult → espon.
  ii. *Ve, Bo.* obsol. Ingerir bebidas alcohólicas en gran cantidad y en corto tiempo.
  iii. *Bo.* Realizar una actividad con ganas y ahínco. pop.

d⁹. ‖ ~**le flit.** loc. verb. *Gu.* Rechazar a una persona, alejarla o apartarla de sí.

e⁹. ‖ ~**le los kilos.** loc. verb. *Mx.* metáf. Poner todo el empeño en una tarea. pop + cult → espon ^ hiperb.

f⁹. ‖ ~**le más agua a los frijoles.** loc. verb. *Mx.* metáf. Hacer rendir los víveres cuando aumenta el número de comensales o disminuye el presupuesto. pop.

g⁹. ‖ ~**le mucha crema a sus tacos.** loc. verb. *Mx.* Darse *alguien* mucha importancia y exagerar mucho al hablar. pop + cult → espon.

h⁹. ‖ ~**le tierra y darle pisón.** loc. verb. *Cu.* Zanjar un asunto con rapidez.

i⁹. ‖ ~**le tupido.** loc. verb. *Bo:O.* Ingerir gran cantidad de bebidas alcohólicas en poco tiempo. pop.

j⁹. ‖ ~**se a la bolsa.** *CR.* echarse en la bolsa.

k⁹. ‖ ~**se a muerto.** loc. verb. *RD.* Abatirse *alguien*, perder el ánimo o el vigor sin que haya motivos para ello.

l⁹. ‖ ~**se a perder.** loc. verb. *Bo.* Ingerir habitualmente bebidas alcohólicas hasta emborracharse. pop + cult → espon.

m⁹. ‖ ~**se a volar.** loc. verb. *Gu.* Emprender una actividad determinada, con ánimo y sin timidez.

n⁹. ‖ ~**se aire.** loc. verb. *Ve.* Estar *alguien* sin hacer nada, *especialmente cuando otros están trabajando.*

ñ⁹. ‖ ~**se al bolsillo.** *CR, RD, Ec, Ch.* echarse en la bolsa. pop.

o⁹. ‖ ~**se al buche.**
  i. loc. verb. *Ve.* Matar *una persona* a *alguien.* pop.
  ii. *Ch.* En una **competencia** *deportiva*, derrotar con comodidad al adversario. pop + cult → espon.

p⁹. ‖ ~**se al pico.**
  i. loc. verb. *Ho, Ni, Cu, Ve.* Matar *una persona* a *alguien.*
  ii. *Ho, Ni, CR, Cu.* Realizar el coito o cubrir el macho a la hembra. pop + cult → espon.
  iii. *Ni.* Engañar a *alguien.*
  iv. *CR.* echar al agua. pop + cult → espon.

q⁹. ‖ ~**se al plato.**
  i. loc. verb. *Mx.* Matar *una persona* a *alguien.* pop.
  ii. *Mx.* Tener *una persona* una relación sexual con otra. pop.
  iii. *Mx.* Ganar la confianza de alguien. pop.

r⁹. ‖ ~**se con las petacas.** loc. verb. *Co:C.* obsol. Desinteresarse *alguien* por un trabajo o tarea que realiza. pop + cult → espon.

s⁹. ‖ ~**se de cabeza.**
  i. loc. verb. *Mx.* Ponerse *alguien* o *algo* al descubierto, quedar en evidencia.
  ii. *RD.* Hablar a favor de alguien que ha sido injuriado o calumniado.

t⁹. ‖ ~**se el alma a la espalda.** loc. verb. *Pe.* Desechar *alguien* los inconvenientes o problemas que conlleva una situación. pop + cult → espon.

u⁹. ‖ ~**se el chile.** loc. verb. *ES.* Culparse *alguien* de algo.

v⁹. ‖ ~**se el cofre.** loc. verb. *Gu.* Vestirse de forma elegante, con las mejores ropas.

w⁹. ‖ ~**se el día.** loc. verb. *Cu.* juv. Faltar a clases de forma injustificada. est.

x⁹. ‖ ~**se el *play*.** loc. verb. *Cu.* Presenciar un suceso. pop.

y⁹. ‖ ~**se el pollo.** loc. verb. *Ch.* Irse, marcharse *alguien* de un lugar, abandonarlo. pop + cult → espon.

z⁹. ‖ ~**se en el bolsillo.**
  i. *CR, Cu, RD; Ch,* p.u. echarse en la bolsa. pop.
  ii. *RD.* Fastidiarse alguien. pop + cult → espon.

a¹⁰. ‖ ~**se en la bolsa.**
  i. loc. verb. *Mx, Gu, Ho, Ni, CR.* Ganarse la voluntad de alguien. (echarse a la bolsa). ♦ echarse al bolsillo; echarse en el bolsillo.
  ii. *Ho.* Engañar a *alguien.* pop + cult → espon.

b¹⁰. ‖ ~**se en los huevos.** loc. verb. *Ch.* Abandonar *alguien* un proyecto o adoptar una actitud pasiva ante su desarrollo o ante una situación. pop.

c¹⁰. ‖ ~**se ese muerto encima.** loc. verb. *RD, Ve, Ec.* Responsabilizarse *alguien* de un asunto difícil.

d¹⁰. ‖ ~**se la coyunda.** loc. verb. *Ho.* Contraer matrimonio. rur.

e¹⁰. ‖ ~**se la pera.** loc. verb. *Ec.* juv. Ausentarse injustificadamente de clases un estudiante. pop.

f¹⁰. ‖ ~**se la soga al pescuezo.**
  i. *CR, RD.* Contraer matrimonio. pop ^ fest.
  ii. *RD.* Fastidiarse *alguien.* pop + cult → espon.
  iii. loc. verb. *CR.* Actuar *una persona* en perjuicio propio. pop.

g¹⁰. ‖ ~**se la yegua.** loc. verb. *Ch.* Relajarse después de una actividad agotadora o intensa. pop + cult → espon.

h¹⁰. ‖ ~**se pija.** loc. verb. *Gu.* Golpearse, pegarse, pelear *alguien.* vulg. ♦ echarse reata.

i¹⁰. ‖ ~**se reata.** *Gu.* echarse pija.

j¹⁰. ‖ ~**se tánax.** loc. verb. *Ch.* Irse *alguien*, marcharse. pop.

k¹⁰. ‖ ~**se un baldeo.** loc. verb. *Cu.* Bañarse.

l¹⁰. ‖ ~**se un buque.** loc. verb. *Cu.* Servirse mucha comida.

m¹⁰. ‖ ~**se un caldo.** loc. verb. *Mx.* Abrazarse sensualmente, acariciarse, besarse *alguien* por todo el cuerpo con otra persona.

n¹⁰. ‖ ~**se un guamazo.** loc. verb. *Ve.* Tomar un trago de bebida alcohólica de un golpe.

ñ¹⁰. ‖ ~**se un puñal.** loc. verb. *Ve.* juv. Estudiar mucho y en poco tiempo la materia de un examen.

o¹⁰. ‖ ~**se un samuel.** loc. verb. *CR.* samuelear.

p¹⁰. ‖ ~**se un taco.** loc. verb. *Gu.* Tomarse un refrigerio.

q¹⁰. ‖ ~**se un taco de ojo.** loc. verb. *Mx.* metáf. Disfrutar con la observación persistente de alguien o algo. pop + cult → espon.

r¹⁰. ‖ ~**se una apurada.** loc. verb. *Ve.* Darse *alguien* prisa.

s¹⁰. ‖ ~**se una araña.** loc. verb. *Gu.* Orinar. euf; pop.

t¹⁰. ‖ ~**se una jurta.** loc. verb. *PR.* Echarse a perder *algo*, malograrse.

u¹⁰. ‖ ~**se una pensada.**
  i. loc. verb. *Gu.* Meditar o reflexionar sobre algo.
  ii. *Gu.* Tener una idea ocurrente. sat.

v¹⁰. ‖ ~**se una pestaña.** loc. verb. *Mx.* Dormir una siesta. pop.

w¹⁰. ‖ ~**se una rodadita.** loc. verb. *Co.* Salir de paseo a un sitio cercano.

x¹⁰. ‖ echár**selas.** loc. verb. *RD, PR.* Presumir *alguien* vanamente de algo. pop + cult → espon.

y¹⁰. ‖ echár**selas al hombro.** loc. verb. *Co.* Desatender asuntos o responsabilidades. pop + cult → espon.

z¹⁰. ‖ echár**selas de Martínez Campos.** loc. verb. *PR.* Echárselas *alguien* de valentón. pop + cult → espon.

a¹¹. ‖ echár**selas de taco.** loc. verb. *PR.* Tener manía de grandeza. pop + cult → espon.

■

a. ‖ echando diablos. loc. adv. *Ar.* Rápidamente. pop.
b. ‖ ¡se le echa! loc. interj. *Bo.* ¡échele! pop + cult → espon.

a. ‖ **échele maíz a la pava que entre más come, más pone.** fr. prov. *ES.* Indica que alguien continuará haciendo algo como beber o cantar.

¡échale!
I. 1. interj. *Mx, RD.* Expresa la petición de que algo se realice con celeridad. pop + cult → espon.

¡échele!
I. 1. interj. *Mx, Ni, Bo.* Expresa aprobación o exhortación. pop + cult → espon. ♦ **¡se le echa!**

echazón.
I. 1. f. *CR.* Negligencia de *alguien*, falta de aplicación. pop + cult → espon.

¡eche!
I. 1. interj. *Co:N.* Expresa protesta, enfado o disgusto.

echo.
I. 1. *Mx.* **cardón.** (Cactaceae; *Pachycereus pringlei*).

echón, -na.
I. 1. adj/sust. *Cu, PR, Ve. Referido a persona,* presumida y jactanciosa. pop + cult → espon ^ desp. (**jechón**). ♦ **comemierda.**

echona. (Del map. *ichuna*).
I. 1. f. *Ch, Ar:NO.* Hoz para segar. rur. (**hechona; hichuna; ichona; ichuna**).

echonería.
I. 1. *PR, Ve.* **facistolería.**
2. *PR.* **farfullería.**

echú.
I. 1. m. *Cu. En la santería,* representación de la mala suerte.

ecito, -a. (De *pobrecito*).
I. 1. adj. *Ve. Referido a persona,* digna de compasión o lástima.

eclear. (Del fr. *éclair*, pastel 'a la crema').
I. 1. m. *Cu.* Bizcocho relleno de natilla. ♦ **montecristo.**

eclipsarse.
I. 1. intr. prnl. *ES, Ec.* Ocultarse *alguien*, esconderse. polic; cult → esm.

eco.
I. 1. m. *Gu.* Acento, conjunto de particularidades lingüísticas de un habla.

-eco, -a.
I. 1. suf. *Mx, Gu, Ho, ES, Ni, CR. En adjetivos,* indica defecto corporal o moral de una persona.
II. 1. suf. *Mx, Gu, Ho, ES, Ni, CR. En adjetivos gentilicios,* indica relación o pertenencia.
2. *Ho. Con sustantivos topónimos,* indica el lugar de nacimiento de alguien.

ecó.
I. 1. m. *Cu.* Dulce que se obtiene del maíz tierno fermentado y azucarado.

¡eco!
I. 1. interj. *Pe, Bo:N,E,S, Ch.* Expresa entusiasmo por algo o asentimiento. pop.
2. *Co:N.* Expresa admiración, sorpresa, extrañeza, desagrado.
II. 1. interj. *Ve.* Expresa asco o repugnancia hacia algo.

ecoambientarse.
I. 1. intr. prnl. *Ho.* Vivir *alguien* acorde con el entorno natural. prest; cult → esm.

ecobio.
I. 1. m. *Cu.* Amigo íntimo o de confianza.

¡école! (Del it. *eccole*).
I. 1. interj. *Ho, ES, Pa, RD, Ve; Ch; Mx,* obsol. Expresa afirmación o constatación.
2. *Bo.* Expresa agrado o aprobación.

¡ecolecuá!
I. 1. interj. *Ni, Pa, RD, Pe, Ch; Mx, CR, Ec:S,* obsol. Expresa aprobación o conformidad con lo dicho por el interlocutor. pop. (**equelecuá**).

ecónoma.
I. 1. f. *Ar, Ur.* Mujer que se encarga de asesorar a las amas de casa sobre economía doméstica, *especialmente la compra de alimentos y la preparación de comidas.*

ecónomo, -a.
I. 1. m. y f. *Ve, Pe, Bo, Ch; Ec,* p.u. Persona encargada de la administración económica y de la distribución de víveres necesarios para el adecuado funcionamiento de una institución o establecimiento.

¡écote!
I. 1. interj. *Bo.* Expresa agrado o aprobación.

ecovía.
I. 1. f. *Ec. En la ciudad de Quito,* vía de doble carril destinada exclusivamente para la circulación de autobuses con niveles de emisiones contaminantes muy reducidos.

ecuador.
I. 1. m. *Ar.* p.u. Danza folclórica de pareja suelta, cuya coreografía incluye partes lentas, de minué, zapateo y **zarandeo.**

ecuánime.
I. 1. adj/sust. *Pe. Referido a persona,* que no ha bebido alcohol ni se ha drogado y mantiene lúcidos el juicio y la razón. pop + cult → espon.
II. 1. adj. *Ni.* juv. *Referido a persona,* bonita, simpática.

ecuaro.
I. 1. m. *Mx:O.* Terreno agrícola de pequeña extensión que no permite el trabajo con arado, sino con azada. rur.

ecuavoli.
I. 1. m. *Ec.* Balonvolea en el que participan solo tres jugadores por equipo.

ecusa.
I. 1. f. *RD.* Despensa que consiste en una tabla que cuelga del techo para que las ratas no alcancen los alimentos que se colocan sobre ella.

edad.
□
a. ‖ ~ **de la caca de gato.** *Co.* obsol. **edad de la punzada.**
b. ‖ ~ **de la peseta.** loc. sust. *Cu.* Etapa de la infancia, entre los siete y los diez años, en la que los niños se vuelven más inquietos e impertinentes. ♦ **edad del plomo.**
c. ‖ ~ **de la punzada.** loc. sust. *Mx, Cu.* Adolescencia. ♦ **edad de la caca de gato; edad del burro; edad del chucho; punzada.**
d. ‖ ~ **del burro.** *Bo; Ec,* pop ^ fest. **edad de la punzada.**
e. ‖ ~ **del chucho.** *ES.* **edad de la punzada.** desp.
f. ‖ ~ **del plomo.** *Gu.* **edad de la peseta.**

edecán, -na.
I. 1. m. y f. *Ve, Pe, Bo, Ch, Py, Ar, Ur.* Oficial de las fuerzas armadas al servicio del Presidente de la nación, que desempeña funciones de carácter protocolar.
2. *RD, Ve, Ec.* Oficial del ejército al servicio de otro de mayor rango, que desempeña funciones de carácter protocolar.
II. 1. m. y f. *Mx, Ho, ES, RD.* metáf. Persona que ayuda a los participantes en una reunión o congreso.

edilicio, -a.
I. 1. adj. *Ho, Cu, RD, Co, Ec, Pe, Bo, Py, Ar, Ur.* Relativo a las obras o actividades de carácter municipal, *especialmente las relacionadas con la edificación.* prest; cult → esm.

editar.
 I. 1. tr. *Ec*. Realizar *alguien algo* ante el público, de modo memorable. cult → esm.

educación.
 ■
 a. ‖ ~ **diferencial.** f. *RD, Ar.* Educación o enseñanza especial *para niños con alguna discapacidad.*

educador, -ra.
 ■
 a. ‖ ~ **de párvulos.** m. y f. *Ch.* Maestro de enseñanza infantil.

efectivar.
 I. 1. tr. *Ec, Bo.* **efectivizar**, poner por obra.
 2. *Py.* Hacer efectivo el pago de algo.

efectividad.
 I. 1. f. *PR. En el **beisbol**,* grado de rendimiento logrado por un lanzador, que se calcula de acuerdo a la relación entre las entradas lanzadas y las carreras limpias permitidas.

efectivización.
 I. 1. f. *Ec, Bo, Py.* pop + cult → espon. Procedimiento que consiste en hacer efectivo el pago de algo.
 2. *Py.* Realización de algo.

efectivizar.
 I. 1. tr. *Bo, Py, Ec.* pop + cult → espon. Poner por obra *algo.* (**efectivar**).
 2. *Bo, Py.* Hacer efectivo el pago de algo.

efectivo, -a.
 I. 1. adj. *Mx.* juv. *Referido a cosa,* muy buena, excelente, de gran calidad. pop.

efecto.
 ▶ **tomar ~.**

eficientar.
 I. 1. tr. *Ho, Ni.* Hacer *algo* eficiente, aprovechar *algo* al máximo. prest; cult → esm.

eficientizar. (Der. de *eficiencia*).
 I. 1. tr. *Ni, RD.* Optimizar *algo* o mejorar su eficiencia.

égida.
 I. 1. f. *PR.* Hogar para ancianos.

egipcio.
 I. 1. m. *PR.* Tipo de gallo de pelea.

eglilla.
 I. 1. f. *Ar:NO.* Clavícula. rur.

egótico, -a. (Del ingl. *egotistic*).
 I. 1. adj. *Ho. Referido a persona,* que habla en exceso de sí misma. prest; cult → esm.

egresado, -a.
 I. 1. m. y f. *Mx, Gu, Pa, Cu, RD, Co, Ve, Bo, Py;* sust/adj. *Ho, ES, CR, Ec, Pe, Ch, Ar, Ur.* Estudiante que sale de una institución docente después de haber obtenido el título correspondiente.
 2. *Ec.* Estudiante que sale de una institución docente superior habiendo concluido el plan de estudios, pero aún sin título.

egresar(se).
 I. 1. intr. *Mx, Ho, ES, Ni, CR, Pa, RD, Co, Ve, Py, Ar.* Salir de un establecimiento educativo después de haber obtenido el título correspondiente.
 2. *Ho, CR, Ec, Pe, Bo.* Concluir el programa de estudios de una carrera superior sin obtener el título correspondiente.
 3. *RD.* Completar un ciclo de estudios, *especialmente secundarios o universitarios,* y obtener el título correspondiente.
 4. intr. prnl. *CR.* Salir de un establecimiento educativo después de concluir un programa de estudios y haber obtenido el título correspondiente.
 5. *CR, Ch.* Concluir el programa de estudios de una carrera superior sin obtener el título correspondiente.

 II. 1. intr. *Co.* Desembolsar dinero para cubrir una obligación pendiente.

egreso.
 I. 1. m. *Mx, Ho, Ni, CR, Pa, Cu, Co, Ve, Ch, Py, Ar, Ur.* Finalización del programa de estudios de una carrera de educación superior.
 II. 1. m. *Co.* Desembolso de dinero para cubrir una obligación pendiente.

eira.
 I. 1. *Ar.* **gato eira.**

eirá.
 I. 1. *Ar.* **gato eira.**

eja. (Afér. de *ceja*).
 I. 1. f. *RD, PR.* Ceja. pop.

ejante.
 ●
 a. ‖ ~. fórm. *Ch.* Se usa para indicar que lo que se dirá a continuación es un argumento de mayor importancia que los anteriores que se han señalado con el fin de sostener una afirmación. rur.

eje.
 ■
 a. ‖ ~ **vial.** m. *Mx, Ec.* Calle amplia *por lo regular de trazado recto,* que funciona como vía rápida.
 ▶ **estar hasta el ~; llegarle al ~; partir por el ~; pelar ~.**

¡eje!
 ●
 a. ‖ ~. fórm. *Ve.* Se usa para saludar.

ejecución.
 I. 1. f. *Mx, RD.* Muerte violenta.

ejecutado, -a.
 I. 1. m. y f. *Mx, RD.* Persona asesinada.

ejecutar.
 I. 1. tr. *Mx, RD, Ec.* Matar *alguien* a *una persona.* pop + cult → esm ^ hiperb.

ejecutivo.
 I. 1. sust/adj. *Ho.* Autobús interurbano de lujo.

ejecutivo, -a. (Del ingl. *executive*).
 I. 1. m. y f. *PR.* Oficial del Gobierno.
 ■
 a. ‖ ~ **de cuentas.** m. y f. *Mx, Ec, Ch, Py, Ar. En una institución bancaria o financiera,* persona encargada de llevar las cuentas corrientes de los clientes y de atenderlos en sus necesidades.

ejecutorias.
 □
 a. ‖ **de ~ conocidas.** loc. adv. *ES. En el sistema judicial,* de relevantes méritos.

¡éjele!
 I. 1. interj. *Mx.* Expresa burla o sorna de carácter amistoso o cariñoso.
 II. 1. interj. *PR.* Expresa sorpresa.

ejemplarizar.
 I. 1. tr. *RD, Bo.* Castigar a *alguien* por mal comportamiento.

ejercitar.
 I. 1. tr. *Bo.* Importunar a *alguien.* pop + cult → espon.

ejidal.
 I. 1. adj. *Mx.* Relativo al **ejido.**
 II. 1. adj. *Ho. Referido a terreno,* de uso comunal o municipal.
 III. 1. adj. *Ho.* Relativo al municipio o ayuntamiento.

ejidatario, -a.
 I. 1. m. y f. *Mx.* Campesino copropietario de un **ejido.**

ejido.
 I. 1. m. *Mx.* Forma de propiedad de la tierra que consiste en la asignación estatal de un terreno a un grupo de campesinos para su explotación colectiva.

2. *Mx.* Terreno que funciona bajo este régimen de propiedad.

3. *Mx.* Sociedad de campesinos copropietarios de un terreno bajo este régimen de propiedad.

4. *RD, Ar.* Territorio que corresponde a la jurisdicción de un municipio.

ejote. (Del nahua *exotl*, frijol o haba verde).
I. 1. m. *Mx, Gu, Ho, ES.* Vaina del **frijol** cuando está tierna y es comestible. ♦ **aguja; chaucha; frijol verde; navajita**.
2. *Gu.* metáf. Puntada grande y mal hecha en la costura. pop + cult → espon.
II. 1. m. *ES.* Pene. tabú; pop + cult → espon.

ejoteada.
I. 1. m. *ES.* Costura mal hecha con puntadas largas.

ejotear.
I. 1. intr. *ES.* Hacer mal una costura con puntadas largas y flojas.

ejotil. (De *ejote*).
I. 1. *Ho.* Planta de hasta 20 cm de altura, erecta y robusta, flores amarillas y fruto lineal con numerosas semillas. (Ebenaceae; *Cassita toral*).
2. m. *Gu.* **chiquichique**, arbusto.

ekeco. (Del aim. *Iqiqu*, nombre del dios de la abundancia).
I. 1. *Pe, Ch, Ar:NO.* **equeco**, muñeco de barro cocido.

ekeko.
I. 1. *Ch.* **equeco**, muñeco de barro cocido.

elástico.
I. 1. m. *Ec, Bo, Ch, Ar, Ur.* Juego infantil, *especialmente practicado por las niñas,* en el que dos participantes sujetan con las piernas abiertas una cinta elástica mientras que otras saltan haciendo diversas pruebas o figuras con ella. ♦ **liga-liga**.
II. 1. m. *Ar, Ur.* Soporte que forma parte de la cama y sobre el que se pone el colchón.
III. 1. m. *Ch.* Anilla de goma.
☐
a. ‖ **con ~.** loc. adj. *Ch. Referido a una estrategia, situación o condición política,* que tiene flexibilidad para acomodarse a cualquier circunstancia.

elastiquín.
I. 1. m. *Ar.* Tira o banda elástica.

elastizado, -a.
I. 1. adj. *Cu. Referido a un tejido o prenda de vestir,* que posee elasticidad.

elay. (De *hela ahí*).
I. 1. adv. *Pe, Bo, Ec:C.* rur. Ahí, en ese lugar.

¡elay!
I. 1. interj. *Pe; Bo:N,NE,E,S.* pop. Expresa asentimiento o aceptación.
II. 1. interj. *Bo:N,NE.* Expresa advertencia. pop.
III. 1. interj. *Bo:N,NE.* Expresa sorpresa o asombro. pop.

elba.
I. 1. f. *Co.* Especie de cuarto o edificación rodante, con techo corredizo, que sirve para exponer el café al sol y protegerlo de la lluvia. rur.

¡ele!
I. 1. interj. *Ec:C.* Expresa disgusto o sorpresa. pop. (**¡elé!**).

¡elé!
I. 1. *Ec.* **¡ele!** pop.

elebepé.
I. 1. m-f. *PR.* Persona que goza de libertad bajo palabra. delinc.

electorerismo.
I. 1. m. *Mx, Ho, Ec.* Actitud electorera.

electricidad.
I. 1. f. *Bo.* Juego infantil que consiste en pellizcar al niño que está al lado para que este pellizque a su vez al siguiente; y se forme, así, una cadena.

eléctrico, -a.
I. 1. adj. *Gu, Cu, RD, Ar, Ur. Referido a persona,* que manifiesta en su conducta gran nerviosismo o tensión. pop.
2. *Ho, ES, Ni, RD, Pe. Referido a persona,* hiperactiva.
II. 1. m. y f. *Pa, Ch.* Electricista.
III. 1. adj/sust. *Pe. Referido a persona,* libidinosa.
IV. 1. adj. *RD, PR.* juv; metáf. *Referido a persona,* alegre, de mucho movimiento.

electrizado, -a.
I. 1. adj. *Gu. Referido a persona,* borracha.

electrizarse.
I. 1. intr. prnl. *Gu.* Emborracharse *alguien*.

electroauto.
I. 1. m. *Ve.* Taller en donde se revisa y repara el sistema eléctrico de un vehículo automotor.

elefante.
I. 1. m. *Gu.* Grano de café de tamaño, más grande de lo normal.
II. 1. m. *Bo.* Juego de niños que consiste en hacer una rueda tomados de la mano, uno de los niños se agarra un pie y va saltando alrededor de la rueda mientras entona, junto con el grupo, el siguiente estribillo: «Un elefante se balanceaba sobre la tela de una araña, como veía que resistía fueron a buscar otro elefante».
☐
a. ‖ **~ blanco.** loc. sust. *Mx, Cu, RD, Ec, Py.* Infraestructura, empresa o proyecto cuya creación y conservación es muy costosa y que apenas produce apenas beneficio.

elefantería.
I. 1. f. *Ar.* Lugar a orillas del mar donde se concentran los elefantes marinos.

eleganteado, -a.
I. 1. adj. *Ec. Referido a persona,* vestida con elegancia. pop + cult → espon.

elegantear(se).
I. 1. intr. prnl. *Ec, Bo.* Vestirse con elegancia. pop + cult → espon.
2. tr. *Ec.* Dotar de elegancia a *alguien.* pop + cult → espon.

elegantioso, -a.
I. 1. adj/sust. *Mx, Ec. Referido a persona, cosa o lugar,* que son de buen gusto, distinción y refinamiento. pop ^ sat.
2. adj. *Pe.* p.u. *Referido a persona o cosa,* que tiene apariencia elegante.
3. *RD. Referido a persona o cosa,* medianamente elegante. pop.

elegantón, -na.
I. 1. adj/sust. *Cu, RD. Referido a persona,* muy elegante.

elegantoso, -a.
I. 1. adj. *Mx, Ho, Co, Ve, Bo. Referido a persona,* que viste con elegancia. pop + cult → espon.
2. *Pe. Referido a persona,* que tiene una apariencia elegante.

eleguá.
I. 1. m. *PR.* Fetiche usado en brujería con la imagen de un negro en posición de andar que sirve para abrir caminos.

elelese.
I. 1. m-f. *ES.* Persona inteligente. pop.
II. 1. m. *ES.* Persona, individuo. pop.

elementado, -a.
I. 1. adj. *Ch. Referido a persona,* pasmada, atontada. rur.

elementazo.
I. 1. sust/adj. *RD.* Persona bondadosa, afable y pacífica.

elementico, -a.
I. 1. sust/adj. *RD.* Persona que inspira poca confianza por ser traicionera y mentirosa.

elemento.
    I. 1.   m. *PR.* Cosa que cuesta mantener y que no produce nada. pop + cult → espon.

elemuy. (Del maya).
    I. 1.   m. *Mx.* Árbol de hojas muy aromáticas y frutos racimosos, como los granos del cafeto; y tiene propiedades medicinales contra la hipercolesterolemia y los cálculos renales. (Annonaceae; *Guatteria gaumeri*).

eleno, -a.
    I. 1.   sust/adj. *Co.* Miembro del movimiento guerrillero. Ejército de Liberación Nacional, ELN.

eleolo.
    I. 1.   m. *Ni.* Negación.
    ▶ **estar en ~; quedarse en ~ chicozapote.**

elequeme.
    I. 1.   *Ho, Ni.* **gualiqueme**, árbol.
      2.   *CR:NO.* **oropel.** (Fabaceae; *Erythrina* spp.).

elevadis.
    I. 1.   adj. *PR.* juv. *Referido a persona*, borracha.

elevado.
    I. 1.   m. *Ve.* Puente elevado y desmontable que se instala de forma provisional para mejorar el tráfico de una vía principal.
    II. 1.   m. *PR. fly.*

elevado, -a.
    I. 1.   adj. *Co, Ec; Ar:NO*, pop. *Referido a persona*, distraída, no concentrada en lo que debe.
      2.   *Ec:S. Referido a persona*, concentrada por completo en sus propias ideas y acciones. pop. ♦ **alepantado.**
    II. 1.   adj. *ES, Ni*, juv; *PR*, drog. *Referido a persona*, que está en éxtasis por el uso de una droga.

elevador. (Del ingl. *elevator*).
    I. 1.   m. *EU, Mx, Gu, Ho, ES, Pa, Cu, RD, PR, Ec, Bo, Ch, Py.* p.u. Ascensor. cult → esm.

elevadorista.
    I. 1.   m-f. *Mx.* Ascensorista, persona que maneja un **elevador.**

elevarse.
    I. 1.   intr. prnl. *Co, Ar:NO.* Distraerse *alguien*, no concentrarse en lo que debe.
    II. 1.   intr. prnl. *ES, Ni.* juv. Drogarse.
    III. 1.   intr. prnl. *ES.* Fugarse. carc.

elevavidrios.
    I. 1.   m. *Mx, Ec*, p.u. Elevalunas.

elevente.
    I. 1.   adj. *RD. Referido a persona*, mentalmente ausente, distraída.

elit. (Del fr. *élite*).
    I. 1.   f. *RD.* p.u. Élite, minoría de gente selecta. prest; cult → esm.

elitario, -a.
    I. 1.   adj. *Ec.* Relativo a la élite.

ello.
    □
      a. ‖ ~ **no.** loc. adv. *RD.* obsol. Con falsedad.
      b. ‖ ~ **sí.** loc. adv. *RD.* obsol. Verdaderamente.

elmo.
    I. 1.   m-f. *Bo.* Persona de baja estatura.

¡elo!
    I. 1.   interj. *ES.* Expresa llamada de atención para que se fijen en alguien.

elodio, -a.
    I. 1.   adj. *Mx. Referido a cerveza*, helada, bien fría. (**helodia**).

elotada.
    I. 1.   f. *Mx.* Reunión en que se comen **elotes.**
      2.   *Ho, ES.* Comida copiosa de **elotes.**
      3.   *Ho.* Conjunto de muchos **elotes.**

elotal.
    I. 1.   m. *ES.* Gran cantidad de **elotes.**

elotamal. (Del nahua *elotl*, elote, y *tamalli*, tamal).
    I. 1.   m. *Mx.* **Tamal** preparado con **elote** y leche.

elotasca.
    I. 1.   f. *Ho:O, ES.* p.u. Panecillo redondo o **tortilla** hechos de harina de maíz tierno.

elote. (Del nahua *elotl*, elote).
    I. 1.   m. *Mx, Gu, Ho, ES, Ni, CR, Ec.* Mazorca de maíz con los granos ya desarrollados en sazón.
    ■
      a. ‖ **barbas de ~.** f. *Ho.* metáf. Pistilos de color rojizo de la inflorescencia hembra del maíz.
    □
      a. ‖ **en ~.** loc. adv. *CR.* En la fase de maduración en la que los granos de las mazorcas del maíz están aún tiernos. rur.
    ▶ **pagar los ~s; ponerse ~.**

eloteada.
    I. 1.   f. *Mx.* Momento en el que brotan los **elotes** de maíz.

elotear.
    I. 1.   intr. *Mx, Gu.* Dar **elotes** una planta de maíz.
      2.   tr. *Mx, Gu.* Recolectar **elotes.**
      3.   intr. *Ho, Ni.* Comenzar a madurar las mazorcas de maíz.

elotero.
    I. 1.   m. *Ho.* Insecto lepidóptero cuya hembra deposita unos huevos esféricos y con estrías; el color puede ser amarillo, crema, verde, rojo, castaño o casi negro con rayas con microespinas a lo largo del dorso del cuerpo. (Noctuidae; *Helicoverpa zea, Heliothis virescens*).

elotero, -a.
    I. 1.   adj/sust. *Mx, Ho, ES, Ni. Referido a persona*, que vende **elotes.**
      2.   adj. *Mx.* Relativo al **elote.**
      3.   *Ho, ES, Ni. Referido a persona*, que come **elotes** con frecuencia.
    II. 1.   adj. *Ho. Referido a persona*, vulgar y de poca educación. desp.

elotillo.
    I. 1.   m. *Mx.* Planta parásita que vive bajo tierra, de la cual solo sobresale una inflorescencia amarilla en forma cónica, parecida a un **elote**, con las hojas carnosas y de color amarillento. (Orobanchaceae; *Conopholis americana*). ♦ **mazorquilla.**

elototol. (Del nahua *elotl*, elote, y *totolli*, pájaro).
    I. 1.   m. *Mx.* Pájaro de pequeño tamaño, parecido al gorrión, de color azul intenso, rostro negro, pico azul grisáceo y dos franjas parduzcas en las alas. (Cardinalidae; *Guiraca caerulea*).

élver. (Acr. de *el vergazo*).
    I. 1.   m. *Ho, ES, Ni.* Chaparrón, lluvia fuerte y poco duradera.

elvira.
    I. 1.   *Ho.* **algalia.**

emajagua. (De or. ind. antillano).
    I. 1.   f. *PR.* Árbol de pequeño tamaño, de copa ancha y tronco corto, corteza lisa de color castaño y grandes flores amarillas con el centro rojo; su madera se usa como combustible. (Thymelaeaceae; *Daphnopsis philippiana*). (**esmajagua**).
      2.   *PR.* Fibra textil de este árbol, obtenida de su corteza. (**esmajagua**).

emajagual.
    I. 1.   m. *PR.* Sitio poblado de árboles de **emajagua.** (**esmajagual**).

emajagüilla. (De or. ind. antillano).
  I. 1. f. *PR.* **clemón.** (**esmajagüilla**; **majagüilla**).
  2. *PR.* Fruto de la emajagüilla, en forma de cápsula redondeada con varias semillas; muy usado en la medicina popular para la hipertensión. (**esmajagüilla**). ♦ **clamor.**

emasculador.
  I. 1. m. *Ho.* Instrumento de hierro u otro metal, similar a unas tenazas, que se utiliza para castrar animales.

embabacharse.
  I. 1. intr. prnl. *PR.* Enlodarse *alguien.* pop + cult → espon. (**embacharse**).
  2. *PR.* Empaparse *alguien* de agua sucia. pop + cult → espon. (**embacharse**).

embabucar. (Epént. de *embaucar*).
  I. 1. tr. *RD.* Embaucar a *alguien.*

embachar(se).
  I. 1. tr. *PR.* Mojar una persona mucho a *alguien* con agua u otro líquido. pop + cult → espon.
  2. intr. prnl. *PR.* **embabacharse**, enlodarse.
  3. *PR.* **embabacharse**, empaparse.
  II. 1. tr. *PR.* Hacer **baches** en un lugar, *especialmente en el suelo.*

embadurne.
  I. 1. m. *ES.* Embadurnamiento.

embagayar.
  I. 1. tr. *Ar,* p.u. Envolver, empaquetar *algo.* pop.

embajada.
  I. 1. f. *ES, RD.* Ocurrencia inoportuna. rur.
  ▶ **ir con la ~.**

embajerar.
  I. 1. tr. *CR.* Colgar de varas o palos horizontales las hojas de tabaco para que se sequen. rur.

embalada.
  I. 1. f. *Pe.* Aceleración de un cuerpo o de un objeto.

embalado, -a.
  I. 1. adj. *Co; PR, Ve,* drog. *Referido a persona,* que está bajo los efectos de la cocaína. pop.
  ▶ **estar bien ~.**

embaladura.
  I. 1. f. *PR, Pe, Bo, Ch.* Embalaje, acción de embalar los objetos que han de transportarse.

embalaje.
  I. 1. m. *Ar, Ur. En una carrera, especialmente ciclista,* último esfuerzo o impulso antes de la llegada a meta.
  2. *Ur.* Afición o deseo vehemente. pop.

embalar(se).
  I. 1. intr. prnl. *Mx.* Atascarse una bala en el cañón de un arma de fuego.
  II. 1. tr. *Co.* juv. Comprometer a *alguien* en un asunto desfavorable. pop.
  III. 1. intr. prnl. *RD, PR.* Huir, escapar. pop + cult → espon.
  IV. 1. tr. *PR.* Poner las espuelas postizas al gallo de pelea.

embaldosinado.
  I. 1. m. *Co.* Piso de baldosas.

embaldosinar.
  I. 1. tr. *Co.* Cubrir con baldosas un piso o una pared.

embale.
  I. 1. m. *Co.* Estado de nerviosismo y agitación intensos ocasionado por una situación o responsabilidad. pop.
  II. 1. m. *Ar, Ur.* Velocidad creciente adquirida, *especialmente por un vehículo,* después de un impulso inicial.
  III. 1. m. *Ar, Ur.* Entusiasmo o energía que se pone en la realización de algo. pop.
  IV. 1. m. *Ar.* Enojo, enfado. pop.

emballestarse.
  I. 1. intr. prnl. *Mx.* Contraer una caballería el emballestado.

embalonar(se).
  I. 1. intr. prnl. *Pe.* Hincharse *algo* tomando forma redondeada como un balón. pop.
  2. tr. *Pe.* Inflar un cuerpo o un conducto con aire.

embalsado.
  I. 1. m. *Bo:N,NE,E,S, Ar. En lagos, lagunas y esteros,* entramado de raíces y tallos de plantas acuáticas que puede alcanzar hasta 2 m de espesor.

embalsamada.
  I. 1. *ES.* **pupusa**, vulva. carc.

embalsamar.
  I. 1. tr. *ES.* Robar a *alguien* lo que lleva en los bolsillos. carc.

embalsar.
  I. 1. tr. *Pe.* Subir *algo* a una balsa para su transporte. rur.
  2. *Pe.* Impedir legalmente la subida de precios fijándolos en un tope.

embalurdar.
  I. 1. tr. *Ar, Ur.* Convencer a *alguien* mediante engaños para estafarlo u obtener algún provecho de él. pop.
  II. 1. tr. *Ar.* Crear *alguien* confusión, embrollar. pop.

embancado.
  I. 1. adj. *Ec. Referido a río o lago,* que tiene profundidad reducida por la acumulación de tierras de aluvión.
  II. 1. adj. *Ec. Referido a vehículo,* atascado en el barro o en la arena. pop.
  III. 1. adj. *CR. Referido a cosa,* formando pilas o montones. pop.
  ▶ **quedarse ~.**

embancamiento.
  I. 1. m. *Ch.* Acumulación de sedimentos en la orilla de lagos, puertos o en la desembocadura de los ríos.

embancar(se).
  I. 1. intr. prnl. *Mx. En una fundición,* pegarse un material a las paredes del horno, con pérdida de toda la operación.
  II. 1. tr. prnl. *Ho, Ni, Ec.* Atascarse un vehículo en el barro o en la arena.
  2. tr. *Ho, Ni, Ec.* Levantar un vehículo del suelo con alguna cuña o aparato para su reparación.
  III. 1. intr. prnl. *Ch.* Formarse un banco en la orilla de los lagos o puertos y en la desembocadura de los ríos por los sedimentos que provienen de las tierras altas.
  2. *Ec.* Disminuir la profundidad de un río o un lago por la acumulación de tierras de aluvión.
  IV. 1. tr. *CR.* Poner una cosa sobre otra formando pilas o montones. pop.

embanderado, -a.
  I. 1. sust/adj. *ES.* Ladrón que es ayudado por otro. delinc.

embanderamiento.
  I. 1. m. *Ve, Ec, Bo, Ch, Ar:NO.* Ornamentación de lugares públicos con banderas.
  II. 1. m. *Ch.* Izamiento de banderas patrias en todas las casas y edificios del país o de una ciudad.

embanque.
  I. 1. m. *Ec, Ch.* Acumulación de sedimentos en la orilla de lagos, puertos o en la desembocadura de los ríos o corrientes de agua.

embanquetado.
  I. 1. m. *Mx.* Colocación de aceras o **banquetas** en las calles.

embanquetar.
  I. 1. tr. *Mx.* Poner aceras o **banquetas** en las calles.

embaracoa. (De *Baracoa,* ciudad cubana).
  I. 1. adj. *Cu. Referido a mujer,* embarazada. pop + cult → espon. ♦ **embaracutei; embaracutey.**

embaracutei.
    I. 1.   *Cu.* **embaracoa.**
embaracutey.
    I. 1.   *Cu.* **embaracoa.**
embarajar.
    I. 1.   tr. *Cu.* Engañar *una persona* a *alguien.*
    2.   *Cu.* Disimular *algo.*
    II. 1.   tr. *Cu. En el juego de dados*, agitarlos, moverlos.
    □
       a. ‖ ~ **el tiro.** loc. verb. *Cu.* Encubrir *alguien* sus verdaderas intenciones, engañar.
embarajustada.
    I. 1.   f. *Ni.* **barajuste.**
embarazar.
    I. 1.   tr. *Mx.* metáf. *En una elección*, llenar las urnas de votación con papeletas fraudulentas.
embarazo.
    □
       a. ‖ ~ **de urnas.** loc. sust. *Mx. En una elección*, llenado de urnas con papeletas no sufragadas por los votantes.
embarbascada.
    I. 1.   f. *ES.* Enamoramiento.
embarbascado, -a.
    I. 1.   adj. *ES. Referido a persona*, muy enamorada.
embarbascar(se).
    I. 1.   tr. *Mx, Ho, ES*; *Ec, Bo:N,E*, pop; *Ve*, rur. Envenenar con **barbasco** el agua de un río para pescar.
    II. 1.   intr. prnl. *Ni.* Cubrirse o enmarañarse *algo* de maleza.
    2.   *Ni.* metáf. Enredarse o equivocarse *una persona* en algo por exceso de trabajo.
    III. 1.   intr. prnl. *ES.* Enamorarse perdidamente.
embarbetar.
    I. 1.   tr. *Mx:E.* Transportar una **res** por el agua apoyando su cabeza en una canoa. rur.
embarcada.
    I. 1.   f. *Cu.* Larga espera, plantón.
    II. 1.   f. *CR.* Decisión o elección incorrecta. pop + cult → espon.
embarcadero.
    I. 1.   m. *Ni.* Artefacto de madera dispuesto para montar el ganado en un camión. rur.
    ▶ **dejar ~.**
embarcador, -ra.
    I. 1.   adj. *Cu, Ve. Referido a persona*, que deja esperando a otra y no llega nunca.
    II. 1.   adj/sust. *CR. Referido a persona*, que **embarca.** pop.
embarcar(se).
    I. 1.   tr. *Cu, Ve.* Dejar esperando a *alguien.*
    II. 1.   tr. *Gu, PR.* Engañar o estafar a *una persona* aprovechando su ingenuidad o inexperiencia. ♦ **embolichar.**
    2.   *CR, Cu.* Hacer, deliberadamente o no, que *alguien* tome una decisión incorrecta. pop.
    3.   intr. prnl. *CR.* Tomar *alguien* una decisión incorrecta. pop.
    III. 1.   tr. *PR.* Meter a *alguien* en negocios turbios. pop + cult → espon. ♦ **embolichar.**
    2.   tr. prnl. *PR.* Meterse *alguien* en negocios turbios. pop + cult → espon. ♦ **embolicharse.**
    IV. 1.   intr. prnl. *CR.* Contraer matrimonio. pop + cult → espon ^ fest.
embargue.
    I. 1.   m. *Bo, Py.* Embargo, retención de bienes por mandato judicial.
embarillarse.
    I. 1.   *PR.* **embarrarse**, implicarse.

embarque.
    I. 1.   m. *Ve.* Espera prolongada de una persona a otra que finalmente no acude a una cita.
    II. 1.   m. *PR.* Embargo. vulg; pop.
embarquillado.
    I. 1.   m. *Bo:O,C,N.* Moldeado del ala del sombrero de la **cholita** que consiste en darle una curvatura hacia arriba mediante calor y presión de una plancha.
embarquillado, -a.
    I. 1.   adj. *Bo:O,C,N. Referido al ala del sombrero*, curvada hacia arriba.
embarquillador.
    I. 1.   m. *Bo.* Molde de madera para dar forma al ala del sombrero. pop.
embarra.
    I. 1.   f. *Pa.* Relleno de las paredes, formado por **cañas bravas** verticales y horizontales unidas entre sí por fuertes y resistente **bejucos.**
embarracado, -a.
    I. 1.   adj. *ES. Referido a persona*, muy enamorada.
embarracarse.
    I. 1.   intr. prnl. *ES.* Enamorarse *alguien* perdidamente.
embarrada.
    I. 1.   f. *Mx, Ni, Cu, PR, Co, Ec, Pe, Bo, Ch, Py, Ar, Ur.* Error, desacierto. pop + cult → espon.
    II. 1.   f. *Mx, CR, RD.* Implicación de alguien en un asunto ilícito.
    III. 1.   f. *Mx.* Choque o golpe que se da un vehículo contra un objeto o con otro vehículo. pop + cult → espon.
    IV. 1.   f. *RD, Co, Ec, Bo.* Embarradura. pop + cult → espon.
    2.   *RD, PR.* **embarre**, suciedad.
    3.   *Ho.* Revoco de paredes con barro.
    4.   *CR.* Aplicación de una sustancia, *generalmente grasa o espesa*, sobre una superficie.
    V. 1.   f. *Ar.* Pérdida de un negocio, una oportunidad o una relación. pop.
    □
       a. ‖ **la ~.** loc. sust. *Co.* Persona o cosa desagradable que produce desagrado y enfado.
    ▶ **estar ~.**
embarradera.
    I. 1.   f. *Cu.* Suciedad extrema.
embarrado, -a.
    I. 1.   adj. *Ni, CR, Cu, RD, Ec, Pe*; *Bo. Referido a persona*, implicada en un asunto ilícito. pop + cult → espon.
    II. 1.   adj. *RD, Bo. Referido a persona*, que ha perdido su crédito o reputación. pop + cult → espon.
    III. 1.   adj. *Bo. Referido a una pared de adobe o armazón de madera*, recubierta con una capa de barro.
    IV. 1.   adj. *PR. Referido a persona*, miedosa. pop + cult → espon.
embarrancarse.
    I. 1.   intr. prnl. *Bo.* Caerse accidentalmente por un barranco o precipicio. pop + cult → espon.
embarrar(se).
    I. 1.   tr. *Mx, Ho, Ni, CR, Cu, RD, PR, Ve, Ec, Pe, Bo, Ar, Ur; Gu*, p.u. Implicar *una persona* a *alguien* en un asunto ilícito. pop + cult → espon.
    2.   *Pa, Cu, RD, PR, Ec, Pe, Bo, Ch, Ar, Ur; Gu*, p.u, pop. Decir malintencionadamente cosas falsas de alguien. pop + cult → espon.
    3.   intr. prnl. *Ho, Ni, CR, Cu, RD, PR, Ec, Pe, Bo, Ar, Ur; Gu*, p.u. Implicarse *alguien* en un asunto ilícito. pop + cult → espon. ♦ **embarrillarse; embarrilarse.**
    4.   tr. *Ho, Cu, Co, Bo, Ar; Gu*, p.u. Causar daño a *alguien.* pop + cult → espon.

5. *Mx, PR.* Equivocarse. pop + cult → espon.
6. tr. *Ho, Ar.* Calumniar, desacreditar a *alguien.*
7. intr. prnl. *Ec, Bo.* Perder *alguien* su crédito o reputación. pop + cult → espon.
8. *Ho.* Cometer un delito.
II. 1. tr. *Ec, Pe, Ch, Bo, Py, Ar, Ur.* Destruir o echar a perder *algo.* pop + cult → espon.
III. 1. intr. prnl. *Mx.* Chocar, estrellarse *alguien.* pop + cult → espon
IV. 1. tr. *Bo.* Revocar con una mezcla de barro y paja las paredes de adobe o el armazón de madera de una construcción. pop + cult → espon.

□
a. ‖ ~ de ayote. loc. verb. *Ni.* Implicarse en un asunto difícil de resolver. pop.
b. ‖ ~ la cancha.
   i. loc. verb. *Bo, Ar.* Dificultar el desarrollo de un asunto o una negociación. pop.
   ii. *Ar.* Responder con evasivas, eludir una situación comprometida. pop.
   iii. *Ur.* Intervenir negativamente en una discusión o situación conflictiva. pop.
c. ‖ ~la.
   i. loc. verb. *Cu, RD, Co, Ve, Ec, Pe, Bo, Ch, Ar, Ur.* Cometer una indiscreción o un desacierto. pop.
   ii. *Mx, Ec, Bo, Ch, Ar, Ur.* Echar a perder, malograr cualquier asunto o proyecto. pop.
   iii. *Ho.* Cometer *alguien* un error, equivocarse.

embarrascarse.
I. 1. intr. prnl. *Ar:NO.* Perderse en el monte. rur.

embarre.
I. 1. m. *Cu, RD; PR,* pop + cult → espon. Suciedad causada por alguna sustancia pegajosa. (**embarrado**).
2. *RD; PR,* pop + cult → espon. | metáf. Asunto turbio o ilegal.
II. 1. m. *Ni, Pa.* Rellenar o cubrir de barro *algo, generalmente una pared.* (**embarro**).
III. 1. m. *Pe.* Error, desacierto. pop + cult → espon.

embarrealado, -a.
I. 1. adj. *CR. Referido a persona o cosa,* manchada o llena de barro.
2. *CR. Referido a un terreno,* que tiene barro.

embarrealar(se).
I. 1. tr. *CR.* Manchar o ensuciar de barro *una persona algo o a alguien.*
2. intr. prnl. *CR.* Mancharse uno de barro.

□
a. ‖ ~ la cancha. loc. verb. *CR.* Poner obstáculos a *alguien* para complicarle su desempeño normal o para que no alcance determinada meta. pop.

embarretinado, -a.
I. 1. adj. *Cu. Referido a persona,* que queda en una situación comprometida.

embarrialado, -a.
I. 1. adj. *Ve.* Lleno de barro.

embarrialar(se).
I. 1. tr. *CR; Ve,* pop. Manchar o llenar de barro *algo o a alguien.*
2. intr. prnl. *CR.* Mancharse *algo o alguien* de barro.

embarrijo.
I. 1. m. *CR, Cu.* Aplicación de una sustancia en una superficie, sin esmero ni cuidado. pop + cult → espon.

embarrilado.
I. 1. m. *Pe.* Cubierta hecha con finas tiras de cuero o de fibras vegetales para proteger o afirmar una pieza o una parte del cuerpo.

embarrilar(se).
I. 1. tr. *Ch.* p.u. Enrollar un alambre, cuerda o cable alrededor de algo.
II. 1. intr. prnl. *PR.* **embarrarse,** implicarse.

embarro.
I. 1. m. *Ni.* **embarre,** cubrimiento con barro.

embarrutarse.
I. 1. intr. prnl. *Co:N.* Mancharse *alguien, especialmente tiznarse la cara.*

embasado, -a.
I. 1. adj. *Pa. Referido a la hembra de un animal,* preñada.

embasadura.
I. 1. f. *PR.* Tira de metal o plástico usada para fijar las tuberías.

embasar(se).
I. 1. intr. prnl. *ES, Ni, Cu, RD, PR, Ve. En el beisbol,* alcanzar un jugador una **base.**
2. tr. *ES, Ni, Cu, RD. En el beisbol,* dejar un lanzador que un bateador llegue a la primera **base.**

embasucado, -a.
I. 1. adj. *Co. Referido a persona,* que se encuentra bajo los efectos del **basuco.**

embasurarse.
I. 1. intr. prnl. *Ve.* Atracarse de algún alimento, *generalmente de chucherías,* antes de las comidas.

embateriarse.
I. 1. intr. prnl. *Ni.* juv. Darse prisa *alguien,* adelantarse a otra persona.

embatusar(se).
I. 1. tr. *Mx.* Manchar *una persona* a *alguien* el cuerpo o la cara con alguna sustancia.
2. intr. prnl. *Mx.* Mancharse alguien el cuerpo o la cara con alguna sustancia.

embaucada.
I. 1. f. *CR, Pa, RD, Co, Ec, Pe, Bo, Ch.* Engaño que se hace valiéndose de la inexperiencia o candidez de alguien.

embaulamiento.
I. 1. m. *Ho, Ec.* Canalización del cauce de un río o **quebrada.**

embaular.
I. 1. tr. *Ho, Ve, Ec.* Canalizar la corriente de un río.

embazado, -a.
I. 1. adj. *Pa. Referido a un animal hembra,* que está en estado de preñez.

embebucado.
I. 1. m. *RD, PR.* Lugar poblado de **bejucos.**

embejucado, -a.
I. 1. adj. *RD, PR. Referido a una planta,* llena de **bejucos.**
II. 1. adj. *CR.* p.u. *Referido a persona,* endeudada. pop + cult → espon.

embejucar(se).
I. 1. intr. prnl. *Mx:SE, Ho, ES, Ni.* Cubrirse o envolverse *algo* con **bejucos.** rur.
2. tr. *Cu, PR, Ve, Ec:O; Bo:NE,* pop + cult → espon. Cubrir o envolver *algo* con **bejucos.** rur.
3. *Ni.* Amarrar con **bejucos.**
II. 1. intr. prnl. *Co.* Enfadarse. pop.
III. 1. intr. prnl. *Ve:SE.* Enredarse una planta trepadora en algo.
IV. 1. intr. prnl. *Bo; CR,* p.u. Endeudarse, contraer deudas. pop + cult → espon.

embeleco.
I. 1. m. *Cu, RD, PR; Co,* obsol. Antojo, deseo vivo y pasajero de algo.
II. 1. m. *Ve.* Cariño excesivo y empalagoso.
III. 1. m. *Ch.* obsol. Cosa pequeña, juguete o golosina que se regala sin motivo o sin ser una ocasión propicia para ello. pop.
2. *Ch.* metáf. Órgano sexual externo. euf; pop.

IV. 1. m. *RD*, *PR*. Juego, enredo, montaje, complicación. pop + cult → espon.

V. 1. m. *PR*. Trasto. pop + cult → espon.

2. *PR*. Adorno demasiado cargado. pop + cult → espon.

embeleque.

I. 1. m. *Ho*, *ES*. Embeleco, engaño, *en especial el hecho con zalamerías o artilugios*.

embelequear. (Epént. de *embelecar*).

I. 1. tr. *Ho*, *Ni*, *RD*, *PR*. Engañar a *alguien* con zalamerías o artilugios.

2. *Ho*. Enamorar a *alguien* con zalamerías o artilugios.

II. 1. intr. *Gu*, *RD*. Exagerar, darle demasiada importancia a algo.

III. 1. intr. *RD*, *PR*. Fantasear *una persona*, inventar.

2. tr. *PR*. Adornar *alguien algo*.

embelequería.

I. 1. *Ni*, *Cu*, *PR*, *Ec*, *Mx*, *Gu*, *Ho*. Embuste o engaño. pop + cult → espon.

II. 1. f. *Gu*, *Pa*. Tontería.

embelequero, -a.

I. 1. adj/sust. *Cu*, *Co*, *Ve:O*. Referido a persona, que obra por **embelecos**. pop.

II. 1. sust/adj. *Ar:O*. Persona que gusta de adquirir cosas innecesarias o superficiales.

2. adj. *PR*, *Ch*. Referido a persona, que es atenta y gusta de regalar pequeños detalles. pop.

III. 1. adj/sust. *Gu*; adj. *PR*. Referido a persona, que dramatiza o le da demasiada importancia a algo.

IV. 1. adj/sust. *Ho*; adj. *PR*. Referido a persona, embelecadora, mentirosa.

V. 1. adj. *PR*. Referido a persona, frívola. pop + cult → espon.

embeleso.

I. 1. m. *Mx:SE*, *Cu*. Planta ornamental de hasta 1,8 m de longitud, de hojas verdosas, flores azuladas dispuestas en racimos, su fruto es pequeño con pelos glandulares; tiene propiedades narcóticas. (Plumbaginaceae; *Plumbago capensis*). ♦ **jazmincillo del cielo**.

embellacar(se).

I. 1. tr. *PR*. Provocar *una persona* el apetito sexual de otra. vulg; pop + cult → espon.

2. intr. prnl. *PR*. Excitarse *alguien* sexualmente. vulg; pop + cult → espon.

II. 1. intr. prnl. *Pa*. Enfurecerse. vulg.

embellonarse.

I. 1. intr. prnl. *PR*. Sentirse *alguien* provocado y defenderse airadamente. pop + cult → espon.

embembado, -a. (De *bemba*).

I. 1. adj. *Cu*. Referido a persona, enfadada, de mal humor.

embembarse.

I. 1. intr. prnl. *Cu*, *RD*. Enfadarse. pop + cult → espon.

emberejenado, -a.

I. 1. adj. *ES*, *Cu*. Referido a persona, metida en amoríos. pop + cult → espon.

emberenjenar(se).

I. 1. tr. *Ho*, *Ni*, *Cu*. Complicar *alguien* una cosa de fácil solución. pop + cult → espon.

2. intr. prnl. *Ho*, *Cu*. Meterse *alguien* en complicaciones o problemas. pop + cult → espon.

emberracar(se).

I. 1. tr. *Pa*, *Co*. Poner furioso a *alguien*. pop. (**enverracar**).

2. intr. prnl. *Pa*, *Co*. **enverracarse**, ponerse furioso. pop.

II. 1. intr. prnl. *Co*. Entusiasmarse exageradamente para llevar a cabo una actividad. pop. (**enverracarse**).

emberranar(se).

I. 1. tr. *RD*. Molestar o enojar *una persona* a *alguien*. (**emberrenar**).

2. intr. prnl. *RD*. Molestarse o enojarse *alguien*. (**emberrenarse**).

II. 1. intr. prnl. *RD*. Enamorarse, comenzar a sentir amor por una persona. (**emberrenarse**).

emberrenar(se).

I. 1. tr. *RD*. **emberranar**, molestar.

2. *RD*. **emberranarse**, molestarse.

II. 1. *RD*. **emberranarse**, enamorarse.

emberrenchinado.

I. 1. f. *Mx*, *Ni*. Berrinche, enfado grande, *especialmente de un niño*.

emberrenchinado, -a.

I. 1. adj. *Mx*, *Ni*, *Cu*. Referido a persona, muy enfadada, *especialmente un niño*. pop + cult → espon.

emberrenchinarse.

I. 1. intr. prnl. *Ho*, *Ni*, *RD*, *PR*. Enamorarse perdidamente. pop + cult → espon.

emberretinamiento.

I. 1. m. *Cu*, *Ar*, *Ur*. Obstinación, terquedad. pop.

emberretinar(se).

I. 1. intr. prnl. *Cu*, *Ar*, *Ur*. Encapricharse o entusiasmarse excesivamente con algo. pop.

II. 1. tr. *Ar*. Esconder u ocultar *algo* o a *alguien*. pop.

emberrinchado, -a.

I. 1. adj. *Ni*, *Cu*, *RD*. Referido a persona, encolerizada.

II. 1. adj. *Ni*, *Cu*, *RD*. Referido a persona, encaprichada de algo.

III. 1. adj. *Ni*. Referido a persona, enamorada.

IV. 1. adj. *Ni*. Referido a niño, que hiede a orines.

emberrinchamiento.

I. 1. m. *Pa*. Entusiasmo exagerado por una persona de distinto sexo. pop + cult → espon ^ fest.

emberrincharse.

I. 1. intr. prnl. *Ni*, *Cu*, *Co*. Encapricharse, obstinarse en algo. pop + cult → espon.

emberrinchinada.

I. 1. f. *Mx*. Berrinche, enfado grande, *especialmente en un niño*.

emberriondada.

I. 1. *Co:O*. **enverriondada**. pop.

emberriondar(se).

I. 1. tr. *Co:O*. Irritar, disgustar a *alguien*. pop.

2. intr. prnl. *Co:O*. Irritarse, disgustarse. pop.

embetunado, -a.

I. 1. adj. *PR*. Referido a persona, borracha.

embetunador, -ra.

I. 1. m. y f. *Mx*. Persona que tiene por oficio limpiar y lustrar zapatos.

embetunar(se).

I. 1. tr. *Ch*. Embadurnar, untar o bañar *algo* con una sustancia o producto. pop.

2. *Ho*. Cubrir de merengue un pastel o una tarta.

II. 1. tr. *PR*. Teñir *alguien* las hojas de tabaco para darle el color comercial convencional.

III. 1. intr. prnl. *PR*. Emborracharse *alguien*. pop + cult → espon.

embicar(se).

I. 1. tr. *RD*. Tomar de forma continuada varios tragos de una bebida.

2. tr. prnl. *RD*. Tomarse de forma continuada varios tragos de una bebida.

II. 1. intr. *RD*. Dirigirse apresuradamente a un lugar.

III. 1. tr. *PR*. Embestir *alguien* a *una persona*, atacarla.

embichar(se).

I. 1. intr. prnl. *Bo:N,E*; *Ar*, rur. Llenarse de larvas de mosca la herida de un animal.

2. tr. *Ar.* Depositar una mosca sus huevos en la herida de un animal. rur.

3. intr. prnl. *Ar.* Llenarse un animal de parásitos externos en sus heridas. rur.

4. *Ar.* Llenarse una planta o un fruto de parásitos o plagas. rur.

II. 1. intr. prnl. *Mx.* Desnudarse, quitarse la ropa. pop.

III. 1. intr. prnl. *Mx.* Contagiarse de una enfermedad estomacal. pop.

IV. 1. tr. *PR.* Engarfiar con el bichero el pez capturado para subirlo a bordo de la embarcación.

2. tr. prnl. *PR.* metáf. Liarse en algún asunto. pop + cult → espon.

embijada.
I. 1. f. *Ho, ES.* Recubrimiento de algo con barro.

embijado, -a.
I. 1. adj. *Mx, Ho, ES. Referido a cosa,* manchada o recubierta de barro.

2. *ES. Referido a persona,* sucia.

II. 1. adj. *Mx.* Dispar, diferente, que no sigue la pauta común al resto de elementos iguales de una serie.

III. 1. adj. *RD.* Pelirrojo o con el pelo del color de la **bija.**

embijar(se).
I. 1. tr. *Mx, Ho, ES, Ni.* Ensuciar, manchar o embarrar a *una persona.*

2. *Ho.* metáf. Implicar a *alguien* en un problema ilegal.

II. 1. tr. prnl. *Ho, ES.* Untarse o frotarse *algo* en el cuerpo, *en especial pomadas o cremas.*

III. 1. tr. *Ni.* p.u. Teñir *algo* con **bija.**

embique.
I. 1. m. *RD.* Juguete con forma de copa que se sostiene por un mango al que se le une, mediante un cordón, una bola que, lanzada al aire, se intenta hacer entrar en el interior de la copa.

2. *PR.* Juego que consiste en meter monedas o bolitas en un hueco pequeño hecho en la tierra, tirándolas desde cierta distancia; gana el que consiga introducir mayor número.

embó.
I. 1. m. *Cu. En la santería,* ceremonia de ofrenda con la que se intenta alejar la mala suerte.

embobinador, -ra.
I. 1. m. y f. *RD, Bo, Ch.* Persona que enrolla el hilo conductor en la bobina de un transformador o de un circuito electrónico. pop + cult → espon.

embobinar(se).
I. 1. intr. prnl. *PR.* Meterse en un asunto turbio. pop + cult → espon.

II. 1. *PR.* **embollar,** ir a gran velocidad.

embocada.
I. 1. f. *Ar, Ur.* Acción acertada u oportuna. pop.

embocadura.
I. 1. f. *Ec:S.* obsol. Disposición natural de alguien para una actividad determinada.

▶ **coger la ~.**

embocar(se).
I. 1. intr. prnl. *Mx.* Colarse en una casa u otro lugar.

II. 1. intr. prnl. *Ho, Co:NE.* Dirigirse *alguien* a determinado lugar.

2. intr. *Co:NE.* Tomar *alguien* una dirección determinada.

III. 1. intr. prnl. *Co.* Dar con la mejor solución, acertar. pop.

2. tr. *Ar:NO.* Acertar, dar con la elección, solución o decisión más apropiada. pop.

IV. 1. tr. *Ar, Ur.* Pegar un golpe a *alguien.* pop.

V. 1. intr. *ES.* Asomar, sacar parte del cuerpo.

☐

a. ‖ **~la.** loc. verb. *Ar, Ur.* Acertar, dar con la elección, solución o decisión más apropiada. pop.

b. ‖ **~se bien.** loc. verb. *Co.* Acertar por casualidad.

c. ‖ **~se mal.** loc. verb. *Co.* No acertar.

d. ‖ **no ~ una.** loc. verb. *Ar, Ur.* Ser poco acertado en lo que se dice o se hace. pop.

embochado, -a.
I. 1. adj. *Ni. Referido a un animal,* metido en su madriguera.

embochinchado, -a.
I. 1. adj. *Ve, Ar,* pop. *Referido a un lugar,* que está en estado de desorden y confusión.

2. adj/sust. *Ar. Referido a persona,* desordenada. pop.

II. 1. adj. *Ar. Referido a persona,* despistada o atolondrada. pop.

III. 1. adj. *Ve. Referido a persona,* que se comporta de forma rebelde o pendenciera.

embochinchar(se).
I. 1. tr. *Mx, Gu, RD, Ve, Bo, Ar.* Promover un bochinche, alborotar.

2. intr. prnl. *Mx, Ve.* Crearse confusión, desorden o ambiente de pelea en un lugar.

3. tr. *RD, Ve.* Incitar a pelear a *una persona.*

4. *Ec.* Hacer que algo se torne caótico. pop.

embocicado, -a.
I. 1. adj. *ES. Referido a persona,* cubierta con una **cobija** de pies a cabeza.

embocinada.
I. 1. f. *Co. En el juego del tejo,* acierto que consiste en que el disco o tejo quede dentro del **bocín.**

embocinar.
I. 1. tr. *Co. En el juego del tejo,* lograr introducir el disco o tejo dentro del **bocín.**

embojotado, -a.
I. 1. adj. *Ve.* Amarrado o empaquetado.

embojotar(se).
I. 1. tr. *Ve.* Envolver o empaquetar *algo.*

2. tr. prnl. *Ve.* Envolverse o arroparse para protegerse del frío.

3. intr. prnl. *Ho.* Cubrirse con una manta o sábana de pies a cabeza.

embolada.
I. 1. f. *Mx.* Borrachera. ♦ **emboladera.**

2. *Ho.* metáf. Aturdimiento, mareo.

II. 1. f. *Co.* Lustramiento del calzado.

emboladera.
I. 1. *Ni.* **embolada,** borrachera. pop.

embolado, -a.
I. 1. adj. *Ar, Ur. Referido a persona,* que siente aburrimiento. pop.

II. 1. adj. *Ho, ES, CR:NO.* **tomado,** borracho.

embolador, -ra.
I. 1. m. y f. *Co.* Persona que tiene por oficio limpiar y lustrar el calzado.

embolante.
I. 1. adj. *Ar, Ur. Referido a persona o cosa,* que causa aburrimiento o tedio. pop.

2. *Ar, Ur. Referido a persona o cosa,* que causa fastidio, molestias o inconvenientes. pop.

embolar(se).
I. 1. intr. prnl. *Mx, Gu, Ho, ES, Ni, CR:NO.* Emborracharse *una persona.* pop + cult → espon.

2. tr. *Mx, Ho, ES, Ni.* Emborrachar a *alguien.* pop + cult → espon. ♦ **embolecer.**

II. 1. tr. *Ar, Ur.* Causar aburrimiento o tedio a alguien. pop.

2. *Ar, Ur.* Causar hartazgo o molestias a alguien. pop.

3. intr. prnl. *Ar, Ur.* Sentirse aburrido o con tedio. pop.

4. *Ar, Ur.* Sentirse fastidiado o a disgusto. pop.

III. (De *bola,* betún.).

1. tr. *Co.* Lustrar los zapatos.

IV. 1. tr. *Pe.* Embarazarse una mujer. pop + cult → espon.

V. 1. tr. *Ho, ES.* Aturdir a *alguien* por hablar mucho otra persona.

VI. 1. tr. *Ho.* En varios deportes de balón, regatear repetidamente a un contrario.

VII. 1. tr. *PR.* Cubrir *alguien* el pico al gallo de pelea con esparadrapo durante el **traqueo**. ♦ **embolazar**.

embolatado, -a.
I. 1. *Co.* **envolatado**.

embolatar(se).
I. 1. tr. *Co.* Extraviar *alguien algo* momentáneamente. pop. (**envolatar**).

2. intr. prnl. *Co.* Desaparecer *algo*, perderse. pop. (**envolatarse**).

3. *Co.* metáf. Desconcentrarse de algo que se estaba haciendo. pop. (**envolatarse**).

II. 1. tr. *Pa; Co,* pop. Enredar, complicar la solución de un asunto. (**envolatar**).

2. intr. prnl. *Pa; Co,* pop. Enredarse, complicarse la solución de un asunto. (**envolatarse**).

III. 1. tr. *Pa; Co, Ec,* pop. Engañar a *alguien* con mentiras o falsas promesas. (**envolatar**).

IV. 1. intr. prnl. *Co:N.* Ponerse de mal genio. pop. (**envolatarse**).

V. 1. tr. prnl. *Pa.* Ir a divertirse, en fiestas. pop. (**envolatarse**).

embolazar.
I. 1. *PR.* **embolar**, cubrir el pico al gallo de pelea.

embole.
I. 1. m. *Ar, Ur.* Aburrimiento o tedio. pop.

2. *Ar, Ur.* Sentimiento de hartazgo o fastidio. pop.

3. *Ar, Ur.* Situación, actividad o cosa que causa aburrimiento o tedio. pop.

4. *Ar, Ur.* Situación, actividad o cosa que causa fastidio, incomodidad o disgusto. pop.

II. 1. m. *ES.* Estado de embriaguez.

embolecer.
I. 1. *ES.* **embolar**, emborrachar.

embolichar(se).
I. 1. *PR.* **embarcar**, engañar o estafar.

2. *PR.* **embarcar**, meter a *alguien* en negocios turbios.

3. tr. prnl. *PR.* **embarcarse**, meterse en negocios turbios.

II. 1. *PR.* **emborujarse**, arrebujarse.

embolillar(se).
I. 1. intr. prnl. *Pa.* Irse a las manos en una lucha cuerpo a cuerpo.

2. tr. *Pa.* Envolver, enredar.

embolinado, -a.
I. 1. adj/sust. *Ch.* Referido a persona, confundida, despistada. pop + cult → espon.

II. 1. adj. *PR.* Referido a persona, drogada con **pepas**. drog.

embolinamiento.
I. 1. m. *Ch.* Confusión, despiste. pop + cult → espon.

■

a. ‖ ~ **de perdiz.** m. *Ch.* Enredo o cosa enrevesada con que se pretende confundir a alguien. pop + cult → espon.

embolinar.
I. 1. tr. *Ch.* Enredar con palabras a *alguien*. pop.

□

a. ‖ ~ **la perdiz.** loc. verb. *Ch.* Hacer perder intencionadamente el tiempo con rodeos o dilaciones obstaculizando la resolución de un problema. pop.

emboliscarse.
I. 1. tr. prnl. *PR.* Embolsarse *algo, especialmente dinero*.

embollado, -a.
I. 1. adj. *Cu.* Referido a un hombre, muy enamorado. pop + cult → espon.

II. 1. adj. *RD.* Complicado, enredado o confuso. pop + cult → espon.

III. 1. adj. *PR.* Referido a persona, involucrada, interesada en un asunto. pop + cult → espon.

IV. 1. adj. *PR.* Referido a persona, borracha. pop + cult → espon.

▶ **estar** ~; **ir** ~.

embollar(se).
I. 1. tr. *RD, PR.* Enrollar *alguien algo*, envolverlo descuidadamente. pop + cult → espon.

2. *PR.* Engañar, confundir a *alguien*. pop + cult → espon.

II. 1. intr. *PR.* Huir, escapar. pop + cult → espon.

2. *PR.* Ir *alguien* a gran velocidad. pop + cult → espon. ♦ **embobinar**.

III. 1. intr. prnl. *PR.* Dedicarse *alguien* intensamente a algo. pop + cult → espon.

IV. 1. intr. prnl. *PR.* Emborracharse *alguien*. pop + cult → espon.

embolle.
I. 1. m. *PR.* Borrachera. pop + cult → espon.

2. *PR.* Estado causado por los efectos de las drogas. drog.

II. 1. *PR.* **enchule**, enamoramiento.

III. 1. m. *PR.* Enredo, confusión. pop + cult → espon.

IV. 1. m. *PR.* Entusiasmo de alguien en una actividad. pop + cult → espon.

embolón, -na.
I. 1. adj. *ES.* Referido a bebida, embriagante.

embolsada.
I. 1. f. *Bo.* En el **futbol**, parada que realiza el arquero recogiendo el balón con los brazos.

embolsar(se).
I. 1. tr. prnl. *Mx, RD, Ec.* metáf. Robar dinero. pop. ♦ **embolsicarse**.

2. *Mx, RD.* Robar *algo* que cabe en el bolsillo. pop.

II. 1. tr. *Ho, Ec, Pe, Bo.* En el **futbol**, detener el arquero el balón con los brazos, apretándolo contra el pecho.

III. 1. intr. prnl. *Ar.* Encajonarse el viento en una calle, corredor o cualquier sitio estrecho.

IV. 1. tr. prnl. *Ho, ES.* Engañar, convencer o ganarse a *alguien* a su favor.

V. 1. tr. *PR.* Ahorrar, guardar dinero. ♦ **enchivar**.

VI. 1. tr. *PR.* Ponerle las **botas** al gallo de pelea para protegerlo mientras se ejercita.

embolse.
I. 1. m. *Ho.* Embolsamiento, acción de cubrir algo con una bolsa.

embolsicamiento.
I. 1. m. *Ch.* p.u. Introducción de algo en un bolsillo, bolsa u objeto similar. pop + cult → espon.

embolsicar(se).
I. 1. tr. prnl. *Ec, Pe, Ch; Bo,* pop. | metáf. **embolsarse**, robar.

2. tr. *Pe, Bo, Ch.* metáf. Malversar dinero a una empresa o del erario.

3. *RD, PR, Ec, Bo, Ch.* Meter *algo* en un bolsillo, *generalmente dinero*.

II. 1. tr. *PR.* Esconder a *alguien*. pop + cult → espon.

embolsillar(se).
I. 1. tr. prnl. *Ni, Cu, RD, Ve, Bo, Ch, Py, Ar:NO, Ur.* Apropiarse del dinero de otro. pop + cult → espon.

2. *Ni, RD, Ve, Bo, Ch, Ar:NO.* Meterse *algo* en el bolsillo. pop + cult → espon.

3. *Co.* Ganar dinero.

4. *Ve.* Reservar dinero con algún propósito. pop + cult → espon.

5. tr. *Bo.* metáf. Dominar y manipular a *alguien* imponiéndole la propia voluntad. pop + cult → espon.

embombado, -a.
I. 1. adj. *Ho, ES.* Referido a cosa, abombada.

II. 1. adj. *Bo. Referido a mujer*, embarazada. pop + cult → espon.

III. 1. sust/adj. *Ni.* Peine que da gran volumen a la cabellera.

embombar(se).
I. 1. tr. *Bo.* Embarazar a una mujer. pop + cult → espon.
2. intr. prnl. *Bo.* Quedarse una mujer embarazada. pop + cult → espon.
II. 1. intr. prnl. *Ho.* Abombarse, adquirir un objeto forma convexa o abombada.

embonable.
I. 1. adj. *Mx. Referido a cosa*, que se puede empalmar o encajar.

embonado, -a.
I. 1. adj. *Ec. Referido a cosa*, unida a otra por uno de sus extremos. pop.

embonar.
I. 1. tr. *Mx, Cu, Ec, Pe.* Empalmar, unir una cosa con otra por los extremos.

embone.
I. 1. m. *Ec, Pe.* Empalme, unión.
II. 1. m. *Ni.* Dificultad, problema.

embono.
I. 1. m. *PR.* Pieza de madera o de metal que se añade a otra mayor.

emboñigar.
I. 1. tr. *Cu.* Alisar las tapias cubriéndolas con una mezcla de tierra y boñiga.

emboque.
I. 1. m. *Ve:O, Bo, Ch.* Juguete de madera o hueso, que se compone de un palo terminado en punta por un extremo y con una cazoleta en el otro, y de una bola taladrada sujeta por un cordón al medio del palo y que, lanzada al aire, se procura recoger, ya en la cazoleta, ya acertando a meterle en el taladro la punta del palo.
2. *Ch.* Juego en el que se usa el emboque.

emboquetar.
I. 1. tr. *PR.* Agujerear *algo*. rur.

emboquillar.
I. 1. tr. *Mx, Bo, Ch, Ar:NO.* pop. *En construcción*, rellenar y afinar con mezcla de cemento y arena los huecos que quedan entre los ladrillos de un muro visto.
II. 1. tr. *Bo:NO.* Poner la boquilla de una trompeta en la boca para soplar por ella, con el propósito de encontrar los tonos de una melodía. pop + cult → espon.
III. 1. intr. *ES. En el fútbol*, estar un jugador solo ante la portería del contrario.
IV. 1. tr. *PR.* Llenar *alguien* un saco hasta el borde y coser parcialmente la parte superior, de manera que se vea el contenido.

emborrachada.
I. 1. f. *Ho, RD, Ec.* Borrachera a causa de un consumo excesivo de alcohol.

emborrachaduría.
I. 1. f. *Mx.* Taberna popular a la que se asiste para emborracharse.

emborrachar.
□
a. ‖ ~ **la perdiz.** loc. verb. *Bo, Ch.* Hacer perder intencionadamente el tiempo con rodeos o dilaciones obstaculizando la resolución de un problema. pop + cult → espon.

emborrajado.
I. 1. m. *Ec.* **Plátano** maduro relleno de queso, recubierto con una mezcla de harina de trigo, azúcar y huevos, y frito en aceite.

emborrajado, -a.
I. 1. adj. *Ec. Referido a alimento*, recubierto con una mezcla de harina de trigo, leche, huevos y azúcar.

emborrajar.
I. 1. tr. *Ec.* Recubrir *alguien* un alimento con una mezcla de harina de trigo, azúcar, leche y huevos, antes de freírlo.

emborrascarse.
I. 1. intr. prnl. *Mx, Ho, Ni, Ar.* Perder parcial o totalmente una mina sus vetas.
II. 1. intr. prnl. *Ho.* Crecer la corriente de las aguas de un río o las olas del mar.

emborucar(se).
I. 1. tr. *Mx.* Perjudicar *alguien* a *una persona*.
2. intr. prnl. *Mx.* Confundirse *alguien*. pop.

emborujado, -a.
I. 1. adj. *RD, PR. Referido a persona*, involucrada, comprometida con algo. pop + cult → espon. (**emburujado**).

emborujador, -ra.
I. 1. *PR.* **emburujador**, que acostumbra a meter a otra en malos negocios.
2. *PR.* **emburujador**, que acostumbra a engañar.

emborujar(se).
I. 1. tr. *RD, PR.* Revolver *algo*. pop + cult → espon.
2. *RD, PR.* Dejar *algo* en desorden. pop + cult → espon.
3. *RD, PR.* **emburujar**, tratar de confundir a alguien.
II. 1. tr. *RD, PR.* Envolver *una persona algo*.
III. 1. intr. prnl. *RD, PR.* Amancebarse. pop + cult → espon.
IV. 1. intr. prnl. *RD, PR.* Arrebujarse, cubrirse bien el cuerpo. pop + cult → espon. ♦ **embolicharse**.

emborujo.
I. 1. m. *PR.* **emburujo**.

embostar.
I. 1. tr. *Ar, Ur.* Hablar mal de alguien para dañar su reputación.
II. 1. tr. *Ar.* Ensuciar con bosta.
III. 1. tr. *Ve.* Revocar las paredes con una mezcla de estiércol de caballo y tierra. rur.

embotar(se).
I. 1. tr. *Mx, RD, PR.* Poner vainas de cuero a los espolones de los gallos de pelea o envolvérselos en tela.
II. 1. intr. prnl. *Pe.* Hastiarse por la ingesta de cerveza.

embotellación.
I. 1. f. *Ch.* Embotellado, introducción de un líquido o un producto en una botella.

embotelladora.
I. 1. f. *Mx, Ho, Cu, RD, Ec, Pe, Bo, Ch, Py.* Fábrica de refrescos.

embotelladura.
I. 1. f. *Bo.* p.u. Congestión de tráfico.

embotellarse.
II. 1. intr. prnl. *Ni, Pe, Bo, Py.* Quedarse un vehículo atrapado en una congestión de tránsito.
II. 1. tr. prnl. *RD, PR.* Aprenderse *algo* de memoria, *especialmente discursos*.
III. 1. tr. prnl. *Bo.* Emborracharse durante varios días. pop.

emboticarse.
I. 1. tr. prnl. *Mx, Ch.* p.u. Tomar muchos remedios sin receta médica.

embotijarse.
I. 1. intr. prnl. *Mx.* Avergonzarse, abochornarse.

embotojado, -a.
I. 1. adj. *ES. Referido a persona*, envuelta de pies a cabeza en una **cobija**.

embotojar(se).
I. 1.   tr. *ES.* Envolver a *alguien* de pies a cabeza con una **cobija**.
2.   intr. prnl. *ES.* Envolverse *alguien* de pies a cabeza *alguien* con una **cobija**.

embotonar.
I. 1.   tr. *RD.* Salirle los espolones al gallo.
2.   *RD.* Empezar a crecer los pechos de una mujer joven.

embovedado.
I. 1.   m. *Co:SO.* Techo interior de una construcción.

embozalar.
I. 1.   tr. *Mx.* Poner un bozal a un animal.
2.   *Ho.* metáf. Hacer callar a *alguien*.
3.   *Ho.* metáf. Silenciar *alguien* a un medio de comunicación.

embracilarse.
I. 1.   intr. prnl. *Mx.* Encapricharse un bebé a estar cargado en brazos.

embragado, -a.
I. 1.   adj. *PR.* *Referido a persona*, enojada. pop + cult → espon.

embrague.
▶ **patinarle el ~.**

embraguetado, -a.
I. 1.   adj. *RD, Ve.* *Referido a persona*, valiente.

embraguetarse.
I. 1.   intr. prnl. *Mx.* Acercarse mucho a un toro, de modo que las astas queden próximas a las ingles. rur.
II. 1.   intr. prnl. *RD, Ve.* Enfrentarse con valor a una empresa difícil.

embramado, -a.
I. 1.   adj. *Ho, ES, Ni, CR, Pa, RD.* **acalorado**.
2.   *Ho, ES, Ni.* *Referido a persona*, muy enamorada.
3.   *Ho, Ni.* *Referido a persona*, excitada sexualmente.
4.   *ES.* metáf. *Referido a persona*, iracunda.

embramar(se).
I. 1.   intr. prnl. *Ho, ES, Ni.* Ponerse en celo un animal.
  ♦ **alunarse**.
2.   *Ho, ES, Ni.* Enamorarse locamente de alguien. vulg. pop + cult → espon.
3.   *Ho, Ni.* Sentirse excitado sexualmente. vul; pop + cult → espon.
4.   *ES.* metáf. Encolerizarse *alguien*. pop + cult → espon.
II. 1.   tr. *Ar:NO,* rur; *Bo,* pop. Atar un animal al **bramadero** con una soga para amansarlo.

embrecadamente. (De *breque,* freno).
I. 1.   adv. *Ho.* Persistentemente, con tozudez e insistencia.

embrecado, -a.
I. 1.   adj. *Gu, Ho, ES, Ni.* *Referido a un vehículo*, frenado, que no puede avanzar a causa de algo.
2.   *Gu.* *Referido a persona o animal*, que se mueve de forma parsimoniosa, lenta.
II. 1.   adj. *Ho, Ni.* *Referido a persona*, aturdida o que se confunde al hablar.
III. 1.   adj. *Ho.* *Referido a persona*, terca, empecinada.
IV. 1.   adj. *Ho.* *Referido a un asunto o problema*, que se interrumpe su solución.
V. 1.   adj. *CR.* obsol. *Referido a un objeto o a un recipiente*, que está boca abajo. rur.
VI. 1.   adj. *CR.* obsol. *Referido a persona o cosa*, inclinada hacia adelante. rur.

embrecar(se). (De *breque,* freno).
I. 1.   tr. *Ho, ES, Ni.* Frenar un vehículo.
2.   intr. prnl. *Ho, ES, Ni.* Bloquearse un vehículo por fallos en el sistema de frenado.

II. 1.   intr. prnl. *Ho, Ni.* Aturdirse, cortarse o confundirse *alguien* cuando habla.
2.   *Ho.* Detenerse, pararse o complicarse un asunto o problema.
III. 1.   intr. prnl. *Ho.* Mantenerse *alguien* tercamente en sus ideas o actuaciones.
IV. 1.   tr. *CR.* obsol. Poner boca abajo un objeto, *en especial un recipiente*. rur. (**embrocar**).
V. 1.   intr. prnl. *CR.* obsol. Inclinarse hacia adelante. rur.

embretar(se).
I. 1.   tr. *Ar, Ur.* Poner en un aprieto. pop.
2.   *Ar, Ur.* Encerrar un animal en el **brete**. rur.
3.   *Ar, Ur.* Impedir o dificultar el desarrollo de algo.
II. 1.   intr. prnl. *PR.* Meterse en amores ilícitos, amancebarse. pop + cult → espon.

embriague.
I. 1.   m. *RD, Pe, Bo, Ch, Ar, Ur.* En un vehículo automóvil, mecanismo dispuesto para que un eje participe o no, a voluntad o automáticamente, del movimiento de otro.
2.   *RD, Pe, Bo, Ch, Ar, Ur.* Pedal o manilla con que se acciona dicho mecanismo.

embriscamiento.
I. 1.   m. *PR.* Huida, escapada. rur.

embriscar.
I. 1.   tr. *PR.* **embruscar**, robar.
II. 1.   *PR.* **embruscarse**, escaparse.

embrisque.
I. 1.   m. *PR.* Huida, escapada. rur.
II. 1.   m. *PR.* Amancebamiento. rur.
III. 1.   m. *PR.* En el juego de naipes, posesión de las cartas de triunfo. pop + cult → espon.

embrocado, -a.
I. 1.   adj. *Ho.* *Referido a recipiente*, que se pone boca abajo.
2.   *Ho.* *Referido a persona*, que cae de bruces.
3.   *Ho.* *Referido a persona*, que mete la cabeza en algo.

embrocantes.
I. 1.   m. pl. *Ar.* Prismáticos.

embrocar(se).
I. 1.   tr. *Mx:C, Ho, ES, Ni, CR.* Poner *algo* boca abajo.
2.   intr. prnl. *Ho, ES, Ni.* Doblarse, inclinarse *alguien* hacia el suelo o ponerse cabeza abajo.
3.   tr. prnl. *Ho.* Echarse *alguien* el contenido de una vasija al ponerla boca abajo.
4.   tr. *Ho.* Hacer que alguien caiga de bruces.
5.   intr. prnl. *Ho.* metáf. Meterse *alguien* en un lío o situación difícil.
II. 1.   tr. *Ar, Ur.* Mirar fija e insistentemente *algo* o a *alguien*. pop.
III. 1.   tr. *Gu, Ho.* Involucrar a *alguien* en una actividad que lo perjudica. pop + cult → espon.
2.   intr. prnl. *Ni.* Incurrir *alguien* en un error.
3.   *Ni.* Hacer que alguien se equivoque.
IV. 1.   tr. *ES.* Engañar o defraudar a *alguien*.
V. 1.   intr. *Ho.* Tomar *alguien* una dirección.
VI. 1.   tr. *Ho.* Realizar el coito. vulg.
VII. 1.   tr. *CR.* obsol. **embrecar**, poner boca abajo. pop.
□
  a. ‖ ~ **las ollas.** loc. verb. *Gu, Ho.* Quedarse hasta el final de una fiesta. rur.

embrolla.
I. 1.   f. *PR.* Deuda importante. pop + cult → espon.

embrollado, -a.
I. 1.   adj. *RD, PR.* *Referido a persona*, que tiene muchas deudas. pop + cult → espon.
2.   *PR.* *Referido a persona*, que está sin dinero. pop + cult → espon.

embrollar(se).

I. 1. intr. prnl. *PR.* Incurrir en muchas deudas. pop + cult → espon.

2. *PR.* No pagar las deudas adquiridas. pop + cult → espon.

embrollista.

I. 1. sust/adj. *Ni, Ar:NO.* Persona dada a organizar embrollos o causar problemas. pop.

embrollón, -na.

I. 1. adj. *PR. Referido a persona*, que no paga sus deudas. pop + cult → espon.

embromada.

I. 1. f. *Mx, RD.* Disgusto, fastidio.

II. 1. f. *Ho.* Broma, burla.

□

a. ‖ ¡qué ~! loc. interj. *Co:N.* Expresa contrariedad o disgusto.

embromado, -a.

I. 1. *Mx, RD, Co, Ve. Referido a persona*, que tiene problemas o está endeudada.

2. adj. *Mx, RD, Pe, Bo. Referido a persona*, fastidiada por tener algún problema.

3. *Bo, Ch. Referido a persona*, que está lesionada o en trance de sufrir algún perjuicio.

II. 1. adj. *Mx, RD, Ve; Bo, Ar*, pop. *Referido a un objeto*, roto o deteriorado.

III. 1. adj. *Mx, Ve; Ar, Ur*, pop. *Referido a persona*, que está enferma.

IV. 1. adj. *Bo, Ch, Ar, Ur. Referido a un asunto*, difícil, complicado. pop + cult → espon.

V. 1. adj. *Ar, Ur. Referido a persona*, de mal carácter y difícil de tratar. pop.

2. *Bo. Referido a persona*, que fastidia o cansa por su comportamiento inoportuno e insistente.

VI. 1. adj. *RD, Ec. Referido a persona*, enojada o molesta.

VII. 1. adj. *Ec. Referido a persona*, distraída.

embromar(se).

I. 1. tr. *RD, PR, Co, Ve, Bo, Ch, Py, Ar, Ur; EU, Mx, Co*, rur; *Pe*, obsol. Hacer que *alguien* se moleste.

2. intr. prnl. *RD, PR, Co, Ve, Ec, Bo, Py, Ar, Ur; EU, Mx, Cu*, rur; *Pe*, obsol. Enojarse o molestarse *alguien*.

II. 1. tr. *Mx, Ec, Pe, Bo; Ec:O*, p.u. Distraer a *alguien* para impedirle que haga algo.

2. intr. prnl. *Mx, Ec, Pe.* Apartar *alguien* la atención de lo que está haciendo.

III. 1. tr. *RD, PR, Co, Ve, Bo, Ch, Ar, Ur; Cu*, rur. Perjudicar, ocasionar un daño moral o material.

2. intr. prnl. *Cu, RD, PR, Ve, Bo; Cu, Ar:NO*, rur; pop. Perjudicarse *alguien* por algo.

3. *Bo, Ch.* obsol. Estropearse o deteriorarse *algo*.

4. tr. *Bo.* Estropear, echar a perder *algo*. pop + cult → espon.

●

a. ‖ **embromate.** fórm. *Bo, Py, Ar, Ur.* Se usa para expresarle a alguien que ha de aguantarse y sufrir con paciencia una situación que le resulta desfavorable o molesta. pop. ♦ **embrómate.**

b. ‖ **embrómate.**

i. fórm. *RD.* Se usa para recriminar a alguien por no haber hecho caso de la advertencia o el consejo que se le ha dado.

ii. *RD.* **embromate.**

□

a. ‖ ~ **la paciencia.** loc. verb. *RD.* Exasperar a *una persona*, ponerla fuera de sí o hacerle perder la calma. pop + cult → espon.

■

a. ‖ ¡no embrome! loc. interj. *Cu, RD, Ve.* Expresa rechazo.

b. ‖ ¡no me embromes!

i. loc. interj. *Ar, Ur.* Expresa asombro. pop + cult → espon.

ii. *Ar.* Expresa rechazo ante algo que se acaba de oír.

c. ‖ ¡qué ~! loc. interj. *Ar, Ur.* Expresa enfado o protesta.

embromienda.

I. 1. f. *RD.* Situación que resulta muy molesta o incómoda.

embromón, -na.

I. 1. sust/adj. *RD, Ar:NO; Mx, Bo*, p.u. Persona molesta o inoportuna. pop + cult → espon.

2. *Cu, RD, PR, Ec, Ar.* Persona que acostumbra a hacer chanzas o bromas. pop + cult → espon.

embroncado, -a.

I. 1. adj. *Ar, Ur, Ec*, p.u. Enfadado, de mal humor. pop.

embroncar(se).

I. 1. intr. prnl. *Ec, Bo, Ar, Ur.* Enojarse. pop + cult → espon.

2. tr. *Ar, Ur.* Causar enojo a *alguien*. pop.

II. 1. tr. *Gu.* Poner *algo* boca abajo.

embrujador, -ra.

I. 1. sust/adj. *ES.* Persona mentirosa.

embrujarse.

I. 1. intr. prnl. *Ni.* Cubrirse con la sábana o **cobija** todo el cuerpo.

embrujo.

I. 1. m. *RD.* Confusión, lío, enredo.

embruscar(se).

I. 1. tr. *PR.* Robar. (**embriscar**).

II. 1. intr. prnl. *PR.* Huir, escaparse. ♦ **embriscarse.**

embuchacada.

I. 1. f. *ES.* Encarcelamiento. pop + cult → espon.

embuchacado, -a.

I. 1. adj. *ES. Referido a persona*, presa, encarcelada. pop + cult → espon.

embuchacar(se).

I. 1. tr. prnl. *Mx, Ni.* Quedarse con algo que es ajeno.

II. 1. tr. prnl. *Mx, Ni.* Devorar, comer *algo* rápidamente. pop.

III. 1. tr. *ES, Ni.* Encarcelar a *alguien*.

embuchada.

I. 1. adj. *Bo:N,E. Referido a una mujer, o a una hembra de cualquier especie*, que ha concebido y tiene una criatura en el vientre. pop.

embuchado.

I. 1. m. *RD, Co.* Secreto, cosa que se tiene reservada y oculta. pop.

II. 1. m. *RD, PR.* Indisposición intestinal acompañada de molestias estomacales. pop + cult → espon.

2. *PR.* Ahitamiento, indigestión.

■

a. ‖ ~ **de mayo.** m. *RD.* Indisposición intestinal relacionada con el consumo del agua que proviene de la lluvia que es frecuente en el mes de mayo.

embuchado, -a.

I. 1. adj. *Cu. Referido a animal*, que se ha atragantado.

2. adj/sust. *PR. Referido a un gallo*, que no puede digerir nuevos alimentos porque su buche está lleno.

II. 1. m. y f. *PR.* Persona callada, reservada, que no quiere hablar ni dar su opinión.

embuchamiento.

I. 1. *PR.* **embuche**, mala digestión.

▶ **tener un ~.**

embuchar(se).

I. 1. intr. prnl. *Mx, Cu, Ve.* Atragantarse un ave.

2. *Cu.* Tragarse el anzuelo un pez.

II. 1. tr. prnl. *Co, Ch, Ar:NO.* Apropiarse *alguien* de una cosa para disfrutar de ella sin compartirla con nadie. pop + cult → espon.

III. 1. intr. prnl. *Co.* Hartarse, llenarse, *especialmente de líquido.* pop + cult → espon.

IV. 1. tr. *Co.* Meter o pasar *algo* con engaño. pop + cult → espon ^ desp.

V. 1. tr. *Bo:N,E.* Dejar embarazada a una mujer. pop.

2. intr. prnl. *Bo:N,E.* Quedarse embarazada una mujer. pop.

VI. 1. intr. prnl. *RD, PR.* Enojarse sin motivo aparente. pop + cult → espon.

VII. 1. intr. prnl. *PR.* Callarse por conveniencia.

embuche.

I. 1. m. *PR.* Mala digestión de algún alimento. pop + cult → espon. ♦ **embuchamiento; jaleo de estómago.**

II. 1. m. *PR.* metáf. Embrollo. pop + cult → espon.

▶ **tener un ~.**

embudo.

I. 1. m. *Ho.* Corredor hecho de tablas que se estrecha progresivamente para vacunar, marcar o desparasitar al ganado. rur.

embufado, -a.

I. 1. adj. *ES. Referido a persona*, barriguda. pop + cult → espon.

embulismado, -a.

I. 1. adj. *Ho. Referido a persona*, muy enamorada.

embulismar(se).

I. 1. tr. *Ho.* Convencer con atenciones y galanteos a *alguien* para lograr algo.

2. intr. prnl. *Ho.* Enamorarse *una persona* de otra.

3. *Ho.* Ilusionarse.

II. 1. tr. *ES.* Poner en celo a un animal.

embullado, -a.

I. 1. adj. *Ho, Ni, Cu, Ve. Referido a persona*, que tiene entusiasmo o ilusión.

II. 1. adj. *ES. Referido a un perro*, en celo.

embullar(se).

I. 1. tr. *Ho, Ni, Cu, RD.* Ilusionar a *alguien*.

2. intr. prnl. *Ho, Ni, RD.* Ilusionarse *alguien*.

3. *Ho, RD.* juv. Divertirse *alguien* en grupo.

II. 1. intr. prnl. *Ho, ES.* Encelarse un animal, *generalmente un perro.*

III. 1. intr. prnl. *Ho.* Enamorarse locamente *una persona* de alguien.

embullito.

I. 1. m. *RD.* Relación sentimental informal y pasajera.

embullo.

I. 1. m. *Cu, RD, PR.* Entusiasmo que mueve a realizar algo.

II. 1. m. *RD.* Enamoramiento o relación amorosa pasajera.

emburrado, -a.

I. 1. adj. *Ni. Referido a persona*, retrasada en su tarea.

emburrador.

I. 1. m. *Ho.* Porción pequeña de trabajo que se deja para el día siguiente.

emburrador, -ra.

I. 1. m. y f. *Ho, ES.* Persona encargada de acarrear y amontonar la caña de azúcar.

emburrar(se). (De *burro*).

I. 1. tr. *Mx.* Cargar *algo* sobre un burro.

2. *Mx.* Apilar algo.

II. 1. tr. *Ho, ES.* Amontonar ordenadamente leña o caña de azúcar. rur.

III. 1. intr. *Ho, ES.* Dejar sin terminar una tarea. rur.

IV. 1. tr. *PR.* Cargar *alguien* sacos de café en vehículos para su transporte.

V. 1. tr. *Ho.* Preñar un burro a una yegua o a una burra. rur.

2. intr. prnl. *Ho.* metáf. Hartarse alguien de comer. rur.

VI. 1. intr. prnl. *Cu.* Enfadarse *alguien*.

VII. 1. tr. *Ho.* Endeudar a *una persona.*

VIII. 1. intr. prnl. *Ni. En los juegos del naipe*, equivocarse con el número de cartas al realizar una jugada.

□

a. ‖ **~ pasto.** loc. verb. *PR.* Depositar *alguien* el pasto del **deshierbo** sobre el que no ha sido cortado para que, al pudrirse, sirva de fertilizante.

emburujado, -a.

I. 1. *RD, PR.* **emborujado**, involucrado.

emburujador, -ra.

I. 1. adj. *PR. Referido a persona*, que acostumbra a meter a otra en malos negocios o en asuntos inconvenientes. pop + cult → espon. (**emborujador**).

2. *PR. Referido a persona*, que acostumbra a engañar. pop + cult → espon. (**emborujador**).

emburujamiento.

I. 1. m. *RD.* p.u. Pelea o discusión provocada.

II. 1. m. *RD.* p.u. Enamoramiento.

emburujar(se).

I. 1. intr. prnl. *Mx, Ho, Cu, RD.* Cubrirse o taparse con una manta.

2. tr. *Cu.* Envolver *algo* descuidadamente.

II. 1. tr. *Cu.* Tratar de confundir a *alguien* con argumentos. (**emborujar**).

III. 1. intr. prnl. *RD.* Buscar peleas, provocar.

IV. 1. intr. prnl. *RD.* Enamorarse o mantener relaciones amorosas.

emburujina.

I. 1. f. *Cu.* Engaño, treta.

2. *Cu.* Cosa mal hecha.

emburujiña.

I. 1. f. *RD.* Mezcla variopinta de personas o cosas.

emburujo.

I. 1. m. *RD, PR.* Lío, mezcla confusa, montón de cosas revueltas. pop + cult → espon. (**emborujo**).

II. 1. m. *PR.* Envoltorio. pop + cult → espon. (**emborujo**).

2. m. *PR.* metáf. Engaño, enredo, trampa. pop + cult → espon. (**emborujo**).

emburundangar.

I. 1. tr. *Co.* Drogar a *alguien* con **burundanga**. pop.

embusacado, -a.

I. 1. adj. *Ve. Referido a cosa*, metida dentro de una bolsa.

2. adj. *Ve.* metáf. *Referido a persona*, engañada.

embusacar.

I. 1. tr. *Ve.* Poner *algo* en una bolsa.

II. 1. tr. *Ve.* Engañar.

embuste.

I. 1. m. *CR:NO.* Porción de alimento sobrante de una fiesta que se lleva a casa.

▶ **caerse a ~s.**

embusterear. (Epént. de *embustear*).

I. 1. intr. *RD.* Mentir frecuentemente.

embute.

I. 1. m. *Mx.* Soborno, dinero que se da a un funcionario para obtener algún provecho de ello.

embutido.

I. 1. m. *Mx, Pa, Ec.* Tira bordada o de encaje, que se cose entre dos telas.

II. 1. m. *Ho.* Técnica de construcción que consiste en rellenar de barro o lodo el armazón de madera de las paredes de las casas de **bahareque**. rur.

embutir(se).

I. 1. intr. prnl. *Mx.* Atracarse de comida. pop + cult → espon.

2. tr. *Cu; Pe.* Comer en exceso. pop.

3. tr. prnl. *Pe*. Alimentar a alguien en forma abundante y forzada. pop + cult → espon.

II. 1. tr. *Ho*. Cubrir con barro, revuelto con paja de **zacate** u hoja seca de pino, el armazón de una pared de **bahareque**.

embuzonar.
I. 1. tr. *Ni*. Guardar armas en un lugar secreto.

¡eme! (Apóc. de *¡heme aquí!*).
I. 1. interj. *PR*. Expresa que la persona esperada ha llegado. pop + cult → espon.

emebelista.
I. 1. sust/adj. *Bo*. Miembro o seguidor de la agrupación política Movimiento Bolivia Libre (MBL).

emenerista.
I. 1. sust/adj. *Bo*. Miembro o seguidor de la agrupación política Movimiento Nacionalista Revolucionario (MNR).

emergencia.
I. 1. f. pl. *Gu, Ho, ES, Ni, CR, Cu, RD, PR, Ve, Ec, Bo*; *Py*, obsol. *En un hospital*, sección en que se atiende a los enfermos y heridos graves que necesitan cuidados médicos inmediatos.
2. f. *Gu, RD, PR, Ve, Bo, Ch*. meton. Atención médica que se recibe en la emergencia de un hospital.

II. 1. f. *Cu, RD, PR*. Palanca que se usa como freno de mano en un automóvil.

emergente.
I. 1. sust/adj. *Ho, Cu, RD, PR, Ve*. *En el* **beisbol**, jugador que sustituye a otro en el campo de juego.
2. adj/sust. *PR*. *Referido a persona*, sustituta.

emerretista.
I. 1. adj/sust. *Pe*. Partidario del Movimiento Revolucionario Tupac Amaru.
2. adj. *Pe*. Relativo a este movimiento.

emoción.
▶ **hacerla de ~**.

emoliente.
I. 1. m. *Pe*. Bebida caliente hecha con cebada, linaza, **boldo**, **cola de caballo** y otros ingredientes.

emolientero, -a.
I. 1. m. y f. *Pe*. Persona que vende **emoliente** en la vía pública.

empacada.
I. 1. f. *Mx, Ho, Ni*. Empaquetado, embalaje.

empacadizo, -a.
I. 1. adj. *Mx*. *Referido a cosa*, que se puede empacar con facilidad.
2. *Ar*. *Referido a animal*, que suele **empacarse**, detenerse obstinadamente.
3. *Ar*. p.u. *Referido a persona*, recelosa.
4. *Ar*. p.u. *Referido a persona*, terca.

empacado, -a.
I. 1. adj. *Bo:E, Ch*. *Referido a animal*, que se detiene obstinadamente sin querer volver a ponerse en marcha. pop.
2. *Bo:E*. *Referido a persona*, terca y obstinada. pop.

II. 1. adj. *Ni*. *Referido a una mujer*, embarazada.
III. 1. adj. *Ni*. *Referido a persona*, fornida.
IV. 1. adj. *CR*. *Referido a cosa*, que tiene las junturas selladas herméticamente con un **empaque**.

empacador, -ra.
I. 1. adj. *Ar*. *Referido a animal*, que suele **empacarse**, detenerse obstinadamente.
2. *Ar*. p.u. *Referido a persona*, recelosa.
3. *Ar*. p.u. *Referido a persona*, terca.

II. 1. adj. *Ar*. p.u. Avaro, tacaño.

empacadora.
I. 1. f. *Mx, Ho, Ni*. Lugar donde se mata, destaza, empaca y congela la carne de ganado vacuno para exportación.

2. *Ho, Ec:O*. Bodega donde se lava y coloca en cajas los **bananos** para su exportación.

empacamiento.
I. 1. m. *Pa, Co*; *Cu*, cult. Colocación ordenada del equipaje dentro de una maleta.

II. 1. m. *Bo:E*. Detención obstinada de un animal. pop.
2. *Bo:E*. Obstinación, encaprichamiento. pop.

empacar(se).
I. 1. intr. *Mx, Gu, CR, Pa, RD, Co, Ec, Pe, Bo, Ch, Ar, Ur; Cu*, cult. Preparar el equipaje.
2. tr. *Ho, Ni, RD, PR, Co, Pe, Bo*. Preparar las cosas necesarias de un equipaje.
3. *CR, RD, Bo, Py, Ar, Ur; Cu*, cult. Meter en una maleta o en otro tipo de contenedor artículos para un viaje.

II. 1. tr. prnl. *Mx, Co*. Comer *algo* con ansia. pop + cult → espon.

III. 1. intr. prnl. *Pe, Ch, Py, Ar*, rur; *Bo*, pop, *Ec*, p.u.; rur. Detenerse un animal obstinadamente sin querer volver a ponerse en marcha.
2. *Bo*. Obstinarse o empeñarse *alguien* en algo sin atender a razones.

IV. 1. tr. *Ar*. obsol. Reunir y guardar dinero. pop.
V. 1. tr. *Ni*. Recoger los objetos personales por cancelación de un trabajo.
VI. 1. tr. *PR*. juv. Reservar a alguien *algo* de gran calidad y excelencia.
VII. 1. tr. *CR*. Sellar herméticamente las junturas con un **empaque**.

☐
a. ‖ **~ las patas.** loc. verb. *Ni*. Calzarse *alguien* a quien le hieden los pies. vulg; fest.

empacayada.
I. 1. f. *ES*. Coito. vulg. pop + cult → espon.

empacayar.
I. 1. tr. *Gu, ES*. Realizar el coito. vulg.
II. 1. tr. *Gu*. Agredir o lastimar a *alguien*.
III. 1. tr. *ES*. Exigir algo.
2. *ES*. Meter en problemas a *alguien*.

empachada.
I. 1. f. *Mx, Ho, Ni, CR, RD, Pe, Bo*. Indigestión que sufre una persona después de excederse en una comida.

empachado, -a.
I. 1. adj/sust. *Cu*. **hocicudo**, soberbio. pop + cult → espon.
II. 1. adj. *Cu*. *Referido a persona*, engreída. pop + cult → espon.
III. 1. adj. *Ho*. *Referido a mujer*, embarazada. euf.

empachamiento.
I. 1. m. *Ho, Ni, RD, Bo, Py*. Indigestión.

empachera.
I. 1. f. *RD, Bo*. Indigestión causada por comer en exceso.

empacho.
☐
a. ‖ **~ de arroz.** loc. sust. *ES*. Embarazo de una mujer. fest.

▶ **quebrar el ~**; **salir del ~**.

empacón, -na.
I. 1. adj. *Pe, Bo, Ar*. *Referido a una bestia*, que se planta con frecuencia. rur.
2. *Ar:N*. metáf. *Referido a persona*, terca.

empactar.
I. 1. intr. *Ho*. Hacer un pacto con el diablo.

empadrar(se).
I. 1. tr. *Mx, RD*. *En ganadería*, aparear el macho con la hembra.
2. *Mx, RD*. Convertir a un potro en semental.
3. intr. prnl. *Mx*. metáf. Actuar un hombre de forma promiscua con las mujeres. vulg.

empadre.
 I. 1. m. *Mx. En ganadería*, apareamiento del macho con la hembra.

empadrinar.
 I. 1. tr. *Ho.* Apadrinar a *alguien* en un bautizo.

empadronador.
 I. 1. m. *RD, PR.* Persona que tiene sementales y que se dedica comercialmente a **empadronar** o aparear animales.
 2. *PR.* Persona que manipula a los animales durante el empadronamiento.

empadronamiento.
 I. 1. m. *RD, PR.* Apareamiento de animales.

empadronar.
 I. 1. tr. *Ve.* Registrar un arma, un animal o el hierro de marcar el ganado ante las autoridades.
 II. 1. tr. *PR.* Aparear animales, *especialmente el toro y la vaca*.

empajada.
 I. 1. f. *Co:C.* Reprensión vehemente, amonestación severa. pop.

empajado, -a. (De *paja*).
 I. 1. adj. *CR, Ec. Referido a una vivienda*, cubierta con paja u hojas de palma. rur.

empajar(se).
 I. 1. tr. *Ho, Ni, CR, Co, Ch; Ec,* rur. Techar una vivienda con paja u hojas de palma.
 II. 1. tr. *Ch.* Mezclar algo con paja, *especialmente el barro para hacer adobes*.
 2. *Ch.* Echar paja en el suelo de las pesebreras. rur.
 3. intr. prnl. *Ch.* Echar un cereal mucha paja y poco fruto.
 III. 1. intr. prnl. *PR.* Hartarse, llenarse de comida. pop + cult → espon. (**empanjarse**).
 2. *PR.* Colmarse de gusto satisfaciendo cualquier apetito. pop + cult → espon. (**empanjarse**).
 3. *PR.* Enriquecerse. pop + cult → espon. (**empanjarse**).
 IV. 1. intr. prnl. *Ho, Ni.* Aprovecharse de alguien por tener alguna ventaja personal.
 V. 1. intr. prnl. *PR.* Enterarse de algo, averiguarlo bien. pop + cult → espon. (**empanjarse**).

empalabrar(se).
 I. 1. tr. *RD, PR.* Comprometer *algo*.
 2. intr. prnl. *RD, PR.* Comprometerse *alguien* con algo.

empalado, -a.
 I. 1. adj/sust. *Cu, Ve. Referido a una planta*, que tiene el tallo sujeto a una vara que guía su desarrollo.
 II. 1. adj. *Pe. Referido a persona*, que se enfrenta a alguien en condiciones desfavorables y de manera obstinada.
 III. 1. adj. *Ch. Referido especialmente a persona o a una parte del cuerpo*, entumecido o envarado por el frío.

empalagada.
 I. 1. f. *Mx, Cu, Co.* Empalago. pop.

empalagao, -a. (Var. de *empalagoso*).
 I. 1. adj. *RD. Referido a un alimento*, que tiene un sabor desagradable por ser muy dulce.

empalar(se).
 I. 1. tr. *Cu, Ve.* Sujetar una planta a un tutor.
 II. 1. intr. prnl. *Ch.* Envararse, entumecerse, especialmente por el frío.
 2. tr. *Ch.* p.u. Envarar, congelar, helar *algo*.
 III. 1. intr. prnl. *Pe.* Mostrar obstinación, tozudez.
 2. *Ch.* p.u. Plantarse frente a algo o a alguien, rebelarse, enfrentarse. pop.

empalicar.
 I. 1. tr. *Ch.* obsol. Engatusar, enlabiar.

empalmado.
 I. 1. m. *Ho.* Sombrero hecho de hoja de palma. rur.

empalmar.
 I. 1. tr. *RD, Co.* Techar una vivienda con paja u hojas de ciertas palmas.

empalomado, -a.
 I. 1. adj. *ES. Referido a persona*, que está en apuros.

empalomar.
 I. 1. tr. *ES.* Meter en aprietos a *alguien*.
 II. 1. tr. *ES.* Penetrar sexualmente a *alguien*. vulg; pop + cult → espon.
 III. 1. tr. *Ni.* Encarcelar a *alguien*. pop + cult → espon.

empampado.
 I. 1. adj/sust. *Ch.* obsol. *Referido a persona*, que se ha extraviado por la pampa.

empampanarse.
 I. 1. *Bo:S.* **empamparse**. pop.

empamparse.
 I. 1. intr. prnl. *Bo:S, Ch:N; Ar*, obsol. Extraviarse en la pampa. ♦ **empampanarse**.

empanada.
 I. 1. f. *Ho, Es, Ni, CR, Cu, RD, Co, Ve, Ec, Pe, Bo, Py, Ar, Ur.* Pastel pequeño, aplastado, que se hace doblando la masa sobre sí misma para cubrir con ella el relleno de carne molida o de otro alimento.
 2. *RD, PR.* Pastel de harina de **yuca** que, relleno con carne de **res**, cerdo o cangrejo, se cuece en el horno envuelto en hoja de **plátano**.
 3. *Bo:C.* Masa en forma de media luna grande y esponjosa, que se fríe en aceite y se espolvorea con azúcar; *se sirve, generalmente, acompañando al* **api**.
 4. *PR.* Filete de carne empanado.
 II. 1. f. *Ch, Ar:NO.* Paquete que contiene una ración de 10 g aproximadamente de droga, *especialmente marihuana o cocaína*. drog.
 III. 1. f. *ES, Ni, CR.* Vulva. vulg; pop + cult → espon.
 IV. 1. f. *Ch.* Cadete de una escuela militar o de un cuerpo armado. pop + cult → espon ^ fest.
 V. 1. f. *Ch.* p.u. Petardo de forma plana y triangular envuelto en papel de colores.

 ■
 a. ‖ **~ blanqueada.** f. *Bo:S.* Pastel en forma de media luna, cocido al horno y relleno de dulce de **lacayote** o **zapallo**.
 b. ‖ **~ de caldo.** *Bo:E.* empanada **salteña**.
 c. ‖ **~ de morocho.** f. *Ec.* Masa de harina de maíz rellena con condumio de carne y ciertas verduras y frita.
 d. ‖ **~ de vigilia.** f. *Mx, Py, Ar, Ur.* Empanada cuyo relleno no tiene carne.
 e. ‖ **~ salteña.** f. *Bo, Ar.* Masa en forma de media luna, cocida al horno y rellena de carne, **papa**, **ají** y otros ingredientes. ♦ **empanada de caldo**.

 □
 a. ‖ **como ~.** loc. adv. *Ch.* De manera desfigurada o hinchada.
 ▶ **hacer ~s; salir con la ~.**

empanadera.
 I. 1. f. *Bo, Ar:NO.* Mujer que hace y vende empanadas.

empanadilla.
 I. 1. f. *Ar:NO.* Dulce más pequeño que la **empanada**, bañado en azúcar y clara de huevo, *y relleno preferentemente con dulce de cayote o membrillo*.

empanadizo. (Prót. de *panadizo*).
 I. 1. m. *ES.* Panadizo, inflamación aguda del tejido celular de los dedos, *principalmente de su tercera falange*.

empancinamiento.
 I. 1. m. *PR.* Flatulencia de vientre. vulg; pop + cult
 → espon.

empandillado, -a.
 I. 1. adj. *Ho. Referido a joven*, que gusta de ir en pandilla.

empandillarse.
 I. 1. intr. prnl. *PR.* Meterse un adolescente en una
 pandilla.

empandorgar.
 I. 1. tr. *Co:C.* Enredar, complicar, dar largas a un asunto. pop.

empanizado.
 I. 1. m. *Bo:N,E.* Miel de caña, cocida hasta que alcanza
 su punto y luego batida hasta que toma una coloración clara. pop + cult → espon.
 2. *Bo:N,E.* Golosina en forma de tableta rectangular
 de diversos tamaños, hecha de miel o dulce de leche y aderezada con la pulpa de ciertas frutas, como
 piña, naranja, nueces, almendras. pop + cult → espon.

empanizado, -a.
 I. 1. adj. *Mx, Ho, ES, Ni, CR, Cu, Ve, Ec, Pe. Referido
 a un alimento*, empanado, rebozado con pan rallado.
 II. 1. adj. *Ni. Referido a persona*, **empanzado** por exceso
 de comida.
 III. 1. adj. *Ni. Referido a fruta*, que ha madurado por
 unas partes y por otras no.
 □
 a. ‖ **¡para tu ~!** loc. interj. *Bo:E.* Se usa para aprobar
 el castigo que recibe otra persona. pop + cult
 → espon.

empanizar.
 I. 1. tr. *Mx, Gu, Ho, ES, CR, Pa, Cu, RD, Ve, Ec, Pe.* Em-
 panar, rebozar con pan rallado un alimento para
 freírlo.
 II. 1. tr. *Ec.* Pasar el punto adecuado de la mies para **alfeñique** o caramelo.

empanjarse.
 I. 1. intr. prnl. *PR.* **empajarse**, hartarse.
 2. *PR.* **empajarse**, colmarse de gusto.
 3. *PR.* **empajarse**, enriquecerse.
 II. 1. intr. prnl. *PR.* **empajarse**, enterarse.

empantalonarse.
 I. 1. intr. prnl. *Mx; Bo*, pop. Ponerse pantalones una
 mujer.
 2. *RD, PR, Ve, Bo*; metáf. Cobrar valor para actuar con
 convicción y firmeza. pop + cult → espon.
 3. *PR.* Enfurecerse, irritarse, molestarse. pop + cult
 → espon.

empantanada.
 I. 1. f. *Mx, RD, Ve; Bo, Ar:NO*, pop. Atasco o inmovilidad en un pantano.

empantuflarse.
 I. 1. intr. prnl. *Ve.* Acobardarse, esconderse.

empanturrado, -a.
 I. 1. adj. *ES. Referido a persona o cosa*, empapada de
 agua.

empanturrarse.
 I. 1. intr. prnl. *Mx.* Atiborrarse de comida. pop.
 II. 1. intr. prnl. *ES.* Llenarse *algo* de agua o empaparse.
 2. *Ni.* Llenarse el estómago de gases.

empanzada.
 I. 1. f. *Ho, Pe, Ar:NO.* Panzada o atracón de comida y
 bebida. pop.

empanzado, -a.
 I. 1. adj. *Ho, ES, Ni. Referido a persona*, que está con el
 estómago lleno por exceso de comida o bebida.

2. *CR. Referido a persona*, que tiene pesadez estomacal causada por la ingestión excesiva de alimentos. pop
 + cult → espon.
 II. 1. adj. *Ho. Referido a una mujer*, embarazada. vulg.

empanzamiento.
 I. 1. m. *Mx.* Sensación de molestia en el estómago producida aun sin haber comido en exceso.
 2. *Ho.* Hartazgo de comida. ♦ **empanzurrado.**

empanzar(se).
 I. 1. tr. *Mx, Ho.* Embarazar a una mujer.
 2. intr. prnl. *Ho.* Quedarse embarazada una mujer.
 II. 1. intr. prnl. *Ho, Ni.* Hartarse de comida o bebida.
 ♦ **empanzurrarse.**
 2. tr. *CR.* Causar pesadez estomacal un alimento, *tomado generalmente en exceso.* pop + cult → espon.
 3. intr. prnl. *CR.* Llegar a experimentar pesadez estomacal con un alimento, *tomado generalmente en
 exceso.*

empanzonamiento.
 I. 1. m. *Mx.* Sensación de molestia en el estómago por
 haber comido en exceso o haber bebido demasiada cerveza.

empanzonar(se).
 I. 1. intr. prnl. *Mx.* Sentirse molesto del estómago por
 haber comido en exceso o haber bebido demasiada cerveza.
 II. 1. tr. *Mx.* Dejar un hombre embarazada a una mujer. pop.

empanzurrarse.
 I. 1. *ES.* **empanzarse**, hartarse de comida.

empañetada.
 I. 1. f. *CR.* obsol. Recubrimiento que se hace a una pared o un muro con yeso, **cemento** o una mezcla
 de barro, paja y boñiga.

empañetado.
 I. 1. m. *RD, PR, Co, Ve.* Capa de yeso, estuco u otra
 mezcla, que se da a las paredes de una casa con objeto de obtener una superficie tersa.

empañetado, -a.
 I. 1. adj. *RD, Ec; CR*, obsol. *Referido a una pared o un
 muro*, recubiertos con una capa de yeso o de mezcla de arena y cemento u otros materiales.
 II. 1. adj. *PR. Referido a persona*, de carnes firmes y prie-
 tas. pop + cult → espon.

empañetar(se).
 I. 1. tr. *RD, PR, Co, Ve, Ec; CR*, obsol. Poner una capa
 de yeso o de mezcla de arena y cemento u otros
 materiales a las paredes o techos de una vivienda.
 (**pañetar**).
 2. intr. prnl. *PR.* metáf. Maquillarse una mujer excesivamente. pop + cult → espon ^ fest.

empañete.
 I. 1. m. *Ec.* Recubrimiento que se hace a una pared o
 un muro con yeso, cemento o una mezcla de barro, paja y boñiga.
 2. *Ec.* Mezcla preparada con la que se empañeta.
 3. *RD.* Capa de yeso o de mezcla de arena y cemento que recubre las paredes o los techos de una vivienda.

empapada.
 I. 1. f. *Mx, Ho, Ni, CR, Py; Bo*, pop + cult → espon.
 Empapamiento.

empapamiento.
 I. 1. m. *Cu.* **empapazón.**

empapayado, -a.
 I. 1. adj. *Cu. Referido a persona*, enamorada.

empapayamiento.
 I. 1. m. *Cu.* Sentimiento de enamoramiento que experimenta una persona por otra.

empapayarse.
  I. 1. intr. prnl. *Cu.* Enamorarse apasionadamente de alguien. vulg; pop + cult → espon.
empapazón.
  I. 1. f. *Cu.* Persona o cosa que se ha mojado completamente a causa de la lluvia. (**empapamiento**).
empapelada.
  I. 1. f. *Ni, RD, Ec, Pe, Py.* Recubrimiento de una superficie con papel.
  II. 1. f. *Ch.* Sarta de groserías. pop + cult → espon.
empapelado, -a.
  I. 1. adj. *Mx, Ho, Ni, Bo. Referido a un informe o proyecto de ley,* detenido, que no se somete a discusión ni se aprueba.
empapelonado, -a.
  I. 1. adj. *Ve. Referido a persona,* que está confundida o desconcertada.
empapelonarse.
  I. 1. intr. prnl. *Ve.* Confundirse, desconcertarse de manera que no se acierta a actuar bien.
  2. *Ve.* Ponerse en evidencia *alguien* al equivocarse o cometer un error.
  II. 1. intr. prnl. *Ve.* Abatirse, desalentarse.
empaque.
  I. 1. m. *Mx, Ho, CR, RD, Co, Ec.* Pieza de hule o de otro material que se pone en las junturas para sellarlas herméticamente.
  II. 1. m. *Ec, Ar, Ur,* rur; *Bo,* pop. Detención obstinada de un animal.
  III. 1. m-f. *Ch.* Empaquetador, empacador.
  IV. 1. m. *PR.* Descaro, desfachatez.
  V. 1. m. *Pa.* Toalla higiénica empleada durante el período menstrual.
empaquetada.
  I. 1. adj. *Ni. Referido a una mujer,* embarazada. pop + cult → espon.
empaquetado, -a.
  I. 1. adj. *Ni, Ve, Bo, Ch, Ec,* fest. *Referido a persona,* bien vestida.
  II. 1. adj. *Ch.* p.u. *Referido a persona,* cohibida, tímida, sin espontaneidad en el trato. pop.
empaquetador, -ra.
  I. 1. *PR.* **paquetero,** mentiroso.
empaquetadura.
  I. 1. f. *PR.* Refuerzo de alambre que se pone en el cabo del mocho para fijarlo a la hoja de metal.
empaquetar.
  I. 1. tr. *Ar.* Engañar a *alguien* con argumentos verosímiles o con simpatía personal. pop.
  2. *PR.* Engañar, mentir. pop + cult → espon.
emparafinado, -a.
  I. 1. adj/sust. *Ch. Referido a persona,* borracha. pop + cult → espon.
emparafinar(se). (De *parafina*).
  I. 1. tr. *Ho, Ch.* Cubrir *algo* con parafina.
  II. 1. intr. prnl. *Ch.* Emborracharse. pop.
emparamado, -a.
  I. 1. adj. *Ve; Co:C,* pop. *Referido a persona,* empapada, *especialmente de agua.*
  2. *Ec. Referido a persona o cosa,* mojada por el agua de lluvia de los páramos. rur; pop.
  II. 1. adj. *Co, Ve; Ec,* p.u. *Referido a persona,* entumecida por el frío. pop + cult → espon.
  III. 1. adj. *Ec.* p.u. *Referido a persona,* que padece mal de montaña.
emparamar(se).
  I. 1. intr. prnl. *Co:C, Ve.* Empaparse de agua, mojarse. pop.

  2. tr. *Co:C, Ve.* Mojar mucho *algo.* pop + cult → espon.
  3. intr. prnl. *Ec.* Mojarse con el agua de lluvia de los páramos. rur; pop.
  II. 1. intr. prnl. *Co:C, Ve; Ec,* p.u. Entumecerse a causa del frío. pop + cult → espon.
  2. *Ec.* p.u. Sufrir mal de montaña.
emparapetar.
  I. 1. tr. *Pa.* Arreglar un objeto o una situación.
emparar.
  I. 1. tr. *Pe.* Parar, detener, atrapar un objeto en el aire. pop.
empardar. (De *en par de,* por igual).
  I. 1. tr. *Py, Ar, Ur.* Obtener el mismo número de puntos o votos en una confrontación.
  2. intr. *Ar, Ur.* Empatar, especialmente en un juego o **competencia.**
emparejada.
  I. 1. f. *Co.* p.u. Reprimenda. pop + cult → espon.
emparejar(se).
  I. 1. tr. prnl. *Mx.* Obtener de manera ilícita o reprobable *algo* que se desea o necesita. vulg.
  II. 1. tr. *Co,* p.u; *ES,* rur. Reprender ásperamente a *alguien.*
emparrandado, -a. (De *parranda*).
  I. 1. adj. *Ni, Co, Ve,* pop. *Referido a persona,* que anda de parranda, de fiesta.
emparrandarse.
  I. 1. intr. prnl. *Mx, Ho, ES, Ni, Pa, Co, Ve,* pop. Participar en una parranda o en una fiesta.
  II. 1. intr. prnl. *Ve.* Entusiasmarse con algo o con alguien. pop.
emparrillado, -a.
  I. 1. adj. *Cu. Referido a persona,* tendida, acostada en una cama. pop.
  II. 1. adj. *Cu. Referido a persona,* que va en la **parrilla** de una moto o bicicleta. pop.
emparrillarse.
  I. 1. intr. prnl. *Cu.* obsol. Acostarse, tenderse.
  II. 1. intr. prnl. *Cu.* juv. Subirse en la **parrilla** de una moto o bicicleta.
  III. 1. intr. prnl. *Ur.* Drogarse con cocaína. drog.
emparronado.
  I. 1. m. *Ch.* Emparrado, conjunto de parras.
  II. 1. m. *Ch.* Peinado con el que se pretende disimular con el cabello de los lados la calvicie de la parte superior. pop + cult → espon.
emparulada.
  I. 1. f. *ES.* Engaño con palabrería.
emparular.
  I. 1. tr. *ES.* Engañar a *alguien* con palabrería.
empastado.
  I. 1. m. *Ec.* Helado recubierto con una capa de pasta de dulce.
empastado, -a.
  I. 1. adj. *Gu, CR. Referido a un terreno, en especial a un* **potrero,** que tiene el pasto crecido.
  II. 1. adj. *ES.* juv. *Referido a persona,* drogada.
empastador, -ra.
  I. 1. m. y f. *Mx, Gu, Ho, Ni, Pa, RD, Co, Ec, Pe, Ch, Bo,* pop + cult → espon. Persona que se dedica a la encuadernación de libros.
empastadura.
  I. 1. f. *Mx, Ni, Ch.* Encuadernación de libros en pasta.
  II. 1. f. *Ar:NO.* **empaste.**
empastar(se).
  I. 1. tr. *Mx, Gu, Ho, Ni, Cu, Pe, Ch, Ar.* Convertir en prado un terreno.

2. intr. prnl. *Gu, Ni, Cu, Ch, Ar.* Convertirse en prado un terreno.

3. *Ch.* Llenarse de maleza un sembrado.

II. 1. intr. prnl. *Ch, Ar.* Padecer meteorismo el ganado por haber comido pasto tierno o en exceso.

2. tr. *Ch, Ar.* Provocar las hierbas demasiado tiernas meteorismo en el ganado.

III. 1. intr. *CR.* Volver a crecer el pasto en un **potrero**.

empaste.

I. 1. m. *Ar.* Meteorismo del ganado. rur. ♦ **empastadura**.

empastelado.

I. 1. m. *RD, Bo. En tipografía,* error de ordenación de un texto producido por la transposición de líneas con los tipos de la impresión.

empastelado, -a.

I. 1. adj. *Ve. Referido a persona,* que está confusa, hecha un lío.

empastelarse.

I. 1. intr. prnl. *Ve.* Confundirse, hacerse un lío.

empastillamiento.

I. 1. m. *Mx, Ho, Ni.* Ingestión de muchas pastillas.

empatacado, -a.

I. 1. adj. *Ho. Referido a animal,* que tiene **patacones**, garrapatas.

2. *Ho.* metáf. *Referido a persona,* enfadada, enfurecida.

empatacarse. (De *patacón*).

I. 1. intr. prnl. *Ho.* Enfadarse mucho, encolerizarse.

II. 1. intr. prnl. *Ho.* Llenarse de **patacones** o garrapatas el ganado vacuno y caballar.

empatado, -a.

I. 1. adj. *Cu, RD, Ve. Referido a persona,* que está emparejada o tiene una relación sentimental con otra.

II. 1. adj. *Ni, Ve.* juv. *Referido a persona,* que está enrolada en una actividad.

III. 1. adj. *Pe:S. Referido a una mujer,* que tiene piernas bonitas. pop + cult → espon.

IV. 1. adj. *CR. Referido a cosa,* empalmada. pop.

empatador.

I. 1. m. *Cu.* Técnico que une los cables telefónicos y realiza su mantenimiento.

II. 1. m. *Ni.* obsol. Casquillo metálico de la punta del mango en el que se inserta la plumilla para hacer caligrafía. est.

empatadura.

I. 1. f. *Mx, RD, PR.* **empate**, empalme de dos cosas.

2. *PR.* Cordel, alambre u otro objeto con que dos cosas quedan unidas, *especialmente el mango y la hoja de metal del machete.*

empatar(se).

I. 1. tr. *Mx, CR, Pa, Cu, RD, PR, Co, Ve, Ec, Pe, Bo, Ch.* Unir o empalmar *algo.*

2. intr. prnl. *Cu, RD, PR, Ve, Pe.* Emparejarse *una persona* con alguien como amante o novia. pop + cult → espon.

3. tr. *PR.* Amarrar *algo* con varias vueltas de cordel.

II. 1. intr. prnl. *Ni, Ve.* juv. Enrolarse en una actividad.

III. 1. intr. prnl. *Ve.* Manifestar una actitud determinada hacia algo e insistir en ella.

IV. 1. tr. *Ch.* p.u. Gastar el tiempo improductivamente.

V. 1. tr. *Gu.* Culpar a alguien por una falta que esa persona no ha cometido.

VI. 1. tr. *RD.* Dar a *alguien* menos de lo que pide o menos de lo que le corresponde. pop + cult → espon.

□

a. ‖ **empatársela.** loc. verb. *Gu, RD.* Culpar a alguien de algo que ha hecho otra persona.

◪

a. ‖ **si no la gana, la empata.** fr. prov. *Ni, RD, Co, Ve, Bo, Ar.* Indica que una persona es muy hábil para salirse con la suya. pop.

empate.

I. 1. m. *Mx, RD, PR, Ve, Ec, Pe.* Unión o empalme de una cosa con otra. ♦ **empatadura**.

2. *PR.* Amarradura, atadura mal hecha.

II. 1. m. *Cu, Ve.* Persona con la que se entabla una relación sentimental.

III. 1. m. *Pe.* Cebo para pescar con anzuelo.

empatinado, -a.

I. 1. adj. *Gu. Referido a persona,* obsesionada con algo que le gusta.

2. *CR. Referido a persona,* entusiasmada con algo. pop.

II. 1. adj. *Gu. Referido a persona,* que está bajo los efectos de una droga o del alcohol.

empatinarse.

I. 1. intr. prnl. *Gu.* Obsesionarse *una persona* con algo que le gusta mucho.

2. *CR.* Entusiasmarse *una persona* con una cosa. pop.

II. 1. intr. prnl. *Gu.* Emborracharse *una persona.*

empatucado, -a.

I. 1. adj. *Ve. Referido a cosa,* que está embadurnada con una sustancia pegajosa.

empatucar.

I. 1. tr. *Ve.* Poner sobre *algo* una sustancia pegajosa o que ensucia. pop.

empautado, -a.

I. 1. adj. *Ho. Referido a persona,* que ha hecho un pacto con el diablo.

2. *Ho. Referido a persona o cosa,* embrujada.

II. 1. adj. *ES, Ni.* juv. *Referido a persona,* que tiene noviazgo con otra.

empautar.

I. 1. tr. *Ho.* Pactar con el diablo.

empavado, -a.

I. 1. adj. *Ve. Referido a persona,* que tiene mala suerte. pop + cult → espon.

II. 1. adj. *Ec. Referido especialmente a un niño,* que por capricho o enojo no quiere moverse del sitio en que se halla.

empavar(se).

I. 1. tr. *Ve; Co:N,* p.u. Traer o dar mala suerte *algo.*

2. intr. prnl. *Ve.* Tener mala suerte. pop + cult → espon.

II. 1. intr. prnl. *Pe.* Avergonzarse, ruborizarse. pop.

III. 1. intr. prnl. *Ec:S.* obsol. Emperrarse, encapricharse una persona, *especialmente un niño.*

empavonar(se).

I. 1. tr. *RD, PR, Co.* Untar, pringar *algo.*

2. *Pe, Bo, Ch.* Pintar de blanco los cristales de una ventana para que no se vea a través de ellos.

II. 1. intr. prnl. *Ve, Bo, Py; Ar:NO,* pop. Hacer ostentación de algo.

III. 1. tr. *Ar:NO.* Poner morado el ojo a alguien con un golpe. pop.

IV. 1. tr. *Ni.* Limpiar un arma de fuego de restos de pólvora.

empavurar.

I. 1. tr. *Ar:NE.* p.u. Asustar, atemorizar a *alguien.* pop.

empayenado, -a.

I. 1. adj. *Py, Ar:NE. Referido a persona,* hechizada, embrujada. pop.

empayenador, -ra.

I. 1. m. y f. *Py, Ar:NE.* p.u. Persona que practica la hechicería. pop.

empayenar.

I. 1. tr. *Py:E, Ar:NE.* p.u. Ejercer *una persona* un maleficio sobre *alguien* usando poderes mágicos, *generalmente por encargo.* pop.

empayesado, -a.

I. 1. adj. *Ar:NE. Referido a persona,* hechizada, embrujada. pop.

empechar.

I. 1. intr. *Ho.* Comenzar a desarrollar los pechos una joven.

empedado, -a.

I. 1. adj. *Py, Ar, Ur, CR,* juv. Borracho. vulg; pop + cult → espon.

empedar(se).

I. 1. intr. prnl. *Mx, Py, Ar, Ur, Ho, CR,* juv. Emborracharse. vulg; pop + cult → espon.

2. tr. *Ar, Ur.* Emborrachar a *alguien.* vulg; pop + cult → espon.

empedernirse.

I. 1. intr. prnl. *RD, PR.* Convertirse un hábito en vicio.

empedrada.

I. 1. f. *Mx.* **Tortilla** gruesa de maíz con manteca, anís y **alverjones** tostados enteros.

empedrado.

I. 1. m. *Pe.* Trenzado o tejido de cuero crudo utilizado en la confección de riendas o monturas.

empedrado, -a.

I. 1. *Ho.* **adoquinado.**

II. 1. adj. *Ho:E. Referido a mata de* **frijol** *o café,* atacada por la **roya.** rur.

empedradura.

I. 1. f. *RD.* Herida en la planta del pie.

2. *ES.* Inflamación del tobillo.

empegostado, -a.

I. 1. adj. *Ni, Cu, Ve. Referido a cosa,* que está embadurnada de una sustancia pegajosa. pop + cult → espon.

empegostar(se).

I. 1. tr. *Mx, Cu, Ve.* Embadurnar *algo* con una sustancia pegajosa. pop + cult → espon.

2. intr. prnl. *Ni, Cu, Ve.* Embadurnarse *algo* de una sustancia pegajosa. pop + cult → espon.

empegotado, -a.

I. 1. adj. *Cu. Referido a persona,* que tiene alguna parte del cuerpo impregnada de una sustancia viscosa.

2. *Cu. Referido a un alimento,* de textura viscosa.

empegotao, -a.

I. 1. adj. *RD. Referido a cosa,* apelmazada, emplastada. pop + cult → espon.

empegotar(se).

I. 1. intr. prnl. *Cu, Co.* Untarse *alguien* casualmente con una sustancia pegajosa. pop.

2. tr. *Co.* Poner *alguien* por casualidad una sustancia pegajosa sobre *algo.* pop.

3. intr. prnl. *Cu, RD.* Adquirir un alimento una textura viscosa. pop.

empeinar.

I. 1. tr. *ES. En el* **futbol,** golpear el balón con el empeine.

empeinazo.

I. 1. m. *ES.* Golpe que se le da al balón con el empeine.

empeine.

I. 1. m. *Mx:SE, Ho, RD.* Enfermedad cutánea que se manifiesta en manchas redondeadas delimitadas por una orilla rojiza, gruesa y prominente, acompañada de comezón y escamación.

empelachar.

I. 1. intr. *Ho, Ni.* metáf. Empezar *alguien* a tener vello. rur. (**empelechar**).

empelar.

I. 1. tr. *Ar:NO.* Montar una caballería sin silla, directamente sobre el lomo. rur.

empelechar.

I. 1. *Ni.* **empelachar.**

empella.

I. 1. f. *Mx, Cu, Co:O.* Manteca del cerdo tal como se quita de él.

2. *Ve:C,O, Ec.* Grasa animal. rur.

3. *RD; Cu,* pop. Pliegue de grasa que aparece, *generalmente, en la cintura.*

4. *PR.* Grasa adherida a los intestinos del cerdo.

5. *PR.* Fritura de empella, cortada en pequeños trozos.

empellar.

I. 1. tr. *PR.* Colocar mezcla de cemento y arena en una pared o en un plafón para luego terminar el **empañetado.**

empelo.

□

a. ‖ **en ~.** loc. adv. *Bo. En relación con el modo de montar un jinete,* sin montura. rur.

empelotada.

I. 1. f. *Ho.* Desnudamiento. pop + cult → espon.

empelotado, -a.

I. 1. adj/sust. *Mx, Gu, Ho, ES, Ni, RD; Bo, Ch, Py,* vulg. *Referido a persona,* desnuda o con poca ropa. pop + cult → espon.

II. 1. adj. *Mx, Cu. Referido a persona,* enamorada apasionadamente.

III. 1. adj. *Bo, Ch, Ar:NO. Referido a persona,* enojada, enfadada. pop + cult → espon.

IV. 1. adj/sust. *Ar. Referido a persona,* desorganizada, falta de orden y criterio para actuar. vulg; pop + cult → espon.

2. sust. *Ch. Referido a persona,* carente de cualidades, capacidades o bienes para realizar algo. pop + cult → espon ^ desp.

V. 1. adj. *Ar. Referido a persona,* que siente aburrimiento. pop.

empelotadura.

I. 1. f. *Mx.* **empelotamiento,** enamoramiento.

empelotamiento.

I. 1. m. *Mx.* Enamoramiento apasionado. ♦ **empelotadura.**

II. 1. *Ch, Ar.* Sentimiento de hartazgo o fastidio. pop + cult → espon.

2. m. *Ar.* Aburrimiento o tedio. pop + cult → espon.

III. 1. *Cu, Ve.* Formación de pelotas o grumos en la preparación de alguna sustancia o alimento.

2. m. *Ve.* Cantidad de objetos desordenados o amontonados.

IV. 1. m. *Ve.* Desorden o alboroto público.

2. *Ve.* Algarabía, bullicio.

V. 1. m. *Ve.* Confusión o equivocación en algo que se hace o se dice.

empelotante.

I. 1. adj. *Bo, Ar, Ur. Referido a persona o cosa,* que causa aburrimiento o tedio. pop.

2. *Ch. Referido a persona,* que causa hartazgo o molestia. pop + cult → espon.

empelotar(se).

I. 1. intr. prnl. *Gu, Ho, ES, Ni, Pa, RD, Co, Bo, Ch, Py.* Desnudarse *alguien* o quedarse con muy poca ropa. vulg; pop + cult → espon.

2. tr. *Co, Bo:E, Ch.* Desnudar a *una persona.* vulg; pop + cult → espon.

II. 1. intr. prnl. *Mx, Cu.* Enamorarse apasionadamente.
2. tr. *Pe.* Prestar atención. pop + cult → espon.
III. 1. intr. prnl. *Bo, Ch, Ar.* Molestarse o irritarse *alguien*. pop + cult → espon.
2. tr. *Bo, Ch, Ar.* Causar hartazgo o molestias a alguien.
IV. 1. intr. prnl. *Ar.* Sentir aburrimiento o tedio. pop.
2. tr. *Ar.* Causar aburrimiento o tedio a *alguien*. pop.
V. 1. tr. *Co.* Quitar los adornos a *algo*. pop.
2. intr. prnl. *ES.* metáf. Confundirse en algo.
3. *Ni.* Hacerse pelotas *algo*.
VI. 1. intr. prnl. *Cu, RD, PR, Ve.* Formarse grumos durante la preparación de un alimento.
VII. 1. intr. prnl. *Ve.* Complicarse un asunto.

empelote.
I. 1. m. *ES.* Desnudamiento. vulg; pop + cult → espon.

empeloto, -a.
I. 1. adj. *Ni, Co, Bo:N,E. Ar:NO. Referido a persona*, desnuda o con poca ropa. vulg; pop + cult → espon.

empeluchar(se).
I. 1. intr. prnl. *Pa.* Mejorarse *algo*.
2. *Pa.* Engordar.
II. 1. intr. *Ni.* Crecer el vello púbico a un adolescente.

empeñero, -a.
I. 1. m. y f. *Mx.* Persona propietaria de una casa de empeños.

empeñosidad.
I. 1. f. *RD, PR.* Insistencia de alguien para conseguir una cosa.

empeñoso, -a.
I. 1. adj. *Mx, Ni, Co, Ec, Pe, Bo, Py. Referido a persona*, que muestra tesón y constancia en conseguir un fin.

empepado, -a.
I. (De *pepa*)
1. adj. *PR, Co, Ch. Referido a persona*, que está bajo los efectos de la droga o de tranquilizantes. pop + cult → espon.
2. *Ar. Referido a persona*, que está bajo los efectos de la **pepa**. pop + cult → espon.
3. *PR, Py. Referido a persona*, que está borracha. pop + cult → espon.
II. 1. adj. *Ve. Referido a persona*, que está muy enamorada. pop + cult → espon.
III. 1. adj. *Bo:N,E. Referido a persona*, que va desnuda o con poca ropa. vulg; pop + cult → espon.

empeparse.
I. 1. intr. prnl. *Co, Ch.* Consumir droga en pastillas. drog.
II. 1. intr. prnl. *Ve.* juv. Enamorarse intensamente.

empepe.
I. 1. m. *PR.* Estado físico causado por el efecto de las drogas.

emperador.
I. 1. *Bo.* **mono bigotudo**.

emperatriz.
□
a. ‖ ~ **de la selva.** f. *PR.* **tecomajuche**, árbol.

emperchado, -a.
I. 1. adj. *Cu, RD, Ve. Referido a persona*, que está vestida con elegancia.

empercharse.
I. 1. intr. prnl. *Cu, RD, PR, Ve.* Vestirse con elegancia y escogiendo cuidadosamente la ropa.

empercudido, -a.
I. 1. adj. *Cu. Referido a la ropa*, que mantiene la suciedad después de haber sido lavada.

2. *Cu. Referido a la piel de una persona*, de aspecto sucio.

empercudirse.
I. 1. intr. prnl. *Cu.* Quedarse la ropa con restos de suciedad después de haber sido lavada.
2. *Cu.* Perder la ropa su coloración original por el uso o por haber sido mal lavada.

emperecado, -a.
I. 1. adj. *ES. Referido a persona*, que padece muchas dificultades y agobios.

emperendengado, -a.
I. 1. adj. *Ho, Ni. Referido a persona*, acicalada y bien vestida. (**emprendengado**).

emperendengarse.
I. 1. tr. prnl. *Mx, Ho, Ni.* Acicalarse y vestirse con profusión y esmero. (**emprendengarse**).

emperfumado, -a.
I. 1. adj. *Pa. Referido a persona*, bañada en perfume.

emperfumarse.
I. 1. intr. prnl. *RD.* Ponerse perfume.

empericado, -a.
I. 1. adj. *Cu, PR, Co, Ve. Referido a persona*, drogada con cocaína. drog

empericar(se).
I. 1. intr. prnl. *Mx.* Encaramarse, subirse, trepar.
II. (De *perico*)
1. intr. prnl. *Cu, PR, Co, Ve.* Drogarse *alguien* con cocaína. drog.
2. tr. *PR.* Drogar a *alguien* con cocaína. drog.

empericuetado, -a.
I. 1. adj. *Ni. Referido a persona*, acicalada y bien vestida. pop + cult → espon.
2. *Ni. Referido a persona*, entusiasmada por ir a una fiesta o evento. pop + cult → espon.

empericuetarse.
I. 1. intr. prnl. *Ni.* Acicalarse y vestirse con esmero. pop + cult → espon.

emperiquetao, -tá.
I. 1. adj. *RD. Referido a persona*, vestida y arreglada elegantemente y con esmero. pop + cult → espon.

emperrada.
I. 1. f. *Ec.* Cólera, *especialmente de los niños*. ♦ **emperro**.

emperrado, -tá.
I. 1. adj. *Co:SO. Referido a persona*, borracha. pop.
II. 1. adj. *Ec. Referido a persona, especialmente a un niño*, encolerizada, encaprichada.
2. adj. *ES. Referido a persona*, enfadada.
III. 1. adj. *RD. Referido a persona*, perdidamente enamorada.
□
a. ‖ ~ **a llorar.** loc. verb. *RD.* Llorar obstinadamente.

emperramiento.
I. 1. m. *RD.* Enamoramiento desmedido. pop + cult → espon.
II. 1. m. *ES.* Enfado.

emperrarse.
I. 1. intr. prnl. *ES, Ec.* Enfadarse, encolerizarse *alguien, especialmente un niño*.
II. 1. intr. prnl. *RD.* Enamorarse perdidamente de alguien.

emperrechinarse.
I. 1. intr. prnl. *RD, Pe.* Emperrarse, encapricharse. pop.

emperro.
I. 1. m. *Ec.* **emperrada**.

empestado, -a.
I. 1. adj. *Ve. Referido a persona*, que tiene gripe.

empetacado, -a.
> **I. 1.** adj/sust. *Ho.* **alzado**, engreído. rur.
> **II. 1.** adj. *Ho. Referido a persona*, muy enfadada, iracunda.
> **III. 1.** adj. *Ho. Referido a persona*, empachada. rur.

empetacar.
> **I. 1.** tr. *Mx, Co, Bo.* Guardar *algo* en la petaca.

empetatar.
> **I. 1.** tr. *Gu, Ho.* Cubrir *algo como el techo o el suelo* con **petates**.

empichacado, -a.
> **I. 1.** adj. *Ve. Referido al piso de un lugar*, que está enlodado por haberse derramado un líquido.

empichacarse.
> **I. 1.** intr. prnl. *Ve.* Enlodarse un lugar, *especialmente por haberse derramado un líquido*.

empicharse.
> **I. 1.** intr. prnl. *Ve.* Descomponerse o pudrirse un alimento. pop.

empiedrada.
> **I. 1.** f. *Ar.* obsol. Piedra preciosa. pop.
> **2.** *Ar.* obsol. Joya adornada con una piedra preciosa. pop.

empiedre.
> **I. 1.** m. *Bo.* Empedrado de una calle, avenida o plaza. pop + cult → espon.

empiernado.
> **I. 1.** m. *Bo.* Hombre que vive en concubinato con una mujer. pop + cult → espon ^ fest.
> **II. 1.** m. *ES.* Clase de pan dulce que semeja dos piernas enrolladas.

empiernado, -a.
> **I. 1.** *Mx, Gu; Ec,* p.u, pop. *Referido a persona*, que tiene las piernas entrelazadas con otra persona, de forma que sus cuerpos quedan unidos.
> **2.** *Mx, Ho, ES, Ni. Referido a persona*, que duerme acompañada de otra. pop + cult → espon.
> **3.** adj. *Gu, Ho, Ni, Ve.* metáf. *Referido a persona*, que mantiene relaciones sexuales con otra. pop + cult → espon.

empiernar(se).
> **I. 1.** intr. prnl. *Mx, Gu, Ho, Ve; Bo,* fest. | metáf. Mantener relaciones sexuales una persona con otra. pop + cult → espon.
> **2.** *Ho, ES, Ni.* Dormir acompañado. pop + cult → espon.
> **3.** *Gu.* Entrelazar sus piernas dos personas *para juntar sus cuerpos*. pop + cult → espon.
> **II. 1.** tr. *Ho.* Acostumbrar a un niño a ir en brazos.

empierne.
> **I. 1.** m. *Ho, ES.* Coito.
> **2.** *ES.* Concubinato.

empiezo.
> **I. 1.** m. *Bo, Ur; Ec, Ar,* obsol; *Ho,* p.u. Principio, origen y raíz de algo. pop.

empijado, -a.
> **I. 1.** adj. *Ho. Referido a persona,* muy enfadada, encolerizada. vulg.

empijamarse.
> **I. 1.** intr. prnl. *Ho.* Ponerse un pijama.

empijarse.
> **I. 1.** intr. prnl. *Ho.* Enfadarse mucho, encolerizarse.

empijecer(se).
> **I. 1.** tr. *ES.* Emborrachar a *una persona*.
> **2.** intr. prnl. *ES.* Emborracharse.

empilada.
> **I. 1.** f. *Pe.* Estado de motivación y entusiasmo.

empilado, -a.
> **I. 1.** adj. *ES, Pe. Referido a persona*, obsesionada o entusiasmada.

empilar.
> **I. 1.** tr. *ES, Pe.* Entusiasmar a *una persona*.
> **2.** intr. prnl. *ES.* Entusiasmarse o motivarse *alguien*.
> **II. 1.** tr. *Ho:O.* Colocar *alguien* una cosa sobre otra. rur.

empilchado, -a.
> **I. 1.** adj. *Pe, Bo, Ar. Referido a persona*, elegantemente vestida. pop + cult → espon.

empilchar(se). (De *pilcha,* prenda de vestir).
> **I. 1.** tr. *Bo, Ch, Ar, Ur.* Vestir a *alguien, particularmente con esmero*.
> **2.** intr. prnl. *Ch, Ar, Ur.* Vestir con ropa elegante y de buena calidad. pop + cult → espon.
> **3.** *Ar, Ur,* pop; *Bo,* pop + cult → espon. Vestirse con esmero y atildamiento.
> **II. 1.** tr. *Ar.* Ensillar una caballería. rur.

empilche.
> **I. 1.** m. *Ar, Ur.* Esmero en el vestir. pop.
> **2.** *Ar, Ur.* Ropa de una persona, *especialmente la elegante y de buena calidad*. pop.

empile.
> **I. 1.** m. *ES.* Entusiasmo, obsesión.

empilonar.
> **I. 1.** tr. *Cu.* Hacer montones de tabaco seco poniendo las hojas extendidas unas sobre otras.
> **II. 1.** *PR.* **apilonar**, reunir cosas.

empiluchada.
> **I. 1.** f. *Ch.* **empiluchamiento**. pop + cult → espon.

empiluchamiento.
> **I. 1.** m. *Ch.* Despojamiento de ropa. pop + cult → espon. ♦ **empiluchada**.

empiluchar(se).
> **I. 1.** tr. *Ch.* Desnudar a *alguien*. pop + cult → espon.
> **2.** intr. prnl. *Ch.* Desnudarse *alguien*. pop + cult → espon.

empinada.
> **I. 1.** f. *RD, Bo:NE.* Consumo de un solo trago del contenido de una copa de licor. pop.
> □
> **a.** ‖ **~ de codo.** loc. sust. *RD, Ch.* juv. Consumo excesivo de alcohol. pop + cult → espon.

empinarse.
> **I. 1.** intr. prnl. *Mx, RD.* Doblar el cuerpo hacia delante acercando la cabeza al suelo.
> **II. 1.** intr. prnl. *RD, Ch.* metáf. Destacarse *alguien* del resto por méritos propios, sobresalir.

empincharse.
> **I. 1.** intr. prnl. *Pe.* Enojarse en exceso. pop.

empingado, -a.
> **I. 1.** adj. *Cu. Referido a persona*, enfadada, enojada.

empingar(se).
> **I. 1.** tr. *Cu.* Enojar a *alguien*. tabú; pop + cult → espon.
> **2.** intr. prnl. *Cu.* Enojarse *alguien*. tabú; pop + cult → espon.

empingue.
> **I. 1.** m. *Cu.* Sentimiento de enfado que experimenta alguien al ser contrariado. tabú; pop + cult → espon.

empiñada.
> **I. 1.** f. *ES.* **Tortilla** de harina grande y delgada con jalea de piña.

empiojado, -a.
> **I. 1.** adj. *Ar. Referido a una situación*, complicada, difícil de resolver. pop + cult → espon.

empiojar(se).
I. 1. intr. prnl. *Mx, Ni, Ec, Py.* Llenarse de piojos.
II. 1. tr. *Ar.* Complicar *algo*, hacerlo más confuso.

empiolar.
I. 1. *CR:NO.* **apiolar**, atar un animal.
2. *CR:NO.* **apiolar**, amarrar un toro.

empipada.
I. 1. f. *PR, Ec, Ch, Ar.* Ingestión de comida y bebida en exceso. pop + cult → espon ∧ fest.

empipado, -a.
I. 1. adj. *Ec.* Referido a persona o animal, que ha comido en exceso. pop + cult → espon.

empipar(se).
I. 1. intr. prnl. *PR, Ec, Pe, Ch, Ar.* Ingerir alimentos o bebidas en exceso. pop + cult → espon ∧ fest.
2. tr. *Ch.* Hacer beber en exceso. pop + cult → espon ∧ fest.
3. intr. prnl. *PR.* Ponerse *alguien* flatulento por haber comido en exceso. pop + cult → espon ∧ fest.

empiscuchada.
I. 1. f. *ES.* Alabanza.

empiscuchar.
I. 1. tr. *ES.* Entusiasmar a *alguien* con adulaciones.

empistolado, -a.
I. 1. adj/sust. *Mx, Ho.* Referido a persona, que lleva pistola. pop + cult → espon.
2. adj. *Ho.* metáf. Referido a persona, que muestra verbalmente animadversión a otra.

empistolar.
I. 1. tr. *Mx, Ho, Ni.* Apuntar a *alguien* con una pistola.

empiyamar(se).
I. 1. tr. prnl. *Cu, RD, Co, Ve.* Ponerse *alguien* la **piyama**.
2. tr. *Co.* Poner a *alguien* la **piyama**.
II. 1. tr. *Cu.* metáf. Despedir a *alguien* de un empleo generalmente oficial.

emplagarse.
I. 1. intr. prnl. *Ho.* Llenarse una planta o *una persona* de una plaga de animales. rur.

emplantillado.
I. 1. m. *RD, Pe, Ch.* Plantilla de un calzado o conjunto de piezas que la forman.
2. *Pe, Ch.* Cimentación y relleno de zanjas con cascotes.
3. *Ch.* Pegado o colocación de una plantilla en el calzado.

emplantillado, -a.
I. 1. adj. *Cu.* Referido a un trabajador, que está incluido dentro de la lista de empleados de una empresa.

emplantillar.
I. 1. tr. *Pe, Bo, Ch,* Macizar, rellenar con cascotes las zanjas de cimentación.
2. *Bo, Ch, Py.* Poner plantillas al calzado.
3. *Cu.* Incluir a *alguien* dentro de la lista de trabajadores de una empresa.
II. 1. tr. *PR.* Hacer patrones para cortar varias piezas de igual forma y tamaño.

emplaste.
I. 1. m. *PR.* Maquillaje mal aplicado. pop + cult → espon.

emplasticado.
I. 1. m. *Ni, CR, Ec, Ch,* p.u. Recubrimiento con plástico hecho a algo, *especialmente a un documento*, para protegerlo.

emplasticado, -a.
I. 1. adj. *Ni, CR, Ec, Ch.* Referido a cosa, especialmente a un documento, recubierta con plástico como protección.
2. *Ch.* Referido a un cultivo, cubierto con plástico para protegerlo.

emplasticar.
I. 1. tr. *Gu, CR, Ec.* Recubrir con plástico *algo, especialmente cualquier tipo de documento impreso*, para evitar que se deteriore con el uso.

emplasto.
I. 1. m. *PR.* metáf. Persona pesada e inoportuna. pop + cult → espon ∧ desp.

empleada.
□
a. ‖ ~ **múltiple.** loc. sust. *Bo.* Mujer que realiza oficios domésticos a cambio de un sueldo.

emplearse.
I. 1. intr. prnl. *RD.* Vivir y mantener relaciones una mujer con un hombre en concubinato. rur. (**empliarse**).

empleita.
I. 1. f. *PR.* Sombrero campesino tejido con hojas de palma.
II. 1. f. *PR.* Cola venenosa del alacrán.

empleitar.
I. 1. tr. *Ho.* Tener *alguien* una disputa verbal, pelea o juicio con otra persona.

empleo.
■
a. ‖ ~ **de manejo.** m. *Co.* Empleo o cargo de la Tesorería o de los fondos públicos.

empleomanía.
I. 1. f. *Cu, RD, PR.* Conjunto de trabajadores al servicio de una entidad, *generalmente pública*.

empleomaníaco, -a.
I. 1. *Mx.* **empleómano.**

empleómano, -a.
I. 1. sust/adj. *Mx.* Persona acostumbrada a desempeñar empleos públicos. pop + cult → espon. ♦ **empleomaníaco.**

emplomadura.
I. 1. f. *Py, Ar, Ur.* obsol. Empaste de un diente o de una muela.

emplomar.
I. 1. tr. *Py, Ar, Ur.* obsol. Empastar un diente o una muela.

employar. (Del ingl. *to employ*).
I. 1. tr. *EU:SO.* Emplear, dar a *alguien* un empleo o puesto de trabajo.

employer. (Voz inglesa).
I. 1. m-f. *EU.* Persona u organización que emplea a alguien en un determinado trabajo.
2. *EU.* Jefe, persona que manda o dirige a un grupo de trabajadores.

emplumado, -a.
I. 1. adj. *Bo.* Referido a persona, enojada, enfadada. pop.
II. 1. adj. *Ni.* juv. Referido a persona, adinerada.
III. 1. sust/adj. *PR.* juv. Hombre homosexual. pop + cult → espon ∧ desp.

emplumante.
I. 1. adj. *Bo.* Referido a persona, que fastidia o cansa por su comportamiento inoportuno e insistente. pop + cult → espon ∧ fest.
2. *Bo.* Referido a cosa, que provoca enojo o irritación. pop + cult → espon ∧ fest.

emplumar(se).
I. 1. tr. *Bo.* Molestar a *alguien* con insistencia hasta provocarle fastidio. vulg; pop + cult → espon.
2. intr. prnl. *Bo.* Encolerizarse *alguien*. vulg; pop + cult → espon.
II. 1. intr. *RD.* Comenzar a salir vello en las axilas y los genitales de un adolescente.
III. 1. intr. *PR.* Salir, fugarse, huir.
IV. 1. intr. *PR.* Mudar los gallos la pluma, emplumecer.
V. 1. intr. prnl. *PR.* Volverse *alguien* homosexual.

□
    a. ‖ ~**las.** *Bo.* **emplumárselas.**
    b. ‖ **emplumárselas.** loc. verb. *Bo, Ch, Ar.* Ausentarse impensadamente, de ordinario por huir de un riesgo o compromiso. (**emplumarlas**).

emplutarse.
    I. 1.   intr. prnl. *Ec.* juv. Emborracharse. pop + cult → espon.

empoa.
    I. 1.   f. *Ch.* Ampolla, vejiga que sale en la piel por una rozadura o una quemadura. vulg; pop.

empoce.
    I. 1.   m. *Bo.* Depósito de dinero en una cuenta o entidad bancaria.

empoderamiento. (Calco del ingl. *empowerment*, apoderamiento).
    I. 1.   m. *Ho, CR, Ec, Pe, Bo, Ch.* Proceso de afirmación, autoestima y capacidad de decisión de una persona, institución u organización. prest; pop + cult → esm. ♦ ***empowerment***.

empollamiento.
    I. 1.   m. *Ho, ES, Ni, Bo; Ec,* p.u. Incubación de huevos de una gallina u otra ave.

empollar(se).
    I. 1.   tr. *RD. En el dominó*, hacerse un jugador con las mejores fichas.
    II. 1.   tr. *ES.* meton. Estrenar *algo.*
    III. 1.   intr. prnl. *Ho.* Producirse ampollas de aire, *en especial en la* **tortilla** *de maíz.*

empollerada.
    I. 1.   sust/adj. *Pa.* Mujer que viste el traje típico panameño.

empollerar(se).
    I. 1.   tr. *ES.* Meter la mano en la **pollera** o funda del machete para asegurarse su uso. rur.
    II. 1.   tr. *Pa.* Vestir con la pollera.
    2.   intr. prnl. *Pa.* Vestirse *alguien* con la pollera.

empolleta.
    I. 1.   m-f. *PR.* metáf. Persona impertinente, molesta, majadera. pop + cult → espon ^ desp.
    II. 1.   f. *PR.* Solicitud insistente, impertinente. pop + cult → espon ^ desp.

empollón, -na.
    I. 1.   adj/sust. *PR. Referido a persona*, impertinente, molesta, majadera. pop + cult → espon ^ desp.

empoltronarse.
    I. 1.   *PR.* **apoltronarse.**

empolvá.
    I. 1.   *RD.* **empolvada.**

empolvada.
    I. 1.   f. *RD.* Huida o marcha que se emprende rápidamente. (**empolvá**).

empolvado.
    I. 1.   m. *Ch.* Pastel pequeño compuesto por dos láminas de bizcocho esponjoso en forma de disco, entre las cuales se dispone **manjar**, y que se cubre con azúcar de flor.

empolvado, -a.
    I. 1.   adj. *Co:C. Referido a persona*, borracha. pop.

empolvarse.
    I. 1.   intr. prnl. *Mx.* p.u. Perder la destreza en el ejercicio de una profesión o actividad por falta de práctica.
    II. 1.   intr. prnl. *Co:C.* Emborracharse. pop.
    III. 1.   intr. prnl. *RD.* Marcharse o huir rápidamente.

empolvorearse.
    I. 1.   intr. prnl. *Ho.* Empolvarse. rur.

emponado.
    I. 1.   m. *Pe.* Piso hecho con madera de **pona**.

emponchado.
    I. 1.   m. *Bo:E.* Cigarro liado a mano.

emponchado, -a.
    I. 1.   adj. *Pe, Bo, Py, Ar, Ur; Ec,* pop. *Referido a persona*, que lleva puesto un poncho.
    2.   *Gu, Bo, Ar, Ur; Pe,* obsol. *Referido a persona*, muy abrigada. pop.
    II. 1.   adj/sust. *Ar. Referido a persona*, hipócrita. pop.
    2.   m y f. *Ar. Referido a persona*, embozada, sospechosa.

emponchar(se).
    I. 1.   intr. prnl. *Ec, Pe, Bo, Ar, Ur.* Ponerse un poncho. pop.
    2.   *Ar, Ur; Pe,* obsol. Abrigarse. pop.
    II. 1.   tr. *Bo.* Trasladar a alguien *algo* no apetecible o molesto. pop.
    III. 1.   tr. *Bo.* Golpear a *alguien* con una guitarra. pop.
    IV. 1.   intr. prnl. *Ho.* p.u. Emborracharse *alguien* con ponche.

emponzoñamiento.
    I. 1.   m. *Ni, RD, PR.* Animadversión. pop + cult → espon. ♦ **encorajamiento**.

emponzoñar(se).
    I. 1.   tr. *RD, PR.* Crear animadversión en *una persona* hacia otra.
    II. 1.   intr. prnl. *RD, PR.* Encolerizarse. pop + cult → espon.

emporado.
    I. 1.   m. *Ec.* Relleno con cemento hidráulico de los espacios que quedan entre las baldosas o los azulejos de una pared o un piso.

emporado, -a.
    I. 1.   adj. *Ec. Referido a un piso o a una pared*, que tiene los espacios entre las lozas o los azulejos rellenos con cemento hidráulico.

emporar.
    I. 1.   tr. *Ec.* Rellenar con cemento hidráulico los espacios que quedan entre azulejos, baldosas o piezas semejantes.

emporio.
    I. 1.   m. *Ni, Pa, RD, Pe; Ch, Ar,* obsol, rur. Establecimiento comercial de grandes dimensiones en donde se venden artículos para el hogar.

empostado, -a.
    I. 1.   adj. *Ve:C. Referido a persona*, de carnes duras y consistentes.

empotado, -a.
    I. 1.   adj/sust. *Ch. Referido a persona*, obsesionada sexualmente con otra o enamorada irracionalmente de ella. pop.

empotamiento.
    I. 1.   m. *Ch.* Atracción sexual sentida hacia una persona. pop + cult → espon.

empotar(se).
    I. 1.   tr. *Ve:O.* Encarcelar.
    II. 1.   intr. prnl. *Ch.* Sentir *alguien* atracción sexual por otra persona. pop + cult → espon.

empótico, -a.
    I. 1.   adj. *RD. Referido a persona*, despótica. rur; pop.

empotreramiento.
    I. 1.   m. *Mx.* Inserción del ganado en un recinto cerrado con pasto para que se alimente y engorde. rur.

empotrerar.
    I. 1.   tr. *Ho, Ni, CR, Pa, Cu, Ve, Ec, Ar, Ur.* Meter ganado en un **potrero**, terreno cercado y con pasto. rur.
    2.   *Ur.* Dividir un campo en **potreros**, terrenos cercados y con pasto. rur.

empotricarse.
    I. 1. *RD, PR.* **empotrillarse.**

empotrillarse.
    I. 1. intr. prnl. *PR.* metáf. Vestirse con la mejor ropa de que se disponga. ♦ **empotricarse.**

empowerment. (Voz inglesa).
    I. 1. *Ho.* p.u. **empoderamiento.**

empozado, -a.
    I. 1. adj. *Mx, Ho, Ni, CR, Cu, Ve, Ec, Pe, Ch, Ar:NO.* *Referido al agua*, detenida en un terreno formando pozas o charcos.
    2. *Ho. Referido a terreno*, lleno de agua estancada.

empozamiento.
    I. 1. m. *Mx, Ni, Ch.* Retención de agua en un lugar de modo que forma pozas o charcos.

empozar(se).
    I. 1. intr. prnl. *Mx, Gu, Ni, CR, Pa, PR, Co, Ve, Ec, Pe, Ch, Ar:NO; Cu,* rur. Quedarse detenida el agua en un terreno o superficie formando pozas o charcos.
    2. *Ho.* metáf. Guardarse *alguien* en su interior un acontecimiento o hecho.
    II. 1. tr. *Bo.* Depositar dinero en una cuenta o entidad bancaria.

empreguntar.
    I. 1. tr. *Ch.* p.u. Preguntar. rur; pop.

emprendado, -a.
    I. 1. *ES, PR. Referido a persona*, vestida con muchas joyas y adornos.

emprendarse.
    I. 1. *ES.* Vestirse con muchas joyas y adornos.

emprendengado, -a. (Sínc. de *emperendengado*).
    I. 1. *ES.* **emperendengado.**

emprendengarse. (Sínc. de *emperendengarse*).
    I. 1. *ES.* **emperendengarse.**

empresa.
    ■
    a. ‖ ~ **transnacional.** f. *Mx, Ni, CR, RD, Co, Ec, Pe, Bo, Ch.* Sociedad mercantil o industrial cuyos intereses y actividades se hallan establecidos en diversos países. ♦ **transnacional.**
    □
    a. ‖ ~ **de cartón.** loc. sust. *Gu.* Sociedad mercantil o industrial que se establece con fines ilícitos o ilegales.
    b. ‖ **por la libre ~.**
      i. loc. adv. *Cu.* **por la libre,** no racionado.
      ii. *Cu.* **por la libre,** sin registrar.

empresariar(se).
    I. 1. tr. *EU.* Involucrar o implicar a *alguien* en un negocio o actividad lucrativa.
    2. intr. prnl. *EU.* Involucrarse o implicarse *alguien* en un negocio o actividad lucrativa.

empresarizar.
    I. 1. tr. *Ch.* Convertir a *una persona* en empresario. prest; cult → esm.
    2. *Ch.* Transformar una actividad en negocio empresarial. prest; cult → esm.

emprestar. (Prót. de *prestar*).
    I. 1. tr. *Mx, ES, Cu, RD, Ve, Pe, Ch,* pop; *Ar,* obsol; *Ec,* p.u, rur, pop. Prestar dinero a una persona.
    2. *Gu, Ar:NO; Gu,* p.u. | obsol. Pedir prestado. rur.

empretinado, -a.
    I. 1. adj. *Ar:NO. Referido a persona*, altanera, engreída. pop.

empretinadora.
    I. 1. f. *Ho. En la* **maquila**, máquina que cose pretinas en la ropa de vestir.

emprincipiar. (Prót. de *principiar*).
    I. 1. tr. *RD.* Comenzar, dar principio a algo.

emprincipio.
    I. 1. m. *RD.* obsol. Principio. rur; vulg; pop.

emproblemado, -a.
    I. 1. adj. *Co. Referido a persona*, que tiene muchos problemas. pop.

emprolijar.
    I. 1. tr. *Py, Ar, Ur.* Arreglar o mejorar *algo*. pop.
    2. *Ar, Ur.* Ordenar un lugar. pop.
    3. *Ar, Ur.* Colocar ordenadamente varias cosas. pop.

empropio, -a.
    I. 1. adj/sust. *PR. Referido a persona*, idiota. pop + cult → espon.

empuar.
    I. 1. tr. *Ar, Ur.* Incitar o provocar a *una persona* para que discuta, pelee o se enemiste con otra. pop.

empuercado, -a.
    I. 1. adj. *Gu, Ni, RD, Bo; Ec,* p.u. *Referido a un lugar*, sucio o lleno de porquería.

empuercar(se).
    I. 1. tr. *Mx, Gu, Ho, ES, Ni, Cu, RD, Ve; Ec,* pop. Ensuciar o manchar mucho *algo*.
    2. intr. prnl. *Mx, Ni, RD, Co; Ec,* pop. Ensuciarse o mancharse *algo*.

empujada.
    I. 1. f. *Gu, Ni, CR, Co, Ve, Ec, Pe, Bo, Ch, Py, Ar:NO, Ur.* Empujón, impulso que se da con fuerza.
    2. *Ni, Bo, Ch.* metáf. Ayuda que se da a alguien para que avance o evolucione en una actividad. pop + cult → espon.

empujadera.
    I. 1. f. *Ho, Ni, CR, Cu, RD, Pe.* Situación o espacio en el que se aglomera gente y se producen **empujadas.** pop. ♦ **pujadera.**

empujador.
    I. 1. m. *Ni, Cu. En el* **beisbol**, **bateador** que debe golpear fuerte la pelota para que los jugadores **embasados** puedan anotar **carreras.**
    II. 1. m. *PR.* Gallo que pelea empujando para cansar a su oponente.

empujar(se).
    I. 1. *Mx, Ni, CR.* Beber *algo, especialmente si es mucha cantidad o si se hace de golpe*. pop + cult → espon.
    2. tr. prnl. *Mx, CR.* Comer o engullir *algo* cuando no se tienen ganas. pop + cult → espon.
    II. 1. tr. *RD, PR, Ve.* metáf. *En el* **beisbol**, dar un **batazo** que permite anotar **carrera** a un jugador. ♦ **impulsar; remolcar.**
    III. 1. intr. prnl. *Ve.* Ir a un lugar.
    □
    a. ‖ ~ **la carretilla.** loc. verb. *Cu.* Trabajar.

empuje.
    □
    a. ‖ **de ~.** loc. adj. *Co, Ec, Pe, Bo, Ch. Referido a persona*, osada y emprendedora. ♦ **agalludo; de agarre.**

empujón.
    ▶ **dar un ~.**

empulgar(se).
    I. 1. tr. *Mx, Ec.* Llenar de pulgas.
    2. intr. prnl. *Mx, Ec.* Llenarse de pulgas.

empunchado, -a.
    I. (De *punche*, variedad de cangrejo de mar).
    1. adj. *Ho, ES. Referido a persona*, enfadada, encolerizada.
    II. 1. adj. *CR. Referido a persona*, que trabaja con empeño y diligencia. pop.

empunchar(se).
>   I. 1.   intr. prnl. *Ho, ES*. metáf. Encolerizarse.
>   2.   tr. *Ho*. Erizarse las plumas de un ave o los pelos de una persona o animal.
>   II. 1.   intr. prnl. *CR*. Trabajar con empeño y diligencia. pop.

empuntar(se).
>   I. 1.   tr. *Mx*. Hacer los flecos a un **rebozo**.
>   II. 1.   intr. prnl. *Ve*. Mantenerse firme o constante.
>   III. 1.   intr. *PR*. Tomar un caballo la delantera en una carrera.

empuñado, -a.
>   I. 1.   adj. *Ho, Ni, Ch*. *Referido a una mano*, con el puño cerrado.

empuñar.
>   I. 1.   tr. *Ni, Pe, Bo, Ch*. Cerrar la mano para mostrar el puño.
>   II. 1.   tr. *RD, PR*. Agarrar, atrapar *alguien algo*.
>   2.   *Ec*. Apropiarse fraudulentamente de dinero de los fondos públicos. pop.

empuñe.
>   I. 1.   m. *Ec*. Dinero obtenido fraudulentamente de los fondos públicos. pop.

empupar.
>   I. 1.   tr. *Ho*. Formar un insecto el capullo.

empupusado, -a.
>   I. 1.   adj. *ES*. *Referido a un hombre*, enamorado de una mujer. pop.

empurmarse.
>   I. 1.   intr. prnl. *Pe*. Cubrirse con vegetación silvestre un terreno al no ser cultivado.

empurrado, -a.
>   I. 1.   adj/sust. *Gu, Ho, ES, Ni. Referido a persona*, que tiene semblante de enojo. pop + cult → espon.
>   II. 1.   adj. *Gu, CR:NO. Referido a persona*, enfadada, enojada.
>   ▶ estar ~ como el sapo.

empurramiento.
>   I. 1.   m. *ES*. Enfado, enfurruñamiento.

empurrar(se).
>   I. 1.   intr. prnl. *Gu, Ho, ES, Ni, CR:NO*. Enfadarse, enojarse. pop + cult → espon.
>   2.   tr. *Ho, ES, Ni*. Mostrar semblante de enfado.

emputada.
>   I. 1.   f. *Co*. Enfado. vulg; pop + cult → espon.

emputado, -a.
>   I. 1.   adj. *Mx, Ho, ES, Ni, CR, Pa, Pe, Bo, Ch; Ec*, juv. *Referido a persona, generalmente adolescente*, encolerizada, furiosa. vulg; pop + cult → espon.

emputamiento.
>   I. 1.   m. *Mx, Ho, ES, Bo; Ec*, juv. Enfado intenso. vulg; pop + cult → espon.

emputante.
>   I. 1.   adj. *Bo. Referido a persona*, que fastidia o cansa por su comportamiento inoportuno e insistente. vulg; pop + cult → espon.

emputar(se).
>   I. 1.   intr. prnl. *Mx, Gu, Ho, ES, Ni, CR, Pa, Co, Pe, Bo, Ar:NO; Ec*, juv. Encolerizarse, enfurecerse. vulg. pop + cult → espon. ♦ **enchicharse**.
>   2.   tr. *Ho, ES, Ec, Bo*. Molestar a *alguien* con insistencia hasta causarle gran fastidio. vulg; pop + cult → espon.

emputazón.
>   I. 1.   f. *Pa*. Irritación, enfado. vulg.

emputecer(se).
>   I. 1.   intr. prnl. *Ho, Ni, Co, Bo, Ch, Ar*. vulg; pop + cult → espon. Encolerizarse, ponerse furioso.
>   2.   *Ar, Ur*. Complicarse una situación. vulg; pop + cult → espon.
>   3.   tr. *Bo, Ch*. Enfadar o poner de mal humor a *alguien*. vulg.
>   II. 1.   tr. *Ar, Ur*. Provocar *alguien* desorden o confusión en *algo*. vulg; pop + cult → espon.

emputecida.
>   I. 1.   f. *Ch*. p.u. Encolerizamiento, proceso de alteración del estado de ánimo que desemboca en un enojo muy intenso. vulg; pop + cult → espon.

emputecido, -a.
>   I. 1.   adj/sust. *Ho, Ni, Bo, Ch, Ar:NO. Referido a persona*, enojada, enfadada. vulg; pop + cult → espon.
>   II. 1.   adj/sust. *Ar. Referido a una situación*, complicada. vulg; pop + cult → espon.
>   III. 1.   adj. *Ni. Referido a persona*, vestida sin gusto y con perfumes baratos.

emputecimiento.
>   I. 1.   m. *Bo, Ch*. Enfado que adquiere o siente una persona. pop + cult → espon.
>   2.   *Ho, Ni*. Enfado intenso. vulg; pop + cult → espon.

en.
>   □
>   a. ‖ ~ **lo de.** loc. adv. *Ar*. En casa de. pop + cult → espon.

enaguas.
>   I. 1.   f. pl. *Mx, Gu, Ec;RD*, obsol. Prenda exterior femenina que cuelga desde la cintura.
>   2.   f. *Ec*. Prenda interior de la mujer indígena, que va bajo la **pollera**, el **anaco** o la falda.
>   □
>   a. ‖ **pegado a las ~.** loc. adj. *Mx, Ec. Referido a hombre*, que se muestra menos independiente respecto to de las mujeres de su familia de lo que corresponde a su edad.
>   ▶ amarrarse las ~; oler las ~.

enainas.
>   I. 1.   adv. *CR*. obsol. Casi, por poco. rur; pop.

enajamiento.
>   I. 1.   m. *Ar*. Fuga, huida. pop.

enaltar.
>   I. 1.   tr. *PR*. Enaltecer, exaltar *algo* o a *alguien*. pop + cult → espon.

enamorada.
>   I. 1.   f. *RD*. Enamoramiento.

enamorado, -a.
>   I. 1.   adj. *CR, Cu, RD, Co, Ec. Referido a persona*, que se enamora con facilidad.
>   2.   *Ec, Pe, Bo*. Persona que mantiene con otra una relación amorosa sin compromiso formal para el matrimonio. pop + cult → espon.
>   II. 1.   adj. *PR. Referido a un gallo de pelea*, que deja de castigar a su oponente y no sigue combatiendo.

enamorar.
>   I. 1.   intr. *Bo*. Mantener dos personas una relación sentimental sin compromiso legal ni religioso. pop + cult → espon.
>   □
>   a. ‖ ~ **a lo divino.** loc. verb. *RD, PR*. Enamorar platónicamente a *alguien*.
>   b. ‖ ~**se a lo divino.** loc. verb. *RD, PR*. Enamorarse *alguien* platónicamente.

enamorisquear(se).
>   I. 1.   tr. *Ho, Ni, Cu*. Enamoriscar a *alguien*. pop + cult → espon.
>   2.   intr. prnl. *Ho, Ni, Cu*. Enamoriscarse de alguien. pop + cult → espon.

enamorisquiado, -a.
 I. 1. adj/sust. *Cu, RD. Referido a persona*, enamorada de alguien. pop + cult → espon.

enancar(se).
 I. 1. intr. prnl. *Mx, RD, Ar, Ur, Cu*, rur. Subirse a las ancas de una caballería. rur.
 2. tr. *Ar.* Poner a *alguien* en la grupa.
 3. intr. *Ec.* Cabalgar en ancas. rur.
 II. 1. intr. prnl. *Ar:N, Ur.* Incorporarse a algo emprendido por otra persona, por comodidad o para obtener beneficios.
 2. intr. *Ec.* Aprovechar *alguien* para su propio beneficio una oportunidad o circunstancia favorable que se le presenta a otra persona. pop.

enano.
 I. 1. m. *PR.* Variedad de **guineo**.
 ■
 a. ‖ ~ **grande.** m. *PR.* Variedad de **guineo** que se usa para hacer pasteles.
 b. ‖ ~ **pequeño.** m. *PR.* Variedad de **guineo** caracterizado por su pequeño tamaño.

enano, -a.
 I. 1. m. y f. *PR.* metáf. Individuo grueso y pequeño. pop + cult → espon ∧ fest.

enantes.
 I. 1. adv. *Pa; Co, Ve*, rur; *Pe, Ec*, obsol. Hace un momento.
 2. *Ho, ES, RD.* p.u. Antes. rur.
 II. 1. adv. *Ho, ES.* Por suerte, de milagro. rur; pop.
 III. 1. adv. *ES.* Apenas. rur; pop.

enarcarse.
 I. 1. intr. prnl. *Mx.* Encabritarse un caballo.

encabador.
 I. 1. m. *Co:O,SO.* Mango en que se coloca la plumilla metálica para escribir.

encabador, -ra.
 I. 1. sust/adj. *PR.* Persona que fabrica cabos o mangos para herramientas.

encabangado, -a.
 I. 1. adj. *Ho. Referido a persona*, muy enamorada. rur.

encabao.
 I. 1. m. *RD.* Sable de pequeño tamaño.

encabar(se).
 I. 1. tr. *PR.* p.u.; metáf. Empalmar una conversación.
 II. 1. intr. prnl. *PR.* p.u.; metáf. Conseguirse una posición económica y social ventajosa.
 □
 a. ‖ ~**la.** loc. verb. *Ni.* Cometer un error o una equivocación.

encabe.
 I. 1. m. *Ni.* Error, equivocación.
 ▶ darle un ~.

encabestrarse.
 I. 1. *PR.* **encabrestarse**, ponerse terco.

encabillar.
 I. 1. tr. *Cu, Ve. En una obra de construcción*, afianzar una estructura con cabillas.

encabrestar(se).
 I. 1. tr. *Mx.* Poner el cabestro a los animales.
 2. intr. prnl. *Mx.* Enredarse la mano de una bestia en el cabestro o ronzal con que está atada, y no poder sacarla.
 II. 1. intr. prnl. *PR.* Ponerse *alguien* terco, obstinarse en algo. pop + cult → espon. (**encabestrarse**).

encabrillado, -a.
 I. 1. adj. *RD, PR. Referido a un caballo o a una yegua*, cerrero, encabritado, que se niega a obedecer.

encabrillarse.
 I. 1. intr. prnl. *RD, PR.* Ponerse arisco un animal doméstico.

encabritarse.
 I. 1. intr. prnl. *Ni.* Ponerse arisco un animal doméstico.

encabullar.
 I. 1. *RD, Ve.* **encabuyar**, liar.

encabuyado.
 I. 1. m. *Ho.* Atadura con cuerda o **cabuya**.

encabuyado, -a.
 I. 1. adj. *Ho.* Atado con una cuerda o **cabuya**.

encabuyar. (De *cabuya*).
 I. 1. tr. *Ho, RD, PR, Ve.* Liar, atar *algo* con **cabuya**. (**encabullar**).
 II. 1. tr. *RD, PR.* Poner la **cabuya** a un trompo para hacerlo bailar.
 ●
 a. ‖ **encabuya y vuelve y tira.** fórm. *PR.* Se usa para invitar a *alguien* a que vuelva a realizar una acción determinada. pop + cult → espon ∧ fest.

encacar.
 I. 1. tr. *Ho.* metáf. Implicar a *alguien* en algo ilegal.
 2. *Ho.* metáf. Hablar mal de *alguien*.

encacatao, -a. (De *cacata*, araña).
 I. 1. adj. *RD. Referido a persona*, agresiva, desafiante.
 2. *RD. Referido a persona*, terca, empecinada.
 II. 1. adj. *RD. Referido a persona*, rígida, en tensión.

encachada.
 I. 1. f. *Ch.* Manifestación de agresividad y desafío. pop + cult → espon.
 2. *Ch.* Intento de algo. pop + cult → espon.
 II. 1. f. *Ch.* Acicalamiento esmerado. pop + cult → espon.

encachado, -a.
 I. 1. adj. *Bo; Ch*, pop. *Referido a persona*, atractiva, que produce agrado o gusta por su apariencia. pop + cult → espon.

encachar(se).
 I. 1. intr. prnl. *Ch.* Vestirse, acicalarse elegantemente. pop.
 2. tr. *Ch.* Acicalar, adornar, hermosear a *alguien* o *algo*. pop.
 II. 1. intr. prnl. *Ch.* Enfrentarse agresivamente.

encacharrar.
 I. 1. tr. *PR.* p.u. Encarcelar a *una persona*. polic.
 II. 1. tr. *PR.* p.u. Copular. vulg; pop + cult → espon.

encachilado, -a.
 I. 1. adj. *Ar, Ur. Referido a persona*, encaprichada con alguien o algo. pop.
 2. *Ar:NO. Referido a persona*, enfadada, de mal humor. pop.

encachilarse.
 I. 1. intr. prnl. *Ar, Ur.* Encapricharse con alguien o algo. pop.
 2. *Ar:NO.* Enfadarse, ponerse de mal humor. pop.

encachimbada.
 I. 1. m. *Ho, ES.* Enfado muy grande.

encachimbado, -a.
 I. 1. adj. *Gu, Ho, ES, Ni, CR. Referido a persona*, encolerizada, furiosa. pop + cult → espon.

encachimbar(se).
 I. 1. intr. prnl. *Gu, Ho, ES, Ni, CR.* Encolerizarse, enfurecerse. pop + cult → espon. (**encachimblarse**).
 2. tr. *Ho, ES, Ni.* Causar enfado a *alguien*. (**encachimblar**).

encachimblar(se).
 I. 1. *ES.* **encachimbar**.
 2. *ES.* **encachimbarse**.

encachinado, -a.
I. 1. adj. *Ec:O. Referido a persona*, vestida con esmero y elegancia. pop.

encachinar(se).
I. 1. tr. *Ec.* Vestir con esmero y elegancia. pop + cult → espon.
2. intr. prnl. *Ec.* Arreglarse con esmero y elegancia. pop + cult → espon.

encachinflado, -a.
I. 1. adj. *ES. Referido a persona*, muy enfadada, furiosa.

encachirular.
I. 1. tr. *Ch.* Adornar o acicalar esmeradamente *algo, especialmente el cabello*. pop + cult → espon.

encachorrado, -a.
I. 1. adj. *Cu. Referido a persona*, malhumorada, enfadada.
II. 1. adj. *PR. Referido a persona*, terca, emperrada.

encachorrar(se).
I. 1. intr. prnl. *Cu, Co*. p.u. Enfadarse, disgustarse. pop.
2. tr. *Cu.* Enojar, enfadar a *alguien*.
II. 1. intr. prnl. *PR.* Emperrarse, ponerse terco. pop + cult → espon.
2. *PR.* Negarse a hablar o a actuar.

encachufar(se).
I. 1. tr. *Bo.* Introducir *algo* con maña o con fuerza en algún lugar.
2. *Bo.* Asignar un trabajo *generalmente pesado y molesto*.
3. intr. prnl. *Bo.* Meterse *alguien* de rondón en algún lugar que no le corresponde.

encadenado.
I. 1. m. *Bo.* Viga que va sobre el muro cubriendo el perímetro de una construcción.

encadenarse.
I. 1. intr. prnl. *RD, PR, Bo*, metáf. Contraer matrimonio. pop + cult → espon ^ fest.

encaitado, -a.
I. 1. adj. *Ho. Referido a persona*, calzada con **caites**.
II. 1. adj. *Ho. Referido a persona*, campesina, rústica. desp.

encaitar.
I. 1. tr. *ES.* Poner neumáticos nuevos a un vehículo. fest.

encajar(se).
I. 1. tr. prnl. *Mx.* Aprovecharse *una persona* de otra para sacar beneficio de ella. pop.
2. tr. *Cu.* Imponer alguna tarea a *alguien*.
II. 1. tr. *ES, Ni.* Realizar el coito. vulg; pop + cult → espon.
III. 1. tr. *CR.* Subir a un lugar alto. rur; pop + cult → espon.
2. intr. prnl. *CR.* Subirse a un lugar alto. rur; pop + cult → espon.
IV. 1. intr. prnl. *Ni.* Apoderarse de un cargo público de mucha importancia.
V. 1. tr. *Ni.* Poner apodos.

encaje.
I. 1. m. *ES, Ni.* Ingle, parte del cuerpo en que se junta el muslo con el vientre.
II. 1. m. *PR.* **espuma de mar**.
□
a. ‖ ~ **bancario**. m. *Ho, CR, RD, Bo, Ch*. Porcentaje de dinero que cada banco debe dejar en depósito en el Banco Central.
b. ‖ ~ **legal**. m. *Mx, CR, RD, Ve, Bo*. Dinero que los bancos tienen en caja.
◼
a. ‖ **está bueno el ~, pero no tan ancho**. fr. prov. *Mx.* Indica que el aprovechamiento por parte de una persona para sacar beneficio de otra se puede tolerar hasta cierto punto. pop.

encajetarse.
I. 1. intr. prnl. *Ar, Ur.* Sentir una gran pasión y atracción sexual por alguien. vulg; pop + cult → espon.
2. *Ar.* Obsesionarse con algo. vulg; pop + cult → espon.

encajitos.
I. 1. m. pl. *RD.* Espuma que forma la cerveza.

encajonado.
I. 1. m. *Ni.* Día de trabajo entre dos festivos.

encajonar(se).
I. 1. tr. *RD, Bo.* Colocar en su lugar los cajones o gavetas de un mueble.
2. *PR.* Descartar un asunto sin decidir sobre él. ♦ **engavetar**.
II. 1. tr. *Ni, PR, Py.* Retrasar *alguien* el avance de una tramitación.
III. 1. tr. *Ch.* Ordenar y disponer el tambor mayor de una banda militar una serie de movimientos para que esta se ponga al frente de un desfile.
IV. 1. tr. prnl. *PR.* Quedarse un caballo en la gatera a la hora de emprender la carrera.

encajoso, -a.
I. 1. adj/sust. *Mx. Referido a persona*, que se aprovecha de la situación, abusando y causando molestia. pop + cult → espon ^ desp.

encajuelado, -a.
I. 1. adj. *Mx. Referido a persona*, que ha sido secuestrada e introducida en el maletero de un coche.
II. 1. adj. *Gu. Referido a una prenda de vestir o un tejido*, que tiene un diseño formado por cuadros o rectas que se cruzan formando ángulos rectos.

encajuelar.
I. 1. tr. *Mx.* Secuestrar a *alguien* y meterlo en el maletero de un automóvil. delinc.
II. 1. tr. *PR.* Hacer escopleaduras en una puerta o ventana para colocar los goznes.

encalabernarse.
I. 1. intr. prnl. *RD.* Obstinarse o empeñarse en algo sin atender a razones.

encalabrinado, -a.
I. 1. adj. *Cu, RD. Referido a persona*, enojada.

encalabrinar(se).
I. 1. tr. *Cu, RD.* Enfadar, enojar.
2. intr. prnl. *Cu.* Enojarse.

encalabritarse.
I. 1. intr. prnl. *Ho.* Realizar el coito. vulg; pop + cult → espon.

encalacarse.
I. 1. intr. prnl. *RD.* Sentirse alegre o entusiasmarse un hombre con una mujer.

encaladora.
I. 1. f. *PR. En la industria azucarera*, utensilio para añadir sal al **guarapo** que sale del molino.

encalambrado, -a.
I. 1. adj. *Co. Referido a persona*, aterida, pasmada de frío.
II. 1. adj. *Ve. Referido a persona*, que tiene calambres en el cuerpo.

encalambrar(se).
I. 1. intr. prnl. *Co, Ve, Bo, Py.* Padecer un calambre. rur; pop.
2. *PR, Co.* Ponérsele rígidos los músculos a alguien por falta de movimiento o frío. rur; pop.
II. 1. intr. prnl. *RD, PR.* Enfurecerse, ponerse histérico. pop + cult → espon.
III. 1. tr. *PR.* Agarrar a *alguien* con fuerza y por un largo rato durante una pelea. pop + cult → espon.

encalambrinado, -a.
I. 1. adj. *PR. Referido a persona*, que tiene calambres.

encalambucado, -a.
  I. 1. adj. *PR.* p.u. *Referido a persona*, borracha.
encalaminado.
  I. 1. m. *Pe.* Ondulación que se produce en una carretera no asfaltada por el continuo tránsito de vehículos.
encalaminado, -a.
  I. 1. adj. *Pe. Referido a una carretera o camino*, que tiene ondulaciones y baches.
encalamocado, -a.
  I. 1. adj. *Ve. Referido a persona*, confundida, enredada.
encalamocarse.
  I. 1. intr. prnl. *Ve.* Confundirse, desorientarse, desatinar en lo que se dice o se hace.
encalar.
  I. 1. tr. *Ec.* Agregar al suelo cal para fertilizarlo o modificar su acidez.
encalatar.
  I. 1. tr. *Pe, Bo.* Desnudar a *alguien*. pop.
encalavernarse.
  I. 1. intr. prnl. *Pe:N.* Perderse en el camino, equivocando la ruta.
  2. *Pe:N.* Estar atontado o perdido.
encaletado, -a.
  I. 1. adj. *Co, Ve, Pe, Ch. Referido a persona*, que está escondida.
  II. 1. adj. *Co:O. Referido a persona*, adinerada. pop.
encaletar(se).
  I. 1. tr. *Co, Ve, Ch.* Esconder *algo* o a *alguien* en una **caleta**.
  2. intr. prnl. *Ve, Ch.* Esconderse, refugiarse en un lugar. delinc.
  3. tr. *Ch.* Poner *algo* o a *alguien* bajo cuidado o responsabilidad de otro sin el consentimiento de este. delinc.
  4. intr. prnl. *Ch.* Meterse, introducirse en algún lugar sin autorización. delinc.
encalichado.
  ▶ estar bien ~.
encalichar(se).
  I. 1. tr. *Ni.* Sellar con cemento las junturas de las baldosas.
  II. 1. *Ni.* **achisparse**, comenzar a emborracharse.
encalillada.
  I. 1. f. *Ch.* Contracción de deudas. pop + cult → espon.
encalillamiento.
  I. 1. m. *Ch.* Endeudamiento que una persona contrae. pop + cult → espon.
encalillarse.
  I. 1. intr. prnl. *Ch.* Contraer deudas. pop + cult → espon.
encamada.
  I. 1. f. *Ec, Bo, Ar, Ur.* Mantenimiento de relaciones sexuales. vulg; pop + cult → espon.
encamahuetado, -a.
  I. 1. adj/sust. *Ch:S. Referido a persona*, que ha perdido la razón por haber ingerido polvos hechos con cuerno de **camahueto**.
encamahuetar.
  I. 1. tr. *Ch:S. En la mitología chilote*, hacer que *alguien* cambie de actitud por haberle hecho ingerir polvos hechos con cuerno del **camahueto**.
encamar.
  I. 1. intr. *Ec.* Chismorrear. pop.
  II. 1. tr. *PR.* Poner capas alternas de cosas diferentes, *especialmente en la confección de ciertos platos.*
encamburado, -a.
  I. 1. adj/sust. *Ve. Referido a persona*, que tiene un empleo en la administración pública mediante influencias.

encamburamiento.
  I. 1. m. *Ve.* Obtención de un **cambur** o empleo en la administración pública mediante influencias.
encamburarse.
  I. 1. intr. prnl. *Ve.* Obtener un **cambur** o empleo en la administración pública mediante influencias.
encamisar.
  I. 1. tr. *Ve.* Poner una capa de pasta, yeso u otra mezcla, a las paredes de una casa, con objeteo de obtener una superficie tersa.
  2. tr. *Ni.* Poner nueva o rectificar la camisa de los cilindros de un motor.
encamorrar(se).
  I. 1. tr. *Mx.* Molestar mucho a *alguien* hasta incitarlo a la riña.
  2. intr. prnl. *Mx.* Reñir con alguien a causa de haber sido molestado por él.
encamotado, -a. (De *camote*).
  I. 1. adj. *Ec, Pe, Bo, Ch, Ar, Ur. Referido a persona*, que está muy enamorada. pop + cult → espon ^ fest.
  2. *CR, Pe. Referido a persona*, encariñado con alguien o algo. pop + cult → espon ^ fest.
  II. 1. adj. *Mx. Referido a persona*, enfadada, enojada. pop + cult → espon ^ fest.
encamotamiento.
  I. 1. m. *Pe, Bo, Ar:NO.* Enamoramiento. pop + cult → espon ^ fest.
encamotarse.
  I. 1. intr. prnl. *Pe, Bo, Ch, Ar, Ur; Ec,* juv. Enamorarse perdidamente. pop + cult → espon ^ fest.
  2. *CR, Pe.* Encariñarse con alguien o algo. pop + cult → espon ^ fest.
encampanado, -a.
  I. 1. adj/sust. *Gu, Ho. Referido a persona*, enamorada.
  2. adj. *Gu. Referido a persona*, que muestra entusiasmo e ilusión.
  ▶ dejar ~.
encampanamiento.
  I. 1. m. *PR.* Efecto de consumir drogas. drog.
encampanar(se).
  I. 1. intr. prnl. *Mx, RD, PR.* Elevarse o encumbrarse socialmente *alguien*. pop + cult → espon.
  2. tr. *Mx, RD, PR.* Elevar *una cosa*, ponerla en alto. pop + cult → espon.
  3. *Mx, RD.* Elevar o encumbrar socialmente a *alguien*. pop + cult → espon.
  II. 1. intr. prnl. *Mx, ES.* Entusiasmarse *alguien* con un asunto dudoso. pop + cult → espon.
  2. tr. *Mx.* Entusiasmar a *alguien* con un asunto dudoso. pop + cult → espon.
  3. intr. prnl. *Gu, Ho.* Enamorarse. pop + cult → espon.
  4. tr. *Ho.* Gustar mucho *algo* a *alguien*. pop + cult → espon.
  III. 1. intr. prnl. *Ve.* Dirigirse a un lugar.
  2. *Pa.* Irse sin miramientos, dejando lo que estaba haciendo o iba a hacer.
  IV. 1. tr. *Ni.* Golpear, castigar.
  V. 1. tr. *PR.* Consumir drogas. drog.
  VI. 1. tr. *PR.* Comprometer a uno en un fracaso, dejarlo en la estacada. pop + cult → espon.
encanadero.
  I. 1. m. *Ar.* Cárcel o prisión. pop.
encanado, -a.
  I. 1. adj. *Ni, Cu, Co, Ve, Bo, Ch, Ar, Ur; Ec,* juv, delinc. *Referido a persona*, que está en prisión. pop.
encanamiento.
  I. 1. m. *Ch.* Encarcelamiento de alguien. pop + cult → espon.

encanar. (De *cana*, prisión).
    I. 1. tr. *Cu, Co, Ve, Pe, Bo, Ch, Ar, Ur, Ec,* juv, delinc. Poner en prisión. carc; pop.

encanastar.
    I. 1. tr. *Ar.* Meter a *alguien* en la **canasta** o cárcel. pop.
    II. 1. tr. *RD, PR. En el baloncesto,* encestar y anotar punto.

encanchinado, -a.
    I. 1. adj. *Gu. Referido a persona,* encaprichada con algo, con gran deseo de conseguirlo.
    2. *Gu. Referido a persona,* enamorada intensamente.

encanchinarse.
    I. 1. intr. prnl. *Gu.* Encapricharse con algo, desear fuertemente conseguirlo. pop.
    2. *Gu.* Enamorarse intensamente. pop.

encandelar.
    I. 1. tr. *ES.* Poner candelas o velas a un santo.

encandelillado.
    I. 1. m. *Cu.* Serie de puntadas que se dan en los bordes de una tela para que esta no se deshilache.

encandelillar.
    I. 1. tr. *Ho, Co, Pe; Ec,* pop. Encandilar, deslumbrar.
    2. intr. prnl. *Co, Ve, Ec.* Quedarse momentáneamente sin poder ver nada a causa de una luz intensa. pop.
    3. tr. *Ve, Ec.* Dejar una luz intensa momentáneamente privado de visión a *alguien.* pop.
    4. *Ec.* Causar gran impresión en *una persona.* pop.
    5. *Ho.* Alumbrar, iluminar una luz *algo.*
    II. 1. tr. *Cu, Pe, Ch, Ar.* Sobrehilar una tela.

encandilado, -a.
    I. 1. adj/sust. *Ho, Ni, Ve; CR,* p.u, metáf. *Referido a persona,* ligeramente borracha.
    II. 1. adj. *Ni, RD. Referido a persona,* enfadada.
    III. 1. adj. *Ni.* juv. *Referido a persona,* drogada. drog.

encandiladora.
    I. 1. f. *CR.* Linterna manual usada generalmente por los cazadores nocturnos para deslumbrar las presas. rur.

encandilar(se).
    I. 1. intr. prnl. *Ho, Ni.* metáf. Comenzar *alguien* a entusiasmarse con los primeros tragos de una bebida alcohólica. pop.
    2. *Ni.* juv; metáf. Drogarse. drog.
    II. 1. intr. prnl. *Ni, PR.* metáf. Enfadarse. pop.
    III. 1. intr. prnl. *Ni.* metáf. Ofuscarse. pop.
    IV. 1. intr. *CR.* Salir de cacería por la noche. rur.

encane.
    I. 1. m. *Ar.* Encarcelamiento. pop.

encanelada.
    I. 1. f. *ES.* Pan dulce hecho de harina de arroz y canela en **raja**.

encanfinar.
    I. 1. tr. *CR.* obsol. Dar *una persona* un golpe a *alguien.* pop + cult → espon.

encangrejar(se).
    I. 1. tr. *Ve.* metáf. Enmarañar *alguien* un caso policial con el propósito de impedir su resolución. pop.
    2. intr. prnl. *Ve.* metáf. Complicarse la investigación de un caso policial. pop.

encangrinado, -a.
    I. 1. adj. *PR. Referido a persona,* que tiene aspecto lastimoso, amoratado. pop + cult → espon.
    2. *PR. Referido a cosa,* difícil de hacer. pop + cult → espon.

encanijado, -a.
    I. 1. adj. *Mx. Referido a persona,* enfadada, enojada. pop.
    II. 1. adj. *Ec. Referido a persona o animal,* aterido, pasmado de frío.

encanijar(se).
    I. 1. tr. *Mx.* Enfadar, enojar a alguien. pop.
    II. 1. intr. prnl. *Ec.* Pasmarse de frío. rur; pop.

encanoar.
    I. 1. tr. *Mx.* Canalizar el agua a través de canalones de madera para el regadío u otros usos. rur.

encantado.
    I. 1. m. *Ni.* Juego infantil en el que uno de los participantes persigue a otros que tienen que quedarse quietos al ser tocados. (**encantados**).
    2. m. pl. *Mx.* **encantado**.

encantarse.
    I. 1. intr. prnl. *RD, Ec, Pe, Bo.* Llenarse de satisfacción. pop.

encanto.
    I. 1. m. *RD, Ve.* Personaje fantástico que vive supuestamente en ríos y lagunas.

encanutar(se).
    I. 1. tr. *Ar, Ur.* Guardar o esconder *algo.* pop.
    2. intr. prnl. *Ar, Ur.* Encerrarse en algún lugar para estar solo. pop.
    II. 1. tr. *Bo; Ar,* pop. Poner a *alguien* en prisión.
    III. 1. tr. *ES.* Comenzar un ave a echar las plumas.

encañada.
    I. 1. f. *Pe.* Terreno bajo entre lomas, cuchillas o sierras, bañado de agua a trechos o en toda su extensión, y con vegetación propia de tierras húmedas.

encañado.
    I. 1. m. *Ve.* Conjunto de cañas que sostienen las tejas de un tejado. rur.
    2. *Bo.* Enrejado de varas o cañas que soporta el barro en las paredes rústicas. rur. (**encaño**).

encañado, -a.
    I. 1. adj. *PR. Referido a persona,* borracha. pop.

encañar(se).
    I. 1. tr. *Ve, Bo.* Colocar cañas sobre los travesaños de un tejado para apoyar las tejas. rur.
    II. 1. intr. prnl. *Cu, PR.* Emborracharse.

encaño.
    I. 1. *Bo.* **encañado**, enrejado.

encañonado, -a.
    I. 1. adj. *PR. Referido a un gallo,* que tiene **cañones** porque empieza a echar la pluma o a mudarla.

encañonarse.
    I. 1. intr. prnl. *PR.* Brotar las plumas en el gallo cuando emplumece por primera vez o tras mudar el plumaje.

encapachado, -a.
    I. 1. adj. *Ni. Referido a persona,* enfadada. pop.
    II. 1. adj. *Ni:C. Referido a persona,* enamorada. pop.

encapadora.
    I. 1. f. *Ho. En el tabaco,* máquina que corta la **tripa** y el puro terminado a la medida estipulada.

encapillado, -a.
    I. 1. adj. *Ve. Referido a persona,* que ingiere bebidas alcohólicas a escondidas. pop.

encapillar(se).
    I. 1. intr. prnl. *Ve.* Ingerir bebidas alcohólicas a escondidas. pop.
    II. 1. tr. *PR.* Observar con cuidado a *una persona* antes de confiar en ella para hacer un negocio.

encapotado, -a.
    I. 1. adj. *Pe; Ec,* p.u. | metáf. *Referido a un ojo o a una persona,* que tiene el párpado hinchado. pop + cult → espon.
    II. 1. adj. *Ni.* juv. *Referido a hombre,* con el preservativo puesto. vulg; pop + cult → espon.
    III. 1. adj. *PR. Referido a un ave,* enferma. rur; pop.

encapotarse.
   I. 1. intr. prnl. *PR.* Enmantarse, *especialmente las aves.*
      2. *PR.* metáf. Sentirse enfermo y triste.

encaracolar(se).
   I. 1. tr. *PR.* Rizar a alguien el pelo para que adopte forma de caracol.
      2. tr. prnl. *PR.* Rizarse *alguien* el pelo.

encarado, -a.
   I. 1. adj/sust. *RD, PR. Referido a persona,* que tiene facciones rudas, nada agraciada.
      2. *PR. Referido a persona,* que muestra en el rostro una condición perversa o criminal.
      □
      a. ‖ **mal ~.**
        i. loc. adj. *Mx. Referido a persona,* enfadada, enojada.
        ii. *Ec. Referido a persona,* cuyo rostro, de expresión dura y cruel, provoca miedo.

encarajinado, -a.
   I. 1. adj. *Pa. Referido a persona,* encolerizada, furiosa. vulg.

encarajinamiento.
   I. 1. m. *Ch.* p.u. Proceso de alteración del estado de ánimo que desemboca en enojo. vulg; pop + cult → espon.

encarajinar(se).
   I. 1. tr. *Ar:NO.* Complicar o demorar un asunto. vulg; pop + cult → espon.
      2. intr. prnl. *Ar:NO.* Implicarse en asuntos turbios o de dudosa legalidad. vulg; pop + cult → espon.
      3. *Ar:NO.* Estancarse o verse dificultado en la solución de un asunto. vulg; pop + cult → espon.
      4. *Ch.* p.u. Enredar, enmarañar un tema, cuestión o situación. vulg; pop + cult → espon.
   II. 1. intr. prnl. *Pa, Ve, Ar:NO.* Encolerizarse, ponerse furioso. vulg; pop + cult → espon.

encaramada.
   I. 1. f. *Ho, ES.* Subida a lo más alto de algo.

encaramador, -ra.
   I. 1. adj. *Mx.* p.u; metáf. *Referido a una bebida alcohólica,* que emborracha fácil y rápidamente.

encaramar(se).
   I. 1. intr. prnl. *Pe; Bo,* metáf. Colocarse en un cargo sin méritos para ello, *para obtener ventajas y acomodos.*
   II. 1. intr. prnl. *Gu, Ho, ES.* Realizar el coito.
   III. 1. tr. *Ho, Ni.* metáf. Enfadar a *una persona.*
   IV. 1. tr. *Ho, CR.* Vestir una prenda. pop + cult → espon.
   V. 1. tr. *Ho.* metáf. Imponer *algo* a alguien.
   VI. 1. tr. *Ho.* metáf. Dar *algo* a alguien.
      □
      a. ‖ **~se en la burra.** loc. verb. *Ho, Ni.* Alcanzar el poder político, *en especial la presidencia de la República.* pop + cult → espon.

encaramelado, -a.
   I. 1. adj. *RD, Bo.* metáf. *Referido a persona,* que está enamorada y lo manifiesta exteriormente.

encaramillarse.
   I. 1. intr. prnl. *Cu.* Montarse un diente encima de otro.

encaranublado, -a.
   I. 1. adj. *PR. Referido al cielo,* encapotado. pop + cult → espon.

encarapicharse.
   I. 1. intr. prnl. *Ve.* Subirse encima de algo.

encaratado, -a.
   I. 1. adj. *Ve. Referido a cosa,* enredada o complicada.

encaratar.
   I. 1. tr. *Ve:E.* Confundir o complicar *algo.*

encaratular.
   I. 1. tr. *Ni.* Poner la portada a un libro o revista.

encaravanado, -a.
   I. 1. adj. *Co. Referido a un vehículo,* que circula en fila con otros.

encaravanarse.
   I. 1. intr. prnl. *Ar.* juv. Ir de fiesta de un lugar a otro.

encarcelación.
   ■
      a. ‖ **~ emocional.** m. *PR.* Sustitución de prisión de un condenado por ejercicios militares, tratamiento antidrogas, trabajos físicos y estudios. carc.

encargado, -a.
   I. 1. adj. *Ec. Referido a persona,* que desempeña una función de manera interina. pop + cult → espon.

encargar.
   I. 1. intr. *Mx, Cu, RD, Co, Ve, Py, Ar:NO, Ur.* Quedar embarazada una mujer. pop + cult → espon ^ fest.
      2. tr. *Mx, Gu, Cu, Co, Ve, Ar:NO.* Engendrar un hijo una pareja. pop + cult → espon ^ fest.
   II. 1. tr. *Bo.* Castigar a *alguien* dándole golpes para corregir su conducta.
      □
      a. ‖ **~ reo.** loc. verb. *Ch.* Acusar judicialmente a *alguien* de un delito.

encargatoria.
   I. 1. *Ch.* **encargatoria de reo.**
   ■
      a. ‖ **~ de reo.**
        i. f. *Ch.* Acusación de un delito. ♦ **encargatoria.**
        ii. *Ch.* Sentencia o resolución sobre alguien acusado de haber cometido un delito. ♦ **encargatoria.**
        iii. *Ch.* Documento en que consta tal resolución o sentencia. ♦ **encargatoria.**

encargo.
   I. 1. m. *Gu, ES, Ni, RD, PR.* Embarazo. euf; pop + cult → espon ^ fest.
      2. *Gu.* Niño que una mujer gesta.
      3. *Ho.* Hijo o hija inesperado.
   II. 1. m. pl. *PR.* p.u. Artículos comestibles que se van a comprar. rur.
   ▶ **agarrar de ~; coger de ~; dejar el ~; estar de ~; hacer un ~; tener de ~; traer de ~.**

encargue.
   I. 1. m. *Pa, Ar, Ur.* Encargo o tarea que se encomienda a alguien.
      □
      a. ‖ **de ~.** loc. adj. *Py, Ar, Ur. Referido a una mujer,* embarazada.

encaribarse.
   I. 1. intr. prnl. *RD.* Enojarse, irritarse.

encarlangarse.
   I. 1. intr. prnl. *Mx.* Enojarse. vulg.

encarnado, -a.
   I. 1. adj. *Gu. Referido a un diente,* que tiene inflamada la encía en la que se encaja.

encarnador, -ra.
   I. 1. m. y f. *Ch. En pesca,* persona encargada de colocar la carnada en los anzuelos.

encarnar(se).
   I. 1. intr. prnl. *Cu.* Fiscalizar, señalarle constantemente a alguien sus errores y faltas.
   II. 1. intr. *PR.* Engordar, *especialmente una **res** o un cerdo.* rur.

encaronado, -a.
  I. 1. adj. *Pe. Referido a un burro o una mula*, que tiene puesta una carona para que no se lastime al ponerle la albarda. rur.

encaronar.
  I. 1. tr. *Bo.* Poner una tela gruesa en el lomo de una caballería para que la silla o albarda no la lastime. pop.

encarpado.
  I. 1. m. *RD, Bo, Ch, Py.* Cubrimiento de un vehículo con una **carpa** o lona.

encarpado, -a.
  I. 1. adj. *Bo, Ch, Py. Referido especialmente a un lugar o a un vehículo*, cubierto o protegido por una **carpa** o lona.

encarpar.
  I. 1. tr. *Bo, Ch, Py.* Cubrir o proteger *algo* con una **carpa** o lona.

encarpetado.
  I. 1. *Ch.* **encarpetamiento.**

encarpetado, -a.
  I. 1. adj. *RD, Ec, Pe, Bo, Ch. Referido a solicitud o a expediente*, dejados tácita y arbitrariamente sin curso ni resolución.

encarpetamiento.
  I. 1. m. *Ch.* Recubrimiento de una vía pública con una **carpeta asfáltica**. (**encarpetado**).

encarpetar.
  I. 1. tr. *Mx, Ho, Ni, RD, PR, Ve, Ec, Pe, Bo, Ch, Py, Ar, Ur.* Dejar tácita y arbitrariamente sin curso ni resolución una solicitud o expediente.
  II. 1. tr. *Mx.* Pavimentar.

encarrancharse.
  I. 1. intr. prnl. *Ho.* Perder una cosa la flexibilidad o suavidad.

encarrar.
  I. 1. tr. *Co.* p.u. Poner objetos iguales unos sobre otros de forma ordenada.

encarrerado, -a.
  I. 1. adj. *Mx. Referido a un asunto*, encaminado para concluir con buen fin.

◧

  a. ‖ **ya encarrerado el ratón.** fr. prov. *Mx.* Indica la determinación de iniciar una actividad relacionada con otra que se ha concluido o está en proceso.

encarrerar(se).
  I. 1. tr. *Mx.* Dirigir con celeridad una situación por el rumbo que conduce a un punto determinado.
  2. intr. prnl. *Mx.* Tomar rumbo o impulso.

encarretado, -a.
  I. 1. adj. *Co. Referido a persona*, animada o entusiasmada con una actividad o una charla. pop.
  II. 1. adj. *Co. Referido a persona*, que está ennoviada con otra. pop.

encarretar(se).
  I. 1. tr. *Co.* Animar o entusiasmar a *alguien* con una actividad o una charla. pop.
  2. intr. prnl. *Co.* Animarse o entusiasmarse con una tarea o una charla. pop.
  II. 1. intr. prnl. *Co.* Ennoviarse dos personas. pop.
  III. 1. tr. *Ho.* Convencer a *alguien* para que haga o diga lo que otra persona le ha dicho.

encarrilarse.
  I. 1. intr. prnl. *Mx.* Comprometerse. pop + cult → espon.
  II. 1. tr. prnl. *RD.* Perseguir a *alguien*, ir tras él.

encarrizarse.
  I. 1. intr. prnl. *Ho:E.* Crecer solo la caña o **carrizo** de ciertas plantas herbáceas. rur.

encarruchar.
  I. 1. tr. *PR.* Hacer **carruchos.**
  2. *PR.* Enrollar *algo*.

encarrujado, -a.
  I. 1. adj. *Mx.* Arrugado, retorcido.
  II. 1. adj. *Ni. Referido a persona*, que tiene las articulaciones entumecidas.

encarrujarse.
  I. 1. intr. prnl. *Ni.* Entumecerse el cuerpo, *generalmente por frío*.

encartada.
  I. 1. f. *Co.* Problema, complicación. ♦ **encarte.**

encartado, -a.
  I. 1. adj. *Co. Referido a persona*, que tiene muchos problemas.

encartar(se).
  I. 1. tr. prnl. *Mx.* Atestarse, llenarse de cosas inútiles.
  II. 1. tr. *Co.* Encargar a *alguien* algún asunto, persona o cosa que causa molestia. pop.
  2. intr. prnl. *Co.* Quedarse a cargo de una persona, asunto o cosa que causa molestia. pop.
  III. 1. tr. prnl. *Ni.* Incluir en un periódico cualquier suplemento o producto.

encarte.
  I. 1. m. *Co.* **encartada.** pop.

encartonado, -a.
  I. 1. adj. *Cu. Referido a persona*, que padece de tuberculosis estacionaria. pop + cult → espon.
  II. 1. adj. *Cu. Referido a persona*, rígida, poco flexible en su trato. pop + cult → espon.
  2. *Cu. Referido a persona*, poco natural, artificial. pop + cult → espon.
  3. adj. *PR. Referido a persona*, extremadamente delgada. pop + cult → espon.

encartonarse.
  I. 1. intr. prnl. *Cu, RD, PR.* **Acartonarse** un enfermo crónico, *especialmente de tuberculosis*.

encartuchado.
  I. 1. m. *Ec.* Preparación de cartuchos o envoltorios cilíndricos con monedas de una misma clase.

encartuchado, -a.
  I. 1. adj. *RD, Ec. Referido a cosa*, arrollada en forma de cartucho.

encartuchar(se).
  I. 1. tr. *Ho, Ni, RD, PR, Ec, Pe, Bo, Ch, Ar.* Enrollar *algo* en forma de cartucho.
  2. intr. prnl. *Ec, Ar.* Enrollarse *algo* en forma de cartucho. pop.
  3. tr. *Ho.* metáf. Estirar los labios en forma de embudo.
  II. 1. tr. *PR.* Esconder *alguien algo*. pop + cult → espon.

encascotado, -a.
  I. 1. adj. *CR:NO. Referido a caballería*, que lleva herraduras.

encascotar.
  I. 1. tr. *CR:NO.* Poner las herraduras a una caballería. rur.

encasillado, -a.
  I. 1. adj. *PR. Referido a cosa*, ajedrezada. cult → esm.

encasillarse.
  I. 1. intr. prnl. *Ve.* Adaptarse obligatoriamente a algo.
  II. 1. intr. prnl. *Ni, Cu.* Sostener un determinado punto de vista aunque haya numerosos argumentos que lo rebatan.

encasquetar(se).
  I. 1. tr. *Mx.* Asignar a alguien una tarea molesta o engorrosa. pop + cult → espon.
  II. 1. tr. *Ho, Cu.* Hacer aguantar *algo* molesto o desagradable a alguien.

III. 1. tr. prnl. *Ho, Cu.* Ponerse apresuradamente *alguien* la primera prenda de vestir a su alcance.

IV. 1. intr. prnl. *Ho, ES.* Meterse *alguien* en un lugar, *generalmente sin permiso*, y permanecer allí largo tiempo. pop + cult → espon.

encasquillado, -a.

I. 1. adj. *Ve. Referido a una caballería*, que está herrada.

II. 1. adj. *Cu. Referido a persona*, que mantiene porfiadamente su opinión sobre un asunto.

encasquillar(se).

I. 1. tr. *RD, PR; Pa, Ve,* rur. Herrar una caballería.

II. 1. tr. *Bo.* Cubrir una pieza dental con una funda de metal. pop + cult → espon.

2. *Bo.* Recubrir con una capa de oro o plata piezas de artesanía, *especialmente de madera*, para embellecerlas. pop + cult → espon.

III. 1. intr. prnl. *Cu.* Acobardarse, acoquinarse. pop + cult → espon.

IV. 1. intr. prnl. *Cu.* Empecinarse.

V. 1. intr. prnl. *Pa.* Enfadarse. pop.

encastador.

I. 1. m. *RD, PR.* Experto que se dedica a seleccionar gallos y gallinas de raza para aparearlos. ♦ **castador; criador.**

encastillar.

I. 1. tr. *PR.* Exaltar las virtudes de *alguien* en forma exagerada.

encatrado.

I. 1. m. *Ch, Ar.* Armazón hecha con listones de tamaño y forma semejantes que sirve para sostener personas o cosas, o bien para subir a un sitio más alto.

2. *Ar.* Armazón con forma de catre, que se usa para sostener vides u otras plantas.

3. *Ar:NO.* Catre o cama modesta.

encatrarse.

I. 1. intr. prnl. *Ch, Ar:NO.* Introducirse en la cama, *generalmente con alguien.* pop + cult → espon ^ fest.

encatrinado, -a.

I. 1. adj. *Mx, ES, RD. Referido a persona*, de aspecto arreglado y elegante.

encatrinarse.

I. 1. intr. prnl. *Mx, Gu, ES, RD.* Arreglarse con esmero y vestirse de forma elegante.

encauchado.

I. 1. m. *Co, Ec.* Poncho impermeabilizado con caucho.

encauchado, -a.

I. 1. adj/sust. *Mx, Gu, Cu, RD, Co, Ve, Ec, Pe, Bo. Referido a la tela de una prenda*, impermeabilizada con caucho.

encebao, -a.

I. 1. adj. *RD. Referido a cosa*, untada con grasa.

encebollada.

I. 1. f. *CR.* Cobro que no se ajusta a lo razonable o a lo establecido por ley. vulg; pop + cult → espon.

II. 1. f. *CR.* p.u. Coito. vulg; pop + cult → espon.

encebollado.

I. 1. m. *Ec.* Guiso que se prepara con pescado, *generalmente albacora*, pasta de tomate, cebolla macerada en jugo de limón ácido, **yuca** en trozos y especias.

encebollar.

I. 1. tr. *CR.* Realizar el coito. vulg; pop + cult → espon.

II. 1. tr. *CR.* Cobrar más de lo razonable o de lo establecido por ley. vulg; pop + cult → espon.

enceguecimiento.

I. 1. m. *Co, Ec, Bo, Ar, Ur.* Ceguera, total privación de la vista.

2. *Ni, Ec, Bo.* Pérdida momentánea del sentido de la vista causada por el exceso de luz.

3. *Ec, Bo.* metáf. Ofuscación, oscuridad de la razón, que confunde las ideas.

encelerar(se).

I. 1. tr. *RD.* Embelesar a *alguien.*

2. intr. prnl. *RD.* Embelesarse *alguien.*

encender(se).

☐
a. ‖ ~ **candela.** loc. verb. *Cu, RD.* Crear intrigas y fomentar discordias en un lugar.

b. ‖ ~ **el carnaval.** loc. verb. *Cu.* Darle una paliza a una persona.

c. ‖ ~**le la leva.**
i. loc. verb. *Cu.* Reprender, criticar.
ii. *Cu.* Darle una paliza a alguien.

d. ‖ ~**se el bombillo.** loc. verb. *Cu, RD.* Ocurrírsele a alguien repentinamente la solución.

e. ‖ ~**se el coco.** loc. verb. *Ho, RD.* Surgir una idea de improviso. pop.

f. ‖ ~**se el foco.** loc. verb. *Ho, Bo.* Venir a la mente una idea brillante de manera súbita. pop.

g. ‖ ~**se el fósforo.** loc. verb. *Ho.* Tener alguien una idea repentina.

h. ‖ ~**se la ampolleta.** loc. verb. *Ch.* Venirle a alguien a la mente una idea ingeniosa o la solución a un problema. pop.

i. ‖ ~**se la chispa.** loc. verb. *Cu.* Ocurrírsele a alguien una solución oportuna.

j. ‖ ~**se la lamparita.** loc. verb. *Ar, Ur.* Tener una buena idea o darse cuenta repentinamente de algo. pop.

encendida.

I. 1. f. *Cu.* **halón de orejas.**

encendido, -a.

I. 1. adj. *ES, RD. Referido a persona*, alegre, animosa.

encenegarse.

I. 1. intr. prnl. *Mx, RD.* Encenagarse, meterse en el cieno.

encenillo.

I. 1. m. *Co, Ec.* Árbol de tamaño mediano cuyas flores, pequeñas y de color blanco amarillento, brotan en la base de las hojas; su corteza contiene tanino y se aprovecha para curtir el cuero. (Cunoniaceae; *Weinmannia* spp.).

encentrado, -a.

I. 1. adj. *PR.* Región o barrio rural apartado, situado hacia el interior montañoso de la isla.

encerado.

I. 1. m. *Ch.* Suelo de madera en el interior de un edificio.

encerotarse.

I. 1. intr. prnl. *Ho.* Atontarse o aturdirse.

encerrada.

I. 1. f. *RD, PR, Co, Ec; Pe, Ar:NO.* Encierro, *especialmente de animales*, en un lugar.

encerrador.

I. 1. m. *Co.* Mozo encargado de cuidar las vacas y apartarlas de los terneros para que sean ordeñadas al día siguiente. rur.

encerrar.

I. 1. tr. *RD, Co.* Apartar a los terneros de las vacas que han de ser ordeñadas al día siguiente. rur.

☐
a. ‖ ~ **calle.** loc. verb. *CR. En la recolección de café*, dejar un **cogedor** deliberadamente sin recolectar una hilera de cafetos.

encerrón.

I. 1. m. *RD, Ec, Pe.* Encierro largo y prolongado de animales. pop.

encerrona.
- **I. 1.** f. *Ni, Pa, RD.* Reunión de carácter político con el fin de concertar acuerdos secretos.
- **2.** *CR, Ec.* Reunión que se convoca, *generalmente de manera extraordinaria,* en una organización para tratar asuntos urgentes y de mucha importancia. pop.
- **II. 1.** f. *Bo.* Encierro de ganado en los corrales. rur.
- **III. 1.** f. *Bo.* Realización del coito de una prostituta con su cliente. pop + cult → espon.

encestar.
- **I. 1.** tr. *Bo.* Atar una carga de productos agrícolas con una **amarra**.

encetar.
- **I. 1.** tr. *PR.* Empezar a gastar un dinero ahorrado o reservado para algo.

enchachado, -a.
- **I. 1.** adj. *Gu, Ho, ES, Ni. Referido a persona,* esposada.
- **2.** *Ho. Referido a vehículo,* que le han puesto cepo a las ruedas.

enchachador, -ra.
- **I. 1.** sust/adj. *Ho.* Policía o persona autorizada para poner las esposas a un detenido o el cepo a un vehículo.

enchachamiento.
- **I. 1.** m. *Ho.* Colocación de esposas a un detenido o el cepo a un vehículo.

enchachar. (De *chacha,* esposa).
- **I. 1.** tr. *Gu, Ho, ES, Ni.* Apresar a *alguien* con esposas.
- **2.** *Ho.* Poner el cepo a la rueda de un vehículo.
- **II. 1.** tr. *Ho.* Juntar dos personas, animales o cosas formando pareja.

enchacharado, -a.
- **I. 1.** adj. *ES. Referido a persona,* enjoyada.

enchaclado.
- **I. 1.** m. *Pe.* Colocación de **chaclas** para el techado de viviendas.

enchaclado, -a.
- **I. 1.** adj. *Pe. Referido a un techo o parte de él,* que tiene **chaclas**.

enchacunar(se).
- **I. 1.** tr. *Bo:S.* Asegurar el sombrero por debajo de la barbilla con una cinta o correa. pop.
- **2.** tr. prnl. *Bo:S.* Sujetarse el sombrero por debajo de la barbilla con una cinta o correa. pop.

enchagüitado.
- **I. 1.** *Ho.* **aguachinoso,** empapado en agua.

enchagüitar(se).
- **I. 1.** tr. *Ho, ES.* Anegar un terreno.
- **2.** intr. prnl. *Ho, ES.* Inundarse un terreno.

enchalado.
- **I. 1.** m. *Bo.* Cigarro envuelto en una **chala** de maíz. pop.

enchalecado, -a.
- **I. 1.** adj. *RD, PR. Referido a un hombre,* que aparenta ser un caballero.

enchalmarrado, -a.
- **I. 1.** adj. *Mx. Referido a persona,* que lleva puesta una **chamarra.** (**enchamarrado**).

enchamarrado, -a.
- **I. 1.** *Ho, Ni.* **enchalmarrado**.

enchamarrar(se).
- **I. 1.** tr. *Mx, Gu.* Poner una chamarra a alguien.
- **2.** tr. prnl. *Mx, Gu.* Ponerse *alguien* una chamarra.

enchambado, -a.
- **I. 1.** adj. *Ho. Referido a persona,* que ha obtenido un cargo, un empleo o una situación privilegiada por influencia.

enchambar(se). (De *chamba,* trabajo).
- **I. 1.** tr. *Ho.* Dar un puesto o empleo a alguien.

- **2.** intr. prnl. *Ho.* Conseguirse *alguien* un puesto o empleo.
- **II. 1.** tr. *Ec.* Colocar **chambas** en un terreno.

enchamicado.
- **I. 1.** m. *Ec.* Preparado medicinal o mágico elaborado con hojas de **chamico**.

enchamicado, -a.
- **I. 1.** adj. *Ec. Referido a persona,* que se le ha dado a beber un preparado con **chamico** para enamorarla. pop + cult → espon.
- **2.** *Ec.* metáf. *Referido a persona,* enamorada perdidamente de otra. pop + cult → espon.

enchamicar.
- **I. 1.** tr. *Ec, Pe.* Dar una poción mágica o medicinal preparada a base de **chamico**. pop + cult → espon.
- **2.** *Ec.* metáf. Provocar que una persona se enamore perdidamente de otra. pop + cult → espon.

enchamigarse.
- **I. 1.** intr. prnl. *Ar:NE.* Hacerse amigo de alguien. pop.

enchampado.
- **I. 1.** m. *Ch.* Colocación de porciones de pasto con tierra sobre una superficie.

enchampar(se).
- **I. 1.** tr. *Ch, Ar.* Obstruir con **champas** una acequia, río o arroyo para desviar el curso del agua. rur.
- **2.** intr. prnl. *Bo.* Cubrirse de maleza un terreno. pop.
- **3.** *Bo.* Enredarse o complicarse un asunto. pop.
- **4.** *Bo:O,C.* Enzarzarse, liarse a golpes dos o más personas. pop.

enchanchado, -a.
- **I. 1.** adj. *ES. Referido a persona,* enfadada, encolerizada.
- **II. 1.** adj. *CR. Referido a un vehículo,* que lleva el sistema de doble tracción activado. pop.

enchanchar(se).
- **I. 1.** intr. prnl. *Pe.* Engordar *alguien.* pop.
- **2.** intr. *Pe.* Engordar *alguien.* pop.
- **3.** tr. *Pe.* Engordar *algo* o a *alguien.*
- **II. 1.** tr. *CR.* Activar el sistema de doble tracción en un vehículo. pop.

enchancletado, -a.
- **I. 1.** adj. *Ho, RD; Ec,* p.u. *Referido a persona,* que lleva puestas las chancletas.
- **2.** *Ec. Referido a persona,* jubilada. pop ^ fest.

enchantar. (Del ingl. *to enchant*).
- **I. 1.** intr. *EU.* Encantar, gustar mucho *algo* a alguien.
- **2.** tr. *EU.* Encantar, someter a poderes mágicos.

enchapado.
- **I. 1.** m. *Ho.* Cementación de algo, *en especial de una acera o calle.*

enchapado, -a.
- **I. 1.** adj. *Ho, ES, Ni, CR, Cu, RD, PR, Ec, Bo. Referido a cosa, especialmente a una joya o a un reloj,* bañada en oro o plata.
- **II. 1.** *PR. Referido a persona,* que aparenta ser lo que no es. pop + cult → espon ^ desp.
- **2.** *PR. Referido a persona,* que finge pertenecer a un partido político cuando en realidad pertenece a otro. pop + cult → espon ^ desp.

□

- **a.** ‖ ~ **en carne.** loc. adj/sust. *Ch. Referido a persona,* muy delgada. pop ^ fest.

enchapar.
- **I. 1.** tr. *Ho, ES, Ni, CR, Cu, RD, Ve, Ec, Pe, Bo, Ar, Ur.* Bañar con algún metal un objeto, *especialmente una joya.* pop + cult → espon.
- **II. 1.** tr. *Ho.* Cubrir *algo* de cemento, *en especial una acera o calle.*

enchape.
    I. 1.   m. *Ec, Pe.* Enchapado, colocación de una chapa o lámina de un material cualquiera sobre una superficie u objeto.
      2.   *Ho, Ni, CR, Cu, RD.* Baño de oro o de plata que se da a una cosa, *especialmente a una joya o a un reloj.*

enchapilar.
    I. 1.   tr. *Mx:O.* Amontonar las sartas de tabaco. rur.

enchapopotar.
    I. 1.   tr. *Mx.* Asfaltar, revestir *algo* de **chapopote**.

enchaquetado, -a.
    I. 1.   adj. *CR. Referido a persona,* que viste una prenda adecuada para resguardarse del frío. pop.
    II. 1. adj. *CR. Referido a persona,* enfadada, enojada. pop.

enchaquetar(se).
    I. 1.   intr. prnl. *Ni.* Ponerse una chaqueta.
      2.   tr. *CR.* Resguardar del frío a *alguien* haciendo que vista una prenda adecuada. pop.
      3.   intr. prnl. *CR.* Ponerse una prenda adecuada para resguardarse del frío. pop.
    II. 1. intr. prnl. *CR.* Enfadarse o enojarse *alguien.* pop.

enchaquetonarse.
    I. 1.   intr. prnl. *RD, PR.* Vestirse un hombre con traje completo, corbata incluida.

encharcado, -a.
    I. 1.   adj. *Mx, RD, Ve.* Mojado con agua o barro.

encharcar(se).
    I. 1.   intr. prnl. *RD, PR, Ve.* Mojarse con agua o barro.
      2.   *Pa, Cu, RD.* Mojarse algo mucho con la lluvia, *especialmente los zapatos.*
      3.   tr. *ES, RD.* Mojar a *alguien.*
    II. 1. intr. prnl. *Pa.* Involucrarse en una acción de mucho riesgo.

encharolador, -ra.
    I. 1.   m y f. *Ec.* Artesano que se ocupa de **encharolar** muebles.

encharolar.
    I. 1.   tr. *Ec.* Charolar, cubrir con charol o barniz un objeto.

encharralado, -a.
    I. 1.   adj. *CR. Referido a un terreno,* lleno de maleza. rur.

encharralarse.
    I. 1.   intr. prnl. *Ho, CR.* Llenarse un terreno de maleza. rur. ♦ **acharralarse**.

enchascado, -a.
    I. 1.   adj. *Pe.* obsol. *Referido al cabello,* enmarañado, revuelto, despeinado.

enchastrar.
    I. 1.   tr. *Ar.* Ensuciar, embadurnar. pop.
    II. 1. tr. *Ar.* Hablar mal de *alguien* para dañar su reputación. pop.

enchastre.
    I. 1.   m. *Ar, Ur.* Mancha, suciedad. pop.
      2.   *Ar, Ur.* Trabajo realizado sin cuidado ni atención. pop.
      3.   *Ar, Ur.* Maledicencia para desprestigiar a alguien. pop.

enchavado, -a.
    I. 1.   adj. *Ve. Referido a persona,* desprestigiada, sin reputación.

enchavar.
    I. 1.   tr. *Ve.* juv. Fastidiar, molestar.
    II. 1. tr. *Ve.* juv. Dejar en ridículo a *una persona.*

enchave.
    I. 1.   m. *Ve.* juv. Estado de aburrimiento y apatía.
      2.   *Ve.* juv. Fastidio o molestia que se da a alguien.
    II. 1. m. *Ve.* juv. Ridículo en el que hacen caer a una persona.

enchelado, -a.
    I. 1.   adj. *Ch.* juv. *Referido a persona,* que está bajo los efectos de la **chela**. drog.

enchibolada.
    I. 1.   f. *Ho, ES.* Confusión, enredo. ♦ **enchibolamiento**, **enchibole**.

enchibolado, -a.
    I. 1.   adj. *Ho, ES. Referido a persona,* confundida, incapaz de discernir.

enchibolamiento.
    I. 1.   m. *Ho, ES.* **enchibolada**.

enchibolar(se). (De *chibola*).
    I. 1.   tr. *Ho, ES, Ni.* Confundir a *alguien.*
      2.   intr. prnl. *Ho, ES, Ni.* Confundirse *alguien,* no discernir.

enchibole.
    I. 1.   m. *Ho.* **enchibolada**.

enchicalar.
    I. 1.   tr. *CR:NO.* Recoger y poner los terneros en un encierro.

enchichado, -a.
    I. 1.   adj/sust. *Ho, ES, Pe, Ch. Referido a persona,* borracha. ♦ **achichado**.
    II. 1. adj. *Ni, Co. Referido a persona,* molesta, enfadada. pop.
    III. 1. adj. *Ni. Referido a bebida,* fermentada.

enchicharse.
    I. 1.   intr. prnl. *Ho, ES, Co:C, Pe, Ch,* p.u. Emborracharse con **chicha**. pop + cult → espon.
    II. 1. *Ni, RD, Co.* **emputarse**, encolerizarse.
    III. 1. intr. prnl. *Ni.* Fermentarse una bebida.

enchichicastarse.
    I. 1.   intr. prnl. *Ho, Ni.* Sentir picazón por contacto con la hoja de **chichicaste**.

enchilada.
    I. 1.   f. *Mx, Gu, Ho, ES, Ni.* **Tortilla** de maíz enrollada rellena de carne y cubierta de salsa de tomate con **chile**.
      2.   *Mx:C, Gu, Ho, ES, Ni.* **Tortilla** de maíz frita sobre la que se añade carne molida frita, huevo duro, queso rallado, **chile** picante, repollo crudo y pedazos de tomate.
      3.   *CR.* Pastel salado de harina de trigo relleno con carne o **papas**, *generalmente aderezadas con chile picante y especias.*
    II. 1. f. *Mx.* Enfurecimiento, irritación.
      2.   *Gu, CR.* Sensación de escozor o picor que alguien experimenta en la boca o en los ojos, causado especialmente por el **chile** picante o **ají**, la cebolla o el ajo.

enchiladera.
    I. 1.   f. *Mx.* Mujer que prepara y vende **enchiladas**. (**enchiladora**).

enchilado.
    I. 1.   m. *Cu.* Guiso de pescado o de marisco con salsa *generalmente picante.*

enchilado, -a.
    I. 1.   adj. *Mx, Gu, Ho, ES, Ni. Referido a persona,* que siente irritación o escozor en el paladar por haber ingerido algo picante.
    II. 1. adj. *Ni. Referido a persona,* que tiene deseo de venganza o desquite.
      2.   *Ni. Referido a persona,* deseosa de que ocurra algo anunciado.
      3.   *CR. Referido a persona,* inquieta o con desazón a causa de algo que la ha intrigado. pop.
      4.   *CR. Referido a persona,* que experimenta resquemor por haber sido fastidiada o superada en algo por otra. pop.

III. 1. adj. *Cu. Referido a un alimento*, preparado con salsa picante.

    2. *Ho. Referido a comida*, que tiene excesivo **chile** picante.

enchiladora.

  I. 1. *Mx.* **enchiladera.**

enchiladuría.

  I. 1. f. *Mx.* Puesto o local donde se preparan y venden **enchiladas.**

enchilar(se).

  I. 1. intr. prnl. *Mx, Ho, PR.* Irritarse, enfurecerse *alguien.*

    2. tr. *Mx.* Irritar, enfurecer a *una persona.*

    3. intr. prnl. *Ni.* Sentir envidia o deseo de venganza contra alguien.

    4. *CR.* Experimentar resquemor por haber sido fastidiado o superado. pop.

  II. 1. tr. *Mx, Ho, Cu.* Condimentar, aderezar un alimento con picante.

    2. intr. prnl. *Gu, Ho, CR.* Experimentar *alguien* escozor o picor en la boca o en los ojos.

    3. intr. *CR.* Producir una cosa escozor o picor en la boca o en los ojos, *en particular el chile picante o ají, la cebolla o el ajo.*

enchilazón.

  I. 1. f. *CR.* Escozor o picor que se experimenta en la boca o en los ojos, *causado especialmente por el* **chile** *picante o ají, la cebolla o el ajo.*

enchileanchado, -a.

  I. 1. adj. *Mx. Referido a carne*, asada o guisada con **chile ancho.**

enchillado, -a.

  I. 1. adj. *Ho. Referido a persona*, endeudada.

enchillarse. (De *chillo*, deuda).

  I. 1. intr. prnl. *ES.* Endeudarse.

enchilorar.

  I. 1. tr. *PR.* Encarcelar a *alguien*. carc.

enchiloso, -a.

  I. 1. adj. *Mx, CR. Referido a un alimento*, que tiene sabor a **chile picante. ♦ chiloso.**

enchinado, -a.

  I. 1. adj. *Mx. Referido al cabello*, rizado.

    2. *Mx. Referido a la piel*, con los pelos erizados, con la piel de gallina.

enchinamiento.

  I. 1. m. *Mx.* Piel de gallina, alteración momentánea de la piel debida al frío o al miedo en la que los pelos se levantan y ponen rígidos.

enchinar(se).

  I. 1. intr. prnl. *Mx, Gu.* Ponérsele la piel de gallina a alguien, por frío o por miedo. pop + cult → espon.

    2. tr. *Mx.* Formar rizos con el cabello.

  II. 1. tr. *PR.* Fastidiar, molestar.

  III. 1. tr. *PR.* Frotar con limón o naranja a un gallo por la pluma para facilitar su corte.

  □

    a. ‖ **enchinársele el cuero.**

      i. loc. verb. *Mx.* Ponérsele a alguien la piel de gallina. pop + cult → espon.

      ii. *Mx.* Acobardarse. pop + cult → espon.

enchinchado, -a.

  I. 1. adj. *Mx, Gu, ES, RD, Ar, Ur. Referido a persona*, enfadada, encolerizada.

  II. 1. adj. *ES. Referido a persona*, encarcelada.

enchinchar(se).

  I. 1. intr. prnl. *Gu, ES; Mx, RD, Ar, Ur,* pop. Enfadarse.

    2. tr. *Gu; Mx, RD, Ar, Ur,* pop. Causar enfado a una persona.

  II. 1. tr. *Mx, RD.* Chinchar, molestar o fastidiar a *alguien.*

  III. 1. intr. prnl. *RD.* p.u. Llenarse un colchón de chinches.

  IV. 1. tr. *ES.* Encarcelar.

enchinchorrado, -a.

  I. 1. adj. *Ve. Referido a persona*, inactiva.

enchinchorrarse.

  I. 1. intr. prnl. *Ve.* Estar sin hacer nada.

enchipar(se).

  I. 1. tr. *Co:C, Bo.* Enrollar *algo, especialmente una cuerda.* rur.

    2. intr. prnl. *Co:C.* Enroscarse, enrollarse una cuerda.

    3. *Co:C.* Enrollarse una serpiente.

    4. tr. *Bo:O,C.* Atar una carga de productos agrícolas con una **amarra.** pop.

    5. *Bo:O,C.* Abrazarse fuertemente dos personas, *generalmente una pareja de enamorados.* pop + cult → espon ^ fest.

  II. 1. intr. prnl. *Co:C.* p.u. Ponerse de mal genio. pop.

enchiquerado, -a.

  I. 1. adj. *Ho. Referido a persona*, que está encerrada.

    2. *Ho. Referido a persona*, encarcelada.

enchiquerar.

  I. 1. tr. *PR.* Pagar a electores para que no ejerzan el sufragio. pop + cult → espon.

enchiringado, -a.

  I. 1. adj. *PR.* juv. *Referido a persona*, eufórica.

enchirondada.

  I. 1. f. *ES.* Período pasado en la cárcel.

enchirondado, -a.

  I. 1. adj. *Gu, ES. Referido a persona*, encarcelada, enchironada.

enchirondar.

  I. 1. tr. *Gu, ES.* Enchironar, encarcelar.

enchismado, -a.

  I. 1. adj. *PR. Referido a persona*, enojada, molesta. pop + cult → espon.

enchismar(se).

  I. 1. tr. *RD, PR.* Meter cizaña, indisponer a uno contra otro. pop + cult → espon.

    2. intr. *RD.* Chismear.

  II. 1. intr. prnl. *PR.* Enojarse *alguien*. pop + cult → espon.

enchivada.

  I. 1. f. *ES.* Prostituta que tiene amante o **chivo.**

enchivado, -a.

  I. 1. adj. *Ec, Ar, Ur. Referido a persona*, encolerizada. pop.

enchivar(se).

  I. 1. intr. prnl. *PR, Co, Ec, Ar, Ur.* Ponerse *alguien* colérico. pop + cult → espon.

  II. 1. intr. prnl. *RD.* Atascarse un vehículo al intentar circular sobre un terreno poco firme.

    2. *RD.* Obstruirse un conducto.

  III. 1. intr. prnl. *Ho, ES.* Mantener una prostituta relación sexual estable con alguien que no es su pareja.

  IV. 1. intr. prnl. *Ni.* Marearse *alguien* al fumar.

    2. *Ni.* Emborracharse *alguien*. pop + cult → espon.

  V. 1. tr. *PR.* Robar *algo*. pop + cult → espon.

    2. *PR.* Esconder cosas ajenas. pop + cult → espon.

  VI. 1. intr. prnl. *ES.* Arroparse con una **cobija** o **chiva.**

  VII. 1. tr. *PR.* **embolsar**, ahorrar.

enchochado, -a.

  I. 1. adj. *Ch. Referido al pelo*, rizado, ensortijado, con volumen. pop.

enchoclar.

  I. 1. tr. *Pa, RD.* Guardar, meter, encerrar *algo.*

  II. 1. tr. *Pa.* Atribuir *algo* a una persona arbitrariamente.

enchocolar.
 I. 1. tr. *Co. En ciertos juegos*, acertar a meter la bola o el tejo en el agujero, arrojándolo desde cierta distancia. pop + cult → espon.
  2. *Co.* Lograr encajar una cosa con otra o ensartar un objeto en otro. pop + cult → espon.

encholada.
 I. 1. f. *CR.* Decisión o elección incorrecta. pop + cult → espon.

encholado.
 I. 1. adj/sust. *Bo. Referido a un hombre*, que vive en concubinato, *generalmente con una* **chola**. pop.

encholado, -a.
 I. 1. adj. *CR. Referido a persona*, que ha sido llevada, deliberadamente o no, a tomar una decisión incorrecta. pop + cult → espon.

encholamiento.
 I. 1. m. *Bo:C.* Unión de un hombre y una mujer, *generalmente una* **chola**, en concubinato. pop.

encholar(se).
 I. 1. intr. prnl. *Bo:C.* Unirse en concubinato un hombre y una mujer, *generalmente una* **chola**. pop.
 II. 1. tr. *CR.* Hacer, deliberadamente o no, que alguien tome una decisión incorrecta. pop + cult → espon.
  2. intr. prnl. *CR.* Realizar una acción equivocada. pop.
 III. 1. intr. prnl. *CR. En el billar*, meter en la tronera una bola que no correspondía. pop + cult → espon.

encholpado, -a.
 I. 1. adj. *Ni. Referido a persona*, encarcelada.

encholpar. (De *cholpa*, cárcel).
 I. 1. tr. *Ni.* Encarcelar.

enchompipado, -a.
 I. 1. adj. *CR. Referido a persona*, enfadada, enojada. pop.

enchompipar(se). (De *chompipe*, pavo).
 I. 1. intr. prnl. *CR.* Enfadarse, enojarse. pop.

enchonado, -a.
 I. 1. adj. *Ni. Referido a persona*, metida en un lugar sin hacer nada.

enchonarse.
 I. 1. intr. prnl. *Ni.* Meterse en un lugar sin hacer nada.

enchonclado, -a.
 I. 1. adj. *RD. Referido a persona*, que está aislada voluntariamente por haberse encerrado en algún lugar, generalmente una casa.

enchonclarse.
 I. 1. intr. prnl. *RD.* Aislarse *alguien* voluntariamente encerrándose en algún lugar, *generalmente una casa*.

enchongar. (De *chongo*, lazo, adorno).
 I. 1. tr. *ES.* Adornar un local para celebrar una fiesta.

enchoque.
 I. 1. m. *Bo.* Juguete que consiste en un palo terminado en punta por uno de los extremos y en forma de copa por el otro, y en una bola agujereada que, sujeta por un cordón a la mitad del palo, se lanza al aire para recogerla procurando meter la punta del palo en el agujero de la bola, o esta en el extremo cóncavo del palo.

enchorpado, -a.
 I. 1. adj. *CR. Referido a persona*, encarcelada. pop + cult → espon.

enchorpar.
 I. 1. tr. *CR.* Meter a *una persona* en la cárcel. pop + cult → espon.

enchubada.
 I. 1. f. *RD.* Mojadura producida por empaparse alguien en exceso.

enchucar(se). (De *chuco*, sucio).
 I. 1. tr. *Ho, ES.* Ensuciar *algo*.
  2. intr. prnl. *Ho, ES.* Ensuciarse *algo*.

enchuchada.
 I. 1. f. *ES.* Detención en la que el policía esposa al detenido.

enchuchado.
 I. 1. adj/sust. *Pe. Referido a un hombre*, obsesionado sexualmente por una mujer. vulg.

enchuchado, -a.
 I. 1. adj. *Cu. Referido a persona*, instigada, incitada a hacer algo.
 II. 1. adj. *ES. Referido a persona*, **enchachada**, inmovilizado con esposas.

enchuchar(se).
 I. 1. intr. prnl. *Pa, Pe.* Obsesionarse sexualmente, *generalmente por breve tiempo*, un hombre con una mujer. vulg.
  2. tr. *Pe.* Hacer una mujer que un hombre se obsesione sexualmente por ella. vulg.
 II. 1. tr. *Cu.* Poner un tren, la locomotora o los vagones en una vía muerta.
 III. 1. tr. *Cu.* Instigar, incitar a *alguien*.
 IV. 1. tr. *ES.* Esposar *una persona* a *alguien*.
 V. 1. tr. *PR.* p.u. *En la industria azucarera*, meter *alguien* caña en el **chucho**.
 VI. 1. intr. prnl. *PR.* Desviarse, extraviarse *alguien*.
 VII. 1. intr. prnl. *PR.* Quedarse sin poder jugar la **chucha** en el juego de dómino.

enchuecamiento.
 I. 1. m. *Ch.* Curvamiento que conlleva la pérdida de la forma original de algo.

enchuecar(se).
 I. 1. tr. *Mx, Pe, Bo, Ch, Ar.* Torcer, encorvar *alguien* una cosa. pop.
  2. intr. prnl. *Mx, Pe, Bo, Ch.* Torcerse una cosa. pop.
  3. *Bo, Ch.* Alejarse *alguien* de una conducta recta o leal.

enchufado, -a.
 I. 1. adj. *Pe, Bo. Referido a persona*, que realiza una actividad con entusiasmo. pop.
 II. 1. adj. *Ve. Referido a persona*, que tiene un buen cargo o empleo.
 ☐
 a. ‖ **~ a dos veinte.** loc. adj. *Bo. Referido a persona*, que realiza una actividad con entusiasmo exagerado. pop.

enchufar(se).
 I. 1. tr. *Mx.* Conquistar amorosamente. pop.
  2. tr. prnl. *Mx.* Realizar el coito. vulg.
  3. tr. *Pe; Bo*, pop. Realizar el coito. vulg.
 II. 1. tr. *Mx.* Comer. pop + cult → espon.
 III. 1. intr. prnl. *Pe, Bo.* Participar en una actividad con entusiasmo, atención e interés. pop.
  2. *RD, Ch.* Tomar o mantener contacto con algo o con alguien.

enchufe.
 I. 1. f. *RD, PR.* Socio, compinche.
 II. 1. m. *Bo.* Juego infantil que consiste en pellizcar al niño que está al lado para que este pellizque a su vez al siguiente, y formar así una cadena.

enchuflar. (Epént. de *enchufar*).
 I. 1. tr. *Ho, ES, Cu, RD, Co, Ve, Ec.* Conectar las dos partes de un enchufe de un aparato eléctrico.

enchufle. (Epént. de *enchufe*).
 I. 1. m. *Ho, ES, Cu, RD, PR, Co, Ve, Ec.* Dispositivo formado por dos piezas que encajan para conectar un aparato eléctrico a la red. pop + cult → espon.

enchulado, -a.
    I. 1. adj. *RD, PR. Referido a persona*, enamorada. pop + cult → espon.
    2. *RD, PR. Referido a persona*, entusiasmada. pop + cult → espon.

enchulamiento.
    I. 1. *RD, PR.* **enchule.**

enchular(se).
    I. 1. tr. *Mx, Bo, Ch.* Adornar, hermosear o aderezar *algo* o a *alguien*. pop + cult → espon.
    II. 1. intr. prnl. *RD, PR.* Enamorarse locamente. pop + cult → espon.
    2. *RD, PR.* Tener mucho cariño a ciertas cosas. pop + cult → espon.

enchule.
    I. 1. m. *RD, PR.* Enamoramiento. pop + cult → espon.
    ♦ **embolle; enchulamiento.**

enchumado, -a.
    I. 1. adj. *Bo. Referido a un terreno o a un monte*, cubierto de hierba y de maleza. pop + cult → espon.

enchumarse.
    I. 1. intr. prnl. *Bo.* Cubrirse un terreno de hierba o maleza. pop + cult → espon.

enchumbada.
    I. 1. f. *Cu, RD, PR.* Mojadura, caladura.

enchumbadero.
    I. 1. m. *RD, PR.* Sitio empapado de agua.

enchumbado, -a.
    I. 1. adj. *Mx:SE, Cu, RD, Ve. Referido a cosa*, completamente empapada de un líquido, *especialmente de agua*.
    2. *RD, Ve. Referido al conjunto de bujías del motor de un vehículo*, que está lleno de aceite.

enchumbar(se).
    I. 1. tr. *Mx:SE, Cu, RD, Ve.* Empapar en exceso *algo*.
    2. intr. prnl. *Mx:SE, Cu, RD, Ve.* Empaparse en exceso *algo* o *alguien* con un líquido, *especialmente con agua*.
    3. *RD, Ve.* Llenarse de aceite las bujías del motor de un vehículo.
    4. *RD, PR.* Mojarse *alguien* mucho. pop + cult → espon.
    5. *RD, PR.* Empaparse un terreno o un camino. pop + cult → espon.

enchumpado, -a.
    I. 1. adj. *Ho, ES. Referido a persona*, que viste una **chumpa**.

enchumparse.
    I. 1. intr. prnl. *Ho, ES.* Vestirse con una **chumpa**.

enchurarse.
    I. 1. intr. prnl. *Ar:NO.* Amancebarse. rur; pop.

enchurruscarse.
    I. 1. *Co.* **churruscarse.**

enchurucar(se).
    I. 1. *Ho.* **enchurutar**, meter a presión.
    II. 1. intr. prnl. *Ho.* Encasquetarse, ponerse apresuradamente la primera prenda de vestir a su alcance.
    III. 1. tr. *Ni.* Encarcelar.
    IV. 1. tr. *Ni.* **Ensartar**, hacer caer en engaño o trampa.

enchurutado, -a.
    I. 1. adj. *Ho, ES. Referido a persona*, que se encuentra en apuros.
    2. *Ho, ES. Referido a persona*, endeudada.

enchurutar(se).
    I. 1. tr. *Ho, ES.* Meter a presión *algo* en un agujero o hueco. (**enchurucar**).
    II. 1. intr. prnl. *ES.* Endeudarse alguien.

III. 1. tr. *ES.* Meter a *alguien* en problemas.
IV. 1. tr. *Ho.* Obligar a hacer *algo* a *alguien*.

enchusar(se).
    I. 1. tr. *Ec:S.* Desinflar *algo*. pop + cult → espon.
    2. intr. prnl. *Ec:S.* Desinflarse *algo*. pop + cult → espon.
    II. 1. intr. prnl. *Ec:S.* Hacerse viejo. pop + cult → espon.

enchuspado, -a.
    I. 1. adj. *ES. Referido a cosa*, metida en una **chuspa** o bolsa. rur.

enchuspar.
    I. 1. tr. *ES, Co, Pe, Bo*, pop. Meter *algo* en una **chuspa**, bolsa.

enchutar(se).
    I. 1. tr. *Ho, ES, Ni.* Meter *algo* en un agujero o en un hueco.
    2. *Ho.* Sorprender a *alguien* ganándole en una acción o en conseguir algo. pop.
    3. intr. prnl. *Ho.* Meterse de improviso en un lugar. pop.
    II. 1. tr. *ES.* Realizar el coito. vulg.
    III. 1. intr. prnl. *ES.* Endeudarse.
    IV. 1. tr. *Ho.* Hacer o decir *alguien algo*.
    V. 1. tr. *Ho.* Obligar a aceptar algo.
    VI. 1. tr. *Ho.* Acertar *algo* que se había pronosticado.
    ◨
    a. ‖ **si enchuta pierde y si no enchuta también.** fr. prov. *Ho.* Indica que alguien está en una situación o problema imposible de solucionar.

enchute.
    I. 1. m. *Ho.* Juguete de mano compuesto de un palo, con un extremo terminado en punta y el otro en una cazoleta, unido por un cordón a una bola taladrada que se lanza al aire para ensartarla en el palo o meterla en la cazoleta.
    2. *Ho.* Juego individual o colectivo que consiste o bien en meter la bola en la cazoleta o bien en introducir la punta del palo en el orificio de la bola y gana el que más veces mete la bola o el palo.
    ▶ **jugar ~.**

encielado.
    I. 1. m. *RD, Co, Ch.* Techo de una habitación o del interior de un edificio.

encielar.
    I. 1. tr. *Ch.* p.u. Poner a algo cielo o techo.

encierre.
    I. 1. m. *Mx, RD.* Encierro.

encierro.
    I. 1. m. *CR.* Recinto pequeño, consistente en una armazón portátil, acondicionado para que jueguen los niños que aún no caminan.

encilaje.
    I. 1. m. *Bo.* **Chala** de maíz que sirve de alimento al ganado. rur.

encilla.
    I. 1. f. *Ar:NO.* Encía. rur.

encima.
    I. 1. f. *Co:O.* Pequeña añadidura o dádiva de escaso valor que suele regalar el tendero a sus clientes, en premio por la compra efectuada.
    ▭
    a. ‖ **más ~.** loc. adv. *Ch.* Además. pop.
    b. ‖ **por ~.** loc. sust. *PR. En las peleas de gallos*, jugada que se hace fuera de la **posta**.

encimada.
    I. 1. f. *Pe.* Pastel pequeño de bizcocho con azúcar espolvoreada por encima.

encimadita.

    I. 1. f. *Ar.* Juego infantil consistente en dejar caer una **figurita** desde cierta altura tratando de cubrir otra que está en el suelo para ganar.

encimado.

    I. 1. m. *Pe.* Colocación de una pared o de una obra más ligera sobre otra ya hecha.

    II. 1. adj/sust. *Bo.* Referido a un diente, que está encima de otro. pop + cult → espon.

encimado, -a.

    I. 1. adj. *Pe.* Referido a una pared o a una construcción, que se realiza por encima de otra, *generalmente con un material más ligero.*

encimar(se).

    I. 1. intr. prnl. *RD, Pe, Ar, Ur.* Acercarse o arrimarse mucho. pop.

    2. tr. *Pe, Bo, Ar.* En el ***futbol***, marcar muy de cerca a un jugador del otro equipo para evitar que reciba la pelota.

    3. *Ar, Ur.* Acercar o arrimar alguien mucho una cosa a otra. pop.

    4. intr. prnl. *Bo:C.* Ponerse lascivamente *una persona* sobre otra.

    II. 1. tr. *Bo; Co:C,* pop. En una compra, regalar el vendedor un poco más del producto que está vendiendo, o de otro diferente.

    2. *Pe, Bo.* Añadir, dar o poner *algo* por encima de lo estipulado.

    III. 1. tr. *Bo.* En un trueque de especias, cuando una de ellas tiene mayor valor, cubrir la diferencia en efectivo. pop.

encime.

    I. 1. m. *Co:C.* En una compra, pequeño regalo que da el vendedor a su cliente, bien sea del producto comprado u otro diferente. pop.

encimera.

    I. 1. f. *Bo:N,E, Ar.* Pieza de cuero con una argolla o un ojal en sus extremos, que se coloca sobre los bastos del recado de montar y se sujeta a la cincha.

encimero, -a.

    I. 1. adj/sust. *Ch.* Referido a una cocina o infiernillo eléctrico, que puede ser portátil.

encimona.

    I. 1. adv. *PR.* Arriba, en puestos altos. pop + cult → espon.

    2. *PR.* Por encima. pop + cult → espon.

    ▶ **estar ~.**

encimoso, -a.

    I. 1. adj. *Mx.* Referido a persona, pesada, molesta. pop.

    2. *Mx.* Referido a persona, que incomoda por su constante cercanía, que invade el espacio físico de los demás. pop.

encinerito.

    I. 1. m. *Gu.* Pájaro de hasta 10 cm de longitud, de pico largo y fino, cola larga y erguida, de color negro aunque con las timoneras externas blancas, vientre y lados de la cabeza blanco grisáceo y coronilla y plumas de las alas negras. (Sylviidae; *Polioptila plumbea*).

encinillo.

    I. 1. m. *RD.* Arbusto de hasta 1,5 m de altura de hojas lineales, oblongas y lanceoladas, de color verde grisáceo y flores tubulares, de color rojo. (Rubiaceae; *Isidorea pungens*).

encino.

    I. 1. m. *Ho.* Árbol de hasta 20 m de altura, de hojas coriáceas y perennes, lanceoladas y muy verdes por el haz, flores masculinas en espigas pendientes y femeninas en espigas erectas, con fruto en for-

ma de bellota; la cáscara del tronco se usa para curtir las pieles y para engobe de vasijas de barro. (Fagaceae; *Quercus* spp.). ♦ **roble.**

enclave.

    ■

    a. ‖ ~ **autoritario.** m. *Ch.* En política, foco, sistema o institución con poder para contrarrestar el constituido democráticamente.

enclavijado, -a.

    I. 1. adj. *Mx.* Referido a los dedos, entrelazados, trabados.

enclenco, -a.

    I. 1. adj/sust. *RD, PR.* Referido a persona, muy delgada o de aspecto frágil.

enclochada.

    I. 1. f. *Co.* Embrague, movimiento de pisar el **cloch**.

enclochado, -a.

    I. 1. adj. *Ho, ES, CR, RD.* Referido a un vehículo, que esté el embrague accionado.

    2. *Ho.* Referido a un aparato o a una máquina, bloqueado repentinamente o estropeado.

    II. 1. adj. *Ho.* juv; metáf. Referido a persona, que está realizando el coito. vulg; pop + cult → espon.

    III. 1. adj. *CR.* Referido a persona, que tiene las facultades mentales momentáneamente bloqueadas. pop ^ fest.

enclochar(se). (Del ingl. *clutch,* embrague).

    I. 1. intr. *EU, Mx, Ho, ES, CR, Cu, RD, Co, Ve.* Accionar el embrague de un vehículo.

    2. prnl. *Mx.* Estropearse el embrague de un vehículo.

    II. 1. tr. *Ho.* juv; metáf. Realizar *alguien* el coito.

    III. 1. intr. prnl. *CR.* Bloqueársele a alguien momentáneamente las facultades mentales. pop ^ fest.

encobao.

    I. 1. adj. *Cu.* Referido a un hombre, bien vestido.

encobarse.

    I. 1. intr. prnl. *PR.* Enojarse *alguien* quedándose serio y sin hablar.

encocado.

    I. 1. m. *Co.* Cocción de leche de coco.

    2. *Ec.* Guiso preparado con pescado o camarón, leche y ralladura de coco.

encocar(se).

    I. 1. intr. prnl. *Ni.* Enredarse una cuerda o hilo.

    2. *Ni.* Confundirse *alguien.*

    II. 1. tr. *Ho.* Añadir coco rallado o leche de coco a una comida.

    III. 1. intr. prnl. *CR:NO.* Retorcerse o formar cocas una cuerda al mojarse.

encochinar(se).

    I. 1. tr. *Mx, Co, Ch.* Ensuciar, manchar *algo* o a *alguien.* pop.

    2. intr. prnl. *Mx, Co, Ch.* pop. Ensuciarse *alguien.* pop.

encocorado, -a.

    I. 1. adj. *Pa.* Referido a animal, que tiene la cabeza agachada.

encocoramiento.

    I. 1. m. *PR.* Fastidio, molestia. pop + cult → espon.

    2. *PR.* Aburrimiento. pop + cult → espon.

encocorarse.

    I. 1. intr. prnl. *Ar.* Adoptar una actitud altiva y desafiante. pop.

encogido.

    I. 1. m. *ES.* Ano. vulg; pop + cult → espon.

encohetado, -a.

    I. 1. adj. *CR.* obsol. Referido a persona, furiosa. urb.

encohetarse.

    I. 1. intr. prnl. *CR.* obsol. Ponerse furioso. rur.

encojonado, -a.
   I. 1. adj. *Ho, Cu, RD, Ve:O. Referido a persona*, irritada, enojada. vulg; pop + cult → espon.

encojonar(se).
   I. 1. intr. prnl. *Ho, Cu, RD, Ve, Ec, Pe.* Enfadarse mucho, encolerizarse. vulg; pop + cult → espon.
      2. tr. *Cu, RD.* Enfadar mucho *a alguien*, encolerizarlo. vulg; pop + cult → espon.

encolerarse.
   I. 1. intr. prnl. *PR.* Encolerizarse, irritarse. pop + cult → espon.

encollar.
   I. 1. tr. *Ho.* Poner un collar a un animal. ♦ **encollarar**.

encollarar.
   I. 1. *Ho.* **encollar**.
      2. tr. *Ho.* Hacer un collar al tronco de un árbol para secarlo. rur.
      3. *Ho.* Atar una cuerda o una tira de cuero en el mango de un machete, dándole varias vueltas. rur.

encolochar(se).
   I. 1. tr. *Ho, Ni.* Rizar el pelo a alguien.
      2. intr. prnl. *Ho, Ni.* Rizarse el pelo *alguien*.
   II. 1. tr. *Ni.* Perturbar, confundir a una persona.
   III. 1. tr. *Ni.* Encuadernar un libro u hojas impresas con anillas o espiral.

encoloniado, -a.
   I. 1. adj. *Ch. Referido a persona*, que se ha echado agua de colonia o perfume en exceso. pop + cult → espon.

encolumnar(se).
   I. 1. tr. *Ar.* Encuadrar, distribuir las personas según un esquema de organización determinado para participar en una actividad política.
      2. intr. prnl. *Ar.* Disponerse una persona o un grupo de ellas, ya sea de modo autónomo, o por pertenecer a un partido político o a algún otro tipo de agrupación, a apoyar consecuentemente la posición y las opiniones de un líder o dirigente.
      3. *Ar.* Seguir los mandatos de una moda o las líneas de una corriente estética o ideológica.

encombrar.
   I. 1. tr. *RD.* Obstruir o estorbar *algo* un espacio transitable o el desarrollo de una acción determinada.

encomendería.
   I. 1. f. *Pe.* Abacería, tienda donde se venden al por menor diversos productos alimenticios.

encomienda.
   I. 1. f. *Gu, Ho, ES, Ni, CR, Pa, Cu, RD, Ec, Pe, Bo, Ch, Ar, Ur.* Paquete que se envía por medio de un servicio de transporte terrestre o por correo postal, *generalmente dentro de un mismo país*.
      2. *RD, Co, Ve.* Encargo que hace alguien a una compañía de transporte postal o a una persona del envío y entrega a un destinatario de documentos, correspondencia y pequeños paquetes.
      3. *Bo.* Paquete que se encarga como favor a alguien para que lo entregue a un destinatario en otro lugar.
   II. 1. f. *Bo.* Feto o criatura en el vientre materno. pop + cult → espon ^ fest.
   III. 1. f. *Bo.* Deposición en el pañal de un bebé. pop + cult → espon ^ fest.

encomioso, -a.
   I. 1. adj. *Mx, Ni, RD, Co, Pe, Bo, Ch, Ar, Ur. Referido a persona*, que alaba.

encompinchado, -a.
   I. 1. adj. *RD, Ve. Referido a persona*, confabulada con otra u otras para emprender algún plan. (**encompinchao**).

encompinchamiento.
   I. 1. m. *Pa.* Compañerismo que vincula a las personas de una forma asidua y constante.

encompinchao, -chá.
   I. 1. *RD.* **encompinchado**.

encompincharse.
   I. 1. intr. prnl. *RD, Ve.* Ponerse de acuerdo dos o más personas, con malicia o picardía, para emprender algún plan.
      2. *Pa, RD.* Andar juntos los amigos de manera asidua y constante. pop → esm.

enconado.
   I. 1. m. *Ec.* Llaga o úlcera con supuración.

enconado, -a.
   I. 1. adj. *ES, Ni, PR. Referido a una herida*, inflamada e infecta.
      2. m. y f. *RD, PR.* metáf. Persona que tiene el ánimo irritado y predispuesto contra otra.

enconar(se).
   I. 1. intr. *Co.* Supurar una herida.
      2. intr. prnl. *Ec.* Infectarse una herida.
      3. *ES, Ni.* Inflamarse una herida.
   II. 1. tr. *Ec. En las fábricas textiles*, envolver hilos en los conos para instalarlas en los telares.

enconchabarse.
   I. 1. *PR.* **enconcharse**, retraerse.

enconchado, -a.
   I. 1. adj. *Pe. Referido a un mueble o un objeto*, recubierto o adornado con nácar.
   II. 1. adj. *Ve. Referido a persona*, que está escondida, *generalmente por razones políticas*.
   III. 1. adj. *Ho, ES, Ni. Referido a persona*, obsesionada.
   IV. 1. adj. *Ho, Ni. Referido a arma de fuego*, encasquillada.
   V. 1. adj. *Ni. Referido a persona*, jorobada.
   VI. 1. adj. *PR. Referido a un buey*, que baja la cabeza y se resiste a obedecer. rur.

enconcharse.
   I. 1. intr. prnl. *Gu, Ve.* Esconderse *alguien*, *generalmente por razones políticas*.
   II. 1. intr. prnl. *Ho, Ni.* Encasquillarse la munición en un arma de fuego.
      2. *Ho.* Tartamudear, tener dificultad en hablar.
      3. *PR.* Retraerse. pop + cult → espon. ♦ **enconchabarse**.
   III. 1. intr. prnl. *Ho, ES, Ni.* Empeñarse *alguien* en hacer algo que desea con vehemencia.
   IV. 1. intr. prnl. *Ho.* Vivir una persona a costa de otra.
   V. 1. intr. prnl. *Ho.* Interiorizar obsesivamente un tema o idea.

encondar(se).
   I. 1. *RD.* **encondar**, esconder.
      2. *RD.* **enconderse**, ocultarse.

enconder(se).
   I. 1. tr. *RD.* Esconder *algo* o a *alguien*, ocultarlo.
      2. intr. prnl. *RD.* Esconderse *algo* o *alguien*, ocultarse. (**encondar; encondarse**).

encono.
   I. 1. m. *ES, Co.* Inflamación, hinchazón, *especialmente de una herida*.

enconoso, -a.
   I. 1. adj. *Ve, Ec,* rur; pop. *Referido a una herida*, que está infectada.
      2. *ES. Referido a una herida*, hinchada, inflamada.

encontentar(se).
   I. 1. tr. *Mx.* Satisfacer el gusto o las aspiraciones de alguien, darle contento. pop.
      2. tr. prnl. *Mx.* Reconciliarse. pop.

encontilar(se). (De *contil*, tizne).
   I. 1. tr. *Ni, CR:NO.* Llenar o manchar con tizne.
      2. *CR:NO.* Producir el tizne una mancha negruzca en algo.
      3. intr. prnl. *CR:NO.* Llenarse o mancharse con tizne.

encontrado, -a.
 I. 1. adj. *Ec. Referido a persona*, enemistada con otra. pop.
 II. 1. adj. *Gu. Referido al cabello de una persona*, que tiene muchos remolinos y cuesta peinarlo.

encontrar(se).
 I. 1. *Ho.* **amañarse**, acostumbrarse a un ambiente o actividad.
 ☐
 a. ‖ **~ la Virgen amarrada en un trapito.**
  i. loc. verb. *Ch.* Tener suerte. pop.
  ii. *Ch.* Hacer un hallazgo fortuito. pop + cult → espon.
 b. ‖ **~ su bola.** loc. verb. *Mx.* Tener buena suerte. pop.
 c. ‖ **~le la vuelta.**
  i. loc. verb. *Ar.* Desentrañar un mecanismo.
  ii. *RD, Py.* Hallar el punto débil o alguna característica vulnerable de alguien o de algo.
 d. ‖ **~se con una guaca.** loc. verb. *Co.* Tener una buena oportunidad.
 e. ‖ **~se la piedra con el coyol.** loc. verb. *Gu.* Enfrentarse o discutir dos personas tercas que no admiten otra argumentación que no sea la suya propia.

encopetado, -a.
 I. 1. adj. *Ni, Cu, RD, Ve, Pe; Co:O*, pop. *Referido a persona*, bien vestida.
 II. 1. adj. *Ho, Ni, Bo. Referido a ave*, que tiene copete o penacho de plumas en la cabeza.
 III. 1. adj. *Ni. Referido a una medida*, excelente.

encopetarse.
 I. 1. tr. prnl. *Ni, Cu, RD; Co:O*, pop. Arreglarse, vestirse con elegancia.

encorajado, -a.
 I. 1. *Bo.* **agalludo**, beligerante.

encorajamiento.
 I. 1. *PR.* **emponzoñamiento**.

encorbatado, -a.
 I. 1. adj/sust. *Ec, Ch, Py. Referido a persona*, que asume una actitud grave y seria en determinadas circunstancias ante los demás. pop + cult → espon ^ desp.
 II. 1. adj/sust. *Ho, RD, Bo. Referido a persona*, de clase social alta o que se comporta como si lo fuera. pop + cult → espon.
 III. 1. adj/sust. *Ch. Referido a un hombre*, muy cuidado en el vestir. pop + cult → espon.

encorchadura.
 I. 1. f. *PR.* Malla fina de alambre que asegura el corcho de las botellas que contienen bebidas efervescentes.

encorchetado, -a.
 I. 1. adj. *Bo. Referido a persona*, que camina agarrada del brazo de otra persona.

encorchetarse.
 I. 1. tr. prnl. *Bo.* Tomarse del brazo dos personas. pop + cult → espon ^ fest.

encorcovado, -a.
 I. 1. adj. *RD, PR. Referido a persona*, jorobada, corcovada.

encorcovar.
 I. 1. tr. *RD*, p.u. Corcovar, encorvar.

encordada.
 I. 1. f. *Ar.* Guitarra. pop.

encordado.
 I. 1. m. *Co, Bo.* Conjunto de las cuerdas de los instrumentos de música.
 II. 1. m. *Co.* Cuadrilátero o *ring* de boxeo.

encorio.
 I. 1. m. *Cu.* Pie. pop.
  2. *Cu.* Zapato. pop. ♦ **encorioco**.

encorioco.
 I. 1. *Cu.* **encorio**, zapato.

encornar.
 I. 1. tr. *Mx.* p.u. Hacer cornudo a *alguien*.
 II. 1. intr. *Ho.* Salirle los cuernos al ganado vacuno, ovino o cabrío.

encorralar.
 I. 1. tr. *Ho.* Apresar, meter en la cárcel.

encorrear.
 I. 1. tr. *ES.* Poner correas al bastidor de un camastrón.

encorselar(se).
 I. 1. tr. *RD, PR.* Poner un corsé, encorsetar.
  2. intr. prnl. *RD, PR.* Ponerse *alguien* un corsé.

encostado, -a.
 I. 1. adj. *Bo:NE. Referido a una embarcación*, varada en los márgenes de un río.

encostalados.
 I. 1. m. pl. *Ec, Pe, Bo:S.* **Competencia** en la que los participantes corren con los pies dentro de un costal hasta una meta predefinida.

encostar(se).
 I. 1. intr. *Bo:NE, Py. En la navegación de los ríos*, acercarse una embarcación a tierra.
  2. intr. prnl. *Bo:NE, Py. En la navegación de los ríos*, acercarse una embarcación a la orilla.

encoste.
 I. 1. m. *Bo:NE.* Atraque de una embarcación en un puerto fluvial.

encremar.
 I. 1. tr. *Ni, Ch, Ar.* Aplicar crema.

encrespador.
 ■
 a. ‖ **~ de pestañas.** m. *Co.* Aparato para rizar las pestañas.

encrestar.
 I. 1. *PR.* **descrestar**, cortar la cresta al gallo.

encrillada.
 I. 1. *Ho.* **corrida**, preñada.

encrillar.
 I. 1. tr. *Ho.* Preñar el macho a la hembra. rur.

encromado, -a.
 I. 1. adj. *RD. Referido a persona*, arreglada con esmero o vestida elegantemente.

encuadrillar.
 I. 1. tr. *Cu.* Arrinconar a *alguien* entre varios para golpearlo o amedrentarlo. delinc.

encuartado, -a.
 I. 1. adj. *Ve. Referido a persona*, encerrada en su habitación.

encuartelamiento.
 I. 1. m. *Mx, Bo, Py; Ec*, p.u. Acuartelamiento. pop + cult → espon.

encuartelar(se).
 I. 1. tr. *Mx, Ho, RD, PR, Co, Pe, Bo, Ch, Py.* pop + cult → espon. Hacer que la tropa permanezca en los cuarteles y preparada para actuar en caso de emergencia.
  2. intr. prnl. *Ec, Pe.* Recluirse en un cuartel militares o policías.

encuatar.
 I. 1. tr. *Mx.* Aparear, unir o juntar una cosa con otra.

encuclillarse.
 I. 1. intr. prnl. *Mx, Ni, Co, Ve, Bo, Ch, Py.* Ponerse en cuclillas.

encuentre.
 I. 1. m. *Mx.* Encuentro.

encuentro.
 I. 1. m. *Cu, Pe. En las aves*, lugar donde se unen el muslo y el cuerpo.

II. 1. m. *Ho.* Conjunto de ceremonias religiosas que se realizan con las imágenes de dos santos en la **guardarraya** de dos pueblos vecinos.

III. 1. m. *PR.* **riña**, pelea de gallos.

▶ **dar ~; llevarse de ~.**

encueractriz.
I. 1. *Mx.* **encueratriz.** vulg.

encuerada.
I. 1. f. *Cu.* Desnudo de una persona.

encueradera.
I. 1. f. *Cu.* Abundancia de personas que se quitan la ropa.
2. *RD.* Desnudo reiterado de una persona.

encuerado, -a.
I. 1. adj/sust. *Mx, Gu, Ho, RD, Ec, Bo.* Referido a *persona*, desnuda o con poca ropa.
II. 1. adj. *Ve.* Referido a *persona*, que vive en concubinato con otra.
III. 1. adj. *Ho, ES.* Referido a *cosa*, forrada o recubierta con cuero.
2. *Ho.* Referido a *cosa, generalmente vigas y utensilios de madera*, amarrada con tiras de cuero crudo.

encuerar(se).
I. 1. tr. prnl. *Mx, Gu, Ho, ES, Cu, RD, Co, Ec, Pe, Bo, Ch.* Desnudarse *alguien*. pop.
2. tr. *Mx, Gu, Ho, ES, Pa, Cu, RD, Ec, Pe, Bo.* Dejar desnudo a *alguien*. pop.
3. *Mx, Cu, RD.* metáf. Desplumar, dejar sin dinero a *alguien*.
II. 1. intr. prnl. *Ve.* Unirse en concubinato dos personas.

encueratriz.
I. 1. f. *Mx.* Mujer que en un escenario se quita la ropa poco a poco. pop + cult → espon ^ desp. (**encueractriz**).

encuerdarse.
I. 1. intr. prnl. *Mx.* Estropearse el mecanismo de un reloj de cuerda.

encuero, -a.
I. 1. adj. *Pa, Cu, RD.* Referido a *persona*, desnuda. pop.

encuerpar.
I. 1. intr. *Mx.* Engrosar, hacerse más grueso.

encueruso, -a.
I. 1. adj. *Cu.* Referido a *persona*, desnuda.

encuestología.
I. 1. f. *Ch.* p.u. Estudio y técnica aplicados a la elaboración, representación en gráficos e interpretación de encuestas y sondeos de opinión. prest; cult → esm.

encuetado, -a.
I. 1. adj. *Ni.* Referido a *persona*, lista o preparada para algo.

encuetar(se).
I. 1. tr. *Mx.* Emborrachar a *alguien*. pop.
2. intr. prnl. *Mx.* Emborracharse. pop.
II. 1. intr. prnl. *Bo.* Abandonar un lugar precipitadamente. pop.

encuevado, -a.
I. 1. adj. *Ho, Ni, CR, Cu, RD, PR, Bo, Ch.* metáf. *Referido a persona*, que no sale de la casa. pop + cult → espon.
2. *Ho, ES, Ni, CR, RD.* Referido a *persona o animal*, metido en una cueva o una madriguera.
II. 1. adj. *PR.* Referido a *persona*, que tiene los ojos hundidos. pop + cult → espon.

encuevarse. (Epént. de *encovarse*).
I. 1. intr. prnl. *Ho, Ni, CR, Cu, RD, Bo.* metáf. No salir de casa *alguien*.
2. *Ho, ES, Ni, CR, RD.* Encovarse, meterse una persona o animal en una cueva o madriguera.

3. *RD, PR, Ch.* Pasar *alguien* mucho tiempo metido en la cama. pop + cult → espon.
4. *RD, PR, Bo.* Aislarse rehuyendo el trato social. pop + cult → espon.
II. 1. intr. prnl. *Ho.* Realizar el coito. vulg.

encufar. (De *cufa*, cárcel).
I. 1. tr. *Ar.* Meter a *alguien* en la **cufa** o cárcel. pop.

encujado.
I. 1. m. *PR.* Obra hecha de **cujes**.

encujar.
I. 1. tr. *PR.* Trabajar con **bejucos**, varas o **cujes**.

enculada.
I. 1. f. *Ho, ES, Ni, CR.* Enamoramiento profundo de alguien. vulg; pop + cult → espon.

enculado, -a.
I. 1. adj. *Ar.* Referido a *persona*, enojada y con actitud huraña. vulg; pop + cult → espon.
2. adj. *Gu, Ho, ES, Ni, CR, Pa.* Referido a *persona*, sumamente enamorada de alguien. vulg; pop + cult → espon.
II. 1. *ES.* **aculado**, acorralado.
III. 1. *CR.* **aculado**, cobarde.

encularse.
I. 1. intr. prnl. *Ar.* Enojarse o enfadarse y adoptar una actitud huraña. vulg; pop + cult → espon.
II. 1. intr. prnl. *Gu, Ho, ES, Ni, Pa; CR,* p.u. Enamorarse apasionadamente de alguien. vulg; pop + cult → espon.

encule.
I. 1. m. *Ho, ES.* Enamoramiento intenso. vulg; pop + cult → espon.

enculebrado, -a.
I. 1. adj. *Co, Ve.* Referido a *persona*, que tiene muchas deudas. pop + cult → espon.

enculebrarse.
I. 1. intr. prnl. *Co.* Endeudarse. pop + cult → espon.

enculecarse.
I. 1. intr. prnl. *Mx, Gu, Ho, Ni, RD, Co.* Ponerse clueca un ave. pop.
II. 1. intr. prnl. *PR.* Ponerse *alguien* eufórico, alegre por haber logrado un éxito. pop + cult → espon.

enculillado, -a.
I. 1. adj. *Ni, Ve.* Referido a *persona*, que tiene miedo.

enculillarse.
I. 1. intr. prnl. *Ni, RD, PR, Ve.* Tener miedo. pop + cult → espon.
II 1. *RD.* Enojarse *alguien* mucho, perder la paciencia.

encumbrar(se).
I. 1. tr. *Ho, CR, Ch.* Elevar en el aire una cometa.
II. 1. tr. prnl. *ES.* Llevarse alguien *algo*.
2. *ES.* Robarse alguien *algo*.
3. tr. *ES.* Capturar la policía a *alguien*.
III. 1. intr. prnl. *Gu.* Beber *alguien* alcohol hasta sentirse ligeramente borracho.

encumbre.
I. 1. m. *RD.* Orgullo, soberbia.

encumbrío. (De *encumbrado* y de *umbrío*).
I. 1. m. *PR.* Lugar apartado y umbroso.

encunetada.
I. 1. f. *Ho.* Trabajo de abrir o limpiar cunetas.

encunetado, -a.
I. 1. adj. *Ho, ES, Ve, Ec.* Referido a un *vehículo automotor*, inmovilizado por haber metido una o más ruedas en la cuneta.

encunetarse.
I. 1. intr. prnl. *Ho, ES, RD, Co, Ve; Ec, Bo,* pop + cult → espon. Quedar un vehículo automotor inmovilizado por haber metido una o dos ruedas en la cuneta.

encurdelar(se).
 I. 1. intr. prnl. *BO:S, Ar, Ur.* Emborracharse. pop.
  2. tr. *BO:S, Ar, Ur.* Causar algo embriaguez. pop.
encurrucado, -a.
 I. 1. adj. *Cu, CO:O. Referido a persona*, encogida para protegerse del frío.
encurrucarse.
 I. 1. intr. prnl. *PR; CO:O, Ve*, pop + cult → espon. Encogerse *alguien* para protegerse del frío.
encurrujado, -a.
 I. 1. adj. *Ve. Referido a persona*, acurrucada, encogida.
encurrujarse.
 I. 1. intr. prnl. *Ve.* Contraer el cuerpo y las extremidades.
encusucarse.
 I. 1. intr. prnl. *ES.* Encerrarse en casa, aislarse.
encusularse.
 I. 1. intr. prnl. *Ho.* Encerrarse en una habitación muy pequeña. rur.
encutarrado, -a.
 I. 1. adj. *Pa. Referido a persona*, calzada con **cutarras**.
encutarrarse.
 I. 1. tr. prnl. *Pa.* Ponerse las **cutarras** o sandalias.
 II. 1. intr. prnl. *Pa.* Empecinarse, obstinarse. pop.
endamado.
 I. 1. adj. *Ho, ES. Referido a hombre*, que vive maritalmente con una mujer sin estar casado.
endamamiento.
 I. 1. m. *ES.* Convivencia conyugal de un hombre con una mujer sin estar casados.
endamarse.
 I. 1. intr. prnl. *Mx, Ho, ES, Ni.* Vivir una pareja maritalmente sin estar casada. pop. ♦ **acumarse.**
endeadeveras.
 I. 1. adv. *Ch.* Con verdad, realmente. rur.
endecar. (Del ingl. *to deck*).
 I. 1. tr. *PR.* Dividir el polvo de una droga en porciones. drog.
endechoso, -a.
 I. 1. adj. *RD. Referido a persona*, jactanciosa.
endecir.
 I. 1. tr. *Ch.* p.u. Decir. rur.
endejar.
 I. 1. tr. *Ch.* p.u. Dejar. rur; pop.
endelante. (Sínc. de *en adelante*).
 I. 1. adv. *Ec, Ch.* p.u. Delante. rur; pop.
  2. *Ho, ES, RD.* En adelante. rur.
endelitado, -a.
 I. 1. adj. *Gu.* p.u. *Referido a persona*, que ha cometido un delito.
endémico. (Del ingl. *endemic*).
 I. 1. adj. *Ec.* Indígena, oriundo, perteneciente a un determinado lugar.
endenante.
 I. 1. adv. *Ch, Ar:NO.* obsol. **endenantes.**
endenantes.
 I. 1. adv. *Mx, Ho, ES, Ni, Pa, Co:C, Ve, Ec, Pe, Bo, Ch, Ar:NO*, obsol. Hace poco. rur; pop. (**endenante**).
endenantitos.
 I. 1. adv. *Pe.* p.u. Hace muy poco tiempo. rur; pop.
enderezado.
 I. 1. m. *Ho, ES, CR, Py*, Enderezamiento, trabajo de enderezar la carrocería de un vehículo chocado.
enderezar.
 ☐
  a. ‖ ~ **curcunchos.** loc. verb. *Ch.* Intentar arreglar aquello que no tiene solución.

enderezón.
 I. 1. m. *Ho. En el juego de billar americano*, tiro recto que consiste en golpear con la bola blanca una segunda que a su vez golpea una tercera que se mete en la buchaca.
endespués.
 I. 1. adv. *Co:C, Ch.* Después. rur; pop.
endeveras.
 I. 1. adv. *PR, Bo, Ch, Ar:NO; PR*, obsol. Con verdad, realmente. rur; pop
 ☐
  a. ‖ **de ~.**
   i. loc. adj. *Bo, Ar:NO.* obsol. Auténtico, de verdad. rur; pop.
   ii. loc. adv. *Ar:NO.* obsol. Con verdad, realmente. rur; pop.
endiablado, -a.
 I. 1. adj. *Mx. Referido al jamón o a otro alimento*, que tiene especias picantes.
 II. 1. adj. *Ni, RD. Referido a cosa*, peligrosa.
 III. 1. *Ni, RD. Referido a persona*, enfadada, colérica.
endieciochado, -a.
 I. 1. adj. *Ch.* Engalanado o decorado por los chilenos en ocasión del día de la fiesta nacional. pop + cult → espon.
  2. *Ch. Referido a persona*, que participa de la alegría y bullicio de la fiesta nacional o toma parte activamente en ella. pop + cult → espon.
 II. 1. adj. *Ch. Referido a persona*, borracha o mareada por el efecto del alcohol. pop + cult → espon ^ fest.
endieciochamiento.
 I. 1. m. *Ch.* Adopción de comportamientos o características asociadas con el 18 de septiembre, fecha de la independencia de Chile.
endieciochar.
 I. 1. intr. prnl. *Ch.* Enfiestarse con motivo de la festividad nacional del 18 de septiembre. pop+ cult → espon.
endija.
 I. 1. f. *RD, PR, Ec.* Rendija, hendidura. pop.
endilgar.
 I. 1. tr. *Ec.* p.u. Recomendar a *alguien* ante otra persona para que realice un trabajo.
endiosado, -a.
 I. 1. adj. *Mx. Referido a persona*, muy enamorada.
enditado, -a.
 I. 1. adj. *Gu. Referido a persona*, endeudada, que ha contraído deudas.
enditarse.
 I. 1. intr. prnl. *Mx.* Contraer deudas.
endócrino, -a.
 I. 1. m. y f. *Mx; Ec*, p.u. Endocrino, médico especialista en endocrinología.
endonar.
 I. 1. tr. *RD, PR.* Endosar a *alguien* impertinente y desagradable.
endosar. (Del ingl. *to endorse*).
 I. 1. tr. *PR.* Confirmar, apoyar, recomendar a *alguien*.
endoso. (De *endosar*).
 I. 1. m. *PR.* Recomendación, apoyo.
endrogado, -a. (Epént. de *drogado*).
 I. 1. adj. *Mx, Pe.* Endeudado.
 II. 1. adj. *ES, Ni, Cu, RD, Ve, Pe, Ch. Referido a persona*, que está bajo los efectos de una droga.
 III. 1. adj. *ES. Referido a persona*, loca.
endrogamiento.
 I. 1. m. *ES.* Estado de alucinamiento por haber ingerido drogas. drog.

endrogao, -a.
I. 1. adj. *RD. Referido a persona*, drogada, que ha hecho uso de drogas. drog.

endrogar(se).
I. 1. intr. prnl. *Mx; Pe*, p.u. Endeudarse *alguien*.
2. tr. *Pe*. p.u. Arruinar a *alguien*.
II. 1. intr. prnl. *Ni, Cu, RD, PR, Ve, Ec, Pe*. Administrarse droga *alguien*. drog.
2. tr. *Ni, Cu, Pe*. Administrar droga a alguien.

endulzar.
I. 1. tr. *RD*. **endulzar el oído**.
□
a. ‖ **~ el oído**.
i. loc. verb. *Mx, Ho, ES, Ni, CR, RD, Co, Ec, Bo*. Conquistar a *alguien*, *generalmente con falsas promesas*.
ii. *Mx, RD, Bo, Ar*. Halagar o adular. ♦ **endulzar**.

endurado, -a.
I. 1. adj. *Ho, Ec. Referido a cosa*, endurecida.

endurar(se).
I. 1. tr. *Ho, Ec, Bo*. Endurecer *alguien* una cosa.
2. intr. prnl. *Ho, Bo*. Endurecerse una cosa.
II. 1. intr. prnl. *Ec*. p.u. Mejorar un enfermo.

endurecer.
□
a. ‖ **~ la mano**. loc. verb. *Co, Ch, Py*. Adoptar medidas y posturas severas.

ene.
I. 1. adv/adj. *Ch*. juv. Mucho.
●
a. ‖ **~, tene, tú**. fórm. *Ch*. Se usa en ciertos juegos mientras se va indicando con una mano a cada uno de los participantes para elegir entre ellos quien hará un determinado papel.

enea.
I. 1. adj. *Ve. Referido a persona*, terrible o digna de ser temida.
II. 1. m. *Ho*. Anea, una de las variedades de **tule**.

enemado, -a.
I. 1. adj. *PR. Referido a persona*, cansada, desganada, poco animada.

enémico, -a.
I. 1. adj. *PR. Referido a persona*, fastidiosa, molesta.

enemigo.
▶ **llevar el ~ a tuto**.

enemocada.
I. 1. f. *RD*. Nuez moscada. (**enemoscada**).

enemoscada.
I. 1. f. *RD*. **enemocada**.

enemoscado.
I. 1. m. *PR*. Árbol de nuez moscada.

enemosco.
I. 1. m. *PR*. Árbol de tamaño mediano, aromático, con hojas simples, tallos leñosos, flores solitarias y fruto simple con semillas grandes de envoltura carnosa; su madera, fuerte, lo hace útil para la construcción y la ebanistería. (Annonaceae; *Monodora myristica*).

enenantes.
I. 1. adv. *Pe*. obsol. Hace poco. rur.

energizar.
I. 1. tr. *RD, Co, Ec, Bo, Ch*. Estimular, dar energía.

energumenarse.
I. 1. intr. prnl. *Ch*. p.u. Encolerizarse, ponerse furioso perdiendo el control. cult.

enfadar(se).
I. 1. intr. prnl. *Mx*. Aburrirse, hartarse de algo. pop.
II. 1. tr. *PR*. Repugnar.

enfajillado, -a.
I. 1. adj. *CR. Referido a periódicos, billetes y otras cosas similares dispuestas en pilas*, asegurados con una fajilla.

enfajillador, -ra.
I. 1. m. y f. *Mx*. Persona encargada de poner fajillas a periódicos o billetes.

enfajilladora.
I. 1. f. *Mx*. Máquina para poner fajillas a periódicos o billetes.

enfajillar.
I. 1. tr. *Mx, CR*. Poner una fajilla a bloques o pilas de periódicos, billetes, pliegos de estampillas o de otras cosas similares.

enfaltricar(se). (De *faltriquera*).
I. 1. tr. *PR*. Embolsar *algo* a *alguien*.
2. tr. prnl. *PR*. Embolsarse *alguien algo*.

enfarde.
I. 1. m. *Ho*. Preparación de un fardo.

enfarolado.
I. 1. m. *Bo*. Habitación de una casa que tiene la cubierta de cristal o de plástico *y generalmente un gran ventanal*. cult.

enfarolarse.
I. 1. intr. prnl. *Ar*. Emborracharse. pop.

enfermada.
I. 1. f. *Mx, Gu, ES, Ni, CR*. Contracción de una enfermedad.

enfermarse.
I. 1. intr. prnl. *Mx, Ho, Ni, RD, Ec, Pe, Bo, Ch, Py, Ar:NO, Ur*. Menstruar una mujer. euf.
2. *Ec, Bo*. Postrarse una mujer en la cama para el parto. pop.
II. 1. intr. prnl. *Cu*. Excitarse sexualmente. pop.
III. 1. intr. prnl. *ES*. Tener complejo de superioridad.

enfermedad.
I. 1. f. *Ni, Bo*. Menstruación. euf; pop.
II. 1. *Cu*. **calentura**, excitación sexual. pop.
■
a. ‖ **~ catastrófica**. f. *Ch*. Dolencia mortal o grave que implica un gasto grande para el enfermo o la familia.
b. ‖ **~ de Chagas**. f. *Mx, Ec, Bo, Ch, Py, Ar, Ur*. Enfermedad de las personas transmitida por la picada del parásito *Trypanosoma cruzi*, que produce picazón, adenopatías y fiebre y, finalmente, lesión mortal del corazón.
c. ‖ **~ del pijo**. m. *ES*. Vejez. fest.

enfermito, -a.
I. 1. sust/adj. *Mx, Ni, Pe, Bo, Ch, Py*. Persona que sufre algún trastorno o retraso mental. pop.

enfermo, -a.
I. 1. adj. *Ni, RD, Ec, Pe, Bo, Ch, Py; Ar, Ur*, obsol. *Referido a una mujer*, que está con la menstruación. euf; pop + cult → espon.
II. 1. adj. *Cu. Referido a persona*, excitada sexualmente. pop.
III. 1. m. y f. *PR*. Persona adicta que necesita droga. drog.
□
a. ‖ **~ de belleza**. loc. adj/sust. *CR*. obsol. *Referido a persona*, obsesionada con su apariencia física por creerse muy bella. pop.
b. ‖ **~ del chape**. *Ch*. **enfermo del mate**. pop.
c. ‖ **~ del mate**. loc. adj/sust. *Ch. Referido a persona*, que tiene ideas poco claras o presenta alguna alteración mental. ♦ **enfermo del chape**.
▶ **caer ~**.

enfermoso, -a.
I. 1. adj. *Gu, Ho, Ni, RD, Co:C, Ve; Ec*, rur. *Referido a persona o animal*, enfermizo, que enferma con mucha frecuencia. pop.

2. *Ec. Referido a persona*, indispuesta, con un quebranto de salud leve y pasajero. rur; pop.

enfermuno, -a.
   I. 1. adj. *PR. Referido a persona*, enfermiza.

enfibrar.
   I. 1. tr. *Ni, CR.* Recubrir una superficie con resina de poliéster y fibra de vidrio.
   II. 1. tr. *CR. En mecánica*, poner las zapatas a un vehículo.

enfiebrado, -a.
   I. 1. adj. *Ve. Referido a persona*, dedicada con excesivo entusiasmo a algo que empieza a hacer o conocer.
   2. *CR. Referido a persona*, entusiasmada con algo que le resulta placentero. pop.

enfiebrarse.
   I. 1. intr. prnl. *Ve.* Dedicarse con excesivo entusiasmo a una actividad.
   2. *Ni, CR.* Entusiasmarse con algo que resulta placentero. pop.

enfierrador, -ra.
   I. 1. m. y f. *Ch.* Persona cuyo oficio es **enfierrar**, poner estructuras de hierro con hormigón armado.

enfierradura.
   I. 1. f. *Ch.* Instalación de estructuras de hierro y hormigón armado en construcciones.

enfierrar.
   I. 1. tr. *Ch.* Poner estructuras de hierro en construcciones con hormigón armado.
   II. 1. tr. *Ec.* p.u. Herir, cortar o matar con un cuchillo o un objeto **punzocortante**. delinc; pop + cult → espon.

enfiestado, -a.
   I. 1. adj. *CR, Pa, Ve, Ch. Referido a persona*, borracha. pop.

enfiestamiento.
   I. 1. m. *Ch.* p.u. Proceso por el que alguien llega a involucrarse en fiestas u otro tipo de eventos de esparcimiento. pop + cult → espon.

enfiestarse.
   I. 1. intr. prnl. *Mx, Gu, Ho, Ni, Pa, RD, PR, Ve, Ch, Ar, Co*, pop. Estar de fiesta, divertirse. (**enfistarse**).
   2. *Mx.* Causar hartazgo una fiesta.
   II. 1. intr. prnl. *CR.* Ingerir licor hasta emborracharse. pop.

enfieste.
   I. 1. m. *Ar:O.* Diversión o entretenimiento grandes. pop.

enfilar.
   ▢
   a. ‖ ~ **las baterías.** loc. verb. *Co, Ve.* Estar en contra de alguien. ♦ **enfilar los cañones.**
   b. ‖ ~ **los cañones.** *Cu, RD.* **enfilar las baterías.**

enfirolado, -a.
   I. 1. adj. *Ve. Referido a persona*, vestida con elegancia.

enfirolarse.
   I. 1. tr. prnl. *Ve.* Vestirse de manera elegante.

enfistarse. (Sínc. de *enfiestarse*).
   I. 1. *RD.* **enfiestarse**, estar de fiesta.

enflatarse.
   I. 1. intr. prnl. *Mx.* Disgustarse, ponerse de mal humor.

enflautada.
   I. 1. f. *Pe.* p.u. Disparate, necedad.

enflautado, -a.
   I. 1. adj. *Bo. Referido a persona*, enojada, enfadada. pop.

enflautante.
   I. 1. adj. *Bo. Referido a persona*, que fastidia o cansa por su comportamiento inoportuno e insistente. pop + cult → espon.

enflautar(se).
   I. 1. tr. *Mx, Co:C.* Encargar a alguien algún asunto, persona o cosa que causa molestia. pop.
   2. intr. prnl. *Bo.* Encolerizarse. vulg; pop + cult → espon.

enflechar.
   I. 1. intr. *PR.* Ir con fuerza en dirección recta.
   II. 1. intr. *PR.* Embestir, atacar.

enfletado, -a.
   I. 1. adj. *Ni. Referido a persona*, enfadada.

enfletarse.
   I. 1. intr. prnl. *Ni.* Enfadarse, disgustarse.

enfloramiento.
   I. 1. m. *Bo, Ch:N,NO.* Ceremonia en la que se marcan o señalan las orejas del ganado, *principalmente de guanacos y vicuñas*, con flores o cintas multicolores como símbolo de fertilidad. (**floramiento**).
   2. *Bo.* Colocación de flores como adorno. pop.

enflorar.
   I. 1. tr. *Mx, ES.* Honrar a los difuntos llevando flores a su tumba.

enflusado, -a.
   I. 1. adj. *Ve. Referido a persona*, bien vestida.

enfocado, -a.
   I. 1. adj. *PR. Referido a persona*, enojada, disgustada. pop + cult → espon.
   II. 1. adj. *PR. Referido a persona*, obsesionada.

enfogonarse. (De *fogón*).
   I. 1. intr. prnl. *RD, PR.* Enojarse mucho, irritarse. ♦ **enfuñarse.**

enfollinarse.
   I. 1. intr. prnl. *PR.* Emborracharse.

enforforar(se).
   I. 1. intr. prnl. *RD.* Enfurecerse, irritarse.
   2. tr. *RD.* Enfurecer o irritar a *alguien*.

enfori.
   I. 1. m. *Cu.* Marihuana. drog.

enforzar. (Del ingl. *to enforce*).
   I. 1. tr. *EU, PR.* Poner en vigor, hacer cumplir *algo, especialmente una ley o un edicto.*

enfrascar(se).
   I. 1. intr. prnl. *Mx.* Dedicarse a fiestas, jolgorios y diversiones.
   II. 1. tr. *Gu.* Hacer un maleficio, consistente en introducir en un frasco con hierbas el retrato o la efigie de alguien y, seguidamente, enterrarlo en un lugar escondido.

enfrazadado, -a.
   I. 1. adj/sust. *Mx.* obsol. *Referido a persona*, cubierta por una frazada o manta.

enfrenado.
   I. 1. m. *Pe.* Labor de acabado final en los sombreros de paja.

enfrenar. (Prót. de *frenar*).
   I. 1. tr. *Mx, ES.* Frenar, moderar o parar con el freno.
   II. 1. tr. *PR.* Inclinar la cabeza hacia abajo.

enfrenón.
   I. 1. m. *Mx.* Frenazo brusco.

enfrentico.
   I. 1. adv. *RD.* Enfrente, en la parte opuesta.

enfriador.
   I. 1. m. *Mx, Ve.* Electrodoméstico que sirve para enfriar agua potable.

enfriar.
   I. 1. tr. *Mx, Ni, Co, PR, Pe, Bo.* Matar a *alguien*. delinc. ♦ **partir.**
   II. 1. tr. *Ho.* Legalizar los documentos de un automóvil robado. delinc.

☐
a. ‖ ~**se el guarapo.**
  i. loc. verb. *Ve.* Acobardarse. pop.
  ii. *Ve.* Desanimarse. pop.

enfrijolada.
  I. 1. f. *Mx.* **Tortilla** de maíz frita cubierta de crema de **frijol**, cebolla picada y queso añejo.

enfrijolarse.
  I. 1. intr. prnl. *Mx.* Complicarse, torcerse una asunto, negocio o empresa. pop + cult → espon.

enfuegada.
  I. 1. f. *Pa.* Borrachera.

enfuegado, -a.
  I. 1. adj. *Pa. Referido a persona*, borracha.

enfuegarse.
  I. 1. intr. prnl. *Pa.* Emborracharse. pop.

enfuertar(se).
  I. 1. tr. *Ve.* Hacer fermentar *algo*.
  2. intr. prnl. *Ve.* Fermentarse *algo*.

enfullinarse.
  I. 1. intr. prnl. *Mx.* p.u. Enojarse, sulfurarse.

enfumado, -a.
  I. 1. *Ho.* **acalorado**.

enfunchado, -a.
  I. 1. adj. *Cu. Referido a una persona*, enojada, enfadada.

enfunchar(se).
  I. 1. intr. prnl. *Cu, PR.* Enojarse o enfadarse *alguien* mucho. ♦ **enroñarse**.
  2. tr. *Cu.* Enojar, enfadar a *alguien*.

enfundio.
  I. 1. m. *RD, PR; Ec*, p.u. Infundio, patraña, falso rumor, calumnia. pop + cult → espon.

enfuñarse.
  I. 1. *RD, PR.* **enfogonarse**.
  II. 1. intr. prnl. *PR.* Salir perjudicado, perdedor. pop + cult → espon.

enfurfurao, -rá.
  I. 1. adj. *RD. Referido a persona*, enfurecida o irritada.

enfurfurar(se).
  I. 1. intr. prnl. *RD.* Enfurecerse, irritarse *alguien*.
  2. tr. *RD.* Enfurecer, irritar a *alguien*.

enfurgonar.
  I. 1. tr. *PR.* p.u. *En la industria azucarera*, poner *alguien* carga de caña en un furgón.

enfurruscarse.
  I. 1. intr. prnl. *Co.* Enfadarse. pop.

enfuscado, -a.
  I. 1. adj. *PR. Referido a persona*, ofuscada, confundida, conturbada. pop + cult → espon.

enfuscarse.
  I. 1. intr. prnl. *PR.* Ofuscarse, confundirse, conturbarse. pop + cult → espon.

enfusque.
  I. 1. m. *PR.* Ofuscamiento, interés excesivo en algo. pop + cult → espon.
  2. *PR.* Enamoramiento, romance, entusiasmo apasionado y ciego. pop + cult → espon.
  3. *PR.* Relaciones ilícitas entre un hombre y una mujer. pop + cult → espon.
  II. 1. m. *PR.* Lío, embrollo. pop + cult → espon.

engabinar.
  I. 1. tr. *PR.* juv. Matar *una persona* a *alguien*.

engafarse.
  I. 1. intr. prnl. *PR.* Ponerse gafas.

engajado, -a.
  I. 1. adj. *Co:N. Referido especialmente al cabello*, rizado.

engajarse.
  I. 1. intr. prnl. *Ho.* Desgajarse, separarse una rama o un fruto del tronco o tallo donde nace. rur.

engallado, -a.
  I. 1. adj. *Co. Referido a un vehículo*, adornado con accesorios. pop.

engallar(se).
  I. 1. tr. *Co.* Adornar un vehículo con accesorios. pop.
  II. 1. intr. prnl. *Ho.* **agrandarse**, envanecerse.

engalletado, -a.
  I. 1. adj. *Co. Referido a persona*, que tiene muchos problemas. pop.
  2. *Ve. Referido a persona*, que está confundida o perturbada.
  II. 1. adj. *Ve. Referido a una vía de circulación*, que está congestionada de vehículos.

engalletador, -ra.
  I. 1. adj. *Ve. Referido a persona*, que enreda o complica las cosas.

engalletamiento.
  I. 1. m. *Ve.* Confusión, enredo.
  2. *Ve.* Congestión de tránsito.

engalletar(se).
  I. 1. tr. *Pa, Ve.* Confundir, embrollar, enredar a una persona.
  2. intr. prnl. *Ve.* Confundirse, perturbarse *una persona*.
  3. *Ve:O.* Congestionarse la circulación de vehículos.

engallinado, -a.
  I. 1. adj. *ES. Referido a persona*, metida en líos o problemas.
  II. 1. adj. *ES. Referido a persona*, encarcelada. polic.

engallinar(se).
  I. 1. intr. prnl. *Ve, Ar.* Erizársele la piel a alguien.
  II. 1. tr. *ES.* Encarcelar a *alguien*. polic.
  III. 1. intr. prnl. *ES.* Meterse en líos o problemas.

engallotado, -a.
  I. 1. adj. *ES. Referido a persona*, engreída, con aires de superioridad.

engallotarse.
  I. 1. intr. prnl. *ES.* Volverse *alguien* engreído.

enganchabobos.
  I. 1. m. *Ec.* Mechón de cabello que, una vez ondulado, se lleva pegado sobre la frente o a los lados del rostro.

enganchada.
  I. 1. f. *Ho, ES.* Engaño.
  II. 1. f. *Ho, Ni.* Enamoramiento intenso.

enganchado.
  I. 1. m. *Bo.* Combinación de diversos fragmentos de canciones o piezas musicales que forman un todo.

enganchado, -a.
  I. 1. sust/adj. *Pe, Ch; Bo*, pop. Trabajador contratado para labores mineras o agrícolas en condiciones precarias.
  II. 1. adj. *Ho; CR*, obsol. *Referido a persona*, enamorada.
  III. 1. adj. *Ni. Referido a persona*, montada a horcajadas.
  IV. 1. adj. *Ni. Referido a persona*, engañada por otra.

enganchador.
  I. 1. m. *Mx, Pe, Ch, Ar.* Hombre que contrata mano de obra, *generalmente para labores mineras o agrícolas*.
  II. 1. m. *Ho.* Hombre que se encarga de seleccionar y poner discos en una discoteca. pop.

enganchador, -ra.
  I. 1. m. y f. *Pe.* Persona cuya labor es lograr que nuevos clientes se inscriban en un organismo o institución pública, o contratar trabajadores.
  II. 1. m. y f. *ES.* Persona que engaña o compromete a otra.

III. 1. m. y f. *Ho.* Persona que sirve de intermediaria para contratar a alguien, *generalmente para trabajar en un barco.*

IV. 1. m. y f. *Ho.* Persona que persuade a otra para realizar una determinada actividad.

enganchar(se).

I. 1. tr. *Gu, RD, Co, Ve, Ec, Pe, Bo, Ch.* Contratar gente para trabajar en cualquier oficio.
   2. intr. prnl. *RD.* Alistarse en el ejército o la policía.
II. 1. tr. *Ho, ES, Ni, RD.* Estafar o engañar a *alguien.*
   2. *Gu.* Comprar *algo* que va a pagarse a plazos.
   3. intr. prnl. *Pa.* Contraer una deuda. pop.
III. 1. intr. *Ve:O.* Discutir persistentemente a pesar del desinterés del interlocutor. pop.
IV. 1. tr. *Ch.* Introducir la marcha adecuada en la caja de cambios de un vehículo.
V. 1. intr. prnl. *Ho, Ni, CR,* obsol. Enamorarse.
VI. 1. intr. prnl. *Ho, Ni.* Conseguirse un empleo o trabajo.
VII. 1. tr. *PR.* Subir, ascender. pop + cult → espon.
   2. *PR.* Poner *algo* en un sitio alto.
VIII. 1. tr. *Ni.* Montar a horcajadas.
IX. 1. tr. *PR.* Colgar el teléfono a *alguien.*

enganche.

I. 1. m. *Mx, Gu, Ho.* Primer pago al vendedor en una compra a plazos.
   2. *Pe, Bo, Ch.* Pago por anticipado que da un **enganchador** a un trabajador comprometiéndolo para trabajar en minas o haciendas.
II. 1. m. *Ec, Pe, Bo, Ch.* Contratación eventual de trabajadores para faenas agrícolas o de otra índole fuera de su residencia habitual, en el propio país o en el extranjero.
   2. *Pe, Bo, Ch.* Conjunto de trabajadores contratados de manera eventual para realizar faenas agrícolas o de otra índole fuera de su residencia habitual.
   3. *Ho; PR,* pop. Empleo.
   4. m-f. *Ni.* Persona que consigue trabajo a otra.
III. 1. m. *RD, Ar.* Conquista amorosa. pop.
IV. 1. m. *Bo.* Hecho de sobornar a alguien para inclinar su voluntad en favor de algo que se desea. pop.
   2. *ES.* Engaño.
V. 1. m. *Ec.* Jugador de **futbol** que enlaza al resto de jugadores desde media cancha.
VI. 1. m. *Bo.* Ayuda que obtiene alguien para mejorar su situación económica. pop.
VII. 1. m. *PR.* Noviazgo de corta duración. pop + cult → espon.

engañababosos.

I. 1. adj/sust. *Gu. Referido a persona,* falsa, hipócrita.

engañabobos.

I. 1. m. *ES.* Dulce de leche con huevo batido.

engañada.

I. 1. f. *Ni, Cu, RD, Co, Pe, Bo, Py.* Engaño, mentira. pop.

engañador.

I. 1. m. *CR.* Objeto, *generalmente con forma de pez,* que, atado a una cuerda, se usa como carnada.

engañadora.

I. 1. f. *Pa.* Enagua que, al almidonarse y plancharse, ofrece un gran vuelo y repliegue.

engañamuchachos.

I. 1. m. *Pe.* Engaño con disimulo o encubierto. pop + cult → espon.

engañapichanga.

I. 1. m-f. *Ar, Ur.* Cosa menos valiosa o importante de lo que parece. pop + cult → espon ^ fest.
   2. *Bo.* Cosa que engaña a personas ingenuas. pop.
   3. *Bo.* Vendedor callejero que se dedica a estafar a la gente valiéndose de su charlatanería. pop.

engañar.

I. 1. tr. *RD.* Desvirgar a una mujer.
□
   a. ‖ ~ **con manteca de garrobo.** loc. verb. *Ni.* Hacer creer *algo* a *alguien.*
   b. ‖ ~ **el diente.** *Ch.* engañar el hambre.
   c. ‖ ~ **el estómago.** loc. verb. *ES, Cu, Pe,* **engañar el hambre.** rur.
   d. ‖ ~ **el hambre.** loc. verb. *Mx.* Comer un tentempié hasta que llegue la hora de un alimento fuerte. pop + cult → espon. ♦ **engañar el diente; engañar el estómago.**
   e. ‖ ~ **la comida.** loc. verb. *Ho.* Hacer que rindan los alimentos, economizar.

engañe.

I. 1. m. *PR.* Engaño, cebo.

engañero, -a.

I. 1. adj. *Ar:NO. Referido a persona,* que engaña o conduce a engaño. pop.
   2. *Ar:NO. Referido a persona,* falsa, desleal, traidora. rur; pop.

engañifla.

I. 1. f. *Bo, Ch.* Engañifa, engaño artificioso con apariencia de utilidad. pop.

engañifle.

I. 1. adj/sust. *Bo. Referido a persona,* que recurre habitualmente a mentiras y engaños para obtener algún beneficio personal. pop.

engañito.

I. 1. m. *RD, BO:NE, Ch.* Cosa pequeña, juguete o golosina que se regala sin motivo o sin ser una ocasión propicia para ello.

engarabitar(se).

I. 1. tr. *RD.* Levantarse los bajos del pantalón o subirse la falda.
II. 1. tr. *PR.* Enredar, trabar un cordel o un hilo.
III. 1. intr. prnl. *PR.* Encorvarse. pop + cult → espon.

engaratusar. (Epént. de *engatusar*).

I. 1. tr. *Mx, Gu, Ho, ES, Ni, Co.* Ganar la voluntad de alguien con halagos para conseguir algo de él. (**engatuzar**).

engaratuzar.

I. 1. *Mx.* engaratusar.

engarce.

I. 1. m. *PR. En el* **beisbol,** captura de la pelota bateada.

engarduñado, -a.

I. 1. adj. *Ni. Referido a persona,* **empandillado** con malas compañías.

engarfar.

I. 1. tr. *PR.* Ensartar, enganchar *algo* con un garfio.

engargolado, -a.

I. 1. sust/adj. *Mx.* Encuadernación rústica que consiste en unir hojas previamente perforadas mediante un anillo plástico o metálico.

engargolar.

I. 1. tr. *Mx.* Encuadernar un libro o conjunto de hojas pasando una espiral de plástico al través de los agujeros que se han hecho a lo largo de uno de los bordes.

engaripolado, -a.

I. 1. adj. *Ve. Referido a persona,* vestida con elegancia.

engaripolarse.

I. 1. intr. prnl. *Ve.* Vestirse con elegancia.

engarrafarse.

I. 1. intr. prnl. *PR.* Involucrarse en un asunto ilícito o inmoral. pop + cult → espon.

engarrancharse.

I. 1. intr. prnl. *Ho.* Perder algo la flexibilidad o suavidad.

engarranchinado, -a.
  I. 1. adj. *ES. Referido a persona*, metida en líos o peleas.
engarranchinarse.
  I. 1. intr. prnl. *ES.* Meterse en una pelea.
engarrapatar(se).
  I. 1. intr. prnl. *Mx, Ho, ES, Ni.* Llenarse *algo* o *alguien* de garrapatas.
  2. tr. *Mx.* Llenar *algo* o a *alguien* de garrapatas.
engarre.
  I. 1. m. *ES.* Pelea.
  2. *ES.* **competencia**.
engarrotado, -a.
  I. 1. adj. *Cu, Co.* Aterido, pasmado de frío.
  II. 1. adj. *Ni, CR, Pa, Cu. Referido a persona o a una parte de su cuerpo*, que sufre una contractura.
engarrotarse.
  I. 1. intr. prnl. *Ni, CR, Pa, Ec.* Sufrir *alguien* o una parte del cuerpo una contractura.
  II. 1. intr. prnl. *PR.* Ponerse la carne muy dura a un animal viejo.
engarrucharse.
  I. 1. intr. prnl. *ES.* Meterse en una pelea.
engarruñado, -a.
  I. 1. adj. *PR, Ve. Referida a una parte del cuerpo*, entumecida, agarrotada. (**engorruñado**).
engarruñar(se).
  I. 1. intr. prnl. *Mx, Ho.* Entumecerse los miembros del cuerpo.
  2. tr. *Mx.* Arrugar *algo*.
  II. 1. tr. prnl. *PR, Ve.* Entumecerse todo o parte del cuerpo por calambre o por frío excesivo.
  2. *PR.* Encogerse. pop + cult → espon.
  III. 1. intr. prnl. *Ho.* Quemarse la superficie externa de una planta, animal o persona por efecto del sol. rur.
  IV. 1. intr. prnl. *Ho.* Enfadarse una persona o embravecerse un animal.
  V. 1. intr. prnl. *Ho.* Deformarse una cosa por causa de la humedad.
engaruñarse.
  I. 1. intr. prnl. *Ho.* Entumecerse el cuerpo de una persona, *en especial las piernas*.
engarzar(se).
  I. 1. tr. *RD, Co.* Sujetar *algo* con un gancho u objeto semejante, o colgarlo de él.
  2. intr. prnl. *RD, Co.* Quedarse enganchada y enmarañada una cosa con otra.
engasar(se).
  I. 1. tr. *Ni.* Engañar a *alguien*, hacerle creer como cierto algo que no lo es.
engatillado, -a.
  I. 1. adj. *Ec. Referido a caballería*, que está con la cabeza doblada hacia abajo y la boca pegada contra el pecho. rur.
engatillarse.
  I. 1. intr. prnl. *Ec.* Doblar una caballería la cabeza hasta pegar la boca contra el pecho. rur.
  2. *Ec.* metáf. Mostrarse altivo y arrogante. pop + cult → espon.
engavetado, -a.
  I. 1. adj. *Gu, CR, Cu, Ve. Referido a cosa*, guardada en una gaveta.
  2. *Gu, Ve; Cu*, obsol. | metáf. *Referido a un expediente*, detenido o paralizado a propósito.
  3. *CR.* metáf. *Referido a persona*, que está en prisión. pop ^ fest.
engavetamiento.
  I. 1. m. *Ni, Cu, Ve.* Paralización de un asunto o expediente.

engavetar(se).
  I. 1. tr. *Gu, Ho, ES, Ni, CR, Cu, RD, Ve.* Guardar *algo* en una gaveta.
  2. *Cu, Ve; Ho, ES, Ni, RD*, metáf. Detener o paralizar un asunto o un expediente a propósito.
  3. *RD, Ec, Pe.* Archivar un documento, un informe o una disposición legal.
  4. intr. prnl. *Ho, ES, Ni.* metáf. Detenerse o aplazarse *algo* como una ley o un proyecto.
  II. 1. *PR.* **encajonar**, descartar un asunto.
  III. 1. *CR.* Encarcelar.
engavillador, -ra.
  I. 1. sust/adj. *Cu. En la elaboración de puros*, persona encargada de agrupar las hojas de tabaco y atar sus pedúnculos.
engavillarse.
  I. 1. intr. prnl. *Ni.* Juntarse en pandilla o gavilla.
engayolar. (De *gayola*).
  I. 1. *Ar, Ur.* p.u. Encarcelar. pop.
engazadero.
  I. 1. m. *Ho.* Hendidura que tiene el yugo en el centro en la que se insertan las coyundas.
engazado, -a.
  I. 1. adj. *Ho, ES. Referido a persona*, enamorada.
engazamiento.
  I. 1. m. *ES.* Enamoramiento.
engazarse.
  I. 1. intr. prnl. *Ho, ES.* Enamorarse perdidamente.
engentado, -a.
  I. 1. adj. *Mx. Referido a persona*, aturdida por la presencia de mucha gente en un lugar. pop.
engentarse.
  I. 1. intr. prnl. *Mx.* Aturdirse por la presencia de mucha gente en un lugar. pop.
engerido, -a.
  I. 1. adj. *Co:C. Referido a persona*, alicaída, falta de ánimo y vitalidad por estar enferma. rur.
engerirse.
  I. 1. intr. prnl. *Co:C.* Ponerse alicaído y triste por estar enfermo. rur.
englobado, -a.
  I. 1. adj. *Co. Referido a persona*, distraída, sin concentración. pop.
englobarse.
  I. 1. intr. prnl. *Co.* Distraerse, no estar concentrado. pop.
engó.
  I. 1. m. *PR.* Cebo, morralla. (**engodo**; **engoe**).
  2. *PR.* Pasta de pescado usada como cebo para la pesca. (**engodo**; **engoe**).
  3. *PR.* Sardina fresca picada o molida usada como cebo para la pesca. (**engodo**; **engoe**).
engoar.
  I. 1. tr. *Cu, PR.* Atraer a los peces con la carnada.
  2. *PR.* metáf. Atraer a *alguien* con halagos. pop + cult → espon.
  II. 1. intr. *RD.* Fingir *una persona* que está siendo engañada, con el fin de averiguar las intenciones de quien pretende engañarla.
  III. 1. intr. *PR.* metáf. Encariñarse o apegarse a *alguien*. pop + cult → espon.
  IV. 1. tr. *PR.* metáf. Dar confianza a *alguien* para después engañarlo o defraudarlo. pop + cult → espon.
engodar.
  I. 1. tr. *Mx.* Atraer a los peces mediante cebo a determinado sitio *para capturarlos*.

engodo.
   I. 1.   *Mx, Cu, PR.* **engó**, cebo.
      2.   *Cu, PR.* **engó**, pasta de pescado.
      3.   *Cu, PR.* **engó**, sardina.

engoe.
   I. 1.   *PR.* **engó**, cebo.
      2.   *PR.* **engó**, pasta de pescado.
      3.   *PR.* **engó**, sardina.
   II. 1.   m. *RD.* Forma de comportarse de quien finge estar siendo engañado para, de esa manera, descubrir las intenciones de quien pretende engañarlo.
      2.   *PR.* Engaño, confianza maliciosa.

engomado, -a.
   I. 1.   adj. *Mx, Ho, ES, Ni, CR, Pa, PR. Referido a persona*, que experimenta los malestares propios de la resaca. ♦ **enguayabado**.
   II. 1.   adj. *Mx, Ec. Referido a persona*, que se viste y acicala con esmero y afectación.
      2.   *PR. Referido a persona, fiesta o visita*, muy formal, con mucha seriedad y compostura. pop + cult → espon.
   III. 1.   adj. *Co:O. Referido a persona*, aficionada a algo. pop.
   IV. 1.   adj. *CR, Bo:S. Referido a la ropa*, que ha sido mojada en almidón disuelto en agua para darle rigidez y mejor aspecto al tejido y facilitar el lavado.

engomadora.
   I. 1.   f. *Ve.* Máquina para engomar.

engomar(se).
   I. 1.   intr. prnl. *Co:O.* Aficionarse a algo. pop.
   II. 1.   intr. prnl. *Ni, Ve. En el **beisbol***, anotar una carrera.
   III. 1.   tr. *Ni, CR.* Almidonar, mojar la ropa en almidón disuelto en agua para darle rigidez y mejor aspecto al tejido y facilitar el lavado.
   IV. 1.   intr. prnl. *Bo.* Eyacular un hombre. tabú.
   V. 1.   intr. *PR.* Sentir *alguien* malestar por haber bebido mucho alcohol. pop + cult → espon.

engorda.
   I. 1.   f. *Mx, Ec, Ch.* Alimentación abundante y esmerada para aumentar el peso del ganado, *especialmente el que sirve para el sustento del hombre*. rur.
      2.   *Mx, Ch.* Conjunto de animales vacunos o de cerda que se ceban para la matanza.

   ■
      a. ‖ ~ **cabra.** f. *Mx.* Planta herbácea; se emplea como pasto para animales. (Fabaceae; *Meibomia* spp.).

engordadero.
   I. 1.   m. *Mx.* Recinto en el cual se encierra al ganado y se le ceba para que engorde.

engordar.
   ☐
      a. ‖ ~ **la bolsa.** loc. verb. *Mx, Ni, Pe.* Incrementar la riqueza de una persona o entidad adinerada.

engorde.
   ▶ parecer chancho de ~.

engordero, -a.
   I. 1.   m. y f. *Mx.* Persona dedicada al engorde del ganado.

engordín.
   I. 1.   m. *ES.* Alcohol mezclado con agua.

engorgonearse.
   I. 1.   intr. prnl. *RD.* Excitarse, alterarse.

engorilado, -a.
   I. 1.   adj. *Mx, Ho, Cu, Ve, Pe. Referido a persona*, muy enfadada. pop + cult → espon.

engorilarse.
   I. 1.   intr. prnl. *Mx, Cu, Ve, Ec, Pe.* Enojarse mucho. pop + cult → espon.

   II. 1.   intr. prnl. *Bo; Ch*, p.u. Emborracharse. pop + cult → espon.

engorrar.
   I. 1.   tr. *PR.* Fastidiar, molestar.

engorre.
   I. 1.   m. *CR, Ec.* Situación molesta o embarazosa. pop.
      2.   *CR.* Persona fastidiosa o molesta. pop ^ desp.
   II. 1.   m. *PR.* Parte superior de la paja de la escoba.

engorrionado, -a.
   I. 1.   adj. *Cu. Referido a persona*, melancólica, triste. pop.

engorruñado, -a.
   I. 1.   *PR.* **engarruñado**.

engramado.
   I. 1.   m. *Ho, ES, Ni, Co, Ec, Pe, Bo.* Terreno cubierto de césped.
      2.   *ES, Ni, Ec.* meton. Campo de **futbol**.

engramado, -a.
   I. 1.   adj. *Ho, ES, Ni, Co. Referido a terreno*, cubierto de *grama*.

engramar.
   I. 1.   tr. *Ho, ES, Ni, PR, Bo.* Sembrar **grama** en un terreno como oficio o negocio.

engramillado.
   I. 1.   m. *Ho.* Hierba fina, corta y tupida que cubre un terreno de juego.

engramillar.
   I. 1.   tr. *Gu, Ho.* Cubrir de césped una superficie.

engrampado.
   I. 1.   m. *Bo.* Sujeción de un conjunto de papeles con grapas o **grampas**.

engrampado, -a.
   I. 1.   adj. *Co. Referido a persona*, llena de deudas. pop.

engrampador.
   I. 1.   m. *Gu, Bo.* **engrampadora**.

engrampadora. (Epént. de *engrapadora*).
   I. 1.   f. *Ho, ES, Pe, Py, Ar, Ur.* Máquina de oficina que sirve para poner **grampas**. (**engrampador**).

engrampamiento.
   I. 1.   m. *RD, PR.* Encerrona, trampa para obligar a alguien a que haga algo en contra de su voluntad.

engrampar(se). (Epént. de *engrapar*).
   I. 1.   tr. *Gu, Ho, ES, PR, Ec, Pe, Bo, Py, Ar, Ur.* Sujetar *algo* con grapas o **grampas**.
   II. 1.   tr. *Co.* Encargar a *alguien* de algún asunto, persona o cosa que causa molestia. pop.
      2.   intr. prnl. *Co.* Meterse en una situación difícil y complicada. pop.

engranaje.
   ▶ estar en el ~.

engranar(se).
   I. 1.   intr. prnl. *Ar, Ur.* Enojarse, ponerse de mal humor. pop.
      2.   intr. *Ar, Ur.* Molestar, enfadarse, *especialmente por haber sido objeto de una broma o una provocación*. pop.
   II. 1.   intr. *Ar.* Entender o comprender rápida y claramente una explicación. pop.

engrandecerse.
   I. 1.   intr. prnl. *Ho, Ni, Bo, Py.* Ser *alguien* vanidoso, engreírse.

engrane.
   I. 1.   m. *Mx.* Rueda dentada de una máquina.

engranojarse.
   I. 1.   *RD.* **engranujarse**, aparecer un sarpullido en la piel.
      2.   *RD.* **engranujarse**, erizarse el vello de la piel.
   II. 1.   *RD.* **engranujarse**, emocionarse.

engranujarse.
   I. 1. intr. prnl. *RD.* Aparecer un sarpullido en la piel por experimentar una emoción determinada. (**engranojarse**).
   2. *RD.* Erizarse el vello de la piel por experimentar una emoción determinada. (**engranojarse**).
   II. 1. intr. prnl. *RD.* Emocionarse. (**engranojarse**).

engrapada.
   I. 1. f. *Ho, CR.* Procedimiento por el que se grapa algo.

engrapado, -a.
   I. 1. adj. *Ho, Ni, Ec. Referido a cosa*, que ha sido unida a otra por una grapa.
   II. 1. adj. *Ni.* juv. *Referido a persona*, drogada.

engraparse.
   I. 1. intr. prnl. *Ni.* juv. Drogarse. drog.

engrasar.
   I. 1. tr. *Ho, PR, Bo.* **aceitar**, sobornar.

engrase.
   I. 1. m. *Ho, Bo.* metáf. Soborno, dinero u otro tipo de prebenda ilegal que recibe una persona.

engreído, -a.
   I. 1. sust/adj. *Cu, RD, Ec, Pe, Bo, Py.* Niño mimado en exceso. pop + cult → espon.
   2. adj. *Ve. Referido a persona*, encariñada con algo o alguien.
   3. sust/adj. *Pe.* Mascota o cosa tenida en gran estima y consideración. pop + cult → espon.
   4. *Pe.* Trabajador o funcionario que se hace rogar en su trabajo y obligaciones para realizar una tarea. pop + cult → espon.

engreír(se).
   I. 1. tr. *Pa, Pe, Bo, Ar:NE.* Consentir demasiado a un bebé.
   2. *Cu, RD, PR, Pe, Bo.* Mimar en exceso a *alguien, en especial a un niño.*
   3. tr. prnl. *PR.* Encariñarse, apegarse *una persona* a alguien o a algo.

engrengueñado, -a.
   I. 1. adj. *RD. Referido al pelo*, enmarañado, revuelto o despeinado.

engribrío, -a.
   I. 1. adj. *PR. Referido a persona*, que tiene la tez amarilla debido a infecciones biliares.

engrifado, -a.
   I. 1. adj. *Ho, Ni, Cu; Ec. Referido a persona*, que está muy enojada. pop + cult → espon.
   II. 1. adj. *ES. Referido a persona*, drogada. drog.
   III. 1. adj. *Ho. Referido a persona o animal*, que tiene los pelos o las plumas erizadas.

engrifarse.
   I. 1. intr. prnl. *Mx, Ho, Ni, Cu, Ec.* Enojarse mucho *alguien*. pop + cult → espon.
   II. 1. intr. prnl. *Ho.* Ponerse la piel tersa y los pelos de punta a una persona o animal.
   2. intr. prnl. *Ho.* metáf. Ponerse erecto el órgano sexual masculino. vulg; pop + cult → espon.
   III. 1. intr. prnl. *ES.* Drogarse *alguien*. drog.

engrillado, -a.
   I. 1. adj. *Pa. Referido a persona*, agobiada por deudas y compromisos.

engrillar(se).
   I. 1. tr. *PR, Ve.* Hacer que un caballo baje la cabeza mucho, arrimando la boca al pecho.
   2. *PR.* Embaucar, engañar.
   3. intr. prnl. *PR.* Alzarse, envanecerse.
   II. 1. tr. *RD, PR.* Arrestar a *alguien*. polic.
   III. 1. tr. *PR.* Llenarse un sitio de grillos.

engrincharse.
   I. 1. intr. prnl. *Ve.* Enfadarse, encolerizarse.

engringolarse.
   I. 1. intr. prnl. *PR.* Negarse a ver un asunto con claridad.
   II. 1. intr. prnl. *PR.* Emperifollarse, vestirse con las mejores ropas. pop + cult → espon.

engripado, -a.
   I. 1. adj. *Mx, Ni, CR, Ve, Py, Ar, Ur, Ec*, p.u. *Referido a persona*, que tiene gripe.

engriparse.
   I. 1. intr. prnl. *Ho, ES, Ni, CR, Ve, Py, Ar, Ur, Ec*, p.u. Contraer la gripe.

engrose.
   I. 1. m. *Mx.* Ampliación de un expediente jurídico para poder dictar una sentencia.

engrudado, -a.
   I. 1. adj. *Ho. Referido a una prenda de vestir*, almidonada.

engrupido, -a.
   I. 1. adj/sust. *Ch, Py, Ar, Ur, Bo*, p.u. *Referido a persona*, soberbia, fatua, pretenciosa. pop + cult → espon.
   2. *Bo, Ch. Referido a persona*, engañada, inducida a tener por cierto lo que no lo es.
   II. 1. adj. *Ec.* juv. *Referido a persona*, que ha sido ilusionada sexual o sentimentalmente por alguien. pop.

engrupidor, -ra.
   I. 1. adj/sust. *Ch, Ar, Ur. Referido a persona*, mentirosa. pop + cult → espon.
   2. *Ar:NO. Referido a persona*, aduladora. pop.
   II. 1. adj. *Ec. Referido a cosa*, que genera adicción. pop + cult → espon.
   2. *Ec. Referido a un alimento*, que gusta mucho. pop + cult → espon.

engrupimiento.
   I. 1. m. *Ch, Ar, Ur.* Engreimiento. pop.

engrupir(se).
   I. 1. tr. *Bo, Ch, Ar, Ur, Py*, pop. Hacer creer una mentira a alguien. pop + cult → espon.
   2. *Ve.* Convencer a *alguien* con mentiras o falsedades. delinc.
   3. tr. prnl. *Ch.* Creerse alguien una mentira. pop + cult → espon.
   II. 1. intr. prnl. *Bo, Ch, Ar, Ur.* Tornarse o ponerse soberbia y engreída *una persona*. pop + cult → espon.
   III. 1. intr. prnl. *Ec.* juv. Ilusionarse sexual o sentimentalmente *alguien*. pop.

enguacado, -a.
   I. 1. adj. *ES. Referido a fruta*, envuelta en hojas para acelerar la maduración.

enguacalado, -a.
   I. 1. adj. *Ve. Referido a una mercancía*, guardada en un **guacal**.
   2. *Ve. Referido a una persona*, escondida, oculta.
   II. 1. adj. *Ve:O. Referido a persona del campo*, que no se adapta a vivir en la ciudad.

enguacalar.
   I. 1. tr. *Ve.* Guardar *algo* en un **guacal**.
   II. 1. tr. *Ve:O.* Encarcelar.

enguacar. (De *guacal*).
   I. 1. tr. *ES.* Cubrir ciertos frutos con hojas para acelerar la maduración.
   II. 1. *Pa.* **enhuacar**.

enguachinarse.
   I. 1. intr. prnl. *PR.* Atolondrarse, atontarse, ponerse **guachinango**. pop + cult → espon.

engualichada.
   I. 1. f. *Ar:NO.* Maleficio, hechizo. rur; pop.

engualichado, -a.
  I. 1. adj. *Ec. Referido a persona o cosa*, embrujada o hechizada. pop + cult → espon.

engualichador, -ra.
  I. 1. sust/adj. *Ar.* Hechicero, brujo. pop.

engualichar. (De *gualicho*, embrujo).
  I. 1. tr. *Ec, Bo, Ar.* Hechizar, embrujar. pop + cult → espon.

enguamilado, -a. (De *guamil*).
  I. 1. adj. *Ho. Referido a un terreno*, recubierto de arbustos por haber dejado de ser cultivado varios años.

enguangarar.
  I. 1. tr. *RD.* Alborotar y provocar agitación en un conjunto de personas.

enguañangado, -a.
  I. 1. adj/sust. *RD, PR. Referido a persona*, débil, boba. pop + cult → espon.

enguapetarse.
  I. 1. intr. prnl. *RD, PR.* Envalentonarse. pop + cult → espon. ♦ **enguapetonarse**.

enguapetonarse.
  I. 1. *PR.* **enguapetarse**.

enguaque.
  I. 1. m. *ES.* Cubrimiento de algunas frutas con hojas.

enguarado, -a.
  I. 1. adj. *Ho. Referido a persona*, borracha por haber bebido **guaro** o aguardiente. pop + cult → espon.

enguararse.
  I. 1. intr. prnl. *Ni, Pa, PR.* Emborracharse *alguien*. pop + cult → espon.
  II. 1. intr. prnl. *PR.* Beber mucho **guarapo** o agua, al punto de padecer pesadez estomacal. pop + cult → espon. ♦ **enguarapetar**.
  III. 1. intr. prnl. *Pa.* Tomar la caña de azúcar, la fruta o un líquido calidad o sabor de **guarapo**.

enguarapetado, -a.
  I. 1. adj. *Cu. Referido a persona*, **tomada**, borracha. pop + cult → espon.

enguarapetarse.
  I. 1. *Cu, PR.* **enguararse**, beber mucho **guarapo**. pop + cult → espon.

enguarecerse.
  I. 1. intr. prnl. *ES.* Emborracharse, *generalmente con* **guaro**.
  II. 1. intr. prnl. *ES.* Enfadarse mucho. carc.

enguaretado, -a. (De *guares*).
  I. 1. adj. *PR. Referido a persona o animal*, juntos, en pareja. pop + cult → espon.

enguaretarse.
  I. 1. intr. prnl. *PR.* Juntarse *una persona* con otra, emparejarse. pop + cult → espon.
  2. *PR.* Desarrollarse dos frutos anormalmente unidos. rur.

enguatar(se).
  I. 1. intr. prnl. *Ch, Ar:O.* p.u. Llenarse *alguien* de comida o bebida hasta tener sensación de hartazgo. pop + cult → espon.
  2. tr. *Ch.* Llenar el estómago hasta tener sensación de hartazgo. pop + cult → espon.
  II. 1. *Ho.* **aguatarse**, llenarse *alguien* del pelillo espinoso de ciertas plantas.

enguayabado, -a.
  I. 1. adj. *Co, Ve. Referido a persona*, que está triste o nostálgica por algo. pop + cult → espon.
  II. 1. *Ni, Co.* **engomado**, con resaca.

enguayabarse.
  I. 1. intr. prnl. *Co, Ve.* Entristecerse por la ausencia de una persona o por algo. pop.
  II. 1. intr. prnl. *Co.* Padecer el **guayabo** o malestar por haber ingerido en exceso bebidas alcohólicas.

III. 1. intr. prnl. *PR.* Creerse una mentira. pop + cult → espon.

enguayaberado, -a.
  I. 1. adj. *Ni, Cu, PR. Referido a persona*, vestida con **guayabera**.

enguayaberarse.
  I. 1. intr. prnl. *PR.* Vestirse *alguien* con una **guayabera**.

enguayanchador.
  I. 1. m. *Pe:N. En ciertas tribus*, brujo especializado en preparar filtros amorosos.

enguayanche.
  I. 1. m. *Pe:N.* Encantamiento para asegurar que alguien quede enamorado de otra persona.

enguayucado, -a. (De *guayuco*).
  I. 1. adj. *PR. Referido a persona*, vestida con ropa de trabajo, con ropa vieja o usada. pop + cult → espon.

engüerarse.
  I. 1. intr. prnl. *Mx.* Echarse a perder *algo*.
  II. 1. intr. prnl. *PR.* Fastidiar gratuitamente *alguien* a su propia familia por no querer salir de la casa. pop + cult → espon.
  III. 1. intr. prnl. *PR.* Enfermarse. pop + cult → espon.

engucrillado, -a.
  I. 1. *Ve.* **enguerrillado**.

enguerrillado, -a.
  I. 1. adj. *Ve. Referido a persona*, que está en actitud de pelea o discusión. (**enguerillado**).

enguerrillamiento.
  I. 1. m. *Bo. En política*, posición radical que adoptan los partidos durante la campaña electoral.

enguerrillarse.
  I. 1. intr. prnl. *Ve.* Alzarse en armas un grupo de personas formando partidas pequeñas para atacar por sorpresa.
  2. *Ve.* Insubordinarse contra cualquier autoridad.
  3. *Ve.* Pelearse, discutir obstinadamente.

engüevado, -a.
  I. 1. adj. *ES. Referido a persona*, endeudada.
  II. 1. adj. *ES. Referido a persona*, metida en líos.

engüevar(se). (De *enhuevar*).
  I. 1. intr. prnl. *ES.* Endeudarse.
  2. *ES.* Meterse en líos.
  II. 1. *Ho.* **enhuevar**, rebozar.

enguille.
  I. 1. m. *Bo.* Lugar en el que un vendedor de droga deja cierta cantidad de dinero para el narcotraficante.

engüinchado.
  I. 1. *Ch.* **enhuinchado**.

engüinchar. (De *güinche*).
  I. 1. *Ch.* p.u. **enhuinchar**.

enguindado.
  I. 1. *Ch.* **guindado**.

enguir.
  I. 1. *PR.* **engullir**.

engullir.
  I. 1. tr. *PR.* Meter la paloma en el pico del pichón el alimento que saca de su buche. (**enguir**).
  2. *PR.* Poner maíz u otro alimento en el pico de un ave para que lo trague. (**enguir**).
  3. *PR.* metáf. Dar de comer a un bebé. (**enguir**).

engulusmar.
  I. 1. tr. *Ho.* Ganar la voluntad de *alguien* con halagos.

engurruñao, -ñá.
  I. 1. adj. *RD. Referido a persona*, enojada o con el gesto malhumorado.

engusanado, -a.
  I. 1. adj. *Ho, ES, Ni, CR, Ve, Ar. Referido a animal o a una parte de su cuerpo*, que tiene gusanos. rur.

engusanarse.
   I. 1. intr. prnl. *Mx, Gu, Ho, ES, Ni, CR, Co, Ve, Ar.* Criar o llenarse de gusanos un animal o una parte de su cuerpo.
   2. *Ar.* Llenarse una planta o una fruta de parásitos o plagas. pop.

enhacendado, -a.
   I. 1. adj/sust. *Ec.* obsol. *Referido a persona*, que tiene una hacienda.

enhebrada.
   I. 1. f. *ES.* Coito. vulg; pop + cult → espon.

enhebrar.
   I. 1. tr. *ES.* Realizar el coito. vulg; pop + cult → espon.

enhicar.
   I. 1. tr. *PR.* Poner **hicos** o cuerdas a la **hamaca**.
   II. 1. tr. *PR.* Golpear con la cabeza.

enhielar.
   I. 1. tr. *Ho.* Cubrir con hielo *algo, generalmente pescado o marisco*.

enhierbar.
   I. 1. *Mx.* **enyerbar**.

enhierrado, -a.
   I. 1. adj/sust. *Ve. Referido a persona*, que porta un arma de fuego.
   II. 1. adj. *Ve. Referido a un coche*, que ha recibido mejoras mecánicas para aumentar su rendimiento.

enhorquetado, -a.
   I. 1. *Ho, Ni, Cu, RD, PR.* **enjorquetado**.

enhorquetar(se).
   I. 1. tr. *Mx, Ho, Ni, Cu, PR, Bo, Ar, Ur.* Poner a *alguien* a horcajadas. (**enjorquetar**).
   2. intr. prnl. *Mx, Ho, Ni, PR, Bo, Ar, Ur.* Ponerse *alguien* a horcajadas sobre algo, *especialmente el jinete sobre una caballería.* (**enjorquetarse**).
   II. 1. intr. prnl. *PR.* Unirse a un grupo sin haber sido invitado.
   2. tr. *PR.* Endilgar *algo* a alguien.

enhuacalar.
   I. 1. tr. *Mx. En una construcción*, instalar un molde formado con tableros o chapas de metal en el que se vacía el hormigón hasta que fragua, y que se desmonta después.

enhuacar. (De *huaca*).
   I. 1. tr. *Pa.* Guardar secretamente *algo*. (**enguacar**).

enhuesar(se).
   I. 1. tr. *Co.* Encargar a alguien algún asunto, *persona o cosa* que causa molestia. pop.
   2. intr. prnl. *Co.* Quedarse a cargo de una persona, asunto o cosa que causa molestia. pop.

enhuevarse.
   I. 1. intr. prnl. *ES.* Endeudarse.
   II. 1. intr. prnl. *ES.* Meterse en problemas.
   III. 1. tr. *Ho.* Rebozar un alimento con huevo batido. (**engüevar**).

enhuinchado.
   I. 1. m. *Ch.* Cubrimiento de algo con cinta adhesiva. (**engüinchado**).

enhuinchar.
   I. 1. tr. *Ch.* Forrar, rodear, adornar *algo* con **huinchas**.

enjabar.
   I. 1. tr. *Ec.* Poner *algo* dentro de una **jaba**.

enjabonada.
   I. 1. f. *Mx, Gu, Cu, Ur; Ho,* rur. Reprimenda, regañina.
   II. 1. f. *PR.* Adulación. pop + cult → espon. ♦ **enjabonadura**.

enjabonado, -a.
   I. 1. adj. *Ar. Referido a persona*, muy asustada. pop.
   2. *Ch. Referido a persona*, que se ha salvado de un peligro tras haber estado a punto de caer en él.

   II. 1. adj. *Bo. Referido a un terreno*, resbaladizo. pop + cult → espon.

enjabonadura.
   I. 1. *PR.* **enjabonada**, adulación.

enjachada.
   I. 1. f. *CR.* **enjache**.

enjachar.
   I. 1. tr. *CR.* Quedarse mirando a *alguien* fijamente y con malicia o mala intención. pop + cult → espon.

enjache.
   I. 1. m. *CR.* Fijación de la mirada en alguien con malicia o mala intención. pop + cult → espon. ♦ **enjachada**.

enjaguar. (Metát. de *enjuagar*).
   I. 1. tr. *Ho, RD, Ec; Py,* p.u. Enjuagar.

enjagüe.
   I. 1. m. *RD, Ec, Py.* p.u. Enjuague, lavado ligero de algo con agua. pop.

enjalmable.
   I. 1. adj/sust. *Mx.* obsol. *Referido a persona*, bruta, ruda, necia.

enjambre.
   I. 1. m. *Mx.* Dulce de nuez, **cacahuate**, almendra u otras semillas partidas en pedacitos y unidas con caramelo o chocolate.
   II. 1. m. *Ni, Ec, Ch.* Serie de movimientos sísmicos sucesivos que suele preceder a un terremoto.

enjaquimado.
   I. 1. m. *Ho.* Sistema y cuerda con que se hace la jáquima a una bestia de carga o montura. rur.

enjaquimarse.
   I. 1. intr. prnl. *Mx.* obsol. Aparentar enfado o seriedad para expresar el mal humor.

enjaranada.
   I. 1. f. *Ho, ES, Ni; CR,* pop. Endeudamiento.

enjaranado, -a.
   I. 1. adj. *Gu, Ho, ES, Ni; CR,* pop. *Referido a persona*, endeudada.

enjaranar(se).
   I. 1. tr. *Gu, Ho, ES, Ni; CR,* pop. Contraer deudas.
   2. intr. prnl. *Ho, ES, Ni.* Endeudarse *una persona*, empresa o institución. pop + cult → espon.
   II. 1. intr. prnl. *Ni, PR.* Meterse *alguien* en **jaranas**. pop + cult → espon.
   III. 1. tr. *Ni.* Contraer un compromiso.

enjaretado.
   I. 1. m. *Pa.* Jareta de encaje alrededor del escote de la camisa de la **empollerada** por la que se pasa lana o una cinta de colores vivos.

enjarma.
   I. 1. f. *Pa, RD.* Esterilla que se coloca debajo del aparejo o de la silla de montar en una caballería.

enjarrado.
   I. 1. m. *Mx.* Tarea de albañilería que consiste en recubrir una superficie con **enjarre**.

enjarrado, -a.
   I. 1. adj. *Mx. Referido a una pared*, recubierta de **enjarre**.

enjarrar.
   I. 1. tr. *Mx.* Aplicar **enjarre** sobre algo.
   2. intr. *Mx.* Mezclar barro y paja para preparar **enjarre**.

enjarre.
   I. 1. m. *Mx.* Masa de barro mezclado con paja que se emplea para hacer ladrillos y para recubrir paredes hechas con caña u otras materias vegetales.

enjaulada.
   I. 1. f. *Ho, RD, Py.* Detención en una cárcel.

enjaulador, -ra.
   I. 1. m. y f. *Mx.* Ladrón que se introduce en las casas para robar. delinc.

enjaularse.
  I. 1. intr. prnl. *Mx.* Introducirse en una casa para robar. delinc.

enjeretado, -a.
  I. 1. adj. *PR. Referido a persona o a animal*, que está en actitud de entablar pelea. pop + cult → espon.

enjeretarse.
  I. 1. intr. prnl. *PR.* Enfrentarse dos gallos de pelea alzando las plumas de la golilla o **jereta**.
  2. *PR.* metáf. Enfrentarse dos personas en actitud de entablar pelea. pop + cult → espon.

enjergado, -a.
  I. 1. adj. *PR. Referido a persona*, bien vestida. pop + cult → espon.

enjergarse.
  I. 1. intr. prnl. *PR.* Ataviarse, vestirse elegantemente. pop + cult → espon.

enjetado, -a.
  I. 1. adj. *Mx, Gu, Bo. Referido a persona*, enfadada, enojada. pop + cult → espon.

enjetarse. (De *jeta*).
  I. 1. intr. prnl. *Mx, Gu, RD, Bo.* Enojarse, montar en cólera. pop + cult → espon.
  2. *RD, Ar, Ur.* Enfadarse y adoptar una actitud huraña. pop + cult → espon.

enjicadura.
  I. 1. f. *Cu.* Conjunto de **jicos** que sujetan una **hamaca**. rur.

enjicar.
  I. 1. tr. *Cu, PR.* Poner **hicos** o cuerdas en la **hamaca**.

enjillado, -a.
  I. 1. adj. *PR. Referido a persona o a animal*, raquítico, enclenque. rur. (**enjillido**).
  2. *PR. Referido a un fruto*, que no alcanza un desarrollo normal. rur. (**enjillido**).

enjilladura.
  I. 1. f. *PR.* Raquitismo. rur. ◆ **enjillamiento**.

enjillamiento.
  I. 1. m. *PR.* **enjilladura**. (**enjillimiento; injillamiento**).

enjillarse.
  I. 1. intr. prnl. *RD.* Adelgazar y debilitarse a causa de una enfermedad.
  2. *PR.* No alcanzar una persona, animal o fruto un crecimiento o desarrollo normal. rur. (**enjillirse**).

enjillido, -a.
  I. 1. *PR.* **enjillado**, raquítico. (**injillido**).
  2. *PR.* **enjillado**, que no alcanza un desarrollo normal. (**injillido**).

enjillirse.
  I. 1. *PR.* **enjillarse**, no alcanzar una persona, animal o fruto un crecimiento o desarrollo normal. (**injillirse**).

enjitomatar. (De *jitomate*).
  I. 1. tr. *Mx.* Aderezar un guiso con tomate.

enjollinarse.
  I. 1. intr. prnl. *PR.* No salir de casa a ningún sitio. pop + cult → espon.

enjorcijar.
  I. 1. tr. *PR.* juv. Introducir.

enjorongado, -a.
  I. 1. adj/sust. *Mx. Referido a persona*, vestida con un **jorongo**.

enjorquetado, -a.
  I. 1. adj. *Ni, CR, RD, PR, Ve:O. Referido a persona o a cosa*, a horcajadas en la horqueta de un árbol o sobre cualquier otra cosa. pop + cult → espon. (**enhorquetado**).

enjorquetar(se).
  I. 1. intr. prnl. *Mx, CR, RD, Ve:O.* Quedar *alguien* en algo como si fuera a horcajadas. pop + cult → espon.
  2. tr. *Mx, Ni, CR, RD, PR.* **enhorquetar**, poner a horcajadas.
  3. intr. prnl. *Ni, PR.* **enhorquetarse**, ponerse a horcajadas.
  4. *CR.* Quedarse *algo* **prensado** en la horqueta de un árbol. pop + cult → espon.

enjoyar. (Del ingl. *to enjoy*).
  I. 1. tr. *EU.* Disfrutar, gozar.

enjuagada.
  I. 1. f. *Ar, Ur.* Ducha rápida.

enjuagar(se).
  I. 1. tr. *RD.* Hincar, clavar un objeto punzante.
  □
    a. ‖ ~**se la boca con consonantes.** loc. verb. *RD.* Recitar.

enjuague.
  I. 1. m. *Mx, Ni, Cu, Co, Ve, Ec, Pe, Bo, Py.* Crema para desenredar y suavizar el cabello después de aplicar el champú.

enjumado, -a.
  I. 1. adj/sust. *Ho. Referido a persona*, borracha. pop + cult → espon.

enjumarse.
  I. 1. intr. prnl. *Ho, Ni.* Emborracharse. pop + cult → espon.

enjuncado.
  I. 1. m. *Ni, Ch.* Construcción o reparación de un mueble con juncos o junquillos.
  2. *Ni, Ch.* Conjunto de juncos o junquillos que hay en un mueble.

enjuncado, -a.
  I. 1. adj. *Ni, Ch. Referido a un mueble*, adornado o hecho con juncos o junquillos.

enjutado, -a.
  I. 1. adj. *Gu, ES, RD. Referido a persona*, muy delgada y desmedrada.

enjutar.
  I. 1. tr. *PR.* Secar al sol la **yuca** rallada. rur.

enjutío, -a.
  I. 1. adj. *RD. Referido a persona*, enjuta, delgada.

enjuto, -a.
  I. 1. adj. *RD, PR; Ec*, cult. *Referido a persona*, débil, mal nutrida. pop + cult → espon.

enlace.
  I. 1. m. *Mx, Ni, RD, Ec.* Contacto político.

enlagunado, -a.
  I. 1. adj. *Co. Referido a persona*, que ha perdido temporalmente la memoria por excesivo consumo de bebidas alcohólicas. pop.

enlagunarse.
  I. 1. intr. prnl. *Co.* Perder temporalmente la memoria debido al consumo excesivo de bebidas alcohólicas. pop.

enlajado.
  I. 1. m. *Mx, Pe.* Recubrimiento de un suelo o pared con lajas.

enlajado, -a.
  I. 1. adj. *Mx, Ni, Bo. Referido a un suelo o pared*, recubierto con lajas.

enlajar.
  I. 1. tr. *PR, Bo.* Cubrir un piso con lajas.

enlamar(se).
  I. 1. intr. prnl. *Mx.* Cubrirse de **lama** o moho los alimentos.
  II. 1. tr. *PR.* Poner lamas a una ventana o a una puerta.

enlame.
    I. 1. m. *Mx.* Operación de abonar un terreno mediante el légamo que depositan las aguas de una inundación o de un río desbordado.
    2. *Ar:NO.* Acumulación de limo.

enlapado, -a.
    I. 1. adj. *PR. Referido a persona o a animal*, delgado y de vientre plano. pop + cult → espon.

enlatado.
    I. 1. m. *Cu, RD, Co, Ve, Bo.* Programa de televisión comercial e importado, de baja calidad en imagen y sonido.

enlatar.
    I. 1. tr. *Ar.* Colocar al ternero una **lata** para lograr su destete sin separarlo de la madre. rur.
    II. 1. tr. *Pa, RD, Ve:C.* Amarrar sobre las vigas del techo o los parales de las paredes una serie de cañas paralelas. rur.
    III. 1. tr. *Ho.* Cubrir el techo y las paredes de una casa con latón.

enlate.
    I. 1. m. *RD.* Caña o vara que se utiliza para **enlatar**, amarrar.

enlazador, -ra.
    I. 1. m. y f. *Ec, Bo:S.* Persona diestra en el arte de enlazar **reses** o caballos sin domar.

enlebrestarse.
    I. 1. intr. prnl. *Pa.* Enfadarse, enojarse. pop.

enlechado, -a.
    I. 1. adj. *Ho. Referido a cosa*, blanqueada con cal o yeso.

enlesado, -a.
    I. 1. sust/adj. *Ch:S.* Persona que ha sido víctima de un hechizo o encantamiento. pop.

enlesamiento.
    I. 1. m. *Ch:S.* Hechizo, encantamiento que sufre alguien. pop.

enlesar.
    I. 1. tr. *Ch:S.* Hechizar, embrujar. pop.

enlevado, -a.
    I. 1. adj. *Mx:O. Referido a persona*, absorta, ensimismada, muy concentrada.

enlevar.
    I. 1. intr. *Mx:O.* Distraer, entretener.

enliado, -a.
    I. 1. adj. *PR. Referido a cosa*, sujeta, unida. pop + cult → espon.

enliar(se).
    I. 1. intr. prnl. *RD.* Contraer deudas de dinero para conseguir algo.
    II. 1. intr. prnl. *Ho.* Meterse en una situación complicada.

enlicorado, -a.
    I. 1. adj. *RD. Referido a persona*, borracha.

enlipidiar. (De *lipidia*).
    I. 1. tr. *ES.* Dejar a *alguien* en la pobreza extrema.

enlistado, -a.
    I. 1. adj. *Mx, Ho, Ni, Co. Referido a persona o cosa*, apuntada en una lista.
    2. *CR; Ho*, p.u. *Referido a las partes de un conjunto*, dispuestas sucesiva y ordenadamente.
    3. sust/adj. *Ve. Referido a persona*, alistada en el ejército.

enlistar(se).
    I. 1. tr. *Mx, CR, RD, Bo, Ch.* Poner en lista, disponer sucesiva y ordenadamente las partes de un conjunto.
    2. intr. prnl. *Mx, Ho, Bo.* Alistarse en el ejército.
    3. tr. *Ho, ES, Ni, PR.* Apuntar en una lista.
    4. intr. prnl. *Bo.* Inscribirse en un partido político. pop.

enllantado.
    I. 1. *Pe.* **enllante**.

enllantarse.
    I. 1. intr. prnl. *RD.* Acomodarse en algún lugar y estar ocioso durante mucho tiempo, sin la fuerza de voluntad necesaria para cambiar de actividad.

enllante.
    I. 1. m. *Pe.* Colocación de llantas en las ruedas de un vehículo. ◆ **enllantado**.

enllavado, -a.
    I. 1. adj. *RD, Ve. Referido a persona*, que está unida a otra por amistad.
    II. 1. adj. *Ni, CR. Referido a cosa*, cerrada con llave.

enllavar(se).
    I. 1. tr. *Ho, ES, Ni, CR, Pa, Co, Ar, Ur.* Cerrar con llave.
    2. intr. prnl. *Ni.* Encerrarse en un lugar.
    II. 1. tr. *RD.* Conseguir un empleo.

enllave.
    I. 1. m. *RD.* Socio o persona de confianza que presta su ayuda para algún fin.

enlluchar(se).
    I. 1. tr. *Ec.* Quitar la ropa a *alguien*. pop + cult → espon.
    2. tr. prnl. *Ec.* Quitarse *alguien* la ropa. pop + cult → espon.

enlosado.
    I. 1. m. *Ve:O.* Espacio destinado para el tránsito de los peatones, comprendido entre la calle y el paramento de las casas.

enlosetado.
    I. 1. m. *Bo.* Suelo revestido con losetas.

enlozado.
    I. 1. m. *Mx, Co, Ec, Pe, Bo, Ch, Py, Ar, Ur.* Aplicación o labor de esmalte o barniz vítreo que se hace sobre un objeto.
    2. *Ni, Ch, Py, Ar, Ur.* Esmalte o barniz vítreo aplicado sobre un objeto.
    3. *Py, Bo.* Pared revestida con cerámica.

enlozado, -a.
    I. 1. adj. *Mx, Ni, CR, Co, Ec, Pe, Bo, Ch, Py, Ar, Ur. Referido a recipiente o utensilio*, recubierto con esmalte o barniz vítreo.

enlozar.
    I. 1. tr. *Mx, Ho, Ni, CR, Pa, Co, Ec, Pe, Bo, Ch, Py, Ar, Ur.* Cubrir un recipiente o utensilio con esmalte vítreo.
    2. *Bo.* Revestir las paredes con cerámica.

enlunado, -a.
    I. 1. adj/sust. *Ho, ES, Ni, CR, RD. Referido a un animal, generalmente vacuno o caballar*, que está en período de celo o apareamiento. rur. ◆ **alunado**.
    2. *Ho, ES.* metáf. *Referido a persona*, muy enamorada.
    II. 1. adj. *Ho. Referido a persona*, enfadada, de mal humor.

enlunamiento.
    I. 1. m. *Ho.* Estado de celo de un animal.

enlunarse.
    I. 1. intr. prnl. *Ho, ES.* Enamorarse.

enlustrado.
    I. 1. m. *CR.* Rosca dulce elaborada a base de harina de trigo, que se recubre con una capa de azúcar teñida de rojo.

enlustrar.
    I. 1. tr. *Ho, Ni.* Cubrir con **betún** o merengue un pastel o **queque**.

enlutado.
    I. 1. m. *ES.* Árbitro de **futbol**. fest.

enlutecido, -a.
    I. 1. adj. *Mx, RD. Referido a persona*, enlutada, cubierta de luto.

enluzado, -a.
- I. 1. adj. *Ho, ES. Referido a persona, animal o cosa*, enfocado con una luz.
- 2. *Ho.* meton. *Referido a persona o animal*, deslumbrado.

enluzar. (De *luz*).
- I. 1. tr. *Ho, ES.* Enfocar a *alguien* o *algo.*
- 2. *Ho.* meton. Deslumbrar *algo* a *una persona* o animal.

enmabitado, -a.
- I. 1. adj. *Ve. Referido a persona,* que tiene mala suerte.

enmabitar(se).
- I. 1. tr. *Ve.* Transmitir o comunicar mala suerte.
- 2. intr. prnl. *Ve.* Tener mala suerte.
- II. 1. intr. prnl. *Ve.* Llenarse una planta de parásitos.

enmadejado.
- I. 1. m. *Ni, Pe, Ch, Ar.* Bobinado del hilo en madeja.

enmadejado, -a.
- I. 1. adj. *Pe, Ch. Referido a cosa,* liada en exceso, enmarañada.

enmadejar.
- I. 1. tr. *EU, Mx, Ni, Cu, PR, Pe, Bo, Ch, Ar.* Aspar, hacer madeja el hilo en el aspa.
- 2. *PR.* metáf. Enredar un asunto.

enmaderador.
- I. 1. m. *Pe, Bo, Ch:N. En minería,* trabajador cuya tarea consiste en reforzar las galerías con vigas de madera.

enmaletar.
- I. 1. tr. *Mx.* Introducir *algo* dentro de una maleta.

enmalezado, -a.
- I. 1. adj. *Bo. Referido a un lugar,* que está cubierto de maleza.

enmalezamiento.
- I. 1. m. *Ch.* Proceso por el que un terreno se cubre de maleza.

enmalezarse.
- I. 1. intr. prnl. *PR, Co, Bo, Ar.* Cubrirse un terreno de malezas.
- 2. *PR.* metáf. Enredarse un asunto.

enmallar.
- I. 1. tr. *Mx, Ni, Co, Ec.* Cercar o cerrar un sitio con una malla metálica. pop.
- II. 1. tr. *Ni, Cu.* Doblar las hojas de tabaco con la vena central hacia fuera, separándolas entre sí para que no se pudran.

enmancuernarse. (Epént. de *enmancornar*).
- I. 1. intr. prnl. *Ho, RD.* Hacer vida marital una pareja sin estar casada.

enmaniguado, -a.
- I. 1. adj. *Cu, PR. Referido a un terreno,* cubierto de **manigua.** rur.
- 2. *PR.* metáf. *Referido a persona,* rústica, que ha adquirido las costumbres del campo. pop + cult → espon ^ desp.

enmaniguarse.
- I. 1. intr. prnl. *Cu, PR.* Convertirse un terreno en **manigua.**
- 2. *PR.* metáf. Acostumbrarse a la vida campesina.

enmanillado, -a.
- I. 1. adj. *Bo. Referido a persona,* esposada.

enmanillar.
- I. 1. tr. *Bo.* Poner esposas a *alguien* para llevarlo detenido.

enmantado.
- I. 1. adj/sust. *Ho. Referido a un semental del ganado,* que tiene una manta o cuero cubriéndole la verga para que no preñe a las hembras. rur.

enmantecado. (Prót. de *mantecado*).
- I. 1. m. *Ni, Pa:O, Py.* Alimento preparado con harina, grasa de cerdo, huevos y azúcar.

enmantecado, -a. (Prót. de *mantecado*).
- I. 1. adj. *Ar. Referido a un molde o recipiente de cocina,* untado con manteca.
- 2. *Ni, Py. Referido a un alimento,* untado con manteca.

enmantecar(se).
- I. 1. tr. *Mx, Ni, Co, Ec, Bo, Py, Ar.* Untar con grasa o manteca *algo, especialmente un recipiente o un alimento que se va a cocinar.*
- 2. intr. prnl. *Ni, Co, Py.* Untarse o llenarse *alguien* de grasa.

enmantelado, -a.
- I. 1. adj. *Ni, Py, Bo. Referido a objeto, especialmente a una mesa,* cubierto con un mantel.

enmantelar.
- I. 1. tr. *Ho.* Montar un campamento.

enmantequillado, -a.
- I. 1. adj. *Ni, Co, Ve, Ec, Pe, Bo, Ch. Referido a un recipiente en el que se va a hornear un alimento,* untado con mantequilla para evitar que este se adhiera.

enmantequillar.
- I. 1. tr. *Ni, Pa, Ve, Ec, Bo, Ch.* Aplicar y extender superficialmente aceite u otra materia pingüe sobre *algo.*
- 2. *Pe.* Untar con mantequilla *algo, especialmente un recipiente o un alimento que se va a cocinar.*

enmantillado, -a.
- I. 1. adj. *Ve. Referido a una criatura,* que nace envuelta en las tres membranas fetales, lo que es tenido por signo de buena suerte.
- ▶ **nacer ~.**

enmantonada.
- I. 1. f. *Bo:N,E.* Mujer cubierta con un mantón.

enmantonado, -a.
- I. 1. adj. *Bo. Referido a persona, generalmente una mujer,* que está cubierta con un mantón.

enmaraño.
- I. 1. m. *ES.* Enmarañamiento.

enmariguanada.
- I. 1. *Ho, ES.* **enmarihuanada.**

enmariguanado, -a.
- I. 1. *Ho, ES, Ni, Cu, Co.* **enmarihuanado.**

enmariguanarse.
- I. 1. *Ho, ES, Ni, Cu.* **enmarihuanarse,** drogarse con marihuana.

enmarihuanada.
- I. 1. f. *Ho, ES.* Fumada de marihuana. (**enmariguanada**).

enmarihuanado, -a.
- I. 1. adj. *Ho, ES, Ni, Cu, Co, Ve. Referido a persona,* que está bajo los efectos de la marihuana. (**enmariguanado**).

enmarihuanar(se).
- I. 1. intr. prnl. *Mx, Ho, ES, Ni, Cu.* p.u. Intoxicarse con marihuana. (**enmariguanarse**).
- 2. tr. *Mx, Cu.* p.u. Intoxicar con marihuana a *alguien.*

enmariscarse.
- I. 1. intr. prnl. *Ho, RD.* p.u. Juntarse *alguien* con otra persona, irse con ella. rur.

enmarquetar. (De *marqueta*).
- I. 1. tr. *Ho.* **Empacar** o empaquetar en cajas.

enmarrocar.
- I. 1. tr. *Pe.* Colocar las esposas a *una persona,* aprisionarla.

enmarronarse.
  I. 1. tr. prnl. *Co:N.* Ponerse **marrones** o rulos.
enmatambado, -a.
  I. 1. adj. *ES. Referido a cosa*, envuelta, embalada.
enmatambar.
  I. 1. tr. *ES.* Envolver *algo, generalmente con sábanas o trapos.*
enmatatado, -a.
  I. 1. adj. *Ho. Referido a cosa*, metida en un **matate**.
enmazacotarse.
  I. 1. intr. prnl. *Co.* Untarse casualmente con una sustancia pegajosa. pop.
enmelocotar(se).
  I. 1. tr. *Co:C,NE,SO.* Untar por casualidad *algo* con una sustancia pegajosa.
     2. intr. prnl. *Co:C,NE,SO.* Untarse *alguien* casualmente con una sustancia pegajosa.
enmezcolarse.
  I. 1. intr. prnl. *PR.* Mezclarse *una cosa* con otra. pop + cult → espon.
enmicado.
  I. 1. m. *Mx.* Revestimiento de una hoja de papel con dos láminas de plástico transparentes y resistentes con la finalidad de protegerla.
enmicar.
  I. 1. tr. *Mx.* Revestir una hoja de papel con dos láminas de plástico transparentes y adheridas entre sí.
enmierdado, -a.
  I. 1. adj. *Pe. Referido a persona, cosa o situación*, que está en mal estado o que ha caído en desgracia. vulg; pop + cult → espon.
enmochado, -a.
  I. 1. adj. *Ve. Referido a un vehículo automotor*, que tiene puesta la **mocha**.
enmochilado, -a.
  I. 1. adj/sust. *Mx, Ni. Referido a persona*, que carga sobre la espalda una mochila.
  II. 1. adj. *Co, Ve. Referido a cosa,* guardada o escondida en una bolsa.
enmochilar.
  I. 1. tr. *Mx, Ho, Co, Ve.* Guardar o meter *algo* en una bolsa.
  II. 1. tr. *Co:N.* Entorpecer o impedir *algo*.
enmogotado, -a.
  I. 1. adj. *Ve. Referido a un terreno*, cubierto de maleza.
enmogotarse. (De *mogote*).
  I. 1. intr. prnl. *Ve.* Cubrirse de maleza un terreno.
  II. 1. intr. prnl. *PR.* Sentirse triste por motivos de salud, volverse un **mogote**. pop + cult → espon.
enmoldador.
  I. 1. m. *Ho.* Hombre que se encarga de verter la **miel** de caña en los moldes en el trapiche.
enmoldar.
  I. 1. tr. *Ho.* Verter la **miel** de caña en los moldes de madera en el trapiche. rur.
enmollerar.
  I. 1. tr. *ES.* Curar a un niño de la **caída de mollera**.
enmonarse.
  I. 1. intr. prnl. *Pe, Bo.* p.u. Emborracharse.
enmongarse.
  I. 1. intr. prnl. *PR.* Contraer la **monga**. pop + cult → espon.
enmongotado, -a.
  I. 1. adj. *PR. Referido a un terreno*, cubierto de maleza. rur.
enmonguillado, -a.
  I. 1. adj. *PR. Referido a persona*, floja, débil. pop + cult → espon.

enmontado, -a.
  I. 1. adj. *Ho, ES, Ni, CR, Ve, Ec. Referido a un terreno*, lleno de maleza.
enmontañarse.
  I. 1. intr. prnl. *Ho, Ni.* Levantarse en armas contra el gobierno.
  II. 1. *Ho.* Irse a un lugar montañoso.
enmontarse.
  I. 1. intr. prnl. *Mx:SE, Gu, Ho, ES, Ni, CR, Co, Ve, Ec, Pe, Bo.* Llenarse de maleza un terreno. rur.
enmontunarse.
  I. 1. intr. prnl. *PR.* Volverse un animal doméstico **montuno**, montaraz. rur.
enmorralado, -a.
  I. 1. adj/sust. *Mx.* p.u. *Referido a persona*, que carga sobre la espalda un morral o mochila.
enmorralar.
  I. 1. tr. *Mx.* p.u. Guardar *algo* en un morral o mochila.
enmoscarse.
  I. 1. intr. prnl. *Ar.* Llenarse de larvas de mosca la herida de un animal. rur.
enmotado, -a. (De *mota*, marihuana).
  I. 1. adj. *ES. Referido a persona*, que ha fumado marihuana. drog.
enmozado, -a.
  I. 1. adj. *Co. Referido a persona*, que hace vida de matrimonio sin estar casada. pop.
enmucar(se).
  I. 1. tr. *Pa.* Formar envoltorios o líos.
  II. 1. intr. prnl. *Pa.* Acostarse acurrucado.
enmugrar(se).
  I. 1. tr. *Mx, Pa, PR, Co, Bo; Ec, Ch, Ar,* p.u. Cubrir *algo* de mugre. pop + cult → espon.
     2. intr. prnl. *Bo; Ch, Ar,* p.u. Ensuciarse *algo*. pop + cult → espon.
     3. *Co.* Ensuciarse *alguien* la ropa. pop + cult → espon.
enmugrentar(se).
  I. 1. tr. *Ch, Ar.* Ensuciar *algo*. pop + cult → espon.
     2. intr. prnl. *Ch, Ar.* Ensuciarse *algo*. pop + cult → espon.
enmugrientarse.
  I. 1. intr. prnl. *Ch.* Ensuciarse *algo* o *alguien*.
enmuinarse.
  I. 1. intr. prnl. *Mx.* Enojarse, molestarse. pop.
enmulado, -a.
  I. 1. adj. *ES. Referido a persona*, muy enamorada.
enmuñecar.
  I. 1. tr. *ES.* Acusar a *alguien* con pruebas falsas puestas por la policía. polic.
enmurtillado.
  I. 1. m. *Ch.* Licor elaborado con aguardiente y **murtilla**, fruta.
ennavajador, -ra.
  I. 1. m. y f. *Ho.* Persona encargada de poner la navaja en el espolón del gallo de pelea.
     2. *Ho.* metáf. Persona que gusta de enemistar a una persona con otra.
ennavajamiento.
  I. 1. m. *Ho.* Ataque con navaja.
     2. *Ho.* metáf. Enemistad entre dos o más personas.
ennavajar(se).
  I. 1. tr. *Ho.* Herir *una persona* con una navaja.
     2. *Ho.* Poner la navaja al gallo de pelea.
     3. *Ho.* metáf. Malquistar, poner a *una persona* contra otra a través de chismes o maledicencias.
  II. 1. intr. prnl. *Ho.* Perjudicarse *una persona* al hablar.
enneblinado, -a.
  I. 1. *CR.* **neblinado**. rur; pop + cult → espon.

enneblinarse.
    I. 1.   *CR.* **neblinarse**. rur; pop + cult → espon.

ennotado, -a.
    I. 1.   adj. *Ni, CR, Ve. Referido a persona*, drogada. drog. (**anotado**).
       2.   *PR. Referido a persona*, borracha. pop + cult → espon. (**anotado**).

ennotarse.
    I. 1.   intr. prnl. *Ni, Ve.* Drogarse *alguien*.

ennublarse.
    I. 1.   intr. impers. *Ho.* Cubrirse el cielo de nubes.

enñangarse.
    I. 1.   intr. prnl. *Ho.* Llenarse *alguien* de lodo al caminar por la **ñanga**.

enojada.
    I. 1.   f. *Mx, Ho, Ni, Bo.* Enojo.

enojón, -na.
    I. 1.   adj/sust. *Mx, Ni, Ec, Pe, Bo, Ch, Py, Ar:NO, Ur. Referido a persona*, que se enoja con facilidad. pop + cult → espon.

empantalonarse.
    I. 1.   intr. prnl. *Mx.* Presumir un hombre de su hombría.

enqueresar.
    I. 1.   tr. *ES.* Poner huevos o queresas las moscas, *generalmente en heridas de animales.*

enqueridarse.
    I. 1.   intr. prnl. *Mx.* Mantener relaciones amorosas o sexuales un hombre y una mujer sin estar casados.

enquesado, -a.
    I. 1.   adj. *Ve. Referido a persona, especialmente a un empleado público,* que se ha apropiado del dinero público o lo ha destinado a un uso ajeno a su función.

enquesarse.
    I. 1.   intr. prnl. *Ve.* Apropiarse del dinero público o destinarlo a un uso ajeno a su función.

enquilombado, -a.
    I. 1.   adj/sust. *Ar. Referido a persona*, desorganizada y carente de criterio para actuar. pop + cult → espon.
       2.   adj. *Ar. Referido a situación*, que no tiene orden ni criterio. pop + cult → espon.

enquilombar(se). (De *quilombo*).
    I. 1.   tr. *Ar.* Complicar, enredar, desordenar *una cosa* o un asunto. pop.
       2.   intr. prnl. *Ar.* Volverse difícil y complicada *una cosa* o asunto. pop.
       3.   *Ar.* Confundirse o meterse en complicaciones. pop.

enquimbado, -a.
    I. 1.   adj. *Co. Referido a persona*, endeudada.
    II. 1.   adj. *Co. Referido a persona*, tonta.

enquimbarse.
    I. 1.   intr. prnl. *Co:O.* Endeudarse. pop.

enquinado, -a.
    I. 1.   adj/sust. *PR.* juv. *Referido a persona*, encogida.

enquinchado, -a.
    I. 1.   adj/sust. *Ar. Referido a persona*, que tiene peluquín. pop.

enquiñar(se).
    I. 1.   tr. *PR.* Trabar las patas a un animal. rur.
       2.   *PR.* Trabar las pinzas a un cangrejo para que no pellizque.
       3.   *PR.* metáf. Trabar los brazos a *una persona.* rur.
       4.   intr. prnl. *PR.* Trabarse en un asunto, fastidiarse.
    II. 1.   intr. prnl. *PR.* Quedarse rencoroso.

enramada.
    I. 1.   f. *Co.* Construcción ligera o rústica que consiste en un techo sin paredes o con paredes incompletas.

enranchado, -a.
    I. 1.   adj. *Ni. Referido a persona*, que apenas sale de casa.
    II. 1.   adj. *Ni. Referido a persona*, enamorada.

enrancharse.
    I. 1.   *Co:C,O.* **arrancharse**, negarse a hacer algo. pop.
    II. 1.   intr. prnl. *Ni.* Apegarse a un lugar o casa.
    III. 1.   intr. prnl. *Ni.* Enamorarse de alguien.

enrase.
    I. 1.   m. *PR.* Viga de la parte superior de una pared.

enrastrojarse.
    I. 1.   intr. prnl. *Mx, Co:C.* Llenarse un terreno de maleza.

enratonado, -a.
    I. 1.   adj. *Ve. Referido a persona*, que padece el malestar de quien ha bebido alcohol en exceso.

enratonarse.
    I. 1.   intr. prnl. *Ve.* Padecer el malestar de quien ha bebido alcohol en exceso.

enrayado.
    I. 1.   m. *PR.* Conjunto de líneas trazadas en la vía pública para organizar el **tránsito** de vehículos. ♦ **enripiado**.

enrayador.
    l. 1.   m. *Ch.* Persona que tiene por oficio montar y reparar los rayos o radios de ruedas de vehículos.

enrazado, -a.
    I. 1.   adj. *Co, Ve. Referido a animal*, cruzado con otro de raza diferente.
       2.   *CR. Referido a un animal de raza criolla o autóctona*, cruzado con otro de raza importada.
       3.   adj. *Pa. Referido a persona*, mestiza. pop.
    II. 1.   adj/sust. *Pe. Referido a persona*, valiente, decidida, audaz. pop + cult → espon.

enrazar.
    I. 1.   tr. *Ho, Ni, Pa, Co, Ve, Ec.* Cruzar o mezclar razas de animales para mejorarlas.
       2.   *CR.* Cruzar un animal de raza criolla o autóctona con otro de raza importada.

enrectar(se).
    I. 1.   tr. *Ec, Bo.* Poner recto *algo* que estaba torcido. pop + cult → espon.
       2.   intr. prnl. *Bo.* Ponerse recto *algo* torcido. pop + cult → espon.

enredajo.
    I. 1.   m. *Co.* Complicación y maraña que resulta de enredarse diversas cosas entre sí. pop + cult → espon.

enredalapita.
    I. 1.   m-f. *Co.* Persona que *habitualmente* organiza enredos o discordias. pop + cult → espon ^ desp.
       2.   m. *Co:N.* Enredo.

enredapelo.
    I. 1.   f. *Ho.* Abeja silvestre, muy pequeña, de color amarillento, que produce miel. (Apidae; *Nannotrigona* spp.).

enredar(se).
    I. 1.   tr. *Mx.* Envolver *algo*. pop.
    □
    a. ‖ **~ la cabuya.**
       i.   loc. verb. *RD.* Equivocarse, confundirse.
       ii.   *RD.* Oscurecer algo, hacerlo difícil de comprender.
    b. ‖ **~ la pita.**
       i.   loc. verb. *Ho, Ni, Co, RD, PR, Co.* Complicar las cosas, enmarañar un asunto. pop + cult → espon.
       ii.   *Cu, RD.* Oscurecer algo, hacerlo difícil de comprender. pop + cult → espon.

iii. *RD.* Confundirse. pop + cult → espon.

iv. *Ni.* Irse por las ramas, no decir lo fundamental de algo.

c. ‖ ~**se el volantín.** loc. verb. *Ve.* Complicarse un asunto. pop + cult → espon.

d. ‖ ~**se en las cuartas.** loc. verb. *Ar.* Aturdirse ante una dificultad.

e. ‖ ~**se la baraja.** loc. verb. *Cu.* Tener complicaciones.

f. ‖ ~**se los cordoles.** loc. verb. *Cu.* Tropezar con dificultades.

enrediña.
I. 1. f. *RD.* Enredo, maraña.

enredista.
I. 1. adj/sust. *Mx, Ni, Co, Ec, Pe, Bo, Ar:NO. Referido especialmente a persona*, que origina o provoca enredos. pop + cult → espon.
2. adj. *Ni. Referido a persona*, cizañosa.
II. 1. m-f. *Bo.* Persona que habla o actúa con torpeza. pop + cult → espon.

enredisto, -a.
I. 1. adj/sust. *Bo. Referido a persona*, que origina o provoca enredos. pop + cult → espon.

enredo.
I. 1. m. *Ni, Pa, Cu, RD, Co, Bo, Ch, Py, Ar, Ur.* Amorío. pop + cult → espon. (**enriedo**).
II. 1. m. *Mx.* Pieza de tela rectangular que se enrolla alrededor de la cintura para sujetar la falda.
III. 1. m. *ES.* Bola de **yuca** frita hecha hilos, aderezada con repollo encurtido y salsa con **chile** picante.

enreglado.
I. 1. m. *Ho.* Listón de madera que protege exteriormente el costado de una embarcación por la parte superior.

enrejado.
I. 1. m. *PR.* Piso de rejilla que cubre el suelo de una embarcación. ♦ **enrejillado**.

enrejado, -a.
I. 1. adj. *Ho, Ni, Cu. Referido a un ternero*, atado, amarrado durante el ordeño de la vaca.

enrejador.
I. 1. m. *Ho, Ni.* Hombre encargado de poner el **rejo** a un ternero.

enrejar.
I. 1. tr. *Gu, Ho, Cu, Co.* Poner maneas a un animal. rur.
2. *Ho, ES, Ni, Cu, Ve.* Atar el ternero a una de las patas de la vaca para ordeñarla. rur.

enrejillado.
I. 1. *PR.* **enrejado**, piso de rejilla.

enrejonada.
I. 1. adj. *Ni. Referido a una casa*, construida con **rejones**.

enrejonar.
I. 1. tr. *Ni.* Construir una casa con **rejones**.

enrendar.
I. 1. tr. *Ar.* Poner las riendas a una caballería. rur.

enriedo.
I. 1. *Py, Ar, Ur.* **enredo**, amorío. vulg; pop.

enrielamiento.
I. 1. m. *Ch.* Procedimiento por el que se hace que alguien adopte conductas o características que se consideran beneficiosas.

enrielar(se).
I. 1. tr. *Mx, RD, Bo, Ch.* Colocar sobre los carriles o rieles un vehículo descarrilado, una máquina o un vagón.

2. *Ho, RD, Bo, Ch.* Encarrilar, encauzar, dirigir *algo* o a *alguien* por el camino adecuado o conveniente.
3. *Ec, Ch.* Instalar rieles en una vía.
4. intr. prnl. *Bo:S.* Ir por buen camino. pop.
5. *Ho.* metáf. Retornar al comportamiento habitual.

enriendar.
I. 1. tr. *Ar:NO.* Poner las riendas a una caballería. rur.

enriende.
I. 1. m. *Ar:NO.* Colocación de las riendas a una caballería. rur.

enrinar. (De *rin*).
I. 1. tr. *ES.* Poner el **rin** a la llanta de una rueda.

enripiado.
I. 1. m. *PR, Ec, Ch, Py, Ar, Ur.* Colocación de una capa de **ripio** o casquijo sobre una calle o un camino.
2. *Ch, Py, Ar, Ur.* Capa de **ripio** o casquijo con que se cubren calles o caminos.
II. 1. *RD, PR.* **enrayado**, conjunto de líneas.

enripiarse.
I. 1. tr. *Ch, Py, Ar, Ur.* Cubrir calles o caminos con **ripio** o casquijo.
II. 1. tr. *RD, PR, Py.* Hacer **ripios** *algo*. pop + cult → espon.
III. 1. tr. *PR.* Colocar *alguien* **enripios** en un techo.
IV. 1. intr. prnl. *Ho.* Obstruirse un conducto o tubería.

enripio.
I. 1. m. *PR.* Alfajía en la que se clavan las planchas de cinc de un techo.

enriscadero.
I. 1. *PR.* **arriscadero**, risco.

enriscarse.
I. 1. intr. prnl. *RD, PR.* Caerse *alguien* por un risco.
II. 1. intr. prnl. *PR.* Ponerse presuntuoso.

enrocado.
I. 1. m. *Ec, Ch.* Cubrimiento con rocas de una superficie o lugar.
2. *Ec, Ch.* Material para **enrocar**.

enrocamiento.
I. 1. m. *Ch.* Procedimiento mediante el que se ponen rocas en un sitio determinado.

enrocar.
I. 1. tr. *Ec, Ch.* Cubrir una superficie con rocas o materiales de construcción.

enrolar(se).
I. 1. tr. *EU, Ni, PR.* Liar cigarrillos de marihuana.
II. 1. intr. prnl. *Ni.* juv. Unirse a un grupo de amigos.
2. *Ni.* Juntarse dos personas en una relación amorosa.
III. 1. tr. *Ho.* Inscribir o hacer participar a *alguien* en algo con engaños.

enrollado.
I. 1. m. *Ve, Pe.* Trozo de carne de **res** cortado fino que se rellena con distintos ingredientes y se enrolla y ata para cocinarlo.
2. *Ve:O, Pe.* Pastel pequeño de bizcocho en forma de rollo relleno de **manjar blanco**.
3. *Bo, Py.* Embutido casero de carne de cerdo, a manera de rollo, aderezado y cocido.

enrollado, -a.
I. 1. adj. *Ve.* juv. *Referido a persona*, difícil, complicada.
2. *Ch. Referido a persona*, de ánimo pesimista o que sufre de continua desazón ante cosas o problemas que percibe como negativos. pop.
3. *Ve.* juv. *Referido a persona*, amargada, resentida.

enrolladora.
I. 1. f. *Ni.* Palo donde se enrolla el hilo de una cometa.

enrollar(se).
  I. 1.   intr. prnl. *Ve.* Complicarse, enredarse un asunto.
     2.   *Ve.* Enredarse, complicarse *una persona* al hacer algo.
     3.   *Ch.* Preocuparse en exceso ante algo que se considera o percibe como negativo. pop.
  II. 1.   tr. *ES.* Adular a *alguien* interesadamente.
  III. 1.   intr. prnl. *Ni.* Quedarse en un lugar sin hacer nada.

enrollón, -na.
  I. 1.   adj. *ES.* Referido a persona, aduladora por interés.

enronchado, -a.
  I. 1.   adj. *Mx, Ni, RD, Ec, Pe, Ch. Referido a persona,* que tiene el cuerpo lleno de ronchas.

enronchar(se).
  I. 1.   intr. prnl. *Mx, Ni, Ec, Pe, Bo, Ch.* Cubrirse *alguien* o *algo* de ronchas.
     2.   tr. *Ec, Bo, Ch.* Provocar, *especialmente un insecto,* la aparición de ronchas.
     3.   *Ch.* Causar *algo* o *alguien* molestia profunda. pop + cult → espon.
     4.   intr. prnl. *Ch.* Enojarse por una acción molesta. pop + cult → espon.

enroña.
  I. 1.   *PR.* piquiña, envidia.

enroñado, -a.
  I. 1.   adj. *PR. Referido a persona,* enfadada, enojada. pop + cult → espon.

enroñamiento.
  I. 1.   m. *RD, PR.* Enfado, enojo. pop + cult → espon.
     2.   *RD, PR.* Mala voluntad, inquina. pop + cult → espon.

enroñarse.
  I. 1.   *PR.* enfuncharse, enojarse.

enroque.
  I. 1.   m. *Ch.* Intercambio de funciones entre personas o cosas de un mismo conjunto.

enroscado, -a.
  I. 1.   adj. *CR.* obsol. *Referido a persona,* que se ha ido a la cama a dormir. rur.

enroscar(se).
  I. 1.   intr. prnl. *Mx.* Resistirse a hacer algo, hacerse de rogar. pop.
  II. 1.   tr. *Pa.* Meter a *alguien* en un lío. pop.
     2.   *Pa.* Engañar. pop.
  III. 1.   tr. prnl. *PR.* Realizar el coito. vulg; pop + cult → espon.
  IV. 1.   intr. prnl. *CR.* obsol. Echarse a dormir. rur.

enrostramiento.
  I. 1.   m. *Ch.* Manifestación explícita e intencional con que se le hace notar a alguien algo que le produce menoscabo, *especialmente algún defecto que posee.*
     ♦ **enrostre.**

enrostrar.
  I. 1.   tr. *Gu, Ho, Ni, CR, Pa, RD, Co, Ve, Ec, Pe, Bo, Ch, Ar, Ur.* Reprochar *algo* a alguien. prest; cult → esm.
  II. 1.   tr. *Ec.* Enfrentar a *alguien* con algo reprobable para que lo advierta o cobre conciencia de ello. prest; cult → esm.

enrostre.
  I. 1.   *Ch.* p.u. **enrostramiento.**

enruanado, -a.
  I. 1.   adj. *Co. Referido a persona,* que va cubierta con una **ruana.**

enrubio.
  I. 1.   m. *PR.* **acacia.** (Rutaceae; *Zanthoxylum monophyllum*).

enrulado.
  I. 1.   m. *Bo, Ch, Py, Ar, Ur.* Rizado del cabello.

enrulado, -a.
  I. 1.   adj. *Ve, Pe, Bo, Ch, Py, Ar, Ur. Referido al cabello,* rizado.

enrulador.
  I. 1.   m. *Ec.* p.u. Instrumento para hacer rulos en el cabello.

enrulador, -ra.
  I. 1.   m. y f. *Bo. Ec,* p.u. *En peluquería,* persona que desempeña trabajos auxiliares, como poner **ruleros.**

enrular(se).
  I. 1.   tr. *Ho, CR, Co, Ve, Ec, Pe, Bo, Ch, Py, Ar, Ur, Bo.* Rizar el cabello con los **ruleros** o con otros medios.
     2.   intr. prnl. *Co, Ve, Pe, Bo, Ch, Py, Ar, Ur.* Rizarse el cabello de forma natural.
  II. 1.   tr. *Ho:N.* Besar a una mujer.

enrumbada.
  I. 1.   f. *Mx, Ho.* Pérdida de rumbo, desorientación.
     ♦ **enrumbe.**
     2.   *Ho, Ni.* Rumbo, dirección. ♦ **enrumbe.**

enrumbado, -a.
  I. 1.   adj. *Ho, ES, Ni, Cu. Referido a persona,* que se dirige a un lugar definido.
     2.   *Ec.* metáf. *Referido a persona,* que tiene una carrera profesional exitosa.
     3.   *Ec.* metáf. *Referido a una institución o proyecto,* que se desarrolla con éxito.
     4.   *Ho.* metáf. *Referido a un asunto o tema,* que comienza a solucionarse.
  II. 1.   adj. *Co.* juv. *Referido a persona,* que va a bailar, de fiesta.
  III. 1.   adj. *Co. Referido a persona,* que está bajo los efectos de una droga. pop.

enrumbar(se).
  I. 1.   intr. prnl. *Ho, ES, Ni, CR, Cu, RD, Co, Ve, Bo, Ch.* Tomar determinada dirección o rumbo.
     2.   tr. *Ho, Cu, Co, Ve.* Encaminar, enseñar a *alguien* por dónde ha de ir, ponerlo en camino.
     3.   *Co, Ve.* Dirigir la conducta, la conversación o la educación de alguien.
     4.   *Ec.* Conducir *algo* hacia el éxito.
     5.   intr. *CR.* Tomar *algo* determinada dirección o rumbo.
     6.   *Ho.* metáf. Hacer que *algo* vuelva a ser como era.
  II. 1.   intr. prnl. *Co.* juv. Ir a bailar, ir de fiesta.
  III. 1.   intr. prnl. *Ho.* Perderse *alguien,* desorientarse en un lugar.

enrumbe.
  I. 1.   *Ho.* **enrumbada.**

ensacado, -a.
  I. 1.   adj. *RD. Referido a persona,* vestida con un **saco,** chaqueta.
     2.   *Ni. Referido a hombre,* que viste traje.
  II. 1.   adj. *PR. Referido al café,* que está en sacos de cien o doscientas libras.
     □
     a. ‖ ~ **y encorbatado.** loc. adj. *RD. Referido a persona,* vestida elegantemente con traje y corbata.

ensacarse.
  I. 1.   intr. prnl. *Ar:NO.* Comer o beber en exceso. pop.

ensalada.
  I. 1.   f. *Mx.* **cacalichuche.**
  II. 1.   f. *Cu.* obsol. Refresco preparado con agua de limón, hierbabuena y piña.
     ■
     a. ‖ ~ **de estación.** f. *Cu.* Ensalada hecha con hortalizas propias de cada temporada.

ensaladilla.
   I. 1. f. *Bo.* Conjunto ininterrumpido de piezas musicales alegres para ser bailadas al final de una fiesta. pop.
   II. 1. f. *Ho.* metáf. *En una charla, conferencia o conversación*, paso de un tema a otro de forma precipitada y desordenada.

ensalchichar.
   I. 1. tr. *PR.* Engatusar. pop + cult → espon.

ensalitrar(se).
   I. 1. tr. *Mx.* Cargar de salitre las tierras o las paredes.
     2. intr. prnl. *Mx.* Cargarse de salitre las tierras o las paredes.

ensalme.
   I. 1. m. *RD, Ve.* Oración o práctica mágica para curar enfermedades.

ensamble.
   I. 1. m. *Mx.* Abrigo o chaqueta femenina que va a juego con un vestido.

ensambre.
   I. 1. m. *RD.* Chisme, noticia o comentario que se hace para hablar mal de alguien.

ensanduichar. (Del ingl. *sandwich*).
   I. 1. tr. *PR.* Intercalar *alguien* forzadamente una cosa o asunto dentro de otro. pop + cult → espon.

ensangrarse.
   I. 1. intr. prnl. *Bo.* Perder *alguien* o mucha sangre o toda ella. pop.

ensaquillado, -a.
   I. 1. adj. *Bo. Referido a cosa*, guardada en un saco. pop.

ensaquillar.
   I. 1. tr. *Bo.* Poner *algo* en un saco. pop.

ensarapado, -a.
   I. 1. adj/sust. *Mx. Referido a persona*, que lleva puesto un **sarape** o está envuelta en él.
   ▶ **hacerle al ~.**

ensardinado, -a.
   I. 1. adj. *RD, PR. Referido a persona*, apretujada, hacinada, *en especial en un vehículo*. pop + cult → espon.
   II. 1. adj. *Ni.* juv. *Referido a persona*, presa, encarcelada.

ensardinar.
   I. 1. tr. *Ni.* juv. Meter a *alguien* en la cárcel. pop + cult → espon.

ensarta. (Prót. de *sarta*).
   I. 1. f. *Mx, Gu, ES, Cu, RD, PR.* Sarta, serie de cosas metidas por orden en un hilo o en una cuerda.
     2. *Cu, RD, PR.* Grupo de hojas de tabaco cosidas por la parte superior de la vena principal.
     3. *PR.* Grupo de pescados ensartados.
   ■
   a. ‖ ~ **de jueyes.** f. *PR.* Conjunto de **jueyes** amarrados en hileras, *generalmente con un* **bejuco**.

ensartada.
   I. 1. f. *Ho, ES, Ni, Ch.* **ensarte**, engaño. pop + cult → espon.
   II. 1. f. *Pe.* **ensarte**, actuación frustrada. pop.

ensartado, -a.
   I. 1. adj. *Ho, ES, CR, Pe, Ch. Referido a persona*, engañada, embaucada. pop + cult → espon.
   II. 1. adj. *Ho, ES, Ni, CR. Referido a persona*, endeudada.
   III. 1. adj. *Ho, Ni, Py. Referido a cosa*, metida a presión en otra.

ensartador.
   I. 1. m. *ES.* Pincho de acero para asar carne.

ensartadora.
   I. 1. f. *ES.* Pincho de acero en que se insertan papeles.

ensartar(se).
   I. 1. tr. *Mx, Gu, Ho, ES, Ni, CR, Pa, PR, Ve, Pe, Ar.* metáf. Involucrar a *alguien* en una situación perjudicial.
     2. intr. prnl. *Mx, Ni, Pe, Ch, Ar, Ur.* metáf. Caer *alguien* en un engaño o trampa. pop + cult → espon.
     3. tr. *Mx, Ni, RD, PR, Pe, Ch, Ec,* p.u. ‖ metáf. Hacer caer a *alguien* en un engaño o trampa.
     4. intr. prnl. *Ve, Pe, Ar.* Involucrarse en una situación perjudicial. pop.
     5. *Ar.* Fracasar, obtener un resultado insatisfactorio. pop.
   II. 1. *Cu, RD.* Pasar un hilo por los pedúnculos de las hojas de tabaco, para unirlas y, posteriormente, dejarlas secar sobre un **cuje**.
     2. *Ec.* Atravesar con un arma puntiaguda el cuerpo de una persona. delinc.
     3. *PR, Py.* Atar, ligar, hacer sartas.
     4. intr. prnl. *Ni, PR.* Engancharse en algún objeto con punta.
   III. 1. tr. *Ho.* Meter *algo* a presión.
   IV. 1. intr. prnl. *Ho, ES, Ni.* Endeudarse *alguien*, adquirir *alguien* deudas.

ensarte.
   I. 1. m. *Pe.* Actuación frustrada, que no cumplió las expectativas. ♦ **ensartada**.
     2. *Ch.* Engaño o cosa que produce desencanto o frustración. pop. ♦ **ensartada**.
   II. 1. m. *Cu.* Unión de varias hojas de tabaco por sus pedúnculos mediante un hilo, para luego colocarlas sobre un **cuje**.

ensenada.
   I. 1. f. *Ar.* Lugar descubierto destinado a encerrar animales. rur.

enseñanza.
   ■
   a. ‖ ~ **diferencial.** f. *Ch, Py, Ar.* Enseñanza o educación especial para niños con alguna discapacidad.

enseñar.
   I. 1. tr. *ES.* p.u. Dirigir *alguien* un rezo, como el rosario. rur.
   □
   a. ‖ ~ **el cobre.** loc. verb. *Mx, Co.* Dejar ver alguien aspectos de su personalidad, *especialmente vicios o defectos*.

enseñoritar.
   I. 1. intr. *Ec.* Empezar a brotarle la flor al maíz. rur.

enser.
   ■
   a. ‖ ~ **de pesca.** m. *PR.* Arte de pesca.

ensereguetado, -a.
   I. 1. adj. *ES. Referido a persona*, endeudada.
   II. 1. adj. *ES. Referido a persona o cosa*, que está en un lugar lejano o en un sitio oscuro.

enserenado, -a.
   I. 1. adj. *Ec. Referido a ropa*, oreada con el aire fresco de la noche. rur; pop.
     2. *Ec. Referido a alimentos*, que han sido expuestos al aire fresco de la noche para evitar su descomposición. rur; pop.
     3. *Ec. Referido a persona*, que ha recibido el frío y la humedad del sereno. rur; pop.

enserenar(se).
   I. 1. tr. *Ec.* Dejar ropas expuestas al aire fresco de la noche para que se oreen. rur; pop.
     2. *Ec.* Dejar alimentos al aire fresco de la noche para evitar que se descompongan. rur; pop.
     3. intr. prnl. *Ec.* Recibir el frío y la humedad del sereno. rur; pop.

enseriar(se).
- **I. 1.** intr. prnl. *Mx, Ni, Cu, RD, PR, Co, Ve.* Ponerse seria *una persona.* pop + cult → espon.
- **2.** tr. *Mx, Cu, Co, Ve.* Dar a un asunto o situación un aspecto grave y formal. pop + cult → espon.
- **II. 1.** tr. *Ec. En política,* formalizar un compromiso o acuerdo.
- **2.** intr. prnl. *Ho.* Formalizar una pareja su relación amorosa, hacerse novios o casarse. rur.

ensetado, -a.
- **I. 1.** adj. *Ho. Referido a parcela o casa,* cercada por un seto vivo.

ensetar.
- **I. 1.** tr. *PR.* Poner *alguien* setos.

enshuquecerse. (De *shuco*).
- **I. 1.** intr. prnl. *Gu.* Ponerse en mal estado un alimento.

ensilaje.
- **I. 1.** m. *Bo.* **Chala** de maíz que sirve de alimento al ganado. rur.

ensillado.
- **I. 1.** m. *Ni, Bo:N,E, Py, Ar, Ur.* Conjunto de piezas que componen el **recado** de montar.

ensillado, -a.
- **I. 1.** adj. *Ar.* metáf. *Referido al asado,* acompañado de ensalada, bebida y postre. rur.
- **II. 1.** adj. *Cu. Referido a persona,* que va armada. pop.

ensillar(se).
- **I. 1.** intr. prnl. *Ar, Ur.* Enfadarse, enojarse. pop.
- **2.** tr. *Ur.* Hacer enfadar o enojar a *alguien.* pop.
- **II. 1.** tr. *Ar.* Empezar, comenzar. pop.
- **III. 1.** intr. prnl. *Bo:E.* Sentarse en un asiento. pop.
- □
- **a.** ‖ ~ **el mate.** loc. verb. *Ar, Ur.* Renovar parcialmente la **yerba** del **mate**, infusión.

ensillo.
- **I. 1.** m. *PR*; pl. *Bo.* Arnés, apero, avío del animal de montura y carga.

ensimismarse.
- **I. 1.** intr. prnl. *Ec, Bo.* Envanecerse. pop + cult → espon.

ensiuticar.
- **I. 1.** tr. *Ch.* p.u. Hacer que *alguien* adopte o tenga modales presuntuosos o afectados. prest; cult → esm.

ensobrarse.
- **I. 1.** intr. prnl. *Bo, Ar.* Meterse en la cama para dormir. pop.

ensoguillar.
- **I. 1.** tr. *Bo.* Atar con una soga a un animal. pop.

ensolverse.
- **I. 1.** intr. prnl. *RD.* No alcanzar un mal, *especialmente la muerte,* más que a la persona que lo padece.

ensombrerado, -a.
- **I. 1.** m. y f. *Ec.* p.u. Persona indígena ecuatoriana que ocupa un puesto político de importancia. pop ^ desp.

ensopada.
- **I. 1.** f. *Mx.* Impregnación de un cuerpo con un líquido.

ensopado, -a.
- **I. 1.** adj. *Mx, Ni, CR, Cu, RD, PR, Co, Ve, Ec, Bo. Referido a persona o cosa,* que está completamente impregnada de un líquido.
- **2.** *Cu. Referido al arroz cocinado,* impregnado de un líquido, especialmente agua.

ensopar(se).
- **I. 1.** intr. prnl. *Mx, Ho, Ni, Cu, RD, Co, Ve, Ec, Bo.* Impregnarse completamente un cuerpo con un líquido. pop.
- **2.** tr. *Mx, Ho, Ni, Cu, RD, Co, Ve, Bo.* Impregnar totalmente un cuerpo con un líquido.

ensoquillar.
- **I. 1.** tr. *Bo.* Introducir *algo* con maña o con fuerza en un lugar. pop + cult → espon.
- **2.** *Bo:E.* metáf. Meter a *alguien* en prisión. pop + cult → espon.
- **II. 1.** tr. *Bo:E.* Vender *algo* casi a la fuerza. pop + cult → espon.
- **III. 1.** tr. *Bo:E.* Hacer que *una persona* acepte a otra sabiendo que se trata de una carga. pop + cult → espon.

ensorocado, -a.
- **I. 1.** adj. *ES. Referido a persona o cosa,* untada de algo, embarrada.

ensorocar.
- **I. 1.** tr. *ES.* Embarrar *una persona* o *cosa.*

ensuavizada.
- **I. 1.** f. *CR.* Ablandamiento de algo.

ensuavizado, -a.
- **I. 1.** adj. *CR. Referido a cosa,* suavizada.

ensuavizar.
- **I. 1.** tr. *CR.* Hacer suave *algo.*

ensuciar.
- **a.** ‖ ~ **la cancha.** loc. verb. *Ur.* Intervenir negativamente en una discusión o situación conflictiva. pop.

ensucunado, -a.
- **I. 1.** adj. *ES. Referido a persona,* encerrada, escondida, aislada.

ensucunarse.
- **I. 1.** intr. prnl. *Ho, ES.* p.u. Encerrarse en un lugar, aislarse.

ensuelado.
- **I. 1.** m. *Ho.* Corte, cosido y ahormado de la suela del calzado.

ensuelador, -ra.
- **I. 1.** m. y f. *Ho.* Persona que se encarga de cortar, coser y ahormar la suela del calzado.

ensuelar.
- **I. 1.** tr. *Mx, Ho.* Cortar, coser y ahormar la suela del calzado.

ensueño.
- **I. 1.** m. *Pa.* Enredadera de hojas de pequeño tamaño, muy numerosas y ornamentales, empleadas para adornar los ramos de flores y las coronas.

ensuichar(se). (Del ingl. *switch,* interruptor).
- **I. 1.** tr. *Ho.* Apagar la luz con un interruptor, cortar un circuito eléctrico.
- **II. 1.** tr. *Ho:N. En el sistema ferroviario,* maniobrar una locomotora para cambiar de dirección.
- **III. 1.** intr. prnl. *Ho:N.* Enfadarse.

ensuifurao, -rá.
- **I. 1.** adj. *RD. Referido a persona,* enfurecida, colérica. pop.

ensurucarse.
- **I. 1.** intr. prnl. *PR.* Ponerse *alguien* borracho. rur.
- **2.** *PR.* Armar *alguien* una pelea debido a su estado de embriaguez. rur.

entabacado.
- **I. 1.** adj/sust. *Mx. Referido a persona,* valiente, decidida, audaz.

entabicado, -a.
- **I. 1.** adj. *Ni. Referido a persona,* encarcelada.

entabicar. (Prót. de *tabicar*).
- **I. 1.** tr. *Mx, Gu, Ho, PR, Bo, Ar.* Colocar un tabique o un muro ligero.
- **2.** *Mx, Ho, Bo.* Construir *alguien* tabiques.
- **II. 1.** tr. *Ni.* Meter a *alguien* en la cárcel.

entablado, -a.
- **I. 1.** adj. *Ve. Referido a un juego,* que ha quedado empatado en el resultado.

entablar(se).

   I. 1. tr. *Mx, Cu, RD, Ve, Bo.* Empatar en un juego los jugadores o equipos que se enfrentan.

   II. 1. intr. prnl. *Mx.* Cubrirse el cielo de nubes uniformemente.

   III. 1. tr. *Ar, Ur.* Acostumbrar *alguien* al ganado mayor a que ande en manada o **tropilla**. rur.

   2. intr. prnl. *Ar.* Acostumbrarse el ganado mayor a andar en manada o **tropilla**. rur.

   IV. 1. tr. *Ec:E,O.* obsol. Construir un **entable**.

   V. 1. tr. *PR.* Presentar una acción judicial.

   VI. 1. tr. *PR.* Construir una embarcación.

   □

   a. ‖ ~ **la pelea.** loc. verb. *PR.* Quedar empatados los gallos en una pelea. ♦ **entablar los gallos.**

   b. ‖ ~ **los gallos.** loc. verb. *PR.* **entablar la pelea.**

entable.

   I. 1. m. *Co.* Enseres de un negocio o empresa.

   II. 1. m. *Pe.* Riego primero y ligero que se hace sobre una planta.

   III. 1. m. *Ec:E,O.* Hacienda o finca levantada por un colono.

entablerado, -a.

   I. 1. adj. *Ve, Ec.* Referido a *una puerta*, que está hecha de tablas de madera.

entablonado.

   I. 1. m. *Ni, Ec, Bo, Ar, Ur.* Piso de una habitación, de un corredor o de un puente, formado con tablones de madera.

entablonar(se).

   I. 1. tr. *Bo.* Cubrir con tablones el piso de una habitación, de un corredor, de un puente o de una obra.

   II. 1. intr. prnl. *RD.* Establecerse en un lugar, fijar la residencia en él.

entacada. (De *taco*).

   I. 1. adj. *PR; Ec,* fest. *Referido a una mujer*, que lleva zapatos de tacón alto.

   2. f. *PR.* metáf. Mujer elegante.

entachuelar(se).

   I. 1. tr. *Ho.* Clavar tachuelas a una cosa, como al calzado o los muebles.

   II. 1. intr. prnl. *ES.* Esconderse. carc.

entaconado, -a.

   I. 1. adj. *Cu, RD, Co.* Referido a *persona, especialmente a una mujer*, que lleva puestos zapatos de tacón.

entaconarse.

   I. 1. tr. prnl. *Cu, RD, Co.* Ponerse, *especialmente una mujer*, zapatos de tacón.

entacotarse.

   I. 1. intr. prnl. *Ho.* Enlodarse una persona, animal o cosa.

entacuchado, -a.

   I. 1. adj/sust. *Mx, Gu, Bo.* Referido a *persona*, vestida de forma elegante. pop + cult → espon.

entacuchar(se).

   I. 1. intr. prnl. *Mx, Gu.* Arreglarse con mucho esmero o vestirse elegantemente.

   2. tr. *Mx.* Arreglar a *alguien*, vestirlo elegantemente. pop + cult → espon.

entallado, -a.

   I. 1. adj. *RD, PR. Referido a un caballo*, ensillado.

   2. *PR. Referido a un caballo o a una yegua*, que tiene el lomo hundido.

   II. 1. adj. *PR. Referido a un caballo*, domado y entrenado para paso fino.

entallador.

   I. 1. m. *RD, PR.* Hombre que se dedica a **entallar** caballos para andar en pasos menudos, de una manera cadenciosa.

entalladura.

   I. 1. f. *PR.* Entrenamiento de un **caballo de paso fino**. ♦ **entallamiento.**

entallamiento.

   I. 1. m. *PR.* **entalladura.**

entallar.

   I. 1. tr. *RD, PR.* Ajustar una cosa a la que va a ser acoplada.

   II. 1. tr. *PR.* Entrenar un **caballo de paso fino**.

entalviar. (De *talvia*, asfalto).

   I. 1. *RD.* **entarviar.**

entambar.

   I. 1. tr. *Mx.* Meter a *alguien* en prisión.

entamborado, -a.

   I. 1. adj. *Ve. Referido a cosa, especialmente a una puerta*, que está revestida de un armazón fuerte y resistente de madera.

entamborar.

   I. 1. tr. *Ve.* Revestir *algo, especialmente una puerta*, con un armazón fuerte y resistente de madera.

entamuciar.

   I. 1. tr. *Ni.* juv. Molestar.

entanatar.

   I. 1. tr. *Ho, ES.* Meter *algo* en un **tanate**.

entapador, -ra.

   I. 1. m. y f. *Ch.* Persona encargada de poner tapas a las suelas de los zapatos.

entapadora.

   I. 1. f. *Ch.* Máquina que sirve para poner tapas a las suelas de los zapatos.

entaparado, -a.

   I. 1. adj. *Ve. Referido a un asunto*, que está oculto o encubierto.

entaparamiento.

   I. 1. m. *Ve.* Encubrimiento.

entaparar.

   I. 1. tr. *Ve.* Guardar *algo* en una **tapara**.

   2. *Ve.* Esconder o encubrir un asunto.

entapetado, -a.

   I. 1. adj. *PR. Referido a un asunto*, pendiente de solución.

entapetar.

   I. 1. *Co.* **alfombrar**, cubrir el suelo.

entapiado, -a.

   I. 1. adj. *Ho, ES. Referido a un conducto*, obstruido.

entapiador, -ra.

   I. 1. m. y f. *Ho.* Persona que obstruye algún conducto, *en especial del alcantarillado*.

entapialar.

   I. 1. tr. *ES.* Construir tapiales alrededor de una casa o un terreno.

entapiar(se).

   I. 1. tr. *ES.* Tapiar una casa o un terreno.

   II. 1. intr. prnl. *Ho.* Obstruirse un conducto o tubería.

entapiazón.

   I. 1. f. *ES.* Obstrucción de la nariz.

entaquillado, -a.

   I. 1. adj. *Ch. Referido a persona*, bien vestida. pop + cult → espon.

   2. adj. *Referido a persona*, arrogante y decidida. pop + cult → espon.

entaquillarse.

   I. 1. tr. prnl. *Ch.* Vestirse de forma elegante. pop.

entarimado.

   I. 1. m. *Ec.* Escenario construido sobre una tarima improvisada, para presentar un espectáculo.

entarimarse.

  I. 1. tr. prnl. *Ch; Ec,* pop. Colocar *algo* sobre una tarima o plataforma elevada.

entarviar. (De *talvia,* asfalto).

  I. 1. tr. *RD.* Pavimentar con asfalto una calle o una carretera. (**entalviar**).

entazacualado, -a.

  I. 1. adj. *Ho. Referido a una pared,* hecha con palos, hojas y ramas. rur.

entazacualar. (De *tazacual*).

  I. 1. tr. *Ho.* Hacer *alguien* paredes de una casa con palos, ramas y hojas. rur.

entecado, -a.

  I. 1. adj. *RD; Ve,* obsol. *Referido a persona,* muy delgada o flaca, y de aspecto enfermizo. (**entecao**).

entecador, -ra.

  I. 1. adj. *Ar. Referido a un terreno o a una zona de pasto,* poblado con **duraznillos blancos**, que producen **enteque seco** en el ganado.

entecamiento.

  I. 1. m. *Ve.* Enflaquecimiento.

entecar(se).

  I. 1. tr. *Ar.* Ocasionar *algo* a un animal el **enteque seco**.

    2. intr. prnl. *Ar.* Contraer un animal el **enteque seco**.

    3. *Ve.* Enflaquecerse *alguien.*

entecatado, -a.

  I. 1. adj. *RD, PR. Referido a persona,* drogada con algo más fuerte que la marihuana. drog.

entechar. (Prót. de *techar*).

  I. 1. tr. *ES, Pa, Co, Ve.* Cubrir un edificio formando el techo.

entejado.

  I. 1. m. *Co, Ec; Mx,* p.u. Techo de un edificio o de una construcción cualquiera cubierto de tejas.

entejar.

  I. 1. tr. *Ho, Ni.* Reparar un tejado.

entelarse.

  I. 1. intr. prnl. *Ho.* Formar los insectos el capullo.

entelerido, -a.

  I. 1. adj. *Mx, Gu, Ni, Ve; Co,* desp. *Referido a persona,* enteca, flaca.

    2. *Ho, ES, Ni. Referido a animal o planta,* desmedrado.

    3. *Ho. Referido a algún miembro del cuerpo humano,* delgado y enjuto.

entelerimiento.

  I. 1. m. *ES.* Debilidad, palidez.

entender.

  ●

  a. ‖ **¿me entiendes, Méndez?** fórm. *Mx.* Se usa para preguntar a alguien si ha entendido algo o se da por sabedor de una noticia. pop + cult → espon.

  □

  a. ‖ **no ~ ni a puya ni a bala.** loc. verb. *Ho.* Ser *una persona* terca o bruta.

entendido.

  I. 1. m. *Ec.* Acuerdo, concierto.

    2. m. *PR.* Entendimiento.

entendido, -a.

  I. 1. adj. *CR.* obsol. *Referido a animal, en especial a un perro,* inteligente. rur.

enteque.

  I. 1. *Ar.* **enteque seco**.

  ■

  a. ‖ **~ seco.** m. *Ar.* Enfermedad del ganado producida por la ingesta de **duraznillo blanco**, que contiene sustancias tóxicas. ♦ **enteque**.

enteque, -ca.

  I. 1. adj/sust. *PR. Referido a persona,* raquítica, flaca. pop + cult → espon.

entequilar(se).

  I. 1. tr. *Mx, Ho.* Emborrachar a *alguien* con tequila.

    2. intr. prnl. *Mx, Ho.* Emborracharse *alguien* con tequila.

entera.

  I. 1. f. *Bo:C,O.* Botella que contiene una bebida alcohólica preparada con **singani**, gaseosa o agua azucarada y colorante con algún sabor. pop.

enterar.

  I. 1. tr. *Mx, Ho, Ni, Bo.* Pagar, entregar dinero a *alguien.*

    2. *Bo; Ar:NO,* obsol; *Ch,* esm. Completar una suma de dinero con la cantidad que falta. pop.

    3. *Ch:NO.* Completar *algo, especialmente un período de tiempo.*

    4. *CR.* Pagar al fisco determinada cantidad de dinero como arancel.

  II. 1. tr. *Ec:S.* p.u. Unir las piezas de un objeto roto.

enterceo.

  I. 1. m. *Cu.* Elaboración de tercios de tabaco en rama.

enterciador, -ra.

  I. 1. sust/adj. *Cu.* Persona encargada de elaborar tercios de tabaco en rama.

enterciar.

  I. 1. tr. *Cu, PR.* Empacar el tabaco en rama en **tercios**, utilizando **yaguas** de **palma real**.

enterecito.

  I. 1. adj. *RD.* Entero, completo. fest.

enterito.

  I. 1. m. *Ch, Ar, Ur.* **enterizo**, prenda de vestir, *generalmente femenina o infantil.*

    2. *Ch, Ar, Ur.* **enterizo**, prenda de vestir unisex.

enterito, -a.

  I. 1. adj. *PR, Ec. Referido a persona anciana,* que está aún fuerte y saludable. pop + cult → espon.

  II. 1. adj. *Ec. Referido a una tarea,* que acaba de empezar o falta mucho para que concluya.

enterizo.

  I. 1. m. *Ec, Pe, Bo, Ar, Ur.* Prenda de vestir, *generalmente femenina o infantil,* compuesta por cuerpo y pantalón en una sola pieza. ♦ **enterito**.

    2. *Ar, Ur.* Prenda de vestir unisex, de una sola pieza, que consta de pantalón con pechera y se sujeta con dos tirantes en la espalda. ♦ **enterito**.

    3. *Ec.* Traje de baño femenino de una sola pieza.

    4. *Ec.* Traje deportivo de una sola pieza.

enternado, -a. (De *terno*).

  I. 1. adj/sust. *Ec, Pe. Referido a persona,* que viste habitualmente traje de chaqueta o ropa formal. pop + cult → espon.

entero.

  I. 1. m. *Mx, Ho, Ni, CR, Cu, RD, Ec, Bo, Ch, Py, Ar, Ur, Pe,* p.u. pop + cult → espon. Billete de lotería.

    2. *Ho, Ni, CR.* Recibo por la cantidad de dinero que se paga, de acuerdo con un arancel, por ciertas obligaciones establecidas en la ley.

    3. *Bo.* Premio mayor de un juego de lotería. pop + cult → espon.

  II. 1. m. *Co:C.* Sopa compuesta de **papa**, **arracacha**, **plátano**, carne y otros ingredientes.

  □

  a. ‖ **~~.** loc. adj. *Pe. Referido a un tipo de grano de los cereales,* que tiene mezclados granos enteros con partidos. rur.

entero, -a.

  I. 1. adj. *Cu, RD. Referido a persona,* muy atractiva.

  II. 1. adv. *Ch.* juv. Muy. pop.

enteroso, -a.
  I. 1. adj. *Ho. Referido a harina o a masa*, poco molida.

enterradero.
  I. 1. m. *Ur.* Lugar donde se esconde un delincuente cuando lo busca la policía. delinc.

enterrado.
  I. 1. m. *Ni. En el juego del póquer*, apuesta triple.

enterradora.
  I. 1. f. *Ho:S.* Pez marino con una aleta continua en el lomo, la dorsal blanda, la anal unida a la base de la caudal, las pectorales, largas y sedosas, y coloración vistosa; no es comestible. (Gobiidae; *Gobioides broussonnetii*).

enterrar(se).
  I. 1. tr. *Mx, Gu, Ni, Pa, Cu, PR, Co, Ve, Ec, Pe, Bo, Ch, Ar:NO.* Clavar a algo un instrumento punzante.
     2. tr. prnl. *Cu, Ve.* Clavarse alguien un objeto punzante en una parte del cuerpo. pop.

  □
     a. ‖ ~ **el pico.** loc. verb. *Gu.* Darse por vencido.

enterratorio.
  I. 1. m. *Bo.* Cementerio indígena. pop + cult → espon.

enterregar.
  I. 1. tr. *Mx.* p.u. Llenar de polvo algo. vulg.

enterrorio.
  I. 1. m. *Cu.* Enterramiento.

entichelar.
  I. 1. tr. *Bo:N,E.* Recoger en una **tichela** la goma líquida que fluye de la **siringa.** pop.

éntico, -a. (Afér. de *idéntico*).
  I. 1. adj. *ES.* p.u. Idéntico. rur.

entidad.
  ■
     a. ‖ ~ **de ahorro y préstamo.** f. *Ve.* Institución bancaria que paga a sus clientes mejores intereses que los bancos y ofrece más alternativas de crédito.

entiempado, -a.
  I. 1. adj. *Ve. Referido a un animal*, que está en época de celo. rur.

entierrado, -a.
  I. 1. adj. *Mx, Ve; Ec,* p.u. *Referido a algo,* que está cubierto de tierra.

entierrar(se).
  I. 1. tr. *Ho, ES.* Enterrar, cubrir con tierra.
     2. intr. prnl. *Ho, ES.* Ensuciarse con tierra.

entierro.
  I. 1. m. *Ho, ES, Ve, Ec, Py; Bo,* pop. Tesoro oculto, *especialmente monedas enterradas en algún recipiente.*
  II. 1. m. *Ve, Bo.* Realizar el coito. pop + cult → espon.
  III. 1. m. *Pe.* Bocado tomado entre las comidas y que suele quitar el apetito. pop ∧ fest.

  □
     a. ‖ **como ~ de pobre.** loc. adv. *CR.* p.u. Muy deprisa, a toda carrera. pop ∧ fest.
  ▶ **caminar como ~ de pobre; ir a un ~; ir como ~ de pobre; llevar como ~ de pobre.**

entiestar.
  □
     a. ‖ **~la.**
        i. loc. verb. *RD.* Resultar *algo* complicado y difícil cuando se quiere llevar a cabo. pop.
        ii. *RD.* Poder causar daño a alguien. pop.

entilado, -a.
  I. 1. adj. *Ho, ES, Ni. Referido a persona*, tiznada, manchada de **tile.**
     2. *Ho. Referido a lugar u objeto*, oscuro o sombreado.

entilar(se). (De *tile*, hollín).
  I. 1. tr. *Ho, ES, Ni.* Tiznar, manchar *alguien* o *algo* con hollín o **tile.**
     2. intr. prnl. *Ho, ES, Ni.* Tiznarse, mancharse *alguien* o *algo* con hollín o **tile.**

éntimo, -a.
  I. 1. adj. *Ho. Referido a persona*, muy amiga de otra. rur.

entina.
  I. 1. f. *Ve.* Mal olor. rur.

entisado, -a.
  I. 1. adj. *Cu. Referido a cosa*, reforzada con varias vueltas de cordel.

entisar.
  I. 1. tr. *Cu.* Forrar una vasija con una red.
     2. *Cu.* Envolver *algo* con varias vueltas de cordel para reforzarlo.

entoldado, -a.
  I. 1. adj. *Pa. Referido a un hombre*, excitado sexualmente.

entoletar. (De *tolete*).
  I. 1. tr. *Ho, ES.* Encarcelar a *alguien.*

entollar.
  I. 1. tr. *Cu.* Realizar el coito un hombre. tabú; pop + cult → espon.

entomatada.
  I. 1. f. *Mx.* **Tortilla** grande de maíz, doblada en cuatro y cubierta de salsa de **jitomates,** ajos, cebollas y **chile.**

entonado, -a.
  I. 1. adj. *Pe. Referido a persona*, envalentonada, que recobra el ánimo. pop.

entonarse.
  I. 1. intr. prnl. *Pe.* Envalentonarse, recobrar el ánimo *alguien.* pop.
  II. 1. intr. prnl. *Cu.* Emborracharse ligeramente, mostrar los primeros síntomas de embriaguez. pop + cult → espon.

entonces.
  •
     a. ‖ **¿~?** fórm. *Pa, Ve.* Se usa para saludar. (**antonce**).

entongar(se).
  I. 1. tr. *Ar.* Engañar a *alguien* con mentiras para obtener algo de él. pop.
     2. *Ar.* Amañar. pop.
     3. intr. prnl. *Ar.* Involucrarse en un engaño o componenda. pop.
  II. 1. tr. *Cu.* Hacer alguien **tongas,** pilas de cosas. pop + cult → espon.
  III. 1. tr. *Ho:E.* Entrojar, meter granos en la **troje.** rur.

entongue.
  I. 1. m. *Ar.* Componenda, arreglo de dudosa legalidad o moralidad.

entorado, -a.
  I. 1. adj. *Ve:O. Referido a una vaca*, que está en época de celo. rur.
  II. 1. adj. *ES. Referido a una carreta de bueyes*, entoldada, cubierta con un toldo.

entorar.
  I. 1. tr. *Ar, Ur.* Poner a las vacas en el mismo corral que un toro para que las **sirva.** rur.
  II. 1. tr. *ES.* Cubrir con un toldo una carreta de bueyes.

entorcelar.
  I. 1. tr. *Bo.* Dar alguien vueltas a una cuerda u otra cosa semejante sobre sí misma para que al doblarla adquiera mayor grosor y sea más resistente. pop + cult → espon.

entorchado, -a.
  I. 1. adj. *PR. Referido a persona*, enojada. pop + cult → espon.
     2. *PR. Referido a cosa*, torcida. pop + cult → espon.
  II. 1. adj. *Ho. Referido a persona, generalmente militar*, ataviada con medallas y distinciones.

entorchar(se).
I. 1. tr. *PR.* Liar una cosa sobre sí misma. pop + cult → espon.
2. prnl. *PR.* metáf. Enredarse, complicarse un asunto. pop + cult → espon.
II. 1. intr. prnl. *PR.* Enojarse. pop + cult → espon.

entore.
I. 1. m. *Ar, Ur.* Encerramiento de las vacas en el mismo corral que un toro para que las **sirva**. rur.

entorilar.
I. 1. tr. *Mx.* Encarcelar. pop.

entornillador.
I. 1. m. *Pe.* Destornillador.

entornillar(se).
I. 1. tr. *Pe.* Introducir un tornillo haciéndolo girar alrededor de su eje.
2. *Pe.* Sujetar *algo* con tornillos.
3. *Pe.* metáf. Colocar a *alguien* en un determinado puesto de poder o influencia para que lo ocupe durante mucho tiempo. pop + cult → espon.
4. intr. prnl. *Pe.* metáf. Permanecer en un puesto de poder o influencia sin intención de abandonarlo. pop + cult → espon.

entortado.
I. 1. m. *Bo. En construcción*, barro con paja o pasta de yeso que se pone en la parte superior del cielo raso, sobre alambre tejido, antes de estucar la parte interior. pop.

entortado, -a.
I. 1. adj. *CR. Referido a persona*, metida en líos o en una situación difícil de resolver. pop.

entortarse.
I. 1. intr. prnl. *Ho.* Sentarse cómodamente en una butaca o sofá.
II. 1. intr. prnl. *CR.* Meterse en líos o en una situación difícil de resolver. pop.

entortijarse.
I. 1. intr. prnl. *RD, PR.* Doblarse o retorcerse *alguien* a causa de retortijones de tripa o de cualquier otro dolor. pop + cult → espon.

entortolar.
I. 1. tr. *Ho.* Poner el **tortol** a un **matate**.

entorunado, -a. (De *toruno*).
I. 1. adj. *PR. Referido a persona*, muy enojada, enfurecida, huraña, de rostro agriado. pop + cult → espon.

entorunarse.
I. 1. intr. prnl. *PR.* Ponerse de mal humor, enfadarse. pop + cult → espon.

entotorar.
I. 1. tr. *Ni.* Llenar la mente de alguien con ideas disparatadas o fantasiosas.

entotorotado, -a.
I. 1. adj. *ES. Referido a persona*, confundida.
II. 1. adj. *CR. Referido a persona*, entusiasmada. pop.

entotorotar(se).
I. 1. tr. *Ni, CR.* p.u. Entusiasmar algo a *alguien*. pop.
2. intr. prnl. *Ni, CR.* p.u. Llegar *alguien* a sentir entusiasmo por algo. pop.
II. 1. intr. prnl. *ES.* Confundirse, enredarse, perderse.

entrabado, -a.
I. 1. adj. *Ve; Ec*, p.u. *Referido a un asunto*, que tiene trabas o dificultades.

entrabante.
I. 1. adj. *Ch. Referido a persona o cosa*, que **entraba**, que interpone obstáculos.

entrabar(se).
I. 1. tr. *Mx, CR, Co, Ve, Pe, Bo, Ch; Ec*, pop. Interponer obstáculos a la realización de algo.

2. intr. prnl. *CR, Co, Pe, Ch; Ec*, pop. Dificultarse la realización de algo.
II. 1. tr. *Bo.* Sujetar el cabello con una o varias **trabas**. pop.

entrada.
I. 1. f. *Mx, Gu, Ho, CR, Cu, PR, Ve. En el **beisbol***, cada una de las divisiones del juego, que consta de un turno de **bateo** para cada uno de los equipos. ♦ **episodio**.
2. *Ho. En el juego de dados*, jugada que hace un jugador con un tercero, después de haber ganado a otro.
II. 1. f. *Ar, Ur.* Acometida, embestida a una persona, *especialmente en una pelea*. pop.
2. *Cu.* Castigo que se da a alguien con golpes.
III. 1. f. *Ar, Ur.* Sugerencia que se hace para observar cuál sería la posible reacción de alguien ante una proposición en firme. pop.
IV. 1. f. *ES.* Fiesta que se hace en los barrios de los pueblos, antes de la del santo patrono, para recoger fondos. rur.
V. 1. f. *CR.* Permiso para visitar la casa de la novia que conceden sus padres al novio. pop.
☐
a. ‖ **de ~ por salida.**
  i. loc. adv. *Mx, CR.* Sin permanecer mucho tiempo en el lugar que se visita. pop.
  ii. loc. adj. *Mx. Referido a una persona dedicada al servicio doméstico*, que no pernocta en la vivienda donde trabaja.
b. ‖ **~ de aguas.** loc. sust. *Ve.* Comienzo de la estación lluviosa.
c. ‖ **~ de carnaval.** loc. sust. *Bo.* Fiesta popular que inaugura el carnaval, celebrada en las calles, en la que bailan grupos folclóricos ataviados con trajes tradicionales y comparsas de personas disfrazadas. pop.
d. ‖ **~ de favor.** loc. sust. *RD, Ar, Ur.* Entrada gratuita para un espectáculo, *especialmente la que se regala a amigos y conocidos*.
▶ **dar ~; hacerle ~.**

entradera.
I. 1. f. *Ho, ES, Cu, RD, Co.* Entrada repetida y sin propósito en algún sitio. pop.

entradita.
☐
a. ‖ **de ~.** loc. adv. *Gu, Rd, Py.* De entrada, para empezar.

entrado, -a.
I. 1. adj. *Mx. Referido a persona*, entusiasmada. pop.
II. 1. adj. *Mx. Referido a una pareja*, absorta en acariciarse o en realizar el coito. pop.
☐
a. ‖ **bien ~.**
  i. loc. adj. *Mx. Referido a persona*, concentrada, absorta.
  ii. *Mx. Referido a persona*, endeudada con alguien.
  iii. *Mx. Referido a persona*, muy enamorada.

entrador, -ra.
I. 1. adj. *Gu, CR, Co, Ve, Ec, Pe, Bo, Ch, Ar, Ur. Referido a persona*, que tiene facilidad para entablar conversación y entrar en confianza con la gente. ♦ **entrón**.
2. *Gu, Ho, Ni, CR, Ec, Bo, Ar. Referido a persona*, que tiene facilidad para abordar a otra del sexo opuesto y declararle sus intenciones amorosas. pop.
II. 1. adj. *Mx, Ec, Bo, Ar:NO. Referido a persona*, que acomete fácilmente empresas arriesgadas.
2. *Ch. Referido a persona*, entremetida, intrusa.
III. 1. adj. *Gu. Referido a persona*, atractiva físicamente.
IV. 1. adj. *ES. Referido a persona*, amante de la novia o de la mujer de otra persona.

entradora.

I. 1. adj/sust. *Ve, Pe, Bo. Referido a una mujer,* que toma la iniciativa en la conquista amorosa.

entrajustar.

I. 1. tr. *Co.* Cerrar de manera incompleta una puerta, ventana o cajón.

entralla.

I. 1. f. *Ho:S.* Cuerda o tira larga que pasa por el centro de una boya.

entrallar.

I. 1. tr. *Ho:S.* Reparar un trasmallo.

entramoyar.

I. 1. tr. *PR.* Confundir a *alguien.* pop + cult → espon.

2. *PR.* Enredar *alguien* o *algo* un asunto. pop + cult → espon.

entrancarse.

I. 1. intr. prnl. *Ar, Ur.* Emborracharse. pop.

entrañudo, -a.

I. 1. adj. *Ar. Referido a persona,* valiente, corajuda. pop.

II. 1. adj. *Gu. Referido a persona o cosa,* malintencionada u ofensiva.

entrapado, -a.

I. 1. adj. *CR, RD. Referido a una superficie,* que se ha recogido de ella un líquido derramado con una materia absorbente.

2. *CR. Referido a cosa,* impregnada en un líquido.

entrapajado, -a.

I. 1. adj. *Mx. Referido a persona,* que viste varias prendas de ropa que abrigan sobrepuestas para soportar el frío.

entrapajarse.

I. 1. intr. prnl. *Gu.* Abrigarse al vestirse o para dormir.

entrapar.

I. 1. tr. *CR.* Recoger un líquido con una materia absorbente.

2. *CR.* Impregnar *algo* en un líquido.

entrar(se).

☐

a. ‖ **~ a los cajones.**
  i. loc. verb. *PR.* Avenirse *alguien* a algo. pop + cult → espon.
  ii. *PR.* Someterse *alguien* a algo. pop + cult → espon.

b. ‖ **~ agua al bote.** loc. verb. *Ch.* Comenzar a sentir los efectos del alcohol tras beber en exceso. pop.

c. ‖ **~ al baile.** loc. verb. *Co.* Participar en una actividad ilícita. pop.

d. ‖ **~ al carril.** loc. verb. *Pa.* Adoptar la actitud o comportamiento correctos.

e. ‖ **~ con gancho.** loc. verb. *Ch.* Asistir con pareja a un evento o acceder a un local con una entrada para acompañante gratis. pop.

f. ‖ **~ de caí.** loc. verb. *Py.* Introducirse en una fiesta o reunión sin pagar.

g. ‖ **~ el comején.** loc. verb. *Ho.* Implicarse en un asunto o problema.

h. ‖ **~ en bacha.** loc. verb. *Cu.* Empezar alguien a coger confianza.

i. ‖ **~ en boya.** loc. verb. *Bo:O.* Progresar de manera rápida.

j. ‖ **~ en caja.** loc. verb. *Cu.* Someterse a unas normas determinadas.

k. ‖ **~ en cancha.** loc. verb. *Cu.* Acomodarse a una situación nueva.

l. ‖ **~ flojo.** loc. verb. *CR.* No importarle *algo* o *alguien* a una persona. pop.

m. ‖ **~ la polilla.** loc. verb. *Gu.* Desmejorarse una persona a causa de la vejez.

n. ‖ **~ parejo.** loc. verb. *Mx.* Acometer *algo* con decisión y energía.

ñ. ‖ **~ recio.**
  i. loc. verb. *Mx, RD.* Acometer *algo* con decisión y energía.
  ii. *Mx.* Comer con apetito.

o. ‖ **~ un fresquito.** loc. verb. *Ve.* Sentir tranquilidad o satisfacción por algo.

p. ‖ **~ y salir como Juan por su casa.** loc. verb. *ES, Ni, RD, PR, Ch.* Tener *alguien* mucha confianza en un lugar.

q. ‖ **~ y salir como perro por su casa.** loc. verb. *Pa.* Tener *alguien* mucha confianza en un lugar. pop + cult → espon.

r. ‖ **~le.**
  i. loc. verb. *Mx, Ho, ES, Cu, RD, Ve.* Acometer una empresa, iniciar algo con decisión.
  ii. *RD, PR.* Golpear a *alguien,* zurrarle, castigarle. pop + cult → espon.
  iii. *PR.* Ejercer influencia sobre alguien.

s. ‖ **~le a las copiosas.** loc. verb. *Mx.* Tomar *alguien* mucho alcohol, bebida. pop ^ fest.

t. ‖ **~se al baile.**
  i. loc. verb. *Co.* Robar. pop.
  ii. *Co.* Secuestrar a *alguien.* pop.

u. ‖ **no ~le balas.** loc. verb. *Ch.* Mostrarse imperturbable, inconmovible. pop + cult → espon.

v. ‖ **no ~le ni las balas.**
  i. loc. verb. *Cu, Co.* Gozar de muy buena salud. pop.
  ii. *Ve.* Hacer caso omiso de consejos. pop + cult → espon.
  iii. *Ur.* Ser impenetrable o inconmovible. pop + cult → espon.

◪

a. ‖ **~ arrimao y querer salir como dueño.** *PR.* entrar como criado y querer salir como amo.

b. ‖ **~ como criado y querer salir como amo.** fr. prov. *PR.* Indica el deseo de alcanzar poder y fama valiéndose de oportunidades cuestionables. pop + cult → espon. ♦ **entrar arrimao y querer salir como dueño.**

entrazado, -a.

☐

a. ‖ **bien ~.** loc. adj. *Ar, Ur. Referido a persona,* de buen aspecto, *especialmente en su vestimenta.* pop.

b. ‖ **mal ~.** loc. adj. *Ar, Ur. Referido a persona,* de mal aspecto, *especialmente en su vestimenta.* pop.

entre.

I. 1. m. *Mx.* Pleito, disputa.

II. 1. m. *Mx.* Lance amoroso.

III. 1. m. *Ar, Ur.* Acometida o embestida a una persona, *especialmente en una pelea.* pop.

IV. 1. m. *Ar, Ur.* Sugerencia que se hace para observar cuál sería la posible reacción ante una proposición en firme. pop.

V. 1. prep. *CR.* Dentro, en el interior de algo. pop + cult → espon.

☐

a. ‖ **~ menos.** loc. adv. *Mx, RD, PR, Ur, Ec,* pop. Cuanto menos.

b. ‖ **~ más.** loc. adv. *Mx, RD, PR, Ur, Ec.* Cuanto más.

c. ‖ **~ veces.** loc. adv. *RD.* A veces, en algunas ocasiones.

▶ **darse un ~; hacer el ~.**

entreajustado, -a.

I. 1. adj. *Co. Referido a cosa,* que está cerrada de manera incompleta.

entreala.

I. 1. m-f. *Pe, Bo, Ch. En el **futbol**,* centrocampista que se mueve entre la posición de extremo y la de delantero centro.

entrecalle.
 I. 1. f. *Gu, Ho, ES, CR.* Espacio de terreno entre dos hileras de cafetos o dos eras cultivadas. rur.

entrecasa.
 I. 1. adj./adv. *Pe, Ar, Ur. Referido a una prenda de vestir*, **de entrecasa**, que solo puede ser usada dentro de la casa.
 2. *Ar. Referido a un objeto, a un evento o a una situación*, **de entrecasa**, de poca importancia.

 □

 a. ‖ **de ~.**
 i. loc. adj./adv. *Mx, Ve, Pe, Py, Ar, Ur. Referido a una prenda de vestir*, que solo puede ser usada dentro de la casa o en la intimidad por no estar en buen estado o no ser adecuada para usarla públicamente. ♦ **entrecasa.**
 ii. *Mx, Ar. Referido a un objeto, a un evento o a una situación*, de poca importancia o cnvergadura. ♦ **entrecasa.**

entredía.
 I. 1. m. *Co:SO; Ec*, p.u. Refrigerio que se toma por la tarde.

entredicho.
 I. 1. m. *Ec, Pe, Bo, Ch, Ar, Ur.* Discusión o intercambio violento y desagradable de palabras.

entrefalda.
 I. 1. f. *Mx.* Parte interna de la falda, suelta, a manera de fondo.

entrega.
 I. 1. f. *Pe, Py, Ar, Ur.* Cantidad de dinero que se paga periódicamente hasta saldar una deuda.

entregado, -a.
 I. 1. adj./sust. *PR. Referido a persona*, servicial, incondicional. pop + cult → espon.
 II. 1. adj./sust. *PR. Referido a persona*, que administra una finca rústica. pop + cult → espon.

entregador, -ra.
 I. 1. m. y f. *Ar, Ur.* Persona que conoce al autor de un delito y lo comunica a la policía.
 2. *Ar, Ur.* Persona que facilita información a alguien para que cometa un delito.

entregadora.
 I. 1. f. *Ho.* Prostituta. desp.

entregar.
 I. 1. tr. *Ho, RD.* Satisfacer sexualmente una mujer a un hombre por dinero o favores.

 □

 a. ‖ **~ el cacaste.** loc. verb. *Gu, Ho, ES, Ni.* Morir *alguien*. pop + cult → espon ^ fest.
 b. ‖ **~ el chinaste.** loc. verb. *Ho.* Morir *alguien*. pop + cult → espon ^ fest.
 c. ‖ **~ el equipo.** loc. verb. *Mx, Ho, ES, Ni, Ve.* Morir, *alguien.* pop + cult → espon ^ fest.
 d. ‖ **~ el rosquete.** loc. verb. *Ar, Ur.* Morir *alguien.* pop + cult → espon ^ fest.
 e. ‖ **~ la guardia.**
 i. loc. verb. *Ve.* Desentenderse de un asunto.
 ii. *Ve.* Dormir, estar en reposo.
 f. ‖ **~ la oreja.** loc. verb. *Ch.* Ceder a alguien el poder o el manejo de un asunto dejándose avasallar. pop + cult → espon.
 g. ‖ **~ la rosca.** loc. verb. *Ar.* Morir *alguien.* pop.
 h. ‖ **~ la valija.** loc. verb. *Ho, Ni.* Morir *alguien* pop + cult → espon ^ fest.
 i. ‖ **~ las herramientas.** loc. verb. *Ch.* p.u. Morir *alguien.* pop.
 j. ‖ **~ los caites.**
 i. loc. verb. *Ho, Ni.* Morir *alguien.* pop + cult → espon ^ fest.

 ii. *Ho.* Retirarse, jubilarse *alguien.* pop + cult → espon ^ fest.
 k. ‖ **~ los fierros.** loc. verb. *ES.* Morir *alguien.* fest.
 l. ‖ **~ los guantes.** loc. verb. *Ho, Ni, RD.* Morir, *alguien.* pop + cult → espon ^ fest.
 m. ‖ **~ los tenis.** loc. verb. *Ho, RD.* Morir *alguien.* pop + cult → espon ^ fest.

entrego.
 I. 1. m. *Mx.* Cantidad fija y periódica de algo que debe entregarse por obligación, en virtud de un contrato oral.

entreguismo.
 I. 1. m. *Ho, ES, Ni, CR, Cu, RD, Ve, Ec, Pe, Bo, Ch, Py.* Tendencia a vender los intereses patrios a intereses extranjeros.
 2. *Ec, Bo. En política o sindicalismo*, deslealtad del dirigente con su gremio a favor del gobierno o los patronos.

entreguista.
 I. 1. adj./sust. *Mx, Ho, Ni, CR, RD, Pe, Bo, Ar, Ur, Ch*, desp. *Referido a persona*, que tiende a vender los intereses patrios a los intereses extranjeros.

entrejunta.
 I. 1. adj. *Cu. Referido a una puerta o ventana*, que no cstá cerrada del todo.

entrejuntar.
 I. 1. tr. *Cu, Ve.* Entornar, no cerrar del todo una puerta o una ventana.

entremedio.
 I. 1. *Mx, Ec*, pop. Entre dos o más personas o cosas.
 2. adv. *Mx.* En lugar o tiempo igualmente distante de los extremos.

entremiliao, -a.
 I. 1. adj. *RD. Referido a un grupo de personas o de cosas*, mezclado, heterogéneo. pop.

entrénsico, -a.
 I. 1. adj./sust. *RD. Referido a persona*, muy delgada y de aspecto enfermizo.

entrepapelar(se).
 I. 1. tr. *Bo.* Extraviar un documento entre muchos papeles.
 2. intr. prnl. *Bo.* Perderse un documento entre otros papeles.

entrepitear.
 I. 1. intr. *Ve.* Entremeterse, introducirse *una persona* en lo que no le incumbe.

entrépito, -a.
 I. 1. adj. *Ve. Referido a persona*, que tiene costumbre de meterse en asuntos ajenos. (**intrépito**).
 ▶ **meterse de ~.**

entrepitura.
 I. 1. f. *Ve.* Entrometimiento. (**intrepitura**).

entreportón.
 I. 1. m. *Co, Ve. En una casa tradicional*, puerta que se encuentra después del portón y que separa el zaguán del corredor o vestíbulo.

entrero, -a.
 I. 1. adj. *ES. Referido a persona*, simpática, agradable por su locuacidad.

entresemana.
 I. 1. adv. *Mx, Ho, Cu, RD, PR, Co, Ve, Bo.* De lunes a viernes, durante la semana normal de trabajo.

entresijado, -a.
 I. 1. adj. *RD. Referido a persona*, flaca, delgada.

entrete.
 I. 1. adj. *Ch. Referido a persona*, que entretiene o divierte. pop.

entrétecho.
    I. 1. m. *Ho, Ni, RD, Ec, Bo, Ch, Ar, Ur.* Desván, sobrado.

entretela.
    ▶ sacar la ~; sacarse la ~.

entretelón.
    I. 1. m. pl. *CR, Ec, Pe, Ch, Ar, Ur.* Conjunto de hechos relacionados con un asunto que no salen a la luz pública.

entretención.
    I. 1. f. *Mx, Gu, Ho, Cu, RD, Co, Ve, Ec, Bo, Ch, Ar, Ur; Pa,* p.u. Entretenimiento. (**entretensión**).
    2. *Bo:E.* Relación amorosa pasajera y poco estable. pop + cult → espon.

entretenedor.
    I. 1. m. *Ho, Co.* Chupete, objeto con una parte de goma o materia similar en forma de pezón, que se da a chupar a los niños de pecho para que se entretengan.

entretener.
    □
    a. ‖ ~ **el almanaque.** *Ch.* **alegrar el almanaque**.
    b. ‖ ~ **la nigua.** loc. verb. *Gu.* Perder el tiempo o demorar *algo, especialmente la resolución de un problema,* con el fin de despreocuparse o de obtener algún tipo de beneficio. esm.

entretenga.
    I. 1. f. *Mx.* Argucia o trampa cuyo fin es entretener a una víctima para causar el perjuicio durante su distracción.

entretensión.
    I. 1. *RD, PR.* **entretención**, entretenimiento. pop + cult → espon.
    2. f. *RD, PR.* Relación ilícita. vulg; pop + cult → espon.

entretiempo.
    I. 1. m. *Ni, Ec, Ch. En algunos deportes,* período de descanso entre las distintas partes o parciales en que se divide el desarrollo del juego.

entrevales.
    I. 1. m. pl. *RD, PR.* Relaciones amorosas o carnales que se mantienen en secreto.

entrevejido, -a.
    I. 1. adj. *PR. Referido a persona,* envejecida. pop + cult → espon.
    2. *PR. Referido a persona,* pequeña y flaca. pop + cult → espon.

entreverado.
    I. 1. m. *Ve.* Mezcla de carnes o de la asadura de la *res,* que se prepara, a fuego lento, ensartada en un asador de madera aderezada con sal y vinagre.

entreverado, -a.
    I. 1. adj. *Bo.* metáf. *Referido a un discurso,* que no se puede entender. pop + cult → espon.
    II. 1. m. y f. *Bo.* metáf. Persona que ha perdido o a la que se le han debilitado las facultades mentales. pop + cult → espon.
    III. 1. adj. *CR. Referido al café,* que ha madurado de manera irregular. rur.

entreverarse.
    I. 1. intr. prnl. *Ec, Pe, Bo, Ch, Ar, Ur.* Mezclarse desordenadamente personas, animales o cosas. pop + cult → espon.
    2. *Ec, Bo, Ar, Ur.* metáf. Confundirse *alguien* al hablar.
    II. 1. intr. prnl. *Bo, Ch, Ar.* Involucrarse dos o más personas en una pelea o discusión. pop + cult → espon.
    III. 1. intr. prnl. *Ar, Ur.* Iniciar una relación amorosa dos personas. pop.

entreverde.
    I. 1. m. *Ch.* Período muy breve de tiempo que va entre el cambio de la luz verde de un semáforo a la roja, o viceversa.

entrevero.
    I. 1. m. *Co, Ec, Pe, Bo, Ch, Py, Ar, Ur.* Confusión, desorden. pop + cult → espon.
    2. *Co, Ec, Pe; Bo.* Unión, juntamiento desordenado de personas. pop + cult → espon.
    II. 1. m. *Ch, Ar, Ur.* Discusión o enfrentamiento de palabra. pop + cult → espon.
    2. *Ch, Ar, Ur.* Pelea o riña violenta. pop + cult → espon.
    III. 1. m. *Ar.* Enredo amoroso. pop + cult → espon.
    IV. 1. m. *Ch.* Vericueto, lugar escondido o de difícil acceso.

entriega. (Epént. de *entrega*).
    I. 1. f. *ES, Ni, RD.* Entrega. rur.

entrijos. (Sínc. de *entresijos*).
    I. 1. m. pl. *Ni.* Entresijos, estómago e intestinos.

entripado.
    I. 1. m. *Pe.* Asunto o negocio ilícito que se mantiene oculto. pop + cult → espon.
    II. 1. m. *Bo.* Conjunto de problemas de difícil solución. pop.
    III. 1. m. *Bo:S.* Disgusto, mal rato que hace pasar una persona a otra. pop.

entripado, -a.
    I. 1. adj. *Cu, RD, PR. Referido a persona o cosa,* empapada, muy mojada.
    II. 1. adj. *Ec. Referido a persona,* encolerizada. pop + cult → espon.
    III. 1. adj. *ES. Referido a persona,* gorda, obesa.

entripaíto, -a.
    I. 1. adj. *RD. Referido a persona,* empapada, muy mojada. pop.

entripar(se).
    I. 1. tr. *Cu, RD, PR.* Empapar, mojar a *alguien.*
    2. intr. prnl. *Cu, RD, PR.* Empaparse, mojarse *alguien.*
    II. 1. intr. prnl. *Ec.* p.u. Ponerse *alguien* colérico. pop + cult → espon.

entrisale.
    I. 1. m. *Cu, RD.* Entrada y salida reiterada de un lugar.

entrompado, -a.
    I. 1. adj. *PR, Bo. Referido a persona,* enfadada, de mal humor. pop + cult → espon.

entrompar(se).
    I. 1. intr. prnl. *Ve; Co:N, Bo,* pop. Pelearse a puñetazos *una persona* con otra.
    II. 1. intr. prnl. *PR, Bo, Ar, Ur.* Enfadarse y adoptar una actitud huraña. pop. ♦ **enturunarse.**
    III. 1. tr. *Co.* juv. Besar apasionadamente a *alguien.*
    IV. 1. tr. *Ve.* Abordar o enfrentar un problema.

entrompe.
    I. 1. m. *Ve.* Pelea.

entrón, -na.
    I. 1. adj. *Mx, Gu. Referido a persona,* aventada, audaz. pop.
    II. 1. adj. *Mx. Referido a una mujer,* que se entrega fácil al placer sexual. pop.
    2. adj/sust. *PR. Referido a persona,* lasciva. pop + cult → espon.
    III. 1. adj. *Pa, Co.* **entrador**, que logra fácilmente entablar una conversación.
    2. *ES. Referido a persona,* simpática, agradable por su locuacidad.

entrona.
    I. 1. adj. *PR. Referido a una mujer,* coqueta. pop + cult → espon.

entroncar(se).
   I. 1. intr. prnl. *Ho, Ni, Pa, Cu, Co, Pe, Ar, Ur.* Empalmarse dos vías de circulación o líneas de transporte.
   2. tr. *Gu, ES, PR.* Unir dos cosas con una punta o clavo.
   3. *Mx.* Emparejar un caballo y una yegua del mismo pelo.

entronque.
   I. 1. m. *Mx, Ho, Ni, Cu, Co, Pe, Ch, Ar, Ur.* Lugar donde se empalman dos líneas o vías de transporte.
   II. 1. m. *Ho, Ni.* Influencia que una persona tiene con una autoridad.

entropado, -a.
   I. 1. adj. *Pe. Referido a persona,* mezclada con la tropa o con el pueblo.

entropillar. (De *tropilla*).
   I. 1. tr. *Ar, Ur.* Acostumbrar a los caballos a andar y vivir en **tropilla**. rur.

entrotado, -a.
   I. 1. adj. *RD. Referido a persona,* excitada, entusiasmada. pop. (**entrotao**).
   2. *RD. Referido a persona,* enamorada profundamente de alguien. pop. (**entrotao**).

entrotarse.
   I. 1. intr. prnl. *RD.* Enamorarse profundamente.

entruche.
   I. 1. adj. *ES. Referido a un* *hombre,* que es amante de la novia o mujer de otra persona.

entruñado, -a.
   I. 1. adj. *RD. Referido a persona,* que tiene cara de enfado o mal humor.

entruñarse.
   I. 1. intr. prnl. *RD.* Ponerse de mal humor y manifestarlo exteriormente.

entubada.
   I. 1. f. *Pe. En el surf,* deslizamiento que realiza una persona por dentro del túnel que forma la cresta de la ola al caer.

entubado.
   I. 1. adj. *Pe. En el surf, referido al deslizamiento de una persona,* que tiene lugar dentro del túnel que forma la cresta de la ola al caer.
   II. 1. adj. *Ho, ES, Ni. Referido a persona,* encarcelada.

entubar(se). (De *tubo,* cárcel).
   I. 1. intr. prnl. *Pe. En el surf,* deslizarse por dentro del túnel que forma la cresta de la ola al caer.
   II. 1. tr. *Ho, ES, Ni.* Encarcelar a *alguien.*
   III. 1. tr. prnl. *Gu.* Rizarse el pelo una mujer enrollando sus mechones con pequeños cilindros.

entucado, -a.
   I. 1. adj. *Ec. Referido a persona,* que ha sido engañada. pop + cult → espon.

entucar(se).
   I. 1. tr. *Ec.* Engañar a *alguien* haciéndole promesas. pop + cult → espon.

entuertar.
   I. 1. tr. *Bo.* Dejar tuerto a *alguien.* pop + cult → espon.

entufado, -a.
   I. 1. adj. *Cu. Referido a persona,* borracha.

entufarse.
   I. 1. intr. prnl. *PR.* Enfadarse, enojarse. pop + cult → espon. ◆ **entusarse**.

entular.
   I. 1. tr. *Mx.* Confeccionar un tejido a base de **tule** con el que se hacen diversos productos de artesanía.

entumido, -a. (Sínc. de *entumecido*).
   I. 1. adj. *Mx, Ho, Cu, RD, Ve, Pe. Referido a persona,* entumecida.

   II. 1. adj. *Co:O,SO. Referido a persona,* tímida. pop ∧ desp.
   2. *Ar. Referido a persona,* atontada, aturdida. pop.
   3. *ES, Bo; CR,* obsol. *Referido a persona,* apocada, cohibida. pop.
   III. 1. adj. *ES. Referido a persona,* débil o enfermiza. pop + cult → espon.

entumirse.
   I. 1. intr. prnl. *Co:O,SO.* Retraerse, volverse tímida *una persona.* pop ∧ desp.

entundado, -a.
   I. 1. adj. *Ec:NE. Referido a persona,* maleficiada, hechizada. rur.

entundar.
   I. 1. tr. *Ec:NE.* Ejercer un acto maléfico sobre alguien usando poderes mágicos. rur.

entura.
   I. 1. f. *RD, PR.* Untura, ungüento.

enturcado, -a.
   I. 1. adj. *Ni. Referido a persona,* enfadada, encolerizada. pop + cult → espon.

enturcarse.
   I. 1. intr. prnl. *Ni.* Enfadarse, encolerizarse.

enturunarse.
   I. 1. *PR.* **entromparse**, enfadarse.

entusado, -a.
   I. 1. adj. *Co. Referido a persona,* entristecida y melancólica por una relación sentimental acabada. pop.

entusar(se).
   I. 1. tr. *Ho.* Envolver con **tusa** o farfolla de la mazorca del maíz.
   II. 1. *PR.* **entufarse**.

entuturutada
   I. 1. f. *ES.* Engaño.

entuturutado, -a.
   I. 1. adj. *ES. Referido a persona,* engañada.

entuturutamiento.
   I. 1. m. *ES.* Engaño.

entuturutar.
   I. 1. tr. *ES.* Engañar, embaucar.

envacado.
   I. 1. adj. *CR. Referido a un toro,* en celo. rur; pop + cult → espon.

envainada.
   I. 1. f. *Pa.* Insulto. pop + cult → espon.

envainado, -a.
   I. 1. adj. *Co, Ve. Referido a persona,* de carácter duro o difícil. pop.
   2. *Ni, Co. Referido a persona,* enredada, metida en problemas.

envainar(se).
   I. 1. tr. *Gu, Co.* Meter a *alguien* en problemas. pop.
   2. intr. prnl. *Co.* Meterse *alguien* en problemiza. pop.
   II. 1. tr. *Ve.* Molestar o fastidiar.
   III. 1. tr. *Ve.* Causar daño moral o material.

envanearse.
   I. 1. intr. prnl. *PR.* Hacerse el fruto en la vaina.

envanecido, -a.
   I. 1. adj. *PR. Referido a persona,* cansada, sin fuerza.

envarado.
   I. 1. m. *Pe.* Autoridad de las comunidades indígenas cuya misión es ejercer funciones municipales y componer amigablemente las diferencias.
   II. 1. m. *Ho.* Conjunto de palos, varas o cañas de bambú que forman la estructura de una pared de **bahareque**.

envarado, -a.
   I. 1. m. y f. *Pe.* Persona que tiene valimiento o influencia con una autoridad.

II. 1. adj. *Ve. Referido a persona*, que tiene una actitud rígida y está siempre a la defensiva.

III. 1. adj. *Ni. Referido a persona*, de cuerpo inmóvil o tieso.

envarar.
  I. 1. tr. *PR.* Ensartar un cerdo en la vara para asarlo una vez pelado y limpio.

envarbascar(se).
  I. 1. tr. *ES.* Enamorar.
    2. intr. prnl. *ES.* Enamorarse ciegamente.

envarillar.
  I. 1. tr. *Mx, Ho, RD, PR. En una construcción*, poner *alguien* varillas.
    2. *Mx.* Cerrar *algo* con varillas.
  II. 1. tr. *PR.* Afeitar a un gallo las plumas del rabo con el fin de acicalarlo.

envarracarse.
  I. 1. intr. prnl. *ES.* Enamorarse ciegamente.

envasadero.
  I. 1. m. *Cu.* Lugar donde se envasan, *generalmente alimentos*.

envasar.
  I. 1. tr. *Mx.* Clavar un arma blanca en el abdomen a *alguien*. rur; pop.
  II. 1. tr. *Bo.* Producir o fabricar bebidas gaseosas.

envase.
  I. 1. m. *ES.* Ataúd. pop + cult → espon ^ fest.

enveces.
  I. 1. adv. *Ch.* Con frecuencia esporádica. rur.

envegarse.
  I. 1. intr. prnl. *Ch.* Empantanarse un terreno, tener exceso de humedad.

envejeciente.
  I. 1. m-f. *RD, PR.* Anciano. euf.

envejigarse.
  I. 1. intr. prnl. *Ho.* Llenarse de ampollas la piel.

envelado, -a.
  I. 1. adj. *Ch. Referido a algo*, oculto, encubierto. vulg; pop.

envelar.
  I. 1. intr. *Ch.* Marchar apresuradamente de un lugar, huir. pop. (**envelárselas**).
  ☐
    a. ‖ **envelárselas.** loc. verb. *Ch.* **envelar.** pop.

envellonador.
  I. 1. m. *Ar.* Peón encargado de recoger los vellones de lana tras el esquileo. rur.

envenenado, -a.
  I. 1. adj/sust. *Ar. Referido a persona*, malintencionada e hiriente. pop.
  II. 1. adj. *Ve. Referido a un vehículo automotor*, que está modificado para que pueda alcanzar mayor velocidad.

envergado, -a.
  I. 1. adj. *Ho. Referido a persona*, irritada, enojada.

envergarse.
  I. 1. intr. prnl. *Ho.* Enfadarse mucho, encolerizarse. vulg.

enverguecer(se). (De *verga*, borrachera).
  I. 1. tr. *ES.* Emborrachar a *alguien*.
    2. intr. prnl. *ES.* Emborracharse *alguien*.

envernar.
  I. 1. tr. *Bo:N,E.* Engordar al ganado. rur.

enverracar(se).
  I. 1. intr. prnl. *Co, Ve.* Ponerse furioso *alguien*. pop.
    2. tr. *Co.* **emberracar**, poner furioso. pop.
  II. 1. intr. prnl. *Co.* **emberracarse**, entusiasmarse. pop.

enverriondada.
  I. 1. f. *Co.* Enfado grande. pop. (**emberriondada**).

enverriondar(se).
  I. 1. tr. *Co:O.* Irritar, disgustar a *alguien*. pop.
    2. intr. prnl. *Co:O.* Irritarse, disgustarse *alguien*. pop.

envervecido, -a.
  I. 1. adj. *PR. Referido a persona*, enojada, molesta. pop + cult → espon.

enviación.
  I. 1. f. *RD.* Maleficio, maldición.

enviada.
  I. 1. f. *Cu.* Embarcación encargada de ir a buscar el pescado a los barcos y de llevarles provisiones a los marineros.

enviajarse.
  I. 1. intr. prnl. *Ho.* Hacer planes para un viaje próximo.

enviar.
  ☐
    a. ‖ ~ **a la banca.**
      i. loc. verb. *Mx, Ec, Pe. En deportes de equipo*, retirar un entrenador a un jugador del partido en curso.
      ii. *Mx.* Hacer abandonar a un político o un servidor público su carrera o puesto, temporal o definitivamente. pop + cult → espon.
    b. ‖ ~ **a la congeladora.** loc. verb. *Mx; Ec,* p.u. Suspender un trámite administrativo.
    c. ‖ ~ **a su letra.** loc. verb. *Mx.* p.u. *En las oficinas*, archivar *algo*.

enviciar.
  I. 1. tr. *Ch, Ar.* Enrarecer o impurificar el aire de un lugar.

envidioso, -a.
  I. 1. adj/sust. *Mx, RD. Referido a persona*, egoísta.

envidriar.
  I. 1. tr. *Ch.* Poner un cristal a algo.

envinado, -a.
  I. 1. adj. *Mx. Referido a un alimento*, que se le ha agregado vino.

envinar.
  I. 1. tr. *Mx.* Agregar vino a un alimento.

envión.
  I. 1. m. *RD, Ec, Bo; Ar,* pop. Impulso inicial.
    2. *Pa, RD, Ar.* Brío o empeño que se pone en algo. pop.
    3. *Pa.* Intento.
  ☐
    a. ‖ **de un ~.** loc. adv. *Ni, Pa, Bo, Ar. En relación con el modo de beber algo*, de un trago o de una vez.

envirotado.
  I. 1. m. *PR.* Conjunto de soportes de una estructura de madera.

envirotar.
  I. 1. tr. *PR.* Poner los soportes de una estructura de madera.

envitolado, -a.
  I. 1. adj. *Ve. Referido a persona*, bien vestida.

envolatado, -a.
  I. 1. adj. *Co. Referido a persona*, que está muy ocupada o atareada. pop + cult → espon. (**embolatado**).
  II. 1. adj. *Co. Referido a persona*, que está absorta en algo y no repara en lo que pasa alrededor. pop + cult → espon. (**embolatado**).
  III. 1. adj. *Co:O. Referido a persona*, perdida, extraviada. (**embolatado**).

envolatar(se).
  I. 1. *Pa, Co.* **embolatarse**.
    2. *Co.* **embolatar**.

envoltijo.
  I. 1. m. *Ho, RD.* Envoltorio, mezcla de cosas desordenadas envueltas en algo.

envolverse.
  I. 1. intr. prnl. *RD, PR.* Involucrarse, comprometerse en algo.
  II. 1. intr. prnl. *PR.* Meterse *alguien* en drogas. drog.
    2. *PR.* Aficionarse al alcohol. pop + cult → espon.
  □
  a. ‖ ~ **y desenvolver.** loc. verb. *Bo.* Enredar a *alguien* con argumentos, argucias, promesas y mentiras con el propósito de convencerlo de algo. pop + cult → espon.

envuelto.
  I. 1. m. *Co.* Alimento que se prepara con masa de maíz tierno, de forma cilíndrica, envuelta en las hojas de maíz y preparada al vapor.

envuelto, -a.
  I. 1. adj. *PR.* Referido a persona, metida en drogas. drog.
    2. *PR.* Referido a persona, aficionada al alcohol. pop + cult → espon.

enyaguado.
  I. 1. m. *Cu.* Revestimiento con **yaguas** que se hace en el techo de una vivienda.

enyaguar.
  I. 1. tr. *Cu.* Revestir con **yaguas** el techo de una vivienda.

enyantar.
  I. 1. intr. *Ar.* p.u. Ingerir alimentos. pop.
    2. tr. *Ar.* p.u. Ingerir una comida o un alimento. pop.

enyante.
  I. 1. m. *Ar.* p.u. Comida o alimento. pop.

enyeguado.
  I. 1. adj. *Bo:N,E.* Referido a un caballo, excitado por la presencia de una yegua. rur.

enyegüecer(se).
  I. 1. intr. prnl. *Ch.* juv. Enajenarse, alterarse *alguien, especialmente, excitársele el ánimo o deseo sexual.* pop.
    2. tr. *Ch.* Hacer que alguien se excite sexualmente, *especialmente una mujer.*

enyegüecido, -a.
  I. 1. adj. *Ch.* Referido a persona, muy excitada sexualmente, casi enajenada. pop.
    2. *Ch.* Referido a persona, encolerizada. pop.

enyegüecimiento.
  I. 1. m. *Ch.* juv. Alteración, enajenación. pop.
    2. *Ch.* juv. Excitación del apetito sexual. pop.

enyemada.
  I. 1. adj. *ES.* Referido a mujer, embarazada.

enyemado, -a.
  I. 1. adj. *PR.* Referido a persona, débil, sin fuerzas físicas. pop + cult → espon.

enyenye.
  I. 1. m. *RD.* Idiota, imbécil. desp.

enyerbado, -a.
  I. 1. adj. *Mx, Ho.* Referido a persona, hechizada con un bebedizo.
    2. *ES, Co.* Referido a persona, que está bajo los efectos de la marihuana. pop.
  II. 1. adj. *Ho.* Referido a un terreno, sembrado o cubierto de hierba.
  III. 1. adj. *Cu.* Referido a un asunto, enmarañado, complicado.

enyerbar(se).
  I. 1. tr. *Mx, Ho, Co, Ch:S.* Hechizar a *alguien* con un brebaje hecho de yerbas, *generalmente con fines amorosos.* (**enhierbar**).
    2. *Mx.* Envenenar. (**enhierbar**).
  II. 1. intr. prnl. *Cu, PR.* Enmarañarse, complicarse un asunto.
    2. tr. *Cu.* Enmarañar, confundir un asunto.

III. 1. intr. prnl. *Gu.* Ponerse malo un animal por tomar hierbas dañinas.
IV. 1. tr. *Ho.* Sembrar de hierba un terreno. rur.
V. 1. intr. prnl. *PR.* Meterse un animal pequeño entre la hierba.
VI. 1. tr. prnl. *PR.* Quedarse un trompo dando vueltas en posición horizontal al hacerlo bailar.

enyetado, -a.
  I. 1. adj. *Ar, Ur.* Referido a persona o cosa, que tiene **yeta** o mala suerte. pop.

enyetar.
  I. 1. tr. *Bo:N,E, Py, Ar, Ur.* Transmitir **yeta** o mala suerte. pop.

enyirela.
  I. 1. f. *ES.* Gaseosa de jengibre.

enyoyado, -a.
  I. 1. adj. *PR.* Referido a persona, alegre, divertida. pop + cult → cspon.
  II. 1. adj. *PR.* juv. Referido a persona, que está con la mente en blanco.

enyoyar.
  I. 1. tr. *ES.* Ganar la confianza de una persona para obtener algo a cambio.

enyubar.
  I. 1. tr. *Bo.* Uncir, atar o sujetar bueyes al yugo. rur.

enyucada.
  I. 1. f. *Pe.* Engaño o timo que se hace a alguien.
    2. *Pe.* Responsabilidad pesada o engorrosa que se da a alguien, *especialmente mediante engaño.*
  II. 1. f. *Pe.* Endeudamiento propio. pop.
    2. *Pe.* Endeudamiento provocado por otra persona.

enyucado.
  I. 1. m. *CR.* Alimento consistente en una torta de pasta de **yuca** cocida, rellena de carne picada o queso y frita en aceite.
    2. *Pa.* Plato preparado con **yuca**, leche, coco, anís y mantequilla.

enyucado, -a.
  I. 1. adj. *Pe.* Referido a persona, estafada o engañada. pop.
    2. *Ho, ES.* Referido a persona, endeudada. pop.
  II. 1. adj. *Ho, ES.* Referido a persona, obligada a hacer algo que no le gusta. pop.
  III. 1. adj. *ES.* Referido a persona, presa, encarcelada.

enyucar(se). (De *yuca*).
  I. 1. tr. *Pe.* Engañar o timar. pop.
    2. *Pe.* Dar a alguien una responsabilidad pesada o una tarea engorrosa, *generalmente mediante engaño.* pop.
  II. 1. tr. *Ho, ES.* Lograr que alguien se endeude. pop.
    2. intr. prnl. *Ho, ES.* Endeudarse.
  III. 1. tr. *Ho, ES.* Obligar a *alguien* a aguantar o a aceptar algo contra su voluntad.
  IV. 1. intr. prnl. *Gu.* Meterse en problemas.

enyugado, -a.
  I. 1. adj. *Ho.* Referido a persona, que siempre está unida a otra.
  II. 1. adj. *PR.* Referido a un gallo, que pelea adentro y casi nunca tira de afuera.

enyuntado, -a.
  I. 1. adj. *Cu, RD.* Referido a animal, que lleva el yugo puesto. rur.

enyuntar.
  I. 1. tr. *Cu, RD, Bo.* Poner el yugo a los bueyes.

enyuque. (De *yuca*).
  I. 1. m. *Ho.* Endeudamiento. pop.

enyuquillar.
  I. 1. tr. *Gu.* Remojar la ropa con **yuquilla** para plancharla.

enyuyarse.
    I. 1. intr. prnl. *Ar:NO.* Cubrirse un terreno de **yuyo** o hierba perjudicial.

enzacatado.
    I. 1. m. *CR.* Siembra de **zacate** o césped, *que se hace generalmente para formar una zona verde.*
    II. 1. m. *CR.* Cancha de **futbol** de hierba o césped.

enzacatado, -a.
    I. 1. adj. *Ho, ES, CR. Referido a terreno,* sembrado de **zacate.**
    II. 1. adj. *CR. Referido a una caballería,* desacostumbrada al trabajo por haber estado mucho tiempo sin actividad. rur; pop + cult → espon.

enzacatar(se).
    I. 1. intr. prnl. *Mx, Gu, Ho, ES.* Cubrirse un terreno de **zacate.** rur.
    2. tr. *CR; Ho, ES,* rur. Sembrar **zacate** o hierba en un terreno, *especialmente para hacer una zona verde.*
    3. intr. prnl. *ES.* metáf. Asilvestrarse *alguien* por vivir excesivo tiempo en el campo.
    II. 1. intr. prnl. *ES.* Ingerir bebidas alcohólicas en exceso.
    III. 1. intr. prnl. *Ni.* Hacer *algo* mal.
    IV. 1. intr. prnl. *CR.* Perder una caballería su buena condición física y la costumbre para el trabajo por haber pasado mucho tiempo sin actividad. rur; pop + cult → espon.

enzaguanar(se).
    I. 1. tr. prnl. *Gu.* Ingerir una bebida, *especialmente alcohólica.*
    II. 1. intr. prnl. *Gu.* Dirigirse dos personas a algún lugar, *generalmente cubierto e íntimo,* para tener relaciones sexuales.
    III. 1. tr. *ES.* Meter o encerrar a *alguien* en un lugar.
    IV. 1. tr. prnl. *ES.* Beberse o comerse *algo.*

enzapatado, -a.
    I. 1. adj. *Ve, Bo. Referido a persona,* que lleva los zapatos puestos. pop + cult → espon.

enzapatarse.
    I. 1. intr. prnl. *Mx:SE, PR, Ve, Bo.* Calzarse, ponerse los zapatos. pop + cult → espon.

enzepolada.
    I. 1. f. *Ni.* Frotamiento del cuerpo, *especialmente el tórax,* con **zepol.** pop + cult → espon.

enzepolarse.
    I. 1. tr. prnl. *Ni.* Frotarse el cuerpo o una parte de él con **zepol.** pop + cult → espon.

enzocar.
    I. 1. tr. *PR.* Poner zocos a una casa de madera. rur.

enzolvar(se).
    I. 1. tr. *Mx.* Cegar un conducto por acumulación de **azolve.**
    2. intr. prnl. *Mx.* Cegarse un conducto por acumulación de **azolve.**

enzoque.
    I. 1. m. *PR.* Procedimiento consistente en poner zocos a una casa de madera. rur.
    2. *PR.* Conjunto de zocos de una casa de madera. rur.

enzorocar(se).
    I. 1. tr. *Ho.* Meter *algo* a presión.
    II. 1. intr. prnl. *Ho.* Ponerse apresuradamente cualquier prenda de vestir.

enzorramiento.
    I. 1. m. *RD, PR.* Hastío, aburrimiento. rur.

enzorrar(se).
    I. 1. tr. *PR.* Molestar, fastidiar *una persona* a *alguien.* rur.
    2. intr. prnl. *PR.* Aburrirse, hastiarse *una persona* de alguien o de algo. rur. (**azorrar**).

enzorroso, -a.
    I. 1. adj. *PR. Referido a persona,* que causa molestia, hastío, fastidio. rur.
    2. *PR. Referido a persona,* aburrida, hastiada. rur.

enzurullar.
    I. 1. tr. *Co.* Juntar las hojas de tabaco en haces.
    2. *Co:O.* Plegar o enrollar un papel arrugándolo.

eñangotao.
    I. 1. *RD, PR.* **ñangotado,** que está en cuclillas.

¡epa!
    I. 1. interj. *Mx, RD, Pe, Bo.* Expresa mandato para que una persona o animal se detengan o como aviso de algún peligro. ♦ **épale.**
    2. *Mx, Ho, Ni, PR, Bo.* Expresa saludo.
    3. *CR, PR, Co, Ve, Bo, Py, Ar, Ur.* Expresa advertencia ante un peligro. ♦ **¡epria!**
    4. *ES, Ni, Pa, RD, PR, Co, Ec, Pe, Bo, Ch, Ar.* Expresa ánimo y alegría.
    5. *Ni, Pa, RD, Ve, Bo, Py, Ar.* Expresa extrañeza o sorpresa. pop.
    6. *Ni, Bo, Ch.* Expresa llamada de atención a alguien con algún propósito. pop.
    7. *Ni, PR.* Expresa rechazo. pop + cult → espon. ♦ **¡epria!**
    8. *CR, Ec, Ar.* Expresa admiración. pop.
    ●
    a. ‖ ~. fórm. *Pa, Ve, Bo, Ar.* Se usa para saludar.

epacigüil.
    I. 1. *Mx.* **anamú.**

epacina. (Del nahua *epatl,* zorrillo, y *xihuitl,* hierba).
    I. 1. f. *Ho, ES.* **anamú. (lipacina).**

¡épale!
    I. 1. interj. *Mx, ES, PR, Ve, Bo, Ar, Ur.* Expresa advertencia ante un peligro.
    2. *Mx, ES, Bo.* **¡epa!,** expresa mandato.
    II. 1. interj. *ES, PR.* Expresa sorpresa.
    III. 1. interj. *ES, Co, Ec.* Expresa alegría o estímulo.
    ●
    a. ‖ ~. fórm. *Ve; Ar,* pop. Se usa para saludar.

epasote. (Del nahua *epatl,* zorrillo, y *zotl* o *tzotl,* suciedad).
    I. 1. *Mx, Ho.* **pasote.**

epazotal.
    I. 1. m. *Mx.* Campo sembrado de **epazote.**

epazote. (Del nahua *epatl,* zorrillo, y *zotl* o *tzotl,* suciedad).
    I. 1. *Mx, Ho, ES, Ni, RD.* **pasote.**

epicrisis.
    I. 1. f. *Ni, CR, Co.* Dictamen médico sobre el estado de la enfermedad de un paciente.

epidemiado, -a.
    I. 1. sust/adj. *Mx.* p.u. Persona que padece una enfermedad epidémica.

episodio.
    I. 1. m. *Ni, Cu, RD, PR.* **entrada,** división del juego.
    ▶ **hacerla de ~s.**

epíteto.
    I. 1. m. *RD, PR.* Apelativo ofensivo. pop + cult → espon ^ desp.

epitomal.
    I. 1. adj. *PR.* juv. Extraordinario, magnífico.

epizootia.
    I. 1. f. *Ec, Ch.* Enfermedad de los ganados, que se manifiesta con fiebre y por el desarrollo de vesículas o flictenas pequeñas en la boca y entre las pezuñas.

época.
    □
    a. ‖ **de la ~ de la chispa.** loc. adj. *Ec. Referido a cosa,* muy antigua. pop.

epria.

●

    a. ‖ ~. fórm. *PR.* Se usa para saludar.

¡epria!

    I. 1. *PR.* **¡epa!**, expresa advertencia ante un peligro.

    2. *PR.* **¡epa!**, expresa rechazo.

equeco. (Del aim. *Iqiqu*, nombre del dios de la abundancia).

    I. 1. m. *Pe, Bo, Ch, Ar:NO.* Amuleto en forma de muñeco de barro cocido, cargado con bolsas de fideos, azúcar, billetes u otras cosas que simbolizan la prosperidad. (**ekeco**; **ekeko**).

    2. sust/adj. *Bo:O,C.* metáf. Hombre rechoncho y de pequeña estatura. pop.

□

    a. ‖ **como (un) ~.** *Bo, Ch.* más cargado que equeco.

    b. ‖ **más cargado que ~.** loc. adv. *Pe, Bo, Ch.* Acarreando muchas cosas. pop + cult → espon.

    ♦ **como (un) equeco.**

¡equelecuá!

    I. 1. *PR.* **¡ecolecuá!**

equilibrista.

    I. 1. m-f. *RD, PR.* Político que quiere estar bien con todos, *especialmente con el partido que está en el poder.*

    II. 1. m-f. *PR.* Persona que pide préstamos con frecuencia, y que con uno paga otros.

equipaje.

□

    a. ‖ **con el ~ del perro.** loc. adv. *Ch.* Sin nada más que lo puesto o sin ropa. pop.

equipal.

    I. 1. m. *Mx.* Especie de sillón hecho de varas entrelazadas, con el asiento y el respaldo de cuero o de palma tejida.

equipata.

    I. 1. f. *Mx:NO.* Lluvia invernal o aguanieve que tiene lugar en las zonas montañosas.

equipero, -a.

    I. 1. m. y f. *Mx, Gu, Ni, Cu.* Persona que juega en un equipo deportivo.

equipo.

■

    a. ‖ **~ caminero.** m. *Ec.* Maquinaria empleada en la reparación y mantenimiento de caminos y carreteras.

    b. ‖ **~ full.** m. *Ve.* Aparato que está equipado con todos los servicios posibles.

□

    a. ‖ **del otro ~.** loc. adj. *Gu, Ni, CR, Pa, Co, Ec, Pe, Bo, Ch. Referido a un hombre,* homosexual. pop + cult → espon ^ desp.

    b. ‖ **~ de audio.** loc. sust. *Cu, Ec.* Conjunto de módulos electrónicos, que se hallan conectados a un centro procesador del sonido, de múltiple frecuencia, con el que se reproducen o realizan grabaciones o se captan señales de radio.

    c. ‖ **full ~.**

        i. loc. adj. *Ve. Referido especialmente a una hamburguesa o* **arepa**, acompañada de todo tipo de ensaladas, aderezos o salsas.

        ii. loc. sust. *Co, Pe, Ch, Py,* Equipamiento completo, *especialmente de un vehículo.* pop + cult → espon.

    ▶ **batear para el otro ~; batear para los dos ~s; cambiarse de ~; entregar el ~; jugar en los dos ~s; jugar para el otro ~.**

equis.

    I. 1. adj. *Mx. juv. Referido a cosa,* mediocre, mala, desagradable, de poca calidad. pop.

II. 1. f. *Co, Pe.* Serpiente de hasta 1,5 m de longitud, con fosas faciales como órganos sensibles al calor. (Viperidae; *Bothrops* spp.). ♦ **crucera**; **guata**; **jararaca**; **víbora de la cruz**; **yarará.**

equitador, -ra.

    I. 1. m. y f. *Mx, Co, Ec, Pe, Bo, Ch, Ar; Bo,* rur. Persona que tiene afición deportiva por los caballos.

equivocada.

    I. 1. f. *Mx, Cu, Co, Bo.* Equivocación. pop.

-era

    I. 1. suf. *Mx, Ho, ES, Ni, CR, Co, Bo.* Indica repetición o reiteración de la acción.

    II. 1. suf. *Ho, ES, Ni.* Indica gran cantidad de algo.

eraca.

    I. 1. f. *Ar:NO.* Ejemplar excelente y de especial tamaño de un fruto. rur.

¡erco! (Del lenca).

    I. 1. interj. *Ho:O, ES:E.* p.u. Expresa incredulidad o negación. rur. (**¡ercu!**).

¡ercu!

    I. 1. *Ho:O.* **¡erco!**

ergástula.

    I. 1. f. *Ni, RD.* Cárcel de condiciones infrahumanas. prest; cult → esm.

erica.

    I. 1. *Ve.* **arica.**

erizado, -a.

    I. 1. adj. *Ni, Cu. Referido a persona,* temerosa, nerviosa.

    II. 1. adj. *RD, PR. Referido a un gallo de pelea,* que se le erizan las plumas cuando siente miedo.

    2. *RD, PR. Referido a un gallo de pelea,* que se acobarda y huye ante las primeras acometidas de su contrincante.

erizarse.

    I. 1. intr. prnl. *PR.* Acobardarse, *especialmente los gallos de pelea.*

erizo, -a.

    I. 1. adj. *Mx. Referido a persona o animal,* que tiene el pelo erizado.

□

    a. ‖ **en el ~.** loc. adj. *Ho, Cu, PR, Co.* **apretado**, que atraviesa una mala situación económica.

    ▶ **estar como un ~.**

erizón.

    I. 1. adj. *PR. Referido a un gallo de pelea,* que se acobarda.

erke. (Voz quechua).

    I. 1. m. *Bo, Ch:N, Ar:NO.* Instrumento musical de viento compuesto por una larga caña hueca y un pabellón que puede estar hecho de diferentes materiales; produce un sonido grave y potente y se utiliza en procesiones y bailes populares. (**erque**).

erkenchero.

    I. 1. m. *Ar:NO.* Hombre que toca el **erkencho**. (**erquenchero**).

erkencho.

    I. 1. m. *Bo, Ch:N, Ar:NO.* Instrumento musical de viento, similar al **erke** aunque de menor tamaño, cuyo pabellón se hace con un cuerno de vacuno. (**erquencho**).

erkero.

    I. 1. m. *Ar:NO.* Hombre que toca el **erke** o **erque**. (**erquero**).

erogación.

    I. 1. f. *Mx, CR, Co, Ec, Pe, Bo, Ch, Ar, Ur.* Desembolso de dinero para cubrir una obligación pendiente. prest; cult → esm.

2. *Mx, CR, Ec.* Gasto del dinero de un presupuesto, *especialmente por parte de instituciones públicas o mercantiles.* prest; cult → esm.

erogante.
   I. 1. sust/adj. *Ec, Pe, Bo.* Persona o institución que desembolsa una cantidad de dinero por obligación o como donativo. prest; cult → esm.

erogar.
   I. 1. tr. *Mx, CR, RD, Co, Ve, Ec, Pe, Bo, Py, Ar, Ur.* Desembolsar una suma de dinero para satisfacer un pago. prest; cult → esm.
   2. intr. *CR, RD, Co, Ve, Ec, Pe, Bo, Py, Ar, Ur.* Desembolsar dinero para cubrir una obligación pendiente. prest; cult → esm.
   3. tr. *Mx, CR, Ec.* Gastar el dinero de un presupuesto, *especialmente por parte de instituciones públicas o mercantiles.*

erque.
   I. 1. *Bo, Ch:N, Ar:NO.* **erke.**
   II. 1. sust/adj. *Bo.* Persona pusilánime. pop.

erquenchero.
   I. 1. *Ar:NO.* **erkenchero.**

erquencho.
   I. 1. *Bo, Ch:N, Ar:NO.* **erkencho.**

erquero.
   I. 1. *Ar:NO.* **erkero.**

erraizar.
   I. 1. tr. *PR.* p.u. Desraizar.

errancharse.
   I. 1. *PR.* **desrancharse.**

errático, -a.
   I. 1. adj. *EU, PR. Referido a persona,* excéntrica, extravagante.
   2. *Ch. Referido a persona,* desordenada en la manera de hacer algo.
   II. 1. adj. *Ho. Referido a persona,* que cambia con frecuencia de candidato, partido o posición personal.

errengado, -a.
   I. 1. adj. *PR. Referido a persona,* que parece que se dobla por la cintura. rur.

erriñonado, -a.
   I. 1. *PR.* **esriñonado.**

error.
   I. 1. m. *Ni, Cu, PR. En el **beisbol**,* fallo de un jugador defensivo, que no coge la pelota o se la lanza desviada a un compañero, permitiendo que un jugador ofensivo alcance una o más **bases.**

   ■
   a. ‖ ~ **de taipeo.** m. *Ni, Bo.* Equivocación en un texto escrito a máquina o en el ordenador.

erupcionar.
   I. 1. intr. *Ni, Co, Ec, Ch.* Entrar en erupción un volcán.

¡esa!
   I. 1. interj. *Bo.* Expresa aprobación a una acción que ha sido ejecutada con habilidad y destreza. pop.

esarbolar(se).
   I. 1. *PR.* **desarbolar,** desordenar.
   2. *PR.* **desarbolarse,** descomponerse.

esasío, -a.
   I. 1. *PR.* **esasido.**

esbajadora.
   I. 1. *CR.* **desbajadora.**

esbajeradora.
   I. 1. f. *CR.* Herramienta usada para cortar las hojas del plátano, compuesta de una varilla muy larga con una pieza de hierro en una de sus puntas, la cual tiene filo en la parte superior y una curvatura en la parte inferior. rur. ♦ **chuza.**

esbajerar.
   I. 1. tr. *CR.* Recortar las ramas bajas a una planta o a un árbol. rur.
   2. *CR.* Recolectar las hojas bajas de las matas de tabaco. rur.

esbaratado, -a.
   I. 1. *PR.* **desbaratado.**

esbaratao, -tá.
   I. 1. *PR.* **desbaratado.**

esbarbar.
   I. 1. *PR.* **desbarbar,** cortar las plumas.
   2. *PR.* **desbarbar,** cortar las dos partes carnosas.

esbarrigarse.
   I. 1. intr. prnl. *PR.* Tener una mujer o un animal hembra el vientre muy abultado, estar a punto de parir.
   2. *PR.* Parir una mujer o un animal hembra.

esbembarse.
   I. 1. *PR.* **desbembarse.**

esbirrismo.
   I. 1. m. *Ec.* Actitud propia del **esbirro.**

esbirro, -a.
   I. 1. m. y f. *Ec.* Persona subalterna aduladora y sumisa. pop ^ desp.

esbloarse. (Del ingl. *to blow*).
   I. 1. tr. prnl. *PR.* Explotarse un neumático de un vehículo. (**bloarse**).

esbocado, -a.
   I. 1. *PR.* **desbocado.**

esbocao, -cá.
   I. 1. *PR.* **desbocado.**

esbocarse.
   I. 1. *PR.* **desbocarse.**

esboquillado.
   I. 1. *PR.* **boquijano.**

esboquillao.
   I. 1. *PR.* **boquijano.**

esbornia. (Del it. *sbornia*).
   I. 1. f. *Ar.* obsol. Borrachera. pop.

esboronado, -a.
   I. 1. adj. *PR. Referido a persona,* deshecha por un fuerte dolor de cabeza.

esboronamiento.
   I. 1. *PR.* **desboronamiento.**

esboronar(se).
   I. 1. *PR.* **desboronar,** deshacer en porciones.
   2. *PR.* **desboronarse,** deshacerse en porciones.

esborrondingarse.
   I. 1. intr. prnl. *Ho.* Caerse *alguien* o *algo* por un precipicio.

escabeche.
   I. 1. m. *Ni, Bo, Ch, Ar:O.* Fruto o legumbre que se conserva en vinagre.
   2. *Bo.* Plato preparado con oreja y pata de cerdo, cebollas, zanahorias, **ají verde,** coliflor y pepino semicocidos y encurtidos en vinagre.
   II. 1. adj. *ES. Referido a persona,* que no tiene dinero. carc.
   III. 1. m. *Ni.* Encurtido.

   ■
   a. ‖ ~ **oriental.** m. *Mx:SE.* Guiso preparado con pollo, **chile** y ajo; es típico del estado mexicano de Yucatán.

escabiado, -a.
   I. 1. adj. *Ar, Ur.* Borracho. pop.

escabiador, -ra.
   I. 1. sust/adj. *Ar, Ur.* Persona que suele ingerir muchas bebidas alcohólicas. pop.

escabiar(se).
 I. 1. intr. *Ar, Ur.* Tomarse bebidas alcohólicas. pop.
 2. tr. *Ar, Ur.* Ingerir una bebida alcohólica. pop.
 3. intr. prnl. *Ar, Ur.* Emborracharse. pop.

escabio.
 I. 1. m. *Ar, Ur.* Bebida alcohólica. pop.
 2. *Ar, Ur.* Consumo de bebidas alcohólicas. pop.

escabio, -a.
 I. 1. *Referido a persona,* borracha.

escabullarse.
 I. 1. intr. prnl. *RD, Ve.* **descabullarse.** pop.

escabuyarse.
 I. 1. intr. prnl. *PR.* Escaparse *alguien,* escabullirse. pop + cult → espon.

escachalandrado, -a.
 I. 1. adj. *Co, Ve. Referido a persona,* de aspecto o vestir descuidados. pop.

escacharse.
 I. 1. *Co.* **descacharse.**
 2. *Cu.* Salir mal *algo,* frustrarse.

escache.
 I. 1. m. *Cu.* Intento frustrado, fracaso.

escaerado, -a. (De *cadera*).
 I. 1. adj. *PR.* p.u. *Referido a persona,* derrengada, baldada. rur. (**escairado**).

escáfol. (Del ingl. *scaffold,* andamio).
 I. 1. m. *EU.* Andamio.

escairado, -a.
 I. 1. *PR.* **escaerado.**

escalabrado, -a.
 I. 1. adj. *Ve. Referido a cosa,* que tiene el borde roto.

escalador, -ra.
 I. 1. adj/sust. *RD, Ch. Referido a persona,* que progresa en la vida y en el trabajo por medios rápidos y sin escrúpulos. pop.

escalafonado, -a.
 I. 1. adj. *Ni, Co, Ec, Py. Referido a persona,* que ha ingresado en un escalafón y está acreditada.

escalafonar.
 I. 1. tr. *Ni, Co, Ec, Py.* Incluir en un escalafón.

escalar.
 I. 1. tr. *PR.* Robar en un establecimiento o en una casa. rur.

escalastrófico, -a.
 I. 1. adj. *PR.* juv. *Referido a cosa,* pésima, estropeada, en mal estado.

escaldo.
 I. 1. m. *Gu.* Irritación o escozor en la piel.

escalera.
 I. 1. f. *Co:O.* Autobús de transporte público interurbano, con la carrocería completamente abierta por los costados y asientos corridos en su perímetro, de forma que los pasajeros dan la espalda a los ventanales.
 II. 1. f. *CR.* Persona delgada y muy alta. pop ^ fest.
 ■
 a. ‖ ~ de mono. *Ar.* **caí escalera.**
 b. ‖ ~ eléctrica. f. *Mx, Ni, CR, Co, Ve, Ec, Pe.* Escalera mecánica. ♦ **escalera rodante.**
 c. ‖ ~ rodante. *Cu.* **escalera eléctrica.**
 ▶ servir de ~; subir la ~.

escalfar.
 I. 1. tr. *Mx, Ho, Ni.* p.u. Descontar, mermar, quitar *algo* de lo justo. pop.

escaliche. (Prót. de *caliche*).
 I. 1. m. *Ni.* Lenguaje coloquial utilizado por los ladrones.

escallar(se).
 I. 1. tr. *Ar:NO.* Desportillar un objeto de adorno o una pieza de la vajilla. pop.

 2. intr. prnl. *Ar:NO.* Desportillarse un objeto de adorno o una pieza de la vajilla. pop.

escalmenarse.
 I. 1. intr. prnl. *PR.* juv. Peinarse.

escalopa.
 I. 1. f. *Ec, Ch.* Filete delgado de carne rebozado en pan rallado.

escalpisa.
 I. 1. f. *PR.* **Golpiza,** ataque violento. pop + cult → espon.

escamado, -a.
 I. 1. adj. *Mx, Ni, PR. Referido a persona,* asustada, con miedo. pop + cult → espon.
 2. *Mx. Referido a persona,* escarmentada, debido a malas experiencias previas.

escamar(se).
 I. 1. tr. *Mx.* Sobresaltar, asustar. pop.
 2. intr. prnl. *PR.* Asustarse una persona o un animal.

escambiar.
 I. 1. *CR.* obsol. **descambiar.** rur; pop + cult → espon.

escambray.
 I. 1. m. *PR.* Cosa inservible.

escambrón.
 I. 1. m. *RD.* Planta trepadora de hasta 15 m de altura, con tronco delgado, espinas curvadas y flores de color morado o rosa. (Fabaceae; *Machaerium lunatum*). ♦ **palo de hoz.**
 2. *PR.* Arbusto espinoso, con hojas oblongo-lanceoladas, inflorescencia fasciculada y flores verdes, blancas o amarillas. (Salicaceae; *Samyda spinosa*).
 3. *PR.* Árbol de tamaño mediano y copa redondeada, muy ramificado, con espinas curvas y flores verdes, blancas o amarillas. (Fabaceae; *Pithecellobium unguiscati*; Nyctaginaceae; *Pisonea aculeata*).

escambroso, -a.
 I. 1. adj. *RD. Referido a persona,* desconfiada. pop + cult → espon.

escame.
 I. 1. m. *PR.* juv. Susto.

escamero.
 I. 1. m. *Cu.* Embarcación pesquera.

escamero, -a.
 I. 1. adj. *Cu. Referido a una embarcación,* dedicada a la pesca.

escamisado, -a.
 I. 1. adj. *PR.* juv. *Referido a persona,* que tiene mucha hambre.

escamocha.
 I. 1. f. *Mx.* Ensalada de frutas.

escamol.
 I. 1. *Mx.* **escamole.**

escamole. (Del nahua *azcatl,* hormiga, y *molli,* mole).
 I. 1. m. *Mx.* Larva comestible de cierta hormiga. (**escamol**).

escamoso, -a.
 I. 1. adj. *Co. Referido a persona,* susceptible, que se ofende con facilidad. pop.
 II. 1. adj. *PR. Referido a persona o cosa,* extremadamente sucia, a punto de tener costra. pop + cult → espon ^ desp.

escamotearse.
 I. 1. intr. prnl. *ES.* Esconderse *alguien.* delinc. ♦ **escaramotearse.**

escamotero.
 I. 1. m. *Bo.* Ladrón que roba aprovechándose del descuido ajeno. pop.

escampadero.
 I. 1. m. *RD, Co.* Lugar que sirve para guarecerse de la lluvia.

II. 1. m. *Co.* metáf. Empleo temporal mientras se encuentra otro mejor.

escamparse.
    I. 1. intr. prnl. *Ni, CR, Cu, RD, PR, Co, Ve, Ec.* Guarecerse de la lluvia.
    □
        a. ‖ **~ del aguacero.** loc. verb. *RD, PR.* Guarecerse de la lluvia.

escamuflarse.
    I. 1. intr. prnl. *Ni, RD.* Irse rápidamente de un lugar.

escandalero, -a.
    I. 1. adj. *ES. Referido a persona o cosa,* escandalosa.

escandalete.
    I. 1. m. *Ar, Ur.* Desvergüenza, inmoralidad. pop.
    2. *Ar, Ur.* Situación provocada por un hecho desvergonzado o inmoral. pop.
    3. *Ar, Ur.* Alboroto, revuelo. pop.
    4. *Pe.* Escándalo de pequeñas proporciones y causas exageradas. desp.

escandalosa.
    I. 1. f. *Co.* **gallardete,** arbusto.

escandaloso, -a.
    I. 1. adj. *Mx, Ni, Cu, Ec. Referido a un color,* demasiado vivo o mal combinado con otro u otros. ♦ **apaventoso.**

escandol.
    I. 1. m. *Mx.* **retama,** árbol. **(escandor).**

escandola.
    I. 1. f. *Co.* Escándalo o alboroto grandes.

escandor.
    I. 1. *Mx.* **escandol.**

escandray.
    I. 1. m. *PR.* Vehículo o artefacto en muy mal estado.

escaneada.
    I. 1. f. *Mx, Ni, CR, Pe, Bo, Ch.* Grabación o registro mediante escáner de una imagen, una fotografía o un texto.

escanecer.
    I. 1. intr. *Ho.* Encanecer.

escante.
    I. 1. m. *PR.* Destrucción.
    ▶ **hacer ~.**

escantillar.
    I. 1. tr. *PR.* Desbaratar *alguien* la madera con un instrumento cortante.

escapar(se).
    I. 1. intr. *Cu.* Sacar provecho de una situación. pop + cult → espon.
    □
        a. ‖ **no ~se chancho con mazorca.** loc. verb. *Ho.* Estar atento a todo lo que ocurre.

escaparate.
    I. 1. m. *Cu, RD, Co, Ve.* Armario donde se guarda la ropa y otros objetos personales.
    ▶ **no ser ~ de nadie.**

escapazo.
    I. 1. m. *Ch.* Robo hecho a la carrera aprovechando un descuido de la víctima. delinc.

escape.
    I. 1. m. *RD, Ec, Bo, Ch.* Salida de emergencia.
    2. f. *Ec, Ch.* Escapatoria, huida.
    II. 1. m. *ES, Bo.* Ano. pop + cult → espon.
    □
        a. ‖ **a ~ libre.** loc. adj. *CR, Ec. Referido a motor de combustión interna,* que no tiene tubo de escape. pop.
        b. ‖ **de ~.** loc. adj. *Ch; Bo,* pop. *Referido especialmente a una salida,* preparada para ser utilizada en caso de emergencia.
    ▶ **tener malo el ~.**

escapear.
    I. 1. intr. *PR.* Echar a correr un caballo a todo galope.
    2. *PR.* Escapar *alguien* con rapidez, a pie o a caballo.
    3. tr. *PR.* Apresurar *una persona* a *alguien* en el trabajo.
    4. intr. *PR.* metáf. Andar *alguien* mucho y con celeridad.
    II. 1. intr. *Ch.* Robar a toda prisa aprovechando un descuido de la víctima y dándose rápidamente a la fuga. delinc.
    □
        a. ‖ **no ~ la yegüita.** loc. verb. *PR.* No apresurarse *alguien,* darse el tiempo necesario para tomar una decisión. pop + cult → espon.

escapelarse. (Del it. *scappellarsi*).
    I. 1. intr. prnl. *Ar.* Quitarse el sombrero. pop.

escapero, -a.
    I. 1. m. y f. *Pe, Bo, Ch.* Ladrón que huye rápidamente una vez realizada su acción.

escapulario.
    ▶ **ganar indulgencias con ~ ajeno.**

escaramotearse. (Epént. de *escamotearse*).
    I. 1. *ES.* **escamotearse.**

escaramuza.
    I. 1. f. *Mx.* Grupo de mujeres **charras** que, en celebraciones, ejecuta diversas suertes a caballo.
    2. *Mx.* Suerte a caballo que ejecuta un grupo de mujeres **charras** en celebraciones.

escarapela.
    I. 1. f. *Co.* Tarjeta de identificación que se da en los congresos a los participantes para reconocerlos.

escarapelado, -a.
    I. 1. adj. *CR, Ve. Referido a una pared o a otra superficie lisa,* que ha perdido la pintura o el revestimiento.

escarapelar(se).
    I. 1. tr. *Mx, CR, Co, Ve.* Quitar a una pared o a otra superficie lisa la pintura o revestimiento.
    2. intr. prnl. *Mx, CR, Co, Ve.* Desprenderse la pintura o revestimiento de una pared o de otra superficie lisa.
    3. *Co:C, Ve.* metáf. Sufrir descamación de la piel, después de exponerse mucho tiempo al sol. pop.
    II. 1. intr. prnl. *Mx, Pe.* Ponérsele la carne de gallina a una persona.

escarbadero.
    I. 1. m. *PR.* **Rejón** mediano donde el gallo se ejercita escarbando la tierra.

escarbar.
    □
        a. ‖ **~ el arroz.** loc. verb. *Ho.* Realizar el coito. vulg; pop.

escarcear.
    I. 1. intr. *Ve, Ar, Ur.* Moverse un caballo subiendo y bajando la cabeza violenta y repetidamente.

escarceo.
    I. 1. m. *Cu, RD, PR.* Pelea, riña, discusión acalorada entre varias personas. ♦ **julepe.**
    2. *Cu, RD.* Ruido, alboroto.
    3. *Cu.* **zarceo.**

escarcha.
    I. 1. f. *Co.* **rocío.**
    II. 1. f. *Cu, Co, Bo.* Cosmético en polvo brillante para dar color o brillo a los párpados.
    2. *Ec.* Polvo brillante que se usa para realizar trabajos manuales o, en el teatro, para pintar el rostro de los actores.

escarchado.
    I. 1. m. *Pe, Bo. En la construcción,* revestimiento granulado de cemento que se pone al zócalo de las paredes externas para hacerlas más resistentes a la lluvia.

2. *Pe. En la construcción,* revestimiento granulado de cemento que se pone en techos o paredes con fines decorativos o acústicos.

escarchado, -da.
I. 1. adj. *Ec. Referido al borde de una copa o de un vaso,* cubierto con zumo de limón y azúcar o sal.

escarchar.
I. 1. tr. *RD, PR.* Quitar la escarcha o el hielo a un refrigerador.
II. 1. tr. *Ec.* Cubrir con zumo de limón, sal o azúcar el borde de un vaso o de una copa.

escarcho.
I. 1. m. *Ar:NO.* Escarcha. rur.

escardillo.
▶ echar ~.

escaria.
I. 1. f. *Bo.* Rostro, cara de una persona.

escarlatino, -a.
I. 1. adj. *Mx.* p.u. *Referido a un objeto,* de color escarlata.

escarola.
I. 1. m. *Mx.* Fruncido que tienen algunos vestidos como adorno.

cscaroleada.
I. 1. f. *ES.* Registro.

escarolear.
I. 1. tr. *ES.* Hurgar, meter la mano en busca de algo.
2. *ES.* Acariciar los genitales a una mujer. vulg.

escarpa.
I. 1. f. *Mx.* Acera, orilla de la calle.

escarpiante. (Del it. *scarpa*).
I. 1. m. *Ar.* Calzado, zapato. pop.

escarpín.
I. 1. m. *Gu, CR, PR, Co:O,SO, Ve, Ec, Pe, Bo, Py, Ar, Ur.* Calzado de punto o de lana, *generalmente en forma de bota,* que se pone a los bebés a modo de zapato.
2. *Bo; Ec,* obsol. Calcetín de lana que usan las personas mayores para abrigarse los pies en la cama.
3. *Ho, ES, Ni, Cu.* Calcetín que llega hasta el tobillo.
4. m. pl. *PR.* metáf. Espuelas de aluminio, cortas, de unos 6 cm, que se le ponen al gallo para la pelea.
5. m. *PR.* Espolón de los gallos de pelea que antiguamente hacía las veces de espuela.

escarpiza.
I. 1. f. *PR.* Tunda, azotaina, zurra.

escarrajuzado, -a.
I. 1. adj. *PR. Referido a persona,* que está en muy mal estado de salud. pop + cult → espon.

escarranchado, -a.
I. 1. adj. *Ve. Referido a persona,* que descansa relajadamente con las piernas abiertas.
2. *PR.* **descarranchado,** desgarbado.
II. 1. adj. *PR. Referido a cosa,* estropeada, que no funciona. pop + cult → espon.

escarranchao.
I. 1. *PR.* **descarranchado,** desgarbado.
II. 1. *PR. Referido a cosa,* estropeada, que no funciona.

escarrancharse.
I. 1. intr. prnl. *Ve.* Descansar relajadamente *una persona* con las piernas abiertas.

escasani.
I. 1. adj. *Ar. Referido a cantidad,* escasa, insuficiente. pop.

escaso, -a.
I. 1. adj. *Cu, Ve, Pe. Referido a persona,* que no es inteligente. pop + cult → espon ^ desp.

escasón, -na.
I. 1. adj. *Co:C,O, Ar. Referido a cantidad,* escasa, insuficiente. pop.

escastrar.
I. 1. tr. *PR.* Sacar *alguien* el panal de la colmena. rur.

escelebrado.
I. 1. adj. *PR. Referido a persona,* que tiene un fuerte dolor en la nuca. pop + cult → espon.
2. *PR. Referido a persona,* agotada mentalmente. pop + cult → espon.

eschilampado, -a.
I. 1. adj. *CR.* p.u. *Referido a persona o cosa,* que se mueve o actúa a toda prisa. pop.

escholar. (De *cholo*).
I. 1. tr. *PR.* Eliminar *alguien* del racimo del **plátano** los frutos más pequeños o **cholos.** rur.

esclava.
I. 1. f. *Pe, Ch, Py, Ar, Ur.* Pulsera rígida, circular o poligonal, que puede llevar adornos y que no tiene broche.

esclavatura. (Del port. *escravatura*).
I. 1. f. *Ar.* obsol. Esclavitud.

esclocharse.
I. 1. intr. prnl. *PR.* Estropearse el embrague de un vehículo, de manera que se pierde la conexión del motor con las ruedas.

esclusaje.
I. 1. m. *Pa.* Paso de un barco por una esclusa.

escoba.
I. 1. f. *RD, Co.* **chichibé.** (**escobilla**).
2. *Cu, PR.* **botoncillo,** hierba.
3. *PR.* Planta silvestre, en forma de arbolillo, de tallos recios y hoja menuda, con pequeñas flores amarillas que sirven de alimento a las reses y dejan materia vegetal en el terreno. (Malvaceae; *Abutilon, Sida* spp.).
II. 1. f. *Ho, ES.* meton. Despido masivo de empleados.
III. 1. f. *ES.* Colecta de dinero.
IV. 1. f. *PR.* Raspajo del coco que no llega a granar. rur.
●
a. ‖ **arrancar en ~.** form. *Ch.* Se usa para insultar a alguien en los mismos términos en que ha insultado al hablante, sin tener que reproducir sus palabras. pop + cult → espon.
■
a. ‖ **~ amarga.** f. *Cu, Ve.* Planta herbácea de hasta 1 m de altura, con tallo erguido, hojas alternas, inflorescencia en panículas, flores blancas y fruto con una semilla pequeña y negra; se utiliza en la medicina tradicional. (Asteraceae; *Parthenium hysterophorus*). ♦ **artemisilla; confitillo.**
b. ‖ **~ de chiribisca.** f. *Ho.* Escoba de fabricación casera hecha con ramitas resistentes de pequeños arbustos.
c. ‖ **~ de monte.** f. *Mx.* Arbusto de hasta 4 m de altura, con tallo recubierto de pelillos, hojas alternas, aovadas, de margen aserrado, inflorescencia en panículas, flores pequeñas en forma tubular de color blanquecino y fruto seco de una sola semilla. (Asteraceae; *Baccharis conferta*). ♦ **escobilla; hierba del carbonero; tepopote.**
d. ‖ **~ dulce.** f. *RD.* **chichibé.**
e. ‖ **~ lisa.** f. *Ho.* Planta herbácea de hasta 1 m de altura, con hojas alternas lanceoladas, flores con pétalos amarillos o blancos y fruto capsular; tiene numerosas aplicaciones en medicina tradicional. (Malvaceae; *Sida rhombifolia, S. acuta*). ♦ **escobilla.**
□
a. ‖ **en ~.** loc. adj. *CR. Referido a una plántula extraída de un vivero,* que no tiene tierra en las raíces. rur.

b. ‖ **la ~.** loc. sust. *Ch.* Situación de desbarajuste, caos o ruina general.

c. ‖ **por ~.** loc. adv. *CR. En relación con el modo de arrancar las plántulas de un vivero*, sin conservar tierra en las raíces.

▨

a. ‖ **~ nueva.** fr. prov. *Mx, Ni, CR, Cu, Ve, Pe, Bo, Ch, Py, Ar.* Indica que toda persona nueva en un trabajo realiza sus cometidos bien al principio. pop + cult → espon. ♦ **escobita.**

b. ‖ **pasar la ~ solo por donde pasa la suegra.** fr. prov. *Ho, Ni, CR.* Arreglar y ordenarlo todo por los lugares visibles únicamente. fest.

▶ **dejar como mocho de ~; poner la ~ tras la puerta.**

escobadura.
> **I. 1.** f. *Co.* **chichibé.**
> **2.** *Ar.* **huinar.**

escobeado.
> **I. 1.** adv. *CR. En relación con el modo de arrancar las plántulas de un vivero*, sin conservar tierra en las raíces. rur.

escobero.
> **I. 1.** m. *Ar, Ur.* Malabarista que hace juegos con una **escobilla.**

escobeta.
> **I. 1.** f. *Mx.* Escobilla de raíz de **zacate**, corta y recia.
> **II. 1.** f. *Mx.* Mechón de cerda que les sale en el papo a los pavos.

escobetear.
> **I. 1.** tr. *Mx.* Fregar con **escobeta.**

escobilla.
> **I. 1.** *Mx.* **escoba de monte.**
> **2.** *Ho, ES, Ni, PR.* **escoba lisa.**
> **3.** *Ho.* Planta anual de hasta 50 cm de altura, de tallo cubierto de pelos glandulosos y flores blanquecinas; tiene diversas aplicaciones en la medicina tradicional. (Euphorbiaceae; *Caperonia palustris*).
> **II. 1.** f. *Ar, Ur.* Objeto semejante a una escoba pequeña que se usa para hacer malabarismos.
> **2.** *Pe, Bo.* Instrumento hecho de cerdas distribuidas en una armazón que sirve para distintas tareas de limpieza.
> **III. 1.** *RD, Co.* **escoba, chichibé.**
> **IV. 1.** f. *PR.* Enfermedad que ataca a los robles en la punta de las ramas.

escobillado.
> **I. 1.** m. *Mx, Cu, Pe, Bo, Ch, Ar, Ur.* Zapateado suave que se ejecuta en algunas danzas populares. ♦ **escobilleo.**
> **2.** *Pa.* Uno de los pasos del baile folclórico llamado **punto.**

escobillal.
> **I. 1.** m. *ES.* Terreno donde abunda la **escobilla.**

escobillar.
> **I. 1.** intr. *Mx, Pa, Cu, Co, Ve, Pe, Bo:S, Ch, Ar, Ur. En algunos bailes tradicionales*, zapatear suavemente como si se estuviese barriendo el suelo.
> **II. 1.** intr. *Ec:S.* p.u. Adular. pop.

escobilleo.
> **I. 1.** *Pa, Cu, Co, Ve, Pe:N, Bo, Ar, Ur.* **escobillado**, zapateado.

escobillero.
> **I. 1.** m. *Ar, Ur.* Malabarista que hace juegos con una **escobilla.**

escobillo.
> **I. 1.** m. *Mx:SE.* Arbusto de hasta 6 m de altura, de corteza oscura, numerosas ramas, hojas simples, enteras y opuestas, con tres o cinco lóbulos dentados o enteros, flores con cinco pétalos de color rojo, rosado, lila o algunas veces blanco, y fruto redondo de piel lisa y color rojo o amarillo, parecido a la cereza. (Malpighiaceae; *Malpighia glabra*). ♦ **huaxacote.**

escobillón.
> **I. 1.** m. *Mx.* Escobilla de mango largo para limpiar biberones.
> **2.** *Cu, Ve, Pe, Bo, Py.* Escoba de mango largo para limpiar paredes y techos.
> **II. 1.** m. *Bo.* Esterilla de tejido burdo que se pone en la entrada de un lugar para limpiarse la suela de los zapatos.
> **III. 1.** m. *RD, PR.* Pelo de aspecto desagradable. pop + cult → espon ^ desp.

escobita.
> **I. 1.** m-f. *Co:C,O.* Barrendero municipal.
> **II. 1.** f. *RD.* Planta herbácea de hasta 1 m de altura, trepadora, con flores de pétalos amarillos, común en las **maniguas**. (Malvaceae; *Bastardia viscosa*).

▨

a. ‖ **~ nueva (barre bien).** *Cu, RD, Co, Pe, Bo.* **escoba nueva.**

escobón.
> **I. 1.** m. *RD.* Arbusto o árbol de hasta 8 m de altura, de hojas muy variables y flores aglomeradas, con pétalos blancos. (Myrtaceae; *Eugenia* spp.).

escoch. (De *Scotchtape*®).
> **I. 1.** m. *CR, Cu, PR, Bo, Pe.* Cinta adhesiva transparente.

escocherar.
> **I. 1.** *CR.* **descocherar.**

escocotar(se).
> **I. 1.** *PR.* **descocotarse**, caer. pop + cult → espon.
> **II. 1.** *PR.* **descocotarse**, realizar un gran esfuerzo.
> **III. 1.** *PR.* **descocotarse**, desnucarse.
> **IV. 1.** *PR.* **descocotar**, quebrar.

▢

a. ‖ **~se de la risa.** *PR.* **descoserse de la risa.**

escofieta.
> **I. 1.** f. *RD.* obsol. Gorrito de niño pequeño que tiene forma de red y se ajusta a la cabeza. (**escofina; escorfina**).
> **II. 1.** f. *Pa.* Persona o animal en condiciones físicas deplorables.
> **2.** *Pa.* Objeto maltrecho o inservible.

escofina.
> **I. 1.** *PR.* **escofieta**, gorrito.

escofineado, -a.
> **I. 1.** adj. *Ho. Referido a una caballería*, que tiene el casco desbastado con la escofina. rur.

escogedor, -ra.
> **I. 1.** sust/adj. *Cu, Ec.* Persona encargada de seleccionar y clasificar las hojas de tabaco por tamaño y calidad.
> **2.** adj. *Ec. Referido a persona*, encargado de relacionar y clasificar granos.

escogencia.
> **I. 1.** f. *Gu, Ho, ES, Ni, CR, Pa, RD, Co, Ve, Pe; Ec*, p.u. Escogimiento o selección. ♦ **escogitación.**
> **2.** *PR.* **escogida**, proceso de selección de las hojas del tabaco.
> **3.** *PR.* **escogida**, sitio.
> **4.** *PR.* **escogida**, conjunto de productos.

escoger.
> **I. 1.** tr. *CR, Ec.* Eliminar manualmente, de productos como el **frijol**, el arroz o el café, ciertas impurezas como basuras, terrones, pequeñas piedras o granos dañados.

escogida.
> **I. 1.** f. *Ni, Cu; PR*, rur. Proceso de selección y clasificación de las hojas de tabaco por tamaño, color, textura y calidad. ♦ **escogencia.**

2. *Cu; PR*, rur. Sitio donde se realiza la selección y clasificación de las hojas del tabaco. ◆ **escogencia**.

3. *Cu*. Reunión de operarios dedicados a seleccionar las hojas de tabaco.

4. *Bo*. Elección de una o más personas o cosas entre otras. pop.

5. *Bo*. Tarea de separar, por tamaño clase o calidad, diversos productos. pop.

6. *PR*. Conjunto de productos escogidos. rur. ◆ **escogencia**.

escogido, -a.
I. 1. adj. *Ni, CR, Bo. Referido a un producto agrícola, especialmente arroz, **frijoles** o **café**,* que le han sido eliminadas ciertas impurezas, como basuras, terrones, pequeñas piedras o granos dañados.

escogitación.
I. 1. f. *Ec*. **escogencia**, selección.

escogitar.
I. 1. tr. *ES, Ni; Ec*, p.u. Seleccionar o elegir a *alguien* o *algo*.

escolar.
I. 1. m-f. *EU, RD*. Erudito, persona con profundos conocimientos en un tema o disciplina determinados.
II. 1. m. *Cu, PR*. Pez marino de hasta 2 m de longitud, de cuerpo alargado, con pequeñas aletas aisladas detrás de la anal y la dorsal y de color violáceo oscuro o negro; es comestible. (Gempylidae; *Ruvettus pretiosus*).

escolaridad.
■
a. ‖ **doble ~.** f. *Py, Ar, Ur.* Sistema adoptado en algunos centros de enseñanza, en los que el alumno asiste a clase en doble turno.

escolasar.
I. 1. *Ar*. **escolasear**.

escolasear.
I. 1. intr. *Ar, Ur*. Jugar por dinero, *por lo común a los naipes o a los dados.* (**escolasar**).

escolaso.
I. 1. m. *Ar, Ur.* Juego, *por lo común de naipes o de dados,* que se practica solo por dinero y no por diversión.

escoleta.
I. 1. f. *Mx.* Banda de músicos aficionados.
2. *Mx.* Reunión de músicos aficionados para ensayar.

escolino, -a.
I. 1. m. y f. *Bo*. Niño que asiste a la escuela.

escollar.
I. 1. intr. *Ar, Ur*. p.u. Fracasar, malograrse un proyecto por haber tropezado con algún inconveniente.

escolmenar.
I. 1. tr. *PR*. Espulgar a *alguien.* rur.

escolta.
I. 1. *Ec, Bo, Ch, Ar, Ur. En un torneo o **competencia** deportiva,* participante que está en segundo lugar y es el rival más directo del que ocupa el primer puesto. pop.
2. *Ec, Bo, Ch, Py. En un desfile militar o estudiantil,* persona que acompaña al que lleva la bandera, *generalmente por haber destacado en su actividad profesional o académica.*

escoltero.
I. 1. m. *Mx.* obsol. Soldado que hace de escolta.

escombrear.
I. 1. tr. *Cu.* Quitar los escombros de un lugar.

escombreo.
I. 1. m. *Cu.* Remoción de escombros que se hace en un lugar.

escombrero, -a.
I. 1. adj/sust. *Ar. Referido a persona,* que magnifica, por lucimiento, las dificultades de un hecho o que lo realiza aparatosamente. pop + cult → espon.
II. 1. sust/adj. *Ar.* Persona o cosa que causa mucho desorden y alboroto. pop.

escombro.
I. 1. m. *Ar, Ur.* Aspaviento, aparatosidad en la expresión de una sensación o un sentimiento. pop.
2. *Ar, Ur.* Alboroto, barullo, revuelo. pop.
▶ **hacer ~.**

escomenzar.
I. 1. tr. *PR.* Comenzar, empezar. vulg.

escón. (Del ingl. *scone*).
I. 1. m. *Ch, Ar.* Panecillo preparado con una masa de harina, azúcar, manteca, leche y huevos. (**scon; scone**).

esconde.
I. 1. m. *Ho.* **escondidas**. inf.

escondelero.
I. 1. m. *ES.* **escondidas**.

esconder.
□
a. ‖ **~ la bola.** loc. verb. *Cu.* Ocultar las intenciones esperando el momento oportuno. pop + cult → espon.
b. ‖ **su bizcocho.** loc. verb. *Ve.* Abstenerse *alguien* de actuar o tomar partido en una situación conflictiva por temor a comprometerse.

escondera.
I. 1. f. *Ho.* **escondidas**. inf.

escondida.
I. 1. f. pl. *Mx, Gu, Ni, Pa, Cu, RD, Co, Ve, Ec, Pe, Bo, Ch, Ar, Ur.* Escondite, juego infantil. (**escondida**). ◆ **esconde; escondelero; escondera; escondidijo; escondidillas; escondido.**
2. f. *Ar, Ur.* **escondidas**.
■
a. ‖ **~ china.** f. *Ch.* Juego del escondite en el cual el que busca a los demás puede besar a los escondidos en la boca si los encuentra.
b. ‖ **~s a la americana.** f. pl. *Co.* juv. Variedad de juego de escondidas donde todos se esconden, *generalmente por parejas,* y nadie busca.

escondidijo.
I. 1. m. *Co.* **escondidas**.

escondidillas.
I. 1. *Mx.* **escondidas**.

escondido.
I. 1. m. *Mx, Cu, RD, PR, Co, Ve.* **escondidas**.
II. 1. m. *Ar.* Danza tradicional de pareja suelta y ritmo vivaz, cuya coreografía se basa en que el hombre y la mujer simulan esconderse alternativamente el uno del otro.

esconi.
I. 1. adj. *Ni.* juv. *Referido a persona,* loca o alocada.
II. 1. f. *Ni.* juv. Esquina.

esconio, -a.
I. 1. adj. *ES. Referido a cosa,* torcida, mal hecha. polic.

escoñetado, -a.
I. 1. *PR.* **descoñetado**.

escoñetar(se).
I. 1. *PR, Ve.* **descoñetar**, golpear. vulg; pop + cult → espon.
2. *Ve.* **descoñetar**, matar. vulg; pop + cult → espon.
3. intr. prnl. *PR.* **descoñetarse**, herirse.

escopeta.
I. 1. f. *RD, PR.* Planta herbácea ramosa, de hasta 2 m de altura, con flores radiadas de color amarillo anaranjado; es ornamental. (Asteraceae; *Tithonia rotundifolia*).

2. *PR.* Margarita silvestre. (**escopetón**).

3. *PR.* Ramillete de flores que crecen apiñadas.

II. 1. f. *Ho, Ni.* Persona que habla muy rápidamente.

III. 1. f. *Ho:N.* Manguera de las bombas de mochila para esparcir el veneno.

■

a. ‖ ~ **de fisto.** f. *Co.* obsol. Escopeta en la que se cargaba la pólvora por el cañón.

◪

a. ‖ **no ser ~.** fr. prov. *PR.* Indica que las cosas requieren su tiempo.

b. ‖ **ya los pájaros les tiran a las ~s.**

i. fr. prov. *PR.* Indica que no es conveniente tratar de dirigir a otros de mayor saber y experiencia.

ii. *Ec.* Indica que alguien se vuelve contra su superior.

▶ **tener como ~ de mañoso; vivir como ~ de hacienda.**

escopetón.
I. 1. f. *PR.* **escopeta**, margarita.

escoplar.
I. 1. tr. *Ho.* Trabajar la madera con escoplo.

escople.
I. 1. m. *Ni. En la construcción*, unión de dos piezas sin clavos.

escor. (Del ingl. *score*).
I. 1. m. *EU, Ho.* Puntuación, resultado que alguien obtiene, *especialmente en un examen o en una competición deportiva.*

escorado, -a.
I. 1. adj. *Cu. Referido a persona o cosa*, que se tuerce hacia un lado al andar.

escorar(se).
I. 1. intr. prnl. *Cu.* Ladearse *alguien* o *algo* al andar.

II. 1. intr. *CR, Pa.* Ir *alguien* a parar hasta determinado lugar, *generalmente más lejano del que tenía previsto.* pop.

III. 1. intr. prnl. *Ho.* Ocultarse, esconderse o resguardarse *alguien* detrás de algo.

escorchador, -ra.
I. 1. *Ar, Ur.* **escorchón**. pop.

escorchar.
I. 1. intr. *Ar, Ur.* Fastidiar, molestar. pop.

2. tr. *Ar, Ur.* Fastidiar o molestar a *alguien.* pop.

II. 1. tr. *Bo.* Mirar a *alguien* con disimulo. pop.

escorchón, -na.
I. 1. sust/adj. *Ar, Ur.* Persona molesta o inoportuna. pop. (**escorchador**).

escorcionera.
I. 1. f. *Gu, Ho.* Hierba erecta de 1 m de altura, pubescente, con hojas opuestas, oblongo-aovadas o elíptico-aovadas, inflorescencia axilar y fruto capsular; crece en matorrales húmedos y en quebradas de las montañas; tiene numerosas aplicaciones en medicina tradicional. (Gesneriaceae; *Sinningia incarnata*).

2. *Gu.* Planta de hasta 50 cm de altura, de tallo con ramificaciones horizontales, espinoso, hojas oblongas y lanceoladas, dispuestas en roseta, y flores pequeñas, de color blanco, azul o morado. (Apiaceae; *Eryngium carlinae*).

3. f. *PR.* Variedad de **yuca**, amarilla por fuera y blanca por dentro, que posee propiedades medicinales contra la hinchazón.

escorfina.
I. 1. *PR, Ec.* **escofieta**, gorrito.

escorpiano, -a.
I. 1. adj/sust. *Bo, Ar, Ur. Referido a persona*, que ha nacido bajo el signo zodiacal de Escorpión.

escorpión.
I. 1. m. *Mx, Gu.* Reptil de hasta 80 cm de longitud, con cuerpo cilíndrico, de color negruzco con manchas amarillas, piel granulosa con escamas muy grandes, patas cortas y cola gruesa; es venenoso pero lento y poco agresivo. (Helodermatidae; *Heloderma horridum*). ◆ **florecilla.**

escorromper(se).
I. 1. intr. *PR.* Tener *alguien* diarrea, vaciarse.

2. *PR.* **escorrotarse.**

escorrotarse.
I. 1. intr. prnl. *PR.* Hablar demasiado y sin reflexión. pop + cult → espon. ◆ **escorromper.**

escorzonera.
I. 1. f. *Co.* **arboloco.**

II. 1. f. *Pe.* Planta herbácea de hasta 40 cm de altura, de tallo flexible, hojas basales, arrosetadas, cortamente aterciopeladas, lanceoladas y coriáceas, de borde doblemente dentado, con dientes espinosos y flores violáceas y parduzcas; tiene propiedades medicinales. (Asteraceae; *Perezia multiflora*).

2. *PR.* Planta anual de tamaño mediano, con hojas aovadas y un característico olor almizclado; tiene propiedades medicinales. (Martyniaceae; *Craniolaria annua*).

escotar.
I. 1. tr. *PR.* Perder todo el dinero, *especialmente en un juego de azar.*

escotero, -a.
I. 1. adj. *Ve, Ec:S.* obsol. *Referido a persona*, que está libre y no tiene ningún tipo de carga.

2. *Ve. Referido a persona*, que viaja sin equipaje.

3. adj/sust. *Bo:E. Referido a persona*, que viaja a caballo, sola y sin equipaje. pop.

II. 1. adj. *Co:E, Ve. Referido al ganado*, que no es de ordeño y está en **potrero** aparte. rur.

escoyuntarse.
I. 1. *PR.* **descoyuntarse**, sentirse con dolor de huesos.

escozor.
I. 1. m. *Pe.* Comezón, picor.

escrachado, -a.
I. 1. adj. *PR. Referido a persona*, que está malas condiciones físicas. pop + cult → espon.

2. *PR. Referido a persona*, mal vestida. pop + cult → espon.

3. *PR.* juv. *Referido a persona*, fea y vieja. pop + cult → espon.

II. 1. adj. *PR. Referido a persona*, que se encuentra en mala situación económica. pop + cult → espon.

escrachador, -ra.
I. 1. sust/adj. *Ar:E, Ur.* Fotógrafo, *especialmente el que actúa sin permiso del retratado.* pop.

2. adj. *Ar:E. Referido especialmente a una fotografía*, obtenida sin el permiso de la persona que aparece en ella. pop.

escrachar(se). (Del ingl. *scratch*).
I. 1. tr. *PR, Ar, Ur.* Romper o inutilizar *algo.*

2. intr. prnl. *Ar, Ur.* Romperse o estropearse *algo.* pop.

3. tr. *Ar, Ur.* Golpear duramente a *alguien*, *especialmente en la cara.* pop.

II. 1. tr. *Ar, Ur.* Dejar en evidencia a *alguien.* pop.

2. intr. prnl. *Ar, Ur.* Ponerse o quedar *alguien* en evidencia. pop.

III. 1. tr. *Ar:E, Ur.* Fotografiar a *alguien*, *generalmente contra su voluntad.* pop.

IV. 1. tr. *EU.* Arañar, rasguñar.

V. 1. tr. *PR.* Tachar uno o más nombres de una lista de candidatos. pop + cult → espon.

2. *PR. En las carreras de caballos*, retirar a uno de ellos. pop + cult → espon.

VI. 1. tr. *PR.* Perder *alguien* una apuesta. pop + cult → espon.

2. intr. prnl. *PR. En el juego del billar*, irse el mingo por la tronera. pop + cult → espon.

VII. 1. tr. *PR. En el juego del billar*, irse el mingo por la tronera.

escrache. (Del ingl. *scratch*, rasguño).
 I. 1. m. *EU.* Arañazo, rasguño.
 II. 1. m. *Ar, Ur.* Manifestación popular de denuncia contra una persona pública a la que se acusa de haber cometido delitos graves o actos de corrupción y que en general se realiza frente a su domicilio o en algún otro lugar público al que deba concurrir la persona denunciada.
 2. *Ar, Ur.* Situación desairada en la que se deja a alguien. pop.

escrachería.
 I. 1. f. *Ar:E.* Taller de fotografía. pop.

escrachero, -a.
 I. 1. sust/adj. *Ar:NE.* Fotógrafo, *especialmente el que actúa sin permiso del retratado*. pop.

escracho.
 I. 1. m. *Ar, Ur.* Cara o rostro, *especialmente si es feo o desagradable*. desp.
 2. *Ar, Ur.* Persona de aspecto feo y desagradable. desp.
 3. *Ar:E.* Fotografía de una persona, *generalmente de escasa calidad*. pop.
 II. 1. m. *Ar, Ur.* Cosa mal hecha. pop.

escrambear.
 I. 1. *PR.* **escrambiar**, trabajar.
 II. 1. *PR.* **escrambiar**, correr.

escrambiar. (Del ingl. *to scramble*).
 I. 1. tr. *PR.* juv. Trabajar *alguien*. (**escrambear**).
 II. 1. tr. *PR.* juv. Correr *alguien* en moto por un sitio agreste. (**escrambear**).

escraneado, -a.
 I. 1. adj. *PR.* juv. *Referido a persona*, preocupada, con problemas, cansada mentalmente.

escrapa. (Del ingl. *scrap*, rayón).
 I. 1. f. *EU.* Resto, residuo.

escrash. (Del ingl. *scratch*, rayón).
 I. 1. m. *ES.* Sonido sordo y estridente de un disco rayado.

escrepa. (Del ingl. *scraper*, raspador).
 I. 1. f. *Mx.* Máquina que se utiliza para alisar una superficie.

escribajear.
 I. 1. intr. *Mx.* Garabatear, escribir mal. pop + cult → espon.

escribanía.
 I. 1. f. *RD, Py, Ar, Ur.* Oficina del notario.

escribano.
 I. 1. m. *Pe:S.* Aperitivo hecho a base de **papa sancochada**, **rocoto**, tomate, **ají**, aceite, sal y vinagre, entre otros ingredientes, que se sirve en las **picanterías** y que estimula el consumo de **chicha**.
 II. 1. m. *Cu.* Pez marino de hasta 30 cm de longitud, alargado y de color verde en el dorso con una banda plateada a los lados; es comestible. (Hemirhamphidae; *Hyporhamphus unifasciatus*). ♦ **picofósforo**.
 2. *PR.* Pez de hasta 45 cm de longitud, cilíndrico, delgado y muy espinoso; es comestible. (Exocoetidae; *Hemiramphus brasiliensis*). ♦ **volador**.

escribidera.
 I. 1. f. *Mx, Ho, Ni, CR, RD.* Escritura constante y prolongada de textos.

escribido.
 □
 a. ‖ **muy leído y ~.** loc. adj. *Mx, Ni, Cu, RD, Bo. Referido a persona*, culta, docta, con formación intelec-

tual, *especialmente quien es ignorante pero presume de saber mucho*. pop + cult → espon ^ fest.

escribidor, -ra.
 I. 1. m. y f. *Pe, Ch.* Escritor habitual, pero carente de talento y originalidad. pop + cult → espon ^ desp.
 2. *Ec.* Escritor. desp.

escribiente.
 I. 1. m-f. *Ho, RD; Ec*, p.u. Funcionario que escribe y se responsabiliza del expediente de un juicio.

escribir.
 □
 a. ‖ **~ al Papa.** loc. verb. *RD.* Defecar *una persona*. euf; pop ^ fest.
 b. ‖ **~ con la mano y borrar con el codo.** loc. verb. *Ch.* Hacer o afirmar una cosa e inmediatamente después otra que contradice a la primera.

 a. ‖ **¡escríbelo!** loc. interj. *RD.* Expresa asentimiento o conformidad.

escrihano.
 I. 1. m. *Pa.* Árbol de hasta 15 m de altura, de corteza exterior grisácea, hojas simples y alternas, flores blancas y aromáticas, y frutos en cápsulas espinosas, amarillos cuando están maduros. (Flacourtiaccac; *Lindackcria laurina*).

escrín. (Del ingl. *screen*, pantalla).
 I. 1. m. *EU.* Pantalla de una computadora.

escripto.
 I. 1. sust/adj. *Ch.* Rotulador de punta fina.

escriquillarse.
 I. 1. *PR.* **decricajarse**, descomponerse.

escritas.
 I. 1. f. pl. *Ch.* Criadillas de vacuno o cordero.

escrito.
 I. 1. m. *Ur.* Evaluación escrita que pone el profesor a los alumnos. est.

escritorio.
 I. 1. m. *Ec, Bo, Ch, Py.* meton. Habitación de una casa destinada específicamente al estudio o trabajo intelectual.

 a. ‖ **~ público.**
 i. m. *Mx.* Oficina o local en donde se redactan cartas y documentos a la clientela.
 ii. *Mx.* Mesa en la calle en donde se ofrece el servicio de redactar cartas y documentos.
 ▶ **no moverse del ~; sin moverse del ~.**

escruchante.
 I. 1. m-f. *Ar, Ur.* Ladrón que roba en viviendas forzando los accesos a ellas *y generalmente en ausencia de los propietarios*. delinc. (**estruchante**).

escruchar.
 I. 1. tr. *Ar, Ur.* Robar en una vivienda forzando los accesos a ella *y generalmente en ausencia de los propietarios*. delinc. (**estruchar**).

escruche.
 I. 1. m. *Ar, Ur.* Robo en una vivienda después de haber forzado los accesos a ella *y generalmente en ausencia de los propietarios*. delinc. (**estruche**).

escúa.
 I. 1. f. *Ar.* Ave palmípeda de hasta 65 cm de longitud, de plumaje pardo oscuro en el dorso y la corona, y pardo acanelado en la zona ventral y en el cuello. (Laridae; *Stercorarius chilensis*). (**skúa**). ♦ **salteador**.

 a. ‖ **~ antártica.** f. *Ar.* Ave muy similar a la escúa común, aunque el color de su plumaje es pardo oscuro uniforme. (Laridae; *Stercorarius antarticus*).

escuadra.
 I. 1. f. *Mx, Ho, ES, Ni, CR, Pa.* Revólver o pistola. pop.
 2. *Co.* Pistola automática de cañón muy corto.

II. **1.** f. *Co:N*. Señal de **tránsito** en forma de escuadra, colocada en las esquinas de las avenidas para indicar a los vehículos que deben detenerse.

III. **1.** f. pl. *Bo. En sastrería*, conjunto de plantillas, de formas diversas, para trazar líneas curvas, medias curvas y rectas.

IV. **1.** f. *Ec. En deportes*, equipo de jugadores. pop.
2. *RD*. p.u. Conjunto de gallos de pelea.
▶ **hacer ~.**

escuadronero, -a.
I. **1.** adj. *ES. Referido a persona*, que pertenece a los escuadrones de la muerte.

escuálido, -a.
I. **1.** adj. *Ch. Referido a persona*, que no tiene dinero. pop + cult → espon.
II. **1.** adj. *Mx, Ho*. metáf. *Referido a cosa*, escasa, con poca cantidad.

escuardo. (Del ingl. *square*).
I. **1.** m. *EU*. Cuadrado, figura geométrica.

escuardo, -a. (Del ingl. *square*, cuadrado).
I. **1.** adj. *EU. Referido a cosa*, que tiene la forma de un cuadrado.
2. *EU. Referido a cosa*, que tiene ángulos o aristas.

escucha.
I. **1.** *PR*. **acucha**.

escudo.
I. **1.** m. *Ho*. Reverso de una moneda al echar a suertes.
2. f. *CR*. Cara de las monedas costarricenses en la que está grabado el escudo de la República de Costa Rica.
II. **1.** m. *ES*. Puerta. carc.

escuechado, -a.
I. **1.** adj. *CR. Referido a persona o cosa*, que se mueve o actúa a toda prisa. pop + cult → espon.

escuela.
I. **1.** f. *PR. En la pesca*, cardumen.
■
a. ‖ **~ alterna.** f. *Pe*. Escuela pública en la que se imparten, por turnos, distintos cursos lectivos.
b. ‖ **~ de conducción.** f. *Pe, Bo, Ch, Py*. Academia privada a la que se asiste para aprender a conducir vehículos. ◆ **escuela de conductores; escuela para conductores.**
c. ‖ **~ de conductores.** *Pe, Bo, Ch, Py*. **escuela de conducción.**
d. ‖ **~ elemental.** (Del ingl. *elementary school*). f. *RD, PR, Bo*. Escuela primaria.
e. ‖ **~ matriz.** f. *Ch. En el ejército y en otras instituciones*, centro de instrucción y formación de oficiales o suboficiales profesionales.
f. ‖ **~ para conductores.** *Ec*. **escuela de conducción.**
g. ‖ **~ preparatoria.** f. *Mx*. Escuela en la que se realizan los estudios de segunda enseñanza antes de empezar los estudios universitarios. (**prepa; preparatoria**).
▶ **tener a ~.**

escuela.
■
a. ‖ **~ alta.** (Calco del ingl. *high school*). f. *EU*. Enseñanza preuniversitaria.

escuelante.
I. **1.** m-f. *Mx, Co, Ar, Ur*. p.u. Alumno que asiste a la escuela para recibir enseñanza obligatoria.

escuelero, -a.
I. **1.** sust/adj. *Ch; Mx*, obsol. Maestro de escuela. pop ^ desp.
2. m. y f. *Gu, Ho, ES, Ni, Ec, Bo:E, Py, Ar:N*. Niño que asiste a la escuela. pop.
3. adj. *Bo:E; Ec, Ch*, pop ^ desp. Relativo a la escuela.

II. **1.** adj/sust. *Co. Referido a un profesor, especialmente de universidad*, que sigue métodos tradicionales de enseñanza. pop + cult → espon ^ desp.

escuijoche. (Del nahua *ichcatl*, algodón, y *xococ*, ácido, agrio).
I. **1.** *Mx, Ho*. **cacalichuche**.

escuincle, -a. (Del nahua *itzcuintli*, perro sin pelo).
I. **1.** m. y f. *Mx, Ho:O*. Niño. rur; pop ^ afec. (**escuintle**).
II. **1.** sust/adj. *Ve; Ec*, fest. Persona muy delgada y débil.

escuintle, -a.
I. **1.** *Mx, ES, Ni*. **escuincle**.

esculcada.
I. **1.** f. *Ho*. Registro hecho a una persona.

esculcar.
I. **1.** tr. *Mx. Ni*. Buscar de forma rápida e impetuosa, generando desorden. (**escurcar**).
2. *Ni, CR, Pa*. Registrar o examinar.

esculcón, -na.
I. **1.** adj. *Co. Referido a persona*, que registra los bolsillos o pertenencias de otro. pop + cult → espon ^ desp.

esculque.
I. **1.** m. *Mx*. Búsqueda de forma rápida e impetuosa que genera desorden.
2. *Co*. Registro que hace una persona en los bolsillos o pertenencias de otra.

escumbrar.
I. **1.** tr. *PR; CR*, rur. Cortar las ramas altas a un árbol para permitir la entrada de la luz solar.

escupefuego.
I. **1.** m-f. *Ch*. p.u. Artista callejero o circense que lanza por la boca líquido que se inflama al entrar en contacto con una llama que acerca a la cara.
2. sust/adj. *Ch*. Arma de fuego. delinc.

escupelo.
I. **1.** m. *Gu*. Orzuelo, grano o inflamación en el párpado.

escupible.
I. **1.** adj. *Mx*. p.u. Feo, ridículo, grotesco.

escupida.
I. **1.** f. *Mx, Ho, Ni, Cu, Ve, Bo, Ch, Ar, Ur*. Expulsión de saliva u otra sustancia por la boca. pop.
2. *Mx, Ni, Cu, Ve, Bo, Ch, Ar, Ur*. Sustancia o saliva que se ha escupido. ◆ **escupitazo**.
II. **1.** f. *Ho*. Huida veloz de una persona o animal.
□
a. ‖ **como ~ de músico.** loc. adv. *Bo, Ar, Ur*. Muy rápido, muy deprisa. pop. ◆ **como escupida en plancha**.
b. ‖ **como ~ en plancha.** *Ar, Ur*. **como escupida de músico**. pop.

escupidera.
I. **1.** f. *RD, Bo, Ch, Ar, Ur*. Orinal, bacín.
II. **1.** f. *Ho, ES, Ni, CR, RD*. Escupida constante.
▶ **mear fuera de la ~; pedir la ~.**

escupidero.
I. **1.** m. *Gu, Ni, Ch*. Pequeño recipiente que sirve para escupir en él. ◆ **escupidor**.

escupido, -a.
I. **1.** adj. *Ho, ES, CR. Referido a persona*, que va o actúa con mucha prisa. pop.

escupidor.
I. **1.** m. *Mx, Ho, ES*. Candela que, al encenderse, arroja luces de colores o estrellitas de fuego.
II. **1.** *Gu, PR*. **escupidero**.

escupir(se).
I. **1.** tr. *ES, Ni, Bo*. Decir *alguien* lo que piensa.
II. **1.** intr. prnl. *PR*. Trasroscarse un tornillo o una tuerca.

a. ‖ ~ **como lora.** loc. verb. *Ni.* Escupir mucho.

b. ‖ ~ **el asado.** loc. verb. *Ar.* Hacer algo para perjudicar a alguien en algo que está haciendo o proyecta hacer. pop.

c. ‖ ~ **el hígado.** loc. verb. *Ec.* juv. Enojarse mucho.

d. ‖ ~ **largo.** loc. verb. *Ni.* Hacer discursos o escritos muy largos.

e. ‖ ~ **por el colmillo.** loc. verb. *Ni.* Fanfarronear.

f. ‖ ~ **tachuelas.** loc. verb. *Ch.* Echar sangre o piezas de la dentadura por la boca a causa de un golpe. pop.

g. ‖ ~**se el pecho.** loc. verb. *Ho.* Ser cobarde, huir, salir corriendo *alguien*.

escupitazo.
I. 1. m. *Ni, Cu, Ve, Bo:NE, Ch, Ar.* **escupida**, saliva que se ha escupido. pop.

escupitina.
I. 1. f. *PR.* Deseo, manía de escupir continuamente. vulg; pop + cult → espon.

escupo.
I. 1. m. *Bo.* Saliva, flema u otra sustancia que se escupe. pop.

a. ‖ **como ~.** loc. adv. *Ch.* Con rapidez, a gran velocidad. pop + cult → espon.

b. ‖ **como ~ de momia.** loc. adj/adv. *Ch.* Seco en extremo, derrengado o que se ha quedado sin sustancia o aliento. pop ^ fest.

escurana.
I. 1. f. *Gu, Ho, Ni, Ve, Bo; Mx*, p.u. Oscuridad. rur.

escurcar. (Var. de *esculcar*).
I. 1. *Mx.* **esculcar**, registrar

2. *Ho, ES, Ni.* Indagar, investigar, registrar para buscar algo oculto.

escurcutear.
I. 1. tr. *RD.* Rebuscar, buscar *algo* con detenimiento en un lugar concreto.

escurgar. (Var. de *esculcar*).
I. 1. tr. *Ho.* Indagar, investigar, registrar para buscar algo oculto.

escuro, -a.
I. 1. adj. *ES.* Referido a cosa, oscura, sin luz. rur.

escurrida.
I. 1. f. *Ch.* juv. Toma de conciencia de una situación.

II. 1. f. *ES.* Eyaculación. vulg.

escurridera.
I. 1. f. *Ho.* Colador, utensilio de cocina semejante a un colador con agujeros en donde se echan los alimentos para que escurran el líquido en que están empapados.

2. *Ho:S.* Tiempo que dura el menguante de las mareas.

II. 1. f. pl. *Mx.* Aguas sobrantes que se escurren de un campo regado y forman pequeñas corrientes.

escurrido, -a.
I. 1. adj. *Mx.* Referido a persona, avergonzada, confundida.

II. 1. adj. *Ch.* Referido a persona, viva, despierta, espabilada. pop.

escurrirse.
I. 1. intr. prnl. *Gu, Ni, CR; Ec*, hiperb. Adelgazar mucho *una persona* por enfermedad.

II. 1. intr. prnl. *Ch.* Darse cuenta de algo. pop.

a. ‖ ~**le las babas.** loc. verb. *Co.* Experimentar gran complacencia viendo u oyendo algo que le es grato. pop.

escurrufio, -a.
I. 1. sust/adj. *Gu.* Persona fea y desmedrada.

escurrunfio.
I. 1. m-f. *ES.* Persona fea y grotesca.

escusa.
I. 1. f. *Ec:S.* Tejido compacto hecho de carrizo que se cuelga sobre el fogón para ahumar queso y carnes.

escut.
I. 1. m. *CR.* Salabre.

escúter.
I. 1. m. *EU.* Motocicleta de pequeño tamaño y motor de poca potencia.

esdejado, -a.
I. 1. adj. *PR.* Referido a persona, descuidada en el aseo.

esdientado, -a.
I. 1. adj. *Ve.* Referido a persona, que no tiene dientes. rur.

ese, -a.
I. 1. m. y f. *EU.* Hombre o mujer. pop.

esencetar.
I. 1. *PR.* **desencetar**.

2. *PR.* Quitar *alguien* la primera parte de un material.

3. *PR.* Descompletar *alguien algo*.

II. 1. tr. *PR.* Desenvolver *alguien algo*.

III. 1. tr. *PR.* Cambiar *alguien* un billete o moneda de mucho valor para gastar solo una parte.

esencia.
■

a. ‖ ~ **coronada.** f. *Ho, ES, Ni.* Jarabe extraído de los cogollos de **guarumo** que alivia los dolores estomacales, gastrointestinales y menstruales.

esfaratar.
I. 1. *Ve.* **desfaratar**.

esférica.
I. 1. f. *Ch.* Prestar atención. pop.

II. 1. f. *Ch.* En la prensa deportiva, pelota, balón. pop.

esfero. (Apóc. de *esferográfico*).
I. 1. *Co, Ec.* **esferográfico**.

esferográfica.
I. 1. f. *Ec, Bo.* **esferográfico**. prest; cult → esm.

esferográfico.
I. 1. m. *Co, Ec, Bo.* **lapicero**, bolígrafo. prest; cult → esm. (**esferográfica**). ♦ **esfero; esferógrafo**.

esferógrafo.
I. 1. *Co.* **esferográfico**. esm.

esflecar.
I. 1. *PR.* **desflecar**, destruir.

II. 1. *PR.* **desflecar**, golpear.

esfondado, -a.
I. 1. *CR.* **desfondado**.

esfondar.
I. 1. tr. *Ve.* Romper, penetrar, agujerear el fondo de una cosa.

2. *CR.* **desfondar**, abollar.

esfuerzo.
a. ‖ **último ~.** loc. sust. *Bo.* Último hijo de una pareja. pop + cult → espon ^ fest.

esgalgado, -a.
I. 1. adj. *PR.* Referido a persona, exageradamente interesada. pop + cult → espon.

esgalillarse.
I. 1. *PR.* **desgalillarse**. pop.

esgañotar.
I. 1. *PR.* **desgañotar**, cortar.

2. *PR.* Estrangular *alguien* a *una persona* o a un animal.

esgarbado, -a.
    I. 1.   adj. *PR. Referido a persona*, descuidada en el vestir. pop + cult → espon.

esgargantar.
    I. 1.   tr. *PR.* Cortarle la garganta a *alguien*. pop + cult → espon.

esgaritarse.
    I. 1.   intr. prnl. *Ve.* Dispersarse el ganado.
    II. 1.   intr. prnl. *PR.* Extraviarse *algo* o *alguien*.

esgarre.
    I. 1.   *PR.* **esgarro**, flema.
    2.   *PR.* **esgarro**, abuso.

esgarro.
    I. 1.   m. *PR.* **desgarro**, flema. (**esgarre**).
    2.   *PR.* Abuso en el precio de un artículo o en las condiciones de pago. (**esgarre**).

esgarrón.
    I. 1.   m. *PR.* Desgarradura. rur; pop.

esgaznatarse.
    I. 1.   *PR.* **desgaznatarse**.

esgolillar(se).
    I. 1.   *PR.* **desgolillar**.
    2.   intr. prnl. *PR.* Romperse *alguien* la crisma.

esgolizarse.
    I. 1.   tr. prnl. *PR.* Deslizarse, escurrirse. rur; pop.
    2.   *PR.* Caerse una persona o un animal de un sitio alto, **desbarrancarse**. rur; pop.

□
    a. ‖ ~ **como guanábana madura.** loc. verb. *PR.* Caerse al suelo *alguien* o *algo*. rur; pop.

esgomarse.
    I. 1.   intr. prnl. *PR.* Quedarse un vehículo con los neumáticos rotos o en muy mal estado.

esgonzado, -a.
    I. 1.   adj. *PR. Referido a persona*, que posee un defecto físico.
    2.   *PR. Referido a persona*, estropeada, maltrecha.

esgonzarse.
    I. 1.   intr. prnl. *PR.* Hacer *alguien* movimientos raros con los músculos y las articulaciones.
    2.   *PR.* Hacer *alguien* acrobacia.

esgorrumbar(se).
    I. 1.   tr. *PR.* Derrumbar, derribar *algo* o a *alguien*.
    2.   intr. prnl. *PR.* Derrumbarse física, moral o socialmente *alguien*.
    3.   *PR.* Venirse abajo un asunto o negocio.

esgranarse.
    I. 1.   *PR.* **desgranarse**, hacerse pedazos.
    2.   *PR.* **desgranarse**, debilitarse.

esgreñado, -a.
    I. 1.   adj. *PR. Referido a persona*, que tiene mucho pelo y en total desorden, desgreñada. rur; pop.

esguabinación.
    I. 1.   m. *PR.* Suceso desgraciado, catástrofe. ♦ **desguabinamiento**; **desguaje**.

esguabinado, -a.
    I. 1.   *PR.* **desguabinado**, malherido.
    2.   *PR.* **desguabinado**, debilitado.
    3.   *PR.* **desguabinado**, desvencijado.
    4.   *PR.* **desguañangado**, descuidado. (**desguabinado**).
    5.   *PR.* **desguañangado**, doblado. (**desguabinado**).
    6.   *PR.* **desguañangado**, acobardado.

esguabinamiento.
    I. 1.   *PR.* **desguabinamiento**, suceso.
    2.   *PR.* **desguabinación**.

esguabinar(se).
    I. 1.   *PR.* **desguañangar**, desvencijar.

2.   *PR.* **desguañangar**, causar daño.
3.   *PR.* **desguañangarse**, caerse.
4.   *PR.* **esguañangarse**, rendirse.

esguañangado, -a.
    I. 1.   *PR.* **desguañangado**, descuidado. (**esguañangao**).
    2.   *PR.* **desguañingado**, malherido. (**esguañangao**).
    3.   *PR.* **desguañangado**, debilitado. (**esguañangao**).
    4.   adj. *PR. Referido a persona*, doblada, jorobada. (**esguañangao**; **desguañangado**).
    5.   *PR. Referido a persona*, acobardada. (**esguañangao**; **desguañangado**).
    II. 1.   adj. *PR.* **desguañingado**, desvencijado. (**esguañangao**).

esguañangao, -gá.
    I. 1.   *PR.* **esguañangado**.

esguañangar(se).
    I. 1.   *PR.* **desguañangar**, desvencijar.
    2.   *PR.* **desguañangar**, causar daño.
    3.   *PR.* **desguañangarse**, caerse.
    4.   intr. prnl. *PR.* Acobardarse. ♦ **esguabinarse**.
    5.   *PR.* Rendirse *alguien*. ♦ **esguabinarse**.

esguañingado, -a.
    I. 1.   *PR.* **desguañangado**, descuidado. (**esguañingao**).
    2.   *PR.* **desguañingado**, malherido. (**esguañingao**).
    3.   *PR.* **desguañangado**, debilitado. (**esguañingao**).
    4.   *PR.* **desguañangado**, desvencijado. (**esguañingao**).

esguañingao, -gá.
    I. 1.   *PR.* **esguañingado**.

esguañingarse.
    I. 1.   *PR.* **desguañangarse**, caerse.

esguarrancharse.
    I. 1.   *PR.* **desguarrancharse**.

esgüellado, -a.
    I. 1.   adj. *PR. Referido a persona*, degollada. rur; pop.

esguifuso, -a. (Del it. *schifoso*).
    I. 1.   adj. *Ar, Ur.* Repugnante, repulsivo. pop.

esgunfiamiento.
    I. 1.   m. *Ar.* obsol. Cansancio, aburrimiento. pop.

esgunfiar(se). (Del it. *sgonfiare*).
    I. 1.   intr. *Ur, Ar,* obsol. Causar fastidio o molestia. pop.
    2.   intr. prnl. *Ur, Ar,* obsol. Irritarse o molestarse *alguien*. pop.
    II. 1.   tr. *Ur, Ar,* obsol. Causar aburrimiento o tedio. pop.
    2.   intr. prnl. *Ur, Ar,* obsol. Sentir aburrimiento o tedio. pop.

esgunfio, -a.
    I. 1.   adj. *Ur, Ar,* obsol. Cansado, aburrido. pop.

esgurrumbarse.
    I. 1.   *PR.* **desgurrumbarse**.

esjuañangado, -a.
    I. 1.   *PR.* **desguañangado**, descuidado.
    2.   *PR.* **desguañangado**, malherido.
    3.   *PR.* **desguañangado**, debilitado.
    4.   *PR.* **desguañangado**, doblado.
    5.   *PR.* **desguañangado**, acobardado.

eskimero. (De *Eskimo*®).
    I. 1.   m. *Ni.* Vendedor de helado con **paleta**.

eskimo. (De *Eskimo*®).
    I. 1.   m. *Mx.* Bebida que se hace batiendo helado y leche.
    2.   *Ni.* Variedad de helado que lleva **paleta**.

eslac.
    I. 1.   m. *Co; Cu,* obsol. Pantalón de mujer que llega hasta los tobillos.

eslaid. (Del ingl. *slide*, diapositiva).
    I. 1.   f. *RD.* Diapositiva. (**eslay**).

eslay. (Del ingl. *slide*, diapositiva).
    I. 1. *RD.* **eslaid.**
    ▶ **caerse de ~.**

eslechado, -a.
    I. 1. *PR.* **deslechado.**

eslechar(se).
    I. 1. *PR.* **deslechar,** destetar.
    2. *PR.* **deslecharse,** masturbarse.
    3. *PR.* **deslecharse,** excitarse.
    4. *PR.* **deslecharse,** perder un privilegio.

eslembado, -a.
    I. 1. *PR.* **deslembado.**

eslembarse.
    I. 1. *PR.* **deslembarse.**

esleñado, -a.
    I. 1. adj. *PR.* juv. *Referido a persona*, enferma.

eslilla.
    I. 1. f. *Ar:NO.* Clavícula. rur.

eslimar.
    I. 1. intr. *PR.* Segregar una **res** que está cerca del parto una mucosidad blanquecina que sirve de lubricación. rur.

eslíper. (Del ingl. *sleepers*).
    I. 1. m. *EU.* Tipo de calzado cómodo para estar en casa.

esloga.
    I. 1. m. *Ni.* juv. Chaqueta de varón.

esloquillado, -a.
    I. 1. adj. *PR. Referido a persona*, alocada, que actúa con poca cordura y prudencia. pop + cult → espon.
    2. *PR. Referido a persona*, inestable emocionalmente. pop + cult → espon.

esloquillarse.
    I. 1. intr. prnl. *PR.* Perder el sentido de la cordura y la prudencia. pop + cult → espon.
    2. *PR.* Afectarse emocionalmente. pop + cult → espon.

esmachar. (Del ingl. *to smash*).
    I. 1. tr. *EU.* Golpear *algo* fuertemente.
    2. *EU.* Destrozar *algo*, destruirlo en pedazos.

esmachetado, -a.
    I. 1. adj. *Ve. Referido a persona*, que va o actúa con mucha prisa. (**desmachetado**).

esmachetarse.
    I. 1. intr. prnl. *Ve.* Entregarse con celeridad a realizar algo. ♦ **desmachetarse.**

esmagurrinllarse.
    I. 1. intr. prnl. *Ve.* Quedarse sin fuerza y sin vigor *especialmente por cansancio o por maltrato físico*.

esmajagua.
    I. 1. *PR.* **emajagua.**

esmajagual.
    I. 1. *PR.* **emajagual.**

esmajagüilla.
    I. 1. f. *PR.* **clemón.**
    2. *PR.* **emajagüilla,** fruto.

esmalotado, -a.
    I. 1. *PR.* **desmalotado.**

esmamonar(se).
    I. 1. *PR.* **desmamonar,** apaballar.
    2. *PR.* **desmamonarse.**

esmamoneado, -a.
    I. 1. adj. *PR. Referido a persona*, muy cansada, exhausta.

esmandado, -a.
    I. 1. adj. *PR. Referido a persona, animal o vehículo*, que va a toda velocidad.

esmandarse.
    I. 1. intr. prnl. *PR.* Echarse a correr *una persona*, animal o vehículo a mucha velocidad. pop + cult → espon. (**desmandarse**).
    2. *PR.* Desbocarse un caballo. pop + cult → espon. (**desmandarse**).
    3. *PR.* metáf. Pasarse *alguien* de lo prudente. pop + cult → espon. (**desmandarse; mandarse**).
    □
    a. ‖ ~ **a.** loc. verb. *PR.* Comenzar a hacer algo con prisa. pop + cult → espon.

esmandingar.
    I. 1. *PR.* **desmandingar.**

esmanguillarse.
    I. 1. *PR.* **desmanguillarse.**

esmayado, -a.
    I. 1. *PR.* **desmayado,** pobre.
    2. *PR.* **desmayado,** interesada.
    3. *PR.* **desmayado,** avara.

esmayamiento.
    I. 1. *PR.* **desmayamiento.**

esmechado, -a.
    I. 1. *Co, Ve.* **desmechado,** persona que tiene el cabello alborotado.

esmechar(se).
    I. 1. tr. *Ve.* Tironear el cabello.
    2. *Ve.* Enredar el cabello.
    3. intr. prnl. *Ve.* Enredarse el cabello de una persona.
    4. tr. *Co:N, Ve.* Deshilachar la carne cocida. pop + cult → espon.
    II. 1. intr. *Ve.* Hablar mal de alguien.

esmedregal.
    I. 1. m. *Mx.* Pez marino de hasta 2 m de longitud, cabeza ancha y aplastada, con varias espinas en la aleta dorsal y dos en la aleta anal; de él se hacen grandes salazones para exportación. (Rachycentridae; *Rachycentron canadum*).

esmelenarse.
    I. 1. *PR.* **desgaznatarse.**

esmeralda.
    I. 1. f. *Mx:SE.* Planta herbácea de hasta 60 cm de altura, con tallo velloso y hueco, hojas inferiores ovaladas y enteras, flores en cabezuela semiesférica, con corola azulada, y semillas abundantes. (Dipsacaceae; *Scabiosa atropurpurea*). ♦ **bambalí.**
    2. *PR.* **cetí.**

esmeraldero, -a.
    I. 1. sust/adj. *Co.* Persona que se dedica al negocio y explotación de esmeraldas.

esmeraldo.
    I. 1. m. *Co.* Arbusto que tiene hojas de nervaduras impresas y flores de color lila, con estambres amarillos; su fruto es verde esmeralda y comestible. (Melastomataceae; *Miconia* spp.). ♦ **morcate.**
    II. 1. m. *ES.* Ojo de persona. pop.

esmeril.
    I. 1. m. *Bo.* meton. Herramienta eléctrica, que lleva una piedra dura y circular del mismo nombre y se usa para pulir.
    II. 1. adj. *PR.* juv. *Referido a persona*, torpe, bruta.

esmí.
    I. 1. adj. *PR. Referido a persona*, desnuda. pop + cult → espon.

esmillo.
    I. 1. m. *PR.* Árbol de hasta 12 m de altura, de corteza dura, hojas elípticas y flores verdes; su madera se utiliza para carbón vegetal y postes. (Phyllanthaceae; *Phyllanthus nobilis*). ♦ **sietecueros; yuquillo.**

esmirlarse.
I. 1. intr. prnl. *PR.* Secarse una fruta en el árbol por efecto del calor excesivo. rur.

esmochar.
I. 1. tr. *PR.* Cortar o rapar el pelo a alguien.

esmog. (Del ingl. *smog*, niebla tóxica).
I. 1. f. *Ec, Ch, Ar, Ur.* Conjunto de partículas sólidas y de gases que contaminan el aire.

esmol. (Del ingl. *small*, pequeño).
I. 1. adj. *Ho, CR, Py. Referido a ropa de vestir*, de talla pequeña.

esmoler.
I. 1. tr. *PR.* Dar a un pez fuertemente en la cabeza con un objeto contundente.

esmolido, -a.
I. 1. adj. *PR.* metáf. *Referido a persona*, molida, adolorida por haber recibido muchos golpes o por haber tenido fiebre alta. pop + cult → espon.
2. *PR.* metáf. *Referido a persona*, exhausta, muy cansada por el trabajo. pop + cult → espon.

esmollejarse.
I. 1. intr. prnl. *Ve:O.* Irse con rapidez.

esmongar.
I. 1. *PR.* **desmongar**, poner **mongo**.

esmonguillamiento.
I. 1. *PR.* **desmonguillamiento**.

esmonguillarse.
I. 1. *PR.* **desmonguillarse**.

esmoñar.
I. 1. tr. *Ve.* Agredir físicamente una mujer a otra, *generalmente tomándola de los cabellos*.

esmorcillado, -a.
I. 1. *PR.* **desmorcillado**.

esmorecerse.
I. 1. intr. prnl. *CR, Ve.* Perder momentáneamente el aliento o la respiración, *generalmente a causa de la risa o el llanto*. pop.

esmorecido, -a.
I. 1. *PR.* **desmorecido**, desfallecido.
2. adj. *CR. Referido a persona*, que ha perdido momentáneamente el aliento o la respiración, *generalmente a causa de la risa o el llanto*. pop.

esmorusado, -a.
I. 1. adj. *PR. Referido a persona*, despeinada, desgreñada. pop + cult → espon.

esmorusar(se). (De *morusa*).
I. 1. tr. *PR.* Despeinar, desgreñar a *alguien*. pop + cult → espon. (**desmorusar**).
2. intr. prnl. *PR.* Despeinarse *alguien*, desgreñarse, volvérsele **morusa** el pelo. pop + cult → espon. (**desmorusarse**).

esmuñecado, -a.
I. 1. *PR.* **desmuñecado**.

esnack. (Del ingl. *snack*).
I. 1. m. *EU.* Aperitivo o comida ligera.
2. *EU.* Entrante, plato que se toma justo antes de una comida para abrir el apetito.

■
a. ‖ ~ **bar.** m. *Ho, Cu.* Cafetería o bar donde se puede tomar aperitivos y comidas ligeras.

esnaqui.
I. 1. f. *Ec:O.* juv. Esquina de una calle.

esnarizado, -a.
I. 1. *PR.* **desnarizado**.

esnifero, -a.
I. 1. sust/adj. *PR.* Persona que aspira cocaína. drog.

esnifiar. (Del ingl. *to sniff*).
I. 1. tr. *PR.* Aspirar cocaína. drog.

esníquers. (Del ingl. *sneakers*, zapatillas de deporte).
I. 1. pl. *EU.* Calzado ligero que se usa para hacer deporte.

esnobor.
I. 1. *Ve:E.* **esnorbor**.

esnorbor.
I. 1. m. *Ve.* Refresco hecho con hielo finamente desmenuzado, al que se agrega alguna esencia o jugo de fruta. (**esnobor**). ♦ **cepillado**; **raspao**.

esnórkel. (Del ingl. *snorkel*).
I. 1. m. *EU, Ho.* Tubo que se utiliza para respirar bajo el agua. (**esnorquel**; *snorkel*).
2. *Ec.* Práctica deportiva en la que el nadador, dotado de unas gafas con tubo y unas aletas, flota bocabajo en el agua a fin de observar la vida marina. (**esnórquel**).

esnorkelear. (Del ingl. *snorkel*).
I. 1. intr. *Ho.* Bucear utilizando el **esnórkel**. (**snorkelear**).

esnórquel.
I. 1. *Ec.* **esnórkel**.

esnov.
I. 1. m. *ES.* Cocaína. drog.

esnú, -núa.
I. 1. adj. *RD, PR. Referido a persona*, desnuda. pop + cult → espon.

esñemado, -a.
I. 1. *PR.* **desyemado**.

esñemarse.
I. 1. *PR.* **desyemarse**.

esñocar.
I. 1. tr. *PR.* Romper, estropear un aparato. pop + cult → espon.
2. *PR.* Truncar algo. pop + cult → espon.

esojado, -a.
I. 1. *PR.* **desojado**.

espabel.
I. 1. *Ho, Ni.* **espavel**.

espabientado, -a.
I. 1. adj. *PR. Referido a persona*, entrometida, **aprontada**. pop + cult → espon. (**aspavientado**).
2. *PR. Referido a persona*, extrovertida. pop + cult → espon.

espabilar(se).
I. 1. intr. *RD, Ve.* Pestañear, parpadear.
II. 1. intr. prnl. *Pa.* Escabullirse.

espaceado, -a.
I. 1. adj. *PR.* **espaciado**.

espacearse.
I. 1. tr. prnl. *PR.* juv. Ensimismarse, tener la cabeza en otro sitio.

espaceo.
I. 1. m. *PR.* juv. Disfrute, diversión, relajamiento.
2. *PR.* Confusión, ensimismamiento que experimentan los que se drogan. drog.

espacharrado, -a.
I. 1. *Mx, Gu, Ho, ES, Ni, PR, Ve, Ec.* **apachurrado**, deformado.
II. 1. *PR.* **despacharrado**.

espacharrar.
I. 1. tr. *PR.* Despachurrar. pop + cult → espon.

espachurrador.
I. 1. *PR.* **despachurrador**.

espaciado, -a.
I. 1. adj. *PR. Referido a persona*, distraída, atontada. pop + cult → espon. (**espaceado**).
2. *PR. Referido a persona*, que está bajo los efectos de la droga. drog. (**espaceado**).

3. *PR. Referido a persona*, medio borracha, entonada. pop + cult → espon. (**espaceado**).

espacio.
◻

a. ‖ ~ **físico.** loc. sust. *Bo. En una institución de enseñanza superior, como la universidad,* zona destinada al desarrollo de las labores académicas.

b. ‖ ~ **político contratado.** loc. sust. *Ec.* Programa pagado en radio o televisión, en el que los políticos exponen su opinión.

c. ‖ ~ **solicitado.** loc. sust. *Bo, Py.* Publicidad política pagada en prensa, radio o televisión.

espada.
I. 1. f. *Mx.* Planta herbácea de hasta 2 m de altura, con las hojas en forma casi de espada, el tallo largo, a manera de junco, con una mazorca cilíndrica al extremo, que después de seca suelta una especie de pelusa o vello blanco, ligero y muy pegajoso. (Typhaceae; *Typha latifolia*). ♦ **ñisñil.**
II. 1. f. *Ar.* Ganzúa para abrir cerraduras. pop.
III. 1. f. *PR.* Pluma prominente de la cola de un gallo. ♦ **cobija; primavera.**

■

a. ‖ ~ **de suegra.** *Ho.* **lengua de suegra,** hierba.
b. ‖ ~ **del diablo.** *Ho, ES.* **lengua de suegra,** hierba.
c. ‖ ~ **del rey.** *ES.* **lengua de suegra,** hierba.

espadear.
I. 1. intr. *Gu.* Practicar la esgrima.

espadero.
I. 1. *Co.* **chagualo,** árbol.

espadilla.
I. 1. f. *Co.* Planta de hasta 40 cm de altura; tiene hojas largas y delgadas y flores moradas, en forma de espigas; se utiliza en la medicina tradicional. (Iridaceae; *Sisyrinchium bogotense*).
II. 1. f. *Bo:O,S. En minería,* barra de acero con punta, que se emplea para remover los **tojos** en el lugar en el que hace explosión la dinamita.

espadín.
I. 1. m. *Mx.* Planta vivaz de hasta 1 m de altura, con hojas alargadas y estrechas agrupadas en una roseta muy densa, de color verde grisáceo, carentes de espinas y acabadas en punta; es sumamente resistente. (Agavaceae; *Agave striata*). ♦ **estoquillo; guapilla; sotolito.**
II. 1. m. *PR.* **daga,** machete.

espadir.
I. 1. tr. *Cu.* Esgrimir espadas de juguete. inf.

espadón.
I. 1. m. *Mx.* Animal castrado. rur.

espaguetada.
I. 1. f. *RD.* Comida o almuerzo que consiste en preparar espaguetis, *generalmente para varias personas.*

espagueti.
I. 1. m. pl. *RD.* **fideos,** planta parásita.
▶ **comer ~.**

espalda.
◻

a. ‖ **de ~ al loro.**
　i. loc. adv. *Ch.* En el suelo, al suelo. pop ^ fest.
　ii. *Ch.* A punto de ser derrotado o aniquilado. pop ^ fest.

b. ‖ **de ~s al suelo.** loc. adv. *Ve, Ch.* De manera muy junta o apretada, *especialmente en espacios pequeños o en medios de transporte muy llenos.* pop.

▶ **apuñalear por la ~; cuidar las ~s; dar lo mismo atrás que en la ~; irse de ~; irse de ~s; tener mala ~; volar ~.**

espaldar.
I. 1. m. *PR.* **baranda,** conjunto de maderos.

espaldera.
I. 1. f. *RD, Bo:S.* Parte de un traje que cubre la espalda.

espaldero.
I. 1. m. *Ve.* Guardaespaldas.

espalillar.
I. 1. *PR.* **despalillar,** quitar.
2. *PR.* **despalillar,** matar.

espalmar.
I. 1. *PR.* **despalmar,** cortar.

espalotar.
I. 1. *PR.* **despalotar,** quitar.
2. *PR.* **despalotar,** cortar.

espamentero, -a.
I. 1. *Ar, Mx,* p.u. **aspamentero.** pop.

espamento.
I. 1. *Ar, Ur.* **aspamento.** pop.

espamentoso, -a.
I. 1. *Ar.* **aspamentoso.** pop.

espampanar.
I. 1. *PR.* **despampanar,** cortar.
2. *PR.* **despampanar,** hablar.

espampanillarse.
I. 1. *PR.* **despampanillarse,** explayarse.
2. *PR.* **despampanillarse,** reírse.

espantabobos.
I. 1. *Co.* **espantaflojos.** pop + cult → espon ^ fest.

espantacaimán.
I. 1. *Cu.* **cagón,** ave.

espantacuco.
I. 1. m. *Ch.* Dispositivo de luz tenue que se coloca en las habitaciones para que no queden completamente a oscuras. ♦ **anticuca.**

espantado, -a.
I. 1. adj. *ES, CR. Referido a persona o cosa,* que se mueve o actúa a toda prisa. pop.
II. 1. adj. *RD. Referido a persona,* astuta, aguda.

espantaflojos.
I. 1. m. *Co, Bo:NE.* Lluvia fina y constante, que pasa rápidamente. ♦ **espantabobos.**

espantalobos.
I. 1. m. *Mx.* **acacia.** (Fabaceae; *Caesalpinia pulcherrima*).
2. *Mx.* Planta herbácea perenne, de tallo cubierto con pelos blancos, hojas alternas, oblongas, con dientes irregulares en el margen y la base muy variable, inflorescencias en las axilas de las hojas, flores de cinco sépalos, corola púrpura con el interior de color blanco y forma tubular, y fruto seco ovoidal. (Convolvulaceae; *Ipomoea stans*). ♦ **espantavaqueros; tanibata.**

espantapedos.
I. 1. f. *ES.* Pene. tabú; pop + cult → espon.

espantar(se).
I. 1. intr. *Mx.* Haber espíritus o fenómenos paranormales en un lugar.
2. tr. *Ho.* Aparecerse a alguien un espíritu o alma en pena.
II. 1. tr. prnl. *Cu.* Comer o beber *algo*. pop.
III. 1. tr. prnl. *Cu.* Soportar una situación determinada que resulta incómoda.
IV. 1. intr. prnl. *Bo.* Abandonar un lugar precipitadamente. pop.

◻

a. ‖ ~ **la mula.** loc. verb. *CR, Cu, RD.* Huir, irse *alguien* rápidamente de un lugar. pop.

b. ‖ **~le el ángel de la guarda.** loc. verb. *RD, PR.* Hacer que alguien enmudezca debido a un comentario inadecuado del interlocutor. pop + cult → espon.

c. ‖ **espantárselas.** loc. verb. *Gu.* Encontrar *alguien* la manera de solucionar él mismo un problema o el modo de conseguir algo.

espantasuegra.
  I. 1. *Mx.* espantasuegras.

espantasuegras.
  I. 1. m. *Mx, CR, Pe.* Matasuegras, tubo enroscado de papel que tiene un extremo cerrado y el otro terminado en una boquilla por la que se sopla para que se desenrosque bruscamente y asuste por broma. (**espantasuegra**).

espantavaqueros.
  I. 1. *Mx.* espantalobos, planta.

espanto.
  I. 1. m. *Mx, Ho, Cu, Ve, Pa, Ar:NO,* rur; pop. Imagen de una persona muerta que, según algunos, se aparece a los vivos.

□
  a. ‖ **de ~ y brinco.** loc. adj. *Cu, RD, Ve.* Muy bueno, excelente. pop.

espantoso, -a.
  I. 1. adj. *Bo. Referido a animal,* que se espanta fácilmente. pop.

España.
□
  a. ‖ **~ en llamas.** loc. sust. *Cu.* Bebida alcohólica compuesta por sidra, hielo y ron cubano.

españoles.
  I. 1. m. *Ni:E.* Habitante nicaragüense de la costa del Pacífico.

esparar. (De or. lunf.).
  I. 1. tr. *Ar, Ur.* Ayudar un compinche al **punguista** para distraer a la víctima. pop.

esparatrapo. (De *esparadrapo*).
  I. 1. m. *RD.* Tira de tela o de plástico con una de sus caras adhesiva, que se utiliza generalmente para cubrir heridas superficiales. (**aparatrapo**).

esparo. (De or. lunf.).
  I. 1. m. *Ar, Ur.* Ayudante del **punguista** para distraer a la víctima. pop.

esparpajarse.
  I. 1. *PR.* desparpajarse, hablar.

esparrachado, -a.
  I. 1. *Mx, Gu, Ho, ES, Ni, PR, Ve, Ec.* apachurrado, deformado.

espárrago.
■
  a. ‖ **~ espumoso.** m. *PR.* espuma de mar.
  ▶ **machucar los ~s.**

espartillar.
  I. 1. m. *Ar, Ur.* Terreno poblado de plantas forrajeras.

espartillo.
  I. 1. m. *Mx, Cu.* Planta de poca altura y follaje fino que cubre la sabana. (Poaceae; *Aristida, Paspalum, Sporobolus indicus, Trachypogon gouini*).
  2. *Co.* Gramínea erecta, de hasta 50 cm de altura, de hojas delgadas; se utiliza para el césped de campos de deportes. (Poaceae; *Sporobolus poiretii*). ♦ **paja carona.**
  3. *Ar:NO.* Planta que ocupa pastizales naturales; se utiliza como forraje. (Poaceae; *Elyonurus muticus*).

espatanarse.
  I. 1. intr. prnl. *PR.* Espatarrarse *alguien.* vulg.

espatao.
  I. 1. adj. *PR. Referido a un gallo de pelea,* que, después de tirar la patada, cae con todo su cuerpo y no sobre sus patas debido a un entrenamiento incompleto.

espatarrado, -a.
  I. 1. *PR.* despatarrado, zambo.
  2. *PR.* despatarrado, que camina muy rápidamente.

espatillado, -a.
  I. 1. *PR.* despatillado, que camina muy rápidamente.

espatillarse.
  I. 1. *Pa, PR.* despatillarse, abrirse de piernas.
  2. *PR.* despatillarse, ir andando o corriendo.

espatriar(se).
  I. 1. tr. *PR.* despatriar, expatriar.
  2. intr. prnl. *PR.* despatriarse, expatriarse.

espátula.
  I. 1. f. *Gu, Ch, Ar, Ur.* Ave de hasta 70 cm de longitud, con pico aplanado y ensanchado en el ápice, a modo de espátula o cuchara, y plumaje de vistoso color rosado, especialmente en las alas. (Threskiornithidae; *Ajaja ajaja*). ♦ **cuchara; espátula rosada; garza paleta; garza rosada; pato rosado.**
  II. 1. f. *ES.* Pene. vulg; pop + cult → espon.
  III. 1. f. *Ho.* Barra de acero de unos 50 cm de largo con uno de sus extremos plano que se usa para separar piezas.

■
  a. ‖ **~ rosada.** f. *Gu, Ho, Es, Ar, Ur.* espátula, ave.

espaturrado, -a.
  I. 1. adj. *Ve. Referido a persona,* de baja estatura.
  II. 1. *Ve.* despaturrado, aplastado.

espaturrarse.
  I. 1. *PR.* despaturrarse, ir andando o corriendo.

espavé.
  I. 1. *CR, Pa.* espavel.

espavel.
  I. 1. *Ho, Ni, CR.* caracolí. (**espabel; espavé**).

espavientoso, -a.
  I. 1. adj/sust. *RD. Referido a persona,* que exagera o dramatiza.

especial.
  I. 1. m. *Ch.* Emparedado de pan alargado de corteza blanda, abierto solo por uno de sus costados, que contiene una salchicha y mayonesa.
  2. adj. *Ch. Referido a un emparedado de carne,* hecho con pan francés.

especie.
  I. 1. m. *Ho, RD.* Habladuría, chisme malintencionado.
  II. 1. f. pl. *Ho, Ni, CR; Ec,* pop. Especias.

especotar.
  I. 1. tr. *PR.* Arrancar *alguien* las vainas de leguminosas, como la habichuela y otros granos. rur.

espectable.
  I. 1. adj. *Ar, Ur. Referido a persona,* digna del respeto, consideración y aprecio público.

espectacular.
  I. 1. m. *Mx.* Estructura de grandes dimensiones que sirve como soporte publicitario en la vía pública o en el tejado de un edificio.

espectar.
  I. 1. tr. *Pe, Bo.* Mirar, observar con detenimiento. pop + cult → espon.

espectorar.
  I. 1. *Pe.* expectorar.

espejeada.
  I. 1. f. *Ar:NO.* Envío tradicional de mensajes entre los enamorados por medio de señales hechas, *generalmente de un cerro a otro,* con pequeños espejos que refractan los rayos del sol. rur.

espejear.
  I. 1. tr. *Ar:NO.* Enviarse los enamorados mensajes mediante señales hechas, *generalmente de un cerro a otro,* con pequeños espejos que refractan los rayos del sol. rur.

espejeras.
> **I. 1.** f. pl. *Cu.* Llagas de las caballerías producida por los arreos o la espuela. rur.

espejito.
> **I. 1.** m. *Ar, Ur.* Juego infantil que consiste en arrojar **figuritas** hacia una pared tratando, para ganar, de que una quede apoyada en esta.

espejo.
> **I. 1.** m. *PR.* Pieza plana de madera que forma la popa de las embarcaciones.
> **2.** *PR.* Parte trasera de las embarcaciones de pesca, donde se coloca el motor.

> ■
> **a.** ‖ ~ **de los incas.** *Pe.* Obsidiana.

> □
> **a.** ‖ **de** ~. loc. adv. *Bo.* A escondidas, sin ser visto. delinc; pop.

espejolear. (De *espejo*).
> **I. 1.** intr. *RD.* Relucir o resplandecer *algo* como un espejo.

espejoso, -a.
> **I. 1.** adj. *ES. Referido a cosa*, reflectante o relumbrosa.

espejuelado, -a.
> **I. 1.** adj. *RD. Referido a persona*, que usa **espejuelos**.

espejuelo.
> **I. 1.** m. *Co.* Confitura de frutas, compacta, transparente y brillante.
> **II. 1.** m. pl. *Ni, RD, PR; Ec,* obsol. Lentes, anteojos.
> **III. 1.** m. *PR.* Árbol de tronco recio y ramas espinosas cuya madera, dura y fina, es de color amarillento con vetas negras. (Sapotaceae; *Sideroxylon cubense*).
> **2.** *PR.* **cascarilla**, árbol.

espeldrún.
> **I. 1.** m. *Cu.* Peinado afro.

espelear. (Del ingl. *to spell*, deletrear).
> **I. 1.** *EU.* **espeletear.** (**espeliar**).

espeleo. (Del ingl. *spelling*, deletreo).
> **I. 1.** m. *EU.* Ortografía o escritura correcta de una palabra.

espeletear. (Del ingl. *to spell*, deletrear).
> **I. 1.** tr. *EU.* Escribir o decir en el orden correcto las letras que forman una palabra. ◆ **espelear.**

espeliar. (Del ingl. *to spell*, deletrear).
> **I. 1.** *EU.* **espelear.**

espelma.
> **I. 1.** *Ho, ES, Ni, CR, Pe:S; Bo.* **esperma.** rur.

espelón.
> **I. 1.** m. *Mx:SE.* **Frijol** negro, pequeño y tierno.

espelucar(se).
> **I. 1.** *CR, RD, PR, Co,Ve.* **despelucar**, desordenar el cabello.
> **2.** intr. prnl. *CR, RD, PR, Co,Ve.* Desordenarse el cabello *alguien*.
> **3.** tr. *Ve.* Sacar flecos, destejiendo las orillas o extremos de una tela, cinta o algo semejante.
> **4.** intr. prnl. *Ve.* Salirse los hilos de las orillas o extremos de una tela, cinta o algo semejante.
> **II. 1.** intr. prnl. *Ho, Ni, PR, Ve.* Levantarse, erizarse el pelo o el vello. (**despelucarse**).
> **2.** tr. *Ve.* Levantar, erizar el pelo o el vello.
> **III. 1.** tr. *RD, PR.* **despelucar**, desplumar.

espeluscar(se).
> **I. 1.** *RD, PR.* **despelucar**, desordenar.
> **2.** *RD, PR.* **despelucarse**, desordenarse.
> **II. 1.** *RD, PR.* **despelucar**, desplumar.
> **III. 1.** *PR.* **despelucarse**, levantarse.

espeluzar(se).
> **I. 1.** *PR.* **despeluzar**, desplumar.
> **2.** *PR.* **despeluzarse**, arruinarse.

espeluzcarse.
> **I. 1.** intr. prnl. *Ve.* Despeinarse.

espeluznamiento.
> **I. 1.** m. *Ho, Ni.* Pavor por algo.

espeluznar(se).
> **I. 1.** *PR.* **despelucar**, desordenar el cabello.
> **2.** *PR.* **despelucarse**, desordenarse el cabello.
> **II. 1.** intr. prnl. *Ho.* Aparecerse un espíritu o alma en pena.
> **III. 1.** *PR.* **despelucar**, desplumar.
> **IV. 1.** *PR.* **espelucarse**, levantarse el vello.

espeluzno.
> **I. 1.** m. *Ho.* **Azoro** o susto por la aparición de un espíritu, fantasma o **cadejo**. rur.

espencado, -a. (De *penca*).
> **I. 1.** adj. *PR. Referido a persona*, dormida profundamente, boca arriba, con brazos y piernas abiertas, como una penca.

espendejarse.
> **I. 1.** *PR.* **despendejarse**, apurarse.

espepitar.
> **I. 1.** *PR.* **despepitar**, quitar.
> **II. 1.** *PR.* **despepitar**, criticar.

espeque. (Del neerlandés *speek*, palanca).
> **I. 1.** m. *PR; Mx:E, Ni, CR.* Palo puntiagudo usado para sacar plantas de raíz y abrir hoyos para sembrar. rur.
> **2.** *PR.* Estaca o madero, hierro o cemento usado en la construcción de cercas.
> **3.** *PR.* **estaca**, palo lateral de una carreta.

> ■
> **a.** ‖ **cercado de** ~. *PR.* **cercado de estaca.** rur.
> ▶ **estar como un** ~.

espequeado.
> **I. 1.** m. *Ho, CR.* Método de siembra de plantas, *en especial del frijol*, con **espeque**.

espequear.
> **I. 1.** intr. *Mx:E, Ni, CR.* Trabajar con el **espeque**. rur.

espequi.
> **I. 1.** m. *Bo:E.* obsol. *En un trapiche*, palanca a la cual se ata una fuerza motriz animal para mover el mecanismo. rur.

esperancejo, -a.
> **I. 1.** m. y f. *Cu.* Persona indeterminada.
> **2.** *Cu.* Alguien cuyo nombre se ignora o se omite intencionadamente.

esperante.
> **I. 1.** adj. *PR. Referido a una mujer*, embarazada.

esperanza.
> **I. 1.** f. *Ho, ES, Ni. CR, RD.* Insecto ortóptero, variedad de saltamontes de gran tamaño, de color verde, que vive en grandes colonias; es devorador de cultivos. (Acrididae; *Locusta viridissima*).
> **2.** *CR, RD.* Saltamontes de color verde.
> **3.** *PR.* Insecto ortóptero de color verde, herbívoro, de cabeza gruesa con ojos prominentes, antenas finas, y patas posteriores, robustas y largas, que le permiten dar grandes saltos. (Acrididae; *Acridium* spp.).

> □
> **a.** ‖ ¡~**s verdes!** loc. interj. *RD, Bo.* Expresa que algo no se llegará a realizar. pop + cult → espon.
> **b.** ‖ ¡**qué** ~!
> **i.** loc. interj. *Mx, Ni, CR, Cu, RD, PR, Co, Ve, Pe, Bo, Py, Ar, Ur; Ch,* p.u. Expresa que algo no se llegará a realizar.
> **ii.** *PR.* Expresa negación contundente. pop + cult → espon.
> **c.** ‖ ¡**qué** ~**s para la patria!** loc. interj. *CR.* p.u. Expresa descontento cuando alguien no se esfuerza, no aprovecha bien el tiempo o actúa con lentitud en el trabajo. pop.

a. ‖ **las ~s no llenan, aunque mantienen.** fr. prov. *Ho, Ni, RD.* Indica que con la esperanza no se logran las cosas, pero reconforta.

esperar.
□
a. ‖ **~ en la bajadita.** loc. verb. *RD, Ve.* Esperar el momento oportuno para vengarse de alguien.
b. ‖ **~ guagua.** loc. verb. *Ec, Bo, Ch.* Estar una mujer embarazada. pop + cult → espon.
c. ‖ **~ la curva.** loc. verb. *PR.* Amenazar. pop + cult → espon.
d. ‖ **~ por.** (Calco del ingl. *to wait for*). loc. verb. *EU.* Aguardar, esperar *una persona.*

esperas.
I. 1. f. pl. *Mx.* Demora, plazo ampliado que se concede a un deudor para que satisfaga la deuda.
II. 1. f. pl. *Ni. En la construcción*, extremos de varillas de hierro que se dejan descubiertos para sujetar otros componentes de la construcción, como vigas, columnas o adiciones futuras.

espercudido, -a.
I. 1. adj. *Ve. Referido a cosa, especialmente a la ropa*, que no tiene manchas.

espercudir.
I. 1. tr. *Ve.* Limpiar o lavar *algo* que está percudido.

esperjudido, -a.
I. 1. adj. *PR. Referido a un fruto*, que no ha madurado bien. rur.

esperma.
I. 1. f. *RD, PR, Ec, Pe, Bo.* Vela de cera o de otra materia grasa. (**espelma**).

espermio.
I. 1. m. *Ch.* Espermatozoide, gameto masculino destinado a la fecundación del óvulo. cult.

espernancado, -a.
I. 1. adj. *Ve. Referido a persona*, que tiene las piernas muy abiertas.
2. *Ve. Referido a cosa*, que está abierta de par en par.

espernancarse.
I. 1. intr. prnl. *RD, Co, Ve.* Abrir excesivamente las piernas, *especialmente al sentarse.*
2. *Ve.* Abrirse *algo* de par en par.

esperolado, -a.
I. 1. adj. *Ve. Referido a cosa*, estropeada. pop + cult → espon.
2. *Ve. Referido a persona*, maltrecha. pop + cult → espon.

esperolar(se).
I. 1. tr. *Ve.* Estropear *algo.*
2. intr. prnl. *Ve.* Estropearse *algo.*
II. 1. tr. *Ve.* Desordenar un lugar o alguna cosa.
2. intr. prnl. *Ve.* Desordenarse un lugar o alguna cosa.

espesado.
I. 1. m. *Pe, Bo:S.* Guiso preparado con carne, maíz y otros ingredientes.

espescuezar(se).
I. 1. *PR.* **despescuezar**, torcerle el pescuezo a alguien.
2. *PR.* **despecuezarse**, torcérsele a uno el cuello.
3. *PR.* **despescuezar**, dar *alguien* un castigo.
II. 1. *PR.* **despescuezarse**, afanarse.

espeso, -a.
I. 1. adj. *Gu, Cu, Ve, Pe; Bo.* pop. *Referido a persona*, pesada, impertinente, molesta.
2. *Ec, Ar, Ur. Referido a una situación*, difícil, complicada, conflictiva. pop.
3. *Ho.* juv. *Referido a persona*, experta en su especialidad.

espetarse.
I. 1. tr. prnl. *PR.* Suspender un alumno una asignatura. est.

espetera.
I. 1. f. *ES.* Bulla, escándalo.
II. 1. f. *ES:E.* Mentira.

espeto.
□
a. ‖ **~ corrido.**
i. loc. sust. *Py, Ar, Ur.* Modalidad de menú que permite consumir sin restricción y por un precio fijo aquellos que se deseen de entre una serie de platos ofertados.
ii. *Py, Ar, Ur.* Restaurante o establecimiento similar en que se ofrece un menú corrido.

espezoñar.
I. 1. *PR.* **despezoñar.**

espiada.
I. 1. f. *Ho.* Mirada atenta e inquisitiva. (**ispiada**).

espiantada.
I. 1. f. *Bo.* Huida de un delincuente para evitar un encuentro con la policía.

espiantado, -a.
I. 1. adj/sust. *Ar:E. Referido a persona*, loca, perturbada. pop.

espiantador.
I. 1. m. *Ar.* Ladrón. pop.

espiantar(se).
I. 1. intr. *Bo, Ar.* obsol. Huir, darse a la fuga. delinc.
2. intr. prnl. *Ar.* obsol. Irse de un lugar de forma repentina. pop.
3. tr. *Ar:E.* obsol. Despedir, echar a *alguien.* pop.
4. intr. prnl. *Ar:E.* Salirse, irse. pop.
II. 1. tr. *Ar:E.* obsol. Robar o hurtar *algo.* pop.

espiante.
I. 1. m. *Ar, Ur.* Huida, escape, desbandada. pop.
2. *Ar, Ur.* Despido de un trabajador por parte del empleador. pop.
3. *Ar, Ur. En una relación, especialmente amorosa*, abandono, rechazo. pop.

espichado, -a.
I. 1. adj. *Co:N, Ve. Referido a un neumático o caucho*, que no tiene aire.
2. *Ve.* metáf. *Referido a persona*, que está desanimada.
II. 1. adj. *Ho. Referido a un gallo de pelea*, cobarde, poco agresivo.

espichar(se).
I. 1. tr. *Co.* **estripar**, pulsar. pop.
2. *Co.* **estripar**, aplastar. pop.
3. *Co.* Apretar y oprimir a *alguien* tan fuertemente que se le llega a lastimar o maltratar. pop.
II. 1. intr. prnl. *Co, Ve; Bo*, pop. Desinflarse un neumático o caucho.
2. tr. *Co:N,Ve; Bo*, pop. Desinflar *un neumático o caucho.*
3. intr. prnl. *Ve.* metáf. Desanimarse *una persona.*
III. 1. intr. prnl. *Mx.* Enflaquecer, quedarse delgado *alguien.*
IV. 1. intr. prnl. *Pe; Bo*, pop. Abandonar un lugar precipitadamente.
V. 1. *PR.* **despichar**, abrir un hueco.

espiche.
I. 1. m. *Ve. Ar.* Pinchazo, hendidura que deja escapar el aire de una rueda.
II. 1. m. *Ni.* Taco de madera o plástico que se introduce en un agujero para asegurar bien un tornillo.
III. 1. m. *PR.* Salidero de una vasija, agujero. pop + cult → espon.

IV. 1. m. *PR.* Gorgojo que vive en el **bejuco** de la **batata** y que se introduce después en el tubérculo.

espid. (Del ingl. *speed*).
    I. 1. m. *ES.* Entusiasmo, alucinación. drog.

espidómetro. (Del ingl. *speedometer*).
    I. 1. m. *PR.* Instrumento destinado a medir la velocidad de los vehículos.
    2. *PR.* Odómetro. prest; cult → esm.
    3. *PR.* Cuentakilómetros. prest; cult → esm.

espidoso, -a.
    I. 1. adj. *ES. Referido a persona*, entusiasta.

espiedo. (Del it. *spiedo*, espetón).
    I. 1. m. *Bo, Py, Ar, Ur.* Varilla puntiaguda en que se clava y se pone al fuego lo que se quiere asar. (**spiedo**).
    2. *Bo, Py, Ar, Ur. En un horno*, dispositivo que permite asar las aves u otras carnes haciéndolas girar sobre un eje. (**spiedo**).
    3. *Bo.* meton. Máquina eléctrica o de gas licuado que se utiliza para asar aves y cerdos, haciéndolos girar sobre un eje.

□

    a. ‖ **~ al ~.** loc. adj. *Bo, Py. Referido a un pollo o a un lechón*, asado en el espiedo.

espiga.
    I. 1. f. *PR.* Flor de la caña y de algunas hierbas, que tienen la misma forma. ♦ **guajana**.
    2. *PR.* Corona de la piña.
    II. 1. f. *Ho. En el motrique*, palo vertical con un agujero donde se introduce la caña de azúcar y la palanca que la estruja.
    III. 1. f. *PR.* Extremo agudo de la espuela de los gallos. ♦ **vara**.

■

    a. ‖ **~ de amor.** *PR.* disciplina de monja.
    b. ‖ **~ de oro.** *PR.* disciplina de monja.

espigado, -a.
    I. 1. adj. *Ho. Referido a un alambre de cerca*, con púas.

espigar.
    I. 1. tr. *PR, Ec.* Florecer las plantas cuya flor crece en forma de espiga, *en especial la caña de azúcar*.

espigelia.
    I. 1. f. *Mx.* Hierba perenne de hasta 60 cm de altura, de hojas lanceoladas, opuestas y con forma oval, inflorescencias en los extremos de los tallos, flores de color amarillo claro y púrpura rojizo y forma tubular; tiene un olor penetrante y desagradable. (Loganiaceae; *Spigelia anthelmia*).

espiguear. (Epént. de *espigar*).
    I. 1. tr. *Mx.* Mover un caballo la cola de arriba abajo.
    II. 1. tr. *Ho.* Espigar, echar espigas los cereales, *en especial el maíz*.

espiguero.
    I. 1. m. *Mx.* Estructura metálica con ruedas, con forma de paralelepípedo, en la que dos de sus caras tienen pequeños salientes sobre los que apoyar, en cada par de ellos, una bandeja para almacenarlas o transportarlas.

espigueta.
    I. 1. f. *Pa.* Alforza cruzada que adorna la **camisilla**.

espina.
    I. 1. *PR.* **ayúa**.

■

    a. ‖ **~ corona.**
      i. f. *Ar.* **coronillo**. (Fabaceae; *Gleditsia amorphoides*).
      ii. *Ar.* Madera de la espina corona, dura y muy usada en carpintería.
    b. ‖ **~ cruz.** f. *Pe, Ar:C,NO,O.* Arbusto de hasta 4 m de altura, de tallos verdes y duros con ramificacio-

nes en forma de largas y estrechas espinas, y flores blancas campaniformes; la corteza y raíces son ricas en saponina por lo que se usa como jabón. (Rhamnaceae; *Colletia spinosissima*).
    c. ‖ **~ de perro.** f. *Pe.* Hierba que mide hasta 1,5 m de altura, de tallo cilíndrico con estrías, hojas alternas, pinnadas, con espinas en su base y pubescentes; posee propiedades medicinales. (Asteraceae; *Xanthium catharticum*).

espinada.
    I. 1. f. *Ho, CR.* Serie de pinchazos causados por espinas.

espinal.
    I. 1. m. *Ho, Ni.* Terreno con muchos espinos.

espinazo.
    I. 1. m. *Ar:S.* Cima redondeada de una montaña.
    ▶ **quebrar el ~.**

espinear. (Del ingl. *to spin*).
    I. 1. tr. *EU.* Bailar el trompo o peonza.

espinelero, -a.
    I. 1. adj. *Ch.* Relativo a la pesca con espinel.
    2. m. y f. *Ch.* Persona que monta espineles o pesca con ellos.

espinero.
    I. 1. m. *Mx, Gu, Ho, Ni, Ec.* Terreno cubierto de plantas espinosas.
    2. *Ho, Ni, CR.* Gran cantidad de espinas.
    II. 1. m. *Ar.* Pájaro de hasta 15 cm de longitud, de plumaje de color ocráceo, garganta blanca y amplia cola redondeada al volar. (Furnariidae; *Anumbius annumbi*). ♦ **leñatero**.

espingarda.
    I. 1. f. *Mx.* p.u. Mujer alta y desgarbada.

espinilla.
    ▶ **caer como patada en la ~.**

espinillento, -a.
    I. 1. *Mx, Ch.* **espinilludo**. pop + cult → espon ∧ desp.

espinillo.
    I. 1. m. *Bo, Py, Ar.* Árbol espinoso, de flores amarillas muy perfumadas y fruto seco e indehiscente. (Fabaceae; *Prosopis* spp.).
    2. *Ar.* Madera del espinillo, dura y muy utilizada en carpintería.
    3. *PR, Ve.* **huacáporo**.
    4. *Bo, Py.* Árbol de hasta 6 m de altura, de follaje verde claro, con hojas compuestas y alternas, abundantes ramas y perfumadas flores amarillas o anaranjadas, cuyo fruto es una legumbre cilíndrica, de color negro. (Fabaceae ; *Acacia caven*).
    II. 1. m. *Bo.* Barrillo que aparece en la piel debido a la obstrucción de un poro por una acumulación de materia sebácea. pop.

■

    a. ‖ **~ negro.** *Ar:NO,O.* **churqui**, árbol.

espinilludo, -a.
    I. 1. adj/sust. *Mx, Ni, Ec, Bo, Ch, Ar:O; CR*, p.u. *Referido a persona*, que tiene muchas espinillas, *especialmente en la cara*. pop + cult → espon ∧ desp. (**espinillento**).

espinito.
    I. 1. m. *Ve.* Arbusto de flores rosadas, blancas o púrpuras que da como fruto una baya subglobosa. (Solanaceae; *Lycium tweedianum*). ♦ **vidrio**.

espino.
    I. 1. m. *Pe, Ch, Ar.* **uña de gato**. (Fabaceae; *Acacia* spp.).
    2. *Cu.* Arbusto de hasta 3 m de altura, de hojas rígidas y flores blancas; y se usa en la industria textil. (Agavaceae; *Yucca aloifolia*). ♦ **maguey silvestre**; **piñón de puñal**.

3. *Ho.* **bledo espinoso**.
4. *PR.* **acacia**. (Rutaceae; *Zanthoxylum monophyllum*).

■

a. ‖ **~ blanco**.
   i. *Ho.* **aromo**.
   ii. m. *PR.* **acacia**. (Rutaceae; *Zanthoxylum monophyllum*).
b. ‖ **~ chileno**. *Ch.* **churqui**, árbol.
c. ‖ **~ dulce**. *Ni.* **mangollano**.
d. ‖ **~ negro**.
   i. *Ho.* **espinojiote**.
   ii. *Ni.* Árbol de hasta 10 m de altura, tronco ramificado a baja altura, hojas bipinnadas y alternas, inflorescencias en espigas con flores blancas, frutos en legumbres aplanadas y en espiral, de color verde, que se tornan rojos y dehiscentes al madurar, con semillas negras y rodeadas con una pulpa blanca. (Fabaceae; *Phitecellobium oblongum*). ♦ **machigüiste**.
e. ‖ **~ rubial**. m. *PR.* **acacia**. (Rutaceae; *Zanthoxylum monophyllum*).
f. ‖ **~ ruco**. *Ho.* **espinojiote**.

espinojiote. (De *espino* y de *jiote*).
  I. 1. m. *ES.* Arbusto de hasta 6 m de altura, espinoso, de hojas oblongas, flores de color amarillo, fragantes, reunidas en una cabezuela globosa; el fruto es una vaina con semillas oblongas. (Fabaceae; *Acacia pennatula*). ♦ **espino negro; espino ruco**.

espinosa.
  I. 1. *PR.* **acacia**. (Rutaceae; *Zanthoxylum monophyllum*).

espinosilla.
  I. 1. f. *Mx.* Planta de hasta 80 cm de altura, tallo recto y piloso, hojas rígidas, alargadas y de textura áspera, flores de color escarlata con forma de trompeta y fruto capsular, pequeño, de forma casi globosa; tiene diversas aplicaciones en medicina tradicional. (Polemoniaceae; *Loeselia mexicana*). ♦ **güichichil**.

espinoso.
  I. 1. *Pa.* **pochote**, árbol.

espintana.
  I. 1. f. *Pe.* Árbol alto de tronco recto de madera ocre; muy utilizado en la construcción. (Annonaceae; *Malmea* spp.).

espinudo.
  I. 1. m. *Ar:NO.* Árbol de madera medianamente dura utilizada para hacer carbón. (Salicaceae; *Xylosma* spp.). rur. ♦ **coronillo**.

espinudo, -a.
  I. 1. adj. *Mx, Ho, CR, Ch; Ec; Gu, Ec, Bo, Ar,* p.u. ‖ metáf. *Referido a problema o asunto*, arduo, difícil. pop + cult → espon.
  2. *Mx, Ho, ES, Ni, CR, Ch; CR, Ar,* p.u; *Bo,* pop. *Referido a animal o cosa*, que tiene muchas espinas.
  II. 1. adj/sust. *Gu. Referido a persona*, que tiene el pelo hirsuto, duro.

espiquinglis. (Del ingl. *[to] speak English*, hablar inglés).
  I. 1. m-f. *PR.* Extranjero de habla inglesa. pop + cult → espon.

espiral.
  I. 1. f. *Ho, Ni, Py, Ar, Ur.* Producto hecho de pasta de **palo santo** y piretro, enrollado en forma de espiral, que se enciende por uno de sus extremos y despide un humo que ahuyenta los mosquitos.
  II. 2. m. *Co.* Implemento plástico con esta forma que se enrolla a un grupo de hojas para que queden sujetas.

espiritado, -a.
  I. 1. adj. *PR. Referido a persona*, asombrada. pop + cult → espon.

2. *PR. Referido a persona*, exaltada. pop + cult → espon.
3. *PR. Referido a persona*, lista, inquieta, curiosa. pop + cult → espon.
  II. 1. adj. *Gu. Referido a persona*, borracha por consumo excesivo de alcohol.

espiritar(se).
  I. 1. intr. prnl. *Gu.* Beber *alguien* alcohol hasta sentirse ligeramente borracho.
  II. 1. tr. *Bo.* Conjurar a los espíritus valiéndose de prácticas espiritistas.

espiritero, -a.
  I. 1. m. y f. *PR.* Espiritista. pop + cult → espon ^ desp.
  2. *PR.* Curandero. pop + cult → espon ^ desp.

espíritu.
  I. 1. m. *Bo.* Fiesta en devoción al Espíritu Santo.

■

a. ‖ **~ santo**. m. *Co.* **espiritusanto**.
▶ **levantar el ~**.

espirituado, -a.
  I. 1. adj. *Pe. Referido a persona*, hechizada, poseída por malos espíritus. rur.
  2. *Ch. Referido a persona*, angustiada o preocupada por algo o ante algo que va a ocurrir. pop.
  3. *Ho. Referido a persona*, que tiene un pacto con el diablo.

espiritual.
  I. 1. adj. *Ni. Referido a persona*, delgada.

espirituista.
  I. 1. m-f. *Ve:O.* Persona que se dedica a la hechicería.

espiritusanto.
  I. 1. m. *Mx, Co.* Orquídea de flores medianas, vistosas, globosas y muy fragantes, que crecen en racimos cuyas varas pueden llegar a medir hasta 2,5 m de altura, y pétalos de un color marfil intenso con puntos morados, adornados en el centro con lo que parece una paloma. (Orchidaceae; *Peristeria elata*). (**espíritu santo**). ♦ **flor del Espíritu Santo**.

espirriar.
  I. 1. tr. *CR.* obsol. *En un juego de apuesta*, ganar a los demás participantes la totalidad de lo que disponían para apostar. rur.

espirulina.
  I. 1. f. *Mx, Ec.* Producto comercial comestible derivado de un tipo de alga, muy alimenticio por contener un alto porcentaje de nutrientes.

espitado, -a.
  I. 1. adj. *Ve. Referido a persona*, que va a gran velocidad.

espitarse.
  I. 1. intr. prnl. *Ve.* Desplazarse *una persona* o un vehículo a gran velocidad.
  2. *Ve.* Irse apresuradamente.

esplacado, -a.
  I. 1. *PR.* **desplacado**.

esplacar.
  I. 1. *PR.* **desplacar**, quitar la licencia.

esplín. (Del ingl. *spleen*).
  I. 1. m. *EU.* Bazo, víscera.

esplocha.
  I. 1. f. *RD.* Cualquier objeto de forma alargada y puntiaguda.

espolazo.
  I. 1. m. *PR.* Golpe dado con una espuela, *generalmente del gallo de pelea*.

espoleadura.
  I. 1. f. *Ho.* Corte provocado al contrario por la espuela de un gallo de pelea.

espolear(se). (Del ingl. *to spoil*).
  I. 1. tr. *EU.* Arruinar, estropear o echar a perder *algo*.

2. intr. prnl. *EU.* Arruinarse, estropearse o echarse a perder *algo*.

II. 1. tr. *RD, PR.* Golpear el gallo a su contrincante con los espolones.

espolón.
I. 1. m. *Pe.* Pene. vulg; pop + cult → espon.

II. 1. m. *Ni.* Deformación de las falanges de los dedos de los pies.

espolvorín.
I. 1. m. *Ni, CR, RD.* obsol. Alboroto, desorden. pop.

II. 1. m. *CR.* obsol. Desperdigamiento o separación de cosas que estaban juntas o amontonadas. pop.

esponja.
■

a. ‖ ~ **de acero.** f. *Ec, Py, Ar, Ur.* Utensilio de limpieza hecho con hilos de aluminio enmarañados, *usado especialmente para raspar la suciedad de recipientes de cocina metálicos.*

▶ **tirar la ~.**

esponjado, -a.
I. 1. adj. *Ni, Ec. Referido al pelo*, voluminoso y ahuecado.

II. 1. adj. *Ni. Referido a cosa*, recubierta con esponja.

esponjarse.
I. 1. intr. prnl. *Mx, Pe.* Enfadarse, enojarse. pop.

esponjero, -a.
I. 1. m. y f. *Cu.* Persona dedicada a pescar esponjas.

esponjilla.
I. 1. f. *Mx, Co, Ec.* Planta trepadora de hasta 3 m de altura, tiene zarcillos en espiral y flores amarillas, solitarias, fruto redondo, que posee en su interior un sistema de venas que al secarse queda como una esponja; es empleada como vermífugo, purgante y sudorífico. (Cucurbitaceae; *Luffa operculata*). ♦ **mochilita.**

esponsear. (Del ingl. *to sponsor*).
I. 1. *EU.* **esponsorear.**

esponsorear.
I. 1. tr. *Py, Ar, Ur.* Apoyar o financiar una actividad, *frecuentemente con fines publicitarios.* ♦ **esponsear.**

esportivo, -a. (Del ingl. *sportive*, deportivo).
I. 1. adj. *PR. Referido a persona*, que viste con estilo llamativo y descuido afectado.

espostillar.
I. 1. *PR.* **despostillar**, quitar la capa dura de una herida.

esprea. (Del ingl. *spray*, rociador, pulverizador).
I. 1. f. *Mx. En un automóvil*, alimentador de gasolina.

espréi. (Del ingl. *spray*, rociador, pulverizador).
I. 1. m. *EU.* Envase con un dispositivo especial para pulverizar los líquidos que contiene.

espretar.
I. 1. tr. *PR.* Escoger *alguien* granos. rur.

espretinado, -a.
I. 1. adj. *PR. Referido a persona*, abandonada, descuidada, desaliñada. pop + cult → espon ^ desp.

espreyar. (Del ingl. *to spray*).
I. 1. tr. *EU.* Pulverizar, rociar.

espricolear. (Del ingl. *sprinkle*).
I. 1. tr. *EU:SO.* Rociar el suelo antes de barrer.

esprimón.
I. 1. m. *PR.* Apretón fuerte. pop + cult → espon.

2. *PR.* Estrujón. pop + cult → espon.

esprín. (Del ingl. *spring*, saltar).
I. 1. m. *EU, Ho, Pa, RD, PR.* Resorte o muelle, pieza elástica de metal en forma de espiral que ejerce una fuerza que la hace volver a su posición normal cuando ha sido separada de ella. (*spring*).

2. *Pa, RD.* Armazón metálico provisto de muelles o resortes sobre el cual descansa el colchón en las camas.

II. 1. adj. *Ni.* juv. *Referido a persona*, arribista.

III. 1. m. *CR.* Cable de acero para sujetar un barco atracado.

espuela.
I. 1. f. *Ho, RD, Ch, Py, Mx, Pa, Ar, Ur.* rur. Espoleta, horquilla formada por las clavículas del ave.

2. *CR, Cu, Co, Ve, Ec, Pe, Bo, Ch.* Apófisis ósea en forma de cornezuelo que tienen en el tarso varias aves gallináceas.

3. *Ni, PR, Ec.* Espolón del gallo de pelea.

4. *Ho.* Cuchilla cóncava y cortante que se coloca en el espolón a los gallos de pelea.

II. 1. f. *CR, RD.* Conocimiento o habilidad que se adquiere con la experiencia. pop.

III. 1. f. *Ho:N.* Palanca de hierro que articula el empalme o separación de las vías férreas.

IV. 1. f. *Ho. En una bicicleta*, cada una de las dos piezas metálicas y móviles en que están insertas las zapatas del freno.

V. 1. f. *PR.* Pez marino de hasta 35 cm de longitud, ancho y plano, con aleta dorsal larga y estrecha, mechón de espinas en el extremo anterior, escamas plateadas, más blancas hacia la cola, y cabeza corta y ancha; es comestible. (Gerreidae; *Diapterus plumieri, Eucinostomus harengulus*). ♦ **mojarra.**

VI. 1. f. *PR.* **pelonchile.**
■

a. ‖ ~ **de caballero.** f. *PR, Ur.* **pelonchile.**

b. ‖ ~ **de galán.** f. *PR, Ch.* **pelonchile.**

c. ‖ ~ **de gallo.** f. *Ho, ES.* Arbusto ramificado, con ramas muy curvadas y fuertes espinas, flores verde amarillas, fruto viscoso y en forma de clava; se usa contra las enfermedades venéreas. (Nyctaginaceae; *Pisonia aculata*). ♦ **cagalera.**

d. ‖ ~ **limpia.** f. *PR.* Espuela que carece de protección o de **guante.**

e. ‖ ~ **variaca.** *PR.* **cariaca**, espuela blanca y negra.

f. ‖ ~ **ventajera.** f. *PR.* Espuela de poca **boca**, de mucho lance y de poco alcance.

g. ‖ ~s **del diablo.** f. pl. *Ar:NO.* Planta anual de hasta 70 cm de altura, de cotiledones con pecíolos gruesos, hojas carnosas, flores amarillas, semillas comestibles de sabor dulce y fruto bífido con dos largas aristas en forma de cuerno; en medicina popular se aprovechan sus propiedades como emoliente y resolutivo. (Martyniaceae; *Ibicelia lutea*).

□

a. ‖ ~ **a ~ limpia.**
  i. loc. adv. *RD.* Desnudo, sin ropa. pop + cult → espon.
  ii. *RD, PR.* Desprotegidamente, peleando el gallo sin **botas** ni **guantes** en las espuelas.

▶ **dar ~; picar ~s; sacar las ~s; tener ~s; tener ~s de este tamaño; tener las ~s largas.**

espuelazo.
I. 1. m. *RD, PR, Ec.* Golpe o herida que el gallo produce con sus espolones.

2. *RD, PR.* metáf. Timo, sablazo. pop + cult → espon.

espueleado, -a.
I. 1. adj. *PR. Referido a persona*, experimentada, probada. pop + cult → espon.

II. 1. adj. *PR. Referido a persona*, aguerrida. pop + cult → espon.

espuelear.
I. 1. tr. *Mx, Ni, PR; Bo,* pop; *Ar,* rur. Picar con las espuelas a una cabalgadura.

2. *PR.* Golpear a un gallo de pelea con las espuelas.

3. *PR.* metáf. Espolear, despabilar, aguijonear.

4. *PR.* metáf. Prevenir, advertir a *alguien* sobre un asunto inconveniente.

5. *PR.* Probar, experimentar.

espuelero.
 I. 1. adj. *PR. Referido a un gallo de pelea*, que usa bien los espolones en el combate.

espuelín.
 I. 1. m. *PR.* Armadura con espolones de acero colocada en las piernas de algunos obreros usada para subir a los postes del tendido eléctrico.

espuelón.
 I. 1. m. *Ni, PR, Ve:O.* Espolón.

espuelón, -na.
 I. 1. adj. *PR. Referido a un ave*, que tiene espolones grandes.

espuelú.
 I. 1. *RD, PR.* **espueludo**, que tiene espolones grandes.
 2. *RD, PR.* **espueludo**, que tiene espuelas.

espueludo, -a.
 I. 1. adj/sust. *CR, RD, PR. Referido a persona*, astuta, disimulada y hábil para engañar u obtener algún beneficio. pop + cult → espon.
 II. 1. adj. *CR, RD, PR. Referido a un gallo*, que tiene espolones grandes. (**espuelú**).
 2. *RD, PR. Referido a un ave, especialmente una gallina*, que tiene espuelas. (**espuelú**).

espulgar.
 I. 1. tr. *Ni, Pa, Cu, RD.* Sacar cualquier impureza del arroz. (**espurgar**).
 2. *Ni, CR, Pa.* Separar cosas no deseadas de la comida. (**espurgar**).

 ◪
 a. ‖ ~ **un mono con los guantes de Sixto Escobar.** fr. prov. *PR.* Indica que alguien está dispuesto a hacer cualquier cosa por conseguir lo deseado, *especialmente cuando es dinero*.

espuma.
 ◼
 a. ‖ ~ **de goma.** m. *Cu.* Producto industrial de látex o sintético, esponjoso y blando.
 b. ‖ ~ **de mar.** f. *Co.* Planta enredadera perenne, de tallo muy ramificado, hojas triangulares formadas por diminutos filamentos verdes y vistosas flores; es ornamental. (Asparagaceae; *Asparagus plumosus*). ♦ **encaje**; **espárrago espumoso**; **velo de novia.**
 c. ‖ ~ **flex.** *Ec.* **espumaflex.**
 ☐
 a. ‖ **pura ~.**
 i. loc. adj. *RD, Ar, Ur. Referido a persona*, que posee menos cualidades de las que aparenta. pop.
 ii. *RD, Ar, Ur. Referido a una acción o a una situación*, que solo corresponde a la verdad aparentemente. pop.

espumaflex.
 I. 1. m. *Ni, Ec.* Poliestireno en paneles de diversas formas, usado en construcción. (**espuma flex**).

espumero. (De *espuma*).
 I. 1. m. *PR. En la industria azucarera*, empleado encargado de **templar** los azúcares.
 2. *PR.* Ola que rompe mal.

espumilla.
 I. 1. f. *Mx.* Variedad o clase de **tequesquite**, salitre de tierras lacustres.
 II. 1. f. *Gu, Ho, ES, Ni, Ec.* Dulce hecho con claras de huevo batidas a punto de nieve y azúcar, que se cuece al horno.
 III. 1. f. *PR.* **boliche**, tabaco.

espumillón.
 I. 1. m. *Bo:E.* Espuma que se forma al hervir el jugo de la caña de azúcar. pop.

espumosa.
 I. 1. f. *Bo.* Cerveza.

espumuy.
 I. 1. f. *Gu.* Paloma silvestre. (Columbidae; *Columba speciosa*).

espundia.
 I. 1. f. *Pe, Bo.* Enfermedad de las regiones tropicales que afecta a las personas ocasionándoles ulceraciones en la piel, sobre todo en el rostro.

espundioso, -a.
 I. 1. adj. *PR. Referido a cosa*, que tiene muchas espinas.

espuntado, -a.
 I. 1. *PR.* **despuntado**, con poco azúcar.

espuntar.
 I. 1. intr. *PR.* Llegar *alguien* a la pubertad, *especialmente una niña*.

espúreo, -a.
 I. 1. adj. *Ho, Ni, CR; Ec,* pop. Espurio, falso o carente de legitimidad. prest; cult → esm.

espurgar.
 I. 1. tr. *Mx, Ni.* Limpiar de pulgas o piojos.
 II. 1. tr. *Ni, Pa.* **espulgar**, sacar impurezas del arroz.
 2. *Ni.* **espulgar**, separar cosas de la comida.

espurulo.
 I. 1. m. *CR.* Fragmentos pequeños del bagazo de la caña de azúcar. rur.

esputsa.
 I. 1. f. *Ar.* obsol. Mal olor. pop.

esquejear.
 I. 1. tr. *PR.* Cortar esquejes para propagar ciertas plantas como la **yuca** y la **amapola.**

esquela.
 I. 1. f. *Co.* Hoja de papel de carta con algún diseño.
 II. 1. f. *Gu, Ho, ES.* Multa con que se penaliza una infracción de tránsito.
 2. *Ho.* Papel de la multa.
 3. *Ho.* Factura de productos o servicios. fest.

esqueletero, -a.
 I. 1. m. y f. *Ch.* Carpintero encargado de montar el armazón de los muebles.

esqueleto.
 I. 1. m. *Mx, Gu, Ho, Ni. Ec, Pe.* Esquema o bosquejo de un escrito.
 2. *Gu, Ni, Ve.* p.u. Formulario u hoja impresa con espacios en blanco para rellenar en la realización de trámites. pop.
 II. 1. sust/adj. *Co.* Camiseta sin mangas y de amplia sisa.
 III. 1. m. *RD.* Árbol de hasta 10 m de altura, con ramas abundantes e irregulares, de color verdoso, excepto la corteza del tronco que es gris claro, hojas prematuramente caducas, lanceoladas, inflorescencia terminal compuesta de flores diminutas y de color amarillento. (Euphorbiaceae; *Euphorbia tirucalli*).
 IV. 1. m. *Ni.* Cuerpo de una persona.
 ☐
 a. ‖ ~ **rumbero.** loc. sust. *Cu.* Persona muy flaca.

esqueletudo, -a.
 I. 1. adj/sust. *Gu. Referido a persona*, muy delgada.

esquena.
 I. 1. f. *Ar.* Espalda del hombre. pop.

esquenún, -na.
 I. 1. adj/sust. *Ar, Ur.* obsol. Holgazán, perezoso. pop.

esquiafo. (Del it. *schiaffo*).
 I. 1. m. *Ar*. Golpe que se da en la cara con la mano abierta. pop.

esquiero, -a. (Sínc. de *esquinero*).
 I. 1. adj. *Ho*. Referido a poste de una cerca, **esquinero**. rur.

esquífero, -a.
 I. 1. adj. *Ve*. Referido a persona, que está equivocada.

esquifuso, -a. (Del it. *schifoso*).
 I. 1. adj. *Ur; Ar*, obsol. Repugnante, repulsivo. pop.

esquilencia.
 I. 1. f. *PR*. Desnutrición. rur.

esquilme.
 I. 1. m. *CR*. obsol. Cantidad, consistente en un porcentaje de la cosecha, que se recibe como pago por el alquiler de un terreno de siembra. rur. (**esquilmo**).
 □
 a. ‖ **en ~.** loc. adv. *CR. En relación con el alquiler de un terreno para la siembra*, cobrando una parte de la cosecha. rur.

esquilmo.
 I. 1. m. *Mx, Ho*. Beneficio pequeño que se obtiene de cultivos o de la ganadería.
 2. *Ch*. Escobajo de la uva.
 II. 1. *CR*. obsol. **esquilme**. rur.

esquimal.
 I. 1. m. *Co, Ec*. Traje de bebé de una sola pieza.

esquimalito.
 I. 1. m. *RD*. Golosina que consiste en un extracto líquido de sabores variados; que se vende en un envoltorio de plástico para ser congelada y posteriormente se toma como si fuera un helado.

esquina.
 □
 a. ‖ **en las cuatro ~s.** loc. adj. *Gu*. En la miseria.
 b. ‖ **~ caliente.**
  i. loc. sust. *Cu*. Lugar en el que se debaten diferentes asuntos, sobre todo deportivos.
  ii. *PR*. Lugar donde se vende droga.
 ▶ **estar en las cuatro ~s; hacer ~; pedir ~; poner en las cuatro ~s; tener ~; verse en las cuatro ~s.**

¡esquina!
 I. 1. interj. *Mx; Bo*, pop. Expresa orden para hacer parar a un autobús de servicio público cuando se desea bajar. ♦ **¡esquina, bajan!**
 □
 a. ‖ **¡~, bajan!** loc. interj. *Mx, Pe*. ¡esquina!

esquinado, -a.
 I. 1. adj. *Mx*. Referido a un mueble, ubicado en el ángulo de una habitación.

esquinarse.
 I. 1. intr. prnl. *CR*. Evadir una responsabilidad. pop + cult → espon.

esquinazo.
 I. 1. m. *Ec, Pe, Ch*. Homenaje que se hace a alguien en un lugar público con música y danzas folclóricas.
 II. 1. m. *Pe*. Agresión violenta y por sorpresa. delinc.

esquinear(se).
 I. 1. tr. *Gu; Bo*, pop. Esperar al novio o novia en una esquina.
 2. intr. *Ho, ES*. Permanecer de pie en una esquina.
 II. 1. intr. prnl. *CR*. Eludir una responsabilidad. pop.

esquinera.
 I. 1. f. *Mx*. **esquinero**, poste que hace esquina.
 2. *Ar*. Pieza que se pone en las esquinas de las tapas de los libros o de las carpetas, de los muebles o de otros objetos para protegerlos, adornarlos o fijarlos a una base. (**esquinero**).

esquinero.
 I. 1. m. *CR, Ec, Ar, Ur; Mx, Ho, Ve*, rur. Poste que hace esquina en algunas construcciones, como corrales, potreros, o alambrados. (**esquiero; esquinera**).
 2. *Ho*. Esquina de un edificio o casa.
 II. 1. m. *Mx, Ni, CR, Cu, Ve, Ec, Bo, Ch, Py*. Mueble, comúnmente de forma triangular, que se coloca en un rincón o ángulo de una habitación.
 2. m. *Ar, Ur*. **esquinera**, pieza que se pone en las esquinas de un objeto.

esquinero, -a.
 I. 1. sust/adj. *Ho*. juv. Joven perteneciente a una **mara** que permanece vigilante en una esquina. delinc.

esquinita.
 I. 1. f. *Ho*. Pequeño pago extra que recibe un periodista por ayudar a un político en su campaña electoral.

esquipear. (Del ingl. *to skip*, echar a un lado).
 I. 1. intr. *EU*. Dejar de asistir a clase. est.

esquirín.
 I. 1. *Ni*. **estiquirín**.

esquirín, -na. (Sínc. de *estiquirín*).
 I. 1. m. y f. *Ni*. Persona delgada.

esquirla.
 I. 1. f. *RD, Ec*. Casquillo de bala.

esquisuche. (Del nahua *izquitl*, grano de maíz tostado, y *xochitl*, flor).
 I. 1. m. *Ho, ES, Ni*. Árbol de hasta 10 m de altura, con hojas de color verde oscuro, panojas de flores blancas, pequeñas y olorosas, y fruto de color rojo o púrpura; se cultiva en jardines. (Boraginaceae; *Bourreria huanita, Ehretia tinifolia*).
 2. *Ho, ES, Ni*. Flor del esquisuche, de forma semejante a un grano de maíz reventado y de olor similar a la rosa, pero más intenso.

esquisúchil. (Del nahua *izquitl*, grano de maíz tostado, y *xochitl*, flor).
 I. 1. m. *Mx::SE, Gu*. Árbol de hasta 6 m de altura, con hojas verde oscuras, inflorescencia en ramilletes, flores grandes y acampanadas, de pétalo blanco y estambre amarillo, de olor intenso, parecidas al grano de maíz tostado. (Boraginaceae; *Bourreria huanita*).
 ♦ **huanita; jazmín del Istmo; munisté; vanita.**

esquite. (Del nahua *izquitl*, grano de maíz tostado).
 I. 1. m. *Mx, Ni*. Maíz tostado y quebrado antes de ser molido en polvo para **pinol**.
 II. 1. m. *Mx, Ni*. Especie de ensalada hecha con **elotes** tiernos, hojas de **epazote**, limón, **chile** y sal. (**ezquite**).

esquitera.
 I. 1. f. *Mx*. Ruido de disparos. pop ^ fest.

esquitillo.
 I. 1. m. *Pa*. Árbol de hasta 10 m de altura, de tronco ramificado a partir de la base, corteza exterior amarilla, hojas trifolioladas y alternas, flores blancas y frutos ovoides, los cuales son amarillos o rojos cuando están maduros. (Sapindaceae; *Allophylus psilospermus*).

esquivar.
 □
 a. ‖ **~ el bulto.** loc. verb. *RD, Co, Bo, Ar, Ur*. Eludir un problema, un riesgo o un compromiso. pop + cult → espon. (**esquivarle el bulto**).
 b. ‖ **~le el bulto.** loc. verb. *Ar, Ur*. **esquivar el bulto**. pop.

esrabadillar(se).
 I. 1. *PR*. **desrabadillar**, golpear.
 2. *PR*. **desrabadillarse**.

esrengado, -a.
 I. 1. adj. *Ve*. Referido a persona, que tiene las piernas en forma de arco. pop.

esriñonado, -a.
  I. 1. adj. *PR. Referido a persona*, que sufre una dolencia renal. pop + cult → espon. (**erriñonado**).

esriñonar(se).
  I. 1. tr. *PR.* Desriñonar, derrengar. pop + cult → espon.
    2. intr. prnl. *PR.* Desriñonarse, derrengarse. pop + cult → espon.

estabado, -a.
  I. 1. adj. *ES. Referido a persona*, enfadada.

estabilizado.
  I. 1. m. *Ch.* Estabilización y nivelación de algo, *especialmente de una vía de circulación*.

estabilizar.
  I. 1. tr. *Ch.* Nivelar una superficie, *especialmente una vía de circulación*, para eliminar baches e irregularidades.

establecimiento.
  I. 1. m. *Bo.* Terreno de gran extensión, dedicado a tareas agrícolas y ganaderas.

  ■
    a. ‖ ~ **de beneficencia.** m. *Mx.* Hospital, hospicio o asilo.
    b. ‖ ~ **fiscal.** m. *Bo, Ch.* Centro estatal donde se imparte enseñanza elemental, primaria y secundaria. prest; cult → esm.

establo.
  I. 1. m. *Mx.* Gimnasio de entrenamiento para boxeadores.

estaca.
  I. 1. f. *Bo, Ch, Ar:NO.* Pertenencia de una mina que se concede a los peticionarios mediante ciertos trámites.
  II. 1. f. *Ch.* Apófisis ósea en forma de cornezuelo que tienen en el tarso varias aves gallináceas.
  III. 1. f. *ES; PR*, metáf, tabú, pop + cult → espon. Pene. vulg.
  IV. 1. f. *PR.* obsol. Palo lateral de una carreta de bueyes. rur. ♦ **espeque; virote.**
  V. 1. f. *CR.* Acceso doloroso en el vientre que experimenta una persona *como consecuencia de un esfuerzo físico prolongado o de un trastorno digestivo*. pop.

  ■
    a. ‖ **cercado de ~.** m. *PR.* Marca o límite de una **guardarraya.** ♦ **cercado de espeque.**
  □
    a. ‖ **ni pura ~.** loc. adv. *Gu, ES.* Absolutamente nada.
  ▶ **cambiar de ~; labrar la ~; mudar de ~; pelarle la ~.**

estacada.
  I. 1. f. *Mx, CR, Ve; ES, Ni*, p.u. Herida causada con un objeto punzante, *en especial con una estaca o una astilla de madera*. rur.

estacado, -a.
  I. 1. adj. *PR. Referido a persona*, que se encuentra de pie con las piernas abiertas. pop + cult → espon.

estacar(se).
  I. 1. tr. *Ni, Pa, Cu, Pe, Ch, Ar, Ur; Co, Bo*, rur. Clavar con estacas *algo* para que se mantenga estirado.
    2. *Ho, Bo, Ar.* Sujetar con estacas la piel de un animal para su secado.
  II. 1. tr. prnl. *Ho, Ni, CR, Co.* Herirse con un objeto punzante, *en especial con una estaca o una astilla de madera*.
  III. 1. intr. prnl. *Ni.* Meterse en un lío o un problema.
    2. *Ni.* Equivocarse en un negocio.
  IV. 1. intr. prnl. *PR.* Ponerse de pie con las piernas abiertas. pop + cult → espon.

  □
    a. ‖ ~ **con la vara.** loc. verb. *ES.* Tener *alguien* diarrea.
    b. ‖ ~ **el cuero.** loc. verb. *Mx, Gu, Ho.* Morirse *alguien*. pop + cult → espon ^ fest.

estación.
  I. 1. m. *Ho.* Delegación de policía en una zona o barrio de una ciudad.

  ■
    a. ‖ ~ **de bandera.** f. *ES.* p.u. Apeadero ferroviario sin los accesorios de una estación.
    b. ‖ ~ **de limpieza.** f. *PR.* Lugar destinado a la limpieza de los gallos de pelea.
    c. ‖ ~ **de policía.** f. *Cu, RD, Co, Ve. Ec.* Oficina de policía.
    d. ‖ ~ **radial.** f. *Ni, RD, Co, Ec, Pe, Bo, Ch.* Emisora de radio.
  □
    a. ‖ **de media ~.** loc. adj. *Py, Ar, Ur. Referido a una prenda de vestir*, apropiada para las épocas del año intermedias entre las de frío y calor rigurosos.

estacionador, -ra.
  I. 1. m. y f. *Ni, Ch.* Persona encargada de vigilar los coches en un estacionamiento o de aparcarlos.

estacionamiento.
  I. 1. m. *Ar, Ur.* Conservación durante un tiempo de un producto, *especialmente vino o madera*, para que alcance el estado adecuado para su uso o consumo.

estacionar.
  I. 1. tr. *Ar, Ur.* Guardar durante un tiempo un producto, *especialmente vino o madera*, para que alcance el estado adecuado para su uso o consumo.

estacionómetro.
  I. 1. m. *Pa.* Máquina destinada a regular mediante pago el tiempo de estacionamiento de los vehículos.

estaconar.
  I. 1. tr. *ES, Ni.* Poner o clavar estacas.

estaconeado.
  I. 1. m. *Ho.* Conjunto de estacas.
    2. *Ho. En una cerca*, par de troncos clavados en el suelo con un pequeño espacio en medio por donde puede pasar una persona, pero no el ganado.

estada.
  I. 1. f. *Pa, Co:N, Ec, Pe, Ch, Ar, Ur.* Permanencia durante cierto tiempo en un lugar determinado.

estadero.
  I. 1. m. *Co.* Establecimiento al pie de la carretera donde se sirven comidas y bebidas a los viajeros.

estadidad.
  I. 1. f. *PR.* Condición de estado federal, *especialmente de los Estados Unidos*.

estadinense.
  I. 1. adj/sust. *RD.* Natural de los Estados Unidos de América.
    2. adj. *RD.* Relativo a este país.

estadista.
  I. 1. adj/sust. *PR.* Partidario de la anexión de Puerto Rico como estado federal a los Estados Unidos. (**estadoísta**).
    2. sust/adj. *PR.* Miembro del partido estadista. (**estadoísta**).

estado.
  I. 1. m. *EU, Mx, Ve.* Cada una de las divisiones político-administrativas del territorio nacional.

  ■
    a. ‖ ~ **de apronte.** m. *Bo.* Situación conflictiva en la que algún sector de la población se prepara para resistir o para enfrentarse a alguien. pop + cult → espon.
    b. ‖ ~ **de emergencia.** m. *RD, Ec, Bo.* Situación conflictiva en la que algún sector de la población se prepara para resistir o para enfrentarse, generalmente al gobierno o a las medidas tomadas por este. pop + cult → espon.
    c. ‖ ~ **del arte.** (Calco del ingl. *state of the art*.) m. *EU.* Lo más moderno, avanzado y actual hasta la fecha.

□

a. ‖ **en ~ inconveniente.** loc. adj. *Mx, Bo. Referido a persona*, borracha. pop + cult → espon.

▶ **tomar el ~.**

estadoísta.
I. 1. *PR.* **estadista**, partidario de la anexión.
2. *PR.* **estadista**, miembro del partido estadista.

estadual.
I. 1. adj. *PR.* Estatal, relativo a un estado integrante de una confederación.

estafa.
I. 1. f. *PR. En el* **beisbol**, acción en la que el corredor llega a la **base** siguiente por haberle tomado el tiempo al **lanzador** o al **receptor**.

estafador.
I. 1. m. *Ni, PR, Ve. En el* **beisbol**, jugador que, desde la **base** a la que había llegado, alcanza la siguiente por su velocidad y su habilidad para tomarle el tiempo al *pitcher*.

estafar.
I. 1. tr. *Ni, PR, Ve. En el* **beisbol**, robar una **base** al jugador.

estafeta.
I. 1. m. *Bo. En la milicia*, soldado que cumple la función de ayudante en las diferentes reparticiones de una unidad militar.

estafiate. (Del nahua *iztauhyatl*, ajenjo).
I. 1. m. *Mx.* Planta herbácea de 1 hasta m de altura, tallo estriado y piloso, ramificado, hojas alternas de olor aromático y sabor intenso, flores amarillas en racimo y fruto pequeño de color oscuro; en la medicina tradicional se emplea para estimular el apetito. (Asteraceae; *Artemisia mexicana*). (**istafiate**).
II. 1. m. *ES.* Ano. carc; vulg.

estalaje.
I. 1. m. *Cu.* Aspecto desmejorado de una persona.

estalian. (Del ingl. *stallion*).
I. 1. m. *EU.* Caballo semental.

estallado, -a.
I. 1. adj. *Ni, CR. Referido a una cámara inflable*, pinchada. pop.

estallar(se).
I. 1. tr. *Gu.* Fastidiar y molestar mucho. pop + cult → espon.
II. 1. intr. prnl. *CR.* Pincharse *algo* que tiene una cámara inflable, como una rueda de vehículo o un globo. pop.

□

a. ‖ **~ la vaina.** loc. verb. *Ni.* Surgir un problema.

estalón.
I. 1. m. *Ho.* p.u. Estolón, vástago rastrero que nace de la base del tallo.

estampa.
I. 1. *Mx, Ho.* **estampita**.

estampar.

□

a. ‖ **~ la millonaria.** *Bo, Ch.* **estampar la poderosa**.
b. ‖ **~ la poderosa.** loc. verb. *Mx.* Firmar. pop + cult → espon ^ fest. ♦ **estampar la millonaria**.

estampería.
I. 1. f. *Ec, Ch.* Fábrica o taller textil en el que se hacen estampados.
2. *Ec, Ch.* Arte de realizar estampados en prendas de vestir o ropa.

estampilla.
I. 1. f. *Mx, Gu, Ho, ES, Ni, CR, Pa, Cu, Co, Ve, Ec, Pe, Ch, Py, Ar, Ur; Bo*, pop + cult → espon. Sello de correos o fiscal.

2. sust/adj. *Ec, Pe.* metáf. *En el* **futbol**, marcaje severo sobre un jugador rival. pop.
3. m-f. *CR, Ch.* metáf. *En el* **futbol** *y otros deportes*, jugador que marca a otro sin dejarle maniobrar ni tocar casi la pelota. pop.
4. f. *Ho, ES.* metáf. Persona que no se separa de otra.

□

a. ‖ **como ~.** loc. adv. *Ni, Ve, Ch.* De manera aplastada o lisa. pop + cult → espon.
b. ‖ **de ~.** loc. adv. *CR. En relación con el marcaje aplicado un rival*, muy de cerca y sin darle posibilidades de realizar su juego.

▶ **quedar como ~ en el pavimento.**

estampillado.
I. 1. m. *Ar, Ur.* Impuesto que se paga en **estampillas** fiscales para que ciertos productos puedan circular en el mercado o para acreditar la validez de algunos documentos.

estampillaje.
I. 1. m. *Ch.* Colocación de una **estampilla** a un sobre, una postal o un documento.

estampillar.
I. 1. tr. *Mx, Ec, Bo, Ch, Py, Ar, Ur.* Poner, pegar o estampar **estampillas** en un sobre o en un documento.
2. *Ar.* Colocar en un artículo de comercio una **estampilla** fiscal.

estampita.
I. 1. f. *Mx, Ni, RD, Bo.* Lámina de papel o tarjeta con figuras en colores, *especialmente de pequeño tamaño*, para jugar o coleccionar en un álbum. (**estampa**).

estampón.
I. 1. m. *Ho.* Zancadilla. ♦ **estampuda**.

estampuda.
I. 1. f. *Ho.* **estampón**.

estanbay. (Del ingl. *stand by*).
I. 1. adv. *Ho, ES, CR, Bo, Py.* En situación de espera.

estancia.
I. 1. f. *EU, Ni, Pa, PR, Ve, Ec, Pe, Bo, Ch, Py, Ar, Ur.* Finca agrícola o ganadera de gran extensión.
2. *Cu, RD; Ve*, obsol. Casa de campo situada cerca de una ciudad.
3. *Bo.* Terreno, *generalmente de gran extensión*, cercado con alambre, donde pasta el ganado vacuno. pop.
II. 1. f. *Bo.* Aldea en la altiplanicie andina, con viviendas rústicas y población estable. pop.
III. 1. f. *Ur.* **casco de estancia**.

estanciera.
I. 1. f. *Ar, Ur.* Vehículo todoterreno.

estanciero, -a.
I. 1. m. y f. *Co, Ec, Ch, Ar, Ur; Bo*, rur. Dueño de una **estancia**, finca agrícola o ganadera.
2. adj. *Bo, Ar, Ur.* Relativo a la **estancia**, finca agrícola y ganadera.
3. m. y f. *Ec, Ch; Bo*, rur. Persona que trabaja en una **estancia**, finca agrícola o ganadera.

estanco.
I. 1. m. *Co; Ec*, obsol. Tienda donde se venden bebidas alcohólicas del monopolio del Estado.
2. *Gu, Ho, ES, Ni.* Tienda donde se vende aguardiente.
3. *Ho, ES, Ni.* Cantina en la que se toman bebidas alcohólicas, *en especial aguardiente*.

estándar.
I. 1. adj/sust. *Mx. Referido a automóvil*, con cambio de marchas manual.

□

a. ‖ **doble ~.** loc. sust. *Ch.* Medida o valoración diversa y contradictoria de interpretar o actuar ante una misma cosa. pop + cult → espon.

estandarte.
I. 1. m. *Ho.* Senos pronunciados de una mujer. fest.
□
  a. ‖ al ~. loc. adj/adv. *Ch:S.* Referido a un animal, especialmente un cordero, asado en un armazón de madera o mata.
  ▶ ponerse como ~.

estandartero, -a.
I. 1. m. y f. *Pe.* Persona que porta un estandarte en procesiones de tipo religioso o festivo. pop.

estanque.
I. 1. m. *Ch.* Depósito de combustible de un vehículo y, por extensión, cualquier depósito. pop.

estanquero, -a.
I. 1. sust/adj. *Gu, Ho, Ni.* Persona que atiende a los clientes en una cantina o **estanco**.

estanquillero, -a.
I. 1. m. y f. *Mx.* Persona que regenta un **estanquillo**, tienda pequeña.

estanquillo.
I. 1. m. *Mx.* Tienda pequeña de artículos variados.
2. *Cu.* Quiosco de periódicos.
II. 1. m. *Gu; Ec,* obsol. Bar, lugar donde se venden bebidas alcohólicas.

estante.
I. 1. m. *PR.* Viga de una casa de madera. rur.
■
  a. ‖ ~ librero. m. *Bo, Ch.* Mueble en el que se colocan o guardan libros.

estantería.
I. 1. f. *PR.* Conjunto de tablas de madera o material para construir una casa.
  ▶ caerse la ~.

estantillo.
I. 1. m. *Mx.* Estaca de madera clavada en el suelo. rur.

estañero, -a.
I. 1. sust/adj. *Ar.* obsol. Persona que frecuenta lugares donde se despachan bebidas.

estañífero, -a.
I. 1. adj. *Bo.* Relativo al estaño.

estaño.
I. 1. m. *Ar, Ur.* obsol. Barra o mostrador de un bar u otro establecimiento similar.
II. 1. m. *Ar.* Experiencia, práctica. pop.

estañón.
I. 1. m. *CR.* Barril, *especialmente el de metal.*
II. 1. m. *CR.* metáf. Persona muy gorda. pop ^ desp.
□
  a. ‖ ~ sin fondo. m. *CR.* Persona que come mucho o sin medida. pop ^ fest.

estapelia.
I. 1. f. *Cu.* Planta ornamental de hojas carnosas y flores pilosas de cinco pétalos, de color amarillento con manchas oscuras; su olor es desagradable. (Apocynaceae; *Stapelia variegata*).

estaqueada.
I. 1. f. *Ch, Ar.* Estiramiento del cuero fresco de los animales fijando sus extremos a estacas clavadas en el suelo. rur.
II. 1. f. *PR.* Palizada hecha con estacas grandes y fuertes en una playa para evitar que entren peces peligrosos.

estaqueadero.
I. 1. m. *Bo:S; Py, Ar, Ur,* rur. Lugar donde se **estaquean** cueros.

estaqueado.
I. 1. m. *Bo, Ar; Ch,* rur. Estiramiento del cuero fresco de los animales fijando sus extremos a estacas clavadas en el suelo.

2. *PR, Pe.* Colocación de estacas en el suelo para cercar un terreno.
3. *PR.* Conjunto de tablones clavados.

estaqueador.
I. 1. m. *Py, Ar.* Peón encargado de **estaquear** cueros. rur.

estaquear.
I. 1. tr. *ES, Pa, Bo, Ch; Ar, Ur,* rur. **estacar**, clavar *algo* al suelo con estacas, *generalmente cueros puestos a secar*.
II. 1. tr. *Bo; CR, Pe,* rur. Vallar con estacas una planta o un huerto.

estaqueo.
I. 1. m. *Bo; Ch, Ar,* rur. Estiramiento del cuero fresco de los animales fijando sus extremos a estacas clavadas en el suelo.
2. *Ni, Bo.* Colocación de estacas en el suelo para cercar un terreno.

estaquero.
I. 1. m. *Ni.* Hombre encargado de hacer estacas y clavarlas en el suelo. rur.
2. *Ni.* Conjunto de estacas.

estaquilla.
I. 1. sust/adj. *Bo.* Arroz de grano alargado.

estaquillar.
I. 1. tr. *Cu.* Deslindar un terreno con estacas.
II. 1. tr. *Bo:O,C.* Golpear duramente a *alguien.* pop.

estar.
I. 1. m. *Ve.* Sala de estar de una casa.
II. 1. intr. *Cu.* Encontrarse *alguien* en una situación difícil.
●
  a. ‖ ¿cómo está la cosa? fórm. *Ve:C.* Se usa para saludar.
  b. ‖ está que. fórm. *Co.* Se usa para introducir una acción que se realiza de forma muy intensa.
  c. ‖ ~ frito y sin manteca. fórm. *Mx.* Se usa para indicar que una persona se halla en una situación difícil sin ninguna ventaja o beneficio a su favor. pop + cult → espon.
  d. ‖ nos estamos viendo. fórm. *Mx.* Se usa para despedirse.
  e. ‖ ¿para qué estamos con cuentos? fórm. *Ch.* Se usa para reforzar como real y verdadero lo que se acaba de decir. pop + cult → espon.
  f. ‖ ¡que esté bien! fórm. *Co.* Se usa para despedirse.
  g. ‖ ya estás. fórm. *Mx.* Se usa para afirmar o expresar acuerdo.
  h. ‖ ya estuvo que. fórm. *Mx.* Se usa para indicar probabilidad grande de conseguir algo.
  i. ‖ ¡ya estuvo suave! fórm. *Mx.* Se usa para indicar deseo de poner término a una acción o discurso.
□
  a. ‖ ~ a bomba. loc. verb. *Ho, Ni.* Estar cansado o harto de algo o de alguien. pop + cult → espon.
  b. ‖ ~ a chorros. loc. verb. *Ni.* Sudar mucho *alguien.*
  c. ‖ ~ a cuadritos. loc. verb. *Ho.* Verse *alguien* en apuros, tener algo mucha dificultad.
  d. ‖ ~ a dos dobles y un repique. loc. verb. *Bo.* Estar en mala situación económica. ♦ estar a las cachuchas.
  e. ‖ ~ a la ley.
    i. loc. verb. *PR.* Faltar poco tiempo para algo.
    ii. *PR.* Encontrarse *alguien* a punto de alcanzar algo.
  f. ‖ ~ a la ley de Bayona. loc. verb. *Ve.* No someterse a ninguna disciplina ni control.
  g. ‖ ~ a la pepena. loc. verb. *Gu.* Encontrarse en una situación de gran pobreza o falta de recursos.
  h. ‖ ~ a las acapujadas. loc. verb. *Ar:O.* estar a las capujadas.

i. ‖ ~ **a las cachuchas.**
   i. loc. verb. *Bo.* **estar a dos dobles y un repique.** pop + cult → espon.
   ii. *Bo.* Estar decaído física o moralmente. pop + cult → espon.

j. ‖ ~ **a las capujadas.**
   i. loc. verb. *Ar:O.* Saltar *una persona* varias veces con los brazos hacia arriba para atrapar algo que ha sido lanzado por el aire. pop. (**estar a las acapujadas**).
   ii. *Ar:O.* Estar *una persona* muy atenta con el fin de evitar algo desagradable o indeseado. pop. (**estar a las acapujadas**).

k. ‖ ~ **a mano.** loc. verb. *PR.* No deberse dos personas nada mutuamente, estar en paz. pop + cult → espon.

l. ‖ ~ **a media asta.** loc. verb. *Ho, Ni.* Estar *una persona* medio borracha. pop + cult → espon.

m. ‖ ~ **a media caña.** loc. verb. *Co.* Estar ligeramente borracho.

n. ‖ ~ **a media luz.** loc. verb. *ES.* Quedarse dormido un borracho.

ñ. ‖ ~ **a medio palo.** loc. verb. *Gu.* Estar *alguien* medio borracho.

o. ‖ ~ **a medios chiles.** loc. verb. *Mx.* Estar bastante borracho.

p. ‖ ~ **a palitos.** loc. verb. *Ho.* Verse *alguien* en apuros.

q. ‖ ~ **a paños y manteles.** loc. verb. *RD.* Demostrar dos o más personas complicidad en el trato, estar en buena amistad. pop + cult → espon.

r. ‖ ~ **a partir de un confite.** loc. verb. *Pe.* Tener dos personas una relación o asociación estrecha. pop + cult → espon.

s. ‖ ~ **a pichinga.** loc. verb. *Gu, Ho.* Estar *alguien* ebrio o borracho. pop.

t. ‖ ~ **a pie.** loc. verb. *PR.* Encontrarse *alguien* sin un automóvil disponible. pop + cult → espon.

u. ‖ ~ **a punto de caramelo.** loc. verb. *PR.* Encontrarse *alguien* en el momento preciso de enfadarse. pop + cult → espon.

v. ‖ ~ **a raspa coco.** *PR.* **estar a raspacoco.**

w. ‖ ~ **a raspacoco.** loc. verb. *PR.* Tener *alguien* cortado el pelo al rape. pop + cult → espon. (**estar a raspa coco**).

x. ‖ ~ **a soga corta.** loc. verb. *RD.* Tener *alguien* un presupuesto reducido, limitado. pop + cult → espon.

y. ‖ ~ **a tiro de.** loc. verb. *Co.* Encontrarse próximo a suceder lo que el verbo que viene a continuación de la locución expresa. pop.

z. ‖ ~ **a todo dar.** loc. verb. *PR.* Ser *alguien* de lo mejor.

a¹. ‖ ~ **a tres cuartos y un repique.** loc. verb. *Ch.* Estar muy falto de dinero.

b¹. ‖ ~ **a tres menos cuartillo.** loc. verb. *Gu.* Pasar *alguien* por una situación de falta de recursos, *especialmente económicos.* pop + cult → espon.

c¹. ‖ ~ **a veintinueve iguales.** loc. verb. *Cu.* Estar en igualdad de condiciones.

d¹. ‖ ~ **abocado a carabina.** loc. verb. *Cu.* Tener mala solución.

e¹. ‖ ~ **abriendo la boca.** loc. verb. *Ni.* Fisgonear, husmear.

f¹. ‖ ~ **acabado.** loc. verb. *Mx, Gu, Ho, ES, Ni, Pa.* Estar sin dinero. pop.

g¹. ‖ ~ **acabando.**
   i. loc. verb. *RD, PR.* Estar *algo* o *alguien* de moda.
   ii. *RD, PR.* Tener *algo* mucha demanda.
   iii. *Cu.* Hacer *alguien algo* en exceso.
   iv. *Pa, RD.* juv. Ser popular *una persona* con el sexo opuesto por su atractivo físico.

v. *PR.* juv. Causar *alguien* sensación, ganar fama. pop + cult → espon.

h¹. ‖ ~ **aceitado.** loc. verb. *RD.* Mostrarse *alguien* dócil, no poner impedimentos para hacer algo que se le ordena. pop + cult → espon.

i¹. ‖ ~ **adelantada.** loc. verb. *Ur.* Estar embarazada de varios meses una mujer. pop.

j¹. ‖ ~ **agüita de coco.** loc. verb. *Ni.* Desanimarse *alguien.*

k¹. ‖ ~ **aguja.**
   i. loc. verb. *Pe.* No tener dinero.
   ii. *Ho.* Mantenerse *alguien* alerta, atento o vigilante. pop + cult → espon.

l¹. ‖ ~ **al alpiste.** loc. verb. *Ur.* Estar *una persona* atenta o vigilante. pop.

m¹. ‖ ~ **al bate.**
   i. loc. verb. *Cu, Ve. En el beisbol,* estar el jugador desempeñando la función de bateador.
   ii. *Cu, Ve. En el beisbol,* desempeñar el equipo el papel de la ofensiva.

n¹. ‖ ~ **al borde de la piragua.**
   i. loc. verb. *Cu.* Hallarse en una pésima situación económica. pop.
   ii. *Cu.* Encontrarse en peligro.

ñ¹. ‖ ~ **al gotear.** loc. verb. *RD.* Estar *alguien* o *algo* a punto de caerse o perder el equilibrio y dar en el suelo. pop + cult → espon.

o¹. ‖ ~ **al pedo.**
   i. loc. verb. *Bo:C.* Ser *algo* inservible. pop.
   ii. *Bo:O.* Estar *alguien* completamente borracho. vulg; pop.

p¹. ‖ ~ **alaste.** loc. verb. *Ni.* Tener miedo.

q¹. ‖ ~ **alcanzado.** loc. verb. *Ni.* Tener mucho trabajo.

r¹. ‖ ~ **alumbrado.** loc. verb. *RD.* Estar *alguien* borracho.

s¹. ‖ ~ **alzao de un lao.** loc. verb. *RD.* Sentirse *alguien* molesto porque otra persona lo incomoda continuamente.

t¹. ‖ ~ **amagando la perra.** loc. verb. *Ni.* Tener miedo.

u¹. ‖ ~ **amarrado.** loc. verb. *Gu.* Estar *alguien* casado o viviendo en matrimonio.

v¹. ‖ ~ **anidado.** loc. verb. *PR.* Vivir *alguien* permanentemente con una pareja. pop + cult → espon.

w¹. ‖ ~ **apenas.**
   i. loc. verb. *Pe; Bo,* pop + cult → espon. Estar *una cosa* vieja o muy usada.
   ii. *Pe; Bo.* pop + cult → espon. Estar *una persona* decaída física o moralmente.

x¹. ‖ ~ **arrancado.** loc. verb. *Pa.* Estar borracho. pop.

y¹. ‖ ~ **arriba de la bola.** loc. verb. *Cu.* Ocuparse de un asunto hasta que se resuelve.

z¹. ‖ ~ **arriba de los palos.** loc. verb. *Ni.* Tener *alguien* trastornos mentales.

a². ‖ ~ **atacado.** loc. verb. *PR.* Sentirse *alguien* acometido de algún dolor o enfermedad. pop + cult → espon.

b². ‖ ~ **atrapillado.** loc. verb. *PR.* Quedar *alguien* al descubierto, sorprendido en un delito o engaño. pop + cult → espon.

c². ‖ ~ **avispa.** loc. verb. *Ho.* Estar muy atento o vigilar *algo* o a *alguien.* pop + cult → espon. ♦ **estar avión.**

d². ‖ ~ **avión.** *Ho.* **estar avispa.** pop.

e². ‖ ~ **azul.** loc. verb. *Ni.* juv. Vestir a la moda.

f². ‖ ~ **baboso.** loc. verb. *Pa, Cu.* Estar tonto.

g². ‖ ~ **bajo la peña.** loc. verb. *RD.* Estar empeñado.

h². ‖ ~ **bien con Dios y con el diablo.** loc. verb. *Ch, Ar, Ur.* Adherirse a un tiempo a dos posturas contrarias sin comprometerse en firme con ninguna de ellas. pop + cult → espon.

i². ‖ ~ **bien conectado.** loc. verb. *Gu.* Tener *alguien* amistades influyentes.

j². ‖ ~ **bien echado.** loc. verb. *PR.* Tener *alguien* un cargo o destino bien retribuido.

k². ‖ ~ **bien embalado.** loc. verb. *PR.* Estar muy enviciado con el consumo de drogas.

l². ‖ ~ **bien encalichado.** loc. verb. *Ni.* Emborracharse *alguien.*

m². ‖ ~ **bien high.** loc. verb. *PR.* Encontrarse *alguien* bajo los efectos de la droga. drog.

n². ‖ ~ **bien palanca.** loc. verb. *Mx.* Tener *alguien* amistades influyentes. pop + cult → espon.

ñ². ‖ ~ **bien parado.**
  i. loc. verb. *Mx, Ho, Co.* Tener *alguien* buen nombre o fama en una entidad. pop.
  ii. *Mx, Co.* Gozar del respaldo y la ayuda de alguien con poder e influencia. pop.
  iii. *Mx, Bo.* Tener *alguien* una buena posición económica o un buen trabajo.
  iv. *Pe.* Gozar de buena salud *una persona* entrada en años. pop.

o². ‖ ~ **bien pegado.**
  i. loc. verb. *Ni.* Enfermarse *alguien.*
  ii. *Ni.* Enamorarse *alguien.*

p². ‖ ~ **bien remangado.** loc. verb. *Ni.* Encontrarse *alguien* en dificultad.

q². ‖ ~ **blanco.** loc. verb. *Cu. En el juego del dominó,* quedar con un grupo de fichas que totalizan un número de puntos pequeño.

r². ‖ ~ **bomba.** loc. verb. *RD.* Estar muy bueno algo, ser insuperable.

s². ‖ ~ **bonchando.** loc. verb. *Cu.* Estar bromeando.

t². ‖ ~ **botando humo.** loc. verb. *PR.* Encontrarse *alguien* a punto de ser apresado. polic.

u². ‖ ~ **bruja.** loc. verb. *Mx, Gu, PR.* Estar *alguien* sin dinero. pop.

v². ‖ ~ **brujo.** loc. verb. *RD.* Sospechar *algo,* estar esquivo, tener la mosca tras la oreja.

w². ‖ ~ **bruta.** loc. verb. *Cu.* Estar una mujer de buenas carnes.

x². ‖ ~ **buchón.** loc. verb. *Ve.* Estar en buena situación económica.

y². ‖ ~ **buenastardes.** loc. verb. *Ve.* Tener atractivo físico *una persona.* fest.

z². ‖ ~ **burao.** loc. verb. *Cu.* Estar lleno. rur.

a³. ‖ ~ **buzo.** loc. verb. *Mx, Gu, Ho:N, ES, Ni.* Buscar *algo* con vehemencia, estar vigilante.

b³. ‖ ~ **cabal.**
  i. loc. verb. *Gu, Ho.* Morir, fallecer *alguien.* fest.
  ii. *Ho.* Carecer de dinero.

c³. ‖ ~ **caballero.** loc. verb. *RD.* Ser un producto muy caro.

d³. ‖ ~ **cabezón.** loc. verb. *Co, Ve, Pe.* Estar preocupado por algo o completamente entregado a la realización de una cosa.

e³. ‖ ~ **cabra.** loc. verb. *Ho.* juv. Estar muy atento o vigilante a algo o a alguien.

f³. ‖ ~ **caché.**
  i. loc. verb. *Bo.* Ser muy atractiva *una persona,* sobre todo físicamente.
  ii. *Bo.* Estar *algo* muy bien hecho.

g³. ‖ ~ **cachimbeado.** loc. verb. *Ho.* Ser *algo* muy difícil de realizar o solucionar.

h³. ‖ ~ **cagado.**
  i. loc. verb. *Pe; ES, Bo,* vulg. Encontrase *alguien* mal de salud.
  ii. *Pe; ES, Ur,* vulg. Estar en mala situación económica.
  iii. *Gu.* Carecer *alguien* de la preparación suficiente o de las cualidades necesarias para realizar cierta actividad o trabajo.

i³. ‖ ~ **cagao de la Verónica.** loc. verb. *PR.* Andar alguien de muy mala suerte. vulg; pop + cult → espon.

j³. ‖ ~ **caído.** loc. verb. *Pa.* Estar enamorado de alguien. pop + cult → espon.

k³. ‖ ~ **caído de la mata.**
  i. loc. verb. *Pa.* Estar *una persona* demasiado enamorada de alguien.
  ii. *Pa.* Ser un hombre guapo.

l³. ‖ ~ **caleto.** loc. verb. *Co.* Tener dinero.

m³. ‖ ~ **camagua.** loc. verb. *Ho, Ni.* Empezar a madurar el grano de maíz. rur.

n³. ‖ ~ **caminando.** loc. verb. *Gu, Ho, ES, Ni, Pa.* Funcionar algún aparato.

ñ³. ‖ ~ **camote.** loc. verb. *CR.* Estar *alguien* obsesionado con otra persona. pop ^ fest.

o³. ‖ ~ **canalla.** loc. verb. *Ho, Ni.* juv. Ser *algo* muy difícil de realizar o solucionar.

p³. ‖ ~ **candela.**
  i. loc. verb. *Ve.* Ser *una persona* fuerte o agresiva. pop.
  ii. *Ve.* Ser un parlamento, un discurso o un artículo muy críticos y mordaces.
  iii. *ES, Pa.* Ser *algo* muy bueno.
  iv. *ES.* Tener influencia o estar bien considerado. pop.
  v. *ES.* Estar ilusionado por algo.
  vi. *Ho.* Tener *una persona* el cuerpo recto. pop.

q³. ‖ ~ **cañón.**
  i. loc. verb. *Mx.* Resultar *algo* difícil, complicado de solucionar o cumplir. pop.
  ii. *Mx.* Constituir *algo* una contrariedad, adversidad o desgracia que produce molestia o perjuicio. pop.
  iii. *PR.* juv. Ser *algo* muy difícil de hacer o lograr.

r³. ‖ ~ **cañuela.** loc. verb. *RD.* Tener mala suerte en el juego.

s³. ‖ ~ **carretón.** loc. verb. *Pe.* Estar excitado sexualmente un animal o una persona. pop.

t³. ‖ ~ **casándose las brujas.** loc. verb. *PR.* Llover y hacer sol simultáneamente. pop + cult → espon.

u³. ‖ ~ **casual.**
  i. loc. verb. *RD.* Correr un grave peligro.
  ii. *RD.* Sufrir tisis.

v³. ‖ ~ **cayéndose.** loc. verb. *CR.* Existir para un asunto o negocio condiciones propicias de realización. pop.

w³. ‖ ~ **chau.** loc. verb. *Bo.* Encontrarse *alguien* en una situación difícil. pop + cult → espon ^ fest.

x³. ‖ ~ **chayote.** loc. verb. *Pa.* Ser *algo* muy bueno, excelente.

y³. ‖ ~ **chele.**
  i. loc. verb. *ES, Ni.* Arruinarse *alguien,* carecer de dinero.
  ii. *ES.* Quedar de acuerdo en algo.
  iii. *ES.* Ser fácil *algo.*
  iv. *ES.* Ser *alguien* responsable en los tratos o negocios.
  v. *Ni.* Morir *alguien.*
  vi. *Ni.* Comprender claramente *algo.*

z³. ‖ ~ **chévere.** loc. verb. *PR.* juv. Aceptar con gusto, estar bien.

a⁴. ‖ ~ **chicho.** loc. verb. *Mx.* Resultar divertido, animado. pop.

b⁴. ‖ ~ **chino.** loc. verb. *Gu, Ho.* Hartarse o cansarse *alguien* de soportar a otra persona o algo. pop + cult → espon.

c⁴. ‖ ~ **chipe.**
  i. loc. verb. *Ch.* Autorizar una actuación sin restricciones. pop + cult → espon.
  ii. *Gu.* Ponerse triste un niño o empezar a llorar mucho.

d⁴. ‖ ~ **chiva.** loc. verb. *Cu.* Estar enfadada una persona.

e⁴. ‖ ~ **chivado.** loc. verb. *Gu.* Encontrarse *alguien* en una situación penosa o problemática.

f⁴. ‖ ~ **chivas.** loc. verb. *Mx, Gu, Ho, ES.* Estar muy atento o vigilando algo o a alguien. pop + cult → espon.

g⁴. ‖ ~ **chivo.** loc. verb. *RD.* Sentir *alguien* desconfianza o tener recelo de alguien o algo.

h⁴. ‖ ~ **chocado.**
  i. loc. verb. *Pa, Co.* Estar contrariado. pop.
  ii. *Pa.* Sentirse *alguien* molesto o enfadado.

i⁴. ‖ ~ **choclo.** adj. *Ch.* Referido a persona o cosa, lista, preparada. pop + cult → espon.

j⁴. ‖ ~ **chorreado.** loc. verb. *Ve.* Estar *alguien* muy acobardado.

k⁴. ‖ ~ **choyado.** loc. verb. *Ho.* Estar *alguien* sin dinero.

l⁴. ‖ ~ **chucema.**
  i. loc. verb. *Gu.* Estar *alguien* loco, haber perdido el juicio.
  ii. *Gu.* Decir o hacer *alguien* cosas disparatadas.

m⁴. ‖ ~ **chuzo.** loc. verb. *ES.* Tener el vehículo preparado para salir rápidamente.

n⁴. ‖ ~ **cincho.**
  i. loc. verb. *Mx.* Tener *alguien* un buen cargo político. pop + cult → espon.
  ii. *Mx.* Tener un político un triunfo casi asegurado. pop + cult → espon.
  iii. *Mx.* Tener *alguien* una situación bajo control. pop + cult → espon.

ñ⁴. ‖ ~ **circulado.** loc. verb. *Ni.* Tener un vehículo orden de detención por la oficina de **tránsito.**

o⁴. ‖ ~ **clara.**
  i. loc. verb. *Cu, Ve.* Tener una idea inequívoca sobre un asunto.
  ii. *RD.* Vérsele a una mujer las piernas al trasluz por la escasez o ligereza de sus ropas. pop + cult → espon.

p⁴. ‖ ~ **clarín clarinete.** loc. verb. *Ni.* Carecer *alguien* de dinero.

q⁴. ‖ ~ **claro.** loc. verb. *Ch.* Tener *una persona* la seguridad de algo. pop + cult → espon.

r⁴. ‖ ~ **clavado.** loc. verb. *Gu.* Encontrarse *alguien* en una situación difícil o incómoda, *generalmente por tener mucho trabajo pendiente.* pop.

s⁴. ‖ ~ **cocol.** loc. verb. *Mx.* Encontrarse *alguien* en una situación complicada y penosa. pop.

t⁴. ‖ ~ **cogida.** loc. verb. *RD.* Estar embarazada una mujer.

u⁴. ‖ ~ **colgado.** loc. verb. *Ch.* Estar *alguien* conectado ilegalmente a una red eléctrica, telefónica o de televisión por cable. pop.

v⁴. ‖ ~ **colgado de la brocha.** loc. verb. *Mx.* Encontrarse *alguien* en una situación difícil. pop + cult → espon ^ fest.

w⁴. ‖ ~ **color de hormiga.** loc. verb. *Ho, ES, Ni.* Encontrarse *alguien* en dificultad.

x⁴. ‖ ~ **colorado.** loc. verb. *Ni.* Tener mala fama.

y⁴. ‖ ~ **comiéndose las uñas.** loc. verb. *Ni, Pe.* Carecer de lo necesario para sobrevivir, pasar hambre.

z⁴. ‖ ~ **como araña de Corpus.** loc. verb. *Gu.* Sentirse tembloroso *alguien* por algo. pop + cult → espon.

a⁵. ‖ ~ **como araña fumigada.** loc. verb. *Ni.* Agotarse, extenuarse *alguien.*

b⁵. ‖ ~ **como burro por cáscara.** loc. verb. *RD.* Tener *alguien* un intenso deseo de algo y manifestarlo de manera enfermiza. pop ^ desp.

c⁵. ‖ ~ **como carpa de circo.** loc. verb. *Ho, ES, Ni.* Tener un erecto el pene erecto. vulg.

d⁵. ‖ ~ **como cañón.** loc. verb. *RD, PR.* Estar *alguien,* saludable y fuerte. pop + cult → espon.

e⁵. ‖ ~ **como chancleta.** loc. verb. *Ho.* Estar un alimento duro y correoso. pop + cult → espon.

f⁵. ‖ ~ **como chichicúa.** loc. verb. *Gu.* Estar *alguien* muy enojado.

g⁵. ‖ ~ **como chinche.** loc. verb. *PR.* Estar saciado de comida.

h⁵. ‖ ~ **como chorizo en tienda.** loc. verb. *Gu.* Estar *una persona* muy enamorada de alguien. pop + cult → espon.

i⁵. ‖ ~ **como cucaracha con mecha.** loc. verb. *RD.* Sentirse *alguien* intranquilo y mostrarse inquieto.

j⁵. ‖ ~ **como cucaracha fumigada.** loc. verb. *Ni.* Agotarse, extenuarse *alguien.*

k⁵. ‖ ~ **como diablo dentro de calcetín.** loc. verb. *Ho.* Estar en apuros, en una situación difícil.

l⁵. ‖ ~ **como Dios pintó al perico.** loc. verb. *Ni.* Carecer de lo necesario para sobrevivir, pasar hambre.

m⁵. ‖ ~ **como el arroz.** loc. verb. *RD.* Estar *alguien o algo* en todas partes, aparecer en muchos sitios distintos.

n⁵. ‖ ~ **como el arroz blanco.**
  i. loc. verb. *Cu, Ve.* Estar en todas partes.
  ii. *PR.* No perderse *alguien* ningún evento o actividad.

ñ⁵. ‖ ~ **como el carretón de madera.** loc. verb. *Cu.* Ser muy difícil una cosa.

o⁵. ‖ ~ **como el niño de Atocha.** loc. verb. *Gu.* Adoptar *alguien* una actitud optimista ante una situación adversa o problemática.

p⁵. ‖ ~ **como el perro escaldado.** loc. verb. *PR.* Estar *alguien* a la defensiva. pop + cult → espon.

q⁵. ‖ ~ **como el primer guandul.** loc. verb. *RD.* Tener *alguien* un aspecto sano, vigoroso y juvenil.

r⁵. ‖ ~ **como gallina comprada.** *Gu, Ni.* estar como pollo comprado. pop + cult → espon.

s⁵. ‖ ~ **como goma vieja.** loc. verb. *PR.* Encolerizarse *alguien* al menor roce, estar de mal humor. pop + cult → espon.

t⁵. ‖ ~ **como jacha y machete.** loc. verb. *PR.* Dar *alguien* golpes a todos lados. pop + cult → espon.

u⁵. ‖ ~ **como la chancha de tía Lacha.** loc. verb. *Ni.* Permanecer encerrado y sin comer.

v⁵. ‖ ~ **como la cucarachita Martina.** loc. verb. *Cu.* Estar indecisa *una persona.*

w⁵. ‖ ~ **como la gran puta.** loc. verb. *Ho.* Encolerizarse *alguien.*

x⁵. ‖ ~ **como la nariz del perro.** loc. verb. *Ni.* Tener *alguien* frío. rur.

y⁵. ‖ ~ **como las tortugas.** loc. verb. *Ni.* Llorar o lamentarse mucho *alguien.* rur.

z⁵. ‖ ~ **como lora en guayabal.** loc. verb. *Ho, Ni.* Hablar dos o más personas de forma escandalosa.

a⁶. ‖ ~ **como los huevos del burro.** loc. verb. *PR.* Participar *alguien* en un asunto a punto de realizarse, pero que va para largo. vulg; pop + cult → espon.

b⁶. ‖ ~ **como maraca, sin pelo y sin peronías.** loc. verb. *PR.* Sentirse *alguien* enfermo o cansado. pop + cult → espon.

c⁶. ‖ ~ **como mono lleno de cuita.** loc. verb. *Ni.* Sentirse avergonzado *alguien* por estar sucio. rur.

d⁶. ‖ ~ **como navaja de barbero.** loc. verb. *Ni.* Disponerse *alguien* a pelear o competir.

e⁶. ‖ ~ **como oreja de perro.** loc. verb. *Ni.* Ser una cosa muy fina, de poco grosor. rur.

f⁶. ‖ ~ **como pepita en maraca.** loc. verb. *Pa.* Estar muy inquieto, moverse mucho *una persona.*

g⁶. ‖ ~ **como picado de alacrán.** loc. verb. *Ni.* Enfadarse, encolerizarse *alguien.*

h⁶. ‖ ~ **como pipián tierno.** loc. verb. *Ni.* Vivir *alguien* sus mejores años.

i⁶. ‖ ~ **como pollo comprado.** loc. verb. *Gu, Ho.* Sentirse *alguien* cohibido o avergonzado en un lugar.

♦ **estar como gallina comprada.**

j⁶. ‖ ~ **como que caga y no lo siente.** loc. verb. *RD.* Estar *alguien* sin enterarse de lo que se dice o de lo que ocurre, mostrarse pasmado. vulg; pop.

k⁶. ‖ ~ **como quiere.** loc. verb. *CR.* Ser físicamente muy atractivo.

l⁶. ‖ ~ **como rosquetita.** loc. verb. *PR.* Estar *alguien* de mal humor. pop + cult → espon.

m⁶. ‖ ~ **como sapo toreado.** loc. verb. *Ni.* Enfadarse, encolerizarse *alguien.*

n⁶. ‖ ~ **como si tuviera gato en el pecho.** loc. verb. *Ni.* Constiparse mucho *alguien.*

ñ⁶. ‖ ~ **como talón de lavandera.** loc. verb. *Ve.* Encontrarse sin dinero. pop ^ fest.

o⁶. ‖ ~ **como un carrao.** loc. verb. *RD.* Estar muy flaco y escuálido.

p⁶. ‖ ~ **como un chupo.** loc. verb. *Co.* Encontrarse *alguien* muy cansado. pop.

q⁶. ‖ ~ **como un erizo.** loc. verb. *RD.* Mostrarse *alguien* muy agresivo.

r⁶. ‖ ~ **como un espeque.** loc. verb. *PR.* Estar parado por largo tiempo en espera de algo.

s⁶. ‖ ~ **como un queso en medio de un plato de loza.** loc. verb. *Ni.* Mantenerse *alguien* callado o triste.

t⁶. ‖ ~ **como un tití.** loc. verb. *Co.* Estar furioso. pop.

u⁶. ‖ ~ **como una computadora.** loc. verb. *Cu.* Estar *una persona* muy programada.

v⁶. ‖ ~ **como una mona mal tirada.** loc. verb. *Ni.* Llorar o lamentarse mucho *alguien.*

w⁶. ‖ ~ **como vaca en guamil.** loc. verb. *Ho.* Sentirse *alguien* muy contento, feliz. rur.

x⁶. ‖ ~ **como zopilote apaleado.** loc. verb. *Ho, Ni.* Sentirse *alguien* muy triste o decaído.

y⁶. ‖ ~ **complicado.** loc. verb. *Cu.* Tener *una persona* muchas tareas o actividades.

z⁶. ‖ ~ **con asientos.** loc. verb. *Gu.* Tener diarrea.

a⁷. ‖ ~ **con cara de culo.** loc. verb. *Bo.* Estar *alguien* de mal humor. vulg; pop + cult → espon.

b⁷. ‖ ~ **con copas.** loc. verb. *Bo.* Estar *alguien* medio borracho por la bebida.

c⁷. ‖ ~ **con el credo en la boca.** loc. verb. *Ni.* Tener miedo o temor *alguien.*

d⁷. ‖ ~ **con el indio dentro.** loc. verb. *Ni.* Enfadarse, encolerizarse *alguien.*

e⁷. ‖ ~ **con el Jesús en la boca.** loc. verb. *PR.* Estar *alguien* con el alma en un hilo. pop + cult → espon.

f⁷. ‖ ~ **con el machete desenvainado.** loc. verb. *Ho, Ni.* Mantenerse *alguien* atento o vigilante para replicar.

g⁷. ‖ ~ **con el mico al hombro.** loc. verb. *Co.* Encontrarse de mal humor. pop.

h⁷. ‖ ~ **con el moco caído.** loc. verb. *Ni.* Sentirse *alguien* muy triste o decaído.

i⁷. ‖ ~ **con el ocote afuera.** loc. verb. *Ar:O.* Estar malhumorado o enojado. pop.

j⁷. ‖ ~ **con el pico caído.** loc. verb. *ES.* Sentirse deprimido.

k⁷. ‖ ~ **con el tigre adentro.** loc. verb. *Ni.* Tener *alguien* mucha hambre.

l⁷. ‖ ~ **con el zope al anca.** loc. verb. *ES.* Estar *una persona* próxima a morir. pop + cult → espon ^ fest.

m⁷. ‖ ~ **con la camisa al revés.** loc. verb. *Bo.* Estar *alguien* de mal humor.

n⁷. ‖ ~ **con la camisa levantada.** loc. verb. *Gu.* Estar *alguien* afligido o angustiado.

ñ⁷. ‖ ~ **con la cola floja.** loc. verb. *Gu.* Tener diarrea.

o⁷. ‖ ~ **con la leche en los labios.** loc. verb. *Ec.* Ser capaz *alguien* de recordar un suceso con todo detalle. pop + cult → espon.

p⁷. ‖ ~ **con la luna.**
  i. loc. verb. *Pe.* Estar un animal en celo.
  ii. *RD.* Tener una mujer la menstruación. pop.

q⁷. ‖ ~ **con la pálida.** loc. verb. *Co.* Vomitar, *especialmente por haber ingerido alcohol o drogas.*

r⁷. ‖ ~ **con la pinta puesta.** loc. verb. *Co.* **ponerse la pinta.** pop.

s⁷. ‖ ~ **con la vara de alcalde.** loc. verb. *ES, Ni.* Tener *alguien* diarrea. rur; fest. ♦ **estar con las llaves perdidas; estar con las llaves sueltas.**

t⁷. ‖ ~ **con las llantas bajas.** loc. verb. *Ni.* Sentirse *alguien* muy triste o decaído.

u⁷. ‖ ~ **con las llaves perdidas.** *Ho.* **estar con la vara del alcalde.**

v⁷. ‖ ~ **con las llaves sueltas.** *Ho.* **estar con la vara del alcalde.**

w⁷. ‖ ~ **con los alambres cambiados.** loc. verb. *Ho, ES, Ni.* Estar de mal humor, enfadado. pop + cult → espon.

x⁷. ‖ ~ **con los alambres pelados.** *Ho, ES, Ni.* **estar con los alambres cambiados.** pop + cult → espon.

y⁷. ‖ ~ **con los cables pelados.**
  i. loc. verb. *Pe, Bo, Ch, Py, Ur,* pop; *Ho, ES, Ni,* fest. **tener los cables pelados,** tener las facultades mentales alteradas.
  ii. *Ur.* **tener los cables pelados,** estar de mal humor. pop + cult → espon.

z⁷. ‖ ~ **con los cachos bien afilados.** loc. verb. *Bo.* Prepararse *una persona* para emprender una actividad. pop + cult → espon.

a⁸. ‖ ~ **con los chicotes cruzados.** loc. verb. *Pe.* Estar *alguien* mal de la cabeza. pop.

b⁸. ‖ ~ **con los dientes al sol.** loc. verb. *RD.* Reírse continuamente.

c⁸. ‖ ~ **con los muñecos.** loc. verb. *Pe.* Encontrarse *alguien* nervioso, inquieto. pop.

d⁸. ‖ ~ **con más mañas que un macho moto.** loc. verb. *Ni.* Actuar *alguien* con engaño o caprichosamente. rur.

e⁸. ‖ ~ **con roche.** loc. verb. *Pe.* Intentar ocultar algo notorio. pop.

f⁸. ‖ ~ **con su jeta.** loc. verb. *Bo.* Estar de mal humor y mostrarlo en el semblante. pop + cult → espon.

g⁸. ‖ ~ **con sus mielazos adentro.** loc. verb. *Ni.* Emborracharse *alguien.* rur.

h⁸. ‖ ~ **con todos los hierros listos.** loc. verb. *Ni.* Permanecer listo para hacer algo.

i⁸. ‖ ~ **con un agrande.** loc. verb. *Ur.* Sentirse *alguien* superior tras haber conseguido algún éxito.

j⁸. ‖ ~ **con yaya.** loc. verb. *Pe.* Estar en mal estado de salud. pop.

k⁸. ‖ ~ **cóndor.** loc. verb. *Bo:C,O.* Estar *alguien* borracho.

l⁸. ‖ ~ **contando el cuento.** loc. verb. *Ho.* Vivir *alguien* que corrió un grave riesgo. pop + cult → espon.

m⁸. ‖ ~ **contando raíces.** loc. verb. *Ho.* Estar muerto *alguien.* fest.

n⁸. ‖ ~ **contra el suelo.** loc. verb. *Ve.* Estar *alguien* deprimido o abatido.

ñ⁸. ‖ ~ **corrido.** loc. verb. *Ho.* Estar acobardado.

o⁸. ‖ ~ **creciendo.** loc. verb. *Bo.* Tener hipo *alguien.* pop.

p⁸. ‖ ~ **cronch.** loc. verb. *Ni.* juv. Cansarse o agotarse de tanto estudiar. est.

q⁸. ‖ ~ **cuche.** loc. verb. *Ho.* **tener cuche.** pop + cult → espon.

r⁸. ‖ ~ **cuchilla.** loc. verb. *Co.* Estar *alguien* muy preparado para realizar una actividad, *generalmente un examen.* pop + cult → espon.

s⁸. ‖ ~ **cuchillo.** loc. verb. *Pa.* Estar *alguien* preparado, *generalmente para un examen académico.*

t⁸. ‖ ~ **dando la hora.** loc. verb. *ES.* Quedarse dormido un borracho.

u⁸. ‖ ~ **dao.** loc. verb. *RD.* Encontrarse *una persona* en mal estado físico o anímico a consecuencia de un daño recibido.

v⁸. ‖ ~ **de a bojote.** loc. verb. *RD.* Tener mucho dinero. pop.

w⁸. ‖ ~ **de a tres por locha.** loc. verb. *Ve.* Haber en demasía. desp.

x⁸. ‖ ~ **de a verga.** loc. verb. *Ho.* Sentirse muy bien *una persona.* vulg.

y⁸. ‖ ~ **de abalazos.** loc. verb. *RD.* Estar los novios sin hablarse ni escribirse.

z⁸. ‖ ~ **de agua.** loc. verb. *CR.* Existir condiciones atmosféricas que presagian lluvia inminente. rur.
♦ **ponerse de agua.**

a⁹. ‖ ~ **de alcalde.** loc. verb. *Ho, Ni.* Pagar la bebida o comida de todos los invitados. pop + cult → espon.

b⁹. ‖ ~ **de alquilar balcones.** loc. verb. *RD, Ve.* Ser *algo* espectacular.

c⁹. ‖ ~ **de arroz.** loc. verb. *PR. En las peleas de gallos,* estar un gallo irremisiblemente vencido por el contrincante.

d⁹. ‖ ~ **de atoque.** loc. verb. *Ve.* Estar *alguien* particularmente sensible o vulnerable.

e⁹. ‖ ~ **de bala.**
 i. loc. verb. *Cu.* Estar irritado o de mal humor. pop.
 ii. *Cu.* Ser *alguien* poco atractivo. pop.
 iii. *Cu.* Ser *algo* de mala calidad o de difícil solución. pop.
 iv. *Cu.* Estar difícil una situación, *especialmente política o económica.*

f⁹. ‖ ~ **de bola.** loc. verb. *RD.* Estar muy borracho o en la inopia.

g⁹. ‖ ~ **de brocha.** loc. verb. *Ho.* Ponerse en medio *una persona,* entremeterse en algo.

h⁹. ‖ ~ **de cachetes embarrados.**
 i. loc. verb. *Ho, ES, Ni.* Quererse o llevarse temporalmente muy bien dos personas. pop + cult → espon.
 ii. *ES.* Estar *alguien* muy enamorado. pop.

i⁹. ‖ ~ **de carrerita.** loc. verb. *RD.* Estar bajo los efectos de un purgante o con diarrea.

j⁹. ‖ ~ **de carreritas.** loc. verb. *PR.* Tener diarrea.

k⁹. ‖ ~ **de carro.** loc. verb. *PR.* No servir *alguien* para nada, estar en decadencia. pop + cult → espon.

l⁹. ‖ ~ **de coco.** loc. verb. *Ch.* Ser una situación propicia o inmejorable para algo. pop.

m⁹. ‖ ~ **de coger un rosario y ponerse a rezar.** loc. verb. *RD.* Mostrar una persona mayor un comportamiento que se considera impropio de su edad. pop + cult → espon ^ desp.

n⁹. ‖ ~ **de compadres hablados.** loc. verb. *Ho.* Ponerse dos o más personas de acuerdo en algo o encubrir alguna acción, *por lo general ilícita.* pop + cult → espon.

ñ⁹. ‖ ~ **de correr y parar.** loc. verb. *Gu, Ni.* Haber superado *alguien* una enfermedad.

o⁹. ‖ ~ **de culín, culón.** loc. verb. *Cu.* Estar difícil una situación.

p⁹. ‖ ~ **de échame agua que me quemo.** loc. verb. *Ni.* Carecer de dinero. fest.

q⁹. ‖ ~ **de encargo.** loc. verb. *Mx, RD.* Estar embarazada una mujer.

r⁹. ‖ ~ **de franco.** loc. verb. *Pe, Bo.* Tener un militar autorización para salir a la calle.

s⁹. ‖ ~ **de gancho y rancho.** loc. verb. *Ni.* Sentirse *alguien* a gusto y consentido.

t⁹. ‖ ~ **de joda.** loc. verb. *Py, Ar.* Vivir despreocupadamente, sin cumplir obligaciones o sin tomar en serio ningún asunto o actividad. pop. (**estar en la joda**).

u⁹. ‖ ~ **de la patada.**
 i. loc. verb. *Gu, Ho.* Ser de mala calidad. desp.
 ii. *Gu, Pa.* Encontrarse *alguien* en una situación penosa o lamentable.

v⁹. ‖ ~ **de la tostada.** loc. verb. *Mx.* Estar difícil o complicada una situación. pop.

w⁹. ‖ ~ **de leche.** loc. verb. *Gu.* Ser *alguien* afortunado.

x⁹. ‖ ~ **de mantel largo.**
 i. loc. verb. *Ec.* Tener convidados a la mesa. pop.
 ii. *Ec.* **estar de manteles largos.** pop.

y⁹. ‖ ~ **de manteles largos.**
 i. loc. verb. *Mx, Gu, ES.* Tener invitados en casa para una comida abundante o elegante.
 ii. *CR, Ec.* Estar de fiesta por una ocasión especial.
 iii. *Gu.* Cumplir años *alguien.*

z⁹. ‖ ~ **de más en el mundo.** loc. verb. *RD.* Vivir *alguien* ajeno a la realidad y mostrarse despistado.

a¹⁰. ‖ ~ **de niña hermosa.** loc. verb. *Ni.* Ser negligente o perezoso en el trabajo. sat.

b¹⁰. ‖ ~ **de pegarle a un buey.** loc. verb. *Ho.* Tener mala suerte, no servir para algo. pop + cult → espon.

c¹⁰. ‖ ~ **de pelea.** loc. verb. *Cu.* Gozar de buena salud. pop + cult → espon.

d¹⁰. ‖ ~ **de peluche.** loc. verb. *Gu.* Estar ocioso *alguien.*

e¹⁰. ‖ ~ **de pico y culo.** loc. verb. *Ni.* Tener miedo o temor.

f¹⁰. ‖ ~ **de puyón.** loc. verb. *Ho, ES.* Tener a punto una cosa o estar listo *alguien.*

g¹⁰. ‖ ~ **de que le peguen la mecha.** loc. verb. *Ni.* Estar a punto de enfadarse.

h¹⁰. ‖ ~ **de quiebra.** loc. verb. *ES.* juv. Enfadarse una pareja.

i¹⁰. ‖ ~ **de recoger con cuchara.** loc. verb. *Ve.* Estar *alguien* muy desanimado.

j¹⁰. ‖ ~ **de su cuenta.** loc. verb. *RD.* Actuar *alguien* libremente, sin que nadie le censure ni controle sus acciones, *especialmente si son negativas.*

k¹⁰. ‖ ~ **de viva flor.** loc. verb. *Gu.* **estar de viva la flor.**

l¹⁰. ‖ ~ **de viva la flor.** loc. verb. *Gu.* Estar *alguien* ocioso mientras otros trabajan. ♦ **estar de viva flor.**

m¹⁰. ‖ ~ **del bocho.**
 i. loc. verb. *Ar, Ur.* juv. Estar *una persona* loca o perturbada.
 ii. *Ar.* juv. Reaccionar o comportarse *una persona* de una manera extraña o inesperada.

n¹⁰. ‖ ~ **del cuello.** loc. verb. *Ho.* Tener *alguien* apuros o aprieto.

ñ¹⁰. ‖ ~ **del culo.** loc. verb. *Ho.* Permanecer *alguien* nervioso. vulg.

o¹⁰. ‖ ~ **del otro lado.** loc. verb. *RD.* Recuperarse *alguien* de una enfermedad.

p¹⁰. ‖ ~ **del pelo.** loc. verb. *Ho.* Estar *alguien* en aprietos o nervioso. pop.

q¹⁰. ‖ ~ **del queso.**
 i. loc. verb. *Mx.* Encontrarse *alguien* en una situación penosa o lamentable. pop.
 ii. *Mx.* Ser *algo* de mala calidad. pop.

r¹⁰. ‖ ~ **derecho.** loc. verb. *Gu.* Tener buena suerte.

s¹⁰. ‖ ~ **dura la calle.** loc. verb. *Cu.* Estar muy difícil una situación. pop.

t¹⁰. ‖ ~ **duro.** loc. verb. *Mx.* Ser *algo* muy improbable o muy difícil.

u¹⁰. ‖ ~ **duro el mambo.** *Cu.* **estar dura la calle.** pop.

v¹⁰. ‖ ~ **echado para atrás.** loc. verb. *PR.* Ser *alguien* arrogante.

w¹⁰. ‖ ~ **el condumio de picadillo y yuca.** loc. verb. *Cu.* Estar en mala situación.

x^{10}. ‖ ~ **embarrado.** loc. verb. *PR.* Estar *alguien* lleno de miedo.

y^{10}. ‖ ~ **embollado.** loc. verb. *PR.* Estar *alguien* despistado.

z^{10}. ‖ ~ **empatados.** loc. verb. *PR.* Ser novios una pareja. pop + cult → espon.

a^{11}. ‖ ~ **empurrado como el sapo.** loc. verb. *Ni.* Enfadarse, encolerizarse *alguien*.

b^{11}. ‖ ~ **en alas de cucaracha.** loc. verb. *Ho, ES.* Permanecer *alguien* nervioso, inquieto o preocupado. pop + cult → espon ^ fest.

c^{11}. ‖ ~ **en algo.**
  i. loc. verb. *Pe.* Ser una persona o cosa de condición aceptable para quien habla. pop + cult → espon.
  ii. *PR.* Realizar *alguien algo* fuera de la ley. pop + cult → espon.

d^{11}. ‖ ~ **en alitas de cucaracha.** loc. verb. *Ho, ES, Ni.* Correr *alguien* un peligro grave.

e^{11}. ‖ ~ **en banda.**
  i. loc. verb. *Ar, Ur.* juv. Encontrarse *una persona* sin amigos, diversión o recursos.
  ii. *Cu.* Hallarse en una pésima situación económica. pop.

f^{11}. ‖ ~ **en blanco y trocadero.**
  i. loc. verb. *Cu.* **estar en banda.**
  ii. *Cu.* Estar en ayunas.

g^{11}. ‖ ~ **en buen pasto.** loc. verb. *PR.* Encontrarse *alguien* en una casa donde se come bien. pop + cult → espon.

h^{11}. ‖ ~ **en Canadá.** loc. verb. *Ni.* Ser prisionero.

i^{11}. ‖ ~ **en cancha.** loc. verb. *Cu.* Estar bien preparado.

j^{11}. ‖ ~ **en candela.**
  i. loc. verb. *Cu.* **estar hecho leña**, tener una mala situación económica.
  ii. *ES.* Ilusionarse por algo.

k^{11}. ‖ ~ **en capilla ardiente.** loc. verb. *Gu.* Estar *una persona* a la espera de que ocurra un acontecimiento, *generalmente la celebración de su matrimonio*.

l^{11}. ‖ ~ **en China.** loc. verb. *Cu.* Estar distraído.

m^{11}. ‖ ~ **en cien brazas de agua.** loc. verb. *Ve.* Estar en una situación muy difícil. pop + cult → espon.

n^{11}. ‖ ~ **en cola de perico.** loc. verb. *Ho:E.* Llegar la mata de maíz hasta la rodilla. rur.

ñ^{11}. ‖ ~ **en copas.** loc. verb. *Bo.* Estar *alguien* medio borracho por la bebida.

o^{11}. ‖ ~ **en cueros.** loc. verb. *Cu.* No saber nada.

p^{11}. ‖ ~ **en dique.** loc. verb. *RD.* Abstenerse *alguien* de tomar alcohol.

q^{11}. ‖ ~ **en dique seco.** loc. verb. *RD.* **estar en dique**.

r^{11}. ‖ ~ **en el aro.** loc. verb. *RD.* juv. Estar arruinado. pop.

s^{11}. ‖ ~ **en el arranque.** loc. verb. *Pa, Ec.* obsol. Carecer de dinero. pop + cult → espon.

t^{11}. ‖ ~ **en el avispero.** loc. verb. *Gu.* Estar *alguien* en apuros, encontrarse en una situación problemática.

u^{11}. ‖ ~ **en el barrio de las cruces.** loc. verb. *Ni.* Haber muerto *alguien*. fest.

v^{11}. ‖ ~ **en el bate.**
  i. loc. verb. *Cu, Ve.* Disfrutar del poder.
  ii. *RD.* Encontrarse *una persona* en una situación de dominio, poder decidir o mandar. pop.

w^{11}. ‖ ~ **en el billetaje.** loc. verb. *Cu.* Tener dinero.

x^{11}. ‖ ~ **en el catre.** loc. verb. *RD.* Estar en la miseria.

y^{11}. ‖ ~ **en el cuento.** loc. verb. *RD.* Estar bien informado.

z^{11}. ‖ ~ **en el curubito.** loc. verb. *Co.* Ocupar *alguien* una posición social o un rango profesional importantes.

a^{12}. ‖ ~ **en el degredo.** loc. verb. *Ve.* Estar relegado.

b^{12}. ‖ ~ **en el engranaje.** loc. verb. *RD.* Tener *una persona*, por su condición social, un conocimiento profundo y privilegiado de la situación política.

c^{12}. ‖ ~ **en el erizo.** loc. verb. *Cu.* obsol. Estar en mala situación económica.

d^{12}. ‖ ~ **en el esterero.** loc. verb. *Ve.* Estar o quedar en la ruina.

e^{12}. ‖ ~ **en el éter.** loc. verb. *Mx.* Estar *alguien* desorientado o distraído. pop + cult → espon.

f^{12}. ‖ ~ **en el game.** loc. verb. *PR.* Tener *alguien* relaciones sexuales. euf; pop + cult → espon.

g^{12}. ‖ ~ **en el guiso.** loc. verb. *PR.* Estar *alguien* en el ir y venir. pop + cult → espon.

h^{12}. ‖ ~ **en el *hit parade*.** loc. verb. *Cu.* Gozar de gran popularidad. pop + cult → espon.

i^{12}. ‖ ~ **en el jamón.** loc. verb. *PR.* Comer *alguien* bien sin trabajar. pop + cult → espon.

j^{12}. ‖ ~ **en el rapeo.** loc. verb. *PR.* Estar *alguien* al corriente de las últimas tendencias o de lo que se habla. pop + cult → espon.

k^{12}. ‖ ~ **en el sobaco de confianza.** loc. verb. *Ni.* Vivir con la familia. fest.

l^{12}. ‖ ~ **en el tiviri.** loc. verb. *EU.* Tener *alguien* mucha vida social, relacionarse mucho con otras personas. pop.

m^{12}. ‖ ~ **en el vacilón.** loc. verb. *Cu.* Encontrarse *alguien* en muy buena situación económica.

n^{12}. ‖ ~ **en el witti witti.** (Del inglés *witty witty*, tontear). loc. verb. *EU.* Hablar los novios, pelar la pava.

ñ^{12}. ‖ ~ **en eleolo.** loc. verb. *Ni.* Situarse *alguien* fuera de contexto o de la realidad.

o^{12}. ‖ ~ **en fa.** loc. verb. *Bo.* Estar una mujer embarazada.

p^{12}. ‖ ~ **en faldeta.** loc. verb. *PR.* No estar preparado para algo.

q^{12}. ‖ ~ **en gira.** loc. verb. *Bo.* Estar *alguien* borracho.

r^{12}. ‖ ~ **en la buena.**
  i. loc. verb. *Ve, Ar, Ur.* Hallarse *alguien* en un período de buena suerte. pop.
  ii. *Ve.* Estar *alguien* en buenas relaciones con otra persona.

s^{12}. ‖ ~ **en la cama de los perros.** loc. verb. *Pa.* Encontrarse *alguien* sin dinero.

t^{12}. ‖ ~ **en la candela.** loc. verb. *Ve.* Estar *alguien* metido en el meollo de un asunto. pop.

u^{12}. ‖ ~ **en la candelá.** loc. verb. *RD.* Estar en el candelero.

v^{12}. ‖ ~ **en la cerca.** loc. verb. *Cu.* Abstenerse *alguien*, interesadamente, de tomar partido en una discusión política.

w^{12}. ‖ ~ **en la chaca.** loc. verb. *Cu.* Estar en mala situación económica.

x^{12}. ‖ ~ **en la chorcha.** loc. verb. *Mx.* Divertirse un grupo de amigos en una reunión. pop.

y^{12}. ‖ ~ **en la cola de un venado.** loc. verb. *ES, Ni.* Ser *algo* difícil de conseguir.

z^{12}. ‖ ~ **en la cola del sapo.** loc. verb. *Ho.* Ser *algo* difícil de conseguir.

a^{13}. ‖ ~ **en la guanábana.**
  i. loc. verb. *Ve.* Encontrarse en una buena situación, *especialmente económica*.
  ii. *Ve.* Ocupar *alguien* un puesto muy alto, *especialmente en política*.

b^{13}. ‖ ~ **en la inopia.** loc. verb. *Cu, RD, Co.* No tener dinero o los medios económicos necesarios para subsistir.

c^{13}. ‖ ~ **en la joda.** *Py, Ar.* **estar de joda.** pop.

d^{13}. ‖ ~ **en la lama.** loc. verb. *Pa.* No tener dinero.

e^{13}. ‖ ~ **en la macolla.** loc. verb. *Gu.* Encontrarse *alguien* en una posición privilegiada o influyente.

f¹³. ‖ ~ **en la movida.** loc. verb. *PR.* Participar *alguien* en un asunto turbio. pop + cult → espon.

g¹³. ‖ ~ **en la papa.** loc. verb. *Pa.* Tener una buena situación económica y laboral.

h¹³. ‖ ~ **en la pendeja.** loc. verb. *Mx.* Estar distraído. vulg.

i¹³. ‖ ~ **en la pitadora.** loc. verb. *Co:C.* Estar en una situación difícil. pop.

j¹³. ‖ ~ **en la pitilla.** loc. verb. *Ch.* Estar *una persona,* muy delgada. pop.

k¹³. ‖ ~ **en la podrida.** loc. verb. *Pa.* Estar muy mal económicamente.

l¹³. ‖ ~ **en la raya.** loc. verb. *Ho; CR,* obsol, pop. Estar *alguien* a punto de morir.

m¹³. ‖ ~ **en la real quema.** loc. verb. *Gu, Ho, Ni.* Carecer de dinero.

n¹³. ‖ ~ **en la sabana.** loc. verb. *Ve.* Estar sobrado de recursos, ser feliz.

ñ¹³. ‖ ~ **en la sin salida.** loc. verb. *Co.* Tener un grave problema.

o¹³. ‖ ~ **en la tapa del libro.** loc. verb. *RD, Ur.* Ser *algo* obvio. pop + cult → espon.

p¹³. ‖ ~ **en la tea.** loc. verb. *Cu.* Estar sin dinero. pop.

q¹³. ‖ ~ **en las lonas.** loc. verb. *ES.* Carecer de dinero.

r¹³. ‖ ~ **en las Malvinas.** loc. verb. *Ni.* Encontrarse *alguien en una situación difícil.*

s¹³. ‖ ~ **en las papas.** loc. verb. *PR.* Tener una buena situación económica y laboral.

t¹³. ‖ ~ **en llamada.** (Calco del ingl. *to be on call*). loc. verb. *EU.* Estar *una persona* de guardia o de servicio, especialmente un médico.

u¹³. ‖ ~ **en los días.** loc. verb. *Ve.* Estar una mujer muy próxima a dar a luz.

v¹³. ‖ ~ **en los kiries.** loc. verb. *Ni.* Estar terminando algo. rur.

w¹³. ‖ ~ **en moro.** loc. verb. *Pa.* Encontrarse *alguien* atrasado en uno o en varios pagos obligatorios, como el de la renta.

x¹³. ‖ ~ **en onda.**
   i. loc. verb. *Gu, Cu; Ve,* juv. Seguir la moda, ser actual.
   ii. *Gu.* Estar distraído o entretenido *alguien.*
   iii. *Gu.* Encontrarse *alguien* bajo los efectos de una droga o del alcohol.

y¹³. ‖ ~ **en órbita.** loc. verb. *Gu.* Encontrarse *alguien* bajo los efectos de una droga o del alcohol.

z¹³. ‖ ~ **en panga.** loc. verb. *Pa.* No servir *alguien* o *algo* para nada. pop.

a¹⁴. ‖ ~ **en salsa.** loc. verb. *Ve.* Esperar *alguien* un castigo.

b¹⁴. ‖ ~ **en su cancha.**
   i. loc. verb. *Pe.* Conocer un tema o actividad a fondo.
   ii. *Ni, Bo, Py.* Encontrarse en la situación que mejor se adapta a sus gustos e inclinaciones.

c¹⁴. ‖ ~ **en su gallinero.** loc. verb. *PR.* Sentirse *alguien* cómodo en determinado lugar. pop + cult → espon.

d¹⁴. ‖ ~ **en su ley.** loc. verb. *Co.* Conservar con firmeza usos, costumbres u opiniones.

e¹⁴. ‖ ~ **en sus cinco.** loc. verb. *Mx.* Tener *alguien* normales sus facultades mentales y mostrarse consciente.

f¹⁴. ‖ ~ **en sus mismos trapos.** loc. verb. *Ni.* Mantener *alguien* el mismo peso.

g¹⁴. ‖ ~ **en todas.** loc. verb. *Pa.* Saber *alguien* aprovechar su tiempo.

h¹⁴. ‖ ~ **en tres y dos.**
   i. loc. verb. *Cu, PR.* Estar *alguien* ante una disyuntiva difícil. pop + cult → espon.
   ii. *Ni.* Estar en la cuerda floja.
   iii. *PR.* Tener *alguien* la última oportunidad para lograr algo. pop + cult → espon.
   iv. *Pa.* Estar perdida o confundida una *persona.*

i¹⁴. ‖ ~ **en un jamón.** loc. verb. *PR.* Meterse *alguien* en un lío. pop + cult → espon.

j¹⁴. ‖ ~ **en valija.** loc. verb. *Gu.* Quedar embarazada una mujer. vulg.

k¹⁴. ‖ ~ **en veremos.** loc. verb. *Ho, Ni, RD.* Tener algo pendiente.

l¹⁴. ‖ ~ **encantado de la pelota.** loc. verb. *Co.* Estar *alguien* muy contento. pop.

m¹⁴. ‖ ~ **encendido el carnaval.** loc. verb. *Cu.* Estar muy difícil una situación.

n¹⁴. ‖ ~ **encimona.**
   i. loc. verb. *RD.* Ocupar un cargo muy relevante.
   ii. *RD.* Tener una buena racha.

ñ¹⁴. ‖ ~ **enferma.** loc. verb. *Bo.* Estar embarazada una mujer. pop.

o¹⁴. ‖ ~ **engrampado.** loc. verb. *Co.* Hallarse *alguien* en una mala situación económica o afectado por algún problema o enfermedad. pop.

p¹⁴. ‖ ~ *fashion.* loc. verb. *Mx.* Estar a la última moda.

q¹⁴. ‖ ~ **firme.** loc. verb. *CR.* obsol. Tener mucho dinero. pop + cult → espon.

r¹⁴. ‖ ~ **fleco.** loc. verb. *Bo.* Estar completamente borracho.

s¹⁴. ‖ ~ **fletado.** loc. verb. *Gu.* Pasar *alguien* por una mala racha.

t¹⁴. ‖ ~ **fosforito.** loc. verb. *Pa.* Permanecer siempre alerta, listo para todo.

u¹⁴. ‖ ~ **fotuto.** loc. verb. *RD.* Estar *alguien* sin dinero.

v¹⁴. ‖ ~ **frenando en el aro.** loc. verb. *RD.* juv. Estar arruinado. pop.

w¹⁴. ‖ ~ **frito.**
   i. loc. verb. *Pa, Cu, Co, Ve, Ch; Pe,* pop + cult → espon. Hallarse *alguien* en una situación difícil o comprometida y sin posibilidad de salir de ella. espon.
   ii. *Ve.* Estar loca una persona.

x¹⁴. ‖ ~ **fuera de fonda.** loc. verb. *Cu.* Alimentarse mal *una persona.* pop.

y¹⁴. ‖ ~ **fuera de liga.** loc. verb. *Cu.* Destacar *alguien* en una actividad.

z¹⁴. ‖ ~ **funado.**
   i. loc. verb. *Ch.* juv. Resultar *una persona* conocida en exceso, estar ya muy vista.
   ii. *Ch.* juv. Ser considerado *alguien* sospechoso de algo. delinc.

a¹⁵. ‖ ~ **fuñío.** loc. verb. *RD.* Encontrarse *alguien* en una situación de miseria o pobreza extremas.

b¹⁵. ‖ ~ **furia.** loc. verb. *Bo.* Estar muy enfurecido.

c¹⁵. ‖ ~ **fututo.** loc. verb. *Gu.* Encontrarse en una situación mala, penosa o desfavorable.

d¹⁵. ‖ ~ **goma.** loc. verb. *Pa, Bo.* Estar borracho.

e¹⁵. ‖ ~ **gorda.** loc. verb. *Ch.* Estar una mujer embarazada. pop.

f¹⁵. ‖ ~ **guindado como la bujía.** loc. verb. *Ni.* Tener *alguien* muchas deudas. pop.

g¹⁵. ‖ ~ **habilitado.** loc. verb. *Cu.* Encontrarse *alguien* ante una situación difícil. pop + cult → espon.

h¹⁵. ‖ ~ **haciéndose.** loc. verb. *PR.* Simular, fingir *alguien algo.* pop + cult → espon.

i¹⁵. ‖ ~ **hasta el cereguete.**
   i. loc. verb. *Ho, ES, Ni.* Hartarse, cansarse de alguien o algo. vulg.
   ii. *Ho, Ni.* Estar *alguien* muy borracho. vulg.
   iii. *Ni.* Implicarse mucho en algo. vulg.
   iv. *Ni.* Llenarse *algo* o un lugar. vulg.

j¹⁵. ‖ ~ **hasta el cien.** loc. verb. *Pe.* Estar *alguien* en malas condiciones físicas o anímicas. pop.

k¹⁵. ‖ ~ **hasta el copete.** loc. verb. *Ch; Mx,* pop + cult → espon. Estar *alguien* harto o cansado de algo.

l¹⁵. ‖ ~ **hasta el copete de trabajo.** loc. verb. *Mx.* Tener mucho trabajo pendiente de hacer. pop + cult → espon.

m[15]. ‖ ~ **hasta el eje.** loc. verb. *Gu, RD.* Apoyar a *alguien* incondicionalmente.

n[15]. ‖ ~ **hasta el zoquete.** loc. verb. *Gu.* Estar *alguien* harto o cansado de algo.

ñ[15]. ‖ ~ **hasta las cachas.**
　i. loc. verb. *Gu, Ho.* Permanecer *alguien* borracho o drogado. pop.
　ii. *Ho, ES.* Implicarse de lleno en algo. pop.
　iii. *Ho, ES.* Hartarse de soportar algo. pop.

o[15]. ‖ ~ **hasta las cangallas.** loc. verb. *Pe.* Estar *alguien* en malas condiciones físicas o anímicas. pop.

p[15]. ‖ ~ **hasta los estribos.** loc. verb. *Ho.* Estar *alguien* hastiado o harto de algo o de alguien.

q[15]. ‖ ~ **hasta los queques.**
　i. loc. verb. *Ho.* Estar harto. pop.
　ii. *Ho.* Estar implicado en algún asunto. pop.
　iii. *Ho.* Estar llenos a rebosar una vasija o un lugar.
　iv. *Ho.* Drogarse *alguien.*

r[15]. ‖ ~ **hecho.**
　i. loc. verb. *Ve, Ec.* Tener *alguien* los problemas resueltos en determinado asunto. pop.
　ii. *Pe.* Estar en una situación comprometida o sin salida. pop.
　iii. *RD, Cu, Ch.* Encontrarse *alguien* en una situación económica o social privilegiada.
　iv. *Pa.* Tener *alguien* sus necesidades o aspiraciones satisfechas.
　v. *PR.* Estar *alguien* bien situado. est.
　vi. *PR.* Encontrarse *alguien* en condiciones ventajosas en determinado asunto o negocio. pop + cult → espon.

s[15]. ‖ ~ **hecho árganas.** *Gu.* estar hecho pozol.

t[15]. ‖ ~ **hecho bolsa.**
　i. loc. verb. *Bo.* Estar *alguien* completamente embriagado.
　ii. *Bo:O,C.* Encontrarse *alguien* fatigado a consecuencia del trabajo excesivo o del ejercicio físico. pop + cult → espon ^ fest.

u[15]. ‖ ~ **hecho fleco.**
　i. loc. verb. *Bo.* Estar fatigado por el esfuerzo físico. pop + cult → espon.
　ii. *Bo.* Estar maltratado o destrozado *algo.* pop + cult → espon.

v[15]. ‖ ~ **hecho leña.** loc. verb. *Ni, Cu.* Tener *una persona* una mala situación económica. ♦ **estar en candela.**

w[15]. ‖ ~ **hecho pirinola.** loc. verb. *Ho.* Hacer *algo* mal, ser un desastre.

x[15]. ‖ ~ **hecho pistola.**
　i. loc. verb. *Ni.* Estar arruinado, carecer de dinero.
　ii. *Ni.* Estar enfermo.

y[15]. ‖ ~ **hecho pozol.** loc. verb. *Gu.* Estar *una cosa* muy estropeada, encontrarse bastante deteriorada como consecuencia de algo. ♦ **estar hecho árganas.**

z[15]. ‖ ~ **hecho tierra.** loc. verb. *Cu.* Hallarse en una pésima situación económica.

a[16]. ‖ ~ **hecho torta.** loc. verb. *Gu.* Estar *una cosa* en muy mal estado o deshecha.

b[16]. ‖ ~ **hecho un bojote.** loc. verb. *PR.* Estar mal vestido.

c[16]. ‖ ~ **hecho un cascabel.**
　i. loc. verb. *RD.* Estar viejo y débil.
　ii. *Ni.* Enfurecerse *alguien.*

d[16]. ‖ ~ **hecho un charal.** loc. verb. *Mx.* Estar *alguien* muy delgado.

e[16]. ‖ ~ **hecho un chile.** loc. verb. *Mx.* Estar muy enojado.

f[16]. ‖ ~ **hecho un látigo.** loc. verb. *Gu.* Estar *una persona* muy delgada.

g[16]. ‖ ~ **hecho una belladona.** loc. verb. *Cu.* Estar tranquilo.

h[16]. ‖ ~ **hecho una cocuyera.**
　i. loc. verb. *Cu.* Estar muy agujereado.
　ii. *RD.* Estar lleno de heridas.

i[16]. ‖ ~ **hecho una droga.** loc. verb. *Ho.* Sentirse *alguien* destrozado, cansado o agotado física o moralmente.

j[16]. ‖ ~ **hecho una melodía.**
　i. loc. verb. *Co.* Estar muy cansado, exhausto.
　ii. *Co.* Estar destruido, acabado.

k[16]. ‖ ~ **hecho una pitola.** loc. verb. *Ni.* Arruinarse, quedarse sin dinero y bienes *alguien.*

l[16]. ‖ ~ **hecho verga.** loc. verb. *Ho, Ni.* Padecer *alguien* cansancio o malestar físico. vulg.

m[16]. ‖ ~ **ido.** loc. verb. *Ve.* Tener *alguien* todo listo para emprender un viaje.

n[16]. ‖ ~ **impuesto.** loc. verb. *Mx.* Estar acostumbrado a algo. pop.

ñ[16]. ‖ ~ **indio.**
　i. loc. verb. *Ve.* No entender un estudiante una asignatura.
　ii. *Ve.* No saber nada de un tema.

o[16]. ‖ ~ **invicta.** loc. verb. *Ch.* Permanecer una mujer virgen. pop.

p[16]. ‖ ~ **jalado.** loc. verb. *RD.* Estar *alguien* muy delgado y lánguido. pop + cult → espon.

q[16]. ‖ ~ **jamón.** loc. verb. *Pa.* Estar fácil un examen académico. est.

r[16]. ‖ ~ **la caña a tres trozos.** loc. verb. *Cu.* Estar difícil una situación, *especialmente política o económica.*

s[16]. ‖ ~ **la cosa en candela.** loc. verb. *Cu, PR.* Existir una situación conflictiva que anuncia sucesos graves.

t[16]. ‖ ~ **la piña agria.** loc. verb. *RD.* Ser una situación complicada y penosa, *especialmente en lo relativo a la economía.* pop + cult → espon.

u[16]. ‖ ~ **ladrando.** loc. verb. *Ve.* No tener dinero. pop.

v[16]. ‖ ~ **lavado.**
　i. loc. verb. *Gu.* Carecer de de experiencia o tener pocas cualidades para realizar una actividad determinada.
　ii. *Gu.* Encontrarse *alguien* en una situación difícil o problemática.
　iii. *Gu.* Pasar *alguien* por una mala racha.

w[16]. ‖ ~ **ligado.** loc. verb. *Ve.* Estar una línea telefónica interferida por otra.

x[16]. ‖ ~ **listo para la foto.**
　i. loc. verb. *Pa.* Estar a punto de fallecer.
　ii. *Pa.* Encontrarse *alguien* en estado de ebriedad.

y[16]. ‖ ~ **listo para la pelea.**
　i. loc. verb. *Cu.* Gozar de buena salud. pop + cult → espon.
　ii. *CR.* Estar *alguien* listo o dispuesto para realizar algo.

z[16]. ‖ ~ **llevado.** loc. verb. *Co.* Encontrarse *alguien* en una mala situación económica. pop.

a[17]. ‖ ~ **luqueado.** loc. verb. *Co.* Tener mucho dinero. pop + cult → espon.

b[17]. ‖ ~ **macizo.**
　i. loc. verb. *Mx.* Ser viejo para una determinada actividad. pop.
　ii. *Mx. En política,* tener una posición fuerte o consolidada.

c[17]. ‖ ~ **mal de la cabuya.** loc. verb. *RD.* Estar loco.

d[17]. ‖ ~ **mal pelado el chancho.** loc. verb. *Ch.* No funcionar o no estar bien una cosa o una situación. pop + cult → espon.

e[17]. ‖ ~ **malo.** loc. verb. *PR.* Caerle *algo* mal a alguien. pop + cult → espon.

f[17]. ‖ ~ **mandado a guardar.** loc. verb. *RD.* Estar *algo* pasado de moda, haberse quedado obsoleto. pop + cult → espon.

g¹⁷. ‖ ~ **mandado a recoger.** loc. verb. *RD*. Estar *algo* pasado de moda, haberse quedado obsoleto. pop + cult → espon.

h¹⁷. ‖ ~ **más del lado de allá que del lado de acá.** loc. verb. *Cu*. Estar *alguien* a punto de morir.

i¹⁷. ‖ ~ **más enredado que un kilo de estopa.** loc. verb. *Ve*. Tener dificultades para resolver algo. pop.

j¹⁷. ‖ ~ **más limpio que talón de angelito (sereno).** loc. verb. *Ve*. No tener dinero. pop ^ fest.

k¹⁷. ‖ ~ **más limpio que talón de lavandera.** loc. verb. *Ve*. No tener dinero. pop.

l¹⁷. ‖ ~ **más pelado que el palo del acial.** loc. verb. *ES*. Encontrarse en situación de gran escasez económica.

m¹⁷. ‖ ~ **más pelado que la cola de un tacuacín.** loc. verb. *Ho*. Encontrarse en situación de gran escasez económica. desp.

n¹⁷. ‖ ~ **más torcido que un cuerno.** loc. verb. *Gu*. Sufrir *una persona* una desgracia o un percance repetidas veces, o tener una racha de mala suerte. hiperb.

ñ¹⁷. ‖ ~ **mascado.** loc. verb. *Gu*. Estar enojado *alguien*.

o¹⁷. ‖ ~ **matando.** loc. verb. *Ni*. Drogarse *alguien*. drog.

p¹⁷. ‖ ~ **matando tigres a sombrerazos.** loc. verb. *RD*. Estar distraída una persona.

q¹⁷. ‖ ~ **medio cachuco.** loc. verb. *RD*. Estar medio borracho.

r¹⁷. ‖ ~ **metido en la colada.** loc. verb. *CR*. Estar involucrado en un asunto, *por lo común de carácter no legal*. pop.

s¹⁷. ‖ ~ **miedoso.** (Calco del ingl. *to be afraid*). loc. verb. *EU*. Temblar de miedo.

t¹⁷. ‖ ~ **mosca.** loc. verb. *Ve*. Estar muy atento y vigilante.

u¹⁷. ‖ ~ **off.**
  i. loc. verb. *PR*. Ir *alguien* apagado.
  ii. *PR*. Estar *alguien* descompuesto.
  iii. *PR*. No responder el sistema de una computadora.

v¹⁷. ‖ ~ **opa opa.** loc. verb. *Pa*. Estar metida la ropa interior femenina por dentro de las nalgas involuntariamente.

w¹⁷. ‖ ~ **paila.** loc. verb. *Co*. juv. No tener dinero. pop.

x¹⁷. ‖ ~ **palanca.** loc. verb. *Mx*. Tener *alguien* amistades influyentes. pop + cult → espon.

y¹⁷. ‖ ~ **paleta.** loc. verb. *Ho*. juv. Carecer de dinero *alguien*.

z¹⁷. ‖ ~ **para el daño.** loc. verb. *Cu*. Proceder con maldad. pop.

a¹⁸. ‖ ~ **para el perro.** loc. verb. *Bo*. Estar *una persona* decaída física o moralmente. pop.

b¹⁸. ‖ ~ **para el tigre.**
  i. loc. verb. *Gu*. Resultar *una persona* poco atractiva físicamente. pop.
  ii. *Gu*. Encontrarse *una persona* muy deteriorada física o intelectualmente, *generalmente a causa de la edad*. pop.

c¹⁸. ‖ ~ **para la maldad.**
  i. loc. verb. *Cu*. Proceder con maldad.
  ii. *Cu*. Prever las posibles consecuencias negativas de un asunto.

d¹⁸. ‖ ~ **para los chuchos.** loc. verb. *Ho*. Encontrarse *alguien* muy mal físicamente. pop.

e¹⁸. ‖ ~ **para los chumelos.** loc. verb. *Ho*. Estar *una persona* mal psíquica o físicamente. pop.

f¹⁸. ‖ ~ **para terapia.**
  i. loc. verb. *Cu*. Ser *alguien* muy feo. pop + cult → espon.
  ii. *Cu*. Estar *alguien* muy deteriorado físicamente. pop + cult → espon.

g¹⁸. ‖ ~ **paradito.** loc. verb. *Cu*. Conservar buena salud *una persona* de edad avanzada.

h¹⁸. ‖ ~ **parado.** loc. verb. *Gu, Pe*. Tener *alguien* una buena posición económica o un buen trabajo. urb; pop.

i¹⁸. ‖ ~ **parqueado.** loc. verb. *Cu*. Permanecer *alguien* por mucho tiempo en un lugar. ♦ **tener parqueado**.

j¹⁸. ‖ ~ **pasado por el colador.** loc. verb. *Cu*. Estar pasado de moda.

k¹⁸. ‖ ~ **pasajero.**
  i. loc. verb. *Cu*. Tener *algo* mediana calidad.
  ii. *Cu*. Ser *alguien* ni muy bello ni muy feo.

l¹⁸. ‖ ~ **patas.** loc. verb. *Gu, Ni*. Empatar.

m¹⁸. ‖ ~ **pegado con saliva de cotorra.** loc. verb. *RD*. Haberse fijado *una cosa* débilmente, tener mala sujeción o adherencia. pop + cult → espon ^ fest.

n¹⁸. ‖ ~ **pelando una lata.** loc. verb. *Ve:O*. Encontrarse en una pésima situación económica. pop.

ñ¹⁸. ‖ ~ **pelis.** loc. verb. *Ho, ES, Ni*. Estar muy atento o vigilando *algo* o a *alguien*. pop + cult → espon.

o¹⁸. ‖ ~ **peo.** loc. verb. *Ve*. Estar en avanzado estado de ebriedad.

p¹⁸. ‖ ~ **pepito.** loc. verb. *Ve*. Estar bien vestido y acicalado.

q¹⁸. ‖ ~ **perdonado.** loc. verb. *Cu*. Resultar *algo* o *alguien* totalmente ajeno o desagradable para una persona, *generalmente por haber sufrido una experiencia negativa*.

r¹⁸. ‖ ~ **periqueando.** loc. verb. *PR*. Tratar *una persona* de convencer de algo a alguien. pop + cult → espon.

s¹⁸. ‖ ~ **picado.** loc. verb. *ES*. Tener deseo de seguir bebiendo licor.

t¹⁸. ‖ ~ **picando.** loc. verb. *Pa*. Tener *alguien* fama o popularidad.

u¹⁸. ‖ ~ **piedro.** loc. verb. *Co*. Estar de mal humor.

v¹⁸. ‖ ~ **pimpín.** loc. verb. *Ho*. Estar *alguien* nervioso; tener mucho miedo *alguien*.

w¹⁸. ‖ ~ **pintado.** loc. verb. *Ho, ES, Pe, Ar, Ur*. No tener autoridad o no contar en la consideración de los demás. pop. ♦ **estar pintado en la pared**.

x¹⁸. ‖ ~ **pintado en la pared.**
  i. loc. verb. *Ec*. Resultarle *alguien* o *algo* indiferente a una persona. pop.
  ii. *Co, Pe*. **estar pintado**. pop.

y¹⁸. ‖ ~ **piquera.** loc. verb. *RD*. Estar *algo* a punto de ocurrir.

z¹⁸. ‖ ~ **podrido.** loc. verb. *Ni*. juv. Enfadarse mucho *alguien*.

a¹⁹. ‖ ~ **podrido en plata.** loc. verb. *Pa*. Tener mucho dinero.

b¹⁹. ‖ ~ **por demás.** loc. verb. *Mx*. Ser inútil o innecesario.

c¹⁹. ‖ ~ **por el piso.** loc. verb. *PR*. Perder *alguien* la reputación, perder el reconocimiento. pop + cult → espon.

d¹⁹. ‖ ~ **por la maceta.** loc. verb. *RD*. Estar bien hecha *una cosa*, ser muy valorada o resultar agradable.

e¹⁹. ‖ ~ **prendido.**
  i. loc. verb. *Cu*. Tener *alguien* un olor desagradable, *especialmente en las axilas*.
  ii. *Cu*. Ser *alguien* muy feo.
  iii. *Cu*. Dedicarse *alguien* por completo a una tarea.
  iv. *Cu*. Ser *algo* muy difícil.

f¹⁹. ‖ ~ **prendido como un bombillo.** loc. verb. *RD*. Estar borracho.

g¹⁹. ‖ ~ **prendido en fiebre.** loc. verb. *Ve*. Tener *alguien* una fiebre muy alta.

h¹⁹. ‖ ~ **puspús.** loc. verb. *Ho, ES*. Tener mucho miedo.

i¹⁹. ‖ ~ **que baila solo.** loc. verb. *RD, PR*. Estar alguien eufórico. pop + cult → espon.

j¹⁹. ‖ **~ que echa bala.** loc. verb. *Mx.* Estar *alguien* muy enojado. pop.

k¹⁹. ‖ **~ que llueve.** loc. verb. *Co:E.* Llover de forma intensa.

l¹⁹. ‖ **~ que se lo lleva.** loc. verb. *Mx.* Estar *alguien* muy enojado. pop.

m¹⁹. ‖ **~ quedado.**
    i. loc. verb. *Ve.* juv; *Co,* pop. Estar *una persona* atrasada de noticias o conocimientos.
    ii. *Ve.* Estar *una persona* lenta en su forma de actuar.

n¹⁹. ‖ **~ quedando bien.** loc. verb. *Mx.* Seducir, intentar conquistar amorosamente a *una persona.*

ñ¹⁹. ‖ **~ quillao.** loc. verb. *RD.* Sentirse *alguien* enojado. pop + cult → espon.

o¹⁹. ‖ **~ ready.** loc. verb. *Cu.* Estar *alguien* preparado para hacer algo.

p¹⁹. ‖ **~ roncando.** loc. verb. *PR.* Echárselas *alguien* de valentón. pop + cult → espon.

q¹⁹. ‖ **~ santa clara.** loc. verb. *RD.* Vérsele a una mujer las piernas al trasluz por la escasez o ligereza de sus ropas. pop + cult → espon ^ fest.

r¹⁹. ‖ **~ siempre en el corralito.** loc. verb. *Cu.* Actuar como un niño.

s¹⁹. ‖ **~ sin cargar.** loc. verb. *RD.* Estar *alguien* ocioso. pop + cult → espon.

t¹⁹. ‖ **~ sobado.** loc. verb. *Co.* Hallarse en una situación difícil, *especialmente de carácter económico.*

u¹⁹. ‖ **~ sobrado de lote.** loc. verb. *Co.* Estar bien capacitado para llevar a cabo una tarea. esm.

v¹⁹. ‖ **~ solo de cortar el mecate.** loc. verb. *Ni.* Desear *algo* con vehemencia.

w¹⁹. ‖ **~ supuesto.** (Calco del+ ingl. *to be supposed to*). loc. verb. *EU, RD.* Esperar, creer que algo ha de suceder.

x¹⁹. ‖ **~ tana catana.** loc. verb. *Ni.* Estar en igualdad de oportunidades.

y¹⁹. ‖ **~ tigre.** loc. verb. *Bo.* Estar *una persona* muy enfadada. pop.

z¹⁹. ‖ **~ tocando el arpa.** loc. verb. *Mx.* Quedarse ausente de lo que ocurre o interesa.

a²⁰. ‖ **~ torcido.** loc. verb. *Gu.* Sufrir *una persona* una desgracia o un percance repetidas veces, o tener una racha de mala suerte.

b²⁰. ‖ **~ tramado.** loc. verb. *Gu.* Presentarse complicada una situación.

c²⁰. ‖ **~ tres piedras.** loc. verb. *Gu.* Ser bueno, de calidad y con cualidades positivas.

d²⁰. ‖ **~ trompudo.** loc. verb. *Gu.* Estar enojado *alguien.*

e²⁰. ‖ **~ trozando rieles.** loc. verb. *Ni.* Mantenerse nervioso o temeroso.

f²⁰. ‖ **~ un chiste.**
    i. loc. verb. *Bo.* Presentar *algo* apariencia ridícula. pop + cult → espon.
    ii. *Bo.* Ser *algo* gracioso, divertido, imprevisto. pop + cult → espon ^ fest.

g²⁰. ‖ **~ un montón.** loc. verb. *Ar.* Ser *alguien* muy atractivo. pop.

h²⁰. ‖ **~ uno a dos bocas.** loc. verb. *RD.* Entenderse al mismo tiempo solapada e hipócritamente con dos partidos políticos, con dos adversarios o con dos personas que tienen intereses encontrados.

i²⁰. ‖ **~ uno estudiando para bacalao.** loc. verb. *Cu, RD.* Estar muy flaco.

j²⁰. ‖ **~ uva.** loc. verb. *Ve.* Tener atractivo físico *una persona.*

k²⁰. ‖ **~ vaciado.** loc. verb. *Co.* No tener dinero.

l²⁰. ‖ **~ verdoseado.** loc. verb. *PR.* Sentirse *alguien* mal por excesos en la ingestión de alcohol. pop + cult → espon.

m²⁰. ‖ **~ vestido de bandera.** loc. verb. *RD.* Vestir de varios colores.

n²⁰. ‖ **~ vestido de cachú.** loc. verb. *RD.* Estar vestido de rojo.

ñ²⁰. ‖ **~ viendo diablos azules.** loc. verb. *Ho, Ni.* Imaginarse cosas irreales, alucinar.

o²⁰. ‖ **~ viendo pasar aviones.** loc. verb. *Ho.* Estar *alguien* muerto. fest.

p²⁰. ‖ **~ vilordo.** loc. verb. *PR.* Estar *alguien* en vilo. pop + cult → espon.

q²⁰. ‖ **~ volado.** loc. verb. *Ho, Pe, Bo.* Estar distraído. pop + cult → espon.

r²⁰. ‖ **~ volando.** loc. verb. *RD.* Tener *alguien* mucho calor. pop + cult → espon.

s²⁰. ‖ **~ zocado.** loc. verb. *Gu.* Estar *alguien* borracho.

t²⁰. ‖ **no ~ el horno para galleticas.**
    i. loc. verb. *Cu.* No ser el momento oportuno para realizar algo.
    ii. *Cu.* No estar de humor para aceptar bromas o chistes. pop + cult → espon.

u²⁰. ‖ **no ~ ni al lado.** loc. verb. *Ch.* No compartir *algo* o no interesarse por un tema, actividad o proyecto. pop + cult → espon.

v²⁰. ‖ **no ~ ni tibio.**
    i. loc. verb. *Co.* No lograr *alguien* su propósito o esperanza. pop.
    ii. *Co.* Estar equivocado, pensar erróneamente que alguien está dispuesto a hacer algo. pop.

w²⁰. ‖ **no ~ tan peor.** loc. verb. *Mx.* Ser guapo. fest.

◤

a. ‖ **~ aquí el tronco donde se mea el tigre.** fr. prov. *Ni.* Indica que alguien se cree el mejor en algo.

b. ‖ **~ aquí el tronco donde se rasca el tigre.** fr. prov. *Ni.* Indica que alguien se cree el mejor en algo.

c. ‖ **~ aquí la peña donde se desnucó el tigre.** fr. prov. *Ni.* Indica que alguien se cree el mejor en algo.

d. ‖ **~ más apagado que el volcán Cosigüina.** fr. prov. *Ho, Ni.* Indica que un hombre ha perdido su potencia sexual. pop + cult → espon.

e. ‖ **no está el palo para hacer cucharas.** fr. prov. *Co.* Indica que no es el momento oportuno ni adecuado para realizar algo. pop.

f. ‖ **no está la magdalena para tafetanes.**
    i. fr. prov. *Mx.* Indica que algo es inoportuno. pop.
    ii. *Mx.* Indica que es preciso discernir lo superfluo de lo esencial. pop.
    iii. *PR.* Indica que alguien no tiene interés en festejos. pop + cult → espon.

estarabillado, -a.
    I. 1. adj. *PR.* **destarabillado.**

estartabillado, -a.
    I. 1. *PR.* **destartabillado.**

estartalar(se).
    I. 1. *PR.* **destartalar,** desmontar.
    2. *PR.* **destartalarse,** ponerse en mal estado.

estartazo. (Del ingl. *to start,* arrancar, poner en marcha).
    I. 1. m. *Gu, Co.* Arranque de un vehículo.
    II. 1. m. *Co.* Reacción causada por una sorpresa. pop.

estartear. (Del ingl. *to start*).
    I. 1. tr. *PR.* Arrancar un vehículo de motor.
    2. *PR.* metáf. Gaguear, tartamudear. pop + cult → espon.

estasajar.
    I. 1. *PR.* **destasajar.**

estatal.
    I. 1. sust/adj. *Mx.* Miembro de alguno de los estados de México.

2. adj. *Mx.* Relativo a uno o a todos los estados de México.

estatequieto.
I. **1.** m. *Bo*; *Ar*, pop. Reprensión, reprimenda, amonestación severa.

estaticia.
I. **1.** f. *Gu.* Planta de hasta 90 cm de altura, de tallo enhiesto e híspido, hojas dispuestas en roseta basal, oblongas y de pubescencia áspera, inflorescencia terminal compuesta de flores pequeñas, de forma cónica y de colores diferentes, como el blanco o el violeta; es una planta ornamental. (Plumbaginaceae; *Limonium sinuatum*).

estatificación.
I. **1.** f. *Bo.* Procedimiento por el que se pone algo bajo la administración, tutela o intervención del Estado.

estatismo.
I. **1.** m. *Ec, Ch, Ar.* Sistema de gobierno en el cual el Estado tiene gran injerencia en las empresas y otros asuntos económicos.

estatista.
I. **1.** adj/sust. *Ec, Ch.* Partidario del **estatismo**. cult.
2. adj. *Ec, Ch.* Relativo al **estatismo**. cult.

estatización.
I. **1.** f. *Ho, Cu, Ec, Bo, Ch, Ar.* Procedimiento por el que se pone algo bajo la administración, tutela o intervención del Estado, *especialmente una empresa privada*.

estatizante.
I. **1.** adj. *Ec, Bo, Ch, Ar.* Partidario de **estatizar**. cult.

estatizar.
I. **1.** tr. *Ho, Cu, Ec, Pe, Bo, Ch, Ar.* Convertir una empresa privada en estatal. cult.

estatua.
I. **1.** f. pl. *Co, Ec, Ar, Ur.* Juego infantil en el que un niño arrastra hacia sí a otros, colocados en un lugar más elevado, que deben quedar inmóviles en la posición que tengan en el momento en que el primero los suelta.
II. **1.** *Ec.* Juego infantil en el que el niño elegido aleatoriamente entre los demás, inmoviliza a todos al grito de estatua.

estazo, -a.
I. **1.** adj. *Ar.* Bobo, tonto. pop.

este.
•
a. ‖ ~. fórm. *Mx, Ni, CR, Pe, Ch, Ar, Ur; Cu,* obsol. Se usa repetidamente en el discurso hablado introduciendo cierta vacilación o demora.

estearina.
I. **1.** f. *ES.* Este tipo. pop + cult → espon ∧ desp.

esteban.
I. **1.** pron. *Gu, Ho, ES, Ni.* juv. Este. fest.

estefanía.
I. **1.** pron. *Ni.* juv. Este. fest.

estefanota.
I. **1.** f. *PR.* estefanote.

estefanote.
I. **1.** m. *Cu, PR, Ve.* Planta enredadera de hojas brillantes, grandes y elípticas, y hermosas flores de color blanco mate que crecen en racimos de alrededor; es ornamental. (Asclepiadaceae; *Stephanotis floribunda*). (**estefanota**).

esteits. (Del ingl. *the States*).
I. **1.** m. pl. *Gu.* Estados Unidos de América. pop.

estelar.
I. **1.** m. *Ec, Pe, Bo, Ch.* Espectáculo importante por su calidad o su audiencia.

estelario.
I. **1.** m. *Bo.* Señal o rastro que deja sobre una superficie un cuerpo en movimiento.

estelarizar.
I. **1.** tr. *Ni, CR, Ec, Pe, Ch, Ar.* Protagonizar o participar significativamente en una película o un **estelar**. prest; cult → esm.
2. *Ni, Ar.* Hacer que *alguien* o *algo* sobresalga por encima de los demás en su ámbito.

esténcil. (Del ingl. *stencil*, plantilla).
I. **1.** m. *Mx, Ni, CR, Pa, Cu, RD, Co, Ve, Bo, Ar; Ho, ES, Pe.* p.u. Papel especial para estarcir.
2. *Ni, CR, Pa, Pe, Bo, Ch.* Plantilla perforada con las letras o dibujos que se van a estarcir.

estepario, -a.
I. **1.** adj. *Ch.* Referido a persona, solitaria, que evita el trato con los demás. cult.

estepe. (Del ingl. *step*).
I. **1.** m. *EU.* Cada una de las partes de un tramo de escalera que sirven para apoyar el pie al subir o bajar por ellas; peldaño.

estera.
I. **1.** f. *Cu.* Maquinaria que conduce la caña de azúcar hasta los molinos que extraen su jugo.
2. *Cu.* Mecanismo que mueve automáticamente una banda y se emplea para transportar mercancías o equipaje.
II. **1.** f. *PR.* **hollejo**, tejido.
2. *PR.* **hollejo**, corteza.

esterado.
I. **1.** m. *Bo:N,E.* Piso de una habitación cubierto por una estera. pop.
II. **1.** m. *Bo:N,E.* Conjunto de palos transversales que se colocan en los **barriales** de los caminos para pasar sobre ellos. pop.

esterado, -a.
I. **1.** adj. *Ve. Referido a un lugar*, que está repleto de algo.

esteral.
I. **1.** m. *Py, Ar:NE, Ur.* Estero, terreno bajo y pantanoso.

estéreo.
I. **1.** m. *EU, Mx. Ni, RD.* Sistema portátil de reproducción de sonido, para el automóvil.

esterero.
I. **1.** m. *Ve.* Multitud considerable de objetos, animales o personas inertes que quedan esparcidos en una superficie.
II. **1.** m. *Ve.* Pobreza extrema.
▶ **dejar en el ~; estar en el ~.**

estericar(se).
I. **1.** tr. *RD.* Estirar o alargar *algo*, hacer que aumente su superficie o que ocupe más espacio.
2. intr. prnl. *RD.* Estirarse o alargarse *algo*, de forma que aumenta su superficie u ocupa más espacio.
□
a. ‖ ~ **el peso.** loc. verb. *RD.* Controlar los gastos con el fin de ahorrar dinero.

esterilla.
I. **1.** f. *Co, Ve, Ec, Ar, Ur.* Entramado de paja o de otra fibra vegetal usado para construir asientos o los respaldos de otros muebles.
2. *Bo:NE, Ch, Ur.* Rejilla muy liviana de juncos o varillas delgadas unidas entre sí con una costura flexible para que se pueda enrollar y que se utiliza como cortina, cielo raso o estera.
3. *Ch.* Cañamazo, tela de tejido ralo, dispuesta para bordar en ella con seda o lana de colores.
II. **1.** f. *CR, Pa.* Pieza de estera o manta, usada en las caballerías como sudadero y como protección contra el roce de la silla o del aparejo. rur.

esterina.
    I. 1.   pron. *Ho.* juv. Este. fest.
esteriquito.
    I. 1.   *RD.* **estiriquito**.
estero.
    I. 1.   m. *Ve, Pe, Bo:N,E.* Depósito de agua que se forma por efecto de la lluvia y del desbordamiento de los ríos en las partes bajas del llano.
    2.   *Ch.* Arroyo, riachuelo.
estética.
    I. 1.   f. *Mx.* Establecimiento donde se prestan diversos servicios relativos al embellecimiento del cuerpo.
estiba.
    I. 1.   f. *Ho:S.* Conjunto de reglas de madera que conforman el centro del asiento de pequeñas embarcaciones.
    II. 1.   f. *PR. En la industria azucarera*, cantidad de caña almacenada.
estibador.
    I. 1.   *Ar. En la cosecha manual*, peón que se encarga de recoger el rastrojo.
esticoso, -a.
    I. 1.   adj/sust. *Pe.* obsol. *Referido a persona*, melindrosa, sobre todo con la comida.
estiércol.
    ▶ **ser de ~.**
estijeras.
    I. 1.   m-f. *PR.* Estudiante que falta a clase a propósito. est.
estilacho.
    I. 1.   m. *Mx, Gu, Ni, Co, Ec, Pe, Bo.* Estilo, manera de ser distintiva y propia de un individuo o de una colectividad. pop + cult → espon ^ desp.
estiladera.
    I. 1.   f. *Ch.* Vasija grande, generalmente de barro, con la que se filtra el agua para purificarla. rur.
estilado.
    I. 1.   m. *Ch.* Proceso por el que se seca algo haciendo que deje caer las gotas de líquido que contiene.
estilar(se).
    I. 1.   intr. *Gu, RD, Ch.* Desprenderse el líquido de un cuerpo a gotas.
    2.   *CR, Ec.* Desprender el exceso de agua un cuerpo empapado, *especialmente una persona que ha estado expuesta a la lluvia.* pop.
    3.   tr. *Ec.* Mojar a *alguien, especialmente con agua.*
    4.   intr. prnl. *Ec:S.* Mojarse completamente *alguien* con la lluvia.
    ☐
    a. ‖ **~ café.** loc. verb. *Ec.* Preparar café vertiendo el agua hervida en una bolsa de tela en la que se ha puesto el café en polvo.
estilista.
    I. 1.   m-f. *Ho.* **alistador**, persona que corta y cose el calzado.
estilla.
    I. 1.   f. *ES, Ni, RD.* p.u. Astilla. rur. (**etilla**).
    ▶ **dar ~.**
estillado, -a.
    I. 1.   adj. *PR. Referido a persona*, loca. pop + cult →
espon.
estilladura.
    I. 1.   f. *PR.* Hendidura, rajadura, cascadura.
estillar(se).
    I. 1.   tr. *PR.* Agrietar, cascar *alguien algo, especialmente el vidrio o la madera.*
    2.   intr. prnl. *PR.* Agrietarse, cascarse *algo, especialmente una superficie de vidrio o de madera.*

estillazo.
    I. 1.   m. *PR.* Astillazo. pop.
estilo.
    I. 1.   m. *Ar, Ur.* Composición musical de origen popular, para guitarra y canto, de carácter evocativo y espíritu melancólico.
    II. 1.   m. *ES.* Gesto o actitud, *generalmente de desprecio o de orgullo.*
    ▶ **coger ~.**
estilógrafo.
    I. 1.   m. *Ni, Ec, Pe, Bo; Co,* esm. Pluma estilográfica.
estiloso, -a.
    I. 1.   adj. *ES. Referido a persona*, arrogante y vanidosa.
estimado. (Calco del ingl. *estimate*).
    I. 1.   m. *EU, Mx, RD, Ec, Bo.* Cálculo o cómputo que se hace por anticipado, *generalmente de una cantidad de dinero.*
    2.   m. *EU, RD, PR, Pe, Bo, Ch.* Cálculo aproximado del costo de una obra.
estinche.
    I. 1.   m. *PR.* Cliente que paga bien los servicios de una prostituta. prost.
estinguidor. (Del ingl. *extinguisher*).
    I. 1.   m. *EU, Mx, PR, Bo, Py.* Extintor.
estiptiquez.
    I. 1.   *Pa, Ch.* **estitiquez**.
estíquer. (Del ingl. *sticker*.)
    I. 1.   m. *Ho, ES, Ni, CR, Ec, Pe, Bo, Py.* juv. Calcomanía, pegatina. pop. (**sticker**).
estiquirín.
    I. 1.   m. *Ho, ES, Ni.* Búho de hasta 53 cm de longitud, con orejas conspicuas, disco facial canela opaco con borde negro, región superior negruzca, región inferior entre blanquecina y leonada, con manchas y listas negro intenso, plumas de las patas y dedos de color ante, iris amarillo, y pico y garras negruzcas. (Strigidae; *Buho virginianus*). (**esquirín**).
estirada.
    ☐
    a. ‖ **~ de somier.** loc. sust. *Ch.* Operación de cirugía estética. pop ^ fest.
estirado, -a.
    I. 1.   adj. *Ho. Referido a persona*, que no tiene dinero.
estirados.
    I. 1.   m. pl. *Bo.* Plato de carne de conejo cocida y frita en aceite después de sazonarla con sal y pimienta.
    ♦ **conejo estirado.**
estiramuco, -a.
    I. 1.   adj. *ES. Referido a persona*, que no tiene dinero. carc.
estirar(se).
    I. 1.   intr. prnl. *ES, Ni; Bo,* pop. Morirse *alguien.*
    2.   tr. *Ni; Bo,* pop. Matar.
    II. 1.   tr. *Bo.* Azotar a *alguien* amarrando sus extremidades con tiras de cuero entre cuatro estacas. pop.
    III. 1.   tr. *Cu.* Utilizar *alguien algo, preferiblemente un alimento*, con moderación y mesura para que dure.
    ☐
    a. ‖ **~ el billete.** loc. verb. *Ni, Ch.* Hacer que el dinero rinda al máximo. pop + cult → espon.
    b. ‖ **~ el caite.** *ES, Ni.* **estirar la jeta.**
    c. ‖ **~ el hocico.** loc. verb. *Cu.* Demostrar enfado o malhumor mediante un gesto de la boca. pop + cult → espon.
    d. ‖ **~ el hule.** *Gu, Ho, ES.* **estirar la jeta.**
    e. ‖ **~ el ñame.** *Pa.* **estirar la jeta.**
    f. ‖ **~ el petate.** *Ho.* **estirar la jeta.**
    g. ‖ **~ el somier.** loc. verb. *Ch.* Eliminar las arrugas de la piel por medio de una operación de cirugía estética. pop ^ fest.

h. ‖ ~ **la bemba.** loc. verb. *Pa, Cu.* Demostrar enfado o mal humor mediante un gesto de la boca. pop + cult → espon ^ fest.

i. ‖ ~ **la canilla.** *Gu, Ho, Ni.* **estirar la jeta.** rur; pop.

j. ‖ ~ **la cobija.** loc. verb. *CR.* Ampliar extraordinariamente un presupuesto. pop + cult → espon. ♦ **estirar las sábanas.**

k. ‖ ~ **la jeta.** loc. verb. *Ar.* Morir *alguien.* pop + cult → espon ^ fest. ♦ **estirar el caite; estirar el hule; estirar el petate; estirar la camilla; estirar los cachos; estirar los tenis.**

l. ‖ ~ **la mano.** loc. verb. *Mx, Ni, Pe, Bo, Ch.* Pedir o cobrar dinero. pop + cult → espon. ♦ **estirar la poruña.**

m. ‖ ~ **la poruña.** *Ch.* **estirar la mano.** pop.

n. ‖ ~ **las sábanas.** *Ec.* **estirar la cobija.**

ñ. ‖ ~ **la trompa.** loc. verb. *Bo.* Ponerse malhumorado. pop.

o. ‖ ~ **los cachos.** *Ec, Bo.* **estirar la jeta.**

p. ‖ ~ **los tenis.** *Ni.* **estirar la jeta.**

q. ‖ ~ **trompa.** loc. verb. *Ni, Co.* Expresar malhumor o enojo con los gestos de la cara. pop + cult → espon ^ fest.

r. ‖ ~**se el somier.** loc. verb. *Ch.* Hacerse *alguien* una operación de cirugía estética. pop + cult → espon ^ fest.

◪

a. ‖ ~ **el pie hasta donde alcanza la cobija.** fr. prov. *PR.* Indica que no hay que hacer o gastar más de lo que se puede. pop + cult → espon.

estiricar(se).
I. 1. tr. *RD.* Tensar *algo* o hacer que se quede rígido o tieso.
2. intr. prnl. *RD.* Ponerse *algo* o *alguien* rígido o tieso.

estirilizado, -a.
I. 1. adj. *PR.* Referido a persona o animal, estéril, que no procrea. rur; pop.

estiriquito.
I. 1. m. *RD.* Escalofrío o espasmo. (**esteriquito**).

estirón.
I. 1. m. *Bo*; *Ec*, p.u. Distensión que se produce en un músculo o tendón a causa de un movimiento brusco.

estironazo.
I. 1. m. *CR.* Estirón, aumento rápido de la estatura de una persona. pop + cult → espon.
II. 1. m. *CR.* Tirón violento o brusco. pop + cult → espon.

estite.
I. 1. m. *ES.* Ano. vulg; pop + cult → espon.

estítico, -a.
I. 1. adj. *Ni, CR, Co, Ve.* Referido a persona, que padece estreñimiento.

estitiquez.
I. 1. f. *Ni, CR, Co, Ch.* Estreñimiento. (**estiptiquez**).

estitiquited. (De *estítico*)
I. 1. m. *Ho.* Estreñimiento. rur.

estocada.
I. 1. f. *Gu, Ho, ES, Ni.* Mal olor corporal que desprende una persona, *en especial de la boca.* ♦ **estoque.**
II. 1. f. *Bo:O.* En minería, corte de una veta.

estoconar.
I. 1. *PR.* **destoconar**, arrancar.

estofa. (Del ingl. *stuff*).
I. 1. f. *PR.* Heroína. drog.
2. *PR.* Cualquier droga en polvo blanco. drog.

estofado.
I. 1. m. *Ar, Ur.* Asunto o plan de dudosa legalidad. pop.
2. *Ar, Ur.* Enredo, lío. pop.

II. 1. m. *Bo, Ar.* Salsa preparada principalmente a base de carne y tomate, con la que se acompañan las pastas.

estofado, -a.
I. 1. adj. *PR.* Referido a una tela, deshilachada. pop + cult → espon.
2. *PR.* metáf. Referido a persona, agotada por trabajo excesivo. pop + cult → espon.

estofar(se).
I. 1. tr. *PR.* Maltratar, cansar. pop + cult → espon.
2. intr. prnl. *PR.* Esforzarse al máximo, trabajar con tesón. pop + cult → espon.
3. *PR.* Estudiar con ahínco, esforzarse mucho. est.

estofe.
I. 1. m. *PR.* Estudio prolongado. est.

estofón, -na.
I. 1. *PR.* **comelibros.**

estoltusar.
I. 1. tr. *PR.* Derrotar, vencer a *alguien.* pop + cult → espon.
2. *PR.* Molestar a *alguien.* pop + cult → espon.

estómago.
▢

a. ‖ **con el ~ pegado al espinazo.** loc. adj. *Mx, Ch.* Muy hambriento, famélico. pop + cult → espon ^ fest.

b. ‖ ~ **de tombo.** loc. sust. *Ec.* Mal gusto para las mujeres. pop + cult → espon ^ fest.

c. ‖ ~ **resfriado.** loc. sust/adj. *Ar, Ur; Ch,* p.u. Persona incapaz de guardar un secreto. pop.

▶ **engañar el ~.**

estontillado, -a.
I. 1. *PR.* **destontillado.**

estontillarse.
I. 1. *PR.* **destontillarse**

estop. (Del ingl. *stop*).
I. 1. m. *Ho, Co.* Luz trasera de un vehículo que se enciende al frenar. (**stop**). ♦ **luz de estop.**
2. *Ho, ES.* Parada, detención.

estopa.
I. 1. f. *ES, Ni, Pa, Ec.* Parte externa que protege la concha del coco.
2. *Ni, CR, Ec.* Residuo de ciertos frutos, como la naranja, una vez extraído el jugo.

II. 1. f. *PR.* **hollejo**, tejido.
2. *PR.* **hollejo**, corteza.

III. 1. f. *Ni.* Leche descremada.

IV. 1. f. *Ni.* Carne cocida que ha perdido su sabor y propiedades vitamínicas.

V. 1. f. *CR.* Fruto del **paste**, seco y sin semillas, usado como esponja exfoliadora o como estropajo.

■

a. ‖ ~ **de los árboles.** f. *Ar:N.* **paste**, planta.

estoperol.
I. 1. m. *Mx, Co, Ec.* Tachuela grande, de cabeza dorada o plateada, con que suelen adornarse cofres, sillerías y otros objetos.

II. 1. m. *Co.* En una vía pública, obstáculo artificial alojado que se pone de través para limitar la velocidad de los vehículos.

III. 1. *Ch.* **toperol**, pieza cónica.
2. m. *Ch.* Puntera metálica que se pone en un calzado desgastado.

estopias.
I. 1. f. pl. *Ve:O.* Conjunto de tres piedras sobre las que se apoyan los recipientes en un **fogón**.

estoque.
I. 1. m. *ES.* **estocada**, mal aliento.

estoqueado, -a.
   I. 1. adj. *EU.* Atascado, inmovilizado.
     2. *PR. Referido a persona*, fija en un sitio. pop + cult → espon. (**estoquiado**).
   II. 1. adj. *PR. Referido a persona*, aburrida, que no hace nada. pop + cult → espon. (**estoquiado**).
   III. 1. *PR. Referido a persona*, borracha. pop + cult → espon. (**estoquiado**).

estoquiado, -a.
   I. 1. *PR.* **estoqueado**.

estoquillo.
   I. 1. *Mx.* **espadín**, planta.

estoraque.
   I. 1. *Mx.* **liquidámbar**.
     2. m. *Pe.* Árbol de hasta 30 m de altura, con corteza externa agrietada, de color gris marrón, hojas alternas y flores blancas en racimos terminales o axilares. (Fabaceae; *Myroxylon balsamun*).
   II. 1. m. *Co.* Formación de tierra originada por la erosión.
   III. 1. m. *Ve.* Discurso pesado y largo.

estorbo.
   I. 1. m. *Ho:O.* Conjunto de hojas, ramas y palos que quedan en un **guamil** recién descombrado. rur.
   ► **hacer ~.**

estoriado, -a.
   I. 1. adj. *PR. Referido a persona*, sentada con toda comodidad, echada hacia atrás. pop + cult → espon.
   II. 1. *PR. Referido a persona*, absorta. pop + cult → espon.

estoriarse.
   I. 1. intr. prnl. *PR.* Arrellanarse, sentarse cómodamente. pop + cult → espon.
   II. 1. *PR.* Quedarse absorto contemplando algo. pop + cult → espon.
   III. 1. intr. prnl. *PR.* Darse importancia. pop + cult → espon.

estornudar.
   I. 1. tr. *ES.* Dar dinero, hacer un pago o una contribución.

estornudo.
   I. 1. m. *ES.* Pago o contribución con dinero.
   □
     a. ‖ **~ de gato.** loc. sust. *Ch.* Cosa que dura muy poco tiempo. pop + cult → espon fest.
     b. ‖ **por ~s.** loc. adv. *ES.* A plazos, por abonos.

estorrentado, -a.
   I. 1. *CR.* **destorrentado**.

estorrentar.
   I. 1. *CR.* obsol. **destorrentar**, ahuyentar.

estortarse.
   I. 1. intr. prnl. *PR.* juv. Golpearse.

estortillar(se).
   I. 1. *PR.* **destortillar**, dejar en mal estado.
   II. 1. *PR.* **destortillarse**, volverse loco.

estortolado, -a.
   I. 1. *PR.* **destortolado**, que lleva una vida desordenada y pecaminosa.

estostuzar.
   I. 1. *PR.* **destostuzar**, castigar.
     2. *PR.* **destostuzar**, golpear.

estota.
   I. 1. f. *PR.* Heroína. drog.

estrachata.
   I. 1. *Pe.* obsol. **extrachata**.

estrada.
   I. 1. f. *Pe, Bo. En las plantaciones de caucho*, senda en la selva formada por unos cien o ciento cin-

cuenta árboles de cuya explotación se encarga un **siringuero**.

estráfala.
   I. 1. m-f. *PR.* Persona descuidada de su apariencia personal. pop + cult → espon.

estráfoga.
   I. 1. m-f. *PR.* juv. Individuo de poca calidad personal.

estragado, -a.
   I. 1. adj. *Ve. Referido a persona*, envejecida, de aspecto deteriorado.
   II. 1. adj. *ES, Ni, Cu. Referido a persona*, que no tiene ganas de comer por trastornos estomacales.
     2. adj. *Cu, PR. Referido a persona*, hambrienta.
   III. 1. adj. *ES. Referido a persona*, aburrida, cansada o molesta.

estragamiento.
   I. 1. m. *PR.* Hambre grande.
     2. *PR.* Glotonería.

estragar(se).
   I. 1. intr. prnl. *PR.* Pasar *alguien* hambre. pop + cult → espon.

estrai.
   I. (Del ingl. *strike*, golpear).
     1. *ES.* **estraic**.
   II. (Del ingl. *straight*, solo, sin mezcla).
     1. m. *ES.* Trago de licor puro.

estraic. (Del ingl. *strike*).
   I. 1. m. *EU, RD. En el **beisbol***, fallo que comete el **bateador** al intentar golpear la pelota. (**estrai**).

estraiquiar.
   I. 1. intr. *EU. En el **beisbol***, fallar tres veces el **bateador** al golpear la pelota, de manera que no se le permite seguir intentándolo.

estrallado, -a.
   I. 1. adj. *PR. Referido a persona*, que está en las nubes, despistada. pop + cult → espon.
   II. 1. *PR. Referido a cosa*, rota, estrellada, reventada. pop + cult → espon.

estrallar(se). (Epént. de *estallar*).
   I. 1. tr. *Cu, RD, PR, Ve.* Romper *una cosa* en pedazos. pop + cult → espon.
     2. intr. prnl. *Cu, RD, Ve.* Romperse *una cosa* en pedazos. pop.
     3. *Cu.* Romperse una prenda de vestir por sus costuras. pop.

estrallón.
   I. 1. *Cu, RD.* **estrellón**.

estramador.
   I. 1. m. *Mx.* obsol. Peine.

estrambólico, -a.
   I. 1. sust/adj. *Cu.* Persona excéntrica en la forma de vestir o peinarse.

estraña.
   I. 1. *PR.* **reina margarita**.

estrasijado, -a.
   I. 1. adj. *RD. Referido a persona*, debilitada y extenuada.
     2. *PR. Referido a persona*, extremadamente delgada, desnutrida. pop + cult → espon. (**estracijado**).
     3. *PR. Referido a persona*, que tiene malestar estomacal por inanición. pop + cult → espon.
     4. *PR. Referido a una **res***, que lleva varios días amarrada sin comer. rur.

estrasijarse.
   I. 1. *PR.* **estracijarse**.

estrasnochado, -a.
   I. 1. sust/adj. *Ve.* Persona que ha estado sin dormir toda la noche.

estrata.
   I. 1. f. *PR.* Estrato, en general el social.

estratósfera.
   I. 1. f. *Ni, Pa, Cu, Ec, Pe, Bo, Ch, Py, Ar, Ur.* Estratosfera. (**estratóstera**).

estratóstera.
   I. 1. *Gu.* **estratósfera**.

estrecharse. (Del ingl. *to stretch*).
   I. 1. intr. prnl. *EU.* Estirarse, desperezarse.

estrechón.
   I. 1. m. *Mx, Co, Ar, Ur.* Apretón fuerte y efusivo.

estrella.
   I. 1. f. *Mx.* Hierba perenne de hasta 80 cm de altura, hojas basales, subcilíndricas, con el ápice agudo y nervaduras denticuladas, inflorescencia en una umbela con de dos a cuatro flores, que son atrompetadas, erectas, blancas, y fruto capsular con cavidad erecta y elíptica; es ornamental. (Alliaceae; *Milla biflora*).
     2. *Co.* Hierba de hojas largas, basales y flores de color azul con manchas amarillo verdosas, agrupadas en forma de sombrilla; es ornamental. (Amaryllidaceae; *Eucharis grandiflora*). ♦ **estrella del Caquetá**.
     3. *PR.* **estrella africana**.
   II. 1. f. *Ch. En deportes*, título de campeón o ganador en una **competencia**.
   III. 1. f. *Bo.* Juego que se practica en un tablero con cuatro puntas de colores diferentes en el que cada jugador, provisto de fichas del mismo color, trata de hacerlas llegar a su meta, que es la punta de la estrella.
   IV. 1. pron. *Ho.* juv. Este. fest.
■
   a. ‖ **~ africana.** m. *Gu, CR.* Pasto de hoja fina y lanceolada y de tallos sarmentosos; es muy apreciado como forraje. (Poaceae; *Cynodon nlemfuensis*). ♦ **estrella**.
   b. ‖ **~ del Caquetá.** *Co.* **estrella**, hierba de hojas largas.
   c. ‖ **~ del Niño.** m. *CR.* Planeta Venus.
   d. ‖ **~ del sol.** f. *RD.* Planta trepadora de hasta 6 m de altura, con hojas alternas, divididas en numerosos lóbulos lineares, flores en forma de trompeta, *generalmente rojas o rosas*, y fruto en forma de cápsula ovoide. (Convolvulaceae; *Ipomoea quamoclit*).
   e. ‖ **~ federal.** *Ar, Ur.* **pastora**, arbusto de hasta 3 m.
   f. ‖ **~ vespertina.** f. *RD.* Planta trepadora de hasta 30 m de altura, con hojas en forma de corazón y flores fragantes, de color blanco o rosado; es ornamental. (Convolvulaceae; *Ipomoea alba*).
   ▶ **nacer con la ~ chueca.**

estrellada.
   I. 1. f. *Co, Pe.* Choque violento de vehículos.

estrellado.
   I. 1. adj. *Ho, Ni, Bo. Referido a un huevo*, frito en aceite o manteca.

estrellal.
   I. 1. m. *CR.* Terreno sembrado de **estrella africana**.

estrellazo.
   I. 1. m. *PR.* Golpe fuerte que se da contra algo duro. pop + cult → espon.

estrellero, -a.
   I. 1. adj/sust. *PR. Referido a persona*, que mira siempre al cielo. pop + cult → espon.

estrellita.
   I. 1. f. *Mx.* Hierba hasta 1 m de altura, de tallo cilíndrico, algo aplanado y estriado, hojas opuestas, pecioladas, verdes y con pelillos, flores con corola amarilla y pequeños pétalos blancos dispuestos en grupos de tres, y frutos en aquenio. (Asteraceae; *Galinsoga parviflora*). ♦ **jeguito**.
   II. 1. f. *Ch, Py, Ar.* Bengala, fuego artificial.
     2. *Ch.* Cada una de las chispas que desprende una **estrellita**.
   III. 1. f. *PR.* **cucubano**, insecto coleóptero.
   IV. 1. f. pl. *Bo, Ar.* Artificio pirotécnico, hecho con un alambre de aproximadamente 20 cm de largo, recubierto de una mezcla de limaduras de hierro, polvo de aluminio y nitrato de bario, que al ser encendido lanza chispas.

estrellón.
   I. 1. m. *Gu, CR, Pa, Cu, RD, PR, Co, Ec, Pe, Bo, Ch.* Choque violento, *generalmente de vehículos*. (**estrallón**).
   ▶ **darse un ~.**

estrellonazo.
   I. 1. m. *CR.* Choque violento, *generalmente de vehículos*. pop.

estremezón.
   I. 1. m. *Co, Ve; Ec*, p.u. Estremecimiento. pop + cult → espon.

estremonías.
   I. 1. f. pl. *RD.* Esfuerzo muy grande que se realiza para intentar curar a una persona. hiperb.
   II. 1. f. pl. *RD.* Tortura, maltrato que se inflige a alguien, *especialmente a un preso*. hiperb.

estrenador, -ra.
   I. 1. m. y f. *Ch.* Entrenador, preparador. pop ^ fest.

estreñido, -a.
   I. 1. sust/adj. *Bo.* Persona que escatima exageradamente en lo que gasta o en lo que da. pop + cult → espon ^ desp.

estrés. (Del ingl. *stress*, agotamiento).
   I. 1. m. *PR. En sociología*, coacción.
     2. *PR. En la industria*, esfuerzo de producción.

estrésico, -a. (Del ingl. *stress*, agotamiento).
   I. 1. adj. *EU, PR. Referido a persona*, estresada.
     2. *EU, PR. Referido a persona o cosa*, estresante.

estriba. (Epént. de *estiba*).
   I. 1. f. *Ho.* Colocación ordenada de algo para que ocupe menor espacio.
     2. *Ho.* Carga y descarga de un barco.

estribado, -a. (Epént. de *estibado*).
   I. 1. adj. *RD. Referido a persona*, recostada sobre un asiento.
   II. 1. adj. *Ho. Referido a un objeto o producto*, transportado y colocado por alguien.

estribador. (Epént. de *estibador*).
   I. 1. m. *Ho.* Persona que carga y descarga mercancías de un barco.

estribar(se).
   I. 1. intr. *Bo:E,S, Ar.* Calzar un jinete el pie en el estribo. rur.
     2. *Ar.* Cabalgar con los pies en los estribos. rur.
   II. 1. tr. *Ho.* Estibar, colocar ordenadamente *algo* para que ocupe menor espacio.
     2. *Ho.* Transportar *alguien algo* al hombro o mover una cosa de un lado a otro.
     3. *Ho.* Cargar o descargar *alguien* un barco.
   III. 1. intr. prnl. *RD.* Echarse hacia atrás y extenderse en un asiento cómodamente.

estribera.
   I. 1. f. *Ho, Ch, Ar; Mx, Ur*, rur. Correa del estribo.

estribero.
   I. 1. m. *Ec.* obsol. Hombre que tiene a cargo poner a las caballerías la montura y los demás implementos para montarlas. rur.

estribero, -a.
 I. 1. sust/adj. *RD*. Criado, sirviente.
estribillo.
 I. 1. m. *Mx*. Arbusto silvestre de hasta 12 m de altura, de hojas opuestas ovales y obtusas, con inflorescencia axilar, flores blancas; el fruto es una cápsula coriácea de color rojo brillante; sus hojas se emplean contra enfermedades del aparato genital o urinario. (Meliaceae; *Trichilia havanensis*). ♦ **ciguaraya**; **garrapatilla; siguaraya**.
 II. 1. m. *ES*. p.u. Ano. vulg; pop + cult → espon.
estribitos.
 ▶ hacer ~.
estribo.
 I. 1. m. *Mx*. Pan a manera de marco rectangular hecho de harina y manteca, ligeramente dulce.
 II. 1. m. *Ho*. Montón de algo, *generalmente de leña*. rur.
 ■
  a. ‖ ~ **de cajón.** m. *Pe*. Estribo con una sola abertura para introducir el pie.
 □
  a. ‖ **la del ~.**
   i. loc. sust. *Mx, Ho, ES, Ni, Cu, Ve, Ec, Pe, Bo, Ch, Ar, Ur*. Última copa o **trago** de una bebida que se toma antes de irse de una reunión. pop + cult → espon.
   ii. *Pe, Ar, Ur*. En una situación en la que se ha repetido una acción o conducta, la última realizada por una persona antes de marcharse. pop.
 ▶ estar hasta los ~s.
estricote.
 ▶ darse al ~; tirarse al ~.
estrictez.
 I. 1. f. *Pa, Cu, Co, Ec, Pe, Bo, Ar, Ch*, prest; cult → esm. Apego escrupuloso a la norma establecida.
 2. *Ec, Bo, Ch, Ar*. Severidad o dureza en el trato.
estril.
 I. 1. adj. *Ni*. juv. *Referido a persona*, delgada.
 2. *Ni*. juv. *Referido a persona*, baja, de pequeña estatura.
 3. m. *Ni*. juv. Pequeña porción de algo.
 II. 1. m. *Ch*. Protesta o desacuerdo de una persona o grupo que se realiza ante algo considerado como injusto.
 III. 1. adj. *Ni*. juv. *Referido a persona*, drogadicta.
 2. m. *Ni*. juv. Cigarro de marihuana. drog.
 IV. 1. adj. *Ho*. juv. **acabado**, persona pobre. delinc.
estrilada.
 I. 1. f. *Ch*. p.u. Protesta o desacuerdo de una persona o grupo que se hace ante algo considerado como injusto. pop + cult → espon.
estriladera.
 I. 1. f. *CR, Ch*. Manifestación reiterada de disconformidad o desacuerdo. pop + cult → espon.
 2. *CR*. Fastidio o molestias continuas que se causan a alguien. pop + cult → espon.
estrilado, -a.
 I. 1. adj. *Ar*. *Referido a persona*, enfadada, de mal humor. pop.
estrilador, -ra.
 I. 1. adj. *Ch*. p.u. *Referido a persona*, protestona. pop.
estrilar.
 I. 1. intr. *Ar, Ur*. Enojarse, rabiar. pop.
 2. *CR, Ch*. Manifestar disconformidad o desacuerdo. pop + cult → espon.
 3. *CR*. Fastidiar, causar malestar o disgusto. pop + cult → espon.
estrillarse.
 I. 1. intr. prnl. *PR*. Sonar la madera o el cinc por los cambios de temperatura.
 2. *PR*. Estallar un látigo o un petardo.

estrillo.
 I. 1. m. *PR*. Restallido del látigo.
 2. *PR*. Crujido de la madera por cambios de temperatura.
estrilo.
 I. 1. m. *Ar, Ur*. obsol. Mal humor, enojo. pop.
estrilón, -na.
 I. 1. adj. *CR*. *Referido a persona*, que **estrila** o manifiesta disconformidad. pop + cult → espon.
estripar.
 I. 1. tr. *PR, Co, Ve*. Aplastar *algo* estrujándolo o apretándolo con fuerza. pop + cult → espon. ♦ **espichar**.
 2. *CR, Co*. Pulsar un botón, una tecla u otra cosa similar. pop + cult → espon. ♦ **espichar**.
estriptisero, -a.
 I. 1. sust/adj. *Co, Bo, Ch*. Persona, *especialmente una mujer*, que practica el *striptease*.
 2. adj. *Co, Ch*. Relativo al *striptease* o espectáculo en el que una persona se desnuda lenta y sugerentemente.
estró. (Del ingl. *straw*).
 I. 1. m. *EU*. Pajita para sorber líquidos.
estrofa.
 I. 1. f. *PR*. juv. Persona que viste mal.
estrófago, -a.
 I. 1. adj. *PR*. *Referido a persona*, que no se interesa por nada.
 2. *PR*. *Referido a persona*, descuidada.
estrolada.
 I. 1. f. *Ar, Ur*. Paliza, tunda. pop.
estrolar(se).
 I. 1. tr. *Ar, Ur*. Golpear a *alguien*, darle una paliza. pop.
 2. *Ar*. Arrojar con violencia *algo* o a *alguien* contra otra cosa. pop.
 3. intr. prnl. *Ar*. Chocar violentamente contra algo. pop.
estromelia.
 I. 1. *PR*. **astromelia**, crespón. ♦ **estromera**.
estromera.
 I. 1. *PR*. **estromelia**.
estromparse.
 I. 1. intr. prnl. *Ve*. Golpearse o destrozarse *algo*.
estroncarse.
 I. 1. prnl. *PR*. Debilitarse *alguien* por la enfermedad, destroncarse. rur.
estropajo.
 I. 1. m. *RD, PR*. metáf. Prostituta vieja y barata. prost.
estropear(se).
 I. 1. tr. *Bo*. Maltratar a *alguien* verbal o físicamente.
 □
  a. ‖ ~**se el *chip*.** loc. verb. *Ho*. Desvariar, hacer cosas sin sentido. pop.
estropeo.
 I. 1. m. *Cu, RD*. Cansancio, falta de fuerzas.
estropesía.
 I. 1. f. *PR*. Hidropesía. rur; pop.
estrucado, -a. (Del ingl. *strucked out*, golpear).
 I. 1. *PR*. **ponchado**, eliminado.
estrucar. (Del ingl. *struck out*, golpear).
 I. 1. *PR*. **ponchar**, eliminar.
estruchante.
 I. 1. *Ec*. **escruchante**.
estruchar.
 I. 1. *Ec*. **escruchar**.
estruche.
 I. 1. *Ec*. **escruche**.

estrucretado, -a.
- **I. 1.** adj. *PR. Referido a un muchacho*, nervioso, confuso al lado de una muchacha.

estructurero, -a.
- **I. 1.** adj/sust. *Ch. Referido a persona*, encargada de la fabricación de estructuras metálicas.

estrujada.
- **I. 1.** f. *Mx, RD, Co.* Estrujamiento.

estrujadera.
- **I. 1.** f. *Ni, RD, Co.* Estrujamiento.
- **2.** *RD.* Amontonamiento de personas que confluyen en un sitio determinado.

estrujado, -a.
- **I. 1.** adj. *Mx, Ni, Cu, PR. Referido a cosa, especialmente ropa*, ajada, arrugada.
- **II. 1.** adj. *PR. juv. Referido a persona*, cansada.

estrujador.
- **I. 1.** m. *Ho.* Instrumento para extraer el jugo de la caña de azúcar que consiste en un poste rectangular que se hinca en el suelo y que, a un metro de altura, tiene un hueco en el que se introduce como palanca un palo que estruja la caña. rur.

estrujar.
- **I. 1.** tr. *Co.* Dar tirones al cabello.
- **II. 1.** tr. *PR.* Codearse íntimamente con una persona. pop + cult → espon.
- **2.** *PR.* Pegarse alguien mucho a su interlocutor. pop + cult → espon.
- □
- **a.** ‖ ~se de la risa. loc. verb. *Ch.* obsol. Reírse con mucha intensidad. pop + cult → espon.

estrujón.
- **I. 1.** m. *RD.* Enfrentamiento, confrontación.
- **II. 1.** m. *PR.* Castigo físico leve dado *en especial a un niño.*
- **III. 1.** m. *PR.* Lavado rápido de una prenda de vestir.

estrunge.
- **I. 1.** adj. *Ar. Referido a cosa*, excelente, de gran calidad. pop.

estrús. (Del ingl. *stool*, taburete).
- **I. 1.** m. *EU.* Asiento sin brazos ni respaldo para una persona.

estuchante.
- **I. 1.** m-f. *Pe.* Ladrón que utiliza llaves maestras para abrir cerraduras. delinc.

estuche.
- **I. 1.** m. *Ho, ES, Ni, CR.* Ataúd. pop + cult → espon ∧ fest.
- **II. 1.** m. *Ho, Ni, CR.* p.u. Estadio de **futbol**. pop + cult → espon.
- ■
- **a.** ‖ ~ **geométrico.** m. *Ni, Bo.* Conjunto de instrumentos compuesto por regla, escuadra, cartabón, transportador y compás.

estuco.
- **I. 1.** m. *Ch.* Maquillaje muy denso y consistente que sirve para tapar los poros de la piel. pop + cult → espon ∧ fest.
- **II. 1.** m. *Bo.* Sulfato base de cocaína. drog.

estucurú.
- **I. 1.** m. *CR.* p.u. Cabellera muy crecida, descuidada y sin peinar. pop ∧ fest.

estudiado, -a.
- **I. 1.** adj. *Ho, Co; Ni, CR, Cu, Ec, Pe*, obsol; *Ar*, p.u. *Referido a persona*, instruida.

estudiar.
- □
- **a.** ‖ ~ **para bacalao.** loc. verb. *Cu, RD.* Enflaquecer mucho *una persona.* pop + cult → espon ∧ fest.

estudio.
- **I. 1.** m. *Bo. En el juego de billar*, jugada que consiste en colocar una bola numerada detrás de otras bolas, de modo que el contrincante no pueda golpearla directamente con la bola blanca.
- ●
- **a.** ‖ ¡ya ~s! fórm. *Mx.* Se usa para indicar que una acción ha sido concluida con éxito. pop + cult → espon ∧ fest.

estufa.
- **I. 1.** f. *Mx, Gu, Ho, Pa, RD, Co.* Cocina, aparato que hace las veces de fogón, con hornillos o fuegos y a veces horno.
- **II. 1.** f. *Ar:NO.* Cobertizo que se usa para el secado artificial del tabaco mediante calor emitido por tubos con quemadores. rur.
- **III. 1.** f. *Ni, PR.* Automóvil viejo al que se le calienta mucho el motor. pop + cult → espon ∧ fest.
- **2.** *PR.* Automóvil sin aire acondicionado. pop + cult → espon ∧ fest.

estufar(se). (Del it. *stufare*).
- **I. 1.** intr. prnl. *Ur; Ar*, p.u. Fastidiarse o molestarse *alguien.*
- **2.** tr. *Ur; Ar, Ur.* Causar *algo* fastidio o molestias. pop.

estufero.
- **I. 1.** m. *Ar:NO.* Hombre encargado de atender y cuidar las **estufas** de tabaco. rur.

estufiar. (Del ingl. *stuff*).
- **I. 1.** tr. *EU.* Aspirar una droga en polvo por la nariz. drog.

estufita.
- **I. 1.** f. *PR.* Mujer ardiente. pop + cult → espon.

estufo, -a. (Del it. *stufo*).
- **I. 1.** adj. *Ar. Referido a persona*, disgustada, contrariada. pop.
- **2.** *Ar.* p.u. *Referido a persona*, cansada, aburrida. pop.

estultificar.
- **I. 1.** tr. *EU.* Anular, invalidar *algo.*
- **II. 1.** tr. *EU.* Causar *algo* que *una persona* parezca o sea idiota.

estupinián.
- **I. 1.** adj. *ES. Referido a persona*, estúpida, tonta. pop + cult → espon ∧ fest.

estuqueado.
- **I. 1.** m. *Bo.* Enlucido de estuco. pop.

estuqueado, -a.
- **I. 1.** adj. *Bo. Referido a una pared o al cielo raso de una habitación*, enlucido con estuco. pop.

estuquear.
- **I. 1.** tr. *Bo.* Enlucir *algo* con estuco. pop.

estusado, -a.
- **I. 1.** adj. *PR. juv. Referido a persona*, fastidiada.

estusar(se).
- **I. 1.** tr. *PR.* Azotar, pegar. (**destusar**).
- **II. 1.** intr. prnl. *PR.* Afanarse, agotarse haciendo algo con denuedo. (**destusarse**).

esvaído, -a.
- **I. 1.** adj. *PR. Referido a persona*, desmayada, mareada, pálida.

esvalijar.
- **I. 1.** tr. *PR.* Desvalijar.

esvanecerse.
- **I. 1.** intr. prnl. *PR.* Darse importancia, actuar con arrogancia, con petulancia. rur; pop.

esvanecido, -a.
- **I. 1.** adj/sust. *PR. Referido a persona*, orgullosa, vanidosa, soberbia. rur; pop.
- **2.** *PR. Referido a persona*, mareada. rur; pop.

esvanecimiento.
  I. 1. m. *PR.* Petulancia, arrogancia. rur; pop.
    2. *PR.* Mareo. rur; pop.

esvielarse.
  I. 1. intr. prnl. *PR.* Romperse las bielas de un automóvil.
    2. *PR.* Hacerse muy viejo y achacoso.

esvirgar.
  I. 1. tr. *PR.* Desvirgar.

esyuncarse.
  I. 1. intr. prnl. *PR.* Desnucarse.

etamina. (Del fr. *étamine*).
  I. 1. f. *Ho.* Variedad de tela floreada. rur.

etapa.
  I. 1. f. *Pe, Bo, Ch, Ar, Ur.* En un partido de **futbol**, cada uno de los períodos de 45 minutos en que se divide.
    □
    a. ‖ ~ **complementaria.** loc. sust. *Ni, CR, Pe, Bo, Ch, Ar, Ur.* En un partido de **futbol**, segundo período de 45 minutos.

etcétera.
    □
    a. ‖ **hecho una ~.** loc. adv. *Pa, Cu, Co.* p.u. En estado lamentable. pop + cult → espon.
  ▶ **volverse ~; volverse un ~.**

eteco, -a.
  I. 1. adj. *Pe:E. Referido a persona*, muy delgada, de físico débil, enfermiza.

éter.
  ▶ **estar en el ~; salir al ~.**

eterní. (De *Eternit®*).
  I. 1. *Pe.* **eternit.**

eternit. (De *Eternit®*).
  I. 1. m. *Pe.* Plancha ondulada de cinc o asbesto *que se usa generalmente para techar.* (**eterní**).

etilizado, -a.
  I. 1. adj. *Bo. Referido a persona*, borracha. prest; cult → esm.

etilla.
  I. 1. *RD.* **estilla.**
  ▶ **dar ~.**

etiquiento, -a.
  I. 1. adj. *Bo:N,E. Referido a persona*, que padece tuberculosis.

etiricia.
  I. 1. f. *RD.* Ictericia, enfermedad. pop.

etore.
  I. 1. m. *Bo:N,E.* Persona de voz áspera y de poca sonoridad.

etricar.
  I. 1. tr. *RD.* Imitar el habla o los gestos propios de alguien para burlarse de él.

eugenio.
  I. 1. *PR.* **guarapo**, árbol.

evangelismo.
  I. 1. m. *Ho, Ni, Bo.* Predicación del evangelio y extensión de su palabra por el mundo. prest; cult → esm.

evaporadora.
  I. 1. f. *PR.* Aparato para secar el café por medio de vapor.

eventismo.
  I. 1. m. *Ch.* Afición a la organización de eventos y participación en ellos. prest; cult → esm.

eventualmente. (Calco del ingl. *eventually*, finalmente).
  I. 1. adv. *EU, Ni, RD.* Más adelante, en el futuro.

evidente.
  I. 1. m. *PR.* Cálculo.
  ▶ **echar un ~.**

evolucionado, -a.
  I. 1. adj/sust. *Ch. Referido a persona*, moderna, actual, con un alto grado de madurez psicológica y mental.

exageradura.
  I. 1. f. *Ve.* obsol. Exageración.

examen.
  ■
    a. ‖ ~ **de corte.** m. *Bo, Ch.* Examen que se realiza al finalizar la carrera de Derecho para obtener el grado de licenciatura.
    b. ‖ ~ **de dispensación.** m. *Bo.* Examen que eventualmente exige la universidad para admitir a los alumnos sin que hayan realizado el **curso vestibular.**
    c. ‖ ~ **de mínimo.** m. *Cu.* **mínimo**, examen de suficiencia.
    d. ‖ ~ **de reparación.** m. *Ni, Ve.* Examen que vuelve a hacer un alumno después de haber acabado el curso sobre una asignatura no aprobada.
    e. ‖ ~ **diferido.** m. *Ve.* Examen que se realiza en una fecha posterior a la establecida.
    f. ‖ ~ **vestibular.** m. *Bo.* Examen que se realiza al finalizar el **curso vestibular** para poder ser admitido en la universidad como alumno oficial.

excederse.
  I. 1. intr. prnl. *ES.* Lucirse, hacer algo muy bien.

excedido, -a.
  I. 1. adj. *ES. Referido a persona o cosa*, muy buena o bien hecha.

excursionar.
  I. 1. intr. *Ch.* Realizar una excursión o salida a un lugar como estudio o recreo. cult.

excusa.
  I. 1. f. *Ni, CR, Pe, Bo; Ve*, obsol. Escrito en el que se justifica la inasistencia a clase de un estudiante.

exequátur.
  I. 1. m. *Ho, Ni, RD.* Título o escrito de la Corte Suprema de Justicia que se otorga a quien ha aprobado el examen respectivo de notario.

exequibilidad.
  I. 1. f. *Co.* Calidad de exequible. prest; cult → esm.

exfiltrar.
  I. 1. tr. *Cu.* Sacar clandestinamente de Cuba a disidentes políticos.

exfoliador, -ra.
  I. 1. adj/sust. *Mx, Co, Ec, Pe, Bo. Referido a un cuaderno, una libreta o una agenda*, que tiene las hojas ligeramente pegadas para poder desprenderlas con facilidad.

exhibición.
  I. 1. f. *Mx.* Exposición pública de obras de arte.
  II. 1. f. *Mx.* Pago, entrega de dinero. esm.

exhibida.
    □
    a. ‖ ¡**qué ~!** loc. interj. *Pa.* Expresa asombro ante el ridículo que hace alguien.

exhibir.
  I. 1. tr. *Mx.* Pagar, entregar una cantidad de dinero a alguien. esm.
  II. 1. tr. *Ho.* Dar a luz una mujer, parir. prest; cult → esm.

exhosto.
  I. 1. m. *Co.* Tubo de escape.

exigido, -a.
  I. 1. adj. *Ar, Ur*, pop; *Ho*, rur. *Referido a persona, animal o a una máquina*, sometido a un gran esfuerzo o rendimiento.

exigir.
  I. 1. tr. *Ve.* Rogar.

eximición.
    I. 1. f. *Bo, Ch, Ar.* Exención de una carga, obligación o culpa. prest; cult → esm.

eximido, -a.
    I. 1. *Ve. Referido a una asignatura,* aprobada durante el curso. est.
    2. adj. *Ve. Referido a persona,* que aprobó un curso o grado con altas calificaciones y sin necesidad de presentar el examen final.

eximir.
    I. 1. tr. *Ni, CR, Co, Ve, Bo, Ar.* Aprobar un alumno una materia o asignatura durante el curso sin tener que hacer el examen final.

exitismo.
    I. 1. m. *Bo, Py, Ar, Ur; Ch,* cult. Afán desmedido de éxito o valoración excesiva de su obtención por parte de terceros. prest; cult → esm.

exitista.
    I. 1. adj. *Bo, Ch, Ar, Ur.* Relativo al **exitismo**.
    2. sust/adj. *Bo, Ch, Ar, Ur.* Persona propensa o inclinada al **exitismo**.

exósfera.
    I. 1. f. *Mx, Pa, Co, Pe, Bo, Ch, Ar, Ur.* Exosfera.

expándcr.
    I. 1. m. *CR.* Pieza cilíndrica de metal o plástico que se introduce en la pared para sujetar algo con un tornillo.

expansión. (Del ingl. *expansion*).
    I. 1. f. *PR.* Tarugo de metal o de plástico que se incrusta en una pared de hormigón para enroscar en él un tornillo.

expansor. (Del ingl. *to expand,* expandirse).
    I. 1. m. *Ho.* Pieza alargada, *generalmente de plástico,* que se empotra en la pared para introducir en ella un clavo o tornillo y que queden firmemente fijados.

expectorar.
    I. 1. tr. *Pe.* Expulsar, echar a *alguien.* pop. (**espectorar**).

expedicionar.
    I. 1. tr. *Ni, Ve; Bo,* pop. Hacer una expedición o una incursión en un lugar.

expedicionista.
    I. 1. m-f. *Ni, Bo.* Persona que habitualmente realiza viajes de exploración.

expedirse.
    I. 1. intr. prnl. *Bo, Ch.* Manejarse, desenvolverse en asuntos o actividades. prest; cult → esm.

expeditar.
    I. 1. tr. *Mx, Ho, Ni, Cu.* Acelerar la solución de un asunto. prest; cult → esm.

expendio.
    I. 1. m. *Mx, Ni, Cu, RD, Ve, Pe, Bo, Ch, Py, Ar, Ur. En el comercio,* venta al por menor.
    2. *Mx, Ho, ES.* Cantina en donde se venden y consumen bebidas alcohólicas, en especial aguardiente.
    3. *Mx, Ur.* Tienda donde se venden comestibles al por menor, a veces subvencionados o administrados por el Estado.
    4. *Ch.* p.u. Establecimiento donde se vende cualquier tipo de productos al por menor.

experticia.
    I. 1. f. *CR, Cu, Co, Ec.* Pericia en una actividad o campo determinados, *especialmente en el lenguaje escrito.*
    2. *Cu, Pe, Ch.* Cualidad de una persona o de una empresa en la que se unen la experiencia y la pericia en un campo. prest; cult → esm.
    3. *Ve.* Prueba pericial para determinar los daños causados a un vehículo automotor que está accidentado.

experticio.
    I. 1. m. *RD, Co.* Trabajo o estudio que hace un perito.

explayarse.
    I. 1. intr. prnl. *ES, Ve.* Sentarse con las piernas abiertas u ocupando mucho espacio.
    II. 1. intr. prnl. *Ve.* Ocupar ilegalmente parte de una propiedad ajena.

explicación.
    I. 1. f. *CR. En el curso preparatorio para hacer la primera comunión,* lección de catequesis.

explosar.
    I. 1. intr. *Ch.* Explotar, hacer explosión *algo.* cult.

explosor.
    I. 1. m. *Ho.* Aparato eléctrico que se emplea para explosionar cargas a distancia.

explotado, -a.
    I. 1. adj. *Ni. Referido a un **lanzador** de **beisbol**,* retirado porque los jugadores del equipo contrario le **batean** con facilidad.
    II. 1. adj. *PR.* juv. *Referido a persona,* muy gorda.
    ▶ **darse una explotada**.

explotar.
    I. 1. tr. *Ni, PR. En el **beisbol**,* conseguir un jugador muchos **batazos** de un **lanzador** determinado.

exponer.
    □
    a. ‖ ~ **el cuero.** loc. verb. *Mx, Bo, Ch.* Poner en riesgo la vida. pop + cult → espon. ♦ **exponer el físico**.
    b. ‖ ~ **el físico.** *Ho, ES, Ni, CR, Bo.* **exponer el cuero**.

exportación.
    □
    a. ‖ **de ~.** loc. adv. *Ho, Ni, CR, Cu, Pe, Bo.* De excelente calidad.

expositor, -ra.
    I. 1. m. y f. *Ni, Cu, Co, Pe, Bo, Ar.* Conferenciante.

expreso.
    I. 1. m. *Bo, Ar.* Empresa de transporte de mercaderías a larga distancia.
    2. *RD.* Vía por la que circulan automóviles y que, a modo de puente, pasa por encima de otras para descongestionar el tráfico.

express.
    ■
    a. ‖ ~ ***mail.*** ((Voz inglesa). m. *EU, Ni, PR.* Envío urgente.

expressway. (Voz inglesa).
    I. 1. m. *EU.* Carretera de gran amplitud, por la que pueden circular automóviles a gran velocidad y que cuenta con un número limitado de accesos.

exprimentar.
    I. 1. tr. *RD.* Experimentar.

exprimidor.
    I. 1. m. *Ve.* Dispositivo que tienen algunos **coletos** para facilitar la acción de exprimir el agua.

exprimidora.
    I. 1. f. *ES.* Prostituta. vulg.

exprimión.
    I. 1. m. *RD,* pop + cult → espon; *PR,* p.u; vulg; pop. Apretujón.

exprofesamente.
    I. 1. adv. *Ho, ES, Ni.* Intencionadamente.

expurgar.
    I. 1. tr. *Mx.* Revisar *algo* con cierto cuidado, *en especial un documento.*

exquisitura.
    I. 1. f. *Mx, Ho, Ni.* p.u. Exquisitez, cosa exquisita. pop.

extenderse.

□

    a. ‖ ~ **como la verdolaga.** loc. verb. *PR.* Ponerse *alguien* muy orgulloso. pop + cult → espon.

extendida.

    I. 1. f. *ES. En el fútbol*, estirada que realiza un portero para alcanzar un balón lanzado contra su meta.

extensible.

    I. 1. m. *Mx.* Pulsera de reloj de longitud adaptable.

extensión.

    I. 1. f. *Mx, Ho, CR, Cu, Co, Pe, Bo, Ch, Ar.* Alargador, dispositivo que sirve para hacer más extensa una conexión eléctrica.

    2. *Ch.* Conducto o vía que se conecta a otro principal y por el que se reciben servicios como agua, luz, teléfono o gas.

    II. 1. f. *PR.* Ampliación de un edificio o de un complejo de ellos.

extensionismo.

    I. 1. m. *Ec.* Difusión teórica y práctica de aspectos agronómicos entre núcleos campesinos. prest; cult → esm.

extensionista.

    I. 1. m-f. *Ch.* Persona que se encarga de la extensión o divulgación de una actividad o servicio a la comunidad. prest; cult → esm.

    2. *Ec.* Agrónomo que instruye a núcleos de campesinos sobre determinados aspectos del trabajo agrícola. prest; cult → esm.

externalizar. (Del ingl. *to externalize*).

    I. 1. *PR.* **externar.**

externar.

    I. 1. tr. *RD, PR; Mx, Gu, Ho, ES, Ni,* prest; cult → esm. Manifestar una opinión, poner de manifiesto *algo*. ♦ **externalizar.**

extinguidor. (Del ingl. *extinguisher*).

    I. 1. m. *EU, Mx, Gu, Ho, ES, Ni, CR, Pa, Cu, PR, Co, Ve, Ec, Pe, Bo, Ch, Py, Ar, Ur.* Extintor, aparato para extinguir incendios.

extra.

    I. 1. f. *Mx, Bo.* Edición adicional de un diario.

    2. *Ho, ES, Bo, Py.* Conjunto breve de escenas de una película que se exhibe como anuncio de promoción antes de ser proyectada.

extrabase.

    I. 1. f. *Ni, Cu, PR, Ve. En el beisbol*, **batazo** que permite al **bateador** alcanzar más de una **base.**

extracátedra.

    I. 1. adj. *Ve. Referido a una actividad educativa*, que se realiza fuera del centro de enseñanza o en horario distinto al lectivo. prest; cult → esm.

extracción.

    I. 1. f. *Co, Ve. En ganadería*, parte de la producción de un hato que puede retirarse de él, en un período de tiempo, sin afectar su productividad.

extrachata.

    I. 1. f. *Pe.* obsol. Estuche pequeño y plano que contiene maquillaje, un aplicador y, generalmente, un espejo. (**estrachata**).

extrañamiento.

    I. 1. m. *Mx.* Amonestación de carácter jurídico o administrativo. prest; cult → esm.

extrañar.

◪

    a. ‖ **me extraña que siendo araña (subas por elevador).** fr. prov. *Mx, Ni, Co, Ve, Pe, Bo, Ch.* Indica la sorpresa de que alguien que posee las habilidades o experiencia suficientes para realizar algo se comporte como si no las tuviese. pop + cult → espon ^ fest.

extraviado, -a.

    I. 1. adj. *PR. Referido a cosa*, deteriorada, vieja, inservible.

extravío.

    I. 1. m. *Gu.* Atajo, senda por donde se abrevia el camino.

extrear.

    I. 1. intr. *CR.* Trabajar horas extraordinarias. pop.

extremarse.

    I. 1. intr. prnl. *Mx.* Estar en celo un animal. rur.

□

    a. ‖ ~ **la nota.** loc. verb. *EU.* Comportarse mal *alguien*.

extremidad.

▶ **meter las ~es.**

eyra.

    I. 1. *Ar.* **gato eira.**

ezquite.

    I. 1. *Mx.* **esquite,** ensalada.

F.

 I. 1. f. *EU, Cu, RD, PR.* Nota académica de suspenso, desaprobado.

fa.

 I. 1. m. *Co, Ec.* juv. Favor. pop.

 ☐

 a. ‖ **en ~.**

 i. loc. adv. *Mx, Pa.* juv. Rápidamente. pop.

 ii. loc. adj. *Pe. Referido a persona o cosa*, que ha alcanzado un estado óptimo para determinada acción. pop.

 ▶ **estar en ~.**

fábol. (Del ingl. *fault*).

 I. 1. m. *Gu, ES, Ni. En el **futbol** o el **beisbol**,* falta.

fabolear.

 I. 1. tr. *ES. En el **futbol** o el **beisbol**,* cometer falta a un jugador contrario. (**faboliar**).

faboliar.

 I. 1. *Ni.* **fabolear**.

fábrica.

 ☐

 a. ‖ **de ~.** loc. adj. *Cu. Referido a un objeto, aparato o equipo,* original, auténtico.

 ▶ **cerrar la ~.**

fabriquero, -a.

 I. 1. m. y f. *Mx.* obsol. Persona que lleva a cabo la destilación de aguardiente.

fabu. (Apóc. de *fabuloso*).

 I. 1. *PR.* **fabuloso**.

fábula.

 I. 1. f. *CR.* Película, *generalmente para niños,* hecha con dibujos animados.

 ▶ **irse de ~s.**

fabuloso, -a.

 I. 1. adj. *RD, PR.* juv. *Referido a persona,* hermosa, atractiva. (**fabu**).

¡fácata!

 I. 1. interj. *Ho.* Expresa rechazo o asco.

face.

 ☐

 a. ‖ **~ to ~.** (Voz inglesa). loc. adv. *Pe, Ch; Co,* p.u. En la cara, cara a cara.

facetada.

 I. 1. f. *Mx.* Chiste sin gracia.

faceto, -a.

 I. 1. adj. *Mx. Referido a persona,* presuntuosa.

facha.

 I. 1. f. *Ar, Ur.* Cara, rostro. pop.

 2. *Ar, Ur.* Buena apariencia física. pop.

 II. 1. m-f. *Ur.* **fachero**, de buen gusto y presuntuoso.

 ☐

 a. ‖ **en ~s.** loc. adv. *Mx, Ni, CR, Pa, Pe, Bo.* Con vestimenta desaliñada o inapropiada. pop + cult → espon.

 ▶ **darse ~. hacer ~.**

fachada.

 I. 1. f. *PR, Co, Pe.* Negocio legal que se utiliza para encubrir acciones ilícitas.

 II. 1. f. *RD, Bo; Ec,* fest. Cara de una persona. pop.

fachadismo.

 I. 1. m. *Ni.* Política administrativa gubernamental que consiste en aparentar que actúa.

fachalina.

 I. 1. f. *Ec.* Pañuelo grande y rectangular hecho de paño, que usan las mujeres indígenas como chal atado con un nudo.

fachar.

 I. 1. intr. *Ec.* p.u. Exhibirse con arrogancia en público *alguien* que lleva puesta una vestimenta lujosa. pop + cult → espon.

 2. tr. *Ec:S.* p.u. Exhibir *algo* con arrogancia. pop + cult → espon.

 II. 1. tr. *Cu.* Robar. pop.

fachatosta. (Del it. *faccia tosta*).

 I. 1. adj/sust. *Ar.* p.u. *Referido a persona,* caradura, sinvergüenza. pop.

fachentada.

 I. 1. f. *Ho, Ni.* Alabanza propia y presuntuosa.

 2. *CR.* obsol. Actitud que demuestra presunción y orgullo excesivos sobre uno mismo o sobre lo que se posee. pop.

fachentear.

 I. 1. intr. *Ni, CR.* obsol. Actuar con vanidad o jactancia.

fachento, -a.

 I. 1. adj. *Ho, ES, Ni; CR,* obsol. *Referido a persona,* engreída, jactanciosa. pop + cult → espon.

fachero, -a.

 I. 1. sust/adj. *Bo:S, Ar, Ur.* Persona de buen gusto, que se preocupa mucho por el arreglo y el vestido. pop + cult → espon. ♦ **facha**.

 2. *Ar, Ur.* Persona presuntuosa y engreída. pop + cult → espon. ♦ **facha**.

 3. adj. *Ar, Ur. Referido a un objeto,* de apariencia vistosa. pop + cult → espon.

 4. *Bo:S. Referido a un objeto,* que revela buen gusto y distinción. pop + cult → espon ^ fest.

facheta. (Del it. *faccetta*).

 I. 1. f. *Ur.* Cara, rostro. pop.

fachinal.

 I. 1. m. *Ar, Ur.* **Estero** o lugar anegadizo cubierto de **paja brava**, junco y otra vegetación.

fachinero.

 I. 1. adj. *Ar, Ur. Referido a un hombre,* valiente, decidido. pop.

fachista.

 I. 1. m-f. *RD, Co, Pe.* Persona de ideas reaccionarias. pop + cult → espon ^ desp.

 2. adj. *RD, Co, Pe. Referido a ideas o actitudes,* reaccionarias. pop + cult → espon ^ desp.

facho.
    I. 1. m. *Cu.* Robo, atraco. pop.

facho, -a.
    I. 1. adj/sust. *CR, Co, Pe, Bo, Ch, Ar, Ur.* Referido a *persona*, de ideología política reaccionaria. pop + cult → espon ^ desp.
      2. *Co, Pe, Bo, Ch, Ar, Ur.* Fascista. pop + cult → espon ^ desp.

fachosear.
    I. 1. intr. *Mx.* Presumir, hacer ostentación de algo. vulg.

fachoso, -a.
    I. 1. adj. *Ec:S, Pe, Ar.* Referido a persona, de aspecto elegante, porte gallardo y trajes vistosos. pop.
      2. *Bo:E.* Referido a persona, que tiene buen gusto y distinción para vestir.
    II. 1. adj. *Ve:O; Ec,* p.u. Referido a persona, jactanciosa.

fachudo, -a.
    I. 1. adj. *Mx, Gu.* Referido a persona, que viste de manera ridícula.
      2. *Gu, CR.* p.u. Referido a persona, que viste con descuido o de manera desaliñada. pop + cult → espon.

fácil.
    I. 1. adv. *Pe.* Probablemente. pop + cult → espon.
    ●
    a. ‖ ¿y es ~? fórm. *RD.* Se usa para manifestar incredulidad ante lo que afirma alguien.
    ▶ no ser ~.

facilidades. (Del ingl. *facilities*).
    I. 1. f. pl. *EU, RD, PR.* Instalaciones, recintos acondicionados para prestar un determinado servicio, profesional o de ocio. ♦ **facilidades físicas**.
    ■
    a. ‖ ~ físicas. pl. *RD, PR.* **facilidades**.
    □
    a. ‖ a ~. *Bo.* en facilidades.
    b. ‖ con ~. *Ch.* en facilidades.
    c. ‖ en ~. loc. adv. *Bo, Ar.* Mediante pagos parciales y periódicos. ♦ **a facilidades**; **con facilidades**.

facilismo.
    I. 1. m. *Ho, Ni, CR, Cu, RD, Co, Ve, Ec, Pe, Bo, Py, Ar, Ur; Ch,* esm. Tendencia a hacer o tratar de lograr algo de manera fácil, sin mucho esfuerzo o sacrificio.

facilista.
    I. 1. adj. *Cu, Co, Ec, Pe.* Referido a persona, que se esfuerza poco.
      2. *Cu, Co, Ec, Pe.* Referido a cosa, poco trabajada o superficial.

facilitador, -ra.
    I. 1. m. y f. *EU, Gu, Ho, Ni, CR, Pa, Cu, RD, PR, Co, Ve, Ec, Pe, Bo, Py.* Persona que **se desempeña** como instructor u orientador en una actividad.
      2. *Gu, RD, Ve.* Profesor o maestro.
    II. 1. m. y f. *Ni, CR, PR, Pe, Bo.* Persona u organismo que actúa como agente promotor de una negociación o ejecutor de un proyecto.
      2. *RD, PR.* Favorecedor, proveedor.
    ■
    a. ‖ ~ cultural. m. y f. *Ch.* Funcionario bilingüe que da apoyo a personas de minorías étnicas.

facineroso, -a.
    I. 1. *Pa, Cu, RD.* Persona de mal aspecto en su presentación personal. (**fascineroso**).
    II. 1. adj/sust. *Ec.* Referido a persona, *especialmente joven*, novelera. pop ^ afec.

facistol, -la.
    I. 1. adj. *RD, Ve.* p.u. Referido a persona, pedante y vanidosa. rur. (**facistor**). ♦ **facistolero**; **firulístico**.

facistolería.
    I. 1. f. *PR, Ve.* p.u. Petulancia, jactancia, afectación. (**facistorería**). ♦ **echonería**.

facistolero, -a.
    I. 1. *Ve.* p.u. **facistol**.

facistor, -ra.
    I. 1. *Ve.* **facistol**.

facistorería.
    I. 1. *PR, Ve.* **facistolería**. (**fasistorería**).

facón.
    I. 1. m. *Py, Ar, Ur; Ve.* delinc. Cuchillo grande, recto y puntiagudo.
      2. *Ch.* Cuchillo grande, de hoja ancha, *generalmente encorvado hacia la punta*, que los gauchos argentinos y uruguayos llevan atravesado en el cinturón. rur.

factibilizar.
    I. 1. tr. *Co, Bo, Py; Ch,* esm. Hacer que *algo* resulte factible. cult.

factoría. (Del ingl. *factory*).
    I. 1. f. *Pe.* Taller de reparación de vehículos automotores.
    II. 1. f. *EU.* Fábrica donde se elabora una gran variedad de productos *tanto alimenticios como de uso doméstico*.
    III. 1. f. *Ec.* Fábrica dedicada a la fundición de hierro.

factura.
    I. 1. f. *Ar, Ur;* f. pl. *Py.* Bollo u otro dulce *fabricado y vendido en panaderías o pastelerías*.
    II. 1. f. *Cu.* Lista de artículos o víveres que se han de consumir en un tiempo determinado. ♦ **facturería**.
    III. 1. f. *Ur.* Embutido, *por lo común de carne de cerdo*.

facturería.
    I. 1. f. *Ar.* Arte de elaborar **facturas**, bollos u otros dulces.
      2. *Ar.* Establecimiento donde se elaboran y venden **facturas**, bollos u otros dulces.
    II. 1. f. *Cu.* **factura**, lista.

facturista.
    I. 1. m-f. *Ar; Mx, Ec.* p.u. Persona encargada de hacer o extender facturas.

facultad.
    I. 1. f. *RD, PR, Py.* Poder sobrenatural para ver a los difuntos, hablar con ellos y hacer curaciones con la intervención del mundo de los espíritus.
    ▶ tener ~es.

faculto.
    I. 1. sust/adj. *RD, Ve.* Persona experta en una actividad. (**facurto**).
      2. *Ve.* Curandero, persona que ejerce prácticas curativas. (**facurto**).

facultoso, -a.
    I. 1. adj. *Cu.* Referido a persona, que se atribuye facultades que no le corresponden o se excede en el uso de las que se le han asignado. pop ^ desp.

facurto, -a.
    I. 1. *Ve.* **faculto**, persona experta. rur.
      2. *Ve.* **faculto**, curandero. rur.

fáder. (Del ingl. *father*, padre).
    I. 1. m. *ES, Ec.* Padre. afec.

faena.
    I. 1. f. *Mx.* Trabajo que se hace en el campo en horas extraordinarias.

2. *Pe, Bo.* Actividad comunal además del cultivo que realizan los labradores indígenas. rur.
3. *Ch.* Lugar en el que trabaja o se asienta un grupo de trabajadores.
4. *Bo.* Grupo de trabajadores que realiza una tarea común.

faenear.
I. 1. tr. *Bo.* Matar animales y descuartizarlos para el consumo.

fafa.
I. 1. f. *Gu.* Dinero con que una persona, *especialmente un político*, soborna a un periodista.

fafarachero, -a.
I. 1. adj/sust. *Ni, Co:SO. Referido a persona*, jactanciosa.

fafero, -a.
I. 1. sust/adj. *Gu.* Periodista que se deja sobornar con **fafa**.

fagina.
I. 1. *Mx, Ni.* **fajina**, trabajo corporal. rur.
2. *Mx.* **fajina**, trabajo de los presos en las cárceles.
3. f. *Ec.* p.u. Cualquier trabajo duro de cuartel que debe hacer la tropa, a manera de sanción. polic.

fai.
□
a. ‖ **de ~.** loc. adv. *Ho, ES.* Gratis, sin costo alguno.
b. ‖ **de puro ~.** loc. adv. *Ho, ES.* Por gusto, sin ningún motivo o causa.
▶ **irse de ~.**

¡fai!
I. 1. interj. *ES.* Expresa aviso de que viene la policía. delinc.

faical.
I. 1. m. *Ec.* Terreno plantado de **faiques**.

faifa. (Del ingl. *pipe*, caño, tubería).
I. 1. f. *Ho.* Vulva. tabú; pop + cult → espon.

¡faifai! (Del ingl. *five - five*, cinco).
I. 1. interj. *ES.* Expresa afecto amistoso entre dos personas.

faifudo.
I. 1. sust/adj. *Ho.* Hombre a quien le gusta discutir o pelearse con mujeres. vulg; desp.

faina.
I. 1. f. *Ar, Ur.* Especie de torta que se hace horneando una masa de harina de garbanzos. (**fainá**).
2. *Ur.* Torta frita elaborada *especialmente con queso*. (**fainá**).
II. 1. f. *ES.* Favor o servicio gratuito.
2. *ES.* Trabajo ocasional o extra.

fainá.
I. 1. *Ar, Ur.* **faina**, torta.
2. *Ur.* **faina**, torta frita.

fainada.
I. 1. f. *Cu.* Necedad, tontería, estupidez. pop ^ desp.
♦ **fainera, fainería.**

fainera
I. 1. *Cu.* **fainada**.

fainería.
I. 1. *Cu.* **fainada**.

faino, -a.
I. 1. adj/sust. *Cu. Referido a persona*, mentecata, necia, estúpida. desp.

faique. (Del mochica *faik*).
I. 1. m. *Ec, Pe.* Árbol caducifolio de hasta 12 m de altura, de copa amplia, fuste irregular y muy ramificado, con espinas grandes opuestas en las ramas y el tronco, hojas compuestas, flores axilares en forma de cabezuelas densas y de color amarillo y fruto en forma de vaina un tanto plana, con semillas café oscuro; su madera es muy dura y buena como leña, y las semillas sirven de alimento al ganado. (Fabaceae; *Acacia macrantha*).

faisán.
I. 1. m. *Co:C.* juv. Persona que vende marihuana al por menor.
2. *Ar.* Cigarrillo de marihuana. delinc.

faite. (Del ingl. *fighter*, luchador).
I. 1. m. *Pe.* Matón, pendenciero. delinc.
2. adj/sust. *Pe.* obsol. *Referido a persona*, valiente, atrevida.
II. 1. adj. *Pe. Referido a persona*, que viste con elegancia y esmero.
2. m. *Ec:S.* obsol. Petimetre, lechuguino.

faitoso, -a.
I. 1. adj. *Pe. Referido a persona*, pendenciera, que adopta actitudes o comportamientos propios de un matón. pop.

faja.
I. 1. f. *RD, Co, Ve.* Cinturón ancho de cuero que llevan los hombres sobre el pantalón, para guardar las monedas y el revólver.
2. *Ho, Ni, CR, Cu.* Tira, *especialmente de cuero y provista de una hebilla*, usada para sujetar o ceñir a la cintura una prenda de vestir.
3. *Gu, ES, CR. En un automóvil*, correa del ventilador.
4. *Ec.* Cinturón de unos 2 m de longitud por 8 o 10 cm de anchura, tejido con hilos de lana de varios colores, usado para ceñir a la cintura la **cushma**, el **anaco** o los pantalones.
II. 1. f. *Ec.* obsol. Tira larga de hilo usada como manta para cubrir o abrigar bebés.
■
a. ‖ **~ del abanico.** *Pa.* **correa del abanico.**
b. ‖ **~ petrolífera.** f. *Ve.* Extensión alargada de terreno, *generalmente en las márgenes de un río*, en cuyo subsuelo se encuentra gran cantidad de petróleo.
□
a. ‖ **~ de tiros.** loc. sust. *CR.* Dientes de una persona. pop ^ fest.
▶ **pasarse por la ~; socarse la ~; zocarse la ~.**

fajada.
I. 1. f. *Ve.* obsol. Decepción, desengaño por no ser algo lo que se esperaba.
II. 1. f. *Ho, ES.* Comilona.
III. 1. f. *Ho.* Empeño, esfuerzo en el trabajo.
▶ **socarse la ~.**

fajado, -a.
I. 1. adj. *Ho, Ni, CR, Cu, RD, PR, Ve. Referido a persona*, que se dedica con intensidad y empeño a lo que hace. pop. ♦ **acinchado.**
II. 1. adj. *Cu.* obsol. *Referido a persona*, vestida combinando prendas de diferentes motivos, como cuadros y rayas.
III. 1. adj. *Ho. Referido a persona*, valiente.
□
a. ‖ **bien ~.** loc. adj. *Ec. Referido a persona*, que tiende a actuar con autoridad. pop + cult → espon.

fajador, -ra.
I. 1. sust/adj. *Mx, Ni, Ar.* Boxeador que no rehúye el combate.
2. adj. *Cu. Referido a animal bovino*, que acostumbra embestir.
II. 1. adj. *Ur, Bo, Ar*, p.u. *Referido a persona*, que cobra abusivamente por un bien o servicio.
III. 1. adj. *Bo:O. Referido a un hombre*, que tiene relaciones sexuales con frecuencia. tabú; pop ^ fest.

fajar(se).

I. 1. intr. prnl. *Mx, Gu, Ho, ES, Ni, CR, Cu, RD, PR, Co, Ve, Pe*. Dedicarse intensamente a un trabajo o actividad. pop + cult → espon.

2. *Mx, Ni, RD*. Asumir *alguien* una responsabilidad.

3. tr. prnl. *RD, Ec*. Enfrentarse *una persona* con valentía y autoridad a *alguien* o *algo*. pop + cult → espon.

4. intr. prnl. *Ho, Ni*. Ser *alguien* valiente.

II. 1. tr. prnl. *Gu, Ho, ES, Ni, Pa, Cu, RD, Ve, Pe, Ar, Ur; Bo:O*, pop ^ fest; *Ec*, p.u. Darse de golpes dos personas, irse a las manos.

2. tr. *Gu, Ho, ES, Ni, RD, Pe, Ar, Ur; Bo:O*, fest; *Ec*, p.u. Propinar una **golpiza** a *alguien*. pop + cult → espon.

3. intr. prnl. *Ec*. Adoptar una posición de pelea o de irse a las manos con alguien. pop + cult → espon.

4. intr. *Cu*. Embestir un animal bovino.

5. tr. *PR*. Disparar. pop + cult → espon.

III. 1. intr. prnl. *Mx*. Mantener una pareja una sesión de besos, caricias y abrazos apasionados sin llegar al acto sexual. pop + cult → espon.

2. tr. *Ni, Cu, RD*. Enamorar a *alguien*. pop + cult → espon.

3. *Bo:O*. Poseer sexualmente un hombre a una mujer. euf; pop + cult → espon.

IV. 1. tr. prnl. *RD, Co, Ve*. Realizar *algo* de forma brillante y sobresaliente. pop.

2. intr. prnl. *Co*. Lucirse, sobresalir en algo. pop.

V. 1. tr. *Bo:O, Py, Ar, Ur*. Cobrar a *alguien* más de lo justo por un bien o un servicio. pop + cult → espon ^ fest.

2. intr. prnl. *RD, Ve*. Hacer frente a *alguien*, aceptar su reto. pop + cult → espon.

3. tr. *Cu, PR, Bo*. Pedir dinero prestado. pop + cult → espon.

VI. 1. intr. prnl. *Ar*. Drogarse. pop.

VII. 1. tr. *Ho, ES*. Comer *alguien algo* en gran cantidad.

VIII. 1. tr. *Bo:O*. Hurtar *algo* sin que se entere la víctima. pop.

□

a. ‖ **~ el culo a una mujer.** loc. verb. *Cu*. Enamorar a una mujer. vulg.

b. ‖ **~se los pantalones.** loc. verb. *Mx, Ni, Ec*. Mantenerse firme en una situación adversa o peligrosa y enfrentarse con valentía a sus consecuencias. pop.

c. ‖ **~se por los palos.** loc. verb. *Cu*. Esforzarse por lograr un objetivo. pop.

d. ‖ **~se un discurso.** loc. verb. *Co*. Pronunciar de forma elocuente una pieza de oratoria. pop.

fajatiña.

I. 1. f. *Cu*. Pelea, altercado. pop.

fajazo.

I. 1. m. *Ho, Ni, CR, Cu*. Azote dado con una **faja** o cinturón.

II. 1. m. *PR*. Embestida, *generalmente de una res*. rur.

III. 1. m. *PR*. Acto de sacar una persona dinero a otra, sablazo. pop + cult → espon.

▶ **dar un ~.**

fajazón.

I. 1. f. *Cu*. Pelea o discusión violenta. pop.

faje.

I. 1. m. *Mx*. Encuentro pasional que no llega al acto sexual. pop + cult → espon.

II. 1. m. *Ho, ES*. Comida. pop.

fajeada.

I. 1. f. *Ho, Ni, CR*. Castigo dado con una **faja** o cinturón.

II. 1. f. *ES. En la construcción*, tira de yeso que ponen los albañiles a lo largo de una pared antes de **repellar** para guardar el nivel.

fajear(se).

I. 1. tr. *Ho, Ni, CR*. Pegar o azotar a *alguien* con una **faja** o cinturón.

2. tr. prnl. *Ho*. Pegarse dos personas. pop.

II. 1. tr. *ES*. Poner los albañiles una o varias tiras de yeso en una pared antes de ser **repellada**.

fajero.

I. 1. m. *Ni, Ve, Bo; CR, Ch*, obsol. Venda que se pone a los niños recién nacidos para sujetar la gasa que cubre el ombligo, hasta que este se seque.

fajilla.

I. 1. f. *Ho*. Cinta de tela u otro material que adorna la base exterior de la copa de un sombrero.

2. *Ho*. Lámina de metal para fortalecer el armazón o fuste de una montura.

fajina.

I. 1. f. *Mx:SE*. Trabajo agrícola que se hace antes del mediodía. rur.

2. *Mx*. Trabajo de limpieza que realizan los presos en las cárceles. (**fagina**).

3. *Ve, Ar, Ur*. Trabajo corporal que exige fuerza y resistencia. rur. (**fagina**).

4. *Pa*, p.u; *Cu*, obsol. Trabajo agrícola o doméstico. rur.

5. *Ni, CR:NO,E*. Trabajo agrícola realizado después de la jornada laboral ordinaria. rur.

6. *Pa:NO*. Desyerba, escarda. rur.

II. 1. f. *Bo, Ar, Ur*. Haz de ramas, paja o cañas unidas y recubiertas de barro, que se utiliza en la construcción de ranchos. rur.

III. 1. f. *Ve*. Grupo de personas que conjuntamente llevan a cabo una tarea.

IV. 1. f. *Ve:E*. Trampa hecha con ramas entrecruzadas muy tupidas que se utiliza para cazar conejos y perdices.

V. 1. f. *Ve*. Confusión, desorden.

VI. 1. f. *ES*. Castigo que consiste en fregar los utensilios de la cocina. polic.

VII. 1. f. *ES. En el ejército*, pantalones cortos y gastados.

▶ **volar ~.**

fajinear.

I. 1. intr. *Ni*. Trabajar *alguien* por la tarde en tareas del campo. rur.

2. *CR:NO,E*. Trabajar horas extras. rur.

fajinero, -a.

I. 1. adj. *CR. Referido a un trabajo agrícola*, que se realiza **volando fajina**. rur.

2. sust/adj. *CR:NO,E*. Peón que se dedica a **fajinear** o trabajar horas extras. rur.

fajita.

I. 1. f. pl. *EU, Mx, CR, PR, Ec*. Plato que se compone de tiras asadas de carne, *generalmente de más de un tipo*, acompañadas de **tortillas** de harina, salsas picantes y otras guarniciones.

2. f. *Mx, Ho, ES, Ni; Ec*, p.u. Tira fina de filete de carne o pescado.

3. *Ho*. Comida hecha con tiras de carne o pescado.

fajo.

I. 1. m. *Mx*. obsol. Cintarazo, golpe dado con un cinturón. rur; vulg.

II. 1. m. *Bo*. Cajetilla, paquete de cigarrillos.

fajón.

I. 1. m. *Co:N*. Cinturón para sujetarse la ropa a la cintura.

2. *Ni, CR, Pa; Ec*, p.u. Cinturón grueso de uso femenino.

fajón, -na.

I. 1. adj. *PR. Referido a animal*, que **faja** o embiste. pop + cult → espon.

II. 1. adj. *PR. Referido a persona*, que trabaja o estudia con intensidad. pop + cult → espon.

III. 1. adj. *PR. Referido a persona*, que pide dinero prestado. pop + cult → espon.

▶ **tirar un ~.**

fajotera.
I. 1. f. *Cu.* Pelea, riña.

fajuelo.
I. 1. *Ho.* **amarradijo**, faja.

fake. (Voz inglesa).
I. 1. adj/sust. *PR. Referido a persona o cosa*, falsa.
♦ **fatulo**.

falangismo.
I. 1. m. *Ch.* Posición y actitud ideológica partidarias del movimiento Falange Nacional creado hacia 1930 basándose en las doctrinas de la Iglesia católica.

falangista.
I. 1. adj/sust. *Ch.* Partidario del movimiento Falange Nacional.
2. adj. *Ch.* Relativo al movimiento Falange Nacional.
3. adj/sust. *Bo.* Partidario del movimiento Falange Socialista Boliviana.
4. adj. *Bo.* Relativo al movimiento Falange Socialista Boliviana.

falar.
I. 1. intr. *Ch.* p.u. Aspirar por la nariz droga en polvo. drog.

falca.
I. 1. f. *Pe, Bo, Ar:N; Ch*, p.u. Alambique pequeño que se emplea para la destilación del **pisco** o del **singani**.
II. 1. f. *Co, Ec.* Cerco o suplemento que se le pega en el borde a una **paila** de trapiche. rur.
III. 1. f. *Ve.* Embarcación fluvial de gran tamaño, con techo, hecha de una sola pieza de madera.
IV. 1. f. *Bo:E,N.* Poyo en el que se coloca un recipiente para hacer hervir el jugo de caña y elaborar miel con la que se hace el **empanizado**.

falcón.
I. 1. m. *Ho.* Tipo de raza de gallos de pelea.

falda.
■
a. ‖ **~ pintada.** f. *Ho.* Corte de carne de ganado vacuno extraída del pecho del animal.

faldear.
I. 1. tr. *ES.* Andar un hombre en busca de mujeres.
II. 1. tr. *Pa.* Meter por dentro del pantalón o de la falda una camisa o un suéter. pop.

faldellín.
I. 1. m. *Ni, RD, Ve; Cu*, obsol. Faldón de bautizo.

faldeo.
I. 1. m. *Ec, Ch, Ar:NO.* Falda, parte baja de un monte o una sierra.

faldero, -a.
I. 1. sust/adj. *Bo.* Persona adulta que tiene una gran dependencia de su madre. pop ∧ desp.

faldeta.
□
a. ‖ **en ~s.** loc. adv. *RD.* En camisa, o con la camisa fuera del pantalón.
▶ **estar en ~.**

faldilla.
I. 1. f. *Ho.* Parte de la albarda o montura que pende del fuste y en la que se sujetan las correas.

faldiquera.
I. 1. f. *RD, Ve.* Bolsillo grande de las prendas de vestir.

faldón.
I. 1. adj. *Ec:S. Referido a un sombrero*, de ala ancha. pop.

faldudo, -a.
I. 1. adj. *Co; Ec*, p.u; pop. *Referido a un terreno*, empinado, pendiente.

falencia.
I. 1. f. *Ho, Co, Ec, Pe, Bo, Ch, Py, Ar.* Carencia o privación de algo.
II. 1. f. *Co, Bo, Ar; Ec*, p.u. Falla en el funcionamiento de un dispositivo o de una organización.
III. 1. f. *Ni, Ve, Pe; Ar*, p.u. Quiebra de un comercio o de una institución.

falfayota.
I. 1. f. *PR.* Inflamación de los ganglios submaxilares.

falfuya.
I. 1. *RD, PR.* **farfulla**, fanfarronería.

falfuyería.
I. 1. *RD, PR.* **farfullería**.

falfuyero, -a.
I. 1. *RD, PR.* **farfullero**, presumido.
II. 1. *RD, PR.* **farfullero**, fanfarrón.

falla.
I. 1. f. *Gu, Ho, ES, Ni, CR, Pa, Cu, RD, PR, Co, Ve, Bo, Ch, Py, Ar, Ur.* Error, acción desacertada.
2. *RD, PR, Ve:C, Ch.* Funcionamiento irregular de un órgano del cuerpo.
II. 1. f. *Ho, Co, Bo:C,O.* Falta de asistencia a clases o al trabajo. est.
2. *Co.* Marca o señal que pone un profesor para indicar la inasistencia a clase de un alumno.
III. 1. adj/sust. *Pe. Referido a persona*, que no suele honrar sus compromisos. urb; pop.

fallador, -ra.
I. 1. adj/sust. *Ch. Referido a un juez*, que dicta una sentencia o tiene potestad y jurisdicción para ello.

fallar(se).
I. 1. tr. *Ho.* Faltar un alumno a clases. est.
II. 1. intr. prnl. *PR. En el beisbol*, batear y ser puesto fuera de juego.
□
a. ‖ **~ la cuchara.** loc. verb. *Ch.* Sufrir un ataque al corazón. pop.
b. ‖ **~ los caracoles.** loc. verb. *Cu.* Tener mala suerte.
c. ‖ **~le.** loc. verb. *Mx, ES, Bo, Ch; Ec*, espon. Estar loco, ser poco juicioso. pop.
d. ‖ **~le las pilas.** loc. verb. *Gu.* Estar alguien un poco loco.

fallazón.
I. 1. m. *Ho.* Fallos constantes de una persona, un instrumento o un aparato mecánico o eléctrico.

fallazón, -na.
I. 1. adj. *Ho. Referido a persona*, loca o medio loca.
▶ **ser pura ~.**

fallero, -a.
I. 1. adj/sust. *Ch*, espon; *Bo*, pop. *Referido a persona*, que no cumple con sus obligaciones o se ausenta en exceso de su trabajo.

falleteo.
I. 1. m. *Cu.* Funcionamiento deficiente de un vehículo automotor.

fallo.
I. 1. *Pe.* p.u. **pucho**, cigarrillo. urb.
■
a. ‖ **~ fotográfico.** m. *Ch. En una prueba deportiva*, método por el que se decide el resultado final de una prueba, cuando es dudoso, a partir de un sistema fotoeléctrico.

fallo, -a.
I. 1. adj. *Ve. Referido a comida*, insuficiente.
2. *Ve. Referido a un trabajo o a una investigación*, incompleto.

II. 1. adj. *RD, PR. Referido a una máquina*, que tiene fallos, errores o defectos. pop.
  2. *RD. Referido a persona*, loca, enferma mental o retrasada.

□

  a. ‖ ~ **al caldo.**
    i. loc. adj. *Ch. Referido a persona*, débil, enferma. pop.
    ii. *Ch.* p.u. *Referido a persona*, sin dinero. pop.

fallofo, -a.
I. 1. adj. *Ho. Referido a persona*, loca o medio loca. rur.

fallón.
I. 1. m. *Gu.* Fallo, error.

fallón, -na.
I. 1. adj. *Mx, Gu. Referido a una máquina*, que tiene propensión a fallar.
  2. adj/sust. *Gu. Referido a persona*, desacertada.

fallonazo.
I. 1. m. *CR.* Desacierto. pop.

falloso, -a.
I. 1. adj. *RD, Ec. Referido a cosa*, que presenta desperfectos. pop + cult → espon.
  2. *Ec.* p.u. *Referido a persona*, que no cumple lo ofrecido. pop + cult → espon ^ desp.

falluca.
I. 1. *Mx.* **fayuca.**

falluco, -a.
I. 1. adj. *Ch. Referido a persona*, tonta. pop.
II. 1. adj. *RD, PR. Referido a persona*, muy anciana o enfermiza. pop + cult → espon.

fallundo, -a.
I. 1. adj. *Ho. Referido a persona*, loca o medio loca. rur.

falluquear.
I. 1. *Mx.* **fayuquear.**
II. 1. intr. *Bo:O,C.* Faltar a un compromiso o a una promesa. pop.

falluquero, -a.
I. 1. *Mx.* **fayuquero.**

fallutada.
I. 1. *Ar, Ur.* **falluteada.**

fallute.
I. 1. adj. *Ch. Referido a persona*, trastornada, insana, loca. pop ^ fest.
II. 1. m-f. *Bo:O,C.* Persona que incumple compromisos o promesas. pop + cult → espon.

falluteada.
I. 1. f. *Bo, Ar, Ur.* Comportamiento hipócrita o desleal. pop + cult → espon. (**fallutada**). ♦ **fallutería.**

fallutear.
I. 1. intr. *Bo, Ar, Ur.* Faltar a un compromiso o a una promesa. pop + cult → espon.
  2. tr. *Bo, Ar, Ur.* Traicionar a *alguien*. pop.
  3. intr. *Ar, Ur.* Actuar con hipocresía o falsedad. pop.
II. 1. intr. *Bo:O,C.* Fallar en la ejecución de algo. pop + cult → espon.

fallutelli. (Del *Fallutelli*, personaje de historieta argentina a partir de 1995).
I. 1. sust/adj. *Bo, Ar, Ur.* Persona que incumple compromisos o promesas. pop.
  2. *Ar, Ur.* Persona desleal o hipócrita. pop.

fallutería.
I. 1. *Ar, Ur.* **falluteada.**

falluto, -a.
I. 1. adj/sust. *Bo:O,C, Py; Ar, Ur*, pop; *Ec*, desp ^ fest. *Referido a persona*, que incumple compromisos o promesas.
  2. sust/adj. *Bo, Ar, Ur*, pop; adj/sust. *Py.* Persona desleal o hipócrita.

II. 1. adj. *Bo, Ch. Referido a un hecho, suceso o acontecimiento*, fallido, fracasado.
III. 1. adj. *Ch. Referido a persona*, trastornada, insana, loca. pop ^ fest.

falopa.
I. 1. f. *Ar, Ur, Ch*, drog. Droga de efecto narcótico o alucinógeno. pop.
  2. m-f. *Ar.* Persona adicta a las drogas. pop.
  3. f. *Ch. Entre consumidores y comerciantes de droga*, cocaína. drog.
II. 1. adj. *Ar. Referido a cosa*, de escasa calidad. vulg.

falopazo.
I. 1. m. *Ch.* Inhalación o ingestión de cocaína en polvo. drog.

falopear(se).
I. 1. intr. prnl. *Ar, Ur, Ch*, drog. Drogarse. pop.
  2. intr. *Ar, Ur.* Consumir droga. pop.
  3. tr. *Ar, Ur.* Administrar una droga a *alguien*. pop.
  4. *Ch.* Inhalar, aspirar cocaína. drog.
  5. *Ch*, metáf. Olfatear con delectación un aroma. pop.

falopero, -a.
I. 1. adj/sust. *Ar, Ur, Ch*, drog. *Referido a persona*, adicta a las drogas, *especialmente a la cocaína*. pop.
  2. adj. *Ch.* Relativo a las drogas, *especialmente a la cocaína*. drog.

falsa.
I. 1. f. *Mx. En los libros*, hoja que va solo con el título.

falsario, -a.
I. 1. adj. *Gu, Ho, Ni, RD. Referido a cosa*, falsa, ilegal, que no es auténtica.

falseadura.
I. 1. f. *RD, Bo:O,C, Ar:NO.* Dislocación de un hueso. pop.

falsear(se).
I. 1. intr. prnl. *Mx, RD, Ve, Ar, Bo*, pop. Lesionarse *alguien* un hueso o una articulación.
  2. tr. *RD, Ar:NO.* Dislocar un hueso o una articulación a *alguien*. pop.
II. 1. tr. *Ho, Ni, CR, Ec.* Descerrajar puertas o ventanas para robar. delinc.
  2. *Ec.* Descerrajar una cerradura en caso de emergencia.
III. 1. tr. *CR:NO.* Sujetar una **res** lazándola.

falseta.
I. 1. f. *Mx, Ve.* Brida corta que se ata al bozal de una caballería y que se usa en sustitución del freno.
II. 1. adj. *Ec. Referido a cosa*, no original *y, generalmente, de muy mala calidad.* pop.
  2. *Ec. Referido a persona*, hipócrita. pop + cult → espon ^ desp.

falsete.
I. 1. m. *Mx:NO.* Puerta rústica, hecha del mismo material que una cerca. rur.

falseto, -a.
I. 1. adj/sust. *Co, Ec. Referido a persona*, mentirosa. pop ^ desp.

falso.
I. 1. m. *Mx, Ni, Ve, CR, Ec*, p.u. Calumnia.
  2. *Mx, Ho, Ni, CR.* Mentira, maledicencia, infundio.
II. 1. m. *Pe.* Pequeño paquete personal de cocaína. drog.
III. 1. m. *Ve.* Doble fondo disimulado de un armario, de un baúl o de una caja.
IV. 1. m. *Ve.* Paño doblado que se coloca entre el sudadero y el lomo de una caballería.
V. 1. m. *Ch.* Prenda interior femenina de tela almidonada, *generalmente de color blanco*, usada para dar mayor amplitud a algunas faldas.

VI. 1. m. *RD*. Portón rústico hecho con dos postes verticales separados a cierta distancia uno del otro, que tienen una serie de agujeros por los cuales se deslizan horizontalmente unos palos con los que se abre o cierra el paso. rur.

2. *Ho*. Puerta de palos con cinco hileras de alambre de púas que cumple en un potrero la doble función de puerta y cerca.

VII. 1. m. *Bo*. Afinamiento de un **charango**.

VIII. 1. m. *Bo*. Guiso preparado con carne de **res** previamente empanada y frita que se cuece en un **ahogado**.

IX. 1. m. *CR:NO*. Lazo que se hace en la cuerda de **falsear** o sujetar una **res**.

2. *CR:NO*. Lanzamiento de una cuerda con un lazo a un animal para sujetarlo.

■

a. ‖ **~ piso.** m. *RD, PR*. Molde para la construcción de una losa de hormigón armado de un piso o azotea.

falso, -a.

I. 1. adj/sust. *Cu, PR. Referido a persona*, que se preocupa poco por mantener el contacto con sus amigos. pop + cult → espon.

II. 1. adj. *Ec. Referido a una tela o un tejido*, que se descolora fácilmente.

III. 1. adj. *Bo. Referido a cada uno de los tubos de la zampoña*, abierto por ambos extremos.

IV. 1. adj. *Ho. Referido a una puerta o una ventana*, que no está cerrada con llave o aldaba.

falsojuramentero, -a.

I. 1. m. y f. *Bo*. Persona que perjura con frecuencia. pop ^ desp.

falta.

I. 1. adj/sust. *Pe. Referido a persona*, que actúa con insolencia, irrespetuosamente. pop ^ desp.

faltador, -ra.

I. 1. adj/sust. *Bo, Py, Ar, Ur. Referido a persona*, que suele faltar al trabajo o a su lugar de estudio. pop.

faltante.

I. 1. m. *Mx, Gu, Ni, CR, Pa, Cu, RD, Co, Ve, Ec, Pe, Bo, Ch, Py, Ar*. Cantidad de dinero que falta al hacer un arqueo.

2. *Mx, Gu, RD, Py*. Parte que falta para completar un total.

3. *Ch*. Producto o mercancía que falta al hacer un arqueo o inventario.

faltar(se).

I. 1. tr. *Mx, Ar*. p.u. Ser infiel en el matrimonio.

II. 1. intr. prnl. *RD, PR, Co, Bo, Ch, Ar*. No acudir al trabajo, a una reunión o a clases, justificada o injustificadamente. pop.

●

a. ‖ **¡falta de guaro!** fórm. *Ho*. Se usa cuando alguien estornuda.

b. ‖ **¡falta de leche!** fórm. *ES*. Se usa para cuando alguien estornuda.

□

a. ‖ **~ cazuela.** loc. verb. *Ch*. Estar delgado o débil física o mentalmente. pop.

b. ‖ **~ cinco para el peso.**

   i. loc. verb. *Ch, Ar*. Tener *alguien* escasa inteligencia. pop + cult → espon.

   ii. *Ar*. Faltarle a *una persona algo* indispensable, en el momento de concretar o realizar algo. pop.

c. ‖ **~ el veinte para el tostón.** loc. verb. *Ho*. Ser tonto.

d. ‖ **~ mucha caña que moler.** loc. verb. *Ni*. Vivir *alguien* mucho.

e. ‖ **~ mucho maíz por pilar.** loc. verb. *Ve*. Quedarle a *alguien* muchas cosas por hacer.

f. ‖ **~ un perno.** loc. verb. *Ch*. Estar loco o tener las facultades mentales mermadas. pop + cult → espon.

g. ‖ **~le chaucha para el peso.** loc. verb. *Ch*. Mostrar escasa inteligencia. pop + cult → espon ^ fest.

h. ‖ **~le pelo pa' moña.** loc. verb. *Co*. No tener suficiente experiencia para desempeñar *algo* o salir airoso de ello. pop.

faltazo.

I. 1. m. *Ar, Ur*. Inasistencia al trabajo u otra obligación. pop.

falte.

I. 1. m. *Ch*. obsol. Buhonero.

faltista.

I. 1. adj/sust. *Mx, Gu, Ho, ES, Ni. Referido a persona*, que falta con frecuencia a la escuela o al trabajo.

falto, -a.

I. 1. adj. *ES. Referido a fruta*, que todavía no ha madurado. rur.

□

a. ‖ **~ de respeto.** loc. adj. *Ve, Ch. Referido a persona*, que actúa con insolencia, irrespetuosamente.

▶ **sentirse en falta**.

faltón, -na.

I. 1. adj/sust. *Ec. Referido a un niño o a un profesor*, que acostumbra a faltar a clases. pop + cult → espon.

faltonear.

I. 1. intr. *Co*. juv. Faltar *alguien* a sus deberes, compromisos o promesas. pop.

2. tr. *Co*. juv. Traicionar intencionadamente a un amigo. pop.

faltoso, -a.

I. 1. adj/sust. *Pe. Referido a persona*, desconsiderada, que falta al respeto a los demás. pop.

falucho.

I. 1. m. *Ar*. Sombrero de dos picos y ala abarquillada que usaban los jefes militares y los diplomáticos en las funciones de gala.

fama.

I. 1. f. *Co:C,E*. Tienda o lugar donde se vende la carne al por menor.

II. 1. f. *Bo*. Disparo que se da en el centro del blanco.

fambá.

I. 1. f. *Cu*. Local en el que se celebran las ceremonias de la sociedad **abakuá** de origen africano. ♦ **atrile; cuarto fambá**.

fambeco.

I. 1. *Cu*. **fundillo**, trasero, nalgas. pop + cult → espon. (**fambeque**).

fambeque.

I. 1. *Cu*. **fambeco**.

familia.

I. 1. f. *Ch*. Enjambre de abejas.

●

a. ‖ fórm. *Cu, RD, PR, Ec:N,O, Pe*. Se usa entre personas allegadas. pop + cult → espon ^ afec.

□

a. ‖ **de ~.** loc. adj. *Mx, RD, Co, Pe, Bo, Py, Ar. Referido a una persona*, acomodada, de buena posición social. pop.

b. ‖ **~ miranda.** loc. adj. *Ch; Ec*, p.u. *Referido a persona*, que acostumbra a pasear por los comercios, pero sin comprar nada. pop ^ fest.

▶ **quedar en ~**.

familiar.

I. 1. m. *Ar:NO. En la creencia popular*, ser maligno que, bajo la forma de distintos animales, cuida los intereses del amo. rur.

II. 1. m. *Pa*. Amuleto.

familiero, -a.
    I. 1. adj. *Ni, Ar, Ur*; adj/sust. *Py; Ec*, p.u. *Referido a persona*, que gusta de disfrutar de la compañía de su familia. pop.

family.
    ■
    a. ‖ ~ **room.** (Voz inglesa). m. *EU, PR.* Sala de una casa destinada a actividades recreativas.

fámily. (Del ingl. *family*).
    I. 1. *Ni.* p.u. Familia.

famuya.
    I. 1. f. *Mx.* Empleada doméstica.

fana.
    I. 1. f. *Cu.* Secreción blanquecina que se acumula entre el prepucio y el glande del pene. ♦ **sebingo**.
    ▶ **comer ~.**

fanal.
    I. 1. m. *RD, Ve.* Lámpara de cristal tallado en forma de campana invertida.
    2. *Ec.* Pantalla, *generalmente de cristal*, que, en una lámpara, cubre cada bombilla eléctrica. cult → esm.

fanaticada.
    I. 1. f. *Ho, ES, Ni, CR, Pa, Cu, RD, PR, Co:N, Ec, Pe, Bo, Ch.* Multitud de admiradores o seguidores de algo o alguien.
    2. *Gu, Ho, ES, Ni, CR, Pa, Cu, RD, PR, Ec, Pe, Bo.* Grupo de seguidores que alientan con voces y gritos a una persona o a una agrupación, *generalmente política o deportiva*.
    3. *Ni, RD, Ve.* Conjunto de aficionados al **beisbol**.
    II. 1. f. *Ec.* Gesto o actitud desafiante de un hincha.

fanático, -a.
    I. 1. m. y f. *Mx, Gu, Ho, ES, Ni, CR, Pa, Cu, RD, PR, Ec, Bo, Ch.* Partidario entusiasta y admirador fiel de un equipo deportivo.
    2. sust/adj. *Ni, Ve.* Persona aficionada al **beisbol**.

fanatincha.
    I. 1. m-f. *Ch.* Hincha vehemente, fanático. pop + cult → espon. (**fanatinche**).

fanatinche.
    I. 1. *Ch.* **fanatincha**. pop + cult → espon.

fanchop. (De *Fanta®* y del al. *schop*, cerveza).
    I. 1. m. *Ch.* juv. Bebida compuesta de cerveza, combinada con alguna gaseosa de sabor a naranja. (**fanschop**).

fancy. (Voz inglesa).
    I. 1. adj. *EU, PR. Referido a cosa*, elaborada, elegante.

fandango.
    I. 1. m. *Mx.* Complicación. pop.
    II. 1. m. *Co.* Danza típica que se baila en un círculo formado por parejas que giran en torno a una banda de música y en sentido contrario al de las agujas del reloj.
    2. *RD, Bo.* Fiesta en la que se bebe y se baila, *generalmente en una casa privada*.
    III. 1. m. *Gu, ES.* Trasero, nalgas. euf; pop.

fandanguear.
    I. 1. intr. *Bo.* Participar *alguien* en un **fandago**, fiesta.
    2. *Bo.* Ir de parranda.
    3. tr. *ES.* obsol. Divertirse, estar de juerga.

fanduca. (De or. ind. antillano).
    I. 1. *PR.* **laúd**. (**fandusca**).

fandusca.
    I. 1. *PR.* **fanduca**.
    II. 1. adj. *PR.* metáf. *Referido a una mujer*, gruesa y de movimientos lentos. pop + cult → espon.

fanega.
    I. 1. adj. *Ar. Referido a persona*, boba, tonta. pop.

    II. 1. f. *Ec:S.* obsol. Antigua medida de áridos que contiene doce almudes.
    2. *Ho.* Unidad de medida de granos que equivale a 1,102848 m³.
    3. *Ni.* Unidad de medida de granos de maíz que equivale a 141,52 kg.
    4. *CR.* Medida de capacidad equivalente a 20 **cajuelas** de café o a 25 de maíz.

fanesca.
    I. 1. f. *Ec.* Guiso que se prepara con pescado salado, granos tiernos, leche, queso, **zapallo**, col y **sambo**, y que se acompaña *generalmente con* **plátano** *frito, huevos cocidos y pimientos en tiras*.
    II. 1. f. *Ec.* Revoltijo, mezcla desordenada. pop + cult → espon ^ desp.

fanfarria.
    I. 1. f. *Gu, RD, PR, Ve, Ec, Ch.* Breve fragmento musical, *generalmente ruidoso*, que se interpreta para introducir o concluir las distintas secciones de un programa de televisión o de un acto festivo.
    II. 1. f. *RD.* Orgía. pop + cult → espon ^ fest.
    2. *RD.* Desorden, desconcierto. pop + cult → espon.

fanfurria.
    I. 1. f. *ES.* Fanfarronada.

fanfurrio, -a.
    I. 1. *ES:E.* **fanfurrón**.

fanfurrón, -na.
    I. 1. adj. *ES. Referido a persona*, fanfarrona. ♦ **fanfurrio**.

fangote.
    I. 1. m. *Ar, Ur.* Montón o gran cantidad de algo, *especialmente de dinero*. pop.

fanguero.
    I. 1. *Cu.* **charquero**, suciedad. pop + cult → espon.
    I. 2. *Cu.* **babiney**, suciedad.

fanguito.
    I. 1. m. *Cu.* Dulce que se prepara con leche condensada al baño de María. ♦ **leche quemada**.
    II. 1. m. *PR.* Barriada pobre, *particularmente la construida en un sitio cenagoso*.
    □
    a. ‖ **del ~.** loc. adj. *PR. Referido a persona*, de clase humilde.

fangushes.
    I. 1. m. pl. *Ar.* Zapatos. pop.

fanschop. (De *Fanta®* y del al. *schop*, cerveza).
    I. 1. *Ch.* juv. **fanchop**.

fantasma.
    I. 1. m. *Mx, Cu, Bo, Ar.* Imagen borrosa o difuminada que aparece en la pantalla de un televisor cuando está estropeado o tiene problemas de recepción.
    II. 1. adj. *Ho, Ve, Ec. Referido a un vehículo automotor*, que se ha dado a la fuga tras un accidente.
    2. *Ho, RD, Ec. Referido a un taxi*, sin registro, ilegal.
    3. *Ve. Referido a un vehículo policial*, que patrulla sin tener las placas de matrícula propias del cuerpo.
    III. 1. m. *Bo, Py.* Nombre ficticio o de una persona fallecida que figura en la nómina de una institución para que alguien pueda cobrar fraudulentamente el sueldo.
    IV. 1. f. *PR.* metáf. Policía de carretera. pop + cult → espon.
    2. *PR.* metáf. Policía sin uniforme. pop + cult → espon.
    V. 1. f. *Ni.* Empleado que recibe salario sin asistir a su trabajo.

fantasmagorizarse.
    I. 1. intr. prnl. *PR.* Desvanecerse, evaporarse *algo*. cult → esm.

fantasmoso, -a.
  I. 1. adj/sust. *RD, Py. Referido a persona*, que quiere aparentar lo que no es.
    2. *RD.* **ayantoso**, que convence a otro.

fantasy. (Voz inglesa).
  I. 1. f. *PR.* juv. Bebida alcohólica fuerte.

fantoche.
  I. 1. m-f. *RD, PR.* Persona fantasiosa. pop + cult → espon.

fantochear.
  I. 1. intr. *Ch.* Hacer alarde de alguna cualidad o cosa que se posee. pop.

fantochero, -a.
  I. 1. adj/sust. *Pa, Co:N. Referido a persona*, presumida, pagada de sí misma.

fañosidad.
  I. 1. f. *RD, PR, Ve.* Síntoma catarral consistente en mucosidad abundante y resonancia nasal al hablar.

fañoso, -a.
  I. 1. adj. *Ho, Ni, Cu, RD, PR, Ve. Referido a persona*, que habla con pronunciación nasal. pop + cult → espon.
    2. *RD. Referido a persona*, que tiene la voz ronca o sin sonoridad por padecer alguna afección.

fao.
  I. 1. m. *Pa, Ve.* Fracaso, decepción.
  II. 1. *Cu, PR.* **foul**, jugada.

faol. (Del ingl. *foul*).
  I. 1. *Ni.* p.u. **faul**, infracción del reglamento.

faquiriar.
  I. 1. intr. *ES.* Pasar *alguien* hambre.

fara.
  I. 1. *Co:C,E,NE.* **tacuacín**.

farabundista.
  I. 1. adj/sust. *ES. Referido a persona*, partidario del Frente Farabundo Martí para la Liberación Nacional.

farabundo. (De *Farabundo Martí*, héroe salvadoreño, 1893-1932).
  I. 1. m-f. *Ho.* Persona perteneciente al movimiento revolucionario salvadoreño Farabundo Martí, hoy un partido político en El Salvador.

farabute.
  I. 1. sust/adj. *Ar, Ur.* Persona irresponsable y poco seria. pop.
    2. *Ar, Ur.* Persona que destaca las virtudes positivas de sí misma o de algo que no posee o posee en bajo grado. pop.
    3. *Ar, Ur.* Persona tonta, ingenua o poco perspicaz. pop.
    4. *Ar:NO.* Persona vulgar y maleducada. pop.

faracharse.
  I. 1. intr. prnl. *Pa.* Sufrir un desmayo.

faracho.
  I. 1. *Pa.* **muyo-muyo**.

farafarachín.
  I. 1. m. *CR.* Sonido característico que imita la música de la **cimarrona**.

faragua.
  I. 1. f. *Pa, Co.* Hierba perenne de hasta 3 m de altura, tallos delgados a robustos en racimos amarillos o rojizos acabados en espiguillas; se utiliza como forraje. (Poaceae; *Hyparrhenia rufa*). (**jaragua**). ♦ **humeneshte; jaral; puntero; zacate jaraguá; zacate jaral.**

faragual.
  I. 1. m. *Pa.* Terreno plantado de **faragua**.

faralado.
  I. 1. m. *Ve.* Volante ancho que llevan como adorno algunos vestidos y otras prendas femeninas. (**faralao**).

faralao.
  I. 1. *Ve.* **faralado**.

faralla.
  I. 1. f. *Cu.* Declive de un terreno.

farallón.
  I. 1. m. *Ho, CR, Cu, PR, Ve.* Precipicio.

faramalla.
  I. 1. f. *Ve.* Actitud presuntuosa y orgullosa.

faramallero, -a.
  I. 1. adj. *Ve. Referido a persona*, que finge lo que no es o lo que no siente.
    2. *Ve. Referido a persona*, que dice lo contrario de lo que sabe, cree o piensa.
  II. 1. adj. *Ve. Referido a persona*, llena de presunción y orgullo.

faramaña.
  I. 1. f. *Ch.* Engaño, ardid. pop + cult → espon.

farandulear.
  I. 1. intr. *Ni, Cu, RD, Ve, Ec, Ch, Ar.* juv. Salir a divertirse en un sitio público, *especialmente para presumir o exhibirse*. pop.
    2. *Ch, Ar.* Fingir, aparentar, adoptar una pose. pop + cult → espon.
    3. *Ar.* Discutir y debatir de manera pedante o aparente, sin llegar a ninguna conclusión ni encontrar soluciones. pop + cult → espon.

faranduleo.
  I. 1. m. *Ch.* Ostentación, pose, apariencia exhibicionista o vanidosa. pop + cult → espon.

farandulero, -a.
  I. 1. adj. *Ve. Referido a persona*, que se inmiscuye en asuntos ajenos.

farandúlico, -a.
  I. 1. adj. *RD, PR. Referido a persona*, que pertenece o está relacionada con la farándula. pop + cult → espon ^ fest.
    2. *RD. Referido a persona*, fiestera. pop + cult → espon ^ fest.

farandulización.
  I. 1. f. *Co, Ch, Ar.* p.u. Frivolización, trivialización de algo. pop + cult → espon.

farandulizar.
  I. 1. tr. *Co, Ch, Ar.* p.u. Transformar o cambiar *algo* de manera frívola o trivial, quitándole profundidad o seriedad, a semejanza del mundo de la farándula. pop + cult → espon.

farco, -a.
  I. 1. adj. *Co.* Relativo a las Fuerzas Armadas Revolucionarias de Colombia (FARC). pop.

fardela.
  ■
    a. ‖ **~ negra.** f. *Ch.* Ave marina de hasta 40 cm de longitud, de color pardo grisáceo oscuro en todo el cuerpo, pico oscuro y patas gris apizarradas con membrana natatoria de un tono azulado. (Procellariidae; *Puffinus griseus*). ♦ **yegua.**

fardo.
  I. 1. m. *Mx, Cu, Ve.* Cosa pesada e incómoda. pop.
  II. 1. m. *Ar*, metáf. Asunto complicado e intrincado.
  III. 1. m. *Ve.* Pedazo de tela de **henequén** o de lienzo grueso.
  IV. 1. m. *Gu, ES.* Trasero, nalgas. vulg; pop.
  V. 1. m. *ES.* Prostituta. vulg; desp.
  □
    a. ‖ **a ~ cerrado.** loc. adv. *Pe, Bo; Ch*, p.u. Sin dudarlo, sin hacer un examen previo. pop + cult → espon.
  ▶ **costar un ~; echarle el ~.**

farfallota.
   I. 1. f. *PR.* Inflamación de los ganglios submaxilares, paperas. rur; pop.

farfulla.
   I. 1. f. *Pe.* Palabrería. pop.
   II. 1. adj/sust. *Ec. Referido a persona*, presumida, jactanciosa. pop + cult → espon. (**farfullas**).
   III. 1. *PR.* **farfullería**, fanfarronería. (**falfuya**).
   ► **jugarle la ~.**

farfullas.
   I. 1. *Ec.* **farfulla**, presumido.

farfullería.
   I. 1. f. *PR.* Fanfarronería. pop + cult → espon. (**falfuyería**). ♦ **echonería, farfulla.**

farfullero, -a.
   I. 1. adj/sust. *PR, Ec. Referido a persona*, presumida, jactanciosa. pop + cult → espon ^ desp. (**falfuyero**).
   II. 1. adj. *PR. Referido a persona*, fanfarrona, pendenciera. pop + cult → espon ^ desp. (**falfuyero**). ♦ **fullero.**

farfullón, -na.
   I. 1. m. y f. *Mx.* p.u. Persona chapucera. pop.

farifufi.
   I. 1. adv. *Ni.* juv. Bien, sin problemas.

fariña.
   I. 1. f. *Co:E,S, Pe:E, Bo, Py, Ar, Ur.* Harina gruesa de mandioca o **yuca.**
   □
   a. ‖ **mala ~.** loc. sust/adj. *Ar.* Persona o asunto que inspiran recelo. pop.

fariñera.
   I. 1. f. *Ar, Ur.* Daga de punta y hoja anchas. rur.

farionela.
   I. 1. f. *Ch.* Pez de agua dulce, de cuerpo alargado y comprimido de unos 30 cm de longitud; es comestible. (Aplochitonidae; *Aplochiton* spp.).

farmaceuta.
   I. 1. m-f. *Gu, Ni, Cu, RD, Co, Ve, Ec:S; Pe,* p.u. Farmacéutico, persona autorizada para ejercer la farmacia.
   2. *Gu, Pa, Cu, RD, Co, Ve; Pe,* p.u. Persona que ejerce la farmacología.

farmacho, -a.
   I. 1. adj. *CR. Referido a persona*, que tiene el cabello teñido de rubio. espon ^ sat.

farmacia.
   I. 1. f. *Ho, ES.* Cremallera de la bragueta. fest.
   ■
   a. ‖ **~ de turno.** f. *Ho, Ni, CR, Cu, RD, PR, Ve, Ec, Pe, Bo, Ch, Ar.* Farmacia que está abierta al público durante la noche, los domingos o los días festivos.
   ► **llevar la ~ abierta y el doctor dormido; tener la ~ abierta; tener la ~ y el doctor dormido.**

faro.
   I. 1. m. *Ve.* Mamífero marsupial de hasta 45 cm de longitud desde el hocico al arranque de la cola, que es larga, prensil y pelada en el extremo final, de color pardo, y orejas blancas. (Didelphidae; *Didelphis albiventris*).
   II. 1. *Cu, Ur.* **boconada**, expresión jactanciosa.
   III. 1. m. pl. *Ni,* metáf. Ojos de una persona.
   ► **chupar ~s.**

farol.
   I. 1. m. pl. *Ho, ES, Ni; Cu, Ar, Ur,* pop ^ fest; *Gu.* obsol. Ojos, *especialmente si son grandes.* ♦ **foco; linterna; socairo.**
   2. m. *Ho, ES, Ni, Bo.* Foco de luz potente situado en cada lado de la parte delantera de un automóvil.
   3. m. pl. *ES.* Anteojos.

II. 1. m. *Gu.* **Barrilete** con forma de cubo.
III. 1. m. *Ur.* Cantidad de bebida alcohólica que sobrepasa la medida normal. pop.
   ► **pelar los ~es; ser un ~.**

farola.
   I. 1. f. *Pe. En las salas de algunos edificios*, techo de vidrio que permite el paso de la luz natural.

farolazo.
   I. 1. m. *Mx, Gu, Ho, ES, Ni, CR.* Copa de una bebida alcohólica que se bebe de una vez.
   II. 1. m. *Gu.* Favor, ayuda que se presta a alguien.

farolear.
   I. 1. intr. *Gu.* Caminar o pasear sin rumbo fijo.

farolera.
   I. 1. f. *Py, Ar, Ur.* Juego infantil en el que los participantes forman una **ronda** en torno a uno de ellos, dan vueltas cantando y, en cierto momento, levantan los brazos a modo de barreras de ferrocarril.
   2. *Py, Ar, Ur.* Canción con que se acompaña el juego de la farolera.

farolero, -a.
   I. 1. adj. *Ec, Bo, Ar.* p.u. *Referido a persona*, charlatana, tramposa. pop + cult → espon.

farolito.
   I. 1. m. *Mx:SE, Pa, Co.* Planta trepadora de tallo erecto o enramado, hojas simples, alternas, inflorescencia axilar, y flores blanquecinas con manchas pardas o moradas; tiene aplicación en la medicina tradicional. (Aristolochiaceae; *Aristolochia* spp.). ♦ **gallito; hediondilla; zapatito; zaragoza.**
   2. *Mx.* **pacanil.**
   3. *Py, Ar:NO.* Planta enredadera leñosa de hojas pecioladas y flores pequeñas verdosas. (Sapindaceae; *Urvillea uniloba*). ♦ **cipó; globito.**
   4. *Ho.* **güirote.**
   ■
   a. ‖ **~ chino.**
     i. m. *Py, Ar, Ur.* Arbusto muy ramificado, de hojas lobuladas y flores en forma de farol con pétalos anaranjados. (Malvaceae; *Abutilon pictum*). ♦ **farolito japonés.**
     ii. *Ho.* **amole**, planta trepadora.
   b. ‖ **~ japonés.** *Ar, Ur.* **farolito chino**, arbusto.

faroludo, -a.
   I. 1. adj. *Gu.* p.u. *Referido a persona*, valiente o atrevida.

farra.
   I. 1. f. *Py, Ar.* Burla para ridiculizar a alguien. pop.
   II. 1. f. *Bo; Pe,* obsol. Borrachera.
   III. 1. f. *Ch.* Derroche, despilfarro. pop + cult → espon.
   IV. 1. f. *Ur.* Hecho desagradable. pop.
   ► **tomar para la ~.**

farragitis.
   I. 1. f. *Ec.* juv. Resaca, malestar por haber bebido en exceso. fest.

farreada.
   I. 1. f. *Bo.* Consumo de bebidas alcohólicas en exceso. pop + cult → espon.

farreado, -a.
   I. 1. adj. *Bo. Referido a persona*, borracha por el exceso de alcohol. pop + cult → espon.

farreador, -ra.
   I. 1. sust/adj. *Bo.* Persona que se emborracha habitualmente. pop + cult → espon. ♦ **farroso.**

farrear(se).
   I. 1. intr. *Co, Ec, Ch, Py, Ar, Ur; Pe,* obsol. Salir a divertirse en una fiesta o irse de parranda. pop + cult → espon.
   II. 1. tr. prnl. *Ar, Ur,* pop; *Ch,* pop + cult → espon. Desperdiciar, desaprovechar *algo*.

2. *Bo.* Malgastar dinero. pop + cult → espon.
III. 1. tr. *Py; Ar*, p.u. Burlarse de alguien.
IV. 1. intr. *Bo.* Ingerir *alguien* bebidas alcohólicas en exceso, *generalmente entre amigos*. pop + cult → espon.
2. intr. prnl. *Bo.* Emborracharse. pop + cult → espon.

farrero, -a.
I. 1. adj. *Ec:O, Bo, Ch, Ar, Ur; Pe*, obsol. *Referido a persona*, aficionada a la juerga o parranda. pop + cult → espon.
2. *Ec:O.* Relativo a la farra, juerga o parranda.
II. 1. adj/sust. *Ch. Referido a persona*, que se *farrea*, que desperdicia algo. pop + cult → espon.

farrista.
I. 1. sust/adj. *Bo, Ar, Ec, Py, Ur*. Persona aficionada a la juerga. pop + cult → espon.

farroso, -a.
I. 1. *Bo.* **farreador.**

farruco, -a.
I. 1. *Cu.* **volado**, irritado, de mal humor.
II. 1. sust/adj. *Bo.* Persona que se emborracha habitualmente. pop + cult → espon ^ desp.

farruquearse.
I. 1. intr. prnl. *Bo.* Emborracharse. pop + cult → espon.

farsantada.
I. 1. f. *Ho, ES.* Farsantería, apariencia o engaño.

farsante, -a.
I. 1. sust/adj. *Ni, Bo.* Persona presuntuosa o vanidosa. pop + cult → espon ^ desp.

farsantear.
I. 1. intr. *Ho, ES, Ni, Bo, Ch.* Hablar u obrar como farsante, que finge lo que no es. pop + cult → espon ^ desp.
2. *Bo.* Incumplir *alguien* un compromiso o una promesa. pop + cult → espon ^ desp.

farsanteo.
I. 1. m. *Bo, Ch.* Modo de actuar de quien finge sentir lo que no siente o ser lo que no es.

farsear.
I. 1. intr. *Bo.* Hacer *alguien* alarde de algo. pop + cult → espon ^ desp.
2. *Bo.* Incumplir *alguien* un compromiso o una promesa. pop + cult → espon ^ desp.

farto, -a.
I. 1. adj. *Pa, Co:N. Referido a persona*, presumida, engreída.

faruca.
I. 1. f. *RD.* Fiesta, juerga.
☐
a. ‖ **en ~.** loc. adv. *RD.* De fiesta, de diversión.

faruco, -a.
I. 1. adj. *Pe. Referido a persona*, mentirosa, embustera.

farusca.
I. 1. f. *Ho.* Jugarreta, engaño o broma. rur.

faruscas.
I. 1. adj. *CR.* obsol. *Referido a persona*, dada a chismear. pop ^ desp.
2. *CR.* obsol. *Referido a persona*, hipócrita. pop ^ desp.
3. *CR.* obsol. *Referido a persona*, embustera, mentirosa. pop ^ desp.
4. *CR.* obsol. *Referido a persona*, vanidosa, presumida, jactanciosa. pop ^ desp.

fascineroso, -a.
I. 1. *Pa.* **facineroso**, persona de mal aspecto.
2. sust/adj. *Pa.* Persona de mal vivir.

fasear.
I. 1. intr. *Ar, Ur*, p.u. Fumar un **faso**. pop.

fashion.
■
a. ‖ **~ show.** (Voz inglesa). m. *EU.* Desfile de modas.
▶ **estar ~.**

fasistorería.
I. 1. *PR.* **facistorería.**

faso.
I. 1. m. *Bo, Ar, Ur.* Cigarrillo de tabaco. pop.
2. *Bo, Ar, Ur.* Porro, cigarrillo de marihuana. drog.
3. *Ar.* Marihuana. drog.

fasola.
I. 1. m. *Ar.* Cigarrillo de marihuana. drog.

fastaneco, -a.
I. 1. sust/adj. *ES.* Miembro o simpatizante del equipo de **futbol** FAAS de la ciudad de Santa Ana.

fastear. (Del ingl. *faster*).
I. 1. intr. *Cu.* Viajar.
2. *Cu.* Emigrar.

fasten. (Apóc. de *fástener*).
I. 1. *Ho, Ni.* **fástener**, broche que prensa papel.

fástener. (Del ingl. *fastener*, cierre).
I. 1. m. *Gu, Ho, ES, Ni, Pe, Bo.* Broche metálico o plástico alargado con el que se prensan los papeles guardados en una carpeta. (**fasten; faster; fáster**)
II. I. f. *Pe.* **acofáster.**

faster.
I. 1. *ES, Pe.* **fástener.**

fáster.
I. 1. *Pe.* **fástener.**

fastidiadera.
I. 1. f. *Ni, Cu, RD, PR.* Majadería, fastidio. pop + cult → espon.

fastidiar.
I. 1. tr. *RD, Pe.* Cortejar, comenzar a enamorar un hombre a una mujer. rur.

fastidieta.
I. 1. f. *Cu.* Fastidio, enfado, cansancio, aburrimiento. pop.

fastidión, -na.
I. 1. sust/adj. *Cu, PR.* Persona que resulta pesada y molesta. pop + cult → espon. ♦ **candanga; candela; chiveta.**

fastrás. (De or. onomat.).
I. 1. m. *Ar.* Puñetazo. pop.

fat. (Voz inglesa).
I. 1. f. *PR.* Grasa.
☐
a. ‖ **~ free.** (Voz inglesa). loc. adj. *EU, PR. Referido a un alimento*, sin grasa.
b. ‖ **low ~.** (Voz inglesa). loc. adj. *EU, PR. Referido a un alimento*, bajo en grasas.

fatal.
I. 1. adj. *Bo, Py. Referido a persona*, excelente, muy buena. pop.
II. 1. adj. *Ec. Referido a cosa*, de la peor clase. pop + cult → espon.

fatalizarse.
I. 1. intr. prnl. *Ch.* p.u. Cometer *alguien* un error grave del que se siente culpable. pop.
2. *Ch.* p.u. Lesionarse de manera imprevista y desgraciada una persona o un animal impidiéndole participar en un **evento**. pop.

fatear.
I. 1. tr. *Bo.* Vender *algo* de ocasión. pop.

fatiga.
I. 1. f. *Co, Ve, Ch.* obsol. Hambre acompañada de desfallecimiento.
II. 1. f. *Ho, PR.* Uniforme militar de camuflaje.

□

a. ‖ **de ~.** adj. *CR, PR. Referido a una prenda de vestir, que tiene diseños y colores semejantes a la usada por los soldados.*

fatiguilla.
I. 1. m-f. *Bo.* Persona que se afana y hace las cosas con rapidez, *generalmente sin necesidad.* pop + cult → espon ^ desp.

fato.
I. 1. m. *Py, Ar, Ur.* Asunto turbio o de dudosa legalidad. pop.
2. *Ar, Ur.* Relación amorosa que se mantiene oculta. pop.

fatuería.
I. 1. f. *Cu.* Vanidad, pedantería ridícula. pop + cult → espon.

fatulo, -a.
I. 1. adj. *RD, PR. Referido a un gallo,* que no sirve para la pelea, a pesar de ser de gran tamaño.
2. *RD, PR. Referido a cosa,* de mala calidad o de marca desconocida.
3. *PR. Referido a cosa,* falsa. pop + cult → espon. ♦ **fake.**
II. 1. adj/sust. *PR. Referido a persona,* deficiente. ♦ **cleca.**
2. adj. *PR.* metáf. *Referido a persona,* necia, tonta. pop + cult → espon.

faul. (Del ingl. *foul,* falta).
I. 1. m. *EU, Mx, Ho, ES, Ni, CR, Cu, RD, PR, Co, Ec, Pe, Bo, Ch, Ar. En una **competencia** deportiva,* infracción del reglamento consistente en una entrada brusca de un jugador contra un rival. (**fao; faol**).
2. *Mx, Pe, Bo, Ch. En deportes de contacto físico y de lucha,* acción o golpe antirreglamentario.

fauleador, -ra. (De *faul* y este de *foul*).
I. 1. adj/sust. *Co; Bo, Ch,* pop. *Referido a un jugador de **futbol** u otros deportes,* que comete muchos **faules.** pop + cult → espon.

faulear. (De *faul,* y este de *foul*).
I. 1. tr. *Mx, Ho, Co, Pe, Bo, Ar. En ciertos deportes como el **futbol**,* realizar un **faul** a un jugador contrario.
2. *Mx.* Descontar a *alguien,* dejarlo fuera de competencia, anularlo.
3. intr. *CR, Pe, Bo. En ciertos deportes como el **futbol**,* cometer **faules.**
4. tr. *Pe.* Agraviar, agredir o insultar a *una persona.* pop.

faulero, -a.
I. 1. adj/sust. *Pe; Bo,* pop. *Referido a un jugador de **futbol** u otros deportes,* que comete muchos **faules.**

faumento. (Epént. de *fomento*).
I. 1. m. *Gu, Ho, ES, Ni.* Fomento, medicamento líquido que se aplica exteriormente en paños.

faurestina.
I. 1. f. *Cu.* Árbol de hasta 15 m de altura, flores blancas y olorosas, dispuestas en cabezuelas, y frutos largos y aplanados. (Fabaceae; *Albizia lebbeck*). ♦ **albisia; cha-cha; lengua de mujer; músico.**

favor.
•
a. ‖ **~ de.** fórm. *Mx, Ho, ES, Ni, CR, Pa, Cu, RD, PR, Ec, Pe, Ch, Py, Ar; Ur,* p.u; *Bo,* esm. Se usa para hacer una petición cortés.
▶ **hacer el ~.**

fay.
□
a. ‖ **de ~.** loc. adv. *Ho.* Gratis, sin pagar.

b. ‖ **de puro ~.**
i. *Ho, ES.* **de puro aire,** sin motivo.
ii. loc. adv. *Ho, ES.* En vano.
iii. *Ho, ES.* Por casualidad.
▶ **irse en la de ~.**

fayanca.
I. 1. f. *Bo:E.* Lanzamiento rápido del lazo para aprisionar una **res.**

fayfén.
▶ **no hay ~.**

fayuca.
I. 1. f. *Mx.* Introducción o exportación de géneros sin pagar los derechos de aduana a que están sometidos legalmente. (**falluca**).

fayuquear.
I. 1. tr. *Mx.* Ejercitar la **fayuca.** (**falluquear**).

fayuquero, -a.
I. 1. m. y f. *Mx.* Persona que se dedica a la **fayuca.** (**falluquero**).

fayutear.
I. 1. intr. *Py.* Traicionar a *alguien.* pop.

fe.
▶ **tener más ~ que San Roque.**

feafá.
I. 1. *RD.* **rama del sapo.**

feble.
I. 1. m. *ES.* Monedas, dinero suelto.

feca.
I. 1. f. *Ch.* Excremento humano o de animales. euf; pop.
2. *Ch.* Cosa sin valor o mal hecha. euf; pop.
II. 1. f. *PR.* Mentira, engaño. ♦ **guasa.**

fechador.
I. 1. m. *Mx, Pe, Bo.* Matasellos, estampilla con que se inutilizan los sellos de las cartas.
2. *Pe.* Utensilio que sirve para imprimir la fecha, *particularmente en documentos y cartas postales.*

fechero.
I. 1. m. *RD, Ec, Bo. En un reloj,* parte de la carátula en la que se muestra la fecha.

feco. (De *café,* por inversión silábica).
I. 1. m. *Pe, Bo, Ar, Ur.* Café, infusión hecha con la semilla tostada y molida del cafeto. pop.
2. *Ar, Ur.* Establecimiento en el que se sirven bebidas, *especialmente café.* pop.

federada.
I. 1. f. *Cu.* Integrante de la Federación de Mujeres Cubanas.

federal.
I. 1. adj/sust. *Mx, Ho, ES, Ni, Pe.* juv. *Referido a persona,* fea. pop ^ fest.
II. 1. adj. *EU, PR.* Relativo al gobierno central de los Estados Unidos.
2. m. pl. *EU, PR.* Miembros o empleados del gobierno central de este país.
III. 1. m. *Ar, Ur.* Pájaro de hasta 25 cm de longitud de color negro, con la cabeza, el cuello y el pecho de color rojo, y pico recto y negro. (Icteridae; *Amblyramphus holosericeus*).
IV. 1. m. *Ar.* Danza folclórica de pareja suelta, que consta de un tiempo lento y otro alegre y se ejecuta con pasos de minué, de vals y sencillos.
V. 1. adj. *Ho. Referido a tema, asunto o problema,* difícil. fest.

federico, -a.
I. 1. adj. *Mx, Gu, Ho, ES, Ni, Cu, Pe,* fest; *Ch,* juv. *Referido a persona,* fea. pop ^ fest. ♦ **feodoro.**

feedback. (Voz inglesa).
I. 1. m. *EU, Gu, Ho, ES, Ni, PR, Ec, Bo.* Proceso de retroalimentación, retorno de parte de la infor-

mación de salida de un circuito o un sistema a su entrada. prest; cult → esm.
2. *EU, Ho, Ec, Bo.* Modificación de la actitud o estrategia inicial en un proceso a partir del análisis de los resultados. prest; cult → esm.

feeling. (Voz inglesa).
   I. 1. m. *EU, Mx.* Intuición, sentimiento.
      2. *Ch.* Conexión emocional, empatía entre dos personas. pop + cult → espon.
  II. 1. m. *Ho.* juv. Entretenimiento, diversión.
 III. 1. m. *PR.* metáf. Desconfianza.
 ► **tener ~.**

féfere.
   I. 1. m. pl. *Cu, RD, Ec.* Enseres u objetos de poco valor. pop.
  II. 1. m-f. *Ec:S.* Persona cuya presencia en una reunión se considera accesoria o sobrada. pop + cult → espon.
 III. 1. m. pl. *Cu.* Alimento, comida.
 IV. 1. m. pl. *RD.* Genitales masculinos. pop.
 ► **buscar los ~s.**

feijoa.
   I. 1. f. *Mx, Gu, Co, Ec.* Árbol de hasta 5 m de altura, de copa redondeada, hojas semipersistentes con la consistencia del cuero y flores hermafroditas. (Myrtaceae; *Feijoa sellowiana*). ♦ **guayabo.**
      2. *Mx, Gu, Co, Ec.* Fruto de la feijoa, que consiste en una baya de color verde intenso que puede contener hasta 40 semillas, con pulpa blanca y carnosa.

feike.
 ► **hacer el ~.**

feis. (Del ingl. *face*).
   I. 1. f. *Ho, Cu.* Cara de una persona. pop.
 ► **hacerse ~.**

feisito, -a.
   I. 1. adj/sust. *Mx. Referido a persona*, fea. euf; pop ^ afec.

feite.
   I. 1. m. *Bo, Ar.* Corte o tajo en la cara. delinc.

feíto.
   I. 1. adj. *Ec. Referido a un hecho o una circunstancia*, torpe o malintencionado. desp.
      2. adv. *Bo.* Mal, de manera desagradable. pop.

feli.
 ► **echarle un ~.**

felichón, -na.
   I. 1. adj. *Ho. Referido a persona*, muy feliz. inf.

Feliciana.
 ► **dar lo mismo Chana que ~.**

feliciano, -a.
   I. 1. m. y f. *Pa, Cu;* sust/adj. *Bo.* Persona feliz, optimista, despreocupada. pop + cult → espon.

felicidad.
   •
   a. ‖ **~es.** fórm. *Ar, Ur.* Se usa al despedirse de alguien para manifestarle buenos deseos.

felicote, -a.
   I. 1. sust/adj. *Bo.* Persona feliz, optimista, despreocupada. pop ^ fest.

felipe. (De *Felipe*, nombre propio).
   I. 1. m. *Py, Ar, Ur.* Pan ovalado con costra algo dura y miga muy esponjosa.
  II. 1. *Bo.* **feliciano.** pop ^ fest.
 III. 1. m-f. *ES.* Miembro de las Fuerzas Populares de Liberación (FPL).

felipillo, -a.
   I. 1. sust/adj. *Pe.* Traidor. pop + cult → espon.

felizcote.
   I. 1. adj. *Ch. Referido a persona*, feliz, despreocupada. pop + cult → espon.

fello, -a. (Epént. de *feo*).
   I. 1. adj. *Mx, Gu, ES, Ni. Referido a persona*, fea.
      2. *Gu. Referido a un olor*, que resulta desagradable.

felón, -na.
   I. 1. adj/sust. *Mx. Referido a persona*, agresiva, pendenciera.
  II. 1. m. y f. *Mx.* Persona que regenta un prostíbulo.

felpa.
   I. 1. f. *Ve, Ar, Ur,* pop; *Ch,* p.u. Serie de golpes dados a una persona.
      2. *Ve, Ar, Ch,* p.u. Derrota amplia infligida a alguien en una **competencia** o disputa.
  II. 1. f. *RD, Ar.* Instrumento para escribir o dibujar provisto de una carga de tinta de color y una punta de fibra.
 III. 1. f. *Ve:C.* Cojín de tela muy fina.
 IV. 1. f. *Ve.* Marihuana. drog.

felpar (se).
   I. 1. intr. *Mx.* Morir *alguien.* pop + cult → espon.
      2. intr. prnl. *Mx.* Descomponerse o arruinarse *algo.* pop + cult → espon.
      3. *Mx.* Terminarse un evento o una situación de manera inesperada. pop + cult → espon.

felpeada.
   I. 1. f. *Ar, Ur.* Reprimenda enérgica. pop.
  II. 1. f. *Ar, Ur.* Paliza, serie de golpes. pop.

felpear.
   I. 1. tr. *Ve:C, Ar, Ur, Ch,* espon. Golpear a *alguien.* pop.
  II. 1. tr. *Ar, Ur, Ch,* espon. Reprender ásperamente a *alguien.* pop.

felpudini.
   I. 1. sust/adj. *Pe.* Adulador, adulón. pop + cult → espon.

felpudo.
   I. 1. m. *Ho.* Pelo que rodea la vulva. vulg; desp.

fem.
   I. 1. f. *PR.* Lesbiana pasiva. vulg; pop + cult → espon.

femenina.
   I. 1. f. *CR.* p.u. Mujer. urb.

femichista.
   I. 1. f. *Ho.* Partidaria de que las mujeres tengan más derechos que los hombres. desp.

fenelina.
   I. 1. f. *Ar:NO.* Desinfectante o insecticida líquido *utilizado generalmente en la limpieza de letrinas, cloacas o establos, y para curar heridas infectadas en los animales.*

fenómeno.
   I. 1. m. *Cu.* Pene. vulg.
  II. 1. m. *PR.* Policía. drog.
 III. 1. f. *PR.* Heroína. drog.

feo.
   I. 1. adv. *Mx, Gu, Co, Pe, Bo, Ch, Ar:NO; Ec,* p.u. Mal, de manera desagradable. pop + cult → espon.
      2. adj. *Mx, Gu, Ho, CR, Co, Ve, Ec, Pe, Bo.* Muy desagradable al gusto o al olfato.
   □
   a. ‖ **de a ~.** loc. adv. *Mx.* De manera desagradable y notoria. pop.
 ► **agarrar ~; caerse ~; doler ~; hacer el ~; mirar ~; oler a ~; pegarle el ~; quedar ~; saber a ~; sentir ~; ver ~.**

feo, -a.
   I. 1. adj. *Gu, Ho. Referido a señas, gestos o palabras*, malsonantes, obscenas o tabúes.

□

a. ‖ ~ **con efe de fundillo.** loc. adj. *Mx, Ho, ES. Referido a persona,* muy fea.

b. ‖ ~ **con ganas de buscarse los frijoles.** loc. adj. *Cu.* **feo con velocidad.**

c. ‖ ~ **con velocidad.** loc. adj. *Cu. Referido a persona,* muy fea. ♦ **feo con ganas de buscarse los frijoles.**

d. ‖ **más** ~ **que el agua de coco.** loc. adj. *PR. Referido a persona,* horrorosa, extremadamente fea pop + cult → espon.

▶ **bailar con la más fea; quedar de** ~.

feocio, -a.
   I. 1. adj/sust. *PR. Referido a persona,* fea.

feodoro, -a.
   I. 1. *Cu.* **federico.** pop.

feón, -na.
   I. 1. adj/sust. *Mx, RD. Referido a persona,* bastante fea.

fequero, -a. (Del ingl. *fake*).
   I. 1. adj/sust. *PR.* juv. *Referido a persona,* mentirosa. pop + cult → espon.

fercho. (De *chofer,* por inversión silábica).
   I. 1. m. *Pe, Bo:O,C.* Chofer, persona que, por oficio, conduce un automóvil. pop.

feregosa.
   I. 1. *RD.* **fregosa.**

feria.
   I. 1. f. *Mx, Gu, Ho, ES, Ni.* juv. Dinero suelto, cambio.
   2. *Mx, Gu.* Dinero, moneda corriente. pop + cult → espon.
   II. 1. f. *ES.* Cárcel.
   III. 1. f. *Ho.* Período de cosecha del grano del café. rur.
   IV. 1. f. *CR.* obsol. **vendaje,** cosa de más.

■

a. ‖ ~ **de las pulgas.** f. *Ch, Ar:O.* Mercado al aire libre que se instala en días determinados y en el que se venden artículos diversos, *generalmente usados,* a precio menor que el de los establecimientos comerciales. pop.

b. ‖ ~ **libre.** *Pa, Ch.* Mercado al aire libre que se instala en lugares y días determinados para vender, *principalmente, verduras, granos y frutas.*

c. ‖ ~ **persa.** *Ch, Ar:O.* Mercado fijo en un lugar determinado al aire libre o a cubierto, en el que se comercia con artículos variados y baratos.

□

a. ‖ **de** ~. loc. adv. *CR.* Además, encima. pop.

▶ **ser** ~.

feriar.
   I. 1. tr. *Co, Ec.* Vender *algo* muy barato, *generalmente por necesidad urgente de dinero.* pop.
   2. *Gu, ES.* Vender o negociar.
   II. 1. tr. *Cu, Ec.* Malgastar o derrochar bienes, *especialmente dinero.* pop.

fermina.
   I. 1. f. *Cu.* **aparecido de la ciénaga.**

ferné. (Del it. *fernè*).
   I. 1. *Ch, Ar, Ur.* **fernet.**

fernet. (Del it. *fernet*).
   I. 1. m. *Bo, Ch, Py, Ar, Ur.* Licor amargo digestivo preparado a base de hierbas. (**ferné**).

ferozo, -a.
   I. 1. adj. *ES.* obsol. *Referido a un niño,* gracioso. afec.

feróztico, -a.
   I. 1. adj. *ES.* obsol. *Referido a persona,* muy fea.

ferré.
   I. 1. m. *RD.* Compuesto del hierro que se utiliza en la reparación de la carrocería de un automóvil.

▶ **darse** ~.

ferretería.
   I. 1. f. *Ve.* Aparato metálico de ortodoncia. desp.
   2. *Ve.* Conjunto exagerado de joyas o de bisutería que lleva una persona. desp.
   II. 1. f. *Ve, Bo.* Conjunto de diversas armas de fuego. delinc.
   III. 1. f. *Ve.* obsol. Establecimiento comercial donde se venden al por menor distintos tipos de mercancías.

ferretreque.
   I. 1. m. *Cu.* **rebambaramba,** situación en que impera la confusión. pop + cult → espon.

ferri. (Del ingl. *ferry*).
   I. 1. m. *ES.* Ferry, trasbordador.

ferrocamión.
   I. 1. m. *Cu.* Vehículo de carga capacitado para transportar su mercancía por vía férrea.

ferrocarril.
   I. 1. m. *RD.* **machacuana.**
   II. 1. m. *Ur.* **acordeón,** papel. est.

ferrocarrilero, -a.
   I. 1. m. y f. *Mx, Gu, Ho, Ni, CR, Pa, Cu, Co, Ve, Ec, Pe, Bo, Ch, Ar, Ur, Py,* p.u. Persona que trabaja en una empresa de ferrocarriles.
   2. adj. *Mx, Gu, Ho, Ni, CR, Ec, Bo, Ch, Py, Ar.* Relativo al ferrocarril.

ferrocemento.
   I. 1. m. *Ec; Ch.* p.u. Estructura liviana compuesta de cemento y metal.

ferromozo, -a.
   I. 1. m. y f. *Cu.* Empleado que se encarga de atender a los pasajeros en los trenes.

fesa.
   I. 1. m-f. *Ar.* Persona ingenua, falta de entendimiento o poco perspicaz. pop.

▶ **hacerse el** ~.

festejar.
   I. 1. intr. *Py.* Mantener una relación de noviazgo. pop.

festejo.
   I. 1. m. *Pe:N.* Danza popular de ritmo cadencioso y alegre que se baila en parejas que insinúan y evitan el contacto físico de una manera sensual y muy expresiva.

festejoso, -a.
   I. 1. adj. *Mx. Referido a persona,* alegre, festiva.

festichola. (Del it. *festicciola*).
   I. 1. f. *Ar, Ur.* Fiesta informal *en la que, generalmente, se bebe y se baila.* pop.
   II. 1. f. *Ar.* Orgía, reunión *de tres o más personas* con el fin de mantener relaciones sexuales. pop.

festidanza.
   I. 1. f. *Pe.* Festejo celebrado durante una festividad en la que se ejecutan públicamente bailes y danzas.

festinación.
   I. 1. f. *RD, Pe.* Apresuramiento o precipitación en la realización de algo. cult.
   2. *RD, Ch.* Tratamiento poco serio de un asunto importante.
   II. 1. f. *Ec.* p.u. Malversación de fondos públicos. cult → esm ^ sat.

festinadamente.
   I. 1. adv. *Ho, Cu, RD.* Precipitadamente, sin reflexión.

festinado, -a.
   I. 1. adj. *Ho, Cu, RD, Ve. Referido a un hecho o decisión,* realizado con precipitación.
   II. 1. adj. *Ve. Referido a un asunto,* enredado, complicado.
   III. 1. adj. *Ec. Referido al dinero,* malgastado. cult → esm ^ sat.

festinar.
   I. 1. tr. *RD*, *Ve*; *Pe*, cult. Apresurar, precipitar la realización de algo.
      2. *RD*, *Ch*. Tratar un asunto importante con muy poca seriedad.
   II. 1. tr. *CR*, *Ec*. Malversar fondos públicos. pop.

festinatorio, -a.
   I. 1. adj. *Pe*, *Bo*. *Referido a un asunto*, apresurado, hecho con precipitación. cult.

feta. (Del it. *fetta*).
   I. 1. f. *Py*, *Ar*, *Ur*; *Ch*, p.u. Lonja fina que resulta del corte de algunos fiambres y quesos.

fete.
   I. 1. f. *RD*. Excremento. vulg; desp.

fetecún.
   I. 1. m. *Cu*. Fiesta. pop + cult → espon.

fetichero, -a.
   I. 1. adj. *RD*. *Referido a persona*, que siente idolatría por algo.

feto.
   I. 1. m. *Ec*, juv. Individuo insignificante, cursi y melindroso. desp.

feto, -a.
   I. 1. m. y f. *Bo:O,C*. juv. Niño de corta edad.

fetunio, -a. (Der. de *feo*).
   I. 1. adj. *Ni*. juv. *Referido a persona*, muy fea.

feuchento, -a.
   I. 1. adj. *Cu*, *Bo*, *Ch*. *Referido a persona*, feúcha. pop ^ desp. ♦ **feucón**.

feucón, -na.
   I. 1. *Ec*. p.u. **feuchento**. pop.

feudatario, -a.
   I. 1. m. y f. *Pe*. Persona que, además de cultivar la tierra que no es suya, presta servicios personales con retribución salarial o sin ella.

feúra.
   I. 1. f. *Gu*, *Cu*, *RD*, *PR*, *Co*, *Ve*, *Bo:E,N*; *CR*, *Ec:S*, p.u. Fealdad. pop + cult → espon.
      2. *Ve*. Persona muy fea.

fiaca. (Del it. *fiacca*).
   I. 1. f. *Mx*, *PR*, *Bo*, *Ch*, *Py*, *Ar*. Pereza, desgana. pop.
      2. adj/sust. *Bo*, *Py*, *Ar*. *Referido a persona*, perezosa, indolente, desganada. pop.
      3. f. *Bo*. Malestar físico producido por una resaca o tras una noche de juerga. pop.
   II. 1. f. *Ur*. Hambre intensa. pop + cult → espon ^ fest.

fiacón. (Der. de *fiaca*).
   I. 1. m. *Ar*. p.u. Pereza o cansancio extremados. pop.

fiacón, -na.
   I. 1. *Ar*. p.u. **fiacoso**.

fiacoso, -a. (Der. de *fiaca*).
   I. 1. *Ar*, *Ur*. p.u. *Referido a persona*, excesivamente perezosa o indolente. pop. ♦ **fiacón**.

fiacún, -na. (Der. de *fiaca*).
   I. 1. sust/adj. *Ar*. Persona perezosa, indolente o desganada. pop.

fiado, -a.
   I. 1. sust/adj. *Ve*. Hijo natural o ilegítimo.
   ▶ **coger ~; tomar ~.**

fiador.
   I. 1. m. *Ec*; *Ch*, p.u. Barboquejo, cinta o correa que sujeta por debajo de la barbilla una prenda que se usa en la cabeza.
   II. 1. m. *Ho:E*. meton. Cabestro.
   III. 1. m. *CR:NO*. Freno que se pone a una caballería para sujetarla o gobernarla con más facilidad.

fiambre.
   I. 1. m. *Co:O,SO*, *Ec:S*, *Pe*, *Bo*. Alimento ligero o refrigerio que se toma fuera de casa, *generalmente cuando se va de paseo*.
      2. *PR*, *Bo*, *Py*; *Ch*, p.u. Embutido de varios tamaños, en forma de salchicha prensada, que se elabora con carne molida de gallina o cerdo.
      3. *Gu*. Plato elaborado con una mezcla de diferentes encurtidos de verduras, embutidos y carnes; es una comida tradicional del día de Todos los Santos.
      4. *Cu*. Quiosco en el que se venden alimentos fritos.
      5. *Bo*. Plato de carne, legumbre y tubérculos cuya preparación varía según la región.
   ☐
   a. ‖ **sin ~.** loc. adv. *Ec:S*. Incondicionalmente. pop.

fiambrera.
   I. 1. f. *Py*, *Ar*, *Ur*. Armazón en forma de jaula con paredes de alambre tejido para proteger los alimentos.
      2. *Ar*. *En comercios*, cámara refrigerada para conservar alimentos.
      3. *Cu*. Mueble con puertas de tela metálica utilizado para guardar y exhibir los alimentos.
      4. adj. *Bo*. *Referido a un mostrador*, que sirve para exponer **fiambres**.
      5. f. *Py*. Armario con paredes metálicas para guardar alimentos.
   II. 1. f. *Ar*. Máquina para cortar fiambres y quesos en rebanadas finas.
   III. 1. f. *Ur*. Bastidor de tela metálica que se coloca en ventanas y puertas para evitar la entrada de insectos.
   ▶ **quedar mirando la ~.**

fiana.
   I. 1. f. *Ve*. Automóvil de la policía. delinc.
      2. *Cu*. Cuerpo de policía. pop ^ desp.
      3. *Cu*. Agente de policía. pop ^ desp.

fianza.
   I. 1. f. *ES*. Colilla de cigarro o puro.

fiar.
   I. 1. tr. *Ni*, *RD*, *PR*, *Ve*, *Py*. Adquirir una mercancía a crédito.
      2. *Ch*. Entregar una mercancía a crédito.

fiato.
   I. 1. m. *Ch*. Cohesión entre los miembros de un grupo. cult.

fiberglass. (Voz inglesa).
   I. 1. m. *Gu*, *PR*, *Ve*. Filamento fabricado artificialmente a partir del vidrio.

fibra.
   I. 1. f. *Ar*, *Ur*. Instrumento para escribir o dibujar provisto de una carga de tinta de color y una punta de fibra.
   II. 1. f. *Cu*. meton. Carne. pop + cult → espon ^ fest.
   III. 1. f. *ES*. *Entre alcohólicos*, botella de licor.
   IV. 1. f. *CR*. *En mecánica*, una de las zapatas del sistema de frenos de un vehículo.
   ▶ **sacar ~; tocar ~.**

ficha.
   I. 1. f. *Mx*. Persona peligrosa o de cuidado, que no es de fiar y cuyas intenciones no son transparentes. pop.
      2. *Ec*, *Bo*. Mujer, *generalmente joven*, que tiene mala reputación.
   II. 1. f. pl. *Pe*, *Bo:E*, pop; *Py*, p.u. Dinero en metálico.
      2. *Gu*, *Ho*, *ES*. Monedas sueltas de baja **denominación**.
      3. *Ho*. Pequeña cantidad de dinero.
   III. 1. adj. *Ni*, *Pa*, *RD*, *Ec*. *Referido a persona y especialmente a un niño*, audaz, lista, habilidosa. pop + cult → espon.
   IV. 1. f. *Gu*, *Ho*, *ES*. Cara o rostro.
   V. 1. f. *Ho*, *CR*, *Bo*. *En el futbol y otros deportes*, derechos sobre un jugador que posee quien tiene su ficha.
   VI. 1. f. *Ho*, *Ni*. Persona que vive engañando y timando a los demás.

VII. 1. m-f. *Bo. En el ámbito policial o militar*, persona que recibe atención o trato especial por alguno de sus superiores.

VIII. 1. f. *ES.* Calumnia o rumor malintencionado.

IX. 1. f. pl. *ES.* Mentiras, infundios.

X. 1. f. pl. *ES.* Minutos.

XI. 1. f. *Ho. En el billar*, punta del taco con que se golpea la bola.

■

a. ‖ **~ de actuación.** f. *Bo. En el **futbol***, documento que habilita a un jugador para integrar un equipo.

b. ‖ **~ telefónica.** f. *Ho.* Asignación y pago de una línea telefónica lista para su instalación.

☐

a. ‖ **~ de caite.** loc. adj. *ES. Referido a persona*, sinvergüenza. carc.

▶ **caerle la ~; meter ~; mover las ~s; pasarse con ~; poner la ~ del tranque.**

fichado.

I. 1. m. *Ho. En el billar americano*, variedad de juego de tres o más jugadores que consiste en meter la bola que lleva el número que el jugador ha extraído previamente por azar de un sombrero.

fichado, -a.

I. 1. adj. *Gu, RD. Referido a persona*, conocida por todos. pop + cult → espon.

fichar.

I. 1. tr. *Ar, Ur.* Mirar insistentemente *algo* o a *alguien*. pop.

2. *Cu.* Observar disimuladamente a *alguien* o *algo*.

fichera.

I. 1. f. *Mx, Ve.* Empleada de bares o locales nocturnos que cobra un porcentaje por lo que consumen los clientes.

II. 1. f. *Mx; ES*, p.u. Prostituta barata. vulg; desp.

fichista.

I. 1. m-f. *ES.* Persona mentirosa y propensa a los infundios.

fichita.

I. 1. f. *Mx, Gu, Ho, Ni, CR, RD, Bo; Ec*, desp. Persona peligrosa o de cuidado, que no es de fiar y cuyas intenciones no son transparentes. pop + cult → espon.

2. sust/adj. *Gu, RD.* Niño inquieto o travieso.

ficho.

I. 1. m. *Co.* Placa pequeña que tiene un valor asignado y se usa como sustitución de la moneda o para que controlen el turno en determinados lugares.

II. 1. adj. *Pe. Referido a un lugar o a un objeto*, elegante y costoso. pop + cult → espon.

III. 1. adj. *Pe. Referido a persona*, adinerada y de buena posición social. pop + cult → espon.

IV. 1. m. *Pe.* p.u. Proxeneta. prost.

fichudo, -a.

I. 1. adj/sust. *Gu, ES. Referido a persona*, que tiene mucho dinero. pop + cult → espon.

fidanque.

☐

a. ‖ **de ~ a toledano.** (De *Fidanque*® y *Toledano*®, dos compañías productoras de huevos). loc. adv. *Pa.* De todas formas, a pesar de todo. euf; fest.

fideicomiso.

■

a. ‖ **~ ciego.** m. *Ch.* Proceso que permite que alguien, al entrar a ejercer un cargo público, ceda la administración de sus bienes a un tercero manteniéndose al margen de las operaciones de este y sin saber nada de su manejo posterior.

fideíllos.

I. 1. *RD.* **fideos.**

fideítos.

I. 1. *RD.* **fideos.**

fideo.

I. 1. m. pl. *RD.* Planta parásita, amarilla, sin hojas, que daña las plantas huéspedes. (Convolvulaceae; *Cuscuta americana*). (**fideíllos; fideítos**). ♦ **culebrilla; espaguetis.**

■

a. ‖ **~ de pelo.** m. *Gu.* Fideo muy fino, en forma de ovillo.

fiebre.

I. 1. adj/sust. *CR, RD; Mx*, p.u. *Referido a persona*, que tiene un fuerte deseo de realizar algo por lo que siente mucha afición. pop.

2. f. *CR, RD, PR, Co, Ec.* Deseo vehemente de realizar una actividad por la que se siente mucha afición. pop + cult → espon.

II. 1. m-f. *Ho.* Persona lista, activa y rápida en actuar.

■

a. ‖ **~ de pollo.** f. *RD, PR.* Fiebre benigna. pop + cult → espon ^ fest.

b. ‖ **~ pelúa.** (De *peluda*). f. *RD, PR.* Fiebre muy alta. pop + cult → espon.

◪

a. ‖ **la ~ no está en la sábana.** fr. prov. *Pa, RD.* Indica que hay que centrarse en el origen y la causa de un problema para evitar sus consecuencias negativas.

▶ **estar prendido en ~; volar en ~; volarse en ~.**

fiebrú, -brúa. (Sínc. de *fiebrudo*).

I. 1. adj. *RD, PR. Referido a persona*, fanática, exageradamente entusiasmada. pop + cult → espon.

2. *RD, PR. Referido a persona*, adepta a algo. pop + cult → espon.

3. *RD, PR. Referido a persona*, que toma algo nuevo con mucho entusiasmo, pero que pronto lo abandona. pop + cult → espon.

fiebrudo, -a.

I. 1. adj. *RD, Ve; CR*, p.u; pop. *Referido a persona*, **fiebre**, con un fuerte deseo de realizar algo.

fiel.

I. 1. m. *PR.* meton. *En las peleas de gallos*, balanza para pesar a los gallos.

■

a. ‖ **~ de rastro.** m. *Ho.* Persona encargada en el rastro del peso de las **reses.**

field. (Voz inglesa).

I. 1. m. *EU, Ni, Cu, PR, Ve. En un estadio de **beisbol***, zona de hierba comprendida entre las bases y las gradas.

2. *Ni, Ve. En el **beisbol***, **pelotero** que juega en el *field*.

3. *PR. En algunos deportes*, cancha de juego.

II. 1. m. *PR.* Zona de trabajo.

■

a. ‖ **~ day.** (Voz inglesa). m. *EU, PR.* Día de **competencias** deportivas. ♦ **justa.**

b. ‖ **~ trip.** (Voz inglesa). m. *EU, PR.* Excursión.

☐

a. ‖ **en el ~.** loc. adv. *PR.* En la calle, fuera de la empresa.

fiera.

I. 1. f. *Mx, Co.* Esposa o novia. pop ^ desp.

II. 1. f. *Co.* Pez que tiene la cabeza prolongada a los lados con dos protuberancias en forma de cuernos, donde se encuentran los ojos. (Sphyrnidae; *Sphyrna* spp.). ♦ **cornuda.**

□

a. ‖ **~ echada.** loc. sust. *ES.* Persona traidora.

▶ **portarse ~.**

fiero.

  I. 1. adv. *Bo:O,C; Ar,* pop. Mucho, en alto grado.

  II. 1. m. pl. *Gu.* Personajes que, disfrazados con máscaras y vestidos llamativos, realizan desfiles y representaciones de contenido burlesco o satírico.

  ▶ **dar ~; hacer ~s.**

fiero, -a.

  I. 1. adj/sust. *Gu, ES, Pa, Ec, Bo. Referido a persona,* fea. desp.

    2. *Bo; Pe:S,* pop. *Referido a persona,* que tiene la cara picada de viruelas.

  II. 1. adj. *Gu, Ar, Ur. Referido a una situación,* difícil, complicada, conflictiva. pop.

fierra.

  I. 1. f. *CR:NO.* Marcación del ganado con el **fierro.**

fierrada.

  I. 1. f. *ES.* Grupo de amigos de confianza o de la misma profesión.

fierraje.

  I. 1. *Ho.* **herraje,** marcación del ganado.

fierrazo.

  I. 1. m. *Gu, Ho, ES, Ch, Ar, Ur.* Golpe fuerte e intencionado. pop + cult → espon. (**hierrazo; jierrazo**).

    2. *Gu, Pe, Ch. En el fútbol,* golpe fuerte sobre el balón en dirección a la portería. pop.

  II. 1. m. *Ar.* Coito. vulg.

  III. 1. m. *Pe.* Vehículo automóvil de gran categoría. pop ^ hiperb.

  IV. 1. m. *Ch.* Consumo abundante de alcohol o drogas. drog.

  V. 1. m. *CR.* Indirecta que se dice para indisponer o zaherir a alguien. pop + cult → espon.

fierrera.

  I. 1. f. *Ch.* Industria dedicada a la fundición y comercio del hierro.

fierrero, -a.

  I. 1. sust/adj. *Pe.* Ferrallista, persona que trabaja con hierro y ferralla o se encarga de montar la armazón de hormigón armado.

    2. m. y f. *Pe.* Mecánico de automóviles que repara los vehículos con piezas de desguace.

    3. sust/adj. *Ch.* Persona dedicada a la extracción e industria del hierro.

    4. adj. *Ch.* Relativo a la extracción e industria del hierro.

  II. 1. adj/sust. *Pe. Referido a persona,* aficionada al automovilismo. pop.

    2. adj. *Pe.* Relativo al automovilismo. pop.

fierrillo.

  I. 1. m. *Ho.* **Bejuco** pequeño, en tierras secas y, grande, en húmedas, con flores de color blanco, fruto alado y semillas de color negruzco. (Sapindaceae; *Urvillea ulmacea*).

fierrito.

  I. 1. m. *Ar.* obsol. Temor, miedo. euf; pop.

  II. 1. m. *Ch.* Espetón o varilla metálica con mango de madera en la que se ensartan alimentos para ser cocinados al fuego o a la parrilla, como los **anticuchos.** (**fierro**).

fierro.

  I. 1. m. *Mx, Ho, ES, Ni, Co, Ec, Pe, Bo, Ar, Ur, Py,* p.u. Arma de fuego. pop.

    2. *Mx, Gu, ES, Ni, Bo, Py, Ar, Ur; Ec,* delinc. Arma blanca. pop.

  II. 1. m. *Bo, Ch, Py; Mx, Gu, Ho, ES, Ni, Pe,* pop. Hierro, mineral.

    2. *Ho, Ni, CR, Bo, Py.* Instrumento o pieza de hierro.

  III. 1. m. *Mx, Ar, Ur.* Pedal de aceleración de un vehículo. pop.

    2. *Pe, Py, Ar, Ur.* Vehículo automotor, *especialmente el deportivo.* pop.

  IV. 1. m. *Gu, Ho, Ni, CR, Pa, Ec, Pe, Bo:N,E,C, Ch, Ar, Ur.* Instrumento de hierro utilizado para marcar ganado.

    2. *Gu, Ho, Ni, CR, Cu.* Marca hecha con el fierro en un animal. rur.

    3. adj. *Ec. Referido a un ternero,* que ya está en edad de ser marcado con el fierro. rur.

  V. 1. m. *Mx, Pe.* Pene. tabú; pop + cult → espon.

  VI. 1. m. pl. *ES,* polic; *Mx,* vulg. Dinero, moneda corriente.

  VII. 1. m. *Ho, ES, Ni; Gu, CR,* obsol; rur. Herramienta de trabajo, *especialmente la utilizada en labores agrícolas.*

    2. m. pl. *Ho, ES, Ni.* Conjunto de herramientas o instrumentos de trabajo.

  VIII. 1. m. pl. *Ar, Ur.* Pesas u otros aparatos gimnásticos *para desarrollar la musculatura.*

  IX. 1. m. *Ar.* Coito. vulg.

  X. 1. *Ch.* **fierrito,** espetón. pop.

  XI. 1. m. *Ch. En el golf,* hierro, tipo de palo. pop.

  XII. 1. m. *Gu.* Firma, rúbrica.

  XIII. 1. m. pl. *ES.* Botella de licor, vasos, hielo, etc. cuando se sirve un trago.

■

a. ‖ **~ aporcelanado.** m. *Pe.* Material de hierro enlozado muy usado en utensilios de menaje y el hogar.

b. ‖ **~ criador.** m. *Ho.* Instrumento de hierro con que se marca el ganado.

□

a. ‖ **a ~ pelado.** loc. adv/adj. *Ch. En una relación sexual,* sin preservativo. vulg; pop + cult → espon.

b. ‖ **de ~.**
  i. loc. adj. *Ar, Ur. Referido a persona,* noble y fiel.
  ii. *Ec, Bo; Ch.* pop. *Referido a cosa,* dura, resistente.

c. ‖ **~ a fondo.** loc. adv. *Pe, Bo, Ar.* p.u. Con rapidez, a toda velocidad. pop + cult → espon.

d. ‖ **un ~.** loc. adv. *Mx.* Mucho, gran cantidad de algo.

▶ **clavar el ~; entregar los ~s; guardar los ~s; meter ~; pasar ~s.**

fierrobolsa.

  I. 1. adj/sust. *Bo. Referido a persona,* tacaña, avara. pop ^ fest.

fierucho, -a. (De *fiero*).

  I. 1. adj. *Ar. Referido a persona,* fea o carente de atractivo. pop.

fierura. (De *feo*).

  I. 1. f. *Ec.* Fealdad extremada. pop ^ hiperb.

fiesta.

■

a. ‖ **~ de comadres.** f. *Bo.* Fiesta popular que se celebra el jueves anterior al carnaval. (**fiesta de compadres**).

b. ‖ **~ de compadres.** f. *Bo.* **fiesta de comadres.**

c. ‖ **~ de corralejas.** f. *Co:N.* Festejos taurinos que se celebran en la costa atlántica colombiana.

d. ‖ **~ de doble pespunte.** f. *PR.* Fiesta espléndida, magnífica.

e. ‖ **~ de la alegría.** f. *CR.* Celebración que se realiza al finalizar el curso lectivo, *especialmente en la enseñanza primaria.*

f. ‖ **~ de negros y blancos.** f. *Co.* Carnaval que se celebra en la ciudad de Pasto la noche del 5 al 6 de enero.

g. ‖ **~ de perchero.** f. *Cu.* juv. Fiesta donde los participantes están desnudos.

h. ‖ **~ de traje.** f. *Mx, Gu, ES, Ni, CR, RD, PR, Ve, Ec.* juv. Fiesta o reunión en la que cada uno de los invitados lleva algo de comer o beber. pop ^ fest.

i. ‖ **~ del botón y la golilla.** f. *PR.* Fiesta gallística.

j. ‖ **~s cívicas.** f. pl. *CR.* Festividades oficiales de un cantón, sea por su fundación o para celebrar el fin de año.

k. ‖ **~s patrias.** f. pl. *Mx, Ni, CR, RD, Pe, Bo, Ch, Ar, Co,* p.u. Actividades de carácter cívico que se realizan para celebrar y conmemorar algún acontecimiento histórico, *generalmente la fundación de un país o la independencia de España.*

□

a. ‖ **como la ~ del Guatao.** loc. adv. *Cu.* De mala manera, a golpes. pop + cult → espon.

b. ‖ **~ chococa.** *Bo:O.* fiesta cohetillo. pop.

c. ‖ **~ cohetillo.** loc. sust. *Bo.* Persona que asiste asiduamente a reuniones de amigos y fiestas con entusiasmo. pop ^ fest. ♦ **fiesta chococa.**

◪

a. ‖ **lo que no cuesta, se hace ~.** fr. prov. *Gu, Ho, Ni.* Indica lo fácil que es dilapidar algo que se ha conseguido sin esfuerzo. pop + cult → espon. (**lo que no nos cuesta, hagámoslo fiesta**).

b. ‖ **lo que no nos cuesta, hagámoslo ~.** *CR.* **lo que no cuesta, se hace fiesta.**

▶ **hacer ~; pintar ~s; tirarse la ~.**

fiestar.
　I. 1.　*Cu, RD, PR.* **fiestear.**

fiesteado, -a.
　I. 1.　adj. *ES. Referido a persona,* agasajada con una fiesta.

fiestear.
　I. 1.　intr. *PR, Bo; Gu, Ho, ES, Ni, CR, Cu, RD, Co, Ve, Ch,* pop. Andar de fiesta, divertirse. (**fiestar**). ♦ **cucubanear.**

fiesterío.
　I. 1.　m. *Mx, Gu, Ho, ES, Ni, Co, Bo.* Serie de fiestas seguidas.

fiestoca.
　I. 1.　f. *Ch.* Fiesta informal de pocos participantes. pop.

fiestuza.
　I. 1.　f. *Ch.* Fiesta de baja o mala calidad en la que predomina el desenfreno. pop ^ desp.

fífano.
　I. 1.　m. *Bo.* Pífano, flautín de tono muy agudo.

fifar.
　I. 1.　intr. *Mx, Ve.* Funcionar bien *algo.*
　II. 1.　tr. *Bo, Ar, Ur.* Realizar el coito. vulg.

fifí.
　I. 1.　sust/adj. *Mx, ES, Ni, Bo, Py, Ar, Ur; Gu, Co,* obsol; m. *Ho.* Persona presumida y que se ocupa de seguir las modas. pop + cult → espon.
　　2.　*Pe,* p.u; *Ch,* espon. Persona de gestos y modales amanerados. pop ^ fest.
　　3.　*Bo; Ch.* espon. Persona que muestra finura y delicadeza poco naturales. pop ^ desp. ♦ **fifirifi.**
　　4.　*Ho, Ni; Gu,* obsol. Hombre afeminado. desp.
　　5.　m-f. *ES; Bo,* pop ^ desp. Persona que manifiesta gustos propios de la clase social acomodada.
　　6.　adj. *Ch. Referido a cosa,* cursi. pop.
　　7.　sust/adj. *Ho.* Hombre homosexual.
　　8.　m-f. *Py.* Persona elegante, de buenos modales. pop.
　II. 1.　m. *RD.* Bolita, *generalmente de vidrio,* con la que juegan los niños.
　III. 1.　*Ho.* **alzado,** engreído.
　IV. 1.　m. *Ho.* **escoba amarga.**
　V. 1.　m. *PR.* Cosa pequeña sin valor, tontería. pop + cult → espon.

fifiriche.
　I. 1.　adj. *Ho, Ni, CR; Ec,* desp. *Referido a persona,* alta y delgada. pop. (**fifiriches**).
　　2.　*Ec. Referido a persona,* raquítica. pop ^ fest.
　II. 1.　adj. *Ho, Ec. Referido a persona,* que se ocupa mucho de su arreglo personal.
　III. 1.　adj. *Ec. Referido a persona,* ridícula o extravagante. pop ^ desp.
　IV. 1.　m-f. *Ni.* Mequetrefe, don nadie. desp.

fifiriches.
　I. 1.　*CR.* **fifiriche,** alto y delgado.

fifirifao.
　I. 1.　m. *Ho.* Cosa de pésima calidad.
　　2.　*Ho.* Persona poco esmerada en su trabajo.

fifirifi.
　I. 1.　sust/adj. *Bo.* Persona que muestra finura y delicadeza poco naturales. pop ^ desp.

fiftififti. (Del ingl. *fifty-fifty,* cincuenta-cincuenta).
　I. 1.　adv. *Mx, Gu, Ho, Ec, Bo; Ch,* pop; *Pe,* p.u; urb. A medias, por mitad, la mitad cada uno.

fifty.

□

a. ‖ **~ ~.** (Voz inglesa). loc. sust/adj. *RD.* juv. Persona de posición social o económica privilegiada. fest.

figa. (Sínc. de *fisga*).
　I. 1.　f. *RD, PR.* Arpón de tres dientes para pescar peces grandes. (**fisga**).
　　2.　*RD.* meton. Objeto puntiagudo.

figar.
　I. 1.　*Pe.* **fisgar.**

figaza.
　I. 1.　*Ar, Ur.* p.u. **fugaza.**
　　2.　f. *Ar.* Pan pequeño, de poca miga, redondo y aplanado.

fighter. (Voz inglesa).
　I. 1.　adj/sust. *PR. Referido a un hombre,* que pega fuerte. pop + cult → espon.
　　2.　adj. *PR. Referido a un hombre,* pendenciero. pop + cult → espon ^ desp.

figuereo.
　I. 1.　*RD, PR.* **figureo.**

figura.
　I. 1.　f. *Bo, Py.* **figurita.**
　II. 1.　f. *Bo. En una comparsa de danzantes folclóricos,* bailarín o bailarina, *por lo general esbeltos,* que encabeza un grupo e indica los diversos cambios coreográficos.
　III. 1.　f. *ES.* Persona presuntuosa, engreída.
　IV. 1.　f. *PR.* Cifra.

■

a. ‖ **~ de pan.** f. *Ec.* Pieza pequeña de pan dulce hecha *generalmente con forma de animal, persona o planta,* pintada con diversos colores; se sirve para acompañar la **colada morada.**

figuración.
　I. 1.　f. *Ho, Py.* Prestigio social de alguien.

figurar.
　I. 1.　intr. *Co.* juv. Tocar o corresponder hacer una tarea desagradable por obligación. pop.

figurear(se).
　I. 1.　intr. *Ni, RD.* Querer ser *alguien* el centro de atención, pretender que se le nombre mucho.
　　2.　intr. prnl. *RD.* Exhibirse con orgullo ante un grupo de gente o los medios de comunicación.

figureo.
　I. 1.　m. *Ni, RD, PR.* Exhibición u ostentación que se hace ante un grupo de gente o los medios de comunicación. (**figuereo**).

2. *RD, PR.* Ganas que tiene una persona de ser muy nombrada y de convertirse en el centro de atención. (**figuereo**).

II. 1. m. *PR.* juv. Charla festiva, broma.

figurero, -a.
I. 1. adj/sust. *RD. Referido a persona*, que **figurea**.

figúrese.
•
a. ‖ fórm. *Mx, Ho, Ni, RD, Co, Bo, Ch.* Se usa para lograr la atención del interlocutor. pop.

figureti.
I. 1. sust/adj. *Pe, Bo, Py, Ar; Ec*, fest. Persona con excesivo afán de sobresalir o figurar. pop + cult → espon.

figurillas.
□
a. ‖ en ~s. loc. adv. *Bo, Py, Ar.* En situación difícil o embarazosa.
▶ verse en ~s; vérselas en ~s.

figurita.
I. 1. f. *Ni, Pe, Py, Ar, Ur; Bo*, pop. Estampa o tarjeta, *generalmente pequeña*, ilustrada con dibujos o fotografías, que coleccionan y utilizan en juegos los niños.
♦ figura.
II. 1. sust/adj. *RD.* Persona de baja estatura. desp.
III. 1. f. *ES.* Persona engreída.
■
a. ‖ ~ repetida.
  i. loc. sust. *Ar, Ur.* Asunto, idea o imagen que surge o se utiliza de manera recurrente. pop.
  ii. *Ar, Ur.* Persona cuya presencia es constante o continuada. pop.

fija.
I. 1. f. *Ve, Pe, Bo, Ch, Ar, Ur.* En el lenguaje hípico, triunfo seguro que se adjudica a un competidor.
2. *Ve, Bo, Ch, Ar, Ur.* En el lenguaje hípico, competidor que se adjudica un triunfo seguro.
3. *Ve, Bo, Ar, Ur.* Información que se pretende segura respecto de algún asunto controvertido o posible.
II. 1. f. *Ni, Ve, Ec*, juv; pop. Mujer que es pareja habitual de un hombre.
III. 1. f. *Pa, Cu.* Arpón que se utiliza para capturar peces.
□
a. ‖ a la ~. loc. adv. *Ni, Co, Ec, Ch; Bo, Ar*, pop. Seguramente, sin duda.
b. ‖ ~ lija. loc. adv. *Bo:O,C.* Con toda seguridad. pop.
▶ irse a la ~.

¡fija!
I. 1. interj. *Bo, Py.* Expresa la seguridad de que algo sucederá. pop.

fijado, -a.
I. 1. adj. *Mx, Ho, Ni, Ch. Referido a persona*, observadora, que repara en muchas cosas, que las nota. pop + cult → espon.
2. *Mx. Referido a persona*, susceptible, que pone remilgos y se molesta por nada.
3. *Ni. Referido a persona*, que escatima en gastos.

fijador.
I. 1. m. *Ec.* Trago de **puntas** que se toma después de uno de **tardón**.

fijar(se).
I. 1. intr. prnl. *Ni, Cu.* Copiar en un examen. pop.
□
a. ‖ ~ carteles. loc. verb. *Ve.* Publicar en la **cartelera** de una Jefatura Civil la notificación de que dos personas van a contraer matrimonio.
b. ‖ ~ la picada. loc. verb. *PR.* Agarrar fuertemente con el pico el gallo de pelea a su contrincante para asegurar el tiro de la espuela.

fijo.
□
a. ‖ en ~. loc. adv. *Ar, Ur.* Seguro, sin duda. pop + cult → espon.

fijo, -a.
I. 1. m. y f. *Pa.* Candidato cuya elección está asegurada.

fijón.
•
a. ‖ no hay ~. fórm. *Mx.* Se usa para indicar que no existe ningún inconveniente o problema.

fijón, -na.
I. 1. adj/sust. *Mx, Bo. Referido a persona*, muy dada a la crítica.
2. *Pa, Pe, Bo, Ar. Referido a persona*, que mira a otros con curiosidad o en exceso. pop.
3. *Ho, Ni, Cu, Pe, Bo, Ch. Referido a persona*, observadora, que repara en muchas cosas. pop ∧ desp.
4. *Cu. Referido a persona*, que copia en los exámenes.

fila.
I. 1. f. *CR, Pa, Co, Ve, Ec, Pe.* Línea superior de una sucesión de montañas.
■
a. ‖ ~ de los cocheros. f. *Py; Ch*, obsol, Hilera última de butacas de un teatro o cine, ocupada habitualmente por parejas de enamorados con el fin de acariciarse y besarse. pop + cult → espon ∧ fest.
▶ reírse en la ~.

¡fila!
I. 1. interj. *Pe.* Expresa orden a una recua de asnos para que vayan en fila. rur.

filacear.
I. 1. tr. *Ho.* Causar cortes y heridas con un machete.

filatélico, -a.
I. 1. adj. *Ec. Referido a persona*, que emplea palabras rebuscadas y raras para exhibir erudición. ♦ filático.

filatería.
I. 1. f. *Ec:S.* Verbosidad excesiva y rebuscada.

filático, -a.
I. 1. *Ec.* filatélico. pop ∧ desp.

filazo.
I. 1. m. *Ho, ES, Ni, CR.* Corte dado con el cuchillo o el machete. pop + cult → espon.
II. 1. *Ho, CR.* metáf. Pulla, indirecta.
2. m. *Ho.* Crítica enérgica que se hace de modo indirecto. pop + cult → espon.
▶ darse de ~.

fildeador, -ra. (Del ingl. *fielder*).
I. 1. m. y f. *Ho, Ni, Cu, RD, Ve*; m. *PR. En el beisbol*, jugador que está en posición defensiva. (**fílder**).

fildear. (Del ingl. *field*).
I. 1. tr. *Mx, Ho, ES, Ni, Cu, RD, PR, Ve. En el beisbol*, atrapar la pelota un jugador y lanzársela a otro del mismo equipo.
2. intr. *Cu, RD, Ve. En el beisbol*, estar un jugador en posición defensiva.
II. 1. tr. *Cu.* Observar disimuladamente a *alguien* o *algo*. pop.
III. 1. tr. *Ni.* Buscar a *alguien* o *algo*.

fildeo.
I. 1. m. *Mx, Ni, Cu, RD, PR, Ve. En el beisbol*, captura de una pelota y lanzamiento posterior a un jugador del mismo equipo.

fílder. (Del ingl. *fielder*).
I. 1. m. *ES, RD, PR.* fildeador.

file. (Voz inglesa).
I. 1. *EU, PR, Pe, Bo.* Archivo de cartulina, de plástico o metálico.

filerazo.
   I. 1.   m. *ES*. Inyección. delinc.
filero.
   I. 1.   m. *Mx, Gu, ES*. Cuchillo, navaja. delinc.
      2.   *EU*. Afilador.
filet.
   I. 1.   m. *Py, Ar, Ur*. Lonja de pescado delgada y sin espinas.
filete.
   I. 1.   adj. *RD, PR, Ch*. juv. *Referido a cosa*, que está bien, en perfecto estado. pop.
      2.   *RD, Ch*. juv. *Referido a persona*, bonita, agraciada, bella.

■

     a. ‖ **~ canciller.** m. *Cu*. Plato formado por dos filetes de pescado empanados y, entre ellos, una loncha de jamón y queso.
fileteadora.
   I. 1.   f. *Ho, Co. En la maquila*, máquina que cose los bordes y **ruedos** de la ropa de vestir.
filfa.
   I. 1.   f. *PR*. Amenaza que no se va a cumplir. pop + cult → espon.
filgrana.
   I. 1.   *Cu*. **filigrana**.
filí.
   I. 1.   *CR*. **tucancillo**.
filiar. (Der. de *filo*, hambre).
   I. 1.   tr. *Gu*. Comer, tomar alimentos.
filiche. (De *Filiche*, apodo de un cómico español que llegó a Honduras alrededor de 1930).
   I. 1.   adj. *Ho. Referido a persona*, delgada, flaca.
filigrana.
   I. 1.   f. *Cu*. Arbusto silvestre, de hojas ásperas, aromáticas y aovadas, con flores menudas y fruto apiñado. (Verbenaceae; *Callicarpa* spp., *Lantana* spp.). (**filgrana**).
filimisco, -a.
   I. 1.   sust/adj. *Ve:O*. Persona melindrosa, *especialmente para comer*.
filin. (Del ingl. *feeling*).
   I. 1.   m. *Ho, ES*. Entretenimiento, afición, diversión.
      2.   *Cu*. Movimiento musical nacido a mediados del siglo xx, que se caracteriza por canciones de gran intensidad sentimental y se acompañan, *por lo general, con guitarra*.
      3.   adj. *Cu*. Propio del **filin**, movimiento musical.
      4.   m. *Ho, Ni*. Agrado, modo agradable de alguien.

□

     a. ‖ **de ~.** loc. adv. *Ho*. Por gusto.
filín.
   I. 1.   *Gu, Ho, ES*. **bagre**. (Ariidae; *Arius melanopus, Bagre marinus, B. panamensis, Galeichthus guatemalensis*).
filinco.
   I. 1.   m. *ES*. Farallón, despeñadero.
filinero, -a.
   I. 1.   sust/adj. *Cu*. Representante del **filin**, movimiento musical caracterizado por un fuerte componente sentimental. ♦ **filinesco**.
filinesco, -a.
   I. 1.   adj. *Cu. Referido a un estilo musical*, propio de los **filineros**.
filinga.
   I. 1.   f. *Ho*. Machete viejo con la hoja desgastada. desp.
filingo, -a.
   I. 1.   adj. *Ho. Referido a persona*, delgada, flaca.

filinsuche.
   I. 1.   *ES*. **tecomajuche**.
filip. (De *Philip*®).
   I. 1.   *ES*. **philip**.
filipina.
   I. 1.   f. *Mx, RD; Gu*, obsol. Camisa recta, con botones, de manga corta y sin solapa, empleada por médicos, enfermeros y otros profesionales.
      2.   *Cu*. Chaqueta de hombre con cuello de estilo chino, sin solapas.
   II. 1.   f. *Ho*. Especie de oquedad o hendidura que tienen las gallináceas en la pechuga junto al buche. rur.
filipino.
   I. 1.   m. *Ho:O, Ni*. Planta herbácea de hasta 6 m de altura, hojas erectas, inflorescencia grande en forma de racimo colgante que termina en una bráctea; tiene aplicación en la medicina tradicional. (Musaceae; *Musa AAA*).
   II. 1.   m. *Ho:O, Ni*. Fruto comestible, variedad de **banano**.
filipino, -a.
   I. 1.   m. y f. *ES*. Gallo o gallina con el pescuezo sin plumas.
filiporte.
   I. 1.   m. *Ec*. Pene. tabú; pop + cult → espon ^ fest.
filistrico, -a.
   I. 1.   *ES*. **filistriqui**.
filistrín.
   I. 1.   m. *Ve*. p.u. Hombre presumido y afectado. pop ^ desp.
filistrín, -na.
   I. 1.   adj. *RD, Ve*. p.u. *Referido a persona*, muy delgada. pop ^ desp.
filistriqui.
   I. 1.   sust/adj. *ES, Bo:E*. Persona delgada. (**filistrico**).
filito, -a.
   I. 1.   adj. *Bo; Ec*, fest. *Referido a persona*, bien preparada para realizar una prueba académica o de cualquier otra índole. est.
fillingo.
   I. 1.   m. *Ar*. Cuchillo pequeño. rur.
filmeta.
   I. 1.   f. *Ur*. p.u. Grabación corta de video.
filmocentro.
   I. 1.   m. *RD, Ch*. p.u. Estudio de filmación.
filo.
   I. 1.   m. *Mx, Gu, Ho, ES, Ni, CR, Co, Pe; Ve*, juv. Hambre, deseo incontenible de comer. pop + cult → espon.
   II. 1.   m. *Mx*. Mucha energía para emprender un trabajo o actividad. pop + cult → espon.
   III. 1.   m. *Ar*. Relación amorosa informal o pasajera. pop.
      2.   *Ch*. Finalización de una relación, *especialmente amorosa*. pop + cult → espon.
      3.   m-f. *Ar*. Persona con la que se entabla una relación amorosa pasajera. pop.
   IV. 1.   m. *Pe*. Cerro o colina que separa las quebradas.
      2.   *Ho, Ni, Ec*. metáf. Borde de un despeñadero.
   V. 1.   m. *Cu, PR*. Raya, pliegue vertical que se marca al planchar.

□

     a. ‖ **a medio ~.** loc. adv. *Ch*. A la mitad de una cosa o de un proceso, sin llegar a completarse. pop + cult → espon.
     b. ‖ **doble ~.** loc. adj/sust. *Pe. Referido a persona*, bisexual. pop.

▨

     a. ‖ **~ con ~ no corta.** fr. prov. *RD*. Indica que al juntarse o enfrentarse dos personas con cualidades semejantes, especialmente astucia o perspicacia, se da una situación de igualdad entre las dos y una no destaca sobre otra.

▶ **hacer el ~**; **volverse ~**.

filo, -a.

I. 1. adj. *Pa, Ec, Bo. Referido a un arma cortante*, filosa, afilada.

2. *Bo*; *Ec*, p.u. *Referido a un objeto*, de punta muy aguda. pop.

▶ **dar filo**; **dar un ~ de bola**.

¡filo!

I. 1. interj. *Ch*. juv. Expresa rechazo, indiferencia.

filodental. (Del port. *filho dental*, hilo dental).

I. 1. m. *Mx, RD, Ch*. Traje de baño femenino muy exiguo consistente en una tira delgada de tela que cubre mínimamente los pezones y el pubis.

filomático, -a.

I. 1. sust/adj. *Cu*. Alumno aplicado y estudioso. est.

filomena.

I. 1. f. *Mx*. **filomeno**, pájaro.

II. 1. f. *Ch*. Navaja, cuchillo. delinc.

filomeno.

I. 1. m. *Mx*. Pájaro conirrostro de hasta 18 cm de longitud, con una especie de cresta de plumas hacia atrás en la cabeza, color pardo en cara y pecho que se difumina en amarillo claro hacia el abdomen, y diferentes tonos de gris en la espalda y las alas, que poseen un pequeño ramillete de plumas rojo vivo, con una careta sobre los ojos. (Bombycillidae; *Bombycilla cedrorum*). (**filomena**).

II. 1. m-f. *Bo*. Último hijo de una pareja de edad avanzada. pop ^ fest.

filorio, -a.

I. 1. adj/sust. *RD*. Partidario de Juan Pablo Duarte, político dominicano.

filorte.

I. 1. m. *Ch*. p.u; vulg. Pene. tabú; pop + cult → espon.

filoso, -a.

I. 1. adj. *Mx, Ho, Ni. Referido a persona*, dispuesta o bien preparada para hacer algo.

2. *ES, Ni. Referido a un estudiante*, que ha preparado bien un tema o un examen.

II. 1. adj. *Mx, Ni, RD; PR*. metáf. *Referido a persona*, mordaz, murmuradora y maldiciente. pop + cult → espon ^ desp.

2. adj. *Ar, Ur. Referido a una exposición o un razonamiento*, inteligente, agudo, mordaz.

III. 1. adj. *ES*. **filudo**.

filtración.

I. 1. f. *Mx, Ni, RD*. Robo o uso fraudulento de dinero público.

2. *PR*. metáf. Robo.

filtrado, -a.

I. 1. adj. *Py, Ar, Ur. Referido a persona*, cansada físicamente. pop.

2. *Py, Ur. Referido a persona*, harta, molesta. pop.

filtrafa.

I. 1. f. *RD, Ec:O*. Persona enfermiza y de complexión delgada. pop + cult → espon ^ desp.

II. 1. f. *PR*. Carne residual con pellejos y grasa usada como alimento para los perros.

2. m-f. *PR*. metáf. Persona vulgar, zafia. pop + cult → espon ^ desp.

filtrar.

I. 1. intr. *Cu*. Tener *alguien* mucha capacidad para captar algo fácilmente. pop.

II. 1. tr. *Ho. En futbol y otros deportes*, pasar un jugador el balón entre varios contrarios.

III. 1. tr. *Ni*. Supurar pus una herida.

filtro.

I. 1. m. *Mx:NO*. Carne de cerdo que se fríe para preparar el **chicharrón**.

II. 1. adj. *Cu. Referido a persona*, muy inteligente. pop.

▶ **recibir en ~**.

filú, -lúa. (De *filudo*).

I. 1. *PR*. **filudo**, de filo muy agudo.

filudo, -a.

I. 1. adj. *Mx, Gu, Ho, ES, Ni, Pa, PR, Ve, Ec, Pe, Ch, Ur; Bo, Ar*, pop; *Co*, espon. *Referido a un instrumento o arma cortante*, de filo muy agudo. (**filú**).

2. *Bo, Ch. Referido a persona, especialmente a una parte de su cuerpo*, flaca o muy delgada.

3. *Ch*. metáf. *Referido a una expresión o asunto*, áspero, cortante, hostil. pop.

II. (Der. de *filo*, hambre).

1. adj/sust. *Gu, Ho, ES. Referido a persona*, hambrienta. ♦ **filoso**.

III. 1. adj/sust. *Ho, Ni. Referido a un alumno*, que sabe mucho de un tema. est.

IV. 1. adj. *Gu. Referido a persona*, hábil, ingeniosa.

fin.

☐

a. ‖ **al ~ de cuentas**. loc. adv. *Mx, Gu, CR, PR, Co, Pe, Bo, Ch, Py*. En resumen, en definitiva. pop + cult → espon. (**a final de cuentas**).

▶ **dar ~**.

finadito, -a.

I. 1. adj/sust. *RD, Co, Pe, Ch, Py. Referido a persona*, muerta. euf; pop.

finado.

●

a. ‖ **era grande el ~**. fórm. *CR, Ch, Py*. obsol. Se usa para destacar que alguien lleva una prenda de una talla mayor que la que le correspondería. pop ^ fest.

finados.

I. 1. m. pl. *RD, Ec*. Día de los muertos.

final.

☐

a. ‖ **a ~ de cuentas**. *Ni, RD, PR, Co, Bo, Py*. **al fin de cuentas**.

b. ‖ **a la ~**. loc. adv. *Co:O, Ve, Bo, Ch*; *Ec*, juv. En definitiva, finalmente. pop + cult → espon.

c. ‖ **a las ~es**.
i. loc. adv. *RD, Pe*; *Ch*, pop → espon. Al final.
ii. *Pe*. En consecuencia.

d. ‖ **en un ~**. loc. adv. *Cu*. En fin, en definitiva. pop.

finalismo.

I. 1. m. *Cu*. Tendencia a dejar el desempeño de una obligación para el último momento.

finalista.

I. 1. m-f. *Cu*. Persona que suele aplazar la realización de una tarea para el último momento.

2. *Cu*. Persona que estudia solamente en vísperas de los exámenes. est.

financista.

I. 1. m-f. *Mx, Pa, Ec, Pe, Ch, Py, Ar, Ur; Ve*. Persona, empresa o institución que financia un proyecto.

2. *Ho, ES, Ni, CR, Cu, Co, Ve, Ec, Pe, Bo, Ch, Py, Ar, Ur*. Persona que habitualmente desarrolla una actividad financiera.

3. *RD, Bo; Ho, ES, Ni*, cult. Persona que aporta dinero a una empresa.

4. *Ho, ES, Ni, RD, Bo*. Persona versada en cuestiones bancarias o bursátiles.

5. *Ec*. Persona hábil para hacer pequeños negocios. pop ^ fest.

finasangre.
I. 1. sust/adj. *Ch*. Caballo de carreras cuyos ancestros tienen un historial de éxitos.

finatero, -a. (De *FINATA*, Financiamiento de Tierras de la Reforma Agraria).
I. 1. adj. *ES. Referido a un campesino*, favorecido por el financiamiento de tierras de la Reforma Agraria.

finca.
I. 1. f. *Mx:NO*. Vallado construido con piedra. rur.
2. *Gu, Ho, ES, Ni, Pa, Cu*. Plantación de café, caña de azúcar o cacao.
3. *CR, RD, Ec, Bo*. Propiedad rural de poca extensión, dedicada a actividades de recreo.
4. *Bo, Ch, Py*. Terreno agrícola de pequeñas dimensiones.
5. *PR*. Recipiente de pequeño tamaño destinado a sembrar marihuana. drog.
II. 1. f. *Ho, Ni*. Lugar donde se crían los camarones.
III. 1. f. *RD*. Vulva. euf; pop + cult → espon.
■
a. ‖ ~ **de yerba.** f. *PR*. Plantación de marihuana. drog.
b. ‖ ~ **raíz.** f. *Co, Bo*. Propiedad inmueble.

fincar(se). (Prot. de *afincarse*).
I. 1. tr. *Mx, RD, Bo*. Establecer, dar base, fundamento o apoyo.
2. intr. prnl. *RD, Bo, Ar*. Establecerse, basarse, fundamentarse o apoyarse en algo. esm.
II. 1. tr. *Mx*. Construir, edificar *algo*.
III. 1. intr. prnl. *Ho, Bo*. Establecerse *alguien* en un lugar, fijar en él su residencia.
IV. 1. tr. *RD*. Atribuir, adjudicar un hecho a *alguien*. esm.
V. 1. tr. *ES*. Delimitar o cercar un terreno.

finchado, -a.
I. 1. adj. *Ve:O. Referido a persona*, vestida elegantemente.

finche. (Del ingl. *finch*).
I. 1. m. *PR*. Ave de hasta 10 cm de longitud, con pico grueso, de color amarillo en el pecho, la rabadilla y la línea superciliana. (Fringillidae; *Serinus mozambicus*).

fincho.
I. 1. m. *Co:C.* juv. Fin de semana. pop + cult → espon.
♦ **findacho.**

findacho.
I. 1. *Co:C.* juv. **fincho.**

findingo, -a.
I. 1. adj. *Ho. Referido a persona*, delgada, flaca.

finger. (Voz inglesa).
I. 1. m. *PR*. metáf. Estibadora mecánica, montada en ruedas y con brazos fuertes de acero.

fingido, -a.
I. 1. adj. *Bo. Referido a voz*, atiplada.

finiarse.
I. 1. intr. prnl. *Mx:NO*. Coquetear, procurar agradar. pop.

finición.
I. 1. f. *ES*. obsol. Fin, final, terminación de algo. rur.

finis. (Del ingl. *finish*).
I. 1. m. *Bo.* **finish.**

finish. (Voz inglesa).
I. 1. m. *Gu, Ni, Bo*. Fin, término. (**finis**).

finishero, -a. (Del ingl. *to finish*, acabar, finalizar).
I. 1. m. y f. *EU. En la industria o en la construcción*, persona encargada del trabajo que se realiza en la última etapa de un proceso, *generalmente el relacionado con las instalaciones de una vivienda o el acabado de superficies*.

finito.
□
a. ‖ **en lo ~.** loc. adv. *Ve:O*. En el momento culminante.

finito, -a.
I. 1. adj. *Ve. Referido a persona*, que está en el mismo estado, sin avanzar ni concluir.
2. *Ve. Referido a persona*, inmutable, concentrada en lo que le ocupa.

fino.
I. 1. m. *Ar*. Construcción que comprende el enyesado, cielo raso, solado y acabados finales.
2. *Ni, Cu*. Última capa fina de cemento que se pone a una pared o suelo.
II. 1. m. *RD*. Trozo o fragmento de loza.
III. 1. m. *PR*. **manteca**, heroína. drog.
IV. 1. *PR*. **gallo**, pez marino.

fino, -a.
I. 1. adj. *Cu, Co, Ve. Referido a un gallo o a una gallina*, que son buenos para procrear gallos de pelea.
II. 1. adj. *Ni, CR, Cu, Ec, Bo. Referido a un animal*, de raza.
III. 1. adj. *RD, Ve; PR*, juv. *Referido a cosa*, fantástica, estupenda, muy buena.
IV. 1. adj. *Ho, RD, Ec. Referido a la madera*, blanda y duradera como la caoba y el cedro real.
V. 1. adj. *Ec:C,SE. Referido a un arma cortante*, filosa, afilada. pop.
▶ **hablar ~.**

¡fino!
I. 1. interj. *Ve*. juv. Expresa afirmación.

finoli.
I. 1. adj/sust. *RD, Py, Ar, Ur. Referido a persona*, de modales afectados y gustos finos y delicados. pop ^ desp.

finquero, -a.
I. 1. m. y f. *Mx, Gu, Ni, CR, Pa, Cu, RD, Co, Ec*. Dueño de una finca de campo.

finta.
□
a. ‖ **en ~.** loc. adv. *Mx*. De manera apresurada.
▶ **irse con la ~; ser pura ~.**

fintear.
I. 1. intr. *Ve, Ec, Pe, Ch, Ar, Ur; Bo*, pop. *En ciertos deportes*, hacer fintas.
2. *Bo, Ch*. Esquivar rápidamente los obstáculos que aparecen en un recorrido cuando se corre o se conduce.

finteo.
I. 1. m. *Ec, Bo, Ch, Ar. En ciertos deportes*, ejecución de fintas y amagos.
2. *Bo, Ch*. Maniobra que se realiza para esquivar los obstáculos, al correr o conducir.

fintero, -a.
I. 1. adj/sust. *Pe. Referido a persona*, que simula lo que no es. pop + cult → espon. ♦ **fintoso.**
2. adj. *Pe. Referido a cosa*, aparente, vistosa. pop + cult → espon. ♦ **fintoso.**

finto, -a.
▶ **hacer la ~; traer finto.**

fintoso, -a.
I. 1. *Pe.* **fintero.**

fiñe.
I. 1. m-f. *Cu.* **chamaco**, adolescente. pop.

fiñería.
I. 1. f. *Cu*. Conducta propia de los niños. pop.
2. **fiñerío.**

fiñerío.
I. 1. m. *Cu*. Conjunto de **fiñes** o niños. pop. ♦ **fiñería.**

fío.
■
    a. ‖ ~-~. *Ch, Ar.* **fiofío.** ♦ **fío-fío.**

fío.
□
    a. ‖ **al** ~. loc. adv/adj. *Ec, Bo.* A crédito. pop.

fío-fío.
    I. 1. *Ch.* **fiofío.**

fioca.
    I. 1. m. *Ar.* Proxeneta. pop ^ desp.

fiofío. (De or. onomat.).
    I. 1. m. *Ch, Ar.* Pájaro de hasta 15 cm de longitud, de plumaje verde aceitunado, blanquecino por el vientre y la garganta, y con una cresta blanca. (Tyrannidae; *Elaenia albiceps*). (**fío-fío**).

fiolo. (Afér. de *cafiolo*).
    I. 1. m. *Bo, Ar.* Proxeneta. pop + cult → espon ^ desp.

fique.
    I. 1. m. *Mx:SE, Co, Ve, Ec.* Planta de hasta 3 m de altura, tallo grueso y corto, hojas o pencas radicales, carnosas, en forma de pirámide triangular un poco acanalada, de color verde oscuro. (Agavaceae; *Furcraea* spp.). ♦ **cabuya; motua.**
    2. *Mx:SE, Co, Ve, Ec.* Fibra vegetal del fique que se usa para hacer cuerdas, sacas y artesanías.
    3. *Ar.* **balda**, planta.

fiquero, -a.
    I. 1. m. y f. *Co.* Persona que cultiva **fique.**
    2. adj. *Co.* Relativo al **fique.**

fiributillo.
    I. 1. m. *Pa.* Ano. vulg.

firifire.
    I. 1. *Ve.* **firifiri.**

firifiri.
    I. 1. adj. *Pa*, desp; adj/sust. *Ve. Referido a persona*, muy delgada y menuda. pop + cult → espon. (**firifire; firifiro**).
    2. sust/adj. *Ve.* Animal flaco y sin fuerza. (**firifire; firifiro**).
    3. *Ve.* Planta que crece débil. (**firifire; firifiro**).

firifiro, -a.
    I. 1. *Ve.* **firifiri,** animal flaco.

firma.
    I. 1. m-f. *Gu, Ho.* Persona que vive engañando y timando a los demás. pop.
●
    a. ‖ **póngale la** ~. fórm. *Co.* Se usa para indicar al interlocutor que puede estar totalmente seguro de algo. pop + cult → espon.
□
    a. ‖ **a sola** ~. loc. adv. *Pe, Py, Ar; Bo*, obsol; *Ch*, esm. A falta solo de la firma.
▶ **echar una** ~; **hacer la** ~; **ponele la** ~; **seguir las** ~s.

firmar.
    I. 1. intr. *Mx.* Orinar. pop ^ fest.
□
    a. ‖ ~ **el libro de actas.** loc. verb. *Mx.* Orinar. pop + cult ^ fest.

firme.
    I. 1. adj. *PR, Bo; Co:O*, pop. | juv. *Referido a cosa o a un asunto*, que está seguro.
    II. 1. adj. *RD, Ec, Ch. Referido al tinte*, que no pierde sus propiedades fácilmente. pop.
    2. *Ni, Ec. Referido a la tela o al tejido*, que no se decolora fácilmente. pop.
    III. 1. f. *Pe, Ch.* Verdad o razón oculta que está a punto o que acaba de revelarse. pop.
    IV. 1. m-f. *Pe.* Pareja sentimental oficial. pop.

    V. 1. adj. *Ho, Bo. Referido a persona*, guapa. delinc.
    VI. 1. m. *Cu.* Terreno virgen.
    VII. 1. adj. *Bo. Referido a cosa*, excelente. pop.
    VIII. 1. m. *RD.* Punto más alto de una montaña o una elevación.
□
    a. ‖ **a** ~. loc. adv. *Ch.* En firme, de manera definitiva. cult.
    b. ‖ **en** ~. loc. adv. *Cu.* Decididamente. pop + cult → espon.
▶ **estar** ~.

firmear.
    I. 1. intr. *Bo.* Mantener una relación de noviazgo. pop.

firmeza.
    I. 1. f. *Ar, Ur.* Danza folclórica de pareja suelta, ritmo vivo y carácter picaresco, en la que las parejas ejecutan los pasos y figuras que se indican en el estribillo cantado.
    II. 1. adj/sust. *Ch. Referido a persona o a cosa*, que es eficaz o excelente y permanece en el tiempo. pop.
    2. f. *Ch.* obsol. Persona con la que se tiene una relación estable.
    3. adv. *Py.* En perfectas condiciones, de manera eficaz y efectiva. pop.

firmita.
    I. 1. m-f. *Gu.* Persona con malos antecedentes y timadora. sat.

firmón, -na.
    I. 1. adj/sust. *Mx, ES, PR. Referido a abogado o funcionario*, que por dinero firma cualquier documento. desp.
    II. 1. adj. *PR. Referido a persona*, bromista. pop + cult → espon.

firpo.
    I. 1. m. *Bo.* Corte de pelo, que consiste en rapar toda la cabeza menos la parte superior, que se deja un poco más larga que el resto.

firulais.
    I. 1. m. *Mx, ES.* Perro callejero. desp.
    II. 1. pron. *ES; Gu*, obsol. Ese, aquel. desp.

firulete.
    I. 1. m. *Ec, Py, Ar, Ur, Pe, Ch*, p.u; m. pl. *Bo.* Adorno recargado *y, generalmente, de mal gusto.* pop + cult → espon ^ desp.
    2. m. *Ar, Ur.* Movimiento complicado o aparatoso, *especialmente en el tango y la milonga.*
    3. m. pl. *Bo. En literatura*, figuras retóricas que caracterizan el estilo de un autor, *generalmente barroco.* pop + cult → espon ^ desp.

firulí.
    I. 1. *Ch.* p.u. **firulo.** pop ^ desp.

firuliche. adj/sust. *Ho, CR. Referido a persona*, delgada. ♦ **firulín, firulingo.**

firulín, -na.
    I. 1. adj. *Ho, Ni.* **firuliche,** delgado.

firulingo, -a.
    I. 1. adj. *Ho.* **firuliche,** delgado.

firulístico, -a.
    I. 1. *RD*, sat; *PR*, pop + cult → espon. **facistol.**
    2. adj. *RD*, sat; *PR*, pop + cult → espon. *Referido a persona o cosa*, que tiene apariencia de elegancia o refinamiento pero resulta ridícula.

firulo.
    I. 1. m. *Ar.* Prostíbulo. vulg.

firulo, -a.
    I. 1. adj. *Ch. Referido a persona*, amanerada, que camina, viste o se comporta de manera afectada. pop ^ desp. ♦ **firulí.**

¡fis!
  I. 1. interj. *Ho.* Expresa huida o salida rápida de algo o alguien.

fiscal.
  I. 1. adj. *Ec, Bo, Ch; Pe,* p.u. *Referido a un centro educativo,* estatal.
  II. 1. m-f. *Bo, Ch:S.* Seglar que cuida de una capilla rural, dirige las funciones del culto y auxilia al párroco, por quien es nombrado.
  III. 1. m. *Ho, Ni, CR, Bo.* Persona de la junta directiva de una asociación o institución que se encarga de fiscalizar las actuaciones monetarias y las acciones de los miembros.
  IV. 1. m-f. *Ve.* Persona encargada de vigilar la circulación de vehículos automotores en una ciudad. ♦ **fiscal de tránsito.**
  V. 1. adj. *Ch. Referido a un ladrillo,* de tamaño reducido, muy consistente, usado para la construcción de muros.
  ■
  a. ‖ ~ **de tránsito.** *Ve.* **fiscal.**

fisco.
  I. 1. m. *Cu.* Pequeña cantidad de algo.

fisfilín, -na.
  I. 1. adj. *Ho. Referido a persona,* delgada, flaca.

fisga.
  I. 1. f. *Pe.* Arpón en forma de tridente para pescar peces grandes. (**figa**).
  2. m. *Pe.* Pescador que utiliza fisgas o arpones para la captura de peces en los ríos.
  3. f. *Gu.* Arma blanca.

fisgar.
  I. 1. tr. *Pe.* Pescar con **fisga**, arpón. rur. (**figar**).

fish. (Voz inglesa).
  I. 1. m. *Mx.* juv. Problema. euf.

físico.
  □
  a. ‖ **a puro ~.** loc. adv. *ES.* Con voluntad y esfuerzo.
  ▶ **rifarse el ~.**

físico, -a.
  I. 1. adj. *RD. Referido a persona,* remilgada, afectada.

fisicoculturismo.
  I. 1. m. *Mx, Gu, ES, Ni, CR, RD, Co, Ec, Pe, Bo, Ch, Py, Ar.* Práctica de ejercicios gimnásticos encaminada al desarrollo de los músculos. ♦ **fisiculturismo.**

fisicudo, -a.
  I. 1. adj. *Bo. Referido a persona,* corpulenta, robusta. pop.

fisiculturismo.
  I. 1. m. *Ho, ES, Ni, CR, Pa, Cu, RD, PR, Co, Pe, Ch, Py.* **fisicoculturismo.**

fisiculturista.
  I. 1. sust/adj. *Ho, Ni, CR, Cu, RD, PR, Co, Pe, Ch, Py.* Persona que practica el **fisiculturismo.**
  2. adj. *Cu, RD, PR, Co, Ch, Py.* Relativo al **fisiculturismo.**

fisioterapista.
  I. 1. sust/adj. *Ni, CR, RD, Co, Ec, Pe, Bo, Ch.* Persona que ejerce la fisioterapia.

fisiquear.
  I. 1. intr. *ES, RD.* Exhibir *alguien* su físico.

fisiqueón, -na.
  I. 1. adj. *ES. Referido a persona,* que exhibe su físico.

fisiquín.
  I. 1. m. *Gu.* Hombre presumido, de aspecto atractivo y musculoso. sat.
  2. *Gu.* Hombre atractivo.

fisonomizar.
  I. 1. tr. *Bo.* Retener en la memoria los rasgos del rostro de una persona.

fisto.
  I. 1. m. *Co.* Chimenea u oído de las armas de fuego de pistón.

fisto, -a.
  I. 1. sust/adj. *Cu.* Persona cursi y rebuscada en su modo de actuar y de hablar. pop + cult → espon ^ desp.
  II. 1. adj. *Cu. Referido a persona,* adinerada.

fistol. (Del it. *fistolo,* diablo).
  I. 1. m. *Mx.* Alfiler que se prende como adorno en la corbata.

fisura.
  I. 1. f. *Ar, Ur.* Necesidad de drogarse. drog.
  2. *Ur.* juv. Deseo incontenible de hacer algo.

fisurado, -a.
  I. 1. adj/sust. *Ar, Ur. Referido a persona,* que tiene necesidad de drogarse. drog.
  2. adj. *Ar.* juv. *Referido a persona,* que tiene un deseo incontenible de hacer algo.
  II. 1. adj/sust. *Ch. Referido a persona,* que padece una fisura en el paladar o en el labio superior.

fisurar(se).
  I. 1. intr. prnl. *Mx, Co, Ec, Bo, Ch, Py, Ar, Ur.* Sufrir *algo* una fisura.
  2. tr. *Co, Ec, Bo, Ch, Py, Ar, Ur.* Producir una fisura.
  3. tr. *Mx.* metáf. Causar daño en una relación. cult → esm.
  4. tr. *Ch.* metáf. Producir *algo* un corte. pop.
  5. intr. prnl. *Ch.* metáf. Sufrir un corte en alguna parte del cuerpo. pop.
  6. tr. *Ec.* metáf. Producir una ruptura en una institución o en una ideología.
  II. 1. intr. *Ar.* juv. Experimentar malestar físico o perder la conciencia a causa de un consumo excesivo de alcohol o de alguna droga.

¡fitin!
  I. 1. interj. *Pa.* Expresa el deseo de alguien de que lo conviden de lo que está comiendo otra persona.

fitito.
  I. 1. m. *Ur.* Vehículo o automóvil utilitario, *especialmente el modelo Fiat 600.* pop.

fitted. (Voz inglesa).
  I. 1. f. *EU, PR.* Sábana inferior que se ajusta a la cama.

fius. (Del ingl. *fuse,* fusible).
  I. 1. m. *Ho, CR.* Fusible. pop + cult → espon.
  II. 1. m. *ES.* obsol. Alimento, comida. rur.

fiusar.
  I. 1. intr. *ES.* Comer *alguien.*

fiusha.
  I. 1. *Mx.* **fushia.**

five. (Voz inglesa).
  I. 1. adj. *Ni.* p.u. Cinco.

fixture. (Voz inglesa).
  I. 1. m. *Co, Pe, Bo, Ch, Py, Ar, Ur. En el deporte,* calendario de encuentros para una temporada o para un campeonato, *particularmente para el futbol, el básquet o el boxeo.*

fiyingo.
  I. 1. m. *Ar.* obsol. Arma blanca de hoja corta. pop.

fla.
  I. 1. m. *Ni, Bo.* Golpe dado en la cara con la mano abierta.

flaca.
  I. 1. f. *Ho:O.* Flauta de carrizo. rur.

□
a. ‖ ¡~~! loc. interj. *ES, Ni.* Imita el sonido de algo que está flojo. (¡**flago flago!**; ¡**floco floco!**).
b. ‖ **la ~.** loc. sust. *Mx.* La muerte. pop + cult → espon.

flaco, -a.
I. 1. adj. *RD, PR, Ch. Referido a cosa,* fina, delgada. pop.
II. 1. m. y f. *Pe.* Pareja sentimental.
●
a. ‖ ~.
i. fórm. *Ch, Py, Ar, Ur.* Se usa para dirigirse a una persona joven. pop + cult → espon.
ii. *Ni, PR, Pe.* Se usa para dirigirse a una persona. pop.
iii. *Ec.* Se usa para dirigirse a una persona delgada. pop + cult → espon ^ afec.
□
a. ‖ ~ **como un bacalao.** loc. adj. *PR, Ur. Referido a persona,* muy delgada. pop + cult → espon.
▶ **de querer estoy ~.**

flacón, -na.
I. 1. adj. *Mx, Gu, Cu, PR, Ar.* **flacuchento.**

flacuchento, -a.
I. 1. adj/sust. *Ho, CR, Pa, Cu, Co, Ve, Ec, Pe, Bo, Ch, Ar, Ur. Referido a persona,* algo flaca. pop + cult → espon. ♦ **flacón.**

flacuncho, -a.
I. 1. adj. *Ec, Ar:NO. Referido a persona,* flacucha. pop + cult → espon ^ desp.

flacundengue.
I. 1. m-f. *Cu.* **fleco,** persona muy delgada. pop + cult → espon ^ fest.

flageado, -a.
I. 1. adj. *ES. Referido a ganado,* de pelaje negro con manchas blancas o rojizas.

¡flago flago!
I. 1. *ES.* **¡flaca flaca!**

flai. (Del ingl. *fly*).
I. 1. m. *Ho, Cu, RD, PR, Ve. En el **beisbol,*** pelota que va por el aire. (**fly**).
2. *RD.* metáf. Asunto sencillo, fácil de tratar.
II. 1. adj. *Ho. Referido a persona,* drogada. drog.
▶ **quedarse ~; ser un ~ al catcher.**

flair.
■
a. ‖ ~ **play.** (Voz inglesa).
i. m. *Gu, Ho. En algunos deportes,* código de juego limpio que impulsan algunas autoridades y practican algunos deportistas.

flaite.
I. 1. sust/adj. *Ch.* juv. Persona de clase social baja que suele mostrar un comportamiento agresivo y viste de forma un tanto extravagante. desp.
2. adj/sust. *Ch. Referido a persona,* de comportamiento poco refinado.
3. m-f. *Ch.* Ladrón. delinc.
4. adj. *Ch. Referido a cosa,* de mal gusto. desp.
5. *Ch. Referido a cosa,* de mala o poca calidad. desp.

flaitear(se).
I. 1. intr. prnl. *Ch.* juv. Comportarse de manera vulgar. pop.
2. tr. *Ch.* juv. Hacer que *algo* adquiera características de mal gusto. pop.
II. 1. tr. *Ch.* Tomar pertenencias de otros sin permiso y no devolverlas. delinc.

flaiterío.
I. 1. m. *Ch.* juv. Conjunto de **flaites.** pop.

flamable.
I. 1. adj. *Mx, PR; Ec,* p.u. Inflamable.

flaman.
I. 1. adj. *Bo. Referido a cosa,* flamante, nueva. pop.

flamboyán. (Del fr. *flamboyant*).
I. 1. m. *Mx, Gu, Cu, RD, PR, Co, Ve.* Árbol caducifolio de hasta 12 m de altura, de hojas bipinnadas, follaje denso y muy extendido, flores grandes con cuatro pétalos rojos y un quinto más largo y manchado de amarillo y blanco; las vainas maduras son leñosas, de color castaño oscuro, y las semillas pequeñas; es ornamental. (Fabaceae; *Delonix regia*). (**flamboyán; flamboyana**). ♦ **acacia; árbol de fuego; chivato; clavellino; flamboyán rojo; flor de fuego; guacamaya; guacamayo; malinche; morazán; pajarilla; tabachín.**
■
a. ‖ ~ **amarillo.** m. *RD, PR.* Árbol caducifolio de hasta 25 m de altura, con hojas bipinnadas, flores amarillas en grandes racimos y fruto en vaina; es ornamental. (Fabaceae; *Peltophorum pterocarpum*).
b. ‖ ~ **azul.** *PR.* jacarandá.
c. ‖ ~ **blanco.** m. *PR.* **mariposa,** árbol.
d. ‖ ~ **rojo.** *RD, PR.* **flamboyán**

flamboyana.
I. 1. f. *PR.* **flamboyán.**

flamenco.
I. 1. m. *Ur, Ar,* obsol. Cuchillo grande usado por el hombre de campo. pop.

flamenco, -a.
I. 1. adj. *Mx, PR. Referido a persona,* enojada, encolerizada, irritada. pop + cult → espon.
2. *Mx. Referido a persona,* encaprichada. pop + cult → espon.

flamín.
I. 1. m. *Bo.* Penacho de crines que adorna el casco del traje de gala de los militares.

flan.
I. 1. m-f. *Mx.* meton. Persona de trato fácil, accesible.

flanche.
I. 1. m. *Ch.* Pieza cuadrangular metálica que se atornilla a la base de una columna a la que sirve de sujeción.

flanflinfla.
I. 1. m. *ES.* Hombre homosexual. desp.

¡flao!
I. 1. interj. *Ho.* Expresa la rapidez con que se recibe un golpe.

flaquencia.
I. 1. f. *Mx, Gu, Ho, ES, Ni, Pa, Cu, RD; PR,* fest. Delgadez excesiva. pop + cult → espon.

flaquindé.
I. 1. adj/sust. *RD. Referido a persona,* muy delgada.

flaquítico, -a.
I. 1. sust/adj. *RD.* Persona muy delgada. fest.

¡flas!
I. 1. interj. *Ho.* Expresa rapidez. pop.

flash.
■
a. ‖ ~ **light.** (Voz inglesa). f. *PR.* Linterna. (**flashlight**).

flashazo.
I. 1. m. *Mx.* Exposición momentánea, *generalmente involuntaria,* que una mujer hace de su ropa interior, por vestir una falda corta.

flashear. (Der. del ingl. *flash,* destello).
I. 1. tr. *Gu, Ec, Ar,* juv. Cambiar a un teléfono **celular** su sistema operativo por otro.

II. 1. tr. *Ar.* juv. Imaginar *algo*.
III. 1. tr. *Ho, Cu.* Fotografiar usando el *flash*. pop.

flasher.
■
  a. ‖ ~ **lights.** (Voz inglesa). m. pl. *PR.* Luces intermitentes del automóvil.

flashlight. (Voz inglesa).
  I. 1. *EU, PR.* **flash light.**

flat. (Voz inglesa).
  I. 1. adj. *EU, PR. Referido a una superficie*, plana, lisa.

flateado, -a.
  I. 1. adj. *Pa. Referido a una llanta*, desinflada. pop.

flatear(se). (Del ingl. *to flat*).
  I. 1. tr. *Pa.* Desinflar el neumático de un vehículo.
  2. intr. prnl. *Pa.* Desinflarse el neumático de un vehículo.

flato.
  I. 1. m. *Mx, Gu, Pa, Ve; Co*, p.u. Tristeza, melancolía.
  2. m. *Ni.* Fastidio, aburrimiento.
  3. *Gu.* Miedo o ansiedad.
  II. 1. m. *Gu.* Resaca, malestar por haber bebido alcohol en exceso.
  III. 1. m. *Ni.* Sensación de vacío en el estómago.
  ▶ **pasar ~s.**

flauta.
  I. 1. f. *Mx, Gu, PR.* Taco más largo de lo común, hecho de una **tortilla** de maíz enrollada, rellena de carne, y frita.
  II. 1. f. *Pa, Cu, Ch, Py, Ar, Ur.* Pieza de pan de forma alargada con corteza dura y miga blanca y esponjosa.
  2. *ES.* Pan alargado relleno de jamón y queso.
  III. 1. sust/adj. *Bo.* Mujer que cede con facilidad a los requerimientos sexuales de los hombres. tabú; pop.
  2. *Bo.* Prostituta. tabú; pop.
  IV. 1. f. *PR.* Pene. tabú; pop + cult → espon.
■
  a. ‖ ~ **de millo.** f. *Co.* Flauta fabricada con la caña del millo que tiene cuatro orificios tonales y una finísima lengüeta vibrátil en el extremo bucal; es un instrumento característico en la interpretación de la **cumbia.**
□
  a. ‖ **¡a la ~!**
    i. *Bo, Py, Ar, Ur, Ch*, p.u. **¡a la gran flauta!**
    ii. loc. interj. *Ni, Bo; CR*, obsol. Expresa enfado, disgusto o contrariedad. rur.
  b. ‖ **¡a la gran ~!** loc. interj. *Ni, Bo, Py, Ar, Ur, Pe*, p.u. Expresa admiración o sorpresa. vulg; pop + cult → espon. (**¡a la flauta!; ¡la flauta!; ¡la gran flauta!; ¡por la gran flauta!**).
  c. ‖ **como la gran ~.** loc/adj. *Gu. Referido a persona* muy enojada o irritable.
  d. ‖ **de la gran ~.** loc/adv. *Gu, Ho, Pe, Ar, Ur, Bo*, vulg. De grandes dimensiones o de características extraordinarias. pop.
  e. ‖ **¡la ~!** *Bo, Py, Ar, Ur*, pop; *Ch*, p.u. **¡a la gran flauta!**
  f. ‖ **¡la gran ~!**
    i. *Bo, Py, Ar, Ur*, pop. **¡a la gran flauta!**
    ii. loc. interj. *Ni, Bo, Py.* Expresa enfado o indignación. vulg; pop + cult → espon.
  g. ‖ **¡por la ~!** *Gu, Ec, Bo, Ch.* **¡por la gran flauta!**
  h. ‖ **¡por la gran ~!**
    i. loc. interj. *Gu, Ec, Pe, Bo; Ch*, p.u. Expresa asombro o enojo. vulg; pop + cult → espon.
    ◆ **¡por la flauta!**
    ii. *Bo; Ch*, p.u. **¡a la gran flauta!**
▶ **gastar en pitos y ~s; mandar a la gran ~; ponerse como la gran ~; tocar la ~.**

flautear.
  I. 1. intr. *Bo.* Tener una mujer relaciones sexuales con hombres que no conoce. tabú; pop + cult → espon ^ desp.

flautín.
  I. 1. m. *Ho.* Cigarrillo fino de marihuana. drog.

flautista.
  I. 1. adj/sust. *Ni, PR. Referido a persona*, que le gusta acariciar y chupar el pene. tabú; pop + cult → espon.

flay.
  I. (Del ingl. *fly*, en onda).
    1. adj/sust. *Ho. Referido a persona*, drogada. delinc.
    2. *Ho. Referido a persona*, loca. delinc.
  II. (Del ingl. *flight*, volando).
    1. m. *Ni. En el* **beisbol**, batazo elevado.
  III. 1. *Ni.* Pedo. vulg; pop + cult → espon.

flecar.
  I. 1. tr. *PR.* Desflecar *alguien algo*. pop + cult → espon. (**flequear**).
  2. *PR.* Poner *alguien* adornos de flecos.

flecha.
  I. 1. f. *Mx, Gu, Ho, ES, Ni. En un automóvil*, barra cilíndrica sólida que sirve para transmitir la fuerza motriz por rotación.
  II. 1. f. *Bo:E,N, Ar:NO*, metáf. Aguijón con el que inyectan veneno algunos insectos, como las abejas.
  2. *PR, Bo:O,C; CR*, rur. **palca**, juguete similar a una honda.
  III. 1. *Co.* **colgadora.**
  ▶ **comerse la ~.**

flechado.
  I. 1. m. *Ve, Ur.* Conjunto de señales de tráfico que indican la dirección de circulación que deben mantener los vehículos por las calles.
  2. *Ur.* Dirección indicada por estas señales.

flechado, -a.
  I. 1. adj. *Mx, Gu, Ho, ES, Ni, RD, PR, Co, Pe, Py. Referido a persona*, enamorada. pop.
  2. *Gu, Py. Referido a una mirada*, amorosa o galante.
  II. 1. adj. *PR, Ec. Referido a persona o cosa, especialmente un vehículo*, que se mueve o actúa con mucha prisa. pop.
  III. 1. adj. *ES. Referido a persona*, loca. polic.

flechador, -ra.
  I. 1. adj/sust. *RD, PR. Referido a persona*, conquistadora del sexo opuesto. pop + cult → espon.
  2. *RD, PR. Referido a un hombre*, mujeriego. pop + cult → espon.

flechar.
  I. 1. intr. *ES.* Hacer travesuras un niño.
  II. 1. tr. *ES.* Hacer que alguien se enamore de uno.

flechazo.
  I. 1. m. *Bo:E,N, Ar:NO.* Picadura de un insecto.
  II. 1. m. *Bo.* Disparo que lanza una **flecha**, juguete similar a una honda.
  2. *Bo.* Golpe recibido por una piedra disparada con una **flecha**, juguete similar a una honda.

flechera.
  I. 1. f. *Ve.* Embarcación de remos, similar a una canoa, provista de una cubierta y una quilla alargada que le permite navegar con gran ligereza.

flechero.
  I. 1. *Co.* **tecomajuche.**

flechilla.
  I. 1. f. *Ar, Ur, Ch*, p.u. Planta de hasta 60 cm de altura, *generalmente perenne*, que suele servir de forraje. (Poaceae; *Stipa* spp.).

flechillal.
  I. 1. m. *Ur.* Sitio poblado de **flechillas**. (**flechillar**).
flechillar.
  I. 1. *Ar.* **flechillal.**
flechita.
  I. 1. f. pl. *Bo:O.* Juego de niños en el que los participantes forman bandos para dispararse con flechas. pop.
  II. 1. f. *Ho.* Niña que juega más con los niños que con las niñas.
flecho, -a.
  I. 1. adj. *ES. Referido a un niño*, travieso que se sube a árboles.
flechuda.
  I. 1. f. *Ho.* Prostituta. vulg.
flechudo, -a.
  I. 1. adj. *Mx, Cu, Co:O. Referido al cabello*, liso y fuerte. pop.
  II. 1. adj. *ES. Referido a niño*, travieso.
flechura.
  I. 1. f. *ES.* Travesura.
fleco.
  I. 1. m-f. *Cu, RD, PR.* Persona muy delgada. pop + cult → espon. ♦ **flacundengue**; **palitroque**; **sardina**.
  2. m. *Cu, RD.* Mujer fea y nada atractiva. desp.
  ▶ **estar ~**; **hacer ~**; **hacer ~s**.
flectar.
  I. 1. tr. *Ch.* Doblar el cuerpo o algún miembro. cult.
flecudo, -a.
  I. 1. adj/sust. *Mx. Referido a persona*, que tiene un peinado con fleco o flequillo largo y bien delineado.
fleje.
  I. 1. m-f. *Cu, RD, PR.* Persona delgada que resulta poco atractiva. desp.
  II. 1. m. *PR.* Prostituta.
flemaje.
  I. 1. *Cu.* **flemerío**.
flemerío.
  I. 1. m. *Cu.* Abundancia de flemas en las vías respiratorias. ♦ **flemaje**.
flequear.
  I. 1. *PR.* **flecar**, desflecar.
flequera.
  I. 1. f. *Cu.* Conjunto de flecos que cuelgan de una tela o de una prenda de vestir. pop + cult → espon. ♦ **hilachera**.
fleta.
  I. 1. f. *Ve.* Friega, masaje que se da en el cuerpo con una sustancia oleosa.
  II. 1. f. *Ch.* Paliza, serie de golpes dados con un palo o con cualquier otro medio o instrumento. pop + cult → espon.
fletachar.
  I. 1. *Ur, Ar*, p.u. **fratachar**.
fletacho.
  I. 1. *Ur, Ar*, p.u. **fratacho**.
fletación.
  I. 1. f. *RD, Ve; Ur*, vulg. Friega que se da en el cuerpo con una sustancia medicinal.
  ▶ **estar ~**.
fletada.
  I. 1. f. *Ho.* Reprimenda o regaño. rur.
fletado, -a.
  I. 1. adj. *Mx. Referido a persona*, entregada con esfuerzo al cumplimiento de cualquier trabajo, sin importar las dificultades y privaciones que este conlleve. pop.

  2. *Ni, Cu, PR, Bo. Referido a un vehículo*, alquilado para transportar mercancías, carga o personas.
  3. *Ec. Referido a un medio de transporte*, alquilado expresamente para transportar a un grupo de personas.
fletador, -ra.
  I. 1. sust/adj. *Gu.* Persona que molesta o incordia a otra.
  II. 1. m. y f. *Ho.* Persona que tiene por oficio transportar mercancías por tierra.
fletar(se).
  I. 1. *Mx, Gu, Pa, Cu, RD, Co, Ve, Ec, Pe, Bo, Py, Ar, Ur.* **fletear**, alquilar un vehículo.
  2. *Mx, Gu, Ho, Ec, Ch, Py.* **fletear**, transportar carga. pop.
  3. tr. *Bo*, tr. *Ch.* Tomar *algo* en alquiler, *especialmente una carretela o un vehículo de carga*.
  4. tr. prnl. *Bo.* **fletar**, alquilar.
  5. *Bo.* Dar *algo* en alquiler.
  II. 1. intr. prnl. *Mx, Gu.* Esforzarse o sacrificarse en alguna actividad, *especialmente el trabajo*. pop.
  2. tr. prnl. *Mx.* Encargarse a disgusto de un trabajo pesado. pop.
  III. 1. intr. prnl. *Mx, Gu.* Fastidiarse, aguantarse. pop.
  IV. 1. tr. *Cu, Ch, Py, Ar, Ur.* Despedir a *alguien* de un lugar o de un empleo contra su voluntad. pop.
  2. *Ar; CR*, p.u; espon. Enviar a *alguien* a un lugar, *generalmente en contra de su voluntad*. pop.
  V. 1. tr. *Pe; Ch*, espon. Agredir física o verbalmente a *alguien*. pop.
  2. *Gu.* Molestar o incordiar a *alguien*.
  VI. 1. tr. *Ar.* Decir *algo* con inoportunidad, vehemencia o franqueza. pop.
  VII. 1. tr. *Ch. En una* **competencia** *deportiva*, derrotar con contundencia al rival.
  VIII. 1. intr. prnl. *Pa, Cu.* Marcharse de un lugar con precipitación. pop.
  IX. 1. tr. *Cu. En el* **beisbol**, impulsar una carrera.
  X. 1. tr. *PR.* Frotar, friccionar, dar masaje a *alguien*.
  XI. 1. tr. *PR.* Conseguir una prostituta un cliente para toda la noche. prost.
flete.
  I. 1. m. *Mx, Ho, Ni, Pa, Cu, RD, PR, Co, Ve, Ec, Pe, Ch, Ur; Py, Ar.* obsol. Carga que se transporta por mar, tierra o aire.
  2. *Mx, Gu, CR, Pa, Ve, Py, Ar, Ur.* Transporte remunerado de cargas por tierra. pop + cult → espon.
  3. *Mx, Cu, PR, Ve, Ec, Bo.* Alquiler de un vehículo de transporte.
  4. *Mx, Gu, Ho, Ni, CR.* Viaje para transportar mercancías.
  5. *Py, Ar, Ur.* Vehículo que, por alquiler, transporta bultos o mercancías.
  6. *Gu, Ho, Ni, RD, Bo.* Pago por la carga transportada.
  II. 1. m. *Ar, Ur.* Caballo de montar de muy buenas cualidades. rur.
  III. 1. m. *Pe.* Prostituto. prost.
  2. *Cu.* obsol. Cliente de una prostituta.
  IV. 1. m. *Ni.* Medida de volumen de maíz o leña que equivale a 936 quintales de maíz.
  ▶ **sacar un ~**.
fletear.
  I. 1. intr. *Gu, Ho, Ni, CR, Bo; Ec*, p.u. Transportar cargas a cambio de una remuneración. pop. (**fletar**).
  2. tr. *Gu, Ho.* Alquilar un vehículo para transportar algo o a alguien. (**fletar**).
  II. 1. intr. *Cu.* Recorrer una prostituta las calles en busca de clientes.
  III. 1. tr. *Ho.* Preñar un animal macho a la hembra, *en especial el caballo a la yegua*.

fleteo.

    I. 1.   m. *Co.* Hurto en el que el delincuente espera a su víctima al salir del banco después de haber retirado una suma de dinero en efectivo y le amenaza con arma de fuego.

    II. 1. m. *Cu.* Búsqueda de clientes que realiza una prostituta por las calles. pop.

fletera.

    I. 1.   f. *Cu.* Prostituta que recorre las calles en busca de clientes. pop ∧ desp.

    2. *Cu.* Bolso masculino que se usa para llevar documentos personales.

fletero.

    I. 1.   m. *Pa, Ec, Pe, Bo, Ch.* Hombre que se encarga de transportar mercancías o personas entre las naves y los muelles en los puertos.

fletero, -a.

    I. 1.   adj. *Mx, Gu, Ni, Pa, Pe, Bo, Ch, Py, Ar, Ur.* Referido a un medio de transporte, que se alquila para transporte de carga.

    2. m. y f. *Gu, Ho, ES, Ni, CR, Pa, Co, Ve, Ec, Bo, Ch, Py, Ar, Ur.* Persona que tiene por oficio transportar mercaderías.

    3. adj/sust. *Mx, Gu, Ho.* Referido a una bestia o a un vehículo, que se utiliza para transportar carga.

    4. m. y f. *Mx, Bo.* Propietario de un medio de transporte fluvial o terrestre que recibe un pago por el servicio prestado.

    5. *Gu, Ho.* Dueño de una recua o de camiones de transporte.

    II. 1. m. y f. *Co.* Ladrón que practica el **fleteo**.

fleto, -a.

    I. 1.   adj. *Ch.* Referido a hombre, homosexual. pop + cult → espon ∧ desp.

    2. *Ch.* Referido a ropa, propia de un homosexual. pop + cult → espon ∧ desp.

fletón, -na.

    I. 1.   adj/sust. *Gu.* Referido a persona, que continuamente molesta o incordia a otra.

flexibearse.

    I. 1.   intr. prnl. *Ni.* Doblarse *algo*.

flexo. (Apóc. de *flexómetro*).

    I. 1.   *Bo.* **flexómetro.** pop.

flexómetro.

    I. 1.   m. *Co, Ec, Bo.* Cinta métrica de metal flexible que se enrolla y desenrolla fácilmente en el estuche que la contiene. (**flexo**).

fli. (Del ingl. *Flit*®).

    I. 1.   *Cu, PR, Pe.* **flit**, insecticida líquido.

   ▶ **tener los ojos como mosquito que chupa ~.**

flía.

    I. 1.   f. *Ur, Ar,* p.u. Familia, conjunto de personas emparentadas. pop.

flicha.

    I. 1.   adj. *PR.* Referido a persona o animal, muy flaco. pop + cult → espon ∧ fest. (**fliche; flinche**).

fliche

    I. 1.   *PR.* **flicha.**

flies. (Del ingl. *fly*, mosca).

   □

    a. ‖ **por si las ~.** loc. adv. *Mx.* juv. Por si acaso; en previsión de una contingencia. pop.

flight. (Voz inglesa).

   □

    a. ‖ **~ al pícher.** (De *flight al pícher*, devolver el receptor la pelota al lanzador). loc. adv. *PR.* Sin mucho trabajo, fácilmente.

flinche.

    I. 1.   *PR.* **flicha.**

flintin.

    I. 1.   m. *Pa.* Apariencia, cosa que parece y no es.

flipeada.

    I. 1.   f. *Ho.* Consumo de droga, *en especial de marihuana.* drog.

flipeado, -a.

    I. 1.   *Ho.* **mafufeado.**

flipear(se). (Del ingl. *to flip out*).

    I. 1.   intr. prnl. *Ho.* Fliparse, drogarse fumando marihuana. drog.

    II. 1. intr. prnl. *PR.* juv. Turbarse, abochornarse *alguien.*

    III. 1. intr. *PR.* juv. Fantasear, alucinar.

flipero, -a.

    I. 1.   sust/adj. *Ho.* Persona que se droga, *en especial fumando marihuana.* drog.

flipiadora.

    I. 1.   f. *PR.* juv. Máquina **tragamonedas** *para disfrutar de diferentes juegos.*

fliqui-fliqui.

    I. 1.   m. *Bo.* Coito. tabú; pop + cult → espon.

flit. (De *Flit*®).

    I. 1.   m. *Mx, Gu, ES, Ni, CR, Pa, Cu, Ve, Ec, Py, Ar, Ur.* obsol. Insecticida líquido que se dispersa mediante un pulverizador. (**fli**).

    2. *Ni, CR, Ec.* meton. Pulverizador de insecticida.

   ▶ **echarle ~.**

flitear.

    I. 1.   tr. *Gu, ES, Ni.* Desinfectar un lugar rociando **flit**.

flitero.

    I. 1.   m. *Ar.* Pulverizador, *por lo común de émbolo,* que dispersa insecticida líquido.

flocho, -a.

    I. 1.   adj. *Ve:O.* Referido a cosa, blanda, de poca consistencia.

¡floco!

   □

    a. ‖¡ **~~!** *ES.* ¡**flaca flaca!**

flofio.

    I. 1.   *EU, PR.* ***fluffy.***

floflocho, -a.

    I. 1.   adj. *ES.* Referido a persona, gorda y de cuerpo fofo.

flojazo, -a.

    I. 1.   adj/sust. *Ve, Ar, Ch,* pop. Referido a persona, perezosa, negligente.

flojazón.

    I. 1.   f. *ES.* Pereza, desánimo.

    II. 1. f. *ES.* Diarrea.

flojencia.

    I. 1.   f. *Ni.* Pereza, desánimo.

flojeo.

    I. 1.   m. *Ch.* Estado de relajo e inactividad. pop + cult → espon.

flojera.

    I. 1.   f. *Gu, Ho, ES, Ni, Ec, Py.* Diarrea, trastorno intestinal.

    II. 1. f. *CR, Cu.* Cobardía. pop + cult → espon.

   □

    a. ‖ **~ de piernas.** loc. sust. *Cu.* Cobardía. pop + cult → espon ∧ fest.

flojeritis.

    I. 1.   f. *Mx, Ve, Pe, Ch; Bo,* juv. Flojera. pop + cult → espon.

   ■

    a. ‖ **~ aguda.** f. *Ve, Pe, Bo, Ch.* Flojera, dejadez, vaguería extremas. pop + cult → espon ∧ fest.

flojo.

    I. 1.   m. *Cu.* Hombre homosexual. pop.

flojo, -a.
  I. 1. adj/sust. *Gu, Ni, Cu, PR, Py; CR*, p.u. | *metáf. Referido a persona*, que no tiene convicciones firmes. pop + cult → espon.
  II. 1. adj. *Gu, Ho, ES, Ni, PR. Referido a persona*, con diarrea.
  III. 1. adj. *Ho, PR. Referido a mujer*, prostituta.
  □
  a. ‖ **floja de caderas.** loc. sust. *Bo.* Mujer que acostumbra tener relaciones sexuales casuales con hombres que no conoce. pop + cult → espon ∧ desp.
  b. ‖ ~ **de barriga.** *Bo.* **flojo** de estómago. euf.
  c. ‖ ~ **de estómago.** loc. adj. *Co, Bo.* Flojo con diarrea. ♦ **flojo de barriga**.
  d. ‖ ~ **de pierna.**
    i. loc. sust. *Cu, PR.* Persona cobarde. pop ∧ desp.
    ii. *Cu.* Persona homosexual. pop.

flojonazo, -a.
  I. 1. sust/adj. *Mx, Ec, Pe, Bo, Ch, Py, Ar.* Persona muy ociosa. pop + cult → espon ∧ desp.
  II. 1. adj/sust. *Ec. Referido a persona*, cobarde. pop + cult → espon ∧ desp.

flonquear. (Del ingl. *to flunk*).
  I. 1. *EU.* **flonquiar.**

flonquiar. (Del ingl. *to flunk*).
  I. 1. tr. *EU, PR.* Suspender, desaprobar un examen. est. (**flonquear**).

floor. (Voz inglesa).
  I. 1. m. *PR.* Hemiciclo de la Cámara de Representantes.
    2. *PR.* meton. Cámara de Representantes.

flor.
  I. 1. f. *Ar, Ur.* Pieza agujereada por donde sale el agua de la **regadera** o ducha. ♦ **roseta**.
  II. 1. f. *Ho, PR, Bo.* Algo excelente, magnífico, bonito.
    2. adv. *Ch.* Estupendamente, en excelente estado. pop + cult → espon.
  III. 1. f. *Gu, Ni.* Hombre homosexual.
  IV. 1. f. *Gu.* Hendidura que se produce en las puntas del cabello.
  V. 1. f. *Ho. En la rayuela*, las cinco subdivisiones elípticas en que se divide la gran casilla inicial a partir de la raya de salida. inf.
  VI. 1. f. *Ho.* Miel de color amarillo o rojo que hay en la parte superior de algunas celdas del panal *para que se alimenten las larvas de abeja y los zánganos*.
  ■
  a. ‖ ~ **amarilla.**
    i. f. *Mx, Ve.* Árbol de hasta 15 m de altura, de tronco recto y cilíndrico, y flores vistosas de color amarillo; su madera, oscura y de gran dureza, se usa en ebanistería. (Bignoniaceae; *Tabebuia chrysantha*). ♦ **araguaney; pui; tajibo amarillo; árbol nacional**.
    ii. *Pe.* **chilindrón**.
  b. ‖ ~ **blanca.**
    i. f. *Mx.* **cacalichuche**.
    ii. *Ho, ES.* Planta herbácea anual, de hasta 1 m de altura, con hojas opuestas, oblongas u ovaladas y flores rojas o blancas, en cabezuelas globosas; se utiliza en la medicina tradicional. (Amaranthaceae; *Gompherena globosa*).
    iii. *ES, Ch.* Flujo vaginal mucoso y blanquecino.
  c. ‖ ~ **de agua.** *PR.* **flor de nagua**.
  d. ‖ ~ **de ajo.** f. *RD.* Planta trepadora leñosa, cuyas hojas y flores, al majarlas, tienen un fuerte olor a ajo; es ornamental. (Bignoniaceae; *Pseudocalymma alliaceum*).
  e. ‖ ~ **de ángel.** *Pe.* **acacia**. (Fabaceae; *Caesalpinia pulcherrima*).
  f. ‖ ~ **de baile.** f. *Pa.* **hueledenoche**.

  g. ‖ ~ **de balsa.** f. *Ec.* **oso hormiguero sedoso**.
  h. ‖ ~ **de calabaza.** f. *Mx.* Brote de la calabaza, con el que se preparan quesadillas, sopas y otros platillos.
  i. ‖ ~ **de cera.** f. *RD.* Planta herbácea, con tallos erguidos de hasta 6 m de altura, hojas lanceoladas verdes, con marcas de colores o rojizas, y flores de color rojo con el margen blanco. (Zingiberaceae; *Nicolaia elatior*).
  j. ‖ ~ **de chivo.** f. *Cu.* **gallardete**, arbusto.
  k. ‖ ~ **de cotorra.** f. *PR.* Margarita silvestre.
  l. ‖ ~ **de culebra.** f. *PR.* Planta herbácea perenne, de pequeño tamaño, con hojas grandes de un verde brillante y flores pequeñas de diferentes colores. (Araceae; *Anthurium acaule*). ♦ **hoja de costado**.
  m. ‖ ~ **de fuego.** f. *Gu, Ho, ES.* **flamboyán**.
  n. ‖ ~ **de gallina.** f. *Ho.* Huevo de gallina.
  ñ. ‖ ~ **de izote.** f. *Mx, Gu, Ho, Ni.* **izote**, planta arbórea.
  o. ‖ ~ **de Jamaica.** f. *Mx, Gu, Ho, ES, Ni, Co, Ec.* Planta herbácea de hasta 5 m de altura, tallos rojizos, hojas en forma de espada y bordes dentados, flores rojizas de corola amarilla y fruto en cápsula; con la flor se prepara una bebida refrescante de propiedades diuréticas. (Malvaceae; *Hibiscus sabdariffa*). ♦ **agrá; jamaica; maravilla; rosa de jamaica; saril; vinagrillo**.
  p. ‖ ~ **de la cruz.** f. *ES.* **cacalichuche**.
  q. ‖ ~ **de La Habana.** f. *Co.* **ébano**, arbusto.
  r. ‖ ~ **de la reina.** f. *Pa.* **gallardete**, arbusto.
  s. ‖ ~ **de mayo.**
    i. f. *Co, Ve.* Orquídea con pseudobulbos oblongos, hojas grandes y flores con pétalos ligeramente ondulados de color rosado violáceo. (Orchidaceae; *Cattleya mossiae*). ♦ **flor nacional**.
    ii. *Cu, PR.* **cacao sabanero**.
    iii. *Bo.* Árbol de hasta 20 m de altura, de hojas compuestas, con muchos folíolos, flores amarillas, reunidas en racimos y fruto en forma de legumbre leñosa y aplanada. (Fabaceae; *Senna Multijuga*).
  t. ‖ ~ **de mediodía.** f. *Pe.* Planta herbácea de hojas carnosas, cilíndricas y esparcidas de color verde grisáceo, con flores grandes de colores variables. (Portulacaceae; *Portulaca pilosa*).
  u. ‖ ~ **de mosquito.** f. *ES.* Planta herbácea anual de hasta 50 cm de altura, con hojas alternas, inflorescencia axilar y flores de color blanco o azul claro. (Acanthaceae; *Elytraria imbricata*).
  v. ‖ ~ **de muerto.**
    i. f. *Mx, Gu, Ho, ES, Ni, Cu.* **cempasúchil**.
    ii. *Cu, PR.* **gallinaza**.
  w. ‖ ~ **de nagua.** f. *PR.* Planta herbácea perenne, acuática, con rizomas, hojas flotantes, y llamativas flores solitarias de color blanco. (Nymphaeaceae; *Nymphaea ampla*). ♦ **flor de agua; nagua**.
  x. ‖ ~ **de peña.** f. *ES.* Planta herbácea perenne de tamaño pequeño, con tallo subterráneo, inflorescencia axilar y flores en forma de trompetilla de color violeta. (Gesneriaceae; *Achimenes longiflora*).
  y. ‖ ~ **de rayo.** f. *PR.* **cacao sabanero**.
  z. ‖ ~ **de sangre.** f. *Co.* **carraquillo**. (Verbenaceae; *Lantana* spp.).
  a¹. ‖ ~ **de sapo.**
    i. f. *Ar.* Planta herbácea de hasta 1 m de altura, con flores tubulares de color blanco y fruto ovoide. (Solanaceae; *Nicotiana longiflora*).
    ii. *Ar.* Planta herbácea, acaule, con rizomas de los que nacen las hojas y sus flores blancas, y una baya globosa como fruto. (Solanaceae; *Jaborosa integrifolia*).

iii. *Ar.* Planta herbácea de tallos subterráneos, con rizomas de los que nacen rosetas pecioladas, y una baya de forma ligeramente globosa como fruto. (Solanaceae; *Jaborosa runcinata*).

b¹. ‖ ~ **de señora.** f. *ES.* **cacalichuche.**

c¹. ‖ ~ **de tierra.**

    i. f. *Ar:C,NO,O.* Planta de hasta 50 cm de altura, de tallo áspero, estriado y cuadrangular, con ramas alternas, hojas vellosas, largas, agudas y nerviosas, flores moradas en racimo y raíz fusiforme leñosa. (Hydnoraceae; *Prosopanche* spp.). ♦ **huáchar.**

    ii. *ES.* Planta herbácea perenne de tamaño pequeño, parásita sobre las raíces de otras plantas, con tallos gruesos sin hojas, tubérculos irregulares de superficie rugosa e inflorescencia terminal. (Balanophoraceae; *Helosis cayennensis var. mexicana*).

    iii. *PR.* **paragüito.**

d¹. ‖ ~ **de un día.** f. *Ho.* Fiebre amarilla.

e¹. ‖ ~ **del aire.** f. *Ar; Ch*, p.u. Planta epífita, con hojas blancas, amarillas o azules. (Bromeliaceae; *Tillandsia* spp.). ♦ **clavel del aire.**

f¹. ‖ ~ **del chivato.** f. *Py.* Planta de hasta 80 cm de altura, de hojas alternas y lanceoladas, inflorescencia en capítulos y flores amarillas. (Asteraceae; *Viguiera gilliesii*).

g¹. ‖ ~ **del día.** f. *ES.* Árbol de hasta 11 m de altura, con ramas glabras o pubescentes, hojas membranosas, elíptico-obovadas, acuminadas, inflorescencia terminal, y fruto grande, grueso, de color verde grisáceo. (Apocynaceae; *Stemmadenia donnell-smithii*).

h¹. ‖ ~ **del Espíritu Santo.** f. *Pa.* **espiritusanto,** orquídea y flor.

i¹. ‖ ~ **del hibisco.** f. *PR.* **cacao sabanero.**

j¹. ‖ ~ **del ilolay.** *Ar:NO.* **flor del lirolay.**

k¹. ‖ ~ **del inca.**

    i. f. *Pe; Ch*, p.u. Arbusto perenne de hasta 3 m de altura, muy ramificado, de hojas alternas, ásperas y flores generalmente rojas en forma de campanilla. (Polemoniaceae; *Cantua buxifolia*). ♦ **cantuta.**

    ii. *Pe.* Flor de inca. ♦ **cantuta.**

l¹. ‖ ~ **del lilolá.** *Ar:NO.* **flor del lirolay.**

m¹. ‖ ~ **del lilolay.** *Ar:NO.* **flor del lirolay.**

n¹. ‖ ~ **del liriolay.** *Ar:NO.* **flor del lirolay.**

ñ¹. ‖ ~ **del lirolay.** f. *Ar:NO.* Flor legendaria. (**flor del ilolay; flor del lilolay; flor del lilolá; flor del liriolay**).

o¹. ‖ ~ **fina.** f. *PR.* Gonorrea. carc.

p¹. ‖ ~ **mestiza.** f. *Ho, ES.* **cacalichuche.**

q¹. ‖ ~ **nacional.** *Ve.* **flor de mayo.**

r¹. ‖ ~ **roja.** f. *PR.* Marihuana fina de Colombia. drog.

s¹. ‖ ~**es pectorales.** f. pl. *Ch.* Compuesto homeopático que contiene diversos tipos de flores medicinales a partes iguales, y que es usado en la medicina tradicional como tisana.

□

a. ‖ **¡a mí con ~es!** loc. interj. *CR.* Expresa que lo dicho por el interlocutor no es creíble o que resulta ingenuo por consabido.

b. ‖ **¡adiós mis ~es!** loc. interj. *Ni, CR.* Expresa contrariedad ante la pérdida de algo irrecuperable.

c. ‖ **de ~.** loc. adj. *PR.* Muy bueno.

d. ‖ ~ **de canela.** loc. sust. *PR.* Mulata joven y agraciada.

e. ‖ ~ **de seda.** loc. sust. *ES.* Ladrón fino y experto. polic.

f. ‖ ~ **de tigüero.** loc. sust. *PR.* Llovizna menuda con sol.

g. ‖ ~ **flay.** loc. adj/adv. *Ch.* p.u. Excelente, que está en perfectas condiciones. pop.

▸ **comprar a la ~; cortar ~ecitas; cortar ~es en el jardín de los vergazos; cortar una ~; dar ~ de baqueta; dar ~ de felpa; echar ~es; estar de viva ~; pasar de viva ~; pasar de viva la ~; venirle ~es a alguien; vivir de viva la ~.**

floramiento.

    I. 1. *Bo.* **enfloramiento.**

florar.

    I. 1. intr. *Ho.* En apicultura, nacer las abejas y los zánganos en un panal.

florcilla.

    I. 1. f. *Ni, CR.* Ruptura anómala en el cabello que provoca que sus puntas se partan en dos.

florcita.

    I. 1. f. *Ni, PR, Ec, Ar, Bo*, pop. Flor pequeña.

□

    a. ‖ **de ~.** loc. adv. *Ar.* obsol. Sin trabajar o sin hacer nada. pop.

florea.

    I. 1. f. *CR.* Floración, *especialmente la del café.*

floreada.

    I. 1. f. *Mx, Ni, Co, Bo.* Adornamiento de algo con flores.

    2. *Mx, Ho, PR.* Floración. ♦ **florecida.**

floreado, -a.

    I. 1. adj. *Gu, Ho, Ni, Cu, PR. Referido al habla o a la escritura,* recargada.

    II. 1. adj. *Cu. Referido a un tejido,* con motivos florales.

    III. 1. adj. *Bo. Referido al cabello,* que tiene las puntas abiertas.

floreamiento.

    I. 1. m. *Ch.* Celebración tradicional al comienzo del solsticio de invierno en la que se marca al ganado con lanas de distintos colores.

florear(se).

    I. 1. intr. *Mx, Gu, Ho, ES, Ni, CR, Pa, Cu, RD, Co, Ve, Ec, Bo, Ch, Ur.* Florecer una planta o un árbol.

    2. intr. *Ho, ES.* metáf. Despuntar el pelo.

    II. 1. intr. prnl. *Mx, Pa.* Abrirse *algo* en forma de flor a causa de la temperatura, la presión o una infección.

    III. 1. intr. *Mx.* Ejecutar el **charro** figuras en el aire con la reata o correa de la caballería.

    IV. 1. intr. prnl. *Py, Ar, Ur, Ch*, espon. Hacer ostentación de algo, lucirse, pavonearse. pop + cult → espon ∧ desp.

    2. tr. *Pe.* Hablar *con alguien,* adularlo, con el fin de convencerlo o de conseguir algún favor. pop.

    3. intr. prnl. *Bo.* Destacarse, distinguirse *por realizar algo con gracia y elegancia.* pop.

    V. 1. tr. *Gu, Ho, ES, Ni, Cu, RD, PR, Bo, Py*, metáf. Escribir un texto o hablar utilizando palabras rebuscadas.

    2. intr. *Cu, Pe, Bo, Py.* Hablar con circunloquios y rodeos.

    3. tr. *Cu.* Utilizar palabras altisonantes en un escrito.

    VI. 1. tr. *Gu, Bo.* Cortejar un hombre a una mujer.

    VII. 1. tr. *Cu.* Improvisar variaciones en un fragmento musical. pop.

    VIII 1. tr. *Bo.* En el **futbol**, hacer un amago con intención de engañar a otro jugador.

florecerse.

    I. 1. intr. prnl. *Py, Ar, Ur.* Secarse y abrirse el cabello en las puntas. pop.

florecida.

    I. 1. *RD, PR.* **floreada,** floración.

florecido, -a.

    I. 1. adj. *Bo, Ch, Py, Ar, Ur. Referido a la punta de un cabello,* abierta, partida, bifurcada en dos. pop + cult → espon.

florecilla.
   I. 1. f. *Gu.* **escorpión.**

florense.
   I. 1. adj. *CR.* Relativo a la provincia de Heredia, Costa Rica.

floreo.
   I. 1. *Pe.* **floro.**
   II. 1. m. *Ch:N.* Ceremonia anual en la que se marcan las orejas o lomo del ganado, *principalmente alpacas o llamas*, para indicar propiedad.
   III. 1. m. *Bo:C.* **gambeta**, regate.
   ■
     a. ‖ **~ del lazo.** m. *Ho.* **Competencia** deportiva de ganaderos, que consiste en demostrar el buen manejo del lazo haciendo filigranas y lazando con destreza un toro o novillo.

florero.
   I. 1. sust/adj. *Ch.* Persona que gusta de ser el centro de atención y actúa *para conseguirlo*. pop + cult → espon ^ fest.

floretear.
   I. 1. tr. *RD.* p.u. Piropear a *alguien.*

floreteo.
   I. 1. m. *RD.* Floreo, dicho vano y superfluo para lisonjear al oyente.

floretero, -a.
   I. 1. adj. *RD, PR. Referido a persona*, halagadora.

florícola.
   I. 1. adj. *Ec.* Relativo a la floricultura.
   2. f. *Ec.* Empresa que se dedica a la producción y exportación de flores. pop + cult → espon.

floricuerno.
   I. 1. m. *Mx.* Planta de tallo cilíndrico colgante, de 2 m de longitud, floración abundante y flores de color rosa intenso. (Cactaceae; *Disocactus flagelliformis*). ♦ **ulala.**

florido, -a.
   I. 1. adj. *PR, Bo; Mx*, sat. *Referido al lenguaje*, groscro, soez.

florifundia.
   I. 1. f. *Gu.* Planta de hasta 5 m de altura, hojas pubescentes, oblongas y lanceoladas, flores solitarias, de color blanco y con forma semejante a un embudo o trompeta; tiene uso ornamental. (Solanaceae; *Datura candida*).

florinda.
   I. 1. f. *ES.* Mujer con mucha experiencia sexual.

floripón.
   I. 1. m. *Py, Ar, Ur.* Arbusto de hasta 3 m de altura, hojas pubescentes y pegajosas, flores blancas y una cápsula espinosa como fruto; es ornamental. (Solanaceae; *Datura suaveolens*).
   2. *Ni.* **floripondio**, arbusto.
   II. 1. m. *Ur; Ar*, p.u. Flor grande de adorno, *especialmente en el estampado de una tela o una prenda de vestir.* pop.
   III. 1. m. *Ni.* **floripondio**, hombre homosexual. pop.

floripondia.
   I. 1. f. *Ho, Ni, Pa, Co, Ec, Pe, Bo, Ch.* **floripondio**, arbusto.

floripondio.
   I. 1. m. *Mx, RD, Co:N, Ec, Bo.* Hombre homosexual. vulg; pop + cult → espon ^ fest. ♦ **floripón.**
   2. *Bo.* Hombre afeminado.
   II. 1. m. *Ho, Ni, Pa, Co, Ec, Pe, Bo, Ch.* Arbusto de hasta 3 m de altura, tronco leñoso, hojas grandes, alternas, y vellosas, flores fragantes, solitarias, de diferentes colores y fruto ovoide. (Solanaceae; *Brugman-*

sia spp.). **(floripón; floripondia)**. ♦ **hantu; huando; lorifondio; lorifunti; reina de la noche.**
   III. 1. m. *Ar; Co:C*, p.u. Elogio pomposo y exagerado.
   ■
     a. ‖ **~ de monte.** m. *Mx.* Planta trepadora de hasta 20 cm de longitud, de hojas ovales o elípticas, flores amarillas con franjas internas de color morado y fruto del tipo de la baya. (Solanaceae; *Solandra guttata*).

florista.
   I. 1. f. *Pa; Ec*, p.u. Muchacha que lleva flores en una boda.
   2. *Bo. En las bodas o en otras celebraciones*, niña encargada de echar flores para que pasen los novios o las autoridades.

floro.
   I. 1. m. *Pe.* Léxico recargado o rimbombante usado para persuadir o convencer a alguien con un fin determinado. pop + cult → espon. ♦ **floreo.**
   ▶ **meter ~.**

florón.
   I. 1. m. *Pe.* Adorno de cuero terminado en punta que cubre la cola de las caballerías.
   2. *CR.* Adorno circular hecho con cerdas de crin de caballo que se pone en la frente de las caballerías.
   II. 1. m. *Pa, Ec.* Juego infantil acompañado con cantos, que consiste en encontrar un objeto que está escondido en la mano de un participante.
   III. 1. m. *Cu.* Persona a la que le gusta ser el centro de atención. pop + cult → espon.

flota.
   I. 1. f. *Mx, Gu.* juv. Grupo de compañeros o amigos. pop + cult → espon.
   2. *Ec.* Caterva. pop + cult → espon ^ desp.
   3. *ES.* Grupo de borrachos. desp.
   II. 1. f. *Ni, Co, Ec, Bo.* Autobús de servicio público entre municipios o ciudades.
   2. *Co.* Empresa de buses.
   3. *Cu.* Conjunto de vehículos automotores al servicio de un ministerio u organismo estatal.
   III. 1. f. *Cu, PR.* Herramienta de albañilería, de forma rectangular, compuesta por una lámina de acero y un mango, que sirve para extender y alisar el cemento u otro material sobre una superficie.
   IV. 1. f. *Ni.* Abundancia, gran cantidad de algo.
   ▶ **cogerle la ~; echar ~s.**

flotada.
   I. 1. f. *ES, Bo.* Flotación.

flotadores.
   I. 1. m. pl. *Ar, Ur.* **salvavidas**, pliegue de gordura.

flotante.
   I. 1. m. *Cu, Ar.* Mecanismo que sirve para indicar o regular el nivel de un líquido en un recipiente.

flote.
   ▶ **pegársele el ~.**

flotear.
   I. 1. tr. *Cu.* Extender o alisar un material, *en especial cemento o yeso.*

flu.
   I. 1. *RD, Ve.* **flux.**
   ▶ **tener un ~ de lengua.**

flú. (Del ingl. *influence*).
   I. 1. m. *EU, PR.* Gripe, influenza.

flución.
   I. 1. f. *Ni.* p.u. Fluxión, constipado de nariz.

fluffy. (Voz inglesa).
   I. 1. adj/sust. *EU, PR. Referido a persona*, de carnes flácidas, blandas. pop + cult → espon. (**flofio**).

2. *EU, PR. Referido a cosa*, de consistencia blanda. pop + cult → espon. ◆ **flofio**.

flujograma. (Del ingl. *flow diagram*, diagrama de flujo).
I. 1. m. *Ho, CR, Co, Ec*. Esquema de la organización de una entidad, un programa o una actividad.

¡flún!
I. 1. interj. *CR*. Imita el ruido que produce un golpe. pop + cult → espon.

flus.
I. 1. *RD, Ve; Cu*, obsol. **flux**.
II. 1. m. *Gu*. p.u. Buena suerte.
III. 1. m. *ES*. Banco de peces.
IV. 1. m. *ES*. Racha de viento.
V. 1. m. *Ni*. obsol. Lance afortunado en un juego.

flux.
I. 1. m. *Ni, Cu, RD, Ve; PR*. rur. Traje masculino que se compone de pantalón, **saco** *y ocasionalmente chaleco*, hechos de una misma tela. (**flu; flus**).

□
a. ‖ **a ~.** loc. adv. *Bo:E*. obsol. Sin recursos, *especialmente dinero*. pop.

fly. (Voz inglesa).
I. 1. m. *EU, Ho, Ni, Cu, PR, Ve*. **flai**, pelota que va por el aire. ◆ **elevado**.
II. 1. adj. *Ve. Referido a persona*, despistada, que no se da cuenta de lo que ocurre a su alrededor.

■
a. ‖ **~ de sacrificio.** m. *Cu, PR. En el beisbol*, bateo que permite a un jugador que esté en tercera base llegar al **jon** y anotar carrera.

□
a. ‖ **~ al cuadro.** loc. sust. *RD, Ve*. Cosa muy fácil de hacer o de lograr.

flyer.
I. 1. *PR*. **volante**, impreso de carácter político o publicitario.

¡fo!
I. 1. interj. *Pa, Cu, RD, PR, Co, Ve*. Expresa desagrado o rechazo por algo que huele mal. pop. ◆ **¡fuchi!**
2. *RD, Ve*. Expresa desaprobación o rechazo. pop.

□
a. ‖ **¡ay ~!** loc. interj. *RD, Ve*. p.u. Expresa burla y rechazo ante una persona presumida y afectada, *especialmente mujer*. ◆ **¡ay chus!**
▶ **hacer ~; hacer el ~; hacer un ~.**

foam. (Voz inglesa).
I. 1. m. *EU, PR*. Espuma de afeitar.
II. 1. *Ho, CR, Ec*. **fomi**.

■
a. ‖ **~ rubber.** (Voz inglesa). m. *EU, PR*. Material de relleno, caucho, en piezas de pequeño tamaño.

foami.
I. 1. *Mx*. **fomi**.

foamy.
I. 1. *Mx*. **fomi**.

foca.
I. 1. f. *Ch*. juv. Manifestación de agresividad y desafío hacia alguien. pop.
II. 1. f. *Ec*. juv. Papelón, vergüenza.
▶ **echar la ~; quedar como una ~.**

focazo.
I. 1. m. *Ho*. Iluminación con un **foco** o linterna.

¡fock! (Del ingl. *fuck*, fornicar).
I. 1. interj. *Ho*. Expresa rechazo, sorpresa, desagrado o enfado. vulg; pop. (**fuck!**).

foco.
I. 1. m. *Mx, Gu, Ho, ES, Ni, Pa, Cu, Co:N,O, Ve, Ec, Pe, Bo, Ch, Py, Ar*. Bombilla eléctrica. ◆ **bombillo**.

2. *Ho, Ni, CR, Pa, Cu, PR, Co:N, Ch, Py, Ar, Ur. En un vehículo*, lámpara de luz potente de la parte delantera.
3. *Ho, ES, Ni, CR, RD*. Linterna manual que funciona con baterías.
4. *Ho, Ni, Cu*. metáf. **faroles**, ojos. pop.
5. *RD, PR*. Unidad de alumbrado público.
II. 1. m. *Ec*. juv. Vergüenza.
III. 1. adj. *Ec*. juv. *Referido a cosa*, muy llamativa.
IV. 1. sust/adj. *Bo*. Hombre que lleva el cabello cortado casi al rape. pop + cult → espon ^ fest.

■
a. ‖ **~ de mano.** m. *Ni, Pa*. Linterna manual que funciona con baterías.

□
a. ‖ **fuera de ~.**
i. loc. adj. *Ni, RD, Bo, Ch, Ar, Ur, Co*, espon. *Referido a persona*, sin percepción clara de una situación, desorientada. pop.
ii. *Ch; Ec, Bo*, juv. *Referido a cosa*, que está fuera de contexto. pop.
iii. *Ch; Ec*, juv. *Referido a persona*, que no está al tanto de los últimos conocimientos o avances en un campo o en su área de especialidad. pop.
iv. *Ch; Ec*, juv. *Referido a persona*, que no está a la moda. pop.
▶ **encenderse el ~; estar fuera de ~; pelar los ~s; prendérsele el ~.**

focop.
I. 1. adj. *Pa. Referido a cosa*, estropeada, dañada. vulg.

fodongo, -a.
I. 1. adj/sust. *Mx, ES. Referido a persona*, de aspecto desaseado. (**fondongo**).

fodonguez.
I. 1. f. *Mx*. Espacio desordenado o conjunto de cosas sucias.
2. *Mx*. Condición del **fodongo**.

foetazo.
I. 1. *RD, PR*. **fuetazo**, golpe dado con un fuete.
2. *RD, PR*. **fuetazo**, golpe contundente.
3. *RD*. **fuetazo**, golpe que alguien da a otro.
4. *RD*. **fuetazo**, porrazo.
II. 1. m. *RD, PR*. Castigo. pop + cult → espon.
III. 1. m. *RD, PR*. Hechizo. pop + cult → espon.

foete. (Del fr. *fouet*).
I. 1. *Mx, Ho, Cu, RD, Ec, Pe*. **fuete**, azote largo.
2. *PR*. **fuete**, pedazo de alambre.

foetiza.
I. 1. *PR*. **cueriza**, tunda, azotaina. (**fuetiza**).

fofadal.
I. 1. m. *Ar*. Terreno pantanoso y anegadizo.

fofó.
I. 1. m-f. *ES*. Persona refinada de la clase burguesa. pop ^ desp.

foforón, -na.
I. 1. adj. *CR. Referido a persona*, con mucho entusiasmo, energía y determinación. pop + cult → espon.

foforro.
I. 1. m. *Co:C*. Fiesta. pop + cult → espon.

fogaje.
I. 1. m. *ES, Pa, RD, PR, Co:O, Ve; Cu*, rur. Bochorno, calor.
2. *Co:N*. Ardor, pasión amorosa.
3. *Ho*. **fogaraje**.
4. *Pa*. Sofoco repentino y pasajero propio de la menopausia.
II. 1. m. *Ve*. Fiebre de pocos grados.
III. 1. m. *Ec*. p.u. Llamarada, llama que se levanta del fuego y se apaga pronto.

fogaraje.
   I. 1.   m. *Ho.* Ardor fuerte de estómago. (**fogaje**).

fogaraté.
   I. 1.   m. *RD.* **petena**.

fogareté.
   I. 1.   m. *RD.* **picapica**.
   2.   *RD.* metáf. Picor en la piel.
   ▶ **tener ~**.

fogata.
   I. 1.   f. *Ec:C.* Fiesta nocturna, posterior al 6 de enero que se realiza alrededor de un fuego.
   2.   *Pa.* Fiesta nocturna, posterior al 6 de enero, en la que se queman los árboles de Navidad.

fogazo.
   I. 1.   m. *Ni.* Erupción o inflamación en los labios por efecto de calenturas.

fogón.
   I. 1.   m. *Mx, Pa, Cu, RD, Ve, Ec, Bo, Ch, Py, Ar.* En *ranchos y estancias*, lugar donde se hace el fuego para cocinar. rur.
   2.   *Gu, Ho, ES, Ni, CR, Pa, Cu, RD, PR, Co, Ve, Ec, Bo.* Cocina rústica de leña, construida con cemento o barro sobre una mesa, y que puede incluir una parrilla. rur.
   3.   *Gu, Pe, Ch, Py, Ar, Ur.* Fuego de leña u otro combustible que se hace en el suelo.
   4.   *Gu, Ho, Ni, RD.* Cocina de leña construida con barro cocido, levantada un metro del suelo, con una o varias **hornillas**.
   II. 1.   m. *Ve, Py, Ar, Ur.* Reunión de amigos, *generalmente nocturna, al aire libre y en torno a un fuego*, en la que se suele beber y cantar.
   III. 1.   m. *PR.* metáf. Enfado, indignación. pop + cult → espon.
   2.   *PR.* **calentón**, acto.
   ▶ **arrimar al ~**; **quedarse el ~ sin leña**.

fogonazo.
   I. 1.   m. *Mx, Ho, Ni, Cu, RD, PR, Co, Ec.* Disparo de arma de fuego. pop + cult → espon.
   2.   *Mx, ES.* metáf. Trago de licor.

fogonear(se).
   I. 1.   tr. *Ho.* Disparar a *alguien* o *algo* con arma de fuego.
   II. 1.   tr. prnl. *Ho.* Quemarse mucho un alimento en un fogón. rur.
   III. 1.   intr. prnl. *Ni*, metáf. Estudiar para un examen. est.

fogonero.
   I. 1.   m. *Co:O.* *En los autobuses*, persona que cobra el pasaje y ayuda al conductor.
   II. 1.   m. *Pa:O.* Trapo para agarrar las ollas calientes sin quemarse.
   ▶ **meterse a ~**.

fogoso, -a.
   I. 1.   adj. *Mx, RD, Ec, Pe. Referido a persona*, excitada sexualmente o que es proclive a excitarse. pop.
   2.   *CR. Referido a un niño*, inquieto.

fogozo.
   I. 1.   adj. *PR. Referido a un jugador de* **beisbol**, que juega con ímpetu y alegría.

fogueado, -a.
   I. 1.   adj. *Ho, ES, Ni, RD, Ec, Ch. Referido a persona*, bien entrenada para algo. pop + cult → espon.
   2.   *CR, RD, Ec, Pe. Referido a un deportista o a un equipo deportivo*, entrenado o ejercitado por la competición.

foguearse.
   I. 1.   intr. prnl. *RD, PR, Bo.* Entrenarse un atleta con gran vehemencia.
   II. 1.   intr. prnl. *Ni.* metáf. Estudiar para un examen. est.

fogueo.
   I. 1.   m. *Mx, Gu, Ho, ES, Ni, CR, Cu, RD, Ec, Bo.* Adiestramiento que recibe alguien en un oficio o deporte.
   2.   *Mx, Gu, CR, Cu, RD, PR, Bo.* Competición a que se somete un deportista o un equipo para mejorar el rendimiento.
   3.   *Mx, RD, PR.* Entrenamiento deportivo fuerte.
   □
   a. ‖ **a ~**.
     i.   loc. adj. *Bo, Ch. Referido a un arma*, que utiliza munición de fogueo.
     ii.   *Ch. Referido a un proyectil o a su disparo*, que solo contiene pólvora y se utiliza como método de persuasión o en ejercicios de prácticas.

foguera.
   I. 1.   f. *Ve:O.* Hoguera. rur.

foguerear.
   I. 1.   tr. *Cu.* Quemar los despojos vegetales que presenta un terreno.

foguista.
   I. 1.   m-f. *Py, Ar, Ur.* Persona que tiene a su cargo la alimentación y el manejo de una caldera de vapor.

foisa. (Del port. *foice*, hoz).
   I. 1.   f. *Ar:NE.* Instrumento para tareas agrícolas similar a una hoz, aunque menos curvado y con el borde exterior cortante.

foja.
   I. 1.   f. *Mx, Ec, Pe, Bo, Ch, Ar, Ur; Gu*, obsol; *Ho*, cult. Hoja de papel, *sobre todo las de un documento oficial*.
   II. 1.   f. *Gu.* Ventaja o superioridad de alguien, *generalmente en una competición deportiva*.
   ■
   a. ‖ **~ cero**. f. *Bo, Py, Ar, Ur, Ch*, esm. Situación inicial o de partida.
   b. ‖ **~ de servicios**. f. *Ho, Pe, Bo, Py, Ar, Ur.* Reseña circunstanciada de los antecedentes profesionales de alguien.
   □
   a. ‖ **~ cero**. loc. adv. *Bo.* Como al comienzo o desde el principio.
   b. ‖ **~s cero**. loc. adv. *Pe, Bo, Py, Ar; Ch*, esm. Al comienzo, sin cambios.
   ▶ **volver a ~ cero**; **volver a ~s cero**.

fojear.
   I. 1.   tr. *Ni*, obsol; *Pe*, p.u; pop. Hojear, pasar ligeramente las hojas de un libro o cuaderno.

folclorismo.
   I. 1.   m. *Bo, Ch, Ar.* Movimiento en favor del arte popular.
   2.   *RD, Ec, Bo, Ch.* Sentimiento o conducta propios del arte popular.

folclorólogo, -a.
   I. 1.   m. y f. *Ni, RD, Co, Ec, Bo, Ar, Ur; Ch*, p.u. Persona versada en folclore. cult → esm. (**folklorólogo**).

folder. (Voz inglesa).
   I. 1.   **fólder**.

fólder. (Del ingl. *folder*, carpeta).
   I. 1.   m. *Mx, Gu, Ho, ES, Ni, CR, Pa, Cu, RD, Ec, Pe, Bo, Ch, Py, Ar.* Carpeta de cartulina, plástico u otro material, para archivar papeles o documentos. (**folder**).
   2.   *Co, Ar.* Especie de cuaderno escolar o de oficina, de pasta dura, con argollas y hojas para escribir en ellas o para archivarlas.
   3.   *RD. En informática*, directorio.

folklorólogo, -a.
   I. 1.   *Ni, Bo, Ch, Py, Ar, Ur.* **folclorólogo**. cult.

follado, -a.
   I. 1.   adj. *Pa. Referido a cohete*, que no explota.

follelle.
    I. 1.   m. *RD*. Trasero, nalgas. pop.

folleque.
    I. 1.   m. *Pe*. obsol. Vehículo automóvil de alquiler viejo y destartalado.

follisca.
    I. 1.   f. *Pa, RD, PR, Ve*. Contienda, pendencia.

follón, -na.
    I. 1.   sust/adj. *Bo*. p.u. Persona muy gorda. pop ∧ desp.
    II. 1. adj. *ES*. obsol. *Referido a prenda de vestir*, holgada.

follona.
    I. 1.   f. *Ec:S*. Falda corta y de vuelos amplios, *por lo general de bayeta o paño*, que usan las mujeres encima de las enaguas.
        2.   f. *Ec*. Mujer que habitualmente viste follona.

fome.
    I. 1.   adj. *Ch*. *Referido a persona o cosa*, aburrida, sin gracia. pop + cult → espon. ♦ **fomeque**.
        2.   adv. *Ch*. De manera aburrida. pop + cult → espon.

fomedad.
    I. 1.   f. *Ch*. Cualidad de aburrido. pop.

fomentador.
    I. 1.   m. *Ec:O*. Persona que presta dinero con usura a los pequeños arroceros, o que les compra el arroz a precios muy bajos. pop.

fomentera.
    I. 1.   f. *Ve*. Bolsa de goma que se llena con agua caliente y se coloca sobre alguna parte del cuerpo para suministrar calor.

fomeque.
    I. 1.   *Ch*. **fome**. pop + cult → espon ∧ fest.

fomería.
    I. 1.   f. *Ch*. Dicho o hecho aburrido, insulso, sin gracia. pop.

fómex.
    I. 1.   *Ec*. **fomi**.

fomi. (Del ingl. *foam*, espuma).
    I. 1.   m. *Mx, Gu, Ho, Ni, Co, Ec*. Producto industrial de látex o sintético, esponjoso y blando. (**foam**; **foami**; **foamy**; **fómex**; **fomis**; **fomy**).

fomingo.
    I. 1.   m. *Ch*. Día de domingo que resulta aburrido o transcurre sin entretenimiento alguno. pop + cult → espon ∧ fest.

fomis.
    I. 1.   *Ec*. **fomi**.

fomy.
    I. 1.   *Mx*. **fomi**.

fonazo.
    I. 1.   m. *Mx, ES, Bo; Pe*, pop. Llamada telefónica.

fonda.
    I. 1.   f. *Mx, Pa, Cu, RD, Ch, Ar, Ur, Pe*, rur. Puesto o cantina en que se despachan comidas y bebidas.
        2.   *Mx, Ni, RD, Ec, Ar, Bo*, p.u. Establecimiento público y de carácter popular en el que se sirven y expenden bebidas y comidas.
        3.   *Mx, PR, Ec*. Establecimiento público donde se sirven comidas propias de la región.
        4.   *Co*. Establecimiento rural en el que se venden artículos de primera necesidad y bebidas alcohólicas.
        5.   *Ch*. Establecimiento provisorio con el propósito de celebrar las fiestas nacionales en el que se venden bebidas y comidas con acompañamiento de espectáculos y bailes.
    II. 1. f. *Ve*. obsol. Horquilla con mango a cuyos extremos se unen los de una goma para estirarla y disparar así piedrecillas o perdigones.

    ■
    a. ‖ ~ **oficial.** f. *Ch*. Fonda elegida por las autoridades para dar inicio oficial a las fiestas nacionales.
    ▶ **estar fuera de ~; zapatear en dos ~s.**

fondada.
    I. 1.   f. *Ve*. Cocimiento del **guarapo** de caña hasta transformarlo en melaza para preparar después la **panela**. rur.

fondant. (Voz inglesa).
    I. 1.   m. *Ni, Cu, Ar*. Mezcla de azúcar y clara de huevo, con que se bañan muchas clases de dulces y pasteles.

fondeada.
    I. 1.   f. *Ho*. Borrachera.

fondeado, -a.
    I. 1.   adj. *Ni, CR, Pa, Ve, Ec*. *Referido a persona*, que posee muchos bienes, *especialmente dinero*. pop. ♦ **cargado**.
        2.   *Pe, Bo*. *Referido a persona o a un cuerpo*, arrojado al agua con un peso para que permanezca hundido en el fondo. pop.
    II. 1. adj. *Pe, Ch*. *Referido a persona*, que está escondida. pop + cult → espon.
    III. 1. adj. *Ho, ES, Ni*. *Referido a persona*, dormida por borrachera.
        2.   *ES*. *Referido a persona*, dormida profundamente.
    IV. 1. adj. *Ec*. *Referido a una cosa*, que tiene una pintura de base sobre la que se aplicará otro color o un acabado especial. pop.
    V. 1. adj. *Ni*. *Referido a persona*, que no tiene suficiente dinero.

fondear(se).
    I. 1.   tr. *Pe, Bo, Ch*. Arrojar a *una persona* al agua, atada a un objeto pesado con intención de matarla.
        2.   *RD, Pe, Ch*. Hundir *algo* en aguas profundas.
    II. 1. intr. prnl. *Pe, Ch*. Esconderse *alguien* por un período de tiempo.
        2.   tr. *Ch*. Esconder *algo*. pop + cult → espon.
    III. 1. intr. prnl. *Ni, CR, Pa, Ve, Ec*. Enriquecerse *alguien, generalmente de manera ilícita*. pop.
        2.   *CR*. Captar una institución recursos financieros. pop.
    IV. 1. intr. *Gu, Ho, ES*. Dormir *alguien* profundamente.
        2.   intr. prnl. *Ho, ES, Ni*. Dormirse *alguien* por efecto de una borrachera.
    V. 1. tr. *Ec*. Pintar una cosa con una pintura de base, para aplicar luego otro color o un acabado especial. pop.
    VI. 1. tr. *Bo*. Proporcionar fondos económicos a alguna institución para la realización de alguna actividad.
    VII. 1. intr. *PR*. *En las peleas de gallos*, pelear un gallo agresiva y sostenidamente durante todo el encuentro.

fondeo.
    I. 1.   m. *Ec*. p.u. Enriquecimiento ilícito. pop + cult → espon.

fondero.
    I. 1.   m. *Ve*. Hombre encargado de los **fondos** en un trapiche. rur.
    II. 1. m. *Ho*. Hombre encargado de remover la **miel** hasta estar a punto para hacer la **panela**. rur.

fondero, -a.
    I. 1.   adj. *Ch*. Relativo a una **fonda**, puesto o cantina.
        2.   m. y f. *Mx, Gu, Ho, Ni, Cu, PR, Ec, Ch, Ar, Ur*. Persona que tiene a su cargo una **fonda**. pop + cult → espon ∧ desp.

fondillo.
    I. 1.   *Gu, Ho, ES, Ni, Cu, RD, PR, Co:N; CR*, obsol. Trasero, nalgas. euf; pop + cult → espon.
    II. 1. *RD*. **fundillo**, valor. pop + cult → espon.
    ▶ **caerse de ~.**

fondillón, -na.
   I. 1. adj/sust. *Gu, Ni, Cu, PR. Referido a persona*, que tiene el trasero o las nalgas abultadas, grandes. pop.

fondilludo, -a.
   I. 1. *Gu, Ni, CR, Cu, PR.* **nalgón**, de nalgas grandes.

fondín.
   I. 1. m. *Ar.* p.u. Restaurante de escasa categoría.

fondismo.
   I. 1. m. *PR, Co, Pe, Bo, Ch, Ar. En atletismo y en hípica*, actividad en la que se desarrollan y practican carreras de media y larga distancia.

fondo.
   I. 1. m. *Mx, RD, Co, Ve, Bo; Pe*, rur. Prenda interior femenina, *generalmente de tela delgada*, que se usa debajo del vestido y cubre desde los hombros hasta el borde de la falda.
   II. 1. m. *Ho, Ni, Cu, Ve, Ec. En la industria productora de **panela***, caldera en que se cocina el **caldo** y la miel.
     2. *RD, Bo:C.* Olla o caldera.
     3. *Ch.* Olla de gran tamaño que sirve para cocinar o almacenar alimentos, usada en recintos donde hay muchos comensales como hospitales o cuarteles.
     4. *Bo:N,E.* Recipiente de cocina de barro cocido, de forma cilíndrica, **más** ancho que hondo, sin asas, que sirve para diferentes usos.
   III. 1. m. *Ni, Ve, Bo, Py, Ar, Ur, Ec*, obsol. Patio interior o posterior de una casa.
   IV. 1. m. *Bo:SO. En minería*, barril cortado por la parte inferior que se utiliza para el concentrado de mineral molido.

   ■
   a. ‖ **~ blanco.**
     i. m. *Co, Py.* Trago con el que se vacía el vaso de una bebida alcohólica. pop.
     ii. *Ec.* Caldo que queda después de hervir los huesos de **res** o de un ave.
   b. ‖ **~ de botella.** m. *RD, Ec.* Lente de mucho aumento. pop + cult → espon.
   c. ‖ **~ de crianza.** m. *ES.* Cantidad de dinero con que una cofradía inicia sus actividades en los pueblos indígenas. rur.
   d. ‖ **~ de retiro.** m. *RD, PR.* Montepío.
   e. ‖ **medio ~.** m. *Mx, RD, Ve, Bo.* Prenda interior de mujer que va debajo de la falda.
   ▶ **llegar al ~ del saco; ser un barril sin ~; ser un costal sin ~; tomar ~ blanco; topar ~.**

fondongo, -a.
   I. 1. *Mx.* **fodongo.**

fonear.
   I. 1. intr. *Bo; Pe*, juv. Llamar por teléfono. pop.

fongo.
   I. 1. m. *Cu:E.* Plátano pequeño de cáscara gruesa.

fonguear.
   I. 1. intr. *Ni, Cu. En un entrenamiento de **beisbol***, batear la pelota el entrenador para que un jugador la atrape.

fongueo.
   I. 1. m. *Cu.* Entrenamiento que realiza un jugador.

fonjear.
   I. 1. tr. *RD. En el **beisbol***, entrenar a los jugadores en la captura de la pelota que se lanza con un **bate**.

fono. (Afér. de *teléfono*)
   I. 1. m. *Ec, Pe, Ch, Ur; Bo*, pop; *Ar*, obsol. Auricular del aparato telefónico.
     2. *Pe, Ch; Bo, Ur*, pop; *Ar*, obsol. Aparato telefónico.
     3. *Pe, Ch; Bo, Ur*, pop; *Ar*, obsol. Número telefónico.

   ■
   a. ‖ **~ copete.** m. *Ch.* Teléfono de un vendedor de bebidas alcohólicas reservado para servir a sus clientes a domicilio.

fonoaudiología.
   I. 1. f. *Co, Bo, Ch, Py, Ar.* Disciplina de las ciencias médicas que trata lo relacionado con la audición, el habla, el lenguaje y la voz.

fonoaudiológico, -a.
   I. 1. adj. *Ec.* Relativo a la **fonoaudiología.**

fonoaudiólogo, -a.
   I. 1. sust/adj. *Co, Ec, Bo, Ch, Py, Ar.* Persona profesional dedicada al ejercicio de la **fonoaudiología.**

fonoaviso.
   I. 1. m. *Pe, Ch.* Anuncio publicitario que se contrata o realiza por vía telefónica.

fonoayuda.
   I. 1. m. *Pe, Ch.* Servicio telefónico de ayuda a personas que se encuentran en una situación de emergencia o necesidad.

fonodrogas.
   I. 1. m. *Ch.* Servicio telefónico de la policía destinado a las denuncias de casos relacionados con la drogadicción y el narcotráfico.

fonola.
   I. 1. f. *Ch.* Lámina de cartón prensado acanalada e impregnada de alquitrán que se usa para techar viviendas modestas.

fonolita. (De *Fonolita*®).
   I. 1. f. *Ch.* Cartón grueso prensado con alquitrán.

fonomímica.
   I. 1. f. *Ho, ES, Ni, CR, Cu, Co, Ec, Pe, Bo, Ch.* Arte que consiste en fingir que se habla o se canta, mientras suena un sonido previamente grabado. prest; cult → esm.

fonomímico, -a.
   I. 1. m. y f. *Cu, Pe, Ch*; sust/adj. *Ho, ES, Ni, CR, Ec, Bo*, prest; cult → esm. Persona que practica la **fonomímica.**
     2. adj. *CR, Pe, Bo, Ch.* Relativo a la **fonomímica.**

fontanero.
   I. 1. m. *Ho.* Compañero íntimo de un homosexual pasivo. desp.

food.
   ■
   a. ‖ **~ court.** (Voz inglesa). m. *EU, Ni, CR, PR:N; Pe*, p.u; urb. Zona dedicada a restaurantes y comida rápida en un centro comercial.
   b. ‖ **~ stamps.** (Voz inglesa) m. pl. *EU, PR.* Cupones de alimentación subvencionados por el Gobierno para personas necesitadas.

football. (Voz inglesa).
   I. 1. m. *EU, Ni.* **Futbol**, balompié.
     2. *EU, PR.* **futbol americano.**

foqueado, -a.
   I. 1. adj. *Co.* juv. *Referido a persona*, dormida profundamente después de una actividad extenuante. pop.

foquear(se).
   I. 1. intr. *Co.* Dormir. pop + cult → espon.
     2. intr. prnl. *Co.* Quedarse dormido profundamente. pop + cult → espon.
   II. 1. tr. *Ec:O.* juv. Hacer que alguien sienta vergüenza.
     2. intr. prnl. *Ec:O.* juv. Sentir vergüenza.
   III. 1. tr. *Gu, Ho, Ni.* Alumbrar a *alguien* o *algo* con un foco o linterna.
   IV. 1. tr. *ES.* Fichar la policía a *alguien*.

foquero, -a.
   I. 1. m. y f. *Ch.* Cazador de focas.
     2. adj. *Ch.* Relativo a la caza de focas y al comercio de sus pieles.

foquin. (Del ingl. *fucking*, fornicar).
    I. 1.   m. *Ho.* Cosa despreciable, problema o asunto desagradable. vulg. (**fucking**).

¡foquin! (Del ingl. *fucking*, fornicar).
    I. 1.   interj. *Ni.* Expresa sorpresa, rechazo, enfado. vulg.

foquis.
    I. 1.   m. *CR*; *Ni*, juv; vulg. Nalgas. euf; espon ^ fest.

foquista.
    I. 1.   sust/adj. *Bo.* Persona que participa de manera activa en una célula de carácter revolucionario.

forado.
    I. 1.   m. *Ec, Pe, Bo, Ch.* Agujero de tamaño considerable *hecho generalmente en una pared.*

foraja.
    I. 1.   m-f. *Pe.* Persona de conducta rebelde que realiza actos próximos a la delincuencia. pop.

forata.
    ▶ **dar ~.**

forcefit. (Del ingl. *forfeit*).
    I. 1.   m. *Ni. En el **beisbol**,* pérdida del partido por no presentarse a jugar el equipo.

fórceps.
    I. 1.   *PR.* **palito,** cuña de madera.

forcha.
    I. 1.   f. *Co:C.* Especie de **chicha** elaborada con harina de trigo, huevo, azúcar y bicarbonato de soda.

forcito. (De *Ford*®).
    I. 1.   m. *Mx.* Automóvil de la marca Ford, *especialmente si es un modelo antiguo.*

forehand. (Voz inglesa).
    I. 1.   m. *PR, Bo; Ec,* p.u. *En tenis,* golpe con la raqueta que se da con el brazo en posición frontal.

foreman. (Voz inglesa).
    I. 1.   m. *EU, PR.* Persona que lleva a cabo la tarea de supervisar los trabajos de una empresa o fábrica.

forestador, -ra.
    I. 1.   m. y f. *RD, Ec.* Persona que se dedica a la explotación de recursos forestales.

forestal.
    I. 1.   m-f. *Ec, Ch.* Persona que trabaja en la explotación de los bosques.

forestería.
    I. 1.   f. *Ho, Ni, Ec.* Ciencia que estudia el manejo y aprovechamiento del bosque. prest; cult → esm.

forever. (Voz inglesa).
    I. 1.   adv. *Ni, RD, PR.* Siempre, para siempre, por siempre, constantemente. cult.

forfait. (Del ingl. *forfeit*, penalización).
    I. 1.   m. *RD. En una **competencia** deportiva,* ausencia de un contrincante que implica su penalización. (**forfit**).

forfit. (Del ingl. *forfeit*, perder).
    I. 1.   *PR.* **forfait.**

forjar.
    □
    a. ‖ **~ a marrón.** loc. verb. *PR.* Moldear el hierro.

forma. (Del ingl. *form*).
    I. 1.   f. *EU, Mx, Gu, Pa, RD, PR, Co, Ec, Bo, Ch.* Formulario, impreso con espacios en blanco.
    2.   *Ho.* Formulario de matrícula en la universidad. est.
    ■
    □
    a. ‖ **pro ~.** f. *Pa, Bo.* Formulario.
    □
    a. ‖ **en ~.** loc. adv. *Bo, Ar; Co:O,* juv. Mucho, intensamente. pop.
    b. ‖ **en gran ~.** loc. adv. *Bo, Ch.* De manera notable o más intensa. pop + cult → espon.

formador.
    I. 1.   m. *Ho, CR, Ec, Pe.* Sostén para muchachas adolescentes.

formador, -ra.
    I. 1.   m. y f. *Mx.* Persona que da formato a un libro o revista.

formal.
    I. 1.   adj. *Gu, Ho, Ni, CR, RD, PR, Ec, Bo. Referido a ropa o calzado,* elegante.
    II. 1.   adj. *RD, Co. Referido a persona,* atenta y servicial.

formaleta.
    I. 1.   f. *Gu, Ho, Ni, CR, Pa, RD, PR, Co, Ve, Ec.* Armazón, *generalmente de madera,* con que se da forma a un elemento estructural de hormigón armado, como una viga o una columna.
    2.   *CR.* Tablas de madera o planchas de metal usadas para **formaletear.**

formaletear.
    I. 1.   tr. *CR, Pa, PR, Co.* Colocar al núcleo de acero de un elemento estructural una armazón, *generalmente de madera,* para verter el hormigón y darle una forma determinada.

formalita.
    I. 1.   f. *Ch.* Sustancia que se emplea como cubierta de muebles y elementos de construcción para preservarlos de la acción del agua y de la humedad.

formalización.
    I. 1.   f. *Ch.* Enjuiciamiento legal de una persona. cult → esm.

formalizar.
    I. 1.   tr. *RD, Bo, Ch; Ec,* p.u. Abrir un expediente o pliego de cargos en contra de alguien que ha sido acusado de algo. cult → esm.

formar(se).
    I. 1.   tr. *Mx, Ho. En tipografía,* diseñar e insertar los caracteres y tipos de letra de un párrafo o página para imprimir.
    II. 1.   intr. prnl. *Ar.* Aportar *alguien* cierta cantidad de dinero para un fin determinado. pop.
    III. 1.   tr. *Ho.* Modelar, fabricar una vasija de barro.
    □
    a. ‖ **~se un bonche.** loc. verb. *Cu, RD.* Perderse la seriedad totalmente.
    b. ‖ **~se un joropo.** loc. verb. *Ve.* Crearse una situación de desorden y alboroto.
    c. ‖ **~se un tamborito.** loc. verb. *Pa.* Producirse una discusión acalorada.
    d. ‖ **~se una bachata.** loc. verb. *PR.* Comenzar *alguien* el **relajo,** la broma.

formato.
    I. 1.   m. *Mx, Co, Pe. En lenguaje administrativo,* impreso con espacios en blanco.

fórmica.
    I. 1.   f. *Ve, Ec, Pe, Bo, Py, Ar, Ur.* Formica, revestimiento de resina artificial, que se adhiere a ciertas maderas para protegerlas.

fórmula.
    I. 1.   f. *Mx, Ec, Pe, Bo. En una elección,* lista de nombres de personas que se presentan para ocupar diferentes cargos en una empresa o en una institución.
    2.   *Mx, Ni, Bo. En una elección,* agrupación de personas que aspira a ocupar cargos directivos en una empresa o en una institución.
    3.   *Mx, Bo. En una elección,* papeleta electoral con nombres de candidatos de una agrupación.
    II. 1.   f. *RD, Co.* Documento en que el médico anota la medicación y la dosificación que el paciente debe tomar.

formulina.
    I. 1.   f. *ES.* Formalina.

fornalla.
    I. 1. f. *Cu, RD, PR. En un ingenio*, parte inferior del horno por donde se extraen las cenizas a través de una reja de hierro.

foró.
    I. 1. m. *RD.* Hombre prepotente y preocupado por su aspecto físico. desp.

forondo, -a. (Prót. de *orondo*).
    I. 1. adj. *Ho, Ni, Ve:O, Ch; Bo,* p.u. *Referido a persona,* llena de presunción y muy contenta de sí misma. pop. (**forongo**).

forongo, -a.
    I. 1. *Ch.* **forondo**. pop.

fororo.
    I. 1. m. *Ve.* Alimento preparado con harina de maíz tostada sazonada con azúcar o **papelón** rallado.

forote.
    I. 1. *Ve:O.* **chiltepe**, fruto.

forrada.
    I. 1. f. *Gu, Ho.* Comida opulenta, muy abundante. pop + cult → espon.

forrado, -a.
    I. 1. adj. *Gu, Ho, ES, Ni, Bo. Referido a persona,* que ha comido o bebido en exceso.
    □
      a. ‖ **~ en plata.** loc. adj. *Ch. Referido a persona,* con mucho dinero. pop + cult → espon.

forrajeador, -ra.
    I. 1. sust/adj. *Cu.* Persona que hace gestiones para conseguir un producto. pop.

forrajear.
    I. 1. tr. *Cu.* Hacer toda clase de gestiones para conseguir una mercancía que escasea en el mercado. pop.

forrajeo.
    I. 1. m. *Cu.* Conjunto de gestiones que se hacen para conseguir algo que escasea en el mercado.

forrear.
    I. 1. tr. *Ar, Ur.* Engañar a *alguien,* burlarse de él. pop.
    II. 1. intr. *Ve.* Expeler fuertemente una bestia el aire por la nariz cuando se encuentra frente a un peligro o lo presiente. rur.

forro.
    I. 1. m. *Mx, Ho, ES, Ni.* Mujer con excelente cuerpo.
      2. *Mx.* Persona muy guapa. pop + cult → espon.
      3. *Ch.* Cuerpo de una persona. pop.
      4. *Ho.* juv. Novia o amiga.
      5. *Ni.* Mujer de nalgas grandes.
    II. 1. m. *Ni, Pa, Ch, Py, Ar, Ur; Co, Ec, Pe,* pop. Preservativo. vulg.
      2. *Ch.* Prepucio. vulg; pop.
    III. 1. *CR, Cu.* **acordeón**, papel. est.
      2. m. *Cu.* Fraude, trampa, engaño, *especialmente en el juego.*
      3. *Bo.* Mentira, embuste.
    IV. 1. m. *Pe.* Prenda interior femenina, calzón.
    V. 1. m. *Ch.* Neumático de una rueda.
    VI. 1. m. *Ch.* Lío, embrollo. pop + cult → espon.
    □
      a. ‖ **a todo ~.**
        i. loc. adv. *Pe.* Mucho.
        ii. *Pa, Ch.* De manera veloz.
      b. ‖ **como el ~.** loc. adv. *Ch.* Muy mal. pop + cult → espon.
    ▶ **largar el ~; meterse en un ~; salir del ~.**

forro, -a. (De *horra*).
    I. 1. adj/sust. *Ar. Referido a persona,* estúpida, inepta. vulg.
      2. *Ch.* p.u. *Referido a persona, especialmente a una chica joven,* vulgar, ordinaria. pop + cult → espon.

forrongo.
    I. 1. m. *PR.* **Guineo** maduro.

fortacheado.
    I. 1. m. *Bo:O. En la construcción,* revoque de una pared con un **fortacho,** utilizando una mezcla de arena fina con cemento. pop.

fortachear.
    I. 1. tr. *Bo:O. En la construcción,* revocar una pared con un **fortacho,** utilizando una mezcla de arena fina con cemento. pop.

fortacho.
    I. 1. m. *Bo. En la construcción,* herramienta rectangular con asa, *generalmente de madera,* que se utiliza para revocar paredes. pop.

fortacho, -a.
    I. 1. adj. *Ch, Ar, Ur. Referido a persona,* robusta, fuerte, resistente. pop + cult → espon.

fortaleza.
    I. 1. f. *ES.* Conjunto de viviendas de personas marginadas en un lugar tomado a la fuerza.

forte.
    □
      a. ‖ **por si ~.** loc. adv. *PR.* Por si acaso. pop + cult → espon.

fortín.
    I. 1. m. *Ar:NO.* Asociación o sociedad folclórica gauchesca.
    II. 1. m. *Ar:NO.* Vivienda ofrecida como lugar de reunión para celebrar el carnaval. rur.
    III. 1. m. *Ch.* Recinto deportivo.

fortiori.
    □
      a. ‖ **a ~.** loc. adv. *Mx.* A la fuerza, obligadamente, forzando que ocurra la situación aludida.

fortuna.
    I. 1. f. *Co:C,NE.* Mancha blanca de pequeño tamaño que suele aparecer en las uñas.
    II. 1. *PR.* **garrapata,** planta herbácea perenne.

fortunoso, -a.
    I. 1. adj. *Ni, Ve:O. Referido a persona,* afortunada, con suerte.

forward. (Voz inglesa).
    I. 1. m. *EU, Gu, Ni, CR, Ec; Pe,* urb. | p.u. Reenvío de un correo electrónico o un texto que se ha recibido.

forzar.
    □
      a. ‖ **~ el mingo.** loc. verb. *RD.* Insistir demasiado en obtener un fin, con el riesgo de que, por ello, el resultado no sea el esperado.
      b. ‖ **~ la barra.** loc. verb. *Ve.* Insistir demasiado en obtener un fin.

forzolento, -a.
    I. 1. adj. *Ec.* p.u. *Referido a persona,* que tiene mucha fuerza física. pop + cult → espon.

fosa.
    I. 1. f. *Bo, Ar, Ur. En el proscenio de un teatro,* lugar en que se oculta el apuntador.
      2. *PR, Ar, Ur. En un teatro,* parte rebajada delante del escenario destinada a la orquesta.

fosforera.
    I. 1. f. *Cu, Co:C, Ec.* Mechero.
    II. 1. f. *Ho, Ni, CR, Ec.* Fábrica de fósforos.

fosfórico, -a.
    I. 1. adj. *Ec. Referido a persona,* que se irrita o se pone violenta de modo pasajero. pop.

fosforito.
    I. 1. m. *Ar.* Especie de sándwich de jamón y queso hecho con hojaldre azucarado en la superficie.

II. 1. m. *Ve.* Artefacto pirotécnico que se usa en Navidad.

III. 1. m. *Gu, Bo.* Persona que tiene el cabello rojizo.

IV. 1. *Pa.* **alfajía**, árbol de lugares húmedos.

fosforito, -a.
I. 1. sust/adj. *Ve, Ec, Bo, Ar;* adj. *Ni, PR, Pe, Ch.* Persona que se encoleriza con facilidad. pop + cult → espon.

II. 1. adj. *Ni. Referido a persona,* delgada.

III. 1. adj. *PR. Referido a persona,* ágil y diligente. pop + cult → espon ^ fest.

IV. 1. adj. *PR.* juv. *Referido a una muchacha,* fácil de enamorar.

▶ **estar ~.**

fósforo.
I. 1. m. *Mx.* p.u. Café mezclado con aguardiente. pop.

II. 1. m. *Ve.* Fulminante de una escopeta de pistón.

III. 1. adj/sust. *Ec.* p.u; pop; m-f. *Ni. Referido a persona,* que se irrita con facilidad, pero pasajeramente.

●
a. ‖ **¡los ~s!** fórm. *Cu.* Se usa para expresar negación o rechazo rotundo hacia algo. pop.

□
a. ‖ **al ~.** loc. adv. *Bo.* p.u. Inútilmente.

▶ **encenderse el ~; tener ~.**

fosforón, -na.
I. 1. adj. *Ni. Referido a persona,* alegre por haber tomado tragos de licor.

2. *CR.* p.u. *Referido a persona,* con mucho entusiasmo, energía y determinación. pop + cult → espon.

II. 1. adj. *Ni. Referido a persona,* ágil y fuerte.

fósil.
I. 1. m. *Mx, Ni.* Estudiante rezagado. est.

2. m-f. *PR.* metáf. Profesor que lleva muchos años en un colegio. est.

fosiliciado, -a.
I. 1. adj/sust. *PR.* juv. *Referido a persona,* anticuada, pasada de moda.

fósporo.
I. 1. m. *Gu.* Fósforo o cerilla.

fostró.
I. 1. m. *PR.* Alboroto, escándalo. pop + cult → espon ^ fest. (**fox-trot**).

fote.
I. 1. m. *RD.* Nalgas o ano de una persona. vulg.

2. *RD.* Ano de una persona. vulg.

fotear(se).
I. 1. tr. *Ho, Ni.* Fotografiar a *alguien* o *algo.*

2. intr. prnl. *Ho.* Tomarse fotos *una persona.*

foteli.
I. 1. f. *Ch.* Fotografía. pop ^ fest.

fotero, -a.
I. 1. m. y f. *Ho.* Fotógrafo, experto en sacar fotografías. rur.

fotingo.
I. 1. m. *Mx.* Automóvil de alquiler, *generalmente viejo.*

2. *Mx.* Automóvil resistente y barato.

3. *PR; Pa, Cu, RD, Pe,* desp. Automóvil viejo y destartalado.

II. 1. m. *Cu.* Nalgas de mujer. pop.

foto.
■
a. ‖ **~ cubeta.** f. *Ho.* Fotografía antigua revelada en una cubeta.

□
a. ‖ **los de la ~.** loc. sust. *Gu.* Los amigos íntimos o las personas seleccionadas por cercanía o afinidad.

▶ **parecer ~; sacar la ~; ser una ~.**

fotoco.
I. 1. m. *PR.* Variedad de **plátano.** (**fotuco**). ♦ **machuelo; mafafo; malango.**

fotoparte.
I. 1. m. *Ch.* Parte dirigido a un tribunal, *especialmente por los conductores,* en el que consta una fotografía de la infracción que se les imputa.

fotoperiodista.
I. 1. sust/adj. *Ni, Cu, RD, Co.* Periodista que acompaña con fotos las noticias que redacta. ♦ **fotorreportero.**

fotorradar.
I. 1. m. *Ch. En las vías públicas,* sistema de detección de vehículos que sobrepasan la velocidad permitida y son fotografiados en el momento de cometer la infracción.

fotorreportero, -a.
I. 1. *Ni, Cu, RD, Co.* **fotoperiodista.**

fotósfera.
I. 1. f. *Mx, Gu, Ec, Pe, Bo, Ch, Py, Ar, Ur.* Fotosfera, capa externa del sol formada por gases ionizados que emiten luz.

fotostática.
I. 1. f. *Mx, Pe, Bo, Ch.* Fotocopia. cult.

fotostático, -a.
I. 1. adj. *Mx, RD, Pe, Bo; Ch,* p.u; esm. *Referido a un documento,* que ha sido fotocopiado. cult.

fotuco.
I. 1. *PR.* **fotoco.**

fotutazo.
I. 1. m. *RD, PR.* Sonido producido con un **fotuto,** instrumento de viento.

2. *Cu.* Sonido que produce la bocina de un vehículo o **fotuto.** pop.

II. 1. m. *Cu.* Trago de bebida alcohólica. pop. ♦ **tanganazo.**

III. 1. m. *PR.* Golpe fuerte. pop + cult → espon.

2. *PR.* metáf. Exabrupto. pop + cult → espon.

fotutear.
I. 1. tr. *Cu.* Regañar a *alguien* delante de otras personas. pop.

2. *Cu.* Utilizar *alguien* su influencia para conseguirle un empleo a otra. pop.

II. 1. tr. *Cu.* Tocar el **fotuto,** *en especial de modo insistente y molesto.* pop.

2. intr. *PR.* Hacer sonar *alguien* insistentemente el **fotuto** de un automóvil.

3. *PR.* metáf. Pregonar *alguien* con altavoces.

fotuto.
I. 1. m. *Pa, Cu, RD, PR, Co, Ve; Mx:SE,* rur. Instrumento de viento hecho con un caracol grande, que produce un ruido prolongado y fuerte. (**fututo; jututo**).

2. *RD, PR.* Pito cónico de cartón con embocadura de madera.

3. *PR, Cu.* Claxon, bocina de automóvil.

4. *PR.* Altavoz, **altoparlante.** pop.

II. 1. m. *PR.* Cosa cuyo nombre no se recuerda. pop + cult → espon.

□
a. ‖ **~ de camello.** loc. sust. *PR.* Algo sin importancia y sin valor. pop + cult → espon.

fotuto, -a. (De or. ind. antillano).
I. 1. adj. *Ve. Referido a un fruto,* blando.

2. *Ve:O. Referido a un fruto,* que no ha llegado a madurar.

II. 1. adj. *Ve. Referido a cosa,* que produce un sonido sordo al ser golpeada.

III. 1. adj. *Ve. Referido a un asunto,* que no va bien.

▶ **estar ~.**

foul. (Voz inglesa).

I. 1. m. *EU, Mx, CR, PR, Co, Ec, Pe, Bo, Ch, Ar, Ur.* En una **competencia** *deportiva*, infracción del reglamento consistente en una entrada brusca de un jugador contra un rival.

2. *EU, Ni, Cu, RD, PR, Ve.* En el **beisbol**, jugada en la que la pelota, al ser bateada, va hacia atrás. (**fao**).

four. ∎

a. ‖ ~ **runner.** (Voz inglesa). f. *Ho, Ni.* Automóvil de lujo de doble tracción, cómodo y confortable.

fox-trot. (Voz inglesa).

I. 1. *PR.* **fostró.**

2. m. *PR.* Desorganización, **revolú.** pop + cult → espon ^ fest.

foyeque. (De *Ford* ®).

I. 1. m. *Pe.* Automóvil viejo y destartalado.

fóyer. (Del ingl. *foyer*, y este del fr.).

I. 1. m. *EU, PR.* Vestíbulo.

foyeye.

I. 1. m. *Co.* Trasero, nalgas. vulg.

foyuco, -a.

I. 1. adj. *PR. Referido a una persona mayor*, deteriorada. pop + cult → espon. ♦ **cayuco.**

2. *PR.* metáf. *Referido a cosa*, deficiente. pop + cult → espon. ♦ **cayuco.**

fracasar.

I. 1. tr. *Ho.* Perderse un cultivo, no dar cosecha. rur.

fracaso.

I. 1. m. *Ec, Bo.* Aborto espontáneo, ocasionado por causas naturales. pop + cult → espon.

fracatán.

I. 1. m. *PR; RD,* hiperb. Montón, **pocotón,** cantidad o número muy grande. pop + cult → espon. (**fracatón**).

II. 1. m. *RD.* Juego de azar en que se apuesta a una combinación de números. ♦ **ralladito.**

fracatón.

I. 1. *PR.* **fracatán,** montón.

fracción.

I. 1. f. *Mx, Ni, CR, Ec, Ar.* Conjunto de diputados o legisladores de un mismo partido político.

fraccionadora.

I. 1. f. *Mx, Gu.* Compañía constructora que urbaniza terrenos.

fraccionamiento.

I. 1. m. *Mx, Ni.* Núcleo residencial urbanizado.

fragancia.

▶ **llegar la ~.**

fragata.

I. 1. f. *Ho, Ec.* Ave marina de hasta 1 m de longitud, de plumaje negruzco, bolsa gular de color rosado encendido, pico gris, patas oscuras y cola horquillada. (Fregatidae; *Fregata magnificens*). ♦ **chimay; fragata magnífica; paíño de vientre blanco; rabihorcado; rabijunco; tijereta; tijereta de mar; zopilote de mar.**

∎

a. ‖ ~ **magnífica.** *Ec.* **fragata.**

frago.

I. 1. m. *ES.* Cigarrillo de marihuana. drog.

fragote.

I. 1. m. *Ar.* p.u. Rebelión militar. pop.

fragotero.

I. 1. m. *Ar.* p.u. Militar inclinado a participar en los **fragotes.** pop.

fragotero, -a.

I. 1. adj. *Ar.* p.u. Relativo al **fragote.** pop.

fragua.

I. 1. f. *ES.* Cigarrillo de marihuana. drog.

fraguar.

I. 1. tr. *Pe.* p.u. Falsear, adulterar, frustrar *algo* de manera consciente y alevosa, *generalmente los resultados electorales.*

fraile.

I. 1. m. *Mx.* Árbol de hasta 9 m de altura, de hojas alternas de borde entero, haz glabro, envés pubescente, inflorescencias en cimas de pocas flores, en forma de embudo y con corola amarilla. (Apocynaceae; *Thevetia thevetioides*).

II. 1. m. *Pe.* Mono de cara sonrosada y pelo blanco, hocico redondeado de color negro, pelaje amarillento y cola castaño oscura, que tiene una longitud igual o mayor que el cuerpo y termina en un haz de pelos negros. (Cebidae; *Saimiri* spp.). (**frailecillo**). ♦ **mono fraile.**

III. 1. m. *Ho, RD.* Ave migratoria de 25 cm de longitud, de cuerpo delgado, cola larga, bandas pectorales negras, de color marrón grisáceo predominante y rabadilla y cola anaranjadas. (Charadriidae; *Charadrius vociferus*). (**frailecillo**).

IV. 1. sust/adj. *Bo.* Persona de carácter tranquilo. pop ^ desp.

V. 1. m. *Bo.* Mariposa nocturna de hasta 15 cm de longitud, de color café oscuro con tonalidades grises o cremas, cuerpo ancho y peludo, ojos grandes y antenas filiformes o pectinadas. (Noctuidae; *Cosmopolita* spp.). ♦ **taparaco; taparacu.**

VI. 1. m. *ES.* Huevo de gallina.

frailecillo.

I. 1. m. *Mx, Ho, ES, Cu.* Planta herbácea de hasta 2 m de altura, de hojas acorazonadas en la base, con lóbulos denticulados, flores pequeñas, verdes, con brácteas purpúreas, y el fruto en cápsula de color amarillo, carnoso, con una almendra como semilla; tiene varios usos en la medicina tradicional. (Euphorbiaceae; *Jatropa gossypifolia*). ♦ **arriba y abajo; hierba de fraile; sube y baja; túa-túa.**

2. *Pe.* **fraile,** mono.

3. *Ho.* **fraile,** ave.

frailecito.

I. 1. m. *PR.* Ave de hasta 25 cm de longitud, de patas largas, cuello grueso y pico corto y robusto, con la parte superior de color pardo y la inferior blanquecina. (Charadriidae; *Charadrius wilsonia*). ♦ **pluvial; putilla.**

frailejón.

I. 1. m. *Co, Ve.* Planta de hasta 2 m de altura, de tallo grueso y lanoso, con una roseta de hojas anchas y gruesas, también lanosas, en el extremo superior y flores de color amarillo oro agrupadas en cabezuelas; produce una resina muy apreciada, se emplea en la construcción de casas y tiene aplicación en la medicina tradicional. (Asteraceae; *Espeletia grandiflora*).

2. *Ec.* Planta de hasta 7 m de altura, *generalmente de un solo tallo*, de hojas grandes, anchas, gruesas y muy vellosas, que forman una corona o roseta conspicua en la punta del tallo. (Asteraceae; *Espeletia pycnophylla*).

frailón, -na.

I. 1. sust/adj. *Ar:NO.* Persona que muestra una devoción exagerada o afectada. pop ^ desp.

frajo.

I. 1. m. *Gu, ES.* Cigarrillo.

II. 1. m. *ES.* Porción de algo.

framboyán.

I. 1. *Mx, Cu, RD, PR.* **flamboyán.**

a. ‖ ~ **amarillo.** m. *Cu, RD.* Árbol de hasta 25 m de altura, de follaje denso y con flores olorosas de color amarillo; su madera se usa en ebanistería. (Fabaceae; *Peltophorum inerme*).

b. ‖ ~ **azul.** m. *Cu.* Árbol caducifolio de hasta 30 m de altura, de follaje fino y flores olorosas de color azul lila. (Bignoniaceae; *Jacaranda acutifolia*).

frame. (Voz inglesa).
I. 1. m. *EU, PR.* Montura, marco, estructura, cuadro de la cama.

francesito.
I. 1. m. *Ur.* Producto de panadería hecho a base de hojaldre relleno de jamón y queso, y cubierto de una costra dulce.

franchipán.
I. 1. m. *RD.* **Alhelí**, planta y su flor.
2. *RD.* **Alhelí**, flor.

Francia.
□
a. ‖ ¡se fregó la ~! loc. interj. *Ec:C; Bo,* p.u | obsol. Expresa contrariedad. pop.
b. ‖ ¡ya se fregó ~! loc. interj. *Mx.* Expresa contrariedad. pop.

franciscana.
I. 1. f. *RD, Ch, Py, Ar.* Sandalia. pop.
II. 1. f. *Ar, Ur.* Delfín de hasta 1,40 m de longitud, con dorso de color gris oliváceo, vientre amarillento y hocico delgado y largo. (Pontoporiidae; *Pontoporia blainvillei*).

Francisco.
■
a. ‖ ~ **Álvarez.** m. *Ar:NE, Ur.* Árbol de hasta 20 m de altura, de corteza de color castaño claro, hojas caducas, flores de un tono amarillento rojizo y una cápsula leñosa como fruto. (Tiliaceae; *Luehea divaricata*). ♦ **sotacaballo.**

franco.
●
a. ‖ ¿**franco?** fórm. *Pe.* Se usa para buscar el asentimiento o confirmación del interlocutor a algo que se ha dicho. pop.
□
a. ‖ **de ~.**
i. loc. adj. *Gu, Pe, Bo, Ch, Ar. Referido a un agente de policía,* que no está de servicio.
ii. *Ho. Referido a un soldado,* que está de permiso.
b. ‖ ~ **de servicio.** *Pe, Ar.* **de franco.**
c. ‖ ~ **~.** loc. adv. *RD, Pe.* Francamente. pop.

francolín.
I. 1. *Ec.* **francolino.**

francolina.
I. 1. f. *Pe.* Ave de plumaje grisáceo con líneas y pequeñas manchas amarillentas en la parte inferior del vientre, cabeza y cuello de color pardo y con franjas negras y blancas. (Tinamidae; *Tinamotis pentlandii*). ♦ **keu; kiula; perdiz de la puna.**

francolino, -a.
I. 1. adj. *Ec. Ch. Referido a un gallo o a una gallina,* que no tiene cola o la tiene muy corta. rur. (**francolín**).

francotirador, -ra.
I. 1. m. y f. *Mx.* metáf. Persona políticamente activa que critica a unos y a otros, sin estar afiliada a ningún partido.

franela.
I. 1. f. *Mx, Ec, Py, Ar, Ur.* Trapo o paño de lana o algodón, que se utiliza para quitar el polvo de los muebles o de los autos.
II. 1. f. *Pe, Ar,* metáf. Adulación. pop.
2. m-f. *Pe,* metáf. Adulador. pop.

III. 1. f. *Pa, RD, Co, Ve.* Prenda interior de algodón tejida de punto fino, *generalmente sin mangas,* que cubre el torso.
2. *RD.* Camiseta, prenda deportiva.
IV. 1. f. *Ar.* **franeleo.**

franeleada.
I. 1. f. *Bo, Py, Ar.* Manoseo lascivo. vulg.

franeleador, -ra.
I. 1. adj/sust. *Bo:O,C. Referido a persona,* que acaricia a otra para excitarla sexualmente. tabú; pop.

franelear.
I. 1. tr. *Pe, Ar.* Adular *a alguien.* pop.
II. 1. tr. *Py; Bo,* tabú; pop; *Ar,* vulg. Acariciar a *alguien* para excitarlo sexualmente.

franeleo.
I. 1. m. *Bo, Ar.* Manoseo a una persona, *especialmente con intención erótica.* vulg. ♦ **franela.**

franelero, -a.
I. 1. m. y f. *Mx.* meton. Persona que en la vía pública concentra espacios de estacionamiento para negociar con ellos, *y que generalmente emplea también para lavar vehículos.* urb.
II. 1. sust/adj. *Pe, Ar,* metáf. Persona aduladora. pop.
2. adj/sust. *Ar. Referido a persona o a animal,* muy mimoso. pop.
III. 1. adj/sust. *Bo, Ar. Referido a persona,* que suele acariciar o manosear con intención erótica. desp.

franelógrafo.
I. 1. m. *Gu, ES, Ni, Pe, Bo, Ch, Py,* cult; *Co, Ec,* p.u. Trozo de franela o tela afelpada, que se usa en el aula para mostrar figuras o letras que, gracias a su reverso áspero, se pegan a ella.

frangipani.
I. 1. *Pa, Cu.* **cacalichuche.** (**frangipanier**).

frangipanier.
I. 1. *Cu.* **frangipani.**

frangollo. (Del port. *frangolho,* trigo mal partido).
I. 1. m. *Pe, Ar:NO.* Maíz pelado y molido para cocinar.
2. *Bo, Ch, Ar:O.* Trigo, cebada o maíz triturados, que sirven de alimento para las aves de corral.
3. *Ec, Pe.* metáf. Revoltijo, mezcla de cosas sin relación ni orden. pop.
4. *Ar:NO.* Especie de sopa espesa preparada principalmente con maíz molido, **zapallo,** carne y verduras.
5. *Cu.* obsol. Dulce hecho de plátanos verdes fritos triturados, melaza de caña de azúcar y clara de huevo; se acompañaba con maní.
6. *PR.* metáf. Confusión de personas, mezcolanza, revoltijo. rur.

frangolo.
I. 1. adj. *Ho. Referido a un gallo,* sin cola o con cola corta.

frángula.
I. 1. f. *Mx, Ho.* Árbol de hasta 12 m de altura, de hojas cubiertas de pelusa al nacer y que se vuelven de color verde brillante, elípticas, enteras y poco dentadas, flores pequeñas en umbelas y cuyo fruto es una drupa negra del tamaño de un guisante grande que contiene dos o tres semillas brillantes; tiene diversas aplicaciones en la medicina tradicional. (Rhamnaceae; *Rhamus purshiana*).

franjolina.
I. 1. *Ho.* **ala blanca.**

franjollar.
I. 1. tr. *Bo:E,S.* Realizar una tarea deprisa y sin cuidado.

franquicia.
I. 1. f. *RD; Co,* p.u. Día de permiso que se da a los soldados.

II. 1. f. *Ni*, *PR. En el* **beisbol**, derecho que se concede a un equipo para que se incorpore a una liga de este deporte.

frapé.
I. 1. *Ec.* **frappé**, picado.

frappé. (Voz francesa).
I. 1. adj. *Pe*, *Ch. Referido a una bebida*, servida con hielo picado.
2. *Ho*, *Ni*, *CR*, *Pe. Referido a hielo*, picado, granulado. (**frapé**).
3. m. *Gu*, *CR*, *Bo*. Bebida o alimento enfriado con hielo.

frasca.
I. 1. f. *Ho*. Fracaso, contrariedad. rur.

frasco.
I. 1. m. *Ch*. Ingestión excesiva de alcohol. pop.

frasco, -a.
I. 1. *Ve.* **frasquitero**, que se inmiscuye en asuntos ajenos.
II. 1. *Ve.* **frasquitero**, lleno de presunción y orgullo.
► **caerse al ~; ser la tapa del ~.**

frasquería.
I. 1. f. *PR.* **frasquero**,

frasquero.
I. 1. m. *PR.* Montón de frascos o botellas. ◆ **frasquería**.
2. *PR.* Sitio donde se amontonan frascos y botellas. ◆ **frasquería**.

frasquitero, -a.
I. 1. adj. *Ve. Referido a persona*, que se inmiscuye en asuntos ajenos. ◆ **frasco**.
II. 1. adj. *Ve. Referido a persona*, llena de presunción y orgullo. ◆ **frasco**.
III. 1. adj. *Ve. Referido a persona*, embaucadora.

¡fratacán!
I. 1. interj. *Ho*. Expresa la rapidez con que ocurre o se realiza algo.

fratachar.
I. 1. tr. *Ar*, *Ur*. Alisar una pared extendiendo sobre ella el yeso o revoque con un **fratacho**. (**fletachar**; **fretachar**).

fratacho. (Del it. *frattazzo*).
I. 1. m. *Ar*, *Ur*. Utensilio de albañilería consistente en una pequeña tabla con asa, que se utiliza para alisar el yeso o el revoque de una pared. (**fletacho**; **fretacho**).

fraternidad. (Del ingl. *fraternity*).
I. 1. f. *Mx*, *Gu*, *Ni*, *RD*, *Bo*, *Ch*. Agrupación de personas que buscan determinado fin.
II. 1. f. *PR*. Asociación estudiantil masculina.

fraterno, -a.
I. 1. m. y f. *RD*, *PR*. Miembro de una **fraternidad**.

freaky. (Voz inglesa).
I. 1. adj. *EU*, *Ho*, *Ni*, *PR*; *Ec*, p.u; juv. *Referido a persona*, que actúa de forma diferente y extraña a los demás.

freddy. (Del ingl. *Freddy*, nombre propio).
I. 1. m. *Ho*. juv. Persona atractiva, que viste bien. delinc.

free.
■
a. ‖ **~ for all.** (Voz inglesa). m. *PR*. Cualquier cosa obtenida de forma gratuita.

freezer. (Voz inglesa).
I. 1. m. *EU*, *Gu*, *Ho*, *Ni*, *Pa*, *Cu*, *RD*, *PR*, *Co:N*, *Ve*, *Pe*, *Bo*, *Ch*, *Py*, *Ar*, *Ur*. Compartimento de un refrigerador donde se produce hielo y se guardan los alimentos cuya conservación requiere temperatura más baja. (**frise**; **fríser**; **frisi**; **frízer**).

2. *EU*, *Pa*, *Cu*, *RD*, *PR*, *Ec*, *Pe*, *Ch*, *Py*, *Ar*, *Ur*. Congelador, aparato para conservar productos a baja temperatura. (**frise**; **fríser**; **frisi**).

freezing. (Voz inglesa).
I. 1. m. *PR*. Cocaína. drog.

fregada.
I. 1. f. *Ho*, *ES*, *Ni*. Inconveniente grave.
2. *Ho*, *Ni*. Mala acción.
II. 1. f. *RD*, *Ec*. **Limpia** realizada mediante frotación o masaje en la parte enferma. pop + cult → espon.
III. 1. f. *Cu*. Regaño, reprimenda. pop.
■
a. ‖ **a la ~.** loc. adv. *Mx*. Al infierno.
b. ‖ **como la ~.** loc. adj. *Mx. Referido a persona*, maliciosa por hacer lo contrario de lo que debería. pop.
c. ‖ **de la ~.**
  i. loc. adv/adj. *Mx*. Muy mal. pop + cult → espon.
  ii. loc. adj/adv. *Mx. Referido a cosa*, que no se logra, ejecuta o entiende sin mucho trabajo. pop + cult → espon.
d. ‖ **hasta la ~.** loc. adv. *Mx*. Muy lejos. pop + cult → espon.
☒
a. ‖ **y la ~.** fr. prov. *Mx*. Indica que se suspende una enumeración y se enfatiza el carácter excesivo, reiterativo o de sobra conocido de lo que se relata. pop + cult → espon.
► **irse a la ~; mandar a la ~; ¡me lleva la ~!**

fregadazo.
I. 1. m. *Mx*. Golpe fuerte. pop ^ hiperb.
□
a. ‖ **de ~.**
  i. loc. adv. *Mx*. Inmediatamente. pop + cult → espon.
  ii. *Mx*. De manera rápida, irreflexiva y sin cuidado. pop + cult → espon.

fregadazo, -a.
I. 1. adj. *Gu. Referido a persona*, bellaca, perversa. desp.

fregadera.
I. 1. f. *Mx*, *Gu*, *Ho*, *ES*, *Ni*, *CR*, *Pa*, *Co*, *Ec*, *Pe*, *Bo*. Molestia o fastidio que se causa a alguien de manera insistente. pop + cult → espon.
II. 1. f. *Mx*, Objeto pequeño o insignificante, *normalmente no especificado*. vulg.
2. *Mx*. Cosa de mala calidad. pop + cult → espon.
III. 1. f. *Mx*. Acción baja. vulg.
IV. 1. f. *Mx*. Necedad, estupidez. pop + cult → espon.

fregado.
I. 1. m. *Ho*, *Ni*, *CR*. Un cualquiera, persona corriente. pop ^ desp.
●
a. ‖ **~s.** fórm. *Gu*. Se usa para enfatizar el enojo, la extrañeza o la duda que alguien expresa. pop.
□
a. ‖ **¡qué fregados!** loc. interj. *Mx*. Expresa enojo, extrañeza o duda.
► **tener ~.**

fregado, -a.
I. 1. adj. *Mx*, *Ho*, *Ni*, *CR*, *Co*, *Ch*; *Gu*, *Pe*, *Ar:NO*, pop; *Ec*, *Bo*. espon. *Referido a persona*, que está en mala situación económica.
2. *Mx*, *Ni*, *Pa*, *Ve*; *Gu*, *Ch*, *Ar*, pop; *Ec*, *Bo*. espon. *Referido a persona*, que está en una situación difícil o molesta.
3. *Gu*, *Ho*, *Ni*, *Ve*; *Co*, *Ec*, *Bo*. pop. *Referido a un trabajo o tarea*, difícil, complicado.
4. *Ho*, *ES*, *Ni*, *CR*; *Ec*, espon. *Referido a problema*, *asunto o tema*, difícil de solucionar o comprender. pop.

II. 1. adj. *Mx, Gu, Ni, CR, Pa, RD, Ve; Co, Ec, Bo,* espon; *Pe, Ar:NO.* pop. *Referido a persona,* que tiene problemas de salud.

2. *Ni, Bo. Referido a un objeto,* roto, deteriorado. pop.

3. *Bo. Referido a persona,* que ha sufrido un contratiempo.

III. 1. adj. *Gu, Ho, ES, Pa, Co, Ve, Ec, Pe, Bo, Ch, Ar:NO. Referido a persona,* severa, exigente. pop + cult → espon.

2. *Mx. Referido a niño,* travieso, inquieto. pop + cult → espon.

3. *Pa, Ve, Ec, Pe, Bo, Ch. Referido a persona,* majadera, enfadosa, inoportuna. pop + cult → espon.

4. adj/sust. *Ho, ES, Ni, CR, Co, Ec. Referido a persona,* difícil de trato. pop.

5. adj. *Pe;* adj/sust. *Bo.* pop. *Referido a persona,* terca, pertinaz.

6. adj. *Ni, Bo. Referido a persona,* que se encoleriza con facilidad. pop.

IV. 1. adj. *Mx, Gu, Ho, ES, Ni, CR. Referido a persona,* bellaca, perversa.

2. *Co. Referido a persona,* que saca provecho de las circunstancias que se le presentan. pop.

V. 1. adj. *Ve:C. Referido a persona,* de carácter decidido y resuelto.

2. *Ho, ES, Ni; CR.* obsol; rur. *Referido a persona,* que obra con disimulo y astucia.

3. *Ho, ES. Referido a persona,* experta en algo o poseedora de muchos conocimientos. pop.

4. *Gu. Referido a persona,* hábil para realizar o comprender algo.

▶ **estar ~.**

fregador.

I. 1. m. *Ec.* Aborigen ecuatoriano que de manera empírica trata ciertas dolencias de personas mediante masajes.

II. 1. m. *Bo.* Escobilla para lavar la ropa.

2. *Bo.* Trapo pequeño que sirve para lavar platos, tazas, etc.

fregador, -ra.

I. 1. adj. *Gu. Referido a persona,* que fastidia o produce molestias.

freganduría.

I. 1. f. *Bo:E.* Molestia, fastidio.

fregao.

I. 1. m. *PR.* Conjunto de sobras de comida que se guardan para alimentar a los cerdos. rur.

fregar(se).

I. 1. tr. *Mx, Ho, Ni, Pa, Co, Ec, Pe, Bo, Ch, Ar:NO; Gu, Ve,* vulg; *CR,* rur. Causar daño o perjuicio a *alguien.* pop + cult → espon.

2. tr. prnl. *Mx, Ni, Pa, Co, Pe, Bo, Ch, Ar:NO; Gu, Ho, CR, Ve, Ec,* vulg. Causarse daño o perjuicio *alguien.* pop + cult → espon.

3. intr. prnl. *Mx, Gu, Ni, Pa, Co, Ve, Bo, Ch.* Sufrir o soportar *alguien* dificultades, fatigas o trabajo excesivo. pop + cult → espon.

4. tr. prnl. *Mx, Gu, Ni, Pa, Ve, Ec, Bo.* Dañarse, echarse a perder o descomponerse *algo.* pop + cult → espon.

5. tr. *Mx, Gu, Ni, CR, Bo.* Dañar, echar a perder o descomponer *algo.* pop + cult → espon.

6. intr. prnl. *Mx, CR, Ve.* Frustrarse *algo* que se iba a realizar.

7. *Mx, Ho, ES, Ni.* Aguantarse *alguien* las molestias de otra persona.

8. tr. *Gu, Ho, Ni, CR, Bo.* Romper o estropear *algo.*

9. intr. prnl. *Gu, Ho, Ni, CR, Bo.* Romperse o estropearse *algo.*

10. *Ve.* Deteriorarse la relación entre dos personas.

11. *Bo.* Descomponerse repentinamente la situación atmosférica. pop.

II. 1. tr. *Mx, Gu, Ho, ES, Ni, CR, Pa, Cu, RD, Co, Ve, Ec, Pe, Bo, Ch; Ar,* obsol. Molestar, fastidiar a *alguien.* pop + cult → espon.

2. intr. *Gu, Pa, Cu, RD, Co, Ve; CR.* rur. Molestar, fastidiar. pop + cult → espon.

III. 1. tr. *Mx.* Lograr o conseguir *alguien* lo que quería o buscaba.

2. tr. prnl. *Mx.* Ganar a *alguien,* vencerlo, dominarlo. vulg; pop + cult → espon.

3. tr. *Gu.* Reprender a *alguien.* pop + cult → espon.

IV. 1. tr. *Ve;* tr. prnl. *Mx.* Matar *una persona* a *alguien.*

2. intr. prnl. *Ve, Bo.* Morirse *alguien.*

V. 1. intr. prnl. *Mx, Ho, Ni.* Esforzarse, molestarse por algo.

VI. 1. tr. *Ec. En la medicina popular de los aborígenes ecuatorianos,* friccionar un **fregador** el cuerpo o la parte enferma de un paciente para curarle ciertas dolencias.

VII. 1. tr. *Ho.* Decir a *alguien algo* que no desea oír.

●

a. ‖ **¡~se es ley!** fórm. *Bo.* Se usa como complacencia, cuando alguien se perjudica a sí mismo por negligencia o estupidez. pop.

□

a. ‖ **~ el bote.** loc. verb. *Ho.* Pasar el tiempo bromeando.

b. ‖ **~ la cachimba.** loc. verb. *Ch.* obsol. Molestar de manera insistente. pop + cult → espon.

c. ‖ **~ la paciencia.** loc. verb. *Mx, ES, CR, Pa, RD, PR, Co, Ve, Bo, Ch.* Causar molestias a *alguien* de manera insistente. pop + cult → espon.

d. ‖ **~ la pita.**

   i. loc. verb. *Gu, Pa, RD, Ve, Ec, Pe, Bo, Ch.* Causar molestias a *alguien* de manera insistente. pop.

   ii. *Gu.* Perder el tiempo, vagar.

   iii. *Gu.* Divertirse o entretenerse *alguien.* pop + cult → espon.

e. ‖ **~ más que la diarrea.** loc. verb. *Ho.* Molestar mucho. hiperb.

f. ‖ **~la.** loc. verb. *Gu, Pe, Bo.* Hacer *una persona algo* que es inoportuno o que resulta perjudicial para él mismo u otros. pop.

g. ‖ **~se el paseo.** loc. verb. *Pa.* Acabarse *algo,* destruirse.

▪

a. ‖ **¡ahora sí me fregué yo!** loc. interj. *Gu, RD, Ve.* Expresa contrariedad o disgusto.

b. ‖ **¡no friegue!**

   i. loc. interj. *Mx, Gu, Ho, ES, Ni, Ve, Ec, Bo; Co.* desp. Expresa contrariedad o disgusto.

   ii. *Ec.* Expresa incertidumbre, duda, ante una noticia o un hecho inesperados.

c. ‖ **¡no la friegues!** loc. interj. *Mx.* Expresa molestia o descontento por algo.

d. ‖ **¡qué fregar!** loc. interj. *Gu; Bo.* pop. Expresa disgusto o contrariedad.

e. ‖ **¡ya la fregamos!** loc. interj. *Mx, Pe, Bo.* Expresa contrariedad por algo que resultó mal. pop + cult → espon.

f. ‖ **¡ya ni la friegas!**

   i. loc. interj. *Mx.* Expresa cansancio, disgusto con el comportamiento de alguien. vulg; pop + cult → espon.

   ii. *Mx.* Expresa reproche. pop + cult → espon.

fregatina.

I. 1. f. *Ch,* p.u; pop; *Pe,* p.u. Situación o hecho incómodo o tedioso.

fregazón. (De *fregar*, molestar).
  I. 1. f. *Gu, Ni.* p.u. Molestia reiterada, incordio.

fregón.
  I. 1. m. *Ur.* Trapo para limpiar. pop.

fregón, -na.
  I. 1. adj/sust. *Mx.* Referido a persona, destacada o competente en lo suyo. pop + cult → espon ^ desp.
  2. adj. *Mx.* Referido a cosa, de buena calidad. pop + cult → espon.
  3. adv. *Mx.* Bien. pop + cult → espon.
  II. 1. adj. *Mx, Gu, Ho, ES, Ni, Pa, Ve; Co, Ec, Bo, Ur,* pop; *CR,* obsol; *Ar,* p.u. Referido a persona, que fastidia o produce molestias. rur.
  III. 1. adj/sust. *PR.* Referido a persona, descarada, atrevida. pop + cult → espon.
  2. *PR.* Referido a persona, aduladora. pop + cult → espon.

fregonear.
  I. 1. tr. *Bo.* Molestar a *alguien* con una acción persistente.

fregonería.
  I. 1. f. *Mx.* Suceso o cosa que causa admiración por su belleza, valor o calidad. pop + cult → espon.

fregosa.
  I. 1. *RD, PR.* **balsamina.** (Scrophulariaceae; *Capraria biflora*). (**feregosa**).

freidera.
  I. 1. f. *Ho, RD.* Sartén.
  2. *Cu.* Cazuela de barro o de otro material, poco profunda, útil para hacer sofritos.

freidor.
  I. 1. m. *PR.* Canasta de alambre de malla utilizada para freír, freidora.

freír.
  □
  a. ‖ a ~ **mondongo.** loc. adv. *Py, Ar.* Al diablo, a paseo. pop + cult → espon.
  b. ‖ a ~ **niguas a otra parte.** *Gu.* **a freír mondongo.**
  c. ‖ a ~ **niguas en sartén de palo.** *Gu.* **a freír mondongo.**
  d. ‖ ~ **huevos.** loc. verb. *Cu.* Producir *alguien* un sonido con los labios para expresar que algo le molesta, o que no está de acuerdo con ello. pop.
  e. ‖ **friendo y comiendo.** loc. adv. *Ho, Ni, RD, PR.* Haciendo una o varias cosas al mismo tiempo y con rapidez.

frejol.
  I. 1. m. *Ec, Pe.* **frijol,** planta.
  2. *EC, Pe.* **frijol,** semilla.
  3. *EC, Pe.* **frijol,** fruto.
  ▶ **ganarse los ~es.**

frejolada.
  I. 1. *Pe.* **frijolada.**

fren. (Del inglés, *friend*).
  I. 1. m. *Pa.* Amigo.

frenada.
  I. 1. f. *Ho, ES, Ni, CR, Pa, Cu, Co, Ec, Pe, Bo, Ch, Py, Ar, Ur.* Frenazo.
  II. 1. f. *Cu, Co, Bo, Ur, Ar,* pop. Reprimenda, regaño, rapapolvo.

french.
  ■
  a. ‖ *~ fries.* (Voz inglesa). f. pl. *EU.* p.u. **Papas** fritas. (**fries**).

frendi.
  I. 1. adj. *Ni.* juv. Referido a *persona*, musculosa, atlética.
  □
  a. ‖ **al ~.** loc. adv. *Ni.* juv. Al frente de, al mando de.

frenecillo.
  I. 1. m. *Gu; ES.* Hilo triple que sujeta un **barrilete**, cometa.

frenillo.
  I. 1. m. *Gu, Ho, ES, Ni, CR, Cu, Co, Ve, Pe, Bo, Ch, Py, Ur.* Sujeción dental, *generalmente metálica*, que se utiliza para corregir la posición o la malformación de los dientes de una persona. (**freno**).
  II. 1. m. *Mx, Ho, Ni, CR, Cu, RD, Ve.* Cada uno de los tres hilos atados todos por un extremo al centro geométrico de una cometa, y por el otro, a tres puntos diferentes del borde de la estructura, usados para darle estabilidad durante el vuelo.

freno.
  I. 1. *Mx, Gu, Ec, Pe; Pa.* **frenillo,** sujeción dental.
  2. m. *Ho, Bo.* meton. Parte del freno de una caballería, una pieza de metal curvada que se mete en la boca por encima de la lengua.
  3. *Ec.* **martingala,** correa de las caballerías.
  II. 1. m. *ES.* Favor.
  □
  a. ‖ ~ **de mano.** loc. sust. *Gu, CR, Bo.* Pareja sentimental o cónyuge. pop + cult → espon ^ fest.
  ▶ **deber un ~; mascar el ~; morder el ~; soplar los ~s.**

frenón.
  I. 1. m. *Mx, Gu.* Parada o detención repentina de una cosa en movimiento.
  2. *Gu.* Interrupción repentina de una actividad.

frentazo.
  I. 1. m. *Ec, Pe, Bo, Ar; Ch,* espon. Golpe dado con la frente, *especialmente a un balón en el futbol.* pop.
  ▶ **darse un ~.**

frente.
  ■
  a. ‖ ~ **de buey.** m. *Ho. En el juego de la rayuela,* dos subdivisiones, casi trapecios de la primera casilla; el primero en el centro y el segundo en la parte superior que da acceso a la **contra** primera y al **chocolón** o descanso. inf.
  □
  a. ‖ **con la ~ en alto.** loc. adv. *Mx, Ni, Cu, RD, Ec, Pe, Bo, Ch, Ar.* Con orgullo, sin avergonzarse de lo que se ha hecho o por el resultado final. pop + cult → espon.
  b. ‖ **de ~.** loc. adv. *Pe.* De manera rápida o poco meditada.
  c. ‖ **el ~.** loc. adv. *RD.* Enfrente. pop + cult → espon.
  d. ‖ **segundo ~.** loc. sust. *Mx, Gu, Ho, Ni, Pa, RD.* Amante de una persona casada.
  ▶ **caer de ~; dar el ~; darse con la ~ sobre la laja; mandar al ~; pasar al ~; pelarse la ~; ponerle el ~.**

frenteamplista. (De *Frente Amplio*, partido político uruguayo).
  I. 1. adj/sust. *Ur.* Partidario del Frente Amplio, grupo político uruguayo.
  2. adj. *Ur.* Relativo a este partido.

frentera.
  I. 1. f. *Pe; Ec,* p.u. Fachada o parte delantera de un edificio.
  II. 1. f. *CR.* Pieza de cuero con ciertos adornos grabados, usada en la frente de los bueyes como protección. rur.

frentina.
  I. 1. m. *PR.* Pieza acolchada que se pone a los bueyes sobre la frente para protegerlos al ajustarse las coyundas.

frentista.
  I. 1. m. *Ar.* Albañil especializado en la terminación de frentes o fachadas de una construcción.
  2. *Ec.* p.u. Dueño de una construcción situada al pie de una vía.

II. 1. sust/adj. *Ch.* Miembro del Frente Patriótico Manuel Rodríguez.

2. adj. *Ni.* Relativo al Frente Sandinista de Liberación.

frentón.
□
a. ‖ **de ~.** loc. adv. *Ur; Ch,* espon. De frente, de manera directa. pop.

frentudo, -a.
I. 1. adj/sust. *Mx, Gu, Ho, ES, Ni, Cu, RD, PR, Bo, Ch, Ar. Referido a persona,* que tiene la frente amplia. pop + cult → espon.
II. 1. adj/sust. *Cu. Referido a persona,* sabelotodo.

freque.
I. 1. adj. *PR.* juv. *Referido a cosa o asunto,* muy raro.

fresa.
I. 1. adj. *Mx, Gu, Ni, CR, PR; Ec, Bo,* juv. *Referido a persona, en especial a un joven,* que viste, habla y se comporta como si perteneciera a la clase alta o adinerada, sea esto cierto o no. pop ∧ desp.
2. *Mx. Referido a un objeto,* que tiene las características que atraerían a una persona fresa.
3. *Gu, Ho, ES, Ni, Bo.* juv. *Referido a persona,* presumida, que viste a la moda. (**fresón**).
II. 1. m-f. *ES.* Persona que no consume droga. drog.
III. 1. f. *ES.* metáf. Sangre.
□
a. ‖ **de ~.** loc. adv. *Mx, Pe.* En dirección recta, de frente. pop.

¡fresca!
□
a. ‖ **¡a la ~!** loc. interj. *Ar, Ur.* Expresa asombro o admiración.

fresco.
I. 1. m. *Co:N,NE, Ve, Pe, Bo.* Bebida refrescante, no alcohólica, envasada en lata o botella.
2. *Gu, Ho, ES, Ni, CR, Pa, Ve, Ec.* Jugo natural de frutas al que se le añade agua y azúcar.
3. *CR, Bo:C.* Gaseosa.
4. *Ho.* Bebida alcohólica que resulta de la fermentación, *generalmente del grano de maíz,* en agua azucarada. euf.
II. 1. m. *Bo.* Hombre homosexual. pop + cult → espon ∧ sat.
2. *Bo.* Hombre afeminado. pop + cult → espon ∧ sat.
III. 1. m. *PR.* Tisana de **peletaria**.
■
a. ‖ **~ de chilca.** m. *ES.* Bebida hecha con agua, azúcar y hoja de **chilca**.
b. ‖ **~ de tubo.** m. *Ho.* juv. Agua corriente de la tubería. fest.
▶ **darle para los ~s.**

fresco, -a.
I. 1. adj. *Ni; Bo,* pop ∧ desp. *Referido a persona,* descuidada, negligente.
II. 1. adj. *Ec. Referido a persona,* sin complicaciones. pop.
III. 1. sust/adj. *PR.* Estudiante de primer año de la escuela superior o de la universidad. est.
IV. 1. adj. *PR. Referido a persona,* que le gustan los temas y los actos pornográficos. vulg; pop + cult → espon.
V. 1. adj. *PR. Referido a la tierra,* que conserva alguna humedad y se puede sembrar en ella. rur.
□
a. ‖ **~ de raja.** loc. adj/sust. *Ch. Referido a persona,* sin escrúpulos, sinvergüenza. vulg; pop + cult → espon.

¡fresco!
I. 1. interj. *Co; Ec.* juv. Expresa el deseo de que alguien mantenga la calma y no se preocupe.

frescolín, -na.
I. 1. adj/sust. *Bo, Ch. Referido a persona,* despreocupada, sinvergüenza. pop.

frescura.
I. 1. f. *Mx:SE.* Planta de poca altura, hojas alternas, ovales, muy nervadas, y flores muy pequeñas; crece silvestre entre la hierba, pero también se utiliza como planta de jardín. (Urticaceae; *Pilea muscosa*).
II. 1. f. *Gu, RD.* Relajación y bienestar.
III. 1. *PR.* **clemón.**
IV. 1. *PR.* **alumbre.**

fresez.
I. 1. f. *Mx.* Conjunto de características de la persona **fresa**.

fresia.
I. 1. f. *Ch, Ar, Ur.* Planta bulbosa de hasta 50 cm de altura, de hojas lanceoladas, y flores acampanadas muy perfumadas y dispuestas en espiga. (Iridaceae; *Freesia refracta*).

fresón, -na.
I. 1. *Ho, Ni.* **fresa**, persona presumida.

fresquear(se).
I. 1. intr. *Cu, RD, Ch.* Actuar con desvergüenza o descaro. pop + cult → espon.
II. 1. intr. prnl. *Ni.* Tomarse las cosas con calma.
2. *Ni.* No hacer *una persona algo* que le corresponde, escurrir el bulto.
III. 1. intr. prnl. *Ho.* Beber jugo de fruta, refresco o **chicha.**
IV. 1. intr. *Ni.* Tomar el aire fresco de la tarde.

fresquecito, -a.
I. 1. adj. *Ni, RD.* Fresco, reciente.

fresquería.
I. 1. f. *Gu.* Lugar donde se preparan y venden **frescos,** bebidas refrescantes *elaboradas generalmente con frutas.*
II. 1. f. *PR.* Desfachatez. pop + cult → espon.
III. 1. f. *PR.* Lascivia, obscenidad. euf; pop + cult → espon.

fresquero, -a.
I. 1. m. y f. *Gu, ES, Ni, Bo.* Persona que prepara o vende refrescos.
II. 1. sust/adj. *Pe.* Embarcación que faena en alta mar durante una semana y vuelve a tierra para que el pescado capturado se procese y congele.
▶ **hacerse la vieja ~.**

fresura.
I. 1. f. *Mx.* Conjunto de características de la persona **fresa**.

fretachar.
I. 1. *Ur.* **fratachar.**

fretacho.
I. 1. *Ur.* **fratacho.**

frezada.
I. 1. f. *ES, Py; Gu,* obsol. Frazada.

fría.
I. 1. f. *Mx, Gu, Ho, ES, Ni, CR, Pa, Cu, RD, PR, Co, Ve, Bo; Ec,* p.u. | meton. Cerveza. pop.
▶ **jugársela ~.**

friaje.
I. 1. m. *Pe.* Fenómeno atmosférico en el que se produce una intensa bajada de temperaturas, *en especial, por la noche.*

frial.
I. 1. m. *Bo.* Local donde se venden fiambres, *generalmente al por menor.*

frica.
I. 1. f. *Ch.* Tipo de pan redondo y esponjoso, *que se usa especialmente para las hamburguesas.*

fricacho.
I. 1. m. *Bo:O,C.* Guiso preparado con carne de cerdo, cebolla, ajo, **ají** y otros condimentos, y que se sirve acompañado de **mote** y **chuño.** pop ∧ fest.

fricandol.
  I. 1. m. *Cu.* Frío. pop ^ fest.

fricasé. (Del fr. *fricassée*).
  I. 1. m. *Cu.* Guiso preparado con pollo o carne de cerdo, cebolla, ajo, **ají** y otros condimentos.
□
    a. ‖ **~ de culo.** loc. adj. *PR. Referido a cosa*, extremadamente caótica. tabú; pop + cult → espon.

fricasería.
  I. 1. f. *Bo.* Establecimiento donde se sirve **fricasé.**

fricción. (Del ingl. *friction chock*, cuña de fricción).
  I. 1. f. *Ho.* Lámina de asbesto que recubre la zapata del freno de vehículos.

fridera.
  I. 1. f. *Gu, Ho, Ve:O.* Recipiente de cocina, *generalmente de metal*, de forma circular, poco hondo y con mango largo, que sirve para freír.
  ▶ **tener la ~ por el mango.**

friega.
  I. 1. f. *Co; Mx, Pa, Ec, Bo, Ch, Ar:NO.* p.u. Molestia, incomodidad. pop + cult → espon.
    2. *Mx.* Trabajo excesivo que causa desánimo en quien lo realiza. pop + cult → espon.
  II. 1. f. *RD.* Regaño, reprimenda.
□
    a. ‖ **en ~.** loc. adv. *Mx.* Rápidamente y bajo presión. pop.
  ▶ **hacer ~s con el carné.**

friegaplatos.
  I. 1. *Ho, Ni, CR.* **cabrayuyo.**
    2. m. *RD.* p.u. Arbusto de 1,5 m de altura, hirsuto, de hojas membranosas y aovadas y flores blancas. (Melastomataceae; *Clidemia hirta*). ♦ **nigua.**

friego.
□
    a. ‖ **un ~.** loc. adv. *Mx.* Mucho, gran cantidad.

fries. (Voz inglesa).
  I. 1. *EU, PR.* **french fries.**

frigidaire. (De *Frigidaire*®).
  I. 1. m. *Cu, RD; Bo,* pop; *Ar,* obsol. Electrodoméstico que sirve para conservar fríos los alimentos. ♦ **frigider.**

frigider. (De *Frigidaire*®).
  I. 1. m. *Pe; Ch.* p.u. **frigidaire.**

frigobar.
  I. 1. m. *Mx, Ec, Pe, Bo, Ch, Py, Ar.* Minibar, mueble frigorífico con bebidas y aperitivos, *generalmente instalado en una habitación de hotel.*

frigorífico.
  I. 1. m. *Ni, Co, Ec, Pe, Bo, Ch, Py, Ar, Ur.* Establecimiento industrial donde se conserva todo tipo de carnes para su posterior comercialización.

friíto.
  I. 1. m. *Gu, RD.* Frío intenso, baja temperatura.

frijol.
  I. 1. m. *Mx, Gu, Ho, ES, Ni, CR, Pa, Cu, RD:N, PR, Co, Ec, Pe, Bo.* Fruto de la planta de frijol, en forma de vainas con varias semillas comestibles de color rojo, negro o blanco. (**frejol**; **fríjol**; **frisol**). ♦ **frijol en bala; poroto.**
    2. *Mx, Gu, Ho, ES, Ni, CR, Pa, Cu, RD:N, Co, Ec, Pe, Bo.* Planta leguminosa anual con tallos endebles, volubles, de hasta 4 m de altura, hojas grandes, compuestas de tres hojuelas acorazonadas unidas por la base, flores blancas en grupos axilares. (Fabaceae; *Phaseolus vulgaris*). (**frejol**; **fríjol**; **frisol**). ♦ **milpero; poroto.**
    3. *Mx, Gu, Ni, CR, Pa, Cu, RD:N, Co, Ec, Pe, Bo.* Semilla del frijol, *generalmente en forma de riñón*. (**frejol**; **fríjol**; **frisol**). ♦ **poroto.**

    4. m. pl. *Ho, ES, Ni, Pa.* Comida, sustento. (**fríjol**).
  II. 1. m. *Mx, Gu, Ho.* Frío. pop ^ fest. (**fríjol**).
  III. 1. m. pl. *ES. En el ejército*, balas. (**fríjol**).
■
    a. ‖ **~ abono.** *Ho, Ni.* **picapica,** planta.
    b. ‖ **~ alasín.**
      i. *Ho, Ni.* **alacín.**
      ii. *Ho, Ni.* **cuarentano.**
    c. ‖ **~ blanco.** m. *Gu, Ho, ES, Ni, CR, RD.* Variedad de frijol cuya semilla es de color blanco.
    d. ‖ **~ caballero.** m. *Ni, PR.* Planta herbácea trepadora, de grandes tallos, hojas trifoliadas, inflorescencia axilar y fruto aplastado, oblongo. (Fabaceae; *Lablab vulgaris*).
    e. ‖ **~ chile.** m. *Ho.* Variedad de frijol de granos gruesos y rojos.
    f. ‖ **~ chiricano.** m. *Pa.* Semilla de frijol pequeña, redondeada, de color chocolate oscuro.
    g. ‖ **~ chúcaro.** m. *Ho.* Frijol cocido que no se ha frito. pop.
    h. ‖ **~ cimarrón.** m. *RD, PR.* Planta herbácea perenne, trepadora, de hojas compuestas y flores rosáceas cuyo fruto es una legumbre comprimida. (Fabaceae; *Vigna vexillata*).
    i. ‖ **~ de carita.** *Cu.* **caupí.**
    j. ‖ **~ de monte.** m. *RD.* Arbusto de hasta 15 m de altura, ramas muy escamosas, hojas elípticas u oblongas, flores fragantes y con numerosos y llamativos estambres. (Capparaceae; *Capparis cynophallophora*). ♦ **frijolillo; mostazo; olivo frijol; palo de maco.**
    k. ‖ **~ de palo.** *ES, CR, Pa:O.* **gandul,** arbusto y semilla.
    l. ‖ **~ (de) papa.** m. *Ho, Ni.* **Bejuco** trepador, de raíz grande y tuberosa, flor violeta encendida o de color blanco y fruto en vaina, con semillas redondas o cuadradas de color amarillo, café o rojo. (Fabaceae; *Pachyrrhizus angulatus, P. erosus*).
    m. ‖ **~ de seda.** *Ho, ES.* Variedad de frijol rojo muy blando.
    n. ‖ **~ de vara.** *ES.* **gandul,** arbusto y semilla.
    ñ. ‖ **~ en bala.** *Ni.* **frijol,** fruto.
    o. ‖ **~ marrullero.** m. *PR.* Planta herbácea perenne, trepadora, de hojas compuestas, flores amarillas y fruto en legumbre comprimida. (Fabaceae; *Vigna luteola*).
    p. ‖ **~ negro.** m. *Ho, Ni, RD, Bo.* Variedad de frijol cuya semilla es negra.
    q. ‖ **~ verde.** *Ho, Co.* **ejote,** vaina tierna del frijol.
    r. ‖ **~es a la charra.** *Mx.* **frijoles charros.**
    s. ‖ **~es al rebote.** m. pl. *ES.* Frijoles sancochados y enteros.
    t. ‖ **~es brutos.** *Ho.* **frijoles parados.**
    u. ‖ **~es charros.** m. pl. *Mx.* **frijoles de la olla** y su caldo, con **jitomate,** cebolla, cilantro y **chile** picados. ♦ **frijoles a la charra.**
    v. ‖ **~es colochos.** m. pl. *ES.* Frijoles cocidos, machacados y después fritos con manteca.
    w. ‖ **~es conservados.** m. pl. *ES.* Frijoles sancochados y luego dejados en la olla para calentarse hasta que el caldo se vuelve espeso.
    x. ‖ **~es de la olla.** m. pl. *Mx.* Frijoles que han hervido en agua con cebolla y un poco de aceite; se comen con su caldo.
    y. ‖ **~es fritos.** m. pl. *Gu, Ho, Ni.* Frijoles cocidos, machacados y después fritos con manteca. ♦ **frijoles machacados; frijoles machucados.**
    z. ‖ **~es machacados.** *Ho.* **frijoles fritos.**
    a¹. ‖ **~es machucados.**
      i. *ES.* **frijoles santiguados.**
      ii. *Ho.* **frijoles fritos.**
      iii. *Ho.* **frijoles volteados.**
    b¹. ‖ **~es parados.** m. pl. *Gu, Ho, ES, Ni.* Frijoles enteros y cocidos. ♦ **frijoles brutos.**

c¹. ‖ **~es refritos.** m. pl. *Mx, ES.* frijoles de la olla escurridos, molidos o machacados y fritos con manteca, o aceite, y cebolla; se sirven espolvoreados con queso rallado.

d¹. ‖ **~es santiguados.** m. pl. *ES.* Frijoles cocidos, machacados y después fritos con manteca. ♦ **frijoles machucados.**

e¹. ‖ **~es volteados.** m. pl. *Gu, Ho, ES.* Frijoles cocidos, machacados y después fritos con manteca. ♦ **frijoles machucados.**

▶ buscarse los ~es; comer ~es y cagar pollo; echar ~es; echar los ~es; echarle más agua a los ~es; ganarse los ~es; revolvérsele los ~es; sacar los ~es; soplar ~es.

fríjol.
   I. 1.   *Ec, Bo.* frijol.

frijolada.
   I. 1.   f. *Ni, Co; Pe.* p.u. Comida consistente *fundamentalmente en un plato de frijoles.* (**frejolada**).

frijolar.
   I. 1.   m. *Mx, Ni, CR, Pa.* Terreno plantado de **frijol.**

frijolear.
   I. 1.   intr. *ES, Ve:O; Gu,* p.u. Comer, ingerir un alimento.
   2.   *Ho, Ni.* Comer **frijol.**
   II. 1.   intr. *PR.* Buscar *alguien* el sustento de un lado para otro. pop + cult → espon.

frijolera.
   I. 1.   f. *Pa.* Cesta para recoger **frijoles.**

frijolero.
   I. 1.   m. *ES.* Gran cantidad de **frijoles.**

frijolero, -a.
   I. 1.   adj/sust. *Mx, Gu, Ho, ES, Ni. Referido a persona,* que le gusta comer **frijoles.**
   2.   *Ho, ES, Ni. Referido a una olla,* que se utiliza solo para cocer **frijoles.**

frijolillo.
   I. 1.   m. *Mx.* Felino de hasta 1,50 m de longitud, robusto, de patas grandes y fuertes, pelaje corto de color amarillento con rayas y lunares negros en todo el cuerpo, cola anillada, orejas negras y punteadas de blanco. (Felidae; *Felis pardalis*). ♦ **cunaguá; cunaguaro; gato onza; gato tigre; maracayá; pichigueta.**
   2.   *Mx.* Variedad de **frijol** propia de climas fríos, que se caracteriza por crecer mucho y enredarse entre los árboles y matorrales. (Fabaceae; *Phaseolus lunatus*). ♦ **cubá; guaracaro.**
   3.   *Mx.* Planta leguminosa de hasta 1 m de altura, hojas romboides o aovadas, ápice agudo, flores en pseudorracimo de color pardusco por fuera y amarillo por dentro, y semillas oscuras en forma de riñón. (Fabaceae; *Rhynchosia* spp.). ♦ **ojito de picho; ojo de cangrejo; ojo de zanate; peonía.**
   4.   *Gu, Ho, ES, Ni.* Arbusto de hasta 1,5 m de altura, con hojas compuestas, flores amarillas, y fruto en forma de vaina plana con numerosas semillas; la raíz y la semilla machacadas y cocidas tienen aplicación en la medicina tradicional. (Fabaceae; *Cassia occidentalis, Senna occidentalis*).
   5.   *Cu.* Árbol silvestre de hasta 12 m de altura, con hojuelas ovales y puntiagudas, y flores de color rosa; las semillas de su fruto sirven de alimento al ganado. (Fabaceae; *Hebestigma cubense*). ♦ **jurabaina.**
   6.   *RD.* **frijol de monte.**
   7.   *CR, Pa.* **gandul,** arbusto y semilla.
   8.   *PR.* Árbol silvestre de hasta 20 m de altura, con corteza de color blanco amarillento, con hojuelas ovales puntiagudas, y madera fuerte; el fruto sirve de alimento al ganado. (Fabaceae; *Lonchocar-*

pus latifolius). ♦ **genogeno; palo hediondo; palo seco.**
   9.   *CR.* oropel.
   II. 1.   m. *CR.* p.u. Enfermedad de los niños lactantes que consiste en llagas y costra con granos, *generalmente en la cabeza.* rur.

frijolito.
■
   a. ‖ **~ chino.** m. *Cu.* Planta herbácea de hasta 30 cm de altura, con hojas de entre 3 a 5 cm de longitud y flores en racimos de color amarillo; los granos de su fruto son usados en la alimentación humana. (Fabaceae; *Phaseolus aurens*).

friki. (Del ingl. *freak,* extraño, raro).
   I. 1.   m. *Pe.* **friqui,** persona que cultiva una afición desmedida por algo.
   2.   adj/sust. *Ec.* juv. *Referido a persona,* aturdida, alocada. (**friqui**).

fril.
   I. 1.   m. *Pe.* Semilla comestible o fruto del **poroto** de color variado, con la que juegan los niños a las **bolitas.**

frillento, -a.
   I. 1.   adj. *Gu. Relativo a persona,* friolera, sensible al frío.

frilo.
   I.   (Del ingl. *freelance*).
   1.   m. *Pe.* En las artes gráficas y medios de comunicación, trabajo temporal que se realiza de manera independiente. urb.
   2.   adj/sust. *Pe. Referido a persona,* que trabaja de forma independiente en las artes gráficas y medios de comunicación.
   II. 1.   adj. *Ar. Referido a persona,* boba, tonta. pop.

frío.
   I. 1.   m. *Cu, RD.* Electrodoméstico que sirve para conservar y mantener fríos los alimentos.
   2.   m. pl. *Ec.* Sensación intensa de frío que precede a la manifestación de la fiebre propia del paludismo. rur; pop.
■
   a. ‖ **~~.** m. *RD.* Bebida refrescante hecha con hielo triturado, esencias y un jugo de fruta cualquiera.
   b. ‖ **~ pelú.** m. *RD, PR.* Frío muy intenso. pop + cult → espon.

▶ botarse tremendo ~; coger ~ una herida; dar ~.

frío, -a.
   I. 1.   adj. *RD, Pe, Bo. Referido a persona o animal,* muerto. pop.
   II. 1.   adj. *Ve. Referido a cosa,* que no se utiliza.

frique. (Del ingl. *freak*).
   I. 1.   m. *Ho.* Frustración.

friqueada.
   I. 1.   f. *Ho; Ch,* juv; pop. Frustración, contrariedad. (**friquiada**).

friqueado, -a.
   I. 1.   adj. *Mx, Gu, PR, Pe. Referido a persona,* asustada, atemorizada. pop + cult → espon. (**friquiado**).
   2.   *PR, Co; Ve,* juv. *Referido a persona,* que ha quedado impactada por una noticia o evento. pop + cult → espon. (**friquiado**).
   3.   *EU, Ve.* juv. *Referido a persona o a cosa,* que causa molestia o fastidio.
   4.   adj/sust. *Gu, Ho, ES, Pa; Ch,* juv; pop. *Referido a persona,* frustrada o contrariada por alguien o por algo. (**friquiado**).
   II. 1.   adj/sust. *ES. Referido a persona,* drogada. (**friquiado**).
   2.   *ES. Referido a persona,* loca.
   III. 1.   adj/sust. *Ni.* juv. *Referido a persona,* agotada, exhausta. (**friquiado**).

friquear(se). (Del ingl. *freak*).
I. 1. intr. prnl. *Mx, Gu, CR, PR, Pe.* Asustarse, atemorizarse *alguien.* pop + cult → espon.
2. tr. *Mx, Gu, Pe.* Asustar, espantar, atemorizar a *alguien.* pop.
3. *EU, Co.* Desanimar a *alguien.* pop + cult → espon.
4. intr. prnl. *PR, Co.* Desanimarse *alguien.* pop + cult → espon.
5. *EU, PR.* Sentirse *alguien* incómodo. pop + cult → espon.
II. 1. intr. prnl. *EU, Mx, PR.* Escandalizarse, descolocarse *alguien.* pop + cult → espon.
2. tr. *Mx.* Escandalizar, descolocar a *alguien.*
III. 1. tr. *Pa, Ve.* juv. Fastidiar, molestar a *alguien.*
2. intr. prnl. *Pa, Ve.* juv. Molestarse o contrariarse *alguien.*
IV. 1. tr. *Ho, ES, Ni.* Lograr que una persona se sienta frustrada o contrariada. (**friquiar**).
2. intr. prnl. *Ho, ES, Ni.* Sentirse *una persona* frustrada o contrariada.
V. 1. tr. *ES.* Estar de fiesta.

friqueo.
I. 1. m. *PR.* Indecisión, preocupación, turbación. pop + cult → espon.
II. 1. m. *Pa.* Fastidio, molestia.

friqui. (Del ingl. *freak*, extraño, raro).
I. 1. m. *Pe.* Persona que cultiva una afición desmedida por algo, *generalmente vinculado con un estilo de vida moderno.* (**friki**).
2. adj. *Ec.* juv. **friki**, aturdido.
3. m. *Ho.* juv. Problema, dificultad o inconveniente.

friquiada.
I. 1. *Ho.* **friqueada**.

friquiado, -a.
I. 1. *EU, PR.* **friqueado**, asustado.
2. *Ho, ES, Ni.* **friqueado**, frustrado.
3. *CR.* p.u. **friqueado**, impactado.
II. 1. *Ho, ES, Ni.* **friqueado**, drogado.
III. 1. adj/sust. *Ho, ES, Ni.* **friqueado**, agotado.

friquiar. (Del ingl. *freak out*, asustarse).
I. 1. *Ho, ES.* **friquear**, frustrar.

friquitaqui.
I. 1. m. *RD.* Emparedado que lleva *principalmente vegetales y huevo.*

friquitín.
I. 1. m. *RD, PR.* Puesto callejero donde se sirven comidas y bebidas.
2. *PR.* Tienda pequeña donde se vende comida y bebida.

frisa.
I. 1. f. *Bo, Ar, Ur.* Pelo de algunas telas o tejidos.
II. 1. f. *RD, PR.* Manta de lana para abrigarse en la cama.
◧
a. ‖ **a cualquier trapo le llaman ~.** fr. prov. *PR.* Indica que se le da importancia a una persona o cosa que no la tiene. desp.
▶ **pegarse la ~.**

frisada.
I. 1. f. *EU.* Helada, congelación de los líquidos debido al descenso de la temperatura.

frisado.
I. 1. m. *Ve.* Capa de una mezcla de arena, agua y cemento que se da a las paredes.

frisado, -a. (Del ingl. *frozen*).
I. 1. adj. *EU, RD, PR.* Congelado. pop + cult → espon.
▶ **quedar ~; quedar ~ en el sitio.**

frisar(se).
I. (Del ingl. *to freeze*).
1. tr. *EU, Ni, RD, PR.* Congelar *alguien algo.*
2. intr. prnl. *EU, Ni, RD.* Congelarse *algo.*

3. *RD, PR.* metáf. Pararse *alguien* en seco. pop + cult → espon.
4. *PR.* metáf. Pasmarse *alguien.* pop + cult → espon.
5. *PR.* metáf. Callarse *alguien.*
II. 1. tr. *Ve. En albañilería*, aplicar a una pared, como acabado, una capa de mezcla con cemento.

frisca.
I. 1. f. *Ch.* Zurra, tunda. pop + cult → espon.

frisco.
I. 1. m. *Ar:NO.* **Durazno** de pulpa muy carnosa, que deja salir fácilmente el hueso o carozo. pop.

frise.
I. 1. *PR.* **freezer**.

fríser. (Del ingl. *freezer*).
I. 1. *Ho, Ni, RD, PR, Ve, Pe, Bo, Py.* **freezer**.

frisi.
I. 1. m. *EU.* **freezer**.

friso.
I. 1. m. *Ve. En albañilería*, capa de mezcla con cemento que se da a una pared o muro como acabado.

frisol.
I. 1. *Pa, Co.* **frijol**, planta, semilla y fruto.

frisquear.
I. 1. tr. *Ch.* Dar una **golpiza**. pop + cult → espon.

frita.
I. 1. f. *RD, Ve.* Rebanada frita de **plátano**.
2. *Cu.* obsol. Emparedado relleno de una bola de carne molida frita, que se acompaña de **malanga** o boniato.
3. *Ho.* **Tortilla** de harina frita en manteca o aceite, en cuya superficie superior se hacen dos o tres incisiones acanaladas.
■
a. ‖ ~ **de caracol.** f. *Ho:N.* Comida hecha de una mezcla de caracol molido, cebolla, huevo, bicarbonato, leche, harina, sal y especias en forma de lonchas y frita en aceite, *generalmente de coco.*
b. ‖ ~ **de elote.** f. *Ho.* Postre en forma de bolitas fritas en aceite hechas de **jilote** molido, harina de trigo, huevo y soda.

fritada.
I. 1. f. *Mx:N.* Plato compuesto de menudencias de cabrito cocinadas en su propia sangre.
2. *Co:SO.* Plato que consiste en carne de cerdo frita, que se acompaña con palomitas de maíz.
3. *ES, Ec.* Fritura de carne de cerdo cortada en trozos del tamaño de un bocado.

fritadería.
I. 1. f. *RD, Ec.* Establecimiento en el que se vende y prepara **fritada**, fritura de carne de cerdo.

fritado, -a.
I. 1. adj. *Bo, Ar.* p.u. *Referido a un alimento*, frito en aceite o manteca. pop.

fritadora.
I. 1. f. *Co, Ur, Ar.* p.u. Electrodoméstico que sirve para freír.

fritandera.
I. 1. f. *Ec.* Mujer que prepara y vende **fritada**, fritura de carne de cerdo.

fritanga.
I. 1. f. *RD, Co, Ve:O.* Fritura de vísceras de **res** o de cerdo con **papa criolla** y otra variedad de acompañamientos.
2. *Cu.* **fritura**.
3. *Ni, PR.* meton. **fritanguería**, puesto ambulante.

fritanguería.
I. 1. f. *Ni, RD, Co, Ch*, pop; *Ec*, p.u. Puesto ambulante donde se prepara, y a veces se consume, pescado y otros alimentos fritos. ◆ **fritanga**; **fritolera**.

2. *Ch.* Restaurante popular o de baja calidad que despide un olor intenso a **fritanga** o a otras comidas. pop + cult → espon.

fritanguero, -a.
  I. 1. m. y f. *Mx, Ho, ES, Ni, PR.* Persona que fríe alimentos para venderlos en la calle. ♦ **fritolero.**
  2. adj. *PR. Referido a un establecimiento*, que hace y vende fritangas. pop + cult → espon. ♦ **fritolero.**

fritar.
  I. 1. tr. *Co, Ve, Py, Ur, Ar*, p.u; *Bo*, pop. Freír, preparar un alimento pasándolo por aceite hirviendo.

fritear.
  I. 1. tr. *CR.* Freír, cocinar un alimento en aceite hirviendo. pop + cult → espon.

fritero, -a.
  I. 1. m. y f. *Cu.* Persona que vende **fritas** o emparedados.

frito.
  I. 1. m. *Ni, CR:NO, Ve:O.* Fritura de vísceras de **res** o de cerdo.
  2. *Ve.* Alimento en general.
  3. *Ve.* Plato principal de un almuerzo o cena.
  4. *Bo.* **Tortilla** preparada con harina, huevos y verduras, fritos en aceite.
  5. *ES.* Chicharrón.
  6. *CR.* Guiso preparado con cabeza y vísceras de cerdo.
  □
  a. ‖ **~ de punta.** loc. sust. *RD.* p.u. Persona flaca y de poca estatura. desp.
  ▶ **comer ~.**

frito, -a.
  I. 1. adj. *Gu, Ho, ES, CR, RD, PR, Ec, Bo, Ch, Py, Ar, Ur. Referido a persona*, en situación difícil y complicada. pop + cult → espon.
  2. *Pe, Ch. Referido a persona*, que ha sufrido un contratiempo. pop + cult → espon.
  II. 1. adj/sust. *Ho, ES; Bo.* pop. *Referido a persona*, que fastidia o cansa por su comportamiento inoportuno e insistente.
  2. adj. *Bo. Referido a un niño*, muy travieso.
  III. 1. adj. *Bo. Referido a persona*, envejecida.
  IV. 1. adj. *ES. Referido a persona*, vestida con ropa sucia y harapienta. carc.
  V. 1. adj. *Ni. Referido a persona*, eliminada, descartada.
  ▶ **estar ~; tener ~.**

fritolera.
  I. 1. *PR.* **fritanguería**, puesto ambulante.

fritolero, -a.
  I. 1. *PR.* **fritanguero**, establecimiento.
  2. adj/sust. *PR. Referido a persona*, que se dedica a hacer frituras en un **friquitín** o puesto callejero.
  3. *PR.* **fritanguero**, persona.

fritura.
  I. 1. f. *Cu, RD.* Plato preparado con una masa de harina y huevo combinada con productos diversos, como sesos, calabaza, **yuca**, malanga, maíz, pescado, etc., sazonados con sal y fritos en manteca. ♦ **fritanga.**

friturar.
  I. 1. tr. *Bo.* p.u. Freír.

friura.
  I. 1. f. *RD, Ve.* Sensación de frío. rur.
  2. *Ec.* obsol. Temperatura muy baja. pop.

frix.
  I. 1. m-f. *Ni.* juv. Amigo.

frizado, -a. (Del ingl. *freezed*, congelado).
  I. 1. adj. *EU. Referido a un producto*, congelado.

frízer. (Del ingl. *freezer*).
  I. 1. *Ho, RD, PR, Bo, Ch, Ar.* **freezer**, congelador.

froado, -a.
  I. 1. adj. *Ni. Referido a persona*, drogada. drog.

froarse.
  I. 1. intr. prnl. *Ni.* Drogarse. drog.

fronda.
  I. 1. f. *Ch.* Conjunto de personas o grupo fáctico que conspira contra el que gobierna o se opone a él. esm.

frondio, -a.
  I. 1. adj. *Co:C. Referido a cosa*, de mal gusto, fea. pop ^ desp.

frondoso, -a.
  I. 1. adj. *Mx, Ho, CR, RD. Referido a persona*, gorda. euf.
  II. 1. adj. *Mx, Ni, RD. Referido a persona*, saludable, fuerte, hermosa.

frontacho.
  □
  a. ‖ **de ~.** loc. adv. *Bo.* Abiertamente, cara a cara. pop.

frontal.
  I. 1. m. *Ve, Ec.* Correa o cuerda de la cabezada y de la brida del caballo, que le ciñe la frente y sujeta las carrilleras.

fronte.
  I. 1. m. *PR.* Actitud desafiante.
  ▶ **presentar un ~.**

frontear.
  I. 1. intr. *PR.* juv. Presumir, vanagloriarse. pop.

frontera.
  □
  a. ‖ **de ~.** loc. adv. *Bo.* Abiertamente, cara a cara. pop.

fronterizo, -a.
  I. 1. sust/adj. *Cu, Ec, Pe. En psicología*, persona de coeficiente intelectual menor al normal. pop + cult → espon.

frontil.
  I. 1. m. *Ho, Cu.* Parte de la cabezada que cubre la frente de una caballería.
  II. 1. m. *Ho.* Pedazo de cuero rectangular con dos rajas en medio entre las cuales pasa la coyunda y que, al uncir los bueyes, queda en su frente.

frontón.
  I. 1. *Ho.* **kerosén.**
  □
  a. ‖ **de ~.** loc. adv. *Bo.* Abiertamente, cara a cara. pop.

frontú, -túa.
  I. 1. adj/sust. *PR.* juv. *Referido a persona*, presumida o desafiante. pop.

frosting. (Voz inglesa).
  I. 1. m. *EU, PR.* Recubrimiento, *generalmente de merengue*, de un dulce.

frotabolas.
  I. 1. sust/adj. *Bo.* Persona que molesta y fastidia. vulg; pop + cult → espon ^ desp.

frotachado.
  I. 1. m. *Pe. En la construcción*, revoque de una pared con un **frotacho**, utilizando una mezcla de arena fina con cemento.

frotachar.
  I. 1. tr. *Pe. En la construcción*, enfoscar, igualar una pared con yeso o mortero antes de pintarla.

frotacheado.
  I. 1. m. *Bo:O. En la construcción*, revoque de una pared con un **frotacho**, utilizando una mezcla de arena fina con cemento. pop.

frotachear.

    I. 1.   tr. *Bo:O. En la construcción*, revocar una pared con un **frotacho**, utilizando una mezcla de arena fina con cemento. pop.

frotacho.

    I. 1.   m. *Pe, Bo:O. En la construcción*, herramienta rectangular con asa, *generalmente de madera*, que se utiliza para revocar paredes. pop.

frotación.

    I. 1.   f. *RD, Pe.* Loción o ungüento medicinal para frotar por el cuerpo.

frozen. (Voz inglesa).

    I. 1.   m. *Mx, Ni, RD, PR, Ec.* Bebida refrescante, *hecha generalmente con hielo triturado y un jugo cualquiera*.

    2.   *Cu.* Helado que se sirve en un **barquillo**.

frula.

    I. 1.   f. *Ar, Ur.* Cocaína. drog.

frulero, -a.

    I. 1.   adj/sust. *Ar, Ur. Referido a persona*, adicta a la **frula** o cocaína. drog.

frulo.

    I. 1.   m. *Pa.* Miedo.

fruna. (De *Fruna®*).

    I. 1.   f. *Co, Ec, Pe.* Golosina de caramelo masticable envuelta en papel de cera.

frunce.

    I. 1.   m. *Bo:O.* Coito. tabú; pop.

frunciboca.

    I. 1.   f. *Mx.* Variedad de uva silvestre de sabor dulce y propiedades astringentes.

fruncida.

    I. 1.   f. *Bo:O.* Coito. tabú; pop.

fruncido, -a.

    I. 1.   adj. *Mx, Ni. Referido a un tejido*, mal cosido.

    2.   *Mx.* Acobardado.

fruncir(se).

    I. 1.   intr. prnl. *Ve, Ar.* Darse un susto, sentir miedo. pop + cult → espon.

    2.   *Co.* Estremecerse a causa de una impresión o emoción.

    3.   *Ve.* Aguantarse, sufrir un contratiempo.

    II. 1.   tr. *Ni, Co:O,SO, Py.* Coser el roto de una tela dando puntadas que imitan el entrecruzamiento del tejido.

    III. 1.   intr. prnl. *Ve.* Irritarse el paladar con el sabor de ciertas frutas.

    2.   intr. *Ve.* Causar estreñimiento una fruta.

    IV. 1.   intr. prnl. *Ch. juv.* Hacer *alguien* lo que se le antoja o viene en gana. pop.

    V. 1.   tr. *Bo:O.* Poseer un hombre sexualmente a una mujer. tabú.

    VI. 1.   tr. *Bo:O. En una* **competencia** *deportiva*, ganar a un adversario por amplio margen de puntos. vulg; pop.

    VII. 1.   tr. *ES.* Apresar a *alguien*.

    ●

    a. ‖ **¿qué se le frunce?** fórm. *ES, Ch.* Se usa para preguntar a alguien que está para hacer lo que le mande. pop + cult → espon ∧ fest.

    □

    a. ‖ **fruncírsele.** loc. verb. *Mx.* Acobardarse. vulg.

frusco.

    I. 1.   m. *ES.* Ano. vulg.

frustre.

    I. 1.   m. *RD, Ve. juv.* Frustración, contrariedad.

fruta.

    I. 1.   f. *Mx. juv.* Excremento. vulg.

    II. 1.   f. *Ve.* Hueso de una fruta.

    III. 1.   f. *Bo:E.* Panecillo dulce hecho de harina de maíz *que se sirve, generalmente, en fiestas populares.*

■

    a. ‖ ~ **abrillantada.** f. *Bo, Py, Ar.* Fruta cocida en pequeños trozos y cubierta de azúcar cristalizada.

    b. ‖ ~ **bomba.**

      i. f. *Gu, Ho, ES, Ni; Cu.* p.u. **papayo**, planta.

      ii. *Cu.* **papayo**, fruto.

    c. ‖ ~ **cristalizada.** f. *Gu, Co.* Fruta seca y recubierta de azúcar cristalizada.

    d. ‖ ~ **cubierta.** f. *Mx.* Fruta cocida en un almíbar espeso hasta que alcanza el punto de cristalización.

    e. ‖ ~ **de burro.**

      i. f. *Ve.* Árbol de hojas lanceoladas oblongas y flores axilares anaranjado rojizas, muy fragantes. (Annonaceae; *Xylopia aromatica*).

      ii. *Ve.* Fruto de esta planta, cilíndrico, con dos o cuatro semillas negras, al que se atribuyen propiedades curativas.

    f. ‖ ~ **de chivo.** f. *RD.* **corazón de paloma**, arbusto.

    g. ‖ ~ **de mono.** f. *Pa.* **madroño**, árbol de hasta 12 m.

    h. ‖ ~ **de paloma.** f. *RD.* **corazón de paloma**, arbusto.

    i. ‖ ~ **de pan.**

      i. f. *Ni, CR, Pa Ve.* **árbol del pan**.

      ii. *CR, Ve.* Fruto de este árbol, de hasta 25 cm de diámetro, de cáscara rugosa y pulpa y semillas comestibles.

    j. ‖ ~ **del diablo.** f. *RD.* **noni**, árbol.

    k. ‖ ~ **del pan.** *Cu, Ec, Pe.* **fruta de pan**.

    l. ‖ ~ **helada.** f. *Ve.* obsol. Fruta seca y recubierta de azúcar cristalizada.

    m. ‖ ~ **seca.** f. *Bo.* Pasta hecha de almíbar y esencias de fruta que, una vez seca, se corta en cubitos y se usa para la preparación de pasteles.

◪

    a. ‖ **detrás de la ~ llega la plaga.** fr. prov. *Bo.* Indica que después de algo favorable vienen siempre problemas y contratiempos. pop.

    ▶ **bajar la ~**; **privar en ~ fina.**

frutabicho.

    I. 1.   m. *Pa.* **peinecillo**.

frutabomba.

    I. 1.   *Cu:O.* **papaya**, fruto.

frutado, -a.

    I. 1.   adj. *Bo, Ar, Ec.* p.u. *Referido a cosa*, que tiene un sabor o un aroma que recuerda al de la fruta.

    2.   *Pe. Referido a un alimento*, que contiene frutas o trozos de fruta.

frutear.

    I. 1.   intr. *Bo.* Producir fruto una planta. pop.

fruterillo, -a.

    I. 1.   m. y f. *Ec.* Persona que se dedica al cultivo o a la venta de **frutilla**.

fruterío.

    I. 1.   m. *Mx, Ni.* Conjunto de frutas.

frutera.

    I. 1.   f. *Gu, Ni, RD. En una mesa*, frutero de adorno.

    2.   *Gu, Ho, Ni.* Cualquiera de las compañías bananeras norteamericanas.

frutero.

    I. 1.   m. *Pe, Ar:C,N.* Pájaro de hasta 17 cm de longitud, plumaje rojo en el macho, y en la hembra, oliváceo en el dorso y amarillento en la zona ventral. (Thraupidae; *Piranga flava*). ♦ **cardenal rojo**; **fueguero**.

    2.   *Ar.* **naranjero**.

frutero, a.

    I. 1.   adj. *Ve. Referido a un pájaro*, que se alimenta de frutas.

    II. 2.   adj/sust. *Bo. Referido a una árbol*, frutal, que produce fruta. pop.

    ▶ **caer ~.**

frutilla.

  I. 1. f. *Ec, Bo, Ch, Ar, Ur; Pe:S*, rur. Planta de tallos rastreros, nudosos y con estolones, de hojas pecioladas, vellosas, blanquecinas por el envés, divididas en tres segmentos aovados y con dientes gruesos en el margen, flores pedunculadas, blancas o amarillentas, solitarias o en corimbos poco nutridos, y fruto comestible. (Rosaceae; *Fragaria vesca, F. chiloensis*). ♦ **frutilla chilena; frutillero.**

  2. *Ec, Bo, Ch, Ar, Ur; Pe:S*, rur. Fruto de la frutilla, casi redondo y con algo de punta, de aproximadamente 1 cm de longitud, rojo, carnoso, fragante y de sabor agridulce. ♦ **frutilla chilena.**

  II. 1. f. *CR; Ho*, rur; meton. Triquina.

  2. *CR.* Triquinosis.

■

  a. ‖ ~ **chilena.** *Ch.* **frutilla**, planta y fruto.

  b. ‖ ~ **del campo.** f. *Ch.* Arbusto *generalmente sin hojas*, ramas largas, derechas, estriadas, un poco espinosas, hojas caedizas, efímeras, oblongas, con borde entero; flores solitarias en fascículos o racimos y fruto en drupa; tiene aplicación en la medicina tradicional. (Rhamnaceae; *Retanilla ephedra*).

  ▶ **ponerle la ~ a la torta.**

frutillada.

  I. 1. f. *Pe.* Bebida elaborada con **chicha**, jugo de **frutilla**, agua, azúcar y otros ingredientes adicionales.

frutillar.

  I. 1. m. *Ec, Bo, Ch, Ar, Ur, Pe.* p.u; rur. Terreno plantado de **frutilla**, planta de tallos rastreros.

frutillero, -a.

  I. 1. sust/adj. *Bo, Ch, Ar, Ur.* Productor de **frutilla**, planta.

  2. m. y f. *Bo.* Persona que vende **frutillas** de manera ambulante.

frutillita.

  I. 1. f. *Ch.* Juego infantil en que dos personas intentan coordinar golpes en las palmas y movimientos de manos mientras se canta una canción.

  II. 1. f. *Bo.* Mujer que acostumbra tener relaciones sexuales casuales con hombres que no conoce. vulg; pop ^ desp.

frutillo.

  I. 1. m. *Mx.* Arbusto silvestre de hasta 10 m de altura, de corteza oscura, hojas simples y alternas, elípticas a oblongas, inflorescencias aisladas y flores pequeñas con una baya morada muy oscura; las semillas son muy tóxicas y su consumo produce parálisis. (Rhamnaceae; *Karwinskia humboldtiana*).

frutiño. (De *Frutiño*®).

  I. 1. m. *Co.* Refresco de diversos sabores preparado con agua. pop.

fruto.

■

  a. ‖ ~**s del país.** m. *Ar, Ur.* Producto que se obtiene de la producción ganadera, como la lana y el cuero.

  b. ‖ ~**s mayor.** m. *RD, PR, Ve.* Cultivo que se hace a gran escala, como el del café, el cacao y la caña de azúcar.

  c. ‖ ~**s menor.** m. *Cu, RD, PR, Ve.* Cultivo que se hace en pequeña escala, como el del maíz, los **frijoles**, etc.

frutota.

  I. 1. f. *Ho.* Vulva. vulg.

fu.

  I. 1. adj. *Ve; Cu*, pop + cult → espon. *Referido a persona*, aguafiestas, antipática.

  II. 1. adj. *Ve; Cu*, pop + cult → espon. *Referido a cosa, de mala calidad.*

  2. adj. *Ve.* Referido a cosa, trivial, sin importancia.

¡fu!

  I. 1. interj. *Ec.* p.u. Expresa incredulidad, o desengaño. pop + cult → espon.

□

  a. ‖ **hace ~.** loc. adv. *Ec.* Muy antiguo, hace mucho tiempo. pop + cult → espon.

fua.

  I. 1. m. *RD.* Instante repentino.

  II. 1. m. *RD.* Miedo.

¡fua!

  I. 1. interj. *PR.* Imita el sonido de una caída, de un golpe, **fuetazo** o acción repentina. pop + cult → espon. ♦ **¡fua-fua!; ¡fuacatá!**

fua-fua.

  I. 1. f. *PR.* Bruja voladora.

¡fua-fua!

  I. 1. *PR.* **¡fua!**

fuácata.

□

  a. ‖ **en la ~.** loc. adv. *RD; Cu.* pop. | p.u. Sin dinero.

¡fuácata!

  I. 1. interj. *Cu, PR.* Imita el sonido de un golpe. pop.

  II. 1. interj. *Ni, RD.* Expresa la rapidez con la que algo ocurre o se realiza.

¡fuacatá!

  I. 1. *Ni, PR.* **¡fua!**

fuacatazo.

  I. 1. m. *Cu, RD, PR.* Golpe que se recibe accidentalmente. pop + cult → espon.

  2. *Cu, RD.* Golpe fuerte que se propina a otra persona. pop.

fuas.

  I. 1. m. *Pa.* Nalgas. vulg. ♦ **fute.**

fuca.

  I. 1. f. *Cu, Ve.* Pistola o revólver. delinc. (**fuco**).

¡fucha!

  I. 1. interj. *Bo; Ec:S*, obsol. Expresa extrañeza o enfado. pop. ♦ **¡a la fucha!; ¡fucha caray!**

□

  a. ‖ **¡a la ~!** loc. interj. *Bo.* **¡fucha!** euf.

  b. ‖ **¡~ caray!** loc. interj. *Bo.* **¡fucha!** euf; pop.

¡fuche!

  I. 1. *Ni.* **¡fuchi!**, expresa rechazo.

fuchi.

  I. 1. m-f. *Co.* Pelota de tela *rellena generalmente de arroz o de piedrecillas.* est.

  2. m. *Co.* Juego que consiste en pasar con los pies una pelota pequeña de un jugador a otro, sin dejarla caer. est.

  ▶ **hacer el ~.**

¡fuchi!

  I. 1. interj. *Mx, Gu, Ho, ES, Ni, CR, Pa, Ve, Ec, Pe; Co, Bo, Py.* pop ^ desp. Expresa desagrado o rechazo. (**¡fuche!**).

  2. *Bo; Ch.* pop + cult → espon. | juv. Expresa apremio o urgencia para que alguien se vaya. pop.

  3. *PR.* **¡fo!**, expresa desagrado.

fúchila.

  I. 1. adj/sust. *Ec, Ch, Py.* Maloliente, fétido. vulg; pop + cult → espon.

¡fúchila!

  I. 1. interj. *Mx, Gu, Ho, ES, Ni, CR; PR, Ec, Pe, Bo, Py,* pop. Expresa asco, desagrado o rechazo.

fucia.

  I. 1. sust/adj. *Gu.* Fucsia, color.

fucking. (Voz inglesa).
   I. 1.   *Ho, Ni.* **foquin.**

fuco.
   I. 1.   m. *Ve.* **fuca.**

fucú.
   I. 1.   m. *RD, Co:C.* Mala suerte.
      2.   adj. *RD. Referido a persona*, que trae mala suerte.

fucuciento, -a.
   I. 1.   adj. *RD. Referido a persona*, que tiene mala suerte y puede transmitírsela a los demás.

fudge. (Voz inglesa).
   I. 1.   m. *PR; Ec*, p.u. Bizcocho blando y de forma cuadrada, hecho con leche, chocolate y azúcar.

fuegal.
   I. 1.   m. *Ho.* Fuego grande e intenso. rur. ♦ **fuegaral.**

fuegaral.
   I. 1.   *Ho.* **fuegal.**

fuego.
   I. 1.   m. *Ec, Bo, Ch, Ar, Ur; Mx, Gu*, pop. | metáf. Afta, úlcera pequeña, blanquecina, que se forma, durante el curso de ciertas enfermedades, en la mucosa de la boca o de otras partes del tubo digestivo, o en la mucosa genital.
      2.   *Gu, Ho, ES, Ni, CR, Co, Ec; Ch, Py*, pop. Afección cutánea en forma de pequeña úlcera *que sale generalmente en la comisura de los labios*.

■
   a. ‖ ~ **de pólvora.** *CR.* **juego de pólvora.**
   b. ‖ ~ **marcial.** m. *ES.* Enfermedad del sarampión. rur; fest.

□
   a. ‖ **a ~.** loc. adj. *PR. juv. Referido a persona o cosa*, extraordinaria, excelente.
   b. ‖ **en ~.** loc. adv. *Pa.* En estado de embriaguez. pop.
   c. ‖ **¡~ a la lata!** loc. interj. *Cu, RD, PR.* Expresa la orden de que algo se haga inmediatamente. pop + cult → espon.
   d. ‖ ~ **amigo.** loc. sust. *Mx. En política*, ataque llevado a cabo por un político a otro de su mismo partido.
   e. ‖ ~ **uterino.** loc. sust. *Cu, RD, Py.* Ninfomanía. pop + cult → espon.

▶ cagar ~; cagar ~ en su propia mano; coger ~; juntar ~; romper ~; romper ~s; romper los ~s; volar ~.

fuegueado.
   I. 1.   m. *Ni.* Fogueado. rur.

fueguear(se).
   I. 1.   tr. *Ni.* Foguear. rur.
      2.   intr. prnl. *Ni.* Foguearse. rur.

fueguero.
   I. 1.   *Ar:C,N.* **frutero,** pájaro.

fuelle.
   I. 1.   m. *Ar, Ur.* Bandoneón. pop.
   II. 1.   m. *Ho.* Relleno de colchón de **pochote,** paja o **zacate.**

fuellero.
   I. 1.   m. *Ar.* Músico que toca el **fuelle** o **bandoneón.** ♦ **fuellista.**

fuellista.
   I. 1.   *Ar.* p.u. **fuellero.**

fuente.
   I. 1.   f. *Gu, Ni, CR, Co, Ec.* Membrana que envuelve al feto humano.

■
   a. ‖ ~ **de soda.**
      i.   f. *Ve, Pe, Ch.* Establecimiento donde se sirve comida rápida, bebidas y helados.

      ii.   *Co, Ec; Ni.* obsol. Establecimiento donde se sirven refrescos y bebidas alcohólicas. (**fuente de sodas**).
   b. ‖ ~ **de sodas.** *Mx.* **fuente de soda,** establecimiento donde se sirven refrescos.

▶ reventar la ~; romper ~s; romper la ~.

fuentón.
   I. 1.   m. *Ar.* Recipiente grande de aluminio o de plástico, *que se utiliza especialmente para el lavado de la ropa*.

fuera.
□
   a. ‖ **de ~ ~.** loc. adj. *Cu. Referido a persona*, que mantiene un trato superficial con otra. pop.
   b. ‖ ~ **de base.**
      i.   loc. adv. *Mx, Gu, Ni, CR, RD, PR.* En situación embarazosa. pop + cult → espon.
      ii.   loc. adj. *RD, PR. Referido a persona*, desprevenida. pop + cult → espon.
   c. ‖ ~ **de liga.** loc. adj. *RD, PR. Referido a cosa*, extraordinaria, fuera de lo común. pop + cult → espon.
   d. ‖ **por ~.**
      i.   loc. adv. *Ni, Pa, RD, PR, Ve.* Afuera, fuera de donde se está.
      ii.   loc. adj. *Pa. Referido a un hijo o a un hermano*, nacido y criado fuera del matrimonio o de la familia.

▶ coger ~ de base.

¡fuera!
   I. 1.   interj. *Ec.* Expresa disgusto, o pena. pop.

fuerano, -a.
   I. 1.   *Gu, Ho, ES, Ni.* **fuereño.** pop.
   II. 1.   adj. *ES, Ni. Referido a persona*, campesina.

fuerceada.
   I. 1.   f. *Ho.* Forcejeo.

fuercear.
   I. 1.   intr. *Ho, Ni.* Forcejear, insistir en conseguir *algo*.
□
   a. ‖ ~ **la.** loc. verb. *CR.* obsol. Esforzarse, trabajar con ahínco. rur.

fuercero, -a.
   I. 1.   sust/adj. *Ho.* Persona constante en conseguir algo.

fuerear.
   I. 1.   intr. *Gu, ES.* Defecar fuera de la casa. rur.

fuereño, -a.
   I. 1.   adj/sust. *Mx, Gu, Ho, ES, Ni, RD, Pe; Ec*, pop. *Referido a persona*, que proviene de un lugar diferente de aquel donde vive o nació. (**fuerano**).

fuerte.
   I. 1.   adj. *Pe, Ar. Referido a persona*, sumamente atractiva. pop.
   II. 1.   adj. *Gu, Ho. Referido a cosa o asunto*, grande, numeroso.
      2.   *Gu, Ho, RD. Referido a cosa o asunto*, intenso, difícil, complicado.
   III. 1.   sust/adj. *Bo.* Billete monetario de mucho valor. pop.
   IV. 1.   adj. *Ch.* Fétido, hediondo. pop + cult → espon.
   V. 1.   adj. *Ni, Bo:E,N. Referido a un alimento*, fermentado, en proceso de descomposición. pop.
   VI. 1.   m. *Ec.* Aguardiente de caña de azúcar obtenido en la primera fase de destilación, característico por el alto contenido alcohólico.

□
   a. ‖ ~ **azul.** *RD.* **fuerteazul.**
   b. ‖ ~ **de cara.** *PR.* **cariduro,** caradura.
   c. ‖ ~ **y parejo.** loc. adv. *Pe.* Con fuerza y homogeneidad. pop + cult → espon.

▶ agarrar ~; bajar ~.

fuerteazul.
  I. 1. sust/adj. *RD*. Tela resistente de algodón, *generalmente azul*, con aspecto semejante a la que usaban los vaqueros norteamericanos. (**fuerte azul**).

fuerteventura.
  I. 1. *PR*. **retama**, arbusto.

fuerteza.
  I. 1. f. *Ho, ES*. Fuerza, poder físico o moral.
  2. *Ho*. Actuación abusiva.

fuertón, -na.
  I. 1. adj. *RD, Ch*. Muy fuerte, que tiene una intensidad, tamaño o fuerza mayor de lo normal. pop + cult → espon.
  2. *Ch*. Referido a un olor, muy intenso y desagradable. pop ^ desp.
  3. *ES*. Referido a persona, que se impone por la fuerza.

fuerza.
  I. 1. f. *Gu*. Borrachera.
  II. 1. f. *PR*. Conjunto de intestino, estómago y orejas de **res** o de cerdo. rur.
  ■
    a. ‖ **~ antidroga.** f. *Ni, Bo*. Unidad policial que se encarga del control e interdicción del tráfico de drogas.
    b. ‖ **~ de sangre.** f. *PR*. Alta presión sanguínea. rur; pop.
    d. ‖ **~s vivas.**
      i. f. pl. *Mx, CR, Bo*. En política, militancia.
      ii. *Ec*. Grupo de ciudadanos, *generalmente opositores a las autoridades*, que se manifiestan para exigir cambios en la administración o la construcción de obras públicas.
  □
    a. ‖ **a la ~.** loc. adv. *Ec*. Realmente, con certeza. pop.
    b. ‖ **¡la ~!** loc. interj. *CR*. Expresa asombro o la impresión causada por un susto. pop ^ fest. ♦ **la fuerza del pirucho**.
    c. ‖ **¡la ~ del pirucho!** *CR*. p.u. **¡la fuerza!** pop ^ fest.
  ▶ **coger ~; haber ~ ; hacer ~; hacer la ~; tener ~ de cara.**

fuerzolento.
  I. 1. adj. *Ec*. Referido a persona, forzuda, que tiene gran fuerza física. pop.

fuerzudo, -a.
  I. 1. adj/sust. *Gu, Ho, ES, Cu, RD; Mx, Bo, Py*, pop; adj. *Co*. espon. Referido a persona, forzuda.

fuetazo.
  I. 1. m. *Mx, Gu, Ho, Pa, Cu, RD, PR, Co, Ve, Ec, Pe, Bo; CR*. obsol. Golpe dado con un **fuete**. (**foetazo**). ♦ **cuetazo**.
  2. *Cu, RD; Mx, Ho, ES*. rur. Golpe que alguien da a otro con intención de hacerle daño. (**foetazo**).
  3. *Cu, RD*. Porrazo, golpe recibido al caer o chocar contra algo. (**foetazo**).
  4. *PR*. Golpe contundente dado con cualquier instrumento. (**foetazo**).
  II. 1. m. *ES, Cu*. Trago de bebida alcohólica fuerte. pop + cult → espon.
  III. 1. m. *Ho*. Denuncia o revelación despiadada de algo o de alguien.
  IV. 1. m. *PR*, juv; metáf. Deseo sexual. pop.
  □
    a. ‖ **de un ~.** loc. adv. *RD*. Súbitamente, de una vez.

fuete. (Del fr. *fouet*).
  I. 1. m. *Mx, Gu, Ho, ES, Ni, Pa, Cu, RD, PR, Co, Ve, Ec, Pe; Bo*, p.u; *CR*, obsol. Azote largo, delgado y flexible, de cuero, cuerda u otra materia, con que se aviva y castiga *especialmente la caballería*. (**foete; juete**).
  2. *PR*. metáf. Castigo.

  3. *PR*. Trozo de alambre con forma de escuadra que se utiliza en la pesca. (**foete**).
  II. 1. m. *Ni*. Pene. euf; pop + cult → espon.
  □
    a. ‖ **~ y bate.** loc. adv. *PR*. Muy fuerte, intensamente. pop + cult → espon.
  ▶ **dar ~; darle ~; repicar el ~.**

fueteada.
  I. 1. f. *Gu, Ni, Ec; CR*, obsol. Castigo que se da a alguien con un látigo u otro objeto semejante. pop + cult → espon.
  2. *Ni*. Paliza, azotaina dada con un **fuete**. rur.
  3. *CR*. Serie de golpes dados con un palo o con cualquier otro objeto similar.

fueteado, -a.
  I. 1. adj/sust. *Mx, Gu, Ho, ES, Ni*. Referido a persona o animal, azotado con **fuete**.
  II. 1. adj. *Mx*. Referido a persona, que tiene mucha prisa. pop.

fuetear.
  I. 1. tr. *Mx, Gu, Pa, Cu, RD, PR, Co, Ve, Ec, Pe, Bo; Ni*, p.u; rur; *CR*. obsol. Castigar a *alguien* azotándolo con un látigo u otro objeto semejante.
  2. *Cu*. Castigar o tratar con dureza y rigor a *alguien*.
  3. *Bo*. Azotar con un látigo a una persona o a un animal.
  II. 1. tr. *PR*. metáf. Soplar muy fuerte el viento en un temporal.

fuetera.
  I. 1. f. *Co, Pe:N*. Serie de golpes dados con un fuete o algo similar a una persona o animal a manera de castigo. pop.

fuetiza.
  I. 1. f. *RD, Ec; Mx*. p.u. Castigo que se da a alguien con un látigo u otro objeto semejante. pop + cult → espon.
  2. *RD, PR*. **foetiza**.
  II. 1. f. *RD, PR*. Castigo de los espíritus.

fuey.
  I. 1. m. *PR*. Fuelle. rur; vulg; pop.

fufa.
  I. 1. f. *Co*. Prostituta. pop ^ desp.

fufis.
  I. 1. adj. *ES*. Referido a hombre, afeminado.
  II. 1. adj. *ES*. Referido a persona, engreída, presumida.
  III. 1. adj. *ES*. Referido a persona, exigente, de difícil trato.

fufu.
  I. 1. *ES*. **fufurufo**, que actúa de manera afectada. (**fufú**).
  II. 1. m. *Pa*. Sopa de mariscos elaborada con leche de coco. (**fufú**).

fufú.
  I. 1. m. *Cu*. Plato hecho de una mezcla de **plátano verde** o **pintón** hervido y machacado con ajo y **chicharrón**.
  2. *Pa*. **fufu**. rur.
  II. 1. m. *PR*. Mal de ojo.
  2. *PR*. Embrujo, hechizo. ♦ **trabajito**.
  III. 1. m. *RD*. Juguete formado por dos discos unidos por un eje, que se hace subir y bajar mediante una cuerda enrollada a dicho eje.
  IV. 1. *ES*. **fufurufo**, de clase social adinerada. (**fufu**).
  ■
    a. ‖ **~ maneco.** m. *PR*. Hechicería.
  ▶ **echar un ~.**

fufurufa.
  I. 1. f. *RD*. Prostituta. euf.

fufurufada.
  I. 1. f. *ES*. Conjunto o grupo de personas **fufurufas**, que actúan de manera afectada.

2. *ES.* Comportamiento propio de personas **fufurufas**, que actúan de manera afectada.

fufurufo, -a.
I. **1.** adj. *Mx, Gu, Ho, ES, Ni, CR; Bo,* p.u. *Referido a persona,* que viste, habla y actúa de manera afectada y característica de una clase social adinerada. pop + cult → espon ^ desp. (**fufu; fufú**).
2. *Mx, Gu, Ho, Pa. Referido a persona,* vanidosa, que gusta de darse importancia. pop + cult → espon.
3. *ES; Ec.* pop. *Referido a persona,* que finge pertenecer a la clase social alta. desp.
II. **1.** adj. *Ni. Referido a persona,* borracha. pop.

fugada.
I. **1.** f. *Gu, Ho, Ni.* Huida de un lugar.

fugaza.
I. **1.** f. *Ar, Ur.* Pizza cubierta de cebolla. (**figaza; fugazza**).

fugazza.
I. **1.** *Py, Ar, Ur.* **fugaza**.

fui.
I. **1.** m. *RD.* **fuiche**, trasero, nalgas. euf.
2. *RD.* **fuiche**, ano. euf.

fuiche.
I. **1.** m. *RD.* Trasero, nalgas. euf. ♦ **fui**.
2. *RD.* Ano. euf. ♦ **fui**.

fuin.
□
a. ‖ ~ **fuan.** (De or. onomat.). f. *RD.* Columpio.

fuisa.
I. **1.** f. *RD.* Golpe que se da como reprimenda, *especialmente a un niño*.

fujimorismo.
I. **1.** m. *Pe.* Movimiento político creado por Alberto Fujimori.

fujimorista.
I. **1.** adj/sust. *Pe.* Partidario del **fujimorismo**.
2. adj. *Pe.* Relativo al **fujimorismo**.

ful. (Del ingl. *full*).
I. **1.** adj. *Mx, Gu, Ho, ES, Ni, CR, RD, PR, Co, Ve, Ec, Bo. Referido a cosa o lugar,* lleno, repleto. pop. (**full**; a **full**; a **full** total; a **ful**).
2. *Mx, Ho, ES, Ni, Ec. Referido a persona o máquina,* a pleno rendimiento. (**full**).
3. *Mx, Ho, ES, Ni, RD. Referido a persona,* que ha comido hasta hartarse. (**full**).
4. *Co:N.* Excelente, muy bueno. pop.
5. *CR, Ec, Bo. Referido a cosa,* que reúne las características óptimas en su clase. pop.
II. **1.** adv. *Ho.* Absolutamente, totalmente. (**full**).
■
a. ‖ ~ **color.** m. *Ho, RD, Bo. En artes gráficas,* procedimiento de impresión que se realiza a todo color. (**full color**).
□
a. ‖ a ~.
i. loc. adj. *Ec, Pe, Bo, Py.* **ful**, lleno.
ii. *Ho, Ni, Cu, Pe.* Rápido. pop + cult → espon.
b. ‖ a todo ~.
i. loc. adv. *CR, Ec, Pe, Bo.* A toda velocidad. pop.
ii. *CR.* Con la intensidad del volumen muy alta. pop.
c. ‖ ~ **equipo.** *Ec.* **ful extras**.
d. ‖ ~ **extras.** loc. adj. *Ho, CR, Ec. Referido a un automóvil,* que tiene todos los aparatos e instrumentos de un modelo de lujo. ♦ **ful equipo**.

fula.
I. **1.** sust/adj. *Cu.* Persona en la que no se puede confiar. desp. ♦ **fulastre; fulastrón**.

II. **1.** f. *PR.* meton. Excremento. vulg; pop + cult → espon.

fulano, -a.
I. **1.** adj. *Ve. Referido a cosa,* que causa molestias.

fulastre.
I. **1.** *Cu.* **fula**, persona. pop ^ desp.

fulastrería.
I. **1.** f. *Cu.* Hecho ofensivo y malintencionado contra alguien. pop.
▶ **jugar ~**.

fulastrón, -na.
I. **1.** *Cu.* **fula**, persona. pop ^ desp.

fulbito.
I. **1.** m. *Bo, Ar.* Partido de **futbol** informal y amistoso. pop + cult → espon.
2. *Bo, Ar.* En el **futbol** profesional, juego que pretende ser vistoso pero que resulta ineficaz. pop.
3. *Pe.* Deporte similar al **futbol** que se juega en una cancha de menores dimensiones y con menos jugadores.
4. *Ec, Bo.* **Futbol** sala.
II. **1.** *Ar.* **metegol**.
■
a. ‖ ~ **de mesa.** m. *Pe.* Juego que reproduce un campo de **futbol** en el que unas figuras accionadas mecánicamente cumplen el rol de jugadores.

fuleada.
I. **1.** f. *Ho, ES, Ni, CR; PR,* juv. Llenado de un recipiente o depósito.
2. *Gu, Ni, CR.* Llenado del **tanque** o depósito de combustible de un vehículo. pop + cult → espon. ♦ **fuleteada**.
II. **1.** f. *Ho, ES, Ni.* Comilona.

fuleado, -a.
I. **1.** adj. *CR; Gu, Ni, PR,* juv. *Referido al tanque o depósito de combustible de un vehículo,* lleno. pop + cult → espon.
2. *Ho, ES, Ni. Referido a un recipiente,* lleno.
3. *Ho, ES, Ni. Referido a persona,* harta de comida.
4. adj. *Ho, ES, Ni, CR. Referido a un lugar o establecimiento,* lleno de gente o de cosas. pop + cult → espon. ♦ **fuleado**.

fulear(se). (Del ingl. *full*, lleno).
I. **1.** tr. prnl. *Gu, Ho, ES, Ni.* Comer *alguien algo* hasta hartarse.
2. tr. *Gu, Ni, CR, PR.* Llenar de combustible el **tanque** o depósito de un vehículo. pop + cult → espon.
3. *Ho, ES, Ni.* Llenar un recipiente.
4. intr. prnl. *Ho.* Llenarse un lugar de personas o de cosas.

fulería.
I. **1.** f. *Ar, Ur; Ch,* pop. | p.u. Trampa, engaño. (**julería**).

fulero, -a.
I. **1.** adj/sust. *Pe,* p.u; *Ec,* pop. *Referido a persona,* que habla en exceso.
2. *Pe,* p.u; *Ec,* pop. *Referido a persona,* mentirosa.
3. adj. *Bo; Pe,* p.u. *Referido a cosa,* que ha sido resultado de un proceso raro, sospechoso o poco habitual. pop.
4. *Bo, Ch.* Falso, que no es lo que aparenta. pop + cult → espon.
II. **1.** adj. *Ar; Ec, Bo,* pop. *Referido a cosa o a un evento,* ordinario, de poco valor.
III. **1.** adj. *Ar, Ur. Referido a persona,* muy fea. pop.
IV. **1.** adj. *Bo. Referido a un asunto,* que resulta desagradable. pop.

fuleteada.
I. **1.** *PR.* **fuleada**, llenado del tanque.

fuleteado, -a.
I. 1.   PR. **fuleado**, lleno.

fulget. (De *Fulgett*®).
I. 1.   m. *Ch.* Revestimiento para suelos con superficie áspera para evitar resbalones.

fuliar.
I. 1.   tr. *EU, Gu.* Llenar, ocupar un espacio.

full. (Voz inglesa).
I. 1.   adj. *EU, Mx, RD, PR, Co, Ve, Ec, Pe, Ch; Bo.* juv. **ful**, lleno. pop + cult → espon.
2.   *Mx, Ho, Ni, PR, Ve, Pe.* **ful**, harto de comida.
3.   adv. *Mx, RD, PR, Co, Bo.* A tope.
4.   *Mx, Ho, Ni.* **ful**, a pleno rendimiento.
5.   *Co, Ve, Pe; Ec.* juv. Muy, mucho.
6.   adj. *Ec. Referido a una habitación*, completamente amueblada.
II. 1.   m. *RD, PR, Ch.* Seguro de accidentes a todo riesgo, de cobertura completa.
III. 1.   *Ho.* **ful**, absolutamente.

■

a. ‖ ~ **cover.** (Voz inglesa). m. *EU, Ni, PR.* Seguro a todo riesgo, *especialmente el de los automóviles.*

☐

a. ‖ **a ~.**
  i.   loc. adv. *Co, Ch, Ar, Ur.* Con mucha dedicación o intensidad. pop + cult → espon. ♦ **a todo full.**
  ii. loc. adj. *Ec, Pe, Bo, Ar, Ur.* **ful**, lleno.
  iii. *Ec, Bo, Py, Ar, Ur. Referido a persona*, muy ocupada o atareada.
b. ‖ **a ~ total.** loc. adj. *Bo.* juv. **ful**, lleno.
c. ‖ **a todo ~.**
  i.   loc. adv. *CR, Pe*, espon; *Cu*, pop; *Bo*, juv. Rápidamente, a toda velocidad.
  ii. *Pe; Ch*, pop + cult → espon. **a** *full*, con mucha dedicación. espon.
d. ‖ ~ **color.** loc. sust. *Ni, CR, Ec, Pe, Bo.* **ful color**, procedimiento de impresión.
e. ‖ **hasta el ~.**
  i.   loc. adj/adv. *Mx. Referido a persona o cosa*, muy lleno, hasta el límite. pop + cult → espon.
  ii. *Mx. Referido a persona*, muy borracha. pop + cult → espon.

fullar.
I. 1.   tr. *Ve:E.* Quitar la **concha** a un fruto o a un molusco.

fullero, -a.
I. 1.   adj. *Ni, Ve. Referido a persona*, que no cumple sus promesas o falta a su deber.
II. 1.   adj. *Ve. Referido a persona*, llena de presunción y orgullo.
2.   *PR.* **farfullero**, fanfarrón.
III. 1.   adj. *Ve. Referido a persona*, de comportamiento desordenado y bullicioso.

fullín.
I. 1.   m. *RD, PR.* Nalgas. pop.

fullosa.
I. 1.   f. *PR. En el cultivo de la caña de azúcar*, instrumento que penetra en la tierra a mayor profundidad.

fulmine.
I. 1.   *Pa.* **fúlmine.**

fúlmine.
I. 1.   sust/adj. *Bo, Ar, Ur; Ch*, obsol. Persona que supuestamente es portadora de mala suerte. pop. (**fulmine**).

fulo, -a.
I. 1.   adj. *Ar, Ur. Referido a persona*, enojada, de mal humor. pop.

II. 1.   adj. *Pa. Referido al cabello*, rubio.
2.   adj/sust. *Pa. Referido a persona*, rubia.

fuma.
I. 1.   f. *Cu, Ar.* Cantidad de tabaco que se da gratis, diariamente, al tabaquero en la fábrica en que trabaja.
2.   *Cu.* Costumbre de fumar. pop.

fumable.
I. 1.   adj. *Mx, Ho. Referido a cosa*, aceptable, pasable.
2.   *Ho. Referido a persona*, de trato afable.

fumada.
I. 1.   f. *Pe:S.* Inhalación y expulsión de humo de cigarros que realiza un **chamán** sobre una persona o su fotografía con diversos fines. rur.
2.   *Bo.* Hechizo. pop.
II. 1.   f. *Bo.* Engaño. pop.

■

a. ‖ ~ **del puro.** f. *Ho.* Diagnóstico de una enfermedad o embrujo para conseguir el amor de alguien.

fumadera.
I. 1.   f. *Mx, Gu, Ho, Ni, CR, PR, Co, Bo, Ch; Ec.* juv. Consumición abundante de tabaco por una o varias personas. pop.

fumado, -a.
I. 1.   adj. *Mx.* juv. *Referido a persona*, loca.

fumanchú.
I. 1.   m-f. *ES.* Persona que fuma marihuana. drog.

fumar(se).
I. 1.   tr. prnl. *Mx, RD.* Aguantar a *alguien* o *algo* que no resulta agradable.
II. 1.   tr. *Mx.* Prestar atención a *alguien.* pop + cult → espon.
III. 1.   tr. *Bo, Ar.* p.u. Engañar a *alguien.* pop.
IV. 1.   tr. *Bo, Ar.* p.u. Burlarse de una persona, haciéndole una broma. pop.
V. 1.   tr. *Bo, Ch.* Hechizar a *alguien* mediante el humo del cigarrillo. pop.
VI. 1.   tr. *ES.* Terminar un asunto o de leerse un escrito.
VII. 1.   intr. *PR.* Tener *alguien* el pantalón o la falda pillados entre las nalgas.
VIII. 1.   intr. *PR.* Soportar *algo* sin chistar.

●

a. ‖ **allí fumé.** fórm. *Cu.* Se usa para manifestar reserva de lo que se piensa sobre un tema en particular.

☐

a. ‖ ~ **como chacoaco.** *Mx.* **fumar como chacuaco.** pop + cult → espon.
b. ‖ ~ **como chacuaco.** loc. verb. *Mx.* Fumar mucho. pop + cult → espon. (**fumar como chacoaco**).
c. ‖ ~ **en pipa.** loc. verb. *Ni, Bo, Ar, Ur.* Hacer víctima a *alguien* de un engaño o estafa. pop.
d. ‖ ~ **verde.** loc. verb. *Ni.* Fumar marihuana. drog.
e. ‖ ~**le el puro.**
  i.   loc. verb. *Ho, ES.* Conseguir enamorar perdidamente a *alguien* de otra persona a través de la hechicería.
  ii. *Ho.* Adivinar enfermedades de alguien fumando un puro.
f. ‖ ~**se en pipa.**
  i.   loc. verb. *Pa.* Pasar el tiempo rápidamente.
  ii. *Pa.* Ser *algo* muy fácil.
g. ‖ ~**se una lumpia.** loc. verb. *Ve.* Tener alteradas las facultades mentales, estar loco.
h. ‖ **fumársela.** loc. verb. *Mx.* Poseer un hombre a una mujer.
i. ‖ **fumársela verde.** loc. verb. *Co.* Actuar de forma rara o alocada como si se hubiera fumado marihuana. pop.
j. ‖ **no ~.** loc. verb. *Mx.* No soportar a *alguien.*

a. ‖ **¿de cuál fumaste?** loc. interj. *Mx, Gu, Ch; Bo.* juv. Expresa que alguien dice o hace algo no esperado o disparatado. pop + cult → espon.

fumarola.
 I. **1.**　adj/sust. *Ni, Ch.* p.u. *Referido a persona*, que fuma en exceso. pop ^ fest.

fumatérico, -a.
 I. **1.**　adj/sust. *Bo. Referido a persona*, que fuma mucho. pop.

fumear.
 □
 a. ‖ **por allá fumea.** loc. adv. *Ve.* Muy lejos.

fumiche.
 I. **1.**　m-f. *ES.* Persona muy fumadora.

fumigado, -a.
 I. **1.**　adj. *Mx, ES. Referido a persona*, borracha. pop ^ fest.

fumigar(se).
 I. **1.**　intr. prnl. *Mx, ES.* Emborracharse. pop.
 II. **1.**　tr. *ES.* Matar *una persona* a *alguien*.
 III. **1.**　tr. *Pa.* Sobornar a *alguien*.
　 2.　*Pa.* Repartir dinero.

fumillón.
 I. **1.**　m. *ES.* Colador grande con mango que se utiliza para quitar las impurezas del jugo de cana o remover la **miel**. rur.

fumillonar.
 I. **1.**　tr. *ES. En el trapiche*, limpiar con el **fumillón** la cachaza o remover la **miel**. rur.

fumito.
 I. **1.**　m. *ES, Ve.* Chupada que se da a un cigarrillo al fumarlo, *especialmente al que está fumando otra persona.*

fumo.
 ■
 a. ‖ **~ bravo.** m. *Ar, Ur.* Árbol de hasta 8 m de altura, ramas de rápido crecimiento, flores de color violáceo y una pequeña baya globosa como fruto. (Solanaceae; *Solanum vebascifolium*).

fumón.
 I. **1.**　m. *PR.* Vaho, hedor. pop + cult → espon.

fumón, -na.
 I. **1.**　adj. *Pa, Ve, Ec, Pe, Ch. Referido a persona*, que fuma marihuana. pop + cult → espon ^ desp.
　 2.　sust/adj. *Ho, ES, Ni, Ve.* Persona que fuma mucho.
 II. **1.**　adj. *ES:E. Referido a persona*, enfadada.

fun. (De or. onomat.).
 I. **1.**　m. *ES.* Teléfono.

fun. (Voz inglesa).
 I. **1.**　m. *PR.* Alegría, entretenimiento.
 ■
 a. ‖ **~ and games.** (Voz inglesa) m. *PR.* Diversión, juerga. pop + cult → espon.

funa.
 I. **1.**　f. *Ch.* Grupo de personas que se manifiestan en público en contra de organismos o personas delante de su sede o domicilio, *especialmente si han estado relacionados con actividades represoras.*
 II. **1.**　f. *Ch.* juv. Frustración, decepción. pop + cult → espon.

funado, -a.
 I. **1.**　adj/sust. *Ch. Referido a persona*, que rehúsa participar en una actividad o se arrepiente de haberlo hecho. pop + cult → espon.
 ▶ **estar ~.**

funar(se).
 I. **1.**　intr. prnl. *Ch; Pe*, p.u. Frustrarse *algo*, no llegar al fin deseado. pop.

　 2.　tr. *Ch.* Hacer que *algo* disminuya su calidad. pop + cult → espon.
 II. **1.**　tr. *Pe.* p.u. Mirar *algo* o a *alguien*. pop.
　 2.　*Ch.* Identificar *algo* o a *alguien*. delinc.
 III. **1.**　tr. *Ch.* Organizar actos públicos de denuncia contra organismos o personas relacionados con actos de represión delante de su sede o domicilio.

funcador, -ra.
 I. **1.**　adj. *Bo. Referido a persona*, que acostumbra tener relaciones sexuales con frecuencia. vulg; pop.

funcar. (Sínc. de *funcionar*).
 I. **1.**　intr. *Bo, Ch, Ar, Ur; Pe*, urb; *Ec*, juv. Funcionar correctamente un artefacto o un dispositivo. pop + cult → espon.
 II. **1.**　intr. *Bo, Ar.* Ser apta *una persona* para desenvolverse en un oficio, cargo o actividad. pop.
 III. **1.**　tr. *Bo.* Poseer sexualmente un hombre a una mujer. vulg; pop. ♦ **fusilar.**

funche.
 I. **1.**　m. *Cu, RD, Ve.* Alimento que consiste en guisar harina de maíz con aceite o manteca y sal.
　 2.　*RD, Ve.* Alimento hecho con harina de maíz, azúcar y leche o agua, *que se da generalmente a los niños.*
　 3.　*PR.* Comida hecha de masa de maíz blanda con leche y azúcar.
　 4.　*PR.* Comida hecha con harina de maíz, leche de vaca o de coco y sal.
　 5.　*Pa.* Especie de tamal hecho a base de arroz acuoso, puré de tubérculos y mantequilla. rur.
 II. **1.**　m. *Ar.* Sombrero. pop + cult → espon.
 □
 a. ‖ **~ en batea.** loc. adj. *PR. Referido a persona*, rechoncha y cariancha. pop + cult → espon ^ desp.

funcia.
 I. **1.**　f. *Pe:E.* Fiesta celebrada con motivo de una boda.
 II. **1.**　f. *Ch.* Asunto complicado o molesto. pop + cult → espon.

función.
 I. **1.**　f. *Ve.* Molestia causada por una persona, *especialmente un niño.*
 ■
 a. ‖ **~ con gancho.** *Ch.* **función de gancho.**
 b. ‖ **~ de gancho.** f. *Bo; Ec, Pe*, obsol. Espectáculo al que se accede pagando dos entradas por el precio de una. (**función con gancho**).

funcionario, -a.
 I. **1.**　m. y f. *Mx, Pe, Bo, Ar, Ur.* Empleado jerárquico, *particularmente el estatal.*
　 2.　*Mx, Ni, Ec, Bo, Py.* Empleado público que ocupa un cargo importante.

funda.
 I. **1.**　f. *RD, PR, Ec.* Recipiente de papel o plástico, abierto por arriba, con asas o sin ellas, que sirve para llevar o guardar cosas. ♦ **cartucho.**
 II. **1.**　f. *Bo.* Prenda interior femenina de forma parecida a una falda, que va debajo del vestido y cubre la parte inferior, *generalmente desde la cintura hasta la rodilla.*
 III. **1.**　f. *RD.* Discusión, riña.
 □
 a. ‖ **ni de ~.** *Ec.* **ni de fundas.**
 b. ‖ **ni de ~s.** loc. adv. *Co, Ec.* De ninguna manera. pop. (**ni de funda**).
 ▶ **dar ~.**

fundación.
 I. **1.**　f. *Bo.* Cimiento de una construcción.

fundado.
 I. **1.**　m. *Ch.* Tema de una **paya** u otra composición poética típica del folclore del centro y sur de Chile.

fundamento.
    I. **1.** m. *Mx, Gu, ES, Ni, Pa; Ec.* obsol. Trasero, nalgas. euf; fest. ♦ **fundeque.**
    2. *Ve.* **Fundillo** muy grande. fest.
    ▶ **coger ~.**

fundamentoso, -a.
    I. **1.** adj. *Ve.* *Referido a persona,* formal y juiciosa.

fundazo.
    I. **1.** m. *RD.* Golpe fuerte, *dado generalmente con las manos.* pop + cult → espon.

funde.
    I. **1.** m. *RD.* Planta anual, cultivada para consumo humano en repostería y preparaciones culinarias propias de los inmigrantes de origen curazoleño-holandés. (Poaceae; *Digitaria exilis*).

fundeque.
    I. **1.** *Ni.* **fundamento,** nalgas. fest.

fundido, -a.
    I. **1.** adj. *Mx, Bo.* *Referido a persona,* que se encuentra en un problema grande y de difícil solución. pop.
    II. **1.** *Ch.* *Referido a persona, especialmente a un niño,* mimado. pop.
    III. **1.** adj. *Co.* *Referido a persona,* dormida profundamente. pop.
    IV. **1.** adj. *Ni, Cu, RD.* *Referido a persona,* que tiene alteradas las facultades mentales. pop.
    2. *Ni.* *Referido a persona,* borracha.
    3. *Ni.* *Referido a persona,* drogada.
    V. **1.** adj. *Pe.* p.u. *Referido a persona,* que molesta mucho o de manera reiterada. pop.
    VI. **1.** adj. *Ho, Bo.* *Referido a persona,* sin dinero.

fundillo.
    I. **1.** m. *Mx, Gu, Ho, ES, Ni, Pa, RD, PR, Ve, Ec, Pe;* m. pl. *Pa, RD, Pe; Co:C,SO,* rur. Trasero, nalgas. pop + cult → espon. (**fondillo; fundis**).
    2. *Co, Ve, Pe, Py, Ar; Bo,* pop. Parte trasera de los pantalones.
    3. m. *ES, Ni; Co:C,SO.* pop. Ano. ♦ **popa.**
    4. m. pl. *Ch.* obsol. | meton. Calzón, prenda de vestir masculina. pop + cult → espon.
    5. m. *Ni.* metáf. Parte inferior de un vaso.
    II. **1.** m. *RD.* Valor, coraje. pop + cult → espon. (**fondillo**).
    ▶ **buscar fuete para su ~; tener poco ~.**

fundillón, -na.
    I. **1.** adj. *Co.* *Referido a un pantalón,* que queda largo de **fundillo.** pop.
    2. *Ni.* *Referido a persona,* **nalgona.**

fundilludo, -a.
    I. **1.** adj. *Pe.* p.u. *Referido a un pantalón,* que tiene los bolsillos anchos y caídos. pop.

fundir(se).
    I. **1.** tr. *Py, Ar, Ur,* pop; *Bo,* pop ^ desp; *Mx,* espon; *Pe.* p.u. Perjudicar a *alguien* moral o económicamente.
    2. intr. prnl. *Ar, Ur; Mx, Bo, Py.* pop. Sufrir un perjuicio moral o económico.
    3. tr. *Pe.* p.u. Molestar, importunar a *alguien.*
    II. **1.** intr. prnl. *Gu, Pa, Ec; Mx, Pe, Bo, Py, Ar, Ur* pop + cult → espon; *Pe,* p.u. Quedar en la ruina *una persona.*
    2. tr. *Ho, Ni, Bo.* Causar la ruina, perjudicar o dañar a *alguien.*
    3. intr. prnl. *Ch.* Malgastar, dilapidar dinero.
    III. **1.** intr. prnl. *Cu, Ec.* Experimentar *alguien* alteración en las facultades mentales.
    IV. **1.** intr. prnl. *Ni.* Emborracharse *alguien.*

fundis.
    I. **1.** *Gu, ES.* **fundillo,** nalgas. euf.

fundo.
    I. **1.** *RD, Ve, Ch; Ec,* obsol. **hato,** hacienda de campo.

fundungo, -a.
    I. **1.** adj. *Pa.* Referido a un ave gallinácea, que no tiene plumas en su parte trasera. rur.

funebrero.
    I. **1.** m. *Ar; Bo, Ch,* p.u. Hombre que trabaja en una empresa de pompas fúnebres.

funebrero, -a.
    I. **1.** adj. *Bo.* Referido a persona, cosa o situación, fúnebre, triste. esm.

funeme.
    I. **1.** *Ho.* **funene.**

funene.
    I. **1.** m. *Ho, Pa.* juv. Nalgas. vulg. (**funeme**).
    2. *Ho, Pa,* juv. Ano.

funestidad.
    I. **1.** f. *Mx.* Suceso funesto o aciago. esm.

funesto, -a.
    I. **1.** adj. *ES.* Referido a una cosa o lugar, peligroso.

funghi. (Del it. *funghi,* pl. de *fungo,* hongo).
    I. **1.** m. *Ur; Ar,* obsol. Sombrero para cubrir la cabeza. pop + cult → espon. (**funyi**).

fungir.
    I. **1.** intr. *Mx, RD, Ve, Ec, Pe, Bo.* Ejercer un oficio o una función, *a veces sin el nombramiento correspondiente.*
    2. *Pe.* Dárselas de algo, arrogarse una cualidad o presumir de ella.

funyi. (Del it. *funghi,* pl. de *fungo,* hongo).
    I. **1.** *Ur; Ar,* obsol. **funghi.** pop.

fuñenda.
    I. **1.** f. *RD.* Fastidio, molestia o disgusto.

fuñidera.
    I. **1.** f. *RD, Ve.* Molestia, obstáculo, entorpecimiento.

fuñido, -a.
    I. **1.** adj. *RD, Ve.* *Referido a persona,* en una situación difícil o molesta.
    2. *Ve.* *Referido a una tarea o a un trabajo,* difícil, complicado.
    3. *RD.* *Referido a persona,* sin dinero. pop + cult → espon.
    II. **1.** adj. *Ve.* *Referido a persona,* exigente y estricta.
    2. *Ve.* *Referido a persona,* de mal carácter.
    III. **1.** adj. *Cu.* *Referido a persona o animal,* muy delgado, raquítico. pop.
    IV. **1.** adj. *PR.* *Referido a persona,* fastidiada, disgustada. pop + cult → espon.

fuñingue.
    I. **1.** adj/sust. *Ch,* p.u; adj. *Cu.* *Referido a persona o cosa,* débil, enclenque. pop ^ desp.

fuñío, -a.
    I. **1.** adj. *RD.* *Referido a persona,* perjudicada.
    2. *RD.* *Referido a persona,* que se encuentra en una situación lamentable o penosa.
    3. *RD.* Maldito, muy molesto o desagradable. pop + cult → espon ^ desp.
    ▶ **estar ~.**

fuñir(se).
    I. **1.** tr. *RD, PR, Ve.* Molestar, entorpecer *algo* o a *alguien.* pop + cult → espon.
    2. *RD, Ve.* Perjudicar, hacer daño a *alguien.*
    3. intr. prnl. *Ve.* Estropearse o dañarse *algo.*
    4. *Ve.* Perjudicarse *una persona.*
    5. *Ve.* Sacrificarse *alguien* por conseguir *algo* que desea.
    6. *RD.* Fastidiarse *alguien,* sufrir con paciencia una situación desagradable.
    7. *RD.* Morirse *alguien.*

□

a. ‖ ~ **la paciencia.** loc. verb. *RD.* Molestar o entorpecer a *alguien* e irritarlo o soliviantarlo.

▨

a. ‖ **¡no fuña!**
   i. loc. interj. *Ve.* Expresa disgusto o contrariedad.
   ii. *Ve:O.* Expresa rechazo.

fuño, -a.
   I. 1. adj. *Ve:C. Referido a persona*, que habla con pronunciación nasal.

fuñón, -na.
   I. 1. adj. *RD. Referido a persona*, que incordia o fastidia a otra continuamente.
   2. *RD. Referido a persona*, que es de difícil trato.

fupista. (De *FUPI*).
   I. 1. sust/adj. *PR.* Miembro de la Federación de Universitarios Pro Independencia.

furbo. (Del it. *furbo*).
   I. 1. adj. *Ar.* obsol. *Referido a persona*, taimada, ladina.

furca.
   I. 1. f. *Ar.* Sujeción de una persona desde atrás por el cuello para inmovilizarla. delinc.

furcio.
   I. 1. m. *Mx, Pe, Ar, Ur; Ch,* esm. Equivocación cometida al hablar, *especialmente por parte de un actor o un reportero de televisión.*

furgandío, -a.
   I. 1. adj. *ES. Referido a persona, generalmente un niño*, travieso.

furgo. (Apóc. de *furgoneta*).
   I. 1. f. *Ec.* p.u. Furgoneta. pop.

furgón.
   I. 1. m. *Mx, Gu, Ho, ES, Ni, CR, Pa, PR, Ec.* Vehículo de más de cuatro ruedas que en su parte posterior lleva adaptada una plataforma o un **cajón** cerrado para transportar cargas pesadas o de gran tamaño.

furgonazo.
   I. 1. m. *Mx, Gu, Ho, ES, Ni, RD.* Introducción fraudulenta al país de un **furgón** con mercadería sin pagar los impuestos que corresponden por ley.

furgonero, -a.
   I. 1. m. y f. *Ho, ES, Ni, CR.* Persona que tiene por oficio manejar **furgones**.

furgorruta.
   I. 1. f. *Ec.* Servicio de transporte en furgonetas por rutas determinadas.

furia.
▶ estar ~.

fúrico, -a.
   I. 1. adj. *Mx, Gu, Ho, ES, Ni, Co, Ve; Pe,* p.u; *Ec,* pop. *Referido a persona*, iracunda, furiosa.

furnia.
   I. 1. f. *Cu, RD.* Sima abierta en dirección vertical, *generalmente en terreno peñascoso.*

furnished.
▪
a. ‖ ~ **studio.** (Voz inglesa). m. *PR.* Apartamento amueblado.

furnitura. (Del ingl. *furniture*).
   I. 1. f. *RD.* Mobiliario.

furor.
   I. 1. m. *Ni, RD, PR, Py.* Afición desmedida de alguien por algo.
   2. *RD.* Mujer con apetencia sexual continua. vulg; pop + cult → espon.

furrero, -a.
   I. 1. *Ve.* **furruquero.**

furrielato. (Der. de *furriel*).
   I. 1. m. *Bo.* Arsenal, depósito de armas.

furrio, -a.
   I. 1. adj. *Ve.* obsol. *Referido a cosa*, despreciable, de poco valor.

furris.
   I. 1. adj. *Mx; Ho, ES, Ni,* juv. *Referido a cosa*, de poca calidad, de poco valor. pop.
   2. *Mx.* Malo, despreciable, mal hecho. pop.
   3. *CR.* juv. *Referido a un asunto*, que causa desagrado o aversión.
   4. adj. *CR.* juv. *Referido a persona*, de aspecto físico desagradable. desp.
   II. 1. adj. *ES. Referido a persona*, sin dinero.

furro.
   I. 1. *Ve:O.* **furruco.**

furruco.
   I. 1. m. *Ve.* Instrumento rústico musical, de barro cocido o de madera, hueco, abierto por un extremo y cerrado por el otro con una piel muy tirante, que tiene en el centro, bien sujeto, un carrizo a manera de mástil; frotado de arriba abajo y de abajo arriba con la mano humedecida, produce un sonido fuerte, ronco y monótono. ♦ **furro.**
▶ reventar el ~.

furrumalla.
   I. 1. f. *Cu.* Conjunto de gente de escasa cultura y educación. pop ^ desp. ♦ **tralla.**

furruqueado, -a.
   I. 1. adj. *Ve. Referido a cosa*, muy usada, desgastada.

furruquear.
   I. 1. tr. *Ve.* Usar mucho un objeto, desgastarlo.
   II. 1. tr. *Ve.* Interpretar un aguinaldo tocando el **furruco.**

furruquero, -a.
   I. 1. m. y f. *Ve.* Persona que toca el **furruco.** ♦ **furrero.**

furrusca.
   I. 1. f. *Co, Ve.* Alboroto causado por una discusión o pelea. pop.

furufa.
   I. 1. f. *RD.* Mujer fea y mal arreglada. desp.

furufo, -a.
   I. 1. adj/sust. *RD. Referido a persona*, inexperta o ignorante. desp.

furul.
   I. 1. m. *ES.* Cosa o asunto. drog.

furular.
   I. 1. tr. *ES.* Pensar.

furulla.
   I. 1. f. *Ni.* Enredo, mentira, engaño.

furunciar.
   I. 1. tr. *Pe.* p.u. | juv. Funcionar *algo*. pop.

fushia.
   I. 1. adj. *Mx, PR. Referido a cosa*, fucsia, de color rosa intenso a morado. (**fiusha**).

fusil.
   I. 1. m. *Mx, ES.* Copia exacta de algo. pop + cult → espon.
   II. 1. m. *PR.* Libélula de hasta 4 cm de longitud, de cuerpo fino y alargado, patas y abdomen corto y coloración diversa. (Coenagrionidae; *Enallagma cyathigerum*)
   III. 1. m. *CR.* Nalgas. euf; espon ^ fest.
□
a. ‖ ~ **pierna.** loc. sust. *Bo.* Persona que tiene las piernas largas y delgadas. pop ^ fest.

fusilación.
   I. 1. m. *Ho, Ni.* Fusilamiento. rur.

fusilada.
 I. 1. f. *Mx, Ec.* Descarga hecha con fusiles.
fusilar.
 I. 1. tr. *ES, Bo.* Realizar el coito. vulg. pop.
 II. 1. tr. *RD.* Adaptar letra y música de un ritmo musical a otro.
fusilata.
 I. 1. f. *Mx.* Fusilamiento.
fusilico.
 I. 1. m. *Pe:E,N.* p.u. Agresión sexual colectiva cometida contra una mujer. vulg.
 II. 1. m. *Ho, Ni.* Juego de cartas en el que se pueden intercambiar las cartas entre los cuatro participantes necesarios a través del trueque.
fuslerazo.
 I. 1. m. *Bo.* Golpe dado con un **fuslero**. pop.
fuslero.
 I. 1. m. *Bo.* Cilindro que se usa en la cocina para extender la masa. pop.
fustán.
 I. 1. m. *Bo*; *Mx:SE, Gu, Ve, Ec,* obsol; *Pe*, p.u. Prenda de vestir, similar a una falda, que usan las mujeres por encima de la ropa interior y debajo del vestido.
  2. *Pe*; *Ho, ES, Ni,* rur; *Ch,* obsol; *Bo*, p.u. Combinación, prenda interior femenina que cubre desde la cintura hasta la rodilla. ♦ **fuste**.
 ▶ **amarrarse los ~es.**
fustanudo.
 I. 1. sust/adj. *Ho, ES.* Hombre al que le gusta discutir o pelearse con mujeres. vulg; desp.
fustanudo, -a.
 I. 1. adj. *Ho, ES. Referido a persona,* cobarde.
 II. 1. adj. *ES. Referido a persona,* displicente. desp.
 III. 1. adj/sust. *ES. Referido a persona,* con ropas muy flojas.
fuste.
 I. 1. m. *Mx, Ho.* Nalgas. vulg.
  2. *Mx, Ho.* Ano. vulg.
 II. 1. m. *Pe; Ec,* obsol. Combinación, prenda de vestir que usan las mujeres por encima de la ropa interior y debajo del vestido.
  2. *Pe; Bo.* p.u. **fustán**, combinación.
 III. 1. m. *Bo.* Fieltro de lana o pelo de conejo que se utiliza para la fabricación de sombreros.
 IV. 1. m. *Ho.* Pieza de junco cubierta de cuero situada en la parte inferior de la albarda y de la que penden las faldillas. rur.
fustete.
 I. 1. *PR.* **palo amarillo**. (Moraceae; *Chlorophora tinctoria*).
fusuco.
 I. 1. m. *Ve.* obsol. Cohete hecho con un trozo de caña cargado de pólvora y vidrio molido.
fután.
 I. 1. m. *RD.* Ano. pop.
  2. *RD.* Nalgas. pop.
futbol. (Del ingl. *football*).
 I. 1. *Mx, Gu, Ho, ES, Ni, CR, Pa.* Fútbol.
 ■
  a. ‖ **~ americano.** m. *Mx, Gu, Ho, Ni, CR, RD, Bo.* Juego de dos equipos que se realiza con las manos y pies, muy parecido al rugby. ♦ *football*; **fútbol.**
  b. ‖ **~ rápido.** m. *Mx, Ho.* **futsal.**
fútbol. (Del ingl. *football*).
 I. 1. m. *EU, PR.* **futbol americano.**
 ■
  a. ‖ **~ de salón.** m. *Gu, Co, Ec, Bo, Py.* **Futbol** sala.

  b. ‖ **~ llanero.** m. *Mx.* El que se juega entre equipos no profesionales. pop.
futbolina.
 I. 1. f. *PR.* **metegol**, futbolín.
futbolito.
 I. 1. *Mx, Ho, ES, Ni, Ve, Ar, Ur.* **metegol**, futbolín.
  2. *Ho, ES, Ni, Ec, Ch, Ar.* **futsal**.
futbolización.
 I. 1. f. *Ec, Ch, Ar.* Proceso de saturación en todos los ámbitos con actitudes vinculadas al universo del **futbol**.
  2. *Ch.* Afición desproporcionada por el **futbol**.
futbolizar.
 I. 1. tr. *Ch, Ar.* Identificar toda actividad o inquietud con el **futbol**.
  2. *Ec.* p.u. Impregnarse un ambiente de la emoción del **futbol**. pop + cult → espon.
fute.
 I. 1. *Pa.* **fuas**.
futileza.
 I. 1. f. *RD, Ve.* Cosa inútil o de poca importancia.
futre. (Del fr. *foutre*).
 I. 1. m-f. *RD, PR, Co, Ve:O, Ec, Bo; Ar,* obsol. Persona vestida con esmero y elegancia.
  2. sust/adj. *Ec, Bo; Ch.* obsol. Hombre al que le gusta vestir con elegancia y seguir rigurosamente lo que impone la moda.
  3. m. *Ch.* obsol. Hombre de clase social alta.
 II. 1. sust/adj. *Ch.* Dueño de una hacienda o de un fundo. rur.
futriaco.
 I. 1. m. *PR.* Persona cuya identidad se ignora. pop + cult → espon ^ desp.
futrir. (De *futre*).
 I. 1. intr. *RD, Co.* Fastidiar, molestar.
futsal.
 I. 1. m. *Ec, Pe, Bo, Ch, Ar, Ur.* Modalidad del **futbol**, que se juega en un recinto más pequeño, *generalmente cubierto*, con cinco jugadores por equipo. ♦ **futbol rápido; futbolito.**
futurismo.
 I. 1. m. *Mx.* Actitud de un político cuya finalidad es medrar.
futuro.
 □
  a. ‖ **a ~.** loc. adv. *Pe; Mx, Gu, Ho, Ni, RD, Bo, Ch,* cult. A posteriori, después.
fututeado, -a.
 I. 1. adj. *Pa. Referido al arroz,* descascarado después de haber sido tostado.
fututear(se).
 I. 1. tr. *RD, PR.* juv. Tener *alguien* relaciones amorosas.
 II. 1. intr. prnl. *Pa.* Dañarse, echarse a perder *algo.* pop.
  2. tr. *Pa.* Dañar o echar a perder *algo.*
  3. intr. prnl. *Pa.* Morir *alguien.* pop.
 III. 1. tr. *Pa.* Tostar el arroz recién cosechado, antes de descascararlo.
fututo.
 I. 1. *Pa, RD, PR.* **fotuto**, instrumento de viento.
 II. 1. m. *CR.* obsol. Rollito de papel, *por lo general de forma cónica.* rur.
fututo, -a.
 I. 1. adj. *Gu, Ni; CR,* obsol; rur. *Referido a un asunto o una situación,* adverso y complicado de resolver.
 II. 1. adj. *Gu. Referido a cosa,* vieja, deteriorada o inservible.
 III. 1. adj. *Ni. Referido a persona,* maleada.
 ▶ **estar ~.**

g

G. P. O. Box. (Sigla del ingl. *General Post Office*).
  I. 1.   *PR.* **p. o. box**.

gabacha.
  I. 1.   f. *Gu, Ho, ES, Ni, CR*. Bata, prenda de vestir hol-gada, *generalmente de color blanco y que cubre hasta la rodilla*, usada para el trabajo en laboratorios, hospitales y peluquerías o salas de belleza.
    2.   *CR.* Prenda de vestir de color celeste usada como uniforme por los niños del sistema preescolar.
  II. 1.   *ES.* **radiograbadora**. delinc.

gabacho, -a.
  I. 1.   adj/sust. *Mx. Referido a persona o cosa*, extranjera. desp.
    2.   adj. *Mx.* Relativo a los Estados Unidos de América.

gabán.
  I. 1.   m. *Mx, Ar, Ni, Bo, Py*, p.u. Prenda de abrigo más gruesa y larga que la chaqueta y más corta que el abrigo.
    2.   *Ni.* Vestido viejo, grande y deteriorado. desp.
  II. 1.   m. *Co:E, Ve*. Ave zancuda de hasta 1 m de altura, de plumaje blanco con algunas plumas negras en las alas y la cola, pico largo, grueso y de color negro grisáceo. (Ciconiidae; *Mycteria americana*).
    ♦ **cayama**; **cigüeña**; **cigüeña americana**; **manchaco**.

gabanearse.
  I. 1.   intr. prnl. *Mx:SE.* obsol. Huir *alguien*, escapar, salir corriendo.

gabanudo, -a.
  I. 1.   adj. *Gu*, p.u. *Referido a persona*, indígena, en especial el de las tierras altas del departamento de Huehuetenango. desp.
    2.   *Gu*, p.u. *Referido a persona*, inculta. desp.

gabarra.
  I. 1.   f. *Ec.* Embarcación consistente en una plataforma de grandes dimensiones, usada para transportar vehículos y cargas pesadas en ríos y, especialmente, en puertos costeros.
    2.   *PR.* **yola**, embarcación.

gabarro.
  I. 1.   m. *Pa, Ar.* Enfermedad que padecen los caballos en los cascos.

gabaso. (Metát. de *bagazo*).
  I. 1.   *RD, PR, Ve, Py.* **gabazo**.

gabazo.
  I. 1.   m. *Pa, RD, Ve; Mx, Ho, Ni, Py*, rur. *En la industria azucarera*, residuo de la caña, una vez extraído el jugo. (**gabaso**).

gabear(se).
  I. 1.   intr. *RD.* Trepar, encaramarse *alguien*. (**gabiar**; **gaviar**).
    2.   intr. prnl. *RD.* Trepar, encaramarse *alguien*. (**gabiarse**; **gaviarse**).

gabela.
  I. 1.   f. *Pa, RD, PR,Co.* Ventaja o privilegio que se obtiene con algo.
  ▶ **dar ~**; **llevar la ~**.

gabelar.
  I. 1.   tr. *Ec:S.* Acelerar la marcha un vehículo para adelantar a otro. pop.
  II. 1.   tr. *Ec:S.* Quitar, *generalmente por medios ilícitos, algo* que por derecho le corresponde a *una persona*. pop.

gabelero, -a.
  I. 1.   m. y f. *PR. En las peleas de gallos*, persona que solo apuesta en la gallera cuando le ofrecen **gabela**, ventaja.

gabera.
  I. 1.   *Pe.* **gavera**, molde para hacer tapias.

gabete.
  I. 1.   *PR.* **cabete**, cabo de metal.
    2.   *PR.* **cabete**, cordón.

gabiar(se).
  I. 1.   *RD.* **gabear**.
    2.   *RD.* **gabearse**.

gabilla.
  I. 1.   f. *RD, Ve.* Grupo de personas que agrede a otras.

gabillero, -a.
  I. 1.   m. y f. *RD, Ve.* Persona que forma parte de una **gabilla**.

gabinete.
  I. 1.   m. *Mx, Ni, RD.* Mueble con anaqueles, cajones o gavetas y puertas, *por lo general de cristal y corredizas*, para guardar objetos.
  II. 1.   m. *Cu.* Casa muy buena. pop.
  ■
    a. ‖ **~ de baño.** m. *Cu, Ve; Ec.* p.u. Mueble *generalmente hecho de metal* que se coloca en el baño de una vivienda para guardar objetos de tocador o medicinas.
    b. ‖ **~ de cocina.** m. *Cu, RD, Ve; Ni, Ec, Bo*, p.u. Mueble para guardar utensilios que se coloca en la cocina de una vivienda, adosado a la pared o sobre el suelo, y hecho generalmente de madera recubierta con una lámina decorativa.

gabucha.
  □
    a. ‖ **a ~.** loc. adv. *Ur.* Sobre los hombros o la espalda. pop + cult → espon.

gaceta.
  I. 1.   f. *CR.* Periódico oficial del Estado costarricense.
  ■
    a. ‖ **~ oficial.** f. *Mx, Ni, Ve, Bo.* Publicación periódica del Estado que informa de resoluciones, negociaciones, transacciones y otros asuntos de interés público o privado.

gacetazo.
  I. 1.   m. *RD.* obsol. *En política*, irregularidad o fraude en unas elecciones.

gacha.
  I. 1.   f. *Co:SO, Ve.* Recipiente no muy grande de barro u otra materia, hondo y ancho, y sin borde o labio.

gachada.
  I. 1. f. *Mx.* Mala acción, vileza. pop + cult → espon.

gachapanda.
  □
  a. ‖ **a la ~.** loc. adv. *Co.* De forma descuidada. pop.

gachez.
  I. 1. f. *Mx.* Infamia, bajeza, mezquindad. pop + cult → espon.

gacho.
  I. 1. adv. *Mx.* Mal, de manera infeliz, inadecuada o inconveniente. pop + cult → espon.
  II. 1. m. *ES.* Novio, pretendiente.
  □
  a. ‖ **¡qué ~!**
    i. loc. interj. *Mx, Gu, CR.* Expresa disgusto ante una actitud egoísta o insolidaria. pop.
    ii. *Mx, Gu, CR.* Expresa disgusto ante una situación que se considera injusta o desafortunada. pop.
  ▶ **azotarse ~.**

gacho, -a.
  I. 1. adj. *Mx, Gu, ES. Referido a cosa*, fea, de mala calidad. pop.
  2. *Mx, Gu, CR. Referido a persona*, malvada, ruin, vil. pop.
  3. adj/sust. *Mx, Gu. Referido a persona*, indigna de confianza. pop.
  4. *Mx. Referido a persona*, egoísta, poco solidaria, abusiva. pop + cult → espon.
  II. 1. adj. *Co. Referido a persona*, que tiene joroba. pop.
  2. *RD, PR. Referido a persona o a animal*, que tiene una o ambas orejas mutiladas o dañadas. ◆ **sorejo**.
  3. *Ni, CR. Referido a persona*, que tiene un párpado caído.
  4. *RD. Referido a persona o animal*, mutilado o con algún defecto físico. desp.
  5. *Pa. Referido a persona*, que le falta una oreja. pop.
  6. *Pa.* **mocho**, sin uno o varios dientes.
  III. 1. adj. *ES. Referido a persona*, molesta, latosa.
  IV. 1. adj. *Ho.* juv. *Referido a persona*, triste y decaída de ánimo.
  V. 1. adj. *CR.* juv. *Referido a hecho o situación*, desafortunado.

gachocha.
  I. 1. f. *ES.* Gaseosa. pop, ∧ fest.

gachupa.
  1. adj. *Mx.* Relativo a España. pop ∧ desp.

gachupín, -na.
  I. 1. m. y f. *Mx, Bo; Cu*, obsol. Español establecido en América. desp. (**cachupín**; **gachupo**).

gachupinada.
  I. 1. f. *Mx.* Conjunto numeroso de **gachupines** o españoles. desp.
  2. *Mx.* Comportamiento o modo de hablar propios de un gachupín o español. desp.

gachupo, -a.
  I. 1. *Mx.* **gachupín**.

gacilla.
  I. 1. f. *Ni, CR.* Imperdible, alfiler que se abrocha de forma que su punta queda dentro de un gancho para que no pueda abrirse fácilmente.

gadejo. (Abrev. de *ganas de joder*).
  I. 1. m. *Pa, PR, Co, Ec; Bo, Py*, euf. Deseo de molestar o fastidiar. pop + cult → espon.

gaeta. (De or. ind. antillano).
  I. 1. f. *PR.* Árbol de hasta 6 m de altura, de tronco muy delgado, hojas elípticas y venosas, flores blancoverdosas y fruto encapsulado; su madera sirve como combustible. (Meliaceae; *Trichilla pallida*). (**gaita**).
  ◆ **ramoncillo**.

gafas.
  ▶ **hacerse el de las ~s; hacerse la de las ~s.**

gafear.
  I. 1. intr. *Gu, Ho, Ni.* Cojear una persona o caballería por haber andado mucho. rur. (**gafiar**).

gafedad.
  I. 1. f. *Ve.* Dicho o hecho propios de una persona **gafa**, tonta. ◆ **gafería**.
  II. 1. f. *Ve.* Cosa de poco valor.

gafera.
  I. 1. f. *Ho.* Racha de mala suerte.
  ▶ **sacarse la ~.**

gafería.
  I. 1. *Ve.* **gafedad**, dicho o hecho.

gafeta.
  I. 1. f. *Ho.* Brazalete, tira de tela que rodea el antebrazo del capitán de un equipo de **futbol**.

gafete.
  I. 1. m. *Mx, Gu, Ho, Ni, CR, Bo.* Acreditación, credencial, carné de acreditación de una persona, *generalmente con fotografía*.

gaffe. (Voz francesa).
  I. 1. m. *Bo, Ar, Ur.* Error o desacierto. pop.

gafiado, -a.
  I. 1. *CR.* **gafo**, referido a una caballería.

gafiar.
  I. 1. *CR.* **gafear**.

gafo, -a.
  I. 1. sust/adj. *Ve, Pe.* p.u. Persona de poca inteligencia.
  2. *Ve.* Persona que hace o dice tonterías. ◆ **gafote**.
  3. *RD.* Mujer torpe, vieja o anticuada. desp.
  II. 1. adj. *Gu, Ho, ES, Ni, CR, PR. Referido a una caballería*, que tiene las patas maltratadas por haber andado mucho sin herraduras. rur. ◆ **gafiado**.
  III. 1. adj. *Gu, ES. Referido a persona*, que no tiene dinero o tiene muy poco.
  IV. 1. adj. *Ho. Referido a persona*, que tiene mala suerte.

gafofia.
  I. 1. f. *PR.* Corteza fuerte y fibrosa que envuelve la nuez del coco. rur. (**gazofia**). ◆ **yesca**.

gafote, -a.
  I. 1. *Ve.* **gafo**, persona que hace o dice tonterías.

gafufo, -a.
  I. 1. adj/sust. *Co. Referido a persona*, que utiliza gafas. pop ∧ desp.

gagá.
  I. 1. adj. *Pe. Referido a persona*, de clase social alta, distinguida.

gago, -a.
  I. 1. sust/adj. *Cu, RD, PR, Co:N,O,SO, Ve, Ec, Bo.* Persona que habla de forma entrecortada y repitiendo las sílabas de una palabra, tartamudo.

gagón.
  I. 1. m. *Ec.* Criatura mítica con forma de perro pequeño, de color blanco y cubierto con lana abundante, que aparece por la noche para infundir temor cuando un hombre y una mujer, unidos por vínculos de compadrazgo, han tenido relaciones sexuales.

gaguear.
  I. 1. intr. *Cu, RD, PR, Co, Ve, Ec, Bo.* Hablar *alguien* entrecortadamente por estar aturdido o nervioso, tartamudear. pop.
  II. 1. intr. *PR.* Hablar *alguien* haciendo esfuerzos para ocultar algo por conveniencia.

gagueo.
  I. 1. m. *Cu, PR, Co, Bo.* Tartamudeo.

gaguera.
   I. 1. f. *Cu, PR, Co, Ec, Bo.* Tartamudez.

gaita.
   I. 1. sust/adj. *Ar, Ur.* Persona nacida en Galicia o de ascendencia gallega. pop + cult → espon.
     2. *Ar, Ur.* Persona nacida en España o de ascendencia española. pop + cult → espon.
   II. 1. f. *Co:N.* Flauta hecha con caña que se extrae del corazón de un cactus.
     2. *Ve.* Canto popular navideño de ritmo movido y alegre, típico del Estado de Zulia.
   III. 1. m. *PR.* **gaeta**, árbol.
   ■
     a. ‖ ~ **hembra.** f. *Co:N.* Gaita de cinco orificios tonales que le permiten un registro agudo.
     b. ‖ ~ **macho.** f. *Co:N.* Gaita de dos orificios tonales, uno de ellos tapado con cera, que produce tonos graves.

gaitán.
   I. 1. m. *Mx:SE.* Ave zancuda de hasta 1 m de altura, de color blanco con una franja negra alargada bajo las alas, patas y cuello largos, pico alargado de color naranja y ligeramente curvo, y ojos negros. (Ciconiidae; *Tantalus loculator*).

gaitanismo.
   I. 1. m. *Co.* Movimiento político organizado por Jorge Eliécer Gaitán hacia 1940.

gaitear.
   I. 1. intr. *Ve.* Interpretar la **gaita** zuliana.

gaitero, -a.
   I. 1. sust/adj. *Ve.* Persona que forma parte de un grupo que interpreta **gaitas**.

gaito, -a.
   I. 1. sust/adj. *Cu.* obsol. Persona nacida en Galicia. fest.

gaja.
   I. 1. f. *ES.* Racimo de frutos.
   II. 1. f. *Ho.* Vulva. rur; vulg.

gajilete.
   I. 1. m. *PR.* Montón de personas o de cosas. rur; pop.
     2. *PR.* Racimo de frutas. rur; pop. ♦ **gajo.**

gajo.
   I. 1. m. *Ve, Ec, Bo, Py, Ar, Ur.* Tallo o cogollo que se introduce en tierra para reproducir la planta, esqueje.
     2. *Ho, Ec.* Conjunto de cosas reunidas o atadas en un solo grupo.
     3. *Ho, Ni.* Racimo de flores o frutos.
     4. *Ho.* Manojo de plantas que se arranca de una vez con la mano. rur.
     5. *Ho.* Dos o más **bananos** desgajados juntos del racimo.
     6. *Ho.* Conjunto de documentos cosidos.
   II. 1. m. *Ho, RD, Co:N.* Mechón de pelo. pop + cult → espon.
   III. 1. m. *Ve.* Hogar o casa. delinc.
     2. *Ve.* Lugar donde se reúnen los delincuentes. delinc.
   IV. 1. m. *RD, Ve, Py.* Trozo o pedazo de una cosa.
   V. 1. m. pl. *PR.* Labio de la vulva. tabú; pop + cult → espon.
   VI. 1. *PR.* **gajilete**, racimo.
   VII. 1. m. *CR.* Cosa vieja, descompuesta o de mala calidad. pop + cult → espon.
   □
     a. ‖ **en ~.** loc. adv. *Ec.* Simultáneamente, de una sola vez. pop + cult → espon.
   ▶ **pelar ~.**

gajudo, -a.
   I. 1. adj. *ES,* rur; *Bo:E,* pop. *Referido a un árbol,* con muchos frutos en racimos.

II. 1. adj. *ES. Referido a hombre,* que tiene testículos grandes. vulg.

gala.
   I. 1. f. *Mx, RD.* Obsequio que se hace dando una moneda de poco valor a alguien por haber sobresalido en alguna habilidad o como propina.

galacha.
   I. 1. f. *RD.* Parte de un disfraz, típico en el carnaval del municipio de la Vega, que cubre la cabeza y cae por la espalda.
     2. *RD.* obsol. Capuchón con muchos encajes que cubría la cabeza de los niños en su bautizo.

galafate.
   I. 1. sust/adj. *Ho.* Animal flaco y descuidado, en especial el caballo. rur.
     2. m. y f. *Ho.* metáf. Persona flaca y de mal aspecto. desp.
   II. 1. m. *Cu.* Pez marino de hasta 35 cm de longitud, de color negro azulado y una línea azul claro en la base de la aleta dorsal y anal. (Balistidae; *Melichthys niger*). ♦ **japonesa; negrito.**

galafatear.
   I. 1. tr. *Gu.* Cerrar o tapar junturas.

galán.
   I. 1. adv. *Gu, Ho, ES.* Bien, bueno, positivo. pop.
     2. *Ho.* Perfectamente, fácilmente.
   ■
     a. ‖ ~ **arbóreo.** *PR.* **matagallina**, arbusto.
     b. ‖ ~ **de noche.** m. *Mx:SE, Gu, Ho, ES, Ni, CR:NO, Pa, Cu, Co, Pe:N, Ur.* Cactus con flores grandes blancas y olorosas, que se abren por la noche. (Cactaceae; *Cereus phylantus*).
     c. ‖ ~ **de puerta falsa.** m. *Pe.* Hombre que galantea a las empleadas de hogar. fest.

galán, -na.
   I. 1. adj. *Mx. Referido a hombre,* atractivo.
     2. *ES, Ni, RD. Referido a persona o cosa,* bonita.
   II. 1. adj. *ES. Referido a cosa,* abundante.

galana.
   I. 1. f. *PR.* Arbusto de ramas largas y flexibles, de hojas aovadas, inflorescencia axilar y flores de color púrpura. (Fabaceae; *Meibomia purpurea*). ♦ **junquillo.**

galancete.
   I. 1. adj/sust. *Ch. Referido a persona,* que gusta de **galanear.** pop + cult → espon.

galanear.
   I. 1. intr. *Ch.* Galantear, intentar seducir sin intenciones serias. pop + cult → espon.

galano, -a.
   I. 1. adj. *Cu. Referido a un animal bovino,* que tiene el pelo de varios colores.
     2. *RD. Referido a los ojos,* que son de color claro.
   II. 1. adj. *CR.* obsol. *Referido a animal o a cosa, generalmente plantas y frutos,* lozano, hermoso y de gran tamaño. rur.

galanote, -a.
   I. 1. adj. *Gu. Referido a persona,* hermosa, corpulenta, con aspecto saludable.

galansote.
   I. 1. m. *RD, Ve.* Hombre atractivo y elegante.

galante.
   I. 1. m. *RD, Bo:S, Py.* Hombre que pretende o corteja a una mujer. pop.

galantea.
   I. 1. f. *Mx.* Árbol de hasta 8 m de altura, de ramas de rápido crecimiento, flores de color violáceo y una pequeña baya globosa como fruto. (Solanaceae; *Solanum verbascifolium*). ♦ **sacamanteca; salvadora; tabaquillo.**

galápaga.
 I. 1. *Co:E,S.* **charapa**, tortuga.

galápago.
 I. 1. m. *Mx, Gu, ES, Ni, RD, Co, Ve.* obsol. Silla de montar para mujer.
 II. 1. m. *Ec.* Tortuga terrestre de hasta 1,3 m de longitud, de caparazón negro mate sin dibujos, con patas muy robustas, cuello largo y muy delgado y cabeza bastante angulosa. (Testudinidae; *Chelonoidis nigra*).

galapaguero.
 I. 1. m. *Co:N.* Persona que tiene por oficio hacer o vender guarniciones para caballerías.

galarifo.
 I. 1. adj. *Ec. Referido a persona*, haragana y astuta para engañar a los demás. pop + cult → espon ^ desp.

galembo.
 I. 1. *Co:C,NE,SO.* **zopilote**, ave carroñera.

galera.
 I. 1. f. *Mx, Gu, Ho, ES, Ni, CR, Pa.* Cobertizo, construcción rústica con techo, a veces con una sola pared, que se utiliza para el almacenamiento de leña, granos, aperos y protección de animales y personas. (**galerón**).
 2. *Ho.* Edificio alargado de un cuartel en que se alojan los soldados.
 3. *Ho.* Edificio de madera de paredes hechas de tablas muy distanciadas una de otra, para secar las hojas de tabaco.
 4. *Ho.* Construcción alargada con paredes de troncos o bambú y techo de **manaca** que se utiliza en la costa como comedor o cantina.
 II. 1. f. *Bo, Py, Ar, Ur, Ch,* p.u. Sombrero de copa redondeada, o alta y cilíndrica, y alas abarquilladas. pop + cult → espon. ♦ **galerón**.
 III. 1. f. *Ve.* Meseta, terreno elevado y llano, de gran extensión, sobre el nivel de una llanura.
 IV. 1. f. *Cu. En la cárcel*, sala que ocupan los reclusos.
 2. *Cu.* Conjunto de reclusos agrupados en una galera.

 □
 a. ‖ **de ~ y bastón.** loc. adj. *Py, Ar. Referido al **futbol***, de categoría, de gran belleza o eficacia.
 ▶ **sacar de la ~.**

galería.
 I. 1. f. *Co, Py.* Plaza del mercado con sectores techados.
 2. *Ve.* obsol. Habitación principal de una casa.
 II. 1. f. *Ch.* Vulgo, masa de personas.
 III. 1. f. *Bo:E.* Conjunto de columnas de madera que sostiene las vigas del armazón del techo o del alero de una casa. pop.

galerón.
 I. 1. m. *Mx.* Espacio cerrado muy amplio.
 2. *Co, Ve.* Baile popular por parejas, en forma de zapateado, en el que el hombre persigue a la mujer mientras ella intenta escaparse.
 II. 1. m. *RD, Co, Ve.* Música al son de la cual se baila el galerón y se cantan cuartetas, seguidillas, glosas o romances.
 III. 1. m. *ES, Ni; Py.* obsol. **galera**, cobertizo.
 2. *CR, Pa.* Construcción rústica de mayores dimensiones que una **galera**, con paredes o sin ellas, usada para resguardar de la intemperie, animales y objetos, o para albergar algún tipo de fábrica artesanal.
 IV. 1. m. *Py.* obsol. **galera**, sombrero.

galerudo, -a.
 I. 1. adj. *Ar, Ur.* obsol. *Referido a persona*, presuntuosa, *especialmente por un supuesto poder social.* pop + cult → espon ^ desp.

 2. *Ur. Referido a persona*, refinada, de gustos exquisitos. pop + cult → espon.

galetería.
 I. 1. f. *Ar:NE.* Restaurante especializado en servir **galetos**.

galeto. (Voz portuguesa de Brasil).
 I. 1. m. *Ar:NE.* Pollo con panceta que se prepara asado en un espeto.

galfaro, -a.
 I. 1. sust./adj. *Ve.* Persona sin oficio ni ocupación. desp.
 2. *Ve:E.* Persona tramposa. desp.

galga.
 I. 1. f. *Ho.* Hormiga grande, como el **zompopo**, de cuerpo alargado, de color amarillo que camina velozmente. (Formicidae; *Camponotus abdominalis, C. sericeiventris, Monacis bispinosa*). ♦ **galga bala**.

 ■
 a. ‖ **~ bala.** *Ho.* **galga.**
 b. ‖ **~ chela.** f. *Ho.* Variedad de hormiga grande, alargada y de abdomen amarillo. (Formicidae; *Camponotus abdominalis*).
 c. ‖ **~ loca.** f. *Ho.* Variedad de hormiga grande. (Formicidae; *Monacis bispinosa*).
 d. ‖ **~ mora.** f. *Ho.* Variedad de hormiga grande y negruzca. (Formicidae; *Camponotus sericeiventris*).

galgada.
 I. 1. f. *ES.* Glotonería. ♦ **galguna.**

galgo, -a.
 I. 1. adj. *Mx, Pe.* obsol. *Referido a persona o animal*, hambriento. rur.
 2. *ES, Ni. Referido a persona*, glotona.
 II. 1. adj. *ES. Referido a persona*, oportunista.

galgódromo.
 I. 1. m. *Mx.* Canódromo.

galguear.
 I. 1. intr. *ES, Co.* Comer golosinas.
 2. *Pe.* obsol. Comer sin mesura por estar hambriento. rur.
 II. 1. intr. *Ur, Ar,* p.u. Encontrarse en mala situación económica. pop.
 2. *Ur.* Andar de un lado a otro, *especialmente para buscarse la vida.* pop.
 III. 1. tr. *Ar.* Pretender, cortejar. pop.
 IV. 1. tr. *Bo.* Desechar piedras inservibles fuera de las galerías de una mina. pop + cult → espon.

galguerías.
 I. 1. f. pl. *Co:C,NE.* Golosina u otro alimento ligero *que se toma por gusto o entretenimiento.*

galguitud.
 I. 1. *ES.* **galgura**, golosina.

galguitura.
 I. 1. *ES.* **galgura**, golosina.

galgura.
 I. 1. f. *Ho:N, ES.* Golosina. ♦ **galguitud; galguitura.**
 II. 1. f. *ES.* **galgada.**

galía.
 I. 1. f. *ES.* Cigarro de marihuana. drog.
 II. 1. m-f. *ES.* Persona delgada.

galibí.
 I. 1. *PR.* **carite.**

galifardo.
 I. 1. m. *ES.* Prenda de vestir usada. polic.

galifardo, -a.
 I. 1. adj/sust. *Ni, Pe. Referido a persona*, vividora, sinvergüenza. pop + cult → espon ^ desp.

galilla.
- **I. 1.** f. *ES.* Sobrante de una costura.
- **2.** *ES.* Sobra, desperdicio de algo.

galillo.
- **I. 1.** m. *Ho, Pa, Cu, RD, PR.* Voz aguda y estridente. (**galío**).
- **2.** *Ho.* metáf. Soberbia, prepotencia.
- **II. 1.** m. *RD, Ve.* Úvula.
- ■
  - **a.** ‖ **~ viejo.**
    - **i.** m. *PR.* Garganta.
    - **ii.** *PR.* Campanilla.
- ▨
  - **a.** ‖ **quien tiene más ~, traga más pinol.** fr. prov. *Ho, Ni, CR.* Indica que quien más grita o más escándalo hace se lleva al final los beneficios. pop + cult → espon.
- ▶ **parecer que salió del ~ de una vaca; romperse el ~; valer ~.**

galillón, -na.
- **I. 1.** adj. *ES, Ni. Referido a persona,* gritona.

galilloso, -a.
- **I. 1.** *Ve:E.* **galilludo,** gritón.
- **2.** *Ve:E.* **galilludo,** de voz atiplada.

galilludo, -a.
- **I. 1.** adj. *Ho, Ni, CR, Ve:E. Referido a persona,* gritona, bullanguera. ♦ **galilloso.**
- **2.** *Ve:E. Referido a persona,* de voz atiplada. ♦ **galilloso.**

galío. (Sínc. de *galillo*).
- **I. 1.** *Ho.* **galillo,** voz.

galión, -na.
- **I. 1.** m. y f. *ES.* Médico que cobra a un paciente que está exento de pago.

galipota.
- **I. 1.** f. *Ni.* Masturbación. vulg.
- **II. 1.** f. *PR.* Hoz. rur.

galipote.
- **I. 1.** m. *RD.* Persona que, según la creencia popular, tiene la facultad de convertirse en animal o en árbol.

galla.
- **I. 1.** f. *PR. En la industria tabacalera,* pedazo de la hoja de tabaco que queda en el **palote** al arrancarla. rur.

gallada.
- **I. 1.** f. *Ho, Pa; Co, Ch,* pop + cult → espon; *Pe,* p.u, *Ec,* espon. Grupo de amigos que se reúnen con frecuencia para divertirse.
- **2.** *Co.* juv. Pandilla de niños o jóvenes que viven en la calle *y realizan generalmente actividades delictivas.* pop.
- **3.** *Pe.* juv. Amigo. pop.
- **4.** *Pa, Ch.* Gente, conjunto de personas, multitud. pop + cult → espon ^ desp. ♦ **garuma; garumaje.**
- **II. 1.** f. *Ho, ES, Bo.* Bravuconada, fanfarronada.
- **III. 1.** f. *Ho, ES.* Acción valerosa.
- **IV. 1.** f. *ES.* Chapuza, cosa mal hecha.
- **V. 1.** f. *ES.* Ropa de vestir usada.

gallardete.
- **I. 1.** m. *Mx, Ho.* Arbusto perenne de hasta 5 m de altura, de copa redondeada, hojas aserradas con las venas marcadas y flores solitarias de color rojo, con estambres también rojos, que sobresalen de la flor, cuya coloración puede variar; es ornamental. (Malvaceae; *Hibiscus rosa-sinensis*). ♦ **amapola; astromelia; bonche; candelaria; candelá; cayena; cayeno; cucarda; escandalosa; flor de chivo; flor de la reina; gallina; lamparilla; mar pacífico; marpacífico; obelisco; papo; rojo; roso; San Joaquín; sangre de Cristo; sanjoaquín; viuda; viuda alegre.**
- **II. 1.** m. *Bo.* Escarapela de cinta que se prende junto con dinero, en la solapa del traje del próximo **preste.** pop + cult → espon.
- **III. 1.** m. *ES.* Ropa de vestir usada.
- **IV. 1.** m. *Ho.* Letrero, anuncio o **afiche** que se cuelga en postes y farolas.
- **V. 1.** m. *Pa.* Cinta del color distintivo de la **pollera** que la mujer ataviada con este traje lleva en la cintura. ♦ **gallo.**

gallareta.
- **I. 1.** *Bo, Ar.* **tagua,** ave.
- **2.** f. *Gu, Ec.* Ave de hasta 25 cm de longitud, con la cabeza y el cuello de color azulado, el pico con una carnosidad de color rojo encendido, las alas marrón o verdoso en el dorso y celeste en el interior, y las patas delgadas, de color amarillo y con dedos muy largos. (Rallidae; *Porphyrula flavirostris*). ♦ **perdiz de manglar.**
- **3.** f. *Ch.* **cuervillo de cañada.**
- **4.** *RD, PR.* **gallineta pico de plata.** (**gayareta; llagareta**).
- **II. 1.** f. *Ec.* metáf. Persona flaca. pop + cult → espon ^ fest.
- **III. 1.** f. *RD.* Persona que habla excesivamente y de manera impulsiva.
- ■
  - **a.** ‖ **~ azul.** *RD, PR.* **tingua azul.**
  - **b.** ‖ **~ chiquita.** f. *PR.* Ave de hasta 13 cm de longitud, de cara listada, con la región inferior blancuzca, parte superior con tonalidades pardas con rayitas blancas y manchas de color negro, con un tono amarillo en los lados del cuello y el pecho, pico verdoso oscuro y patas amarillentas. (Rallidae; *Porzana flaviventer*).
  - **c.** ‖ **~ de pico blanco.** *RD.* **gallineta pico de plata.**
  - **d.** ‖ **~ de pico colorado.** *RD, PR.* **gallinula.**
  - **e.** ‖ **~ de pico rojo.** *RD.* **gallinula.**
  - **f.** ‖ **~ inglesa.** *PR.* **tingua azul.**
- ▶ **será pato o ~.**

gallaruza.
- **I. 1.** f. *RD.* p.u. Mujer de comportamiento masculino o varonil.

gallazo, -a.
- **I. 1.** adj. *Ec. Referido a persona,* fanfarrona, jactanciosa. pop + cult → espon.
- **2.** adj/sust. *Bo. Referido a un hombre,* valiente y osado. pop.
- **II. 1.** sust/adj. *Ho.* Persona experta en algo.

gallé.
- **I. 1.** m-f. *Ch. Entre los gitanos,* persona que no es de su etnia.

gallega.
- **I. 1.** f. *Cu, PR.* Ave acuática palmípeda, de hasta 60 cm de longitud, de plumaje ceniciento, rabadilla, vientre y cola blancos, y patas, pico y párpados rojizos. (Laridae; *Larus argentatus*).

gallego.
- **I. 1.** *Ni, CR.* **guataco,** lagarto.
- **II. 1.** m. *PR.* Arbusto de hasta 4 m de altura, hojas pinnadas, inflorescencia terminal, colgante, formada por numerosas umbelas y fruto subgloboso. (Araliaceae; *Polyscias guilfoylei*).

gallego, -a.
- **I. 1.** adj. *Cu, RD; Ar.* p.u. Relativo a España.
- **2.** adj/sust. *Bo, Py; Ar, Ur,* pop. *Referido a persona,* de ascendencia española.
- **II. 1.** adj/sust. *Mx, CR, Ve, Ur; Ch,* p.u. *Referido a persona,* poco inteligente. pop ^ desp.

gallera.
    I. 1.   f. *Gu, Ni, CR, RD, PR, Co, Ec, Bo.* Local construido expresamente para celebrar peleas de gallos.

■

    a. ‖ ~ **turística.** f. *PR.* Gallera de primera clase de las seis categorías que autoriza la Comisión de Gallos.
    ▶ **alborotarse la ~.**

gallería.
    I. 1.   f. *Cu, RD, PR, Ve, Bo.* Local destinado a la cría de gallos de pelea. (**galleril**).
    2.   *Cu.* Conjunto de gallos de pelea.
    3.   *Ho.* Relativo a la pelea de gallos.

galleril.
    I. 1.   adj. *Ho.* Relativo al gallo de pelea. prest; cult → esm.
    2.   m. *PR.* En las peleas de gallos, **gallería**, local.

gallerismo.
    I. 1.   m. *RD.* Espectáculo de las peleas de gallos y todo lo relacionado con él.

gallero.
    I. 1.   m. *Gu, Ni, CR, Cu, RD, Co, Ec, Pe, Bo, Ch, Ar.* Criador de gallos de pelea.
    2.   *RD, Pe, Bo, Ch.* Organizador de peleas de gallos.
    3.   *Ni, PR.* Jugador que apuesta a las peleas de gallos.

gallero, -a.
    I. 1.   adj/sust. *Gu, Ho, ES, Ni, CR, Pa, Cu, RD, Co, Ve, Ec, Pe, Bo, Py, Ar;* m, *PR. Referido a persona*, aficionada a las peleas de gallos.
    2.   adj. *Ho, Ni, RD, Ec, Pe, Bo, Ch, Ar.* Relativo a la pelea de gallos.
    II. 1.   adj. *ES. Referido a persona*, que siempre corrige los errores de otro.
    2.   *ES. Referido a persona*, que comete errores.

galleta.
    I. 1.   f. *Mx, Gu.* Fuerza física, vigor. pop + cult → espon.
    2.   *Ho.* Fuerza de un motor o velocidad de un automóvil.
    II. 1.   f. *Ve; Ar,* pop. Situación de desorden o confusión.
    2.   *Ar, Ur.* Enredo o maraña, *especialmente de cables o hilos.* pop.
    III. 1.   f. *Ve, Ar.* Embotellamiento. pop.
    IV. 1.   f. *Ve.* Hombre afeminado u homosexual.
    V. 1.   f. *ES, Ec.* juv. Compresa para la menstruación de la mujer.
    VI. 1.   f. *Bo:C,O.* **galleteada**. pop.
    2.   *Bo:C,O.* Rechazo de una proposición amorosa. pop.
    VII. 1.   f. pl. *Ec.* En ciertos deportes, *especialmente en el futbol*, entrepierna. pop.
    2.   adj. *CR. Referido a persona*, que tiene habilidad para ejecutar una acción determinada. pop.
    VIII. 1.   f. *Ch.* Pan poco refinado consumido por los trabajadores del campo.
    IX. 1.   m-f. *Ch.* Persona que ayuda ocasionalmente en una actividad y actúa como refuerzo. pop + cult → espon.
    X. 1.   f. *Ch.* Sierra mecánica de forma plana y circular. pop.
    XI. 1.   f. *ES, Py.* Bollo de pan con costra ligeramente dura o crocante.
    XII. 1.   f. *Pa; Py,* pop. Nudo hecho en una prenda de vestir.
    2.   *Pa.* Broma pesada.
    XIII. 1.   f. *ES.* Ladrillo pequeño y delgado.
    XIV. 1.   f. *PR.* Empañetado que al golpearlo suena hueco.
    XV. 1.   f. *CR.* Pieza de madera en forma de disco obtenida haciendo un corte transversal en un tronco.

■

    a. ‖ ~ **al agua.** *Ur.* **galleta de agua.**
    b. ‖ ~ **alemana.** f. *ES.* Bollo redondo hecho de harina de trigo y jalea de piña.

    c. ‖ ~ **de agua.** f. *Bo, Ch, Ar, Ur.* Galleta hecha con harina, agua y otros ingredientes. ♦ **galleta al agua.**
    d. ‖ ~ **de campaña.** *Ar, Ur.* **galleta de campo.**
    e. ‖ ~ **de campo.** f. *Ar, Ur.* Pan de corteza gruesa y miga abundante, de forma redondeada, que se conserva fresco durante bastante tiempo. *Se consume generalmente en zonas rurales o en el ejército.* ♦ **galleta de campaña.**
    f. ‖ ~ **de champaña.** f. *Bo, Ch.* Galleta dulce muy porosa y liviana, *usualmente cubierta con granos de azúcar*, elaborada con azúcar de flor, harina de trigo y huevos, que se deshace fácilmente al contacto con líquidos.
    g. ‖ ~ **de chuño.** f. *Bo, Ch.* Pasta preparada con fécula de **chuño**, maicena, agua y sal, amasada y moldeada en panecillos circulares, en forma de flor.
    h. ‖ ~ **de sal.** f. *Cu.* Galleta de sabor salado.
    i. ‖ ~ **de soda.** f. *Mx, Ni, CR, Pa, Cu, PR, Co, Ve, Ec, Pe, Ch.* Galleta fermentada con bicarbonato de soda y cremor tártaro.
    j. ‖ ~ **garabato.** f. *Ho.* Galleta hecha con harina de trigo, azúcar y yema de huevo con hilitos de chocolate en forma de garabatos por encima.
    k. ‖ ~ **malteada.** f. *Ar, Ur.* Producto de panadería salado, hecho a base de harina, grasa, agua y levadura.
    l. ‖ ~ **marina.** f. *Ur.* Producto de panadería, salado y sin grasa hecho a base de harina, agua y levadura.
    m. ‖ ~ **marinera.** f. *Ar, Ur.* Pan seco, de forma redondeada y achatada, sin levadura o casi sin ella, que se puede conservar durante mucho tiempo.
    n. ‖ ~ **molida.** f. *Cu.* Polvo de galletas de sal, *usado especialmente para empanar alimentos.*
    ñ. ‖ ~ **sorbeto.** f. *Pa.* Galleta de harina de trigo, tostada y sin levadura.

□

    a. ‖ ~ **con gorgojo.**
    i.   loc. sust. *Cu.* obsol. Persona de edad avanzada. pop.
    ii.   *Cu.* obsol. Hombre casado. pop.
    iii.   *RD.* Hombre casado que se hace pasar por soltero. fest.
    ▶ **colgar la ~; dar ~; dar una ~ sin mano; meter la ~; pasarse por la ~; pasársela por la ~; pasárselo por la ~; quebrar la ~; zampar la ~.**

galletazo.
    I. 1.   m. *EU, Pa, Cu, PR.* Gran bofetada. pop.
    II. 1.   m. *Bo:C,O.* **galleteada.** pop.
    2.   *Bo:C,O.* Rechazo a una proposición amorosa. pop.

galleteada.
    I. 1.   f. *Bo.* Infidelidad en una pareja que mantiene una relación amorosa. ♦ **galleta, galletazo.**
    II. 1.   f. *Ho.* Acelerón de un vehículo automotor.

galletear.
    I. 1.   tr. *Ar.* obsol. *En una pareja*, cortar *una persona* la relación sentimental con la otra. pop.
    2.   *Bo:O.* Rechazar a *alguien* cuando hace una proposición amorosa. pop.
    3.   *Bo:C,O.* Engañar a *una persona* con la que se mantiene una relación sentimental.
    II. 1.   tr. *Cu, RD.* Abofetear a *alguien* repetidas veces.
    2.   *Ch.* Molestar, fastidiar a *alguien* con reiteración. pop.
    III. 1.   intr. *Ch.* Ayudar ocasionalmente en una actividad, actuar como refuerzo. pop + cult → espon.
    IV. 1.   tr. *Ho.* Acelerar mucho un vehículo.

galletero, -a.
    I. 1.   adj/sust. *Ve. Referido a persona*, que fomenta **galletas**, situación de desorden.

galletica.

■

    a. ‖ ~ **de plátano.** f. *Cu.* Rodaja fina de plátano verde que se sirve frita. pop.
    ▶ **no estar el horno para ~s.**

galletitería.
I. 1. f. *Ar, Ur.* Arte de elaborar galletitas saladas o dulces.
2. *Ur, Ar.* p.u. Establecimiento donde se venden galletitas saladas o dulces de fabricación industrial.

galletón.
I. 1. m. *Ch; Py,* pop + cult → espon. Galleta grande de harina de trigo y otros ingredientes que se vende por unidad.
II. 1. m. *Ho.* juv. Hombre homosexual.

galletoso, -a.
I. 1. adj. *Ve. Referido a persona,* que se enreda o complica al hacer las cosas.
2. *Ve. Referido a un asunto,* enredado o complicado.

galletudo, -a.
I. 1. adj. *ES. Referido a sonido,* limpio, ecualizado.

gallina.
I. 1. f. *Cu, PR.* Gallo de golilla corta con plumas muy semejantes a las de una gallina. rur.
2. *PR. En las peleas de gallos,* gallo que deja de atacar durante la pelea y canta en señal de cobardía.
II. 1. sust/adj. *Bo, Py.* Mujer que cede con facilidad a los requerimientos sexuales de los hombres. pop ∧ desp.
III. 1. f. *RD.* **gallardete,** arbusto.
2. *PR.* **chapín,** pez marino.
IV. 1. f. *RD.* Mujer atractiva. pop.
V. 1. f. *ES.* Lío, problema. pop.
VI. 1. *CR.* **jupa,** cabeza. pop ∧ fest.
VII. 1. f. *Pa.* **gallino,** aire de mejorana.

■
a. ‖ ~ **azul.** f. *Ve.* Ave de hasta 46 cm de longitud, de pico curvo y de color gris azulado, cuello moteado de blanco, garganta blanca, lomo y alas grises con manchas o estrías negras menudas y delgadas. (Tinamidae; *Tinamus tao*). ♦ **macuco azul.**
b. ‖ ~ **bolo.** f. *PR.* Gallina que carece de cola. rur.
c. ‖ ~ **ciega.**
　i. f. *Ho, ES, Ni, Co, Pe.* Larva de coleóptero, pequeña, de cuerpo robusto ensanchado hacia atrás y de color blanco. (Melolonthidae; *Phyllophaga* spp.). ♦ **jogote; mojojoy; molongo.**
　ii. *Ch.* Ave nocturna de hasta 25 cm de longitud, de alas largas y puntiagudas, patas, cuello y pico muy cortos, y plumaje coloreado para mimetizarse entre las hojas o ramas de los árboles. (Caprimulgidae; *Caprimulgus longirostris*).
d. ‖ ~ **cuero.** f. *Ve.* Ave de hasta 38 cm de longitud, de color pardo oscuro con motas negras por arriba, vientre rufo con barras negras finas y onduladas, garganta leonada, alas y vientre inferior con manchas claras. (Tinamidae; *Nothocercus bonapartei*).
e. ‖ ~ **de agua.** *PR.* **tingua azul.**
f. ‖ ~ **de Guinea.** f. *Mx, Ho, Ni, PR, Py, Ar.* Ave de cabeza pelada, cresta ósea, plumaje negro azulado, con manchas o pintas blancas, pequeñas o redondas, y cola corta y puntiaguda. rur. (Numididae; *Numida* spp.). ♦ **guinea.**
g. ‖ ~ **de la tierra.** *PR. En las peleas de gallos,* **gallina jíbara.**
h. ‖ ~ **de monte.**
　i. f. *Ho, ES, Ni, CR, Ve, Ec, Pe, Bo.* Ave de hasta 43 cm de longitud, parecida a una gallina, de cuerpo grueso, cuello muy delgado, cabeza pequeña, patas grisáceas y plumaje marrón oliváceo oscuro por encima, con rayas y puntos negros, algo más pálido por debajo, con rayas negras, marrón claro en los muslos y flancos, blanquecino en la garganta y negro o castaño en la coronilla. (Tinamidae; *Tinamus major*). ♦ **con-**golona; gongolona; perdiz; perdiz de monte; tinamú grande.
　ii. *Co.* **aburria.**
i. ‖ ~ **de palo.**
　i. f. *Pa, PR.* **huico,** lagarto.
　ii. *CR.* **garrobo,** reptil de hasta 1,8 m.
j. ‖ ~ **en pinol.** f. *Ho.* Comida hecha a base de gallina cocida y, después, sofrita a la que se le añade **pinol,** maíz triturado y tostado.
k. ‖ ~ **jíbara.** f. *PR. En las peleas de gallos,* gallina ordinaria y corriente que no es de casta peleadora. ♦ **gallina de la tierra.**
l. ‖ ~ **matrera.** f. *PR.* Gallina que pone los huevos en el monte y sale cuando nacen los polluelos. rur.

□
a. ‖ **con la ~ bajo el brazo.** loc. adv. *Gu.* In fraganti, en el momento en que se está cometiendo el delito o la acción censurable.
b. ‖ **de ~.** loc. adj. *Ch. Referido a la cintura o talle,* ancha, propia de la persona gruesa. pop + cult → espon.
c. ‖ **de ~ con mal.** loc. adj. *Ec. Referido a precio,* muy bajo. pop + cult → espon.
d. ‖ ~ **aporreada.** loc. sust. *Ho.* **Frijoles** fritos o cocidos. pop ∧ fest.
e. ‖ ~ **desplumada.** loc. sust. *ES.* Despegue de un timbre de un documento legal por un empleado para pegárselo a otro. fest.

◪
a. ‖ ~ **que come huevo, aunque le corten el pico.** *Ch.* **gallina que come huevo, aunque le quemen el pico.**
b. ‖ ~ **que come huevo, aunque le quemen el pico.**
　i. fr. prov. *Ni, Pe.* Indica que una persona que actúa mal, lo seguirá haciendo en el futuro. pop + cult → espon. ♦ **gallina que come huevo, aunque le corten el pico; gallina que come huevo, aunque le soasen el pico.**
　ii. *Ho, ES, Ni.* Indica que alguien que hace algo que le gusta, siempre repite. pop.
c. ‖ ~ **que come huevo, aunque le soasen el pico.** *Ho.* **gallina que come huevo, aunque le quemen el pico.**
d. ‖ ~ **que no tiene agua para beber, y quiere lavarse los pies.** fr. prov. *RD.* Indica que se quiere hacer más de lo que se puede. pop + cult → espon.
e. ‖ **la ~ de arriba ensucia a la de abajo.** fr. prov. *PR.* Indica que una posición subalterna siempre tiene inconvenientes y penalidades.

► **andar como ~ con pepa; cantar la ~; comer ~; comerle la ~; estar como ~ comprada; hacerse la ~ distraída; matar la ~; parecer cabeza de ~; parecer ~ chiricaca; parecer ~ comprada; quedar como ~ chiricana; volarle la ~.**

gallinacear.
I. 1. intr. *Co.* Coquetear un hombre con una mujer. pop.

gallinacito.
I. 1. m. *Pe:N.* Danza popular que se realiza delante de los altares en señal de adoración mientras se vela a un difunto.

gallinaza.
I. 1. f. *Co.* Planta herbácea, de hojas opuestas o alternas, aterciopeladas, y cabezuelas solitarias sostenidas por pedúnculos, con disco central de color anaranjado y pétalos de color rojizo oscuro o amarillo intenso. (Asteraceae; *Tagetes patula*). ♦ **clavel de muerto; flor de muerto.**

gallinazo.
I. 1. *Gu, Pa, Co, Ve, Ec, Pe, Bo, Ch.* **zopilote,** ave carroñera.

2. *Mx:SE.* **garzón**, ave zancuda.
3. *Ch, Ar.* p.u. Ave rapaz diurna, de hasta 70 cm de longitud, de cabeza de color rojizo desprovista de plumas y plumaje negro con la parte ventral de las alas de color gris plateado; se alimenta de carroña. (Cathartidae; *Cathartes* spp.). ♦ **aura; cuervo; cuervo de cabeza roja; iribú; jote; pala-pala; palapala; rinahui; urubú.**

II. 1. m. *Co.* Arbusto de hasta 8 m de altura con florecitas en espigas axilares; la infusión de la corteza tiene aplicación en la medicina tradicional. (Chloranthaceae; *Hedyosmum bonplandianum*).
2. *CR, Pa.* **pachaco.**

III. 1. m. *Co.* metáf. Hombre galanteador y mujeriego. pop.

■

a. ‖ ~ **rey.** *Co, Ec.* **rey zopilote.**

◪

a. ‖ ~ **no canta en puna.** fr. prov. *Pe.* Indica que, según la creencia popular, las personas de raza negra no soportan el frío. pop.

gallineo.
I. 1. m. *ES.* Persecución y captura de gallinas.

gallinero.
I. 1. m. *Cu, PR.* Lugar al aire libre donde se juntan las gallinas con un gallo **padrote.** rur.
▶ **estar en su ~; quedar como ~; revolver el ~.**

gallineta.
I. 1. f. *Co, Ve, Pe, Bo, Ch, Py, Ar, Ur.* Ave poco mayor que la gallina común, de cabeza pelada, cresta ósea, carúnculas rojizas en las mejillas y plumaje negro azulado, con manchas blancas, pequeñas y redondas, simétricamente distribuidas por todo el cuerpo, cola corta y puntiaguda, y tarsos sin espolones. (Numididae; *Numida meleagris*).
2. *Ve.* Ave silvestre parecida, en su aspecto general, a un pavo pequeño, de hasta 40 cm de longitud y de color gris-castaño. (Tinamidae; *Tinamus* spp.).
3. *Ec.* Gallo de pelea de color blanco. rur.
4. *Ho.* **tingua azul.**

II. 1. f. *Pe.* Pez de hasta 15 cm de longitud, de color café o rojizo moteado, con aletas dorsales espinosas, torso y vientre sin escamas. (Triglidae; *Bellator gymnostethus*).

III. 1. f. *Ec.* Vehículo con grandes palas por delante y por detrás que sirve para excavar. pop.

■

a. ‖ ~ **cuero.** f. *Ve.* Ave de hasta 33 cm de longitud, de pico amarillento y largo en relación con su tamaño, que presenta listas de color negro y canela en la parte de arriba, capuchón negruzco y cuello y pecho rufos. (Tinamidae; *Crypterellus variegatus*).
b. ‖ ~ **de agua.** f. *Ve.* Ave de hasta 28 cm de longitud, con el pico de color rojo con la punta amarilla, similar al de la gallina, y de color general gris pizarra, con el lomo más oscuro con tintes pardo olivo y una línea blanca a lo largo de los costados que divide las dos tonalidades. (Rallidae; *Gallinula chloropus*).
c. ‖ ~ **pico de plata.** f. *Ve.* Ave de hasta 38 cm de longitud, que presenta coloración general gris pizarra oscuro y tiene pico blanco, similar al de la gallina, y patas con dedos unidos por membranas de color olivo. (Rallidae; *Fulica caribaea*). ♦ **gallareta; gallareta de pico blanco.**

gallinita.
I. 1. f. *Mx.* Ave de hasta 20 cm de longitud, de color pardo oscuro con manchas negras y rayas blancas en la parte superior, cuello y pecho gris oscuro, cara negra y abdomen blanco, ojos rojos, pico

amarillo y patas verdosas. (Rallidae; *Porzana carolina*). ♦ **sora.**

II. 1. f. *Mx.* Planta trepadora de hasta 4 m de altura, de hojas simples, opuestas y ovadas, de color verde oscuro, inflorescencias en racimo, flores de color amarillo intenso y semillas en una cápsula verde dispuesta como prolongación de la flor. (Malpighiaceae; *Mascagnia macroptera*).

III. 1. f. *Pa.* Caldo de pollo.

■

a. ‖ ~ **de la suerte.** f. *Py.* Pieza artesanal de barro cocido, que toma la forma de una gallina presentada en dos versiones, una blanca y otra negra. pop.

gallino.
I. 1. sust/adj. *Ve.* Gallo que tiene el plumaje de color uniforme, similar al de una gallina.
2. adj/sust. *Ho.* Referido a *gallo de pelea,* cobarde, poco agresivo.

II. 1. m. *PR.* Gallo al que le faltan las **cobijas** de la cola. rur.

III. 1. m. *Pa.* Aire de **mejorana** cuya letra y acompañamiento tienen una tonalidad sentimental y a veces elegíaca. (**gallina**).

gallinota.
I. 1. f. *RD.* metáf. Mujer atractiva y exuberante. pop.

gallinuela.
■

a. ‖ ~ **de agua dulce.** f. *Cu.* **herrero.**

gallinula.
I. 1. f. *Ec.* Ave de plumaje gris pizarra, con dos líneas anchas en los flancos debajo de la cola de color blanco, escudo facial y pico rojos, patas oliveoamarillentas, con una mancha roja en las rodillas. (Rallidae; *Gallinula chloropus*). ♦ **gallareta de pico colorado; gallareta de pico rojo.**

gallipato.
I. 1. m. *PR.* **tingua azul.**

gallito.
I. 1. m. *Mx, Co.* Semiesfera de material muy liviano bordeada de plumas o tiritas usada en el bádminton.
2. *Co.* Bádminton.

II. 1. *RD, Co.* **farolito,** planta trepadora.
2. *Ho, ES.* Planta epífita, sin tallo, hojas de bordes lisos con el haz de color verde blanquecino a verde intenso, el envés de color rosa a rojo intenso, flores blancas, amarillas o rosadas. (Bromeliaceae; *Tillandsia excelsa, T. multicaulis, T. lampropoda, T. yunckeri, Catopsis subulata, C. hahnii, C. bertoroniana, Aechmea mariae-reginae, Androlepis skinneri*). ♦ **jarrito; zomo.**
3. *Cu.* Árbol ornamental de hasta 12 m de altura, de corteza rugosa, hojas con folíolos e inflorescencia en racimos de dos a cinco flores; la infusión hecha con sus hojas se emplea en medicina popular como purgante. (Fabaceae; *Sesbania grandiflora*).
4. *Ni.* Bejuco trepador, de raíz grande y tuberosa, flor violeta o de color blanco, el fruto es una vaina, con semillas redondas o cuadradas de color amarillo, café o rojo. (Fabaceae; *Pachyrrhizus erosus, P. angulatus*).
5. *RD.* Planta trepadora de hasta 7 m de altura, de tallo leñoso y con espinas curvas, y hojas oblongo ovaladas. (Cannabaceae; *Celtis iguanaea*). ♦ **nancehuiste.**
6. *PR.* Árbol de pequeño tamaño, de tronco delgado con pocas ramas, hojas velludas en ristras, flores blancas o rojas en racimos y semillas dentro de una vaina larga, fina y recta; es ornamental. (Araucariaceae; *Agathi grandiflora*). ♦ **itamorreal; sapito.**

III. 1. *Py, Ar.* Ave de hasta 15 cm de longitud, con copete, alas cortas y cóncavas, cola larga, pico corto y plumaje suave y espeso. (Rhinocryptidae; *Rhinocrypta lanceolata*).

2. *Ch.* Ave marina de hasta 25 cm de longitud, de plumaje negro, excepto el lomo y el vientre, que son blancos, pico negro y patas largas del mismo color con membranas amarillas, la cola en forma de horquilla. (Oceanitidae; *Oceanodroma markhami*). ♦ **golondrina de mar**.

3. *Cu.* **gallito de agua**, ave zancuda.

4. *PR.* Pájaro de hasta 19 cm de longitud, con plumaje negro, y garganta, parte ventral de la cola y banda coronal anaranjadas. (Emberizidae; *Loxigilla portoricensis*). ♦ **jácana**.

IV. 1. m. *Ch.* Pulso, prueba en la que dos personas se agarran por la mano y, con los codos apoyados en una superficie, trata cada una de doblar el brazo del contrario.

2. *Ch.* metáf. Enfrentamiento entre dos partes equilibradas en sus fuerzas, que mantienen intereses o puntos de vista diferentes.

V. 1. m. *Ho, RD.* Bucle alto del peinado de mujeres.

2. *Cu.* Mechón de pelo de un bebé que se peina hacia arriba en forma de bucle.

VI. 1. m. *Ve:O.* Grano de maíz tostado y reventado.

VII. 1. m. *Ni, RD, Py.* Persona discutidora que pelea mucho, tratando de defenderse y justificarse siempre.

VIII. 1. m. *Ho,* meton; *Gu,* p.u, pop. Clítoris. vulg.

IX. 1. m. *Ch.* p.u. Úvula, campanilla. pop.

X. 1. m. *RD.* Trago de ron que se toma con una aceituna dentro del vaso.

XI. 1. *PR.* **gallo**, cigarrillo de marihuana.

■

a. ‖ **~ de agua**.
   i. m. *Mx, RD.* Ave zancuda de hasta 25 cm de longitud, de plumaje rojo oscuro y negro, ojos pardos, pies verdosos, con un espolón en cada ala y uñas largas y agudas. (Jacanidae; *Jacana spinosa*). ♦ **gallito**; **jacana**; **viuda**; **yohualcuachil**.
   ii. *Ar, Ur.* **jacana**, ave acuática.
   iii. *Ho.* **tero real**.

b. ‖ **~ de laguna**. *Ve.* **jacana**, ave acuática.

c. ‖ **~ de las rocas**. *Ve, Pe.* **gallito de roca**.

d. ‖ **~ de mar**. *Ho.* **tero real**.

e. ‖ **~ de monte**. m. *Pa.* Ave de hasta 30 cm de longitud, de pico robusto y cresta copuda, partes superiores de color marrón o negruzco y las inferiores castaño brillante, gris, rufo o rojizo. (Odontophoridae; *Odontophorus gujanensis*).

f. ‖ **~ de roca**. m. *Co; Pe,* p.u. Ave de hasta 33 cm de longitud, de color general anaranjado con una cresta en abanico de plumas del mismo color. (Cotingidae; *Rupicola rupicola*). (**gallito de las rocas**; **gallo de roca**).

g. ‖ **~ prieto**. m. *RD.* Ave de hasta 17 cm de longitud, de plumaje negruzco, con algunas zonas de color rojo en la cabeza y en la cola, y el pico abultado y con forma de cono. (Fringillidae; *Loxigilla violacea*).

□

a. ‖ **~ ciego**. loc. sust. *Py, Ar, Ur.* Juego infantil en el que uno de los participantes, con los ojos vendados, trata de atrapar a alguno de los demás y adivinar quién es.

b. ‖ **~ de pelea**.
   i. loc. sust. *Ve:O.* Niño o joven pendenciero.
   ii. loc. adj. *Cu.* Referido a persona, pendenciera, **buscapleitos**. pop + cult → espon.

c. ‖ **~ fino**. loc. sust. *Co, Py.* Persona pendenciera. pop.

▶ **dárselas de ~; echar ~s**.

gallo.

I. 1. m. *Mx, Ni, Py.* Candidato de preferencia.

2. m. *Ho, RD; Pe,* p.u; m-f. *Bo.* pop. Persona experta o hábil en algo.

3. m. *Cu, RD, Bo.* Hombre, individuo, tipo. pop.

4. *Bo.* Hombre que mantiene relaciones sexuales con una mujer con la cual convive ocasionalmente.

5. *RD.* Persona osada, conquistadora, triunfadora.

II. 1. m. *Mx, Bo; Ar:NO,* obsol. Serenata. pop + cult → espon.

III. 1. m. *Mx, PR.* Remolino de pelo que se forma en la cabeza de una persona. pop + cult → espon.

2. *RD.* Bucle alto del peinado de mujeres.

IV. 1. m. *Mx, juv; PR,* drog. Cigarrillo de marihuana. (**gallito**). ♦ **moto**.

V. 1. m. *Mx, CR.* metáf. Gargajo. vulg; pop + cult → espon ^ sat.

VI. 1. m. *Co.* Trabajo muy difícil. pop.

VII. 1. m. *Co.* Cada una de las molduras cromadas que adornan la carrocería de los automóviles.

VIII. 1. m. *Gu, Ho, ES, Ni.* Clítoris. vulg.

IX. 1. *Pe.* Botella de forma especial que se usa para recoger la orina del hombre que guarda cama.

X. 1. m. *Ec.* Adversario. pop + cult → espon.

2. *Ec.* Sujeto. pop ^ desp.

XI. 1. adj. *Pa, Ec.* Referido a un hombre, astuto. pop + cult → espon.

2. *Bo:E.* Referido a persona, astuta e inescrupulosa, *especialmente para los negocios*. pop.

XII. 1. sust/adj. *Ve.* juv. Estudiante muy aplicado, pero retraído y algo tonto en su comportamiento.

XIII. 1. m. *Ve.* Mujer fea. desp.

XIV. 1. m. *Ho, ES.* Prenda usada. pop.

XV. 1. m. *Ho, ES.* Pequeño defecto en una obra realizada.

XVI. 1. m. *Cu.* Dinero, moneda corriente. pop.

XVII. 1. m. *Bo.* obsol. Conjunto de butacas situadas en la parte más alta de un cine o de un teatro.

XVIII. 1. m. *CR.* Porción de alimento que se come en una **tortilla**.

2. *CR.* obsol. Alimento, *generalmente el almuerzo o la comida*. rur.

XIX. 1. m. *Ni.* Jefe de pandilla.

XX. 1. m. *PR.* Pez marino de hasta 30 cm de longitud, de cuerpo ovalado cubierto de escamas rojizas, aleta dorsal gruesa con espinas fuertes en forma de arco y cola vertical en forma de V. (Holocentridae; *Holocentrus ascensionis*). ♦ **fino**.

XXI. 1. m. *CR.* En los muelles, cable de la grúa.

XXII. 1. *Pa.* **gallardete**, cinta.

XXIII. 1. adj. *Pa.* juv. Referido a cosa, de mala calidad.

●

a. ‖ **¡qué va ~!** fórm. *RD.* Se usa para negar algo rotundamente o manifestar incredulidad.

■

a. ‖ **~ afeitado**. m. *PR. En las peleas de gallos*, animal afeitado alrededor de la base de la cresta, por detrás de los oídos.

b. ‖ **~ asil**. m. *Ni, Py. En las peleas de gallos*, animal de origen asiático, fuerte y resistente.

c. ‖ **~ bola**. m. *Pa.* Gallo que carece de cola.

d. ‖ **~ bolo**. m. *Cu, RD, PR.* Gallo sin cola, reculo. rur.

e. ‖ **~ boto**.
   i. m. *RD. En las peleas de gallos*, animal agresivo que hiere poco.
   ii. m. *PR.* **gallo espuelero**.

f. ‖ **~ buchero**. m. *PR. En las peleas de gallos*, gallo de pelea que tiende a atacar a su contrincante por el buche.

g. ‖ **~ búlico**. m. *PR.* Gallo de color gris. rur.

h. ‖ **~ calabaza**. m. *PR. En las peleas de gallos*, animal de plumaje entre amarillo y anaranjado. rur.

i. ‖ **~ calandrio**. m. *PR.* Gallo de color negro azulado o negro rojizo con plumas doradas en las alas.

j. ‖ **~ calvo**. m. *Cu, PR. En las peleas de gallos*, ejemplar que carece de plumaje en la parte posterior de la cresta. rur.

k. ‖ ~ **camagüey.** m. *PR.* Gallo blanco con plumas amarillas o blanco con manchas rojas. rur.

l. ‖ ~ **cara vuelta.** m. *Ho.* Gallo bien entrenado que un criador regala a un gallero desconocido para apostar y ganar dinero.

m. ‖ ~ **cenizo.** m. *Cu.* Gallo de calidad de color gris plomo.

n. ‖ ~ **ciego.** m. *Ar, Ur.* Juego infantil en el que uno de los participantes, con los ojos vendados, trata de atrapar a alguno de los demás y adivinar quién es.

ñ. ‖ ~ **cinqueño.** m. *Cu, RD.* Gallo de pelea que tiene cinco dedos.

o. ‖ ~ **cobarde.** *PR, Bo.* En las peleas de gallos, **gallo huido**.

p. ‖ ~ **cocolo.** m. *RD.* Gallo de pelea que no tiene plumas en el pescuezo.

q. ‖ ~ **corrido.** m. *Ho.* Gallo cobarde en la pelea.

r. ‖ ~ **cortado.** m. *PR. En las peleas de gallos,* animal veterano de muchas peleas.

s. ‖ ~ **cumbo.** m. *Ni.* Gallo mexicano de pelea sin cola.

t. ‖ ~ **de calidad.** m. *RD.* Gallo de pelea de pequeño tamaño.

u. ‖ ~ **de carrera.** *PR.* **gallo de salida.**

v. ‖ ~ **de espuela.** m. *PR. En las peleas de gallos,* animal que corta mucho con sus espuelas. ◆ **gallo espuelero**.

w. ‖ ~ **de pica.** m. *Ho. En las peleas de gallos,* animal de pelea que pica al contrario, pero no lo corta con la navaja.

x. ‖ ~ **de pluma inferior.** m. *PR. En las peleas de gallos,* resto de gallos que no caen en la categoría de **pluma superior**.

y. ‖ ~ **de pluma superior.** m. *PR. En las peleas de gallos,* animal cuyas plumas son de determinados colores; en orden de importancia: **rubio**, cenizo, **camagüey**, **pinto**, giro, **búlico**, blanco y negro.

z. ‖ ~ **de recurso.** m. *PR. En las peleas de gallos,* animal que tiene la habilidad de adaptarse al ritmo de pelea de su oponente.

a¹. ‖ ~ **de roca.** *Co.* **gallito de roca.**

b¹. ‖ ~ **de salida.** m. *PR. En las peleas de gallos,* animal que pelea, corre y obliga al contrincante a ejercitarse durante el **traqueo**. ◆ **gallo de carrera; salidor.**

c¹. ‖ ~ **de tapada.** m. *Pe.* Gallo de pelea que se reserva como sorpresa.

d¹. ‖ ~ **de trapo.** m. *Ni, PR. En las peleas de gallos,* animal de tela que simula uno verdadero, usado en la prueba de aptitud para la pelea.

e¹. ‖ ~ **en chicha.** m. *Ho, ES.* Comida hecha con gallo cocido con especias y licor de maíz fermentado.

f¹. ‖ ~ **encostalado.** m. *Ho.* Gallo de pelea metido en un costal del que no se conoce ni su raza ni su peso ni el tipo de **navaja**, hasta que se inicia la pelea.

g¹. ‖ ~ **espuelero.** *PR.* **gallo de espuela.** ◆ **gallo boto; gallo fino de espuela; gallo palero.**

h¹. ‖ ~ **faisán.** *PR.* **gallo japonés.** rur.

i¹. ‖ ~ **fino.**
   i. m. *Cu, RD, PR, Co, Ve. En las peleas de gallos,* ejemplar de pelea valiente, diestro en el ruedo.
   ii. *Ni, RD, PR.* Gallo de raza y de cría. rur.

j¹. ‖ ~ **fino de boca.** m. *PR. En las peleas de gallos,* ejemplar muy efectivo en su picada.

k¹. ‖ ~ **fino de espuela.** *PR.* **gallo espuelero.**

l¹. ‖ ~ **gallina.**
   i. *Ho.* **gallogallina**, gallo de pelea.
   ii. m. *Pa.* Ave gallinácea que tiene las plumas de la cola redondas.

m¹. ‖ ~ **gallino.** m. *Cu, PR.* Gallo parecido a una gallina por su forma y el color de su plumaje. rur.

n¹. ‖ ~ **garza.** m. *PR.* Gallo de patas muy largas. rur. ◆ **garzón.**

ñ¹. ‖ ~ **gastao.** m. *PR. En las peleas de gallos,* ejemplar que pierde su disposición para la pelea.

o¹. ‖ ~ **giro.**
   i. m. *Mx, Co, Bo.* Gallo de plumaje matizado de blanco y negro. (**giro**).
   ii. *Ho, Cu, PR.* Gallo de plumaje matizado de amarillo. rur.

p¹. ‖ ~ **guinea.** m. *PR.* Gallo de color gris moteado parecido a la **guinea**. rur. (**guineo**).

q¹. ‖ ~ **huido.** m. *Cu, PR. En las peleas de gallos,* ejemplar que rehúye enfrentarse a su contrincante. ◆ **gallo cobarde.**

r¹. ‖ ~ **indio.** *Cu, PR.* **gallo rubio.** rur.

s¹. ‖ ~ **inglés.** m. *Ni, PR. En las peleas de gallos,* animal de raza fina que pelea mucho.

t¹. ‖ ~ **jabado.** m. *Cu, RD.* Gallo de pelea que tiene plumas de varios colores.

u¹. ‖ ~ **japonés.** m. *PR. En las peleas de gallos,* animal de pelea, de mayor tamaño que el normal, que no tiene plumas en el cuello y no se admite en **competencias** oficiales. ◆ **gallo faisán; gallo piroco; japonés.**

v¹. ‖ ~ **jerezano.** m. *RD, PR. En las peleas de gallos,* animal muy peleador original de Jerez de la Frontera, España. ◆ **jerezano.**

w¹. ‖ ~ **langosta.** m. *PR. En las peleas de gallos,* animal de rabadilla deforme con largas plumas hacia abajo que semejan la cola de una langosta.

x¹. ‖ ~ **lorigado.** *PR.* **gallo lorigo.**

y¹. ‖ ~ **lorigo.** m. *PR. En las peleas de gallos,* animal de color gris cenizo con pintas blancas. ◆ **gallo lorigado.**

z¹. ‖ ~ **manchoso.** m. *PR. En las peleas de gallos,* animal con manchas en el plumaje.

a². ‖ ~ **manilo.** m. *PR. En las peleas de gallos,* animal de gran tamaño que no sirve para la pelea ni para la crianza.

b². ‖ ~ **marcador.** m. *Ho.* Gallo de pelea que pica al contrario, pero no lo corta con la navaja.

c². ‖ ~ **marciano.** m. *PR. En las peleas de gallos,* animal que muda el color de sus plumas todos los años.

d². ‖ ~ **marrueco.** m. *PR. En las peleas de gallos,* animal adulto que se echa al **machero** donde están los más jóvenes e impide que peleen entre ellos.

e². ‖ ~ **mondado.** m. *PR. En las peleas de gallos,* animal maltrecho, de apariencia pobre.

f². ‖ ~ **moñero.** m. *PR. En las peleas de gallos,* animal que ataca a la cabeza, a la moña, de su contendiente.

g². ‖ ~ **moño.** *Cu.* **gallo moñudo.**

h². ‖ ~ **moñudo.** m. *RD.* Gallo que tiene la cresta formada por plumas llamativas. ◆ **gallo moño.**

i². ‖ ~ **niño.** m. *PR. En las peleas de gallos,* animal que pelea por primera vez.

j². ‖ ~ **oriental.** m. *PR. En las peleas de gallos,* animal **asil**, puro.

k². ‖ ~ **palero.** *PR.* **gallo espuelero.**

l². ‖ ~ **papujo.** m. *Pa, Cu.* Gallo con abundantes plumas en la barba.

m². ‖ ~ **pasado de cuido.** m. *Ni, Cu, PR. En las peleas de gallos,* animal que ha sufrido un exceso de enfrentamientos. ◆ **quemado.**

n². ‖ ~ **pasado por el torno.** m. *PR. En las peleas de gallos,* animal registrado a nombre de alguien que no es su dueño con la intención de engañar al público.

ñ². ‖ ~ **patiporsuelo.** m. *PR. En las peleas de gallos,* animal de pelea que no da bien con las espuelas.

o². ‖ ~ **patiseco.** m. *PR. En las peleas de gallos,* animal que no hiere con la espuela.

p². ‖ ~ **pava.** m. *RD; PR,* rur. Gallo de cresta de escaso crecimiento. rur.

q². ‖ ~ **pelón.**
   i. m. *Ve, Ec.* Juego infantil que consiste en preguntar a un niño repetidas veces si quiere que se le cuente el cuento del gallo pelón. pop + cult → espon.

ii. *RD*, *PR*. Gallo con pocas plumas en la cola. (**pelón**).

iii. sust/adj. *RD*. Persona cobarde. desp.

r². ‖ ~ **pinto.**

  i. m. *Ni, Cu, RD, PR, Bo*. Gallo moteado irregularmente sobre las alas.

  ii. *Ho:E, Ni, CR, Pa*. Comida elaborada con arroz y **frijoles** revueltos y otros ingredientes como huevo picado, cilantro y cebolla, que se come normalmente a la hora del desayuno. (**gallo-pinto**).

s². ‖ ~ **piroco.** *PR*. **gallo japonés**.

t². ‖ ~ **quemado.** *PR*. **gallo pasado de cuido.** ♦ **quemado.**

u². ‖ ~ **razao.** (De *raza*). m. *PR*. *En las peleas de gallos*, animal de raza que corta bien con la espuela.

v². ‖ ~ **real.** *PR*. **gallo rubio**.

w². ‖ ~ **rebatidor.** m. *Cu, PR*. *En las peleas de gallos*, animal que rebate y contrarresta el ataque de su oponente al mismo tiempo que lo recibe.

x². ‖ ~ **rosón.** m. *PR*. *En las peleas de gallos*, animal de cabeza gruesa y abierta.

y². ‖ ~ **rubio.** m. *PR*. Gallo de plumaje color rojizo que varía desde el rojo quemado hasta el claro. rur. ♦ **gallo indio, gallo real**.

z². ‖ ~ **sucio.** *PR*. **gallo untado**.

a³. ‖ ~ **tajonero.** m. *PR*. *En las peleas de gallos*, animal que pelea con movimientos ágiles.

b³. ‖ ~ **tapado.**

  i. m. *Ho, Ni*. Gallo de pelea metido en un costal del que no se conoce ni su raza ni su peso ni el tipo de **navaja** hasta que se inicia la pelea.

  ii. *PR*. *En las peleas de gallos*, animal que pelea con habilidad.

c³. ‖ ~ **topetón.**

  i. m. *PR*. *En las peleas de gallos*, animal que da un topetazo a su contrincante y sale huyendo por el redondel.

  ii. *PR*. Gallo que se toma para entrenar a los otros de su **gallería**, conjunto de gallos.

d³. ‖ ~ **toro.** m. *PR*. *En las peleas de gallos*, animal fuerte y grande.

e³. ‖ ~ **tusado.** m. *Cu*. Gallo que tiene cortadas las plumas del lomo y de los muslos.

f³. ‖ ~ **tutelar.** m. *PR*. *En las peleas de gallos*, animal adulto que se echa al **machero** donde están los más jóvenes e impide que peleen entre ellos.

g³. ‖ ~ **untado.** m. *PR*. *En las peleas de gallos*, animal que va a la pelea con el cuello untado de alguna sustancia resbaladiza para que el pico de su oponente no pueda asirlo bien. ♦ **gallo sucio**.

□

a. ‖ **a** ~ **tapado.** loc. adv. *CR*. *En relación con el modo de comprar o jugar lotería*, sin enterarse deliberadamente del número ni de la serie de la fracción o fracciones que se compran.

b. ‖ **a precio de** ~ **muerto.** loc. adj. *Ho, Ni*. *Referido a producto*, barato, a precio muy bajo. pop.

c. ‖ **al cantío de un** ~. loc. adv. *Cu, PR*. Muy cerca. pop + cult → espon.

d. ‖ **como** ~ **con moquillo.** loc. adv. *Bo*. Incómodamente entre gente desconocida, en un ambiente extraño o en una situación insólita. pop ^ fest.

e. ‖ **como** ~ **en patio ajeno.** loc. adv. *Mx, CR*. Apocadamente entre gente desconocida o en un ambiente extraño.

f. ‖ **entre** ~**s y media noche.** loc. adv. *Ve, Ec, Pe, Bo; Py, Ar, Ur*, pop. Oculta y rápidamente, aprovechando el momento inesperado.

g. ‖ ~ **de garras.** loc. sust. *Ho*. Persona que obedece ciegamente a otra.

h. ‖ ~ **de hombre.** loc. sust. *RD*. Persona admirada por su valor u osadía.

i. ‖ ~ **de pelea.**

  i. loc. sust. *Mx, Py*. Persona con experiencia, conocedora de la vida. pop + cult → espon.

  ii. loc. adj. *Cu, PR*. *Referido a persona*, pendenciera, buscapleitos. pop + cult → espon.

j. ‖ ~ **de tapada.** loc. sust. *Pe*. metáf. Persona o argumento que se reserva en una disputa para hacer su aparición por sorpresa a última hora. pop + cult → espon.

k. ‖ ~ **gallina.**

  i. loc. sust. *Gu, Ho, Ni*. **gallogallina**, persona cobarde. desp.

  ii. *Gu, Ho*. **gallogallina**, persona indecisa.

  iii. *Ho, Ni*. **gallogallina**, hombre bisexual.

  iv. loc. sust. *Pa*. Hombre homosexual. pop + cult → espon ^ fest.

  v. loc. sust/adj. *Ho*. **gallogallina**, discurso.

l. ‖ ~ **gallito.** loc. sust. *Bo*. Persona pendenciera.

m. ‖ ~ **hervido.** loc. sust. *Pe:S*. Persona de complexión corpulenta, alta y de piel colorada. rur.

n. ‖ ~ **loco.** loc. sust. *RD*. Persona de comportamiento alocado, extravagante.

ñ. ‖ ~ **padre.** loc. sust. *RD*. Persona de carácter autoritario y que impone su voluntad sobre otras.

o. ‖ ~ **quiquiriquí.** loc. sust. *Cu*. Persona valiente, que no se deja intimidar fácilmente. pop.

p. ‖ ~ **tapado.**

  i. loc. sust. *Ho, ES, Ni, Pa, RD, Co*. Candidato a la presidencia del país o a un alto cargo cuya candidatura mantiene en secreto el grupo que lo apoya. pop + cult → espon.

  ii. *Gu, Cu, RD*. Cosa o persona que se mantiene oculta hasta el último momento. pop.

  iii. *CR; Cu*. obsol. Fracción o conjunto de fracciones de lotería que se compran sin enterarse deliberadamente de cuál es el número ni la serie. pop.

◰

a. ‖ **cada** ~ **en su patio.** fr. prov. *Ho, RD*. Indica que cada quien manda donde le corresponde y no en otra parte. pop.

b. ‖ **el que es** ~ **donde quiera canta.** fr. prov. *Ho, Ni*. Indica que el experto en algo destaca en cualquier sitio.

c. ‖ ~ **viejo con el ala mata.** fr. prov. *Ho, Ni, CR*. Indica que una persona, debido a su gran experiencia de vida, no requiere mucho esfuerzo para resolver algo determinado. pop + cult → espon.

d. ‖ **más claro no canta un** ~. fr. prov. *CR, RD, Ve*. Indica que algo se hace o dice con toda claridad.

▶ **alzar su** ~; **cantar el** ~; **comer carne de** ~; **comer** ~; **comprar a precio de** ~ **muerto**; **contarle al** ~; **cuidar como** ~ **fino**; **cuidarse como** ~ **fino**; **echar el** ~; **haber** ~ **tapado**; **hacerle** ~; **mamar** ~; **mamarle el** ~; **matar el** ~; **matarle el** ~; **matarle el** ~ **en la mano**; **meterse a** ~ **bravo**; **no hacer ni por el** ~; **parecer** ~ **chorompo**; **pelar** ~; **pelear el** ~ **de fondo**; **pensar en los huevos del** ~; **perder en las muelas del** ~; **perder en los antegojos del** ~; **picar a un** ~ **boca llena**; **salírsele el** ~; **sentirse muy** ~; **ser el** ~; **ser** ~ **de muchos alzos**; **soltar el** ~; **tomar de ojo de** ~; **trabajar a los** ~s.

gallogallina.

I. 1. m. *Mx*. Capón de la gallina que es cebado para su posterior consumo.

  2. *Ho*. Gallo de pelea originario de India con apariencia de hembra pero comportamiento de gallo. (**gallo gallina**).

II. 1. sust/adj. *Gu, Ho, Ni*. metáf. Hombre bisexual o que duda de su sexo. (**gallo gallina**).

2. *Ho, Ni.* Persona indecisa o ambigua en su posición. (**gallo gallina**).

3. *Ho.* metáf. Discurso, ley o texto ambiguos. (**gallo gallina**).

III. 1. sust/adj. *Gu, Ho, Ni.* Persona cobarde. (**gallo gallina**).

IV. 1. m. *ES.* Compartimiento de algunos *pick-up* detrás de los asientos del conductor y del acompañante que tiene dos asientos supletorios uno enfrente de otro.

gallola.
I. 1. *Mx.* **gayola.**

gallón.
I. 1. m. *Mx. En política*, hombre poderoso.

gallopinto.
I. 1. *Ho, Ni, CR.* **gallo pinto.**

gallopitina. (De *gallo* y del quech. *pitina*, cortar).
I. 1. f. *Ec.* **Competencia** del folclore en la que un jinete se desplaza al galope y trata de asir y arrancar la cabeza de un gallo vivo que halla suspendido de las patas en un cordel dispuesto horizontalmente, a cierta altura.

2. *Ec.* **Competencia** en la que un jinete, con los ojos vendados y un garrote en la mano, se desplaza a galope tendido y trata de matar a un gallo que se halla enterrado hasta el cuello en el suelo.

gallota.
I. 1. f. *Pa. En las fiestas patronales o carnavalescas*, culminación pomposa y ruidosa. rur.

gallotaco.
I. 1. m. *Ec:S.* Caracol, animal gasterópodo. (Helicidae; *Helix* spp.).

gallote.
I. 1. f. *Pa.* **zopilote**, ave carroñera.

gallotera.
I. 1. f. *Pa.* Grupo de personas poco escrupulosas que se benefician de cualquier situación.

galluda.
I. 1. adj. *RD,* metáf. *Referido a mujer*, valiente, con arrestos. pop.

2. sust/adj. *ES.* metáf. Mujer de carácter fuerte.

3. *ES.* Mujer de clítoris grande.

gallumba.
I. 1. f. *RD.* Instrumento musical tradicional y popular de origen africano.

galluno, -a.
I. 1. adj. *Ho.* Relativo al gallo de pelea. cult.

galluza.
I. 1. f. *Pa.* Porción de cabello recortado que cae sobre la frente.

galocha.
I. 1. f. *Ch, Ar, Ur.* Calzado de goma que se lleva sobre los zapatos para protegerlos del agua o del barro.

galón. (Del ingl. *gallon*).
I. 1. m. *Ho, RD, Ec, Bo, Ch.* Recipiente relativamente grande, con tapadera, *normalmente de plástico.* pop.

2. m. pl. *Ho.* Gran cantidad de algo.

II. 1. m. *Ch.* Bombona cerrada herméticamente provista de una válvula, que contiene gas a presión. pop.

III. 1. m. *Ho.* juv. Vehículo destartalado que funciona con mucha dificultad.

► **hablar ~.**

galonaje.
I. 1. m. *Ho.* Cantidad de galones que contiene un recipiente.

galonera.
I. 1. f. *Pe.* Recipiente plástico, con tapa y una sola asa, cuya capacidad se mide en galones.

2. *Bo.* Recipiente de plástico que se utiliza para guardar líquidos.

galopar.
I. 1. tr. *Bo, Py, Ar, Ur.* Hacer que una caballería vaya al galope. rur. (**galopear**).

II. 1. tr. *Ar, Ur.* Usar mucho *algo, especialmente una prenda de vestir.* pop + cult → espon. (**galopear**).

galopeada. (Epént. de *galopada*).
I. 1. f. *Mx, Ni, Bo, Py, Ar, Ur.* Carrera al galope. pop + cult → espon.

galopear.
I. 1. *Bo, Py, Ur.* **galopar**, hacer que una caballería galope. rur.

II. 1. *Ur.* **galopar**, usar.

galopero, -a.
I. 1. adj. *Co; Ec,* pop. *Referido a una caballería*, que tiende a marchar al galope.

galopín, -na.
I. 1. m. y f. *Mx.* Persona que presta servicios auxiliares en la cocina.

galpón.
I. 1. m. *Pa, Co.* Gallinero.

2. *Pe.* Lugar donde se crían gallos de pelea.

3. *Bo, Ch.* Almacén grande y amplio destinado a guardar mercancías.

II. 1. m. *Co:O,SO.* Sitio donde se fabrican tejas, ladrillos y adobes.

galponero.
I. 1. m. *Co.* Hombre que cuida del **galpón** o gallinero.

galponero, -a.
I. 1. sust/adj. *Bo, Ar, Ur; Ch,* p.u. Persona que construye o cuida galpones o cobertizos.

II. 1. adj. *Ur.* metáf. *Referido a persona*, grosera, zafia. pop + cult → espon ∧ desp.

galúa.
I. 1. f. *Cu.* Golpe fuerte que se da a una persona. pop.

galuay.
I. 1. *Ec:S.* **cucharillo**, árbol.

galucha.
I. 1. f. *Ch.* Galería, localidades de bajo precio donde concurre gran parte de los asistentes en un recinto de espectáculos. pop + cult → espon.

2. *Ch.* Vulgo, masa de personas. pop + cult → espon.

II. 1. f. *Ve.* Galope irregular de un caballo. rur.

galuchar.
I. 1. intr. *Ve.* Galopar irregularmente un caballo. rur.

galvano.
I. 1. m. *Ch.* Placa metálica provista de una inscripción artística, que se entrega como premio o recordatorio a una persona o institución.

gama.
I. 1. m-f. *Ch.* p.u. Guardiamarina, estudiante de la Escuela Naval antes de ascender a subteniente.

gamalotal. (De *camalotal*).
I. 1. m. *Ho, Ni, CR.* Sitio poblado de **gamalote**.

gamalote. (De *camalote*).
I. 1. *Ec.* **gramalote**.

2. m. *Ho, Ni.* Planta forrajera, perenne, de hasta 2 m de altura, de tallo áspero y recto, a veces decumbente en la base, raíces en los nudos inferiores, cuyas hojas tienen vainas más grandes que los entrenudos. (Poaceae; *Panicum fasciculatum, Paspalum paniculatum, Setaria paniculifera*).

3. *Ni, CR.* Hierba de hasta 2 m de altura, de hojas ásperas, largas y delgadas, y flores compuestas de color verde amarillento, agrupadas en espigas. (Poaceae; *Paspalum fasciculatum*).

gamarra.
  I. 1. f. *Gu, Ho, Ni*. Cabezada y cabestro de caballería, *por lo general hecha de cuerda*. rur.

gamarrilla.
  I. 1. f. *Pe*. Pieza de metal que se coloca sobre las narices de las caballerías y que se sujeta por medio de correajes a las ventanas del freno. rur.

gamarrón.
  I. 1. m. *Ho*. Conjunto de jáquima y **cabestro**.
  2. m. *CR*. Correaje que ciñe y sujeta la cabeza de una caballería, y que sirve para afianzar el ramal.

gamba. (Del it. *gamba*, pierna).
  I. 1. f. *Gu, Ni, CR, Pa*. Raíz que sobresale mucho de la parte baja del tronco de ciertos árboles de gran tamaño. (**bamba**).
  2. *Ch*. Pie humano. pop.
  3. *RD*. Hueco que forman las piernas de una persona **gambada**. pop ¦ cult → espon.

gambada.
  I. 1. f. *Py*. Andanza, paseo, excursión.

gambado, -a.
  I. 1. adj/sust. *Cu, RD, PR. Referido a persona*, estevada, que tiene las piernas en arco. pop + cult → espon.

gambarse.
  I. 1. intr. prnl. *PR*. Encorvársele las piernas a *alguien*.

gambeta. (De *gamba*).
  I. 1. f. *Ho, CR, Pa, RD, Co, Ve, Ec, Pe, Bo, Py, Ar, Ur; Ch, esm. En el **futbol**, regate, movimiento rápido del cuerpo del jugador para esquivar al contrario. ♦ **cachaña**; **floreo**; **gambeteada**.
  II. 1. f. *Bo, Ar, Ur*. Evasiva para eludir una dificultad o el cumplimiento de un compromiso. pop + cult → espon.
  III. 1. f. *Bo:E*. Contoneo, movimiento gracioso y coqueto que hace una mujer con los hombros y las caderas al andar. pop.
  IV. 1. m-f. *RD*. Persona **gambada**.

gambeteada.
  I. 1. f. *Mx, Ec, Bo, Ar*. **gambeta**, regate. pop + cult → espon. ♦ **guiñada**.
  2. *Bo, Ar*. metáf. Evasiva para eludir una dificultad o un compromiso. pop.

gambeteador, -ra.
  I. 1. sust/adj. *Mx, CR, Ec, Bo, Ar. En el **futbol***, jugador que hace **gambetas**.
  II. 1. adj/sust. *Bo. Referido a persona*, que mediante evasivas elude o retrasa un compromiso o el pago de una deuda. pop + cult → espon.

gambetear(se).
  I. 1. tr. *CR, Co, Pe; Ni, Ec, Bo, Ar, Ur*, pop. Mover ágilmente el cuerpo y las piernas para esquivar algo o a alguien.
  2. *CR, Bo, Ar, Ur*. Eludir una situación, un compromiso o una responsabilidad. pop + cult → espon.
  II. 1. intr. *Bo:E*. Mover una mujer, al andar, los hombros y caderas de manera graciosa y coqueta. pop + cult → espon.
  III. 1. tr. *PR*. Encorvar *algo* o a *alguien*.
  2. intr. prnl. *PR*. Encorvarse *alguien* o *algo*. rur.

gambetero, -a.
  I. 1. adj/sust. *Mx, Bo. Referido a jugador de **futbol***, que **gambetea**.

gambeto, -a.
  I. 1. adj. *Ni, CR:NO. Referido a un animal vacuno*, que le han nacido los cuernos hacia abajo. rur.
  2. *CR:NO. Referido a un animal vacuno*, que tiene las patas abiertas. rur.

II. 1. adj. *Pa. Referido a persona*, elegante. rur.
III. 1. adj. *Pa. Referido a persona*, simpática. rur.

gambo, -a.
  I. 1. adj. *Ar*. juv. *Referido a persona*, que siempre está dispuesta a colaborar o a ayudar.
  II. 1. *PR*. **gambado**, estevado.

gambó.
  I. 1. *PR*. **guingambó**, planta y fruto.

gambreta.
  I. 1. f. *Ni*. juv. Bicicleta.

gambudo, -a.
  I. 1. adj. *Ni. Referido a un árbol*, con raíces muy salientes.

gambusia.
  I. 1. f. *Ch*. Pez de agua dulce, pequeño, de color plateado, con una sola aleta dorsal y una cola casi transparente; la hembra mide 6 cm y tiene el vientre abultado, mientras que el macho mide 3 cm. (Poeciliidae; *Gambussia affinis*). ♦ **pez mosquitero**; **pez mosquito**.

gambusino.
  I. 1. m. *Mx, Ho, Ni*. Buscador de oro.

gambusino, -a.
  I. 1. adj. *ES. Referido a persona*, golosa.

gambuso, -a.
  I. 1. adj. *ES. Referido a persona*, lista.

game. (Voz inglesa).
  I. 1. m. *Mx, CR, Pe, Bo, Ar. En tenis*, cada una de las partes en que se divide un set.
  ► **estar en el ~**.

gamela.
  I. 1. f. *Pe, Ch*. Balde, artesa, palangana.

gamelotal.
  I. 1. m. *Ve*. Terreno plantado de **gamelote**.

gamelote.
  I. 1. m. *Ve*. **guinea**, pasto.
  ► **hablar ~**.

gamezán.
  I. 1. m. *Gu, Pe*. p.u. Sustancia tóxica que se usa como insecticida.

gamín, -na.
  I. 1. m. y f. *Co, Ve; Ec*, p.u, pop. Niño o joven que vive en la calle mendigando o robando.
  II. 1. adj/sust. *Co. Referido a persona*, que tiene un comportamiento ordinario, grosero. pop ^ desp.

gaminear.
  I. 1. intr. *Co*. Andar en la calle de un lugar a otro sin una ocupación determinada. pop + cult → espon. (**gaminiar**).

gaminiar.
  I. 1. *Co*. **gaminear**.

gaminismo.
  I. 1. m. *Co*. Abundancia de **gamines** o niños desamparados en las calles.

gamitana.
  I. 1. *Pe*. **cachama**.

gamonal.
  I. 1. m. *Gu, Ho, ES, Ni, Pa, RD, Co, Ve, Bo; CR, Ec, Pe*, p.u. Persona que en un pueblo o comarca ejerce influencia excesiva en asuntos políticos.
  2. *Pe*. Danzarín popular ataviado como un soldado de caballería con una máscara negra que lleva una matraca y una **huarquilla** y es representación de un terrateniente.
  3. *Gu, Ho, ES*. meton. Conjunto de personas principales.
  4. *Ho, Ni, CR*. Persona importante y con poder, cacique.

5. m-f. *Bo.* Persona adinerada, propietaria de una hacienda.

II. 1. adj. *Gu, ES. Referido a persona*, generosa, desprendida.

III. 1. m. y f. *ES.* Persona cómoda y aprovechada.

gamonalidad.

I. 1. f. *Gu.* Generosidad, esplendidez.

gamonalismo.

I. 1. m. *Ho, Pa, Co, Ec, Pe, Bo.* Influencia o dominio excesivos que una persona ejerce en los asuntos públicos de una comarca o un pueblo. pop + cult → espon.

2. *Ec.* Modo de proceder arbitrario. pop.

3. *Ec.* Actitud despótica. pop.

gamulán.

I. 1. m. *Ch, Ar, Ur.* Chaquetón de abrigo de gamuza u otra materia forrada de piel.

gana.

■

a. ‖ ~s perras. f. *Ho, Ni.* Deseo muy grande de algo.

□

a. ‖ de ~.
  i. loc. adv. *Ec.* Sin motivo, por capricho. pop.
  ii. *Ec.* En vano, inútilmente. pop.

▶ cucar las ~s; dar la reverenda ~; hacerle ~s; hinchar la ~; meter ~s; roncarle la ~; roncársele la ~; sacarse las ~s; ser solo las ~ de vivir y el mosquero atrás, traerle ~s; traerle la ~; venirle con ~s.

ganadería.

I. 1. f. *CR, RD, Ec, Py.* Finca de gran extensión dedicada a la cría de ganado.

ganado.

I. 1. m. *Gu, Ho, Ni, Bo.* Conjunto de piojos. pop.

II. 1. m. *ES. En el ejército*, tropa. desp.

2. *ES.* Patrulla policial. delinc.

III. 1. m. *Pa.* Parihuelas para transportar enfermos. rur.

■

a. ‖ ~ a piso. m. *RD.* Ganado que pasta en un terreno alquilado para tal fin.

b. ‖ ~ de cría. m. *Mx, CR, Cu, Bo, Py.* Ganado que se destina para la reproducción.

c. ‖ ~ de engorde. m. *Mx, Ni, CR, RD, Bo, Py.* Ganado que se ceba para ser vendido como carne.

d. ‖ ~ en pie.
  i. m. *Mx, Ni, Pa, Ve, Py.* Ganado vacuno que está en venta.
  ii. *Cu.* Ganado que aún no ha sido sacrificado para el consumo.

e. ‖ ~ en producción. m. *Ve.* Conjunto de vacas con cría.

f. ‖ ~ escotero. m. *Ni, Ve.* Ganado que no es de ordeño.

□

a. ‖ ~ bravo. loc. adj. *CR. Referido a una mujer*, de mala reputación en cuanto a sus costumbres sexuales. pop ∧ desp.

▶ conocer a su ~; meterse el ~.

ganador.

I. 1. *Ar, Ur.* Hombre que tiene gran éxito sentimental con las mujeres. pop + cult → espon.

ganador, -ra.

I. 1. m. y f. *Gu.* Agricultor que trabaja temporalmente. rur.

ganagracia.

I. 1. m-f. *Mx.* Adulador, persona que lisonjea a otra por interés.

ganancia.

I. 1. f. *Gu.* Cantidad adicional de producto que el vendedor le da al comprador como gratificación.

ganapán.

I. 1. m. *Bo.* Nalgas de una mujer. euf; pop + cult → espon. ♦ ganaplata.

II. 1. m-f. *Bo.* Persona que por ociosidad vive a expensas de otra. pop + cult → espon.

ganaplata.

I. 1. sust/adj. *Ch.* p.u. Persona que se dedica a ganar dinero sin consideraciones éticas ni morales.

II. 1. *Bo.* ganapán, nalgas.

ganar(se).

I. 1. intr. prnl. *Ch.* Llegarse, acercarse a un sitio. pop.

2. *Ch.* Situarse, encontrarse en un lugar. pop.

II. 1. intr. prnl. *Pe.* Presenciar involuntariamente *algo* que otros hacen.

III. 1. tr. *Ni, Bo.* juv. Robar *algo* a *alguien*. delinc.

IV. 1. tr. *Ni.* juv. Golpear, dar una paliza a *alguien*.

□

a. ‖ ~ cuerpo. loc. verb. *Ni, Pe, Bo.* Aumentar *alguien* peso y volumen corporal.

b. ‖ ~ el mandado. loc. verb. *Ho.* Adelantarse en algo a *alguien*, sacarle ventaja.

c. ‖ ~ el quién vive. *Ch.* ganar el tirón. pop + cult → espon.

d. ‖ ~ el tirón. loc. verb. *Ar, Ur.* Anticiparse a *alguien*. pop. ♦ ganar el quién vive.

e. ‖ ~ indulgencias con camándula ajena. loc. verb. *Pa.* Beneficiarse con el esfuerzo o medios de otro. pop + cult → espon.

f. ‖ ~ indulgencias con escapulario ajeno. loc. verb. *Pa, Ve.* Recibir *alguien* los beneficios o méritos de otra persona. ♦ ganarse indulgencias con avemarías ajenas.

g. ‖ ~ monte. loc. verb. *Ho.* Crecer la maleza en un terreno. rur.

h. ‖ ~se el bocado. loc. verb. *Ni, RD, Ve.* Conseguir el sustento *una persona* trabajando.

i. ‖ ~se el puchero. *Ch.* ganarse los frijoles.

j. ‖ ~se indulgencias con avemarías ajenas. *Co.* ganar indulgencias con escapulario ajeno.

k. ‖ ~se la papa. loc. verb. *RD, Co, Bo.* Sustentarse *alguien* con el producto de su trabajo.

l. ‖ ~se los frejoles. *Pe.* ganarse los frijoles.

m. ‖ ~se los frijoles. loc. verb. *Mx, Gu, Ho, Ni, CR, Pa, Cu, Pe.* Procurarse con el trabajo el sustento o lo necesario para vivir. pop + cult → espon. (ganarse los frejoles). ♦ ganarse el puchero; ganarse los porotos.

n. ‖ ~se los porotos. *Pa, Ec, Ch.* ganarse los frijoles.

ñ. ‖ ~se un camarón. loc. verb. *Ni.* Dedicarse *alguien* a la prostitución.

o. ‖ ~se un poroto. loc. verb. *Bo:C,O.* Lograr o tener un acierto o un mérito en el asunto de que se trata. pop + cult → espon.

ganchada.

I. 1. f. *Gu, ES.* Bofetada. rur.

ganchazo.

I. 1. m. *Pa.* Palabra o acción manifestada por alguien, directa o indirectamente, para obtener algo.

ganchera.

I. 1. f. *Py, Ar, Ur. En las carnicerías*, estructura metálica con ganchos para colgar piezas de carne o embutidos sobre el mostrador.

ganchero.

I. 1. m. *Py.* Persona que se dedica al reciclaje. pop.

ganchero, -a.

I. 1. adj/sust. *Py, Ar, Ur. Referido a persona*, que facilita o promueve relaciones amorosas. pop.

2. adj. *Ar. Referido a un profesor*, que muestra favoritismo por algún alumno. est.

gancheta.

I. 1. f. *Cu.* Horquilla, *generalmente de plástico*, compuesta por dos piezas dentadas móviles y unidas en un extremo que se utiliza para sujetar el pelo.

ganchete.
► **mirar de ~.**
ganchita.
    I. 1. *Py, Ar, Ur.* **grampa**, pieza de metal.
ganchito, -a.
    I. 1. m. y f. *Ar:NO.* Alumno favorecido por un profesor. est.
gancho.
    I. 1. m. *Mx, Gu, Ho, ES, CR, Pa, Cu, RD, PR, Co, Ve, Ch; Bo,* p.u. Percha, utensilio con un gancho en la parte superior y un soporte en el que se cuelga la ropa. (**cogedero**).
      2. *EU, Gu, Ho, ES, Ni, CR, Pa, Cu, RD, Co, Ve, Pe, Bo, Py, Ar; Ch,* obsol. Horquilla para sujetar el pelo.
      3. *Mx, Ho, ES, Ni, Co, Ve, Pe, Bo.* Pinza para tender la ropa.
      4. *Gu, Ho, Co, Ve, Bo.* **alfiler de seguridad.**
      5. *Co, Bo.* p.u. Pieza metálica pequeña que se pone en una grapadora para coser y sujetar papeles.
      6. *Co:C.* Perchero sujeto a la pared o apoyado sobre el suelo que sirve para colgar cosas, *en especial ropa.*
      7. *EU.* Cerrojo de una puerta o ventana.
      8. *EU.* Cierre a presión.
      9. *Ho.* Broche de adorno para sujetar alguna prenda o el pelo.
    II. 1. m. *Mx, CR.* Artificio del que se vale una persona para engañar a otra u obtener un beneficio de ella.
      2. *ES, Ni, RD.* Trampa, ardid.
      3. adj. *Gu. Referido a persona,* innoble o mezquina.
    III. 1. m. *Ar.* Firma al pie de un escrito. pop.
      2. *Ho, ES, CR, Ec.* Señuelo publicitario. pop + cult → espon.
      3. *Pa.* Signo gráfico, similar a una V, que se pone al margen de un escrito, para indicar que ha sido revisado.
    IV. 1. m. *Gu, Ho, ES, Ni.* Palo en forma de Y para la **hondilla.**
      2. *Gu, Ho.* Palo con horquilla en un extremo que se usa para sujetar y apartar las malezas que se cortan con el machete. rur.
      3. *Ni.* Poste de un cerco en forma de Y para que los transeúntes puedan cruzarlo. rur.
      4. *Ni.* Palo grande en forma de Y que se coloca en el pescuezo del ganado porcino y vacuno para impedir que salten los cercos. rur.
    V. 1. m. *Co, Ec.* p.u. Silla de montar para mujer. rur.
    VI. 1. m. *Co:C, Bo.* Oferta de ingreso a un espectáculo de dos o más personas con un único billete de entrada.
    VII. 1. m. *Ar.* Favoritismo de un profesor hacia un alumno. est.
      2. *ES.* Favor. pop.
    VIII. 1. m. *Ch.* obsol. Amigo íntimo, compañero inseparable.
      2. m-f. *Ch.* Acompañante que actúa como pareja de alguien.
    IX. 1. m. *Ve.* Anzuelo grande con un mango de madera a manera de arpón que se utiliza para pescar.
    X. 1. m. *Ho, RD.* Brazo de una persona al que se agarra otra.
    XI. 1. m. *Cu.* Saldo, venta a bajo precio. pop.
    XII. 1. adj. *Gu. Referido a persona,* vulgar.
    XIII. 1. m. *PR.* Instrumento para levantar peso en las faenas marineras.
      2. *PR.* Banasta de madera para cargar los animales con sacos de carbón vegetal. rur.
    XIV. 1. m. *ES.* Hombre que solo sale con mujeres. pop.
    XV. 1. m. *Ni.* Vulva. vulg.

    XVI. 1. m. pl. *PR. En el* **beisbol**, especie de clavos que tienen los zapatos de los jugadores en su suela.
    XVII. 1. *CR.* **trapeador**, utensilio doméstico.
    XVIII. 1. m. *Ur.* Ojo humano. pop.
    ■
    a. ‖ **~ de legajar.** *Pa.* **gancho legajador**.
    b. ‖ **~ legajador.** m. *Co.* Elemento que permite el ajuste de varios documentos en una carpeta. ♦ **gancho de legajar.**
    c. ‖ **~ sandino.** m. *ES.* Horquilla para sujetar el pelo.
    □
    a. ‖ **a ~.** loc. adv. *Ec.* obsol. *En relación con el modo de montar a caballo de una mujer,* de lado.
    b. ‖ **con ~.**
      i. loc. adj. *Bo, Ch. Referido a un billete de entrada a un evento,* válido para dos personas. ♦ **dos por uno**.
      ii. *Ch. Referido a un evento,* que pueden acceder a él dos personas con un único billete. ♦ **dos por uno**.
    c. ‖ **de ~.**
      i. loc. adj. *Ec. Referido a un billete de entrada a un espectáculo,* válido para dos personas.
      ii. *Ec. Referido a silla de montar,* que tiene en el fuste dos agarraderas en forma de cuerno o de gancho, *colocadas especialmente para que una mujer que cabalgue de lado pueda sujetarse.*
      iii. *Ec.* obsol. *a gancho.*
    d. ‖ **en ~.** *Ec.* obsol. *a gancho.*
    e. ‖ **~ alegre.** loc. sust. *Ni.* Prostituta.
    f. ‖ **~ de camino.** loc. sust. *Ni.* Bifurcación de un camino.
    ► **abrirle el ~; abrirle los ~s; cerrar ~; dar el ~; dar ~; entrar con ~; estar de ~ y rancho; hacer el ~; hacer ~; hacer mal ~; meter los ~s; tirar ~.**
ganchona.
    I. 1. f. *Ni.* Mujer hombruna. desp.
      2. *Ni.* Mujer lesbiana. desp.
ganchoso, -a.
    I. 1. adj. *RD. Referido a persona,* que actúa valiéndose de **ganchos**, trampas.
ganchuda.
    ■
    a. ‖ **la ~.** f. *ES.* La muerte. pop.
ganchudo, -a.
    I. 1. adj. *Co:C. Referido a objeto o planta,* que tiene púas o espinas.
gandalla.
    I. 1. m-f. *Mx.* Persona que, de manera artera, se aprovecha de algo o de alguien o se apropia de algo. pop + cult → espon. (**gandaya**).
gandaya.
    I. 1. *Mx.* **gandalla.**
gandi.
    I. 1. m. *Ho.* Castigo cuartelario que consiste en azotar a alguien mientras permanece con los pies en el suelo, el cuerpo en ángulo recto y la yema de los dedos de la mano tocando el suelo.
gandido, -a.
    I. 1. adj. *Ni, Pa, RD; Co, Ve,* obsol.; *Cu,* desp. *Referido a persona,* comilona, hambrona. pop. (**gandío**).
      2. *Ni, Cu, RD. Referido a persona,* avariciosa. pop. (**gandío**).
gandinga.
    I. 1. f. *Cu, PR.* Plato que consiste en guisar las asaduras o entrañas del puerco con **papas**, salsa de tomate y varias especias. (**jandinga**). ♦ **gandingada.**
    □
    a. ‖ **¡qué ~!** loc. interj. *Cu.* Expresa apatía, indolencia, dejadez.
    ► **echar la ~; hacer ~; no tener ~; sacar la ~; tener ~.**

gandingada.
    I. 1.   *PR.* **gandinga**.
gandío, -a.
    I. 1.   *Cu, RD.* **gandido**, comilón.
      2.   *Cu, RD.* **gandido**, avaricioso.
    ●
      a. ‖ **el que pida más es un ~.** fórm. *RD.* Se usa para alabar y destacar las características positivas de algo o alguien.
gandofia.
    I. 1.   f. *Cu.* Porquería, basura.
gandola.
    I. 1.   f. *Ve.* Vehículo de carga, de gran tamaño, constituido por la cabina y un chasis al que se acopla un remolque.
    II. 1.   sust/adj. *Ve.* Persona muy gorda, *especialmente una mujer.*
gandolero, -a.
    I. 1.   m. y f. *Ve.* Persona que conduce una **gandola**.
gandú.
    I. 1.   *PR.* **gandul**, arbusto y semilla.
gandul.
    I. 1.   m. *Mx, Gu, Ho, Ni, CR, Cu, RD, PR, Co, Ec.* Arbusto de hasta 2 m de altura, siempre verde, con ramas vellosas, hojas lanceoladas, verdes por encima y pálidas por el envés, flores amarillas y fruto en vainas vellosas que encierran semillas pequeñas muy alimenticias. (Fabaceae; *Cajanus* spp.). (**gandur**; **gandú**; **guandú**; **guandul**). ♦ **frijol de palo; frijol de vara; frijolillo; quinchoncho.**
      2.   *Mx, Gu, Ho, Ni, CR, Cu, RD, PR, Co, Ec.* Semilla del gandul. (**guandul; guandú**). ♦ **frijol de palo; frijol de vara; frijolillo.**
    II. 1.   m. *PR.* Agente de policía municipal. pop + cult → espon.
gandulada.
    I. 1.   f. *PR.* Comida hecha con abundancia de semillas de **gandul**.
gandumbas.
    I. 1.   f. pl. *ES.* Testículos. vulg.
    II. 1.   adj. *CR.* obsol. *Referido a persona*, tonta, de poca inteligencia. rur.
gandungo.
    I. 1.   *PR.* **candungo**, envase.
gandur.
    I. 1.   *PR.* **gandul**, arbusto.
gane.
    I. 1.   m. *Mx, Ho, Ni, CR, Ve.* Victoria en una **competencia**.
ganga.
    I. 1.   f. *Mx, PR.* Ave de hasta 30 cm de longitud, de color castaño oscuro con manchas más claras, cuello delgado y pico amarillo con la punta negra; su carne es muy apreciada. (Scolopacidae; *Totanus bartramius*).
    II. (Del ingl. *gang*).
      1.   f. *EU, ES, RD, PR.* Pandilla o banda con tendencia al comportamiento agresivo o la delincuencia.
      2.   *PR.* Grupo de amigos que se reúnen para divertirse.
gangarria.
    I. 1.   f. *Cu.* Cencerro, campana de hierro que se le pone al ganado en el cuello.
    II. 1.   f. *Cu.* Bisutería. pop.
gangarriero, -a.
    I. 1.   adj. *Cu. Referido a persona*, que le gusta llevar **gangarria**. ♦ **gangarrioso**.

gangarrioso, -a.
    I. 1.   *Cu.* p.u. **gangarriero**.
gangoche.
    I. 1.   *Mx.* **guangoche**. (**gangocho**).
    II. 1.   m. *CR.* Saco de yute.
gangocho.
    I. 1.   *Ec, Bo; Ch*, p.u. **guangoche**.
gangolina.
    I. 1.   f. *Ar:NO.* Griterío, bullicio. pop.
gangorra. (Voz port. bras.).
    I. 1.   f. *RD.* Cuerda o hilo de cáñamo.
gangosear.
    I. 1.   intr. *Co.* Hablar con resonancia nasal.
gangosera.
    I. 1.   f. *ES.* Constipado. pop.
gano.
    I. 1.   m. *Ni.* juv. Golpe, trompazo.
ganón, -na.
    I. 1.   adj/sust. *Mx. Referido a persona*, que gana siempre o sale beneficiado de una situación. pop.
ganoso, -a.
    I. 1.   adj. *Ec.* p.u. *Referido a persona*, que gana siempre o sale beneficiado de una situación.
gansearse.
    □
      a. ‖ **ganseárselas.** loc. verb. *PR.* Obtener *algo* mediante manipulación o engaño.
ganso.
    I. 1.   m. *Ve.* Corte de carne de **res** que se corresponde con la región lumbar.
      2.   *Ch.* Corte de carne de vacuno, blando, de color rojo oscuro, que se saca de la parte superior de los cuartos posteriores del animal.
    II. 1.   m. *Ar.* Pene. vulg; pop + cult → espon ^ fest.
    III. 1.   m. *EU.* Pavo, ave galliforme.
    IV. 1.   m. *ES.* Víctima de un robo. delinc.
    ■
      a. ‖ **~ blanco.**
        i. m. *Ar.* **coscoroba**.
        ii. *PR.* **guanana**.
    ▶ **echar el ~.**
ganso, -a.
    I. 1.   sust/adj. *Pe, Bo.* Persona que tiene un deseo insaciable de comer. pop + cult → espon.
    II. 1.   adj/sust. *Ch. Referido a persona*, tímida, que no participa de los hábitos y actividades de su edad. pop + cult → espon.
      2.   *Ch. Referido a persona*, distraída. pop + cult → espon.
    III. 1.   sust/adj. *Ec.* obsol. Persona codiciosa y egoísta.
    IV. 1.   adj/sust. *Cu. Referido a un hombre*, homosexual.
    V. 1.   adj/sust. *PR. Referido a persona*, lista, buscona.
ganza. (Sínc. de *ganzúa*).
    I. 1.   m. *ES.* Ganzúa. delinc.
gañal.
    I. 1.   *Ec.* **cucharillo**, arbusto.
gañán.
    I. 1.   m. *Pe:S.* Boyero, campesino que guía una yunta de bueyes. rur.
gañán, -na.
    I. 1.   adj. *ES. Referido a persona*, aprovechada, oportunista.
gañanada.
    I. 1.   f. *ES.* Mala acción.
gañote.
    I. 1.   m. *Ve.* Voz muy fuerte y gruesa.

□
    a. ‖ **a todo ~.** loc. adv. *Ve.* Con voz alta, a gritos.

gañotudo, -a.
    I. 1. adj. *Ni. Referido a persona,* gritona.

gao.
    I. 1. m. *Cu.* Vivienda de una persona. pop.

gapari.
    I. 1. m. *Pe:S.* Grito que dan los **gañanes** anunciando la finalización de su tarea o como saludo. rur.

gara. (Voz quechua).
    I. 1. adj. *Ec:S.* juv. *Referido a cosa,* estupenda o muy buena. pop.
    2. *Ec:S.* juv. *Referido a persona,* simpática, amable. pop.
    II. 1. m. *Ec:S.* **Cuy** macho. rur.

garabatal.
    I. 1. m. *Mx, Ar.* Sitio poblado de **garabatos,** arbustos.

garabateada.
    I. 1. f. *Ch.* Insulto mediante groserías. pop + cult → espon.

garabatear.
    I. 1. intr. *Ch.* Proferir palabrotas o expresiones malsonantes.
    2. tr. *Ch.* Insultar o zaherir a *alguien* con palabras malsonantes.

garabatero, -a.
    I. 1. adj. *Ch. Referido a persona,* que acostumbra a decir palabrotas.

garabatillo.
    I. 1. m. *Ho.* Arbusto de ramas y tallos poblados de espinas fuertes y punzantes, flores lineales, de color blanco-verdoso y cuyo fruto es una legumbre linear; de sus tallos con raíz se elaboran **garabatos** y de sus frutos se extrae un tanino que se usa para curtir pieles. (Fabaceae; *Bauhinia pauletia*).
    2. m. *PR.* Arbusto espinoso, de hasta 3 m de altura, con flores fragantes de color rosa pálido o blanquecino y fruto en forma de legumbre aplanada y larga. (Fabaceae; *Mimosa biuncifera*).
    II. 1. m. *Ni.* Resaca intensa.

garabato.
    I. 1. m. *Mx, Ar.* **uña de gato.** (Fabaceae; Acasia, spp.).
    2. *Ar.* Madera del garabato, dura y muy utilizada en carpintería.
    II. 1. m-f. *Gu, Cu, RD, Bo.* metáf. Persona con la columna doblada o torcida.
    2. *PR.* metáf. Persona muy delgada e inclinada. pop + cult → espon.
    3. m. *Gu, Ho, CR, Pa, Cu, PR, Co, Ec.* Vara con doblez u horquilla en un extremo que se usa para sujetar y apartar las malezas que se cortan con el machete. rur.
    4. *Ho, Ni, Co.* Vara con cinco a siete ramitas auxiliares colgada del techo en donde se colocan los **guacales,** jícaras u otros pequeños recipientes de cocina. rur.
    5. m. *Ho.* Vara de mando de un alcalde. rur.
    6. *Ni.* Instrumento de hierro terminado en cuatro puntas dobladas hacia arriba que se utiliza para sacar cubos u otros objetos que están dentro de un pozo.
    III. 1. m. *Co:C.* Desenvoltura y gracia con que se comporta una mujer.
    IV. 1. m. *Bo, Ch.* Expresión malsonante o soez.
    V. 1. m. *ES.* Armazón o tejido en forma de canasta que se cuelga en las cocinas de los ranchos campesinos para guardar alimentos. rur.

□
    a. ‖ **a ~ limpio.** *Ch.* **a garabato pelado.**

    b. ‖ **a ~ pelado.** loc. adv. *Ch.* Con insultos muy fuertes y groseros. pop + cult → espon. ♦ **a garabato limpio.**

garabina.
    I. 1. f. *Py, Ur.* Carabina, arma de fuego. rur.

garacho.
    I. 1. m. *CR.* Caballo semental. rur; pop + cult → espon.

garaje.
    I. 1. m. *Cu, PR.* Establecimiento donde se vende gasolina. ♦ **gasolinería.**
    II. 1. m. *ES.* Bragueta.
    ▶ **tener la cárcel de ~.**

garajote.
    I. 1. m. *Ho.* Porción compacta y pequeña de excremento que se expele de una vez.

garambullo.
    I. 1. m. *Mx.* Planta de hasta 4 m de altura, ramificada desde la base en tallos verde azulados, con escasas espinas dispuestas radialmente, flores pequeñas de color blanco y fruto globoso y azulado. (Cactaceae; *Myrtillocactus geometrizans*). ♦ **vichishovo.**

garantizado.
    I. 1. m. *Pe:N.* Machete grande y afilado para las labores del campo. rur.

garañón.
    I. 1. m. *Mx.* Encargado de un burdel. pop.
    II. 1. m. *Ho, ES.* Hombre que abusa de personas más débiles o de menor edad.
    III. 1. m. *Ni.* Baile típico nicaragüense.
□
    a. ‖ **~ religioso.** loc. sust. *Ni.* Persona santurrona.

garañón, -na.
    I. 1. adj. *ES. Referido a persona,* violenta.

garañona.
    I. 1. f. *ES.* Mujer hombruna.

garañudo, -a.
    I. 1. adj. *Ho. Referido a persona,* peleona y **bochinchera.** est.

garapín.
    I. 1. m. *PR. En las actividades marítimas,* ancla de pequeño tamaño que se usa para fondear o enganchar nasas perdidas.

garapiña.
    I. 1. f. *Cu.* Bebida refrescante hecha con el agua en la que se han dejado fermentar, durante tres días, las cáscaras de una piña y azúcar.
    2. *Bo.* Bebida preparada con **chicha,** azúcar, colorante vegetal y canela o helado de canela.

garapo.
    I. 1. m. *Ho:E.* Molde para hacer tejas.

garata.
    I. 1. f. *PR.* Pelea.
□
    a. ‖ **~ con puños.**
    i. loc. sust. *RD, PR.* Riña o contienda violenta entre varias personas, *generalmente debida a la disputa de algo material y de valor.*
    ii. *RD.* Juego infantil en el que varios niños se disputan un puñado de monedas lanzadas al aire.

garate.
□
    a. ‖ **al ~.** loc. adv. *Ve:C.* Al garete.

garatear.
    I. 1. intr. *RD.* Pelear, alborotar, reñir, discutir acaloradamente.

garatoso, -a.
 I. 1. adj. *RD. Referido a persona*, violenta, pendenciera.

garatusa.
 I. 1. adj. *Mx:SE. Referido a mujer*, coqueta, zalamera.

garbancillo.
 I. 1. m. *Mx.* Arbusto de hasta 65 cm de altura, de tallo muy ramificado, hojas alternas, compuestas con varios folíolos que salen del mismo punto, inflorescencia en racimos densos en las puntas de los tallos, flores con corola de color entre azul y morado, de pétalos desiguales, y fruto leguminoso. (Fabaceae; *Lupinus leptophyllus*).
 2. *Pe, Ar:NO.* Planta silvestre de tallos derechos y vellosos, de hojas opuestas, flores blancas o amarillentas arracimadas y frutos aplanados; es venenosa para el ganado. (Fabaceae; *Astragalus garbancillo*). ♦ **porotillo.**
 3. m. *PR.* Planta herbácea de hasta 1 m de altura, de hojas oblongas, inflorescencia axilar, flores moradas y fruto parecido al garbanzo. (Amaranthaceae; *Atriplex pentandra*).

garbanzal.
 □
 a. ‖ **en su ~.** loc. adv. *Ch.* En el lugar o situación que le agrada o interesa a alguien. pop + cult → espon.

garbanzo.
 I. 1. m. *PR.* Bolsa pequeña de papel llena de pólvora que se hace estallar en el suelo en algunas celebraciones.
 □
 a. ‖ **~ de a libra.** loc. sust. *Mx.* Persona o cosa de gran valor, calidad o talento. pop + cult → espon.

garbia.
 I. 1. f. *Bo.* Llovizna. pop.

garbiar.
 I. 1. intr. impers. *Bo.* Lloviznar. rur; pop.

garbimba.
 I. 1. adj/sust. *Co. Referido a un hombre*, descortés y de malas intenciones. pop.

garbinche.
 I. 1. m. *Co:C.* Bolita de vidrio que utilizan los niños para jugar.

garbuso, -a.
 I. 1. adj. *ES. Referido a persona*, lista. drog.

garcero.
 I. 1. m. *Ve.* Lugar habitado por garzas.

garcha.
 I. 1. f. *Ar, Ur.* Pene. tabú; pop + cult → espon.

garchar.
 I. 1. intr. *Ar, Ur; Bo*, delinc. Mantener *alguien* relaciones sexuales. vulg.

garcía.
 I. 1. m. *Bo.* Hombre que tiene por oficio servir bebidas y comidas en un restaurante o en una recepción social. pop + cult → espon ^ fest.

garcilote.
 I. 1. *Cu.* **garzón**, ave zancuda.

garciola.
 ■
 a. ‖ **~ real.** f. *Ve.* Ave de hasta 56 cm de longitud, de color blanco, frente también blanca y corona negra con dos plumas occipitales largas, estrechas y blancas, no tiene plumas en la cara y el pico es de color azul cobalto en la base, con la punta negra y el centro lila. (Ardeidae; *Pilherodius pileatus*).

garcita.
 ■
 a. ‖ **~ azul.** f. *Ve.* Ave de hasta 61 cm de longitud, muy delgada y de cuello largo, de cuerpo y alas gris azulado oscuro en los adultos, cabeza y cuello gris purpúreo oscuro, piel de la cara gris, iris amarillo, pico grisáceo con la punta negra y patas verde grisáceo. (Ardeidae; *Egretta caerulea*). ♦ **garza azul.**
 b. ‖ **~ blanca.** *Ve.* **chusmita.**
 c. ‖ **~ bueyera.** *Cu.* Ave de hasta 53 cm de longitud, de pico corto y plumaje blanco con manchones rosados en cabeza, nuca y dorso, y ojos y pico de color naranja. (Ardeidae; *Ardeola ibis*).
 d. ‖ **~ reznera.** *Ve.* **garza bueyera.**

gardear. (Del ingl. *to guard*, custodiar).
 I. 1. tr. *Cu, PR, Co. En el baloncesto*, colocarse un jugador cerca de un contrario para dificultar sus acciones en la cancha.
 2. *Cu.* metáf. Presionar a *alguien*. pop.

gardel.
 I. 1. m. *Ni.* Niño, muchacho.
 2. *Ni.* Estudiante de nuevo ingreso, *especialmente en secundaria*. est.

gardeleano, -a.
 I. 1. *Co, Ur.* **gardeliano**, relativo a Carlos Gardel.
 2. *Bo, Ur.* **gardeliano**, seguidor de Carlos Gardel.

gardeliano, -a.
 I. 1. adj. *Ec, Ar, Ur.* Relativo a Carlos Gardel, o a su música. (**gardeleano**).
 2. adj/sust. *Bo, Ar, Ur.* Seguidor o admirador de Carlos Gardel o de su música. (**gardeleano**).

gardeo. (Del ingl. *to guard*, custodiar).
 I. 1. m. *Cu, PR. En el baloncesto*, obstáculos que pone un jugador a un contrario que intenta dar un pase o encestar.
 2. *Cu.* **gardeo a presión.**
 □
 a. ‖ **~ a presión.**
  i. loc. sust. *Cu.* Exigencia que se hace a una persona para que haga algo. pop. ♦ **gardeo.**
  ii. *Cu.* Vigilancia o control que se ejerce sobre una persona.

garduña.
 I. 1. f. *ES, Ni.* Grupo desordenado de personas.
 II. 1. f. *ES.* Juego de muchachos que consiste en lanzar cosas a la arrebatiña.
 □
 a. ‖ **a la ~.** loc. adv. *Ho.* A la arrebatiña, desordenadamente.

garduñar.
 I. 1. tr. *Ho.* Recoger varias personas atropelladamente *algo* que se ha tirado al aire.

garet. (Del ingl. *cigarette*).
 I. 1. m. *PR.* Cigarrillo.

gareta.
 I. 1. f. *Pe.* Jareta o dobladillo.

garetas.
 I. 1. adj. *Co:O. Referido a persona*, que tiene las rodillas juntas y las piernas torcidas hacia afuera.

garete.
 □
 a. ‖ **al ~.** loc. adv. *Cu.* Desordenadamente, sin control alguno.

gárfil.
 I. 1. m. *ES.* Agente de policía. delinc.

garfio.
 I. 1. m. *Ar, Ur.* Dedo de la mano de una persona. pop + cult → espon.
 II. 1. m. *PR.* Asa del mango de la pala. rur. (**garfo**).
 ▶ **meter los ~s.**

garfo.
 I. 1. *PR.* **garfio**, asa.

gargacha.
 I. 1. f. *Pe, Ch.* Pájaro de hasta 30 cm de longitud, con plumas grises en la parte superior de la cabeza y a los lados, rojas en la nuca y amarillentas en el cuerpo, rayas y manchas negras en el lomo. (Picidae; *Colaptes rupicola*). ♦ **acacllo**; **picus**; **pitigüe**; **pitío**; **pitío del norte**; **pito**; **yacayaca**.

gargajo.
 I. 1. m-f. *PR.* Persona de aspecto desagradable, rastrera. pop ^ desp.

gargajuelo.
 I. 1. m. *RD.* Respiración jadeante y dificultosa, que produce un sonido ronco o silbante *y que, generalmente, es propia de los moribundos.*

gargal.
 I. 1. m. *Ch.* Hongo de hasta 25 cm de diámetro, con aspecto de una aglomeración globoide de hojuelas carnosas de color blanquecino o rosáceo, con algunas manchas verdosas o pardas; es comestible. (Meripilaceae; *Griffola gargal*).

garganta.
 I. 1. sust/adj. *Bo.* Persona que tiene facilidad de palabra. pop + cult → espon.
 II. 1. sust/adj. *Bo.* Persona que exagera cuando habla de su valor, poder o riqueza. pop + cult → espon.
 III. 1. sust/adj. *Bo.* Persona que no cumple sus compromisos o promesas. pop + cult → espon.
 □
  a. ‖ ~ **de lata.**
   i. loc. sust. *Bo, Ch.* Persona que toma cualquier tipo de bebidas alcohólicas de buena o de mala calidad. pop + cult → espon ^ fest.
   ii. loc. sust/adj. *Ch.* Persona que bebe alcohol en exceso. pop + cult → espon ^ fest.
  ► **dar ~**; **tener ~ de pirata**; **tener los huevos en la ~.**

gargantear.
 I. 1. intr. *RD, Bo.* Exagerar al hablar del propio valor, poder o riqueza. pop + cult → espon.

gargantera.
 I. 1. f. *Ar, Ur.* Correa que va ceñida a la garganta de las caballerías y asegura la cabezada.

gargantón, -na.
 I. 1. m. *Mx.* Cabestro o ronzal de lujo.
 II. 1. m. y f. *Mx,* metáf. Persona influyente.

gárgara.
 I. 1. f. pl. *RD, Co, Py.* Gargarismo, líquido medicinal para hacer gárgaras. pop + cult → espon.
 ► **hacer ~s.**

gargarear(se).
 I. 1. tr. *ES.* Emborrachar a *una persona.* carc.
 2. intr. prnl. *ES.* Emborracharse *alguien.* carc.

gárgaro.
 I. 1. m. *Ve.* Juego infantil en el que un jugador, previamente elegido, persigue a otros jugadores que han salido de su escondite, hasta que uno de estos es atrapado y pasa entonces a perseguir a los demás. ♦ **gárgaro malojo**.
 ■
  a. ‖ ~ **malojo.** *Ve.* gárgaro.

gárgola.
 I. 1. f. *Ho, Pa.* juv. Mujer muy fea.

gargorán.
 I. 1. *Pa.* **palo de sable**, árbol.

gargua.
 I. 1. f. *Bo:E.* Llovizna fina y persistente.

garguar.
 I. 1. intr. impers. *Bo:E.* Lloviznar con persistencia.

gargüerada.
 I. 1. f. *Ch.* Ingestión de un líquido. pop.
 2. *Ch.* Cantidad de líquido que se traga de una vez. pop.

garguero.
 I. 1. m. *Pe.* p.u. Pastel pequeño en forma de tubo relleno de **manjar blanco.** (**gargüero**).
 ► **mojar el ~.**

gargüero.
 I. 1. *Pe.* p.u. **garguero**.
 II. 1. *PR, Bo.* **guargüero**, tráquea.
 ► **mojar el ~.**

garibaldi.
 I. 1. m. *Mx.* Pan dulce en forma de cono truncado cubierto de bolitas de azúcar.

gariboleado, -a.
 I. 1. *Mx.* **garigoleado**.

garibolear.
 I. 1. *Mx.* **garigolear**.

gariboleo.
 I. 1. *Mx.* **garigoleo**.

garifo, -a.
 I. 1. adj. *Pe. Referido a persona,* que no tiene dinero. rur.
 2. *CR.* p.u. *Referido a persona,* que acostumbra a apropiarse en todo o en gran parte de un género de cosas. desp.

garífuna.
 I. 1. m. *Gu, Ho, ES, Ni.* Grupo étnico producto del mestizaje de mujeres arahuacas y caribes insulares con negros esclavos africanos. ♦ **negro caribe**.
 2. *Gu, Ho, ES, Ni.* Persona que pertenece a este grupo étnico. ♦ **garínagu**.
 3. adj. *Gu, Ho, ES, Ni.* Relativo a los garífunas. ♦ **garínagu**.
 4. m. *Gu, Ho, ES, Ni.* Lengua caribe, con influencia del francés, que hablan los negros caribes o garífunas de Honduras, Guatemala, Belice y Nicaragua.

garigoleado, -a.
 I. 1. adj. *Mx.* Adornado profusamente, con exageración. (**gariboleado**).

garigolear.
 I. 1. tr. *Mx.* Adornar profusamente *algo.* (**garibolear**).

garigoleo.
 I. 1. m. *Mx.* Adorno profuso. (**gariboleo**).

garínagu.
 I. 1. sust/adj. *Ho.* **afrohondureño**, persona que pertenece a la etnia garífuna.
 2. adj. *Ho.* **afrohondureño**, relativo a los garífunas.

garisapa.
 I. 1. f. *Ve:O.* Punta o extremidad del espinazo, formada por la última pieza del hueso sacro y por todas las del cóccix. (**garizapa**).
 II. 1. f. *Ve:O.* Ambiente de confusión y desorden acompañado de ruido y griterío. (**garizapa**).

garita.
 I. 1. f. *Co:C, Ec, Ch.* Construcción con una o varias casetas situadas en las terminales de autobuses o estaciones de tren desde donde se controlan los recorridos de los vehículos o donde descansan los trabajadores.
 II. 1. f. *Ve:O.* Puente colgante hecho con troncos de árboles. rur.
 III. 1. f. *Ho.* Caja de madera con red metálica en que se transportan los gallos de pelea.

garitero.
 I. 1. m. *Co.* Hombre encargado de atender las mesas de billar para que el juego se pueda llevar a cabo.
 II. 1. m. *Pe.* Agente que atiende o vigila en una garita.

garizapa.
    I. 1.   *Ve:O.* **garisapa**, punta del espinazo.
    II. 1.   *Ve:O.* **garisapa**, ambiente de confusión.

garlancha.
    I. 1.   f. *Co:C.* Pala pequeña *usada especialmente en albañilería.*

garlar.
    I. 1.   intr. *Co:C.* Hablar mucho. pop.

garlero, -a.
    I. 1.   adj. *Co:C. Referido a persona*, habladora, chismosa. pop.

garlopear.
    I. 1.   tr. *Ni.* Alisar la madera con garlopa.

garmaño.
    I. 1.   m. *Ni.* Pene. vulg.

garmasa.
    I. 1.   f. *Ho.* Conjunto de granos de café pequeños o dañados.

garmelio.
    I. 1.   *CR:NO.* **garrobo.** Iguanidae; (tenosaura similis).

garnacha.
    I. 1.   f. *Mx.* **Tortilla** de maíz pequeña, frita en manteca, a la que se pone encima **frijoles**, salsa picante y trocitos de chorizo, **papas** o carne.
       2.   *Mx.* Comida informal hecha de masa de maíz, frita y servida con salsa picante y queso entre otros ingredientes.
       3.   *Gu.* **Tortilla** de maíz pequeña, frita con abundante aceite de oliva, que lleva encima carne aderezada con especias.
    II. 1.   f. *Ho, ES, Ni.* **alicrejo**, automóvil viejo.
    III. 1.   f. *Ho.* Fuerza, violencia, tenacidad.
    □
       a. ‖ **a la ~.** loc. adv. *Ni.* Violentamente, por la fuerza.
       b. ‖ **a la pura ~.** loc. adv. *Gu.* A la fuerza, violentamente.

garnachar.
    I. 1.   intr. *CR:NO.* Realizar el coito. tabú.

garnachero, -a.
    I. 1.   m. y f. *Mx.* Persona que vende **garnachas** en un puesto callejero.

garnatá.
    I. 1.   *PR.* **gaznatada.** rur; pop.

garnatada.
    I. 1.   *ES, Pa, Co:N; PR*, rur; pop. **gaznatada.**

garnatón.
    I. 1.   m. *Pa; Cu*, p.u; *PR*, rur. **gaznatada.** pop.

garniel.
    I. 1.   m. *Mx.* obsol. Bolsa o zurrón de cuero para llevar colgado al hombro. rur.

garnil. (Sínc. de *garniel*).
    I. 1.   m. *Gu.* p.u. Bolsa de cuero que se lleva colgada del hombro o del cinturón.

garnuchazo.
    I. 1.   m. *Mx.* Golpe que se da con el dedo medio después de retenerlo con el pulgar.

garnucho.
    I. 1.   m. *Mx.* Castañeta, sonido que resulta de juntar la yema del dedo corazón con la del pulgar, y hacerla resbalar con fuerza y rapidez para que choque en la parte carnosa de la mano.

garopa.
    I. 1.   f. *Mx.* Pez marino de más de 3 m de longitud, con cabeza grande y aletas radiadas, de color entre pardo, naranja y rosado, con manchas y rayas de diferentes colores; es comestible. (Serranidae; *Epinephelus rosaceus*).

garoso, -a.
    I. 1.   adj. *Co:C, Ve:O. Referido a persona*, que come mucho y desordenadamente. pop.

       2.   *Co:C,O,SO. Referido a persona*, que desea algo con intensidad y vehemencia. pop.

garpador, -ra. (De *pagador*).
    I. 1.   sust/adj. *Ar.* Persona que paga siempre sus deudas. pop + cult → espon.

garpar. (De *pagar*).
    I. 1.   tr. *Ar, Ur.* Pagar. pop + cult → espon.

garra.
    I. 1.   f. *Ni, PR, Co, Ve.* Pedazo de cuero duro y arrugado. rur.
       2.   *Co.* Zapato viejo. pop ∧ desp.
       3.   *Co.* metáf. Persona o animal flaco y envejecido. pop ∧ desp.
       4.   *Co.* Piel del cerdo con la que se preparan ciertos platos típicos.
       5.   *Ar, Ur.* Extremidad de un cuero por donde se lo afianza en las estacas al estirarlo. rur.
    II. 1.   f. *Mx*, desp; f. pl. *Ho.* Prenda de vestir, ropa, *especialmente si está vieja.*
       2.   f. *Mx, Ni.* Vestimenta inapropiada. pop.
    III. 1.   m-f. *Mx, Ho, ES.* Persona muy fea. pop.
    IV. 1.   f. *Co:O.* Manta que se pone encima del sudadero o gualdrapa de un caballo, para que la montura no lo maltrate. rur.
       2.   *Ur.* Cada una de las prendas del apero de montar. rur.
    V. 1.   f. *Ho, ES, Ni.* Objeto que se ha endurecido y ha perdido la flexibilidad que debería tener, como el calzado.
       2.   *ES; Ur*, pop ∧ desp. Objeto de mala calidad.
    VI. 1.   f. *Ve.* Cantidad muy pequeña.
    VII. 1.   adj. *Gu. Referido a persona*, que intenta gastar muy poco, o dar de una cosa lo menos posible.
    VIII. 1.   m-f. *ES. En el ejército*, persona que hace algo deficientemente.
    IX. 1.   f. *PR. En las peleas de gallos*, tronco artificial que se le fabrica al gallo **broco** para colocarle las espuelas.
    X. 1.   m-f. *Pa.* Amigo íntimo, compañero inseparable. pop.

    ■
       a. ‖ **~ catracha.** f. *Ho.* Valentía, casta, sangre o ímpetu del hondureño.
       b. ‖ **~ de cuero.** f. *Ho:O.* Pedazo de cuero de suela, mojado y hecho tiras.
       c. ‖ **~ de león.** f. *Ch.* Planta herbácea, perenne, de tallos gruesos y carnosos que se extienden por el suelo y de hasta 2 m de longitud, con hojas opuestas y verticiladas de forma oval y lanceolada, y flores hermafroditas de color rojo intenso o amarillo. (Alstroemeriaceae; *Leontochir ovallei*).
        ♦ **mano de león.**

    ▶ **darse ~.**

garrador.
    I. 1.   m. *PR.* Asa del mango de la pala.

garrafa.
    I. 1.   f. *Bo, Ar, Ur; Py*, pop. Bombona, recipiente metálico muy resistente, de cierre hermético, que se utiliza para contener gases a presión y líquidos volátiles.
       2.   *Ch.* p.u. Cafetera. pop.
    II. 1.   f. *Bo:C,O, Py.* Persona muy gorda. pop + cult → espon ∧ fest.

garrafeli.
    I. 1.   f. *Ch.* p.u. Garrafa, damajuana. pop.

garrafón.
    I. 1.   m. *Mx, Ni, Cu, Co, Ve, Ec.* Recipiente de vidrio o plástico para almacenar de 18 a 25 litros de agua.
    II. 1.   m-f. *Ho.* meton. **aguarrás**, persona que toma gran cantidad de bebida.
    III. 1.   m-f. *Ni*, juv. meton. Persona comilona.

garrancha.
    I. 1. f. *Ho.* Mujer fea. desp.

garrancho.
    I. 1. m. *Ho.* Objeto duro porque ha perdido la flexibilidad que debería tener.

garrapata.
    I. 1. f. *Ho, Ni, CR, Cu; Bo.* p.u. | metáf. Persona molesta que siempre acompaña a otra.
       2. m. *Py.* Persona que vive a expensas de los demás. pop.
    II. 1. f. *Cu.* metáf. Persona de baja estatura.
    III. 1. f. *PR.* Planta herbácea perenne, bulbosa, con hojas de color verde brillante, gruesas, de carne fuerte. (Hyacinthaceae; *Drimia acarophylla*). ♦ **fortuna.**

    ■
    a. ‖ ~ **chata.** *Ho, Ni.* **patacón,** garrapata.
    ◪
    a. ‖ **como ~ en verija de buey.** fr. prov. *Ho.* Indica que una persona no se separa de otra.
    ▶ **poner la ~.**

garrapatero.
    I. 1. m. *Mx, Ni, Pa, PR, Co, Ve, Ec, Pe, Ar:NO.* Ave trepadora e insectívora de hasta 35 cm de longitud, de color negro con reflejos azules, pico corvo y vuelo lento. (Cuculidae; *Crotophaga ani*). ♦ **aní; anó; chamón; chango; cirigüelo; garrapatudo; judío; mauri; vacamuchacho.**
       2. *Gu, Ho, ES, Ni, CR, PR.* Gran cantidad de garrapatas.
       3. *Gu, Ho, ES, CR, PR.* Lugar lleno de garrapatas.
       4. *Ho, ES, Ec.* **pijuy,** ave.

garrapatiar. (De *garabatear*).
    I. 1. tr. *Ho; Ch,* p.u. Escribir *algo* haciendo garabatos.

garrapaticida.
    I. 1. m. *Ho, Ni, CR, Cu, Ar;* adj/sust. *Ec, Ch, Py.* Producto químico venenoso que se emplea contra las garrapatas.

garrapatiento, -a.
    I. 1. adj. *CR, Ar:NO. Referido a un animal,* infestado de garrapatas. rur.
    II. 1. adj. *Ar:NO. Referido a persona,* extremadamente pobre. pop.

garrapatilla.
    I. 1. f. *Mx.* **estribillo,** arbusto.

garrapato.
    I. 1. m. *Co:O,SO.* Especie no identificada de chinche.
    II. 1. *Pa.* **camarón,** árbol.

garrapatoso, -a.
    I. 1. adj. *PR; Ho, ES, Ni, CR, Pa, Cu,* pop. *Referido a un animal,* lleno de garrapatas.

garrapatudo.
    I. 1. *Ve:O.* **garrapatero.**

garrapela.
    I. 1. f. *RD.* Aspereza en la garganta que obliga a toser para eliminarla.

garrapiñada.
    I. 1. f. *Ec, Ar, Ur.* Golosina de **maníes** o cacahuetes recubiertos de un almíbar seco y grumoso. ♦ **maní confitado.**
       2. *ES.* Dulce hecho de pulpa de coco procesada con azúcar.
       3. *ES.* Dulce hecho de cacao envuelto en dulce con canela.

garrapiñero, -a.
    I. 1. m. y f. *Ar, Ur.* Vendedor ambulante de **garrapiñadas.**

garrasí.
    I. 1. m. *Ve.* obsol. Calzón usado antiguamente por los llaneros, abierto por los costados y abotonado hasta la corva, donde remata en dos puntas.

garraspear.
    I. 1. *Gu, ES, Ni, RD, Ec, Pe.* p.u. Carraspear.

garraspeo.
    I. 1. *Gu, ES, Ni, RD, Ec, Pe.* p.u. Carraspeo.

garraspera.
    I. 1. f. *Mx, Gu, Ho, ES, Ni, Pa, Cu, RD, Ve, Pe, Py; Ec,* p.u. Carraspera.

garrasposo, -a.
    I. 1. adj. *Mx, Gu, Ho, ES, Ni, Cu, Ve. Referido a cosa,* áspera al tacto.

garreado, -a.
    I. 1. adj. *EU. Referido a persona,* bien vestida, elegante. pop.

garrerío.
    I. 1. m. *Mx.* Conjunto de prendas desordenadas. pop.

garrero, -a.
    I. 1. adj/sust. *Ar:NO,O. Referido a persona,* que tiene el hábito de sacar provecho de los demás o vivir a costa ajena. pop.
    II. 1. adj. *Ch.* Relativo a la *Garra Blanca,* hinchada del equipo de **futbol** Colo Colo.
       2. m. y f. *Ch.* Persona que participa en la Garra Blanca, hinchada del equipo de **futbol** Colo Colo.

garrete.
    I. 1. m. *Co:C, Ve:O.* Talón del pie.

garrita.
    I. 1. f. *Ho.* Poco de algo.
       2. *Ho.* Pequeño pago extra que recibe un periodista por ayudar a un político en su campaña electoral.
       3. *Ho.* Pequeña parcela de cultivo. rur.
    II. 1. f. *ES.* Cosa de mala calidad.

garro.
    I. 1. m. *ES:E.* Cigarro.

garrobeada.
    I. 1. f. *Ho, ES.* Asoleada.
    II. 1. f. *ES.* Caza de **garrobos.** rur.

garrobear.
    I. 1. intr. *Ho, ES, Ni.* Cazar **garrobos.**
    II. 1. intr. *Ho:N, ES, Ni.* Haraganear, no trabajar.

garrobero, -a.
    I. 1. m. y f. *Ho, ES, Ni.* Persona que caza o vende **garrobos.**
       2. adj/sust. *Ho. Referido a un perro,* que caza **garrobos.**
    II. 1. adj. *ES. Referido a persona,* ignorante. desp.
    III. 1. adj/sust. *Ho. Referido a un producto,* de mala calidad. desp.

garrobillo.
    I. 1. *PR.* **dividivi,** árbol.

garrobo.
    I. 1. m. *Mx:SE, Gu, Ho, ES, Ni, CR.* Reptil de hasta 1,8 m de longitud de dorso y extremidades con una serie de rayas o bandas oscuras sobre un fondo grisáceo de café claro con cabeza café claro con manchas anaranjadas dispersas, especialmente alrededor del ojo, y cresta desde el cuello hasta la mitad de la cola. (Iguanidae; *Ctenosaura similis*). ♦ **gallina de palo; garmelio; gueishpo; güembo; gueshpo; güilla; güirrío; mapachagüe.**
       2. *Gu, Ho, ES, Ni, CR.* Reptil de menor tamaño que la iguana común, de color más oscuro, con una cresta desde el cuello hasta la mitad de la cola, como la iguana. (Iguanidae; *Ctenosaura quencarinatus*). ♦ **grencho; groño.**
    II. 1. m. *Gu, Ho.* Hombre haragán.

III. 1. m. *ES.* Pan alargado.

IV. 1. m. *ES.* Arruga en el vestido o pantalón al sentarse. fest.

V. 1. m. *Ho.* Viga central de las casas de **bahareque** que divide en dos partes el tejado y el techo.

VI. 1. m. *Ho.* Ladrón. delinc.

▶ **gustar el consomé de ~; llevar vida de ~; parecer ~; querer con manteca de ~; tener vida de ~.**

garrocha.

I. 1. f. *Mx.* Persona muy alta. pop.

II. 1. f. *Ar.* Arbusto de hasta 3 m de altura, con ramas pubescentes, hojas opuestas, inflorescencia terminal y flores rojas. (Bignoniaceae; *Tecoma garrocha*).

♦ **guarán colorado.**

▶ **saltar ~.**

garrochista.

I. 1. m-f. *Pe, Ch, Ar, Ur.* Pertiguista.

garrocho.

I. 1. m. *Pa, PR;* f. *PR.* Árbol de hasta 40 m de altura, con hojas simples y alternas, flores blancas aromáticas y frutos ovoides o globosos; su madera, firme y resistente se usa para hacer garrochas. (Malvaceae; *Quararibea asterolepis*).

garrolilla.

I. 1. f. *PR.* Prostituta.

garrón.

I. 1. m. *Ar, Ur.* Situación dificultosa o desagradable. pop.

2. *Py.* Hueso de **res** con poca carne. pop.

□

a. ‖ **de ~.** loc. adv. *Ar, Ur.* Gratis, a expensas de un tercero. pop + cult → espon.

▶ **comerse un ~.**

garroneada.

I. 1. f. *Bo, Ar.* Hecho abusivo o descarado para aprovecharse de los demás. pop.

garroneador, -ra.

I. 1. *Bo, Ar:NO.* p.u. **garronero**, que tiene el hábito de sacar provecho de los demás.

garronear.

I. 1. tr. *Ar, Ur.* Pedir con insistencia para conseguir algo gratis. pop + cult → espon.

2. intr. *Ar, Ur.* Vivir a costa de los demás, aprovechándose y obteniendo cosas gratis. pop + cult → espon.

II. 1. tr. *Ar, Ur.* Morder o intentar morder un perro de labor en los garrones al ganado para hacerlo avanzar en la dirección deseada. rur.

2. *Ar, Ur.* Morder o intentar morder un perro a una persona en el talón o en la parte inferior de la pierna. rur.

garronero, -a.

I. 1. adj/sust. *Ar, Ur. Referido a persona*, que tiene el hábito de sacar provecho de los demás o vivir a costa ajena. pop. ♦ **gorroneador.**

II. 1. adj. *Ar, Ur. Referido a un perro*, que acostumbra a morder los garrones de otro animal o los talones de una persona. rur.

garrota.

I. 1. f. *Ho. Entre delincuentes juveniles*, la mujer de un **marero.** delinc.

garrote.

I. 1. m. *Ho, ES, Ni, RD, Pe; CR*, p.u. Pene. tabú; pop + cult → espon.

II. 1. m. *Py.* Palo con que se golpea a alguien.

■

a. ‖ **~ amargo.** *Ho.* **chichicuilote,** palma.

b. ‖ **~ encabuyado.** m. *Ve.* Garrote que tiene forrado el mango con **cabuya.**

□

a. ‖ **al ~.** loc. adv. *Cu.* obsol. *En relación con el préstamo de dinero*, a corto plazo y con interés elevado.

b. ‖ **de ~.** loc. adv. *Ho.* De memoria, de carrerilla. est.

▶ **dar ~; jugar ~; morder el ~.**

garroteada.

I. 1. f. *Gu, Ni; CR, Ec, Bo*, pop; *Pe, Py*, p.u. Paliza, apaleamiento.

II. 1. f. *Ho.* Estudio intenso de un tema. est. ♦ **garroteo.**

garroteador, -ra.

I. 1. sust/adj. *Py.* Persona que **garrotea** o golpea con un garrote. pop. ♦ **garroteo.**

2. *Ho.* Persona que estudia mucho un tema y lo aprende de memoria. est.

garrotear.

I. 1. tr. *Gu, Ni, CR, Co, Ec, Bo, Py.* Golpear *una persona* a *alguien* o *algo* con un garrote.

II. 1. intr. *Cu.* Prestar dinero a corto plazo con un interés elevado y tomando un objeto valioso como garantía.

2. tr. *Ni, CR.* Cobrar un precio excesivo por un bien o un servicio. pop + cult → espon.

III. 1. tr. *Ho.* Estudiar mucho *algo* y aprenderlo de memoria. est.

IV. 1. tr. *Ni.* Robar o estafar *una persona* a *alguien*.

garroteo.

I. 1. m. *Ho.* **garroteada,** estudio intenso. est.

garrotera.

I. 1. f. *Pa, Co.* Paliza, serie de golpes dados a una persona o animal. pop.

2. *Co.* Pelea, riña en la que se forma un gran alboroto. pop.

II. 1. f. *Ch.* Dolor del nervio ciático. pop + cult → espon.

2. *Ch.* Estado momentáneo de conmoción, durante el cual se pierde la capacidad de reacción. pop + cult → espon.

III. 1. f. *Ch.* Pataleta, rabieta. pop + cult → espon.

IV. 1. f. *Ho.* Tiesura del órgano sexual masculino. vulg.

V. 1. f. *CR.* Casa de préstamos que cobra altos intereses. pop ^ desp.

garrotero.

I. 1. m. *Mx.* Empleado que tiene a su cargo el manejo de los frenos en los trenes de ferrocarriles.

II. 1. m. *Ec, Py.* Sicario o asesino a sueldo. pop ^ desp.

2. *Ec.* Hombre que se contrata para dar una **golpiza** a alguien. pop ^ desp.

III. 1. m. *Ho.* Hombre que guarda el orden en una procesión.

garrotero, -a.

I. 1. m. y f. *Mx.* **Mesero** encargado de recoger y limpiar las mesas en un establecimiento de hostelería.

II. 1. m. y f. *Cu; CR, Pa*, pop ^ desp. Persona que presta dinero a corto plazo e interés elevado.

III. 1. adj. *Ni. Referido a persona*, pedigüeña.

2. *Ni. Referido a persona*, que busca la manera de que lo inviten los demás.

IV. 1. adj. *Ho. Referido a un estudiante*, que estudia mucho algo y de memoria. est.

garrotillar.

I. 1. intr. impers. *Ar:NO.* Caer nieve o lloviznar aguanieve. rur.

garrotillo.

I. 1. m. *Ar:NO,O.* Mezcla de lluvia y nieve, que cae acompañada de ráfagas de viento. pop.

2. *Ar:NO.* Granizo muy fino que cae en verano. rur; pop.

II. 1. m. *Pe:SE, Bo, Ar:NO.* p.u. Priapismo, erección constante y dolorosa del miembro viril masculino. rur.

III. 1. m. *Pa.* Látigo. rur.

garrotiza.
    I. 1. f. *Mx, Ec.* Paliza o serie de golpes dados con un palo o garrote. pop.

garrucha.
    I. 1. f. *Pe.* Rueda pequeña que llevan algunos muebles para facilitar su transporte.
    II. 1. f. *Ho, Ni.* Anillo pequeño de madera con bordes sobresalientes en cuyo centro se enrolla un hilo o cuerda.
    III. 1. f. *Ni.* Conjunto de vértebras del cuerpo humano.

garruchazón.
    I. 1. f. *Ni.* Espinazo y vértebras del cuerpo humano.

garruchento, -a.
    I. 1. adj. *Co:C. Referido a persona,* muy delgada. pop.

garrudo, -a.
    I. 1. sust/adj. *Ho, ES.* Adolescente o joven de constitución física muy desarrollada.

garrufio.
    I. 1. m. *Ve.* Juguete compuesto de un pequeño disco de metal con dos agujeros en el centro, por los que pasa una cuerda, que torcida y tensada con las manos, lo hace girar y zumba.

garrufo.
    I. 1. m. *Mx, Gu.* Cigarro de marihuana. drog.

garrunfío.
    I. 1. m. *ES.* Garrote. delinc.

garsía.
    I. 1. f. *ES.* Hambre. pop.

garso.
    I. 1. m. *ES.* Individuo inútil. carc.

gárter. (Del ingl. *garter*).
    I. 1. f. *EU.* p.u. Liga de tejido elástico para asegurar las medias de señora.

garúa. (Del port. *caruja,* llovizna).
    I. 1. f. *Ho, Ni, CR, Pa, Co, Ve, Ec, Pe, Bo, Ch, Py, Ar; Ur,* pop. Llovizna fina y persistente. (**garuga; garuba**).

garuar.
    I. 1. intr. impers. *Ho, Ni, CR, Pa, Ve, Ec, Pe, Bo, Ch, Py, Ar; Ur,* pop. Lloviznar. (**garugar; garubar; garuvar**).

garuba. (Epént. de *garúa*).
    I. 1. *Ho:E, Ni.* **garúa,** llovizna.

garubar. (Epént. de *garuar*).
    I. 1. *Ho, ES, Ni.* **garuar,** lloviznar.

garufa.
    I. 1. f. *Ar, Ur; Bo,* pop + cult → espon. Diversión, farra, parranda. pop.
    ▶ **darse a la ~.**

garufear.
    I. 1. intr. *Bo, Ur; Ar,* p.u. Salir de parranda o ir de fiesta en fiesta. pop.

garufero, -a.
    I. 1. adj/sust. *Ur; Ar,* p.u. *Referido a persona,* aficionada a farras y parrandas. pop.

garuga.
    I. 1. *Ni, Ar:NO; Ch,* pop. **garúa.** vulg; pop.

garugada.
    I. 1. f. *Ch.* Llovizna muy fina. pop + cult → espon.

garugar.
    I. 1. *Ni, Ch, Ar:NO.* **garuar.** vulg; pop.

garulilla.
    I. 1. f. *Pa.* Grupo de amigos que suelen reunirse para divertirse juntos. pop.

garulla.
    I. 1. f. *Co:C.* Pan elaborado con harina de maíz y cuajada.

garuma.
    I. 1. *Ch.* **gallada,** gente.
    II. 1. *Ch.* **gaviota garuma.**

garumaje.
    I. 1. m. *Ch.* **gallada,** gente.

garuvar. (Epént. de *garuar*).
    I. 1. *Ho, ES.* **garuar,** lloviznar.

garuviar.
    I. 1. *CR.* **garuar.**

garza.
    I. 1. adj/sust. *Ch. Referido a un tipo de vaso,* delgado y alto, estrecho en la base y ancho en la parte superior, con capacidad aproximada de un cuarto de litro, *usado principalmente para servir cerveza.*
    II. 1. f. *Cu.* metáf. Persona de piernas largas y muy delgadas. pop + cult → espon.
    ■
    a. ‖ **~ azul.**
      i. *Ch.* **garcita azul.**
      ii. f. *RD.* Ave zancuda de plumaje azul oscuro, con la cabeza y el cuello azul canela, el pico prominente, de color azul claro, con la punta negra, y las patas largas y de color verdoso. (Ardeidae; *Florida caerulea*).
    b. ‖ **~ blanca.**
      i. *Co.* **garza bucyera.**
      ii. *Ve.* **garza blanca real.**
    c. ‖ **~ blanca real.** f. *Ve, Bo.* Ave de hasta 1 m de longitud, la más grande de las garzas, con plumaje blanco, pico amarillo y patas negras. (Ardeidae; *Casmerodius albus*). ♦ **garza blanca; garza boyera.**
    d. ‖ **~ boyera.**
      i. *Ch.* **garza blanca real.**
      ii. *Ch.* **garza bueyera.**
    e. ‖ **~ boyeral.** *Ch.* **garza bueyera.**
    f. ‖ **~ bruja.** f. *Ar.* **guaco,** ave.
    g. ‖ **~ bueyera.** f. *Ho, PR, Ec, Bo.* Ave zancuda de hasta 50 cm de longitud, de cuerpo fornido y cuello corto, plumaje blanco, coronilla, espalda y pecho teñidos de marrón claro, pico y cara amarillos y patas negruzcas. (Ardeidae; *Bubulcus ibis*). ♦ **garcita reznera; garza blanca; garza boyera; garza boyeral; garza del ganado; garza ganadera; garza garrapatera.**
    h. ‖ **~ cangrejera.** f. *Ec.* Ave de color azul con las alas jaspeadas de negro, corona amarilla y la parte superior de la cabeza negra. (Ardeidae; *Cochlearius cochlearius*).
    i. ‖ **~ ceniza.** f. *Mx, Ho.* **garzón,** ave.
    j. ‖ **~ chica.** *Ch.* **chusmita.**
    k. ‖ **~ cocoi.** *Pa.* **garza morena.**
    l. ‖ **~ cuca.** *Ch.* **garza morena.** ♦ **cuca.**
    m. ‖ **~ del ganado.** *Ni, Ec.* **garza bueyera.**
    n. ‖ **~ dorsiverde.** f. *Pa.* **cagón,** ave.
    ñ. ‖ **~ enana.** f. *Ve.* Ave de hasta 25 cm de longitud, de color negro verdoso brillante en la corona, la nuca, el lomo y la cola, una lista blanca a cada lado del lomo, color castaño a los lados de la cabeza, lados del cuello, el pecho y manto superior, pecho inferior y vientre marrón claro, hombros en tono pálido y plumas de vuelo oscuras. (Ardeidae; *Ixobrychus exilis*). ♦ **martinetico; mirasol menudo.**
    o. ‖ **~ enana amarilla.** f. *Ve.* **totorero.**
    p. ‖ **~ ganadera.** *RD.* **garza bueyera.**
    q. ‖ **~ garrapatera.** *Ho, PR.* **garza bueyera.**
    r. ‖ **~ grande.** *Ch.* **garza morena.**
    s. ‖ **~ morena.** f. *Ve, Ec, Bo.* Ave de hasta 1,2 m de longitud, con la corona completamente negra, el

cuello blanco, el vientre negro, los muslos blancos y el pico naranja. (Ardeidae; *Ardea cocoi*). ♦ **garza cocoi**; **garza cuca**; **garza grande**; **garzón**; **manguarí**.

t. ‖ ~ **paleta.** *Ve*, *Ec*. **espátula**.

u. ‖ ~ **pechiblanca.** f. *Ve*, *Ec*. Ave de hasta 60 cm de longitud, de coloración general gris azulada, con la parte anterior del cuello blanca con una línea irregular negra y rufa que baja por la frente, y el vientre blanco. (Ardeidae; *Hydranassa tricolor*).

v. ‖ ~ **pechicastaña.** f. *Ve*. Ave de hasta 70 cm de longitud, con la cabeza de color negro, una larga cresta occipital larga grisácea, garganta y parte anterior del cuello blancas, lados y parte posterior del cuello castaños, lomo, alas y cola verde botella brillante, vientre castaño y pico largo amarillo verdoso. (Ardeidae; *Agamia agami*).

w. ‖ ~ **real.** f. *RD*, *Ec*. Ave zancuda de hasta 1 m de longitud, de plumaje blanco, pico fino y largo y amarillo, patas negras y cuello delgado y enhiesto. (Ardeidae; *Egretta alba*). ♦ **garzón**.

x. ‖ ~ **rojiza.** f. *RD*, *Ve*. Ave de hasta 76 cm de longitud, de coloración general grisácea, cabeza y cuello pardo rojizo, pico de color rosado con la punta negra e iris amarillo claro. (Ardeidae; *Dichromanasca rufescens*).

y. ‖ ~ **rosada.** *Ho*, *Ec*, *Ar*, *Ur*. **espátula**, ave.

z. ‖ ~ **silbadora.** f. *Ve*, *Bo*, *Ar*, *Ur*. Ave de hasta 50 cm de longitud, de pico rosado con ápice negro y plumaje de color gris azulado en el dorso, amarillo en el pecho y en el cuello, y azul oscuro en la corona y en la nuca. (Ardeidae; *Syrigma sibilatrix*). ♦ **chiflón**; **pífano**.

a¹. ‖ ~ **tigre.** f. *Ho*, *Ni*, *Pa*, *Ec*. **martín peña**.

b¹. ‖ ~ **verde.** f. *Cu*, *Ec*. Ave de hasta 46 cm de longitud, con corona de color negro verdoso brillante, coloración castaño purpurina en los laterales, parte central del pecho blanca con barras negruzcas, vientre pardo claro y lomo verde grisáceo claro. (Ardeidae; *Butorides* spp.).

▶ **creerse la divina ~**; **saber dónde ponen las ~s**.

garzón.

I. 1. m. *Mx*, *Ho*, *Ni*. Ave zancuda de más de 1 m de longitud, con plumaje blanco grisáceo, los extremos de las alas negros, cabeza blanca con listas negras, pico amarillo y patas negras. (Ardeidae; *Ardea herodias*). ♦ **gallinazo**; **garcilote**; **garza ceniza**; **garzón cenizo**; **sietepresas**.

2. *Co*, *Ve*. **jabirú**.

3. m. *Ec*, *Ch*. **garza morena**.

4. m. *Cu*. **garza real**.

II. 1. *PR*. **gallo garza**.

■

a. ‖ ~ **cenizo.** *RD*, *Ve*. **garzón**.

b. ‖ ~ **soldado.** *Co*, *Ve*. **jabirú**.

garzón, -na. (Del fr. *garçon*, chico, muchacho).

I. 1. m. y f. *Ch*; m. *Bo*; *Ec*. p.u. Persona que tiene por oficio servir bebidas y comidas en un restaurante o en una recepción social.

garzonear.

I. 1. intr. *Ch*. Trabajar esporádicamente de **garzón**, en un restaurante.

garzonería.

I. 1. f. *Ch*. Actividad propia de los **garzones** o camareros.

garzonier. (Del fr. *garçonnière*).

I. 1. m. *Bo*; f. *Ch*. Habitación o departamento pequeño de soltero.

gas.

I. 1. m. *Mx*, *Gu*, *Ni*, *RD*, *Bo*; *Ec*, *Ch*, euf.; *Pe*, esm. Ventosidad. vulg; pop.

II. 1. *Gu*, *Ni*, *RD*, *Ve*. obsol. **querosén**.

2. *Co*. Petróleo.

3. *CR*, *Bo*, *Py*. Gasolina.

III. 1. m. *Ni*; *Ec*, pop. | juv. Fuerza, energía, potencia.

IV. 1. m. *Ch*. obsol. Habitación o departamento pequeño usado para tener relaciones sexuales ilícitas u ocasionales con otras personas.

V. 1. m. *Ni*. juv. Asunto o tema.

■

a. ‖ ~ **de balita.** m. *Cu*. Gas licuado y envasado en un balón de acero con una capacidad de 25 libras.

b. ‖ ~ **de balón.** m. *Cu*. Gas licuado y envasado en un balón de acero. ♦ **gas embotellado**.

c. ‖ ~ **de la calle.** m. *Cu*. Gas que se distribuye a las viviendas a través de una red de canalización.

d. ‖ ~ **embotellado.** *Cu*. **gas de balón**.

□

a. ‖ ~ **morao.** loc. sust/adj. *RD*. Persona, cosa o circunstancia dañinas en máximo grado. hiperb.

◪

a. ‖ **ver si el ~ pela.** fr. prov. *RD*, *PR*. Indica que hay que ver las cosas como son en realidad. pop + cult → espon.

▶ **abrir ~**; **aguantar el ~**; **caerle ~**; **caerle ~ morao**; **hacerse ~**.

¡gas!

I. 1. interj. *Co*. Expresa asco.

gasa.

I. 1. f. *Mx*. Conjunto de curvas que conectan dos o más autopistas o vías rápidas que se cruzan.

▶ **abrirle la ~**.

gascar. (Del ingl. *gas car*).

I. 1. m. *Cu*. obsol. Vehículo destinado al transporte de pasajeros, se desplaza sobre rieles y usa gasolina o petróleo como combustible.

gasducto.

I. 1. m. *Ve*. Tubería de grueso calibre y gran longitud para conducir a distancia gas combustible.

gaseado, -a.

I. 1. adj. *PR*. *Referido a cosa*, demasiado usada, en malas condiciones. pop + cult → espon.

gasear.

I. 1. intr. *Ho*. juv. Tomar bebidas alcohólicas.

gaseosa.

I. 1. f. *Ni*, *RD*, *Co*, *Bo*, *Py*, *Ar*. Bebida embotellada, refrescante, de diferentes sabores, con gas o sin él.

gaseoso, -a.

I. 1. adj. *Pe*. *Referido a persona*, que habla mucho pero no dice nada importante. pop.

gasero.

I. 1. m. *Bo*, *Py*. Camión que se encarga de la distribución de gas licuado en **garrafas**.

gaseta.

I. 1. f. *PR*. *En las actividades marítimas*, nudo abierto o lazo para amarrar las velas de una embarcación.

gásfiter. (Del ingl. *gas fitter*).

I. 1. m-f. *Ch*. **gasfitero**.

gasfitería.

I. 1. f. *Ec*, *Pe*, *Ch*. Oficio del **gasfitero**.

2. *Ch*; *Pe*, p.u. Local que cuenta con el personal capacitado para arreglar piezas de instalaciones de gas y agua.

3. *Pe*. Conjunto de herramientas y aparatos de que se vale el **gasfitero**.

4. *Ch*. Instalación para el agua y el gas de una casa o edificio.

5. *Ch*. Conjunto de tuberías, válvulas y otros objetos usados en las instalaciones de agua y gas.

gasfitero, -a. (Del ingl. *gas fitter*).
   I. 1. m. y f. *Ch*; m. *Ec, Pe*. Técnico especializado en la colocación y reparación de instalaciones domiciliarias de gas y agua. ♦ **gásfiter**.

gasificación.
   I. 1. f. *Bo*. Lanzamiento de bombas de gas lacrimógeno por la policía.

gasificar.
   I. 1. tr. *Bo*. Arrojar la policía bombas de gas lacrimógeno.

gasimba.
   I. 1. f. *Co*. Bebida refrescante de diversos sabores, con gas o sin él. pop.

gaslopa.
   I. 1. f. *PR. En carpintería*, cepillo largo para alisar madera.

gaslopín.
   I. 1. m. *PR*. **Gaslopa** de pequeño tamaño.

gasné.
   I. 1. m. *Mx*. Corbata o pañuelo de adorno para el cuello, de uso masculino. (**gazné**).

gasofia.
   I. 1. f. *Gu; CR*, fest. Gasolina.

gasolero, -a.
   I. 1. adj/sust. *Pa, Co, Py, Ar, Ur. Referido a vehículo automóvil, a una máquina o a un motor*, que usa gasóleo como combustible.
   II. 1. adj/sust. *Ar. Referido a persona*, que consigue vivir gastando poco dinero. pop.

gasolina.
   I. 1. f. *EU, Mx*. Pasta de cocaína de pésima calidad. drog.
   II. 1. f. *Cu*. Energía de una persona.

gasolinazo.
   I. 1. m. *Pe, Bo*. Medida económica gubernamental que consiste en aumentar el precio de los carburantes, sin previo aviso.

gasolinera.
   I. 1. f. *Ve*. Mujer que se siente atraída por hombres con automóvil o moto. pop ^ desp.

gasolinería.
   I. 1. f. *Mx, Gu, Ho, ES, Ni, CR, Pa, Cu, RD, PR, Co, Ve, Bo; Ec, Pe, Ch, Py*, p.u. Establecimiento donde se expenden combustibles, aceites, alimentos y accesorios para vehículos.
   2. *Mx*. **garaje**, establecimiento donde se vende gasolina.

gasolinero, -a.
   I. 1. adj. *Mx, Ho, ES, Ni, CR, Pa, PR, Ec, Pe, Bo, Py*. Relativo a la gasolina.
   2. m. y f. *Bo, Py*. Persona que vende gasolina en un pequeño establecimiento situado en lugares donde no hay surtidores.
   II. 1. adj. *Ve. Referido a persona*, que le gusta que la lleven en automóvil a todas partes.

gaspar.
   I. 1. m. *Ni*. Persona delgada.

gaspayo.
   I. 1. *PR*. **querequeté**, ave.

gastadera.
   I. 1. f. *Mx, Ho, ES, Ni, CR, Pa, Cu, RD, Co, Ec, Pe, Bo, Ch, Ar*. Gasto económico excesivo.

gastadero.
   I. 1. m. *Mx, CR, Co, Pe*. Derroche de un recurso determinado. pop.

gastado, -a.
   I. 1. adj. *Mx, Ec. Referido a persona*, que ha empleado en algo más dinero del que tiene. pop + cult → espon.

gastalón, -na.
   I. 1. adj/sust. *Bo. Referido a persona*, generosa o desprendida. pop. ♦ **gastaplata**.

gastaplata.
   I. 1. *Bo:O*. **gastalón**.

gastar(se).
   I. 1. intr. prnl. *Py, Ar, Ur; Ch*, pop + cult → espon. Esforzarse o preocuparse mucho por la realización de algo. pop.
   II. 1. tr. *Co, Py*. Invitar, pagar a *alguien algo, especialmente comida o bebida*, como muestra de cortesía. pop.
   III. 1. intr. *CR, Co*. Emplear determinado tiempo en realizar algo. pop + cult → espon.
   IV. 1. tr. *Ar*. Hacer a *alguien* objeto de burlas o bromas. pop.
   V. 1. tr. prnl. *Ve*. Poseer *algo* de lo que se pueda presumir.

   □
   a. ‖ ~ **en pitos y flautas.** loc. verb. *Mx*. Invertir dinero o recursos en algo innecesario o de poco valor.
   b. ‖ ~ **pólvora en chimangos.** *Py, Ar, Ur*. **gastar pólvora en gallinazos.** pop + cult → espon.
   c. ‖ ~ **pólvora en gallinazo.** *Ec, Pe, Bo*. **gastar pólvora en gallinazos.**
   d. ‖ ~ **pólvora en gallinazos.** loc. verb. *Pa, Co, Ec, Pe, Bo, Ch*. Invertir tiempo o energías en algo que no vale la pena o no resulta rentable. pop + cult → espon. (**gastar pólvora en gallinazo**). ♦ **gastar pólvora en chimangos; gastar pólvora en infiernitos; gastar pólvora en jotes; gastar pólvora en sanates; gastar pólvora en zamuros; gastar pólvora en zanates; gastar pólvora en zopes; gastar pólvora en zopilotes.**
   e. ‖ ~ **pólvora en infiernitos.** *Mx*. **gastar pólvora en gallinazos.** pop + cult → espon.
   f. ‖ ~ **pólvora en jotes.** *Ch*. **gastar pólvora en gallinazos.**
   g. ‖ ~ **pólvora en sanates.** *Gu*. **gastar pólvora en gallinazos.**
   h. ‖ ~ **pólvora en zamuros.** *Ve*. **gastar pólvora en gallinazos.**
   i. ‖ ~ **pólvora en zanates.** *ES*. **gastar pólvora en gallinazos.**
   j. ‖ ~ **pólvora en zopes.** *Ho*. **gastar pólvora en gallinazos.**
   k. ‖ ~ **pólvora en zopilotes.** *Ho, Ni, CR*. **gastar pólvora en gallinazos.**
   l. ‖ ~**la.** loc. verb. *Ar, Ur*. Hacer *algo* mostrando una especial destreza o habilidad para ello. pop.
   m. ‖ ~**se el gusto de.** loc. verb. *Ni*. Darse el gusto. pop.
   n. ‖ ~ **se parejito.** loc. verb. *Ch*. Ser *una persona* bisexual. pop + cult → espon ^ fest.
   ñ. ‖ **gastársela.** loc. verb. *Cu*. Invertir *alguien* mucho dinero en algo.

gastivo, -a.
   I. 1. adj. *Ve. Referido a persona*, que gasta mucho.

gasto.
   I. 1. m. *Mx, Ni, Py*. Cantidad de dinero fija que el esposo da a su mujer para mantenimiento de las necesidades básicas de la familia.

   □
   a. ‖ **para el ~.** loc. adv. *Bo. Referido al conocimiento de algo*, con las mínimas nociones.
   ▶ **hacer el ~.**

gata.
   I. 1. f. *Ho, ES, Ni, CR, PR, Ec, Pe, Bo, Ch*. Máquina hidráulica o mecánica que sirve para levantar grandes pesos a poca altura.
   II. 1. f. *Cu, PR*. Pez marino de hasta 4 m de longitud, con boca pequeña, dos aletas dorsales, cinco aper-

turas branquiales y piel sin escamas, de color rojizo. (Ginglymostomatidae; *Ginglymostoma cirratum*).
♦ **gata de mar.**

■

a. ‖ ~ **caimán.** f. *Bo.* Instrumento mecánico, de base larga y plana, que se emplea para suspender el tren delantero o trasero de vehículos pesados.

b. ‖ ~ **de mar.** *PR.* **gata**, pez marino.

c. ‖ ~ **Flora.** f. *Ar, Ur.* Persona que no está conforme con nada y se queja siempre. pop.

d. ‖ ~ **hidráulica.** f. *Ec, Bo, Ch.* Instrumento mecánico que sirve para levantar grandes pesos, mediante un cilindro impulsado hidráulicamente.

e. ‖ ~ **parida.** f. *Bo, Ar:NO.* p.u. Juego infantil en el que los participantes, sentados en un banco, se empujan unos a otros para conseguir la eliminación de los demás hasta que quede uno.

□

a. ‖ **a ~s.** loc. adv. *Pe, Bo, Py, Ar, Ur.* Con gran dificultad, a duras penas. pop.

▶ **echar la ~ a retozar; librar la ~; quedar como la ~ de Abella, mirando la fiambrera; soltar la ~; ser como la ~ Flora, que si se lo meten, grita, y si se lo sacan, llora; subirse la ~ a la batea.**

gatada.

I. 1. *ES.* **mara**, pandilla.

gataparida.

I. 1. f. *Bo.* Juego de muchachos en el que se empujan unos a otros para lograr sacar del banco en que están sentados al que está en los extremos o menos asentado.

gatazo.

I. 1. m. *Pe.* Decepción, desengaño, chasco. pop.

▶ **dar el ~; tirar su ~.**

gate. (Voz inglesa).

I. 1. m. *EU, PR.* Portón, puerta.

gateada.

I. 1. f. *ES.* Coito realizado a escondidas en la casa de la mujer. desp.

gateado.

I. 1. m. *PR.* Árbol de hasta 25 m de altura, de color encarnado con vetas negras, hojas simples y fruto en drupa globosa; su madera compacta y dura se usa en ebanistería fina. (Moraceae; *Brosimum guianensis*).

gateado, -a.

I. 1. adj. *Py, Ar. Referido a caballo,* de pelaje oscuro y cebrado. rur.

2. adj. *PR. Referido a animal,* de color barcino. rur.

3. *PR. Referido a animal,* con manchas negruzcas en el cuerpo y en la cara. rur.

4. *Pe, Py. Referido a un paso de una caballería,* llano, suave.

gateador, -ra.

I. 1. adj/sust. *Ec, Bo, Py.* p.u. *Referido a un niño,* que ha adquirido destreza para gatear.

gatear.

I. 1. tr. *Mx.* Seducir a las sirvientas jóvenes. pop + cult → espon.

2. intr. *Ch, Ar:NO,* pop; *Bo,* pop + cult → espon. Andar un hombre buscando aventuras amorosas a escondidas por la noche.

3. *Gu, Co:C.* Alcanzar, a escondidas y con fines sexuales, la cama de alguien. pop.

II. 1. intr. *Ch.* Avanzar con dificultad o inseguridad en un tema o cuestión.

gatera.

I. 1. f. *Py, Ar, Ur. En el hipódromo,* armazón que se utiliza para encerrar a los caballos antes de la salida simultánea en una carrera.

II. 1. f. *Ec.* obsol. Placera, *especialmente la que vende verduras.* pop.

gatero, -a.

I. 1. m. y f. *Pe.* p.u. Revendedor, y *especialmente vendedora de verduras.*

gatico.

I. 1. m. *RD.* Planta con tallo ahorquillado, de hasta 60 cm de altura, con flores de color verde amarillento y frutos aovados cubiertos de espinas ganchudas. (Asteraceae; *Xanthium strumarium*).

gatígrafa.

I. 1. f. *Mx.* obsol. Mecanógrafa. fest.

gatillador, -ra.

I. 1. adj. *Ar;* sust/adj. *Ch. Referido a hecho,* desencadenante o iniciador de un proceso. cult.

gatillante.

I. 1. adj/sust. *Ch. Referido a cosa,* que desencadena o inicia un proceso. cult.

gatillar.

I. 1. tr. *Bo, Ch, Py, Ar, Ur.* Oprimir el gatillo para disparar un arma de fuego.

2. *Ec, Ch, Ar.* metáf. Desencadenar *alguien algo,* dar inicio a un proceso, *generalmente irreversible.* cult.

3. intr. *Bo, Py, Ar, Ur.* Accionar el gatillo de un arma de fuego.

4. tr. *Py, Ur.* Lanzar un proyectil un arma o una persona que dispara un arma.

II. 1. tr. *Ar.* Pagar con dinero. pop.

gatillero, -a.

I. 1. sust/adj. *Mx, Ho, Pa, PR, Co, Bo.* Pistolero, matón a sueldo. delinc.

gatillo.

I. 1. m. *Mx, Ni.* Árbol de hasta 15 m de altura, de hojas grandes y acorazonadas, flores grandes, acampanadas, blanquecinas o rosa pálido y fruto alargado, en forma de pepino, con numerosas semillas y recubierto de una fibra algodonosa. (Bombacaceae; *Ochoroma pyramidale*). ♦ **guano; jubijuy; lanillo; pomoy; tambor.**

II. 1. m. *Ch.* Crin larga que se deja a las caballerías en la cruz y de la cual se asen los jinetes para montar.

III. 1. m. *Ch.* p.u. Desencadenante o iniciador de un proceso.

□

a. ‖ ~ **alegre.** loc. sust. *Ho, Pa, Ve.* Persona que habitualmente porta un arma de fuego y la dispara sin que exista causa justificada.

b. ‖ ~ **loco.**

i. loc. sust/adj. *Ho, Ch.* **gatillo alegre.**

ii. *Ch.* p.u.; metáf. Persona que tiende a actuar irreflexivamente, *especialmente en cuestiones amorosas.* pop + cult → espon.

c. ‖ ~ **veloz.** *Ch.* **gatillo alegre.**

▶ **dar ~.**

gato.

I. 1. m. *Mx, CR, Ch.* Juego de las tres en raya.

2. *Ch.* Tablero o esquema de las tres en raya constituido por dos líneas paralelas que se cruzan perpendicularmente con otras dos paralelas de la misma longitud.

3. *Ch.* Almohadilla, tecla y símbolo telefónico.

II. 1. m. *Ar, Ur.* Danza folclórica de pareja suelta, que incluye en su coreografía vueltas, giros, zapateo y **zarandeo**, y que suele acompañarse de coplas cuya letra coincide con las distintas figuras.

2. *Ar, Ur.* Música de ritmo vivaz que acompaña este baile.

III. 1. m. *Ar, Ur,* pop; f. *ES,* vulg, pop; *PR,* prost. Prostituta a la que frecuentan personas con recursos económicos.

IV. 1. m. *Ar.* Peluquín, *generalmente de hombre.* pop ^ fest.

2. *Ur.* Peluca. pop + cult → espon.

V. 1. m. *Gu, Ho, ES, Ni.* Bíceps braquial. pop.

VI. 1. m. *Pe.* Vómito. pop.

VII. (Del quech. y del aim. *qhatu,* mercado).

1. m. *Pe.* Mercado al aire libre. rur.

VIII. 1. m. *RD, Bo.* Hombre que vive del robo.

IX. 1. m. *Cu.* Pellizco dado en el brazo de una persona y que produce mucho dolor.

X. 1. m. *Bo.* Corbatín que se anuda por delante en forma de lazo y sin caídas.

XI. 1. m. *CR.* Pieza de repostería compuesta de dos tapas unidas con miel o **conserva**.

■

a. ‖ ~ **correntino.** m. *Ar.* p.u. Danza folclórica de pareja suelta y ritmo vivo cuya coreografía, con zapateo y **zarandeo**, simula movimientos de conquista y rechazo entre el hombre y la mujer.

□

a. ‖ **a la muerte de un ~.** loc. adv. *Pe.* En rara ocasión, ocasionalmente. pop + cult → espon.

b. ‖ **como ~ de espaldas.** loc. adv/adj. *Bo, Ch.* Con todas las fuerzas o desesperadamente. pop + cult → espon.

c. ‖ **como ~s en matate.** loc. adv. *Ho.* En continua pelea.

d. ‖ **como un ~ mojado.** loc. adj/adv. *Ch. Referido a persona,* en mal estado o con el ánimo frágil y quebradizo. pop.

e. ‖ **en la de amansa ~s.** loc. adj/adv. *RD.* obsol. *Referido a persona,* en una situación muy problemática o peligrosa. pop + cult → espon.

f. ‖ ~ **de monte.**

i. loc. sust. *Ho.* Aguardiente elaborado clandestinamente.

ii. *Ho.* Bebida alcohólica que resulta de la fermentación del maíz en agua azucarada. euf.

g. ‖ ~ **escondido.** loc. sust. *Ho.* Pistola marca Smith and Wesson.

h. ‖ ~ **pacho.** loc. sust. *ES.* Corte de carne de la parte alta de las patas de los bovinos.

i. ‖ **la de amansa ~s.** loc. sust. *RD.* obsol. Gran riña o discusión. pop + cult → espon ∧ hiperb.

j. ‖ **para el ~.** loc. adv. *Pe, Ch; Bo,* fest. En malas condiciones, en mal estado. pop + cult → espon.

▨

a. ‖ **a ~ viejo, ratón tierno.** fr. prov. *Ho, Ni, CR, Pe, Bo.* Indica que a los hombres de edad avanzada les gustan y atraen sexualmente las mujeres jóvenes. pop.

b. ‖ ~ **no come ~.** fr. prov. *Ni.* Indica que dos personas aparentemente enemigas se entienden cuando se trata de asuntos de interés común.

c. ‖ **ser ~ que caza echado.** fr. prov. *ES, Ni.* Indica que una persona de apariencia tranquila aprovecha con rapidez la ocasión.

▶ buscar ~; comprar ~s entre sacos; dar ~ por ñeco; dar el palo al ~; darse una manito de ~; estar como si tuviera ~ en el pecho; haber ~ en jaba; haber ~ enmochilado; haber ~ entre macuto; hacerse el ~ bravo; medio tocame un ~; mirar ~s aparejados; no sacar una gata a mear; peinar la gata; sacarle un ~; ser la misma gata, nomás que revolcada; tener ~ metido dentro de un saco; ver ~s aparejados; ver menos que ~ de yeso; verse a gatas; vérselas a gatas.

gato, -a.

I. 1. m. y f. *Mx, Gu, ES.* Criado de una casa. desp.

2. *Ho, ES.* Persona pobre, de estrato social bajo. desp.

3. *Ho, ES.* Persona que en una empresa o institución tiene un puesto muy bajo. desp.

II. 1. m. y f. *Ch.* Delincuente que roba pescado en barcos y otros medios de transporte.

2. *RD.* Ladrón. ♦ **gato barcino.**

III. 1. adj. *Ni, CR, Bo; Ec.* pop. *Referido a persona,* que tiene los ojos claros, *especialmente verdes o azules.*

■

a. ‖ ~ **balsa.** m. y f. *Pa.* **dormilón,** mamífero.

b. ‖ ~ **barcino.**

i. m. y f. *PR, Py.* Gato con pelaje gris ceniza y negro.

ii. *RD.* **gato,** ladrón.

c. ‖ ~ **cañero.** *Pa.* **mapurito,** mustélido.

d. ‖ ~ **casero.**

i. m. y f. *Ni, CR, Pa.* Persona de confianza que roba en la casa en que vive.

ii. *CR.* Ladrón que acostumbra a realizar sus fechorías en el mismo pueblo o barrio donde vive.

e. ‖ ~ **cerván.** *Ho.* **león miquero.**

f. ‖ ~ **cervante.** *ES.* **león miquero.**

g. ‖ ~ **colocolo.** *Ch.* **gato del pajonal.**

h. ‖ ~ **de agua.** m. y f. *Pa.* **guatusa,** roedor.

i. ‖ ~ **de campo.**

i. m. y f. *Ch.* Gato silvestre de hasta 73 cm de longitud, de color amarillento con manchas negruzcas de forma redondeada hasta la cola. (Felidae; *Oncifelis guigna*). ♦ **güiña.**

ii. *Ch.* **güiña,** ladrón. pop + cult → espon.

j. ‖ ~ **de monte.** *Ho, Bo.* **león miquero.**

k. ‖ ~ **de yeso.** m. y f. *Ch.* p.u. Persona o cosa que no tiene expresividad o no se mueve. pop + cult → espon.

l. ‖ ~ **del pajonal.** m. y f. *Ar, Ur.* Animal mamífero de hasta 90 cm de longitud, con pelaje largo de color entre bayo claro y grisáceo y con manchas pardas longitudinales. (Felidae; *Felis colocolo*). ♦ **colocolo; gato colocolo; gato pajero.**

m. ‖ ~ **eira.** m. y f. *Ar.* **jaguarondo.** (**gato eirá; gato eyra; gato eyrá**)

n. ‖ ~ **eirá.** *Py, Ar.* **gato eira.**

ñ. ‖ ~ **eyra.** *Ar.* **gato eira.**

o. ‖ ~ **eyrá.** *Py, Ar.* **gato eira.**

p. ‖ ~ **manglatero.** m. y f. *Pa.* **aguará popé.**

q. ‖ ~ **marino.** m. y f. *Pe.* **perro de agua,** nutria.

r. ‖ ~ **mico.** m. y f. *Ho, Pa.* Animal arborícola, con cuerpo de hasta 76 cm de longitud, de cabeza redonda, orejas pequeñas y redondas, cuello corto, tronco largo, grueso y muy flexible, cola prensil que le sirve de anclaje, de patas traseras más largas que las delanteras, todas con cinco dedos con garras cortas y agudas, pelaje crespo, suave y brillante de coloración amarillenta leonada. (Procyonidae; *Potus flavus*).

s. ‖ ~ **motete.**

i. m. y f. *Ho, Ec.* **zamhool.**

ii. *Ho.* **león miquero.**

t. ‖ ~ **negro.** m. y f. *Pa.* **zamhool.**

u. ‖ ~ **onza.** m. y f. *Py, Ar, Ur.* **frijolillo,** felino.

v. ‖ ~ **pajero.** *Ar, Ur.* **gato del pajonal.**

w. ‖ ~ **solo.** m. y f. *Pa.* **coatí.**

x. ‖ ~ **tigre.** m. y f. *Ve.* **frijolillo,** felino.

□

a. ‖ ~ **despensero.** loc. sust. *Pe.* Persona al servicio de otra por interés. pop + cult → espon.

b. ‖ ~ **en vidriera.** loc. sust. *RD.* p.u. Persona que usa lentes. fest.

c. ‖ **pobre ~.** loc. sust. *Ar, Ur.* Persona insignificante o sin medios económicos.

▶ buscarle la quinta pata al ~; preñar la gata; quedar como ~ mojado; tener ojos de gato.

gatoenterito.

I. 1. m. *RD.* Gastroenteritis. fest.

gatorade. (De *Gatorade*®).

I. 1. sust/adj. *Gu, Ni,* juv. Hombre homosexual. pop ∧ fest. (**gaytorade**).

gatuño.
   I. 1. m. *Mx.* Arbusto espinoso de flores fragantes de color lila, y fruto del tipo de la mora. (Fabaceae; *Mimosa monancistra*).

gatuzco, -a.
   I. 1. adj/sust. *Ni.* Referido a persona, de ojos verdes o azules.

gauchada.
   I. 1. f. *Pe, Bo, Ch, Py, Ar, Ur.* Servicio o favor desinteresado. pop + cult → espon.
   2. *Ar, Ur.* obsol. Acción valiente y que muestra destreza.
   II. 1. f. *Ar, Ur.* obsol. Treta, picardía. pop ^ desp.
   III. 1. f. *Ar, Ur.* p.u. **gauchaje.**
   IV. 1. f. *Ec.* Grosería o acción descortés. pop + cult → espon.

gauchaje.
   I. 1. m. *Ar, Ur.* Conjunto o reunión de gauchos. pop. ♦ **gauchada; gaucherío.**

gauchazo, -a.
   I. 1. adj. *Ar, Ur.* Referido a persona, muy generosa y noble. pop.

gauchear.
   I. 1. intr. *Py.* Mantener relaciones sexuales clandestinas. pop.

gaucherío.
   I. 1. *Py, Ur, Ar,* p.u. **gauchaje.**

gaucho.
   I. 1. m. *Ch:S, Py, Ar, Ur.* Hombre de campo, experimentado en las faenas ganaderas tradicionales, *especialmente las de la pampa.*
   2. *Py, Ar, Ur.* Jinete trashumante, diestro en los trabajos ganaderos.
   II. 1. m. *Py.* Amante. pop.

gaucho, -a.
   I. 1. adj. *Ar, Ur.* Referido a persona, noble, solidaria y generosa. pop.
   2. *Ar.* Referido a un animal o a una cosa, que proporciona satisfacción por su rendimiento. pop.
   II. 1. adj. *Ch:S, Py, Ar, Ur.* Relativo al gaucho.
   III. 1. adj. *Bo, Ch.* p.u. Relativo a Argentina.
   IV. 1. adj. *Ar.* p.u. Referido a persona, lista, hábil.
   V. 1. adj/sust. *Py.* Referido a un hombre, mujeriego, conquistador, donjuán. pop + cult → espon.

gáver.
   I. 1. f. *Ec.* juv. Pene. tabú; pop + cult → espon.
   □
     a. ‖ **de a ~.** loc. adv. *Ni.* juv. Irresponsablemente.
   ▶ **ponerse a ~.**

gavera.
   I. 1. f. *Mx, Co, Ve.* Molde en el que se hace la teja. rur.
   2. *Co, Pe. En la construcción,* molde utilizado para hacer tapias y muros. (**gabera**).
   II. 1. f. *Co:O, Ve, Ec.* Molde de madera con varios compartimentos usado en los trapiches para solidificar la **panela** y darle su forma definitiva.
   2. *Ve.* Caja rectangular con divisiones para transportar bebidas embotelladas. ♦ **gavera de refrescos.**
   ■
     a. ‖ **~ de hielo.** f. *Ve.* Recipiente con compartimentos para hacer cubos de hielo.
     b. ‖ **~ de refrescos.** f. *Ve.* **gavera,** caja con divisiones.

gaveta.
   I. 1. f. *RD, PR, Ec, Py, Ar, Ur. En un vehículo,* receptáculo pequeño situado a la derecha del volante, que sirve para guardar documentos y otros objetos, guantera. ♦ **cajuelita; compartimento;** *glove comparment.*
   2. *Py, Ar:NO.* Utensilio de madera u otro material, con dos cajones pequeños unidos y un asa, en el que se guardan la **yerba mate** y el azúcar. rur; pop.

II. 1. f. *Ho, ES, Ni, CR.* metáf. Boca grande. desp.
   2. *ES.* metáf. Persona con el maxilar inferior grande y saliente. desp.
III. 1. f. *Ho, CR.* metáf. Pequeño hoyo que se hace entre dos matas de café para depositar el fertilizante. rur.
   2. *Ho.* metáf. Cada una de las divisiones pequeñas de un **potrero** o pastizal.
   3. f. *CR.* Era para sembrar cebolla, delimitada con bordes prominentes, hechos con la misma tierra, y con la superficie a nivel del canal por donde le entra el agua de riego. rur. ♦ **tanque.**
IV. 1. f. pl. *Gu.* Recursos ocurrentes que tiene alguien para afrontar una situación determinada.
V. 1. f. *ES.* metáf. Persona tacaña. drog.
   □
     a. ‖ **~ de hielo.** loc. sust. *Cu.* Recipiente que se llena de agua y se mete en el congelador para hacer hielo.

gavetazo.
   I. 1. m. *Gu, Ho.* Robo que se hace a escondidas.

gaveteada.
   I. 1. f. *ES.* Robo de pequeñas cantidades de algo en la casa.

gavetear.
   I. 1. tr. *Ho, ES, Ni.* Robar *algo* en pequeñas cantidades a *alguien.*
   II. 1. tr. *Ho, CR.* Hacer **gavetas** u hoyos en una plantación de café. rur.
   2. *CR.* Hacer **gavetas** o eras para sembrar cebolla en un terreno. rur.
   3. *Ho.* Dividir un **potrero** en varias partes con cercas.

gavetero.
   I. 1. m. *Ho, CR, Pa, Cu, RD, PR, Bo.* Mueble con gavetas o cajones.

gavia.
   I. 1. f. *Cu.* Espiga de algunas gramíneas, como la caña de azúcar o el maíz, que brota durante la florescencia.

gaviar(se).
   I. 1. *RD.* **gabear.**
   2. *RD.* **gabearse.**
   II. 1. intr. *Cu.* obsol. Brotar las espigas o **gavias** de una planta gramínea.

gavilán.
   I. 1. *Mx, Co, Ve.* **gavilán primito.**
   2. *PR.* **guaraguao.** (Accipitridae; *Buteo borealis*).
   3. *PR.* m. Pez de hasta 50 cm de longitud, de cuerpo cubierto de escamas rugosas, aletas de color azul oscuro, grandes y en forma de abanico. (Dactylopteridae; *Dactylopterus volitans*). ♦ **guaraguao.**
   II. 1. m. *Ni.* Árbol, de hasta 20 m de altura, de ramas, hojas y frutos tomentosos, hojas pequeñas que se cierran al atardecer, flores dispuestas en espigas racimosas, de color blanco-cremoso que emanan un olor dulce, el fruto es una vaina aplanada; su madera se usa en la construcción. (Fabaceae; *Albizia guachapale*).
   III. 1. m. *Co:E, Ve.* Composición musical popular, típica del Llano, con ritmo de **joropo** y coplas alusivas a los hábitos del gavilán.
   IV. 1. m. *Ve.* Hoja de una hacha.
   2. *Cu, Ec:O.* Filo de la hoja de un hacha.
   3. *Ho.* Punta curva de la hoja de un machete o arma blanca. rur.
   V. 1. m. *Pa, Cu, Ve.* pop. Herida producida por la uña, uñero.
   VI. 1. m. *Ve.* metáf. Persona audaz en los negocios.
   2. m-f. *Ni.* metáf. Persona lista y astuta.

VII. 1. m. *Ec.* Diversión en la que dos personas suspenden a otra, *generalmente a un niño*, tomándola por los brazos y llevándola en carrera un corto trecho. pop. ◆ **gavilucho.**

VIII. 1. m. *ES.* Vómito. pop.

IX. 1. m-f. *CR.* Persona que se encarga de hacer trámites oficiosa o extraoficialmente y a cambio de una remuneración, *especialmente a emigrantes que no tienen los papeles en regla.*

■

a. ‖ ~ **bebehumo.** *Co.* bebehumo.

b. ‖ ~ **blanco.** m. *Ho, Ec.* Ave de hasta 56 cm de longitud, de alas anchas, cola ancha y más bien corta, plumaje blanco con excepción de algunas plumas de la cola que tienen una banda subterminal negra. (Accipitridae; *Leucopternis albicollis*). ◆ **guancao; juancagado.**

c. ‖ ~ **caracolero.** *Ho, Ec.* caracolero.

d. ‖ ~ **colorado.** *Ve, Ec.* Ave de hasta 51 cm de longitud de patas fuertes y pesadas, color general castaño rojizo, cremoso en la cabeza y con una media luna negra en el pecho superior, cola negra. (Accipitridae; *Busarellus* spp.).

e. ‖ ~ **del monte.** *PR.* guaraguao. (Accipitridae; *Buteo borealis*).

f. ‖ ~ **negro.** m. *Ve.* Ave de hasta 53 cm de longitud, de color general negro pizarra y cola negra con tres bandas grises. (Accipitridae; *Buteo albonotatus*).

g. ‖ ~ **pita venado.** m. *Ve.* Ave de hasta 64 cm de longitud, de coloración general castaño rojiza, con la cola negra atravesada por una barra blanca. (Accipitridae; *Heterospizias meridionalis*).

h. ‖ ~ **primito.** m. *Co:E, Ve.* Ave rapaz diurna de hasta 25 cm de longitud, de patas largas y dedos cortos, plumaje de color castaño rojizo con manchas negras y una franja negra en el extremo de la cola. (Falconidae; *Falco sparverius*). ◆ **carracacao; cernícalo; clisclís; cuyaya; gavilán; halconcito; quílico.**

gavilana.
I. 1. f. *CR.* Planta herbácea con tallos erectos de hasta 2 m de altura, con hojas divididas en lóbulos estrechos y alargados y flores en corimbo, pequeñas y de color amarillo dorado; se usa en medicina como tónico y febrífugo. (Asteraceae; *Neurolaena lobata*). ◆ **contragavilana.**

gavilla.
▶ hacer ~.

gavillerismo.
I. 1. m. *RD.* Delincuencia.

gavillero.
I. 1. m. *Ch.* Jornalero que con el bieldo echa las gavillas al carro.

gavillero, -a.
I. 1. m. y f. *Mx, RD.* Miembro de una gavilla de delincuentes.

gavilucho.
I. 1. *Ec:S.* gavilán, diversión.

gaviota.
I. 1. m-f. *Mx.* Gorrón, persona que come, vive o se divierte a costa ajena. pop.

II. 1. *Ch.* gaviota de plata.

III. 1. f. *ES.* metáf. Persona codiciosa.

IV. 1. f. *ES.* En baloncesto, tiro que se encesta por suerte.

V. 1. f. *Ho.* Persona que se encarga de recoger, amontonar y cargar la caña de azúcar en el remolque.

VI. 1. f. *PR:NO.* metáf. Mujer joven, *aparentemente tímida*, pero enamoradiza. pop + cult → espon.

VII. 1. f. *PR:NO.* juv. Hombre homosexual.

●

a. ‖ ¡a volar, ~s! fórm. *Mx.* Se usa para indicar que una o más personas deben abandonar un lugar. pop.

■

a. ‖ ~ **andina.** f. *Ec, Pe, Ch.* Ave acuática de hasta 38 cm de longitud, de cabeza jaspeada de blanco en invierno y negra en verano, manto y coberteras grises, cuello, pecho, abdomen y cola blancos y pico negruzco. (Laridae; *Larus serranus*).

b. ‖ ~ **cabecinegra.** f. *RD, PR.* Ave de hasta 50 cm de longitud, de plumaje blanco, cabeza y alas negras y pico rojo oscuro. (Laridae; *Larus ridibundus*).

c. ‖ ~ **cocinera.** f. *Ar, Ur.* Ave de más de 50 cm de longitud, de plumaje blanco con el dorso y las alas negras y pico y patas amarillas. (Laridae; *Larus dominicanus*).

d. ‖ ~ **de plata.** f. *Ch.* Galardón otorgado en el Festival de la Canción de Viña del Mar a los artistas que son acogidos muy favorablemente por el público, y que constituye el premio de más renombre del evento. ◆ **gaviota.**

e. ‖ ~ **garuma.** *Ch.* gaviota gris.

f. ‖ ~ **gris.** f. *Pe.* Ave de hasta 44 cm de longitud, de cabeza blanquecina, cuerpo gris, más oscuro en la parte superior y cola gris con banda negruzca. (Laridae; *Larus modestus*). ◆ **garuma; gaviota garuma.**

g. ‖ ~ **monja.** f. *RD.* Ave de hasta 30 cm de longitud, de color negro o gris en el dorso, la cabeza y la cola, y blanco en el cuello y el vientre, alas y cola grandes y esta última con una profunda incisión en el medio que la divide en dos. (Laridae; *Sterna anaethetus*).

h. ‖ ~ **peruana.** f. *Pe, Ch.* Ave acuática de hasta 51 cm de longitud, de cuerpo blanco, cabeza, según la estación del año, blanca o negra, y cola blanca culminada por una banda terminal negra. (Laridae; *Larus belcheri*).

i. ‖ ~ **real.** f. *RD.* Ave de hasta 50 cm de longitud, de plumaje blanco, más oscuro en el dorso y la cola, con una pequeña cresta negra en la cabeza, pico prominente, de color naranja, y patas negras. (Laridae; *Sterna maxima*).

j. ‖ ~ **reidora.** f. *Ec.* guanaguanare.

gaviotera.
I. 1. f. *Ch.* Lugar en que anidan gaviotas.

gaviotero, -a.
I. 1. m. y f. *Ho.* Persona que recoge los restos de caña de azúcar que han quedado después de la recolección.

gaviotica.
I. 1. f. *RD.* Ave acuática de hasta 20 cm de longitud, de plumaje blanco, más oscuro en el dorso, y cabeza negra exceptuando una mancha blanca triangular que va desde los ojos hasta el comienzo del pico. (Laridae; *Sterna albifrons*). ◆ **golondrina de mar.**

gaviotín.
I. 1. m. *Ec, Ch, Ar.* Ave más pequeña que la gaviota, de pico afilado y puntiagudo, y alas cortas. (Sternidae; *Sterna hirundo*).

2. *Ar:E,S.* Ave de pequeño tamaño, plumaje blanco o gris, con una mancha negra en la cabeza en época de celo, y cola ahorquillada. (Laridae; *Sterna* spp.).

gay.
I. 1. m. *PR:NO.* Prostituto.

gayareta.
I. 1. *PR.* gallareta, ave.

gayola.
I. 1. f. *Mx.* Galería alta de un teatro o cine. (**gallola**).

2. *Mx.* Última zona de localidades o butacas de un teatro o cine. (**gallola**).

gaytorade. (De *Gatorade®*).
   I. 1. m. *Ho.* Hombre homosexual. fest.

gayumba.
   I. 1. f. *RD.* Instrumento musical.

gaza.
   I. 1. f. *Gu, Ho, Ni.* Nudo que se deshace al tirar de uno de los extremos de la cuerda. ♦ **gazada.**
   2. *CR. En un portillo*, pieza circular de alambre que sirve para mantener cerrada la sección que sirve de acceso. rur.
   II. 1. f. *Ho, ES.* Ano. vulg.

gazada.
   I. 1. f. *Gu.* Vuelta que se le da a una cuerda, un lazo o una cinta para apresar un objeto.
   2. *Ho.* **gaza**, nudo.

gazapera.
   I. 1. f. *Co:C.* Desorden, alboroto o escándalo.
   II. 1. f. *Co.* Lista de gazapos o errores que se escapan al hablar o escribir. pop.
   III. 1. f. *Ho.* Abundancia de mosquitos u otros insectos.

gazebo.
   I. 1. m. *RD, PR, Ar.* Pabellón cubierto por una cúpula sostenida por columnas, *que se encuentra generalmente en espacios abiertos o zonas ajardinadas.*

gazmoñero, -a.
   I. 1. adj. *Ho. Referido a persona*, muy escrupulosa. desp.

gaznápiro, -a.
   I. 1. adj. *Mx, Ho. Referido a persona*, lista y hábil en su actuar.

gaznatada.
   I. 1. f. *PR; Gu, ES, Ni*, p.u. Bofetada dada en la mejilla con la mano abierta. pop + cult → espon. (**garnatada; garnatá**). ♦ **gaznatazo; garnatón; gaznatón.**

gaznatazo.
   I. 1. m. *PR.* **gaznatada.**

gaznate.
   I. 1. m. *Mx.* Dulce hecho de frutas con textura de merengue.
   2. *Mx.* Cono de galleta relleno de merengue.

gaznatear.
   I. 1. tr. *Gu.* Abofetear a *alguien*, darle bofetadas.

gaznatón.
   I. 1. m. *Ho, Pa, Cu, PR.* **gaznatada.**

gazné.
   I. 1. *Mx.* **gasné.**

gazofia.
   I. 1. *PR.* **gafofia.**

gazpacho.
   I. 1. m. *Ho.* Posos o residuos del café.
   2. *Ho.* Suciedad que se extrae del jugo de la caña de azúcar.
   II. 1. m. *RD.* Ensalada preparada con bacalao, patatas, cebolla y aguacate.
   2. *PR.* Plato de verduras hervidas con sal, bacalao y aceite de oliva.

gazudo, -a.
   I. 1. adj. *ES. Referido a persona*, que tiene el ano grande. tabú.
   II. 1. adj. *ES. Referido a persona*, sinvergüenza.
   III. 1. adj. *ES. Referido a persona*, haragana, vaga.

gazuza.
   I. 1. f. *Ec.* Deseo vehemente. pop + cult → espon.

gazuzada.
   I. 1. f. *ES.* Viveza, bribonería.

gazuzo, -a.
   I. 1. adj. *ES. Referido a persona*, aprovechada.
   2. *ES. Referido a persona*, astuta, traicionera.
   II. 1. adj. *ES. Referido a persona*, ladrona.

GCU. (Sigla de *Gente Como Uno*).
   I. 1. m-f. *Ch.* Persona de la misma clase social. cult → espon ^ fest.

geba.
   I. 1. *RD, PR.* **jeba**, mujer joven.
   2. *PR.* **jeba**, amante.
   II. 1. *PR.* **jeba**, prostituta. prost.

gebo.
   I. 1. *PR.* **jebo**, rufián.
   2. *PR.* **jebo**, nalgas.

gebo, -a.
   I. 1. m. y f. *RD, PR.* **jebo**, joven muy apuesto.
   2. *PR.* **jevo**, novio.

gegén.
   I. 1. *Ec:O.* obsol. **jején**, insecto.
   II. 1. *Ec:O.* **jején**, abundancia.

geisha. (Voz japonesa).
   I. 1. f. *Ch.* Mujer servicial con su marido. pop + cult → espon.

gel.
   I. 1. m. *Ho.* juv. Dinero o negocio donde se gana mucho. delinc.

gelado, -a.
   I. 1. adj. *CR. Referido a persona*, atónita, estupefacta. pop.
   2. *CR. Referido a persona*, muy delgada y débil. pop ^ desp.
   II. 1. adj. *CR. Referido a un fruto*, que se queda en las primeras etapas de su desarrollo.

gelarse.
   I. 1. intr. prnl. *CR.* Interrumpirse el desarrollo de un fruto en sus primeras etapas.

gelatería. (Del it. *gelateria*).
   I. 1. f. *Ch; Ec*, p.u. Heladería.

gelatina.
   I. 1. f. *ES.* Vulva. tabú; fest.
   II. 1. f. *ES.* Nalgas. fest.
   ■
   a. ‖ **~ de patas.** f. *Bo.* Sustancia que se obtiene de la cocción de los huesos y cartílagos de las patas del ganado vacuno.
   b. ‖ **~ de patas de chancho.** f. *Ec.* Plato preparado con patas de cerdo, **cuchicara**, cebolla, ajo, mostaza, pimienta, **ajíes colorados** y perejil.

gem. (De *Gem®*).
   I. 1. f. *PR.* Hoja de afeitar.

geme.
   I. 1. *Ho, Ni, Py.* **jeme**, medida de longitud. rur.

gemelas.
   I. 1. f. pl. *ES.* Esposas para apresar a alguien.
   II. 1. f. pl. *Ho.* Dos **paletas** de helado unidas.

gemeleado, -a.
   I. 1. adj. *CR. Referido a cosa*, duplicada ilícitamente. pop + cult → espon.

gemelear.
   I. 1. tr. *CR.* Hacer ilícitamente un duplicado de algo. pop + cult → espon.

gemeleo.
   I. 1. m. *CR.* Duplicado de una cosa hecho de manera ilegal. pop + cult → espon.

gemelo.
   I. 1. m. *Pe.* p.u. Testículo. delinc.

gemir.
   I. 1. intr. *ES.* Pedir *algo, en especial dinero*. carc.

genciana.
   I. 1. *Ho.* **chachicagua.** (**agenciana**).

gendarme. (Del fr. *gendarme*).
I. 1. m-f. *Py, Ar.* Militar encargado de la vigilancia y control de las fronteras terrestres.
2. *Ch.* Agente uniformado que **se desempeña** en el sistema penitenciario. (**gendarmen**).
3. m. *Bo.* Agente de la policía municipal encargado del control de la venta de productos, en mercados, plazas y calles.

gendarmen. (Del fr. *gendarme*).
I. 1. m-f. *Ch.* p.u. **gendarme**, agente del sistema penitenciario. pop.

gendarmería. (De *gendarme*).
I. 1. f. *Py, Ar.* Cuerpo del ejército encargado del control y vigilancia de las fronteras terrestres.
2. *Ch.* Cuerpo uniformado encargado de la administración, control y vigilancia del sistema carcelario.
II. 1. f. *Bo.* Oficina municipal que se encarga del control de precios y del peso de los productos que se venden en un mercado.

generadora.
I. 1. sust/adj. *Ni, Ec, Bo, Ch.* Empresa productora y distribuidora de energía, *en especial, de electricidad.* pop + cult → espon.

general.
I. 1. m-f. *PR.* metáf. Persona que hace cosas despreciables. pop + cult → espon.
□
a. ‖ **~ después de la batalla.** loc. sust. *Ch.* Persona dada a hablar de manera dogmática y suficiente sobre algo cuando ya ha sucedido. pop + cult → espon ^ sat.
b. ‖ **~ o gusano.** loc. sust/loc. adj. *RD.* Persona que asume un riesgo extremo por alcanzar un objetivo.

generala.
I. 1. f. *PR, Py, Ar, Ur.* Juego de dados que consiste en intentar obtener determinadas combinaciones con cinco de ellos acumulando puntos a medida que se logran, hasta finalizar los turnos o hasta que alguno de los jugadores consigue una combinación que gana la partida.
2. *Bo, Ar, Ur.* **generala servida**.
II. 1. f. *Bo, Ar.* Advocación de la Virgen reconocida con el grado militar de general.
□
a. ‖ **~ servida.** loc. sust. *Bo, Ar. En el juego de la generala,* combinación en la que se obtiene el mismo número en los cinco dados de una sola tirada; el jugador que la logra gana automáticamente la partida.
♦ **generala**.

generalísimo, -a.
I. 1. m. y f. *Ch.* Jefe de una campaña electoral, *en especial, de la de los candidatos presidenciales.*

género.
I. 1. m. *Ho.* Doctrina social favorable a la mujer.
II. 1. m. *Ni.* p.u. Tela de algodón.

gengibrillo.
I. 1. *RD.* **guachichil**.

genio.
► **tener el ~ volado**.

geniograma.
I. 1. m. *Pe, Bo.* Pasatiempo que consiste en llenar con letras las casillas vacías de un dibujo, de manera que, leídas vertical y horizontalmente, formen determinadas palabras y frases cuyo significado se sugiere.

genioso, -a.
I. 1. adj. *Cu, RD;* adj/sust. *PR.* rur. *Referido a persona,* de mal genio. ♦ **geniudo**.

genipa.
I. 1. *RD.* **jagua**, árbol de hasta 20 m.

genipapo.
I. 1. *Pe.* **jenipapo**, árbol y fruto.

geniudo, -a.
I. 1. *Mx.* **genioso**.

genízaro.
I. 1. *Ni, CR.* **samán**, árbol.

geno-geno.
I. 1. *PR.* **genogeno**.

genogeno.
I. 1. *PR.* **frijolillo**. (Fabaceae; *Lonchocarpus latifolius*). (**geno-geno**).

gentarada.
I. 1. f. *Ve.* Multitud de gente.

gente.
I. 1. f. *Mx, Gu, Ho, Ni, Pa, RD, Ve, Bo, Py, Ar, Ur;* adj. *CR, Ec, Pe, Bo;* sust/adj. *Co;* m-f. *PR.* Persona decente y de buen comportamiento. pop + cult → espon.
2. f. *Ho, Ni, Pa, Cu, RD, Ve, Bo, Py, Ar, Ur.* Persona, individuo.
■
a. ‖ **~ de orilla.** f. *Cu, RD.* Gente pobre y humilde.
b. ‖ **~ de papeles.** m-f. *PR.* Profesional de la ciudad. rur.
c. ‖ **~ grande.** f. *Ni, Cu, Ve, Py.* Persona adulta.
□
a. ‖ **bella ~.** loc. adj. *Ni, CR, Ve, Bo. Referido a persona,* de carácter amable y bondadoso. pop.
b. ‖ **como (la) ~.**
i. loc. adj/adv. *Mx, CR, RD, Ec, Pe, Py, Ar, Ur. Referido a persona,* que es o se comporta del modo debido, como corresponde, correctamente. pop.
ii. loc. adv. *Bo, Ch.* De la misma manera que los demás, como el resto de personas. pop + cult → espon.
c. ‖ **~ bonita.** loc. sust. *Mx.* Conjunto de personas de clase social alta que se caracteriza por vestir a la moda y pertenecer a un círculo excluyente.
d. ‖ **~ buena y del comercio.** loc. sust. *Cu.* p.u. Persona simpática y servicial.
e. ‖ **~ como uno.**
i. loc. sust. *Pe, Ar.* Clase media, conjunto social integrado por personas cuyos ingresos les permiten una vida desahogada en un mayor o menor grado. pop + cult → espon.
ii. *Ch.* Persona considerada como de la misma clase social de quien habla. cult → espon.
f. ‖ **muy ~.** loc. adj. *Mx, Gu, CR, Pa, RD, Bo, Py, Ar, Ur. Referido a persona,* educada y honesta. pop.
► **comer ~; ser ~ de orilla**.

genterío.
I. 1. *CR.* **gentillal**.

gential.
I. 1. *Gu, Ho, ES, Ni.* **gentillal**.

gentido.
I. 1. m. *RD, Ve:O.* Gran concurrencia de personas. rur.

gentil.
I. 1. m. *Pe, Ch:N. Entre los indígenas,* espíritu de los muertos. rur.

gentilar.
I. 1. m. *Ch:N; Pe,* p.u. Lugar en el que habitan las almas de los muertos. rur.
2. *Ch:N.* Cementerio indígena precolombino.

gentillal.
I. 1. m. *Gu, ES, Ni; CR:NO, Pa,* rur. Gentío, gran cantidad de personas. (**gential**). ♦ **genterío; gential; gentusero; gentuzal**.

gentita.
   I. 1.   f. *Pe.* Grupo de personas cerrado y exclusivista en el trato o en la inclusión de nuevos miembros. pop.

gentusero.
   I. 1.   *ES.* **gentillal.**

gentuzal.
   I. 1.   *Gu.* **gentillal.** pop.

geo. (De or. ind. antillano).
   I. 1.   m. *PR.* **cigua.** (Lauraceae; *Ocotea leucoxylon*). (**geo-geo**).

geo-geo.
   I. 1.   *PR.* **geo.**

geogás.
   I. 1.   m. *Ch.* Gas natural usado como combustible para vehículos de transporte público.

geogrilla.
   I. 1.   f. *Ch.* Red o malla muy resistente que se coloca en la ladera de promontorios para evitar desprendimientos o que se erosione en exceso.

geomensura.
   I. 1.   f. *Ch.* Disciplina que se encarga de establecer los principios de la medición de terrenos.
   2.   *Ch.* Medición de terrenos.

gerber. (De *Gerber*®).
   I. 1.   m. *Mx, CR, Pa.* Alimento envasado y preparado a modo de puré, para niños de corta edad. (**gérber**).

gérber. (De *Gerber*®).
   I. 1.   *Ho, Ni, CR.* **gerber.**

gerenciamiento.
   I. 1.   m. *Bo, Py; Ec.* p.u. Dirección de una institución o empresa. cult.

gerentear.
   I. 1.   tr. *Ch.* Gerenciar, gestionar como gerente una empresa o institución.

gerenteo.
   I. 1.   m. *Ch.* Administración de una empresa desde el cargo de gerente.

gerla. (Del ingl. *girl*).
   I. 1.   f. *Ho.* juv. Mujer joven.

gerolán. (De *Gerilán*®).
   I. 1.   m. *ES.* Cualquier licor. fest.

gertrudis.
   I. 1.   *ES.* **getrés.** delinc.

gestión.
   I. 1.   f. *Bo.* Período académico lectivo que dura un año.

get.
   ■
   a. ‖ ~ *together.* (Voz inglesa). m. *PR.* Fiesta entre amigos, *generalmente en una casa.*

geto.
   I. 1.   *Ho.* **jeto.**

getrés. (De *G-3*®).
   I. 1.   m. *Ho.* Marca del fusil norteamericano G-3. ♦ **gertrudis.**

geva.
   I. 1.   f. *Ni, Ve.* juv. Novia.

gevito, -a.
   I. 1.   sust/adj. *RD.* Muchacho, joven. afec.

gevo, -a.
   I. 1.   sust/adj. *RD*; m. y f. *PR.* Persona joven y apuesta. pop + cult → espon.
   2.   *RD, PR. En una relación amorosa entre jóvenes,* pareja. pop + cult → espon.
   3.   adj. *PR. Referido a persona,* pretendida por otra. pop + cult → espon.

gia.
   I. 1.   *PR.* **gía.**

gía. (De or. ind. antillano).
   I. 1.   *PR.* **palo salvaje**, árbol. (**gia**). ♦ **gía verde.**
   ■
   a. ‖ ~ **verde.** m. *PR.* **gía.**

gibe.
   I. 1.   m. *PR.* Cedazo.

gicusa.
   I. 1.   f. *PR.* Alcuza. rur.

gífiti.
   I. 1.   *Ho.* **guífiti**, bebida alcohólica.

giganta.
   I. 1.   f. *Ho.* Mujer mítica de gran estatura.

gigante.
   I. 1.   m. *ES.* Aparato en que se coloca las bolsas de suero o sangre cerca de la cama del enfermo.
   II. 1.   m. *ES. En el ejército,* castigo que consiste en que alguien se suba sobre los hombros del castigado y corra.
   ■
   a. ‖ ~ **blanco.** *PR.* **guarán**, variedad de **guineo.**
   b. ‖ ~ **blanco del país.** m. *PR.* Variedad de **guineo.**
   c. ‖ ~ **pelón.** m. *PR.* Variedad de **guineo.**
   d. ‖ ~ **prieto.** m. *PR.* Variedad de **guineo.**

gigantografía.
   I. 1.   f. *Pe, Bo, Ch, Py, Ar, Ur.* Panel o fotografía de tamaño gigante.
   2.   *Ch.* Lugar donde se imprimen gigantografías.

gigantón.
   I. 1.   m. *Ec.* **acacana.**

gigantona.
   I. 1.   f. *Ni.* Muñeca gigante que acompañada por otras figuras menores forman parte de las fiestas populares.

gigualtí.
   I. 1.   m. *Ni.* **jagua**, árbol de hasta 20 m. (**yigualtí**).

giguillo.
   I. 1.   *PR.* **higuillo**, árbol de hasta 20 m.

gil.
   I. 1.   m-f. *Ch.* Individuo, persona. pop + cult → espon ^ desp.
   ☐
   a. ‖ **a ~ y mil.** loc. adv. *Bo.* Sin excluir a nadie.
   b. ‖ **con ~ y mil.** loc. adv. *Bo.* Con muchas personas. hiperb.
   c. ‖ ~ **de la cuna.** loc. sust/adj. *Ch.* Persona muy tonta. pop.
   d. ‖ ~ **de las pampas.** *Ch.* **gil de la cuna.**

gil, -la.
   I. 1.   m. y f. *Pe.* Novio, persona que mantiene relaciones sentimentales con otra. pop.
   2.   *Bo.* Individuo, persona. pop ^ desp.
   II. 1.   adj. *ES. Referido a persona,* campesina.
   ●
   a. ‖ ~. fórm. *Cu.* Se usa para insultar a una persona o para referirse a ella con desprecio.
   ☐
   a. ‖ ~ **a cuadros.** loc. sust/adj. *Bo, Ar, Ur.* Persona muy tonta. pop + cult → espon. ♦ **gil de cuarta; gil de goma; gil de lechería.**
   b. ‖ ~ **de cuarta.** *Ar, Ur.* **gil a cuadros.**
   c. ‖ ~ **de goma.** *Ar, Ur.* **gil a cuadros.**
   d. ‖ ~ **de lechería.** *Ur.* **gil a cuadros.**

gilada.
   I. 1.   f. *ES, Bo, Ch, Ar, Ur.* Tontería, necedad. pop + cult → espon.
   2.   *Bo, Ar, Ur.* Conjunto de personas tontas. pop + cult → espon.
   3.   *Bo, Ar.* pop. Dicho disparatado, equivocado o inverosímil. pop + cult → espon.
   4.   *Ar.* Acción o empresa de fácil realización. pop.
   II. 1.   f. *ES.* Grupo de campesinos.

gilastro, -a.
   I. 1. *Ar, Ur.* **gilazo.**

gilastrún, -na.
   I. 1. *Ar, Ur.* **gilazo.**

gilazo, -a.
   I. 1. sust/adj. *Ec, Bo, Ar, Ur.* Persona tonta, ingenua o poco perspicaz. pop + cult → espon ∧ desp. ♦ **gilastro; gilastrún.**

gilberto, -a.
   I. 1. sust/adj. *Ho, ES, Ni, Cu, Py; Bo, Ch,* euf. Persona ingenua, tonta. pop + cult → espon ∧ desp. (**gilbertón**).
   •
     a. ‖ ~. fórm. *Cu.* Se usa para insultar a una persona o para referirse a ella con desprecio. (**gilbertón**).

gilbertón.
   I. 1. *Cu.* **gilberto.** pop.
   •
     a. ‖ ~. *Cu.* **gilberto.** pop.

gilé.
   I. 1. *Ec.* **gilet,** hoja de afeitar.

gilear.
   I. 1. intr. *Pe.* Flirtear, coquetear un hombre con una mujer. pop.
   II. 1. intr. *Ch.* Hacer tonterías, sandeces o cosas innecesarias. pop + cult → espon.
   III. 1. intr. *ES.* Hacerse pasar por campesino. delinc.

gilero.
   I. 1. sust/adj. *Pe.* Hombre galanteador, mujeriego, donjuán. pop.

gilet.
   I. 1. m. *Ch.* Prenda de vestir femenina a modo de chaleco ajustado al cuerpo.
   II. 1. f. *Ec.* Hoja de afeitar. pop + cult → espon. (**gilé**).

gilinche, -a.
   I. 1. adj/sust. *Ho. Referido a persona,* tonta o boba. desp. (**gilincho**).

gilincho, -a.
   I. 1. *Ho.* **gilinche,** tonto.

gillette. (De *Gillette®*).
   I. 1. f. *Ch.* Navaja, cuchillo, *especialmente cuando se usa como arma.* pop.
   ▶ **poner ~.**

gilún, -na.
   I. 1. sust/adj. *Ar, Ur.* Persona tonta, ingenua o poco perspicaz. pop + cult → espon ∧ desp.

gimnasia.
     a. ‖ ~ bancaria. loc. sust. *Ch.* Conjunto de trámites y operaciones que realiza una persona en bancos y entidades financieras. pop + cult → espon ∧ fest.

gimnasiada.
   I. 1. f. *Ho, RD.* Competición de gimnasia, *realizada especialmente en un centro educativo.* est.

gina.
   I. 1. f. *Gu.* Calzado formado por una suela y una o varias tiras en la parte delantera, *especialmente adecuado para la playa.*
   II. 1. f. *PR.* Helecho enhiesto, de rizomas rastreros que forman una corona, y ápice cubierto de hojas velludas de color castaño oscuro. (Dryopteridaceae; *Dryopteris subtetragona*).

ginebrear.
   I. 1. intr. *RD.* p.u. Tomar ginebra.

giña.
   I. 1. *Cu.* **jiña.**

giorno. (Voz italiana).
     a. ‖ a ~. loc. adj/adv. *Ar, Ur. Referido a la iluminación de un lugar,* con la claridad de un día despejado. cult.

giote.
   I. 1. *Mx.* **jiote,** enfermedad.
     2. *Mx.* **jiote,** roncha.

gipeta. (De *Jeep®*).
   I. 1. f. *RD.* Vehículo ligero, de cuatro ruedas motrices, que sirve para circular por zonas escarpadas e irregulares, todoterreno.

gipurí.
   I. 1. m. *Bo.* Vena o nervio central de las hojas de la palma.

gira.
   I. (De *giro,* prostituta).
     1. f. *Ar.* Prostituta. pop + cult → espon ∧ desp.
   II. 1. f. *ES.* Borrachera continua.

girado, -a.
   I. 1. adj. *Bo; Pe.* obsol. *Referido a persona,* borracha.

girar.
     a. ‖ ~la. loc. verb. *Mx.* Dedicarse a cierto oficio o profesión. pop + cult → espon.

giribilla.
   I. 1. *Mx, Cu.* **jiribilla,** dicho con doble intención.
   II. 1. *PR.* **jiribilla,** desasosiego. pop + cult → espon.
     2. m-f. *PR.* **jiribilla,** niño molesto. pop + cult → espon.

girimiquear.
   I. 1. intr. *RD, PR; Mx, Gu.* obsol. Gimotear, lloriquear. pop + cult → espon. (**jemiquear; jimiquiar; jirimequear; jirimiquear**).

girimiqueo.
   I. 1. m. *RD, PR.* Lloriqueo. pop + cult → espon. (**jirimiqueo**).

giriolo, -a.
   I. 1. adj. *Mx:N. Referido a persona,* fresca, desvergonzada, despreocupada.

giro.
   I. (Voz italiana).
     1. m. *Ar.* Vuelta o paseo corto. pop + cult → espon.
   II. 1. m. *Ar.* Prostituta. pop + cult → espon ∧ desp.
   III. 1. m. *Ve:O.* Persona que participa en el **chimbánguele** o giros de San Benito.
   IV. 1. m. *RD, PR.* **gallo giro.** rur.
     2. adj. *Gu, CR, Pa, Cu, RD, Co, Ec, Bo;* adj/sust. *Ve:O.* rur. *Referido a un gallo,* de plumaje colorado oscuro o negro con pintas amarillas.
     3. *RD, Ar, Ni, Pe, Ch.* rur. *Referido a un gallo,* matizado de blanco y negro.
     4. *Ec.* p.u. *Referido a un gallo de pelea,* de plumaje claro.
   ■
     a. ‖ ~s de San Benito. m. pl. *Ve:O.* Baile de origen africano que se realiza en honor a San Benito, en el que los hombres, vestidos de blanco, danzan tejiendo cintas en un palo.

giro, -a.
   I. 1. adj. *Mx. Referido a persona,* sana, vigorosa, saludable, *especialmente si es anciana o tras haber estado enferma.*
     2. *Mx. Referido a persona,* valiente, osada.
   II. 1. *Ho, Ar.* **adoquinado.**
     a. ‖ ~ sin tornillos. loc. sust. *Bo, Ch.* Inventor, genio. pop + cult → espon ∧ fest.
   ▶ **estar en gira; tener ~.**

gis.
   I. 1. m. *Mx; Co:C.* p.u. Tiza, arcilla terrosa blanca que se usa para escribir en pizarras o encerados.

gistro. (Del ingl. *g-string*).
 I. 1. m. *PR.* Tanga, prenda interior.

glacé. (Voz francesa).
 I. 1. m. *Cu.* Piel curtida, *especialmente de cordero o de cabra*, usada en la confección de zapatos.

glacear. (Del fr. *glacer*).
 I. 1. tr. *Ch. En la industria alimentaria*, congelar un alimento o darle la apariencia de congelado.
  2. *Ec.* Recubrir un pastel con confitura.

glácil.
 I. 1. m. *PR.* Espacio abierto de gran tamaño construido de ladrillos y cemento para secar el café o el maíz al sol. rur. (**glacis; glasé; glasí; glásir; grásil**).

glacis.
 I. 1. *PR.* **glácil**.

gladiador.
 I. 1. m. *Co.* Castigo que se impone a un soldado.
 II. 1. m. *PR.* metáf. Gallo de pelea.

gladiola.
 I. 1. f. *Mx.* Gladiolo.

glamorizar.
 I. 1. tr. *Ch.* Dar *una persona* encanto, atractivo a *alguien o algo*.

glándula.
 I. 1. f. *Ni, CR, Pa, Co, Ve:O.* Amígdala palatina.

glas. (Quizás del ingl. *gloss*, esmalte).
 I. 1. m. *Ho.* Esmalte de uñas. (**glass**).

glase. (Del ingl. *glass*).
 I. 1. m. *Ho.* Cristal, vidrio.

glasé.
 I. 1. *PR.* **glácil**.

glasí.
 I. 1. *PR.* **glácil**.

glásir.
 I. 1. *PR.* **glácil**.

glass.
 I. 1. *Ho.* **glas**.

glaxo.
 I. 1. adj. *Co:C.* obsol. *Referido a persona*, elegante en el vestir y en el comportamiento. pop.
 II. 1. adj. *Pe. En el surf, referido a la superficie del mar*, lisa por la ausencia de viento.

glazo. (De *Glazo*®).
 I. 1. m. *Pe.* obsol. Esmalte de uñas.

globa.
 I. 1. f. *Ar:S.* Recinto amplio con una cubierta de lona o de otro material similar, destinado a exposiciones u otros eventos.
 II. 1. f. *Ur.* Especialmente en el *futbol*, balón, pelota. pop.

globear.
 I. 1. tr. *CR. En el futbol*, lanzar el balón por encima del portero con la intención de que este no tenga posibilidad de detenerlo.

glóber. (De *Glober*®).
 I. 1. f. *Ho.* Conjunto de sales que toma una persona como purgante.

globero, -a.
 I. 1. adj/sust. *Ar, Ur, Cu*, p.u. *Referido a persona*, mentirosa. pop + cult → espon.

globito.
 I. 1. m. *Mx, Bo, Py, Ar, Ch*, euf. Preservativo. pop ^ fest.
 II. 1. *Ar:NO.* **farolito**, enredadera.
  ■
  a. ‖ ~ **de carnaval.** m. *Bo, Py, Ar:NE.* Bolsita de goma flexible, que se llena de agua para arrojarla a las personas y mojarlas durante la época de carnaval.

globo.
 I. 1. m. pl. *Mx, Ho.* Senos de mujer. pop.
 II. 1. m. *Mx.* Bolsita de plástico para conservar cualquier droga en polvo, que permite ser engullida. drog.
 III. 1. m. *Ec.* Armazón en forma de esfera, recubierta con papel pintado de varios colores y con una lamparilla incandescente en su interior, que se suele lanzar por la noche en fiestas populares. pop + cult → espon.
 IV. 1. m. *Cu.* Mentira, expresión contraria a lo que se sabe.
 ▶ echar ~s; inflar ~s.

gloria.
 ▶ ver la ~ abierta.

gloriado.
 I. 1. m. *Pa, Pe:N.* Especie de ponche elaborado con aguardiente.
  2. *Ec*, p.u; *ES*, obsol. Bebida que se prepara mezclando aguardiente con agua de canela azucarada caliente.
  3. *Ch.* Bebida alcohólica hecha de aguardiente y azúcar quemada que se bebe en los funerales. rur.

glorieta.
 I. 1. f. *Mx, Ni, Cu, PR.* Pabellón abierto y circular que se encuentra en el centro de un parque.
 II. 1. f. *Ho.* Conjunto de estanterías en un área de un supermercado o tienda en que se colocan productos del mismo ramo.
 III. 1. f. *Ho:N.* Construcción de madera y negocio en la que se venden refrescos, comida ligera y chucherías.

gloriosas.
 I. 1. f. pl. *Ho.* Fuerzas Armadas de Honduras. sat.

glove.
 ■
 a. ‖ ~ *comparment*. (Voz inglesa). m. *EU, PR.* **gaveta**, receptáculo pequeño en un automóvil.

glu. (Del ingl. *glue*).
 I. 1. m. *Ho.* Pegamento transparente.

gluglú.
 I. 1. m. *Ni.* Refresco sintético que se vende en pequeñas bolsas de plástico.

gobernación.
 I. 1. f. *Ch.* Gobierno de una provincia chilena, subdivisión de una **región**.
  2. *Ch.* Edificio donde funciona la administración gubernamental de una provincia chilena.

gobernador.
 I. 1. m. *Co:SO, Ec. Entre los indígenas cayapas*, cacique.
 II. 1. m. *Ho.* Mecanismo automático que se instala en ciertos camiones para control de su velocidad y horario de trabajo.

gobernadora.
 I. 1. f. *Mx.* Arbusto de hasta 3 m de altura, muy ramificado desde la base, sin tronco principal, con ramas muy retorcidas y de color gris, hojas opuestas, divididas en folíolos asimétricos de color entre verde oscuro y pardusco, y cubiertas de pelillos y resina, flores amarillas que brotan individualmente y fruto globoso cubierto de pelos; tiene aplicación en la medicina tradicional. (Zygophyllaceae; *Larrea tridentata*). ♦ **guamis; hediondo**.

gobernar.
 I. 1. tr. *ES.* Doblar la rama de un árbol para darle una dirección conveniente.

gobernatura.
 I. 1. *Mx, Ni.* **gubernatura**.

gobernista.
 I. 1. *Ec, Bo, Py, Ur.* **gobiernista**, partidario del Gobierno.
  2. *Ec, Bo, Py, Ur.* **gobiernista**, relativo al Gobierno.

gobiernero, -a.
- **I. 1.** *Ve.* **gobiernista**, partidario del Gobierno.
- **2.** *Ve.* **gobiernista**, relativo al Gobierno.
- **3.** adj. *ES. Referido a persona*, servil con el Gobierno. desp.

gobiernismo.
- **I. 1.** m. *Ec, Bo, Ch.* Posición ideológica favorable a la intervención del Gobierno en cualquier ámbito. cult → esm.

gobiernista.
- **I. 1.** adj/sust. *Mx, Pa, RD, Co, Ve, Ec, Bo, Ch, Py, Ur, Ni.* p.u. Partidario del Gobierno. (**gobernista**; **gubernista**). ♦ **gobiernero**.
- **2.** adj. *Pa, Co, Ve, Ec, Bo, Py, Ur.* Relativo al Gobierno. (**gobernista**; **gubernista**). ♦ **gobiernero**.

gobierno.
- **I. 1.** m. *PR.* Policía. carc.
- **2.** *PR.* Guardián de penitenciaría. carc.
- ▶ **tumbar el ~.**

goce.
- □
- **a.** ‖ **~ de sueldo.** loc. sust. *Mx, Ni, Bo, Py.* Pago salarial que se da por ausencia justificada, incapacidad o permiso.

gocetas.
- **I. 1.** sust/adj. *Co:C.* Persona alegre y extravertida. pop.

gocho, -a.
- **I. 1.** adj. *Co:E, Ve:O. Referido a una persona o animal*, que carece de una oreja o de ambas.

godarria.
- **I. 1.** f. *Co.* Conjunto de **godos** o conservadores. desp.
- **2.** *Co.* Partido político conservador. desp.
- **3.** *Ve.* Conjunto de personas que posee bienes y ascendencia noble.

godo, -a.
- **I. 1.** adj/sust. *Pa, Co. Referido a una persona, un partido o un Gobierno*, que tiende a mantener la tradición y se opone a cambios bruscos o radicales. desp.
- **2.** *Co. Referido a persona*, que pertenece al partido conservador. desp.
- **3.** sust/adj. *Ve.* Persona que posee bienes y ascendencia noble.
- **II. 1.** adj. *Ch.* obsol. Relativo a España. desp.
- **III. 1.** sust/adj. *Ve.* Persona mezquina y de malos sentimientos.

gofearse.
- **I. 1.** intr. prnl. *PR.* juv. **gufearse**, quedarse dormido.

gofio.
- **I. 1.** m. *Cu, RD, Ve, Pe:N.* p.u. Harina fina de maíz tostado. (**cofio**).
- **2.** *CR, Ve; Ni.* p.u. Dulce hecho con harina de maíz tostado, **papelón** y especias.
- **3.** *PR.* Golosina hecha con esta mezcla.
- □
- **a.** ‖ **medio ~.** loc. sust. *Ve.* Persona de baja estatura.
- ▶ **comer ~; irse a comer ~; quemarse el ~.**

gogotero, -a.
- **I. 1.** adj. *Ec.* juv. *Referido a cosa*, moderna y de acuerdo con las tendencias actuales de la moda, pero que se considera de mal gusto o ridícula.

gol.
- ■
- **a.** ‖ **~ de camarín.** m. *Pe, Bo. En el futbol*, tanto que anota un equipo a los pocos minutos de iniciado el partido.
- **b.** ‖ **~ de martillo.** m. *ES, Ni. En el futbol y otros deportes*, tiro en que el balón pega primero en el larguero y luego se introduce en la portería.
- **c.** ‖ **~ del honor.** m. *CR, Co, Ec, Pe, Bo, Ch, Py. En el futbol*, tanto que anota el equipo que está perdiendo por varios goles.
- **d.** ‖ **~ diferencia.** m. *CR, Co, Ec, Bo. En el futbol*, diferencia de goles que resulta de restar el total de goles en contra de los goles a favor, que sirve para determinar la posición de un equipo en la tabla de clasificación.
- **e.** ‖ **~ olímpico.** m. *ES, Ni, CR, Co, Pe, Bo, Ch, Py. En el futbol*, el que se realiza mediante un saque de esquina y sin que la pelota toque en su trayectoria a ningún jugador.
- **f.** ‖ **~ promedio.** m. *Ec, Bo, Py. En el futbol*, promedio que se obtiene de la división entre el número de los partidos jugados y el total de goles anotado por un equipo en una tabla de posiciones.
- □
- **a.** ‖ **~ de media cancha.**
  - **i.** loc. sust. *Bo, Ch, Py, Ar, Ur.* Acierto importante logrado en la vida cotidiana. pop + cult → espon.
  - **ii.** *Pe.* Acción sorpresiva que supone un éxito. pop.
- **b.** ‖ **~ en contra.** loc. sust. *Bo, Py, Ar, Ur.* Acción que se vuelve en contra de quien la realiza. pop.

¡gol!
- **I. 1.** interj. *Co.* Expresa el reconocimiento que hace alguien de que otra persona le atrae mucho. pop.

gold.
- ■
- **a.** ‖ **~ fish.** (Voz inglesa). m. *EU, Mx, Pa, Cu.* Pez de entre 15 y 30 cm de longitud que, después de múltiples mutaciones, se reproduce en coloridas y vistosas variedades; es originario de China y se comercializa como ornamental. (Cyprinidae; *Carassius auratus*).

golden. (Voz inglesa).
- **I. 1.** m. *Mx, ES.* juv. Marihuana de excelente calidad. drog.
- **II. 1.** adj. *Ho. Referido a color*, dorado.

goleador, -ra.
- **I. 1.** adj/sust. *Bo. Referido a persona*, acostumbrada a burlarse de otras por simple gusto. pop.

golear.
- **I. 1.** tr. *Co:O.* juv. Robar.
- **II. 1.** tr. *Ch. En el basquetbol*, derrotar ampliamente a un rival por un tanteo muy elevado.
- **III. 1.** intr. *Bo.* Avergonzar a *una persona* con bromas. pop + cult → espon.

golera.
- **I. 1.** f. *Co.* Fruncido con el que se adorna el cuello o la pechera de las blusas.

golero.
- **I. 1.** *Co:N.* **zopilote**. (Cathartidae; *Coragyps atratus*).

golero, -a.
- **I. 1.** m. y f. *Ni, Pa, Co, Pe, Bo, Ch, Ar, Ur. En el futbol y otros deportes*, jugador que defiende el arco o la portería de su equipo.
- **2.** *Ec, Py. En el futbol*, goleador.

goleta.
- **I. 1.** adj. *PR. Referido a un idioma*, mal hablado, chapurreado. pop + cult → espon.
- **II. 1.** m. *PR.* Colilla de cigarrillo de marihuana. drog.
- ▶ **coger a uno de ~.**

golfeado.
- **I. 1.** m. *Ve.* Panecillo dulce, en forma de rosca, preparado con harina de trigo y cubierto con **meladura** de **papelón** y queso blanco rallado.

golfear.
- **I. 1.** intr. *RD, Ec.* p.u. Practicar el golf.

golfina.
- **I. 1.** f. *Mx, Ho, ES, Ni, Co.* Tortuga marina de hasta 70 cm de longitud, de cabeza pequeña, con dos

aletas grandes terminadas en una uña, caparazón verde grisáceo en la parte superior y amarillento en la ventral, hundido el del macho y con más joroba el de la hembra, no retráctil y de respiración pulmonar. (Cheloniidae; *Lepidochelys olivacea*).
♦ **parlama; pico de loro.**

golfino, -a.
   I. 1. adj. *Ho, ES, Ni*. Relativo a un golfo, *en especial al Golfo de Fonseca*. cult.

golfito.
   I. 1. m. *Mx, Pa, Cu, PR, Co, Ec*. Juego parecido al golf que se practica en un campo de dimensiones muy reducidas con obstáculos artificiales.
      2. *Cu, PR*. Lugar donde se juega al golfito.

golía. (Sínc. de *golilla*).
   I. 1. *Ho*. **golilla**, fanfarronada.
      2. *Ho*. **golilla**, persona fanfarrona.
   II. 1. *Ho*. **golilla**, cuello de vasija.

golilla.
   I. 1. f. *Ar, Ur*. Pañuelo que usa la gente de campo alrededor del cuello. rur.
   II. 1. f. *Ho, ES*. Bravuconada, fanfarronada. (**golía**).
      2. m.-f. *Ho, Ni*. Persona bravucona y fanfarrona. (**golía**).
   III. 1. f. *Ve*. Cosa apreciable que se adquiere a un coste bajo o se logra con facilidad.
   IV. 1. f. *Ni, PR, Bo*. Collar o plumas que crecen alrededor del cuello de las aves, desde la cresta hasta la línea horizontal del cuerpo. rur. (**colilla**). ♦ **charretera; collar.**
   V. 1. f. *Ch*. Rodaja, *generalmente metálica*, agujereada en el centro, que se utiliza para asiento de tuercas y cabezas de tornillos.
   VI. 1. f. *Cu*. Adorno que se pone en la parte superior de la cola de un **papalote**.
   VII. 1. f. *Ho:O*. Cuello de una vasija de barro. (**golía**).
   ■
   a. ‖ **~ de sombrilla.** f. *PR*. Golilla a la que se ha entresacado la pluma cortándola de raíz para dificultar la picada del contrincante. rur. ♦ **golilla entresacada; golilla vacía.**
   b. ‖ **~ entresacada.** *PR*. **golilla de sombrilla.**
   c. ‖ **~ vacía.** *PR*. **golilla de sombrilla.**
   □
   a. ‖ **de ~.** loc. adv. *Ho*. De balde, gratis.
   b. ‖ **¡qué ~!** loc. interj. *Ve*. Expresa que algo se ha logrado con facilidad.
   ▶ **hacer ~; llevarse en la ~.**

golillada.
   I. 1. f. *ES, Ni*. Bravuconada, fanfarronada.

golillar.
   I. 1. intr. *Ho*. Contestar o replicar con bravuconadas. (**golillear**).
   II. 1. intr. *Ho*. Provocar a *alguien*. (**golillear**).

golillear. (Epént. de *golillar*).
   I. 1. *Ho*. **golillar.**

golillero, -a.
   I. 1. m. y f. *Gu, Ho, ES, Ni*. Persona provocadora y peleona.
      2. *Ho, ES, Ni*. Persona bravucona.
   II. 1. sust/adj. *Ve*. Persona inclinada a obtener las cosas gratuitamente o con poco esfuerzo.
   III. 1. m. y f. *ES*. Persona farsante.
      2. adj. *Ni*. Referido a persona, mentirosa.

goliza.
   I. 1. f. *Mx, Gu, ES; Ec*. pop. Goleada, gran diferencia de goles por la que un equipo gana a otro.

gollejo.
   I. 1. *Cu*. **hollejo**, parte de algunos frutos.

gollería.
   I. 1. f. *CR, Pe*. Beneficio o favor concedidos de forma arbitraria y no por méritos propios.
   II. 1. *Pa*. **bollería.** (**golloría**).

gollete.
   I. 1. m. *ES*. Suerte.
   II. 1. m. *Ho*. Parte de arriba del calzado. (**goyete**).
   III. 1. m. *Pa*. *En la gallística*, herida producida por un gallo a otro en la mejilla.
   ▶ **no tener ~.**

golletear.
   I. 1. tr. *Ho*. Hacer el cuello estrecho de una vasija.

golloría.
   I. 1. f. *Pe*. p.u. Ventaja o beneficios que obtiene la persona que desempeña un cargo importante. pop + cult → espon.
   II. 1. *Pa*. **gollería.**

golloriento, -a.
   I. 1. adj. *Ec*. Referido a persona, codiciosa y tacaña. pop + cult → espon.

golofo.
   I. 1. m. *Co*. Ave de hasta 20 cm de longitud, de plumaje *generalmente violáceo* con tonos verdes en los machos, y grisáceo, con ceja y garganta pálidas en las hembras. (Icteridae; *Molothrus bonariensis*). ♦ **morajú; pájaro vaquero; renegrido.**

golón.
   I. 1. m. *Mx*. Ejemplar equino o vacuno de gran tamaño y peso.

golonchaco.
   I. 1. m. *Mx:S*. Ave de hasta 25 cm de longitud, con cresta anaranjada los machos y opaca las hembras, de color castaño con manchas blancas por encima y marrón verdoso por debajo. (Phasianidae; *Odontophorus guttatus*). ♦ **codorniz moteada.**

golondrina.
   I. 1. adj. *Mx*. Referido a la migración de personas, temporal, que solo dura un período de tiempo o una estación.
      2. sust/adj. *Ar, Pe, Ch*. p.u. Trabajador, *por lo común peón rural*, que se desplaza periódicamente de una región a otra.
      3. adj. *Ch, Ar*. Referido a cosa, de escasa duración o radicación.
   II. 1. f. *Ho, ES, CR, Pa*. Planta herbácea de hasta 20 cm de altura, de hojas opuestas, de aovadas a romboides, desiguales en la base, márgenes aserradas, inflorescencia globosa, de color amarillento, con flores diminutas, el fruto es una cápsula trilobulada; en la medicina tradicional, el látex o leche tiene numerosas aplicaciones. (Euphorbiaceae; *Chamaesyce* spp.). ♦ **pie de niño.**
      2. *RD*. **botisuelo.**
   III. 1. f. *Ch*. obsol. Carro a tracción animal de cuatro ruedas que se utilizaba para el transporte de objetos.
   IV. 1. f. *ES, Ni*. Golondrino, inflamación infecciosa de las glándulas sudoríparas de la axila.
   ■
   a. ‖ **~ de agua.** f. *Ve*. Ave de hasta 13 cm de longitud, con el dorso de color verde aceitoso brillante o azul oscuro brillante, *a veces entremezclados*; rabadilla blanca, cola negruzca ahorquillada, vientre blanco, rémiges negras, secundarias y terciales blancas en la barba exterior que forman una mancha alar blanca y grande. (Hirundinidae; *Tachycineta albiventer*).
   b. ‖ **~ de cueva.** f. *RD*. Ave de hasta 15 cm de longitud, de plumaje color café oscuro, con algunas estrías blancas en el lomo, collar y rabadilla color canela, al igual que una mancha situada entre los ojos, vientre blanco, cola en forma de trapecio. (Hirundinidae; *Petrochelidon fulva*).

c. ‖ ~ **de horquilla.** f. *Ve.* Ave de hasta 15 cm de longitud, de color azul oscuro brillante en la parte superior, frente, garganta y pecho castaño rojizo, vientre marrón canela, alas negro azulado y cola ahorquillada muy profunda del mismo color, todas las plumas, menos las centrales, tienen una mancha grande subterminal blanca en la barba interior. (Hirundinidae; *Hirundo rustica*).

d. ‖ ~ **de mar.**
  i. f. *Ch.* **gallito,** ave. (Oceanitidae; *Oceanodroma markhami*).
  ii. *RD.* **gaviotica.**

e. ‖ ~ **grande.** f. *RD.* Ave de hasta 20 cm de longitud, de plumaje azul oscuro; el macho tiene una línea blanca en el vientre que llega hasta la parte inferior de la cola, la hembra tiene el vientre color café o gris salvo en su parte superior, que es blanca. (Hirundinidae; *Progne subis*).

f. ‖ ~ **parda.** f. *Ve.* Ave de hasta 12 cm de longitud, de color pardo en la parte de arriba y blanco en la de abajo con una banda ancha y parda en el pecho, alas y cola también pardo oscuro. (Hirundinidae; *Riparia riparia*).

g. ‖ ~ **risquera.** f. *Ve.* Ave de hasta 13 cm de longitud, de color negro azulado con estrías blancas en el lomo, rabadilla canela, alas y cola pardo oscuro, garganta y lados del cuello castaño, con un collar en la parte posterior del cuello y una mancha negra en el centro de la garganta, pecho y vientre gris pálido y abdomen blanco en su parte central. (Hirundinidae; *Petrochelidon pyrrhonota*).

h. ‖ ~ **verde.** f. *RD.* Ave de hasta 13 cm de longitud, de plumaje verde oliva y violeta, vientre blanco, cola con forma de horquilla y alas de gran tamaño en comparación con el cuerpo. (Hirundinidae; *Kalochelidon euchrysea*).

▶ **cantar las ~s.**

golondrino, -a.
I. 1. adj. *Mx. Referido a animal*, de color negro con manchas de color marrón en el hocico y las ijadas.

golondrona.
I. 1. f. *Ve.* Bola de vidrio más grande que la **metra**, que utilizan los niños para jugar.

golosa.
I. 1. f. *Co.* Juego infantil que consiste en ir andando en un solo pie y hacer un recorrido por un dibujo de cuadros enumerados en el piso; además, se lanza una piedra o algo parecido en los diferentes cuadros, que debe ser recogido al terminar la vuelta.

golosear.
I. 1. tr. *Pa, Ch.* Poseer sexualmente *una persona* a *alguien*.

golosería.
I. 1. f. *Ch.* Afición excesiva a comer.
2. *Ch.* Consumo excesivo de alimentos simplemente por disfrutar de su buen sabor, no para satisfacer el hambre.

goloso.
I. 1. m. *Ho.* Bollo fino y alargado en forma de trenza hecho de harina de trigo, yema y azúcar.
II. 1. m. *Ni. En la construcción*, tornillo de diferentes tamaños.

goloso, -a.
I. 1. adj. *Ho, Pa. Referido a ganado*, que salta las cercas para comerse los sembrados. rur.

golpe.
I. 1. m. *Mx, Gu, Ho, Ni, CR, Ec.* Calada que se da a un cigarro o cigarrillo.
2. *Ve.* Trago de una bebida alcohólica.
II. 1. m. *Ho, Ni, Ve; Co,* pop. Cada una de las tres comidas principales del día.
III. 1. m. *Ve.* **Joropo** de ritmo rápido.

IV. 1. m. *Ch.* Juego de cartas en el que cada jugador deja boca arriba sobre la mesa las cartas, a la vez que canta el número de las mismas; si se equivoca, se lleva todas las que hay sobre la mesa; gana quien primero se deshace de todos sus naipes.
V. 1. m. *Py, Ur.* Mujer que accede con facilidad a un encuentro amoroso circunstancial. pop + cult → espon ^ desp.
2. *Ur.* Encuentro amoroso. pop + cult → espon.
VI. 1. m. *Ho.* Cantidad de semillas de maíz o **frijol** que se siembran en cada hoyo. rur.
VII. 1. m. *PR. En las actividades marítimas*, marejada.

●
a. ‖ ¿**cuánto es el ~?** fórm. *Pa, Ve.* Se usa para preguntar por el precio de algo.
b. ‖ **el ~ avisa.** fórm. *CR, Ec.* Se usa, en son de broma, para indicarle a alguien que está moviendo algo, que continúe con la acción hasta que un obstáculo lo detenga.

■
a. ‖ ~ **de agallón.** m. *PR. En las peleas de gallos*, golpe dado junto al oído.
b. ‖ ~ **de aire.**
  i. m. *Ar, Ur.* Tortícolis.
  ii. *Cu, PR. En las peleas de gallos*, puntazo lanzado por debajo del cuerpo del gallo.
c. ‖ ~ **de candado.** m. *PR. En las peleas de gallos*, golpe dado al gallo contrincante cerca de los maxilares, lo que le impide usar el pico con eficiencia.
d. ‖ ~ **de canillera.** m. *PR. En las peleas de gallos*, golpe que da el gallo a su contrincante en una pata.
e. ‖ ~ **de cuerda.** m. *PR. En las peleas de gallos*, fuerte espolazo en el tendón del cuello, lo que inhabilita para seguir peleando.
f. ‖ ~ **de estebanía.** m. *RD. En las peleas de gallos*, golpe, dado con la espoleta, con que un gallo deja ciego a otro.
g. ‖ ~ **de hoya.** m. *PR. En las peleas de gallos*, golpe que causa una herida sangrienta grave en la parte carnosa del final del cuello. ♦ **hombriguera; picada de hoya.**
h. ‖ ~ **de oído.** m. *PR. En las peleas de gallos*, golpe de espuela dado al gallo en el oído de su contrincante.
i. ‖ ~ **de suegra.** *Cu.* **golpe de viuda.** pop.
j. ‖ ~ **de tijera.** m. *PR. En las peleas de gallos*, golpe dado entre las dos alas del gallo oponente.
k. ‖ ~ **de vaca.** m. *RD. En las peleas de gallos*, golpe que un gallo da a otro encima de las clavículas.
l. ‖ ~ **de viuda.** *Ec.* Golpe en el codo que produce un dolor parecido al de una descarga eléctrica, pero que pasa rápidamente.
m. ‖ **los tres ~s diarios.** m. pl. *Pa, Ve.* Las tres comidas principales que se hacen al día.

□
a. ‖ **a ~ de.** loc. adv. *Ve, Pe.* Alrededor de una hora determinada.
b. ‖ **a ~ de calcetín.** loc. adv. *Mx, Ho, ES, Ni.* Andando. pop.
c. ‖ **de ~.** loc. adv. *Co:C.* Posiblemente. pop.
d. ‖ ~ **a la cátedra.** loc. sust. *Ch.* Hecho beneficioso que rompe los esquemas tradicionales del marco en que ocurre.
e. ‖ ~ **de agua.** loc. sust. *Ve.* Aguacero.
f. ‖ ~ **de ala.** loc. sust. *Gu, Ho, Ni, Pa, Cu, Co, Ve, Ec.* Olor desagradable de axilas. pop + cult → espon ^ fest.
g. ‖ ~ **de furca.** loc. sust. *Ar.* Inmovilización que se hace a una persona sujetándola por el cuello desde atrás.
h. ‖ ~ **de tablilla.** loc. sust. *Pa.* Hurto menor.
i. ‖ ~ **vitamínico.**
  i. loc. sust. *Ch.* Dosis única de diversas vitaminas concentradas.
  ii. *Ch.* Aportación de fuerza, energía o ánimo a algo o alguien para que continúe con aquello que está realizando. pop + cult → espon.

◪

   a. ‖ **el ~ avisa.**

      i. fr. prov. *Mx.* Indica que un coche fue estacionado con un golpe contra la acera o contra un muro. pop + cult → espon.

      ii. *Ni, Co, Bo, Ch.* Indica advertencia para que se haga con cuidado una cosa. pop.

   ▶ **botar el ~; cagarse de un ~; coger el ~; dar el ~; dar el ~ al puro; dar los tres ~s; guindarse a ~s; hacer el ~; hacer ~; irse a los ~s.**

golpeadera.

   I. 1. f. *Ni, Pe.* p.u. Sucesión de golpes consecutivos a algo o alguien.

golpeado.

   I. 1. m. *Pe.* Juego de naipes en el que dos o más contrincantes buscan agrupar cartas relacionadas antes que los demás.

   II. 1. m. *Ch.* Trago de bebida alcohólica, *generalmente tequila*, que se toma de una sola vez, servido en un vaso pequeño y acompañado de limón y sal.

golpeado, -a.

   I. 1. adj. *Mx, Ho, Ni, CR, Co, Bo, Ch. Referido a un modo de hablar o tono*, tajante, marcando las palabras y los acentos.

   II. 1. adj/sust. *Bo. Referido a persona*, tonta. pop ^ desp.

   III. 1. adj. *CR. Referido a persona*, que tiene una dolencia o enfermedad que no es grave. pop + cult → espon.

   IV. 1. adj. *CR. Referido a persona*, que tiene los malestares propios de la resaca. pop + cult → espon.

   ▶ **hablar golpeado.**

golpeador.

   I. 1. m. *Co:SO, Ch, Ar.* Pieza de hierro o bronce que se pone a las puertas para llamar golpeando con ella.

golpeador, -ra.

   I. 1. adj. *Bo. Referido a persona*, que emplea bien los puños en una pelea.

   II. 1. sust/adj. *Bo.* Militar o político que busca conquistar el poder mediante la fuerza, conculcando el orden democrático establecido.

golpeadura.

   I. 1. f. *RD, Bo.* Paliza, serie de golpes dados a *alguien*. esm.

golpear.

   I. 1. intr. *Co:N.* Asimilar la r y la l a la consonante siguiente. ♦ **hablar golpeado.**

   II. 1. tr. *CR, Pe.* Aspirar profundamente y expeler el humo del tabaco.

   III. 1. tr. *Ni, Cu, Bo.* Impresionar *algo* a *una persona*.

   IV. 1. tr. *Ni, RD, Bo.* Llamar a la puerta.

   V. 1. tr. *Bo.* Poseer sexualmente un hombre a una mujer. vulg.

   VI. 1. tr. *Ho.* Amasar *algo, generalmente harina*.

   □

   a. ‖ **~ el codo.** loc. verb. *Bo.* Hacer que una persona, *habitualmente mezquina*, gaste su dinero. pop + cult → espon.

   b. ‖ **~ la cátedra.** loc. verb. *Ch. En una competencia o actividad*, obtener *alguien* un triunfo que resulta inesperado para los expertos. pop + cult → espon.

   c. ‖ **~ las puertas de los cuarteles.** loc. verb. *Ch.* Incitar a la rebelión militar. pop + cult → espon.

golpera.

   I. 1. f. *Co:N.* Tanda de golpes, *especialmente de puñetazos*. pop.

golpetón.

   I. 1. m. *Ve, Bo.* Golpe muy fuerte y violento.

golpiá.

   I. 1. f. *RD.* Paliza. pop.

golpiza.

   I. 1. f. *PR; Mx, Ho, Ni, CR, Pa, Cu, Co, Ve, Pe, Bo, Ch, Py, Ar, Ur, CR, Ec.* Paliza, serie de golpes dados a una persona o a un animal. ♦ **reventada; talegueada; taporreada.**

golquíper.

(Del ingl. *goalkeeper*, guardameta)

   I. 1. m-f. *Pe, Bo.* p.u. *En el fútbol y otros deportes*, jugador que defiende el arco o la portería de su equipo.

golver.

   I. 1. tr. *Co.* p.u. Volver. rur.

goma.

   I. 1. f. *Mx, Ni, Cu, RD, PR, Ve.* **home**, lugar del campo en el **beisbol**.

   II. 1. f. *Co, Pe, Bo, Ch.* Golosina blanda y masticable hecha con azúcar, gelatina y colorante.

   III. 1. f. *Co, Ve:O.* Afición excesiva por hacer algo que atrae. pop.

   IV. 1. f. *Ch, Ar, Ur.* Seno de una mujer. vulg.

   V. 1. m-f. *Ch.* Persona que ayuda en todo tipo de labores, *especialmente en oficinas u otros lugares de trabajo*. pop + cult → espon ^ desp.

   2. *Ch.* Persona que simula ser dueño o titular de un negocio, *generalmente ilícito*, que pertenece a otro que no quiere figurar en primer plano. delinc.

   3. *Ch.* metáf. Persona débil de carácter, fácilmente manejable. pop.

   VI. 1. f. *Pe, Ch.* Golpe, castigo físico. urb.

   VII. 1. f. *Ni, CR, Cu, Ec, Bo.* Pegamento.

   VIII. 1. f. *Gu, Ho, ES, Ni, CR, Pa.* Resaca, malestar por haber bebido en exceso. ♦ **gomona; gomorra.**

   IX. 1. *Bo.* **caucho**, árbol.

   2. *Bo.* Objeto de caucho flexible y pequeño, provisto de asa del mismo material que se emplea para facilitar la dentición de los bebés.

   3. *Bo.* Cámara elástica que se llena de aire, y que va en la parte interna de las ruedas de los vehículos.

   X. 1. f. *Ve.* Tumor cartilaginoso u óseo que les sale en las extremidades a las caballerías y les produce inmovilidad y dolor.

   XI. 1. f. *Ve:O.* Zapato de deporte.

   XII. 1. sust/adj. *Bo.* Mujer que cede con facilidad a los requerimientos de carácter sexual. vulg.

   2. f. *Bo.* Mujer que ha tenido muchas relaciones sexuales. vulg.

   XIII. 1. f. *Ch. Entre los consumidores y comerciantes de droga*, cápsula de fármaco estimulante o depresor que se emplea como droga de abuso. drog.

   XIV. 1. m-f. *Bo.* Persona de edad avanzada.

   XV. 1. sust/adj. *Bo.* Persona que no realiza actividades físicas, *especialmente deportivas*. pop + cult → espon.

   XVI. 1. f. *ES.* Apresto que tiene la ropa nueva que se le quita al lavarse.

   XVII. 1. *Pa.* **perro**, malestar físico.

   ■

   a. ‖ **~ de repuesta.** *PR.* **goma de repuesto.**

   b. ‖ **~ de repuesto.** f. *Cu.* Neumático, llanta de repuesto de un vehículo. ♦ **goma de repuesta.**

   □

   a. ‖ **~ de pan.** loc. sust. *Ar, Ur.* Borrador para lápiz, de consistencia blanda, poroso y algo áspero.

   b. ‖ **~ eva.** loc. sust. *Bo, Ch, Py, Ar, Ur.* Material flexible y delgado de diversos colores utilizado para realizar manualidades.

   c. ‖ **~ rusa.** loc. sust. *Ho.* Gran resaca de alguien.

   d. ‖ **para la ~.** loc. adj/adv. *Ch. Referido a persona o cosa*, que está en mal estado. pop.

   e. ‖ **por la ~.**

      i. loc. adv. *RD, Ve.* Muy bien.

      ii. *Ve.* Ordenadamente.

      iii. loc. adj. *Cu. Referido a persona*, que está de mal humor.

iv. *Cu. Referido a persona*, que se comporta de modo exigente o poco tolerante.

v. loc. adv. *RD.* Por el lugar acertado.

▶ chillar ~s; chillar la ~; chillas las ~s; estar como ~ vieja; estar ~; hacer de ~; hacerse de ~; irse a la ~; mandar a la ~; meter ~.

gomal.
> **I. 1.** m. *Ve, Pe, Bo.* Sitio poblado de árboles de la **goma**.

gomarabia.
> **I. 1.** f. *Gu.* p.u. Resaca, malestar producido por beber alcohol en exceso.

gomazo.
> ▶ pegarse el ~; pegarse los ~s.

gombo.
> **I. 1.** m. *RD.* **candia**.

gombó.
> **I. 1.** m. *Co.* **candia**.

gomear.
> **I. 1.** tr. *Pe.* Golpear, castigar físicamente a *alguien*. urb; pop.

gomecismo.
> **I. 1.** m. *Ve.* Régimen dictatorial del general Vicente Gómez.

gomecista.
> **I. 1.** adj/sust. *Ve.* Partidario del gobierno dictatorial del general Juan Vicente Gómez.

gomelo, -a.
> **I. 1.** adj/sust. *Co; Ec*, p.u; juv. *Referido a persona*, que en su vestuario, modales y lenguaje manifiesta gustos propios de una clase social alta. pop ^ desp.

gomera.
> **I. 1.** f. *Ar, Ur.* Horquilla con mango a cuyos extremos se unen los de una goma para estirarla y disparar así piedrecillas o perdigones, tirachinas.
>
> **II. 1.** *PR.* **gomería**.

gomerazo.
> **I. 1.** m. *Ar, Ur.* Tiro hecho con la gomera o tirachinas.
>
> **2.** *Ar, Ur.* Golpe o impacto recibido tras este tiro.

gomería.
> **I. 1.** f. *Bo, Py, Ar, Ur.* Lugar de venta o reparación de neumáticos. ◆ **gomera**.

gomero.
> **I. 1.** m. *Bo, Ch, Py, Ar, Ur.* Árbol de copa ancha y hojas oblongas, grandes y con fuertes nervaduras amarillentas. (Moraceae; *Ficus elastica*).
>
> **2.** *Ch.* **gomero azul**.
>
> **II. 1.** m. *CR, Ec, Pe, Bo.* Recipiente para contener **goma** o pegamento.
>
> **III. 1.** m. *Ch.* metáf. Mujer considerada solo como objeto de admiración y belleza. pop.
>
> □
>
> **a.** ‖ ~ **azul**. m. *Ch.* Árbol de hasta 60 m de altura, de tronco derecho, copa cónica, corteza gris, hojas persistentes, olorosas, glaucas, coriáceas, lanceoladas y colgantes, flores blancas, axilares, y fruto solitario campaniforme de color blanco; se explota por su madera. (Myrtaceae; *Eucaliptus globulus labill*). ◆ **gomero**.

gomero, -a.
> **I. 1.** adj. *Co, Pe, Bo.* Relativo al cultivo del **caucho**.
>
> **2.** m. y f. *RD, PR, Bo, Py, Ar, Ur.* Persona que se dedica a la reparación y a la venta de neumáticos de automóviles.
>
> **3.** *Pe, Bo.* Persona que se dedica a la explotación y comercialización del **caucho**.
>
> **II. 1.** adj/sust. *Ve.* Partidario del gobierno dictatorial del general Juan Vicente Gómez.
>
> **III. 1.** adj/sust. *Ur. Referido a una mujer*, que elige a sus acompañantes por el dinero o las cosas que poseen. pop.

gomezalato.
> **I. 1.** m. *Ve.* Régimen dictatorial del general Juan Vicente Gómez.

gomía. (De *amigo*).
> **I. 1.** m-f. *Ar, Ur.* Amigo íntimo, compañero inseparable.

gómico, -a.
> **I. 1.** adj. *Ho. Referido a persona*, que tiene resaca. cult → esm ^ fest.

gomígrafo.
> **I. 1.** m. *Cu, RD.* Utensilio que sirve para estampar firmas, cifras o imágenes en él grabadas y *se emplea, generalmente, para autorizar documentos*.

gomileta.
> **I. 1.** f. *ES.* Paleta hecha de gelatina endurecida con distintos sabores de fruta.

gomita.
> **I. 1.** f. *Mx, Ni, CR, PR, Co, Ec, Pe, Bo, Ch.* Goma, golosina blanda y masticable hecha con azúcar, gelatina y colorante.
>
> **II. 1.** f. *PR, Ch, Ar, Ur, Py*, pop. Tira o banda elástica, *generalmente circular*. ◆ *rubber band*.

gomitá.
> **I. 1.** f. *PR.* Vomitera. vulg; pop.

gomitar.
> **I. 1.** *CR, Pe, Bo*, rur; vulg; *Mx, PR*, vulg; pop; *ES, Co*, rur; *Ch*, pop. Vomitar.

gomón.
> **I. 1.** m. *Ar, Ur.* Embarcación inflable de goma o caucho.

gomona.
> **I. 1.** *Gu.* **goma**, resaca.

gomorra.
> **I. 1.** *ES, Ni.* **goma**, resaca. fest.

gomoso, -a.
> **I. 1.** adj/sust. *Co. Referido a persona*, que tiene alguna **goma** o afición excesiva por algo. pop.
>
> **II. 1.** adj. *Gu, Ho, ES, Ni. Referido a persona*, que padece **goma**, resaca.
>
> **III. 1.** adj. *PR. Referido a una sustancia*, pegajosa, pringosa.

gonce. (Metát. de *gozne*).
> **I. 1.** m. *Ho, CR.* Parte de una planta de donde salen dos o más ramas o nudo de una caña. rur.

goncecito.
> **I. 1.** f. *Ho.* Rodilla.

góndola.
> **I. 1.** f. *Bo; Pe*, p.u. Autobús, *especialmente de servicio público*.
>
> **2.** *Ve.* Camión grande formado por una cabina y un remolque que se usa para transportar grandes cargas.
>
> **3.** *Ni.* obsol. Último vagón del tren, usado para el transporte de alimentos.
>
> **II. 1.** f. *PR.* Hamaca. rur.
>
> ■
>
> **a.** ‖ ~ **carril**. f. *Ch.* Vehículo a modo de autobús de pasajeros propulsado por un motor de combustión interna que circula por vía.

gondolero, -a.
> **I. 1.** m. y f. *Ho, CR, Pe, Ar, Ur*; sust/adj. *PR. En un supermercado*, persona encargada de colocar las mercaderías en los lugares destinados para su exhibición y venta.

gondón.
> **I. 1.** m. *Bo.* Preservativo. pop.

gongo. (Del ingl. *gong*).
> **I. 1.** m. *PR. En el boxeo*, campana.

gongolí. (De or. africano).
> **I. 1.** m. *PR.* Gusano de hasta 10 cm de longitud, cilíndrico, con anillos escamosos, patas menudas y

gotear(se).
 I. 1. intr. *Cu, RD, PR.* Caer de lo alto, venir *algo* al suelo, *especialmente una fruta.*
 2. *RD.* Caer. pop + cult → espon.
 3. intr. prnl. *PR.* Caerse, deslizarse *alguien.*
 II. 1. intr. prnl. *ES.* Echarse gotas en los ojos.
 III. 1. intr. prnl. *PR.* Quedarse *alguien* dormido en presencia de los demás.
 □
  a. ‖ ~se como guanábana madura.
   i. loc. verb. *PR.* Caer *alguien* fácilmente en un engaño. pop + cult → espon.
   ii. *PR.* Entregarse una mujer con facilidad a un hombre. pop + cult → espon.

gotera.
 I. 1. f. pl. *Mx, Co, Ec; Bo:E,* obsol, pop. Alrededores o afueras de una población.
 II. 1. f. *RD, Bo, Ch, Ar:NO.* Serie de gotas de un líquido que caen de forma intermitente.
 2. *Bo, Ch.* metáf. Sucesión de hechos o acontecimientos que aparecen de forma intermitente.
 III. 1. f. *ES, Bo.* Gonorrea.
 ► coger ~s.

goterear.
 I. 1. intr. impers. *RD, Co,* pop + cult → espon; *CR,* rur; pop. Empezar a caer las primeras gotas de lluvia.
 2. intr. *RD, PR, Ch.* Gotear, caer un líquido gota a gota. pop + cult → espon.
 II. 1. intr. *Co.* Hacerse invitar a tomar bebidas alcohólicas. pop + cult → espon.

goterero, -a.
 I. 1. m. y f. *Co.* Persona que abusa de los demás haciéndose invitar a tomar bebidas alcohólicas. pop + cult → espon.

gotita.
 □
  a. ‖ la ~. loc. sust. *Bo, Ch, Py.* Pegamento duradero y resistente.

goto.
 •
  a. ‖ ~. fórm. *Ch.* Se usa en algunos juegos infantiles para detenerlo por un corto período de tiempo.

goya.
 I. 1. f. *Mx.* Vítor tradicional de la Universidad Nacional Autónoma de México.
 II. 1. f. *ES.* Resaca.

goyete.
 I. 1. *Ho.* **gollete**, parte del calzado.

goyo, -a.
 I. 1. adj. *Ni. Referido a persona,* sabelotodo.

gozadera.
 I. 1. f. *Ni, CR, Cu, RD, PR, Co, Ve, Ec.* Diversión intensa, jolgorio. pop.
 II. 1. *Cu.* **pachanga**, fiesta bulliciosa. pop.

gozar.
 I. 1. tr. *Cu, PR, Co, Bo, Ar.* Ridiculizar a *alguien* haciéndolo objeto de burla, aunque de forma amigable.
 •
  a. ‖ ¡que la goce! fórm. *Co:C.* Se usa para despedirse de alguien.
 □
  a. ‖ ~ la papeleta.
   i. loc. verb. *Cu.* Realizar el coito. vulg.
   ii. *Cu.* gozar un puyero. pop.
  b. ‖ ~ un imperio. *Ve.* gozar un puyero.
  c. ‖ ~ un puyero. loc. verb. *Ve.* Disfrutar mucho. pop + cult → espon. ♦ gozar la papeleta; gozar un imperio; gozar un realero; gozar una bola.

 d. ‖ ~ un realero. *Ve.* gozar un puyero.
 e. ‖ ~ una bola. *Ve.* gozar un puyero.

gozón, -na.
 I. 1. adj/sust. *Cu, RD, Ve. Referido a persona,* que disfruta o goza con facilidad de las cosas buenas.
 II. 1. adj. *Co:O. Referido a persona,* que se burla, molesta o ríe de alguien.

gozque.
 I. 1. m. *Co.* Perro que es mezcla de razas.

grabador.
 I. 1. m. *RD, Ve, Ar, Ur; Py,* pop. Aparato que permite grabar y reproducir sonidos.

gracejada.
 I. 1. f. *Ho, ES; CR,* pop; *Ve,* obsol. Gracia, dicho o hecho divertido.
 2. *Gu, Ni.* Payasada, bufonada, *generalmente de mal gusto.*

gracejo.
 I. 1. m. *Gu, Ho, ES. En las fiestas,* personaje gracioso y burlesco, vestido de colores y con máscara, que golpea con un látigo a los asistentes.
 2. *Ho.* Máscara de madera que usa el gracejo.

gracejo, -a.
 I. 1. sust/adj. *Ho, ES; Pe:S,* obsol. Persona chistosa, bromista.
 2. *Gu.* Persona que dice payasadas, *generalmente de mal gusto.*

gracia.
 I. 1. f. *Mx.* Excremento de una mascota, *especialmente de un perro.*
 □
  a. ‖ de su bella ~. loc. adv. *ES.* De su propia voluntad, por propia iniciativa. pop + cult → espon.
  b. ‖ ¡~s tula! loc. interj. *Ho:O, ES.* Expresa agradecimiento.
  c. ‖ por pura ~. loc. adv. *Pa.* Gratuitamente, sin costo alguno.
 ► hacer la ~; hacer una ~; no ser gracia; pintar ~s.

graciosa.
 I. 1. f. *ES.* Gaseosa. pop ^ fest.

grada.
 I. 1. f. *CR, Ec, Ar;* f. pl. *Bo.* Escalera o serie de peldaños colocados uno tras otro a diferentes niveles, que sirve para subir o bajar en un edificio.
 II. 1. f. *Ni.* obsol. Molde para hacer tejas y ladrillos.

gradación.
 I. 1. f. *RD, PR.* Determinación de las dioptrías para la elaboración de lentes.

gradear.
 I. 1. tr. *Ni.* Romper los terrones con la **grada** del tractor. rur.

gradiente.
 I. 1. f. *Ni, CR, Pa, Ec, Pe, Bo; Ch,* esm. Inclinación o declive de un terreno o de otra superficie.

gradilla.
 I. 1. f. *Ho.* Banda estriada de carreteras.
 2. *Ni.* Bordillo de una acera.
 II. 1. f. *ES.* Molde para hacer quesos.
 III. 1. f. *Ho:S.* Telar rudimentario para confeccionar costales de fibra de henequén.

grado.
 I. 1. m. *Ve, Ec;* pl. *Co.* Acto académico en el que se otorga un título universitario.
 □
  a. ‖ en ~ treinta y tres. loc. adv. *Ve.* Secretamente.
  b. ‖ ~ dos. loc. adj/sust. *Ch. Referido a un encuentro amoroso,* que incluye besos y caricias de fuerte carga erótica. pop + cult → espon.
  c. ‖ ~ tres. loc. adj/sust. *Ch. Referido a un encuentro amoroso,* que incluye penetración. pop + cult → espon.

d. ‖ **~ uno.** loc. adj/sust. *Ch. Referido a un encuentro amoroso*, que incluye solamente besos. pop + cult → espon.

▶ **pasar de ~.**

graduado.
I. 1.   m. *Ho.* Graduación de los lentes de unas gafas.

graffiti. (Voz inglesa).
I. 1.   m. *EU, Mx, Ho, ES, Ni, CR, RD, PR, Co, Ec, Pe, Bo, Ch.* Grafiti, inscripción o dibujo hecho en una pared u otra superficie.

graficación.
I. 1.   f. *Mx, Ho, Co, Ar.* Representación de algo con figuras o símbolos. prest; cult → esm.
II. 1.   f. *Ho, Ar.* Especificación o aclaración de algo con ejemplos. prest; cult → esm.

graficar.
I. 1.   tr. *Mx, Ni, CR, Pa, Cu, RD, Co, Ec, Pe, Bo, Ch, Py, Ar, Ur, Ho, ES,* prest. Representar *algo* mediante figuras o signos. pop + cult → espon.
2.   *CR, Ec, Pe, Ar.* metáf. Explicar o exponer *algo* de manera muy clara y detallada.
3.   *Ch, Ar.* Representar o ejemplificar *algo* una cosa.

grafilado.
I. 1.   m. *Ho, Ni, CR, Cu, Ec, Bo.* Técnica de corte de pelo por capas.

grafo.
I. 1.   m. *Bo.* Instrumento para dibujo técnico y arquitectónico, de forma cilíndrica y punta muy fina, que en el interior lleva una cápsula recargable que contiene la tinta.
2.   *Ur.* Pequeña barra de grafito que va en el interior del lápiz.

gragear(se).
I. 1.   *PR.* **grajear**, besar.
2.   *PR.* **grajearse**, acariciarse.

grageo.
I. 1.   *PR.* **grajeo**, besuqueo.
2.   *PR.* **grajeo**, toqueteo.

graje.
I. 1.   *PR.* **grajeo.**

grajea.
I. 1.   f. *Ve:O.* Conjunto de trocitos de papel de varios colores, recortado en varias formas, que se arrojan unas personas a otras en carnaval y otras celebraciones.

grajear.
I. 1.   tr. *PR.* Besar o acariciar apasionadamente *una persona* a *alguien*. pop + cult → espon. (**gragear; grajiar**).
2.   tr. *PR.* Hacer *alguien* un papel ridículo en público con su pareja. (**grajiar**).

grajeo.
I. 1.   m. *PR.* Besuqueo. (**grageo**). ♦ **graje; grajo.**
2.   *PR.* Toqueteo erótico. (**grageo**).

grajiar.
I. 1.   tr. *PR.* **grajear**, besar.
2.   *PR.* **grajear**, hacer alguien un papel ridículo.

grajiento, -a.
I. 1.   adj. *Pa, Cu, RD, Co:N,O, Ec, Pe. Referido a persona*, que huele a **grajo** o sudor de las axilas. pop + cult → espon ^ desp.

grajo.
I. 1.   m. *Pa, Cu, Co:N,O, Pe; RD, Ec,* p.u. Olor fuerte y desagradable procedente del sudor de las axilas. pop + cult → espon ^ desp. ♦ **chucha.**
II. 1.   m. *Co.* Insecto coleóptero, de cuerpo alargado, con seis patas y dos antenas alargadas de color amarillento y dos manchas negras; de coloración café oscura. (Pentatomidae; *Picromerus bidens*).

III. 1.   m. *Cu.* Arbusto de hojas ovaladas, brillantes en el haz, flores blancas axilares y frutos globosos de superficie áspera y rugosa. (Myrtaceae; *Eugenia axillaris*).
IV. 1.   *PR.* **grajeo**, besuqueo.

grajoso, -a.
I. 1.   adj. *Pa, RD. Referido a persona*, que tiene mal olor en las axilas.

grama.
I. 1.   f. *Mx, Gu, Ho, Ni, CR, Pa, RD, PR, Co, Ve, Ec, Pe, Bo, Ar, Ur.* Césped, hierba menuda que cubre un terreno. pop + cult → espon.
2.   *Ve.* Marihuana. drog.

gramado.
I. 1.   m. *Co, Pe, Bo.* Césped de un campo deportivo.

gramajo, -a.
I. 1.   adj. *ES. Referido a cosa*, abundante. carc.

gramalotal.
I. 1.   m. *Bo.* Terreno donde abunda el pasto.

gramalote.
I. 1.   m. *Co, Pe.* Hierba de hasta 2 m de altura, de hojas ásperas, largas y delgadas, y flores compuestas de color verde amarillento, agrupadas en espigas. (Poaceae; *Paspalum fasiculatum*). ♦ **camalote; gamalote.**
2.   *Ec.* **pasto imperial.**

gramear.
I. 1.   intr. *Bo:E.* Pacer los animales herbívoros, *especialmente los equinos.* rur.

grameli.
I. 1.   m. *Ch.* Gramo de cocaína. drog.

gramilla.
I. 1.   f. *Gu, Ho, Ni, CR, Pa, Co, Ec, Pe, Bo:E, Ar, Ur, Py,* pop. Césped, hierba menuda que cubre un terreno.
2.   *Ar, Ur.* **bermuda.**
II. 1.   f. *Gu, Co, Ec.* Cancha de **futbol.**

gramillal.
I. 1.   m. *Ar, Ur.* Pastizal. (**gramillar**).
2.   *Ar, Ur.* Césped. (**gramillar**).

gramillar.
I. 1.   *Ar, Ur.* **gramillal.**

gramillero.
I. 1.   m. *Ar, Ur.* Personaje carnavalesco que representa un viejo médico con levita, apoyado en su bastón y con un maletín lleno de plantas medicinales.

grampa. (Epént. de **grapa**).
I. 1.   f. *Gu, Pe, Bo, Ar, Ur; PR,* rur; *Ec,* pop; *CR,* vulg. Pieza de metal, cuyos dos extremos, doblados y aguzados, se clavan para sujetar dos o más cosas, *especialmente hojas de papel.* ♦ **ganchita.**

gramputear.
I. 1.   tr. *Ec, Pe, Bo.* Insultar ofensivamente a *una persona.* pop ^ desp.

granada.
   ■
   a. ‖ **~ china.** *Mx.* **granadilla**, bejuco y fruto.

granadero.
I. 1.   m. *Mx.* Miembro del cuerpo policial cuya principal función es controlar los disturbios y las manifestaciones civiles mediante granadas de gas lacrimógeno.

granadilla.
I. 1.   f. *Mx, Gu, Ho, Ni, CR, Pa, RD, PR, Co, Ec, Pe.* **Bejuco** de hasta 40 m de altura, de tallo cuadrangular, hojas alternas, ovadas, flores, con bandas transversales rojizas y moradas, cuyo fruto es una baya comestible; tiene diversas aplicaciones en la me-

dicina tradicional. (Passifloraceae; *Passiflora ligularis*). ♦ **granada china; quijo**.
2. *Mx, CR, Pa, RD, Co, Ec, Pe.* Fruto de la granadilla de forma redondeada, de color anaranjado y cáscara lisa y dura.
3. *Gu, Ho, Ni.* Fruto comestible del **granadillo**.

granadillo.
  I. 1. m. *Co.* Árbol de hasta 8 m de altura, copa mediana, tronco y ramas tortuosos, con espinas muy agudas, hojas ovaladas, obtusas y coriáceas, flores blanquecinas en hacecillos, fruto en legumbre vellosa. (Fabaceae; *Machaerium capote*). ♦ **ébano de Santo Domingo**.
    2. *Ho, ES, Ni.* Madera del granadillo, dura y compacta, de grano fino y de color rojo con vetas amarillas; muy apreciada en ebanistería.
    3. *Ho, ES, Ni.* Árbol de hasta 40 m de altura, de copa densa, hojas opuestas, inflorescencia en panículas, flores anaranjadas y fruto en legumbre oblonga con una sola semilla; su madera se utiliza en carpintería y ebanistería. (Fabaceae; *Platymiscium pinnatum*). ♦ **cachimbo; cristóbal; quira**.
    4. *Cu.* Árbol de hasta 8 m de altura, de tronco y ramas tortuosos con aguijones rectos, hojas ovales, flores axilares y de color amarillo y cuyo fruto es una legumbre pequeña en forma de moneda. (Fabaceae; *Brya ebenus*).
    5. *Cu.* Madera del granadillo; empleada en obras de ebanistería.
    6. m. *RD.* **llorona**, árbol.
    7. *PR.* Árbol de hasta 30 m de altura, frondoso, de ramas extensas, hojas en grupo asido a las ramas por un tallo pequeño, flores pequeñas de color verdoso y drupas carnosas y amargas; su madera es muy utilizada en ebanistería. (Combretaceae; *Buchenavia tetraphylla*). ♦ **amarillo**.

granado.
  I. 1. adj/sust. *Ch. Referido a la semilla de* **poroto**, que acaba de convertirse en grano maduro.

granario, -a.
  I. 1. adj. *Ar, Ur; Ch,* p.u. Relativo al grano o cereal, *especialmente a su producción y comercialización.*

granazón.
  I. 1. m. *ES.* Abundancia de granos en el cuerpo.

granceado.
  I. 1. m. *Gu.* Acabado de paredes o techos de viviendas que se hace con **granza**, arena.

grancear.
  I. 1. tr. *Gu.* Recubrir techos o paredes de viviendas con **granza**, arena.

grande.
  I. 1. m. *Bo.* Billete monetario de alta denominación.
  II. 1. f. *Bo. En el juego del cacho,* figura principal que consiste en sacar todos los dados con el mismo número en dos o tres tiros, según la modalidad del juego.

■
  a. ‖ ~**s ligas**.
    i. f. pl. *Mx, Ni, CR, Cu, RD, PR, Co. En el **beisbol**,* denominación de la asociación de equipos norteamericanos pertenecientes a las Ligas Americana y Nacional.
    ii. *PR.* metáf. Penitenciaría estatal. carc.

□
  a. ‖ **¡a la ~!** loc. interj. *Ni, Bo.* Expresa sorpresa, admiración o asombro.
  b. ‖ **en ~.** loc. adv. *Bo.* En general, sin entrar en detalle.
  c. ‖ **~ y pico.** loc. adj. *PR.* Excesivamente grande, grandísimo. pop + cult → espon.

  d. ‖ **la ~.**
    i. loc. sust. *Bo, Py, Ar, Ur.* Premio mayor de la lotería.
    ii. *Ho.* Lotería Nacional del Estado que se juega una vez al mes.
▶ **armarse la ~; coger en ~; darse la ~; dejar la ~; meterse en la ~.**

¡grande!
  I. 1. interj. *Ch, Ar.* Expresa halago, aprobación o entusiasmo. pop + cult → espon.

grandeliga.
  I. 1. sust/adj. *Ve.* Jugador de **beisbol** que juega en un equipo de las Grandes Ligas norteamericanas.

grandiablos.
  I. 1. m. pl. *Pa.* **gran diablo**.

grandiosano, -a.
  I. 1. adj. *Ho. Referido a cosa,* de gran tamaño. carc.

grandísima.
□
  a. ‖ **¡por la ~!** loc. interj. *Ec, Bo.* Expresa admiración, disgusto o extrañeza.

grandote, -a.
  I. 1. adj. *Ni. Referido a persona,* adinerada.
    2. sust/adj. *Ni.* Persona con poder político o socialmente reconocida.

grandotote.
  I. 1. adj. *Mx, Ni, CR, RD, PR, Bo, Ch; Co, Ec.* Muy grande. pop + cult → espon. (**grandototote**).

grandototote.
  I. 1. *Mx, Ni, CR, Co.* **grandotote**.

grandpa. (Del ingl. *grandfather*)
  I. 1. m. *EU.* Abuelo.

grandulazo, -a.
  I. 1. *Co.* **grandulón**. pop.

grandulón.
  I. 1. m. *Bo.* Dedo central y más largo de la mano. pop + cult → espon ^ fest.

grandulón, -na.
  I. 1. adj/sust. *Mx, Ho, Ni, CR, Pa, RD, PR, Pe, Bo, Ch, Py, Ar, Ur; Cu, Co, Ec,* pop. *Referido a persona, especialmente a un joven,* muy grande o más grande de lo que corresponde a su edad. ♦ **grandulazo; grandulote**.
    2. m. y f. *Pa, Py, Ar, Ur;* sust/adj. *Ve, Pe, Bo, Ch.* Persona que se comporta como un niño. pop + cult → espon ^ desp.

grandulote, -a.
  I. 1. adj/sust. *Ar, Ur.* **grandulón**. pop + cult → espon.

granea.
  I. 1. f. *Ho, Ni, CR.* Recolección de los primeros granos de café que han madurado. rur.
    2. *CR.* Época en que se realiza la granea. rur.

graneada.
  I. 1. f. *Ho.* Grano de café que no ha madurado y queda para la **repela**.

graneado, -a.
  I. 1. adj. *RD, Pe. Referido a persona o cosa,* granada, notable, selecta. pop + cult → espon.
  II. 1. *RD, Bo.* **desgranado**. (**graniao**).

granear.
  I. 1. tr. *Pe.* Cocer arroz de manera que los granos queden sueltos.
    2. *Bo, Ch.* Tostar el arroz en una sartén con aceite hasta que se dore.
  II. 1. intr. *Ho, Ni, CR.* Recolectar los primeros granos de café que han madurado. rur.
  III. 1. intr. *Ec:S.* Comer **capulíes** tomándolos directamente del árbol. pop.

granelero.
   I. 1. adj. *Ch. Referido al transporte de materias primas a granel*, en cantidades grandes y no especificadas.

graneo.
   I. 1. m. *Co:O; Ve:O,* rur. Cosecha de los granos de café que maduran antes o después de la cosecha principal.

granero.
   I. 1. m. *Mx:NO, PR.* Negocio que vende semillas y granos, aves de corral, y a veces ofrece servicio veterinario. rur.

graniao, -a.
   I. 1. *RD.* **graneado**, suelto.

graniento, -a.
   I. 1. adj/sust. *Mx, Gu, Pe, Bo, Ch, Ar, Ur. Referido a persona*, que tiene granos o espinillas. pop. ♦ **granuliento.**

granillo.
   I. 1. m. *Ec.* Harina de trigo sin florear.
      2. *Bo:E.* Cascarilla del grano de maíz o de otros cereales, más fina que el salvado.

granita.
   I. 1. f. *Ho.* Granizado, café mezclado con granitos de hielo.

granitco.
   I. 1. m. *Ni.* Recolección de granos verdes y maduros del café afectado por la **broca**.

granito.
   I. 1. m. *PR.* Fritura hecha de harina de arroz amasada con mantequilla, leche y huevo. (**grano**).

granizadero, -a.
   I. 1. m. y f. *Cu.* Persona que vende granizados.

granizado.
   I. 1. m. *CR, Ec.* Golosina hecha con hielo raspado, sirope y otros ingredientes.
      2. *Bo, Py.* Helado de crema que lleva entremezclados pequeños trozos de chocolate.

granizado, -a.
   I. 1. adj. *Ar, Ur. Referido a un helado o a una crema*, que lleva entremezclados pequeños trozos de chocolate.

granizal.
   I. 1. m. *Gu.* Granizada, precipitación de granizo. pop.

granja.
   I. 1. f. *Ho.* Criadero de peces y algunos crustáceos y moluscos.
   II. 1. f. *Ni.* Cárcel en que los presos cultivan la tierra y cuidan animales domésticos.

granjel.
   I. 1. m. *Mx.* Arbusto de hasta 6 m de altura, hojas sésiles y pelosas, flores de color anaranjado con matices amarillos y frutos globosos; tiene diversos usos en medicina popular. (Rubiaceae; *Randia echinocarpa*). ♦ **papache.**

granjeno.
   I. 1. m. *Mx.* Planta trepadora de hasta 15 m de altura, tallo leñoso y con espinas, hojas oblongo ovales, aserradas, redondeadas o acorazonadas en la base, flores en cimas axilares apanojadas, y fruto en forma de drupas. (Ulmaceae; *Celtis iguanaea*).

granjería.
   I. 1. f. *Ve.* obsol. *Dulce pequeño o golosina caseros que se hacen generalmente para la venta.*

grano.
   I. 1. m. *RD.* Testículo. pop.
   II. 1. m. *Ho.* Punto de la mirilla de un rifle.
   III. 1. *PR.* **granito**, fritura.

■
   a. ‖ **~ de oro.**
      i. m. *Ni.* Semilla de café despulpado.
      ii. *CR.* Fruto del cafeto.
   b. ‖ **~ malo.** m. *Mx, Ar, Ur.* Carbunclo, enfermedad virulenta y contagiosa. rur.
   c. ‖ **~s básicos.** m. pl. *Mx, Ho, Ni, CR.* Semilla de maíz, arroz o **frijoles.**
   d. ‖ **~s de almizcle.** m. *Ho.* **algalia**, hierba.
► **bajar el ~; cerrar ~.**

granola. (De *Granola*®).
   I. 1. f. *Mx, Ni, CR, PR, Co, Ve, Ec, Bo, Ch.* Alimento que consiste en copos de avena y de otros cereales, mezclados con frutos secos.

granoso, -a.
   I. 1. *Ho, ES, Ni.* **desgranado.**

gransa.
   I. 1. f. *Pe.* Maíz duro y de poca calidad destinado para el consumo del ganado.

granuliento, -a.
   I. 1. adj. *Ar.* **graniento.**

granza.
   I. 1. f. *Mx:NO.* Planta acuática de aguas dulces y poco profundas, *de hojas generalmente opuestas*, sumergidas, delgadas y traslúcidas, y flores tetrámeras. (Potamogetonaceae; *Potamogeton pectinatus*).
   II. 1. f. *Gu, Ar.* Mezcla de fragmentos menudos de piedras, o de piedras y ladrillos machacados, empleada para recubrir senderos y caminos.
      2. *Gu.* Arena mezclada con cemento y agua que se usa para dar un aspecto granuloso a paredes o techos de viviendas.
   III. 1. f. *Gu, Ho, Ni, CR, Ec.* Cáscara del grano de arroz.
   IV. 1. f. *Ho.* Suciedad que se mete en el ojo.
      2. *Ho. En alfarería*, piedritas y suciedad que queda al tamizar la arena.

granzón.
   I. 1. m. *Mx, Co, Ve.* Piedra pequeña machacada que, mezclada con arena y cemento, se emplea en la construcción.

grapa.
   I. 1. f. *Mx.* Dosis individual de cocaína envuelta en un papelito. drog.
   II. (Del it. *grappa*).
      1. f. *Ch, Ar, Ur.* Aguardiente obtenido del orujo de la uva.

□
   a. ‖ **de a ~.** *Mx.* **de a gratis.**

grapear.
   I. 1. tr. *Ni.* Robar *alguien algo*. pop.

grapia.
   I. 1. f. *Ar:NE.* Árbol de hasta 30 m de altura, con copa de ramas delgadas, hojas compuestas, flores de color amarillo y una vaina de color castaño claro como fruto. (Fabaceae; *Apuleia leiocarpa*). ♦ **viraperé.**
      2. *Ar:NE.* Madera de la grapia, pesada, dura y muy utilizada en carpintería.

gras. (Del ingl. *grass*, hierba).
   I. 1. m. *Pe.* Hierba. urb.
      2. *Gu.* Marihuana. drog.

grasa.
   I. 1. f. *Mx.* Sustancia oleosa, sólida o líquida, que se usa para dar brillo y color al calzado.
   II. 1. sust/adj. *Ar, Ur.* Persona que tiene mal gusto y costumbres poco refinadas. pop + cult → espon ^ desp.
      2. adj. *Ar, Ur. Referido a cosa*, que revela mal gusto. pop + cult → espon ^ desp.

III. 1. f. *Bo.* Cera de los oídos. pop + cult → espon.
IV. 1. f. *RD.* Dinero que de modo ilegal se da a un policía para evitar una multa.
□
    a. ‖ **como la ~ de caballo.** loc. adj. *Ch.* Referido a persona, inútil, indolente, que hace las cosas con poca o mala voluntad. pop ^ desp.

grasada.
I. 1. f. *Ar, Ur.* Muestra de mal gusto. pop + cult → espon ^ desp.

grasera.
I. 1. f. *Ho, Pe, Ar.* Dispositivo a través del que se introduce el lubricante en una máquina.
2. *Ar, Ur.* Caja colocada en los desagües de los fregaderos donde se depositan los residuos sólidos o las grasas coaguladas.
3. *Ar.* Recipiente de forma alargada que, colocado al final de la parrilla, recoge la grasa que escurre.

graserío.
I. 1. m. *Ar, Ur.* metáf. Conjunto de gente vulgar o tosca. pop + cult → espon ^ desp.
II. 1. m. *Cu.* Abundancia de grasa.

grasero.
I. 1. m. *Ec.* p.u. *En una máquina*, receptáculo en el que se pone lubricante.

grásil.
I. 1. *PR.* **glácil**, espacio abierto.

grasosidad.
I. 1. f. *Ch.* Calidad de grasoso o abundante en grasa.

grasún, -na.
I. 1. sust/adj. *Ar, Ur.* Persona que tiene mal gusto y costumbres poco refinadas. pop + cult → espon ^ desp.
2. adj. *Ar, Ur.* Referido a cosa, que revela mal gusto. pop + cult → espon ^ desp.

gratarola.
I. 1. adj. *Ar, Ur.* Gratuito. pop + cult → espon ^ fest. (**graterola**).
2. adv. *Ar, Ur.* Gratuitamente. pop + cult → espon ^ fest. (**graterola**).

gratén.
I. 1. adj. *Pe.* p.u. *Referido a evento o viaje*, gratis, gratuito. pop.

graterola.
I. 1. *Ur.* **gratarola**, gratuito.
2. *Ur.* **gratarola**, gratuitamente.

gratey.
I. 1. m. *RD.* Planta herbácea, trepadora, de hasta 3 m de longitud, con pelos rígidos que penetran en la piel y causan intensa irritación. (Euforbiaceae; *Delechampsia scandens*).

grati.
I. 1. f. *Pe.* Gratificación. pop.

gratindei.
□
    a. ‖ **de ~.** loc. adv. *Cu.* obsol. Gratis. pop.

gratiniano, -a.
I. 1. adj. *Co.* Referido a cosa, gratuita, sin coste. pop.

gratiñán.
I. 1. adv. *Cu, Ve.* Gratuitamente. fest.
2. adj. *Ve.* Referido a cosa, gratuita, gratis. fest.

gratis.
□
    a. ‖ **de a ~.** loc. adv/adj. *Mx, Ho, ES, CR.* De manera gratuita. pop. ♦ **de a grapa.**
    b. ‖ **de ~.** loc. adv. *Cu.* De manera gratuita. fest.

gratismente.
I. 1. adv. *Ni.* Gratuitamente.

grava.
■
    a. ‖ **~ y arena.** f. *Ho.* Comida de arroz y **frijoles**. carc.

gravarse. (Afér. de *agravarse*).
I. 1. intr. prnl. *Ni.* Agravarse, empeorar la enfermedad.

grave.
I. 1. adv. *Bo.* De manera exagerada.
II. 1. adj. *Ho.* Referido a persona, engreída y petulante.
□
    a. ‖ **¡qué ~!** loc. interj. *Bo.* Expresa lamentación por algo.

gravero.
I. 1. m. *PR.* Sitio de donde se saca cascajo y arena.

gravidez.
I. 1. f. *RD.* Gravedad, importancia. pop.

gravilea.
I. 1. f. *Ho.* **gravileo**.

gravileo.
I. 1. m. *ES.* Árbol cultivado, originario de Oceanía, de copa ancha y flores amarillo moradas; tiene diversas aplicaciones en la medicina tradicional. (Proteaceae; *Gravillea robusta*). (**gravilea**).

gravín.
I. 1. m. *Ho.* Grava fina.

gravy. (Voz inglesa).
I. 1. m. *EU, PR.* Salsa preparada con el jugo de la carne.

grayumbo.
I. 1. m. *RD.* Árbol de hasta 20 m de altura, de hojas alternas, muy grandes y agrupadas de tal manera que se asemejan a un paraguas abierto. (Urticaceae; *Cecropia schreberiana*).

greadilla.
I. 1. f. *RD.* **yaití**.

greca.
I. 1. f. *RD, Co, Ve, Ec.* p.u. Aparato para preparar el café, *usado especialmente en sitios públicos*.

greco, -a.
I. 1. adj. *PR.* Referido a persona, testaruda.

gredá. (Del garíf.).
I. 1. f. *Ho.* **güiro**, instrumento musical.

greifrut. (Del ingl. *grapefruit*, toronja, pomelo).
I. 1. m. *CR, Bo.* **toronja**. (**greifu; greifú**).

greifu. (Del ingl. *grapefruit*).
I. 1. *Py.* **greifrut**.

greifú. (Del ingl. *grapefruit*, toronja, pomelo).
I. 1. *RD.* **greifrut**.

grela.
I. 1. f. *Ar, Ur.* Suciedad, mugre. pop + cult → espon.
II. 1. f. *Ar, Ur.* Mujer. pop + cult → espon.

grelo.
I. 1. m. *Ve:O.* Retoño de una planta. rur.

gremazo.
I. 1. m-f. *PR.* juv. Persona que practica el surf, tabla acuática.
2. *PR.* juv. Novato en tabla acuática.

gremial.
I. 1. adj. *Mx, Ni, Co, Ar.* Relativo al sindicalismo.

gremialismo.
I. 1. m. *Ch.* Ideario político, social y económico propugnado por el partido de derecha Unión Demócrata Independiente.
2. *Ch.* Conjunto de partidarios del gremialismo.

gremialista.
I. 1. m-f. *Ve, Bo, Ch, Py, Ar, Ur.* Persona que dirige un sindicato o que representa a los trabajadores a él afiliados.
II. 1. adj/sust. *Ch.* Partidario de la Unión Demócrata Independiente.

2. adj. *Ch.* Relativo a la Unión Demócrata Independiente.

gremu. (De *mugre*).
I. 1. m. *Ur.* Mugre. pop + cult → espon.

grencha.
I. 1. f. *Gu.* Pelo. pop.

grenchada.
I. 1. f. *ES.* Tosquedad, rudeza. desp.
2. *ES.* Grupo de personas toscas. desp.
II. 1. f. *Ho.* Hecho o dicho propio de estadounidenses. desp.

grenchar.
I. 1. tr. *ES.* Golpear o presionar a *alguien*.

grenchas.
I. 1. f. pl. *Ho.* Cabello crecido, revuelto o despeinado.

grencherío.
I. 1. m. *ES.* Gran cantidad de personas toscas o mal educadas. desp.
2. *ES.* Gran cantidad de personas campesinas. desp.

grencho.
I. 1. *Ho:S, ES.* **garrobo**.

grencho, -a.
I. 1. adj. *Gu, Ho.* Relativo a los Estados Unidos de América. desp.
2. adj/sust. *Ho. Referido a persona*, de piel blanca y pelo claro.
II. 1. sust/adj. *ES.* Persona tosca, maleducada.
2. *ES.* Persona campesina, rural, provinciana.
3. *ES.* Persona tonta, ignorante.

grenetina.
I. 1. f. *Mx, Ec.* p.u. Sustancia sólida, incolora, inodora e insípida, obtenida al cocer los huesos y cartílagos de ciertos animales; se utiliza en la elaboración de diversos alimentos y medicamentos, o para distintos fines industriales.

greña.
I. 1. f. *Cu.* Planta rastrera pequeña, de follaje fino; se propaga por rizomas rápidamente. (Poaceae; *Cynodon dactylorí*). ♦ **hierba fina**.
□
a. ‖ **a la ~.** loc. adv. *Ho.* Por la fuerza.
b. ‖ **en ~.** loc. adj. *Mx. Referido a una sustancia o materia*, en rama, sin purificar ni recibir su última aplicación o manufactura.
▶ **agarrarse de la ~; agarrarse de las ~s; irse a las ~s.**

greñero.
I. 1. m. *Mx, Ho, ES, Ni, Ve, Co*, pop. Cabello largo y desordenado.

greñú, -ñúa.
I. 1. adj/sust. *RD. Referido a persona*, que tiene greñas. pop.

greta.
▶ **hacerse la ~.**

Greta.
▶ **creerse la ~.**

gretado.
■
a. ‖ **~ galán.** m. *Mx:S.* Árbol de hasta 40 m de altura, de tronco recto, corteza grisácea y pardo-rojiza, copa cónica, hojas en forma de escamas con ápice agudo, imbricadas, de color verde oscuro, y fruto oval en forma de cono. (Cupressaceae; *Cupressus lindleyi*). ♦ **nuculpat**.

gretana.
I. 1. f. *Mx:S.* **donjuán**, árbol.

grey. (Del ingl. *grapefruit*, pomelo, toronja).
I. 1. *ES, Co:C.* **naranja grey**.

greyfú. (Del ingl. *grapefruit*).
I. 1. m. *Ni.* Fruto cítrico del pomelo rojizo.

gri.
■
a. ‖ ~~.
i. *RD.* **pucté**.
ii. m. *RD.* Arbusto de flores azules, fruto globoso y amarillo y ramas polvorientas. (Verbenaceae; *Vitex heptaphylla*). ♦ **palo perrito**.

grica.
I. 1. *PR.* **rebambaramba**, confusión y desorden.

griego.
▶ **hablar en ~.**

grifa.
I. 1. f. *Ho, ES. En la construcción*, llave redonda de unos 50 cm de longitud que en el extremo plano tiene una hendidura en forma de U para enderezar y doblar las varillas de hierro.
2 f. *Gu.* Barra de acero con estrías o cortes en uno de sus lados utilizada para doblar metales.
II. 1. f. pl. *Gu.* Esposas, aros metálicos con que se aprisionan las muñecas de alguien.

grifar(se).
I. 1. intr. prnl. *CR, RD.* Ponerse la piel de una persona como la de una gallina. pop + cult → espon.
II. (De *grifa*, marihuana).
1. intr. *Ho.* Hacer fumar marihuana a *alguien*. drog. (**grifear**).
2. intr. prnl. *CR.* p.u. Drogarse con marihuana. drog. (**grifear**).
III. (De *grifa*, llave).
1. tr. *Ho, CR. En la construcción*, doblar varillas para hacer los elementos que servirán de núcleo a las estructuras de hormigón.

grifear(se). (De *grifa*, marihuana).
I. 1. *ES.* **grifar**, hacer fumar marihuana.
2. *Ho.* **grifarse**, drogarse.

grifero, -a.
I. 1. sust/adj. *Pe.* Gasolinero, persona que echa gasolina en los vehículos.

grifo.
I. 1. m. *Pe.* Surtidor de gasolina, gasóleo o queroseno.
2. *Pe.* Estación de servicio que principalmente suministra combustible a los conductores.
3. *Ch.* Surtidor de agua en las vías públicas destinado a suministrar agua a los pobladores.
II. 1. m. *Pe.* Laboratorio clandestino donde se procesa cocaína. drog.
III. 1. m. *PR.* Pelo ensortijado, como el de los individuos de raza negra.

grifo, -a.
I. 1. adj. *Mx, Cu, RD, PR. Referido al pelo de una persona*, rizado, ensortijado.
2. *Mx, Gu. Referido al pelo de una persona*, duro y áspero.
II. 1. adj. *Mx, Gu, Ho, ES, Ni, CR, Ec. Referido a persona*, que está bajo los efectos de la marihuana. pop + cult → espon.
2. adj/sust. *Gu, CR, Ec. Referido a persona*, adicta a la marihuana. pop + cult → espon.
III. 1. adj. *Gu, Ho, ES, Ni, Pa, Cu, RD. Referido a persona o animal*, que tiene el pelo erizado o las plumas tiesas.
2. *Ni, CR. Referido a persona*, que tiene carne o piel de gallina. pop + cult → espon.
IV. 1. adj. *Ho. Referido a un lugar*, lleno de personas, plantas o cosas.
2. *Ho. Referido a persona o animal*, infestado de parásitos.

2. adj. *Ar, Ur. Referido a cosa*, que revela mal gusto. pop + cult → espon ^ desp.

grone. (De *negro*, por inversión silábica).
  I. 1. adj/sust. *Pe, Bo, Ch, Ur. Referido a persona o cosa*, negra. pop + cult → espon.
  2. sust/adj. *Pe*. Miembro o simpatizante del equipo de **futbol** Alianza Lima. pop + cult → espon.
  3. adj/sust. *Pe*. Relativo al club de **futbol** Alianza Lima. pop + cult → espon.

groño.
  I. 1. *ES.* **garrobo**, reptil.

grooby. (Voz inglesa).
  I. 1. *PR.* **groovy**.

groovy. (Voz inglesa).
  I. 1. adj. *PR*. Estupendo, magnífico. (**grooby**).

grosea. (Sínc. de *grosella*).
  I. 1. f. *Ni.* **grosella**, árbol.

grosella.
  I. 1. f. *Cu, PR*. Árbol de hasta 12 m de altura, de hojas pequeñas y aovadas, inflorescencia en racimos, flores rosas y fruto en baya globosa de color amarillo pálido y sabor agridulce, que se usa para hacer diversos postres. (Phyllanthaceae; *Phyllanthus acidus*). (**grosea**).

  ■
  a. ‖ ~ **blanca**. f. *PR*. Fruto de la grosella.

grosería.
  I. 1. f. *Bo; Pe*, p.u. Deseo insaciable de comer.
  II. 1. f. *Pe, Bo*. Afán desmedido de posesión de bienes materiales.
  III. 1. f. *Ho*. Perversión.
  2. *Ho*. Injusticia.
  IV. 1. f. *ES*. Gran cantidad de personas o cosas.

grosero, -a.
  I. 1. adj/sust. *Ho, CR, Co, Ec, Py. Referido a persona*, agresiva en hechos o palabras.
  2. *Ho, Ec. Referido a persona o empresa*, injusta o abusiva en sus acciones.
  3. *Ho. Referido a persona*, cruel en su comportamiento.
  4. *Ho. Referido a acción o evento*, intenso o fuerte.
  II. 1. adj/sust. *Bo, Ur, Pe*, p.u. *Referido a persona*, que tiene un deseo insaciable de comer o que come con glotonería. pop + cult → espon ^ desp.
  III. 1. adj/sust. *Pe, Bo. Referido a persona*, que tiene un afán desmedido de poseer bienes materiales.

groso, -a. (Del it. *grosso*, grande).
  I. 1. adj. *Ch; Ar*, pop. | juv. *Referido a persona*, sumamente buena o destacada por algo. (**grosso**).
  2. *Ch; Ar*, pop. | juv. De gran tamaño o envergadura. (**grosso**).
  3. *Ch*. juv. Excelente, estupendo.

grosso, -a. (Voz italiana).
  I. 1. *Ni, Ch*. **groso**.

ground. (Voz inglesa).
  ▶ **hacer** ~.

groyo, -a.
  I. 1. adj. *ES. Referido a planta*, silvestre. rur.

grúa.
  I. 1. m-f. *Ch*. Operario que trabaja con una grúa.
  2. f. *Ho*. Variedad de grúa, cuya pala semeja las patas de la araña.
  II. 1. f. *Ch*. Circunstancia o grupo que presiona para provocar el traslado de alguien, *especialmente de trabajadores*, de un lugar a otro. pop + cult → espon.

grubear.
  I. 1. intr. *Pa*. Divertirse, perder el tiempo. pop. (**gruvear**).
  2. *Pa*. Enamorarse sin compromiso. pop. (**gruvear**).
  II. 1. tr. *Pa*. Molestar a *alguien*, tomarle el pelo. (**gruvear**).

grubeo.
  I. 1. m. *Pa*. Diversión. pop. (**gruveo**).

gruero.
  m. *Ve*. Hombre encargado de manejar una grúa. pop + cult → espon.

gruero, -a.
  I. 1. m. y f. *Cu, PR*. Persona encargada de manejar una grúa. pop + cult → espon.

gruesa.
  I. 1. adj. *Ar:NO. Referido a una mujer*, embarazada, pop.

grueso.
  I. 1. m. *Mx*. **acapetate**.
  □
  a. ‖ **el** ~. loc. sust. *Ar*. Construcción de cimientos, pilares, plataformas y techos de un inmueble.
  b. ‖ **¡qué** ~! loc. interj. *Mx*. Expresa dificultad o complicación para hacer algo.
  ▶ **pasarla** ~.

grueso, -a.
  I. 1. adj. *Mx, Gu, Ho*. juv. *Referido a problema, asunto o tema*, complicado o difícil de solucionar.
  2. *Mx, Gu. Referido a cosa*, tremenda, impresionante. pop.
  II. 1. adj. *Mx, Ho. Referido a cosa*, intensa o fuerte.
  2. *Ho, Ni. Referido a persona*, importante, con poder.
  3. *Ho, Ni*. juv. *Referido a persona*, rica, con mucho dinero.
  4. *Ho*. juv. *Referido a cosa*, bonita, buena o divertida.
  5. *Ho*. juv. *Referido a cosa*, de buena calidad.
  III. 1. *Ho*. juv. **ácido**, experto.

gruesor.
  I. 1. m. *Ch; Co*, rur. Grueso de un cuerpo. pop.

grulla.
  I. 1. f. *Ho, ES*. Grupo bullicioso de personas.
  2. *Ho*. Pandilla.
  ▶ **caer en** ~.

grullo.
  I. 1. m. *PR*. Cigarrillo de marihuana. drog.

grullo, -a.
  I. 1. adj. *Gu. Referido a una caballería*, de color similar al de la ceniza.

grumichama.
  I. 1. m. *RD*. Árbol de hasta 15 m de altura, de flores blancas, fruto redondeado, de color rojo oscuro; los frutos son comestibles. (Myrtaceae; *Eugenia brasiliensis*).

grupero, -a.
  I. 1. adj. *Mx, Ho, Ni, Pa*. juv. Relativo a la **música grupera**. pop + cult → espon ^ fest.

grupete.
  I. 1. m. *Ch*. juv. Mentira, embuste.

grupí.
  I. 1. m. *Ar, Ur*. p.u. Postor falso en una subasta. (**grupín; gurupí**).

grupículo.
  I. 1. m. *Bo*. Grupo de personas muy reducido, *especialmente si se trata de una organización política*.

grupiento, -a.
  I. 1. adj. *Ch. Referido a persona*, mentirosa, que trata de convencer con argumentos falaces e inconsistentes, rebuscados o excesivamente largos. pop.

grupín.
  I. 1. *Ar*. **grupí**.

grupo.
  I. 1. m. *Bo, Ch, Ar, Ur*. Mentira, engaño. pop + cult → espon.
  ■
  a. ‖ ~ **de tareas**. m. *Ar*. Unidad militar encargada de cumplir una misión especial; *particularmente las que*

se realizaron durante el gobierno militar que rigió en Argentina desde 1976 hasta 1983.

▶ **rompe ~.**

gruta.
  I. 1. f. *Pe, Bo.* Pequeña cavidad natural en la cual se entroniza una imagen religiosa para venerarla.

gruvear.
  I. 1. *Pa.* **grubear,** divertirse.
    2. *Pa.* **grubear,** enamorarse.
  II. 1. *Pa.* **grubear,** molestar.

gruveo.
  I. 1. *Pa.* **grubeo.**

gruyero.
  I. 1. m. *Mx.* Conductor de una grúa.

¡gua!
  I. 1. interj. *Ve, Pe:N, Bo, Ch, Py, Ar:NO.* Expresa admiración o sorpresa, *por lo general desagradable.*
    2. *Ve, Bo.* Expresa énfasis en lo que se dice a continuación.
    3. *Bo, Ch.* Expresa burla.
    4. *Ve.* Expresa que lo preguntado es obvio y consabido.
    5. *Ch.* Expresa repugnancia.
    6. *Ch.* juv. Expresa asombro.

  a. ‖ **¡~, pues!** fórm. *Ve.* Expresa énfasis en lo que se dice a continuación.

guaba. (De or. ind. antillano).
  I. 1. f. *Gu, Ho, ES, Ni, CR, Pa, Cu, RD, PR, Pe.* **guamo.** (Fabaceae; *Inga* spp.). (**huaba; guabo**).
    2. *Gu, Ho, ES, Ni, CR, Pa, Cu, RD, PR, Pe.* Fruto de la guaba en forma de vaina chata, rígida, parda y cubierta de un vello que se desprende con facilidad, que encierra diez o más senos con sendas semillas ovales, cubiertas de una sustancia comestible muy dulce y blanca como copos de algodón. (**huaba**). ♦ **nacaspilo.**
    3. *Co.* **mazorquilla,** planta herbácea. (**guabo**).
  II. 1. f. *CR.* Cuchillo largo usado en trabajos agrícolas. rur.
  III. 1. f. *CR.* Casualidad afortunada. pop + cult → espon.

  ■

  a. ‖ **~ forastera.** *PR.* **inga.**
  b. ‖ **~ peluda.** f. *PR.* Variedad de guaba caracterizada por su aspecto velloso. (Fabaceae; *Inga fastuosa*).

guabá. (De or. ind. antillano).
  I. 1. m. *RD.* Araña de cuerpo plano y cubierto de pelos, de color oscuro o encarnado, patas frontales en forma de pinza y el resto finas y largas. (Phrynidae; *Phrynus longipes*).
    2. *PR.* Araña peluda de gran tamaño, con cuerpo aplastado de color oscuro o encarnado, antenas, y patas largas; su picadura es peligrosa. (Phrynidae; *Phrynus plamatus*).
  II. 1. *PR.* **ceboruquillo.** (**huavá**).
    2. m. *PR.* Planta rastrera, carnosa, con tallo de color morado o rojizo oscuro, con ramas erguidas y fruto en forma de baya de color azul o lila. (Rubiaceae; *Coccocypselum herbaceum*). (**huavá**).

  ▶ **ponerse como un ~.**

guabairo. (De or. ind. antillano).
  I. 1. m. *Cu, PR.* Ave nocturna de hasta 30 cm de longitud, de plumaje rojo oscuro con vetas negras y ojos grandes de color negro y pico corto que tiene, en los bordes, cerdas encorvadas hacia adentro. (Caprimulgidae; *Caprimulgus cubanensis*). (**guaraibo; guaraíbo; guavairo**). ♦ **pintanguá.**

guabanazo.
  I. 1. m. *Pa.* Golpe fuerte. pop + cult → espon. (**guabazo**).

guabanday.
  I. 1. m. *Pa.* **jacaranda.**

guábara.
  I. 1. f. *PR.* Crustáceo de agua dulce, de pequeño tamaño, que se caracteriza por su color oscuro; es comestible. (Atydae; *Atya* spp.). ♦ **chábara, chágara.**

guabazo.
  I. 1. *CR.* **guabanazo.**

guabero, -a.
  I. 1. adj/sust. *CR.* Referido a persona, que acierta por casualidad. pop + cult → espon.

guábilo.
  I. 1. m. *Pa.* Árbol de hasta 35 m de altura, de tronco recto y cilíndrico, corteza exterior gris o amarillenta, hojas bipinnadas y alternas, flores blancas y frutos rojizos cuando están maduros. (Fabaceae; *Enterolobium schomburgkii*). (**guabilón**).

guabilón.
  I. 1. *Pa.* **guábilo.**

guabina. (De or. ind. antillano).
  I. 1. f. *Mx:SE, Gu, Ho, ES, Pa, Cu, RD, PR.* Pez de agua dulce de hasta 35 cm de longitud, de cuerpo cilíndrico, mucilaginoso, y cabeza obtusa; su carne es muy apreciada. (Pimelodidae; *Rhamdia sebae*).
    2. *Co:E, Ve.* **moncholo.**
    3. *Co:C,NE.* Pez de agua dulce, muy pequeño, de hasta 10 cm de longitud, parecido al **capitán.** (Trichomycteridae; *Pygidium satriatum*).
    4. *Gu, Ho, ES, Ni.* Pez de agua dulce, de hasta 50 cm de longitud, voraz, de cuerpo mucilaginoso, algo cilíndrico, cabeza obtusa y recubierta de grandes escamas y un poco verdosas; es comestible. (Eleotridae; *Eleotris pisonis, E. amblyopsis*). (**guavina**).
    5. *PR.* **barbudo.**
    6. *PR.* Pez de agua dulce de hasta 60 cm de longitud, de cuerpo mucilaginoso algo cilíndrico y aletas radiadas; su carne es muy apreciada. (Eliotridae; *Eleotris guavina*). ♦ **morón; moroncillo.**
  II. 1. f. *Co.* Baile parecido al **bambuco,** pero de ritmo más cadencioso.
    2. *Co.* Música popular que acompaña al baile de la guabina.
  III. 1. sust/adj. *Ve.* Persona que evade una responsabilidad o no enfrenta una situación.
    2. m-f. *Cu.* Persona que, *interesadamente*, se abstiene de tomar partido en discusiones políticas.
    3. sust/adj. *Cu.* Persona cobarde.

  ■

  a. ‖ **~ de mar.** f. *PR.* Pez marino de hasta 26 cm de longitud, de color verdoso, con rayas longitudinales más oscuras y aletas con tonos azules y amarillos; es comestible. (Serranidae; *Diplectrum radiale*).
  b. ‖ **~ de río.** f. *PR.* **dormilón,** pez.

  □

  a. ‖ **más resbaloso que la ~.** loc. adj. *PR, Ve.* Referido a persona, hábil para salir airosa de cualquier situación.

guabinear.
  I. 1. tr. *Ve.* Evadir constantemente una situación difícil o comprometedora, o una responsabilidad. pop + cult → espon.
    2. intr. *Cu.* Abstenerse, *interesadamente*, de tomar partido en una discusión política. pop.

guabineo.
  I. 1. m. *Ve.* Evasión de una situación difícil o comprometedora, o de una responsabilidad.
    2. *Cu.* Abstención de la opinión en un asunto o discrepancia política.

guabinoso, -a.
  I. 1. sust/adj. *Ve.* Persona que evita tomar decisiones o enfrentar una responsabilidad.

guabirá. (Del guar.).
   I. 1. m. *Bo, Py, Ar.* Árbol de gran altura, tronco liso y blanco, y hojas aovadas con una espina en el ápice. (Myrtaceae; *Campomanesia xanthocarpa*). (**guavirá**).
     2. *Bo, Py, Ar.* Fruto comestible del guabirá, de forma globosa y color amarillo anaranjado. (**guabirá**).

guabito.
   I. 1. m. *Pa.* Árbol de hasta 20 m de altura, de tronco recto y cilíndrico, corteza exterior oscura, hojas paripinnadas y alternas, flores blancas y frutos en legumbres verdes y aplanadas, amarillos cuando están maduros. (Fabaceae; *Inga marginata*).

   ■
   a. ‖ **~ amargo.** *Pa.* **hombre grande**.

guabiyú. (Del guar.).
   I. 1. *Py, Ar:NE.* **mato**, árbol y fruto.

guabo.
   I. 1. m. *Ec, Pe.* **guaba**, árbol y fruto.

guabucho.
   I. 1. m. *PR.* Chichón, *especialmente en la cabeza.* pop + cult → espon. (**huevucho**).

guabul. (Del misq. *wabul*).
   I. 1. *Ho, Ni.* **wabul**.

guabulero. (De *guabul*).
   I. 1. *Ho.* **wabulero**.

guaca.
   I. (Del quech. *waku*, dios de la casa).
     1. f. *Ho, ES, Ni, Pa, Co, Ec, Pe, Bo, Ch, Ar:NO*; m. *Pe, Ch, Ar:NO.* *En las sepulturas indígenas,* vasija, *generalmente de barro cocido,* donde aparecen depositadas joyas y objetos artísticos. (**huaca**).
     2. *Ho, ES, Ni, CR, Pa, Co, Ve, Ec, Bo, Ch, Ar:NO*; *Pe* p.u; m. *Ar:NO.* Tesoro escondido o enterrado, conjunto de objetos arqueológicos enterrados. (**huaca**).
     3. *Pe, Bo, Ch.* Sepulcro indígena o de los antiguos incas en el que se hallan pertenencias de los difuntos. (**huaca**). ♦ **huacabolas**.
     4. *Ni, CR, Ec; Cu,* pop. Conjunto de objetos escondidos o guardados. (**huaca**).
     5. *CR, Ec, Bo.* Conjunto de objetos de valor arqueológico que se hallan enterrados donde existió un asentamiento indígena. (**huaca**).
     6. *Ni, CR, Pa, Ec.* Escondite, lugar para esconder algo de valor. (**huaca**).
     7. *Ec,* p.u; *Cu,* rur. Hucha o alcancía. (**huaca**). ♦ **huacabolas**.
     8. *ES, CR, Cu.* metáf. Dinero ahorrado que se guarda en casa. pop. (**huaca**) ♦ **huacabolas**.
     9. *Ec.* Lugar de oración de los incas.
    10. *Ho.* metáf. Cantidad de dinero aportado por varias personas para un fin común.
   II. 1. f. *Co.* **chisacá**.
   III. 1. f. *Ho, Ni, Cu, Ec.* Hoyo donde se depositan frutas verdes para que maduren. rur. (**huaca**).
     2. *Ho.* Hoyo donde se planta el café, el maíz o el **frijol**. rur.
   IV. 1. f. *ES.* Mentira. (**huaca**).
   ► **echar la ~; encontrarse con una ~; hacer uno su ~.**

guacacoa.
   I. 1. f. *Cu.* Árbol de hasta 5 m de altura, de hojas coriáceas de color verde claro y fruto en baya aovada de color blanco; proporciona una materia textil, blanca y resistente, que se emplea para hacer cuerdas. (Thymelaeaceae; *Daphnopsis guacacoa*).

guacal. (Del nahua *huacalli*, angarillas; de *huacqui*, cosa seca, y *calli*, casa).
   I. 1. m. *Mx, RD, Co, Ve*; *Cu, Ec,* rur. Armazón parecido a una jaula, hecho de varas o de tablas delgadas de madera, que se usa para transportar a la espalda objetos delicados como loza, fruta o verdura. (**huacal**).

     2. *Mx:SE, Gu.* Palangana pequeña.
     3. *Gu, Ho, ES, Ni, CR.* Vasija hecha de la mitad del fruto del guacal que, seco y pulido sirve como recipiente para líquidos. (**huacal**).
     4. *Ve:C.* Cesta para llevar comestibles. (**huacal**).
     5. *Gu, ES.* Vasija hecha de la mitad de una calabaza que se usa para guardar agua o mantener calientes las **tortillas** o los **tamales**. rur. (**huacal**).
   II. 1. m. *Mx.* meton. Parte posterior de un ave, compuesta por las costillas y la columna vertebral.
     2. *Gu, Ho, Ni.* meton. Cabeza de persona. pop ^ fest. (**huacal**). ♦ **calabaza; nambira; sorolpa; tenamaste**.
     3. *Ho, Ni.* meton. **chiche**, seno de mujer. pop ^ fest. ♦ **lirumba**.
     4. *ES.* metáf. Cráneo. (**huacal**).
   III. 1. m. *Gu, Ho, ES, Ni.* Fruto del guacal, casi redondo, pericarpio leñoso, duro y con pulpa y pepitas. (**huacal**).
     2. *Gu, ES, Ni.* p.u. **jícaro**, árbol perenne. (**huacal**).
   IV. 1. m. *Ve.* Cantidad de un producto, *generalmente agrícola,* que cabe en un guacal o cesta. (**huacal**).
     2. *Gu.* Unidad de medida en la recolección del grano de café que equivale a 10 libras y es la décima parte de una **caja**.
   V. 1. m. pl. *Ho.* meton. Testículos.
   □
   a. ‖ **~ de horchata.** loc. sust. *Gu.* Persona flemática o falta de coraje. pop + cult → espon.
   ► **beber a todo ~; mear fuera del ~; orinar fuera del ~; salirse del ~.**

¡guácala!
   I. 1. interj. *Mx, Gu, Ho, ES, Ni, CR, Pa, RD, PR, Co, Ve, Ec, Pe, Bo, Ch, Py.* Expresa desagrado, asco o rechazo. pop + cult → espon. (**¡huácala!**).
   ► **hacer ~.**

guacalada.
   I. 1. f. *Gu*; *Ho, ES, Ni,* pop. Cantidad de líquido que cabe en un **guacal** o vasija. (**huacalada**).
     2. *Gu.* Conjunto de **guacales**, árboles.
   □
   a. ‖ **a ~s.** loc. adv. *Ho.* A montones, en gran cantidad.

guacalazo.
   I. 1. m. *Gu, Ho, ES, Ni.* Cantidad de líquido que cabe en un **guacal**, vasija para líquidos. (**huacalazo**).
     2. f. *Gu.* Contenido de un **guacal**, *generalmente agua,* que cae bruscamente sobre alguien.
     3. m. *Ho, Ni.* meton. Trago de bebida alcohólica.
   II. 1. m. *Gu, Ho, ES, Ni.* Golpe dado con un **guacal**, vasija para líquidos.
     2. *Ni.* Golpe en la cabeza.

guacalchía.
   I. 1. f. *ES.* **curruchiche**.

¡guácale!
   I. 1. interj. *Ec, Ch, Ur.* juv. Expresa asco o repugnancia. pop.

guacaleado, -a.
   I. 1. adj. *Ho. Referido a persona,* hechizada con un brebaje.
   II. 1. adj. *Ho. Referido a líquido o grano,* transportado en **guacal**, vasija para líquidos.
   III. 1. adj. *Ni. Referido a persona,* cansada por excesivo trabajo.

guacalear(se). (De *guacal*).
   I. 1. tr. *Gu, Ho.* Regar una planta con **guacal**, vasija para líquidos.
     2. intr. *Ho, ES.* Sacar o trasvasar un líquido en **guacales**.
     3. tr. *Ho.* Beber *algo* en **guacal** como **atole** o **chilate**.

4. intr. prnl. *Ni.* meton. Emborracharse *alguien.*

5. *Ni.* Bañarse echándose el agua con un **guacal.**

II. 1. tr. *Gu, ES, Ni.* Vomitar.

III. 1. intr. *Ho:S, ES.* Hacer **guacales** del fruto del **jícaro.** rur. (**huacalear**).

IV. 1. tr. *Ho, Ni.* Cortar el pelo a *alguien* en forma de hongo o **guacal,** vasija para líquidos.

V. 1. tr. *Ho.* Hacer un hechizo de amor a *alguien.*

VI. 1. intr. prnl. *Ni.* Trabajar *alguien* intensamente.

guacaleo.

I. 1. m. *Gu, Ho.* Sistema de riego a mano utilizando un **guacal,** vasija para líquidos.

II. 1. m. *Ho:C,O.* Brindis ceremonial con alguna bebida alcohólica en que termina un **guancasco.**

guacalero.

I. 1. m. *Ho.* Palo de 1 m de longitud que en uno de sus extremos tiene seis o más ramitas despuntadas y sirve para colgar **guacales,** vasijas para líquidos.

2. *Ni.* Lugar para guardar **guacales,** vasijas para líquidos.

guacalero, -a.

I. 1. m. y f. *Mx, Gu, Ho.* Persona que hace o vende **guacales,** vasijas. (**huacalero**).

II. 1. adj. *Ni. Referido a persona,* parlanchina.

guacaluda.

I. 1. f. *Gu.* Espada cuya guarnición tiene forma de **guacal,** vasija.

guacamaya. (De or. ind. antillano).

I. 1. f. *Mx, Ho, RD, Co, Ve.* Ave de hasta 84 cm de longitud, de coloración general escarlata, con el lomo inferior, la rabadilla y las coberteras supracaudales azul claro, las plumas centrales escarlata, las coberteras alares, medianas y escapulares amarillas con las puntas verdes y las subcaudales azul claro. (Psittacidae; *Ara macao*). ♦ **guacamaya bandera; guacamaya roja; guacamayo; guara; paraba siete colores.**

2. *Cu.* acacia.

■

a. ‖ ~ **azul.** *Ho.* **lapa verde.**

b. ‖ ~ **azul y amarilla.** f. *Co, Bo.* Guacamaya de color azul brillante por arriba y amarillo por abajo. (Psittacidae; *Ara ararauna*). ♦ **paraba amarilla.**

c. ‖ ~ **bandera.** *Co, Ve.* guacamaya, ave.

d. ‖ ~ **francesa.** f. *Cu.* Arbusto de hasta 4 m de altura, de hojas grandes y alternas, flores amarillas dispuestas en racimos terminales y fruto en forma de vaina. (Fabaceae; *Senna alata*).

e. ‖ ~ **frenticastaña.** f. *Pa.* **maracaná.**

f. ‖ ~ **roja.** *Ho, Co, Ec.* **guacamaya,** ave.

g. ‖ ~ **verde.** f. *Mx, Co, Ec.* Guacamaya de color *generalmente verde,* con la frente escarlata y la parte baja del lomo, la rabadilla y las corbeteras supracaudales de color azul. (Psittacidae; *Ara militaris*). ♦ **guacamayo militar; paraba militar.**

guacamayo. (De or. ind. antillano).

I. 1. m. *Cu, PR, Co, Ec.* Ave de hasta 55 cm de longitud, de colores vistosos entre los que predomina el rojo, el amarillo o el azul. (Psittacidae; *Ara* spp.). (**wacamayu**).

2. *Ni, Bo.* **guacamaya,** ave.

3. *Ho.* Macho de la **guacamaya.**

II. 1. m. *Gu, ES.* **flamboyán.**

III. 1. m. *PR.* Pez marino de más de 1 m de longitud, con aletas radiadas, cuerpo comprimido lateralmente, y un característico hocico con hileras de dientes fusionados que forman bordes duros, de color pardo, ribeteado de azul en la parte posterior. (Scaridae; *Scarus guacamaia*).

■

a. ‖ ~ **militar.** m. *Pe.* **guacamaya verde.**

b. ‖ ~ **verde.** m. *Ec.* **lapa verde.**

guacamol. (Apóc. de *guacamole*).

I. 1. m. *Ho, ES, Ni, CR.* Pasta similar al puré, que se hace de la pulpa del fruto del aguacate sin semilla, mezclado con cebolla, orégano, sal, y otras especies e ingredientes como huevo cocido. (**guacamole**).

2. *Gu.* Salsa elaborada con aguacate molido, limón, cebolla, sal y orégano.

guacamole. (Del nahua *ahuacamulli;* de *ahuacatl,* aguacate, y *molli,* mole o salsa de chile).

I. 1. m. *Mx, CR, Pa, PR, Co, Ec, Pe, Ch.* Salsa elaborada con aguacate molido o picado, tomate, cebolla y **chile.** (**huacamole**).

2. *Ho, ES, Ni.* **guacamol,** puré.

3. *Cu.* Ensalada de aguacate y piña, cortados en trocitos, que se aliña con una mezcla de crema de leche batida con sal, pimienta y mayonesa.

guacamolera.

I. 1. f. *Mx.* p.u. Mujer que prepara o vende guacamoles.

guacamote. (Del nahua *huacqui;* cosa seca, y *camotli,* camote).

I. 1. m. *Mx, Ve.* Planta de hasta 3 m de altura, con hojas palmeadas y profundamente divididas y flores pequeñas, poco vistosas y dispuestas en racimo y su raíz es grande y carnosa. (Euphorbiaceae; *Manihot sculenta*).

guacapás.

I. 1. m. *Ni.* Graznido que emite el pato salvaje.

guácara.

I. 1. f. *Mx.* Vómito. pop.

2. *Mx.* Arcada. pop.

□

a. ‖ **en el año de las ~s.** loc. adv. *PR.* En tiempos remotos. pop + cult → espon. ♦ **en el tiempo de las guácaras.**

b. ‖ **en el tiempo de las ~s.** *PR.* **en el año de las guácaras.**

guacarear.

I. 1. intr. *Mx.* Vomitar. pop. (**huacarear**).

guacarnaco, -a.

I. 1. sust/adj. *Cu.* Persona que hace o dice *algo* inoportuno por imprudencia o desconsideración. pop ^ desp.

2. adj. *Cu. Referido a persona,* tonta, lela.

¡guácata!

I. 1. interj. *ES, Cu.* Expresa desprecio, asco o rechazo a algo o a alguien.

¡guácatela!

I. 1. interj. *Mx, Ho, ES, CR; Pa, Ec,* juv; *Ch,* cult → espon. Expresa asco o desagrado. pop. (**¡guácatelas!**).

¡guácatelas!

I. 1. *Mx, CR.* **¡guácatela!**

guacha.

I. 1. f. *Py, Ar, Ur.* Rebenque de lonja ancha y mango corto y grueso. rur.

II. (Del ingl. *washer,* arandela).

1. f. *Ho, ES, Pa, Pe.* Arandela, pieza plana y circular, perforada en el centro, que se usa para mantener una tuerca o un tornillo apretados, para asegurar el cierre de una junta o para evitar que dos piezas rocen entre sí. (**huacha; wacha**).

III. 1. *Pe.* **huacha,** regate.

IV. 1. f. *Ch, Ur.* Mujer sexualmente atractiva. pop + cult → espon.

V. 1. f. *Gu.* Mujer del **guacho,** soldado.

VI. (Del ingl. *watch,* reloj).

1. f. *Ho.* Reloj de pulsera. pop.

●

a. ‖ ~ **y guaracha.** fórm. *Cu.* Se usa para incitar a la diversión.

□
a. ‖ hasta las ~s.
 i. loc. adj. *Pa.* **hasta las manos**, involucrada en una actividad. pop + cult → espon ∧ fest. (**hasta la huacha**).
 ii. *Pa.* **hasta las manos**, borracha.
 iii. loc. adj. *Pa. Referido a un lugar*, repleto, rebosante.

guachaca.
 I. 1. adj. *Ch. Referido especialmente a persona*, ordinaria, de poca clase. pop + cult → espon ∧ desp. (**huachaca**).
 II. 1. m-f. *Ch.* Persona que acostumbra a beber en exceso. pop + cult → espon ∧ desp. (**huachaca**).

guachacay.
 I. 1. m. *Ch:S.* obsol. Aguardiente de poca calidad hecho de **papa**. rur.
 II. 1. adj/sust. *Ch. Referido a persona*, apegada a las tradiciones chilenas más ligadas al pueblo.

guachada.
 I. 1. f. *Ar; Co*, pop. Vileza, mala pasada, acción infame contra alguien. vulg; desp.
 2. *Co.* Acción propia de alguien maleducado, grosero. pop ∧ desp.

guachafita.
 I. 1. f. *Co, Ve*. pop. Desorden, alboroto causado por varias personas. (**huachafita**).
 2. adj/sust. *RD, Ve*; f. *PR. Referido a persona o cosa*, falta de seriedad, orden o eficiencia. pop + cult → espon. (**huachafita**).
 3. f. *Ve.* Reunión divertida y jocosa.
 4. *PR.* Cosa sin interés. pop + cult → espon. (**huachafita**).

guachafitero, -a.
 I. 1. sust/adj. *Ve.* Persona a quien le gusta la diversión y la broma.

guachafo, -a.
 I. 1. m. y f. *Ec, Bo.* Persona de modales toscos, escasa educación y, *por lo general*, perteneciente a la clase social baja. pop + cult → espon ∧ desp. ♦ **guacharnaco**.
 II. 1. adj/sust. *Ec. Referido a cosa*, mal hecha, con defectos.

guachaje. (Der. de *guacho*).
 I. 1. m. *Ch; Ar, Ur*, rur. Hato de terneros separados de sus madres.
 II. 1. m. *Ar, Ur.* juv. Conjunto de jóvenes. pop + cult → espon.

guachalomo.
 I. 1. *Pe.* **huachalomo**, solomillo.
 2. *Ch.* **huachalomo**, corte de carne.
 II. 1. *Ch.* **huachalomo**, pene.

guachamarón, -na.
 I. 1. sust/adj. *Ve.* Persona que se jacta de ser valiente.
 II. 1. sust/adj. *Ve.* Persona astuta e inteligente.

guachanga.
 I. 1. f. *Ni, RD.* Lugar de fiesta o parranda.

guachapalí.
 I. 1. m. *Pa, Ec.* p.u. Árbol de hasta 30 m de altura, tronco con raíces tablares pequeñas en la base, corteza exterior fisurada y exfoliante en láminas irregulares, hojas bipinnadas y alternas, flores blancas o amarillentas y frutos en legumbres aplanadas, de color marrón castaño cuando están maduros. (Fabaceae; *Pseudosamanea guachapele*). ♦ **guachipelín**.
 2. *Ec.* **guachapelí**.
 II. 1. f. *Pa.* Cadena hecha de platinas en forma de **cocaditas** o pequeños óvulos unidas mediante cinta de oro, usada por las **empolleradas**.

guachapanda.
□
 a. ‖ **a la ~.** loc. adv. *Co.* De forma descuidada, sin cuidado. pop.

guachapeado, -a.
 I. 1. adj. *Ni. Referido a persona*, mal educada, grosera.
 II. 1. adj. *Ni. Referido a persona*, que está en malas condiciones físicas y psíquicas.
 III. 1. adj. *Ni. Referido a un trabajo*, mal hecho.

guachapear.
 I. 1. intr. *Mx:SE.* Bailar la **jarana** con un zapateo vivo.
 II. 1. tr. *Ve:E.* Lavar ligeramente un trapo o una tela cualquiera.
 III. 1. tr. *Ni.* Labrar burdamente la madera.

guachapelí.
 I. 1. m. *Pa, Ve, Pe.* Árbol semejante a la acacia, cuya madera, fuerte, sólida y de color oscuro, se emplea en los astilleros. (Fabaceae; *Diphysa* spp.). (**huachapelí**; **guachapalí**).

guachapeo.
 I. 1. m. *Mx:SE.* Zapateo que se hace en el baile de la **jarana**.

guachapurillo.
 I. 1. m. *Mx:N.* Planta arbustiva de hasta 150 cm de altura, con ramificación intrincada y espinosa, hojas simples, sésiles, lineares a lanceoladas, flores solitarias sobre pedúnculos provistos de brácteas foliáceas, y corola de 5 pétalos verdes con extremos purpúreos, y fruto globoso. (Krameriaceae; *Krameria bicolor*). ♦ **tajuy**.

guachar.
 I. (Del ingl. *to watch*, mirar, observar).
 1. tr. *EU, Mx:N, CR.* Mirar *algo* o a *alguien*. pop + cult → espon.
 2. *Ho, ES, Ni, CR.* Vigilar, observar con atención.
 3. *Ho.* Supervisar *algo*.
 II. 1. tr. *Ec.* Remover la tierra o hacer en ella surcos con el arado. rur.

guáchara.
 I. 1. f. *Pa.* Instrumento musical de acompañamiento construido con una calabaza, a la cual, una vez extraída la pulpa, se le hace una serie de estrías paralelas, que se rozan con una tablilla para marcar el compás.

guacharaca. (Del cuma, *huacharaca*, y este de *huaca*, gritar).
 I. 1. f. *Co, Ve.* Ave silvestre de hasta 53 cm de longitud, con cola más bien larga y apenas plumas en la garganta, dorso verdoso y vientre grisáceo y negruzco; el nombre imita su canto estrepitoso. (Cracidae; *Ortalis* spp.).
 2. *Ve.* Ave de hasta 60 cm de longitud, que presenta una cresta en la cabeza en forma de abanico y su cola es larga con la punta de las plumas anchas de color canela, su coloración general es parda y castaña, tiene la cara desnuda de color azul brillante y el ojo rojo, las orillas de las coberteras alares son de color blanco anteado. (Opisthocomidae; *Opisthocomus hoazini*).
 II. 1. f. *Co.* Instrumento musical de percusión consistente en un fragmento de caña labrado con muescas en la parte anterior que se raspan con un palillo, hueso o alambre, para producir sonido. ♦ **carrasca**.
 2. *Pa.* Sonajero construido con una calabaza en cuyo interior se colocan piedrecitas.
 III. 1. f. *Pa, Co:N, Ve.* Persona que habla mucho y al hacerlo grita y se alborota. pop.
 ▶ **hablar más que una ~.**

guacharaco.
 I. 1. m. *Co.* Árbol de hasta 25 m de altura, de copa espesa e irregular, hojas compuestas, hojuelas de margen

aserrado, venación marcada y flores de color blanco o crema dispuestas en grandes racimos. (Sapindaceae; *Cupania cinerea*). ◆ **gorgojero; sama blanca**.

2. *Co.* Arbusto de hasta 15 m de altura, muy ramificado, con hojas perennes, enteras y alternas y flores olorosas, blancas, de forma acampanada, dispuestas en racimos. (Apocynaceae; *Tabernaemontana* spp.). ◆ **palo víbora; pegoge; sapo; turma de perro**.

guacharnaco, -a.
  I. 1. sust/adj. *Ec.* **guachafo**, persona de modales toscos.

guácharo.
  I. 1. m. *Co, Ve, Ec, Pe, Bo.* Ave frugívora, de hasta 55 cm de longitud, de color castaño rojizo, con manchas blancas orladas de negro, ojos grandes y pico fuerte, largo y ganchudo; su carne es comestible. (Steatornithidae; *Steatornis carpensis*). (**huácharo**). ◆ **tayo**.

guácharo, -a.
  I. 1. adj/sust. *Ec.* p.u. *Referido a persona*, huérfana de padre, de madre o de ambos. pop.

guachazo.
  I. 1. m. *Ar.* Golpe muy fuerte. pop.
  2. *Ar.* p.u. Golpe dado con una **guacha**, rebenque. rur.

guache. (Del tunebo *güecha*, guardián).
  I. 1. sust/adj. *Co, Ve.* Persona de modales y comportamientos bruscos, maleducada, patán. pop ^ desp.
  II. 1. *Co.* **coatí**.

guachear. (Del ingl. *to watch*, mirar, observar).
  I. 1. tr. *CR, PR.* Observar *algo* o a *alguien, especialmente con disimulo*. pop + cult → espon. ◆ **lookear**.

guachera.
  I. 1. f. *Ar, Ur.* En un *tambo* o establecimiento ganadero, corral o lugar donde se crían los terneros. rur.

guacherío.
  I. 1. *Ch.* **huacherío**.

guacherna.
  I. 1. f. *Co.* Gente despreciable. desp.
  2. *Co:N.* Riña y alboroto entre gente despreciable.
  II. 1. f. *Co:N.* Danza popular al son de instrumentos indígenas que se baila de forma ambulante de casa en casa buscando a los danzantes.

guachi.
  I. (Apóc. de *guachimán*).
  1. m. *Ho, ES, Pe,* pop; *CR,* fest. **guachimán**, vigilante. afec.
  II. (Del map. *huachi*).
  1. m. *Ch.* Alambre en forma de lazo atado a una estaca enterrada en el suelo que sirve de trampa para cazar aves, conejos o liebres. rur. (**huachi**).
  III. 1. m-f. *Ch.* Persona a la que se trata con confianza o con afecto. pop.

¡guachi!
  I. 1. interj. *Ch.* Expresa llamada de atención sobre algo.

guachichi.
  I. 1. *Mx:S.* **zapotillo**, arbusto ramificado.

guachichil. (Del nahua *cuaitl*, cabeza, y *chichiltic*, muy rojo).
  I. 1. m. *Mx.* Arbusto de hasta 7 m de altura, de hojas alternas, muy variables en forma y tamaño, inflorescencias en panículas con flores sin pétalos y fruto en cápsula elipsoide con una única semilla de color oscuro. (Papaveraceae; *Bocconia frutescens*). (**huichichile; huizizil**). ◆ **gengibrillo; llora sangre; manalote; palo de pan cimarrón; trompeto**.

guachicón.
  I. 1. m. *Ve:E.* Zapato de lona, de corte bajo, con suela de goma, sin tacón ni contrafuerte.

guachilote. (Del nahua *cuahuitl*, árbol, y *xilotl*, jilote).
  I. 1. m. *Mx.* Árbol de hasta 12 m de altura, de tronco recubierto de espinas cortas y curvas, hojas lustro-

sas de color verde intenso, flores que crecen en el propio tronco, y fruto de forma casi cilíndrica, superficie estriada, color pardo verdoso y pulpa fibrosa llena de semillas que se come cocido. (Bigoniaceae; *Parmentiera edulis*).

guachimán. (Calco del ingl. *watchman*).
  I. 1. m-f. *Mx, Gu, Ho, ES, Ni, CR, Pa, RD, Ve, Ec, Pe.* Persona que **se desempeña** como vigilante o guardián. pop + cult → espon. (**guachi; guáchiman; huachiman; watchman**). ◆ **guachimango**.
  2. *Ch.* Guardián de puertos. (**huachimán**).
  3. *ES, Ni.* Criado, recadero.
  4. *Gu.* Guardaespaldas. pop.
  5. *Ho:N.* Empleado de confianza de las compañías bananeras que mide el tiempo de trabajo y vigila a los trabajadores.

guáchiman. (Calco del ingl. *watchman*).
  I. 1. *PR.* **guachimán**, vigilante o guardián.

guachimanear. (De *guachimán*).
  I. 1. tr. *Ho.* Vigilar *algo*.
  2. intr. *Ni.* Hacer *alguien* de recadero.

guachimango.
  I. 1. *ES.* **guachimán**, vigilante.

guachimanía.
  I. 1. f. *Ec.* Caseta del vigilante o **guachimán**. pop.

guachimol. (Del nahua *cuahuitl*, árbol, y *molli*, mole).
  I. 1. m. *ES.* Árbol de hasta 12 m de altura, de tronco grande, ramoso, torcido, de corteza dura, gruesa y pardusca, hojas persistentes, pareadas, elípticas y enteras, flor en hacecillos terminales con pétalos de color azulado o púrpura, el fruto capsular, carnoso, con varias divisiones. Su madera se emplea en ebanistería y en la construcción de máquinas. (Cigofilaceae; *Guaicum sanctum*).

guachinango.
  I. 1. m. *Mx, Cu.* Pez marino de hasta 55 cm de longitud, de cuerpo y aletas de color rojizo, vientre y costados rosados, con filas de escamas en el dorso paralelas a la línea lateral, y ojos de color rojo vivo; es muy apreciado en gastronomía. (Lutjanidae; *Lutjanus campechanus*). (**huachinango**). ◆ **pargo colorado; pargo prieto; pargo rojo; pargo sama**.

guachinango, -a.
  I. 1. adj. *PR. Referido a persona*, zalamera, astuta. pop + cult → espon.
  II. 1. adj. *PR. Referido a persona*, bromista, burlona. pop + cult → espon.
  III. 1. adj. *PR. Referido a persona*, tonta, idiota, inútil. pop + cult → espon ^ desp.

guachinche.
  □
    a. ‖ a ~. *Pa.* **aguachinche**, a cuestas.

guachío, -a.
  I. 1. adj. *Ni. Referido a animal*, de color marrón con pintas blancas.

guachipear.
  I. 1. tr. *Ch.* Robar, hurtar, piratear.

guachipelín.
  I. 1. *CR.* **guachapalí**.

guachipichai. (Del quech. *huasi*, casa y *pichay*, limpieza).
  I. 1. *Ec.* **huasipichay**, fiesta. pop.

guachipil.
  I. 1. m. *ES.* Rimero de cosas, *en especial* **tortillas**.

guachipilín. (Del nahua *cuahuitl*, árbol, y *tzipilin*, amarillento).
  I. 1. m. *Mx:SE, Gu, Ho, ES, Ni.* Árbol de hasta 23 m de altura, de tronco grueso de color amarillo por dentro, flor de pétalos amarillos cuyo fruto es una legumbre inflada con semillas de color café

claro; se utiliza en la medicina tradicional. (Fabaceae; *Diphysa robinoides*). (**huachipilín**). ♦ **cuachipilín**.

2. *Ho, ES, Ni*. Madera de este árbol, de color amarillo; en ebanistería se utiliza para carrocerías, cilindros de trapiches y morteros y en la construcción como **horcones** y postes por su resistencia a la humedad.

guachipupa.
  I. 1. f. *Cu*. Refresco casero hecho con siropes de distintos sabores. pop.
  2. *Cu*. Bebida alcohólica de alta graduación. pop.

guachismo.
  I. 1. *Ch*. p.u. **huachismo**.

guachitorito.
  I. 1. m. *Bo*. Danza navideña en que se simula correr y atrapar un toro en homenaje al Niño Jesús.
  2. *Bo*. Música y canto de esta danza.

guacho.
  I. 1. m. *Mx, ES, Ni, CR*. Reloj, *especialmente el de pulsera*. pop + cult → espon ^ fest.
  II. 1. m. *Mx:SE, Gu*. Soldado. (**huacho**).
  III. 1. m. *Mx:SE*. Ladrón, persona de mal vivir.
  IV. 1. m. *Ec, Pe*. p.u. Décimo de un billete de lotería. (**huacho**).
  V. 1. m. *Ec*. Surco para sembrar. rur. (**huacho**).
  VI. 1. m. *Ni, CR*. Corazón. pop + cult → espon ^ fest.
  VII. 1. m. *CR:NO, Pa*. Plato de arroz cocido con carne o pollo y algunas verduras, con la apariencia de una sopa espesa.
  VIII. 1. m. *Py*. Ternero sin madre. rur. (**huacho**).
  IX. 1. m. *CR*. Ojo.
  X. 1. m. *Pa*. Juego infantil que consiste en tirar palitos puntiagudos en el lodo.

  ■
  a. ‖ ~ **pesado**. m. *Ec*. Surco o canal por donde el agua de riego no corre a mucha velocidad. rur.

guacho, -a. (Del ant. quech. y aim. *wacha/wachu*, huérfano).
  I. 1. adj/sust. *Ec, Pe, Bo, Ch, Ar, Ur*. obsol. *Referido a persona*, huérfana. rur; pop.
  2. *Ec, Pe, Py, Ar, Ur; Bo*, pop. *Referido a la cría de un animal*, que ha perdido la madre. rur.
  3. adj. *Ar, Ur*. *Referido a una planta cultivada*, que nace sin ser sembrada. rur.
  4. adj/sust. *Bo; Pe*, rur. *Referido a persona*, sin pareja, sola por ausencia de un ser querido. pop.
  5. *Ch*. *Referido a un hijo, especialmente de madre soltera*, no reconocido por el padre o por uno de los progenitores. pop + cult → espon ^ desp.
  6. adj. *Ch*. *Referido a cosa*, descabalada, desparejada. pop + cult → espon.
  7. *Ch*. *Referido a acción o evento*, esporádico, ocasional. pop + cult → espon.
  II. 1. m. y f. *Mx:SE*. Persona que es de una región foránea. (**huacho**).
  III. 1. adj/sust. *Ar, Ur*. *Referido a persona*, que actúa con maldad y con intención de perjudicar. vulg; desp.
  2. m. y f. *Ar*. Malnacido, se usa como insulto. vulg; desp.
  IV. 1. m. y f. *Ar, Ur*. juv. Persona joven. pop.
  2. *Ch*. Persona a la que se trata con confianza o con afecto. pop + cult → espon.
  3. adj/sust. *Ch*. *Referido a persona o animal*, obediente, dócil o que se comporta de esa manera. pop + cult → espon.
  V. 1. adj/sust. *Ar*. juv. *Referido a persona*, que actúa con suficiencia y autoconfianza. pop. ♦ **guacho pistola**.
  VI. 1. adj. *Ch*. juv. *Referido a persona*, sexualmente atractiva. pop + cult → espon.
  VII. 1. sust/adj. *Cu*. Campesino. pop ^ desp.

□
  a. ‖ ~ **pistola**. loc. adj/sust. *Ar*. **guacho**, persona que actúa con suficiencia.

guachuchero, -a.
  I. 1. m. y f. *Ch*. Persona que comercia, *generalmente de forma ilegal*, o consume en exceso **guachucho**. pop. (**huachuchero**).

guachucho.
  I. 1. m. *Ch*. Aguardiente de poca calidad que procede del final de la destilación del vino. pop. (**huachucho**).

guacima.
  I. 1. f. *RD*. **guásimo**, árbol.

guácima.
  I. 1. *Pa, Cu, RD, PR, Co, Ve*. **guásima**, árbol.

guacimal.
  I. 1. *Mx, Pa, Cu, RD, PR, Ve*. **guasimal**.

guacimilla.
  I. 1. f. *Mx:NO*. Arbusto de hasta 8 m de altura, de tronco delgado, corteza gruesa de color grisáceo oscuro, hojas alternas, aovadas, flores con sépalos triangulares y pétalos blancos y fruto casi esférico, de color rojo cuando madura. (Rhamnaceae; *Colubrina glomerata*).
  2. *RD*. **suchicahue**.

guácimo.
  I. 1. m. *Mx, Ho, CR, Pa, Co, Ec*. **guásimo**, árbol.

guacle.
  I. 1. m. *Ar:NO*. Árbol de madera pesada y veteada; sus ramas hervidas tienen propiedades medicinales, *especialmente contra la sarna*. (Zygophyllaceae; *Bulnesia bonariensis*).

guaco. (De or. ind. antillano).
  I. 1. m. *Mx, Gu, Ho, Ni, CR, Cu, Co, Ar:N, Ur*. Planta enredadera muy ramosa, con hojas pecioladas, de color verde oscuro, opuestas, acorazonadas y agudas, y flores pequeñas agrupadas en cabezuelas con racimos vistosos; se usa en medicina tradicional. (Asteraceae; *Mikania guaco*). ♦ **guasca**.
  2. *Gu, Ho, ES, Ni, Co*. **canastillo**, bejuco.
  3. *Ar*. Planta de hojas opuestas con borde aserrado; se emplea en medicina popular. (Asteraceae; *Mikania cordifolia*). ♦ **cepú**.
  4. *Pa*. **matasanillo**.
  II. 1. *Co, Ve, Ar*. Ave de hasta 65 cm de longitud, robusta, con patas cortas, cuello y pico grueso, plumaje gris oscuro, con la corona de color negro verdoso, la cresta blanca, y las patas amarillas. (Ardeidae; *Nycticorax nycticorax*). (**huaco**). ♦ **ajuquín; garza bruja; gualdivia; guanabá de la Florida; huairao; marliú; pájaro yaguá; zorro de agua**.
  2. *Gu, Ho, ES, CR*. **vaquero**, ave. (**guauce**).

□
  a. ‖ **más malo que el ron con ~**. loc. adj. *PR*. *Referido a persona, especialmente a un niño*, muy mala, muy traviesa. rur; pop.

guaco, -a.
  I. 1. adj/sust. *Co:SO, Ec*. *Referido a persona*, que tiene labio leporino. pop + cult → espon. (**huaco**).
  2. adj. *Co:SO*. *Referido a persona*, que ha perdido uno o varios dientes.

guaconejillo.
  I. 1. *RD*. **guaconejo**.

guaconejo.
  I. 1. m. *RD*. Arbusto de gran tamaño, aromático y resinoso. (Rutaceae; *Amyris* spp.). (**guaconejillo**). ♦ **palo de tea**.

guacóporo.
  I. 1. *Mx*. **huacáporo**.

guacoyol.
   I. 1. *Mx.* **coyol.**

guacuco.
   I. 1. m. *Ve.* Molusco marino de hasta 3 cm de longitud, que tiene dos músculos aductores para cerrar las valvas de la concha; es comestible. (Veneridae; *Tivela mactroides*).
     2. *Ni.* **yagalán.**
   II. 1. m. *Ho.* Grano muy pequeño de café secado.

guacuco, -a.
   I. 1. sust/adj. *Pa.* Persona de raza negra.

guadal.
   I. 1. m. *Ar, Ur.* Extensión de tierra arenosa que, cuando llueve, se convierte en un barrizal.
     2. *Ar:N, Ur.* Terreno pantanoso, con aspecto de tierra firme, donde se hunden personas y animales. rur.

guadaloso, -a.
   I. 1. adj. *Ar.* *Referido a un camino de tierra,* lodoso, embarrado.
     2. *Ar:NO.* *Referido a un lugar bajo y húmedo,* pantanoso, cenagoso. rur.

guadañazo.
   I. 1. m. *Ar.* Recorte o reducción de producción, salarios, cupos o presupuestos. pop + cult → espon.
     2. *Ar.* Perjuicio económico inesperado o desagradable, *especialmente fiscal.* pop + cult → espon.
     3. *Ar.* Censura y supresión de algo, *especialmente en el cine.* pop + cult → espon.
   II. 1. m. *Bo, Ar, Ur.* En el *fútbol,* puntapié violento en la parte inferior de la pierna propinado por un jugador a otro contrario para derribarlo. pop + cult → espon.

guadaño.
   I. 1. m. *Cu.* Embarcación pequeña de techo bajo y semicircular que se utilizaba para transportar pasajeros.

guadua.
   I. 1. f. *Pa, Co, Ve, Ec, Pe.* Planta arborescente de hasta 25 m de altura, de tallos muy gruesos, de color verde amarillento, erectos, leñosos, huecos y nudosos, ramas casi horizontales y hojas lanceoladas y colgantes; se emplea para hacer cercas y construir viviendas. (Poaceae; *Bambusa guadua*). (**guadúa**; **guasdua**). ♦ **jimba**; **juagua**; **mambúa**; **otate**; **paca**; **purupuru**; **yaripa**.

guadúa.
   I. 1. *Ec.* **guadua.**

guadual.
   I. 1. m. *Co, Ve, Ec.* Sitio poblado de **guaduas.**

guafarina.
   I. 1. *Cu.* **gualfarina.**

guafierro.
   I. 1. *RD.* **carey de costa,** arbusto.

guáfira.
   I. 1. f. *Ho.* Mentira.

guafle. (Del ingl. *waffle*).
   I. 1. m. *Ho, CR, Bo; Ch,* p.u. Variedad de **panqueque,** similar a una galleta cuadrada o rectangular, elaborada con harina de trigo, huevo, leche y azúcar y calentada entre dos planchas eléctricas que sirven de molde.

guafleadora. (Der. de ingl. *waffle*).
   I. 1. *Ho.* **guaflera,** aparato eléctrico.

guaflera. (Der. de ingl. *waffle*).
   I. 1. f. *Ho, Ni, CR, Bo, Ch.* Aparato eléctrico de dos planchas rectangulares con moldes encofrados en medio en las que se hacen **guafles.** (**wafflera**). ♦ **guafleadora.**

guagaica.
   I. 1. m. *PR.* **pájaro bobo,** ave forestal.

guágara.
   I. 1. f. *CR, Pa.* Palma de hasta 10 m de altura, de tronco solitario y cubierto de espinas ramificadas de color blanco, hojas palmadas y en forma de abanico, flores blancas y frutos blancos cuando están maduros. (Arecaceae; *Crysophila albida*). (**guagra**).

guagra. (Del quech. *huagra*, toro).
   I. 1. *Ec.* **huagra.** rur.
   II. 1. *CR.* **guágara.**

guagua.
   I. 1. m-f. *Co:SO, Ec, Ar:NO,O; Pe,* rur; f. *Ch.* Niño de pecho. (**huahua**).
     2. f. *Ec, Bo, Ch.* Niño de corta edad.
     3. sust/adj. *Ec, Ch.* Animal de corta edad o cría.
     4. m. *Bo, Ch.* Joven o persona mayor que se comporta como un niño. pop + cult → espon ^ fest.
     5. f. *Ch.* Hijo menor.
     6. m-f. *Ec.* Hijo, *especialmente cuando se halla en la infancia.*
   II. 1. f. *Mx:NO, Gu:O, Cu, RD, PR.* Autobús.
     2. *PR.* Automóvil de gran capacidad concebido para el transporte de personas.
   III. 1. f. *Co:SO.* Mano de la **piedra de moler.**
     2. *Ch.* Máquina perforadora pequeña con forma de martillo.
     3. *Bo.* Piedra en forma de media luna que se emplea para moler en el **batán.**
   IV. 1. f. *Pe.* metáf. Pan dulce con forma de niño. (**huahua**).
     2. *Ch.* Pan de molde de mayor tamaño que el común.
   V. 1. f. *Co:O,SO.* **guardatinaja.**
   VI. 1. f. *Ch.* p.u. Botella grande en que se guardan bebidas alcohólicas. pop.

   ●
   a. ‖ **~.** fórm. *Bo.* Se usa como forma de tratamiento, *especialmente para dirigirse un adulto a una persona más joven.* pop + cult → espon ^ fest.

   ■
   a. ‖ **~ atómica.** f. *Ch.* Niño recién nacido o de corta edad de peso excesivo. pop ^ fest.
   b. ‖ **de cajón.** f. *PR.* **pick-up,** automóvil.
   c. ‖ **de pan.** f. *Ec, Bo.* Pan elaborado con forma de niño y pintado de diversos colores; se sirve para acompañar la **colada morada** en el día de difuntos.
   d. ‖ **~ de pecho.**
     i. f. *Bo.* Niño que está en el período de lactancia. pop + cult → espon.
     ii. *Bo.* Persona inexperta o inocente.
   e. ‖ **~ pública.** f. *PR.* Autobús interurbano. ♦ **pisicorre.**
   f. ‖ **~ *sightseeing*.** f. *PR.* Automóvil con asientos para muchas personas que se alquila para hacer viajes de turismo.
   g. ‖ **~ tierno.** m. y f. *Ec.* Niño de pecho.

   □
   a. ‖ **como timbre de ~.** loc. adj. *PR.* Gastado, muy usado. pop + cult → espon.
   b. ‖ **de ~.** loc. adv. *RD.* Gratuitamente, sin costar o pagar un precio.
   c. ‖ **~ batán.** loc. sust. *Bo.* Piedra en forma de media luna que se emplea para moler en el **batán.**
   d. ‖ **~ perdechi.** loc. sust. *Bo.* Persona que mantiene relaciones amorosas con otra más joven. pop + cult → espon ^ fest.
   e. ‖ **más jalao que un timbre de ~.**
     i. loc. adj. *PR.* *Referido a persona,* que tiene facciones desencajadas. pop + cult → espon.
     ii. *PR.* *Referido a persona,* borracha. pop + cult → espon.
     iii. *PR.* *Referido a persona,* sumamente delgada.

f. ‖ **tanta ~.**
i. loc. sust. *Bo.* Pan que se elabora para la fiesta de Todos los Santos y tiene figura de niño, animal o diversos objetos.
ii. *Bo.* Niño de corta edad que llora mucho. pop ∧ fest.

a. ‖ **~ que no llora no mama.** fr. prov. *Ec, Bo.* Indica que si se desea lograr algo hay que pedirlo, *generalmente con insistencia*. pop.

▶ bajarse de la ~; esperar ~; tener ~; tirarse con la ~ andando; vivir de ~.

guaguacete.
I. 1. adj. *ES. Referido a persona*, pasmada, lela.

guaguacha. (Del aim. y quech. *wawa*, bebé).
I. 1. f. *Bo.* Niño de corta edad. pop + cult → espon ∧ fest.
II. 1. f. *Bo.* Juego que consiste en tirar al suelo a una persona y echarse sobre ella los otros participantes.

guaguachar.
I. 1. intr. *Bo:O.* Parir un animal. rur; pop.
2. *Bo:O.* Dar a luz una mujer. pop.
II. 1. tr. *Bo:O.* Mimar a *alguien* excesivamente. pop.
III. 1. intr. *Bo.* Jugar a la **guaguacha**.

guaguachumbi. (Del quech. *guagua*, niño, y *chumbi*, faja).
I. 1. m. *Ec.* Faja de unos 2 m de longitud por 8 o 10 cm de anchura, tejida con hilos de lana de varios colores, usada para ceñir a la cintura la **cushma**, el **anaco** o los pantalones.

guaguací.
I. 1. *RD.* **guaguasí.** (Salicaceae; *Laetia thammia*).

guagualón, -na. (De *guagua*, niño).
I. 1. adj. *Bo, Ch, Ar:NO*; *Pe*, p.u. *Referido a persona*, que se comporta como un niño. pop.

guagualote.
I. 1. m-f. *Ch.* p.u. Persona que se comporta como un niño. pop.

guaguana.
I. 1. f. *Mx:NO, RD.* p.u. Erupción cutánea.

guaguanche.
I. 1. *Cu, RD, PR.* **guaguancho.**

guaguancho.
I. 1. m. *Cu.* Pez marino de hasta 1 m de longitud, de cuerpo alargado y comprimido, con la mandíbula inferior más prolongada que la superior, de color verde claro con manchas oscuras en la parte superior y una franja amarilla a lo largo del cuerpo. (Sphyraenidae; *Sphyraena guachancho*). (**guaguanche**).

guaguancó.
I. 1. m. *Ni, Pa, Cu, PR, Co.* Tipo de rumba, en el que predomina la percusión y cuya parte inicial del canto toma el carácter de un extenso relato; el baile que lo acompaña se hace en parejas y emula un cortejo sexual.
II. 1. m. *Pa.* Desorden, bullicio.

a. ‖ **de ~.** loc. adv. *Cu.* Gratuitamente. pop.

guaguarear.
I. 1. intr. *Mx.* Charlar, hablar mucho. pop.

guaguarei.
I. 1. m. *PR.* Arcilla, barro.

guaguarey.
I. 1. m. *RD. En cerámica*, arcilla con que se cubre la que se ha empleado primero.

guaguashimi. (Voz quechua).
I. 1. sust/adj. *Ec:C.* Adulto que, al dirigirse a los niños pequeños, habla con voz infantilizada. rur; pop.
2. m-f. *Ec:C.* Voz infantilizada del adulto que se dirige a un niño. pop ∧ fest.

guaguasí.
I. 1. m. *Cu.* Árbol de hasta 20 m de altura, de hojas delgadas, flores blancas y frutos en forma de cápsulas carnosas con numerosas semillas; su madera se utiliza en construcciones y la resina del tronco se emplea en medicina popular. (Silicaceae; *Zuelania guidonia*).
2. *RD.* Árbol de hasta 7 m de altura, de flores blancas, rosadas o amarillentas; *la madera se usa en la construcción.* (Salicaceae; *Laetia thammia*). (**guaguací**).

guaguatear.
I. 1. tr. *Ch.* **Regalonear** a niños pequeños. pop.

guaguatero, -a.
I. 1. adj. *Ch. Referido a una persona*, que muestra vivo afecto o interés por los niños pequeños. pop.

guagüera. (De *guagua*).
I. 1. f. *Bo.* Niñera.

guagüería.
I. 1. f. *Bo, Ch.* Comportamiento o hecho propio de niños pequeños. pop.

guagüero, -a.
I. (Del quech. *guagua*, niño).
1. adj. *Ec, Bo; Ar:NO*, rur; *Ch*, p.u. *Referido a persona*, que siente mucho aprecio o afecto por los niños y disfruta de su compañía. pop + cult → espon.
2. m. y f. *Bo.* Persona que tiene por oficio cuidar niños. pop + cult → espon.
II. (Der. de *guagua*, autobús).
1. m. y f. *Cu*; m. *RD.* Persona que conduce una **guagua**, autobús.
2. m. y f. *Cu, PR*, m. *RD.* Conductor o dueño de **guagua**, autobús.
III. 1. m. y f. *PR.* Vendedor de comidas ligeras en furgoneta.
IV. 1. m. y f. *PR.* Persona gorrona, que quiere las cosas gratis.

guagüi.
I. 1. m-f. *Ch.* Persona joven o niño al que se trata con mimo o confianza. pop + cult → espon ∧ afec.

guagüí.
I. 1. m. *Cu.* **malanga**, planta herbácea.

guaguilo, -a.
I. 1. adj. *Bo. Referido a persona*, que tiene un rostro aniñado. pop.

guaguita.
I. 1. f. *PR.* Pequeño autobús para el transporte público de la zona metropolitana de San Juan. (**guagüita**).

guagüita.
I. 1. f. *Bo, Ch.* Niño recién nacido. rur; pop.
II. 1. f. *Ch.* Golosina pequeña, esponjosa, hecha con almíbar, gelatina y recubierta con azúcar flor.
III. 1. *PR.* **guaguita**, autobús pequeño.

a. ‖ **en la ~ de San Fernando.** loc. adv. *Cu.* A pie. fest.

guaguo.
I. 1. m. *Ch.* p.u. Niño de corta edad de sexo masculino. pop + cult → espon.

guaiana.
I. 1. f. *Py, Ar:NE.* Mujer joven.

guaica.
I. 1. f. *Ar:N.* Árbol de hojas lanceoladas y bayas negras como fruto; su madera resistente es apreciada en carpintería. (Lauraceae; *Ocotea puberula*). ♦ **laurel guaica.**

guaicán. (De or. ind. antillano).
I. 1. m. *Cu, RD.* **pega**, pez.

guaico.
  I. (Del quech. *wayq'u*).
    1. *Ar:NO.* obsol. **huaico**, hondonada o grieta.
    2. m. *Ar:NO.* Torrente o arroyo entre cerros. rur.
    3. *Pe.* **huaico**, masa de lodo y peñas.
  II. **1.** *Co.* **mochilero**, ave.

guaicurú.
  I. **1.** m. *Ar.* Planta parásita y subterránea de hasta 40 cm de altura, flores aéreas y bayas que se desarrollan bajo tierra. (Hydnoraceae; *Prosopanche* spp.).

guaifa. (Del ingl. *wife*, esposa).
  I. **1.** f. *Ho.* Mujer casada.

guailón, -na.
  I. **1.** m. y f. *Ch.* Persona adulta lerda, torpe o de comportamiento infantil. pop + cult → espon.
    2. sust/adj. *Ch.* Muchacho o joven más desarrollado que los de su edad. pop + cult → espon.
    3. m. y f. *Ch.* Persona que tiene gusto por actividades o juegos de niños que no son propios de su edad. pop + cult → espon.

guaimama.
  I. **1.** f. *RD.* Calzado artesanal de lona cuya suela es un trozo de neumático.

guáimaro.
  I. **1.** m. *Ve.* Perdigón corto y grueso para escopeta. rur.
  II. **1.** m. *Ve.* Barbitúrico en cápsula. drog.
  III. **1.** *Cu.* **huje**.

guaimil.
  I. **1.** *Ho.* **guamil**, terreno cosechado.

guaina.
  I. **1.** m-f. *Bo*; *Ch.* pop. Persona joven e inexperta. rur. (**huaina**; **huayna**).

guaino.
  I. (Del quech. *waynu* y del aim. *waiñu*).
    1. m. *Ch*; *Pe.* p.u. **huaino**, baile y música populares.
  II. **1.** m. *Ar:NO.* Peón encargado de llevar las hojas de la **yerba mate** al secadero. rur.
  III. **1.** m. *Py.* Jinete de carrera de caballo cuadrera. pop + cult → espon. (**huaino**).

guaino, -a.
  I. (Del quech. *wayna*).
    1. m. y f. *Ar.* Persona joven, sin experiencia. rur.
    2. *Ar:NE.* Novio, persona con la que se mantiene una relación amorosa. rur.
  II. (Del ingl. *wine*, vino).
    1. adj/sust. *EU, ES. Referido a persona*, borracha.
  III. **1.** m. y f. *Py.* Jinete, persona diestra en equitación.

guainona.
  I. **1.** f. *Ar:NE.* Bolsa grande que sirve para guardar las hojas de la **yerba mate** una vez listas para la molienda.

guaiño.
  I. **1.** m. *Bo.* Baile popular de la región andina.
    2. *Bo.* Música con que se acompaña este baile.

guaipe. (Del ingl. *wiper*).
  I. **1.** m. *Gu, Pa, Ec, Pe, Bo, Ch.* Estopa, masa de hilachas de algodón o trozos de tela, que se utiliza para limpiar en maquinaria, herramientas o pisos. (**huaipe**; **guaype**).
  II. **1.** *Gu.* **guaro**, aguardiente. pop. (**guaype**).
  ▶ echarle al ~.

guaiper. (Del ingl. *wiper*).
  I. **1.** *PR.* **wiper**, limpiaparabrisas.
    2. *PR.* **wiper**, paño.

guáiper. (Del ingl. *wiper*, trapo).
  I. **1.** m. *Ho.* Conjunto de hilos o hilachas que se utiliza en los talleres y gasolineras para limpiarse las manos. (**guaype**).

    2. m. *Ho.* Mecanismo adaptado a la parte exterior del parabrisas que se mueve de un lado a otro para limpiarlo de lluvia. (**guaype**).

guaipero, -a.
  I. **1.** m. y f. *Ec.* Persona que elabora **guaipe**. pop.

guaipo.
  I. **1.** *Ar:NO.* **huaipo**.

guaiquero, -a.
  I. **1.** adj. *Bo. Referido a persona*, que aprovecha una pelea para castigar a alguno de los participantes o desquitarse. rur.

guaira.
  I. **1.** f. *Pe, Bo*; *Ec*, p.u. Horno cónico de barro con diversas aberturas con el que se funde plata. rur. (**huaira**; **huayra**).
  II. **1.** f. *Bo.* Viento o brisa. rur. (**huaira**).
  III. **1.** f. *Ni.* Mentira de alguien.
  IV. **1.** f. *Ni. En el juego de las canicas*, alargar la cuarta para acercarse a la canica del contrincante.

guairabo.
  I. **1.** *Ch.* **huairavo**.

guairavo.
  I. **1.** *Ch, Ar.* **huairavo**.

guairo.
  I. **1.** m. *Ve.* Embarcación pequeña usada para el tráfico en las bahías y costas.

guairuro. (Del quech. *wayrúru*).
  I. **1.** *Pe, Bo, Ar:NO.* **huairuro**, árbol y semilla.

guaita.
  I. **1.** f. *PR.* **napahuite**.

guaitaca.
  ▶ coger de ~.

guaitambo, -a.
  I. **1.** adj. *Ec.* Relativo a la ciudad ecuatoriana de Ambato. (**guaytambo**).

guaitiao.
  I. **1.** *PR.* **guatiao**.

guajá.
  I. **1.** *Mx.* **guaje**, especie de acacia.

guajaca. (De or. ind. antillano).
  I. **1.** f. *Cu, RD, PR.* **paste**.
    2. *Ho.* **clavellina**, planta herbácea.

guajal. (Del nahua *huaxín*, árbol de guaje).
  I. **1.** m. *Mx.* p.u. Sitio poblado de **guajes**.

guajamón.
  I. **1.** sust/adj. *Cu.* Caballería de color bayo, con la crin y la cola blancas.

guajana.
  I. **1.** f. *PR.* **semilla**, terminal de la caña de azúcar.
    2. *PR.* **espiga**, flor de la caña.
  ▶ caerse de la ~.

guajanal. (De or. ind. antillano).
  I. **1.** m. *PR.* Cañaveral en flor.

guajanilla.
  I. **1.** f. *PR.* Árbol de más de 20 m altura, con corteza gris, hojas elípticas dentadas y flores de color verde pálido o grisáceo; su fuerte madera es muy usada en la construcción. (Salicaceae; *Homalium racemosum*). ◆ **tostado**.

guajardo.
  I. **1.** m. *Ch.* Vómito. pop + cult → espon ∧ fest.
    2. *Ch.* Sustancia que se vomita. pop + cult → espon ∧ fest.

guajatinta.
  I. **1.** *Ho.* **cuajatinta**, arbusto.

guajavo.
  I. **1.** *RD.* **barajo**, arbusto.

guaje. (Del nahua *huaxín,* el árbol del guaje).
I. 1. m. *Mx, Ho, ES.* Planta rastrera, con hojas verdes acorazonadas en el haz y con vellosidades grises en el envés, flores grandes amarillas en forma de campanilla, y frutos grandes que, cuando están maduros, *son generalmente de color amarillento mate.* (Cucurbitaceae; *Cucurbita lagenaria*). (**guash**; **huaje**).
♦ **jicalpestle**; **pumpo**.
2. *Mx, Ho, ES.* Fruto comestible del guaje, una vez hervido.
3. *Mx, Ho.* Árbol, de hasta 12 m de altura, con flores de color rosado; en la medicina tradicional se hacen infusiones de la flor y de la hoja para combatir el asma. (Asteraceae; *Vernonia leiocarpa*). ♦ **acerillo**; **amargosa**; **contigrillo**; **mulule**.
4. *Ho.* **tengue**.
II. 1. sust/adj. *Mx, Ho, Ni.* Persona tonta. rur.
III. 1. m. *Mx, Gu.* Especie de acacia. (Fabaceae; *Acacia esculenta*). (**guajá**; **huaje**).
IV. 1. m. *Gu.* Objeto de poco valor cuyo nombre se desconoce, no se recuerda o no se quiere mencionar. pop.
2. *Gu.* Residuo o desperdicio que va a parar a la basura.
V. 1. m. pl. *Gu.* Pertenencias, cosas que son propiedad de alguien. pop.
VI. 1. m. pl. *Ho.* Ropa de domingo. delinc.
VII. 1. m. *ES.* p.u. Vasija hecha de calabaza seca y vaciada en su interior que sirve para transportar líquidos, *generalmente agua.*
VIII. 1. m. *Ho.* Canica de un solo color. rur; inf.
▶ **hacer ~; hacerse ~.**

guajeado, -a.
I. 1. adj. *Ho. Referido a persona,* bien vestida, *generalmente de traje.* delinc.

guajear(se).
I. 1. intr. *Mx.* Hacerse pasar por **guaje** o bobo para engañar.
II. 1. tr. *Gu.* Rebuscar y almacenar *alguien* **guajes**, para reciclarlos y poder subsistir.
III. 1. tr. prnl. *Ho.* Vestirse con elegancia.

guajero, -a.
I. 1. m. y f. *Gu.* Persona, *generalmente niño,* que rebusca y almacena **guajes** *para reciclarlos y poder subsistir.*
2. *Ho.* **pepenador**, persona que vive de recoger la basura.

guajilote.
I. 1. *Mx:SE, Gu, Ho, ES.* **cuajilote**, árbol.

guajinicuil. (Del nahua *cuahuitl,* árbol, y *necuilli,* torcedura).
I. 1. m. *Mx:SE, Ho, ES.* Árbol de hasta 15 m de altura de copa abierta, hojas alternas y flores blanquecinas en espigas; el fruto es una legumbre de color amarillento cuando está maduro. (Fabaceae; *Inga spuria*). ♦ **guajiniquil**; **pepeto**.

guajiniquil.
I. 1. *Ho, Ni.* **guajinicuil**.

guajiote.
I. 1. *Mx.* **cuajiote**.

guajipal. (Del nahua *atl,* agua, y *cuetzpallin,* lagarto).
I. 1. m. *Ni.* Lagarto pequeño y lacustre, de hasta 1 m de longitud, de cola comprimida lateralmente para impulsarse al nadar, la superficie dorsal de la cabeza presenta un repliegue elevado semilunar, transversal y osificado en los adultos; el cuero se usa en la fabricación de fajas, carteras y calzado. (Crocodylidae; *Caiman crocodilus*).

guajira.
I. 1. f. *Cu.* Canto popular cubano de tema campesino.

guajirada.
I. 1. f. *Cu.* Expresión de timidez o inhibición.
2. *Cu.* Comportamiento rústico que revela escaso conocimiento de la vida moderna.

guajiro.
■
a. ‖ ~ **macho.** m. *Cu.* Hombre campesino muy rústico y cerril. pop.

guajiro, -a.
I. 1. m. y f. *Cu*; adj/sust. *PR.* Persona que vive y trabaja en el campo o que procede de una zona rural.
2. *Cu.* Persona de modales rústicos. pop.
II. 1. m. y f. *Cu* pop; adj/sust. *PR.* Persona tímida.
■
a. ‖ ~ **ñongo, -a.** m. y f. *Cu.* Campesino muy rústico y cerril. pop.

guajojó.
I. 1. m. *Bo.* Ave de hasta 30 cm de longitud, de color plomizo, pico corto y ojos negros con los párpados ribeteados de amarillo. (Nyctibidae; *Nyctibius griseus*).

guajolota.
I. 1. f. *Mx.* Tipo de pan blanco, o **bolillo**, cortado longitudinalmente y relleno de **tamal**.

guajolotada.
I. 1. f. *Mx.* Tontería, sandez, torpeza. pop + cult → espon.

guajolote, -a. (Del nahua *huey,* grande, y *xolotl,* todo objeto animal en forma de uso).
I. 1. m. y f. *Mx, Ho, ES, Ni.* **chompipe**.
II. 1. m. y f. *PR.* metáf. Individuo zángano, bobalicón, estúpido. pop + cult → espon ^ desp.

guajolotito.
I. 1. m. *Mx.* Pájaro cantor de hasta 12 cm de longitud, de pico negro, con plumaje negro en la parte superior y rojo escarlata en el vientre, y una franja blanca en las alas y la parte interior de la cola. (Parulidae; *Setophaga picta*).

guajón.
I. 1. *PR.* **aguacatillo**, árbol.
II. 1. m. *PR.* Rana de hasta 45 mm de longitud, cuya coloración oscila entre el marrón claro, casi amarillo, hasta el marrón oscuro; los machos se distinguen porque la garganta y parte del abdomen son amarillos. (Eleutherodactylidae; *Eleutherodactylus cooki*).

guajuco, -a. (Del nahua *cuahuitl,* árbol, y *xococ,* agrio).
I. 1. adj. *ES. Referido a alimento,* en descomposición.

guala.
I. 1. f. *Ch, Ar:S.* Ave acuática de hasta 78 cm de longitud, de cabeza grisácea oscura, con pico cónico y largo, entre verdoso y negro, y plumaje inferior canela. (Podicipedidae; *Podiceps major*). (**huala**).
2. *Co.* Ave rapaz de hasta 76 cm de longitud, con plumaje negro pardusco, cabeza desnuda de color rojo oscuro y parte inferior de las alas en dos tonos, uno superior negro y otro inferior blanquecino, cola larga y patas rosadas. (Cathartidae; *Cathartes aura*). ♦ **catalineja**; **cataneja**; **noneca**; **oripopo**; **peroquí cabeza roja**; **soncho**; **sucho**; **zonchiche**; **zoncho**; **zope**; **zopilote**.

gualacate.
I. 1. *Ar:NO.* **tatú peludo**.

gualaicho, -a. (Del aim. y del quech. *walaychu*).
I. 1. adj/sust. *Bo. Referido a un muchacho,* travieso, pillo. pop + cult → espon.

gualanday.
I. 1. m. *Co.* Árbol de hasta 20 m de altura, de hojas compuestas y hojuelas pequeñas, flores campanuladas de color violeta y semillas oscuras; las hojas, la raíz y la corteza tienen propiedades medicinales. (Bignoniaceae; *Jacaranda* spp.). ♦ **piñón de oreja**.

gualanguearse.
I. 1. intr. prnl. *Co:SO.* Mecerse *alguien,* moverse de un lado a otro acompasadamente.

gualataco, -a.
 I. 1. adj. *Ec.* obsol. Bacinilla de barro. rur.
gualcachía.
 I. 1. f. *ES.* **curruchiche.**
 II. 1. m-f. *ES.* Persona parlanchina.
gualdivia.
 I. 1. f. *Co.* **guaco,** ave.
gualdrapa.
 I. 1. f. pl. *Bo:E.* Prendas de vestir gastadas y viejas. pop ∧ fest.
 II. 1. sust/adj. *Bo:E.* Persona de constitución delgada. pop ∧ fest.
 III. 1. f. *Ni.* Piel flácida que cuelga.
gualdrapo.
 I. 1. m. *Ni.* Harapo.
gualebas.
 I. 1. sust/adj. *RD.* Persona que tiene los pies muy grandes.
gualeguay.
 I. 1. *Ar.* **pirul.**
gualeta.
 I. 1. f. *Ch.* Calzado en forma de aleta, de material flexible, que se usa para nadar, sobre todo debajo del agua.
 2. *Ch.* Parte lateral que sobresale de una cosa, *generalmente flexible.* pop.
gualetazo.
 I. 1. m. *Ch.* Golpe dado con una **gualeta,** aleta.
 2. *Ch.* metáf. Golpe fuerte dado con la mano.
gualfarina.
 I. 1. f. *Cu.* Bebida alcohólica de alta graduación y mala calidad. pop ∧ desp. (**guafarina**).
gualí.
 I. 1. m. *Co:O.* Canto religioso que pertenece al género de las canciones infantiles y que entonan los negros con motivo de la muerte de algún niño.
gualicho. (De *gualicho,* nombre que los tehuelches daban al espíritu del mal).
 I. 1. m. *Ec, Bo, Ar, Ur.* Hechizo, *particularmente el que se realiza con fines amorosos.* pop.
 2. *Ar, Ur.* Amuleto o talismán. pop + cult → espon.
 3. *Bo.* Objeto que se utiliza para realizar este hechizo. pop.
 II. 1. m. *Ch,* obsol; *Ar:NO,* rur; pop. Diablo, príncipe de los ángeles rebeldes. (**walicho**).
gualinga.
 I. 1. f. *Ho:O.* **chintorolo.**
gualingo, -a.
 I. 1. adj. *Ec.* p.u. *Referido a una estructura o armazón,* inestable, sin firmeza. pop + cult → espon.
gualiqueme. (Del nahua *qualli,* comestible, e *ixquemitl,* cierto árbol).
 I. 1. m. *Ho, ES, Ni.* Árbol de hasta 10 m de altura, con tronco y ramas espinosas, hojas trifoliadas, inflorescencia en racimos y flores de color rojo, fruto en forma de legumbre leñosa con semillas de color escarlata con una pinta negra; tiene propiedades medicinales. (Fabaceae; *Erythrina berteroana*). (**elequeme**). ♦ **machete; machetico; mampolo.**
 2. *Ho, ES, Ni.* Semilla roja con una mancha negra en el centro, similar al **frijol,** que se utiliza para adivinar la suerte y el futuro de las personas.
 3. *Ho, Ni.* Flor de este árbol, que se come frita y rebozada con huevo.
guallarse.
 I. 1. *RD, PR.* **guayarse,** herirse.
 II. 1. *RD.* **guayarse,** equivocarse.
guallata.
 I. 1. *Pe, Bo.* **guayata.**
guallo.
 I. 1. *RD, PR.* **guayo,** utensilio de cocina.

guallón.
 I. 1. *RD.* **guayón.**
gualmo.
 I. 1. *Co:SO.* Pala de madera.
gualo.
 I. 1. m. *Pe.* Sapo terrestre de hasta 15 cm de longitud, de piel seca y verrugosa, de color variado; tiene glándulas venenosas. (Bufonidae; *Bufo marinus*). ♦ **maco pempén.**
 II. 1. m. *Ec:S.* p.u. Maíz en mazorca cuyos granos no están ni tiernos ni completamente duros o secos. rur.
gualpón.
 I. 1. **galpón,** cobertizo.
gualtaco.
 I. 1. *Ec, Pe.* **hualtaco.**
gualul.
 I. 1. *Mx.* **jaboncillo,** árbol.
gualve. (Del map. *walwe,* maizal).
 I. 1. m. *Ch:S.* Terreno pantanoso.
guama.
 I. 1. f. *Gu, RD, Co, Ve, Ec.* Fruto del **guamo** en forma de vaina chata, rígida, parda y cubierta de un vello que se desprende con facilidad, que encierra diez o más senos con sendas semillas ovales, cubiertas de una sustancia comestible muy dulce y blanca como copos de algodón. (**jiquinicuil**).
 2. *Ve.* **machetón.**
 3. *Pe.* **lechuguilla.**
 4. *Pe.* Herbácea perenne, acuática, flotante, que tiene hojas sumergidas lineares y hojas flotantes ovaladas, con flores de color violeta a azuladas, grandes y vistosas. (Pontederiaceae; *Eichornia crassipes*)
 5. *ES.* Vaina del **guamo,** cilíndrica y comestible, de hasta 18 cm de longitud, verdosa, y amarillenta al madurar.
 6. *ES.* Semilla de este árbol, con arilo comestible y recubierta de una pulpa algodonosa de color blanco y de sabor dulce.
 II. 1. f. *Co:C.* obsol. Suceso o circunstancia que dificulta o complica algo, que causa desagrado o molestia. pop.
 III. 1. f. *ES; Ve.* obsol. Mentira.
 IV. 1. f. pl. *ES.* Pies.
 2. *ES.* Zapatos.
 V. 1. f. *ES. En el ejército,* pistola.
 □
 a. ‖ **¡qué ~!** loc. interj. *Co:C.* obsol. Expresa contrariedad, fastidio. pop.
guamá. (De or. ind. antillano).
 I. 1. m. *Cu.* Árbol silvestre de hasta 15 m de altura, de ramas extendidas, corteza de color pardo, hojas compuestas y flores rosáceas; su madera es fuerte y se emplea en construcciones. (Fabaceae; *Lonchocarpus domingensis*).
 2. *PR.* **chalagüite.**
 3. *PR.* **marao.**
guamache.
 I. 1. *Ve.* **guamacho.**
guamacho.
 I. 1. m. *Co, Ve.* Planta de hasta 6 m de altura, poco ramificada, hojas ovaladas y carnosas y flores amarillas; se emplea para leña y para hacer cercas. (Cactaceae; *Pereskia guamacho*). (**guamache**).
 2. *Co, Ve.* Fruto del guamacho, de 2 cm de diámetro, globoso y de sabor agridulce. (**guamache**).
guamal.
 I. 1. m. *Ve.* Sitio poblado de **guamos.**
 II. 1. m. *PR.* Sitio poblado de árboles de **guamá.**
guamaya.
 I. 1. m. *Ho.* **chaperno,** árbol de hasta 12 m.

guamazo.
  I. 1. m. *Mx, Gu, CR, Co:C, Ve, Ec.* Golpe fuerte.
    2. *Mx, Ho, ES.* Puñetazo. pop.
    3. *ES.* Caída estrepitosa.
    4. *Ho.* Golpe y corte producido con un machete.
  II. 1. m. *Ve.* Trago grande de bebida alcohólica que se toma de una vez.
  III. 1. m. *Gu.* Chaparrón. pop.
  ▶ **echarse un ~.**

guambas.
  I. 1. f. pl. *ES.* Zapatos.

¡guambia!
  I. 1. interj. *Ur.* Expresa que se debe prestar atención o tener cuidado. pop + cult → espon.

guámbito, -a.
  I. 1. *Co.* **guambra**, niño o adolescente.

guambra.
  I. 1. m-f. *Co:SO, Ec.* Niño o adolescente. pop. ◆ **guámbito.**
    2. *Pe.* Persona joven de corta edad, *especialmente mujer.* rur.

guame.
  I. 1. m. *PR.* Cosa fácil de hacer o conseguir. pop + cult → espon. ◆ **guiso.**
    2. *PR.* Trabajo liviano y bien remunerado. pop + cult → espon.
  ▶ **ser un ~.**

guamear.
  I. 1. intr. *RD.* Esforzarse o trabajar duro *para lograr un fin.*

guamiey.
  I. 1. *RD.* **mago.**

guamil. (Del nahua *huacqui,* seco, y *milli,* sementera).
  I. 1. m. *Mx, Ho.* Terreno cosechado donde solo queda el rastrojo. rur. (**huamil**).
    2. *Gu.* meton. Cualquier arbusto que crece en un guamil. rur.
  ■
    a. ‖ ~ **de hacha.** m. *Ho.* meton. Terreno en barbecho por más de seis años.
  ▶ **estar como vaca en ~.**

guamilal.
  I. 1. m. *Ho.* Conjunto de **guamiles**. rur.

guamilar.
  I. 1. m. *Ho.* Terreno en barbecho por dos o más años. rur.

guamilería.
  I. 1. f. *Ho.* Conjunto de **guamiles**. rur.
    2. *Ho.* Conjunto de plantas y arbustos que hay en un guamil. rur.

guamis.
  I. 1. m. *Mx.* **gobernadora.**

guamizal.
  I. 1. m. *Ho.* Conjunto de plantas y arbustos que pueblan el **guamil**. rur.

guamo.
  I. 1. m. *Gu, Ho, ES, RD, Co, Ve, Ec.* Árbol de hasta 15 m de altura, de copa ancha, hojas alternas compuestas de hojuelas elípticas, flores blanquecinas en espigas axilares con vello sedoso y fruto en legumbre. (Fabaceae; *Inga* spp.). ◆ **guaba; ingá; nacaspiro; pacay; shimbillo.**
    2. *ES.* Árbol de hasta 15 m de altura, de tronco recto, cilíndrico, corteza exterior castaña e interna rojiza o rosada, ramitas terminales ferruginosas, pubescentes, hojas paripinnadas, alternas u opuestas en el raquis, márgenes enteros, inflorescencias en espigas, flores blancas y fruto en vaina. (Fabaceae; *Indigo* spp.).
  II. 1. *PR.* **botudo**, caracol marino.

guampa.
  I. 1. f. *Ar, Ur, Py,* pop. Cuerno, prolongación ósea que tienen algunos animales en la región frontal.
    2. f. *Py, Ar, Ur,* metáf. Infidelidad en una pareja que mantiene una relación amorosa. pop + cult → espon ∧ fest.
  III. 1. f. *Py.* Recipiente para tomar **tereré.**
  □
    a. ‖ ~ **chata.** loc. sust. *Ur, Ar.* vulg. **guampudo**, persona. pop + cult → espon ∧ fest.
  ▶ **clavar las ~s.**

guámpara.
  I. 1. f. *Cu.* Machete pequeño que se utiliza para cortar la caña de azúcar.

guampear.
  I. 1. tr. *Ar, Ur.* Cornear, embestir con los cuernos. rur.
    2. tr. *Ar, Ur,* metáf. Engañar *alguien* a su pareja, serle infiel. pop + cult → espon ∧ fest. ◆ **gorrear.**

guampón, -na.
  I. 1. adj. *Ar.* Referido especialmente a animal vacuno, que tiene cuernos muy grandes. rur.
    2. *Ar.* **guampudo**, persona.

guampudo, -a.
  I. 1. adj. *Ar, Ur.* Referido especialmente a animal vacuno, que tiene cuernos muy grandes. rur.
  II. 1. sust/adj. *Ar, Ur,* metáf. Persona cuya pareja le es infiel. pop + cult → espon. ◆ **guampa chata; guampón.**

guamuche.
  I. 1. *Mx.* **guamúchil.**

guamúchil. (Del nahua).
  I. 1. m. *Mx.* Árbol de hasta 8 m de altura, de tronco espinoso, hojas compuestas con dos pares de folíolos oblongos, inflorescencia en cabezuelas, flores blanco-grisáceas con matices verdosos, pequeñas y aromáticas, y fruto rojizo, hundido entre las semillas, redondeadas y negras; su madera es dura y pesada. (Fabaceae; *Pithecellobium dulce*). (**guamuche; huamuche; huamúchil**). ◆ **cañandonga; chiminango; dinde; jina extranjera; macochín; muchite; payandé; pinzan; tierra espina.**

guamuchilera.
  I. 1. f. *Mx.* Sitio poblado de **guamúchiles**.

guamuchilillo.
  I. 1. m. *Mx.* Especie de acacia. (Fabaceae; *Acacia californica*).

guamuco.
  I. 1. m. *Co.* Hierba de hasta 1 m de altura, de hojas agrupadas en las zonas axilares y flores grandes, de color morado, en largos racimos. (Loganiaceae; *Spigelia pedunculata*)

guan. (Del ingl. *one,* un, uno).
  ■
    a. ‖ **de ~.** adv. *Co:O, Ec, Pe.* juv. Inmediatamente, enseguida. pop.
  □
    a. ‖ **del ~.** loc. adv/adj. *Ch.* Muy bien. pop.

guana.
  I. 1. f. *Cu.* Árbol de hasta 15 m de altura, de hojas acorazonadas, flores naranjas y frutos de color amarillo; la fibra obtenida de su corteza se emplea en la elaboración de sombreros y otros objetos de artesanía. (Sterculiaceae; *Hildegardia cubensis*).

guanaba. (Apóc. de *guanábana*).
  I. 1. *Gu, ES.* **guanábana**, fruto.
    2. *ES.* **guanábana**, árbol.

guanabá.
  I. 1. m. *RD.* Ave zancuda de plumaje de color violeta o similar al de la ceniza, algo más oscuro en la zona

dorsal, cabeza negra con algunas franjas o manchas blancas, al igual que el copete, patas amarillas y pico negro. (Ardeidae; *Nycticorax violacea*).

2. *PR.* **yaboa**, ave.

■

a. ‖ ~ **de la Florida.** m. *Cu.* **guaco**, ave.

guanábana. (De or. ind. antillano).

I. 1. f. *CR, Pa, Cu, PR, Co, Ec, Pe, Bo*; m. *Mx, Gu, Ho, ES, RD, Co, Ve, Pe.* **guanábano**, árbol. (Annonaceae; *Annona muricata*). (**huanábana; guanaba**). ♦ **palo de guanábana**.

2. f. *Mx, Gu, Ho, ES, Ni, CR, Pa, Cu, RD, PR, Co, Ve, Ec, Pe.* Fruto de la guanábana, acorazonado, de corteza verdosa, con púas débiles, pulpa blanca y semillas negras. (**huanábana; guanaba**).

II. 1. f. *PR.* Pez marino de hasta 50 cm de longitud, con ojos grandes, cuerpo cilíndrico de color pardo con manchas oscuras y aletas radiadas. (Diodontidae; *Diodon holocanthus*). ♦ **peje tamborí**.

■

a. ‖ **cordial de ~.** f. *PR.* Refresco a base de agua, azúcar y guanábana.

b. ‖ ~ **cimarrona.** f. *PR.* Fruto de pocos centímetros de grosor, casi redondo, de color verde amarillo y con pequeñas espinas en la cáscara. (Annonaceae; *Annona montana*).

► **cacr como ~ madura; caerse como ~ madura; caerse como ~ podrida; esgolizarse como ~ madura; estar en la ~; gotearse como ~ madura; poner como ~ de regalo.**

guanabanada.

I. 1. f. *Ve.* Refresco de **guanábana**, azúcar, agua y hielo.

guanábano.

I. 1. m. *Mx, Gu, Ho, ES, RD, Co, Ve, Pe.* Árbol de hasta 8 m de altura, con tronco recto de corteza lisa y color gris oscuro, copa frondosa, hojas lanceoladas, lustrosas, de color verde intenso por encima y blanquecinas por el envés, flores grandes de color blanco amarillento; su fruto es comestible; las hojas y las flores tienen propiedades medicinales. (Annonaceae; *Annona muricata*). (**guanábana; guanabo**). ♦ **sinini**.

guanábano, -a.

I. 1. adj/sust. *PR. Referido a persona*, papanatas, idiota, zopenca. pop + cult → espon ^ desp.

guanabo.

I. 1. m. *Gu.* **guanábano**, árbol.

guanacada. (Der. de *guanaco*, salvadoreño).

I. 1. f. *Ho, ES.* Dicho o hecho propio de salvadoreños.

2. *Ho, ES.* Grupo de salvadoreños.

II. 1. f. *Ni.* Tontada.

III. 1. f. *Ni.* Objeto sin valor.

guanacas.

I. 1. adj/sust. *CR. Referido a persona*, poco inteligente y simplona. pop + cult → espon ^ desp.

guanacaste. (Del nahua *cuahuitl*, árbol, y *nacaztli*, oreja).

I. 1. m. *Mx, Gu, Ho, ES, Ni, CR.* Árbol de hasta 35 m de altura, copa ancha, flores blancas, fruto en forma de oreja con pericarpio coriáceo y de color marrón oscuro lustroso, semillas pequeñas y muy duras. (Fabaceae; *Enterolobium cyclocarpum*). (**conacaste; guanacastle; huanacaste; huanacastle; juanacastle; nacaste; nacastle; nacaxtle**). ♦ **árbol de orejas; carito; caro hembra; corotú; orejero; orejón; parota; piñón de oreja**.

2. *Ho, ES, Ni.* Madera muy dura y resistente de este árbol, apreciada en la construcción, ebanistería y fabricación de cayucos y canoas.

3. m. *Ho.* meton. Persona de gran estatura. rur.

► **parecer loras en ~.**

guanacastle.

I. 1. *Mx.* **guanacaste**.

guanacaya.

I. 1. f. *PR.* Variedad de **batata**.

guanaco. (Del quech. *wanaku*).

I. 1. m. *Ec, Pe, Bo, Ch, Ar.* Camélido sudamericano, de cerca de 1,5 m de altura hasta la cruz y poco más desde el pecho a la grupa, cabeza pequeña, orejas largas y puntiagudas, cuello largo y erguido y cuerpo cubierto de pelo largo y lustroso, de color pardo oscuro. (Camelidae; *Lama guanicoe*). ♦ (**huanaco**).

II. 1. m. *Ch.* metáf. Vehículo policial blindado de grandes dimensiones equipado con mangueras de agua en la parte superior que se emplea para disolver manifestaciones o disturbios.

III. 1. m. *Pa.* Hombre ignorante, rústico.

guanaco, -a. (Del quech. *wanaku*).

I. 1. sust/adj. *Mx, Gu, ES, Ni, CR, Py, Ar, Ch*, p.u; *Pe*, juv. Persona tonta o simple. pop + cult → espon. (**huanaco**).

2. *Ar.* Persona ruin o despreciable. pop.

3. adj. *CR. Referido a persona*, poco inteligente y simplona.

II. 1. adj. *Gu, Ho, ES, Ni.* Relativo a la República de El Salvador.

2. adj. *CR.* Relativo a la provincia de Guanacaste, Costa Rica. desp.

III. 1. sust/adj. *Ch.* metáf. Persona que escupe mucho al hablar. pop ^ desp.

IV. 1. sust/adj. *Bo.* Persona arisca, que rehúye el trato social.

guanaguanare.

I. 1. m. *Ve.* Ave de hasta 40 cm de altura, con la parte superior de la cabeza oscura, el anillo ocular blanco, el pico más bien largo y grueso, la frente aplanada, el lomo y las alas grises y el cuello, vientre, rabadilla y cola blancos; su coloración varía según las estaciones. (Laridae; *Larus atricilla*). ♦ **gaviota reidora**.

guanajada.

I. 1. f. *Cu.* Tontería, dicho o hecho tonto. pop ^ desp.

♦ **guanajera; guanajería**.

guanajear.

I. 1. intr. *Cu.* Comportarse con ingenuidad o simpleza. pop.

guanajera.

I. 1. *Cu.* **guanajada**.

guanajería.

I. 1. *Cu.* **guanajada**.

guanajo.

I. 1. m. *Cu.* Pavo.

II. 1. m. *Cu.* Dinero que se tiene guardado.

●

a. ‖ ~. fórm. *Cu; PR.* obsol. Se usa para insultar a una persona o para referirse a ella con desprecio.

guanajo, -a. (De or. ind. antillano).

I. 1. adj/sust. *Mx, Cu, RD. Referido a persona*, tonta, boba, simple. pop + cult → espon ^ desp.

2. sust/adj. *Cu.* Persona que hace o dice *algo* inoportuno por imprudencia o desconsideración. pop ^ desp.

II. 1. m. y f. *Cu.* Ave doméstica de hasta 1 m de longitud, de plumaje pardusco con reflejos cobrizos y manchas blancas en alas y cola, con unas carúnculas rojas en cabeza y cuello, una membrana eréctil encima del pico y un mechón de pelos, largos y duros, en el pecho; su carne es muy apreciada. (Phasianidae; *Meleagris gallopavó*).

► **hacerse el ~; ni la cabeza de un ~; tener una ~ echada.**

¡guanajo!
   I. 1.   interj. *PR.* Expresa insulto.

guanajote, -a.
   I. 1.   sust/adj. *Cu.* Persona tonta, boba, simple. pop.

guanana.
   I. 1.   f. *PR, Ve.* Ave palmípeda parecida al ganso, aunque algo menor, cuando es joven tiene el plumaje ceniciento, y después, blanco con las remeras negras. (Anatidae; *Anser albifrons*). ♦ **ganso blanco.**

guanaquear.
   I. 1.   intr. *Ch; Ar:NO.* rur. Cazar **guanacos**, mamíferos rumiantes.
   II. 1.   intr. *Gu, ES, Ni.* Hacer o decir tonterías, bobadas. pop.

guanaquencia.
   I. 1.   f. *ES.* Dicho o hecho propio de salvadoreños.

guanaquero.
   I. 1.   m. *Ch; Ar:NO.* rur. Hombre que se dedica a cazar **guanacos**, mamíferos rumiantes.

guanaquismo. (Der. de *guanaco*, salvadoreño).
   I. 1.   m. *Ho, ES.* Hecho propio de los salvadoreños.
   2.   *Ho, ES.* Salvadoreñismo, voz o expresión común de los salvadoreños.

guanarpo.
   I. 1.   *Pe.* **huanarpo.**

guanay.
   I. 1.   m. *Co, Ec, Pe, Ch.* Ave de hasta 70 cm de longitud, de cabeza, cuello y dorso de color negro con brillo verdoso por arriba y azulado por abajo, pico con base rojiza y patas rosadas. (Phalacrocoracidae; *Phalacrocorax bougainvillii*). (**huanay**). ♦ **cormorán guanay.**

guancana.
   I. 1.   f. *Ec.* **chancho de monte.**

guancanalá.
   I. 1.   m. *Mx.* **chaclolo.** (**huancanalá**).

guancao.
   I. 1.   *Ho, Ni.* **gavilán blanco.**

guancasco. (Del lenca).
   I. 1.   m. *Ho.* Encuentro anual recíproco de los santos patronos de dos pueblos vecinos que se realiza en la **guardarraya** de los términos municipales como elemento religioso y en señal de alianza y amistad.

guanchaca.
   I. 1.   f. *Ec.* **tacuacín.**

guanchiche.
   I. 1.   m. *Ec.* Pez de agua dulce de hasta 56 cm de longitud, que se alimenta de peces pequeños y cuya hembra puede producir aproximadamente 115 000 huevos. (Erythrinidae; *Hoplias microlepis*).

guanchinche.
   □
   a. ‖ a ~. loc. adv. *Pa.* **aguachinche**, a cuestas.

guanco.
   I. 1.   m. *Ho.* Animal o dinero que aporta un guanco para la celebración del **guancasco**.

guanco, -a. (Del lenca).
   I. 1.   adj. *ES. Referido a persona*, soez y vulgar en sus dichos o hechos. rur.
   2.   *ES. Referido a persona*, boba.
   3.   *ES. Referido a persona*, burlona.
   II. 1.   m. y f. *Ho.* Persona que participa en un **guancasco**.
   2.   adj. *Ho. Referido a pueblo o aldea*, que celebra anualmente con otro pueblo vecino el **guancasco**.

guancoiro.
   I. 1.   *Ar:NO.* **guanquero.**

guandajón, -na.
   I. 1.   adj. *Mx. Referido a persona*, desaliñada, desgarbada. pop.

2.   *Mx. Referido a persona*, vestida con ropa demasiado holgada. pop.
   II. 1.   sust/adj. *Mx:C.* Persona tonta o simplona. pop.

guandal.
   I. 1.   m. *Co:SO, Ec:O.* Bosque de tierras bajas y húmedas que se inunda con frecuencia y en el que crecen árboles adaptados a condiciones pantanosas de agua dulce.

guando. (Del quech. *huandu*).
   I. 1.   m. *Pa, Ec.* Camilla hecha de varas o palos, usada para transportar enfermos.
   II. 1.   m. *Ec.* Arbusto de hasta 3 m de altura, con tronco leñoso, hojas grandes, alternas, oblongas, enteras y vellosas, flores solitarias, blancas, anaranjadas o rojizas, en forma de embudo y fruto elipsoidal, con muchas semillas pequeñas con forma de riñón; sus flores tienen sustancias alucinógenas. (Solanaceae; *Brugmansia* spp.). (**guanto**).
   □
   a. ‖ en ~. loc. adv. *Ec.* Al hombro.

guandoca.
   I. 1.   f. *Co.* Cárcel. pop ^ fest.

guandú.
   I. 1.   *CR:S, Pa, RD, Co, Ve, Ec.* **gandul**, arbusto y semilla.

guandul.
   I. 1.   *RD.* **gandul**, arbusto y semilla.
   □
   a. ‖ **como el primer ~.**
      i.   loc. adv. *RD.* Con firmeza en un propósito o decisión. pop.
      ii.   *RD.* En buena disposición física o moral. pop.
      iii.   loc. adj. *RD.* Como nuevo.
   ▶ **estar como el primer ~.**

guanear.
   I. 1.   tr. *Pe, Bo, Ch, Ar:NO.* Abonar la tierra, *especialmente con guano*, estiércol. rur.
   2.   intr. *Bo, Ch, Ar:NO.* Defecar, expeler excrementos el ganado. pop.
   □
   a. ‖ ~la. loc. verb. *Ch.* Fastidiar, arruinar, echar a perder *algo*. pop.

guanengo.
   I. 1.   m. *Mx.* Blusa que emplean las indias tarascas.

guaneo.
   I. 1.   m. *Pe; Ch:N.* p.u. Fertilización de un terreno de labranza con **guano** o abono orgánico.

guanepe.
   I. 1.   m. *Ve.* Especie de cesta en la cual las mujeres indígenas llevan a los niños en su pecho.
   2.   *Ve.* Especie de hamaca que en los campos hace las veces de cuna para los niños.

guanera.
   I. 1.   f. *Pe, Ch.* Lugar donde se acumula **guano**, estiércol.
   2.   *PR.* Sitio poblado de **guanos**.

guanero.
   I. 1.   m. *PR.* Bolsa de tela liviana rellena de una fibra suave, *generalmente semillas de guano*, que son como algodón y se usan como almohadas. rur.

guanero, -a.
   I. 1.   adj. *Pe.* Relativo al **guano**.

guaney.
   I. 1.   m. *RD.* Palmera de hasta 3 m de altura, de hojas compuestas, tronco espinoso y fruto globoso, de color blanquecino; es ornamental. (Arecaceae; *Zombia antillarum*). ♦ **guanito; zombia.**

guangá.
   I. 1.   m. *RD.* Maleficio.
   ▶ **echarle un ~.**

guángara.

    I. 1.   f. *RD.* p.u. Escándalo, alboroto.

    II. (De *La Guángara*®).

        1.   f. *Ho.* Algo de pésima calidad. desp.

guango.

    I. 1.   m. *Pe.* Copo de algodón o de lana que se coloca en la rueca para ser hilado. rur.

    II. 1.   *Ec.* **huango**, trenza, ristra. pop + cult → espon.

    III. 1.   *PR.* **samán**, árbol.

    ▶ **venirle ~.**

guango, -a.

    I. 1.   adj. *Mx, Gu, ES. Referido a cosa*, holgada, ancha. pop + cult → espon. (**huango**).

        2.   *Mx. Referido a persona*, flácida. pop + cult → espon.

        3.   *Mx. Referido a persona*, poco animosa. pop + cult → espon.

        4.   *Gu. Referido a cosa*, floja, débil, sin rigidez. pop + cult → espon.

    II. 1.   adj/sust. *RD. Referido a persona*, tonta.

guangoche.

    I. 1.   m. *Ho, ES.* Tela basta en forma de arpillera. (**gangoche**; **gangocho**; **guangochi**).

guangochi.

    I. 1.   *Mx.* **guangoche.**

guangocho.

    I. 1.   m. *Ho, ES, Ni.* Costal de tejido fuerte y rústico para transportar granos.

        2.   *Ho, ES.* Arpillera hecha de **pita**, junco o carrizo.

        3.   *ES.* Tela fuerte, gruesa y burda para hacer costales.

    II. 1.   m. *ES.* Pedazo de trapo viejo. (**guangucho**).

    III. 1.   m. *ES.* Guiso hecho de carne de cerdo, verduras, sal y limón.

guangocho, -a.

    I. 1.   adj. *Ho, ES, Ni.* meton. *Referido a ropa de vestir*, muy ancha y holgada. ◆ **guangochudo.**

guangochudo, -a.

    I. 1.   *ES.* **guangocho.**

guangucho.

    I. 1.   m. *ES.* **guangocho.**

guangudo, -a.

    I. 1.   adj. *Ec. Referido a persona*, indígena. pop + cult → espon ∧ desp. (**huangudo**).

        2.   *Ec. Referido a una mujer indígena*, que lleva el cabello sujeto con una cuerda o tira. (**huangudo**).

        3.   *Ec. Referido a un hombre indígena*, que lleva el cabello en trenza. (**huangudo**).

guanime.

    I. 1.   m. *RD.* **guanimo**, masa.

        2.   *PR.* Panecillo de harina de maíz relleno de bacalao salcochado, envuelto en hojas de plátano o asado en ceniza. ◆ **guatapo.**

guanimo.

    I. 1.   m. *RD.* Masa hecha con harina de maíz en pequeños rollos envueltos en hojas de plátano maduro, amarrados con hilo en sus extremos y hervidos en agua con sal. (**guanime**).

    II. 1.   m. *PR.* juv. Muchacho.

guanina.

    I. 1.   f. *Cu, PR.* Planta herbácea de hasta 1 m de altura, de hojas aladas, compuestas de cuatro pares de hojuelas y una glándula en medio de cada par, que se pliegan por la noche, flores axilares amarillas de cinco pétalos y fruto en forma de vaina encorvada; en la medicina popular, las semillas tostadas se usan, en decocción, como antiespasmódico. (Fabaceae; *Cassia tora, Cassia occidentalis*). (**guaniña**).

guaniña.

    I. 1.   *PR.* **guanina.**

guaniquí.

    I. 1.   m. *Cu.* **Bejuco** de ramas largas, flexibles y trepadoras, hojas serradas en forma elíptica, flores blancas en racimos axilares sin corola y fruto de color negro; sus ramas se emplean en la fabricación de cestos. (Phytolaccaceae; *Trichostigma octandrum*). (**guaniquique**). ◆ **pabellón del rey.**

guaniquique.

    I. 1.   *Cu.* **guaniquí.** (**guaniquiqui**).

guaniquiqui.

    I. 1.   *Cu.* **guaniquique.**

    II. 1.   *Cu.* Dinero, moneda corriente. pop.

guanito.

    I. 1.   *RD.* **guaney.**

guanjuro, -a.

    I. 1.   *Ho.* **lashuro**, último hijo.

guano. (Del quech. *wanu*, abono).

    I. 1.   m. *Mx, Pa, Cu, PR, Co, Ve, Ec, Pe, Bo, Ch, Ar, Ur.* Estiércol de origen animal, que se usa como fertilizante. (**huano**).

    II. (De or. ind. antillano).

        1.   m. *Mx:SE, Gu, Cu.* Palma de tronco alto y redondo, sin ramas, con hojas en forma de abanico; el tronco de algunas especies se utiliza para hacer estacas, postes de cercas, pilotes, etc.; las hojas sirven como cubierta de techos. (Arecaceae; *Brahea* spp.). (**huano**).

        2.   *Mx:SE, Cu, RD.* Hojas secas o pencas de las palmas. (**huano**).

        3.   *Gu, Ho, Ni, PR.* **gatillo**, árbol. (**huano**).

    III. 1.   m. *Cu.* **lana**, dinero. pop.

    ■

    a. ‖ **~ bendito.** m. *Cu.* Tiras de la hoja de palma que se reparten en las iglesias católicas el Domingo de Ramos.

    b. ‖ **~ blanco.** m. *Cu.* Palma de hasta 5 m de altura, con tronco completamente liso. (Palmaceae; *Copernicia glabrescens*).

    c. ‖ **~ campeche.** m. *Cu.* Palma de hasta 8 m de altura de fruto blanco y carnoso. (Palmaceae; *Coccothrinax litoralis*). ◆ **guano de costa.**

    d. ‖ **~ de costa.** *Cu.* **guano campeche.**

    e. ‖ **~ espinoso.** m. *Cu.* Palma de alrededor de 6 m de altura, con hojas en forma de abanico, inflorescencias en grandes racimos y frutos pequeños de forma esférica. (Palmaceae; *Copernicia hospital*). ◆ **guano hediondo.**

    f. ‖ **~ hediondo.** *Cu.* **guano espinoso.**

    g. ‖ **~ prieto.** m. *Cu.* Palma de hasta 5 m de altura, de tronco delgado, hojas en forma de abanico con espinas pequeñas y frutos redondos y pequeños. (Palmaceae; *Acoelorrhaphe wrightii*).

    ▶ **tirar como costal de ~.**

guanota.

    I. 1.   f. *Co, Ve.* Abeja de hasta 15 mm de longitud, alargada, de color oscuro con rayas amarillas y sin aguijón. (Apidae; *Melipona* spp.). ◆ **lagañera; lameojos; pampaco; puisquillo.**

        2.   *Ve.* Miel de la guanota.

        3.   *Ve.* **pampaco**, colmena.

guanquero.

    I. 1.   m. *Ar:NO.* Abeja de gran tamaño y cuerpo de color negro, cubierta con pelos amarillos y sedosos. (Apidae; *Bombus bellicosus*). (**guancoiro; huancoiro; huanquero**).

guansira.

    ●

    a. ‖ **~ fórm.** *ES.* juv. Se usa como saludo entre amigos.

guanta.

    I. 1.   *Ch.* **huanta.**

    II. 1.   *Ec.* **guardatinaja.**

guantazo.

I. 1. m. *Ni, RD, PR, Pe.* Golpe dado con un guante.
2. *Ec.* juv. Puñetazo. desp.

guante.

I. 1. m. *Ni, CR, Cu, PR, Co.* En el **beisbol**, especie de guante de cuero de gran tamaño, muy mullido, usado por los jugadores defensivos para atrapar la pelota sin lastimarse.

II. 1. m. pl. *ES.* Nalgas.
2. m. *PR. En las peleas de gallos,* cobertura que se pone a los gallos en las espuelas para evitar que se hieran durante los entrenamientos.

■
a. ‖ ~ **de oro.** m. *Ni, Cu, PR, Co.* En el **beisbol**, distinción que merece el jugador defensivo que mejor se haya **desempeñado** en su posición durante la temporada.

□
a. ‖ **al duro y sin ~.**
i. loc. adv. *Cu.* Sin rodeos ni circunloquios.
ii. *Cu.* Con rigor y exigencia.

☑
a. ‖ **al que le caiga el ~ que se lo chante.** fr. prov. *Co, Pe.* Indica que *alguien* debe sentirse por aludido de algo que se ha dicho antes.
b. ‖ **al que le siente el ~ que se lo chante.** *Ec.* **al que le siente el guante que se lo plante.**
c. ‖ **al que le siente el ~ que se lo plante.** fr. prov. *ES, Ni.* Indica que alguien debe sentirse aludido por algo que se ha dicho antes. ♦ **al que le siente el guante que se lo chante.**
▶ **colgarse los ~s; dar ~; echar el ~ de repente; entregar los ~s; guindar los ~s; no sacarle el ~; no sacarle el ~ de la cara; pasar el ~; quitarle el ~ de la cara; tener que enganchar los ~s; tirar los ~.**

guantear.

I. 1. intr. *PR, Ar.* Hacer *alguien* prácticas de boxeo.
2. tr. *Pa; Ar:NO,* rur; pop. Dar un golpe en la cara a *alguien* con la mano abierta.

guantera.

I. 1. f. *Pa.* Tanda de golpes. pop + cult → espon ∧ fest.

guantilla.

I. 1. f. *Ni, Cu, PR.* En el **beisbol**, pequeño guante de piel usado por muchos jugadores para agarrar mejor el **bate**.
2. *Cu.* Tipo de guante ajustado que deja la parte delantera de los dedos descubierta *y que se usa especialmente en el ciclismo.*

guantín.

I. 1. m. *Ve, Ec.* Guante tipo mitón utilizado por algunos deportistas.

guanto. (Del quech. *huantung*).

I. 1. *Ec:N,C.* **guando.**

guantón.

I. 1. m. *Bo:S.* Bofetada que se da con fuerza. pop.

guantú. (Del ingl. *one two,* uno, dos).

I. 1. m. *Pa.* Juego combinado de lotería con un número base.

guao.

I. 1. m. *Mx.* Tortuga de hasta 60 cm de longitud, de cuerpo abultado, cabeza grande y achatada, caparazón de color grana con tonos amarillentos y verdosos cerca de la base, y tres lomos salientes como pequeñas crestas, dispuestos en paralelo en la parte superior del caparazón. (Kinosternidae; *Staurotypus triporcatus*).

II. 1. m. *Cu, PR.* Árbol de hasta 12 m de altura, de hojas aovadas con ápice agudo e inflorescencia densa de flores sentadas; su corteza produce un jugo lechoso y cáustico. (Anacardiaceae; *Comocladia dentata*).

2. *RD.* Arbusto de corteza gris, lisa con manchas amarillas, de copa amplia y redonda, hojas pequeñas, y fruto en forma de baya elíptica de color castaño anaranjado cuando madura; su savia es cáustica y tóxica. (Anacardiaceae; *Metopium toxiferum*).
♦ **papayo.**

¡guao! (Del ingl. *wow!*).

I. 1. interj. *Cu, RD, PR, Co, Ec, Bo.* Expresa sorpresa o asombro. pop + cult → espon.

guapa.

I. 1. f. *Ve.* Cesta circular y plana de tejido de caña o palma, adornado con grecas negras o rojas, que usan los indígenas en las labores domésticas.

□
a. ‖ **a la ~.** loc. adv. *RD.* Por la fuerza, violentamente. pop + cult → espon.

guapachá.

I. 1. f. *Cu.* Variedad de **guaracha** que estuvo en auge en Cuba en los años sesenta del siglo xx.

guapachón.

I. 1. m. *ES.* Fiesta bulliciosa y divertida. pop.

guapachoso, -a.

I. 1. adj. *Mx, Gu, Pa, Cu, RD, Co, Ve, Ec.* Referido a la *música,* de ritmo alegre. pop.
2. sust/adj. *Pa, Cu, RD, Co, Ve, Ec;* adj. *Mx.* Persona que le gustan las fiestas y la diversión. pop + cult → espon.
3. adj. *Mx, Gu, ES, Ni, Pa, RD.* Referido a la *música,* de ritmo tropical. pop. (**huapachoso**).
4. *Pe,* pop; *Ni,* juv. Referido a *persona,* atractiva, de buena presencia.
5. *ES.* Referido a una *fiesta,* animada y bulliciosa.

guapal. (Del nahua *huapalli,* tabla o duela).

I. 1. m. *Mx.* Tabla con garfios en que se cuelgan utensilios de cocina. rur.

guapala.

I. 1. f. *Ec.* Arbusto de hasta 10 m de altura, con hojas de nervadura blanquecina, flores verde amarillentas que nacen en racimos terminales; la madera se usa para construcciones y para elaborar **bahareque**, cercas y postes. (Rubiaceae; *Simira ecuadorensis*). (**huápala**).

guapango.

I. 1. *Mx.* **huapango.**

II. 1. m. *Ho.* Música y baile popular con guitarra, variedad rápida de corrido mexicano. rur.
2. *Ho.* Variedad de danza folclórica popular del sur de Honduras.

guapaque. (Del nahu *huapactli,* endurecido como la madera).

I. 1. m. *Mx.* Árbol de hasta 18 m de altura, con copa piramidal que tiende a redondearse a medida que el árbol envejece, corteza agrietada color café, ramas delgadas y torcidas, hojas simples, alternas, oval lanceadas a oblongo ovadas, con borde aserrado, flores color verde claro, y fruto en forma de nuez, ovoide, con una sola semilla; su madera es dura y se emplea para fabricar muebles y para construcciones rústicas. (Betulaceae; *Ostrya virginiana*).

guaparra.

I. 1. f. *Mx.* Machete campestre.

guaparrandón, -na.

I. 1. sust/adj. *Ve:C,O.* Persona, *especialmente hombre,* que presume de valiente.

guapazo, -a.

I. 1. sust/adj. *RD.* Persona valiente, osada. sat.

guape. (Del nahua).

I. 1. sust/adj. *Ni, CR:NO.* Mellizo, gemelo.
2. *Ni.* Pareja de frutos como el **banano** unidos por la misma cáscara.

guapeada.
   I. 1.   f. *Bo, Ar.* Hecho valeroso, audaz o decidido. pop.
   II. 1.   f. *Pe.* Represión severa y altisonante. pop + cult
       → espon.

guapeado, -a.
   I. 1.   adj. *Cu. Referido a cosa*, que ha sido obtenida con
       esfuerzo.

guapear(se).
   I. 1.   intr. *RD, Co:C, Ve, Pe, Ch, Ur, Bo*, pop; *Ar*, rur.
       Hablar con arrogancia echando fanfarronadas.
   2.   *Pe.* Dar valor, estimular, azuzar.
   3.   tr. *Pe.* Reprender severamente a *alguien*. pop + cult
       → espon.
   4.   intr. *PR.* Presumir de valentón, de guapo.
   II. 1.   intr. *Co:C, Ve, Bo, Ar, Ur.* Resistir con valor golpes
       físicos o morales sin manifestarlo expresamente.
   2.   *Cu, Bo, Ar, Ur.* Acometer una empresa difícil con
       coraje y audacia.
   III. 1.   tr. *Ec.* p.u. Arreglar o decorar *algo*.
   2.   intr. prnl. *Ec.* p.u. Arreglarse *una persona*.
   IV. 1.   tr. *Ni.* Igualar *alguien algo*, equiparar.

guapén.
   I. 1.   *Cu:E, RD.* **árbol del pan**.

guapencia.
   I. 1.   f. *Ho.* Cualidad de guapo o bello. pop.

guapería.
   I. 1.   f. *Ho, ES, Ni, Cu, RD*; *Pa*, p.u; *PR*, juv. Fanfarro-
       nada.

guapetón, -na.
   I. 1.   adj. *RD, Co. Referido a persona*, que presume de
       ser valiente. pop.
   2.   adj/sust. *RD, Ar. Referido a persona*, valiente, osa-
       da. desp. ♦ **apechado**.
   3.   *Cu, RD, PR, Bo. Referido a persona*, agresiva, pen-
       denciera. pop + cult → espon ^ desp. (**guapo**).
       ♦ **agallado; ambientoso; guaposo; jaquetón**.

guapetonería.
   I. 1.   f. *Ve.* Valentía, fortaleza de ánimo.
   2.   *Cu.* Dicho o hecho propio de un guapetón.

guapido.
   I. 1.   m. *Pe:N.* Grito enardecido de ánimo.

guápil.
   I. 1.   f. *CR.* Conjunto de dos cosas unidas, natural o
       artificialmente. rur.
   2.   *CR.* Conjunto de dos granos de café que nacen
       unidos. rur.
   II. 1.   f. *CR.* obsol. Escopeta de dos cañones.

guapilla.
   I. 1.   f. *Mx.* **espadín**.

guapinol. (Del nahua *cuahuitl*, árbol, y *pinolli*, polvo, harina).
   I. 1.   *Mx, Gu, Ho, ES, Ni, CR.* **algarrobo**. (Fabaceae;
       Hymenaea courbaril). (**guapinole**). ♦ **algarroba**.
   2.   *Mx, Gu, Ho, ES, Ni, CR.* **algarrobo**, fruto. (**gua-**
       pinole).
   3.   m. *Gu, Ho, ES, Ni.* Madera del guapinol, utilizada
       en la construcción y para hacer canoas.
   4.   *Gu, Ho, ES, Ni.* Semilla del guapinol; la fermenta-
       ción de la pulpa produce un licor parecido a la cerveza.

guapinole.
   I. 1.   *Mx.* **guapinol**.

guapirolazo. (Epént. de *guaspirolazo*).
   I. 1.   m. *Ni, CR.* obsol. Golpe fuerte. pop + cult →
       espon.
   II. 1.   m. *Ni, CR.* Trago de aguardiente.

guapita.
   I. 1.   f. *Cu.* Camisa de hombre que se ajusta a la cin-
       tura. pop.

guapito.
   I. 1.   m. *Ve:O.* Masa de maíz y sal envuelta en hojas de
       mazorca.

guapo.
   □
   a. ‖ **de puro ~.** loc. adv. *Ar.* Con afán de superación o
       valiente y decididamente. pop.
   b. ‖ **~ y apoyado.** loc. adj. *Ve. Referido a persona*, que
       tiene respaldo de los gobernantes.
   ▶ **ponerse ~; privar en ~.**

guapo, -a.
   I. 1.   sust/adj. *Cu, RD, Co, Bo, Ar.* Persona que enfrenta
       con coraje una situación difícil. pop.
   2.   adj/sust. *Co:O, Bo; Py, Ar, Ur*, pop. *Referido a per-*
       sona, muy decidida para el trabajo o para las tareas
       más pesadas.
   II. 1.   adj. *Mx:NE. Referido a mujer*, hábil en el desem-
       peño de labores domésticas. pop.
   III. 1.   *Cu, PR.* **guapetón**, agresivo, pendenciero.
   2.   adj/sust. *Bo. Referido a persona*, orgullosa y alta-
       nera. pop.
   IV. 1.   adj/sust. *Ch. Referido a persona*, estricta y severa.
       pop + cult → espon.
   •
   a. ‖ **los ~s no toman sopa.** fórm. *Cu.* Se usa para ha-
       cer alarde de la valentía de los hombres.
   b. ‖ **se acabaron los ~s en Yateras.** fórm. *Cu.* Se usa
       para expresar que un hombre ha perdido la fama
       de pendenciero.
   ▶ **dárselas de ~.**

guapomó.
   I. 1.   m. *Bo.* Planta enredadera de hasta 10 m de altura,
       de follaje frondoso y ramas trepadoras, con hojas
       simples y flores pequeñas. (Celastraceae; *Salacia*
       elliptica).
   2.   *Bo.* Fruto redondo y amarillo del guapomó, del ta-
       maño de una manzana, con tres o cuatro semillas y
       pulpa agridulce.

guaposo, -a.
   I. 1.   *Cu.* **guapetón**, agresivo, pendenciero. desp.

guapote.
   I. 1.   m. *Gu, Ho, ES, Ni, CR.* Pez de agua dulce, de hasta
       45 cm de longitud, de mandíbula inferior saliente,
       cuerpo delgado y falta de colores vivos, su colora-
       ción general es pardo grisáceo y el abdomen blan-
       quecino; los machos, por lo general, están cubiertos de
       puntitos negros desde el ojo hasta la cola. (Cichlidae; *Ci-*
       chlasoma dovii, C. fridrichsthali, C. motaguense).
   II. 1.   m. *Ni.* juv. Vulva. tabú.

guapucha.
   I. 1.   f. *Co.* Pez de agua dulce, pequeño, de hasta 8 cm
       de longitud, con escamas y dientes completamen-
       te distintos a los de cualquier otro pez similar.
       (Characidae; *Grundulus bogotensis*).

guapura.
   I. 1.   f. *Co.* Valentía. pop.

guapurú.
   I. 1.   m. *Bo, Py, Ar:NE.* Árbol de hasta 5 m de altura,
       muy ramoso, con hojas aovadas y flores blancas.
       (Myrtaceae; *Guapurium peruvianum*).
   2.   *Bo, Py, Ar:NE.* Fruto del guapurú, esférico y de co-
       lor negro; es comestible y con él se preparan jugos y bebi-
       das de baja graduación alcohólica.

guaquear.
   I. 1.   tr. *Ho, CR, Ec, Pe, Bo, Ch; Ar*, p.u. Buscar tesoros
       ocultos en **guacas** o sepulcros y realizar la excava-
       ción consiguiente para extraerlos. (**huaquear**).
   2.   intr. *CR, Ec.* Buscar **guacas**, objetos enterrados
       donde existió un asentamiento indígena.

guaqueo.
   I. 1.   m. *Co, Ec, Pe, Bo, Ch.* Búsqueda ilegal de objetos de arte precolombino en las **guacas** de los antiguos indios. (**huaqueo, guaquería**).
   2.   *Co.* Búsqueda ilegal de esmeraldas.

guaqueque.
   I. 1.   m. *Mx:SE.* **chilloncillo.**

guaquería.
   I. 1.   f. *Co.* **guaqueo.** (**huaquería**).
   2.   *Co.* Búsqueda ilegal de esmeraldas.

guaquero, -a.
   I. 1.   m. y f. *Ho, CR, Co, Ec, Pe, Bo, Ch.* Persona que se dedica a **huaquear** por lucro o afición. (**huaquero**).

guara.
   I. 1.   f. *Pe.* Faja estrecha a modo de adorno que aparece en algunos trajes típicos masculinos. rur.
   II. 1.   *Ho, ES.* **guacamaya**, ave.
   2.   f. *Ho.* meton. Palanca de hierro al final de una cadena gruesa que sirve para sujetar las trozas en un camión maderero.
   III. 1.   f. *RD, PR.* Árbol de hasta 15 m de altura y tronco liso y gris, de copa redonda, hojas ovaladas y peludas de color castaño, flores en panícula, blanquecinas y pequeñas, y el fruto en baya con tres semillas grandes; tiene aplicaciones en la medicina popular. (Sapindaceae; *Cupania americana*).
   IV. 1.   f. *Cu.* Trato, relación existente entre dos o más personas. pop.

   ■
   a. ‖ **~ blanca.** f. *Cu.* Árbol de hasta 20 m de altura, de hojas compuestas y alternas, flores de color blanco y fruto capsular; su madera es empleada para hacer cujes y varas. (Sapindaceae; *Cupania cubensis*).
   b. ‖ **~ de costa.** f. *Cu.* Árbol con características similares a la guara blanca, pero de madera más sólida y de color rojizo. (Sapindaceae; *Cupania globa*).
   c. ‖ **~ roja.** *Ho.* **guacamaya roja**, ave prensora.
   d. ‖ **~ verde.** *Ho.* **guacamaya azul**, ave prensora.
   ▶ **tener ~.**

guará.
   □
   a. ‖ **¡na ~!** *Ve:O.* **¡una guará!**
   b. ‖ **¡una ~!**
      i. loc. interj. *Ve:O.* Expresa admiración o sorpresa. (**na guará**).
      ii. *Ve:O.* Expresa ponderación de lo que *alguien* ha dicho.

guaraba.
   I. 1.   f. *ES.* Mentira. pop.

guarabeado, -a.
   I. 1.   *Cu.* **guarapeteado.**

guarabeteado, -a.
   I. 1.   *Cu.* **guarapeteado.**

guaraca. (Del quech. *warak'a*, honda).
   I. 1.   f. *Ec, Pe, Ar:NO; Ch.* p.u. Látigo para avivar las caballerías. (**huaraca**).
   2.   *Ec, Pe, Ch.* Cuerda que se enrolla al peón o trompo para hacerlo bailar. (**huaraca**).
   3.   *Pe, Bo; Ec:C.* rur. Honda, banda de cuero, esparto u otro material semejante, que se usa para arrojar piedras. (**huaraca**).

guaracaro.
   I. 1.   *Ve.* **frijolillo.** (Fabaceae; *Phaseolus lunatus*).
   2.   m. *Ve.* Semilla del guaracaro; es comestible.

guaracazo.
   I. 1.   m. *Pe, Bo, Ch.* Golpe propinado con una **guaraca**. pop + cult → espon. (**huaracazo**).
   2.   *Pe, Bo.* Pedrada que se lanza con una **guaraca**, honda. (**huaracazo**).

   3.   *Ec, Bo, Ch.* Golpe fuerte propinado con un objeto contundente. pop + cult → espon.
   4.   *Pe.* metáf. Trago de bebida alcohólica. pop. (**huaracazo**).

guaracha.
   I. 1.   f. *Mx, Gu, Ho, Ni, Pa, Cu, RD, PR, Co, Ve, Ch; Pe,* p.u. Baile popular procedente de Las Antillas que se baila en pareja.
   2.   *Mx, Gu, Ho, Ni, Pa, Cu, RD, PR, Co, Ve, Ch.* Música y canción de este baile, de ritmo rápido y compás variable, que describe algún hecho político o social de forma satírica.
   3.   *Pa.* Instrumento musical popular que tiene como caja una calabaza de **güiro.**
   II. 1.   f. *Gu.* Zapato feo, usado o de mala calidad. desp.
   2.   *ES.* p.u. Sandalia tosca de cuero.
   III. 1.   f. *ES.* Bollo de pan hecho de harina de trigo, huevo batido y azúcar.
   2.   *Ho.* Torta pequeña de bordes irregulares o galleta hecha de harina de trigo, yema de huevo y azúcar.
   IV. 1.   *Bo.* **hawaiana.**
   V. 1.   f. *ES.* Machete **cuma** viejo y gastado.
   VI. 1.   f. *ES.* Prostituta. tabú.

   ◢
   a. ‖ **lo último en ~s.** fr. prov. *Co.* Indica que algo es lo máximo. pop + cult → espon.

guarachador, -ra.
   I. 1.   sust/adj. *PR.* Persona que compone **guarachas.**

guarachar.
   I. 1.   *Cu, RD, PR.* **guarachear**, divertirse.
   2.   *PR.* **guarachear**, bailar.

guarache. (Del taras. *kuarachẹ*).
   I. 1.   m. *EU, Mx.* Especie de sandalia tosca de cuero. (**guarachi; huarache; quarache**).
   II. 1.   m. *Mx.* Tortilla de maíz gruesa y ovalada sobre la que se ponen **frijoles**, salsa, queso y, *opcionalmente*, *carne*. (**huarache; quarache**).
   III. 1.   m. *Mx.* Parche neumático. (**huarache; quarache**).

guarachear.
   I. 1.   tr. *Mx.* Poner un **guarache** para arreglar un pinchazo en un neumático o **llanta.**
   II. 1.   intr. *Cu, RD, PR.* Divertirse *alguien* en juergas y fiestas. pop. (**guarachar**).
   2.   *PR.* Bailar *alguien*. (**guarachar**).

guaracheo.
   I. 1.   m. *Cu.* Fiesta bulliciosa con bebida y baile. pop.
   2.   *Cu.* Diversión, jolgorio. pop.

guarachero, -a.
   I. 1.   sust/adj. *Mx, Gu, Ho, Ni, Pa, Cu, RD, Ve.* Persona que toca, canta o baila **guarachas.**
   2.   m. y f. *Cu.* Persona a quien le gusta la diversión. pop.
   3.   m. *Cu.* Persona que hace chistes o se burla de otros. pop.
   II. 1.   adj. *Cu, PR.* Referido a un gallo, hábil en proteger la cabeza de la picada de su contrincante.

guarachi.
   I. 1.   *Mx.* **guarache**, sandalia.

guarachudo, -a.
   I. 1.   adj/sust. *Mx.* Referido a persona, que usa **guaraches**, sandalias de cuero. desp. (**huarachudo**).
   2.   *Mx.* Referido a persona, desaliñada. desp. (**huarachudo**).
   3.   m. y f. *Mx.* Indígena. desp. (**huarachudo**).

guarada.
   I. 1.   f. *ES.* Dicho o hecho tonto propio del borracho.
   2.   *Ho.* Borrachera, *generalmente de* **guaro.**

guaragua.
   I. 1.   f. *Ec, Pe.* Contoneo, movimiento acompasado y con gracia en el baile. pop.

2. *Pe, Bo.* Adorno innecesario en el vestir o en una cosa. pop.

3. *Pe.* Circunloquio, rodeo innecesario al hablar. pop.

4. *Ec, Bo.* Adorno exagerado. pop.

II. 1. f. *Ni.* Mentira. pop.

guaraguaíllo.
I. 1. m. *PR.* **Guaraguao** macho, ave falcónida.

guaraguao.
I. 1. m. *Mx, RD, PR.* Ave rapaz, de hasta 60 cm de longitud, cuerpo de color pardo oscuro, alas blanquecinas, vientre amarillo claro y patas rojizas. (Accipitridae; *Buteo borealis*). ◆ **gavilán; gavilán del monte.**

2. *Ve:E.* **zopilote,** ave carroñera de hasta 60 cm.

3. *Ec:O.* **rey zopilote.**

4. *RD.* Ave rapaz de hasta 60 cm de longitud, de plumaje color café salpicado de motas blancas, oscuro en el dorso y blanquecino en la zona ventral, cola de color llamativo, que puede ser naranja, rojo o canela. (Accipitridae; *Buteo jamaicensis*).

II. 1. *Ve.* Planta trepadora, con racimos de numerosas flores amariposadas de color anaranjado muy vivo, semillas redondas y de color negro; se tienen como amuleto. (Fabaceae; *Macuna* spp.).

2. *RD.* **pucté.**

3. *PR.* **guáyaro,** tubérculo.

4. *PR.* Árbol de hasta 25 m de altura, corpulento, con hojas elípticas o lanceoladas, flores entre blancas o amarillas, pocas veces rosadas, de madera dura y muy pesada de color encarnado oscuro; muy apreciada en ebanistería. (Meliaceae; *Guarea swartzii*).

III. 1. *PR.* **gavilán,** pez.

■

a. ‖ **~ de bosque.** m. *PR.* Ave falcónida de gran tamaño, de color negro en la parte superior con algunas plumas de orillas rojizas, cola con dos fajas grises y la parte inferior de un color verdoso leonado, fuertemente estriada de color oscuro. (Accipitridae; *Buteo platypterus brunnescens*). ◆ **guaraguao de monte.**

b. ‖ **~ de monte.** *PR.* **guaraguao de bosque.**

◪

a. ‖ **a cada ~ le llega su pitirre.** *Co.* **cada guaraguao tiene su pitirre.**

b. ‖ **cada ~ tiene su pitirre.** fr. prov. *PR.* Indica que no hay enemigo pequeño. pop + cult → espon. ◆ **a cada guaraguao le llega su pitirre.**

guaraguara.
I. 1. *Ve.* **chupapiedras.** (Loricariidae; *Hypostomus* spp.).

guaraiba.
I. 1. *Cu.* **caracatey,** ave.

2. m. *RD.* Ave de hasta 27 cm de longitud, de plumaje moteado de color café amarillento, pico negro y muy corto. (Caprimulgidae; *Caprimulgus vociferus*).

guaraibo.
I. 1. *PR.* **guabairo,** ave.

guaraíbo.
I. 1. *PR.* **guabairo,** ave.

guaral.
I. 1. m. *Ve.* Cordel de grosor mediano, *hecho generalmente con hilos de algodón o cocuiza.*

2. *Ve.* Cordel para pescar.

II. 1. m. *Gu.* **guaro,** aguardiente. pop.

2. *Ho.* Abundancia de aguardiente o **guaro.**

◪

a. ‖ **el ~ no da para tanto.** fr. prov. *Ve.* Indica que no debe esperarse de alguien o algo, más de lo que puede dar.

guaralear.
I. 1. intr. *Ve.* Soltar un pescador el **guaral** para que el pez se canse.

II. 1. intr. *Ve.* Eludir la realización de algo.

guaralillo.
I. 1. m. *Ve.* **Guaral** muy fino usado para hacer **chinchorros** y para pescar.

guaramo.
I. 1. m. *RD.* Determinación, valor o coraje que posee una persona. pop + cult → espon.

guáramo.
I. 1. m. *Ve.* Valor, coraje.

guarán.
I. 1. m. *Ar:NO.* **retama.**

II. 1. m. *PR.* Variedad de **plátano,** largo y de calidad superior. ◆ **gigante blanco.**

■

a. ‖ **~ colorado.** m. *Ar:NO.* **garrocha.**

guarandinga.
I. 1. f. *Ve.* Cosa cuyo nombre se desconoce o que no se quiere mencionar.

2. *Ve.* Cosa de poco valor.

II. 1. f. *Ve.* Broma, falta de seriedad.

2. *Ve.* Ambiente de confusión y desorden.

III. 1. f. *Ve.* Asunto molesto y desagradable.

IV. 1. f. *Ve.* Prostituta. desp.

V. 1. f. *Cu.* Camión convertido en autobús. pop.

guarandol.
I. 1. m. *Cu.* obsol. Tela de algodón *usada generalmente en la confección de sábanas.* (**warandol**).

guarangada.
I. 1. f. *Bo, Py, Ar, Ur.* Grosería. pop + cult → espon.

guarango.
I. 1. *Co, Ve, Ec, Pe.* **dividivi,** árbol.

2. *Ec.* **guarumo.**

II. 1. m. *RD.* Vivienda rústica, hecha con materiales de baja calidad.

guarango, -a.
I. 1. adj/sust. *Bo, Py, Ar, Ur. Referido a persona,* grosera, descortés. pop + cult → espon ^ desp.

guaranguay.
I. 1. m. *Ar:NO.* **retama,** árbol.

guaranguear.
I. 1. intr. *Bo, Ar, Ur.* Hablar o actuar con grosería y mala educación. pop + cult → espon ^ desp.

guaranguería.
I. 1. f. *Bo, Ar, Ur.* Grosería o acción descortés e irrespetuosa. pop + cult → espon ^ desp.

guarania.
I. 1. f. *Py.* Composición musical típica del folclore paraguayo, de ritmo lento y melodioso. pop.

2. *Py.* Danza tradicional que se baila al ritmo de la **guarania.** pop.

guaraña.
I. 1. f. *Ve:O.* Ritmo popular bailable semejante a la **guaracha.**

guarapa.
I. 1. f. *Ar:N,NO.* Juego infantil en el que uno de los participantes permanece fuera del corro formado por los demás, tratando de dejar un pañuelo detrás de alguno sin que este lo advierta y pase así al exterior del círculo.

guarapado, -a.
I. 1. adj. *CR. Referido a un líquido,* semejante al **guarapo** en calidad, sabor o consistencia.

guarapazo.
I. 1. *Co:C, Ve.* **totazo.** pop + cult → espon.

II. 1. m. *Ho, Pa, Ve.* Trago de licor, *generalmente de aguardiente.*

2. *Ve.* Trago de **guarapo,** *especialmente el fermentado.*

guarapeado, -a.
 I. 1. adj. *Ve, Bo. Referido a persona*, borracha.
 II. 1. adj. *ES, Ni. Referido a fruta*, que comienza a fermentarse.

guarapear(se).
 I. 1. intr. *Pe:E.* Beber unos tragos. pop. (**huarapear**).
 2. tr. prnl. *RD.* Ingerir una bebida alcohólica. pop.
 II. 1. intr. prnl. *Ho, ES, Ni.* Fermentarse el jugo de caña de azúcar.
 III. 1. intr. prnl. *Ni, Bo; PR*, p.u. Emborracharse.

guarapera.
 I. 1. f. *Ni, Cu.* Establecimiento donde se vende **guarapo**.

guarapería.
 I. 1. f. *Gu, Co.* Establecimiento pequeño en el que se vende, sobre todo, **guarapo**. pop.
 2. *Ec:C.* Establecimiento público, *por lo general de mala apariencia*, donde se vende **guarapo**.

guarapero, -a.
 I. 1. m. y f. *Gu, Ni, Co, Ec:E.* Persona que elabora y vende **guarapo**. pop.
 2. adj. *Co, Bo. Referido a persona*, que es aficionada a tomar **guarapo**.
 3. sust/adj. *Pe, Ch.* Persona que se embriaga o está en estado de embriaguez continuamente. pop. (**huarapero**).

guarapeta.
 I. 1. f. *Cu; ES.* pop. Bebida alcohólica de alta graduación.
 2. *Ho, Cu.* Borrachera. pop + cult → espon. (**huarapeta**).

guarapetazo.
 I. 1. m. *CR, Cu.* p.u. Copa de cualquier bebida alcohólica que se bebe de una vez. pop + cult → espon.

guarapeteado, -a.
 I. 1. adj. *Cu. Referido a una tela o prenda de vestir*, estampada en muchos colores. pop. (**guarabeteado**; **guarabeado**).

guarapillo.
 I. 1. m. *PR.* Infusión casera hecha con hojas medicinales. pop + cult → espon ^ desp. (**guarapo**; **guarapito**). ♦ **jarabe fresco**; **tecesito**.

guarapita.
 I. 1. f. *Ve.* Bebida casera que se compone de jugo de frutas, azúcar y ron.

guarapito.
 I. 1. *PR.* **guarapillo**.

guarapo. (Del quech. *warapu*).
 I. 1. m. *Mx, Gu, Ho, ES, Ni, CR, Pa, RD, PR, Co, Ve, Ec, Pe, Bo, Py, Ar:NO.* Jugo de la caña de azúcar fermentado. (**huarapo**).
 2. *Mx, Gu, Pa, Cu, PR, Co, Ve, Ec, Py.* Jugo de la caña de azúcar sin fermentar. (**huarapo**).
 3. *Pa, Cu, PR, Co, Ve.* Bebida refrescante preparada con el jugo de la caña de azúcar sin fermentar.
 4. *RD, PR, Co, Pe.* Bebida fermentada hecha con el jugo de la caña de azúcar o con **panela**.
 5. *RD, Co.* Ron de mala calidad. pop.
 6. *Co.* Bebida fermentada hecha con jugo de frutas.
 7. *Ve.* Bebida casera preparada con mucha agua y endulzada con **papelón**.
 8. *Ve.* Infusión de café con mucha agua.
 9. *Pa, PR, Ec.* Bebida tóxica obtenida del **guanto**.
 10. *Ec.* Aguardiente de caña de azúcar.
 11. *PR.* **guarapillo**.
 12. *PR.* metáf. Bebida aguada, rala. pop + cult → espon.
 II. 1. m. *Ve.* Linimento hecho con **papelón** quemado, agua de saúco y aguardiente usado para dolores musculares y como cicatrizante.

 III. 1. m. *RD.* Árbol de hasta 25 m de altura, de hojas grandes, aovadas, flores blancas agrupadas en panículas, y fruto globoso de color negro o púrpura. (Staphyleaceae; *Turpinia occidentalis*). ♦ **eugenio**; **lilayo**; **saúco cimarrón**; **violeta cimarrona**.

 ■
 a. ‖ **~ de papelón.** m. *Ve.* Bebida refrescante preparada con **papelón** disuelto en agua.
 b. ‖ **~ de piña.** m. *Ve.* Bebida refrescante que se obtiene con azúcar o **papelón** y cáscaras frescas de piña que se dejan fermentar en agua dos o tres días.
 ▶ **aguársele el ~; calentar el ~; echar un ~; enfriársele el ~.**

guarapo, -a.
 I. 1. adj. *Ve. Referido a un color*, amarillo ámbar.

guarapón.
 I. 1. m. *Pe, Bo, Ch, Ar.* p.u. Sombrero de ala ancha que se usa en el campo para defenderse del sol.

guaraquear.
 I. 1. tr. *Ch.* Golpear con un cordel o látigo. (**huaraquear**).
 2. *Ch. En una competencia*, derrotar a *alguien* de forma abrumadora.
 3. *Ch.* Robar a *alguien*.

guarará.
 I. 1. f. *Cu*; m. *Py.* ‖ p.u. Falta de orden, lío. pop.
 2. m. *Py.* Ruido. pop + cult → espon.

guararey.
 I. 1. m. *RD; Cu*, obsol. Desbarajuste, desorden, confusión. pop.
 II. 1. m. *Cu.* obsol. Desmayo, desfallecimiento. pop.
 III. 1. m. *Cu.* obsol. Sentimiento de irritación o mal humor. pop.
 ▶ **tener ~.**

guarasapo. (De *gusarapo*, por influjo de *sapo*).
 I. 1. *Ni, CR, Pa.* gusarapo, renacuajo. (**güirisapo**).

guarasiar.
 I. 1. intr. *ES.* Ingerir bebidas alcohólicas, *en especial guaro*.

guaratara.
 I. 1. f. *Ve.* Piedra. (**guarataro**).

guarataro.
 I. 1. m. *Ve.* **guaratara**.

guarda.
 I. 1. f. *Ni, CR, Ec:S, Pe, Ch, Ur.* Franja o cinta que se pone en una tela o vestido como adorno o refuerzo.
 2. *Ar.* Franja o cinta que conforma un diseño sobre una superficie de base *generalmente lisa*.
 II. 1. m-f. *Py, Ar, Ur. En un medio de transporte público*, empleado encargado de ayudar a los pasajeros y de verificar que viajan provistos de **boleto** o billete.

 ■
 a. ‖ **~ campestre.** *RD.* **guardacampestre**.
 b. ‖ **~ costa.** *Ch.* **guardacosta**.
 □
 a. ‖ **de ~.** loc. adj. *Ch, Ar. Referido a un producto alimenticio o a una bebida*, que mantiene sus propiedades durante más tiempo del normal.
 b. ‖ **~ abajo.** loc. adv. *Ch.* Cayendo hacia abajo o rodando. pop + cult → espon.
 c. ‖ **~~.** loc. sust. *Mx:SE.* Juego del escondite.

¡guarda!
 I. 1. interj. *Pe, Bo, Ch, Py, Ar, Ur.* Expresa advertencia ante un peligro. pop.
 □
 a. ‖ **¡~ abajo!** loc. interj. *Ch.* Expresa advertencia de peligro a *alguien* por algo que le puede caer encima o desde arriba.
 b. ‖ **¡~ con la maroma!** loc. interj. *Ar.* Expresa advertencia sobre posibles problemas o complicaciones. pop + cult → espon.

guardabarranco.
    I. 1. m. *Gu, Ho, ES, Ni.* Ave de hasta 34 cm de longitud, de cabeza con máscara negra estrecha, ceja larga, rojo el centro de la espalda y parte del área de detrás del ojo, abdomen rojo canela pálido, y resto de la cabeza, cuello y cuerpo verde oliváceo. (Momotidae; *Eumomota superciliosa apiastur*). (**guardabarrancos**). ♦ **dragón; torogoz.**

guardabarrancos.
    I. 1. *Ho.* guardabarranco.

guardabosque.
    I. 1. *Ho, Ni, Cu, RD, PR.* **jardinero**, jugador de **beisbol.**
    II. 1. m. y f. *Py.* Persona que cuida a otra con mucho celo.

guardacaballo.
    I. 1. *Pe.* **pijuy.**

guardacalzón.
    I. 1. m. *Bo.* Pieza de cuero que cuelga de la parte delantera de la montura para proteger las piernas del jinete de la maleza del monte.

guardacaminos.
    I. 1. f. *Co.* Serpiente de hasta 1,20 cm de longitud, de coloración dorsal pardo grisácea o parda con una línea longitudinal clara, vientre de color gris claro o blanco, siempre uniforme. (Colubridae; *Mastigodryas boddaerti*).
    2. *Ho, ES.* Serpiente de cuerpo fino de hasta 90 cm de longitud desde la cabeza hasta la cola, tiene una gran cantidad de anillos color café muy oscuros que alternan con su coloración base café claro. (Colubridae; *Leptodeira annulata, Conophis lineatus*).

guardacamisa.
    I. 1. f. *Ve.* Prenda interior o deportiva que cubre el tronco, *generalmente sin cuello.*

guardacampestre.
    I. 1. m. *RD.* Persona que, *especialmente en áreas rurales industrializadas,* desempeña funciones policiales y de vigilancia. (**guarda campestre**).

guardacárcel.
    I. 1. *Ar.* guardiacárcel.

guardacho.
    I. 1. m. *Pe.* p.u. Cosa, *en especial dinero o comida,* que se tiene guardada con mucho celo. pop.

guardachoques.
    I. 1. m. *Ec, Bo.* Estructura metálica que se coloca en la parte delantera y trasera de los vehículos para protegerlos de los golpes.

guardacosta.
    I. 1. m-f. *Ni, Cu, Pe, Ch.* Marinero encargado de la vigilancia del litoral. (**guarda costa**).

guardacruce.
    I. 1. m-f. *Ch.* Persona encargada de la vigilancia y control de los cruces en la vía férrea. ♦ **guardacruzada.**

guardacruzada.
    I. 1. *Ch.* guardacruce.
    2. f. *Ch.* Sistema automático destinado a controlar el tránsito y evitar los accidentes en los cruces de las vías férreas.

guardadito.
    I. 1. m. *Mx, Ni, Pe.* Ahorro, cantidad ahorrada de dinero. pop. (**guardado**).

guardado.
    I. 1. *Mx.* guardadito.

guardado, -a.
    I. 1. adj. *Gu, ES, CR, Cu, Pe, Ch, Ar, Ur.* Referido a *persona,* encarcelada. pop ^ fest.
    II. 1. adj. *Ec, Pe, Bo.* Referido a un *alimento,* que huele mal y tiene mal sabor porque no es fresco.

guardaescobas.
    I. 1. m. *Co.* Franja horizontal, *generalmente de madera,* que se coloca superpuesta en la parte inferior de una pared, como decoración o protección.

guardafango.
    I. 1. m. *Mx, Ho, Ni, Pa, Cu, Co, Pe, Bo, Ec.* Parte de la carrocería de un vehículo que protege las ruedas y sirve para evitar las salpicaduras. (**guardafangos**).
    II. 1. f. *Ni, Pa.* Caderas grandes de la mujer. (**guardafangos**).

guardafangos.
    I. 1. *Ec.* guardafango.

guardafaro.
    I. 1. m-f. *Ch, Ar.* Persona que controla el funcionamiento de un faro. (**guardafaros**).
    2. m. *Bo.* Protector para cada uno de los faros de un automóvil.

guardafaros.
    I. 1. *Ch, Ar.* **guardafaro**, persona que controla el funcionamiento de un faro.

guardafauna.
    I. 1. m-f. *Bo, Py, Ar, Ur.* Persona encargada del cuidado de las reservas de fauna silvestre.

guardafuego.
    I. 1. m. *Ho.* Tronco o leño grande que se deja en el fogón durante toda la noche para mantener el fuego. rur.

guardaganado.
    I. 1. m. *Ar, Ur.* Zanja o foso cubierto por una reja, que impide el paso del ganado.

guardahilos.
    I. 1. m-f. *Ar, Ur.* Empleado que se encarga de la reparación y mantenimiento de las líneas telefónicas y telegráficas.
    2. *Ar.* Empleado que se encarga de los cambios de vía de los ferrocarriles.

guardalagua.
    I. 1. m. *Mx.* Planta enredadera de hasta 10 m de altura, de hojas alternas en grupos de tres, de bordes lisos, dentados o lobulados, y frutos en drupas, color crema o grisáceos. (Anacardiaceae; *Rhus radicans*). ♦ **guau.**

guardalínea.
    I. 1. *CR, Ec, Bo, Ch, Py.* **guardalíneas**, juez de línea.

guardalíneas.
    I. 1. m-f. *Ni, CR, Pe, Bo, Ch, Py.* En el *futbol*, juez de línea. (**guardalínea**).
    2. *Ch.* Empleado que tiene a su cuidado la vía férrea.

guardalodo.
    I. 1. m. *RD, Ec.* Guardabarros. (**guardalodos**).

guardalodos.
    I. 1. *Ec.* p.u. **guardalodo.**

guardamano.
    I. 1. m. *Ve:O.* Pieza semicircular que protege el gatillo de un arma de fuego.
    II. 1. m. *Ec:O.* Machete o cuchillo grande usado en trabajos del campo. rur.

guardamonte.
    I. 1. m. *Bo:E, Ar.* Pieza de cuero que cuelga de la parte delantera de la montura para proteger las piernas del jinete de la maleza del monte.

guardanivel.
    I. 1. m. *Ch.* Dispositivo que sirve para mantener el nivel de un líquido y evitar que se desborde.

guardapalos.
    I. 1. m. *Co, Ec, Bo; Py.* p.u. En *futbol*, jugador que defiende la portería.

guardaparque.
    I. 1.   *CR, Ve, Ec, Bo, Ch, Py, Ar.* **guardaparques**.

guardaparques.
    I. 1.   m-f. *CR, Ve, Ec, Pe, Bo, Ch, Py, Ar.* Persona encargada de cuidar parques nacionales o jardines extensos. (**guardaparque**).

guardapatio.
    I. 1.   m. *Ar, Ur.* Cerco de troncos o estacas que rodea una casa de campo para evitar que entren animales grandes.

guardapeo.
    I. 1.   m. *Ch.* Pantalón bombacho o prenda de vestir con esta forma que se ciñe en la parte inferior de la pierna. pop.

guardapeos.
    I. 1.   m. *Ec.* Pantalón ancho y que llega a la mitad de la pierna. pop ^ fest.

guardapiolas.
    I. 1.   m-f. *Pe.* p.u. *En el futbol*, jugador que defiende la portería.

guardapolvo.
    I. 1.   m. *Ec, Bo, Py.* p.u. Prenda de vestir usada como uniforme por los estudiantes en algunos centros educativos del Estado.
    II. 1.   m. *Ho.* Tira estrecha de madera o de otro material con que se protege la parte de la pared que da con el suelo.

guardar.
    I. 1.   tr. *CR, Cu, Ar, Ur, Ec, Ch,* fest. Encarcelar a *alguien*. pop.
    □
    a. ‖ ~ **el carro.** loc. verb. *Cu.* Morirse *alguien*.
    b. ‖ ~ **los fierros.** loc. verb. *Ni.* Dejar de tener hijos una mujer.
    ◢
    a. ‖ ~ **luto por muerto ajeno.** fr. prov. *Ni.* Indica que alguien toma como propio un problema que no le atañe.

guardarraya.
    I. 1.   f. *Mx:SE, Gu, Ho, Ni, RD, PR.* Colindancia, límite divisorio entre fincas.
    2.   *Mx:SE, Gu.* Cortafuegos, vereda ancha que evita la propagación de los incendios.
    3.   *Cu.* Camino estrecho entre dos terrenos cultivados que permite el paso de personas, animales y vehículos.
    4.   *Ni. En el beisbol*, línea que señala el espacio donde puede caer la pelota para que el **batazo** sea bueno.

guardarrayante.
    I. 1.   *PR.* **guardarrayeante**.

guardarrayeante.
    I. 1.   adj. *PR. Referido a una finca*, colindante. rur. (**guardarrayante**).

guardatinaja.
    I. 1.   f. *Ho, Ni.* Mamífero roedor de hasta 80 cm de longitud, de cola y pies muy cortos, hocico agudo, orejas pequeñas y redondas, de pelaje espeso y lacio de color pardo con manchas blancas por el lomo y rojizo por el cuello, el vientre y los costados; su carne es muy apreciada. (Dasyproctidae; *Cuniculus paca, Agouti paca*). ◆ **guagua**; **guanta**; **guatinaja**.

guardativo, -a.
    I. 1.   adj. *Ho. Referido a persona*, rencorosa, vengativa.

guardatojo.
    I. 1.   m. *Bo. En las minas*, casco protector.

guardavalla.
    I. 1.   m. *Ho, Ni, Pa, RD, Ec, Pe, Bo, Ch, Py; CR, Ar, Ur,* p.u. Jugador que en algunos deportes defiende la portería de su equipo.

guardavecino.
    I. 1.   m. *Cu.* Reja que separa los balcones o terrazas de las casas colindantes.

guardavías.
    I. 1.   m. *Ec.* Barrera de madera o de metal que se sitúa a un costado de las vías.

guardavida.
    I. 1.   *Bo:E, Ar, Ur.* **guardavidas**.

guardavidas. (De ingl. *lifeguard*).
    I. 1.   m-f. *Bo:E, Ch, Ar, Ur, Gu, Pa, Co, Ve, Ec,* p.u. Persona encargada de la seguridad de los bañistas en un lugar público (**guardavida**).

guardera.
    I. 1.   f. *Cu.* Objeto que se usa para proteger algo.

guardería.
    I. 1.   f. *Ar:NO.* Lugar de pago en el que se pueden dejar los vehículos durante un tiempo determinado.

guardia.
    I. 1.   f. *ES.* **tamal**, plato típico.
    II. 1.   f. *PR.* Sitio donde se reúnen los adictos para consumir drogas. drog. ◆ **guarida**.
    ■
    a. ‖ ~ **de palito.** m-f. *PR.* Policía que no lleva arma de fuego.
    b. ‖ ~ **marina.** m-f. *Ec, Py, Ar.* Oficial que, al terminar sus estudios en la Escuela Naval, recibe el grado inferior de la carrera.
    c. ‖ ~ **nueva.** m-f. *Ur.* Grupo de personas aficionadas al tango más moderno o innovador.
    d. ‖ ~ **rural.** m-f. *Cu.* obsol. Cuerpo militar encargado de mantener el orden en zonas rurales, antes de 1959.
    e. ‖ ~ **vieja.** m-f. *Ar, Ur.* Grupo de personas aficionadas al tango más tradicional, el difundido en las primeras décadas del siglo xix.
    □
    a. ‖ **ni con los ~s.** loc. adv. *PR.* De ningún modo. pop + cult → espon.
    ▶ **hacer la ~.**

guardiacárcel.
    I. 1.   m-f. *Py, Ar.* Persona encargada en las cárceles de la vigilancia y custodia de los presos. (**guardacárcel**).

guardián.
    I. 1.   m. *Bo.* Miembro uniformado de la policía, *especialmente el encargado de resguardar el orden público en las calles*.

guardianía.
    I. 1.   f. *Ec.* Servicio privado de vigilantes jurados.
    2.   *Ec.* Garita de vigilante.

guardiayuda.
    I. 1.   f. *Ch. En algunas ciudades*, servicio municipal de vigilancia y control en los estacionamientos públicos.
    2.   m-f. *Ch. En algunas ciudades*, vigilante de estacionamientos públicos.

guardiero.
    I. 1.   m. *Cu. En la religión afrocubana*, ritual o espíritu protector.

guardiero, -a.
    I. 1.   adj. *Ni.* juv. *Referido a persona*, prepotente y desconsiderada.

guardiola.
    I. 1.   f. *ES.* obsol. Guardia Nacional.
    II. 1.   *Ni.* **tinaja**, roedor.

guare.
    I. 1.   f. *Co.* Abeja silvestre, alargada, negra y peluda, que no posee aguijón. (Apidae; *Melipona* spp.).
    II. 1.   m. pl. *PR.* Cosas iguales, semejantes.

2. *PR.* Gemelos, hermanos nacidos de un mismo parto.

3. adj/sust. *PR. Referido a personas,* muy parecidas.

guareado, -a.
I. 1. adj. *Ho, CR. Referido a persona,* que está bajo los efectos del **guaro** o aguardiente.

guareao.
I. 1. m. *Cu.* Ave zancuda de hasta 70 cm de longitud, de plumaje ceniciento con manchas blancas, cuello delgado, pico encorvado y alas cortas y redondeadas; su carne es comestible. (Aramidae; *Aramus guarauna pictus*).

guarear(se).
I. 1. tr. *Ve.* Vigilar las siembras del asedio de los pájaros. rur.

II. 1. intr. *Ve:E.* Producir un bebé los primeros sonidos.

III. 1. intr. prnl. *Ni, ES, CR.* Emborracharse *alguien.* pop.

guarema.
I. 1. f. *PR.* **palo de peje.**

guarén.
I. 1. m. *Ch.* Rata de hasta 25 cm de longitud, de pelaje gris claro o ceniciento. (Muridae; *Rattus norvegicus*).

II. 1. m. *Ch.* p.u. Pene. tabú; pop + cult → espon.

guareque.
I. 1. m. *Mx:N.* Planta de hasta 3 m de altura, con una flor amarilla y fruto redondo de color verde que se convierte en rojo cuando madura; su raíz tiene diversas aplicaciones en la medicina tradicional. (Cucurbitaceae; *Ibervillea sonorae*).

guarequetén.
I. 1. *RD, PR.* **guariquitén,** casa rural.

guarero, -a.
I. 1. adj/sust. *Gu, Ho, ES, Ni, CR, Pa. Referido a persona,* que gusta de ingerir bebidas alcohólicas en exceso. pop + cult → espon.

2. sust/adj. *Gu, Ho, ES, Ni.* Persona que vende **guaro** o aguardiente.

3. adj. *Ho, ES, Ni, CR.* Relativo al **guaro** o aguardiente.

guaretas.
I. 1. f. pl. *PR.* Llantas que usan algunos camiones en el rodaje trasero.

▶ **irse a coger por las ~s.**

guareto, -a.
I. 1. adj. *PR.* Semejante, igual.

2. adj/sust. *PR. Referido a una fruta,* dos unidas en una o que tiene dos semillas.

guaretos.
I. 1. m. pl. *PR.* metáf. Testículos. tabú; pop + cult → espon.

guarfarina.
I. 1. f. *Cu.* Veneno para ratones. pop + cult → espon ^ desp.

2. *Cu.* metáf. Ron muy fuerte de baja calidad, destilado en alambiques particulares. pop + cult → espon ^ desp.

II. 1. f. *Cu.* Medicamento anticoagulante. pop + cult → espon ^ desp.

guargüerazo.
I. 1. *Ch.* **güergüerazo.**

guargüero.
I. 1. *Ve, Pe, Ch.* **güergüero,** parte superior de la tráquea.

2. m. *Ec, Bo.* Tráquea, garganta. rur; pop. (**gargüero; güelgüero; güergüero**).

II. 1. m. *Pe.* p.u. Dulce de yema de huevo y mantequilla con **manjar blanco** en los extremos.

▶ **remojar el ~.**

guargüerón.
I. 1. m. *Co.* p.u. Pasta alimenticia que se enrolla y rellena.

guari.
I. 1. *Ch.* p.u. **güergüero,** parte superior de la tráquea.

2. *Ch.* p.u. **güergüero,** parte de las vías respiratorias que va desde la laringe hasta los bronquios.

■ **a.** ‖ ~~. m-f. *Cu.* Delator. pop.

guarí.
I. 1. f. *Py.* Bebida alcohólica elaborada con jugo de caña de azúcar fermentado. pop. (**huarí**).

guaria. (De etim. desc.).
I. 1. f. *CR.* Planta epífita de hojas gruesas con una cubierta encerada, tallos con forma de pseudobulbos y flores moradas o blancas. (Orchidaceae; *Guarianthe skinneri*).

2. *CR.* Flor de esta planta.

guaribay.
I. 1. *Ar.* **pirul,** árbol.

guaribo.
I. 1. m. *Mx:NO.* Árbol parecido al álamo blanco, de gran altura, corteza blanca agrisada antes de resquebrajarse, hojas verdes por su haz y blancas o blanquecinas por el envés, más o menos triangulares o con tres o cinco lóbulos irregulares laciniados; su madera, rojiza, es muy dura, por lo que se usa para hacer muebles y en construcciones. (Salicaceae; *Populus brandegeei*). (**güérigo; huirivo**).

guaricandilla.
I. 1. f. *Cu.* Mujer que accede fácilmente a tener relaciones sexuales con hombres.

guaricha.
I. 1. f. *Co, Ve; Pa.* p.u. Prostituta. vulg; desp.

2. *Co.* Mujer descarada y ordinaria. pop.

3. *Ec, Bo.* obsol. Mujer que solía acompañar a los soldados en las marchas y en campaña. pop.

II. 1. f. *Pa:NO.* Lámpara pequeña de queroseno. rur.

guaricho.
I. 1. m. *Ve.* Hombre que trabaja de peón en un **hato.** rur.

guaricho, -a. (Del cuma. *guaricha,* niño, joven).
I. 1. m. y f. *Ve.* Hombre o mujer jóvenes.

guaricongo.
I. 1. m. *Ve.* Lagartija que tiene la cola dos veces más larga que el cuerpo y es de coloración variable. (Teiidae; *Cnemidophorus lemniscatus*).

guarida.
I. 1. f. *RD, PR, Ec, Pe.* Sitio donde se reúnen maleantes. delinc.

2. *PR.* **guardia,** sitio donde se consume droga.

guarifái. (Del ingl. *forty five,* cuarenta y cinco).
I. 1. f. *Ni.* Revólver del calibre 45.

2. *Ni.* metáf. Pene. tabú; pop + cult → espon.

guarifaifa.
I. 1. f. *Ch.* Cosa sin importancia, rebuscada o difícil de describir o nombrar. pop.

guariguari.
I. 1. m. *Pa.* Lengua producto de la mezcla del inglés, afroantillano, español y francés, empleada por los inmigrantes radicados *especialmente en las provincias de Colón y Bocas del Toro.*

guarilaco.
I. 1. m. *Co.* Trago de aguardiente. pop ^ fest. (**guarilaque**).

guarilaque.
I. 1. *Co.* **guarilaco.**

guarimba.
I. 1. f. *Ve. En los juegos infantiles,* lugar en el que los jugadores se ponen a salvo de una persecución.

II. 1. f. *Gu.* Ritmo musical que se hace con la **marimba**; es originario de Guatemala.

guarín, -na.
I. 1. m. y f. *Mx.* Indígena que no habla español.
2. adj. *Mx. Referido a persona*, boba, tonta.
II. 1. adj/sust. *ES. Referido a persona*, alcoholizada.

guarino.
I. 1. *RD.* **carau**, ave.

guariola.
I. 1. f. *Ni.* Corte de maleza de un terreno pequeño.

guaripa.
I. 1. f. *Mx.* Sombrero rústico de copa y alas cortas.

guaripirol.
I. 1. *ES.* **guaro**, aguardiente.

guaripola.
I. 1. f. *Bo, Ch; Pe*, p.u. Bastón adornado con cintas en una punta y con una bola metálica en la otra, usado por los directores de las bandas musicales para guiar el conjunto.
2. m-f. *Ch.* Persona que lleva una guaripola y que encabeza y dirige un desfile.
II. 1. f. *Py, Ar:NE.* Aguardiente de caña.
III. 1. sust/adj. *Pe.* Persona tonta, necia. pop.
▶ **llevar la ~.**

guaripolazo.
I. 1. m. *Ch.* Trago o consumo de alcohol o droga en dosis tal que se alcanza rápidamente un estado de embriaguez o de euforia. pop.

guaripolera.
I. 1. f. *Pe, Bo. En desfiles cívicos*, muchacha vestida con uniforme militar de fantasía que desfila junto con otras mientras agita rítmicamente la **guaripola** al son de la música. (**huaripolera**).

guaripolero, -a.
I. 1. m. y f. *Pe, Bo.* Persona, *generalmente joven*, que dirige el paso de un desfile cívico con la **guaripola**. (**huaripolero**).
2. *Bo.* Tambor mayor que dirige una banda musical por las calles, dando el compás.

guarique.
I. 1. m. *Pe.* **huarique**, escondrijo.
2. *Pe.* **huarique**, restaurante.

guariquetén.
I. 1. *RD.* **guariquitén**, casa rústica.
II. 1. *RD.* **guariquitén**, recipiente.

guariquitén. (De or. ind. antillano).
I. 1. m. *RD, PR.* **Bohío** de pequeño tamaño y techo bajo *que generalmente se utiliza como refugio*. rur. (**guarequetén**).
II. 1. m. *RD.* p.u. Recipiente hecho de palos y cañas donde se deposita la **yuca** rallada. rur. (**guariquetén**).

guarisapo.
I. 1. m. *Ch.* **gusarapo**, renacuajo.

guarisnaque.
I. 1. m. *Ch.* Garganta de una persona. pop + cult → espon.
2. *Ch.* obsol. **guarisnaqui**. pop.
II. 1. m-f. *Ch.* Persona insignificante, tonta. pop + cult → espon ^ desp.

guarisnaqui.
I. 1. m. *Ch.* Bebida alcohólica, *generalmente de mala calidad*. (**guarisnaque; guarisñaqui**).

guarisñaqui.
I. 1. *Bo.* **guarisnaqui**.

guaristolis.
I. 1. m. *CR.* Bebida alcohólica. pop ^ fest.

guaritoto.
I. 1. m. *Ve.* **pringamoza**, bejuco.

guariuba.
I. 1. f. *Pe.* **moral bobo**.

guarizama. (De *Guarizama*, pueblo hondureño del departamento de Olancho).
I. 1. m. *Gu, Ho, ES.* Machete largo y recto, con corte por un solo lado, que se utiliza en las labores del campo.
2. *ES.* metáf. Pene. rur; vulg.
▶ **salir con el ~ desenvainado.**

guarizo.
I. 1. *Pe.* **huarizo**.

guarme.
I. 1. f. *Co:SO.* Mujer diligente en las tareas domésticas.

guarniel.
I. 1. m. *Co.* Bolsa de cuero con varias divisiones en forma de fuelle que se lleva cruzada al pecho.

guaro. (Sínc. de *guarapo*).
I. 1. m. *Gu, Ho, ES, Ni, CR, Pa, Co, Ec.* Aguardiente elaborado con el jugo de la caña de azúcar. ◆ **guaral; guaripirol**.
2. *CR, Pa, Co; Ec*, juv; *Gu.* juv; espon ^ fest. Bebida alcohólica.
3. *Co.* Trago de aguardiente. pop.
II. 1. m. *Co:SO.* **picure**, mamífero roedor.
■
a. ‖ **~ de cabeza.** m. *Ho, CR. En una fábrica clandestina de guaro*, primer aguardiente que se destila, el cual se caracteriza por un alto contenido alcohólico.
b. ‖ **~ de lija.**
  i. m. *Ho, CR.* Aguardiente ordinario hecho de caña de azúcar.
  ii. *CR.* Aguardiente o licor de alto grado alcohólico.
c. ‖ **~ de monte.** m. *Ho.* Aguardiente fabricado clandestinamente.
d. ‖ **~ lija.** m. *Ni.* Aguardiente de baja calidad.
□
a. ‖ **vendiendo ~.** loc. adv. *Co.* Con la cremallera del pantalón abierta. pop + cult → espon ^ fest.
▶ **chupar ~; jartar ~; tener cajeta, cuchillo y ~.**

guarola.
I. 1. f. *ES.* Vehículo viejo o en mal estado.

guarolero.
I. 1. m. *ES.* Gran cantidad de vehículos viejos o en mal estado.

guarolón.
I. 1. m. *ES.* Camión o autobús viejo o en mal estado.

guarómetro.
I. 1. m. *Pa.* Alcoholímetro.

guarón.
I. 1. m. *ES, Ni.* Aguardiente con una graduación alcohólica superior a 45 grados.

guaroso, -a.
I. 1. adj. *Cu. Referido a persona*, que se relaciona con los demás rápidamente.
2. *Cu. Referido a persona*, que se toma ciertas confianzas que no le corresponden.
3. *Ni. Referido a persona*, borracha por haber bebido **guaro**.

guarro.
I. 1. *Mx.* **guarura**, guardaespaldas. pop.

guarrusca.
I. 1. f. *Co:O.* Cuchillo grande que sirve para desmontar, cortar la caña de azúcar y otros usos.

guarrusco.
I. 1. *Ec.* **ñanco**.

guarruz.
I. 1. m. *Co:C.* Bebida espesa y fermentada que se prepara con agua, azúcar y arroz.

2. *Co:N.* Sedimento de los granos del maíz en la chicha.

3. *Co:NE.* Sedimento del **masato** de arroz.

guartinaja.
   I. 1. f. *Co:N.* **tepescuintle.**

guarumal.
   I. 1. m. *Mx, ES, CR, Pa, Ec.* Sitio poblado de **guarumos**.

guarumbo.
   I. 1. *Mx.* **guarumo.**

guarumera.
   I. 1. f. *Co.* **cuncuno.**

guarumo. (De or. ind. antillano).
   I. 1. m. *Mx, Gu, Ho, ES, Ni, CR, Pa, RD, Co, Ve, Ec.* Árbol de hasta 20 m de altura, de copa abierta y extendida, hojas muy grandes y palmeadas, y flores poco vistosas; su madera se emplea en la fabricación de artesanías. (Urticaceae; *Cecropia* spp.). (**guarumbo**).
     ♦ **cetico; chancorro; guarango; jaruma; palo de zope; setico; yagruma hembra; yagrumo; yarumo.**

   ■
   a. ‖ ~ **macho.** m. *Pa.* **mangabé**, árbol.

guarura.
   I. 1. m. *Mx, Gu.* pop + cult → espon. Guardaespaldas.
     ♦ **guarro.**
   2. *Mx.* **Granadero** de la policía. pop + cult → espon.
   II. 1. f. *Ve.* Caracol de hasta 20 cm de longitud, que usado como bocina produce un sonido que se oye a gran distancia. (Unionidae; *Unio syrmatophorus*).
   2. *Ve.* Instrumento musical de viento hecho con la concha de la guarura.

guaruso, -a.
   I. 1. adj/sust. *Ni, CR. Referido a persona*, que gusta de ingerir bebidas alcohólicas. pop.
   2. *Ni, CR. Referido a persona*, que se embriaga habitualmente. pop.
   3. *Ni. Referido a persona*, borracha por haber bebido **guaro**.

guas. (De or. onomat.).
   I. 1. m. *Ho, ES.* **caracara**, ave.
   2. *Ni.* **guaz**, ave.

guasa.
   I. 1. f. *Co.* Pieza, *generalmente circular, fina y perforada*, que se usa para mantener apretados una tuerca o un tornillo, asegurar el cierre hermético de una junta o evitar el roce entre dos piezas.
   II. 1. f. *Gu, Ho, ES.* Suerte, fortuna.
   2. *Ho. En el juego de billar americano*, bola que cae a la **buchaca** por casualidad.
   III. 1. f. *Ho, ES, RD.* Conversación bulliciosa.
   IV. 1. f. *Cu, PR.* Pez marino de hasta 2 m de longitud, de cuerpo muy robusto, casi redondo, de color pardo verdoso con manchas negras y bandas transversales oscuras; es comestible. (Serranidae; *Epinephelus itajara*). ♦ **mero; mero batata.**
   V. 1. *PR.* **feca**, mentira.
   ▶ **coger de ~; dejar esa ~.**

guasá.
   I. 1. f. *Co, Ec:NO.* Instrumento musical de percusión consistente en un canuto de **guadúa** con semillas duras en el interior. (**guaza; guazá**).

guasabara.
   ▶ **tener ~.**

guasábara. (De or. ind. antillano).
   I. 1. f. *RD.* Conflicto, enfrentamiento. (**guazábara**).
   2. *PR.* Motín, tumulto, gritería. pop + cult → espon. (**guazábara**).
   II. 1. f. *RD.* Planta de hasta 3 m de altura, sus ramas enredadas forman una maraña y posee espinas de

gran tamaño. (Cactaceae; *Cylindropuntia caribaea*). (**guazábara**).
   2. *PR.* Árbol de hasta 12 m de altura, de corteza y flores blancas, que producen una baya de color púrpura oscura; su madera se usa para combustible. (Melastomaceae; *Mouriri dominguensis*). ♦ **guayabacón.**

guasabarilla.
   I. 1. *PR.* **guasabarillo.**

guasabarillo.
   I. 1. m. *PR.* Variedad de **guasábara**, árbol de pequeño tamaño. (**guasabarilla**).

guasabear.
   I. 1. intr. *Cu.* Bromear, intercambiar burlas o chistes. pop.
   2. *Cu.* Establecer un intercambio amoroso entre dos personas sin llegar al coito.

guasabeo.
   I. 1. m. *Cu.* Diversión intensa, jolgorio. pop.
   2. *Cu. En el juego amoroso*, coqueteo inicial que se establece entre dos personas. pop.

guasacaca.
   I. 1. f. *Ve.* Salsa espesa que se prepara con **ají**, aguacate, cebolla, perejil, aceite y vinagre; se usa para rellenar **arepas** y para acompañar la carne guisada.

guasada.
   I. 1. f. *Bo, Ar, Ur.* Grosería o acción descortés e irrespetuosa. pop + cult → espon. (**huasada**). ♦ **guasería.**
   II. 1. f. *Bo:E.* Exageración de algo.

guasamaco, -a.
   I. 1. adj. *Ch. Referido a persona*, que tiene pocas habilidades sociales. pop + cult → espon. (**huasamaco**).
   2. *Ch. Referido a persona*, tímida. pop + cult → espon. (**huasamaco**).

guasamaya.
   I. 1. *Pe.* p.u. **guasamayeta.**

guasamayeta.
   I. 1. f. *Co:N; Pe*, p.u. Pene. tabú; pop + cult → espon.

guasamayete.
   I. 1. m. *Ec.* p.u. **guasamayeta.**

guasana.
   I. 1. f. *Mx.* Garbanzo de color verde que se come tostado.

guasancho, -a.
   I. 1. adj. *Ar:NO. Referido a una caballería*, que tiene el lomo arqueado en forma convexa. pop.

guasanga.
   I. 1. f. *Cu, Ve.* Ruido de muchas voces juntas, *que por lo común nace de alegría*.
   2. *Ho, ES.* Conversación bulliciosa.
   3. *Cu.* Diversión, jolgorio. pop.

guasapa.
   I. 1. f. *ES, Ni.* Peonza pequeña hecha artesanalmente.

guasapo, -a.
   I. 1. adj. *Ho, ES. Referido a animal o persona*, de pequeña estatura.
   2. *Gu.* **guazapo.**

guásara.
   I. 1. f. *RD.* Árbol de hasta 20 m de altura, con ramas de color marrón, flores blancas y rosadas, fruta pequeña de color amarillo-rojizo cuya semilla está recubierta de una pequeña porción de pulpa comestible; la madera, fuerte y pesada tiene diversos usos y con los frutos se hacen jaleas y dulces. (Myrtaceae; *Eugenia floribunda*).

guasasa.
   I. 1. f. *Cu.* Mosca pequeña que se desplaza en enjambre. (Chloropidae; *Liohippelates* spp.).

guasasera.
    I. 1. f. *Cu.* Abundancia de **guasasas**.

guasasero.
    I. 1. m. *Cu.* **guasasera**.

guasaya. (Del nahua *uatza*, secarse).
    I. 1. f. *Ho, Ni.* Dos mazorcas atadas entre sí con la **tuza**.
    2. *Ho.* Dos frutos que comparten la misma cáscara.

guasca. (Del quech. *wuskhu*, cuerda, soga).
    I. 1. f. *RD, Pe, Bo, Ch, Py, Ar, Ur.* Látigo corto *generalmente de cuero*, que se emplea para azuzar a una cabalgadura. rur. (**huasca**).
    2. *Ec, Ch, Ar, Ur.* Tira de cuero sin curtir que se emplea en diversas tareas propias del campo. rur.
    3. *Ar.* Arreos de las caballerías. rur.
    4. *Bo:C,O.* Ramal de cuero o soga que se emplea como látigo. pop + cult → espon.
    5. *Bo:C,O.* Rama que sirve de cuerda o de látigo. pop + cult → espon.
    6. *Bo:C,O.* Serie de golpes dados con la **guasca** o con cualquier otro medio o instrumento. pop + cult → espon.
  II. 1. f. *Pa, Ch, Py, Ar, Ur.* Pene. tabú; pop + cult → espon. (**huasca**).
    2. *Ar.* Semen. vulg.
  III. 1. f. *Co.* Hierba de hasta 60 cm de altura, con hojas compuestas, de márgenes serrados, y florecitas pequeñas; se usa para aromatizar el **ajiaco**. (Asteraceae; *Galinsoga urticaefolia*).
    2. *Co.* **guaco**, planta enredadera.
  IV. 1. *Pe.* **huasca**, borrachera. pop.
    2. *Pe.* **huasca**, borracho. pop.
  V. 1. *Co.* **música guasca**.
  ▶ **dar ~; dar como ~.**

guascazo.
    I. 1. m. *RD, Pe, Bo:C,O, Py, Ur; Ch,* pop + cult → espon. Golpe dado con una **guasca** o látigo. pop. (**huascazo**).
    2. *Co.* Golpe que recibe alguien de otra persona o cuando se cae. pop.
  ▶ **aguantar el ~.**

guaschalocro.
    I. 1. m. *Ar:C,NO.* Plato parecido al **locro**, preparado con escasa condimentación.

guaschin.
    I. 1. m. *Ar:NO.* Árbol de gran tamaño cuyo fruto es una vaina grande, negra y muy dulce semejante a la algarroba. (Fabaceae; *Prosopis elata*). ♦ **quiscataco**.

guascolote.
    I. 1. *Ni.* **nacascolo**, árbol.

guasdua.
    I. 1. *Ve.* **guadua**.

guasear.
    I. 1. intr. *Mx.* Bromear *alguien*. pop + cult → espon.

guasería.
    I. 1. *Bo, Ar:NO.* **guasada**. (**huasería**).

guasero, -a.
    I. 1. adj/sust. *Gu, ES. Referido a persona*, guasona, bromista.
  II. 1. adj/sust. *Gu, ES. Referido a persona*, que tiene suerte, fortuna.

guasgüín.
    I. 1. m. *Co.* Arbusto de hasta 1 m de altura, de hojas pequeñas, aplicadas al tallo, cubiertas de pelos blanquecinos, y florecitas agrupadas en cabezuelas que aparecen cubiertas por una lana blanca. (Asteraceae; *Senecio ledifolius*).

guash. (Voz chiapaneca).
    I. 1. *Mx:SE.* **guaje**, planta cucurbitácea.

guashca.
    I. 1. f. *ES.* Mentira.

guasho. (Del ingl. *watch*).
    I. 1. m. *Gu.* Reloj de pulsera. (**washo**).

guáshpira.
    I. 1. f. *ES.* Mentira.

guashquero, -a.
    I. 1. adj. *Gu. Referido a persona o cosa*, corriente o común, no extraordinaria. (**guasquero; huasquero**).

guashuma.
    I. 1. f. *ES:O.* Cometa.

guasicama. (Del quech. *huasi*, casa, y *camayok*, guardador).
    I. 1. m-f. *Ec:C.* Persona, *generalmente indígena*, encargada de cuidar una casa de hacienda.

guasicamía.
    I. 1. f. *Ec:C.* p.u. Oficio del guardián indígena de una casa de hacienda.

guásima. (De or. ind. antillano).
    I. 1. f. *Cu, RD, PR, Co, Ve.* **guásimo**. (**guázuma**).
  II. 1. f. *Gu.* Machete. rur.
  ■
    a. ‖ **~ cereza.** f. *Cu.* **capulí**.
  ▶ **comerse la ~.**

guasimal.
    I. 1. m. *Mx, Ni, Cu, Ve.* Sitio poblado de **guásimos**. (**guacimal**).

guasimilla.
    I. 1. f. *PR.* Árbol de hasta 12 m de altura, de corteza lisa de color castaño, copa amplia, y flores en racimos. (Ulmaceae; *Trema micranthra*).

guásimo.
    I. 1. m. *Mx, Gu, Ho, ES, Ni, Pa, PR, Co, Ve.* Árbol de hasta 20 m de altura, de copa redonda y frondosa, hojas de margen aserrado y flores fragantes de color amarillo, agrupadas en racimos cortos; tiene diversos usos en medicina tradicional. (Sterculiaceae; *Guazuma ulmifolia*). (**guacima; guácima; guácimo; guásima; guasmo; guázuma**). ♦ **caulote; morrero; palote negro; pixoy; tablote; tapaculo; yaco granadillo**.
    2. *PR, Ve.* Fruto del guásimo, globoso, duro y de color negro; es comestible. ♦ **caulote**.

guasinuco.
    I. 1. m. *PR.* **cubera**. (Lutjanidae; *Lutjanus pargus*).

guasiruca.
    I. 1. f. *Ni.* Muchacha bonita.

guasirulo, -a.
    I. 1. adj. *ES. Referido a persona*, forastera.

guasmazo.
    I. 1. m. *Ni.* Golpe fuerte, porrazo.

guasmear.
    I. 1. tr. *Ni.* obsol. Golpear a *alguien*.

guasmeco, -a.
    I. 1. adj. *Ni. Referido a persona*, tonta.

guasmo.
    I. 1. *Ec.* **guásimo**, árbol.

guaso.
    I. 1. m. *Ec.* Instrumento musical de percusión consistente en un canuto de **guadua** con semillas duras en el interior.

guaso, -a.
    I. 1. adj/sust. *Ec, Pe; Bo, Ch,* p.u. *Referido a persona*, inculta y de modales rústicos. pop + cult → espon ^ desp. (**huaso**).
    2. *Bo, Py, Ar, Ur. Referido a persona*, grosera, descortés. pop + cult → espon ^ desp. (**huaso**).
    3. adj. *Ch.* p.u. **huaso**, persona vergonzosa. pop + cult → espon.

4. m. y f. *Ch.* **huaso**, persona del campo.
5. adj. *Ch.* p.u. **huaso**, relativo a los tipos tradicionales. rur.

guasoncle.
 I. 1. *Mx.* **huauzontle**.

guasontle.
 I. 1. *Mx.* **huauzontle**.

guasoquiar. (Del muisca *zhiguasuca*, desherbar).
 I. 1. tr. *Co:C.* Desherbar un terreno. rur.

guaspete.
 I. 1. m. *Ec.* p.u. Aguardiente que se elabora con el jugo de la caña de azúcar. pop + cult → espon.

guáspira.
 I. 1. *ES.* **guáshpira**.

guaspirolazo.
 I. 1. *Ho, Ni.* **caspirolazo**.
 II. 1. m. *Ni.* Golpe.

guasqueada.
 I. 1. f. *Co.* Vómito. pop.

guasqueado, -a.
 I. 1. adj. *Ch. Referido a persona*, borracha. pop + cult → espon. (**huasqueado**).

guasquear(se).
 I. 1. tr. *Bo, Ch, Ar.* Dar golpes con una **guasca** o látigo a un animal. pop + cult → espon. (**huasquear**).
 2. *Bo:C,O, Ar.* Golpear a *alguien*. pop.
 II. 1. intr. prnl. *Co.* Vomitar. pop.
 III. 1. intr. prnl. *Pe.* Emborracharse. pop.
 2. *Ch.* **huasquearse**, consumir alcohol en forma desmedida. pop.
 IV. 1. tr. *Ur.* Usar mucho *algo, especialmente una prenda de vestir.* pop + cult → espon.
 V. 1. tr. *Ur.* Humillar a *alguien* o herir su dignidad. pop + cult → espon.

guasquero, -a.
 I. 1. *Gu.* **guashquero**.

guasquila.
 I. 1. f. *Co:O.* **güisquil**.

guasquilla.
 I. 1. f. *Ar, Ur.* **guasca** o tira de cuero muy fina que se utiliza para atar. rur.

guastana.
 I. 1. f. *Ar:NO.* Palillo con un extremo almohadillado y recubierto de cuero o tela, con que se golpea el tambor.

guastarse.
 I. 1. intr. prnl. *Ar:C.* Caerse o golpearse fuertemente contra el suelo. pop.

guaste.
 I. 1. *Ho.* **aiguaste**, semilla.

guasteco, -a.
 I. 1. adj. *Ch.* p.u. *Referido a persona*, inculta y de modales rústicos. pop + cult → espon ^ desp. (**huasteco**).
 2. m. y f. *Ch.* p.u. Persona del campo. pop + cult → espon ^ desp. (**huasteco**).

guastomatal.
 I. 1. m. *CR:NO.* Terreno sembrado de **guastomate**.

guastomate.
 I. 1. *Ni, CR:NO.* **güitumbillo**, arbusto.
 2. m. *Ni, CR:NO.* Fruto de este arbusto, tipo drupa, de color morado oscuro o casi negro cuando está maduro.

guasusa.
 I. 1. m-f. *ES.* Persona ambiciosa. polic.

guasuvirá.
 I. 1. m. *Py.* Venado pequeño, de piel suave y color grisáceo, marrón claro o rojizo. (Cervidae; *Mazama* spp.).

guata.
 I. 1. f. *Ec, Pe, Bo, Ch, Ar:C,NO.* Barriga, vientre, panza. pop + cult → espon. (**huata**; **wuata**).
 2. *Ch.* Intestino de una **res**.
 3. f. pl. *Ch.* Guiso o sopa hechos con los intestinos y la panza de **res**.
 4. f. *Ch.* metáf. Curva, comba o abultamiento que se forma en una superficie. pop + cult → espon.
 5. *Ec.* Panza de **res**.
 6. *Ec.* **guatita**.
 II. 1. f. *Co.* **equis**.
 2. *Ve.* Serpiente de hasta 90 cm de longitud, de coloración muy parecida a la de un tigre, tiene el dorso de color crema a café grisáceo. (Colubridae; *Leptodeira annulata*).
 III. 1. f. *Ch.* Mujer joven de clase social baja o poco nivel cultural, *especialmente la de conducta sexual desinhibida.*
 IV. 1. f. *CR.* Agua. pop + cult → espon.
 □
  a. ‖ **como la ~ al aire.** loc. adv. *Ch.* Con el vientre o abdomen al descubierto. pop + cult → espon.
  b. ‖ **de ~.** loc. adv. *Pe, Bo, Ch.* De bruces, boca abajo. pop + cult → espon.
  c. ‖ **de ~ al sol.** loc. adv. *Ch.* En posición acostada, boca arriba. pop + cult → espon ^ desp.
  d. ‖ **~ de callo.** loc. sust. *Ch.* Persona que se comporta de una manera sumisa o servil con otra. pop + cult → espon ^ desp. ♦ **guata de foca.**
  e. ‖ **~ de foca.** *Ch.* **guata de callo.** pop.
  f. ‖ **~ de lápiz.** loc. sust. *Ch.* Persona que no tiene grasa abdominal, delgada. pop ^ fest.
 ▶ **caer como patada en la ~; echar ~; jurar de ~; rascarse la ~.**

guatabe.
 I. 1. m. *RD.* Planta de hasta 4 m de altura, trepadora, de ramas vellosas y flores amarillas; el fruto es una legumbre aovada, de color rojo con franjas negras; se le atribuyen propiedades afrodisíacas. (Fabaceae; *Rhynchosia pyramidalis*). ♦ **pimandé.**

guatabito.
 I. 1. m. *RD.* Planta herbácea de hasta 1,5 m de altura, con flores escasas, moradas o rosáceas, ramas muy abundantes y vellosas, hojas lanceoladas y fruto en legumbre con forma de riñón. (Fabaceae; *Galactia striata*).

guataca.
 I. 1. f. *Mx.* Cabeza humana.
 2. *Cu, RD.* Oreja de una persona. pop.
 II. 1. f. *Mx.* Músico empírico que no puede leer partituras.
 III. 1. f. *Cu.* Azada corta que se usa para labrar un terreno por primera vez o quitarle los hierbajos.

guatacare.
 I. 1. m. *Ve.* Árbol de hasta 6 m de altura, de hojas alternas y flores blancas con cáliz acampanado, y fruto en drupa; su madera es resistente y flexible. (Boraginaceae; *Beureria cumanensis*). (**guatacaro**).

guatacaro.
 I. 1. *Ve.* **guatacare.**

guatacazo.
 I. 1. m. *RD, Ch.* Golpe fuerte y estruendoso que produce una persona al caer. pop + cult → espon.

guataco.
 I. 1. m. *Co.* Lagarto de hasta 90 cm de longitud, con una gran excrecencia cutánea en forma de mitra en la región occipital, patas largas y afiladas garras, las posteriores están provistas de unos lóbulos dérmicos que funcionan como aletas y aumentan la superficie de apoyo sobre el agua. (Corytophanidae; *Basiliscus basiliscus*). ♦ **cherepo; gallego; moracho; pasarríos; pasarroyos.**

II. 1. m. *Ve.* Juego infantil que consiste en solucionar una adivinanza propuesta por un jugador que colocado en el centro del grupo hace de jefe y lleva una correa en la mano; el que adivina toma la correa y persigue a los otros para azotarlos con ella.

guataco, -a.
   I. 1. adj. *Ch.* p.u. *Referido a persona*, gorda. pop ^ fest.
   II. 1. *Cu.* **guatacón.**

guatacón, -na.
   I. 1. sust/adj. *Cu.* Persona aduladora. (**guataco**).

guatacona.
   ▶ **parar la ~; parar las ~s.**

guataje.
   I. 1. m. *Ch.* Cantidad de vatios o potencia de una bombilla, sistema o aparato eléctrico.

guatal.
   I. 1. m. *Mx:SE, Gu, Ho.* Conjunto de arbustos, matas y hierbas que pueblan un terreno que ya ha sido cultivado. (**huatal**).
   2. *Gu, Ho, ES, Ni.* Terreno no cultivado cubierto de malezas.
   3. *Ho, ES, Ni.* Cultivo de **guate**. ◆ **guatelera**.

guatalear.
   I. 1. intr. *Gu, Ho, ES.* Limpiar un terreno de malezas para ser cultivado.
   2. *Ho.* Cortar **guate** para el ganado.

guataleo.
   I. 1. m. *Ho.* Limpieza de maleza de un terreno.

guatalera.
   I. 1. f. *Ho, ES.* **guatal**.

guatalería.
   I. 1. f. *Ho.* Conjunto de **guatales**.

guatamare.
   I. 1. m. *Ve.* Árbol de hasta 20 m de altura, frondoso, de flores blancas, el fruto es una legumbre plana; su madera, de gran dureza, se usa para fabricar vigas. (Fabaceae; *Myrospermum frutescens*).

guatambú.
   ■
   a. ‖ **~ amarillo.**
     i. m. *Py, Ar.* Árbol de hasta 18 m de altura, corteza de color amarillento a rojizo, hojas simples y flores pequeñas de color blanco verdoso. (Apocynaceae; *Aspidosperma australe*).
     ii. *Ar.* Madera del guatambú amarillo, de color amarillo a amarillo ocráceo, semidura; muy utilizada en carpintería.
   b. ‖ **~ blanco.**
     i. m. *Ec, Py, Ar.* Árbol de hasta más de 25 m de altura, con corteza de color pardo ceniciento, copa semiglobosa y flores pequeñas de color blanco verdoso. (Rutaceae; *Balfourodendron riedelianum*).
     ii. *Py, Ar.* Madera de este árbol, de color claro, semidura; muy utilizada en carpintería.

guatana.
   I. 1. f. *Ar.* Tiento que sustituye al freno de la caballería para acostumbrar al animal sin lastimarlo. rur.

guatanero.
   I. 1. sust/adj. *Ve:E.* Hombre que ayuda a un cazador o pescador y recibe a cambio parte de las presas.

guatapaná.
   I. 1. m. *RD, PR.* Árbol de hasta 10 m de altura, espinoso y ramoso, con hojas bipinnadas, inflorescencia panicular, flores pequeñas de color crema y fruto, una legumbre plana y carnosa con varias semillas; tiene propiedades medicinales. (Fabaceae; *Caesalpinia coriaria*). ◆ **agallo**.

guatapanare.
   I. 1. m. *Ve:E.* **tara**, arbusto.

guatapanazo.
   I. 1. m. *PR.* Golpe fuerte que recibe una persona al caer.

guatapique.
   I. 1. m. *Ch.* Pequeño detonante elaborado con pólvora que, al ser golpeado, produce un ruido fuerte y seco.
   2. *Ch.* Explosivo de baja potencia.
   ▶ **sonar como ~.**

guatapo.
   I. 1. m. *PR.* Hombre de baja estatura. pop + cult → espon.
   II. 1. *PR.* **guanime**, panecillo de maíz. rur.

guataquear.
   I. 1. tr. *Cu, RD.* Adular interesadamente a *alguien*. pop.
   II. 1. tr. *Cu.* Limpiar o desbrozar un terreno con la **guataca**.

guataqueo.
   I. 1. m. *Cu.* Operación que consiste en eliminar las malas hierbas de un terreno.
   2. *Cu.* Comportamiento de la persona que adula por interés. pop.

guataquería.
   I. 1. f. *Cu, RD.* Lisonja, adulación. pop.

guatavo.
   I. 1. m. *RD.* Planta trepadora o rastrera, pubescente, de tallos angulosos, flores de color amarillo y fruto en legumbre. (Fabaceae; *Rhynchosia reticulata*).

guatazo.
   I. 1. m. *Ch.* Caída de bruces. pop.
   2. *Ch.* Golpe dado con el vientre al caer en el agua.
   3. *Ch.* Frustración producida por una desilusión inesperada.

guate. (Del nahua, afér. de *ahuatl*, espina o vello que cubre algunas plantas).
   I. 1. m. *Ho, Ni; CR*, rur. Maíz sembrado de manera muy tupida que se aprovecha solo como forraje. (**huate**).
   2. *Ho, CR.* **ahuate**, espina o vello.
   II. 1. m. *RD.* Uso prolongado y excesivo que se hace de una cosa. pop + cult → espon.
   □
   a. ‖ **~ pajarito.** loc. sust. *Ve.* Planta parásita que limita la capacidad productiva de ciertas plantaciones. (Loranthaceae; *Pitirusa pyrifolia*).
   ▶ **comprar a precio de ~ mojado; dar ~; quedar en ~; vender a precio de ~ mojado.**

guatear(se).
   I. 1. intr. prnl. *Ch.* Sufrir *alguien* una frustración. pop + cult → espon.
   2. intr. *Ch.* Perder *algo* intensidad o calidad. pop.
   3. tr. *Ch.* Malograr, estropear *algo*. pop + cult → espon.
   4. intr. prnl. *Ch.* Malograrse, estropearse *algo*. pop + cult → espon.
   5. *CR.* No llegar a cuajar el fruto de una mata de maíz. rur.
   II. 1. tr. *Ar:NO.* Asar carne, *especialmente de una ternera*, envuelta en su cuero, en un hoyo tapado o en un horno cerrado. rur.
   III. 1. *Ch.* **achiguarse**. pop + cult → espon.
   IV. 1. tr. *Ni.* Alimentar el ganado con **guate**. rur.
   V. 1. intr. prnl. *CR.* Limpiar o refrescar el cuerpo *alguien* haciendo caer sobre él agua en forma de chorro o de lluvia. pop + cult → espon.

guateleo.
   I. 1. m. *Ho.* Corte del **guate**.

guatemalidad.
   I. 1. f. *Gu.* Identidad guatemalteca. ◆ **guatemaltequidad; guatemaltequismo**.

guatemaltequidad.
    I. 1.   *Gu.* **guatemalidad.**

guatemaltequismo.
    I. 1.   m. *Gu, Ni.* **guatemalidad.**
    2.   *Ho, Ni.* Vocablo, locución o expresión propia de los guatemaltecos.

guateoso, -a.
    I. 1.   adj. *Ch. Referido a cosa,* mediocre, de poca calidad o que se ha deteriorado. pop.

guateque.
    I. 1.   m. *Cu, Ec:O.* obsol. Fiesta campesina en la que se canta y se baila. pop.

guáter. (Del ingl. *water closet*).
    I. 1.   *Ve; Ch, Py.* pop. Pieza sanitaria, *generalmente de loza,* que se utiliza para orinar y evacuar el vientre.
    2.   m. *Ch.* metáf. Automóvil viejo y destartalado. pop ^ desp.
    3.   *Ec.* Cuarto de baño. pop.

guatera.
    I. 1.   f. *Gu, ES.* Siembra espesa de maíz para **guate.**
    II. 1.   f. *Ho, CR:NO.* Campo sembrado de **guate,** maíz. rur.

guatero.
    I. 1.   m. *Ch.* Bolsa de material flexible que, llena de agua caliente, *se usa para calentar la cama o alguna parte del cuerpo.*

    □
    a. ‖ **~ con uñas.** m. *Ch.* Persona que da calor a otra persona y la ayuda a combatir el frío en la cama. pop + cult → espon ^ fest.
    b. ‖ **~ espacial.** m. *Ch.* juv. Vino de poca calidad presentado en un envase de cartón impermeabilizado y cerrado herméticamente. pop ^ fest.

guatia.
    I. 1.   f. *Ch:NO, Ar:NO.* Reunión popular en la que se come guatia o **huatia.** rur. ♦ **guatiada.**
    2.   *Ar:NO.* Carne, *especialmente de una ternera,* asada en su cuero en un hoyo tapado o en un horno cerrado. rur. ♦ **guatiada.**
    3.   *Bo, Ch.* **huatia,** comida o guiso.

guatiada.
    I. 1.   f. *Ar:NO.* **guatia,** carne.
    2.   *Ar:NO.* **guatia,** reunión.

guatiao.
    I. 1.   adj. *PR.* p.u. *Referido a persona,* que tiene con otra una relación de amistad o está aliada con ella y para simbolizarlo intercambian sus nombres. (**guaitiao; guaytiao**).

guatíbere.
    I. 1.   m. *RD, PR.* Ave de hasta 23 cm de longitud, de color pardo o grisáceo en la parte superior, con una mancha naranja en la cabeza, blanco amarillento en el vientre; pico negro. (Tyrannidae; *Tyrannus dominicensis*). (**guatívere**). ♦ **pestigre; pitirre.**
    2.   *Cu.* Ave de hasta 23 cm de longitud, de color negro en la parte superior, blanco ceniciento en el vientre, tono amarillento en las axilas, y alas parduscas. (Tyrannidae; *Tyrannus caudifasciatus*). (**guatíbero**). ♦ **clérigo; manjuila; pitirre guatíbere.**

guatíbero.
    I. 1.   *Cu.* **guatíbere.** (Tyrannidae; *Tyrannus caudifasciatus*).

guatila.
    I. 1.   f. *Co.* **güisquil,** planta.
    2.   *Co.* Fruto de esta planta, de hasta 15 cm de longitud, de forma acorazonada, cáscara rugosa con estrías longitudinales y pulpa amarilla; es comestible en ensaladas, sopas y dulces.

guatín.
    I. 1.   *Co, Ec.* **picure,** mamífero roedor.

guatinaja.
    I. 1.   m. *Ho, Ni, CR.* **guardatinaja.**

guatipoti.
    I. 1.   sust/adj. *Ch.* p.u. Persona de vientre y nalgas de gran tamaño. pop ^ fest.

guatita.
    I. 1.   f. *Ec.* Guiso elaborado con librillo picado en salsa de **maní;** *se acompaña generalmente con arroz blanco o papas, y aguacate.* (**guata**).

guatitas.
    I. 1.   f. pl. *Ch.* Pedazos de estómago de vacuno destinados al consumo humano.
    2.   *Ch.* Plato que se prepara con pedazos de estómago de vacuno y con caldo de verduras.

guatívere.
    I. 1.   *PR.* **guatíbere.** (Tyrannidae; *Tyrannus dominicensis*).

guato.
    I. 1.   m. *Pe:S, Bo, Ar.* Correa, tira o cordón que sirve para atar. (**huato**).
    2.   *Ar:NO.* Tira de **chala** con que se atan la **humita** o el **tamal.** (**huato**).
    II. 1.   m. *Mx.* Número considerable de cosas. pop + cult → espon.
    III. 1.   m. *ES.* Porción pequeña de algo, en especial marihuana.
    2.   *ES.* Una **libra** de marihuana. drog.
    IV. 1.   m. *CR.* p.u. Perro, animal canino. pop + cult → espon ^ fest.

    ■
    a. ‖ **~ de a quinto.** m. *ES.* Cinco colones de marihuana. drog.

guato, -a. (Afér. de *chachaguato*).
    I. 1.   adj. *Ch.* metáf. *Referido a cosa,* que sufre una curva, comba o abultamiento en su superficie. pop.
    II. 1.   m. y f. *Ho.* Mellizo, gemelo, dos personas nacidas en el mismo parto, *especialmente cuando proceden del mismo óvulo.* rur; pop.

guatón.
    I. 1.   m. *Ch.* obsol. Caramelo de forma esférica o convexa con los extremos curvados.
    ▶ **tener ~.**

guatón, -na.
    I. 1.   adj/sust. *Ec, Pe, Bo, Ch, Ar:C,NO. Referido a persona,* barrigona. pop + cult → espon. (**huatón**).
    2.   adj. *Ch. Referido a cosa,* más ancha de lo normal. pop + cult → espon.

guatoró.
    I. 1.   m. *Bo. Entre los chiquitanos,* juego practicado en algunas festividades, que consiste en golpear una pelota con la cabeza, pasándosela de unos a otros, procurando que no caiga al suelo.
    II. 1.   m. *Bo.* Música de los aborígenes de la región de San José de Chiquitos, muy semejante al **taquirari,** pero de cadencia y melodía más simple.

guatrapear.
    I. 1.   intr. *Cu.* Ir un caballo al trote.
    II. 1.   tr. *Cu.* obsol. Hacer toda clase de gestiones *para conseguir algo determinado.*

guatrapeo.
    I. 1.   m. *Cu.* Trote de un caballo.
    II. 1.   m. *Cu.* Conjunto de gestiones que se hacen para conseguir algo que escasea en el mercado.

guatusa. (Del nahua *cuahuitl,* árbol, y *tozan,* tuza o rata).
    I. 1.   f. *Mx, Ho, ES, Ni, CR, Ec.* Roedor de hasta 66 cm de longitud, de cuello corto y grueso, tronco ro-

busto y curvo, cola poco desarrollada, extremidades largas y delgadas, pelaje largo, liso y brillante de color café rojizo, salpicado de negro en el dorso y la rabadilla. (Dasyproctidae; *Dasyprocta punctata*). (**guatuza**). ◆ **cereque; cherenga; gato de agua; uco.**

II. 1. f. *Ni.* Gesto ofensivo que se hace metiendo el dedo pulgar entre el índice y el dedo corazón. (**guatuza**).

guatusero, -a.
   I. 1. adj. *Ni. Referido a persona*, hipócrita.

guatuso, -a.
   I. 1. adj. *Ho, Ni. Referido a persona*, de pelo rojizo.

guatuza.
   I. 1. *Ho, ES, Ni, CR, Ec.* **guatusa**, roedor.
   II. 1. f. *Ho.* Mentira. rur.
   III. 1. *Ni.* **guatusa**, gesto ofensivo.
   ▶ hacer la ~; ser ~.

guau.
   I. 1. *Mx.* **guardalagua**.

¡guau!
   I. 1. interj. *Mx, Ho, ES, Ni, RD, Bo; PR, Ec, Py*, juv. Expresa asombro, admiración o sorpresa.

guauce.
   I. 1. m. *ES.* **guaco**, ave rapaz.

guauro.
   I. 1. m. *RD, PR.* Especie de **bejuco** de flores pequeñas de color blanco. (Asclepiadaceae; *Metastelma filiforme*).
   2. *PR.* **Bejuco** de terrenos arenosos y arcillosos; tiene aplicaciones medicinales. (Apocynaceae; *Gonolobus pubescens*).

guausoncle.
   I. 1. *Mx.* **huauzontle**.

guaute.
   I. 1. m. *Mx.* **alegría**.

guavaberry.
   I. 1. m. *RD.* Bebida alcohólica que se prepara con el fruto del **arrayán**, ron, frutos secos y especias; es una bebida tradicional en San Pedro de Macorís.

guavairo.
   I. 1. *PR.* **guabairo**.

guávara.
   I. 1. m. *PR.* Camarón de río.

guavina.
   I. 1. f. *Pe.* Pez de río, de cuerpo robusto con un arco pronunciado en el dorso, aletas en forma trapezoidal, y color plateado con líneas claras y oscuras a lo largo de las escamas. (Sciaenidae; *Ctenosciaena* spp.).
   2. *Ni.* **guabina**, pez de agua dulce.
   3. *PR.* **doncella**, pez marino.

guavirá.
   I. 1. m. *Bo, Py.* **guabirá**, árbol y fruto.

guaviyú.
   I. 1. *Py, Ar:NE.* **guabiyú**.
   2. m. *Ur.* Árbol de hasta 8 m de altura, muy ramificado, corteza caediza, hojas terminadas en una aguda espina, y flores blancas. (Myrtaceae; *Myrcianthes pungens*).
   3. *Ur.* Fruto del guaviyú, de textura aterciopelada, globoso y de color negro violáceo. (Myrtaceae; *Myrcianthes pungens*).

guaxmole. (Del nahua *huaxin*, guaje, y *molli*, mole).
   I. 1. m. *Mx::S.* Guiso de cerdo con semillas de **guaje**. (**huasmole; huaxmole; huazmole**).

guay.
   I. 1. *Pa.* **boay**.

¡guay!
   I. 1. interj. *Bo; Py, Ur*, pop + cult → espon. Expresa advertencia ante un peligro.

---

   a. ‖ **¡~ mi mai!** loc. interj. *RD.* Expresa diversos estados de ánimo, especialmente asombro o sorpresa. pop.

guaya.
   I. 1. f. *Co.* Alambre grueso de acero que une los pedales del automóvil con el sistema de la caja de cambios.
   2. *Ve.* Alambre grueso y resistente.
   3. *Ve.* Mechón retorcido de crin de la frente de un caballo. rur.
   4. *Ve.* Cadena de oro o plata muy gruesa. delinc.
   II. 1. m. *Mx:SE.* Árbol de hasta 30 m de altura, de copa espesa, globular y simétrica, follaje de color verde claro y flores blancas, pequeñas, dispuestas en racimos; su fruto es comestible. (Sapindaceae; *Melicoccus bijugatus*). (**huaya**). ◆ **limoncillo; maco; mamón; mamoncillo.**
   III. 1. f. *Ho. En el juego de cartas*, as de cualquier palo.
   IV. 1. f. *Pa. En el Canal de Panamá*, cable con el que las locomotoras se amarran a los barcos para controlar su posición dentro de la esclusa.

   a. ‖ **como ~ de puente.** loc. adv. *Ve.* Con el pene erecto. pop.
   b. ‖ **hasta la ~.** loc. adv. *Ho.* Hasta el fondo, completamente, hasta arriba. pop.

guayaba. (De or. ind. antillano).
   I. 1. f. *Mx, Gu, Ho, ES, Ni, CR, Pa, Cu, RD, PR, Co, Ve, Ec, Pe, Bo, Ch:N, Py, Ar; Ec*, fest. Fruto del **guayabo**, globoso y de color amarillo, corteza fuerte, de pulpa blanca o rosada, muy jugosa y con numerosas semillas redondas; se usa para preparar dulces, jaleas y **bocadillo**. (**arazá**).
   2. *Ho, ES, CR, Cu;* m. *Ni.* Madera del **guayabo**.
   II. 1. f. *Gu, Ho, ES, Ni, Pa, Cu, RD, PR, Ve, Pe, Ar, Ur.* Mentira, dicho o hecho falso. pop + cult → espon.
   III. 1. f. *Ho, ES, Gu.* Cargo del gobierno, *en especial la presidencia de la República.* pop + cult → espon ∧ fest.
   2. *Gu.* Puesto de trabajo, empleo. pop + cult → espon.
   IV. 1. f. *ES, Ni.* Boca con labios gruesos y salientes.
   V. 1. f. *ES.* Memoria, facultad de acordarse.

   ■
   a. ‖ **~ agria.** f. *Mx, Co.* Fruto del **guayabo agrio** que tiene un sabor ácido.
   b. ‖ **~ amarilla.** f. *Ho.* Variedad cultivada de guayaba, cuya pulpa es de color amarillo.
   c. ‖ **~ de mulo.** f. *RD.* Árbol de hasta 10 m de altura, de ramas pubescentes y amarillentas, hojas aovadas y fruto globoso. (Polygonaceae; *Coccoloba costata*).
   d. ‖ **~ roja.** f. *Ho.* Variedad cultivada de guayaba, más grande y sabrosa que la amarilla, cuya pulpa es de color rojo.

   a. ‖ **hijo de la ~.** loc. sust. *Mx, Ni, Ec.* Mala persona. pop + cult → espon ∧ afec.
   ▶ aflojar la ~; pelar las ~s; quitar ~s; soltar la ~.

guayabacoa.
   I. 1. m. *PR.* **ocoró**, árbol.

guayabacón.
   I. 1. m. *PR.* **guasábara**, árbol.

guayabada.
   I. 1. f. *Ur.* Dulce de **guayaba**.

guayabal.
   I. 1. m. *Mx, Gu, Ho, Ni, CR, Pa, Cu, RD, PR, Co, Ve, Ec, Bo.* Terreno plantado de **guayabos**.
   2. *Gu.* **guayabo**, árbol.

guayabana.
   I. 1. *Pa.* **guayabera** de lujo.

guayabar.
  I. 1. intr. *Ec:S.* Decir mentiras. pop + cult → espon.
guayabate.
  I. 1. m. *Mx.* Pasta dulce de **guayaba**.
guayabazo.
  I. 1. m. *Mx.* Adulación. pop + cult → espon.
  ▶ **dar ~; dar su ~; darse su ~.**
guayabear(se).
  I. 1. intr. *PR; Ec.* pop ^ fest. Decir *alguien* **guayabas**, mentiras.
  II. 1. intr. prnl. *ES.* Aprenderse *algo* de memoria.
guayabera.
  I. 1. f. *Mx:SE, Gu, Ho, ES, Ni, CR, Pa, Cu, RD, PR, Co, Ve, Py.* Camisa de lino o algodón que se lleva por fuera del pantalón, muy utilizada en climas calurosos. ♦ **chacabana; panabrisa.**
guayabero, -a.
  I. 1. adj. *Ho, ES, Ni, Cu, RD, Ec.* *Referido a persona*, que dice **guayabas**, mentiras. pop.
  II. 1. adj. *ES. Referido a persona*, que tiene buena memoria.
guayabil.
  I. 1. m. *Ar:NO.* Árbol de gran altura y madera fuerte; *usada especialmente para fabricar mangos de herramientas.* (Boraginaceae; *Saccellium lanceolatum*).
guayabilla.
  I. 1. f. *Ho, ES, Ni.* Fruto comestible del **guayabillo** con baya globosa pequeña, de pulpa color amarillo y semillas de color negro. (Myrtaceae; *Psidium, spp.*).
  2. *Bo.* Arbusto de hasta 4 m de altura y follaje persistente. (Myrtaceae; *Feijoa sellowiana, Acca sellowiana*).
  3. *Bo.* Fruto de la guayabilla que consiste en una baya de color verde intenso, la pulpa es blanca y carnosa; se usa en la preparación de dulces.
  4. *PR.* Árbol de hasta 6 m de altura, erecto, siempre verde, de corteza lisa de color pardo, hojas menudas y un fruto que consiste en una pequeña baya redonda de sabor dulce. (Myrtaceae; *Eugenia rhombea*). ♦ **guayabilla de costa.**
  ■
  a. ‖ **~ de costa.** *PR.* **guayabilla**, árbol.
guayabillo.
  I. 1. m. *Ho, ES, Ni, Ec.* Arbusto silvestre, de hasta 2,5 m de altura, más o menos pubescente, hojas elípticas aovadas, ápice y base redondeados, flores blancas en inflorescencias, fruto en baya globosa de color amarillo; el fruto machacado y en cocción se emplea contra la diarrea. (Myrtaceae; *Psidium* spp.).
  2. *Pe.* **camu camu**, árbol.
  3. *RD, PR.* Arbusto lampiño. (Myrtaceae; *Eugenia pseudopodium*). ♦ **guayabillo forastero.**
  4. *Pa.* Árbol de hasta 40 m de altura, de corteza exterior exfoliante en láminas, hojas simples y alternas, flores blancas y aromáticas y frutos ovoides o globosos. (Bombacaceae; *Quararibea asterolepis*). ♦ **panula.**
  ■
  a. ‖ **~ forastero.** *PR.* **guayabillo**, arbusto lampiño.
guayabita.
  I. 1. f. *Ec:O.* Protuberancia del peroné que sobresale en el lado externo de la garganta del pie. pop + cult → espon.
  ■
  a. ‖ **~ del pinar.**
    i. f. *Cu.* Arbusto silvestre de hojas pequeñas y aovadas, flores blancas y fruto de color verde. (Myrtaceae; *Psidium guayabita*).
    ii. *Cu.* Bebida alcohólica preparada con aguardiente de caña, azúcar y el fruto de la guayabita del pinar.

guayabito.
  I. 1. m. *Mx.* Árbol de hasta 35 m de altura, de ramas blanquecinas, hojas simples, alternas, oblongas a oblongo-elípticas, inflorescencias racimosas, terminales y axilares, flores blancas con 5 pétalos, frutos en drupas elipsoides, con pulpa amarilla o anaranjada. (Chrysobalanaceae; *Couepia polyandra*). ♦ **ulezapote; uspib.**
  2. *Pa.* Árbol de hasta 20 m de altura, de hojas simples y opuestas, flores blancas y frutos en drupas ovoides, de color púrpura cuando están maduros. (Myrtaceae; *Eugenia coloradoensis*).
  II. 1. m. *Cu.* Ratón pequeño.
  III. 1. sust/adj. *Cu.* Persona cobarde. pop ^ desp.
  IV. 1. m. *Cu.* obsol. Persona que se beneficia económicamente de la prostitución de otra.
  ▶ **tener ~s en la azotea.**
guayabo.
  I. 1. m. *Mx, Gu, Ho, ES, Ni, CR, Pa, Cu, PR, Co, Ve, Ec, Pe, Bo, Ch:N, Ar;* f. *RD, Py.* Árbol de hasta 6 m de altura, con tronco torcido y ramoso, hojas elípticas, puntiagudas, ásperas y gruesas, flores blancas, olorosas, axilares y de muchos pétalos redondeados. (Myrtaceae; *Psidium guajaba, P. guineense, P. pomiferum*). ♦ **guayabal; guayabo del país; güízaro.**
  2. m. *Ur.* **feijoa**, árbol.
  II. 1. m. *Co, Ve.* Tristeza que se siente por la ausencia de alguien o de algo. pop.
  III. 1. m. *Co.* Malestar que padece al despertar quien ha bebido alcohol en exceso. pop.
  ■
  a. ‖ **~ agrio.** m. *Mx, Co.* Árbol similar al guayabo pero de hojas más oscuras y brillantes; frutos de sabor ácido. (Myrtaceae; *Psidium friederichstalianum*).
  b. ‖ **~ blanco.** m. *Ur.* Árbol de hasta 8 m de altura y corteza lisa que se descama en placas que dejan manchas de color gris verdoso. (Myrtaceae; *Eugenia uruguayensis*).
  c. ‖ **~ colorado.** m. *Ur.* Árbol de hasta 6 m de altura, hojas aovadas y coriáceas, flores blancas y una baya esférica como fruto. (Myrtaceae; *Myrcianthes cisplatensis*).
  d. ‖ **~ del país.** *Ur.* **guayabo**, árbol.
guayabón.
  I. 1. m. *RD.* Árbol de hasta 8 m de altura, fruto globoso y hojas aovadas, con los lóbulos del perianto imbricados. (Polygonaceae; *Coccoloba diversifolia*). ♦ **uva cimarrona; uva de sierra; uvilla de sierra.**
  2. *CR, Pa.* **manicillo.**
  ■
  a. ‖ **~ de montaña.** *Ho.* **achiotillo**, árbol pequeño.
guayabón, -na.
  I. 1. adj. *Ni. Referido a persona*, de labios gruesos y salientes.
guayabota.
  I. 1. m. *PR.* Árbol autóctono de hasta 10 m de altura, copa densa, hojas elípticas, flores blancas en pedúnculos gruesos en forma de campana y fruta globosa de color castaño; su madera sirve para construcciones. (Ebenaceae; *Maba sintenisii*). ♦ **níspero.**
guayabudo, -a.
  I. 1. adj. *ES. Referido a persona*, que tiene buena memoria.
  II. 1. adj. *Ni. Referido a persona*, de labios gruesos y salientes.
guayaca. (Del quech. *wayaqa*, bolsa).
  I. 1. f. *Pe, Ar:N.* Bolsa pequeña, *especialmente aquella en la que se lleva el tabaco o lo necesario para* **coquear**. rur. (**huayaca**).

2. *Pe, Ar:N.* Bolsa pequeña que se usa como monedero. rur.

guayacal.

I. 1. m. *PR.* Sitio poblado de **guayacanes.**

guayacán. (De or. ind. antillano).

I. 1. m. *Mx, Gu, Ni, Cu, RD, PR, Co, Ve, Pe, Bo.* Árbol de hasta 8 m de altura, frondoso, de copa redonda y espesa, follaje verde oscuro, flores agrupadas de color azul o violeta y fruto seco, verde amarillento. (Zygophyllaceae; *Guaiacum officinale*). ♦ **guayaco; palo de Indias; palo santo.**

2. *Pa, Co, Ec, Pe.* Árbol de hasta 20 m de altura, de flores grandes, acampanadas, muy vistosas y, según la especie, de color rosado, amarillo o blanco; es ornamental y su madera se emplea en ebanistería. (Bignoniaceae; *Tabebuia* spp.). ♦ **cañaguate; chicalá; madero amarillo; polvillo; tajibo.**

3. *Ar:C,N.* Árbol de hasta 20 m de altura, de copa muy amplia, hojas caducas, florecillas vistosas y fruto capsular. (Fabaceae. *Caesalpinia paraguariensis*). ♦ **ibirá-verá.**

4. *Ar:C,NO.* Madera del guayacán, dura y resistente, que tiene múltiples aplicaciones. (Fabaceae; *Caesalpinia paraguariensis*).

5. *Ve.* **terciopelo.** (Viperidae; *Bothrops colombiensis*).

6. *Ho, ES, Ni.* Árbol de hasta 12 m de altura, con tronco grande, ramoso, hojas elípticas y enteras, flor en hacecillos terminales con pétalos de color azulado o púrpura, y fruto capsular, carnoso, con varias divisiones, en cada una de las cuales hay una semilla café oscuro o negra con un arilo rojo. (Zygophyllaceae; *Guaiacum sanctum*). (**guayacancillo**). ♦ **guayacán blanco; palo santo.**

7. *Ho, ES, Ni.* Madera del guayacán, de color cetrino negruzco y muy dura; se emplea en ebanistería y en la construcción de máquinas como el trapiche. (Zygophyllaceae; *Guaiacum sanctum*).

8. *Ho, ES, Ni.* Resina aromática amarga, de color rojo oscuro, que se emplea en medicina como sudorífico muy activo y, por sus cualidades excepcionales contra la fricción, se utiliza como eje de hélices.

9. *Ch.* **huayacán.**

II. 1. m-f. *RD, PR.* metáf. Persona fuerte, resistente.

2. m. *RD; CR.* obsol. Persona de complexión robusta. pop.

■

a. ‖ ~ **blanco.** *PR.* **guayacán.** (Zygophyllaceae; *Guaiacum sanctum*).

□

a. ‖ **duro como el ~.** loc. adj. *RD, PR. Referido a persona*, fuerte, en buenas condiciones físicas. pop + cult → espon. ♦ **más fuerte que el guayacán.**

b. ‖ **más fuerte que el ~.** *RD, PR.* **duro como el guayacán.**

guayacancillo.

I. 1. *RD, PR.* **guayacán.** (Zypophyllaceae; *Guaiacum sanctum*).

guayaco.

I. 1. *PR, Co.* **guayacán.** (Zypophyllaceae; *Guaiacum sanctum*).

guayaco, -a.

I. 1. adj. *Ec.* Relativo a Guayaquil, ciudad ecuatoriana. pop.

guayacol.

I. 1. sust/adj. *Pe.* Hombre borracho. pop.

2. m. *Pe.* p.u. Bebida alcohólica de baja calidad y alta graduación. pop.

II. 1. m. *Cu, RD.* Sustancia extraída de la resina del **guayacán** que se emplea en la elaboración de medicamentos.

▶ **ser retama de ~.**

guayacón.

I. 1. m. *Ec:S.* obsol. Pomada que sirve de lenitivo para dolores musculares.

guayadura.

I. 1. f. *PR.* Rayadura, surco en alguna superficie, *en especial, en los automóviles*.

2. *PR.* metáf. Herida muy superficial. pop + cult → espon.

guayaibí.

I. 1. m. *Py, Ar:N.* Árbol de hasta 25 m de altura, de corteza poco rugosa, hojas simples y flores pequeñas. (Boraginaceae; *Patagonula americana*). ♦ **guayubira; lanza blanca.**

2. *Py, Ar:N.* Madera del guayaibí, semidura y flexible. ♦ **guayubira; lanza blanca.**

■

a. ‖ ~ **amarillo.** m. *Ar.* **lanza amarilla**, árbol y madera.

guayal.

I. 1. m. *Mx.* Arbusto de hasta 5 m de altura, de ramas delgadas y tomentosas, hojas alternas, ovadas a lanceolado-ovadas, con margen aserrado, inflorescencias en tirsos, flores blancas y fruto casi esférico con semillas negras, lustrosas y comprimidas. (Rhamnaceae; *Colubrina greggii*).

2. *Mx.* Arbusto de hasta 7 m de altura, de ramas tomentosas, hojas alternas con pecíolos frecuentemente rojizos, elípticas a ovadas, borde serrado, flores con pétalos oblongo-aovados de color crema y fruto en cápsula con semillas en su interior. (Rosaceae; *Vauquelinia corymbosa*).

guayame.

I. 1. m. *Mx.* Árbol de hasta 50 m de altura, de tronco recto y grueso, hojas de aguja color verde oscuro con dos franjas azul claro en el envés, frutos en conos color azul oscuro y semillas aladas; su resina se emplea en medicina popular y para hacer pinturas, y su madera es utilizada en ebanistería. (Pinaceae; *Abies religiosa*). ♦ **oyamel.**

guayamero. (De *Guayama*, municipio de Puerto Rico).

I. 1. m. *PR.* Variedad de plátano, de racimo grande y muy productivo. (**guayanero**).

guayanero.

I. 1. *PR.* **guayamero**, variedad de plátano.

guayano, -a.

I. 1. sust/adj. *Ch.* Miembro de la Asociación Cristiana de Jóvenes.

2. adj. *Ch.* Relativo a esta asociación religiosa cristiana.

guayao.

I. 1. m. *RD.* Bebida refrescante hecha con hielo triturado, esencias y un jugo de fruta cualquiera.

guayaquil.

I. 1. m. *ES.* **Guineo** rosado.

guayar(se).

I. 1. tr. *RD, PR.* Desmenuzar *alguien algo* con un **guayo.**

2. intr. prnl. *PR; RD, juv;* metáf. Herirse *alguien* por sufrir una caída. (**guallarse**).

3. tr. *PR.* Rayar, hacer surcos *alguien o algo* en cualquier superficie.

II. 1. intr. *Ve:C,N.* Aguantar, sobrellevar una tarea que exige esfuerzo y dedicación.

III. 1. intr. prnl. *RD. juv.* Equivocarse, fallar *una persona.* (**guallarse**).

□

a. ‖ ~ **la hebilla.** loc. verb. *PR.* Bailar *alguien* muy apretado a la pareja. pop + cult → espon.

b. ‖ ~ **la yuca.** loc. verb. *RD.* Trabajar con esfuerzo para lograr algún fin. pop + cult → espon.

c. ‖ ~ **yuca.** loc. verb. *RD, PR.* Pasar *alguien* hambre y necesidades. pop + cult → espon.

guayare.
   I. 1. m. *Ve:E.* Cesto hecho con fibra de palma que tiene una larga abertura longitudinal, se utiliza para transportar en la espalda víveres y también a los niños pequeños.

guáyaro.
   I. 1. m. *PR.* **Bejuco** de hojas acorazonadas que se adhiere a otras plantas, cubriéndolas o ahogándolas. (Dioscoreaceae; *Rajania cordata*).
   2. *PR.* Tubérculo que crece en la raíz de este **bejuco**, **ñame** delgado y largo que se desarrolla bastante profundo en el terreno; es comestible, rico en fécula y mucho más blando que el **ñame** auténtico. ♦ **guaraguao**; **ñame gulembo**.

guayarote.
   I. 1. m. *PR.* Árbol de hojas alternas de forma ovalada, flores de pétalos blancos y fruto que consiste en una drupa blanca que va oscureciendo a medida que madura; su madera es muy apreciada. (Sabiaceae; *Meliosma obtusifolia*). ♦ **arroyo**; **ciralillo**.

guayarte.
   I. 1. *PR.* **laurel cambrón**.
   2. *PR.* **cacaíllo**, árbol de gran tamaño.

guayata.
   I. 1. f. *Pe, Ar:NO,O.* Ave de hasta 80 cm de longitud, con plumaje blanco en la cabeza, el cuello, el pecho y la zona ventral, negro en las alas y la cola, y pico y patas de color rojizo. (Anatidae; *Chloephaga melanoptera*). (**guallata**; **huallata**). ♦ **huachua**; **piuquén**.

guayazo. (Der. de *guayarse*).
   I. 1. m. *RD, PR.* Raspón o rozadura.
   2. *RD.* Golpe o impacto violento. pop + cult → espon.
   3. *RD.* metáf. Equivocación o acción desafortunada por parte de alguien. pop + cult → espon.

guayco.
   I. 1. *Ec.* **huaico**, hondonada o grieta. rur.

guaycume. (Del nahua *huey*, grande y *cumit*, olla).
   I. 1. m. *ES.* **lúcuma**, árbol y fruto.

guaycurú.
   I. 1. m. *Bo, Ar, Ur.* Planta de hasta 50 cm de altura, de tallo áspero, estriado y cuadrangular, con ramas alternas, hojas vellosas, largas, agudas y nerviosas, flores moradas en racimo y raíz fusiforme leñosa. (Plumbaginaceae; *Limonium brasiliense*).

guáyiga. (De or. ind. antillano).
   I. 1. f. *RD.* Arbusto de hasta 1 m de altura, de tronco frecuentemente subterráneo, hojas pinnadas y de gran tamaño que, en conjunto, tienen un aspecto semejante al de la copa de una palmera; de sus tallos y raíces se obtiene un tipo de almidón. (Zamiaceae; *Zamia debilis*).

guayín.
   I. 1. m. *Mx.* Automóvil que tiene en la parte trasera un espacio amplio para personas o para carga.

guayita.
   I. 1. f. *Mx.* Palma de hasta 2 m de altura, sin tronco principal, con hojas compuestas y pinnadas de color verde oscuro; tiene uso ornamental y es comestible. (Arecaceae; *Chamaedorea cataractarum*).

guaymén.
   I. 1. m. *PR.* **cojinúa**.
   ■

     a. ‖ **~ amarillo.** m. *PR.* Variedad de guaymén.
     b. ‖ **~ blanco.** m. *PR.* Variedad de guaymén.

guayno.
   I. 1. *Pe.* **huaino**, baile y música populares.

guayo.
   I. 1. m. *Co.* Zapato especial que se usa para practicar deporte.
   II. 1. m. *Cu, RD, PR.* Utensilio de cocina formado por una chapa con pequeños agujeros, de borde saliente, que sirve para rallar alimentos. (**guallo**).
   III. 1. *Ch.* **huayo**.
   IV. 1. m. *Cu.* metáf. Cara llena de granos.
   ▶ **cogerse un ~**; **colgar los ~s**.

guayola.
   I. 1. f. *Ni.* Mentira.

guayolero, -a.
   I. 1. adj. *Ni.* Referido a persona, mentirosa.

guayolote.
   I. 1. m. *Mx.* Especie de acacia. (Fabaceae; *Acacia acatlensis*).

guayón.
   I. 1. m. *RD.* juv. Herida superficial causada por un roce violento. (**guallón**).

guayoyo.
   I. 1. m. *Ve.* Infusión de café preparada con más agua de la necesaria o conveniente.

guaypc. (Del ingl. *wiper*, trapo).
   I. 1. *Gu, Ec.* **guaipe**.
   II. 1. *ES.* **guáiper**.

guaypear. (Del ingl. *wiper*, trapo).
   I. 1. tr. *ES.* Limpiar con un trapo.

guaytiao.
   I. 1. adj/sust. *PR.* **guatiao**.

guayubira.
   I. 1. m. *Ar, Ur.* **guayaibí**, árbol y madera. (**guayubirá**; **guayuvira**; **guayuvirá**).

guayubirá.
   I. 1. *Ar.* **guayubira**.

guayuco. (Del cumanaguato).
   I. 1. m. *Pa, Co, Ve.* Taparrabo usado por los indígenas.
   2. *Ve.* Pañal triangular.
   II. 1. m. *Ve:C,N.* Embarcación pequeña y ligera para una o dos personas.

guayule. (Del nahua *huautli*, bledos, y *ulli*, hule, caucho).
   I. 1. m. *Mx.* Arbusto pequeño de hasta 1,5 m de altura, con hojas oblongas y lanceoladas, estrechamente elípticas u ovaladas, de color gris plateado; produce hule o caucho. (Asteraceae; *Parthenium argentatum*). ♦ **tananini**; **tatanini**.

guayulero, -a.
   I. 1. adj. *Mx.* Relativo al **guayule**.

guayusa.
   I. 1. f. *Ec, Pe.* Arbusto ramificado, con hojas, dentadas, coriáceas, enteras, elípticas y de base aguda, de pecíolo corto, cáliz con cuatro o cinco lóbulos y fruto globuloso; de sus hojas se hace una infusión que tiene efectos estimulantes. (Aquifoliaceae; *Ilex guayusa*). (**huayusa**).

guayuvira.
   I. 1. *Ar.* **guayubira**.

guayuvirá.
   I. 1. *Ar.* **guayubira**.

guayuyo.
   I. 1. *RD.* **mecasúchil**.

guaz. (De or. onomat.).
   I. 1. *Ho, ES.* **vaquero**, ave. (**guas**).

guaza.
   I. 1. f. pl. *Ar:NO.* Piedras pequeñas que se colocan en los campos para propiciar una buena cosecha. rur.
   II. 1. m. *Ec:NO.* **guasá**.

guazá.
    I. 1.   m. *Ec:NO.* **guasá.**
guazábara.
    I. 1.   *PR, Bo.* **guasábara,** motín.
    2.   *RD.* **guasábara,** conflicto.
    II. 1.   *RD.* **guasábara,** planta.
guazalé.
    I. 1.   m. *Co.* **tucán,** ave.
guazaleado, -a.
    I. 1.   adj. *Ho.* *Referido a persona o cosa,* atada a algo. rur.
guazalo. (Del nahua. *cuahuitl,* árbol, y *tzalan,* entre o en medio).
    I. 1.   m. *Ho, ES, Ni.* **tacuacín,** zarigüeya.
    II. 1.   m. *Ho.* juv. Novio, enamorado.
guazapa.
    I. 1.   f. *Gu, Ho:S,O, ES.* Trompo pequeño, perinola. inf.
guazapo, -a. (Del nahua *quauhtzapotl,* especie de anona o zapote de tierra caliente).
    I. 1.   adj/sust. *Gu, ES.* *Referido a persona,* gruesa y de poca estatura. (**guasapo**).
guazatonga.
    I. 1.   m. *Ur.* **guazatumba.**
guazatumba.
    I. 1.   *Ar:NE, Ur.* **palo de cotorra,** árbol. (**guazatonga, guazatunga**).
guazatunga.
    I. 1.   *Ur.* **guazatumba.**
guazpato, -a. (Metát. de *pazguato,* tonto).
    I. 1.   adj/sust. *Ho.* *Referido a persona,* que camina con dificultad por torpeza en los pies.
guazú.
    ■
    a. ‖ ~ **pytá.** *Py.* **guazupitá.**
guazubirá. (Del guar.).
    I. 1.   *Py, Ar, Ur.* **venado colorado.**
guázuma.
    I. 1.   f. *RD, PR.* **guásimo,** árbol.
guazumilla.
    I. 1.   f. *RD.* Arbusto de hasta 6 m de altura, muy ramoso, de hojas pequeñas, simples, oblongas y lanceoladas, de color verde pálido y agrupadas en ramas. (Surianaceae; *Suriana maritima*). ♦ **jobero.**
guazuncho, -a.
    I. 1.   m. y f. *Ar:NO.* **venado colorado.**
guazupitá. (Del guar.).
    I. 1.   m. *Ar:NE.* Venado pequeño, de piel suave y color grisáceo, marrón claro o rojizo. (Cervidae; *Mazama* spp.). (**guazú pytá**).
guberciar.
    I. 1.   tr. *RD.* obsol. Gobernar. pop.
gubernatura.
    I. 1.   f. *Mx.* Ejercicio del cargo de gobernador. (**gobernatura**).
gubernista.
    I. 1.   *Bo, Py, Ar, Ur.* **gobiernista.**
guchamper.
    I. 1.   m. *ES.* Corazón.
gudbay. (Del ingl. *good-bye,* adiós).
    •
    a. ‖ ~ **fórm.** *Ho.* Se usa como despedida.
gudis. (De *Gudis*®).
    I. 1.   m. *Co.* Golosina esférica de colores, hueca en el interior, crocante, hecha con maíz.
güea.
    □
    a. ‖ **como las ~s.** loc. adv/adj. *Ch.* Muy mal, de manera pésima. vulg; pop + cult → espon.
    b. ‖ **ni ~.** *Ch.* **ni hueva.** vulg; pop + cult → espon.

güeá.
    I. 1.   *Ch.* **huevada,** cosa. vulg; pop + cult → espon.
    2.   *Ch.* **huevada,** dicho o hecho sin importancia. vulg; pop + cult → espon.
    3.   *Ch.* **huevada,** objeto cuyo nombre se desconoce. vulg; pop + cult → espon.
    4.   *Ch.* **huevada,** dicho o hecho tonto. vulg; pop + cult → espon.
güebiernar. (De *güeviar,* robar, y *gobierno*).
    I. 1.   tr. *Ho.* Robar gobernando el país. pop ^ sat.
güebierno. (De *güeviar,* robar y *gobierno*).
    I. 1.   m. *Ho.* Gobierno del país que roba. pop ^ sat. (**güevierno**).
güebón, -na.
    I. 1.   adj/sust. *PR.* **huevón,** que pretende conseguir cosas sin reglamentos. vulg; pop + cult → espon.
    2.   *PR.* **huevón,** atrevido. vulg; pop + cult → espon.
güecho.
    I. 1.   m. *Ni, CR.* obsol. Bocio.
    2.   *Ni.* Enfermedad del tiroides.
    ▶ **tener ~.**
güecho, -a. (Sínc. de *güegüecho*).
    I. 1.   sust. *Ni, CR.* obsol. Persona que padece de bocio. rur.
    2.   adj/sust. *CR.* obsol. *Referido a persona,* que tiene la voz parecida a la de quienes padecen bocio.
¡güechos! (De *huevos*).
    I. 1.   interj. *Gu, Ho, ES.* Expresa negación de algo o disconformidad. euf; pop. (**¡huechos!**).
gueco. (De or. onomat.).
    I. 1.   m. *Ho, CR.* Lagartija que emite un sonido repetitivo y en sus patas tiene ventosas que le permiten caminar en superficies perpendiculares. (Gekkonidae; *Hemydactilus frenatus*). ♦ **lagartija de rayo.**
güegüeche.
    I. 1.   *Mx:SE.* **güegüecho.**
güegüecho. (Del nahua *veveyotl,* vejez).
    I. 1.   m. *Mx:SE, Gu, Ho.* Abultamiento carnoso que se forma debajo de la barbilla, entre ella y el cuello. (**güegüeche**).
güegüecho, -a. (Del nahua *veveyotl,* vejez).
    I. 1.   adj. *Mx:SE, Ho, ES, Ni.* *Referido a persona,* que tiene **güegüecho** o bocio.
    II. 1.   sust/adj. *Gu.* Persona tonta, boba. (**huehuecho**).
güegüechón, -na.
    I. 1.   adj. *ES.* *Referido a persona,* que tiene un **güegüecho** muy grande. ♦ **güegüechudo.**
güegüechudo, -a.
    I. 1.   *Ho.* **güegüechón.**
güegüenche.
    I. 1.   *Mx.* **huehuenche.**
güegüense. (Del nahua *huehuetzin,* costumbre y propiedad de viejos).
    I. 1.   adj. *Ni.* *Referido a persona,* astuta.
    2.   *Ni.* *Referido a persona,* burlona, bromista.
güegüeperro, -a. (De *güegüe* y *perro*).
    I. 1.   adj. *Ni.* *Referido a persona,* servil por interés.
güegüete.
    I. 1.   *Ni.* **caracolí.**
güéibor.
    I. 1.   m. *Ec.* Pene. tabú; pop + cult → espon.
gueish.
    I. 1.   m. *ES.* Comida. carc.
gueishpo.
    I. 1.   *ES.* **gueshpo.**
    II. 1.   m. *ES.* Campesino tonto. desp.
güeison.
    I. 1.   adj. *CR.* juv. *Referido a cosa,* deficiente o de mala calidad.

güeitear. (Del ingl. *to wait*, aguardar).
   I. 1. tr. *ES.* Vigilar, observar a *alguien.*

güeitero, -a.
   I. 1. adj. *ES. Referido a persona*, observadora, mirona.

güeja. (Del cahita *bueha*).
   I. 1. *Mx:NO.* **hueja.**

¡güeje!
   □
    a. ‖ ¡~~! loc. interj. *RD.* Expresa burla hacia algo o alguien. pop.

guelaguetza. (Del zapoteco).
   I. 1. f. *Mx:S.* Fiesta con música y danzas de los indios de Oaxaca.

güelebicho.
   I. 1. adj. *PR.* **huelebicho.**

güelegüele.
   I. 1. m-f. *PR.* Persona pusilánime. (**huelehuele**).
   II. 1. adj/sust. *CR. Referido a persona*, que acostumbra a husmear y a meterse donde no la llaman. pop + cult → espon ^ desp.

güelenaguas.
   I. 1. *PR.* **huelenaguas.**

güelenalgas.
   I. 1. *PR.* **huelenalgas.**

güelepedos.
   I. 1. m-f. *ES, Ni.* **huelepedos,** servil.
   II. 1. adj/sust. *CR.* **güelegüele,** que husmea.

güelepega.
   I. 1. *ES, Ni, PR.* **huelepega,** persona drogada. drog.
   II. 1. *PR.* **huelepega,** tonto.

güelepeguismo.
   I. 1. *ES.* **huelepeguismo.** drog.

güelepeos.
   I. 1. sust/adj. *Ve.* Persona que intenta agradar para obtener algo. desp.

güeler.
   I. 1. tr. *PR.* Oler. vulg; pop + cult → espon ^ fest.

güeleroso, -a.
   I. 1. adj. *RD. Referido a persona o cosa*, olorosa. pop.

güelesijaya.
   I. 1. m-f. *PR.* Persona tonta, necia, idiota. rur; pop ^ desp.

güelestaca.
   I. 1. *PR, Ec.* **huelestaca.**

güelgüero.
   I. 1. *PR.* **guargüero,** tráquea. rur; pop.

güelío, -a. (De *olido*).
   I. 1. adj/sust. *PR. Referido a persona*, ingenua, tonta. vulg; pop + cult → espon ^ fest.

güembé.
   I. 1. m. *Bo, Ar:NE.* Planta trepadora, terrestre o epífita, con grandes hojas perforadas por ojales y sostenidas por pecíolos envolventes. (Araceae; *Philodendron bipinnatifolium*).
   2. *Ar:NE.* Baya del güembé; es comestible.

güembo.
   I. 1. *Ho:N,S,E, ES:E.* **garrobo.** (Iguanidae; *Ctenosaura similis*).
   II. 1. m. *Cu.* Maleficio, hechizo que se echa a alguien. pop.

güembo, -a.
   I. 1. sust/adj. *Ho.* Persona de piel muy morena.

güemul.
   I. 1. *Ch.* **huemul,** ciervo.

guenglejoso, -a.
   I. 1. adj. *Ni. Referido a persona*, de voz gangosa.
   2. *Ni. Referido a gallo*, de canto estridente, desagradable.

güeno, -a.
   I. 1. *Ch. Referido a persona*, que tiene atractivo sexual. pop + cult → espon ^ fest.

güeón, -na.
   I. 1. *Ch.* **huevón,** tonto.
   2. *Ch.* **huevón,** hombre o mujer. vulg; pop + cult → espon.

¡güepa!
   I. 1. interj. *ES, Ni, Co.* Expresa ánimo y alegría.
   2. *Co:N, Py.* Expresa advertencia ante un peligro.

¡güépale!
   I. 1. interj. *ES.* Expresa deseo de que alguien se dé prisa.

¡güepiles!
   I. 1. *ES.* **¡huevos!,** expresa negación.

¡güépiles!
   I. 1. *ES.* **¡huevos!** euf.

güera.
   I. 1. *PR.* **huera.**

güerazo.
   I. 1. m. *Ni.* Golpe fuerte.

güerco, -a.
   I. 1. *Mx:N.* **huerco.**

guereguere.
   I. 1. m. *Co.* **carriquí.** (**guerreguerre**).

güeregüere.
   I. 1. m. *Ni.* **güiri-güiri,** habladuría excesiva.

güerencia.
   I. 1. f. *ES.* Indisposición de cuerpo.

güerequeque.
   I. 1. *Pe.* **huerequeque.**

güergüecho. (Epént. de *güegüecho*).
   I. 1. *Ho.* **güergüero,** parte superior de la tráquea.

güergüerazo.
   I. 1. m. *Ch.* obsol. Trago ruidoso de una bebida alcohólica. (**guargüerazo**).

guérguere.
   I. 1. m. *ES.* Ruido del estómago.

güergüero.
   I. 1. m. *Gu, Ho, ES, Ni, Cu, Ve; CR, Pe:NO,* p.u; *Ch,* pop. Parte superior de la tráquea. (**guargüero**).♦ **guari; gërgüecho.**
   2. *Ho, ES, Ni, Ve, Ch; CR, Pe:NO,* p.u. Parte de las vías respiratorias que va desde la laringe a los bronquios. pop + cult → espon. (**guargüero**).♦ **guari.**
   3. *PR.* **guargüero,** tráquea. rur; pop.
   ▶ calentarse el ~; remojar el ~.

güérigo.
   I. 1. *Mx:NO.* **guaribo.**

güero, -a.
   I. 1. adj/sust. *Mx, Ho. Referido a persona*, que tiene los cabellos rubios. pop + cult → espon. (**huero**).
   II. 1. m. y f. *Mx.* Voz con que un vendedor de mercado o de baratijas llama a un posible cliente. pop.
   III. 1. adj. *Gu, Ni, Ec, Pe, Ch.* **huero,** huevo podrido.
   IV. 1. adj. *ES. Referido a persona*, enfermiza, achacosa.
   2. *Ho. Referido a persona*, que ha decepcionado por algo contrario a lo que de ella se esperaba.
   V. 1. adj. *Ec.* **huero,** referido a los ojos.

gueroso, -a.
   I. 1. adj. *Mx. Referido a un niño*, travieso, que da guerra. pop + cult → espon.

guerra.
   I. 1. f. *ES.* Picazón en la piel, *en especial en la ingle y los testículos.* pop.
   II. 1. f. *Ur.* Juego de naipes en el que, dividido el mazo entre dos contrincantes, pierde aquel que se queda sin ninguna carta, pudiendo acumular más el que posee las de mayor valor.

□
a. ‖ ~ **del centavo.** loc. sust. *Co.* Rivalidad que tienen los conductores de autobuses del servicio público por recoger pasajeros, ya que pueden obtener alguna ganancia en función del pasaje que recojan.

◪
a. ‖ ~ **avisada no mata gente.** fr. prov. *Ec, Pe.* Indica que en la medida en que una circunstancia aciaga se puede prever, se aminora la desgracia. pop + cult → espon.
▶ **perder como en la ~.**

guerreadora.
I. 1. f. *Ho, ES, Ni.* Hormiga pequeña, de diversos colores y muy picajosa. (Formicidae; *Solenopsis geminata, Eciton burchelli, E. hamatum*).

■
a. ‖ ~ **negra.** *Ho.* **hormiga de fuego.**
b. ‖ ~ **roja.** f. *Ho.* Hormiga pequeña de color rojo, en especial el abdomen. (Formicidae; *Eciton hamatum*).

guerreguerre.
I. 1. *Co.* **guereguere.**

guerrera.
I. 1. sust/adj. *Ch.* juv. Mujer liberada sexualmente. pop ^ desp. ♦ **guerrillera.**

guerrerista.
I. 1. m-f. *Ho, ES, Ec.* Persona que provoca o es amiga de la guerra.

guerrero.
I. 1. m. *RD.* Mango que tiene mucha fibra y es de sabor muy dulce.

guerrilla.
I. 1. m. *Ch.* Enfrentamiento a pedradas entre bandas de muchachos, por rivalidad o diversión. inf.

guerrillera.
I. 1. f. *Pa, PR, Ch,* juv; **guerrera.** pop ^ desp.
2. *PR.* Prostituta callejera. prost.

guerrillo.
I. 1. m. *Co.* Guerrillero. pop ^ desp.

guerrinche.
I. 1. adj/sust. *Gu. Referido a persona,* subversiva o inclinada a la guerra.
2. m. y f. *ES.* Persona perteneciente a la guerrilla. fest.

guerrista.
I. 1. adj. *Mx. Referido a niño,* travieso, que da guerra. pop + cult → espon.

güesear.
I. 1. *Ni.* **huesear,** vivir de un cargo público.

güesera.
I. 1. *Ni.* **huesera,** lugar donde se venden repuestos usados.

gueshpo.
I. 1. *Gu, ES.* **garrobo.** (Iguanidae; *Ctenosaura similis*). (**gueishpo; guespo**).

gueshpo, -a.
I. 1. adj. *ES. Referido a persona,* impulsiva.

güeso.
I. 1. m. *Ho, Ni, Py; CR.* vulg; pop. Hueso.
II. 1. m. *Ho, Ni; CR.* vulg; pop. Puesto de trabajo en la administración del Estado.

guespo.
I. 1. *ES.* **garrobo,** reptil. (Iguanidae; *Ctenosaura similis*).

guest.
□
a. ‖ ~ *house.* (Voz inglesa). f. *PR.* Hospedaje, casa de huéspedes, en especial la de los estudiantes.

güeste.
I. 1. *Ho, ES.* **hueste,** bien molido.

güesteado, -a.
I. 1. *Ho.* **huesteado,** bien molido.

güeva.
I. 1. *Mx, Ho, ES.* **hueva,** pereza.
II. 1. f. pl. *Co, Ec.* Testículos. tabú; pop + cult → espon.
□
a. ‖ **como las ~s.** loc. adv/adj. *Ch.* Muy mal, de manera pésima. vulg, pop + cult → espon.
b. ‖ **de ~.** loc. adj. *Mx.* Que causa aburrimiento. pop + cult → espon.
c. ‖ **ni ~.** *Ch.* **ni hueva.**
d. ‖ **una ~.** *Ch.* **una hueva.**

güevada. (Der. de *huevo*).
I. 1. f. *Ho, Bo; Pa, Ec, Ch.* desp. Dicho o hecho sin importancia. vulg; pop + cult → espon.
2. *Ho, Bo, Ch.* Dicho o hecho tonto o descabellado. vulg; pop + cult → espon.
3. *Ec, Ch.* Objeto cuyo nombre se desconoce o no se quiere mencionar. vulg; pop + cult → espon.
4. *Ch.* Cosa, asunto, situación. pop + cult → espon.
II. 1. adj. *Ec, Bo. Referido a cosa,* de escaso valor o utilidad. pop + cult → espon.

güevadilla.
I. 1. f. *Ec.* juv. Juerga o diversión bulliciosa. pop.

güeval.
I. 1. *CR.* **güevazal.**

güevazal.
I. 1. m. *Ho,* vulg; *CR.* pop + cult → espon. Cantidad grande de algo. hiperb. (**huevazal**). ♦ **güeval.**

güevazo.
I. 1. m. *Ho, ES, Ni, CR, Pa.* Golpe fuerte. vulg; pop + cult → espon.
2. *Ho, ES, Ni.* Caída que se da alguien. vulg.
II. 1. m. *Ho, Ni.* Gran cantidad de algo. vulg.
III. 1. m. *Ho.* Trago de licor. vulg.
□
a. ‖ **de un solo ~.** loc. adv. *Ho.* De una sola vez, rápidamente. vulg.

güeveable.
I. 1. adj. *ES. Referido a cosa,* susceptible de ser robada. vulg.

güeveada.
I. 1. f. *Ho, ES.* Robo. (**güeviada**).

güeveadera.
I. 1. f. *Ho, ES.* Robo constante y reiterado. vulg. ♦ **güeveancina; güeveazón; güeveo.**
II. 1. f. *CR.* Molestia o fastidio que se causa a *alguien* de manera insistente. pop + cult → espon.
III. 1. f. *CR.* Manoseo lascivo. pop + cult → espon.

güeveado, -a.
I. 1. adj. *Ho, ES. Referido a cosa,* que ha sido robada. (**güeviado**).

güeveancina. (Der. de *huevo*).
I. 1. f. **güeveadera.**

güevear(se).
I. 1. *Gu, Ho, Ni.* **huevear,** robar. vulg. (**güeviar**).
2. tr. prnl. *Ho, Ni.* Robarse *algo.* vulg. (**güeviar**).
II. 1. intr. *Ch.* **huevear,** rehuir el trabajo para perder el tiempo. vulg.
III. 1. *Ch.* **huevear,** hacer o decir tonterías. pop. (**güeviar**).
IV. 1. tr. *CR, Ch.* Ocasionar malestar o disgusto a *alguien.* pop + cult → espon.
V. 1. tr. *CR.* Tocar o acariciar reiteradamente *algo* o a *alguien.* pop + cult → espon.
2. *CR.* Manosear lascivamente a *alguien.* pop + cult → espon.

VI. 1. intr. prnl. *CR.* Realizar grandes esfuerzos para sacar adelante una tarea. pop + cult → espon.

güeveazón.
  I. 1. m. *ES.* **güeveadera.**

güeveo.
  I. 1. *Ho.* **güeveadera.** (**güeveyo**).

güevera.
  I. 1. f. *Ho.* Bulto de los órganos genitales masculinos o femeninos bajo una prenda muy ceñida. vulg. (**huevera**).

güevero.
  I. 1. m. *Py.* Huevo que no ha sido empollado.

güevero, -a.
  I. 1. sust/adj. *Py.* Persona que no puede engendrar. pop.
  II. 1. adj. *PR. Referido a persona*, tonta, inocentona. rur.

güeveta.
  I. 1. adj/sust. *Pa. Referido a persona*, necia, tonta.

¡güeveta!
  I. 1. interj. *ES.* Expresa negación o rechazo. (**¡hueveta!**).
  □
  a. ‖ **¡a la ~!** loc. interj. *ES.* Expresa la obligación de hacer algo por la fuerza.
  b. ‖ **¡~, dijo Argueta!** loc. interj. *ES.* Expresa negación o rechazo a alguien o algo.

güeveyo. (Epént. de *güeveo*).
  I. 1. *ES.* **güeveo.** pop.

güeviada.
  I. 1. *Ho, ES.* **güeveada.**

güeviado, -a.
  I. 1. *Ho, ES.* **güeveado.**

güeviar(se).
  I. 1. *Ho, ES, Ni.* **güevear**, robar.
  2. *Ho, ES, Ni.* **güevearse**, robarse algo.
  II. 1. *Ch.* **güevear**, hacer tonterías.

güevierno.
  I. 1. *ES.* **güebierno.**

güevilas.
  I. 1. m-f. *CR.* p.u. Hombre o mujer. pop + cult → espon.

guevin.
  I. 1. m. *Ar:S.* Árbol de pequeño tamaño, hojas blanquecinas y frutos esféricos rojos. (Proteaceae; *Gevuina avellana*).

güevín.
  I. 1. m. *CR.* p.u. Hombre. pop + cult → espon.

güevinches.
  I. 1. m-f. *CR.* p.u. Hombre o mujer. pop + cult → espon.

güevis.
  I. 1. f. *Ho.* juv. Vagancia, holgazanería.

güevo.
  I. 1. m. pl. *Mx, Ho, ES, Ni, PR; CR*, pop. Testículos.
  2. m. *RD, PR, Ve, Ec.* Pene. tabú; pop + cult → espon.
  3. *Ho, ES, Ni, Py; CR*, pop. Huevo.
  II. 1. m. *Ec.* Mucho tiempo. pop + cult → espon.
  III. 1. m. *ES.* Problema o asunto difícil.
  □
  a. ‖ **a ~.** loc. adv. *Mx, Ni, CR.* Por la fuerza, obligatoriamente. vulg; pop + cult → espon.
  b. ‖ **a ~s.** *Ho, Ni.* **a güevo.**
  c. ‖ **a ~s y a candelas.**
    i. *Ho.* **a güevo.**
    ii. loc. adv. *Ho.* Desde luego, sí, claro que sí.
  d. ‖ **con ~s.**
    i. loc. adv. *Mx, Ho, Ni; CR*, pop. Con ganas, con fuerza.
    ii. *Mx.* Con valentía. vulg; pop + cult → espon.
  e. ‖ **de a ~.** *Mx.* **a güevo.**
  f. ‖ **de ~s.** loc. adv. *Mx.* Sin pedir la opinión de otra persona. vulg; pop + cult → espon.

  g. ‖ **~ del oído.** loc. sust. *RD.* Tímpano.
  h. ‖ **~ pelao.** loc. sust. *Ve.* Persona hábil y con talento.
  i. ‖ **~s tula.** loc. adv. *Ho.* No, de ninguna manera.
  j. ‖ **por mis ~s.** loc. adv. *Mx.* Sin pedir la opinión de otra persona. vulg; pop + cult → espon.
  ▶ **costar un ~ y la mitad del otro; hablar ~; hacer ~s; pesarle los ~s; romper los ~s; ser como tocarle los ~s al tigre; tener más ~s que una iguana.**

¡güevos!
  I. 1. interj. *Mx.* Expresa negación para hacer algo. vulg.
  □
  a. ‖ **¡mis ~s qué!** loc. interj. *Mx.* Expresa negación para hacer algo.
  b. ‖ **¡qué ~s!**
    i. *Mx.* **¡qué güevos tan azules!**
    ii. loc. interj. *Ho.* Expresa negación, desacuerdo o descontento de algo. vulg.
  c. ‖ **¡qué ~s tan azules!** loc. interj. *Mx.* Expresa sorpresa ante la desfachatez de alguien. vulg. ♦ **¡qué güevos!**

güevón, -na.
  I. 1. *Mx, Gu, Ho, ES, Ni, Cu, PR.* **huevón**, holgazán. vulg.
  2. *CR, Ve, Ec, Ch; Co*, vulg; desp. **huevón**, tonto. pop ^ desp.
  3. *Pa*; m. y f. *CR, Ve, Ec, Ch.* **huevón**, hombre o mujer.
  II. 1. *Ho, Ni.* **huevón**, valiente.
  III. 1. *Ho.* **huevón**, persona excelente. afec.

güevonada.
  I. 1. *Mx, Cu.* **huevonada**, pereza, flojera.
  2. *Ho, Co*, vulg; *Ve*, pop. **huevonada**, tontería.
  II. 1. *Ho.* **huevonada**, vagancia. vulg.
  III. 1. *Ho.* **huevonada**, fuerza. vulg.

güevonazo.
  I. 1. *Mx, Ho, ES.* **huevonazo**, persona valiente.
  II. 1. *Ho.* **huevonazo**, gran cantidad de algo.
  III. 1. *Ni.* **huevonazo**, persona holgazana.

güevonear.
  I. 1. *Mx, Ho, ES, PR, Co, Ve, Ec.* **huevonear**, perder el tiempo. vulg; pop + cult → espon ^ fest.

güevonería.
  I. 1. *Ho.* **huevonería**, pereza. ♦ **güevonitis.**

güevonitis.
  I. 1. *ES.* **huevonería**, vagancia.

güevudo, -a.
  I. 1. *Mx, ES.* **huevudo**, valiente.
  II. 1. adj. *ES. Referido a un asunto*, de difícil solución.
  III. 1. *Ho.* **huevudo**, haragán.

güey.
  I. 1. sust/adj. *Mx, ES, Ni.* Persona tonta. pop.
  2. *Mx.* Amigo inseparable, compañero. pop.
  3. m. *Mx.* Individuo desconocido, fulano. desp.
  4. adj/sust. *PR.* juv. *Referido a persona*, incompetente.
  II. 1. m. *Py.* Buey. vulg; pop.
  □
  a. ‖ **~ corneta.** loc. sust. *Py.* Persona necia y tonta. vulg; pop.
  ▶ **hacer ~; hacerse ~; traer de su ~.**

¡güey!
  •
  a. ‖ **¡~!** fórm. *Mx.* juv. Se usa para llamar, detener o pedir atención de alguien, o para denotar asombro o sorpresa. pop.
  □
  a. ‖ **¡ay, ~!** loc. interj. *Mx.* juv. Expresa asombro, incredulidad o dolor. pop.

gufeado, -a.
    I. 1. adj. *PR.* juv. Excelente, **chévere**, bueno, agradable. (**gufiado**).
        2. *PR.* juv. Divertido, gustoso, ocurrente. (**gufiado**).
    II. 1. adj. *PR. Referido a persona*, drogada. drog. (**gufiado**).

gufeadora.
    I. 1. f. *PR.* juv. Persona a la que le gusta vacilar.

gufear(se). (Del ingl. *to goof*).
    I. 1. tr. *PR.* juv. **bufear**, animarse. (**gofear**; **gufiar**).
    II. 1. tr. prnl. *PR.* juv. Quedarse *alguien* dormido por efecto de la drogas. (**gofearse**).
    □
    a. ‖ **~se la movida.** loc. verb. *PR.* juv. Reírse de una situación.
    b. ‖ **~se la nota.** loc. verb. *PR.* juv. Divertirse a cuenta de alguien o de algo.

gufeo.
    I. 1. *RD*; *PR*, juv. **bufeo**, broma.
        2. *PR.* Cosa o situación extraordinaria, extravagancia. pop + cult → espon.
    ■
    a. ‖ **~ heavy.** m. *PR.* juv. Diversión en grande.
    b. ‖ **un ~.** m. *PR.* juv. Una persona agradable.
    ▶ **dejar el ~.**

gufi.
    I. 1. adj. *Pa. Referido a persona*, loca, de poco juicio.

gufiado, -a.
    I. 1. *PR.* **gufeado**, excelente.

gufiar. (Del ingl. *to goof*).
    I. 1. *PR.* juv. **gufear**, animar.

¡gui!
    I. 1. interj. *CR.* Expresa la orden de andar que se da a los bueyes. rur.

¡güi!
    □
    a. ‖ **¡~~!** (Del fr. *oui oui*). loc. interj. Expresa aceptación de algo. pop + cult → espon ^ fest.

guía.
    I. 1. f. *Mx.* Adorno de flores o papel que se amarra a un hilo.
    II. 1. f. *Co*; *Ve*, *Ec*, juv. Material, *generalmente fotocopias de libros sugeridos por el profesor*, que los estudiantes usan para estudiar una materia.
    III. 1. m. *PR.* Volante de automóvil.
        2. *PR. En grandes embarcaciones de vela*, timón.
    □
    a. ‖ **~ de tesis.** m-f. *Bo.* Profesor que dirige la tesis de grado a un estudiante.

guiabara.
    I. 1. f. *PR.* Árbol de hasta 8 m de altura, de hojas de textura coriácea, con nervaduras rosadas, flores pequeñas y blanquecinas que crecen en racimos y cuyo fruto es una especie de uva morada, carnoso y dulce. (Polygonaceae; *Coccoloba uvifera*).

guial. (Del ingl. *girl*, muchacha).
    I. 1. f. *Pa.* juv. Mujer joven.

guibey.
    I. 1. *RD.* **revientacaballo**. (Campanulaceae; *Hippobroma longiflora*). (**tibey**).

güica.
    I. 1. f. *Gu.* Cabeza de una persona. pop. (**huica**).

güicha.
    I. 1. f. *Ni.* obsol. Camión, camioneta, autobús.

güicharero, -a.
    I. 1. *PR.* **güirero**.

güícharo.
    I. 1. *PR.* **güiro**, instrumento.

güiche. (Del nahua *hitztli*, espina).
    I. 1. *Ho*, *ES*, *Ni*. **bagre**. (Ariidae; *Arius melanopus, Bagre marinus, B. panamensis, Galeichthus guatemalensis*).
    II. 1. m. *ES.* Axila, sobaco.
    III. 1. m. *Ni.* Consuegra.

güichiche.
    I. 1. *Pa.* **pijije**.

guíchiche.
    I. 1. *Pa.* **pijije**.

güichichil. (Del nahua *huitzli*, espina y *chichiltic*, roja).
    I. 1. m. *Mx.* **espinosilla**.

güichiguache.
    I. 1. m-f. *Ho.* Persona indecisa.

güichigüichi.
    I. 1. m. *ES.* Coito. tabú.

güicho, -a.
    I. 1. adj/sust. *Ho. Referido a persona*, que le falta uno o varios dientes.
    II. 1. adj. *CR. Referido a persona*, boba y crédula. pop + cult → espon ^ desp.

güichol. (De *huichol*).
    I. 1. m. *Mx.* Sombrero rústico de copa y alas cortas.

güico, -a.
    I. 1. sust/adj. *Gu.* Hombre homosexual. pop + cult → espon ^ desp. (**güicoy**; **güicoyón**).
        2. *Gu.* **hueco**, afeminado. pop + cult → espon ^ desp. (**güicoy**).
    II. 1. adj/sust. *ES:E. Referido a persona*, que le falta un diente o una oreja.

güicoy.
    I. 1. *Gu*, *ES*. p.u. **zapallito largo**.
        2. *Gu*, *ES*. p.u. **zapallito**, fruto.
    II. 1. *Gu.* **güico**.
        2. *Gu.* **güico**.
    ■
    a. ‖ **~ sudado.** m. *ES.* Comida hervida al vapor hecha con **ayote**, cebolla, **chile** dulce y tomate.

güicoyón.
    I. 1. *Gu.* **güico**.
        2. *Gu.* **hueco**, afeminado.

güida.
    ▶ **salir de ~.**

guidarse.
    I. 1. intr. prnl. *ES.* Escaparse *alguien*, irse de un lugar.

guiebiche. (Del zapoteca).
    I. 1. m. *Mx:S.* **retama**, árbol.

guiechachi. (Del zapoteca).
    I. 1. *Mx:S.* **cacalichuche**.

¡güievos!
    I. 1. *ES*, *Ni.* **¡huevos!**, negación.

güifa.
    I. 1. *Gu*, *ES.* **panela**, azúcar sin refinar.
        2. *ES.* Caramelo. delinc.
    II. 1. *Ch.* **huifa**. pop + cult → espon.

¡güifa!
    I. 1. *Ch.* **¡huifa!** pop.

güífiti. (Del garífuna).
    I. 1. m. *Ho.* Bebida alcohólica de color rojizo hecha de mezcla de hierbas, **calaguala**, aguardiente y **hombre grande** que elaboran los **garífunas**. (**gífiti**).

guigueo.
    I. 1. m. *PR.* juv. Broma.

guija.
    I. 1. *ES.* **cuija**, lagartija.

güija.
    I. 1. f. *Ho.* juv. Mensaje enviado por un teléfono móvil desde la cárcel. delinc.

güije.
   I. 1. m. *Cu.* Ser fantástico que, según la creencia popular, aparece en los ríos.

guila.
   I. 1. f. *Ho.* Mensaje enviado por un **marero** desde la cárcel y viceversa. delinc.

güila.
   I. (Del nahua *huila*, arrastrarse).
     1. *Mx.* **huila**, prostituta.
   II. 1. f. *Mx.* Hembra del pavo.
   III. 1. *Ch.* **huila**, jirón.
   IV. 1. f. *CR.* juv. Novia, con la que se mantiene una relación amorosa más o menos formal.
   V. 1. m-f. *CR.* Niño pequeño.

güilada.
   I. 1. f. *CR.* Conjunto de niños. rur.
   II. 1. f. *CR.* Actitud propia de un **güila** o niño. pop.

güilero.
   I. 1. m. *CR.* Conjunto de niños. pop.

güiles.
   I. 1. m. pl. *ES.* Testículos.

güilí.
   I. 1. m. *PR.* **Gongolí** pequeño, gusanillo.
     2. *PR.* metáf. Pene de niño. euf; pop + cult › espon.

güiligüishte.
   I. 1. *ES.* **güiligüiste**, árbol.
     2. *ES.* **güiligüiste**, fruto y semilla.
     3. *ES.* **güiligüiste**, madera.

güiligüiste. (Del nahua *cuilitl*, verde, y *huitzli*, espina).
   I. 1. m. *Ho, ES, Ni.* Árbol de más de 12 m de altura, de hojas lanceoladas y de color verde claro, tienen en el envés un pelillo a modo de espinas, flores pequeñas que crecen en florescencias, fruto pequeño, redondeado, negro, lustroso. (Rhamnaceae; *Karwinskia calderoni*). (**güiligüishte; huilihuiste; wiliwiste**).
     2. *Ho, ES, Ni.* Fruto y semilla del güiligüiste, venenosa y que provoca una parálisis progresiva y mortal. (**güiligüishte; huilihuiste**).
     3. *Ho, ES, Ni.* Madera del güiligüiste, dura y de color rojo. (**güiligüishte; huilihuiste**).

guilindaje.
   I. 1. *Ho.* **guilinduje**, adorno. desp.

guilindajes.
   I. 1. m. pl. *Ho.* Adornos que cuelgan del cuello y de las orejas de las mujeres. pop.

guilindajo.
   I. 1. m. *Ho, Ve.* Adorno colgante ya deteriorado. (**guirindajo**).
     2. *Ve.* Tira de tela que se usa como adorno en la ropa. (**guirindajo**).
     3. *Ve.* Cada una de las tiras de papel colgantes que se ponen como adorno en las calles. (**guirindajo**).

guilindrujes. (Epént. de *guilinduje*).
   I. 1. *Ni.* **guilinduje**, adorno.

guilinduche.
   I. 1. *ES.* **guilinduje**, adorno.

guilinduchero.
   I. 1. m. *ES.* Conjunto de colgajos u objetos viejos.

guilinduje.
   I. 1. m. *Ho, ES.* Cualquier adorno que cuelga de un miembro del cuerpo, como collares o pendientes, de un vestido o de una montura. (**guilindaje; guilindrujes; guilinduche**).
   II. 1. m. *ES.* Cualquier objeto.

güilío, -a.
   I. 1. adj. *ES. Referido a persona*, chiquita, desnutrida.
     ♦ **güilistío**.

güilistío, -a.
   I. 1. *ES.* **güilío**.

güilla.
   I. 1. f. *Ho, ES.* juv. Muchacha, novia.
   II. 1. *Ni.* **garrobo**, reptil.

guillado, -a.
   I. 1. adj. *Ve. Referido a una actividad*, que se hace a escondidas, en secreto.
     2. adj/sust. *PR. Referido a persona*, escondida, reservada, que hace las cosas calladamente. pop + cult → espon.
   II. 1. adj/sust. *PR. Referido a persona*, que está bajo sospecha de sus compañeros.
   III. 1. adj/sust. *PR.* juv. *Referido a un joven*, que está muy abrazado a su novia.
   ▶ **hacerse el ~**.

guillao.
   I. 1. *PR.* **roncón**, persona fanfarrona.
   ▶ **llevar ~**.

guillar(se).
   I. 1. intr. prnl. *Cu, PR.* Simular *alguien* que desconoce *algo*. pop.
   II. 1. tr. *PR.* Robar, quedarse *alguien* con parte de las pertenencias de otra persona.
     2. *PR.* Hacer *alguien algo* sin permiso o consentimiento. pop + cult → espon.
   III. 1. *PR.* juv. **apestillarse**, abrazarse los novios.
     2. intr. prnl. *PR.* juv. Realizar el coito los novios.
   IV. 1. intr. prnl. *RD.* Fingir *una persona* lo que no es, o hacerse pasar por otra. pop + cult → espon.
   V. 1. intr. prnl. *PR.* Huir, escapar *alguien*. pop + cult → espon.
   VI. 1. intr. prnl. *PR.* Ufanarse, hacer *alguien* gala de algo.
   VII. 1. intr. prnl. *PR.* Drogarse, inyectarse heroína. drog.
   □
     a. ‖ **guillárselas.** loc. verb. *PR.* juv. Presumir *alguien* de algo.

guillatún. (Del mapuche *gilatún*, pedir otra vez).
   I. 1. m. *Ch, Ar:S.* Entre los mapuches, ceremonia en la que ruegan a la divinidad lluvia o bonanza. (**nguillatún**).

guillave.
   I. 1. m. *Ch.* Planta sin hojas, muy espinosa, con flores muy grandes y vistosas. (Cactaceae; *Echinopsis* spp.).
     2. *Ch.* Fruto del guillave, de forma ovalada o redondeada, dulce y jugoso.

guille.
   I. 1. m. *Cu.* Simulación de algo.
   II. 1. m. *PR.* Presunción, actitud arrogante.
   III. 1. m. *Ur.* Trabajo o tarea que permite ganar dinero de forma fácil. pop + cult → espon.
   ▶ **darse el ~; tener ~; tener ~ de pleiboi**.

guillet. (De *Guillet*®).
   I. 1. m. *Ho, Bo; Co,* obsol. Hoja o cuchilla fina de afeitar.
   II. 1. *Ho.* **ácido**, persona experta en algo.
   ▶ **ponerse ~ ; ser ~ .**

güilligüilli.
   I. 1. *Ec:C,N.* p.u. **guarisapo**.

güillín.
   I. 1. *Ch.* **huillín**.

guillo.
   I. 1. m. *Cu:E.* Pulsera con forma de cadena.
     2. *RD.* Pieza con forma de aro que, como adorno, se coloca alrededor de la muñeca.
   II. 1. m. *PR.* Cigarrillo de marihuana. drog.

guillo, -a.
   I. 1. adj. *PR.* juv. *Referido a persona*, idiota, orgullosa.

güillo, -a.
   I. 1. adj. *Ho, Ni. Referido a persona*, tonta, ingenua. desp.

¡guillo!
   I. 1. interj. *Ve.* Expresa rechazo.
   II. 1. interj. *Ve.* Expresa la intención de alertar a alguien.

guilloso, -a.
I. 1.   adj/sust. *PR. Referido a persona*, orgullosa, engreída, que se cree mejor que nadie. pop + cult → espon ∧ desp.

guillotinazo.
I. 1.   m. *Ch.* Despido fulminante de una o varias personas. pop.

guillotinero, -a.
I. 1.   m. y f. *Ec.* p.u. Persona que corta papel en una guillotina.

guillú.
■
a. ‖ ~ **de parcelas.** m. *PR.* Muchacho que se cree bien parecido y apuesto. ♦ **mamito.**

guillú, -a. (De *guilludo*).
I. 1.   adj/sust. *PR. Referido a persona,* **alabanciosa,** presumida, que alardea de algo.

güilo, -a.
I. 1.   *Mx.* **huilo,** tullido.
2.   *Mx:N.* **huilo,** débil.
II. 1.   sust/adj. *Ho, CR.* Persona que está en la niñez. rur; pop. ♦ **chacalín.**
2.   m. y f. *Ho.* Muchacho.
III. 1.   adj. *Ho. Referido a persona,* tonta. desp.
IV. 1.   adj. *Pa. Referido a persona,* loca. desp.

güilón, -na. (Del nahua *huila,* andar arrastrándose).
I. 1.   adj/sust. *Ho:C. Referido a persona,* inválida, que no puede caminar.

güilota.
I. 1.   *Mx.* **huiltota.**

güiltota.
I. 1.   *Ho.* **huiltota.**

güima.
I. 1.   f. *PR.* Mujer fecunda, paridora. pop + cult → espon.

güimba.
I. 1.   f. *ES.* Juego de canicas.
□
a. ‖ **en ~.** loc. adj. *Pa. Referido a persona,* perturbada por la embriaguez.

güimbear.
I. 1.   intr. *ES.* Jugar a las canicas.

guimbo, -a.
I. 1.   adj/sust. *RD. Referido a persona,* que se mueve de un lado a otro y sin equilibrio, *generalmente a causa de una dolencia en alguna parte del cuerpo.*

güimo, -a.
I. 1.   m. y f. *PR.* **apereá.**

güimpa.
I. 1.   f. *ES.* **Competencia** en cualquier juego.

güin.
I. 1.   m. *Cu.* **caña brava,** planta herbácea.
2.   *Cu.* Varilla, hecha con el escapo floral del güin, que se emplea en la confección de cometas.
3.   *Cu.* Pendón o vástago que echan algunas plantas, como el maíz, el güin o la caña de azúcar.
4.   *Cu.* metáf. Persona muy delgada. pop.

güinal.
I. 1.   m. *Cu.* Sitio poblado de **güin.**

guinaldo.
I. 1.   m. *Ch.* p.u. Aguinaldo. pop.

güinca.
I. 1.   *Ch.* **huinca,** no perteneciente a la etnia mapuche.

guincha.
I. 1.   *Bo.* Cinta o ribete que se pone como adorno, *especialmente en ponchos y peleros.* rur.

güincha.
I. 1.   *Pe, Bo, Ch.* **huincha,** cinta de lana.
2.   *Bo.* **vincha,** cinta elástica.
II. 1.   f. *PR.* Camioneta vieja y destartalada, *generalmente usada para carga.*
III. 1.   f. *PR.* Calabozo de estación de policía. polic.
▶ **cortar las ~s.**

güinchada.
I. 1.   f. *Bo.* Medición hecha con la **güincha.**

güinchar.
I. 1.   tr. *Bo.* Medir *algo* con la **güincha,** cinta métrica.
II. 1.   tr. *PR.* Meter a *alguien* en la **güincha.** polic.
III. 1.   *PR.* Trabajar *alguien* con el **güinche.**

güinche. (Del ingl. *winch,* torno, cabrestante).
I. 1.   *Cu, Ve, Bo, Ar, Ur; Py.* pop. **güinche,** máquina.
□
a. ‖ **ni con ~.** loc. adv. *Ar.* Ni con mucho esfuerzo, de ninguna manera. pop + cult → espon.

güinche. (Del ingl. *winch,* torno, cabrestante).
I. 1.   *EU, Mx, Ho, Ni, CR, Pa, Cu, RD, PR, Co, Bo, Ch.* Máquina que consiste en un torno de eje vertical que se emplea para mover grandes pesos por medio de un cable que va enrollado en él. (**güinche; huincha; huinche**).
2.   *Ho, Ni, PR.* Motor y rodillo con cable que se coloca en la parte delantera de algunos vehículos de doble tracción que funciona como grúa. (**güincher**).
II. 1.   adj. *Co:O. Referido a un fruto,* que ha madurado prematuramente. (**huinche**).

güincher. (Parag. de *güinche*).
I. 1.   *Ho.* **güinche,** motor.

guinchero, -a.
I. 1.   *Bo, Ar, Ur.* **güinchero.**

güinchero, -a.
I. 1.   sust/adj. *Mx, Ni, CR, Cu, Bo;* m. y f. *PR.* Persona que trabaja con un **güinche.** (**guinchero**).

guincho.
I. 1.   m. *Cu, RD.* Ave de rapiña diurna de hasta 2 m de envergadura, cola alargada y alas angulosas, de plumaje castaño oscuro con vetas blancas en la parte superior y blanco en la inferior. (Pandionidae; *Pandion haliaetus*).

güincho.
I. 1.   m. *PR.* Ave acuática, de gran tamaño, blanca por debajo con algo de color castaño, con manchas blancas en la cabeza y la nuca. (Falconidae; *Falco carolinense*).

guinda.
I. 1.   f. *Bo, Ar, Ur.* Testículo. pop + cult → espon.
II. 1.   f. *Ar, Ur.* Pelota, balón, *especialmente el de rugby.* pop.
III. 1.   f. *Pe, Bo.* Licor hecho a base de guindas.
IV. 1.   f. *Ho, ES, Ni.* Huida veloz.
V. 1.   f. *Ch.* Día de reclusión en la cárcel. carc.
VI. 1.   *PR.* **falsa belladona,** arbusto perenne.
□
a. ‖ **a la ~.** loc. adv. *Ho.* De huida.
▶ **darle a la ~; hinchar las ~s; inflar las ~s; irse de ~; ponerle la ~ a la torta; romper las ~s.**

guindada.
I. 1.   *Ch.* **guinda,** licor.

guindado.
I. 1.   m. *Pe, Bo:C,E,O, Ar, Ur.* Bebida alcohólica hecha con guindas, aguardiente *y ocasionalmente, azúcar.* (**enguindado**).

guindado, -a.
I. 1.   adj. *Ho, ES, Ni, Cu, RD. Referido a cosa,* colgada.
II. 1.   adj/sust. *Ni, RD, PR,* metáf. *Referido a un estudiante,* colgado, fracasado en los estudios. est.

III. 1. adj. *CR, RD. Referido a persona*, muy apegada a alguien, *especialmente un hijo a su madre o a su padre.* pop.
IV. 1. adj. *Ni. Referido a persona*, loca.
▶ **dejar ~; salir ~.**

guindajo.
I. 1. m. *Gu, Ho, Ni, CR, Cu.* Colgajo, cosa que cuelga, *en especial adornos.* ♦ **guindandejo; guindiluche; guindiluje.**
2. *Gu, CR, Cu.* Accesorio de la vestimenta, como aretes, pulseras y collares, *por lo general de poco valor.* pop + cult → espon.

guindalejo.
I. 1. m. *Cu, PR.* Colgajo, trapo o cosa de poco valor que cuelga. pop + cult → espon. ♦ **colgalejo.**
2. *PR.* metáf. Pene. tabú; pop + cult → espon ^ fest.

guindaleza.
I. 1. f. *RD.* Objeto de adorno que una persona lleva colgando en alguna parte de su cuerpo.

guindandejo.
I. 1. m. *Ho.* **guindajo**, colgajo.

guindar(se).
I. 1. tr. *Gu, Ho, ES, Ni, CR, Pa, Cu, RD, PR, Co:N, Ve, Ec:O.* Colgar o suspender *algo* o a *alguien.* pop.
2. intr. prnl. *Ho, ES, Ni, Pa, Cu, PR, Co:N.* Sujetarse *alguien* de algo y dejarse caer colgando sin que el cuerpo toque el suelo.
3. tr. prnl. *Gu, CR, PR.* Colgarse *alguien* una cosa, ponérsela de forma que quede colgando. pop.
4. tr. prnl. *PR.* Ahorcarse *alguien*, colgarse. vulg; pop + cult → espon.
5. intr. prnl. *PR.* metáf. No aprobar *alguien* en los exámenes. est.
II. 1. intr. *Ve.* Dormir, estar en reposo. pop.
III. 1. intr. prnl. *Ve.* Pelearse, *especialmente a golpes*, dos o más personas.
IV. 1. intr. prnl. *Cu.* Juntarse a *alguien* para vivir a su costa. pop.
2. *CR.* Juntarse a *alguien* de manera inoportuna.
V. 1. intr. prnl. *ES.* Escaparse *alguien* de un lugar. carc.
□
a. ‖ **~ el piojo.** *Cu.* guindar los tenis. pop.
b. ‖ **~ el sable.** loc. verb. *Cu.* Abandonar una actividad o desistir de un proyecto o empresa.
c. ‖ **~ los guantes.** loc. verb. *Pa, Cu.* Desistir *alguien.*
d. ‖ **~ los tenis.** loc. verb. *Ve.* juv. Morirse *alguien.* fest. (**guindar el piojo**).
e. ‖ **~se a golpes.** loc. verb. *Ve.* Pelearse dos personas a puñetazos.

guindazón.
I. 1. f. *CR.* Actitud propia de la persona **guindada** o apegada a alguien. pop + cult → espon.

guindeada.
I. 1. f. *ES.* Huida de personas o estampida de animales.

guindear(se).
I. 1. intr. *ES.* Huir *alguien* velozmente.
2. intr. prnl. *Ni.* Huirse *alguien* velozmente.

guindiluche.
I. 1. m. *ES.* **guindajo**, colgajo.

guindiluje.
I. 1. *ES.* **guindajo**, colgajo.

guindo.
I. 1. m. pl. *Bo, Ar.* Testículos del hombre. pop + cult → espon ^ fest.
II. 1. m. *Ho, ES, Ni, CR.* Precipicio, despeñadero. pop.
III. 1. adj/sust. *Pe, Bo. Referido a un color*, rojo, semejante al bermellón.

□
a. ‖ **de ~.** loc. adv. *Ho.* Por el precipicio.
▶ **ir ~ abajo.**

guindola.
I. 1. f. *PR.* Hamaca ordinaria de tela gruesa.

guindón.
I. 1. m. *Pe.* Ciruela seca.

güinduri.
I. 1. adj. *Mx. Referido a un caballo*, con una mancha blanca en la grupa que tiene pequeñas manchas oscuras.

guinea.
I. 1. f. *Gu, Ho, CR, Co, Ve, Ec.* Pasto perenne de hasta 3 m de altura, con inflorescencia en forma de espiga, abierta y con ramificaciones laterales; crece en **macollas** aisladas y se emplea *especialmente para pastoreo*, aunque puede ser utilizada también para henificación. (Poaceae; *Panicum maximum*), (**guineo**). ♦ **chilena; gamelote; india; saboya.**
II. 1. *PR.* **gallina de Guinea**, gallina de cabeza pelada.
□
a. ‖ **como una ~ tuerta.** loc. adv. *RD.* Alerta o a la defensiva.
▶ **comer de ~; subírsele la ~ a la cabeza.**

guineal.
I. 1. m. *Gu, Ho, Ni, CR, Ec.* Terreno plantado de plátanos **guineos.**
2. *Gu, Ho.* Cantidad grande de **guineos.**

guineíto.
I. 1. m. *ES.* **acedera**, hierba.

guineo.
I. 1. m. *Mx, Gu, Ho:N,C,O, ES, Ni, CR, Pa, Cu:E, RD, PR, Ve:O, Ec, Pe, Bo.* Fruto del guineo, consistente en una falsa baya que forma un racimo compacto, cubierta de un pericarpo coriáceo verde cuando está inmaduro y amarillo intenso cuando está maduro; la pulpa va del blanco al amarillo y es rica en almidón y azúcar; es comestible. ♦ **mínimo; plátano.**
2. *Mx, Gu, Ho:N,C,O, ES, Ni, CR, Pa, Cu:E, RD, PR, Ve:O, Ec, Pe, Bo.* Planta herbácea perenne, con fuste no leñoso formado por las vainas de las hojas, enrolladas apretadamente unas sobre otras, y terminadas en un amplio limbo, hojas grandes, simples, inflorescencia en espiga o panícula y fruto en racimo. (Musaceae; *Musa* spp.). ♦ **bananero; banano; cambur; jartón; mampora; mínimo; plátano; rompecercas.**
3. m. *Ve.* **guinea**, pasto.
II. 1. m. *Ho, ES, Ni.* Pene. vulg.
III. 1. *Cu:E, PR.* **gallo guinea.**
IV. 1. m. *CR.* Hombre homosexual. pop + cult → espon ^ desp.

■
a. ‖ **~ manzano.** m. *Mx, Gu, Ho, ES, Pa.* Variedad de guineo.
b. ‖ **~ morado.** m. *Mx, Gu, Ho, PR.* Variedad de guineo.
c. ‖ **~ pasado.** m. *Pa.* Guineo secado al sol.
d. ‖ **~ recusado.** m. *Ho:N, Ni.* Guineo que, por no tener las medidas de grosor y longitud adecuadas para la exportación, se comercializa en el país.

□
a. ‖ **pelado como un ~.** loc. adj. *PR. Referido a persona*, muy alegre, siempre risueña. pop + cult → espon.

◪
a. ‖ **como ~ en boca de vieja.** fr. prov. *PR.* Indica que algo no tiene ninguna dificultad. pop + cult → espon.
▶ **cada uno pela su ~.**

guineo, -a.
    I. 1.   m. y f. *Cu.* Persona de andar ligero, ágil.
güinflas.
    □
    a. ‖ ¡las ~! loc. interj. *Bo.* Expresa rechazo o negación rotunda a una petición. pop.
guinga.
    I. 1.   *Cu.* **guingam**.
guingam. (Del ingl. *gingham*).
    I. 1.   f. *PR.* Tela de algodón de estampado con cuadrículas blancas y oscuras intercaladas. (**guinga**; **guingan**).
guingambó.
    I. 1.   m. *PR.* **chimbombó**. ♦ *chingambó*; **gambó**; **quimbombó**.
    2.   *PR.* Fruto del guingambó, en forma de cápsula carnosa, caracterizado por la sustancia densa y viscosa que despide al cortarlo; es comestible. ♦ *chingambó*; **gambó**; **quimbombó**.
guingan.
    I. 1.   *PR.* **guingam**.
guingaro.
    I. 1.   m. *Mx.* Machete en forma de hoz.
güino.
    I. 1.   m. *Ve.* Perro callejero pequeño y de pelo liso.
güino, -a.
    I. 1.   adj/sust. *Ve. Referido a un muchacho*, de baja estatura.
    II. 1.   adj. *Ve. Referido a persona*, fastidiosa o traviesa.
guinshil.
    I. 1.   m. *RD.* Parabrisas.
güintaca. (Del nahua *hüic*, azadón y *tlacotl*, vara).
    I. 1.   f. *Ni.* **Milpa** que se siembra con **espeques** o palos puntiagudos.
guinumo.
    I. 1.   m. *Mx:O.* Conjunto de hojas secas de pino que cubren el suelo. rur.
güiña.
    I. 1.   f. *Ch.* **gato de campo**. (**huiña**).
    2.   m-f. *Ch.* Ladrón. delinc. (**huiña**). ♦ **gato de campo**.
güiñachisca.
    I. 1.   m-f. *Ec:S.* Persona que no ha sido criada por sus progenitores. rur; pop.
guiñada.
    I. 1.   *Ar.* **gambeteada**, regate.
    II. 1.   f. *ES.* Tirón.
guiñador.
    I. 1.   m. *Bo. En un automóvil*, luz lateral que se enciende y apaga con periodicidad constante y frecuente para señalar un cambio de dirección en la marcha.
guiñapo.
    I. 1.   m. *Pe, Bo.* Maíz que se deja germinar y después se tritura para conseguir **chicha de jora**.
guiñar(se).
    I. 1.   tr. *ES, Ni.* Tirar, **halar** de alguien o de algo.
    2.   *ES.* Golpear, pegar a *alguien*.
    II. 1.   tr. *Ni.* Acarrear *algo*.
    □
    a. ‖ ~ la chaqueta. *Ni.* **guiñar las mechas**.
    b. ‖ ~ las mechas. loc. verb. *Ni.* Regañar a *alguien*. ♦ **guiñar la chaqueta**.
    c. ‖ ~se la güirila. loc. verb. *Ni.* Meterse en problemas.
guiñe.
    I. 1.   *Ar:O.* **guiño**.
guiño.
    I. 1.   m. *Ar. En un vehículo*, luz intermitente que sirve para indicar que se va a cambiar de dirección. (**guiñe**).

guiñón.
    I. 1.   m. *ES, Ni.* Tirón, **halón**.
    II. 1.   m. *ES.* Acelerón.
    III. 1.   m. *ES.* Autoestop.
guiñoneada.
    I. 1.   f. *ES.* Tirón.
guiñonear(se).
    I. 1.   intr. *ES.* Tirar *alguien* de algo.
    II. 1.   intr. prnl. *ES.* Liberarse *alguien* de algo o de alguien.
güío.
    I. 1.   m. *Co.* **mazacuata**.
    ■
    a. ‖ ~ negro. m. *Co.* Serpiente de hasta 9 m de longitud. (Boidae; *Eunectes murinus*). ♦ **petaco**.
güipa.
    I. 1.   m-f. *Co.* Niño, *especialmente el de poca edad*.
    II. 1.   f. *ES.* Hoyo.
    2.   *ES.* Juego de las canicas con un solo hoyo y encerrado en un círculo.
güipil.
    I. 1.   *Mx, Gu, Ho, ES, Ni.* **huipil**, blusón.
güipipía.
    I. 1.   m. *CR.* Grito propio de las personas de campo usado para expresar alegría.
¡güipipía!
    I. 1.   interj. *CR.* Expresa alegría.
guipipío.
    □
    a. ‖ al ~. loc. adv. *PR.* Al azar, indiscriminadamente. pop + cult → espon.
guipiur. (Del fr. *guipure*).
    I. 1.   m. *Ar; Ec.* p.u. Guipur, tejido de encaje de malla gruesa.
güira.
    I. 1.   f. *Mx, Ho, Es, Ni, CR, Pa, Cu, RD, PR, Co, Ve, Pe.* **güiro**. (**güire**).
    II. 1.   f. *Mx, Ho:N, Ni, Cu, RD.* **jícaro**, árbol perenne. (**güire**; **güiro**).
    2.   *Cu.* Fruto de la güira.
    III. 1.   f. *Ho:N,C,O, ES.* Machete viejo y desgastado.
    IV. 1.   f. *PR.* Cosa fácil. pop + cult → espon.
    V. 1.   *PR.* **cojinúa**, pez.
güirambo.
    I. 1.   m. *Mx.* Arbusto de hasta 1 m de altura de hojas alargadas y delgadas, flores tubulares de color blanco, muy aromáticas y fruto alargado y de color rojo oscuro al madurar. (Apocynaceae; *Macrosiphonia hypoleuca*). ♦ **rosa de sanjuán**; **sanjuán**.
güirazo.
    I. 1.   m. *ES, RD.* Golpe dado con la **güira**. pop + cult → espon.
güire.
    I. 1.   *Ve.* **pijije**.
    2.   m. *Ve.* **güira**, jícaro.
    3.   *Ve.* Fruto del güire, globoso o alargado y de diversos tamaños según las subespecies, pulpa blanca con semillas negras y corteza dura y blanquecina, de la que, serrada en dos partes iguales, se hacen diversos utensilios.
güirero, -a.
    I. 1.   m. y f. *Mx, RD, PR.* Persona que practica percusión con un **güiro**. ♦ **güicharero**.
güiri-güiri.
    I. 1.   m. *Mx, Gu, Ho, ES, Ni.* Habladuría excesiva. fest. (**güirigüiri**; **güeregüere**).
    2.   *Mx, Ho, ES.* Mentira, chismorreo. (**güirigüiri**).
güiriar.
    I. 1.   intr. *ES.* Hablar de cosas tontas o intrascendentes.

güiriche.
    I. 1. m. *ES.* Carne dura con muchos nervios o cartílagos.

guirigayes.
    I. 1. m. pl. *PR.* Lengua de los niños cuando comienzan a hablar las primera palabras. pop + cult → espon ^ fest.

güirigüiri.
    I. 1. m. *Mx, Gu, Ho, ES, Ni.* **güiri-güiri**, habladuría excesiva.
    2. *Ho, ES.* **güiri-güiri**, mentira.

güirigüiriar.
    I. 1. intr. *ES.* Hablar mucho de cosas intrascendentes o inútiles.

güirila.
    I. 1. f. *Ni.* **Tortilla** hecha con harina de maíz tierno. rur.
    II. 1. f. *Ni.* Lío, pleito, problema.
    ► **guiñarse la ~; jalarse la ~.**

guirindajo.
    I. 1. *Ve.* **guilindajo**, adorno, tira de tela y tira de papel.
    2. m. *Pa.* Colgajo, cosa que cuelga.

güiripa.
    I. 1. f. *ES:NO.* Estómago.

guirirí.
    I. 1. *Co, Ve.* **pijije**.

güirís.
    I. 1. m. *Ho, ES, Ni.* Persona que se dedica a buscar oro, *especialmente en minas y ríos*. (**huirís**).
    ◼
    a. ‖ **~ de la motosierra.** m. *Ho.* Persona que corta ilegalmente madera en el bosque. fest.

guirisapa.
    I. 1. f. *Ve.* Gritería o ruido que hacen una o más personas.

güirisapo.
    I. 1. *Ni.* **guarasapo**, renacuajo.

güirisear.
    I. 1. tr. *Ho, Ni.* Buscar y extraer oro en ríos y minas.
    2. *Ni.* Husmear, curiosear.

güiriseo.
    I. 1. m. *Ho, Ni.* Búsqueda de oro en minas y ríos.

güirisero, -a.
    I. 1. m. y f. *Ho, ES, Ni.* Buscador de oro.

güirito. (Del ingl. *weeder*).
    I. 1. m. *Pa.* Aparato de mango largo para cortar la hierba.

güiro. (De or. ind. antillano).
    I. 1. m. *Mx, Gu, Pa, Cu, RD, PR, Ve, Pe.* Planta trepadora, de tallos cilíndricos, hojas grandes, pilosas por el envés y flores blancas. (Cucurbitaceae; *Lagenaria siceraria*). (**güira**). ◆ **bangaña; bunga; canturo; ceñido; cuí; cuico; cumbo; curiel; leque; poto; tecomate.**
    2. *Cu, RD; PR.* fest. | metáf. Cabeza de una persona. pop + cult → espon.
    3. *Ch.* p.u. **huiro**, alga.
    4. *Cu.* Fruto del güiro, calabaza blanquecina y amarillenta, de tamaño y forma variable. (Cucurbitaceae; *Lagenaria siceraria*). (**güira**). ◆ **bunga; canturo; leque; poto; tecomate.**
    5. *Ho, Ni.* **jícaro**.
    II. 1. m. *Pe, Ch.* **huiro**, cigarrillo de marihuana. pop + cult → espon.
    III. 1. m. *Mx, Ho, ES, Ni, CR, Pa, Cu, RD, PR, Co, Ve, Pe.* Instrumento musical consistente en el fruto del güiro, seco y sin semillas, y con una serie de ranuras sobre las que se frota un objeto. (**huiro**). ◆ **calabazo; carracho; gredá; güícharo; rascabuche.**
    ► **coger un ~; perder ~, calabaza y miel.**

güiro, -a.
    I. 1. sust/adj. *Gu.* Niño.
    II. 1. adj. *ES. Referido a persona*, palurda, provinciana.

güirote. (Voz cahita).
    I. 1. m. *Mx:NO.* Planta enredadera de hasta 3 m de altura, de tallo semileñoso, hojas compuestas, pecioladas, con folíolos dentados y limbos de varias formas, inflorescencia pedunculada, flores blancas y fruto abultado y recubierto por una membrana; tiene uso ornamental. (Sapindaceae; *Cardiospermum halicacabum*). ◆ **bejuco de orinar; calzoncillo; farolito.**

güirra.
    I. 1. f. *CR.* Cerdo más pequeño de una camada. rur.

güirrada.
    I. 1. f. *ES.* Grupo nutrido de niños.
    2. *ES.* Travesura de niño.

güirrazo.
    I. 1. m. *Ni.* Machetazo.

güirrío.
    I. 1. *ES.* **garrobo**.

güirrique.
    I. 1. *Ni.* **profeta**.

güirro.
    I. 1. m. *Ni.* Machete común.

güirro, -a.
    I. 1. m. y f. *Ho:N,C,O, ES.* Niño.

güis. (Del nahua *cuixi* o *cuixtli*, gavilán).
    I. 1. *Ho, ES, Ni.* **vaquero**, ave. (**huis**).
    ▢
    a. ‖ **un tal ~ de balandrán.** loc. sust. *Ni.* Persona que no quiere dar a conocer su nombre.
    ► **decir cierto ~.**

guisa.
    I. 1. f. *Co.* Mujer dedicada al servicio doméstico. pop + cult → espon ^ desp.
    II. 1. f. *Pe.* Humor, disposición en que alguien se halla para hacer algo.

güisa.
    I. 1. f. *Mx:N.* Prostituta. desp.
    II. 1. f. *Gu.* Novia, persona con la que se mantiene una relación sentimental. pop.
    2. *ES.* Concubina.

güisachada.
    I. 1. *Gu.* **huizachada**.

güisache.
    I. 1. *Mx.* **huisache**, arbusto.
    II. 1. *Gu, ES.* **huisache**, abogado mediocre.

guisadilla.
    I. 1. *Ar:NO.* **quesadilla**, dulce.

guisado.
    I. 1. *PR.* **sancocho**, guiso.
    2. m. *PR.* metáf. Botín obtenido en un robo. delinc.

guisar.
    I. 1. tr. *Ve. En el lenguaje periodístico*, convertir una información en noticia.
    II. 1. tr. *Cu.* Matar *una persona* a *alguien*. pop.
    III. 1. intr. *PR.* Ganar *alguien* dinero fácilmente. pop + cult → espon.
    2. *PR.* Conseguir *alguien* droga por medio de trampas. drog.

güisayote. (Del nahua *huitztli*, espina, y *chayutli*, fruta de calabacilla).
    I. 1. *Mx, Ho:O, ES.* **güisquil**, planta y fruto.
    2. *ES.* metáf. **güisquil**, cabeza.

güisayotera.
    I. 1. f. *Ho, ES.* **güisquil**.

güiscanal. (Del nahua *huitztli*, espina).
    I. 1. *Ho, ES.* **ixcanal**. (**hiscanal; iscanal**).

2. m. *Ho.* Arbusto de hasta 3 m de altura, tallo con espinas grandes y huecas, en forma de cuernos de vaca, hojas bipinnadas, flores pequeñas y amarillas en espigas densas, fruto de pulpa carnosa en vaina de color café; tiene aplicación en la medicina tradicional. (Fabaceae; *Acacia collinsii, A. hindsii, A. spadigera*). (**huiscanal**). ♦ **carnizuelo**.

güiscoyol. (Del nahua *huitztli*, espina, y *coyolli* o *cuyulli*, cascabel).
  I. 1. m. *Ho, ES, Ni.* Palma delgada de hasta 5 m de altura, tronco cubierto de espinas cortas y negruzcas, con fruto de color crema, de forma obtusa y redondeada. (Aracaceae; *Bractris balanoidea*). (**huiscoyol**).
  2. f. *ES, CR.* Cogollo del güiscoyol; es comestible.
  3. *CR.* Palma de hasta 10 m de altura, hojas y tallo armados de largas, duras y agudas espinas negras, y frutos en racimos, redondos, de color morado al madurar y pulpa blanca.

güiscoyolar.
  I. 1. m. *Ni.* Terreno poblado de **güiscoyoles**, *Bractris balanoidea*.

guisera.
  I. 1. f. *Ar, Ur.* Recipiente hondo, con asas y tapa.

üishte. (Del nahua *huitztli*, espina, y *tet*, piedra).
  I. 1. m. *ES.* Pedazo de vidrio. (**güiste**).

üishterío.
  I. 1. m. *ES.* Gran cantidad de pedazos de vidrio. (**güishtero**).

üishtero.
  I. 1. *ES.* güishterío.

üishtomate.
  I. 1. *ES.* güistomate.

güisisil.
  I. 1. m. *Mx:S, Gu, Ho.* Mamífero rumiante de hasta 1,5 m de longitud, de pelaje marrón rojizo oscuro en el dorso y más claro en el vientre, cola corta, y cuernos pequeños, sin ramificación en las hembras y con dos puntas en los machos. (Cervidae; *Mazama americana*). ♦ **antilopo; locho; pilopo**.

güisisila.
  I. 1. f. *ES.* Variedad de paloma.

guisito.
  I. 1. m. *PR.* juv. Trabajo fácil.

guiso.
  I. 1. m. *Ni, Co, Bo.* Mezcla rehogada de varios ingredientes y condimentos que se emplea para acompañar diversos platos.
  2. *Ve.* Fritura preparada con carne, cebolla, pimentón y especias.
  II. 1. m. *Pe.* Humor, disposición en que alguien se halla para hacer algo.
  III. 1. *PR.* **guame**, cosa fácil.
  2. *PR.* metáf. Botín de un robo. delinc.
  IV. 1. m. *PR.* Comida guisada modesta.
  ▶ **dar ~; estar en el ~.**

guiso, -a.
  I. 1. m. y f. *Co.* juv. Persona de mal gusto, ordinaria, que no tiene clase. desp.
  II. 1. adj/sust. *Ur. Referido a persona*, boba, tonta. pop.

güiso, -a.
  I. 1. m. y f. *Gu, ES.* Niño.

guisopo.
  I. 1. *Cu.* **hisopo**, varilla de alambre trenzado, con un estropajo en la punta. pop.

güisote.
  I. 1. *Ho.* **huizote**, palo para sembrar.

güisquetazo.
  I. 1. m. *ES.* p.u. Trago de *whisky*.

güisquil. (Del nahua *huitztli*, espina, y *quilitl*, hierba).
  I. 1. m. *Mx:SE, Gu, Ho:O, ES, Ni.* Planta trepadora de hasta 12 m de longitud, con tallo ramificado y provisto de un gran número de zarcillos, hojas simples, alternas, flores pequeñas en forma de campana, de color blanco con ligeras tonalidades verdosas, y fruto comestible. (Cucurbitaceae; *Sechium edule*). (**güísquil; huisqui**). ♦ **bellota; chayón; chayota; chayote; cidrayota; guasquila; guatila; güisayote; güisayotera; güisquilar; huisayote; pataste; patastera; tayota; tayón.**
  2. *Mx:SE, Gu, Ho:O, ES, Ni.* Fruto del güisquil, de forma parecida a la de la pera, con colores que van del verde oscuro al blanco o amarillento; su carne es blanda y comestible una vez cocida y tiene en el centro una pepita también comestible. (**huisquil**). ♦ **chayote; chayón; guatila; güisayote; pataste; tayota; tayón.**
  II. 1. m. *ES.* metáf. Cabeza con pelo hirsuto. ♦ **güisayote.**

  a. ‖ **~ perulero.** m. *ES.* Comida hecha con el fruto del güisquil, partido por la mitad y relleno de carne o queso.

güísquil.
  I. 1. *Mx.* güisquil.

güisquilar.
  I. 1. m. *Mx, Gu, ES.* Terreno plantado de **güisquil**. (**huisquilar**).
  2. *Mx, Gu, ES.* **güisquil**, planta trepadora.

güisquilete.
  I. 1. *Gu.* **bledo espinoso.**

güiste.
  I. 1. *ES.* güishte.

güistomate. (Del nahua *huitztli*, espina y *tomatl*, tomate).
  I. 1. m. *Ho.* **yerba mora.** (**güishtomate; huishtomate**).

güistomona.
  I. 1. *ES.* **aliblanca.**

güisute.
  I. 1. *ES.* **huizote**, palo para sembrar.

güita.
  I. 1. m. *ES.* Guita, dinero. delinc.

guitarán.
  I. 1. *PR.* **abeyuelo.** (**guitarrán**).

guitarpín.
  I. 1. m. *Ch.* Instrumento musical de cuerda similar a un arpa, dotado de una caja de resonancia parecida a la que lleva una guitarra.

guitarra.
  I. 1. f. *Pe.* Pez marino de hasta 1,5 m de longitud, de cuerpo aplastado, dorso verdoso con manchas oscuras y vientre blanco con aletas rojizas. (Rhinobatidae; *Rhinobatos planiceps*).

  a. ‖ **~ con bandas.** f. *Pe.* Pez marino de cuerpo aplastado, cabeza y aletas pectorales continuas, formando una estructura triangular característica, dos aletas dorsales de igual tamaño y aleta caudal asimétrica, sin lóbulo inferior. (Rhinobatidae; *Zapteryx exasperata*).

  a. ‖ **otra cosa es con ~.** fr. prov. *Bo.* Indica que las dificultades se presentan al querer hacer o resolver algo.
  b. ‖ **una cosa es con ~ y otra con cajón.** fr. prov. *Pe.* Indica la diferencia de resultados según los recursos con que se cuente.
  c. ‖ **una cosa es con ~ y otra con violín.** fr. prov. *Cu.* Indica que la realidad no coincide necesariamente con lo que alguien imaginaba.
  ▶ **cantar sin ~; no soltar la ~; pasar la ~; prestar la ~.**

guitarrán.
   I. 1. *PR.* **guitarán.**
guitarreada.
   I. 1. f. *Ar.* Exposición de un tema sin haberlo preparado o sin tener los conocimientos necesarios. pop + cult → espon.
   2. *Ar.* Cháchara, palabrería. pop + cult → espon.
   II. 1. f. *Ec, Bo, Ar, Ur.* Reunión de amigos en la que se **guitarrea**, interpreta música. pop + cult → espon.
guitarrear.
   I. 1. intr. *Ni, Ec, Bo, Ch, Py, Ar, Ur.* Interpretar música folclórica con guitarra en una reunión de amigos. pop + cult → espon.
   2. tr. *Ni, Ch.* metáf. Expresar *algo* mediante la música de guitarra.
   II. 1. intr. *Ar, Ur.* Hablar sobre un tema sin habérselo preparado o sin tener los conocimientos necesarios. pop + cult → espon.
guitarreo.
   I. 1. m. *Ar.* **guitarreada**, exposición. pop + cult → espon.
   2. *Ar.* **guitarreada**, cháchara. pop + cult → espon.
guitarrero.
   I. 1. m. *Bo.* Árbol de hasta 30 m de altura, de tronco ramificado, hojas digitadas y alternas, flores verdes o amarillentas y frutos en bayas, de color negro cuando están maduros; su madera se emplea en la fabricación de guitarras. (Araliaceae; *Didymopanax morototoni*). ♦ **sujo.**
   II. 1. m. *Ur.* Insecto coleóptero con alas tornasoladas de color verde azulado o cobrizo y una bola de pelos negros cerca de los extremos de las largas antenas. (Cerambycidae; *Compsocerus* spp.).
guitarrero, -a.
   I. 1. adj/sust. *Ar. Referido a persona*, charlatana. pop + cult → espon.
guitarrila.
   I. 1. f. *Bo.* Instrumento musical rústico de diez cuerdas, que se utiliza para acompañar coplas.
guitarrista.
   I. 1. m. y f. *Bo.* Persona que acostumbra a presentarse en una fiesta sin haber sido invitada. pop + cult → espon.
guitarrón.
   I. 1. m. *Mx, Ho, Ni.* Instrumento musical de cuerda y arco, más grande y de sonido más grave que el violonchelo, *que se toca generalmente de pie y apoyándolo sobre el suelo.*
   2. *Mx, Ni.* Especie de guitarra, propia del mariachi, cuya caja de resonancia es muy amplia.
   3. *Ch.* Guitarra de gran tamaño, con 25 cuerdas, cuya caja de resonancia es muy profunda.
guitarrona.
   I. 1. f. *Gu, Ho, ES, Ni.* Avispa muy grande y agresiva, que hace sus nidos en la corteza lisa de ciertos árboles. (Vespidae; *Synoeca septentrionalis*). ♦ **panza de burro.**
güitig. (De *Güitig*®).
   I. 1. f. *Ec.* Agua gaseosa de manantial envasada para consumo humano.
güitlacoche.
   I. 1. *Mx.* **cuitlacoche.**
güitumbillo.
   I. 1. m. *Mx:SE.* Arbusto de hasta 5 m de altura, de hojas simples y alternas, de forma entre oblonga y lanceolada, inflorescencias en panículas terminales con flores de color entre blanco y rosado, y frutos en drupa, de color morado oscuro, casi negro, cuando están maduros; son comestibles. (Myrsinaceae; *Ardisia revoluta*). ♦ **guastomate; sirasil.**

güiya.
   I. 1. f. *ES.* Cantidad de dinero con que se comienza una colecta para comprar licor.
güiyada.
   I. 1. f. *ES.* Tontería, brutada.
guiyami.
   I. 1. m. *PR.* Cepillo de carpintería para hacer molduras y ranuras en la madera.
guiye.
   I. 1. m. *Ar, Ur.* Maniobra o trabajo que permite ganar dinero sin demasiado esfuerzo. pop + cult → espon.
güiyo, -a.
   I. 1. adj. *ES. Referido a persona*, campesina.
   2. *ES. Referido a persona*, rústica, inculta.
   II. 1. adj. *ES. Referido a persona*, ladrona.
   III. 1. adj. *ES. Referido a color*, rojo.
guiyón, -na.
   I. 1. adj/sust. *PR. Referido a un drogadicto*, avaro, que no comparte la droga con sus compañeros. drog.
güizache.
   I. 1. *Mx, Gu.* **huisache.**
güízaro.
   I. 1. *Ho.* **guayabo**, árbol.
güizutazo.
   I. 1. m. *Ho.* Golpe dado con el **huizute.**
güizute.
   I. 1. *Ho.* **huizote**, instrumento de labranza.
gulabere.
   I. 1. *Mx:S.* **baboso**, árbol.
gulembo.
   I. 1. m. *PR.* Variedad de **ñame** que produce el **guáyaro.**
gulembo, -a.
   I. 1. adj. *PR. Referido a persona*, floja, débil, maltrecha. pop + cult → espon.
   2. *PR. Referido a persona*, boba, zángana. pop + cult → espon.
gullán. (Voz quechua).
   I. 1. *Ec:C,S.* **tumbo**, planta y fruto.
gullivera.
   I. 1. f. *Ch.* Cabeza, mente. pop ^ fest.
gulungo.
   I. 1. *Co.* **mochilero.**
gulupera.
   ◢
   a. ‖ **no hay ~ que no chime.** fr. prov. *CR.* obsol. Indica que en todo tipo de trabajo surgen problemas. pop + cult → espon.
gulupo.
   I. 1. *Co.* **chulupo.**
gumarra.
   I. 1. f. *Co:E.* Gallina.
   II. 1. f. *RD.* p.u. Prostituta. vulg.
gumbo. (Del garíf. *gambo*, pato).
   I. 1. f. *Ho:N.* Comida hecha con pato hervido, cuya carne desmenuzada se sofríe con **ocra**, tomate y cebolla y se vuelve a hervir en su caldo con **elote** rallado.
gunda.
   I. 1. f. *PR.* **Bejuco** que produce en sus nudos un fruto aéreo de color marrón oscuro parecido a la **papa**; es comestible una vez asado o **sancochado**. (Dioscoreaceae; *Dioscorea polygonoides*). ♦ **hícamo; mata de gallina; matagallina; matagallo.**
guñelve.
   I. 1. f. *Ch.* Venus, planeta del Sistema Solar.
gurbia. (Epént. de *gubia*).
   I. 1. f. *Mx, Gu, RD, Co, Ec, Pe, Bo.* Herramienta de carpintería, semejante a un formón pero con la hoja de perfil semicircular, que sirve para labrar superficies curvas.

II. 1. f. *Ho, ES, Ni.* Gubia, formón de media caña.

III. 1. f. *Ni, CR.* p.u. Dinero. pop + cult → espon.

gurgucear.
I. 1. tr. *Pa.* Registrar revolviendo y dejando en desorden.

gurgucha.
I. 1. f. *Ho.* Recolecta de dinero entre varias personas.
II. 1. f. *Ho.* Nidada de una gallina.

gurgucho.
I. 1. m. *Ho.* Círculo de pequeñas plumas que tiene un gallo de pelea debajo de la **golilla**, collar o plumas.

gurgucia.
I. 1. f. *RD.* Mujer que es poco atractiva físicamente. desp.

gurguciar.
I. 1. tr. *Gu.* Rebuscar comida para saciar el hambre, en la cocina u otros lugares de una casa. pop + cult → espon.

gurgucio.
I. 1. m. *RD.* Hombre tosco o grosero. desp.

gurguñate.
I. 1. m. *Mx.* p.u. Gaznate, parte superior de la tráquea. pop.

gurgurutear.
I. 1. intr. *Ho.* Contestar con disconformidad y vehemencia.

gurí, gurisa.
I. 1. m. y f. *Ar, Ur.* Niño o adolescente. pop + cult → espon.
2. *Ar, Ur.* Hijo. pop + cult → espon.

gurisa.
I. 1. f. *Ar:NE, Ur.* Novia o mujer amada. pop.

gurisada.
I. 1. f. *Ar:NE, Ur.* Conjunto de niños o adolescentes. pop + cult → espon.

gurre.
I. 1. *Co.* **cusuco**.
II. 1. m. *Co.* Mujer muy fea. pop + cult → espon ^ desp.

gurria.
I. 1. f. *Co.* Persona o cosa fea. pop.

gurrimina.
I. 1. f. *Ec.* p.u. Apatía o pereza.

gurrión.
I. 1. *Ho, ES, Ni, CR.* **gorrión**, pájaro.

gurruciar.
I. 1. tr. *Ni.* Levantar *algo* para ver qué hay debajo.

gurrufío.
I. 1. m. *Ve.* Juguete infantil formado por un disco de metal o suela provisto de dos agujeros en el centro para dar paso a una doble cuerda que al ser torcida y tensada rítmicamente con las manos, lo hace girar y producir un sonido característico.

gurruguciar.
I. 1. tr. *Ni.* Buscar *algo*.

gurrumichada.
I. 1. f. *ES.* Cosa pequeña o insignificante. ♦ **gurrumiche**.

gurrumichar.
I. 1. tr. *ES.* Gustar *algo* a *alguien*.

gurrumiche.
I. 1. *ES.* **gurrumichada**.

gurrumín, -na.
I. 1. m. y f. *Ar.* Niño, chiquilín.
2. *Ar.* Persona pequeña.

gurrumina.
I. 1. f. *Ec.* obsol. Cansera, molestia. pop + cult →espon.
II. 1. f. *CR.* obsol. Persona de baja estatura. pop + cult → espon ^ fest.

gurrumino, -a.
I. 1. adj. *Ho, Ni.* Referido a persona, pequeña, de baja estatura.
2. *Ni.* Referido a cosa, pequeña.
II. 1. adj. *Bo.* Referido a persona, cobarde, pusilánime.
III. 1. adj. *Ho.* Referido a persona, lista y vividora. rur; desp.

gurrupela.
I. 1. f. *RD.* Baticula, correa que sujeta la montura de una caballería y que se ata a la base de su cola. (**gurupela**).

gurrupié.
I. 1. sust/adj. *Cu.* p.u. Persona que adula a otra por servilismo o interés. pop.

gurú. ■
a. ‖ ~ **de la pobla.** m-f. *Ch.* Persona que se presenta como guía y representante de un pueblo o colectivo, pero que actúa en beneficio propio. pop.

gurucha.
I. 1. f. *Ho.* Excrementos o estiércol de las gallinas.

gurugucear.
I. 1. tr. *Ni.* Investigar *algo*.

gurupa.
I. 1. f. *Ar. En las caballerías,* pieza alargada en la que se enrollan mantas, ponchos u otros avíos y va sujeta al arzón de manera que el jinete cabalgue con comodidad. rur.
2. *Py.* Atado formado por el poncho o las ropas, que se asegura en la grupa del caballo sujetándolo a la montura. rur.

gurupela.
I. 1. *RD.* **gurrupela**.

gurupéndola.
I. 1. f. *Pa, Co.* **mochilero**, ave.

gurupera.
I. 1. f. *Ho, Ni, CR; Ve.* rur. Cuerda que se coloca bajo la cola de una caballería para evitar que la silla se deslice hacia delante.

gurupí.
I. 1. *Ar, Ur.* **grupí**.

gurupié. (Del fr. *croupier*).
I. 1. m. *RD. En un casino,* asistente del banquero.

gus.
I. 1. *Co.* **zopilote**, ave carroñera.

gusanearse.
I. 1. intr. prnl. *Ni.* Agusanarse una persona o animal.

gusanera.
I. 1. f. *Bo, Ch.* Conjunto de parásitos que se encuentran en el estómago o en los intestinos.
2. f. *CR, Ec.* Pústula llena de gusanos, *especialmente la que se forma en un animal.*
II. 1. f. *Bo; Pe,* p.u. ‖ metáf. Estado de impaciencia, inquietud y nerviosismo que hace a una persona moverse continuamente de un lado para otro. pop + cult → espon ^ fest.
III. 1. f. *Cu.* metáf. Conjunto de disidentes políticos cubanos. pop ^ desp.
IV. 1. f. *Bo.* Escozor en el ano que se experimenta por haber comido mucho dulce. pop + cult → espon.

gusanería.
I. 1. f. *Cu.* **gusanera**, conjunto de disidentes. pop ^ desp.
2. f. *Cu.* Conjunto de acciones que emprenden los opositores en contra del gobierno cubano.

gusanero.
I. 1. m. *Ni, CR.* Gusanería, abundancia de gusanos. rur.

gusanillo.
I. 1. m. *Co, Ve, Ec.* Válvula de los neumáticos que permite la entrada de aire pero no su salida. ♦ **gusano**.

II. 1. *m. Ni.* Enfermedad bucal de un niño que consiste en costras blanquecinas en la lengua.

2. *CR.* Candidiasis, infección de la piel y las mucosas producida por hongos del género *Candida*. pop + cult → espon.

III. 1. *Pa.* **canotillo**.

▶ **quitársele el ~**.

gusanito.

I. 1. *m. Mx, Gu, Ni, CR, Ec, Bo.* Sensación de curiosidad o inquietud. pop + cult → espon.

2. *Gu.* Antojo, deseo. pop + cult → espon.

gusano.

I. 1. *m. Ve.* Pasillo móvil y extensible, en forma de tubo, que conecta el avión con la sala de embarque de pasajeros.

II. 1. *m. Ho, ES, Ni, Cu,* metáf. Exiliado político cubano.

III. 1. *Cu.* **gusanillo**, válvula de los neumáticos.

■

a. ‖ **~ barrenador**. *Mx, Ho, ES, Ni, PR, Ec.* **barrenador**, insecto.

b. ‖ **~ cachón**. *m. Co.* Larva de hasta 9 cm de longitud, de color verde o verde grisáceo, con rayas blancas oblicuas laterales y un cuerno de color púrpura en el penúltimo segmento abdominal; es dañina para ciertos cultivos. (Sphingidae; *Trichoplusia* spp., *Erimys* spp.).

c. ‖ **~ cachudo**. *Ho, Ni.* Insecto lepidóptero de hasta 11,5 cm de longitud, de alas anteriores color café, con marcas grises y negras, alas posteriores y abdomen gris negro con franjas amarillas; ataca una gran variedad de cultivos. (Sphingidae; *Manduca sexta*). ♦ **gusano del tabaco**.

d. ‖ **~ cogollero**.
i. *Co.* **cogollero**, insecto.
ii. *Ec.* **cogollero**, larva.

e. ‖ **~ de tebo**. *m. Ch.* En la pesca, gusano que se utiliza como carnada. ♦ **tebo**.

f. ‖ **~ del tabaco**. *m. Ni.* gusano cachudo, insecto.

g. ‖ **~ medidor**. *m. Mx, CR, Ec.* Larva de hasta 4 cm de longitud, de color verde amarillento o blanco con rayas negras y puntas oscuras, que, en su fase adulta, se convierte en una mariposa de color castaño rojizo con una mancha oscura en la parte central de cada ala anterior; *ataca principalmente las plantaciones de algodón*. (Noctuidae; *Alabama argillacea*). ♦ **medidor**.

h. ‖ **~ meón**. *PR.* **gongolí**, gusano.

i. ‖ **~ peludo**. *m. Ho, ES, Ec.* Insecto lepidóptero con las alas anteriores blancas por arriba y, por abajo, amarillas o blancas con puntos negros en su estadio larvario son amarillas y peludas y se encuentran gregariamente en el envés de la hoja. (Arctiidae; *Estigmene acrea*). ♦ **gusano quemador**.

j. ‖ **~ quemador**. *Mx,* gusano peludo.

□

a. ‖ **~ de biblioteca**. *m. PR.* Individuo que siempre está metido entre libros.

▶ **picar el ~**.

gusano, -a.

I. 1. sust/adj. *Cu.* Cubano que se opone a la política del gobierno de su país posterior a 1959. pop ^ desp.

gusapo.

I. 1. *m. CR:NO.* Cerdo pequeño y regordete.

gusarapo.

I. 1. *m. Mx, Pa, RD, Ve, Ec.* Renacuajo, larva de la rana, que se diferencia del animal adulto *principalmente por tener cola, carecer de patas y respirar por branquias*. (**guarasapo**; **guarisapo**). ♦ **gülligüilli**.

2. *Pa.* metáf. Hombre insignificante.

gusarapo, -a.

I. 1. *m. y f. Cu.* Persona o animal muy pequeño. fest.

gusarola.

I. 1. *f. RD.* Vitíligo. rur.

gusma.

I. 1. *f. Gu.* **zopilote**, ave carroñera de hasta 60 cm.

gusmo.

I. 1. *m. Gu.* Ave rapaz diurna americana, de hasta 70 cm de longitud, con cabeza, desprovista de plumas, de color rojizo, y plumaje negro con la parte ventral de las alas de color gris plateado. (Cathardidae; *Cathartes aura*).

gustanini.

I. 1. *m. RD.* Hombre que llama la atención de las mujeres por ser físicamente atractivo. pop + cult → espon ^ fest.

gustar.

I. 1. intr. *Ec:C,S.* Asistir a un espectáculo público.

□

a. ‖ **~ el arroz con tunco**.
i. loc. verb. *Gu, Ho.* Desear con vehemencia mantener relaciones sexuales. vulg; pop.
ii. *Ho, ES.* Ser un hombre homosexual. vulg; pop.

b. ‖ **~ el consomé de garrobo**. loc. verb. *ES.* Ser un hombre homosexual. fest.

c. ‖ **~ el *show off***. loc. verb. *PR.* Pavonearse, lucirse *alguien*. est.

d. ‖ **~ la breva pelada**. loc. verb. *Ar.* Pretender conseguir *algo* sin esfuerzo ni sacrificio. pop + cult → espon.

e. ‖ **~le a un can**. loc. verb. *RD.* Declararse dispuesto a participar en cualquier cosa.

f. ‖ **~le asolearse de noche**. *Mx.* gustarle el arroz con popote.

g. ‖ **~le chupar caña**. loc. verb. *Ni.* Tomar con frecuencia bebidas alcohólicas.

h. ‖ **~le dar a crecer**. loc. verb. *Ni.* Ser *alguien* bullicioso, escandaloso, alborotador.

i. ‖ **~le el aguadito**. loc. verb. *Pe.* Interesarse en exceso por conocer al detalle algún suceso.

j. ‖ **~le el arroz con chancho**. *Ec; Ho.* vulg. gustarle el arroz con popote.

k. ‖ **~le el arroz con popote**. loc. verb. *Mx.* Ser un hombre homosexual. pop + cult → espon ^ fest.

l. ‖ **~le el dulce**. loc. verb. *Ni.* Realizar el coito con frecuencia.

m. ‖ **~le el mamey**. loc. verb. *ES.* Tener como predilección el sexo, en especial el oral.

n. ‖ **~le el pozole de vampiro**. *Mx.* gustarle el arroz con popote.

ñ. ‖ **~le las patitas de chancho**. *Ch.* gustarle el arroz con popote. euf.

gustavo.

I. 1. *m. ES.* Gusto. fest.

□

a. ‖ **por ~**. loc. adv. *Ni.* Por gusto. fest.

gustazo.

●

a. ‖ **a un ~ un trancazo**. fórm. *Cu.* Se usa para indicar que la satisfacción que se siente al realizar un deseo minimiza los efectos desagradables que de ello pueden derivarse.

gustito.

I. 1. *m. Mx, RD, PR, Pe, Bo, Py.* Antojo, capricho, regalo que alguien se compra a sí mismo. pop + cult → espon.

2. *PR.* Cachondez. pop + cult → espon.

gusto.

☐

    a. ‖ **de ~.** loc. adv. *Bo, Py, Ar, Ur.* Porque sí, arbitraria-
mente. pop + cult → espon.

    b. ‖ **de puro ~.** *Ho, Ni.* de puro aire.

    c. ‖ **~ a leche.**

        i. loc. adj/sust. *Ch. Referido a persona*, inexperta,
que no actúa con seguridad o desenvoltura.
pop + cult → espon.

        ii. loc. sust. *Ch.* Inexperiencia, *especialmente, por ser
muy joven.* pop + cult → espon.

    d. ‖ **~ a nada.** loc. sust/adj. *Bo, Ch, Py.* Persona o cosa
que no tiene sustancia, gracia o viveza. pop + cult
→ espon.

    e. ‖ **~ a poco.** loc. sust. *Bo, Ch.* Cosa que produce un
agrado pasajero y fugaz. pop + cult → espon.

    f. ‖ **hasta por ~.** loc. adv. *Cu, Pe.* En abundancia. pop.

    g. ‖ **por ~.** loc. adv. *Ni, Pe, Bo, Py, Ur.* Adrede, inten-
cionadamente. pop.

◪

    a. ‖ **el ~ es el que rastrilla.** fr. prov. *RD.* Indica que
las preferencias o inclinaciones de una persona
motivan sus decisiones.

▶ **dar en la yema del ~; gastarse el ~ de; no darle ~ al
diablo; rebalsar el ~; salir con su ~; tener ~ de rico
y bolsillo de pobre.**

gutú.

    I. 1. *RD.* **peje loro.**

guyryry.

    I. 1. m. *Py.* Sobresalto. pop + cult → espon.

    2. m. *Py.* Alboroto, tumulto, ruido. pop + cult →
espon.

guzgo, -a.

    I. 1. adj. *Mx. Referido a persona*, glotona, que come
con exceso.

guzguear.

    I. 1. intr. *Mx.* Comer por antojo, no por hambre. pop.

guzguera.

    I. 1. f. *Mx.* Antojo de comer o beber. pop.

guzguería.

    I. 1. f. *Mx.* Glotonería.

gypsum.

■

    a. ‖ **~ board.** (Voz inglesa). m. *PR.* Pared de yeso.

haba.

■

- **a.** ‖ ~ **de San Ignacio.** m. *Mx, Pa, RD*. Arbusto muy ramificado con hojas opuestas, pecioladas, ovales, agudas, enteras y lampiñas, flores blancas de olor de jazmín y forma de embudo, en panojas axilares, colgantes y con un pedúnculo común, y el fruto en cápsula. (Loganiaceae; *Ignatia amara*). ◆ **cabalonga; ovillo.**

□

- **a.** ‖ ¡**puras ~s!** loc. interj. *Mx.* Expresa desprecio o desinterés por algo. pop + cult → espon.
- ▶ **pagar las ~s que se comió el burro.**

habado, -a.

- I. 1. adj. *Mx, RD. Referido a un ave de corral*, de color blanco y rojo.

habal.

- I. 1. m. *Ec.* Habar, terreno sembrado de habas. rur.

habana.

- I. 1. *RD.* **siempreviva.** (Amaranthaceae; *Gomphrena globosa*).

habanera.

- I. 1. f. *Mx.* Galleta redonda, plana, crujiente y salada, hecha de harina integral, baja en calorías.

habanero.

- I. 1. *Mx.* **chile habanero.**
- II. 1. m. *Mx.* Licor de caña que se produce en Tabasco.
- III. 1. *Ho.* **patriota,** planta.

habanito.

- I. 1. m. *Ar, Ur.* Galleta pequeña, dulce y recubierta de chocolate, que se asemeja en forma y color a un puro habano.

habano.

- I. 1. *Co:C.* **guineo,** fruto.
- 2. *Co.* **ébano,** arbusto.

habas.

- I. 1. m-f. *Bo:O.* Persona poco inteligente y simplona a la que se le atribuye origen rural. pop + cult → espon ^ desp.

■

- **a.** ‖ ~ **pejtu.** (Del aim. *pixtu*, mezcla). m. *Bo:O,C.* Plato preparado con habas, trozos de **charque, ahogado** y **papas.**
- ▶ **quemársele las ~ a alguien.**

haber.

•

- **a.** ‖ **no hay de piña.**
  - **i.** fórm. *Mx.* Se usa para indicar que se carece del objeto solicitado por alguien. pop.
  - **ii.** *Mx.* Se usa para indicar que no se va a conceder un favor solicitado.
- **b.** ‖ **no hay fijón.** fórm. *Mx.* Se usa para indicar que no pasa nada, que algo carece de importancia o gravedad. pop.
- **c.** ‖ **no hay por dónde.** fórm. *CR, Bo.* Se usa para indicar que no hay posibilidad de error o duda.
- **d.** ‖ **no hay que ser.** fórm. *Mx.* Se usa para manifestar que hay abuso o que una acción es reprobable. pop.
- **e.** ‖ ¿**qué hubo?** fórm. *Mx, ES, Ni, CR, Pa, RD, Co, Ve, Ec, Bo.* Se usa para saludar. pop. (¿**qué húbole?**). ◆ ¡**dime!;** ¡**habla!;** ¿**qué vuelta?;** ¿**y qué?**
- **f.** ‖ ¿**qué húbole?** *Mx, Ho, ES, Ni, RD.* ¿**qué hubo?**

□

- **a.** ‖ ~ **agua puesta.** loc. verb. *PR.* Haber señales de lluvia. rur.
- **b.** ‖ ~ **cuencuén.** loc. verb. *RD.* Haber gato encerrado.
- **c.** ‖ ~ **gallo tapado.** loc. verb. *RD.* Existir causa o razón oculta o secreta, o manejos ocultos. rur; pop.
- **d.** ‖ ~ **gato en jaba.** loc. verb. *Cu.* Haber *algo* oculto en un asunto o situación. pop.
- **e.** ‖ ~ **gato enmochilado.** loc. verb. *Ve.* Existir causa o razón oculta o secreta, o manejos ocultos. ◆ **haber gato entre macuto; haber jujú.**
- **f.** ‖ ~ **gato entre macuto.** *RD.* **haber gato enmochilado.**
- **g.** ‖ ~ **jujú.** *Ve.* **haber gato enmochilado.**
- **h.** ‖ ~ **mano pachona.** loc. verb. *Ni.* Existir detrás *alguien* que manipula a los demás.
- **i.** ‖ ~ **monos en la costa.** loc. verb. *Bo.* Estar *una persona* cerca de alguien poco fiable. pop + cult → espon.
- **j.** ‖ ~ **pájaros en el alambre.** loc. verb. *Mx.* Existir *alguien* que espía una conversación.
- **k.** ‖ ~ **pericos en la milpa.** loc. verb. *ES.* Estar presentes *personas* que deben saber de lo que se habla.
- **l.** ‖ ~ **tiempo de agua.** loc. verb. *PR.* Estar lloviendo. rur; pop.
- **m.** ‖ ~ **un cuchubaleo.** loc. verb. *Ni.* Existir pactos secretos.
- **n.** ‖ **no ~ cacao.** loc. verb. *Ho.* Decir que no a *alguien*. rur.
- **ñ.** ‖ **no ~ de otra.** loc. verb. *Ni, CR, Pa, RD, Co; Ch,* pop. No existir otra opción.
- **o.** ‖ **no ~ ni donde amarrar la chiva.** loc. verb. *Cu.* Tener *alguien* mala situación económica.
- **p.** ‖ **no ~ salud que aguante.** loc. verb. *Ch.* No tener paciencia para soportar algo.

■

- **a.** ‖ **a más no ~.** loc. adv. *ES, CR.* No habiendo otra alternativa posible.
- **b.** ‖ ¡**bien haya!** loc. interj. *Bo:E,S.* Expresa alegría por algo grato. pop + cult → espon.
- **c.** ‖ **como no habiendo.** loc. adj. *Ch,* obsol. *Referido a persona o cosa*, incomparable, única. rur.
- **d.** ‖ **un cuanto hay.** loc. pron. *Ch.* Cualquier persona, cosa o animal que se pueda imaginar además de los que están presentes. pop + cult → espon.

◪

- **a.** ‖ **hay hijos y entenados.** fr. prov. *Ar, Ur.* Indica la diferencia de trato o de obtención de beneficios entre dos o más personas. pop.

b. ‖ **no ~ volada con uno.** fr. prov. *PR.* Indica que una persona se enfurece con mucha facilidad. pop + cult → espon.

c. ‖ **no hay fayfén.** *Ni.* juv. Indica que no hay problema, todo está bien.

habichuela.

I. 1. f. *RD, PR.* **Frijol**, *especialmente el de color rojo*, básico en la dieta del puertorriqueño y del dominicano.

■

a. ‖ **~s con dulce.** f. pl. *RD.* Plato dulce, de apariencia cremosa, que se hace con **frijoles** o habichuelas que se trituran y, seguidamente, se hierven en leche junto con otros ingredientes, como batatas, canela o clavo; es un plato típico en Semana Santa.

▶ **ser tarde para ablandar las ~s.**

habilinche.

I. 1. m. *ES.* Adelanto de dinero.

habilindroso, -a.

I. 1. adj. *Ec:S. Referido a persona*, que tiene habilidad. pop + cult → espon.

habilitación.

I. 1. f. *Ni, Pe, Bo, Ch, Ar. En ciertos deportes, como el futbol*, pase en buenas condiciones a un compañero desmarcado.

II. 1. f. *Cu.* obsol. Conjunto de ropa interior, de cama y otros objetos de los que se provee una mujer antes de irse de viaje o de contraer matrimonio.

III. 1. f. *Cu.* Tira litografiada que cubre los bordes de una caja de tabacos.

IV. 1. f. *Ni.* Préstamo bancario para un agricultor en un ciclo agrario.

habilitado, -a.

I. 1. adj. *Ve. Referido a documento ante notaría o despacho público*, el que cuyo trámite se agiliza previo pago de alguna tasa o impuesto adicional al costo normal del mismo.

II. 1. adj. *Ni, CR. Referido a una hembra animal*, preñada. rur.

III. 1. adj/sust. *Ni. Referido a un agricultor*, que ha recibido un préstamo bancario.

▶ **estar ~.**

habilitar(se).

I. 1. tr. *ES, CR, Co, Pe, Bo, Ch, Ar. En ciertos deportes, como el futbol*, pasar en buenas condiciones el balón a un compañero que está desmarcado.

2. *Ar. En ciertos deportes, como el futbol*, dejar un defensor en posición permitida al atacante por no adelantarse a tiempo para que quede en *offside.*

II. 1. tr. *Ve.* Agilizar, mediante un pago adicional, el trámite de cualquier documentación requerida ante una notaría o despacho público.

III. 1. tr. *ES, Ni, CR.* Fecundar el macho una hembra animal. ♦ **cargar.**

IV. 1. tr. *ES, Ni.* Otorgar una institución bancaria un préstamo a un agricultor.

V. 1. intr. prnl. *Cu.* obsol. Preparar una mujer su **habilitación**, su ajuar.

habilla.

I. 1. f. *Ho, RD, Pe.* **habillo**, árbol. (**tabilla**).

habillo.

I. 1. m. *Gu, Ho, Co.* **solimanché.** (**habilla; jabilla; jabillo**). ♦ **palo de brujo.**

II. 1. m. *Ho.* Proceso de ensuelar el calzado.

habiloso, -a.

I. 1. adj. *Pe, Ch; Ec*, p.u; *Bo*, pop. *Referido a persona*, que tiene habilidad.

habitacional.

I. 1. adj. *ES.* Relativo a la vivienda.

habitante.

I. 1. adj/sust. *Cu.* Indigente. pop + cult → espon.

2. *Cu.* **manganzón**, haragán. pop + cult → espon.

II. 1. m. *Cu.* Piojo.

III. 1. m-f. *PR.* Reincidente en prisión. carc.

▶ **tener ~s en la azotea.**

habite.

I. 1. m. *RD.* Eliminación de los rastrojos de un terreno para que pueda sembrarse en él. rur.

habitual.

I. 1. sust/adj. *Cu.* Persona que de forma reiterada participa en alguna tarea agrícola.

habitué. (Voz francesa).

I. 1. m-f. *RD, Py; Pe, Ch, Ar, Ur*, cult; *Bo*, pop. Persona que es asidua visitante de un lugar.

habla.

▶ **hacer el ~; sacar el ~.**

hablachento, -a.

I. 1. sust/adj. *Ve.* Persona que habla mucho y de forma imprudente. pop.

2. *Ve:O.* Persona mentirosa y exagerada. pop.

hablaculo.

I. 1. m. *Ho.* Persona que dice tonterías o habla de cosas intrascendentes o sin sentido. vulg; desp.

hablada.

I. 1. f. *Mx, Ho, Ni, RD.* Chisme, murmuración.

2. *Mx, Ni, RD.* Fanfarronada.

3. *Co; Ch.* p.u. Charla informal. pop.

4. *Ar:NO.* **hablado**, manera de hablar. rur; pop.

5. *CR; Pe:N*, p.u. Acto de hablar, *especialmente cuando resulta inoportuno y molesto.* pop + cult → espon.

II. 1. f. *Ec, Bo.* Reprimenda vehemente. pop + cult → espon.

▶ **echar ~s.**

habladera.

I. 1. f. *Mx, Ho, ES, Ni, CR, Pa, RD, Co, Ve*, espon; *PR*, pop. Abundancia de palabras, palabrería. (**habladero; hablaera**). ♦ **hablador; hablantina.**

2. *Gu, Ni, Ve; PR*, pop. Chisme o comentario reiterados sobre una persona.

3. *Ho, ES, Ni, CR, Cu, RD.* Conversación constante y prolongada. pop + cult → espon.

4. *Ni, CR, RD, Ve.* Conversación de varias personas a la vez. pop.

5. *Ni, CR, Cu.* Acto reiterado de hablar. pop + cult → espon.

habladero.

I. 1. m. *RD.* **habladera.**

habladito.

I. 1. *Ho, Ni, CR, Cu.* **hablado.** desp.

hablado.

I. 1. m. *ES, Ni, CR, Pa, Cu, Co, Ec.* Manera característica de hablar una persona o una comunidad lingüística. pop. (**hablada**).

hablador.

I. 1. m. *CR.* **habladera**, palabrería.

hablador, -ra.

I. 1. adj/sust. *Mx, Gu, ES, CR, RD, PR, Co, Ec, Pe, Bo, Py, Ar:NO. Referido a persona*, mentirosa. pop.

2. *Mx, ES, Ni, RD, PR, Ec, Bo. Referido a persona*, fanfarrona o arrogante. pop + cult → espon.

▢

a. ‖ **~ de paja.** loc. sust. *Ve.* Persona que habla mucho y sin fundamento. desp.

hablaera.

I. 1. *CR.* **habladera**, palabrería.

hablamierda.

I. 1. adj/sust. *Co. Referido a persona*, mentirosa. pop ∧ desp.

hablantín.
I. 1. *ES.* **perico**, ave trepadora.

hablantín, -na.
I. 1. adj/sust. *Gu, ES, Pa, Cu; Pe, Ar:NO,* pop. *Referido a persona,* que habla mucho y sin oportunidad, o que dice lo que debía callar. (**hablantino**).
2. *Gu, Ho, ES, Ni, CR, Cu, Ch.* Referido a persona, que habla mucho. pop.

hablantina.
I. 1. *Co:N, Ve.* **habladera**.

hablantino, -a.
I. 1. *Ar:NO; Ch,* p.u. **hablantín**, que habla mucho.

hablantinoso, -a.
I. 1. adj/sust. *Co:N. Referido a persona,* que habla mucho y de cosas sin importancia. pop.

hablapaja.
I. 1. sust/adj. *Ve.* Persona que dice cosas sin fundamento. pop ^ desp.

hablar.
I. 1. tr. *Mx, ES.* Llamar por teléfono a *alguien.*
II. 1. tr. *Ec.* obsol. Regañar a *alguien.* pop + cult → espon.
III. 1. intr. *Ec.* Hablar español un indígena.
IV. 1. tr. *ES. En juegos de azar,* apostar *alguien algo.*

●

a. ‖ **¡habla!** *Cu.* ¿qué hubo?
b. ‖ **habla serio.** fórm. *RD, Ec.* juv. Se usa para afirmar algo. pop.
c. ‖ **habla y te salvas.** fórm. *Ec.* juv. Se usa como saludo. pop.
d. ‖ **hablando como locos.** fórm. *RD, PR.* Se usa para anunciar al interlocutor el cambio repentino de un tema por otro en la conversación. pop.
e. ‖ **(nos) estamos hablando.** fórm. *Mx, RD, Pe, Ch.* Se usa como despedida momentánea o por un corto período. pop.

□

a. ‖ ~ **adobes.** loc. verb. *Ec.* Decir necedades o cosas absurdas e incongruentes. pop + cult → espon.
b. ‖ ~ **al peso de la lengua.** loc. verb. *Ni.* Afirmar *algo* sin comprobarlo, calumniar a *alguien.*
c. ‖ ~ **al puro chile.** loc. verb. *Mx.* Decir a alguien la verdad sin tapujos. vulg.
d. ‖ ~ **baba.** loc. verb. *Cu, RD, PR.* Decir *algo* inoportuno por imprudencia o desconsideración. pop + cult → espon.
e. ‖ ~ **bagazo.** loc. verb. *RD, Co; Cu,* obsol. Decir cosas triviales. pop.
f. ‖ ~ **barato.** loc. verb. *Cu.* Comentar *algo* desacertadamente por ignorancia. pop + cult → espon.
g. ‖ ~ **barbacha.** *Co:O,SO.* **hablar carreta**, decir cosas triviales. pop.
h. ‖ ~ **barro.** loc. verb. *Co.* Decir cosas triviales. pop.
i. ‖ ~ **basura.** loc. verb. *Cu, RD, PR, Co.* Decir cosas triviales. pop.
j. ‖ ~ **bazofia.** loc. verb. *PR.* Decir tonterías. pop + cult → espon.
k. ‖ ~ **burundangas.** loc. verb. *RD.* Decir tonterías o sandeces.
l. ‖ ~ **carburo.** loc. verb. *Ho, ES.* juv. Decir tonterías o cosas intrascendentes. ♦ **hablar casaca; hablar chercha; hablar cuina; hablar culo; hablar entuteo; hablar lata.**
m. ‖ ~ **carreta.**
i. loc. verb. *Co; Ho,* pop. Charlar por pasar el tiempo, decir cosas triviales. espon. ♦ **hablar barbacha; hablar paja.**
ii. *Co.* Decir mentiras. pop.
n. ‖ ~ **casaca.** *Ho, ES.* **hablar carburo.**
ñ. ‖ ~ **cáscaras.** loc. verb. *Cu.* Hablar de cosas insustanciales.

o. ‖ ~ **cáscaras de caña.** *Cu.* p.u. **hablar cáscaras de piña.**
p. ‖ ~ **cáscaras de piña.** loc. verb. *Cu, RD; PR,* pop + cult → espon. Decir *algo* inoportuno por imprudencia o desconsideración. ♦ **hablar cáscaras de caña.**
q. ‖ ~ **castilla.** loc. verb. *Ho.* Hablar español. rur.
r. ‖ ~ **chercha.** *Ho.* **hablar carburo.**
s. ‖ ~ **como carretilla.** loc. verb. *Pa, PR, Ec, Pe.* Hablar rápidamente y sin cesar. pop.
t. ‖ ~ **como si hubiera comido en paila.** loc. verb. *Pa.* Hablar mucho.
u. ‖ ~ **como si hubiera comido mondongo.** loc. verb. *Ni.* Hablar mucho interrumpiendo a los demás.
v. ‖ ~ **como si no hubiera comido.** loc. verb. *Ni, RD.* Hablar en voz baja.
w. ‖ ~ **como (un) perico.** loc. verb. *Mx, ES, Pa, RD, PR; Pe,* p.u. Hablar demasiado. pop.
x. ‖ ~ **como una revendedora.** loc. verb. *Co.* Hablar de forma vulgar. pop.
y. ‖ ~ **con la papa en la boca.** loc. verb. *Pa, Ec, Ch.* Imitar el modo de hablar de las personas de clase alta. pop + cult → espon.
z. ‖ ~ **con las manos metidas en la bolsa.** loc. verb. *Ni.* Ser un hipócrita.
a¹. ‖ ~ **con papelitos en la mano.** loc. verb. *Ni, Bo.* Demostrar con hechos lo que se dice.
b¹. ‖ ~ *cueshte.* loc. verb. *ES.* Hablar correctamente y con palabras precisas.
c¹. ‖ ~ **cuina.** *Ho.* **hablar carburo.**
d¹. ‖ ~ **culo.** *Ho.* **hablar carburo.** vulg.
e¹. ‖ ~ **cututeo.** *Ho.* **hablar carburo.**
f¹. ‖ ~ **de bueyes perdidos.** loc. verb. *Py, Ar, Ur.* Conversar de cosas triviales o inconexas. pop + cult → espon.
g¹. ‖ ~ **de bulto.**
i. loc. verb. *Mx.* Acompañar con gestos y ademanes lo que se está contando. pop + cult → espon.
ii. *Mx.* Contar *algo* de manera desordenada o caótica. pop.
h¹. ‖ ~ **de corrido.** loc. verb. *Ch.* Demostrar tener aptitudes y competencia en algo. pop.
i¹. ‖ ~ **de la pera y comer de ella.** loc. verb. *Pa.* Sacar *alguien* provecho de lo que critica.
j¹. ‖ ~ **duro.** loc. verb. *Mx.* Regañar a *alguien.*
k¹. ‖ ~ **en chiquitito.** loc. verb. *Ch.* Expresarse con abundancia de palabras en diminutivo. pop + cult → espon.
l¹. ‖ ~ **en griego.** loc. verb. *Ni, PR, Pe.* Decir palabras ininteligibles o incoherentes.
m¹. ‖ ~ **en oro.** loc. verb. *Ec, Bo.* p.u. Decir *algo* con franqueza o sinceridad. pop.
n¹. ‖ ~ **en pasta.** loc. verb. *Ho.* Decirse dos personas las verdades, sincerarse. ♦ **hablar pasta a pasta.**
ñ¹. ‖ ~ **en pepas.** loc. verb. *Bo:O.* Conversar seria y abiertamente con alguien. pop.
o¹. ‖ ~ **en plata blanca.** loc. verb. *Co.* Hablar sin rodeos, con precisión. pop.
p¹. ‖ ~ **fino.** loc. verb. *RD, PR.* Expresarse con elocuencia, usando palabras rebuscadas. pop + cult → espon.
q¹. ‖ ~ **galón.** loc. verb. *Ho.* Decir tonterías, incoherencias o de cosas intrascendentes. pop → espon ^ desp.
r¹. ‖ ~ **gamelote.** loc. verb. *Ve.* Decir tonterías o cosas triviales. pop.
s¹. ‖ ~ **golpeado.**
i. loc. verb. *Mx, Ho, ES, Ni, CR, Co, Ve, Ch.* Hablar con tono fuerte y a modo de reproche, *es-*

pecialmente para imponer la autoridad o para no dejar-se avasallar. pop. ♦ **hablarle con perradas**.

ii. *Co:N.* golpear.

t¹. ‖ ~ **güevo.** loc. verb. *Ho.* Decir cosas tontas, incongruentes o intrascendentes.

u¹. ‖ ~ **hasta por la tapa de la barriga.** loc. verb. *Ve.* Hablar excesivamente. pop.

v¹. ‖ ~ **hasta por las costuras.** loc. verb. *Ho.* Ser muy hablador.

w¹. ‖ ~ **humedades.** loc. verb. *Bo.* Decir tonterías. pop + cult → espon.

x¹. ‖ ~ **incendios.** loc. verb. *Pe, Bo, Ar:NO.* Hablar mal de alguien, *especialmente por estar molesto o enojado con él.* pop.

y¹. ‖ ~ **jerga.** loc. verb. *Ho.* Hablar *algo* sin que lo entienda el interlocutor.

z¹. ‖ ~ **lata.** *Ho.* **hablar carburo.** pop.

a². ‖ ~ **malo.** loc. verb. *PR.* Hablar en forma soez, con palabras malsonantes. pop + cult → espon.

b². ‖ ~ **más que una guacharaca.** loc. verb. *Ve.* Hablar mucho y bulliciosamente. pop.

c². ‖ ~ **más que una lora embarrada de caca.** loc. verb. *CR.* Hablar mucho. vulg; pop + cult → espon.

d². ‖ ~ **más que una lora mojada.** loc. verb. *Co.* Hablar mucho. pop.

e². ‖ ~ **mierda.**
i. loc. verb. *Ho, Ni, CR, Cu, RD, PR, Bo.* Decir cosas intrascendentes, insulsas, tontas. pop + cult → espon ∧ desp.
ii. *Co.* Decir mentiras, hablar sin motivo. pop.
iii. *Ve.* Desacreditar, desprestigiar a *alguien.* pop + cult → espon.
iv. *Ni, Cu.* Decir *algo* inoportuno *por imprudencia o desconsideración.* pop.

f². ‖ ~ **ñeñeñé.** loc. verb. *PR.* Decir sandeces. pop + cult → espon ∧ desp.

g². ‖ ~ **paja.**
i. *Ho, ES, Ni, CR, Pa, PR, Co, Ve, Bo.* **hablar carreta,** decir cosas triviales. pop.
ii. loc. verb. *Cu.* Decir *algo* inoportuno *por imprudencia o desconsideración.*

h². ‖ ~ **paso.** loc. verb. *Ve:O.* Tartamudear.

i². ‖ ~ **pasta a pasta.** *Ho.* **hablar en pasta.**

j². ‖ ~ **periquitos.** loc. verb. *Pe, Ch.* Hablar mal de alguien. pop.

k². ‖ ~ **piedras.** loc. verb. *Ec, Pe.* Decir necedades o cosas absurdas e incongruentes. pop. ♦ **hablar rocas.**

l². ‖ ~ **por boca de ganso.** loc. verb. *RD, Ch, Ar.* Hablar por hablar, hablar sin fundamento o sin venir al caso. pop + cult → espon.

m². ‖ ~ **por boca de santo.** loc. verb. *PR.* Manifestar *alguien* una opinión acertada. pop + cult → espon.

n². ‖ ~ **por el libro.** loc. verb. *PR.* Hablar con propiedad y cordura. pop + cult → espon.

ñ². ‖ ~ **por la herida.** loc. verb. *Mx, Ni, RD, Bo, Ch.* Manifestar a través de lo dicho un resentimiento hacia alguien o algo. pop + cult → espon.

o². ‖ ~ **raspado.** loc. verb. *PR.* Decir *algo* en forma clara, pero ruda y descortésmente. pop + cult → espon.

p². ‖ ~ **rocas.** *Pe.* **hablar piedras.**

q². ‖ ~**le con perradas.** *Ni.* **hablar golpeado.**

a. ‖ **¡ni ~!** loc. interj. *Mx, Ni, CR, RD, Ec, Bo.* Expresa conformidad.

▰

a. ‖ **lo hablado es lo entendido.** fr. prov. *Ho, ES, Ni.* Indica que hay que cumplir con lo acordado.

hablativo, -a.

I. 1. sust/adj. *RD.* Persona que resulta molesta por ser muy habladora.

hablatón. (De *habla* y *maratón*).

I. 1. m. *Ni.* Cadena de varias emisoras unidas que recaudan fondos para una causa humanitaria.

hablaverga.

I. 1. m-f. *Ho.* Persona que dice tonterías. tabú.

hableteo.

I. 1. m. *Cu.* Conversación larga. pop.

hablichi.

I. 1. adj. *Mx::NO. Referido a persona,* chismosa, que habla en demasía. pop.

hablón, -na.

I. 1. adj/sust. *Ho, CR. Referido a persona,* que habla mucho o de manera inoportuna. desp.

¡hacángana! (De or. onomat.).

I. 1. interj. *PR.* Imita el sonido de un golpe o una caída. pop + cult → espon.

hacayote.

I. 1. *Mx.* **ayote.**

hacedora.

I. 1. f. *Pe:S.* Mujer que en las **picanterías** ayuda a hacer la **chicha de jora** y otras tareas.

hacendado, -a.

I. 1. m. y f. *Ho, ES, Ni, CR, Cu, RD, PR, Ec, Bo, Py, Ar, Ur, Pe,* rur. Propietario de una hacienda o finca, *especialmente la dedicada a la cría de ganado vacuno.*
2. *Cu, PR.* Propietario de un central azucarero.

hacendario, -a.

I. 1. adj. *Mx, ES, Ni, CR.* Relativo a la hacienda pública.

hacer(se).

I. 1. intr. prnl. *Gu, ES, CR, RD, PR, Ec, Bo, Ch, Py.* Fingir *una persona,* aparentar. pop + cult → espon.
II. 1. tr. *Ar, Ur; Ch,* esm. Padecer una enfermedad o manifestar sus síntomas. pop.
III. 1. intr. prnl. *Co.* Sentarse en un lugar disponible.
IV. 1. intr. prnl. *Cu.* Resultar *alguien* vanidoso o arrogante.

●

a. ‖ **hacela corta.** fórm. *Ar, Ur.* juv. Se usa para apremiar a alguien en lo que está haciendo o diciendo.

b. ‖ **hacérmela buena.** fórm. *Mx.* Se usa para mostrar que se quiere que los buenos deseos de otra persona en su beneficio se hagan realidad.

c. ‖ **hágale.**
i. fórm. *CR, Co.* Se usa para incitar a alguien a la acción. pop.
ii. *Co.* Se usa para aceptar algo. pop.

d. ‖ **¡hágame (el) favor!** fórm. *Mx, Pe, Bo.* Se usa para expresar sorpresa o desconcierto ante algo insólito o absurdo.

e. ‖ **haz el favor.** fórm. *Mx.* Se usa para indicar el enfado que causa un hecho. pop.

f. ‖ **no le hace.** fórm. *Mx, Ho, ES, RD, Ec, Bo.* Se usa para indicar que algo no importa, que está bien.

g. ‖ **no te hagás.**
i. fórm. *Ho, ES, Ni, Cu.* Se usa para expresar que *alguien* se desentiende de algo que le corresponde.
ii. *Ec.* Se usa para mostrar incredulidad respecto de lo que afirma el interlocutor.

h. ‖ **para no ~ el cuento largo.** fórm. *Mx, ES, Ni, Cu, RD, Ec, Bo, Ch.* Se usa para resumir algo. pop + cult → espon.

i. ‖ **¿qué han hecho?** fórm. *ES, Ni, Co.* Se usa para saludar.

□

a. ‖ ~ **a pulmón.** loc. verb. *Cu, PR, Ar.* Realizar *alguien algo* con el esfuerzo propio, sin ayuda ajena. pop + cult → espon.

b. ‖ ~ **aca.** *Bo.* **hacer bosta**, golpear a *alguien*.

c. ‖ ~ **albóndiga.** loc. verb. *Ch.* Golpear o dejar mal-parado a *alguien*. pop.

d. ‖ ~ **algo por la patria.**
  i. loc. verb. *Ni, Cu, PR, Ch.* Participar esfor-zadamente en un trabajo común. pop + cult → espon.
  ii. *Cu.* Realizar una labor necesaria, útil.

e. ‖ ~ **alharaca.** *Mx, Ec, Pe, Bo, Ch.* **alharaquear**, ex-presarse con vehemencia.

f. ‖ ~ **andar de nuca.** loc. verb. *Bo:O.* Someter una persona a otra utilizando el atractivo personal o el carácter dominante.

g. ‖ ~ **andar de punta.** loc. verb. *Bo.* Insistir en que alguien actúe y proceda de manera responsable y con rectitud. pop + cult → espon.

h. ‖ ~ **apa.** loc. verb. *Co:S, Bo.* Levantar o subir a un niño en brazos o ponerlo sobre los hombros.

i. ‖ ~ **arepa.**
  i. loc. verb. *Co.* Aplastar *algo* completamente.
  ii. *Ve.* Dar palmadas los niños pequeños a mane-ra de juego. (**hacer arepitas**).

j. ‖ ~ **arepitas.** *Co.* **hacer arepa.** inf.

k. ‖ ~ **baca.**
  i. loc. verb. *Ec.* Pagar cada uno lo que le corres-ponde en un gasto común. pop.
  ii. *Ec.* Aportar dinero varias personas para un gasto común.

l. ‖ ~ **bagazo.** loc. verb. *Cu.* Ocasionar un gran daño a *alguien*.

m. ‖ ~ **bailar.** loc. verb. *Bo.* Esquivar *alguien* hábil-mente a un adversario.

n. ‖ ~ **bailar la culebra.** loc. verb. *Ch.* Conseguir di-nero de manera ilícita. delinc.

ñ. ‖ ~ **bailar la quinta canuta.** loc. verb. *Bo:E.* Golpear a *una persona*.

o. ‖ ~ **baja.**
  i. loc. verb. *Ch.* Montar una situación con la in-tención de engañar o embaucar a *alguien*. pop + cult → espon. ♦ **sacar la culebra.**
  ii. *RD.* Comer o beber a expensas de otro.

p. ‖ ~ **banco.** loc. verb. *Ar.* Permanecer un jugador de **futbol** o de otro deporte **grupal** entre los suplen-tes, a la espera de ser llamado a intervenir en el juego.

q. ‖ ~ **bandera.** loc. verb. *Ar, Ur.* Hacerse notar *una persona* por llamar la atención o por hacer alarde de al-go. pop.

r. ‖ ~ **baño.** loc. verb. *Bo.* Defecar.

s. ‖ ~ **barra.**
  i. loc. verb. *Gu, Ho, ES, Ni, CR, Pa, Co, Ve, Ec, Pe, Bo, Ch; Ur*, espon. Animar de forma entu-siasta a un equipo deportivo o a alguien que participa en una competición. pop + cult → espon.
  ii. *ES.* Acompañar a *alguien* a hacer algo. pop ^ fest.

t. ‖ ~ **batería y media.** loc. verb. *Bo.* Hacer travesu-ras, *generalmente los niños*. pop + cult → espon.

u. ‖ ~ **bilis.** loc. verb. *Mx, Pe.* Encolerizarse, irritarse, enconarse furiosamente contra algo o alguien, o a causa de ello. pop + cult → espon.

v. ‖ ~ **bola.** loc. verb. *Ec.* Destrozar *algo*. pop + cult → espon.

w. ‖ ~ **boleta.** *Ar.* **hacer bosta**, matar.

x. ‖ ~ **bolsa.**
  i. *Ch, Py, Ar, Ur; Bo:O,C*, fest. **hacer bosta**, romper.
  ii. *Bo:O,C, Ch, Ar, Ur.* **hacer bosta**, golpear a *al-guien*.
  iii. *Bo:O,C, Ar.* En una **competencia** *deportiva*, ga-nar al adversario por un amplio margen de tantos o puntos. pop + cult → espon ^ fest.

iv. *Bo:O,C, Ar.* Agotar a *una persona* exigiéndole un esfuerzo físico excesivo. pop + cult → espon ^ fest.

v. *Py, Ar.* **hacer bosta**, perjudicar.

vi. *Ar, Ur.* **hacer bosta**, matar.

vii. *Bo:O,C.* Abrumar a *una persona* el dolor y el sufrimiento.

viii. *Bo:O,C.* En un examen oral o una exposición, poner en situación difícil o comprometida a *alguien* con preguntas. pop + cult → espon.

ix. *Ur.* **hacer bosta**, dejar en evidencia.

y. ‖ ~ **bomba.** loc. verb. *Bo.* Animar a un deportista o a un equipo deportivo, en una prueba, con gritos, exclamaciones o silbidos.

z. ‖ ~ **bosta.**
  i. loc. verb. *Bo, Ar, Ur.* Golpear duramente o herir a *alguien* hasta dejarlo maltrecho. pop + cult → espon.
  ii. *Ar, Ur.* Romper o destruir *algo*. pop + cult → espon. ♦ **hacer bolsa; hacer concha; ha-cer moco; hacer pelota; hacer pomada; hacer torta.**
  iii. *Ar, Ur.* Matar *una peersona* a *alguien*. pop + cult → espon.
  iv. *Ar, Ur.* Derrotar ampliamente a un adversario. pop + cult → espon. ♦ **hacer concha.**
  v. *Ar.* Perjudicar a *alguien*. pop + cult → espon. ♦ **hacer bolsa; hacer concha; hacer la bole-ta; hacer moco; hacer pelota; hacer pomada; hacer torta.**
  vi. *Ur.* Dejar a *alguien* en evidencia destacando su mala actuación o un error. pop + cult → espon. ♦ **hacer bolsa; hacer moco; hacer pelota; hacer pomada.**

a¹. ‖ ~ **brusca.** loc. verb. *RD, PR.* Faltar a clase volun-tariamente. ♦ **comer jobos; hacer jobos; hacer la campana; hacer pifia.**

b¹. ‖ ~ **buchadas.** loc. verb. *Cu, PR, Bo.* Hacer gárgaras.

c¹. ‖ ~ **buche(s).** loc. verb. *PR.* Estar a punto de llorar. pop + cult → espon.

d¹. ‖ ~ **buena barriga.** loc. verb. *Cu.* No sentir una mujer malestar alguno durante el embarazo.

e¹. ‖ ~ **buena letra.**
  i. loc. verb. *Ar.* Empeñarse en realizar correcta-mente una tarea.
  ii. *Bo:C,O.* Portarse correctamente *una persona*. pop + cult → espon.

f¹. ‖ ~ **bulla.**
  i. loc. verb. *Gu, Ni, RD.* Celebrar *algo* con una fiesta.
  ii. *Ho, ES, Ni.* Hablar o preocuparse de algo solo momentáneamente. pop.
  iii. *Ur.* Aparentar *alguien* más de lo que es. pop.

g¹. ‖ ~ **bulto.** loc. verb. *RD.* Hacer alarde de algo. pop.

h¹. ‖ ~ **burro.** loc. verb. *Co.* En el *futbol*, provocar la caída de un jugador agachándose en el momento en que este salta, de manera que caiga sobre las espal-das del contrario.

i¹. ‖ ~ **caballito.**
  i. loc. verb. *Mx, Ec, Bo.* Llevar a la espalda a una persona, *generalmente a un niño*, a horcajadas.
  ii. *Ch; PR, Ec, Bo*, inf. Hacer cabalgar a un niño, sobre las piernas.

j¹. ‖ ~ **cabeza.** loc. verb. *Ho, Ni, PR.* Recordar algo.

k¹. ‖ ~ **cacarear.** loc. verb. *Ar:NO.* **hacer bosta**, gol-pear a *alguien*. pop + cult → espon.

l¹. ‖ ~ **cachete.** loc. verb. *Gu, Ho, ES, Ni, CR.* Actuar con parcialidad para favorecer a alguien. pop + cult → espon.

m¹. ‖ ~ **cagadal de puro ayote.** loc. verb. *Ho, ES.* Ha-cer mal una cosa o causar un desastre. vulg; pop → espon.

n¹. ‖ ~ **cagar.**
  i. *Bo, Ch, Ar.* **hacer bosta**, golpear a *alguien.* vulg; pop + cult → espon.
  ii. *Ar, Ur.* **hacer bosta**, matar.

ñ¹. ‖ ~ **cálamo.** loc. verb. *CR.* p.u. Aplicar la inteligencia para resolver un problema. pop.

o¹. ‖ ~ **cama.** loc. verb. *Ni.* Tomarse un vaso de leche antes de beber licor.

p¹. ‖ ~ **capote.** loc. verb. *Bo, Ar, Ur.* Destacar, tener éxito, causar sensación. pop.

q¹. ‖ ~ **capú.**
  i. loc. verb. *RD. Entre muchachos*, darle uno un manotazo a otro en el brazo donde tiene un dulce, un bocadillo o una moneda, y si se cae, el que dio el manotazo pasa a ser el dueño; es imprescindible, decir «¡capú!» en el momento de darle el manotazo.
  ii. *RD. Entre adultos*, privar de algo a *alguien*, con astucias o artimañas.

r¹. ‖ ~ **caracolitos.**
  i. loc. verb. *Mx.* Ejecutar un gesto con un movimiento enérgico del brazo mostrando la palma de la mano y los dedos flexionados a diferente abertura con la intención de menospreciar a quien la ve. pop + cult → espon ^ desp.
  ii. *Mx.* Desdeñar. pop + cult → espon ^ desp.

s¹. ‖ ~ **caras.**
  i. loc. verb. *Mx, Ni, CR, PR, Co, Ec, Pe, Ch, Ar.* Expresar disgusto o rechazo gesticulando con el rostro. pop.
  ii. *Ec.* Gesticular voluntaria o involuntariamente con el rostro. pop.

t¹. ‖ ~ **caravana con sombrero ajeno.** loc. verb. *Mx.* Aprovecharse de los méritos ajenos para beneficiarse o para lucirse. pop + cult → espon.

u¹. ‖ ~ **caritas.**
  i. loc. verb. *ES, Cu, Bo, Ch, Ar, Ur.* Gesticular *una persona* de forma graciosa para que otra venza su enfado.
  ii. *CR, Cu, Ec.* Expresar disgusto o rechazo gesticulando con el rostro. pop.
  iii. *Gu, Ho, ES.* Tratar de dar envidia a *alguien.* pop + cult → espon.

v¹. ‖ ~ **carrizo.** loc. verb. *Co:O.* Cruzar una pierna encima de la otra al sentarse.

w¹. ‖ ~ **casa con corredor.** loc. verb. *Ni.* Realizar visitas muy prolongadas.

x¹. ‖ ~ **cáscara.** loc. verb. *Ar.* Alardear o hacer ostentación de algo. pop.

y¹. ‖ ~ **casita.** loc. verb. *Mx.* Proteger a *alguien* de ser visto mientras orina al aire libre.

z¹. ‖ ~ **cebo.** loc. verb. *Ve.* Coquetear con alguien.

a². ‖ ~ **cerebro.**
  i. loc. verb. *CR, Pe.* Realizar un esfuerzo mental extraordinario para resolver un asunto difícil o para tratar de recordar algo. pop.
  ii. *RD.* Hacer elucubraciones mentales de tipo monetario o sexual.
  iii. *PR.* Fantasear sexualmente. pop + cult → espon. (**hacer un cerebro**).

b². ‖ ~ **chacota.** loc. verb. *Ec, Pe, Bo, Ch.* Divertirse causando alboroto. pop + cult → espon. ♦ **chacotear.**

c². ‖ ~ **changuitos.** loc. verb. *Mx.* Cruzar los dedos para invocar la suerte.

d². ‖ ~ **chaqueta.**
  i. loc. verb. *ES.* Destruir *algo.*
  ii. *ES.* Hablar mal de alguien.

e². ‖ ~ **charqui.**
  i. loc. verb. *Ch.* Dañar o golpear *algo* o a *alguien.* pop + cult → espon.

ii. *Ch.* Sufrir daño *alguien* o una parte de su cuerpo. pop + cult → espon.

f². ‖ ~ **charquicán.**
  i. loc. verb. *Ch.* p.u. Golpear o dejar malparado a *alguien.* pop + cult → espon.
  ii. *Ch.* p.u. **hacer charqui.**

g². ‖ ~ **chasqui.** loc. verb. *Ec.* p.u. Pasar materiales de construcción de mano en mano para trasladarlos de un lugar a otro.

h². ‖ ~ **cherry.** loc. verb. *Pe.* Hacer sentir vergüenza a *alguien.*

i². ‖ ~ **chicharrón.** loc. verb. *RD, Bo, Ch.* Quemar a *algo* o a *alguien.* pop + cult → espon ^ fest.

j². ‖ ~ **chichirimico.** loc. verb. *Ec, Pe, Ar:NO.* Arruinar *un asunto* o destrozar *algo.* pop + cult → espon.

k². ‖ ~ **chichís.** loc. verb. *Mx.* Arrullar a un niño.

l². ‖ ~ **chile con el culo.** loc. verb. *Mx.* No manifestar *alguien* abiertamente su enojo y, en lugar de esto, hacer gestos malhumorados, aunque leves y confusos. vulg.

m². ‖ ~ **chinche.** loc. verb. *Gu.* Gastar o repartir algo de valor, *generalmente dinero*, de manera imprudente o al azar.

n². ‖ ~ **chingaste.**
  i. loc. verb. *Ho, ES, Ni.* Destrozar, hacer añicos *algo.* pop.
  ii. *Ho, ES.* Dañar a *alguien.* pop + cult → espon.

ñ². ‖ ~ **chiras pelas.**
  i. loc. verb. *Mx.* Morir *alguien.* pop.
  ii. *Mx.* Suspenderse bruscamente *algo* emprendido. pop.
  iii. *Mx.* No congeniar dos o más personas. pop + cult → espon.
  iv. *Mx.* No corresponder entre sí dos objetos en tamaño, proporción, simetría o color.

o². ‖ ~ **chis.**
  i. loc. verb. *Mx.* Orinar.
  ii. *Bo.* Dormir. inf.

p². ‖ ~ **cholito.** loc. verb. *Pe.* Estafar o engañar a *alguien.* pop + cult → espon.

q². ‖ ~ **chorcha.**
  i. loc. verb. *Mx.* Charlar animadamente. pop + cult → espon.
  ii. *Mx.* Provocar escándalo un grupo de personas para divertirse. pop + cult → espon.

r². ‖ ~ **chucu chucu.** loc. verb. *CR, Pa, RD, Py.* Tener relaciones sexuales.

s². ‖ ~ **chupete.** loc. verb. *Ch.* Disfrutar de algo con deleite o hasta el final. pop + cult → espon.

t². ‖ ~ **circo, maroma y teatro.** loc. verb. *Mx.* Intentar por todos los medios alcanzar un objetivo. pop + cult → espon.

u². ‖ ~ **ciudad.** loc. verb. *Ar, Ur; Ch*, esm. Desarrollar urbanísticamente una ciudad.

v². ‖ ~ **claque.** loc. verb. *Ch.* Alentar, apoyar *algo* o a *alguien* de forma ruidosa y partidista. pop + cult → espon.

w². ‖ ~ **clase.** loc. verb. *Ch.* **hacer clases.**

x². ‖ ~ **clases.** loc. verb. *Ch.* Enseñar una asignatura, ciencia o arte de manera periódica. (**hacer clase**).

y². ‖ ~ **clavel.** tr. *Ho.* Dañar o perjudicar a *alguien.* euf.

z². ‖ ~ **clavito.** loc. verb. *Gu.* Cruzar los dedos para invocar la suerte.

a³. ‖ ~ **clavo.**
  i. loc. verb. *Ho, ES.* Estorbar, molestar a *alguien.* pop.
  ii. *Ho, Ni.* Denunciar a *alguien.* pop.
  iii. *Gu.* Cometer un error, meter la pata.

b³. ‖ ~ **coca.** loc. verb. *RD.* Apoderarse repentinamente de lo que se está jugando, de la apuesta, y echar a correr.

c³. ‖ **~ coco.** loc. verb. *Ho, Ni.* Recordar *alguien algo.* pop.

d³. ‖ **~ cominillo las manos.** loc. verb. *Ch.* Sentir deseos muy vivos de hacer algo. pop.

e³. ‖ **~ con las patas.** loc. verb. *Mx, Ho, ES, PR, Co, Bo.* Realizar *alguien algo* muy mal, sin ningún cuidado. pop + cult → espon.

f³. ‖ **~ concha.**
  i. loc. verb. *Mx.* Demorarse *alguien* para hacer algo. pop + cult → espon.
  ii. *Ar.* **hacer bosta.**

g³. ‖ **~ conducta.** loc. verb. *Ch.* Comportarse bien *alguien* para conseguir algo, *especialmente un preso con el fin de rebajar su condena para quedar antes en libertad.* carc.

h³. ‖ **~ conejitos.** loc. verb. *Bo.* Poner el dedo medio o corazón sobre el dedo índice para desear que algo se haga realidad.

i³. ‖ **~ conejo.**
  i. loc. verb. *Mx.* Ejercitar el bíceps para que se fortalezca.
  ii. *Co.* juv. Abandonar un establecimiento público sin ser visto, para no pagar la cuenta.

j³. ‖ **~ copuchas.** loc. verb. *Ch.* Inflar los carrillos.

k³. ‖ **~ corcho.** loc. verb. *Gu.* Comportarse de manera ridícula, provocando vergüenza en otras personas.

l³. ‖ **~ correr.** loc. verb. *Ec, Bo.* Atemorizar a *alguien.* pop.

m³. ‖ **~ cortina.** loc. verb. *Bo. En algunos deportes,* cubrir con el cuerpo a uno o más jugadores del equipo contrario para impedir su libre desplazamiento y facilitar, de ese modo, el movimiento de un compañero de equipo.

n³. ‖ **~ cosa.** loc. verb. *Ch.* p.u. Causar *algo* incomodidad o rechazo. pop + cult → espon.

ñ³. ‖ **~ cráneo.**
  i. loc. verb. *Cu.* Pensar lascivamente.
  ii. *Cu.* Ilusionarse con algo. pop.

o³. ‖ **~ cruces.** loc. verb. *Co.* Matar por dinero. delinc.

p³. ‖ **~ crujir.**
  i. loc. verb. *Bo.* Proporcionar dolor y placer un hombre a una mujer durante la relación sexual. pop.
  ii. *Bo.* Hacer sufrir a su pareja en el amor. pop.

q³. ‖ **~ cuadritos.** loc. verb. *Ho, Py.* Romper, destrozar o hacer añicos *algo.* pop + cult → espon.

r³. ‖ **~ cuadro.** loc. verb. *Ni, Pa.* Fingir.

s³. ‖ **~ cuarto.** loc. verb. *Co.* Ayudar a *alguien* en un asunto que por lo general no es permitido.

t³. ‖ **~ cuatro.** loc. verb. *Ni.* Trabajar en exceso.

u³. ‖ **~ cucharita.** loc. verb. *Ch, Ar, Ur.* Abrazar una persona a otra que le da la de la espalda estando acostados. pop + cult → espon.

v³. ‖ **~ cuche.** loc. verb. *Gu.* Irse a dormir. inf.

w³. ‖ **~ cuenta y caso.** loc. verb. *Ni.* No tomar en cuenta *algo.*

x³. ‖ **~ cuita.** loc. verb. *Ni.* Destruir *algo.*

y³. ‖ **~ cumbre.**
  i. loc. verb. *Ch.* Practicar alpinismo. pop + cult → espon.
  ii. *Ch.* Alcanzar la cima de una montaña. pop + cult → espon.

z³. ‖ **~ danzar.**
  i. loc. verb. *Bo.* Involucrar a *alguien* en un hecho, *especialmente un delito,* en el que no participó. pop.
  ii. *Bo.* Causar sufrimiento físico o moral a *alguien.* pop.
  iii. *Bo.* Criticar y hacer comentarios malintencionados en contra de una persona que no está presente. pop.

a⁴. ‖ **~ de chivo los tamales.** loc. verb. *Mx, Gu, Ho, ES.* Engañar a *alguien* haciéndole creer verdadero lo que es falso. pop.

b⁴. ‖ **~ de cuenta.** loc. verb. *Mx, ES, Ni, CR, Cu, RD, PR, Ec, Pe, Ch, Ar.* Suponer, simular *algo.* pop + cult → espon.

c⁴. ‖ **~ de goma.**
  i. loc. verb. *Ar.* Romper o destruir *algo.* pop + cult → espon.
  ii. *Ar.* Destrozar moralmente o humillar a *alguien.* pop + cult → espon.

d⁴. ‖ **~ de orto.** loc. verb. *Ch.* Hurtar la cartera del bolsillo trasero del pantalón de alguien. delinc.

e⁴. ‖ **~ de tripas chorizo.** loc. verb. *CR.* Sobreponerse en las adversidades. pop.

f⁴. ‖ **~ de un anís un marquesote.** loc. verb. *Ni.* Exagerar *algo.*

g⁴. ‖ **~ de un clavo un machete.** loc. verb. *Ni.* Exagerar *algo.*

h⁴. ‖ **~ del agua lodo.**
  i. loc. verb. *Ho, Ni, Ec.* Falsear malintencionadamente la verdad.
  ii. *Ho, Ni.* Enturbiar lo que está claro, intrigar.

i⁴. ‖ **~ del baño.** loc. verb. *Mx.* Defecar. pop ♦ **hacer del dos; hacer el dos; hacer el número dos.**

j⁴. ‖ **~ del dos.** *Mx.* hacer del baño. euf; pop.

k⁴. ‖ **~ del uno.** loc. verb. *Mx.* Orinar. euf; pop. ♦ **hacer el número uno; hacer el uno.**

l⁴. ‖ **~ demencia.** loc. verb. *Pa.* juv. Organizar un desorden. delinc.

m⁴. ‖ **~ diablos de zacate.** loc. verb. *Ni.* Alborotar o ensuciar.

n⁴. ‖ **~ diligencias.** loc. verb. *Ni.* Realizar una cura casera.

ñ⁴. ‖ **~ dormir.**
  i. loc. verb. *Bo.* Quedarse con una cosa prestada, con el propósito de no devolverla. pop.
  ii. *Bo.* Apropiarse de un objeto ajeno sin que el dueño se dé cuenta. pop.
  iii. *Bo.* Dejar *una persona* inconsciente a *otra* por efecto de un golpe.

o⁴. ‖ **~ droga.** loc. verb. *Gu, Ho, ES.* Destruir *algo* o perjudicar a *alguien.*

p⁴. ‖ **~ el alto.** loc. verb. *CR.* Detener un conductor su vehículo en un alto, señal de tráfico. (**hacer un alto**).

q⁴. ‖ **~ el bajo.** loc. verb. *Pe.* Ayudar de manera discreta a dos enamorados para que se reúnan. pop.

r⁴. ‖ **~ el banquillo.** loc. verb. *Bo. En el futbol,* agacharse un jugador por detrás de un contrario para empujarlo ligeramente cuando salte en busca de la pelota, haciéndole perder el equilibrio, para que caiga sobre la espalda del que está agachado. pop + cult → espon. ♦ **hacer el banquito.**

s⁴. ‖ **~ el banquito.** *Bo.* **hacer el banquillo.**

t⁴. ‖ **~ el bendito al culo.** loc. verb. *ES.* Tener *alguien* los dos pulgares atados con los brazos atrás.

u⁴. ‖ **~ el bocho.**
  i. loc. verb. *Ar, Ur.* juv. Convencer hábilmente a *alguien* para que haga algo o actúe de determinada manera.
  ii. *Ar.* Fantasear *alguien* con algo.
  iii. *Ar.* Volver *alguien* obsesivamente sobre la misma idea.

v⁴. ‖ **~ el bombo.** loc. verb. *Ar.* Dejar embarazada a *una mujer.* vulg.

w⁴. ‖ **~ el cajón.** loc. verb. *Co.* Trabajar en secreto para perjudicar a alguien. pop.

x⁴. ‖ **~ el caso del perro.** *Cu, RD, Pe.* hacer fo.

y⁴. ‖ **~ el chino.** loc. verb. *ES.* Forcejear con alguien.

z⁴. ‖ **~ el cinco.** loc. verb. *CR.* obsol. Obtener ganancias materiales en una actividad.

a⁵. ‖ ~ **el cuatro.** loc. verb. *Ho, ES, Ni, Ec, Bo, Ch, Py.* Levantar una pierna dejándola perpendicular a la otra a modo de un cuatro, para demostrar que no se está borracho. pop + cult → espon.

b⁵. ‖ ~ **el cuento.** loc. verb. *PR.* Pedir dinero a *alguien*, darle un sablazo. pop + cult → espon.

c⁵. ‖ ~ **el daño.** loc. verb. *Gu, Ni, CR; Cu.* euf. Poseer sexualmente a *una persona*, especialmente a una mujer. tabú; pop + cult → espon.

d⁵. ‖ ~ **el daño a una mujer.** loc. verb. *Ni, RD, PR.* Desvirgar. pop + cult → espon.

e⁵. ‖ ~ **el deber.** loc. verb. *Co, Ch.* Hacer propósito firme de ejecutar algo.

f⁵. ‖ ~ **el dos.**
  i. loc. verb. *Ni, Cu, Bo,* euf; *CR, Pe,* inf. **hacer del baño.** pop + cult → espon ∧ fest.
  ii. *Co:N.* Hacer un favor.

g⁵. ‖ ~ **el entre.** loc. verb. *Bo.* Cortejar un hombre a una mujer o una mujer a un hombre antes de la declaración de amor.

h⁵. ‖ ~ **el favor.**
  i. loc. verb. *Ho, ES, Ni, CR, Ec, Pe.* Poseer sexualmente a *una persona, especialmente a una mujer.* euf; pop + cult → espon.
  ii. *Co, Ec.* Dejar embarazada a una mujer. euf; pop.
  iii. *Ch.* Permitir una persona a otra tener sexo con ella. pop + cult → espon.
  iv. *Ec.* Seducir a una mujer virgen. pop + cult → espon.

i⁵. ‖ ~ **el feike.** loc. verb. *PR.* juv. Disimular.

j⁵. ‖ ~ **el feo.** loc. verb. *Mx, Gu, ES.* Dar *alguien* muestras de desagrado.

k⁵. ‖ ~ **el filo.** loc. verb. *Ar.* Intentar enamorar a *una persona.* pop.

l⁵. ‖ ~ **el fo.** loc. verb. *RD, Co, Ve; Cu,* obsol. **hacer fo.** pop.

m⁵. ‖ ~ **el fuchi.** loc. verb. *Mx.* Rechazar *algo* o a *alguien*, desdeñar. pop + cult → espon.

n⁵. ‖ ~ **el gancho.** loc. verb. *Py; Bo,* pop + cult → espon ∧ fest. Propiciar que una persona entable una relación amorosa con otra.

ñ⁵. ‖ ~ **el gasto.** loc. verb. *Co, Ch, Ar.* Esforzarse *alguien* en la realización de algo con la ayuda de los otros. pop.

o⁵. ‖ ~ **el golpe.** loc. verb. *Ho, Ni.* Inspirar profundamente al fumar. (**hacer golpe**).

p⁵. ‖ ~ **el habla.** loc. verb. *Pe.* Iniciar intencionadamente una conversación con alguien desconocido.

q⁵. ‖ ~ **el jueguito.** loc. verb. *PR.* Fomentar la discordia con picardía. pop + cult → espon.

r⁵. ‖ ~ **el loco.** loc. verb. *Ch.* Hacer el ridículo. pop + cult → espon.

s⁵. ‖ ~ **el mandado.**
  i. loc. verb. *Gu, Co.* Dejar embarazada a una mujer soltera. pop.
  ii. *Co.* Tener una relación sexual con alguien. pop.
  iii. *Co.* Matar a *alguien* por encargo. pop.
  iv. *Co.* Causar perjuicio a *alguien* con engaños y trampas. pop.
  v. *Ho, Ni.* Adelantarse a *alguien* en algo.

t⁵. ‖ ~ **el mico.** loc. verb. *ES.* Ayudar a una mujer a recoger el café de la misma rama. rur.

u⁵. ‖ ~ **el nombre de Dios.** loc. verb. *ES, Ni.* Realizar la primera venta del día.

v⁵. ‖ ~ **el número dos.** *CR.* **hacer del baño.**

w⁵. ‖ ~ **el número uno.** *CR.* **hacer del uno.**

x⁵. ‖ ~ **el oso.** loc. verb. *Co.* Pasar vergüenza, quedar mal por una situación embarazosa. pop.

y⁵. ‖ ~ **el papelón.** loc. verb. *Mx, Pa, RD, Ve, Ec, Pe, Bo, Py.* Hacer el ridículo.

z⁵. ‖ ~ **el paro.** loc. verb. *Mx.* Ayudar a *alguien*. pop + cult → espon.

a⁶. ‖ ~ **el peso.** loc. verb. *Ch.* Mostrar capacidad o cualidades para competir de igual a igual con otra persona o cosa. pop + cult → espon.

b⁶. ‖ ~ **el piche.** loc. verb. *Ho, ES.* Guardar equilibrio apoyándose en un solo pie.

c⁶. ‖ ~ **el propio.** loc. verb. *CR.* Realizar las diligencias necesarias para conseguir algo. pop.

d⁶. ‖ ~ **el puente.**
  i. loc. verb. *Pe. En un negocio,* evitar *alguien* intermediarios y jerarquías superiores y hacer él mismo la operación abandonando a sus antiguos socios. pop.
  ii. *Bo.* Propiciar que una persona entable una relación amorosa con otra. pop + cult → espon ∧ fest.

e⁶. ‖ ~ **el quite.**
  i. loc. verb. *Mx, Ve.* Ayudar a *una persona* con un trabajo o tarea. pop + cult → espon.
  ii. *Co, Ec, Bo, Ch.* Evadir una responsabilidad, a una persona o una situación que no es agradable. pop. ♦ **hacerle el quite.**

f⁶. ‖ ~ **el tren.** loc. verb. *PR, Co.* Bailar en fila agarrándose de la cintura. pop.

g⁶. ‖ ~ **el uno.** loc. verb. *Ni, Cu, PR, Pe, Bo; CR,* p.u. **hacer del uno.** euf; pop + cult → espon ∧ fest.

h⁶. ‖ ~ **el verso.** loc. verb. *Ar, Ur.* Engañar a *una persona* para conseguir algo de ella. pop.

i⁶. ‖ ~ **el viajado.**
  i. loc. verb. *Co.* Emprender una conquista amorosa o una relación sexual. pop.
  ii. *Co.* Agredir a *alguien* con un arma. pop.

j⁶. ‖ ~ **empanadas.** loc. verb. *Bo.* Tomarse de la mano una pareja de enamorados entrelazando los dedos. pop.

k⁶. ‖ ~ **escante.** loc. verb. *PR.* Destruir a *alguien* o arrasar completamente *algo*.

l⁶. ‖ ~ **escombro.** loc. verb. *Ar, Ur.* Magnificar la importancia de un hecho o el modo de realizarlo para llamar la atención. pop.

m⁶. ‖ ~ **escuadra.** loc. verb. *Co:N.* Detenerse un vehículo en la **escuadra.**

n⁶. ‖ ~ **esquina.**
  i. loc. verb. *Mx.* Permitir que alguien se pelee a golpes. pop + cult → espon.
  ii. *RD.* Rondar un muchacho la casa de una muchacha para darle muestras de su interés por ella.

ñ⁶. ‖ ~ **estorbo.** loc. verb. *Mx, ES.* Estorbar, molestar.

o⁶. ‖ ~ **estribitos.** loc. verb. *Bo:N,E.* Hacer gestos o mohínes un niño antes de ponerse a llorar. pop + cult → espon.

p⁶. ‖ ~ **facha.** loc. verb. *Ar.* Exhibirse y pavonearse.

q⁶. ‖ ~ **fieros.**
  i. loc. verb. *Co:C.* Ufanarse, presumir. ♦ **dar fiero; dar mulo.**
  ii. *Ec.* Mostrarse quisquilloso. pop + cult → espon.
  iii. *Ec.* Mostrar desagrado e incomodidad. pop + cult → espon.

r⁶. ‖ ~ **fiesta.**
  i. loc. verb. *Ni, Pa, PR, Ve, Ec.* Gastar o hacer uso de algo irresponsablemente. pop + cult → espon.
  ii. *Pa.* No prestar atención a algo que debe ser solucionado o atendido.

s⁶. ‖ ~ **fleco.** loc. verb. *Bo.* Golpear duramente a *alguien.* pop.

t⁶. ‖ ~ **flecos.**
  i. loc. verb. *Ec, Ch.* Destrozar algo. pop.
  ii. *Ec. En un intercambio verbal,* dejar al interlocutor sin capacidad de réplica. pop.

u⁶. ‖ ~ **fo.** loc. verb. *RD, PR, Co, Ve; Cu,* obsol. Manifestar desagrado, desprecio o indiferencia hacia algo o alguien. pop. ♦ **hacer el caso del perro**; **hacer el fo**; **hacer un fo**.

v⁶. ‖ ~ **fuerza.** loc. verb. *Ch.* Poner empeño para alcanzar un objetivo.

w⁶. ‖ ~ **gancho.**
  i. loc. verb. *Bo, Ch, Py, Ar, Ur.* Propiciar que una persona entable una relación amorosa con otra. pop + cult → espon ^ fest.
  ii. *Gu.* Afrontar una situación. pop + cult → espon.
  iii. *Bo:S.* Engañar a una persona con la que se mantiene una relación sentimental.

x⁶. ‖ ~ **gandinga.** loc. verb. *PR.* Hacer picadillo a *alguien*, destrozarlo. pop + cult → espon.

y⁶. ‖ ~ **gárgaras.** loc. verb. *Ch.* Hablar en demasía de algo que en el fondo es superficial y poco importante. pop + cult → espon.

z⁶. ‖ ~ **gavilla.** loc. verb. *Ec.* obsol. Atacar a *alguien* un grupo de personas. pop + cult → espon.

a⁷. ‖ ~ **golilla.** loc. verb. *Ho.* Erizarse las plumas de un gallo.

b⁷. ‖ ~ **golpe.** *Ec.* **hacer el golpe.**

c⁷. ‖ ~ **ground.** loc. verb. *PR.* Hacer tierra una conexión eléctrica.

d⁷. ‖ ~ **guaje.** loc. verb. *Mx.* Engañar a *alguien*. vulg; pop + cult → espon.

e⁷. ‖ ~ **guácala.** loc. verb. *ES.* Vomitar.

f⁷. ‖ ~ **güevos.**
  i. loc. verb. *Ho, ES.* Tener ánimo, entusiasmarse por algo.
  ii. *ES.* Envalentonarse para hacer algo que despierta temor o desconfianza. pop + cult → espon.
  iii. *ES.* **hacerle huevos.**

g⁷. ‖ ~ **güey.** loc. verb. *Mx.* Engañar a *alguien*. vulg; pop + cult → espon.

h⁷. ‖ ~ **hasta para vender.** loc. verb. *Ni, Co.* Excederse, propasarse *alguien*.

y⁷. ‖ ~ **hierros.** loc. verb. *Cu.* Hacer ejercicios *una persona, especialmente fisiculturismo*.

j⁷. ‖ ~ **hoja.** loc. verb. *Ec.* obsol. Faltar a clase un grupo de alumnos sin justificación. pop.

k⁷. ‖ ~ **hora.** loc. verb. *RD, Pe, Ch, Py.* Entretenerse esperando que llegue el momento oportuno *para algo*. pop + cult → espon.

l⁷. ‖ ~ **horizonte.** loc. verb. *RD.* Ser muy grande *algo*, llegar al máximo, *especialmente una cualidad*.

m⁷. ‖ ~ **hoyo.** loc. verb. *Gu.* Disponer de una cantidad de dinero determinada.

n⁷. ‖ ~ **huano.** *Pe.* **hacerse el huevón.**

ñ⁷. ‖ ~ **huesos viejos.**
  i. loc. verb. *Gu, Cu.* Durar o permanecer mucho tiempo en algún lugar. pop.
  ii. *Cu.* Permanecer mucho tiempo una persona con otra. pop.

o⁷. ‖ ~ **huevo.**
  i. loc. verb. *Ar.* Estar ocioso. pop.
  ii. *Gu.* Destruir *algo* o perjudicar a *alguien*.

p⁷. ‖ ~ **huevo (de) pato.** loc. verb. *Ch.* Engañar a *alguien*, burlarse de él. pop + cult → espon.

q⁷. ‖ ~ **huevos.**
  i. loc. verb. *Mx.* Ejecutar un gesto con un movimiento enérgico del brazo para mostrar la palma de la mano y los dedos flexionados a diferente abertura con la intención de menospreciar a quien la ve. pop + cult → espon ^ desp.
  ii. *Mx.* Desdeñar. pop + cult → espon ^ desp.

r⁷. ‖ ~ **huichichío.** loc. verb. *Ch.* obsol. Burlarse, mofarse de alguien. pop + cult → espon.

s⁷. ‖ ~ **humear.** loc. verb. *Ch.* Golpear con fuerza una parte del cuerpo dejándola dolorida. pop.

t⁷. ‖ ~ **jachi.** loc. verb. *Bo:E.* Destrozar *algo* o a *alguien* completamente. pop.

u⁷. ‖ ~ **jarana.** loc. verb. *ES.* Realizar una trampa a *alguien*. pop.

v⁷. ‖ ~ **jobos.** *PR.* **hacer brusca.**

w⁷. ‖ ~ **juego.** loc. verb. *Bo, Ar.* Estar sin ajuste perfecto una pieza enroscable. pop + cult → espon.

x⁷. ‖ ~ **juicio.** loc. verb. *Ch.* Hacer caso, obedecer *a alguien*. pop.

y⁷. ‖ ~ **la bajada.** loc. verb. *Ho.* En el ***futbol***, aproximarse a la portería del equipo contrario.

z⁷. ‖ ~ **la boleta.**
  i. loc. verb. *Bo, Py, Ar, Ur.* Sancionar a un automovilista que ha cometido una infracción.
  ii. *Bo, Ar.* En ciertos deportes como el ***futbol***, vencer por una amplia ventaja a un equipo rival. pop.
  iii. *Ar:NO, Ur.* **hacer bosta**, perjudicar. pop + cult → espon.
  iv. *Ar.* **hacer bosta**, matar. pop + cult → espon.

a⁸. ‖ ~ **la cabuda.** loc. verb. *ES.* Reunir dinero entre varias personas para un fin común.

b⁸. ‖ ~ **la cadena.** loc. verb. *PR, Py.* En una reunión espiritista, unir las manos todos los presentes.

c⁸. ‖ ~ **la campana.** *PR.* **hacer brusca.**

d⁸. ‖ ~ **la carreta.** loc. verb. *ES.* Reunir dinero entre un grupo de amigos para comprar licor.

e⁸. ‖ ~ **la casqueta.** loc. verb. *PR.* Masturbarse. vulg; pop + cult → espon.

f⁸. ‖ ~ **la chancha.** loc. verb. *Ch.* Faltar frecuentemente a las clases los alumnos.

g⁸. ‖ ~ **(la) cimarra.** loc. verb. *Ch, Ar:O, Ur.* Faltar frecuentemente a clases o sesiones previamente establecidas. pop + cult → espon. ♦ **hacer la chancha.**

h⁸. ‖ ~ **la colemico.** loc. verb. *Ni.* Cruzar los pies haciendo una cruz, alrededor de la cintura de una persona.

i⁸. ‖ ~ **la croqueta.** loc. verb. *Ar.* Intentar convencer a *alguien*. pop.

j⁸. ‖ ~ **la cruz.** loc. verb. *Cu.* Dejar de tomar en cuenta a *una persona*, echarla a un lado.

k⁸. ‖ ~ **la cucamona.** loc. verb. *Ni.* Simular que se hace algo.

l⁸. ‖ ~ **la del angosto.** loc. verb. *Ec.* Expresar *algo* de manera sincera o fingida, exagerando los escrúpulos.

m⁸. ‖ ~ **la del bandido.** loc. verb. *Ch.* Comportarse de manera contraria a la considerada como correcta. pop + cult → espon.

n⁸. ‖ ~ **la desconocida.** loc. verb. *Ch.* Ignorar o ningunear a *alguien*. pop + cult → espon.

ñ⁸. ‖ ~ **la finta.** loc. verb. *Mx, Gu, Pe.* Simular.

o⁸. ‖ ~ **la firma.** loc. verb. *Ec.* Describir un trompo o peonza una trayectoria desigual cuando está a punto de terminar de bailar. inf.

p⁸. ‖ ~ **la fuerza.**
  i. loc. verb. *Ni, CR.* Realizar las diligencias necesarias para sacar algo adelante. pop.
  ii. *Ni.* p.u. Superar con éxito alguna dificultad o demostrar que se puede. pop.

q⁸. ‖ ~ **(la) gamba.**
  i. loc. verb. *Ar.* Ayudar, apoyar a *alguien*.
  ii. *Ch.* Adular, hacer o decir lo que se cree que puede agradar. pop.

r⁸. ‖ ~ **la guardia.**
  i. loc. verb. *Pe, Ch.* p.u. Realizar el servicio militar. pop.
  ii. *Pe.* Esperar a *alguien*, vigilándolo *para abordarlo cuando abandone una actividad o lugar*.
  iii. *Cu.* Limpiar jardines, parques y otros espacios abiertos.

s⁸. ‖ ~ **la guatuza.** loc. verb. *Ni.* Ser hipócrita.

t⁸. ‖ ~ **la leonesa.** loc. verb. *Ni.* Simular una borrachera para irse sin pagar.

u⁸. ‖ **~ la liga.** loc. verb. *Py.* Incitar a *alguien* a realizar una acción.

v⁸. ‖ **~ la lucha.** loc. verb. *Mx, Gu, Ni, CR, Pe.* Actuar con ahínco para conseguir algo. pop + cult → espon.

w⁸. ‖ **~ la maldad.** loc. verb. *Ni, CR, RD, PR.* juv. Gastar una broma pesada a *alguien.* pop + cult → espon.

x⁸. ‖ **~ la malilla.** loc. verb. *Pe.* Influir intencionalmente para que se frustren propósitos o emprendimientos.

y⁸. ‖ **~ la masa aguada.** loc. verb. *CR.* Seguir la corriente a *alguien.*

z⁸. ‖ **~ la mayor.** loc. verb. *Pa; Cu,* euf. Defecar. pop + cult → espon ^ fest.

a⁹. ‖ **~ la mañana.** loc. verb. *Ch:S.* Beber en ayunas o a horas tempranas un trago de alguna bebida alcohólica. rur; pop.

b⁹. ‖ **~ la media.** loc. verb. *Cu.* Acompañar a *alguien.* pop + cult → espon.

c⁹. ‖ **~ la meme.** loc. verb. *Mx, Pe.* Dormir. inf.

d⁹. ‖ **~ la menor.** loc. verb. *Pa; Cu,* euf. Orinar. pop + cult → espon ^ fest.

e⁹. ‖ **~ la neumática.** loc. verb. *Ch.* Someter a *alguien* que ha hecho algo reprobable a un castigo que consiste en no prestarle ninguna atención ni dirigirle la palabra.

f⁹. ‖ **~ la pala.** loc. verb. *Cu.* Acompañar a *alguien.* pop + cult → espon.

g⁹. ‖ **~ la paloma.** loc. verb. *Cu.* Lavar con rapidez una o dos prendas de vestir para poder usarlas al día siguiente.

h⁹. ‖ **~ la parada.** loc. verb. *Ch.* Aparentar *alguien* que tiene la intención de hacer algo. pop + cult → espon.

i⁹. ‖ **~ la pata.** loc. verb. *Ch.* Adular, hacer o decir lo que se cree que puede agradar. pop. ♦ **hacer la patería.**

j⁹. ‖ **~ (la) pata ancha.** loc. verb. *Ar, Ur.* Hacer frente a un peligro o dificultad. pop.

k⁹. ‖ **~ la patería.** *Pe.* **hacer la pata.**

l⁹. ‖ **~ la piedra.** loc. verb. *Bo.* Dejar *una persona* esperando a *otra* en una cita. pop.

m⁹. ‖ **~ la plaza.** loc. verb. *Pe.* Hacer la compra en el mercado. pop + cult → espon.

n⁹. ‖ **~ la raya.** loc. verb. *Co.* Sorprenderse por algo que no es usual. pop.

ñ⁹. ‖ **~ la ronda.** loc. verb. *PR, Ch; Pe.* p.u. Rondar, cortejar a una mujer. pop.

o⁹. ‖ **~ la segunda.** loc. verb. *Ni, Cu, Co, Ve.* Ayudar a *una persona.* pop.

p⁹. ‖ **~ la sopa.** loc. verb. *Mx. En el dominó,* mezclar las fichas antes de empezar la jugada. pop.

q⁹. ‖ **~ la taba.** loc. verb. *Pe.* Acompañar a *alguien* a un lugar. pop.

r⁹. ‖ **~ la torta.** loc. verb. *Pa.* Echar a perder *algo* o hacerlo mal.

s⁹. ‖ **~ la tortica.** loc. verb. *Cu.* Jugar a dar palmaditas los niños.

t⁹. ‖ **~ la upa.**
i. loc. verb. *Ho, ES.* Simular que se trabaja o se hace algo.
ii. *Gu.* Ayudar a *alguien.*

u⁹. ‖ **~ la vaina.** loc. verb. *Ni.* Realizar el coito. vulg.

v⁹. ‖ **~ la valona.**
i. loc. verb. *Mx.* Cubrir a *alguien* en el trabajo. pop.
ii. *Ec.* Recortar la crin a una caballería. rur.

w⁹. ‖ **~ la vara.** loc. verb. *Gu.* Quedarse esperando a alguien.

x⁹. ‖ **~ la viborita.** loc. verb. *Bo:E. En un baile,* formar un grupo de personas una fila tomándose de las caderas y haciendo los movimientos ondulantes de una serpiente.

y⁹. ‖ **~ la vida un yogur.** loc. verb. *Cu.* Molestar continuamente a *alguien.* pop + cult → espon.

z⁹. ‖ **~ la vuelta.**
i. loc. verb. *Co.* Cometer un acto delictivo. delinc.
ii. *Co.* Poseer sexualmente a *alguien.*

a¹⁰. ‖ **~ las cosas como los blancos.** loc. verb. *Cu.* Hacer las cosas bien. pop + cult → espon.

b¹⁰. ‖ **~ lata.** loc. verb. *Gu.* Destruir *algo* o perjudicar a *alguien.*

c¹⁰. ‖ **~ leña.**
i. loc. verb. *Gu, Ho, ES, Ni, CR, Cu, PR, Ve, Ec, Pe.* Destrozar *una cosa.* pop + cult → espon.
ii. *Gu, Ho, ES, Ni, RD, Ec, Pe.* Apocar o humillar a *alguien.* pop.
iii. *Gu, ES, Ni, CR, Ec.* Provocar *algo* cansancio físico. pop.

d¹⁰. ‖ **~ liga.** loc. verb. *RD.* Congeniar.

e¹⁰. ‖ **~ loby.** loc. verb. *ES, Pa; Pe,* p.u. Comportarse de manera servil con políticos o personas influyentes para lograr un beneficio.

f¹⁰. ‖ **~ los mandados.**
i. loc. verb. *Mx, Ni.* Estar *alguien* en una posición de inferioridad. pop.
ii. *Mx.* Carecer *alguien* o *algo* de las cualidades suficientes para vencer a otro. pop + cult → espon.

g¹⁰. ‖ **~ los puntos.** loc. verb. *Ch.* Intentar conseguir lo que se desea, *especialmente a una persona con intención amorosa.* pop + cult → espon.

h¹⁰. ‖ **~ maje.** loc. verb. *Mx.* Engañar a *alguien.* pop + cult → espon.

i¹⁰. ‖ **~ mala barriga.** loc. verb. *Cu, RD.* Estar una mujer embarazada aquejada de malestar constante.

j¹⁰. ‖ **~ mangas y capirotes.** loc. verb. *Gu.* Malgastar una cantidad de dinero.

k¹⁰. ‖ **~ manita de puerco.** loc. verb. *Mx.* Forzar a *alguien* a hacer algo. pop.

l¹⁰. ‖ **~ mano de mano.** loc. verb. *Gu.* Robar o hurtar de forma sutil.

m¹⁰. ‖ **~ máquina.** loc. verb. *Ec.* Pasar materiales de construcción de mano en mano para trasladarlos de un lugar a otro.

n¹⁰. ‖ **~ mar.** loc. verb. *PR. En las actividades marítimas,* emborrascarse el tiempo.

ñ¹⁰. ‖ **~ maromas.**
i. loc. verb. *ES, Co, Ch.* Hacer mucho más de lo que se puede hacer comúnmente con los medios disponibles. pop.
ii. *Cu, PR.* Pasar muchas dificultades, *especialmente económicas,* para lograr algo.

o¹⁰. ‖ **~ media.**
i. loc. verb. *Cu.* Acompañar a *una persona* a un lugar determinado.
ii. *Cu.* Hacer tiempo.

p¹⁰. ‖ **~ mesa gallega.**
i. loc. verb. *CR. En una* **competencia** *deportiva,* ganar en todas las modalidades.
ii. *CR.* Quedarse *alguien* con todos los beneficios de algo.

q¹⁰. ‖ **~ micos.** loc. verb. *Ho.* Hacer piruetas, movimientos con el cuerpo.

r¹⁰. ‖ **~ micos y pericos.** loc. verb. *Gu, Ho, ES.* Hacer y deshacer *alguien* cuanto quiere.

s¹⁰. ‖ **~ mierda.**
i. loc. verb. *Ec.* Arruinarse, destruirse *una cosa.* vulg.
ii. *Bo. En una* **competencia** *deportiva,* ganar al adversario por un amplio margen de puntos. euf; pop.

t[10]. ‖ ~ **mime.** loc. verb. *Gu, ES.* Irse *alguien* a dormir. inf.

u[10]. ‖ ~ **moco.**
   i. *Ar, Ur.* **hacer bosta**, romper.
   ii. *Ar, Ur.* **hacer bosta**, golpear a *alguien*.
   iii. *Ar, Ur.* **hacer bosta**, matar.
   iv. *Ar.* **hacer bosta**, perjudicar.
   v. *Ur.* **hacer bosta**, dejar en evidencia.

v[10]. ‖ ~ **mondongo.** loc. verb. *Ch.* Golpear, maltratar a *una persona.* pop.

w[10]. ‖ ~ **mordaza.** loc. verb. *Ar.* Dominar a un caballo con la mordaza que se le pone en la boca para dirigirlo. rur.

x[10]. ‖ ~ **mosca.** loc. verb. *Mx.* Estorbar a *alguien* con su presencia, *especialmente a una pareja.*

y[10]. ‖ ~ **motete.** loc. verb. *Ni.* Recoger las pertenencias personales para irse de casa.

z[10]. ‖ ~ **moñona.**
   i. loc. verb. *Co. En el juego de bolos,* abatirlos todos de un solo tiro.
   ii. *Co.* Triunfar sobre los competidores en cualquier **competencia** que se emprenda. pop.

a[11]. ‖ ~ **(mucha) luz.** loc. verb. *Cu.* Hacer *algo* demasiado evidente. pop.

b[11]. ‖ ~ **nacer al Niño.** loc. verb. *Bo.* Representar el nacimiento de Jesucristo en un pesebre.

c[11]. ‖ ~ **nanay.** loc. verb. *Ch.* Consolar con cariño a *alguien, especialmente a un niño.* pop + cult → espon.

d[11]. ‖ ~ **narices.** loc. verb. *Bo.* Realizar un ademán con las manos para mofarse.

e[11]. ‖ ~ **nata.**
   i. loc. verb. *Ch.* Llenarse abundantemente un lugar o algo. pop + cult → espon.
   ii. *Ch.* Reunirse un grupo de personas de manera masiva en un lugar. pop + cult → espon.

f[11]. ‖ ~ **niño.** loc. verb. *Ch, Ar.* Engañar a *alguien.* pop.

g[11]. ‖ ~ **noni.** loc. verb. *Ar.* **hacer nono.** inf.

h[11]. ‖ ~ **nono.** loc. verb. *Py, Ar, Ur.* Dormir. inf. ♦ **hacer noni.**

i[11]. ‖ ~ **número.** loc. verb. *Cu, Ch.* Llevar gente a un evento para aparentar un mayor número de asistentes. pop + cult → espon.

j[11]. ‖ ~ **ñau ñau.** loc. verb. *Ni.* Robar.

k[11]. ‖ ~ **ochas.** loc. verb. *Co. En algunos juegos, como el de las canicas y bolas,* conseguir la máxima puntuación al desplazar con la propia bola todas las demás.

l[11]. ‖ ~ **ochas y panochas.** loc. verb. *Co:O.* Causar *alguien* estragos o grandes destrozos en algo. pop.

m[11]. ‖ ~ **ojitos.**
   i. loc. verb. *Mx.* Gustar *algo.* pop.
   ii. *Ec.* Reflejar un niño picardía en la mirada o en los gestos.

n[11]. ‖ ~ **ojo.** loc. verb. *Gu, Ho, ES.* Echar mal de ojo sobre un niño. rur.

ñ[11]. ‖ ~ **olas.** loc. verb. *Cu.* Abundar *algo.*

o[11]. ‖ ~ **olitas.** loc. verb. *Ch.* Agrandar un problema. pop + cult → espon.

p[11]. ‖ ~ **panchos.** loc. verb. *Mx.* Tener un berrinche o montar un escándalo. pop.

q[11]. ‖ ~ **pantalla.** loc. verb. *Pa, Py.* Hacer *alguien* ver o creer *algo* que no es a una persona.

r[11]. ‖ ~ **paste.**
   i. loc. verb. *Ho, Ni.* Destruir o romper *algo.*
   ii. *Ho, Ni.* Dañar o perjudicar a *alguien.*
   iii. *Ho, Ni.* Malgastar el dinero.

s[11]. ‖ ~ **pato.** loc. verb. *Mx.* Engañar a *alguien.* vulg; pop + cult → espon.

t[11]. ‖ ~ **pebre.** loc. verb. *Ch.* Dañar física o moralmente a *alguien.* pop + cult → espon.

u[11]. ‖ ~ **pelota.**
   i. *Bo, Py, Ar, Ur.* **hacer bosta**, romper.
   ii. *Bo, Ar, Ur.* **hacer bosta**, golpear a *alguien.*
   iii. *Bo, Ar, Ur.* **hacer bosta**, matar.
   iv. *Ar.* **hacer bosta**, perjudicar.
   v. *Ur.* **hacer bosta**, dejar a *alguien* en evidencia.

v[11]. ‖ ~ **pelotas.** loc. verb. *Mx.* Confundir a *alguien.* pop + cult → espon.

w[11]. ‖ ~ **perdedizo.** loc. verb. *Mx.* Robar *algo.* pop.

x[11]. ‖ ~ **pernos.** loc. verb. *Ho.* Hablar mal, dañar a *alguien.* pop.

y[11]. ‖ ~ **perro muerto.** loc. verb. *Pe, Ch.* Irse de un establecimiento sin pagar. pop + cult → espon.

z[11]. ‖ ~ **pichacha.**
   i. loc. verb. *Gu, Ho.* Destrozar *algo.*
   ii. *Gu.* Acribillar a tiros o a puñaladas a *alguien.*

a[12]. ‖ ~ **pieza.** loc. verb. *Bo.* Tener relaciones una prostituta con su cliente. pop.

b[12]. ‖ ~ **pifia.** loc. verb. *PR.* **hacer brusca.**

c[12]. ‖ ~ **pinol.** loc. verb. *Mx:SE, ES.* Destrozar o hacer polvo *algo* o a *alguien.*

d[12]. ‖ ~ **pinta.**
   i. loc. verb. *Ar.* Exhibirse y pavonearse.
   ii. *Ar. En un grupo,* permanecer *alguien* sin hacer nada, simulando trabajar.

e[12]. ‖ ~ **piojito.** loc. verb. *Mx.* Acariciar el cuero cabelludo a *alguien.* pop.

f[12]. ‖ ~ **pistola.** loc. verb. *Co.* Insultar a *alguien* haciéndole una **pistola.** pop.

g[12]. ‖ ~ **plancha.** loc. verb. *RD.* Dejar *una persona* esperando a otra en una cita.

h[12]. ‖ ~ **pomada.**
   i. *Bo, Ar, Ur.* **hacer bosta**, romper.
   ii. *Bo, Ar, Ur.* **hacer bosta**, golpear a *alguien.*
   iii. *Ar, Ur.* **hacer bosta**, matar.
   iv. *Ar.* **hacer bosta**, perjudicar.
   v. *Ur.* **hacer bosta**, dejar a *alguien* en evidencia.

i[12]. ‖ ~ **por no dejar.** loc. verb. *Ni, Co.* Hacer *algo* sin necesidad o sin utilidad.

j[12]. ‖ ~ **pozol.** loc. verb. *Gu, Ho, ES.* Destrozar, romper o hacer añicos *una cosa.* (**hacer pozoles**).

k[12]. ‖ ~ **pozoles.** *Gu.* **hacer pozol.**

l[12]. ‖ ~ **problema.** loc. verb. *Ch.* Molestar, generar algún impedimento o dificultad. pop.

m[12]. ‖ ~ **puente.** loc. verb. *Bo.* Excluir los delincuentes a uno o más cómplices de los beneficios obtenidos en el robo. delinc.

n[12]. ‖ ~ **quilico.** loc. verb. *Ec:N.* Suspender dos personas a otra, generalmente a un niño, tomándola por los brazos y llevándola en carrera un corto trecho.

ñ[12]. ‖ ~ **rechazo.** loc. verb. *Cu.* No aguantar o soportar *algo* o a *alguien.* pop + cult → espon.

o[12]. ‖ ~ **roncha.**
   i. loc. verb. *Mx.* Obtener beneficio de algún negocio. pop + cult → espon.
   ii. *Ec, Ar.* Sobresalir, descollar. pop.
   iii. *Co.* Realizar una tarea despacio deliberadamente o por pereza. pop.
   iv. *Ec.* Causar *algo* buena sensación en una colectividad. pop + cult → espon.

p[12]. ‖ ~ **roña.**
   i. loc. verb. *Co:C.* Realizar una tarea lentamente o con desgana, con un propósito definido o por pereza. pop.
   ii. *Co.* Fingir enfermedad para no asistir al trabajo. pop.
   iii. *Co.* Hacer *algo* con desgana, retardando su ejecución. pop.

q[12]. ‖ ~ **sapito.** loc. verb. *Pe, Ch, Ar, Ur.* Botar una piedra u otro objeto similar sobre la superficie del agua varias veces después de haber sido lanzada hacia ella con un cierto efecto.

r¹². || ~ **sencillo.** loc. verb. *Gu; Ch.* p.u. Cambiar billetes o monedas por otros de menor valor. pop.

s¹². || ~ **sonar.**
   i. *Ch.* Derrotar a un adversario de manera contundente. pop + cult → espon.
   ii. *Ch.* Romper o echar a perder *una cosa.* pop + cult → espon.

t¹². || ~ **sudar la pita.** loc. verb. *RD.* Hacer *algo* o *alguien* sudar copiosamente a una persona. pop + cult → espon.

u¹². || ~ **sus piensos.** loc. verb. *PR.* Tener determinadas ideas muy presentes. rur; pop.

v¹². || ~ **swing.** loc. verb. *Cu.* Prestar atención o darle importancia a algo o a alguien.

w¹². || ~ **talco.** loc. verb. *Mx, Cu, Bo.* Causar a *alguien* un gran daño. pop + cult → espon.

x¹². || ~ **tiempo.** loc. verb. *PR.* Cumplir una sentencia judicial. carc.

y¹². || ~ **tiempo bueno.** loc. verb. *PR.* Estar en libertad bajo palabra. carc.

z¹². || ~ **tierra.**
   i. loc. verb. *Gu.* Estorbar *una persona* a *otra,* incomodarla.
   ii. *Cu.* Causarle a *alguien* un gran daño. pop + cult → espon.
   iii. *Cu.* Derrotar a *alguien* en una **competencia.** pop + cult → espon.

a¹³. || ~ **torta.**
   i. *Ar, Ur.* **hacer bosta,** romper.
   ii. *Ar, Ur.* **hacer bosta,** golpear a *alguien.*
   iii. *Ar, Ur.* **hacer bosta,** matar a *alguien.*
   iv. *Ar.* **hacer bosta,** perjudicar.

b¹³. || ~ **trompas.** loc. verb. *Gu, Ni, Co.* Poner cara de enojo.

c¹³. || ~ **tronadera.** loc. verb. *Gu.* juv. No superar un examen, debido a su dificultad, la mayoría de los alumnos de una clase.

d¹³. || ~ **turumba.** loc. verb. *Ch.* Golpear, dejar en mal estado a *alguien.* pop + cult → espon.

e¹³. || ~ **tuti.** loc. verb. *Bo.* Realizar una jugada ganadora con la que se vence en un juego.

f¹³. || ~ **un agujero.** loc. verb. *Cu, Ar, Ur.* Causar un perjuicio o daño a *alguien, especialmente de tipo económico.* pop + cult → espon. ♦ **hacer un buraco.**

g¹³. || ~ **un alto.** loc. verb. *Ni, CR, Pe, Py.* **hacer el alto.**

h¹⁴. || ~ **un appointment.** loc. verb. *EU.* Sacar un turno, pedir hora.

i¹³. || ~ **un banco.** loc. verb. *RD.* Juntarse un grupo de personas en un lugar determinado para recordar a alguien que ha fallecido. rur.

j¹³. || ~ **un bayú.**
   i. loc. verb. *PR.* Ir a consumir drogas a un lugar apartado. drog.
   ii. *PR.* Reunirse un grupo de adictos a fumar marihuana. drog.

k¹³. || ~ **un buraco.** *Bo:SE, Ar, Ur.* **hacer un agujero.**

l¹³. || ~ **un catorce.** loc. verb. *Co.* Prestar ayuda a *alguien* de manera voluntaria y desinteresada.

m¹³. || ~ **un cerebro.** *PR.* **hacer cerebro,** fantasear sexualmente.

n¹³. || ~ **un circo.** loc. verb. *Mx.* Llevar a cabo una actividad intensa y muy complicada para conseguir algo. pop + cult → espon ^ hiperb.

ñ¹³. || ~ **un circo en el estómago.** loc. verb. *Mx.* Causar a *alguien* molestia, asco o repulsión.

o¹³. || ~ **un contó.** loc. verb. *RD. En el bingo y en la lotería,* ganar todos los premios de una misma mano.

p¹³. || ~ **un despojo.** loc. verb. *PR.* Quitar *alguien* las malas influencias que los espíritus ponen en las personas.

q¹³. || ~ **un encargo.** loc. verb. *Gu, ES, RD; CR.* rur. Dejar embarazada a una mujer.

r¹³. || ~ **un fo.**
   i. *RD, Ve; Cu,* obsol. **hacer fo.** ♦ **dar frío; dar hielo.**
   ii. loc. verb. *RD; Cu,* obsol. Rechazar a alguien una invitación o proposición. pop + cult → espon.

s¹³. || ~ **un hijo macho.** loc. verb. *Cu, PR.* Causar a *alguien* un gran perjuicio. pop + cult → espon.

t¹³. || ~ **un hueco.** loc. verb. *Cu.* Ocasionar un perjuicio a *alguien, especialmente en lo económico.* ♦ **abrir un hueco.**

u¹². || ~(se) **un levante.** loc. verb. *Gu, RD, PR, Co, Ec.* Realizar el coito con una persona de improviso. pop.

v¹³. || ~ **un mandado.** loc. verb. *Cu.* Acudir a un lugar para resolver un asunto propio o de otra persona.

w¹³. || ~ **un número ocho.** loc. verb. *Cu.* Perjudicar a *alguien.*

x¹³. || ~ **un ocho.**
   i. loc. verb. *Mx.* Sostenerse en un solo pie después de haber ingerido mucho alcohol. pop.
   ii. *Cu.* Perjudicar a *alguien.*

y¹³. || ~ **un papalote.** loc. verb. *Cu.* Perjudicar a *alguien.*

z¹³. || ~ **un quiebre.** loc. verb. *Mx.* Escabullirse.

a¹⁴. || ~ **un rancho.** loc. verb. *PR.* Preparar una trampa o celada a *alguien.* pop + cult → espon.

b¹⁴. || ~ **un rumbón.** loc. verb. *PR.* Reunir a un pequeño grupo de músicos. pop + cult → espon.

c¹⁴. || ~ **un tango.** loc. verb. *Mx.* Reaccionar exageradamente ante un hecho que no se acepta. pop.

d¹⁴. || ~ **un torcido.** loc. verb. *Co.* Trabajar o intervenir en algo ilícito. delinc.

e¹⁴. || ~ **un trabajito.** loc. verb. *Ni, RD, PR, Pe, Bo, Py.* Realizar un maleficio un brujo a *alguien.*

f¹⁴. || ~ **un tumbe.** loc. verb. *PR.* Quitar a la fuerza a *alguien* dinero o droga. delinc.

g¹⁴. || ~ **un vaporizo.** loc. verb. *PR.* Padecer un calor húmedo muy agobiante.

h¹⁴. || ~ **un yunyún.** loc. verb. *RD.* Dramatizar o conceder a *algo* excesiva importancia.

i¹⁴. || ~ **una cachiporra.** loc. verb. *Co:O. En el juego de la cachiporra,* ganar seleccionando la raya con la señal en su extremo.

j¹⁴. || ~ **una cucha.** loc. verb. *Ch.* Recaudar dinero de manera improvisada entre un grupo de personas para un gasto común, *por lo general, comida o bebida.* pop.

k¹⁴. || ~ **una media.**
   i. loc. verb. *Cu.* Acompañar a *una persona* a un lugar determinado. pop + cult → espon.
   ii. *Cu.* Hacer tiempo.

l¹⁴. || ~ **una pierna.** loc. verb. *Py, Ur.* Ayudar a *alguien* desinteresadamente. pop.

m¹⁴. || ~ **una raya en el cielo.** loc. verb. *Pa.* Celebrar que alguien ha hecho algo positivo o inusual en él.

n¹⁴. || ~ **una viejita.** loc. verb. *Ni, Cu.* Arrugar la cara un niño a modo de gracia. pop.

ñ¹⁴. || ~ **upa.** loc. verb. *Ec.* Poner una persona sentada, sobre sus piernas, a un niño de pocos años para entretenerlo simulando la marcha de un caballo.

o¹⁴. || ~ **vela.** loc. verb. *ES, Pe.* Hacer caso a *algo,* estar pendiente.

p¹⁴. || ~ **ver a Judas.** loc. verb. *Pe.* Causar dolor a *alguien.* pop + cult → espon.

q¹⁴. || ~ **verga.** loc. verb. *Ho, Ni.* Destruir *algo.* vulg.

r¹⁴. || ~ **violines.** loc. verb. *Mx.* Ejecutar un gesto con los dedos índice y medio de una mano a un lado y otro en la nariz para insultar a quien lo ve. pop + cult → espon ^ desp.

s¹⁴. || ~ **visiones.** loc. verb. *Mx.* Darse a notar mediante muecas o una conducta llamativa. pop.

t[14]. ‖ **~ yelo.** loc. verb. *Ve:O.* Hacer frío. rur.

u[14]. ‖ **~ yemas.**
   i. loc. verb. *Mx.* Ejecutar un gesto con un movimiento enérgico del brazo para mostrar la palma de la mano y los dedos flexionados a diferente abertura con la intención de menospreciar a quien la ve. pop + cult → espon ^ desp.
   ii. *Mx.* metáf. Desdeñar. pop + cult → espon ^ fest.

v[14]. ‖ **~ yuca.**
   i. *Ec.* **dar yuca.**
   ii. loc. verb. *RD.* Esperar *una persona* a otra, aguardar su llegada.
   iii. *RD.* Cortejar un hombre a su enamorada.

w[14]. ‖ **~ zafra.** loc. verb. *Cu.* Sacar provecho de una situación. pop + cult → espon.

x[14]. ‖ **~ zapatear.** loc. verb. *Bo.* Poner a *alguien* en apuros. pop + cult → espon.

y[14]. ‖ **~ zaranda.** loc. verb. *ES.* Matar a *alguien* a balazos.

z[14]. ‖ **~ zetas.** loc. verb. *Bo.* Andar en zigzag a causa de la borrachera.

a[15]. ‖ **~ zona.** loc. verb. *Ec:O.* Hallarse *alguien* en un lugar sin propósito determinado. pop.

b[15]. ‖ **~ zumbar.**
   i. loc. verb. *Ch.* Dar una paliza a *alguien.* pop + cult → espon.
   ii. *Ch.* Derrotar a un rival, *especialmente de manera aplastante.* pop + cult → espon.
   iii. *Ch.* Hacer que *algo* se agote, deteriore o desgaste. pop + cult → espon.

c[15]. ‖ **~la.**
   i. loc. verb. *Mx, ES.* Conseguir lo que se deseaba o pretendía. pop.
   ii. *Mx, Ni.* Dañar a *alguien.* pop.

d[15]. ‖ **~la cansada.** loc. verb. *Mx.* Complicar las cosas o poner trabas o excusas para no hacer algo. pop + cult → espon.

e[15]. ‖ **~la corta.** loc. verb. *Ch.* juv. Darse prisa, acortar o resumir algo que es más largo. ♦ **hacerla cortina.**

f[15]. ‖ **~la cortita.** *Ch.* juv. **hacerla corta.**

g[15]. ‖ **~la de emoción.** loc. verb. *Mx.* Tardarse *alguien* en hacer algo o realizarlo de forma muy lenta para producir cualquier tipo de expectativa. pop + cult → espon.

h[15]. ‖ **~la de episodios.**
   i. loc. verb. *Mx.* Demorar la conclusión de un relato para crear interés. pop.
   ii. *Mx.* Posponer un proceso, tardar en dar una resolución. pop.

i[15]. ‖ **~la de jamón.** loc. verb. *Mx.* Complicar las cosas o poner trabas o excusas para no hacer algo. euf; desp.

j[15]. ‖ **~la de oro.** loc. verb. *Ch.* Actuar de manera excelente en una actividad o labor.

k[15]. ‖ **~la de pedo.** loc. verb. *Mx.* Complicar las cosas o poner trabas o excusas para no hacer algo. vulg; desp. ♦ **hacerla de tos.**

l[15]. ‖ **~la de tos.** *Mx.* **hacerla de pedo.** vulg; desp.

m[15]. ‖ **~la larga.** loc. verb. *Mx, Pe, Ar, Ur.* Demorarse excesivamente al hacer o decir algo, *especialmente en un discurso o exposición.* pop + cult → espon. ♦ **hacerla lunga.**

n[15]. ‖ **~la lunga.** *Ar.* **hacerla larga.**

ñ[15]. ‖ **~la toda.** loc. verb. *CR.* Obtener un beneficio o resultado satisfactorio en algo. pop + cult → espon.

o[15]. ‖ **~le.** loc. verb. *Co.* Importarle, ser *algo* o *alguien* motivo de preocupación. pop.

p[15]. ‖ **~le a los dos lados.** loc. verb. *Ch.* Tener una conducta bisexual. pop ^ fest.

q[15]. ‖ **~le al cuento.**
   i. loc. verb. *Mx.* Entretener y distraer a *alguien* para ocultarle algo. pop + cult → espon.
   ii. *Mx.* Exagerar. pop + cult → espon.
   iii. *Mx.* Hablar con circunloquios. pop + cult → espon.

r[15]. ‖ **~le al ensarapado.** loc. verb. *Mx.* Intentar pasar inadvertido. pop + cult → espon.

s[15]. ‖ **~le al loco.** loc. verb. *Mx.* Hacerse el distraído para no afrontar una situación, hacerse el loco. pop.

t[15]. ‖ **~le el hielo.** loc. verb. *RD, Ec, Bo.* p.u. Ignorar a *alguien* o no tenerlo en cuenta.

u[15]. ‖ **~le el quite.** *Bo.* **hacer el quite.**

v[15]. ‖ **~le entrada.** loc. verb. *Gu.* Comenzar a hablar o tratar con una mujer para coquetear con ella.

w[15]. ‖ **~le gallo.**
   i. loc. verb. *ES.* Acompañar *una persona* a otra, ir con ella a un sitio.
   ii. *ES.* Comportarse u obrar *alguien* como lo hace otra persona.

x[15]. ‖ **~le ganas.** loc. verb. *Gu, Ni.* Poner mucho empeño en un trabajo.

y[15]. ‖ **~le huevos.** loc. verb. *Gu, Ho, ES, Ni.* Empeñarse en algo. (**hacer güevos**).

z[15]. ‖ **~le la barba.** loc. verb. *Mx, Gu.* Adular a *alguien* para obtener algún tipo de beneficio.

a[16]. ‖ **~le la bolsa.** loc. verb. *Gu, Ni.* Causar que *alguien* gane dinero.

b[16]. ‖ **~le la camándula.** loc. verb. *Ho, Ni.* Poner una trampa a alguien.

c[16]. ‖ **~le la campaña.**
   i. loc. verb. *Gu.* Prestar ayuda a *alguien*, hacerle un favor.
   ii. *Gu.* Dejar embarazada a una mujer. fest.

d[16]. ‖ **~le la cruz.** loc. verb. *Bo, Ch, Ar.* Prescindir de una persona o no contar con ella. pop + cult → espon.

e[16]. ‖ **~le la pala.** loc. verb. *Gu.* Prestar ayuda a *alguien*, hacerle un favor.

f[16]. ‖ **~le la vida a cuadritos.** loc. verb. *Mx, Gu, Ho, Ni, CR, Pa, PR, Ec, Pe, Bo.* juv. Perseguir, molestar o hacerle la vida difícil a *alguien*. pop + cult → espon. ♦ **hacerle la vida a palitos.**

g[16]. ‖ **~le la vida a palitos.** *Gu, Ho.* **hacerle la vida a cuadritos.** pop + cult → espon.

h[16]. ‖ **~le las horas extras.** loc. verb. *Ho, ES.* Acostarse con la mujer de otro o con el hombre de otra. sat.

i[16]. ‖ **~le mala tercia.** loc. verb. *Ni.* Dañar o perjudicar a *alguien* en algo.

j[16]. ‖ **~le simón, simón.** loc. verb. *Ni.* Tener mucho miedo.

k[16]. ‖ **~le tusha.** loc. verb. *Gu.* Desear mala suerte a *alguien.*

l[16]. ‖ **~le un bisoñé a un calvo.** loc. verb. *Cu.* Hacer *algo* increíble.

m[16]. ‖ **~le un encabe.** loc. verb. *Ni.* Dañar o denunciar a *alguien.*

n[16]. ‖ **~le una volada.** loc. verb. *Gu.* Prestar ayuda a *alguien*, hacerle un favor.

ñ[16]. ‖ **~le upas.** loc. verb. *Gu.* Apoyar, favorecer a *alguien* o *algo.*

o[16]. ‖ **~se a alguien acóis.** *CR.* juv. **hacerse aquí.**

p[16]. ‖ **~se a las casas.** *Bo.* **hacerse el casa.**

q[16]. ‖ **~se a los casas.** *Bo.* **hacerse el casa.**

r[16]. ‖ **~se aca.**
   i. loc. verb. *Bo.* **hacerse bosta**, romperse.
   ii. *Bo.* **hacerse bosta**, quedar gravemente herido.
   iii. *Bo.* **hacerse bosta**, morir.

s[16]. ‖ **~se alka.** loc. verb. *Ni.* Irse *alguien* de un lugar sin ser visto, desaparecer. pop + cult → espon ^ fest.

t[16]. ‖ **~se alkaseltzer.** loc. verb. *Ni.* Huir con rapidez, desaparecer.

u[16]. ‖ **~se aquí.** loc. verb. *CR. En una discusión*, dejar *una persona* a otra sin capacidad para replicar. pop. ♦ **hacerse a alguien acóis.**

v[16]. ‖ **~se atrás.**
  i. loc. verb. *Gu, Bo.* Retractarse o desdecirse.
  ii. *Gu, Bo.* Dejar *alguien* de hacer, de forma repentina y en el último momento, *algo* que tenía previsto.

w[16]. ‖ **~se billete de a mil.** loc. verb. *ES.* Hacerse *alguien* el importante. fest.

x[16]. ‖ **~se bola.**
  i. loc. verb. *Bo, Py.* Enredarse *una cosa*, como una madeja de lana.
  ii. *Bo.* Abandonar un lugar precipitadamente.

y[16]. ‖ **~se bolas.** loc. verb. *Mx, Gu, Ho, ES, Ni, CR, Ec, Pe, Bo, Py.* pop. Confundirse *alguien*, hacerse un lío.

z[16]. ‖ **~se bolsa.**
  i. loc. verb. *Bo, Ch, Ar, Ur.* **hacerse bosta**, romperse.
  ii. *Bo, Ch, Ar, Ur.* **hacerse bosta**, quedar gravemente herido.
  iii. *Ar, Ur.* **hacerse bosta**, morir.

a[17]. ‖ **~se bosta.**
  i. loc. verb. *Bo, Ar, Ur.* Quedar *alguien* gravemente herido . pop + cult → espon. ♦ **hacerse aca; hacerse bolsa; hacerse concha; hacerse moco; hacerse pelota; hacerse pomada; hacerse torta.**
  ii. *Ar, Ur.* Romperse o destruirse *algo*. pop + cult → espon. ♦ **hacerse aca; hacerse bolsa; hacerse concha; hacerse moco; hacerse pelota; hacerse pomada; hacerse torta.**
  iii. *Ar, Ur.* Morir *alguien* en circunstancias violentas. pop + cult → espon.

b[17]. ‖ **~se brocha.** loc. verb. *ES.* Quedarse permanentemente en un lugar aprovechándose de los demás.

c[17]. ‖ **~se camotes.**
  i. loc. verb. *Mx.* Actuar atolondradamente, con torpeza, no atinar, hacerse un lío. pop + cult → espon.
  ii. *Mx.* Expresarse confusamente, deficientemente. pop + cult → espon.
  iii. *Mx.* Estorbarse, malograrse, echarse a perder *algo*. pop + cult → espon.

d[17]. ‖ **~se chibolas.** loc. verb. *Ho, ES.* Confundirse, hacerse un lío *alguien*. pop + cult → espon.

e[17]. ‖ **~se chicharrón.** loc. verb. *Mx, Ni, Ec, Bo, Ch, Py.* Quemarse *algo* por completo. pop ^ hiperb.

f[17]. ‖ **~se chinca.** loc. verb. *Bo:O,C.* Desaparecer *algo* o *alguien*. pop + cult → espon.

g[17]. ‖ **~se chinga.** loc. verb. *Bo:E.* Desaparecer *algo* o *alguien*. pop + cult → espon.

h[17]. ‖ **~se concha.**
  i. loc. verb. *Mx.* Ignorar una petición excesiva o urgente. pop + cult → espon.
  ii. *Ar.* **hacerse bosta.**

i[17]. ‖ **~se cuadro.** loc. verb. *Ho:N, Ni.* Decir *alguien algo*, exhibirse *alguien haciendo el ridículo*. pop + cult → espon.

j[17]. ‖ **~se de goma.**
  i. loc. verb. *Ar.* Resultar maltrecho o herido. pop + cult → espon.
  ii. *Ar.* Resultar *algo* destrozado o destruido. pop + cult → espon.

k[17]. ‖ **~se de la boca chiquita.**
  i. loc. verb. *Mx, Gu, ES, PR.* Rehusar *alguien* fingidamente lo que desea. pop + cult → espon.
  ii. *Ni.* Carecer *alguien* de apetito.

l[17]. ‖ **~se de la vista gorda.** loc. verb. *Mx, ES, CR, Pa, Cu, RD, Co, Ec, Pe, Bo, Py.* Simular *alguien* que no se entera de algo que debería castigar. pop.

m[17]. ‖ **~se de su maíz picado.** loc. verb. *Ni.* Crearse problemas.

n[17]. ‖ **~se de tía.** loc. verb. *PR.* Chaperonear.

ñ[17]. ‖ **~se del ojo pacho.**
  i. loc. verb. *ES.* Pasar por alto algunos hechos, como si no se hubieran visto.
  ii. *ES.* Guiñar el ojo.

o[17]. ‖ **~se del otro viernes.** loc. verb. *Bo:C,O.* Hacerse el desentendido. pop + cult → espon.

p[17]. ‖ **~se el apache.** loc. verb. *Pa.* Desentenderse de algo que le atañe. pop + cult → espon.

q[17]. ‖ **~se el baboso.** loc. verb. *Gu, ES, Ni, Bo.* No darse por aludido o por enterado de algo. pop.

r[17]. ‖ **~se el bikini.** loc. verb. *Co, Ec.* Depilarse una mujer el vello púbico.

s[17]. ‖ **~se el bocho.**
  i. loc. verb. *Ar, Ur.* juv. Hacerse ilusiones de llegar a concretar una relación amorosa con alguien.
  ii. *Ur.* juv. Tener esperanza de que algo se concrete.

t[17]. ‖ **~se el boludo.** loc. verb. *Py, Ar, Ur; Bo*, vulg; desp. Hacerse el distraído o el desentendido. pop.

u[17]. ‖ **~se el burro.** loc. verb. *Py; Bo, Ar, Ur,* pop. Aparentar *alguien* por conveniencia que no se entera de algo.

v[17]. ‖ **~se el cabrito.** loc. verb. *Ho, Ni.* No darse por enterado un hombre de que su mujer lo engaña con otro. sat.

w[17]. ‖ **~se el cartucho.** loc. verb. *Bo.* Fingir *una persona* ingenuidad respecto a aspectos sexuales. vulg; pop + cult → espon.

x[17]. ‖ **~se el casa.** loc. verb. *Bo.* Hacerse *alguien* el inocente, el desentendido. (**hacerse la casa; hacerse a las casas; hacerse a los casas**).

y[17]. ‖ **~se el chanchito.** loc. verb. *Ho, Ni.* Disimular, fingir. ♦ **hacerse el curro.**

z[17]. ‖ **~se el chancho.** loc. verb. *Ho, Ni, CR.* obsol. Actuar *alguien* con disimulo para pasar inadvertido.

a[18]. ‖ **~se el chancho rengo.** loc. verb. *Bo, Py, Ar, Ur; Ec:O.* p.u. Fingir *alguien* que no se entera o desconoce algo que no le interesa. pop + cult → espon.

b[18]. ‖ **~se el chencho.** loc. verb. *Ho, ES.* Hacerse *una persona* el desentendido de algo que le atañe. pop.

c[18]. ‖ **~se el chivo.** *Pa, RD, PR.* **hacerse el chivo loco.** ♦ **hacerse el pescado frito.**

d[18]. ‖ **~se el chivo loco.** loc. verb. *Pa, Cu, RD, PR.* Hacerse el desentendido. ♦ **hacerse el chivo.**

e[18]. ‖ **~se el cojudo.** loc. verb. *Pe, Bo; Ar,* pop; *Ec,* p.u; desp. Hacerse el distraído o el desentendido. pop.

f[18]. ‖ **~se el cucho.** loc. verb. *Ch.* Hacerse el inocente, el desentendido. pop + cult → espon.

g[18]. ‖ **~se el currito.** loc. verb. *Ho.* Desentenderse *alguien* de algo que le atañe directamente. pop + cult → espon. (**hacerse el curro**).

h[18]. ‖ **~se el curro.**
  i. *Ho.* **hacerse el chanchito.**
  ii. *Ho.* **hacerse el currito.**

i[18]. ‖ **~se el de a peso.** loc. verb. *Ho, Ni.* Darse por no enterado de algo.

j[18]. ‖ **~se el de la oreja mocha.** loc. verb. *Co.* No darse por aludido o por enterado de algo. pop.

k[18]. ‖ **~se el de las gafas.** loc. verb. *Co.* No darse por aludido o dárselas de ingenuo para sacar una ventaja. pop. ♦ **hacerse la de las gafas.**

l[18]. ‖ **~se el fesa.** loc. verb. *Ar.* Aparentar *alguien* por conveniencia que no se entera de algo. pop.

m[18]. ‖ **~se el gato bravo.** loc. verb. *Ni, CR.* Adueñarse de algo y negarse a devolverlo. rur.

n[18]. ‖ **~se el gringo.** *Co, Ec.* **hacerse el pendejo.** pop.

ñ[18]. ‖ **~se el guillado.** loc. verb. *Cu.* Simular *alguien* que desconoce algo.

o¹⁸. ‖ **~se el huano.** *Pe.* hacerse el huevón.

p¹⁸. ‖ **~se el huevón.** loc. verb. *Ve, Pe, Bo.* Hacerse el tonto, aparentar *alguien* que no advierte algo de lo que no le conviene darse por enterado. pop + cult → espon. ♦ **hacer huano; hacerse el huano.**

q¹⁸. ‖ **~se el indio.** loc. verb. *Pa, Ve.* Aparentar *alguien* que no se percata de una situación.

r¹⁸. ‖ **~se el italiano.** loc. verb. *Bo.* Hacerse el distraído o el desentendido.

s¹⁸. ‖ **~se el lindo.** loc. verb. *Bo.* Darse una persona excesiva importancia. pop + cult → espon. ♦ **hacerse el macanudo.**

t¹⁸. ‖ **~se el macanudo.** *Bo.* hacerse el lindo.

u¹⁸. ‖ **~se el maje.** loc. verb. *ES, Ni, CR.* Aparentar que no se advierte algo de lo que no conviene darse por enterado. pop.

v¹⁸. ‖ **~se el Manuel.** loc. verb. *Co.* Desentenderse de algo, no darse por aludido. pop.

w¹⁸. ‖ **~se el musiú.**
   i. loc. verb. *Ve.* Aparentar ignorancia o distracción.
   ii. *Ve.* Fingir *alguien* por conveniencia que no ha entendido algo.

x¹⁸. ‖ **~se el oso.** loc. verb. *Ar, Ur,* pop; *Py,* espon; *Bo,* pop + cult → espon. Aparentar *alguien* por conveniencia que no se entera de algo.

y¹⁸. ‖ **~se el papo.** loc. verb. *Gu.* No darse por aludido o por enterado de algo. pop.

z¹⁸. ‖ **~se el peine.** loc. verb. *Bo:O.* Intentar pasar por inteligente o vivo.

a¹⁹. ‖ **~se el peje.** loc. verb. *ES.* Disimular, desentenderse de algo.

b¹⁹. ‖ **~se el pelea monga.** loc. verb. *PR.* Hacerse el tonto.

c¹⁹. ‖ **~se el pelotudo.** loc. verb. *Bo, Py, Ar.* Hacerse el distraído o el desentendido.

d¹⁹. ‖ **~se el pendejo.**
   i. loc. verb. *Mx, ES, Ni, RD, PR, Co, Ve, Ec.* Aparentar ignorancia o distracción. vulg; pop + cult → espon ^ desp. ♦ **hacerse el gringo.**
   ii. *Ar.* Aparentar juventud a través del comportamiento.
   iii. *Pe, Bo.* Aparentar inteligencia, vivacidad o astucia. vulg; pop + cult → espon ^ desp.

e¹⁹. ‖ **~se el pendejo para que lo carguen.** loc. verb. *PR.* Aparentar *alguien* desconocimiento o incapacidad con el fin de que alguien retome sus responsabilidades.

f¹⁹. ‖ **~se el perdedizo.** loc. verb. *Mx.* Esconderse *alguien.* pop.

g¹⁹. ‖ **~se el pescado frito.** *PR.* hacerse el chivo. pop.

h¹⁹. ‖ **~se el pino.** loc. verb. *Ch.* Ganar mucho dinero. pop + cult → espon.

i¹⁹. ‖ **~se el putas.** loc. verb. *Bo.* Hacerse *alguien* el desentendido. vulg.

j¹⁹. ‖ **~se el quite.**
   i. loc. verb. *Bo; Ec.* pop + cult → espon. Evadir una culpa o responsabilidad.
   ii. *Bo.* Esquivar algo con el cuerpo. pop.

k¹⁹. ‖ **~se el recio.** loc. verb. *Bo.* Darse importancia una persona. pop + cult → espon.

l¹⁹. ‖ **~se el ruso.** loc. verb. *CR.* Fingir *alguien* que no se entera o desconoce algo que no le interesa. pop.

m¹⁹. ‖ **~se el sapo.** loc. verb. *Gu.* Hacerse el desentendido. pop + cult → espon.

n¹⁹. ‖ **~se el tercio.** loc. verb. *Pe.* Hacerse *alguien* el desentendido.

ñ¹⁹. ‖ **~se feis.** loc. verb. *Bo.* Abandonar un lugar precipitadamente.

o¹⁹. ‖ **~se friegas con el carné.** loc. verb. *Ch.* Reconocer *alguien* la edad que tiene y los achaques y dolencia propios de ella. pop ^ fest.

p¹⁹. ‖ **~se fuera de la bacinica.**
   i. loc. verb. *Mx.* Actuar descarriadamente, sin sentido de la realidad, incurriendo en el despropósito y el desacierto de gran magnitud. pop.
   ii. *Mx.* Obrar incorrectamente, *particularmente infringiendo una norma.* pop.

q¹⁹. ‖ **~se gas.**
   i. loc. verb. *Bo.* Abandonar un lugar precipitadamente. pop + cult → espon ^ fest.
   ii. *Bo.* Desaparecer *algo.* pop + cult → espon ^ fest.

r¹⁹. ‖ **~se güey.**
   i. loc. verb. *Mx.* No hacer nada en una situación que lo requiere. pop.

s¹⁹. ‖ **~se la América.** loc. verb. *Bo, Ch.* Conseguir mucho dinero con un negocio. pop.

t¹⁹. ‖ **~se la astilla.** loc. verb. *Ur.* Reírse *alguien* de lo graciosa que es una persona o de lo divertido que resulta un hecho. pop + cult → espon.

u¹⁹. ‖ **~se la bestia.** loc. verb. *Gu.* No darse por aludido o por enterado de algo.

v¹⁹. ‖ **~se la brocha.**
   i. loc. verb. *Gu, Ho, ES.* Fingir que no se entiende algo. delinc.
   ii. *Gu.* No cumplir con una promesa o deber.

w¹⁹. ‖ **~se la casa.** *Bo.* hacerse el casa.

x¹⁹. ‖ **~se la chupina.** loc. verb. *Ar:C.* Faltar injustificadamente a clase. pop.

y¹⁹. ‖ **~se la de las gafas.** *Co.* hacerse el de las gafas.

z¹⁹. ‖ **~se la despeinada.** loc. verb. *Pe.* Comportarse *alguien* de manera que atrae el interés de los demás. pop + cult → espon.

a²⁰. ‖ **~se la gallina distraída.** loc. verb. *Bo.* Aparentar *alguien* por conveniencia que no se entera de algo. pop.

b²⁰. ‖ **~se la gran cosa.** loc. verb. *Gu, RD, Bo.* Valorarse *alguien* desp mucho y considerarse muy importante. desp.

c²⁰. ‖ **~se la Greta.** loc. verb. *ES.* Disimular *algo.*

d²⁰. ‖ **~se la paila.** loc. verb. *ES.* Masturbarse. vulg.

e²⁰. ‖ **~se la patilla.** loc. verb. *Ch.* Afeitarse. pop.

f²⁰. ‖ **~se la pava.**
   i. loc. verb. *Ec.* juv. Faltar a clase un alumno sin justificación. pop.
   ii. *Bo:E.* Burlarse de alguien. pop.
   iii. *Ni.* Simular distracción.

g²⁰. ‖ **~se la pegadura.** loc. verb. *Ec.* Rogar cortésmente a un invitado que comparta la comida manifestándole que lo servido no es de la calidad que él se merece.

h²⁰. ‖ **~se la pita.** loc. verb. *Bo:O.* Burlarse de alguien. pop + cult → espon.

i²⁰. ‖ **~se la rata.** loc. verb. *Ar, Ur.* Faltar a clase un alumno sin que sus padres lo sepan.

j²⁰. ‖ **~se la rosca.** loc. verb. *PR.* Masturbarse *alguien.* vulg; pop + cult → espon.

k²⁰. ‖ **~se la vaca.** loc. verb. *Pe.* Dejar de asistir a las clases. est.

l²⁰. ‖ **~se la vida de cuadritos.** loc. verb. *Mx, Ni, CR, Ve, Ec, Py.* Complicarse la vida uno mismo. pop + cult → espon. ♦ **hacerse la vida de cuadros.**

m²⁰. ‖ **~se la vida de cuadros.** *Mx.* hacerse la vida de cuadritos.

n²⁰. ‖ **~se la vieja fresquera.** loc. verb. *ES.* Disimular, hacerse el tonto.

ñ²⁰. ‖ **~se la yuta.** loc. verb. *Ar.* Faltar injustificadamente a clase. pop.

o²⁰. ‖ **~se los bigotes.** loc. verb. *ES.* Relamerse por una buena comida.

p²⁰. ‖ ~**se moco.**
  i. *Ar, Ur.* **hacerse bosta**, romperse.
  ii. *Ar, Ur.* **hacerse bosta**, quedar gravemente herido.
  iii. *Ar, Ur.* **hacerse bosta**, morir.

q²⁰. ‖ ~**se niguas.** loc. verb. *Bo:O.* Abandonar un lugar precipitadamente.

r²⁰. ‖ ~**se nudos.** loc. verb. *Ch.* Enredarse *alguien* en exceso al explicarse o al plantear un tema. pop.

s²⁰. ‖ ~**se ojo de hormiga.**
  i. loc. verb. *Mx, Ec.* Desaparecer *algo o alguien*. pop.
  ii. *Mx.* Hacerse el tonto o desentenderse de algo. pop. ♦ **hacerse ojo de Pancha.**
  iii. *ES.* No encontrar *algo* que se ha perdido.

t²⁰. ‖ ~**se ojo de Pancha.** *Mx.* **hacerse ojo de hormiga**, hacerse el tonto. pop.

u²⁰. ‖ ~**se parche.** loc. verb. *ES.* Romperse *algo*, desbaratarse.

v²⁰. ‖ ~**se pasito.** loc. verb. *Co.* Hacer un pacto de no agresión dos o más personas por tener todas algo que perder. pop.

w²⁰. ‖ ~**se pelota.**
  i. *Bo, Ar, Ur.* **hacerse bosta**, romperse.
  ii. *Bo, Ar, Ur.* **hacerse bosta**, quedar gravemente herido.
  iii. *Ar, Ur.* **hacerse bosta**, morir.

x²⁰. ‖ ~**se pelotas.** loc. verb. *Mx, Ho.* Confundirse, enredarse *alguien*.

y²⁰. ‖ ~**se pepa.** loc. verb. *Bo.* Abandonar un lugar precipitadamente. pop + cult → espon ^ fest.

z²⁰. ‖ ~**se perdiz.** loc. verb. *Ar.* Irse disimuladamente. pop + cult → espon.

a²¹. ‖ ~**se pireli.**
  i. loc. verb. *Bo:O.* Abandonar un lugar con rapidez.
  ii. *Bo:O.* Huir un preso de la cárcel.

b²¹. ‖ ~**se pisar.** loc. verb. *Bo.* Retrasarse *una persona* en la realización de alguna actividad. pop + cult → espon ^ fest.

c²¹. ‖ ~**se pomada.**
  i. *Bo, Ar, Ur.* **hacerse bosta**, romperse.
  ii. *Bo, Ar, Ur.* **hacerse bosta**, quedar gravemente herido.
  iii. *Ar, Ur.* **hacerse bosta**, morir.

d²¹. ‖ ~**se pulga.** loc. verb. *Bo:E.* Desaparecer *una persona* o *cosa* del lugar donde se encontraba. pop + cult → espon.

e²¹. ‖ ~**se que la virgen le habla.** loc. verb. *Mx.* Aparentar *alguien* por conveniencia que no se entera de algo. pop + cult → espon.

f²¹. ‖ ~**se quelli.** loc. verb. *Bo:O.* Negarse *una persona* a hacer o a recibir algo por sentirse injustamente maltratada. pop + cult → espon.

g²¹. ‖ ~**se remedio.** loc. verb. *Ch.* Abortar una mujer. euf; pop.

h²¹. ‖ ~**se rosca.**
  i. loc. verb. *Mx.* Incumplir un compromiso o una promesa. pop.
  ii. *Mx.* Hacerse el desentendido. pop.

i²¹. ‖ ~**se tanta.** loc. verb. *Bo:C,O,S.* Ocasionar un daño a alguien.

j²¹. ‖ ~**se tira.**
  i. loc. verb. *Ch.* Romperse *algo*, estropearse. pop + cult → espon.
  ii. *Ch.* Entregarse a una actividad exclusivamente y hasta el final. pop.

k²¹. ‖ ~**se torta.**
  i. *Ar, Ur.* **hacerse bosta**, romperse.
  ii. *Ar, Ur.* **hacerse bosta**, quedar gravemente herido.

iii. *Ar, Ur.* **hacerse bosta**, morir.
  iv. loc. verb. *ES.* Chocar violentamente un vehículo contra otro o contra un objeto y dejarlo inservible. pop + cult → espon.

l²¹. ‖ ~**se turumbas por algo.** loc. verb. *Ec.* Desvivirse *alguien* por una cosa. pop.

m²¹. ‖ ~**se un ají.** loc. verb. *Ec.* Ruborizarse.

n²¹. ‖ ~**se un bache.** loc. verb. *Py, Ar, Ur.* Olvidársele a *alguien* momentáneamente *algo que quería decir o recordar*. pop.

ñ²¹. ‖ ~**se un culo.** loc. verb. *Ve.* Confundirse *alguien*, hacerse un lío. pop + cult → espon.

o²¹. ‖ ~**se un harakiri.** loc. verb. *Cu.* Hacerse *alguien* una autocrítica.

p²¹. ‖ ~**se un nudo.** loc. verb. *Gu, Bo.* Juntar dos personas sus cuerpos. pop + cult → espon.

q²¹. ‖ ~**se un paseo.** loc. verb. *Ec.* Realizar *algo* bien y con rapidez.

r²¹. ‖ ~**se un tortol.** loc. verb. *Ni.* Confundirse *alguien*, hacerse un lío.

s²¹. ‖ ~**se un video.** loc. verb. *Co.* Imaginarse un situación que no es real.

t²¹. ‖ ~**se una melcocha.** loc. verb. *Gu, Ho, Ni.* Adular a una persona por la que se siente atracción sentimental, o intentar despertar su interés.

u²¹. ‖ **hacérsele agua la canoa.** loc. verb. *Mx, Ec.* Ser homosexual *un hombre*.

v²¹. ‖ **hacérsele agua los helados.** loc. verb. *Ch.* Sentir *una persona* un gran deseo de probar o de poseer algo o a alguien que se ve o se imagina. pop + cult → espon.

w²¹. ‖ **hacérsele (algo).**
  i. loc. verb. *Mx, Ec, Bo.* Suponer o imaginar *algo*. pop.
  ii. *Mx, ES, Ni, Bo.* Conseguir *alguien* lo que deseaba. pop.
  iii. *Ch.* Amedrentarse por algo y no hacer nada para remediarlo.

x²¹. ‖ **hacérsele chiquita.** loc. verb. *Mx.* Acobardarse. vulg; pop + cult → espon.

y²¹. ‖ **hacérsele como real de tripa.** loc. verb. *Ni.* Prolongarse mucho *algo*.

z²¹. ‖ **hacérsele sal y agua.** loc. verb. *Ni, RD, Ch.* Malgastar dinero o bienes. pop + cult → espon.

a²². ‖ **no ~ el cuento.** loc. verb. *Cu.* No sobrevivir. pop + cult → espon.

b²². ‖ **no ~ ni cuio.** loc. verb. *Ni, CR.* No producir ruido *alguien*.

c²². ‖ **no ~ ni milpa.** loc. verb. *ES.* No trabajar, haraganear. rur.

d²². ‖ **no ~ ni por el gallo.** loc. verb. *Cu.* No realizar ningún esfuerzo por lograr algo.

e²². ‖ **no ~ ni tal.** loc. verb. *Ch.* Evitar hacer algo o no hacerlo por considerarlo perjudicial. pop.

f²². ‖ **no ~ por donde.** loc. verb. *CR.* obsol. No esforzarse *alguien* para superar una situación adversa. rur.

g²². ‖ **por ~.** loc. verb. *ES.* Realizar algo intencionalmente.

■
  a. ‖ **hace fu.** loc. adv. *Ec.* Hace mucho tiempo.
  b. ‖ **haciéndose y gustándole.** loc. adv. *Pa.* Fingir *alguien* indiferencia ante algo que gusta o halaga. pop + cult → espon.
  c. ‖ **ni para ~ cantar un ciego.** loc. adv. *Ch.* Con poco dinero o nada. pop + cult → espon ^ fest.
  d. ‖ **ni qué ~.** loc. adv. *Bo:O.* Sin remedio.
  e. ‖ **¡no le hace!** loc. interj. *Bo:O.* Expresa que algo no tiene importancia.

◪
  a. ‖ **~ como Blas [ya comiste ya te vas].** fr. prov. *Cu, RD, PR, Ve.* Indica que alguien se marcha de un

lugar de forma apresurada. pop + cult → espon ^ fest.

b. ‖ **~se el muerto para que lo carguen.** fr. prov. *Ni.* Indica que alguien realiza malas acciones y luego se hace la víctima.

c. ‖ **~se el muerto para ver el entierro que le hacen.** fr. prov. *Cu.* Indica que alguien se hace la víctima para ver la reacción de los demás.

d. ‖ **para ~ el cuento corto.** fr. prov. *PR.* Indica que se hablará sin rodeos. pop + cult → espon.

hacha.

I. 1. m. *Ch:N.* Pez de hasta 45 cm de longitud, comprimido y redondo, de color plateado y azuloso brillante, con franjas azuladas; su carne es muy apreciada. (Bramidae; *Brama australis*).

2. *Ch:N.* Pez de cuerpo comprimido y redondo, de hasta 60 cm de longitud, color gris oscuro o plateado, con aletas dorsal y anal prolongadas a lo largo de dorso y vientre, su carne es muy apreciada. ♦ **reineta.**

II. 1. f. pl. *Cu, PR.* Diente incisivo de gran tamaño. (**jacha**). ♦ **molacha.**

III. 1. sust/adj. *Cu.* Persona que enfrenta con entereza situaciones críticas o de riesgo. pop + cult → espon.

■

a. ‖ **~ de doble gavilán.** f. *Ho.* Hacha que tiene corte por dos lados.

b. ‖ **~ labra.** f. *Ho.* Hacha pequeña y ligera que se utiliza para cortar y desramar. ♦ **hacha medio labra.**

c. ‖ **~ medio labra.** *Ho.* **hacha labra.**

d. ‖ **~ tumba.** f. *Ho.* Hacha grande y pesada, con corte en un lado y, en el opuesto, un contrapeso y que se usa para talar árboles.

□

a. ‖ **bien ~.** loc. adj. *Mx, Bo.* Referido a persona, muy hábil para algo. pop. (**muy hacha**).

b. ‖ **como ~.** loc. adj. *Mx, Bo, Ch.* Referido a persona, muy preparada para desempeñar una actividad. pop.

c. ‖ **de ~.** loc. adv. *Pe, Ch.* De manera directa, sin contemplaciones. pop.

d. ‖ **de ~ y machete.**

i. loc. adj. *Cu, RD, Ec.* Referido a persona, especialmente hombre, valiente, decidida y físicamente fuerte y saludable. pop.

ii. *Ni, Ec.* obsol. Referido a persona, ordinaria. rur; pop.

iii. *Cu.* Referido a persona, que destaca en algo.

e. ‖ **de un ~.** loc. adv. *Mx.* De manera rápida, directa y sin contemplaciones. pop + cult → espon.

f. ‖ **muy ~.** *Mx.* **bien hacha.**

◪

a. ‖ **en lo que ~ va y viene, descansa el palo.** fr. prov. *RD.* Indica que hay que vivir el momento presente, sin preocuparse de lo que pueda ocurrir en el futuro.

b. ‖ **ni pica ni presta el ~.** fr. prov. *Co.* Indica que quien no puede o no quiere hacer algo tampoco deja que otros lo hagan. ♦ **ni raja ni presta el hacha.**

c. ‖ **ni raja ni presta el ~.** *Co.* **ni pica ni presta el hacha.**

▶ **mandarse de ~; perder ~, calabaza y miel; ser el ~ y el machete; ser ~ y machete; tener ~, calabaza y miel; volar ~.**

hachador.

I. 1. sust/adj. *RD, Ve, Ec, Bo, Ar.* Hombre que trabaja con el hacha. rur.

hachar(se).

I. 1. tr. *Bo, Ar. En los deportes de equipo, especialmente en el futbol*, dar un jugador una patada a un contrario en la parte inferior de la pierna para obstaculizarlo.

II. 1. tr. *Ar:NO.* Suspender o **aplazar** a *alguien* en un examen. pop.

III. 1. tr. *Bo:O.* Hacer una herida a *alguien* con arma blanca. delinc.

2. intr. prnl. *Bo:O.* Herirse *alguien* con arma blanca involuntariamente. delinc.

hachazo.

I. 1. m. *Mx.* Hendidura que separa las nalgas. vulg.

2. *Ve, Ar, Ur, Bo,* delinc. Golpe violento dado de filo con arma blanca.

3. *Ve, Ar, Bo,* delinc. Herida y cicatriz producidas por uno de esos golpes.

II. 1. *Ho, ES.* metáf. *En el futbol*, falta a un jugador contrario golpeándole las piernas.

2. *ES.* metáf. Derrota contundente a un contrario en cualquier tipo de **competencia**.

III. 1. m. *Ch.* Resaca, malestar producido por haber consumido alcohol en exceso la noche anterior. pop + cult → espon.

IV. 1. m. *Ho, ES.* Surco pronunciado que tienen los caballos en la unión entre el tórax y el cuello.

V. 1. m. *PR, Bo.* Sablazo o cobro muy alto por algo. pop + cult → espon.

VI. 1. m. *CR, PR,* metáf. Indirecta que zahiere. pop + cult → espon.

VII. 1. m. *CR.* Manipulación brusca de un mecanismo. pop + cult → espon.

□

a. ‖ **de ~.** loc. adv. *Pe.* De todas formas, sin dudas. pop.

hachazón.

I. 1. m. *Ho.* Tala de gran cantidad de árboles. rur.

hache.

□

a. ‖ **~s y erres.** loc. sust. *Co.* Confusión y desorden. pop.

▶ **vivir de ~.**

hacheador.

I. 1. m. *Bo:E,N.* Hombre que tala árboles. pop.

hacheador, -ra.

I. 1. m. y f. *Bo:O.* Persona que utiliza habitualmente las armas blancas. delinc.

hachear.

I. 1. tr. *Bo:O, Py.* Herir con un hacha. delinc.

II. 1. tr. *Bo:O, Py.* Talar árboles. pop.

hachenchoneado, -a.

I. 1. *ES.* **hachoneado.**

hachero.

I. 1. m. *Cu.* Hombre que tiene por oficio talar árboles con un hacha.

hachero, -a.

I. 1. sust/adj. *Ec, Bo, Ch. En el futbol*, persona que juega de manera brusca y golpea con frecuencia al contrario. pop + cult → espon.

II. 1. sust/adj. *Ho.* Persona que critica despiadadamente a otra.

2. adj/sust. *CR.* Referido a persona, que zahiere a otras con indirectas. pop + cult → espon.

III. 1. adj/sust. *CR. Referido a persona*, que manipula las cosas con rudeza. pop + cult → espon.

haches.

I. 1. f. pl. *ES.* Testículos. pop.

hachita.

I. 1. f. *Ch.* obsol. *En el juego de las **bolitas***, choque que se provoca al lanzar una canica contra otra.

■

a. ‖ **~ y cuarta.** m. *Ch.* obsol. Juego de las **bolitas** consistente en hacer chocar una canica contra otras e introducirla posteriormente en el hoyo para ganar las que se han golpeado.

hachón.
- **I. 1.** m. *Gu, Ho.* Manojo de ramas o astillas de **ocote** al que se le prende fuego, y que se utiliza para alumbrarse. (**achón**).
- **2.** *Ho.* Haz de rayos de luz que salen de un punto o que confluyen en él. cult.
- **II. 1.** m. *Ni.* Insecto fosforescente cualquiera.

hachoneado, -a.
- **I. 1.** adj. *ES. Referido a persona*, medio borracha.
  ♦ **hachenchoneado**.

hachudo, -a.
- **I. 1.** adj. *Gu. Referido a persona*, que tiene los dientes muy grandes. pop. (**jachudo**).

hacienda.
- **I. 1.** f. *Ni, RD, Co, Ve, Ch.* Terreno de gran extensión dedicado a la agricultura y a la ganadería.
- **2.** *Ni, Bo; Ar,* p.u. Finca extensa dedicada exclusivamente a la cría de ganado.
- **3.** *Ar.* Ganado, *especialmente el vacuno.*
- ■
- **a.** ‖ ~ **de beneficio.** f. *Mx.* Instalación de una mina en la que se da un tratamiento metalúrgico especial a los metales extraídos, *especialmente a la plata.*

haciendado, -a.
- **I. 1.** m. y f. *Ve:O.* Propietario de un lote de ganado. rur.

hair.
- ■
- **a.** ‖ ~ **piece.** (Voz inglesa). f. *EU, PR.* Pieza artificial de pelo.

hairstyle. (Voz inglesa).
- **I. 1.** m. *EU, PR.* Modelo, tipo de peinado.

hairstylist. (Voz inglesa).
- **I. 1.** m-f. Estilista, peluquero, **beautician**.

haití.
- **I. 1.** m. *PR.* Árbol de hasta 15 m de altura, hojas grandes, y flores que producen unas cápsulas verdes donde va el fruto de color amarillento; su madera es muy usada en ebanistería y en la fabricación de instrumentos musicales. (Rutaceae; *Xanthoxylum flavum*).

halado, -a.
- **I. 1.** adj. *Cu, RD, PR. Referido a persona*, demacrada, pálida. pop + cult → espon.
- **2.** *Cu. Referido a persona*, con la cara desfigurada por enfermedad o cansancio.
- **3.** *Ho. Referido a persona*, con cara seria.

halaleva.
- **I. 1.** sust/adj. *Cu.* obsol. Persona que adula a otra por interés o por servilismo. pop + cult → espon ^ desp.
  ♦ **cachanchán; chicharrón**.

halar(se). (Del fr. *haler*).
- **I. 1.** tr. *Ho, ES, Ni, Pa, Cu, RD, PR, Ve, Ec, Bo:O; CR, Co,* p.u; esm. Atraer *alguien* hacia sí *algo* o a *una persona.*
- **II. 1.** intr. *Ho, CR, Cu, PR.* Aspirar el humo de un cigarrillo. pop. (**jalar**).
- **2.** *Ec.* Producir un horno o una chimenea la corriente de aire necesaria para mejorar la combustión.
- **3.** tr. *Cu.* Succionar un líquido a través de una pajilla o de otro conducto. pop.
- **III. 1.** tr. *RD, Ve.* Tensar una cosa.
- **IV. 1.** intr. prnl. *Ve.* Encaminarse, dirigirse a un sitio.
- **2.** intr. *PR.* Irse de algún lugar. (**jalar**).
- **V. 1.** intr. prnl. *Cu, RD, PR.* Desfigurársele la cara a *alguien* por enfermedad o por cansancio. pop + cult → espon. (**jalar**).
- **VI. 1.** tr. *Ve.* Adular a *alguien.*
- **VII. 1.** tr. *ES, Cu, PR.* Consumir una máquina combustible o electricidad, *especialmente en grandes cantidades.* (**jalar**).
- **VIII. 1.** tr. *Cu, RD.* Empuñar, asir *algo* con la mano. pop.
- **IX. 1.** tr. *Ho.* Llevar *alguien algo* consigo.
- **X. 1.** tr. *Ho.* Traer *alguien algo.*
- **XI. 1.** intr. *Ho.* Tener un noviazgo.
- **2.** *Ho.* Realizar el coito.
- □
- **a.** ‖ ~ **bolas.** loc. verb. *Ve.* Adular a *alguien.* pop + cult → espon. (**jalar bolas**).
- **b.** ‖ ~ **dedo.** *Ec.* **pedir aventón**.
- **c.** ‖ ~ **el aire.**
  - **i.** loc. verb. *Ho, ES.* Amonestar a *alguien.* pop + cult → espon.
  - **ii.** *Ho.* Llamar la atención a *alguien.*
- **d.** ‖ ~ **la cadena.** loc. verb. *CR, Cu.* Accionar el mecanismo de un inodoro para que se descargue el agua que lo mantiene limpio.
- **e.** ‖ ~ **la leva.** loc. verb. *CR, Cu.* obsol. Adular a *alguien* por servilismo o interés. pop.
- **f.** ‖ ~ **las orejas.** loc. verb. *Ho, ES, Ni, Pa, Cu, RD, PR, Ec.* Llamar la atención o reprender a *alguien.* pop + cult → espon.
- **g.** ‖ ~ **parejo.** loc. verb. *Cu.* Aunar esfuerzos varias personas para conseguir un objetivo. pop.
- **h.** ‖ ~**se de los pelos.** loc. verb. *Pa.* Estar *alguien* muy furioso.

halcón.
- ■
- **a.** ‖ ~ **aplomado.** m. *Ec, Bo.* Ave rapaz de hasta 40 cm de longitud, de plumaje gris en la parte superior, de color ocre canela en el vientre y los lados del pecho negruzcos con rayas transversales blancas. (Falconidae; *Falco femoralis*). ♦ **halcón perdiguero; ichua**.
- **b.** ‖ ~ **garrapatero.** m. *Co.* Ave de rapiña de 45 cm de longitud, de plumaje amarillo y castaño claro y castaño oscuro en las alas, presenta una línea postocular negruzca. (Falconidae; *Milvago chimachima*). ♦ **chimachima; chiriguare; tuichi**.
- **c.** ‖ ~ **perdiguero.** *Ch.* **halcón aplomado**.
- **d.** ‖ ~ **reidor.** *Ho, Ni.* **vaquero**, ave.
- **e.** ‖ ~ **tijereta.** m. *Ar, Ur.* Ave rapaz de hasta 40 cm de longitud, con el plumaje del dorso y de la larga cola negro, y el resto blanco. (Accipitridae; *Elanoides forficatus*). ♦ **tijerachupa; tijeretero**.

halconazo.
- ■
- **a.** ‖ **el ~.** m. *Mx.* Represión y matanza de estudiantes perpetrada por el grupo paramilitar «los Halcones» el 10 de junio de 1971 en Ciudad de México.

halconcito.
- **I. 1.** *Py, Ar, Ur.* **gavilán primito**.

halda.
- **I. 1.** *RD.* p.u. **jalda**, ladera de una montaña.

half. (Voz inglesa).
- **I. 1.** m-f. *Bo:O, Ch.* obsol. *En ciertos deportes*, jugador que juega en la mitad del campo por delante de los defensas.

¡halita!
- **I. 1.** *Ec:C,N.* **¡ala!**, expresa alegría o sorpresa.

¡haliticas!
- **I. 1.** *Ec:C,N.* **¡aliticas!**

hall. (Voz inglesa).
- **I. 1.** m. *EU, Cu. En un edificio o una vivienda*, pasillo al que dan las puertas de varias habitaciones.

hallaca.
 I. 1. f. *Cu:E, RD, PR, Co, Ve, Ec.* **tamal**, plato típico de masa de maíz. (**hayaca**; **jallaca**; **jayaca**).
 II. 1. f. *Ve.* Paquete mal hecho. (**hayaca**).
   2. *Ve.* Cartera o billetera abultada. delinc. (**hayaca**).
   3. *Ve.* Paquete de marihuana. drog. (**hayaca**).
 ■
   a. ‖ ~ **de hoja.** f. *Ve.* Hallaca envuelta en hojas de mazorca de maíz.
 □
   a. ‖ ~ **mal amarrada.** loc. sust. *Ve.* Persona gruesa que lleva la ropa ceñida al cuerpo.

hallaquita.
 I. 1. f. *Ve.* Alimento hecho con masa de maíz, en forma de bollo pequeño, envuelto en las hojas de la mazorca del maíz y cocinado en agua.

hallarse.
 I. 1. tr. *Ho, ES, Ni.* Encontrar, solucionar *algo* a *alguien.*
 □
   a. ‖ ~ **la tusa del culo.** loc. verb. *RD.* Hacer ver a *alguien* cuál es su posición o importancia para que no se permita ciertas libertades.
   b. ‖ **no ~ dónde poner el dulce.** loc. verb. *Ho.* Desear *alguien* agradar o hacer lo que quiere otra persona.
   c. ‖ **no ~ pitoreta que tocar.** loc. verb. *Ho.* No saber qué hacer en una determinada situación. pop + cult → espon.
   d. ‖ **no ~ qué hacer.** loc. verb. *ES, Ni, CR, Ve, Bo, Ch.* No encontrar solución a un problema. pop + cult → espon.
   e. ‖ **no ~ qué santo baja del cielo.** loc. verb. *Ho, Ni.* No saber qué hacer para solucionar algo.

hallarín.
 I. 1. m. *Mx.* Árbol conífero de hasta 70 m de altura, de corteza gruesa, con grietas más o menos profundas, hojas color verde oscuro, puntiagudas y acanaladas por el haz, de aroma intenso, flores masculinas de color verde amarillento y femeninas de color verdoso o rojizo, y fruto en conos de color marrón claro; su madera es de buena calidad. (Pinaceae; *Pseudotsuga mucronata*). ♦ **pino de corcho.**

hallulla.
 I. 1. f. *Ch.* Pan de forma circular de masa relativamente delgada, elaborado con manteca.
   2. *Ec.* Pan salado, pequeño, redondo y de masa quebradiza, que tiene como ingredientes principales harina de trigo y manteca de cerdo. (**allulla**).
   3. *Bo.* Pan de forma ligeramente alargada doblado en uno de los extremos, elaborado con harina de trigo mezclada con salvado.
 II. 1. sust/adj. *Ch.* Sombrero masculino de paja, de copa ovalada y rectilínea por los lados y alas horizontales de forma también ovalada. ♦ **coliza.**

hallullero, -a.
 I. 1. m. y f. *Ec, Ch.* Persona que tiene por oficio la elaboración o venta de **hallulla**. (**allullero**).

¡haló!
 ●
   a. ‖ ~. *ES.* ¡aló!

halón.
 I. 1. *Ho, Ni, Pa, Cu, RD, PR, Ve, Ec.* **jalón**, tirón violento.
 II. 1. *Ho.* **jalón**, autoestop.
 □
   a. ‖ **de un ~.** loc. adv. *Ni, PR, Ec.* Súbitamente, de una vez.
   b. ‖ ~ **de orejas.** loc. sust. *Ni, Cu, RD, PR, Ve, Ec.* Reprimenda, regaño. pop + cult → espon. ♦ **descarga; encendida.**
 ► **ir de ~ .**

hamaca. (De or. ind. antillano).
 I. 1. f. *Ho, ES, Ni, Bo, Ch, Py, Ar, Ur.* Mecedora.
 II. 1. f. *CR, Cu, RD, Py, Ar, Ur.* Columpio, asiento suspendido con cuerdas desde una parte alta, usado para balancearse.
 ■
   a. ‖ ~ **de clinea.** f. *PR.* Hamaca hecha de soga trenzada.
   b. ‖ ~ **paraguaya.** loc. sust. *Py, Ar, Ur.* Lona o red alargada que, asegurada por las extremidades en dos árboles o postes, queda pendiente en el aire y sirve de cama y columpio.
 □
   a. ‖ **caído de la ~.** loc. adj. *Ec, Bo, Py; Co,* espon ^ desp. | p.u. *Referido a persona,* tonta. pop.

hamacada.
 I. 1. f. *Ar.* Figura coreográfica del tango, de vaivén y muy sensual.

hamacar(se). (De *hamaca*).
 I. 1. intr. prnl. *EU, Mx, Gu, Ho, ES, Ni, Pa, Cu, RD, Co, Ve, Ec, Pe, Bo, Ch, Py, Ar, Ur.* Mecerse, *particularmente en una* **hamaca**. (**jamaquearse**).
   2. tr. *Cu, RD, Py, Ar, Ur.* Empujar o dar impulso a *alguien, especialmente un niño,* que se balancea en una **hamaca** o columpio. (**hamaquear**).
   3. *Ni, Pe, Ch, Py, Ar, Ur,* p.u. Mecer a *alguien* en una **hamaca**.
   4. *Ch, Ar; Py,* p.u. Mover rítmicamente una parte del cuerpo.
 II. 1. intr. prnl. *Ar, Ur.* Afrontar con esfuerzo una situación difícil.

hamacazo.
 I. 1. m. *Ho.* Ataque fuerte de alguna enfermedad. (**jamacazo**).

hamaqueada.
 I. 1. f. *Gu, Ho, ES, Ni, Bo:E,N.* Balanceo. (**jamaqueada**). ♦ **hamaqueadera.**
   2. *Pa.* Zarandeo que se da a una persona. (**jamaqueada**).
 II. 1. f. *Ho.* Derrota grande de un equipo o persona en una **competencia** deportiva. (**jamaqueada**).

hamaqueadera.
 I. 1. *Gu.* **hamaqueada.**

hamaquear(se).
 I. 1. intr. prnl. *Mx, Gu, Ho, Pa, Cu, RD, Co, Ve, Pe, Bo:E,N, Ar, Ur; Ec,* pop + cult → espon. Mecerse, *particularmente en una* **hamaca** o columpio.
   2. tr. *Gu, Ho, Ni, Pa, RD, Ve, Ec, Pe, Bo:E,N, Ar:NO.* Mecer a *alguien* en una **hamaca**.
   3. *Cu, Ar:NO.* **hamacar**, empujar o dar impulso.
   4. intr. prnl. *Ho, Ni.* Tumbarse *alguien* en una **hamaca**. (**jamaquearse**).
 II. 1. tr. *Ho, Pa, Ve; PR,* pop + cult → espon. Sacudir con fuerza a *alguien,* golpearlo.
   2. *RD.* **jamaquear,** sacudir o golpear.
 III. 1. intr. prnl. *Ar:NO.* Afrontar con esfuerzo una situación difícil.

hamaqueo. (De *hamaquear*).
 I. 1. m. *Gu, RD.* Vibración.
   2. *Ni, RD, PR.* **jamaqueo,** mecida.
   3. *RD, PR.* **jamaqueo,** sacudida.
   4. *RD, PR.* **jamaqueo,** temblor de tierra.

hamaqueón.
 I. 1. m. *Gu, Ni, RD.* Vaivén o sacudida. (**hamaquión**; **jamaqueón**; **jamaquión**).

hamaquera.
 I. 1. f. *Py.* Hamaquero, gancho o argolla para atar la **hamaca paraguaya**.

hamaquero.
   I. 1. m. *Bo:E,N.* Sitio o lugar acondicionado para colgar una hamaca.

hamaquión.
   I. 1. *Ni, RD.* **hamaqueón.**

hambra.
   I. 1. f. *Ve.* Fuerte sensación de hambre. pop. (**hambrazón**).
   2. *Ve.* Hambre grande y generalizada. pop. (**hambrazón**).

hambrada.
   I. 1. f. *Ve.* Hambre excesiva. pop.

hambrazón.
   I. 1. *Ve.* **hambra.**

hambre.
   I. 1. adj. *Bo, Py. Referido a persona,* que tiene un afán desmedido de poseer bienes materiales. pop + cult → espon ^ desp.

     a. ‖ ~ **de cuadrito.** f. *RD.* Apetito muy grande, ganas y necesidad de comer. pop ^ hiperb.
     b. ‖ ~ **paría.** f. *RD.* Apetito muy grande, ganas y necesidad de comer. pop ^ hiperb.
   ▶ **llevar ~; tener el ~ pareja.**

hambreada.
   I. 1. f. *Ho, Ni, Bo.* Hambre intensa o excesiva. pop. (**hambriada**).

hambreado, -a.
   I. 1. adj. *Mx, Pa, Cu, Ve, Ec, Pe, Bo; Ni,* rur; *Ar,* pop; *Ch,* pop + cult → espon. *Referido a persona,* que padece penuria o pasa hambre.

hambreador, -ra.
   I. 1. adj/sust. *Ec, Pe, Bo. Referido especialmente a persona,* explotadora. pop + cult → espon.
   II. 1. adj. *Ho, Bo.* Relativo al hambre.

hambrero.
   I. 1. m. *Ve:O.* Hambre excesiva. pop.

hambriada.
   I. 1. *ES, Ni.* **hambreada,** hambre intensa.

hambriar.
   I. 1. intr. *ES, Ni.* Hambrear.

hambriento, -a.
   I. 1. adj. *RD, Co, Ec, Bo, Py. Referido a persona,* tacaña, mezquina. pop + cult → espon ^ desp.
   2. adj/sust. *Pe, Bo, Py. Referido a persona,* que tiene un afán desmedido de poseer bienes materiales. pop + cult → espon ^ desp.

hambrosio.
   I. 1. *Pe.* p.u. **ambrosio,** gana de comer.

hambroso, -a.
   I. 1. adj. *Ve. Referido a persona,* hambrienta. rur.

hambrusia.
   I. 1. f. *EU.* Fuerte sensación de hambre.

hamburger. (Voz inglesa).
   I. 1. m. *EU, Ho, PR, Py.* Hamburguesa.

hamburguesera.
   I. 1. f. *Cu, Bo.* Establecimiento donde se preparan y venden hamburguesas.

hampao.
   I. 1. m. *Pa.* Comida, de origen chino, que consiste en una bola de harina rellena de trocitos de puerco y pollo cocido al vapor.

hamper. (Voz inglesa).
   I. 1. m. *PR.* Canasto en el que se echa la ropa sucia.

hampoducto.
   I. 1. m. *Ve.* Circulación de hampones entre localidades o cárceles.

hamponato.
   I. 1. m. *Ve.* Colectividad de delincuentes o hampones.

hamponil.
   I. 1. adj. *Ve.* Relativo al hampa.

handbag. (Voz inglesa).
   I. 1. m. *EU, PR.* Maletín, *generalmente para cosméticos.*

handball. (Voz inglesa).
   I. 1. m. *EU, Ni, Cu, PR, Ch, Py, Ar, Ur.* Balonmano.

handbol. (Del ingl. *handball,* balonmano, y este de *hand,* mano y *ball,* balón, pelota).
   I. 1. m. *Ni, Ch, Py.* Balonmano.

handbolista.
   I. 1. m-f. *Ch, Py.* Jugador de **hanbdbol** o balonmano.

handi wipe. (De *Handi Wipes*®).
   I. 1. m. *PR.* Toalla o paño de limpieza reusable, hecho con fibras de algodón. (*handy wipe*).

handicaped. (Voz inglesa).
   I. 1. adj. *EU, PR. Referido a persona,* impedida, incapacitada.

handle. (Voz inglesa).
   I. 1. m. *PR.* Mango de la puerta.

handy wipe. (De *Handi Wipes*®).
   I. 1. m. *PR.* **handi wipe.**

handyman.
   I. 1. m. *EU.* Persona diestra y hábil que es útil cuando se la necesita.

hangover. (Voz inglesa).
   I. 1. m. *EU, PR.* Malestar que queda al día siguiente de una borrachera. (**jangóver**).

hanguear.
   I. 1. *PR.* **janguear,** salir a divertirse.

hantu.
   I. 1. *Ec.* **floripondio.**

happy. (Voz inglesa).
   I. 1. adj. *EU, Mx, ES, Ni, Pa, RD, Ec, Ch.* juv. *Referido a persona,* en estado de euforia o excitación por haber consumido drogas o alcohol.
   2. *EU, Ni, Cu, PR; CR,* p.u. *Referido a persona,* alegre, ligeramente borracha. pop + cult → espon.
   3. *Cu.* juv. *Referido a persona,* feliz.
   II. 1. m. *Ni, Bo.* Aniversario del nacimiento de una persona.

     a. ‖ ~ *birthday.* (Voz inglesa).
      i. m. *EU, Mx, Ho, ES, Ni, Cu, RD, PR, Ec, Pe, Bo, Ch.* Canción que se entona para felicitar a alguien que cumple años.
      ii. *Ho, PR, Pe, Bo; Cu,* obsol. Fiesta que se realiza para celebrar el cumpleaños de alguien.
     b. ‖ ~ *ending.* (Voz inglesa). m. *EU, ES.* p.u. Final feliz de un hecho, *generalmente amoroso.*
     c. ‖ ~ *hour. EU, PR, Ch; Mx, Ho, ES, Ni, Ec,* p.u; *Pe,* urb. Espacio de tiempo en que se ofrece al consumidor en bares y cafeterías bebidas y comidas a la mitad del precio normal.
     d. ‖ ~ *medium.* (Voz inglesa). m. *PR.* Hecho de ceder ambas partes en un pleito.
   ▶ **parar el ~; sentirse ~.**

haragán.
   I. 1. m. *Cu, Ve, Ar:NO.* Utensilio para fregar el suelo que consta de un palo horizontal con una goma y de un palo vertical con el que se maneja.

haragana.
   I. 1. f. *ES, RD.* Tumbona, silla con largo respaldo y con tijera que permite inclinarlo en ángulos muy abiertos. (**jaragana**).

haraganera.
  I. 1. f. *Pa.* Red alargada que, asegurada por las extremidades en dos árboles o pilares, pende en el aire, y sirve de cama o columpio.

harakiri.
  ▶ **hacerse un ~.**

haras.
  I. 1. m. *Pa, Ve, Pe, Ch, Ar, Ur; Py.* cult. Establecimiento dedicado a la cría de caballos.

haraui.
  I. 1. *Pe, Bo.* **harawi.**

haravico. (Del quech. *arawiku*).
  I. 1. m. *Pe, Bo. Entre los incas,* poeta.

harawi. (Del quech. *harawi, arawi,* canto triste).
  I. 1. m. *Pe, Bo.* Canción melancólica amorosa cantada por los habitantes de la sierra. (**haraui**).

hard.
  ■
    a. ‖ **~ disk.** (Voz inglesa). m. *EU, ES, PR.* Disco duro de las **computadoras**.

harda. (De *halda*).
  I. 1. *RD.* **jarda.**

hardware.
  ■
    a. ‖ **~ store.** (Voz inglesa).
      i. m. *EU, PR.* Ferretería.
      ii. *PR.* Almacén de equipo pesado.

harina.
  I. 1. f. *CR, RD; Ni,* juv; *Cu,* obsol. **plata**, dinero. pop + cult → espon.
  II. 1. f. *Ho, Ni.* Cocaína en polvo. drog.
  2. *PR.* Heroína. drog.
  ■
    a. ‖ **~ de Castilla.** f. *Cu, Ec.* Harina de trigo.
    b. ‖ **~ de café.** f. *PR.* Café molido.
    c. ‖ **~ de mollete.** f. *Ec.* Harina sin florear.
    d. ‖ **~ de pan.** f. *PR.* Harina de trigo.
    e. ‖ **~ de pintado.** f. *Co.* Harina de maíz tostado con la que se prepara una sopa.
    f. ‖ **~ entera.** f. *Ho.* Harina de trigo con cáscara.
    g. ‖ **~ leudante.** f. *Bo, Py, Ar, Ur.* Harina con levadura u otra sustancia similar que hace fermentar la masa.
    h. ‖ **~ pan.** (De *Harina P.A.N.*®). f. *Ve.* Harina de maíz precocida que se vende lista para ser usada.
  □
    a. ‖ **~ de otro barril.** loc. adj. *RD. Referido a cosa,* muy distinta del asunto que se trata, o con poca o ninguna relación con él.

harinado.
  1. m. *Ch.* Bebida compuesta de vino tinto con harina tostada.

harinilla.
  I. 1. f. *Ec, Bo, Ch.* Producto de la molienda del trigo, más grueso que la harina, que se usa para la alimentación animal.

harino.
  I. 1. m. *Pa.* **yaba**, árbol.

harinudo, -a.
  I. 1. adj. *Co. Referido a un alimento,* que tiene mucha harina.
  2. *Co. Referido a cosa,* que tiene un aspecto o una textura parecidos a los de la harina.

harneadura.
  I. 1. f. *Ch.* Cribado hecho con el harnero.

harnear.
  I. 1. tr. *Ch; Ec,* p.u. Cribar, pasar por el harnero.

harrierito.
  I. 1. *RD.* **jarrierito.**

hartada.
  I. 1. f. *Ho, CR.* Crítica despiadada que se hace de una persona para desacreditarla.

hartadera.
  I. 1. f. *Ni.* Comilona.

hartado, -a.
  I. 1. adj/sust. *CR. Referido a persona,* engreída. pop + cult → espon ^ desp.

hartadura.
  I. 1. f. *Mx.* Hartazgo.

hartarse.
  I. 1. tr. prnl. *Gu, Ho.* Comerse o beberse *alguien algo, generalmente con rapidez.*
  II. 1. tr. prnl. *Ho, CR.* Criticar duramente a *alguien* para desacreditarlo. pop + cult → espon.
  □
    a. ‖ **~ de mamey.** loc. verb. *PR.* Aprovecharse *alguien* de ciertos beneficios. pop + cult → espon.

hartazón.
  I. 1. m. *Ho, ES, Ni.* meton. Comida.

hartera.
  I. 1. f. *Ni, Cu, PR; Co,* p.u. **jartera**, estado de ánimo que denota pereza.
  2. *Ni, Cu, PR.* **jartera**, sensación de cansancio.
  3. *Ni, Cu, PR.* **jartera**, borrachera.

harto.
  I. 1. adv/adj. *Mx, Gu, Ho, Ni, RD, Co, Pe, Bo, Ch,* cult → espon; *Ec,* pop. Mucho, abundante, que excede de lo normal.

harto, -a.
  I. 1. adj. *Ho. Referido a persona o animal,* comilón.

hartón.
  I. 1. m. *Mx::SE, Co.* Variedad de **plátano**, caracterizado por su gran tamaño y su notable grosor.

hartón, -na.
  I. 1. adj/sust. *Gu, Ho, Ni, CR, Pa, Cu, RD, Ve. Referido a persona,* glotona, comilona. pop. (**jartón**).

hasta.
  I. 1. prep. *Mx, Ho, ES, Ni, CR, Pa, Co, Bo; Ec:O,* p.u. No antes de.
  □
    a. ‖ **~ el ñame.** loc. adv. *PR.* A fondo. pop + cult → espon.
    b. ‖ **~ el sol de hoy.** loc. adv. *ES, Cu, RD, PR, Ve.* Hasta el día de hoy. pop + cult → espon.

hatchback. (Voz inglesa).
  I. 1. m. *Mx, Ec:O, Pe.* p.u. Coche de tres o cinco puertas, una de ellas trasera.

hatero, -a.
  I. 1. m. y f. *Ho, Cu, RD; Ve,* obsol. Persona que posee un **hato**, hacienda con toda clase de ganado.
  2. adj. *RD; Ve.* obsol. Relativo a la ganadería.

hato.
  I. 1. m. *Ho, Ni, RD, PR, Co, Ve, Py; Cu,* obsol. Hacienda de campo, *generalmente destinada a la cría de toda clase de ganado, y principalmente del mayor.* ◆ **fundo.**
  2. *Ho, Ni.* Todo el ganado que hay en una hacienda.
  3. *Ni.* Porción de ganado que hay en un hato.
  □
    a. ‖ **con ~s y garabatos.** loc. adv. *Ec. En relación con el modo de realizar una mudanza,* sin dejar de trasladar ningún objeto al nuevo domicilio. pop + cult → espon.

hawaiana. (Der. de *Hawái*).
  I. 1. f. *Bo, Ch, Py, Ar, Ur; Pe,* p.u. Sandalia que se sujeta al pie con un tirante entre los dedos mayor y contiguo. (**jaguayana**). ◆ **guaracha.**
  II. 1. **jaguayana.** ◆ **playera.**

haya.
I. 1. f. *PR.* Árbol de montaña, de corteza áspera de color castaño, flores fragantes y frutilla en racimos. (Annonaceae; *Oxandra* spp.). ◆ **haya prieta**.

■

a. ‖ ~ **prieta**. *PR.* **haya**.

hayaca.
I. 1. *Cu:E, RD, Co:N,E, Ve.* **hallaca**, tamal. (**ayaca**).
2. f. *Co.* Plato parecido al **tamal**, pero de composición más refinada.
II. 1. *Cu, Ve.* **hallaca**, paquete mal hecho.
2. *Cu, Ve.* **hallaca**, billetera abultada.
3. *Cu, Ve.* **hallaca**, paquete de marihuana.

hayno.
I. 1. m. *Pe.* **choca**, ave.

hayo.
I. 1. m. *Ve.* Arbusto de hojas alternas, aovadas, enteras, de estípulas axilares y flores blanquecinas. (Erythroxylaceae; *Erythroxylon coca*).

hayuelo.
I. 1. *Co.* **chapuliscle**.

haz.
□

a. ‖ **al** ~.
  i. loc. adv. *Ho.* Muy cerca de algo o alguien, contiguo.
  ii. *Ho.* Cerca de la raíz.

haza.
I. 1. f. *Ho.* Cuña de madera o de hierro para rajar troncos.

heart.
■

a. ‖ ~ *attack*. (Voz inglesa). m. *EU.* Ataque cardíaco.

heavy. (Voz inglesa).
I. 1. adj. *Ch.* juv. *Referido a cosa*, muy buena, excelente.
2. *RD.* juv. *Referido a persona*, atractiva, hermosa.
3. adj/sust. *Ho.* juv. *Referido a persona*, experta en algo.

■

a. ‖ ~ *beauty*. (Voz inglesa). adj/sust. *PR. Referido a persona o cosa*, bonita.
b. ‖ ~ *brother*. (Voz inglesa). adj/sust. *PR. Referido a un cosa*, buena, fantástica.
c. ‖ ~ *duty*. (Voz inglesa).
  i. adj. *EU, PR. Referido a cosa*, pesada, muy fuerte y resistente.
  ii. *PR. Referido a cosa*, muy bien equipada.
d. ‖ ~ *weight*. (Voz inglesa). m. *EU.* p.u. Peso pesado.

heavytón. (Del ingl. *heavy*).
I. 1. adj. *PR.* Muy bueno, excelente.

hebilla.
I. 1. f. *Cu, PR, Co, Bo, Py, Ar.* Pieza de metal u otro material que se emplea para sujetar el pelo. ◆ **pinche**.
II. 1. f. *ES.* Arbusto de hasta 1,5 m de altura, de hojas compuestas en pares de hojuelas, flores con cinco pétalos amarillos, cuyo fruto es una vaina plana; la raíz y la semilla machacadas y cocidas se usan en la medicina tradicional para problemas estomacales. (Fabaceae; *Cassia occidentalis, Senna occidentalis*).
► **brillar la** ~; **guayar la** ~; **pulir la** ~.

hebra.
□

a. ‖ **a la** ~. loc. adv. *Ec. En relación con el modo de cortar una pieza de madera*, longitudinalmente o en la dirección que sigue el hilo de la madera.
b. ‖ **contra** ~. loc. adv. *Ec. En relación con el modo de cortar una pieza de madera*, transversalmente o en dirección perpendicular al hilo de la madera.

c. ‖ **de una** ~. loc. adv. *Ch, Ar.* obsol. De una vez, sin detenerse.
d. ‖ **por la** ~. loc. adv. *Mx.* A través del teléfono.
► **ponerse la** ~; **romperse la** ~.

hebreo, -a.
I. 1. adj. *ES, Ec;* adj/sust. *Bo. Referido a persona*, borracha. pop + cult → espon ^ fest.

hecha.
I. 1. f. *Gu.* Vez, ocasión.
II. 1. *Ho.* Hechura, confección de una prenda de vestir.
□

a. ‖ **de una** ~. loc. adv. *Ec.* También, al mismo tiempo. pop.

hechizo.
I. 1. m. *Ho.* Adorno o soporte de hierro forjado de una puerta o ventana.

hechizo, -a.
I. 1. adj. *Mx, Gu, Ho, Ni, Co. Referido a cosa*, imitada o falsificada. pop.
2. *Mx, Gu, CR, Ec, Bo, Ch.* p.u. *Referido a cosa*, hecha improvisadamente, sin seguir los procedimientos establecidos industrialmente para su fabricación.
3. *Ho, ES, Ar:NO; Bo*, pop. *Referido a un producto*, hecho a mano.

hecho.
■

a. ‖ ~ **de la causa**. m. *Ch.* Suceso que se considera como cierto, probado e irrefutable.
b. ‖ ~ **de sangre**. m. *CR, Pa, RD, Co, Ec, Pe, Bo, Py; Ch*, esm. Suceso en el que por causa violenta una o más personas resultan heridas o muertas.
c. ‖ **porfiado** ~. m. *Ch.* Suceso cierto, probado y verdadero, pero que no se reconoce o se ignora.
□

a. ‖ **¡bien** ~**!** loc. interj. *RD, PR, Ve, Ec, Pe, Bo:E,S, Py.* Expresa complacencia por la desgracia, perjuicio o daño ajeno, *particularmente si fue advertida*. pop + cult → espon.
b. ‖ ~ **la chingada**. loc. adv. *Mx.* Rápidamente. vulg.
c. ‖ ~ **la mocha**. *Mx.* **hecho la chingada**. pop.
d. ‖ ~ **la raya**. *Mx.* **hecho la chingada**.

hecho, -a.
I. 1. adj. *Ch, Ar, Ur. Referido a persona*, borracha. pop + cult → espon.
II. 1. adj. *Ar; Ec.* juv. *Referido a persona*, satisfecha o conforme con algo que se ha conseguido. pop + cult → espon.
□

a. ‖ ~ **a mano**. loc. adj. *Cu. Referido a persona*, atractiva, bella. pop.
b. ‖ ~ **bolsa**.
  i. loc. adj/adv. *Bo, Ch, Py, Ar, Ur; Ec,* pop. *Referido a persona o cosa*, destrozada, en mal estado. pop + cult → espon.
  ii. *Bo, Ch. Referido a persona*, borracha. pop + cult → espon.
c. ‖ ~ **fleco**. loc. adj. *Bo;* pl. *Ec. Referido a persona o cosa*, destrozada, en mal estado. pop.
d. ‖ ~ **garras**. loc. adj. *Mx. Referido a persona o cosa*, destrozada, estropeada, en muy mal estado. pop + cult → espon.
e. ‖ ~ **huila**.
  i. loc. adj. *Ch. Referido a cosa*, rota, hecha jirones, destrozada. pop.
  ii. *Ch. Referido a persona*, afligida, que está en mal estado físico o anímico.
f. ‖ ~ **leña**.
  i. loc. adj. *Mx, Ho, ES, Ni, CR, Pa, Cu, RD, PR, Ve, Ec, Pe, Bo. Referido a persona*, agotada. pop + cult → espon.

ii. *Ve. Referido a persona*, borracha.

iii. *Ni, Cu. Referido a persona*, que tiene una mala situación económica. pop + cult → espon.

iv. *Cu. Referido a persona*, golpeada.

g. ‖ **~ nabos.**

  i. loc. adj. *Ec:S.* obsol. *Referido a prenda de vestir*, ajada. pop.

  ii. *Ec:S.* obsol. *Referido a cosa*, en desorden. pop.

h. ‖ **~ pebre.** loc. adj. *Ch. Referido a cosa*, destruida, estropeada. pop + cult → espon.

i. ‖ **~ picha.**

  i. loc. adj. *CR. Referido a cosa*, destrozada. vulg; pop + cult → espon.

  ii. *CR. Referido a persona*, cansada o deteriorada físicamente. vulg; pop + cult → espon. ♦ **hecho pistola.**

j. ‖ **~ pistola.** *CR.* **hecho picha.**

k. ‖ **~ tira.** loc. adj. *Ar. Referido a persona*, muy cansada. pop + cult → espon.

l. ‖ **~ tiras.**

  i. loc. adj. *Pe. Referido a persona*, destrozada, muy cansada.

  ii. *Pe. Referido a cosa*, rota, estropeada.

m. ‖ **~ trapo.**

  i. loc. adj. *Pe, Bo, Ch, Py. Referido a persona*, en malas condiciones físicas o anímicas. pop + cult → espon.

  ii. *Ec, Bo. Referido a persona*, borracha. pop.

n. ‖ **~ un brazo de mar.** loc. adj. *Ec. Referido a persona*, muy enojada. pop + cult → espon.

ñ. ‖ **~ un cascabel.** loc. adj. *Ho. Referido a persona*, enfurecida o encolerizada.

o. ‖ **~ un peo.** loc. adj. *Ch. Referido a persona*, que sale rápidamente de un lugar. vulg; pop + cult → espon.

p. ‖ **~ un pichín.** *Pe.* **hecho un pincho.**

q. ‖ **~ un pincho.** loc. adj. *Pe. Referido a persona*, furiosa, colérica. pop.

r. ‖ **~ un quique.** loc. adj. *Ch. Referido a persona*, enojada, enfadada. pop + cult → espon.

s. ‖ **~ un rejo.** loc. adj. *Co. Referido a persona*, muy delgada y avejentada. pop + cult → espon ∧ desp.

t. ‖ **~ un trinquete.** loc. adj. *Ec. Referido a persona, especialmente a un niño*, con la ropa muy apretada, a causa de su gordura o robustez.

u. ‖ **~ una compasión.** loc. adj. *Ch.* p.u. *Referido a persona*, que ha pasado a tener un aspecto lamentable. pop.

v. ‖ **~ una corneta.** loc. adj. *Ch. Referido a persona*, que va muy deprisa. vulg; pop + cult → espon.

w. ‖ **~ una noche.** loc. adj. *Pe. Referido a persona*, apesadumbrada. pop.

x. ‖ **~ una pistola.** loc. adj. *Ni. Referido a persona*, arruinada, que se ha quedado sin dinero ni bienes.

y. ‖ **~ una uva.** loc. adj. *Bo, Ch. Referido a persona*, borracha. pop.

hechón, -na. (Del map. *ichuna*).

I. 1. sust/adj. *PR, Ve.* Persona presumida y jactanciosa. pop.

II. 1. sust/adj. *Ve.* Persona que está entre la juventud y la edad madura. pop.

hechona.

I. 1. *Ar:NO.* **echona.** rur.

hechonería.

I. 1. f. *Ve.* Jactancia, fanfarronería.

hechor.

I. 1. m. *RD, Co, Ve, Ec, Pe, Ar.* Caballo o asno semental. rur.

hechor, -ra.

I. 1. m. y f. *Ni; Ch,* esm. Autor de un delito.

hechura.

▶ **no tener ~.**

hectareaje.

I. 1. m. *Ec.* Número total de hectáreas.

heder.

  □

  a. ‖ **~ a un barco viejo.** loc. verb. *RD.* Sobreabundar.

  ◧

  a. ‖ **todo le hiede y nada le huele.** fr. prov. *Ni, RD.* Indica que una persona es excesivamente meticulosa o melindrosa. fest. (**todo le jiede y nada le huele**).

hedionda.

I. 1. f. *PR.* Planta silvestre de hasta 1 m de altura, que produce una vaina alargada y fina con pequeños granos negros que, tostados, pueden sustituir al café. (Fabaceae; *Ditremexa occidentalis*).

hediondera.

I. 1. f. *Gu; Bo,* pop. Mal olor.

hediondilla.

I. 1. f. *Mx.* **ecapacle.**

2. *Mx.* Planta herbácea de hasta 70 cm de altura, con hojas alternas, inflorescencia terminal, pequeñas flores azules y fruto de color café verdoso. (Boraginaceae; *Heliotropium curassavicum*), ♦ **cotorrera.**

3. *Ar; Ch,* p.u. Arbusto de hasta 3 m de altura, de tallos derechos, corteza ceniciento, hojas lanceoladas, de olor fétido, y flores amarillas, moradas o blanco verdosas, dispuestas en racimos; del fruto se extrae tinta. (Solanaceae; *Cestrum* spp.). ♦ **duraznillo negro; palqui; tinto; uvilla; uvito.**

4. *Bo.* **yerba santa,** árbol.

5. *Bo.* Madera de la **yerba santa.**

6. *PR.* Planta herbácea anual, de hojas alternas, pinnadas, cubiertas por un polvo escamoso, flores pequeñas de color amarillento y fruto alargado. (Fabaceae; *Cassia obtusifolia*).

7. *Pa.* **farolito,** planta trepadora.

hediondo.

I. 1. m. *Mx.* **gobernadora.**

hediondo, -a.

I. 1. sust/adj. *RD, Ve.* Persona despectiva que se cree superior a los demás.

II. 1. adj. *Ch.* De mala calidad en su especie, situado en el extremo más negativo de algo. pop + cult → espon ∧ hiperb.

helada.

I. 1. f. *Pe, Bo; Ho, Co, Ec,* juv; *ES,* pop. Cerveza.

II. 1. f. pl. *ES.* Esposas.

III. 1. f. *Ho.* Rocío.

  a. ‖ **~s de San Andrés.** f. pl. *Ec.* Heladas que tienen lugar en los días próximos al 30 de noviembre.

heladerita.

I. 1. f. *Ar, Ur.* Recipiente portátil con paredes isotérmicas, cierre hermético y asa, en el que se colocan bebidas y alimentos con hielo para mantenerlos fríos.

helado.

I. 1. *Bo.* **donjuán.**

  ■

  a. ‖ **~ chupete.** m. *Bo.* Helado que se come cogiéndolo de un palillo hincado en su base.

  b. ‖ **~ de invierno.** m. *Ch.* Barquillo cónico esponjoso con **sustancia** por su extremo abierto.

  c. ‖ **~ de paila.** m. *Ec.* Helado que se elabora batiendo pulpa de fruta, azúcar y claras de huevo en una paila colocada sobre una cama de hielo y sal.

  d. ‖ **~ de paleta.** *Ve.* **helado de palito.**

  e. ‖ **~ de palito.** m. *CR, RD, Ve, Ec, Ch, Py, Ar, Ur.* Helado que se come cogiéndolo de un palillo hincado en su base. (**helado de palo**). ♦ **helado de paleta; talla.**

f. ‖ ~ **de palo.** *Ch.* helado de palito.

▶ **aguarle los ~s; caérsele el ~; chorreársele el ~; derretírsele el ~.**

helaje.
I. 1. m. *Co.* Frío intenso. pop.

helarse.
□
a. ‖ ~ **el cuajo.** loc. verb. *ES.* Asombrarse *alguien* de algo.
b. ‖ ~ **el culo.** loc. verb. *Bo.* Asustarse *una persona* a causa de una fuerte impresión. ♦ **helarse los huevos.**
c. ‖ ~ **los huevos.** *Bo.* helarse el culo.

helay. (De *helo ahí*).
I. 1. adv. *Pe*; *Bo:E* pop; *Ec.* rur. Aquí, en este lugar.

¡helay!
I. 1. interj. *Bo:E.* Expresa sorpresa, disgusto o contrariedad. pop + cult → espon.

helazón.
I. 1. m. *Ho, ES, Ni; CR*, p.u. Frío intenso.

helecho.
■
a. ‖ ~ **de lechuga.** m. *PR.* Variedad de helecho con hojas en forma de repollo.
b. ‖ ~ **rosado.** m. *PR.* Variedad ornamental de helecho.

helena.
I. 1. adj. *Pe.* juv. *Referido a una bebida*, helada, fría. pop ∧ fest.

helicóptero.
I. 1. m. *Ho.* Tortura que consiste en mantener colgado al detenido con los brazos abiertos gracias a dos cuerdas atadas en cada una de las muñecas. polic.
II. 1. m. *Py.* Libélula.

heliotropo.
I. 1. m. *Pe, Bo.* Planta de hasta 80 cm de altura, de tallo leñoso, con muchas ramas, velludas y pobladas de hojas persistentes, alternas, aovadas, rugosas, sostenidas en pecíolos muy cortos, flores pequeñas, azuladas, en espigas y vueltas todas al mismo lado. (Boraginaceae; *Heliotropium* spp.).
2. *CR.* conga, planta.

hello. (Voz inglesa).
●
a. ‖ ~. fórm. *EU, RD, PR.* Se usa generalmente para responder al teléfono.

hello! (Voz inglesa).
I. 1. interj. *EU, Ho, Ni, RD, PR, Py.* Expresa saludo.

helodia.
I. 1. *Mx.* elodia.

helvético.
I. 1. m. *Ar:NO.* Tipo de carreta para transportar la caña de azúcar.

hembra.
■
a. ‖ **buena ~.** f. *RD, PR.* Mujer hermosa y atractiva. pop + cult → espon.

hembraje.
I. 1. m. *Co, Ve, Ec, Bo, Ch, Py, Ur, Pe, Ar*, rur. Conjunto de las hembras de un ganado.
2. *Ar, Ur; Py*, p.u. | metáf. Conjunto o grupo de mujeres. pop + cult → espon ∧ desp.

hembranga.
I. 1. sust/adj. *Bo:E,N.* Mujer físicamente atractiva. vulg; pop.

hembrería.
I. 1. f. *Cu.* hembrerío.

hembrerío.
I. 1. m. *RD*; *Cu*, obsol. Conjunto de mujeres. pop. (**hembrería**).

hembrero.
I. 1. sust/adj. *Co.* Hombre mujeriego. pop.

hembrero, -a.
I. 1. adj. *Cu, RD, Co:N. Referido a persona o animal,* que solo tiene descendencia del sexo femenino. pop.

hembriadera.
I. 1. f. *Ve.* Conquista afanosa del amor de una mujer. pop.
II. 1. adj. *Cu. Referido a animal, especialmente a un semental,* que ha engendrado muchas hembras. rur.
2. *Cu. Referido a persona, especialmente a un hombre,* que ha engendrado muchas hembras. pop.

hembriar.
I. 1. intr. *Ve.* Tratar afanosamente de conquistar el amor de una o más mujeres. pop.

hembrimacho.
I. 1. m. *RD.* Hermafrodita. pop + cult → espon. (**jembrimacho**).

hembro.
I. 1. m. *RD, Co.* juv. Hombre de gran atractivo físico. pop.

hembrón.
I. 1. m. *Pa, Cu, RD, Ve, Pe, Ar, Ur.* Mujer cuyo físico despierta agrado.
2. *Ec*, pop; *Co*, cult. hembrota. espon.

hembrota.
I. 1. f. *Cu, RD, PR, Co, Ec.* Mujer físicamente muy atractiva. pop + cult → espon. ♦ **hembrón**.

hembruda.
I. 1. adj/sust. *Ve:O. Referido a una mujer,* robusta.

hemorragia.
I. 1. f. *RD, PR, Ch*, juv; *Ec*, juv; espon; *Cu*, pop. | metáf. Desbordamiento, exceso de algo.

henchida.
I. 1. f. *Ni.* Empanada triangular hecha con harina de maíz y rellena de cuajada, canela y azúcar.

hendida.
I. 1. f. *Mx.* Hendidura, incisión que se hace en algunos cuerpos con instrumento cortante.

hendija.
I. 1. f. *Co.* Hendidura larga y angosta que atraviesa de parte a parte una pared o cualquier sólido.

henequén. (De or. ind. antillano).
I. 1. m. *Mx, Ho, ES, Ni, Cu, RD, Ve.* Planta de hasta 2 m de altura, con pencas gruesas y pesadas, hojas muy largas y espinosas por los bordes y flor de color verde brillante; tiene diversas aplicaciones en la medicina tradicional. (Agavaceae; *Agave fourcroydes, A. leotonae, A. sisalana*). ♦ **penca.**
2. *Mx, Ho, ES.* Fibra vegetal extraída de las hojas del henequén que se utiliza para hacer cuerdas y cordeles. ♦ **cabuya.**
3. *Mx, Ho, ES.* Cuerda hecha con esta fibra.

henequenero, -a.
I. 1. m. y f. *Mx, Ho, ES, Cu.* Persona que cosecha el **henequén**, o que comercia con él.
2. adj. *Mx, Cu.* Relativo al **henequén**.

heno.
I. 1. m. *Mx.* paste, planta.

herbederas.
I. 1. *RD, PR.* hervederas. rur.

herbedero.
I. 1. *RD.* jerbedero. pop.

hercampure.
I. 1. *Pe.* hercampuri.

hercampuri.
- I. 1. m. *Pe.* Planta que crece hasta 5 cm de altura, cuya raíz tiene un tamaño del doble de la planta, de tallo herbáceo y corto, con hojas pequeñas de color verde oscuro; de uso medicinal. (Gentianaceae; *Gentianella alborosea*). (**hercampure; hilcampure; hircampuri**). ♦ **té amargo; té de Chavín.**

hereje.
- I. 1. adj. *Pa:NO, Ve.* Referido a cosa, abundante e intensa. rur.

hereque.
- I. 1. m. *Ve.* Enfermedad del **cambur.**

herida.
- ▶ **coger frío una ~; hablar por la ~.**

herido, -a.
- I. 1. adj. *Mx.* Referido a persona, atormentada por un amor mal correspondido. pop.
- II. 1. adj. *ES, Ni; Pe,* pop. Referido a persona, con resaca.
- 2. *ES.* Referido a persona, medio borracha.
- III. 1. adj. *Cu.* Referido a persona, con hambre. pop + cult → espon. ♦ **doblado.**

hermanazo.
- •
- a. ‖ ~. *Ni, RD, Co:N, Ve, Py.* **hermano.** pop + cult → espon.

hermano, -a.
- I. 1. m. y f. *Gu, Pa, RD, PR, Co, Ve, Ec, Pe, Bo, Py, Ar, Ur; Ho, Ni,* juv; afec; *CR,* p.u; *Ch,* juv; pop. Amigo íntimo, compañero inseparable. espon. ♦ **hermanolo.**
- •
- a. ‖ ~. fórm. *Gu, Pa, RD, Cu, PR, Co, Ve, Ec, Pe, Bo, Py, Ar, Ur; Ho, Ni,* juv; afec; *CR,* p.u; *Ch,* juv. Se usa como forma de tratamiento entre amigos. pop. (**hermanazo, mi hermano**).
- b. ‖ **mi ~.**
  - i. *RD, PR; Pa, Bo,* juv; est; *Cu,* pop; *Py.* pop + cult → espon. **hermano.**
  - ii. form. *Cu.* Se usa para dirigirse a un desconocido en tono de confianza. pop.
- ▶ **dar lo mismo Chana que su hermana.**

hermanolo.
- I. 1. m. *Co.* **hermano,** amigo. pop.

hermenéutica.
- I. 1. f. *RD.* Disimulo y astucia que se tienen para engañar o hacer trampas.

hermoso.
- ▶ **despacharse ~.**

heroica.
- I. 1. adj/sust. *Mx.* Referido a una droga, que se elabora a partir de la morfina. drog.

herote.
- I. 1. *PR.* **cerón.**

herpo.
- I. 1. m. *Co.* Galleta romboidal rellena de **arequipe** y **bocadillo.**

herque.
- I. 1. m. *Bo, Ar:NO.* Instrumento musical de viento compuesto por una larga caña hueca y un pabellón hecho de diferentes materiales, que produce un sonido grave y potente; se utiliza en procesiones y bailes populares.

herquenchero.
- I. 1. m. *Ar:NO.* Hombre que toca el **herquencho.**

herquencho.
- I. 1. m. *Bo, Ar:NO.* Instrumento musical de viento, similar al **herque** aunque de menor tamaño, cuyo pabellón se hace con un cuerno de vacuno.

herrada.
- I. 1. f. *CR, Co, Ec.* Herrado de una caballería.

herradura.
- I. 1. f. *Mx, ES.* Pan dulce de forma aproximadamente semicircular, con consistencia de galleta, cuyos extremos se cubren con chocolate.
- II. 1. f. *Cu.* Pieza metálica que se fija en la punta o en el talón de la suela de los zapatos para evitar su desgaste.
- ▶ **parar las ~s.**

herraje.
- I. 1. m. *Mx, Ho.* Marca del ganado vacuno con el **fierro** del propietario.

herramientas.
- I. 1. f. pl. *PR.* Instrumentos usados por los drogadictos para inyectarse. drog.
- ▶ **entregar las ~s.**

herranza.
- I. 1. f. *Co.* Marcación del ganado con hierro candente.
- 2. *Pe.* Fiesta tradicional celebrada anualmente con motivo del marcado del ganado. rur.

herrerano.
- □
- a. ‖ **~ con vaca.** loc. sust. *Pa.* Bebida de licor preparada con **seco** y leche.

herrerismo.
- I. 1. m. *Ur.* Corriente política iniciada a finales del siglo XIX por Luis Alberto de Herrera, político uruguayo.

herrerista.
- I. 1. adj/sust. *Ur.* Referido a persona, partidaria del **herrerismo.**
- 2. adj. *Ur.* Relativo al **herrerismo.**

herrero.
- I. 1. m. *Mx.* Ave acuática de hasta 38 cm de longitud, de color pardo en la parte superior y rojizo en la inferior, con mejillas y garganta de color blanco. (Rallidae; *Rallus elegans*). ♦ **gallinuela de agua dulce.**
- II. 1. m. *CR, Co.* Hombre que tiene por oficio herrar caballerías.
- ▶ **poner cara de ~ mal pagado.**

herrón.
- I. 1. m. *Co, Ve.* Hierro o púa del trompo.

herrumbe.
- I. 1. f. *Ho, Ec.* Enfermedad del café que produce lesiones circulares de color amarillo-anaranjado en el envés de las hojas, provocada por un hongo patógeno.

herrumbrarse.
- I. 1. intr. prnl. *CR, Py.* Perder *alguien* habilidad o destreza en algo por falta de práctica o entrenamiento. pop + cult → espon.

hervederas.
- I. 1. f. pl. *RD, PR.* Acidez estomacal. (**herbederas; hervera; jervederas**).

herver.
- I. 1. tr. *ES, Ni.* Hervir.

hervera.
- I. 1. f. *PR.* **hervederas.** rur.

hervida.
- I. 1. f. *Ni, Pe, Ch, Py, Ar.* Hervor que se da a algo.

hervidero.
- I. 1. m. *Ni.* Hueco en el suelo por donde salen gases sulfurosos en terrenos volcánicos.

hervido.
- I. 1. m. *Ve.* Comida que consiste en un caldo con carne de **res,** gallina o pescado, y trozos de verdura.
- 2. *Ec.* Bebida caliente con aguardiente, azúcar y jugo de **naranjilla.**

3. *RD.* Cualquier plato que se prepara cociendo algo en un caldo. (**jervío**).

hervidura.
I. 1. f. *Cu.* Operación que consiste en hervir la ropa antes de lavarla.

hervío.
I. 1. *PR.* **jervío**, de gran iniciativa y actividad.
2. *PR.* **jervío**, muy molesto y enfurecido.

hervir.
I. 1. intr. *Ho, Ni, Ec.* Abundar *algo, generalmente insectos y ácaros.*

hervor.
I. 1. m. *ES, Ni.* Enfermedad broncopulmonar.
2. m. pl. *RD.* Acidez de estómago. (**jervores**).
3. m. *Ni.* Ronquido de la persona en agonía.
▶ **soltar el ~.**

hesperidina.
I. 1. f. *Ar.* Bebida elaborada con cáscara de naranja, que suele tomarse como aperitivo o digestivo.

heterósfera.
I. 1. f. *Mx, ES, Pa, Cu, PR, Ec, Pe, Bo, Ch, Py, Ar, Ur.* Heterosfera.

heticarse. (Der. de *hético,* tísico).
I. 1. intr. prnl. *RD.* Contraer la tuberculosis.

hexagonal.
I. 1. m. *ES, Ni, Co, Ec, Bo, Ch. En deportes,* torneo con grupos de seis equipos.

¡hey! (Del ingl. *hey*).
I. 1. interj. *Ho, ES, Ni, PR, Ec.* Expresa llamada de atención.

¡heya!
I. 1. interj. *Ho.* Expresa asombro o sorpresa. rur.

hibia.
I. 1. f. *Co.* **ulluco**, planta y tubérculo. (**ibia**).

hibridaje.
I. 1. m. *Pe, Bo, Ch.* Cruce de dos razas de animales para mejorar la calidad de las crías.

hibuerense. (De *Hibueras,* uno de los nombres de la provincia de Honduras al comienzo de la Colonia).
I. 1. adj. *Ho.* Relativo a Honduras.

hicacal.
I. 1. *PR.* **icacal.**

hicaco. (De or. ind. antillano).
I. 1. *Mx, Ho, Ni, Cu, RD, PR, Ve.* **icaco**, árbol y fruto.

hicadura.
I. 1. f. *Cu.* Conjunto de **hicos** que sujetan una hamaca. rur. (**jicadura**).

hícamo.
I. 1. m. *PR.* **gunda.**

hicaquillo.
I. 1. *PR.* **icaquillo**, arbusto y fruto.
2. m. *PR.* Arbusto casi parásito, leñoso, de hojas ovaladas y de fruto que consiste en una baya azul. (Loranthaceae; *Phtriusa purpurea*). ♦ **pelapalo**.

hichuna. (Del map. *ichuna*).
I. 1. *Bo, Ar:NO.* **echona.** rur.

hico.
I. 1. m. *Pa, Cu, RD, Co:N, Ve; PR,* rur. Cada una de las cuerdas que sostienen la hamaca. (**jico**).
2. *RD, Co:N, Ve; Cu, PR,* rur. | meton. Cuerda, soga. (**jico**).
■
a. ‖ **~~.** m. *Ar, Ur.* Caballo. inf.

hicotea. (De or. ind. antillano).
I. 1. *Mx:SE, RD, PR, Co, Ve.* **jicotea**.
II. 1. f. *PR.* Hierba autóctona, de hojas lanceoladas, oblongas o casi elípticas, y flores blancas. (Acanthaceae; *Hygrophila portoricensis*).
III. 1. *PR.* **culebrilla**, enfermedad cutánea. rur.

hidalgo.
I. 1. m. *Mx.* Trago mediante el cual se consume el contenido de un vaso o copa de bebida alcohólica de un solo golpe.

hideputa. (Abrev. de *hijo de puta*).
I. 1. m. *Ho, Ec.* Hijo de puta. vulg.

hidrante. (Del ingl. *hydrant*).
I. 1. m. *Ar.* Vehículo provisto de un tanque y tubos de descarga de agua empleado por la policía para reprimir tumultos callejeros.
II. 1. m. *Ho.* Sumidero de una alcantarilla.

hidráulica.
I. 1. f. *PR.* Máquina usada para quitar al grano de café la cascarilla que lo recubre. rur.

hidria.
I. 1. f. *Co.* Recipiente típico de la cerámica **chibcha**, de panza semiovoidal, de cuello estrecho, de asa larga y aplanada.

hidroaeróbica.
I. 1. f. *Ch.* Conjunto de ejercicios de aeróbic realizados en una piscina.

hidrocálido, -a.
I. 1. adj. *Mx.* Relativo al estado mexicano de Aguascalientes.

hidrocarburífero, -a.
I. 1. adj. *Ec, Bo, Ar:NO; Ch,* esm. Relativo a los hidrocarburos.

hidrósfera.
I. 1. f. *Mx, ES, Ni, Pa, Cu, PR, Ec, Pe, Bo, Ch, Py, Ar, Ur.* Hidrosfera.

hiel.
▶ **no tener ~; reventarse la ~.**

hielera.
I. 1. f. *Ho, Ni, CR, Pa, Cu, RD, PR, Co, Ve, Ec, Pe, Bo, Py, Ar, Ur.* Recipiente, *generalmente de vidrio*, usado para servir cubitos de hielo. (**yelera**).
2. *Mx, Ho, ES, Ni, CR, Pa, Bo, Ur; Ec, Py,* pop. Nevera portátil.
3. *Mx, ES, Ec.* Máquina para producir o conservar hielo en cubos. rur.
4. *Mx, Ni, Cu.* Establecimiento donde se produce el hielo en cubos.
5. *Ch.* Aparato destinado a la conservación de la comida en hielo.
6. *Bo.* Molde con divisiones en forma de cubos para poner agua y formar cubitos de hielo.

hielería.
I. 1. f. *Pa.* Fábrica o expendeduría de hielo.

hielero.
I. 1. m. *Ec.* obsol. Persona que se dedica al oficio de trasladar bloques de hielo desde los nevados andinos a las ciudades cercanas.

hielo.
I. 1. m. *Ho, ES, Ni.* Frío, tiempo relativamente fresco.
2. adj. *Ec. Referido a cosa,* fría o muy fría. pop.
3. m. *Ho.* Tormenta de granizo.
II. 1. m. *Ho.* Enfermedad de algunas plantas, como el **frijol** y el maíz, que se caracteriza por el arrugamiento, decoloración y marchitamiento de las hojas, causada por fenómenos meteorológicos.
■
a. ‖ **~ amarillo.** m. *Ho.* Enfermedad del **frijol**, del repollo y de la **papa** en que las hojas se ponen amarillas y se reduce la producción.
b. ‖ **~ colorado.** m. *Ho.* Enfermedad del repollo que se caracteriza por la aparición de manchas secas en las hojas exteriores.

c. ‖ ~ **en rolitos.** m. *Ve.* Trozo pequeño de hielo en forma cilíndrica que se añade a una bebida para enfriarla.

d. ‖ ~ *frappé.* m. *Mx, Cu, Bo.* Hielo triturado.

e. ‖ ~ **loco.** m. *Pa.* Refresco hecho con hielo finamente desmenuzado, al que se agrega alguna esencia o jugo de fruta.

f. ‖ ~ **negro.** m. *Ho, Ni.* Enfermedad del **frijol**, repollo y **papa** que se caracteriza por secarse las hojas y después la planta.

g. ‖ ~ **seco.** m. *Ni, Pa.* Material plástico ligero, derivado del polietileno, de color blanco, utilizado para embalaje, construcción y actividades manuales.

▶ apuntar en el ~; cuajar el ~; dar ~; hacerle el ~; poner al ~.

hierba.

•

a. ‖ **si se cae, come ~.** fórm. *Cu.* Se usa para aludir a una persona que da muestras de escasa inteligencia, cultura o instrucción.

■

a. ‖ ~ **de fraile.** f. *Ho.* **frailecillo**, planta herbácea.

b. ‖ ~ **de San Agustín.** f. *Pe.* **culén**, arbusto.

c. ‖ ~ **de santamaría.** f. *Mx.* **pericón**, planta. ♦ santamaría.

d. ‖ ~ **de sapo.** f. *Ho, ES, Ni, Ec.* Planta herbácea anual de hasta 1 m de altura, con tallo erecto y hueco, en cuyo interior tiene una leche blanca, hojas alternas, oblongo lanceoladas con borde dentado, y flores pequeñas y amarillas en cabezuelas; se utiliza en la medicina tradicional. (Asteraceae; *Sonchus oleraceus*). ♦ cerraja.

e. ‖ ~ **del alacrán.** f. *Pe.* Planta perenne de hasta 80 cm de altura, con tallo erecto y cilíndrico muy ramificado, hojas alternas entre elípticas y oblongas, y flores sésiles de color blanco; se utiliza en la medicina tradicional. (Boraginaceae; *Heliotropium angiospermum*).

f. ‖ ~ **del ángel.** f. *Mx.* Arbusto de hasta 2 m de altura, hojas opuestas, alargadas, inflorescencias en cabezuelas, flores blancas y fruto en aquenio; las hojas, amargas, se emplean como sucedáneo del lúpulo en la fabricación de la cerveza. (Asteraceae; *Eupatorium collinum*). ♦ yolochichi.

g. ‖ ~ **del carbonero.** *Mx.* **escoba de monte.**

h. ‖ ~ **del dolor.** f. *Ni.* Arbusto de hasta 2 m de altura, de hojas compuestas, elípticas lanceoladas, de margen dentado, y flores blanquecinas en verticilos densos, formando un racimo largo; se utiliza en la medicina tradicional. (Lamiaceae; *Hyptis verticillata*). ♦ barredor.

i. ‖ ~ **del gallinazo.** f. *Ec, Pe.* Planta anual erecta de hasta 80 cm de altura, con tallos simples o ramas cortas glabras, hojas alternas de forma aovada y romboidea, y flores dispuestas en panojas contraídas. (Chenopodiaceae; *Chenopodium murale*).

j. ‖ ~ **del platero.** f. *Ec, Ch, Ar, Ur.* Planta de hasta 5 m de altura, con tallos divididos en segmentos y terminados en un penacho de hojas filiformes; se utiliza en la medicina tradicional. (Equisetaceae; *Equisetum bogotense*). ♦ limpiaplata; tembladera; yerba del platero.

k. ‖ ~ **del soldado.** f. *Ec, Pe.* **cordoncillo.** (Piperaceae; *Piper angustifolium*).

l. ‖ ~ **doncella.** f. *Pe.* Planta de hojas lanceoladas verde brillante y flores solitarias, axilares, de color azul, violado, rosado o blanco; sus hojas se utilizan en la medicina tradicional. (Apocynaceae; *Vinca minor*). ♦ playera.

m. ‖ ~ **fina.** *Cu.* **greña.**

n. ‖ ~ **mala.** f. *Mx.* Marihuana.

ñ. ‖ ~ **maldita.** f. *Ve.* Marihuana. drog.

o. ‖ ~ **meona.** f. *Ar, Ur.* Planta rastrera con ramas de hasta 30 cm de longitud, hojas ovales, flores axilares y frutos en forma de cápsula; se utiliza en la medicina tradicional. (Euphorbiaceae; *Euphorbia serpens*).

p. ‖ ~ **mora.** *Co, Ec.* **yerba mora.**

q. ‖ ~ **santa.**

i. f. *Mx.* Arbusto de hasta 5 m de altura, de tallos nudosos, ramas frágiles, hojas pecioladas, alternas y flores en espigas blancas; las hojas, muy aromáticas, tienen diversos usos en medicina tradicional y se emplean como condimento. (Piperaceae; *Piper sanctum*). (yerbasanta). ♦ momo; santamaría; santilla de comer; xmacolán.

ii. *Pe.* Arbusto de hasta 3 m de altura, de tallo recto y ramificado, hojas pecioladas alternas verdes, inflorescencia terminal y axilar en espiga, y múltiples flores de pequeño tamaño y amarillentas, cuyo fruto es una baya de color oscuro; se utiliza en la medicina tradicional. (Solanaceae; *Cestrum auriculatum*).

□

a. ‖ **ciertas ~s.** loc. sust. *Co:N.* Conjunto de personas cuyo nombre no se quiere mencionar. pop.

▶ quitar la ~.

hierbatero, -a.

I. 1. sust./adj. *Mx, Ni, Co, Ec.* Persona que, sin ser médico, se dedica a curar, *especialmente con hierbas medicinales*.

2. *Pe, Ch; Bo.* pop + cult → espon. **hierbero**, persona que cultiva o vende hierbas.

II. 1. *Ec, Ch.* **yerbatero**, persona que vende forraje.

hierbazal.

I. 1. m. *Cu.* Sitio poblado de hierba.

hierbear.

I. 1. intr. *Bo.* Fumar marihuana. pop.

hierbería.

I. 1. f. *Mx, Ch.* Tienda donde se venden plantas medicinales. (**yerbería**).

hierbero.

I. 1. *PR.* **curioso**, curandero.

hierbero, -a.

I. 1. m. y f. *Mx, Ho, Ni, Cu, Pe, Bo.* Persona que se dedica al cultivo o venta de hierbas, *especialmente medicinales*. (**yerbero**). ♦ hierbatero.

2. *Mx, Ho, Pa, Pe; Ec,* p.u. Persona, que sin ser médico, se dedica a curar enfermos, *especialmente con yerbas*.

hierboscoso, -a.

I. 1. adj. *Ni. Referido a cosa,* de color verde como la hierba. prest; cult → espon.

hierra.

I. 1. f. *Mx:SE, Ni, CR:NO, Pa, Co:E, Ve, Bo:N,E,S, Py, Ar.* Acción de marcar el ganado con un hierro. rur.

2. *Mx:SE, Pa, Bo:N,E,S.* Fiesta celebrada con motivo del acto de marcar el ganado. rur.

3. *CR:NO, Ve, Bo:N,E,S, Py, Ar.* Época en que se marca el ganado con un hierro. rur.

hierrazo.

I. 1. *RD.* **fierrazo**, golpe.

hierro.

I. 1. m. *RD, Ve.* metáf. Revólver, pistola. pop + cult → espon.

2. *Cu.* Arma blanca o de fuego. pop + cult → espon.

II. 1. m. pl. *Cu.* Conjunto de las herramientas que utiliza en su oficio una persona.

2. *Cu.* Implementos de un gimnasio.

III. 1. m. *Cu.* metáf. Pene. euf; pop + cult → espon.

IV. 1. m. *RD.* Mujer hermosa y sexualmente atractiva. pop. (**jierro**).

V. 1. m. *Pa.* **marcada**.

□

a. ‖ **con todos los ~s.** loc. adv/adj. *Pa, Co; Cu, RD, PR, Ve,* pop + cult. Con todas las fuerzas y todos los recursos disponibles. espon. (**con todos los jierros**).

b. ‖ **de ~.** loc. adj. *Ur.* Referido a persona, noble y fiel.

c. ‖ **~ quemador.** loc. sust. *Ve.* Instrumento para marcar el ganado.

▶ **comerse los ~s; estar con todos los ~s listos; hacer ~s; majar en ~ frío; tener todos los ~s.**

higadete.
I. 1. m. *Co:N.* Sopa hecha con trozos de hígado de **res** y **plátano maduro**.

higadía. (Sínc. de *higadilla*).
I. 1. *Ho.* **higadilla**; conjunto de vísceras.

higadilla.
I. 1. f. *Ho.* Higadillos, conjunto de vísceras de un animal, *en especial la vaca y el cerdo*. (**higadía**).
2. *Ho.* Guiso hecho de vísceras de un animal, *en especial de la vaca y el cerdo*.

hígado.
I. 1. m. *Mx, Cu; CR,* p.u. Persona antipática, molesta. pop + cult → espon. ◆ **doble nueve; purgante; vómito de perro.**

□

a. ‖ **con el ~ a la italiana.** *Cu.* con el hígado a la vinagreta.

b. ‖ **con el ~ a la vinagreta.** loc. adj. *Cu.* Referido a persona, de mal humor. pop. ◆ **con el hígado a la italiana.**

▶ **escupir el ~; patear el ~; picarse el ~; rebotársele el ~; recomerse los ~s; ser ~ atravesado; ser un ~; tirarse un directo al ~.**

higadoso, -a.
I. 1. adj/sust. *Mx; CR,* obsol. Referido a persona, pesada, antipática, molesta.

high. (Voz inglesa).
I. 1. adj. *Bo, Ch, Ar.* Referido a persona o a una institución, adinerada, de clase social alta. pop.
2. f. *ES, CR, RD, Bo; Ch,* p.u. Clase social alta o adinerada.
3. adj. *ES, CR, Bo; Ch,* pop + cult → espon. Referido a un lugar, habitado por personas de la clase social alta o adinerada.
II. 1. f. *EU, PR.* **high school**, escuela.
2. *PR.* Cuarta marcha de un automóvil manual.

■

a. ‖ **~ fidelity.** (Voz inglesa).
　i. f. *EU, Ho, PR, Bo.* Reproducción excelente de sonidos grabados en disco o casete por aparatos electrónicos.
　ii. adj/sust. *PR.* Referido a un equipo de música, de alta fidelidad.

b. ‖ **~ life.** (Voz inglesa). f. *EU, Ho, Cu, PR, Bo.* Clase social pudiente y adinerada.

c. ‖ **~ live.** (Voz inglesa). adj. *Bo.* Referido a persona, de clase social alta.

d. ‖ **~ school.** (Voz inglesa).
　i. m. *EU, PR.* Escuela secundaria.
　ii. f. *Ho.* Conjunto de cinco cursos de bachillerato que conforma el plan de estudios de la educación media en un colegio bilingüe, inglés-español.

e. ‖ **~ society.** (Voz inglesa). f. *EU, Ho, Bo; Ch,* esm. En periodismo, grupo social constituido por personas ricas que frecuentan sitios de moda.

□

a. ‖ **de la ~.** loc. adj. *Mx, ES, CR, Pa, Cu, RD, PR, Ve, Bo, Ar, Ec,* p.u. Referido a persona, de clase social alta o adinerada. pop + cult → espon.

▶ **estar bien ~; ir en ~; ponerse en ~.**

high-ball. (Voz inglesa).
I. 1. m. *EU, Ni, Cu, PR, Ve, Ec.* Combinado preparado con diversas bebidas alcohólicas, en especial ron, y refrescos o jugo de frutas.

high-life. (Voz inglesa).
I. 1. f. *Ni, Cu, RD, Bo.* Clase social alta o adinerada. pop.

highway. (Voz inglesa).
I. 1. m. *EU, PR.* Autopista, **expreso**.

higienizar.
I. 1. tr. *Bo, Py, Ar, Ur.* Lavar una parte del cuerpo.

higo.
I. 1. m. pl. *Bo, Ar.* Testículos. euf; pop ^ fest.
II. 1. *Ho, Ni.* **amate**, árbol.
III. 1. m. *PR.* Tabaco de buena calidad.

higuaca. (De or. ind. antillano).
I. 1. *RD.* **cotorra**. (*Amazonia ventralis*).
2. f. *PR.* Ave de hasta 29 cm de longitud, con plumaje verde brillante, con una banda roja en la cabeza, un anillo blanco alrededor de los ojos y las puntas de las alas de color azul cielo. (Psittacidae; *Amazona vittata*).

higuana.
I. 1. *PR.* **iguana**. (*Iguana iguana*).

higuera.
I. 1. f. *Ho, Ni.* **amate**, árbol.
2. *Ho, Ni.* **higuerilla**, arbusto.
II. 1. *RD.* **higüera**, vasija.

higüera.
I. 1. f. *RD, PR.* **higüero**. (**jigüera**).
2. *RD, PR.* Vasija y otros utensilios de cocina hechos con el casco seco del fruto de la higuera. (**higuera**; **jigüera**). ◆ **carracho.**

higuereta.
I. 1. *RD, PR, Co.* **higuerilla**, arbusto. (**jiguereta**).

■

a. ‖ **~ cimarrona.** *PR.* **tuatúa**.

higuerilla.
I. 1. f. *Mx, Ho, ES, Ni, CR, Pa, Co, Ec.* Semilla de la higuerilla, de color negro, de la que se extrae aceite.
2. *Mx, Gu, Ho, ES, Ni, CR, Pa, PR, Ec.* Arbusto de hasta 6 m altura, con tallo grueso y leñoso, hojas alternas, muy grandes y dentadas, flores de colores llamativos y dispuestas en inflorescencias terminales de gran tamaño, fruto globoso con abundantes púas; tiene usos ornamentales y también se emplea en la medicina tradicional. (Euphorbiaceae; *Ricinus communis*). (**higuerillo**). ◆ **higuera; higuereta; higuero; macororó; palma Christi; piojo del diablo; rejalgar; ricino; tártago; xox.**
3. *Ar:N.* **contrayerba**. (*Dorstenia brasiliensis*).

higüerilla.
I. 1. f. *RD, PR.* Arbusto de hasta 3 m de altura, de hojas opuestas, alternas, ovaladas y oblongas que varían de forma, inflorescencias en racimo, terminales o axilares; su madera se usa para hacer mazos y mangos de herramientas. (Bignoniaceae; *Crescentia cucurbitina*).
2. *RD, PR.* **higüerillo**.

higuerillero.
I. 1. m. *Mx.* Pájaro de hasta 11 cm de longitud, de pico grueso, frente, garganta y vientre amarillo brillante, y resto de la cabeza, cuello y parte superior de color negro azulado, y centro del abdomen,

parte del ala y plumas del timón de color blanco. (Fringillidae; *Euphonia hirundinacea*).

higuerillo.
I. 1. m. *ES, Co.* **higuerilla**, arbusto.

■
a. ‖ ~ **cimarrón.** m. *RD.* Árbol de hasta 20 de altura y flores acampanadas de color azulado o morado. (Verbenaceae; *Vitex divaricata*).

higüerillo.
I. 1. *RD, PR.* **jagüey**, árbol grande. (**higüerilla**; **higüerito**; **higüeriyo**).

■
a. ‖ ~ **de sierra.** m. *PR.* Arbusto de hasta 3 m de altura, de ramas pequeñas y delgadas, y flores agrupadas de color morado. (Bignoniaceae; *Schlegelia portoricensis*).

higüerito.
I. 1. *PR.* **higüerillo**.

higüeriyo.
I. 1. *PR.* **higüerillo**.

higuero.
I. 1. m. *Ho, ES.* **higuerilla**, arbusto.
2. *RD.* **higüero**.

higücro.
I. 1. m. *RD, PR.* **jícaro**, árbol perenne. (**higuero**; **higüera**; **jigüero**).

higuerón.
I. 1. m. *Ho, Pa, Co, Ve, Ec, Pe, Ur.* Árbol de hasta 40 m de altura, de hojas brillantes, con nervaduras marcadas, flores pequeñas y fruto similar a la breva. (Moraceae; *Ficus* spp.). ♦ **higuerote**; **ibapoy**; **nacapulí**; **pivijay**.
2. *Ar:NO.* Árbol de hasta 7 m de altura, de corteza delgada, copa reducida, flores de color verde amarillento y una baya carnosa; su fruto es comestible. (Caricaceae; *Carica quercifolia*). ♦ **papayillo**.

higuerote.
I. 1. *Ve.* **higuerón**. (*Ficus*, spp.).

higüey.
I. 1. *PR.* **jagüey**, árbol.

higuillal.
I. 1. m. *PR.* Plantación de **higuillos**. (**jiguillal**).

higuillo.
I. 1. m. *RD.* Árbol de hasta 20 m de altura, de ramas delgadas y hojas pequeñas, elíptico aovadas, cuyo fruto es un sicono de color verde cuando está inmaduro, y rojizo cuando madura. (Moraceae; *Ficus americana*). (**giguillo**).
2. *PR.* Árbol perenne de hasta 7 m de altura, con hojas pecioladas verde claro, alternas, con inflorescencia en espiga, flores pequeñas y fruto oblongo. (Piperaceae; *Piper* spp.). (**jiguillo**). ♦ **melaíllo**.

■
a. ‖ ~ **amargo.** m. *PR.* Variedad de higuillo. (Piperaceae; *Piper wydlerianum*).
b. ‖ ~ **colorado.** *PR.* **jagüey colorado**. ♦ **higuillo prieto**.
c. ‖ ~ **corriente.** m. *PR.* Variedad de higuillo muy común que se reproduce con mucha facilidad.
d. ‖ ~ **limón.** m. *PR.* Variedad de higuillo. (Piperaceae; *Piper amalogo*).
e. ‖ ~ **prieto.** *PR.* **higuillo colorado**.

hija.
■
a. ‖ ~ **mujer.** f. *CR, Ch.* Mujer. pop.

□
a. ‖ la ~ **predilecta de Bolívar.** loc. sust. *Bo.* República de Bolivia.

hijal.
I. 1. *Gu.* **hijerío**, conjunto de descendientes.

hijar.
I. 1. *Ar:NO.* **ijar**, cuero.

hijear.
I. 1. intr. *Ho, ES, CR, Cu.* Echar retoños un vegetal. rur.

hijeputa. (Sínc. de *hijo de puta*).
I. 1. sust/adj. *Cu.* Persona despreciable y de malas intenciones. vulg.

hijeputada.
I. 1. f. *Ni, CR, Cu.* Hecho bajo y reprochable. vulg. ♦ **jiña**; **mierda**.

hijerío.
I. 1. m. *Ni, Ch.* p.u. Conjunto de hijos, descendientes. pop. ♦ **hijal**.
2. *Cu.* Conjunto de hijos que crecen al pie de una planta.

hijero, -a.
I. 1. adj. *Gu. Referido a persona*, que gusta de tener o engendrar muchos hijos.

hijillo.
I. 1. m. *Ho, ES.* **ijillo**, enfermedad.

hijío. (Sínc. de *ijillo*).
I. 1. *Ho.* **ijillo**, enfermedad.

hijito, -a.
●
a. ‖ **mi ~.** fórm. *Cu.* Se usa para dirigirse de manera informal a una persona de igual o menor jerarquía o a alguien con quien se tiene cierta familiaridad. pop + cult → espon.

hijo.
I. 1. m. *PR.* **semilla**, retoño de la caña de azúcar.

■
a. ‖ ~ **ladrón.** m. *ES.* Vástago de cualquier planta.

□
a. ‖ ¡~ **de Dios!** loc. interj. *RD.* Expresa asombro o sorpresa. pop.

► hacer un ~ **macho**; hay ~s y **entenados**; ser muchos los ~s del **muerto**; ser un ~ de la gran **yegua**.

hijo, -a.
●
a. ‖ **mi ~.** fórm. *Mx, Cu, PR.* Se usa para dirigirse de manera informal a una persona de igual o menor jerarquía o a alguien con quien se tiene cierta familiaridad. pop + cult → espon.

■
a. ‖ ~ **de cura.** m. y f. *Bo.* p.u. Persona insignificante, don nadie. pop ^ desp.
b. ‖ ~ **de flauta.** m. y f. *Bo.* Persona mala y despreciable. vulg; pop + cult → espon ^ desp.
c. ‖ ~ **de la cherna.** m. y f. *RD.* Persona despreciable. vulg; desp.
d. ‖ ~ **de la chingada.** m. y f. *Mx, Ho, ES.* Persona despreciable. vulg; desp.
e. ‖ ~ **de la fregada.** *Mx.* **hijo de la chingada**.
f. ‖ ~ **de la gran flauta.** m. y f. *Ni, Bo; Ec.* p.u. Hijo de puta. vulg.
g. ‖ ~ **de la gran siete.** *Bo, Ar, Ur.* **hijo de mil putas**. euf; pop + cult → espon.
h. ‖ ~ **de la gran yegua.** *RD, PR.* Persona con grandes defectos personales. euf; pop + cult → espon ^ desp.
i. ‖ ~ **de la guayaba.** *Mx, Ho.* **hijo de la chingada**. euf; pop.
j. ‖ ~ **de la maceta.** *ES, Pa.* **hijo de la chingada**. desp.
k. ‖ ~ **de la mañana.** *Mx.* **hijo de la chingada**. euf; pop.

l. ‖ ~ **de la pavota.** sust/adj. *Ar, Ur.* Persona tonta e ingenua. pop + cult → espon.

m. ‖ ~ **de la pelona.** *Mx.* hijo de la chingada. euf; pop.

n. ‖ ~ **de la tiznada.** *Mx.* hijo de la chingada. euf; pop.

ñ. ‖ ~ **de la tostada.** *Mx.* hijo de la chingada. euf; pop.

o. ‖ ~ **de machepa.** m. y f. *RD.* Persona pobre y de familia humilde. ♦ **machepa.**

p. ‖ ~ **de mil.** *Ar, Ur.* hijo de mil puta. euf.

q. ‖ ~ **de mil putas.** m. y f. *Ar, Ur.* Persona mala y despreciable. vulg. ♦ **hijo de la gran siete; hijo de mil; hijo de una gran siete.**

r. ‖ ~ **de papi.** m. y f. *Mx, ES, Ni, CR, RD, Ec, Pe.* Persona que vive o trabaja gracias a pertenecer a una familia acomodada o influyente y no por sus méritos. pop + cult → espon ∧ desp.

s. ‖ ~ **de riego.** m. y f. *Mx.* El que se procrea dentro del matrimonio.

t. ‖ ~ **de siete leches.** m. y f. *Bo.* Persona mala y despreciable. euf; pop + cult → espon ∧ desp.

u. ‖ ~ **de su mera madre.** m. y f. *Gu.* Persona despreciable. pop ∧ desp.

v. ‖ ~ **de su papá.** m. y f. *Bo, Ch.* Persona que vive o trabaja gracias a pertenecer a una familia acomodada o influyente y no por sus méritos. pop + cult → espon.

w. ‖ ~ **de su tal por cual.** *Mx.* hijo de la chingada. euf; pop.

x. ‖ ~ **de temporal.** m. y f. *Mx.* Hijo engendrado fuera del matrimonio y no reconocido. ♦ **hijo regado.**

y. ‖ ~ **de tigre.** m. y f. *Mx, Ch, Ar, Ur.* Persona que reúne o hereda las cualidades de su padre o madre. pop + cult → espon.

z. ‖ ~ **de tu chingada madre.** *Mx.* hijo de la chingada. vulg; desp.

a¹. ‖ ~ **de una gran siete.** *Ch:S, Ar.* hijo de mil putas. euf.

b¹. ‖ ~ **del maíz.** *Mx, Ho, ES.* hijo de la chingada. euf; pop.

c¹. ‖ ~ **del mundo.** *RD.* hijo de temporal.

d¹. ‖ ~ **del rigor.** sust/adj. *Ch, Ar.* Persona que solo aprende o actúa correctamente cuando se la apremia o castiga, u obligada por las circunstancias. pop + cult → espon.

e¹. ‖ ~ **del sol.**
i. adj/sust. *Gu, Ho, ES. Referido a persona,* albina. cult.
ii. m. y f. *Bo.* **rubí.**

f¹. ‖ ~ **regado.** *Ni, Cu.* hijo de temporal.

◪

a. ‖ ~ **de tigre, pintillo.** fr. prov. *Mx.* Indica que una persona reúne o hereda las cualidades de su progenitor. pop + cult → espon.

b. ‖ ~ **de tigre, tigrillo.** fr. prov. *Mx.* Indica que una persona reúne o hereda las cualidades de su progenitor. pop + cult → espon.

▶ **hacer de ~ a alguien; regar ~s; ser ~ del maltrato.**

¡híjole!
I. 1. interj. *Mx, Gu, Ho, ES, Ni, Ec, Bo.* Expresa asombro o sorpresa. pop. (**¡jíjole!; ¡íjole!**).

hijudo, -a.
I. 1. adj. *Ar:NO. Referido a persona,* que tiene muchos hijos. pop.

hijuela.
I. 1. f. *Ec, Ch, Ar.* Fundo rústico que se forma de la división de otro mayor.
II. 1. f. *CR. En una plantación,* hilera que hace intersección con otra de mayor longitud. rur.

¡híjuela! (Apóc. de *¡hijo de la gran puta!*).
I. 1. interj. *Gu.* Expresa ofensa. vulg; pop.

hijuelamadre.
I. 1. *Ni, CR.* **hijueputa.** euf.

¡hijuelamadre!
I. 1. interj. *Ni, CR.* obsol. Expresa asombro o sorpresa. euf; pop + cult → espon.

hijuelar.
I. 1. tr. *Ch.* Dividir un fundo en **hijuelas,** fundos rústicos.

hijuelaverga. (Sínc. de *hijo de la verga*).
I. 1. m. *Ni.* Hijo de puta. tabú; desp.

hijuelo.
I. 1. m. *Ho. En el trapiche o molienda,* cada una de las dos mazas pequeñas que acompañan a la maza grande que sirven para exprimir la caña de azúcar.
II. 1. m. *Ho.* Cada uno de los dos palos laterales clavados en el suelo que sujetan el **zangarro.**

hijuemadre.
I. 1. m. *ES, Ni, Co.* Persona despreciable y de malas intenciones. euf; pop.

¡hijuemadre!
I. 1. interj. *ES, Co.* Expresa sorpresa, admiración, enfado y susto. pop.

hijuemama.
I. 1. m. *Co:O.* Persona despreciable y de malas intenciones. euf; pop.

¡hijuemama!
I. 1. interj. *Co:O.* Expresa sorpresa, descontento o desconcierto.

hijuemialma.
I. 1. sust/adj. *CR.* Hijo de puta. euf.

¡hijuemialma!
I. 1. interj. *Ni, CR.* Expresa asombro o sorpresa. euf; pop + cult → espon.

hijuemíchica.
I. 1. m. *Co.* Persona despreciable y de malas intenciones. euf; pop.

¡hijuemíchica!
I. 1. interj. *Co.* Expresa sorpresa, admiración, enfado y susto. pop.

hijuemilpesos.
I. 1. *CR.* obsol. **hijueputa.**

hijuemilputas.
I. 1. *CR, Ur.* **hijueputa.** vulg; desp.

hijuepucha.
I. 1. m. *CR, Co.* Persona despreciable y de malas intenciones.

¡hijuepucha!
I. 1. interj. *CR.* Expresa sorpresa, admiración, enfado y susto. pop.

hijuepuercas. (Sínc. de *hijo de puercas*).
I. 1. m. *Ho.* Hijo de puta. vulg; desp.

hijueputa. (Sínc. de *hijo de puta*).
I. 1. sust/adj. *Gu, Ho, ES, Ni, CR, Pa, Cu, RD, PR, Co, Ec, Bo, Ur.* Persona despreciable y de malas intenciones. vulg. ♦ **hijuelamadre; hijuemilpesos; hijuemilputas; juepucha; jueputa; jueputis.**

¡hijueputa!
I. 1. interj. *Gu, ES, Ni, CR, RD, Co, Ur.* Expresa enfado, sorpresa, admiración y susto. vulg. ♦ **¡juelule!**

hijueputazo. (Sínc. de *hijo de putazo*).
I. 1. m. *Ho, Ni.* Hijo de puta. vulg; desp.

hijueputear.
I. 1. tr. *Ho, Ni, Co.* Injuriar gravemente de palabra. vulg.

hijuetantas. (Sínc. de *hijo de tantas*).
I. 1. m. *ES, Co.* Hijo de puta. vulg; desp.

hijuna.
I. 1. m-f. *Ch.* Mala persona. rur; pop.

hilacha.
> **I. 1.** f. pl. *Co.* Ropa de vestir vieja o de mala calidad. desp.
> **2.** f. *Pa.* Ropa que se lleva puesta.
> **II. 1.** f. *Gu, ES.* Pene. tabú.
> **III. 1.** f. *Gu.* Comida consistente en pedazos de carne de **res** deshilachados, con salsa y **papas** cocidas.
> **IV. 1.** f. *Cu.* Filamento de un tejido orgánico, vegetal o animal.
> **V. 1.** f. *Pa.* p.u. Novia. rur.
> ▶ mojar la ~; mostrar la ~; pararse en las ~s; ser ~.

hilacharse.
> **I. 1.** intr. prnl. *Pa.* p.u. Enamorarse. rur.

hilachento, -a.
> **I. 1.** adj. *Mx, Ho, Cu, Bo, Ch, Ar.* Referido a cosa, *especialmente a una tela*, que tiene muchas hilachas. pop + cult → espon.
> **2.** *Mx, Ar,* pop; *Bo,* pop + cult → espon. *Referido a persona*, vestida con harapos.
> **3.** *Bo. Referido a vestimenta,* vieja, sucia y rota. pop + cult → espon.

hilachera.
> **I. 1.** *Cu.* **flequera.** pop + cult → espon.

hilachiento, -a.
> **I. 1.** adj. *Gu, Ch, Ar. Referido a cosa, especialmente a una tela,* que tiene muchas hilachas. pop + cult → espon.
> **2.** *Gu, Ar. Referido a persona,* vestida con harapos. pop. ◆ **hilachudo.**

hilachos.
> **I. 1.** m. pl. *Mx.* Trapos, ropa vieja.

hilachudo, -a.
> **I. 1.** adj. *Ho, Ni, Co, Ve, Bo, Ch; Pe, Ur,* p.u. *Referido a cosa, especialmente a una tela,* que tiene muchas hilachas. pop + cult → espon.
> **2.** *Ar.* p.u. *Referido a persona,* **hilachienta.**

hilada.
> **I. 1.** f. *ES.* Marca con un hilo hecha en una troza o en las tablas extraídas de ella.

hilar.
> **I. 1.** tr. *ES.* Marcar con un hilo trozas o tablas.
> **II. 1.** tr. *Ho.* Atar las hojas de tabaco en dos manojos. rur.
> □
> **a.** ‖ ~ **babas.** loc. verb. *Ch.* Hablar o enlazar palabras sin utilidad ni fundamento. pop.

hilasa.
> **I. 1.** f. *Ni.* Hilaza, manojo de hilos.

hilcampure.
> **I. 1.** *Pe.* p.u. **hercampuri.**

hilea.
> ■
> **a.** ‖ ~ **amazónica.** f. *Ec.* Extensión de bosque ecuatorial cálido y húmedo, de la hoya formada por el Amazonas y su sistema hidrográfico. (**hylea amazónica**).

hilera.
> **I. 1.** f. *Pe:S.* Cordón de calzado.

hilito.
> □
> **a.** ‖ **en un ~.**
> **i.** loc. adv. *Ni, RD, PR.* En una situación problemática y de difícil solución. pop + cult → espon.
> **ii.** *RD.* En un instante o por muy poco. pop + cult → espon.
> ▶ cortarse el ~.

hilo.
> **I. 1.** adj. *Cu, Bo. Referido a persona,* de constitución física delgada. pop + cult → espon ^ fest.

II. 1. m. *Ec.* Prenda interior femenina que consiste en una tira mínimamente delgada que cubre el pubis.
> ■
> **a.** ‖ ~ **carreta.** *Cu.* **hilo de carreta.**
> **b.** ‖ ~ **chanchero.** m. *Ar, Ur.* Hilo rústico, delgado, fuerte y de color marrón, *que se emplea especialmente para atar cajas o paquetes grandes.*
> **c.** ‖ ~ **curado.** m. *Ch.* Hilo de **volantín** al que se ha untado agua con pegamento y adherido vidrio molido o polvo de esmeril con el fin de cortar el de los competidores rivales en determinadas **competencias.**
> **d.** ‖ ~ **de carreta.** m. *Cu.* Hilo rústico de poco grosor y de color marrón. ◆ **hilo carreta.**
> **e.** ‖ ~ **de carretón.** m. *Ho.* Hilo de algodón enrollado en un carrete de madera.
> **f.** ‖ ~ **de chillo.** (De *Chillos,* nombre de un valle de Quito). m. *Ec.* Hilo de algodón usado en la confección de prendas de vestir.
> **g.** ‖ ~ **de oro.** m. *Ho.* Veta fina y alargada que contiene oro.
> **h.** ‖ ~ **dental.**
> **i.** m. *Mx, CR, Pa, RD, PR, Ve, Ec; Ho, ES, Ni, Pe,* fest | metáf. Traje de baño o braga femenino muy exiguo consistente en mínimos triángulos de tela que cubren apenas los pezones y el pubis y que se sostienen atrás y a los lados por tiras sumamente delgadas.
> **ii.** *Cu.* metáf. Ropa interior que cubre los glúteos mínimamente, con una tira delgada.
> □
> **a.** ‖ **al ~.**
> **i.** loc. adv. *Mx, ES, Ni, Pa, Ve, Pe, Ch, Ar, Ur; Cu.* pop. Sin interrupción. ◆ **de un hilo.**
> **ii.** *Pe.* En fila.
> **iii.** *Cu. En relación con el modo de comportarse una persona,* muy bien, correctamente. pop.
> **iv.** *Bo.* De un solo sorbo. pop.
> **v.** *Ho.* Rápidamente.
> **b.** ‖ **de un ~.** *Mx, Gu.* **al hilo.**
> ▶ cortar el ~ por lo más delgado; cortar el ~ por lo más fino; descubrir el ~ en bollitos; descubrir el ~ negro; devanar el ~ de la conversación; inventar el ~ negro; mantener al ~; no saber nada del ~; poner al ~; ponerse al ~; saberse al ~; ser del ~; tener los ~s cambiados.

hiludo, -a.
> **I. 1.** adj. *ES. Referido a fruta o verdura,* con muchas fibras.
> **II. 1.** adj. *ES. Referido a persona,* mal peinada.

hilván.
> **I. 1.** m. *Ve.* Pliegue que como remate se hace a la ropa hacia adentro dos veces para coserla.

hilvanar.
> **I. 1.** tr. *Ve.* Hacer un **hilván.**

hincada.
> **I. 1.** f. *Cu, PR, Ve.* Pinchazo, punzada.
> **2.** *Ve.* Dolor agudo.

hincadera.
> **I. 1.** f. *Bo:E.* Parte del banco de una iglesia que sirve para arrodillarse.

hincarse.
> **I. 1.** intr. prnl. *Cu.* Herirse levemente *alguien* con un objeto puntiagudo.

hincha.
> **I. 1.** adj/sust. *Py, Ar, Ur. Referido a persona,* molesta o inoportuna. pop.
> **2.** adj. *Ar. Referido a cosa,* que produce fastidio. pop.

hinchabolas.
> **I. 1.** adj/sust. *Bo, Ch, Py, Ar, Ur. Referido a persona,* que molesta y fastidia. vulg; pop + cult → espon.

♦ **hinchacocos**; **hinchaguindas**; **hinchante**; **hinchapelotas**; **rompebolas**; **rompehuevos**; **rompepelotas**.

hinchacocos.
I. 1. *Ar*; *Ch*. p.u. **hinchabolas**. vulg.

hinchado, -a.
I. 1. adj. *Ch*. *Referido a persona*, hastiada. pop.

hinchador, -ra.
I. 1. adj/sust. *Bo*, *Ch*. *Referido a persona*, molesta, enfadosa, impertinente. pop + cult → espon.

2. *Ch*. *Referido a persona*, partidaria de algo o de alguien, hincha. pop.

hinchaguindas.
I. 1. *Bo*, *Ar*, *Ur*. **hinchabolas**. vulg.

hinchahuevos.
I. 1. *Bo*, *Ar*, *Ur*. **hinchabolas**. vulg.

hinchante.
I. 1. *Bo*. **hinchabolas**. euf; pop + cult → espon ^ desp.

hinchapelotas.
I. 1. *Bo*, *Ch*, *Py*, *Ar*, *Ur*. **hinchabolas**. vulg; pop + cult → espon ^ desp.

2. adj. *Ch*, *Py*, *Ar*, *Ur*. *Referido a cosa*, que produce fastidio. vulg. ♦ **rompebolas**; **rompehuevos**; **rompepelotas**.

hinchar(se).
I. 1. tr. *Mx*, *Gu*, *Ec*, *Ch*, *Py*; *Ar*, *Ur*, vulg; *Bo*, euf; pop + cult → espon ^ desp; *PR*, rur. metáf. Molestar, disgustar, fastidiar a *alguien*. (**jinchar**). ♦ **hinchar la paciencia**; **hinchar las corotas**; **hinchar las guindas**; **hinchar las huevas**; **hinchar las leches**; **hinchar los cocos**; **hinchar los quimbos**; **hinchar los quinotos**.

2. intr. prnl. *Bo*; *Ar*, *Ur*, vulg; *Py*, p.u. Experimentar fastidio.

II. 1. intr. *Py*, *Ar*, *Ur*, pop; *Bo*, espon. Apoyar con entusiasmo a un equipo deportivo.

2. *Ar*. Apoyar o defender a *alguien* vehemente e incondicionalmente. pop.

□

a. ‖ **~ el cuero.** loc. verb. *Gu*, *Ho*. Enfrentar *alguien* a algo que es difícil o problemático.

b. ‖ **~ el lomo.** loc. verb. *Ar*, *Ur*. Trabajar duramente. pop.

c. ‖ **~ la gana.** loc. verb. *Mx*. Hacer *algo* con razón o sin ella. pop + cult → espon.

d. ‖ **~ la paciencia.** loc. verb. *Bo*. **hinchar**, fastidiar. pop + cult → espon.

e. ‖ **~ las corotas.** loc. verb. *Bo*. **hinchar**, fastidiar. tabú.

f. ‖ **~ las guindas.** loc. verb. *Bo*, *Ar*, *Ur*. **hinchar**, fastidiar. vulg.

g. ‖ **~ las huevas.** loc. verb. *Ch*, *Ur*. **hinchar**, fastidiar. vulg.

h. ‖ **~ las leches.** loc. verb. *Bo*. **hinchar**, fastidiar.

i. ‖ **~ los cocos.** loc. verb. *Bo*, *Ch*, *Ar*, *Ur*. **hinchar**, fastidiar. vulg; pop.

j. ‖ **~ los quimbos.** loc. verb. *Ur*. **hinchar**, fastidiar. vulg.

k. ‖ **~ los quinotos.** loc. verb. *Ar*, *Ur*. **hinchar**, fastidiar. vulg.

l. ‖ **~se el hocico.** loc. verb. *Ch*. Beber *una persona* en exceso. pop.

m. ‖ **hinchársele los huevos.** loc. verb. *Mx*. Darle a *alguien* la gana de hacer algo con razón o sin ella. pop + cult → espon.

hinchón.
I. 1. m. *Ve*. Hinchazón, inflamación. pop.

hinchón, -na.
I. 1. adj/sust. *Ar*. *Referido a persona*, muy molesta o inoportuna. pop.

hinchún, -na.
I. 1. *Ur*. **hinchón**.

hincón.
I. 1. m. *Ni*, *Ec*, *Pe*. Punzada, dolor agudo, repentino y pasajero. pop + cult → espon.

hipato, -a.
I. 1. adj. *Ni*, *RD*. *Referido a persona o animal*, pálido, que presenta palidez.

hipear. (Epént. de *hipar*).
I. 1. intr. *Ni*. Hipar, sufrir reiteradamente el hipo.

hipericón.
I. 1. m. *Mx*. Planta herbácea con tallo de hasta 8 cm de altura, ramoso en la parte superior, hojas pequeñas, elípticas, llenas de glandulitas traslúcidas y puntos negros, flores amarillas en manojos y frutos capsulares acorazonados y resinosos; posee usos medicinales. (Hypericaceae; *Hypericum* spp.).

2. *Ho*. Hierba perenne muy aromática de hasta 75 cm de altura, de hojas compuestas estrechamente lanceoladas a oblongas, margen finamente dentado, flores en cabezuelas terminales, pequeñas y amarillas; toda la planta se utiliza en la medicina tradicional. (Asteraceae; *Tegedes lucida*).

hipertensia.
I. 1. f. *RD*. Hipertensión. pop.

hipil.
I. 1. *Mx*. **huipil**, blusón.

hipo.
▶ **quitarle el ~.**

hipocondríaco, -a.
I. 1. adj. *PR*. juv. *Referido a persona*, enfurecida, histérica. ♦ **histriónico**.

hipocresina.
I. 1. f. *Ch*. p.u. Sacarina. pop ^ fest.

hipoglós. (De *Hipoglós*®).
I. 1. m. *Ec*, *Bo*, *Ch*, *Py*. p.u. Pomada para las escoceduras.

hipomóvil.
I. 1. m. *Ch*. obsol. Vehículo urbano de cuatro ruedas tirado por caballos. pop.

hipoqueris.
I. 1. *Ar:S*. **clavelito**.

hiposo, -a.
I. 1. adj/sust. *Ec*. juv. **jipiento**.

hipoteca.
I. 1. sust/adj. *RD*; *Ec*. p.u. Persona inepta y que resulta molesta. pop + cult → espon ^ fest.

hippiento, -a.
I. 1. *Mx*, *Ch*. **jipiento**, persona. pop + cult → espon ^ desp.

2. *Mx*, *Ch*. **jipiento**, relativo a esta persona. pop + cult → espon ^ desp.

hippioso, -a.
I. 1. adj. *Mx*. *Referido a persona*, desaliñada.

hiraca.
I. 1. f. *Co*. **soyacal**, planta.

hircampuri.
I. 1. *Pe*. **hercampuri**.

hiro.
I. 1. m. *Pe:S*. Puré de **zapallo** con trocitos de carne, rodajas de **choclo**, queso y hierbas.

hiscanal.
I. 1. *Ho*. **güiscanal**, arbusto de hasta 10 m de altura.

hishoco, -a.
I. 1. m. y f. *Gu*. **ischoco**.

hisopeado.
I. 1. m. *Bo.* obsol. Aplicación de un líquido con un trozo de tela en el paladar o en la garganta, con fines curativos.

hisopear.
I. 1. tr. *Pe.* obsol. Humedecer el paladar o la garganta con un trozo de tela empapado en un líquido, con fines curativos.

hisopo.
I. 1. m. *Mx, Ho, ES, Ni, CR, Pa, Cu, Co, Ve, Ec, Pe, Bo, Py, Ar, Ur.* Palillo recubierto de algodón en sus puntas, usado para la higiene personal. (**isopo**). ♦ **aplicador; copito; palillo de algodón; palillo de oído**.
II. 1. m. *Ni, Co:O, Ve.* Brocha, *ordinariamente hecha de fibra de fique*, empleada para blanquear o pintar paredes.
2. *Ve.* Brocha grande de material resistente que se utiliza en albañilería para poner el yeso.
3. *Ch.* Brocha de afeitar.
III. 1. m. *Cu.* Varilla delgada, de alambre trenzado, con un estropajo en uno de sus extremos que sirve para fregar recipientes de boca estrecha. cult. (**guisopo**).

histeriquear.
I. 1. intr. *Ar.* Coquetear haciéndose de rogar o simulando indecisión. pop.

histeriqueo.
I. 1. m. *Ar.* Coqueteo con indecisión simulada y haciéndose de rogar. pop.

histerizarse.
I. 1. intr. prnl. *Ve, Py.* Ponerse *alguien* muy nervioso.
2. *Ve, Py.* Disgustarse mucho.

historia.
□
a. ‖ **la ~ del tabaco.** loc. sust. *Cu.* Narración larga de un hecho conocido. pop.
b. ‖ **para la ~.** loc. adv. *Ch.* En mal estado. pop + cult → espon.

▣
a. ‖ **~ patria.** fr. prov. *Co.* Indica que lo dicho por alguien como novedad ya es conocido por todos. pop.

historiante.
I. 1. m-f. *ES.* Participante en una representación de **moros y cristianos**.

histriónico, -a.
I. 1. *PR.* hipocondríaco.

hit. (Voz inglesa).
I. 1. m. *EU, Mx, Ho, ES, Ni, Pa, Cu, RD, PR, Co, Ve. En el beisbol*, batazo de un jugador que permite a otros corredores ganar una o más bases y a él mismo **embasarse**. ♦ **sencillo**.
■
a. ‖ **no ~ no run.** (Voz inglesa). m. *PR. En el beisbol*, partido en el que el lanzador no permite que el equipo contrario batee un *hit* ni que anote carrera.
▶ **conectar de ~; estar en el ~ *parade*.**

hita.
I. 1. f. *Bo, Ar:C,NO.* Ácaro hematófago que vive parásito en las aves. (Dermanyssidae; *Dermanyssus gallinae*). ♦ **chuchuy**.

hitamorreal.
I. 1. adj. *PR.* itamorreal. (Araucariaceae; *Agathi grandiflora*).

hitazo. (Del ingl. *hit*).
I. 1. m. *Mx, Gu, ES, Ni.* Gran éxito popular de una composición musical u otra obra artística o literaria.
2. *Mx.* metáf. Gran éxito, acierto extraordinario.
II. 1. m. *Mx, Ho, ES. En el beisbol*, pelotazo que permite a uno o varios miembros del equipo ganar una o más bases.

hiteador.
I. 1. m. *Ni, Ve.* Bateador que lanza un *hit*.

hitter.
■
a. ‖ **no ~.** (Voz inglesa). m. *PR. En el beisbol*, partido en el que el lanzador no permite que el equipo contrario batee un *hit*.

hoatzin.
I. 1. m. *Mx.* Ave de 60 cm de longitud, con cara desnuda de color azul brillante, cresta en la cabeza en forma de abanico, ojos rojos, coloración general parda y castaña. (Opisthocomidae; *Opisthocomus hoazin*). ♦ **chenchena; pava serere; shansho**.

hobachón, -na.
I. 1. adj/sust. *RD.* Referido a *persona*, recia y pesada.
II. 1. sust/adj. *Ho.* Caballo que hace tiempo no ha sido montado y tiene ganas de caminar.

hobo.
I. 1. *Ni, Pa, PR, Ec.* jobo, jocote, árbol.

hocear.
I. 1. tr. *Bo, Ch.* Mover y levantar un animal la tierra con el hocico.

hochonada.
I. 1. f. *Ho.* Atado de astillas resinosas de pino u **ocote** que se utiliza para alumbrar. rur.

hocicada.
I. 1. f. *Pe.* Parte del bozal que asegura el hocico de las caballerías. rur.

hocicar.
I. 1. intr. *Ar, Ur.* Flaquear, mostrar falta de ánimo o energía. pop.
2. *Ar, Ur.* Fracasar, no tener éxito en algo. pop.
II. 1. tr. *PR.* ahocicar.

hocicazo.
I. 1. m. *Ch, Ar:NO.* Beso. pop ∧ fest.
2. *Ar:NO.* Golpe en el mentón. pop.

hocico.
■
a. ‖ **~ de puerco.** m. *Mx.* Serpiente venenosa de hasta 1 m de longitud, de color gris verdoso y vientre rosado, con fajas dorsales oscuras. (Viperidae; *Crotalus polystictus*).
□
a. ‖ **~ de tarro.** loc. sust. *Ch.* **boca de tarro**.
▶ **calentarse el ~; estirar el ~; hincharse el ~; irse de ~; partir el ~; ventear el ~.**

hocicólogo, -a.
I. 1. sust/adj. *Ch.* Persona que habla en demasía y se dedica a propagar chismes y rumores. pop + cult → espon ∧ desp.

hocicón, -na.
I. 1. adj/sust. *Mx, Ni, Ec:C,S, Ch*; sust/adj. *Bo.* desp. Referido a *persona*, indiscreta, que no puede guardar un secreto. pop + cult → espon.
2. adj. *Mx.* Referido a *persona*, fanfarrona. pop + cult → espon.
3. *Mx.* Referido a *persona*, grosera, malhablada. pop + cult → espon.
4. *CR, Pa, Bo.* Referido a *persona*, que habla de más.
II. 1. adj. *Pa.* Referido a una *caballería*, dura de riendas.
▶ **creer que es comida de ~.**

hociconear.
I. 1. intr. *Mx, Ch.* Hablar mucho y de manera indiscreta. pop + cult → espon.
2. tr. *Ch.* Contar o revelar *algo* que es secreto. pop + cult → espon.

hociconeo.
  I. 1. m. *Ch.* Revelación de un secreto o propagación de un rumor. pop.
   2. *Ch.* Actitud o actividad propias del que revela secretos o propaga rumores. pop ∧ desp.

hocicudo, -a.
  I. 1. adj/sust. *Gu. Referido a persona*, pedante. pop.
  II. 1. adj/sust. *Cu. Referido a persona*, soberbia y altanera. pop + cult → espon ∧ desp. ♦ **echado para adelante; empachado; zoquete.**

hociquera.
  I. 1. f. *Pe; Bo:N,E*, pop. Bozal que se pone a algunos animales, *especialmente a los caballos y a los perros.*
   2. *Pe.* Protector que los perforadores y mineros se ponen sobre boca y nariz.
   3. *Ur.* **Tiento** que va arriba del freno y rodea el hocico de una caballería. rur.

hockeísta.
  I. 1. m-f. *Cu.* Jugador de hockey césped.

hockey. (Voz inglesa).
  ■
  a. ‖ ~ **césped.** m. *Ch.* Modalidad de hockey que se juega sobre una cancha de hierba.

hockista.
  I. 1. m-f. *Ch.* Jugador de hockey.

hoco.
  I. 1. *Mx.* **pajuil.**

hocó.
  ■
  a. ‖ ~ **colorado.** m. *Ar:NO.* Ave de hasta 66 cm de longitud, con la zona dorsal de color pardo, la cabeza, el cuello y la parte superior del pecho castaños, y los ojos anaranjados. (Ardeidae; *Tigrisoma lineatum*). ♦ **pumagarza.**
  b. ‖ ~ **oscuro.** m. *Ar:NO.* Ave de hasta 89 cm de longitud, muy similar al hocó colorado, aunque presenta un plumaje más oscuro, pico y patas más cortos y el iris amarillo. (Ardeidae; *Tigrisoma fasciatum*). ♦ **pumagarza.**

hocoró.
  I. 1. m. *Bo:N,E.* Sabor agrio de alimentos fermentados. pop.

hodoquero, -a.
  I. 1. m. y f. *Bo.* Persona que vende perritos calientes.

hogado.
  I. 1. *Co.* **hogo.**

hogao.
  I. 1. *Co:O.* **hogo.**

hogar.
  ■
  a. ‖ ~ **de ancianos.** m. *Cu.* Asilo.
  ●
  a. ‖ ~. fórm. *Co.* Se usa en un documento administrativo para designar la dedicación de la mujer a las tareas domésticas.

hogazón.
  I. 1. m. *Ni, CR.* **ahogo,** enfermedad.

hogo.
  I. 1. m. *Co:C,NE.* Salsa hecha con diversos ingredientes y condimentos que se emplea para acompañar diversos platos. ♦ **hogado; hogao.**

hoguío.
  I. 1. *Ni, CR.* obsol. **ahogo,** enfermedad. rur.

hoja.
  I. 1. *Co.* **tuza,** conjunto de hojas.
  ■
  a. ‖ ~ **ancha.** f. *RD.* Árbol de hasta 5 m de altura, ramas gruesas, hojas elípticas, aovadas y flores de color rojo intenso. (Bignoniaceae; *Tabebuia acrophylla*). ♦ **paraguas; pata de cotorra; piragua; yaguasa.**
  b. ‖ ~ **base.** f. *Ho.* Hoja de la planta de tabaco que crece a ras de suelo.
  c. ‖ ~ **bruja.** f. *ES.* Hierba de hasta 1,5 m de altura, tallo y hojas carnosos, flores tubulares de color morado a verdoso; tiene aplicación en la medicina tradicional y como insecticida. (Crasulaceae; *Bryophyllum calycinum*).
  d. ‖ ~ **caballito.** f. *Ur.* Trozo de papel blanco, rectangular y firme *utilizado especialmente en dibujo.*
  e. ‖ ~ **capote.** f. *Ni.* Hoja de la planta de tabaco que crece en la parte media.
  f. ‖ ~ **de aire.** f. *Ho, ES, Pa.* Planta de hasta 1 m de altura, con tallo poco ramificado, hojas opuestas, carnosas, con dientes redondeados en el margen, y flores rojas dispuestas en grupos en el eje de una larga inflorescencia. (Crasulaceae; *Bryophyllum calycinum*).
  g. ‖ ~ **de chigüe.** f. *Mx, Ho, ES, Ni.* **chaparro,** árbol.
  h. ‖ ~ **de costado.** *PR.* **flor de culebra.**
  i. ‖ ~ **de garbanzo.** f. *Ur.* Trozo de papel rectangular y amarillento, con un lado áspero, *que se utiliza especialmente en dibujo.*
  j. ‖ ~ **de golpe.** f. *ES.* Hoja que se usa contra las torceduras.
  k. ‖ ~ **de huerta.** f. *Ho, ES.* Hoja de la planta del plátano.
  l. ‖ ~ **de lata.**
   i. f. *Ar, Ur.* Planta herbácea rizomatosa de hasta 50 cm de altura, con hojas lanceoladas provistas de largos pecíolos. (Liliaceae; *Aspidistra elatior*).
   ii. *RD.* Planta herbácea de hojas alternas, elíptico aovadas, gruesas y con motas pequeñas, y flores de color verde o rojizo. (Piperaceae; *Peperomia maculosa*). (**hojalata**).
  m. ‖ ~ **de maíz.** f. *Mx, Cu.* Hoja seca de la mazorca *que se usa para envolver* **tamales.**
  n. ‖ ~ **de ñame.** f. *RD.* Arbusto de gran tamaño, hojas aovadas, flores terminales y fruto elipsoidal. (Salicaceae; *Lunania ekmanii*).
  ñ. ‖ ~ **de pacaya.** f. *Gu.* Hoja de la **pacaya,** de gran tamaño, muy vistosa y usada frecuentemente como adorno en fiestas, *especialmente navideñas.*
  o. ‖ ~ **de pantano.** f. *Co.* Hierba de hojas grandes, palmeadas, de color rojizo y ásperas al tacto, con flores pequeñas, rojizas y de inflorescencia cilíndrica; tiene aplicación en la medicina tradicional. (Gunneraceae; *Gunnera brephogea*).
  p. ‖ ~ **de pasmo.** f. *Pa.* Hinojo.
  q. ‖ ~ **de tapa.** f. *Ho, ES.* **chamico,** arbusto.
  r. ‖ ~ **de vida.** f. *Ho, Ni, CR, Ec, Bo, Ch; Pe,* p.u. Documento en el que se relacionan datos personales, títulos y trabajos realizados que califican a una persona.
  s. ‖ ~ **ligera.** f. *Ho.* Hoja de la planta de tabaco que crece en la parte alta.
  t. ‖ ~ **milpa.** f. *ES.* Machete. delinc.
  u. ‖ ~ **santa.** f. *Mx.* Hoja de la **hierba santa.** (**hojasanta**).
  v. ‖ ~ **seca.** f. *Ho.* Maniobra aérea que consiste en apagar el motor de un avión y dejarlo caer.
  w. ‖ ~ **tabaré.** f. *Ur.* Trozo de papel rectangular con renglones, perforado en su lado izquierdo para ser encarpetado y que posee un recuadro o margen.
  x. ‖ ~ **tamaño carta.** f. *ES, Ni, CR, Bo, Ch, Py.* Hoja de papel del tamaño común, que tiene 28 cm de longitud y 21,5 de anchura.

y. ‖ ~ **tamaño oficio.** f. *Mx, ES, Ni, CR, Bo, Ch; Pe*, p.u. Hoja de papel que mide aproximadamente 33 cm de longitud y 22 de anchura.

z. ‖ ~ **tripa.** f. *Ni.* Hoja de la planta de tabaco que crece en la parte media.

a¹. ‖ ~ **volante.** f. *Ho, ES, Ec.* Hoja que se entrega en la calle con algún texto de denuncia o de publicidad.

b¹. ‖ ~**s azules.** f. pl. *RD.* **xiquilite.**

□

a. ‖ ~ **de pacaya.** loc. sust. *Cu.* Persona que asiste frecuentemente a fiestas o celebraciones. pop + cult → espon.

◪

a. ‖ **ser más ~s que tamal.** fr. prov. *Ho, Ni.* Indica apariencia de algo de lo que se carece. sat.

▶ **doblar la ~; hacer la ~; ponerse como una ~ de papel; ser más ~s que almuerzo.**

hojalata.

I. 1. *RD.* **hoja de lata,** planta de hojas alternas.

■

a. ‖ ~ **de ruta.** f. *Cu.* Documento en el que se registran los movimientos de un vehículo estatal.

hojalatería.

I. 1. f. *PR, Ec.* Servicio que se da en un taller para restaurar los golpes y la pintura de la carrocería de un automóvil.

hojalatero.

I. 1. m. *PR, Ec, Py.* p.u. Hombre que se dedica a la **hojalatería.**

hojalda.

I. 1. f. *Pa.* Fritura en forma redondeada que se prepara con harina, agua, huevo y otros ingredientes.

hojaldra.

I. 1. f. *Mx.* Pan dulce ovalado, esponjado, de color café dorado, cuya capa exterior es fina, quebradiza y porosa.

2. *Ho, ES, RD, Co.* Hojaldre, masa de harina muy sobada con manteca que, al cocerse en el horno, forma muchas hojas delgadas superpuestas, hojaldre. (**ojadra**).

3. *Gu, Ni.* Dulce de forma alargada, formado por capas de harina superpuestas y crujientes, y espolvoreado con azúcar.

II. 1. *Mx.* **hojaldre.** euf; pop.

hojaldre.

I. 1. adj. *Mx. Referido a persona*, mezquina, mala. euf; pop. (**hojaldra**).

hojancha.

I. 1. f. *RD.* Árbol de hasta 15 m de altura, de ramas poco gruesas, hojas y fruto ovados, y flores de color blanco. (Rhamnaceae; *Ziziphus rhodoxylon*). ♦ **hojancha prieta; pancho prieto; parco prieto; yagua.**

■

a. ‖ ~ **prieta.** *RD.* **hojancha.**

hojarasca.

I. 1. f. *Mx.* Planta herbácea de pequeño tamaño, recubierta de vello amarillento oscuro, de raíz gruesa, tallo rojizo, hojas membranosas, ovadas y dentadas, flor de color rosa, y fruto en aquenio; posee diversas aplicaciones en medicina tradicional. (Asteraceae; *Perezia adnata*). ♦ **papalohuiteconi; pipizahua.**

II. 1. f. *Pe, Bo, Ar:NO.* Masa de hojaldre que, después de horneada, se rocía con almíbar o se rellena con diversos ingredientes.

hojarascal.

I. 1. m. *Ho, Ni, CR.* Conjunto de hojas caídas de los árboles.

hojarasquero.

I. 1. m. *Ho.* Lugar donde se han acumulado muchas hojas.

II. 1. m. *Ho.* Ave de hasta 15 cm de longitud, de cuerpo robusto, pico fuerte, oscuro, garganta ocrácea brillante sin listado prominente, con una coloración café oscura por encima y café oliváceo en las alas, cola negruzca, garganta blanca con escamado negruzco. (Furnariidae; *Sclerurus guatemalensis, S. mexicanus*).

hojarona.

I. 1. f. *Ho.* Hoja muy grande de una planta.

hojasanta.

I. 1. *Mx.* **hoja santa.**

2. *Co.* **sinvergüenza,** hierba.

hojear.

I. 1. tr. *Mx.* Alimentar con hojas a un animal. rur.

2. *Mx.* Frotar a *alguien* con ramas verdes. rur.

3. intr. *Bo:N,E.* Brotar hojas de las plantas. pop + cult → espon.

4. *Bo:C.* Deshojar una planta. pop.

hojelata.

I. 1. f. *RD.* Hojalata. pop.

hojero.

I. 1. m. *Ve.* Conjunto de hojas que han caído de los árboles.

hojilla.

I. 1. f. *Ec.* Lámina muy delgada de acero, con filo, que colocada en un instrumento especial sirve para afeitar.

II. 1. f. *Ur.* Tira de papel delgado que se utiliza para liar o armar cigarrillos.

□

a. ‖ **como una ~.**

i. loc. adj. *Ve. Referido a persona*, que critica con dureza y acidez.

ii. *Ve. Referido a persona*, bien preparada para desempeñar una actividad.

iii. *Ve. Referido a un estudiante*, bien preparado para un examen.

hojuela.

I. 1. f. *Mx, Ec, Bo.* Cereal deshidratado con forma de pequeña lámina, para la preparación de sopas y postres con leche.

2. *Ni.* **Tortilla** fina frita hecha de harina de maíz con miel o azúcar a punto de caramelo.

■

a. ‖ ~**s de maíz.** f. pl. *Ni, Cu, Co, Ec, Ch.* Cereales con forma de escama o pequeña lámina, hechos de harina de maíz que se toman con crema de leche.

¡hola!

•

a. ‖ **¡~, camarón sin cola!** fórm. *Ni, Bo.* Se usa como saludo entre amigos. pop ^ fest.

b. ‖ **¡~, camarón con cola!.** fórm. *Ec.* juv. Se usa para saludar. pop ^ fest.

holán.

I. 1. m. *Mx.* Volante, adorno compuesto de una tira de tafetán o de otra tela, plegada o cosida por la parte superior y suelta por la inferior, que rodea algunos vestidos y enaguas femeninos. (**olán**).

2. *Co.* Tela fina usada *especialmente para confeccionar la pollera.*

II. 1. f. *Ec.* Infección causada por microorganismos del género *Anaplasma* que ataca a varias clases de ganado y produce en ellos debilidad general y anemia.

holding. (Voz inglesa).

I. 1. m. *PR. En el juego de baloncesto*, falta que consiste en impedir que un jugador realice un movimiento.

holiday. (Voz inglesa).
    I. 1. m. *EU*, *PR*. Día **feriado**.

holleja.
    I. 1. f. *Cu*. Gajo de un fruto cítrico.

hollejo.
    I. 1. m. *Cu*. Cada una de las partes en que se dividen algunos frutos como los cítricos. cult. (**gollejo**).
    II. 1. m. *PR*. Tejido que envuelve el tronco del cocotero entre las palmas y los racimos. ◆ **cedazo**; **estera**; **estopa**.
      2. *PR*. Corteza fibrosa del platanero. ◆ **cedazo**; **estera**; **estopa**.

hollín.
    I. 1. m. *PR*. Ceniza.

hollinado, -a.
    I. 1. adj. *Ch. Referido a persona o cosa*, tiznada con hollín.

holó.
    I. 1. m. *Mx:SE*. **damajagua**, árbol.

hom.
    I. 1. m. *Ni*, *Ar:NO*. Hombre. pop.

hombre.
    ■
    a. ‖ ~ **ancla.** m. *Ch*. Persona que desempeña una labor durante un tiempo mayor del habitual que otros trabajadores de la misma categoría o especialidad.
    b. ‖ ~ **corcho.** m. *Ch*. Persona que no se compromete con nada, que solo actúa según sus intereses.
    c. ‖ ~ **de abiertas entendederas.** m. *Ho*. Hombre inteligente o dispuesto a aprender.
    d. ‖ ~ **de negro.** m. *ES*, *Pe*, *Bo*; *Ec*, p.u. Árbitro de algún deporte, en especial de **futbol**.
    e. ‖ ~ **de Palacio.** m. *Ho*. Presidente de la República.
    f. ‖ ~ **del maletín.** m. *Ec*. Persona ligada al gobierno de turno a quien en ocasiones se le encarga el pago de los sobornos.
    g. ‖ ~ **goma.** m. *Ch*. Persona que simula ser dueño o titular de un negocio, *generalmente ilícito*, que pertenece a otro que no quiere figurar en primer plano. delinc.
    h. ‖ ~ **grande.** m. *Ho*, *Ni*, *CR*. Arbusto de hasta 6 m de altura, de hojas imparipinnadas y alternas, con una coloración rojiza en la unión de los pecíolos con las ramas, flores rojas o rosadas y fruto pequeño parecido a una avellana; tiene aplicación en la medicina tradicional. (Simaroubaceae; *Quassia amara*). ◆ **crusete**; **guabito amargo**; **palo de cuasia**; **raíz de zambo**.
    i. ‖ ~ **macho.** m. *Bo*. Persona valiente, temeraria, osada. pop + cult → espon.
    j. ‖ ~ **mosca.** m. *Ch*. Hombre que dice o hace continuamente algo inoportuno. pop + cult → espon.
    k. ‖ ~ **rana.**
      i. *PR*. **submarino**, agente de rentas. delinc.
      ii. *PR*. **submarino**, policía. drog.
    l. ‖ ~ **suri.** m. *Ar:NO*. Personaje de ceremonias religiosas populares que danza vestido con plumas de **suri** o **ñandú**.
    m. ‖ ~ **tigre.** m. *Bo:N,E. En la creencia popular*, brujo que se transforma en tigre.
    □
    a. ‖ **de a ~.** loc. adv. *Cu*. Con sinceridad. pop + cult → espon.
    b. ‖ **de palo.** loc. sust. *Bo:O*. Juego en que cada participante debe repetir, por turno, una frase que ha dicho otro, añadiendo una palabra nueva.

hombreador.
    I. 1. m. *Ar*, *Ur*. Hombre que tiene como oficio cargar y descargar mercancías, o transportarlas sobre los hombros.

hombrera.
    I. 1. sust/adj. *Gu*. Mujer que siente mucha atracción, *especialmente sexual*, por los hombres. pop.

hombrerío.
    I. 1. m. *Gu*, *Ni*, *Co*. Conjunto de hombres, varones. pop.

hombriguera.
    I. 1. f. *PR*. **golpe de hoya**.

hombrillo.
    I. 1. m. *Ve. En una carretera*, cada uno de los márgenes reservados a un lado y otro de la calzada para uso de peatones o tránsito de vehículos no automóviles.

hombro.
    I. 1. m. *Ho*, *Pa*. Arcén, margen lateral de una carretera asfaltada reservado para el uso de peatones y de determinados vehículos.
    ▶ **cargar en el ~; meter el ~.**

hombrón.
    I. 1. m. *Ve*. Hombre valiente y esforzado.

hombronada. (Epént. de *hombrada*).
    I. 1. f. *Ho*. Hombrada, acción de valor o fuerza.

hombrote.
    I. 1. m. *Ve:O*. Adolescente muy crecido y corpulento para su edad.
    II. 1. m. *PR*. Hombre elegante.

home. (Voz inglesa).
    I. 1. m. *EU*, *Mx*, *ES*, *Ni*, *CR*, *Cu*, *RD*, *PR*, *Ve. En el* **beisbol**, lugar del campo desde donde se batea y adonde debe llegar el jugador para anotar la carrera. (**jom**; **jon**). ◆ **goma**; **plato**.
    II. 1. m. *PR*. Cárcel, presidio. delinc.
    ■
    a. ‖ ~ **club.** (Voz inglesa). m. *Cu. En el* **beisbol**, equipo al que le corresponde batear en la segunda parte del **inning**.
    b. ‖ ~ **run.** (Voz inglesa). *Mx*, *ES*, *Ni*, *Cu*, *RD*, *PR*. **jonrón**, batazo.
    ▶ **jitear de ~ run.**

homeless. (Voz inglesa).
    I. 1. m. *EU*. Persona que no tiene casa y vive de la caridad pública.

homelet. (Del fr. *omelette*, tortilla).
    I. 1. *Ni*, *Bo*. Tortilla frita hecha con huevo batido y sal.

hommi.
    I. 1. *Ho*. juv. **homy**.

homy. (Del ingl. *homely*, casero).
    I. 1. m. *Ho*. juv. Amigo inseparable, de la misma **mara**. delinc. (**hommi**).

honda.
    I. 1. f. *Ho*, *Ni*, *RD*, *Ve:O*, *Pe*, *Bo*, *Ch*, *Ar*, *Ur*; *Py*. pop. Horquilla con mango a cuyos extremos se unen los de una goma para estirarla y disparar piedrecillas o perdigones, tirachinas. (**hondilla**). ◆ **hondera**.
      2. *Ch*. Escopeta, arma de fuego. delinc.
    □
    a. ‖ **como ~.** loc. adv. *PR*. Rápidamente. pop + cult → espon.
    b. ‖ **como ~ que lleva el diablo.** loc. adv. *RD*. Rápidamente.

hondazo.
    I. 1. m. *Bo*, *Ch*, *Ar*. Tiro de piedra hecho con la **honda** tirachinas.

hondear(se).
    I. 1. tr. *Bo*, *Ar:NO*. Tirar piedras con la **honda** o tirachinas, *especialmente a los pájaros*.
      2. *Pa*, *RD*. **jondear**, tirar.
      3. *RD*. **jondearse**, tirarse.
      4. *RD*. **jondearse**, irse.
    II. 1. *RD*. **jondearse**, leer, ver o escuchar. pop.

hondera.
   I. 1. *Ar.* **honda**, tirachinas.
hondilla.
   I. 1. *Ho, ES.* **honda**, tirachinas.
hondillero, -a.
   I. 1. m. y f. *Pe.* p.u. Persona que lanza piedras peque-ñas con una **honda**. rur.
hondo.
   I. 1. m. *RD, Ec. En un río*, remanso de profundidad adecuado para nadar o tomar un baño.
hondura.
   I. 1. f. *Mx.* **jocote**, árbol y fruto.
honduras.
   ▶ **meterse en ~.**
hondureñizar.
   I. 1. tr. *Ho.* Dar carácter hondureño.
honey. (Voz inglesa).
   I. 1. adj. *EU, Hv.* juv. *Referido a persona*, encantadora en el trato con los demás.
hongo.
   I. 1. m. *Ur.* metáf. Trasero, *particularmente de una mujer*. pop.
   2. *Ur.* Ano de una persona. euf; pop.
   ▶ **valer ~.**
honor.
   ▶ **tener el ~ en los calcañales.**
honorable.
   I. 1. m-f. *Bo, Ch; Ec*, desp. Parlamentario, diputado.
honrar.
   I. 1. tr. *Ni, RD, PR, Bo; Ec*, cult. Cumplir lo pactado en un contrato o acuerdo.
   2. *Bo; Ec*, cult. Satisfacer una deuda.
hood. (Voz inglesa).
   I. 1. *EU, PR.* **bonete**, capó.
hookeado, -a. (Del ingl. *to hook*).
   I. 1. *PR.* **juqueado**, adicto a la droga.
hookearse. (Del ingl. *to hook*).
   I. 1. *PR.* **juquearse**, inyectarse una droga.
hopa
   •
   a. ‖ **~.** fórm. *Co:C,E.* Se usa para saludar. pop.
¡hopa!
   I. 1. interj. *Ni, Co.* Expresa asombro, sorpresa, ánimo. pop.
   2. *Co.* Expresa advertencia ante un peligro. pop.
   3. *Ur.* Expresa exhortación al ganado para que camine.
hoquis.
   ☐
   a. ‖ **de ~.** loc. adv/adj. *Mx.* **de oquis.**
hora.
   •
   a. ‖ **a buena ~ te amanece.** fórm. *RD.* Se usa para re-procharle a alguien que ha llegado tarde a una cita.
   b. ‖ **a estas ~s y con ese recado.** fórm. *Cu.* Se usa para expresar malestar por algo que se considera inoportuno. pop.
   c. ‖ **¿a qué ~s?** fórm. *ES, Ni, Co, Ec.* Se usa para pregun-tar por la hora en que tiene o tuvo lugar una cosa.
   d. ‖ **buenas ~s.** fórm. *Pe.* Se usa como saludo entre las diez y las doce de la mañana. pop.
   e. ‖ **estas son las santas ~s.** fórm. *Cu.* Se usa para ex-presar que hasta el momento no se ha realizado algo que se tenía previsto. pop.
   f. ‖ **¿qué ~s son?** fórm. *ES, CR, RD, Co.* Se usa para preguntar por la hora.
   ■
   a. ‖ **~ alemana.** f. *Bo.* Momento puntual y exacto que se ha convenido para una cita o para el comienzo de algo. pop + cult → espon ^ fest.

b. ‖ **~ boliviana.** f. *Bo.* Momento tardío posterior al que se había convenido para una cita o para el co-mienzo de algo. pop + cult → espon ^ fest.
   c. ‖ **~ chilena.** f. *Ch.* Momento tardío posterior al que se había convenido para una cita o para el comienzo de algo. pop.
   d. ‖ **~ de la ~.** f. *Ec.* El momento más importante. pop.
   e. ‖ **~ del engendro.** f. *ES.* Día 11 del calendario lu-nar a las cuatro de la madrugada.
   f. ‖ **~ del moro.** f. *RD.* Momento del día en el que tiene lugar el almuerzo. pop + cult → espon.
   g. ‖ **~ dominicana.** f. *RD.* Momento tardío posterior al que se había convenido para una cita o para el co-mienzo de algo. pop.
   h. ‖ **~ ecuatoriana.** f. *Ec.* Retraso que se da en el ini-cio de una actividad. pop + cult → espon.
   i. ‖ **~ feliz.** (Calco del ingl. *happy hour*). f. *Mx, Co; Ec*, p.u; *Pe*, urb. Período de tiempo en que se ofrece al consumidor en bares y cafeterías dos bebidas o comidas por el precio de una.
   j. ‖ **~ inglesa.** f. *ES, Bo, Ch.* Momento puntual y exacto que se ha convenido para un cita o para el co-mienzo de algo. pop + cult → espon ^ fest.
   k. ‖ **~ judicial.**
     i. f. *Co. En la realización de una diligencia judi-cial*, período de una hora, respecto de la hora fijada, que puede retrasarse cualquiera de las partes sin incurrir por ello en rebeldía por falta de comparecencia.
     ii. *Ec. En la realización de una diligencia judicial*, período de 10 minutos respecto de la hora fija-da que puede retrasarse cualquiera de las par-tes, sin incurrir por ello en rebeldía por falta de com-parecencia.
     iii. *CR. En la realización de diligencias o actuacio-nes judiciales*, período de 15 minutos de tole-rancia que se concede para que los actos judiciales se tengan por válidos cuando no se han iniciado en la hora fijada.
   l. ‖ ***~ peak.*** *Ch.* **hora pico.**
   m. ‖ **~ peruana.** f. *Pe.* Momento tardío posterior al que se había convenido para una cita o para el comienzo de algo. pop.
   n. ‖ **~ pico.**
     i. f. *Mx, CR, Pa, RD, Co, Ve, Ec, Pe, Bo, Ch, Py, Ar, Ur.* Período del día en que se registra mayor aglomeración en los transportes. (**hora *peak***).
     ii. *Cu.* Período del día en que se registra mayor demanda de algunos servicios, *especialmente el transporte y la electricidad.* ♦ **horario pico.**
   ñ. ‖ **~ puente.** f. *Ar, Ur.* Tiempo libre entre dos horas de clase o de trabajo.
   o. ‖ **~ sándwich.** f. *Ar.* Hora libre intermedia entre dos de trabajo o de clase. pop + cult → espon.
   p. ‖ **~ zanahoria.** f. *Co.* Limitación del horario de cierre nocturno de los establecimientos públicos de diversión.
   ☐
   a. ‖ **a la ~ de la ~.** loc. adv. *Pe.* A la hora de la verdad, en el momento decisivo.
   b. ‖ **a la ~ de los mameyes.** loc. adv. *Mx, Pa, Cu, PR.* En el momento decisivo, a la hora de la verdad. pop + cult → espon. ♦ **a la hora de los tomates.**
   c. ‖ **a la ~ de los tomates.** *Mx.* **a la hora de los ma-meyes.**
   d. ‖ **a la ~ de rajar el ocote.** loc. adv. *Gu.* En el mo-mento decisivo. pop + cult → espon.
   e. ‖ **a la ~ del burro.** loc. adv. *CR.* Tardíamente.
   f. ‖ **a la ~ del té.** loc. adv. *Co, Ve; Ec*, p.u; pop. A la hora de la verdad, en el momento decisivo.

g. ‖ **a la ~ nona.** loc. adv. *Pe.* A última hora.

h. ‖ **a la ~ tica.** loc. adv. *CR.* Más tarde de la hora acordada. pop ^ fest.

i. ‖ **a la ~ undécima.** loc. adv. *Pe.* A última hora, en el último momento. pop + cult → espon.

j. ‖ **a la mera ~.** loc. adv. *Ni.* En el último momento. pop + cult → espon.

k. ‖ **la ~ de los quiubos.** loc. sust. *Ch.* Momento decisivo en el que hay que tomar una decisión. pop + cult → espon.

l. ‖ **la ~ del burro.** loc. sust. *Ve.* Período comprendido entre las doce de mediodía y las tres de la tarde. fest.

m. ‖ **la ~ del conejo.** loc. sust. *Ve. En la cárcel,* hora de dormir. delinc.

n. ‖ **la ~ del cuete.** loc. sust. *Ch.* Momento considerado como demasiado tarde respecto del que es obligatorio o normal. pop + cult → espon.

ñ. ‖ **la ~ del none.** loc. sust. *RD.* La hora de la verdad, el momento decisivo.

o. ‖ **la ~ en que se calienta la miel.** loc. sust. *Ho.* Momento en que se complica o se pone difícil algo.

▶ **coger la ~; dar la ~; estar dando la ~; hacer ~; hacerle las ~s extras; no dar ni la ~; pasarse el cuarto de ~; saber dar la ~.**

horacio.

I. 1. adv. *ES.* Ahora, ya. delinc.

horacismo. (De *Horacio Vázquez,* político dominicano, 1860-1936).

I. 1. m. *RD.* Gobierno o doctrina política de Horacio Vázquez.

horacista. (De *Horacio Vázquez,* político dominicano, 1860-1936).

I. 1. adj. *RD.* Relativo a este político.

2. adj/sust. *RD.* Partidario de este político.

horario.

■

a. ‖ **~ abierto.** m. *Cu.* Distribución del trabajo que no exige el establecimiento de una hora fija de llegada y salida, sino que prioriza el cumplimiento de las tareas asignadas.

b. ‖ **~ cerrado.** m. *Cu.* Distribución del trabajo que exige el cumplimiento de una hora fija de llegada y salida.

c. ‖ **~ corrido.** m. *Ve.* Jornada laboral continua que implementa un establecimiento comercial.

d. ‖ **~ pico.** m. *Cu.* **hora pico,** período de mayor aglomeración.

□

a. ‖ **a ~.** loc. adv. *Bo, Ar, Ur.* Con puntualidad, sin demora. pop.

horatotol.

I. 1. m. *Mx:SE.* Pájaro de hasta 23 cm de longitud, de plumaje totalmente negro, pico largo y cónico con la punta aplanada en forma de cincel, robusto, cola bastante ancha y redondeada, pico y ojos amarillos y patas grises. (Icteridae; *Amblycercus holosericeus).* ♦ **cacique; piquiamarillo; pájaro reloj.**

horcancina.

I. 1. f. *Ho.* Ahorcamiento de muchas personas.

horchata.

I. 1. f. *Ho, ES, Ni, CR, Pa.* Bebida refrescante elaborada con arroz molido, canela, **maní,** agua y azúcar.

2. *Ho:O.* Infusión de alguna hierba.

horco.

■

a. ‖ **~ cebil.** *Ar:NO.* **cebil blanco.** (**orco cebil**).

b. ‖ **~ mato.** m. *Ar:NO.* Arbusto de hasta 10 m de altura, de tallo liso, fronda muy desarrollada, flores de color blanco verdoso y fruto comestible parecido a una granada pequeña. (Myrtaceae; *Eugenia mato).* (**orco mato**).

c. ‖ **~ molle.** m. *Ar:NO.* Árbol de hasta 40 m de altura, de copa relativamente estrecha, follaje persistente, flores de color blanco amarillento y una baya globosa como fruto. (Myrtaceae; *Blepharocalyx gigantea).* (**orco molle**).

d. ‖ **~ quebracho.** m. *Ar:NO.* Árbol de madera dura parecido al **quebracho.** (Anacardiaceae; *Schinopsis haenkeana).* (**horcoquebracho, orco quebracho**).

horcón.

I. 1. m. *Mx, Gu, Ho, Ni, CR, Pa, Cu, RD, Co, Ve, Ec, Bo:E,S, Py, Ar, Ur.* Madero vertical que en las casas rústicas sirve, a modo de columna, para sostener las vigas o los aleros del tejado.

2. *Ec, Bo, Ch, Ar.* Palo que remata en dos puntas y sirve para sostener las ramas de los árboles, armar los parrales y otras labores.

3. *Co:N.* Parte del árbol en donde se juntan formando ángulo el tronco y una rama medianamente gruesa.

4. *Cu.* metáf. Persona que, en una familia, asegura el sustento a otras.

horconadura.

I. 1. f. *Cu, RD, Ve.* Conjunto de puntales que sostiene el techo de una construcción rústica.

horconear.

I. 1. tr. *Ni.* Colocar **horcones** en una construcción.

horcoquebracho.

I. 1. *Ar:NO.* **horco quebracho.**

horero.

I. 1. m. *Gu, Bo; Ec,* p.u. *En un reloj,* manecilla que señala las horas.

horita.

I. 1. *Mx, CR, Cu, RD, Co, Ve, Ec, Pe.* **ahorita,** más tarde.

2. *Mx, Ho, ES, Ni.* En este momento. pop + cult → espon.

horitita.

I. 1. adv. *Mx, Ho, ES, Ec.* **Ahorita,** en este preciso momento. pop + cult → espon.

horizontal.

I. 1. f. *Mx, Gu.* p.u. Prostituta. pop.

2. m. *Ec. En el futbol,* palo superior del arco.

▶ **caer en la ~.**

horizonte.

▶ **hacer ~.**

horma.

I. 1. f. *Ve, Pe, Bo.* Vasija o molde para elaborar los panes de azúcar.

II. 1. f. *Ar.* Pene. euf; pop + cult → espon.

hormanguillo.

I. 1. f. *Mx.* **molinillo.** (**hormiguillo**).

hormar.

I. 1. tr. *Gu, Ec.* Dar forma a *algo,* moldearlo.

hormiga.

I. 1. f. *PR. En la industria azucarera,* enfermedad que ataca a la raíz de la caña de azúcar.

■

a. ‖ **~ arriera.** f. *Mx, Ni, CR, Ec.* **zompopo,** hormiga.

b. ‖ **~ brava.** *Ni, Cu, Ec.* **hormiga de fuego.**

c. ‖ **~ cachona.** *Co.* **conga,** hormiga negra.

d. ‖ **~ colorada.** f. *Pe, Bo, Ar, Ur.* Hormiga de color rojizo, que se alimenta de un hongo criado en el interior de su nido sobre hojas que corta de plantas cultivadas. (Formicidae; *Acromyrmex striatus).*

e. ‖ **~ cortadora.** f. *Co, Bo, Ar, Ur.* Hormiga de color negro, que se alimenta de un hongo criado en el interior de su nido sobre hojas que corta de plantas cultivadas. (Formicidae; *Acromyrmex lundi).* ♦ **hormiga negra; hormiga podadora.**

f. ‖ ~ **culona.** f. *Co, Bo.* Hormiga de gran tamaño, de cabeza lisa y brillante y fuertes mandíbulas; las reinas se consumen fritas como plato exquisito. (Formicidae; *Atta laevigata*). ♦ **culona; hormiga santandereana; siquisapa.**

g. ‖ ~ **de carnizuelo.** f. *Ho.* Hormiga pequeña que vive en el arbusto **carnizuelo.** (Formicidae; *Pseudomyrmes flavicornis*).

h. ‖ ~ **de fuego.** f. *Mx:SE, Ho, Co, Pe.* Hormiga que mide hasta 6 mm de longitud, de cabeza parda bronceada y cuerpo con abdomen más oscuro. (Formicidae; *Eciton burchelli, Solenopsis geminata*). ♦ **guerreadora negra; hormiga brava; hormiga guerreadora.**

i. ‖ ~ **de miel.** f. *Mx.* Hormiga de hasta 12 mm de longitud, de color amarillo oscuro y abdomen que puede hincharse para almacenar el líquido fórmico de sabor meloso que produce. (Formicidae; *Myrmecocystus melliger*). ♦ **huitzilera; necuazal.**

j. ‖ ~ **guerreadora.** *Ni.* **hormiga de fuego.**

k. ‖ ~ **loca.**

  i. f. *Ni, Bo, Ar, Ur.* Hormiga de abdomen piloso blanquecino, con una característica manera de andar, *aparentemente errática.* (Formicidae; *Camponotus* spp.) ♦ **hormiga meona.**

  ii. *Cu.* Hormiga de hasta 2,5 mm, color marrón oscuro y patas y antenas largas y desproporcionadas con respecto al resto del cuerpo. (Formicidae; *Paratrechina longicornis*).

l. ‖ ~ **melívora.** f. *Ar.* Hormiga de color amarillo que, aunque omnívora, prefiere las sustancias dulces. (Formicidae; *Iridomyrmex humilis*).

m. ‖ ~ **meona.** *Ar.* **hormiga loca** (Formicidae; *Camponotus* spp.).

n. ‖ ~ **negra.** *Bo, Ar, Ur.* **hormiga cortadora.**

ñ. ‖ ~ **podadora.** *Ar, Ur.* **hormiga cortadora.**

o. ‖ ~ **santandereana.** *Co.* **hormiga culona.**

▫

a. ‖ ~ **loca.** loc. sust. Persona hiperactiva y alocada.

◪

a. ‖ **de una ~ hace un caballo.** fr. prov. *Ho:O.* Indica que alguien exagera algo, hace de algo pequeño un problema grande.

▶ **descular ~s; llevarse las ~s; ponerse color de ~; tener ~s en el culo; tener ~s en el fondillo; tener ~s en el fundillo; ver la color de ~.**

hormigazón.
I. 1. m. *Ho.* Hormigueo. rur.

hormigo.
I. 1. m. *Gu, Ho, ES.* Árbol de hasta 35 m de altura, de tronco erguido, ramas ascendentes y copa irregular, hojas de color verde brillante, flores agrupadas en racimo, de color amarillento. (Papilonaceae; *Platymiscium dimorphandrum*).

2. *Ho, ES.* Madera de este árbol, de color rojo brillante a rojizo o café purpúreo con vetas pronunciadas de color crema amarillento; se usa para fabricar chapas decorativas, ebanistería fina, parquet e instrumentos musicales como la **marimba.**

hormigón.
I. 1. m. *Ur.* Calzada, parte de la calle comprendida entre dos aceras. urb.

hormiguero.
I. 1. m. *Ar.* Infección de los equinos que carcome el casco entre la uña y la carne. rur.

■

a. ‖ ~ **gigante.** *Ni.* **oso hormiguero.** (Myrmecophagidae; *Tamandua mexicana*).

▶ **mandar al ~; meterse en un ~.**

hormiguilla.
I. 1. f. *PR.* Insecto que cava túneles en las ramas y los troncos vivos. (Scolioidea; *Myrmelachista ambigua*).

hormiguillo.
I. 1. *Mx.* **hormanguillo.**

II. 1. m. *Co:E.* Enfermedad del casco de los caballos.

hormillón.
I. 1. m. *Bo:SO.* Pedestal giratorio en el que se colocan hormas de sombreros para darles forma.

hornado. (Sínc. de *horneado*).
I. 1. m. *Ec.* Cerdo asado al horno.

2. adj. *Ho, Ni.* Referido a un alimento, horneado.

hornaguear.
I. 1. tr. *Ch.* Mover un cuerpo de un lado para otro.

hornalla.
I. 1. f. *RD, Ec, Bo, Ar, Ur, Py,* pop. Dispositivo metálico que difunde el fuego o el calor de una cocina.

2. *Ve.* Fogón de una casa rústica. rur.

hornar. (Sínc. de *hornear*).
I. 1. tr. *Ho; Ec,* p.u. Meter *algo* en el horno para asarlo o cocerlo.

hornaya.
I. 1. f. *Ur.* Nariz de persona. pop + cult → espon ^ fest.

hornazo.
I. 1. m. *Mx.* Olor característico de algo, *generalmente desagradable,* que llega repentinamente. pop + cult → espon.

horneada. (Epént. de *hornada*).
I. 1. f. *Mx, Ho, ES, Ni, CR, Bo, Ch, Ar, Ec,* p.u. Cocción, *generalmente rápida,* a la que se somete un alimento en el horno. (**horneado**).

2. *ES, CR, Cu, Co, Bo, Ch, Ar.* Cantidad o porción de un alimento, *especialmente pan o pasteles,* que se cuece de una vez en el horno.

3. *Ch; Ec,* p.u. | metáf. Conjunto de personas que acaban al mismo tiempo su etapa de preparación o que aparecen a un mismo tiempo.

horneado.
I. 1. m. *Ec.* **horneada,** cocción rápida.

2. *Bo:E,N.* Panecillo elaborado con harina de **yuca** o con granos molidos de arroz o trigo.

hornearse.
▫

a. ‖ ~ **se la nariz.** loc. verb. *Bo.* **sacar el pan del horno.** pop + cult → espon ^ fest.

hornerillo.
I. 1. *Ar, Ur.* **hornero,** pájaro.

hornerito.
■

a. ‖ ~ **copetón.** m. *Ar:NO.* Pájaro similar al **hornero,** aunque algo más pequeño y con copete. (Furnariidae; *Furnarius cristatus*).

hornero.
I. 1. m. *Ec, Pe, Bo, Py, Ar, Ur.* Pájaro de hasta 20 cm de longitud, de plumaje pardo rojizo en la cola y en el dorso, y garganta blanquecina y vientre ceniciento. (Furnariidae; *Furnarius rufus*). ♦ **caserito; casero; chilalo; hornerillo; hornillero; ollero; tiluchi.**

2. *Ho.* Ave de hasta 15 cm de longitud, cuerpo robusto, pico fuerte, oscuro, garganta ocrácea brillante sin listado prominente, con una coloración café oscuro por encima y café oliváceo en las alas, cola negruzca, garganta blanca con escamado negruzco. (Furnariidae; *Sclerurus guatemalensis, S. mexicanus*).

II. 1. m. *Ec. En los trapiches*, encargado de manejar el **guarapo**.

hornero, -a.

I. 1. m. y f. *Ho.* Persona que se encarga de mantener encendido el horno en un trapiche.

hornilla.

I. 1. f. *Co:N,NE, Ec, Bo.* Utensilio pequeño y portátil, de barro u hojalata, para cocinar o calentar alimentos.

2. *ES, Cu, PR, Ec. En una estufa*, cada uno de los dispositivos, ya sea quemadores de gas o resistencias eléctricas, en que se colocan los **trastes** para cocinar alimentos o hervir líquidos.

3. *Ec.* Cada uno de los huecos hechos en el fogón de barro en que se colocan los **trastes** para cocinar alimentos o hervir líquidos.

4. *CR, Pa. En un trapiche*, cavidad hecha debajo de las **pailas**, que tiene en uno de los extremos una chimenea y en el otro una boca por la cual se enciende la leña y otras materias para cocer el jugo de la caña de azúcar.

5. *PR.* Hornillo, fuego o placa de la cocina.

hornillero.

I. 1. *Ar:NO.* **hornero**, pájaro.

hornillero, -a.

I. 1. m. y f. *Co.* Persona que maneja las **pailas** en los ingenios de azúcar.

horno.

▶ **no estar el ~ para galleticas.**

horqueta.

I. 1. f. *Ni, CR, Pa, Cu, PR, Co, Ve, Ec, Pe, Bo, Py, Ar.* Palo terminado en forma de *i* griega por uno de sus extremos.

2. *Ch; Py.* pop. Herramienta de tres o cuatro dientes al extremo de un palo, utilizada para remover la tierra y para recoger pasto o paja.

II. 1. f. *Ve, Ch, Ar.* Lugar donde se bifurca un camino.

2. *Ar; Py.* pop. Parte donde el curso de un río o arroyo forma ángulo agudo.

3. *Ar; Py,* pop. Terreno que este ángulo comprende.

III. 1. f. *Mx:SE, Ho, Ni, CR, Cu.* Conjunto de tres palos que se le colocan en forma de triángulo en el pescuezo a un animal vacuno para evitar que traspase cercados. rur. ♦ **horquilla.**

IV. 1. f. *RD, PR.* Tirachinas. ♦ **cata; paica.**

V. 1. f. *Cu.* Corte angular, en forma de *v*, que sirve para marcar al ganado.

VI. 1. m-f. *Ni.* metáf. Persona con las piernas torcidas.

VII. 1. f. *CR.* Plántula de café a la que le han brotado sus dos primeras ramas. rur.

horquetear.

I. 1. tr. *Ch.* Remover *algo* con una **horqueta**, herramienta.

II. 1. intr. *Ni, CR.* Empezar a brotarle las dos primeras ramas a una plántula de café. rur.

III. 1. tr. *Ni.* Colocar **horquetas** a un animal.

horquetero, -a.

I. 1. m. y f. *Ni, CR. En un cafetal*, persona encargada de controlar la recolección del café. rur.

horquetilla.

I. 1. *Pa, PR, Ve.* **horquilla**, punta abierta.

II. 1. f. *PR.* Hierba silvestre, pasto de mala calidad, no muy apreciado como forraje del ganado. rur.

horquilla.

I. 1. f. *Co, Ec, Pe.* Punta abierta o partida de un cabello reseco. ♦ **horquetilla.**

II. 1. f. *Cu:E.* Utensilio que se usa para sujetar la ropa tendida y que consta de dos piezas alargadas unidas por un resorte.

III. 1. f. *ES. En el futbol*, cada uno de los dos ángulos superiores de la portería.

IV. 1. *Ho.* **horqueta**, conjunto de tres palos.

V. 1. f. *PR.* **Puyero** para tocar el **güiro**.

horquillada.

I. 1. f. *Ar.* Cantidad de hierba o de cereal segado que se levanta de una vez con la horquilla del labrador o campesino. rur.

horquillado, -a.

I. 1. adj. *Ec, Pe. Referido al pelo o al conjunto de ellos*, abierto en sus puntas.

horquillar(se).

I. 1. tr. *Mx, Ar:NO.* Trabajar un terreno con la horquilla del labrador o campesino. rur.

2. *Mx, Ar:NO.* Juntar hierba o cereal segado con la horquilla. rur.

3. intr. *Ar:NO.* Trabajar con la horquilla de labrador o campesino. rur.

II. 1. intr. prnl. *Ec, Pe.* Deteriorarse el cabello abriéndose las puntas del pelo por estar reseco.

horquillazo.

I. 1. m. *Bo:E,N.* Cogotazo. pop.

horquillero.

I. 1. m. *Ar.* Peón que trabaja con la horquilla en las labores del campo. rur.

2. *Ar:NE.* Peón encargado de introducir con la horquilla las hojas verdes de **yerba mate** en la **sapecadora.**

horra.

I. 1. f. *Ho, Ni.* Hembra del ganado vacuno o caballar a la que se le ha muerto la cría al poco tiempo de nacer.

horrarse.

I. 1. intr. prnl. *Ho, Ni.* Abortar sus crías un animal hembra, *especialmente la yegua o la vaca*. rur. (**ahorrarse**).

II. 1. intr. prnl. *PR.* Quedarse sin leche una **res** por la muerte de su cría. rur.

horripilancia.

I. 1. f. *Mx, Ni, Cu, PR.* Cosa o suceso que causa horror y espanto. pop + cult → espon.

horro, -a.

I. 1. adj. *Co. Referido a un animal hembra*, estéril.

horse. (Voz inglesa).

I. 1. f. *PR.* Heroína. drog.

hortaliza.

I. 1. f. *Ni, Pa, PR.* Terreno en el que se plantan verduras, legumbres y árboles frutales para el consumo propio.

hortegón.

I. 1. m. *PR.* Árbol de hasta 30 m de altura, de follaje espeso, tronco fino con la corteza agrietada de color gris, hojas grandes y fuertes, y flores y semillas en vástagos; su madera es muy apreciada en la construcción. (Polygonaceae; *Cocoloba rugosa*). (**ortegón**).

hortensia.

I. 1. f. *PR.* Arbusto perenne de hasta 5 m de altura, de tronco espinoso, hojas rosadas, flores en racimo o axilares de color rosa intenso y anteras amarillas y fruto pedunculado de color verde que se vuelve amarillo cuando madura; es decorativo y tiene usos variados en la medicina tradicional. (Cactaceae; *Pereskia grandiflora*).

hosco.

I. 1. adv. *PR.* **josco.**

hosco, -a.

I. 1. adj. *Ho.* **josco**, de pelaje rojizo.

2. *Ni. Referido al ganado vacuno*, de pelo rojo o blanco con manchas negras.

3. *PR.* **josco**, de color oscuro.

hóspera.
□
   a. ‖ ¡qué ~! *PR.* ¡qué áspera!
▶ **cagarse en la ~.**

hospicio.
   I. 1. m. *RD, Co, Ec, Bo, Ch, Ar, Ur.* Asilo para dementes y ancianos.
   2. *RD, Pe, Bo, Ch; Ar, Ur,* p.u. Asilo para menesterosos.
▶ **coger de pelón de ~.**

hospital.
   I. 1. *PR.* hospitalillo.
■
   a. ‖ ~ **de día.** m. *Cu.* Hospital, o sección de un hospital, al que asisten en días laborables pacientes con trastornos psíquicos leves con fines terapéuticos.

hospitalillo.
   I. 1. m. *PR.* Lugar donde el drogadicto fuma o se inyecta. drog. ♦ **hospital.**

hóspito, -a.
   I. 1. adj. *Ho. Referido a un lugar,* propicio para vivir. prest; cult → esm.

hostia.
   I. 1. m. *EU.* Persona que dirige un programa de radio o televisión.
■
   a. ‖ ~ **china.** m. *Pa.* Laminita redonda muy fina hecha de frutas.

hostigamiento.
   I. 1. m. *Pa.* Empalago.

hostigante.
   I. 1. adj. *Co. Referido a un alimento,* que empalaga por ser demasiado dulce.
   2. *Ec. Referido a persona o cosa,* que causa hartazgo.

hostigar.
   I. 1. intr. *Mx, Ni, Pa, Co, Ec, Pe, Bo, Ch.* Causar empalago un alimento o una bebida.
   2. *Mx, Gu, ES, Ni, Ec, Pe, Bo, Ch.* Ser molesta o empalagosa *una persona.* pop + cult → espon.
   3. tr. *Mx, Gu, Ec, Ch.* Provocar *algo* empalago o hartazón a *alguien.*

hostigoso, -a.
   I. 1. adj. *Mx, ES, Ni, Pe, Bo, Ch, Ar, Ur; Ec,* p.u. *Referido a persona,* molesta, fastidiosa. pop + cult → espon.
   II. 1. adj. *Mx, Gu, ES, Ni, Pa, Pe, Bo, Ch; Ec,* p.u. *Referido a un alimento o bebida,* que causa empalago. pop + cult → espon.

hostigue.
   I. 1. m. *ES.* Fastidio, hartazgo.

hostilizamiento.
   I. 1. m. *Ch.* p.u. Hostilización, acoso, realización de actos hostiles.

hot. (Voz inglesa).
   I. 1. adj. *EU.* p.u. *Referido a una comida,* muy picante.
   2. *PR, Ch. Referido a un hecho, suceso o declaración,* candente, polémico y de plena actualidad. cult.
   3. *Ch. Referido a persona,* excitada sexualmente. cult → espon.
   4. *PR. Referido a cosa,* caliente.
   II. 1. m. *PR.* Trabajo urgente.
   III. 1. m. *PR.* Hecho o acción pornográfica.
■
   a. ‖ ~ *cake.* (Voz inglesa). m. *Mx, ES, PR, Bo; Ec,* p.u; *Cu,* obsol. **Tortilla** gruesa, hecha de harina de trigo, leche, huevo y mantequilla.
   b. ‖ ~ *dog.* (Voz inglesa).
      i. m. *EU, Mx, Gu, Ho, ES, Ni, CR, RD, PR, Co, Ec, Bo, Ch.* Panecillo alargado y caliente con una salchicha cocida en medio acompañado con diversos ingredientes. (*hotdog;* **jocho**).
      ii. *EU, Ho, RD, PR, Bo.* Salchicha hecha de carne de cerdo o de pollo. (*hotdog*).

hotdog. (Voz inglesa).
   I. 1. *EU, RD, PR, Ch.* **hot dog.**

hotel.
■
   a. ‖ ~ **alojamiento.** m. *Ar.* Establecimiento dedicado al alquiler de habitaciones por horas para tener relaciones sexuales.
   b. ‖ ~ **de alta rotatividad.** *Ur.* hotel galante.
   c. ‖ ~ **de paso.** m. *Mx.* Establecimiento que alquila habitaciones por hora.
   d. ‖ ~ **galante.** m. *Ch.* Establecimiento en el que se alquilan habitaciones para la práctica de relaciones sexuales. pop + cult → espon. ♦ **hotel de alta rotatividad; hotel parajero.**
   e. ‖ ~ **mama.** m. *Co.O.* juv. La casa de los padres.
   f. ‖ ~ **parejero.** *Ch.* hotel galante.

house. (Voz inglesa).
   I. 1. f. *ES, Ni, Pe; Bo,* juv, urb. Casa, vivienda.

hoy.
□
   a. ‖ **de ~ en más.** loc. adv. *Bo, Py, Ar, Ur.* En el futuro, en lo sucesivo.

hoya.
   I. 1. f. *Co, Ve.* Territorio cuyas aguas afluyen a una corriente principal o a un lago o mar.
   2. *Pe, Bo.* Cuenca de un río.

hoyada.
   I. 1. f. *Ve; Ar:NO,* rur. Paso entre dos montañas por donde corre un arroyo.
   2. *Ve.* Espacio entre dos montañas por donde corre el aire.

hoyado.
   I. 1. m. *Ec.* Agujero que se hace en la tierra para sembrar una planta.

hoyado, -a.
   I. 1. adj. *Ho. Referido a una vasija o un recipiente,* agujereado en su fondo. rur.

hoyador.
   I. 1. m. *Cu.* Instrumento de labranza que se emplea para **hoyar** la tierra. rur.

hoyadura.
   I. 1. f. *ES.* Hueco *para sembrar o plantar algo.*

hoyanco.
   I. 1. m. *Mx.* Bache, hoyo en el pavimento. (**joyanco**).
   2. *RD.* Herida o llaga profunda.
   3. *Ni.* Hoyo grande, socavón. (**joyanco**).

hoyancoso, -a.
   I. 1. adj. *Ho. Referido a una calle o un camino,* que tiene muchos hoyos.

hoyar.
   I. 1. tr. *Mx, Ho, ES, Ni, Cu, Ve.* Hacer hoyos en un terreno. rur.
   2. *Ho.* Hacer agujeros a una vasija de barro para que sirva de colador o filtro.

hoyerío.
   I. 1. m. *Gu.* Superficie poblada de hoyos.

hoyero, -a.
   I. 1. adj/sust. *Gu.* p.u. *Referido a persona,* tramposa.

hoyita.
   I. 1. f. *Ho, Ni, Cu.* Concavidad en la parte inferior de la garganta, donde comienza el cuello. pop.

hoyito.
   I. 1. m. *Ve, Ar:N;* m. pl. *Bo:O.* Juego que consiste en lanzar monedas tratando de colocarlas dentro de un hueco pequeño previamente abierto.

2. *Ho.* Juego infantil que se practica con canicas y que consiste en hacerlas rodar, chocando unas con otras, según ciertas reglas.

3. *PR.* Juego que consiste en embocar una bolita en tres hoyos previamente dispuestos.

4. *PR.* **bolita y hoyo.**

II. 1. m. *Cu.* Hoyuelo que tienen algunas personas en la barbilla o que se forma en la mejilla, cerca de la comisura de los labios, al sonreír.

III. 1. m. *Ch. En el fútbol,* regate que se hace pasando el balón entre las piernas del contrario. pop + cult → espon.

■

a. ‖ ~ **patada.** m. *Ch.* Juego entre niños en que los participantes intentan hacer pasar con los pies un balón pequeño u otro objeto entre las piernas de uno de ellos para que todos puedan patearle las nalgas.

hoyo.

I. 1. m. *Mx, Gu, Ni, PR, Ch, Ar:NO.* Ano. tabú; pop + cult → espon. (**joyete**; **joyo**).

2. *Ho, ES, Bo.* Vulva. vulg.

II. 1. m. *Ar:NO.* Buena suerte. pop.

III. 1. m. *Gu, Ch,* metáf. Deuda, falta o pérdida injustificada de dinero en la administración de una entidad.

IV. 1. m. *Cu.* Valle pequeño, entre dos montañas, en las márgenes de un río, un arroyo o una cañada.

V. 1. m. *RD,* metáf. Situación desfavorable, problemática y de difícil solución. pop + cult → espon.

VI. 1. m. *ES.* Lugar donde se vende droga. drog.

■

a. ‖ ~ **muerto.** m. *Ho.* Concavidad en la tierra destinada a acumular materia orgánica en las plantaciones de café para obtener abono orgánico.

b. ‖ ~ **negro.** m. *Mx, CR, Cu; Ec, Ch,* p.u. Lugar invisible del espacio cósmico que, según la teoría de la relatividad, absorbe por completo cualquier materia o energía situada en su campo gravitatorio.

□

a. ‖ **como el ~.** *Ch.* **como el pico.**

b. ‖ **el ~ del queque.** loc. sust. *Ch.* El centro o lo más importante de algo. pop + cult → espon ^ fest.

c. ‖ ~ **negro.** loc. sust. Grave pérdida financiera en una empresa o institución, sobre todo cuando se trata de mantenerla oculta.

▶ **creerse el ~ del queque; descubrir el ~ de la rosquilla; hacer ~; inventar el ~ de la rosquilla; irse al ~; mandar al ~; tapar ~s.**

hoyuda.

I. 1. m. *Ch.* juv. Gesto obsceno de desprecio hecho con el puño cerrado y el dedo cordial extendido.

hoyudo, -a.

I. 1. adj. *Ar:NO; Ch,* vulg. *Referido especialmente a persona,* con suerte o fortuna. pop.

huaba.

I. 1. *Pe.* **guaba,** árbol.

2. *Pe.* **guaba,** fruto.

huaca.

I. 1. *Ni, CR, Pa, Co, Ec, Bo, Ar:NO; Pe,* p.u. **guaca,** tesoro escondido.

2. *Ni, Pa, Co, Ec, Pe, Bo.* **guaca,** vasija.

3. *Ni, Pe, Ch, Ar:NO.* **guaca,** sepulcro.

4. *CR, Ec, Bo; Cu,* pop. **guaca,** conjunto de objetos.

5. *Ni, Ec; Cu,* rur. **guaca,** hoyo.

6. *Ni, Pa, Ec.* **guaca,** escondite.

7. *Ni, Cu.* **guaca,** dinero ahorrado.

8. *Cu.* **guaca,** hucha.

II. 1. *ES.* **guaca,** mentira. pop.

huacabolas.

I. 1. f. *Pe, Ch.* Sepulcro indígena o de los antiguos incas en el que se incluían sus pertenencias.

2. *Ch.* **guaca,** sepulcro.

II. 1. *Cu.* **guaca,** alcancía.

2. *Cu.* **guaca,** dinero ahorrado. rur.

3. f. *Cu.* Conjunto de cosas escondidas, *especialmente dinero y joyas.* pop + cult → espon.

III. 1. f. *Cu,* Hoyo que se hacía en la tierra y en el que se depositaban frutos para una rápida maduración. rur.

IV. 1. sust/adj. *Bo.* Persona que se comporta con falta de viveza, de una manera poco inteligente, ingenua o ridícula. pop + cult → espon ^ desp.

huacaca.

I. 1. f. *Pe.* Ave nocturna de mal agüero que, según la tradición, chupa la sangre de los animales.

huacacara. (Del quech. *wacca,* vaca, y *ccara,* costra).

I. 1. f. *Pe:S.* Excremento seco de ganado vacuno. rur.

huacacha.

I. 1. f. *Pe:S.* Zambullida de cabeza.

huacal.

I. 1. *Mx, Ni, RD, Co, Ve, Ec; Cu,* rur; *PR,* obsol. **guacal,** armazón.

2. *Mx, Gu, Ho, ES, CR.* **guacal,** vasija.

3. *Ve:C.* **guacal,** cesta.

4. *Gu, ES.* **guacal,** jícaro.

II. 1. *Ve.* **guacal,** cantidad de producto.

III. 1. *Ve.* **guacal,** árbol.

2. *Ve.* **guacal,** fruto.

IV. 1. *Gu, Ni.* **guacal,** cráneo.

¡huácala!

I. 1. *Ho, ES, RD, PR, Ec, Pe, Bo, Py.* **¡guácala!**

huacalada.

I. 1. *Ho, ES, CR.* **guacalada,** líquido que cabe en un **guacal.**

huacalazo.

I. 1. *Ho, ES.* **guacalazo,** líquido que cabe en un **guacal.**

huacalear.

I. 1. *Ho, ES.* **guacalear,** hacer **guacales.**

huacaleo.

I. 1. m. *Ho.* Invitación en que se bebe **atol** y **chicha** en alguna celebración municipal.

huacalero, -a.

I. 1. sust/adj. *Ho.* **guacalero,** persona que hace y vende guacales.

huacalillo.

I. 1. m. *Mx.* Arbusto de hasta 2 m de altura, con abundantes inflorescencias en racimos globosos dispuestas en los extremos de las ramas nuevas, y pequeñas flores azules, rosadas o blancas. (Rhamnaceae; *Ceanothus azureus*).

huacalla.

I. 1. adj/sust. *Pe. Referido a un tipo de alpaca,* de pelaje blanco muy apreciado.

huacalxóchitl. (Del nahua, *huacquicalli, huacal,* y *xóchitl,* flor).

I. 1. m. *Mx.* Planta trepadora de hojas grandes, lobuladas y alternas en el tallo, con inflorescencia cilíndrica, flores pequeñas y fragantes, y frutos en forma de baya carnosa. (Araceae; *Philodendron affine*).

huacamole.

I. 1. *Mx.* **guacamole,** salsa.

huacán.

I. 1. m. *Pe, Ch:N.* Arbusto de hasta 2,5 m de altura, de hojas perennes oblongas y lanceoladas, flores sueltas y frutos pequeños en forma de drupa, que están recubiertos de una especie de cera utilizada en la fabricación de velas. (Myricaceae; *Myrica* spp.).

huacáporo.

I. 1. m. *Mx.* Árbol de hasta 10 m de altura, de follaje colgante, ramas de color verde, tortuosas y espinosas, hojas bipinnadas con numerosos folíolos, de color verde grisáceo, flores amarillas con manchas rojizas en el pétalo superior y una vaina lineal oscura como fruto. (Fabaceae; *Parkinsonia aculeata*). (**guacóporo**). ♦ **acacia de los masones**; **aroma extranjera**; **brea del agua**; **cina-cina**; **cinacina**; **espinillo**; **juso**; **palo de rayo**; **parkinsonia**; **retama**.

huacarear.
I. 1.   *Mx.* **guacarear**. pop.

huacatai.
I. 1.   *Pe.* **huacatay**.

huacatay.
I. 1.   m. *Ec, Pe, Ch:N.* Hierba de hasta 50 cm de altura, de hojas lanceoladas, dentadas y aromáticas, y flores amarillas o anaranjadas; sus hojas se utilizan como condimento. (Asteraceae; *Tagetes minuta*). (**huacatai**; **huacataya**; **huatacay**). ♦ **chilche**; **chinchilla**; **kita-huacatai**; **quinchihue**; **wacataya**.

huacataya.
I. 1.   f. *Bo.* **huacatay**.

huacha.
I.   (Del ingl. *washer*, arandela).
1.   *Pa, Pe.* **guacha**, arandela.
II. 1.   f. *Pe.* Planta silvestre de hasta 80 cm de altura, de tallo nudoso, hojas grandes, planas y lanceoladas, flores sin pedúnculo y semillas granuladas de color casi granate. (Poligonaceae; *Rumex patientia*).
III. 1.   f. *Pe. En el futbol*, jugada que consiste en pasar la pelota entre las piernas del adversario. (**guacha**).
☐
a. ‖ **con la ~ floja**. loc. adv/adj. *Pe.* Con diarrea o descomposición del vientre. pop.
b. ‖ **hasta la ~**. loc. adj. *Pa.* **hasta la guacha**.

huachaca.
I. 1.   adj. *Ch.* **guachaca**, ordinario. pop + cult → espon.
II. 1.   m-f. *Ch.* **guachaca**, persona que bebe. pop + cult → espon.

huachácata.
I. 1.   *Mx.* **retama**, árbol. (**vachácata**).
II. 1.   adj/sust. *Ch. Referido a persona*, apegada a algunas de las tradiciones de la cultura popular y urbana de Chile.

huachafear.
I. 1.   intr. *Pe, Bo.* Adoptar *alguien* los modales y conducta de una persona **huachafa**. pop + cult → espon ^ desp.
2.   tr. *Pe, Bo.* Hacer que *alguien* se comporte o vista de manera **huachafa** o lo parezca.

huachafería.
I. 1.   f. *Ec, Pe, Bo.* Cursilería, manera de comportarse afectadamente o aparentando pertenecer a una clase considerada superior.

huachaferío.
I. 1.   m. *Pe.* Conjunto de **huachafos**.

huachafero, -a.
I. 1.   sust/adj. *Pe, Bo.* Persona que frecuenta el trato con **huachafos** o los imita.

huachafismo.
I. 1.   m. *Pe.* p.u. Tendencia a comportarse como un **huachafo** o a adoptar sus pautas de comportamiento.

huachafita.
I. 1.   f. *Pe.* Mujer de clase social baja que presume o aparenta pertenecer a otra superior e intenta ascender por cualquier medio.
II. 1.   *PR.* **guachafita**, cosa sin interés.

huachafo, -a.
I. 1.   adj/sust. *Ec, Pe, Bo. Referido a persona*, cursi, afectada o que aparenta pertenecer a una clase superior o distinguida. pop + cult → espon. ♦ **wacha**.

huachafón, -na.
I. 1.   adj. *Pe. Referido a persona o cosa*, que hace ostentación de cursilería, afectación y cae en el mal gusto. desp.

huachafoso, -a.
I. 1.   adj. *Pe, Bo. Referido a persona o cosa*, cursi, afectada, que cae en el mal gusto. desp.

huachal.
I. 1.   m. *Mx.* Mazorca de maíz cocida y seca.

huachalomo.
I. 1.   m. *Pe.* Solomillo, capa que se extiende entre las costillas y el lomo. (**guachalomo**).
2.   *Ch.* Corte rectangular de carne de vacuno que se obtiene de la nuca del animal. (**guachalomo**).
II. 1.   m. *Ch.* Pene. tabú; pop + cult → espon ^ fest. (**guachalomo**).

huachano.
I. 1.   m. *Pe. En equitación*, paso de ambladura o de andadura en el que las cabalgaduras mueven a un tiempo la mano y el pie del mismo lado.

huachapelí.
I. 1.   *Pe.* **guachapelí**.

huachar.
I. 1.   tr. *Ec.* Remover la tierra o hacer en ella surcos con el arado. rur.

huáchar.
I. 1.   m. *Ar:C,O.* **flor de tierra**, planta de hasta 50 cm.

huácharo.
I. 1.   *Ec, Pe.* **guácharo**, ave.

huacherío.
I. 1.   m. *Ch.* p.u. Conjunto de huérfanos o hijos no reconocidos por alguno de sus progenitores. desp. (**guacherío**).

huachi.
I. 1.   *Ch, Ar:S.* **guachi**, alambre.
■
a. ‖ **~ torito**.
i.   *Bo, Ch:N, Ar:NO.* **huachitorito**, danza navideña.
ii.   *Bo, Ch:N, Ar:NO.* **huachitorito**, música.
iii.   *Bo, Ch:N, Ar:NO.* **huachitorito**, canto.

huachimán. (Del ingl. *watchman*, guardia).
I. 1.   m. *PR, Ec, Pe.* Persona que se desempeña como vigilante o guardián. (**guachimán**).
2.   *Ch.* Persona que se trabaja como vigilante o guardián de barcos. (**guachimán**).

huachimanía.
I. 1.   f. *Ec.* Garita de vigilante.

huachinango.
I. 1.   *Mx.* **guachinango**.

huachipilín.
I. 1.   *Mx.* **guachipilín**, árbol.

huachismo.
I. 1.   m. *Ch.* obsol. Tendencia y proliferación abundante del nacimiento de **huachos**, hijos habidos fuera del matrimonio. desp. (**guachismo**).

huachito.
I. 1.   m. *Ec.* Décimo de un billete de lotería.

huachitorito.
I. 1.   m. *Bo, Ar:NO.* Danza navideña en que se simula correr y atrapar un toro en homenaje al Niño Jesús. (**guachitorito**).
2.   *Bo, Ar:NO.* Música de esta danza. (**guachitorito**).
3.   *Bo, Ar:NO.* Canto de esta danza.

huacho.
    I. 1.   *Mx.* **guacho**, soldado.
    II. 1.   *Ec, Ch.* **guacho**, fracción de lotería. pop + cult → espon.
    III. 1.   *Ec:C.* **guacho**, surco.
    IV. 1.   *Py.* **guacho**, ternero.

huacho, -a.
    I. 1.   m. y f. *Mx:SE.* **guacho**, persona de una región foránea.
    II. (Del aim. *wajcha* y quech. *wacha wachuwaxcha*, huérfano).
        1.   adj/sust. *Pe, Ch. Referido a un hijo, especialmente de madre soltera*, no reconocido por el padre o por uno de los progenitores. pop + cult → espon.
        2.   *Bo, Ch. Referido a persona*, huérfana. pop + cult → espon.

huachua. (Del quech. *wachwa*).
    I. 1.   *Pe.* **guayata**.

huachuchero, -a.
    I. 1.   *Ch.* **guachuchero**.

huachucho.
    I. 1.   *Ch.* **guachucho**. rur.

huachuma.
    I. 1.   f. *Pe.* **Cardón** gigante de hasta 10 m de altura y tronco leñoso. (Cactaceae; *Trichocerus* spp.). ♦ **san Pedro**.
        2.   *Pe.* Brebaje alucinógeno hecho con la cocción de la **achuma** que permite entrar en trance a los brujos.

huaco.
    I. 1.   m. *Pe, Ch. En las sepulturas indígenas*, vasija, *generalmente de barro cocido*, donde aparecen depositados objetos artísticos y joyas.
    II. 1.   *ES, Pe.* **guaco**, ave.

huaco, -a.
    I. 1.   *Ec.* **guaco**, que tiene labio leporino.

huacón.
    I. 1.   m. *Pe.* Danzante que lleva una máscara de madera que representa al alcalde en la **huaconada**.
        2.   m. *Pe.* Danza de la **huaconada**.

huaconada.
    I. 1.   f. *Pe.* Danza popular que se celebra en Año Nuevo o Reyes en la que los danzantes se atavían con trajes coloniales y máscaras que representan a los antiguos gobernadores españoles, de los que se burlan mientras hacen posturas ridículas y simulan impartir justicia.

huacrapona.
    I. 1.   *Pe.* **camona**, palma.

huacrapuco.
    I. 1.   m. *Pe.* Instrumento de viento hecho con cuernos de **res** unidos con clavos y brea, tocado por los pastores de la sierra. rur.

huactana.
    I. 1.   f. *Pe.* Apero de labranza en forma de palo usado en la trilla. rur.

huactería.
    I. 1.   f. *Pe:S.* Establecimiento donde se expende alcohol de baja calidad o alta graduación.

huactero, -a.
    I. 1.   sust/adj. *Pe:S.* Persona que acostumbra a beber en exceso alcohol, sobre todo de alta graduación o poca calidad. pop.

huacux.
    I. 1.   *Mx:SE.* **capire**, árbol.

huagra.
    I. 1.   m. *Ec.* Toro, macho bovino adulto. (**guagra**).

huahua.
    I. 1.   *Pe.* **guagua**, pan.
    II. 1.   *Ec, Bo.* **guagua**, niño de pecho. pop + cult → espon.

huahuero, -a.
    I. 1.   adj. *Ec, Bo. Referido a persona*, que siente mucho aprecio o afecto por los niños y disfruta de su compañía. pop.

huahuita.
    I. 1.   f. *Bo.* Niño recién nacido. rur; pop.

huaica.
    I. 1.   f. *Ec.* Hondonada o grieta de cierta extensión y profundidad producida por precipitaciones fuertes y esporádicas. rur.
    II. 1.   f. *Bo:O.* Aglomeración de personas que se produce en un lugar para obtener un producto que tiene mucha demanda. pop + cult → espon.

huaico. (Del quech. *wayq'u*).
    I. 1.   m. *Pe, Ar:NO.* Hondonada o grieta de cierta extensión y profundidad producida por precipitaciones fuertes y esporádicas. rur. (**guaico; guayco; huayco**).
        2.   *Pe, Bo, Ch.* Masa enorme de lodo y peñas que las lluvias torrenciales desprenden de las alturas de los Andes y que, al caer en los ríos, ocasionan su desbordamiento. (**guaico; huayco**).
        3.   *Pe.* metáf. Vómito. pop. (**huayco**).

huaina.
    I. 1.   *Ch, Py, Ar.* **guaina**.

huaino. (Del quech. *waynu*).
    I. 1.   m. *Pe, Ch:N, Ar:NO.* Baile popular en que cada pareja efectúa giros y movimientos al compás de un trote rápido y ligero. (**guaino; guayno; huayno**).
        2.   *Pe, Ch:N, Ar:NO.* Música con que se acompaña este baile. (**guaino; guayno; huayno**).
        3.   *Ar:NO.* Canción melancólica parecida al **triste** o al **yaraví**.
    II. 1.   *Py.* **guaino**, jinete.

huaiño. (Del quech. *wayñu*).
    I. 1.   m. *Bo.* Baile popular en que cada pareja efectúa giros y movimientos al compás de un trote rápido y ligero.
        2.   *Bo.* Canción folclórica con que se acompaña el huaiño.

huaipe.
    I. 1.   *Ec, Pe, Bo, Ch.* **guaipe**, estopa.

huaipo.
    I. 1.   *Ar:NO.* **inambú**. (**guaipo**).

huaiqueada.
    I. 1.   f. *Bo:O.* Agresión física o verbal a alguien entre varios. pop + cult → espon.

huaira. (Del quech. *guaira*).
    I. 1.   *Ec, Bo, Ar:NO.* **guaira**, viento. rur.
    II. 1.   *Pe, Bo.* **guaira**, horno. rur.

huairao.
    I. 1.   *Ar:S.* **guaco**, ave.

huairavo.
    I. 1.   m. *Ch.* Garza de hasta 57 cm de longitud, de cuello corto, plumaje gris pálido en las partes inferiores y más oscuro en las superiores, patas amarillas y ojos rojos. (Ardeidae; *Nycticorax nycticorax obscurus*). (**guairabo; guairavo**). ♦ **bauda**.

huairona.
    I. 1.   f. *Pe.* Horno de barro para fundir metales. rur.

huairuro. (Del quech. *wayrúru*).
    I. 1.   m. *Pe, Ar:NO.* Árbol de hasta 30 m de altura, de hojas alternas, inflorescencia en panículas, flores púrpuras y frutos leguminosos, rojizos o negros cuando maduran. (Fabaceae; *Ormosia coccinea*). (**guairuro; huayruro; huayruru**). ♦ **alcornoque; coralillo; peronil**.
        2.   *Bo, Ch:N, Ar:NO.* Semilla del huairuro, de color rojo y negro, que se utiliza para hacer bisutería y amuletos. (**guairuro; huayruro**).

huaje.

    I. 1. *Mx.* **guaje**, acacia.

    II. 1. *Mx.* **guaje**, bobo.

huala.

    I. 1. m. *Ch, Ar:S.* **guala**, ave acuática.

hualahuila.

    I. 1. *Pe.* **huirahuira**.

hualicho. (De *gualicho*, nombre que los tehuelches daban al espíritu del mal).

    I. 1. m. *Bo.* Hechizo, particularmente el que se utiliza con fines amorosos. pop.

hualla.

    I. 1. f. *Pe.* Guirnalda hecha de frutas, flores o vellones de lana que se coloca al ganado en ciertas festividades.

huallaque.

    I. 1. *Pe.* **perro de agua**. (Mustelidae; *Lutra felina*).

huallata.

    I. 1. *Pe, Bo.* **guayata**.

huallca. (Del quech. *wallqa*).

    I. 1. f. *Ec.* Gargantilla, adorno femenino que rodea el cuello.

hualle.

    I. 1. m. *Ch:SO, Ar:SO.* Árbol de hasta 35 m de altura, parecido al roble, de tronco pardo oscuro y rugoso, tiene hojas alternas con ondulaciones entre la nervadura y el borde aserrado y flores masculinas y femeninas, pequeñas y rodeadas por brácteas de color verde, por lo que son poco llamativas; su madera se explota comercialmente. (Fagaceae; *Nothofagus obliqua*). ♦ **collán; coyán; pellín**.

    2. *Ch:S, Ar:SO.* Madera del hualle, dura y de textura suave.

hualo.

    I. 1. m. *Pe.* Sapo de gran tamaño que puede alcanzar los 30 cm de longitud, de carne fina y blanca; es comestible y muy apreciada. (Leptodactylidae; *Leptodactylus pentadactylus*).

hualqui.

    I. 1. m. *Pe.* Bolso pequeño hecho de piel de oveja en el que se llevan hojas de coca y cal para **coquear**, mascar hojas de coca.

hualtaco.

    I. 1. m. *Ec, Pe.* Árbol caducifolio de hasta 25 m de altura, muy oscuro, casi negro, de cuya corteza se desprenden placas rectangulares, hojas alternas, inflorescencias en panículas axilares, flores blancas muy pequeñas y fruto de color café cuando está maduro. (Anacardiaceae; *Loxopterygium huasango*). (**gualtaco**).

huamán.

    I. 1. adj/sust. *Pe.* p.u. *Referido a persona*, tonta, necia. pop.

huamanpinta.

    I. 1. f. *Pe.* Arbusto de tallo cilíndrico, leñoso, con espinas axilares, hojas alternas aovadas y lanceoladas, inflorescencia axilar en capítulos y flores sésiles amarillas; tiene múltiples usos medicinales. (Asteraceae; *Chuquiraga rotundifolia*).

huamanripa.

    I. 1. f. *Pe.* Hierba de tallo pequeño, erguido, y hojas pequeñas elípticas, muy usada en medicina. (Asteraceae; *Senecio chionogeton*).

huamansamana.

    I. 1. *Pe.* **jacarandá**.

huambra.

    I. 1. m-f. *Ec, Pe.* Persona joven de corta edad, *especialmente mujer.* rur.

huamil.

    I. 1. *Mx, Ho.* **guamil**, terreno de rastrojo.

huampo.

    I. 1. m. *Pe.* Árbol de hasta 30 m de altura, siempre verde, aunque puede comportarse como caducifolio si la estación seca es muy larga, de hojas grandes palmeadas y lobuladas y flores blancas o color crema en forma de trompeta. (Malvaceae; *Ochroma pyramidalis*).

huamuche.

    I. 1. *Mx.* **guamúchil**.

huamúchil.

    I. 1. *Mx.* **guamúchil**.

huanábana.

    I. 1. *Mx, Pe.* **guanábana**, árbol.

huanacaste.

    I. 1. *Mx.* **guanacaste**, árbol.

huanacastle.

    I. 1. *Mx.* **guanacaste**, árbol.

huanaco. (Del quech. *wanaku*).

    I. 1. *Pe, Bo, Ar, Ch,* p.u. **guanaco**.

huanaco, -a.

    I. 1. *Pe, Ch* **guanaco**, tonto. pop.

huanarpo.

    I. 1. m. *Ec, Pe.* Arbusto de ramas gruesas y flores rojas que caen hacia el suelo; según la especie puede ser afrodisíaco o un antídoto. (Euphorbiaceae; *Jatropha macrantha*). (**guanarpo; huanarpu**).

huanarpu.

    I. 1. *Pe.* **huanarpo**.

huanay.

    I. 1. *Pe.* p.u. **guanay**.

huancadanza.

    I. 1. f. *Pe.* Danza muy antigua de origen guerrero. rur.

huancahui.

    I. 1. *Pe.* **vaquero**, ave. (**huancahuí**).

huancahuí.

    I. 1. *Pe.* **huancahui**.

huancaína.

    ☐

        a. ‖ **a la ~.** loc. adj/adv. *Ec, Pe. Referido a una salsa*, hecha con **ají** molido, queso, cebolla y otros ingredientes.

huancanalá.

    I. 1. *Mx.* **guancanalá**.

huancar. (Del quech. *wankar*).

    I. 1. m. *Pe.* Tambor de diversos tamaños tocado con un solo palillo.

huanchaco.

    I. 1. *Pe:E,NE.* **pastorero peruano**.

huanchal.

    I. 1. m. *Mx:S.* Árbol de hasta 15 m de altura, de hojas alternas, aovadas y lobuladas, flores blancas, acampanadas con un anillo nectario entre el receptáculo de la flor, y fruto drupáceo. (Sapindaceae; *Cupania glabra*). ♦ **nogalillo**.

huanco.

    I. 1. m. pl. *Pe.* Danza popular de carácter guerrero bailada al son de una flauta y de un tambor, compuesta por ocho personas ataviadas con blusones y chalecos de colorido muy vivo y un sombrero ancho y de alta copa con plumas de ave. rur.

    2. m. *Pe.* Cada uno de los danzantes de este baile popular. rur.

huancoiro.

    I. 1. *Bo:S.* **guanquero**.

huando.
    I. 1. *Ec:S.* **floripondio**, arbusto.
huanero, -a. (Del quech. *wanu*).
    I. 1. adj. *Pe, Bo.* p.u. Relativo al **guano**, estiércol.
huangana.
    I. 1. f. *Ec, Pe.* **chancho de monte**.
    ■
       a. ‖ **~-caspi.** f. *Pe.* **chancho de monte**.
       b. ‖ **~ huasca.** f. *Pe.* **chancho de monte**.
huango.
    I. 1. m. *Ec.* Ristra, trenza. (**guango**).
      2. *Ec.* Trenza que el hombre aborigen ecuatoriano hace con su cabello y lleva en todo su largo sobre la espalda. (**guango**).
      3. *Ec.* Cabello atado con una faja que llevan las mujeres aborígenes ecuatorianas.
    II. 1. m. *Ec.* Atado o haz de forraje, leña, plantas medicinales, legumbres o de otro producto semejante.
    □
       a. ‖ **en ~.** loc. adv. *Ec.* En grupo. pop.
huango, -a.
    I. 1. *Mx.* **guango**, ancho.
huangudo, -a.
    I. 1. *Ec.* **guangudo**.
huanita.
    I. 1. f. *Mx.* **esquisúchil**.
huano.
    I. 1. *Mx:SE.* **guano**, palma.
      2. *Mx:SE.* **guano**, hoja de la palma.
      3. *PR.* **guano**, gatillo.
    II. (Del quech. *wanu*).
      1. *Pe, Bo; Ur,* obsol. **guano**, estiércol.
    □
       a. ‖ **con los ~s de corbata.** loc. adj/adv. *Pe.* p.u. **con los huevos en la garganta.** pop + cult → espon ^ fest.
    ▶ **hacer ~; hacerse el ~.**
huanquero.
    I. 1. *Ar:NO.* **guanquero**.
huanquilla.
    I. 1. f. *Pe.* Danza popular bailada por doce hombres vestidos como guerreros con espadas de madera que recuerdan a los conquistadores y cuyos movimientos simulan un combate. rur.
huanta.
    I. 1. f. *Ch.* Planta de raíz gruesa y carnosa, con tallos tendidos, flores violáceas y bayas verdes y globosas; utilizada como forraje. (Solanaceae; *Trechonaetes laciniata*). (**guanta**).
huañil.
    I. 1. m. *Ch, Ar:O.* Arbusto de hasta 2 m de altura, ramas punzantes, hojas con borde dentado, y flores blancas. (Asteraceae; *Proustia cuneifolia*). ♦ **charcoma; pucana**.
huapachoso, -a.
    I. 1. *Mx.* **guapachoso**, de ritmo tropical. pop.
huápala.
    I. 1. *Ec.* **guapala**.
huapango.
    I. 1. m. *Mx.* Baile cadencioso que se ejecuta taconeando, a veces sobre una tarima de madera. (**guapango**).
      2. *Mx.* Música y canto que acompañan este baile. (**guapango**).
huapanguero, -a.
    I. 1. adj/sust. *Mx. Referido a persona,* que toca, canta o baila el **huapango**.
huapapa.
    I. 1. f. *Pe.* **paspaque**.

huapi.
    I. 1. m. *Ch:S.* Terreno más o menos extenso, próximo a un río, y que anteriormente ha sido bañado por sus aguas, o lo es actualmente en las grandes crecidas.
huapo.
    I. 1. m. *Pe.* Mono arborícola que tiene el rostro, la frente y la parte superior del cráneo carentes de pelo y de un color rojo que se destaca y contrasta con el resto del cuerpo, que presenta pelaje espeso de color castaño, grisáceo o blanquecino. (Pitheciidae; *Cacajao calvus*).
huaquear.
    I. 1. *Ho, Pa, Pe, Ch, Ar:NO; Bo,* pop. **guaquear**, buscar tesoros ocultos.
      2. *CR, Ec.* **guaquear**, buscar **guacas**, tesoros enterrados.
huaqueo.
    I. 1. *Ec, Pe, Bo.* **guaqueo**, búsqueda en las **guacas**, tesoros enterrados.
      2. m. *Ch.* Saqueo de una **guaca**, tesoro enterrado.
huaquería.
    I. 1. *Pa.* **guaquería**, búsqueda ilegal de objetos de arte precolombino.
huaquero, -a.
    I. 1. *Ho, Ni, CR, Ec, Pe, Bo, Ch.* **guaquero**.
huaraca.
    I. 1. *Ec, Pe, Bo, Ch, Ar:NO.* **guaraca**, honda.
      2. *Ch, Ar:NO.* **guaraca**, látigo. rur.
      3. *Ch:S, Ar:NO.* **guaraca**, cuerda del trompo o peón.
    ▶ **dar ~.**
huaracazo.
    I. 1. *Ec, Pe, Bo.* **guaracazo**, pedrada.
      2. *Pe.* metáf. **guaracazo**, trago.
      3. *Ch.* **guaracazo**, látigo.
huarache.
    I. 1. *Mx.* **guarache**.
huarachudo, -a.
    I. 1. *Mx.* **guarachudo**.
huaraco.
    I. 1. m. *Pe.* Planta de hasta 3 m de altura, articulada en segmentos cilíndricos, ramificada y espinosa, cubierta de una vellosidad blanca, con flores amarillas y frutos blancos y pequeños. (Cactaceae; *Opuntia floccosi*).
huarango. (Del quech. *waranqu*).
    I. 1. *Ec, Pe.* **dividivi**, árbol.
      2. m. *Pe.* Algarrobo de zonas áridas, de fruto en forma de vainas. (Fabaceae; *Prosopis pallida*).
huarapear.
    I. 1. *Pe:E.* **guarapear**, beber unos tragos.
huarapero, -a.
    I. 1. *Pe.* **guarapero**, persona que se emborracha.
huarapeta.
    I. 1. *Mx.* **guarapeta**, borrachera.
huarapo.
    I. 1. *Mx, Pe, Py, Ar:NO.* **guarapo**, jugo fermentado. rur.
      2. *Ec, Bo.* **guarapo**, jugo sin fermentar.
huaraquear.
    I. 1. *Bo, Ch.* **guaraquear**, golpear.
huari.
    I. 1. m. *Mx:NO.* Canasta, cesta hecha con fibra vegetal.
huarí.
    I. 1. *Py.* **guarí**.

huaripolera.
- I. 1. *Pe.* **guaripolera**, muchacha.

huaripolero, -a.
- I. 1. *Pe.* **guaripolero**, persona.

huarique.
- I. 1. m. *Pe.* Escondrijo, lugar escondido y secreto. pop + cult → espon. (**guarique**).
- 2. *Pe.* Restaurante, bar, cantina o club con aires de exclusividad o clandestinidad. pop + cult → espon. (**guarique**).

huarizo.
- I. 1. sust/adj. *Pe.* Animal híbrido fruto del cruce de una llama macho y una alpaca hembra. (**guarizo**).

huarmi. (Voz quechua).
- I. 1. f. *Ec.* Mujer, esposa. rur.

huarmitero.
- I. 1. sust/adj. *Pe:E.* Hombre mujeriego. rur.

huarpe.
- I. 1. adj. *Ar.* Relativo a los huarpes o a su cultura.

huarquilla.
- I. 1. m. *Pe.* Vaso hecho del cuerno de un toro.

huas.
- I. 1. *Mx:SE.* **jícaro**, árbol perenne.

huasá.
- I. 1. m. *Co, Ec.* Instrumento musical de percusión consistente en un canuto de **guadúa** con semillas duras en el interior.

huasada.
- I. 1. *Ch, Py.* **guasada**, grosería.
- 2. f. *Ch.* p.u. Conjunto de **huasos**, figura tradicional del campo.

huasaí.
- I. 1. m. *Pe.* Palma de hasta 25 m de altura y tallo largo y esbelto rematado por un penacho de hojas; su palmito es comestible. (Arecaceae; *Euterpe oleracea*).
- 2. *Pe.* Fruto de esta palmera; es comestible.

huasamaco, -a.
- I. 1. *Ch.* **guasamaco**. pop + cult → espon ^ desp.

huasamandrapa.
- I. 1. f. *Pe.* Pene. tabú; pop + cult → espon.

huasamayete.
- I. 1. m. *Ec.* Pene. tabú; pop + cult → espon.

huasca.
- I. (Del aim. *waska* y del quech. *waskha*, cuerda, soga).
- 1. *Pe, Bo, Ch.* **guasca**, látigo corto.
- 2. *Ch.* metáf. **guasca**, pene. vulg.
- 3. f. *Ec.* Tira de cuero sin curtir que se emplea en diversas tareas propias del campo. rur.
- 4. *Bo:O,C.* Paliza dada con un látigo a una persona. pop + cult → espon.
- II. 1. f. *Pe.* Borrachera. pop. (**guasca**).
- 2. adj/sust. *Pe.* *Referido a persona*, borracha. pop. (**guasca**).
- ▶ dar como ~; pisar la ~; pisarse la ~.

huáscar.
- I. 1. m. *Ch.* p.u. Vehículo policial blindado, dotado de torretas con potentes mangueras para disolver manifestaciones y disturbios.

huascazo.
- I. 1. *Pe; Bo, Ch,* cult → espon. **guascazo**, golpe dado con un látigo.

huasería.
- I. 1. *Ch, Py.* **guasería**. rur.
- 2. f. *Ch.* Falta de destreza social.

huaserío.
- I. 1. m. *Ch.* Conjunto de **huasos**, personas del campo. desp.

huasho.
- I. 1. m. *Pe.* Hormiga macho del **curuhuinsi**.

huasipichana. (Del quech. *huasi*, casa, y *pichana*, barrer, limpiar).
- I. 1. f. **huasipichay**.

huasipichay. (Del quech. *huasi*, casa, y *pichay*, limpieza).
- I. 1. m. *Ec.* Inauguración de una vivienda o casa de habitación. ♦ **huasipichana**.
- 2. *Ec.* Fiesta que se celebra con ocasión de un huasipichay. (**guachipichai**). ♦ **huasipichana**.

huasmole.
- I. 1. *Mx:S.* **guaxmole**.

huaso, -a.
- I. 1. adj. *Ec*; sust/adj. *Ch*; *Pe*, p.u. **guaso**, inculto.
- 2. adj. *Ch.* metáf. *Referido a persona*, vergonzosa, que se avergüenza con facilidad. pop + cult → espon. (**guaso**).
- 3. m. y f. *Ch.* Persona del campo, figura tradicional del centro y del sur del país. (**guaso**).
- 4. adj. *Ch.* Relativo a los tipos tradicionales del centro y sur del país. rur. (**guaso**).
- 5. *Bo*; *Py*, rur. **guaso**, grosero.

huasqueada.
- I. 1. f. *Bo.* Paliza dada con un látigo a una persona. pop + cult → espon.

huasqueado, -a.
- I. 1. *Ch.* **guasqueado**.

huasqueadura.
- I. 1. f. *Bo.* Paliza dada con un látigo a una persona. pop + cult → espon ^ desp.

huasquear(se).
- I. 1. intr. prnl. *Pe, Ch.* Emborracharse. pop + cult → espon. (**guasquearse**).
- 2. intr. *Pe, Bo.* Beber hasta emborracharse. urb; pop.
- II. 1. *Bo, Ch.* **guasquear**, dar golpes con el látigo a un animal.
- 2. *Bo.* Dar golpes con un látigo a *una persona*. pop + cult → espon.
- III. 1. intr. *Bo.* Estudiar con dedicación y obtener notas sobresalientes. pop + cult → espon.

huasquero, -a.
- I. 1. adj. *Gu.* **guashquero**.

huasquilla.
- I. 1. f. *Pe, Bo.* p.u. Soga pequeña hecha de **totora** o anea para atar envoltorios o paquetes.

huasquiri. (Del aim. *waska* y del quech. *waskha*, cuerda, soga).
- I. 1. m-f. *Bo:O.* Persona aplicada en los estudios. pop + cult → espon.

huasteco, -a.
- I. 1. *Ch.* p.u. **guasteco**, inculto.
- 2. *Ch.* p.u. **guasteco**, persona del campo.

huata. (Del aim. y del quech. *wata*).
- I. 1. *Pe, Bo.* **guata**, barriga.

huatacay.
- I. 1. *Pe.* **huacatay**.

huatal.
- I. 1. m. *Mx:SE, Gu, Ho, ES, Ni.* **guatal**, conjunto de arbustos.

huatana.
- I. 1. f. *Pe.* Pequeña cinta o faja trenzada que se utiliza para atar costales o como pulsera. rur.

huatay.
- I. 1. m. *Pe.* Técnica artesanal en la que se tejen hilos de distintos colores, entrelazándolos de tal manera que al teñirlos, las partes que han quedado ocultas siguen conservando su color original.

huate.
- I. 1. *Ho, ES.* **guate**.
- II. 1. *Ho.* **aguate**, espina vellosa.

huateque.
    I. 1. m. *Mx.* Guateque, fiesta casera en la que se merienda, se bebe y se baila.

huatia.
    I. 1. f. *Pe, Bo, Ch.* Comida o guiso, *especialmente carne, queso o papas,* preparado en terrones a modo de horno, y que se cubre superficialmente con tierra hasta que se asa. (**guatia**; **huatía**).

huatía.
    I. 1. *Bo.* **huatia**, comida o guiso.

huato. (Del quech. *vatu,* cordel).
    I. 1. *Ar*; *Pe:S,* rur; *Bo:O,C,* pop. **guato**, correa, tira o cordón.
      2. *Ar:NO.* **guato**, tira de **chala**.
    II. 1. m. *Ho.* Cigarro de marihuana. drog.

huatón, -na.
    I. 1. *Ec, Pe; Bo,* fest. **guatón**, barrigón.

huatrila.
    I. 1. m. *Pe.* Personaje típico de carácter burlesco en la danza de la **chunguinada** que representa al mestizo.

huautle.
    I. 1. m. *Mx.* **alegría**, planta herbácea.

huautli. (Del nahua *huautli*).
    I. 1. m. *Mx.* **alegría**, planta herbácea.

huauzoncle.
    I. 1. *Mx.* **huauzontle**.

huauzontle. (Del nahua *huautzontli*).
    I. 1. m. *Mx.* Hierba perenne, erecta, cubierta por una especie de polvillo amarillento, con hojas alternas, triangulares, onduladas, flores en espigas terminales con sépalos de color verdoso, y fruto comprimido con semillas reniformes; las hojas y brotes tiernos son comestibles. (Chenopodiaceae; *Chenopodium bonus-henricus*). (**guasoncle**; **guasontle**; **guausoncle**; **huauzoncle**; **huazontle**).

huavá.
    I. 1. *PR.* **guabá**, ceboruquillo.
      2. *PR.* **guabá**, planta.

huaxacote.
    I. 1. *Mx:C.* **escobillo**.

huaxmole.
    I. 1. *Mx.* **guaxmole**.

¡huay!
    I. 1. *RD, Bo:O,C,S, Ur.* **¡ay, ay!**

huaya.
    I. 1. *Mx:SE.* **guaya**, árbol.

huayaca. (Del quech. *wayákka,* bolsa).
    I. 1. f. *Bo.* **guayaca**, bolsa para el tabaco. rur.

huayacán.
    I. 1. *Bo, Ch; Ec,* p.u. Arbusto de hasta 4 m de altura, con ramas gruesas, de color ceniciento, hojas pinnadas y flores axilares de color púrpura; la madera es muy dura y muy utilizada en artesanía. (Zygophyllaceae; *Porlieria hygrometrica chilensis*). (**guayacán**).
      ♦ **palo santo**.

huayca.
    I. 1. f. *Bo:O.* Aglomeración de personas que se produce en un lugar para obtener un producto que tiene mucha demanda. pop + cult → espon.
    II. 1. f. *Bo:O.* Salsa picante preparada con **ají** molido y cebolla picada. pop.

huayco. (Del quech. *wayq'u*).
    I. 1. *Pe, Ar:NO; Ec,* p.u. **huaico**, hondonada o grieta. rur.
      2. *Ch:N, Ar:NO.* **huaico**, masa de lodo y peñas.
      3. *Pe.* metáf. **huaico**, vómito.

huaylia.
    I. 1. f. *Pe.* Danza popular navideña que se baila con una melodía de arpa y sonajas.

huayllar.
    I. 1. m. *Pe.* Terreno húmedo cubierto de hierba. rur.

huayna.
    I. 1. *Pe.* **guaina**.

huayno.
    I. 1. *Pe, Ch:N, Ar:NO.* **huaino**, baile y música populares.

huaynucho. (Del aim. y del quech. *wayna,* joven).
    I. 1. sust/adj. *Bo.* Hombre joven. rur.

huayño. (Del quech. *wayñu*).
    I. 1. m. *Bo.* Baile popular en que cada pareja efectúa giros y movimientos al compás de un trote rápido y ligero.
      2. *Bo.* Canción folclórica con que se acompaña el huayño.

huayo.
    I. 1. m. *Pe, Ch.* Arbusto lampiño, de hojas siempre verdes, tiesas, dentadas, de inflorescencia axilar y flores generalmente blancas; la madera, muy dura y colorada, se usa para hacer mangos de herramientas. (Rosaceae; *Kageneckia* spp.). (**guayo**).

huayquilla.
    I. 1. f. *Pe:S.* **Golpiza** que da un grupo de personas a otra. rur; pop.

huayra. (Del quech. *guaira*).
    I. 1. *Bo.* **guaira**, horno.

huayraleva. (Del aim. y del quech. *wayra,* viento).
    I. 1. m. *Bo.* Hombre, *generalmente dirigente de algún grupo social,* que obtiene ciertos beneficios personales a costa de los demás. pop + cult → espon ^ desp.

huayralevismo.
    I. 1. m. *Bo.* Modo reprochable de conducirse de una persona o una institución. pop + cult → espon ^ desp.

huayranga.
    I. 1. f. *Pe:E.* Avispa de gran tamaño y color negro o rojo que hace sus nidos en los tejados de las casas y es muy temida por su picadura. (Vespidae; *Polistes anulares*).

huayro.
    I. 1. adj/sust. *Pe. Referido a un tipo de papa,* de color violáceo en la cáscara y amarilla en el interior.

huayronco.
    I. 1. sust/adj. *Bo:O,C,S.* Persona que merodea por un lugar para conseguir algo. pop.

huayruro. (Del quech. *wayrúru*).
    I. 1. *Pe, Bo, Ar:NO.* **huairuro**, árbol.
      2. *Pe, Ar:NO.* **huairuro**, semilla.

huayruro, -a.
    I. 1. adj/sust. *Bo:O,C,S. Referido a color,* rojo oscuro. pop. (**huayruru**).

huayruru.
    I. 1. *Bo:O,C,S.* **huayruro**.
      2. adj. *Bo:O,C,S.* Relativo al color huayruru. pop.
    II. (Del quech. *wayruru*).
      1. *Bo.* **huairuro**, árbol.
      2. **huairuro,** semilla.

huayunca.
    I. 1. f. *Pe:C,E.* Manojo de mazorcas de maíz que penden de los techos de las casas o de travesaños formando hileras. rur.

huayurcuma.
    I. 1. f. *Pe.* Arbusto de hojas lanceoladas cuyas flores crecen en cabezuelas grandes de color anaranjado; se utiliza como sedante. (Asteraceae; *Mutisia viciifolia*).

huayusa.
    I. 1.   *Ec, Pe.* **guayusa.**

huazmole.
    I. 1.   *Mx:S.* **guaxmole.**

huazontle.
    I. 1.   *Mx.* **huauzontle.**

hucamayo.
    I. 1.   m. *PR.* Cigarrillo de marihuana. drog.

húcar. (De or. ind. antillano).
    I. 1.   *RD, PR.* **pucté.** (**júcar; úcar**).

■
    a. ‖ **~ negro.** m. *PR.* Variedad de húcar caracterizado por el color negro de su madera. ♦ **húcar prieto; júcaro.**
    b. ‖ **~ prieto.** *PR.* **húcar negro.**

hucaral.
    I. 1.   m. *PR.* Sitio poblado de **húcares.** (**jucaral**).

hucarillo.
    I. 1.   m. *PR.* Árbol de hasta 7 m de altura, con ramas casi erectas, desnudas, con espinas en la parte superior, hojas aovadas y flores vistosas. (Lythraceae; *Ginoria rohrii*). ♦ **rosa de ciénaga.**

hucha.
    I. 1.   f. *Pe;S.* Excremento de vacuno, ovino o roedor.

¡hucha!
    I. 1.   interj. *Ni; Co, Py,* rur. Expresa orden para que un perro ataque a otro.

huchar.
    I. 1.   tr. *Co.* Incitar a un perro para que ataque. (**ahuchar**).

huchillico.
    I. 1.   m. *Ar:NO.* Comida elaborada con carne y **papas**; se ofrece en la ceremonia que se realiza con motivo de la siembra del maíz. rur.

¡huchú!
    I. 1.   interj. *Ho, Ni.* Expresa la incitación a un animal, *generalmente el perro*, contra alguien.

hueca.
    I. 1.   f. *Ve.* Hueco muy grande.
    2.   *Ve.* Juego de **metras** que consiste en lanzarlas a ras de tierra y meterlas en el hueco abierto en el suelo.
    II. 1.   f. *Ve.* Golosina esponjosa hecha de **melado** de **papelón**, claras de huevo batidas, limón y bicarbonato de soda.
    2.   *Ec:S.* juv. Lugar donde se venden las mejores cosas de su especie. pop.

huecada.
    I. 1.   f. *Gu.* Comportamiento propio de una persona **hueca**, afeminada u homosexual. pop ^ desp.
    2.   *Gu.* Necedad, tontería. pop ^ desp.
    II. 1.   f. *Gu.* Mala pasada, cosa que alguien dice o hace que daña a otra persona. pop.

huecarón.
    I. 1.   m. *CR, Ec.* Hoyo o abertura de grandes dimensiones. pop + cult → espon.

huecazo.
    I. 1.   m. *Pa.* Inhalación de cocaína. drog.

huech.
    I. 1.   *Mx:SE.* **hueche.**

hueche.
    I. 1.   *Mx:SE.* **cusuco**, armadillo.

¡huechos!
    I. 1.   *Ho, ES.* **¡güechos!**

hueco.
    I. 1.   m. *Ni, Co.* Cárcel. pop.
    2.   *Ni, Co.* Establecimiento o local poco recomendable, feo y en mal estado.
    3.   *Pe.* Lugar donde se consume y vende marihuana o cualquier otra droga. urb; drog.

II. 1.   m. *Ni, Co, Ve.* Hoyo en el pavimento de una calle, camino o carretera.

► **abrir un ~; colarse por el ~ de una aguja; hacer un ~.**

hueco, -a.
    I. 1.   adj/sust. *Ni, RD, Ch, Py, Ar.* Referido a persona, *especialmente una mujer*, de poca inteligencia y comportamiento frívolo. pop + cult → espon ^ desp.
    2.   *Gu, Ho, ES, Ch.* Referido a un hombre, homosexual. pop + cult → espon ^ desp. (**güico; güicoy; güicoyón**).
    3.   *Gu, ES, Ch.* Referido a un hombre, afeminado. pop + cult → espon ^ desp. (**güico; güicoy; güicoyón**).
    4.   adj. *PR.* Referido a una mujer, que no es virgen.

huecú.
    I. 1.   m. *Ch:C, Ar.* Planta perenne, de hasta 1 m de altura, de vainas blanquecinas con tintes violáceos e inflorescencias en panoja. (Poaceae; *Festuca argentina*).
    2.   *Ar:O.* Planta perenne con hojas de 20 cm terminadas en un ápice punzante. (Poaceae; *Poa holciformis*).

huecura.
    I. 1.   f. *Ch.* Calidad de hueco, vano o superficial. pop + cult → espon.

huehuecho.
    I. 1.   m. *Gu, Ni, Ch.* Pájaro de hasta 25 cm de longitud, de color variado con tonalidades castañas y rojizas, pico negro y patas grandes también negras. (Rhinocryptidae; *Pteroptochos* spp.).

huehuecho, -a.
    I. 1.   *ES.* **güegüecho**, que tiene bocio.
    II. 1.   *Gu.* **güegüecho**, tonto.

huehuenche. (Del nahua *huehuetzin*, viejecito).
    I. 1.   m. *Mx.* Hombre mayor que dirige las danzas en las fiestas de un pueblo. (**güegüenche**).

huehuete. (Del nahua).
    I. 1.   m. *Gu.* Joven que intenta aparentar madurez o que tiene más años. sat.

huéhuetl. (Del nahua *huéhuetl*, atabal).
    I. 1.   m. *Mx.* Tambor alargado, construido con un tronco de árbol hueco y cubierto con piel; se emplea en fiestas religiosas y tradicionales.

hueja.
    I. 1.   f. *Mx:NO.* Vasija pequeña hecha de corteza de calabaza. (**güeja**).

huele.
    □
    a. ‖ **~~.** loc. sust. *ES.* La nariz.
    b. ‖ **~ mierda.** loc. adj. *Pa.* Referido a persona, melindrosa, pretenciosa, despreciativa. pop + cult → espon.

huelebicho.
    I. 1.   m-f. *PR.* Persona cobarde. vulg; pop + cult → espon ^ desp. (**güelebicho**). ♦ **huelenaguas; huelenalgas.**
    2.   *PR.* Persona tonta, boba. vulg; pop + cult → espon ^ desp. (**güelebicho**).

hueleculo.
    I. 1.   sust/adj. *Cu.* Persona que adula a otra por servilismo o interés. desp. ♦ **lameculo.**

hueledenoche.
    I. 1.   m. *Mx, Gu, ES.* Arbusto de hasta 3 m de altura, hojas delgadas y brillantes y flores blanquecinas con cinco pétalos soldados por la parte inferior a manera de tubo, muy fragantes por la noche. (Solanaceae; *Cestrum nocturnum*). ♦ **flor de baile; jazmín de noche; pipilojihuite.**

hueledor.
    I. 1.   m. *RD.* Arbusto aromático de hasta 5 m de altura, con hojas aovadas, irregularmente dentadas y de

color verde que puede tornarse rosado o rojizo. (Euphorbiaceae; *Croton corylifolius*). ♦ **palo de perico**.

hueleflor.
    I. 1. *PR.* **colibrí**.

hueleguiso.
    I. 1. m-f. *Pe.* Persona que frecuenta asiduamente eventos y fiestas con invitación o sin ella.

huelehuele.
    I. 1. *PR.* **güelegüele**, persona pusilánime.

huelemierda.
    I. 1. sust/adj. *Pa.* Persona arrogante en su trato con los demás. pop.

huelenaguas.
    I. 1. *PR.* **huelebicho**, persona cobarde. (**güelenaguas**).

huelenalgas.
    I. 1. *PR.* **huelebicho**, persona cobarde. (**güelenalgas**).

huelepedos.
    I. 1. m-f. *Mx, Ho, Ni.* Persona que constantemente acompaña a un superior y sigue servilmente sus órdenes. vulg.
    2. sust/adj. *CR.* Persona que acostumbra husmear y meterse donde no la llaman. pop + cult → espon ^ desp. (**huele pedos**).

huelepega.
    I. 1. m-f. *Ho, ES, Ni, PR, Ve.* Persona que se droga oliendo pegamento sintético. drog. (**güelepega**).
    II. 1. adj. *PR. Referido a persona,* tonta, zángana, estúpida. pop + cult → espon ^ desp. (**güelepega**).
    ♦ **huelepolla; huelestaca**.

huelepeguismo.
    I. 1. m. *ES.* Drogadicción por oler pegamento sintético. (**güelepeguismo**).

huelepeo.
    I. 1. sust/adj. *Cu, Ve.* juv. Persona que sigue a otra en actitud aduladora. vulg.
    2. *Ve.* juv. Persona que acompaña a otra para vigilar su comportamiento. vulg.
    3. *Ve.* juv. Persona que se agrega a una pareja o a un grupo de manera inoportuna. vulg.

huelepolla.
    I. 1. *PR.* **huelepega**, tonto.

huelesiner.
    I. 1. m-f. *PR.* Drogadicto que inhala los vapores de un adelgazador de pinturas y lacas para drogarse. drog. (**güelesiner**).

huelestaca.
    I. 1. *PR.* **huelepega**, tonto. (**güelestaca**).

huelga.
    ■
    a. ‖ ~ **de hambre seca.** f. *Ch.* Abstinencia voluntaria de alimentos, pero no de líquidos. ♦ **huelga seca**.
    b. ‖ ~ **dura.** f. *Bo.* Abstinencia voluntaria y completa de alimentos y de líquidos. ♦ **huelga seca**.
    c. ‖ ~ **seca.**
      i. *Ch.* **huelga de hambre seca**.
      ii. *Bo.* **huelga dura**.

huelguear.
    I. 1. intr. *Bo.* Realizar *alguien* una huelga. pop.

huelguero, -a.
    I. 1. sust/adj. *Bo.* Persona que acostumbra participar en huelgas. pop.

huelía.
    I. 1. *PR.* **olida**. vulg; pop.

huelillo.
    I. 1. m-f. *Mx.* Persona que constantemente acompaña a un superior y sigue servilmente sus órdenes. vulg.

huelío, -a.
    I. 1. adj. *PR. Referido a persona,* necia, perezosa, vaga. rur; vulg; pop.
    2. *PR. Referido a persona,* entremetida. rur; vulg; pop.

huella.
    I. 1. f. *Ni, Ec, Pe, Bo, Ch, Py, Ar, Ur.* Camino rural formado por el paso, más o menos frecuente, de personas, animales o vehículos.
    II. 1. f. *Ar, Ur.* Baile campero de pareja suelta y paso moderadamente suave y cadencioso, cuyas coplas en seguidilla se acompañan con guitarra.
    III. 1. f. *Ho.* Aspecto exterior de un gallo de pelea.
    ■
    a. ‖ ~ **de chivo.** *RD.* **pie de cabra**, arbusto.
    ▶ **montar ~.**

huellar.
    I. 1. tr. *Bo; Ar:NO.* pop. Seguir el rastro a una persona o a un animal.
    2. *Bo.* Buscar un rastro en un lugar. pop.

huellear.
    I. 1. intr. *Mx, Bo.* Rastrear, seguir un rastro a través del olfato o de unas huellas.

huellero.
    I. 1. m. *Ch.* Hombre experto en rastrear y seguir huellas. rur.

huellero, -a.
    I. 1. adj/sust. *Mx. Referido a un perro,* especializado en seguir un rastro a través del olfato.

huellón.
    I. 1. m. *Ar, Ur.* **huella**, camino.

huemul. (Del map.).
    I. 1. m. *Ch, Ar.* Ciervo de hasta 1,65 m de longitud, de cornamenta corta y poco ramificada, formas robustas, cola muy corta y orejas bastante desarrolladas, y pelaje corto y áspero, de color pardo intenso, con la parte inferior de la cola blanca. (Cervidae; *Hippocamelus bisulcus*). (**güemul**).
    2. adj/sust. *Ch.* p.u. *Referido a persona,* tonta, simplona. pop ^ desp.

huemulada.
    I. 1. f. *Ch.* p.u. Tontería.

huentle.
    I. 1. m. *Mx.* Alimento que llevan como ofrenda los indios a sus parientes fallecidos.

¡húepiles!
    I. 1. interj. *ES.* Expresa negación o rechazo. euf.

huepo.
    I. 1. m. *Ch.* **macha**. (Solenidae; *Ensismacha*).

huequeada.
    I. 1. f. *CR.* Perforación de huecos.

huequeado, -a.
    I. 1. adj. *Ni, CR, Pa, Ec. Referido a una superficie,* cavada o perforada.

huequear.
    I. 1. tr. *CR, Pa, Ec.* Hacer huecos en una superficie.

huequera.
    I. 1. f. *Ec.* Infección causada por microorganismos del género *Anaplasma* que ataca a varias clases de ganado y produce en ellos debilidad general y anemia.

huera.
    I. 1. f. *PR.* Prostituta. prost. (**güera**).

huerco, -a.
    I. 1. m. y f. *Mx:N.* Niño. (**güerco**).

huerequeque.
    I. 1. m. *Pe.* Ave de hasta 40 cm de longitud, de plumaje gris ocre con manchas y líneas pardas, vientre blanco, con una línea blanca sobre los ojos y una negra en la parte posterior de la corona, patas lar-

gas amarillentas, pico corto y agudo de color negro en la punta. (Burhinidae; *Burhinus superciliaris*). (**güerequeque**).

huerfanito.
I. 1. m. *Mx.* Cupón o sección que queda por vender de un billete entero de lotería.

huérfano.
I. 1. m. *Ni. En imprenta*, texto que inicia en una página y su título está en la anterior.

huero, -a.
I. 1. adj. *Gu, RD, Co, Pe, Bo, Ch, Py. Referido especialmente a un huevo*, podrido. (**güero**).
II. 1. *Mx.* **güero**, persona rubia.
III. 1. adj. *Gu, Ch. Referido a los ojos*, que han sido puestos en blanco. (**güero**).
IV. 1. adj. *Bo. Referido a cosa*, insustancial, superflua. esm.

huerta.
I. 1. f. *Ho, ES; Py*, rur. Terreno en donde se cultiva **banano** o plátano.
2. *Ho, ES.* Planta del **banano**.
3. f. *Ec.* Terreno donde se cultiva cacao.

huertero, -a.
I. 1. sust/adj. *ES, Ni.* Persona que cultiva una **huerta**.

huesear.
I. 1. tr. *ES. En el ejército*, tratar de quedar bien con un superior.
2. *ES. En el ejército*, procurar ascender por cualquier medio.
II. 1. intr. *ES.* Buscar trabajo.
2. *ES.* Recoger cosas viejas para su venta.
III. 1. tr. *Ho.* Comer la carne pegada al hueso.
IV. 1. tr. *Ni.* Vivir de un cargo público. pop. (**güesear**).
V. 1. intr. *Pa.* Perder el tiempo, holgazanear. pop.

huesera.
I. 1. f. *Gu, Ho, ES, Ni, CR.* Local donde se venden repuestos usados para automóviles y otras máquinas. (**güesera**).
2. *Ho, ES, Ni.* Lugar donde se almacenan los vehículos viejos e inservibles, aprovechándose la chatarra y las piezas útiles.
II. 1. f. *Ni, Cu, Ch.* Lugar donde se echan los huesos de los muertos.
2. *Cu.* Osamenta, conjunto de huesos.
III. 1. f. *Ho.* Basurero.
IV. 1. f. *Ho.* Grupo de personas inútiles.

hueserío.
I. 1. m. *Mx, Ni, Cu, RD, Co.* Osamenta, conjunto de huesos. pop + cult → espon.

huesero.
I. 1. m. *Ve.* Cantidad de huesos.

huesero, -a.
I. 1. m. y f. *Mx, Gu, Ec, Bo, Ar, Ur*; sust/adj. *Pe.* Persona hábil en tratar dolencias de huesos y articulaciones.
II. 1. m. y f. *Gu.* Persona que consigue un empleo en la burocracia.
III. 1. adj. *ES. Referido a un soldado*, que busca con insistencia salir de permiso.

huesillo.
I. 1. m. *Mx.* Árbol de hasta 30 m de altura, de corteza café claro y madera amarilla o café, hojas compuestas, flores amarillas, pequeñas, en inflorescencias terminales, el fruto es una vaina; la corteza cocida en agua se utiliza en la medicina tradicional. (Fabaceae; *Acosminum panamense*). ♦ **chichipate**.
2. *PR.* **palo de peje**, árbol.
II. 1. m. *Pe, Bo, Ch.* **Durazno** secado al sol con carozo.

huesito.
I. 1. *Co.* **cerezo**.
2. *Pa.* **palo de oreja**.

■
a. ‖ ~ **de la alegría.** *Cu.* **hueso de la alegría**.
b. ‖ ~ **de la contentura.** *RD.* **hueso de la alegría**. pop.
▶ **darse en el ~ del gusto.**

hueso.
I. 1. m. *Mx, Gu, Ho, ES, Ni.* obsol. Trabajo retribuido, *especialmente el que se tiene como profesión u oficio*.
2. *Mx, Gu, ES, Ni, CR.* Ocupación remunerada, *especialmente en el aparato burocrático, obtenido por influencias*. urb; pop + cult → espon.
II. 1. m. *Cu, Co.* Cosa aburrida, pesada y fastidiosa. pop.
2. *Ni, Co.* Mercancía de mala calidad difícil de vender. pop.
3. adj. *Ni, Ec, Pe.* pop. *Referido a mercadería*, que resulta difícil venderla o darle salida. pop + cult → espon.
III. 1. sust/adj. *CR, Ec.* Persona tacaña.
IV. 1. sust/adj. *ES, Bo.* Persona de constitución delgada. pop + cult → espon ^ fest.
V. 1. m. *Bo.* Mazorca del maíz desgranada. pop.
VI. 1. *PR.* **palo de peje**, arbusto.
VII. 1. m. *Ec.* **culosucio**.

■
a. ‖ ~ **blanco.** *PR.* **palo de peje**, arbusto.
b. ‖ ~ **de chombón.** m. *Ni.* Corte de la pierna del ganado vacuno de las tabas para abajo.
c. ‖ ~ **de la alegría.** m. Cóccix. ♦ **huesito de la alegría; hueso del ñango**.
d. ‖ ~ **del ñango.** *Co:N.* **hueso de la alegría**.
e. ‖ ~ **prieto.** *PR.* **palo de peje**, arbusto.
□
a. ‖ **como ~ de santo.** loc. adv. *Ch.* De manera delicada, con sumo cuidado. pop + cult → espon.
b. ‖ **de ~ colorado.**
   i. loc. adj. *Mx, Gu. Referido a persona*, de convicciones firmes. pop + cult → espon.
   ii. *Gu. Referido a persona*, que tiene una salud buena y robusta, a pesar de su edad avanzada. pop + cult → espon.
c. ‖ **la sin ~.** loc. sust. *Ho, ES, Bo; Pe*, p.u. Pene. vulg.
▶ **dar en ~; hacer ~s viejos; llegar al ~; parecer un costal de ~s; poner los ~s de punta; tragarse el ~.**

hueste. (Del nahua *cuechtic*, muy machacado, molido, amasado).
I. 1. adj. *Ho. Referido a grano*, muy molido. (**güeste**); ♦ **huishtoso**.
2. *Ho. Referido a cosa*, suave y lisa al tocarla.
3. *Ho. Referido a la masa de maíz*, que ha sido batida y está lista para hacer **tortillas**.

huesteado, -a.
I. 1. adj. *Ho. Referido a grano de maíz*, bien molido. (**güesteado**).

huesteadora.
I. 1. f. *Ho. En el trapiche o molienda*, maza grande que sirve para estrujar la caña de azúcar.

huestear.
I. 1. tr. *Ho.* Moler *algo* muy finamente, como el maíz y el café.
2. *Ho.* Amasar la masa de maíz hasta lograr la homogeneidad y consistencia convenientes para hacer **tortillas**.
II. 1. tr. *Ho.* Robar *algo*. rur; pop.

huesuda.
□
a. ‖ **la ~.** loc. sust. *Mx, Gu, Ho, ES, Ni, CR, Co, Ve, Ec, Bo, Ar, Ur.* La muerte. pop + cult → espon ^ sat.

hueva.
 I. 1. f. *Mx, Gu, Ho, ES, Ni.* Pereza, flojera. (**güeva**).
 II. 1. f. *Co, Ch*; f. pl. *Ec, Bo.* tabú Testículos. vulg.
 III. 1. f. *Co, Ur.* Persona que actúa con poca inteligencia, tonta. pop ∧ desp.
 □
  a. ‖ **como las ~s.**
   i. loc. adv. *Pe.* Medianamente bien y con facilidad.
   ii. loc. adv/adj. *Ch.* Muy mal, de manera pésima. vulg; pop + cult → espon.
  b. ‖ **hasta las ~s.**
   i. loc. adv. *Co, Ec.* Totalmente. pop + cult → espon.
   ii. *Pe.* En mal estado. vulg; pop. ♦ **hasta las patas.**
   iii. loc. adj. *Ec.* Referido a *persona*, muy cansada, harta de algo o de alguien. pop + cult → espon.
  c. ‖ **¡las ~s!** loc. interj. *Pa, Co, Bo, Ch.* Expresa negación o rechazo. vulg.
  d. ‖ **ni ~.** loc. adv/pron. *Ch.* Nada. vulg; pop + cult → espon. (**ni güea; ni güeva**).
  e. ‖ **ni ~s.** loc. adv. *Pe.* De ninguna manera. vulg; pop.
  f. ‖ **por las ~s.**
   i. loc. adv. *Ec, Pe.* Sin razón o motivo justificados. pop + cult → espon.
   ii. *Pe.* Inútilmente. pop.
  g. ‖ **por las puras ~s.** loc. adv. *Ch.* **por las puras brevas.** vulg.
  h. ‖ **¡qué ~s!** loc. interj. *Pe.* Expresa rechazo o desinterés por algo. vulg; pop.
  i. ‖ **una ~.** loc. adv. *Ch.* Nada. vulg; pop + cult → espon. (**una güeva**).
 ▶ **echar la ~; hinchar las ~s; ver las ~s.**

¡hueva!
 I. 1. interj. *Pa, Ur.* Expresa enojo. vulg.

huevaceada.
 I. 1. f. *Gu.* Paliza, serie de golpes. pop + cult → espon.

huevacear.
 I. 1. tr. *Gu.* Golpear, agredir a *alguien*. pop + cult → espon.

huevada.
 I. 1. f. *Ho, Pa, Ec, Pe, Bo, Py, Ar, Ur; Ch.* desp. Dicho o hecho sin importancia. vulg. (**güeá**).
  2. *Ho, Pa, Pe, Bo, Ch, Py.* Dicho o hecho tonto o descabellado. vulg; pop + cult → espon ∧ desp. (**güeá**).
  3. *Pe, Ch.* Cosa, asunto, situación. vulg; pop + cult → espon ∧ desp. (**güeá**).
  4. *Pe, Ch.* Objeto del que se desconoce su nombre o no se quiere mencionar. vulg; pop + cult → espon. (**güeá**).
  5. *Pe, Bo, Py.* Objeto de poco valor. vulg; pop + cult → espon.
  6. *Ec.* Cosa desagradable, que causa enojo y molestia. vulg.
 II. 1. f. *Ar:NO.* Conjunto o cantidad de huevos de una puesta. pop.
 ●
  a. ‖ **y toda la ~.** fórm. *Ch.* Se usa para sustituir el resto de una exposición o enumeración que se sobrentiende o que no interesa expresar. vulg.
 ■
  a. ‖ **~ con patas.** f. *Ch.* Dicho o hecho tonto o descabellado. vulg.
 □
  a. ‖ **a la ~.** loc. adv. *Bo.* Sin cuidado ni dedicación, o de manera inadecuada. vulg; pop + cult → espon ∧ desp.
  b. ‖ **¡qué ~!** loc. interj. *Ec, Bo.* Expresa disgusto o desagrado por algo. vulg; pop + cult → espon.

huevadilla.
 I. 1. f. *Ec.* juv. Juerga o diversión bulliciosa. pop.

hueval.
 I. 1. m. *CR.* Cantidad grande de algo. pop + cult → espon.

huevas.
 I. 1. sust/adj. *Pa; Pe, Bo, Ch,* vulg. Persona falta de entendimiento. pop ∧ desp.
 □
  a. ‖ **~ teclas.** loc. sust. *Pa.* Hombre tonto, torpe, lerdo. vulg.
  b. ‖ **~ tibias.** *Pa.* **huevas teclas.**
  c. ‖ **~santas.** *Pa.* **huevas teclas.**
 ▶ **dar en las ~.**

huevaseada.
 I. 1. f. *ES, CR.* **golpiza.** pop.

huevastián.
 I. 1. sust/adj. *Bo.* Hombre que se comporta con falta de viveza, de una manera poco inteligente, ingenua o ridícula. pop + cult → espon ∧ desp.

huevazal.
 I. 1. *Ho, CR.* **güevazal,** gran cantidad. pop + cult → espon.

huevazo.
 I. 1. m. *Gu, Ho, ES, Ni, CR, Pa; Ec,* p.u; vulg. Golpe fuerte. pop + cult → espon.
  2. *Ho, ES, Ni.* **aguacatazo,** caída fuerte.

hueveadera.
 I. 1. f. *CR.* Molestia o fastidio que se causa a alguien de manera insistente. pop + cult → espon.
 II. 1. f. *CR.* Manoseo lascivo. pop + cult → espon.

hueveador, -ra.
 I. 1. sust/adj. *Gu.* Ladrón o estafador.

huevear(se).
 I. 1. *Ec, Pe, Ch; Bo,* vulg; desp; *Ar,* vulg. **huevonear,** haraganear. (**güevear**).
  2. intr. *Bo, Ch.* Hacer o decir tonterías. vulg; pop + cult → espon ∧ desp. (**güevear**).
  3. *Ho, Pa, Bo.* Rehuir el trabajo. pop + cult → espon.
  4. *Ch.* Participar en fiestas u otro tipo de eventos de esparcimiento. vulg; pop + cult → espon.
 II. 1. tr. *Gu, Ho, ES, Ni.* Robar *algo* a *alguien*. pop. (**güevear**).
  2. tr. prnl. *Gu, Ho, ES, Ni.* Robarse *algo*. pop.
 III. 1. intr. *Bo, Ar:NO.* Poner huevos un ave. pop.
 IV. 1. tr. *Ec, Pe.* Tomar por tonto a *alguien*.
 V. 1. intr. prnl. *Pe, Bo.* Sufrir una equivocación o una confusión.
 VI. 1. tr. *CR; Bo, Ch.* vulg; desp. Ocasionar malestar o disgusto a *alguien*. pop + cult → espon.
 VII. 1. intr. prnl. *Pe.* **ahuevarse,** asustarse *una persona.*
 VIII. 1. tr. *CR.* Tocar o acariciar reiteradamente *algo* o a *alguien*. pop + cult → espon.
  2. *CR.* Manosear lascivamente a *alguien*. pop + cult → espon.
 IX. 1. intr. prnl. *CR.* Realizar grandes esfuerzos para sacar adelante una tarea. pop + cult → espon.

hueveo.
 I. 1. m. *Ec, Pe, Ch.* Pérdida de tiempo al rehuir el trabajo. vulg; pop + cult → espon.
  2. *Pe.* Tomadura de pelo.
  3. *Ch.* Necedad, tontería. vulg; pop + cult → espon.
  4. *Ch.* Situación que implica fiesta, diversión u otro tipo de esparcimiento similar. vulg; pop + cult → espon.
 II. 1. m. *Ch.* Molestia que se causa a alguien. vulg; pop + cult → espon.
 III. 1. m. *Gu.* Robo o estafa.

huevera.
   I. 1. f. *Pe.* Hueva de pescado.
   II. 1. *Ho.* **güevera.**
   III. 1. f. *PR.* Zona del gallo donde se encuentra su órgano sexual. vulg; pop.

huevero.
   I. 1. m. *Ho.* Persona que se dedica a la cría de gallinas, producción de huevos y cría de pollos.

huevero, -a.
   I. 1. adj. *Ho, Ni, Bo.* Relativo a la producción, comercialización y venta de huevos de gallina y cría de pollos.
   II. 1. adj. *Cu, PR. Referido a animal,* que se come los huevos que ponen las gallinas.

hueverto, -a.
   I. 1. sust/adj. *Pe.* Persona tonta o ingenua. pop.

hueveta.
   I. 1. *Ch.* **huevón**, tonto. (**huevetas**).

¡hueveta!
   I. 1. interj. *ES.* **¡güeveta!**, expresa negación. euf.

huevetas.
   I. 1. *Ch.* **huevón**, tonto.

huevilargo, -a.
   I. 1. adj. *PR. Referido a persona,* cobarde, de poca iniciativa. vulg; pop + cult → espon ^ desp.

huevilas.
   I. 1. m-f. *CR.* p.u. Hombre o mujer. pop + cult → espon.

huevillo.
   I. 1. m. *Ch.* Piedra pequeña de río que se mezcla con arena, agua y cemento para hacer **concreto.**

huevín.
   I. 1. m. *CR.* p.u. Hombre. pop + cult → espon.

huevín, -na.
   I. 1. sust/adj. *Pa.* Persona aprovechada, que se hace la tonta para sacar ventaja. vulg; desp.

huevinche.
   I. 1. adj/sust. *Pe.* p.u. *Referido a persona,* tonta, simplona. pop ^ desp.

huevinches.
   I. 1. m-f. *CR.* p.u. Hombre o mujer. pop + cult → espon.

huevito.
   I. 1. m. *Pa. En las peleas de gallos,* golpe que un animal da a otro en la pata trasera, donde están las tripas del ave.

   ●
   a. ‖ **ese ~ quiere sal.**
     i. fórm. *Co.* Se usa para prevenir. pop.
     ii. *Ch.* Se usa como alusión sexual. pop + cult → espon.

   ■
   a. ‖ **~ de faltriquera.** m. *Pa.* Dulce hecho de masa de maíz, anís, pimienta y miel. ♦ **huevo de faltriquera.**
   b. ‖ **~ de gallo.**
     i. m. *Ar, Ur.* Hierba perenne rizomatosa de hasta 50 cm de altura y flores blancas. (Solanaceae; *Salpichroa origanifolia*). ♦ **huevo de gallo; uvita del campo.**
     ii. *Ar, Ur.* Fruto comestible y dulce del huevito de gallo.
   c. ‖ **~ de leche.** m. *Pa.* Dulce de leche en forma de bolitas.

huevo.
   I. 1. adj. *Ec, Pe. Referido a un precio,* fácil de pagar, asequible para el que paga.
   2. *Pe. Referido a una tarea,* fácil de cumplir.

   II. 1. m. *RD, Ve, Py.* Pene. tabú; pop + cult → espon.
   III. 1. m. *Ve.* juv. Persona muy entendida en una materia.
   IV. 1. m. *ES, Ur.* Situación o tarea difícil.
   V. 1. m. *CR.* Dinero. pop + cult → espon.
   VI. 1. *Ni.* Dulce hecho de arroz, leche y azúcar en forma de bolitas bañadas en miel.

   ●
   a. ‖ **ese ~ quiere sal.**
     i. fórm. *Cu, RD, PR, Bo.* Se usa para prevenir a alguien de las intenciones ocultas de otra persona. pop. ♦ **ese huevito quiere sal.**
     ii. *CR, Cu, Ch.* Se usa como alusión sexual a una persona con la que se quiere tener una relación. pop. ♦ **ese huevito quiere sal.**
   b. ‖ **¿todo el ~?** fórm. *CR.* juv. Se usa para saludar.

   ■
   a. ‖ **~ a la copa.** m. *Ec, Bo, Ch.* Huevo pasado por agua.
   b. ‖ **~ abotonado.** m. *ES.* Huevo pasado por agua con un agujero en cada uno de los extremos.
   c. ‖ **~ al colchón.** m. *Ur.* Huevo frito que se sirve sobre una capa de tomate.
   d. ‖ **~ amelcochado.** m. *ES.* Huevo.
   e. ‖ **~ chimbo.**
     i. m. *Gu, Pa, Ve, Pe, Ur, Ch,* p.u. Producto de confitería que consiste en una esfera pequeña de yema con azúcar cocida y embebida en almíbar o coñac.
     ii. *Gu, Ho:S, ES.* Bebida hecha con jugo de piña, azúcar, canela, vainilla y yema de huevo.
     iii. *Gu.* Dulce que consiste en un bizcocho preparado con yema de huevo, fundamentalmente, más harina de trigo y de maíz, almendras, pasas y algún tipo de licor.
     iv. *ES.* Huevo de gallina vaciado y rellenado de papelillos de color y pintado en su exterior que se usa en algunas fiestas patronales o de cumpleaños, reventándolos en la cabeza de los amigos.
     v. *Ho.* Dulce almibarado hecho con huevos batidos y miel o azúcar.
   f. ‖ **~ de amor.** m. *Ho, ES, Ni.* Huevo de gallina casera.
   g. ‖ **~ de chivo.** *RD.* **yaití.**
   h. ‖ **~ de faltriquera.** *Ec.* **huevito de faltriquera.**
   i. ‖ **~ de gallo.**
     i. *Ar:C,O.* **camambú.**
     ii. *Ar:NO.* **huevito de gallo,** hierba y fruto.
   j. ‖ **~ de gato.**
     i. m. *Pa, Ve.* Arbusto de 1 m de altura, de tallos tomentosos con espinas, hojas grandes y tomentosas en el envés, flores blancas y fruto globoso con pelos amarillo-dorados; se le atribuyen propiedades curativas. (Solonaceae; *Solanum hirtum*). ♦ **berenjena cimarrona.**
     ii. *RD.* **cadillo de gato.**
     iii. *ES.* **yerba mora.**
     iv. *PR.* **calabacita,** planta herbácea.
   k. ‖ **~ de reuma.** *RD.* **noni,** árbol.
   l. ‖ **~ de sombra.** m. *ES.* Huevo puesto por gallina que no ha tenido contacto con un gallo.
   m. ‖ **~ de toro.** m. *PR.* Variedad de **mangó.**
   n. ‖ **~ del oído.** m. *Ch.* Tímpano, membrana que limita exteriormente el oído medio y que lo separa del oído externo. pop.
   ñ. ‖ **~ mejío.** m. *PR.* Yema de huevo batida con azúcar y alguna especia. rur.
   o. ‖ **~ molle.** m. *Ch.* Pasta de yema batida con azúcar utilizada como relleno de dulces.
   p. ‖ **~ poyé.** m. *Ur.* Huevo cocido al vapor sobre otros alimentos.

q. ‖ ~ **quimbo.** m. *Ar, Ur.* **huevo chimbo**, producto de confitería.

r. ‖ ~ **tibio.**
  i. m. *Mx, ES, Ni, Pa, RD, Co, Ve, Ec.* Huevo pasado por agua.
  ii. *PR; Mx.* vulg. | metáf. Persona mediocre, flemática o pusilánime. pop + cult → espon.

s. ‖ ~ **tierno.** m. *CR.* Huevo pasado por agua.

t. ‖ ~**s a caballo.** m. pl. *CR.* Trozo de carne frita, de vaca o de cerdo, servida con dos huevos fritos encima.

u. ‖ ~**s a la perica.** *Pa.* huevos pericos.

v. ‖ ~**s a la rabona.** m. pl. Emparedado de huevo frito, **ají** y cebolla.

w. ‖ ~**s a la ranchera.** m. pl. *Ni, CR.* Huevos fritos servidos sobre una **tortilla** y cubiertos con salsa de tomate.

x. ‖ ~**s pateados.** *CR.* **huevos pericos.**

v. ‖ ~**s pericos.** *Co.* Huevos que se baten y fríen revolviéndolos de modo que se formen trocitos.

z. ‖ ~**s picados.** m. pl. *ES, CR.* **huevos pericos.**

□

a. ‖ **a ~.**
  i. loc. adv. *Mx, ES, CR.* Forzosamente. vulg; pop + cult → espon.
  ii. loc. interj. *Mx, ES.* Expresa afirmación de algo. vulg; pop + cult → espon.
  iii. loc. adv. *Ch.* Con desprecio, sin estima. pop.

b. ‖ **a puro ~.** loc. adv. *Gu, CR.* Forzosamente. pop.

c. ‖ **como sorberse un ~.** loc. adv. *Bo.* Fácilmente. pop.

d. ‖ **con los ~s en la garganta.** loc. adv. *Ar, Ur.* Con miedo o temor. pop + cult → espon ^ fest. ♦ **con los huanos de corbata.**

e. ‖ **de a ~.**
  i. loc. adj. *Mx.* Sin ninguna opción. vulg.
  ii. loc. adv. *Pa, Cu.* Sin tener en cuenta otras opiniones. vulg; pop.
  iii. loc. adv/adj. *Gu.* Muy bueno, magnífico. pop.

f. ‖ **de ~ a ~.** loc. adv. *Pa.* **de a huevo**, sin tener en cuenta otras opiniones.

g. ‖ **de sus ~s.** loc. adv. *Pa.* De todas formas, a pesar de todo. vulg.

h. ‖ ~ **collo.** (Del aim. *q'ullu*, huevo huero). *Bo.* **huevo podrido.**

i. ‖ ~ **de símbalo.** loc. adj. *PR. Referido a persona*, tonta, idiota. pop + cult → espon ^ desp.

j. ‖ ~ **mongo.** loc. adj. *PR. Referido a persona*, lerda, muy pausada. pop + cult → espon.

k. ‖ ~ **podrido.** loc. sust. *Py, Ar, Ur.* Juego infantil en el que uno de los participantes permanece fuera del corro formado por los demás, tratando de dejar un pañuelo detrás de alguno sin que este lo advierta y pase así al exterior del círculo. ♦ **huevo collo; huevo quemado.**

l. ‖ ~ **quemado.** *Bo.* **huevo podrido.**

m. ‖ ~ **sin sal.** loc. sust. **paniaguado**, sin gracia.

n. ‖ ~**s calados.** loc. sust. *Ch.* Asunto o negocio seguro en el que no se asume riesgos. pop + cult → espon.

ñ. ‖ ~**s tristes.** loc. sust. *Pe, Bo.* Persona tonta o simplona. vulg; pop.

o. ‖ **lava ~s.** loc. sust. *CR.* Persona aduladora. vulg; pop + cult → espon. (**lavahuevos**).

p. ‖ **pensando en los ~s del gallo.** loc. adv. *CR.* Sin enterarse de nada por distracción. pop + cult → espon.

q. ‖ **por ~s o por candelas.** loc. adv. *Ho, ES; CR.* obsol. Obligadamente, a la fuerza. pop.

▶ **agarrar ~s; andar como el ~; caer a los ~s; caer en los ~s; comer ~; comprar ~ para vender ~; comprar ~s; creer en ~s de lechuza; ¡dale ~!; echarse en los ~s; estar como los ~s del burro; freír ~s; hacer ~; hacer ~ de pato; hacer ~s; hacerle ~s; helarse los ~s; hincharsele los ~s; llegar al ~; machacarse los ~s;**

meter el ~; meter el ~ doblado; meter los ~s en un tornillo; mirar a ~; no comer ~s por no botar la cáscara; no comer un ~ por no perder la cáscara; no quebrar un ~; pasar el ~; pensar en los ~s del gallo; pintar ~s; poner los ~s a peseta; querer ~; romper los ~s; saber dónde el ~ tiene el pelo; sentirse la divina envuelta en ~; tener ~; tener de un ~; tener los ~s en la garganta; tener los ~s rayados; tener más ~s que una iguana; tener un ~ hinchado y el otro a punto de lanceta; valer ~; volar ~; ¡tiene ~s!

¡huevo!

I. 1. interj. *Bo.* Expresa rechazo rotundo a una petición o propuesta. vulg; pop + cult → espon ^ desp.

□

a. ‖ **¡ah, mi ~!** loc. interj. *Gu.* Expresa disconformidad o negación de algo.

b. ‖ **¡mi ~!** loc. interj. *Gu.* Expresa rechazo rotundo a una petición o propuesta. vulg.

c. ‖ **¡qué de a ~!**
  i. loc. interj. *Gu.* Expresa complacencia con una persona o una situación determinada.
  ii. *Gu.* Expresa disconformidad con una persona o una situación determinada.
  iii. *Gu.* Expresa enojo, malestar.

d. ‖ **¡qué ~!** loc. interj. *Gu.* Expresa rechazo rotundo a una petición o propuesta. vulg; pop + cult → espon ^ desp.

huevoetoro. (De *huevo* y *toro*).

I. 1. m. *Ho.* **cauciril.**
2. *Ho.* Panal del huevoetoro con forma de testículo.

huevón.

I. 1. m. *Co, Ve.* juv. Hombre. vulg.
□
a. ‖ **de ~.** loc. adv. *Mx, Gu.* Holgazaneando.

huevón, -na.

I. 1. adj/sust. *Pa, RD, PR, Co, Ve, Ec, Pe, Bo, Ch, Py, Ar, Ur. Referido a persona*, tonta, simplona. vulg; pop + cult → espon ^ desp. (**güevón; güeón**). ♦ **hueveta.**
2. sust/adj. *Mx, Gu, Ho, ES, Ni, Pa, Cu.* Persona holgazana, poco trabajadora. vulg; pop. (**güevón**).
3. adj. *Pa, Cu. Referido a persona*, fresca, aprovechada. ♦ **chacarón.**
4. *Ho, ES. Referido a persona*, ladrona.
5. *Ho, Ni.* **huevudo**, persona valiente. (**güevón**).
6. *Ho. Referido a persona*, buena, excelente. (**güevón**).
7. *PR. Referido a persona*, que pretende conseguir cosas fuera de normas y reglamentos. vulg; pop + cult → espon ^ desp.
8. *PR. Referido a persona*, atrevida. vulg; pop + cult → espon ^ desp. (**güebón; güebón**).

II. 1. m. y f. *Ec, Bo, Ch; Co,* juv; *CR*, desp. Hombre o mujer. vulg; pop + cult → espon ^ afec. (**güeón; güevón**).

■

a. ‖ **pobre ~.** m. y f. *Bo, Ch, Ar.* Persona apocada, de poca valía. vulg; pop + cult → espon.

□

a. ‖ **ni ~.** loc. adv/adj. *Pe, Ch.* Ni loco, subrayando el rechazo a algo que ha sido propuesto. vulg; pop + cult → espon.

▶ **hacerse el ~.**

huevonada.

I. 1. f. *Gu, Ho, CR, Pa, Co, Ve, Bo, Ch.* Dicho o hecho necio, tontería. pop + cult → espon. (**güevonada**).
2. *Ni, Co; Cu,* p.u. **huevonería.** vulg.
3. *Co, Bo.* Cosa de poca entidad o importancia. pop.
4. *ES.* Cosa mal hecha, **chambonada**. pop.

II. 1. f. *Ho.* Valor o fuerza. (**güevonada**).

huevonaje.
- **I. 1.** m. *Ch.* p.u. Conjunto de personas, gente. vulg; pop + cult → espon ^ desp.

huevonazo.
- **I. 1.** sust/adj. *Mx, Ni.* Persona holgazana. (**güevonazo**).
- **II. 1.** sust/adj. *Ho, ES.* Persona valiente. (**güevonazo**).
- **III. 1.** m. *Ho.* Gran cantidad de algo. (**güevonazo**).

huevonear(se).
- **I. 1.** intr. *Mx, Gu, Ho, ES, Ni, Co, Ve, Ec.* Haraganear, perder el tiempo. pop. (**güevonear; huevoniar**). ♦ **huevear; pendejear**.
- **2.** *Co, Pe, Bo.* Hacer o decir necedades o tonterías. pop.
- **3.** tr. *Pe, Ch.* Tratar a las personas como tontas o ignorantes usando la palabra **huevón** como apelativo. vulg; pop + cult → espon.
- **4.** intr. prnl. *Ve; Ho*, pop. Hacer o decir necedades o tonterías. espon.

huevoneo.
- **I. 1.** m. *Ch.* Trato altivo y despreciativo que se dispensa a otras personas, usando la palabra **huevón** como apelativo. pop + cult → espon.

huevonería.
- **I. 1.** f. *Mx, Ho, Ni; Cu,* p.u. Pereza, flojera. pop. (**güevonería**). ♦ **güevonada; güevonitis; huevonada**.

huevoniar.
- **I. 1.** *Ho, Ni.* **huevonear**, haraganear.

¡huevos!
- **I. 1.** interj. *Ho, ES, Ni.* Expresa negación. vulg. (**¡güievos!**). ♦ **¡güepiles!; güépiles!**
- □
- **a.** ‖ **¡~ Tula!** loc. interj. *Ho, ES.* Expresa negación o rechazo.
- **b.** ‖ **¡quiere ~!** loc. interj. *Ho, ES, Ni.* Expresa sorpresa o resignación ante algo o alguien.

huevú.
- **I. 1.** *Cu, PR.* **huevudo**, persona valiente.
- **2.** adj. *PR. Referido a un hombre,* que padece de hernia testicular.

huevucho.
- **I. 1.** *PR.* **guabucho**, chichón.

huevudazo, -a.
- **I. 1.** *Gu.* **huevudo**, persona valiente. pop ^ hiperb.

huevudo, -a.
- **I. 1.** sust/adj. *Mx, Gu, Ho, Cu, PR.* Persona valiente y osada. vulg; pop + cult → espon. (**huevú; güevudo; huevudazo**). ♦ **huevón**.
- **II. 1.** sust/adj. *Ho, Cu.* Persona haragana. vulg. (**güevudo**).

Hugo.
- ▶ **llamar a ~.**

huica.
- **I. 1.** *Gu.* **güica**.

huicha. (Del nahua *huitztli,* espina).
- **I. 1.** f. *Mx:NO.* p.u. Espina. pop.

huichacame.
- **I. 1.** m. *Mx:NO.* Arbusto carnoso, con tallo cilíndrico espinoso, de color verde y flores de color verde y amarillo. (Cactaceae; *Opuntia tunicata*). ♦ **lalo**.

huichagórare.
- **I. 1.** m. *Mx.* **chaquira**, arbusto.

huichiche. (Del nahua *huitzitzilin,* colibrí).
- **I. 1.** *Pa.* **pijije**.

huichichile. (Del nahua *huitztli,* espino, y *chichiltic,* rojo).
- **I. 1.** *Mx.* **guachichil**.

huichichiltemel. (Del nahua).
- **I. 1.** m. *Mx.* Arbusto o árbol de hasta 12 m de altura, tronco con fuertes espinas ramificadas, ramas con espinas sin ramificar, hojas alternas, oblongas o elípticas, aovadas y con margen aserrado, flores blancas en racimos y fruto globoso de color rojo. (Fabaceae; *Myroxylon flexuosum*).

huichichío.
- ▶ **hacer ~.**

¡huichichío!
- **I. 1.** *Ch.* **¡huichichiu!**

¡huichichiu!
- **I. 1.** interj. *Ch.* Expresa burla. (**¡huichichío!**). ♦ **¡huichipirichi!**

huichipil.
- **I. 1.** *Mx.* **plumajillo**.

¡huichipirichi!
- **I. 1.** *Ch.* **¡huichichiu!**

¡huichó!
- **I. 1.** interj. *Ch.* Expresa orden para espantar a algunos animales. rur.

huichuta.
- **I. 1.** f. *Mx:NO.* p.u. Púa o garfio. pop.

huiclacoche.
- **I. 1.** *Mx.* **cuitlacoche**, hongo comestible del maíz.

huico.
- **I. 1.** m. *Mx:NO.* Iguana. ♦ **chaneque; chucuala; gallina de palo; iguana; pacaso; teyú**.

huico, -a.
- **I. 1.** adj. *Ho. Referido a ganado vacuno,* que ha perdido un cuerno.

huicsasapa. (Del quech. *wiksasapa*).
- **I. 1.** sust/adj. *Pe:E.* Persona barriguda. rur.

huicumo.
- **I. 1.** m. *Mx.* Árbol de tamaño mediano, de tallo erecto y escasa copa, con hojas lanceoladas y fruto de color amarillo, oblongo y aguzado por uno de sus extremos, de sabor muy dulce; su madera, de color rosa amarillento, es de buena calidad. (Sapotaceae; *Lucuma nervosa*). ♦ **canistel**.

huicundo.
- **I. 1.** m. *Ec.* Planta epifita, con inflorescencias en penacho rojas o rosadas. (Bromeliaceae; *Tillandsia cyanea*).

huicungo.
- **I. 1.** m. *Pe.* Palma espinosa cuyos frutos se presentan en racimos y son comestibles; muy utilizada por su aceite y por su madera. (Arecaceae; *Astrocaryum* spp.).

huidera.
- **I. 1.** f. *RD.* **huidero**, huida.
- **2.** *Ho.* **huidero**, zanja.

huidero.
- **I. 1.** m. *RD.* Huida o marcha rápida y desordenada de mucha gente a la vez. (**huidera; juidera; juidero**).
- **II. 1.** m. *Ho.* Zanja o agujero por donde puede correr el agua. rur. (**huidera, juidera; juidero**).

huifa.
- **I. 1.** f. *Ch.* Cosa insignificante, o que no se menciona por no recordar su nombre. pop ^ desp. (**güifa**).

¡huifa!
- **I. 1.** interj. *Ch.* Expresa alegría. pop. (**¡güifa!**).

huifala.
- **I. 1.** f. *Pe.* Danza tradicional indígena ejecutada con banderas y en la que se manifiesta la alegría por la llegada del carnaval y por las cosechas venideras.

¡huiflas!
  I. 1.   interj. *Pe.* ¡las huiflas!
  □
    a. ‖ ¡las ~! loc. interj. *Pe.* Expresa negación o rechazo.
          pop. (¡huiflas!).

huihuacho, -a.
  I. 1.   sust/adj. *Pe:E.* Niño huérfano que vive con un fa-
          miliar o amigo de los padres fallecidos. rur.

¡huija!
  I. 1.   interj. *Ch, Py, Ar, Ur.* Expresa alegría. pop.

huila.
  I. 1.   f. *Mx.* Prostituta. vulg. (**güila**).
  II. 1.   f. *Ch.* Jirón, andrajo. pop + cult → espon. (**güila**).

huilanche.
  I. 1.   m. *Mx.* Piedra para moler maíz, parecida al **metate**. rur.

huilco.
  I. 1.   *Pe.* **cebil**.

huile.
  I. 1.   m. *Mx.* p.u. Parrilla metálica para asar alimentos al
          fuego.

huiliento, -a.
  I. 1.   adj. *Ch.* p.u. *Referido a cosa*, rota, hecha jirones o
          pedazos. pop + cult → espon ^ desp.

huilla.
  I. 1.   f. *Ar:NO.* p.u. Liebre. rur.

huille.
  I. 1.   *Ch.* **huilli**.

huilli.
  I. 1.   m. *Ch.* Hierba de flores vistosas de diversos colo-
          res que van del blanco al rosáceo, con un bulbo en
          forma de cebolla pequeña y de olor intenso. (Li-
          liaceae; *Leucocoryne* spp.). (**huille**).

huillín.
  I. 1.   m. *Ch:S, Ar:S.* Nutria de hasta 70 cm de longitud,
          de lomo café oscuro y vientre más claro; su piel es
          estimada. (Mustelidae; *Lontra provocax*). (**güillín**).

huilo, -a.
  I. 1.   adj/sust. *Mx. Referido a persona*, tullida. (**güilo**).
  2.   adj. *Mx:N. Referido a persona*, débil o flacucha.
          (**güilo**).
  II. (Del ingl. *wild*, salvaje).
  1.   adj/sust. *Pa. Referido a persona*, loca, que ha perdi-
          do la razón.

huilota. (Del nahua *huilotl*, paloma).
  I. 1.   *Mx.* **huiltota**, ave. (**güilota**).
  ▶ saber dónde anidan las ~s.

huilte.
  I. 1.   m. *Ch.* Tallo o tronco del **cochayuyo**, *principal-
          mente cuando está creciendo y antes de ramificarse*; es co-
          mestible. (**hulte**).

huiltota. (Del nahua *huilotl*, paloma).
  I. 1.   f. *Ho.* Ave silvestre de cabeza delgada, pequeña,
          pico fino y cola larga y puntiaguda con las timo-
          neras externas con puntas blancas, y el plumaje de
          color café grisáceo. (Columbidae; *Zenaida ma-
          croura*). (**güiltota**; **huilota**).

huimba.
  I. 1.   f. *Pe.* Árbol de hasta 70 m de altura, de tallo grue-
          so, de color verde, cubierto por gruesas púas y con
          raíces que emergen del suelo, ramas horizontales,
          hojas compuestas en folíolos y frutos en cápsulas
          alargadas llenas de una fibra algodonosa con se-
          millas; muy utilizado en la industria de la madera.
          (Malvaceae; *Ceiba* spp.).

huinar. (Voz tarasca).
  I. 1.   m. *Mx.* Planta de hasta 80 cm de altura, de raíces
          profundas y leñosas, tallos muy fuertes, hojas lan-
          ceoladas y flores de corola amarilla, anaranjada o

de color crema, con una mancha rojiza en la base;
tiene diversas aplicaciones en la medicina tradicional y
sus tallos se emplean para hacer escobas. (Malvaceae;
Sida rhombifolia). (**huinare**; **huinari**). ♦ **afata**;
escobadura; **malva**; **malvillón**; **mata alfalfa**; **popotalagua**.

huinare.
  I. 1.   *Mx.* **huinar**.

huinari.
  I. 1.   *Mx.* **huinar**.

huinca. (Del map. *winca*).
  I. 1.   m-f. *Ch, Ar. Entre los mapuches*, persona no perte-
          neciente a la etnia mapuche, *especialmente chileno o
          argentino*. (**güinca**).

huincha.
  I. (Del quech. *wincha*, diadema).
  1.   f. *Pe, Ch, Ar:NO.* Cinta de lana o de algodón.
          (**güincha**).
  2.   *Pe, Bo, Ch.* Cinta métrica.
  3.   *Bo.* Tira de tela u otro material, *generalmente elástica*,
          que sirve para sujetar, atar o ceñir el pelo o como adorno.
          pop + cult → espon.
  II. 1.   f. *Ec.* **huinche**, máquina.
  ■
    a. ‖ ~ aisladora. f. *Pe, Ch.* Cinta impregnada en una
          solución adhesiva, que se emplea para recubrir los em-
          palmes de los conductores eléctricos.
    b. ‖ ~ transportadora. f. *Ch.* Dispositivo mecánico
          formado por una banda móvil que traslada mercan-
          cías, equipajes o personas.
  □
    a. ‖ ¡las ~s! loc. interj. *Ch.* Expresa negación o recha-
          zo a algo. pop + cult → espon.
  ▶ cortar las ~s.

huinche.
  I. 1.   *Mx, Pa, Co, Ch, Py.* **güinche**, máquina.
  II. 1.   adj. *Co:O.* **Güinche**, madurado prematuramente.

huinco.
  I. 1.   m. *Pe:S.* Cuenco o cucharón hecho de media cala-
          baza con el que se saca **pisco** o vino de una tinaja.

huinflas.
  □
    a. ‖ ¡las ~! loc. interj. *Bo.* Expresa negación rotunda a
          una petición, *generalmente va acompañada de un movi-
          miento grosero de manos*. vulg; desp.

huingán.
  I. 1.   m. *Ch, Ar:S.* Arbusto de hasta 2,5 m de altura, de
          flores blancas y pequeñas en racimos axilares, y fru-
          tos de color violeta oscuro; sus frutos se usan para
          hacer bebidas alcohólicas y también como desinfectante
          de heridas. (Anacardiaceae; *Schinus polygamus*).
          ♦ **boroco**.

huingo.
  I. 1.   *Pe.* **jícaro**, árbol perenne.

huiña.
  I. 1.   *Ch, Ar:S.* **güiña**, mamífero.
  II. 1.   *Ch.* **güiña**, ladrón. pop.

huiñaj.
  I. 1.   m. *Ar:NO.* Planta de madera fibrosa y elástica, hojas
          duras y flores amarillas. (Bignoniaceae; *Tabebuia
          nodosa*).

huiñapo.
  I. 1.   m. *Pe:S, Bo. En la elaboración de* **chicha**, maíz que
          ha germinado en pozos de poco fondo.

huiñi.
  I. 1.   m. *Ar:NO.* Tordo negro. rur.

huiño.
  I. 1.   m. *Ch.* p.u. Bastón curvo en su parte inferior con
          el que se juega a la **chueca**. rur.

huipil. (Del nahua *huipilli*).
    I. 1. m. *Mx, Gu, Ho, ES, Ni.* Blusón largo, sin mangas y con adornos que visten las mujeres indígenas. (**güipil**; **hipil**).
    2. *ES.* Enagua o falda que usan las mujeres indígenas.
    II. 1. m. pl. *Ho.* Ropa o vestidos viejos y maltratados, todavía en uso. rur.

huir.
    □
    a. ‖ **de huye que te coge.** loc. adv. *Cu.* De forma rápida y descuidada. pop.
    ◪
    a. ‖ **huye pan que te come el diente.** fr. prov. *Cu.* Indica el deseo de que alguien se marche rápidamente.

huira.
    I. 1. f. *Ch.* Corteza del **maqui** que, sola o torcida en forma de soga, sirve para atar.
    2. *Ch.* Andrajo.
    II. 1. *PR.* **güira**, planta y fruto.

huiracchuro.
    I. 1. m. *Ec.* Ave migratoria de hasta 20 cm de longitud, de patas grises y pico triangular, plumas amarillas y con la cola y las alas negras. (Cardinalidae; *Pheucticus chrysopeplus*).

huiracocha.
    I. 1. m-f. *Pe, Bo.* Entre los pueblos indígenas de la sierra, persona de tez blanca o mestiza.

huirahuira.
    I. 1. f. *Pe, Bo.* Hierba de tallo simple, raíz fibrosa, hojas lanceoladas, gruesas y blandas, con una pilosidad de color gris y flores tubulares; tiene usos medicinales. (Asteraceae; *Senecio canescens*). (**hualahuila**).

huirís.
    I. 1. *ES.* **güirís**, buscador de oro.

huirivo.
    I. 1. *Mx:NO.* **guaribo**.

huiro.
    I. 1. *Mx, Pe.* **güiro**, instrumento musical con forma de calabaza.
    II. 1. m. *Pe, Ch.* Cigarrillo de marihuana. pop + cult → espon. (**güiro**).
    III. (Del aim. y del quech. *wiru*).
    1. *Pe, Bo,* pop. Caña dulce o tallo del maíz verde.
    IV. 1. m. *Ch.* Alga parda de tallo cilíndrico de hasta 20 m de longitud, con vesículas natatorias y hojas no comestibles. (Lessoniaceae; *Macrocystis* spp.). (**güiro**).

huis.
    I. 1. *ES.* **güis**.

huis, -sa.
    I. 1. m. y f. *ES.* Niño.

huisa.
    I. 1. *ES.* Muchacha de zona rural que trabaja en la ciudad.

huisachada.
    I. 1. *Mx, Gu.* **huizachada**.

huisachal.
    I. 1. m. *Mx.* Sitio poblado de **huisaches**.

huisache. (Del nahua *huixachi*, espinoso, de *huitztli*, espina, y *ixachi*, abundante).
    I. 1. *Mx, Gu.* **huizache**, abogado. (**güisache**).
    II. 1. *Mx, ES.* **aromo**. (**güisache**; **güizache**; **huizache**). ◆ **xcantirish**.

huisachería.
    I. 1. *Mx.* **huizachada**.

huisay.
    I. 1. m. *Mx:NO.* Planta herbácea de tallos densamente compactos, erectos y esencialmente sin hojas; sus tallos están recubiertos de una cera que posee diversas

aplicaciones industriales. (Euphorbiaceae; *Pedilanthus pavonis*). ◆ **jumete**.

huisayote.
    I. 1. *ES.* **güisayote**, güisquil.

huiscanal.
    I. 1. *Ho.* **güiscanal**, arbusto.

huiscolote. (Del nahua *huitztli*, espina, y *colotl*, alacrán).
    I. 1. m. *Mx.* Arácnido de color marrón, abdomen ovalado, cefalotórax aplanado y granuloso, con un tubo estrecho y alargado en la parte posterior del abdomen por el que expele un líquido corrosivo. (Thelyphonidae; *Telyphonus giganteus*).

huiscoyol.
    I. 1. m. *Ho, ES, Ni, CR.* **jahuacte**. (**biscoyol**; **güiscoyol**; **viscoyol**; **vizcoyol**).
    2. *Ho, ES, CR.* Cogollo comestible del huiscoyol. (**biscoyol**; **güiscoyol**; **viscoyol**; **vizcoyol**).

huiscoyolar.
    I. 1. m. *ES.* Lugar poblado de **huiscoyoles**.

huishi.
    I. 1. adj. *Pe:S.* Sucio, mugriento, que produce asco. rur; pop.

huishtomate.
    I. 1. *ES.* **güistomate**.

huishtoso, -a.
    I. 1. *ES.* **hueste**, finamente molido.

huishute.
    I. 1. *ES.* **huizote**, instrumento de labranza.

huisisila.
    I. 1. *ES.* **aliblanca**, paloma.

huisquil. (Del nahua *huitztli*, espina, y *quilitl*, hierba).
    I. 1. *Mx, Gu, Ho, ES, Ni, Pa.* **güisquil**, planta.
    2. *Mx, Gu, Ho, ES, Ni, Pa.* **güisquil**, fruto.

huisquilar.
    I. 1. *Gu.* **güisquilar**.

¡huisquiles!
    I. 1. interj. *Ho.* Expresa negación o rechazo.

huisquilete.
    I. 1. *Ho.* **huisquilite**.

huisquilite. (Del nahua *huitztli*, espina y *quilitl*, quelite, hierba comestible).
    I. 1. m. *Ho, ES.* Planta parecida al cardo, fuerte, suculenta y erguida, de hasta 70 cm de altura, con axilas provistas de dos espinas rígidas y flores muy pequeñas; en la medicina tradicional las hojas se utilizan en fomentos calientes contra las inflamaciones. (Amaranthaceae; *Amaranthus espinosus*). (**huisquilete**).

huiste. (Del nahua *huitztli*, espina, y *tet*, piedra).
    I. 1. m. *Ho:O.* Roca volcánica, *generalmente de color negro y brillante*.

huistempisque.
    I. 1. m. *Mx, ES.* Árbol perenniforme, de hasta 20 m de altura, de copa redondeada y densa con ramas ascendentes, hojas lanceoladas, de color verde oscuro y brillante, flores crema verdoso y de forma estrellada, y fruto comestible, carnoso y redondo, verde amarillento. (Sapoteceae; *Bumelia persimilis*).

huistlacuache.
    I. 1. *Mx.* **huiztlacuache**.

huitaca.
    I. 1. f. *Ni.* Tercer período de siembra. rur.

huitatobe.
    I. 1. m. *Mx:NO.* Arbusto erguido de hojas alternas, lámina herbácea sin ápices punzantes, inflorescencia con más de dos flores y fruto carnoso en forma de drupa; se usa con fines medicinales. (Apocynaceae; *Vallesia glabra*). (**otatave**). ◆ **cuncún**; **mataco**; **tetilla**; **uclatave**.

huitlacoche.
  I. 1. *Mx.* **cuitlacoche**.

huito.
  I. 1. m. *Ec, Pe.* **jagua**, árbol de hasta 20 m.
    2. *Ec, Pe.* Fruto de este árbol.

huitochado.
  I. 1. m. *Pe.* Bebida alcohólica hecha con **huito** macerado en aguardiente y azúcar.

huitote.
  I. 1. m. *Mx.* Arbusto de hasta 6 m de altura, de tallo con pocas ramitas erectas, hojas alternas, compuestas y con numerosos pares de folíolos, inflorescencia en panícula, flores acampanadas de color verdoso, con muchos estambres largos y de color rojo oscuro, y frutos como largas y estrechas legumbres. (Fabaceae; *Calliandra houstoniana*). ◆ **tabardillo**.

huitzapole.
  I. 1. m. *Mx.* Hierba de hasta 60 cm de altura, con tallo ramificado, hojas alternas, lineares a lanceoladas, inflorescencia en racimos densos, flores con forma de espiga, sésiles y frutos ovoides; se emplea como forraje cuando está tierno. (Poaceae; *Cenchrus echinatus*). ◆ **abrojo**; **cardillo**; **cardo**.

huitzilera.
  I. 1. *Mx.* **hormiga de miel**.

huizachada.
  I. 1. f. *Gu.* Trapacería o engaño que alguien trama, *especialmente un abogado o un político*. pop + cult → espon. (**güisachada**; **huisachada**; **huisachería**; **huizachería**).

huizache.
  I. 1. m-f. *Mx, Gu. En política*, abogado mediocre. pop + cult → espon ^ desp. (**huisache**).
  II. 1. *Mx.* **huisache**, arbusto.

huizachería.
  I. 1. *Mx.* **huizachada**.

huizachero, -a.
  I. 1. m. y f. *Mx. En política*, abogado de poca monta.

huizizil.
  I. 1. *Mx.* **guachichil**.

huizote. (Del nahua *uizoctli*, palanca, bastón de madera puntiagudo).
  I. 1. *Mx.* **ahuizote**, pato.
  II. 1. m. *Ho.* Instrumento de labranza que consiste en un palo largo con uno de sus extremos en punta que sirve para hacer hoyos. (**güisote**; **güisute**; **güizute**; **huishute**; **huizute**). ◆ **pizute**.
    2. *Ho:S,C.* Barra metálica corta o punta de un machete que se pone en un huizote.

huiztlacuache. (Del nahua *huitztli*, espina, y *tlacuatzin*, tacuacín).
  I. 1. m. *Mx.* Puerco espín, roedor arborícola nocturno con el dorso recubierto de espinas y una cola prensil. (Erethizontidae; *Coendu mexicanus*). (**huistlacuache**). ◆ **coendú**.

huizute. (De *huizote*).
  I. 1. *Gu, Ho, ES.* **huizote**, instrumento. rur.

huje.
  I. 1. m. *Mx:O.* Árbol de hasta 30 m de altura, de copa ancha y densa, con hojas de color verde brillante, flores verdes o amarillentas y fruto globoso, comestible, de color anaranjado; las hojas se utilizan en la medicina tradicional. (Moraceae; *Brosimum alicastrum*). ◆ **berba**; **cacique**; **guáimaro**; **iximché**; **juandiego**; **masico**; **mujú**; **ojite**; **ojoche**; **ox**; **samaritano**; **ushi**.

¡hújule!
  I. 1. *Mx.* **¡újule!**.

hula-hula.
  I. 1. m. *Mx, Ho, ES, Ni, Cu, Co, Ec, Bo, Ch; Ve, Ar.* p.u. Juego del aro que consiste en mantenerlo dando vueltas alrededor en la cintura con el movimiento de la cadera.
    2. *Ch.* Aro con que se practica el juego del hula-hula.

hulado, -a.
  I. 1. adj. *Ho. Referido a tela o mantel*, recubierto de una capa de hule u otra materia para impermeabilizarlo.

hular. (Der. de *hule*).
  I. 1. m. *Mx, Ho, Ni.* Terreno plantado de árboles de los que se extrae hule.

hulazo.
  I. 1. m. *Gu, Ni.* Golpe dado con un hule o goma elástica.

hule.
  I. 1. m. *Mx, Ho, ES, Ni.* Árbol de hasta 25 m de altura, de tronco recto, hojas alternas, simples, oblongas, inflorescencia axilar, flores masculinas de color crema, flores femeninas verde amarillentas, y fruto en drupas agregadas con dos semillas; del tallo se extrae el látex para hacer goma. (Sapotaceae; *Castilla elastica*). ◆ **caucho**; **olcahuite**; **palo de hule**.
    2. *Ho, ES, Ni, Py.* Goma elástica de muchos usos industriales, que se extrae del jugo lechoso o látex del hule.
    3. *Ho, ES.* Suela de goma de cualquier calzado, *en especial del* **caite**.
  II. 1. m. *Gu.* Boca de una persona. pop.
  III. 1. m. *ES.* Porra de la policía.
  IV. 1. m. *ES.* Tira o banda elástica delgada que permite recoger el pelo largo en una cola de caballo.
  V. 1. adj. *Ho. Referido a persona*, arruinada, sin dinero.
  VI. 1. m. *CR. En el sistema de suspensión de un vehículo*, pieza de caucho que evita el roce de dos componentes metálicos en su punto de articulación.

  □
    a. ‖ ~ **de amarrar la cebolla.** loc. sust. *Ho.* Vulva. tabú; pop.
    b. ‖ **por si las de hule.** loc. adv. *Ho, ES.* Por si acaso. pop + cult → espon.
  ▶ **crecer el ~**; **dejar ~**; **estirar el ~**; **ir ~**; **jalarse el ~**; **oler el ~**; **parecer de ~**; **ponerse las de ~**; **tener ~**.

hulear.
  I. 1. intr. *Mx.* Extraer el hule o caucho de las plantas.
    2. *Ho, Ni.* Trabajar en una plantación de hule, *en especial cosechar el látex del tallo*.
  II. 1. intr. *ES.* Perder *alguien* una oportunidad.

hulera.
  I. 1. f. *Ho.* Plantación de árboles de **hule**.
    2. *Ho.* Fábrica donde se procesa el látex extraído del árbol de **hule**.
  II. 1. f. *Ho, Ni.* Horquilla con mango a cuyos extremos se unen los de una goma para estirarla y disparar así piedrecillas, perdigones, etc.

hulero, -a.
  I. 1. adj. *Mx, Ho, Ni, CR.* Relativo al **hule**.
    2. *Mx, Ho, Ni; CR.* Relativo a la industria del hule.
  II. 1. sust/adj. *Mx.* Persona que se ocupa en la extracción de caucho.
    2. m. y f. *Ho, Ni.* Persona que trabaja en una plantación de **hule**.

hulífero, -a.
  I. 1. adj. *Mx.* Relativo al **hule**.

huliliento.
  I. 1. adj. *Ch.* p.u. *Referido a persona o cosa*, de apariencia andrajosa, hecha jirones o pedazos. pop + cult → espon ^ desp.

hulite.
  I. 1. *Ho.* **anchor**.

hulito.
    I. 1.   m. *Ho.* Condón, preservativo.

huloso, -a. (Der. de *hule*).
    I. 1.   adj. *Ho, Ni.* Relativo al **hule** o goma elástica.
    II. 1.   adj. *CR. Referido a cosa*, que se estira y dobla fácilmente sin romperse.

hulte.
    I. 1.   *Ch.* **huilte**.

huma.
    I. 1.   f. *Ch.* p.u. **humita**, comida.

humacera.
    I. 1.   f. *Cu, Ve.* Humareda. pop. (**humasera**).

humanar.
    I. 1.   intr. *Mx.* Condescender, rebajarse.

humanidades.
    I. 1.   f. *Ch.* obsol. Enseñanza media o secundaria.

humar.
    I. 1.   tr. *Gu, Ho, ES.* Fumar cigarrillos. rur. (**jumar**).

humaral.
    I. 1.   m. *Ho.* Humo denso y copioso.

humarasca.
    I. 1.   f. *Ni, CR.* **humarascal**. (**humarasco**).

humarascal.
    I. 1.   m. *Ni, CR.* Abundancia de humo. pop. ♦ **humarasca; humerío**.

humarasco.
    I. 1.   m. *Ni, CR.* **humarasca**.

humarear.
    I. 1.   intr. *Pe:S.* Regar un terreno por primera vez cuando las plantas ya han brotado. rur.

humasera.
    I. 1.   *Ni, Cu.* **humacera**.

humazo.
    I. 1.   m. *Ni.* meton. Montón de **zacate** verde o estiércol que se quema para ahuyentar mosquitos y jejenes.

humazón.
    I. 1.   f. *Gu, Ho, ES, Ni, Co, Ve:O.* Humareda. (**jumazón**).

humear.
    I. 1.   tr. *Mx, Py.* Fumigar, combatir plagas de insectos y otros seres vivos con humo, gas o polvo en suspensión.
    II. 1.   *Bo.* **plumear**, manifestar enojo. pop + cult → espon ^ fest.
    III. 1.   intr. *Bo.* Realizar *alguien* una tarea de manera muy concentrada. pop + cult → espon ^ fest.

humedades.
    ▶ hablar ~.

humeneshte.
    I. 1.   m. *ES.* **faragua**.

humental.
    I. 1.   m. *PR.* Humareda muy grande. (**jumental**).

humerío.
    I. 1.   *CR, Co.* **humarascal**. pop + cult → espon.

humero.
    I. 1.   m. *PR, Co, Ve.* Humareda.
    2.   *Ni, CR.* Brasero de lata usado por los apicultores para producir humo que permita dispersar las abejas.
    3.   *CR.* Armazón de tablas que cuelga del techo de una cocina de leña, usado para secar o preservar alimentos. rur.
    II. 1.   m. *Ho.* Soldado dormilón o haragán.

humilladero.
    I. 1.   m. *Co.* Capilla especial en la que permanece, durante toda la Semana Santa, la figura de Cristo bajado de la cruz.

huminta. (Del aim. y del quech. *humint'a, jumint'a*).
    I. 1.   *Pe, Bo, Ar.* **humita**, comida criolla.

humintero, -a.
    I. 1.   m. y f. *Bo.* Persona que se dedica a preparar o a vender **humintas**.
    2.   sust/adj. *Bo.* Persona a la que le gustan las **humintas**.

humiro.
    I. 1.   m. *Pe.* Palma de tallo muy corto y corona muy frondosa. (Arecaceae; *Phytelephas* spp.).

humisha.
    I. 1.   f. *Pe.* Palma u otro árbol que en ciertas festividades religiosas y en carnavales se planta en las poblaciones y se adorna con monedas, botellas, panes y otros objetos para después ser derribado tras haber bailado a su alrededor.

humita. (Del aim. y del quech. *jumint'a*).
    I. 1.   f. *Ec, Pe, Bo, Ch, Ar, Ur.* Comida criolla hecha con pasta de maíz o granos de **choclo** triturados, a la que se agrega una fritura *preparada generalmente con cebolla, tomate y* **ají colorado** *molido*. (**huminta**). ♦ **huma**.
    2.   *Ec:C.* Alimento elaborado con maíz tierno, huevos, mantequilla, manteca de cerdo, queso rallado, sal y polvo de hornear, que se cocina al baño María y envuelto en las hojas tiernas que cubren la mazorca del maíz. ♦ **choclotanda**.
    II. 1.   f. *Ch.* Pajarita, corbata que se anuda por delante en forma de lazo.

humitero, -a.
    I. 1.   m. y f. *Pe, Ar:NO; Ch,* p.u. Persona que hace y vende **humitas**, comida criolla.

humo.
    □
    a. ‖ ~ **blanco**. loc. sust. *Ni, CR, Ec, Bo, Ch; Co,* esm. Anuncio de un suceso que viene a resolver satisfactoriamente un conflicto previo.
    b. ‖ ~ **de sábana**. loc. adj. *RD. Referido a cosa o a una situación*, insignificante o que no reviste gravedad.
    c. ‖ **ni el ~.** loc. adv. *PR.* De ningún modo. pop + cult → espon.
    ▶ echar ~; estar botando ~; hacerse ~; irse al ~; tirar bomba de ~; írsele los ~s; írsele los ~s a la cabeza; venirse al ~; volverse ~.

humor.
    I. 1.   m. *Co, Pe; Py,* p.u. Olor corporal, *especialmente el fuerte e intenso*. pop.

humus.
    I. 1.   *ES, PR, Ch.* **baza**. rur.

hunche. (Del muisca *unchil*, afrecho).
    I. 1.   m. *Co:C.* Hollejo y otros restos que quedan del maíz y algunos cereales. pop.

hundido, -a.
    I. 1.   adj. *Ho, Bo. Referido a persona*, que ha sido condenada o encarcelada por un delito.
    2.   *RD. Referido a persona*, destruida, acabada.

hundimiento.
    I. 1.   m. *ES, CR. En baloncesto*, enceste realizado con una o dos manos impulsando el balón con fuerza sobre el aro.

húngaro, -a.
    I. 1.   sust/adj. *Gu, Ho, ES, Ni.* Persona de raza gitana.

huntaro, -a.
    I. 1.   adj/sust. *Ho.* juv. *Referido a joven*, que se inicia en una **mara**. delinc.

huraco. (Del port. *furaco*, buraco).
    I. 1.   *Ho, Ni.* **juraco**, agujero grande.
    2.   *Ho.* **juraco**, ano. tabú.

hurgandillo, -a.

I. 1. adj/sust. *Ho. Referido a persona*, fisgona, entremetida en asuntos que no le competen. (**jurgandilla**).

2. *Ho. Referido a persona*, que le gusta tocar y mover cualquier objeto. (**jurgandilla**).

hurgar.
□

a. ‖ ~ **el avispero.** loc. verb. *Bo, Py.* Tocar un tema que provoca discusiones y desavenencias. pop.

b. ‖ ~ **el macho con vara corta.** loc. verb. *Ho.* Insistir *alguien* en algo, creyendo que le favorece, le puede ser perjudicial.

c. ‖ ~ **la mula con vara corta.** loc. verb. *Ho.* Correr excesivo riesgo *alguien* en algo.

◩

a. ‖ **si me hurgan, respingo.** fr. prov. *PR.* Indica que si a uno lo buscan, lo encontrarán. pop + cult → espon.

hurgonear. (Epént. de *hurgar*).

I. 1. tr. *Ho, ES, Bo.* Hurgar.

hurguete.

I. 1. adj. *Bo; Ch*, p.u. *Referido a persona*, que hurga en algo o revuelve en las cosas buscando algo. pop + cult → espon.

hurguete, -a.

I. 1. adj/sust. *Ar. Referido a persona*, que acostumbra hurgar las cosas ajenas o averiguar con indiscreción aspectos de la vida privada de los otros. pop.

hurguetear.

I. 1. tr. *Bo, Ch, Ar.* Hurgar, escudriñar. pop + cult → espon. (**urguetear**).

2. *Ch.* metáf. Tocar con el dedo u otro instrumento, o introducirlo, en alguna cavidad o herida del cuerpo propio o de otra persona. pop + cult → espon.

hurgueteo.

I. 1. m. *Bo, Ch, Ar.* Búsqueda de algo que está muy guardado o escondido entre otras cosas. pop + cult → espon.

2. *Ch.* Toque o introducción de un dedo u otro órgano en una cavidad o herida del cuerpo. pop + cult → espon.

hurón.

I. 1. m. *Ni, Co, Ec.* Mamífero de hasta 55 cm de longitud, de cuerpo alargado y flexible, cabeza pequeña y patas cortas, hocico, cara y pecho de color negro o castaño oscuro con una banda blanca que parte de la frente y pasa por las orejas hasta el comienzo de la espalda. (Mustelidae; *Galictis vittata, Grison vittatus*). ♦ **grisón**.

II. 1. m. *ES.* Jefe de un grupo de ladrones. delinc.

huroncito.

I. 1. m. *Ar, Ur.* Mamífero carnívoro de hasta 40 cm de altura, pelaje blanquecino salpicado de pelos oscuros en el dorso y negro en el resto del cuerpo, con una franja blanca longitudinal desde la frente hasta el comienzo de la cola. (Mustelidae; *Lyncodon patagonicus*).

hutía. (De or. ind. antillano).

I. 1. f. *Ho.* Mamífero roedor del tamaño de un conejo, pero más robusto, de cabeza grande, orejas pequeños que no sobresalen, hocico romo con alargadas vibrisas, cuello corto y grueso, tronco curvo, patas y cola cortas, pelaje denso y áspero de color café grisáceo. (Capromyidae; *Geocapromys thoracatus*). (**jutía**).

huye.
□

a. ‖ ~~. loc. sust. *RD.* juyejuye.

huyilanga.

I. 1. *PR.* juyilanga.

huyón.

I. 1. *PR.* juyón.

huyón, -na.

I. 1. adj/sust. *Gu, ES, Ni. Referido a persona*, que huye.

huyuyo.

I. 1. m. *Cu.* Ave palmípeda de hasta 50 cm de longitud, con plumaje vistoso de color verde metálico, púrpura y blanco, cabeza y cuello tornasolados y alas de color oscuro. (Anatidae; *Aix sponsa*). ♦ **carraco**.

huyuyo, -a.

I. 1. *Cu.* **jíbaro**, persona antipática. pop.

¡huyuyú!

I. 1. interj. *ES.* Expresa llamada de atención o de prevención.

hylea.
◼

a. ‖ ~ **amazónica.** *Ec.* **hilea amazónica**.

iati. (Voz indígena).
   I. 1. *Mx:E, Gu.* **matarratón**.

iayajabico. (De or. ind. antillano).
   I. 1. m. *PR.* Arbusto de hasta 8 m de altura, con flores blancas de pequeño tamaño que crecen en forma de panojas en las puntas de las ramas, y semillas moradas que poseen valor diurético y astringente. (Rubiaceae; *Erithalis fructicosa*). (**jayajabico**).

ibapoy. (Voz guaraní).
   I. 1. *Ar, Ur.* **higuerón**, árbol de hasta 40 m de altura.

ibes. (Voz del maya yucateco).
   I. 1. m. pl. *Mx:SE.* Semillas de **frijol** común.

ibia.
   I. 1. *Co.* **hibia**.

ibirá.
   ■
   a. ‖ ~-pepé.
     i. *Ar:NE.* **alecrín**, árbol.
     ii. m. *Ar:NE.* Madera del ibirá-pepé, pesada, dura y rojiza; tiene diversas aplicaciones en carpintería.
   b. ‖ ~-pitá.
     i. m. *Ar, Ur.* Árbol de hasta 30 m de altura de hojas compuestas y flores amarillas; se utiliza en la ornamentación de parques y avenidas por su porte y floración; (Fabaceae; *Peltophorum dubium*). (**ibirá-puitá**). ♦ **cañafístula; pacay**.
     ii. *Ar, Ur.* Madera del ibirá-pitá, dura y pesada; tiene diversas aplicaciones en carpintería. (**ibirá-puitá**).
   c. ‖ ~-puitá. *Ar:NE.* **ibirá-pitá**, árbol.
   d. ‖ *Ar:NE.* **ibirá-pitá**, madera.
   e. ‖ ~-verá. *Ar:NO.* **guayacán**, árbol. (Fabaceae; *Caesalpinia paraguariensis*).
   f. ‖ *Ar:NO.* **guayacán**, madera.

ibm. (De *IBM*®).
   I. 1. m-f. *Mx.* **mandadero**, persona que hace los mandados.

icacal.
   I. 1. m. *Ho, Ni.* Plantación de **icacos**.

icaco.
   I. 1. m. *Mx, Gu, Ho, ES, Ni, CR:NO, Pa, Cu, RD, PR, Co, Ve.* Árbol de hasta 5 m de altura, con hojas simples, alternas y duras, de forma aovada y de color verde oscuro, flores blancas en racimos axilares y frutos en drupas púrpuras cuando están maduros. (Chrysobalanaceae; *Chrysobalanus icaco*). (**hicaco, jicaco**).
   2. *Mx, Ho, ES, Ni, CR:NO, Pa, Cu, RD, PR, Co, Ve.* Fruto de este árbol, globoso, de color rojo, morado o blanquecino, de una sola semilla y pulpa esponjosa, con el que se preparan dulces. (**hicaco, jicaco**).
   3. *Ar:NO.* **afrechero**, pájaro.
   ☐
   a. ‖ por los ~s. loc. adv. *Ni.* Fuera de la realidad.
   ▶ quedar mirando al ~; ver para el ~.

icancho.
   I. 1. *Ar:NO.* **afrechero**, pájaro. (**incancho**).

icaquillo.
   I. 1. m. *PR.* Arbusto de hasta 6 m de altura, con corteza lisa y gris, hojas alternas aovadas de color verde, flores de color rojizo en racimos terminales o laterales y fruto en drupa; su madera tiene diversos usos en ebanistería. (Chrysobalanaceae; *Hirtella rugosa*). (**hicaquillo; jicaquillo**). ♦ **juanilla**.
   2. *PR.* Fruto de este arbusto, velludo, de color castaño y de pulpa jugosa aunque algo insípida. (**hicaquillo; jicaquillo**). ♦ **juanilla**.

icaquito.
   I. 1. m. *Ho, ES.* Arbusto de hasta 3 m de altura, de hoja perenne, raíz pivotante y profunda, tallo leñoso con espinas dobladas hacia abajo, hojas opuestas y pecioladas, flores amarillas en su parte externa y rojas en su parte interna, cuyo fruto es agrupado, jugoso y carnoso, de color azul oscuro a negro brillante. (Verbenaceae; *Lantana urticifolia, L. camara*).

icarado, -a.
   I. 1. adj/sust. *Pe:E. Referido a cosa*, que ha sido potenciada por un hechicero con su poder curativo. rur.
   2. *Pe:E. Referido a persona*, que se ha sometido a un tratamiento con un hechicero para prevenirse o librarse de un maleficio. rur.

icarar.
   I. 1. tr. *Pe:E.* Practicar un hechicero un sortilegio sobre un objeto para que este sirva de amuleto y prevenga o evite un maleficio. rur. (**icarear**).

icarear.
   I. 1. *Pe:E.* **icarar**.

icaro.
   I. 1. m. *Pe:E.* Ceremonia con la que un hechicero intenta transmitir su influencia mágica o curativa sobre una persona a la que quiere prevenir de un mal. rur.
   2. *Pe:E. En determinados rituales y ceremonias*, cántico que sirve para entrar en contacto con los espíritus. rur.

ícaro.
   I. 1. m. *Ve.* Paracaídas rectangular que se usa para descender una pendiente de forma controlada.

ice.
   ■
   a. ‖ ~ *cream.* (Voz inglesa). m. *EU, Ho, RD, PR.* Helado.

ichal.
   I. 1. m. *Pe.* Sitio poblado de **ichus**.

iche.
   I. 1. adj/sust. *Mx:SE. Referido a persona*, gemela, nacida de un mismo parto que su hermano.

ichíntal.
   I. 1. m. *Gu.* Raíz comestible del **güisquil**.

ichivil.
- I. 1. m. *Ar:NO*. Arbusto de hasta 2 m de altura, de hojas alternas, flores violáceas y una baya globosa de color rojo como fruto. (Solanaceae; *Vassobia brevifolia*). (**ischivil**). ♦ **pucancho**.

icho. (Del quech. *ichu*).
- I. 1. *Ar*; *Pe*, *Bo*, p.u. **ichu**.

ichona. (Del map. *ichuna*).
- I. 1. *Ar:NO*. **echona**.

ichu. (Voz quechua).
- I. 1. m. *Pe*, *Bo*, *Ch:N*, *Ar:NO*. Planta de hojas finas y duras; se emplea en el techado de las viviendas, como leña y para alimentar al ganado. (Poaceae; *Stipa ichu*). (**icho**). ♦ **iro**; **iru**.

ichua.
- I. 1. f. *Bo:N*. **halcón aplomado**.

ichuna. (Del quech. *ichhu*, paja).
- I. 1. *Bo*, *Ar:NO*. **echona**.

icinté. (Voz del maya yucateco).
- I. 1. m. *Mx:SE*. Arbusto ramoso de hojas elípticas, verdes o amarillentas, inflorescencias axilares, flores tubulares de color blanco y fruto pequeño con dos semillas en su interior; se emplea para aderezar platos de pescado. (Verbenaceae; *Clerodendron ligustrinum*). ♦ **muste**.

-ico
- I. 1. suf. *CR*, *Cu*, *Co*, *Ve*. Indica un valor diminutivo o afectivo.

icohueyo.
- I. 1. m. *Mx*. Planta de hasta 60 cm de altura, de hojas terminales, lanceoladas a elípticas, inflorescencia en racimo y flores blancas con líneas de color violáceo en los pétalos; la flor tiene uso ornamental. (Orchidaceae; *Govenia liliacea*).

icon. (Voz inglesa).
- I. 1. m. *EU*, *RD*. Icono.

icopor. (De *Icopor®*, Industria Colombiana de Polímeros).
- I. 1. m. *Co*. Material polímero *utilizado especialmente para empacar y proteger equipos o material delicado*.

icotea. (Afér. de *hicotea*).
- I. 1. *Ho*, *ES*, *Pa*, *RD*, *Co*, *Ve*. **jicotea**, tortuga.

icsofactamente. (De *ipso facto*).
- I. 1. adv. *ES*, *RD*. p.u. Inmediatamente. cult.

ida.
- ◻
  - a. ‖ **~ por vuelta**. *RD*, *Ec*. **la ida por la vuelta**.
  - b. ‖ **la ~ por la vuelta**. loc. sust. *Cu*, *RD*, *PR*. Viaje o estancia breve o de corta duración. (**ida por vuelta**).

idea.
- ▶ agarrar ~; coger ~; tener ~; tomar ~.

ideático, -a.
- I. 1. adj. *Mx*, *Ni*, *CR*, *Co*, *Ve*, *Ec*, *Ch*. Referido a persona, maniática.
- 2. *Ve*, *Pe*. p.u. Referido a un caballo, de comportamiento imprevisible, inquieto.
- 3. *Ho*. Referido a persona, loca. prest; cult → esm ^ desp.

¡ideay!
- I. 1. *Ni*. **¡idiay!**

identificación.
- I. 1. f. *Cu*. Pulsera en forma de cadena, con una placa que lleva el nombre de una persona.

identikit.
- I. 1. m. *Ni*, *Ec*, *Pe*, *Bo*, *Ch*, *Py*, *Ar*, *Ur*. **retrato hablado**.
- 2. *Ch*. Lista de las características principales de una planta o animal.

ideoso, -a.
- I. 1. adj/sust. *Mx*, *Bo*, *Ar*. Referido a persona, que tiene vena de loco o ideas extravagantes.
- 2. *Ch*. Referido a persona, caprichosa, de comportamiento voluble. pop.

idiay. (Apóc. de *y de ahí*).
- a. ‖ ¿~?.
  - i. fórm. *Ni*, *CR*, *Ec*. Se usa para exhortar al interlocutor a que continúe lo que iba diciendo.
  - ii. *Gu*, *Ni*, *CR*. **diay**, para introducir un saludo.

¡idiay! (Apóc. de *y de ahí*).
- I. 1. interj. *Ho*, *ES*, *Ni*, *CR*. Expresa asombro o sorpresa. (**¡diay!**; **¡ideay!**).

idioma.
- ▪
  - a. ‖ **~ nacional**. m. *RD*, *Ec*; *ES*, *Ni*, p.u. Español, lengua oficial y asignatura que se enseña en todo el sistema educativo.
- ▶ callarse en siete ~s.

idioso, -a.
- I. 1. adj. *Ar*, *Ur*. Referido a persona o animal, de humor desabrido o desigual. pop.

idiotada.
- I. 1. f. *RD*, *Co*. Tontería, dicho o hecho tonto. pop ^ desp.

ido, -a.
- I. 1. adj. *Mx*, *RD*, *PR*, *Co*, *Ve*, *Bo*, *Ur*. Referido a persona, alelada. pop.
- 2. *Mx*, *PR*, *Bo*. Referido a persona, drogada.
- 3. *PR*, *Bo*; *Ar:NO*, rur. Referido a persona, borracha. pop + cult → espon.

iglesia.
- ▪
  - a. ‖ **~ de techo**. f. *Pe:C,S*. Iglesia pequeña, de cerámica decorada u otro material, colocada sobre los tejados de las casas, que regalan los padrinos al bautizar la casa y que tiene como objeto evitar la entrada de los malos espíritus en el hogar.
- ▶ casarse por detrás de la ~.

iglesiar.
- I. 1. intr. *Ni*. Ir *alguien* con frecuencia a la iglesia. rur.

iglesiero, -a.
- I. 1. sust/adj. *Ni*, *Co*, *Ve*. Persona que acude asiduamente a la iglesia. rur.

ignorante.
- I. 1. adj/sust. *Ec*. Referido a persona, grosera, atrabiliaria. pop ^ desp.

ignorantón, -na.
- I. 1. adj. *Ec*. Referido a persona, torpe, sin maneras. pop ^ desp.

igual.
- I. 1. adv. *Pa*, *Cu*, *RD*, *Co*, *Bo*, *Ar*, *Ur*; *Ec*, *Ch*, *Py*, pop. A pesar de todo, no obstante.
- ◻
  - a. ‖ **a la ~**. loc. adv. *Ch*. Exactamente lo mismo. (**a las iguales**).
  - b. ‖ **a las ~es**. *Ch*. **a la igual**.
  - c. ‖ **~ y**. loc. adv. *Mx*. Quizás.
- ▶ estar a veintinueve ~es.

igualada.
- I. 1. f. *Bo*. Recorte de aquellas porciones de cabello que han crecido más que el resto. pop + cult → espon.

igualado, -a.
- I. 1. adj. *Mx*, *Gu*, *Ho*, *ES*, *Ni*, *CR*, *Pa*, *Co*, *Ve*, *Pe*, *Bo*, *Py*; *Ec*, desp. Referido a persona, que se toma excesivas confianzas. pop + cult → espon.
- II. 1. adj/sust. *ES*, *Ni*, *Bo*. Referido a persona, que gusta de aparentar socialmente más de lo que es.

igualar.
    I. 1. tr. *Mx, Ch.* Mezclar pinturas de dos o más colores, para obtener un tercer color idéntico a uno preestablecido.

igualitico.
    I. 1. adv. *CR, RD.* De la misma manera. pop.

igualitico, -a.
    I. 1. adj. *CR, Cu, RD, Co. Referido a persona o cosa,* idéntica o sumamente parecida a otra. pop.

igualitito, -a.
    I. 1. adj. *Mx, Ni, Ec, Bo, Py.* Exactamente igual, idéntico. pop + cult → espon.

iguana. (De or. ind. antillano).
    I. 1. f. *Mx, Gu, Ho, ES, Ni, CR, Cu, RD, PR.* **huico.** (**ciguana; higuana; jiguana; siguana**).
    2. *Ch.* Lagarto de hasta 40 cm de longitud, de dorso castaño oscuro, con cuatro hileras de puntos negros bordeados de blanco, vientre rojizo en los machos, y blanco amarillento en las hembras. (Teiidae; *Callopistes palluma*). ♦ **iguana chilena.**
    II. 1. f. *ES.* Bizcocho relleno de leche.
    III. 1. f. *ES. En el ejército,* persona haragana.
    IV. 1. f. *Ho.* Pene. vulg.
    ■
    a. ‖ ~ **chilena.** *Ch.* **iguana,** lagarto.
    b. ‖ ~ **cubana.** f. *Cu.* Lagarto de hasta 1,5 m de longitud, de color verde, escamas pequeñas al dorso, cola larga y lateralmente comprimida, con un pliegue transversal de la piel a la garganta y una cresta espinosa a lo largo del dorso. (Iguanidae; *Cyclura nubila nubila*).
    c. ‖ ~ **en pinol.** f. *Ni.* Comida de iguana condimentada y cocida con **pinol.**
    d. ‖ ~ **overa.** f. *Ar:NE,E.* **lagarto,** reptil saurio.
    ☐
    a. ‖ ~**s ranas.** loc. adv. *Mx, Gu.* juv. Igualmente, del mismo modo. pop.

iguanal.
    I. 1. adj. *Mx, Ni.* Relativo a las **iguanas.** ♦ **iguanero.**

iguanear.
    I. 1. intr. *ES.* Cazar **iguanas.** (**iguaniar**).
    II. 1. intr. *ES.* Andar *alguien* escondiéndose.

iguanero.
    I. 1. m. *Mx, Gu.* Lugar donde abundan las **iguanas.**
    2. *Ho, Ni.* Gran cantidad de **iguanas.**
    ◨
    a. ‖ **por el ala del sombrero se conoce al** ~. fr. prov. *Ni.* Indica que es fácil reconocer el oficio de alguien por la indumentaria que lleva.

iguanero, -a.
    I. 1. *Mx, Ho, Ni.* **iguanal.**
    2. m. y f. *Ho, Ni.* Persona o animal que caza **iguanas.**
    II. 1. adj. *ES. Referido a persona,* que se va sin permiso.

iguaniar.
    I. 1. *Ni.* **iguanear,** cazar **iguanas.**

iguaraya.
    I. 1. f. *Ve.* Cactus columnar de hasta 8 m de altura, con espinas grisáceas, flores rosadas, fruto subgloboso y pulpa comestible. (Cactaceae; *Lemairecereus griseus*). ♦ **yaguaraha; yaguarai.**

iguasa.
    I. 1. f. *Co.* Ave acuática palmípeda, de color gris oscuro, patas coloradas y pico semejante al del pato. (Anatidae; *Dendrocygna* spp.). ♦ **pato bichichi; pato sirirí.**

iguashte.
    I. 1. m. *Gu.* **aiguaste,** salsa.

iguazo, -a.
    I. 1. m. y f. *Co.* Persona de mal gusto, ordinaria. pop ^ fest.

¡ija!
    I. 1. interj. *RD.* Expresa alegría y satisfacción.

ijar.
    I. 1. m. *Ar.* Cuero duro, *comúnmente de vaca,* impermeabilizado con cera y usado para proteger las cargas, taparse el cuerpo o tenderse encima. rur. (**hijar**).
    II. 1. f. *PR.* Vulva. tabú; rur; pop.

¡ijí!
    I. 1. interj. *Co:N.* Expresa negación enérgica. pop.

ijillo. (Del nahua *ihiotl* o *ihiyotl,* aliento, vaho del cuerpo).
    I. 1. m. *Ho, ES.* Emanación que se desprende de los cadáveres de las personas. (**lejillo**).
    2. *Ho. En la medicina tradicional de los campesinos,* enfermedad que contraen algunas personas de salud débil, durante un velatorio, por los vapores que despide el cuerpo del difunto. pop. (**hijillo; hijío; ijío; lejillo**).
    II. 1. m. *ES.* Inflamación de los ganglios.

ijío. (Del nahua *ihiotl* o *ihiyotl,* aliento, soplo, vapor del cuerpo).
    I. 1. *ES.* **ijillo,** enfermedad.

ijioso, -a.
    I. 1. adj. *ES. Referido a persona,* que huele mal.

¡íjole!
    I. 1. *Mx, Ni, Bo.* **¡híjole!**

ikat. (Del maya).
    I. 1. m. *Gu, Ec.* Técnica del teñido que consiste en anudar y cubrir con material impermeable parte de los hilos de una madeja, a fin de impedir la acción del colorante sobre ella y crear espacios de reserva en lugares de la urdimbre o de la trama, o de ambas, para lograr ciertos efectos decorativos en el tejido. pop + cult → espon.
    2. *Gu.* Técnica de confección que consiste en anudar partes del hilo de una madeja para hacerlas impermeables al tinte, de forma que el contraste final entre las zonas que están teñidas y las que no asemeje la piel de un reptil.

ilama.
    I. 1. f. *Mx, Gu.* **ilamo,** fruto.

ilamacoa.
    I. 1. *Mx.* **mazacuata,** serpiente.

ilamo. (Apóc. de nahua *ilamazapotl;* de *ilama,* vieja y *zapotl,* zapote: zapote de vieja).
    I. 1. m. *Mx, Gu.* Árbol pequeño de hasta 4 m de altura, de hojas alternas, simples, enteras y pecioladas, flores solitarias de color rojo oscuro o amarillo, y fruto parecido a la chirimoya pero más grande, de corteza agrietada y con pulpa de color rosado; el fruto es comestible y muy apreciado por su sabor. (Annonaceae; *Annona diversifolia*). ♦ **papausa.**
    2. *Mx, Gu.* Fruto de este árbol. (**ilama**).

ilan.
    ■
    a. ‖ ~~.
    i. m. *RD, PR, Ch.* Árbol de hasta 15 m de altura, con ramas largas y arqueadas, hojas simples, alternas, inflorescencia en racimos, flores pequeñas y frutos en forma de bayas. (Annonaceae; *Cananga odorata*). (**ilán ilán; llang llang**). ♦ **cananga.**
    ii. *RD, PR.* Flor de este árbol, con pétalos que parecen hojas, de un color verde siena y muy fragantes.

ilán.
    ■
    a. ‖ ~~. *CR.* **ilan ilan,** árbol.

ilé. (De la familia bantú).
    I. 1. m. *Cu. En las religiones afrocubanas,* casa, hogar.

ilícito.
    I. 1. m. *Mx, Ho, Ni, CR, Pa, Co, Ve, Ec, Pe, Ch, Py, Ar, Ur.* Delito.

illa. (Voz aimara y quechua).
I. 1. f. *Pe, Bo, Ar:NO. En la tradición popular*, amuleto que favorece la fecundidad del ganado y que se suele ofrendar en los templos. rur.

illamba.
I. 1. *Cu.* **iyamba**.

illapaco, -a.
I. 1. m. y f. *Pe.* Persona que dispara con destreza. rur.

ilonel. (Del maya).
I. 1. f. *Gu.* Comadrona, mujer que ayuda en un parto.

ilusión.
I. 1. f. *ES.* Espuma o cachaza del jugo de caña de azúcar.
2. *ES.* Dulce hecho de azúcar en forma de algodón batido en una máquina.
3. *ES.* Bollo de pan dulce en forma rectangular con un baño de azúcar caramelizado.
II. 1. f. pl. *Ch.* Anillos que lleva una pareja en señal de compromiso matrimonial.
III. 1. f. *Ch.* Planta de hasta 1 m de altura, erecta, ramificada, con hojas de forma muy variable, flores blancas abundantes, en capítulos, y fruto en forma de aquenio. (Asteraceae; *Moscharia pinnatifida*).

□
a. ‖ ~ **haitiana.** loc. sust. *RD.* **xiaxiu.**

imagen.
■
a. ‖ ~ **en bulto.** f. *Ho, Bo.* Escultura de un santo.

imaginería.
I. 1. f. *Cu, RD, Ch, Py.* Capacidad que posee una persona para recrear o imaginar sucesos, cosas, etc.

imbancable.
I. 1. adj. *Py, Ar, Ur. Referido a persona o a situación*, insoportable. pop + cult → espon.

imberbe.
I. 1. adj. *Py; PR*, juv; *Pe*, p.u. *Referido a persona*, necia.
2. *Ve:O. Referido a persona*, que actúa de forma infantil o de manera tonta y caprichosa.

imbíbito, -a.
I. 1. adj. *Pe. Referido a cosa*, latente, implícita. cult.

imblemia.
I. 1. f. *ES.* Invento, ocurrencia.

imblemista.
I. 1. m-f. *ES.* Persona ocurrente e inventora.

imbombera.
I. 1. f. *Co.* Enfermedad humana que provoca hinchazón y palidez debido a la retención de orina.

imbombo, -a.
I. 1. adj. *Co. Referido a persona*, hinchada y pálida a causa de una enfermedad.
II. 1. adj/sust. *Ve. Referido a persona*, tonta, necia.

imbunche. (Voz mapuche).
I. 1. m. *Ch:S, Ar:S. En la tradición popular mapuche*, brujo o ser maléfico, deforme y contrahecho, que lleva la cara vuelta hacia la espalda y anda sobre una pierna por tener la otra pegada a la nuca y que roba a los niños para convertirlos en imbunches.
2. *Ch:S.* p.u. Maleficio, hechicería.
3. sust/adj. *Ch:S.* Persona o cosa fea, horrible, de mala apariencia. pop.
4. m. *Ch:S.* metáf. Lío, embrollo.

imbunchismo.
I. 1. m. *Ch.* Mal gusto, tendencia a valorar lo feo y lo deforme.

imbunchista.
I. 1. adj. *Ch.* Relativo al **imbunchismo**. cult.

imeca. (De *Índice Metropolitano de Calidad de Aire*).
I. 1. f. *Mx.* Unidad de medida del índice de contaminación ambiental.

imeil. (Del ingl. *e-mail*).
I. 1. m. *EU, Ho, RD, Co, Py.* Correo electrónico.

imilla.
I. 1. *Pe, Bo, Ar:NO; Ch:N*, p.u. **papa**, planta y tubérculo. rur.
II. 1. f. *Bo:O; Pe:S, Ch:N, Ar:NO*, rur, pop. Niña o muchacha joven.
2. *Bo:O.* Muchacha, *generalmente de origen campesino*, que se dedica a realizar labores domésticas.
3. *Bo:O.* Mujer joven que se comporta de manera grosera o maleducada.
4. *Bo:C,O.* Mujer. desp.

■
a. ‖ **muru ~.** f. *Bo:C,O.* Muchacha, *generalmente de origen campesino*, que se dedica a realizar labores domésticas.

imillero.
I. 1. sust/adj. *Bo:C,O.* Hombre aficionado a seducir o conquistar a mujeres que pertenecen a una clase social inferior. pop + cult → espon.

impago, -a.
I. 1. adj. *Pe; Ec, Bo, Ch, Ar*, pop. *Referido a persona*, que no ha recibido la paga.
2. *Pe, Bo; Ch, Py, Ar, Ur*, pop. *Referido a una cuenta, una factura o una deuda*, que no ha sido pagada.

impajaritable.
I. 1. adj. *Co:C,SO, Pe. Referido a cosa*, indiscutible. pop + cult → espon.
2. *Ec, Pe, Bo:O; Ch; Ur*, p.u. *Referido a cosa*, inevitable. pop + cult → espon.
3. adv. *ES*, esm; *Pe*, espon ^ fest. Evidentemente, sin duda. prest; cult.
4. *Ch, Ur.* **impajaritablemente**.
5. adj. *Ec. Referido a cosa*, imprescindible.

impajaritablemente.
I. 1. adv. *Ec, Pe, Bo, Ch.* Sin excepción. pop + cult → espon ^ fest. ♦ **impajaritable.**

imparable.
I. 1. m. *Mx, Ni, Pa, Cu, RD, PR, Ve.* En el **beisbol**, **batazo** de un jugador que permite a otros compañeros ganar una o más **bases** y a él mismo **embasarse**. ♦ **inatrapable; indiscutible; sencillo.**

impasable.
I. 1. adj. *Mx, Gu, ES, RD, Ve, Bo. Referido a situación o comportamiento*, inaceptable, intolerable.
2. *Mx, Gu, Bo, Py. Referido a situación*, imposible o muy difícil de atravesar o superar.
3. *Ho, ES, Ni, Ve, Pe, Bo, Ur. Referido a alimento o bebida*, desagradable al paladar. pop + cult → espon.
4. *Cu, RD, Pe, Bo; Ur*, p.u. *Referido a persona*, que resulta antipática o intratable. pop + cult → espon.
5. *Ho, ES, Ni, CR, Py; Cu*, pop. *Referido a un lugar*, intransitable. rur.

impase.
I. 1. *ES, RD, Ec, Pe, Bo, Ch, Py; Ur*, p.u. **impasse.**

impasse. (Voz francesa).
I. 1. m. *ES, RD, Pe, Ur.* Punto muerto. cult. (**impase**).

impavidez.
I. 1. f. *Mx.* Sorpresa.
2. *Pe, Bo:O.* Descaro, desvergüenza.

impávido, -a.
I. 1. adj. *Mx. Referido a persona*, sorprendida.
2. adj/sust. *Pe, Bo. Referido a persona*, descarada, desvergonzada.

impedecedero, -a. (Metát. de *imperecedero*).
I. 1. adj. *Ho. Referido a cosa*, imperecedera.

impeque.
- I. 1. adj. *Ch. Referido a cosa*, perfecta, sin tacha. pop.

imperdible.
- I. 1. sust/adj. *Ve.* Caballo que se da como ganador en una carrera.

imperfectada.
- I. 1. f. *Cu.* Comportamiento incorrecto, desacertado. pop.
- 2. *Cu.* Pesadez. pop.

imperfecto, -a.
- I. 1. adj. *Cu. Referido a persona*, que se comporta de forma inapropiada y descortés. pop + cult → espon.
- 2. *Cu. Referido a persona*, pesada. pop + cult → espon.

imperial.
- I. 1. *Gu.* **pasto imperial**, hierba.
- II. 1. adj. *Gu. Referido a cama, sábana, sobrecama y colchón*, de un ancho mayor que la cama camera.

imperio.
- I. 1. m. *ES, Bo; Ur*, pop ^ desp. Estados Unidos.
- ► **gozar un ~.**

implicancia.
- I. 1. f. *Ni, Pa, Cu, RD, Co, Ve, Ec, Pe, Bo, Ch, Py, Ar, Ur.* Consecuencia, secuela, implicación. prest; cult → esm.
- II. 1. f. *Ch, Ur.* Incompatibilidad legal o moral que incapacita a alguien para emitir un juicio. cult.

imponchable. (De *in* y voz inglesa *to puncture*).
- I. 1. adj. *Ho, Ni. Referido a un neumático*, difícil de pincharse.

imponedor, -ra.
- I. 1. m. y f. *Gu.* Domador de caballos.

imponencia.
- I. 1. f. *Pa, Co, Ve, Bo; RD, Ec, Pe, Py, Ar*, cult; *Ur*, p.u. Grandeza, majestuosidad.
- 2. *Gu, Co.* Arrogancia, altivez.

imponente.
- I. 1. adj/sust. *Ni, Co, Bo. Referido a persona*, que hace prevalecer su criterio o voluntad, aunque no tenga razón.
- 2. m-f. *Ch.* Persona que impone.

imponerse.
- I. 1. intr. prnl. *Mx, RD.* Acostumbrarse a algo.

imponibilidad.
- I. 1. f. *Bo, Ch, Ar, Ur.* Capacidad de una renta de ser gravada con impuestos o tributos. cult.

importación.
- I. 1. f. *Ni, Ve. En el* **beisbol**, conjunto de jugadores extranjeros que refuerzan la plantilla de un equipo.

importado, -a.
- I. 1. sust/adj. *Ni, RD, Ve. En el* **beisbol**, jugador extranjero.
- 2. adj/sust. *Ec.* juv. *Referido a persona*, extranjera. pop ^ fest.

importamadrismo.
- I. 1. m. *Mx.* Actitud de indiferencia ante todo. vulg.
- ♦ **meimportamadrismo**.

importamadrista.
- I. 1. adj/sust. *Mx. Referido a persona*, que mantiene una actitud de indiferencia ante todo lo que le rodea. vulg.

importantizar.
- I. 1. tr. *RD.* Dar importancia a *algo* o tomarlo en consideración. esm.
- 2. *RD.* Potenciar *algo*. esm.

importar.
- □
- a. ‖ ~ **un cacahuate.**
  - i. loc. verb. *Mx, Ho, Ni.* No dar valor o importancia a alguien o algo. pop + cult → espon.

- ii. *Mx, Ho, Ni.* No preocuparse de algo que le atañe.
- iii. *Mx.* Resultar indistinta para *alguien* una cosa u otra. pop + cult → espon.
- iv. *Mx.* No ver *alguien* objeción ni inconveniente en algo. pop + cult → espon.
- b. ‖ ~ **un cachinflón.** *Ho, Ni.* **importar un cacahuate**, no dar importancia.
- c. ‖ ~ **un chorizo.** *Co.* **importar un cacahuate**, no dar importancia. pop.
- d. ‖ ~ **un cinco.** *Co.* **importar un cacahuate**, no dar importancia. pop.
- e. ‖ ~ **un corno.** *Bo, Py, Ar, Ur.* **importar un cacahuate**, no dar importancia.
- f. ‖ ~ **un cuesco.** *Ch.* **importar un cacahuate**, no dar importancia.
- g. ‖ ~ **un cuete.** *Ch.* **importar un cacahuate**, no dar importancia.
- h. ‖ ~ **un culo.** *RD, Co, Bo.* **importar un cacahuate**, no dar importancia. vulg.
- i. ‖ ~ **un maní.** *Ch.* **importar un cacahuate**, no dar importancia.
- j. ‖ ~ **una callampa.** *Ch.* juv. **importar un cacahuate**, no dar importancia.
- k. ‖ ~ **una pinga.** *Cu.* **importar un cacahuate**, no dar importancia. vulg.
- l. ‖ ~ **una pitajaya.** *Bo:E.* **importar un cacahuate**, no dar importancia. pop.
- m. ‖ **no ~ una papa.** *PR.* **importar un cacahuate**, no dar importancia.

■
- a. ‖ ~ **todo un mojón de puta.** fr. prov. *PR.* vulg. **importar un cacahuate**, no dar importancia.

imposible.
- I. 1. m. *Mx.* Tarta de chocolate y flan.
- II. 1. adj. *Ch, Ar. Referido a persona o cosa*, sucia, deseada. pop.
- 2. *Ar, Ur. Referido a lugar*, desordenado, desarreglado. pop.

impostura.
- I. 1. f. *RD, PR.* Costumbre. rur.

impoventas.
- I. 1. *Co.* **impuesto de ventas**.

impredictible. (Del ingl. *unpredictable*).
- I. 1. adj. *Bo, Py; Ec*, p.u. *Referido a persona o a suceso*, que no se puede predecir nada sobre ellos. prest; cult → esm.

impreparación.
- I. 1. f. *Mx, RD; Ec*, p.u. Incompetencia, falta absoluta de preparación o formación.

impreparado, -a.
- I. 1. adj/sust. *Mx, RD. Referido a persona*, incompetente, que carece de preparación o formación.

impresionador, -ra.
- I. 1. adj/sust. *CR. Referido a persona*, presumida, jactanciosa. pop.

imprevisivo, -a.
- I. 1. adj. *Mx. Referido a persona*, que no prevé.

imprimante.
- I. 1. m. *Pe.* Pintura base para paredes, techos u objetos diversos.

imprimar.
- I. 1. tr. *Co, Pe.* Cubrir la superficie no pavimentada de una carretera con un material asfáltico, con el fin de evitar el polvo y la erosión.

improbación.
- I. 1. f. *Ho.* Reprobación. prest; cult → esm.

improlijamente.
- I. 1. adv. *Ar:NO.* Con **improlijidad** o descuido.

improlijidad.
  I. 1. f. *Bo, Ar:NO.* Descuido, falta de esmero.
improlijo, -a.
  I. 1. adj. *Bo, Ar:NO. Referido a cosa*, hecha sin esmero o cuidado.
  2. adj/sust. *Bo, Ar:NO. Referido a persona*, que hace las cosas descuidadamente o sin esmero.
improsulto, -a.
  I. 1. adj/sust. *Ve. Referido a hombre*, muy leal.
  II. 1. adj. *Ve. Referido a mujer*, muy hermosa.
  III. 1. adj. *Ve. Referido a cosa*, excelente, que sobresale.
  IV. 1. adj. *Ni; CR:NO*, p.u. *Referido a persona*, molesta por su hiperactividad.
  V. 1. adj. *Ni. Referido a persona*, sucia, asquerosa.
  VI. 1. adj. *Ni. Referido a persona*, borracha.
improvisado, -a.
  I. 1. sust/adj. *Mx, RD, Ec, Pe, Bo, Ar, Ur; Cu*, desp. Persona que desempeña un cargo o una función para la que no está preparada.
imprudencial.
  I. 1. adj. *Mx, Ec. Referido a algunos delitos, especialmente el de homicidio*, que se comete sin premeditación, como resultado de una acción imprudente.
impuesto.
  ■
  a. ‖ ~ **al valor agregado.** m. *Mx, ES, Ni, RD, Ve, Ec, Bo, Ch, Py, Ar, Ur.* Tasa que grava el consumo interno.
  b. ‖ ~ **de salida.** m. *ES, Ni, CR, Cu, RD, Co, Ve, Ec, Pe.* Tasa que se paga en el aeropuerto por salir del país.
  c. ‖ ~ **de ventas.** m. *CR, RD, Co, Bo.* Tasa sobre el volumen de ventas. ♦ **impoventas.**
  d. ‖ ~ **terrestre.** m. *Cu.* Tasa que se paga para que los vehículos de tracción mecánica puedan circular por las vías públicas.
  e. ‖ ~ **territorial.** m. *CR, Ch, Py.* Tasa que se paga por cada uno de los bienes raíces que se poseen.
impuesto, -a.
  I. 1. adj. *Mx, Gu, RD; Cu*, p.u. *Referido a persona*, acostumbrada a algo.
impulsada.
  I. 1. f. *ES, Ni, Cu, RD, PR. En el* **beisbol**, carrera producida como consecuencia de un **batazo** de un jugador.
impulsador, -ra.
  I. 1. m. y f. *Ho, Ni, CR, Pa, Co, Ve, Ec, Pe, Bo.* Persona que se encarga de la promoción y propaganda de un artículo dentro de un establecimiento comercial.
  II. 1. m. y f. *ES, Ni, Cu, RD, Ve. En el* **beisbol**, bateador que debe golpear fuerte la pelota para que los jugadores embasados puedan anotar carreras.
impulsar.
  I. 1. *ES, Cu, RD, PR, Ve.* **empujar**, dar un batazo.
in.
  ■
  a. ‖ ~ *between.* (Voz inglesa). adv. *EU, PR.* Más o menos, ni tanto ni tan poco.
  ▶ estar ~; ser ~.
inactivo, -a.
  I. 1. m. y f. *RD, Bo, Py.* Persona que ha dejado definitivamente el trabajo en una institución o empresa de acuerdo con las normas establecidas en la legislación social, por razones de edad o incapacidad física, recibiendo una pensión vitalicia.
inacusabilidad.
  I. 1. f. *Ch. En un proceso*, calidad de una persona que no está sujeta a acusación. prest; cult → esm.

inambú.
  I. 1. m. *Py, Ar:NE.* Ave de hasta 40 cm de longitud, de color pardo a rojizo, las alas y la cola cortas. (Tinamidae; *Rhynchotus rufescens*). ♦ **huaipo; inambú guazú; martineta.**
  ■
  a. ‖ ~ *guazú.* *Py, Ar:NE.* **inambú.**
  b. ‖ ~ **montaraz.** m. *Ar:C,N.* Ave de plumaje oscuro, con pecas blancas en el pecho, y pico y patas de color gris. (Tinamidae; *Nothoprocta cinerascens*).
  c. ‖ ~ **silbón.** m. *Ar:C.* Ave de pico amarillento, más curvo que el del inambú montaraz, y patas amarillas. (Tinamidae; *Nothoprocta pentlandii*).
inamé.
  I. 1. *Mx.* **inanué.**
inamnistiable.
  I. 1. adj. *RD, Ch. Referido a persona o a un delito*, que no puede o no debe concedérsele una amnistía. cult.
inán.
  I. 1. m. *Cu.* obsol. Ano.
inanué.
  I. 1. m. *Mx.* Árbol de hasta 10 m de altura, de corteza gris rojiza, hojas alternas, imparipinnadas y serradas, inflorescencias en racimos o panículas, flores blanquecinas, con pétalos oblongos a oblanceolados, y fruto ovoide y rojizo en la madurez; de su madera, amarilla y aromática, se extrae un aceite muy apreciado en perfumería. (Burseraceae; *Elaphrium aloexylon*). (**inamé**).
inatrapable.
  I. 1. *Ni, Cu, RD.* **imparable.**
inayuga.
  I. 1. f. *Pe.* Palma de hasta 30 m de altura, con hojas de largos pecíolos y frutos grandes de color marrón o amarillo. (Arecaceae; *Attalea maripa*).
inbebe.
  I. 1. adj. *ES. Referido a persona*, abstemia.
incachable.
  I. 1. adj. *Ho, ES. Referido a persona*, inútil, poco hábil. desp.
incachablería.
  I. 1. f. *ES.* Inutilidad, dejadez, flojera.
incanato.
  I. 1. m. *RD, Ec, Pe, Bo, Ch, Py, Ar:NO, Ur.* Período en que dominó la monarquía inca.
  2. *Pe.* Estructura política y social del imperio incaico.
incancho.
  I. 1. *Ar:NO.* **icancho.**
incaparina. (De *INCAP*, Instituto de Nutrición de Centroamérica y Panamá, y *harina*).
  I. 1. f. *Gu, ES.* Bebida de consistencia espesa que se prepara fundamentalmente con harina de maíz y de soja, y se toma como suplemento nutritivo.
incapaz.
  I. 1. adj. *Mx. Referido a un niño*, que se porta muy mal.
incas.
  I. 1. m. pl. *Bo.* Danza que representa la invasión del imperio de los incas por parte de los españoles.
incásico, -a.
  I. 1. adj. *RD, Ec, Bo, Ch, Ar, Ur; Pe*, obsol. Relativo a los incas.
incati.
  I. 1. m. *Pe:NE.* Arbusto de hojas pinnadas, con entre 11 y 15 pares de hojuelas oblongas y lampiñas, vellosas por el envés, e inflorescencias en panojas axilares muy ramosas; su contacto produce hinchazón e irritación en la piel. (Anacardiaceae; *Rhus juglandifolia*).

incayuyo.
　　I. 1.　m. *Ar:C,NO.* Arbusto aromático de hasta 1 m de altura, de follaje caduco de color verde claro, hojas lanceoladas con bordes lisos y flores blancas; se le atribuyen, entre otras, propiedades tranquilizantes. (Verbenaceae; *Lippia integrifolia*). ♦ **té del inca.**

incendio.
　　▶ **decir ~s; hablar ~s.**

incensariar.
　　I. 1.　tr. *Gu.* Sahumar con incienso.
　　2.　*Gu.* metáf. Adular a *alguien* por interés.

incensio.
　　I. 1.　m. *RD*; *Py*, vulg; pop. Incienso, resina aromática.

inchicapi.
　　I. 1.　m. *Pe:E.* Sopa hecha con trozos de gallina, **maní** y otros ingredientes.

inchicucho.
　　I. 1.　m. *Pe:E.* Crema hecha con harina de maíz, **maní**, **ají** y otros ingredientes.

inchipinchi.
　　I. 1.　m-f. *Pa.* Amigo íntimo, compañero inseparable. pop + cult → espon ^ afec.

inciensar. (Epént. de *incensar*).
　　I. 1.　tr. *Ho, ES, Ni, RD, Bo, Py.* Incensar, echar humo con el incensario a *algo* o a *alguien*.
　　2.　*Ho, Ni.* obsol. metáf. Adular a *alguien* por interés.

incienso.
　　I. 1.　m. *Ar.* Árbol de hasta 25 m de altura, de copa poco extensa, hojas compuestas y flores pequeñas de color verde amarillento reunidas en racimos. (Fabaceae; *Myrocarpus frondosus*).
　　2.　*Ar.* Madera del incienso, olorosa y *generalmente de color castaño rojizo*, muy apreciada en carpintería y ebanistería.

incinerar(se).
　　I. 1.　tr. *Ur; Ar*, p.u. Hacer pasar vergüenza a *alguien*. pop.
　　2.　intr. prnl. *Ur; Ar*, p.u. Ponerse en ridículo. pop.
　　3.　*Ar.* p.u. Perder el crédito o el prestigio. pop.
　　II. 1.　tr. *Cu.* Descubrir a *alguien*, con intención o sin ella.

inciso.
　　I. 1.　m. *ES, CR, Cu, RD, Co, Pe, Bo, Py, Ar; Ch*, esm. *En un documento oficial o legal*, conjunto de párrafos en los que se subdivide un artículo.

inclaudicable.
　　I. 1.　adj. *Ni, Ve, Ec, Bo, Ch, Py, Ar, Ur. Referido a cosa*, irrenunciable, que no se puede abandonar ni desechar. cult.
　　II. 1.　adj. *Ho, ES, Ni, CR, Cu, Py, Ur. Referido a persona*, que mantiene sus ideas y principios. cult.

inclusive.
　　I. 1.　prep. *Mx, ES, CR, RD, Ec, Bo, Py; Ch*, pop. Hasta, aun.

incóbrito.
　　I. 1.　adj. *Ve:O. Referido a persona*, que no tiene dinero. pop ^ fest.

income. (Voz inglesa).
　　I. 1.　m. *EU.* Ingreso, sueldo.

　　■
　　a. ‖ **~ tax.** (Voz inglesa). m. *EU, PR.* Contribución sobre ingresos, impuestos.

incómoda.
　　I. 1.　adj. *Ni. Relativo a una mujer*, embarazada. rur.

incomodamiento.
　　I. 1.　m. *Cu.* Sentimiento de disgusto o contrariedad.

incomodarse.
　　I. 1.　intr. prnl. *Ho.* Asustarse una caballería por algo. rur.

incomprensible.
　　I. 1.　adj/sust. *RD, Bo:O, Py. Referido a persona*, incomprensiva, reacia a entender los sentimientos o la conducta de los demás.

inconar.
　　I. 1.　tr. *Mx, ES, Ni, Ve, Ec, Ch.* Enconar, infectar. rur.

inconciencia.
　　I. 1.　f. *Mx, Ni, Cu, RD, Ec, Bo, Ch, Py, Ar, Ur.* Inconsciencia.

inconducta.
　　I. 1.　f. *RD, Pe, Bo, Py.* Mala conducta o falta de conducta. cult.

inconformarse.
　　I. 1.　intr. prnl. *Mx, Pa, Co.* Estar o mostrarse inconforme.

inconfortable. (Calco del ingl. *uncomfortable*).
　　I. 1.　adj. *EU, Ch, Py. Referido a cosa*, incómoda.

inconocible.
　　I. 1.　adj. *Ho, Ni, RD, Ec, Bo. Referido a persona*, que no se puede reconocer. pop + cult → espon.

inconsulto, -a.
　　I. 1.　adj. *Ho, CR, Pa, Cu, RD, Ve, Ec, Pe, Bo, Ar; Ch, Py, Ur*, cult. *Referido a una medida, una disposición o una resolución*, adoptada sin consulta previa a las partes interesadas.

incróspido, -a.
　　I. 1.　adj. *Mx. Referido a persona*, ida, atontada, aturdida, *especialmente por consumo excesivo de alcohol.* pop + cult → espon.

incumbente.
　　I. 1.　m-f. *RD, PR.* Persona que está en posesión de algún empleo público de relevancia.

incumplido, -a.
　　I. 1.　sust/adj. *Mx, Ni, CR, Co, Ve, Bo.* Persona que incumple sus promesas o falta a su deber.

incundia.
　　I. 1.　*ES.* **babosa**, gusano.

incuña.
　　I. 1.　f. *Pe.* Tapete o mantel pequeño de lienzo o lana en el que se llevan a modo de **chuspa** o bolsa alimentos o lo necesario para **chacchar.** rur.

incursión.
　　I. 1.　f. *RD, PR.* Acción conjunta de la policía para atrapar a delincuentes. polic.

incursionar.
　　I. 1.　intr. *Ho, Ni, RD, PR; Pa, Co, Ve, Ec, Bo*, cult; *Cu*, esm. Realizar una actividad distinta de la usual.

indagación.
　　I. 1.　f. *PR.* Broma o burla. rur.

indagar.
　　I. 1.　tr. *RD, Py.* Someter a *alguien* a un interrogatorio, *especialmente la policía.*
　　II. 1.　*PR.* **bachatear**, bromear. rur.

indague.
　　I. 1.　m. *PR.* Broma o burla. rur.

indano.
　　I. 1.　*Pe.* **yuco.**
　　2.　m. *Pe.* Fruto del indano.

indecar. (Del ingl. *deck*).
　　I. 1.　tr. *PR.* Preparar droga químicamente. drog.

indelgue.
　　I. 1.　adj. *ES. Referido a persona*, enfadada. rur.

independista.
　　I. 1.　adj/sust. *Ec. Referido a persona*, partidaria del independentismo.
　　2.　adj. *Ec.* Relativo al independentismo.

indescubrible.
　　I. 1.　adj. *Co; Py*, vulg. *Referido a cosa*, que no se puede descubrir.

indespintable.
　　I. 1.　adj. *Ch.* p.u. *Referido a persona o cosa*, que no desdice ni contradice sus características. cult.

india.

I. 1. *Co.* **guinea**, pasto.

¡india!

□

a. ‖ **¡qué ~ revuelta!** loc. interj. *Gu.* Expresa desprecio de lo que alguien dice.

indiaco, -a.

I. 1. sust/adj. *Bo*; *Ch:N*, desp; *Pe:S*, p.u. Indio o mestizo con rasgos indígenas muy acentuados. desp.

2. *Bo:O.* Aborigen boliviano. pop + cult → espon ∧ desp.

3. *Bo:O.* Campesino indígena que emigra del campo a la ciudad *y que generalmente se dedica a cargar bultos.* pop + cult → espon.

indiada.

I. 1. f. *Mx, Gu, Ni, Bo.* Grupo de personas de modales rústicos. desp.

2. *Mx, Gu.* Grupo de personas fácilmente manipulable. desp.

II. 1. f. *Co.* Faena, mala pasada. pop ∧ desp.

III. 1. f. *Ar, Ur.* Conjunto de personas, *especialmente niños,* que gritan o alborotan. pop.

IV. 1. f. *ES, Ni, CR.* Cosa propia de indios.

V. 1. f. *Ch.* Enfado, arrebato, conducta colérica. pop + cult → espon.

indiamenta.

I. 1. f. *Co.* Conjunto de personas de baja condición social y cultural.

indicador.

I. 1. m. *Ho.* Apartado de un periódico en el que aparecen todos los datos legales, dirección y nombres de los responsables.

indicativo.

I. 1. m. *Co, Py. En una comunicación telefónica automática,* cifras que indican la zona, la ciudad o el país, y que se marcan antes del número del abonado a quien se llama.

indierío.

I. 1. m. *Gu, Ni, Co.* Indiada, multitud de indios. (**indiero**).

indiero.

I. 1. *Gu.* **indierío**.

indigenado.

I. 1. m. *Ec, Bo.* Conjunto de aborígenes o indígenas.

indigenizar.

I. 1. tr. *Mx, Ho, ES, Bo.* Adquirir un mestizo o **ladino** las costumbres y formas de vida de un grupo indígena. cult.

indigestión.

I. 1. m. *RD, PR.* Disentería, infección intestinal.

indigesto, -a.

I. 1. adj. *Gu, ES. Referido a persona,* indígena. desp.

índigo.

I. 1. *Ho, ES.* **añil**, planta herbácea.

indilgar.

I. 1. tr. *Ec.* p.u. Endilgar. rur; pop.

indilgue.

I. 1. m. *ES.* juv. Cosa vieja e inservible. delinc.

2. *ES.* juv. Objetos personales de escaso valor. delinc.

3. *ES.* juv. metáf. Persona despreciable. delinc.

indio.

I. 1. m. pl. *Co.* Plato elaborado con carne molida, arroz, huevo y otros ingredientes, que se cuecen envueltos en hojas de repollo.

II. 1. m. *Cu.* El Sol. pop.

III. 1. m. *PR.* **piragua**, arbusto.

●

a. ‖ **~ en tierra.**

i. fórm. *Bo:O.* Se usa para indicar que una persona ha sufrido una caída brusca. pop + cult → espon ∧ fest.

ii. *Bo:O.* Se usa para indicar que alguien se ha quedado dormido por haber ingerido bebidas alcohólicas en exceso. pop + cult → espon ∧ fest.

□

a. ‖ **a lo ~.** loc. adv. *Bo:O, Py, Ur.* Con brusquedad y rudeza. pop + cult → espon.

b. ‖ **el ~.**

i. loc. sust. *Ec, Ch.* Enfado, arrebato, conducta colérica. pop.

ii. *Cu.* El Sol. pop.

c. ‖ **~ desnudo.** loc. sust. *Gu, Ho, ES, Ni, CR, Pa, PR.* **chacaj**, árbol.

d. ‖ **~ en cuera.** loc. sust. *Pa.* **chacaj**, árbol.

e. ‖ **~ pelado.** loc. sust. *CR, Pa.* **chacaj**, árbol.

f. ‖ **~ viejo.** loc. sust. *Ni.* Guiso hecho con masa de maíz, carne y especias.

◪

a. ‖ **~ comido, ~ al camino.** fr. prov. *Ho, ES.* Indica que alguien se ha ido de un lugar sin despedirse y a la carrera. ◆ **indio comido puesto al camino.**

b. ‖ **~ comido ~ ido.** fr. prov. *Ec.* Indica que una persona, de modo poco cortés, se despide de una reunión inmediatamente después de haber comido. pop + cult → espon.

c. ‖ **~ comido puesto al camino.** fr. prov. *Gu, Ho, ES, Ni, CR.* **indio comido, indio al camino.**

d. ‖ **~ que respinga, chimadura tiene.** fr. prov. *Ho.* Indica que alguien es culpable por las justificaciones o disculpas de algo. desp.

e. ‖ **no tiene la culpa el ~, sino el que lo hace su compadre.** fr. prov. *Mx, Ho.* Indica que la responsabilidad en el resultado de una acción recae en la persona que permite que otra persona cometa dicha acción, y no en el ejecutor mismo.

f. ‖ **~ un ~ menos, una tortilla más.**

i. fr. prov. *ES, Ni.* Indica que cuando se muere un indio no se pierde nada, más bien se gana. desp.

ii. *ES.* Indica que no se echará de menos a aquel que no ha llegado a una comida a la que estaba invitado. pop ∧ fest.

▶ **caer ~; estar con el ~ dentro; estar ~; hacerse el ~; salírsele el ~; subirse el ~ a la cabeza; subírsele el ~.**

¡indio!

□

a. ‖ **¡un ~ al suelo!** loc. interj. *Mx.* Expresa sorpresa por la caída de una persona al suelo.

indio, -a.

I. 1. sust/adj. *Mx, Gu, Ho, ES, Ni, Pa, Co, Ec, Pe, Bo, Ch, Py.* Persona inculta, de mal gusto y modales rústicos. pop ∧ desp.

2. adj/sust. *ES, Py. Referido a persona,* necia, terca. urb; desp.

3. m. y f. *CR.* Persona tímida y huraña. pop ∧ fest.

II. 1. adj. *Co, Ve. Referido al cabello,* lacio.

III. 1. adj. *Cu, RD, PR. Referido a persona,* morena o mulata, pero con el pelo lacio.

2. *RD. Referido a la piel,* de color moreno.

3. adj/sust. *RD. Referido a persona,* mulata, nacida de padre y madre de raza blanca y negra o negra y blanca, respectivamente.

IV. 1. adj. *Cu, PR. Referido a un gallo o a una gallina,* que tiene plumas rojas y pechuga negra. rur.

2. *PR. Referido a un caballo o a una yegua,* que tiene el pelaje con pintas de diferentes colores. rur.

V. 1. adj/sust. *Ho, ES. Referido a planta, fruto y animal doméstico*, propio del país.
2. *Ho. Referido a ganado vacuno o caballar, planta, fruto o producto*, de pequeño tamaño o de mala calidad.
VI. 1. sust/adj. *Ho, ES.* Persona natural del país. desp.
VII. 1. m. y f. *Bo.* Hombre o mujer.
VIII. 1. sust/adj. *RD.* Persona ingenua o a la que se engaña con facilidad.

■

a. ‖ ~ **chele.** m. y f. *ES.* Persona del país con piel blanca, pero con algún rasgo mestizo. desp.
b. ‖ ~ **con levita.** m. y f. *Cu.* Persona de escasa inteligencia, cultura o instrucción. pop.
c. ‖ ~ **pata rajada.** m. y f. *Mx, Gu, Ho, Ni, Bo.* Persona indígena o mestiza que vive en zona rural. desp.
d. ‖ ~ **reculón.** m. y f. *Ho.* Persona borracha. desp.

indique.
I. 1. m. *ES.* Soborno.
2. *ES.* Indicación, sugerencia.

indiscutible.
I. 1. *Cu, RD, PR.* imparable.

indisponedor, -ra.
I. 1. adj/sust. *Bo. Referido a persona*, que delata a alguien por conveniencia o malicia.

individual.
I. 1. m. *Ho, ES, Ni, CR, Pa, Co, Ec, Pe, Bo, Ch, Py, Ar, Ur.* Mantel pequeño de tela, de plástico u otro material flexible, que se coloca bajo los platos para proteger la mesa.

indizuelo, -a.
I. 1. m. y f. *Ho, ES.* Adolescente, joven. desp.
2. sust/adj. *Gu.* Niño, *especialmente el que tiene rasgos indígenas*.

indoctrinación.
I. 1. f. *Ho, ES, RD, Co; Ch,* esm. Conocimiento o enseñanza de una doctrina con determinadas ideas o creencias.

indubitable.
I. 1. m. *Mx.* Documento con firma auténtica.

indulgencia.
▶ **ganar ~s con camándula ajena; ganar ~s con escapulario ajeno; ganarse ~s con avemarías ajenas**.

indultarse.
I. 1. intr. prnl. *Cu.* metáf. Salir *alguien* de una situación difícil o comprometedora. pop + cult → espon.

industria.
■
a. ‖ ~ **automotriz.** f. *Mx, ES, RD, Co, Ec, Bo, Ch, Ur.* Industria dedicada a la construcción de automóviles.
□
a. ‖ ~ **sin chimeneas.** loc. sust. *RD, Bo, Ur; Cu,* cult; *Ch,* esm. Sector del turismo.

inefectivo, -a.
I. 1. adj. *Py. Referido a cosa*, falsa, que no es real o verdadera.

ineficioso, -a.
I. 1. adj. *Ho, ES. Referido a persona o cosa*, ineficaz, superflua. rur.

inenajenable. (Der. de *enajenar*, pasar o transmitir un dominio o derecho).
I. 1. adj. *RD, Co. Referido a cosa*, inalienable. esm.

inentendible.
I. 1. adj. *Cu, RD, Co, Ec, Ch; Ho, ES, Ni,* rur; *Py,* pop; *Bo,* cult. *Referido a texto*, incomprensible.
2. *Ho, ES. Referido a persona*, ininteligible. rur.

Inés.
▶ **quedarse sin ~ y sin el retrato**.

inexcarcelabilidad.
I. 1. f. *Ch.* Calidad de **inexcarcelable**. cult.

inexcarcelable.
I. 1. adj. *Ur; Ch,* cult → esm. *Referido a una persona acusada de un delito o de una pena*, que no es susceptible de excarcelación o de salir bajo fianza. cult.

inexequibilidad.
I. 1. f. *Pa, Co, Ur; Ec,* p.u. Imposibilidad de que una ley sea llevada a cabo o se pueda cumplir.

inexequible.
I. 1. adj. *Co, Ec, Ur. Referido a una ley*, que no se puede cumplir.

infaltable.
I. 1. adj. *Ho, ES, Ni, RD, Ve, Ec, Pe, Bo, Ch, Py, Ur. Referido a persona o cosa*, necesaria, que no puede faltar.
2. *Ho, ES, Ni, Pe, Bo, Ch, Py, Ur. Referido a persona*, que siempre asiste a sus compromisos o invitaciones. pop + cult → espon.

infame.
I. 1. m. *Bo.* Bebida preparada con aguardiente mezclado con agua o refresco. pop.

infantería.
□
a. ‖ **a pura ~.**
i. loc. adv. *Gu, Ho, ES.* A pie, andando.
ii. *Ho.* Sin medios, sin recursos.

infantojuvenil.
I. 1. m-f. *Ur.* obsol. Menor de dieciocho años con conducta delictiva.

infatuado, -a.
I. 1. adj. *Mx. Referido a persona*, obsesivamente enamorada.

infeliz.
I. 1. adj/sust. *Mx, Gu, Ni, CR, RD, Co, Ec, Pe, Bo, Py, Ur; Ch,* pop ^ desp. *Referido a persona*, indigna, despreciable. desp.

infernal.
I. 1. adj. *Py, Ur.* juv. *Referido a un suceso*, grandioso, espectacular.

infield. (Voz inglesa).
I. 1. m. *EU, Ni, Pa, Cu, RD, PR, Co, Ve. En el beisbol*, zona interior del campo en forma de rombo que comprende las tres bases y el **home**.
2. *Cu.* **infielder**.

infielder. (Voz inglesa).
I. 1. m. *EU, Ni, Cu, RD, PR. En el beisbol*, jugador defensivo que ocupa una de las posiciones del cuadro o **infield**. ♦ **infield**.

infieri. (De *in fieri*, en proceso de formación).
I. 1. adj. *Ho, Ni. Referido a un estudiante universitario*, que ha aprobado todas las asignaturas del plan de estudios, pero le falta por aprobar la tesis o el examen de grado para obtener el título. cult.

infiernillo.
I. 1. m. *Ec. En una cárcel*, celda de castigo. pop + cult → espon.

infierno.
◪
a. ‖ **de ese ~ no salen chispas.** fr. prov. *PR.* Indica que, aunque se discuta con apasionamiento, si no hay encono entre las partes, pronto pasa el **fogaje**. pop + cult → espon.

infitiuto, -a.
I. 1. adj. *Ni:O. Referido a persona o cosa*, hedionda. rur.

inflado, -a.
I. 1. adj/sust. *Mx, Gu, Py; Ch,* pop. *Referido a persona*, pedante.

inflar.
- **I. 1.** intr. *Mx.* Consumir bebidas alcohólicas con el fin de emborracharse. pop.
- **II. 1.** tr. *Ch.* Hacer caso, prestar atención a *alguien* o a *algo.*

□

- **a.** ‖ ~ **globos.** loc. verb. *Cu.* Exagerar, deformar la realidad. pop + cult → espon.
- **b.** ‖ ~ **la red.** loc. verb. *Bo, Ch. En el* ***futbol,*** introducir el balón en la portería. pop.
- **c.** ‖ ~ **las guindas.** loc. verb. *Ar*; *Ur*, p.u. Producir molestia o fastidio a alguien. vulg. ♦ **inflar los quinotos.**
- **d.** ‖ ~ **los quinotos.** *Ar*; *Ur*, p.u. **inflar las guindas.** vulg.
- **e.** ‖ ~**se como jolote de pueblo.** loc. verb. *Ho.* Pavonearse, presumir *alguien.* ♦ **engreírse como un sapo.**
- **f.** ‖ ~**se como un sapo.** *Ho.* **engreírse como jolote de pueblo.** desp.

inflón.
- **I. 1.** m. *ES.* Sapo. delinc.

influencia.
- **I. 1.** f. *Gu, RD.* Gripe. pop.

influenciado, -a.
- **I. 1.** adj. *Gu. Referido a persona*, que sufre de gripe.

informal. (Calco del ingl. *informal*).
- **I. 1.** sust/adj. *RD, Ec, Pe, Bo, Ur*; *Py*, pop. Vendedor ambulante.

informar.
- **I. 1.** tr. *Ni, RD, Py.* Denunciar a *alguien* ante una autoridad.

informativista.
- **I. 1.** m-f. *Bo, Ur.* Persona encargada de leer noticias en radio o televisión.

infortunado, -a.
- **I. 1.** adj. *Ho, Py. Referido a persona*, que ha muerto. euf.

infracción.
- **I. 1.** f. *Mx, Ch, Py.* Notificación que se le envía a un conductor por una infracción de tránsito que ha cometido.

infraccionar.
- **I. 1.** tr. *Mx, Ni, Ch, Py, Ar*; *Ec*, p.u. Imponer a *alguien* una sanción por haber cometido una infracción, *en especial de tránsito.*
- **2.** intr. *Ch, Py.* Transgredir una norma establecida, *en especial de tránsito.*

infumable.
- **I. 1.** adj. *Cu*; *Mx, Ho, Ni, RD, Ur*, juv. *Referido a persona o cosa*, difícil de aceptar, insoportable.
- **2.** *Cu. Referido a persona*, carente de atractivo físico. pop + cult → espon ^ desp. ♦ **inmetible; materva; puñetero.**

infume.
- **I. 1.** adj. *ES. Referido a persona*, que no fuma.

infundia.
- **I. 1.** f. *Ho, ES, Ni, Bo, Ur*; *Mx, CR, Co, Ve, Ec, Pe:S*, rur. Enjundia o gordura de un ave, *especialmente de la gallina.*
- ▶ **sacar la ~.**

inga.
- **I. 1.** m. *Pe.* Árbol de hasta 15 m de altura, de tronco bajo, ramificado, con hojas compuestas pinnadas, inflorescencias terminales agrupadas en las axilas de las hojas, flores de color blanquecino, y fruto en forma de vaina cilíndrica indehiscente, de color verde; es muy apreciado por su madera dura. (Fabaceae; *Inga edulis*). ♦ **guaba forastera.**

ingá.
- **I. 1.** *Py, Ar, Ur.* **machetón**, árbol.
- **2.** *Py, Ar, Ur.* Fruto de pulpa comestible del ingá.

ingaina.
- **I. 1.** f. *Pe:E.* Árbol de hasta 5 m de altura, de hojas ovales o lanceoladas siempre verdes; su madera rica en taninos es utilizada en curtiduría y carpintería y su raíz para detener hemorragias. (Proteaceae; *Roupala* spp.).

ingeniebrio, -a.
- **I. 1.** m. y f. *Mx, Bo.* Ingeniero. fest.

ingenio.
- **I. 1.** m. *Bo.* Industria donde se procesa el arroz o el trigo en cáscara y se empaca para la venta.
- **2.** *Bo:O. En minería*, planta donde se procesa el mineral.
- ▶ **ir como caña pal ~.**

ingerida.
- **I. 1.** f. *Ec.* p.u. *En el proceso de tejido de un sombrero de jipijapa*, añadido de nuevas hebras de paja en el entramado.

ingerido, -a.
- **I. 1.** adj. *Co:C. Referido a persona*, alicaída, sin fuerza física o moral.

ingerir.
- **I. 1.** tr. *Ec. En el proceso de tejido de un sombrero de jipijapa*, añadir nuevas hebras de paja para continuar el entramado.

ingle.
- ▶ **picar la ~.**

inglés.
- ▶ **trabajar para el ~.**

inglés, -sa.
- **I. 1.** *PR, Ur.* obsol. **gallo inglés.**

-ingo, -a.
- **I. 1.** suf. *Bo:E,N.* **-ito**, indica cercanía. pop + cult → espon.
- **2.** *Bo:E,N. En adverbios de cantidad*, indica grado mínimo. pop + cult → espon.
- **II. 1.** suf. *Bo. En sustantivos y adjetivos*, indica valor diminutivo, despectivo o afectivo.

ingón, -na.
- **I. 1.** adj. *Ec.* p.u. *Referido a los campesinos indígenas de la Sierra*, que no hablan bien el español. desp.

ingratitud.
- **I. 1.** f. *Gu, RD, Py.* Crueldad o malicia.

ingrato, -a.
- **I. 1.** adj. *Gu, CR, RD, Py. Referido a persona*, cruel o malvada.

ingredientes.
- **I. 1.** m. pl. *Ar.* Conjunto de bocados ligeros que se sirven como acompañamiento de una bebida.

ingrido, -a.
- **I. 1.** adj. *Ni, CR. Referido a persona*, absorta, con su atención puesta por completo en algo. pop.

íngrido, -a.
- **I. 1.** *ES.* **ingrido.**

íngrimo, -a. (Del port. *íngreme*, ajo de un solo diente).
- **I. 1.** adj. *Mx, Gu, Ho, ES, Ni, Pa, RD, Co, Ve, Ec*; *CR*, p.u; *Cu*, obsol. *Referido a persona*, sola, sin compañía.
- **2.** *Ho. Referido a un local o sitio*, que está vacío, sin gente.

□

- **a.** ‖ ~ **y solo.**
  - **i.** loc. adj. *Mx, Gu, Ve. Referido a persona*, muy sola, sin compañía. pop.
  - **ii.** *Ve. Referido a persona*, desamparada. pop.

ingrirse.
    I. 1.   intr. prnl. *ES.* Embeberse, abstraerse en algo.

inguande.
    I. 1.   m. *Mx.* Árbol de hasta 8 m de altura, de corteza muy fisurada, hojas elípticas con varios lóbulos estrechos y aserrados, inflorescencias en panículas con numerosas flores, fruto en cápsula elipsoide, de color amarillo y con varias semillas oscuras y brillantes. (Papaveraceae; *Bocconia arborea*). ♦ **jauque; mano de león; saúco.**

inguiri.
    I. 1.   *Pe:E.* **plátano verde.**

inhabilitante.
    I. 1.   adj. *Co, Ve, Ar; Ch,* esm. *Referido a cosa,* que anula la capacidad de alguien para desempeñar alguna tarea.

inhalador.
    I. 1.   m. *RD.* Tubo o pajilla utilizado para inhalar droga. drog.

iniciado, -a.
    I. 1.   adj. *Co. Referido a persona,* insatisfecha, privada de algo en el momento en que iba a alcanzarlo. pop.

inicial.
    I. 1.   f. *Ni, RD, Co, Ve, Pe, Py.* Primer pago que se hace de algo comprado a plazos.
    II. 1.   f. *ES, Ni, Cu, RD, Ve;* m. *PR. En el* **beisbol,** primera base.

inicialar.
    I. 1.   tr. *Cu, RD, Ar, Ur.* Escribir una persona las iniciales de su nombre y apellido en un documento oficial. cult.

inicialista.
    I. 1.   m-f. *ES, Pa, RD, Ve;* m. *Cu, PR. En el* **beisbol,** jugador que cubre o defiende la primera base.

ínin.
    ▶ **abrir el ~.**

injerto, -a.
    I. 1.   adj/sust. *Pe.* p.u. *Referido a persona,* hija de padres peruanos y asiáticos orientales. pop ^ desp.

injillamiento.
    I. 1.   *PR.* **enjillamiento.** rur.

injillido, -a.
    I. 1.   adj. *PR.* **enjillido.** rur.

injillirse.
    I. 1.   *PR.* **enjillirse.** rur.

injuriado.
    I. 1.   sust/adj. *Cu.* Tabaco en rama de calidad inferior.

inleíble.
    I. 1.   adj. *Ho. Referido a un escrito,* difícil de leer.
    2.   adj. *Ho. Referido a un escrito,* aburrido.

inmamable.
    I. 1.   adj. *Co, Ur. Referido a persona o situación,* que no se soporta, inaguantable. pop ^ desp.

inmancable.
    I. 1.   adj. *RD, Co:N, Ve. Referido a cosa,* infalible, segura.

inmaterial.
    I. 1.   adj. *PR. Referido a un suceso,* que resulta indiferente.
    2.   *PR. Referido a un suceso,* irrelevante, sin importancia.

inmediatamismo.
    I. 1.   adv. *ES.* Inmediatamente, en este mismo momento. fest.

inmediatismo.
    I. 1.   m. *ES, Cu, RD, Co, Ve, Ec, Pe, Bo, Py; Ch,* cult → esm. Modo de pensar y actuar, irreflexivo y rá-

pido, que solo toma en cuenta los hechos más próximos.

inmetible.
    I. 1.   *Cu.* **infumable,** persona fea. pop.

inmisión.
    I. 1.   f. *Ve.* Intromisión. pop.

inmortal.
    I. 1.   *Ho.* **siempreviva.** (Amaranthaceae; *Gomphrena globosa*).
    2.   *PR.* Margarita común, de botón amarillo y pétalos blancos. rur.
    3.   *PR.* **oropel.**

inmortalidad.
    ☐
    a. ‖ **la ~ del cangrejo.** loc. sust. *Mx, Ho, ES, Ni, Cu, RD, Co, Ec, Bo, Ch, Ar, Ur.* Divagación que se pretende seria sobre algo incomprensible. pop + cult → espon ^ fest.

inmújero.
    I. 1.   m. *ES.* Hombre que no es mujeriego.

inmunda.
    ☐
    a. ‖ **en la .** loc. adv. *Co.* juv. En mala situación económica. pop.

inmundo.
    ■
    a. ‖ **el ~.** m. *Ho.* El demonio.

inna.
    I. 1.   f. *Pa.* Bebida de caña de azúcar fermentada que se mezcla con maíz y cacao tostados.

inning. (Voz inglesa).
    I. 1.   m. *EU, Mx, Ho, ES, Ni, CR, Cu, RD, PR. En el* **beisbol,** cada uno de los nueve períodos de juego en el que un equipo tiene el turno para **batear.**
    ▶ **cerrar el ~; complicarse el ~.**

innombrable.
    I. 1.   adj. *RD.* Innumerable, que no se puede enumerar, cantidad enorme. rur.

innuendo.
    I. 1.   *PR.* **inuendo.**

innundación. (Epént. de *inundación*).
    I. 1.   m. *RD; CR,* vulg. Cubrimiento de un lugar con agua.

innundar. (Epént. de *inundar*).
    I. 1.   tr. *RD; CR,* vulg. Cubrir el agua un lugar.

inocenteador, -ra.
    I. 1.   sust/adj. *Bo.* Persona aficionada a gastar bromas.
    2.   *Bo.* Persona aficionada a engañar a la gente.

inocentes.
    I. 1.   m. pl. *RD, Ec.* Período comprendido entre el 28 de diciembre, día de los Santos Inocentes, y el 6 de enero, día de Reyes, en que la gente acostumbra hacer bromas o inocentadas.

inocuo, -a.
    I. 1.   adj. *RD, Bo. Referido a un suceso,* intrascendente, insustancial.

inoficioso, -a.
    I. 1.   adj. *Gu, Pa, Co, Ve, Pe, Bo, Ar; Ec,* p.u; *Ch,* cult → esm. *Referido a cosa,* innecesaria.

inoloro, -a.
    I. 1.   adj. *Ni, Cu, RD, PR, Co, Ve, Ec, Bo, Py. Referido a cosa,* sin olor.

inopia.
    ▶ **estar en la ~.**

inopla.
    I. 1.   m. *PR.* Indigencia, pobreza extrema, inopia.

inósfera.
   I. 1. f. *Pa, Bo.* Ionosfera.

inquietoso, -a.
   I. 1. adj. *Ec.* juv. *Referido a persona*, que incita a otras al ocio o a la vida licenciosa.

inquilinaje.
   I. 1. m. *Ch.* Conjunto de **inquilinos**.
     2. *Ch.* Sistema de trabajo en el campo con **inquilinos** que explotan por su cuenta un trozo de terreno.
     ◆ **inquilinato**.

inquilinario, -a.
   I. 1. adj. *Pa.* Relativo al inquilino.

inquilinato.
   I. 1. m. *Co, Ar; Py,* pop; *Ur,* p.u. Casa grande con habitaciones o pequeñas viviendas en alquiler en las que viven personas de escasos recursos económicos.
   II. 1. *Ch.* **inquilinaje**, sistema de trabajo.

inquilino, -a.
   I. 1. m. y f. *Ch, Py.* Persona que vive en un **fundo** en el cual se le da habitación y un trozo de terreno para que lo explote por su cuenta, con la obligación de trabajar en el mismo campo en beneficio del propietario.

inquinar.
   I. 1. tr. *RD, Bo.* Indisponer *alguien* a *una persona* con otra.

inquirencia.
   I. 1. f. *Ni.* Acoso amoroso. pop.

inrespetar. (Epént. de *irrespetar*).
   I. 1. *RD.* **irrespetar**.

inrirí. (De or. ind. antillano).
   I. 1. m. *RD, PR.* Ave de hasta 15 cm de longitud, de dorso negro brillante y el vientre gris rojizo, con una banda negra en el cuello, pico negro agudo y fuerte. (Picidae; *Melanerpes portoricensis*).

insectario.
   I. 1. m. *Co, Bo, Ch, Ur.* Colección de insectos.
     2. *Bo, Ch, Ur.* Caja de uso escolar en la que se ordenan ejemplares de insectos.

insertado, -a.
   I. 1. sust/adj. *Cu.* Estudiante que realiza sus prácticas laborales en una institución determinada.

insertar.
   I. 1. tr. *Cu.* Destinar a un estudiante a una institución u organismo para que realice sus prácticas laborales.

inserto.
   I. 1. m. *ES, Ch.* Suplemento que se incluye de manera separada en la emisión de un periódico.

insiforia.
   I. 1. f. *Ve.* Ruina económica. pop.

insingable.
   I. 1. adj. *Cu. Referido a persona*, desprovista de belleza. vulg.

insolación.
   I. 1. f. *PR.* Proceso de aislar algo.

insolado, -a.
   I. 1. adj. *Co:SO. Referido a persona*, muy enojada o fastidiada. pop + cult → espon.

insolar.
   I. 1. tr. *Co:SO.* Causar molestia o fastidio a *alguien*. pop + cult → espon.

insoria.
   I. 1. f. *Ve.* Insignificancia, poca cosa.

inspectoría.
   I. 1. f. *RD, Ch, Py.* Cuerpo de policía que está bajo el mando de un inspector.
     2. *RD, Ch, Py.* Territorio a que se extiende la vigilancia de dicho cuerpo.

instalación.
   I. 1. f. *Ni, CR, RD, Co, Ve, Py.* Juego de luces eléctricas de Navidad.
   II. 1. f. *CR, RD, Co, Pe, Ur.* Acto solemne de iniciar o reiniciar las tareas de un organismo público o de una institución.

instalamento.
   I. 1. m. *Co.* Cuota de amortización de una deuda.

instale.
   □
     a. ‖ **de ~**. loc. adj. *Ec.* juv. *Referido a la música, en especial a la de temas melancólicos*, que incita a la bebida, *especialmente a quien se halla atravesando una situación vital difícil.* pop.

instancia.
   ■
     a. ‖ **segunda ~**. f. *Bo:C,S,E.* Examen que realiza un estudiante cuando ha **reprobado** alguna materia en los exámenes finales.

instaurar.
   I. 1. tr. *RD, Co, Bo, Py.* Comenzar *algo*, llevar a cabo los primeros trámites de un proceso, pleito, expediente o alguna otra actuación oficial.

institucionar.
   I. 1. tr. *Ve.* Dar carácter de institución a *algo*.

institutano, -a.
   I. 1. sust/adj. *Ch.* Persona, *especialmente alumno*, que pertenece o ha pertenecido a un instituto de enseñanza media.

institutero, -a.
   I. 1. sust/adj. *Gu.* Estudiante o antiguo alumno del Instituto Nacional Central para Varones, centro educativo.
     2. adj. *Gu.* Relativo a este centro.

instituto.
   ■
     a. ‖ **~ descentralizado**. m. *Co.* Organismo oficial que no depende directamente del Gobierno central.

institutor, -ra.
   I. 1. sust/adj. *Co.* obsol. Profesor. esm.
     2. *Pa.* Alumno o ex alumno del Instituto Nacional de Panamá.

instructivo.
   I. 1. m. *Ni, CR, RD, Co, Ec, Pe, Bo:O, Ch, Py, Ar.* Documento que contiene instrucciones sobre una materia determinada.

instrumentalidad. (Del ingl. *instrumentality*).
   I. 1. f. *PR.* Agencia o negocio que auxilia a algún departamento gubernamental.

instrumento.
   I. 1. m. pl. *PR.* Enseres necesarios para inyectarse droga. drog.
   ■
     a. ‖ **~ de aliento**. m. *Mx.* Instrumento musical que se hace sonar impeliendo aire dentro de él.

insuceso.
   I. 1. m. *Co, Ur.* Hecho o acontecimiento desgraciado. cult.

insuficientado.
   I. 1. adj/sust. *Ho. Referido a un estudiante de primaria o secundaria*, que no ha aprobado un examen, una materia o el curso lectivo.

insulación. (Del ingl. *insulation*).
   I. 1. f. *EU, CR, PR, Ec, Pe, Ch.* Aislamiento, procedimiento para impedir que penetre algo en un espacio cerrado, *especialmente ruido, electricidad, humedad o calor*.
     2. *EU, CR, PR, Ec, Pe; Ch,* esm. Material con que se aísla este espacio.

ínsulas.
  I. 1. *PR.* **sínsoras**, lugar muy lejano. rur.

insulso.
  I. 1. m. *Co:C.* Bollo de maíz que se asa en el horno envuelto en hojas de plátano.

insultada.
  I. 1. f. *Mx, Gu, Ho, ES, Ni, CR, Pa, Cu, RD, PR, Co, Ve, Ec, Pe, Bo:O, Py, Ar.* Insulto o serie de insultos. pop + cult → espon. ♦ **insultadera; puteada.**
  ▶ **coger una ~; darse una ~.**

insultadera.
  I. 1. *CR, RD, Ec; Co,* pop. **insultada.**

insultarse.
  I. 1. intr. prnl. *Cu, RD, Py.* Enfadarse o encolerizarse *una persona.* pop + cult → espon.
  II. 1. intr. prnl. *Gu.* Indisponerse *alguien* por haber comido en exceso.

insultativo, -a.
  I. 1. adj. *Bo. Referido a persona,* que tiene la costumbre de insultar a los demás.

insulto.
  I. 1. m. *Ve.* Lesión o irritación de la piel.
  2. *Gu.* Indisposición que se experimenta por comer en exceso.
  ▶ **coger un ~.**

insumir.
  I. 1. tr. *Py, Ar, Ur; Ec,* p.u. Requerir un proyecto o una actividad determinada cantidad de dinero, esfuerzo o tiempo para su realización. cult.

insurance. (Voz inglesa).
  I. 1. m. *EU, PR.* Póliza de seguros, *en especial para vehículos.*

insurgenta.
  I. 1. f. *Mx.* Mujer que milita en el Ejército Zapatista de Liberación Nacional.

intangible.
  I. 1. m. *Pa.* Obra intelectual que se reconoce como propiedad.

integrado, -a.
  I. 1. adj. *Cu. Referido a un cubano,* que está vinculado a las organizaciones de masas del proceso revolucionario posterior a 1959.

inteligenciar.
  I. 1. tr. *Ch.* Encontrar solución a una situación problemática. pop. + cult → espon.
  2. *Ec.* Instruir a *alguien* acerca de una materia o asunto. prest; cult → espon.
  3. intr. prnl. *Ec.* Enterarse *alguien* de algún asunto. prest; cult → esm.

inteligentonto.
  I. 1. adj/sust. *Bo, Ch. Referido a persona,* que pretende actuar de manera inteligente, pero lo hace de forma necia. pop + cult → espon.

intempestivo.
  I. 1. m. *Ho.* Pedo. euf.

intencionar.
  I. 1. tr. *Ho, Co.* Tener la intención de hacer algo. cult → espon.
  2. *Ec.* p.u. Impulsar la realización de algo. cult → espon.

intendencia.
  I. 1. f. *Bo, Py, Ar, Ur.* **intendencia municipal**, órgano.
  2. *Bo, Py, Ar, Ur.* **intendencia municipal**, edificio.
  3. *Ch, Ur.* Período de gobierno de un determinado **intendente** o gobernador de una **región**.
  4. *Ch.* Gobierno de una **región**.
  5. *Ch.* Cargo de **intendente** o gobernador de una **región**.

6. *Ch.* Edificio que funciona como sede del Gobierno de una **región**.
7. *Bo.* **intendencia municipal**, oficina.
■
  a. ‖ **~ municipal.**
    i. f. *Bo, Py, Ar, Ur.* Órgano superior del gobierno de los municipios.
    ii. *Bo, Py, Ar, Ur.* Edificio donde este órgano tiene su sede.
    iii. *Bo.* Oficina dependiente de la alcaldía, que tiene la función de controlar los precios, la calidad y el peso de los productos que se expenden en los mercados.

intendente, -a.
  I. 1. m. y f. *Bo, Py, Ar, Ur.* **intendente municipal**.
  2. *Ch.* Persona en quien el presidente de la nación delega el mando de una **región**.
  3. *Ec.* Autoridad provincial de la policía.
■
  a. ‖ **~ municipal.** m. y f. *Bo, Py, Ar, Ur.* Jefe de Gobierno de un departamento. (**intendente**).

intenso.
  I. 1. adj. *Co.* juv. *Referido a persona,* cargante, **cansón**. pop.

intercom. (Voz inglesa).
  I. 1. m. *EU, RD, PR.* Portero automático, mecanismo electrónico para abrir la puerta de la calle.
  2. *PR.* Aparato para la comunicación interna en un lugar.

intercomuna.
  I. 1. f. *Ch.* Territorio constituido por varias **comunas** o municipios comunicados entre sí por vía terrestre.

intercomunal.
  I. 1. adj. *Ve, Ch, Py, Ar. Referido a un hecho,* que se produce o tiene lugar entre dos o más **comunas**.
  2. sust/adj. *Ve.* Vía terrestre que comunica los barrios cercanos de una ciudad.
  3. *Ch.* Medio de transporte que realiza sus trayectos entre diversas **comunas**.

interconsulta.
  I. 1. f. *Mx, ES, Co, Bo.* Consulta que un médico hace a otros especialistas.
  2. *Bo, Ch, Py, Ar.* Reunión clínica para discutir el estado de salud de algún enfermo.

interés.
  □
  a. ‖ **~ social.** loc. adj. *Mx, CR, RD, PR, Co, Ve, Ec, Bo, Py. Referido a una vivienda,* destinada a la población con menos recursos.

interfase. (Del ingl. *interface,* superficie de contacto).
  I. 1. f. *Mx, Ho, CR, Ec, Bo, Ch, Py, Ur.* Conexión física y funcional entre dos aparatos o sistemas independientes.

interferencia.
  I. 1. f. *Ni, Cu, RD, PR. En el beisbol,* acción involuntaria o intencional de un jugador o un espectador que obstaculiza una jugada.

interiano, -a.
  I. 1. sust/adj. *Ho.* Persona que ha nacido en zona no costera del país.
  2. adj. *Ho.* Relativo a todo aquello que no es de la costa.

interín.
  I. 1. *Cu, RD, PR, Bo, Py.* **ínterin**.

ínterin.
  I. 1. m. *Mx.* Tiempo que dura el desempeño interino de un cargo. (**interín**).

interinato.
  I. 1. m. *Mx, Ho, ES, Ni, CR, Pa, Cu, RD, PR, Co, Ve, Ec, Pe, Bo, Ch, Py, Ar, Ur.* Interinidad, tiempo que dura el desempeño interino de un cargo.
  2. *Mx, ES, Pa, Cu, PR, Co, Ve, Pe, Bo, Ch, Py, Ar, Ur.* Cargo o empleo interino.

interior.

   I. 1. m. pl. *RD, Co, Ec.* Prenda interior femenina que cubre desde la parte inferior del tronco y tiene dos aberturas en las piernas.

     2. m. *RD, Ve.* Prenda interior masculina que cubre la pelvis.

   II. 1. m. *Bo, Py, Ur.* Respecto a una capital de **departamento**, resto del territorio nacional.

     2. *Pa, Cu.* Zona alejada de la región metropolitana y de la capital del país.

     3. *RD.* Zona del país que no es el Distrito Nacional.

   III. 1. m. *Cu.* Respecto a *la capital del país*, resto del territorio nacional.

   IV. 1. m. *CR.* Pieza o cuarto de una vivienda donde están el inodoro y el lavabo.

   ■

     a. ‖ **~ mina.** m. *Bo.* En una mina, conjunto de galerías, **piques** y socavones.

interiorano, -a.

   I. 1. adj/sust. *Pa, Co:N, Ec.* Natural del interior del país.

     2. adj. *Pa, Co:N.* Relativo al interior del país.

     3. *Pa.* Referido a persona, provinciana, excesivamente apegada a la mentalidad y las costumbres locales.

interiorizado, -a.

   I. 1. adj. *Mx, Bo, Ch, Ur.* Referido a *persona*, que conoce a fondo los detalles y aspectos de un tema o actividad.

interiorizar(se).

   I. 1. intr. prnl. *Mx, Pe, Bo, Py, Ar, Ur; Ch,* cult. Llegar a conocer todos los aspectos o detalles de un tema o actividad.

     2. tr. *Bo, Py, Ar, Ur; Ch,* cult. Informar a *alguien* sobre todos los aspectos o detalles de un tema o actividad.

     3. intr. prnl. *Ch.* Identificarse con ideas y sentimientos ajenos. cult.

interlocutar.

   I. 1. intr. *Co.* Participar en una conversación. esm.

   II. 1. tr. *Ec.* Tratar, llevar o coordinar *una persona* un tema como medio de diálogo o negociación con otras. cult.

intermedia.

   I. 1. f. *RD, PR.* En el **beisbol**, segunda **base**.

intermediaria.

   I. 1. f. *Ve.* obsol. Función de cine que tiene lugar de siete a nueve de la noche.

intermedio.

   I. 1. m. *Ni, RD, Ur.* Turno del horario de un centro de enseñanza media que se cumple a primeras horas de la tarde.

   II. 1. m. *Cu.* En el **beisbol**, segunda **base**.

intermedista.

   I. 1. m. *Ni, Cu, RD, PR.* En el **beisbol**, jugador que defiende la posición de la segunda base. ♦ **camarero**.

internalizar. (Del ingl. *internalize*).

   I. 1. tr. *Mx, ES, RD, PR, Co, Ve, Bo, Ch, Py, Ar, Ur; Ec,* esm. Incorporar a la propia manera de ser, de pensar y de sentir, ideas o acciones ajenas, *generalmente positivas*. cult.

internarse.

   I. 1. intr. prnl. *Mx, Ni, CR, PR, Bo, Ch, Py, Ur.* Disponer *una persona* su ingreso en una institución de asistencia médica o en un hospital.

internista.

   I. 1. m-f. *Bo.* Estudiante que reside en un internado.

internit.

   I. 1. m. *Ch.* Material incombustible compuesto de cemento y asbesto utilizado en las planchas para la construcción.

internitas.

   I. 1. f. pl. *Ho.* Elección dentro de un partido político para seleccionar los candidatos a puestos de elección popular.

interpretar.

   I. 1. tr. *Ch, Py.* Coincidir la forma de pensar o de actuar de alguien con la de otra persona.

interpretariado.

   I. 1. m. *Ch.* Traducción oral simultánea de un discurso, conferencia u otra manifestación hablada por otra persona en una lengua distinta.

     2. *Ch.* Carrera o profesión de intérprete o traductor simultáneo.

interregno.

   I. 1. m. *RD, PR, Ch, Ar, Ur; Ec,* cult. Período de tiempo transcurrido entre dos sucesos similares o complementarios.

interrogatorio.

   ■

     a. ‖ **hábil ~.** m. *Py.* Interrogatorio policial o militar llevado a cabo con métodos violentos y coercitivos. pop + cult → espon ^ sat.

interrogo.

   I. 1. m. *Ho.* Interrogatorio, serie de preguntas.

interrupto, -a.

   I. 1. adj. *Cu.* Referido a *persona*, que estando vinculada a un *centro laboral* queda sin trabajo y percibe un tanto por ciento salarial durante un período de tiempo **conveniado**.

intertanto.

   I. 1. m. *Mx, Ch; Ec,* p.u; cult → esm. Tiempo de espera entre dos hechos o eventos.

intérvalo.

   I. 1. m. *ES, PR, Bo; Ho, RD, Py,* cult. Intervalo. pop.

interventoría.

   I. 1. f. *Ni, CR, Pa, Co, Ec, Bo.* Verificación del desarrollo o realización de un proyecto para garantizar que se lleve a cabo con lo estipulado en los convenios o contratos.

intihuatana. (Del quech. *intiwatana*, observatorio donde se determinaba los solsticios y los equinoccios).

   I. 1. m. *Pe, Bo; Ec,* obsol. Monumento de piedra de los antiguos incas que servía como observatorio solar o altar.

íntima.

   I. 1. f. *Cu, Py.* Compresa higiénica que usan las mujeres durante la menstruación.

intimar.

   I. 1. intr. *ES; Ch,* euf. Realizar el coito.

     2. *ES.* Tener trato cercano y familiar con alguien.

intocables.

   I. 1. m. pl. *PR.* Miembros de las fuerzas de seguridad, policías, detectives.

intomable.

   I. 1. adj. *Gu, Ec, Pe, Bo, Ch, Py, Ur.* Referido a una *bebida*, que no se puede beber o que resulta muy desagradable hacerlo.

intome.

   I. 1. adj. *ES.* Referido a persona, abstemia.

intragable.

   I. 1. adj. *RD, Ve, Bo, Py.* Referido a persona, antipática, odiosa. pop.

intransable.

   I. 1. adj. *Co, Bo, Ch, Py; Ec,* p.u. Referido a un *asunto*, que no admite negociación o discusión. cult.

intratada.

   I. 1. f. *ES.* Insulto grave o serie de insultos.

intratar.

   I. 1. tr. *ES.* Insultar a *alguien*.

intrépito, -a.
   I. 1. *Ve.* **entrépito**. rur.

intrepitura.
   I. 1. *Ve.* **entrepitura**.

intrínsico, -a.
   I. 1. adj. *RD. Referido a persona*, muy flaca o delgada.

introducir. (Del ingl. *to introduce*).
   I. 1. tr. *EU, ES, RD*; *Ec*, p.u. Presentar, dar a conocer al público a *alguien* o *algo*.

introductor.
   ■
   a. ‖ ~ **de ganado.** m. *Ec.* Hombre que comercia con ganado mayor y lo vende a los **camales**.

intrusear.
   I. 1. intr. *RD*; *Ch*, pop. Inmiscuirse en asuntos ajenos sin autorización ni derecho.
   2. tr. *Ch.* p.u. Fisgar, investigar por curiosidad *algo* de una cosa u objeto con el fin de conocerlo mejor. pop.

intrusete.
   I. 1. adj/sust. *Ch. Referido a persona*, que acostumbra **intrusear**. desp.

intrusidad.
   I. 1. f. *RD.* Cualidad de intruso.
   2. *RD.* Intrusión.

intruso.
   I. 1. m. *Ho.* Pedo. euf.

intuerto.
   I. 1. m. *Ni.* Entuerto, dolor que suele sobrevenir a la mujer después del parto.

intuto.
   I. 1. *Pe:E.* **tacuacín**, zarigüeya.

inubicable.
   I. 1. adj. *Mx, Ho, Ni, Co, Ve, Ec, Pe, Bo, Ch, Py, Ar, Ur. Referido a persona o cosa*, imposible de encontrar.
   2. *Bo, Ch, Py. Referido a persona*, que no puede ser colocada en determinado oficio o tarea.
   3. *Ho, Bo. Referido a persona o cosa*, que no se puede clasificar.

inuendo. (Del ingl. *innuendo*).
   I. 1. m. *PR.* Imputación de una persona con la intención de difamar a alguien. (**innuendo**).

inup.
   I. 1. m. *Gu.* **bonga**.

invalorable.
   I. 1. adj. *CR, Pa, Cu, RD, Co, Ve, Ec, Pe, Bo, Ch, Py, Ar, Ur. Referido a persona o cosa*, que no se puede valorar como corresponde. pop + cult → espon.

invasión.
   I. 1. f. *Pa, RD, PR, Co, Ve, Ec, Pe, Bo, Py.* Ocupación ilegal de un terreno para construir en él infraviviendas.
   2. *RD.* Ocupación ilegal de un terreno para usufructuarlo.

invasor, -ra.
   I. 1. m. y f. *RD, Co, Ve, Ec, Pe, Bo, Py.* Persona que ocupa ilegalmente un terreno para construir en él infraviviendas.

inventadera.
   I. 1. f. *RD, Ve.* Conjunto de actos insensatos que realiza una persona. pop.
   2. *Cu.* **invento**.

inventar.
   I. 1. tr. *Ni, RD, Ve, Py*; *Mx*, juv. Decir o hacer cosas descabelladas. pop.
   II. 1. intr. *Cu.* Emplear *una persona* todos los medios posibles para obtener el sustento diario.

2. *Cu.* Buscar una salida o solución a una situación difícil o engorrosa.
   III. 1. tr. *Cu.* Reponerle *algo* a *alguien*.
   □
   a. ‖ ~ **el agua tibia.** *Cu, Ec.* inventar el hilo negro.
   b. ‖ ~ **el hilo negro.** loc. verb. *Mx*; *Ch*, pop. Descubrir como nuevo *algo* que es ya conocido para todos. ♦ **inventar el agua tibia**.
   c. ‖ ~ **el hoyo de la rosquilla.** loc. verb. *Ho.* Creer *alguien* que ha descubierto o dicho algo nuevo u original. pop + cult → espon ^ sat.
   d. ‖ ~ **viaje.** loc. verb. *Ni, PR, Py.* Pensar *alguien* salir de viaje. rur.

invento.
   I. 1. m. *Ve.* Conjunto de acciones, *generalmente ilícitas*, para obtener el sustento diario. ♦ **inventadera**.
   ▶ **vivir del ~**.

inverna.
   I. 1. f. *Pe*; *Ec*, p.u. Terreno cercado y con pastos para alimentar y guardar ganado. rur.

invernada.
   I. 1. f. *Bo, Py, Ar, Ur.* Actividad ganadera cuyo objetivo es el crecimiento y engorde de animales, *especialmente bovinos*, para consumo del hombre.
   2. *Pe, Py.* Campo con buenos pastos destinado al engorde de ganado. rur.
   3. *Ch, Py.* Lugar donde el ganado pasa el invierno. rur.
   II. 1. f. *Ve.* Lluvia fuerte y prolongada. rur.

invernador, -ra.
   I. 1. m. y f. *Bo, Py, Ar, Ur.* Persona que se dedica al engorde de ganado, *especialmente bovino*.

invernar.
   I. 1. intr. *Pe, Bo, Ch, Ar, Ur*; *Py*, rur. Pastar el ganado en invernaderos.
   2. tr. *Bo, Py, Ar:NO, Ur.* Engordar al ganado con buenas pasturas.

invernazo.
   I. 1. m. *RD*; *PR*, rur. Período de lluvias, de julio a septiembre.

inverne.
   I. 1. m. *Ur*; *Ar*, p.u. Actividad ganadera cuyo objetivo es el crecimiento y engorde de animales, *especialmente bovinos*, para consumo del hombre.

inverniz.
   I. 1. adj. *Py. Referido a plantas germinadas o animales*, nacidos fuera de época. pop.
   II. 1. adj. *CR. Referido a un producto agrícola*, que se cosecha durante la estación lluviosa.

invernizzio. (Voz italiana).
   I. 1. m. *Ur.* Abrigo o impermeable que se lleva sobre las demás prendas. pop + cult → espon ^ fest.

invertido.
   I. 1. m. *PR.* Pederasta. euf.

investigaciones.
   I. 1. f. pl. *RD, Ch.* Servicio civil de policía dedicado a la averiguación y resolución de casos delictivos.
   2. *RD, Ch.* Dependencia policial donde existe este servicio.

investigador, -ra.
   ■
   a. ‖ ~ **agregado.** m. y f. *Cu. En la escala de categorías científicas*, persona que ocupa la inferior.
   b. ‖ ~ **auxiliar.** m. y f. *Cu. En la escala de categorías científicas*, persona que ocupa la intermedia.
   c. ‖ ~ **titular.** m. y f. *Cu. En la escala de categorías científicas*, persona que ocupa la superior.

invierno.
   I. 1. m. *Gu, Ho, ES, Ni, CR, Pa, Co, Ve, Ec, Pe:NE,C,E,SE.* Temporada de lluvias.

2. *Pa, Ve.* Aguacero, lluvia repentina, abundante, impetuosa y de poca duración.

■

    a. ‖ ~ **altiplánico.** *Ch.* **invierno boliviano**.
    b. ‖ ~ **boliviano.** m. *Ch.* Período de verano en el hemisferio sur en el que se producen grandes lluvias e inundaciones en la zona del altiplano. ♦ **invierno altiplánico**.

invisible.
    I. 1. m. *Mx:SE, Ec, Ar, Ur; Ch,* obsol. Horquilla para el cabello que, por su forma y color, queda oculta cuando se coloca en la cabellera.
    2. *Mx:SE.* Cofia o redecilla para mantener la forma del peinado.
    II. 1. adj. *PR. Relativo a un asunto,* difícil, complicado.
    III. 1. m. pl. *PR.* Miembros de la policía. delinc.

invitación.
■

    a. ‖ ~ **china.** f. *ES.* Convite en el que cada uno paga lo que consume. fest.

invite.
    I. 1. m. *Ho; ES,* pop. Invitación.

invivible.
    I. 1. adj. *Mx, Ho, ES, CR, RD, Co, Bo, Ch. Referido a un lugar,* que se ha vuelto insoportable, difícil para vivir.

involucramiento.
    I. 1. m. *Ho, ES, CR, RD, Co, Ec, Bo, Ur.* Implicación. cult.

inyectadora.
    I. 1. f. *Ve.* Jeringa pequeña en la que se enchufa una aguja hueca de punta aguda cortada a bisel, y sirve para inyectar sustancias medicinales en tejidos u órganos.

inyectao.
    ▶ ir ~.

inyectar.
    I. 1. tr. *Mx, Ho, ES, CR, RD, Co, Pe, Py, Ur; Ch,* esm. Aportar *algo* a una institución, banco o empresa, *generalmente dinero.*
    2. *Ec.* p.u; metáf. Aportar el Estado el dinero necesario para salvar de la insolvencia a un establecimiento bancario o financiero.

inyectología.
    I. 1. f. *Co, Ec.* Técnica o práctica de poner inyecciones.
    II. 1. f. *Ec.* p.u. Zona de una casa de salud donde se ponen inyecciones.

inyirela.
    I. 1. f. *ES.* Bebida gaseosa.

iñame.
    I. 1. m. *Pe.* Planta herbácea, de hasta 4 m de longitud, de tallos endebles, volubles, hojas grandes y acorazonadas, flores pequeñas y verdosas en espigas axilares y raíz tuberculosa comestible. (Diascoreaceae; *Diascorea alata, D. sativa*).
    2. *Pe.* Raíz de esta planta, de tamaño variable según la especie, cuya carne feculenta, una vez hervida o asada, es comestible.

iñipiñi.
    I. 1. adj/sust. *Ch.* p.u. *Referido a persona o cosa,* insignificante o muy pequeña, o con poco dinero. pop.
    2. *Ch.* p.u. *Referido a persona,* que tiene poco dinero. pop.

iño. (Del quech. *iñu*).
    I. 1. m. *Ec.* Nigua. rur.

iñor, -ra.
    I. 1. m. y f. *Mx; RD, Ch,* pop. Señor, señora. rur.

ionósfera.
    I. 1. f. *Mx, Ni, Ec, Pe, Bo, Ch, Py, Ar, Ur.* Ionosfera.

ipa.
    I. 1. f. *Pe:E.* Planta arborescente, con tallos muy gruesos, de color verde amarillento, erectos, leñosos, huecos y nudosos, y ramas casi horizontales. (Poaceae; *Guadua superba*). ♦ **marona**.

•

    a. ‖ ~. fórm. *Ve.* Se usa para saludar.

ipacaá.
    I. 1. m. *Ar.* Ave de pico largo y fuerte, dorso oliváceo, cuello dorsal castaño, pecho gris, vientre canela, cola corta y patas largas. (Rallidae; *Aramides ypacaha*). (**pacaá**).

ipal.
    I. 1. m. *Pe.* Sitio poblado de **ipa**.

¡ipanola!
    I. 1. interj. *Ve.* Expresa afirmación enfática.
    2. *Ve.* Expresa aceptación.

ipazote. (De *epazote*).
    I. 1. *Gu, Ho, ES; Mx,* pop. **pasote**.

ipecacuana. (Del guar.).
    I. 1. f. *Mx, Gu, Ni, Pa, RD, Co, Ec.* Hierba de hasta 40 cm de altura, con tallos sarmentosos, hojas opuestas, de color verde oscuro brillante en la cara superior y más claro en la inferior y flores blancas, agrupadas en ramilletes, y cuyo fruto es una baya carnosa y de color azul; se emplea en medicina popular como emético. (Rubiaceae; *Cephaelis ipecacuanha*). (**picacuana**). ♦ **raicilla**.
    2. *Ho, Ni, CR, Bo.* Hierba perenne, de hasta 1 m de altura, con varios tallos delgados y verdes, hojas alternas, de ovadas a lanceoladas, agudas en el ápice y redondeadas en la base, flores de color verde, en racimos; la raíz se utiliza en la medicina tradicional. (Polygalaceae; *Polygala hondurana*). (**picuana**).

ipegüe. (Del nahua *pihuitz,* aumento).
    I. 1. m. *Gu, ES, Ni.* Regalo que le dan a alguien por haber comprado algo.
    2. *ES, Ni.* Añadidura de lo pedido que da el vendedor al comprador. (**ipehuil**).

ipehuil.
    I. 1. *ES.* **ipegüe**, añadidura.

ipiales.
    I. 1. f. *Ec. En Quito,* tramo de una calle en la que se venden mercancías de diverso género traídas como contrabando desde la localidad colombiana de Ipiales.

¡iporama! (Del guar. *iporãma,* ¡basta!).
    I. 1. interj. *Py.* Expresa el deseo de que algo termine. pop.

ipso.
□

    a. ‖ ~ **pucho.** loc. adv. *Pe, Ar.* Inmediatamente, al instante. pop.

ipure.
    I. 1. m. *Ve.* Elevación natural del terreno.

¡ique!
    I. 1. interj. *Ve.* Expresa duda sobre la veracidad de algo que se ha dicho con anterioridad. pop.

iqui.
    I. 1. m. *Ec.* p.u. **Papa** de mala calidad. rur.

iquimite.
    I. 1. m. *Mx.* Árbol de hasta 10 m de altura, de tronco y ramas espinosos, hojas trifoliadas, flores en racimos, rojas, y fruto leguminoso de color escarlata con una pinta negra; tiene numerosas aplicaciones en la medicina tradicional. (Fabaceae; *Erythrina coralloides*). ♦ **patol; pemuche; purecua; pureque; zompancle**.

ir(se).

I. 1. intr. prnl. *Ho, ES, Ni, Bo, Ur.* Eyacular, expulsar con rapidez y fuerza el semen. pop.

2. *Ch.* Experimentar *alguien* un orgasmo. pop.

II. 1. intr. *Ho.* Ser, estar.

●

a. ‖ **¡cómo va a ser!** fórm. *CR, RD, PR, Co.* Se usa para expresar simultáneamente preocupación, sorpresa y conmiseración.

b. ‖ **va cayendo gente al baile.** fórm. *Ar, Ur.* Se usa para anunciar o celebrar la llegada de alguien, *especialmente a una reunión.* pop + cult → espon ^ fest.
♦ **va llegando gente al baile.**

c. ‖ **va llegando gente al baile.** *Cu.* **va cayendo gente al baile.**

d. ‖ **vaya alante que la luz es verde.**
i. fórm. *Pa.* juv. Se usa para expresar incomodidad por la presencia de alguien en un grupo.
ii. *Pa.* juv. Se usa para indicar a alguien que continúe la tarea que está realizando.

e. ‖ **y va que jode.** fórm. *Cu.* Se usa para indicar que una persona debe darse por satisfecha con algo determinado que ha obtenido o que se le ofrece.

□

a. ‖ ~ **a amarrar un conejo.** loc. verb. *ES.* Defecar en el monte. rur; fest.

b. ‖ ~ **a Chicago.** loc. verb. *Bo.* Ir a evacuar el vientre. pop + cult → espon ^ fest.

c. ‖ ~ **a comer rancho.** loc. verb. *PR.* Ir a la cárcel. rur.

d. ‖ ~ **a comerse un pollito al velador.** loc. verb. *Ch.* Ir *alguien* a un *motel* a la hora de almuerzo. pop + cult → espon ^ fest.

e. ‖ ~ **a donde el rey va solo.** loc. verb. *Mx.* Dirigirse al baño o a otro lugar con la intención de orinar o defecar. euf.

f. ‖ ~ **a la mata.** loc. verb. *RD.* Ir a evacuar el vientre. pop + cult → espon.

g. ‖ ~ **a la mesa.** loc. verb. *PR.* Ir *alguien* a un lugar cualquiera a planear un robo. delinc.

h. ‖ ~ **a las casitas.** loc. verb. *Ch.* Ir *alguien* al excusado. pop.

i. ‖ ~ **a las millas de chaflán.** loc. verb. *PR.* Conducir un vehículo de motor a gran velocidad.

j. ‖ ~ **a lo seguro.** loc. verb. *Ec.* Optar por el camino más fácil y sencillo para resolver una situación.

k. ‖ ~ **a los bifes.**
i. loc. verb. *Ar, Ur.* Enfrentarse con decisión a una situación o dificultad. pop.
ii. *Ur.* Agredir físicamente a *alguien.* pop + cult → espon.
iii. *Ur. En una relación amorosa,* buscar un acercamiento físico. pop + cult → espon.

l. ‖ ~ **a máster.** loc. verb. *Ve.* Ir *alguien* al excusado. pop.

m. ‖ ~ **a merco.** loc. verb. *Bo:O.* Tomar *una persona* alimentos sólidos. delinc.

n. ‖ ~ **a mi arbolito.** loc. verb. *Mx.* Dirigirse al baño o a otro lugar con la intención de orinar. euf.

ñ. ‖ ~ **a parar las patas.** loc. verb. *Ni.* Caerse o golpearse *alguien.*

o. ‖ ~ **a templar.** loc. verb. *Co:C.* Terminar o desembocar en algo.

p. ‖ ~ **a tener.** loc. verb. *RD.* Ir a parar o desembocar. pop + cult → espon.

q. ‖ ~ **a toda.** loc. verb. *Co.* Ir a gran velocidad. pop.

r. ‖ ~ **a todas las paradas.** loc. verb. *Ch.* Participar con entusiasmo en todo tipo de actividades. pop + cult → espon.

s. ‖ ~ **a un entierro.**
i. loc. verb. *Ni, Bo.* Buscar una relación sexual clandestina.
ii. *ES.* Acudir a una cita amorosa. sat.

t. ‖ ~ **adentro.** loc. verb. *ES.* Ir al servicio. euf.

u. ‖ ~ **afuera.** loc. verb. *ES, Ni, RD.* Defecar. rur.

v. ‖ ~ **al bombo.**
i. loc. verb. *Ar.* No apoyar *una persona* una iniciativa o ir contra ella. pop.
ii. *Ar. En el deporte, especialmente en el fútbol,* no esforzarse por ganar un equipo, *en general por haber aceptado un soborno.* pop.

w. ‖ ~ **al chauchau.** loc. verb. *RD.* Ir a comer. pop + cult → espon.

x. ‖ ~ **al despulpe.** loc. verb. *PR.* Trabajar *alguien* en la limpieza del café uva, quitándole la corteza exterior, mediante los procedimientos del lavado. rur.

y. ‖ ~ **al jalón.** loc. verb. *ES, CR.* Transportar a *alguien* como pasajero de manera gratuita.

z. ‖ ~ **al muere.** loc. verb. *Ar, Ur.* Emprender una tarea peligrosa, muy difícil o que supone un fracaso seguro. pop + cult → espon.

a¹. ‖ ~ **al punto.** loc. verb. *Bo.* Hablar *alguien* sin rodeos sobre un tema. pop + cult → espon.

b¹. ‖ ~ **al seguro.** loc. verb. *Cu.* Realizar una tarea con la certeza de que no habrá equivocaciones.

c¹. ‖ ~ **al suave.** loc. verb. *Ho, ES, Ni.* Caminar o hacer *algo* muy despacio.

d¹. ‖ ~ **al zoco.** loc. verb. *Co:O.* Caminar, correr o desplazarse de forma muy apresurada. pop.

e¹. ‖ ~ **arreado.** loc. verb. *Ni, Co.* Ir muy deprisa. pop.

f¹. ‖ ~ **bajando.** loc. verb. *Pa, RD.* Marcharse. ♦ **ir por fuera.**

g¹. ‖ ~ **bien pisado.** loc. verb. *Ho.* Tener suspensa o reprobada una asignatura.

h¹. ‖ ~ **bumper con bumper.** (Del ingl. *bumper,* defensa, parachoque.)
i. loc. verb. *PR. En un atasco,* ir muy pegado al automóvil de otro. pop + cult → espon.
ii. *PR. En una aglomeración de personas,* ir muy pegadas. pop + cult → espon.

i¹. ‖ ~ **como caña pa'lpal ingenio.**

j¹. ‖ ~ **como carreta en bajada.** loc. verb. *Ni.* Hacer algo apresuradamente.
i. loc. verb. *RD.* Ir deprisa y corriendo.
ii. *RD.* Llevar, conducir, guiar de forma dócil a *alguien.*

k¹. ‖ ~ **como congo de hoya.** loc. verb. *PR.* Dar tumbos un borracho al caminar. pop.

l¹. ‖ ~ **como perro de rico.** loc. verb. *PR.* Ir *alguien* muy bien, sin que le falte nada. pop + cult → espon.

m¹. ‖ ~ **con el chisme.** loc. verb. *Mx, ES, Ni, Cu, RD, Ec, Pe, Bo, Ar.* Decirle *algo* a *alguien* para perjudicar a otra persona o ponerla en dificultades. pop.

n¹. ‖ ~ **con el pito y la caja.** loc. verb. *Ho.* Chismorrear. pop ^ fest.

ñ¹. ‖ ~ **con la embajada.** loc. verb. *RD.* Ir a contar un secreto o un chisme a una tercera persona. pop + cult → espon.

o¹. ‖ ~ **con la oreja pará.** loc. verb. *RD, PR.* Tomar precauciones. pop + cult → espon.

p¹. ‖ ~ **con nando.** loc. verb. *Ni.* Caminar, ir a pie. fest.

q¹. ‖ ~ **con sus buenos bujillazos.** loc. verb. *Ni.* Estar borracho.

r¹. ‖ ~ **de alero en alero.** loc. verb. *Ho.* Andar *alguien* de un lugar a otro.

s¹. ‖ ~ **de caí.** loc. verb. *Py.* Viajar sin pagar boleto.

t¹. ‖ ~ **de cañón.** loc. verb. *Pa.* Asistir con toda seguridad a una cita o a un acto.

u¹. ‖ ~ **de cuete.** loc. verb. *Ho.* Huir o salir velozmente.

v¹. ‖ ~ **de halón.** loc. verb. *Ho.* Hacer autoestop.

w¹. ‖ ~ **de paquete.** loc. verb. *PR.* obsol. Ir muy elegante. pop + cult → espon.

x¹. ‖ ~ **de pasada.** loc. verb. *Ho.* Tener mucha prisa.

y¹. ‖ ~ **de pato.** loc. verb. *Co.* Asistir a una fiesta o a una reunión sin haber sido invitado. pop.

z¹. ‖ ~ **de** *pinch hitter.* (Del ingl. *pinch hitter*).

   i. loc. verb. *PR.* Ir *alguien* de acompañante de otro, como refuerzo. pop + cult → espon.

   ii. *PR.* Ir *alguien* en sustitución de otro. pop + cult → espon.

a². ‖ ~ **de rabo.** *CR.* andar de rabo.

b². ‖ ~ **de rumba.** loc. verb. *PR, Co.* Salir con amigos a divertirse.

c². ‖ ~ **de verdugo.** loc. verb. *Ho:N.* Estar en actitud permanente de enamorar.

d². ‖ ~ **del tingo al tango.** loc. verb. *Mx, Gu, ES, RD, PR, Co.* Ir *alguien* de una parte a otra, de aquí para allí. pop + cult → espon. ♦ **ir del tingo al tango y del tango al tingo.**

e². ‖ ~ **del tingo al tango y del tango al tingo.** *PR.* **ir del tingo al tango.**

f². ‖ ~ **echando.** loc. verb. *Cu.* Marcharse de un lugar.

g². ‖ ~ **embollado.** loc. verb. *PR.* Ir rápidamente, ir deprisa.

h². ‖ ~ **en caballo de hacienda.** loc. verb. *Mx. En una rivalidad o competencia*, progresar *alguien* con autoridad y clara ventaja sobre los demás participantes hacia la consecución del triunfo. (**cabalgar en caballo de hacienda**).

i². ‖ ~ **en coche.**

   i. loc. verb. *Co, Ur.* Facilitársele a *alguien* hacer las cosas por contar con ayuda o los medios necesarios.

   ii. *RD, PR.* Conceder *algo* con reservas. pop + cult → espon.

   iii. *Cu.* Terminar un asunto mejor de lo que esperaba. pop + cult → espon.

j². ‖ ~ **en** *high.* (Del ingl. *high*).

   i. loc. verb. *PR.* Caminar borracho. pop + cult → espon.

   ii. *PR.* Ir a toda velocidad.

k². ‖ ~ **en pira.** loc. verb. *Cu.* Marcharse rápidamente de un lugar. pop.

l². ‖ ~ **en punta.** loc. verb. *ES, Cu, PR, Co, Bo, Ar.* Ir en la delantera en una carrera o competición. pop + cult → espon.

m². ‖ ~ **escapando.** loc. verb. *Cu.* Subsistir con pocos recursos económicos. pop.

n². ‖ ~ **guindo abajo.** loc. verb. *Ho.* Caerse por un precipicio o una pendiente.

ñ². ‖ ~ **hecho un culo.** loc. verb. *Ho, ES.* Salir rápidamente, huir velozmente. vulg.

o². ‖ ~ **hule.** loc. verb. *ES.* Estar vacío un vehículo o local.

p². ‖ ~ **inyectao.** *PR.* **ir en** *high.*

q². ‖ ~ **matándose.** loc. verb. *Mx, Ni, RD, PR, Co.* Marchar, moverse a gran velocidad o con prisas. pop + cult → espon.

r². ‖ ~ **muerto.** loc. verb. *Ch, Ar, Ur.* Tener pocas posibilidades o ninguna de salir con éxito de una situación. pop + cult → espon.

s². ‖ ~ **palo abajo.** loc. verb. *Ve.* Deteriorarse, decaer una persona o cosa. pop + cult → espon.

t². ‖ ~ **para el cacharro.** loc. verb. *PR.* Ir a la cárcel. rur. ♦ **ir para el rancho.**

u². ‖ ~ **para el carajo.**

   i. loc. verb. *Ur.* Desvincularse *alguien* drásticamente por desavenencias. pop + cult → espon.

   ii. *Ur.* Tener *algo* mal fin. pop + cult → espon.

v². ‖ ~ **para el rancho.** *PR.* **ir para el cacharro.**

w². ‖ ~ **para encima.** loc. verb. *Pa.* Aprovechar *una persona algo* o una situación.

x². ‖ ~ **pelo a pelo.** loc. verb. *PR. En una* **competencia** *o disputa*, ir a la par. pop + cult → espon.

y². ‖ ~ **pisa(d)o.** loc. verb. *Pa, PR.* Ir deprisa.

z². ‖ ~ **pisando niguas.** loc. verb. *PR.* Hacer *algo* con desgano y sin prisas. pop + cult → espon.

a³. ‖ ~ **pita(d)o.** loc. verb. *Mx, PR.* Ir muy rápidamente. pop.

b³. ‖ ~ **por dentro.** loc. verb. *Ho.* Participar con alguien en un negocio ilegal.

c³. ‖ ~ **por el mandado.** loc. verb. *Ho.* Conseguir fácilmente *algo.* pop + cult → espon.

d³. ‖ ~ **por fuera.** *Pa.* **ir bajando.**

e³. ‖ ~ **por la otra acera.**

   i. loc. verb. *RD.* Hablar de un tema diferente al que los demás están tratando.

   ii. *RD.* Andar despistado.

f³. ‖ ~ **por la otra orilla.** loc. verb. *PR. En las actividades marítimas*, costear.

g³. ‖ ~ **prendido.** loc. verb. *Ar.* Participar de los beneficios de un asunto o negocio, *generalmente ilícitos.* pop + cult → espon.

h³. ‖ ~ **que chifla.**

   i. loc. verb. *Cu.* Desplazarse, una persona o un vehículo, a gran velocidad.

   ii. *RD.* Conseguir una persona más de lo que había imaginado. pop.

i³. ‖ ~ **que jode.** loc. verb. *Cu.* Trasladarse *alguien* o *algo* rápidamente.

j³. ‖ ~ **redondeando.** (Calco del ingl. *go around*). loc. verb. *EU.* Torcer, desviar.

k³. ‖ ~**la.** loc. verb. *Ar, Ur.* Presumir *alguien, especialmente de algo que no es.* pop + cult → espon.

l³. ‖ ~**le arriba o encima.** loc. verb. *Cu, RD, PR.* Acometer *una persona* a *alguien*, exigirle el cumplimiento de un compromiso. pop + cult → espon.

m³. ‖ ~**le como a los perros en misa.** loc. verb. *Co.* Acaecerle problemas y complicaciones a *alguien* en la realización de algo. pop.

n³. ‖ ~**le como en feria.** loc. verb. *Mx, ES.* Irle a *alguien* muy mal, tener fracasos, dificultades, etc. pop + cult → espon.

ñ³. ‖ ~**le de la patada grande.** loc. verb. *Ho.* Salir todo mal a *alguien.*

o³. ‖ ~**le del cocol.** loc. verb. *Mx.* Encontrarse *alguien* en una situación complicada y penosa. pop.

p³. ‖ ~**se a coger por las guaretas.** loc. verb. *PR.* No fastidiar *una persona* a *alguien.* vulg; pop + cult → espon.

q³. ‖ ~**se a comer gofio.** loc. verb. *PR.* Rechazar airadamente a la persona que importuna y molesta.

r³. ‖ ~**se a empinar papalotes.** loc. verb. *Cu.* Rechazar a *alguien* con insolencia y desdén. pop.

s³. ‖ ~**se a freír monos.** loc. verb. *Ni, RD, Ve, Pe, Bo.* Irse *alguien* y no molestar. pop.

t³. ‖ ~**se a freír papas.** *RD, PR.* **irse a freír monos.** pop + cult → espon.

u³. ‖ ~**se a freír tamales.** *Bo:E.* **irse a freír tusas.** pop.

v³. ‖ ~**se a freír tusas.** loc. verb. *Cu, RD.* Rechazar a *alguien* con insolencia y desdén. pop.

w³. ‖ ~**se a guardar.** loc. verb. *PR.* Ir a la cárcel. delinc.

x³. ‖ ~**se a jurta.** loc. verb. *PR.* Echarse a perder *algo, especialmente una* **chiringa** *o un* **volantín.** rur.

y³. ‖ ~**se a justa.** loc. verb. *PR.* Echarse a perder un asunto o cosa. (**irse a juste**).

z³. ‖ ~**se a juste.** *PR.* **irse a justa.**

a⁴. ‖ ~**se a la chingada.**

   i. loc. verb. *Mx, Gu, Ni.* Ser rechazada *una persona* con enfado o disgusto. vulg.

   ii. *Mx.* Dañarse o romperse *algo.* vulg. ♦ **irse a la fregada.**

iii. *Mx.* Concluir *algo* bruscamente y de mala manera. vulg. ♦ **irse a la fregada.**

iv. *Mx.* Recibir *una persona* un gran daño del que no podrá recuperarse. vulg. ♦ **irse a la fregada.**

v. *Gu, Ni.* Marcharse lejos o abandonar un lugar de forma brusca o rápida. vulg.

b⁴. ‖ **~se a la chingada grande.** loc. verb. *Ho, ES, Ni.* Mandar a *alguien* lejos, a la mierda.

c⁴. ‖ **~se a la chira.**
i. loc. verb. *ES.* Irse a la mierda. vulg.
ii. *Ho.* Ser *alguien* encarcelado.

d⁴. ‖ **~se a la chucha.**
i. loc. verb. *Ch.* Echarse a perder *algo*, frustrarse o acabar mal. vulg; pop.
ii. *Ch.* Rechazar *algo* o a *alguien* que provoca enfado o impaciencia. vulg; pop ∧ desp.

e⁴. ‖ **~se a la cresta.** loc. verb. *Ch.* Rechazar *algo* o a *alguien* que provoca enfado o impaciencia. vulg; pop.

f⁴. ‖ **~se a la droga.** loc. verb. *Gu, Ho, ES.* Marcharse lejos. pop.

g⁴. ‖ **~se a la fija.** loc. verb. *Ni, Co, Bo.* Estar *alguien* seguro de algo o en algo.

h⁴. ‖ **~se a la fregada.** *Mx.* **irse a la chingada.** pop.

i⁴. ‖ **~se a la goma.**
i. loc. verb. *Mx.* Deteriorarse *algo.* pop + cult → espon.
ii. *Mx.* Deshacerse o desentenderse de alguien o algo. pop + cult → espon.

j⁴. ‖ **~se a la lona.** loc. verb. *Bo, Ar, Ur.* Abandonar la lucha, darse por vencido. pop.

k⁴. ‖ **~se a la punta.** loc. verb. *Gu.* Marcharse lejos. pop + cult → espon.

l⁴. ‖ **~se a la punta de un cuerno.** loc. verb. *Ec.* Arruinarse, fracasar *algo* o *alguien.* pop.

m⁴. ‖ **~se a la verga.** loc. verb. *Ho.* Marcharse *una persona* lejos. vulg.

n⁴. ‖ **~se a las greñas.** loc. verb. *Mx, Ni, RD, Bo.* Reñir *dos personas*, a veces tirándose de los cabellos. pop + cult → espon.

ñ⁴. ‖ **~se a las pailas.** loc. verb. *Bo, Ch.* Fracasar, arruinarse, frustrarse *algo.* pop + cult → espon.

o⁴. ‖ **~se a los golpes.** loc. verb. *Mx, Ni, RD, PR, Co, Ec, Pe, Bo, Ch.* Pelearse dos personas golpeándose entre sí.

p⁴. ‖ **~se a negro.**
i. loc. verb. *Ch.* Apagarse o fundirse *algo*, *especialmente una pantalla.* pop + cult → espon.
ii. *Ch.* Perder *alguien* temporalmente la conciencia o la capacidad de reacción.

q⁴. ‖ **~se a poza azul.** loc. verb. *Ni.* Huir con rapidez, desaparecer *alguien.*

r⁴. ‖ **~se a volver.** loc. verb. *Ec.* Ausentarse *alguien* por un breve espacio de tiempo. pop + cult → espon.

s⁴. ‖ **~se al bollo.** loc. verb. *RD.* Ser abandonada o menospreciada *una persona.*

t⁴. ‖ **~se al bombo.** loc. verb. *Bo, Ar, Ur.* Fracasar *una persona*, un proyecto o empresa. pop + cult → espon.

u⁴. ‖ **~se al bulto.**
i. loc. verb. *Ar, Ur.* Atacar *una persona* a otra, *generalmente en un momento de cólera y sin reflexionar.* pop + cult → espon.
ii. *Ur.* Hacer *algo* con precipitación e irreflexivamente. pop.

v⁴. ‖ **~se al cachimbo.** loc. verb. *RD.* Frustrarse *algo*, no llegar al término deseado. pop + cult → espon.

w⁴. ‖ **~se al chancho.** loc. verb. *Ch.* Sobrepasar *algo* o *alguien* el límite de una cosa. pop + cult → espon.
♦ **irse al porcino; irse al pork.**

x⁴. ‖ **~se al chicote.** loc. verb. *Ho.* Marcharse lejos, huir. rur.

y⁴. ‖ **~se al chorizo.** loc. verb. *Co.* Rechazar bruscamente a *alguien* o desentenderse de algo. pop ∧ desp.

z⁴. ‖ **~se al hoyo.**
i. loc. verb. *Gu, RD, Bo, Ch, Ar, Ur.* p.u. Arruinarse económicamente. pop + cult → espon.
ii. *Bo, Ch.* Frustrarse, fracasar *algo.* pop.

a⁵. ‖ **~se al humo.** loc. verb. *Ar, Ur.* Dirigirse rápida y decididamente a *una persona, generalmente para agredirla.* pop + cult → espon.

b⁵. ‖ **~se al mazo.**
i. loc. verb. *Ar, Ur.* Poner las cartas propias junto al mazo en señal de que se abandona el juego. pop + cult → espon.
ii. *Ar, Ur.* Desistir de un empeño o propósito, *especialmente para evitar riesgos o inconvenientes.* pop + cult → espon.

c⁵. ‖ **~se al monte.** loc. verb. *Co.* Unirse a la guerrilla. pop.

d⁵. ‖ **irse al porcino.** *Ch.* **irse al chancho.** pop.

e⁵. ‖ **~ al pork.** *Ch.* juv. **irse al chancho.**

f⁵. ‖ **~se al sipote.** loc. verb. *RD.* Frustrarse *algo*, no llegar al término deseado. pop + cult → espon.

g⁵. ‖ **~se al suelo.** loc. verb. *Pa.* Caer, arruinarse *algo.*

h⁵. ‖ **~se al tacho.**
i. loc. verb. *Bo, Ch, Py, Ar, Ur.* Fracasar una persona, un proyecto o empresa. pop + cult → espon.
ii. *Bo, Ar, Ur.* Morir *una persona.* pop + cult → espon.

i⁵. ‖ **~se andando bajito.**
i. loc. verb. *PR.* Irse *alguien* frustrado, decepcionado. pop + cult → espon.
ii. *PR.* Irse *alguien* andando despacio. pop + cult → espon.

j⁵. ‖ **~se arriba.** loc. verb. *Ni.* Engañar, estafar a *alguien.* pop.

k⁵. ‖ **~se cantando bajito.**
i. loc. verb. *PR, Ar.* Irse apocado o avergonzado de un lugar. pop.
ii. *Ar, Ur.* Retirarse de un lugar con discreción, sin llamar la atención. pop.

l⁵. ‖ **~se cojo.** loc. verb. *RD.* Irse con un solo trago bebido.

m⁵. ‖ **~se como los chepanos.** loc. verb. *Pa.* Marcharse sin decir adiós.

n⁵. ‖ **~se como pan caliente.** loc. verb. *ES, CR, RD, PR, Co, Bo, Ur.* Vender *alguien* un artículo con prontitud. pop + cult → espon.

ñ⁵. ‖ **~se con cualquier bola.**
i. loc. verb. *Cu.* Seguir una sugerencia o consejo que resulta erróneo o desacertado. pop.
ii. *Cu.* Tomar una decisión errónea. pop.

o⁵. ‖ **~se con el gordo.** loc. verb. *PR.* Hacer autoestop. pop + cult → espon.

p⁵. ‖ **~se con la bola mala.** loc. verb. *Cu.* Tomar una decisión desacertada. pop.

q⁵. ‖ **~se con la cabuya en la pata.** loc. verb. *Ve.* Irse *alguien* de un sitio sin pagar lo que ha consumido o adquirido.

r⁵. ‖ **~se con la finta.** loc. verb. *Mx.* Dejarse llevar *alguien* por lo dicho sin notar el engaño. pop + cult → espon.

s⁵. ‖ **~se con la soga a rastras.** loc. verb. *RD, Ve.* Escapar dejando pendientes deudas materiales o morales.

t⁵. ‖ **~se con Pancho.**
i. loc. verb. *Gu.* No cumplirse *algo* que se había prometido. pop + cult → espon.
ii. *Gu.* Incumplir *alguien* una promesa o desentenderse de algo. pop + cult → espon.
iii. *Gu.* Perderse *algo* de valor, a causa de un descuido o un robo. pop + cult → espon.
iv. *Gu.* Morirse *una persona.* pop + cult → espon.

u⁵. ‖ **~se cortado.**
    i. loc. verb. *Ch.* Salir derrotado o eliminado de una competición. pop. ◆ **irse cortina.**
    ii. *Ch.* Salir expulsado de un lugar. pop. ◆ **irse cortina.**
    iii. *Ch.* Eyacular *una persona* prematuramente. vulg; pop. ◆ **irse cortina.**
    iv. *Ch.* Resultar muerta *una persona.* pop. ◆ **irse cortina.**

v⁵. ‖ **~se cortina.** *Ch.* **irse cortado.**

w⁵. ‖ **~se de alita.** loc. verb. *PR.* Mostrar *alguien* cobardía. pop + cult → espon.

x⁵. ‖ **~se de alivio.**
    i. loc. verb. *Pe.* Llevar a cabo un trabajo o tarea sin dificultad, realizarlo sin problemas. pop.
    ii. *Ch.* Sacar provecho del esfuerzo ajeno, en la ejecución de algo. pop.

y⁵. ‖ **~se de boca.**
    i. loc. verb. *Mx, ES, Ni, RD, Ec, Bo, Ar, Ur.* Caerse de bruces *una persona.* pop + cult → espon.
    ii. *ES, RD, Ch, Ar, Ur.* Hablar indiscretamente más de la cuenta. pop + cult → espon.
    iii. *RD, Ar.* Dejarse llevar *una persona* por las apariencias o los comentarios de alguien. pop.
    iv. *Ar.* Abalanzarse *una persona* sobre alguien o algo. pop.
    v. *Ar.* Apresurarse, precipitarse. pop + cult → espon.
    vi. *Gu.* Abusar de una persona, tratarla con una confianza impertinente. pop + cult → espon.
    vii. *RD.* Descontrolarse o comportarse de forma exageradamente desinhibida. pop.

z⁵. ‖ **~se de bolsa.** loc. verb. *ES.* Dilapidar el dinero. pop.

a⁶. ‖ **~se de bonche.** loc. verb. *Cu, RD, Ve.* Irse de fiesta. pop + cult → espon.

b⁶. ‖ **~se de cabeza.** loc. verb. *RD, Ar.* juv. Extralimitarse *alguien* en lo que dice o hace.

c⁶. ‖ **~se de cajón.** loc. verb. *Co.* Morirse *una persona.* delinc.

d⁶. ‖ **~se de capiuza.** loc. verb. *Gu.* Ausentarse del colegio un estudiante sin consentimiento de los padres o profesores.

e⁶. ‖ **~se de chacha.** loc. verb. *Bo:O,C,S.* Ausentarse del colegio un estudiante sin consentimiento alguno de los padres o de los profesores. pop + cult → espon.

f⁶. ‖ **~se de chaqueta.** loc. verb. *RD.* Dejar un sitio disimuladamente.

g⁶. ‖ **~se de chicagüita.** loc. verb. *ES.* Engañarse o ser engañado por alguien.

h⁶. ‖ **~se de coles.** loc. verb. *Ec.* p.u. Vomitar.

i⁶. ‖ **~se de culo.**
    i. loc. verb. *Gu, ES, Ni, Bo.* Quedarse *alguien* muy sorprendido. vulg; pop.
    ii. *PR.* Negar *alguien* algo enfáticamente. pop.

j⁶. ‖ **~se de espalda.** *Ch.* **irse de espaldas.**

k⁶. ‖ **~se de espaldas.**
    i. loc. verb. *Co; Mx, Gu, ES, Ni, Bo, Ch, Py,* pop + cult → espon. Sorprenderse de algo. ◆ **irse de espalda.**
    ii. *Mx, Ni, Pe, Bo, Ch, Py.* Caer de espaldas. pop + cult → espon. ◆ **irse de espalda.**

l⁶. ‖ **~se de fábulas.** loc. verb. *Ec.* p.u. Distraerse del tema que se está tratando. pop.

m⁶. ‖ **~se de fai.** loc. verb. *ES.* No enterarse *alguien* de algo.

n⁶. ‖ **~se de guinda.** loc. verb. *Ni, CR.* Unirse, sin haber sido invitado, a un grupo de personas que se marchan a un lugar. pop + cult → espon.

ñ⁶. ‖ **~se de hocico.** loc. verb. *Mx, CR, RD, Bo; Ec,* desp. Caer de bruces *alguien.* pop ^ fest.

o⁶. ‖ **~se de jeta.** loc. verb. *Co:NE, Ve:O, Ec:C, Bo, Ar.* Caerse *alguien.* pop.

p⁶. ‖ **~se de jobillos.** loc. verb. *PR.* No asistir a clase intencionadamente. est.

q⁶. ‖ **~se de la boca.** *Mx, Ch.* **irse de lengua.**

r⁶. ‖ **~se de lengua.** loc. verb. *RD, Ch.* Hablar *alguien* más de la cuenta. pop + cult → espon. ◆ **irse de la boca; irse de lenguas.**

s⁶. ‖ **~se de lenguas.** *RD.* **irse de lengua.**

t⁶. ‖ **~se de mambo.** loc. verb. *Ar, Ur.* juv. Hacer o decir *algo* inoportuno o fuera de lugar. pop.

u⁶. ‖ **~se de moco.**
    i. loc. verb. *Ec:E,O.* Llorar. pop.
    ii. *Ec.* Prorrumpir en llanto. pop.

v⁶. ‖ **~se de nalgas.** loc. verb. *Ni.* Quedarse *alguien* muy sorprendido. pop + cult → espon.

w⁶. ‖ **~se de patas.** loc. verb. *Ec.* Cometer un grave error *una persona* al decir o hacer algo. pop.

x⁶. ‖ **~se de pico.** loc. verb. *Pe.* Hablar *alguien* de manera indiscreta o excesivamente. pop.

y⁶. ‖ **~se de pinta.**
    i. loc. verb. *Bo.* p.u. No asistir a las clases. est.
    ii. *ES.* Salir de parranda, vagar.

z⁶. ‖ **~se de poto.** loc. verb. *Ch.* Caerse de espaldas. pop.

a⁷. ‖ **~se de punta.** loc. verb. *Py.* Caer de cabeza, de bruces. pop.

b⁷. ‖ **~se de puñete.** loc. verb. *Ec.* Llegar a las manos. pop.

c⁷. ‖ **~se de un viaje.** loc. verb. *Ch.* Acabarse o hacerse *algo* con rapidez o precipitación. pop ^ fest.

d⁷. ‖ **~se de vuelta y vuelta.** loc. verb. *Ch.* Intercambiar roles durante una relación homosexual. pop.

e⁷. ‖ **~se del aire.** loc. verb. *Cu.* Morirse una persona. pop. ◆ **irse del parque.**

f⁷. ‖ **~se del parque.**
    i. *Cu.* **irse del aire.** pop.
    ii. loc. verb. *Cu.* Romperse *algo.* pop.
    iii. *Cu.* Terminar una relación amorosa. pop.
    iv. *Cu.* Fracasar un proyecto. pop.

g⁷. ‖ **~se el agua.** loc. verb. *Mx, RD, Bo; PR,* obsol. Dejar de llover. pop + cult → espon.

h⁷. ‖ **~se el alma.** loc. verb. *Ni, RD, PR.* Asustarse *una persona.*

i⁷. ‖ **~se el alma a los talones.**
    i. loc. verb. *Ch.* Desanimarse *alguien.* pop.
    ii. *CR.* Experimentar pánico *alguien.*

j⁷. ‖ **~se el alma al culo.** loc. verb. *ES.* Sentir pavor por algo. vulg; pop. ◆ **bajarse el alma al culo.**

k⁷. ‖ **~se el cacahuate a la cabeza.** loc. verb. *Ho.* Creerse *una persona* más de lo que vale. desp.

l⁷. ‖ **~se el cuajo a los talones.** loc. verb. *CR.* obsol. Experimentar *alguien* temor.

m⁷. ‖ **~se el pájaro.** loc. verb. *Ho, Ni.* Olvidar momentáneamente *algo,* despistarse.

n⁷. ‖ **~se el toro con la veta.** loc. verb. *Ec:S.* obsol. Apropiarse *alguien* indebidamente de contribuciones filantrópicas y de caridad. rur.

ñ⁷. ‖ **~se en amagues.** *Ar, Ur.* **irse en aprontes.**

o⁷. ‖ **~se en aprontes.** loc. verb. *Ch, Ar, Ur.* Dilatarse innecesariamente en los preparativos de una acción y finalmente no llevarla a cabo. pop + cult → espon. ◆ **irse en amagues.**

p⁷. ‖ **~se en blanco.**
    i. *Cu, RD, PR.* **irse sin bola.**
    ii. loc. verb. *Ec.* No culminar un hombre el acto sexual por haber tenido una eyaculación precoz. pop + cult → espon.
    iii. *Cu. En el beisbol,* no poder hacer ***hit*** el bateador.

iv. *Cu. En el* **beisbol**, no anotar ninguna carrera un equipo.

q⁷. ‖ **~se en caca.** *Bo, Ch.* irse en mierda.

r⁷. ‖ **~se en caldo.** loc. verb. *Pe.* No conseguir realizar una acción al equivocarse o fallar al intentar hacerla. pop + cult → espon.

s⁷. ‖ **~se en coche.**
  i. loc. verb. *RD, Pe.* Resultar *alguien* muy favorecido. pop + cult → espon.
  ii. *Cu.* Terminar *alguien* un asunto mejor de lo que esperaba. pop + cult → espon.

t⁷. ‖ **~se en la colada.**
  i. loc. verb. *CR, RD.* Integrarse una cosa material en otras. pop.
  ii. *ES.* No ser *alguien* culpable de algo y, pese a ello, recibir el mismo trato que otros.
  iii. *CR.* Integrarse *alguien* en un grupo de personas para seguirlas a donde se dirigen.

u⁷. ‖ **~se en la de fay.** loc. verb. *ES.* Cometer un error.

v⁷. ‖ **~se en la profunda.** loc. verb. *Ch.* Pensar en exceso o en profundidad. pop.

w⁷. ‖ **~se en la tira.**
  i. loc. verb. *CR.* Morir *alguien.* pop ^ fest.
  ii. *CR.* Estropearse o descomponerse *algo.* pop ^ fest.

x⁷. ‖ **~se en la volada.** loc. verb. *Ch.* Entusiasmarse y dejarse llevar por algo. pop + cult → espon.

y⁷. ‖ **~se en (la) mala.** loc. verb. *Ch.* juv. Enojarse, enfadarse. pop.

z⁷. ‖ **~se en mierda.** loc. verb. *Cu, RD, Bo, Ch.* Tener *alguien* diarrea. vulg; pop. ♦ irse en caca.

a⁸. ‖ **~se en pálida.** loc. verb. *Ch.* juv. Vomitar. pop.

b⁸. ‖ **~se en sangre.** loc. verb. *CR, Cu, RD, Bo, Ch, Ar, Ur.* Desangrarse *alguien.* pop + cult → espon.

c⁸. ‖ **~se en vicio.**
  i. loc. verb. *Ch; Gu, Pa, Cu, RD, Co,* rur; *Ur,* pop + cult → espon. Dar una planta muchas hojas y crecer en exceso, pero sin dar flores o frutos.
  ii. *Cu.* Crecer mucho un niño o adolescente.

d⁸. ‖ **~se hasta donde no es.** loc. verb. *Ni.* Equivocar se gravemente.

e⁸. ‖ **~se hasta el ñame.** loc. verb. *PR.* Caer *alguien* en lo más bajo. pop + cult → espon. ♦ irse hasta los lerenes.

f⁸. ‖ **~se hasta los lerenes.** *PR.* irse hasta el ñame. rur.

g⁸. ‖ **~se la bolita.**
  i. loc. verb. *Bo, Ch. En el juego de la ruleta,* comenzar el juego en la apuesta correspondiente. pop.
  ii. *Ch.* Dar inicio una actividad cualquiera. pop.

h⁸. ‖ **~se la pajarita.** loc. verb. *CR.* Pasársele por alto *algo a alguien.* pop.

i⁸. ‖ **~se la yegua.** loc. verb. *PR.* Excederse *alguien* en un juicio o en una acción por haber perdido algo de vista. rur.

j⁸. ‖ **~se las cabras.**
  i. loc. verb. *Ch.* Eyacular durante la noche. pop ^ fest.
  ii. *Gu.* Eyacular. pop.

k⁸. ‖ **~se las chivas.** loc. verb. *Gu.* Eyacular. pop.

l⁸. ‖ **~se para adentro.** loc. verb. *Ch.* Abstraerse, reconcentrarse *alguien* voluntaria o involuntariamente. pop + cult → espon.

m⁸. ‖ **~se para el carajo.** loc. verb. *Gu, Ni, Cu, RD, PR; Ec,* vulg. Largarse.

n⁸. ‖ **~se para el carrizo.**
  i. loc. verb. *Ve.* Marcharse a otro lugar.
  ii. *Ve.* Rechazar con enfado a *alguien.*

ñ⁸. ‖ **~se para el otro potrero.** loc. verb. *CR.* Morir *una persona.* pop + cult → espon ^ fest.

o⁸. ‖ **~se para la pinga.** loc. verb. *Cu.* Largarse. pop.

p⁸. ‖ **~se para las ventas del carajo.** loc. verb. *PR.* Desear *una persona* que desaparezca alguien o la desaparición propia. vulg; pop + cult → espon.

q⁸. ‖ **~se para Quebradillas.** loc. verb. *PR.* obsol. Quebrar, cesar un negocio por problemas económicos. pop + cult → espon.

r⁸. ‖ **~se pitando la Borinqueña.** loc. verb. *PR.* Marcharse *alguien* desairado, con enojo. pop + cult → espon.

s⁸. ‖ **~se por el alambre.** loc. verb. *Ch.* Dejar de comer una de las comidas diarias. pop + cult → espon.

t⁸. ‖ **~se por el camino viejo.** loc. verb. *Gu, Pa, Cu, RD, Co, Ve, Ch; Ec,* p.u. Atragantarse *alguien* con un alimento o líquido. pop + cult → espon.

u⁸. ‖ **~se por el chorro.** loc. verb. *PR.* Dilapidar, despilfarrar *alguien algo.* pop + cult → espon.

v⁸. ‖ **~se por la calle de tierra.** loc. verb. *Ho:N.* Preferir *alguien* a personas de su mismo sexo.

w⁸. ‖ **~se por ojo.** loc. verb. *Ch.* No lograr lo que se anhela. pop.

x⁸. ‖ **~se silbando bajito.**
  i. loc. verb. *Ar.* Irse apocado o avergonzado de un lugar. pop.
  ii. *Ur.* Retirarse de un lugar con discreción, sin llamar la atención. pop + cult → espon.

y⁸. ‖ **~se sin bola.** loc. verb. *RD.* Fracasar o no tener éxito en algo que se emprende. pop + cult → espon. ♦ irse en blanco.

z⁸. ‖ **írsela campechaneando.** loc. verb. *Mx.* Salir adelante, arreglárselas en medio de apuros. pop + cult → espon.

a⁹. ‖ **írsele adentro.** loc. verb. *CR.* Arremeter contra alguien para llegar a las manos.

b⁹. ‖ **írsele arriba.** *RD, PR; Ur,* pop + cult → espon. írsele encima.

c⁹. ‖ **írsele el alma.** loc. verb. *Ni, RD, Bo.* Sentir *alguien* pavor *por algo.*

d⁹. ‖ **írsele el avión.** loc. verb. *Mx, ES, Ni.* Perder *alguien* momentáneamente la ilación, u olvidarse de algo. pop + cult → espon.

e⁹. ‖ **írsele el culo.** loc. verb. *ES.* Asustarse *alguien* mucho por algo que ocurre de forma repentina o inesperada. pop + cult → espon.

f⁹. ‖ **írsele el pájaro.** loc. verb. *Gu, Ho.* Perder *alguien* la concentración, distraerse. pop + cult → espon.

g⁹. ‖ **írsele el tren.** loc. verb. *Mx, ES, PR, Pe, Bo, Ch.* dejar el tren, quedarse soltera una mujer. pop ^ fest.

h⁹. ‖ **írsele en collera.** loc. verb. *Ch.* Escapársele a *alguien* una cosa o perder el control de algo o alguien. pop + cult → espon.

i⁹. ‖ **írsele encima.** loc. verb. *Mx, ES, Ni, CR, Cu, RD, Ec, Bo, Ar; Ur,* pop + cult → espon. Embestir a *alguien,* acometerlo, atacarlo. ♦ írsele arriba; venirle arriba.

j⁹. ‖ **írsele la albarda.** loc. verb. *Gu.* Perder *alguien* el dominio de sí mismo y actuar de forma irreflexiva o violenta.

k⁹. ‖ **írsele la baba.** loc. verb. *RD, Bo.* Experimentar *alguien* gran complacencia o embeleso viendo u oyendo cosas que agradan a los sentidos. pop + cult → espon.

l⁹. ‖ **írsele la boca.** loc. verb. *Cu, RD.* Hablar mucho y de forma descortés o desconsiderada.

m⁹. ‖ **írsele la catalina.** loc. verb. *Cu.* Perder *alguien* el juicio. pop + cult → espon.

n⁹. ‖ **írsele la mano en pollo.** loc. verb. *Pa.* Exagerar *alguien algo.*

ñ⁹. ‖ **írsele la onda.** loc. verb. *Mx, Ho, ES, Ni, CR, Cu, Co, Bo, Ch.* Perder *alguien* momentáneamente la ilación, u olvidarse de algo. pop.

o⁹. ‖ **írsele la paloma.** loc. verb. *Co.* Olvidarse *alguien* de lo que iba a decir o hacer. pop.

p⁹. ‖ **írsele la sangre a los pies.** loc. verb. *Mx.* Asustarse *alguien* mucho, aterrorizarse. pop + cult → espon.

q⁹. ‖ **írsele la vara.**
    i. loc. verb. *Cu.* Pasar por una mala situación económica.
    ii. *Gu.* Perder *alguien* la concentración, distraerse. pop + cult → espon.

r⁹. ‖ **írsele las cabras.** loc. verb. *Mx.* Actuar *alguien* de manera impulsiva, sin pensar. pop.

s⁹. ‖ **írsele las patas.** loc. verb. *Pa.* Cometer *alguien* una imprudencia. pop + cult → espon ^ fest.

t⁹. ‖ **írsele los humos.** loc. verb. *RD, Bo, Ch.* Envanecerse *alguien* a partir de un suceso que le ha sido favorable o le mejora su situación. pop + cult → espon.
    ♦ **írsele los humos a la cabeza.**

u⁹. ‖ **írsele los humos a la cabeza.** *RD, PR, Ch.* **írsele los humos.**

v⁹. ‖ **írsele los pavos.** loc. verb. *Ch.* Cometer *alguien* un error. pop.

w⁹. ‖ **írsele los tapones.** loc. verb. *Ve.* Perder *alguien* la noción de las cosas. pop.

x⁹. ‖ **írsele por alto.** loc. verb. *Gu, Ni, CR.* Olvidársele *algo* a *alguien*. pop.

y⁹. ‖ **no ~ para el baile.** loc. verb. *Ve.* No participar en alguna actividad o no lograr éxito en la misma.

z⁹. ‖ **no ~se chancho con mazorca.** loc. verb. *Ho, ES.* Darse cuenta *una persona* de todo lo que sucede. pop.

■

a. ‖ **~ como entierro de pobre.** loc. adv. *Ho, CR.* Rápidamente, velozmente.

b. ‖ **¡va pues!** loc. interj. *Ve:O.* Expresa contrariedad. pop.

c. ‖ **¡vaya pues!** loc. interj. *ES.* Expresa acuerdo en algo o autorización para algo.

d. ‖ **y va de.** loc. interj. *Ho, ES.* Expresa reiteración de una acción o insistencia. rur.

e. ‖ **¡ya vas!**
    i. loc. interj. *ES, Ni.* Expresa impresión por algo que alguien dice o hace y que resulta gracioso o divertido.
    ii. *ES, Ni.* Expresa impresión por algo que alguien dice o hace y que se condiera falto de discreción o prudencia.

f. ‖ **ya voy, Toño.** loc. adv. *Co.* De ninguna manera. pop.

◪

a. ‖ **no ~ a ningún Pereira.** fr. prov. *Co:O.* Indica que si algo se hace de forma perezosa y desinteresada no se logrará.

¡ira!

I. 1. interj. *Co:N.* Expresa asombro o incredulidad ante lo que se oye.

irayol.

I. 1. m. *Ho, ES, Ni, Gu.* Árbol de hasta 20 m de altura, de tronco recto, corteza de color café blanquecino y con manchas oscuras, hojas simples, opuestas y ovado triangulares, flores amarillas y cuyo fruto es una baya comestible. (Rubiaceae; *Genipa caruto*).
    ♦ **irayol de montaña; jagua; yaguá.**

■

a. ‖ **~ de montaña.** *Gu.* **irayol.**

iria.

I. 1. *Cu.* **iriampo.**

iriampo.

I. 1. m. *Cu. En la religión abakuá,* comida, alimento sagrado. pop. (**iria**).

iribú.

I. 1. *Py.* **gallinazo.**

irigote.

I. 1. m. *Mx.* Reacción escandalosa y desproporcionada. urb; pop ^ desp.

iril.

I. 1. m. *Ho, ES:E, Ni.* Árbol de hasta 9 m de altura, muy ramificado, con hojas aovadas, flores en racimos densamente poblados y fruto subgloboso rosado o blanco que surge de la base de la ócrea. (Polygonaceae; *Coccoloba floribunda*). ♦ **cabrón; irire.**

2. *Ho, ES:E.* Fruto subgloboso de esta planta, jugoso y de sabor agridulce.

irilar.

I. 1. m. *ES.* Conjunto de plantas de **iril.**

irire.

I. 1. *Ho:S, ES.* **iril.**

iro. (Del quech. *íru*).

I. 1. *Ar:NO.* **ichu.**

irpa. (Del quech. *irpa*).

I. 1. m-f. *Bo:S.* Persona que dirige una comparsa. pop.

irqui. (Del quech. *irqui*, amilanado, enfermizo).

I. 1. m-f. *Ec.* Persona flaca, débil. pop.

irradiar.

I. 1. tr. *Bo, Ch, Ar, Ur.* Transmitir, *especialmente programas, música o anuncios publicitarios,* una emisora de radio o televisión.

irrespetar.

I. 1. tr. *Ho, ES, Ni, CR, Pa, RD, Co, Ve; Ec, Pe, Ar, Ur,* p.u. No respetar *algo* o a *alguien*.

irrespeto.

I. 1. m. *Ho, ES, Ni, CR, Pa, RD, Co, Ve; Ec, Pe, Ar, Ur,* p.u. Falta de respeto.

irrestricto, -a.

I. 1. adj. *Mx, CR, Pa, Cu, RD, Bo, Ch, Py, Ar, Ur. Referido a derecho, libertad, evento o acción,* ilimitados, sin restricciones.

irrigación.

I. 1. f. *Pe:S.* Extensión acotada de terreno que se pretende o se consigue irrigar mediante un único proyecto de explotación y cultivo. rur.

irrostrar.

I. 1. tr. *Ho.* Decir o espetar *algo* a *alguien*. cult.

iru. (Voz quechua).

I. 1. *Ar:NO.* **ichu.**

irupé. (Voz guaraní).

I. 1. m. *Bo, Py, Ar:NE, Ur.* Planta flotante con hojas anchas y redondas de hasta 2 m de diámetro y grandes flores blancas. (Nymphaeaceae; *Victoria cruziana*).

isabel.

■

a. ‖ **~ segunda.** f. *PR.* Arbusto de hasta 2 m de altura, con hojas verdosas y vistosas flores de color azul; es ornamental. (Plumbaginaceae; *Plumbago auriculata*).

□

a. ‖ **~ dormida.** loc. sust. *Mx:SE.* Combinado de bebidas alcohólicas.

isabelino.

I. 1. adj. *PR. En las peleas de gallos,* animal de gran calidad.

isabelita.

I. 1. f. *Co.* Pez marino de hasta 50 cm de longitud, con el cuerpo comprimido lateralmente de color negro con dibujos amarillos; es comestible pero poco apreciado. (Pomacanthidae; *Pomacanthus armatus*).

2. *PR.* Pez marino de hasta 45 cm de longitud, con aletas radiadas y cuerpo comprimido lateralmente, de color amarillo ribeteado de un azul intenso. (Pomacanthidae; *Holacanthus ciliaris*).

isana.
I. 1. f. *Pe.* Hierba erecta, de tallos rectos y verticales que crecen hasta 5 m de altura, hojas dispuestas en abanico; sus astas florales pueden elevar la planta hasta más de 9 m de altura. (Poaceae; *Gynerium sagitatum*).

isanga.
I. 1. f. *Pe.* Cesta o canasta de forma cónica para pescar camarones. rur.

isango.
I. 1. m. *Ec, Pe:E.* Ácaro de color blanco que al succionar la sangre se adhiere a los poros del cuerpo causando un intenso escozor. (Trombiculidae; *Eutrombicula batatas*). (**izango**).

isaño.
I. 1. m. *Pe, Bo.* **cubia**.
2. *Pe, Bo.* **cubio**.

isapre. (Acr. de *Institución de Salud Previsional*).
I. 1. f. *Ch.* Institución u organismo privado dedicado al subsidio del costo de enfermedades.

iscanal.
I. 1. *Ho, ES, Ni.* **güiscanal**, arbusto de hojas bipinnadas.

iscanalar.
I. 1. m. *Ho.* Terreno sembrado de **iscanales**.

iscarria.
▶ **ser la pura ~.**

iscayante.
I. 1. m. *Ar:NO.* Arbusto xerófilo de hojas caducas, flores de color crema y una vaina seca como fruto. (Fabaceae; *Mimozyganthus carinatus*). ◆ **lata**.

ischivil.
I. 1. *Ar:NO.* **ichivil**.

ischoco, -a. (Del maya).
I. 1. sust/adj. *Gu, ES.* Niño. (**hishoco**; **ixchoco**).

isco.
I. 1. *ES.* **ishco**.

iscoque.
I. 1. m. *Mx.* Planta herbácea silvestre de hasta 50 cm de altura, con hojas opuestas alternas y flores ornamentales de color amarillo anaranjado; tiene aplicación en la medicina tradicional. (Asteraceae; *Tagetes fatula*).

¡ish!
I. 1. interj. *ES.* Expresa asco o rechazo.

ishanga.
I. 1. *Pe.* **ortiga brava**.

ishcaco, -a. (Del nahua *íchcatl*, algodón).
I. 1. adj/sust. *Gu.* Referido al color de un tejido de algodón, café claro o amarillento. (**ixcaco**).
2. adj. *Gu.* Relativo al color ishcaco. (**ixcaco**).

ishcanal.
I. 1. *Gu.* **ixcanal**.

ishcaque.
I. 1. adj/sust. *ES. Referido a color*, gris.

ishchoco, -a.
I. 1. sust/adj. *Gu.* Niño. (**ishqueque**).

ishco.
I. 1. m. *Gu, ES.* Hito que se coloca en un terreno para demarcar labores agrícolas. rur. (**isco**; **ixco**).

¡ishi! (Del ant. quech. *ishi*).
I. 1. interj. *Ec:C,S.* Expresa deseo de que un perro acuda; voz de llamada.

ishma.
I. 1. m-f. *Ar:NO.* **isma**.

¡isho!
I. 1. interj. *ES.* Expresa asco o rechazo.

ishpa. (Voz quechua).
I. 1. f. *Ar:NO.* p.u. Orina. pop.

ishpalo, -a. (Del quech. *ishpa*, orina).
I. 1. sust/adj. *Ar:NO.* p.u. Persona que orina muy frecuentemente. pop.

ishpar. (Del quech. *ishpa*, orina).
I. 1. intr. *Ar:NO.* p.u. Orinar. pop.

ishpatero, -a.
I. 1. adj/sust. *Pe:E. Referido a persona*, que orina con frecuencia. rur.

ishpingo.
I. 1. m. *Ec, Pe.* Árbol de hasta 35 m de altura, de hojas alternas, pinnadas, inflorescencia en racimo terminal o axilar, flores con pétalos redondos y blancos, y fruto leguminoso con una semilla alada. (Fabaceae; *Amburana cearensis*). ◆ **roble**; **sorioco**; **tumi**.

ishqueque.
I. 1. *ES.* **ishchoco**, niño.

ishtío.
I. 1. m. *ES.* Muchacho, adolescente.

ishtío, -a.
I. 1. sust/adj. *Gu.* Niño de corta edad. (**ixtío**).

ishto, -a.
I. 1. sust/adj. *Gu.* Niño. desp. (**ixto**).
2. adj/sust. *Gu.* metáf. *Referido a persona*, inmadura. desp. (**ixto**).
II. 1. sust/adj. *Gu.* Indio, indígena de América. desp. (**ixto**).

¡ishtó!
I. 1. interj. *ES.* Expresa intención de aquietar a una caballería.

isipó.
I. 1. m. *Py, Ar:NE.* Planta trepadora o enredadera.

isla.
I. 1. f. *Ec.* Puesto pequeño para exposición y venta de productos, que se sitúa en la mitad del pasillo de un sitio público, *generalmente en los centros comerciales*.
2. *Ho.* Mostrador alargado que divide la cocina del comedor y que se utiliza para desayunar o comer informalmente.

■
a. ‖ **~ flotante.** m. *Mx, Ho, Cu, Co, Ar, Ur.* Postre dulce hecho de natillas con azúcar y claras de huevo batidas a punto de nieve por encima.

□
a. ‖ **de la ~.** loc. adj. *PR. Referido a persona*, del interior de la isla, no de la capital ni de ninguna ciudad importante de la costa.
b. ‖ **~ del diablo.** loc. sust. *PR.* Penitenciaría estatal. delinc.
▶ **ser de la ~.**

islaúl.
I. 1. m. *Mx:SE.* Árbol de hasta 8 m de altura, de hojas lanceoladas de color verde oscuro y brillante, flores tubulares de color blanco y aroma intenso, y fruto doble y de pequeño tamaño; las flores se emplean para dar aroma a algunas bebidas. (Apocynaceae; *Stemmadenia littoralis*). (**islaúr**). ◆ **sicte**; **zapotecuate**.

islaúr.
I. 1. *Mx:SE.* **islaúl**.

islay.
I. 1. m. *Mx:SE.* Árbol de hasta 15 m de altura, de follaje tupido, hoja con margen aserrado y espinoso, de color verde oscuro lustroso en el haz, inflores-

cencia en racimo, flor pequeña de color blanco, y fruto rojo oscuro, parecido a la cereza, de sabor dulce, pero con poca pulpa alrededor de la semilla. (Rosaceae; *Prunus ilicifolia*).

isleta.
- I. 1. f. *Ar.* Grupo de árboles aislados en medio de la llanura. rur.
- II. 1. f. *PR.* Península donde se asienta la ciudad de San Juan. (**islilla**).
- III. 1. f. *Pa.* Separación de suelo, estrecha y con elevación de bordillo, *generalmente cubierta de tapiz vegetal*, que deslinda los dos sentidos de circulación de una avenida o calle ancha.

islilla.
- I. 1. *PR.* **isleta.**

isma.
- I. 1. f. *Ar:NO.* **chiguanco.** (**ishma**).

ismatero, -a.
- I. 1. adj/sust. *Pe:E. Referido a persona*, que defeca con frecuencia.

isoca. (Del guar. *isóg*, gusano).
- I. 1. f. *Py*; *Ar*, *Ur*, rur. Larva de lepidóptero, *generalmente muy perjudicial para la agricultura*.

isopo.
- I. 1. *Gu*, *RD*, *Py.* **hisopo**, palillo.

isote.
- I. 1. *Mx*, *ES.* **izote**, planta.
- 2. *Mx*, *ES.* **izote**, flor.

ispa.
- I. 1. m. *Ur.* País. pop.

ispi.
- I. 1. m-f. *Bo.* Persona de constitución delgada y aspecto enfermizo. pop ^ fest.

□

- a. ‖ **como ~s en atado de chola.** loc. adv. *Bo.* Con mucha estrechez y apretura en un sitio.

ispiada.
- I. 1. *ES.* p.u. **espiada**, mirada atenta.

issue. (Voz inglesa).
- I. 1. m. *EU*, *PR.* Tema, asunto, caso, problema.

istacayota. (Del nahua *iztac*, blanco, y *ayotli*, calabaza).
- I. 1. m. *Mx.* Variedad de la calabaza común de color blanquecino.

istacayote. (Del nahua *iztac*, blanco, y *ayotli*, calabaza).
- I. 1. m. *ES.* Piojo de la gallina. (**ixtacayote**).

istafiate.
- I. 1. *Mx.* **estafiate**, planta.

istalla. (Voz aimara y quechua).
- I. 1. f. *Pe*, *Bo.* Manta o tela pequeña tejida cuyos ángulos culminan en una borla y que suele servir para llevar la provisión de coca. rur.

istapopo. (Del nahua *itzatl*, sal, y *popota*, hervir).
- I. 1. m. *Ni.* Sal que queda pegada en el recipiente donde se ha hervido algo.

istete.
- I. 1. m. *Ni.* Obstáculo en un camino.

istmeño, -a.
- I. 1. adj. *Pa.* Relativo a Panamá.

istulte.
- I. 1. adj. *ES. Referido a una fruta*, medio madura.

isuate.
- I. 1. m. *Mx.* Palma de hasta 12 m de altura, de tronco no muy grueso, sin capitel y con anillos poco marcados, hojas con forma de abanico, inflorescencias en racimo, flores color crema o amarillo y fruto en drupa, de textura fina y lisa; sus hojas se emplean para techar. (Arecaceae; *Brahea dulcis*).
- ♦ **palma apache; taciste; zoyate.**

isula.
- I. 1. *Pe:E.* **conga**, hormiga negra.

isy.
- ▶ **coger ~.**

itabo. (De or. ind. antillano).
- I. 1. m. *RD*; *Cu*, obsol. Depósito de agua dulce que se forma en terrenos bajos.
- II. 1. *CR.* **daguilla**, planta.

itacate. (Del nahua *itacatl*, provisión, mochila).
- I. 1. m. *Mx.* Pequeña provisión de comida que se reúne para transportarla y consumirla en un lugar distinto del que proviene.
- 2. *Mx.* Conjunto de alimentos que un anfitrión ofrece a sus invitados para llevar a sus respectivas casas después de un banquete. pop.
- 3. *Mx.* Conjunto de efectos personales que se reúnen para transportarlos de un lugar a otro. pop.

itacayo.
- I. 1. m. *Ho:O.* Personaje mítico que, según la creencia popular, tiene forma de mono, camina con los pies hacia atrás, rapta mujeres, se alimenta de frutas silvestres y ceniza de las cocinas y vive en las montañas.

italia.
- I. 1. sust/adj. *Pe.* Variedad de uva de origen italiano que se consume en mesa y se usa para preparar pisco.
- 2. *Pe.* **Pisco**, hecho con uva de la variedad italia.

italiano.
- I. 1. m. *Ch.* **Hot dog** que contiene tomate picado, **palta** molida, mayonesa y otros aderezos.

italiano, -a.
- I. 1. adj. *Ch. Referido a un bocadillo o a una pizza*, que contiene **palta**, tomate y mayonesa.
- ▶ **hacerse el ~.**

itamorreal.
- I. 1. *Cu.* **ponopinito.**
- 2. *PR.* **gallito.** (Araucariaceae; *Agathi grandiflora*). (**hitamorreal**; **ítimo real**).

itemizar. (Del ingl. *itemize*).
- I. 1. tr. *Ch.* Analizar y organizar un todo en unidades o conceptos particulares. cult → esm.

ítimo.
■
- a. ‖ **~ real.** *PR.* **itamorreal.**

itín.
- I. 1. *Ar:NO.* **palo mataco.**
- 2. *Ar:NO.* Madera del itín, dura y muy resistente.

itinerario. (Del ingl. *itinerary*).
- I. 1. m. *Ni*, *PR*, *Ec*, *Ur.* Programa, agenda.

itipí.
- I. 1. m. *Ec.* Falda de algodón coloreada con tintes naturales; es parte de la indumentaria ceremonial de los hombres shuar.

-itis.
- I. 1. suf. *Ho.* Indica deseo desmedido por un cargo.

-ito, -a.
- I. 1. suf. *Mx*, *Bo*, *Ur. En adverbios de tiempo o lugar*, indica cercanía. pop + cult → espon. ♦ **-ingo.**
- 2. *Ho*, *Ni. Con algunos adjetivos calificativos, adverbios y ciertas preposiciones*, indica un poco más de la cualidad o del lugar o posición.

itzamacua. (Voz tarasca).
- I. 1. f. *Mx.* Planta de hasta 25 cm de altura, con pseudobulbos ovoides que producen una o dos hojas erectas, carnosas, de color verde y rojizo, inflorescencias en racimo, y flores grandes de color violáceo con labelo blanco. (Orchidaceae; *Laelia speciosa*). (**itzmacua**).

itzmacua.
I. 1. *Mx.* **itzamacua**.

ivajay. (Del guar. *ibahai*).
I. 1. m. *Ar:NE.* Árbol de hasta 15 m de altura, de hojas caducas y flores blancas y pequeñas. (Myrtaceae; *Hexaclamis edulis*).
2. *Ar:NE.* Fruto del ivajay, esférico, pequeño y de color amarillo; es comestible.

ivapurú.
I. 1. m. *Py, Ar:NE.* Árbol de hasta 2 m de altura, de corteza lisa, hojas opuestas y flores blancas. (Myrtaceae; *Myrciaria trunciflora*).
2. *Py, Ar:NE.* Fruto del ivapurú, esférico de color negro y sabor dulce; es comestible.

ivirajú.
I. 1. m. *Ch.* Mirlo.

iwia. (Voz shuar).
I. 1. m. *Ec.* Grupo militar del ejército integrado por indígenas de la etnia shuar, que tiene a cargo la realización de misiones especiales en la selva oriental.

ixbambul.
I. 1. m. *Gu.* Arbusto de hasta 7 m de altura, de hojas oblongas y acuminadas, inflorescencia terminal, flores de color rosado, o café claro, y fruto morado. (Myrsinaceae; *Ardisia compressa*).

ixcaco, -a. (Del nahua *íchcatl*, algodón).
I. 1. *Gu, ES.* **ishcaco**.

ixcamic.
I. 1. adj. *Gu. Referido a persona*, que está muerta.
2. *Gu.* metáf. *Referido a cosa*, que se ha roto, o que no puede seguir funcionando.

ixcampores.
I. 1. m. pl. *Gu.* Danza folclórica y burlesca donde los participantes se caracterizan de **ladinos**, bailan al compás de un tambor y recitan bromas en lengua mam; es un baile tradicional del municipio de Todos Santos Cuchumatán.

ixcanal.
I. 1. m. *Mx:SE, Gu, Ho, ES.* Arbusto de hasta 10 m de altura, con espinas grandes, ahuecadas hacia fuera, de color café, marfil o amarillo, hojas bipinnadas, inflorescencia en espiga con flores de corolas amarillas, cuyo fruto es una legumbre rojiza, erecta, rolliza, con ápice en punta, semillas de color pardo oscuro con arilo blanquecino; tiene aplicación en la medicina tradicional. (Fabaceae; *Acacia cornigera*). (**ishcanal**; **izcanal**). ♦ **cutupito**; **güiscanal**; **pico de gorrión**; **piñuela**; **subín**; **zubinché**.

ixcapirol.
I. 1. *Gu.* **cuajiniquil**. (Fabaceae; *Inga punctata*).

ixcate. (Del *nahua ichcatl*, algodón).
I. 1. *Mx.* **matapiojo**, arbusto.

ixchoco, -a.
I. 1. m. y f. *Gu.* **ischoco**.

ixco.
I. 1. *Gu.* **ishco**. rur.

ixcoroco, -a.
I. 1. sust/adj. *Gu.* Niño.
II. 1. sust/adj. *Gu.* Indio, indígena de América. desp.

ixdislán.
I. 1. m. *Gu.* Árbol de hasta 6 m de altura, de hojas oblongas y con los nervios marcados, ramas de poco grosor y flores de color blanco lechoso, con el centro de la corola amarillo. (Apocynaceae; *Stemmadenia galeottiana*). ♦ **ixlao**.

ixguá. (Del maya *iz*, camote, y *uaj*, tortilla).
I. 1. m. *Mx:SE.* Pan de maíz tierno. (**sisguá**).

iximché.
I. 1. *Gu.* **huje**.

ixlao.
I. 1. *Gu.* **ixdislán**.

ixpengua.
I. 1. m. *Mx:SE.* Planta trepadora de tallo estriado, hojas alternas, de acorazonadas a casi circulares, con pelillos, inflorescencias en racimo, ramificadas en panículas axilares, flores de color verde claro, a veces púrpura o crema, frutos en cápsula de oblonga a elíptica, de color marrón claro, y raíz tuberosa con rizomas ramificados. (Dioscoreaceae; *Dioscorea convolvulacea*).

ixpepe.
I. 1. m. *Mx:SE.* Árbol de hasta 13 m de altura, de corteza grisácea, hojas simples, alternas, flores blanquecinas y fruto en forma de drupa carnosa, esférica y de color anaranjado. (Ulmaceae; *Trema micrantha*). ♦ **afata colorada**; **capulín**; **nigüito**; **sapán**; **surrumbo**; **uvilla**; **yaco de cuero**; **zurrumbo**.

ixpule.
I. 1. m. *Mx.* Hierba de hasta 30 cm de altura, de hojas dispuestas circularmente en la base del tallo, flores pequeñas y amarillas, dispuestas en la cabezuela del tallo, y fruto seco, en forma de globito blanco. (Asteraceae; *Verbesina molli*).

ixtabentún.
I. 1. m. *Mx:SE.* Planta enredadera grande y leñosa, hojas acorazonadas, flores acampanadas de color blanco y semillas redondas de color café; las semillas poseen diversos alcaloides. (Convolvulaceae; *Turbina corymbosa*). (**xtabentún**). ♦ **ololiuqui**; **piule**; **semilla de la Virgen**.

ixtacayote.
I. 1. *ES.* **istacayote**, piojo de la gallina.

ixtapacal.
I. 1. *Gu.* **ayacote**, planta.

ixtío, -a.
I. 1. *Gu.* **ishtío**.

ixtle. (Del nahua *ichtli*, fibra de maguey).
I. 1. m. *Mx.* Fibra que se obtiene de varias plantas tropicales del género Agave y que se usa para hacer cuerdas y canastas. (**iztle**).

ixtlero, -a.
I. 1. adj. *Mx.* Relativo al **ixtle**.
2. m. y f. *Mx.* Persona que trabaja en la recolección del **ixtle**.

ixto, -a.
I. 1. *Gu.* **ishto**, indio. desp.
2. *Gu.* **ishto**, niño. desp.
3. *Gu.* metáf. **ishto**, persona. desp.

¡iya!
I. 1. interj. *ES.* Expresa orden de caminar dada a los bueyes.

iyamba.
I. 1. m. *Cu.* Jefe de los ñáñigos. (**illamba**).

iyamole. (Del nahua *íyac*, cosa hedionda, y *amulli*, amole).
I. 1. *Mx.* **yamole**.

iza.
I. 1. f. *Mx.* Árbol de hasta 20 m de altura, con ramas de color rojizo cuando son jóvenes, hojas lanceoladas de margen entero, de color verde oscuro en el haz y pálido en el envés, inflorescencias en racimos axilares y solitarios, flores blancas y fruto elipsoide u ovoide, de color negro cuando madura. (Rosaceae; *Prunus rhamnoides*).

izango.
I. 1. *Pe.* **isango**.

izcanal.

    I. 1.   *Mx::SE, Ho, ES.* **ixcanal.**

izotal.

    I. 1.   m. *Gu.* Lugar poblado de **izotes**, plantas.

izote. (Del nahua *iczotl*).

    I. 1.   m. *Mx, Gu, Ho, ES, Ni, Pa.* Planta arbórea de hasta 10 m de altura, con tallo en forma de columna, ramas cortas y densas, corteza áspera, hojas en forma de puñal, duras y firmes, flores blanquecinas, campanuladas, y fruto carnoso no comestible; se cultiva por sus flores, y se usa en la medicina tradicional. (Agavaceae; *Yucca guatemalensis, Y. elephantipes*). (**isote**). ♦ **flor de izote.**

    2.   *Mx, Gu, Ho, ES, Ni, Pa.* Flor blanca del izote, en racimos, que se come frita y enhuevada y se prepara como encurtido. (**isote**).

    3.   *Ho, ES.* Papel fibroso hecho de la hoja de esta planta.

izquiate. (Del nahua *izquitl*; de *icequi*, tostar maíz, y *atl*, agua).

    I. 1.   m. *Mx:N.* Sopa espesa elaborada con maíz tostado y diversas hierbas.

izquierda.

    ☐

    a. ‖ **por ~.** loc. adv. *RD, Ar.* Ilegal o clandestinamente.

    b. ‖ **por la ~.** loc. adv. *Cu, RD, PR.* Ilegal o clandestinamente. pop + cult → espon.

    ▶ **ser de la ~; tener una ~; usar la ~.**

izquierdo.

    I. 1.   m. *Ar.* Corazón de un ser humano. pop + cult → espon ^ fest.

    II. 1.   m. *Ho, ES, Ni.* Hombre homosexual. sat.

    2.   m. *Ho, ES, Ni.* Hombre afeminado. sat.

    III. 1.   m. *Bo.* En el ***futbol***, persona que juega como delantero en la parte izquierda del campo de juego.

izquierdo, -a.

    I. 1.   adj. *Ho. Referido a cosa,* adquirida ilegalmente.

iztacpate. (Del nahua *íztac*, blanco, y *patli*, medicamento).

    I. 1.   m. *ES.* **contrahierba.**

iztle.

    I. 1.   *Mx.* **ixtle.**

ja.

●

    a. ‖ ~. fórm. *Bo:O,C,S.* Se usa para responder una llamada y para iniciar la conversación, o para restablecer el diálogo tras una interrupción. pop + cult → espon.

¡ja!

    I. 1. interj. *Co:N.* Expresa una orden con la que se ahuyenta al ganado o anima a los bueyes de carga.

¿ja?

    I. 1. interj. *Bo:O,C,S.* Expresa confusión o desconcierto. pop + cult → espon.

    II. 1. interj. *Bo:O,C,S.* Expresa enfado, disgusto o contrariedad. pop + cult → espon.

jab. (Voz inglesa).

    I. 1. m. *PR.* Puñetazo.

jaba. (De or. ind. antillano).

    I. 1. f. *Gu, RD, Ve:E, Ec, Pe, Bo, Ch.* Cajón acondicionado para transportar botellas, piezas de loza u otros objetos frágiles. (**java**).

    2. *Pe.* Jaula de metal acondicionada como criadero para aves.

    3. *Ho, Ni, CR.* Caja de madera con red metálica en la que se transporta el gallo de pelea.

    4. *Ho, ES.* Caja de madera para transportar mercadería, *en especial frutas.*

    5. *Cu.* Especie de cesta con dos asas, hecha de tejido de junco o **yagua**.

    6. *Cu.* Bolsa de tela, papel o plástico.

    7. *CR.* Pequeña celda consistente en un enrejado de madera, usada para encerrar aves gallináceas. rur.

    8. *Pa.* Bolsa tejida con cintas de **bejucos** enlazadas. rur.

    II. 1. f. *Ch.* Boca. pop ^ fest.

    III. 1. f. *ES, Ni.* Enfermedad en las encías de las caballerías.

    IV. 1. f. *Cu.* Mancha oscura que presentan algunos recién nacidos en la región lumbar. ♦ **jagua**.

    □

    a. ‖ ~ **sin sal.** loc. adj/sust. *RD.* Referido a persona, que no es graciosa, divertida o alegre.

    ▶ **pagar la ~ que el burro se comió.**

jabacón.

    I. 1. *RD.* **yaití**.

jabado, -a.

    I. 1. adj/sust. *Mx, Cu, RD, Ve.* Referido a ave, que tiene el plumaje de varios colores.

    2. *Cu, PR.* Referido a un gallo o gallina, que tiene las plumas de color grisáceo con pintas pardas o negras. (**javado**).

    II. 1. adj/sust. *Cu, RD, PR.* Referido a persona, mulata, mestiza, *generalmente de facciones de blanco pero con tez algo clara y pelo grifo;* en ocasiones, de pelo castaño o rubio y ojos claros. pop + cult → espon. (**javado**).

    2. adj. *Pa, RD.* Referido a persona, de tez blanca y cabello ensortijado.

jabajú.

    I. 1. m. *Bo:E.* Pequeño resto de una pastilla de jabón. pop.

jabalín.

    I. 1. m.-f. *Mx:NE.* p.u. Persona de poca importancia. pop.

jabear.

    I. 1. tr. *Ni, Cu. En el boxeo*, asestar una serie de golpes cortos al contrario.

jabeque.

    I. 1. m. *Ec:O, Pe:NO.* Piso del que dispone un hombre para mantener aventuras amorosas. pop + cult → espon.

jabí.

    I. 1. m. *Mx.* Árbol de hasta 15 m de altura, de tallo liso y ramoso, hojas compuestas, flores de color morado, fruto en vainas estrechas y semillas elípticas; su madera, dura y de color rojizo, se emplea para construir embarcaciones, y su raíz se usa como analgésico en medicina tradicional. (Fabaceae; *Copaifera hymenaefolia*). (**jabín**).

jabilla.

    I. 1. f. *Mx, Ho, ES, Ni, Pa, Co.* Fruto del **jabillo**, cápsula achatada con semillas parecidas a habas negras que, al madurar, se abre explosivamente y con ruido.

    2. *Mx, Ho, Ni.* **habillo**, árbol.

jabillal.

    I. 1. m. *Gu.* Terreno plantado de **jabillos**, árboles.

jabillo.

    I. 1. *Mx, Gu, Ho, ES, CR, Pa, RD, PR, Co, Ve.* **habillo**, árbol.

    2. *PR.* **jabilla**, fruto del jabillo. ♦ **ceibilla; ceibote.**

jabín.

    I. 1. *Mx.* **jabí**.

jabirú.

    I. 1. m. *Ho, Ec, Bo, Ar, Ur.* Cigüeña de hasta 1,50 m de longitud, de cuerpo blanco, cabeza y cuello negros, con un collar rojo en la base de este, y patas también negras, con la cabeza y el cuello desprovistos de plumas. (Ciconiidae; *Jabiru mycteria*). (**yabirú**). ♦ **juan grande; garzón; garzón soldado; tuyuyo; tuyuyú; tuyuyú coral.**

jablador, -ra.

    I. 1. adj/sust. *RD.* Referido a persona, que exagera y miente cuando habla.

jabladuría.

    I. 1. f. *RD.* Mentira o rumor sin fundamento.

jablanchín, -na.

    I. 1. adj. *RD.* Referido a persona, que habla mucho, exagerando lo que dice o mintiendo.

jabón.

    I. 1. m. *Bo:N, Ar, Ur.* Miedo, susto. pop + cult → espon.

    II. 1. m. *Cu, RD, PR.* Pez marino de hasta 30 cm de longitud, de color pardo oscuro, manchas amarillas y vientre verdoso, su cuerpo está cubierto por una sustancia semejante a la espuma del jabón. (Grammistidae; *Rypticus saponaceus*). (**jaboncillo**).

III. 1. m. *Gu.* Bronca, reprimenda. pop + cult → espon.

IV. 1. m. *Ho.* Arcilla pegajosa que tiene magnesia.

●

a. ‖ **eso no es ~ que se gasta.**

   i. fórm. *Cu.* Se usa para disipar la vacilación que pueda experimentar alguien ante una posible relación sexual. pop.

   ii. *Cu.* Se usa para consolar a alguien que sufre por una infidelidad.

■

a. ‖ **~ azul.** m. *Ve, Py; Ec,* obsol. Jabón natural de color azul que se usa para lavar la ropa ♦ **jabón de panela.**

b. ‖ **~ dado.** m. *Co.* Jabón cúbico usado para lavar la loza. pop.

c. ‖ **~ de Castilla.** m. *Ho.* Jabón casero hecho con manteca de cerdo y sosa cáustica o ceniza.

d. ‖ **~ de chibola.** *Ho.* **jabón de pelota.**

e. ‖ **~ de coche.** m. *Gu, Ni.* Jabón de fabricación casera, de forma redondeada, hecho con grasa de cerdo y ceniza.

f. ‖ **~ de cuaba.** m. *RD.* Jabón en barra, de mala calidad, que se usa para lavar la ropa y la loza y está hecho con **cuaba,** arbusto.

g. ‖ **~ de panela.** *Ve.* **jabón azul.**

h. ‖ **~ de pelota.** m. *Ho.* Jabón casero de forma redonda, elaborado con sebo o con aceite vegetal y sosa cáustica o ceniza. ♦ **jabón de chibola.**

i. ‖ **~ de tierra.** m. *Co.* Jabón de fabricación casera, hecho con ceniza y sebo de ganado mayor.

j. ‖ **~ pasadero.** m. *Ho.* Jabón casero hecho con sebo o aceite vegetal y sosa cáustica o ceniza.

k. ‖ **~ vegetal.** m. *Ho.* Jabón hecho con aceite vegetal extraído de semillas de ciertas plantas.

▶ **dar ~; pegarse un ~; tener en ~.**

jabonada.

I. 1. f. *Mx, Gu, Bo.* Bronca, reprimenda. pop + cult → espon. (**jaboneada**).

II. 1. f. *Bo.* Realización del coito de un hombre con una mujer. tabú.

jabonado, -a.

I. 1. adj. *Ch. Referido a persona,* que ha conseguido escapar de un aprieto en el último momento con mucha suerte. pop.

jabonallo.

I. 1. m. *Ni:E.* Residuos de agua jabonosa que quedan en la ropa después de lavarse.

jabonar.

I. 1. tr. *Bo.* Molestar a *alguien.* pop + cult → espon.

☐

a. ‖ **~ el piso.** loc. verb. *Bo, Ar.* Tratar mediante artimañas de que *alguien* fracase, pierda un cargo o no logre un ascenso laboral. pop + cult → espon.

jaboncillo.

I. 1. m. *Mx, Gu, Ho, ES, Ni, CR, Pa, Cu, RD, PR, Co, Ec, Pe.* Árbol de hasta 20 m de altura, de copa frondosa, hojas divididas en hojuelas enteras, flores amarillentas en racimos axilares y fruto carnoso de piel coriácea con dos o tres semillas negras y lustrosas. (Sapindaceae; *Sapindus saponaria*). ♦ **amol; boliche; cerote; chambimbe; checo; chereco; choloque; chumbimbo; chumico; gualul; jurupe; michú; pacón; palo blanco; palo jabón; paraparo; sotoubú; yamole; zubil.**

2. *Co.* **sonayote.**

3. *Ar:NO.* Planta herbácea dura que sirve de pasto al ganado; si se restriega, produce un jabón que sirve para quitar manchas de la ropa. (Poaceae; *Panicum chloroleucum*).

4. *Ho, ES, Ni.* Semilla del jaboncillo que, en contacto con el agua, produce espuma; se utiliza como sustituto del jabón. (Sapindaceae; *Sapindus saponaria*).

5. *Cu, PR.* **jabón,** pez.

6. *Ec.* **jagua,** árbol de hasta 20 m.

7. *Ec.* **jagua,** fruto.

8. *PR.* **maravedí,** bejuco.

II. 1. m. *PR.* Pez marino de más de 1 m de longitud, con aletas radiadas y cuerpo de color marrón rojizo oscuro; es comestible. (Serranidae; *Epinephelus morio*).

III. 1. m. *Pe, Ch.* Agua hervida con jabón *para lavar especialmente ropa.* pop.

IV. 1. m. *Ec:N.* Ladrillo de tamaño más pequeño que el normal.

jaboneada.

I. 1. *Gu.* **jabonada,** bronca.

jabonear(se).

I. 1. intr. prnl. *Ar, Ur.* p.u. Asustarse. pop + cult → espon.

2. tr. *Ar, Ur.* p.u. Asustar a *alguien.* pop + cult → espon.

II. 1. tr. *Cu, PR.* p.u. **pasar la mota.** pop + cult → espon.

III. 1. tr. *Gu.* Regañar, reprender a *alguien.* pop + cult → espon.

jabonera.

I. 1. f. *Cu.* Cavidad que forman los huesos del hombro en la parte inferior del cuello. pop.

II. 1. f. *Ho.* Olla de barro muy grande que se utilizaba para hervir el sebo o las semillas de **jaboncillo** para hacer jabón.

III. 1. *Ho:O.* **aliblanca.**

jaboticaba.

I. 1. f. *Ho.* Árbol frutal cultivado, de hasta 10 m de altura, con copa voluminosa y simétrica, hojas aovadas o lanceoladas, lisas, de color verde intenso y brillantes por el haz y blanquecinas por el envés, flores en racimos cortos que emergen del tronco y de las ramas principales. (Myrtaceae; *Myrciaria jaboticaba*). (**ajuticagua; jaboticagua**).

2. *Ho.* Fruto en forma de baya esférica de hasta 3 cm de diámetro, de color rojo al comienzo y negro brillante en la madurez, de cuya pulpa se elabora un refresco. (**ajuticagua; jaboticagua**).

jaboticagua.

I. 1. *Ho.* **jaboticaba.**

jabuco.

I. 1. m. *Cu.* Bolsa de material flexible de gran tamaño.

jaca.

I. (De *caja*).

1. f. *Bo.* Cajita de fósforos que contiene droga para su comercialización. pop.

II. 1. f. *PR.* Árbol de hasta 20 m de altura, con tronco grisáceo, follaje verde oscuro, hojas ovaladas y flores pequeñas. (Moraceae; *Artocarpus heterophyllus*). ♦ **pana cimarrona.**

2. *PR.* Fruto de este árbol, elíptico, irregular, de gran tamaño, de color verde amarillento, y pulpa fibrosa blanquecina con muchas semillas en forma de habichuelas; es comestible.

jacal. (Del nahua *xacalli*).

I. 1. m. *Mx, Ho:S,C,E, Ni, Ve.* Choza o casa humilde construida con adobe y carrizo. (**xacal**).

jacalón.

I. 1. m. *Mx.* Edificio destartalado o desvencijado.

jacana.
   I. 1. f. *Gu, Ho, ES, Ni, Pe, Ar, Ur.* Ave acuática de unos 25 cm de longitud, de cuerpo negro, excepto el dorso inferior, la rabadilla, la cola y las cobijas alares, de color castaño intenso, pico amarillo y escudete carnoso rojo. (Jacanidae; *Jacana jacana*). (**jacapa**). ♦ **gallito de agua; gallito de laguna.**
   II. 1. *PR.* **jácana**, árbol.
      2. *PR.* **jácana**, fruto.
   III. 1. f. *RD.* Ruido de voces o gritos que expresan alegría o diversión.

jácana. (De or. ind. antillano).
   I. 1. f. *PR.* Árbol de hasta 10 m de altura, de tronco grueso, hojas grandes y flores rosadas en forma de campana; su madera dura y resistente de color castaño es útil en la construcción y en ebanistería. (Sapotaceae; *Lucuma multiflora*). (**jacana**).
      2. *PR.* Fruto de este árbol, de gran tamaño, de color castaño, con pulpa anaranjada y una sola semilla grande; es comestible. (**jacana**).
   II. 1. *PR.* **gallito**, pájaro.

jacanita.
   I. 1. f. *PR.* **Mangó** de pequeño tamaño.

jacapa.
   I. 1. *Ho.* **jacana**, ave acuática.

jacaranda. (Del guar. *hakaranda*).
   I. 1. f. *Mx, Ho, ES, Ni, CR, Ec, Py.* Árbol de hasta 30 m de altura, con tronco grueso, ramas suaves, flores azul celeste en racimo y muy pequeñas, fruto en una cápsula y semillas que poseen un ala hialina. (Bignoniaceae; *Jacaranda copaia*). ♦ **guabanday; huamansamana; tambor de montaña.**
      2. *Mx, PR, Py.* **jacarandá.**

jacarandá. (Del guar. *yacarandá*).
   I. 1. m. *Gu, PR, Ec, Pe, Bo, Ch, Py, Ar, Ur.* Árbol de hasta 12 m de altura, con hojas grandes, compuestas y bipinnadas, inflorescencia en panículas, flores tubulares, muy vistosas, de color azul violáceo y fruto leñoso; es ornamental. (Bignoniaceae; *Jacaranda mimosifolia*). (**jacaranda; jicaranda**). ♦ **abey macho; flamboyán azul; jacarandoso; tarco; yaravisca.**

jacarandoso.
   I. 1. *PR.* **jacarandá.**

jaceado, -a.
   I. 1. adj. *Bo:E. Referido a la leña*, que se ata en haces para vender al menudeo. pop.

jacear.
   I. 1. tr. *Bo:E.* Atar la leña en haces para venderla al menudeo. pop.

jacha.
   I. 1. f. *ES, RD, PR.* Hacha. rur.
      2. f. pl. *Ho, ES.* Dientes de persona, *en especial grandes y feos.* pop + cult → espon ^ desp.
      3. *RD, PR.* **hacha**, diente incisivo.
   II. 1. f. *CR, RD. Ni*, desp. Rostro, cara de una persona. vulg; pop + cult → espon.

   □
     a. ‖ **a ~ y machete.** loc. adv. *RD, PR.* Con rapidez y sin miramientos. pop + cult → espon.

   ▶ **estar como ~ y machete; pelar las ~s; ser pela ~s.**

jachacaldo.
   I. 1. m. *Pe:C.* Caldo preparado solo con hierbas. rur.

jachamenta.
   I. 1. f. *Ho.* Dentadura. desp.

jachi.
   I. 1. m. *Bo:E.* Tela ordinaria. pop.
      2. *Bo:E.* meton. Ropa vieja. pop.

   II. 1. m. *Bo:E.* Salvado, cáscara de cereal molida y convertida en harina. pop.
   III. 1. m. *Bo:E.* Sedimento de un líquido. pop.
   ▶ **hacer ~.**

jacho.
   I. 1. m. *RD.* Leño resinoso que se enciende para alumbrar.
   II. 1. m. *ES.* Residuo amarillento que queda en la garganta después de haber fumado marihuana. drog.

jacho, -a.
   I. 1. m. y f. *Bo.* Miembro de la policía nacional boliviana. pop ^ desp.

jachón, -na.
   I. 1. adj. *Ho, ES. Referido a persona*, que tiene los dientes muy grandes. desp.

jachote, -a. (Del aim. *jach'a*, grande).
   I. 1. sust/adj. *Bo:O,C.* Persona de gran estatura. pop.
      2. *Bo:O,C.* Animal de gran tamaño. pop.

jachu. (Del aim. y quech. *jach'u*).
   I. 1. m. *Bo:C.* Manojo de hojas de coca. pop.
      2. *Bo:E.* Residuo que queda después de mascar las hojas de coca o el tallo de la caña de azúcar para extraerles el jugo. pop.
   II. 1. m-f. *Bo:E.* Miembro de la policía nacional boliviana. pop ^ desp.
   III. 1. *Bo:O.* **pasto**, césped. pop.

jachudo, -a.
   I. 1. *Ho, ES, Ni, RD.* **hachudo.**
   II. 1. adj. *Ec.* obsol. *Referido a persona*, terca o desobediente. pop + cult → espon. (**jachúo**).

jachúo, -a.
   I. 1. adj/sust. *RD. Referido a persona*, que tiene los dientes grandes o desproporcionados. (**jachudo**).

jacinto.
   ■
     a. ‖ **~ de agua.** m. *PR, Ve, Ur.* **violeta de agua**, planta acuática.
     b. ‖ **~ de Indias.** m. *Mx.* Planta herbácea perenne de hasta 1 m de altura, raíz tuberosa, hojas largas y delgadas, reunidas en la base de los tallos florales, flores que ocupan buena parte de estos, blancas y muy aromáticas; la flor se emplea en perfumería y en la medicina tradicional. (Agavaceae; *Polyanthes tuberosa*). ♦ **omequelite; omisúchil.**

jack. (Voz inglesa).
   I. 1. m. *EU, Ho.* Máquina, *en especial automóviles*, para levantar pesos a poca altura, compuesta de un engranaje de piñón y cremallera, y con un trinquete de seguridad.
   II. 1. m. *EU, Ho.* Enchufe hembra en el que se inserta uno macho para conectar un aparato eléctrico.

jacker. (Del ingl. *hacker*).
   I. 1. m-f. *EU, Mx, Ho, Cu, PR, Bo.* Pirata informático especializado en penetrar en las bases de datos de sistemas informáticos *para obtener información secreta.*

jacket. (Voz inglesa).
   I. 1. m. *Mx, Bo, Ur.* Revestimiento de una corona dental hecho de porcelana o material sintético.
   II. 1. m. *EU, Ho, CR, PR.* Chaqueta, chaquetón, abrigo, sobretodo.
      2. *Cu.* Chaqueta de paño o cuero ajustada a la cintura.

jacks. (Voz inglesa).
   I. 1. m. pl. *Gu, Ho, ES.* **yacs**, juego infantil.
      2. m. *Ho, ES.* **yac**, figura de plástico.

jaco.
   I. 1. m. *Cu.* Tortuga marina de hasta 1,5 m de longitud, con cuerpo dorsoventral aplanado, cabeza con ho-

cico corto y concha de color verde que no se levanta como la del **carey**; es comestible. (Checoniidae; *Chelonia mydas*). ♦ **carey blanco**; **peje blanco**; **tortuga verde**.

jacobán.
   I. 1.   *RD.* **napahuite**.

jacoibo, -a.
   I. 1.   m. y f. *Bo, Ch, Ar, Ur.* Persona de religión judía. pop + cult → espon ^ desp.
   II. 1.   adj. *Ar, Ur, Ch*, p.u. *Referido a persona*, tacaña, avara. pop + cult → espon ^ desp.

jacoilisa.
   I. 1.   m. *Bo:O.* Panecillo elaborado con **quinua** y leche.

jaconta. (Del aim. *jaqunta*).
   I. 1.   f. *Bo.* Sopa preparada con carne de cordero o de vaca, **papas**, **chuños**, arroz y repollo.

jacu. (Del quech. *jak'u*).
   I. 1.   m. *Bo:O,C,S.* Harina de cualquier cereal. pop.
   2.   *Bo:E.* Alimento elaborado con cereal molido y tostado, *generalmente trigo o cañahua*. pop.

jacuané.
   I. 1.   m. *Mx:SE.* **Tamal** relleno de masa de **frijoles** y cabezas de camarón machacadas.

jacuú.
   I. 1.   m. *Bo:E.* Conjunto de pequeños pasteles que se sirven a la hora del té.
   2.   *Bo:E.* Porción de **yuca**, plátano o maíz cocidos que se sirve como guarnición.

jadoquero, -a.
   I. 1.   m. y f. *Bo.* Persona que vende perritos calientes.

jafa. (Del ingl. *half*, mitad).
   I. 1.   f. *Ho.* Colilla de cigarro o puro.

jafanajaf. (Del ingl. *half-half*, medio-medio).
   I. 1.   adv. *Ho, ES, Ni.* A medias, a partes iguales entre dos.

jafiar. (Del ingl. *half*, mitad).
   I. 1.   tr. *Ho.* juv. Repartirse dos personas *algo* a medias.

jagrumo.
   I. 1.   *RD.* p.u. **yagrumo**.

jagua. (Del nahua *xahualli*).
   I. 1.   f. *Mx:SE, Gu, Ho, ES, Ni, CR, Pa, Cu, RD, Co, Ve, Pe*; m. *Ec.* Árbol de hasta 20 m de altura, con corteza áspera de color verde plomizo, abundantes ramificaciones, hojas oblongas, opuestas, flores fragantes de color verde y fruto comestible; se utiliza en la medicina tradicional. (Rubiaceae; *Genipa americana*). (**xagua**). ♦ **caruto**; **gigualtí**; **huito**; **irayol**; **jaboncillo**; **jagüilla**; **jagüito**; **majagua**; **maluca**; **nuncito**; **ñandipá**.
   2.   *Mx:SE, Gu, Ho, ES, Ni, Pa, Cu, RD, Co, Ve, Pe*; *Ec.* Fruto de la jagua, con forma de baya subglobosa, de color amarillo con puntos marrón oscuro y numerosas semillas achatadas color crema; su pulpa, jugosa y agridulce, es comestible. (**xagua**). ♦ **huito**; **jaboncillo**; **majagua**.
   3.   m. *Ho, ES.* Árbol de hasta 15 m de altura, de flores amarillas y frutos subglobosos. (Rubiaceae; *Elaeologia auriculata*).
   4.   f. *Cu.* Madera de este árbol.
   II. 1.   *Cu.* **jaba**, mancha oscura.
     □
     a. ‖ **como una ~.** loc. adj. *RD. Referido a persona*, muy pálida.

jagua-tai.
   I. 1.   *Bo:E.* **solimanché**.

jaguacte.
   I. 1.   *Mx.* **jahuacte**.

jagual.
   I. 1.   f. *PR*; m. *Ho.* Terreno plantado de árboles de **jagua**.

jaguar. (Del guar. *jaguar*).
   I. 1.   m. *Ch.* Grupo de personas, institución o país que ha conseguido destacar en el ámbito en el que se mueve.

jaguareté.
   I. 1.   m. *Py, Ar, Ur.* Jaguar. (**yaguareté**).

jaguarondo.
   I. 1.   m. *Mx.* Felino de hasta 1 m de longitud, de cabeza achatada, orejas pequeñas, patas proporcionalmente cortas en comparación con el cuerpo, que es alargado, cola de hasta 90 cm y pelaje grisáceo, pero también leonado, rojizo o negro. (Felidae; *Felis yagouaroundi*). (**jaguarundi**). ♦ **gato eira**; **onza**; **tigrillo**; **tigrillo congo**; **ulamá**.

jaguarundi.
   I. 1.   *Ec, Bo, Py.* **jaguarondo**.

jaguay.
   I. 1.   *Pe:NO.* **jagüey**.

jaguayana.
   I. 1.   *Bo.* **hawaiana**.

jagüeíllo. (De or. ind. antillano).
   I. 1.   *PR.* **jagüey blanco**.

jagüel.
   I. 1.   m. *Ar, Ur.* Pozo o zanja excavada hasta alcanzar una capa de agua, destinado a abrevadero. rur.

jaguey.
   I. 1.   m. *Pa.* Árbol de hasta 15 m de altura, de hojas simples y alternas, flores estaminadas en espigas largas y frutos en drupas elipsoides, de color verde. (Icacinaceae; *Calatola costaricensis*).

jagüey. (De or. ind. antillano).
   I. 1.   m. *Mx, RD, Co:N, Ve:C,O, Pe:NO, Ar, PR, Ur*, p.u. Balsa, pozo o zanja llena de agua artificialmente o por filtraciones naturales del terreno. (**jaguay**).
   II. 1.   m. *Cu, RD, PR.* Árbol de hasta 15 m de altura, con corteza lisa de color gris, madera liviana y poco resistente, raíces colgando de las ramas, hojas alternas, enteras y brillantes y flores casi imperceptibles, de las que sale un fruto parecido al higo. (Moraceae; *Ficus dendrocida*). (**higüey**). ♦ **higüerillo**; **jagüillo**; **matapaso**.

     ■

     a. ‖ **~ blanco.** m. *PR.* Árbol de hasta 18 m de altura y con raíces que cuelgan en el aire; con su madera se manufacturan guitarras. (Moraceae; *Ficus laevigata*). (**jagüeíllo**).
     b. ‖ **~ colorado.** m. *PR.* Árbol de hasta 18 m de altura y hojas de color rojo; su madera sirve para leña y postes. (Moraceae; *Ficus sintenisii*). ♦ **higuillo colorado**; **jagüey macho**.
     c. ‖ **~ macho.** *PR.* **jagüey colorado**.

jagüilla.
   I. 1.   f. *Gu, Ho, Ni.* **chancho de monte**.
   II. 1.   *PR.* **jagua**. (Rubiaceae; *Genipa americana*).
   III. 1.   *PR.* **alceiba**.

jagüillo. (De or. ind. antillano).
   I. 1.   *PR.* **jagüey**, árbol. (Moraceae; *Ficus dendrocida*).

jagüique.
   I. 1.   m. *Mx.* Planta de bulbo carnoso y hojas largas, plegadas y en forma de vaina, flores grandes, vistosas, de color rojo y amarillo; florece solo durante un día. (Iridaceae; *Tigridia pavonia*). (**jahuique**). ♦ **maravilla**; **oajaca**; **ocelosúchil**; **tulipán**.

jagüito.
   I. 1.   m. *Pa.* **jagua**, árbol de hasta 20 m.

jahuacte. (Del nahua *xahuactli*).
   I. 1.   m. *Mx.* Palma de hasta 10 m de altura, que presenta hojas y tallo armados de largas, duras y agudas

espinas de color negro, y frutos en racimos, redondos, de color morado al madurar y de pulpa blanca. (Arecaceae; *Bactris major*). (**jaguacte**). ♦ **huiscoyol**; **viscoyol**.

jahuactero, -a.
  I. 1. adj. *Mx.* Relativo al **jahuacte**.

jahuay.
  I. 1. m. *Ec:C,S.* Canción entonada por los indios en la época de la cosecha de trigo o de cebada. pop + cult → espon.

jahuique.
  I. 1. *Mx.* **jagüique**.

jai.
  I. 1. f. *Ho, Ni, Co, Ve; Bo,* pop + cult → espon ^ desp. Clase social alta.
    2. adj/sust. *RD, Bo.* Referido a persona, de modales o conducta propios de clase social alta. pop + cult → espon ^ desp.
  ■
    a. ‖ ~ **laif.** (Del ingl. *high life*, vida de lujo). f. *Bo.* **jailaif**.

¡jai! (Del ingl. *hi*).
  I. 1. interj. *EU, Ni, PR.* Expresa afectuosidad en el trato. (**¡jei!**).

jai-jai.
  I. 1. m. *Ho.* Ladrido de los perros de caza cuando persiguen a una presa.

jaiba. (Del or. ind. antillano).
  I. 1. f. *Mx, Gu, Ho, Ni, Pa, Cu, RD, PR, Co, Ve, Ec, Pe, Ch.* Crustáceo decápodo, aplanado, *generalmente de tamaño inferior al cangrejo*, con cinco pares de patas de color gris azulado, el último de los cuales está adaptado para la natación; su carne es muy apreciada. (Portunidae; *Callinectes sapidus*). (**jaiba azul**; **jaiva**). ♦ **cocolía**; **juyúa**.
    2. *Ni, Cu.* metáf. Boca grande con labios salientes. desp.
    3. *ES.* metáf. Vulva. tabú.
  II. 1. m. *Mx.* Patrulla de policía. pop.
    2. *ES.* Agente de policía. pop.
    3. *ES. En el ejército*, jeep de ejes más anchos de lo normal.
  III. 1. f. *Ve:O.* Broma.
  IV. 1. f. *Pa.* Instrumento de labranza construido con un pedazo de madera redonda y un trozo de machete, usado en la cosecha del arroz.
  ■
    a. ‖ ~ **azul.** *Ec.* **jaiba**, crustáceo.
  □
    a. ‖ **¡a la ~!** loc. interj. *Ve:O.* Expresa burla a una persona que es víctima de una broma o de una situación risible. pop + cult → espon.

jaibería.
  I. 1. f. *RD, PR.* Habilidad, astucia, cautela, marrullería. pop + cult → espon.

jaibero, -a.
  I. 1. m. y f. *Ho, Cu.* Persona dedicada a la pesca o venta de **jaibas**.

jaibillo.
  I. 1. *Gu.* **solimanché**.

jaibo.
  I. 1. m. *Ho.* Jugador del equipo de **futbol** Victoria.

jaibo, -a.
  I. 1. adj. *Co:C.* obsol. Referido a persona, de edad avanzada. pop.
  II. 1. sust/adj. *RD, PR.* Persona astuta, lista, *especialmente en los negocios*. pop + cult → espon.
    2. *RD, PR.* Persona tramposa, marrullera. pop + cult → espon ^ desp.
    3. sust/adj. *RD, PR.* Referido a persona, astuta y lista.

III. 1. adj/sust. *CR.* Referido a persona, tonta, boba. pop + cult → espon.

jaibol. (Del ingl. *high ball*).
  I. 1. m. *EU, Mx, Gu, Ho, ES, Ni, CR, Pa, Cu, RD, PR, Ch.* Bebida compuesta de un **licor** combinado con hielo y agua con algún refresco. (**jaybol**).

jaibón, -na. (Del ingl. *high born*, alta cuna).
  I. 1. adj/sust. *Ch.* Referido a persona o cosa, que pertenece a la alta sociedad. pop + cult → espon ^ fest.

jaibudo, -a.
  I. 1. adj. *Ni.* Referido a persona, de boca grande.

jáichihua.
  I. 1. m. *Ec:N.* Fiesta de los indios del norte al término de la siega de trigo, la cebada o el maíz.

jaijoyeti. (Del ingl. *high*, y de *hoyo*, ano).
  I. 1. f. *PR.* Clase social alta. pop + cult → espon ^ desp.

jaila.
  I. 1. adj. *Bo.* Referido a persona, de modales o conducta propios de clase social alta. pop + cult → espon ^ desp.

jailaif. (Del ingl. *high life*, vida de lujo).
  I. 1. f. *Ho, Bo; CR, Ve*, pop; *Pe*, p.u. **high life** (**jai laif**).
    2. adj. *Bo; Pe*, p.u. Referido a persona o cosa, propio de la clase adinerada. urb.

jailaife. (Del ingl. *high-life*, alta sociedad).
  I. 1. adj/sust. *Ar.* p.u. Referido a persona, petimetre, lechuguina. pop + cult → espon.

jailli. (Del aim. y quech. *jaylli*).
  I. 1. m. *Bo.* Canción de tema religioso, heroico o bucólico. pop.

jailón, -na.
  I. 1. sust/adj. *Bo.* Persona de modales o conducta propios de clase social alta. pop + cult → espon ^ desp.

jailoso, -a.
  I. 1. adj. *Ho*, desp; *Co*, pop; *Pe*, p.u; urb. Referido a persona, que pertenece a la clase social alta.

jaima.
  I. 1. f. *Pe.* Terreno perteneciente al Estado que lo concede a una entidad para que la administre.

jaimito.
  I. 1. *Mx, ES.* **caimito**, árbol silvestre.
    2. *Mx, Ec.* **caimito**, fruto.

jaina. (Del ingl. *honey*).
  I. 1. f. *EU, Mx:N.* juv. Novia, persona con la que se mantiene una relación sentimental.
    2. *Ho, ES.* juv. Novia o mujer de un **marero**. delinc.

jainacho.
  I. 1. m. *Pe:S.* Macho con más jerarquía que encabeza un rebaño de **auquénidos**.

jaipo.
  I. 1. m-f. *EU, Mx.* Persona que se inyecta heroína u otras drogas. drog.

jaira.
  I. 1. sust/adj. *Bo:O.* Persona perezosa, indolente o desganada. pop + cult → espon ^ desp.

jaire.
  I. 1. m. *Bo.* Luna menguante. pop.

jais.
  I. 1. adj. *ES.* Referido a persona o cosa, buena, bonita.
  ●
    a. ‖ **¿qué ~?** fórm. *Mx.* Se usa para saludar y preguntar si hay novedades.

jaitón, -na. (Del ingl. *high tone*).
  I. 1. adj/sust. *PR.* Referido a persona, de alta sociedad. pop + cult → espon ^ desp.

2. *PR. Referido a persona*, adinerada y que presume de serlo. pop + cult → espon ^ desp.

jaitonería. (Del ingl. *high tone*).
I. 1. f. *PR.* Actitud arrogante o altanera. pop + cult → espon ^ desp.

jaiva.
I. 1. *Mx.* **jaiba**, crustáceo.

jaizazo.
I. 1. m. *Bo:E,O.* Chupada que se da a un cigarrillo que contiene sulfato base de cocaína. pop.

jajá.
I. 1. adj/sust. *RD. Referido a persona*, mezquina, que intenta gastar lo menos posible.

¡jajáí!
I. 1. interj. *Ec:C.* Expresa negación enérgica. sat.

jajajear(se).
I. 1. intr. *Bo, Ch.* Reír en forma burlona, dando a entender no sentirse afectado. pop + cult → espon.
2. intr. prnl. *Bo, Ch.* Tomarse a la ligera una situación problemática. pop + cult → espon.

jajajeo.
I. 1. m. *Ch.* Risa despreocupada. pop.

jajayarse. (De *jajá*).
I. 1. intr. prnl. *ES.* Reírse.

jajayo.
I. 1. m. *ES.* Risotada, risa.

jal.
I. 1. m. *Mx.* Piedra pómez, roca esponjosa de origen volcánico.

jala.
I. 1. f. *Co.* Borrachera. pop.
■
a. ‖ **~ rayo.** f. *RD.* juv. Joya o adorno de mala calidad, o que no es de oro.

jalá.
I. 1. *PR.* **jalaíta.**
▶ **dar una ~.**

jalabolas.
I. 1. sust/adj. *Ve, Bo.* Persona que adula a otra por servilismo o interés. vulg; pop + cult → espon ^ desp.

jalacate. (Del nahua *xalli*, arena y *acatl*, caña).
I. 1. *ES, Ni.* **calacate.**
2. *ES.* Tallos de esta planta que entrelazados forman un **tapesco** y sirve de base para las paredes de casas rústicas.

jalacatear.
I. 1. intr. *Ni.* Tener relaciones informales de noviazgo.

jalada. (De *jalar*, y este de *halar*).
I. 1. f. *Mx, Gu.* Mentira. pop.
2. *Mx, Gu.* Necedad, tontería. pop.
3. *Mx.* Dicho o hecho inoportunos. pop.
4. *Mx.* Mala acción, injusticia. pop.
II. 1. f. *Pe, Ch; Ec.* juv. Inhalación de cocaína u otra droga en polvo. drog.
2. *CR, RD, Pe.* Chupada que se da a un cigarro. pop.
III. 1. f. *ES, CR, Pe; Bo.* pop. Tirón violento o fuerte.
2. *Ho.* Regaño o reprimenda.
IV. 1. f. *Pe.* **aventón**, modo de viajar por carretera.
V. 1. *Ve.* **jaladera**, adulación.
VI. 1. f. *Ho.* Llamada, convocatoria.
VII. 1. f. *CR.* Transporte de algo.
■
a. ‖ **~ de orejas.** *ES, Ni, RD, Ec, Pe, Bo.* Recriminación que se hace a alguien por haber desobedecido o hecho algo mal.

jaladera.
I. 1. f. *Mx, Pa; Ec.* pop. Asa.
2. *Ni, RD; Co.* pop. **Jalones** o tirones continuos que se dan de algo o alguien.
II. 1. f. *Pe. En un examen o prueba selectiva*, cantidad elevada de suspensos.
III. 1. f. *Ve.* Adulación para obtener beneficio. (**jalada**).
IV. 1. f. *Ho, ES, Ni.* Traída y llevada constante de algo.
V. 1. f. *Cu.* Borrachera. pop + cult → espon.
■
a. ‖ **~ de mecate.** *Ve.* **jaladera**, adulación. pop.

jaladita.
I. 1. f. *RD.* Inhalación o chupada que se da a un cigarrillo. pop + cult → espon.
▶ **dar una ~.**

jaladito.
I. 1. m. *Pe.* **Cebiche** de trozos de pescado en tiras.

jalado.
I. 1. m. *Pe.* Calificación de suspenso en un examen, asignatura o nivel de estudios. pop.
□
a. ‖ **~ del pelo.** loc. adj. *CR. Referido a cosa*, que resulta poco creíble por la falta de objetividad de sus fundamentos.

jalado, -a. (Del de *halar*).
I. 1. adj. *Ho, Ni, Pa, Cu, Co, Ec. Referido a persona*, **tomada**, borracha. pop + cult → espon.
2. *PR, Ch. Referido a persona*, drogada. drog.
II. 1. adj. *Gu, ES, Ni, CR, Pa, PR, Ve. Referido a persona*, pálida, demacrada y con ojeras profundas. pop.
2. *Ho, Ni. Referido a persona*, de cara seria.
III. 1. adj/sust. *Pe. Referido a persona*, que ha suspendido un examen o prueba selectiva. pop.
IV. 1. adj/sust. *Pe. Referido a persona*, descendiente de asiáticos o con sus rasgos. pop.
V. 1. adj. *Ho, ES, Ni. Referido a persona, animal o vehículo*, que va a gran velocidad, muy deprisa.
VI. 1. adj. *Ho, ES.* juv. *Referido a persona*, que ha sido detenida o está presa. delinc.
□
a. ‖ **bien ~.** loc. adj. *Ni, CR, Co. Referido a cosa*, muy bien hecha. pop + cult → espon.
▶ **estar ~.**

jalador.
I. 1. m. *Mx, Pe.* Utensilio compuesto por una goma delgada y alargada sujeta al extremo de un palo, que sirve para quitar agua de superficies lisas.

jalador, -ra. (Der. de *jalar* y este de *halar*).
I. 1. sust/adj. *Mx, Ni.* Persona que se suma con entusiasmo a una empresa común. pop.
II. 1. adj. *Mx. Referido a mujer*, de comportamiento sexual libre y promiscuo. pop.
III. 1. m. y f. *Co.* Ladrón especializado en el hurto de vehículos y motocicletas.
IV. 1. m. y f. *Pe.* Persona que ofrece servicios o productos, en ocasiones de forma fraudulenta. pop.
V. 1. sust/adj. *Pe.* Profesor muy exigente que suspende mucho.
VI. 1. sust/adj. *Ve.* Persona que utiliza la adulación para obtener beneficio.
VII. 1. m. y f. *Ho.* Persona que transporta a otra.
2. *Ho.* Persona que atrae a otra a su causa.
□
a. ‖ **~ de caña.** loc. sust. *Ve.* Persona que bebe mucho alcohol. pop.

jaladora.
I. 1. f. *Pe. En las **chicherías**, muchacha de buen parecer que atrae a los clientes para que consuman. pop.

jalaíta.

  I. 1. f. *PR.* Fumada, *especialmente la de un cigarrillo de marihuana.* drog. (**jalá**).

  ▶ **coger una ~.**

jalamecate.

  I. 1. sust/adj. *Ve.* Persona que adula a otra por servilismo o interés. pop ^ desp.

jalao.

  I. 1. m. *RD.* Dulce hecho a base de coco y **melado** o almíbar.

  ▶ **agarrar un ~.**

jalao, -a.

  I. 1. adj. *RD, PR. Referido a persona,* enflaquecida, que se ha quedado muy delgada.

jalapa. (Del nahua *xalapan;* de *xalli,* arena, *atl,* agua, y *pan,* lugar).

  I. 1. f. *Mx, Ho, ES.* Planta trepadora, de tallo herbáceo, con hojas alternas, pecioladas y puntiagudas, flores pedunculadas, grandes y vistosas, de color rosáceo o rojizo. (Convolvulaceae; *Ipomoea purga*). ♦ **purga.**

  2. *Mx.* Raíz de la jalapa, muy rugosa, de tamaño parecido al de la zanahoria y de color marrón o naranja; en la medicina tradicional se emplea como purgante.

  3. m. *Ho.* Purgante extraído de la cocción de la madera y de la raíz de la jalapa.

jalapato.

  I. 1. m. *Pe.* **Competencia** que se disputa durante los carnavales en la que unos jinetes intentan apoderarse de una cesta colgada de un arco en la que hay un pato o y en otros casos en arrancar la cabeza del ave.

jalapeño.

  I. 1. m. *Mx, Gu, ES, Ni, CR, PR.* Fruto del jalapeño, en forma de baya cónica alargada que se estrecha, con punta redondeada, de color verde oscuro y muy picante, que al madurar se torna rojizo y de sabor dulzón; se utiliza en encurtidos y como picante en salsas y comidas. ♦ **chilaca; chile jalapeño; chipocle.**

  2. *Mx, Gu, Ho, CR.* Planta herbácea cultivada, de tallo leñoso, hojas simples y enteras, flores con corola blanquecina y fruto en forma de baya. (Solanaceae; *Capsicum annuum*).

jalapetacas. (De *jalar* y *petaca*).

  I. 1. m-f. *Ho.* Persona servil a otra por interés.

jalar(se). (De *halar*).

  I. 1. intr. *EU, Mx, Ho, ES, Ni, Pa, Cu, RD, Ve, Ec, Pe, Bo, Py, Ar, Ur.* Correr o andar muy deprisa.

  2. tr. *EU, Mx, Gu, Ho, ES, Ni, CR, Pa, RD, PR, Co, Ec, Pe; Cu,* pop; *Ur,* p.u; *Bo,* espon. Atraer hacia sí *algo* o *alguien*.

  3. intr. prnl. *Mx, Ho, CR, PR, Ve, Bo.* Irse hacia un lugar determinado. pop + cult → espon.

  4. tr. *Mx, Ho, Bo.* Llevar a *alguien* hacia un lugar. pop.

  5. intr. prnl. *Mx, Ho, Ni.* Acercarse *algo.* pop.

  6. tr. *Mx, Ho.* Acelerar el paso o la velocidad de un vehículo.

  7. *Ho, ES, Ni, CR, Ec, Bo.* Tirar de algo o de alguien.

  8. intr. prnl. *Ho, ES, Ni, CR, PR.* Irse *alguien* rápidamente de un lugar.

  9. tr. *Ho, ES, RD.* Traer *algo.*

  10. intr. *Ho, Ni, CR.* Marcharse *alguien* repentinamente.

  11. *Ho, CR.* Salir con destino hacia un lugar determinado. pop + cult → espon.

  12. tr. *RD.* Empuñar un arma blanca o de fuego.

  II. 1. tr. *Mx, Gu, Pe, Bo, Ch; Ar.* drog. Aspirar por la nariz cocaína u otra droga en polvo. pop + cult → espon.

  2. tr. *ES, Ni, CR, Cu, RD, PR.* Aspirar con fuerza el humo del cigarro.

  3. intr. *Ho.* Fumar *alguien* marihuana.

  4. intr. prnl. *PR.* Drogarse *alguien.* drog.

  III. 1. intr. *Mx, Gu, Ho, Bo.* Ingerir bebidas alcohólicas. pop + cult → espon.

  2. intr. prnl. *Gu, Pa, Cu, RD, Co:C,O,SO, Ve.* Emborracharse. pop + cult → espon. ♦ **jincharse; palotearse.**

  3. tr. *ES.* Beber *alguien* licor o cerveza.

  4. *Cu.* Causar embriaguez.

  IV. 1. tr. *Mx, Bo.* Robar *algo.* pop + cult → espon.

  2. *Co.* Robar vehículos y motocicletas. delinc.

  V. 1. intr. *Mx; Ec.* pop. Funcionar un aparato. espon.

  VI. 1. tr. *Co.* Ser *alguien* conocedor de una actividad u oficio o aficionado a ella. pop + cult → espon.

  2. tr. prnl. *Co.* Realizar muy bien una actividad. pop.

  VII. 1. intr. *Ho, Co.* Realizar el coito.

  2. *Ho, Ni, CR.* Mantener una relación de noviazgo.

  VIII. 1. intr. *Ni, CR, Co.* Ser capaz un vehículo de desarrollar determinada potencia. pop + cult → espon.

  IX. 1. tr. *Pe, Bo.* Transportar gratuitamente a *alguien.* pop + cult → espon.

  2. *CR.* Transportar *cosas* o *personas.*

  X. 1. tr. *Pe.* Negar la aprobación a un examinando.

  2. intr. prnl. *Ec:C.* juv. **reprobar** el examen de una o varias materias. pop.

  XI. 1. intr. prnl. *RD, PR.* Perder *alguien* mucho peso, enflaquecerse.

  2. *RD, PR.* Demacrarse *alguien,* palidecer. pop + cult → espon.

  3. *PR.* **halarse,** desfigurársele la cara a *alguien.*

  XII. 1. intr. *Pe.* Continuar realizando una acción o trabajo a pesar de estar exhausto. pop.

  XIII. 1. intr. *Ec.* Resistir el esfuerzo o el trabajo que exige una actividad.

  2. intr. prnl. *Ec.* Fallar en una actividad. pop.

  XIV. 1. tr. *Gu.* Encarcelar.

  2. *Ho.* juv. Detener a *alguien,* apresarlo. delinc.

  XV. 1. tr. *Bo:O.* Convencer a *alguien* para que realice una acción determinada. pop + cult → espon.

  XVI. 1. intr. *Bo. En el billar,* impulsar con el taco la bola blanca golpeándola en su parte inferior para que al chocar con otra bola pueda retroceder.

  XVII. 1. tr. *RD.* Gustar *alguien* mucho o ejercer una influencia sobre un número de personas.

  XVIII. 1. tr. *Ho.* Poner en alto, subir *algo.*

  XIX. 1. tr. *Ho.* Disparar *alguien* un arma de fuego.

  XX. 1. tr. *PR.* **halar,** consumir combustible.

  XXI. 1. intr. *CR.* Producir *algo* descargas eléctricas.

  ●

  a. ‖ **¿jalas o te pandeas?** fórm. *Mx.* Se usa para indicar deseo de obtener una respuesta afirmativa o negativa a una propuesta. pop.

  □

  a. ‖ **~ bolas.** *Ve.* **halar bolas.**

  b. ‖ **~ caña.** loc. verb. *Ve.* Tomar bebidas alcohólicas. pop.

  c. ‖ **~ dedo.** loc. verb. *Ec.* Hacer autoestop. pop.

  d. ‖ **~ el aire.**

    i. loc. verb. *Ho, ES,* pop + cult → espon; *CR,* obsol. Amonestar a *una persona.*

    ii. *RD.* Quedar sin trabajar, estar en paro. pop + cult → espon.

    iii. *Ni.* Despedir del trabajo a *alguien.*

  e. ‖ **~ la carreta.** loc. verb. *Gu.* Trabajar *alguien* con esfuerzo o sacrificio. pop + cult → espon.

f. ‖ ~ **la chaqueta.** loc. verb. *Ni.* Regañar a *alguien.* pop + cult → espon.

g. ‖ ~ **la cotona.** loc. verb. *Ni.* Golpear o regañar a *alguien.* pop + cult → espon.

h. ‖ ~ **la lengua.** loc. verb. *Pe.* Provocar a *alguien* para que hable acerca de algo que convendría callar. pop.

i. ‖ ~ **la pita.** loc. verb. *Ho.* Aprovecharse de algo o de alguien.

j. ‖ ~ **las orejas.** loc. verb. *Mx, Gu, Ho, ES, Ni, CR, Pa, RD, PR, Co, Ec, Pe, Bo.* Llamar la atención o reprender a *alguien.* pop + cult → espon.

k. ‖ ~ **macizo.**
   i. loc. verb. *ES.* Beber o comer mucho. pop.
   ii. *ES.* Trabajar intensamente. pop.

l. ‖ ~ **parejo.** loc. verb. *Mx, Ni.* Solidarizarse con alguien.

m. ‖ ~ **pasto.** loc. verb. *PR.* Fumar marihuana. drog.

n. ‖ ~ **pata.** loc. verb. *Ec.* Caminar, andar a pie. pop + cult → espon.

ñ. ‖ ~ **trompa.** loc. verb. *Co.* Besar. pop.

o. ‖ ~**le.** loc. verb. *Mx, Gu, Ho, ES.* Tomar bebidas alcohólicas.

p. ‖ ~**le a la moña.** loc. verb. *Ho, ES.* Fumar marihuana. drog.

q. ‖ ~**se el hule.**
   i. loc. verb. *Ho, Ni.* Masturbarse. vulg; fest.
   ii. *Ni.* Haraganear.

r. ‖ ~**se la güirila.** loc. verb. *Ni.* Meterse *alguien* en problemas.

s. ‖ ~**se las mechas.** loc. verb. *Ni, CR, Co, Bo.* Lamentarse de no haber aprovechado una oportunidad favorable. pop.

t. ‖ ~**se las medias.** loc. verb. *Mx.* Correrse el hilo de las medias o **pantimedias**.

u. ‖ ~**se los moños.** loc. verb. *RD, Ve.* Angustiarse, estresarse por no tener tiempo para realizar todas las tareas impuestas.

v. ‖ ~**se los pelos.**
   i. loc. verb. *Pe.* Angustiarse *alguien* por el exceso de trabajo y la falta de tiempo para cumplir con todas las tareas.
   ii. *Pa.* Estar *alguien* muy furioso.

w. ‖ ~**se torta.** loc. verb. *CR.* Quedar embarazada una mujer soltera. pop.

x. ‖ ~**se una mona.** loc. verb. *Ec.* Emborracharse. pop + cult → espon.

y. ‖ ~**se una parada.**
   i. loc. verb. *CR.* Hacer una trastada.
   ii. *CR.* Cometer un error.

z. ‖ ~**se una pollada.** loc. verb. *CR.* obsol. Cometer un error. pop + cult → espon.

a¹. ‖ **jalársela.**
   i. loc. verb. *Mx, RD.* Masturbarse. pop + cult → espon.
   ii. *Mx.* Exagerar. pop + cult → espon.

b¹. ‖ **mandarse a ~.** loc. verb. *Bo.* Marcharse.

a. ‖ **¡jálamela!** loc. interj. *Ho, PR.* Expresa deseo de que alguien lo masturbe. vulg.

a. ‖ **ser bien jálame la yegua.** fr. prov. *Ho, Ni.* Indica que alguien hace todo lo que le dicen, sin importar si le afecta o no.

jalazo.
   I. 1. m. *Ch.* Inhalación de cocaína u otra droga.

jalca.
   I. 1. f. *Pe.* Zona de la **puna** donde crece pasto en abundancia.
   2. *Pe:C,N.* **puna**, extensión grande de terreno raso y yermo. rur.

jalda.
   I. 1. f. *CR, RD, PR.* Ladera de una montaña o monte. (**halda**; **jarda**).
   2. *PR.* Cuesta empinada. pop + cult → espon.

   ■
   a. ‖ ~ **esclarecía.** f. *PR.* Cuesta sin follaje suficiente para sombrear un cafetal. rur.

   □
   a. ‖ ~ **arriba.** loc. sust. *PR.* Empresa difícil que se lleva a cabo, a pesar de los obstáculos. pop + cult → espon.

   ▶ **bajar de la ~.**

jaldado, -a.
   I. 1. *PR.* **jaldoso.**

jaldoso, -a.
   I. 1. adj. *PR. Referido a un terreno,* empinado, con **jaldas**. ♦ **jaldado.**

jale.
   I. 1. m. *Mx, ES.* Trabajo, empleo, ocupación. pop.
   2. *ES.* Oportunidad.
   II. 1. m. *Bo, Ch.* Dosis de cocaína cristalizada, preparada para ser inhalada. drog.
   2. *Bo, Ch.* Inhalación de cocaína u otra droga. drog.
   3. *Bo:E,O.* Chupada que se da a un cigarrillo que contiene sulfato base de cocaína. drog.
   4. *Pa.* Chupada que se da a un cigarrillo al fumarlo.
   III. 1. m. *Pe.* Reunión o convocatoria de personas con el fin de que se incorporen a una asociación, club deportivo o partido político.
   2. *Pe.* Fichaje.
   IV. 1. m. *Pe; Bo,* pop. Carisma, especial capacidad de algunas personas para atraer o fascinar.

jalea.
   I. 1. f. *Pe.* Pescado dejado en salazón, que al día siguiente se fríe y se acompaña de cebolla y maíz tostado.
   II. 1. f. *Bo.* Pasta dulce de color marrón oscuro que se obtiene de la cocción del jugo de la caña de azúcar.

jaleb. (Del maya yucateco).
   I. 1. *Mx:SE.* **tepezcuintle.**

jalencia.
   I. 1. f. *Ho, Ni.* Relación amorosa.
   2. *Ni.* Noviazgo.

jaleo.
   I. 1. m. *RD, PR.* metáf. Coito. vulg; pop + cult → espon.
   II. 1. m. *PR.* metáf. Malestar estomacal o intestinal, *generalmente acompañado de náuseas.* pop + cult → espon.

   □
   a. ‖ ~ **de estómago.** *PR.* **embuche,** mala digestión.

jalero, -a.
   I. 1. adj/sust. *Ch. Referido a persona,* aficionada al consumo de cocaína. pop.

jaleti.
   I. 1. sust/adj. *Ve.* Persona aduladora y servil. pop ^ desp.

jaletina. (Metát. de *gelatina*).
   I. 1. m. *Mx.* Gelatina. pop.

jaley.
   I. 1. m. *Ch.* p.u. Inhalación de cocaína. drog.
   2. *Ch.* p.u. Cocaína. drog.

jalío.
   I. 1. m. *PR. En las actividades marítimas,* calma en el mar entre dos **bravatas.**

jalisco, -a.
   I. 1. adj. *Mx. Referido a persona,* borracha. fest.
   II. 1. sust/adj. *Ch.* Persona testaruda o que siempre tiene argumentos para demostrar que tiene razón. pop + cult → espon.

jaljapacuy.
   I. 1.   m. *Pe*. Danza popular que se baila antes de finalizar una festividad.

jallaca.
   I. 1.   *PR.* **hallaca,** tamal.

¡jallalla!
   I. 1.   interj. *Bo.* Expresa aclamación. pop + cult →
espon.

jallamo.
   I. 1.   m. *RD.* **secua.**

jallao. (De or. ind. antillano).
   I. 1.   m. *PR.* Pez marino de hasta 80 cm de longitud,
con aletas radiadas, de color gris plateado; es comestible, aunque no muy apreciado. (Haemulidae;
Haemulon album). ♦ **ronco blanco.**

jallpahuaica.
   I. 1.   f. *Bo:O.* Salsa picante hecha con **ají amarillo.**
pop.

jalón. (De *halón*).
   I. 1.   m. *Mx, Gu, Ho, ES, Ni, CR, Pa, Cu, RD, PR, Co,
Ve, Pe; Ec, Bo,* pop. Tirón violento o de golpe.
(halón).
     2.   *RD.* metáf. Dolor agudo y repentino que produce
un **nacido,** forúnculo.
   II. 1.   m. *Mx, Gu, Ho, ES, Ni, Ve.* Chupada que se da a
un cigarrillo.
   III. 1.   m. *Mx, Ho, ES.* Trago de tequila u otra bebida
fuerte. pop + cult → espon.
   IV. 1.   m. *Mx, RD.* Distancia por recorrer. pop + cult
→ espon.
   V. 1.   m. *Gu, Ho, ES, Ni.* Autoestop, hecho de llevar o
acercar a alguien a un lugar en un vehículo gratuitamente. **(halón).**
     2.   *Ho, Ni, Pa.* Impulso fuerte que una persona da
con su propio cuerpo a otra o a algo para apartarlo o
como agresión.
   VI. 1.   m. *Ho, ES, Ni.* Novio, pretendiente.
     2.   adj. *Ni. Referido a persona*, que cambia frecuentemente de novio o novia.
   VII. 1.   f. *Ho, ES.* Prostituta. vulg; desp.
   VIII. 1.   m. *Ho.* Fase en el desarrollo de una acción o de un
proceso.
   IX. 1.   m. *CR.* Capacidad de movimiento de un vehículo
dada por la potencia de su motor.
   X. 1.   m. *CR.* Estremecimiento producido en el cuerpo
o en una parte de él por una descarga eléctrica. pop.
   □
   a. ‖ **de un ~.** loc. adv. *Mx, Ho, ES, Cu, RD, PR, Co,
Ve, Ec, Bo.* De golpe, de una sola vez. pop + cult
→ espon.
   b. ‖ **~ de orejas.** loc. sust. *Mx, Ni, CR, Pa, RD, Ve, Pe,
Bo.* Recriminación que se hace a alguien por haber
desobedecido o haber hecho algo mal.
   ▶ **dar ~; darse un ~; ir al ~; no darse ~; pedir ~; tener ~.**

jalona.
   I. 1.   f. *Ho.* Prostituta. pop ∧ desp.

jalonar.
   I. 1.   tr. *Co.* Impulsar, estimular una actividad. pop.

jalonazo.
   I. 1.   m. *Mx, Gu, Ni, CR, Co, Bo.* Tirón violento o de
golpe.
   II. 1.   m. *CR.* Estremecimiento producido en el cuerpo
o en una parte de él por una descarga eléctrica. pop.
♦ **cuerazo.**

jalonear.
   I. 1.   tr. *Mx, Gu, Ho, ES, Ni, Ve, Ec, Pe, Bo.* Dar tirones
a *algo* o a *alguien*. pop + cult → espon.

jaloneo.
   I. 1.   m. *Ni, Bo.* Tirón violento o de golpe. pop + cult
→ espon.

jalonero, -a.
   I. 1.   adj. *ES. Referido a persona*, que roba bolsos.

jalopero, -a. (Del ingl. *holdup*, asalto a mano armada).
   I. 1.   sust/adj. *EU.* Asaltante que hace uso de las armas,
generalmente con la intención de cometer un robo. pop.

jama.
   I. 1.   f. *ES, Ni, CR, Cu, Ve, Pe; Ec,* juv. Alimento, *en especial el sólido.* pop + cult → espon.

jamacazo.
   I. 1.   *RD.* **hamacazo.**

jamadera.
   I. 1.   f. *Cu.* Estafa en un negocio. pop.

jamaica. (De *Jamaica*, una de las islas de Las Antillas Mayores).
   I. 1.   *Mx, Ho, ES, Ni, CR.* **flor de Jamaica.**
     2.   f. *Ho, ES, Ni.* Refresco diurético preparado con el
cáliz y las brácteas de la flor de esta planta, agua y
azúcar.
   II. 1.   adv. *Ho, Ni.* juv. Jamás, nunca.

jamaico.
   I. 1.   *Pa.* **xup,** árbol.

jamaliche.
   I. 1.   sust/adj. *Cu.* Persona glotona. pop ∧ desp.

jamancia.
   I. 1.   f. *Pe.* Alimento, *en especial el sólido.* pop.

jamaque. (Del aim.).
   I. 1.   m. *Bo:O.* Persona de modales rudos y torpes a
quien se le atribuye origen rural. pop + cult → espon.

jamaqueada.
   I. 1.   *Ho, ES, Pa, RD; Ve.* pop. **hamaqueada,** zarandeo.
     2.   *Ho.* **hamaqueada,** balanceo.
   II. 1.   *Ho.* **hamaqueada,** derrota.

jamaqueado, -a.
   I. 1.   adj. *Pa, RD, Ve. Referido a persona,* que es sacudida o golpeada de forma violenta.

jamaquear(se). (De *hamaquear*).
   I. 1.   tr. *Ho, ES, Ni, Pa, Cu, RD, PR, Ve.* Sacudir o
golpear con violencia a *alguien* o *algo*. **(hamaquear).**
     2.   *Cu, PR, Ve.* Mover *algo* de un lado para otro con
rapidez y energía.
   II. 1.   intr. prnl. *Ho, RD.* **hamacarse,** mecerse. **(hamaquearse).**
   III. 1.   intr. prnl. *Ho, CR.* **hamaquearse,** tumbarse.

jamaqueo.
   I. 1.   m. *Ho, ES, Ni, RD, PR, Ve.* Sacudida brusca.
pop + cult → espon. **(hamaqueo).**
     2.   *Ni, Pa, RD, PR.* Temblor de tierra de cierta intensidad. pop + cult → espon. **(hamaqueo).**
     3.   *Pa, RD, PR.* Mecida, columpiada. pop + cult
→ espon. **(hamaqueo).**
     4.   *Ho, RD.* Vaivén de alguien o algo en un vehículo
o carreta.
     5.   *Ho, RD.* Zarandeo que una persona da a otra.

jamaqueón.
   I. 1.   m. *ES, Ni.* Terremoto.
   II. 1.   m. *Ni.* Tirón del dentista al extraer una pieza dental.
   III. 1.   *CR.* **hamaqueón.**

jamaqueyo. (Epént. de *jamaqueo*).
   I. 1.   m. *Ni:N.* Baile tradicional que consiste en un balanceo constante de las parejas.

jamaquiado, -a.
   I. 1.   adj. *ES. Referido a persona o cosa,* transportada con
un constante vaivén.

jamaquión.
   I. 1.   *CR, RD.* **hamaqueón.**

jamar(se).
   I. 1.   tr. prnl. *Cu.* Matar una persona a *alguien*. pop.
     2.   *Cu. En un negocio*, perjudicar a *alguien*. pop.

II. 1. tr. *Cu.* Conocer realmente el modo de ser de una persona.

III. 1. tr. prnl. *Cu.* Tener relaciones sexuales con *alguien.* pop. ♦ **jamar con papa.**

IV. 1. tr. prnl. *Cu.* Creerse *alguien algo* incierto. pop.

□

    a. ‖ ~ **con papa.** loc. verb. *Cu.* **jamarse,** realizar el coito. pop ^ fest.

jamazón.

I. 1. f. *Cu.* Ingestión de comida en abundancia o de manera constante.

jambado, -a. (Afér. de *ajambado*).

I. 1. *Ho.* **ajambado,** voraz con la comida.

II. 1. *Ni.* **ajambado,** torpe.

jambalaya.

I. 1. f. *ES.* Comida hecha de camarones con ajo, cebolla y especias.

jambato. (Del quech. *jambatu*).

I. 1. m. *Ec.* Rana de pequeño tamaño y de color negro, con excepción del vientre, que es amarillento. (Bufonidae; *Atelopus ignescens*).

jamberga. (Del ingl. *hamburger*).

I. 1. f. *EU.* Hamburguesa.

jamberguer. (Del ingl. *hamburger*).

I. 1. m. *RD.* Hamburguesa.

jambol.

I. 1. m. *Ni.* Juego parecido al **beisbol,** en el que se corren dos **bases** y se batea con la mano una pelota de goma y son menos los jugadores.

jamear.

I. 1. tr. *Ec, Pe.* Comer, ingerir alimento. pop.

jamiche.

I. 1. m. *Co.* p.u. Cáscara del grano de los cereales desmenuzada por la molienda que se utiliza como forraje.

jamo.

I. 1. m. *Cu.* Utensilio para pescar o para cazar insectos, con una red en forma de bolsa sujeta a una armadura con mango.

II. 1. m. *Ho:N,C.* Reptil más pequeño que la iguana y de color más oscuro, de hasta 1,60 m de longitud, con una cresta desde el cuello hasta la mitad de la cola. (Iguanidae; *Ctenosaura palearis*).

▶ **caer en el ~; tener en el ~.**

jamón.

I. 1. m. *Ve.* juv. Beso apasionado.

II. 1. m. *CR, Cu;* pop; *Pa,* juv. Cosa fácil de realizar.

III. 1. m. *RD.* Lío, embrollo o alboroto. pop + cult → espon.

■

    a. ‖ ~ **blanco.** *Ar:C.* **jamón redondo.**

    b. ‖ ~ **crudo.** m. *Ur.* Carne curada de la pierna trasera del cerdo.

    c. ‖ ~ **cuadrado.** m. *Ar:C.* Corte de carne de vacuno extraída de la pata trasera del animal, alrededor del fémur.

    d. ‖ ~ **cuadrillé.** m. *Ur.* Tipo de jamón cocido.

    e. ‖ ~ **de pierna.** *Cu.* **jamón pierna.**

    f. ‖ ~ **del diablo.** m. *ES, Ni, CR, Cu, Ar, Ur.* Pasta para untar *elaborada especialmente a base de jamón, carne de vacuno y especias.* ♦ **jamón endiablado.**

    g. ‖ ~ **del país.** m. *Pe.* Pernil de **chancho** cocido o hervido con diversas especias.

    h. ‖ ~ **endiablado.** *Mx.* **jamón del diablo.**

    i. ‖ ~ **glacé.** m. *Ur.* Jamón cocido con una cobertura acaramelada.

    j. ‖ ~ **inglés.** m. *Pe.* Jamón de York.

    k. ‖ ~ **pierna.** m. *Cu.* Jamón curado. (**jamón de pierna**).

    l. ‖ ~ **planchado.** m. *Ve, Ch.* Jamón cocido y ahumado que se presenta con un baño de caramelo.

    m. ‖ ~ **redondo.** m. *Ar:N.* Corte de carne de vacuno extraída del cuarto trasero del animal, detrás del fémur. ♦ **jamón blanco.**

    n. ‖ ~ **sándwich.** m. *Ch.* Loncha de jamón.

    ñ. ‖ ~ *vicking.* m. *Pe.* Embutido de carne de cerdo cocida.

□

    a. ‖ de ~. loc. adv. *Cu.* Sin ningún esfuerzo.

    b. ‖ ~ **del sándwich.**

      i. loc. sust. *ES, Ch, Ar.* Persona que se encuentra en medio de un conflicto de intereses entre dos partes enfrentadas. pop + cult → espon.

      ii. *PR.* Hijo intermedio. pop + cult → espon.

▶ **coger ~; estar ~; estar en el ~; estar en un ~; hacerla de ~; no ser ~; pegarse el ~; ser ~; ser mucho ~ para dos huevos.**

jamón, -na.

I. 1. adj. *Cu;* adj/sust. *CR.* obsol. *Referido a cosa,* fácil de realizar. pop.

II. 1. adj. *RD, PR. Referido a persona,* que tiene edad para estar casada y no lo está. pop + cult → espon ^ fest.

jamonada.

I. 1. f. *Ni, Pa, Cu, Ec, Pe, Ch, Py, Ar, Ur.* p.u. Fiambre elaborado a base de trozos de carne de cerdo cocidos en agua con sal.

jamoncillo.

I. 1. m. *Mx.* Dulce de pepitas de calabaza molidas o machacadas.

jamoncito.

I. 1. m. *Ar:NE.* Corte de carne de vacuno extraída del cuarto trasero del animal, detrás del fémur.

jamonear(se).

I. 1. tr. *Ve.* Besar y acariciar de forma apasionada.

    2. intr. prnl. *Ve.* Besarse y acariciarse dos personas apasionadamente.

    3. tr. *Cu.* Mirar con lascivia.

    4. *Cu.* Tocar *alguien* con lascivia a otro.

II. 1. intr. prnl. *Pe.* Jactarse, vanagloriarse, presumir *alguien* de su propia valía. pop.

III. 1. tr. prnl. *CR.* Sacar provecho *alguien* de otra persona físicamente más débil o de menos edad. pop + cult → espon.

jamoneo.

I. 1. m. *Ve.* Conjunto de besos y caricias que se dan dos personas de forma apasionada.

    2. *Cu.* Mirada lasciva.

    3. *Cu.* Toqueteo lascivo, *generalmente de un hombre a una mujer,* de manera que la importuna.

jamonero.

I. 1. m. *Cu.* Hombre que mira impertinentemente y con lascivia a una mujer. desp.

    2. *Cu.* Hombre al que le gusta tocar lascivamente a otras personas. desp.

jamonero, -a.

I. 1. adj. *Cu. Referido a un **bateador** de **beisbol,*** que prefiere hacerle *swing* al primer lanzamiento.

II. 1. adj. *CR. Referido a persona,* que se aprovecha de los más débiles o de menos edad. pop + cult → espon.

jamoneta.

I. 1. f. *Cu.* Cosa que se logra con poco esfuerzo.

jamonez.

I. 1. f. *PR.* Soltería. pop + cult → espon ^ fest.

jamper. (Del ingl. *jumper*).

I. 1. m. *Bo.* Prenda femenina sin cuello ni mangas que, a modo de vestido, cubre el cuerpo hasta poco arriba de las rodillas y que se usa sobre la blusa.

jampi. (Voz quechua).

I. 1. m. *Bo:O,C.* Medicamento, sustancia que sirve para prevenir, curar o aliviar las enfermedades. pop.

jampiarse.
  I. 1. tr. prnl. *PR.* **volarse**, comerse o beberse algo completamente.

jampiri.
  I. 1. m-f. *Bo:O,C.* Curandero que utiliza principalmente hierbas para sanar. pop.

jampón, -na.
  I. 1. adj. *ES. Referido a persona*, tranquila, despreocupada.
  II. 1. adj. *ES. Referido a persona*, sinvergüenza.

jamuga.
  I. 1. f. *Ve.* Silla de montar que se utiliza en los animales de carga.

jan. (Del ingl. *hand*, mano).
  I. 1. m. *Cu.* Vara de madera dura, rematada en una punta de hierro, que se emplea para ahoyar en la tierra.
    2. *Cu.* Estaca con punta aguzada que se utiliza para hacer cercas.
  II. 1. m. *Cu.* Fenómeno.
  III. 1. f. *ES. En el* **futbol**, falta por tocar el balón con la mano.
  ▶ **dar ~.**

jana. (Del ingl. *half*, mitad).
  I. 1. f. *Ar:NO.* Espina de una planta cactácea.
  II. 1. f. *ES.* Mitad. carc.

janajpacha. (Del quech. *janax pacha*, cielo).
  I. 1. m. *Bo:O,C.* Cielo, paraíso. pop.

janano, -a.
  I. 1. adj. *Gu, ES. Referido a persona*, que tiene el labio leporino.

jananta. (Voz quechua).
  I. 1. f. *Bo:O,C.* Pañal para bebé. pop.

janaquero.
  I. 1. adj/sust. *Cu. Referido a un* **bateador** *de beisbol*, que pega duro a la pelota.

janazo.
  I. 1. m. *Cu.* Golpe fuerte. pop.
  II. 1. m. *Cu.* Trago de bebida alcohólica fuerte. pop.

janca.
  I. 1. f. *Pe.* Parte de la cordillera andina que se eleva desde los 4800 m sobre el nivel del mar hasta las cumbres.
  II. 1. f. *Bo:C.* Cereal deshidratado tostado que se consume como refrigerio. pop.

jancara.
  I. 1. f. *Bo:N,E.* Recipiente hecho con el fruto de una calabaza grande. pop.

janchi.
  I. 1. m. *Bo:N,E.* Residuo de maíz molido que queda después de la elaboración de la **chicha** y que sirve de alimento para algunos animales domésticos. pop.

jándiman. (Del ingl. *handyman*).
  I. 1. m-f. *EU.* Persona ingeniosa o diestra en tareas de reparación y mantenimiento de una vivienda.

jandinga.
  I. 1. f. *RD.* Lío, embrollo o trifulca.
  II. 1. *PR.* **gandinga**. rur.

jane. (De *Agua Jane*®).
  I. 1. m. *Bo:N,E.* Pulpa de una fruta. pop + cult → espon.
  II. 1. f. *Ur.* Disolución acuosa de hipoclorito de sodio que se emplea como producto de limpieza.

janearse.
  I. 1. intr. prnl. *Cu.* Esforzarse por conseguir algo.
    2. tr. prnl. *Cu.* Soportar a *alguien* o *algo* que resulta molesto o desagradable.
  II. 1. intr. prnl. *ES.* Repartirse *algo*. delinc.

janet.
  □
  a. ‖ *Janet Craig.* (Voz inglesa). loc. sust. *Gu.* Planta de hasta 3 m de altura, de hojas de color verde con líneas amarillas luminosas, llamativas y agrupadas de forma compacta en el tallo erecto; es ornamental. (Ruscaceae; *Dracaena deremensis*).

jangá.
  I. 1. f. *RD.* Gran número o cantidad. pop + cult → espon.
  □
  a. ‖ **de una ~.** loc. adv. *RD.* De una sola vez. pop + cult → espon.

jangada.
  I. 1. f. *Mx.* p.u. Estupidez o necedad irritante y molesta.
  II. 1. f. *ES.* Mala jugada.

jangado, -a.
  I. 1. adj. *PR. Referido a persona*, muy enviciada con las drogas. drog.

jangóver.
  I. 1. *EU, PR.* **hangover**.

janguear. (Del ingl. *to hang [around]*).
  I. 1. intr. *EU.* Divertirse *alguien* o estar ocioso, desocupado. pop.
    2. *PR.* Salir a divertirse *alguien*. pop + cult → espon. (**hanguear**; **janguiar**).

jangueo.
  I. 1. m. *PR.* Distracción al compartir con compañeros y amigos charla, bromas o chistes en un café o en la calle. pop + cult → espon.

janguiar.
  I. 1. intr. *EU, PR.* **janguear**.

janiche.
  I. 1. adj. *Gu, Ho, ES, Ni. Referido a persona*, que tiene labio leporino. (**januche**, **janucho**).
    2. *Ho, ES. Referido a persona*, gangosa.
    3. *Ho. Referido a persona*, que le falta algún diente o que tiene alguno partido.

janicho, -a.
  I. 1. adj. *Ho, ES. Referido a persona*, que tiene el labio leporino. (**janucho**).
    2. *Ho. Referido a persona*, desdentada, que le falta uno o varios dientes.
    3. *Ho. Referido a persona*, gangosa.

janihua. (Del aim.).
  I. 1. m-f. *Bo:O,C.* Persona de modales rudos y torpes, a quien se le atribuye origen rural. pop + cult → espon ^ desp.
  II. 1. sust/adj. *Bo:O,C.* Persona terca y obstinada. pop + cult → espon ^ desp.
  III. 1. adv. *Bo:O,C.* No, de ningún modo. pop.

janitor. (Voz inglesa).
  I. 1. m. *EU, PR.* Portero, conserje.

jánitor. (Del ingl. *janitor*).
  I. 1. m-f. *EU.* Trabajador encargado del mantenimiento y la limpieza de un edificio o establecimiento público.

jankaqukipa. (Del quech.).
  I. 1. f. *Bo:O,C.* Maíz seco, tostado y triturado en partículas gruesas para preparar un tipo de **lagua**. pop + cult → espon.

jankenpon.
  I. 1. *Py.* **yan ken po**. pop.

janta. (Del quech.).
  I. 1. f. *Bo:O,C.* Choza o cabaña. rur.

¡jante!
  I. 1. interj. *Ch.* obsol. Expresa decepción o contrariedad ante algo. rur; pop.

januche.
    I. 1.   *ES.* **janicho,** que tiene labio leporino.

janucho, -a.
    I. 1.   adj. *ES.* **janicho,** que tiene labio leporino.
    II. 1. adj. *ES. Referido a una cosa,* desnivelada.

jaña.
    I. 1.   f. *ES, Ni.* Muchacha joven. carc.
    II. 1. f. *ES.* Herida vieja. carc.

jañacho.
    I. 1.   m. *Ch.* Macho que encabeza un rebaño de **auqué-nidos,** mamíferos.

jañape.
    I. 1.   m. *Pe.* Reptil de hasta 6 cm de longitud sin contar la cola, *de color generalmente pardo de apariencia cremosa,* con manchas grises u oscuras, de tamaño y forma irregular, sobre la superficie corporal, con la punta de los dedos ensanchada a manera de espátula, tubérculos pequeños dispuestos en diez hileras dorsales paralelas a la columna vertebral y escamas pequeñas entre las mismas. (Gekkonidae; *Phyllodactylus reisii*).

jaño, -a.
    I. 1.   sust/adj. *Ho, Ni.* juv. Persona que es cónyuge de otra. afec.
       2. *Ho, Ni.* juv. Persona que es novio o amante de otra.

japachobo.
    I. 1.   m. *Mx:SE.* Planta de hasta 80 cm de altura, de tallo erecto, con pelillos, hojas alternas, aovadas, con margen aserrado, inflorescencia en espigas, flores muy pequeñas y de pétalos ausentes, y fruto en cápsulas recubiertas de pelillos. (Euphorbiaceae; *Acalypha setosa*).

japapiada.
    I. 1.   f. *Bo:S.* Galanteo amoroso. pop + cult → espon.

japay.
    I. 1.   m. *Pa.* Botín.

japeca. (Del quech.).
    I. 1.   f. *Bo:O. Según creencias populares,* enfermedad ocasionada por matar hormigas.

japi. (Del ingl. *happy,* feliz).
    I. 1.   adj. *RD.* juv. *Referido a persona,* que está excitada o eufórica por haber tomado alcohol o consumido alguna droga. drog.
       2. *CR.* juv. *Referido a persona,* feliz, contenta.
    II. 1. f. *ES.* Hambre. pop.
    ▶ **tumbar el ~.**

japio.
    I. 1.   m. *Co.* Maíz blanco y resistente al gorgojo.

japonés.
    I. 1.   *PR.* **gallo japonés.**

japonesa.
    I. 1.   f. *PR.* Caña de azúcar.
    II. 1. f. *PR.* **galafate,** pez.

japutuqui.
    I. 1.   m. *Bo:N,E.* Personaje de la danza **torito** que lleva una máscara negra de semblante humano, con un par de ojos blancos, que se sujeta a la cabeza por una especie de gorro formado con cabellos, terminados en moño. pop.

jaque. (Del aim. *jaqi,* persona).
    I. 1.   m. *Bo:O.* **jaque larama.**
    □
      a. ‖ ~ **larama.** loc. sust. *Bo:O.* Hombre de modales rudos y torpes, a quien se le atribuye origen rural. pop + cult → espon ^ desp.

jaqueco.
    I. 1.   *Co.* **chirlobirlo.**

jaquetón, -na.
    I. 1.   m. *Pa, PR.* Persona vana, jactanciosa, pendenciera.

jaquetón, -na.
    I. 1.   adj. *PR.* juv. **guapetón,** agresivo
       2. *PR.* **roncón,** fanfarrón.

jaquetonería.
    I. 1.   f. *PR, Ve.* Actitud propia del jaque o valentón. pop + cult → espon.

jáquima.
    I. 1.   f. *Gu, Ho.* Borrachera.
    II. 1. f. *Ni.* metáf. Cicatriz en la cara.
    III. 1. f. *Ni.* Timo, estafa.
    ▶ **poner una ~.**

jaquimón.
    I. 1.   m. *Ar:NO.* Cabezada de cordel de las caballerías. rur.
       2. *CR, PR.* Cabezada de cordel o cuero que se pone a las vacas o a los toros para sujetarlos, *especialmente cuando se conducen en una exposición ganadera.*

jara.
    I. 1.   m-f. *EU, ES.* Agente de policía. delinc.
       2. f. *ES, PR.* Patrulla de la policía. delinc.
    II. 1. f. *Bo:E.* Campamento improvisado que hacen los viajeros o cazadores en el campo.

jarabe.
    I. 1.   m. *Mx, Ni.* Danza popular en pareja, influida por bailes españoles como la jota.

    ■
      a. ‖ ~ **fresco.** *PR.* **guarapillo.**
      b. ‖ ~ **tapatío.** m. *Mx, Co.* Baile de parejas sueltas, con paso y compás de zapateado.
    □
      a. ‖ **¡grave ~!** loc. interj. *Bo.* Expresa la dificultad para solucionar un problema. pop + cult → espon ^ fest.
      b. ‖ ~ **de lengua.** loc. sust. *Ve.* Conversación larga en la que una persona pretende que otra cambie de opinión. pop.
      c. ‖ ~ **de pico.** loc. sust. *Mx, Cu.* Persona con gran capacidad de persuasión. pop.

jarabero, -a.
    I. 1.   m. y f. *Mx.* Persona que baila el **jarabe.**

jaracatal.
    I. 1.   m. *Gu.* Gran número o cantidad. pop.

jaragana.
    I. 1.   *RD.* **haragana.**

jaragua.
    I. 1.   *Gu, Ni, CR, PR.* **faragua.** (**yaraguá**).

jaraguá.
    I. 1.   *Ho, ES.* **faragua.**

jaragual.
    I. 1.   m. *CR.* Terreno plantado de **jaragua.**

jarajorechi.
    I. 1.   m. *Bo:E.* Planta herbácea perenne, bulbosa, con tallo floral recto, hojas lineales y flores muy vistosas, con forma de trompeta, de color rosa; es ornamental. (Amaryllidaceae; *Amaryllis belladonna*).

jaral.
    I. 1.   m. *Ho:C.* **faragua.**
       2. *Ho.* Lugar donde crece la faragua o el **zacate jaral.**

jaramago.
    I. 1.   m. *Mx.* Planta herbácea de hasta 80 cm de altura, de raíz gruesa parecida a la del rábano doméstico, tallo erecto pubescente a lo largo del cual crecen las hojas, flores tetrámeras de color rosa y fruto peque-

ño, simple, seco, abridero y bivalvo. (Brassicaceae; *Raphanus raphanistrum*).

jarana.
- **I. 1.** f. *Mx.* Música tradicional de la península de Yucatán que se enmarca en el género del **son**.
- **2.** *Mx.* Baile de pareja, típico de la península de Yucatán, de zapateado vivo; heredero del fandango andaluz.
- **3.** *RD, PR.* Baile casero entre familiares y amigos.
- **II. 1.** f. *Mx.* Instrumento musical de cuerda parecido a una guitarra pequeña.
- **III. 1.** f. *RD, Pe.* Molestia, engorro, impedimento.
- **IV. 1.** f. *Ho, ES, Ni, CR.* Deuda, obligación de pagar dinero. pop.
- **V. 1.** f. *Cu, RD.* Burla que se hace a alguien, en tono de broma o chiste.
- ▶ **hacer ~; usar ~s.**

jaranear.
- **I. 1.** intr. *Cu, RD.* Bromear, intercambiar burlas o chistes. pop.
- **II. 1.** tr. *Ho.* Adquirir *alguien* deudas que no piensa pagar.
- **2.** intr. *Ho.* Hacer trampas, *especialmente en el juego*.

jaranero, -a.
- **I. 1.** adj. Relativo a la **jarana**, música y baile.
- **2.** *Mx.* Relativo a la **jarana**, instrumento.
- **3.** m. y f. *Mx.* Persona que fabrica, vende o toca la **jarana**.
- **II. 1.** adj. *Ve. Referido a persona o acto*, alegre.
- **III. 1.** adj/sust. *Ho, ES, Ni. Referido a persona*, tramposa.
- **IV. 1.** adj/sust. *Ho, Ni. Referido a persona*, que tiene abundantes deudas.

jarangón.
- **I. 1.** m. *Ar.* obsol. Fiesta, juerga. pop.

jaranista.
- **I. 1.** adj. *Mx, Pe, Bo:O,C. Referido a persona*, aficionada a la jarana o diversión. pop + cult → espon ^ fest.

jarano.
- **I. 1.** *Mx.* **sombrero jarano.**

jarapa.
- **I. 1.** f. *Pe.* Hoja seca del **maguey** empleada como leña para hornos. rur.

jararaca.
- **I. 1.** *Pe.* **equis**, serpiente.

jararancu. (Del aim. *jararankhu*, lagarto).
- **I. 1.** m. *Bo:O,C.* Lagarto de pequeño tamaño, de color marrón, con escamas muy pronunciadas. (Liolaemidae; *Liolaemus multiformis*).

jarazo.
- **I. 1.** m. *Ho.* Petardo, explosión de un petardo.

jarcería.
- **I. 1.** *Mx.* **jarcería.**

jarcia.
- **I. 1.** f. *Mx, Gu, Ho, ES, Ni.* Conjunto de objetos de fibra vegetal.
- **2.** *Cu, RD.* Cuerda gruesa de **henequén**.
- **3.** *Ec:S.* Fibra de la **cabuya**.
- **II. 1.** f. *Ho.* Equipo para montar una caballería, compuesto de **gamarrón**, freno y montura.

jarciado, -a.
- **I. 1.** adj. *Ho. Referido a caballería*, con todo el equipo de montar.

jarciar.
- **I. 1.** intr. *Bo:S.* Hablar *una persona* de sí misma jactanciosamente. pop.
- **II. 1.** tr. *Ho.* Poner a una caballería la cabezada, el freno y la montura.

jarcería.
- **I. 1.** f. *Mx.* Ramo del comercio de los objetos de fibra vegetal. (**jarcería**).
- **2.** *Mx.* Tienda especializada en productos e instrumentos de limpieza. (**jarcería**).

jarciero.
- **I. 1.** m. *Mx, Ho.* Hombre que se dedica a fabricar cordeles y **cabuyas**.

jarciero, -a. (De *jarcia*).
- **I. 1.** m. y f. *Mx, Ho, ES.* Persona que vende **jarcia**, conjunto de objetos de fibra vegetal.

jarda.
- **I. 1.** *RD.* **jalda**, ladera de una montaña. (**harda**).

jardear.
- **I. 1.** tr. *Ve.* Arrear al ganado para poder realizar actividades como el ordeño, el conteo o la pesada.

jardín.
- **I.** (Calco del ingl. *outfield*).
  - **1.** m. *Mx, Ho, ES, Ni, Pa, Cu, PR.* En el **beisbol**, cada una de las zonas del campo exterior, la más alejada del **diamante**.
  - **2.** *Mx, Ho, ES, CR.* En el **beisbol**, la zona de juego externa al rombo conformado por las **bases**.
- **II. 1.** m. *Co.* Establecimiento educativo y recreativo al que concurren niños que todavía no están en edad escolar.
  - **2.** *Co.* Nivel optativo anterior a **kínder**, etapa.
- **III. 1.** m. *Ch.* Establecimiento comercial en donde se venden plantas y todo lo necesario para la jardinería.
- **IV. 1.** m. *Pa.* Centro de diversión y de baile.
- ■
  - **a.** ‖ **~ central.** (Calco del ingl.). m. *Mx, Ho, ES, Ni, CR, Cu, RD, PR.* En el **beisbol**, campo central situado detrás de la segunda **base**.
  - **b.** ‖ **~ de paz.** m. *Ec, Py.* Cementerio. euf.
  - **c.** ‖ **~ derecho.** (Calco del ingl.). m. *Mx, Ho, ES, Ni, CR, Cu, RD, PR.* En el **beisbol**, campo situado detrás de la primera **base** y contiguo al jardín central. ♦ *right field*.
  - **d.** ‖ **~ izquierdo.** (Calco del ingl.). m. *Mx, Ho, ES, Ni, CR, Cu, RD, PR.* En el **beisbol**, campo situado detrás de la tercera **base** y contiguo al jardín central.
- □
  - **a.** ‖ **~ de infantes.** loc. sust. *Ni, Pa, RD, Ec, Bo, Py, Ar, Ur; Ch.* esm. Establecimiento educativo y recreativo al que concurren niños que todavía no están en edad escolar. ♦ **jardín de niños.**
  - **b.** ‖ **~ de niños.** *Mx, Ho, ES, Ec, Bo.* **jardín de infantes.**

jardinear.
- **I. 1.** intr. *ES, Pa, Co, Ve, Ch.* Trabajar *alguien* el jardín por afición.

jardinera.
- **I. 1.** f. *Co.* Vestido femenino, *generalmente infantil*, sin mangas con dos tirantes que lo sostienen en los hombros.
  - **2.** *Bo, Ch, Py, Ur.* Prenda de vestir unisex, de una sola pieza, que consta de pantalón con pechera y se sujeta con dos tirantes en la espalda.
- **II. 1.** f. *Ni, CR.* Niña que en las procesiones del Corpus esparce pétalos que lleva en una cesta.
- **III. 1.** f. *Ur. En las escuelas*, curso optativo anterior al primer grado escolar.
- ■
  - **a.** ‖ **~ preescolar.** loc. sust. *Co.* Maestra de educación preescolar.

jardinero.
 I. 1. m. *Mx, Ni, CR, Pa, Cu, RD, PR, Co. En el* **beisbol**, jugador que tiene por misión atrapar la pelota que ha traspasado el **diamante**. ♦ **guardabosque**.
 2. *Ho, ES, Ni. En el* **beisbol**, jugador que defiende la parte central del terreno de su equipo.
 II. 1. m. *Ar, Ur.* **jardinera**, prenda de vestir unisex.
 III. 1. m. *ES.* Amante de una mujer casada. fest.
 ∎
 a. ‖ ~ **central.** m. *Ni, Cu, RD, PR. En el* **beisbol**, jugador que defiende el **jardín central** del campo.
 b. ‖ ~ **derecho.** m. *Ni, Cu, RD, PR. En el* **beisbol**, jugador que defiende el **jardín derecho** del campo.
 c. ‖ ~ **izquierdo.** m. *Ni, Cu, RD, PR. En el* **beisbol**, jugador que defiende el **jardín izquierdo** del campo.

jarepa.
 I. 1. f. *Bo:N,E.* Masa preparada con **yuca**, previamente cocida y molida, mezclada con queso, que se fríe y sirve de acompañamiento a algunas comidas.

jareta.
 I. 1. f. *Ve.* Molestia grande.
 2. *Ve.* Contratiempo o inconveniente que retrasa la realización de una actividad.
 II. 1. *Ar.* **llareta**.
 III. 1. f. *Gu, Ho, CR.* Abertura que tienen los pantalones en su parte delantera. pop + cult → espon.
 ▶ echar ~s.

jaria.
 I. 1. f. *Mx:N.* Hambre, gana y necesidad de comer. pop + cult → espon.

jaría.
 I. 1. f. *Ho, ES.* Hambre. pop. ♦ **járier**.

jarichi.
 I. 1. sust/adj. *Bo:NE.* Persona que causa molestia o fastidio. pop + cult → espon.
 II. 1. m. *Bo:E.* Cordón de fibra vegetal o cinta de colores con que las mujeres atan los extremos de sus trenzas.

járier.
 I. 1. *ES.* **jaría**.

jarilla.
 I. 1. f. *Ch, Ar:C,NO.* Arbusto ramoso de hasta 3 m de altura, de hojas persistentes cubiertas por una resina que las protege de la desecación, flores amarillas y una cápsula ovalada como fruto; se le atribuyen propiedades medicinales. (Zygophyllaceae; *Larrea* spp.).
 2. *Co.* Arbusto de hasta 2 m de altura, muy ramificado, que tiene hojas opuestas y flores pequeñas, agrupadas en cabezuelas, además de inflorescencia en forma de sombrilla; las hojas se emplean en medicina popular contra el reumatismo y las indigestiones. (Asteraceae; *Stevia lucida*).
 3. *RD.* **solimanché**.
 II. 1. f. *Ho:O.* Jarra pequeña de barro para servir el café.
 ∎
 a. ‖ ~ **sacancia.** f. *Ar:C,O.* Arbusto de hasta más de 1 m de altura, de copa densa, flores amarillas y anaranjadas; tiene aplicación en la medicina popular. (Asteraceae; *Gochnatia glutinosa*). ♦ **sacancia**; **sacanza**.

jarillal.
 I. 1. m. *Ar:NO.* Sitio poblado de **jarillas**.
 2. *Ni.* Campo lleno de maleza.

jarillar.
 I. 1. m. *Ar.* Sitio poblado de **jarillas**.

jarillero, -a.
 I. 1. m. y f. *Ar:NO,O.* Persona que recoge o vende **jarilla**. rur.

jarina.
 I. 1. f. *RD.* Lluvia menuda que cae de forma suave.

jariniar.
 I. 1. intr. impers. *RD.* Llover con gotas muy menudas.

jarioso, -a.
 I. 1. adj. *Mx. Referido a persona*, que siente un deseo sexual intenso.

jaripa.
 I. 1. f. *Mx.* Ave de hasta 21 cm de longitud, de cabeza, cresta y partes superiores de color azul grisáceo, una raya blanca sobre los ojos, plumas de vuelo negras con amplias bandas blancas, garganta y pecho grises con los flancos amarillentos y vientre blanquecino. (Ptilogonatidae; *Ptilogonys cinereus*).

jaripe.
 I. 1. m. *Bo.* Castigo que consiste en realizar ejercicios físicos agotadores. pop + cult → espon ♦ **jaripeada**.

jaripeada.
 I. 1. f. *Mx.* Participación en un **jaripeo**.
 II. 1. f. *Bo.* **jaripe**.

jaripear.
 I. 1. intr. *Mx, Gu.* Participar en un **jaripeo**.
 II. 1. tr. *Bo.* Castigar a *una persona* a realizar ejercicios físicos agotadores. pop + cult → espon.

jaripeo.
 I. 1. m. *Mx, Gu, Ho, ES, Ni.* Deporte que consiste en montar a pelo potros salvajes o **reses** bravas y hacer otros ejercicios, como arrojar el lazo.
 II. 1. m. *ES. En un burdel*, período de mucha actividad sexual. prost.

jarjacha.
 I. 1. m. *Pe.* Criatura fabulosa mitad ser humano mitad llama que, según la creencia popular, es fruto de una relación incestuosa.

jarocho, -a.
 I. 1. adj. *Mx.* Relativo a la costa del estado de Veracruz.
 II. 1. adj. *Co:N. Referido a persona*, alegre, viva. pop.
 III. 1. adj. *Ho, ES. Referido a odio*, intenso.

jarón.
 I. 1. m. *Ho.* Agente de policía.

jaropearse.
 I. 1. intr. prnl. *Mx.* Comer mucho hasta hartarse. rur.

jarra.
 I. 1. adj. *Mx. Referido a persona*, borracha. pop.
 2. f. *Mx.* Bebida alcohólica. pop.
 II. 1. adj. *Ec. p.u. Referido a persona*, de boca saliente por tener los labios muy abultados. pop + cult → espon ^ desp.
 2. *Ec. p.u. Referido a persona*, de mandíbulas salientes. pop + cult → espon ^ desp.
 ▶ agarrar la ~.

jarrada.
 I. 1. f. *Ni, Co, Ar:NO; Ch, p.u; pop.* Cantidad de algo que puede contener un jarro.

jarrado.
 I. 1. *CR.* **jarrada**.

jarretera.
 I. 1. f. *Co.* Ulceración producida por **niguas** que se introducen en el talón.

jarretes.
 I. 1. m. pl. *Ni.* Cachetes del cerdo gordo.

jarretudo, -a.
 I. 1. adj. *Cu. Referido a persona, generalmente joven*, que se comporta como de menos edad. pop + cult → espon ^ desp.

jarría.
   I. 1. f. *ES.* Automóvil viejo.
   II. 1. f. *ES.* Jarra de lata, *generalmente para tomar café.*
jarrierito.
   I. 1. m. *RD.* Ratón de pequeño tamaño. (**harrierito**).
jarrito.
   I. 1. *Ho.* **gallito**, planta epífita.
     2. *Ho:E.* Avispa que hace un nido de barro que semeja un jarrito. (Vespidae; *Polybia emaciata*).
   □
     a. ‖ ~ **de Guadalajara.** loc. sust. *Mx.* Persona muy sensible a cualquier tipo de comentario. pop. ♦ **jarrito de Tlaquepaque.**
     b. ‖ ~ **de Tlaquepaque.** *Mx.* **jarrito de Guadalajara.**
jarritos.
   I. 1. m. pl. *Mx.* Planta de hasta 10 m de altura, carnosa, columnar, armada con espinas dispuestas de forma linear a lo largo de las columnas y flores de color naranja y rojo. (Cactaceae; *Pachycereus marginatus*).
jarro.
   I. 1. m. *Pe, Bo, Py.* Tazón de metal enlozado usado para los desayunos.
     2. *CR, RD.* Recipiente cilíndrico, enlozado y de una sola asa, usado para servir bebidas.
   II. 1. m. *CR.* Rostro, cara de una persona. pop + cult → espon ^ fest.
   ■
     a. ‖ ~ **de aire.** m. *Mx.* Tubo que permite el paso del aire a un depósito de agua para que esta pueda salir impulsada hacia afuera.
     b. ‖ ~ **de oro.** m. *Mx.* Árbol de hasta 17 m de altura, de hojas simples, alternas, normalmente agrupadas al final de las ramas, lanceolado-oblongas o elíptico-oblongas, flores solitarias, axilares, de gran tamaño y color amarillo, y frutos en cápsulas elipsoidales. (Turneraceae; *Erblichia odorata*). ♦ **sanjuanero; suelda con suelda.**
jartadera.
   I. 1. *Co.* **bebedera.**
jartanga.
   I. 1. f. *RD.* Hartazgo.
jartar(se). (De *hartar*)
   I. 1. intr. prnl. *Cu, PR, Co, Ve.* Comer, tomar alimentos hasta sentirse harto.
     2. tr. *CR, Co, Ve.* Comer, tomar alimentos. pop.
     3. *Co, Ve.* Tomar bebidas alcohólicas. pop + cult → espon. ♦ **jartar guaro.**
     4. intr. prnl. *Co.* Emborracharse. pop.
   II. 1. intr. prnl. *PR, Co, Ve.* Aburrirse. pop.
     2. tr. prnl. *Ve.* Hastiarse o cansarse de *algo* o *alguien* hasta no tolerarlo más.
   III. 1. tr. *Ve.* Insultar de manera violenta y agresiva a *alguien*;.
     2. *Ve.* Reclamar *algo* o recriminar violentamente a *alguien.*
   □
     a. ‖ ~ **guaro.** loc. verb. *CR.* **jartar**, tomar bebidas alcohólicas. rur; pop.
jartazón.
   I. 1. f. *Ve.* Comida abundante. pop.
jartera.
   I. 1. f. *Co, Ve.* Estado de ánimo que denota pereza, aburrimiento. pop. (**hartera**).
     2. *PR, Ve.* Sensación de cansancio y malestar. vulg; pop + cult → espon. (**hartera**).
   II. 1. f. *Co.* Borrachera. pop. (**hartera**).
     2. *Cu.* Efecto o secuela causados por comer o beber en exceso. ♦ **jipatera.**

jarto, -a.
   I. 1. adj. *PR, Co, Ve.* Referido *a cosa*, desagradable, molesta. pop.
     2. *Co.* Referido *a persona*, aburrida. pop.
     3. *Cu.* Referido *a persona*, que ha saciado el apetito de comer y de beber.
jartón.
   I. 1. *Ve.* **guineo**.
jartón, -na.
   I. 1. *Cu, RD, Ve.* **hartón**.
jarubichi.
   I. 1. m. *Bo:N,E.* Sedimento que se deposita en el fondo de un recipiente tras un proceso de destilación del aguardiente. pop. (**jaruichi**).
jaruichi.
   I. 1. *Bo:N,E.* **jarubichi**.
jaruma.
   I. 1. f. *RD.* **guarumo**.
jarusca.
   I. 1. f. *ES.* Mentira, engaño, estafa.
jarwi. (Del quech. *jarwi*).
   I. 1. m. *Bo:O,C.* Harina fina tostada que se emplea para preparar **lagua** o como refrigerio, mezclada con agua caliente hervida y azúcar.
jasayé.
   I. 1. m. *Bo:N,E.* Bolsa grande tejida con hojas de **motacú**, a la manera de un canasto, que se emplea para llevar productos del campo. pop.
jase.
   I. 1. *Ho.* **yac**, figura de plástico. inf.
jashte.
   I. 1. *Gu.* **jashto**.
jashto, -a.
   I. 1. sust/adj. *Gu.* Indio, indígena de América. (**jashte**).
jaspe.
   I. 1. m. *Gu, Ni.* Técnica de confección que consiste en anudar partes del hilo de una madeja para hacerlas impermeables al tinte, de forma que el contraste final entre las zonas que están teñidas y las que no asemeje la piel de un reptil.
jaspia.
   I. 1. f. *Mx, Gu, Ho.* Hambre. carc.
jataco.
   I. 1. *Pe.* **quelite**, planta.
jatata.
   I. 1. f. *Bo:E.* Palma de hasta 4 m de altura, de tallo fino, grandes hojas pinnadas, y pequeños frutos dispuestos en racimos, de color verde cuando están tiernos y negros cuando están maduros. (Arecaceae; *Geonoma orbignyana*).
jate.
   I. 1. m. *Ho, ES.* Cucaracha pequeña.
jatear.
   I. 1. intr. *Pe; Ec*, p.u. Dormir. pop + cult → espon.
     2. intr. prnl. *Pe.* Conseguir dormirse *una persona*. pop.
   II. 1. tr. *Ec:S.* Acarrear *algo*. rur.
   III. 1. tr. *Gu.* Apilar cosas, o disponerlas ordenadamente una tras otra.
jatero, -a.
   I. 1. m. y f. *Ec:S.* p.u. Persona que se ocupa del acarreo de algo. rur.
   II. 1. m. y f. *Ni.* Persona inculta. rur.
jaticá.
   I. 1. m. *RD.* Gran número o cantidad. hiperb.
jático. (De or. ind. antillano).
   I. 1. m. *RD.* Árbol de hasta 20 m de altura, de hojas grandes, aovadas y ásperas al tacto y fruto en dru-

pa blanca cuando está maduro; sirve de alimento a algunos animales. (Boraginaceae; *Cordia sulcata*).

II. 1. m. *PR.* Bolsa con asa hecha de mallas, usada para llevar los peces de un sitio a otro en los viveros.

jato. (De *jate*).
I. 1. m. *Pe*; *Bo:E.* pop. Vivienda, casa de una persona.
II. 1. m. *Ec.* Arneses. rur.
▶ **tirar ~.**

jato, -a.
I. 1. adj. *Pe. Referido a persona*, dormida. pop.
II. 1. adj. *Ho. Referido a persona*, que tiene la piel de color blanquecino.

jatobá.
I. 1. m. *Mx.* Árbol de hasta 7 m de altura, de copa espesa, tronco rugoso, hojas divididas en hojuelas ovales, lisas y coriáceas, flores en ramillete, de color amarillo claro, y fruto en vaina pardusca con varias semillas; su madera, dura y rojiza, se emplea en ebanistería. (Papilonaceae; *Hymenea curbaril*).

jatunruna. (Del quech. *jatun*, grande, y *runa*, persona).
I. 1. sust/adj. *Bo.* Persona de gran estatura. pop.

jatupear.
I. 1. intr. *Bo:E.* Formar espuma el jabón o el detergente. pop.

jatupú.
I. 1. m. *Bo:N,E.* Espuma de jabón o de detergente. pop.

jau.
•
a. ‖ **~.** fórm. *Bo.* Se usa para dirigirse a una persona cuyo nombre se desconoce o no se recuerda. pop.

¡jau! (De or. onomat.).
I. 1. interj. *Bo.* Expresa llamada de atención a una persona. pop.
II. 1. interj. *RD.* Imita el ladrido del perro.

jaucanazo. (Del aim. *jawq'aña*).
I. 1. *Bo:O.* **jaucazo.**

jaucazo.
I. 1. m. *Bo:O.* Golpe fuerte dado con la mano. pop + cult → espon.

jauci.
I. 1. *Bo:O.* **jausi.**

jauja.
I. 1. f. *Mx.* Planta herbácea leñosa de hasta 80 cm de altura, de hojas alternas, carnosas, inflorescencia axilar y flores blanquecinas o verdosas. (Chenopodiaceae; *Suaeda* spp.). (**xauxa**).

jaúl.
I. 1. m. *Ni, CR, Pa.* Árbol de hasta 20 m de altura, de hojas alternas, simples, aserradas en los márgenes, flores amarillentas, y fruto en forma de nuez pequeña; su madera se utiliza para hacer ataúdes y como **formaleta.** (Betulaceae; *Alnus acuminata*). ♦ **lambrán; palo de lama.**

jaula.
I. 1. f. *Mx, Co.* Cubierta metálica que se adapta a la parte trasera de una vagoneta.
2. *Cu, Ve.* Vehículo enrejado que utiliza la policía para trasladar reclusos o personas detenidas.
II. 1. f. *Mx, Gu, ES.* metáf. Casa, hogar. pop.
III. 1. f. *Ar.* **bandoneón.** pop.
IV. 1. f. *Ho. En el futbol*, portería.
◻
a. ‖ **~ de encerrar pichones.** f. *PR.* Cárcel. polic.
b. ‖ **~ de exhibición.** f. *PR.* Jaula transparente de acrílico, donde se exhiben los gallos, listos para ser llevados por el juez de inscripción a los cajones de combate.

◪
a. ‖ **¡qué linda la ~ y qué feo el pichón!** fr. prov. *PR.* Indica la existencia de una gran diferencia entre dos elementos lógicamente relacionados. pop + cult → espon.

jaulero, -a.
I. 1. m. y f. *Mx.* Persona que entra en una casa ajena cuando está vacía para robar. pop + cult → espon.
II. 1. m. y f. *Ho.* Persona encargada de manejar el ascensor en una mina.

jaulón.
I. 1. m. *Cu.* Estructura de hierro que se utiliza para pescar langostas.

jaulona.
I. 1. f. *Ho.* Ascensor de una mina.

jauque.
I. 1. *Mx:NO.* **inguande.**

jausi.
I. 1. m. *Bo:O.* Lagarto de hasta 50 cm de longitud, de color verde con tonos azules y numerosas rayas a lo largo del cuerpo. (Teiidae; *Ameiva ameiva*). (**jauci**). ♦ **borriguero.**

java.
I. 1. *Ch.* **jaba,** cajón.

javado, -a.
I. 1. *PR.* **jabado,** de plumas grisáceas.
II. 1. *PR.* **jabado,** mulato.

¡jay! (Del quech. *¡jay!*).
I. 1. interj. *Bo:O,C.* Expresa énfasis a una pregunta. pop.

jayaca.
I. 1. *PR.* **hallaca,** tamal. rur.

jayacaste.
I. 1. *Mx.* **jícaro,** árbol perenne.

jayachicu. (Del quech. *jayachiku*, que pica).
I. 1. m. *Bo:C.* Plato aderezado con un condimento picante. pop.

jayajabico.
I. 1. m. *Cu.* Árbol de hasta 20 m de altura, de corteza pardusca, hojas de ápice agudo, flores pequeñas, dispuestas en racimos, y fruto globoso de color anaranjado; la corteza se utiliza en la medicina popular con diferentes aplicaciones. (Rhamnaceae; *Colubrina elliptica*).
2. *PR.* **iayajabico.**

jayán, -na.
I. 1. adj. *Ho, ES, Ni, Co. Referido a persona*, vulgar y grosera.

jayanada.
I. 1. f. *Ho, ES, Ni.* Dicho o hecho vulgar y de mal gusto.

jayanazo.
I. 1. m. *Co.* Hombre de gran estatura. pop + cult → espon.

jayanear.
I. 1. intr. *Ho, ES, Ni.* Bromear con alguien.
2. *Ho, ES, Ni.* Decir *alguien* palabras soeces o vulgares.

jayanería.
I. 1. f. *Ho, Ni.* Palabra o acción soez, vulgar o de mal gusto.

jayari.
I. 1. m. *Pe:S.* obsol. Aperitivo hecho a base de **papa sancochada, rocoto,** tomate, **ají,** aceite, sal y vinagre.

jaybol. (Del ingl. *high ball*).
I. 1. *Ho.* **jaibol.**

jaz.
I. 1. m. *ES.* Haz, atado de leña o hierba. rur.
◻
a. ‖ **al ~.** loc. adv. *ES.* Al lado, a la orilla.

jazada.
- I. 1. f. *ES.* Haz o manojo de algo, generalmente de hierba.

jazmín.
- I. 1. m. *Co, Ve, Bo, Ch, Py.* Arbusto de hasta 3 m de altura, muy ramificado, con hojas brillantes de color verde oscuro, y flores blancas, solitarias y muy fragantes. (Rubiaceae; *Gardenia jasminoides*). ♦ **malabar**.
- 2. *Co.* **amanda**.
- 3. *Ur.* **jazmín del Cabo**.

- a. ‖ ~ **de día**. m. *Cu.* Arbusto de hojas apuntadas, verdes, lustrosas por el haz y pálidas por el envés, flores blancas en forma de clavo y fruto globoso de color morado. (Solanaceae; *Cestrum diurnum*).
- b. ‖ ~ **de Jujuy**. m. *Ar:NO.* Planta de hasta 1 m de altura, de base leñosa, hojas ovales de margen ondulado, flores blancas y un folículo cilíndrico como fruto. (Apocynaceae; *Echites funiforme*).
- c. ‖ ~ **de muerto**. m. *RD.* Arbusto de hasta 2 m de altura, de hojas grandes, aovadas y con la base redondeada, y flores terminales, de color blanco o rosado, fragantes y vistosas. (Verbenaceae; *Clerodendrum philippinum*).
- d. ‖ ~ **de noche**. *Cu.* **hueledenoche**.
- e. ‖ ~ **de río**. m. *PR.* **conga**, planta herbácea.
- f. ‖ ~ **del Cabo**. m. *Ho, ES, Ni, Bo, Ar, Ur.* Arbusto perenne de hasta 2 m de altura, hojas opuestas, lanceoladas, de color verde oscuro brillante, flores blancas fragantes, solitarias, simples o dobles; es ornamental. (Rubiaceae; *Gardenia augusta*). ♦ **jazmín**.
- g. ‖ ~ **del Istmo**. *Mx:SE.* **esquisúchil**.
- h. ‖ ~ **del Paraguay**. m. *Py, Ar:N, Ur.* Arbusto ramoso de hasta 2 m de altura, de follaje denso, hojas ovaladas y flores muy olorosas de color violeta que van perdiendo su color hasta quedar blancas. (Solanaceae; *Brunfelsia australis*). ♦ **diamelo**; **jazmín del Uruguay**.
- i. ‖ ~ **del Uruguay**. *Ur.* **jazmín del Paraguay**.
- j. ‖ ~ **francés**. *PR.* **marango**.

jazmincillo.
- I. 1. m. *Mx.* Arbusto semileñoso de hasta 2 m de altura, de tallos delgados y ramificados, hojas pecioladas, delgadas y aovadas, inflorescencias terminales en umbelas globosas, y flores abundantes en cada uno de los glomérulos, con forma tubular acampanada y color blanco o verdoso. (Nyctaginaceae; *Pisoniella arborescens*).
- 2. *Mx.* Arbusto de hasta 2 m de altura, de tallos subleñosos o leñosos, hojas lanceoladas, apicadas, con margen liso o dentado, pecíolo muy corto, inflorescencias en espigas, flores acampanadas, simpétalas, y fruto en drupa. (Verbenaceae; *Lippia ligustrina*).

- a. ‖ ~ **del cielo**. *Ar.* **embeleso**.
- b. ‖ ~ **del país**. m. *Ar.* Arbusto con pequeñas flores en forma de estrella de color blanco e intenso perfume. (Oleaceae; *Jasminum officinale*).

jeanería. (Der. de ingl. *jeans*, pantalones vaqueros).
- I. 1. f. *Ar, Ur.* Tienda especializada en la venta de ropa confeccionada con tela vaquera.

jeans. (Voz inglesa).
- I. 1. m. *EU, Mx, Gu, Ho, ES, Ni, CR, RD, PR, Co, Bo, Ch, Py, Ar, Ur.* Pantalón hecho de una tela resistente de algodón, *generalmente azul*, usado originalmente por vaqueros y mineros norteamericanos.

jeba.
- I. 1. *Ni, Pa, Cu, RD; Ve,* juv. **jeva**, muchacha joven. pop.

- 2. *CR, Ec,* juv; espon; *PR,* pop + cult → espon. Mujer joven y atractiva físicamente. (**geba**).
- 3. *PR.* Amante. pop + cult → espon ^ desp. (**geba**).
- II. 1. f. *PR.* Prostituta. prost. (**geba**; **jeva**).

jebe.
- I. 1. m. *Ec, Pe.* Hevea.
- 2. *Pe.* Caucho, sustancia procedente del látex extraído de la hevea.
- II. 1. m. *Pe.* Condón, preservativo. pop.
- III. 1. m. *Ec.* Tira de caucho usada para atar.
- IV. 1. m. *Ec.* Una de las dos tiras de goma de la **palca** o tirachinas.
- V. 1. m. *Bo:C.* Goma para borrar lo escrito con tinta o con lápiz. pop.

jebecito.
- I. 1. m. *Pe.* Goma elástica fina usada para sujetar paquetes o montones pequeños.

jebi. (Del ingl. *heavy*).
- I. 1. adj. *Ho, ES, RD.* juv. *Referido a cosa*, genial, muy buena. pop. (**jevi**).
- 2. *Ho, ES, RD. Referido a persona*, fantástica, agradable. (**jevi**).
- II. 1. adj. *ES. Referido a persona*, drogada. (**jevi**).

jebita.
- I. 1. f. *PR.* Mujer con la que se entabla una relación amorosa sin compromiso alguno. pop + cult → espon.

jebo.
- I. 1. m. *PR.* Hombre enamorado. pop + cult → espon.
- 2. *PR.* Rufián, individuo que vive de las prostitutas. prost. (**gebo**).
- 3. *PR.* Nalgas de prostituta. prost. (**gebo**).

jebo, -a.
- I. 1. *Ni, Cu, PR, Ve.* juv. **jevo**.
- 2. m. y f. *RD, PR.* Joven muy apuesto y atractivo. (**gebo**).

jeborá.
- I. 1. m. *Bo:E, Py.* Sustancia de sabor amargo que contiene polen y se halla en los desechos de los panales de las abejas.

jechar.
- I. 1. intr. *Ec.* obsol. Alcanzar un fruto la madurez. rur; pop.

jecho, -a.
- I. 1. adj. *Co, Ve; Ec,* obsol. *Referido a un fruto*, maduro. rur; pop.
- 2. *Co, Ve. Referido a persona*, de edad madura. pop + cult → espon.
- 3. *Pa. Referido a un fruto*, que va tomando color al madurar. pop.

jechón, -na.
- I. 1. *PR.* **echón**.

jedentina. (De *hedentina*).
- I. 1. f. *Ni, Co:N; Gu, Ho, Bo:E,* p.u; *Ar,* obsol. Mal olor. pop.

jedeque.
- I. 1. sust/adj. *Bo:N.* Niño caprichoso que intenta imponer su voluntad llorando. pop + cult → espon.

jeder(se). (De *heder*).
- I. 1. intr. *Gu, Ho, ES, Ni, RD; Ur,* p.u; vulg; pop. Heder, despedir un olor muy malo. (**jier**).
- 2. intr. prnl. *Ho, ES, Ni.* Hederse, descomponerse *algo* despidiendo mal olor.

□
- a. ‖ ~**le la vida**. loc. verb. *Ni.* No importar nada, estar decepcionado de la vida.

◪
- a. ‖ **todo le jiede y nada le huele**. fr. prov. *RD.* **todo le hiede y nada le huele**.

jedi.

  •

    a. ‖ **el que te ~.** fórm. *Ch, Ar, Ur.* Se usa para aludir a alguien o a algo conocido que no se quiere nombrar. pop + cult → espon ^ fest.

jedionda.

    I. 1. f. *ES.* Cárcel. delinc.

jediondera.

    I. 1. f. *Ni, Co.* Cosa desagradable, molesta y que despide mal olor. pop ^ desp.

jediondo.

    I. 1. m. *Ho.* **yaraguá**, hierba.

jediondo, -a. (De *hediondo*).

    I. 1. adj. *Ho, Pa, Cu, PR, Co, Ve, Ec, Pe, Ch*; adj/sust. *Ho. Referido a cosa o persona*, desagradable, molesta y que despide mal olor. vulg; pop + cult → espon ^ desp.

    2. m. y f. *Ni, CR, Pa.* Persona despreciable. pop + cult → espon ^ desp.

jedor.

    I. 1. m. *ES, Ur.* Hedor. vulg; pop.

jeepear. (Der. de *jeep*).

    I. 1. intr. *Ch.* Practicar el **jeepeo**.

jeepeo.

    I. 1. m. *Ch.* Actividad deportiva en un jeep.

jeepero, -a.

    I. 1. m. y f. *Ch.* Persona aficionada al **jeepeo**.

    2. adj. *Ch.* Relativo a los jeeps o vehículos todoterreno.

jefatura.

    I. 1. f. *Mx, Ni, RD, Py.* Oficina de la policía.

    2. *Mx, Bo, Py.* Oficina donde se ejerce el mando.

    3. *Mx.* Persona que tiene bajo su mando a un equipo de trabajadores.

    II. 1. f. *Ve.* Oficina donde despachan y atienden los intendentes o jefes civiles de las parroquias y municipios de Venezuela.

jefaturar.

    I. 1. tr. *Pa.* Dirigir un partido político.

jefaturizar.

    I. 1. tr. *Bo. Durante una campaña política*, ejercer una jefatura. pop.

jefe, -a.

    I. 1. m. y f. *Mx, Ni, Bo.* Progenitor. pop.

    ■

    a. ‖ **~ de curso.** m. y f. *Bo, Ch. En una institución educativa primaria o secundaria*, profesor encargado de la dirección y coordinación de las actividades de un curso.

    b. ‖ **~ de hogar.** m. y f. *CR, PR, Co, Ch, Py, Ur.* Persona que administra y encabeza una familia, *generalmente el padre o la madre*.

    c. ‖ **~ indio.** m. y f. *RD.* Persona que tiene la autoridad o el poder. pop + cult → espon.

    d. ‖ **~ político.** m. y f. *Ec.* Máxima autoridad del gobierno y de la policía de una **parroquia**.

    □

    a. ‖ **como ~.** loc. adv. *Mx.* Sin reparos, y con descaro y desvergüenza.

jefear.

    I. 1. intr. *Gu, CR, RD.* **Fungir** como jefe.

jegüite.

    I. 1. m. *Mx.* Maleza, malas hierbas que cubren un terreno sin cultivar. rur.

jeguito.

    I. 1. m. *Mx.* **estrellita**, hierba.

¡jei!

    I. 1. *PR.* **¡jai!**

jején. (De or. ind. antillano).

    I. 1. m. *Mx, Gu, Ho, ES, Ni, CR, Pa, Cu, RD, Co, Ve, Ec, Pe, Bo, Ch, Py, Ar, Ur.* Insecto díptero de hasta 1 mm de longitud que tiene una trompa provista de un aguijón con el que produce molestas picaduras. (Simuliidae; *Accata furens*). (**gegén**).

      ♦ **abuí; jerjel; maje; mime; puripuri; upitero.**

    II. 1. m. *Mx.* Abundancia o multitud. rur. (**gegén**).

    □

    a. ‖ **hasta donde el ~ puso el huevo.** loc. adv. *Cu.* Totalmente, de principio a fin. pop.

    ▶ **saber hasta donde el ~ puso el huevo.**

jelengue.

    I. 1. m. *Mx, ES, Cu.* **rebambaramba**, confusión y desorden.

    2. *Mx; ES, PR,* p.u. Fiesta bulliciosa.

    3. *Mx, ES.* Trajín, ajetreo.

    II. 1. *Cu.* **zarceo**. pop.

jelenguear.

    I. 1. tr. *ES.* Molestar o escandalizar a *alguien*.

    2. intr. *ES.* Estar *alguien* de fiesta.

jelepate.

    I. 1. *Ho, Ni.* **telepate**.

    2. m-f. *Ni.* metáf. Persona que se aprovecha de los demás.

jembrear.

    I. 1. tr. *Ve:C.* Tratar un hombre de enamorar a una mujer.

jembrero.

    I. 1. sust/adj. *Ve:C.* Hombre al que le gusta enamorar a una o a varias mujeres.

jembrimacho.

    I. 1. *PR.* **hembrimacho**.

jeme.

    I. 1. m. *Ni, Bo:E; Ec, Ur,* p.u. Medida de longitud que equivale a la distancia comprendida entre el dedo pulgar y el índice. pop.

    2. *Ho.* Medida de longitud para plantas, equivalente a unos 12 cm. (**geme**).

jemiquear.

    I. 1. *PR.* **girimiquear**.

jemiqueo.

    I. 1. *PR.* **jeremiqueo**.

jenchir.

    I. 1. tr. *PR.* Henchir, llenar.

jender(se). (De *hender*).

    I. 1. tr. *Ho.* Partir *algo*, en especial un tronco. rur.

    II. 1. intr. prnl. *PR.* Emborracharse *alguien* al máximo. pop + cult → espon.

    III. 1. intr. prnl. *PR.* Rajarse un material sólido. pop + cult → espon.

    □

    a. ‖ **¡que mal rayo jienda!** loc. interj. *Ho.* Expresa deseo de que a alguien le ocurra una desgracia. rur.

jendía.

    I. 1. f. *PR.* Borrachera. pop + cult → espon ^ fest.

jendido, -a.

    I. 1. adj. *PR. Referido a persona*, extremadamente borracha. pop + cult → espon.

    □

    a. ‖ **jendido como patilla.** loc. adj. *PR. Referido a persona*, muy borracha. pop + cult → espon.

jenecherú.

    I. 1. m. *Bo:N,E.* Tizón recio y macizo, *generalmente de motacú*, que se deja de un día para otro, entre el rescoldo.

jenga.

    I. 1. f. *Ho.* juv. Cada uno de los subgrupos organizados de jóvenes que forman una **mara**. delinc.

jengibre.

    I. 1. m. *ES.* metáf. Dedo del pie. (**ajengibre**).

jengibrillo.
    I. 1. m-f. *PR.* Persona que padece de trastornos biliares. pop + cult → espon.
    II. 1. *CR.* **pasto horqueta**. (**ajengibrillo**).

jenipapo.
    I. 1. m. *Pe.* Árbol de hasta 25 m de altura, de tronco cilíndrico, recto, hojas opuestas, lanceoladas a oblongas, de color verde oscuro lustroso, flores encimadas, blancas, amarillas o rojas, el fruto es una baya comestible de cáscara gruesa, castaña, globosa, áspera al tacto; tiene usos medicinales y cuando el fruto está verde se emplea como tinte negro. (Genipae; *Genipa americana*). (**genipapo**).
    2. *Pe.* Fruto del jenipapo. (**genipapo**).

jenízaro.
    I. 1. *Ho, Ni.* **genízaro**.
    II. 1. m. *Ho.* Miembro de la policía.

jerarquía.
    □
    a. ‖ **de ~.** loc. adj. *Co, Bo, Ch, Py, Ar, Ur.* Referido a persona o cosa, de gran calidad o mérito. pop + cult → espon.

jerarquizar.
    I. 1. tr. *Bo, Py, Ar*; *Ur*, p.u. Mejorar la calidad de algo.

jerbedero.
    I. 1. m. *RD.* Indisposición estomacal. pop. (**herbedero**).

jerber.
    I. 1. tr. *RD.* Hacer hervir un líquido. pop. (**jerver**).
    2. intr. *RD.* Hervir un líquido, producir burbujas. pop. (**jerver**).

jerecheche.
    I. 1. m-f. *Ho.* juv. Persona indigente. pop + cult → espon.
    2. m-f. *Ho.* juv. Persona vaga. pop + cult → espon.

jeremiada.
    I. 1. f. *Bo.* **jeremiqueo**.

jeremiar.
    I. 1. tr. *Ho.* juv. Heder, oler mal, despedir mal olor.

jeremías.
    I. 1. m. *ES.* Mal olor.

jeremiquear.
    I. 1. intr. *Cu.* Lloriquear, gimotear.

jeremiqueo.
    I. 1. m. *Cu, PR, Bo.* Llanto superficial de alguien, lloriqueo, gimoteo. pop + cult → espon. (**jemiqueo**). ♦ **jeremiada.**

jeremiquero, -a.
    I. 1. adj. *PR.* Referido a persona, llorona, que se lamenta mucho, que se compadece continuamente de sí misma. pop + cult → espon. (**jirimiquero**).

jereta.
    I. 1. f. *PR.* En las peleas de gallos, pluma de la golilla del gallo, que este alza cuando va a atacar.

jerez.
    □
    a. ‖ **entre ~ y la frontera.** loc. adv. *ES.* En situación intermedia, ni de un lado ni de otro.

jerezana.
    I. 1. f. *PR.* Gallina procedente de Jerez, usada para mantener la casta de los gallos de pelea.

jerezano.
    I. 1. *RD, PR.* **gallo jerezano**.
    2. m. *PR.* metáf. Hombre muy valiente. pop + cult → espon.
    II. 1. m. *Ur.* Bebida alcohólica parecida al jerez que se toma como aperitivo.

jerga.
    I. 1. f. *Mx.* Trapo de cocina o de limpieza en general.
    2. *Gu.* Tejido de lana recia con que se hacen algunas prendas de vestir.
    3. *Bo.* obsol. Uniforme militar.

    II. 1. f. *Ec:S, Py, Ar, Ur.* Sudadero de las caballerías. rur.
    ▶ **hablar ~; ver de ~.**

jergón.
    I. 1. m. *Ar, Ur,* **jerga**, sudadero. rur.
    II. 1. m. *Pe:E.* Serpiente de hasta 2 m de longitud, de color grisáceo o verdoso amarillento. (Viperidae; *Bothrops pictus*).
    III. 1. m. *Ve*; *Ur*, p.u. Armazón de hierro, con malla metálica, que sirve de soporte al colchón de una cama.

jerguilla.
    I. 1. f. *Pe.* Pez de hasta 40 cm de longitud, de color pardo amarillento, con muchos puntos más oscuros en cuerpo y aletas, de las cuales la dorsal es espinada. (Aplodactylidae; *Aplodactylus punctatus*). ♦ **leonora.**

jericalla.
    I. 1. f. *Mx.* Dulce hecho con leche, huevo y vainilla, de textura próxima al flan. (**jericaya**; **jiricaya**).

jericaya.
    I. 1. *Mx.* **jericalla**.

jericopear.
    I. 1. *Ni.* **jericoplear**, fastidiar.

jericoplear.
    I. 1. tr. *Ho.* Fastidiar a *alguien*, amolar, dar la lata. (**jericopear**).

jeringa.
    I. 1. adj/sust. *Ni, Pa, Cu, RD, Ch, Ar, Ur*; sust/adj. *Ec:S, Bo*; sust. *PR.* Referido a persona o cosa, molesta, inoportuna. pop.
    II. 1. f. *Pe.* Jerga, lenguaje o forma de hablar. pop.
    III. 1. f. *Bo:E,O.* Esófago de un animal vacuno. pop.
    □
    a. ‖ **la misma ~ con diferente bitoque.** loc. sust. *Mx; Ch,* obsol. Situación o caso esencialmente igual a otros de la misma especie salvo ciertas diferencias menores e insustanciales. (**la misma jeringa con diferente pitongo**).
    b. ‖ **la misma ~ con diferente pitongo.** *Pa.* **la misma jeringa con diferente bitoque**.
    ▶ **dejar la ~.**

¡jeringa!
    □
    a. ‖ **¡qué ~!** loc. interj. *PR.* Expresa contrariedad. pop + cult → espon.

jeringada.
    I. 1. f. *Co.* Cantidad que cabe en una jeringa. pop.

jeringón, -na.
    I. 1. adj/sust. *Mx, Cu, RD, PR, Bo:C,O.* Referido a persona, que suele molestar. pop + cult → espon. (**jeringoso**; **jeringueador**).
    2. adj. *Cu.* Referido a persona, que suele hacer bromas o chistes y considera las cosas con poca seriedad.

jeringonza.
    I. 1. f. *Cu, PR.* Juego de niños que consiste en intercalar *che, chi* entre cada una de las sílabas de una palabra.

jeringoso.
    I. 1. m. *Ur.* Manera lúdica de hablar en la que se intercala entre cada una de las sílabas de una palabra, otra formada por *p* más la vocal de la sílaba anterior.
    □
    a. ‖ **en ~.** loc. adv. *Ur.* En relación con la manera de hablar, intercalando entre cada una de las sílabas de una palabra otra formada por *p* más la vocal de la sílaba anterior.

jeringoso, -a.
    I. 1. *PR, Ve.* **jeringón**.

jeringueador, -ra.
    I. 1. *Mx, Bo,* p.u. **jeringón**.

jeringuear.
 I. 1. tr. *Bo, Ch, Ur, Ar*, obsol. Molestar insistentemente. pop.
 II. 1. tr. *Ni*. Inyectar en el cuerpo un medicamento mediante una jeringuilla.

jeringueta.
 I. 1. f. *Cu*. Tarea o situación que provoca molestia.

jeringuilla.
 I. 1. f. *Mx*. Arbusto de hasta 3 m de altura, muy ramoso, de hojas sencillas, aovadas, puntiagudas y casi lampiñas, flores dispuestas en racimos, con el tubo del cáliz aovado, blancas y muy fragantes, y frutos con semillas numerosas y pequeñas. (Saxifragaceae; *Philadelphus madrensis*).

jerjel.
 I. 1. *Ch*. **jején**, insecto.

jerma.
 I. 1. f. *Pe*. Esposa, mujer casada. pop.

jerónimo.
 I. 1. m. *Ho:O*. Pizca, un poco de algo.
 ☐
  a. ‖ **ni ~ de duda.** *Gu*. **sin jerónimo de duda.**
  b. ‖ **sin ~ de duda.** loc. adv. *Gu, RD*. Indudablemente, con toda seguridad. pop + cult → espon ^ fest.

jeróstico, -a.
 I. 1. adj/sust. *Co:C. Referido a persona*, necia, que molesta mucho. rur.

jersey. (Del ingl. *jersey*).
 I. 1. *Ho, ES, Cu*. Tela suave y elástica hecha de lana, algodón, seda o fibra sintética. (**yersi**).

jérsey.
 I. 1. *Ur*. **yérsey**, tejido y prenda de vestir.

jertrudis. (De *jeta*, boca).
 I. 1. f. *Gu*. Boca, hocico. pop ^ fest.

jeruré.
 I. 1. m. *Bo:E*. Persona que toca el bajón, instrumento musical de viento.

jerusa.
 I. 1. f. *ES, Ni; CR*, obsol; p.u. Cárcel, prisión.

jervederas.
 I. 1. *RD, PR*. **hervederas**.

jerver.
 I. 1. *RD, PR*. pop. **jerber**, hervir. (**jervir**).
  2. *RD*. **jerber**, hacer hervir.

jervío.
 I. 1. adj. *PR. Referido a persona*, de gran iniciativa y actividad. (**hervío**).
  2. *PR*. metáf. *Referido a persona*, muy molesta, enfurecida. (**hervío**).
 II. 1. *RD*. **hervido**, plato. pop.

jervir.
 I. 1. *PR*. **jerver**, hervir.

jervor.
 I. 1. *RD*. **hervor**, acidez.

¡jesa!
 I. 1. interj. *CR*. Expresa la orden dada a los bueyes para que reculen. rur.

jesuita.
 I. 1. m. *Ar:N, Ur*. Producto de panadería elaborado con hojaldre relleno de jamón y queso, y cubierto de una capa dulce.

Jesús.
 ☐
  a. ‖ **con el ~ en la boca.** loc. adv. *Mx, Co, Bo, Py, Ur; Ec*, p.u; *Ch*, obsol. Con temor y angustia. pop + cult → espon.
  b. ‖ **¡~ magnífica!** loc. interj. *RD*. Expresa asombro.

jesuseadera.
 I. 1. f. *Ni, CR*, obsol. Acto continuado de **jesusear**. rur.

jesusear.
 I. 1. intr. *Ni, CR*, obsol. Invocar el nombre de Jesús, la Virgen o algún santo como señal de asombro ante algo inconcebible o de temor ante un peligro. rur.

jeta.
 I. 1. f. *Gu, Ho, ES, Ni, CR, Pa, Co, Ve, Ec, Pe, Bo; Ch*, vulg. Boca, hocico. pop ^ desp.
  2. *Mx, Ar*. Cara de enojo o de mal humor.
 II. 1. f. *Mx*. Siesta. vulg.
 ☐
  a. ‖ **fácil de ~.** loc. adj. *Cu. Referido a un hombre*, atractivo. pop.
  b. ‖ **~ caída.** loc. sust. *Ni, Bo*. Cara que expresa enojo o mal humor.
  c. ‖ **~ de oro.** loc. sust. *Ho*. Persona de expresión verbal fácil y fluida. desp.
  d. ‖ **¡qué ~!** loc. interj. *CR*. Expresa incredulidad ante lo dicho por el interlocutor. pop + cult → espon.
 ▶ **andar de ~ abierta; estar con su ~; estirar la ~; irse de ~; sonar la ~; tener ~.**

jetabierta.
 I. 1. m. y f. *Ho, Ni*. Persona alelada. desp.
  2. *Ho*. Persona indiscreta y soez. desp.

jetabulario. (De *jeta* y *vocabulario*).
 I. 1. m. *ES, CR, Co*. Vocabulario soez y malsonante. pop ^ fest.

jetapú.
 I. 1. m. *Bo:N,E*. Cuña, pieza de madera con que se calza un mueble.
  2. *Bo:N,E*. Barra de madera que se utiliza para trancar la puerta de una casa.

jetas.
 I. 1. sust/adj. *CR*. Persona mentirosa o exagerada al hablar. pop + cult → espon ^ desp.

jetatore.
 I. 1. sust/adj. *Ar*. Persona que supuestamente es portadora de mala suerte. pop.

jetazo.
 I. 1. m. *Gu, Ar*. Beso, *especialmente si es efusivo o apasionado*. pop.
 II. 1. m. *Ve*. Golpe dado en la boca. pop.
  2. *Ho*. Golpe dado con la mano en la cara. pop.

jeteada.
 I. 1. f. *Mx*, p.u. Siesta, sueño tomado después de comer. vulg.
 II. 1. f. *Ho*. Insulto o regaño con palabras ofensivas o vulgares. vulg.

jeteadera.
 I. 1. f. *Gu*. Besos que con insistencia se dan dos personas como muestra de afecto. pop.

jeteado, -a.
 I. 1. adj. *Ho. Referido a persona*, insultada por otra.

jeteador, -ra.
 I. 1. adj/sust. *Ar*. p.u. *Referido a persona*, que tiene el hábito de sacar provecho de los demás o vivir a costa ajena. pop.

jetear(se).
 I. 1. intr. prnl. *Mx, Ho, Ni*. Dormirse. pop.
  2. *Ni*. Morirse *alguien*.
 II. 1. tr. *Gu, Ar:NO; Pe*, juv. Besar. pop.
 III. 1. intr. *Ar*. Sacar provecho de los demás, *especialmente para que corran con los gastos de comida, bebida o diversiones*. pop + cult → espon.
  2. tr. *Ar*. Pedir *algo* insistentemente y con importunidad, *especialmente dinero*. pop + cult → espon.

IV. 1. intr. *Pe*, rur; *Bo*, pop + cult → espon ^ desp. Estar *una persona* de mal humor y mostrarlo en el semblante.

V. 1. tr. *Ho, Ni.* Regañar o insultar a *alguien* con palabras ofensivas o vulgares.

2. *Ho.* Contestar airadamente a *alguien*.

3. intr. prnl. *Ho.* Insultarse dos o más personas.

VI. 1. intr. *Ve.* Llorar desaforadamente.

VII. 1. intr. *ES.* Ser tonto *alguien*.

VIII. 1. intr. *Ni.* Abrir la boca por distracción.

IX. 1. intr. *CR.* Pasar el tiempo sin hacer nada de provecho. pop + cult → espon.

X. 1. intr. *Ur.* Alardear. pop + cult → espon.

jetero, -a.

I. 1. adj/sust. *Ar.* p.u. *Referido a persona*, que tiene el hábito de sacar provecho de los demás o vivir a costa ajena. pop.

jetimbear.

I. 1. intr. *Pe:S.* Corcovear una cabalgadura. rur.

jetita.

I. 1. f. *Mx.* Siesta. pop.

jeto.

I. 1. *Ho.* **talcochote**.

■

a. ‖ ~ **macho.** *Ho.* **talcochote**.

jetón.

I. 1. *Co.* **besote**. (Prochilodontidae; *Ichthyoelephas longirostris*).

jetón, -na.

I. 1. adj. *Mx, Gu, Ec, Bo. Referido a persona*, enojada.

2. adj/sust. *Mx, Bo. Referido a persona*, que se irrita fácilmente. pop + cult → espon ^ desp.

II. 1. adj/sust. *ES, Co, Ec; Ve, Ur.* pop. *Referido a persona*, de boca grande. desp.

2. *Ni, Co, Bo. Referido a persona*, de labios muy gruesos. pop + cult → espon ^ desp.

3. *Gu. Referido a persona*, de cara grande y tosca, o con mandíbula saliente.

III. 1. adj/sust. *Mx, Ho. Referido a persona*, dormida. pop.

IV. 1. adj/sust. *CR, Co:C, Ve. Referido a persona*, que exagera o miente al hablar. pop + cult → espon ^ desp.

2. sust/adj. *Ho, ES, Ni.* Persona que habla mucho y utiliza palabras vulgares y ofensivas. desp.

3. *Ho.* Persona fanfarrona. desp.

V. 1. adj/sust. *Ch. Referido a persona*, tonta, necia. pop + cult → espon.

2. *Ch.* obsol. *Referido a persona*, despreciable, vil. pop + cult → espon.

VI. 1. adj/sust. *Ho, Ni. Referido a persona*, molesta.

2. *ES. Referido a persona*, chismosa.

3. *Ho. Referido a persona*, respondona.

VII. 1. adj. *Ch. Referido a un papel, tela o prenda de vestir*, que se ha ensanchado o dado de sí. pop + cult → espon.

► **andar de ~.**

jetonada.

I. 1. f. *CR.* Cosa no creíble por ser muy exagerada. pop + cult → espon.

jetonazo, -a.

I. 1. sust/adj. *Pe.* Persona de cara agraciada o grande. pop ^ fest ^ desp.

jetonear.

I. 1. intr. *CR.* Decir cosas exageradas o no creíbles. pop + cult → espon.

jetta. (Del it. *iettatura*, mala suerte).

I. 1. f. *Bo, Ch, Ar.* obsol. Mala suerte o fortuna. pop + cult → espon.

2. m-f. *Ar.* obsol. Persona gafe, aguafiestas. pop.

jetudo.

I. 1. *Co.* **besote**. (Prochilodontidae; *Ichthyoelephas longirostris*).

jetudo, -a.

I. 1. adj/sust. *Ho, ES, Ni, Bo, Ur. Referido a persona o animal*, de boca y labios muy salientes. pop + cult → espon.

II. 1. adj/sust. *Ho. Referido a persona*, vulgar y soez.

2. *Ho. Referido a persona*, sinvergüenza y aprovechada.

¡jeu!

I. 1. interj. *ES.* Expresa la terminación de una copla popular.

jeva.

I. 1. f. *Ho, Ni, Pa, Cu, RD; Ve,* juv. Muchacha joven. (**jeba**).

2. *CR, RD, Ec.* juv. Mujer joven y atractiva físicamente. pop.

3. *Ho.* juv. Novia. (**jebo**).

II. 1. *PR.* **jeba**, prostituta.

► **bajarle a una ~.**

jevi. (Del ingl. *heavy*).

I. 1. adj. *Gu, Ho, RD.* juv. **jebi**, genial. pop.

2. *Ho.* **jebi**, agradable.

II. 1. adj. *ES.* **jebi**, drogado.

jevito.

I. 1. adj/sust. *RD. Referido a un joven*, que se preocupa excesivamente por su aspecto físico y ostenta una buena posición social y económica.

jevo, -a.

I. 1. m. y f. *Ni, Cu, RD, Ve, Pe.* juv. Novio. (**gebo**).

jevoso.

I. 1. adj/sust. *Cu. Referido a un hombre*, que conquista fácilmente a las mujeres.

ji.

□

a. ‖ **ni ~.** loc. adv. *PR.* Nada. pop + cult → espon.

b. ‖ **ni ~ ni ja.** loc. adv. *RD, PR.* Ni una cosa ni la otra. pop + cult → espon.

► **no decir ni ~.**

¡ji!

I. 1. interj. *Bo:N,E.* Expresa orden para arrear a bueyes. pop.

jía.

I. 1. f. *Cu, RD.* Arbusto espinoso de poca altura, hojas ovaladas, flores axilares y frutos en forma de cápsula globosa. (Flacourtiaceae; *Casearia* spp.).

■

a. ‖ ~ **de monte.** f. *Cu.* Árbol silvestre de hasta 7 m de altura, fruto envuelto en una especie de algodón de color dorado; su madera es apreciada en carpintería. (Salicaceae; *Gossypiospermum praecox*).

jibá. (De or. ind. antillano).

I. 1. m. *Cu, PR.* Arbusto de ramas largas y flexibles, flores pequeñas de color blanco y fruta oblonga de color rojo; su madera tiene numerosas aplicaciones. (Erythroxylaceae; *Erythroxylum brevipes, E. obovatum, E. obtusum*).

2. *PR.* **murraya**.

jibado, -a.

I. 1. *PR.* **quebrado**, corcovado.

jibarada.

I. 1. *PR.* **jibarería**.

jibarería.

I. 1. f. *PR.* Dicho o hecho propio de un **jíbaro** o campesino. pop + cult → espon ^ desp. ♦ **jibarada; jibarismo**.

jibaresco, -a.

I. 1. adj. *PR.* Relativo al **jíbaro** o campesino. cult → esm.

jibaría.
    I. 1. f. *Ec.* obsol. Comarca habitada por **jíbaros**, campesinos.
    2. *Ec.* obsol. Conjunto de **jíbaros**, campesinos.
    3. *Ec.* obsol. Choza grande de madera en la que habita una familia **jíbara** o campesina.

jibaridad.
    I. 1. f. *PR.* Forma de ser y actitudes psicológicas que caracterizan al puertorriqueño. ♦ **jibarismo.**

jibarismo.
    I. 1. m. *PR.* **jibarería.**
    2. *PR.* **jibaridad.**

jibarista.
    I. 1. adj. *PR. Referido a persona,* que simpatiza con las costumbres **jíbaras** o campesinas. cult → esm.

jíbaro.
    I. 1. m. *Co.* Persona que vende marihuana al por menor. delinc.

■

    a. ‖ ~ **batatero.** m. *PR.* Individuo cándido, demasiado simple. pop + cult → espon.
    b. ‖ ~ **envuelto.** m. *PR.* Fritura hecha de **guineo** recubierta con una masa de harina, sal y agua.

▨

    a. ‖ **¡el ~ es cosa mala!** fr. prov. *PR.* Indica que el campesino puertorriqueño no se deja engañar con facilidad. pop + cult → espon.

jíbaro, -a.
    I. 1. sust/adj. *PR, Ve, Pe.* Campesino, en Puerto Rico *especialmente de raza blanca.* ♦ **ciprián.**
    2. adj. *PR, Ve, Pe. Referido a cosa,* campesina, campestre. ♦ **ciprián.**
    3. *Cu. Referido a animal,* asilvestrado.
    4. sust/adj. *PR.* meton. Puertorriqueño. ♦ **ciprián.**
    II. 1. sust/adj. *Co, Ve.* Persona que trafica con drogas o las vende. delinc.
    III. 1. sust/adj. *Cu, RD.* Persona antipática y huraña. ♦ **huyuyo; juyuyo.**
    2. adj/sust. *Cu. Referido a persona,* rebelde.
    3. sust/adj. *PR.* Persona rústica, ignorante, pero astuta. ♦ **ciprián.**
    IV. 1. m. y f. *Ec.* Indígena. pop + cult → espon ^ desp.
    V. 1. sust/adj. *RD.* Persona enamoradiza.

jibe.
    I. 1. m. *Cu, RD.* Cedazo usado, *principalmente por los obreros de la construcción,* para tamizar la arena.

jibijagua.
    I. 1. f. *RD.* Hormiga de gran tamaño, con el cuerpo cubierto de pelos largos y finos, espinas prominentes en el tórax, cabeza *generalmente grande,* patas largas y delgadas de color pardo o café oscuro. (Formicidae; *Atta insularis*).

jibijoa.
    I. 1. f. *RD, PR.* **zompopo,** hormiga.

jibilla.
    I. 1. f. *PR.* **zompopo,** hormiga.

jíbriga.
    I. 1. f. *RD.* Disciplina, imposición de normas estrictas.
    2. *RD.* Censura o crítica severa que se hace de una persona y de sus actos.

jicaco.
    I. 1. *PR.* **hical,** árbol y fruto.

jicadura.
    I. 1. *Cu.* **hicadura.**

jicalpestle. (Del nahua *xicalli,* jícara, y *petztli,* piedra pulida).
    I. 1. *Mx:S.* **guaje,** planta. (**jicalpextle**)

jicalpextle.
    I. 1. *Mx:S.* **jicalpestle.**

jícama. (Del nahua *xicamatl*).
    I. 1. f. *Mx, Gu, RD, Ec.* Tubérculo duro, quebradizo, blanco y jugoso; es comestible y tiene aplicación en la medicina tradicional. (Fabaceae; *Pachyrrhizus angulatus*).
    2. *Mx, Ho, ES, Ni.* **Bejuco** trepador, de raíz grande y tuberosa, flor violeta encendida o de color blanco, fruto en forma de vaina con semillas redondas o cuadradas de color amarillo, café o rojo. (Fabaceae; *Pachyrrhizus erosus, P. angulatus*).
    3. *Mx, Ho, ES.* Bulbo de este **bejuco,** blanco, duro, quebradizo, carnoso, con una cubierta fibrosa y blanquecina.
    4. *Mx, Ho, ES.* Semilla de este **bejuco** que se come cocida; cruda se utiliza para matar piojos.
    5. *Cu, PR.* Planta trepadora con hojas pecioladas, inflorescencia en racimos, flores pequeñas de color azul y vainas alargadas. (Fabaceae; *Calopogonium caeruleum*). ♦ **jícama cimarrona.**
    6. *Ec.* **cucama,** planta.
    7. *PR.* **ashipa,** planta.
    8. *PR.* Planta perenne, rastrera, de tallos largos, hojas trifoliadas, inflorescencia en racimos y flores azuladas; produce un tubérculo comestible que tiene además propiedades medicinales. (Fabaceae; *Calopogonium orthocarpum*). ♦ **síncama.**

■

    a. ‖ ~ **cimarrona.** *Cu.* **jícama,** planta trepadora.
    b. ‖ ~ **de monte.** f. *Ho.* **jícama.** (Fabaceae; *Pachyrrhizus angulatus*).

jicamero, -a.
    I. 1. m. y f. *ES.* Persona que cultiva o vende **jícamas,** semillas.

jicamita.
    I. 1. f. *Mx.* Planta de hasta 3 m de altura, de tallo erecto, hojas opuestas, muy variables, inflorescencia en cabezuelas grandes, erectas o inclinadas, flores con corola aovado-elíptica, de color amarillo, anaranjado o rojo y pétalos rojos, fruto de color café-grisáceo o negro, con una sola semilla. (Asteraceae; *Dahlia coccinea*). (**jicamite**).

jicamite.
    I. 1. m. *Mx.* **jicamita.**

jicaque.
    I. 1. adj/sust. *Gu, ES, Ni. Referido a persona,* huraña, retraída y poco sociable.

jicaquillo.
    I. 1. *PR.* **icaquillo,** arbusto.
    2. *PR.* **icaquillo,** fruto.

jícara. (Del nahua *xicalli*).
    I. 1. f. *Mx, Gu, Ho, ES, Ni, CR, Cu, RD, Ve:NO,C.* Recipiente similar a un bol o tazón, hecho con una de las mitades del fruto del **jícaro.**
    2. *Mx, Gu, Ho, ES, Ni, CR, Pa, Cu.* Fruto del **jícaro,** ovalado o casi redondo, leñoso, con pulpa blanca y semillas negras.
    3. *Mx, Gu, ES, Ni.* meton. Cabeza. pop.
    4. *Mx.* **jícaro,** árbol perenne.
    5. *PR.* Escudilla hecha de cerámica.
    ▶ **no ser ~ de coco; quebrarle la ~; sacar la ~.**

jicarada.
    I. 1. f. *Mx, Ho, Ni.* Capacidad de una **jícara,** recipiente.

jicaral.
    I. 1. m. *Mx, Gu, Ho, ES, Ni, CR.* Terreno plantado de **jícaros.**

jicaranda.
    I. 1. f. *Gu.* **jacarandá.**

jicarazo.
    I. 1. m. *Mx*. Cantidad de líquido que cabe en una **jícara** y que es arrojado de golpe.
    II. 1. m. *Ni*. Golpe dado en la cabeza.

jicarear.
    I. 1. intr. *Gu*. Beber **atole** en una **jícara**, recipiente.

jicarero.
    I. 1. m. *Ni*. Mueble rústico o palo vertical con estacas o ramas salientes donde se colocan las **jícaras**. rur.

jicarero, -a.
    I. 1. m. y f. *Mx, Gu*. Persona que hace o vende **jícaras**, recipientes.

jicarillo.
    I. 1. m. *Mx, Ni*. Árbol de hasta 10 m de altura, de tronco irregular, ramas con espinas, hojas simples y opuestas, elípticas, con bordes enteros, flores tubulares blancas y aromáticas, frutos en bayas globosas y oblongas, de color amarillo cuando maduran. (Rubiaceae; *Randia panamensis*).

jícaro. (Del nahua *xicalli*).
    I. 1. m. *Mx, Gu, Ho, ES, Ni, CR, Pa, Cu, Ve*. Árbol perenne de hasta 5 m de altura, con largas ramas extendidas, hojas aovadas con el ápice agudo, flores grandes, de color amarillo, y fruto de corteza dura; se utiliza en la medicina tradicional y su fruto se emplea para hacer vasijas. (Bignoniaceae; *Crescentia cujete*). (**jícara**). ♦ **árbol de la cruz; calabacero; calabazo; chaite; chichigual; cuauetecomate; guacal; güira; higüero; huas; huingo; jayacaste; pichagüero; pilche; pog; taparo; totumo; uas; zapallo.**
    2. *Mx, Gu, Ho, ES, Ni, Pa*. Árbol de hasta 10 m de altura, con largas ramas extendidas, inflorescencia axilar y flores grandes, solitarias, con corola de color púrpura amarillento. (Bignoniaceae; *Crescentia alata*). (**jícara**). ♦ **árbol de la cruz; chaite; cutuco; güiro; morro.**
    3. *Ho, ES, Ni*. meton. **jícara**, recipiente. ♦ **morro.**
    ■
    a. ‖ ~ **morro.** m. *Ho*. Fruto del jícaro en cualquiera de sus variedades.

jicarón, -na.
    I. 1. adj. *Ni. Referido a persona*, de cara ancha y grande. ♦ **jicarudo.**

jicarudo, -a.
    I. 1. *Ni*. **jicarón.**

jichi.
    I. 1. m-f. *Bo:N,E*. Persona ágil y diestra en un oficio o en una determinada actividad.

jichiquí.
    I. 1. m. *Bo:E*. Persona dominada por otra.

jichituriqui.
    I. 1. m. *Bo:N,E*. Árbol de hasta 35 m de altura, con corteza gris amarillenta y copa frondosa; su madera es muy apreciada en carpintería y ebanistería. (Apocynaceae; *Aspidosperma polyneuron*).

jichoso, -a.
    I. 1. adj. *Mx*. p.u. *Referido a cosa*, de consistencia correosa o elástica.

jico.
    I. 1. *Cu, PR*. **hico**, ramal de muchos cordones con que se rematan los dos extremos de una hamaca.
    2. *Cu*. **hico**, cuerda, soga.

jícore.
    I. 1. m. *Mx:NO*. **Peyote**, cactus de pequeño tamaño y sin espinas que contiene numerosos alcaloides; su ingestión produce efectos alucinógenos y narcóticos. (Cactaceae; *Lophophora williamsii*). ♦ **piote.**

jicota.
    I. 1. f. *ES*. **jicote**, abeja silvestre.
    2. *ES*. **jicote**, panal y miel.

jicote. (Del nahua *xicotli*).
    I. 1. m. *Mx, Gu, Ho, ES, Ni, CR, Pa*. Abeja silvestre, sin aguijón, de cuerpo grande y grueso y de color negro, con excepción del abdomen que es amarillento. (Apidae; *Trigona* spp.). (**jicota**). ♦ **chicopipe; negrillo.**
    2. *Mx, Gu, Ho, Ni*. Panal y miel del jicote. (**jicota**). ♦ **chicopipe.**
    3. *Mx*. Abejorro, insecto himenóptero.

jicotea. (De or. ind. antillano).
    I. 1. f. *Mx:SE, Cu, RD, Co, Ve*. Tortuga de hasta 30 cm de longitud, de cabeza alargada, ojos pequeños y saltones, pescuezo grueso y largo, caparazón de color marrón, achatado, arrugado y compuesto de conchas irregulares. (Chelidae; *Chelus fimbriatus*). (**hicotea; icotea**). ♦ **matamata.**
    2. *Cu, PR*. Reptil quelonio de agua dulce, de pequeño tamaño, con caparazón coriáceo negro y amarillo y seis patas; su carne y sus huevos son comestibles. (Emydidae; *Pseudemys* spp.).
    ▶ coger la ~.

jicotear(se).
    I. 1. intr. *Mx*. Buscar miel de jicote.
    2. *Ni*. Salir al campo en busca de abejas o panales de jicote.
    II. 1. tr. prnl. *Ni*. Meterse *alguien* el dedo en la nariz.

jicotera.
    I. 1. f. *Mx*. Panal de jicote. pop.
    2. *Ho*. Enjambre de jicotes.
    3. *Ho*. meton. Escándalo, bullicio. rur.

jicotillo.
    I. 1. m. *Mx*. Hombre que corteja de manera insistente y desagradable a las mujeres.

jicra.
    I. 1. f. *Ec, Pe*, rur. Bolsa tejida de fibras de **chambira** o yute para pesca o llevar los productos de la **chacra**.
    2. *Ec*. Bolso de cuerda de nailon usado por los concheros en la faena de pesca.

jienda.
    I. 1. f. *PR*. Borrachera muy fuerte. pop + cult → espon.

jier.
    I. 1. *PR*. **jeder**, heder.

jierrazo.
    I. 1. *RD*. **fierrazo**, golpe.

jierro.
    I. 1. *PR*. Ancla.
    2. *PR*. metáf. Pene. pop + cult → espon.
    II. 1. *RD*. **hierro**, mujer hermosa. pop.
    □
    a. ‖ **con todos los ~s.** *RD*. **con todos los hierros.**

jigote.
    I. 1. m. *Mx*. Guiso de carne de ave troceada, muy condimentado.
    2. *Bo*. Relleno para **empanadas salteñas**, elaborado con carne de **res** o de pollo, cebolla, **papa**, zanahoria, pimienta, orégano, perejil, sal, **ají amarillo** y caldo de pata de **res**.

jiguana.
    I. 1. *PR*. **iguana**, huico. rur.

jigüe. (De or. ind. antillano).
    I. 1. m. *Cu:E*. Ser fantástico que, según la creencia popular, aparece en los ríos.
    2. sust/adj. *Ho:N,C*. Persona de piel oscura o negra.
    II. 1. *Cu*. **sabicú.**

jigüera.
    I. 1.   *RD, PR.* **higüera**. rur.

jigüeral.
    I. 1.   m. *PR.* Sitio donde abundan las **higüeras**. rur.

jiguereta.
    I. 1.   *PR.* **higuereta**.

jigüero.
    I. 1.   *RD.* **higüero**.

jiguillal.
    I. 1.   *PR.* **higuillal**. rur.

jiguillo.
    I. 1.   *PR.* **higuillo**, árbol perenne. rur.

jijearse.
    I. 1.   intr. prnl. *ES.* Reírse *alguien*.
    II. 1.   intr. prnl. *ES.* Dar *alguien* muestras de cansancio.

jijez.
    I. 1.   f. *Mx.* Mala pasada, acción malintencionada o indigna contra otro. pop.

jijo, -a.
    I. 1.   m. y f. *RD.* Hijo. pop.
    □
    a. ‖ ~ **de la chingada**. m. y f. *Mx.* Persona despreciable o maligna. vulg.
    b. ‖ ~ **de la fregada**. *Mx.* **jijo de la chingada**. euf; pop + cult → espon.
    c. ‖ ~ **de la guayaba**. *Mx.* **jijo de la chingada**. euf; pop + cult → espon.
    d. ‖ ~ **de la mañana**. *Mx.* **jijo de la chingada**. euf; pop + cult → espon.
    e. ‖ ~ **de la pelona**. *Mx.* **jijo de la chingada**. euf; pop + cult → espon.
    f. ‖ ~ **de la tiznada**. *Mx.* **jijo de la chingada**. euf; pop + cult → espon.
    g. ‖ ~ **de la tostada**. *Mx.* **jijo de la chingada**. euf; pop + cult → espon.
    h. ‖ ~ **de su chingada madre**. *Mx.* **jijo de la chingada**.
    i. ‖ ~ **de su tal por cual**. *Mx.* **jijo de la chingada**. pop + cult → espon.
    j. ‖ ~ **del maíz**. *Mx.* **jijo de la chingada**. pop.

¡jíjole!
    I. 1.   *Mx, Ni.* **¡híjole!** pop + cult → espon.

¡jijos!
    I. 1.   interj. *Mx.* Expresa asombro, incredulidad o ponderación de alguna cosa. pop + cult → espon.

jijuemil.
    I. 1.   adj. *Co:C.* Muchos. pop.

jijuna.
    I. 1.   m. y f. *Pe.* Persona despreciable. vulg; pop.

jijunagrandísima.
    I. 1.   *Pe.* **jijuna**.

jila.
    I. 1.   *Mx.* **xila**, flor.

jilacata. (Del aim. *jilaqata*).
    I. 1.   m. *Pe, Bo.* Autoridad máxima de una comunidad o de un **aillu**, cada uno de los grupos en que se dividen algunas comunidades indígenas.
    2.   *Bo:O. En un recinto penitenciario*, preso de mayor autoridad por ser el más antiguo, que suele extorsionar a los nuevos detenidos, arrebatándoles su dinero o sus pertenencias. carc.

jilacatura.
    I. 1.   f. *Bo:O.* Gestión administrativa de un **jilacata**, autoridad de una comunidad. pop.

jilar.
    □
    a. ‖ **¡no jile!** loc. interj. *Ve.* Expresa disgusto o contrariedad.

jilata. (Del aim. *jilota*, hermano, compañero).
    I. 1.   m. *Bo:O.* Amigo íntimo, compañero inseparable. pop.

jilbán.
    I. 1.   *RD.* **jilván**. rur.

jilea.
    I. 1.   f. *Mx.* Limpieza de la **milpa** u otro terreno sembrado por hileras. rur.

jilear.
    I. 1.   tr. *Mx.* Limpiar la **milpa** u otro terreno sembrado por hileras. rur.

jilguero.
    I. 1.   *Ec:O, Bo, Ch.* **negrillo**, pájaro. (**jílguero**).
    2.   m. *Ho, Ec:N, Bo.* Pájaro de 10 cm de longitud, con manchas blancas en la cola y las alas; el macho es negro azulado lustroso por encima, pico grueso, cónico y puntiagudo de color café, al igual que las patas. (Fringillidae; *Carduelis psaltria*).
    3.   *PR.* Pájaro de plumaje negro azuloso en el lomo, amarillo en la frente y la corona, amarillo más claro en el vientre y en la rabadilla, y negros el pico y las patas. (Fringillidae; *Euphonia musica*).
    ■
    a. ‖ ~ **dorado**. m. *Ec.* Pájaro de plumaje brillante amarillento con coronilla naranja en el macho, y más apagado, o de color oliva pardo con estrías fuertes y oscuras, en la hembra. (Emberizidae; *Sicalis flaveola*). ♦ **madurero**.
    b. ‖ ~ **peruano**. m. *Ch.* **cabecita negra**.

jílguero.
    I. 1.   *Ch.* **jilguero**, negrillo. rur.

jilguillo.
    ▶ **chupar ~**.

jilinca.
    I. 1.   f. *Ho.* Pierna larga de una persona. rur.

jilinchuche. (De *quilinchuche*).
    I. 1.   *Ho, Ni.* **quilinchuche**.

jilinco.
    I. 1.   m. *Ho.* Tronco, rama o raja de madera.
    II. 1.   *Ho.* Corazón del tronco de un árbol, *en especial el ocote o pino*.

jilincón, -na.
    I. 1.   sust/adj. *Ho.* Persona de piernas largas.

jilincuche. (Del nahua *xilotl*, cabellitos de maíz, y *xochitl*, flor).
    I. 1.   m. *Ho.* **acacia**. (Fabaceae; *Laesalpinia pulcherrima*).

jilinjoche. (Del nahua *xilin*, campanilla, y *xóchitl*, flor).
    I. 1.   m. *Ni.* **bonga**, árbol.

jiliri. (Del aim. *jiliri*, mayor).
    I. 1.   m. *Bo:O.* Autoridad de una comunidad andina. rur.

¡jilla!
    I. 1.   interj. *Ho.* Expresa estímulo para arrear al ganado. rur.

jilos.
    I. 1.   f. pl. *ES.* Cabellos.

jilosúchil. (Del nahua *xilotl*, jilote, y *xochitl*, flor).
    I. 1.   *Mx.* **chicocuchi**. (**silosúchil**).

jilotal.
    I. 1.   m. *Ho, ES.* Plantación de maíz con la mazorca en **jilote**.
    2.   *Ho.* Gran cantidad de **jilotes** cosechados.

jilote. (Del nahua *xilotl*, cabello).
    I. 1.   m. *Mx, Gu, Ho, ES, Ni, CR:NO.* Fruto de la planta de maíz en que los granos ya formados empiezan a desarrollarse. (**chilote**; **shilote**; **xilote**).
    2.   *Mx.* Conjunto de hebras que tiene el jilote.

jilote, -a.
    I. 1.   m. y f. *Mx.* Adolescente. pop.
    II. 1.   adj. *Ho. Referido a persona*, tonta. est.
    III. 1.   adj/sust. *Ho. Referido al cabello*, de color rojizo.

jilotear(se).
  I. 1. intr. *Mx, Gu, Ho, ES.* Comenzar a echar el **jilote** la planta del maíz. (**chilotear**).
  II. 1. intr. prnl. *Ho.* Pavonearse *alguien*, lucirse.

jilotón, -na.
  I. 1. adj. *Ho. Referido a persona*, tonta.

jilotudo, -a.
  I. 1. adj. *ES. Referido a persona*, despeinada, desgreñada.

jiludo, -a.
  I. 1. adj. *ES. Referido a persona*, de pelo lacio.
  2. *ES.* jilotudo.

jilván.
  I. 1. m. *RD.* Golpe o corte transversal que se da con un machete. rur. (**jilbán**).

jimador, -ra.
  I. 1. sust/adj. *Mx.* Persona que desbasta con un utensilio las hojas del **maguey** para fabricar el **mezcal.**

jimagua.
  I. 1. m-f. *Cu.* Persona que ha nacido en un mismo parto con otra.
  II. 1. f. *Cu.* Ruedas dobles que usan los camiones.

jimagüe, -gua. (De or. ind. antillano).
  I. 1. m. y f. *Ho:N,C.* Persona gemela de otra.

jimar.
  I. 1. tr. *Mx.* Desbastar y asar las hojas del **maguey** para fabricar el **mezcal.**
  2. *Mx.* Desbastar la cáscara exterior del coco.

jimba.
  I. 1. *Mx:SE.* **guadua.**
  2. *Mx.* **caña brava**, planta silvestre.
  II. 1. f. *Ec:C.* Trenza que los indígenas saraguros hacen con su cabello y llevan a lo largo en su espalda.
  2. *Ec:C.* Trenza de cualquier fibra delgada que usan los indígenas para atar y **jalar** toda suerte de cosas.

jimbirico.
  I. 1. m. *Ec:S.* Renacuajo, larva de batracio.

jimenista. (De *Juan Isidro Jiménez*, político dominicano, 1846-1919).
  I. 1. adj. *RD.* Relativo al político dominicano Juan Isidro Jiménez.
  2. adj/sust. *RD.* Partidario de Juan Isidro Jiménez.

jimerito.
  I. 1. m. *Ho, ES:E.* Abeja muy pequeña, inofensiva, de color amarillo; no pica. (Apidae; *Trigona angustata*).
  2. *Ho, ES:E.* Panal y miel silvestre del jimerito que se utiliza como alimento y purgante.

jimilile. (Del nahua *xihuitl*, hierba e *ililli*, de *iloa*, torcer).
  I. 1. m. *Ho.* **chimichaca**, hierba. (**shimilile**).

jimiquear.
  I. 1. *RD, PR.* **girimiquear.**

jimiqueo.
  I. 1. *Ni, PR.* **girimiqueo.**

jimiquiar.
  I. 1. *RD, PR.* **girimiquear.**

jina.
  I. 1. f. *RD.* Árbol de hasta 10 m de altura, de copa ancha, tronco delgado y liso, hojas alternas compuestas de hojuelas elípticas, flores blanquecinas en espigas axilares con vello sedoso y fruto en legumbre; es comestible el arilo de las semillas y se utiliza para sombra del café. (Fabaceae; *Inga laurina, I. pavoniana*).
  ■
  a. ‖ ~ **extranjera.** *RD.* **guamúchil.**

jincadera.
  I. 1. f. *Ni.* Picazón intensa en el cuerpo.

jincar. (De *hincar*).
  I. 1. tr. *Mx.* Trasladar a *alguien* una carga, trabajo o cosa no apetecible. pop + cult → espon.

  II. 1. tr. *Ho, ES, Ni, CR:NO, RD.* Pinchar una cosa.
  2. *Ho, ES, Ni, CR, RD.* Picar una caballería con la espuela.
  3. *Ni.* Azuzar a *una persona* contra alguien.
  4. intr. *CR:NO.* metáf. Realizar el coito.
  III. 1. tr. *Ho.* metáf. Molestar a *alguien*.
  □
  a. ‖ ~ **la yegua.** loc. verb. *Ni.* Azuzar, sembrar la discordia entre dos o más personas.

jincazón.
  I. 1. f. *Ni.* Picazón intensa por el cuerpo.

jinchada.
  I. 1. f. *Ni.* Grupo de campesinos. desp.
  2. *Ni.* Vulgaridad, grosería, palabra soez. desp.

jinchado, -a.
  I. 1. adj. *PR. Referido a persona*, que está hinchada. pop + cult → espon.
  II. 1. adj. *PR. Referido a persona*, extremadamente pálida. pop + cult → espon.

jinchar(se).
  I. 1. intr. prnl. *Co:C,SO.* Emborracharse. pop.
  II. 1. *PR.* **hinchar**, molestar.

jinchera.
  I. 1. f. *PR.* Hinchazón. pop + cult → espon.
  II. 1. f. *PR.* Pérdida momentánea del color natural de la piel. pop + cult → espon.

jincho, -a.
  I. 1. adj. *Ho, ES, Ni. Referido a persona*, ignorante.
  2. *ES, Ni. Referido a persona*, campesina.
  II. 1. adj. *Ho, ES, Ni. Referido a persona o cosa*, vulgar, de mala calidad.
  III. 1. adj. *RD. Referido a persona o cosa*, pálida, que presenta un color apagado.
  2. *PR. Referido a persona*, hinchada y pálida. pop + cult → espon.
  3. *PR. Referido a persona*, de tez muy clara. pop + cult → espon.
  □
  a. ‖ ~ **como el chayote.** loc. adj. *PR. Referido a persona*, muy pálida. pop + cult → espon.
  b. ‖ ~ **papujo.** loc. adj. *PR. Referido a persona*, que cae mal. pop + cult → espon.
  ▶ **ponerse más jincho que un peo.**

jinchumuro. (Del aim. *jinchu*, oreja, y *muru*, cortado).
  I. 1. m-f. *Bo:O.* Persona que no tiene uno o los dos pabellones de la oreja. rur; desp.
  2. *Bo:O.* Persona que no tiene oído fino para la música. rur; desp.

jincón.
  I. 1. m. *Ni, RD.* Punzada, pinchazo.
  2. *ES.* Apretón.
  3. *Ni.* Dolor de un pinchazo en el cuerpo.

jineta.
  I. 1. f. *Ni, RD. En las carreras de caballos*, amazona.
  II. 1. f. *Ho.* Brazalete distintivo del capitán de un equipo de **futbol.**

jinetada.
  I. 1. f. *ES.* Grupo de jinetes.
  2. *Py.* **jineteada**, cabalgada. pop.

jinete.
  I. 1. m-f. *ES.* Persona campesina.
  2. *ES.* Persona inculta y vulgar.
  3. *ES.* Persona poco sociable.
  II. 1. m-f. *Py.* **amansador**, domador de caballos.
  III. 1. m. pl. *Ho.* Tiras de cuero que adornan por los lados una montura.

jineteada.
  I. 1. f. *Mx, ES, Bo, Py, Ur.* Doma de caballos cerriles.
  2. *Mx, Ho, Ni.* Cabalgada. (**jinetada**).

3. *Py, Ar, Ur.* Espectáculo donde los jinetes exhiben su destreza.

4. *Ar.* Monta de potros que se realiza para que el jinete muestre su habilidad.

jinetear.
   I. 1. tr. *Mx, Gu, Ho, Ni, Pa, Ve, Ec, Pe, Py, Ur; Bo,* pop. Domar caballos cerriles.
   2. *Gu, Ho, Co:E, Ch, Py, Ar, Ur.* Montar potros sin domar para que el jinete luzca su habilidad.
   3. *Ho, Ni, Bo.* Montar una caballería.
   4. *Ho; Ni, Ur,* p.u; pop. | metáf. Abusar de alguien.
   II. 1. tr. *Mx, Gu; CR, Ec, Ur.* p.u; espon. Retrasar el pago de una cantidad de dinero con el fin de sacar ganancias de ella. pop + cult → espon ^ fest.
   2. *Ch.* Apurar un trámite, *especialmente recurriendo a amistades influyentes.* pop.
   3. *Cu.* Hacer toda clase de gestiones para conseguir algo determinado. pop ^ fest.
   III. 1. tr. *Ve.* Enamorar a una mujer que se muestra reacia.
   IV. 1. intr. *Cu.* Realizar negocios ilícitos con extranjeros con el fin de obtener divisas.
   2. *Cu.* Prostituirse *alguien, generalmente una mujer.*
   V. 1. tr. *Gu, Bo.* metáf. Realizar el coito. vulg; pop.

jineteo.
   I. 1. *Cu.* **jineterismo.**

jineterismo.
   I. 1. m. *Cu.* Prostitución que ejerce una persona con extranjeros. ♦ **jineteo.**
   2. *Cu.* Negocio ilícito que hace una persona con extranjeros para obtener divisas. ♦ **jineteo.**

jinetero, -a.
   I. 1. m. y f. *Mx.* Persona que retiene indebidamente una cantidad de dinero que se debería liquidar. pop.
   II. 1. m. y f. *Cu.* Persona que hace negocios ilícitos con extranjeros para obtener divisas.
   2. *Cu.* Persona, *generalmente una mujer,* que se prostituye con extranjeros.

jinetillo.
   I. 1. m. *Ho.* Par de correas de cuero suave sujetas a ambos lados de la silla de montar que sirven para sujetar carga.
   2. *Ho.* Parte delantera y superior de la albarda o montura donde se ata la punta del lazo del animal amarrado.

jingle. (Voz inglesa).
   I. 1. *EU, PR, Ur.* **yingle,** anuncio.

jinicuil. (Del nahua *xonecuilli,* pie torcido).
   I. 1. *Mx.* **machetón,** árbol.
   2. m. *Mx.* Fruto del **guamo,** de hasta 0,5 m de longitud, chato, rígido, pardo y cubierto de un vello que se desprende con facilidad, que encierra diez o más senos con sendas semillas ovales cubiertas de una sustancia comestible muy dulce y blanca como copos de algodón.

jinicuite. (De *xioquahuitl,* árbol leproso).
   I. 1. m. *Ho, ES.* **chacaj.** (**jiniquite**).

jiniquear.
   I. 1. tr. *Ho:S.* Pellizcar a *alguien.*

jiniquite.
   I. 1. *Ni.* **jinicuite.**

jinocuabe.
   I. 1. *CR.* **jiñocuabe.**

jinquetazo.
   I. 1. m. *PR.* Puñetazo. pop + cult → espon. ♦ **jinquete.**
   ▶ **darse un ~.**

jinquete.
   I. 1. *PR.* **jinquetazo.**

jiña.
   I. 1. f. *Cu.* Nada o cantidad insignificante de algo. pop. (**giña**).
   II. 1. f. *Cu.* Flojera, cobardía. (**giña**).
   III. 1. *Ni.* **hijeputada.** vulg.
   ▶ **tener ~.**

jiñicuao.
   I. 1. *Ho.* **jiñocuao.**

jiñocuabe.
   I. 1. *CR, Pa.* **chacaj.** (**jinocuabe**).

jiñocuabo.
   ▶ **parecer palo de ~.**

jiñocuao.
   I. 1. *Ni.* **chacaj.** (**jiñicuao**).

jiñote. (Del nahua *xiotl* o *siyotl,* herpe).
   I. 1. *CR:NO.* **chacaj.**

jiopacle.
   I. 1. *Mx.* **chichicaste.**
   2. *Mx.* **ecapacle.**

jiota. (Del nahua *xiotl,* sarna).
   I. 1. f. *ES.* **Tortilla** de maíz a la que le falta cocimiento.

jiote. (Del nahua *xiotl,* sarna).
   I. 1. m. *Mx, Gu, Ho, ES, Ni.* Enfermedad cutánea que se manifiesta en manchas redondeadas delimitadas por una orilla rojiza, gruesa y prominente, acompañada de comezón y escamación. (**giote; hiote**).
   2. *Mx, Gu, Ho, ES, Ni.* Roncha morada o rojiza en alguna parte del cuerpo por efecto de la enfermedad del mismo nombre. (**giote**).
   3. *Ni.* Enfermedad de la piel de los granos, *en especial del maíz.* (**xiote**).
   II. 1. m. *Mx.* Árbol pequeño de tronco liso, hojas pinadas, flores pequeñas y fruto en drupa de 8 mm de longitud. (Anacardiaceae; *Pseudosmodingium perniciosum*). (**xiote**).

jiotilla.
   I. 1. *Mx.* **chiotilla.**

jiotillo.
   I. 1. m. *Mx.* **jiotilla.**

jiotosa.
   I. 1. f. *Ho.* Pene. rur; vulg.

jiotoso, -a.
   I. 1. adj/sust. *Gu, ES. Referido a persona,* sucia, deseada. pop ^ desp.
   II. 1. adj. *Gu, Ho. Referido a persona o animal,* sarnoso, que tiene la enfermedad del **jiote.**
   III. 1. adj. *Ho. Referido a una superficie,* granulosa.

jiotudo, -a.
   I. 1. m. y f. *Mx.* Persona que padece de **jiote.** pop.

jipa.
   I. 1. f. *Co, Ve.* Sombrero elaborado con la fibra de **jipijapa.**
   ▶ **ponerse una ~.**

¡jipa!
   I. 1. interj. *Ve.* Expresa alegría.

jipar.
   I. (Sínc. de *jipiar*).
   1. intr. *RD, Ec.* Lloriquear. pop + cult → espon.
   2. *RD.* Emitir **jipíos.**
   II. 1. tr. *Ec.* pop. Hipar.

jipatera.
   I. 1. f. *Ve.* Anemia.
   II. 1. f. *Cu.* **jartera,** efecto o secuela.

jipato, -a.
   I. 1. adj. *Ho, Ni, Cu, RD, Co:N, Ve, Bo:E. Referido a persona,* pálida, demacrada.
   2. *Bo:E. Referido a persona,* que tiene el semblante triste, acongojado. pop + cult → espon.

II. 1. adj. *Cu. Referido a persona*, que ha saciado el apetito de comer y beber.

III. 1. adj. *Ho:E. Referido a una cosa, especialmente harina o líquidos*, mezclados unos con otros.

jipi. (Apóc. de *jipijapa*).
   I. 1. m. *Ec.* **jipijapa.**

jipido.
   I. 1. *Cu.* **jipío.**

jipiento, -a.
   I. 1. m. y f. *Ch.* Persona que se comporta y viste de acuerdo con el movimiento juvenil pacifista y contrario al sistema establecido surgido a finales de los años sesenta del siglo xx en los Estados Unidos. (**hippiento**). ♦ **hiposo.**
   2. adj. *Ch.* Relativo a los jipis y a su movimiento. pop. (**hippiento**). ♦ **hiposo.**

jipijapa. (De *Jipijapa*, pueblo de Ecuador).
   I. 1. f. *Cu, Co.* **soyacal.**
   2. *Bo.* Fibra en forma de tira extraída de las hojas de un tipo de palmera del bombaje con la que se tejen sombreros, petacas y otros objetos.

jipío.
   I. 1. m. *Cu.* Respiración fatigosa acompañada de un ronquido silbante. (**jipido**).
   2. *RD.* Ruido que a veces se produce al penetrar el aire en los pulmones.

jipioso, -a. (De *jipi* y este del ingl. *hippie*).
   I. 1. adj/sust. *Mx. Referido a persona*, que se comporta y viste de manera descuidada, desaliñada.

jipón.
   I. 1. adj. *Ch.* p.u. *Referido a cosa*, de apariencia descuidada, desaliñada. pop ^ desp.
   2. sust/adj. *Ch.* p.u. Persona con apariencia descuidada y desaliñada en el vestir. pop ^ desp.

jipucho, -a.
   I. 1. adj. *Ve.* obsol. *Referido a persona*, pálida, demacrada.

jipurí.
   I. 1. m. *Bo:N,E.* Filamento leñoso de una hoja de palma.
   2. *Bo:N,E.* Parte central de un tubérculo o de una fruta.
   II. 1. sust/adj. *Bo:E.* Persona de constitución física delgada. pop + cult → espon ^ fest.

jique.
   I. 1. m. *Ho.* Marca rojiza que queda en la piel de alguien después de recibir una chupada o succión.

jiquear.
   I. 1. tr. *Ho.* Hacer a *alguien* un **jique.**

jiquelite.
   I. 1. *Mx, Ni.* **jiquilite**, arbusto.
   2. *Ni.* **jiquilite**, tinte.

jíquera.
   I. 1. f. *Co:O.* Bolso de tela fuerte o de fibra vegetal tejido en forma de malla o red y provisto de una tira larga del mismo material para colgarlo del hombro o llevarlo en bandolera.

jiquerón.
   I. 1. adj. *Co:O. Referido a persona*, tonta. pop ^ desp.

jiquí.
   I. 1. m. *Cu.* Árbol de hasta 12 m de altura, de hojas lustrosas en la cara superior y flores dioicas, pequeñas y apétalas; la infusión hecha con su corteza tiene aplicación en la medicina tradicional. (Euphorbiaceae; *Pera bumeliaefoliá*).

jiquilete.
   I. 1. *Mx, PR.* **jiquilite.**

jiquilite. (Del nahua *xihuitl*, verde, y *quilitl*, hierba).
   I. 1. m. *Mx, Gu, Ho, ES.* **añil.** (**jiquelite; jiquelete**).

2. *Mx, Gu, Ho, ES.* Tinte extraído de la maceración de las hojas del jiquilite en agua cuyo líquido se filtra en una disolución de cal. (**jiquelite**).

jiquinicuil. (Del nahua).
   I. 1. m. *Mx, ES.* **guama**, fruto.

jiquipil. (Del nahua *xiquipil*, ocho mil).
   I. 1. m. *ES.* Bolsa, costal.
   2. *ES.* Cantidad grande de algo, montón.

jirafa.
   I. 1. f. *Ec:O. En las plantaciones bananeras*, aparato mecánico compuesto por un largo segmento de metal, usado para fumigar.
   ●
   a. ‖ **zafa, ~.** fórm. *Co.* juv. Se usa para indicarle a alguien que se marche.

jiria.
   I. 1. f. *ES.* Lenguaje coloquial.

jiribilla.
   I. 1. f. *Mx, Cu, PR.* Desasosiego, nerviosidad, hormigueo en el cuerpo. pop + cult → espon. (**giribilla**).
   2. adj/sust. *Cu. Referido a persona, especialmente a un niño*, inquieto, rápido, audaz.
   3. m-f. *PR.* Niño inquieto, que molesta mucho. pop + cult → espon. (**giribilla**).
   II. 1. f. *Mx.* Dicho o escrito que tiene una doble intención. (**giribilla**).
   ▶ tener ~.

jiricaya.
   I. 1. *Mx.* **jericalla.**

jiriguao.
   I. 1. m. *PR.* Piojo de las aves.

jirimequear.
   I. 1. *RD.* **girimiquear.**

jirimiquear.
   I. 1. *Cu, RD; CR*, obsol. **girimiquear.**

jirimiqueo.
   I. 1. m. *Mx, Gu, Ni, PR; CR*, obsol. **girimiqueo.** (**jirimiqueo**).

jirimiquero, -a.
   I. 1. *PR.* **jeremiquero.**

jirimiquiar.
   I. 1. intr. *ES, PR.* **girimiquear.**

jirimisquiar. (Epént. de *jirimiquear*).
   I. 1. *ES.* **girimiquear.**

jirique.
   I. 1. m. *ES.* Hoja muy desgastada de un machete.

jirito, -a.
   I. 1. adj. *Mx. Referido a persona anciana*, erguida, muy vigorosa para su edad.

jirjir.
   I. 1. m. *Ho.* Resuello de persona asmática o con bronquitis.
   II. 1. m. *Ho:C,E.* Ronroneo del gato.

jirjiroso, -a.
   I. 1. adj. *Ho:C,E. Referido a un gato*, que ronronea mucho.

jiro, -a.
   I. 1. adj. *Mx, Gu, ES, Ni, CR, Cu, RD, Bo, Py; Ur*, obsol. *Referido a un gallo de pelea*, que tiene las plumas de la golilla y de las alas de color amarillo, y las del cuerpo negras.

jirón.
   I. 1. m. *Pe.* Vía urbana compuesta de varias calles o tramos entre esquinas.

jironear.
   I. 1. intr. *Pe.* Pasear por las calles o por las galerías de centros comerciales mirando los escaparates o vitrinas de los comercios. pop + cult → espon.

jisunú.
   I. 1. m. *Bo:E,O.* Huevo que se coloca en el nido de una gallina para estimularla a poner otros. rur.

jit. (Del ingl. *hit*).
   I. 1. *Cu.* **batazo**, golpe.

jitazo. (Der. de *hit*).
   I. 1. m. *Mx, Ho, ES.* Triunfo, éxito grande.

jitear. (Del ingl. *hit*).
   I. 1. intr. *PR. En el **beisbol**,* batear un **hit**.
   2. *PR.* metáf. Acertar *alguien* en algo.
   II. 1. intr. *PR.* Salir *alguien* de la cárcel bajo palabra. carc.
   III. 1. intr. *PR.* Triunfar *algo, especialmente una canción.*
   □
    a. ‖ ~ **de *home run*.** (Del ingl. *home run*). loc. verb. *PR.* Salir de la cárcel en entera libertad. carc.

jitera.
   I. 1. f. *ES.* Enfermedad de la gonorrea. polic.

jitomatazo.
   I. 1. m. *Mx.* Golpe dado con un **jitomate**.

jitomate. (Del nahua *xictli*, ombligo, y *tomatl*, tomate).
   I. 1. m. *Mx, ES, Ni.* Tomate.

jitomatero, -a.
   I. 1. adj. *Mx.* Relativo al **jitomate**.
   2. adj/sust. *Mx. Referido a persona,* que se dedica a cultivar o vender **jitomate**.

joácata.
   I. 1. adj/sust. *Ni. Referido a hombre,* homosexual.

job. ∎
    a. ‖ ~ ***description.*** (Voz inglesa). f. *EU, PR.* Hoja impresa rotulada que indica las tareas correspondientes a cada puesto de trabajo.

joba.
   I. 1. f. *PR.* Fruto del **jobo**, de forma redondeada, carnoso, de color amarillo o rojo al madurar, y de una sola semilla; es comestible.

jobato, -a.
   I. 1. *Ar, Ur.* **jovato**.

jobero.
   I. 1. m. *RD; Co:N,* obsol. Enfermedad que produce lesiones pigmentarias en la piel, de color blanquecino, rojizo o azul oscuro. (**jovero**).
   2. *RD.* Caballo blanco con manchas.
   II. 1. m. *RD.* **guazumilla**. (**jovero**).

jobero, -a.
   I. 1. adj/sust. *Ni. Referido a persona,* sagaz, lista.
   II. 1. adj. *PR. Referido a un caballo,* de pelo blanco con manchas de color bayo, negro o alazán.

¡jobero!
   I. 1. interj. *Ni.* Expresa contrariedad, sorpresa o disgusto.

jobi. (Del ingl. *hobby*).
   I. 1. m. *Py; Ec,* p.u. Afición o pasatiempo que tiene una persona en sus ratos de ocio.

jobillo.
   I. 1. *Mx:SE.* **napahuite**.
   II. 1. *PR.* **jocote**, árbol.
   2. *PR.* **jocote**, fruto.
   ▶ **comer ~s; irse de ~s.**

jobo. (De ot. ind. antillano).
   I. 1. m. *Mx, Ho:N,S, Ni, CR, Pa, Cu, RD, Co, Ve, Ec.* Árbol de hasta 30 m de altura, de hojas compuestas imparipinnadas alternas, inflorescencia en panículas terminales, flores blancas y fruto oblongo; tiene numerosas aplicaciones en la medicina tradicional. (Anacardiaceae; *Spondias mombin*). ♦ **chiabal; jocote de corroncha; jocote de jobo; obo; orococillo; pompocua; ubo.**

2. *Mx, Ho:N,S, Ni, CR, Pa, Cu, RD, Co, Ve, Ec.* Fruto del jobo, en forma de drupa, oblongo, amarillento al madurar, de piel carnosa y sabor agridulce.
   3. *Mx, Gu, Pa, PR, Co.* **jocote**, árbol. (**hobo; jobillo**).
   4. *Mx, Pa, PR, Co.* **jocote**, fruto. (**jobillo**).
   □
    a. ‖ **como pepa de ~.** loc. adj. *PR. Referido a pelo,* reseco y pajoso. pop + cult → espon.
   ▶ **comer ~s; hacer ~s; quedarse comiendo ~s.**

jobobán.
   I. 1. *RD.* **napahuite**.

jobobosí.
   I. 1. m. *Bo:N,E.* Abeja silvestre sin aguijón, de color marrón, con grandes alas. (Apidae; *Trigona recursa*).

joboto.
   I. 1. *CR, Ec.* **ronrón**, escarabajo. (**jogoto**).
   2. m. *Ho.* Larva de la **gallina ciega**.

joceador, -ra.
   I. 1. adj/sust. *PR. Referido a persona,* que le gusta comer y beber a expensas de los demás, gorrón.

jocha.
   I. 1. f. *Ec.* obsol. Contribución en especie que el **prioste** solicita a determinadas personas, con el compromiso de devolver lo recibido una vez que haya concluido la fiesta.
   II. 1. f. *Bo:E.* Mal o daño que una persona ocasiona a otra. pop + cult → espon.

jochado, -a.
   I. 1. sust/adj. *Ve:O.* Persona presuntuosa y arrogante.

jochador, -ra.
   I. 1. m. y f. *Bo.* Persona azuzadora.

jochante.
   I. 1. m-f. *Ec.* Persona que da la **jocha**.

jochar. (Del fr. *hucher*, llamar gritando o silbando).
   I. 1. tr. *CR:NO, Ve,* pop + cult → espon; *Bo,* pop. Fastidiar o molestar a *alguien*. (**jochear**).
   II. 1. tr. *Ni; Bo,* pop; metáf. Incitar a *alguien* en contra de otra persona. (**jochear**).
   2. *Bo:E.* Incitar a un animal para que ataque o embista. pop. (**jochear**).
   3. *Ni.* Azuzar a un perro contra alguien.
   III. 1. tr. *Pa, Ve.* Animar, instar a *alguien* para que haga o diga algo. pop.
   IV. 1. intr. *Ec.* obsol. Dar la **jocha**.
   V. 1. intr. *Bo:S.* Ladrar un perro. pop.

joche.
   I. 1. adj. *Co:C,NE. Referido a persona,* atrasada o lenta en algo. pop.

jocheador, -ra.
   I. 1. sust/adj. *Bo:N.* Persona que suele molestar. pop + cult → espon.
   II. 1. sust/adj. *Bo:N,E.* Persona que participa en un **jocheo**. pop + cult → espon.
   III. 1. sust/adj. *Bo:N,E.* Mujer que muestra actitudes provocativas hacia los hombres.

jocheadura.
   I. 1. f. *Bo.* **jocheo**.

jochear.
   I. 1. *Bo:N,E.* **jochar**, fastidiar.
   II. 1. *Bo:N,E.* **jochar**, incitar a alguien.
   2. *Bo:N,E.* **jochar**, incitar a un animal.
   3. tr. *Bo:N,E.* Provocar una persona a otra del sexo opuesto con intención de seducirla. pop + cult → espon.
   III. 1. intr. *Bo:S.* **jochar**, ladrar.

jocheo.
   I. 1. m. *Bo.* Toreo o lidia de toros. ♦ **jocheadura.**
   2. *Bo:N,E.* Incitación a los perros para que ataquen. pop + cult → espon. ♦ **jocheadura.**

II. 1. m. *Bo:N,E.* Molestia o disgusto que se le causa a una persona. pop + cult → espon. ♦ **jocheadura.**

2. *Bo:N,E.* Decaimiento anímico de una persona por haber sido reprendida o tratada de manera indebida. pop + cult → espon. ♦ **jocheadura.**

■

a. ‖ ~ **de toros.** m. *Bo:N,E. En ciertas festividades*, toreo rústico en el que una o varias personas tratan de quitar al toro un paquete que lleva atado al cuerpo *y que, generalmente, contiene una cantidad de dinero.* pop + cult → espon.

jochi.

I. 1. adj. *Bo:N,E. Referido a persona*, mestiza. pop + cult → espon ^ desp.

2. *Bo:N,E. Referido a persona*, que pertenece a una clase social baja. pop + cult → espon ^ desp.

■

a. ‖ ~ **colorado.** *Bo.* **chilloncillo.**
b. ‖ ~ **con cola.** m. *Bo.* **pacarana.**
c. ‖ ~ **de toros.** *Bo:N,E.* **jocheo de toros**.
d. ‖ ~ **pintado.** m. *Bo.* Mamífero roedor, de hasta 70 cm de longitud, de cola muy corta, cabeza grande, orejas pequeñas y redondeadas, patas largas y pelaje de color pardo, grisáceo en el dorso y blanco o amarillo en el vientre, con líneas y manchas blancas, longitudinales, a los lados del cuerpo; su carne es comestible. (Dasyproctidae; *Cuniculus paca, Agouti paca*).

jocho.

I. (Del ingl. *hot dog*).
1. *Mx.* juv. **hot dog.** urb.
II. 1. m. *Ec.* p.u. Regalo, *especialmente el que se da a un indio* **prioste** *en una fiesta religiosa.* rur; pop.

jocho, -a.

I. 1. adj. *Ho. Referido a persona*, que le faltan uno o varios dientes.
II. 1. adj. *Pa. Referido a persona*, molesta, enfadada.

jociquear.

I. 1. intr. *PR.* Curiosear, inquirir *alguien algo.* vulg; pop + cult → espon.

jociquiprieto, -a.

I. 1. adj. *PR. Referido a animal*, que tiene el hocico negro. pop + cult → espon.

jocketa.

I. 1. *RD, Ve, Ar, Ur.* **jocketta.**

jocketta.

I. 1. f. *Ve, Ch. En las carreras de caballos*, amazona. (**jocketa**).

jockey. (Voz inglesa).

I. 1. f. *Ur.* Gorra con visera.

joco.

I. 1. *Bo:E.* **ayote**, planta.
2. *Bo:E.* **ayote**, fruto.
3. m. *ES.* Maíz de grano más grande y más suave que el normal, que se usa para elaborar **salpores.**
II. 1. m. *EU.* Jinete profesional de carreras de caballos.

joco, -a.

I. 1. adj. *CR.* obsol. *Referido a un alimento*, que tiene sabor agrio por haber empezado a descomponerse. rur.

jocoatole.

I. 1. *Mx.* **xocoatole.**

jocollo. (Del quech.).

I. 1. m. *Bo:O,C.* Renacuajo, larva de la rana. pop.

jocom.

I. 1. m. *Gu.* Guiso preparado con carne, **miltomate**, cebolla, ajo y sal. (**jocón**).

jocomico. (Del nahua *xococ*, agrio, y *mico*, mono).

I. 1. m. *Ho, Ni.* Árbol de hasta 14 m de altura, con hojas grandes, flores en panículas pequeñas y de

pétalos blancos, y fruto en drupa globosa parecida al **mamey**; es comestible. (Burseraceae; *Tetragastris panamensis, Protium sessiflorum*). (**jucumico**).

jocón.

I. 1. *Gu.* **jocom.**

joconostle.

I. 1. *Mx.* **xoconostle.**

jocoque. (Del nahua *xococ*, agrio).

I. 1. m. *Mx.* Preparación alimenticia a base de leche agriada, semejante al yogur. (**jocoqui**).

jocoqui.

I. 1. *Mx.* **jocoque.**

jocota.

I. 1. f. *Ho.* Fruto del **jocote**.

jocotada.

I. 1. f. *CR:NO.* **Jocotes** cocinado y conservado en almíbar.

jocotal.

I. 1. m. *Mx, Gu, Ho, Ni, CR.* Terreno plantado de **jocotes.**

jocote. (Del nahua *xocotl*, fruta agria).

I. 1. m. *Mx, Gu, Ho, ES, Ni, CR, Pa, Co.* Árbol de hasta 25 m de altura, de copa extendida, hojas compuestas, oblongo-lanceoladas, de margen aserrado, flores púrpuras en racimos simples, y frutos cubiertos con una vellosidad blanca; se utiliza en la medicina tradicional. (Anacardiaceae; *Spondias purpurea*). (**xocot**). ♦ **abalá; ciruelo; hondura; jobillo; jobo; jocote de agua; jocote de corona; jocote de iguana; jocote de verano; jocote pitarrillo; jocote turco; jondura; kinín; tinaljuco.**

2. *Mx, Gu, Ho, ES, Ni, CR, Pa, Co.* Fruto del jocote, oblongo, carnoso, de color amarillo o rojo al madurar, y de una sola semilla. (**xocota**). ♦ **abalá; ciruelo; jobillo; jobo; jocote de corona; jocote de jobo; tinaljuco.**

II. 1. m. pl. *ES, CR.* p.u. Dedos del pie de una persona. pop + cult → espon ^ fest.

■

a. ‖ ~ **de agua.** *ES.* **jocote**, árbol.
b. ‖ ~ **de corona.**
i. *Gu, ES.* **jocote**, árbol.
ii. *Gu, ES.* **jocote**, fruto.
c. ‖ ~ **de corroncha.** *ES.* **jobo**, árbol.
d. ‖ ~ **de iguana.** *ES.* **jocote**, árbol.
e. ‖ ~ **de jobo.**
i. m. *ES.* Árbol de hasta 35 m de altura, de tronco recto y cilíndrico, corteza exterior gris con líneas verticales verdes o grisáceas, hojas imparipinnadas y alternas, flores blancas y pequeñas, y frutos en drupas oblongas, verdes, que se tornan negros al madurar. (Anacardiaceae; *Spondias radlkoferi*).
ii. *CR.* **jobo**, árbol.
iii. *CR.* **jobo**, fruto.
f. ‖ ~ **de verano.** *ES.* **jocote**, árbol.
g. ‖ ~ **del diablo.** m. *ES.* Árbol de hasta 10 m de altura, de hojas coriáceas, aovadas, glabras, de margen de entero a ondulado, ápice obtuso, inflorescencia corta, axilar, racimosa, densamente vellosa, flores de color verde claro, y frutos en drupas, pendulosos y amarillos. (Minispermaceae; *Hyperbaena tonduzii*).
h. ‖ ~ **marañón.** *Gu.* **marañón**, árbol.
i. ‖ ~ **mico.** *Ho.* **caimito.** (Sapotaceae; *Chrysophyllum cainito*).
j. ‖ ~ **pitarrillo.** *ES.* **jocote**, árbol.
k. ‖ ~ **turco.** *ES.* **jocote**, árbol.
▶ **no dar ni para un ~.**

jocote, -a.
   I. 1. adj. *ES. Referido a un asunto o problema*, difícil, complicado.

jocoteado, -a.
   I. 1. adj. *Ni. Referido a persona joven*, astuta.

jocotear.
   I. 1. intr. *Gu, Ho, ES, CR.* Recoger **jocotes**.
   II. 1. tr. *Gu, CR.* Molestar a *alguien*.
   III. 1. *Ho.* Beber aguardiente.

jocotudo, -a.
   I. 1. adj. *ES. Referido a persona*, con los dedos de los pies grandes.

jocoyote.
   I. 1. *Mx.* **xocoyote**.

jocú.
   I. 1. m. *Cu, PR.* Pez marino de hasta 70 cm de longitud, de color rojo cobrizo, vientre blanquecino, aleta caudal amarilla y hocico prolongado con largos caninos; su carne es muy apreciada. (Lutjanidae; *Lutjanus jocu*).

jocuiste.
   I. 1. m. *Mx.* Planta con penca y hojas espinosas, en roseta, de flores rosadas y frutos comestibles, empleadas para setos vivos. (Bromeliaceae; *Bromelia karatas, B. pinguin*). (**xococuiste**; **xococuistle**).

jocuma.
   I. 1. f. *Cu.* Árbol de hasta 25 m de altura, de hojas lustrosas, flores pequeñas de corola amarillenta y fruto bayoso de color amarillo; su madera, fuerte y pesada, se emplea en soleras, durmientes y horcones. (Sapotaceae; *Mastichodendron foetidissimum*).

jocundia.
   I. 1. f. *Ho.* Algarabía, bullicio, alboroto.

joda.
   I. 1. f. *Mx, Gu, Ho, ES, Ni, Pa, Co, Ve, Pe, Bo, Ch, Py; Ec,* juv; *Ur,* pop. Molestia, contrariedad. vulg.
     2. *Co, Bo, Ar; Ec,* juv; *Ur,* vulg. Situación difícil, comprometida o desagradable. pop.
   II. 1. f. *Ho, ES, Ni, Py, Ar, Ur,* vulg; pop; *Bo,* espon; *Ec,* juv. Juerga, diversión informal.
     2. *Bo, Py, Ar, Ur; Ec,* juv. Broma o chiste que se le hace a alguien, *generalmente con engaño.* pop.
   III. 1. f. *Co.* Cosa.
   ●
   a. ‖ **¿cuál es la ~?** fórm. *Co.* Se usa para saludar. pop.
   ☐
   a. ‖ **a la ~.** loc. adv. *Py.* En broma. pop.
   b. ‖ **en ~.**
     i. loc. adv. *Ec.* Con mala suerte. pop + cult → espon.
     ii. *Ec.* En mala situación económica. pop + cult → espon.
   c. ‖ **en la ~.** loc. adj/adv. *Ar, Ur. Referido a persona*, implicada en asuntos deshonestos o ilegales. vulg; pop + cult → espon ^ desp.
   d. ‖ **ni en ~.** loc. adv. *Py, Ar, Ur.* De ninguna manera, bajo ninguna condición. vulg; pop. ♦ **ni por joda**.
   e. ‖ **ni por ~.** *Ar, Ur.* **ni en joda**.
   ■
   a. ‖ **¡qué ~!** loc. interj. *Mx, Ec, Py, Ur.* Expresa fastidio, contrariedad. vulg; pop.
   ▶ **agarrar para la ~; tomar para la ~; tomarse en ~**.

jodarria.
   I. 1. f. *Gu, Ho, CR.* Molestia, contrariedad. vulg; pop.
     2. *Gu.* Cosa u objeto cuyo nombre no se menciona. vulg; pop ^ desp.
   II. 1. f. *Ho, Ni.* Diversión en grupo. vulg.

     2. adj. *ES. Referido a persona*, bromista, juerguista. pop ^ fest.

jodedera.
   I. 1. f. *EU, Mx, Gu, Ho, ES, Ni, CR, Pa, Cu, RD, PR, Co, Ve, Ec, Bo.* Molestia reiterada que se causa a alguien. vulg; pop + cult → espon. ♦ **jodencia**.
   II. 1. f. *Ni, Cu, Ve.* Broma que se hace a una persona con la intención de burlarse de ella. pop.
     2. *Ni, Ve.* Diversión intensa, jolgorio. pop.
   III. 1. f. *RD.* Coito reiterado. vulg.

jodedor, -ra.
   I. 1. sust/adj. *Gu, Pa, Cu, Ve.* Persona que molesta, fastidia o importuna a los demás. pop.
   II. 1. sust/adj. *Ho, Ni, Cu, PR, Ec.* Persona que gasta bromas y vacila a otras. pop.

jodeína.
   ▶ **tomarse la ~**.

jodencia.
   I. 1. *Co.* **jodedera**, molestia reiterada. pop.

joder(se).
   I. 1. intr. *Ho, ES, Ni, CR, Cu, Ve, Ec, Bo, Py, Ar; Co, Ch, Ur,* pop. Bromear o hacer burlas. vulg.
     2. *Ho, ES, Ni, Cu, Ve, Ec, Py, Ar; Ur,* pop.; juv. Divertirse, *generalmente en una reunión informal.* vulg.
   II. 1. tr. *Ho, Ni.* Herir o matar *una persona* a *alguien.* vulg.
     2. *Ho.* Reprender, regañar o encarcelar a *alguien.*
   III. 1. tr. *Ho, ES, Ni, Bo; Ch, Ur,* espon. Perjudicar a *alguien, especialmente en una transacción o negocio.* pop + cult → espon.
     2. *PR.* Derrotar *una persona* a *alguien* arrolladoramente. vulg; pop + cult → espon.
   IV. 1. intr. prnl. *Ni; Bo:O,* pop; *Ch,* espon. Fracasar uno mismo en algo.
   V. 1. intr. prnl. *Ho, CR, PR.* Esforzarse mucho en algo.
   VI. 1. intr. *ES.* Perder el tiempo, entretenerse.
   VII. 1. tr. *Py; Ur,* espon. Engañar *alguien* a otra persona, vulg; pop + cult → espon.
   VIII. 1. tr. *RD.* Consumir una sustancia, *especialmente droga,* sin considerar posibles riesgos para la salud. pop.
   ☐
   a. ‖ **~ el parque.** *Ve.* **joder la pita**.
   b. ‖ **~ la onda.** *Ch.* **joder la pita**. pop.
   c. ‖ **~ la pita.** loc. verb. *Cu, RD, PR, Ve, Ec, Pe, Ch.* Molestar, fastidiar. pop + cult → espon.
   d. ‖ **~ más que la diarrea.** *Ho.* **joder la pita**. vulg.
   e. ‖ **~ más que un carángano.** *Ni.* **joder la pita**.
   ■
   a. ‖ **a todo ~.** loc. adv. *Ho.* Molestando mucho a *alguien.* vulg.

jodía.
   ☐
   a. ‖ **ni a ~.** *Cu, RD.* **ni a jodida**.

jodiche.
   I. 1. adj. *Bo. Referido a persona*, que molesta o fastidia. pop + cult → espon ^ fest. (**jodichi**).

jodichi.
   I. 1. *Bo.* **jodiche**.

jodicial.
   I. 1. adj. *Mx.* Relativo al poder judicial. pop ^ desp.
     2. m. *Mx.* **judicial**, policía del ramo penal. pop ^ desp.

jodicio.
   I. 1. m. *ES, Ni.* Molestia, fastidio continuo. vulg.

jodida.
   I. 1. f. *Ho, ES.* Desgracia, fastidio, mala suerte. vulg; pop.
     2. *Cu.* Daño o perjuicio causado a alguien.

□

a. ‖ **ni a ~.** *RD.* **ni a jodidas.**

b. ‖ **ni a ~s.** loc. adv. *Cu.* De ningún modo. pop + cult → espon. (**ni a jodida; ni a jodía**).

jodido.

●

a. ‖ **¿para qué ~s?** fórm. *Ni.* Se usa para manifestar asombro por lo que una persona ha dicho o hecho y, al mismo tiempo, criticarlo con dureza. vulg.

■

a. ‖ **el mero ~.** m. *Ho.* El diablo.

jodido, -a.

I. 1. adj. *Mx, ES, Ni, CR, Pa, Cu, PR, Co, Ve, Bo, Ch, Ur.* Referido a persona, en mala situación económica. vulg; pop + cult → espon.

II. 1. sust/adj. *ES, Bo, Ch.* Persona que molesta mucho. vulg; pop + cult → espon.

2. adj. *Ni, CR, Ec, Py.* Referido a persona, difícil de tratar.

3. *Cu.* Referido a persona, harta de algo o alguien.

III. 1. adj. *ES, Ve, Ec, Ch, Py.* Referido a persona, severa, rígida, exigente. vulg; pop + cult → espon.

IV. 1. m. y f. *Ho.* Persona incapaz, despreciable.

2. m. y f. *Ho, RD.* Persona cualquiera, un don nadie. pop ^ desp.

V. 1. adj. *ES, Ni.* Referido a persona, lista, astuta.

¡jodido!

I. 1. interj. *Ni.* Expresa molestia o enfado.

II. 1. interj. *Ni.* Expresa alegría.

jodiembre.

I. 1. f. *Ve:O.* Molestia que se causa a una persona.

jodienda.

I. 1. f. *Ve; RD,* vulg. Broma que se hace a una persona con la intención de burlarse de ella. pop.

II. 1. f. *Ho, Ec.* Diversión, juerga. vulg.

jodientina.

I. 1. f. *Cu.* Molestia, incomodidad. pop.

jodinche, -a.

I. 1. adj/sust. *Ho, Bo.* Referido a persona, que molesta y fastidia mucho. euf. (**jodincho**).

jodincho, -a.

I. 1. *Ho.* **jodinche.**

jodión, -na.

I. 1. adj/sust. *Ho, ES, Ni, CR.* Referido a persona, que le gusta molestar o fastidiar. pop.

II. 1. adj/sust. *Ho, ES.* Referido a persona, juerguista y vividor. (**jodón**).

2. *Ho, ES.* Referido a persona, bromista.

¡jodo!

I. 1. interj. *ES.* Expresa asombro, molestia o enfado.

jodón, -na.

I. 1. adj/sust. *Mx, Gu, Ho, ES, Ni, Cu, RD, PR, Co, Ve, Ec, Py, Ar, Ur.* Referido a persona, que molesta o fastidia mucho. vulg; pop + cult → espon.

II. 1. adj. *Ho, ES, Ni, Cu, RD, Ec, Bo, Py, Ar, Ur.* Referido a persona, que acostumbra a bromear. vulg; pop + cult → espon.

2. *ES.* **jodión,** juerguista.

III. 1. adj/sust. *Ec.* Referido a persona, firme, porfiada y pertinaz en un propósito. pop + cult → espon.

□

a. ‖ **~ de la pradera.** loc. adj. *PR.* Referido a persona, que tiene ínfulas de grandeza. vulg; pop + cult → espon ^ desp.

joevi. (De *viejo*).

I. 1. m. *Ar.* Hombre de edad avanzada. pop.

2. *Ar.* Padre de una persona. pop.

jogote.

I. 1. m. *Ho.* **gallina ciega,** larva.

jogoto.

I. 1. *CR.* **joboto,** escarabajo. rur; pop.

joi.

■

a. ‖ **~-~.** m. *Ar:NO.* Canto de tres notas que se interpreta acompañado de cajas.

join.

I. 1. m. *Ni.* **joint.**

joint.

I. 1. m. *Co, Ch,* juv; *Ec,* p.u. Cigarro de marihuana.

jojó. (De or. onomat., de su canto).

I. 1. m. *Mx:SE.* Ave de hasta 40 cm de longitud, de patas amarillo brillante, coronilla y cresta negras, cuello castaño rojizo, garganta blanca, la parte superior es verde metálico, y el abdomen gris, con una franja estrecha de color blanco que llega hasta la garganta, y presenta manchas amarillas en la cara. (Ardeidae; *Ardea virescens*).

jójoro.

I. 1. m. *ES.* Fósforo, cerilla.

jojoto.

I. 1. m. *Co:E, Ve.* Mazorca de maíz tierno.

jojoto, -a.

I. 1. adj. *Cu, RD; PR,* pop + cult → espon. Referido a un tubérculo, *especialmente la* **malanga** *o el boniato,* que se empieza a pudrir.

2. *PR.* Referido a un fruto, insípido, dañado por alguna parte, *especialmente a causa del agua.* pop + cult → espon.

II. 1. adj. *Ve.* Referido a un fruto, que aún no está maduro.

2. *Ve.* metáf. Referido a persona, que es muy joven. pop.

III. 1. sust/adj. *RD.* Persona de piel pálida o blanquecina. desp.

2. *RD.* metáf. Referido a persona, demacrada, de aspecto enfermizo.

jola.

I. 1. m. *Mx:NO,* p.u. Dinero en moneda fraccionaria. pop.

jolantao.

I. 1. m. *Pe.* **Alverja** de origen asiático muy usada en cocina. (**jolantau**).

jolantau.

I. 1. *Pe.* **jolantao.**

jolgorearse.

I. 1. intr. prnl. *Bo.* Divertirse bulliciosamente. pop + cult → espon.

jolín, -na.

I. 1. *Mx.* **jolino.**

jolino, -a.

I. 1. adj. *Mx.* Referido a prenda de ropa, que es más corta de lo habitual. (**jolín**).

2. *Mx.* Referido a animal, que tiene el rabo más corto que lo ordinario en su especie, o que no lo tiene. (**jolín**).

jolke. (Del quech. *julq'i*).

I. 1. m. *Bo:O,C.* Sopa preparada con riñón de vacuno picado, cebolla y **papas,** con abundante carne.

joloche.

I. 1. m. *Mx.* Hoja que envuelve la mazorca del maíz.

jolocho. (De or. ind. antillano).

I. 1. m. *PR.* Pez marino de hasta 70 cm de longitud, con aletas radiadas, cuerpo cilíndrico muy alargado y el perfil frontal muy pronunciado, es de color plateado, con una banda más oscura en la parte superior de los flancos. (Malacanthidae; *Malacan-thus plumieri*). (**jorocho**). ◆ **matejuelo**.

jolocín.
  I. 1. m. *Mx*. Árbol de hasta 30 m de altura, de corteza suave y grisácea, hojas compuestas, flores pequeñas y blancas en panojas colgantes, y fruto rodeado de pelos hirsutos; su corteza se utiliza como cuerda o **mecate**. (Tiliaceae; *Heliocapus donell-smithii*). (**jolosín**). ◆ **jonote**.

jolomina. (Prót. de *olomina*).
  I. 1. *Ni*. **olomina**.

jolón.
  I. 1. m. *Gu*. Cabeza, parte superior del cuerpo. pop.

jolongo.
  I. 1. m. *Cu*. Saco de tela, yute o lona con una cuerda en la boca que permite cerrarlo o abrirlo.

jolope.
  I. 1. m. *PR*. Atraco, robo. delinc.
  ▶ **dar un ~**.

jolopiar.
  I. 1. tr. *RD*. Robar, tomar para sí lo ajeno. pop.

jolosín.
  I. 1. *Mx*. **jolocín**.

jolota.
  ▶ **comer como ~ tuerta**.

jolote.
  I. 1. adj. *Ho*. Referido a persona, tonta.

jolote, -a. (Del nahua *xolotl*).
  I. 1. *Mx, Ho, ES, Ni*. **chompipe**.
  ▶ **inflarse como ~ de pueblo**; **ser puro moco de ~**.

joloteada.
  I. 1. f. *Ho*. Comida abundante de carne de **jolote**.

jolotear.
  I. 1. tr. *Ho*. Realizar el coito. vulg.

jolotera.
  I. 1. f. *ES*. Grupo de **jolotes**.
    2. *ES*. meton. Bullicio, escándalo.

jolotito.
  I. 1. m. *Mx:SE*. **bellísima**, planta.

jolotón.
  I. 1. m. *Mx:O*. Manto blanco adornado con bordados que usan algunas mujeres indias.

jolotón, -na.
  I. 1. adj. *Ho*. Referido a persona, tonta. rur.

jolque. (Del quech. *julq'i*).
  I. 1. m. *Bo:O,C*. Sopa preparada con riñón de vacuno picado, cebolla y **papas**, con abundante carne.

joly. (Del ingl. *jolly*, agradable).
  I. 1. m. *Ho*. juv. Miembro recién aceptado en la **mara**. delinc.

jom.
  I. 1. *PR*. **home**, lugar del campo de **beisbol**.

jombo. (Del ingl. *homeboy*, compinche).
  I. 1. m. *ES*. juv. Pandillero delictivo, **marero**. delinc.

jomboy. (Del ingl. *homeboy*).
  I. 1. sust/adj. *ES*. juv. Joven que forma parte de una pandilla con tendencia al comportamiento agresivo o a la delincuencia. delinc.

jometoto.
  I. 1. m. *Bo:E*. Espátula de madera *usada, generalmente en repostería*, para remover masa. pop.

jomi. (Sínc. de ingl. *home boy*, compinche).
  I. 1. m. *Ho*. juv. Miembro de una misma **mara**. delinc.
    2. *Ho*. juv. Amigo. delinc.

jompear. (Del ingl. *jump*).
  I. 1. *RD*. **jumpear**, cargar la batería de un vehículo.

jómper. (Del ingl. *jumper*, alambre de cierre).
  I. 1. *Ho*. **jumper**, prenda femenina. (**yómper**).

jon. (Sínc. de ingl. *home run*).
  I. 1. *Cu, PR*. **home**, lugar del campo de **beisbol**.

jonazo.
  I. 1. m. *Bo:N,E*. Golpe dado con un **jone** lanzado. pop + cult → espon.

jonda.
    □
    a. ‖ **como la ~ del diablo**. loc. adv. *RD*. Muy rápido. pop.

jondear(se).
  I. 1. intr. prnl. *RD, PR*. Tirarse *alguien*, dejarse caer. pop + cult → espon. (**hondearse**; **jondiarse**).
    2. *RD, PR*. Caerse *algo* o *alguien* desde lo alto hacia abajo. pop + cult → espon.
    3. tr. *Pa, RD*. Tirar, lanzar, arrojar *algo* lejos y de forma brusca. (**hondear**; **jondiar**).
    4. intr. prnl. *RD*. Irse, marcharse *alguien*. (**hondearse**; **jondiarse**).
  II. 1. tr. prnl. *RD*. Tragarse una cosa, ingerirla. pop. (**jondiarse**).
    2. *RD*. metáf. Leer, ver o escuchar *algo de larga duración o que requiere tiempo, generalmente un libro, una película o una conferencia*. pop. (**hondearse**; **jondiarse**).

jondeón.
  I. 1. m. *RD*. Empujón, impulso que se da para mover a alguien o algo. (**jondión**).
    □
    a. ‖ **de un ~**. loc. adv. *RD*. De una sola vez. pop + cult → espon. (**de un jondión**).

jondiar(se).
  I. 1. *RD*. **jondear**, tirar.
    2. *RD*. **jondearse**, tirarse.
    3. *RD*. **jondearse**, irse.
  II. 1. *RD*. **jondearse**, tragarse una cosa.
    2. *RD*. metáf. **jondearse**, leer.

jondión.
  I. 1. *RD*. **jondeón**.
    □
    a. ‖ **de un ~**. *RD*. **de un jondeón**.

jondura.
  I. 1. f. *Mx*. **jocote**, árbol.

jone.
  I. 1. m. *Bo:N,E*. Fragmento de barro endurecido, ladrillo o piedra. pop + cult → espon.
  II. 1. m. *Bo:E*. Cabeza de una persona. pop ^ fest.

jonote.
  I. 1. *Mx*. **jolocín**.

jonrón. (Del ingl. *home run*).
  I. 1. m. *EU, Mx, Gu, Ho, ES, Ni, CR, Pa, Cu, RD, PR, Co, Ve; Ec*. p.u. En el **beisbol**, **batazo** que lanza la pelota fuera del campo y permite al bateador recorrer todas las **bases** hasta anotar una carrera. (*home run*). ◆ **cuadrangular**; **tablazo**; **toletazo**; **vuelacerca**.
    2. *Ho, ES, Ni*. meton. Éxito rotundo en algo. ◆ **jonronazo**.
  ▶ **meter ~**.

jonronazo.
  I. 1. *ES, PR*. **jonrón**, éxito.

jonronear.
  I. 1. intr. *Mx, Ho, ES, Ni, CR, Pa, Cu, RD, PR, Co, Ve*. En el **beisbol**, conseguir un **jonrón**.

jonronero, -a.
  I. 1. adj. *EU, Mx, Gu, Ho, ES, Ni, CR, Pa, Cu, RD, PR, Co, Ve; Ec*, p.u. Referido a persona o a equipo, que logra muchos **jonrones**.

jonsú.
    I. 1. m. *RD.* Prenda de vestir de una sola pieza, que consta de cuerpo y pantalón y se usa como traje de faena.

jonuco.
    I. 1. m. *Mx.* Espacio que hay debajo de la escalera de una casa.
    2. *Mx.* Vivienda muy pequeña.

joñar.
    I. 1. tr. *Ni.* Molestar, fastidiar a *alguien*.

joñiqui.
    I. 1. m-f. *Bo:N,E.* Persona que tiene labio leporino. pop + cult → espon.
    2. m. *Bo:N,E.* Labio leporino. pop + cult → espon.
    II. 1. adj. *Bo:N,E. Referido a objeto*, abollado o destrozado por un golpe. pop + cult → espon.

joñón, -na.
    I. 1. adj. *Ni. Referido a persona*, molesta.

¡jop!
    I. 1. interj. *Ho.* Expresa intención de espantar pájaros de un cultivo.

jopear. (De *jop*).
    I. 1. tr. *Ho.* Espantar animales dando gritos.
    II. 1. tr. *Ur.* Ignorar a *alguien* para obtener un beneficio.
    III. 1. tr. *Ur. En el **futbol**,* pasar la pelota por encima de la cabeza de un oponente.

jopeo. (De *jop*).
    I. 1. m. *Ho.* Espantada de animales.

joperojobobo.
    I. 1. *Bo:E.* **yoperojobobo.**

jopiar.
    I. 1. tr. *Ve:O.* Pastorear un rebaño, *especialmente de chivos.* pop.

jopo.
    I. 1. m. *RD, Ec, Bo, Ch, Py, Ar, Ur.* Copete o mechón de pelo levantado sobre la frente.
    II. 1. m. *Co.* Trasero, nalgas. euf; pop.
    2. *Pa.* Ano. euf.
    □
    a. ‖ **hasta dar el ~.** loc. adv. *Bo:E; Ar, Ur,* p.u; espon. Hasta el hartazgo. pop.
    b. ‖ **hasta el ~.** loc. adv. *Bo:E.* En un estado de hartazgo. pop.

jora.
    I. 1. f. *Ec, Pe, Bo, Ch, Ar:NO.* Maíz germinado y molido que se emplea para hacer **chicha**, bebida alcohólica. (**sora**).

jorasquín.
    I. 1. m. *ES.* Casita del campo con techo de **zacate** u hoja de palma.

jorco.
    I. 1. m. *CR.* Árbol de hasta 15 m de altura, de hojas simples, opuestas, elípticas a oblongas y de borde entero, flores axilares en fascículos, de color blanco, y fruto en bayas globosas, de color amarillo; su madera se emplea en construcciones rurales. (Clusiaceae; *Rheedia edulis*).

jorcosorio.
    I. 1. m. *RD.* Picor, prurito. rur.

jordan.
    I. 1. pron. *Ho.* juv. Yo.

jorga.
    I. 1. f. *Ec.* Grupo de amigos que suelen reunirse para conversar y divertirse. pop.
    2. *Ec.* Grupo de personas formando círculo en torno de algo o alguien. pop.

jorjón, -na.
    I. 1. adj. *Ho:C. Referido a persona*, tonta.

jornadas.
    I. 1. f. pl. *Mx:N.* Extensiones grandes de terreno, áridas y con poca vegetación.

jornalización.
    I. 1. f. *Ho, Ec.* Periodización de una actividad. prest; cult → esm.

jornalizar.
    I. 1. tr. *Ec. En contabilidad*, registrar en el libro financiero las transacciones que se realizan diariamente.
    2. intr. *Ni. En contabilidad*, analizar los conceptos reflejados en comprobantes de pago y soportes correspondientes para definir los estados financieros.
    II. 1. tr. *Ho.* Poner fechas a una actividad. prest; cult → esm.

jorno.
    I. 1. *PR.* **josco**, abundantemente.

jorno, -a.
    I. 1. *PR.* **josco**, de color oscuro.
    2. *PR.* **josco**, de piel oscura.

joroba.
    I. 1. f. *Pe.* Día posterior al del cumpleaños de alguien. pop + cult → espon.
    II. 1. f. *CR.* Maletero de un automóvil. pop.
    III. 1. *Pa.* **malagueto**, árbol.

jorobado.
    I. 1. m. *PR.* Pez marino de hasta 50 cm de longitud, de color plateado con algunas líneas amarillas, cuerpo aplanado, romboidal, con una protuberancia en la frente, al que sigue un perfil ligeramente cóncavo. (Carangidae; *Selene vomer*).
    2. *PR.* Gallo que tiene una deformidad en el lomo.

jorobar(se).
    I. 1. tr. *Cu.* Torcer una cosa.
    2. intr. prnl. *Cu.* Perder *algo* su forma habitual.
    3. *Cu.* Inclinarse en sentido oblicuo *algo* que está colgado.
    4. *Cu.* Torcerse *una persona* una parte del cuerpo.
    □
    a. ‖ **~ la pita.** loc. verb. *RD, Bo, Ch.* Molestar *alguien* mucho. pop + cult → espon.

¡jorobar!
    I. 1. interj. *Ar.* Expresa asombro, admiración o disgusto.

jorobear.
    I. 1. tr. *CR.* Jorobar. pop.

jorobeta.
    I. 1. f. *Cu, PR.* Ocupación o situación molesta. pop + cult → espon.
    2. m-f. *Cu, PR.* Persona que resulta pesada y molesta.

jorobón, -na.
    I. 1. *PR, Ur.* **chavón**.

joroboso, -a.
    I. 1. adj/sust. *RD. Referido a persona*, que molesta o fastidia.

jorocho.
    I. 1. *PR.* **jolocho**.

jorocón, -na.
    I. 1. sust/adj. *Cu.* Persona bravucona y pendenciera.
    II. 1. sust/adj. *RD.* Persona adinerada, con poder e influencia.

jorodado, -a.
    I. 1. adj. *RD.* p.u. *Referido a cosa*, deteriorada y con agujeros. (**jorodao**).

jorodao, -a.
    I. 1. *RD.* p.u. **jorodado**.

jorolo.
    I. 1. m. *ES.* Machete de hoja curvada.

jorón.
   I. 1. m. *Pa*. Desván de las casas rurales que sirve de dormitorio o de almacén. rur.

joronche.
   I. 1. adj/sust. *Mx. Referido a persona*, jorobada, que tiene joroba. fest.

jorondo, -a. (Prót. de *orondo*).
   I. 1. adj. *Ho. Referido a persona*, oronda, orgullosa y satisfecha de sí misma.

jorongo.
   I. 1. m. *Mx*. Especie de frazada de lana o colcha de algodón, *generalmente de colores vivos*, con abertura o sin ella en el centro para introducir la cabeza; se utiliza para abrigarse.

joropear.
   I. 1. tr. *Co, Ve*. Molestar, fastidiar a *alguien*. euf; pop.
   II. 1. intr. *Co, Ve*. Bailar el **joropo** y en general cualquier otra danza.
   III. 1. tr. *Ve:O*. Insultar a *alguien*.
      2. *Ve:O*. Reprender duramente a *alguien*.

joropero, -a.
   I. 1. adj. *Co*. Relativo al **joropo**.
      2. m. y f. *Ve*. Persona que canta o baila **joropo**.

joropo.
   I. 1. m. *Co, Ve*. Danza popular de zapateo en la que las parejas hacen las figuras propias del galanteo amoroso y se baila al ritmo del **joropo**.
      2. *Co, Ve*. Composición musical que se canta y baila con acompañamiento de arpa, **cuatro** y maracas.
      3. *Ve*. Fiesta hogareña. rur.
   ▶ **formarse un ~.**

jorori.
   I. 1. m. *Bo:E*. Árbol frondoso de hojas perennes y frutos rojos que sirven de alimento para el ganado y los animales silvestres. (Fabaceae; *Swartzia jorori*).

jorquilleo.
   I. 1. m. *PR*. Hormigueo, inquietud. pop + cult → espon.

jorra.
   I. 1. adj. *Pa. Referido a un animal hembra*, que es estéril o aborta antes del desarrollo de la cría.

jorro, -a.
   I. 1. adj. *Pa. Referido a persona*, hastiada, harta.

jorungar.
   I. 1. tr. *RD*. Tocar una cosa con algo, *en general los dedos*, repetidamente o escarbando en ella.
      2. *RD*. metáf. Fisgar, husmear.

jorupe.
   I. 1. *Ec*. **jurupe**.

josco.
   I. 1. adv. *PR*. Abundantemente, en gran cantidad. pop + cult → espon. (**hosco**). ♦ **jorno**.

josco, -a. (De *hosco*).
   I. 1. adj. *Mx, Gu, PR, Ve. Referido a un animal vacuno*, de color oscuro. rur. (**hosco**). ♦ **jorno**.
      2. *Ho, Ni, CR. Referido a un animal vacuno*, de pelaje rojizo con áreas negruzcas en el pescuezo y parte de las paletillas. rur. (**hosco**).
      3. *Ho. Referido a persona*, de piel oscura, morena. ♦ **jorno**.
   II. 1. adj. *ES. Referido a persona*, atrevida, provocadora.
   III. 1. adj. *Ho. Referido a persona o a un gesto*, hosco.

josé.
   □
   a. ‖ **~ miel.**
      i. loc. sust. *Ni*. Persona muy delgada.
      ii. *Ni*. Persona muy enamoradiza.

joseador.
   I. 1. m. *Ni, Cu, Ve. En el* **beisbol**, jugador muy motivado y luchador.

joseador, -ra.
   I. 1. adj. *Cu. Referido a persona*, que se esfuerza por conseguir lo que desea.
   II. 1. adj. *PR. Referido a persona*, aprovechada, trepadora, oportunista. pop + cult → espon.

joseadora.
   I. 1. sust/adj. *PR*. Prostituta. prost.

josear. (Del ingl. *hustle*).
   I. 1. intr. *Ni, Cu, Ve. En el* **beisbol**, esforzarse mucho un jugador durante un partido o entrenamiento. (**josiar**).
      2. *Cu*. Esforzarse *alguien* por conseguir algo.
   II. 1. intr. *PR*. Practicar la prostitución. prost. (**josiar**).
      2. *PR*. Hacer *alguien* cosas que están fuera de la ley, cometer delitos. pop + cult → espon. (**josiar**).
   III. 1. tr. *PR*. Buscar, averiguar *alguien algo*. pop + cult → espon.

josefina.
   I. 1. f. *Co*. Orquídea epifita de hojas alargadas y estrechas, de hasta 30 cm de longitud, de flores solitarias o en grupos a veces totalmente planas, a diferencia de la mayor parte de las otras orquídeas; tiene una amplia gama de colores, desde el rojo hasta el amarillo con varias pigmentaciones intermedias. (Orchidaceae; *Miltonia* spp.).
      2. *Ur*. **agapanto**.

joseo.
   I. 1. m. *PR*. Robo para comprar droga. drog.

joseojas.
   I. 1. m. *ES*. Individuo, sujeto, un cualquiera. desp.

josiar.
   I. 1. *PR*. **josear**, practicar la prostitución. prost.
      2. *PR*. **josear**, hacer cosas fuera de la ley.
   II. 1. tr. *RD*. Trabajar con esfuerzo para lograr algún fin.
      2. *PR*. **josear**, esforzarse un jugador.

josicado, -a.
   I. 1. adj. *PR. Referido a persona*, que ha caído o ha sido empujado al suelo. pop + cult → espon.

jota.
   •
   a. ‖ **bien con ~.** fórm. *Cu*. Se usa para responder a un saludo y expresar que no se está muy bien en general. euf; pop.
   ■
   a. ‖ **~ cordobesa.** f. *Ar*. Danza folclórica de pareja suelta y ritmo vivo, que se baila con castañetas y paso de vals.

jótdoc. (Del ingl. *hot dog*).
   I. 1. *RD*. **jótdog**.

jótdog. (Del ingl. *hot dog*).
   I. 1. m. *RD*. **hot dog**, panecillo. (**jótdoc**).

jotdoguero, -a.
   I. 1. m. y f. *Ni*. Vendedor de **hot dog**.

jote.
   I. 1. m. *Ch, Ar:NO,O*. **gallinazo**, ave rapaz diurna.
      2. *Ch*. metáf. **Volantín** de gran tamaño, formado por dos pliegos profusamente adornados, y que por su peso se eleva en forma recta sin desplazamientos hacia los lados.
   II. 1. adj/sust. *Ch*. juv. *Referido a persona*, que **jotea**. pop + cult → espon.
   III. 1. m. *Ch*. Bebida alcohólica compuesta de vino tinto y refresco de cola.

jotear.
   I. 1. tr. *Ch*. juv. Asediar a una mujer, *generalmente con insistencia*. pop + cult → espon.

joteo.
 I. 1. m. *Ch.* juv. Asedio, *por lo general insistente*, a una mujer. pop + cult → espon.

jotería.
 I. 1. f. *Mx.* Objeto ridículo, cursi. pop.
 2. *Mx.* Acto propio de un hombre homosexual sumamente amanerado. pop.

joterío.
 I. 1. m. *Ch.* Conjunto de **jotes**, aves.
 2. *Ch.* metáf. Conjunto de **jotes**, personas que asedian.

joto.
 I. 1. m. *Mx, Ho.* Hombre homosexual. desp.
 II. 1. m. *Co:C.* Paquete o bulto pequeño y amarrado. rur; pop.
 III. 1. m. *Ec.* Hombre indígena que usa el pelo corto. pop + cult → espon.

joto, -a.
 I. 1. adj/sust. *Mx. Referido a persona*, cobarde, miedosa. pop.
 II. 1. adj. *Ec:S. Referido a una prenda de vestir, especialmente al pantalón*, más corto que lo normal.

jotoe. (Del ingl. *hot dog*).
 I. 1. m. *ES.* Salchicha. (**jotoy**).

jotoso, -a.
 I. 1. sust/adj. *Ch.* Persona que pertenece a las Juventudes Comunistas. pop ^ desp.

jotoy. (Del ingl. *hot dog*).
 I. 1. *ES.* **jotoe**.

joturo.
 I. 1. *Cu.* **cuyamel**.

jovato.
 I. 1. m. *Bo.* Padre de familia, *especialmente cuando es de edad avanzada*. pop + cult → espon ^ afec.

jovato, -a.
 I. 1. sust/adj. *Ar, Ur; Bo.* fest. Persona de edad avanzada. pop + cult → espon. (**jobato**).

joven.
 I. 1. m. *Mx, Ni, RD, Bo, Ch.* Apelativo para dirigirse a un camarero. pop.
 2. *Ch*, obsol; *Bo*, p.u; pop. *En una película o serie televisiva*, protagonista que representa al héroe.
 3. *RD; Ur*, obsol; esm. Apelativo para tratar respetuosamente a un hombre.

 •
 a. ‖ ~. fórm. *Mx, Ni, RD, Bo, Ch.* Se usa para dirigirse a un camarero. pop.
 b. ‖ ~. fórm. *RD; Ur*, obsol; esm. Se usa para tratar respetuosamente a un hombre.

jovenazo, -a.
 I. 1. m. y f. *Mx, Ni.* Individuo, persona. fest.

jovenón, -na.
 I. 1. adj. *ES. Referido a persona*, todavía joven.

jovenzón, -na.
 I. 1. adj/sust. *Ni, Py. Referido a persona*, joven, de poca edad.

jovero.
 I. 1. *RD.* **jobero**, enfermedad.
 II. 1. *RD.* **jobero**, arbusto.

jovero, -a.
 I. 1. adj/sust. *Bo. Referido a persona*, que tiene el cabello pelirrojo, rubio o castaño claro. pop + cult → espon.

joya.
 I. 1. f. *Ni, CR, Bo; Co*, desp. Persona astuta y bribona. pop.
 II. 1. adv. *Ar.* Muy bien, excelentemente. pop.

 III. 1. f. *Ni, Bo, Py; Ho, Ur*, espon ^ sat. Persona de mala reputación.
 IV. 1. f. *ES, PR.* Hondonada, depresión en la que, a menudo, se estanca el agua. rur.
 2. *PR.* **quebrada**. rur.

 ■
 a. ‖ ~ **del jardín**. f. *PR.* **zumbador**.

joyada.
 I. 1. f. *Ho, ES.* **pailón**, hondonada. rur.

joyado, -a.
 I. 1. adj. *Ho. Referido a persona*, molesta e intrigante. desp.

joyanco.
 I. 1. *CR.* **hoyanco**, bache.
 2. *CR.* **hoyanco**, socavón.

joyapa.
 I. 1. f. *Ec.* Arbusto de hasta 5 m de altura, *que crece, generalmente, en el páramo*; tiene hojas aovadas y corteza escamosa; inflorescencia racimosa, con pocas o varias flores y tallo leñoso. (Eicaceae; *Macleania* spp.).

joyete. (De *joyo*, hoyo).
 I. 1. f. *PR.* **hoyo**, ano.
 ▶ **cagar más arriba del ~**.

joyita.
 I. 1. m-f. *Co, Bo, Ch, Py, Ur.* Persona caracterizada únicamente por cualidades negativas. pop ^ desp.

joyo.
 I. 1. *Ni, PR.* **hoyo**, ano.

joyón, -na.
 I. 1. adj. *ES. Referido a ropa de vestir*, que queda floja, demasiado holgada. desp.
 II. 1. adj. *Ho. Referido a persona*, muy gorda. desp.

joyona.
 I. 1. f. *Ho, ES.* meton. Prostituta, especialmente con la vulva muy grande. desp.
 II. 1. f. *Ho.* Pene. vulg.

joyote.
 I. 1. m. *Mx.* Arbusto de hasta 8 m de altura, de hojas lanceoladas, inflorescencias en forma de cimas terminales densas, flores grandes, de color amarillo brillante, y frutos drupáceos con una semilla venenosa; tiene diversas aplicaciones en la medicina popular. (Apocynaceae; *Thevetia thevetioides*). (**yoyote**).
 ♦ **yucucaca**.

¡ju!
 I. 1. interj. *Bo.* Expresa énfasis en lo que se dice. pop + cult → espon.
 II. 1. interj. *Bo.* Expresa admiración. pop + cult → espon.

¡jua!
 I. 1. interj. *Bo, Ur.* Imita el sonido de la risa o carcajada.

¡juacarítriquis!
 I. 1. interj. *ES.* Expresa deseo de fumar marihuana. drog.

¡juácata!
 I. 1. interj. *ES, Ni.* Expresa asco.
 2. *ES.* Expresa sorpresa.
 3. *Ni.* Imita el sonido de un golpe o caída.

¡juácate!
 I. 1. interj. *Pe.* Expresa la ejecución de una acción violenta o de un golpe de manera inmediata. pop.
 2. *ES.* Expresa sorpresa.

juagado, -a.
 I. 1. adj. *Co.* Mojado, empapado.
 □
 a. ‖ ~ **de la risa**. loc. adj. *Co. Referido a persona*, que se ríe mucho. pop.

juagar(se).
    I. 1. tr. *Co.* Aclarar o limpiar con agua lo que se ha lavado.
    2. tr. prnl. *Co.* Limpiarse la boca con agua o con otro líquido.

juajua.
    I. 1. *Ve.* **guadua.**

juajunesco.
    I. 1. m. *Mx:C.* **yaba.**

juambimba.
    I. 1. m. *Ve.* Personaje ficticio que representa al venezolano común.
    II. 1. m. *Ve.* Persona simple o mentecata. pop.

juan.
■
    a. ‖ ~ **chiví.**
      i. m. *Cu.* Pájaro de hasta 16 cm de longitud, ojos grandes y cola ahorquillada con el dorso aceitunado, la cabeza parda y el pecho amarillo. (Vireonidae; *Vireo gundlachii*). ♦ **ojón.**
      ii. *PR.* **julián chiví.**
    b. ‖ ~ **chiviro.** m. *Ar, Ur.* Pájaro de hasta 16 cm de longitud, de pico corto y grueso, cabeza parda, dorso oliváceo y pecho amarillo. (Vireonidae; *Cyclarhis gujanensis*).
    c. ‖ ~ **de vargas.** m. *PR.* Planta herbácea anual, de hasta 3 m de altura, con tallo rojizo, hojas alternas puntiagudas, con bordes rugosos, flores blanco verdosas, dispuestas en largas vainas al final de las ramas y fruto en drupa; tiene propiedades medicinales. (Phytolaccaceae; *Phytolacca iconsandra*).
    d. ‖ **Juan Grande.** *Ar, Ur.* **jabirú.**
    e. ‖ ~ **pan.** *RD.* **árbol del pan.**
    f. ‖ ~ **prieto.** *RD.* **yaití.**
    g. ‖ ~ **sabroso.** m. *Ve.* Postre elaborado con batata, leche de coco y azúcar.
    h. ‖ ~ **tomás.** m. *PR.* Arbusto autóctono, de hasta 8 m de altura, de tronco fino y corteza gris y lisa, levemente agrietada, con hojas ovaladas, flores blancas tubulares y cápsulas velludas de color castaño que contienen numerosas semillas pequeñas; su madera se utiliza como combustible. (Rubiaceae; *Rondeletia portoricensis*).
□
    a. ‖ **como Juan por su casa.** loc. adv. *ES, Ni, RD, PR, Ch.* Con entera confianza o libertad.
    b. ‖ ~ **como san Juan a veinticuatro.** loc. adv. *CR.* De manera muy oportuna o adecuada.
    c. ‖ ~ **bobo(s).** loc. adj. *Ni, RD. Referido a persona,* tonta o lerda.
    d. ‖ ~ **bolas.** loc. sust. *Ur.* Persona haragana o muy lenta. vulg; desp.
    e. ‖ ~ **caballo.** loc. adj/sust. *Gu, ES. Referido a persona,* tonta o lerda.
    f. ‖ ~ **del pueblo.** loc. sust. *PR.* Persona cualquiera, sin identificar. pop + cult → espon.
    g. ‖ ~ **pueblo.** loc. sust. *Ho, ES, Ni, Bo, Ur.* Personaje sufridor que simboliza a todo el pueblo.
    h. ‖ ~ **sin cielo.** loc. sust. *Ec.* Personaje sufridor que simboliza a todo el pueblo. pop + cult → espon.
    i. ‖ ~ **vainas.** loc. sust. *Ho.* Hombre de poco carácter que se presta con facilidad a todo cuanto se quiere hacer de él.
    j. ‖ ~ **vendémela.**
      i. loc. sust. *ES.* Persona tonta.
      ii. *Ho.* Persona irresponsable.
    ▶ **dar ~; entrar y salir como ~ por su casa.**

juana.
    I. 1. f. *Mx, ES.* Marihuana. pop ^ fest. (**juanita**). ♦ **doña juanita.**

•
    a. ‖ **y la ~.**
      i. fórm. *ES.* Y pico.
      ii. *ES.* Y centavos.
      iii. *ES.* Y algo más.

Juana.
■
    a. ‖ **santa ~.** *Cu.* **lágrima de San Pedro**, planta.
□
    a. ‖ ~ **tres cocos.** loc. sust. *Ch.* Mujer de conducta considerada como poco femenina. vulg; desp.
    ▶ **dar lo mismo Chana que ~; dar lo mismo ~ que Chana; dar lo mismo ~ que su hermana.**

juanaboba.
    I. 1. f. *PR.* Mujer tonta, ingenua. pop + cult → espon.

juanacas.
    I. 1. adj/sust. *CR.* p.u. *Referido a persona,* poco inteligente y simplona. pop + cult → espon ^ desp.

juanacastle.
    I. 1. *Mx.* **guanacaste.**

juancagado.
    I. 1. *Ho.* **gavilán blanco.**

juanchiciro.
    I. 1. *PR.* **pecho amarillo.** (*Tyrannus melancholicus*).

juancito.
    I. 1. m. *Mx:NO.* Ardilla de hasta 23 cm de longitud, de cola corta, orejas pequeñas, parte superior de color marrón claro y negro, y abdomen blanquecino. (Sciuridae; *Ammospermophilus harrisii*).

juandiego.
    I. 1. *Mx.* **huje.**

juane.
    I. 1. m. *Pe.* **Tamal** preparado de harina de maíz, arroz y carne de cerdo picada que se acompaña con trozos de gallina puestos en una hoja de **bijao.**

juanesca.
    I. 1. f. *Ec.* Guiso que se prepara con pescado salado, granos tiernos, leche, queso, **zapallo,** col y **sambo.**

juanetazo.
    I. 1. m. *RD; PR,* pop + cult → espon. Trago de bebida espirituosa, *especialmente de ron.*
    II. 1. m. *PR.* Golpe fuerte. pop + cult → espon.

juanete.
    I. 1. m. *PR. En las peleas de gallos,* gallo preparado para que pierda en la pelea. ♦ **pacú.**

juanilama. (De *Juan* y del nahua *ilama,* vieja).
    I. 1. *Ho, ES, CR.* **pitiona.**

juanilla.
    I. 1. f. *PR.* **icaquillo,** arbusto y fruto.

juanillo.
    I. 1. m. *Pe.* Propina, gratificación, soborno.
    2. *Pe.* Pago que recibe un inquilino por traspasar el derecho de arriendo.

juanita.
    I. 1. *Mx, Ho.* **juana,** marihuana. drog.
    II. 1. m. *Ar.* Coleóptero de hasta 2 cm de longitud y color negro con reflejos rojizos y verdes. (Carabidae; *Calosoma* spp.).
    III. 1. *Ar:N.* **cabeza amarga.**
■
    a. ‖ ~ **blanco.** m. *ES.* Detective.

juanvainas.
    I. 1. adj/sust. *Ni, CR. Referido a persona,* poco inteligente y simplona. pop + cult → espon ^ desp.

¡juápiti! (De or. onomat.).
    I. 1. interj. *PR, Ve.* Imita el ruido producido por un golpe.

juara.

□

    a. ‖ ~ **de tapiz.** loc. sust. *ES.* Policía vestido de paisano. fest.

juárez. (De *Juárez*).

    ▶ **sepa** ~ .

juarista. (De *Benito Juárez*, político mexicano, 1806-1872).

    I. 1.   adj. *Mx.* Relativo al político mexicano Benito Juárez.

    2.   adj/sust. *Mx.* Partidario de Benito Juárez.

juato, -a.

    I. 1.   adj. *Ec.* p.u. *Referido a persona*, atolondrada. pop + cult → espon.

jubeador, -ra.

    I. 1.   m. y f. *Pe.* Curandero que frota un **cuy** sobre el cuerpo de un enfermo para sanarlo. rur.

jubear.

    I. 1.   tr. *Pe.* Sanar a un enfermo frotándole el cuerpo con un **cuy.** rur.

jubeo.

    I. 1.   m. *Pe.* Práctica curativa usada por los curanderos en la que frotan el cuerpo de un enfermo con un **cuy.** rur.

jubijuy.

    I. 1.   *Mx:SE.* **gatillo,** árbol.

jubilarse.

    I. 1.   intr. prnl. *Ve.* Ausentarse temporalmente y sin causa justificada del colegio, del trabajo o de cualquier sitio en donde se debe estar por obligación.

¡júbilo!

    I. 1.   *Pa:O.* **¡meto!,** expresa sorpresa. pop.

jubo.

    I. 1.   m. *Cu.* Serpiente de hasta 1,5 m de longitud, de color negruzco en el dorso. (Colubridae; *Alsophis cantherigerus*).

juca.

    I. 1.   *Ho.* **amarga,** cerveza. pop.

júcar.

    I. 1.   *PR.* **húcar.**

jucaral.

    I. 1.   *PR.* **hucaral.**

júcaro.

    I. 1.   *Cu, RD.* **pucté.**

    2.   *PR.* **húcar negro.**

■

    a. ‖ ~ **amarillo.** m. *Cu.* Árbol de hasta 20 m de altura, de corteza parda, hojas de color verde oscuro en la cara superior y verde claro en la inferior, florecillas apétalas de color verde y fruto en forma de drupa oblonga; su madera, amarillenta, se usa para postes, mástiles y ejes. (Combretaceae; *Buchenavia capitata*).

júcaro, -a.

    I. 1.   adj. *CR:NO. Referido a un objeto*, de grandes dimensiones. rur.

juchador, -ra.

    I. 1.   adj/sust. *RD. Referido a persona*, provocadora, cizañera.

juchar.

    I. 1.   tr. *Ni, RD.* Provocar o azuzar a *alguien*.

juche. (Afér. de *ojoche*).

    I. 1.   *Ho:O.* **ojoche.** (*Brosimum costaricarum*).

    2.   *Ho.* Fruto del juche; es comestible.

jucho.

    I. 1.   m. *Ec:C.* Alimento de consistencia espesa, similar a la **colada,** elaborado con **capulíes,** manzanas, membrillos, **duraznos,** canela, clavo, **panela,** harina de cebada y agua.

juco.

    I. 1.   *Ec.* p.u. **carrizo,** hierba.

    II. 1.   m. *Ni.* Zambomba.

□

    a. ‖ **ni** ~. loc. adv. *Ni.* Nada de nada.

juco, -a.

    I. (Del nahua *xococ*, agrio).

    1.   adj. *Ho, ES. Referido a materia orgánica*, descompuesta, putrefacta.

    2.   *Ho, ES. Referido a un alimento o a una comida*, que se ha echado a perder y despide mal olor. pop.

    3.   *Ho, ES. Referido a un objeto*, sucio, que tiene manchas o impurezas. pop.

    4.   sust/adj. *Ho, ES.* Persona que se caracteriza por la falta de higiene personal o por la escasa pulcritud con que realiza sus tareas.

    5.   adj. *ES. Referido a un objeto*, viejo, estropeado.

    II. 1.   adj. *Ho, ES. Referido a un hecho o a un problema*, muy complicado.

    III. 1.   adj. *ES. Referido a estudiante*, ignorante en un tema o asignatura.

    IV. 1.   adj. *Ho.* juv. *Referido a persona*, enfadada, iracunda.

jucu. (Del quech. *juku*, búho).

    I. 1.   m. *Bo:O,C.* Búho, ave rapaz nocturna. pop.

    2.   m-f. *Bo:O,SO.* Persona que roba mineral, *generalmente por la noche*, de una mina. pop. ◆ **juqueador.**

jucucha. (Del quech. *juk'ucha*).

    I. 1.   f. *Bo:O,C.* Ratón. pop.

jucumari. (Del quech. *jukumari*).

    I. 1.   m. *Bo:O,C.* **oso de anteojos.**

jucumico.

    I. 1.   *ES.* **jocomico.**

juda.

    I. 1.   m-f. *Ec.* Agente de la policía vestido de civil. pop.

Judas.

    ▶ **hacer ver a** ~; **¡sepa** ~!; **ser la piel de** ~; **ver a Judas calato; ¡me lleva** ~!

judea.

    I. 1.   f. *Ni.* Representación de la Pasión de Cristo.

judicial.

    1.   m. *Mx.* Agente de policía del ramo penal que acata las órdenes del juez respectivo.

    2.   m-f. *Ec.* Persona que trabaja para alguno de los organismos de la Función Judicial.

    3.   f. *Gu.* Cuerpo de policía que practica investigaciones reservadas y no usa uniforme.

    4.   m-f. *Gu.* Miembro de este cuerpo.

judío.

    I. 1.   *Cu, PR.* **garrapatero,** ave.

    II. 1.   m. pl. *ES.* Comida que se prepara con **ejotes** sancochados, queso y huevo.

    III. 1.   *PR.* **butú.**

    ▶ **meter el** ~ **en el cuerpo.**

judío, -a.

    I. 1.   sust/adj. *Ni, Bo, Py.* Comerciante que vende muy caro.

¡jue!

    I. 1.   interj. *CR.* Expresa admiración o sorpresa.

jueche.

    I. 1.   *Mx:SE.* **cusuco,** armadillo.

¡juega!

    I. 1.   interj. *Ni, Pa.* Expresa alegría y complicidad. pop + cult → espon.

juegavivo.

    I. 1.   m. *Pa.* Actitud de quien aprovecha toda ocasión para obtener beneficios. pop + cult → espon.

2. sust/adj. *Pa.* Persona que actúa solo en su propio beneficio y crea ocasiones para conseguirlo. pop + cult → espon.

juego.
I. 1. m. *Ho, ES.* Fuego. pop.
II. 1. m. *Ho. En el **guancasco**,* baile ritual en el que participan banderos, **piteros** y el gracejo acompañados del tambor y grito de guerra.

■

a. ‖ ~ **completo.** m. *Ni, PR. En el **beisbol**,* partido en que el lanzador juega las nueve entradas.
b. ‖ ~ **de bolita y hoyo.** m. *PR.* Juego que consiste en meter monedas o bolitas en un hueco pequeño hecho en la tierra, tirándolas desde cierta distancia; gana el que consiga introducir mayor número.
c. ‖ ~ **de estrellas.** m. *Ni, RD, PR. En el **beisbol**,* partido entre dos equipos formados por los mejores jugadores del campeonato.
d. ‖ ~ **de geometría.** *ES, CR, Ec, Ur.* **juego geométrico.**
e. ‖ ~ **de la aguja.** m. *Bo.* Juego que consiste en buscar y asir con la boca una aguja que se halla escondida en un recipiente con harina.
f. ‖ ~ **de la cebolla.** m. *Mx.* Juego de niños que consiste en sentarse en el suelo muy juntos formando una fila, abriendo las piernas y abrazando al que está enfrente, de forma que el último niño, haciendo fuerza, intentará soltar de la fila al que tiene delante.
g. ‖ ~ **de la mosqueta.** m. *Ar, Ur.* Juego fraudulento en que el apostante ha de adivinar en qué lugar se encuentra una pieza cubierta con uno de los tres objetos que se presentan ante él y que son manipulados con gran destreza y rapidez por el timador.
h. ‖ ~ **de la rueda.** m. *Ho.* Juego ritual de ocho hombres en el que cada uno llevaba una lanza, en cuya cabeza llevaba dos puntas de flechas de hierro y se tiraban las lanzas unos a otros.
i. ‖ ~ **de *living*.** m. *Cu, Ar.* Conjunto de muebles compuesto por un sofá, dos butacas y una mesa de centro, con el que se decora el salón de una casa. ♦ **juego de recibo.**
j. ‖ ~ **de pólvora.** m. *Ni, CR.* Fuegos artificiales. ♦ **fuego de pólvora.**
k. ‖ ~ **de recámara.** m. *Pa.* Mobiliario de dormitorio.
l. ‖ ~ **de recibo.** *Ve.* **juego de *living*.**
m. ‖ ~ **de tiras.** m. *Ho:N.* Baile tradicional realizado por los garífunas el sábado de Gloria al son de los instrumentos de viento y conchas desde el período colonial.
n. ‖ ~ **doble.** m. *Cu. En el **beisbol**,* par de juegos que se efectúan el mismo día, consecutivamente y entre los mismos equipos.
ñ. ‖ ~ **en las patas.** m. *ES.* Velocidad muy grande.
o. ‖ ~ **geométrico.** m. *Ve, Ec.* Conjunto compuesto por una regla, un compás, un transportador, un cartabón y una escuadra, que se vende en un estuche *y se destina generalmente para uso escolar.* ♦ **juego de geometría.**

□

a. ‖ ~**s pesaos.** loc. sust. *RD.* Carácter enérgico y malintencionado que en ocasiones muestra una persona. pop + cult → espon.
b. ‖ **ni de ~.** loc. adv. *Ni, Cu, RD.* De ninguna manera. (**ni en juego**).
c. ‖ **ni en ~.** *Cu.* **ni de juego.**
▶ **a mi ~ me llamaron; coger el ~; hacer ~.**

jueguito.
▶ **hacer el ~.**

¡juela! (Abrev. de *hijo de la gran puta*).
I. 1. interj. *Ho.* Expresa sorpresa o admiración. euf.

¡juelacha! (Abrev. de *hijo del hacha*).
I. 1. interj. *ES.* Expresa insulto grave a alguien. euf.

juelagranputa. (De *hijo de la gran puta*).
I. 1. m. *Gu, RD.* Persona despreciable. vulg; desp.

juelgo. (De *huelgo*).
I. 1. m. *Ho, ES, Ni.* Huelgo, aire, respiración, aliento.
□
a. ‖ ~ **negro.** loc. sust. *ES.* Persona muy exigente en el sexo.
▶ **coger ~.**

juelmaíz. (Abrev. de *hijo del maíz*).
I. 1. m. *ES.* Hijo de puta. vulg.

¡juelule! (Abrev. de *hijo de hule*).
I. 1. *ES.* **¡hijueputa!** euf.

¡juemíchica!
I. 1. interj. *Co:C.* Expresa asombro, sorpresa. rur; fest.

¡juepa!
□
a. ‖ **¡~ je!** loc. interj. *RD, Co.* Expresa alegría y ánimo.

juepucha.
I. 1. *CR.* **hijueputa.**

¡juepucha!
I. 1. *CR, Co, Ar:NO.* **¡hijueputa!** pop + cult → espon.

¡juepúchica!
I. 1. interj. *ES, Ni.* Expresa admiración o sorpresa. euf.

juepuerca. (Abrev. de *hijo de puerca*).
I. 1. m. *ES.* Hijo de puta. vulg.

¡juepuerca!
I. 1. interj. *Co.* Expresa asombro o sorpresa. pop ^ fest.

¡juepuña!
I. 1. *CR.* **¡hijueputa!** euf.

jueputa. (Abrev. de *hijo de puta*).
I. 1. *Ho, ES, Ni, CR, RD.* **hijueputa.**

¡jueputa! (Abrev. de *hijo de puta*).
I. 1. *ES, CR.* **¡hijueputa!**

jueputis.
I. 1. *CR.* **hijueputa.**

¡jueputis!
I. 1. *CR.* **¡hijueputa!**

¡juepuya! (Abrev. de *hijo de puta*).
I. 1. interj. *Ho, ES.* Expresa admiración o sorpresa. euf.
II. 1. interj. *Ho.* Expresa insulto a alguien. euf.

juerga.
I. 1. f. *Bo.* Borrachera.

juerguero, -a.
I. 1. m. y f. *Ni, Pe, Bo, Ch*; juv. Persona dada o aficionada a la juerga.

¡juerriula! (Abrev. de *hijo de la riula*).
I. 1. interj. *ES.* **¡hijueputa!** euf.

juete.
I. 1. *PR.* **fuete**, azote.

juetiadora.
I. 1. f. *Co.* **azotacaminos.**

juetria.
□
a. ‖ ~ **catriamba.** loc. interj. *Bo:E.* Expresa admiración o sorpresa. pop + cult → espon ^ fest.

jueves.
■
a. ‖ ~ **de comadres.**
i. m. *Bo.* Fiesta que se celebra el jueves anterior al carnaval.
ii. *Bo.* Jueves anterior al domingo del carnaval en el que se inicia la celebración de esta fiesta.
b. ‖ ~ **de compadres.**
i. m. *Bo.* Fiesta popular que se celebra dos jueves antes del carnaval.

ii. *Bo.* Jueves anterior al domingo del carnaval en el que se inicia la celebración de esta fiesta.

juey.

I. **1.** m. *RD, PR.* Cangrejo de hasta 11 cm de diámetro, de ojos muy grandes y cuerpo azul grisáceo, café o anaranjado. (Gecarcinidae; *Cardisoma guanhumi*).

II. **1.** m. *PR.* Planta herbácea anual, de hasta 80 cm de longitud, con inflorescencia erecta, espiguillas pilosas y vainas alargadas. (Poaceae; *Digitaria ciliaris*).

■

a. ‖ ~ **al carapacho.** m. *PR.* Guisado de carne de cangrejo servido en la concha del mismo animal.

b. ‖ ~ **ciguatero.** m. *PR.* Cangrejo de hasta 11 cm de diámetro, de ojos muy grandes y cuerpo de color rojizo que cambia a negro en la parte central; no es comestible porque produce envenenamiento. (Gecarcinidae; *Gecarcinus lateralis*).

□

a. ‖ ~ **dormido.** loc. sust. *PR.* Persona hipócrita, astuta, que se hace la tonta, que parece inofensiva. pop + cult → espon.

◩

a. ‖ **como dos ~es machos en la misma cueva.** fr. prov. *PR.* Indica que cuando dos personas agresivas se encuentran juntas en una situación dada, la pelea está asegurada. pop + cult → espon.

▶ **ser una uña de ~.**

jueyada.

I. **1.** f. *PR.* Comida típica hecha a base de varios platos de **juey.**

jueyera.

I. **1.** f. *PR.* Corral pequeño para limpiar y engordar los cangrejos antes de comerlos.
2. *PR.* Lugar donde abundan los **jueyes.** pop + cult → espon.

jueyero, -a.

I. **1.** m. y f. *PR.* Persona que se dedica a la pesca de **jueyes.**
2. *PR.* Vendedor de **jueyes.**

juez.

■

a. ‖ ~ **de armadero.** m. *Ni, PR. En las peleas de gallos,* funcionario que vigila el proceso de armar a los gallos.

b. ‖ ~ **de cancha.** m. *Bo:S. En las carreras de caballos,* persona encargada de resolver los aspectos reglamentarios del juego.

c. ‖ ~ **de inscripción.** m. *PR.* Funcionario responsable de inscribir, limpiar y custodiar los gallos hasta el momento del combate.

d. ‖ ~ **de valla.** m. *RD, PR. En las peleas de gallos,* funcionario que representa a la autoridad gubernamental en el arbitraje.

e. ‖ ~ **de zanja.** m. *PR.* Funcionario que falla en una carrera de caballos.

f. ‖ ~ **justo.** m. *Ho. En la creencia popular,* fantasma gigantesco que ronda durante la madrugada las calles de los pueblos. (**justo juez**).

g. ‖ ~ **pagador.** m. *Bo:S. En las carreras de caballos,* persona encargada de entregar el dinero de las apuestas a los ganadores.

h. ‖ **justo ~.** *Ho.* **juez justo.**

juez, -za.

■

a. ‖ ~ **de aguas.**
i. m. y f. *Ec.* Persona que decide en los conflictos sobre cuestiones relacionadas con el agua.
ii. *Ec. En el juego del cuarenta,* persona que se encarga de repartir los puntos entre los jugadores.

b. ‖ ~ **de circuito.** m. y f. *Co.* Juez que tiene a su cargo un distrito judicial.

c. ‖ ~ **de plaza.** m. y f. *Mx, Pe.* Persona que preside una corrida de toros.

d. ‖ ~ **de raya.** m. y f. *Py, Ar. En las carreras de caballos,* autoridad que falla acerca del orden de llegada de los competidores.

e. ‖ ~ **del crimen.** m. y f. *Ch.* Juez encargado de una causa criminal.

jug. (Del ingl. *hood,* capó).

I. **1.** m. *ES.* Mecanismo para abrir o cerrar el capó de un automóvil.

jugada.

I. **1.** f. *Ni, PR. En el beisbol,* acción del juego, tanto a la ofensiva como a la defensiva.

■

a. ‖ ~ **de gallos.** f. *Ho, Ni, RD, PR.* Pelea de gallos.

□

a. ‖ **en la ~.**
i. loc. adj. *Ni, CR, RD, Co, Ec. Referido a persona,* con la atención puesta totalmente en el desarrollo de un hecho. pop + cult → espon. ◆ **sobre la jugada.**
ii. *Ni, CR, RD, Ec. Referido a persona,* con pleno conocimiento de algo. ◆ **sobre la jugada.**

b. ‖ **sobre la ~.** *Ni, CR.* **en la jugada.**

jugadera.

I. **1.** f. *Ho, Ni, RD.* Juego repetido muchas veces.

jugado, -a.

I. **1.** adj. *Ar, Ur, Ch,* espon. *Referido a persona,* que ha contraído un compromiso. pop.

II. **1.** adj. *ES, Ni; CR, Pe,* pop. *Referido a persona,* que tiene mucha experiencia de vida.

III. **1.** adj. *Ar. Referido a persona,* que se halla en una situación límite, sin alternativas. pop.

IV. **1.** adj. *Ho, ES, Ni. Referido a una comida,* manoseada.

V. **1.** adj. *ES. Referido a persona,* distraída.

VI. **1.** adj. *CR. Referido a persona,* astuta, audaz. pop.

VII. **1.** adj. *CR. Referido a una vaca o a un toro,* que han sido lidiados, pero sin haber llegado a darles muerte.

□

a. ‖ ~ **de cegua.** loc. adj. *Ni. Referido a persona,* incapaz, poco diestra en algo.

jugador.

■

a. ‖ ~ **de boquilla.** m. *PR.* Apostador que no cumple cuando pierde.

b. ‖ ~ **de gallos.**
i. m. *PR. En las peleas de gallos,* persona que no tiene gallos, pero que va a la gallera a jugar.
ii. *PR.* Jugador de oficio.

c. ‖ ~ **más valioso.** m. *Ni, PR. En el beisbol,* **pelotero** que al final del campeonato contribuyó en mayor medida al éxito de su equipo.

jugador, -ra.

I. **1.** adj/sust. *Pe. Referido a persona,* que mantiene relaciones sexuales con otras aparte de su pareja. pop + cult → espon.

II. **1.** adj/sust. *PR. Referido a un gallo de pelea,* que tiene táctica para obtener la victoria sobre su rival.

■

a. ‖ ~ **de banco.** m. y f. *Cu. En el beisbol,* jugador de reserva o suplente.

jugadora.

I. **1.** f. *Pe.* Mujer promiscua o que mantiene relaciones sexuales con muchos hombres, en ocasiones por dinero. pop + cult → espon.

jugar(se).

I. 1. intr. prnl. *Ni, Ch, Ar, Ur.* Arriesgarse *alguien* a sufrir un daño. pop. ♦ **jugarse el cuero**.

II. 1. tr. *Co.* Practicar un juego.

III. 1. tr. *Ho, ES, Ni.* Tocar, manosear o probar *algo, en especial comida*.

IV. 1. intr. *Gu.* Copular un animal con otro.

V. 1. tr. *Ho, Pa.* Caer el premio de la lotería en un número determinado.

VI. 1. tr. *ES.* Volver tonto o medio loco a *alguien*.

VII. 1. intr. *CR.* Terminar *alguien* o *algo* su papel o misión. pop.

VIII. 1. tr. *CR. En corridas de festejos populares*, luchar con un toro o una vaca incitándolos y esquivando sus acometidas, pero sin llegar a darles muerte. pop.

●

a. ‖ **¡juega!** fórm. *Mx, Ni.* Se usa como asentimiento. pop.

b. ‖ **¡juegue!** *ES.* **¡juega!**

c. ‖ **¡no juegues!** fórm. *Cu.* Se usa para expresar asombro o sorpresa ante lo que dice otra persona. pop + cult → espon.

d. ‖ **¡no juegues, Magino!** fórm. *RD.* Se usa para mostrar incredulidad y rechazo hacia algo que se considera disparatado o falso. pop + cult → espon.

□

a. ‖ **~ a dos ases.**
  i. loc. verb. *Pe, Bo.* Tener dos posibilidades o alternativas para poder optar o decidir. pop.
  ii. *Ec, Bo.* Actuar *alguien* con segundas intenciones. pop.

b. ‖ **~ a dos cartas.** loc. verb. *RD.* Tener relaciones sexuales con ambos sexos. pop + cult → espon.

c. ‖ **~ a la boa y al ratón.** loc. verb. *Ho.* Permanecer juntas dos personas pero en constante pelea. pop + cult → espon.

d. ‖ **~ a la cambiá.** loc. verb. *PR.* Realizar el coito la mujer sobre el hombre. prost.

e. ‖ **~ a la tapá.** loc. verb. *PR.* Negociar *alguien* ilícitamente. pop + cult → espon.

f. ‖ **~ a la veleta.** loc. verb. *Bo:E.* Coquetear con una persona. pop.

g. ‖ **~ a la vista.** loc. verb. *PR. En las peleas de gallos*, jugar *alguien* a un gallo que considera mejor que su adversario.

h. ‖ **~ a los bandidos.** loc. verb. *Ch.* p.u. Intentar engañar o embaucar en beneficio propio a una persona o a un grupo de ellas, *especialmente a familiares y amigos*. pop + cult → espon.

i. ‖ **~ a los bomberos.** loc. verb. *Cu.* Bañarse *una persona*.

j. ‖ **~ a los misterios.** loc. verb. *Ch.* Hablar *alguien* de manera misteriosa, cautelosa o con sobrentendidos. pop + cult → espon.

k. ‖ **~ agua.** loc. verb. *Cu.* Bañarse *una persona*.

l. ‖ **~ al angelito.** loc. verb. *RD. En la Navidad*, intercambiar regalos de menor cuantía entre varias personas sin que ninguna sepa de quién los recibió cada una; el juego culmina con un presente mayor y la revelación del nombre del angelito.

m. ‖ **~ al cucambé.** loc. verb. *Ve.* Engañar o traicionar a *alguien*.

n. ‖ **~ al lazo.** loc. verb. *Co.* Saltar por encima de una cuerda que se hace pasar por debajo de los pies y sobre la cabeza de quien salta.

ñ. ‖ **~ al ollazo.** loc. verb. *Bo. En el **futbol***, jugar sin técnica ni efectividad.

o. ‖ **~ al *ping-pong*.** loc. verb. *Ve.* Pasar un asunto de una a otra persona sin recibir pronta solución.

p. ‖ **~ al saco.** loc. verb. *PR. En las peleas de gallos*, hacer *alguien* que dos gallos que se enfrentan en una pelea equilibren su peso en una balanza dentro de dos sacos que pesen lo mismo.

q. ‖ **~ banca.** *Ve.* **jugar banco**.

r. ‖ **~ banco.** loc. verb. *Cu, Ve.* No participar en una actividad, *especialmente en un juego*, a pesar de estar presente en el lugar donde se desarrolla y de querer hacerlo. (**jugar banca**).

s. ‖ **~ birria.** *Ve:O.* **jugar de birria**.

t. ‖ **~ bola.** loc. verb. *CR.* Pelotear, jugar a la pelota, *especialmente **futbol***, por entretenimiento y sin la formalidad de un partido. pop.

u. ‖ **~ bolita y hoyo.** loc. verb. *PR.* Conocer *una persona* a *alguien* desde pequeño, tratarse con mucha familiaridad. pop + cult → espon.

v. ‖ **~ cabeza.**
  i. loc. verb. *Cu.* Engañar hábilmente a *alguien* para evitar tener que hacer algo determinado.
  ii. *Cu.* Evadir con habilidad a *alguien* para burlar su vigilancia y lograr un determinado propósito.
  iii. *PR.* **jugar hasta la cabeza**.

w. ‖ **~ camunina.** loc. verb. *Ve.* Engañar, hacer trampas.

x. ‖ **~ chivo.** loc. verb. *Gu.* Jugar a los dados. pop + cult → espon.

y. ‖ **~ chueco.** loc. verb. *Ni, Ch.* Realizar trampas o engaños en un juego o negocio. pop + cult → espon.

z. ‖ **~ con agua.** loc. verb. *Ve, Ec, Bo. En los carnavales*, mojar con agua al público.

a¹. ‖ **~ con candela.** loc. verb. *Pa, RD, Co, Ec.* Empeñarse imprudentemente en algo que puede ocasionar sinsabores o perjuicios.

b¹. ‖ **~ con dados cargados.** loc. verb. *Bo, Ch.* Tener garantías de éxito en un negocio o asunto. pop + cult → espon.

c¹. ‖ **~ de birria.** loc. verb. *Co:N.* Jugar sin apostar dinero. pop. (**jugar birria**).

d¹. ‖ **~ de manos.** loc. verb. *Cu, RD.* Acariciarse dos personas.

e¹. ‖ **~ de peligroso.** loc. verb. *CR.* Presumir *alguien, especialmente de cualidades o bienes que no se poseen*. pop. ♦ **jugar de pinta**; **jugar de vivo**.

f¹. ‖ **~ de pinta.** *CR.* **jugar de peligroso**.

g¹. ‖ **~ de vivo.** *CR.* **jugar de peligroso**.

h¹. ‖ **~ doble *play*.** loc. verb. *PR.* Mantener *alguien* simultáneamente relaciones con dos personas sin que ninguna de ellas sepa de la otra.

i¹. ‖ **~ dos bases.**
  i. loc. verb. *RD.* Tener relaciones sexuales con ambos sexos. pop + cult → espon.
  ii. *PR.* Engañar, ser infiel *alguien* a su pareja. pop + cult → espon.

j¹. ‖ **~ el dedo en la boca.** loc. verb. *Mx.* Engañar o embaucar a *alguien*.

k¹. ‖ **~ el diablo.** loc. verb. *ES.* Tocar un espíritu a *alguien* para enloquecerlo o llevarse el alma.

l¹. ‖ **~ en las dos novenas.**
  i. *Cu.* **jugar en los dos bandos**, ser bisexual.
  ii. *Pa.* Ser homosexual activo y pasivo.

m¹. ‖ **~ en los dos bandos.**
  i. loc. verb. *Cu.* Ser una persona bisexual. ♦ **jugar en las dos novenas**.
  ii. *Ni, Pa.* Ser homosexual activo y pasivo.

n¹. ‖ **~ en los dos equipos.** loc. verb. *ES, Ni.* Tener intereses en dos bandos opuestos.

ñ¹. ‖ **~ enchute.** loc. verb. *Ho.* Meter e introducir *algo* a la fuerza.

o¹. ‖ **~ fulastrería.** loc. verb. *Cu.* obsol. Engañar, estafar a *alguien*. pop.

p¹. ‖ ~ **garrote.** loc. verb. *Ve.* obsol. Hacerse *algo* más grave de lo que se creía.

q¹. ‖ ~ **hasta la cabeza.** loc. verb. *PR.* Eludir o esquivar *alguien* un riesgo o compromiso. pop + cult → espon. ♦ **jugar cabeza.**

r¹. ‖ ~ **la pacheca.** loc. verb. *Pa.* Esquivar o evitar a *alguien.*

s¹. ‖ ~ **la vuelta.**
  i. loc. verb. *Ho, ES.* Engañar a *alguien.*
  ii. *Gu.* Esquivar o evitar *algo* o a *alguien.*
  iii. *ES.* Adelantarse a *alguien* en algo.
  iv. *CR.* Llegar *alguien* más rápido que otra persona a determinado lugar usando un camino más corto.

t¹. ‖ ~ **las chivas.**
  i. loc. verb. *Gu. En el póquer,* decidirse una partida de manera que quien gane reciba toda la cantidad apostada.
  ii. *Ho, Ni.* Jugar la última partida de billar y quien pierde paga el total que se debe al **coime.**

u¹. ‖ ~ **los descuentos.** loc. verb. *Bo, Ch, Ur.* Encontrarse *alguien* o *algo* a punto de finalizar una actividad o proceso por acabarse el plazo de tiempo que se tenía para realizarlo. pop + cult → espon.

v¹. ‖ ~ **machorrucio.** loc. verb. *Co:O.* Engañar a *alguien.* pop.

w¹. ‖ ~ **metras.** loc. verb. *Ve.* Conocerse desde niños dos personas y tenerse mucha confianza. pop + cult → espon.

x¹. ‖ ~ **mosca.** loc. verb. *Pa.* Estar atento.

y¹. ‖ ~ **papel.** loc. verb. *PR.* Representar *alguien* un papel. pop + cult → espon.

z¹. ‖ ~ **para el otro equipo.** loc. verb. *Ni, Ve.* Ser homosexual.

a². ‖ ~ **una broma.** loc. verb. *Ni, CR, RD, PR, Ec, Ch, Ar, Ur.* Gastar una broma a *alguien.* pop + cult → espon.

b². ‖ ~ **vencidas.** loc. verb. *Mx.* Probar dos personas, cogiéndose las manos y apoyando el codo en lugar firme, quién tiene más fuerza en el pulso y logra abatir el brazo del contrario.

c². ‖ ~ **vicio.** loc. verb. *Co.* Jugar sin apostar dinero.

d². ‖ ~ **vivo.** loc. verb. *Pa.* Estar atento.

e². ‖ ~**le el abono.**
  i. loc. verb. *Ni.* Morir *alguien.*
  ii. *Ni.* Ocurrir *algo* a *alguien* que se intuía.

f². ‖ ~**le kikirigüiki.** loc. verb. *Ve.* Engañar a *alguien.*

g². ‖ ~**le la farfulla.** *Ni.* **jugarle las barbas.**

h². ‖ ~**le las barbas.** loc. verb. *Ni.* Estafar o timar a *alguien.* ♦ **jugarle la farfulla; jugarle la sombra.**

i². ‖ ~**le sombra.** *Ni.* **jugarle las barbas.**

j². ‖ ~**se el abono.**
  i. loc. verb. *Ho.* Padecer una mala jugada de alguien. pop + cult → espon.
  ii. *Ho.* Perder la confianza de una persona. pop + cult → espon.

k². ‖ ~**se el cuero.** loc. verb. *Bo, Ch, Ar, Ur.* **jugarse,** arriesgarse. pop + cult → espon.

l². ‖ **jugársela.**
  i. loc. verb. *PR.* Ser *alguien* infiel al cónyuge. pop + cult → espon.
  ii. *CR.* Tener *algo* aún vida útil.
  iii. *CR.* Tener *alguien* aptitudes para algo.

m². ‖ **jugársela al canelo.**
  i. loc. verb. *Cu.* Correr un riesgo.
  ii. *Cu.* Arriesgarlo todo.

n². ‖ **jugársela fría.** loc. verb. *PR.* Ser *alguien* listo y arriesgarse a algo. pop + cult → espon.

ñ². ‖ **no ~ la lista con el billete.** loc. verb. *Cu.* No concordar una cosa con otra.

■

a. ‖ **de jugandito.** loc. adv. *Bo:S.* De mentira. pop + cult → espon.

b. ‖ **juega de vivo.** loc. sust/adj. *ES, CR.* Persona jactanciosa, presumida. pop ^ desp.

c. ‖ **ni jugando.** loc. adv. *Cu.* De ninguna manera.

▱

a. ‖ ~ **con el santo, menos con la limosna.**
  i. fr. prov. *Ho, ES.* Indica que se exigen las cuentas claras.
  ii. *Ni.* Indica advertencia de que no hay que abusar de la confianza de alguien.

jugarreta.
I. 1. f. *ES.* Aparición de un fantasma o el susto que da.

jugarrón, -na.
I. 1. adj. *RD. Referido a persona,* bromista.

jugo.
I. 1. m. *Mx.* Humedad preparada para la siembra. rur.
□
a. ‖ **al ~.** loc. adv/adj. *Ch.* p.u. Con mucho sudor. pop.

b. ‖ **en su ~.** loc. adv. *Ve, Ec.* En su ambiente, a gusto. pop.

c. ‖ ~ **de nube.** loc. sust. *RD.* Agua, sustancia líquida. fest.

d. ‖ ~ **de paraguas.** loc. sust. *Ar, Ur.* Café muy aguado. pop.

▶ **dar ~; no decir ni ~ de piña.**

jugosear.
I. 1. intr. *Ch.* juv. Realizar una actividad ociosa o poco definida. pop.
2. *Ch.* juv. Hacer o decir cosas sin sentido o ridículas.

jugoseo.
I. 1. m. *Ch.* juv. Realización de una actividad ociosa o poco definida. pop.

juguera.
I. 1. f. *Cu, Pe, Ch, Ar, Ur.* Aparato eléctrico para licuar frutas u otros alimentos.
2. *Cu.* **juguería.**

juguería.
I. 1. f. *Mx, Pe; Ec,* p.u. Establecimiento donde se venden zumos de frutas. ♦ **juguera.**

juguero, -a.
I. 1. m. y f. *Ec, Pe.* Persona que trabaja vendiendo jugos o zumos de frutas.
2. adj. *Pe.* Relativo a los jugos o zumos de frutas.

juguete.
□
a. ‖ **con todos los ~s.** loc. adj. *Co. Referido a persona o cosa,* provista de todo lo necesario. pop.

¡juí!
I. 1. interj. *PR.* Expresa sorpresa. pop + cult → espon.

juiciar.
I. 1. tr. *Ch.* Enjuiciar, someter *algo* o a *alguien* a juicio. pop.
2. intr. *Ch.* Pleitear, litigar. pop.

juicio.
I. 1. m. *Ur.* Breve evaluación conceptual por escrito de la actuación de un estudiante.
■
a. ‖ ~ **de amparo.** m. *Mx, Ni.* Juicio que interpone una persona para evitar violaciones a sus garantías por parte de una autoridad que ha fallado en su contra en un juicio previo.

▶ **hacer ~; sentar el ~; sentar ~.**

juiciosa.
□
    a. ‖ **la ~.** loc. sust. *Ar.* Cárcel, prisión. pop.

juidera.
    I. 1. f. *RD.* **huidero.**

juidero.
    I. 1. *RD.* **huidero.**

juile.
    I. 1. m. *ES.* Hoyo para jugar a las canicas.
    2. *ES.* metáf. Ano. vulg.

juilón, -na.
    I. 1. adj/sust. *Mx:SE.* obsol. *Referido a persona*, cobarde, asustadiza. pop.

¡juira!
    I. 1. interj. *Ar, Ur.* Expresión intención de ahuyentar a un animal doméstico.

juite.
    I. 1. m. *ES.* **juile,** hoyo.
    2. *ES.* **juile,** ano.

jujú.
    ▶ **haber ~; tener un ~.**

jujube.
    I. 1. m. *Mx.* Árbol de hasta 6 m de altura, con tronco tortuoso, ramas ondeadas, inclinadas al suelo y llenas de aguijones rectos, que nacen de dos en dos, hojas alternas, festoneadas y lustrosas, flores pequeñas y amarillas, y fruto en drupa elipsoidal, encarnada por fuera y amarilla por dentro, dulce y comestible. (Rhamnaceae; *Zizyphus sativa*).
    2. *PR.* Arbusto caducifolio de hasta 8 m de altura, muy ramificado, con ramillas colgantes, espinosas, hojas alternas con bordes finamente dentados, inflorescencia axilar y flores amarillo verdosas. (Rhamnaceae; *Zizyphus jujuba*).
    3. *PR.* Fruto comestible del jujube, con forma ovoide, carnoso, de coloración rojiza y blanco amarillento en el interior; su pulpa es harinosa, de sabor dulce aunque ligeramente ácido.

jujuná.
    I. 1. *Pa.* **obiubí.**

jujushte.
    I. 1. *ES.* **ojoche,** árbol.

juku. (Del quech. *juku*, búho).
    I. 1. m. *Bo.* Búho, ave rapaz nocturna.
    2. m-f. *Bo.* Persona que roba mineral, *generalmente por la noche*, de una mina.

jukumari. (Del quech. *jukumari*).
    I. 1. *Bo:O,C.* **jucumari.**

julajú.
    I. 1. *PR.* **ula-ula,** aro.
    2. *PR.* **ula-ula,** juego.

julajula.
    I. 1. m. *Bo:O,C.* Grupo de música autóctona formado por hombres que tocan **pinquillos.**
    II. 1. m. *PR.* Aro de material plástico para ejercitar la cintura. pop + cult → espon.

¡jule!
    I. 1. interj. *Gu, Ho:O, ES.* Expresa intención de azuzar a un perro.
    2. *Gu.* Expresa orden a alguien de que se vaya inmediatamente, o para rechazarlo.

¡julé!
    I. 1. interj. *ES.* Expresa intención de ahuyentar al gavilán que amenaza a las gallinas.

julepe.
    I. 1. m. *Bo:O, Ch, Ar, Ur,* pop + cult → espon; *Pe, Ch, Py,* pop. Miedo, susto. (**culepe**).

II. 1. m. *Pa, Bo; RD, PR,* pop + cult → espon. Desorden, alboroto.
III. 1. m. *RD, PR.* Enredo creado por una persona. pop + cult → espon.
IV. 1. m. *RD.* Molestia, mortificación. pop + cult → espon.
V. 1. *PR.* **escarceo,** pelea.
VI. 1. m. *PR.* Fiesta íntima, diversión. pop + cult → espon.
    ▶ **buscar ~; dejar el ~; llevar ~; meter ~; meter ~ y miedo; meterse en ~.**

julepear(se).
    I. 1. tr. *Bo, Ar, Ur, Py.* obsol. Asustar a una persona o animal. pop + cult → espon.
    2. intr. prnl. *Bo, Ar, Ur, Py.* obsol. Asustarse una persona o animal. pop + cult → espon.
    3. *Bo.* Ponerse enferma *una persona* a causa de un susto. pop + cult → espon.

julería.
    I. 1. *Ch.* p.u. **fulería.** pop.

julero, -a.
    I. 1. adj. *Ch. Referido a persona o cosa*, falsa, que no es lo que aparenta. pop + cult → espon.
    2. *Ch. Referido a cosa*, de mala calidad. pop + cult → espon.

julia.
    I. 1. f. *Mx.* Furgón de la policía para transportar detenidos. pop + cult → espon.
    2. *ES.* Cuerpo de policía. pop.
■
    a. ‖ **fiestas ~s.** f. pl. *ES.* Fiestas de Santa Ana, en el mes de julio.

julián.
■
    a. ‖ **~ chiví.** m. *RD, PR.* Pájaro de hasta 15 cm de longitud, de color verde oliva mate, y de pico grueso con la punta curvada hacia abajo, con una lista negra que separa la garganta blanca de las mejillas. (Vireonidae; *Vireo altiloquus*). ◆ **chiví; juan chiví; treschavos.**
    b. ‖ **~ gargantiamarillo.** m. *PR.* Pájaro de hasta 15 cm de longitud, cuya coloración oscila entre el verde oliva brillante en la parte superior, blanco en las alas, gris en la parte inferior y un característico color amarillo en los anteojos, la garganta y el pecho. (Vireonidae; *Vireo flavifrons*).
    c. ‖ **~ ojiblanco.** m. *PR.* Pájaro de hasta 12 cm de longitud, cuya coloración oscila entre el verde en la parte superior, blanco amarillento en las alas y la zona lateral, gris en la cabeza y blanco en sus característicos anillos oculares. (Vireonidae; *Vireo griseus*).
    d. ‖ **~ ojirrojo.** *PR.* **chiví.**

juliano, -a.
    I. 1. adj. *Ho, Ec, Bo.* Relativo al mes de julio.

julichi.
    I. 1. m. *Bo:E.* Bebida preparada con alcohol de caña, agua, azúcar y colorante. pop. (**julipi**).

julieta.
    I. 1. f. *ES.* Hombre afeminado. desp.

julipi.
    I. 1. *Bo:E.* **julichi.** pop.

julka. (Del quech.).
    I. 1. f. *Bo:E.* Reunión de personas, *generalmente mujeres*, que mascan harina de maíz, usada como levadura para hacer fermentar la chicha. pop.

jullerear.
    I. 1. intr. *Ar:NO.* obsol. Presumir, hacer ostentación de algo. rur; pop.
    2. tr. *Ar:NO.* obsol. Cortejar un hombre a una mujer. rur; pop.

jullero.
  I. 1. m. *Bo:S.* Persona que exagera cuando habla de su valor, habilidad, poder o riqueza. pop + cult → espon ^ desp.

jullero, -a.
  I. 1. adj. *Ar.* obsol. *Referido a persona*, pedante u orgullosa. rur; pop.
  2. *Ar.* obsol. *Referido a persona*, elegante, refinada. rur; pop.

jullido, -a.
  I. 1. adj. *Mx. Referido a persona*, desaparecida o escondida por temor a algo. pop.

jullirse.
  I. 1. *PR.* **descabullarse**. pop.

julón.
  I. 1. m. *Gu.* Recipiente hecho con el fruto del **tecomate** que se usa para transportar semillas. rur.
  2. *ES.* Zurrón, bolso o morral.
  II. 1. m. *ES.* Espacio grande y vacío.

julunche.
  I. 1. adj. *ES. Referido a persona*, lela, boba. (**juluncho**).
  II. 1. adj. *ES. Referido a persona*, campesina. (**juluncho**).

juluncho, -a.
  I. 1. *ES.* **julunche**.

julunco, -a.
  I. 1. *Ho.* **culunco**, sin cola.

julungo, -a.
  I. 1. adj. *Ho:E, Ni. Referido a gallo o a gallina*, sin cola.

juluyo, -a.
  I. 1. adj. *ES. Referido a persona*, inútil. desp.
  II. 1. adj. *ES. Referido a persona*, que ha emigrado del campo a la ciudad. desp.
  III. 1. adj. *ES. Referido a persona*, inculta, sin educación. desp.

¡jum!
  I. 1. interj. *Ni, Ve; PR*, pop + cult → espon. Expresa extrañeza, incredulidad, desconfianza.

juma.
  I. 1. f. *Gu, Ho, ES, Ni, CR, Cu, RD, PR, Co.* Borrachera. pop + cult → espon ^ fest.
  □
  a. ‖ **en su santa ~.** loc. adv. *ES.* En su interior, en lo personal. pop ^ fest.
  ▶ **amarrarse una ~.**

jumadera.
  I. 1. f. *RD.* Borrachera. pop + cult → espon ^ fest.

jumado, -a.
  I. 1. adj. *Ni, Pa, Cu, Bo; CR*, obsol. *Referido a persona*, borracha. pop.

jumar(se).
  I. (Der. de *juma*).
  1. intr. prnl. *Ni, CR, Pa, Cu, RD, Co, Ec, Bo.* Emborracharse. pop + cult → espon.
  II. (De *fumar*).
  1. tr. *Ho, ES.* **humar**, fumar cigarrillos.

jumareda.
  I. 1. f. *Ho, ES, Ve, Bo.* Humareda, abundancia de humo. pop.

jumas.
  I. 1. adj/sust. *CR. Referido a persona*, que acostumbra a ingerir bebidas alcohólicas.
  2. *CR. Referido a persona*, embriagada por la bebida. (**jumo**).

jumate.
  I. 1. m. *Mx:NO.* Cuchara rústica hecha con el epicarpo de una calabaza. rur.

jumay.
  I. 1. *Mx.* **napahuite**.

jumazo.
  I. 1. m. *PR.* Tabaco de mala calidad. rur.

jumazón.
  I. 1. *Ho, ES.* **humazón**, humareda.

jumbacá.
  I. 1. f. *Bo:N,E.* Excremento de animal vacuno. pop + cult → espon.

jumbarayú.
  I. 1. m. *Bo:E,S.* Excremento de las aves de corral. rur.

jumbo. (Voz inglesa).
  I. 1. adj/sust. *Ho, ES, PR. Referido a cosa o animal*, de tamaño muy grande, gigante. (**yumbo**).
  2. m. *PR.* Cosa de gran tamaño. pop + cult → espon.
  II. 1. m. *Bo:S.* Autobús que transporta pasajeros en viajes internacionales.

jume.
  I. 1. m. *Ar.* Arbusto de hasta 2,5 m de altura, muy ramificado y con hojas carnosas. (Chenopodiaceae; *Allenrolfea vaginata*).

jumeal.
  I. 1. m. *Ar.* Sitio poblado de **jumes**.

jumear.
  I. 1. intr. *Ho, ES, Ni, Ve.* Humear, echar de sí humo.
  ◿
  a. ‖ **por allá jumea.** fr. prov. *PR.* Indica sensación de que viene algo bueno. pop + cult → espon.

jumeche.
  I. 1. *Bo:E.* **jumechi**, bebida.

jumechi.
  I. 1. m. *Bo:E.* Bebida preparada con alcohol de caña, agua, azúcar y colorante. pop. (**jumeche**).
  2. *Bo:E.* Persona que con frecuencia ingiere bebidas alcohólicas en exceso. pop.

jumental.
  I. 1. *PR.* **humental**.

jumeta.
  I. 1. f. *PR.* Borrachera. pop ı cult → espon ^ fest.

jumete.
  I. 1. *Mx.* **huisay**.

jumetrar.
  I. 1. *Bo:E.* **jumetrear**, molestar.

jumetrear.
  I. 1. tr. *Bo:E; Ar:NO.* rur. Molestar, importunar. pop + cult → espon. (**jumetrar**).
  II. 1. intr. *Bo:E.* Mover insistentemente algún objeto para llamar la atención de alguien. pop + cult → espon.
  2. *Bo:E.* Zarandear un niño a una persona, *generalmente a sus padres*, para lograr su atención. pop + cult → espon.

jumiadora.
  I. 1. f. *RD.* Lámpara portátil que se compone de un recipiente metálico, *generalmente cilíndrico*, para el combustible, y una mecha de tela o algodón.

jumial.
  I. 1. m. *Ar:O,NO.* Sitio poblado de **jumes**.

jumil. (Del nahua *xomitl*).
  I. 1. m. *Mx.* Insecto parecido al chinche que se come seco y tostado. (Pentatomidae; *Euschistus* spp.). (**xumil**).

jumo.
  I. 1. m. *RD.* Humo.

jumo, -a.
  I. 1. adj. *CR, RD, Ve, Ec.* Borracho.

jumpear. (Del ingl. *jump*).
  I. 1. tr. *Pa, RD, PR.* Cargar la batería de un vehículo a través de otro. (**jompear**).
  2. intr. *PR.* Dar *algo* o *alguien* energía a una persona.

jumper. (Voz inglesa).
 I. 1. m. *EU, Mx, Ho, ES, Ni, Pa, Cu, PR, Ve, Ec, Pe, Bo, Ch, Py, Ar, Ur, Co,* p.u. Prenda femenina sin cuello ni mangas que, a modo de vestido, cubre el cuerpo hasta poco más arriba de las rodillas y se usa sobre la blusa. (**jómper; yómper**).
 II. 1. m. *Pa.* Cable que conduce la carga de una batería de un automóvil a otro.

jumpi. (Del aim. y del quech. *jump'i*).
 I. 1. m. *Bo:C.* Sudor. pop.

¡juna!
 I. 1. interj. *Bo:E.* Expresa admiración. pop.
 □
  a. ‖ **¡ay ~!** loc. interj. *Bo:S, Ar.* Expresa admiración o sorpresa. pop + cult → espon.

junacate. (Del nahua *xonacatl*, cebolla).
 I. 1. m. *Ho.* Planta silvestre, similar a la cebolla, pero con sabor a ajo, con bulbos pequeños, flor rojo púrpura con márgenes blancos o blanca con franjas azuladas, cuyo fruto es una cápsula semirredonda; el bulbo se come crudo y se usa en la medicina tradicional. (Alliaceae; *Allium glandulosum*).

junar.
 I. 1. tr. *Ar, Ur.* Observar con determinada intención. pop + cult → espon.
  2. *Ar, Ur.* Advertir las intenciones de una persona. pop + cult → espon.

juncia.
 I. 1. f. *Mx.* Árbol de hasta 30 m de altura, de copa densa y piramidal, hojas de color verde oscuro en fascículos y frutos en conos ovoides, de color café claro, que crecen en pares o en pequeños grupos; su madera es dura y pesada y se emplea en construcciones. (Pinaceae; *Pinus teocote*).

junco.
 I. 1. *Ho.* **soyacal**.
  2. m. *Ho.* Hoja seca, suave y flexible del soyacal.
  3. *Ho.* meton. Sombrero hecho con la hoja del soyacal.
  4. *Pa.* Planta de tallos tubulares y aéreos y hojas en forma de espada de hasta 70 cm de longitud, flores grandes y blancas con olor a vainilla; de los tallos se extraen las fibras con las que se tejen los sombreros pintados y las esterillas. (Amaryllidaceae; *Hymenocallis littoralis*).

junene.
 I. 1. *Ho, ES.* **funene**.

juniano, -a.
 I. 1. adj. *Ho.* Relativo al mes de junio.

juniapa.
 I. 1. f. *Ho.* Arbusto de hasta 5 m de altura, de tallo grueso, hojas alternas, elípticas, muy desiguales y profundamente acorazonadas en la base, flores en espinas delgadas; la hoja se utiliza como condimento en sopas; la raíz y la hoja en cocción tienen variadas aplicaciones en la medicina tradicional. (Piperaceae; *Piper auritum*).

juniche.
 I. 1. adj. *Bo:E. Referido a comida*, agriada, en proceso de descomposición. pop + cult → espon.
 II. 1. m. *ES.* Nalgas.

junior. (Voz inglesa).
 I. 1. m-f. *Mx.* Vástago de familia adinerada.

júnior. (Del ingl. *junior*, el más joven).
 I. 1. m. *Ch.* Persona que en una oficina se dedica a trabajos menores.
 II. 1. sust/adj. *Ho, ES. En colegios bilingües*, cada uno de los estudiantes que se gradúan el último año lectivo de educación media o secundaria. cult.

juniorístico, -a.
 I. 1. adj. *Ho.* Relativo a los jóvenes de la Cámara Junior. cult.

junk. (Voz inglesa).
 I. 1. m. *EU, PR.* Basura, chatarra, cosa sin valor.
 II. 1. m. *PR.* Heroína. drog.
  2. m-f. *PR.* Adicto a las drogas. drog.
 ■
  a. ‖ **~ bond.** (Voz inglesa). m. *EU.* Acción bursátil muy devaluada.
  b. ‖ **~ food.** (Voz inglesa). m. *EU, PR.* Comida rápida, barata y abundante en grasas.
  c. ‖ **~ mail.** (Voz inglesa). m. *EU, PR.* Correspondencia comercial, propagandística.

junker. (Voz inglesa).
 I. 1. m. *PR.* Vendedor de piezas usadas de vehículos.
  2. *PR.* metáf. Persona en condiciones físicas calamitosas.
  3. *PR.* Drogadicto. drog. (**junkie**).

junkie.
 I. 1. *EU, PR.* **junker**, drogadicto.

junquero, -a.
 I. 1. sust/adj. *Ho.* Persona que elabora sombreros de **junco**.

junquillal.
 I. 1. *ES.* **junquillar**.

junquillar.
 I. 1. m. *Bo:N,E.* Terreno donde crece **junquillo** en abundancia. (**junquillal**).

junquillo.
 I. 1. m. *RD, PR, Ch.* **Bejuco** largo y redondo, de 0,5 cm de diámetro, usado para rematar los asientos tejidos con pajilla.
  2. *RD, PR.* **galana**, arbusto.
  3. *Bo:N,E.* Planta herbácea de hasta 2 m de altura, con tallos verticales coronados de hojas dispuestas como una umbela. (Cyperaceae; *Cyperus giganteus*).

junta.
 I. 1. f. *RD, Pe, Ch, Py.* Compañía, persona o conjunto de ellas que acompañan o tienen lazos de amistad con otra. pop.
  2. *Ch.* Unión o encuentro de dos o más personas con el fin de establecer una amistad. pop.
  3. *Ur.* Compañía perjudicial. pop ^ desp.
 II. 1. f. *Bo:N,E,* pop; *Ar:NO,* obsol. Confluencia de dos ríos.
 III. 1. f. *Pe.* Sistema de ahorro consistente en que un grupo de personas acuerda entregar periódicamente a una de ellas cierta cuota fija de dinero con el fin de obtener un reintegro equivalente al total de lo entregado en una fecha determinada.
 IV. 1. f. *Pa, RD, PR.* Cooperativa espontánea compuesta por campesinos de un barrio, con el propósito de efectuar un trabajo gratuitamente en bien de uno de ellos que lo necesita o de la comunidad.
 V. 1. f. *CR.* Época durante la cual se recoge el café seco que se ha desprendido de la mata. rur.
  2. *CR.* Recolección del café dejado caer por el **cogedor** en la hilera recolectada. rur.
  3. f. *Pa.* Fiesta o convite que se celebra después de la cosecha o de otro trabajo hecho en común. pop.
 VI. 1. f. *CR.* Junta de Protección Social de San José.
 ■
  a. ‖ **~ comunal.** f. *Pa.* Institución existente en cada corregimiento para promover el desarrollo de la colectividad y velar por la solución de sus problemas, conformada por el representante de corregimiento y cuatro ciudadanos escogidos según determine la ley.

b. ‖ ~ **de embarre.** f. *Pa.* Labor conjunta campesina para edificar una casa o trabajar en el campo. rur.

c. ‖ ~ **de vigilancia.** f. *Ch.* Agrupación constituida por representantes de propietarios de fincas agrícolas con suministro de agua, a fin de controlar, regular y distribuir el regadío de esta.

d. ‖ ~ **receptora.**
  i. f. *Py; Ch.* p.u; cult → esm. Lugar donde se reciben los votos de las mesas receptoras.
  ii. *Ec, Py. En un proceso electoral,* grupo de personas designado oficialmente para recibir los votos y realizar su escrutinio.

e. ‖ ~ **receptora de votos.** f. *ES, Ni, CR, Py. En un proceso electoral,* grupo de personas designado oficialmente para recibir los votos y realizar su escrutinio.

f. ‖ ~ **receptora del voto.** *Ec, Py.* Junta receptora de votos.

juntabolas.
I. 1. m. *CR. En un partido, especialmente de futbol,* persona encargada de recoger los balones que salen del campo.

juntamenta.
I. 1. f. *Cu.* Relación de amistad que establecen dos o más personas y que genera una dependencia excesiva. (**juntera**).
2. *Cu.* Compañía perjudicial. (**juntera**).

juntapapeles.
I. 1. m-f. *Ur.* p.u. Persona que tiene por oficio recoger papeles y cartones por la calle y luego venderlos para su reciclaje.

juntapuchos.
I. 1. m-f. *Ar, Ur.* p.u. Persona sin recursos y sin domicilio fijo, que vive de la mendicidad o de lo que recoge entre los desperdicios. pop ^ desp.

juntar(se).
I. 1. tr. *ES, CR, Ur.* Recoger o levantar *algo* del suelo.
2. *CR.* Recoger el café seco que ha quedado en el suelo al final de la época de recolección. rur.

□
a. ‖ ~ **candela.** loc. verb. *Cu, RD, PR; Co,* p.u. Encender la lumbre.
b. ‖ ~ **fuego.** loc. verb. *Gu, ES.* Hacer un fuego con trozos de lana y otros materiales.
c. ‖ ~ **huevos.** loc. verb. *Ho.* Decidirse a hacer algo, adquirir valor *alguien.*
d. ‖ ~ **la calle.** loc. verb. *CR.* Recoger el **cogedor** los granos de café que ha dejado caer al recolectar una hilera. rur.
e. ‖ ~**se la piedra con el coyol.** loc. verb. *Gu, Ho, ES.* Enfrentarse o discutir dos personas tercas y que no admiten otra argumentación que no sea la suya propia.

junte.
I. 1. m. *PR, Bo:N,E.* Punto de encuentro de dos o más personas. pop.
2. *Bo:N,E.* Punto en el que convergen varios elementos. pop.

juntear.
I. 1. tr. *Bo.* Acaparar, monopolizar la venta o compra de un artículo de consumo. pop + cult → espon.

juntera.
I. 1. *Cu.* **juntamenta.**
II. 1. f. *PR.* Punto de unión de dos piezas de madera.

juntero.
I. 1. m. *Ho:N, Ni. En las compañías bananeras,* persona que se dedica a transportar los racimos de **banano** desde el lugar del corte hasta la empacadora.

juntilla.
I. 1. f. *PR.* Grupo de compañeros de reuniones y actividades divertidas, pandilla.

juntiña.
I. 1. f. *RD.* Reunión, conjunto de personas reunidas.
2. *RD.* Relación de amistad que una persona tiene con otra u otras. sat.

juntos, -as.
I. 1. adj. *Co. Referido a dos personas o cosas a las que se ha hecho mención,* ambas. pop.

juntucha.
I. (Del aim. *junt'uchaña,* calentar, recalentar).
1. f. *Bo:O.* Comida del día anterior recalentada. pop.
II. 1. f. *Bo:SO,C.* Reunión de personas. pop + cult → espon ^ desp.

juñi. (Del aim. y del quech. *juñi*).
I. 1. m. *Bo.* Hilo recogido en vueltas iguales que forman una madeja. rur.

jupa.
I. 1. f. *Ho, Ni, CR, Pa:O.* Cabeza de una persona. pop + cult → espon. ♦ **gallina.**

jupas.
I. 1. adj. *CR.* obsol. *Referido a persona,* porfiada, terca. pop + cult → espon.

jupazo.
I. 1. m. *Ho, Ni, CR.* Golpe fuerte dado con la cabeza o en la cabeza de alguien. pop + cult → espon.

jupear.
I. 1. intr. *RD.* Emitir su voz algunos animales.
II. 1. tr. *CR.* Golpear un balón con la cabeza. pop + cult → espon.

jupeo.
I. 1. m. *Pa.* Acoso de una pieza en una cacería.

jupiar.
I. 1. tr. *RD.* Insultar a *alguien* a gritos.

júpiter.
I. 1. *ES, Ni, Cu.* **crespón.**

jupón, -na.
I. 1. adj/sust. *CR. Referido a persona,* porfiada, terca. pop + cult → espon.

juponada.
I. 1. f. *CR.* Terquedad, obstinación. pop + cult → espon.

juque.
I. 1. m. *ES.* Zambomba.

juqueado.
I. 1. m. *Ch.* juv. Necedad o ridiculez.

juqueado, -a.
I. 1. adj. *Ho, ES. Referido a un alimento,* descompuesto, echado a perder.
2. *Ho, ES. Referido a una persona o cosa,* que despide mal olor.
II. 1. adj. *Ho. Referido a persona,* encolerizada.
III. 1. adj. *PR. Referido a persona,* adicta a la droga. drog. (**hookeado**).
IV. 1. adj. *PR. Referido a persona,* entusiasmada por algo. pop + cult → espon.

juqueador, -ra.
I. 1. m. y f. *Bo:O,C.* **jucu,** persona.

juquear(se).
I. (De *juco*).
1. intr. prnl. *Ho.* Estropearse, echarse a perder un alimento.
2. *Ho.* Despedir mal olor *algo.*
II. (De *jucu*).
1. intr. *Bo:O,C.* Robar mineral un **jucu.** pop.
III. 1. intr. prnl. *Ho.* Enfadarse mucho *alguien.*

IV. (De *juqueo*).

    1. intr. prnl. *PR.* Inyectarse *alguien* alguna droga. drog. (**hookearse**).

juquencia.

    I. 1. f. *Ho.* Mal olor, putrefacción y suciedad de algo.

    2. *Ho.* meton. Corrupción en una empresa, institución u organización.

juquiado, -a.

    I. 1. adj/sust. *PR*; *RD*, juv. *Referido a persona*, drogadicta.

    II. 1. adj/sust. *RD.* juv. *Referido a persona*, alocada, de poco juicio.

juquiar.

    I. 1. tr. *RD.* juv. Realizar modificaciones en la maquinaria o la apariencia externa de un automóvil con el fin de personalizarlo.

jura.

    I. 1. f. *Ho, ES*, desp; *Mx, Gu*, delinc. Cuerpo de policía.

    2. m-f. *Ho, ES, Ni*, desp; *Gu*, delinc. Agente de policía.

    3. f. *Ho.* Ejército. desp.

    4. *Ho.* Servicio militar. desp.

jurabaina.

    I. 1. m. *Cu.* **frijolillo**. (Fabaceae; *Hebestigma cubense*).

juraco. (Del port. *furaco, buraco*).

    I. 1. m. *Ho, ES, Cu.* Agujero grande, hoyo. (**huraco**; **uraco**).

    2. *ES.* Ano. vulg. (**huraco**).

    II. 1. m. *ES.* Hombre afeminado. polic.

jurado, -a.

    I. 1. adj/sust. *Mx. Referido a persona*, que ha prometido ante Dios, la Virgen o algún santo abstenerse de determinadas proclividades.

    ▶ **caerle el ~.**

juramentación.

    I. 1. f. *CR, RD, PR, Ec, Pe, Ch.* Juramento que se realiza al tomar posesión de un cargo o poder público, en el que se acepta cumplir las obligaciones y deberes que dicho cargo supone.

    2. m. *PR, Ch.* Prestación de un juramento.

juramentarse.

    I. 1. intr. prnl. *Bo.* Prometerse amor dos personas. pop + cult → espon.

juramentero, -a.

    I. 1. m. y f. *Mx:NO.* Persona que realiza muchos juramentos que luego no cumple. pop.

    2. *Bo.* Persona que sirve de testigo en litigios prestando su testimonio bajo juramento. pop + cult → espon.

    ■

    a. ‖ **falso ~.** m. y f. *Bo.* Persona que, bajo juramento, da falso testimonio en un litigio. pop + cult → espon ^ desp.

jurar(se).

    I. 1. tr. prnl. *Ch.* Atribuirse *alguien* de manera infundada las características de algo. pop.

    □

    a. ‖ **~ de guata.** loc. verb. *Ch.* Asegurar que lo que se está diciendo es completamente cierto. pop + cult → espon ^ fest.

jurásico, -a.

    I. 1. sust/adj. *Ho, Co.* juv. Persona muy vieja o de ideas muy anticuadas. fest.

jurasik.

    ■

    a. ‖ **~ park.** (Del ingl. *Jurassic*, sistema y período geológico, y de *park*, parque temático). m-f. *Ho.* juv; metaf. Persona de edad avanzada. desp.

jurel.

    I. 1. m. *Ho, ES, Ni, CR.* Pez costero con escamas solo en la parte superior de la segunda aleta dorsal y la anal, cuerpo delgado, fusiforme, de color amarillento con reflejos verdes por arriba, aletas grisáceas, aleta caudal muy bifurcada y una mancha negra en el opérculo; es comestible. (Carangidae; *Caranx caballus*).

    II. 1. sust/adj. *RD.* Persona difícil de sorprender en un descuido, error o acción que desearía ocultar.

    ■

    a. ‖ **~ ojón.** m. *PR.* Pez marino de hasta 1 m de longitud, con cuerpo alargado en forma elíptica, de color plateado y amarillo, ojos grandes, aleta dorsal pequeña y echada hacia atrás y cola vertical en forma de *V*; es comestible. (Carangidae; *Caranx latus*). ♦ **cojobeo**; **ojobuey**.

    □

    a. ‖ **~ tipo salmón.** loc. sust/adj. *Ch.* Cosa que se presenta como sustituta de otra a pesar de ser de inferior calidad. pop + cult → espon.

jurero, -a.

    I. 1. adj. *Ec*; *Ch.* p.u. *Referido a persona*, que jura en falso.

jurgandilla.

    I. 1. adj/sust. *Ho.* **hurgandillo**, fisgón.

    2. *Ho.* **hurgandillo**, que le gusta mover objetos.

jurgandillo, -a. (De *hurgandillo*).

    I. 1. m. y f. *Ho, ES, Ni.* Muchacho inquieto y travieso.

jurgar.

    I. 1. tr. *ES.* Hurgar.

    2. *Ho.* Acelerar al máximo un vehículo.

jurgay.

    I. 1. *Gu.* **cotoperís**, árbol.

jurgo.

    I. 1. m. *Co:C.* Gran cantidad o abundancia de algo, como actividades, personas, cosas, animales. pop + cult → espon.

¡júrgote!

    I. 1. interj. *Ve:O.* Expresa rechazo.

jurguneada.

    I. 1. f. *ES.* Hurgamiento.

jurgunear.

    I. 1. tr. *ES.* Meter las manos buscando algo.

    2. *ES.* Tocar, tentar, palpar *algo*.

    II. 1. tr. *ES.* Tocar, acariciar los órganos genitales de alguien.

jurina.

    I. 1. f. *Ar:NO.* **venado colorado**.

juro.

    □

    a. ‖ **a ~.**

      i. loc. adv. *Co, Ve.* Con terquedad e insistencia. pop + cult → espon.

      ii. *Pa, Co.* Por fuerza, sin remedio. pop + cult → espon.

    b. ‖ **de ~ amén.** loc. adv. *ES, RD.* Por fuerza, obligadamente.

jurta.

    ▶ **echarse una ~; irse a ~.**

jurubichi.

    I. 1. m. *Bo:E.* Bebida alcohólica preparada con alcohol y agua. pop.

jurumba.

    I. 1. f. *ES.* Policía.

jurunela.

    I. 1. f. *RD.* Local o vivienda de espacio reducido, en malas condiciones y con mal aspecto. (**jurunera**).

2. *RD.* Lugar donde se da de comer a las bestias, animales.

3. *RD.* Lugar, *generalmente del campo*, de ambiente inhóspito.

jurunera.
I. 1. *Gu.* **jurunela**, local o vivienda.
2. f. *ES.* Lugar alejado y feo.

jurungar.
I. 1. tr. *Ve.* Registrar *algo* o a *alguien*. pop + cult →
espon.
2. *Ve.* Investigar algún asunto. pop.

jurupe.
I. 1. *Ec.* **jaboncillo**, árbol. (**jorupe**).

jurutungo.
■
a. ‖ ~ **viejo.** m. *PR.* Lugar muy lejano y poco accesible. pop + cult → espon.

juscu. (Del quech. *jusk'u*, agujero).
I. 1. m. *Bo:O,C.* Agujero, abertura más o menos redondeada. pop.

jushefa.
I. 1. f. *ES.* Pistola, revólver.

jushunte.
I. 1. adj. *ES. Referido a persona*, que tiene hinchados los pies.

jusillo.
I. 1. *PR.* **rifari**, arbusto.

juso.
I. 1. *PR.* **huacáporo**.
□
a. ‖ **como un ~.** loc. adj. *RD. Referido a persona*, callada.

justa.
I. 1. f. *Pe.* Juicio ilegal. rur.
II. 1. f. *PR.* *field day*.
▶ **batir la ~; irse a ~.**

justán.
▶ **echar el ~.**

justanudo.
I. 1. sust/adj. *Ho.* Hombre al que le gusta discutir o pelearse con mujeres. vulg; desp.

juste.
▶ **irse a ~.**

justeque.
I. 1. adv. *Ch.* Ajustadamente, con la debida proporción. pop ^ fest.
2. adj. *Ch. Referido a persona o cosa*, justa, estrecha, apretada. pop ^ fest.

justicia.
▶ **¡sería ~!**

justificativo.
I. 1. m. *Bo, Ch, Ar; Ur*, p.u. Certificado que un alumno presenta a maestros o profesores para justificar su inasistencia a clase o la falta de cumplimiento de alguna tarea.
2. *Ve.* Certificado que sirve para corroborar los datos identificativos de una persona.

justiniano, -a.
I. 1. adj. *Ar, Ur. Referido a una cantidad*, con lo justo. pop + cult → espon.

justofué. (De or. onomat., de su canto).
I. 1. *Mx.* **cristofué**. (**justojuez**).

justojuez.
I. 1. *Mx.* **justofué**.

jutamo.
I. 1. m. *Mx:NO.* Árbol caducifolio de hasta 30 m de altura, con ramas torcidas, corteza gris claro, hojas simples, alternas, con forma redondeada, flores verdosas en panículas terminales, y fruto seco,

indehiscente, con una semilla y pericarpio extendido a manera de ala. (Hernandiaceae; *Gyrocarpus americanus*). ♦ **sanfelipe; volador.**

jute.
I. 1. m. *Gu, ES.* Moco de la nariz.
II. 1. m. *Ho, ES.* Caracolillo de agua dulce, cuyo caparazón es negro y de forma cónica; es comestible. (Pleuroceridae; *Pleurocera* spp.).
III. 1. m. *ES.* Ano. vulg; pop.
IV. 1. m. *ES.* Pene. vulg; pop.
■
a. ‖ **sopa de ~s.** m. *Ho, ES.* Sopa hecha de jutes hervidos con sal, cuajo de harina de maíz y pedazos de **juniapa** a la que se añaden tomate y cebolla sofritos.
□
a. ‖ **pelo de ~.** loc. sust. *ES.* Persona tacaña.
▶ **chuparse los ~s; comer ~.**

jutía.
I. 1. *Ho, Cu, RD.* **hutía**.
2. f. *RD, PR.* Mamífero placentario de hasta 30 cm de longitud, cuerpo con pelo de color que va del castaño rojizo al castaño pardo y cola y extremidades sin pelo, cabeza acabada en un largo hocico a modo de trompa y ojos pequeños. (Solenodontidae; *Solenodon paradoxus*).
■
a. ‖ ~ **carabalí.** f. *Cu, RD.* Pequeño roedor de color pardusco, cuya cola alargada le permite permanecer colgado de los árboles, con la cabeza hacia abajo, durante mucho tiempo. (Capromyidae; *Capromys prehensilis*).
b. ‖ ~ **conga.** f. *Cu, RD.* Roedor de color castaño, más grande que la **jutía carabalí**, que se alimenta de frutas silvestres y brotes tiernos de arbustos; su carne es muy apreciada. (Capromyidae; *Capromys pilorides*).
▶ **chupar el rabo a la ~.**

jutiapa.
I. 1. f. *ES.* La policía. pop.

jututo.
I. 1. *RD.* **fututo**, instrumento de viento.

juvia.
I. 1. f. *Ve.* Árbol de hasta 40 m de altura, de hojas oblongas alternas, flores amarillentas y fruto con semillas comestibles frescas o secas. (Myrtaceae; *Bertholletia excelsa*).
2. *Ve.* Semilla de la juvia, de la que se extrae aceite.

juye.
□
a. ‖ ~~. loc. sust. *RD.* Prisa, necesidad de hacer algo con urgencia. pop + cult → espon.

juyejuye.
I. 1. m. *RD.* Huida o marcha rápida y desordenada de mucha gente a la vez. (**huye huye**).
2. *RD.* Prisa que tiene alguien por llegar a un lugar o realizar alguna cosa. (**huye huye**).

juyenda.
I. 1. f. *PR. En las peleas de gallos*, huida de un gallo.

juyía.
I. 1. *PR.* **templero**.

juyidor, -ra.
I. 1. adj. *PR. Referido a un gallo de pelea*, que huye acobardado.
2. *PR.* metáf. *Referido a persona*, cobarde. pop + cult → espon.

juyilanga.
I. 1. f. *RD, PR.* metáf. Huida de alguien muy lejos donde no se le encuentre. pop + cult → espon. (**huyilanga**).

2. *PR. En las peleas de gallos*, huida, escapada del gallo. (**huyilanga**).

▶ **coger la ~.**

juyilón.

I. 1. m. *PR. En las peleas de gallos*, gallo que, por no ser de raza, no es diestro en la pelea. (**juyón**).

juyo.

I. 1. *Ho.* **oso melero.**

juyón.

I. 1. *PR.* **juyilón.** (**huyón**).

juyón, -na.

I. 1. adj/sust. *Gu; Ni,* p.u. *Referido a persona*, cobarde, asustadiza. pop.

juyúa.

I. 1. *PR.* **jaiba**, crustáceo.

juyungo, -a.

I. 1. adj/sust. *Ec. Referido a persona*, de raza negra. pop + cult → espon ^ desp.

juyuyo, -a.

I. 1. *Cu.* **jíbaro**, persona antipática.

¡juyuyui!

I. 1. interj. *RD, PR.* Expresa temor, asombro o sorpresa. pop + cult → espon.

juzgado.

■

a. ‖ **~ del crimen.** m. *Ch.* Lugar encargado de una causa criminal.

juzgar.

I. 1. tr. *Mx, Gu.* Espiar con disimulo a *alguien* por curiosidad malsana. pop.

2. intr. *Mx, Gu.* Fisgar, husmear, indagar con arte y disimulo. pop.

juzgón, -na.

I. 1. adj/sust. *Mx, Gu. Referido a persona*, aficionada a fisgar o husmear en los asuntos de los demás. pop.

K. D. (Abrev. del ingl. *knock-down*).
    I. 1. m. *EU, PR.* **knock-down**, caída de un boxeador.

kaá. (De or. guaraní).
    I. 1. m. *Py.* Hierba, vegetal. (**caá**).
    2. *Py.* Monte. (**caá**).
    3. *Py.* Bosque. (**caá**).

kaaskat.
    I. 1. *Gu.* **calahuala**. (Polypodiaceae; *Polypodium* spp.).

kabah. (Voz maya).
    I. 1. m. *Mx, Gu. En la arquitectura maya*, arco de piedra en figura de pirámide escalonada.

kabalá.
    I. 1. *Pa.* **kábala**.

kábala.
    I. 1. *RD, Ec.* **cábala**, superstición. (**kabalá**).

kabic. (Voz maya).
    I. 1. m. *Mx:SE.* Guiso hecho con carne salada y **chaya**; típico de la cocina yucateca. (**cabic**).

kacha.
    I. 1. *Bo:O.* **cacha**, ave. ♦ **kachiranca**.

kacha kuna.
    I. 1. f. *Ar:N.* Ceremonia con la que se inicia la caza de la **vicuña**. rur.

kachacharse.
    I. 1. tr. prnl. *Bo:O.* Arreglarse, embellecerse *alguien, generalmente una mujer.* pop + cult → espon.

kachaña. (Del aim. y del quech. *kachaña*).
    I. 1. *Bo:O; Ch,* p.u. **cachaña**, regate.
    2. f. *Bo:O.* **quite**, esguince.

kacharpa. (Del quech. *kocharpa*, equipaje pobre).
    I. 1. f. *Bo:O; Ch,* p.u. **cacharpa**, chafa. pop + cult → espon.
    2. *Bo:O.* Objeto o aparato deteriorado debido al uso. pop + cult → espon.

kacharpaya. (Voz quechua).
    I. 1. *Bo:O; Ch,* p.u. **cacharpaya**, fiesta.
    □
    a. ‖ **alma ~.** loc. sust. *Bo:O.* Despedida de difuntos, con música y baile, al día siguiente de Todos los Santos. rur.
    b. ‖ **de ~.** loc. adj. *Bo. Referido a persona*, que se despide.

kacharpayarse.
    I. 1. *Bo.* **kacharpearse**.

kacharpearse. (Del quech. *kacharpayay*).
    I. 1. *Bo:C; Ch:N,* p.u. Acicalarse, arreglarse *una persona* con exageración. pop + cult → espon. (**kacharpayarse**).

kacharpero, -a.
    I. 1. m. y f. *Bo.* Persona que vende **kacharpas**.

kachi.
    I. 1. f. *Py.* Vulva. vulg; pop + cult → espon.

kachida.
    I. 1. *Bo:O,C.* **kachuda**.

kachilo.
    I. 1. m.-f. *Bo:O,C.* Persona que se excita sexualmente con facilidad.

kachina. (Del quech. *k'hachina*).
    I. 1. *Pe, Bo:O,C.* **cachina**, bola de vidrio.

kachipún.
    I. 1. *Ch.* **cachipún**.

kachir. (Del quech. *khachuy*).
    I. 1. *Bo:O,C.* **kachunear**.

kachiranca. (Del quech. *kachiranga*).
    I. 1. *Bo:O.* **kacha**.

kachiri.
    I. 1. m. *Bo. En la mina*, trabajador que limpia la zona después de la explosión y transporta la carga mineral a los vagones. ♦ **chasquiri**.

kachuapari. (Del quech. *kachay*, enviar, y *apia*, llevar, e *iri*, a).
    I. 1. f. *Bo:O.* Mujer que trabaja en el interior de una mina seleccionando y desmenuzando a golpes trozos del mineral.

kachuchupi. (Del quech. *khachuchupi*).
    I. 1. m. *Bo:O.* Plato preparado con **llullucha**, maíz pelado, trigo, **ají** y otros ingredientes.

kachuda.
    I. 1. *Bo:O.* **mascada**, porción de comida. ♦ **kachida**.

kachunazo.
    I. 1. *Bo:O.* **mascada**, porción de comida.

kachunear. (Del quech. *khachuy*).
    I. 1. tr. *Bo:O.* Morder o masticar *algo, especialmente al comer.* ♦ **kachir**.

kacorada. (Voz aimara).
    I. 1. f. *Bo.* Fricción medicinal.

kafta.
    I. 1. m. *Ar:N.* Hamburguesa hecha de carne picada, pimiento, cebolla, hierbabuena y perejil, con sal y pimienta.

kahuis.
    I. 1. m. *Py.* Palo largo para golpear marcando el compás; muy usado por los indios del Chaco.

kaí.
    ■
    a. ‖ **~ ladrillo.** (Del aim. *kaí*, mono, y de *ladrillo*). m. *Py.* Dulce de **maní** con miel negra en forma de tableta.

kaigüé. (Voz guaraní).
    I. 1. adj. *Py. Referido a persona*, perezosa.

kaigüetismo. (Del guaraní *kaigüé*).
    I. 1. m. *Py.* Cansancio, tedio, modorra.

kaikar. (Del quech. *khaikhay*).
    I. 1. tr. *Bo:O.* Producir los espíritus de los muertos malestar o enfermedad a alguien.

kaivo, -a. (Del aim. *k'aiwo*).
    I. 1. sust/adj. *Bo:O.* Persona de edad avanzada.

kaj. (Del aim. *k'aj*).
    I. 1. m. *Bo:O.* Trago de una bebida alcohólica.

kaja. (Del aim. *k'aja,* cocido sin tostar).
   I. 1. adj. *Bo:O. Referido al arroz,* cocido en agua con sal sin haber sido tostado previamente.

kajcha. (Voz aimara).
   I. 1. m. *Bo.* Persona que explota una mina ajena y comparte las ganancias con el dueño.
     2. *Bo.* Convenio entre mineros y el dueño de una mina.

   □
     a. ‖ ~ **libre.** loc. sust. *Bo:O.* Minero que trabaja por su cuenta.

kajchiris. (Voz aimara).
   I. 1. m. *Bo.* Explotación de una mina ajena con la condición de vender el mineral a su dueño.

kajlla. (Del aim. *káxlla,* ranura, grieta).
   I. 1. m. *Bo:O,C.* Rendija, grieta de una pared o de una puerta. pop + cult → espon.

kajllado, -a. (Del aim. *k'ajlli,* hoz).
   I. 1. adj/sust. *Bo:E. Referido a persona,* estevada.

kajllar. (Del quech. *k'axllary,* partir la madera).
   I. 1. tr. *Bo:S,C,E.* Partir o desgajar *alguien algo* con violencia. pop + cult → espon.
     2. *Bo:S,C,E.* Rasgar con violencia una madera o desgajar las ramas de un tronco.

kajllo. (Del quech. *k'axila,* grieta).
   I. 1. m. *Bo:C.* Paso estrecho que sirve para acortar las distancias entre dos lugares. pop + cult → espon.

kaka. (Del quech. *k'aka,* suciedad de la piel).
   I. 1. f. *Bo:S,C.* Suciedad que se forma en diversas partes del cuerpo, como cara, cuello, manos y pies. pop + cult → espon.
     2. m-f. *Bo:S,C.* Persona que tiene la piel áspera y sucia. pop + cult → espon.

kakarar. (Del aim. *khakjaña,* demoler una pared poco a poco).
   I. 1. intr. *Bo:O.* Destruir las paredes de una construcción en demolición.

kakchikel.
   I. 1. *Gu.* **kakchiquel.**

kakeada. (Del aim. *khakha* y del quech. *khaka,* tartamudo).
   I. 1. f. *Bo:O,S.* Tartamudeo. pop + cult → espon.

kakear(se). (Del aim. *khakha* y del quech. *khaka,* tartamudo).
   I. 1. intr. *Bo:S.* Tartamudear. pop + cult → espon.
   II. 1. intr. prnl. *Bo:S.* Quejarse *alguien* lamentándose de sus penas. pop + cult → espon.

kakik.
   I. 1. m. *Mx:SE, Gu.* Caldo de pavo con **chile.**

kakorada.
   I. 1. f. *Bo.* Fricción dada con algún medicamento.

kakülkultrumg. (Voz mapuche).
   I. 1. m. *Ch. Entre los mapuches,* tambor de unos 27 cm de alto por 24 de diámetro, fabricado con un tronco ahuecado cubierto con cuero por ambos lados. (**calquelcultrún**).

kakuy. (De or. onomat., por su canto).
   I. 1. m. *Ar.* **cacuy.**

kaky.
   I. 1. m. *Ve.* Tela fuerte, elaborada *generalmente de algodón,* que se utiliza para la confección de prendas de vestir resistentes. (**khaki**).
     2. *Ve.* Color beis oscuro propio de esta tela. (**khaki**).

kaladana.
   I. 1. f. *Bo.* Planta trepadora anual de hasta 5 m de altura, tallos herbáceos, hojas enteras, ovadas, inflorescencia en racimos, flores azuladas con el tubo blanco y frutos en cápsula globosa, con semillas piriformes de color café oscuro. (Convolvulaceae; *Ipomoea hederacea*).

kalala.
   I. 1. *Ni.* **calala.**

kalancho, -a. (Del quech. *k'alancho,* desnudo).
   I. 1. sust/adj. *Bo:O, Ch:N.* Persona desnuda.

kalandario. (Del quech. *k'alancho,* desnudo).
   I. 1. m. *Bo:O, Ch:N.* Calendario con la figura de una mujer desnuda. pop + cult → espon.

kalapari. (Voz quechua).
   I. 1. *Bo:O.* **calapari,** sopa.

kalé.
   I. 1. adj. *Py. Referido a persona,* traidora, falsa. desp.

kalifa.
   I. 1. *Ch.* **califa,** lujurioso.

kalincho, -a. (Del quech. *k'alincho*).
   I. 1. sust/adj. *Bo.* **calincho,** persona juguetona.

kalko.
   I. 1. *Ch.* **kalku.**

kalku.
   I. 1. m. *Ch. Entre los mapuches,* brujo, hechicero. (**kalko**).

kalla.
   I. 1. m. *Bo.* Caserón.

kallampa. (Voz quechua).
   I. 1. m. *Pe.* **callampa,** hongo.
     2. *Bo:O.* **callampa,** pene. vulg; pop + cult → espon.

kallawaya. (Voz aimara).
   I. 1. f. *Bo:O.* **callahuaya,** composición y danza.
   II. 1. sust/adj. *Bo:O,C.* Persona que tiene modales rudos y aspecto sucio y descuidado.

kallku. (Del quech. *k'allku,* agrio).
   I. 1. adj. *Bo:O,C. Referido a una fruta,* de sabor agrio. pop + cult → espon.
     2. *Bo:O,C. Referido al sabor de una comida,* agriado. pop + cult → espon.

kallpa. (Voz quechua).
   I. 1. m-f. *Bo:O,C.* Persona que posee gran fuerza muscular.

kallu. (Del quech. *k'allu*).
   I. 1. m. *Bo.* Mitad de un **pullu.**

kalpipir.
   I. 1. m. *Co.* Silbato hecho de hueso usado por los indios cunas.

kaluyo.
   I. 1. m. *Ar:NO.* Danza de origen indígena y ritmo lento.
     2. *Ar:NO.* Canción de carácter melancólico con que se acompaña esta danza.

kamanchaca. (Voz quechua).
   I. 1. f. *Bo.* Niebla espesa y baja.

kambombia.
   I. 1. *Pa.* **cambombia,** caracol.

kambure.
   I. 1. m. *Pa.* Plátano maduro. rur; pop.

kamili. (Del quech. *kamachi,* empleado).
   I. 1. m. *Bo.* Minero **cateador** de minerales que obtiene muestras en el interior de la mina.

kan.
   I. 1. m-f. *Ni.* juv. Joven, adolescente. ♦ **kur.**

kanac.
   I. 1. m. *Gu.* **mano de mico.**

kanalla. (Del quech. *khanalla,* recipiente de barro).
   I. 1. f. *Bo:S.* Escupidera de barro en la que los campesinos depositan su esputo para que sea examinado por el curandero.
     2. *Bo:S.* Olla de barro con base plana usada para tostar café, maíz, habas y otros granos.

kanazán.
 I. 1. *Gu.* **guayabo,** árbol.
kancab. (Voz maya).
 I. 1. m. *Mx:SE.* Barro lodoso y pegajoso que suele darse abundantemente en las tierras calcáreas yucatecas.
kancha. (Voz quechua).
 I. 1. *Mx, Pe.* **cancha,** corral.
 II. 1. *Mx.* **cancha,** sarna.
kanchi.
 I. 1. m. *Bo.* Solicitud de coca que hace un minero a algún compañero.
kandanga.
 I. 1. adj/adv. *Cu. Referido a persona,* mala. pop + cult → espon.
 2. m. *Pa.* **candanga,** diablo. rur; pop.
kandy.
 I. 1. m. *Ar.* Confite de jarabe cristalizado.
kangüeró.
 I. 1. adj. *Py. Referido a persona,* pesada. pop + cult → espon ^ desp.
kaniste.
 I. 1. *Cu.* **canistel,** árbol, madera y fruto.
kanka.
 I. 1. adj. *Ro.* **gringo,** extranjero de tez blanca.
 II. 1. adj. *Bo. Referido a persona,* sucia. desp.
 ■
 a. ‖ ~ **jeta.** m-f. *Bo:O.* Persona que tiene la mandíbula inferior muy pronunciada.
 b. ‖ ~ **uya.** m-f. *Bo:O.* Persona que tiene la piel del rostro resquebrajada y curtida a causa del frío.
kanki.
 I. 1. *Pa.* **cranqui.**
kanló. (Voz maya).
 I. 1. *Mx:SE.* **solimanché,** árbol.
kansay. (De *Kansay*®).
 I. 1. f. *Ho. En la **maquila**,* máquina que se utiliza para coser mangas, cuellos y **ruedos.**
kanti. (Del aim. *k'anthiña* y del quech. *k'antiy*).
 I. 1. f. *Bo:O.* Rueca.
kantuta. (Del aim. y del quech. *kantuta*).
 I. 1. *Pe, Bo:O.* **cantuta,** arbusto y flor.
kapacheca. (Del quech. *k'apa*).
 I. 1. f. *Bo:O.* Lugar donde se venden hierbas, amuletos y grasa de animales para las prácticas de ritos y medicinas tradicionales.
kaparillo. (Del quech. *kaparaty,* gritar, vocear).
 I. 1. m. *Ar.* Leyenda popular en la que Kaparillo, personificación del misterio de los bosques, adopta la figura de diversos animales y se asoma a las casas en ausencia del jefe de familia. rur.
kapok. (Del ingl. *kapoc*).
 I. 1. m. *EU, PR.* p.u. Especie de lana vegetal muy liviana obtenida de la semilla de la **ceiba.**
kaput.
 I. 1. adj. *Ch. Referido a cosa,* que se encuentra arruinada, inservible. pop + cult → espon.
kara. (Del aim. *q'ara,* sin vegetación).
 I. 1. sust/adj. *Bo:O. Entre los indígenas,* persona de piel blanca, pelo rubio o castaño, con nivel socioeconómico elevado *y que generalmente vive en la ciudad.* pop + cult → espon ^ desp.
 ■
 a. ‖ ~ **chupa.** m-f. *Bo:C.* Persona que actúa descarada y desvergonzadamente.
 b. ‖ ~ **panza.** *Bo:O.* **karapanza.**
karache.
 I. 1. m. *Pa.* Eccema, sarna. pop + cult → espon.

¡karacho!
 I. 1. *Ur; Pe,* p.u. **¡caracho!** euf.
karacoli.
 I. 1. m. *Co. Entre los indios caribes,* aleación de oro y cobre.
karaí. (Voz guaraní).
 I. 1. sust/adj. *Bo:E. Entre los nativos de la región oriental,* persona de piel blanca. pop + cult → espon ^ desp.
 II. 1. m. *Py.* p.u. Señor.
 ■
 a. ‖ ~ **de Octubre.** m. *Py.* Señor Octubre, duende de ese mes. (**karaí** Octubre).
 b. ‖ ~ **Octubre.** *Py.* **karaí** de Octubre.
karalagua. (Del aim. *k'ara,* pelado).
 I. 1. f. *Bo:C.* Arbusto de hasta 2 m de altura, de hojas y tallos glabros, flores acampanadas de color amarillo y frutos en forma de cápsula; es ornamental. (Solanaceae; *Nicoteana glauca*).
karancho. (Del aim. *k'ara,* pelado).
 I. 1. m-f. *Ch.* Persona rechazada por su conducta, aspecto o modo de ser. pop.
 II. 1. m. *Bo:O.* **caracara.**
karapampazo. (Del aim. *k'ara,* pelado).
 I. 1. m. *Bo:O.* Dormida en el suelo, en descampado.
karapampear. (Del aim. *k'ara,* pelado).
 I. 1. intr. *Bo:O.* Dormir *alguien* en el suelo, en descampado.
karapanza.
 I. 1. adj/sust. *Bo:O. Referido a persona,* pobre, sin recursos económicos. pop + cult → espon. (**kara panza**).
karapecho.
 I. 1. m. *Bo:S.* Plato típico preparado con **charque** seco, **papa** y **mote.**
karatazo. (De *karate*).
 I. 1. *Ho, ES, Pa, Pe, Ch.* **caratazo.**
karatear.
 I. 1. intr. *Ec.* p.u. Practicar *alguien* karate.
karcancho.
 I. 1. *Bo:O.* **karkancho.**
kárdex.
 I. 1. *Mx, Ho, Co, Ve, Bo, Ch; RD,* p.u. **cárdex,** archivador.
 2. m. *Mx, Co, Ve, Ch; RD,* p.u. Mueble que contiene uno o más depósitos para archivar documentos.
 3. *Bo.* Sección de una oficina especializada en el archivo de documentos por este sistema.
kardista.
 I. 1. adj/sust. *Ve, Ch.* p.u. *Referido a persona,* que trabaja con un **kárdex.**
kareadora.
 I. 1. *Bo.* **palliri,** mujer que trabaja en las minas.
kareo.
 I. 1. m. *Bo.* Separación del mineral de los residuos de la caja.
kari-kari.
 I. 1. m. *Bo.* Arbusto de hasta 3 m de altura, con ramas espinosas, inflorescencia en racimos y fruto formado por drupas diminutas de color rojo. (Rosaceae; *Rubus rosens, R. boliviensis*). (**karisisi**).
karikari. (Del aim. y del quech. *kharikhari*).
 I. 1. m-f. *Bo:O.* Personaje ficticio que, según creencias populares, amparado en la oscuridad hace que duerman sus víctimas para extraerles la grasa de la cintura. rur.
 II. 1. m. *Bo:O,E.* **uña de gato.**
karisisi. (Del quiecran *khari,* hombre).
 I. 1. m. *Bo.* Personaje ficticio al que se le atribuye la tarea de sacar grasa del cuerpo de los caminantes

solitarios; estos aparecen muertos o mueren poco tiempo después. rur.

II. 1. adj. *Bo. Referido a persona*, mentirosa.

III. 1. *Bo:O.* **kari-kari**.

karkancho. (Del quech. *qharqanchu*, ave de rapiña).

I. 1. adj/sust. *Bo:O. Referido a persona o cosa*, vieja o en mal estado. (**karcancho**).

karkati. (Del quech. *kharkatiy*, temblar).

I. 1. adj. *Bo:O. Referido a cosa*, temblorosa.

karkatir.

I. 1. *Bo:O,C.* **katatir**.

karma. (Del ingl. *karma* y este del sánscrito *karman*, suma de actos en la vida de una persona que puede determinar su siguiente vida).

I. 1. f. *Gu, Cu, Ve.* Actividad, labor.

II. 1. m-f. *Ve, Ch.* Persona, animal o situación difícil de soportar e inevitable en la vida de una persona.

III. 1. m. *Ve.* Trabajo laborioso.

karso.

I. 1. m. *PR.* Karst.

karter. (De *Karts®*, automóvil pequeño de carreras).

I. 1. m. *Bo, Ch.* Automóvil de pequeño tamaño, de caja automática, sin velocidades, suspensión ni carrocería; usado en **competencias** deportivas.

kartismo.

I. 1. m. *Cu, RD, PR, Co, Ec, Pe; Ch,* p.u. Deporte de **competencia** con vehículos pequeños.

kartódromo.

I. 1. m. *Cu, PR, Pe, Ch.* Lugar especialmente acondicionado para carreras de **karter**.

kasó.

I. 1. m. *Py.* Pantalón.

katarismo. (Del aim. y del quech. *katarai*, serpiente).

I. 1. m. *Bo:O.* Movimiento indígena, fundado en 1978, que promueve la reivindicación de los aimaras.

katarista.

I. 1. adj/sust. *Bo.* Partidario o seguidor del **katarismo**.

2. adj. *Bo.* Relativo al **katarismo**.

katati.

I. 1. m. *Bo.* Bolsa de cuero usada para transportar el mineral de las minas a los lugares de concertación.

katatir. (Del aim. *khathatiña* y del quech. *kharkatiy*).

I. 1. tr. *Bo:C.* Ponerse *alguien* nervioso. (**karkatir**).

2. *Bo:C.* Temblar *alguien* a causa del frío o del miedo. (**karkatir**).

II. 1. tr. *Bo:O,C.* Sufrir *alguien* a causa de un dolor físico, moral, sentimental o de una situación económica desesperada. rur. (**karkatir**).

katería. (Del aim. *qhathu*).

I. 1. f. *Bo:O.* Lugar de venta de verduras en los mercados y otros lugares públicos.

2. *Bo:O. En minería*, conjunto de mujeres que se dedican a la venta de verduras.

katimani.

•

a. ‖ ~. fórm. *RD.* Se usa para indicar al interlocutor que permanezca quieto.

katisara. (Del aim. *katuraño*).

I. 1. m. *Bo:O.* Maíz a medio cocer.

kativo.

I. 1. *Ni.* **cativo**.

katu. (Voz aimara).

I. 1. *Bo:O, Py.* **katuwaleada**.

katunga.

I. 1. m-f. *Bo.* Hijo de progenitores blanco y negro.

2. *Bo.* Persona de raza negra.

katunguear.

I. 1. intr. *Bo.* Vivir en concubinato un hombre blanco con una mujer negra o morena.

katuwaleada. (Del quech. *k'atu*, poco).

I. 1. m-f. *Bo:O.* Persona de edad avanzada. (**katu**).

kauka.

I. 1. f. *Bo.* Mentira, embuste.

II. 1. f. *Bo.* Panecillo de forma redondeada hecho con manteca.

kava-kava.

I. 1. *Ch.* p.u. **kavakava**.

kavakava.

I. 1. f. *Ch.* p.u. Estatuilla de madera que representa una figura humana esquelética. (**kava-kava**).

kavuré.

I. 1. f. *Py.* Torta elaborada con mandioca, harina de maíz, grasa de cerdo, queso y huevos.

kawa. (Voz aimara).

I. 1. f. *Bo. En el juego de las canicas o bolas*, distancia equivalente a un palillo de fósforo que media entre una bola y otra.

kayaquear. (De *kayak*).

I. 1. intr. *PR.* Navegar en kayak.

kayser.

I. 1. m. *Ch.* Decimotercera carta de cada palo de la baraja inglesa, que tiene dibujada la figura de un rey.

kechi.

I. 1. *Pe.* **quechi**, golpe.

kechu.

I. 1. m. *Bo.* Disparo de taladro que no hace efecto debido a su poca carga de dinamita.

keep. (Voz inglesa).

□

a. ‖ ~ *cool!* loc. interj. *EU, PR.* Expresa consejo para que se mantenga la calma.

keki.

I. 1. m. *EU.* Pastel, torta.

2. *Pa.* Pequeño pastel dulce hecho de harina, coco rallado, miel de caña y anís.

kelli.

I. 1. adj. *Bo. Referido a persona*, resentida.

kelper. (Voz inglesa).

I. 1. sust/adj. *Ar.* Persona a la que se margina o no se trata debidamente. pop + cult → espon.

2. *Ar.* Empleado de modesta categoría.

3. adj. *Ar. Referido a un artículo de consumo*, de baja calidad.

4. *Ar. Referido a un establecimiento comercial*, modesto.

II. 1. adj. *Ar.* Relativo a las islas Malvinas o a sus habitantes. pop + cult → espon.

kenaf.

I. 1. m. *Gu.* Planta de hasta 1,5 m de altura, muy ramosa, de hojas aserradas alternas, flores de color amarillento, con el centro de la corola morado y fruto cónico de numerosas semillas; produce fibras textiles y aceite. (Malvaceae; *Hibiscus cannabinus*).

kenchachar. (Del aim. y del quech. *qincha*).

I. 1. tr. *Bo:O.* Hechizar *una persona* a *alguien* o *algo*.

kenep.

I. 1. m. *Gu.* Árbol de hasta 20 m de altura, de hojas pinnadas, flores en panículas y fruto en forma de baya; su fruto es comestible y su madera se utiliza en la construcción. (Sapindaceae; *Talisia olivaeformis*).

kengue.

I. 1. m. *PR.* Pene. vulg; pop + cult → espon.

kenke.

I. 1. *Pa.* **canyac**.

kenton.

I. 1. m. *Pa.* Juego sucio intencionado.

keperi.
    I. 1.   *Ar:NO.* **keperí.**
keperí. (Del aim. y del quech. *khipi*).
    I. 1.   m. *Bo:O, Ar:NO.* Carne de vacuno que se extrae de la parte inferior del abdomen. (**keperi**; **queperí**).
      2.   *Bo:O, Ar.* Comida de carne de **res**, de la parte baja de las costillas, muy cocida y crujiente. (**keperi**; **queperí**).
kepi.
    I. (Del fr. *képi*).
      1.   m. *Mx, Pa, Cu.* Gorra militar en forma de cono truncado o de cilindro sin visera horizontal de color verde. (**kepí**; **kepís quepí**).
    II. (Del aim. y del quech. *khipi*).
      1.   m. *Bo:O.* Maleta.
kepí.
    I. 1.   *Bo.* **kepi.**
kepís.
    I. 1.   *Bo.* **kepi.**
keresa.
    I. 1.   m. *Py.* **Queresa**, conjunto de huevecillos que ponen las moscas en la carne. (**quereza**).
kerex.
    I. 1.   *Ec.* **kerosene.**
keri. (Voz aimara y quechua).
    I. 1.   m. *Bo:O.* Nalgas.
keririnca.
    I. 1.   f. *Bo.* Ave de hasta 22 cm de longitud, de plumaje con diferentes tonalidades de color pardo, manchas blancas en la parte externa de las alas, pico recto, oscuro, y patas negras. (Mimidae; *Mimus patagonicus*).
kerke.
    I. 1.   m. *Bo.* Mineral ferruginoso de aspecto esponjoso.
kerosén. (Apóc. de *kerosene*).
    I. 1.   m. *Ho, Ve.* Árbol de hasta 14 m de altura, de hojas grandes, flores en panículas, de pequeño tamaño y pétalos blancos, y fruto en forma de drupa. (Burseraceae; *Tetragastris panamensis, Protium sessiflorum*). ♦ **frontón**; **tontol.**
kerosene. (Voz inglesa).
    I. 1.   m. *Mx, Gu, Ho, ES, Ni, Cu, RD, PR, Co, Ve, Ec, Ch, Ar, Ur.* Queroseno, subproducto del petróleo. (**querosene**). ♦ **kerex**; **kerosín**; **kerosina.**
kerosín.
    I. 1.   *Pa, Ec:S.* **kerosene.**
kerosina.
    I. 1.   *PR; Ec,* p.u. **querosina.**
kesu.
    I. 1.   m. *Py.* Queso.
kete. (Apóc. de *paquete*).
    I. 1.   m. *Pe.* Paquete de pasta básica de cocaína. drog. (**quete**).
keu.
    I. 1.   f. *Ch:N.* **francolina.**
keule.
    I. 1.   *Ch.* **queule.**
keusa. (Voz aimara).
    I. 1.   *Bo:O.* **queusa.**
khachwaña. (Del quech. *kach*).
    I. 1.   f. *Bo:O.* Danza nocturna que se realiza para buscar pareja.
khaki. (Voz inglesa).
    I. 1.   m. *EU, PR; Pe,* p.u. **kaky**, tela.
      2.   *EU, PR; Pe,* p.u. **kaky**, color.
khamake.
    I. 1.   m. *Bo.* Zorro.

kichi.
    I. 1.   m. *Bo.* Tiro de dinamita mal hecho que solo ensancha el hueco del taladro.
kiching. (Voz inglesa).
    I. 1.   m. *EU. En el baloncesto*, pateada del balón.
    ■
      a. ‖ ~ *ball.* (Voz inglesa). m. *PR.* Juego que consiste en golpear con el pie la bola que envía el lanzador, parecido al juego de pelota pero sin bate.
kick. (Voz inglesa).
    I. 1.   m. *EU, PR, Pe. En algunos deportes*, puntapié.
    ■
      a. ‖ ~-*box.* (Voz inglesa). m. *EU, Gu, PR, Pe.* Tipo de boxeo en el que se permite golpear con los pies.
kick-ball. (Voz inglesa).
    I. 1.   m. *Gu.* Deporte similar al **beisbol**, en el se patea la pelota.
kid.
    ■
      a. ‖ ~ **chocolate.** (De *Kid Chocolate*, boxeador cubano de raza negra). m. *Cu.* Hombre de raza negra.
kids. (Voz inglesa).
    I. 1.   m. pl. *Bo.* Calzado deportivo, *generalmente de lona*, con planta de goma.
kike.
    I. 1.   m. *PR, Ve.* **guille.**
      2.   *PR.* Efecto producido por la droga. drog. (**quique**).
kikeado, -a.
    I. 1.   adj. *PR.* **quiqueado.** (**kikeao**).
kikeao.
    I. 1.   *PR.* **kikeado.**
kikeo.
    I. 1.   *PR.* **quiqueo**, presunción.
kiki.
    I. 1.   adv. *Ni.* Sí, cierto.
kikiar.
    I. 1.   *PR.* **quiquear.**
kikiribú.
    □
      a. ‖ ~ **mandinga.** loc. adv. *Cu.* obsol. Ya, no más, terminado el asunto. pop + cult → espon.
kikirigüiki.
    I. 1.   m. *Ve.* Engaño, trampa, *especialmente en relaciones amorosas*.
      2.   *Ve.* Manejo doloso de dinero o de otros bienes.
kikiriki.
    I. 1.   adj/sust. *Cu. Referido a un hombre*, que le gusta la pelea. pop + cult → espon.
kikirikí.
    I. 1.   m. *Cu.* Moño femenino que semeja la cresta de un gallo.
kiko.
    I. 1.   m. *Mx.* Beso que se da uniendo solo los labios dos personas.
    II. 1.   m. *Cu.* Tipo de calzado de plástico.
kikuyo. (De *Kikuyu*, nombre de una meseta de Kenia, África).
    I. 1.   m. *CR, Ec, Pe.* Gramínea perenne, forrajera, de hasta 40 cm de altura, con hojas laminares, angostas, inflorescencia en espigas cortas axilares rojas y rizomas bien desarrollados. (Fabaceae; *Pennisetum clandestinum*). (**kikuyu**; **kikuyú**).
    II. 1.   m. *Ec, Pe.* Economista lleno de teorías que lo complica todo y fracasa en la práctica. pop + cult → espon ^ desp.
kikuyu.
    I. 1.   *Gu.* **kikuyo.**
kikuyú.
    I. 1.   *Gu.* **kikuyo**, planta gramínea.

kilada.
>   I. 1.   f. *Ar.* Gran cantidad de algo. pop + cult → espon.
>   □
>   a. ‖ **una ~.** loc. adv. *Ar.* Mucho.

kilaje.
>   I. 1.   m. *Pe, Bo, Ur*; *Ch*, p.u. Cantidad de kilogramos que pesa alguien.
>   2.   *Ec.* Peso medido en kilogramos.
>   3.   *Bo:O.* Peso de un equipaje.

kilate.
>   I. 1.   m. *Mx, Ch.* p.u. Kilogramo. pop + cult → espon ^ fest.
>   II. 1.   m. *Co.* Unidad de peso para perlas y piedras preciosas, que equivale a 1/140 de onza.
>   2.   *Co.* Cada una de las veinticuatroavas partes de peso de oro puro que contiene cualquier aleación de este metal.
>   3.   *RD.* Calidad de una joya.

kile.
>   I. 1.   m. *Cu.* metáf. Pene. vulg; pop + cult → espon.
>   □
>   a. ‖ **con ~.** loc. adv. *Cu.* Mucho.
>   b. ‖ **~ bute.** loc. sust. *Cu.* Pene de gran tamaño. tabú; pop + cult → espon.

kileador, -ra.
>   I. 1.   m. y f. *PR. En el voleibol*, persona que hace el remate. (**killeador**). ♦ **killer**; **quitasol**.

kileo.
>   I. 1.   *PR.* **killing**.

kiler. (Del ingl. *killer*, asesino).
>   I. 1.   m. *Pa.* Casanova.
>   2.   *Pa.* Hombre que se cree irresistible para las mujeres.

kíler.
>   I. 1.   m. *ES.* Boquilla de metal u otro material para poner el cigarrillo y poder fumarlo mejor. (**quíler**).

kilero, -a.
>   I. 1.   adj. *Cu.* Relativo al kilogramo.

killay.
>   I. 1.   *Ar.* **quillay**.

killeo.
>   I. 1.   *PR.* **killing**.

killer. (Voz inglesa).
>   I. 1.   m. *EU, PR.* Asesino. delinc.
>   II. 1.   m. *EU.* metáf. Conquistador de mujeres. pop + cult → espon.

killing. (Voz inglesa).
>   I. 1.   m. *RD, PR. En el voleibol*, remate que se le hace a la bola. ♦ **kileo**; **killeo**.

kilo.
>   I. 1.   adj. *Ar. Referido a persona o cosa*, estupenda. vulg.
>   II. 1.   m. *Bo:O, Ch.* Cantidad grande de personas, cosas o actividades. pop + cult → espon.
>   III. 1.   m. *Cu.* Aparato para medir pesos.
>   IV. (Afér. de *tranquilo*).
>   1.   adj. *Bo:O. Referido a persona*, que no se altera por nada.
>   V. 1.   m. *ES.* Kilómetro.
>   □
>   a. ‖ **a tres por ~.** loc. adv. *Cu.* En abundancia. pop + cult → espon.
>   b. ‖ **al ~.** loc. adv. *Cu.* Bien. pop + cult → espon.
>   c. ‖ **de a tres por ~.** loc. adj. *Cu. Referido a persona*, zafia, corriente. vulg; pop + cult → espon ^ desp. (**de tres por kilo**).
>   d. ‖ **de tres por ~.** *Cu.* **de a tres por kilo.**
>   ▶ **echarle los ~s**; **estar más enredado que un ~ de estopa**; **no tener ni un ~.**

kilógramo.
>   I. 1.   m. *Ch.* p.u. Kilogramo.

kilombo.
>   I. 1.   m. *Ar.* p.u. Alteración del ánimo causada por un disgusto. (**quilombo**).
>   2.   *Ar.* p.u. Desorden, lío. (**quilombo**).
>   II. 1.   m. *Pa*; *Ar*, p.u. Prostíbulo. (**quilombo**).

kilometraje.
>   I. 1.   m. *Ho, Ni, Cu, Ec, Pe, Ch, Py, Ar.* Gastos reembolsables por kilómetro recorrido en el desempeño de la función pública o privada.
>   II. 1.   m. *Pa.* metáf. Años vividos por alguien y la experiencia acumulada en ellos. pop + cult → espon.

kilometrar.
>   I. 1.   intr. *Gu.* Estrenar *alguien* zapatos.

kilometreado, -a.
>   I. 1.   adj. *CR. Referido a un vehículo*, que tiene muchos kilómetros recorridos.
>   2.   *CR. Referido a cosa*, desgastada por el uso.
>   3.   *CR. Referido a persona*, que tiene mucha experiencia acumulada.

kilometrear(se).
>   I. 1.   tr. *CR.* Usar *alguien* mucho un vehículo.
>   2.   intr. prnl. *CR.* metáf. Envejecerse *una persona*.

kilómetro.
>   I. 1.   sust/adj. *Bo:O.* metáf. Persona de constitución delgada. pop + cult → espon ^ fest.
>   ■
>   a. ‖ **cero ~s.**
>   i.   loc. adj/sust. *Co. Referido a un vehículo*, nuevo, sin estrenar.
>   ii.   loc. sust. *Gu, Ec, Bo:O.* Vehículo en muy buen estado tras haber sido reparado.
>   b. ‖ **~ cero.** loc. adj/sust. *Bo:O. Referido a persona*, sana, en buen estado de salud tras haber recibido un tratamiento médico.
>   c. ‖ **~ lanzado.** loc. sust. *Ch.* Prueba de velocidad que se hace en algunos deportes, *especialmente en el esquí sobre nieve*.

kilsa.
>   I. 1.   f. *Ni.* juv. Bolso.

kilterry.
>   I. 1.   *Ch.* p.u. **quilterry**.

kiltro. (Voz mapuche).
>   I. 1.   *Ch.* **quiltro**.

kiludo, -a.
>   I. 1.   adj/sust. *Ve. Referido a persona*, de contextura fuerte.

kilúo, -a.
>   I. 1.   adj/sust. *Ve. Referido a persona*, gorda, obesa. pop + cult → espon ^ desp.

kimbiado.
>   I. 1.   adj/sust. *EU, Cu. Referido a persona*, perjudicada por alguien a propósito.

kimbiazo.
>   I. 1.   m. *EU, Cu.* Daño recibido por alguien.

kimbo.
>   I. 1.   m. *Cu.* Revólver, pistola. pop + cult → espon.

kincha. (Voz quechua).
>   I. 1.   m. *Bo.* Cerca rústica que se construye con palos y ramas.
>   2.   f. *Bo.* Muro construido de palos y revocado con barro.
>   3.   *Pa.* Pared construida con palos y revocada con barro y paja.
>   II. 1.   f. *Bo.* Hollín que se forma en el techo de la cocina.

kinder. (Abrev. de *kindergarten*).
>   I. 1.   *EU, Mx, PR.* **kindergarten**.

kínder. (Abrev. de *kindergarten*).
>   I. 1.   *EU, Mx, Gu, Ho, Pa, RD, PR, Co, Ve, Ec, Bo, Ch, Ar.* **kindergarten**, etapa o grado.

2. *CR, Co, Ve, Ec.* **kindergarten**, establecimiento educativo.

kindergarden. (Calco de *kindergarten*).
I. 1. *Gu, Ho, CR, Pa, RD, Ec, Ar; Cu,* p.u. **kindergarten**, etapa y establecimiento.

kindergarten. (Voz alemana).
I. 1. m. *EU, Mx, Gu, Ho, ES, RD, PR, Pe, Bo, Ch, Ar.* Ciclo de estudios previas a la educación primaria, generalmente para niños entre tres y cinco años. (**kinder**; **kínder**; **kindergarden**).
2. *EU, Mx, Gu, Ho, CR, Pa, RD, PR, Co, Ve, Ec, Bo, Ch, Ar.* Establecimiento educativo para niños en edad preescolar.

kindergarterina.
I. 1. f. *Ve.* Maestra de un **kínder**.

kindergarterino, -a.
I. 1. sust/adj. *Co, Ve, Bo.* Niño que asiste a un **kindergarten**.

king.
■
a. ‖ ~ *size.* (Voz inglesa). m. *Ho, ES, RD, PR, Ve, Ec, Ch.* Medida de cama superior a la matrimonial.

king-kong. (De *King-Kong,* gorila gigante de la cinematografía).
I. 1. m. *Pe.* metáf. Alfajor de varias tapas unidas entre sí por dulce de piña, membrillo y dulce de leche.
2. *Ch.* juv; metáf. Emparedado de gran tamaño.

kingsize. (Voz inglesa).
I. 1. adj. *Bo. Referido a una talla de ropa,* de tamaño grande.

kinín.
I. 1. *Gu.* **jocote**, árbol.

kinkajú.
I. 1. *Py.* **kinkayú**.

kinkayú. (Voz guaraní).
I. 1. m. *Py.* **oso melero**. (**kinkajú**).

kinke.
I. 1. adj/sust. *PR. Referido a persona,* de pelo muy ensortijado, como el de los negros. (**quinque**). ♦ **pasa grifo**.

kinkón, -na.
I. 1. m. y f. *Cu, Pe.* Clase de ladrillo muy fuerte para construir paredes.
2. *EU, Cu.* metáf. Adversario muy fuerte.

kinky. (Voz inglesa).
I. 1. adj. *PR. Referido a persona,* que posee o practica preferencias sexuales no convencionales, como el fetichismo o el sadomasoquismo. pop + cult → espon.
II. 1. adj. *Pa. Referido al pelo de una persona negra,* muy rizado. pop + cult → espon ^ desp.

kino.
I. 1. m. *Ch.* Juego de azar similar a la lotería en el que hay que acertar catorce, trece o doce números distintos de una serie de veinticinco.
□
a. ‖ el ~ **acumulado**. loc. sust. *Ch.* Necesidad de alguien de practicar el coito, producida por un largo período de abstinencia sexual. pop + cult → espon ^ fest.

kinoto.
I. 1. *Ar, Ur.* **quinoto**, árbol.
2. *Ar, Ur.* **quinoto**, fruto.
II. 1. m. pl. *Ar, Ur.* **quinotos**, testículos. euf.
▶ romper los ~s.

kinsacharani. (Del aim. *kimsa,* tres, y *chara,* pierna).
I. 1. *Bo.* **quimsacharani**.

kinua.
I. 1. *Ec.* **quinua**.

kion.
I. 1. m. *Pe.* Jengibre, muy usado en la elaboración de comida china.

kiries.
▶ estar en los ~.

kirkiña.
I. 1. f. *Pe, Bo.* Planta herbácea de hasta 2 m de altura, de tallo estriado, hojas opuestas, muy aromáticas, y numerosas flores de diferentes colores dispuestas en cabezuelas; sus hojas se utilizan como condimento. (Asteraceae; *Porophyllum ruderale*). (**quilquiña**).

kiruza.
I. 1. m. *Ch.* Navaja, cuchillo. delinc.

kisa. (Del aim. *k'isa,* fruta deshidratada).
I. 1. f. *Bo.* Melocotón pelado secado previamente al sol.
2. *Bo.* Plátano o higo deshidratado.
3. f. pl. *Bo.* metáf. Testículos. vulg; pop + cult → espon.
II. 1. f. *Bo.* Sensación de miedo.
III. 1. sust/adj. *Bo.* Persona de edad avanzada. pop + cult → espon.

kistuña. (Del aim. *k'istuña,* vara).
I. 1. sust/adj. *Bo:O.* Persona de tez morena. ♦ **chama**.
2. *Bo:O.* Persona de raza negra. (**quistuña**). ♦ **azabache**.
II. 1. f. *Bo:O.* Pequeño palo que se utiliza para remover la leña del fogón. (**quistuña**).

kita. (Del aim. *k'itha,* fugitivo, y del quech. *k'ita,* huraño).
I. 1. sust/adj. *Bo:O.* Niño o adolescente que abandona su hogar huyendo de sus padres, *generalmente por haber cometido una falta y temer un castigo.*
2. *Bo:C,O.* metáf. Persona muy tímida que evita las relaciones sociales.
3. adj. *Bo:O.* metáf. *Referido a animal,* huidizo.
■
a. ‖ ~ **conejo**. m. *Bo:O.* Conejo silvestre de la región andina. ♦ **kita cowi**.
b. ‖ ~ **cowi**. *Bo:O.* **kita conejo**.
c. ‖ ~ **paloma**. f. *Bo:O.* Paloma silvestre.
d. ‖ ~ **tako**. (Del quech. *tako,* algarrobo). m. *Bo:O.* Algarrobo silvestre.

kita-anis.
I. 1. m. *Pe.* Planta herbácea de hasta 2 m de altura, de tallo estriado, hojas tripinnadas con folíolos dentados, fétidas, inflorescencia en umbelas, flores pequeñas de color blanco, y fruto ovalado; se utiliza con fines medicinales. (Apiaceae; *Conium maculatum*).

kita-huacatai. (Del quechua).
I. 1. *Pe.* **huacatay**.

kita-ttaco. (Voz quechua).
I. 1. m. *Pe.* Planta herbácea de hasta 1 m de altura, hojas pinnadas, inflorescencia axilar, flores pequeñas acampanadas de color azul y fruto leguminoso en vaina. (Fabaceae; *Vicia graminea*).

kitarse. (Del aim. *k'ithaña* y del quech. *k'itay,* huir).
I. 1. tr. prnl. *Bo:O.* Abandonar *alguien* un lugar precipitadamente. pop + cult → espon.
2. *Bo:O.* Abandonar un niño o un adolescente su hogar huyendo de sus padres, *generalmente por haber cometido una falta.* pop + cult → espon.

kite. (Voz inglesa).
I. 1. m. *EU.* Cometa, armazón plana y muy ligera, sobre la cual se pega papel de múltiples colores.

kitra.
I. 1. m. *Ch.* p.u. *Entre los mapuches,* pipa elaborada originalmente con greda cocida, piedra, madera o hueso, usada en ceremonias y ritos colectivos.

kiula. (De or. onomat.).
I. 1. *Ch.* **francolina**. (**quiula**).

kivevé. (Del guaraní).
    I. 1. m. *Py.* Comida elaborada con calabaza, agua, azúcar, harina de maíz, queso Paraguay y sal.

kiwienero, -a.
    I. 1. adj. *Co.* Relativo al kiwi.

kiwis.
    I. 1. m. pl. *Ch.* metáf. Testículos. pop + cult → espon ^ fest.

kiyá. (Voz guaraní).
    I. 1. m. *Ar, Ur.* **quiyá.**

klantir. (Del aim. *k'anthiña* y del quech. *k'antiy*).
    I. 1. tr. *Bo:O,C.* Retorcer una o más hebras ya aparejadas haciéndolas girar nuevamente en la rueca.

klaxon. (De *Klaxon*®).
    I. 1. m. *Mx.* Bocina eléctrica para automóviles.

kleenera. (Der. de *Kleenex*®).
    I. 1. f. *Ho.* Caja pequeña en que se guardan los kleenex, pañuelos desechables.

kleinbus. (Del al. *klein*, pequeño, y de *bus*).
    I. 1. m. *Ch.* Autobús de pequeñas dimensiones que suele usarse para transportar turistas y escolares.

klica.
    I. 1. f. *Ho.* Cada uno de los subgrupos organizados de jóvenes que forman una **mara.**

klines. (De *Kleenex*®).
    ◪
    a. ‖ **tener que recoger los ~ para secarse el sudor.** fr. prov. *EU, Cu.* Tener que empezar de nuevo por haber fracasado. pop + cult → espon.

klinker. (Del ingl. *clinker*).
    I. 1. m. *Ec.* **clinker.**

knickers. (Voz inglesa).
    I. 1. m. pl. *Ar, Ur; Ch,* p.u. Pantalones bombachos, amplios hasta la rodilla y sujetos bajo ella.

knock-down. (Voz inglesa).
    I. 1. m. *RD, Ec, Pe, Ch.* Caída de un boxeador provocada por un golpe del adversario, de la que necesita levantarse antes de que el árbitro termine su cuenta de diez segundos para que pueda continuar la pelea. **(K.D.).** ♦ **knock-out.**
    2. *Ar. En el rugby*, infracción que consiste en dar con la pelota contra el suelo mientras se avanza hacia la portería contraria. ♦ **knock-on.**

knock-on. (Voz inglesa).
    I. 1. m. *Ar. En el futbol*, infracción que consiste en dar a la pelota con la mano hacia la portería contraria.
    2. *Ch.* **knock-down**, infracción.

knock-out. (Voz inglesa).
    I. 1. m. *EU, ES, Ni, Cu, PR, Ve, Pe.* **knock-down**, caída de un boxeador. **(nocao).**

knockeador. (Del ingl. *to knock-out*).
    I. 1. m. *EU, ES, Cu, RD, PR. En el boxeo*, peleador que suele dejar fuera de combate a sus contrincantes.

knockear. (Del ingl. *to knock-out*).
    I. 1. tr. *EU, ES, Cu, RD, PR. En el boxeo*, dar el peleador un golpe muy fuerte a su contrincante, tirándolo a la lona.

know. (Voz inglesa).
    ▢
    a. ‖ **~ how.** (Voz inglesa). loc. sust. *EU, Ec, Bo, Ch.* Conocimiento de cierto modo de proceder.

knuckle.
    ■
    a. ‖ **~ ball.** (Voz inglesa). m. *RD, Ve. En el beisbol*, tipo de lanzamiento del **pícher.**

koada. (Del aim. *k'oa*).
    I. 1. f. *Bo:O.* Pequeña ofrenda a la **Pachamama**, como petición de permiso y protección.

koala.
    I. 1. m. *Ve.* Bolso pequeño atado al cinturón.

koar. (Del aim. *k'oa*).
    I. 1. tr. *Bo:O.* Quemar menta como ofrenda para la **Pachamama**.

koatá.
    I. 1. m. *Ec.* Mono arborícola de cuerpo fino, cola prensil, con extremidades largas con cuatro dedos sin pulgar y pelaje grueso de color variable entre el castaño claro y el negro. (Atelidae; *Ateles* spp.).

kodak. (De *Kodak*®).
    I. 1. f. *RD, Ec.* Máquina fotográfica de pequeño tamaño. **(kódak).**

kódak. (De *Kodak*®).
    I. 1. *Pe.* **kodak.**

kodzito.
    I. 1. m. *Mx.* **Tortilla** de maíz con un alimento enrollado en ella.

kohawi. (Del aim. *kokawi*, merienda).
    I. 1. *Bo:O.* **cocahui.**

kokahui. (Del aim. *kokawi*, merienda).
    I. 1. m. *Bo.* Comida que se lleva durante un viaje o cuando no es posible almorzar en casa.

koko.
    I. 1. adv. *Ni.* No.

kokue. (Voz guaraní).
    I. 1. f. *Py.* Chacra, tierra para plantío.

kol. (Voz maya yucateca).
    I. 1. m. *Mx:SE.* Caldo que se obtiene del cocido de carne de pavo, al que se le agrega manteca de cerdo y harina; es típico de la cocina yucateca.

kola.
    I. 1. f. *CR, Cu.* Refresco gaseoso elaborado a base de la nuez de cola.

kola loka. (De *Kola Loka*®).
    I. 1. f. *Mx.* Pegamento instantáneo al contacto.

koleado, -a.
    I. 1. adj. *Bo. Referido a persona*, completamente drogada.

kolearse.
    I. 1. intr. prnl. *Bo.* **colearse**, estimularse.

kolinos.
    I. 1. *Bo:O.* **kolynos.**

kollita. (Voz aimara).
    I. 1. adj. *Bo:O.* **colila.**

koltar.
    I. 1. intr. *Bo.* Estar *alguien* con el esófago lleno.

kolynos. (De *Kolynos*®).
    I. 1. m. *Pe, Bo:O, Py.* Pasta dental. **(kolinos).**

konana. (Del quech. *qhunana*, piedra redonda).
    I. 1. m-f. *Bo:O.* Persona que insiste machaconamente en un mismo tema o asunto.
    2. *Bo:O.* Persona que se lamenta machaconamente de su suerte.
    II. 1. f. *Bo:O.* Piedra en forma de media luna que se emplea para moler el **batán.**

kootea.
    I. 1. m. *Ch.* Pez de hasta 17 cm de longitud, con aletas radiadas, cuerpo fino y alargado de color rojo con bandas grises. (Labridae; *Labrichthys fuentesi*).

korpaichar. (Voz aimara).
    I. 1. tr. *Bo:O.* Ofrecer comida a la **Pachamama** o a las aguas.

kosereva. (De *conserva*).
    I. 1. f. *Py.* Dulce de naranja elaborado con azúcar, miel negra y agua.

kosiná. (De *cocina*).
    I. 1. f. *Py.* Cocina.

kótex. (Del ingl. *Kotex*®).
    I. 1. m. *EU:SE,E, Gu, Ho, ES, CR, Ve:E, Ec.* **toalla sanitaria**, tira para el flujo menstrual.

koto. (Voz quechua).
    I. 1. m. *Bo:O.* Bocio. (**coto**).

koyac.
    I. 1. m. *Ch.* Caramelo de forma esférica, con un palito que sirve de mango para poder chuparlo.

koyguá. (Del guar. *coigua*, campesino).
    I. 1. *Py.* **coyguá**.

krankin.
    I. 1. *Pa.* **cranqui**, loco.

kranky. (De *Kranky*®).
    I. 1. m. *Mx.* **Hojuela de maíz** recubierta de chocolate.

kriquer.
    I. 1. *Ni.* **críque**, riachuelo.

krumiro.
    I. 1. m. *Ch.* obsol. Individuo que contradice a sus compañeros trabajando u ofreciéndose a trabajar durante una huelga laboral.

kuarahy. (Voz guaraní).
    I. 1. m. *Py.* En la mitología guaraní, personificación del sol. (**cuarahi**; **cuarasí**).

kuché. (Voz maya).
    I. 1. *Gu.* **cedro**, árbol.

kuchen. (Voz alemana).
    I. 1. m. *Ch.* Tarta, *por lo general hecha con frutas, especialmente manzanas.*

kuchi-kuchi.
    I. (Voz quechua).
      1. m. *Pe.* Planta herbácea perenne, con raíces tuberosas, hojas finas y alargadas y flores blancas en forma de estrella. (Agavaceae; *Anthericum eccremorrhizum*).
    II. 1. m. *Pa.* Coito. rur; pop.
    ●
      a. ‖ fórm. *Pa.* Se usa para dirigirse a la pareja cariñosamente.

kuchu-kuchu. (Voz quechua).
    I. 1. m. *Pe.* Planta herbácea de hasta 1 m de longitud, con hojas finas y alargadas, color verde brillante, y flores en pequeños racimos; se emplea en medicina y en tintorería. (Asteraceae; *Baccharis genistelloides*).

kuculcán.
    I. 1. *Gu, ES.* **kukulcán**.

kudz.
    ■
      a. ‖ ~ **tropical.** m. *Gu.* Arbusto trepador de hasta 10 m de altura, con hojas ovadas, flores en racimos, de color púrpura con el borde blanco, y fruto comprimido con numerosas semillas. (Fabaceae; *Pueraria phaseoloides*).

kukiká.
    I. 1. m. *RD.* Producto de mala calidad, sin marca reconocida. (**cuquica**). ♦ **carabelita**.

kukito. (De Kukú®).
    I. 1. m. *Gu.* Refresco **empacado** en una bolsita de nailon sellada.

kukul. (Voz maya).
    I. 1. *Gu.* **quetzal**, ave.

kukulcán. (Del maya *kan*, serpiente, y *kukul*, cubierta de plumas).
    I. 1. f. *Gu.* Serpiente mitológica cubierta de plumas de **quetzal**. (**kuculcán**).

kulas. (Voz aimara y quechua).
    I. 1. m. *Bo:O.* Pan.

kullahuada. (Del aim. *kulla wua*).
    I. 1. *Bo:O.* **cullahuada**.

kullazo. (Del aim. y del quech. *k'ullo*, palo).
    I. 1. m. *Bo:O.* Golpe fuerte dado con un palo.

kullku. (Del aim. y del quech. *k'ullku*, estrecho).
    I. 1. adj. *Bo:O. Referido a un lugar*, estrecho y angosto.

kullo. (Del aim. y del quech. *k'ullo*, palo).
    I. 1. m. *Bo:C.* Tronco.

kullu. (Del aim. y del quech. *k'ullu*, madera, tronco).
    I. 1. adj. *Bo:O. Referido a un objeto*, de madera.

kultrum.
    I. 1. *Ar.* **cultrún**.

kultrún.
    I. 1. *Ar.* **cultrún**.

kumandá.
    ■
      a. ‖ ~ **kesu.** (Voz guaraní). m. *Py.* **Porotos** con queso.

kumis.
    I. 1. m. *Co.* Leche cortada y batida que se toma generalmente con azúcar.

kumquat.
    1. m. *Ec.* Árbol de hasta 5 m de altura, con ramificación muy densa, hojas lanceoladas, finamente dentadas cerca de los ápices, verde oscuro por el haz y algo más claras por el envés, y flores auxiliares solitarias o en racimos; es ornamental. (Rutaceae; *Fortunella* spp.). ♦ **kinoto**.
    2. *Ec.* Fruto de este árbol, oblongo y cubierto por una piel fina y aromática, amarilla, anaranjada o roja, y con pulpa segmentada de sabor ligeramente ácido y de color naranja con semillas blanquecinas. ♦ **kinoto**.

kuncha. (Del aim. y del quech. *k'uncha*, fogón).
    I. 1. f. *Bo:O.* **concha**, fogón rústico.

kunka. (Voz aimara y quechua).
    I. 1. m. *Bo:C.* Cuello. pop + cult → espon.
    2. adj. *Bo. Referido a persona*, presumida. pop + cult → espon.
    □
      a. ‖ ~ **caspi.** (Voz aimara). loc. sust/adj. *Bo:O.* Persona de cuello delgado. pop + cult → espon.
      b. ‖ ~ **kala.** (Voz quechua). loc. sust/adj. *Bo:O.* Persona o animal que tiene el cuello pelado. pop + cult → espon.
      c. ‖ ~ **raku.** (Voz quechua). loc. sust/adj. *Bo:O,C.* Persona que tiene voz gruesa. pop + cult → espon.

kunkas. (Del aim. y del quech. *kunka*, cuello).
    I. 1. sust/adj. *Bo:O.* Persona que tiene el cuello largo y delgado. pop + cult → espon.

kunté.
    I. 1. m. *Gu.* Árbol de hasta 30 m de altura, con hojas imparipinnadas, inflorescencia en panículas, flores de color blanquecino y fruto en drupa; su madera, de grano fino, textura uniforme, compacta y fuerte, se usa en carpintería y ebanistería. (Asteraceae; *Mosquitoxylum jamaicensis*).

kuñaí. (Del guar. *kuña*, mujer, e *í*, marca de diminutivo).
    I. 1. f. *Py.* Niño o adolescente que se comporta como una niña.
    2. *Py.* Hombre chismoso.

kupiakumi. (Voz misquita).
    I. 1. f. *Ni.* p.u. Alianza política. desp.

kur.
    I. 1. m-f. *Ni.* **kan**.

kuratú.
    I. 1. m. *Py.* Cilantro.

kurcur. (Voz quechua).
    I. 1. m. *Pe.* Planta herbácea, con rizomas, cañas amarillentas delgadas, altas y arqueadas, hojas simples, alternas, dispuestas en ramilletes sobre los nudos de las cañas. (Poaceae; *Chusquea scandens*). ♦ **zuro**.

kurpana. (Del quech. *k'urpa*, terrón de tierra).

    I. 1.   *Bo:O.* **kurpaña**.

kurpaña.

    I. 1.   f. *Bo:O.* Herramienta agrícola de madera que sirve para destrozar terrones de tierra. (**kurpana**).

kurú. (Voz quechua).

    I. 1.   m. *Pe.* Planta de pequeño tamaño, tallo espinoso, con hojas alternas de color verde claro y flores muy pequeñas; su fruto, de sabor azucarado, es comestible. (Cactaceae; *Lobivia corbula*).

kuru-quisa. (Voz quechua).

    I. 1.   m. *Pe.* Planta herbácea de hasta 30 cm de longitud, con hojas alternas de color verde claro y flores muy pequeñas; posee propiedades urticantes. (Urticaceae; *Pilea serpyllacea*).

kururu. (Voz guaraní).

    I. 1.   m. *Py.* Postre elaborado con galleta o pan duro, a *veces mojados previamente en leche*, rociados con agua azucarada o miel de caña.

kurusu. (Voz guaraní).

    I. 1.   m. *Py.* Cruz.

kuruvicar. (Del quech. *kuruvíka*).

    I. 1.   tr. *Py.* Despedazar, hacer añicos *alguien algo*. (**curuvicar**).

kuruvíka. (Voz guaraní).

    I. 1.   m. *Py.* Pedazo, fragmento, migaja de algo.

kusillo. (Del quech. *k'usillu*).

    I. 1.   m. *Bo.* Personaje bufo que preside la danza de los **morenos**, **choquelas** y **suri sicuris**.

    2.   sust/adj. *Bo.* Persona que hace de monigote para divertir a los demás. pop + cult → espon. (**cusillo**).

    ♦ **mono**.

kusmaillú.

    I. 1.   m. *Pe.* Planta herbácea de hasta 2 m de altura, con hojas ovadas, inflorescencia en racimos, flores blancas y fruto en drupa; se emplea como purgante en la medicina popular. (Solanaceae; *Solanum radicans*).

kute.

    I. 1.   *Ho.* **cute**, zopilote. pop.

    II. 1.   m-f. *Ho.* metáf. Persona cruel e inhumana.

kuti. (Voz quechua).

    I. 1.   f. *Bo.* Gallina crespa.

kutinta.

    I. 1.   m. *Bo.* Trabajador que hace dos turnos seguidos.

kutisara. (Voz quechua).

    I. 1.   f. *Bo:O.* Mazorca de maíz que lleva los granos envueltos en **pancas**.

kutu-kutu. (Voz quechua).

    I. 1.   m. *Pe.* Helecho de mediano tamaño; sus rizomas en infusión se emplean contra la bronquitis. (Pteridaceae; *Cheilanthes incarum*).

    II. 1.   m. *Bo:O.* Edema estomacal muy molesto.

kututu. (Voz aimara).

    I. 1.   m. *Bo:O,C.* Cobayo macho en celo. pop + cult → espon.

    II. 1.   m. *Bo:O,C.* Bíceps que sobresale cuando se hace fuerza doblando el brazo. pop + cult → espon.

la.
- ▶ dar el ~.

La Habana.
- ▶ meter ~ en Guanabacoa.

labanco.
- I. 1. *PR.* **xalcanautle.**

lábaro.
- I. 1. m. *Mx, RD.* Bandera, estandarte.

label. (Voz inglesa).
- I. 1. m. *EU, PR.* Etiqueta de productos comerciales.
- 2. *EU, PR.* Sello.

laberinto.
- I. 1. m. *Ni, Pe, Bo.* Desorden, bullicio, alboroto.

laberintoso, -a.
- I. 1. adj. *Pe, Bo. Referido a un tema o un asunto,* enrevesado, complicado, difícil de descifrar.
- 2. adj/sust. *Pe, Bo. Referido a persona,* que suele organizar líos y embrollos, causar problemas.

labia.
- ▶ meter ~.

labio.
- ■
  - a. ‖ ~ rajado. m. *PR.* **cuico.**

labiosidad.
- I. 1. f. *Pa, RD.* Verborrea, zalamería verbal.

labioso, -a.
- I. 1. adj. *Mx, Ho, Ni, CR, Pa, Cu, RD, PR, Ec. Referido a persona,* que tiene labia.
- 2. *Gu, Ho, ES, Ni, CR, RD; PR,* pop + cult → espon. *Referido a persona,* aduladora.
- 3. *Ho, Ni, Pa, Ec. Referido a persona,* locuaz. desp.
- 4. *Ec. Referido a persona,* que demuestra cariño de manera afectada y empalagosa.
- ■
  - a. ‖ ~es de hogar. f. pl. *Ni, Ec, Ch.* Dedicación no remunerada, *especialmente de la mujer,* a las tareas de su propio hogar. ◆ **labores del sexo.**
  - b. ‖ ~es del sexo. *Ch.* **labores de hogar.**

laborante.
- I. 1. sust/adj. *Ch.* Persona encargada de realizar análisis clínicos en un laboratorio.
- 2. *Ch.* Especialista en el trabajo de laboratorio de algunas ciencias.

laborantismo.
- I. 1. m. *RD. En política,* procedimientos ilícitos de los que se vale alguien para conseguir algún fin.

laborar.
- I. 1. intr. *Mx, ES, Ni, CR, Pa, Cu, PR, Co, Ve, Ec, Bo; Pe,* p.u. Trabajar, tener una ocupación remunerada.

laboratorista.
- I. 1. m-f. *Mx, Ho, ES, Ni, CR, Pa, Cu, RD, Co, Ve, Ec, Pe, Bo, Ch, Py, Ar, Ur.* Persona encargada de realizar análisis clínicos en un laboratorio.
- 2. *Ho, ES, Ni, CR, Ec, Ch, Ar, Ur.* Especialista en el trabajo de laboratorio de algunas ciencias.

laboreado, -a.
- I. 1. adj. *Bo:O. Referido a un objeto,* trabajado.

laboreo.
- I. 1. m. *RD, Bo:O.* Trabajo.

laborero.
- I. 1. m. *Pe, Bo.* Capataz de una mina.

laborio.
- I. 1. m. *Ch.* p.u. Trabajo, laboreo, tarea. rur.

labrador.
- I. 1. m. *Mx:SE, Ni, Pa, RD, Py, Ar:NE; PR,* rur. Hombre que labra la madera sacando la corteza de los árboles cortados para convertirlos en rollizos.

labrador, -ra.
- I. 1. m. y f. *Ni, Pa.* Persona que trabaja y labra la madera.
- 2. m. *Ni.* **cheje,** ave.

labradora.
- I. 1. f. *Pe.* Placa o molde con figuras o formas geométricas utilizado para decorar cántaros y otros objetos de cerámica.

labrar.
- □
  - a. ‖ ~ la estaca. loc. verb. *ES.* Causar a alguien una desgracia.

laburador, -ra.
- I. 1. adj. *Bo, Py, Ar, Ur. Referido a persona,* que trabaja con tesón, constancia y responsabilidad. pop.
- 2. m. y f. *Bo.* Persona que realiza una actividad a cambio de una remuneración económica.

laburante.
- I. 1. m-f. *Ch, Ar, Ur.* Trabajador o empleado, *especialmente con un puesto y un sueldo modestos.* pop.

laburar.
- I. 1. intr. *Ec, Bo, Ch, Py, Ar, Ur.* Trabajar. pop.
- 2. tr. *Bo.* Hurtar, perpetrar un robo. delinc.

laburo.
- I. 1. m. *Ec, Bo, Ch, Py, Ar, Ur.* Trabajo, empleo. pop.
- 2. *Bo, Py, Ar, Ur.* Lugar donde se trabaja. pop.
- 3. *Bo, Ar, Ur.* Cosa hecha trabajando. pop.

laca.
- I. (Del aim. *laka,* boca, diente).
  - 1. m-f. *Bo:O.* Persona de labios grandes y carnosos.
- II. (Del quech. *laq'a,* desabrido).
  - 1. adj. *Bo:O. Referido a una comida o a una bebida,* que no tiene la suficiente cantidad de sal o de azúcar. pop + cult → espon.
- ■
  - a. ‖ ~ moroco. m-f. *Bo.* Persona que tiene la boca en forma redonda.
- ▶ tener ~.

¡lacaj! (Del quech. *laq'ay,* abofetear).
- I. 1. interj. *Bo.* Imita el sonido que produce un sopapo. pop + cult → espon.

lacalaca.
- I. 1. f. *Pa.* Verbosidad sin sentido ni importancia.

lacanazo.
   I. 1.   m. *Bo:C,O.* Bofetada, golpe que se da en la cara con la mano abierta. pop + cult → espon. ♦ **lacazo.**

lacanear(se).
   I. 1.   tr. *Bo:O.* Golpear en la cara con la mano abierta a *alguien.* pop + cult → espon. ♦ **lacar.**
   2.   intr. prnl. *Bo:O.* Caerse de bruces *alguien.* pop + cult → espon. ♦ **lacarse.**

lacar(se). (Del quech. *laq'ay*, abofetear).
   I. 1.   *Bo:O.* **lacanear,** golpear. (**lakear**).
   2.   *Bo.* **lacanearse,** caerse. (**lakearse**).

lacato.
   I. 1.   m. *Bo:C,O.* Larva de diversos tipos de coleópteros, de cuerpo vermiforme, blanco y grueso, cabeza rojiza y con seis patas.
   II. 1.   m. *Bo:C,O.* Camión con remolque.

lacay.
   I. 1.   m. *Bo:O.* **lacaya.**

lacaya. (Voz aimara).
   I. 1.   f. *Bo:O.* Casa abandonada y carente de tejado. pop + cult → espon. (**lacay**).

lacayote.
   I. 1.   *Pe, Bo.* **chilacayote.**

lacazo. (Del quech. *laq'ay*, abofetear).
   I. 1.   *Bo:C,O.* **lacanazo.** ♦ **lakazo.**

laceada.
   I. 1.   f. *Mx, Ar:NO.* Serie de golpes dados con un lazo o una cuerda. rur.
   2.   *Ch; Ar:NO,* rur. Sujeción de un animal con un lazo. ♦ **laceadura; laceo.**

laceado.
   I. 1.   m. *Pa, Cu, Co.* Sistema de alisado del cabello. (**laciado**).

laceado, -a.
   I. 1.   adj. *Cu, Co. Referido al cabello,* lacio o alisado.
   II. 1.   adj. *Ch. Referido a animal,* sujeto con un lazo.

laceador.
   I. 1.   m. *Pe, Bo:E.* Hombre diestro en el manejo del lazo para atrapar y sujetar a los animales que están en el campo.

laceador, -ra.
   I. 1.   sust/adj. *Pe.* Instrumento o producto para alisar el cabello. ♦ **plancha laceadora.**

laceadura.
   I. 1.   *Ch.* **laceada,** sujeción.

lacear.
   I. 1.   tr. *Ec, Pe, Bo, Ch; Ar:NO,* rur. Sujetar un animal con lazo.
   2.   *Ar:NO.* Propinar una serie de golpes con un lazo o una cuerda. rur.
   II. 1.   tr. *Cu.* Alisar *alguien* el cabello a *una persona.* (**laciar**).

laceo.
   I. 1.   m. *Bo:C, Ch.* **laceada,** sujeción.
   2.   *Ch.* metáf. Robo que se realiza desempotrando de la pared un cajero automático al que se ha atado una cuerda resistente sujeta a un automóvil. delinc.

lachiguana. (Del quech. *lachiwana*, avispa).
   I. 1.   f. *Bo:O,C, Ar:NO.* Avispa pequeña de abdomen negro con franjas transversales amarillas. (Vespidae; *Brachygastra lecheguana*). (**lechiguana**).
   2.   *Bo:O,C, Ar:NO.* Panal de superficie exterior lisa y de gran tamaño construido por la lachiguana.

lacho.
   I. 1.   m. *PR.* Vulva. prost.

lacho, -a.
   I. 1.   sust/adj. *Ch,* pop ^ desp; *Ar:NO,* rur. Persona enamoradiza.

   2.   adj/sust. *Ar:NO. Referido a persona,* enamorada.
   3.   m. y f. *Ch.* Persona que convive con su pareja en concubinato. pop.
   ▶ **botarse a ~.**

laciado.
   I. 1.   *Cu.* **laceado,** sistema.

laciado, -a.
   I. 1.   *Cu.* laceado, alisado.

laciador, -ra.
   I. 1.   *Pe, Bo.* **laceador,** instrumento.

laciar.
   I. 1.   *CR, Cu, Pe, Bo.* **lacear.**

lacio, -a.
   I. 1.   adj. *Pe. Referido a persona,* sin dinero.

lacoso, -a.
   I. 1.   adj. *Pa. Referido a persona,* que exagera al hablar. pop.

lacra.
   I. 1.   m-f. *Ho, ES, Ni, CR, Pa, RD, Ve, Bo, Ur.* Persona depravada. desp.
   2.   *Cu.* Delincuente. pop.
   II. 1.   f. *Ec.* Cicatriz. pop.

lacre.
   I. 1.   adj/sust. *Ec, Ch, Ar, Ur. Referido a color,* rojo oscuro.
   2.   adj. *Ch, Ar, Ur. Referido a cosa,* de color lacre.
   II. 1.   m. *Co:C,E.* Árbol de hojas grandes, opuestas, e inflorescencias en racimos; produce un exudado rojo que se emplea en medicina tradicional contra varias enfermedades. (Hypericaceae; *Vismia* spp.).
   □
   a. ‖ **~ de abeja.** loc. sust. *Cu.* Cera dura y aromática que utilizan las abejas para construir las celdillas del panal.

lacrerío.
   I. 1.   m. *ES, Ni.* Conjunto de personas depravadas.

ladea.
   I. 1.   f. *Mx.* Limpieza de malezas de un campo sembrado. rur.

ladear.
   I. 1.   tr. *Co:N.* Acercarse a *alguien* y hablarle francamente con el propósito de conseguir algo de él. pop.
   II. 1.   tr. *Ec.* Menospreciar *algo* o a *alguien.* pop + cult → espon.

ladera.
   I. 1.   f. *Co, Ec.* Franja de terreno que está junto a un río o cerca de él.
   II. 1.   f. *Bo:O.* Arrabal o zona situada en los límites de la ciudad, *donde generalmente vive gente de escasos recursos.*
   ▶ **ser de plan y ~.**

laderear.
   I. 1.   intr. *Mx.* Caminar por la ladera de un monte.

ladero, -a.
   I. 1.   m. y f. *Ar, Ur.* Persona que secunda a otra, *particularmente a un caudillo político.*

laderoso, -a.
   I. 1.   adj. *CR, Ec. Referido a un terreno,* que tiene laderas.

ladies. (Voz inglesa).
   I. 1.   m. *EU, RD, PR.* Aseo de señoras, tocador.
   □
   a. ‖ *~ night.* (Voz inglesa). loc. sust. *EU, Ni, Pa, Ec, Bo.* Espectáculo nocturno para mujeres en el que se ofrece música, bebidas y, en algunos sitios, se desnudan hombres.

ladilla.
   I. 1.   f. *Mx, Gu, Ni, Pa, Cu, PR, Co, Ec, Ch, Ar, Ur;* sust/adj. *Ve,* juv; vulg. *Pe.* Persona o cosa que

causa mucho fastidio o malestar. pop + cult → espon.

2. f. *Ve.* Aburrimiento, flojera.

II. 1. f. *Gu.* Persona hábil. pop.

▶ **tener ~.**

ladillado, -a.

I. 1. adj. *Ve. Referido a persona*, aburrida, pop.

ladillar(se).

I. 1. tr. *Pa, Ve, Ch, Ar, Ur.* Molestar insistentemente, fastidiar a *alguien*. vulg. (**ladillar**).

II. 1. intr. prnl. *Ve.* Aburrirse. vulg.

ladillear.

I. 1. *Ur; Ch, Ar,* p.u. **ladillar**, molestar.

ladillento, -a.

I. 1. adj. *Mx. Referido a persona o animal*, que tiene muchas ladillas.

ladilloso, -a.

I. 1. adj/sust. *Pa, Cu, Ve. Referido a persona o cosa*, que molesta, disgusta o desagrada. vulg; pop + cult → espon.

II. 1. sust/adj. *Pa.* Persona que tiene ladillas. desp.

ladinismo.

I. 1. m. *Bo.* Astucia, cualidad de ladino.

ladinización.

I. 1. f. *Mx, Gu, Ho, ES, Ec.* Proceso de transculturación de un indígena a la cultura mestiza. cult → esm.

ladinizado, -a.

I. 1. adj. *Gu, Ho, ES. Referido a una persona indígena*, que ha tomado la lengua o las costumbres de la cultura mestiza. cult → esm. ♦ **aladinado**.

2. *Gu, Ho. Referido a cualquier aspecto propio de un grupo étnico*, que ha tomado elementos de la cultura mestiza. cult → esm.

ladinizar(se).

I. 1. tr. *Gu, Ho, ES.* Enseñar al indígena elementos culturales y lingüísticos propios del mestizo. cult → esm. ♦ **aladinar**.

2. intr. prnl. *Gu, Ho, ES.* Adoptar y asimilar un indígena elementos culturales y lingüísticos propios de los mestizos. cult → esm.

ladino, -a.

I. 1. m. *Mx, Gu, Ho, ES, Ni, Pa.* Mestizo que habla español.

2. adj/sust. *Gu, Ho, ES, Ni, Pa. Referido a persona*, mestiza.

3. adj. *Gu, Ho, ES, Ni.* Relativo al mestizo.

II. 1. adj. *Mx. Referido a animal vacuno*, bravo o salvaje.

III. 1. adj. *Mx. Referido a un sonido*, que es muy agudo. pop.

lado.

□

a. ‖ **de ~.** loc. adj. *RD. Referido a persona*, de buen humor.

b. ‖ **del otro ~.** loc. adj. *Mx, Ni, Pa, Cu, RD, PR, Co, Ve, Ec, Bo, Py. Referido a persona*, homosexual. euf.

c. ‖ **del otro ~ del charco.** loc. adv. *Cu.* Fuera de Cuba, *especialmente en los Estados Unidos.*

d. ‖ **el otro ~.** loc. sust. *Mx.* Estados Unidos. pop + cult → espon.

e. ‖ **el otro ~ de la medalla.** loc. sust. *RD, Ec, Bo, Ch.* Reverso negativo de una cosa o situación consideradas como positivas. pop + cult → espon.

f. ‖ **el otro ~ del puente.** loc. sust. *Pa.* Interior de Panamá.

g. ‖ **~ de los quesos.** loc. sust. *Ch.* Desvío del camino recto de una cosa. pop + cult → espon ^ fest.

h. ‖ **para el ~ de los tomates.**
   i. loc. adv. *Ch, Ar, Ur.* Divagando, dando rodeos. pop.

ii. *Ar, Ur. En relación con la manera de interpretar algo*, tergiversándolo. pop.

iii. *Ar, Ur. En relación con la forma de actuar*, errónea o desacertada. pop.

▶ **botar por los dos ~s; caminar de medio ~; dar ~; dar un paso de ~; darse su ~; dormir de ese ~; estar del otro ~; estar más del ~ de allá que del lado de acá; hacerle a los dos ~s; mandar para el otro ~; mandarse al otro ~; no estar ni al ~; peinar el ~; quedarse mirando de ~; ser del otro ~.**

ladradera.

I. 1. f. *Ho, ES, Ni, CR, Pa, Cu, Co.* Ladridos continuos.

ladrar.

I. 1. intr. *Ve.* No tener dinero. pop.

ladrazón.

I. 1. f. *Ve.* **ladre**.

II. 1. f. *ES, Ni.* Serie de ladridos constantes y fuertes.

ladre.

I. 1. m. *Ve.* Situación económica difícil o de mucha necesidad. pop. ♦ **ladrazón**.

ladrería.

I. 1. f. *Mx.* Sonido reiterado de ladridos. (**ladrerío**).

ladrerío.

I. 1. m. *Mx, Cu, Ch.* **ladrería**, sonido reiterado de ladridos.

ladrillete.

I. 1. m. *Ni,* rur; *Mx,* obsol. Juego infantil que se lleva a cabo con monedas sobre un suelo enladrillado. (**ladrillito**).

ladrillito.

I. 1. *Mx.* **ladrillete**.

ladrillo.

I. 1. m. *Ch, Ar.* Paquete compacto de droga con forma de paralelepípedo rectangular. drog.

II. 1. m. *Ho, Pa, Cu.* Objeto que es muy grande respecto a otros de su misma especie, como un libro o un teléfono.

III. 1. m. *Gu, Ho, Ni.* Ladrón. delinc.

IV. 1. m. *Bo:O.* Caja rectangular, de cartón o metal, que contiene un litro de bebida alcohólica. pop.

V. 1. m. *ES.* Pie. pop.

■

a. ‖ **~ de rafa.** m. *Ho.* Ladrillo rectangular, de 22,86 cm de longitud y 8,89 cm de anchura.

b. ‖ **~ fiscal.** m. *Ch.* Ladrillo de arcilla cocida algo más ancho y largo que el común.

c. ‖ **~ kinkón.** m. *Pe.* Ladrillo sólido para paredes y muros.

d. ‖ **~ pandereta.** m. *Pe.* Ladrillo de seis orificios, usado especialmente para construir paredes.

e. ‖ **~ pastelero.** m. *Pe.* Ladrillo ligero para techos o estructuras que no se asientan sobre suelo. ♦ **pastelero**.

□

a. ‖ **~ seco.** loc. sust. *ES.* Persona que bebe mucho sin emborracharse. fest.

▶ **bailar en un ~; tragarse un ~.**

ladrillo, -a.

I. 1. sust/adj. *Ch.* Persona que cumple en la cárcel una condena. carc.

II. 1. adj/sust. *Gu. Referido a persona*, que toma bebidas alcohólicas y no se emborracha con facilidad, o tarda en hacerlo. pop.

ladrocinio.

I. 1. m. *RD.* Latrocinio.

ladrón.

I. 1. m. *Cu.* Turbina que succiona e impulsa el agua directamente desde la tubería.

■

a. ‖ **~ librado.** m. *ES.* Juego de muchachos consistente en dos bandos, uno de ladrones y otro de policías; los policías capturan a los ladrones, pero los que aún están libres tratan de rescatar a los presos tocándoles y gritando «¡libre!».

b. ‖ **ladrones y celadores.** m. pl. *Bo.* Juego de niños en el que se forman dos grupos, uno de los cuales persigue al otro hasta que todos los componentes son alcanzados.

◪

a. ‖ **el ~ detrás del juez.** fr. prov. *Ch.* Indica que alguien que es culpable de una falta o delito, responsabiliza de ello al que debe juzgarlo o acusarlo.

▶ **parecerse al mal ~ de Masaya.**

ladrón, -na.
■

a. ‖ **~ de cuello blanco.** m. y f. *Mx, CR, Pa, RD, Co, Ve, Ec, Bo, Ch.* Persona que se aprovecha de su cargo o de su posición social para hacer algo ilícito.

b. ‖ **~ de cuello duro.** m. y f. *Ur.* Persona de posición social y económica destacada que comete delitos económicos o financieros.

ladronde.
I. 1. adv. *Mx, CR, Bo; Ec,* p.u. De donde procede algo cuando se presume que es robado. fest.

ladronear.
I. 1. tr. *Mx, Bo, Ch.* p.u. Robar, hurtar *algo.*

ladronerío.
I. 1. m. *Gu; Co:C,* pop. Conjunto de ladrones.

ladronismo.
I. 1. m. *Ho, ES.* Abundancia de ladrones.
2. *Ho, ES.* Vicio de robar.

laeres.
I. 1. f. *Ve.* Juego infantil en el que un jugador, previamente elegido, persigue a otros jugadores que han salido de su escondite, hasta que uno de estos es atrapado o tocado y pasa entonces a perseguir a los demás.

lafkenche.
I. 1. adj. *Ch. Relativo a persona*, de procedencia étnica mapuche. (**lafquenche**).

lafquenche.
I. 1. *Ch.* **lafkenche**.

lagaña.
■

a. ‖ **~ de perro.**
 i. *Mx.* **dominguilla.**
 ii. *Ar:NO.* **disciplina de monja.**

▶ **no ser cualquier ~ de mico.**

lagañazo.
I. 1. m. *Ve.* obsol. Trago de una bebida alcohólica. pop.

lagañera.
I. 1. *Bo:E.* **guanota.**

lagañiento, -a.
I. 1. adj. *Cu, Bo, Ch. Referido a persona*, legañosa, que tiene legañas. desp.

lagañoso, -a.
I. 1. adj. *Mx; Pa,* desp. Legañoso.

lagarta.
I. 1. f. *Ur.* Larva de lepidóptero, *generalmente muy perjudicial para la agricultura.* rur.

lagartada.
I. 1. f. *Co:C.* Acto propio del **lagarto**. pop.
II. 1. f. *Gu, Ho, ES, Ni, CR.* Ventajismo, picardía.

lagarteada.
I. 1. f. *Mx.* p.u. Cacería de **lagartos**, cocodrilos.
II. 1. f. *Co.* Acción propia de un **lagarto**, persona oportunista. pop ^ desp.

lagarteado, -a.
I. 1. adj. *RD. Referido al color de los ojos*, verdoso o amarillento.

lagartear.
I. 1. tr. *Mx.* p.u. Cazar **lagartos**, cocodrilos.
II. 1. intr. *Co.* Comportarse como un **lagarto**, persona oportunista. pop ^ desp.
2. *ES.* Buscar insistentemente tener ventaja en algo ilegal.
III. 1. intr. *Bo; Pe,* p.u, juv. Estar *alguien* ocioso voluntariamente.

lagarteo.
I. 1. m. *Co:C.* **lagartería.** pop.
II. 1. m. *Bo:N,E.* Recorrido nocturno por un río para observar lagartos. pop + cult → espon.

lagartería.
I. 1. f. *Co.* Comportamiento propio del **lagarto**, persona oportunista. pop ^ desp. ◆ **lagarteo.**

lagartero, -a.
I. 1. m. y f. *Ec:O.* Guitarrista que se dedica a dar serenatas y se especializa en la interpretación de **pasillos**. pop + cult → espon.

lagartija.
I. 1. f. *Mx, ES, Ni, CR, Pa, RD, Co, Bo, Ch, Py; Ec,* pop. Ejercicio gimnástico que consiste en levantar y bajar alternativamente el cuerpo haciendo flexiones con las manos mientras se mantienen estas con las palmas apoyadas en el suelo y el resto del cuerpo en posición horizontal, boca abajo y apoyado sobre las puntas de los pies.
2. *Ho, ES, Ni, Pa, Bo. En el ejército*, ejercicio físico o castigo que consiste en poner el cuerpo en paralelo al suelo y, apoyado solo en las palmas de las manos y la punta del pie, lanzar el cuerpo hacia arriba dando una palmada en el aire hasta quedar otra vez en la posición inicial.
II. 1. f. *Cu, RD, Ar:O.* Persona muy flaca. pop.
III. 1. sust/adj. *Pe.* Persona astuta, taimada, con mala reputación.
IV. 1. f. *CR, Pa, Py.* Reptil de hasta 10 cm de longitud, de color café grisáceo, patas muy largas, cuerpo delgado cubierto de escamas pequeñas y cola muy estrecha. (Polychrotidae; *Norops limifrons*).
V. 1. f. *Pa.* Deformación del brazo causada por un golpe.
■

a. ‖ **~ de rayo.** f. *ES.* **gueco.**

lagartijo.
I. 1. m. *PR, Ve.* Lagarto pequeño.

lagarto.
I. 1. m. *Mx:SE, Gu, Ho, ES, Ni, CR.* Cocodrilo.
2. m. *Ar.* Reptil saurio de hasta 1 m de longitud, de color negro, amarillo y verde, miembros cortos y cola larga y fuerte. (Teiidae; *Tupinambis teguixin*). ◆ **iguana overa**; **lagarto overo**.
II. 1. *PR.* **doncella.** (Synodontidae; *Synodus intermedius*).
2. *Pa.* **arcabú**, árbol.
III. 1. m. *Ve, Ch.* Corte de carne de vacuno extraído de la parte inferior de los cuartos posteriores, redondo y de color rojo claro.
IV. 1. m. *Pa, Cu.* Pellizco dado en el antebrazo y que produce un intenso dolor. pop.
V. 1. m. *Cu.* Cerveza. pop + cult → espon.
VI. 1. m. *Ni, Pa.* Cable, cuyas terminales simulan la boca de un lagarto, utilizado para puentear la energía entre los cables de entrada y salida del medidor.

■

a. ‖ **~ blanco.** m. *Pe.* Caimán de hasta 2,5 m de longitud. (Alligatoridae; *Caiman crocodilus*).
b. ‖ **~ caspi.** m. *Pe:E.* **lechemaría**, árbol. (**lagartocaspi**).
c. ‖ **~ colorado.** *Ar.* **caraguay**, reptil.

d. ‖ ~ **negro.** m. *Pe.* Caimán de hasta 7 m, que se caracteriza por su color negro. (Alligatoridae; *Melanosuchus niger*).

e. ‖ ~ **ñato.** m. *Bo:E,S.* **yacaré overo.** (Alligatoridae; *Caiman latirostris*).

f. ‖ ~ **overo.** *Ar.* **lagarto**, reptil saurio.

g. ‖ ~ **tinga.** m. *Bo.* Reptil de aproximadamente 3,5 m de longitud, de color pardo amarillento en el dorso y blanco en el vientre. (Alligatoridae; *Caiman yacare*).

▢

a. ‖ ~ **tortoleado.** loc. sust. *Gu.* Tortura que consiste en atar de pies y manos por atrás al detenido y después meterle la cabeza en un recipiente lleno de agua. polic.

◪

a. ‖ ~ **que traga no vomita.** fr. prov. *Ec:O.* Indica que cuando determinada persona se ha apropiado algo, es seguro que no lo devolverá. pop + cult → espon.

▶ sacar un ~.

lagarto, -a.

I. 1. adj/sust. *Pa, Co. Referido a persona*, oportunista y entrometida, que consigue favores o trabajos sin tener mérito para ellos. pop → espon ^ desp.

2. sust/adj. *Gu, Pa.* Persona codiciosa. pop → espon ^ desp.

3. m. y f. *Pa.* Persona que cobra precios exorbitantes. pop → espon ^ desp.

II. 1. adj/sust. *Gu, ES, Ni; Ec*, pop. *Referido a persona*, glotona.

III. 1. m. y f. *Ho, ES, Ni, CR.* Persona avariciosa.

¡lagarto!

I. 1. interj. *Gu, ES.* Expresa la contestación a alguien que menciona la palabra ¡culebra! pop.

2. *Ho, Pa.* Expresa desconfianza o incredulidad ante algo o hacia alguien, e indica el deseo de que no ocurra lo expresado.

3. *ES.* Expresa intención de contrarrestar la mala suerte. pop ^ fest.

lagartocaspi.

I. 1. *Pe:E.* **lagarto caspi.**

lágrima.

I. 1. sust/adj. *Gu.* Persona sinvergüenza, aprovechada o deshonesta. euf.

■

a. ‖ ~ **de hombre.** f. *PR.* **Pavona** cuya flor permanece cerrada.

b. ‖ ~ **de la Virgen.**
　　i. *Ar:NO.* **disciplina de monja.**
　　ii. *Pa.* **lágrima de san Pedro**, planta.

c. ‖ ~ **de san Pedro.**
　　i. f. *Mx, Gu, Ni, CR, Co, Ve.* Planta de hasta 2 m, de rizoma comestible, flores pequeñas dispuestas en racimos y fruto globoso de color gris. (Poaceae; *Coix lacryma-jobi*). ◆ **camándula; collar de san Pedro; cuenta de san Pedro; lágrima de la Virgen; santa Juana.**
　　ii. *Ho.* Semilla de esta planta, ovalada, fuerte y pulida, de color gris perla, utilizada para hacer collares, rosarios y otros objetos. ◆ **seguilla.**

d. ‖ ~s **de María.** f. pl. *Pa.* **babandí.**

e. ‖ ~s **de Venus.** f. pl. *RD.* **lluvia de coral.**

▢

a. ‖ ~ **de mangle.** loc. sust. *PR.* Ron de muy baja calidad. rur.

b. ‖ ~ **del monte.** loc. sust. *PR.* **ron caña.**

▶ **beberse las ~s; llorar ~s.**

lagrimazo.

I. 1. m. *ES.* Golpe dado con un ladrillo. carc.

lagrimero.

I. 1. m. *CR, Ve.* Abundancia de lágrimas.

lagrimilla.

I. 1. f. *Pe.* Fuego artificial que al estallar en el aire se expande y deja caer luces de varios colores.

II. 1. m. *Ch.* Mosto dulce de la uva sin fermentar ni haber sido elaborado.

lagua. (Del aim. *lawa*).

I. 1. f. *Pe, Bo.* Sopa espesa hecha con harina de maíz, trigo u otro cereal. (**lahua**).

■

a. ‖ *jaka* ~. (Voz aimara). f. *Bo:C.* **lagua de choclo.**

b. ‖ ~ **de choclo.** f. *Bo:C.* Sopa elaborada con **choclo** molido o machacado, acompañado con trozos de carne; se sirve con queso fresco en plato hondo. ◆ *jaka* lagua.

c. ‖ ~ **de jankaquipa.** f. *Bo:C.* Sopa elaborada con maíz, verduras, carne y patatas.

láguer. (Del al. *Lagerbier*, tipo de cerveza suave).

I. 1. f. *Cu.* Cerveza. pop + cult → espon.

laguilla.

I. 1. *RD.* **talcochote.**

lagunato.

I. 1. m. *Ho, Cu.* Laguna pequeña.

2. *Ni, Cu.* Charco que queda después de llover.

lagunero.

I. 1. m. *Gu, Ni.* Pez de agua dulce, de hasta 45 cm de longitud, boca grande, mandíbula inferior saliente, cuerpo delgado y coloración general grisácea, con el abdomen blanquecino; los machos, por lo general, están cubiertos de puntitos negros desde el ojo hasta la cola. (Cichlidae; *Cichlasoma dovii, C. fridrichsthali, C. motaguense*).

II. 1. m. *Bo:N,E.* Árbol de hasta 30 m de altura, de hojas compuestas, flores pequeñas y blancas y frutos en forma de cápsula globosa que contienen resina; crece en selva amazónica, y su madera es apreciada. (Burseraceae; *Tetragastris panamensis, T. altissima*).

III. 1. m. *Ho.* Persona encargada de cuidar y vigilar los estanques donde se cría el camarón.

lahua.

I. 1. *Pe, Bo.* **lagua.**

laica. (Del quech. *layqa*, brujo, hechicero).

I. 1. m. *Bo:O,C.* Brujo, hechicero. (**laija**).

laija.

I. 1. *Bo:O,C.* **laica.**

laiqueado, -a. (Del quech. *layqay*, hechizar).

I. 1. adj. *Bo:O,C. Referido a persona*, embrujada con prácticas de hechicería.

laisa.

I. 1. f. *Ho, ES.* Machete corto y liviano para pelear. (**laiza**).

II. 1. f. *Ho.* Pie muy grande.

láiter. (Del ingl. *lighter*).

I. 1. m. *Pa.* p.u. Encendedor, mechero. pop.

laiza.

I. 1. f. *Gu.* Machete grande.

2. *Ho:N.* **laisa**, machete.

laizar.

I. 1. tr. *Ho.* Hacer que una institución u organización religiosa se transforme en civil. cult → esm.

laja.

I. (Del port. *laja* o *lage*, piedra de superficie plana).

1. f. *Pa, Co.* Superficie rocosa que bordea las aguas o aflora de ellas en los ríos de montaña.

2. *Pe.* Bajo de piedra que forma capas o filos, que suele hallarse a la entrada de los puertos.

3. *Ni.* Piedra larga y plana utilizada para lavar ropa.
4. *Pa.* Piedra o roca plana, delgada y muy dura que se usa en las construcciones y jardines como detalle ornamental. pop + cult → esm.
II. 1. f. *Ve.* Loncha de cualquier fiambre, *especialmente de jamón y queso.*
III. 1. f. *Ho, ES.* Miel sólida en moldes redondos y finos.
IV. 1. f. *Ec.* Cuerda hecha con la cerda de las caballerías. rur.
V. 1. f. *RD.* Cuchilla que se coloca en la cola de una **chichigua** o cometa, con el fin de cortar la cola de otra con que se compite.
VI. 1. m-f. *ES.* Persona tacaña.

lajazo.
I. 1. m. *Ho, Ni.* Golpe dado con una laja, pedrada. pop + cult → espon.

lajeadera.
I. 1. f. *Ho.* Tirada de piedras de laja.

lajear.
I. 1. tr. *Ho, Ni.* Tirar piedras de laja a *alguien.*

lajería.
I. 1. f. *Bo:O.* **lajial.**

lajial.
I. 1. m. *Bo:C.* Lugar en el que abundan las lajas de piedra. rur. ♦ **lajería.**

lajoso, -a.
I. 1. adj. *Ho.* Referido *a un terreno*, que tiene muchas lajas.

lajra. (Del quech. *laxra*).
I. 1. f. *Bo:O,C.* Rajadura, hendidura o grieta. pop + cult → espon.

lajrar(se). (Del quech. *laxray, rajar*).
I. 1. tr. *Bo:O,C.* Rajar o hender *algo.* pop + cult → espon.
2. intr. prnl. *Bo:O,C.* Agrietarse *algo.* pop + cult → espon.

¡lakaj!
I. 1. interj. *Bo:O,C.* Expresa sorpresa o asombro ante un hecho repentino o inesperado. pop + cult → espon.

lakazo.
I. 1. *Bo:O,C.* **lacazo.**

lakear(se).
I. 1. *Bo:O.* **lacar,** golpear.
2. *Bo.* **lacarse,** caerse.

lalaleo.
I. 1. m. *Cu. En la rumba*, repetición de una o varias sílabas al compás de la música.

lalo.
I. 1. *Pe:S.* **huichacame.**
II. 1. m-f. *ES.* Persona lenta, bobalicona.

lama.
I. 1. f. *Mx, Gu, Ho, ES, Ni, Cu, RD, PR, Co:C, Ch.* Musgo, planta briofita. (**lana**).
2. *Mx, Ho, Ni, Pa, RD, Co:C,O, Ch.* Capa verde de plantas criptógamas que se forma en las aguas dulces estancadas o superficies que las contengan.
3. *Mx, Ho, Pa, RD, Co, Ch.* Planta pequeña acuática de hojas casi acorazonadas que forman una capa verde en el lecho y paredes de zonas cubiertas de agua dulce. (Salviniaceae; *Azolla mexicanum*).
II. 1. f. *Mx, Gu.* Moho, capa que se forma en la superficie de un cuerpo por alteración química de su materia.
▶ **sacar de la ~.**

laman.
I. 1. adj. *Ni. Referido a persona o cosa*, buena, excelente.

lambe.
I. 1. sust/adj. *Pe, Bo:O.* Persona aduladora. pop.

lambear.
I. 1. *Ni, Cu; CR,* rur. **lamber,** pasar la lengua por algo. pop.

lambechorcha. (De *lamber y chorcha*).
I. 1. m-f. *ES.* Persona servil y aduladora con otra por interés.

lambeculo.
I. 1. sust/adj. *Mx, Ho, ES, Ni, RD, PR, Pe, Bo, Ar, Ur.* Persona aduladora y servil. vulg. (**lambeculos**).

lambeculos.
I. 1. *Mx, Ho, ES, Ni, Pe, Bo, Ar, Ur.* **lambeculo.**

lambedera.
I. 1. f. *RD.* Consumo que se hace de algo, *especialmente comida o bebida*, de forma abusiva o aprovechándose de alguien. pop.

lambedero.
I. 1. m. *Mx, Ho, Co, Ve, Ar.* Lugar salitroso adonde acude el ganado a lamer.

lambedor, -ra.
I. 1. adj/sust. *Bo; Ar,* rur; pop. *Referido a persona*, aduladora y servil.

lambedora.
I. 1. f. *PR.* **pegapega.**

lambedura.
I. 1. f. *Cu.* Lamida. rur.

lambefondillo. (De *lamber y fondillo*).
I. 1. m-f. *Ho.* Persona servil y aduladora con otra por interés.

lambeladrillos.
I. 1. sust/adj. *Co.* Persona aduladora. pop ^ desp.
II. 1. sust/adj. *Co.* p.u. Persona que frecuenta mucho la iglesia y manifiesta una virtud y devoción exageradas. pop ^ desp.

lambemico. (De *lamber y mico*, vulva).
I. 1. m. *ES.* Hombre que por amor soporta todo a la mujer que ama.

lambeojismo. (De *lamber y ojo*).
I. 1. m. *PR.* Adulación, servilismo. rur; pop.

lambeojo. (De *lamber y ojo*).
I. 1. sust/adj. *RD, PR.* Persona aduladora o servil. vulg; pop + cult → espon ^ desp. (**lameojo**). ♦ **lambestaca.**

lambeplato.
I. 1. sust/adj. *RD.* **lambeplatos.**

lambeplatos. (De *lamber y plato*).
I. 1. m-f. *Mx, Ho, Ni, RD, Ur.* **lameplatos.** pop ^ desp. (**lambeplato**).
II. 1. m-f. *Mx.* Persona que pide limosna.
III. 1. m-f. *ES, Ni, RD, Bo.* Lameplatos, persona que come las sobras.
IV. 1. m. *Ni, Bo.* Dedo índice.

lamber(se).
I. 1. tr. prnl. *Mx, Gu, Ho, ES, Ni, Bo, Ar, Pa,* rur; *Ec,* p.u; pop. Lamerse *una persona* o animal una parte de su cuerpo.
2. tr. *Gu, Ni, RD, Co, Ve, Pe, Bo, Ar, PR, Ch,* pop; *Ec,* p.u; pop. Pasar la lengua por la superficie de algo. (**lambear**).
II. 1. tr. *Mx, Gu, Ho, ES, Ni, RD, Co, Bo, Ur; Ar,* rur. Adular. pop + cult → espon.
III. 1. intr. prnl. *Co:C.* Desvivirse por algo. pop.
IV. 1. tr. *RD.* Matar *una persona* a *alguien.* pop.

□
a. ‖ ~ **el culo.** loc. verb. *Bo.* Adular servilmente a *alguien*.
b. ‖ ~ **el ojo.** loc. verb. *PR.* Adular. pop + cult → espon.
c. ‖ ~**le la arepa.** loc. verb. *RD.* Decir o hacer *algo* a alguien que se encuentra susceptible o irritable. pop + cult → espon.
d. ‖ ~**se la arepa.** loc. verb. *PR.* Verse *alguien* en muy mala situación. vulg; pop + cult → espon.

◪
a. ‖ **lambete que estás de huevo.** fr. prov. *Ur; Ar,* obsol. Indica que alguien no puede conseguir algo que anhela. pop.

lambericas.
I. 1. sust/adj. *Co:C.* Persona aduladora. pop ^ desp.

lamberto, -a.
I. 1. adj/sust. *Co:C,SO, Bo.* **sapo**, adulador. pop ^ desp.

lambestaca.
I. 1. *PR.* **lambeojo.**
II. 1. adj. *PR. Referido a persona,* tonta, zoquete. pop + cult → espon.

lambesudor. (De *lamber* y *sudor*).
I. 1. m. *Ho:E.* Abeja muy pequeña. (Apidae; *Plebeia latitarsis*).

lambeta.
I. 1. sust/adj. *Ur; Pe, Ar,* p.u. Persona aduladora, servil. pop.
II. 1. sust/adj. *Ur.* Persona que gusta de probar todas las comidas que ve. pop.

lambetada.
I. 1. f. *Bo; PR,* rur. Elogio inmerecido, adulación. pop + cult → espon.
II. 1. *PR.* **lambida.** rur; pop.

lambetazo.
I. 1. *Gu, Ho, Ni, Ar; PR,* rur. **lambida.**
II. 1. m. *Co:O, Bo.* Adulación excesiva. pop.

lambetear.
I. 1. tr. *Gu, Bo, Ar, Ur; Cu, PR,* rur. Lamer reiteradamente. pop + cult → espon.
2. *Bo.* metáf. Adular, hacer o decir aquello que se cree que puede agradar. pop + cult → espon.
II. 1. *Ur.* Disfrutar *una persona* probando todos los comestibles que tiene a su alcance.

lambetorta. (De *lamber* y *torta*).
I. 1. m-f. *ES.* Persona aduladora y servil.

lambetragos.
I. 1. adj/sust. *RD. Referido a persona,* que consume algo, *especialmente comida o bebida,* a costa de otros. pop ^ desp.

lambi.
I. 1. *Cu, RD.* **cobo**, carne del cobo.

lambí.
I. 1. *RD, PR.* **botudo**, caracol.

lambía.
□
a. ‖ ~ **de vaca.** loc. sust. *PR.* Peinado lacio con el pelo mojado y muy aplastado. pop + cult → espon.

lambiche.
I. 1. m-f. *RD.* Persona aduladora, servil. pop.

lambida.
I. 1. f. *Ch; Ho, ES, Bo:C, Ar,* cult → espon. **lametón**, lengüetada. pop. ♦ **lambetada, lambetazo.**

lambido.
□
a. ‖ ~ **de vaca.** loc. sust. *Ho, ES, Ni, PR; Co,* pop. Peinado de varón que consiste en echar el pelo para atrás, liso y pegado con vaselina al cuero cabelludo.

lambido, -a.
I. 1. adj/sust. *RD, Ve, Pe:NO. Referido a persona,* que actúa con poca educación, con descaro. (**lambío; lamido**).
2. sust/adj. *Ve.* Persona de escasos recursos económicos. desp.
II. 1. adj/sust. *PR. Referido a persona,* glotona, golosa. pop + cult → espon. (**lambío**).
III. 1. adj/sust. *PR. Referido a persona,* egoísta. pop + cult → espon. (**lambío**). ♦ **afrentado.**

lambío, -a.
I. 1. adj. *RD, PR.* juv. *Referido al pelo,* peinado de forma que queda muy pegado a la frente, *especialmente si se usa mucho fijador.*
II. 1. *RD.* **lambido**, que actúa con poca educación.
III. 1. *PR.* **lambido**, glotón. vulg; pop + cult → espon.
IV. 1. *PR.* **lambido**, egoísta. vulg; pop + cult → espon.
V. 1. sust/adj. *PR.* juv. metáf. Persona a la que le gusta mucho el sexo. pop + cult → espon.

lambiscón, -na.
I. 1. sust/adj. *Mx, Gu, Ho, ES, Ni, Pa, RD; Co, Ec, Pe, Bo:O.* desp. Persona aduladora, servil. pop + cult → espon.

lambisconear.
I. 1. tr. *Mx, Ho, ES, Pa, Pe, Bo.* Adular a *alguien* para obtener algún favor personal. pop + cult → espon ^ fest. ♦ **lambisquear, lambonear.**

lambisconería.
I. 1. f. *Mx, Gu, Ho, Ni, Pa, Ec, Pe, Bo.* Adulación, servilismo. pop + cult → espon.

lambisquear.
I. 1. *Mx, Gu, Ho, ES, Pa, RD, Bo.* **lambisconear.**

lambisquero, -a.
I. 1. adj/sust. *RD. Referido a persona,* aduladora, servil. pop + cult → espon. ♦ **lambón.**

lambón, -na.
I. 1. adj/sust. *Pa, RD, PR, Co, Ec. Referido a persona,* aduladora. pop ^ desp.
2. *Co.* **sapo**, delator. pop ^ desp.
3. *Pa, RD, PR. Referido a persona,* servil. pop.

lambonear.
I. 1. *Pa, Co, Ec.* **lambisconear.** pop ^ desp.
2. tr. *Co.* Acusar o delatar a *alguien.* pop ^ desp.

lambonería.
I. 1. f. *Pa, RD, Co* desp; *Ec,* pop + cult → espon. Adulación.

lambrán.
I. 1. *Bo.* **lambrana.**

lambrana.
I. 1. f. *Bo.* **jaúl**, árbol.

lambreado, -a.
I. 1. adj. *Bo. Referido a carne de conejo,* rebozada en pan rallado y dorada en manteca.

lambrijo, -a.
I. 1. adj. *ES.* obsol. *Referido a persona,* flaca, muy delgada. pop.
2. *ES. Referido a cosa,* seca, tostada.

lambrín. (Del fr. *lambris*).
I. 1. m. *Mx.* Revestimiento de azulejos en las paredes.

lambrisco, -a.
I. 1. adj. *Ni. Referido a persona,* hambrienta, ansiosa por comer.

lambrisquear.
I. 1. intr. *Ni.* Buscar *alguien* comida en una casa.
II. 1. intr. *Ni.* Pasar hambre *alguien.*

lambucear.
I. 1. tr. *Ve.* Lamer el plato de comida con ansia y comer las sobras que dejan otros. (**lambusear**).

2. intr. *Ve.* Probar la comida introduciendo los dedos en ella. (**lambusear**).

3. *CR.* Hacer ruido un cerdo con el hocico al comer. rur. (**lambusear**).

II. 1. tr. *Ve.* Tomar para sí con avaricia pequeñas cosas o pequeñas cantidades. (**lambusear**).

2. intr. *Ve:O.* Sacar provecho, aunque sea escaso, de las situaciones. (**lambusear**).

lambucio, -a.

I. 1. sust/adj. *Ve.* Persona que lame los platos y come las sobras que dejan otros. desp. (**lambusio**).

2. *Ve.* Persona que prueba la comida con los dedos. desp. (**lambusio**).

II. 1. sust/adj. *Ve.* Persona tacaña o avara de pequeñas cosas o de pequeñas cantidades. desp. (**lambusio**).

2. *Ve:O.* Persona que saca provecho, aunque sea escaso, de las situaciones. desp. (**lambusio**).

lambusear.

I. 1. *Ve.* **lambucear**.

lambusio, -a.

I. 1. *Ve.* **lambucio**.

lambuso, -a.

I. 1. adj. *Ec:NO.* Referido a persona, hambrienta. pop + cult → espon.

lambuzo, -a.

I. 1. adj/sust. *CR.* p.u. *Referido a animal, especialmente a un perro*, de hocico largo. rur.

2. adj/sust. *CR. Referido a un cerdo*, de cuerpo alargado y flaco. rur.

lamear.

I. 1. intr. *Bo:SO. En una mina*, producir una explosión con dinamita.

lamebota.

I. 1. m-f. *Ni, Cu, Bo.* Persona aduladora.

II. 1. m-f. *Pa.* Persona que adula exageradamente a quien detenta el mando, *especialmente un militar*. pop + cult → espon ^ desp.

lamebotas.

I. 1. adj/sust. *Mx, CR, Cu, Pe, Bo, Ar, Ur. Referido a persona*, aduladora y servil. pop + cult → espon.

lamechetos.

I. 1. m-f. *Ho.* Persona aduladora y servil por interés. desp.

lamechupas.

I. 1. f. *Ho.* Pene. tabú.

lameculo.

I. 1. *Cu.* **hueleculo**.

lamedero.

I. 1. m. *Ar, Ur.* Lugar salitroso adonde se lleva el ganado a lamer. rur.

lamedura.

I. 1. f. *Pe.* Irritación o inflamación que produce sobre la piel la picadura de una araña.

lamehuevos.

I. 1. sust/adj. *Mx.* Persona aduladora y servil. vulg.

lameladrillos.

I. 1. sust/adj. *Co.* **sapo**, persona aduladora. pop ^ desp.

II. 1. sust/adj. *Co.* Persona que frecuenta mucho la iglesia y manifiesta una virtud y devoción exageradas. pop ^ desp.

lamenalgas.

I. 1. m-f. *Ho.* Persona aduladora y servil por interés. desp.

lameo.

I. 1. m. *Bo:SO.* Técnica de minería consistente en producir una explosión con dinamita.

lameojo.

I. 1. *RD, PR.* Persona aduladora, servil.

lameojos.

I. 1. m. *Ve, Bo:C,E.* **guanota**.

lamepatas.

I. 1. *Mx; Ec,* p.u. Persona aduladora, servil. pop + cult → espon.

lameplatito.

I. 1. m. *Ec.* Dedo índice. inf.

lameplatos.

I. 1. m-f. *Mx.* Persona aduladora , servil. pop + cult → espon. (**lambeplatos**).

lamepoto.

I. 1. adj/sust. *Pe.* **lamepotos**. pop ^ desp.

lamepotos.

I. 1. adj/sust. *Pe. Referido a persona*, aduladora, servil. pop ^ desp. (**lamepoto**).

lamer.

I. 1. tr. *Ec, Pe, Bo.* Adular de manera servil.

□

a. ‖ ~ **las botas.** loc. verb. *Ni, Pe, Bo, Ch.* Adular *alguien* a *una persona* de manera servil. pop + cult → espon.

b. ‖ ~**se los bigotes.** loc. verb. *Mx, Ch.* Encontrar *alguien* mucho gusto o satisfacción en algo. pop + cult → espon.

▨

a. ‖ **para ~se los bigotes.** loc. adj. *Mx, Ch. Referido a cosa, especialmente a comida*, muy buena. pop + cult → espon.

lamero.

I. 1. m. *Bo:O. En una mina*, trabajador que se ocupa de recoger desechos minerales de los **deslaves**.

lamida.

I. 1. f. *Mx, Ec.* Lametón, lamedura. pop + cult → espon.

lamido, -a.

I. 1. sust/adj. *Gu.* **lambido**, persona que actúa con poca educación.

2. adj. *Gu. Referido a persona*, que abusa de la confianza.

II. 1. adj. *Gu. Referido a persona*, pedante, engreída.

lámina.

I. 1. sust/adj. *Ni, RD; Co:C.* pop. Mujer hermosa, bella.

2. *Co:C.* Hombre apuesto. pop.

■

a. ‖ ~ **ahumada.** f. *Gu.* Plancha delgada de hule natural coagulado que se somete a la acción del humo de leña hasta que toma un color ambarino.

b. ‖ ~ **crepé.** f. *Gu.* Plancha delgada de hule natural coagulado, de entre 3 y 3,5 m de longitud, que se somete a calor sin humo.

laminar.

I. 1. tr. *ES.* Proteger un documento o carné de identificación personal con plástico fino.

2. *Ni.* Proteger la portada de un libro o disco con plástico fino o barniz.

lampa.

I. 1. f. *Ec, Bo, Ch, Ar:NO.* Instrumento de labranza consistente en un palo largo con punta de hierro en uno de los extremos, usado para hacer hoyos y remover tierra. ♦ **allacho**.

▶ tirar ~.

lampaceador, -ra.

I. 1. m. y f. *Ni.* Persona que limpia y abrillanta el suelo de un lugar.

lampacear.

I. 1. tr. *Ni, Ve.* Fregar el suelo con un **lampazo**. pop.

2. *Ni.* metáf. Desacreditar a *alguien*.

lampada.
 I. 1. f. *Ec, Pe, Bo.* Golpe dado con la **lampa** en la tierra o en un material para remover o extraer una cantidad.
 2. *Ec, Pe.* Cantidad de material que puede removerse con una **lampa**.

lampakana. (Del aim. *lampa*, pala, y del quech. *kana*, incandescente).
 I. 1. f. *Bo:O,C.* Empanada grande rellena de **lacayote** cocido y cubierta de almíbar.

lampalagua.
 I. 1. *Ar.* **ampalagua.**
 2. m-f. *Ch.* Criatura fabulosa en forma de serpiente o de lagarto que traga y engulle todo lo que encuentra a su paso.

lampana.
 I. 1. *Mx.* **lantana.**

lámpara.
 I. 1. f. *Mx:NE.* Luciérnaga.
 II. 1. m-f. *Ho, ES, Ni, Cu.* Persona lista y astuta.
 2. *Ho, Ni.* Persona poco confiable. pop + cult → espon.
 3. *Ho, Ni.* Persona ladrona. pop + cult → espon.
 4. *Ho.* Persona inteligente.
 III. 1. f. *Pa*; *Ec:C,S*, p.u. Mentira. pop.
 2. *CR.* Simulación, engaño o apariencia con que se intenta hacer que algo parezca distinto de lo que es. pop + cult → espon.
 3. *Pa.* Presunción que expresa una persona exagerando sobre sí misma, jactándose sobre sus habilidades o sobre lo que sabe o posee. pop.
 IV. 1. f. *Gu.* Ojo.
 ■
 a. ‖ ~ **de luz fría.** f. *Cu.* **bombillo** fluorescente.
 b. ‖ ~ **recargable.** f. *Cu.* Utensilio que consta de uno o dos **bombillos** fluorescentes y que se conecta a la corriente para que reciba carga de energía y pueda iluminar después.
 ► **tirar ~.**

lamparazo.
 I. 1. m. *Mx:SE, Pa, Co:C.* Trago grande de bebida alcohólica. pop.
 II. 1. m. *ES.* Ocurrencia feliz y oportuna.
 III. 1. m. *ES.* Iluminación con luz intensa en algo o alguien.

lampareado, -a.
 I. 1. adj. *Mx. Referido a persona*, ofuscada por exceso de luz. pop + cult → espon.
 2. *Mx. Referido a persona*, ofuscada o aturdida por el consumo en exceso de bebidas alcohólicas. pop + cult → espon.
 ☐
 a. ‖ **como venado ~.** loc. adj. *Mx. Referido a persona*, ofuscada o aturdida, *generalmente debido al consumo en exceso de bebidas alcohólicas.* pop + cult → espon.

lamparear.
 I. 1. tr. *Mx, Pa.* Cazar o pescar con la ayuda de una lámpara.
 II. 1. tr. *Mx.* Ofuscar o aturdir a *una persona* con luz. pop + cult → espon.
 III. 1. intr. *CR, Ec.* Simular, fingir. pop + cult → espon.

lamparilla.
 I. 1. f. *Mx:SE.* **gallardete.**
 II. 1. f. *Pe:E. Según ciertas tradiciones y creencias populares*, esqueleto de una persona que camina por las noches portando una lámpara con una llama azul a la altura del corazón.

lamparín.
 I. 1. m. *Pe, Bo, Ch.* Lámpara portátil.

 2. *Pe, Bo.* Lámpara de queroseno provista de un tubo de cristal que resguarda la llama.
 3. *Ch:S.* Candil.

lamparita.
 I. 1. f. *Ve.* Persona que se siente incómoda al acompañar a una pareja de enamorados.
 ► **encendérsele la ~; prendérsele la ~.**

lamparón.
 I. 1. f. *Ni.* Rasponazo en una parte del cuerpo, *principalmente en el rostro.*
 2. *Ni.* Brillantez en la ropa, como efecto de una plancha muy caliente.
 3. *Ni.* Parte opaca de un piso, como efecto de un **lampazo** sucio y humedecido.

lamparoso, -a.
 I. 1. adj. *Pa, Ec. Referido a persona*, mentirosa. pop + cult → espon ^ desp.
 2. *CR, Pa. Referido a persona*, simuladora y jactanciosa. pop + cult → espon ^ desp.
 II. 1. adj. *Ec. Referido a persona*, jactanciosa. pop + cult → espon ^ desp.
 III. 1. adj. *ES, Ni. Referido a persona o cosa*, con manchas, sucia.

lamparudo, -a.
 I. 1. adj. *Mx. Referido a persona, tela o vestimenta*, con manchas, sucia.

lampaya.
 I. 1. f. *Ar:NO.* Arbusto de hojas grandes y de color verde amarillento; las hojas se usan en infusión como depurativo. (Verbenaceae; *Lampaya* spp.).

lampazo.
 I. 1. m. *Pe; Ec*, rur. Golpe dado con una **lampa**.
 2. *Pe; Ec*, rur. Cantidad de tierra u otro material que se puede recoger en una **lampa** y que se arroja sobre algo.
 II. 1. m. *Ni, Ar.* Utensilio de limpieza compuesto por un palo largo y un conjunto de hilos relativamente gruesos en uno de sus extremos, que sirve para sacar brillo al piso.
 2. *Ni, Pa, Ve.* Utensilio para fregar los suelos sin necesidad de arrodillarse.
 3. *Ur.* Utensilio de limpieza que consta de una pieza alargada y plana de goma insertada en un palo que se utiliza para secar superficies.

lampeada.
 I. 1. f. *Pe, Bo.* Tarea consistente en remover la tierra u otro material con una **lampa**.

lampeador, -ra.
 I. 1. *Ec, Bo.* **lampero.**

lampear.
 I. 1. tr. *Ec, Pe, Bo.* Trabajar con una **lampa**.
 II. 1. tr. *Pe.* Comer. delinc.

lampero, -a.
 I. 1. m. y f. *Ec, Pe, Bo.* Persona que trabaja con la **lampa**.
 ♦ **lampeador.**

lampiri. (Del aim. *lampa*, pala, e *-iri*, que se dedica a).
 I. 1. m. *Bo. En una mina*, trabajador encargado de limpiar las galerías y las acequias.

lampón.
 I. 1. m. *Ec.* **Lampa** de mayor tamaño que las normales, *usada generalmente en labores de construcción.*

lamponada.
 I. 1. f. *Ec.* Porción de material que puede removerse de una vez con un **lampón**.

lampote.
 I. 1. m. *Mx.* Girasol. (Asteraceae; *Helianthus annuus*). (**lampotillo**). ♦ **maíz de Tejas; maíz meco.**

lampotillo.
 I. 1. *Mx.* **lampote.**

lampreado.
 I. 1. m. *Py, Ar:NO.* Lonja de carne rebozada en una mezcla condimentada de harina y huevo, y frita en la sartén.

lampreado, -a.
 I. 1. adj. *Ec. Referido a un alimento de sabor salado,* que se acompaña o recubre de mermelada, azúcar o alguna salsa dulce.

lana.
 I. 1. adj/sust. *Gu, Ho, ES, Ni. Referido a persona,* oportunista.
  2. m-f. *Ho.* Persona que saca provecho de los demás valiéndose del engaño. pop + cult → espon. (**la-n a s**).
 II. 1. adj/sust. *Ho, ES, Ni. Referido a persona,* timadora.
  2. m-f. *Gu.* Persona soez y malhablada.
 III. 1. f. *RD.* **lanero.**
  2. *Ho, CR.* **lama,** musgo.

lanada.
 I. 1. f. *Gu, Ho.* Engaño, timo.
 II. 1. f. *Gu.* Grosería, dicho vulgar o falto de educación.
  2. f. *Gu.* Vileza, hecho indigno o innoble.
  3. f. *ES.* Sinvergonzonería.

lancasteriano, -a. (De Joseph *Lancaster,* pedagogo inglés, 1778-1838).
 I. 1. adj. *Mx, Co, Ec. Relativo a un sistema pedagógico* basado en la enseñanza mutua, importado a México a principios del siglo xix.

lance.
 I. 1. m. *CR, Bo, Ch.* Oportunidad para mantener una relación amorosa o sexual pasajera. pop + cult → espon.
  2. *CR.* Relación amorosa o sexual pasajera. pop + cult → espon.
  3. *CR.* Persona con la que se mantiene una relación amorosa o sexual pasajera. pop + cult → espon.
 II. 1. m. *Cu. En el beisbol,* jugada decisiva que determina cuál es el equipo ganador de una **entrada** o de un partido.
 III. 1. m. *Ho.* Tirada de las redes de pesca.
 ■
  a. ‖ ~ **muerto.** m. *CR.* p.u. Cita con la mujer con que se está casado. pop + cult → espon ^ fest.
 ▶ **cerrar ~; tirarse un ~.**

lancear.
 I. 1. intr. *Mx.* Brotar en la planta del maíz unas hojas centrales erguidas que anteceden a la espiga. rur.
 II. 1. tr. *Ni, Bo; Pe,* p.u; delinc. Robar carteras u otros objetos de valor en espacios públicos.
 III. 1. intr. *CR.* Mantener una relación amorosa o sexual pasajera. pop + cult → espon.

lancero.
 I. 1. m. *Pe, Bo, Ar.* Ladrón, *especialmente el que roba carteras.* pop.
 II. 1. m. *Gu.* Clavo que se introduce inclinadamente para obtener mayor seguridad.

lanceta.
 I. 1. f. *Pe, Ch.* Aguijón de un insecto.

lancetazo.
 I. 1. m. *Pe, Ch.* Picadura, aguijonazo, *especialmente de lanceta.*

lancetilla.
 I. 1. f. *Pe.* Planta herbácea de hojas largas, delgadas, simples o agrupadas en grupos de tres o más, y flores pequeñas; es utilizada para colorear telas de rojo y con fines medicinales. (Amaranthaceae; *Alternanthera broceliar*).

lancha.
 I. 1. f. *Cu, PR, Ve;* f. pl. *Ho, ES, Ni; Ch.* cult → espon ^ fest. Pie muy grande. pop. ◆ **paila.**

 2. *ES, Ni, PR,* meton. Zapato grande. pop + cult → espon ^ fest.
 II. 1. f. *Co:SO, Ec.* Enfermedad de la **papa** y el tomate, causada por el hongo *Phytophora infestans,* que se caracteriza por la aparición de manchas oscuras y grises en hojas, tallos y en el fruto o tubérculo.
 III. 1. f. *Co:C.* Automóvil lujoso, *por lo general de los últimos modelos.*

lanchaje.
 I. 1. m. *Mx, Ni, Ec.* Servicio de transporte sobre una masa de agua en una lancha o embarcación similar.

lanchar(se).
 I. 1. tr. *Ec.* Contaminar un hongo las **papas,** tomates y otros cultivos.
  2. intr. prnl. *Ec.* Contaminarse las **papas** y los tomates con un hongo.

lanchera.
 I. 1. f. *Bo:E.* **lonchera.**

lanchón.
 I. 1. m. *Co, Ch.* Transbordador motorizado de carga en forma de **ancón.**
 II. 1. m. *Ho, ES, Ni.* Automóvil muy grande.
 III. 1. m. pl. *ES.* Pies grandes.
  2. *ES.* meton. Zapatos grandes.

lanco.
 I. 1. m. *Ec.* **machín.**

landa.
 I. 1. f. *Pe:NO.* Fiesta en la que se celebra el primer corte de pelo de un niño y en la que los asistentes van depositando una cantidad de dinero por cada mechón cortado.
 II. 1. f. *ES.* Juego de muchachos en el que uno persigue a los otros con el fin de tocar a uno de ellos y que este pase a ser el perseguidor.
  2. *Ho.* Juego de niñas, individual o de equipo, que consiste en tirar al aire los diez *jacks* y evitar que caigan al suelo cogiéndolos en el aire con una mano; gana la que más mantiene en su mano. inf.
  3. *Ho.* Cada una de las diez piezas en forma de cruz o estrellita de que consta el juego.

landó.
 I. 1. m. *Pe.* Ritmo picaresco que representa las costumbres agrícolas de los afroperuanos de la costa.

landro, -a. (Afér. de *malandro*).
 I. 1. sust/adj. *Ve.* **malandro,** persona de malas costumbres.

lane. (Voz inglesa).
 I. 1. m. *EU, PR.* Carril, vía de circulación en una calle o carretera.

lanear.
 I. 1. intr. *Bo.* Estar *alguien* ocioso voluntariamente.

lanero.
 I. 1. m. *RD.* Árbol de hasta 30 m de altura, de hojas redondeadas, flores blanquecinas o rosa pálido y fruto en forma de baya alargada, con numerosas semillas y recubierto de una fibra algodonosa; la madera es suave y liviana, muy apreciada, y el algodón de sus frutos es de gran utilidad. (Bombacaceae; *Ochroma lagopus*). ◆ **corcho; lana; palo de lana.**

langanazo.
 I. 1. m. *Ve.* Golpe contundente. pop.
 II. 1. m. *Ve.* Campanada o cañonazo. pop.
 III. 1. m. *Ve.* metáf. Copa o vaso de bebida alcohólica fuerte. pop.

lángara.
 I. 1. m-f. *Mx.* Persona que no es digna de confianza. vulg. ◆ **langaruzo.**

2. *Mx.* Persona abusiva, aprovechada o ambiciosa. vulg.

3. m. *Mx.* Pervertido sexual. vulg.

II. 1. m-f. *Mx.* Persona que tiene deseo o antojo de comer.

langarear.

I. 1. intr. *Mx.* Comer sin tener hambre pero con antojo. pop + cult → espon.

II. 1. tr. *Mx.* Codiciar *algo.* pop + cult → espon.

langarote, -a.

I. 1. sust/adj. *Ec.* Persona muy alta, flaca y desgarbada. pop + cult → espon ^ desp.

langarucho, -a.

I. 1. adj/sust. *Mx, Ni.* Referido a persona, larguirucha, alta y desgarbada. pop + cult → espon.

langaruto, -a.

I. 1. adj. *Co.* Referido a persona, muy flaca. pop ^ desp.

langaruzo, -a.

I. 1. m. y f. *Mx.* **lángara**, persona que no es digna de confianza. pop.

langosta.

I. 1. f. *Ho, Pa.* Insecto defoliador del maíz que forma plagas. (Noctuidae; *Mocis latipes*). ♦ **chachalaca.**

II. 1. f. *PR.* juv. Persona con trasero muy voluminoso.

langostcado.

I. 1. m. *PR. En las peleas de gallos,* golpe en la cabeza que recibe un gallo durante la pelea.

langra.

I. 1. f. *Bo:O. En una mina,* oquedad que se forma en las vetas y que contiene gases sulfurosos.

languarico, -a.

I. 1. adj. *Mx. Referido a persona,* lenguaraz, deslenguada. pop.

languciento, -a.

I. 1. adj/sust. *Ch.* p.u. *Referido a persona,* hambrienta, que muestra un apetito desmesurado y desordenado cuando come. pop ^ desp.

langüetazo.

I. 1. m. *Mx, Ch.* Lengüetazo, movimiento que se hace con la lengua para lamer algo. pop + cult → espon.

langüetear.

I. 1. tr. *Mx, Ch.* Pasar repetidamente la lengua por la superficie de algo. pop + cult → espon.

lanificio.

I. 1. m. *Pe, Bo.* Establecimiento e instalación donde se lava y prepara la lana para su comercio posterior.

lanigrafía.

I. 1. f. *Ch.* Arte o técnica de hacer cuadros con lana tejida en tela.

lanillo.

I. 1. *Gu,* **gatillo**, árbol.

lanlacus.

I. 1. m. *Pe.* Danza tradicional que se baila en el Altiplano en la festividad del Corpus Christi y en la que los danzantes van ataviados como bufones.

lantana.

I. 1. f. *Mx, PR, Ar, Ur.* Arbusto de hasta 2 m de altura, de ramas espinosas, hojas aovadas, flores amarillas y negras y fruto pequeño, negro y carnoso. (Verbenaceae; *Lantana camara*). ♦ **cariaquillo; chiligüe; cinco negritos; lampana; margarita del campo; matizadilla; sietenegritos; xobaroba.**

lanteja.

I. 1. f. *PR.* **minacuro.**

lanterna.

I. 1. f. *PR.* **minacuro.**

lantrisco.

I. 1. m. *Mx.* Árbol de hasta 10 m de altura, de hojas oblongas o lanceoladas, de borde entero, inflores-

cencias en panículas de ramas compactas, flores muy pequeñas, normalmente de color rojo, y fruto en drupa sésil, globosa, de color rojo a morado o negro; el fruto se come cocido con sal y seco. (Anacardiaceae; *Pistacia mexicana*). ♦ **ramón.**

lanudo, -a.

I. 1. sust/adj. *Ho, ES, Ni, Pe, Bo.* Persona que tiene mucho dinero o lana.

II. 1. adj/sust. *Pe, Bo:C,E. Referido a persona*, torpe, lerda, que es objeto de burlas. pop.

2. *Bo:O,E. Referido a persona*, perezosa. pop + cult → espon.

lanuza.

I. 1. m-f. *Ho.* Persona de baja extracción social, que vive engañando y timando a los demás. desp.

lanza.

I. 1. adj. *Mx, Pa, Pe. Referido a persona*, atrevida, audaz, temeraria.

2. *Ve, Ec.* metáf. *Referido a persona*, hábil y de inteligencia despierta. pop + cult → espon.

II. 1. m-f. *Mx.* Persona que, por su abuso, no es digna de confianza. pop + cult → espon.

2. m. *Co. En la milicia,* amigo de confianza.

III. 1. m-f. *Ch.* Ladrón que roba al descuido de sus víctimas y luego huye rápidamente.

IV. 1. f. *Ch.* Barra dc la quc cuelga sujcta una cortina o visillo.

V. 1. f. *PR. En las peleas de gallos,* extremo agudo de la espuela del gallo de pelea.

■

a. ‖ **~ amarilla.**

i. f. *Bo:S, Ar:NO.* Árbol de hasta 10 m de altura, de hojas alternas, inflorescencias en espiga y fruto fusiforme. (Combretaceae; *Terminalia triflora*). ♦ **guayaibí amarillo.**

ii. *Bo:S, Ar:NO.* Madera de la lanza amarilla, dura y muy utilizada en carpintería.

b. ‖ **~ blanca.**

i. f. *Ar.* **guayaibí.**

ii. *Ar.* Madera de la lanza blanca, semidura y flexible.

c. ‖ **~~.** f. *Bo.* **palo mataco.**

▶ pasarse de ~; quebrar ~; romper ~s; ser ~; ser una ~.

lanzadera.

I. 1. f. *Mx.* Lugar donde las unidades de transporte público esperan su turno para entrar al **cajón** del paradero o base a fin de prestar el servicio.

lanzador, -ra.

I. 1. m. y f. *Mx, CR, Pa, Cu, Ve, Pe, Bo, Py*; m. *Ho, ES, Ni, RD, PR. En el beisbol,* jugador encargado de lanzarle la pelota al **bateador.**

■

a. ‖ **~ de bala.** m. y f. *Ni, Cu, Co, Ve, Ec, Bo, Ch.* Atleta que lanza una bola de plomo a la mayor distancia posible.

lanzagua.

I. 1. m. *Ch, Ur.* Vehículo provisto de un tanque y tubos de descarga de agua empleado por la policía para reprimir tumultos callejeros. (**lanzaguas**).

2. *Ch.* Cañón móvil pequeño, instalado en un vehículo destinado a lanzar agua para combatir los desórdenes públicos. (**lanzaguas**).

lanzaguas.

I. 1. m. *Ch.* **lanzagua**, vehículo.

2. *Ch.* **lanzagua**, cañón móvil.

lanzamiento.

■

a. ‖ **~ de bala.** m. *Mx, ES, Ni, CR, Pa, Cu, Co, Ve, Ec, Pe, Bo, Ch, Ar, Ur.* Prueba atlética que consiste en lanzar con la mano una bola de plomo a la mayor distancia posible.

lanzar(se).

I. 1. tr. prnl. *Ni.* Comer *algo* con glotonería.

☐

a. ‖ **~se al abordaje.**
  i. loc. verb. *EU.* p.u. Atacar *una persona* violentamente a *alguien* o a *algo*.
  ii. *Ch.* Disponerse *alguien* a realizar algo arriesgado. pop + cult → espon.

◪

a. ‖ **~ la piedra con mano ajena.** fr. prov. *Gu.* Indica que alguien hace algo con hipocresía y disimulo.

lanzazo.

I. 1. m. *Ch.* Robo sorpresivo seguido de una huida veloz.

lañas.

I. 1. f. pl. *Gu.* Uñas. pop.

laope. (De *pelao*, por inversión silábica).

I. 1. m-f. *Pa.* juv. Persona joven, muchacho. pop ^ fest.

lap. (Apóc. de *laptop*).

I. 1. f. *Mx.* Computadora portátil.

▶ **dar un ~.**

lapa.

I. 1. f. *Co:E, Ve.* **tepescuintle**, mamífero.

II. 1. f. *Pe.* Plato grande o fuente de arcilla, madera o calabaza seca que sirve para presentar los alimentos.

III. 1. f. *Ho, Pa.* **guacamaya**, ave.

IV. 1. f. *Ni.* Persona chismosa.

V. 1. f. pl. *Ni.* Billetes de dólares.

VI. 1. f. *PR.* Estudiante que pide prestado a sus compañeros apuntes y tareas de clase. est.

■

a. ‖ **~ verde.** f. *Ni, CR.* Ave prensora, de hasta 80 cm de longitud, con el pico grueso, negro y gris en la punta, las patas fuscas, la piel de la cara blanquecina, cruzada por líneas de plumas rojas y negras, el iris amarillo, la frente escarlata, las alas azules, la parte baja de la cola amarillo oliva y el resto del plumaje verde. (Psittacidae; *Ara ambigua*). ♦ **guacamaya azul; guacamayo verde.**

☐

a. ‖ **a ~.** loc. adv. *Ch.* A la espalda. pop + cult → espon.

lapachero.

I. 1. m. *PR.* metáf. Exceso de saliva en la boca. pop + cult → espon.

2. *PR.* metáf. Exceso de humedad en la vulva. tabú; pop + cult → espon.

II. 1. m. *PR.* Légamo, sitio lleno de fango, barrizal.

lapachillo.

I. 1. m. *Ar, Ur.* Árbol de hasta 15 m de altura, de tronco irregular, hojas lanceoladas, flores blancas o amarillas y una vaina como fruto. (Fabaceae; *Lonchocarpus nitidus*).

lapacho.

■

a. ‖ **~ amarillo.**
  i. m. *Bo, Ar:NE.* Árbol de hasta 35 m de altura, de fuste largo y grueso, hoja caediza y flores amarillas. (Bignoniaceae; *Tabebuia pulcherrima*).
  ii. *Bo, Ar:NE.* Madera de este árbol, sólida, pesada, apreciada en carpintería.
  iii. *Ar:NO.* Árbol de hasta 30 m de altura, de hoja caediza y flores amarillas. (Bignoniaceae; *Tabebuia lapacho*).
  iv. *Ar:NO.* Madera de este árbol, apreciada en carpintería.

b. ‖ **~ negro.**
  i. m. *Ar:N.* Árbol de hasta 30 m de altura, de corteza gruesa, hojas caedizas, flores tubulares

de color morado y una vaina marrón oscuro como fruto. (Bignoniaceae; *Tabebuia ipe*).
  ii. *Ar:N.* Madera del lapacho negro, dura y con múltiples aplicaciones.

c. ‖ **~ rosado.**
  i. m. *Ar:NO.* Árbol de hasta 30 m de altura, de hojas caedizas, flores en panículas y una cápsula colgante como fruto. (Bignoniaceae; *Tabebuia avellanedae*).
  ii. *Ar:NO.* Madera de este árbol, muy dura y resistente a la intemperie.
  iii. *Ur.* Árbol de hasta 12 m de altura, de tronco recto y oscuro, hojas caducas, flores grandes y rosadas dispuestas en panojas terminales y frutos capsulares largos. (Bignoniaceae; *Tabebuia heptaphylla*).

lapaco.

I. 1. m. *Bo.* Árbol de hasta 30 m de altura, de flores campanuladas y frutos en forma de cápsula corchosa que contienen semillas aladas. (Bignoniaceae; *Tabebuia ochracea*).

lapalada.

I. 1. f. *Mx:S.* Lluvia fina. rur.

laparara. (Del aim. *lap'arara*, piojoso).

I. 1. sust/adj. *Bo:O.* Persona que vive en una situación de extrema pobreza. pop + cult → espon ^ desp.

lapear. (Del quech. *laq'ay*, abofetear).

I. 1. tr. *Bo:O.* Golpear en la cara con la mano abierta a *alguien*. pop + cult → espon.

lapero, -a.

I. 1. sust/adj. *Ve.* Perro adiestrado para cazar **lapas.**

lapi. (Del aim. *laphi*).

I. 1. m. *Bo:O.* Carne que se extrae del lomo de una **res**, de la parte más cercana al cuello.

lapicera.

I. 1. f. *Bo, Ch, Ar, Ur; Py*, pop. Pluma estilográfica. ♦ **lapicera fuente.**

2. *Bo, Ar, Ur; Py*, pop. Bolígrafo.

3. *Ar, Ur.* obsol. Portaplumas.

4. *Pa.* juv. Estuche en el que se guardan lápices, bolígrafos, borradores y sacapuntas. pop.

II. 1. f. *Ar.* Ejemplar pequeño de **pejerrey.** (Atherinidae; *Basilichtys* spp.).

☐

a. ‖ **~ fuente.** f. *Ar, Ur; Ch,* obsol. **lapicera**, pluma.

lapicero.

I. 1. m. *Gu, ES, Ni, CR, RD, Co:O,SO, Ve, Pe, Bo, Ch.* Bolígrafo. ♦ **esferográfico.**

2. *Mx, Cu, Ec, Bo.* Portaminas.

3. *Pa, Py, Ar.* Recipiente, *generalmente en forma de vaso*, en el que se guardan plumas, lápices y otros útiles de escritorio.

4. *Pa.* juv. Estuche de diferentes materiales y formas en el que se guardan útiles escolares. est.

II. 1. m. *Ar.* obsol. Hombre que se encarga de recibir apuestas para juegos clandestinos. pop.

lápida.

▶ **cargar la ~; ponerle ~.**

lapidar.

I. 1. tr. *Ni, Ch.* Dilapidar, malgastar *alguien* sus bienes materiales o sus posibilidades de triunfo. pop.

lapidario, -a.

I. 1. adj. *Mx, Cu, Bo. Referido a cosa*, definitiva, que queda para perdurar en el tiempo. pop.

II. 1. m. y f. *Cu.* Persona que dice frases o sentencias lapidarias. prest; cult → esm.

lapin.

I. 1. m. *Bo:C.* Plato preparado con **choclo**, **mote** de haba, ensalada con cebolla, tomate, **locoto**, **quilquiña** y queso.

lapincho, -a. (Del aim. *laphinchu*).
   I. 1. sust/adj. *Bo:O.* Persona que vive en una situación de extrema pobreza. pop + cult → espon ^ desp.

lápiz.
   ■
   a. ‖ **~ carbón.** *Ho, Bo.* **lápiz grafito.**
   b. ‖ **~ de grafito.** *Ho, Ni, Bo.* **lápiz grafito.**
   c. ‖ **~ de mina.** *Ni, RD, Ch.* **lápiz mina.**
   d. ‖ **~ grafito.** m. *Ho, ES, Ch, Ec,* p.u. Instrumento para escribir o dibujar, consistente en una barra de grafito envuelta en un cilindro de madera.♦ **lápiz carbón, lápiz de grafito.**
   e. ‖ **~ mina.** m. *ES, Ve, Pe, Ch.* Lapicero provisto de una mina de grafito.
   f. ‖ **~ pasta.** m. *Ch.* Bolígrafo.
   g. ‖ **~ tinta.** m. *Ho, Ni.* Instrumento desechable para escribir con una tinta espesa y terminado con una bolita en la punta, que va girando y dejando pasar la tinta.
   ▶ **meter el ~; meter ~.**

lapo.
   ■
   a. ‖ **~ de agua.** m. *Co:O.* Aguacero.

laposo, -a.
   I. 1. adj. *PR. Referido a persona,* pegajosa, fastidiosa. pop + cult → espon.

laptop. (Voz inglesa).
   I. 1. f. *EU, Mx, Ho, ES, Ni, Pa, Cu, RD, PR, Bo, Ar;* m. *Ec, Ar;* m. o f. *Ch.* Computadora portátil. (**lap**).

laque. (Del map. *lake*).
   I. 1. m. *Bo, Ch, Ar.* p.u. **boleadora**, *especialmente de dos bolas.*
   2. *Pe, Bo, Ch.* Especie de porra de goma o de madera recubierta.
   3. *Bo.* Palo enterizo que termina en una bola o cabeza abultada.
   II. 1. m. *Pe. En minería,* hendidura que hay en las piedras que forman las vetas.

lara.
   I. 1. m. *Ve:O.* Árbol de hasta 25 m de altura, de copa ancha y flores amarillentas de estambres rosados. (Fabaceae; *Pithecolobium saman*).

laraila
   •
   a. ‖ **~.** fórm. *ES.* Se usa como expresión de un insulto grave a alguien.

larailo.
   I. 1. m. *Mx.* p.u. Hombre homosexual.

¡larala!
   I. 1. interj. *ES.* Expresa burla.

larama.
   I. 1. m-f. *Bo:O,C.* Campesino indígena que emigra del campo a la ciudad. pop + cult → espon ^ desp.

laredo.
   I. 1. m. *Mx, Gu, ES, Bo.* Lado. fest.
   II. (De *Laredo*, pueblo de México).
   1. *Ho.* Bota de cuero, hasta media pierna, sin cordón ni cremallera, con tacón mediano y puntera estrecha y alargada.
   ▶ **ser del otro ~.**

larga.
   I. 1. sust/adj. *Gu.* Mujer desinhibida sexualmente. desp.
   □
   a. ‖ **a la ~ o a la corta.** loc. adv. *Mx, Pa, PR, Ec, Pe, Bo:O, Ch; Cu,* pop + cult → espon. Más tarde o más temprano, necesariamente alguna vez.
   ▶ **hacer la ~; ser de carrera ~; ser más ~ que Cuaresma.**

largada.
   I. 1. f. *CR, Cu, Co, Ve, Ec, Pe, Bo, Ch, Ar, Ur, Py,* pop. *En una carrera,* puesta en marcha de los competidores.
   2. *Cu, Ve, Ec, Bo, Ch, Ar, Ur, Py,* pop. *En una carrera,* punto de salida.

largado, -a.
   I. 1. adj. *Bo. Referido a persona,* que no tiene dinero en un momento puntual.
   2. *Bo. Referido a persona,* que ha perdido su empleo.

largar(se).
   I. 1. intr. prnl. *Mx, Bo, Ch.* Iniciarse con fuerza un proceso, *especialmente un fenómeno atmosférico,* de manera inesperada y súbita. pop + cult → espon.
   2. intr. *Ve, Ec, Bo, Ch, Ar, Ur. En una carrera,* iniciar la marcha los participantes.
   3. intr. prnl. *Bo, Ch.* Empezar *alguien* a hacer algo sin parar. pop + cult → espon.
   II. 1. tr. *Ec:N, Bo.* Tirar, arrojar *algo.* pop + cult → espon.
   III. 1. tr. *Bo:E.* Matar una persona a *alguien.* pop + cult → espon.
   IV. 1. intr. prnl. *Bo:O.* Arrojar o expeler la ventosidad del vientre por el ano. pop + cult → espon.
   V. 1. intr. prnl. *Bo.* Decidirse resueltamente *alguien* a ejecutar una acción. pop + cult → espon.
   VI. 1. tr. prnl. *RD.* Comer o beber *algo.* pop.
   •
   a. ‖ **¡larguen!** fórm. *Ur.* Se usa para dar la orden de comienzo de una carrera.
   □
   a. ‖ **~ duro.** *Ar.* **largar por baranda.**
   b. ‖ **~ el chivo.** loc. verb. *Ur.* Vomitar. pop.
   c. ‖ **~ el forro.** loc. verb. *Ve.* Trabajar excesivamente.
   d. ‖ **~ el pellejo.** loc. verb. *Cu; Pa,* rur. Mudar *alguien* la piel. pop + cult → espon.
   e. ‖ **~ el piojo.** loc. verb. *Cu.* Morirse *alguien.*
   f. ‖ **~ en banda.** *Ar, Ur.* **largar por baranda.**
   g. ‖ **~ la pepa.** loc. verb. *Bo, Ch.* Revelar *algo* que se mantenía como secreto o decir la verdad. pop.
   h. ‖ **~ los chanchos.** loc. verb. *Ar.* Vomitar, *generalmente tras un exceso de comida o bebidas alcohólicas.* vulg.
   i. ‖ **~ por baranda.** loc. verb. *Ar, Ur.* Rechazar a *alguien* rotunda y tajantemente, sin atender lo que pide o propone. pop. ♦ **largar duro; largar en banda.**
   j. ‖ **~se a la China.** loc. verb. *Gu, Ni.* Marcharse *alguien* lejos.
   k. ‖ **~se a la chingada.** loc. verb. *Mx, Gu, Ho, ES, Ni.* Marcharse *alguien* lejos. ♦ **largarse a la droga; largarse a la punta de un cuerno; largarse a la punta del chorizo.**
   l. ‖ **~se a la droga.** *Gu, Ho.* **largarse a la chingada.**
   m. ‖ **~se a la punta de un cuerno.** *Gu, Ec.* **largarse a la chingada.**
   n. ‖ **~se a la punta del chorizo.** *Gu.* **largarse a la chingada.**

largavista.
   I. 1. m. *Ni, Pa, Ve, Pe, Bo, Ch, Ar, Ur, Py,* pop. Instrumento óptico que permite ver como cercanos los objetos distantes, compuesto por dos tubos unidos, con lentes en su interior, a través de los cuales se mira. (**largavistas**).

largavistas.
   I. 1. *Ve, Ec, Pe, Bo, Ch, Ar, Ur.* **largavista.**

large. (Voz inglesa).
   I. 1. adj/sust. *EU, Mx, Ho, ES, Ni, CR, Pa, PR, Ec, Pe, Bo, Ch, Py; Cu.* p.u. *Referido a la ropa,* de talla grande.

largo.
- **I. 1.** m. *Mx.* Pan de dulce hecho de masa de galleta, de forma rectangular, con una hendidura longitudinal rellena de mermelada y cubierto de azúcar granulado.
- **II. 1.** adv. *Ho, Ni, CR.* Lejos.
- **III. 1.** m. *Bo:O.* Vaso que se usa para servir cerveza o **chicha**.
- □
  - **a.** ‖ **de ~.**
    - **i.** loc. adv. *Ec.* En línea recta. pop.
    - **ii.** *Ec.* En magnitud considerable.
  - **b.** ‖ **~ a ~.** loc. adv. *RD.* Totalmente.
- ▶ **dejarlo de ese ~**; **escupir ~.**

largo, -a.
- **I. 1.** sust/adj. *Mx, Gu, Ho, ES.* Persona sinvergüenza, aprovechada o deshonesta. desp.
- **2.** *Mx.* Persona mentirosa. pop + cult → espon.
- **II. 1.** adj/sust. *Cu.* *Referido a persona*, de gran rendimiento en el trabajo, *especialmente en labores agrícolas*.
- ▶ **ser gran ~.**

largona.
- **I. 1.** f. *Pe, Ch.* Licencia benévola para prolongar una situación. pop + cult → espon.
- **2.** *Pe, Ch.* Dilación intencionada y malintencionada en el cumplimiento de un compromiso o en el pago de una deuda. pop.
- ▶ **dar ~.**

largoncillo.
- **I. 1.** m. *Mx:N.* Arbusto de hasta 3 m de altura, de ramas color gris claro, con parejas de pequeñas espinas, hojas pequeñas, pinnadas, flores en forma globosa, de pequeño tamaño y color amarillo, y fruto como una legumbre alargada y estrecha. (Fabaceae; *Acacia constricta*). ◆ **vara prieta.**

largucho, -a.
- **I. 1.** adj/sust. *RD, PR, Co:N, Ch.* *Referido a persona*, excesivamente alta, larguirucha. pop + cult → espon.

larguero, -a.
- **I. 1.** adj. *Ar.* *Referido a persona*, que se demora excesivamente al hacer o decir algo, *especialmente en un discurso o exposición*. pop + cult → espon.
- **2.** sust/adj. *Bo.* Persona latosa, fastidiosa, *especialmente por hablar en exceso*. pop + cult → espon.

larguero.
- **I. 1.** m. *PR.* Cada una de las vigas que sostienen el armazón de la carreta de bueyes. rur.

largueza.
- **I. 1.** f. *Gu.* Falta de escrúpulos.

larguito.
- □
  - **a.** ‖ **de ~.** loc. adv. *Ni, CR.* Sin llegar a tener un trato de confianza con alguien. pop.

larguncho, -a.
- **I. 1.** adj. *Ar:NO.* *Referido a persona*, muy alta y delgada. pop.

largurucho, -a.
- **I. 1.** adj/sust. *Mx, Ni, Ve.* *Referido a persona*, larguirucha, desproporcionadamente larga respecto de su ancho o de su grueso. desp.

lari. (Del aim. *lari*, zorro).
- **I. 1.** m-f. *Bo:E.* Persona que roba animales, *especialmente ganado*. pop + cult → espon.
- **2.** *Bo.* Campesino indígena que ha emigrado a la ciudad en busca de trabajo.
- **3.** *Bo:O,E.* Persona de modales rústicos. pop + cult → espon.
- **4.** *Bo:O,E.* Persona de aspecto sucio y descuidado. pop + cult → espon.

5. m. *Bo:NO.* Hombre homosexual. pop + cult → espon.
- **6.** sust/adj. *Bo:NO.* Persona de carácter obstinado. pop + cult → espon.
- **7.** m. *Bo:NO.* Hombre afeminado. pop + cult → espon ∧ desp.

lari-lari.
- **I. 1.** m. *Bo:O.* *En la mitología popular*, espíritu maligno con aspecto de gato negro que roba el alma a los niños.

larquear.
- **I. 1.** intr. *Pe.* p.u. Pasear ociosamente por la calle.

larry. (Voz inglesa).
- **I. 1.** adj. *Ho.* juv. *Referido a persona*, incapaz, inepta.
- **2.** *Ho.* juv. *Referido a persona*, haragana.

larva.
- **I. 1.** f. *ES.* Persona aprovechada, que vive a costa de los demás.
- **2.** *ES.* Persona mal intencionada, deshonesta, ladrona.

lasas.
- **I. 1.** m. pl. *Ni.* Espíritus responsables de las desgracias personales.

lasca.
- **I. 1.** f. *Cu.* Ventaja, utilidad. pop + cult → espon.
- ▶ **sacar ~s.**

lascadura.
- **I. 1.** f. *Mx.* Rotura, rozadura o hendidura en un material producida por un golpe o por otra causa.

lascar.
- **I. 1.** tr. *Mx.* Desportillar, producir algún daño o rotura en un material por un golpe o por otra causa.

lashuro, -a. (Del lenca *lashuro*, último hijo).
- **I. 1.** m. y f. *Ho:O, ES:SE.* Último hijo. (**lasuro; lazuro**). ◆ **guanjuro.**

lastimada.
- **I. 1.** f. *Mx, Ni, CR, Cu, RD, Co.* Lastimadura, daño físico sufrido en una parte del cuerpo.

lastimado.
- **I. 1.** m. *Ec, Ar:NO.* Lastimadura, daño físico sufrido en una parte del cuerpo.

lastimar(se).
- **I. 1.** tr. *RD, Pe, Bo, Py.* Fracturar, dislocar algún hueso u otra parte del cuerpo.
- **2.** intr. prnl. *RD, Pe, Bo, Py.* Fracturarse, dislocarse *alguien* algún hueso u otra parte del cuerpo.

lastimón.
- **I. 1.** m. *PR.* Magulladura de grandes proporciones. pop + cult → espon.

lastrar.
- **I. 1.** intr. *Py, Ar, Ur.* Comer, *por lo general vorazmente*. pop + cult → espon.
- **2.** tr. *Ar, Ur.* Ingerir alimentos, *por lo general en exceso*. pop + cult → espon.
- **II. 1.** tr. *Ch.* Echar **lastre** o balasto para asentar las traviesas de una vía férrea.
- **2.** *Ec.* Cubrir con **lastre** o balasto un camino.

lastre.
- **I. 1.** m. *Ch.* Balasto, capa de grava o de piedra machacada, que se tiende sobre la explanación de los ferrocarriles para asentar y sujetar sobre ella las traviesas.
- □
  - **a.** ‖ **en ~.** loc. adv. *RD.* Sin dinero. pop + cult → espon.

lasuro, -a.
- **I. 1.** *Ho:O, ES:E.* **lashuro.**

lata.
- **I. 1.** f. *Co, Ec.* Recipiente metálico que se usa para poner alimentos que se deben hornear.
- **1.** f. *Ec.* Hoja metálica en que se colocan los alimentos para hornearlos.

II. 1. f. *Ar:NO.* **iscayante.**
  2. *Ve.* **caña brava.**
III. 1. f. *Gu, Ho, Ni.* Unidad de peso y volumen del grano de café sin despulpar que equivale aproximadamente a 5,66 kg o 12,5 libras. rur.
  2. *Gu, Ni.* Medida de granos que equivale a un tercio de quintal.
  3. *Bo:O,C.* Unidad de volumen equivalente a 20 l, usada en la venta de la **chicha.**
  4. *ES.* Onza de marihuana, que equivale a 28,75 g.
IV. 1. f. *Ni, Ve, Ec, Bo.* Automóvil viejo o que sufre muchas averías. pop.
  2. *CR.* Autobús. pop + cult → espon.
V. 1. f. *Ar, Ur.* Trozo de chapa que se coloca en el hocico al ternero y le permite pastar pero no mamar, con lo que se logra su destete sin separarlo de la madre. rur.
VI. 1. f. *Pe.* Caminata a pie larga y fatigosa. pop + cult → espon.
VII. 1. f. *Ve.* juv. Beso apasionado.
VIII. 1. f. *Ec.* Hoja metálica en que se colocan los alimentos para hornearlos.
VIII. 1. f. *Bo:O,C.* Mentira, embuste. pop + cult → espon.
IX. 1. f. *Pa.* obsol. Juego infantil en el que unos se esconden y otro busca a los escondidos. pop + cult → espon.
X. 1. *Gu.* Objeto o cosa insignificante, de mala calidad o de poco valor.

■

a. ‖ **~ de cinc.** f. *CR, RD, Co.* Lámina de hojalata galvanizada que se emplea para techar edificios y casas.

□

a. ‖ **a la ~.**
  i. loc. adv. *Co:O.* Con abundancia, en gran número o cantidad. pop.
  ii. *Co:O.* De manera veloz. pop.
b. ‖ **a ~.** loc. adv. *Pe.* A pie.
c. ‖ **en las ~s.** loc. adv. *Ho, Ni, Pa, PR.* Sin dinero.
d. ‖ **pura ~.** loc. adj. *Gu. Referido a persona,* innoble o insensible.
▶ **cortar la ~; dar ~; dejar en las ~s; estar en las ~s; estar pelando una ~; hablar ~; hacer ~; patear ~s; ser pura ~; tirar ~; volar ~.**

latantain.
I. 1. m. *Bo:O.* Recipiente de hojalata usado para comercializar alcohol.

latapi.
I. 1. m. *Pe.* Árbol que mide hasta 45 m de altura de hojas pinnadas y flores pequeñas de pétalos amarillentos en inflorescencias sueltas; su madera es muy apreciada y la corteza tiene propiedades medicinales. (Meliaceae; *Guarea* spp.). ♦ **trompillo.**

¡latas!
I. 1. interj. *Bo.* Expresa rechazo ante una exageración dicha por el interlocutor. pop.

lataza.
I. 1. *Pe.* **lateada,** caminata. pop.

latazo.
I. 1. m. *RD.* Latigazo, golpe. pop.
▶ **caerse a ~s.**

lateada.
I. 1. f. *Ar:NO.* Parrafada o charla larga y aburrida. pop + cult → espon.
II. 1. f. *Pe.* **lateo.**

latear(se).
I. 1. tr. *Bo, Ch, Ar:NO.* p.u. Molestar o aburrir a *alguien, especialmente por hablar mucho.* pop + cult → espon.
  2. intr. *Pe, Bo.* Hablar o conversar largo y tendido. pop.

3. tr. *Pe.* Contar *algo* a alguien. pop.
4. intr. prnl. *Ch.* Molestarse, cansarse, aburrirse. pop.
5. intr. *Bo.* Decir exageraciones. pop.
II. 1. intr. *Pe.* Caminar, andar. pop + cult → espon.
III. 1. tr. *RD.* Golpear a *alguien.*

lateo.
I. 1. m. *Pe.* Caminata, paseo que realiza alguien al trasladarse andando a un sitio. ♦ **lataza; lateada.**

lateral.
I. 1. m. *ES, Pa, Ec, Ch. En ciertos deportes,* lanzamiento del balón desde una de las bandas o lados del campo de juego.
II. 1. f. *Bo.* Galería de una mina abierta en la roca que sigue la misma dirección de la veta.

latería.
I. 1. f. *Ch.* Dicho o hecho fastidioso. pop + cult → espon.

laterío.
I. 1. m. *Mx.* Conjunto de latas, *generalmente de conserva.*

latero, -a.
I. 1. adj/sust. *Ar. Referido a persona,* charlatana. pop + cult → espon.
  2. *Pe, Bo. Referido a persona,* mentirosa, embustera. pop.
  3. *Ni, Bo, Ch. Referido a persona,* latosa, fastidiosa, *especialmente por hablar en exceso.* pop + cult → espon.
II. 1. m. y f. *Ar, Ur.* Adicto a la pasta básica de cocaína. drog.
III. 1. m. y f. *Bo.* Abogado. pop + cult → espon ^ desp.

latición.
I. 1. *ES.* **latidera.** rur.

latidera.
I. 1. f. *Gu, ES, CR.* Serie de ladridos constantes y prolongados. rur. ♦ **latición.**

latido.
I. 1. m. *Gu, ES, CR, Pa, Bo; Ve,* rur. Ladrido del perro.

latigar.
I. 1. tr. *Ar; Ec,* p.u. Castigar a *alguien* azotándolo con un látigo u otro objeto semejante.

latigazo.
I. 1. m. *Pe:N.* Enfermedad provocada por la secreción por el abdomen de un coleóptero que produce ardor e irritación.

látigo.
I. 1. m-f. *Pe, Ch.* meton. *En una carrera de caballos,* jinete, yóquey.
  2. m. *Pe; Pa,* rur. Azote de tiras de cuero trenzadas con el que se aplica un castigo físico a niños por faltas consideradas graves.
II. 1. m. *Bo. En una relación de pareja,* hombre dominado por la mujer.
▶ **estar hecho un ~.**

latigoso, -a.
I. 1. adj. *RD. Referido a un alimento,* que es difícil de masticar por tener una textura semejante a la de la goma.

latigudo, -a.
I. 1. adj. *Ch. Referido a un sólido,* blando y elástico.
  2. *Ch. Referido a un alimento,* muy empalagoso.
  3. *Ch. Referido a persona,* fastidiosa, molesta, pesada. pop + cult → espon.

latigueada.
I. 1. f. *Mx, Ec, Pe, Bo; Ar:NO,* rur. Castigo dado con un látigo.

latiguear.
I. 1. tr. *Ho, Ec, Pe, Bo, Ar:NO.* Castigar a *alguien* azotándolo con un látigo u otro objeto semejante.

latiguera.
I. 1. f. *Pe.* **Golpiza** dada con un látigo o un objeto similar.

latiguillo.

   I. 1. m. *ES. En la radio*, breve intervención musical entre dos programas.

latilla.

   I. 1. f. *Ec:N.* Estaca de **guadua.**
   2. *Ec.* Astilla grande de madera.

latinazgo.

   I. 1. m. *RD, Ec, Ch.* Voz o frase latina intercalada en un texto o discurso en otra lengua. desp.

latir.

   □

   a. ‖ **~ en la cueva.** loc. verb. *Ve.* Amenazar a *alguien*, hostigarlo.

   b. ‖ **~le.**

     i. loc. verb. *Mx, Ni, CR, Ve, Ec, Bo, Ch.* Producir *algo* a alguien un presentimiento o impresión de que va a hacerse realidad.

     ii. *Mx, Gu.* Resultarle a alguien atractiva *una persona*. pop + cult → espon.

     iii. *Mx.* Venir en gana *algo* a alguien, apetecerle. pop + cult → espon.

latisueldo.

   I. 1. m. *Ec.* Salario de considerable cuantía. pop.

latón.

   I. 1. m. *Cu, PR.* Cubo de hojalata para el agua. rur.
   2. *Cu.* Cubo, *especialmente para la basura.*
   3. *PR.* Vasija de hojalata de boca ancha para transportar líquidos. rur.

latonería.

   I. 1. f. *Co, Ve; Ec.* p.u. Taller dedicado a la reparación de la carrocería de vehículos.
   2. *Co; Ec*, p.u. Oficio de **latonero.**

latonero, -a.

   I. 1. m. y f. *Co, Ve, Ec.* Persona que tiene por oficio reparar la carrocería de los vehículos.

latoso, -a.

   I. 1. adj. *Bo. Referido a persona*, que dice mentiras. pop + cult → espon.

laucha.

   I. (Del map. *laucha* o *llaucha*).

   1. f. *Pe:S, Bo, Ch, Py, Ar, Ur.* Ratón, especialmente pequeño.
   2. *Ch, Ar.* metáf. Persona menuda y delgada. pop.
   3. *Ar.* p.u. metáf. Persona astuta. pop.

   II. 1. *Ch.* Tira de cable o alambre a la que se enganchan otros cables y se utiliza como guía para introducirlos en los tubos de una instalación eléctrica.

   III. 1. f. *Co:NE.* Pez de río muy pequeño, de hasta 10 cm de longitud, parecido al **capitán.** (Trichomycteridae; *Pygidium striatum*).

   ▶ **mascar ~s.**

lauchear.

   I. 1. intr. *Ch. En algunos deportes*, jugar limitándose a esperar la oportunidad de marcar un tanto. pop.

lauchero, -a.

   I. 1. adj/sust. *Pe, Ch. Referido a un jugador*, que habitualmente espera la oportunidad de marcar un tanto sin incorporarse de lleno al juego. pop + cult → espon.

lauchón.

   ■

   a. ‖ **~ orejudo.** m. *Ch.* Roedor de hasta 5 cm de longitud, de ojos y orejas grandes. (Muridae; *Phyllotis* spp.).

laúd.

   I. 1. f. *Mx, Ho, Ni, Pa.* Tortuga marina de hasta 3 m de longitud, con cuerpo en forma de barril, cola puntiaguda y caparazón de color negro con siete crestas longitudinales, carece de dientes y usa su pico afila-

do y fuerte para alimentarse; es la más grande del mundo. (Dermochelidae; *Dermochelys coriacea*). ◆ **baula; fanduca; tinglado; tora; tortuga baula.**

laundry. (Voz inglesa).

   I. 1. m. *EU; Bo*, p.u. Lavandería, establecimiento donde se lava ropa. (**londri**).
   2. f. *EU.* Ropa sucia que hay que lavar, o que está recién lavada. (**londri**).

laupe.

   I. 1. m. *Bo.* Árbol de hasta 25 m de altura, con hojas simples, flores amarillas y frutos en cápsula; su madera se utiliza en la construcción. (Ochnaceae; *Godoya obovata*).

laura.

   I. 1. f. *Co:N.* **zopilote**, ave carroñera.

laurel.

   I. 1. *Gu, Ho, ES, CR, Pa, Ec, Py.* **suchicahue.**
   2. m. *Bo.* **moena.**
   3. *PR.* Árbol de hasta 30 m de altura, de copa cónica, corteza de color castaño aceitunado y aromática, flores de color blanco y fruto elíptico. (Magnoliaceae; *Magnolia splendens*). ◆ **laurel sabino; sabino.**
   4. *Ur.* Árbol de hasta 25 m de altura, de follaje persistente verde oscuro, flores en panículas axilares, pequeñas y de color blanco amarillento, y fruto pequeño, drupáceo, ovoide y negro brillante. (Lauraceae; *Ocotea acutifolia*).

   ■

   a. ‖ **~ avispillo.** m. *PR.* **cabirma aromática.**

   b. ‖ **~ blanco.**

     i. *Gu, Ho, ES.* **suchicahue.**

     ii. m. *RD, Bo.* Árbol de mediana altura, corteza lisa color castaño, ramas largas, hojas y corteza con sabor a especias y baya marrón oscuro; su madera, rosada y liviana, se usa como combustible. (Lauraceae; *Ocotea floribunda*). ◆ **laurel espada.**

   c. ‖ **~ cambrón.** m. *RD, Bo.* Árbol de hasta 15 m de altura, de corteza gris y verrugosa, hojas ovaladas, flores en ramos pequeños que brotan de una rama central, fruto negruzco y semillas pequeñas y redondas en cápsulas individuales algo velludas. (Lauraceae; *Ocotea globosa*). ◆ **aguacatillo; cacaíllo; guayarte.**

   d. ‖ **~ canelón.** m. *PR.* Árbol perenne de mediana altura, copa densa, corteza y hojas muy olorosas y fruto en forma de baya. (Lauraceae; *Ocotea wrightii*).

   e. ‖ **~ cigua.** m. *PR.* **cigua.** (Lauraceae; *Ocotea leucoxylon*).

   f. ‖ **~ de cera.** m. *Ec, Bo:S.* Árbol de hasta 5 m de altura, ramificado desde la base, hojas simples, flores en espiga y fruto en drupa esférica que, al madurar, se cubre de una cera blanquecina; la corteza pulverizada tiene usos en la medicina tradicional. (Myricaceae; *Myrica pubescens*). ◆ **yana-yana.**

   g. ‖ **~ espada.** *PR.* **laurel blanco.** (Lauraceae; *Ocotea floribunda*).

   h. ‖ **~ geo.** m. *PR.* **cigua.** (Lauraceae; *Ocotea leucoxylon*).

   i. ‖ **~ guaica.** m. *Ar:N.* **guaica.**

   j. ‖ **~ macho.** *Gu, ES, Ni.* **suchicahue.**

   k. ‖ **~ negro.** *Pa.* **suchicahue.**

   l. ‖ **~ rosa.** *Co.* **ébano.** (Apocynaceae; *Nerium oleander*).

   m. ‖ **~ sabino.** *PR.* **laurel.** (Magnoliaceae; *Magnolia splendens*).

   ▶ **quedarse en los ~es; volar con sus ~es; volver por los ~es.**

laureño.

   I. 1. *Pa.* **barajo**, arbusto.

lavacara.
- **I. 1.** f. *Ec.* Recipiente en forma de taza, de gran diámetro y poca profundidad, *que sirve principalmente para lavarse la cara y las manos.*

lavacaras.
- **I. 1.** m-f. *Ho, RD.* Persona aduladora y servil.

lavacopa.
- **I. 1.** *Ar, Ur.* **lavacopas.**

lavacopas.
- **I. 1.** m-f. *Bo, Ar, Ur. En bares y restaurantes*, empleado encargado de limpiar las copas y otras piezas o utensilios de cocina. (**lavacopa**).

lavada.
- **I. 1.** f. *Bo.* Robo de las pertenencias y de las prendas de vestir a una persona borracha que ha quedado tirada en la calle o en un establecimiento público. delinc.
- **II. 1.** f. *Pa.* Insulto o serie de insultos.
- □
  - a. ‖ **~ de cabeza.** loc. sust. *Pe, Ar, Ur.* Reprimenda, reprensión. pop.
  - b. ‖ **~ de cara.** loc. sust. *RD, Bo.* Arreglo superficial que se realiza a algo para mejorar su apariencia. pop + cult → espon.
- ▶ **dar una ~; pegarse una ~.**

lavadera.
- **I. 1.** f. *Ni, Pa, Co, Pe.* Lavado continuado o repetido de algo. pop.
- **II. 1.** f. *Cu.* obsol. Tabla que sirve para restregar la ropa al lavarla. rur.

lavadero.
- **I. 1.** m. *Ho, ES, Ni, CR, Pa, RD, Co, Ve, Ec, Pe, Bo, Ch, Ar.* Paraje del lecho de un río o arroyo donde se recogen arenas auríferas y se lavan agitándolas en una batea.
- **II. 1.** m. *Mx.* Negocio cuya finalidad principal es disimular la procedencia de dinero obtenido de manera ilícita.
- **III. 1.** m. *CR.* Terreno muy erosionado. pop.

lavado.
- **I. 1.** m. *Mx, Ni, Cu, RD, Co, Ve, Ec, Ch.* Enema, lavativa.
- **II. 1.** m. *PR. En la industria cafetalera*, enjuagado del café despulpado para quitar la baba al grano.
- ■
  - a. ‖ **~ de cabo de año.** m. *Bo:O.* Lavado de la ropa de un difunto el día que se cumple un año de muerto.
- □
  - a. ‖ **~ de cabeza.** loc. sust. *Pa.* Cambio de la forma de pensar de alguien después de llenarle la cabeza de ideas.
  - b. ‖ **~ de manos.** loc. sust. *Pe, Bo, Ch.* Elusión de una responsabilidad que le corresponde a *alguien* justificándose por no hacerlo. pop + cult → espon.

lavado, -a.
- **I. 1.** adj. *Gu, Ho, ES, Ni, Bo. Referido a persona*, sin dinero. pop + cult → espon.
- **II. 1.** adj. *RD, Ec; Cu,* p.u. *Referido a la piel de una persona mestiza*, clara.
- **III. 1.** adj. *Cu. Referido a un animal vacuno*, de color grisáceo con algunas partes del cuerpo blancas.
- ▶ **estar ~.**

lavadólares.
- **I. 1.** m. *RD.* Delito que consiste en hacer legal una cantidad de dinero conseguida por tráfico de drogas.
- **2.** adj/sust. *RD. Referido a persona*, que comete este delito.

lavador.
- **I. 1.** *Mx.* **mapache**, mamífero omnívoro. (**lavandero**).

II. 1. m. *Gu, Pe.* Lavabo.
- **2.** *Pe.* Palangana, jofaina. rur.
- **3.** *Bo. En un cuarto de baño*, pila con **llave** para lavarse las manos.

lavador, -ra.
- **I. 1.** m. y f. *Ec, Bo, Ch.* Minero que se dedica artesanalmente a extraer oro en ríos. ◆ **lavador de oro.**
- ■
  - a. ‖ **~ de oro.** *Ch.* **lavador**, minero.

lavadora.
- **I. 1.** *Cu, RD, PR.* **centrífuga**.
- ■
  - a. ‖ **~ de trastes.** f. *Mx.* Lavaplatos, máquina para lavar la vajilla, los cubiertos, etc.

lavagallo.
- **I. 1.** m. *RD, Ve.* Aguardiente fuerte de caña.
- **2.** adj. *RD. Referido al ron*, de muy mala calidad.
- **3.** m. *Pa.* Trago de bebida alcohólica.

lavahuevos.
- **I. 1.** *CR.* **lava huevos.**

lavaloza.
- **I. 1.** m-f. *Co, Bo, Ch.* Detergente líquido que se utiliza para lavar la loza. (**lavalozas**).

lavalozas.
- **I. 1.** *Co, Bo, Ch.* **lavaloza.**

lavamanos.
- **I. 1.** m. *Mx, Ni, CR, Pa, Cu, RD, Bo, Ch, Pe,* p.u. Lavabo.

lavamático.
- **I. 1.** m. *Pa.* Establecimiento comercial para el lavado y planchado de ropa. pop + cult → espon.

lavandería.
- **I. 1.** f. *Bo.* Establecimiento público, *por lo general una* **cantina** *o un* **boliche**, frecuentado por gente de baja categoría social y malhechores. delinc.
- **II. 1.** f. *Pa.* Espacio de una vivienda destinado al lavado de ropa. pop.

lavandero.
- **I. 1.** *Mx.* **mapache**, mamífero omnívoro.
- **II.** (Epént. de *lavadero*).
  - **1.** m. *ES, Ni, Ve.* Espacio de una vivienda destinado al lavado de la ropa.

lavandina. (De *Lavandina*®).
- **I. 1.** f. *Bo, Ch:S, Py, Ar, Ur.* Producto líquido, rico en cloro, que se utiliza como desinfectante en tareas de limpieza y para blanquear ropa.

lavaperro.
- **I. 1.** m. *Pa.* Árbol de hasta 8 m de altura, de copa irregular y follaje disperso, hojas simples y alternas, flores de color amarillo pálido y frutos en bayas globosas y rojos cuando están maduros. (Apocynaceae; *Thevetia ahouai*).

lavaperros.
- **I. 1.** m-f. *Co.* Empleado servil de un rico o poderoso. delinc.

lavapiés.
- **I. 1.** *PR.* **pamperito.**

lavaplato.
- **I. 1.** m. *Bo.* Árbol de hasta 8 m de altura, de hojas simples, pilosas y ovaladas, flores campanuladas y fruto en baya globosa que se torna negra al madurar. (Solanaceae; *Solanum albidum*). ◆ **lavaplato plateado.**
- □
  - a. ‖ **~ plateado.** *Bo.* **lavaplato.**

lavaplatos.
- **I. 1.** m. *Ni, Co, Ve, Bo, Ch, Py,* pop. *En la cocina*, pila en que se lavan la vajilla y los utensilios de menaje.
- **II. 1.** *Gu, Ho, Ni.* **cabrayuyo.**

lavar.

   I. 1. tr. *Mx, Ho, Ni.* Procesar el café con posterioridad al despulpe, que deja el grano limpio de pulpa y cáscara, utilizando gran cantidad de agua.

   II. 1. tr. *Bo.* Robar las pertenencias y las prendas de vestir a una persona borracha que ha quedado tirada en la calle o en un establecimiento público. delinc.

   III. 1. tr. *RD.* Golpear a *alguien*.

   □

     a. ‖ **~ el cinco.** loc. verb. *Ec.* p.u. *Entre ciertos grupos indígenas ecuatorianos,* lavar ritualmente la ropa de un difunto después de haberse cumplido el quinto día de su muerte.

     b. ‖ **~ el morro.** loc. verb. *Ho.* Cambiar la forma de pensar de las personas, introduciendo nuevas ideas.

     c. ‖ **~ la cabeza.** loc. verb. *Ar.* Reprender, amonestar. pop.

     d. ‖ **~ la cara.** loc. verb. *Bo.* Reparar una falta cometida contra alguien.

     e. ‖ **ni ~ ni prestar la batea.** loc. verb. *Ve.* No utilizar *algo* ni permitir que otro lo haga.

   ◪

     a. ‖ **lavando ajeno y entregando mojado.** fr. prov. *Ho, Ni.* Indica que alguien está en muy mala situación económica.

lavarropa.

   I. 1. *Bo, Ar, Ur;* m-f. *Py.* **lavarropas.**

   II. 1. *RD.* **pelo de gato.**

lavarropas.

   I. 1. m. *Ar, Ur;* m-f. *Py;* f. *Bo.* Lavadora, máquina para lavar la ropa. (**lavarropa**).

lavatín.

   I. 1. m. *Cu.* Establecimiento en el que una persona puede lavar su ropa mediante el pago de una cantidad convenida.

lavativa.

   I. 1. f. *Ve.* Cosa u objeto cuyo nombre se ignora o no se recuerda. desp.

   □

     a. ‖ **la misma ~ pero con diferente bitoque.** loc. sust. *Mx.* Situación o caso esencialmente igual a otro de la misma especie salvo diferencias menores e insustanciales.

   ▶ **echar ~s.**

lavatorio.

   I. 1. m. *CR, Ec, Pe, Ch, Py, Ar, Ur. En un cuarto de baño*, pila con **llave** para lavarse las manos.

   2. *Pe, Bo; Py,* obsol. Recipiente redondo de poca profundidad *que sirve principalmente para lavarse la cara y las manos.*

   II. 1. m. *Bo, Ar:NO.* Ceremonia que se celebra días después de un enterramiento, en la que cada familiar o amigo lava y seca al sol una prenda del difunto. rur.

lavatrastos.

   I. 1. m. *Ho, ES.* Pila grande para fregar utensilios de cocina.

   2. *Ho.* Máquina eléctrica y automática para lavar los platos, vasos y otros utensilios de cocina.

lavavajilla.

   I. 1. m. *Mx, Ni, Ch, Py, Ar.* Lavavajillas, máquina para lavar platos, cubiertos y otros enseres de cocina.

lavaza.

   I. 1. f. *Pa, RD, PR, Pe, Bo.* Agua espumosa obtenida al lavar la ropa u otros enseres.

   2. *RD, PR, Ch.* Espuma de agua jabonosa.

   3. *Bo.* metáf. Saliva espumosa que expulsa una persona cuando sufre un ataque de epilepsia.

   4. *Ho.* Agua con residuos de masa de maíz con que se ha lavado la piedra de moler para comida de cerdos.

II. 1. f. *Ec:O.* **Banano** de inferior calidad que las compañías desechan al seleccionar la fruta y venden a menor precio como alimento para cerdos.

lay.

   ■

     a. ‖ **~ away.** (Voz inglesa). m. *EU, PR.* Compra de una mercancía a plazos que es retirada después de haber completado el pago. (**layaway**).

layán.

   I. 1. m. *Pe.* Saúco. (Adoxaceae; *Sambucus* spp.). ◆ **rayán.**

layaway. (Voz inglesa).

   I. 1. *EU, PR.* **lay away.**

laymi.

   I. 1. m. *Pe.* Sistema de rotación y distribución anual de cultivos en terrenos comunales parecido al barbecho.

layoff. (Voz inglesa).

   I. 1. m. *EU, PR.* Despido de un trabajador o destitución del empleo que tenía.

laza.

   I. 1. f. *ES.* Dispositivo de hilos de alambre con un nudo corredizo que, asegurado en el suelo con una estaquilla, sirve para cazar conejos, perdices y otras aves.

lazada.

   I. 1. f. *Pa, Bo, Ch. En el proceso de tejido con palillos,* movimiento que se ejecuta llevando el hilo de atrás hacia delante y de delante hacia atrás.

   2. *Pa, Bo. En el proceso de tejido con palillos,* calado hecho mediante lazadas.

lazar.

   I. 1. *Ho.* **amarrar,** atar *algo.*

lazariento, -a.

   I. 1. adj/sust. *Mx. Referido a persona*, que padece el mal de san Lázaro o elefantiasis.

lázaro.

   I. 1. m-f. *Ec.* p.u. Persona enferma de lepra. pop.

lazo.

   I. 1. m. *Mx.* Tira en forma de ocho, que se coloca a los novios en el sacramento del matrimonio.

   II. 1. m. *Co, Bo.* Cuerda trenzada de esparto.

   III. 1. m. *Pa, Bo.* Tira, *generalmente de lienzo fino,* que se pone alrededor del cuello y se ata delante con un nudo, de modo que los extremos queden sueltos.

   IV. 1. m. *PR.* Asa del mango de la pala. rur.

   □

     a. ‖ **~ de amor.** loc. sust. *Pa, Ar.* Planta de hojas lineales, de color verde con una franja blanca sobre la nervadura principal, y flores de color blanco y dispuestas en racimos en la extremidad de un largo eje floral y está provisto de una roseta de hojas. (Agavaceae; *Chlorophytum comosum*).

   ▶ **coger a ~; jugar al ~; poner como ~ de cochino; sacarse el ~; saltar al ~; ser cogido a ~; ser de ~ y reata.**

lazuro, -a.

   I. 1. *Ho.* **lashuro.**

leak. (Voz inglesa).

   I. 1. m. *EU, PR.* Goteo, filtración.

leandra.

   I. 1. f. *Gu.* Prostituta. desp.

lebepé. (De *l. b. p.,* iniciales de *libertad bajo palabra*).

   I. 1. m-f. *PR.* Persona que disfruta de libertad bajo palabra. delinc.

lebisa.

   I. 1. f. *Cu, RD, PR.* Raya de hasta 2 m de anchura, de cuerpo aplanado en forma de disco y cola alargada provista de aguijón, el lado dorsal es de color marrón oscuro a verdoso y el lado ventral es amarillento. (Dasyatidae; *Himantura schmardae*). (**levisa; libuza**).

   II. 1. f. *PR.* **negrillo,** árbol de hasta 9 m. (**levisa**).

lebón.

I. 1. m. *Mx:NO.* Árbol de hasta 8 m de altura, ramificado desde cerca del suelo, con tallos delgados y ramas espinosas, hojas pequeñas dispuestas en pares de color entre verdoso y amarillento, flores amarillas y frutos en forma de vaina con constricciones entre semilla y semilla. (Fabaceae; *Parkinsonia microphylla*). ♦ **palo brea.**

lebrancha.

I. 1. f. *Mx, Gu, Pa.* Lisa, pez teleósteo. (Mugilidae; *Mugil* spp.). (**lebranche; lebrancho**).

lebranche.

I. 1. *Co:N, Ve.* **lebrancho.**

lebrancho.

I. 1. m. *Cu.* **lebrancha.**

lebrejear.

I. 1. intr. *RD.* Divertirse o estar de fiesta.

lebrejero, -a.

I. 1. adj/sust. *RD. Referido a persona*, que le gusta mucho **lebrejear.**

lebrel.

I. 1. adj. *RD. Referido a persona*, astuta o viva.

lebrillo.

I. 1. m. *Ho, Ni.* Vasija de barro de diferentes tamaños, con dos asas y boca grande, que se utiliza para almacenar y refrescar el agua.

lebrón, -na.

I. 1. adj. *Mx. Referido a persona*, experimentada, que no se deja engañar. pop.

lebruna.

I. 1. adj. *RD. Referido a una mujer*, desinhibida sexualmente.

lebruno, -a.

I. 1. adj. *Ve:C. Referido a una res*, de color blanco amarillento.

lechada.

I. 1. f. *Pe.* p.u. Eyaculación seminal. vulg.
II. 1. f. *Ni, Cu, PR. En el beisbol*, resultado de un juego en el que un equipo gana sin haber permitido carreras al contrario.
III. 1. f. *Ho. En la producción de panela*, cantidad de cal que se echa a la **miel** para regular su grado de acidez.

lechar.

I. 1. tr. *Mx, Ve:C, Bo, Ch.* Blanquear una pared con lechada de cal.
2. *Pa, Bo, Ch.* Recubrir una pared con una capa de yeso o de cemento blanco.
II. 1. intr. *Ec; Pe*, rur. Dar leche la hembra de ciertos animales domésticos.
2. tr. *Bo; Ch*, rur. Ordeñar a una hembra de animal que da leche, *especialmente a una vaca*.
3. intr. *Ec.* Mamar la cría de ciertos animales domésticos.
4. tr. *Ho.* metáf. Extraer la savia o látex de ciertos árboles.

lechazo.

I. 1. m. *Ve, Bo; Pa.* vulg. Golpe de suerte. pop.

leche.

I. 1. f. *Mx, Gu, Ho, ES, Ni, CR, Pa, RD, PR, Ve, Ec, Pe, Bo, Ar.* Buena suerte. pop + cult → espon.

■

a. ‖ ~ **amarilla.**
 i. m. *Gu.* Árbol de hasta 15 m de altura, de copa piramidal y ramificado desde la base, hojas elípticas, opuestas y acuminadas, e inflorescencia axilar en umbela, cuyo fruto es una cápsula ovalada y con poca pulpa. (Clusiaceae; *Rheedia intermedia*).

b. ‖ ~ **asada.** f. *Pe, Ch.* Postre preparado con una mezcla de leche cocida, huevos, azúcar y canela, de consistencia semirrígida.

c. ‖ ~ **búlgara.** f. *Mx.* Leche que se ha fermentado con **búlgaros.**

d. ‖ ~ **calostra.** f. *ES, RD, Co, Ec.* Primera leche que da la hembra después de parida.

e. ‖ ~ **de cartón.** f. *Pa, Ec.* Leche pasteurizada que se comercializa en envases herméticos de cartón impermeabilizado.

f. ‖ ~ **caspi.** m. *Bo.* Árbol de hasta 30 m de altura, de tronco acanalado, hojas alternas, flores blancas o verde amarillentas y frutos de color grisáceo al madurar. (Apocynaceae; *Aspidosperma macrocarpon*).

g. ‖ ~ **de coyol.** f. *CR:NO.* Vino de coyol.

h. ‖ ~ **de funda.** f. *Ec.* Leche pasteurizada que se comercializa en bolsas selladas herméticamente.

i. ‖ ~ **de gallina.** f. *Ar:NO.* Vino hervido con canela y azúcar; se usa como antigripal.

j. ‖ ~ **de tigre.**
 i. f. *Ar:NO.* Bebida alcohólica fuerte que lleva leche en su composición; se prepara con múltiples fórmulas.
 ii. m. *Pe.* Jugo de **cebiche.**
 iii. f. *Ec.* Jugo de **cebiche** mezclado con vino blanco y vodka o **pisco** peruano.
 iv. *Ec.* Leche caliente mezclada con una bebida alcohólica.
 v. *Bo.* Bebida alcohólica preparada con leche, **singani** u otra clase de alcohol.

k. ‖ ~ **de vaca.** *Pa.* **moral bobo.**

l. ‖ ~ **dormida.** f. *ES.* Postre horneado y elaborado con leche, azúcar, huevo, canela, sal y limón.

m. ‖ ~-~.
 i. m. *Bo, Ar:NO.* **lecherón**, árbol. (Euphorbiaceae; *Sapium* spp.).
 ii. *Ar:NO.* **lecherón**, madera. (Euphorbiaceae; *Sapium* spp.).

n. ‖ ~ **malteada.** f. *Mx, ES, Ni.* Bebida que se prepara a base de frutas batidas con leche y helado.

ñ. ‖ ~ **maluca.** f. *Ve.* Leche materna que un recién nacido digiere mal.

o. ‖ ~ **nevada.** f. *Ch.* Postre preparado con una mezcla cocida de leche, huevos, azúcar y canela, sobre la cual flotan cúmulos de merengue.

p. ‖ ~ **planchada.** f. *Ar:NO.* Papilla elaborada a base de leche, huevo y maicena; una vez cocida se espolvorea con azúcar que se quema con un hierro candente.

q. ‖ ~ **popular.** f. *Ve.* Leche en polvo cuyo precio está subvencionado por el Estado.

r. ‖ ~ **prieta.** f. *PR.* **caimito verde.**

s. ‖ ~ **quemada.** f. *Cu.* **fanguito.**

t. ‖ ~ **recentina.** f. *PR.* Primera leche de la vaca después de parida. rur.

u. ‖ ~ **repentina.** f. *Cu.* Primera leche de la vaca después de parida.

v. ‖ ~ **sucia.** f. *Ho.* Calostro.

w. ‖ ~ **tierna.** *Ho.* **leche sucia.**

□

a. ‖ **a toda ~.** loc. adv. *Cu.* Con todas las comodidades.

b. ‖ **como ~ hervida.**
 i. loc. adv. *Bo, Py, Ar, Ur.* Vehementemente y sin contención. pop.
 ii. *Bo, Ar:NO.* Con enojo y furia. pop.

c. ‖ **de ~.** loc. adv. *Ar.* Por casualidad o suerte. vulg.

d. ‖ ~ **de perra.** loc. sust. *PR.* Mala fe. pop + cult → espon.

e. ‖ ~ **frita.** loc. sust. *PR.* Embuste, **aguaje.** rur; pop.

f. ‖ **mala ~.** loc. sust. *Ni, Pa, PR, Ve, Ec, Bo, Ar.* Mala suerte.

g. ‖ **por la ~.** loc. adv. *PR.* Con beneficio, el que obtiene el medianero al cuidar una vaca recién parida y su cría, utilizando la leche como si fuera propia.

h. ‖ **por pura ~.** loc. adv. *Pa, Bo.* Por casualidad o suerte.

i. ‖ **¡qué ~!** loc. interj. *Ho, ES, Ni, Pa, PR, Ec, Bo.* Expresa admiración por la suerte de alguien.

▶ **caer pajitas en la ~; cortarse la ~; creer que la mar es ~; criarse con ~ de burra; estar de ~; hinchar las ~s; llorar sobre la ~ derramada; mamar y beber ~; parecer mosca en ~; sacar la ~; ser ~ frita; tener ~; tener más ~ que un palo de pana; tener más ~ que un papagayo macho.**

lechebana.
I. 1. *PR.* **lechevana.**

lechebanal.
I. 1. *PR.* **lechevanal.**

lecheburra.
I. 1. *Ni.* **lechedeburra.**

lechecilla.
I. 1. f. *RD, PR.* Planta herbácea anual, silvestre, de hasta 1 m de altura, con tallo cilíndrico, hojas opuestas, inflorescencia terminal, flores verdosas y fruto en forma de cápsula globosa. (Euphorbiaceae; *Euphorbia heterophylla*). ♦ **lechevana; pastorcita.**

lechedeburra.
I. 1. f. *Ho, ES, Ni.* Caramelo hecho de leche, **panela** y canela.

lechemaría.
I. 1. f. *Mx:SE.* Árbol de hasta 45 m de altura, de copa grande, tronco grisáceo, con franjas verticales amarillentas, hojas simples, opuestas, envés más claro que el haz y borde ondulado, flores blancas o amarillentas, cuyo fruto es una baya carnosa de color verde. (Clusiaceae; *Calophyllum brasiliense*). ♦ **calaba; lagarto caspi; palo María; árbol de María.**

2. *Mx.* **ramón**, árbol.

lechemiel.
I. 1. m. *Co.* Árbol de hasta 18 m de altura, de tronco recto con abundante ramificación y cubierto de aguijones piramidales, copa ligeramente cónica, hojas simples, opuestas y alargadas, florecitas en racimos, amarillentas y fragantes, y fruto globoso carnoso que es comestible. (Apocynaceae; *Lacmellea edulis*).

lechera.
I. 1. f. *Bo.* Mujer que baila una danza tradicional, con treinta **polleras**, **manta** y un recipiente con leche.

II. 1. f. *Bo.* Bola de color blanco usada en el juego de las canicas.

lechereada.
I. 1. f. *Mx.* Recubrimiento con cal diluida en agua con que se rellenan los intersticios de un piso o pared de azulejo para cubrir las uniones.

lechería.
I. 1. f. *Mx, CR, Ec.* Hacienda ganadera destinada a la producción de leche.

2. *Co.* Crianza y cuidado del ganado de leche para la producción de lácteos.

3. *CR, Ec, Ch. En una hacienda ganadera*, edificio donde se realiza el ordeño.

II. 1. f. *Ar.* obsol. Establecimiento donde se sirven bebidas o postres hechos a base de productos lácteos.

III. 1. f. *Gu, Ho, ES, Ni.* Senos grandes de mujer. vulg; pop ^ fest.

IV. 1. f. *Ho, ES, Ni.* Gonorrea. fest.

lechero.
I. 1. m. *Mx, ES.* Amante de una mujer. fest.

II. 1. m. *Ec.* Arbusto de regiones áridas de la Sierra que produce un látex que solidificado semeja al caucho. (Euphorbiaceae; *Euphorbia laurifolia*).

lechero, -a.
I. 1. adj. *Mx; Ho, Ve,* fest; *Co:C,* espon; *Ch,* obsol. *Referido a un transporte público*, lento y que realiza muchas paradas. pop.

II. 1. adj/sust. *Gu, Ho, ES, Ni, CR, RD, Ve, Pe, Bo:N,SO,C, Ch.* **suertero**, que tiene suerte. pop + cult → espon.

III. 1. adj/sust. *Ve. Referido a persona*, mezquina, tacaña. pop + cult → espon ^ desp.

lecherón.
I. 1. m. *Bo, Ar.* Árbol de hasta 10 m de altura, de follaje poco denso e inflorescencias en espigas terminales; produce látex. (Euphorbiaceae; *Sapium* spp.). ♦ **curupí; leche-leche; pega-pega.**

2. *Bo, Ar.* Madera blanda y ligera de este árbol.(Euphorbiaceae; *Sapium* spp.). ♦ **curupí; leche-leche; pega-pega.**

3. *Ar.* Árbol de hasta 10 m de altura con hojas de bordes aserrados, inflorescencias de color verde blanquecino y fruto globoso. (Euphorbiaceae; *Sebastiania brasiliensis*). ♦ **palo de leche; tapuru.**

4. *Ar.* Madera, dura, ligera y de color blanco con vetas, del lecherón. (Euphorbiaceae; *Sebastiania brasiliensis*).

lecheronal.
I. 1. m. *Ar.* Sitio poblado de **lecherones**.

leches.
I. 1. m. *Bo:O.* Persona que es admitida en el servicio militar sin haber cumplido la edad reglamentaria. pop.

lechevana.
I. 1. *PR.* **lechecilla.** (**lechebana**).

lechevanal.
I. 1. m. *PR.* Terreno poblado de **lechevanas**. rur. (**lechebanal**).

lechigada.
I. 1. f. *Bo; Pe.* p.u. *En una profesión o en unos estudios*, conjunto de personas pertenecientes a una misma promoción. cult.

2. *Bo:E.* Grupo de amigos que suele realizar diversas actividades, *especialmente sociales y deportivas*. pop.

lechiguana.
I. 1. f. *Bo, Ar:NO.* **lachiguana**, avispa.

2. *Ar:NO.* **lachiguana**, panal.

lechillo.
I. 1. m. *Mx.* Árbol de hasta 25 m de altura, de tronco sinuoso, corteza verdosa grisácea, hojas alternas, con venas muy marcadas y margen aserrado, y fruto como una nuez alargada. (Betulaceae; *Carpinus caroliniana*).

2. *Pa.* **moral bobo**, árbol.

lechina.
I. 1. f. *Ve.* Varicela.

lechinismo. (De Juan *Lechín* Oquendo, economista boliviano, 1914-2001).
I. 1. m. *Bo.* Ideología política que comparte la ideas sindicalistas defendidas por el político y economista boliviano Juan Lechín Oquendo.

lechita.
I. 1. f. *Cu.* Bebida elaborada con ron, leche condensada, canela y huevo.

lechón.
I. 1. m. *Ch.* Arbusto de poca altura, hojas opuestas y flores monoicas sin cáliz; su fruto es una cápsula dividida en tres cocas o bayas. (Euphorbiaceae; *Colliguaya odorifera*).

II. 1. m. *Bo.* Cerdo lechón adobado con **ají**, limón, pimienta negra, cominos y sal, que se cuece al horno y se sirve acompañado de **papas**, **plátanos**, **camotes**, ensalada y **llajua.**

lechón, -na.
I. 1. sust/adj. *Cu, PR. Bo, Ar.* Persona, *especialmente la mujer,* muy gorda. pop + cult → espon ^ desp.

II. 1. adj. *ES, Ec:C, Bo; Pe,* rur. *Referido a persona,* que tiene buena suerte. pop + cult → espon.

III. 1. adj. *Ch. Referido a un animal,* que todavía mama.
► **morírsele los ~es en la barriga.**

lechona.
I. 1. f. *Co.* Hembra joven del cerdo, rellena y asada al horno; es un plato típico.

II. 1. f. *PR.* Automóvil grande, tipo **limosina**, con carrocería en pésimo estado.

lechonada.
I. 1. f. *PR.* Comida, *generalmente campestre,* cuyo plato principal es el lechón asado.

lechonera.
I. 1. f. *RD, PR.* Establecimiento especializado en la venta de lechón asado y otros platos derivados del cerdo.
2. *PR.* Criadero de cerdos. rur.
3. *PR.* Manada de cerdos. rur.

lechonero, -a.
I. 1. m. y f. *PR.* Persona que cría o vende lechones. rur.

lechonote.
I. 1. adj. *Ni. Referido a persona,* gorda y con buena salud.

lechosa.
I. 1. *Ho, ES:E, RD, PR, Ve.* **papaya,** fruto.
2. *Co.* **canchalagua.** (Euphorbiaceae; *Euphorbia hypericifolia*).

lechoso.
I. 1. *Gu, Ho, ES:S, Ni, RD, PR, Ve.* **papayo,** planta arbustiva.

lechoso, -a.
I. 1. *Ve, Ec:O.* **suertero,** que tiene buena suerte. pop + cult → espon.

lechuceada.
I. 1. f. *Ar:NO.* Augurio o pronóstico adverso. pop.

lechucear.
I. 1. intr. *Ec, Pe.* Trabajar por la noche.
2. *Ho, Ni, Pe.* Trasnochar, pasar la noche sin dormir.
II. 1. tr. *Ar, Ur.* Espiar o curiosear *algo* o a *alguien.*
III. 1. intr. *Ar.* Anunciar o augurar males. rur; pop.

lechucero, -a.
I. 1. adj/sust. *Ec, Pe. Referido a un taxista,* que presta servicio solo por las noches.
2. *Ho, Pe. Referido a persona,* que trasnocha o le gusta hacerlo.

lechucita.
I. 1. *Ar, Ur.* **lechucita de las vizcacheras.**
■
a. ‖ ~ **canela.** f. *Ur.* Ave de hasta 20 cm de longitud, con cabeza de color pardo oscuro, cara canela con una línea negra alrededor de los ojos, dorso superior pardo e inferior canela, alas pardas con lunares blancos, pecho y abdomen canelas y cola negra con tres hileras de lunares blancos. (Strigidae; *Aegolius harrisii*).
b. ‖ ~ **de campo.** f. *Ur.* **chicuate.**
c. ‖ ~ **de la pampa.** *Bo.* **lechucita de las vizcacheras.**
d. ‖ ~ **de las vizcacheras.** f. *Ar.* Ave rapaz de pequeño tamaño y plumaje de color pardo a ocráceo con manchas blanquecinas en el dorso. (Strigidae; *Athe-*

ne cunicularia). ♦ **lechucita; lechucita de la pampa; pequén; tiptiri.**
e. ‖ ~ **listada.** f. *Gu.* **caburé.**

lechudo, -a.
I. 1. adj. *Gu, ES, Ve, Bo:SO; Pa, Ar.* vulg. *Referido a persona,* que tiene buena suerte.

lechuga.
I. 1. f. *RD.* Marihuana. drog.
II. 1. adj. *Pa. Referido a persona,* lenta en su andar.
■
a. ‖ ~ **chilena.** *Ch.* **lechuga costina.**
b. ‖ ~ **costina.** f. *Ch.* Variedad de esta hortaliza más grande que la habitual, de hojas muy verdes y poco rugosas. ♦ **lechuga chilena.**
c. ‖ ~ **de agua.** *Pa, Co.* **lechuguilla.**

lechugo.
I. 1. *Pa.* **cojón de caballo,** árbol.

lechuguilla.
I. 1. f. *Ni, RD, PR, Co.* Planta acuática flotante de hojas esponjosas e infladas, agrupadas en rosetas, con venas prominentes y florecitas poco vistosas rodeadas de una hoja o espata; *es parecida a la lechuga.* (Araceae; *Pistia stratiotes*). ♦ **guama; lechuga de agua.**

lechuza.
I. 1. f. *Ar.* Persona que supuestamente es portadora de mala suerte. pop + cult → espon.

II. 1. f. *Bo.* Prostituta que generalmente trabaja de noche. delinc.

III. 1. sust/adj. *Ur.* Persona aficionada al fisgoneo. pop ^ desp.

IV. 1. f. *Pa.* **Carro** fúnebre.
■
a. ‖ ~ **de campanario.** *Ur.* **ratonera.**
b. ‖ ~ **orejita.** *RD.* **ciguapa.**
► **creer en huevos de ~.**

lechuzón.
■
a. ‖ ~ **de los campos.** *Ar.* **suindá.**

lechuzón, -na.
I. 1. m. y f. *Ar.* **lechuza,** persona portadora de mala suerte.

lccillo.
I. 1. *Bo:E.* **blanquillo de la pampa,** árbol.

leco.
I. 1. m. *Ve.* Grito, lamento muy sonoro.
□
a. ‖ **a todo ~.** loc. adv. *Ve.* En voz muy alta.
► **pegar ~s.**

leco, -a.
I. 1. adj. *Mx:E. Referido a persona,* loca, que ha perdido la razón. fest.

II. 1. adj. *Bo:O.* Relativo al **cantón** Apolo, provincia Franz Tamayo del departamento de La Paz. pop + cult → espon.

lectureada.
I. 1. f. *Bo.* Lectura superficial y rápida. pop.

lecturear.
I. 1. tr. *Bo.* p.u. Leer, pasar la vista por algo escrito y descifrarlo. pop.

leer.
□
a. ‖ ~ **tupido.** loc. verb. *Ho, ES.* Leer un texto de corrido y sin tropiezos.

left.
■
a. ‖ ~ *field.* (Voz inglesa). m. *EU, Ho, Ni, Cu, PR.* En el **beisbol, jardín izquierdo.**

b. ‖ ~ *fielder*. (Voz inglesa). m. *Ho, Ni, Cu, PR.* En el **beisbol**, jugador defensivo que cubre el **jardín izquierdo**.

legajador.
   I. 1. m. *Co.* Carpeta para guardar papeles.

legajar.
   I. 1. tr. *Pa, Co, Ec.* Ordenar documentos formando legajos.

legal.
   I. 1. adj. *Ni, Pa, Pe,* juv, pop; *Cu, Ec:N, Bo:C,O,S,* pop + cult → espon. *Referido a persona o cosa*, muy buena, estupenda, excelente.
   2. *ES. Referido a cosa*, fácil.
   3. *ES. Referido a persona*, ágil.
   ☐
   a. ‖ **la ~.** loc. sust. *Ch.* juv. La verdad.
   b. ‖ **por la ~.** loc. adv. *Pe.* Por la vía legal, sin incurrir en delito de corrupción.

légamo.
   ☐
   a. ‖ **come ~.** loc. sust. *RD.* Persona insignificante. pop ∧ desp.

legañiento, -a.
   I. 1. adj. *Bo, Ch. Referido a persona o animal*, legañoso, que tiene legañas. pop + cult → espon ∧ desp.

legiar.
   I. 1. intr. *Cu.* Pensar, razonar. pop.

legislatura.
   I. 1. f. *Mx, PR, Ve, Bo, Py, Ar, Ur.* Asamblea legislativa.
   2. *PR, Ve, Py, Ar.* Edificio donde se reúne la asamblea legislativa.

legisto, -a.
   I. 1. adj. *ES. Referido a persona*, entendida en leyes.

legítimo.
   I. 1. m. *ES.* Oro. delinc.

legonazo.
   I. 1. m. *ES.* Chisme, indiscreción, delación.

legonear.
   I. 1. intr. *ES.* Chismorrear, calumniar.

leguaje.
   I. 1. m. *Ho, ES, Ni; Bo:S,* pop. Distancia en leguas que existe entre dos puntos geográficos.

legüero.
   I. 1. m. *Bo:E,N.* Señal que indica la distancia en leguas. pop.

leguleyada.
   I. 1. f. *CR, RD, Co, Pe, Bo, Ch.* Maniobra o recurso aparentemente legal, pero en el fondo fraudulento.
   2. *CR, RD, Pe, Bo, Ch.* Argumento rebuscado y malicioso. ♦ **tintirellada**.
   3. *Ec.* Trampa que se realiza mediante una artimaña jurídica que hace el **leguleyo**, persona que hace gestiones ilícitas.

leguleyo, -a.
   I. 1. m. y f. *Ec.* Persona que hace gestiones ilícitas en los juzgados. pop + cult → espon.
   2. *Ni.* Estudiante de leyes que litiga sin haber obtenido el título.
   II. 1. m. y f. *Cu.* Persona que siempre intenta imponer su criterio y tiene argumentos para todo.
   III. 1. adj/sust. *Ni; Pa,* sat. *Referido a persona*, que protesta por todo.

legumbrera.
   I. 1. f. *Ve.* Fuente honda en que se sirve la ensalada.

leído, -a.
   I. 1. adj. *RD, PR. Referido a cosa o a asunto*, trillado, manoseado. pop + cult → espon.

2. *PR. Referido a persona*, muy conocida por todos, *en especial por su consumo de drogas*. drog.

leídoso, -a.
   I. 1. adj. *Bo. Referido a persona*, aficionada a la lectura. pop.

leila.
   I. 1. sust/adj. *Ni.* juv. Hombre homosexual.

leipa.
   I. 1. f. *Gu.* Responsabilidad, obligación. pop + cult → espon.

lejazo.
   I. 1. adv. *Ve, Ch.* Muy lejos. pop.

lejía.
   I. 1. f. *Bo.* Producto obtenido de la mezcla de las cenizas de los tallos de la **quinua** con arroz y anís molido, que se amasa con agua y se seca en porciones pequeñas; sirve para mejorar el sabor de la coca en el **acullico**.

lejillo.
   I. 1. m. *Ni.* **ijillo**, emanación y enfermedad.

lejío.
   I. 1. m. *RD.* Árbol de hasta 18 m de altura, de ramas delgadas, y corteza lisa y grisácea. (Cannabaceae; *Celtis trinervia*). ♦ **palo amargo**.

lejísimo.
   I. 1. adv. *Ni, CR, Pa, Cu, RD, Ve, Ch; Cu, Ar, Ur,* rur; pop; *Pa,* pop + cult → espon ∧ hiperb. Muy lejos.

lejito.
   I. 1. adv. *Ni, Pa, Ar, Ur, Ch.* Algo lejos. rur; pop.

lejo, -a.
   I. 1. adj. *Bo:E. Referido a lugar*, lejano.

lejos.
   I. 1. adv. *Ch.* **por lejos.** pop + cult → espon.
   ☐
   a. ‖ **buen ~.** loc. sust. *Mx, ES, Ch.* Buena apariencia a distancia de alguien o de algo, pero no de cerca. pop + cult → espon.
   b. ‖ **por ~.** loc. adv/adj. *Co, Bo, Ar, Ur; Ch.* pop + cult → espon. Claramente, con gran diferencia. pop. ♦ **lejos**.
   ▶ **tener buen ~.**

lejoso, -a.
   I. 1. adj. *ES. Referido a persona o cosa*, lejana.

lejote.
   I. 1. adv. *Ve.* Muy lejos.

lejura.
   I. 1. f. *Ec; Ar, Ur,* obsol; *Ve, Ch,* p.u; *Co,* pop. Lejanía.

leka.
   I. 1. *Py.* **lekaja**.

lekaja.
   I. 1. m. *Py.* Hombre viejo, anciano. (**leka**).

leke. (Del aim. y del quech. *liqr*).
   I. 1. m. *Bo:O.* Ave de hasta 30 cm de longitud, de plumaje blanco, alas negras, patas delgadas con dedos cortos y pico delgado y relativamente corto. (Charadriidae; *Vanellus* spp.). (**leque**). ♦ **leke-leke**; **leque-leque**.

leke-leke. (Del aim. y del quech. *liqi liqi*).
   I. 1. *Bo:O.* **leke**.

lele.
   I. 1. *Mx:E.* **chicocuchi**.

lele, -a.
   I. 1. adj. *ES. Referido a persona*, simple, tonta.

lelelé.
   I. 1. m. *Pa.* Enredo, lío. pop + cult → espon.

leliar.
   I. 1. intr. *Ni.* Estar distraído.

lelo, -a.
I. 1. m. y f. *Ch, Py.* Abuelo. pop + cult → espon ^ afec.

lelolai.
I. 1. m. *PR.* Canto navideño de origen campesino.
2. *PR.* Estribillo típico de las décimas campesinas.

lembar.
I. 1. tr. *Pa.* Arrojar *algo* o a *alguien* con gran fuerza o violencia para que recorra una distancia por el impulso recibido. pop + cult → espon.

lembe.
I. 1. m. *Ve:O.* Azote o golpe dado con la mano.

lembé.
I. 1. m. *RD.* Cuchillo de hoja larga.

lembo.
I. 1. m. *RD.* Cantidad o tamaño grande o excesivo.
2. adj/sust. *RD. Referido a persona*, grotesca, extravagante.

☐
a. ‖ ¡qué ~! loc. interj. *RD.* Expresa asombro.

lempirización.
I. 1. m. *Ho.* Pago de productos y servicios en lempiras.

lempo, -a.
I. 1. adj. *Ni. Referido a persona*, pálida. pop.
2. *CR. Referido a ave gallinácea*, de plumaje negro. rur.
3. adj/sust. *CR. Referido a persona*, de color moreno. pop.

lencho, -a.
I. 1. adj. *Ni.* juv. *Referido a persona*, tonta.

lenga.
I. 1. f. *Ch:S, Ar:S.* Árbol de hasta 30 m de altura, copa rala, hojas caducas y flores pequeñas y solitarias. (Fagaceae; *Nothofagus pumilio*).
2. *Ch, Ar:S.* Madera de este árbol, con diversas aplicaciones en carpintería y ebanistería.

lengón, -na.
I. 1. adj. *Ho, ES. Referido a persona*, que habla mucho, indiscreta.
2. *CR. Referido a persona*, que acostumbra decir exageraciones. pop + cult → espon.

lengua.
I. 1. f. *Ni, CR, PR, Co, Ec, Bo:C, Ch, Py.* Lengüeta del calzado.
II. 1. f. *Ho, ES, Ar.* Bizcocho alargado y redondeado por los bordes.
III. 1. f. *Gu.* Cada una de las lenguas habladas en Guatemala que no sea el español.

◼
a. ‖ ~ de fuego. f. *Ar.* Planta espinosa de tallos muy ramificados, hojas trifoliadas, abundantes flores pequeñas de un intenso color rojo o anaranjado y una legumbre pubescente como fruto. (Fabaceae; *Anarthrophyllum desideratum*).
b. ‖ ~ de loro. f. *Ch.* Planta perenne de hasta 80 cm de altura, de hojas alargadas y basales, flores en racimo blancas con líneas verdosas. (Orchidaceae; *Chloraea bletioides*).
c. ‖ ~ de mujer. *PR.* faurestina.
d. ‖ ~ de pájaro. f. *Mx.* Planta de hasta 80 cm de altura, de hojas de lanceoladas a elípticas, inflorescencias axilares de pocas flores y frutos en aquenio. (Polygonaceae; *Polygonum aviculare*). ♦ sanguinaria.
e. ‖ ~ de payaso. f. *Ni.* Pan dulce en forma de rollo que en su interior y en los lados que sobresalen tiene jalea de color rojo.
f. ‖ ~ de perico. f. *Mx.* matarratón.
g. ‖ ~ de perro. f. *Pe.* Planta herbácea vivaz de hasta 60 cm de altura, de hojas ásperas, anchas, lanceo-

ladas, enteras y pecioladas, flor en forma de embudo y de color púrpura; tiene usos medicinales. (Asteraceae; *Gamochaeta* spp.).
h. ‖ ~ de suegra.
  i. f. *Ho, Ni, CR, Pa, Co.* Hierba suculenta con rizoma rastrero del que salen en grupos de hasta 6 hojas, erectas, con una banda marginal amarilla, flores fragantes, nocturnas, blancas y tubulares; la hoja y el rizoma tienen variadas aplicaciones en la medicina tradicional. (Agavaceae; *Sansevieria guineensis*). ♦ curarina; espada de suegra; espada de rey; espada del diablo.
  ii. *ES.* Bizcocho alargado y redondeado por los bordes.
i. ‖ ~ de vaca.
  i. f. *Co, Ve, Ec, Ar, Ur.* Planta herbácea de hasta 1,20 cm de altura, de hojas lanceoladas y flores en panículas. (Polygonaceae; *Rumex* spp.).
  ii. *Cu, PR.* Planta herbácea silvestre de hasta 1 m de altura, erguida y ramificada, tallos fibrosos, ramas pubescentes, hojas alargadas, planas y carnosas, de color verde intenso, flores blancas en espigas y fruto en forma de baya de color rojo pardo; la infusión de sus hojas tiene aplicaciones en la medicina tradicional. (Ruscaceae; *Sansevieria hyacinthoides*). (lengüevaca).
  iii. *Ho, Ni.* marucha, arbusto.
  iv. *Pa.* Planta de hasta 70 cm de altura, de hojas lanceoladas de borde entero y envés pubescente, inflorescencia en panícula con flores de color blanco o lila. (Asteraceae; *Elephantopus mollis*).
  v. *Pa.* munune blanco.
j. ‖ ~ fingida. f. *ES, Ni.* Comida hecha de carne molida de cerdo y de res en forma de rollo, aderezada con especias y sal y horneada.
k. ‖ ~ malespina. f. *Ho.* malespín.
l. ‖ ~ mechada. f. *ES.* Comida hecha con lengua de res horneada y después desmenuzada en salsa.

☐
a. ‖ de media ~. loc. adj. *Cu, RD. Referido a persona*, tartamuda, o que no puede pronunciar ciertas palabras correctamente. pop. (media lengua).
b. ‖ ~ bola.
  i. loc. sust. *Ar:NO.* Manera de hablar de quien balbucea o pronuncia de manera defectuosa. pop.
  ii. loc. sust/adj. *Ar:NO.* Persona que habla balbuceando o pronunciar. pop.
c. ‖ ~ de billetera. loc. sust. *Pa.* Persona chismosa. pop ^ fest.
d. ‖ ~ de erizo. loc. sust. *Ch.* Gónada del erizo de mar.
e. ‖ ~ de gato.
  i. loc. sust. *Bo:C,O.* Tajada muy delgada de un alimento. pop + cult → espon.
  ii. *CR.* Persona que no resiste tomar un alimento muy caliente. pop.
f. ‖ ~ de lata. loc. sust. *ES.* Persona parlanchina.
g. ‖ ~ de lija.
  i. loc. sust. *Ch.* Tendencia o condición de quien habla mal de los demás. pop + cult → espon.
  ii. *Ch.* Persona que habla malintencionadamente de los demás. pop + cult → espon.
h. ‖ ~ de mime. f. *RD.* Cuchillo de hoja larga.
i. ‖ ~ de panza. loc. sust. *Bo:E.* Parte comestible del estómago de los rumiantes. pop + cult → espon.
j. ‖ ~ de trapo. loc. sust. *Pa, Cu.* Persona deslenguada, lenguaraz. pop + cult → espon ^ desp.
k. ‖ ~ floja. f. *Ho, RD, Ve, Ec.* Persona habladora e indiscreta. pop.
l. ‖ ~ larga. loc. adj/sust. *RD; Ec,* p.u. *Referido a persona*, mentirosa. pop.

m. ‖ ~ **mota.**
   i. loc. sust. *Ar:NO.* Manera de hablar de quien pronuncia de manera defectuosa. pop.
   ii. *Ar:NO.* Persona que pronuncia de manera defectuosa. pop.
n. ‖ ~ **sucia.** loc. adj. *Cu, Ve, Bo, Ch, Ar,* espon; *Ni, Py,* p.u; loc. sust/adj. *Bo:O,* pop + cult → espon. *Referido a persona,* que usa en su habla muchas palabras consideradas groseras por los demás.
ñ. ‖ ~ **suelta.**
   i. loc. adj/sust. *Mx. Referido a persona,* indiscreta e imprudente al hablar.
   ii. loc. sust/adj. *Ni, Cu, Ve, Bo, Ch, Py.* Persona que habla sin contención ni consideración alguna. pop + cult → espon.
o. ‖ **media ~.** loc. adj/sust. *Ni, RD, Ec.* **de media lengua.** pop.

◩

a. ‖ **de ~ se come un taco.** fr. prov. *Mx.* Indica que una persona fanfarronea o promete muchas cosas sin llegar a cumplirlas. pop + cult → espon.
▶ **aguantar la ~; buscarle la ~; castigar la ~; comerse la ~; darse la ~; echar ~; irse de ~; irse de ~s; jalar la ~; parar la ~; pasar la ~; picarle la ~; poner ~s; ser pura ~; soltar la ~; tener ~ de billetera; tener la ~ sucia; tener una ~ que se la pisa; tragarse la ~; volar ~; volverse pura ~.**

lenguachuta.
   I. 1. m-f. *Bo:E.* Persona tartamuda. pop ^ desp.

lenguajero.
   I. 1. m. *Ho:O.* Persona indígena que conoce su lengua vernácula o retiene cierto léxico.

lengualarga.
   I. 1. m-f. *Gu, Ho, ES, Ni, Pa, Cu, Pe, Bo.* Persona chismosa.
   2. adj/sust. *Ni, Pa, Cu, Pe, Bo. Referido a persona,* deslenguada, charlatana. pop.

lengualisa.
   I. 1. m-f. *Ni.* Persona chismosa.

lenguarada.
   I. 1. f. *Ve.* Serie de sonidos ininteligibles, como el balbuceo de los niños.

lenguarico, -a.
   I. 1. adj/sust. *Mx.* p.u. *Referido a persona,* deslenguada, atrevida en el hablar. pop + cult → espon.

lenguazo.
   I. 1. m. *Gu, ES.* Chisme, denuncia.
   II. 1. *Pa.* Beso sensual y apresurado que emplea la lengua. vulg; pop.

lengue.
   I. 1. m. *Ar, Ur.* Pañuelo de cuello, por lo común blanco, característico de la vestimenta del **compadrito.**

lengüeta.
   I. 1. f. *Ar, Ur.* Persona que habla sin discreción y más de lo conveniente, entremetida. pop.

lengüetao.
   I. 1. m. *Cu, RD.* Chismorreo, comadreo.

lengüetazo.
   I. 1. m. *Ho; RD, PR,* pop + cult → espon; *ES,* p.u. Chismorreo, comadreo.

lengüeteada.
   I. 1. f. *Ho, ES, Bo.* Lamida.
   II. 1. f. *ES.* Chismorreo.

lengüeteado, -a.
   I. 1. adj. *Mx, Ho, ES, Bo.* Lamido.

lengüetear.
   I. 1. intr. *Ar; ES,* p.u. Hablar mucho y de manera confusa. pop + cult → espon.

2. *Gu, RD, PR; Cu,* p.u. Chismorrear, difundir habladurías. pop + cult → espon.
3. *RD, PR.* Hablar por hablar. pop + cult → espon.

lengüeteo.
   I. 1. m. *Mx, Ho, ES, Bo, Ar.* Conjunto de lamidas constantes.
   II. 1. m. *Ar.* Charla prolongada y confusa. pop + cult → espon.
   2. *RD, PR.* **lengüetería.** pop + cult → espon.

lengüetería.
   I. 1. f. *RD; PR,* pop + cult → espon. Chismorreo, comadreo. ◆ **lengüeteo.**

lengüetero, -a.
   I. 1. sust/adj. *Mx, Gu, Ho, ES, RD, Ve;* adj. *PR,* pop + cult → espon ^ desp. Persona chismosa y murmuradora.
   2. *Ve; PR,* pop + cult → espon ^ desp. Persona que habla demasiado.

lengüetrapo.
   I. 1. m-f. *Ni, Pa, PR.* Persona chismosa.
   II. 1. m-f. *Ni.* Persona con dificultades en el habla.

lengüevaca.
   I. 1. f. *Co.* Hierba de hasta 1 m de altura, de hojas grandes y lanceoladas y florecitas de color amarillo rojizo agrupadas en largos racimos erectos. (Polygonaceae; *Rumex crispus, R. obtusifolius*).
   2. *Cu, PR.* **lengua de vaca,** planta herbácea.

lengüino.
   I. 1. sust/adj. *Cu.* Persona que suele hablar mal de los demás y divulgar chismes. pop.

lengüisucio, -a.
   I. 1. sust/adj. *Pa, Cu, RD; Co:SO,* espon ^ desp; *PR,* pop + cult → espon ^ desp. Persona que utiliza palabras malsonantes o groseras.
   2. adj. *PR. Referido a persona,* chismosa, enredadora. pop + cult → espon ^ desp.

lengüisuelto, -a.
   I. 1. adj. *Co; Ec. Referido a persona,* habladora y chismosa. pop ^ desp.

lengüita.
   I. 1. f. *Ar, Ur.* Pez de hasta 20 cm de longitud que vive en los fondos marinos. (Cynoglossidae; *Symphurus* spp.). ◆ **tapaculo.**
   II. 1. f. *ES.* Persona entremetida.
   III. 1. f. *ES.* Machete **cuma** muy gastado.

◼

a. ‖ ~ **de gato.** m. *Ar.* Bizcocho alargado, redondeado por los bordes y achatado.

lenguón, -na.
   I. 1. adj/sust. *Gu, Ho, ES, Ni, Pa. Referido a persona,* habladora y chismosa. pop + cult → espon ^ desp.
   2. *Gu, CR, Ec. Referido a persona,* que miente o acostumbra decir exageraciones.

lente.
   I. 1. f. *Ni.* Cámara fotográfica.
▶ **tirar ~; tirarle los ~s; volar ~.**

lenteada.
   I. 1. f. *ES, Pe.* Vistazo, mirada.
   2. *Bo.* Mirada detenida de una persona a otra del sexo opuesto. pop.

lenteador, -ra.
   I. 1. sust/adj. *Bo.* Persona que suele observar con detenimiento a otra del sexo opuesto. pop.

lentear(se).
   I. 1. intr. *Ar, Ur.* p.u. Observar, mirar atentamente.
   2. tr. *ES, Pe.* Mirar, ver *algo.*
   3. *Bo.* Observar con detenimiento a *una persona* del sexo opuesto. pop.

II. 1. intr. *Ni.* Tardar demasiado tiempo en hacer algo.
  2. intr. prnl. *Ni.* Tardarse mucho en hacer algo.

lenteja.
I. 1. adj. *Pe, Ch, Ar, Ur, Ec.* juv. Lento. pop + cult → espon ^ fest.
▶ **tirar ~.**

lentejismo.
I. 1. m. *Co.* Actitud de un político que acepta puestos en el gobierno del partido contrario y desobedece las instrucciones del propio partido. desp.

lentejo, -a. (Acrón. de *lento* y *pendejo*).
I. 1. adj/sust. *Mx, Ho, ES, Ni Referido a persona,* lenta y tonta. pop + cult → espon ^ desp.
  2. *Ec. Ar, Ur. Referido a persona,* lenta en el movimiento o en la acción. pop + cult → espon ^ desp.
II. 1. m. y f. *Co.* Político que acepta puestos en el gobierno del partido contrario y hace caso omiso de las instrucciones del propio partido. desp.
III. 1. m. y f. *Ur.* Persona que usa lentes. pop ^ desp.

lentejuelear.
I. 1. intr. *Gu.* Centellear.

lentisco.
■
  a. ‖ **~ del Perú.** m. *Pe,* **pirul.**

leña.
I. 1. f. *PR. En las actividades marítimas,* desperdicio. pop + cult → espon ^ desp.
  2. *PR.* Cosa de baja calidad, de poco valor. pop + cult → espon ^ desp.
II. 1. f. *RD.* Cigarro de gran tamaño hecho con marihuana. drog.
■
  a. ‖ **~ amarilla.**
    i. f. *Mx.* Arbusto de hasta 3,5 m de altura, de hojas pinnadas con espinas, inflorescencia en racimo, flores pequeñas de color amarillo y fruto en forma de baya. (Berberidaceae; *Odostemon fascicularis*). ♦ **retamilla; xoxoco.**
    ii. *Ar:O.* Arbusto alto, de corteza amarilla, flores blanquecinas y una legumbre como fruto. (Fabaceae; *Adesmia pinifolia*).
  b. ‖ **~ hedionda.** f. *Ar.* Arbusto de hasta 3 m de altura, con hojas alternas y coriáceas de envés pubescente. (Capparidaceae; *Atamisquea emarginata*). ♦ **matanegra.**
□
  a. ‖ **~ de oveja.** loc. sust. *Ar, Ur.* Estiércol seco de oveja que sirve para encender fuego. rur.
  b. ‖ **~ de vaca.** loc. sust. *Ar, Ur.* Estiércol seco de vaca que sirve para encender el fuego. rur.
  c. ‖ **~ gruesa.** loc. sust/adj. *RD.* Persona adinerada, o con poder e influencia. pop + cult → espon.
  d. ‖ **~ rajada.** loc. sust. *ES.* metáf. La mujer. rur; fest.
  e. ‖ **~ rolliza.** loc. sust. *ES.* metáf. El hombre. rur; fest.
  f. ‖ **pura ~.**
    i. loc. adj. *Gu. Referido a persona,* innoble o insensible.
    ii. *Gu. Referido a persona,* inútil, incompetente.
    iii. loc. adv. *RD.* Con maldad.
▶ **dar ~; echar más ~ a la candela; estar hecho ~; hacer ~; llevar ~; meter ~ al fuego; rajar ~; socar a ~; volar ~.**

leñaceada.
I. 1. f. *Gu.* Paliza, serie de golpes.

leñacear.
I. 1. tr. *Gu.* Golpear a *alguien,* darle una paliza.

leñada.
I. 1. f. *Ar.* Paliza, tunda. pop.

leñadero.
I. 1. m. *Mx:SE, Ch.* Lugar destinado para partir leña. rur.

leñatazo.
I. 1. m. *ES, Ni.* Golpe con un leño.

leñateada.
I. 1. f. *Ho, ES, Ni, CR.* **Golpiza** dada con un palo u otro objeto semejante. pop + cult → espon.

leñateado, -a.
I. 1. adj. *Ho, ES, Ni. Referido a persona o animal,* golpeado con un leño u otro objeto.
II. 1. adj. *Ni, CR. Referido a persona,* agotada físicamente. pop + cult → espon.

leñatear.
I. 1. tr. *Ho, ES, Ni; CR,* pop. Golpear *algo* o a *alguien* con un leño u otro objeto semejante.
  2. *ES. En el* **futbol**, jugar golpeando al contrario.
II. 1. tr. *Ho.* Cortar árboles o arbustos para hacer leña.

leñatero.
I. 1. *Ar.* **espinero,** pájaro.
II. 1. m. *ES. En el* **futbol**, jugador que golpea con frecuencia al contrario.

leñatero, -a.
I. 1. m. y f. *Gu, Ho, ES, Ni; Pa, Bo:S, Ch,* p.u. Persona que corta o vende leña.
  2. adj. *Ch.* p.u. Relativo a la leña.

leñazo.
I. 1. m. *Ve.* Golpe moral. pop.
II. 1. m. *Ni, Pa, Cu. En el* **beisbol**, batazo largo que envía la pelota fuera del terreno de juego.
  2. *CR. En el* **futbol**, remate potente realizado con el pie por un jugador hacia la portería contraria.
III. 1. m. *Ho, Pa.* metáf. Incremento considerable del precio de un producto o subida de algún impuesto. pop.
IV. 1. m. *ES.* Trago de licor. rur; fest.

leñear.
I. 1. intr. *Pe, Bo.* Cortar leña.
  2. tr. *Pe.* Cortar las ramas y el tronco de los árboles para hacer leña.

leñerío.
I. 1. m. *ES.* Leña abundante. rur.
II. 1. m. *ES.* Grupo nutrido de hombres. rur.

leñito.
I. 1. m. *ES.* Cada uno de los dedos de la mano.

leño.
I. 1. m. *Mx, Ho, ES, RD.* Pene. vulg.
II. 1. m. *Ho, ES, RD.* Puro o cigarro de marihuana. drog.
III. 1. m. *Ho.* Hombre tonto, inexperto o poco hábil en algo.
▶ **morder el ~; volar ~.**

leo.
I. 1. *Bo:O.* **leonardo.** pop.

león.
I. 1. m. *Ar,* pop + cult → espon ^ fest; m. pl. *Bo:O,* delinc. Pantalón.
II. 1. m. *Ch.* obsol. Juego, parecido al del asalto y al ajedrez, entre dos personas, una de las cuales dispone de catorce tantos o piedrecillas, que simbolizan a los perros, y la otra una sola, que simboliza al león.
  2. *Ch.* obsol. Tanto o piedrecilla del juego del mismo nombre.
III. 1. sust/adj. *Gu.* Hombre afeminado. pop ^ fest.
IV. 1. m. *Bo:O.* Candado, cerradura suelta contenida en una caja metálica. pop.

león, -na.
I. 1. m. y f. *Mx, Gu, Ho, Es, Ni, Ve, Pe, Bo, Ar; CR, Pa, Co,* obsol; *Ec, Ch,* rur. Puma. (Felidae; *Felis concolor*). ♦ **león americano; león de montaña.**

II. 1. sust/adj. *Gu.* Hombre afeminado. pop ^ fest.

III. 1. m. y f. *Ho.* metáf. Miembro o simpatizante del equipo de **futbol** Olimpia.

■

a. ‖ ~ **americano.** m. y f. *Mx, Co, Bo, Ar.* León, puma.

b. ‖ ~ **de montaña.** m. y f. *Mx, Co.* león, puma.

c. ‖ ~ **miquero.** m. y f. *Gu, Ho.* Felino del tamaño de un gato, pero más largo, de cabeza pequeña, orejas cortas y ovaladas, ojos grandes, nariz roma y desnuda, tronco alargado y elástico, extremidades relativamente cortas, pelaje sin manchas, uniforme, corto y abundante, de color café rojizo o negro opaco. (Felidae; *Felis yaguarundi*). ◆ **gato cerván; gato cervante; gato de monte; gato motete; leoncillo; leoncito.**

▶ **oler a ~; tirar a ~.**

leona.
I. 1. f. *Gu, Ho, ES, Ni, Bo; Ch,* rur. Hembra del puma.
II. 1. f. *Ho, ES.* Prostituta.
III. 1. f. *Ec:O.* Hambre voraz. pop.

leonardo.
I. 1. m. *Bo:O.* Miembro de la policía que forma parte de la Unidad Móvil de Patrullaje Rural, que se encarga del control y prohibición de sustancias usadas para la elaboración de cocaína. delinc. ◆ **leo; leoncio; leopardo.**

leoncillo.
I. 1. *Gu.* **león miquero.**

leoncio.
I. 1. *Bo:O.* **leonardo.**

leoncito.
I. 1. *Pe.* **mono leoncito.**
2. *ES.* **león miquero.**

leonera.
I. 1. f. *Pa, PR,* polic; *Ar,* pop. Calabozo colectivo en las cárceles o en los cuarteles.

leonero, -a.
I. 1. adj/sust. *Ch. Referido a un perro,* adiestrado en la caza de leones americanos o pumas.

leonesa.
▶ **hacer la ~.**

leonora.
I. 1. *Pe.* **jerguilla.**

leontafia.
I. 1. f. *RD.* Planta trepadora, con hojas simples o trifoliadas y flores de pequeño tamaño. (Passifloraceae; *Passiflora suberosa*). ◆ **morita.**

leontina.
I. 1. f. *ES.* Grillete. carc.

leopardo.
I. 1. *Bo:O.* **leonardo.**

leotar.
I. 1. *Cu.* **leotardo.**

leotard.
I. 1. *Cu.* **leotardo.**

leotardo.
I. 1. *Mx, ES, Ni, CR, Pa, Bo, Ch.* Prenda femenina, similar al bañador de una pieza, con mangas o sin ellas, *que se usa especialmente para practicar gimnasia.* (**leotar; leotard**).

lepa.
I. 1. f. *Gu.* Capa exterior de la madera del tronco de un árbol.
2. *Gu.* Tabla hecha plana por un lado y curva por otro.

lepasil. (Del lenca *lepa,* tigre, y *sil,* pájaro).
I. 1. *Ho:O, ES.* **zamhool.**

lepe.
I. 1. m. *Mx:NO.* Becerro huérfano que mama de otra madre.
II. 1. m. *Ve.* Golpe dado con los dedos, a modo de latigazo, en la cabeza o en la oreja.

leperada.
I. 1. f. *Mx, Gu, Ho, ES, Ni; CR,* p.u. Acción propia del **lépero.**
2. *Mx, Gu, Ho, ES, Ni; CR,* p.u. Grosería, ordinariez.

lépero, -a.
I. 1. adj/sust. *Mx, Gu, ES; CR, Ve,* p.u. *Referido a persona,* soez, ordinaria, malhablada.
2. adj. *Gu, Ho, ES. Referido a persona,* malvada.
3. *Ho, ES, Ni. Referido a persona,* que roba y es deshonesta.
II. 1. adj/sust. *Gu; Cu,* p.u.; *CR,* obsol. *Referido a persona,* astuta, perspicaz. pop.
2. adj. *Gu, Ho. Referido a persona,* pícara, sinvergüenza.
III. 1. adj. *Ve, Ec.* p.u. *Referido a persona,* pobre, sin recursos económicos. pop + cult → espon.
2. *Ni. Referido a persona,* tacaña.
IV. 1. adj. *Ho, Ni. Referido a persona,* que abusa de la confianza de los demás.
V. 1. adj. *Ho. Referido a persona,* enamoradiza.

leperoso, -a.
I. 1. adj. *ES. Referido a persona,* que tiene acné.

leperusco, -a.
I. 1. adj/sust. *Mx. Referido a persona,* soez, ordinaria. euf.

leperuza.
I. 1. f. *Mx.* Conjunto de gente **lépera.** desp.
II. 1. f. *Mx.* Prostituta.

lepí.
I. 1. *Py.* **lepiju.**

lepiju.
I. 1. m. *Py.* Hombre viejo, anciano. (**lepí**).

lepo.
I. 1. *Ho.* **bledo,** planta herbácea.

lepra.
I. 1. f. *Bo.* Vehículo viejo y destartalado. desp.
II. 1. f. *RD.* Cantidad muy pequeña de algo.

leprocomio.
I. 1. *PR, Co, Ve, Ec, Py.* **leprosario.**

leprosario.
I. 1. m. *Mx, Co, Ec, Pe, Bo; CR.* obsol. Hospital de leprosos. (**leprosorio**). ◆ **leprocomio.**

leprosorio.
I. 1. *Mx, Cu, Pe.* **leprosario.**

leque. (Del maya *lee*).
I. 1. *Mx:SE.* **güiro,** planta y fruto.
2. m. *Mx:SE.* Vasija hecha con el fruto del leque.
3. *Bo:O.* **leke.**

leque.
■
a. ‖ ~~. (Del aim. *liqiliqi*). m. *Pe:SE, Bo, Ch:NE.* Ave de hasta 32 cm de longitud, de color gris en casi todo el cuerpo excepto el abdomen y la cola, que son blancos; pico negruzco con base amarillenta y patas rosadas. (Charadriidae; *Vanellus resplendens*). ◆ **liclish; queltehue de la puna.**

leque-leque. (Del aim. *liqiliqi*).
I. 1. *Bo:O.* **leke.**

lequentero. (Del aim. *liq'intaña,* golpear).
I. 1. m. *Bo:O.* Delincuente que se dedica a asaltar a taxistas. delinc.
2. *Bo:O.* Delincuente que se dedica a asaltar a personas borrachas en la calle, *generalmente de noche y con violencia,* y las despoja de sus pertenencias y de sus prendas de vestir. delinc.

lerco, -a. (Del aim. y del quech. *lirq'u*).
    I. 1.   adj/sust. *Bo:O. Referido a persona*, estrábica, bizca. pop.

lerdear(se).
    I. 1.   intr. prnl. *Mx:SE, Gu, Ho, Ni, CR, Pa, Bo, Ur, Pe,* p.u; *Ar,* rur. Tardarse demasiado tiempo en hacer algo. pop.
      2.   intr. *Mx:SE, Gu, Ho, ES, Ni, Bo, Ur, Pe,* p.u; rur; *Ar,* rur. Moverse con pesadez o torpeza.
      3.   *Ar.* Llegar tarde a alguna parte. rur.
      4.   *Gu, Ho, Ni; Bo,* pop + cult → espon. Tardar demasiado tiempo en hacer algo.

lerdera.
    I. 1.   f. *Gu, CR, Ec, Bo:E.* Empleo de más tiempo del esperado al hacer algo. pop.

lerdo, -a.
    I. 1.   adj. *Gu, Ho:S,E. Referido al tipo de cultivo,* de ciclo largo, de desarrollo lento. rur.
    II. 1.   adj. *Ho. Referido a una* **tortilla** *de maíz* que tiene pompas de aire caliente entre la capa ya tostada y el centro de la **tortilla**.
    ☐
      a. ‖ **ni ~ ni perezoso.** loc. adv. *Cu.* Con decisión, sin vacilar.

lerdón, -na.
    I. 1.   adj. *Mx:SE. Referido a persona,* lenta o pesada en el movimiento y en la acción. pop + cult → espon.

lerdura.
    I. 1.   *CR, Ec.* **lerdera.**

lere.
    I. 1.   sust/adj. *Ni.* Hombre homosexual.

lereca.
    I. 1.   f. *RD.* Enfermedad o dolencia que no es grave.

lerecoso, -a.
    I. 1.   adj/sust. *RD.* p.u. *Referido a persona,* que enferma con frecuencia, o que continuamente se lamenta por esto.

lerelere.
    I. 1.   m. *Pa.* Lío, confusión con bullicio. pop + cult → espon ^ fest.

lerén.
    I. 1.   *RD, PR.* **llerén.**
    ☐
      a. ‖ **más difícil que mondar ~es.** loc. adv. *PR.* Muy complicado, extraordinariamente difícil.
    ▶ **irse hasta los ~es.**

lerendo, -a.
    I. 1.   adj. *Mx.* p.u. *Referido a persona,* tonta, necia. pop.

lerfi.
    I. 1.   m-f. *ES.* Persona ladrona. ♦ **lersi.**

lero.
    ●
      a. ‖ **~~.**
        i. fórm. *Bo; Mx, Co, Ec, Ch, Py, Ar.* Se usa para burlarse de alguien. inf.
        ii. *Mx, Gu, PR, Py, Ar.* Se usa para mortificar o hacer rabiar a alguien. pop.

¡lero!
    I. 1.   interj. *Gu, Ho, Ni, Bo.* Expresa burla o rechazo a alguien. inf. (**lerolero**).
      2.   *Ho, ES, Bo.* Expresa rechazo a una conversación insustancial, larga y aburrida. inf. (**¡lerolero!**).
    ☐
      a. ‖ **¡~~, candelero!**
        i. loc. interj. *Mx, Gu, Ho, ES, Ni, Bo, Py.* Expresa burla al interlocutor. inf.
        ii. *Mx, Gu, Ho, Ni, Bo, Py.* Expresa jactancia ante un interlocutor por algo que este no posee o no puede lograr.

lerolero.
    I. 1.   m. *Ni.* Discurso o conversación largos y aburridos.

¡lerolero!
    I. 1.   interj. *Ho, ES, Ni, Pa, PR, Bo, Py; Pe,* inf; *Ch,* pop. **¡lero!**

lersi.
    I. 1.   *ES.* **lerfi.**

lesear.
    I. 1.   intr. *Ch.* Hacer o decir cosas con el fin de entretenerse, perder el tiempo o molestar. pop.

leseferismo. (Del fr. *laisser faire,* dejar hacer).
    I. 1.   m. *Pa.* Permiso para hacer lo que se quiera. cult → esm.

leseo.
    I. 1.   m. *Ch.* Comportamiento disparatado, alegre o burlesco. pop.
      2.   *Ch.* Comportamiento que no tiene sentido ni finalidad alguna. pop.
      3.   *Ch.* Barullo, desorden, situación que puede provocar molestia. pop.

lesera.
    I. 1.   f. *Ch.* Tontería, necedad. pop + cult → espon.
      2.   *Ch.* Asunto sin importancia o cosa de la que no se recuerda el nombre. pop + cult → espon ^ desp.
    ☐
      a. ‖ **¡qué ~!** loc. interj. *Ch.* Expresa malestar ante una situación que provoca molestia o que resulta absurda. pop + cult → espon.
    ▶ **dejarse de ~s.**

leso, -a.
    I. 1.   adj/sust. *Bo; Ar, Ur,* obsol; pop; *Ch,* pop + cult → espon. *Referido a persona,* necia, de poca inteligencia.
    ☐
      a. ‖ **ni leso.** loc. adv/adj. *Ch.* De ninguna manera. pop + cult → espon.

lesquín. (Del lenca *les,* árbol, y *kin,* camino).
    I. 1.   *Ho:S,C,O.* **liquidámbar.** (**lexquín**).

lesura.
    I. 1.   f. *Ch.* Tontería, necedad. pop.
      2.   *Ch.* Asunto sin importancia o cosa cuyo nombre no se recuerda. pop ^ desp.

letanía.
    I. 1.   f. *Py.* Letargo, modorra, sopor. pop.
    II. 1.   f. *Pa.* Queja o recriminación insistente. pop + cult → espon ^ fest.

letín.
    I. 1.   m. *Pa, Co:N.* Tira parecida al encaje, pero más gruesa y de lino blanco, que se usa para adornar cuellos, mangas y bordes de la ropa femenina y de cama. pop + cult → esm.

letongo, -a.
    I. 1.   adj. *Ni. Referido a persona,* tonta.

letra.
    I. 1.   f. *Cu. En las religiones afrocubanas,* buena o mala suerte que se le predice a alguien para un período determinado.
      2.   *Cu.* Mal augurio. pop.
    ■
      a. ‖ **~ de doctor.** f. *Mx, ES, Ni, Pa, RD, Bo, Ch, Py.* Letra ilegible o difícil de leer. pop + cult → espon.
    ☐
      a. ‖ **buena ~.**
        i. loc. sust. *Bo, Py.* Comportamiento correcto y adecuado.
        ii. *Pa.* Composición musical escrita con inspiración.
      b. ‖ **~ chica.** loc. sust. *Mx, Co, Bo, Ch, Py.* Parte de un texto o contrato en la que figuran cláusulas im-

portantes que pueden resultar menos atendidas por aparecer en un cuerpo menor.

c. ‖ **~ colorada.** loc. sust. *Ec.* Conjunto de artificios o engaños. pop.

d. ‖ **~ del año.** loc. sust. *Cu. En la religión yoruba,* predicción de los principales acontecimientos que ocurrirán en el año en diversos órdenes.

▶ **dar ~; dar una ~; enviar a su ~; hacer buena ~; meter ~; pasar ~; saber la ~ colorada; tapar la ~.**

letradear.
  I. 1. intr. *Py.* Actuar rápidamente en beneficio propio. pop. ♦ **letrarear.**

letrado, -a.
  I. 1. adj. *Py. Referido a persona,* pícara, astuta, que actúa en beneficio propio. pop.

letrarear.
  I. 1. *Py.* **letradear.**

letrero.
  I. 1. m. *Ni, Pa, Co, Py.* Texto que se pinta en las paredes de las calles, *generalmente de contenido político o social.*

letrina.
  ☐
  a. ‖ **como sapo de ~.** loc. adj. *PR. Referido a persona,* llena, repleta de comida. vulg; pop + cult → espon.

letrinificación.
  I. 1. *RD.* **letrinización.**

letrinización.
  I. 1. f. *Ni, RD, Co, Ec, Py.* Construcción de letrinas de uso público en zonas rurales, con el fin de mejorar las condiciones higiénicas. (**letrinificación**).

letrinizado, -a.
  I. 1. adj. *Ec.* p.u. *Referido a población,* provista de letrinas.

letrinizar.
  I. 1. tr. *Ec.* p.u. Proveer de letrinas a una población.

letrista.
  I. 1. m-f. *Pa, Py, Ar, Ur.* Persona que diseña letras para carteles o anuncios.

leuco. (Apóc. de *Leucoplast®*).
  I. 1. *Ur.* **curita.**

leudante.
  I. 1. m. *Py, Ur.* Levadura.

leva.
  I. 1. f. *Co, Bo; Pa,* p.u. Prenda de vestir masculina a modo de chaqueta, que a partir de la cintura se abre hacia atrás formando dos faldones.
  2. *Cu, Ec.* obsol. Americana, chaqueta de tela, saco.
  II. 1. m. pl. *Bo:S,O.* Persona que da muestras de ingenuidad, escaso entendimiento y falta de viveza. pop + cult → espon ∧ desp.
  III. 1. f. *ES.* Ronda de la policía.
  IV. 1. f. *Ni.* Pene. euf.
  ▶ **agarrar de ~; caer de ~; coger de ~; cortar ~; encenderle la ~; halar la ~; meter ~; sobar la ~.**

levado.
  I. 1. m. *Ve.* Marca del ganado vacuno que consiste en un corte horizontal en la punta de la oreja. rur.
  ■
  a. ‖ **~ corrido.** m. *Ve.* Marca del ganado vacuno que consiste en un corte a lo largo de la oreja. rur.

levadura.
  I. 1. f. *Mx.* **chilacuate.**

levantacobija.
  I. 1. m. *Ho.* Alimento que estimula los genitales masculinos.

levantacola.
  I. 1. adj. *Ec. Referido a un pantalón o un calzón,* que está hecho de manera que ayuda a moldear las nalgas. pop.

levantada.
  I. 1. f. *Cu, Py, Ar, Ur.* Superación o mejora de un estado o situación. pop.

levantado.
  ■
  a. ‖ **~ de texto.** loc. sust. *Gu, ES, Ni, CR, Pa.* Servicio de mecanografiado de textos. est.

levantado, -a.
  I. 1. adj/sust. *Mx. Referido a persona,* secuestrada por motivos ajenos al pedir rescate económico.
  II. 1. adj/sust. *Pa. Referido a persona,* drogada.

levantador.
  I. 1. m. *Py, Ar:NO,* pop + cult → espon; *Ho.* delinc. Ladrón, *especialmente de vehículos.*

levantador, -ra.
  I. 1. m. y f. *Ar, Ur.* Persona que se encarga de recibir apuestas para juegos clandestinos. pop + cult → espon.
  II. 1. m. y f. *Pe.* Aprendiz de curandero o brujo. rur.
  III. 1. m. y f. *Ec.* Persona encargada de **digitar** un texto.

levantadora.
  I. 1. f. *Co.* Bata delgada que usa la mujer al levantarse o para andar por casa.

levantamanos.
  I. 1. m-f. *Ec, Bo, Py.* Parlamentario que no contribuye con opiniones propias, pero apoya la toma de decisiones en la votación. pop + cult → espon.

levantamiento.
  ■
  a. ‖ **~ de la cruz.** *ES.* **levantamiento del espíritu.**
  b. ‖ **~ de sombra.** *Ho.* **levantamiento del espíritu.**
  c. ‖ **~ del espíritu.** m. *Ho, ES.* Ritual que consiste en rezos y ceremonias en el lugar donde ha muerto una persona por accidente. ♦ **levantamiento de la cruz; levantamiento de sombra; levantamiento del ánima; nahuite.**
  d. ‖ **~ del ánima.** *Ho, ES.* **levantamiento del espíritu.**

levantamuerto.
  I. 1. m. *Ni, Pa, Pe.* Comida que restablece a una persona.

levantamuertos.
  I. 1. m. *Mx.* Comida que restablece a una persona, *generalmente después de haber ingerido bebidas alcohólicas en exceso.* pop + cult → espon.
  2. *Co.* Comida, *especialmente un caldo o una sopa,* que restablece a una persona. pop ∧ fest.
  3. *Ho, ES, Ni, Bo.* Sopa fuerte, *generalmente con mariscos.*
  4. *ES.* Bebida alcohólica o café muy fuertes.
  5. *Ec.* Comida o líquido que ayuda a curar el **chuchaqui.** pop.
  II. 1. m. *Ni, Ve.* Preparado, hecho con mariscos, al que se le otorgan propiedades afrodisiacas. pop + cult → espon.
  2. m. *Ec.* Preparado o medicamento que ayuda a superar la impotencia sexual. pop.

levantapié.
  I. 1. m. *Ch.* Objeto o escabel que sirve para que quien está sentado pueda apoyar los pies.

levantar(se).
  I. 1. tr. prnl. *Mx, Gu, Ho, ES, CR, Pa, Cu, RD, PR, Co, Ec, Pe, Bo, Py, Ar, Ur, Ch,* pop. Conquistar sentimentalmente a *alguien, por lo común con fines sexuales.* vulg. ♦ **alzar.**
  2. tr. *Mx, Gu, ES, CR, Pa, Cu, RD, Ve, Pe, Py,* espon; *PR, Bo,* pop. Conquistar a *una persona,* y tener relaciones sexuales con ella.
  II. 1. tr. *Mx, Ni, Ec, Py.* Recabar datos acerca de un hecho o de una situación. pop.
  2. *Ec.* **Digitar** textos.

III. 1. tr. *Mx, ES, Bo, Py; Ec,* obsol. Recoger y ordenar las cosas que se han usado o están tiradas. pop.

IV. 1. tr. *Mx.* Secuestrar a *alguien* con una intención diferente a la de pedir rescate económico. pop + cult → espon.

V. 1. tr. prnl. *Gu, Ho, ES, Ni, CR, Cu, Bo.* Robar *alguien algo.*

2. tr. *RD, Co.* Conseguir *algo.* pop.

VI. 1. tr. *Co; Ve.* pop. Criar a un hijo.

VII. 1. tr. *Ni, Ar, Ur,* pop; *Gu,* rur; *Bo,* pop + cult → espon. Buscar o recoger a *alguien* con un automóvil.

VIII. 1. tr. *Co.* Golpear a *alguien.* pop.

IX. 1. tr. *Ar, Ur.* Recibir apuestas para juegos clandestinos. pop.

X. 1. intr. prnl. *Pa, Bo:N,E, Py.* Progresar económicamente mediante el trabajo con esfuerzo. pop.

2. *Ni, Py.* Recuperarse *alguien* económicamente.

XI. 1. tr. *Ho, ES.* Detener la policía a *alguien.*

XII. 1. tr. *Ni.* Atropellar a *alguien.*

XIII. 1. intr. prnl. *Ni, Py.* Recuperarse *alguien* de una enfermedad.

XIV. 1. tr. *Pa, Py.* Anular o finalizar una convocatoria de tipo social o gremial. pop → esm.

XV. 1. tr. *Ho.* Modelar, fabricar una vasija de barro.

□

a. ‖ ~ **al semejante.** loc. verb. *Ho.* Realizar un ritual que consiste en rezos y ceremonias en el lugar donde ha muerto por accidente una persona. ♦ **levantar el espíritu.**

b. ‖ ~ **ámpula.** loc. verb. *Mx.* Provocar *algo* o *alguien* escándalo o molestia. pop + cult → espon.

c. ‖ ~ **barriga.** loc. verb. *Ni.* Estar embarazada una mujer.

d. ‖ ~ **carpa.** loc. verb. *Ch.* Experimentar un varón una erección del pene. vulg; pop + cult → espon ^ fest.

e. ‖ ~ **el espíritu.** *Ho:C,O.* **levantar al semejante.**

f. ‖ ~ **el muerto.** loc. verb. *Ar.* Saldar una deuda, *generalmente ajena.* pop.

g. ‖ ~ **el pie.** loc. verb. *Cu.* Dejar de frecuentar un lugar.

h. ‖ ~ **el polvo.**
　i. loc. verb. *Mx, Py.* Huir. pop.
　ii. *Gu.* Causar sensación.

i. ‖ ~ **la camisa.** loc. verb. *Ni.* Decirle a alguien cara a cara sus errores.

j. ‖ ~ **la paloma.** loc. verb. *Cu.* Descubrir por casualidad *algo* que se quería mantener en secreto. pop.

k. ‖ ~ **la pata.**
　i. loc. verb. *Cu.* **alzar la pata.**
　ii. *Ni.* Moverse, caminar *alguien.*

l. ‖ ~ **muertos.** loc. verb. *Mx.* Dar vigencia o animar *algo* que estaba decaído, apagado o inactivo.

m. ‖ ~ **parejo.** loc. verb. *Cu.* Esforzarse varias personas de igual manera para lograr un objetivo de interés común.

n. ‖ ~ **plumas.** loc. verb. *Gu.* Levantar infundios de alguien. pop + cult → espon.

ñ. ‖ ~ **polvo.**
　i. loc. verb. *ES.* Coquetear.
　ii. *Ho.* Hacer escándalo *alguien* por algo.

o. ‖ ~ **presión.**
　i. loc. verb. *Mx.* Mejorar económicamente un negocio.
　ii. *Mx.* Prepararse para acometer una tarea.
　iii. *Ar, Ur.* Enojarse *alguien.* pop + cult → espon.
　iv. *Cu.* Mejorar económicamente *una persona.* pop.
　v. *Cu.* Esforzarse mucho, poner mucho empeño en hacer algo. pop.

p. ‖ ~ **roncha.** loc. verb. *Gu, Ho, CR, Pa, PR, Ve, Bo.* Causar *algo* desagrado o rechazo a alguien. (**levantar ronchas**).

q. ‖ ~ **ronchas.**
　i. loc. verb. *Mx.* Molestar, enfadar *algo* a alguien. pop.
　ii. *Cu.* **levantar roncha.** pop.

r. ‖ ~**la.** loc. verb. *Mx, Py.* Lograr lo que se propone, tener éxito. pop.

s. ‖ ~**lo del cuello de la camisa.** loc. verb. *Ni.* Reprender o castigar a *alguien.*

t. ‖ ~**se el cuello.** loc. verb. *Mx.* Presumir de algo, *generalmente sin fundamento.* pop + cult → espon.

u. ‖ ~**se el tarro.** loc. verb. *Ch.* Presumir, alardear *alguien.* pop + cult → espon.

levantavidrios.

I. 1. m. *Co, Py, Ar.* Mecanismo para subir y bajar los cristales de las ventanillas de los automóviles.

levante.

I. 1. m. *Ho, ES, Ni; Gu, RD, Co, Ve, Ec, Pe, Ar, Ur,* espon; *Pa,* pop → espon. Persona con la que se ha entablado una relación amorosa, o solo sexual, pasajera.

2. *Gu, RD, Co, Ve, Pe, Ar, Ur,* espon; *Pa, PR,* pop + cult → espon. Conquista amorosa.

3. *Ho, Ec.* **alce,** relación sexual con alguien.

II. 1. m. *Co.* Edad de un bovino comprendida entre el destete y el principio de la ceba.

2. *Co.* Actividad pecuaria que produce esa categoría de bovinos.

III. 1. m. *Ar.* Represión, reprimenda, amonestación severa. pop.

IV. 1. m. *PR; Ho, ES, Ni.* p.u. Calumnia, falso testimonio.

V. 1. m. *Ch.* Derecho que paga al dueño de un terreno el que corta maderas en él.

VI. 1. m. *Ch.* Levantamiento de una carga o de una cosa.

VII. 1. m. *RD.* Logro, obtención de algo que se desea.

VIII. 1. m. *ES.* Arresto de alguien. polic.

IX. 1. m. *PR.* Poda de las ramas bajas de los árboles cuando la sombra que dan al cafeto resulta excesiva. rur.

▶ **andar de ~; hacer un ~.**

levantín.

I. 1. m. *CR.* Acto de levantar y arrojar algo o a alguien por los aires.

II. 1. m. *CR.* p.u. Mejoría que experimenta algo.

levantón.

I. 1. m. *Mx.* Secuestro cuya intención es diferente a la de pedir rescate económico.

▶ **pegar un ~.**

levantón, -na.

I. 1. m. y f. *Pa.* Persona, *especialmente un hombre,* que conquista y enamora a alguien sin entablar compromiso. pop + cult → espon.

levantona.

I. 1. f. *ES.* Recomendación ante alguien.

levar.

I. 1. tr. *Pe.* p.u. Alistar reclutas.

leve.

I. 1. adj. *Mx, Ni, Py.* Referido a cosa o situación, fácil, que requiere poco esfuerzo.

▶ **llevársela ~.**

levente.

I. 1. adj. *RD, PR.* Referido a persona, abstraída. rur.

levis.

I. 1. f. *Mx.* Lesbiana. euf.

levisa.

I. 1. adj. *PR.* Referido a persona, lista, hábil. rur; pop.

II. 1. *PR.* **lebisa**, pez marino.
III. 1. *PR.* **lebisa**, negrillo.

levudo, -a.
I. 1. adj/sust. *Bo. Referido a persona*, que da muestras de ingenuidad, escaso entendimiento y falta de viveza.
II. 1. adj. *ES. Referido a persona*, de clase social alta.

lexicograma.
I. 1. *Bo.* Crucigrama.

lexquín.
I. 1. *Ho.* **lesquín.**

ley.
I. 1. f. *Co.* Policía, cuerpo encargado de velar por el mantenimiento del orden público y la seguridad de los ciudadanos. delinc. ♦ **la policía.**

•
a. ‖ ~ **de Herodes, o te chingas o te jodes.** fórm. Se usa para indicar que una persona no tiene una salida favorable. pop + cult → espon ^ fest.

■
a. ‖ ~ **de Caifás.** f. *ES.* Daño contra el que está peor o es más débil. ♦ **Ley de Jonás.**
b. ‖ ~ **de Jonás.** *ES.* **Ley de Caifás.**
c. ‖ ~ **de mordaza.** f. *Mx, Ni, Pa, Co, Ec, Bo, Ch, Ar.* Norma que coarta, limita o restringe la libertad de expresión.
d. ‖ ~ **de plátano.** f. *ES.* Ley del más fuerte.
e. ‖ ~ **del gallinero.** f. *Ch, Ar, Ur.* Justificación de que quien está en una posición superior puede abusar de quien está en una inferior. pop + cult → espon ^ fest.
f. ‖ ~ **del hielo.** f. *Mx, ES, Ni, CR, Pa, PR, Co, Pe, Bo, Ch, Py.* Ninguneo o aislamiento que se hace a alguien. pop + cult → espon.
g. ‖ ~ **del mono.** f. *Ch.* Disposición por la que se permite la ampliación de una vivienda por medio del trámite de presentación de un simple dibujo que refleje el cambio hecho.
h. ‖ ~ **fuga.** f. *Mx, Ho, Pa, Bo.* Simulación de la fuga de un preso para matarlo con el pretexto de la huida.
i. ‖ ~ **habilitante.** f. *Co, Ve, Ec.* Ley que proporciona poderes especiales al presidente de la República para legislar en alguna materia específica y por un límite de tiempo.
j. ‖ ~ **mamona.** f. *Ho.* Procedimiento arbitrario.
k. ‖ ~ **de Moraga.** f. *Ch.* Costumbre por la cual el que comete un error debe pagar las consecuencias. pop + cult → espon.
l. ‖ ~ **mordaza.** f. *Mx, Ni, Pa, Co, Ec, Bo, Ch, Ar.* Norma que coarta, limita o restringe la libertad de expresión. pop + cult → espon.

□
a. ‖ **de ~.**
i. loc. adv. *Ec, Pe, Py.* Con toda seguridad. pop.
ii. *Ec.* Forzosa, ineludiblemente.
b. ‖ **la ~.** loc. sust. *Mx, CR, Co.* Policía. pop + cult → espon.
▶ **aplicar la ~ del hielo; casarse por las tres ~es; estar a la ~; estar a la ~ de Bayona; estar en su ~; morir en su ~; ser la ~; tenerle ~ a alguien.**

leyet. (Del ingl. *layette*).
I. 1. f. *EU.* Ropa que se prepara para el niño que va a nacer; canastilla.

leyudo, -a.
I. 1. adj. *Bo:E. Referido a persona*, que posee una cultura amplia por haber leído mucho. pop.

liacho.
I. 1. m. *Mx:N.* Lío o envoltorio mal hecho. desp.

liar.
□
a. ‖ ~ **el motete.** loc. verb. *Co:N.* Marcharse, irse de un lugar. pop.

libada.
I. 1. f. *ES.* Jornada larga de tomar bebidas alcohólicas.

libar.
I. 1. tr. *Pa.* Beber, *especialmente bebidas alcohólicas.* pop.

liberacionismo.
I. 1. m. *CR.* Movimiento político fundado por José Figueres Ferrer a principios de la segunda mitad del siglo XX.
2. *CR.* Conjunto de seguidores del liberacionismo.

liberacionista.
I. 1. sust/adj. *CR.* Miembro o seguidor de la agrupación política denominada Partido Liberación Nacional (PLN).
2. adj. *CR.* Relativo al liberacionismo.

liberado, -a.
I. 1. adj. *Cu. Referido a mercancía*, no sujeta a la norma de racionamiento vigente en Cuba.

liberal.
I. 1. m. *Co.* **pastora.**
II. 1. m. *Co:C.* Pan dulce o bizcocho de harina recubierto de una capa de azúcar de color rojo.
III. 1. adj. *ES. Referido a maíz o frijol*, cosechado tempranamente.

liberalear.
I. 1. intr. *Ho.* Hacer *alguien* campaña o proselitismo por el Partido Liberal.

liberaloide.
I. 1. adj/sust. *Ho. Referido a persona*, que tiene ideas liberales por interés. desp.
2. *Ho. Referido a persona*, que es miembro del Partido liberal. ♦ **liberucho.**

liberar.
□
a. ‖ ~ **a Willy.** loc. verb. *Mx, Ch.* Defecar. euf; fest.

libertad.
I. 1. f. *RD.* **marango.**

liberucho, -a.
I. 1. adj. *Ho.* **liberaloide**, del Partido Liberal. desp.

liberuña.
I. 1. adj/sust. *Ho, Ni. Referido a persona*, del Partido Liberal. desp.

libes.
I. 1. m. o f. *Ar:C,NO.* **Boleadoras** pequeñas para la caza menor.

libidibi.
I. 1. *RD.* **dividivi**, árbol.

libo.
I. 1. m-f. *ES.* Persona bebedora.

libón, -na.
I. 1. m. y f. *ES.* Persona borracha.

liborio.
I. 1. adj/sust. *Ec. Referido a un legislador*, que acata incondicionalmente las directivas impuestas por el poder ejecutivo. pop + cult → espon ^ desp.
2. *Ec. Referido a persona*, que se adhiere por interés a alguien o algo. pop + cult → espon ^ desp.

libra.
I. 1. f. *ES, Ni.* Porción pequeña de marihuana. drog.
2. *Cu.* Hoja de tabaco de calidad superior.
□
a. ‖ ~ **de sal.** loc. sust. *ES.* Persona con mala suerte.

libraje.
I. 1. m. *Ec.* Cálculo del peso de algo por libras.
2. *Ho.* Sistema de venta por libra.

libramiento.
  I. 1. m. *Mx. En una carretera,* carril lateral extra para poder estacionarse sin entorpecer el tránsito general.
  2. *Mx.* Atajo.

librar.
  I. 1. intr. *Cu.* Salir airoso *alguien* de una situación.
  II. 1. intr. *PR.* Realizar el coito *alguien* por primera vez. prost.
  □
  a. ‖ ~ **la chiva.** loc. verb. *PR.* Anotar un equipo por lo menos un tanto en el juego. pop + cult → espon.
  b. ‖ ~ **la cola.** loc. verb. *PR.* Tener un joven o un adolescente relaciones sexuales por primera vez. vulg; pop + cult → espon. ♦ **librar la gata.**
  c. ‖ ~ **la gata.** *PR.* **librar la cola.**
  d. ‖ ~**la.**
    i. loc. verb. *Mx, Py.* Superar alguna dificultad. pop + cult → espon.
    ii. *Mx.* Pasar libremente *algo* o *alguien* por un espacio reducido. pop + cult → espon.

libre.
  I. 1. m. *Ve; Mx.* p.u. Taxi.
  II. 1. m. *Ho.* Juego de muchachos en el que participan dos equipos. inf.
  III. 1. f. pl. *Ni.* Exoneración de un impuesto concedido por el poder ejecutivo.
  ■
  a. ‖ siempre ~. *Py, Ar, Ur.* **toalla sanitaria.**
  □
  a. ‖ por la ~.
    i. loc. adv. *Mx, CR, Pa, Cu, RD, PR.* Por su cuenta, sin seguir las normas de los demás. pop + cult → espon.
    ii. loc. adj. *Cu. Referido a una mercancía,* que no está racionada. ♦ **por la libre empresa.**
    iii. loc. adv. *Cu. Según el sistema de racionamiento vigente en Cuba,* sin registrar la operación comercial en la libreta, por tratarse de una mercancía de venta libre. ♦ **por la libre empresa.**

librear.
  I. 1. tr. *Ho, Ni.* Vender *algo* al peso por libra.
  2. *Ni.* Vender *algo* al por menor.

librecambio.
  I. 1. m. *Bo:O.* Cambio de moneda nacional en dólares de acuerdo con la bolsa de valores nacional.

librecambista.
  I. 1. m-f. *Bo.* Persona que se dedica a cambiar moneda nacional en dólares de acuerdo con la bolsa de valores nacional.

librera.
  I. 1. f. *Gu, ES, Pa, Pe, Py.* Mueble con estanterías para colocar libros.

librería.
  I. 1. f. *Gu, Ni, CR, RD, Ve, Ec, Pe, Bo, Ch, Py, Ar, Pa,* obsol. Establecimiento donde se vende papel y objetos de escritorio u oficina.

librero.
  I. 1. m. *Mx, Ho, CR, Pa, Cu, PR, Ec, Bo:N,O,E, Ch.* Mueble con estanterías para colocar libros.

libreta.
  I. 1. f. *Pa, Ec, Pe, Bo, Ch, Py.* Boletín o cartilla que contiene las calificaciones y evaluación de un estudiante.
  II. 1. f. *Cu.* Cuadernillo en el que se consigna la entrega de productos racionados a la población.
  III. 1. f. *Bo.* Cartilla que certifica que el titular está inscrito en el servicio militar obligatorio.
  IV. 1. f. *Ur.* Licencia para conducir un vehículo motorizado.

V. 1. adj. *Ch. Referido a un preso,* que queda en libertad. delinc.
VI. 1. f. *Ni.* Porción pequeña de marihuana. drog.
  ■
  a. ‖ ~ **(de abastecimiento).** f. *Cu.* Cuadernillo en el que se consignan las entregas de productos alimenticios racionados que se hacen a la población.
  b. ‖ ~ **de calificaciones.** *Pa, Co.* **libreta de notas.**
  c. ‖ ~ **de chofer.** f. *Ur.* Licencia para conducir un vehículo motorizado.
  d. ‖ ~ **de comunicaciones.** f. *Ch.* Libreta que sirve como medio de comunicación oficial entre un establecimiento educativo y el apoderado de un alumno.
  e. ‖ ~ **de conducir.** f. *Ur.* Licencia para conducir un vehículo motorizado.
  f. ‖ ~ **de enrolamiento.** f. *Py, Ar.* obsol. Documento oficial con que el varón acredita su identidad. (**libreta de enrole**).
  g. ‖ ~ **de enrole.** *Ar:NO.* **libreta de enrolamiento.**
  h. ‖ ~ **de familia.** *Bo, Ch, Py, Ar.* **libreta de matrimonio.**
  i. ‖ ~ **de matrimonio.** f. *Bo, Ch, Py, Ar, Ur.* Documento oficial en que constan los datos de una familia referentes al estado civil de los esposos y al nacimiento de los hijos. ♦ **libreta de familia; libreta familiar.**
  j. ‖ ~ **de notas.** f. *ES, Pa, Pe, Ch.* Boletín o cartilla que contiene las calificaciones y evaluación de un estudiante. ♦ **libreta de calificaciones.**
  k. ‖ ~ **de servicio militar.** *Bo.* **libreta militar.**
  l. ‖ ~ **electoral.** f. *Pe.* p.u. Documento oficial destinado a identificar al titular y que sirve como carné de identidad.
  m. ‖ ~ **familiar.** *Bo.* **Libreta de matrimonio.**
  n. ‖ ~ **militar.** f. *Co, Ve, Ec, Pe, Bo, Py.* Cartilla que certifica que el titular está inscrito en el servicio militar obligatorio. ♦ **libreta de servicio militar.**
  □
  a. ‖ por la ~.
    i. loc. adv. *Cu. En relación a una mercancía,* que no está racionada.
    ii. *Cu. Según el sistema de racionamiento vigente en Cuba,* sin registrar la operación comercial en la libreta, por tratarse en una mercancía de venta libre.

libretazo.
  I. 1. m. *Ni, Cu.* Decisión que se toma sin consultar a un superior. pop.

libretear(se).
  I. 1. tr. *Ch.* Preparar el guion o la documentación para un programa o sección de radio, televisión o prensa escrita.
  II. 1. intr. prnl. *Ni, Py.* Ausentarse de las clases o del trabajo. pop.
  III. 1. intr. *Ni.* Tomar una decisión sin consultar a un superior.

libretero, -a.
  I. 1. sust/adj. *Cu.* Persona que no actúa según las normas sociales establecidas. pop.
  2. adj. *Ni. Referido a persona,* que toma decisiones sin consultar a su superior jerárquico.

libretista.
  I. 1. m-f. *Mx, Cu, PR, Co, Ve, Pe, Bo, Py, Ar, Ur, Ch,* p.u. Persona que escribe **libretos** para radio o televisión.

libreto.
  I. 1. m. *Mx, Ho, ES, Ni, CR, Pa, Cu, PR, Co, Ve, Pe, Bo, Ch, Py, Ar, Ur.* Texto en que se expone, con los detalles necesarios para su realización, el contenido de un filme o de un programa de radio o televisión.

2. *Ec.* Pauta preasignada para realizar alguna actividad, *especialmente en política.* sat.

☐

a. ‖ **~ de cheques.** loc. sust. *Ch.* p.u. Talonario de cheques.

▶ **robar el ~.**

librillo.

▶ **parecer ~.**

librito.

I. 1. m. *Pa, RD.* Conjunto de normas, reglas o maneras de actuar propias de una persona o una colectividad. pop.

libro.

I. 1. m. *Ni.* juv. Novio.

■

a. ‖ **~ de clases.** m. *Ch.* Libro en el que un profesor lleva las incidencias, progreso en la materia, faltas de asistencia y calificaciones de los alumnos de un aula.

b. ‖ **~ de quejas.** m. *Ar. En servicios de atención al público,* registro en el que se anotan los reclamos de los clientes.

▶ **bajar ~s; firmar el ~ de actas; hablar por el ~; peinarse de ~ abierto; sabérselas por ~.**

libuza.

I. 1. *PR.* **lebisa,** pez marino.

lica.

I. 1. f. *Gu; Ho, ES,* juv; delinc. Película, obra cinematográfica. pop + cult → espon.

licar.

I. 1. tr. *Mx.* Observar, estar atento. pop + cult → espon.

liccha.

I. 1. f. *Pe:S.* Conjunto de hojas de la **quinua** que se usa en diversos platos típicos.

liceísta.

I. 1. adj. *Co.* Relativo a un **liceo,** centro educativo de enseñanza media.

2. m-f. *Ve, Bo.* Alumno de un **liceo.**

II. 1. m-f. *RD.* Persona partidaria del equipo de **beisbol** Tigres del Licey.

licen.

I. 1. m-f. *Ec, Bo:O,C.* Persona que posee una licenciatura. pop + cult → espon.

licencia.

I. 1. f. *Mx, Ho, ES, Ni, CR, Pa, Cu, PR, Co, Ec, Pe, Bo, Ch, Ar, Ur.* Permiso oficial para conducir automóviles. ♦ **registro; registro de conducir; registro de conductor.**

II. 1. f. *Mx, Cu, PR, Ec, Ch, Py.* Permiso que se otorga a un empleado para ausentarse de su trabajo.

■

a. ‖ **~ liviana.** f. *Ho, Ni.* Permiso para conducir motos y coches.

b. ‖ **~ pesada.** f. *Ho, Ni.* Permiso para conducir camiones y autobuses.

liceo.

I. 1. m. *Co, Ve, Bo, Ar;* m. pl. *Ch.* Centro educativo de enseñanza media.

licha.

I. 1. f. *Ho.* Fruto del **lichi,** drupa con epicarpio de color rojo y mesocarpio con capas blancas de pulpa, translúcidas, y una semilla en el centro de un endocarpio duro; es comestible.

liche.

I. 1. *Ho.* **lichi,** árbol frutal.

lichi.

I. 1. m. *Ho.* Árbol frutal cultivado de hasta 15 m de altura, de hoja perenne, tronco no muy grueso y muy ramificado, fruto redondo y comestible con espinas suaves y carnosas y de color rojizo cuando está maduro. (Sapindaceae; *Litchi chinensis*).

♦ **liche.**

líchigo.

I. 1. m. *Co:C.* Hortalizas y verduras que se venden al menudeo.

líchigo, -a.

I. 1. adj. *Co, Ec. Referido a persona,* sin dinero. pop.

2. *Co. Referido a persona,* avara. pop ∧ desp.

lichiguana.

I. 1. f. *Bo:S.* Colmena de la avispa. pop.

lichiguayo.

I. 1. m. *Bo, Ch:N.* **Quena** grande y de sonido más grave con la que se consigue un efecto similar al aire susurrante. ♦ **lichihuayo.**

lichihuayo.

I. 1. *Bo.* **lichiguayo.**

liclish.

I. 1. *Pe:SE.* **leque leque.**

lico.

I. 1. m. *ES.* Muchacho.

licor.

I. 1. m. *Ni, CR, Co, Ve, Ec, Ch.* Bebida alcohólica, *especialmente la obtenida por destilación.*

☐

a. ‖ **~ de ave.** loc. sust. *Ch.* Bebida alcohólica compuesta de vino tinto y refresco de cola. pop + cult → espon.

licorera.

I. 1. *CR, Co, Ve.* Establecimiento donde se venden **licores.**

2. *Gu, Ho, Ni, Pa, Co.* Fábrica estatal dedicada a la destilación de **licores.**

3. *CR, Ec.* Establecimiento donde se venden **licores** embotellados para llevar.

4. *Ec.* Fábrica dedicada a la producción de **licores.**

5. *Ec.* Empresa que distribuye **licores.**

licorista.

I. 1. adj. *RD. Referido a una bebida alcohólica,* obtenida por destilación.

licra. (De *Lycra®*).

I. 1. f. *CR, Pa, Cu, PR, Ec, Pe; Co.* p.u. Pantalón de tela, sintética elástica, ajustado al cuerpo.

2. *ES.* Vestido de mujer que queda muy pegado al cuerpo.

licu.

I. 1. f. *Bo.* **Tarca** grande.

licuado.

I. 1. m. *Mx, Gu, Ho, ES, Ni, PR, Ec, Bo, Py, Ar, Ur,* pop + cult → esm. Bebida que se prepara a base de frutas licuadas con leche o con agua.

licuadora.

I. 1. f. *Pe.* Vulva. tabú; pop + cult → espon.

II. 1. f. *ES, Ni, Bo.* juv. Mujer que mueve mucho las caderas al andar. pop + cult → espon ∧ fest.

III. 1. f. *Py.* Lugar donde se practican abortos. pop.

licuriaco, -a.

I. 1. adj. *Ni. Referido a persona,* que repara averías y aparatos del hogar.

liderático, -a.

I. 1. adj. *PR. Referido a persona o a un grupo,* que posee la condición de líder. prest; cult → esm.

liderear.

I. 1. tr. *Mx, ES, Ni, Cu, RD, PR; Py,* pop. Dirigir o ser el líder de algo, *especialmente un grupo o un partido político.*

liderizar.

   I. 1. tr. *Ve, Bo, Py; Pa*, pop + cult → espon. Dirigir o estar a la cabeza de un grupo, de un partido político o de una competición.

lidia.

   ► **dar ~.**

lidioso, -a.

   I. 1. adj. *Ar:NO. Referido a asunto*, dificultoso, trabajoso. pop.

      2. *Ve. Referido a persona*, que causa molestia o es difícil de tratar por su carácter inconforme y exigente.

liebre.

   I. 1. m-f. *Gu, Ho, ES.* Persona lista y astuta.

   II. 1. f. *Ch.* obsol. Autobús pequeño de transporte colectivo de recorrido fijo.

   ■

      a. ‖ **~ patagónica.** f. *Ar.* Mamífero roedor de hasta 80 cm de longitud, de orejas grandes, dorso de color castaño, vientre blanco y patas traseras más largas que las delanteras. (Caviidae; *Dolichotis patagonum*). ♦ **mara.**

   ► **correr la ~; ponerse ~.**

liencillo.

   I. 1. m. *Co, Ve, Ec, Ar; Bo:S,E*, pop. Tela de algodón delgada, rústica y sin blanquear.

liendra.

   I. 1. f. *ES, Pa, Cu, RD, Co, Ve, Ec.* Liendre, huevo de piojo.

liendre.

   I. 1. m. *Ar.* Persona lista y astuta. pop + cult → espon.

   II. 1. m-f. *ES.* Persona extranjera. pop + cult → espon ∧ desp.

liendrero.

   I. 1. *Mx, Ho.* **alistador**, peine.

liendroso, -a.

   I. 1. adj. *Mx, ES, Ni, Pe. Referido a persona o animal*, lendroso, que tiene muchas liendres.

liendrudo, -a.

   I. 1. adj. *Mx, Ni, Ar:NO. Referido a persona*, llena de liendres o piojos. pop.

lienza.

   I. 1. f. *Ch. En el juego de la rayuela*, línea o tira estrecha blanca que sirve de raya hacia donde se lanzan los tejos, que deben quedar lo más cerca posible de ella.

   II. 1. f. *Ni, Bo:E. En albañilería*, cuerda delgada que se usa para establecer la linealidad de un muro.

   III. 1. f. *Cu.* Tira flexible que se usa para medir longitudes.

lienzo.

   I. 1. *Mx.* **lienzo charro.**

   II. 1. m. pl. *Ar.* Pantalón. pop + cult → espon ∧ fest.

   III. 1. m. *Ch.* Cartel colgado de sus extremos en un lugar público con fines propagandísticos o publicitarios.

   ■

      a. ‖ **~ charro.** m. *Mx.* Espacio circular destinado a lazar, colear y otros ejercicios ecuestres. ♦ **lienzo.**

   □

      a. ‖ **cierto ~.** loc. sust. *Gu.* Persona cuyo nombre no se quiere mencionar.

liero, -a.

   I. 1. sust/adj. *Pe, Py, Ar.* Persona que causa mucho desorden y alboroto. pop.

      2. *Py, Ar.* Persona que suele crear complicaciones o enredos. pop.

life.

   I. 1. m. *Pe.* Pez de agua dulce de cuerpo alargado, de hasta 80 cm de longitud, sin escamas y con barbillas que salen de las mandíbulas; es muy aprecia-

do por su carne. (Trichomycteridae; *Trichomycterus punctulatus*).

liga.

   I. 1. f. *Mx:NO.* Planta de hojas simples y alternas, inflorescencias complejas de tipo cimoso, flores pequeñas de pétalos blanquecinos, y frutos capsulares que producen un jugo pegajoso. (Euphorbiaceae; *Euphorbia xanti*).

      2. *Pe.* **pupa**, arbusto.

      3. *Ch:C,N.* Planta parásita sin hojas, sin pelos ni vellosidades, con tallos rojizos que alcanzan los 20 cm de longitud, de flores hermafroditas de color rojo intenso dispuestas en panojas y fruto en forma de baya globosa de color rosado o rojo. (Loranthaceae; *Tristerix aphyllus*).

   II. 1. f. *Co.* Propina, gratificación. pop.

   III. 1. f. *Ar, Ur.* Suerte o azar. pop.

   IV. 1. f. *Ar:NO.* Estiércol de caballo que se añade al barro para hacer ladrillos y darles más consistencia. rur.

   V. 1. f. *Ho, ES.* Sustancia viscosa y pegajosa.

      2. *ES.* meton. Semen.

   VI. 1. f. *Ni, Cu.* Mezcla de hojas de tabaco de diferentes zonas de cultivo.

   VII. 1. f. *Pa.* Goma elástica de diversos tamaños y colores que sirve para sujetar rollos de papeles o paquetes. pop + cult → espon.

      2. *Pa.* Goma elástica pequeña de diversos materiales y colores que se usa para sujetar el cabello. pop + cult → espon.

   VIII. 1. *Ho.* **babosa**, gusano.

   □

      a. ‖ **~ de frenos.** loc. sust. *Ve, Py.* Sustancia viscosa derivada del petróleo que necesita el mecanismo de frenos de un automóvil para que funcione correctamente.

   ► **hacer la ~; hacer ~.**

liga-liga.

   I. 1. f. *Bo.* Juego infantil, *especialmente practicado por las niñas*, en el que dos participantes sujetan con las piernas abiertas una cinta elástica mientras que el resto salta haciendo diversas figuras con ella.

ligado, -a.

   I. 1. adj. *Co:O. Referido a persona*, que tiene mala suerte. pop.

   II. 1. adj. *Ni. Referido a una parte del cuerpo*, dolorida.

ligador, -ra.

   I. 1. sust/adj. *Ar, Ur.* Persona que tiene suerte en el juego.

   II. 1. sust/adj. *Ar, Ur.* Persona que tiene facilidad para entablar relaciones amorosas.

   III. 1. m. y f. *Py.* Persona que incita a otra a emprender una acción.

   IV. 1. sust/adj. *Ur.* Persona que recibe reiteradamente castigos o reprimendas.

ligar(se).

   I. 1. intr. *Ve, Ar, Ur. En los juegos de azar*, recibir permanentemente las mejores cartas u obtener las mejores combinaciones. pop.

      2. tr. *Pa, Cu, Ar, Ur. En los juegos de azar*, recibir una buena carta o una combinación favorable. pop.

      3. *Cu, RD, Ve. En los juegos de azar*, ganar un premio. pop.

   II. 1. tr. *Mx, Co, Ec.* Mantener una mujer a su lado al cónyuge por medio de un maleficio. pop + cult → espon.

   III. 1. tr. *Cu, Bo, Py, Ar, Ur.* Recibir *algo* beneficioso o placentero. pop.

      2. tr. prnl. *Py; Ar, Ur*, pop. Recibir un golpe, una reprimenda o, en general, *algo* considerado negativo o desagradable.

3. intr. *Pe, Py.* Recibir el beneficio de algo deseado de manera inesperada o que se tenía pocas esperanzas de conseguir. pop.

IV. 1. intr. prnl. *Ni, Ve, Py, Ar, Ur.* Sufrir una comunicación telefónica interferencias de otra.

V. 1. tr. *RD, Ve.* Cruzar a dos animales de la misma raza o de razas distintas.

VI. 1. tr. *Ve.* Esterilizar a un animal.

VII. 1. tr. *Cu, Py.* Contraer una enfermedad, *generalmente pasajera.* pop.

VIII. 1. tr. *Cu, PR.* Curiosear, mirar *una persona algo* o a *alguien* con disimulo. pop + cult → espon.

IX. 1. tr. *Cu.* Ingerir indistintamente diversos tipos de bebidas alcohólicas.

X. 1. tr. *PR. En las peleas de gallos,* adherir *alguien* con esparadrapo las espuelas postizas al gallo de pelea.

2. *Cu.* Concertar una pelea entre dos gallos.

□
a. ‖ ~ **programa.** loc. verb. *Py.* Tener una cita amorosa.

ligera.
    I. 1. f. *RD.* Guiso preparado con caldo de ave y arroz.

ligerazo, -a.
    I. 1. adj. *Ar:NO. Referido a una caballería,* muy veloz. pop.

lighter. (Voz inglesa).
    I. 1. m. *EU, PR; Pa,* p.u. Encendedor.

ligón, -na.
    I. 1. adj/sust. *PR. Referido a persona,* fisgona, que le gusta curiosear. pop + cult → espon.
    2. *PR. Referido a persona,* que le gusta mirar las partes íntimas del cuerpo de una mujer con disimulo, sin que ella se dé cuenta.

ligonería.
    I. 1. f. *PR.* Curiosidad, deseo de averiguar alguien lo que no le concierne.

ligosa.
    I. 1. *Ho, ES.* **babosa,** gusano.

ligosera.
    I. 1. f. *ES.* Cosa pegajosa.
    2. *ES.* Molestia en la garganta por tener mucosidades.

ligoso, a.
    I. 1. adj. *Ho, Pe, Bo, Ch. Referido a una masa,* que tiene una consistencia entre elástica y correosa.

liguita.
    I. 1. f. *Ve, Pe, Bo.* Goma elástica fina usada para sujetar paquetes o montones pequeños.

lihui-lihui. (Del aim. y quech. *liwi,* débil).
    I. 1. sust/adj. *Bo:O.* Persona de constitución débil. pop + cult → espon.

lija.
    I. 1. f. *Pe.* Bebida en la que se combina vino de poca calidad con un refresco gaseoso, generalmente de cola.
    2. *Ho, ES, Ni, CR.* Aguardiente u otro licor fuerte y áspero.

II. 1. f. *Pa.* Árbol de hasta 10 m de altura, de hojas simples, alternas y ásperas al tacto, flores verdes o anaranjadas y frutos globosos, de color rojo o anaranjado cuando están maduros; su madera se emplea para postes. (Moraceae; *Trophis caucana*).
▶ **dar ~; darse ~.**

lijazo.
    I. 1. m. *ES.* Trago de aguardiente. pop + cult → espon.
    ♦ **lijón.**

lijón.
    I. 1. *Ni.* **lijazo.**

lijonear.
    I. 1. tr. *ES.* Beber aguardiente fuerte y áspero.

lijoso, -a.
    I. 1. sust/adj. *Cu.* Persona vanidosa. pop.

lijuana.
    I. 1. f. *Pe, Bo:O.* Azadón para deshierbar o sacar **papas.** rur.

liki.
    I. 1. *Ho.* **liqui.**

lila.
    I. 1. f. *ES.* Cocaína. drog.

lilaila.
    I. 1. *PR.* **alilaila.**

lilayo.
    I. 1. *RD.* **paraíso,** árbol.
    2. *PR.* **guarapo,** árbol.

lile.
    I. 1. m. *Ch.* **chuita.**

lilica.
    I. 1. m. *Bo:O,* delinc; *Ni,* juv. Hombre homosexual.

lilincha.
    I. 1. sust/adj. *Pe:S.* Muchacha traviesa, juguetona y coqueta. pop.

lilita.
    I. 1. f. *Ni.* juv. Dinero.

lillo.
    I. 1. m. *Ec.* p.u, juv. Hojita de papel muy delgado usada para formar cigarrillos enrollando en ella picadura de marihuana. drog.
    II. 1. m. *Bo.* Árbol de hasta 15 m de altura, cuya corteza se desprende fácilmente a manera de tiras de papel, de hojas simples, flores de color lila o rosado y frutos en forma de cápsula membranosa que contienen semillas semiplanas. (Lythraceae; *Physocalymma scaberrimum*).

lilo.
    I. 1. m. *Mx.* Hombre homosexual.

lima.
■
    a. ‖ ~ **boba.** f. *RD.* **limón criollo.**
    b. ‖ ~ **limita.** f. *Bo:C.* **naranjillo.**
▶ **volar ~.**

lima-lima.
    I. 1. f. *Bo:C.* Árbol de hasta 13 m de altura, de hojas simples y frutos en forma de drupa que contienen una sola semilla. (Myrsinaceae; *Myrsine pseudocrenata*).

limacho.
    I. 1. m. *Bo:C.* Árbol de hasta 10 m de altura, de hojas simples con el envés cubierto de pequeños pelos rojizos, flores de color crema verdoso y frutos de color púrpura negro en forma de drupa. (Myrsinaceae; *Myrsine coriacea*).

limada.
    I. 1. f. *ES.* Coito. tabú.

limado, -a.
    I. 1. adj. *Bo. Referido a una mujer,* lista y perspicaz. pop + cult → espon.

limalla.
    I. 1. f. *Ve.* Trozo de oro, grande y aplanado, en estado natural.

limanche.
    I. 1. *Ch.* **muimuy,** crustáceo.

limao, -a.
    I. 1. adj. *RD. Referido a persona,* lista, preparada o dispuesta para hacer algo. pop.

limaolla.
    I. 1. f. *Ni. En la construcción,* punto de encuentro de dos caídas de agua en el mismo canal.

limar.
    I. 1. intr. *ES.* Realizar el coito. vulg.

□

a. ‖ **~ la chapa.** loc. verb. *Ar.* Frustrar los propósitos de alguien o causarle algún perjuicio, *especialmente en el ámbito laboral.* pop + cult → espon.

b. ‖ **~se las uñas.** loc. verb. *Pa.* Jactarse *alguien* de algo que no es cierto y que enseguida quedará en evidencia. pop + cult → espon ^ sat.

limatón.

I. 1. m. *Ho, Ni, PR, Py.* Viga del techo de una casa que va del ángulo de la pared a uno de los extremos de la viga cumbrera.

2. *PR, Py.* Junta inclinada de un techo de dos aguas.

3. *Ho.* Cada uno de los dos maderos laterales del armazón de una carreta.

II. 1. m. *Ho.* Lima para desgastar metales, madera o cuero.

limazo.

I. 1. m. *PR.* Regaño. pop + cult → espon.

▶ **dar un ~.**

límber. (De *Limber*®).

I. 1. m. *PR.* Combinación de agua azucarada y jugo de alguna fruta, congelada en forma de cubitos.

2. *PR.* Polo congelado de diversos sabores.

II. 1. m. *PR.* metáf. *En la construcción,* pequeño cubo de hormigón que se coloca junto a otros entre las varillas y el falso piso de una placa para que al fundirse las varillas queden a la altura deseada.

□

a. ‖ **más malo que un ~ de gas.** loc. adj. *PR. Referido a persona,* muy mala, perversa. pop + cult → espon ^ fest.

limbo.

▶ **dejar en el ~.**

lime.

I. 1. m. *ES.* Coito. vulg.

limeñismo.

I. 1. m. *Pe.* Locución, giro o modo de hablar propio de los habitantes de Lima.

limeta.

◪

a. ‖ **no es soplar y hacer ~s.** fr. prov. *Ch.* obsol. Indica que algo no es tan fácil como parece.

limetón.

I. 1. m. *Mx:SE.* obsol. Garrafa grande de cuello corto y boca ancha. rur.

limilla.

I. 1. f. *Mx.* Cactus de hasta 120 cm de altura, de forma semiesférica, largas espinas rojas con terminación en forma de gancho y flores amarillas. (Cactaceae; *Ferocactus hamatacanthus*).

liminoso, -a.

I. 1. adj/sust. *ES. Referido a persona,* lisonjera. delinc.

limítrofe.

I. 1. adj/sust. *Mx, Pa, Pe, Ch. Referido a persona,* que tiene una capacidad intelectual en el límite de lo considerado como normal.

limón.

I. 1. m. *Mx, Ni, Bo.* juv. Seno de mujer joven.

II. 1. m. *Ch.* p.u. Travesaño lateral que sirve de soporte a los peldaños de una escalera fija.

III. 1. m. *ES.* Hombre afeminado.

IV. 1. m. *PR.* Auto o artefacto mecánico que se estropea con frecuencia y facilidad *generalmente por defecto de fábrica.*

■

a. ‖ **~ criollo.** m. *Ni, Cu, Co, Ve, Ec.* Árbol de hasta 5 m de altura, de ramas espinosas, hojas aovadas, flores pequeñas, blancas y fragantes y fruto de color verde o amarillento, de abundante pulpa y sabor

ácido. (Rutaceae; *Citrus aurantifolia*). ♦ **lima boba; limón sutil.**

b. ‖ **~ de cabro.**

i. m. *PR.* Arbusto de hasta 6 m de altura, copa abierta, hojas alternas, elípticas, y flores solitarias de color blanquecino. (Rutaceae; *Citrus limon*).

ii. *PR.* Fruta de este árbol, con corteza gruesa y áspera, de color amarillento pálido y sabor muy agrio.

c. ‖ **~ sutil.** m. *Co, Ec, Pe, Bo, Ch:N, Py, Ar:N.* **limón criollo.**

▶ **tocar con ~.**

limonaria.

I. 1. f. *Mx, Ho, ES, Ni, Co.* Arbusto cultivado de hasta 2 m de altura, ramoso, con hojas casi persistentes, opuestas, aovadas, lisas y lustrosas, flores pequeñas en racimo, blancas y olorosas, fruto en baya. (Rutaceae; *Murraya paniculata*). ♦ **limonario; mirto.**

2. *Mx, Ho, ES, Ni, Co.* Flor olorosa de la limonaria.

limonario.

I. 1. m. *Ho, ES.* **limonaria.**

limoncillo.

I. 1. *Co.* **zacate limón.**

2. *Co.* **pepenance,** arbusto.

3. *Co.* **pepenance,** fruto.

4. m. *Ho, ES, Ni, CR.* Árbol de hasta 6 m de altura, ramoso, con flores blanquecinas muy pequeñas y hojas que al estrujarse emiten un fuerte olor a limón; tiene diversas aplicaciones en la medicina tradicional. (Monimiaceae; *Siparuna nicaraguensis*). ♦ **sombra de quequeo.**

5. *Bo:C,O.* **naranjillo.** (Capparaceae; *Capparis speciosa*).

6. *Bo:O.* Árbol de hasta 15 m de altura, muy ramificado, de corteza blanca acanalada, flores de color amarillo y frutos en forma de legumbre que contienen semillas de color negro. (Fabaceae; *Senna spectabilis*). ♦ **paraisillo.**

7. *RD.* **guaya,** árbol.

8. *RD.* Arbusto de hasta 3 m de altura, con el tronco y las ramas recubiertos de espinas, las hojas son finas y alargadas, las flores tienen sépalos de color verde-blanquecino y el fruto es semirredondo. (Flacourtiaceae; *Casearia aculeata*). ♦ **guacuco; margarabomba; palo de avispas; palo de limoncillo; palo de perico.**

9. *Pa.* Árbol de hasta 10 m de altura, hojas simples y opuestas, oblongas, con ápice agudo y bordes enteros, flores verdes o amarillentas y frutos carnosos, verdes, que se tornan rojo púrpura al madurar. (Monimiaceae; *Siparuna panamensis*).

10. *Pa.* Árbol de hasta 15 m de altura, de hojas alternas, flores amarillas y frutos en legumbres, anaranjados cuando están maduros. (Fabaceae; *Swartzia simplex*). ♦ **naranjito.**

■

a. ‖ **~ cimarrón.** *RD.* **corazón de paloma,** arbusto.

limonera.

I. 1. f. *Ho.* Lugar sembrado de limones.

limosina.

I. 1. f. *EU, ES, Ni, CR, Pa, Cu, RD, PR, Co, Ec, Bo, Ch, Py.* Automóvil lujoso de gran tamaño.

limosna.

▶ **pedir ~ con escopeta; pedir su ~.**

limosnero.

I. 1. *PR.* **domingo,** pez marino.

◪

a. ‖ **muchos ~s pierden la limosna.** fr. prov. *RD; PR,* p.u. Indica que si hay que repartir algo entre muchas personas, cada cual recibe menos.

limosnero, -a.
I. 1. adj. *Ni, CR, Pa, Cu, RD, Co, Ve, Ec, Pe, Bo, Ch, Py, Ar. Referido a persona,* que pide limosna.

■

a. ‖ ~ **y con garrote.** m. y f. *Mx, Gu, ES, Ni.* Persona que estando en desventaja pide y exige algo, o pone, condiciones para obtenerlo. pop + cult → espon.

limpia.
I. 1. f. *Mx, Ho, ES, Ni, CR, Ve, Ec, Pe, Bo.* Tratamiento que realiza un curandero a una persona para liberarla de malas energías.
II. 1. *Co:N.* **muenda,** castigo.
III. 1. f. *Ho, Ni, CR, Cu.* Limpieza que se hace en un terreno destinado a la agricultura. rur.
2. *CR.* Época en que se realiza el **deshierbe** de un terreno. rur.
IV. 1. f. *Ho, ES.* Purga del estómago con hierbas y aceites.
V. 1. f. *Ec. En el juego del **cuarenta**,* lance que ocurre cuando un jugador toma todas las cartas de la mesa, ya sea porque ha realizado una **caída** o porque las cartas que recoge suman el mismo valor de las que él posee.
VI. 1. *Pa.* obsol. **rejera.**

limpiabrisas.
I. 1. m. *RD, Co, Ec.* Mecanismo que se adapta a la parte exterior del parabrisas y que, moviéndose de un lado a otro, aparta la lluvia o la nieve que cae sobre él.

limpiacachos.
I. 1. m-f. *Bo.* Persona que tiene por oficio limpiar calzado. pop + cult → espon.

limpiacasa.
I. 1. m. *Ve.* Ave de hasta 13 cm de longitud, de color verde, cola alargada y pico ligeramente curvo. (Trochilidae; *Phaethornisaugusti*).
II. 1. f. *Pa.* Pequeño reptil de hábitos nocturnos que se alimenta de insectos vivos. (Gekkonidae; *Hemidactylus Frenatus*).

□

a. ‖ ~ **cabecirroja.** f. *Pa.* Lagartija que tiene la piel cubierta con numerosas y pequeñas escamas que le dan un aspecto suave y delicado. (Gekkonidae; *Gonatodes alogularis*).

limpiada.
I. 1. f. *Mx, Gu, Ni, CR, Ec, Pe, Bo; RD, Co, Ve, Ch,* pop. Eliminación de la suciedad.
2. *Ni, Ec.* Eliminación del césped o de la maleza en un terreno. rur.
II. 1. f. *Gu.* Reprimenda.
III. 1. f. *Py.* Terreno de alguna extensión, limpio de árboles. rur.

□

a. ‖ ¡**qué** ~! loc. interj. *CR.* Expresa deslumbramiento o admiración. pop + cult → espon.

limpiadera.
I. 1. f. *Ni, RD, Ve, Pe.* Limpieza que se hace de manera continua y repetida.

limpiado.
I. 1. m. *Ec.* Eliminación del césped o de la maleza en un terreno.

limpiador.
I. 1. m. *Mx.* Limpiaparabrisas.
II. 1. m. *Ve.* Pequeño pez de río de color pardusco, cuerpo recubierto de placas óseas a modo de armadura y boca en forma de ventosa con la que puede adherirse a distintas superficies. (Loricariidae; *Hypostomus*).

limpiaduría.
I. 1. f. *Mx.* Tintorería.

limpiafosas.
I. 1. adj/sust. *Ch. Referido a persona o a un vehículo,* que asea y desatranca las fosas sépticas y alcantarillas.

limpiamundo.
I. 1. *ES.* **zopilote,** ave carroñera.

limpiapiés.
I. 1. m. *Ch.* Felpudo, estera gruesa y afelpada o de otro material *que se usa principalmente en la entrada de las casas a modo de limpiabarros.*

limpiaplata.
I. 1. *Ar.* **hierba del platero.** (Equisetaceae; *Equisetum bogotense*).

limpiapotes.
I. 1. m. *PR.* Persona que adula para obtener beneficios. pop + cult → espon.

limpiapoto.
I. 1. *Ch.* **limpiapotos.**

limpiapotos.
I. 1. m-f. *Ch.* Persona servil y aduladora. pop. (**limpiapoto**).

limpiar(se).
I. 1. tr. *Mx, Ni, Pa, Cu, Ve, Ec, Pe, Bo, Py.* Liberar o curar a *alguien* las malas energías frotándolo con hierbas.
2. *Cu. En la santería,* curar a *una persona* o librarla de algún mal, mediante un ritual en el que se sacuden determinadas hierbas alrededor del cuerpo, al mismo tiempo que se hacen invocaciones.
II. 1. tr. *RD, PR, Bo:O, Ur; Ar,* p.u, delinc. Asesinar. pop + cult → espon.
III. 1. intr. prnl. *Pa, Pe.* Disculparse o culpar de los errores propios *una persona* a otra. pop + cult → espon ^ fest.
IV. 1. intr. prnl. *RD; PR.* p.u. Irse *alguien,* escaparse.

□

a. ‖ ~ **chaqueta.** loc. verb. *Ho.* juv. Desagraviar matando o golpeando a un miembro de una **mara** enemiga. delinc.
b. ‖ ~ **el pico.** loc. verb. *PR.* Matar *una persona* a *alguien.* pop + cult → espon.
c. ‖ ~ **las caguitas.** loc. verb. *Cu, Co.* Limpiar los zapatos.
d. ‖ ~**se el cielo.** loc. verb. *Mx, Ch.* Despejarse, quedar el cielo libre de nubes. rur.
e. ‖ ~**se el coco.** loc. verb. *PR.* Olvidarse *alguien* de una amante o concubina. pop + cult → espon.
f. ‖ ~**se el poto antes de cagar.** loc. verb. *Ch.* Dar por conseguido *algo* antes de haberlo logrado. vulg; pop.
g. ‖ ~**se el traste.** loc. verb. *Ch.* Despreciar a *alguien* o *algo,* no tenerlo en cuenta.

limpiavidrios.
I. 1. sust/adj. *Mx, ES, Ni, CR, Co, Ec, Bo, Ch, Py, Ar.* Detergente líquido que se usa para limpiar cristales.
2. m-f. *Mx, ES, Co, Ec, Bo, Ch, Py.* Persona que por oficio limpia cristales.
3. m. *Mx, Ec.* Limpiaparabrisas, aparato que quita el agua o la nieve del parabrisas de un vehículo.

límpido. (De *Límpido*®).
I. 1. m. *Co:O.* Lejía.

limpieza.
I. 1. f. *Ve.* Escasez, falta de lo necesario para vivir.
II. 1. f. *Pa, Cu, PR. En la santería,* rito en el cual el santero, por medio de pases, sacrificio de animales e invocaciones, intenta librar a alguien de algún mal.

limpio.
I. 1. m. *CR, Ec.* obsol. Espacio sin árboles en el interior de un bosque. rur.

▶ **dejar el ~.**

limpio, -a.
I. 1. m. y f. *ES, CR, Pa, Ve, Ec, Pe, Bo.* Persona que no tiene dinero.

limpión.

I. 1. m. *Ni, CR, Pa, Co, Ec, Pe.* Trapo utilizado para secar los utensilios o las distintas superficies de la cocina.

2. *Pe.* obsol. Rollo de tabaco envuelto en hilo de algodón utilizado para limpiar los dientes.

lináloe.

I. 1. m. *Mx.* Árbol de hasta 7 m de altura, de tronco tortuoso, copa amplia, corteza blanquecina o gris, hojas dispuestas en espiral, compuestas por varios folíolos opuestos, inflorescencias en panícula, flores tetrámeras, y fruto en drupas ovoides. (Burseraceae; *Bursera aloexylon*). ♦ **yaguela.**

lince.

I. 1. *Ni, Pa.* **sabín,** mamífero.

II. 1. f. *Ho.* Mano derecha de alguien.

III. 1. m. *Pa.* Policía motorizado.

linchaco.

I. 1. m. *Ch.* Arma ofensiva formada por dos mangos de madera unidos por una cadena gruesa.

linches.

I. 1. m. pl. *Mx.* Alforjas hechas con fibra de **maguey.** rur.

linderación.

I. 1. f. *Ec.* Demarcación de los límites de un terreno.

linderar.

I. 1. tr. *Ec.* Demarcar los límites de un terreno.

lindo.

I. 1. adv. *Bo, Ch, Ar.* Muy bien, de manera bella o perfecta. pop + cult → espon.

lindo, -a.

I. 1. m. y f. *Gu, Ni, Ch, Py.* Hombre o mujer. afec.

II. 1. adj. *ES.* Referido a persona, sin dinero.

▶ **hacerse el ~; ver a Linda.**

lindón, -na.

I. 1. adj. *Mx, Bo, Py, Ar, Ur.* Referido a persona o cosa, bonita, agradable. pop + cult → espon.

lindongo, -a.

I. 1. adj. *Bo:E.* Referido a persona, atractiva. pop + cult → espon.

lindoro, -a. (Der. de *lindo*, hermoso).

I. 1. adj/sust. *RD.* Referido a persona, que recibe un trato de favor por ser la más querida o apreciada en un grupo.

line.

■

a. ‖ **~ man.** (Voz inglesa). m. *Ho.* En *futbol*, árbitro auxiliar que tiene bajo su control una línea del campo. (**linesman**).

b. ‖ **~ up.** (Voz inglesa). m. *EU, Cu, PR, Ve.* En el *beisbol*, lista de los nueve jugadores que participan en el partido en el orden en que deben **batear.**

□

a. ‖ **~ on.** (Voz inglesa). loc. adj/adv. *Ho.* Referido a una *información*, accesible en cualquier momento, *especialmente a través de medios informáticos.*

línea.

I. 1. f. *Mx, Ho, ES, Co, Bo:E, Ch, Ar, Ur.* Raya, dosis de cocaína. drog.

2. *Bo:E,O.* Grupo de personas que se dedican a fabricar, acopiar y exportar droga. drog.

II. 1. f. *Mx, Pa, PR, Bo, Py, Ar, Ur.* Hilo fino y muy resistente de la caña de pescar, al que se ata el anzuelo.

III. 1. m. *Ho, ES, CR, Ec, Bo, Ch, Py, Ar.* En el *futbol y otros deportes*, árbitro auxiliar que colabora desde la banda con el árbitro principal para señalar las faltas que cometen los jugadores o los envíos del balón fuera del campo.

IV. 1. f. *PR, Ve.* En las carreras de caballos, ejemplar que se da como ganador.

2. *RD.* En un juego de azar, apuesta que se considera que tiene muchas opciones de resultar ganadora.

V. 1. f. *Ni, Cu, RD, PR.* En el **beisbol**, **batazo** imparable al centro del campo sin elevarse mucho, en dirección relativamente paralela al terreno ♦ **liniazo.**

VI. 1. f. *CR:NO, Ch.* Cuerda de pescar a la que se atan varios anzuelos.

VII. 1. f. *PR, Bo.* **Renglón** comercial.

VIII. 1. adj. *RD*; *PR*, p.u. Referido a persona, excelente, sobresaliente.

IX. 1. f. *Cu.* En coctelería, unidad de medida que equivale, aproximadamente, a 35 ml.

X. 1. f. *PR.* En las peleas de gallos, cuerda o tabla para medir las espuelas del gallo.

■

a. ‖ **~ de foul.** f. *Cu, PR.* En el beisbol, línea que delimita el terreno de juego.

b. ‖ **~ de largada.** f. *Ec, Bo, Ch, Py.* Marca detrás de la cual se colocan los participantes en una **competencia** de velocidad.

□

a. ‖ **a la ~.** loc. adj. *Pe.* Referido a persona o cosa, que tienen el peso corporal idóneo.

b. ‖ **de ~.** loc. adj. *PR, Ar.* Referido a persona, justa y recta. pop.

c. ‖ **en la ~.** loc. adv. *Ni, Cu, PR, Ve, Bo.* Con el peso corporal idóneo. pop.

d. ‖ **en ~.** loc. adv. *Pa.* Con peso idóneo y con forma corporal delgada y bien formada. pop + cult → espon.

e. ‖ **en ~s gruesas.** loc. adv. *Ch.* En líneas generales, a grandes rasgos. cult.

▶ **bajar ~; dar ~; meter ~; morir en su ~; pelear ~; poner en ~; soltar ~; tirar ~; zocar la ~.**

lineamiento.

I. 1. m. *Mx, Ho, CR, Co, Ec, Pe, Bo, Ch, Py.* Rasgos generales y básicos que permiten definir una tendencia o un plan, *especialmente en el orden político.*

2. *Mx, CR, Pa, Cu, Co, Ec, Pe, Bo, Py.* Cada uno de los pasos que se establecen para conseguir el desarrollo de algo o de alguien.

3. *CR, Cu, PR, Co, Ve, Bo, Py, Ar, Ur.* Dirección, tendencia, orientación o estilo de un arte o de un saber cualquiera.

linesman. (Del ingl. *line man*).

I. 1. *Pe,* p.u; *Bo,* obsol. **line man,** juez de línea.

linga.

I. 1. f. *Cu.* Coito.

II. 1. f. *ES.* Lazo o cordel.

▶ **dar ~.**

lingada.

I. 1. f. *Ho:N.* Sucesión en línea de personas, animales o cosas.

2. *Ho:N.* Cadena, *generalmente del reloj.*

3. *Ho:N.* Conjunto de vagones del tren unidos y sin máquina de arrastre.

II. 1. f. *Cu.* Carga que levanta una eslinga.

III. 1. f. *ES.* Tiempo que dura el cumplimiento de una pena en la cárcel.

lingar.

I. 1. tr. *ES.* Tirar *algo.*

lingo.

I. 1. m. *Pe.* Pídola, juego de muchachos en el que uno salta por encima de otro que está agachado.

lingue.

I. 1. m. *Ch, Ar:SO.* Árbol de follaje persistente, grandes hojas de color verde muy oscuro, flores pequeñas y una baya alargada como fruto; su corteza es rica en tanino. (Lauraceae; *Persea lingue*).

2. *Ch, Ar:SO.* Madera de este árbol, flexible, resistente y apreciada en carpintería.

lingüisucio, -a.
    I. 1. adj/sust. *RD, PR. Referido a persona*, que habla utilizando palabras obscenas.

liniazo.
    I. 1. *Cu, PR.* **línea**, batazo.

liniero, -a.
    I. 1. m. y f. *Ch*; m. *Ni, Cu.* Persona especializada en el tendido de una red eléctrica o de telecomunicación.
    II. 1. adj/sust. *Cu. Referido a persona*, que acostumbra a estafar o engañar a los demás.

lino.
    ■
    a. ‖ ~ **criollo.** m. *RD.* **acacia**, arbusto lampiño.

linterna.
    I. 1. f. *Mx, Cu*; f. pl. *Bo:E,N,O, Py.* | metáf. **farol**, ojos. pop + cult → espon.
    ☐
    a. ‖ ~ **con cuatro pilas.** loc. sust. *Ch.* Consumición compuesta por una botella grande de pisco y otras cuatro botellas más pequeñas de otras bebidas. pop + cult → espon.

linusa.
    I. 1. f. *Ur; Ar*, obsol. Pereza. pop.

linyera.
    I. 1. m-f. *Py; Bo, Ar, Ur*, pop. Persona sin recursos y sin domicilio fijo que vive de la mendicidad o de lo que recoge entre los desperdicios.
    2. m. *Ar, Ur.* obsol. Atado en que esta persona guarda su ropa y demás efectos personales.

linyerear.
    I. 1. intr. *Ar.* Vagabundear. pop.

liñada.
    I. 1. f. *Py. En la caña de pescar*, trozo de hilo fino que se ata por un extremo al anzuelo. pop.
    II. 1. f. *Py.* Relación amorosa ilícita.

lipa.
    I. 1. f. *RD, Ve.* Barriga, *especialmente si es abultada*. pop.

lipacina.
    I. 1. *Ho.* **epacina**, planta.

lipazote.
    I. 1. *Ho.* **epazote**, planta.

lipidia.
    I. 1. f. *Gu, Ho, ES, Ni, CR; Pa, Bo*, pop + cult → espon ^ fest; p.u. Miseria extrema. pop.
    II. 1. f. *Cu.* obsol. Discusión insistente y fastidiosa. pop.

lipidiar.
    I. 1. intr. *Cu.* Discutir con insistencia.

lipiria.
    I. 1. f. *Ch.* Diarrea. pop + cult espon.
    2. *Ch.* Molestia grande provocada por algo o alguien. pop.

lipón, -na.
    I. 1. adj/sust. *Ve. Referido a persona*, que tiene el vientre abultado. pop.
    II. 1. m. y f. *Ve.* Niño, desde bebé hasta que comienza a andar. pop.

lípstic.
    I. 1. *Pa.* p.u. **lipstick**. pop.

lipstick. (Voz inglesa).
    I. 1. m. *EU, Mx, Ni, PR, Ec, Bo.* Cosmético usado para colorear los labios. (**lípstic**).

liquear. (Del ingl. *to leak*).
    I. 1. intr. *EU, Pa, RD, PR.* Gotear, caer un líquido gota a gota. (**liquiar**).
    2. *PR.* metáf. Realizar el coito. tabú; carc.

liqueo. (Del ingl. *leak*).
    I. 1. m. *EU, RD, PR.* Goteo, filtración.

liqui.
    I. 1. m-f. *Ho.* Licenciado. pop + cult → espon. (**liki**).

liquiar.
    I. 1. *EU, RD, PR.* **liquear**, gotear.

liquichiri. (Del aim. *likichaña*, quitar grasa).
    I. 1. sust/adj. *Bo:O.* Persona de constitución débil. pop + cult → espon.

liquid. (De *Liquid paper*®).
    I. 1. m. *EU, Mx, ES, PR, Ec, Pe, Ar, Ch*, pop. Corrector líquido de color blanco para borrar tinta. ♦ **liquid paper**.
    ■
    a. ‖ ~ ***paper.*** *Mx, RD, Co, Ec.* **liquid**.

liquidado, -a.
    I. 1. adj. *Pa, Bo. Referido a persona*, que no tiene dinero.
    II. 1. adj. *Cu. Referido a persona*, cansada. pop + cult → espon.

liquidámbar.
    I. 1. m. *Mx, Ni, Co, Ch.* Árbol de hasta 40 m de altura, de hojas con varios lóbulos, de márgenes aserrados, flores monoicas, estilos persistentes que forman espinas en el fruto y semillas aladas; se usa en la medicina tradicional y en carpintería. (Hamamelidaceae; *Liquidambar styraciflua*). ♦ **estoraque; lesquín; liquidambo; maripenda; ocotzote; ocoxote; xochiozol.**

liquidambo.
    I. 1. *Ho, Ur.* **liquidámbar**.

líquido.
    I. 1. adv. *Ho.* Solamente.

líquido, -a.
    I. 1. adj. *Ni. Referido a una cantidad o peso de algo*, exacto.

liquilique.
    I. 1. *Co:E,N, Ve.* **liquiliqui**.

liquiliqui.
    I. 1. *Co:E,N, Ve.* Chaqueta de dril o lino, de color claro, que se abrocha hasta el cuello. (**liquilique**).
    2. *Co:E,N, Ve.* meton. Traje compuesto de dicha chaqueta y de pantalón del mismo material y color. (**liquilique**).

liquor.
    ■
    a. ‖ ~ ***store.*** (Voz inglesa). m. *EU, PR.* Establecimiento en el que se venden botellas o latas de bebidas alcohólicas, licorería.

lira.
    I. 1. f. *Mx, Ni*, pop; *ES*, carc. Guitarra.
    II. 1. f. *ES.* Individuo, persona. pop + cult → espon ^ desp.
    III. 1. f. *Ni.* Sonido en el pecho de quienes padecen enfermedades bronquiales.

lirear.
    I. 1. **liriar**. pop.

liriar.
    I. 1. intr. *Ho, ES, RD.* Tratar *una persona*, con alguien o algo que causa molestia y ejercita la paciencia.

lírica.
    ▶ tirar ~.

lírico, -a.
    I. 1. adj. *Mx. Referido a persona*, autodidacta, que se ha formado o instruido por sí misma.
    II. 1. adj. *RD. Referido a cosa*, única, sola, sin otra añadida.

lirio.
> I. 1. m. *Gu.* Litro, unidad de capacidad. pop.
> II. 1. m. *Ho:N.* Cigarro de marihuana. drog.
> ■
> a. ‖ ~ **de agua.** m. *Ni, Co, Ve.* **violeta de agua.**
> b. ‖ ~ **de mayo.** m. *Co.* Orquídea epífita que tiene una o dos hojas solamente y flores grandes de bellos colores dispuestas en racimos vistosos. (Orchidaceae; *Cattleya* spp.). ◆ **San Juan.**
> c. ‖ ~ **santana.** m. *Cu.* **sabacché.**
> d. ‖ ~ **tricolor.** m. *Cu.* Árbol ornamental de poca altura, hojas grandes y flores olorosas de color amarillo, coral o anaranjado. (Apocynaceae; *Plumeria rubra*).

lirita.
> I. 1. f. *ES.* Instrumento cortante de hoja muy desgastada.

lirumba.
> I. 1. *Ho.* **guacal**, seno de mujer.
> II. 1. adj. *Ni.* juv. *Referido a persona*, alocada, inquieta.

lirusa.
> I. 1. *Ho.* **liruza.**

liruza.
> I. 1. f. *Ho.* Machete terminado en punta y desgastado en su corte. (**lirusa**).

lisa.
> I. 1. f. *Ho, ES, Ni, Pa, Co:N, Ec.* Pez marino de hasta 60 cm de longitud, con aletas radiadas y cuya coloración oscila entre el verde oliva, el plateado, el café y el púrpura; es comestible. (Mugilidae; *Mugil cephalus*). (**liza**) ◆ **lisa de playa**; **lisa macho**; **liza.**
> 2. *Ur.* Pez marino que habita zonas costeras y estuarios; es comestible. (Mugilidae; *Mugil platanus*). ◆ **lisa de playa.**
> II. 1. *Bo.* **ulluco**, planta.
> 2. *Bo.* **ulluco**, tubérculo
> III. 1. f. *ES,* carc; *Ni,* juv. Pañuelo.
> ■
> a. ‖ ~ **de playa.** *Ho, ES.* **lisa.** (Mugilidae; *Mugil cephalus, M. platanus*).
> b. ‖ ~ **macho.** *PR.* **lisa.** (Mugilidae; *Mugil cephalus*).
> c. ‖ ~ **madre.** f. *Ho.* Pez marino de cuerpo alargado con una franja lateral plateada en los dos costados, dientes bifurcados puestos en una hilera, aleta anal con espina y radios, aleta dorsal con espinas finas y flexibles. (Atherinidae, *Aterinops affinis*).

lisán.
> I. 1. m. *Ec.* p.u. **paja toquilla**, planta.

lisandra.
> I. 1. f. *ES.* Pañuelo. carc.

lisear.
> I. 1. intr. *ES.* Pescar **lisas**, peces.

lishque.
> I. 1. m. *ES.* Ropa andrajosa.

lishquero.
> I. 1. m. *ES.* Montón de andrajos.

lisiar.
> I. 1. intr. *Ar:NO. En el futbol*, hacer un jugador una finta para no dejarse arrebatar el balón por un rival.

lisio.
> I. 1. m. *RD.* Defecto, falta o imperfección. pop + cult → espon.

lislique.
> I. 1. m-f. *ES.* Persona flaca.

lisliquito, -a.
> I. 1. adj. *ES. Referido a persona*, flaca.

liso.
> I. 1. m. *Ur; Ar,* p.u. Vaso de cerveza sin asa, de menor capacidad que un **chop.**
> 2. *Ur; Ar,* p.u. Contenido de este vaso.
> ▶ **pasar** ~.

liso, -a.
> I. 1. adj/sust. *ES, Ni, Pa, Ve; Pe,* espon; *Bo,* pop + cult → espon. *Referido a persona*, insolente, que falta el debido respeto.
> 2. adj. *Ho, Co. Referido a persona*, viva y escurridiza.
> 3. *ES, Bo. Referido a persona*, respondona.
> 4. *ES, Bo. Referido a persona*, grosera en su habla.
> II. 1. adj. *Mx, Ho, Ni. Referido a persona*, arruinada, sin dinero.
> III. 1. adj. *Co. Referido a cosa*, que se escurre o resbala con facilidad.
> IV. 1. adj. *Ho. Referido a una asignatura o curso*, aprobado con la nota mínima. est.
> V. 1. adj. *Ho. Referido a un escrito*, que se aprueba sin modificaciones.
> □
> a. ‖ ~ **como la cola de un chancho.** loc. adj. *Ho, Ni. Referido a persona*, sin dinero.
> b. ‖ ~ **como un bagre.** *Ho.* **liso como la cola de un chancho.**
> ▶ **salir** ~.

lista.
> ■
> a. ‖ ~ **de bollos.** f. *Bo.O.* Confesión de delitos que hace un delincuente ante una autoridad policial. delinc.
> b. ‖ ~ **de raya.** f. *Mx.* Nómina, relación de las personas que en una oficina pública o empresa cobran un sueldo en función de su trabajo.
> □
> a. ‖ ~ **para la foto.** loc. adj. *Ch. Referido a una mujer*, que está a punto de ser seducida por un donjuán o está entre sus futuras conquistas. pop + cult → espon ^ fest.
> ▶ **poner en la** ~ **negra.**

listéilor. (De Elizabeth, *'Liz' Taylor*, actriz norteamericana nacida en Londres en 1932).
> I. 1. adj. *Ch. Referido principalmente a persona*, lista, dispuesta para algo. pop + cult → espon ^ fest.
> 2. *Ch. Referido a una acción*, terminada. pop + cult → espon ^ fest.

listero.
> I. 1. m. *PR.* Empleado encargado de pintar las rayas blancas que indican los distintos carriles de una carretera.

listero, -a.
> I. 1. m. y f. *Cu. En el juego de la bolita*, persona encargada de las anotaciones.

listo.
> □
> a. ‖ ¡~ **el bote!** loc. interj. *RD.* Expresa que una tarea o trabajo se considera acabado. pop + cult → espon.
> b. ‖ ¡~ **el pollo!** loc. interj. *Co, Ve, Ec, Bo:N,O,E, Py, Ar.* Expresa satisfacción por una tarea que ha sido concluida. pop + cult → espon.
> ▶ **ponerse** ~.

listo, -a.
> I. 1. adj. *Ni, RD. Referido a persona*, muerta.
> 2. *Cu. Referido a persona*, físicamente cansada, extenuada.
> 3. *Ni. Referido a cosa*, estropeada, rota.
> II. 1. adj. *Ni. Referido a persona*, que no tiene dinero.
> □
> a. ‖ ~ **para la foto.**
> i. loc. adj. *CR, Bo, Ar. Referido a persona*, de presentación personal y aspecto físico aceptables. pop.
> ii. *CR, RD, Ar. Referido a cosa*, terminada, concluida.

iii. *CR, Pa, Ch. Referido a persona*, que está a punto de morir o cercana a la muerte. euf; pop + cult → espon ^ fest.

iv. *CR, Pa. Referido a persona o cosa*, malograda. pop ^ fest.

v. *Pa. Referido a persona*, que le ha ocurrido algo trascendental, *generalmente negativo*.

listoco, -a.
I. 1. adj. *Ch. Referido a persona o cosa*, lista, preparada, dispuesta para hacer algo o servir para algo. pop + cult → espon ^ fest.

listón.
I. 1. m. *Mx, ES.* Cinta de tela u otro material.
II. 1. m. *Bo:O.* Hombre intrépido y audaz. pop.
III. 1. m. pl. *Ni.* Juego en el que un grupo de niños escogía un color que debía ser adivinado por dos personas que representaban al ángel y al demonio.

□

a. ‖ **como ~ de pinotea.** loc. adv/adj. *Cu.* Sin dinero, sin blanca.

listoncillo.
I. 1. m. *Mx:SE.* **pastora**, arbusto de hasta 3 m.

lisura.
I. 1. f. *Mx, Ho, ES, Ni, Pa, Ve, Ec, Pe; Bo*, pop + cult → espon. Atrevimiento, desfachatez.
2. *Mx, Ho, ES, Ni, Pa, Ec, Pe; Bo:O*, pop + cult → espon. Palabra o acción grosera e irrespetuosa.
II. 1. *Pe.* Gracia, donaire.

lisurear.
I. 1. intr. *Pe.* Decir palabrotas o palabras malsonantes. pop.

lisurero, -a.
I. 1. *Pe.* **lisuriento**.

lisuriento, -a.
I. 1. adj/sust. *Pe. Referido a persona*, que dice **lisuras** o palabras groseras ♦ **lisurero**.
2. *Pe. Referido a persona*, descarada, insolente. ♦ **lisurero**.

litigancia.
I. 1. f. *ES, RD, Py.* Disputa en juicio sobre algo.

litigánster.
I. 1. m-f. *ES.* Abogado que litiga y cobra en exceso o engaña al defendido. desp.

litigansterear.
I. 1. intr. *ES.* Litigar con malas artes. desp.

litis.
I. 1. f. *Ho.* Ley.

litoral.
I. 1. m. *Py, Ar, Ur.* Orilla o franja de tierra al lado de los ríos.
II. 1. m. *Ur.* Zona que comprende los departamentos de Soriano, Río Negro, Paysandú, Salto y Artigas, situados sobre el río Uruguay.

litoraleño, -a.
I. 1. adj. *Ar.* Relativo a las provincias de Entre Ríos, Corrientes o Misiones.
2. *Ur.* Relativo a los departamentos Soriano, Río Negro, Paysandú, Salto y Artigas.

litósfera.
I. 1. f. *Mx, ES, Ni, Co, Pe, Bo, Ch, Py, Ar, Ur.* Litosfera.

litre. (Del map. *lithe*, árbol de mala sombra).
I. 1. m. *Ch.* Árbol de hasta 12 m de altura, de copa globosa, hojas alternas, ovadas, flores hermafroditas y unisexuales, pequeñas, de color entre rosa y amarillo, dispuestas en panículas terminales o axilares cuyo fruto es una drupa seca y aplanada de color gris verdoso claro cuando está madura. (Anacardiaceae; *Lithraea caustica*).
2. *Ch.* Reacción alérgica producida por el litre.

litreado.
I. 1. m. *Ch.* Vino que se vende a granel.

litrero, -a.
I. 1. adj. *Bo, Ch. Referido a un recipiente*, que tiene la capacidad de un litro.

litro.
I. 1. m. *RD:N.* Botella, vasija.
▶ **caerse el ~.**

liudar.
I. 1. tr. *Ch; Ve*, pop. Dar fermento a la masa con la levadura.
2. intr. *Ve, Ch.* Fermentar la masa con la levadura.

liuta.
I. 1. f. *Bo:O.* Comida barata, preparada sin las condiciones higiénicas necesarias, que se vende en puestos callejeros. delinc.

liviano.
I. 1. m. *RD.* Plato que se prepara con las vísceras, *especialmente el bofe de algunas reses*.

liviano, -a.
I. 1. adj. *Ho, Ni, Pa, RD, Bo, Ch, Py, Ar. Referido a un trabajo*, que exige poco esfuerzo.
2. *Ho, Ni, RD, Bo, Py, Ar. Referido a cosa*, fácil de realizar.
II. 1. adj. *Mx, RD, Ec, Bo. Referido a persona*, de carácter simpático o agradable.
III. 1. adj. *Ho, ES, RD, Co, Ec. Referido al transporte o al tránsito*, de motos y **carros**.
IV. 1. m. y f. *Ch.* Ladrón de delitos menores perpetrados sin violencia. delinc.
V. 1. adj. *Ec. Referido a un alimento*, de pocas calorías.
VI. 1. adj. *RD. Referido a persona o cosa*, que transmite buena suerte.

□

a. ‖ **~ de sangre.** loc. adj/sust. *Ch. Referido a persona*, de carácter simpático o agradable.

livin.
I. (Del ingl. *living room*).
1. m. *EU, RD, Bo, Ch, Py.* Sala de estar o salón.
II. 1. m. *Ni.* Marihuana regalada. drog.

living. (Voz inglesa).
I. 1. m. *Cu, Bo, Ch, Py.* Juego de sofá y sillones de una sala de estar.

■

a. ‖ **~ comedor.** m. *Ni, Cu, Bo, Ch, Py, Ar.* Habitación de una casa en la que se hace la vida social.

liza.
I. 1. *ES, Pe.* **lisa**. (Mugilidae; *Mugil cephalus*).

lizadero.
I. 1. m. *Co:O.* **rodadero**. ♦ **deslizadero**.

lizo.
I. 1. m. *Ch; Ar:NO*, rur. Palo pequeño que reemplaza a la lanzadera de los telares.

llaboa.
I. 1. *PR.* **yaboa**.

llaca. (Del quech. *haca*).
I. 1. f. *Ec.* Hojas tiernas de maíz usadas como forraje. rur.

llacar.
I. 1. intr. *Ec.* Arrancar hojas a una planta de maíz joven para usarlas como forraje. rur.

llachapa.
I. 1. f. *Ec.* Dulce de **capulí** o de **durazno**.

llachapiento, -a.
I. 1. adj. *Ec. Referido a persona*, andrajosa. pop + cult → espon.

llacho.
I. 1. m. *Pe.* Alga muy nutritiva que abunda en el lago Titicaca y que tiene hojas de más de 1,5 cm de longitud.

(Hydrocharitaceae; *Elodea potamogeton*). ◆ **yana llacho.**

llacolla.
I. 1. f. *Pe.* Manto o capa oscuro usado por la población indígena. rur.

llacón.
I. 1. *Pe.* **yacón**, planta.

llacta. (Del quech. *llaqta*, pueblo, ciudad, grupo étnico).
I. 1. f. *Pe.* Poblado, ciudad. rur. (**llajta**).
2. *Pe.* Conjunto de pobladores de una llacta. rur. (**llajta**).
3. *Ec.* Tierra, lugar de donde se es oriundo. pop + cult → espon ^ afec.

llaga.
I. 1. f. *Ve.* Automóvil viejo que presenta muchas averías mecánicas.
2. *Ho:N.* Objeto o vehículo viejo e inservible.
▶ **comer como ~ mala.**

llagareta.
I. 1. *PR.* **gallareta**, gallineta. vulg.

llagrumo.
I. 1. *PR.* **yagrumo**, árbol.

llajta. (Del quech. *llaqta*, pueblo, ciudad, grupo étnico).
I. 1. f. *Pe; Bo,* pop + cult → espon. **llacta**, poblado y conjunto de pobladores.

llajtamasi.
I. 1. adj/sust. *Bo. Referido a persona*, que es del mismo país, pueblo o región. pop + cult → espon.

llajua. (Del quech. *llaqwa*).
I. 1. f. *Bo, Ar:NO.* Salsa picante elaborada *principalmente a base de* **ají** *y tomate*.

llajuera.
I. 1. f. *Bo:O,S.* Recipiente de barro, pequeño y cóncavo, en el que se sirve el **ají** o la **llajua**.

llalante.
I. 1. m. *Ar.* Planta herbácea, rizomatosa, de hasta 1 m de altura, con flores amarillas y un aquenio como fruto. (Rosaceae; *Geum magellanicum*).

llallantaines.
I. 1. m. *Bo:O.* Bebida alcohólica de baja calidad. delinc.

llama.
I. 1. f. *Bo:O.* Campesino indígena que se traslada del campo a la urbe. pop + cult → espon ^ desp.
■
a. ‖ ~ **del bosque.** f. *Ho, ES, Ni, CR, Pa, Bo.* **tulipán africano.**
□
a. ‖ **a la ~.** loc. adv. *ES.* Rápidamente, inmediatamente, al instante.
b. ‖ **en ~s.**
i. loc. adj. *Cu. Referido a una cosa o situación*, difícil, complicada. pop.
ii. *Cu. Referido a persona*, muy fea.
▶ **prender a la ~.**

llamada.
I. 1. f. *Ur.* Toque de los tamboriles de las agrupaciones **lubolas**.
2. f. pl. *Ur.* Desfile típico del carnaval de Montevideo realizado por agrupaciones de personas de raza negra y blancos **lubolos** al compás de tamboriles.
■
a. ‖ ~ **a pagar allá.** *Cu.* **llamada por cobrar.**
b. ‖ ~ **de larga distancia.**
i. f. *Mx, ES, Ni, Pa, Cu, RD, PR, Co, Ve, Bo, Ch, Py, Ar.* Llamada telefónica a un lugar fuera de la localidad desde donde se hace.
ii. *CR.* Llamada telefónica que se recibe del exterior.

c. ‖ ~ **por cobrar.** f. *Mx, Ni, CR, Pa, Co, Bo, Py.* Llamada telefónica que paga el destinatario, si la acepta.
d. ‖ ~ **por cobro revertido.** *Ch.* **llamada por cobrar.**
□
a. ‖ ~ **a terreno.** *Ch.* **llamado a terreno.**

llamadera.
I. 1. f. *Ho, ES, Ni, Pa, Cu, RD, PR, Co, Ve, Ec.* Llamadas repetidas e insistentes.

llamado.
I. 1. m. *Ho, ES, Ni, Cu, PR, Co, Ec, Bo, Ch, Py.* Apelación a una comunidad, *especialmente para conseguir una respuesta o acción solidaria.*
2. *Ar.* Convocatoria para una licitación o un concurso.
3. *Ho, Ni, Pa, Py, Ur.* Convocatoria para la provisión de un cargo público.
4. *Cu.* Convocatoria para la incorporación de los jóvenes al servicio militar.
II. 1. m. *ES, RD, Co, Ec.* Captación de la atención de alguien mediante palabras, ruidos o gestos.
III. 1. m. *Pa, Ch, Py.* Comunicación telefónica o de otro tipo.
□
a. ‖ ~ **a terreno.** loc. sust. *Ch.* Represión o amonestación a alguien por algo que debía haber hecho y para que no lo repita en un futuro. pop + cult → espon. (**llamada a terreno**).

llamador.
I. 1. m. *Pa, Co.* Instrumento musical de percusión, hueco y de forma cilíndrica, de madera o metal, que se toca con dos palillos. pop.
II. 1. m. *Ec.* Amuleto para la buena suerte que consiste en una moneda suelta de poco valor. pop.
■
a. ‖ ~ **de tigre.** m. *Ho.* Instrumento musical de frotación hecho de la mitad de una jícara y con la boca recubierta de cuero de cabrito o venado con un agujero en el centro por el que se introducen cerdas de crin de caballo que, al frotarse, imitan la voz del tigre.

llamadora.
I. 1. f. *Pe. En las* **chicherías**, muchacha de buen parecer que atrae a los clientes para que consuman. pop.

llamahielos.
I. 1. m. *Mx.* **apipisca.**

llamao.
I. 1. m. *Ec.* obsol. Carne asada a las brasas. pop.

llamar.
•
a. ‖ **cuánto se llama.** fórm. *Ch.* Se usa como muletilla intercalada en el discurso al haber una vacilación o inseguridad de algo que se va a decir.
□
a. ‖ ~ **a calificar servicios.** loc. verb. *Co.* Destituir a un militar de su cargo.
b. ‖ ~ **a contar.** loc. verb. *Cu.* Pedir explicaciones a una persona. pop + cult → espon.
c. ‖ ~ **a Guajardo.** loc. verb. *Ch.* Vomitar. euf; fest.
d. ‖ ~ **a Hugo.** loc. verb. *Ho, ES, Ni, CR, Co.* juv. Vomitar. euf; pop.
e. ‖ ~ **a terreno.** loc. verb. *Ch.* Reprender, amonestar y pedir cuentas a *alguien* por algo que debía haber hecho y para que no lo repita en un futuro.
f. ‖ ~ **de regreso.** loc. verb. *Ve.* Devolver una llamada telefónica.
g. ‖ ~ **la tierra.** loc. verb. *Bo:O. Según la cosmovisión andina*, atraer la **Pachamama** a *una persona* a la muerte. pop.

h. ‖ **~ para atrás.** (Calco del ingl. *to call back*). loc. verb. *EU, PR.* Devolver una llamada telefónica.

◪

a. ‖ **a mi juego me llamaron.** fr. prov. *Cu, Bo, Ar.* Indica el placer y la seguridad que se sienten al realizar una tarea, un trabajo o una función. pop.

llamarada.
☐

a. ‖ **a la ~.** loc. adv. *ES.* Rápidamente, al instante.
b. ‖ **~ de capullo.** loc. sust. *Pa.* Cosa que dura poco. rur; pop.
c. ‖ **~ de petate.**
  i. loc. sust. *Mx.* Exaltación superficial y pasajera por cualquier persona o cosa.
  ii. loc. adj. *Mx. Referido a persona*, incapaz de cumplir algo aunque inicialmente haya tenido la intención de hacerlo.
d. ‖ **~ de tusa.** loc. sust. *Gu, Ho, ES, Ni.* Entusiasmo grande y momentáneo por una persona o cosa. pop + cult → espon.

llamarón.
I. 1. m. *Ec.* Llamarada.

llamayu. (Voz aimara).
I. 1. m. *Bo:O.* Cosecha de **papas** y otros tubérculos durante los meses de abril y mayo. rur.

llambo, -a.
I. 1. adj. *Ec. Referido a superficie*, lisa, pulida. pop + cult → espon.

llamerada.
I. 1. f. *Pe, Bo:C,O.* Danza tradicional en la que los danzantes vestidos de pastores imitan la forma de caminar de las llamas.
  2. *Bo:C,O.* Composición musical de ritmo vivo y alegre a cuyo son se baila esta danza.
II. 1. f. *Bo:O.* Comida barata, preparada sin las condiciones higiénicas necesarias, que se vende en puestos callejeros. delinc.

llamerío.
I. 1. m. *Gu; Ho, ES*, pop. Llamas abundantes de un fuego.

llameritos.
I. 1. m. pl. *Pe.* Danza tradicional en la que los danzantes imitan a los pastores de rebaños de llamas.

llamero.
I. 1. m. *Bo:O.* **llamerada**, danza.
  2. *Bo:O.* **llamerada**, composición musical.

llamero, -a.
I. 1. m. y f. *Pe, Bo:E,O,S.* Pastor de rebaños de llamas y otros **auquénidos**.
II. 1. m. y f. *Bo.* Persona que habitualmente consume **llameradas**, comidas baratas. delinc.
III. 1. m. y f. *Bo:O.* Persona que baila la **llamerada**.

llamingo. (Del quech. *llamingu*).
I. 1. m. *Ec:S.* Llama, mamífero rumiante. (Camelidae; *Lama glama*). ♦ **runallama**.

llamish.
I. 1. m. pl. *Pe.* Danza tradicional en la que los danzantes representan las acciones de arrear las llamas con hondas, con las cuales componen distintas figuras.

llamita.
☐

a. ‖ **en una pura ~.** loc. adv. *CR.* Habitualmente en estado de embriaguez. pop + cult → espon ^ fest.

llamo.
I. 1. m. *Pe:S, Bo:O.* Macho de la llama.

llampo.
I. 1. f. *Pe.* Arena que contiene oro.

llana.
I. 1. f. *Ar.* Abeja pequeña, negra y sin aguijón, cuya miel tiene usos medicinales. (Apidae; *Scaptotrigona juyuyensis*). (**yana**). ♦ **peluquerita**.

llanarca.
I. 1. m. *Ar:NO.* **dormilón**, ave. (**yanarca**).

llanca. (Del quech. *llanka*).
I. 1. f. *Ch.* Mineral de cobre de color verde azulado.
  2. *Ch.* Piedras pequeñas de este mismo mineral o parecidas a él, que usaban y usan todavía los mapuches para collares y sartas y para adorno de sus trajes.

llanchama.
I. 1. *Pe.* **yanchama**, árbol, fibra y madera.

llanero.
I. 1. m. *Mx.* Reptil de pequeño tamaño, cuerpo fino y cola muy larga, de color verde oscuro con seis franjas amarillas que recorren longitudinalmente todo el cuerpo. (Teiidae; *Cnemidophorus sexlineatus*).
II. 1. m. *Ho.* Hombre que se dedica a cuidar y recoger el ganado vacuno en los llanos o sabanas.

llanero, -a.
I. 1. adj. *Co, Ve.* Relativo a los llanos colombianos o venezolanos.
  2. adj. *Ch. En la prensa deportiva*, relativo a Venezuela.

llang.
☐

a. ‖ **~~.** *Gu.* **ilan ilan**, árbol.

llangua.
I. 1. f. *Pe.* Árbol de hasta 20 m de altura, de corteza gruesa fisurada, flores tubulares de color verde amarillento y frutos en forma de cápsula endurecida que contienen semillas acorazonadas y aladas; de sus hojas se obtiene un colorante azul para teñir la ropa. (Bignoniaceae; *Cybistax antisyphilitica*). ♦ **tajibillo; tajibo blanco; uduri**.

llanisto, -a.
I. 1. adj/sust. *Ar:NO. Entre montañeses*, natural de las tierras bajas, *especialmente de los llanos de La Rioja*.
  2. adj. *Ar:NO. Entre montañeses*, relativo a las tierras bajas, *especialmente de los llanos de La Rioja*.

llano.
I. 1. m. *Gu, Pa.* Césped, hierba menuda que cubre un terreno.
II. 1. m. *Ec:C,S.* Dehesa, **potrero**.
III. 1. m. *PR. En las actividades marítimas*, elevación del mar.

llanque. (Del quech. *llanqu'i*).
I. 1. m. *Pe.* **ojota**, calzado tosco.

llanta.
I. 1. f. *Mx, Gu, Ho, ES, Ni, CR, Pa, Cu, RD, PR, Co, Ec, Pe, Bo, Ch, Py, Ar, Ur.* En la rueda de un vehículo, parte externa de caucho que roza con el suelo. pop.
  2. *EU, Mx, Gu, Ho, ES, Ni, CR, Pa, RD, PR, Co, Ec, Pe; Bo, Ch*, pop + cult → espon; metáf. Pliegue de gordura que se forma en el cuerpo de una persona, *especialmente en el abdomen*. espon.
  3. *Ho, ES, Ni, CR, Pa, RD, PR, Co, Ve, Bo, Ch.* Conjunto de la llanta y el neumático instalados sobre el **rin** de un automóvil.
  4. *ES.* metáf. Anillo, *generalmente el de oro*. delinc.
II. 1. f. *Cu, RD.* Pie muy grande de una persona. fest.
  2. f. pl. *ES.* Zapatos. fest.

■

a. ‖ **~ de auxilio.** *Bo.* **llanta de refacción**.
b. ‖ **~ de emergencia.** *Ec.* **llanta de refacción**.
c. ‖ **~ de refacción.** f. *Mx.* Llanta que sirve para suplir a otra que se ha dañado. ♦ **llanta de auxilio; llanta de emergencia**.

□
   a. ‖ **en ~.** loc. adv/adj. *RD, Py, Ar, Ur. Referido a un automóvil,* con uno de sus neumáticos pinchado y completamente desinflado.
▶ **dejar en ~; estar con las ~s bajas; morder la ~; pintar ~s; tener la ~ desinflada.**

llantal.
   I. 1. m. *Gu.* Llanto fuerte y persistente.

llantar.
   I. 1. intr. *Py.* Perder el aire el neumático de un vehículo. pop.
   II. 1. intr. *Py.* Estar fastidiada *una persona.* pop.

llanteada.
   I. 1. f. *Bo:O. En la milicia,* castigo que consiste en hacer correr a un detenido cargando sobre los hombros la llanta de un vehículo sin el aro metálico.

llantén.
   I. 1. m. *Cu, Ve; RD, PR,* pop + cult → espon. Llanto prolongado de alguien.
   2. *PR.* Lloriqueo de muchas personas a la vez. pop + cult → espon.
▶ **montar un ~.**

llantera.
   I. 1. f. *Mx, Ho, ES, Ni, Ec, Bo.* Establecimiento que se dedica a arreglar pinchazos de las **llantas.**
   2. *Ec.* Fábrica de **llantas.** pop + cult → espon.

llantería.
   I. 1. f. *ES, Co:N, Bo.* Lugar donde se arreglan y montan las **llantas** de los vehículos.
   II. 1. f. *Ch.* Llanto ruidoso y continuo.

llanterío.
   I. 1. m. *Mx, Gu, Ho, Ve, Ch, Ar:N.* Llanto ruidoso y continuo.
   II. 1. m. *Ni, Pa.* Conjunto o gran cantidad de **llantas.**

llantero, -a.
   I. 1. m. y f. *Mx, Ho, ES, Ni, Pa, Ec, Pe, Bo, Ch.* Trabajador que repara **llantas** de vehículos.
   2. adj. *Mx, Ho, ES, Ni, CR, Ec, Bo, Ch.* Relativo a las **llantas** de vehículos.

llanto.
□
   a. ‖ **¡~ sobre el difunto!** loc. interj. *Bo.* Expresa que algo ocurre en el momento oportuno.

llantudo, -a.
   I. 1. adj. *Ho, ES, Ni, CR. Referido a persona,* que tiene rollos de grasa alrededor de la cintura.

llanura.
   I. 1. f. *Gu, Py.* Condición del ciudadano común que, frente a la clase dirigente de un país, no tiene responsabilidades de gobierno.

llao.
■
   a. ‖ **~-~.** m. *Ar:S.* Hongo parásito de las especies arbóreas, *especialmente del coihue,* que puede alcanzar hasta 10 cm de altura; es carnoso y comestible. (Cyttariaceae; *Cyttaria darwinii).* ♦ **llau-llau; pan de indio.**

llapa. (Del quech. *yapa*).
   I. 1. f. *Pe, Ch, Ur.* Obsequio de poco valor que, *especialmente un vendedor,* da a un cliente por la compra hecha. pop + cult → espon.
   II. 1. f. *Ar:NO.* Parte extrema del lazo rematada por una argolla. rur.
   III. 1. *Bo:O.* **brama,** grama.
□
   a. ‖ **con ~.** loc. adv. *Ch.* En exceso, más de la cuenta. pop + cult → espon.
   b. ‖ **de ~.**
     i. loc. adv. *Ch, Ar, Ur.* Por añadidura. pop + cult → espon.
     ii. *Ar, Ur.* Gratis. pop + cult → espon.

llapana.
   I. 1. f. *Pe.* Masa de lodo y y fango originada por las lluvias o la corriente de un río. rur.
   2. *Pe.* Hondonada, depresión del terreno. rur.

llapar.
   I. 1. *Pe, Ar:NO.* **yapar.**

llapchar. (Del quech. *llapchay*).
   I. 1. tr. *Pe:C,N.* Masajear, sobar *algo* o a *alguien.* pop.

llapingacho.
   I. 1. m. *Ec, Pe.* Alimento de forma circular y aplanada, elaborado con masa de maíz, **papas** y queso, que se cuece generalmente sobre un **comal.**

llaque.
   I. 1. m. *Pe.* Hierba perenne de hasta 1,20 m de altura, de tallo herbáceo, glabro, angular, con estrías verdes a verdes rojizas, hojas grandes, de forma oblonga lanceolada; las flores se agrupan en panojas terminales de color verde oscuro a rojizo. (Polygonaceae; *Rumex crispus*).

llareta.
   I. 1. f. *Pe, Bo:C,O, Ch, Ar.* Planta de hojas gruesas, flores amarillas y fruto ovoide o cilíndrico; es propia de zonas situadas a gran altura y se emplea en medicina popular como béquico y expectorante, entre otros varios usos. (Umbelliferae; *Azorella* spp.). (**yareta**).
   ♦ **jareta.**

llaretal.
   I. 1. m. *Pe, Ch, Ar.* Sitio poblado de **llaretas.**

llatan.
   I. 1. m. *Pe, Bo.* Salsa preparada con **ají** tostado y molido, aceite, sal y **huatacay.**

llatebo. (De *botella,* por inversión silábica).
   I. 1. f. *Ar, Ur.* Botella, *especialmente de cristal y para una bebida alcohólica.* pop + cult → espon.
   2. *Ar, Ur.* Líquido contenido en una botella, *especialmente vino u otra bebida alcohólica.* pop + cult → espon.

llau.
■
   a. ‖ **~-~.** *Ar:SO.* **llao-llao.**

llaucarada.
   I. 1. f. *Bo:O.* Caricia íntima con la que se estimula sexualmente a una persona. vulg.

llaucarar. (Del aimara *llawq'aña,* hurgar, revolver).
   I. 1. tr. *Bo:O.* Acariciar a *una persona* con el fin de estimularla sexualmente. vulg.

llaucha. (Del aim. *llawch'a,* aguanoso, flemoso y del quech. *llawch'i,* flácido).
   I. 1. f. *Bo:O.* Empanada rellena de queso fundido.
   2. *Bo:C,SO.* Empanada de **ahogado** picante bañada con **ají colorado.**

llauchero, -a.
   I. 1. m. y f. *Bo:O.* Persona que prepara y vende **llauchas.**
   II. 1. sust/adj. *Bo:O.* Persona que acostumbra a hablar a gritos y a gesticular exageradamente. pop ^ desp.

llaulli.
   I. 1. m. *Pe.* Arbusto silvestre cuyo tallo alcanza 1 m de altura, con espinas en las axilas de las hojas y flores de color rosa a púrpura. (Asteraceae; *Barnadesia dombeyana*).

llausa. (Del aim. y del quech. *llausa,* baba).
   I. 1. f. *Bo:O.* Mujer poco atractiva y con la carne flácida. pop.

llausamora.
   I. 1. *Bo:C.* **majagua.** (Tiliaceae; *Heliocarpus americanus*).

llausaquiro.
   I. 1. m. *Pe.* **afata blanca.**

llave.

I. 1. m. *Mx, Gu, Ho, ES, Ni, CR, Pa, Cu, RD, PR, Ve, Ec, Bo, Ch.* Grifo.

II. 1. f. *Mx.* Cuerno del ganado vacuno. rur.

III. 1. f. *RD, Co:N, Ve.* Amigo íntimo, compañero inseparable. pop.

IV. 1. f. *Bo:C,E.* Arbusto de hasta 7 m de altura, de hojas simples y opuestas, flores blancas y axilares y frutos globosos púrpuras o negros cuando están maduros. (Melastomataceae; *Mouriri myrtilloides*). ♦ **solacra.**

2. *Bo:C,S.* Arbusto que crece sobre las raíces de algunos árboles, con hojas simples, flores aromáticas y frutos en forma de baya; tiene propiedades medicinales. (Loranthaceae; *Tripodanthus acutifolius*).

3. *Bo.* **pupa**, arbusto.

V. 1. f. *Ve. En las carreras de caballos*, dos o más ejemplares agrupados bajo un mismo número en las salas de apuesta.

■

a. ‖ ~ **abierta.** f. *ES.* Llave fija que en cada uno de sus extremos tiene aberturas de distinto tamaño para apretar y aflojar tuercas. ♦ **llave de punta.**

b. ‖ ~ **ajustable.** *Ho.* **llave cangreja.**

c. ‖ ~ **cangreja.** f. *ES.* Llave inglesa. ♦ **llave ajustable; llave de gusano.**

d. ‖ ~ **de corona.** f. *ES, Ni, Ec.* Llave fija que en cada uno de sus extremos tiene aberturas cerradas de distinto tamaño para apretar y aflojar tuercas.

e. ‖ ~ **de cruz.** f. *Mx, Ho, ES, Ni, Pa, PR, Ec, Bo, Ch, Py.* Llave en forma de cruz con cuatro cubos terminales que se utiliza para apretar y aflojar las tuercas de las ruedas de un automóvil.

f. ‖ ~ **de gusano.** *Ho.* **llave cangreja.**

g. ‖ ~ **de punta.** *ES.* **llave abierta.**

h. ‖ ~ **de punta y corona.** f. *Ho, ES.* Llave fija que en un extremo tiene abertura y en el otro una corona, ambas del mismo tamaño.

i. ‖ ~ **maya.** f. *CR.* Dispositivo electrónico portátil que se conecta a uno de los puertos de una computadora y que se usa para almacenar información.

j. ‖ ~ **perica.** f. *Ho, ES.* Llave ajustable en forma de F, que se utiliza para tuberías.

k. ‖ ~ **ranas.** f. *CR.* Herramienta para apretar o aflojar las tuercas que sujetan las ruedas de un vehículo. pop.

l. ‖ ~ **rash.** (Voz inglesa). f. *ES, Ni.* Llave de tubo con sistema de engranaje para hacer girar en una dirección sin cambiar la posición de la tuerca.

□

a. ‖ **en ~.** loc. adv. *Co, Ve.* En equipo. pop.

► **andar con las ~s sueltas; botar la ~; estar con las ~s perdidas; estar con las ~s sueltas; perder la ~; perder las ~s.**

llavear.

I. 1. tr. *Py, Ar, Ur.* Cerrar *algo* con llave.

II. 1. tr. *Cu.* Reprimir, controlar, sujetar a *alguien.* pop + cult → espon.

llavería.

I. 1. *Co.* Amigo íntimo, compañero inseparable. pop.

llavín.

I. 1. m. *Ho, ES, Ni, CR, Cu, RD.* Cerradura metálica de una puerta.

■

a. ‖ ~ **de pelota.** m. *Ho.* Pieza esférica que sirve de cerradura y de tirador en puertas.

llavina.

I. 1. f. *Mx.* Planta de pequeño tamaño, de forma esférica o aovada, espinas terminadas en gancho, flores blancas con pétalos largos y lanceolados, y fruto de color rojo brillante. (Cactaceae; *Mammillaria dioica*).

llavir.

I. 1. tr. *Ar:NO.* Cerrar *algo* con llave.

llayito.

I. 1. m. *Pa.* Arbusto de hasta 10 m de altura, de hojas simples y alternas, flores verdes o amarillentas y frutos en racimos, de color rojo encarnado cuando están maduros. (Annonaceae; *Desmopsis panamensis*).

lleca. (De *calle*, por inversión silábica).

I. 1. f. *Ho, CR, Pe, Ar, Ur.* Calle.

llegada.

I. 1. f. *Mx.* Golpe, choque, *generalmente leve.* pop + cult → espon.

2. *Mx.* obsol. Herida producida con arma blanca. pop + cult → espon.

3. *Mx.* metáf. Escarmiento, amonestación o ataque de cualquier tipo que ofenda, moleste o intimide. pop + cult → espon.

II. 1. f. *Ch.* Acogida, recibimiento que se hace a algo o a alguien.

llegadera.

I. 1. f. *Ho, Ni, Cu.* Llegadas constantes o repetidas.

2. *RD.* Llegada.

¡llégale!

I. 1. interj. *Mx.* Expresa incitación a alguien a hacer o consumir algo.

2. *Mx.* Expresa invitación enfática a que alguien se vaya.

llegar.

I. 1. intr. *Pe.* No importar *algo* a alguien. pop.

II. 1. intr. *Gu; Ho, ES.* juv. Gustar *algo* a alguien, agradarle.

III. 1. tr. *Ho, ES, Ni.* Curar o hacer efecto un medicamento.

●

a. ‖ **la tuya llega.** fórm. *RD.* Se usa para amenazar a alguien.

□

a. ‖ ~ **a la coronilla.** loc. verb. *RD, Bo.* Estar cansado y harto de alguien.

b. ‖ ~ **a la primera base.** loc. verb. *Mx, PR.* Alcanzar logros iniciales en la consecución de un fin propuesto.

c. ‖ ~ **a la punta del huevo.** *Pe.* **llegar al huevo.** vulg.

d. ‖ ~ **a la raya.** loc. verb. *Ni.* Morirse *alguien.* pop + cult → espon.

e. ‖ ~ **a trato.**
i. loc. verb. *RD, PR.* Cerrar *alguien* un negocio.
ii. *RD, PR.* Ponerse dos o más personas de acuerdo sobre algo.

f. ‖ ~ **al contre.** loc. verb. *Ch.* Conmover a *alguien,* despertar lástima o buenos sentimientos. pop.

g. ‖ ~ **al fondo del saco.** loc. verb. *PR.* Llegar *alguien* al límite de algo. pop + cult → espon.

h. ‖ ~ **al hueso.** loc. verb. *RD; PR.* pop + cult → espon. Sentir *alguien algo* vivamente.

i. ‖ ~ **al huevo.** loc. verb. *Pe.* Hastiar, hartar o cansar *algo* o *alguien* a *una persona.* ♦ **llegar a la puerta del huevo.**

j. ‖ ~ **al llegadero.** loc. verb. *Ve.* Alcanzar *una situación* un punto crítico.

k. ‖ ~ **al pincho.** loc. verb. *Pe.* Hartar, producir fastidio *alguien* o *algo.* pop + cult → espon.

l. ‖ ~ **barco.** loc. verb. *Ni.* Recibir provisiones *alguien* que está interno en un lugar o institución. pop + cult → espon.

m. ‖ ~ **donde la mula botó a Genaro.** loc. verb. *Cu.* Alcanzar dos viajeros el punto en que se separan, o llegar uno de ellos a su destino. rur.

n. ‖ **~ en las puntas del agua.** loc. verb. *ES*. Escaparse de la lluvia por segundos. pop + cult → espon.

ñ. ‖ **~ en nubes.** loc. verb. *Ni*. Acudir a un lugar muchas personas o animales.

o. ‖ **~ golpeando con los pies.** loc. verb. *Ch*. Acudir a una cita o a casa de alguien con muchos regalos. pop.

p. ‖ **~ la fragancia.** loc. verb. *PR*. Emocionarse *alguien* por algún motivo. pop + cult → espon.

q. ‖ **~ la lumbre a los aparejos.** loc. verb. *Mx*. Estar en una situación muy difícil o desesperada.

r. ‖ **~ para donde se iba.** loc. verb. *RD*. Ocurrir a alguien una desgracia que, como consecuencia de sus acciones, resultaba previsible. pop + cult → espon.

s. ‖ **~ partiéndola.** loc. verb. *Ni*. Llegar en punto a un lugar.

t. ‖ **~ placé.** loc. verb. *Ch*. Llegar siempre tarde y perder ciertas oportunidades por ello. pop.

u. ‖ **~le.**
  i. loc. verb. *Mx, Ni, Pa, Ve:O*. Declarar amor a alguien, pidiendo iniciar una relación. pop.
  ii. *Mx*. Consumir o hacer *algo* con entusiasmo. pop.
  iii. *Mx*. obsol. Herir a *alguien* con arma blanca. pop.

v. ‖ **~le al eje.** loc. verb. *RD*. Producir *algo* una gran impresión en alguien, impactar en sus sentimientos.

w. ‖ **~le al pihuelo.** loc. verb. *Ch*. Entrar *alguien* en una situación problemática en ciernes de tornarse crítica.

x. ‖ **~le la china.** loc. verb. *PR*. Llegarle a alguien la hora de morir. pop + cult → espon.

y. ‖ **~le su cuarto de hora.**
  i. loc. verb. *Co*. Obtener o tener la oportunidad de lograr algo positivo, favorable. pop.
  ii. *Ho, Ch*. Rendir *alguien* cuentas de sus actos. pop + cult → espon.
  iii. *Cu*. Llegar un momento trascendental en la vida de una persona, ya sea para bien o para mal.

z. ‖ **no ~ a la primera.** loc. verb. *Mx, Ni*. No haber alcanzado ni siquiera el objetivo inicial.

▪

a. ‖ **llega y pon.**
  i. loc. sust. *Cu*. Barrio de viviendas precarias muy pobres.
  ii. *Cu*. Vivienda precaria de un llega y pon.
  iii. *Cu*. Lugar del que cualquier persona dispone a su antojo. pop.

◪

a. ‖ **a todo chancho le llega su mazorca.** fr. prov. *Ho*. Indica que hay que saber esperar hasta que llegue la oportunidad.

b. ‖ **a todo chancho le llega su Navidad.** fr. prov. *Ho, Ni*. Indica que tarde o temprano se recibe el merecido de lo que se ha hecho mal. pop.

c. ‖ **~ sin el santo y sin la limosna.** fr. prov. *Ho, ES*. Indica que alguien ha perdido todo o ha sufrido una derrota.

llegón, -na.
  I. 1. adj/sust. *ES*. *Referido a persona*, que cae bien, simpática.

llegue.
  I. 1. m. *Mx*. Trago de bebida alcohólica. pop + cult → espon.
  2. *Gu*. Pequeña cantidad de comida o bebida.
  II. 1. m. *Mx*. Golpe dado entre dos vehículos. pop + cult → espon.
  2. *Gu*. Roce, toque, contacto breve.

III. 1. m. *Mx, ES*. Aspiración del humo de un cigarrillo de marihuana. drog. (**yegue**).

IV. 1. m. *Mx*. obsol. Herida producida con arma blanca. pop + cult → espon.

□

a. ‖ **al ~.**
  i. loc. adv. *Ho*. juv. A propósito.
  ii. *Ho*. Muy cerca.
  iii. *Ni*. Despacio, con cuidado.

llenada.
  I. 1. f. *Mx, Ni, CR; Bo*, pop; *Ch*, pop + cult → espon. Llenado de algo, *especialmente de un recipiente*.

llenadero.
  ▶ **no tener ~.**

llenado.
  I. 1. m. *Pe*. *En la construcción*, pared o techo de ladrillo o adobe y cemento.

llenador.
  I. 1. m. *Ch*. Minero encargado de llenar las vagonetas y recipientes donde se amontona el mineral.

llenador, -ra.
  I. 1. adj. *CR, Co, Ec, Pe, Ch, Ar*, espon; *Bo:E*, pop. *Referido a un alimento*, que llena mucho.
  II. 1. adj. *Co*. *Referido a persona*, que molesta o fastidia. pop ^ desp.
  III. 1. m. y f. *Pe*. Operario encargado de colocar a los pasajeros en un transporte público y de avisar si el vehículo tiene plazas disponibles o no.

llenadora.
  I. 1. f. *Ec*. Máquina que se usa para rellenar con líquido ciertos recipientes.

llenante.
  I. 1. f. *Ni, Cu, Ec:O*; m. *Ve*. Marea alta. pop.

llenar(se).
  I. 1. tr. *Cu, Ur; Bo, Ch, Py, Ar*, p.u. Causar a alguien fastidio o hartazgo. pop.
  II. 1. tr. *Pe*. **llenarse el bombo.**

□

a. ‖ **~ el bombo.** loc. verb. *Ar*. Dejar un hombre embarazada a una mujer. vulg.

b. ‖ **~ el buche de piedritas.** loc. verb. *Mx, Ni*. Hartar a *alguien*; llevarlo al límite. pop + cult → espon.

c. ‖ **~ el tanque.** loc. verb. *Cu*. Embarazar un hombre a una mujer. vulg.

d. ‖ **~ hasta el cereguete.** loc. verb. *Ho*. Estar un lugar, local o vehículo completamente lleno de personas. vulg.

e. ‖ **~ la cabeza de cucarachas.** loc. verb. *Co*. Hostigar o atiborrar a *una persona* diciéndole cosas exageradas que puedan preocuparla. pop.

f. ‖ **~ la cachimba.** loc. verb. *Cu*. Enfadar a *alguien*. pop + cult → espon.

g. ‖ **~ la cachimba de tierra.** loc. verb. *CR, Cu*. obsol. Enfadar a *alguien*. pop + cult → espon.

h. ‖ **~ la canasta.** loc. verb. *Ar, Ur*. *En el fútbol*, vencer por amplia diferencia de goles. pop.

i. ‖ **~ requisitos.** loc. verb. *ES, Ni, PR*. Satisfacer *alguien* o *algo* las condiciones estipuladas.

j. ‖ **~se el bote.** loc. verb. *Cu*. Llenarse un lugar de personas.

k. ‖ **~se el bote de agua.** loc. verb. *Cu*. Complicarse un asunto o situación. pop + cult → espon.

l. ‖ **~se el cachimbo.** loc. verb. *RD*. No soportar más una situación.

m. ‖ **~se el cuarto de agua.**
  i. loc. verb. *Ve; RD, PR*, pop + cult → espon. Perder *alguien* el control de una situación por ser muy compleja o por falta de recursos para encauzarla.
  ii. *RD, Ve*. Abarrotarse de gente un lugar.
  iii. *Ve*. Acumulársele a alguien las tareas que tiene que realizar.

n. ‖ ~**se la cabeza de humo.** loc. verb. *PR.* Fumar. pop + cult → espon ^ fest.

ñ. ‖ ~**se la copa.** loc. verb. *Cu, RD, Co.* Llegar a ser *una situación* totalmente insoportable para alguien. pop.

o. ‖ ~**se primero los ojos que la barriga.** loc. verb. *PR.* Hablar *una persona* más de lo que aconseja la discreción. pop + cult → espon.

p. ‖ **llenársele la cachimba de tierra.**
 i. loc. verb. *Cu; CR.* obsol; pop + cult → espon. Enfadarse. ♦ **aterrarse la cachimba de tierra.**
 ii. *Cu.* No soportar más una situación. pop + cult → espon.

◨

a. ‖ ~**se con lo que otro come.** fr. prov. *PR.* Indica que cada uno debe vivir sus propias experiencias.

llenazón.
 I. 1. f. *Mx, Gu.* Hartazgo causado por una comida abundante.

lleni. (De *la llenita de venas*).
 I. 1. f. *ES.* Pene. pop + cult → espon ^ fest.

lleno, -a.
 I. 1. adj. *Ch, Py, Ar.* Referido a persona, harta o aburrida de soportar algo o a alguien. pop + cult → espon.

llenura.
 I. 1. f. *Ho, ES, Cu, Co, Ve, Pe; CR, RD,* espon; *Pa,* vulg; pop. Pesadez estomacal.

llerén.
 I. 1. m. *Cu, RD, PR, Ec.* Planta herbácea de más de 1 m de altura, con rizomas rastreros o tuberosos, hojas oblongadas enhiestas y flores con corola blanca o amarillo pálido en espigas. (Marantaceae; *Calathea allouia*). (**lerén; yerén**). ♦ **daledale.**
 2. *RD, PR.* Tubérculo de esta planta, de forma ovoidea; su carne, farinácea y blanquecina, es usada como alimento. (**lerén**).

llerena.
 ▶ **verse con ~.**

lleva.
 I. 1. *Pa, Co:C.* **pega,** juego de niños.

¡lleva!
 I. 1. interj. *Ec.* Expresa incredulidad sobre lo dicho por el interlocutor. pop + cult → espon.
 ●
 a. ‖ **¡me ~!** fórm. *Mx.* Se usa para expresar contrariedad ante un hecho.

llevadera.
 I. 1. f. *Ho, ES.* Acarreo constante de cosas.

llevadero, -a.
 I. 1. adj. *Ho, ES, Ni, CR, Pa, PR.* Referido a persona, agradable en el trato.

llevado, -a.
 I. 1. adj. *Mx.* Referido a persona, que se toma excesivas confianzas o atrevimientos. pop.
 □
 a. ‖ **bien ~.** loc. adj/sust. *Cu.* Referido a persona, sociable. pop.
 b. ‖ ~ **de su(s) idea(s).** loc. adj. *Ch.* Referido a persona, obstinada en llevar a cabo una cosa, testaruda. pop + cult → espon.
 c. ‖ **mal ~.**
  i. loc. adj/sust. *Ni, Cu; Ar.* p.u. Referido a persona, de mal genio, desabrida. pop.
  ii. *Ec.* Referido a una persona, malacostumbrada.
 ▶ **estar ~.**

llevaitrae.
 I. 1. m-f. *Gu, Pa, Cu, Ve, Bo;* f. *PR.* Persona intrigante, chismosa y murmuradora. pop + cult → espon ^ desp.

llevar(se).
 I. 1. intr. prnl. *Mx, Ho, ES, Ec.* Tratarse dos personas con confianza y familiaridad. pop.
 2. tr. *Cu.* Estimar a *alguien.*
 II. 1. tr. prnl. *Ar.* No haber aprobado un alumno una materia y tener que realizar un examen en una convocatoria especial. pop + cult → espon.
 III. 1. intr. prnl. *Ch.* Pasar un período de tiempo en una misma situación o realizando una misma actividad. pop + cult → espon.
 IV. 1. intr. prnl. *RD.* Dejarse influir por alguien haciéndole caso o confiar en él.
 V. 1. intr. prnl. *Ho.* Frecuentar asiduamente un lugar.
 VI. 1. tr. *PR.* Infligir *alguien* un castigo corporal a un niño.
 ●
 a. ‖ **llevátelo viento de agua.** fórm. *Cu.* Se usa para expresar el deseo de que no suceda algo que ha sido mencionado.
 □
 a. ‖ ~ **a cucurucho.** loc. verb. *ES.* Llevar a *alguien, especialmente a un niño,* a la espalda o sobre los hombros.
 b. ‖ ~ **a la marcheré.** loc. verb. *Cu.* Tratar a *alguien* con severidad y dureza. pop.
 c. ‖ ~ **a paso de conga.**
  i. loc. verb. *Cu.* Tratar a *alguien* con rigor excesivo o desconsideración. ♦ **llevar a pinga y palo, llevar de la mano y corriendo.**
  ii. *Cu.* Apresurar a *alguien.*
 d. ‖ ~ **a pinga y palo.** *Cu.* **llevar a paso de conga,** tratar con rigor. pop.
 e. ‖ ~ **a son de fiesta.** loc. verb. *PR.* Llevar *alguien algo* a la fuerza y con rapidez. pop + cult → espon.
 f. ‖ ~ **a tuto.** loc. verb. *Ho.* Llevar a *alguien* o *algo* cargado a la espalda.
 g. ‖ ~ **a uno como caña pal ingenio.** loc. verb. *Mx, RD.* Guiar, conducir, dirigir fácilmente a *una persona.*
 h. ‖ ~ **a uno mandinga.** loc. verb. *PR.* Suceder al contrario de lo que se esperaba. pop + cult → espon.
 i. ‖ ~ **adelante su muerto.** loc. verb. *Ni.* Resignarse ante la muerte de un ser querido.
 j. ‖ ~ **al baile.**
  i. loc. verb. *Mx.* **bailar,** engañar, timar a *alguien.* (**llevarse al baile**).
  ii. *Mx.* **bailar,** matar, liquidar a *alguien.* pop. (**llevarse al baile**).
 k. ‖ ~ **al palo.** loc. verb. *PR.* No dar a *alguien* la oportunidad de desviarse o distraerse de un asunto.
 l. ‖ ~ **bala.** loc. verb. *Mx.* Ir a gran velocidad. pop.
 m. ‖ ~ **bleque.** loc. verb. *Ve:O.* Pasar *alguien* por trabajos, calamidades y sufrimientos durante una época de su vida. pop.
 n. ‖ ~ **cocos a Sonsonate.** loc. verb. *ES.* Llevar *algo* innecesario.
 ñ. ‖ ~ **cola.** loc. verb. *Mx.* Traer *algo* consecuencias graves. pop + cult → espon.
 o. ‖ ~ **coleado.** loc. verb. *Ho.* Perseguir a *alguien* muy de cerca.
 p. ‖ ~ **como entierro de pobre.** loc. verb. *Ni.* Obligar *alguien* a un acompañante a ir muy deprisa.
 q. ‖ ~ **cómodo.** loc. verb. *Cu.* Atender con mucha solicitud a *alguien.*
 r. ‖ ~ **con la doble.** loc. verb. *Co.* Actuar de forma hipócrita para engañar a *alguien.* pop.
 s. ‖ ~ **cortito.** loc. verb. *Pa.* Dar a alguien poca libertad para obrar o hacer algo.
 t. ‖ ~ **corto.** loc. verb. *Gu, ES.* Dar a alguien poca libertad para obrar o hacer algo.
 u. ‖ ~ **de apunte.** loc. verb. *Ch.* Contar con la opinión de alguien o tenerla en cuenta. pop.

v. ‖ ~ **de la mano y corriendo.** *Cu.* **llevar a paso de conga**, tratar con rigor. pop.

w. ‖ ~ **del bulto.** *Co.* **llevar el bulto.**

x. ‖ ~ **el alacrán en la camisa.** loc. verb. *Ni.* Tener al enemigo dentro. ♦ **llevar el enemigo a tuto.**

y. ‖ ~ **el amén.** loc. verb. *Pe, Ch.* Manifestar *una persona* consentimiento o aprobación a cuanto dice otra.

z. ‖ ~ **el apunte.** loc. verb. *Bo, Py, Ar, Ur.* Prestar atención o hacer caso a *alguien*. pop + cult → espon.

a¹. ‖ ~ **el bulto.** loc. verb. *Co.* Recibir las consecuencias negativas de algo. pop. (**llevar del bulto**).

b¹. ‖ ~ **el carro delante de los bueyes.** loc. verb. *PR.* Gastar *alguien* más de lo que puede. pop + cult → espon.

c¹. ‖ ~ **el enemigo a tuto.** *Ni.* **llevar el alacrán en la camisa.**

d¹. ‖ ~ **el pandero.** *Ch.* Ser *una persona* o grupo el más destacado o el que impone su criterio. pop + cult → espon.

e¹. ‖ ~ **en la balastra.**
　i. loc. verb. *Ni.* Superar a *alguien* en algo.
　ii. *Ni.* Involucrar a *alguien* en algo.

f¹. ‖ ~ **en la colada.** loc. verb. *Cu.* Beneficiar, hacer que *alguien* en una empresa reciba beneficios.

g¹. ‖ ~ **guillao.** loc. verb. *PR.* Llevar *alguien algo* a escondidas. pop + cult → espon.

h¹. ‖ ~ **julepe.** loc. verb. *RD, Ve.* Soportar sufrimientos y sinsabores. pop.

i¹. ‖ ~ **la carga del haragán.** loc. verb. *RD.* Llevar una carga excesiva para ahorrar el trabajo de hacer más viajes.

j¹. ‖ ~ **la corona al lomo.** loc. verb. *Ho.* Estar *alguien* a punto de morir. pop + cult → espon ^ fest.

k¹. ‖ ~ **la cuenta en la uña.** loc. verb. *Ch.* Llevar una cuenta minuciosamente. pop.

l¹. ‖ ~ **la farmacia abierta y el doctor dormido.** loc. verb. *Ho, ES, RD.* Tener *alguien* la bragueta abierta. fest.

m¹. ‖ ~ **la gabela.**
　i. loc. verb. *RD, PR. En las peleas de gallos*, pagar *alguien* la **gabela**, en la apuesta contra un gallo.
　ii. *RD, PR.* Llevar *alguien* la ventaja en la apuesta con **gabela**.

n¹. ‖ ~ **la guarlpola.** loc. verb. *Ch.* Imponerse siempre *alguien* a los demás en una reunión o asunto, tener el protagonismo. pop + cult → espon.

ñ¹. ‖ ~ **las de abajo.** loc. verb. *Ch.* Comportarse de manera servil y rastrera con alguien, *especialmente con un varón*. pop.

o¹. ‖ ~ **las patadas.** loc. verb. *Pa.* Llevarse muy mal entre sí algunas personas.

p¹. ‖ ~ **leña.** loc. verb. *RD, Ve.* Soportar sufrimientos y sinsabores.

q¹. ‖ ~ **ley.** loc. verb. *CR.* Sentir aversión o rechazo por alguien. pop.

r¹. ‖ ~ **miércoles.** loc. verb. *Ho.* Salir *algo* mal a *alguien*. pop.

s¹. ‖ ~ **piñas a Milagro.** loc. verb. *Ec.* Llevar a un lugar *algo* que no se necesita porque ahí lo tienen en abundancia.

t¹. ‖ ~ **por el narigón.** loc. verb. *Cu.* Mandar o gobernar a una o varias personas.

u¹. ‖ ~ **por la relinga.** loc. verb. *Pa.* Arrastrar a *alguien* asiéndolo de la parte trasera del pantalón.

v¹. ‖ ~ **recio.** loc. verb. *Cu.* Tratar a *alguien* con rigor excesivo o desconsideración.

w¹. ‖ ~ **suave.** loc. verb. *Cu.* Ser condescendiente con alguien.

x¹. ‖ ~ **tenso.** loc. verb. *Cu.* Tratar con rigor excesivo. pop.

y¹. ‖ ~ **un costal de sal.** loc. verb. *Ho.* Tener *alguien* mala suerte. pop + cult → espon.

z¹. ‖ ~ **un tan tan.**
　i. loc. verb. *PR.* Tener *alguien* tiento, pulso. pop + cult → espon.
　ii. *PR.* Ir *alguien* con precaución. pop + cult → espon.

a². ‖ ~ **vida de garrobo.** loc. verb. *Ho.* Vivir *una persona* sin trabajar.

b². ‖ ~**la.**
　i. loc. verb. *Ch. En el* **pillarse**, ser en ese momento el jugador al que le corresponde perseguir a los demás.
　ii. *Ch.* juv. Tener el liderazgo o sobresalir por mucho en un grupo. pop.
　iii. *CR. En el* **quedó**, ser en ese momento el jugador al que le corresponde perseguir a los demás.
　iv. *CR.* Dirigirse *alguien* hacia un sitio determinado. pop.

c². ‖ ~**la del cuello.** loc. verb. *CR.* Vivir la vida sin experimentar grandes apuros gracias a que se disfruta de condiciones muy favorables. ♦ **llevarla suave.**

d². ‖ ~**la suave.** *ES, CR; Co,* pop. **llevarla del cuello.**

e². ‖ ~**le ganas.**
　i. loc. verb. *Gu, ES.* Sentir antipatía hacia alguien, o guardarle rencor.
　ii. *Gu.* Desear a *alguien*, o querer *algo* con vehemencia.

f². ‖ ~**le la trampa.** loc. verb. *Bo:O.* Disgustarse, contrariarse *alguien* por algo. pop.

g². ‖ ~**se al baile.** *Mx.* **llevar al baile.**

h². ‖ ~**se candanga.** loc. verb. *Gu, Ho, ES, Ni, CR, Pa.* Verse *alguien* en un aprieto. pop ^ fest.

i². ‖ ~**se chuco.** loc. verb. *ES.* Superar fácilmente a *alguien*, ganarle.

j². ‖ ~**se de corbata.**
　i. loc. verb. *Mx, Gu.* Atropellar un vehículo a *alguien*. pop + cult → espon.
　ii. *Mx.* Atropellar *una persona* a *alguien*, no tener en cuenta sus derechos. pop + cult → espon.
　iii. *Mx.* Ir arrastrándose o caerse una cosa que *alguien*, que va con prisa, lleva encima. pop + cult → espon.

k². ‖ ~**se de cuentos.** loc. verb. *RD, Ar.* Gularse *alguien* por chismes o comentarios malintencionados. pop + cult → espon.

l². ‖ ~**se de encuentro.**
　i. loc. verb. *Mx, ES, RD, Pe; Ch.* p.u. Atropellar, arrastrar, llevar a la ruina *algo* o a *alguien*. pop + cult → espon.
　ii. *Mx, ES, Cu, RD, Pe.* Atropellar o arrollar *algo* o a *alguien*.

m². ‖ ~**se de patilla.** loc. verb. *Ho.* Desaparecer *alguien* o *algo* sin dejar rastro.

n². ‖ ~**se de su punta.** loc. verb. *Ve.* Actuar *alguien* de manera caprichosa.

ñ². ‖ ~**se el carajo.** *Mx, ES.* **llevarse la chingada.** pop.

o². ‖ ~**se el demonio.** *Mx, ES.* **llevarse la chingada.** pop.

p². ‖ ~**se el diablo.** *Mx.* **llevarse la chingada.** pop.

q². ‖ ~**se el patas.** loc. verb. *Co.* Estar *alguien* en una situación desesperada. pop.

r². ‖ ~**se el tren.** *Mx.* **llevarse la chingada**, sentir enojo. pop.

s². ‖ ~**se en claro.** loc. verb. *RD.* Cercenar *algo*, cortarlo limpiamente.

t². ‖ ~**se en el saco.**
　i. loc. verb. *Ni.* Dañar o perjudicar a *alguien*.
　ii. *Ni.* Seducir a *alguien*.

u². ‖ **~se en la golilla.**
  i. loc. verb. *Cu.* Perjudicar a *alguien* intencionadamente. pop.
  ii. *Cu.* Dejar fuera a *alguien* al distribuir algo. pop.
  iii. *Cu.* Matar a *alguien una persona.* pop.
  iv. *Cu.* Realizar el coito. vulg.

v². ‖ **~se entre las patas.** loc. verb. *Mx.* Perjudicar a *alguien* como resultado de la realización de otra acción. pop + cult → espon.

w². ‖ **~se hasta los clavos.** *PR.* **llevarse hasta los clavos de la cruz.**

x². ‖ **~se hasta los clavos de la cruz.** loc. verb. *PR.* Robar, saquear *alguien* todo lo que se encuentre. pop + cult → espon. ♦ **llevarse hasta los clavos.**

y². ‖ **~se la bola y el bate.** loc. verb. *PR.* No dejar *alguien* que los demás continúen con una actividad por haber perdido o fracasado. pop + cult → espon.

z². ‖ **~se la cerca.**
  i. loc. verb. *Cu, RD. En el beisbol,* sacar la pelota fuera del terreno, lograr un **jonrón.**
  ii. *Cu.* Tener mucho éxito en una actividad.

a³. ‖ **~se la chingada.**
  i. loc. verb. *Mx.* Sentir *alguien* enojo, coraje o indignación intensos. vulg. ♦ **llevarse el carajo; llevarse el demonio; llevarse el diablo; llevarse el tren; llevarse la putamadre; llevarse la tostada; llevarse pifas.**
  ii. *Mx.* Morirse *alguien.* vulg. ♦ **llevarse el carajo; llevarse el demonio; llevarse el diablo; llevarse la putamadre; llevarse la tostada; llevarse pifas.**
  iii. *Mx.* Salirle a alguien mal *algo,* irle mal. vulg. ♦ **llevarse el carajo; llevarse el demonio; llevarse el diablo; llevarse la putamadre; llevarse la tostada; llevarse pifas.**

b³. ‖ **~se la luz.** loc. verb. *Pa.* Avanzar con el vehículo sin respetar la señal del semáforo.

c³. ‖ **~se la pelona.** loc. verb. *Gu, Ho, ES; Co,* pop. Morirse *alguien.*

d³. ‖ **~se la putamadre.** *Mx.* **llevarse la chingada.**

e³. ‖ **~se la tostada.** *Mx.* **llevarse la chingada.** pop.

f³. ‖ **~se la trampa.** loc. verb. *Ni.* Ir muy mal *algo* a alguien.

g³. ‖ **~se las hormigas.** loc. verb. *Pa.* Ser *alguien* muy tonto.

h³. ‖ **~se pifas.** *Mx.* **llevarse la chingada.** pop.

i³. ‖ **~se por delante.** loc. verb. *ES, RD, PR.* Engañar, estafar *una persona* a *alguien.* pop + cult → espon.

j³. ‖ **~se puta.** loc. verb. *ES, CR.* Estar muy colérico. vulg; pop + cult → espon.

k³. ‖ **~se san Crispín.** loc. verb. *Ho.* Resultar *algo* mal a alguien.

l³. ‖ **~se san Quintín.** loc. verb. *Ni.* Ir muy mal *algo* a alguien.

m³. ‖ **~se un pasme.** loc. verb. *PR.* Avergonzarse *alguien.* pop + cult → espon.

n³. ‖ **~se un seto.** loc. verb. *PR.* Sufrir *alguien* un desengaño, no conseguir lo que se deseaba. pop + cult → espon.

ñ³. ‖ **llevársela.** loc. verb. *RD.* Darse cuenta de algo, percatarse de ello.

o³. ‖ **llevársela de arriba.** loc. verb. *Ar.* Superar una dificultad o una circunstancia adversa sin sufrir ningún perjuicio. pop + cult → espon.

p³. ‖ **llevársela de pechito.** loc. verb. *Mx.* Hacer *algo* sin poner en ello demasiado esfuerzo. pop.

q³. ‖ **llevársela de pecho.** loc. verb. *Ni.* Sobresalir *alguien* entre varias personas.

r³. ‖ **llevársela leve.** loc. verb. *Mx.* Hacer *algo* con tranquilidad y prudencia. pop.

s³. ‖ **llevársela pelada.** loc. verb. *Ch.* Conseguir *algo* con suma facilidad. pop + cult → espon.

t³. ‖ **llevárselas.** loc. verb. *Gu.* Presumir *alguien* de algo.

u³. ‖ **llevárselo candanga.** loc. verb. *Ho, Ni.* Irle mal a alguien en algo. ♦ **llevárselo candingas.**

v³. ‖ **llevárselo candingas.** *Ho, Ni.* **llevárselo candanga.**

w³. ‖ **llevárselo caplán.**
  i. loc. verb. *Ve.* Desaparecer *alguien* repentinamente. pop.
  ii. *Ve.* Acabarse, arruinarse un asunto.

x³. ‖ **llevárselo el río.** *Gu.* **llevárselo la tiznada.**

y³. ‖ **llevárselo entre los pies.** loc. verb. *Gu.* Arruinar, causar un grave daño a alguien o algo.

z³. ‖ **llevárselo la chula.** loc. verb. *Ho.* Tener *alguien* mala suerte.

a⁴. ‖ **llevárselo la fregada.** loc. verb. *Mx.* Encolerizarse *alguien,* estar sumamente molesto. vulg; pop + cult → espon.

b⁴. ‖ **llevárselo la gran diabla.** *Gu, ES.* **llevárselo la tiznada.**

c⁴. ‖ **llevárselo la gran madre.** *Gu.* **llevárselo la tiznada.**

d⁴. ‖ **llevárselo la madre.** loc. verb. *Ho.* Tener alguien problemas, tener mala suerte. pop.

e⁴. ‖ **llevárselo la mala palabra.** *Ho.* **llevárselo la trampucheta.**

f⁴. ‖ **llevárselo la tiznada.** loc. verb. *Gu, Ho, Ni.* Sufrir, padecer *alguien* mucho o encontrarse en una situación difícil o problemática. ♦ **llevárselo el río; llevárselo la gran diabla; llevárselo la gran madre.**

g⁴. ‖ **llevárselo la trampucheta.** loc. verb. *Ho, ES.* Irle muy mal a alguien en algo. ♦ **llevárselo la mala palabra.**

h⁴. ‖ **llevárselo puercas.** *Ho, ES.* **llevárselo putas.**

i⁴. ‖ **llevárselo putas.** loc. verb. *Ho, ES, Ni.* Resultar *algo* mal a alguien. vulg. ♦ **llevárselo puercas.**

j⁴. ‖ **llevárselo quien lo trajo.** loc. verb. *ES, RD.* Ocurrirle a alguien una desgracia que, como consecuencia de sus acciones, resultaba previsible. pop + cult → espon.

a. ‖ **¡me lleva judas!** *Mx, ES.* **¡me lleva la chingada!** pop.

b. ‖ **¡me lleva la chingada!** loc. interj. *Mx, ES.* Se usa para expresar enojo, coraje o indignación intensos. vulg. ♦ **¡me lleva judas!; ¡me lleva la fregada!; ¡me lleva la tostada!**

c. ‖ **¡me lleva la fregada!** *Mx.* **¡me lleva la chingada!** pop.

d. ‖ **¡me lleva la tostada!** *Mx.* **¡me lleva la chingada!** pop.

a. ‖ **nada peor que ~ leña para el monte.** fr. prov. *Co.* Indica lo poco provechoso que es esforzarse sin necesidad. pop.

lleve.
I. 1. m. *Ec.* Dinero obtenido fraudulentamente de los fondos públicos. pop.

llica. (Del quech.).
I. 1. f. *Ar:NO.* Tejido hecho con **chaguar,** fibra.
  2. *Ar:NO.* Bolsa pequeña hecha con este tejido.

lliclla. (Del quech. *liiklla*).
I. 1. f. *Ec, Pe, Bo:O,C, Ar:NO.* Manteleta indígena, vistosa y de color distinto al de la falda, con que las mujeres se cubren los hombros y la espalda. (**llijlla**).

llicta. (Del quech. *llípht'a*).
I. 1. f. *Pe, Bo:O,C,S, Ar:NO.* Masa algo blanda hecha a base de **papas** hervidas, de sabor salado y coloración gris oscura por la ceniza de algunas plantas de que se compone. (**llijita; llista; llucta; llujta**).

llijlla. (Del quech. *llípht'a*).
  I. 1. *Bo:O,C, Ar:NO.* **liclla**.
    2. f. *Bo:C.* **aguayo**, pieza rectangular.
    3. *Bo:O,C.* Tejido de varios colores, *generalmente de lana de oveja, utilizado especialmente para hacer* **aguayos**, *chalecos, bolsas y para adornar o confeccionar prendas de vestir*.

llijta. (Del quech. *llípht'a*).
  I. 1. *Bo:O,C,S, Ar:NO.* **llicta**.

llipi.
  I. 1. m. *Pe:SE.* Danza tradicional en la que se representa la caza de vicuñas. ♦ **llipi puli**.
    ■
    a. ‖ ~ **puli.** *Pe:SE.* **llipi**.

llipta.
  I. 1. f. *Pe.* **Mazamorra**, especie de puré dulce hecho con harina de maíz, leche y el jugo de la ceniza de **molle** que ha sido hervido previamente.

llista.
  I. 1. *Ar:NO.* **llicta**.

llocalla. (Del aim. *yuqalla, lluqalla*, joven).
  I. 1. m. *Bo.* Niño de corta edad, de tres a ocho años aproximadamente. pop + cult → espon. (**yocalla**).
    2. *Bo:C,O,S.* Hombre joven que hace mandados. pop + cult → espon.
    3. *Bo:O.* Hombre joven, adolescente. pop + cult → espon ^ desp. (**yocalla**).
  II. 1. sust/adj. *Bo:C,O,S.* Persona que no tiene buenos modales, *generalmente de baja extracción social*. pop + cult → espon ^ desp.
  III. 1. m. *Bo:O.* Pene. tabú; pop + cult → espon.

lloclla. (Del quech *lloklla*, y del aim. *llolla*, torrente).
  I. 1. f. *Pe.* Masa enorme de lodo, fango y peñas originada por las lluvias torrenciales y las crecidas de los ríos. ♦ **llocllada**.

llocllada.
  I. 1. *Pe.* **lloclla**.

lloica. (Voz mapuche).
  I. 1. f. *Ch.* **loica**.

llojke.
  I. 1. *Ar:NO.* **lloque**.

llonque.
  I. 1. m. *Pe.* Aguardiente procedente de la destilación de la caña de azúcar. rur.

llopo. (De *pollo*, por inversión silábica).
  I. 1. m. *Bo:O.* Droga que se obtiene de las hojas de coca. delinc.

lloque.
  I. 1. m. *Pe, Bo.* Árbol de hasta 5 m de altura, que tiene una distribución dioica de sus flores; su madera es dura y muy resistente. (Rosaceae; *Kageneckia lanceolata*).
    2. *Pe, Bo.* Madera de este árbol.
    3. *Bo:E.* **molle de beber**.
  II. 1. m. *Ar:NO.* Hilo o cordón hecho de dos colores, *generalmente blanco y negro*, que se utiliza como amuleto. (**llojke; lloqui**).

lloqui.
  I. 1. *Ar:NO.* **lloque**.

llorada.
  I. 1. f. *Mx, Gu, ES, Co; Ec*, pop. Lloro, llanto.

lloradero.
  I. 1. m. *Cu.* Lugar del que brota agua de forma natural.
  II. 1. m. *CR.* Filtración de agua u otro líquido a través de los poros o grietas de un cuerpo o materia. pop.

lloradita.
  I. 1. f. *Ni, RD, Ve.* Petición o lamento insistente y reiterado que se hace con el fin de conmover y obtener algún beneficio de alguien.

llorante.
  I. 1. m-f. *Bo.* Persona a quien se paga por ir a llorar a un entierro. pop + cult → espon.

llorar.
  I. 1. intr. *Gu.* Revenirse, desprender *algo*, *generalmente la pintura o la sal*, la humedad que tiene.
    □
    a. ‖ ~ **ante la presencia de Dios.** *RD.* **llorar ante los ojos de Dios.** pop + cult → espon.
    b. ‖ ~ **ante los ojos de Dios.** loc. verb. *Pa, Cu, PR, Ve.* Ser *algo* muy dañino, y provocar desprecio o indignación. ♦ **llorar ante la presencia de Dios.**
    c. ‖ ~ **de ver cagar un pollo.** loc. verb. *Ni.* Llorar sin ningún motivo.
    d. ‖ ~ **la carta.** loc. verb. *Ar.* Exagerar dificultades o aflicciones para conmover a los demás y obtener su ayuda. pop.
    e. ‖ ~ **la panza.** loc. verb. *Ho.* Tener *alguien* mucha hambre. sat. ♦ **llorar las tripas.**
    f. ‖ ~ **lágrimas.** loc. verb. *Ni, RD.* Sufrir mucho.
    g. ‖ ~ **las tripas.** *Ni.* **llorar la panza.**
    h. ‖ ~ **miseria(s).** loc. verb. *Cu, RD, Ph, Py, Ar, Ur.* Quejarse *alguien* sin motivos reales de no tener dinero. pop + cult → espon. (**llorar miseria**).
    i. ‖ ~ **sobre la leche derramada.** loc. verb. *Ho, Ni, Cu, Co, Ec, Bo, Ch, Py.* Lamentarse inútilmente sobre algo que ha sucedido y ya no tiene remedio. pop + cult → espon.
    ◪
    a. ‖ **a ~ al río.** fr. prov. *Bo.* Indica que las lamentaciones son inútiles cuando los hechos están ya consumados. pop + cult → espon.

llorasangre.
  I. 1. *ES.* **tiamo**, árbol.

llorazón.
  I. 1. f. *Gu, Ho, ES.* Llanto continuado.
    2. *ES.* metáf. Petición insistente.
    3. *Ho.* metáf. Regateo excesivo en la compraventa de algo.

lloreta.
  I. 1. f. *Ho.* Lloro fuerte y continuado. pop + cult → espon.
    2. *Ho.* metáf. Queja prolongada y reiterada. pop + cult → espon.

lloretas.
  I. 1. sust/adj. *CR, Co.* Niño que llora mucho. pop ^ desp.

lloricón, -na.
  I. 1. adj/sust. *Gu, RD, Ch. Referido a persona*, que se queja o lamenta frecuentemente.

llorido.
  I. 1. m. *Gu; Mx, Pe:S*, p.u; *Ve*, pop. Llanto agudo y desgarrado.

lloriqueadera.
  I. 1. f. *RD, Pe.* Lamento insistente que se hace para conmover y obtener algún beneficio de alguien.

lloriquera.
  I. 1. f. *Ve.* Llanto intenso que busca llamar la atención de otros.

lloriquiento, -a.
  I. 1. adj. *Ni; Ch*, pop + cult → espon. *Referido a un niño*, que lloriquea a menudo.
    2. *Ni; Ch*, pop + cult → espon. *Referido a una persona*, que se queja y lamenta por causas mínimas.

llorisquear.
  I. 1. intr. *RD, Py, Ur.* Llorar débilmente.

llorisqueo.
  I. 1. m. *RD, Py, Ar.* Lloriqueo.

lloritar.
> I. 1. intr. *Ar:NO.* Llorar, *generalmente sin fuerzas o sin hacerse notar.* rur.

lloroconte.
> I. 1. m. *Gu.* Árbol de hasta 23 m de altura, de copa piramidal, hojas elípticas y acuminadas y flores fragantes de color blanco. (Magnoliaceae; *Magnolia guatemalensis*). ♦ **magnolia.**

llorón.
> I. 1. m. *Cu.* En un *descampado*, sitio de donde brota agua de modo natural. rur.

llorón, -na.
> I. 1. sust/adj. *Bo:E,O.* Persona cobarde. pop + cult → espon.

llorona.
> I. 1. f. *Mx, Gu, Ho, Ni, CR, Pa, RD, PR, Co, Ve, Ec.* Personaje mítico de la tradición popular mesoamericana, representado por la figura de una mujer madura que se aparece por las noches cerca de ríos y quebradas lamentando la muerte de sus hijos, que ella misma causó. ♦ **tepesa; tulivieja; vieja del monte.**
> II. 1. f. pl. *Bo, Ar, Ur.* Espuelas de rodaja muy grande. rur.
> III. 1. f. *Cu, RD, PR.* Árbol de hasta 10 m de altura, de hojas lanceoladas, alternas, vistosas flores blancas dispuestas en racimos y fruto capsular de color amarillo. (Cyrillaceae; *Cyrilla racemiflora*). ♦ **granadillo; palo colorado; palo prieto.**
> IV. 1. f. *PR.* Ave de hasta 15 cm de longitud, de color pardo oscuro en la parte superior, más claro en la parte inferior y cola con algunas líneas blancas. (Tyrannidae; *Contopus latirostris*).
> V. 1. f. *PR, Ve.* Borrachera en la que una persona se deprime y llora. pop.
> VI. 1. f. *CR, Py.* Llanto continuado. pop.
> VII. 1. f. *Ni.* Conjuntivitis.
> ▶ **montar una ~; tener la ~.**

llorosa.
> I. 1. f. *PR.* Ave de hasta 16 cm de longitud, de plumaje castaño oliva en el lomo, blanco en la parte ventral, con líneas marrones pálidas en el pecho y mancha blanca en las alas. (Thraupidae; *Nesospingus speculiferus*). ♦ **verdoso.**

lloto.
> I. 1. m. *Pe:S.* **Camarón** de río, de caparazón blando y rugoso por estar en el proceso de muda.

llovedera.
> I. 1. f. *Mx, Gu, Ho, Ni, CR, Pa, Cu, RD, Co, Ve.* Lluvia persistente.

llover.
> □
> a. ‖ ~ **burros aparejados.** loc. verb. *RD.* Llover a cántaros.
> b. ‖ ~ **con pantalones.** loc. verb. *PR.* Llover copiosamente. pop + cult → espon.
> c. ‖ ~ **en su milpa.** loc. verb. *Mx, ES, Ni.* Caerle a *alguien* cosas malas o buenas.
> d. ‖ ~ **maceta.** loc. verb. *Ho.* Recibir *alguien* golpes o críticas.
> e. ‖ ~ **negro prieto.** loc. verb. *PR.* Llover con el cielo muy encapotado. pop + cult → espon.
> f. ‖ ~ **penca.** loc. verb. *Ho.* Recibir *alguien* una paliza. pop.
> g. ‖ ~ **tieso y parejo.** loc. verb. *Ni.* Tener una racha de mala suerte.
> h. ‖ ~le. loc. verb. *Ni, CR.* Recibir *alguien* una fuerte amonestación. pop + cult → espon.
> i. ‖ ~le **duro.** loc. verb. *Mx, Ho, ES, Ni, CR; Pe,* pop. Criticar duramente a *alguien.*
> j. ‖ ~le **en su milpita.** loc. verb. *Mx.* Ocurrirle a *alguien* una serie de malos acontecimientos. pop.

> k. ‖ ~le **verga.**
> i. loc. verb. *Gu.* Recibir *alguien* una paliza o serie de golpes. vulg; pop.
> ii. *Gu.* Ser derrotado ampliamente en una **competencia** deportiva o enfrentamiento. vulg; pop.
> ◩
> a. ‖ **cuando llueve moja a todos.** fr. prov. *Ni, Bo.* Indica que las consecuencias de un hecho deben ser asumidas por todos.
> b. ‖ **no llueve, pero gotea.** fr. prov. *Bo, Ch.* Indica que algo que podría darse de manera abundante, solo se da de manera suficiente. pop + cult → espon.
> c. ‖ **por mí, que llueva.** fr. prov. *PR.* Indica que para alguien nada tiene importancia. pop + cult → espon.
> d. ‖ **primero llueve para arriba.** fr. prov. *PR.* Indica que algo es muy improbable que ocurra. pop + cult → espon.

llovezón.
> I. 1. f. *Ve.* Lluvia persistente.

llovida.
> I. 1. f. *Mx; Bo:S,* pop + cult → espon. Lluvia.

llovido, -a.
> I. 1. adj. *Ar, Ur.* Referido al *cabello,* lacio. pop.

lloviznarse.
> I. 1. intr. prnl. *Pa, Cu, RD, Co, Ve.* Empaparse *alguien* a causa de la lluvia.

lloviznazo.
> I. 1. m. *Cu.* Lluvia corta y repentina.

llucho. (Del aim. y del quech. *lluch'u,* gorro).
> I. 1. m. *Bo.* Gorro con orejeras, tejido en lana, con dibujos multicolores, usado en las regiones andinas para protegerse del frío. (**lluchu**).

llucho, -a. (Del quech. *lluch'u,* desnudo).
> I. 1. adj/sust. *Ec.* Referido a *persona,* desnuda. pop.

lluchu. (Voz aimara y quechua).
> I. 1. *Bo.* **llucho.**
> □
> a. ‖ ~ **calzón.** loc. sust/adj. *Bo.* Persona que lleva los pantalones grandes y sueltos, sin sujetarlos a la cintura.

lluchucho, -a. (Del aim. y del quech. *lluchhu,* suelto).
> I. 1. sust/adj. *Bo:O.* Persona, *generalmente hombre,* que usa ropa ancha.

lluchupata.
> I. 1. adj. *Ec.* Referido a un *indígena,* que no usa calzado. pop + cult → espon ^ desp.

lluco.
> I. 1. m. *Pe.* Red para atrapar animales pequeños. rur.

llucta.
> I. 1. *Pe, Bo:O,C,S.* **llicta.**

llujchir. (Del quech. *llujchhikuy*).
> I. 1. tr. *Bo:E.* Tocar, palpar. pop.

llujta.
> I. 1. *Bo:O,C,S.* **llicta.**

llulla. (Voz quechua).
> I. 1. adj/sust. *Pe:E, Bo:C,S,SO.* Referido a *persona,* mentirosa, embustera. rur; pop.

llullampear.
> I. 1. tr. *Pe:E.* Engañar, mentir a *alguien.* rur; pop.

llullu. (Del quech. *llullu,* tierno, blando).
> ▪
> a. ‖ ~ **muti.** m. *Bo:C.* Retoño de hojas de la planta de la coca, que se produce en dos meses aproximadamente, después de cada recolección. pop.

llullucha. (Del quech. *llulluch'a*).
> I. 1. f. *Bo:O,C,S.* Alga verde azulada que forma colonias con formas esféricas que se aplanan poste-

riormente, textura membranosa, coriácea, que cuando se seca adquiere un color verde oliva que pasa a pardo amarillento. (Nestocaceae; *Nostoc* spp.). pop.

llunco. (Del aim. y del quech. *llunk'u*, adulón).
  I. 1. sust/adj. *Bo*. Persona aduladora y servil. pop + cult → espon.

lluro.
  I. 1. m. *Bo:S*. Vasija de cuello largo. pop.

lluro, -a.
  I. 1. adj. *Ec*. *Referido a persona*, que tiene huellas o cicatrices de viruelas.

llusca. (Del quech. *lluskh'a*, resbaladizo, escurridizo).
  I. 1. f. *Ar:NO*. Pez pequeño de agua dulce. (Trichomycteridae; *Trichomycterus* spp.).

llushpir.
  I. 1. tr. *Pe, Bo*. Lamer, chupar. rur.

lluvia.
  I. 1. f. *Ar, Ur*. Ducha, agua que se hace caer en el cuerpo para limpiarlo.
     2. *Ar, Ur*. Pieza agujereada por donde sale el agua de la **regadera** o ducha.
  II. 1. f. *PR*. Arbusto erecto con hojas de color verde brillante, vistosas flores azules y fruto amarillo en forma de drupa. (Verbenaceae; *Duranta plumieri*).

  ■
  a. ‖ ~ **de coral**. f. *Mx, PR*. Arbusto de hasta 1 m de altura, de ramas finas, hojas lineares o lanceoladas en la parte baja de las ramas y escamosas en la parte alta, flores tubulares de color rojo vivo y fruto en cápsula ovoide; es ornamental. (Scrophulariaceae; *Russelia equisetiformis*). ♦ **lluvia de Venus**; **lágrimas de Venus**.
  b. ‖ ~ **de estrellas**. f. *Ec*. Luz de Bengala.
  c. ‖ ~ **de oro**.
     i. *Mx*. **retama**, árbol de hasta 5 m.
     ii. f. *CR, PR*. Planta epifita con vara floral muy ramificada, de hasta 2 m de altura, con pseudobulbos carnosos, grandes hojas alargadas lanceoladas y numerosas flores de color amarillo. (Orchidaceae; *Oncidium* spp.).
     iii. *Pa*. Arbusto de hasta 7 m de altura, de hojas alternas, trifoliadas, con pecíolo largo, articulado en la base, y flores amarillas que cuelgan en racimos; su madera es fuerte y se emplea en artesanía y en la construcción de instrumentos musicales. (Fabaceae; *Laburnum anagyroides*).
  d. ‖ ~ **de plata**. f. *Pa*. **salamo**.
  e. ‖ ~ **de Venus**. *Mx*. **lluvia de coral**.

  □
  a. ‖ ~ **de regalos**. loc. sust. *Co*. Reunión de amigos que se organiza *especialmente a una pareja que se va a casar o a un bebé que está por nacer y en la que se llevan pequeños obsequios.*
  b. ‖ ~ **de sobres**. f. *Co*. Celebración en la que se regalan sobres con una cantidad de dinero.

lluviarada.
  I. 1. f. *Ar:NE*. Lluvia torrencial.

loa.
  I. 1. f. *Mx:SE*. Amonestación, bronca, represión áspera.
  II. 1. f. *Ho*. Composición en verso de arte menor dedicada a alabar a un santo o a la Virgen y que se realiza durante el novenario previo al día de la celebración.

loan. (Voz inglesa).
  I. 1. m. *EU, PR*. Préstamo.

  ■
  a. ‖ *mortage* ~. (Voz inglesa). m. *PR*. Préstamo hipotecario.

loba.
  I. 1. sust/adj. *Ar, Ur*. Mujer sexualmente atractiva. pop.
     2. f. *ES, Pe*. Prostituta. tabú; pop + cult → espon.
     3. *Ec*. Mujer que accede con facilidad a los requerimientos sexuales de los hombres.
  II. 1. f. *Bo:O, Ar*. Juego de naipes en el que intervienen de dos a cinco personas que, utilizando dos barajas de póquer, han de formar escaleras de cartas del mismo palo o del mismo número.

  □
  a. ‖ ~ **herida**. loc. sust. *Ec*. Persona que guarda resentimiento.

lobanillada.
  I. 1. f. *ES*. Locura, disparate.

lobanillero, -a.
  I. 1. m. y f. *ES*. Persona alocada.

lobanillo.
  I. 1. m. *ES*. Persona alocada y poco formal.

lobby. (Voz inglesa)
  I. 1. m. *Cu, Ec*. Vestíbulo de un hotel.

lobear.
  I. 1. intr. *Ar*. p.u. Cazar lobos marinos.

lobera.
  I. 1. f. *Pe*. **lobería**, paraje.

lobería.
  I. 1. f. *Pe, Ch, Ar, Ur*. p.u. Paraje de la costa donde los lobos marinos hacen su vida en tierra. ♦ **lobera**.
  II. 1. f. *Co:C*. Cosa de mal gusto. pop ^ desp.

lobero.
  I. 1. m. *Ch, Ar, Ur*. p.u. Cazador de lobos marinos.

lobero, -a.
  I. 1. adj. *Ch*. Relativo a los lobos marinos y su caza.

lobisón. (Del port. *lobisomem*, hombre lobo).
  I. 1. m. *Py, Ar*. En la creencia popular, séptimo hijo varón consecutivo de una familia, que en las noches de luna llena se transforma en lobo o en un animal monstruoso. (**lobizón**). ♦ **luisón**.

lobito.
  I. 1. m. *Co*. **salamanqueja**, *Ameiva*, spp.

  ■
  a. ‖ ~ **de agua**. *Bo:E, Py, Ar, Ur*. **lobito de río**.
  b. ‖ ~ **de río**. m. *Bo:E, Ar, Ur*. Mamífero carnívoro de cuerpo alargado, cabeza ancha y chata, pelaje pardo oscuro, cola larga y patas fuertes y cortas con membrana interdigital. (Mustelidae; *Lutra longicaudis*). ♦ **lobito de agua**; **lontra**; **nutria**.

lobo.
  I. 1. m. *Co*. Lagarto de hasta 90 cm de longitud, que tiene escamas grandes en la cabeza claramente definidas con puntos negros de gran tamaño. (Teiidae; *Tupinambis nigropunctatus*). ♦ **mato de agua**.
  II. 1. m. *PR*. Joven conquistador. pop + cult → espon.

  ●
  a. ‖ **del ~, un pelo**. fórm. *Ho, Ni, Pa, Ec, Pe*. Se usa para expresar que se saca una ventaja de algo, aunque sea mínima. pop + cult → espon.

  ■
  a. ‖ ~ **de crin**. *Bo:E*. **aguará**.
  b. ‖ ~ **de páramo**. m. *Ec*. Zorro grande, de cabeza y patas rojizas, cuello, parte inferior y cola blancos y lomo grisáceo con rayas negras. (Canidae; *Pseudalopex culpaeus*). ♦ **atoj**; **camaque**.
  c. ‖ ~ **de río**. m. *Pe:E, Bo:E*. Nutria de hasta 2 m de longitud incluyendo la cola, de color marrón con manchas claras en el cuello. (Mustelidae; *Pteronura brasiliensis*). ♦ **londra**; **nutria**.

d. ‖ ~ **lobito.** m. *Bo.* Juego infantil en el que los niños hacen una ronda dejando a uno en el centro, que persigue a los otros tras contestar a la pregunta que le hacen.

lobo, -a.
- **I. 1.** adj. *Mx. Referido a un caballo*, de color bayo oscuro con algunas partes más oscuras.
- **II. 1.** adj/sust. *Pe. Referido a persona*, astuta, hábil para engañar o evitar el engaño o para lograr artificiosamente cualquier fin.
  - **2.** adj. *Ch. Referido a un animal*, arisco, huraño.
- **III. 1.** adj. *Co. Referido a persona o cosa*, de apariencia desagradable, de mal gusto. pop ^ desp. ◆ **agropecuario**; **boleto**; **corroncho**; **peye**.
- **IV. 1.** sust/adj. *RD.* Animal no domesticado.
- □
  - **a.** ‖ ~ **carnicero.** loc. sust. *PR.* Persona que reincide en el delito de asesinato. carc.
- ▶ **ser ~s de la misma camada.**

lobogallinero.
- **I. 1.** m. *Pa.* Mamífero de hasta 55 cm de longitud y 15 cm de cola, de cuerpo alargado y flexible, cabeza pequeña y patas cortas, con hocico, cara y pecho de color negro o castaño oscuro, una banda blanca parte de la frente que pasa por las orejas hasta el comienzo de la espalda. (Mustelidae; *Galictis vittata*).

lobuno, -a.
- **I. 1.** adj. *Bo, Py; Ar, Ur,* rur. *Referido a caballo*, que tiene el pelaje grisáceo en el lomo, más claro en las verijas y en el hocico, y negro en la cara, crines, cola y remos.

loby.
- ▶ **hacer ~.**

loca.
- **I. 1.** f. *Mx, Ni, Pa, Cu, Ar, Ur,* euf; espon; *Cu, RD, Ec,* desp; *PR,* pop + cult → espon; *Bo,* euf; pop. Mujer que mantiene relaciones sentimentales con varios hombres, pero ninguna estable. pop + cult → espon.
  - **2.** *Ni, Pe, Bo, Ar, Ur,* euf, pop; *RD, PR,* prost. Prostituta.
- **II. 1.** f. *Py, Ar, Ur.* Idea o deseo repentino que impulsa a hacer algo, *generalmente extraño o poco racional*. pop + cult → espon.
  - **2.** *Ar, Ur.* Enojo o mal humor. pop + cult → espon.
- **III. 1.** f. *PR.* Adolescente alocada.
- ■
  - **a.** ‖ ~ **ayuda.** m. *RD.* Juego infantil donde los niños corren persiguiéndose unos a otros.
- □
  - **a.** ‖ **a la ~.** loc. adv. *Ni, Co, Bo, Py;* loc. adj/adv. *Ec, Pe, Ch.* De manera irreflexiva o sin ninguna preparación ni orden, a lo loco. pop + cult → espon.
- ▶ **tirar de a ~.**

locación.
- **I. 1.** f. *Mx, ES, Ni, CR, Cu, PR, Co, Ve, Ec, Ch; Pa,* pop + cult → esm. Localización, lugar en que se realiza la grabación de exteriores de una película o serie de televisión.

locadio, -a.
- **I. 1.** adj/sust. *Mx, Gu, ES, Ni, Cu, Ve. Referido a persona*, loca, que ha perdido la razón. fest.

locador, -ra.
- **I. 1.** m. y f. *Ec, Pe.* Persona o empresa que arrienda un bien o servicio. cult.

localía.
- **I. 1.** f. *Ec, Ch. En deportes*, condición de local que tiene una persona o equipo que compite en su propia sede. esm.

localidad.
- **I. 1.** f. *Co.* Circunscripción administrativa de Bogotá, Distrito Capital.

localla. (Del aim. *yuqalla, lluqalla,* joven).
- **I. 1.** m. *Bo.* Niño de corta edad, entre tres y ocho años. pop + cult → espon.
  - **2.** *Bo:C,O,S.* Hombre joven que hace mandados. pop + cult → espon.
  - **3.** sust/adj. *Bo:O.* Hombre joven, adolescente. pop + cult → espon ^ desp.
- **II. 1.** sust/adj. *Bo:C,O,S.* Persona que no tiene buenos modales, *generalmente de baja extracción social*. pop + cult → espon ^ desp.
- **III. 1.** m. *Bo:O.* Pene. tabú; pop + cult → espon.

locancia.
- **I. 1.** f. *Ar:C,O.* **culencillo**.

locancio, -a.
- **I. 1.** adj/sust. *Co. Referido a persona*, que es algo alocada, inquieta o sin juicio. pop.

locario, -a.
- **I. 1.** adj. *Ni, CR, Pa, PR, Pe, Py.* juv. *Referido a persona*, de poco juicio, sin sensatez. pop.

locatario.
- **I. 1.** m. *Bo:SO. En una mina*, trabajador independiente que vende el mineral que encuentra a la empresa.

locatario, -a.
- **I. 1.** m. y f. *Mx, Gu, Ho, ES, Ni, Bo.* Persona propietaria de un local de mercado.
- **II. 1.** adj. *ES. Referido a persona*, loca.

locateli.
- **I. 1.** adj/sust. *Pe, Ch, Ar, Ur; Bo:E,* pop. *Referido a persona*, loca. pop + cult → espon ^ fest. (**locatelli**).
- **II. 1.** m. *Ar.* Bollo pequeño partido longitudinalmente en dos mitades entre las que se coloca algún relleno; frecuentemente jamón y queso. (**locatelli**).

locatelli.
- **I. 1.** *Ar, Ur.* **locateli**.
- **II. 1.** *Ar.* **locateli**, bollo pequeño.

locatera.
- **I. 1.** f. *Ve.* **loquera**, locura. pop.

locato, -a.
- **I. 1.** sust/adj. *Co:C, Ve.* Persona alocada y de poco juicio.

locayo, -a.
- **I. 1.** adj. *ES. Referido a persona*, loca. carc.

locear.
- **I. 1.** intr. *Ho, Ni, Ch.* Hacer vasijas de barro o loza.

locería.
- **I. 1.** f. *Ni, Co, Ve, Pe; Ch,* p.u. Taller donde se fabrican objetos de cerámica y loza.
  - **2.** *Co, Pe.* Arte u oficio de fabricar objetos de barro cocido.
  - **3.** *Ec.* Sitio donde se venden artículos de loza.
  - **4.** *Ec.* Conjunto de artículos elaborados con loza.

locero.
- **I. 1.** m. *Co:O.* Utensilio donde se pone a escurrir la vajilla que se ha lavado.
  - **2.** *RD.* Estante para colocar la loza, propio de las viviendas rústicas.

locero, -a.
- **I. 1.** m. y f. *Gu, Ho, Ni, Ve, Ec, Ch.* Persona que fabrica o vende objetos de cerámica y loza.
  - **2.** adj. *Ch.* Relativo a la loza o cerámica.

loceta.
- **I. 1.** f. *Mx.* Azulejo delgado que se usa para cubrir pisos.
  - **2.** *Pe.* Azulejo o baldosa que se utiliza para cubrir paredes o suelos.

locha.
 I. 1. f. *Co.* Pereza, flojera o desgana para hacer cualquier actividad. pop.
 II. (Afér. de *birlocha*).
  1. f. *Bo.* Mujer mestiza que ha cambiado la **pollera** por el vestido que usan las mujeres de clase social más alta. pop.
  2. *Bo:O.* Mujer que ha dejado de vestir la **pollera** y se ha puesto pantalones. delinc.
  ● **a.** ‖ ~ . fórm. *Bo:O.* Se usa para dirigirse a la esposa o a la novia. delinc.
  ▶ **estar de a tres por ~; hacer ~; valer tres ~s.**

loche.
 I. 1. *Pe.* **ayote.**

lochi.
 I. 1. adj. *Mx:NO.* p.u. *Referido a persona,* que tiene joroba.

lucho.
 I. 1. *Ve.* **güisisil.**

locho, -a.
 I. 1. sust/adj. *Co:C.* Persona vaga, perezosa. pop.

lock.
 ■ **a.** ‖ ~ *out.* (Voz inglesa). m. *Bo, Ar.* Cierre de fábrica o empresa para despedir a los obreros.

locker. (Voz inglesa).
 I. 1. m. *EU, Mx, Ho, ES, Ni, Pa, PR, Co, Ve, Ec, Pe, Ch, Ar, Ur.* Armario de pequeño tamaño, *generalmente de metal con cerradura,* situado en lugares públicos. (**lóquer**).

loco.
 I. 1. *Ch.* **chanque.**
 ■ **a.** ‖ ~ **de cordillera.** m. *Ch.* Guiso preparado con el miembro viril de una caballería, *especialmente de burro;* es típico de los arrieros y gente que viaja con caballerías por la cordillera.
 □ **a.** ‖ ~ **de sabana.** loc. adj. *RD. Referido a persona,* que tiene perturbadas sus facultades mentales.
 ▶ **hacer el ~; hacerle al ~; tirar de a ~.**

loco, -a.
 I. 1. adj. *Mx, Ho, ES, Ni, PR. Referido a persona,* que se encuentra bajo los efectos del consumo de una droga.
  2. *PR. Referido a persona,* adicta a las drogas. drog.
 II. 1. adj. *Ar, Ur. Referido a cantidad,* escasa, poca. pop + cult → espon.
 III. 1. adj. *Ch.* juv. Esporádico, ocasional. pop + cult → espon.
 IV. 1. adj. *CR. Referido a animal hembra, en especial a una vaca,* que está en celo. rur.
 V. 1. adj/sust. *Pa.* Personaje popular a quien, aunque realice actos poco convencionales, se admira por el desenfado y valentía al efectuarlos. pop + cult → espon ^ afec.
 ● **a.** ‖ ~. fórm. *Ho, Ni, CR, Pa, Cu, RD, Co, Ve, Ec, Pe, Bo, Ch, Py, Ar, Ur.* juv. Se utiliza para nombrar a alguien como forma de saludo entre amigos o como mote cariñoso. pop + cult → espon ^ afec.
 ■ **a.** ‖ ~ **lindo.** sust/adj. *Ar, Ur.* Persona simpática, divertida y algo extravagante. pop.
 b. ‖ ~ **peligroso.** m. y f. *Ni.* Persona difícil. pop + cult → espon.
 c. ‖ ~ **viejo.** adj/sust. *Ni, RD. Referido a persona,* falta de juicio, disparatada.

 □ **a.** ‖ **más ~ que un plumero.**
  i. loc. adj. *Ar, Ur. Referido a persona,* algo loca o chiflada. pop + cult → espon ^ fest.
  ii. *Ar, Ur. Referido a persona,* de comportamiento extraño o extravagante. pop + cult → espon.

locochón, -na.
 I. 1. adj. *Mx. Referido a persona,* atrevida, fuera de lo normal. pop.

locomoción.
 I. 1. *Ch.* **locomoción colectiva.**
 ■ **a.** ‖ ~ **colectiva.** f. *Ch.* Flota de vehículos que forman el servicio de transporte público de pasajeros en un entorno urbano. ◆ **locomoción.**

locomotora.
 I. 1. f. *Pa.* Máquina utilizada para entrar y sacar los barcos en las esclusas del Canal.

loconte.
 I. 1. m. *Ar:NO.* Planta enredadera de hasta 4 m de altura, cuyas hojas tienen propiedades medicinales. (Ranunculaceae; *Clematis* spp.).

lócoro.
 I. 1. m. *Pa.* Comida hecha a base de tubérculos, coco, pescado y azúcar, que se consume durante la Semana Santa. rur.

locoto.
 I. 1. *Bo.* **rocoto,** planta.
  2. *Bo.* **rocoto,** fruto.

locreada.
 I. 1. f. *Ar, Ur, Py.* rur. Reunión en la que se come especialmente **locro.**

locrear.
 I. 1. intr. *Py, Ar.* Preparar **locro.** pop + cult → espon.
  2. *Py, Ar.* Comer **locro.** pop + cult → espon.

locrera.
 I. 1. f. *Ar.* Olla, *generalmente de hierro y con tres patas,* en la que se prepara el locro.

locrero, -a.
 I. 1. sust/adj. *Ar.* Persona que hace o vende **locro,** plato.

locricio, -a.
 I. 1. sust/adj. *Bo:E.* Persona que actúa de modo precipitado e irreflexivo. pop + cult → espon.

locrillo.
 I. 1. m. *Py, Ar.* Maíz pelado y desmenuzado.
  2. *Py, Ar.* **Locro** hecho con maíz molido o desmenuzado.

locrio.
 I. 1. m. *RD.* Plato hecho a base de arroz cocido con carne o pescado, legumbres y especias.

locro. (Del quech. *ruqru*).
 I. 1. m. *Pa, Co:SO, Pe, Bo, Ch, Py, Ar, Ur.* Guiso preparado con carne, **papas,** maíz o calabaza, **ají** y otros ingredientes. (**lojro**).
 ■ **a.** ‖ ~ **de papas.** m. *Ec.* Plato de consistencia acuosa y espesa que se prepara con **papas,** queso, leche y, *a menudo, con hojas de nabos o acelga;* se acompaña con tajadas de aguacate.
 b. ‖ ~ **de uña.** m. *Ec.* Plato de consistencia acuosa y espesa que se prepara con **papas** tan pequeñas que se pelan con las uñas, cocidas en leche y queso, y se acompaña con tajadas de aguacate, lechuga y **chochos.**
 c. ‖ ~ **falso.** m. *Ch.* **Locro** hecho sin carne.

locuaz.
 I. 1. adj/sust. *Mx. Referido a persona,* loca, que ha perdido la razón. fest.

locumbeta.
  I. 1. adj/sust. *Pe. Referido a persona*, loca, que ha perdido la razón.

locutar.
  I. 1. intr. *Ho, ES, Ec, Ar.* Hablar *alguien* por radio.
  2. *Pa, Ec.* Trabajar profesionalmente como locutor.

locutear.
  I. 1. intr. *Ch.* Hablar *alguien* por radio o televisión. pop + cult → espon.

lodacera.
  I. 1. f. *Ho, ES, Ec.* Lodazal. (**lodacero**). ♦ **lodera**.

lodacero.
  I. 1. m. *ES, Ec.* **lodacera**.

lodera.
  I. 1. f. *Ho, ES, Ni.* Pieza de caucho que cuelga de la parte trasera del **guardafango** o guardabarros de un vehículo para evitar salpicaduras.

lodge. (Voz inglesa).
  I. 1. m. *Ec, Ch:S; Pe*, p.u. Establecimiento turístico hotelero situado en una zona rural.

loera.
  I. 1. f. *Pe:C,N.* p.u. *En algunas poblaciones*, muchacha que recita una loa al santo patrón la noche anterior a su festividad.

lofiar.
  I. 1. tr. *Ur.* Estafar. pop.

loga.
  I. 1. f. *ES.* Regaño, reprimenda.

loggia. (Voz italiana).
  I. 1. f. *Ch.* Dependencia de una vivienda junto a la cocina que sirve como despensa, lavadero o pequeño almacén.

logia.
  I. 1. f. *Bo:O.* Grupo secreto de carácter político que se forma dentro de una institución militar.

lógica.
  ▶ darse la ~.

logio, -a.
  I. 1. m. y f. *Bo:O.* Persona que es víctima fácil de los delincuentes. delinc.

lograr(se).
  I. 1. intr. prnl. *Pe.* obsol. Conseguir una mujer casarse o tener novio. rur.
  □
  a. ‖ ~ **el lomo.** loc. verb. *Ni; Ho*, rur. Explotar a *alguien*, sacarle el jugo.

logrero, -a.
  I. 1. sust/adj. *Ho, Ni, RD, Ve; Bo:E*, pop. Persona avariciosa que procura lucrarse por cualquier medio.

loguiada.
  I. 1. f. *ES.* Regaño, reprimenda.

loguiar.
  I. 1. tr. *ES.* Reprender a *alguien*.

loica.
  I. 1. f. *Ch, Ar.* Pájaro de hasta 25 cm de longitud, de plumaje pardo oscuro con una gran mancha colorada en el pecho. (Icteridae; *Sturnella loyca*). (**lloica**). ♦ **milico**.

lojanidad.
  I. 1. f. *Ec.* Cualidad o condición de lojano.
  2. *Ec.* Carácter lojano.

lojanismo.
  I. 1. m. *Ec.* Locución, giro o modo de hablar propio y peculiar de los lojanos.

lojro.
  I. 1. *Bo.* **locro**.

lokosti.
  ●
  a. ‖ ~. fórm. *Bo.* Se usa para dirigirse a una persona de forma amistosa.

lola.
  I. 1. f. *ES.* Prostituta. pop + cult → espon.

¡lola! (Acrón. de *lo lamento*).
  I. 1. interj. *Py, Ar.* juv. Expresa lamentación. pop.

lolaje.
  I. 1. m. *Ch.* **lolería**.

lolear.
  I. 1. intr. *Ch.* Comportarse como **lolo**. pop + cult → espon.
  2. *Ch.* Interesarse por conquistar **lolas**, adolescentes. pop + cult → espon.

loléin.
  I. 1. sust/adj. *Ch.* Adolescente o que se comporta como tal. pop + cult → espon ^ fest.
  2. adj. *Ch.* Relativo a los adolescentes. pop + cult → espon ^ fest.

loleo.
  I. 1. m. *Ch.* Trato frecuente con adolescentes. pop + cult → espon.

lolería.
  I. 1. m. y f. *Ch.* Conjunto de adolescentes. pop + cult → espon (**lolerío**). ♦ **lolaje**.

lolerío.
  I. 1. m. *Ch.* **lolería**.

loli. (De *Loly*®).
  I. 1. m. *Ch.* Caramelo, *generalmente de forma cónica*, con un palito que sirve de mango.
  2. *Ch.* Helado que se come agarrándolo de un palillo hincado en su base.

Lolita.
  □
  a. ‖ de ~ por su hermosura.
  i. loc. adv. *Cu.* Por simple deseo o capricho, sin tener en cuenta a nadie. pop.
  ii. *Cu.* obsol. Con facilidad. pop.

lolo, -a.
  I. 1. sust/adj. *Ch.* Adolescente. pop.
  2. adj. *Ch.* Relativo a los adolescentes. pop + cult → espon.
  II. 1. adj. *ES. Referido a persona*, tonta, boba, ingenua.

lolosaurio, -a.
  I. 1. m. y f. *Ch.* juv. Persona adulta o de edad algo avanzada que intenta aparentar por su conducta y forma de vestir ser mucho más joven.
  2. adj. *Ch.* juv. Relativo a los adultos que aparentan ser mucho más jóvenes.

loly.
  □
  a. ‖ como el ~. loc. adv/adj. *Ch.* **como el pico**. tabú; pop + cult → espon.

loma.
  I. 1. f. *Pe.* Formación vegetal que se da en una zona desértica de la costa que se nutre de las neblinas invernales y se seca durante el verano.
  2. *Cu, PR. En el beisbol*, sitio en el centro del **diamante** donde se coloca el lanzador.
  □
  a. ‖ al coger la ~. loc. adj. *RD. Referido a persona*, desesperada, muy alterada. pop + cult → espon.
  b. ‖ ~ de burro. *Py, Ar, Ur.* **lomo de burro**.
  c. ‖ ~ de los quinotos. *Ar.* **loma del culo**.
  d. ‖ ~ del burro. *Ur.* **loma del culo**.
  e. ‖ ~ del carajo. loc. sust. *Ar.* **loma del culo**.

f. ‖ **~ del culo.** loc. sust. *Ar*, *Ur*. Lugar muy alejado. pop + cult → espon. ◆ **loma de los quinotos; loma del burro; loma del carajo; loma del orto; loma del peludo.**

g. ‖ **~ del orto.** *Ar*, *Ur*. **loma del culo.**

h. ‖ **~ del peludo.** *Ar*. **loma del culo.**

▶ **coger la ~; silbando en la ~.**

lomada.
I. 1. f. *Pe*, *Bo*, *Py*, *Ar*, *Ur*. Loma.
2. *Ec:S*, *Pe*. Sucesión de lomas.
II. 1. f. *Py*, *Ar*; *Ec*, p.u. *En una vía pública*, pequeña elevación construida artificialmente para obligar a los vehículos a reducir la velocidad.

lomaje.
I. 1. m. *Ch*; *Bo:E,N,O*, pop. *En el paisaje campestre*, conjunto de lomas.

lombada. (Voz portuguesa).
I. 1. f. *Ur*. Saliente de poca altura que se construye en la calzada para limitar la velocidad de los vehículos.

lombricera.
I. 1. f. *Mx:SE*, *CR*. Remedio de la medicina popular a base de **epazote** para combatir las lombrices intestinales. rur.

lombricero.
I. 1. m. *Mx*, *Ho*, *ES*, *Ni*. Gran cantidad de lombrices.
2. *Co*. Lugar en el que se crían lombrices.

lombriciento, -a.
I. 1. adj. *Gu*, *Ni*, *Cu*, *RD*, *Bo:E*, pop + cult → espon; *Mx*, *ES*, rur; *PR* p.u; pop + cult → espon; *Co*, espon ^ desp; *Pa*, rur; *Ec*. pop ^ desp. *Referido a persona o animal*, infestado con lombrices intestinales. (**lumbriciento**).
2. *Mx*. *Referido a persona*, que tiene aspecto enfermizo, pálida y extremadamente delgada. pop + cult → espon.

lombriz.
I. 1. f. *Gu*. Antojo, deseo.
II. 1. f. pl. *ES*. Atadura de los cordones de los zapatos. carc.

▶ **morírsele las lombrices.**

lomear.
I. 1. intr. *Pe*, *Bo*, *Ar:N*, *Ur*. Trabajar duramente. pop + cult → espon.
2. tr. *Pe*, pop; *ES*, rur. Llevar una carga pesada a la espalda.
3. *Pe*. metáf. Cargar un caballo un peso determinado, *generalmente mayor al que acostumbra*.
II. 1. intr. *Ar*. Asomar un pez parte de su cuerpo por encima del agua.

lomeño, -a.
I. 1. adj. *ES*. Relativo a las lomas o cerros. rur.

lomerío.
I. 1. m. *Mx*, *Cu*; *ES*, *Ni*, *Ec*, rur; *Bo:E,S*, pop. Conjunto de lomas o colinas.

lomero, -a.
I. 1. sust/adj. *Pe*. Pastor que hace pastar al ganado en una loma.
2. adj. *Pe*. Relativo a los pastores y ganado que están en las lomas.

lometón.
I. 1. m. *Cu*; *Mx*, p.u. Loma pequeña.

lomillo.
I. 1. m. *Mx*, *Ni*, *Pe*, *Ar*, *Ur*. Pieza de la montura criolla que consiste en dos almohadas de cuero rellenas de junco, afianzadas con una correa a la carona.
II. 1. m. *Ni*, *CR*. Era angosta que se hace en un terreno sembradío.

lomita.
I. 1. f. *Ni*, *Cu*, *RD*, *PR*, *Ve*. *En el beisbol*, sitio en el centro del **diamante** donde se coloca el lanzador.

☐ **a.** ‖ **tras ~.** loc. adv. *Mx*. Cerca, muy próximo. rur; pop.

lomitería.
I. 1. f. *Py*, *Ar*. Establecimiento en el que se sirven **lomitos**, sándwiches.

lomito.
I. 1. m. *Ni*, *CR*, *Co*, *Ve*, *Bo:E*. Solomillo de corte de **res**.
2. *Bo*, *Ch*, *Py*, *Ar*. Sándwich preparado con una lonja delgada de lomo y otros ingredientes.
3. *Ar*. Fiambre hecho con lomo de cerdo ahumado.
4. *Bo*, *Py*. Lonja delgada de lomo.

lomo.
I. 1. m. *Py*, *Ar*, *Ur*. Cuerpo de una persona. pop + cult → espon.
2. *Pe*. meton. Mujer joven con buen cuerpo. vulg; pop.

■

a. ‖ **~ de machete.** *Co*. **cazador.**

b. ‖ **~ liso.** m. *Ch*. Corte de carne de vacuno extraído de la zona contigua al espinazo del animal, en la zona central posterior, alargado, y con poca fibra.

c. ‖ **~ montado.** m. *Bo:E,O*. Plato preparado con arroz, **papas**, filete de **res**, huevo y ensalada, acompañado de **llajua**.

d. ‖ **~ negro.** m. *Ho*. Corte de carne del centro del lomo del ganado vacuno.

e. ‖ **~ planchado.** m. *Ho*. Corte de carne de la parte externa del lomo del ganado vacuno.

f. ‖ **~ saltado.** m. *Pe*. Solomillo cortado en trozos acompañado y revuelto en sartén con **papas** picadas, cebolla, tomate, aceite y especias.

g. ‖ **~ vetado.** m. *Ch*. Corte de carne de vacuno extraído de la zona contigua al espinazo del animal, en su zona central anterior, alargado, y con una veta de grasa y fibra.

☐ **a.** ‖ **~ de burro.** loc. sust. *Py*, *Ar*, *Ur*. Saliente de poca altura que se forma en el asfalto de una ruta por deficiencia del material, o que se construye para limitar la velocidad de los vehículos. (**loma de burro**). ◆ **lomo de toro.**

b. ‖ **~ de perro.**
i. loc. sust. *Ve*. Camino ancho y empedrado.
ii. *RD*. Muro que se levanta alrededor de una cabaña o **bohío** para protegerlo, cuando llueve, de una corriente de agua.

c. ‖ **~ de toro.** *Ch*. **lomo de burro.**

▶ **bajar el ~; caminar con la corona al ~; hinchar el ~; lograr el ~; poner el ~; romper el ~; sobarse el ~; sonar el ~; solo meter el ~; tallarse el ~.**

lompa. (De *pantalón*).
I. 1. m. *Pe*, *Ar*, *Ur*; *Bo:O*, delinc. Pantalón. pop + cult → espon ^ fest.

lomplay.
I. (Del ingl. *long play*).
1. m. *Ni*, *Pe*, *Bo*, p.u. Disco fonográfico de vinilo de larga duración y 30 cm de diámetro.
II. 1. m. *Pe*. Pantalón. pop + cult → espon ^ fest.

lomudo, -a.
I. 1. adj. *Mx*, *Bo*. *Referido a persona*, robusta. pop.
II. 1. sust/adj. *Pe*, pop ^ desp; *Bo:E,SO*, pop. Persona, *especialmente joven*, que tiene una posición social o cualidades físicas, pero que no se esfuerza por progresar.

lona.
I. 1. adj. *Ch*. *Referido a persona*, que se encuentra en mal estado físico o anímico. pop + cult → espon.
II. 1. f. *PR*. *En la industria cafetalera*, saco grande *usado principalmente para guardar granos secos de café*.

III. 1. f. *Ur.* Trozo de tela que se lleva a la playa para tenderse sobre él. pop + cult → espon.

□

a. ‖ *¡a la ~!* loc. interj. *Ve:O.* Expresa asombro.
b. ‖ *en la ~.*
   i. loc. adj. *RD, Pe, Bo, Ar, Ur. Referido a persona*, decaída física o moralmente. pop.
   ii. *RD, Ve:O, Py, Ar, Ur. Referido a persona*, que no tiene dinero. pop.
   iii. *Ec. Referido a una persona o a un colectivo*, que se encuentra en muy mala situación, *especialmente en lo económico.*
c. ‖ *en la última ~.* loc. adj/adv. *Pe. Referido a persona*, que no tiene dinero o está en precaria situación económica. pop + cult → espon.
▶ *dejar en la ~; estar en las ~s; irse a la ~; quedar en la ~.*

lonch. (Del ingl. *lunch*).
I. 1. *Mx, Gu, Ho, ES, Ni, Pa; Ec.*, p.u. **lonche**, comida.

lonchar.
I. 1. *EU, Mx, Gu, Ho, ES, Ni.* **lonchear**, comer un **lonche.**
  2. tr. *Mx, Gu.* **lonchear**, comer *algo* como **lonche.**
  3. intr. *Pe.* Tomar un refrigerio ligero por la tarde.

lonche. (Del ingl. *lunch*).
I. 1. m. *EU, Mx, Gu, Ni, Pa, Ec, Ch:N; PR*, p.u. Comida ligera del mediodía. (**lonch**; **lunch**).
  2. *Pa, Pe, Ch:N.* Refrigerio ligero que se toma por la tarde.
  3. *Bo:SO.* Comida que lleva el minero como almuerzo o cena.

lonchear.
I. 1. intr. *Mx, Ni; Ec*, pop. Comer un **lonche.** (**lonchar**).
  2. tr. *Mx.* Comer *algo* como **lonche.** (**lonchar**).

lonchera.
I. 1. f. *EU, Mx, Gu, Ho, ES, Ni, CR, Pa, RD, PR, Co, Ve, Ec, Pe, Bo, Ch, Ar, Ur.* Caja pequeña de plástico u otro material en la que *especialmente los niños* llevan comida ligera a la escuela. (**lanchera**).

□

a. ‖ *~ de perro.* sust/adj. *Pe.* p.u. Persona extremadamente delgada. pop.

lonchería.
I. 1. f. *Mx, Ho, Co, Ve.* Lugar donde se venden comidas ligeras. (**lunchería**).

lonchero, -a.
I. 1. m. y f. *Cu.* Persona que se ocupa, en una cafetería, de la preparación de sándwiches y **bocaditos.**

lonco.
I. 1. sust/adj. *Pe.* Persona de modales toscos o rústicos que habita en el campo. pop ^ desp.
  2. adj. *Pe.* Relativo a la gente que habita en el campo.
II. 1. m-f. *Ch. Entre los mapuches*, jefe de un grupo o comunidad.
  2. m. *Ch:S.* Cabeza de una persona. rur.

loncomeo. (Del map. *lonco*, cabeza, y *meu*, bajar).
I. 1. m. *Ar:SO.* Danza de grupo en la que los participantes corren, saltan se agachan y se yerguen imitando a la fauna local y moviendo fuertemente la cabeza; es de origen mapuche y suele formar parte de ceremonias rituales en las que se desafía a la resistencia física.
  2. *Ar:SO.* Composición musical que acompaña esta danza y se ejecuta con cañas y cuernos.

londra.
I. 1. f. *Bo:E.* **lobo de río.**

londri. (Del ingl. *laundry*).
I. 1. m. *EU.* **laundry**, establecimiento dedicado al lavado de ropa.
  2. f. *EU.* **laundry**, ropa para lavar.

long.
■

a. ‖ *~ distance.* (Voz inglesa). f. *ES, PR.* Llamada telefónica de larga distancia.

longaniza.
I. 1. f. *Cu, RD, PR.* Cantidad o duración excesiva de algo, *especialmente de discursos y escritos.* pop + cult → espon ^ fest.
II. 1. f. *RD.* Cuenta o factura donde se registran muchas cosas para pagar. pop + cult → espon ^ fest.

longano, -a.
I. 1. adj. *Gu.* obsol. *Referido a cosa*, larga, con bastante o mucha longitud.

longo, -a. (Del quech. *lungu*, muchacho).
I. 1. adj/sust. *Ec. Referido a persona*, indígena adolescente. pop + cult → espon ^ desp.
  2. *Ec. Referido a persona*, adolescente. pop + cult → espon ^ desp.
II. 1. m. y f. *Ec.* **Cholo**, persona de clase social baja. pop + cult → espon ^ desp.

longorón.
I. 1. m. *Pa.* Molusco lamelibranquio de hasta 18 cm de longitud; sus dos conchas de color blanco tienen un perfil oval. (Pholadidae; *Pholas costata*).

longuear.
I. 1. tr. *Ec.* Despreciar a *alguien* por su condición social o económica.
  2. *Ec.* Insultar a *alguien* llamándolo **longo.** pop.

longuerío.
I. 1. m. *Ec.* Multitud de **longos** o **longas.** pop ^ desp.

lonja.
I. 1. f. *Mx, Ho, Ni.* Rollo adiposo que se forma *generalmente alrededor de la cintura.* pop + cult → espon.
II. 1. f. *Bo:E,O.* Tira de cuero con la que se estimula a un animal.
▶ *echar ~s.*

lonjazo.
I. 1. m. *Bo:E,O, Ar.* Golpe dado con una **lonja** de cuero, un **chicote** o un **rebenque.** rur.

lonjeado, -a.
I. 1. adj. *Bo:E,O. Referido a una parte del cuerpo*, golpeada por una **lonja.**

lonjear.
I. 1. tr. *Bo, Py, Ar, Ur.* Hacer **lonjas** de cuero, después de descarnarlo y rasparle el pelo sin levantar la piel. rur.
II. 1. tr. *Ar:NO.* Azotar con una **lonja** de cuero, un **chicote** o un **rebenque.** rur.

lonjudo, -a.
I. 1. adj. *Mx. Referido a persona*, que tiene muchas **lonjas.** pop + cult → espon.

lonkin. (Voz mapache).
I. 1. m. *Ch.* Instrumento musical de viento compuesto por un delgado tubo de madera que culmina en forma de cuerno.

lontra.
I. 1. f. *Ur.* **lobito de río.**

lonyi.
I. 1. adj/sust. *Ch, Ar, Ur. Referido a persona*, boba, tonta. pop. ♦ **lonyipietro.**
  2. *Ur. Referido a persona*, chiflada, medio loca. pop. ♦ **lonyipietro.**

lonyipietro, -a.
I. 1. *Ar, Ur.* **lonyi**, bobo.
  2. *Ur.* **lonyi**, chiflado.

lookear. (Del ingl. *to look*).
I. 1. tr. *PR.* **guachear.**

looperista.
   I. 1. m-f. *Ho:C,N. En la industria de la **maquila***, persona que hace ojales a la ropa.

lopismo. (De *López* Michelsen, político colombiano).
   I. 1. m. *Co.* Ideología del político liberal López Michelsen y movimiento político que la comparte.

lopista. (De *López* Michelsen, político colombiano).
   I. 1. adj/sust. *Co. Referido a persona*, partidario del **lopismo**.
   2. adj. *Co.* Relativo al **lopismo**.

lopopear.
   I. 1. tr. *Bo.* Echar un vistazo. pop + cult → espon.

lopopo.
   I. 1. m. *Bo:E.* Párpado de una persona. pop + cult → espon.

loquear(se).
   I. 1. intr. prnl. *Pe*; *Bo:O, Py*, pop + cult → espon. Enloquecer, volverse loca *una persona*.
   2. *Pe, Bo.* Entusiasmarse por algo.
   II. 1. intr. *Ho, Bo.* Coquetear *una persona* con otra tratando de enamorarla.
   2. *Pa, RD.* Cambiar continuamente de novio una joven.
   III. 1. tr. *EU.* Cerrar *alguien algo* con llave o candado.

lóquer. (Del ingl. *locker*, armario).
   I. 1. *EU, Ch*; *Pa*, p.u. **locker**.

loquera.
   I. 1. f. *Ho, ES, Ni, CR, RD, PR, Pe, Bo, Ch, Py, Ar, Ur; Co, Ve*, fest. Locura, privación del juicio. pop + cult. ♦ **locatera; loquetera**.
   2. *Mx*, espon; *PR*, pop + cult → espon. Acto absurdo, fuera de lo normal.
   II. 1. f. *Ni, CR, Pa, Cu, PR, Co:C,O, Ve, Ec, Bo, Ch, Py, Ar, Ur.* Impulso en el ánimo de una persona, que la lleva a realizar una acción repentina o no habitual en su conducta. pop. ♦ **loquetera**.
   2. *Mx, Py.* Exaltación del ánimo producida por alguna actividad excesiva o extraordinaria. pop.
   III. 1. f. *Ho, ES, Pa, Ve, Py.* Desorden, alboroto.

loquería.
   I. 1. f. *Pe, Py.* Situación absurda o caótica. pop.
   II. 1. f. *Ch, Py.* Conjunto de personas alocadas. pop.
   2. *Py.* Locura, insania, privación de juicio. pop.

loquerío.
   I. 1. m. *Pe, Bo, Ch.* Situación absurda o caótica. pop + cult → espon.
   2. *Bo, Ch.* Conjunto de personas alocadas. pop + cult → espon.
   3. *Ch.* Conjunto de homosexuales afeminados. desp.

loquero.
   I. 1. m. *Ar.* Establecimiento o institución psiquiátrica. pop + cult → espon.

loquero, -a.
   I. 1. adj. *PR. Referido a persona*, egoísta, usurera. pop + cult → espon ^ desp.

loquetera.
   I. 1. *Ve.* **loquera**, locura, privación del juicio.
   II. 1. *Ve.* **loquera**, impulso.

loquibambio, -a.
   I. 1. adj. *Pa, Pe. Referido a persona*, de conducta y hábitos extravagantes. pop.

loquilla.
   I. 1. f. *Ho.* **tero real**.

loquísimo.
   I. 1. adj. *RD.* juv. *Referido a cosa*, muy buena, estupenda o extraordinaria.

loquito.
   I. 1. m. *Mx.* Ave de hasta 11 cm de longitud; el macho es de color negro azulado con una mancha blanca

en la unión del ala al cuerpo, y la hembra de color café con rayas más oscuras en el vientre. (Thraupidae; *Volatinia jacarina*).

loquiza.
   I. 1. f. *Co:SO.* Estado de euforia tras el consumo de algún estimulante. pop.

lora.
   I. 1. f. *Mx, Ho, ES, Ni, CR, Pa, RD, Co, Ve, Bo, Ch, Py.* Mujer habladora. pop ^ desp.
   2. *Pe.* Conversación larga entre dos o varios amigos. pop + cult → espon.
   II. 1. f. *Ho, ES, Ni, CR, Pa, PR, Co, Ec, Pe, Bo.* Papagayo más pequeño que la **guacamaya** y más grande que el **perico**, de pico corto y curvado, y de plumaje muy vistoso, en el que predomina el verde claro. (Psittacidae; *Amazona* spp.).
   III. 1. f. *Co.* Serpiente de hasta 1 m de longitud, de cola prensil y coloración dorsal verde. (Viperidae; *Bothrops bilineatus*).
   2. *Ni, CR.* Serpiente venenosa de hasta 1 m de longitud, con la parte dorsal de color verde intenso, separada de la ventral, que es más clara, por una línea lateral amarilla que corre a lo largo de todo el cuerpo. (Viperidae; *Bothriechis lateralis*).
   IV. 1. f. *Bo:E.* Expulsión de saliva mucosa u otra sustancia por la boca. pop + cult → espon.
   V. 1. f. *Ni. En el juego del billar*, golpe de suerte.
   ●
     a. ‖ **así se pasan las ~s.** fórm. *CR.* Se usa para mostrar su desacuerdo o negación rotunda.
   □
     a. ‖ **como ~ apaleada.** loc. adj. *Ho, Ni, Ec. Referido a persona*, obediente y sumisa.
     b. ‖ **como ~ en mosaico.** loc. adv. *CR.* Caminando con sumo cuidado para no resbalar. pop ^ fest.
   ▰
     a. ‖ **vendí la ~ por no andarla cargando.** *CR.* **vendí la lora por no cargarla.**
     b. ‖ **vendí la ~ por no cargarla.** fr. prov. *CR, Co:O.* Indica el deseo de que alguien deje de apoyarse o recostarse sobre el cuerpo del que habla.
   ▶ **caminar como ~; dar ~; escupir como ~; estar como ~ en guayabal; hablar más que una ~ embarrada de caca; hablar más que una ~ embarrada de mierda; hablar más que una ~ mojada; parecer ~s en guanacaste; ser como darle un chonetazo a una ~.**

lorada.
   I. 1. f. *Mx, Ar:N.* Conjunto de loros u otras aves de la misma familia.

lorcho, -a.
   I. 1. adj/sust. *Pe. Referido a un indígena de la sierra*, que ha adoptado usos y costumbres urbanos y occidentales.
   2. adj. *Pe.* Relativo a los indígenas de la sierra que han adoptado costumbres urbanas y occidentales.
   3. adj. *Pe.* Relativo al Perú. pop.
   4. *Pe. Referido a persona*, vulgar, de mal gusto. pop ^ desp.

lord.
   □
     a. ‖ **oh, my ~!** (Voz inglesa). loc. interj. *PR.* juv. Expresa asombro.

loreada.
   I. 1. f. *Bo, Ur.* Narración de algo que debería mantenerse en secreto. pop.

lorear.
   I. 1. intr. *Pe, Bo.* Conversar con alguien.
   2. *Pe.* Hablar de un tema.
   3. *Bo, Ur.* Contar *algo* que debería haberse mantenido en secreto. pop.

II. 1. intr. *Ch.* Vigilar para advertir el peligro en acciones delictivas o cometerlas. delinc.

2. *Ch.* Mirar con cautela y disimulo. pop.

lorena. (De *Lorena®*).

I. 1. f. *Ho, ES.* Fogón prefabricado.

lorenceti.

I. 1. sust/adj. *Bo:O.* Persona que tiene la nariz aguileña. euf; pop.

lorencita.

I. 1. f. *Ar.* Danza folclórica de galanteo, de pareja suelta y ritmo vivo, en la que los ejecutantes, situados en diagonal, se mueven sobre todo lateralmente de esquina a esquina del cuadrado de baile.

loreno, -a.

I. 1. adj. *ES. Referido a persona*, loca.

lorenzana.

I. 1. f. *Mx.* Parte frontal del ala de un sombrero **charro**.

lorenzo, -a. (De *Lorenzo* Ponce, nombre del hospital psiquiátrico de Guayaquil, Ecuador).

I. 1. adj/sust. *Mx, Ni, Ec:O. Referido a persona*, demente, loca. pop ^ fest.

2. *Mx, Ec:O. Referido a persona*, que se comporta como si fuera demente. pop ^ fest.

lorera.

I. 1. f. *Ni.* Lugar bullicioso.

lorerío.

I. 1. m. *Ni, Ar, Ur.* Grupo de personas que hablan mucho y en voz alta. pop.

2. *Ar, Ur.* Bullicio causado por un grupo de personas que hablan mucho y muy alto. pop.

II. 1. m. *Ar, Ur.* Conjunto de loros u otras aves de la misma familia.

lorero.

I. 1. m. *Ar:NO.* Hombre que caza loros, *generalmente para comerciar con ellos*. rur.

II. 1. m. *Ni.* Lugar donde hay muchos loros.

loreto, -a.

I. 1. adj. *Ho, ES.* juv. *Referido a persona*, loca. pop + cult → espon ^ fest.

loriar.

I. 1. intr. *ES.* Dormir *alguien*. pop + cult → espon.

lorifondio.

I. 1. *Bo:O.* **floripondio**, arbusto.

lorifunti.

I. 1. *Bo.* **floripondio**, arbusto.

lorigado, -a.

I. 1. adj. *Ho, PR; Mx:SE.* rur. *Referido a un gallo o a una gallina*, de plumas de color gris cenizo y blancas, formando redondeles. ♦ **lorigo**.

lorigo, -a.

I. 1. *PR.* **lorigado**.

lorito.

■

a. ‖ ~ **verde.** m. *Ho, Ec.* **chicharra**.

lorna.

I. 1. adj/sust. *Pe. Referido a persona*, que es objeto de burla por su ingenuidad o timidez.

II. 1. f. *Pe.* Pez que de hasta 46 cm de longitud, de cuerpo robusto un poco comprimido, de color plateado, más oscuro en el dorso y muy escamoso. (Sciaenidae; *Sciaena deliciosa*).

lornear.

I. 1. tr. *Pe.* Hacer *a alguien* objeto de burlas y tomaduras de pelo aprovechándose de su timidez o ingenuidad.

loro.

I. 1. m. pl. *Pe:S.* Plato típico de las **picanterías**, hecho con **licchas** y que se acompaña con otros ingredientes.

II. 1. m. *Pa, Bo.* **loro hablador**.

2. *PR.* Pez marino de hasta 60 cm de longitud, de cuerpo ovalado, con escamas de varios colores, donde predomina el verde, cabeza pequeña y ojos grandes, con pico córneo, robusto y prominente, parecido al del **loro**. (Scaridae; *Sparisoma viride*). ♦ **loro verde**.

III. 1. m. *Ch.* Delincuente encargado de averiguar cosas con disimulo o de vigilar mientras se realiza un delito. delinc.

IV. 1. m. *Ch.* Jarro de vidrio para vino con capacidad entre cuarto y medio litro.

V. 1. m. *Ch.* Mucosidad de la nariz. vulg; pop + cult → espon.

■

a. ‖ ~ **alisero.** m. *Ar:NO.* Ave de hasta 30 cm de longitud y color general verde oscuro con algunas plumas orilladas de negro. (Psittacidae; *Amazona tucumana*).

b. ‖ ~ **azul.** m. *PR.* Pez marino de hasta 50 cm de longitud, de cuerpo ovalado, con escamas de varios colores, con el predominio del azul, cabeza pequeña y ojos grandes, con su pico córneo, robusto y prominente, parecido al del **loro**. (Scaridae; *Sparisoma coeruleus*).

c. ‖ ~ **barranquero.** m. *Ar, Ur.* Ave de hasta 45 cm de longitud, de dorso gris oliváceo, vientre amarillo con una mancha roja y alas azules. (Psittacidae; *Cyanoliseus patagonus*). ♦ **tricahue**.

d. ‖ ~ **blanco.** m. *Ar:N.* **peteribí**, árbol y madera.

e. ‖ ~ **burro.** m. *Bo.* Ave de hasta 65 cm de longitud, con plumaje de color verde oliváceo, cabeza y parte de las alas de color rojo, plumas primarias y secundarias azules, pico negro y cola verde, larga y estrecha. (Psittacidae; *Ara rubrogenys*). ♦ **paraba frente roja**.

f. ‖ ~ **cabeciazul.** m. *CR, Pa, Ec.* Ave de hasta 24 cm de longitud, con una mancha rojiza en el pico y las coberteras infracaudales rojas, la cabeza y el cuello de color azul brillante, la mancha auricular, negra, el pecho, verdoso oscuro con un escamado azul, el pico, y el anillo ocular negruzcos, y las patas, parduzcas. (Psittacidae; *Pionus menstruus*). ♦ **chucuyo**.

g. ‖ ~ **cabecipardo.** m. *Ho.* Ave prensora pequeña, de cuerpo rechoncho, cabeza oscura, pico y anillos oculares claros. (Psittacidae; *Pionopsitta haematotis*).

h. ‖ ~ **cabeza azul.** *Ur.* **cala**, loro.

i. ‖ ~ **cabeza negra.** *Ur.* **ñenday**.

j. ‖ ~ **capitán.** m. *PR.* Pez marino de hasta 50 cm de longitud, con aletas radiadas, vistosas escamas de color amarillo en la parte superior, un color rojo oscuro, con reflejos violáceos en la parte inferior, boca con labios carnosos y puntiagudos. (Labridae; *Bodianus rufus*).

k. ‖ ~ **choclero.** m. *Ar, Ur.* Ave de hasta 27 cm de longitud, de dorso verde oliváceo con tintes violáceos y vientre rojo. (Psittacidae; *Pionus maximiliani*). ♦ **loro opa**.

l. ‖ ~ **de los palos.** *Ar:C,N.* **cala**, loro.

m. ‖ ~ **frentiblanco.** m. *Ho.* Ave prensora pequeña, con la frente de color blanco y la cara y las coberturas alares rojas. (Psittacidae; *Amazona albifrons*). ♦ **papagayo**.

n. ‖ ~ **frentirrojo.** m. *Ho.* Ave prensora de tamaño grande, plumaje general verde y frente roja. (Psittacidae; *Amazona autumnalis*).

ñ. ‖ ~ **guaro.** m. *Ve.* Ave de hasta 33 cm de longitud, de plumaje general verde, mejillas amarillentas y corona amarilla y azul. (Psittacidae; *Amazona amazonica*).

o. ‖ **~ hablador.** m. *Bo, Py, Ar:N.* Ave de hasta 35 cm de longitud, de plumaje general verde, cabeza amarilla y alas con manchas amarillas y rojas. (Psittacidae; *Amazona aestiva*). ◆ **loro.**

p. ‖ **~ maracaná.** m. *Ur.* Ave de hasta 35 cm de longitud, de plumaje general verde, parte inferior de las alas amarilla con una mancha roja, pico amarillo y patas de color gris oscuro. (Psittacidae; *Aratinga leucophthalmus*).

q. ‖ **~ negro.**
   i. m. *Ar.* Árbol de hasta 25 m de altura, de hojas con ápice agudo y flores de color blanco amarillento dispuestas en panojas. (Boraginaceae; *Cordia floribunda*).
   ii. *Ar.* Madera de este árbol, de color amarillo y muy empleada en carpintería.

r. ‖ **~ opa.** *Bo.* **loro choclero.**

s. ‖ **~ real.** m. *Ve.* Ave de hasta 35 cm de longitud, de plumaje general verde, pecho azulado, corona amarilla y cola con una banda terminal ancha de color verdoso. (Psittacidae; *Amazona ochrocephala*).

t. ‖ **~ verde.**
   i. m. *Ho.* Ave prensora grande, sin marcas coloreadas en la cabeza, pero con cara negruzca y anillos oculares claros. (Psittacidae; *Amazona farinosa*).
   ii. *PR.* **loro,** pez marino.

□
a. ‖ **como ~ en el alambre.** loc. adv/adj. *Ch.* Con gran nerviosismo ante un peligro inminente o algo que produce temor. pop + cult → espon.

b. ‖ **como ~ en estaca.**
   i. loc. adj. *Mx, Ve.* Referido a persona, sola, sin compañía. fest.
   ii. loc. adj/adv. *Ho, ES, Ni.* Referido a persona, que está incómoda en un lugar o moviéndose continuamente.

c. ‖ **como ~ en guayabal.** loc. adj. *Ho, Ni.* Referido a persona, que habla mucho y muy alto.

◧
a. ‖ **cada ~ a su guanacaste.** fr. prov. *Ni.* Indica que cada uno ha de irse a su casa.

b. ‖ **~ viejo no aprende a hablar.** fr. prov. *Ni, Pa, Co.* Indica que a una persona de edad avanzada le es difícil aprender cosas nuevas. ◆ **loro viejo no da la pata.**

c. ‖ **~ viejo no da la pata.** *Pa.* **loro viejo no aprende a hablar.**

▶ **parecer ~ comiendo masa; parecer ~s en guayabal.**

loro, -a.
   I. 1. adj/sust. *Ch.* Referido a persona, mirona, que mira con exceso o curiosidad. pop.
   II. 1. m. y f. *Py, Ur.* Persona indiscreta que habla mucho y que suele contar lo que se le había confiado para mantener en secreto.
   III. 1. sust/adj. *Bo.* Persona militante o simpatizante del trotskismo. pop + cult → espon.
   IV. 1. adj. *Ni.* Referido a persona, inexperta.

■
a. ‖ **~ barranquero.** m. y f. *Ar, Ur.* Persona que habla mucho. pop + cult → espon ∧ fest.

loroco.
   I. 1. m. *Gu, Ho, ES, Ni.* **Bejuco** herbáceo, de raíz fibrosa y tóxica, tallo débil y pubescente, con una base leñosa, hojas oblongas, elípticas, opuestas, bastantes acuminadas, con bordes externos un poco ondulados, inflorescencia en racimos con flores blancas por dentro y verdes por fuera, fruto alargado, recto o curvado hacia dentro. (Apocynaceae; *Fernaldia pandurata*).

   2. *Ho, ES.* Flor del loroco, que se come cocida, en pasteles, empanadas o **pupusas.**

loroquera.
   I. 1. f. *ES.* Terreno plantado de **lorocos.**

losa.
   I. 1. f. *Pa, Ec, Bo:O, Ch, Py.* Superficie dura, hecha con cemento, hormigón u otros materiales, que se asienta sobre un entramado de ferralla.
   2. *Ch.* En un aeropuerto o en una estación de autobuses, explanada de la que parten o llegan los aviones o los vehículos de transporte de pasajeros.
   3. *Pa.* Tramo de pavimento en una calle o carretera.
   II. 1. f. *PR.* Zona metropolitana de San Juan, capital de Puerto Rico. pop + cult → espon ∧ desp.

■
a. ‖ **~ alivianada.** f. *Bo:O.* Losa compuesta por un armazón de hierro y un encofrado de madera sobre el que se pone una capa de **plastoformo** que se cubre con mezcla.

b. ‖ **~ radiante.** f. *Ch.* Superficie dura que incluye en su interior una red de tuberías que constituye el circuito de calefacción de una vivienda o edificio.

loser. (Voz inglesa).
   I. 1. m-f. *EU, Mx, ES; Ec,* p.u; *Ch,* juv. Perdedor. pop.

loseta.
▶ **bailar en una ~.**

losmil.
   I. 1. m. *ES.* **Atol** de **banano** con azúcar y canela.

losotros.
   I. 1. pron. *Ch.* Nosotros. vulg; pop.

lota.
   I. 1. f. *Bo, Ar:NO.* Juego casero en que se reparten cartones con casillas que los jugadores han de ir rellenando con los números extraídos de un bombo o de una bolsa.

lote.
   I. (Del ingl. *lot*).
   1. m. *EU, Mx, Gu, Ho, ES, Ni, CR, Pa, RD, PR, Bo, Py.* Parcela que se destina para edificar.
   2. *Ni, CR, PR, Bo, Ch, Py.* Parcela, porción pequeña de un terreno que ha sido dividido.
   3. *Ve:C, Py.* Terreno sin cultivar.
   II. 1. m. *Ec, Pe.* Mujer hermosa o atractiva. delinc.

□
a. ‖ **al ~.** loc. adv/adj. *Ch.* De manera improvisada, sin orden ni método. pop + cult → espon. ◆ **al reverendo lote.**

b. ‖ **al reverendo ~.** *Ch.* **al lote.**

▶ **estar sobrado de ~.**

loteamiento.
   I. 1. m. *Ec, Bo, Py.* División de un terreno en lotes o parcelas.
   2. *Bo.* Venta clandestina de un terreno de propiedad ajena, *generalmente del Estado*, ◆ **loteo.**

lotear.
   I. 1. tr. *Mx, CR, Co, Ec, Bo, Ch, Py.* Dividir un terreno en lotes.
   2. *Gu, Co, Bo, Ch, Py.* Repartir, distribuir lotes o porciones de algo entre varias personas.
   3. *Bo.* Vender de forma clandestina lotes o terrenos de propiedad ajena, *generalmente del Estado*.

loteo.
   I. 1. m. *Bo, Ch.* División y reparto de bienes muebles o inmuebles.
   2. *Bo, Ch.* Reparto o distribución de porciones o lotes de algo entre varias personas.
   3. *Bo.* **loteamiento,** venta de un terreno.

■
a. ‖ **~ brujo.** m. *Ch.* División y reparto ilegal de un terreno.

lotería.
I. 1. f. *Ho, ES, Ni.* Planta de hasta 2 m de altura, de tallos carnosos, hojas grandes y aovadas con manchas blancas y estrechas a lo largo de los nervios laterales del haz; florece raramente. (Araceae; *Dieffembachia seguine*).
2. *ES, CR.* Planta de jardín de tallo grueso y suculento y hojas grandes, verdes, con pintas crema y nervaduras teñidas en este mismo color. (Acanthaceae; *Sanchezia nobilis*).
II. 1. f. *ES.* Regaño, reprimenda.
■
a. ‖ ~ **apuntada.** f. *Ho.* Lotería clandestina realizada por una persona semanalmente entre amigos o conocidos, cuyo número premiado es el mismo de la lotería oficial o **lotería chica.**
b. ‖ ~ **chica.** f. *Ho, ES.* Lotería Nacional administrada por el Estado, que se juega cada domingo.
c. ‖ ~ **de Atiquizaya.** f. *ES.* Lotería de ferias de pueblo con cartones de distintas figuras; gana el primero que reúne todas las figuras que han salido de la tómbola.
d. ‖ ~ **grande.** f. *Ho, ES.* Juego de azar que administra el Estado y que se juega una vez al mes.
▶ **sacar la ~; sacarse la ~.**

loteriazo.
I. 1. m. *Ec.* Logro que se obtiene sin esfuerzo e inesperadamente y que se atribuye a la buena fortuna. pop + cult → espon.

loterillero, -a.
I. 1. m. y f. *Ni.* Persona que vende lotería.

loteriyero, -a. (Epént. de *loteriero*).
I. 1. m. y f. *ES.* Persona que canta las figuras o números de la lotería de cartones.

lotificación.
I. 1. f. *Mx, Ho, ES, Ni, CR, Pa, RD, PR, Ec.* División de un terreno en **lotes.** esm. ♦ **lotización.**

lotificadora.
I. 1. f. *Ho, Ni.* Empresa constructora que urbaniza terrenos para venderlos por **lotes** para construir casas.

lotificar. (Del ingl. *lot*).
I. 1. tr. *Mx, Gu, Ho, ES, Ni, Pa, RD, PR.* Dividir un terreno en **lotes.** esm. ♦ **lotizar.**
2. *PR.* Urbanizar una finca distribuyendo su suelo en solares.

lotín.
I. 1. m. *ES.* Juego de azar que consiste en raspar una película que cubre una parte de un billete en la que se indica si el mismo está o no premiado.

lotizable.
I. 1. adj. *Pe. Referido a una terreno o parcela*, que se puede dividir en lotes más pequeños para su venta.

lotización.
I. 1. *Ec, Pe.* **lotificación.**

lotizar.
I. 1. *Ec, Pe.* **lotificar**, dividir en lotes.

low.
■
a. ‖ ~ ***profile.*** (Voz inglesa). m. *PR; Ch,* cult. Actitud del que desea pasar inadvertido.

lpg. (De *LPG,* Liquified Petroleum Gas).
I. 1. m. *Ho, Bo.* Gas que se utiliza para la cocina y otros aparatos domésticos.

luá. (De or. ind. antillano).
I. 1. m. *RD.* Espíritu al que se atribuye la virtud de proteger contra un mal o una desgracia.

lubolo, -a.
I. 1. adj. *Ur.* Relativo a una agrupación de carnaval compuesta por personas de raza negra y por personas de raza blanca pintadas de negro, que actúan al compás de tamboriles.
2. sust/adj. *Ur.* Persona de raza blanca que integra una de estas agrupaciones, caracterizada mediante maquillaje y vestimenta.

luca.
I. 1. *Ar, Ur,* pop; *Ch,* pop + cult → espon. Cantidad de dinero equivalente a mil pesos.
2. f. pl. *Co.* Dinero. pop.
□
a. ‖ **de a ~.**
i. loc. adj. *Ec, Bo. Referido a cosa material*, barata o de mala calidad. pop.
ii. *Ec, Bo. Referido a precio*, bajo. pop.
iii. *Ec.* juv. *Referido a persona o cosa*, que no sirve.

lucacha.
I. 1. f. *Ar.* Araña de patas fuertes y picadura venenosa. (Theridiidae; *Latrodectus quartus*).
2. *Pe.* **araña capulina.**

lucaica.
I. 1. f. *Co:NE.* **soyacal.**

lucas.
I. 1. adj. *Mx, Gu, Ni, CR, Bo. Referido a persona*, que está loca o se comporta como si lo estuviera. pop + cult → espon ∧ fest.
II. 1. m. *Ho, Ni.* juv. Hombre tonto.
III. 1. m. *ES.* Amigo. afec.
IV. 1. m-f. *Ho.* Persona drogadicta. drog.
□
a. ‖ **entre Lucas y Juan Mejía.** loc. adv. *RD.* En medio de dos situaciones que resultan al mismo tiempo desfavorables o problemáticas.
▶ **ponerse ~; tirar a ~.**

luceado, -a.
I. 1. adj. *ES. Referido a persona*, medio borracha.

lucear. (Der. de *luz*).
I. 1. tr. *Ho, ES.* metáf. Impresionar o deslumbrar a *alguien.*
2. *Gu.* Cazar animales en la noche deslumbrándolos con la luz de una linterna.
3. *ES.* Alumbrar *algo* con una luz. rur.

luceo.
I. 1. m. *Gu.* Caza nocturna de animales en la que se utiliza una linterna para deslumbrarlos.

lucera.
I. 1. *Ar:NO, Ur.* **yerba lucera.** (**lucero**).

lucerillo.
I. 1. m. *Mx.* Caballo que tiene una mancha blanca en la frente. rur.

lucerío.
I. 1. m. *Gu, Ho, ES, Ni, Ve.* Cantidad grande de luces.

lucerna.
I. 1. f. *Gu, PR.* **minacuro.**

lucero.
I. 1. m. *Ar:C,O.* **yerba lucera.**
II. 1. *Bo.* **pájaro aceitero.**
■
a. ‖ ~ **nixtamalero.** m. *Ho.* Lucero del alba.

luceta.
I. 1. f. *Cu.* Ventana que se coloca encima de una puerta para que deje pasar la luz.

lucha.
I. 1. f. *Cu.* Actividad ilícita que se realiza para obtener beneficios.
II. 1. f. *ES.* Pedazo pequeño de terreno, *generalmente alargado.*
●
a. ‖ **aquí, en la ~ por la locha.** fórm. *Ve.* Se usa como respuesta a un saludo para decir que solo se está regular. pop.

■

a. ‖ **~ libre.**
   i. f. *ES.* Frito de vísceras de buey.
   ii. *ES.* Comida donde se revuelven varios alimentos. carc.
   iii. *ES.* Coito. carc.

□

a. ‖ **siete ~s.** loc. sust. *Co.* Enfermedad de la piel de las personas que produce un fuerte escozor. pop.

▶ **coger ~; hacer la ~.**

luchada.
I. 1. f. *Mx.* Lucha, pelea. pop.

luchar.
I. 1. intr. *Cu.* Realizar alguna actividad ilícita para obtener beneficios.
II. 1. tr. *Ni.* Violar un hombre a una mujer.

□

a. ‖ **~ el baro.** loc. verb. *Cu.* Buscarse el dinero. pop.

luche.
I. 1. m. *Ch, Ar:O.* Juego infantil que se juega en una figura con varios compartimentos trazada en el suelo y consiste en ir empujando un trozo de teja o baldosa saltando sobre un solo pie.
II. 1. m. *Ch.* Alga de 15 cm de longitud, de talo verde laminar, foliáceo y lobulado; es comestible. (Ulvaceae; *Ulva rígida*). (**luchi**).
  2. *Ch.* Alga de hasta 15 cm de longitud, de talo de color pardo amarillento a púrpura, de bordes lisos y ondulados; es comestible. (Bangiaceae; *Porphyra columbina*). (**luchi**).

luchi.
I. 1. *Ch.* **luche.** (Ulvaceae; *Ulva rígida*).
  2. *Ch.* **luche.** (Bangiaceae; *Porphyra columbina*).

luchicán.
I. 1. m. *Ch.* Guiso preparado a base de **luche.**

luchista.
I. 1. *Mx.* **luchón.** pop.

Lucho.
●

a. ‖ **¡cómo no, pus ~!** fórm. *Bo, Ch.* Se usa para negar con rotundidad la posibilidad de que algo sea verdadero o cierto. pop.

luchón, -na.
I. 1. adj. *Mx, Ni. Referido a persona*, tenaz en el esfuerzo para sacar adelante su propósito o superar los obstáculos de la vida. pop. ◆ **luchista.**

lucía.
I. 1. f. *PR.* **minacuro.**

luciaco, -a.
I. 1. adj. *Ho. Referido a persona*, bien vestida y acicalada.
  2. *Ho. Referido a persona*, exhibicionista, presumida, vanidosa.

lucida.
I. 1. f. *Mx, Ni, Pa, Bo.* Lucimiento personal. pop.
II. 1. f. *Mx.* Ridículo. pop.

luciérnaga.
I. 1. f. *ES.* metáf. Lámpara. carc.

lucifer.
I. 1. m-f. *ES.* Persona que fuma marihuana. drog.

lucio, -a.
I. 1. adj. *Ni, Ve. Referido a un objeto*, desgastado por el uso. pop.
  2. *Ni, CR, Bo. Referido a la superficie de una cosa*, muy lisa o pulida.
  3. *RD. Referido a cosa*, que tiene brillo o presenta aspecto grasiento.
II. 1. adj. *ES. Referido a persona*, loca.

lucío, -a.
I. 1. adj/sust. *PR. Referido a persona*, que le gusta llamar la atención de forma evidente y negativa. pop + cult → espon ∧ desp.

lucir.
I. 1. intr. *Cu, RD.* Creer, sospechar.
II. 1. intr. *Ho, Cu.* Parecer, ser posible *algo*. cult.

□

a. ‖ **~ con sombrero ajeno.** loc. verb. *Gu, Ni.* Atribuirse *alguien* los méritos de otra persona.

lucma.
I. 1. m. *Ec, Pe, Bo.* **lúcuma**, árbol.
  2. f. *Bo.* **lúcuma**, fruto.
  3. *Bo.* **membrillo lúcuma.**

lucmo.
I. 1. m. *Pe.* **lúcuma**, árbol.
  2. *Pe.* **lúcuma**, fruto.

lucrecia.
I. 1. f. *Ch.* Cantidad de dinero equivalente a mil pesos chilenos. pop ∧ fest.
  2. *Ec:O.* juv. Cantidad de dinero equivalente a mil sucres.
II. 1. adj. *Ni. Referido a persona*, que está loca o se comporta como tal.

luctuosa.
I. 1. f. *Ho, Pa, RD.* Nota de defunción o de novenario publicada en un medio de comunicación.

lucua.
I. 1. f. *Co:E.* **soyacal.**

lúcuma.
I. 1. f. *Ec, Pe, Bo:N,NE,C, Ch.* Árbol de hasta 15 m de altura, copa densa, hojas elípticas y flores pequeñas de color amarillo o verdoso. (Sapotaceae; *Pouteria lucuma*). (**lucmo; lucma; lúcumo; lugma**). ◆ **guaycume; luma; maco.**
  2. *Ec, Pe, Bo:N,NE,C, Ch.* Fruto de este árbol, de forma oblonga y piel delgada de color verde brillante antes de madurar y parda en la madurez, la pulpa, amarillo-anaranjada, es muy dulce y se emplea en la elaboración de postres y helados. (**lucmo; lucma; lúcumo; lugma**). ◆ **guaycume; luma; maco.**
II. 1. adj/sust. *Ch. Referido a color*, entre pardo claro y amarillento, con tonalidades rosadas.
  2. adj. *Ch. Referido a cosa*, de color **lúcuma.**

lúcumo.
I. 1. m. *Pe, Ch.* **lúcuma**, árbol y fruto.
  2. *Pe, Ch.* **lúcuma**, fruto.
  3. *Ch.* **palo colorado.**

ludo.
I. 1. m. *Ve, Ec, Pe, Bo, Ch, Py, Ar, Ur.* Parchís.

luego.
I. 1. adv. *Mx.* Rápidamente. pop.
  2. *Ho, ES.* **ahoritita**, ahora mismo.
  3. *ES.* Temprano, en las primeras horas del día.
II. 1. adv. *Mx.* A veces. pop.
III. 1. adv. *Py.* De antemano.

●

a. ‖ **~.** fórm. *Py.* Se usa para enfatizar algo que acaba de decirse.

□

a. ‖ **desde un ~.** loc. adv. *ES.* Desde luego.
b. ‖ **~~.** loc. adv. *Mx, Gu, Bo.* Inmediatamente después, enseguida. pop.
c. ‖ **~ de.** loc. adv. *Ni, CR, Pa, Cu, Co, Ec, Pe, Ch.* Después de, inmediatamente después.
d. ‖ **~ nomás.** loc. adv. *Bo, Ar:NO.* Enseguida, inmediatamente. pop.

e. ‖ **más ~.** loc. adv. *Ho, Ni, Pa, Ve, Ec, Bo.* Después. pop.

f. ‖ **ya ~.** loc. adv. *Bo.* En este momento o en el inmediatamente posterior al presente.

lugar.
□

a. ‖ **a como dé ~.** loc. adv. *Mx, Gu, ES, Ni, CR, Pa, Co, Ec, Pe, Bo, Ch; Cu, RD, PR, Ve, Ar, Ur,* pop + cult → espon. A toda costa. (**a como haya lugar**).

b. ‖ **a como haya ~.** *CR.* **a como dé lugar**.

▶ **darse su ~.**

lugarú, -rúa. (Del fr. *loup-garou*, hombre lobo).
I. 1. m. y f. *RD.* Persona que, según la creencia popular, tiene la facultad de convertirse en animal o en árbol.

lugma.
I. 1. *Ec, Pe.* **lúcuma**, árbol.
2. *Ec, Pe.* **lúcuma**, fruto.

luicho.
I. 1. m. *Pe:SE.* Venado. rur.

luido, -a.
I. 1. adj. *Mx, Ni. Referido a un material textil,* desgastado por el uso aunque no roto.

luín.
I. 1. m. *Mx:E.* Árbol de hasta 20 m de altura, con hojas grandes de color castaño en su cara inferior, fruto globoso y madera de color rojo, muy resistente. (Rhamnaceae; *Colubrina ferruginea*). ♦ **bijaguara**.

luis.
■

a. ‖ **~ gregario.** m. *Mx.* Ave de hasta 16 cm de longitud, con el pico corto, de color negro, frente gris y blanquecina, garganta blanca, dorso verde oliva oscuro, alas y cola fuscas, con las remeras y las timoneras amarillentas, vientre amarillo brillante y patas negras. (Tyrannidae; *Myiozetetes similis*).

luisa.
I. 1. f. *Bo:O.* Oveja. rur.

luisón.
I. 1. *Py.* **lobisón**. pop.

lujada.
I. 1. f. *Ho.* Proceso de alisar, pulir y abrillantar algo, *especialmente una vasija de barro o el calzado.* (**alujada**).

lujado.
I. 1. m. *CR.* Pulimento de una superficie, *especialmente de un piso.*

lujado, -a.
I. 1. adj. *Mx, Ho, Ni. Referido a vasija o cuero,* alisado, pulido y abrillantado. (**alujado**).

lujador.
I. 1. m. *ES.* Trapo o cepillo de los **lustrabotas** para dar betún y abrillantar el calzado.

lujadora.
I. 1. f. *Ho.* Máquina eléctrica que lija la suela, el tacón y partes externas del calzado y saca brillo.

lujar.
I. 1. tr. *Ho, Ni, CR.* Pulir una superficie, *especialmente un piso.*

lujear.
I. 1. intr. *RD.* Hacer ostentación de bienes materiales.

lujma.
I. 1. f. *Bo.* **membrillo lúcuma**.
2. *Bo.* Fruto de la lujma.

lujo.
▶ **echar ~; volar ~.**

lulada.
I. 1. f. *Co:SO.* Refresco que se prepara con **lulo**.

lulo.
I. 1. m. *Co, Pe.* Arbusto de hasta 3 m de altura, de hojas grandes de nervadura morada y flores también moradas. (Solanaceae; *Solanum quitoense*).
2. *Co, Pe.* Fruto del lulo, redondo, de color amarillo anaranjado, de sabor ácido y recubierto de una pelusa punzante; se usa para preparar refrescos y dulces.
3. *Co.* Árbol de hasta 12 m de altura, de copa irregular y frondosa, tallos con aguijones, hojas simples y pubescentes con aguijones en el envés, flores estrelladas, violetas o blancas y fruto globoso de color anaranjado. (Solanaceae; *Solanum macranthum*). ♦ **tachuelo**.
II. 1. m. *Co:C.* Hombre atractivo. pop.
2. sust/adj. *ES.* Hombre tonto.
III. 1. adj/sust. *Pe:SO. Referido a un tipo de pan,* ancho por el centro y acabado en pico por los extremos.
2. m. *Bo:O.* Pan de forma circular y plana, *de aproximadamente 10 cm de diámetro y 2 cm de espesor,* elaborado con harina de trigo mezclada con salvado.
IV. 1. m. *Ch.* Rollo *hecho descuidadamente* de tela, papel u otro material. pop + cult → espon.
2. *Ch.* Porción de excremento en forma de rollo. pop + cult → espon.
V. 1. m. *Ch.* p.u. Porción de cabello rizado. pop + cult → espon.

lulu.
I. 1. adj. *Bo:O. Referido a una mujer joven o a una niña,* querida, apreciada.

●

a. ‖ **~.** fórm. *Bo:O.* Se usa para dirigirse de forma afectiva a una niña.

lulú.
I. 1. m. *ES.* Hombre afeminado. pop + cult → espon ^ desp.

luma.
I. 1. f. *Ch.* Árbol de hasta 25 m de altura, de hojas pecioladas, con forma elíptica y oblonga y ramas axilares con dos o seis flores; el fruto es una baya globosa y comestible; su madera se usa para la fabricación de muebles. (Myrtaceae; *Myrtus luma*).
2. *Ch.* Madera dura y resistente de la luma.
3. *Ch.* Porra que usa la policía, hecha, *generalmente, con la madera de la luma.*
4. *Ec.* **lúcuma**, árbol y fruto.
II. 1. *Ch.* Reprensión, amonestación severa. pop + cult → espon.

lumami.
I. 1. m. *Ch.* Almuerzo o cena hechos con las sobras de las comidas del lunes, martes y miércoles. pop + cult → espon.

lumazo.
I. 1. m. *Ch.* Golpe dado con la **luma**, porra. pop.
II. 1. m. *Ch.* Reprensión, amonestación severa. pop.

lumbo, -a.
I. 1. adj. *Ho, Ni. Referido a persona,* tonta.
2. *Ho, Ni. Referido a persona,* atontada o aturdida pasajeramente.

lumbre.
I. 1. f. *ES, Ni.* Dinero. delinc.
▶ **llegar la ~ a los aparejos.**

lumbriciento, -a.
I. 1. *Gu, ES, Bo.* **lombriciento**, infestado.

lumbricultor, -ra.
I. 1. m. y f. *Co.* Persona que se dedica a la cría de lombrices.

lumear.
I. 1. tr. *Ch.* p.u. Golpear con la **luma**, porra. pop.
II. 1. tr. *Ch.* Amonestar severamente. pop.

luminaria.
I. 1. f. *Cu.* Conjunto de lámparas de un local.
2. *Pa.* Lámpara del alumbrado público. esm.
II. 1. f. *Bo:C,E,S.* Fogata que se hace la noche del 23 de junio, la más fría del año. pop + cult → espon.
III. 1. f. *Bo.* Letrero luminoso que llevan los taxis en la parte exterior del techo.

luminito.
I. 1. m-f. *Ve.* Persona que se ocupa de la iluminación en un plató de televisión.

lumpe.
I. 1. m. *Ho, ES.* Red de pesca de camarones sujeta a un aro.

lumpero, -a.
I. 1. m. y f. *Ho, ES.* Persona que se dedica a la pesca del camarón con **lumpe**.

lumpia.
I. 1. f. *Ve.* Rollo pequeño de masa de arroz, relleno de vegetales, propio de la comida china.
▶ **fumarse una ~.**

luna.
I. 1. f. *ES, CR, Bo, Ur, Ec, Py, Ar,* obsol. Mal humor. pop.
II. 1. f. *ES, RD.* Menstruación.
III. 1. f. *ES.* Cometa grande de muchos lados o circular.
■
a. ‖ ~ **maciza.** f. *Mx.* Luna llena. pop.
b. ‖ ~ **sazona.** *Ho.* **luna maciza.**
c. ‖ ~ **tierna.** f. *Mx, Ho, ES, Ni.* Luna nueva. pop.
d. ‖ ~ **vieja.** f. *Co, Py, Ar, Ur.* Luna menguante. pop.
e. ‖ **media ~.**
i. f. *Mx.* Espacio blanquecino de la raíz de las uñas.
ii. *Ec.* Pirueta que consiste en poner las manos en el suelo y apoyarse en ellas para dar una voltereta de lado.
iii. *Ho.* Pequeña hoja de acero en forma de media luna con filo que sirve para cortar las hojas de tabaco.
iv. *Ho.* Cada uno de los semicírculos de madera que conforman la rueda de una carreta.
□
a. ‖ **a la ~ de Paita.** loc. adv. *Ec.* Sin obtener lo que se deseaba o pretendía.
b. ‖ **de ~.** loc. adj. *Gu, Ho, CR, Bo, Py.* Referido a persona, que está de mal humor.
c. ‖ **en la ~ de Paita.**
i. loc. adv. *Ec, Pe, Bo:O.* Sin advertir nada. pop.
ii. loc. adj. *Pe.* Referido a persona, muy abstraída.
▶ **dejar en la ~; estar con la ~; quedarse a la ~ de Paita; venir con la ~.**

lunada.
I. 1. f. *Mx, Gu, Ho, Ni, CR, Co.* Fiesta o reunión nocturna al aire libre, *en la que generalmente se enciende una hoguera.*

lunarejo, -a.
I. 1. adj. *Pe, Ar;* sust/adj. *Bo; Co,* p.u. *Referido a persona o animal,* que tiene lunares o manchas en la piel. pop.
2. adj/sust. *Ec. Referido a persona,* que tiene uno o varios lunares en la cara. pop.

lunático, -a.
I. 1. adj. *Gu, Ni, RD, Ec, Bo, Ch. Referido a persona,* que emocionalmente es muy inestable.
II. 1. adj. *Ho, Pa, Py. Referido a persona,* irascible, de mal humor. pop + cult → espon ^ desp.

lunch. (Voz inglesa).
I. 1. m. *EU, Mx, Ec.* **lonche,** almuerzo, comida del mediodía.
2. *Ho, Ni, Ec, Bo:O.* Alimento que se toma a media mañana.
3. *Cu.* Refrigerio que se toma entre comidas.

lunchería.
I. 1. f. *Ve.* **lonchería,** lugar donde se venden comidas ligeras.

lunchero, -a.
I. 1. m. y f. *Cu.* Persona que se ocupa de la preparación de sándwiches o emparedados.

lundero, -a.
I. 1. m. y f. *Pe:NO.* Persona que baila el **lundú.**

lundú.
I. 1. m. *Pe:NO.* Danza antigua de origen africano.

lunero, -a.
I. 1. sust/adj. *Ar.* Persona que no acude a su trabajo el lunes o el día posterior a uno festivo. pop + cult → espon.

lunes.
■
a. ‖ ~ **femenino.** m. *Pe.* obsol. Sesión de cine que se celebraba los lunes, en la que las mujeres pagaban la mitad del precio de la entrada.
b. ‖ ~ **de zapatero.** m. *Co.* Lunes en el que no se trabaja siendo un día laboral. pop ^ fest.
□
a. ‖ **san ~.** loc. sust. *Mx, Pe,* fest; *Bo:C,O,* pop; *Ch.* pop + cult → espon. Ausencia injustificada al trabajo después del fin de semana, *especialmente por tener resaca.*
◪
a. ‖ **el ~ ni las gallinas ponen.** fr. prov. *Mx, Ho, Ni, CR.* Indica la desgana con que se empieza a trabajar al iniciarse la semana.

luneta.
I. 1. f. *CR, Pa, Cu, Co, Ec, Bo; ES, Ni,* p.u. *En un teatro,* planta baja donde están, dispuestos en filas frente al escenario, los asientos preferentes con respaldo y brazos. esm.
II. 1. f. *Ho, Ni.* Cuchilla en forma de luna en cuarto creciente, que se utiliza para picar el tabaco de los cigarrillos.

lunetario.
I. 1. m. *Mx, Gu, Cu.* Platea de un teatro, en donde están las lunetas o asientos.

lunfa. (Apóc. de *lunfardo*).
I. 1. *Ar, Ur.* **lunfardo,** jerga.
2. *Ar, Ur.* **lunfardo,** relativo a esta jerga.
II. 1. *Ar, Ur.* obsol. **lunfardo,** ratero. pop.

lunfardaje.
I. 1. m. *Ar.* obsol. Conjunto de **lunfardos** o rateros.

lunfardesco, -a.
I. 1. adj. *Ar, Ur.* Relativo al **lunfardo,** jerga.

lunfardía.
I. 1. f. *Ar.* **lunfardo,** jerga.

lunfardismo.
I. 1. m. *Ar, Ur.* Palabra o giro propios del **lunfardo,** jerga.

lunfardo.
I. 1. m. *Ni, Ar, Ur.* Jerga de delincuentes que se originó en la ciudad de Buenos Aires y sus alrededores a fines del siglo XIX y principios del XX. (**lunfa**).
◆ **lunfardía.**
II. 1. m. *Ar, Ur.* obsol. Ratero, ladronzuelo. (**lunfa**);
◆ **lunfita.**

lunfardo, -a.
    I. 1.   adj. *Ar, Ur.* Relativo al **lunfardo.** (**lunfa**).
lunfita.
    I. 1.   *Ar.* obsol. **lunfardo**, ratero. pop.
lunga.
    ▶ hacer la ~.
lungo, -a.
    I. 1.   adj. *Bo, Py, Ar.* Referido a persona, delgada y de gran estatura. pop.
luntata. (Del aim. *lunthata*, ladrón).
    I. 1.   sust/adj. *Bo:O.* Ladrón. pop.
lupanear.
    I. 1.   intr. *ES.* Ir a los prostíbulos.
lupara.
    I. 1.   adj/sust. *Ni.* juv. Referido a persona, alocada, de poco juicio.
luperonista. (De Gregorio *Luperón*, político dominicano, 1839-1897).
    I. 1.   adj/sust. *RD.* Partidario de Gregorio Luperón.
lupias.
    I. 1.   f. pl. *Co:E.* Dinero.
lupido, -a.
    I. 1.   adj. *ES.* Referido a cosa, generalmente tela, desteñida.
lupino.
    I. 1.   m. *Pe.* Planta de hasta 1 m de altura, ramificada en su base, de hojas digitadas, con racimos terminales de flores de varios tonos de color azul. (Fabaceae; *Lupinus mutabilis*).
      2.   *Pe.* Fruto de esta planta, con forma de vaina y numerosas semillas pequeñas; utilizado mucho en cocina y para hacer algunos tipos de panes.
lupuna.
    I. 1.   f. *Pe.* ceiba. (Malvaceae; *Ceiba pentandra*).
luqueada. (Del ingl. *look*, mirar, mirada).
    I. 1.   f. *Pe, Ch.* Vistazo, mirada superficial o ligera. urb; pop.
    ▶ tirar una ~.
luquear. (Del ingl. *to look*, mirar, mirada).
    I. 1.   tr. *Pe,* urb; *Pa,* p.u; *Ch,* espon. Mirar por encima o sin detenimiento *algo* o a *alguien*. pop. (**luquiar**).
      2.   intr. *Pe,* urb; *Pa,* juv; *Ch,* espon. Echar un vistazo. pop.
luquiar.
    I. 1.   *PR.* luquear, mirar.
luquin. (Del ingl. *looking*, mirada, vistazo).
    I. 1.   m. *Ch.* Vistazo, mirada superficial o ligera. urb; pop.
    ▶ echar un ~.
luria.
    I. 1.   m-f. *Ni.* Persona loca.
lurias.
    I. 1.   adj. *Mx, Ni.* Referido a persona, loca, que ha perdido la razón. pop.
    ▶ tirar de a ~.
lurpiar.
    I. 1.   tr. *Ur.* Estafar. pop.
lustra.
    ■
    a. ‖ ~ **aspiradora.** f. *Ar, Ur.* Aparato eléctrico que sirve para aspirar la suciedad de los pisos encerados y sacarles brillo.
lustrabotas.
    I. 1.   m. *Ho, Ni, Co, Ec, Pe, Bo, Ch, Py, Ar, Ur;* m-f. *Co,* Limpiabotas. ◆ **lustracachos; lustrador; lustre; lustrero; lustrín.**
      2.   m-f. *Ho.* metáf. Persona servil y aduladora con otra por interés. pop + cult → espon ∧ desp.

lustracachos.
    I. 1.   *Bo.* **lustrabotas**, limpiabotas.
lustrachancletas.
    I. 1.   *Ho.* **lustrabotas**, persona servil.
lustrada.
    I. 1.   f. *Mx, Gu, Ho, ES, Ni, CR, Pa, Cu, RD, Ve, Ec, Pe, Ch, Py, Ar:NO;* m. *CR.* Lustre y brillantez que se da a algo, *especialmente al calzado*.
    II. 1.   f. *Ar, Ur.* Figura coreográfica del tango en la que el hombre simula lustrarse un zapato contra el pantalón.
lustrado, -a.
    I. 1.   adj. *PR.* Referido a cosa, lustrosa, con brillo.
lustrador.
    I. 1.   *Gu, Ho, ES, Ni, Ec, Bo, Ch, Py, Ar, Ur.* **lustrabotas**, limpiabotas.
lustradora.
    I. 1.   f. *Ho, Pe, Bo, Ar.* Electrodoméstico que se utiliza para sacar brillo al piso.
lustramueble.
    I. 1.   *Bo, Ch, Py, Ar, Ur.* **lustramuebles**.
lustramuebles.
    I. 1.   m. *Co, Bo, Ch, Py, Ar, Ur.* Líquido cremoso que se usa para limpiar y dar brillo a los muebles de madera. (**lustramueble**).
lustrapisos.
    I. 1.   adj. *Ch.* Referido a una máquina, que sirve para limpiar y abrillantar los suelos.
lustrar.
    I. 1.   tr. *Ho:O.* **vanear**, bañar una vasija.
    II. 1.   tr. *Ni.* metáf. Adular a *alguien* por interés.
lustraspiradora.
    I. 1.   f. *Ar, Ur.* Aparato eléctrico que sirve para aspirar la suciedad de los pisos encerados y sacarles brillo.
lustre.
    I. 1.   m. *Ni, CR.* Sustancia untuosa, hecha generalmente con claras de huevo y azúcar, usada para bañar o recubrir **queques** o tartas.
    II. 1.   *Bo:NE.* **lustrabotas**, limpiabotas.
    III. 1.   m. *Py.* Reproche.
    ●
    a. ‖ ¡~! fórm. *Gu.* Se usa para reprender a alguien por decir palabras indecentes u obscenas.
lustrero.
    I. 1.   *Ho, Bo:E.* **lustrabotas**, limpiabotas.
lustrín.
    I. 1.   m. *Ch.* Caja donde se guardan los utensilios utilizados para lustrar el calzado.
      2.   *Ch.* Puesto del limpiabotas. pop.
      3.   *Ch.* p.u. **lustrabotas**, limpiabotas. pop.
lustrina.
    I. 1.   f. *Pa.* Crema para limpiar el calzado.
lustroso, -a.
    I. 1.   adj. *Ni.* Referido a una cosa, sucia, con manchas.
luto.
    ▶ cargar ~.
luya.
    I. 1.   f. *Mx:SE.* **chicocuchi**.
luyido.
    I. 1.   m. *Ho.* Alisamiento y pulimento de una vasija de barro.
luyido, -a.
    I. 1.   adj. *Mx, Ho, Ni, CR.* Referido a ropa, desgastada por el uso.
luyir(se).
    I. 1.   tr. *Mx, Ni, CR, Ar.* Desgastar por rozamiento *algo*, *especialmente una prenda de vestir*. pop.

2. intr. prnl. *Ho, Ni.* Desgastarse una tela o prenda por el uso.

II. 1. tr. *Ho:O.* Ludir, alisar y pulir una vasija de barro después del engobe y antes de meterla en el horno.

luz.

I. 1. f. *Mx, Ho, ES, Ni, Bo:O.* Dinero. pop.

II. 1. f. *CR, RD.* Aparición, fantasma. rur.

2. *CR.* Fuego fatuo. rur.

III. 1. f. *Py.* Ventaja, oportunidad, *especialmente la que se da en un juego o competición.*

IV. 1. f. pl. *Ho.* Mechones de pelo que se han teñido de un color diferente o de una tonalidad más clara.

V. 1. f. *Ho.* Anchura variable que tiene una red de pesca.

VI. 1. f. pl. *Ni.* Ojos.

■

a. ‖ **luces altas.** f. pl. *Pa.* luz alta.

b. ‖ **luces bajas.** f. pl. *Pa.* luz baja.

c. ‖ ~ **alta.** f. *Mx, Ho, ES, Ni, CR, RD, Co, Ve, Bo, Ch, Py, Ar, Ur. En un vehículo,* luz de largo alcance. (**luces altas**). ◆ **luz larga.**

d. ‖ ~ **baja.** f. *Mx, Ho, ES, Ni, CR, RD, Co, Ve, Bo, Ch, Py, Ar, Ur. En un vehículo,* luz de corto alcance que evita deslumbrar a los conductores que vienen en sentido contrario. (**luces bajas**). ◆ **luz corta.**

e. ‖ ~ **corta.** *Ar.* luz baja.

f. ‖ ~ **de cruce.** *Ve, Py.* luz direccional.

g. ‖ ~ **de estop.** f. *Co, Ve, Bo, Py.* estop.

h. ‖ ~ **de giro.** *Ar.* luz direccional.

i. ‖ ~ **de muerto.** f. *CR.* Fuego fatuo.

j. ‖ ~ **direccional.** f. *Co. En un automóvil,* luz lateral que se enciende y apaga con periodicidad constante y frecuente para señalar un cambio de dirección en la marcha. ◆ **luz de cruce; luz de giro.**

k. ‖ ~ **larga.** *Ar.* luz alta.

□

a. ‖ **con las luces prendidas.** loc. adv. *Bo, Ch.* Con mucha aplicación y atención, sin descuido. pop + cult → espon.

b. ‖ ~ **brillante.** loc. sust. *Cu.* **querosén.**

c. ‖ ~ **mala.** loc. sust. *Ar, Ur.* Pequeña llama que se forma en el aire a poca distancia de la tierra, producida por los huesos en descomposición y que la superstición atribuye a las almas en pena de los muertos sin sepultura. rur.

d. ‖ ~ **roja.** loc. sust. *Ho.* juv. Amenaza de muerte por parte de una **mara**, pandilla delincuencial.

e. ‖ **ni sus luces.** loc. adv. *Mx, ES, Ni.* Sin estar *alguien* presente, sin saber su paradero.

▨

a. ‖ **adiós, ~ que te apagaste.** fr. prov. *Ve.* Indica fríamente que algo se ha terminado.

▶ apaga la ~ y vámonos; apagar las luces; comerse la ~; dar ~ al gas; dar ~ verde; estar a media ~; hacer mucha ~; llevarse la ~; mirar la ~ a cuadros; prender la ~; tener ~ larga; ver la ~ a cuadros.

luzazo.

I. 1. m. *Gu.* Ráfaga de luz.

lycras. (De *Lycra*®).

I. 1. f. pl. *Mx, ES, Ni, RD, PR, Co, Bo:C.* Pantalón ajustado de fibra sintética elástica.

m.
> ► sacar la ~; sacarse la ~.

¡ma!
  I. 1. interj. *Gu, ES.* Expresa rechazo o protesta de algo. vulg.

mabea.
  I. 1. f. *Ec, Bo.* Árbol de hasta 20 m de altura, de hojas simples con el envés claro o blanquecino y flores unisexuales, reunidas en racimos. (Euphorbiaceae; *Mabea caudata*).

mabí.
  I. 1. m. *RD, PR, Ve.* Árbol de hasta 20 m de altura, de corteza de color anaranjado-castaño, ramas pequeñas, hojas elípticas delgadas, flores de color verdoso y fruto redondo con tres semillas; su madera se usa para espeques y como combustible. (Rhamnaceae; *Colubrina reclinata*). (**maví**).
  2. *RD, PR, Ve.* Bebida fermentada y refrescante que se elabora con la corteza del mabí. (**maví**).
> ► subir como la espuma del ~.

mabicería.
  I. 1. f. *RD.* p.u. Fábrica o puesto de venta de **mabí**.

mabicero, -a.
  I. 1. m. y f. *RD, PR.* Persona que prepara el **mabí**. (**mabisero**).
  2. *RD, PR.* Vendedor de **mabí**. (**mabisero**).

mabil.
  I. 1. m. *Ve.* obsol. Prostíbulo.

mabilera.
  I. 1. f. *Ve.* obsol. Prostituta. desp.

mabisero, -a.
  I. 1. m. y f. *PR.* **mabicero**, persona que prepara el **mabí**.
  2. *PR.* **mabicero**, vendedor de **mabí**.

mabita.
  I. 1. f. *Ve.* obsol. Mala suerte. pop.

mabitoso, -a.
  I. 1. adj/sust. *Ve.* obsol. *Referido a persona*, que tiene mala suerte.
  2. *Ve.* obsol. *Referido a persona o cosa*, que atrae la mala suerte.

mable. (Del ingl. *marble*, canica).
  I. 1. *Ho, ES.* **maule**, canica.
  2. *Ho, ES.* **maules**, juego de las canicas.

mabo. (De or. ind. antillano).
  I. 1. *Pa, PR.* **ochmul**.

maboa.
  I. 1. f. *Cu.* Árbol pequeño, de hojas elípticas y puntiagudas, con flores en cimas terminales; su madera se emplea en construcciones navales. (Apocynaceae; *Cameraria latifolia*).

maboiá.
  I. 1. *PR.* **mabuya**.

maboya.
  I. 1. *PR.* **mabuya**.

mabuya. (De or. ind. antillano).
  I. 1. m. *PR.* Fantasma nocturno que, según las creencias indígenas, buscaba a las mujeres para cohabitar con ellas, que se defendían con amuletos. (**maboiá**; **maboya**).

maca.
  I. (Del quech. *maqa*).
  1. f. *Pe, Bo, Ch.* Tubérculo de la maca, muy alimenticio y de propiedades medicinales.
  2. *Pe, Bo.* Planta herbácea anual, de tallo corto y poco visible, que tiene entre catorce y veinte hojas de forma arrosetada, inflorescencia en racimo y flores pequeñas de color verde claro. (Brassicaceae; *Lepidium meyenii*).
  II. (Apóc. de *macanudo*).
  1. adj. *Bo.* *Referido a cosa*, extraordinaria, excelente.

macá. (Del guar. *macang*).
  I. 1. m. *Ar, Ur.* Ave acuática de hasta 60 cm de longitud, de pico recto y largo, cola casi inexistente y dedos palmeados. (Podicipedidae; *Podiceps rolland*).
  2. *Bo.* Ave acuática zambullidora de hasta 30 cm de longitud, de plumaje satinado, de color negro o gris oscuro en el dorso y blanco o moteado de marrón en el vientre, pico recto y puntiagudo, alas cortas y cola rudimentaria, patas con dedos lobulados. (Podicipedidae; *Podilymbus* spp.). ♦ **zambullidor piquipinto**.
  3. *Ur.* Ave acuática de hasta 28 cm de longitud, de cabeza y cuello negros, dorso marrón negruzco, vientre y flancos acanelados, plumas auriculares blanquecinas e iris rojo. (Polocipedidae; *Rollandia rolland*).

¡maca!
  I. (Apóc. de *macana*).
  1. interj. *Bo.* Expresa rechazo a una invitación o propuesta. delinc.

macabear.
  I. 1. intr. *Ch.* Comportarse como **macabeo**. pop + cult → espon ^ fest.

macabeo.
  I. 1. m. *Ch.* Hombre gobernado por su mujer. pop + cult → espon ^ fest.
  II. 1. *Ec.* **cuy**.

macabí. (De or. ind. antillano).
  I. 1. m. *Mx, Gu, Ni, Pa, PR, Co.* Pez marino de hasta 1 m de longitud, de color plateado y con un tono azulado en la parte dorsal, cuerpo alargado y estrecho, aletas dorsal y anal ahorquilladas, y cola partida en dos mitades que se insertan por separado arriba y abajo de la extremidad ventral; es comestible pero tiene muchas espinas. (Elopidae; *Elops saurus*). (**macabil**; **macabo**). ♦ **malacho**; **piojo**.
  2. *Pa, Cu, RD, Ve, Ec.* Pez marino de hasta 70 cm de longitud, de cuerpo alargado y comprimido, y color plateado; es comestible, pero tiene muchas espinas. (Albulidae; *Albula vulpes*).

macabil.
    I. 1.   *Mx, Gu.* **macabí**, pez marino.

macabo.
    I. 1.   *PR.* **macabí**, pez marino.

macabro, -a.
    I. 1.   adj. *PR, Ch; Ur,* p.u. *Referido a un asunto,* difícil, tremendo.
    II. 1. adj. *Ni.* juv. *Referido a vestido o ropa,* extravagante.

macaca.
    I. 1.   f. *Ch.* Masturbación. tabú; pop.

macacada.
    I. 1.   f. *Ur.* Gesto o ademán que se hace con el propósito de hacer reír. pop + cult → espon.

macachicle.
    I. 1.   sust/adj. *RD.* Persona inútil o ignorante. desp.

macachín.
    I. 1.   *Py, Ar, Ur.* **vinagrillo**, planta.

macacito.
    I. 1.   m. *Ar.* Ave acuática de hasta 20 cm de longitud, de color gris claro y pico amarillo. (Podicipedidae; *Rollandia rolland*).

macaco.
    I. 1.   m. *Ni.* Canica.
    II. 1. *PR.* **conejo**, pez.
    III. 1. m. *PR.* Policía. carc.

macaco, -a.
    I. 1.   sust/adj. *Ar.* Caballería indócil, arisca o difícil de gobernar. rur.
    II. 1. adj. *Pe.* p.u. *Referido a persona,* de origen asiático. desp.
    2. *Pa.* obsol. *Referido a persona,* de nacionalidad china. pop ^ fest.
    III. 1. m. y f. *Gu, ES.* Ladrón.
    IV. 1. sust/adj. *Ur.* Persona que hace **macacadas**. pop + cult → espon.
    V. 1. sust/adj. *Ur.* Persona difícil de complacer, *especialmente en cuanto a las comidas.* pop + cult → espon.

macacoa.
    I. 1.   f. *PR.* Mala suerte.
    2. *PR.* Tristeza por añoranza, tribulación. (**mococoa**).
    II. 1. f. *PR.* Castigo.

macacón.
    I. 1.   m. *Bo:E.* Prenda de vestir de una sola pieza, de tela fuerte, que consta de cuerpo y pantalón, *especialmente la utilizada en diversos oficios como traje de faena.* pop.

macadamia. (De *J. L. Mac Adán,* ingeniero escocés, 1756-1836).
    I. 1.   m. *Ho. En la construcción de carreteras,* pavimento de piedra machacada que se aprieta con un rodillo, una vez extendida.

macagua.
    I. 1.   f. *Ve.* Ave de hasta 56 cm de longitud, de cuerpo robusto, cabeza grande, alas cortas y cola alargada, lomo y alas de color pardo, blanco anteado en el pecho, antifaz negro extendido alrededor de la parte posterior de la cabeza y cola rayada de negro. (Falconidae; *Herpetothheres cachinnans*). ♦ **macono**.
    2. *Ve.* **terciopelo**. (Viperidae, *Bothrops colombiensis*).
    3. *Cu, RD.* Árbol de hasta 15 m de altura, de hojas coriáceas, flores pequeñas de color blanco, y fruto elipsoidal; su madera se usa en carpintería. (Moraceae; *Pseudolmedia spuria*). ♦ **macao; manash; palo de leche**.

macal.
    I. 1.   m. *Ch.* Sitio poblado de **maquis**.

macalancoso, -a.
    I. 1.   adj. *Mx:SE.* p.u. *Referido a persona,* achacosa, de salud quebrantada. rur.

macallo.
    I. 1.   *Mx.* **macayo**.

macalusia.
    I. 1.   f. *Pa.* Ardid, treta, engaño.
    2. *Pa.* Hechizo, brujería.

macán.
    I. 1.   m. *Ve.* Alboroto, ambiente de confusión y desorden. pop.
    2. *Ve.* Situación que perturba y que se repite insistentemente. pop.

macana. (De etim. contr.).
    I. 1.   f. *EU, Mx, Gu, RD, PR, Co, Ve, Pe, Py; Pa, Cu, Ch, Ar, Ur,* p.u; *Bo,* pop + cult → espon. Garrote grueso de madera dura y pesada.
    2. *Mx, Cu, RD, Bo:C, Ch,* tabú; pop + cult → espon; *Gu, PR,* vulg, Pene.
    3. *Ho, ES, Ni, PR, Bo.* Garrote, palo corto que llevan los policías para golpear.
    II. 1. f. *Bo, Py, Ar, Ur; Pe,* p.u. Mentira, error, embuste. pop + cult → espon.
    2. *Bo, Ch, Py, Ur.* Cosa o asunto sin valor ni importancia. pop + cult → espon.
    3. *Bo.* Cosa mal hecha. pop.
    4. *Ur.* Disparate. pop + cult → espon.
    III. 1. f. *Bo, Ch, Py, Ar, Ur; Pe.* p.u. Hecho o situación que produce incomodidad o disgusto. pop + cult → espon.
    IV. 1. f. *RD, Co:SO.* Fuerza física, vigor de una persona. pop.
    2. adj/sust. *RD. Referido a persona o cosa,* grande, y robusta o fuerte.
    V. 1. f. *Co.* Palmera alta, de tronco espinoso y madera fina, negra y muy dura. (Arecaceae; *Guilielma macana*).
    VI. 1. f. *Co.* Columna pequeña de las que forman las barandillas de balcones, corredores o escaleras.
    VII. 1. f. *Gu, Ho, ES, Ni, CR.* Instrumento de labranza que consiste en un palo largo con punta en uno de sus extremos que sirve para ahoyar.
    VIII. 1. f. *Ec, Bo:S.* Chal o manteleta de algodón fino, propio del vestido de la **chola**.
    IX. 1. f. *Gu.* Borrachera. pop.
    X. 1. f. *CR; Ni,* pop. Diente de una persona, *especialmente cuando es muy ancho.*
    XI. 1. f. *Bo.* Menstruación. euf; pop + cult → espon.

    ■
    a. ‖ **llaga ~.** f. *Ni.* **Roya** del café.
    ▶ **mandarse una ~; rumbar ~.**

¡macana!
    I. 1.   interj. *Bo, Py.* Expresa incredulidad.
    II. 1. interj. *Bo.* Expresa rechazo a una invitación o una propuesta. pop + cult → espon.

    ●
    a. ‖ **~ fórm.** *RD.* Se usa para incitar a alguien a que imponga su autoridad.

    □
    a. ‖ **¡a la ~!** loc. interj. *Ni, Bo.* Expresa fastidio o lamentación por algo que sale mal. pop + cult → espon.
    b. ‖ **¡qué ~!** loc. interj. *Bo, Py, Ar, Ur; Ec, Pe.* p.u. Expresa contrariedad. pop + cult → espon.

macanada.
    I. 1.   f. *Ho.* Abundancia de cosas u objetos.
    II. 1. f. *Py.* Cosa o asunto sin valor ni importancia. pop.

macanazal.
    I. 1.   m. *Ho.* Gran cantidad, abundancia de algo. ♦ **macanazo**.

macanazo.
    I. 1.   m. *Mx, Gu, Ni, Cu, Bo.* Golpe dado con una **macana**, garrote grueso.
    2. *Gu, Ho, ES, Ni.* Golpe fuerte.
    3. *Gu,* **aguacatazo**.
    4. *Ve.* Golpe dado con un palo.
    II. 1. m. *Bo, Ar, Ur.* Mentira, desatino, disparate. pop + cult → espon.

III. 1. *Ho.* **macanazal**.
IV. 1. m. *Ho.* Tiro de arma de fuego.
V. 1. m. *Ho.* Trago de bebida alcohólica. pop.
VI. 1. m. *Ni.* Robo. pop.
□
    a. ‖ **de un ~.** loc. adv. *Ho.* En un instante, en un momento.
▶ **pegar el ~.**

macancán.
I. 1. m. *Co.* Hombre alto y robusto. pop.

macanche.
I. 1. f. *Pe:NE.* Serpiente de hasta 3 m de longitud, de cuerpo delgado, con el dorso gris cubierto de diseños geométricos negros, con interior y borde crema. (Boidae; *Boa constrictor ortonii*).

macanchi.
I. 1. f. *Ec.* Víbora de hasta 90 cm de longitud, de cuerpo delgado, con el dorso gris claro cubierto de diseños rectangulares largos y negros, y el vientre gris oscuro salpicado de puntos negros. (Viperidae; *Bothrops lojanus*).

macandá.
I. 1. f. *Co.* Intención solapada o razón oculta que se entrevé o supone en una persona o acción.

macandú.
I. 1. f. *PR.* Brujería, hechizo, sortilegio.
2. *PR.* Cántico de brujería.

macaneada.
I. 1. f. *Ho, ES, Ni; Gu,* obsol. Paliza o **golpiza**. pop.
2. *Ho, Ni.* Derrota contundente.
II. 1. f. *Ho, Ni.* Esfuerzo, trabajo intenso.

macaneado, -a.
I. 1. adj. *Ho, ES. Referido a un trabajo o asunto,* que se logra, realiza o entiende con mucha dificultad y esfuerzo. pop.
2. *Ho, Ni. Referido a persona,* cansada.
II. 1. adj. *Gu, Ho, Ni. Referido a persona o animal,* que ha recibido una **golpiza**.

macaneador, -ra.
I. 1. sust/adj. *Bo, Py, Ar, Ur.* Persona que suele decir mentiras. pop + cult → espon.
2. *Bo, Py, Ar, Ur.* Persona que suele hacer bromas. pop + cult → espon.
3. *Bo, Py.* Persona que suele molestar. pop + cult → espon.
4. m. y f. *Ho.* Persona que tiene por afición golpear y maltratar físicamente a alguien.

macanear(se).
I. 1. intr. *Bo, Py, Ar, Ur.* Decir mentiras o desatinos. pop + cult → espon.
2. *Bo, Py, Ar; Ur.* cult → espon. Hacer bromas. pop.
3. tr. *Ar.* Engañar a *alguien* diciéndole mentiras. pop + cult → espon.
II. 1. tr. *Bo, Ch; Py, Ar,* pop. Molestar a *alguien*.
III. 1. tr. *Co:N,NE, Ve.* Desbrozar o limpiar un terreno de malezas para cultivarlo. rur.
2. *CR.* Sembrar granos, *especialmente maíz o frijol,* ahoyando el terreno con **macana**. rur.
IV. 1. tr. *Gu, Ho, ES, Ni, PR.* Golpear a *alguien*.
2. intr. prnl. *Gu, Ho, ES.* Pelearse dos o más personas.
V. 1. intr. prnl. *Gu, Ho, ES, Ni.* Trabajar *alguien* mucho y con ahínco.
□
    a. ‖ **~la.** loc. verb. *Ur.* Estropear *algo, generalmente por imprudencia o torpeza.* pop + cult → espon.

macaneo.
I. 1. m. *Bo, Py, Ar, Ur.* Mentira, embuste. pop + cult → espon.
2. *Ar, Ur.* Asunto sin valor ni importancia. pop + cult → espon.
II. 1. m. *Co, Ve.* Limpieza de un terreno de cultivo. rur.

III. 1. m. *Gu, Ho, ES, Ni.* Trifulca, pelea, riña.
2. *Ho, Ni.* Combate, tiros entre dos o más personas.
3. *Ho.* Disputa, pleito verbal.
4. *Ho.* Desorden.
IV. 1. m. *Ho.* Trabajo pesado, esfuerzo.

macanero.
I. 1. m. *PR.* Recogedor de café que se sale del sitio asignado para buscar arbustos con más granos. rur.

macanero, -a.
I. 1. sust/adj. *Ar.* Persona que dice mentiras. pop + cult → espon.
II. 1. m. y f. *Pa.* Policía que solo lleva **macana** como arma defensiva. ♦ **policía de pito y tolete.**
■
    a. ‖ **~ mayor.** m. y f. *Ec.* Persona que se dedica a tejer ponchos.

macano.
■
    a. ‖ **~ negro.** m. *Pa.* Árbol de hasta 15 m de altura, de hojas alternas, flores amarillas y frutos cilíndricos, de color marrón cuando están maduros; su madera se emplea en la construcción de viviendas rurales. (Fabaceae; *Diphysa americana*). ♦ **cacique.**

macanudamente.
I. 1. adv. *Bo, Ch; Ur,* p.u. Muy bien. pop + cult → espon.

macanudez.
I. 1. f. *Ch.* Actitud de una persona que pretende ser más de lo que es.
2. *Ch.* Actitud de prepotencia.

macanudo.
I. 1. adv. *Bo, Ch, Ur.* De manera excelente, extraordinaria. pop + cult → espon.

macanudo, -a.
I. 1. adj. *Gu, Ho, ES, Ni, Ve:O, Bo, Ar. Referido a objeto o producto,* de excelente calidad.
2. *Gu, Ho, ES, Bo. Referido a objeto o producto,* muy bonito.
3. *Gu, Ho, Ni, Bo. Referido a cosa,* bien hecha.
II. 1. adj. *Gu, Ni, Pa, Ec, Bo, Ch, Py, Ur; Cu, Pe,* p.u. *Referido a persona o cosa,* magnífica o extraordinaria. pop + cult → espon.
2. *Bo, Ch; Pe,* p.u. *Referido a situación,* extraordinaria, excelente. pop + cult → espon.
III. 1. adj. *Bo; Ar, Ur.* pop + cult → espon. *Referido a persona,* comprensiva, solidaria o de trato agradable.
2. *Cu,* p.u; *Bo,* pop + cult → espon. *Referido a persona,* elegante y atractiva.
3. *Bo. Referido a una mujer,* atractiva por sus formas exuberantes. pop + cult → espon.
IV. 1. adj. *Ho, Bo. Referido a negocio o acto,* que produce mucho dinero o que ha estado muy animado.
V. 1. adj. *ES. Referido a persona,* alta, de gran estatura.
VI. 1. adj. *ES. Referido a hombre,* de pene grande. vulg.
▶ **botarse a macanudo; hacerse el macanudo.**

¡macanudo!
I. 1. interj. *Gu, Ho, Pa, Bo, Ch, Ar; Pe,* p.u; *Ur.* pop + cult → espon. Expresa acuerdo o asentimiento de algo bien hecho.

macañema.
I. 1. m-f. *RD.* Persona a la que le gusta practicar el sexo oral. vulg.

macao.
I. 1. m. *Cu.* Crustáceo, de abdomen blando y asimétrico, que utiliza la concha de caracoles marinos para cobijarse y protegerse. (Paguridae; *Pagurus granulatus, P. insignis*).
2. *RD.* **macagua,** árbol.

macaquear(se).
  I. 1. tr. *Ch.* Masturbar *una persona* a *otra.* tabú; pop.
    2. tr. prnl. *Ch.* Masturbarse *una persona.* tabú; pop.
  II. 1. intr. *Ni.* Chocar dos canicas. inf.
  III. 1. intr. *Ur.* Hacer gestos o ademanes para provocar la risa. pop + cult → espon.

macaquero, -a.
  I. 1. adj/sust. *Ch. Referido a persona*, que se masturba con frecuencia. tabú; pop.

macaquilla.
  I. 1. f. *Ve:O.* Dinero. pop.

macarao. (De *enmascarado*).
  I. 1. m. *RD.* Personaje propio del carnaval que lleva un disfraz cuya principal característica es una máscara que imita la cabeza de un animal.

macarela.
  I. 1. f. *Gu, Ho, ES, CR, Pa, Ec.* Pez marino de hasta 7 m de longitud, con hocico con forma de sierra, cuerpo y cabeza aplanados, piel de color gris o café, cubierta por pequeños dentículos que le dan una textura rasposa. (Pristidae; *Anoxypristis* spp., *Pristis* spp.).
  II. 1. f. *Pa.* Celda muy estrecha y desagradable en que se recluye a un reo.

  ■
    a. ‖ **~ culebra.** f. *PR.* Pez marino de hasta 1 m de longitud, con aletas radiadas, cuerpo alargado y comprimido lateralmente, de color plateado, y una gran boca de dientes afilados donde sobresale la mandíbula inferior; es comestible. (Gempylidae; *Gempylus serpens*).

macarelada.
  I. 1. f. *RD.* p.u. Plato preparado a base de arroz y **macarela**; se acompaña con plátanos o aguacates.

macarelero.
  I. 1. *Ho.* **ahogador**, variedad de trasmallo.

macareño.
  I. 1. m. *Pe:NO.* Ave de hasta 20 cm de longitud, *de color predominantemente verde*, frente y corona de color celeste, mejillas grises y plumas cobertoras anaranjadas. (Psittacidae; *Brotogeris pyrrhopterus*). ♦ **perico macareño; pihuicho de mejillas grises.**

macario.
  I. 1. m. *RD.* Saco para guardar trigo hecho con una tela de algodón de bajo coste a la que se le daba otros usos, *generalmente fabricar sábanas o pañales*.
  II. 1. m. *Ni.* Ventosidad que se expele por el ano. euf.

macarrón.
  I. 1. m. *Pa.* Enredo, confusión. pop + cult → espon.

macarronada.
  I. 1. f. *Pa, Cu, PR, Bo.* Comida en la que los macarrones constituyen el plato principal.
  II. 1. f. *Pa.* Situación enredada y difícil.

macarroni.
  I. 1. m-f. *ES.* Italiano. desp.

macártur. (De *Mac'Artur*®).
  I. 1. m. *ES.* Tela de algodón, *generalmente de color caqui*. rur.

macateta.
  I. 1. f. *Ec.* p.u. Juego infantil, *que jugaban sobre todo las niñas*, con bolitas de cristal de distintos tamaños.

macaurel.
  I. 1. *Ve.* **boa de las vizcacheras.**

macaya.
  I. 1. f. *Mx.* **macayo.**

macayo.
  I. 1. m. *Mx.* **yaba.** (**macallo; macaya**).

maceada.
  I. 1. f. *Ni, Bo.* Dinero u objeto de valor que se apuesta, *generalmente en juegos de azar*. pop.

maceado, -a.
  I. 1. adj. *Ho. Referido a persona*, drogada con marihuana. drog.

macear(se).
  I. 1. tr. *Ni; Bo*, pop. Apostar dinero u objetos de valor, *generalmente en juegos de azar*.
  II. 1. tr. *Ec. En la fabricación de sombreros de jipijapa*, golpear el tejido con el mazo para darle uniformidad.
    2. *Ec.* Golpear con la mano el fruto de la **tagua** para extraer la almendra.
    3. *Ho.* Golpear *algo* con un mazo.
  III. 1. intr. prnl. *Ho.* Fumar cigarros de marihuana. drog.

macegual. (Del nahua *macehualli*, vasallo).
  I. 1. m. *Mx, Ni.* Peón, jornalero, trabajador manual. (**macehual**).

macehual.
  I. 1. *Mx.* **macegual.**

Maceo. (De *Antonio Maceo*, líder de la Guerra de la Independencia cubana, 1845-1896).
  ► **tenerlos más grandes que ~.**

maceta.
  I. 1. f. *Bo; Gu, ES, Ni, Pa*, pop; *Mx.* fest. Cabeza de una persona. pop + cult → espon.
  II. 1. f. *Ar.* Trozo de madera dura con que se golpean y ablandan los **tientos**, las correas u otras piezas de cuero. rur.
    2. *Ve.* Palo de madera dura que se usa para matar un **chigüire**, golpeándolo en la cabeza. rur.
    3. *Ve:C.* Mango de madera. pop.
    4. *Cu, RD.* Mazo de madera usado en la cocina para ablandar o aplastar diversos alimentos.
    5. *Ho, RD, PR.* Palo grueso del mortero para majar o despulpar granos.
    6. *Ho, RD, PR.* Pene. euf; pop.
  III. 1. f. *Cu, Ar, Ur.* Pierna gruesa, *especialmente de mujer*. pop + cult → espon.
    2. adj/sust. *Pe. Referido a persona*, de constitución fuerte y robusta. pop.
  IV. 1. adj. *Py, Ar, Ur. Referido a caballo*, viejo, de cascos crecidos y que, por esa causa, anda con dificultad. rur.
  V. 1. f. *Ho, Ar.* Persona torpe, poco hábil. rur; desp.
  VI. 1. sust/adj. *Cu.* Persona que se ha enriquecido con el contrabando. pop. (**macetón**).
    2. *Cu.* Persona que tiene mucho dinero. pop. (**macetón**).
  VII. 1. adj/sust. *Gu. Referido a persona*, que saca provecho de las situaciones favorables.
  VIII. 1. adj. *PR.* **cagado**, tacaño. pop + cult → espon ^ desp.
  IX. 1. adj/sust. *PR. Referido a persona*, **turco**, persona avara. pop + cult → espon.

  ■
    a. ‖ **la mera ~.** f. *Ho.* Persona importante y con poder.
    b. ‖ **tamaña ~.** f. *Ho.* Persona o cosa de gran tamaño o estatura.

  □
    a. ‖ **a pura ~.** loc. adv. *Ho.* Con mucho esfuerzo, con constancia.
  ► **dar ~; echar la ~; estar por la ~; llover ~; montar ~; montarse ~; rumbarse ~; tirar ~; valer ~; volar ~; zamparse ~.**

macetazo.
  I. 1. m. *Ni, PR, Bo.* Golpe fuerte en cualquier parte del cuerpo, *especialmente en la cabeza*.

maceteada.
  I. 1. f. *Ec.* Serie de golpes que se dan al tejido de un sombrero de jipijapa para uniformarlo.

2. *Ho.* Paliza, **golpiza** que da o recibe una persona.

3. *Ho.* metáf. Derrota amplia que se inflige al contrario.

maceteado, -a.

I. 1. adj. *Pe*; *Bo*, pop; *Ch*, pop + cult → espon. *Referido a persona o animal*, de constitución fuerte y robusta.

macetear.

I. 1. tr. *Ar.* Ablandar el cuero con una **maceta**. rur.

2. *Ec.* En la fabricación de sombreros de jipijapa, golpear el tejido con el mazo para darle uniformidad.

II. 1. tr. *Ho*, *Ni*; *PR*, juv. Golpear, dar una paliza a *alguien*. (**masetear**).

2. *Ho.* metáf. Vencer, derrotar ampliamente a *alguien*.

3. *PR.* Golpear a *alguien* con una **maceta** o maza. (**masetear**).

III. 1. tr. *PR.* Arreglar algún trabajo a conveniencia propia.

maceteo.

I. 1. m. *Ec.* Serie de golpes que se dan al tejido de un sombrero de jipijapa para uniformarlo.

II. 1. m. *PR.* Arreglo de algo para obtener el resultado deseado en un asunto o problema. pop + cult → espon.

macetera.

I. 1. f. *Ni*, *CR*, *Co*, *Ur.* Recipiente para cultivar plantas, *hecho por lo general de barro cocido*.

macetero.

I. 1. m. *PR.* Gallo de pelea poco diestro en el tiro de la **espuela** o espolón.

macetín.

I. 1. m. *Pa.* Palillo de metal o madera con una bola gruesa en un extremo que sirve para tocar el tambor. pop + cult.

macetón, -na.

I. 1. adj. *Ar.* Referido a persona, de piernas y caderas anchas. pop + cult → espon.

II. 1. sust/adj. *Cu.* **maceta**, persona que se ha enriquecido.

2. *Cu.* **maceta**, persona que tiene mucho dinero.

macetudo, -a.

I. 1. adj. *Ur*; *Ar*, desp. *Referido a persona*, de piernas gruesas y de tobillos anchos. pop + cult → espon.

2. *Bo.* Referido a persona, de piernas gruesas y cortas. pop + cult → espon.

3. *Ni.* Referido a persona, que tiene cabeza grande.

II. 1. adj/sust. *Cu*; *Bo*, pop + cult → espon. *Referido a persona*, de gran fortaleza física.

III. 1. adj. *Ni.* Referido a persona, inteligente.

macha.

I. 1. f. *Mx*, *Gu*, *Cu.* Lesbiana. desp.

2. adj/sust. *Gu*, *ES*, *PR*, *Bo.* Referido a una mujer, que en su corpulencia o acciones parece hombre. pop + cult ⌃ espon ⌃ desp.

3. sust/adj. *Gu.* Prostituta. vulg; desp.

II. 1. adj/sust. *Ni*, *PR*, *Co*, *Ve*, *Bo*; *Pe*, p.u.; pop. *Referido a una mujer*, valiente, atrevida. pop + cult → espon.

III. 1. f. *Pe.* Molusco marino bivalvo de hasta 20 cm de longitud, de concha cilíndrica alargada de bordes paralelos; es comestible. (Solenidae; *Ensis macha*). ♦ **huepo**; **navajuela**.

2. *Ch.* Molusco marino bivalvo de hasta 7 cm de longitud, de forma triangular y alargada y color amarillo grisáceo; es comestible. (Mesodesmatidae; *Mesodesma donacium*).

IV. 1. f. *Ar.* Borrachera. pop + cult → espon.

■

a. ‖ **mala ~.** f. *Ar:NO.* Borrachera caracterizada por un comportamiento agresivo. pop + cult → espon.

□

a. ‖ **la ~.** loc. adj. *Co:C.* Muy grande o extraordinario. pop.

machaca.

I. 1. f. *Mx.* Carne de **res** deshebrada y seca.

II. 1. f. *Ve*; *RD*, *PR*, pop + cult → espon. *En una conversación*, repetición insistente de un tema que causa molestia y hastío.

III. 1. f. *Gu*, *Ho*, *Ni*, *PR.* Pez de agua dulce de hasta 50 cm de longitud, con el cuerpo alargado, de color plateado y una gran boca de dientes afilados donde sobresale la mandíbula inferior; es comestible, pero tiene muchas espinas. (Characidae; *Brycon guatemalensis*).

IV. 1. f. *Ni.* Comida, alimento.

■

a. ‖ ~ **bendita.** m-f. *Ho.* Periodista muy religioso que acepta sobornos. fest.

machacado.

I. 1. m. *EU:SO*, *Mx:NO.* Guiso elaborado con **machaca** o carne de **res** seca, huevo y manteca.

II. 1. *Pe.* **machacado de membrillo**.

■

a. ‖ ~ **de membrillo.** m. *Pe.* Dulce de membrillo. ♦ **machacado**.

machacante.

I. 1. m. *Cu*, *Bo.* Hombre con el que alguien mantiene relaciones sexuales.

2. *Bo.* Hombre que vive en concubinato con una mujer. pop.

II. 1. adj. *Cu.* Referido a cosa, insistente, molesta.

III. 1. m. *Cu.* Ayudante del chofer de un camión. pop.

machacar(se).

I. 1. tr. *ES*, *Ni*, *Pa*, *Cu*, *RD.* Hablar mal una lengua.

II. 1. tr. *ES*, *Ni.* Comer *alguien algo*.

III. 1. tr. *Gu.* Hacer o decir *algo* de manera insistente o perseverante.

●

a. ‖ **machacando.** *Cu.* **machacando en baja**.

b. ‖ **machacando en baja.** fórm. *Cu.* Se usa como respuesta para informar de que alguien está como de costumbre, siguiendo su rutina habitual. ♦ **machacando**.

□

a. ‖ ~**se la corbata.** loc. verb. *Cu.* Preocuparse excesivamente por algo.

b. ‖ ~**se los huevos.** loc. verb. *Cu.* Aceptar con resignación una situación, una tarea o una obligación. pop.

machacha.

I. 1. f. *RD.* Planta trepadora de hasta 5 m de longitud, leñosa en su base y con las hojas muy lobuladas. (Euphorbiaceae; *Dalechampia scandens*). ♦ **mala mujer**.

machaco.

I. 1. m. *Pe.* Riego previo a la siembra. rur.

machacón.

I. 1. *Gu.* **machucón**, golpe.

machacón, -na.

I. 1. adj/sust. *Gu*, *Bo:O*; *Pe:S*, obsol. *Referido a un estudiante*, muy estudioso. est.

machacuana.

I. 1. f. *Mx:NO.* Planta herbácea trepadora de hasta 4 m de altura, de hojas alternas, ovales o acorazonadas, inflorescencias en racimos pedunculados axilares, flores grandes, acampanadas, azules o púrpuras con partes de color blanco, y fruto en cápsula dehiscente, con semillas ovaladas y de color negro. (Convolvulaceae; *Ipomoea violacea*). ♦ **ferrocarril**.

machada.

I. 1. f. *Bo.* Hábito de tomar bebidas alcohólicas frecuentemente o en exceso. pop.

II. 1. f. *Ni.* Error grave.

machadiño.
> I. 1. m. *Bo:E.* Machete pequeño que se utiliza para hacer cortes en la **siringa**.

machado, -a.
> I. 1. adj/sust. *Ar:NO*, pop + cult → espon; *Bo:S*, pop. *Referido a persona*, borracha.

machador, -ra.
> I. 1. adj. *Ar:NO. Referido a una bebida*, que tiene una graduación alcohólica alta y embriaga fácilmente. rur; pop + cult → espon.

machalá.
> •
> **a.** ‖ ~. fórm. *CR.* Se usa para desear que no suceda algo considerado como negativo. pop.

¡machalá!
> I. 1. interj. *Ni.* Expresa el deseo de conjurar algo que se teme.

machambrar.
> I. 1. tr. *ES.* Poner el marchamo o precinto a un vehículo.

machanga.
> I. 1. sust/adj. *Cu.* Mujer que en su corpulencia o acciones parece un hombre. pop ^ desp.
> II. 1. f. *PR.* Marihuana. drog.

machangada.
> I. 1. f. *Cu.* Conjunto de hombres desocupados reunidos para pasar el tiempo. ♦ **machanguera**.

machango.
> I. 1. m. *Ve.* **machín**, mono.
> II. 1. m. *Cu.* Hombre vividor que rehúye el trabajo y las obligaciones. desp.
> III. 1. m. *PR.* **chango**, ave.

machanguera.
> I. 1. *Cu.* **machangada**.

machao.
> I. 1. m. *Mx:NO.* Árbol de hasta 20 m de altura, de copa redondeada, ramas oblicuas y gruesas, corteza color café oscuro, hojas doblemente compuestas, flores con forma de estrella, color crema verdoso y frutos en vainas alargadas, con numerosas semillas color marrón oscuro lustroso; su madera es dura, resistente y elástica, y se emplea en construcciones. (Fabaceae; *Acacia acapulcensis*). ♦ **tepeguaje**.

machaquear.
> I. 1. tr. *Bo.* Molestar a *alguien* continuamente.
> II. 1. intr. *Ho.* Aceptar *alguien* un soborno.

machaqueo.
> I. 1. m. *Bo.* Machaconería.

machaquero.
> I. 1. m. *Ho.* Hombre que se dedica a cortar caña de azúcar.

machaquero, -a.
> I. 1. adj. *Ho.* metáf. *Referido a un periodista*, que soborna.

machar(se).
> I. (Del aim. *machaña*; quech. *machay*, ingerir bebidas alcohólicas).
> 1. intr. prnl. *Ar:NO*, pop + cult → espon; *Bo*, pop. Emborracharse.
> 2. tr. *Bo, Ar:NO.* Causar borrachera. pop + cult → espon.
> 3. intr. *Bo:O.* Ingerir bebidas alcohólicas en exceso. pop.
> II. 1. *PR.* **machear**, combinar.

machare.
> I. 1. m. *Ec.* Árbol de hasta 50 m de altura, de hojas aovadas, opuestas, flores rosadas, rojas o anaranjadas en inflorescencias densas axilares o terminales, y fruto en forma de baya, de color amarillento, con varias semillas lisas; su madera se emplea en construcción y ebanistería. (Guttiferae; *Symphonia globulifera*). ♦ **cerillo**; **palo barillo**.

macharrán.
> I. 1. m. *PR.* Hombre bestial, de aspecto repulsivo. pop + cult → espon ^ desp.

machasca.
> I. 1. adj. *Bo:S. Referido a persona*, borracha. pop.

machashca.
> I. 1. adj/sust. *Pe:N,E. Referido a persona*, borracha. rur; pop.

machaza.
> I. 1. f. *Pa, Py; Ec*, p.u.; fest. Mujer hombruna. pop + cult → espon.

machazo, -a.
> I. 1. adj/sust. *Ni, Pa, Cu, RD, Co, Ec, Pe, Bo, Py, Ar. Referido a persona, especialmente a un hombre*, valiente, audaz. pop + cult → espon.
> 2. *Pe*; sust/adj. *Bo. Referido a persona*, fuerte, enérgica, vigorosa. pop.
> II. 1. adj. *Ar, Ur. Referido a cosa*, muy grande, muy fuerte, de gran magnitud. pop + cult → espon.
> III. 1. adj/sust. *Ni, Cu, RD. Referido a un hombre*, bien parecido. pop.

macheaje.
> I. 1. m. *Bo.* Conjunto de animales machos destinados a procrear. pop.

machear. (Del ingl. *to match*).
> I. 1. tr. *EU, PR.* Combinar, *especialmente las prendas de vestir*. pop + cult → espon. (**machar**).
> 2. intr. *Cu, PR.* Armonizar, combinar una cosa con otra. pop.

machenque.
> I. 1. m-f. *Ho.* Persona valiente.

machepa.
> I. 1. m-f. *RD.* **hijo de machepa**.
> 2. *RD.* Persona desconocida, de poca importancia e insignificante.

machera.
> I. 1. f. *Co:C.* juv. Persona o cosa extraordinarias que producen gran impresión o sorpresa. pop.
> □
> **a.** ‖ **¡a la ~!** loc. interj. *Co:C.* Expresa que algo es excelente, grandioso. espon ^ hiperb ^ fest.

machero.
> I. 1. m. *PR.* Cercado de tela metálica en el que se recluyen los pollos hasta los cinco meses de edad. rur.
> 2. *PR. En las peleas de gallos*, corral espacioso para los **pollos ingleses** que se convertirán en gallos de pelea donde corren y se ejercitan bajo el cuidado del gallo **cabestro**.

machero, -a.
> I. 1. m. y f. *Pe, Ch.* Persona dedicada a la captura y recogida de **machas**, moluscos.
> 2. adj. *Ch.* Relativo a la captura de **machas**, moluscos de unos 7 cm.

macheta.
> I. 1. f. *Co; Ar:NO.* rur. Machete corto y ancho.

machetazo.
> I. 1. m. *Gu, Ni, CR, Pa, Cu, RD, Co, Ve, Ec.* Herida y cicatriz que produce un machete.
> 2. *ES.* metáf. Vulva.
> II. 1. m. *Cu.* Saldo, venta a bajo precio. pop.
> ▶ **volar ~**.

machete.
> I. 1. m. *Ni, Co:N, Bo, Ar.* Trozo de papel en el que un estudiante anota fórmulas y otros datos para usarlos a escondidas en un examen. est.
> 2. *Ni, Bo, Ar.* Apunte que sirve de ayuda para recordar información. pop.

II. 1. m. *Pe.* Pez marino de hasta 35 cm de longitud, de cuerpo comprimido, boca grande y proyectante, color plateado con manchas en los laterales; es comestible. (Cupleidae; *Ethmidium maculatum*).

2. *Pe.* Pez marino de hasta 28 cm de longitud, de color plateado, cuerpo delgado y abultado en la parte central, frente cóncava, boca oblicua con la mandíbula inferior prominente, aletas pectorales y caudales amarillas. (Pristigasteridae; *Ilisha fuerthii*).

3. *Bo:E.* Pez de cuerpo comprimido y muy alargado, de boca enorme, con dientes largos y agudos, aleta dorsal pequeña y oval, las pectorales y la anal son alargadas y la caudal es truncada. (Characidae; *Rhaphiodon volpinus*).

4. *PR.* **gualiqueme**, árbol.

III. 1. m. *Pe. En una pareja*, el hombre respecto de la mujer. pop.

2. *Bo, Py.* Hombre que mantiene relaciones sexuales con una mujer fuera del matrimonio. pop.

IV. 1. m. *Cu, Ve.* Pene. vulg.

V. 1. m. *CR, PR, Bo.* Herramienta para trabajos agrícolas, similar a un cuchillo, pero de hoja más ancha y curvada.

2. *Cu.* Máquina usada en las fábricas de cigarros para cortar el tabaco y convertirlo en hebras.

VI. 1. adj. *Ve. Referido a un hombre*, inteligente y eficiente.

VII. 1. sust/adj. *Ve.* Cosa buena o positiva.

VIII. 1. m. *CR, RD.* p.u. Ocupación u oficio con el que una persona se procura el sustento.

2. *Ho, Ni.* Instrumento, aparato o vehículo con el que alguien se gana la vida.

IX. 1. sust/adj. *Bo.* fest. Hombre avaro o mezquino. pop + cult → espon.

X. 1. m. *Bo:O.* Pequeña cantidad de dinero que una persona obtiene de la mendicidad. pop.

•

a. ‖ **~ estate en tu vaina.**
i. fórm. *Gu, Ho, ES, Ni, CR, Co, Ve.* Se usa para abstenerse de actuar en algo que implica riesgo.
ii. *Ho, Ni.* Se usa para amenazar veladamente a alguien para que no se entrometa.

■

a. ‖ **~ de corte.** m. *Ho, Co.* Machete recto con corte por un lado que termina en punta.

b. ‖ **~ de pando.** m. *Ho.* Machete de hoja curva pero con una ligera ondulación hacia abajo en el corte que facilita el deshierbe.

c. ‖ **~ de taco.** m. *Ho.* Machete pequeño y curvo con mango de madera. ♦ **mocho**.

d. ‖ **~ sable.** *Gu.* **tajalí**, pez.

□

a. ‖ **~ firme.** loc. sust. *Bo:O.* Cantidad apreciable de dinero que una persona obtiene mendigando. delinc.

b. ‖ **~ fulero.** loc. sust. *Bo:O.* Persona que obtiene poca cantidad de dinero mendigando. delinc.

▰

a. ‖ **~ caído, indio muerto.** fr. prov. *Gu.* Indica que un suceso fatal anuncia el fracaso de un asunto. rur.

b. ‖ **~ en el agua no deja señal.** fr. prov. *Pa.* Indica que una relación amorosa sin testigos permanece secreta. rur; pop + cult → espon.

▶ **dar ~; echar ~; estar con el ~ desenvainado; sacar ~; ser hacha y ~; volar ~.**

machete, -a.

I. 1. sust/adj. *Ur.* Persona avara o mezquina. pop + cult → espon.

macheteada.

I. 1. f. *Ho, ES, Ni, RD.* Conjunto de heridas o cicatrices causadas por un machete.

II. 1. f. *Bo:C,E,O.* Obtención de dinero o pertenencias de alguien sin intención de devolverlos. pop.

III. 1. f. *Ho.* metáf. **Tortilla** de harina de trigo frita, con varias incisiones rectas en la superficie superior.

macheteadera.

I. 1. f. *Ho.* Pelea a machetazos.

macheteado, -a.

I. 1. adj. *Gu, Ho, ES, Ni, Cu, Ec, Bo; CR, Pa, RD, Ve,* rur. *Referido persona o cosa*, golpeada o cortada con un machete o cuchillo.

2. *Ni, CR, Pa, RD. Referido a persona*, herida o muerte causada con machete o cuchillo. rur.

II. 1. adj. *Pe. Referido a persona o cosa*, maltratada. pop + cult → espon.

III. 1. adj. *Ni, Cu. Referido a un trabajo*, mal realizado.

IV. 1. adj. *Ho, ES. Referido a la forma de hablar*, brusca y entrecortada.

V. 1. adj. *Cu. Referido a persona*, descartada, rechazada en una selección.

▶ **cagarse en lo macheteado.**

machetear(se).

I. 1. intr. *Mx, Gu.* Estudiar con ahínco *algo* que se ha de aprender o retener en la memoria.

2. tr. *Mx, Gu.* Trabajar con ahínco. pop.

3. intr. *Mx.* Cavilar o reflexionar sobre algo con insistencia.

II. 1. tr. *Ho, ES, Ni, Cu; CR, Pa, RD, Ve, Ec, Pe, Bo,* rur. Herir o matar a *alguien* con un machete o cuchillo. (**amachetear**).

2. *Ni, CR, RD, PR, Pe.* Cortar *algo* con un cuchillo o machete. rur.

3. *Pe.* metáf. Maltratar *una persona* a *alguien*. pop + cult → espon.

III. 1. intr. *Bo, Ar.* Utilizar un estudiante **machetes** en un examen. est.

2. *Ar.* Utilizar un orador un **machete** o apunte, *generalmente con disimulo*. pop + cult → espon.

3. intr. prnl. *Ar.* Valerse un orador de un **machete** o apunte, *generalmente con disimulo*. pop + cult → espon.

IV. 1. tr. *Ni, Cu, RD, PR, Co, Ve, Bo.* Hacer un trabajo sin esmero o dejarlo sin terminar. pop + cult → espon.

V. 1. tr. prnl. *Bo, Ar.* Mantener relaciones sexuales con alguien, *especialmente extramatrimoniales*. pop + cult → espon.

VI. 1. tr. *Ho, ES, Ni, Bo.* Trabajar o golpear *algo* con el **machete**, herramienta de trabajos agrícolas.

2. intr. *CR, PR, Bo.* Trabajar con **machete**, herramienta de trabajos agrícolas.

VII. 1. tr. *Pa, Pe, Bo.* Criticar severamente a *alguien*. pop.

VIII. 1. intr. *Ch; Bo:O.* delinc. Pedir dinero a alguien desconocido en un sitio público y en cantidades pequeñas para satisfacer alguna necesidad inmediata, como beber o fumar y sin intención de devolverlo. pop + cult → espon.

2. *Bo:C,O.* Quedarse con algo que se ha pedido prestado. pop.

3. *Ur.* Comportarse con avaricia o mezquindad. pop.

IX. 1. tr. *Ho, ES, Ni, Bo.* Pelearse dos personas con machete.

X. 1. tr. *Ch.* **picar**, adulterar una droga. drog.

XI. 1. tr. *Ho.* Modificar, cambiar o recortar *algo*, *generalmente un documento o escrito*.

XII. 1. tr. *Ho.* Recordar *algo* con insistencia.

XIII. 1. tr. *PR.* Cuidar una persona de más edad a otra de menor edad en actos sociales. pop + cult → espon.

macheteo.

I. 1. m. *Mx.* Estudio intensivo hecho por una persona.

II. 1. m. *Cu, PR.* Actuación o trabajo descuidado por la prisa. pop + cult → espon.

III. 1. m. *Ch.* Petición de dinero, *especialmente en un sitio público*, sin intención de devolverlo. pop.

machetera.
  I. 1. f. *Pa.* Riña llevada a cabo con machetes.
  II. 1. f. *Pa.* Crítica mordaz.

machetero.
  I. 1. m. *Ve.* obsol. Militar inculto y sin formación académica.
  II. 1. m. *Bo:O.* Miembro de la policía que extorsiona a los niños que trabajan en las calles. pop.
  2. *Bo:O.* Empleado público que suele pedir una **coima** para agilizar cualquier trámite legal. pop + cult → espon.
  III. 1. m. *Bo:E.* Ave de hasta 15 cm de longitud, de color marrón con el vientre pardo, con una gran corona eréctil en forma de media luna, de color naranja con motas negras, que utiliza para cortejar y amenazar. (Tyrannidae; *Onychorhynchus coronatus*).
  IV. 1. m. *Bo:C,O.* Conductor de un servicio de transporte público y propietario del vehículo que cambia arbitrariamente de línea y de ruta con el propósito de obtener mayor número de pasajeros. pop.

machetero, -a.
  I. 1. adj/sust. *Mx, Gu. Referido a un estudiante*, que se dedica con ahínco a sus estudios. est.
  2. sust/adj. *Bo, Ar.* Estudiante que utiliza **machetes** en un examen. est.
  3. *Ho, ES.* Profesor que suspende a muchos alumnos. est.
  II. 1. adj. *Gu, ES, Ni, Ve, Ch. Referido a persona o a su conducta*, brusca, violenta o agresiva. pop.
  2. *Ho, Bo; Ch.* pop ^ desp. *En algunos deportes, referido a persona*, que juega sucio o violentamente con los contrarios.
  3. adj/sust. *Pe. Referido a persona*, que maltrata a otra. pop + cult → espon.
  III. 1. m. y f. *Mx.* Persona que vigila y ayuda en la carga de un camión.
  IV. 1. sust/adj. *Gu, Ho, ES, Ni, RD.* Persona diestra en el manejo del machete.
  2. *Gu, Ho, ES, Ni, RD.* Persona que con frecuencia agrede a otra con el machete.
  3. m. y f. *Pa.* Hombre que se dedica a limpiar con el machete el monte de maleza.
  V. 1. m. y f. *Co.* Persona que trabaja sin esmero o de manera poco profesional. pop ^ desp.
  VI. 1. m. y f. *Bo, Ch.* Persona que se dedica a **machetear**, pedir dinero. pop + cult → espon.
  2. *Bo:O.* Persona que pide limosna en la calle, *generalmente por necesidad*. delinc.
  VII. 1. adj/sust. *Bo:E,O. Referido a persona*, que no paga sus deudas o que no devuelve las cosas que se le prestan. pop.
  2. *Bo:C,O. Referido a persona generalmente joven*, que se queda con una parte del dinero de otra al hacer una compra. pop.
  VIII. 1. sust/adj. *Ni.* Persona, medio de comunicación o programa que critica la actualidad o a personajes del momento.
  IX. 1. adj. *Pa. Referido a cosa*, que es resistente y de larga duración.
  2. *Pa. Referido a cosa*, que se le da mucho uso.
  X. 1. m. y f. *PR.* Miembro de Los Macheteros, organización clandestina que persigue obtener la independencia de Puerto Rico mediante acciones terroristas.

  ■
  a. ‖ **~ de salón.**
    i. m. y f. *PR.* Persona que predica la revolución, pero que no la practica. pop + cult → espon ^ desp.

    ii. *PR.* Persona cobarde. pop + cult → espon ^ desp.

machetico.
  I. 1. *RD.* **gualiqueme**, árbol.

machetilla.
  I. 1. f. *Ve:O.* Machete utilizado para cortar leña. pop.

machetín.
  I. 1. m. *Cu.* Machete corto.

machetito.
  I. 1. *Pa.* **frijolillo**. (Fabaceae; *Erythrina* spp.).

machetiza.
  I. 1. f. *Mx.* Conjunto de machetazos que se propinan a alguien.

machetón.
  I. 1. m. *Mx:SE, Gu.* Árbol de hasta 10 m de altura, con tronco delgado y liso, hojas alternas compuestas de hojuelas elípticas, flores blanquecinas en espigas axilares y con vello sedoso, y fruto en legumbre; comúnmente se planta para dar sombra al café. (Fabaceae; *Inga* spp.). ♦ **guama**; **jinicuil**; **pacae**.
  II. 1. m. *Ve.* Pez de agua dulce de coloración vistosa que emite descargas eléctricas poco intensas. (Gymnotidae; *Gymnotus* spp.).

machetón, -na.
  I. 1. adj/sust. *Pe. Referido a un gallo*, de cresta grande. rur.
  II. 1. m. y f. *Ve.* Persona hábil y eficiente en una actividad específica.
  III. 1. adj. *Gu, ES, Ni. Referido a soldado o mando militar*, ignorante y mandón.
  IV. 1. adj. *ES, Ni. Referido a persona*, tosca, vulgar y grosera en el trato. desp.

machetona.
  I. 1. adj/sust. *Mx, Gu. Referido a niña*, que gusta de hacer cosas *habitualmente consideradas masculinas*. pop + cult → espon.
  2. adj. *Ec. Referido a mujer*, de nariz muy grande y curvada. pop + cult → espon ^ desp.

machi.
  I. (Voz mapuche).
  1. m-f. *Ar.* En la cultura araucana o mapuche, curandero, *especialmente cuando es mujer*.
  2. *Ch.* En la cultura araucana o mapuche, curandero con poderes mágicos.
  II. 1. m-f. *Pa.* En la cultura kuna, niño, hijo.

máchica. (Del quech. *machka*, harina).
  I. 1. f. *Pe.* Harina de maíz tostado mezclada con azúcar y canela.
  2. *Ec.* Harina de cebada tostada.

machigua. (Del nahua *maitl*, mano de moler y *chihua*, hacer).
  I. 1. f. *Ho, ES, Ni.* Agua con residuos de masa de maíz con que se ha lavado la piedra de moler para comida de cerdos. (**machigüe**). ♦ **aguachigua**.
  2. *Ho.* Agua con residuos de cualquier sustancia.
  II. 1. f. *CR:N.* **machigüe**. rur.

machigüe.
  I. 1. m. *Mx.* Agua en la que se mojan las manos antes de moler y amasar maíz. rur. (**machihue**).
  2. *Ni.* **machigua**, agua con residuos.
  II. 1. m. *Ni, CR:N.* Conjunto de residuos de alimentos usados para alimentar cerdos. rur. (**machigüe**).

machigüiiste. (Del nahua *muchitl*, todo, y *huitzic*, espinoso).
  I. 1. *Ni.* **espino negro**, árbol.

machihue.
  I. 1. *Mx.* **machigüe**, agua para preparar maíz. rur.

machilo.
  I, 1. *Ar:NO.* **pirincho**, ave.

machimango.
   I. 1. m. *Pe.* Árbol de más de 35 m de altura, de copa ancha, hojas simples y alternas, fruto seco globoso encapsulado con una tapa que se abre y deja caer la semilla al suelo. (Lecythidaceae; *Eschweilera* spp.).

machimba.
   I. 1. f. *Ve:E.* Palo, clavado en el suelo, provisto de una punta afilada sobre la que se golpea el coco hasta desprenderle las fibras que rodean el endocarpio.

machimberra.
   □
   a. ‖ **a la ~.** loc. adv. *Ve.* Sin cuidado y esmero. pop.

machimbrado. (Sínc. de *machihembrado*).
   I. 1. m. *Mx, Ho, Ni, Cu, Pe, Ur.* Proceso de hacer a una tabla un saliente y a otra una caja para encajarlas y unirlas.
   2. *Pe, Bo.* Revestimiento del suelo con **machimbre**.
   3. *Pe, Bo.* Suelo de una habitación revestido con **machimbres**.

machimbrado, -a.
   I. 1. adj. *Mx, Ho, Ni, Pa, Cu, Ve, Pe, Ur. Referido a tabla o techo,* ensamblado con la técnica del **machimbre**.

machimbradora.
   I. 1. f. *Mx, Ni, Pe, Ur.* Máquina que hace mecánicamente el **machimbrado** a las tablas.

machimbrao.
   I. 1. m. *Cu.* Corte de pelo que consiste en rebajar progresivamente el pelo desde la parte superior de la cabeza hacia abajo.

machimbrar. (Sínc. de *machihembrar*).
   I. 1. tr. *Mx, Gu, Ho, ES, Ni, CR, Pa, Cu, Pe, Bo, Py; Ur,* pop + cult → espon. Ensamblar dos piezas de madera a caja y espiga o a ranura y lengüeta.
   2. *Pe, Bo.* Revestir el suelo de una habitación con **machimbres**.

machimbre. (De *macho* y *hembra*).
   I. 1. m. *Mx, Gu, Ho, ES, Ni, Pa, Ec, Pe, Bo, Py, Ar, Ur.* Técnica de ensamblaje de dos piezas de madera de modo que el saliente de una penetre en la ranura de la otra.
   2. *Ho, ES, Ni, Pe, Bo, Ch, Py, Ar, Ur.* Conjunto de tablas ensambladas con la técnica de **machimbre**.

machín.
   I. 1. m. *Mx.* Hombre que se jacta de ser osado y valiente. pop.
   2. *Mx.* Hombre homosexual que aparenta no serlo. pop.
   II. 1. m. *Co:N, Ve, Ec, Pe:N.* Mono de hasta 50 cm de longitud, sin incluir la cola, de cabeza pequeña y poco saliente, extremidades cortas, pies de cinco dedos, cola prensil, nariz y área alrededor de los ojos desnudas y de color rosáceo, y resto del cuerpo de color negro con excepción de la cara, el cuello y los hombros, que son de color blanquecino. (Cebidae; *Cebus capucinus*). ♦ **bruno; carablanca; careto; lanco; machango; machín blanco; mico; mico capuchino; mico maicero; mono blanco; mono capuchino; mono carablanca; mono micofraile; mono negro; pancho.**
   III. 1. m. *Pa.* obsol. *En los juegos de niños,* sitio o punto en el que se está seguro, libre de persecución.
   2. *Pa. En los juegos de niños,* tregua.
   IV. 1. m. *Ni.* Animal u hombre adultos de estatura pequeña.
   V. 1. m. *Ni.* Ternero en celo.
   ●
   a. ‖ **~ candado.** fórm. *Pa.* Se usa cuando se da una patada a alguien en las nalgas, especialmente si está inclinado hacia delante.

■
   a. ‖ **~ blanco.** *Ec, Pe:N.* **machín**, mono de hasta 50 cm de longitud.
□
   a. ‖ **~ candado.** loc. sust. *Pa.* Golpe en las nalgas que se le da a alguien cuando está inclinado hacia delante, doblado por la cintura.
   b. ‖ **~ machón.** loc. sust. *Co:NE.* Barra de madera o metal apoyada en equilibrio en su punto medio, de forma que quienes se sitúan en sus extremos suben y bajan alternativamente. ♦ **tintibajo.**

machina.
   I. 1. m. *PR.* Tiovivo, caballitos.
   2. *PR.* meton. Máquina de cualquier tipo de un parque de diversiones o una feria.
   3. *PR.* metáf. Persona que da vueltas en un mismo sitio.
   II. 1. f. *PR.* Medio de transporte que presta servicio de forma gratuita en un trayecto corto.
   III. 1. m. *CR.* Aparato que consiste en una armazón de palos o varillas, usado para extraer por aporreo los granos del arroz o del **frijol**. rur.
   ▶ **tener los ojos como caballito de ~.**

machinar.
   I. 1. intr. *CR.* Trabajar con la **machina**, aparato para extraer granos. rur.

machincuepa. (Del nahua *maitl,* mano, *tzintli,* trasero, y *cuepa,* voltearse).
   I. 1. f. *Mx, Ni.* Voltereta, pirueta, **maroma.** pop + cult → espon. (**machingüepa**).
   2. *Mx.* Cambio que hace un político para irse de un partido político a otro. pop + cult → espon. (**machingüepa**).

machinear.
   I. 1. intr. *PR.* Dar vueltas continuamente por los mismos sitios y sin propósito alguno.

machinero, -a.
   I. 1. m. y f. *PR.* Persona dueña o administradora de una **machina**, máquina de un parque de diversiones.

machinga.
   I. 1. f. *Pe:E.* Árbol de hasta 45 m de altura, de corteza acanalada, cilíndrica, madera rojiza, flores unisexuales, solitarias, axilares de color amarillo, y drupa globosa. (Moraceae; *Brosimums* spp.).

machingüepa.
   I. 1. f. *Mx:E.* **machincuepa.** pop + cult → espon.

machiro, -a.
   I. 1. adj. *Ve:O. Referido a animal,* fiero y difícil de domar. pop.

machito.
   I. 1. m. *Mx.* Conjunto de intestinos de animal que se comen fritos o asados. (**macho**).
   II. 1. m. *Ec:O.* Sombrero ordinario de paja.
   III. 1. m. *Ni.* Juego del *jacks.*

machitún.
   I. 1. m. *Ch. Entre los mapuches,* rito de sanación oficiado por una **machi**.
   2. *Ch.* metáf. Fiesta, reunión amistosa. pop.

macho.
   I. 1. m. *Mx:SE, Cu.* Grano de arroz con cáscara. ♦ **churú.**
   II. 1. *Mx.* **machito,** conjunto de vísceras.
   III. 1. m. *Gu, Pa.* Planta, *generalmente árbol* que no da frutos. rur. conjunto de vísceras.
   IV. 1. m. *ES, Ni.* Toalla sanitaria que usan las mujeres en la menstruación.
   V. 1. m. *Cu:E.* Cerdo, mamífero artiodáctilo. (Suidae; *Sus scrofa*).

VI. 1. m. *Ur.* p.u. Punzón cortante usado para dar roscas interiores.

VII. 1. m. *Pa.* Escalera que se usa para la recolección del café.

●
a. ‖ **este ~ es mi mula.** fórm. *Ho, ES, Ni, CR.* Se usa para indicar que una persona es terca o testaruda. pop.

■
a. ‖ **~ corriendo.** m. *Ho:N,O.* Comida hecha de sobrantes de carne vacuna proveniente de la sopa, que se desmenuzan, se les agrega un batido de huevos y se fríen.

b. **~ de monte.**
i. *CR; Pa,* rur. **danto,** mamífero. (**machoemonte**).
ii. *Pa.* Marido, esposo. pop ^ desp.

c. ‖ **~ menos.**
i. m. *Mx,* espon ^ fest; *Ch,* pop. Hombre homosexual. (**machomeno; machomenos.** pop.
ii. sust/adj. *Bo:O.* Persona poco diestra en un oficio o que comete errores en la realización de un trabajo por inexperiencia o por falta de habilidad. delinc.

d. ‖ **~ recio.** m. *Ch.* Varón con fama de muy viril. pop + cult → espon.

□
a. ‖ **a lo ~.**
i. loc. adv. *Mx, Gu, ES, Ni, Pa, RD, Ve, Ec, Pe, Ur.* A la brava, sin contemplaciones. pop + cult → espon. ♦ **a lo mero macho.**
ii. *Mx, Gu.* Sinceramente, sin dobleces, de verdad. pop. ♦ **a lo mero macho.**
iii. *RD, Bo:O, Ur.* Con mucha valentía. pop + cult → espon.

b. ‖ **a lo mero ~.**
i. loc. adv. *Mx.* **a lo macho,** a la brava. pop.
ii. *Mx.* **a lo macho,** sinceramente. pop.
iii. *Bo:O, Ch.* Con mucha valentía. pop. + cult. → espon. ♦ **a lo macho.**

c. ‖ **¡~Camacho!** loc. interj. *Bo:O.* Expresa admiración o aprobación. pop + cult → espon.

d. ‖ **¡para su ~!** loc. interj. *Pe.* Expresa admiración por algo. pop + cult → espon.

◪
a. ‖ **a ~ dado no le busca colmillo.** fr. prov. *Ho.* Indica que se acepta sin reparos algo por ser regalado. pop.

b. ‖ **~ que respinga, chimadura tiene.** fr. prov. *Ho.* Indica que el que se disculpa de algo es porque es responsable. pop.

▶ amarrar el ~; caerse del ~; montarse en su ~; parar el ~; parecer cola de ~; salir ~ el calzón; ser ~ de carga; ser ~ probado; ser ~ sin dueño.

macho, -a.
I. 1. adj. *Co, Ur. Referido a cosa,* muy grande, extraordinaria. pop.
II. 1. adj. *Ve. Referido a enfermedad,* muy fuerte. pop.
III. 1. adj. *Gu, Ni. Referido a persona,* necia, torpe u obstinada. pop.
IV. 1. adj. *CR. Referido a persona,* de pelo rubio. pop.
2. *CR. Referido a pelo,* rubio. pop.

machoemonte.
I. 1. m. *Pa.* **macho de monte,** danto.

machomacho.
I. 1. adj/sust. *Bo. Referido a persona,* fanfarrona, que aparenta valentía, fortaleza o seguridad. pop + cult → espon.

machomeno.
I. 1. sust/adj. *Ch, Py, Ar.* **macho menos.** pop + cult → espon ^ fest.

machomenos.
I. 1. sust/adj. *Bo, Ch, Ar.* **macho menos.** pop + cult → espon ^ fest. (**macho menos**).

machómetro.
I. 1. m. *RD.* Hombre que destaca entre otros por tener en alto grado las características consideradas tradicionalmente como propias del sexo masculino. pop + cult → espon.

machón, -na.
I. 1. adj/sust. *PR. Referido a persona,* grandullona. rur; pop + cult → espon.

machona.
I. 1. adj/sust. *Mx, Gu, Ho, ES, Ni, Cu, Co, Ec, Bo, Py, Ar, Ur. Referido a una mujer,* de aspecto y hábitos hombrunos. pop + cult → espon. (**machuna**).
2. adj/f. *Ho, Ni, Cu, Pe. Referido a una mujer,* lesbiana.
II. 1. adj/sust. *Ec. Referido a mujer,* que no tiene habilidad para realizar oficios domésticos. pop + cult → espon ^ desp.
2. sust/adj. *Gu.* Mujer haragana. pop.

machorrear.
I. 1. tr. *Ve.* Imponer *algo* a alguien. pop.
2. *Ve.* Humillar a *una persona.* pop.

machorrucio.
I. 1. m. *Co.* Sopa hecha de maíz pelado y triturado.
▶ jugar ~; meter ~.

machote. (Del nahua *machiolt,* ejemplo, dechado, modelo).
I. 1. m. *Mx, Gu, ES, Ni, CR; Ho,* pop + cult → espon; *Bo:E.* pop. Modelo o patrón al que se le pueden hacer pequeñas variaciones para ajustarlo a necesidades particulares.
2. *Mx, Gu, Ni.* Formulario para ser rellenado.
3. *Gu, Ho, ES, Ni, CR.* Modelo de un escrito o minuta.
4. *Pe.* Impresión de prueba de una publicación.
5. *Ho, ES, Ni.* Primer borrador de un escrito.
II. 1. m. *Ho. En sastrería y zapatería,* molde elaborado en papel u otro material que sirve de plantilla.

□
a. ‖ **a ~.** loc. adv. *Ec. En la forma de cerrar un acceso,* completamente y con total seguridad. pop.
b. ‖ **de ~.** loc. adj. *Mx. Referido a una acción,* realizada mecánicamente, sin necesidad de reflexión o deliberación.

machote, -a. (De *macho*).
I. 1. m. y f. *RD, PR.* Persona de muy buena presencia. pop + cult → espon.

machú.
I. 1. f. *PR.* Droga. drog.

machúa.
I. 1. adj. *PR. Referido a una mujer,* que tiene aspecto varonil. vulg; pop + cult → espon ^ desp.
2. *PR. Referido a una mujer,* que es capaz de hacer cosas propias del valor y del arrojo supuestos en los hombres. vulg; pop + cult → espon.

machuca.
I. 1. adj. *Ch. Referido a persona,* testaruda, porfiada. pop + cult → espon.
II. 1. f. *Ho:N.* Comida **garífuna** hecha de **plátano macho** maduro, machacado y hervido, que se mezcla con sopa de pescado o carne.

machucada.
I. 1. f. *Mx.* Atropello con automóvil. pop.
2. *Ho, ES, Ni.* Golpe, magulladura.

3. *Bo.* **Golpiza** contundente o reiterada. pop + cult → espon.
4. *Ho.* Pisotón.
II. 1. f. *Ho.* Coito. tabú.

■

a. ‖ ~ **de cerebro.** f. *Ho.* Efecto destructor de la droga en el cerebro de quien la consume. drog.

machucado, -a.
I. 1. adj. *Mx, Ho, ES, Ni.* Referido a persona o cosa, pisoteada.
II. 1. adj. *Ho, Cu.* Referido a un idioma extranjero, mal hablado.
2. *Ho.* Referido a la forma de hablar una persona, que corta bruscamente las sílabas.
3. *Pa.* Referido a una lengua, usada de forma incorrecta. pop.
III. 1. m. y f. *Ch.* Persona de clase social baja. pop.
IV. 1. adj. *Cu.* Referido a persona, agobiada, bajo fuerte presión.

machucador.
I. 1. m. *PR.* Aprendiz de domador de caballos.
2. *PR.* Domador poco diestro de caballos.

machucador, -ra.
I. 1. adj/sust. *Pe, Bo.* En una relación sexual, la persona que realiza el acto de penetrar, *especialmente el hombre.* vulg; pop.
II. 1. sust/adj. *Bo:C,O.* Persona, *generalmente joven,* que se queda con una parte del dinero de otra al hacer una compra. pop.

machucadura.
I. 1. f. *Mx, Ho, ES; Bo:O,E, Py,* pop + cult → espon. Contusión en el cuerpo de una persona o un animal, *provocada generalmente por un golpe.*
2. *ES, Bo, Py, Ur.* Herida o moretón.
II. 1. f. *PR.* Doma de un caballo. rur.

machucafuerte.
I. 1. m. *Pe.* Marido, esposo. pop.

machucante.
I. 1. m. *Co; Ec, Bo.* cult → espon. Hombre que mantiene relaciones sexuales con una mujer fuera del matrimonio. pop.
2. *Co.* Novio, compañero. pop.
3. *Pe.* En una pareja, el hombre respecto de la mujer. pop.

machucar(se).
I. 1. tr. prnl. *Mx, ES, CR, Pa, PR, Co, Ve, Pe, Bo, Py, Ar:NO.* Aprisionarse los dedos u otra parte del cuerpo provocándose daño.
2. tr. *Mx, ES, CR, Pa, Pe, Bo, Ar:NO, Ur.* Aprisionar los dedos u otra parte del cuerpo a alguien provocándole daño.
3. tr. prnl. *Ch, Ar.* Golpearse *alguien* provocándose un hematoma. pop.
4. tr. *Ar.* Hacer un **machucón** o **machucadura** a alguien.
5. *Gu, Ho, ES, Ni, Pa.* Pisar sobre algo o pisar a *alguien.*
6. *Ur, Pa,* rur; pop. Machacar o estrujar.
II. 1. tr. *Mx, Pa.* Atropellar un vehículo a *alguien.* pop.
III. 1. intr. prnl. *Mx.* Practicar el coito dos o más lesbianas. pop.
2. intr. *Pe, Bo; Ec.* cult → espon. Realizar el coito. pop.
IV. 1. tr. *Pa, Cu, Ve.* Tener escasa competencia comunicativa en una lengua. pop.
V. 1. tr. *Gu, Ni.* En las aves, cubrir el macho a la hembra. rur.
VI. 1. intr. prnl. *Ch.* Enfrentarse a algo dificultoso con sufrimiento y mucho esfuerzo. pop + cult → espon. (**machucárselas**).

VII. 1. tr. *Gu.* metáf. Humillar, avergonzar a *alguien.*
VIII. 1. tr. *Bo:C,O.* Quedarse *una persona, generalmente joven,* con una parte del dinero de otra al hacer una compra. pop.
IX. 1. tr. *PR.* Montar por primera vez un caballo salvaje. rur.
2. *PR.* Fatigar a un caballo haciéndolo correr mucho. rur.

□

a. ‖ ~ **los espárragos.** loc. verb. *Ar:NO.* Estrechar la mano fuertemente *una persona* a otra. pop + cult → espon ^ fest.
b. ‖ ~ **los tigüilotes.** loc. verb. *Ni.* Pisar los pies a alguien.
c. ‖ **machucárselas.** loc. verb. *Ch.* **machucarse,** enfrentarse. pop.

machuchín.
I. 1. m. *Ec.* p.u. Hombre que vive en concubinato. pop + cult → espon.

machucho.
I. 1. m. *Pe:S.* Bota de **futbol.** pop.

machucho, -a.
I. 1. adj. *Mx.* p.u. Referido a persona anciana, experimentada, sagaz.

machucón.
I. 1. m. *Mx, Gu, Ho, ES, Ni, Pa, Cu, RD, Co, Ve, Ec, Pe, Bo, Ar.* Golpe con el que se aplasta o machaca algo. (**machacón**).
2. *Pe, Bo:O,E, Ch, Ar, Ur; Pa.* p.u. Hematoma producido por un golpe. pop + cult → espon.
II. 1. m. *Cu, Ve.* En el **beisbol, roletazo** no muy fuerte que hace que la pelota se desplace pocos metros.
III. 1. m. *Ni.* En el **beisbol,** contacto escaso que el bateador hace con la pelota.

machuelo.
I. 1. m. *Cu, RD, PR.* Pez marino de hasta 40 cm de longitud, con aletas radiadas, cuerpo fusiforme de color plateado, y el primer radio de la aleta dorsal alargado en filamentos; es comestible. (Clupeidae; *Opisthonema oglinum*).
II. 1. m. *Ho.* Aparato manual o eléctrico que sirve para hacer o corregir la rosca de una tuerca.
III. 1. m. *Ho.* Entre ladrones, número de serie del motor y del chasis de un automóvil. (**machulo**).
IV. 1. m. *PR.* **fotoco,** variedad de plátano.

machujarra.
I. 1. f. *Bo:C.* Jarra grande en la que se sirve la **chicha.**
2. *Bo:C.* Contenido de esta jarra.

machulo.
I. 1. *Ho.* **machuelo,** número de serie.

machuna.
I. 1. f. *Bo.* **machona,** mujer hombruna

machuque.
I. 1. m-f. *Ve.* Persona con quien se mantiene una relación sexual de forma ocasional. pop.
II. 1. m. *Bo:E.* Paliza que una o más personas dan a otra con puñetazos y puntapiés. pop + cult → espon.

machuquillo.
I. 1. m. *Cu.* Plato hecho de una mezcla de **plátano verde** machacado con ajo y **chicharrón** que se sirve frito.

machura.
I. 1. f. *Ve, Pe.* p.u. Calidad de macho, valiente u osado.

macico, -a.
I. 1. m. y f. *Gu, Ho.* **masico.**

maciega.
I. 1. f. *Py, Ar; Ur,* p.u. Sitio poblado de hierbas o malezas altas y tupidas.
2. *Co.* **patacite.**

macilento, -a.
- **I. 1.** sust/adj. *Ve:O.* Persona de escaso entendimiento. pop.

macío.
- **I. 1.** m. *Cu.* Planta herbácea de hasta 2 m de altura, de hojas erectas y tallo largo terminado en una espiga cilíndrica de flores muy densas. (Typhaceae; *Typha angustifolia*). (**masío**).

maciza.
- **I. 1.** f. *Mx.* Carne de animal sin grasa y sin hueso.

macizo, -a.
- **I. 1.** adj. *Mx, Gu, ES, Ni, CR, Bo, Ur; Pe,* p.u. *Referido a persona,* fuerte.
  - **2.** *Mx, Gu, ES. Referido a persona,* que tiene mucho aguante.
  - **3.** *Ho, ES. Referido a persona,* buena, de trato afable.
  - **4.** *Pa. Referido a persona,* grande, gruesa y fuerte.
- **II. 1.** adj. *Mx. Referido a persona,* bajo los efectos del consumo de marihuana.
- **III. 1.** adj/sust. *Gu. Referido a persona,* aprovechada, que saca beneficio de las situaciones favorables.
  - **2.** adj. *Gu. Referido a persona,* osada, descarada.
  - **3.** *Gu. Referido a persona,* sinvergüenza.
- **IV. 1.** adj. *Gu, ES. Referido a cosa,* muy grande o abundante.
- **V. 1.** adj. *Ho.* juv. *Referido a cosa,* bonita, bella.
  - **2.** *Ho. Referido a cosa,* de excelente calidad.
- **VI. 1.** adj. *Ho, ES, Ni. Referido a persona,* de edad avanzada.
- **VII. 1.** adj. *ES, Ni. Referido a persona o animal,* que puede erguirse y mantenerse en pie. rur.
  - **2.** *Pa. Referido a carne de animal,* sin grasa y sin hueso.
- **VIII. 1.** m. y f. *ES.* Jefe, el que manda.
- **IX. 1.** adj. *Ho. Referido a hecho, espectáculo o deporte,* que gusta, que es intenso o prolongado.
- ▶ **estar ~; jalar ~.**

maclura.
- **I. 1.** f. *Mx.* Árbol de hasta 15 m de altura, de ramaje con espinas axilares, hojas alternas, simples, inflorescencias femeninas en cabezuelas globosas y masculinas en racimos alargados, flores pequeñas y fruto grande, de color amarillo verdoso, con pulpa jugosa y muchas semillas alargadas. (Moraceae; *Toxylon pomiferum*).

maco.
- **I. 1.** m. *Co, Ve:E.* **guaya**, árbol de hasta 30 m de altura.
  - **2.** *Co, Ve:E.* Fruto del maco, de cáscara lisa y verde, semilla redonda y pulpa comestible de color marrón claro y sabor acídulo.
  - **3.** *Co.* **lúcuma**, árbol y fruto.
  - **4.** *RD.* Rana pequeña, batracio.

■

- **a.** ‖ **~ pempén.**
  - **i.** m. *RD.* **gualo**, sapo.
  - **ii.** *RD.* metáf. Persona con poder e influencia sobre otras.

maco, -a.
- **I. 1.** adj. *Bo. Referido a persona,* avara o mezquina. pop + cult → espon ^ fest.
- **II. 1.** adj. *Bo:E. Referido a persona,* fornida, corpulenta. pop + cult → espon.

macochín. (Del cahita).
- **I. 1.** *Mx:NO.* **guamúchil.**

macoco.
- **I. 1.** m. *Co:N.* Machete desgastado al que le queda solo un trozo de hoja.

macolla.
- **I. 1.** f. *Gu, Ve.* Conjunto de personas que controla una actividad o institución. pop.

- **2.** *ES, Ni.* Grupo de personas poderosas e influyentes.
- **3.** *Ni.* Grupo de personas o cosas.
- **II. 1.** f. *Gu.* Montón, conjunto de cosas.
  - **2.** *Gu.* Dinero, riqueza. vulg.
- **III. 1.** f. *Ho, Ni.* Pandilla o grupo de jóvenes.
- **IV. 1.** f. *Ho, CR.* Conjunto de raíces de una planta, *en especial las herbáceas.*
- **V. 1.** f. *Ni.* Porción pequeña de marihuana. drog.
- ▶ **estar en la ~.**

macollar.
- **I. 1.** intr. *Bo:S, Ch.* Brotar las flores de una planta. pop.

macollo.
- **I. 1.** m. *Ar.* Conjunto de vástagos, flores o espigas que nacen de un mismo pie.

macona.
- **I. 1.** f. *ES:S,O. En la pesca de cangrejo de mar,* paleta fina para escarbar las cuevas de los esteros en que se guarecen.

macondo.
- **I. 1.** m. *Co.* Árbol corpulento semejante a la **ceiba**, de hasta 40 m de altura con hojas profundamente partidas, y flores de color rojizo; se cultiva como ornamental y su madera es utilizada para hacer canoas. (Bombaceae; *Cavanillesia platanifolia*).

maconga.
- **I. 1.** f. *Ho.* Marihuana. drog.

maconia.
- **I. 1.** f. *Ar; Ur,* p.u. Marihuana. drog.

macono.
- **I. 1.** m. *Bo:E.* **macagua**, ave.

macoña.
- **I. 1.** f. *ES, Ch, Ur; Pe,* p.u. Marihuana. drog.
  - **2.** *Ch.* juv. Cigarrillo de marihuana. pop + cult → espon.
  - **3.** *Bo:C.* Droga adulterada. drog.

macoñero, -a.
- **I. 1.** sust/adj. *Ch, Ur; Pe,* p.u. Persona que consume habitualmente marihuana. drog.
  - **2.** adj. *Ch.* Relativo a la **macoña**, marihuana. drog.

macoquí.
- **I. 1.** f. *Ni.* Gallina, ave de corral.

macora.
- **I. 1.** f. *Pe.* Tipo de paja con la que se tejen sombreros de gran calidad y otros objetos.

macororó.
- **I. 1.** m. *Bo.* **higuerilla**, arbusto.

macpalxóchitl. (De nahua *macpalli,* palma de la mano, y *xochitl,* flor).
- **I. 1.** *Mx.* **mapasúchil**, árbol.

macri.
- **I. 1.** sust/adj. *Cu.* Persona de raza blanca. (**macrí**).

macrí.
- **I. 1.** *Cu.* **macri.**

macró. (Del fr. *maquereau*).
- **I. 1.** m. *Ar, Ur.* obsol. Proxeneta. pop + cult → espon ^ desp.

macrof. (Del fr. *maquereau*).
- **I. 1.** *Ar.* **macró.**

macrón, -na.
- **I. 1.** adj. *PR. Referido a persona,* que hace malas pasadas o resulta molesta. vulg.

macuá.
- **I. 1.** m. *Ni, CR, Pa, Co.* Ave de hasta 13 cm de longitud, de plumaje negro azulado, con excepción del pecho que es blanco, o amarillo encendido, cola ahorquillada y pico y patas negros. (Apodidae; *Panyptila cayennensis*). ◆ **pájaro macuá.**

2. *Ni, CR, Pa, Co.* Nido del macuá al que se le atribuyen propiedades mágicas.
3. *Ni, CR, Pa.* Hechizo. pop.

macuache. (Del nahua *macuachi,* indio pobre).
I. 1. adj. *Mx.* p.u. *Referido a cosa,* mal hecha, tosca, de poca calidad. (**macuche**).
2. *Mx.* p.u. *Referido a persona,* bruta, tosca, poco refinada. (**macuche**).

macuarrear.
I. 1. intr. *Mx.* Realizar trabajos pesados, *especialmente de albañilería.*

macuarro.
I. 1. m. *Mx.* Ayudante de albañil.

macuarro, -a.
I. 1. adj/sust. *Mx. Referido a persona o cosa,* vulgar, de mal gusto. desp.

macuca.
I. 1. f. *Bo.* Juego de niños en el que se usan varias bolas de cristal, y que consiste en dejar caer una bola, haciéndola rebotar y, mientras rebota, recoger rápidamente todas las que están en el suelo.
II. 1. f. *ES.* Cosa fácil.

macuche.
I. 1. adj. *Mx.* p.u. **macuache.**

macuco.
I. 1. m. *Bo, Ar:NE.* Ave de hasta 50 cm de altura, de plumaje grisáceo, cuerpo grueso y cabeza pequeña; muy apreciada por su carne. (Tinamidae; *Tinamus solitarius*).

■
a. ‖ ~ **azul.** m. *Bo.* **gallina azul.**

macuco, -a.
I. 1. adj/sust. *ES, CR, Cu, Ec, Pe, Bo:E, Ar:NO,* obsol. *Referido a persona,* fuerte, maciza. pop + cult → espon.
2. adj/sust. *PR,* rur; pop + cult → espon; adj. *Ch,* espon; *Bo:E,* pop. *Referido a persona,* ladina, astuta o taimada. ♦ **macuquero; maluco.**
3. adj. *Bo:O. Referido a persona,* avara o mezquina. pop + cult → espon ^ fest.

macucón, -na.
I. 1. adj/sust. *Pe. Referido a persona,* algo o bastante robusta o musculosa. pop.

macuelizo. (Del nahua *macuili,* cinco).
I. 1. *Ho, Ni.* **roble de sabana.**

macuenco, -a.
I. 1. adj. *PR. Referido a persona o a animal,* débil, enclenque, flaca. rur; pop + cult → espon.
2. *PR.* **chalungo,** caballo desmedrado. rur.

macuili. (Del nahua *macuili,* cinco).
I. 1. *Mx.* **macuilís.**

macuilís. (Del nahua *macuili,* cinco).
I. 1. *Mx.* **matilisguate.** (**macuili; macuiliz; maculi; maculís; maculiz**).

macuiliz.
I. 1. *Mx.* **macuilís.**

macuito, -a.
I. 1. m. y f. *Pe.* obsol. Persona de raza negra. pop.

maculi.
I. 1. *Mx.* **macuilís.**

maculís.
I. 1. *Mx.* **macuilís.**

maculiz.
I. 1. *Mx, Gu.* **macuilís.**

macundales.
I. 1. m. pl. *Ve.* Enseres, utensilios de uso personal. ♦ **macundos.**

macundos.
I. 1. m. pl. *Ve.* **macundales.**

macuñ. (Del map. *makuñ*).
I. 1. m. *Ch:S.* Poncho masculino.

macuquería.
I. 1. f. *Ch.* Maña, astucia cometida por alguien.

macuquero, -a.
I. 1. adj/sust. *PR, Ch.* **macuco,** ladino, astuto. pop + cult → espon.

macurca. (Del aim. y del quech. *makhurka*).
I. 1. f. *Bo, Ar:NO.* Dolor muscular, producido por un esfuerzo físico al que no se está acostumbrado. pop + cult → espon.
2. *Ar:NO.* Cansancio, agotamiento. pop + cult → espon.

macurcado, -a.
I. 1. adj. *Bo. Referido a persona,* que padece dolores musculares después de haber realizado un ejercicio excesivo y no habitual. pop + cult → espon.

macurí. (De or. ind. antillano).
I. 1. m. *PR.* **biajaca,** pez de cuerpo comprimido.

macurije.
I. 1. m. *Cu.* Árbol de hasta 12 m de altura, con hojas opuestas y coriáceas, de hasta 10 cm de longitud, flores pequeñas, dispuestas en racimos, y fruto globoso; sus frutos sirven de alimento al ganado porcino y las hojas al ganado caballar y vacuno. (Sapindaceae; *Matayba oppositifolia*).

macurque.
I. 1. m. *Pe.* Dolor muscular producido por un esfuerzo fuera de lo normal o reiterado.

macús. (Del maya *mac,* comer cosa blanda, y *uts,* bueno).
I. 1. m. *Mx:SE.* Planta herbácea, rizomatosa, de hasta 50 cm de altura, de hojas verdes comestibles al igual que las inflorescencias. (Marantaceae; *Calathea macrosepala*). ♦ **chufle.**
2. *Ho, ES.* **sagú,** planta herbácea perenne.

macutear.
I. 1. tr. *RD.* Sobornar a *alguien.* (**macutiar**).
2. *RD.* Exigir un soborno. (**macutiar**).

macuteno, -a.
I. 1. m. y f. *Mx.* obsol. Ladrón.

macuteo.
I. 1. m. *RD.* Soborno.

macutero, -a.
I. 1. adj. *RD. Referido a persona,* que frecuentemente **macutea,** que exige sobornos.

macutiar.
I. 1. *RD.* **macutear,** sobornar.
2. *RD.* **macutear,** exigir un soborno.

macuto. (De or. ind. antillano).
I. 1. m. *Cu, RD, Ve.* Cesto tejido de caña amarga, de forma cilíndrica y con asa en la boca, que se usa para transportar víveres y otros objetos.
2. *RD.* Cesto que se usa para pedir limosna.
II. 1. m. *Cu.* Libro muy voluminoso o pesado.

macuy.
I. 1. *Gu.* **chichiquelite.**

madam.
■
a. ‖ ~ **sagá.** f. *RD.* Ave de hasta 17 cm de longitud, de plumaje negro y amarillo brillante, y pico abultado y negro. (Ploceidae; *Ploceus cucullatus*).

madama. (Del fr. *madame*).
I. 1. f. *Ar:N, Ur,* obsol; cult → espon; *Py,* pop. Matrona, partera.
II. 1. f. *Cu.* **brinco.**
III. 1. sust/adj. *Gu.* Querida, mujer que mantiene una relación sentimental con un hombre. pop ^ desp.

madamo, -a.
   I. 1. m. y f. *Pa.* Persona de raza negra de Las Antillas no españolas, *en especial de Guadalupe y Martinica*, que habla creole.

madejero, -a.
   I. 1. m. y f. *Pe.* Operario textil que coloca bobinas o carretes en las máquinas de devanar.

madera.
■
   a. ‖ ~ **de hierro.** f. *Ho.* **madera santa.**
   b. ‖ ~ **de Nicaragua.** f. *Ho.* **campeche**, arbusto de hasta 3 m de altura.
   c. ‖ ~ **de tiro.** f. *Gu.* Madera que se utiliza en la construcción.
   d. ‖ ~ **en rollo.** f. *Ho.* Troncos de árboles maderables.
   e. ‖ ~ **santa.** f. *Ho.* Árbol de hasta 12 m de altura, con tronco grande, ramoso, hojas pareadas, elípticas y enteras, flor en hacecillos terminales con pétalos de color azulado o púrpura y fruto capsular, carnoso, con varias divisiones; su madera es muy dura y se emplea en ebanistería y en la construcción de máquinas. (Zigofilaceae; *Guaicum sanctum*). ♦ **madera de hierro.**
□
   a. ‖ **de** ~.
     i. loc. adj. *Ar, Ur. Referido a persona*, torpe para aprender. pop + cult → espon.
     ii. *Ur; Ar.* p.u. *Referido a persona*, insensible, sin sentimientos ni emociones. pop + cult → espon.
▶ **darse** ~.

maderal.
   I. 1. m. *Gu.* Cantidad grande de madera. pop.

maderear.
   I. 1. tr. *Ho.* Engañar a *alguien*.
   II. 1. tr. *Ho.* Alabar, adular a *alguien*. delinc.
   III. 1. tr. *Ho.* Hablar un ladrón con otro o con su futura víctima para ponerse de acuerdo o ganar su confianza.
   IV. 1. intr. *CR.* Explotar la madera de un bosque.

madero.
   I. 1. m. *Cu, RD, Ve.* **Bate de beisbol.**
■
   a. ‖ **cuarto** ~. *Cu.* **cuarto bate**, jugador.
   b. ‖ ~ **amarillo.** *Pa.* **guayacán.** (Bignoniaceae; *Tabebuia* spp.).
   c. ‖ ~ **negro.** *Pa, Ec.* **matarratón.**

madona.
□
   a. ‖ **¡a la** ~**!** loc. interj. *Bo, Ar; Ur,* p.u. Expresa sorpresa o asombro. pop + cult → espon.
   b. ‖ **de la** ~.
     i. loc. adj. *Pa, Co, Bo, Ar.* Muy bueno, estupendo. esm ^ hiperb.
     ii. *Ar, Ur; Pe, Ur,* p.u. Muy grande o intenso. pop + cult → espon.
     iii. *Bo:O. Referido a una droga*, de excelente calidad. delinc.
   c. ‖ **¡por la** ~**!** loc. interj. *Bo.* Expresa fastidio o admiración. euf.
▶ **partir la** ~.

madral.
   I. 1. m. *Mx.* Gran cantidad de algo. vulg. ♦ **putamadral; putimadral.**

madrazo.
   I. 1. m. *Gu, Ho, ES; Mx,* vulg. Choque, golpe o caída fuertes.
   2. *Ec.* Golpe fuerte. pop + cult → espon.
   II. 1. m. *CR.* cult → espon; *Co,* pop. Insulto fuerte.

madre.
   I. 1. f. *Mx.* Cosa despreciable, de poco valor o inútil. vulg.
   II. 1. f. *Co.* Parte comestible de un molusco.
   2. *Pa, Ve.* Ovario y útero de la gallina *que normalmente se echa al* **sancocho.**
   III. 1. f. *Gu, Ho, Ni.* Cosa o hecho muy grande.
   IV. 1. f. *Cu.* Vástago del boniato utilizado para reproducir.
   2. *PR.* Tubérculo principal de la **yautía.** rur.
   3. *PR.* Tronco de la **yautía.** rur.
   V. 1. f. *Ho, ES.* Cabeza de una persona. pop.
   VI. 1. f. *Ho.* juv. Cosa, hecho o persona entretenida, divertida, bonita o de buena calidad.
●
   a. ‖ **ni** ~. fórm. *Mx, Gu, ES.* Se usa para reforzar una negación. vulg. (**ni madres**). ♦ **ni pura madre.**
   b. ‖ **ni** ~**s.** fórm. *Mx.* **ni madre.** vulg.
   c. ‖ **ni pura** ~. fórm. *Gu.* **ni madre.** vulg.
■
   a. ‖ ~ **cacao.** *Gu.* **madrecacao.**
   b. ‖ ~ **de agua.** *Ar.* **madrecita**, pez de agua dulce.
   c. ‖ ~ **de cacao.** *Mx, PR.* **madrecacao.**
   d. ‖ ~ **del agua.** *Ar.* **madrecita**, pez de agua dulce.
   e. ‖ ~ **del monte.** m. *Ar:NO. En la creencia popular*, deidad que defiende la selva y el monte de la depredación de los hombres. rur.
□
   a. ‖ **¡a la gran** ~**!** loc. interj. *Gu, ES, Ni.* Expresa diversos estados de ánimo, especialmente sorpresa o enfado. vulg.
   b. ‖ **a toda** ~.
     i. loc. adj. *Mx, Gu. Referido a persona o cosa*, muy buena, estupenda, magnífica. pop.
     ii. *Gu, Ho, Ni. Referido a cosa*, excelente, estupenda, muy buena. pop.
     iii. loc. adv. *Ho, Pa.* Muy deprisa. pop + cult → espon ^ fest.
   c. ‖ **de a** ~. loc. adv. *Pa.* A la fuerza. pop + cult → espon ^ fest.
   d. ‖ **de** ~.
     i. loc. adj. *Cu, PR. Referido a cosa o situación*, tremenda, impresionante. pop.
     ii. *Cu, PR. Referido a persona*, inaguantable. pop.
     iii. *Cu. Referido a persona o cosa*, muy mala. pop.
   e. ‖ **de poca** ~. loc. adj/adv. *Mx. Referido a persona o cosa*, muy buena, estupenda, magnífica. pop.
   f. ‖ **¡en la** ~**!** loc. interj. *Mx.* Expresa diversos estados de ánimo, especialmente sorpresa o enfado. vulg.
   g. ‖ **hasta la** ~.
     i. loc. adj/adv. *Mx, Ni, RD, PR. Referido a cosa*, repleta, llena, al límite de su capacidad. vulg.
     ii. *Mx, Ni, RD. Referido a persona*, totalmente harta. vulg.
     iii. loc. adj. *Mx, Ni, CR. Referido a persona*, totalmente borracha. vulg.
   h. ‖ **hasta la** ~ **de los tomates.**
     i. loc. sust. *Cu, RD, PR.* Todo el mundo, todas las personas. pop.
     ii. *RD.* Todo, todas las cosas. pop.
   i. ‖ ~ **de yautía.** loc. sust. *PR.* Madre que incumple sus obligaciones.
   j. ‖ ~ **del borrego.** loc. sust. *Ar; Ur.* p.u. Clave o porqué de una cuestión. pop + cult → espon.
   k. ‖ **¡ni** ~**s!** loc. interj. *Mx.* Expresa negación. vulg.
   l. ‖ **¡para su** ~**!** loc. interj. *Pe.* Expresa asombro o sorpresa. pop.
   m. ‖ **¡por la** ~**!** loc. interj. *Bo:O.* Expresa disgusto o rabia por algo. euf.
▶ **caer a toda** ~; **caer de a** ~; **caer de** ~; **dar en la** ~; **darse en la** ~; **echar la** ~; **echar** ~**s**; **llevárselo la** ~; **manda** ~;

mandar ~; no creer ni en la ~ de los tomates; no tener ~; partir la ~; romper la ~; sacar la ~; ser una ~; valer ~; valerle ~.

madreada.
 I. 1. f. *ES*; *CR*, cult → espon; *Co*, pop. Insulto que se profiere con palabras soeces o vulgares.
 2. *Gu.* Reprimenda. pop.

madreado.
 I. 1. *Ho*, *Ni.* **matarratón**.

madreado, -a.
 I. 1. adj. *Mx.* Golpeado, maltratado. vulg.; pop.

madrear.
 I. 1. tr. *Mx*, *CR.* Insultar a *alguien* con palabras soeces o vulgares. pop + cult → espon.
 2. *Gu*, *ES*; *Co.* pop. Insultar a *alguien*, regañar con palabras vulgares o soeces.
 II. 1. tr. *Mx.* Dar una paliza. pop.
 2. *Gu.* Reprender a *alguien.* pop.
 III. 1. intr. prnl. *Gu*, *ES.* Golpearse o insultarse dos o más personas.

madrecacao. (Calco del nahua *cacahuanance, cacaonance*).
 I. 1. m. *Mx*, *Gu*, *Ho*, *ES*, *Ni.* **matarratón**. (**madre cacao; madre de cacao**).

madrecita.
 I. 1. f. *Mx.* Objeto pequeño o insignificante. vulg. (**madrita**).
 II. 1. f. *Ar*, *Ur.* Pez pequeño de agua dulce y color plateado con manchas o líneas de varios colores. (Anablepidae; *Jenynsia* spp.). ◆ **madre de agua; madre del agua; madrecita de agua; madrecita del agua**.

 ■
 a. ‖ ~ **de agua.** *Ar*, *Ur.* **madrecita**, pez de agua dulce.
 b. ‖ ~ **del agua.** *Ar*, *Ur.* **madrecita**, pez de agua dulce.

madrediagua.
 I. 1. f. *Co.* **nacedero**, árbol.

madrefuego.
 I. 1. f. *ES*; *Ni*, rur. Brasas tapadas con ceniza para conservarlas hasta el día siguiente.

madrejón.
 I. 1. m. *Bo:E*, *Ar:NO.* Balsa o acumulación permanente de agua.
 2. *Ar.* Cauce seco de un río. ◆ **madrevieja**.
 II. 1. m. *PR.* Dolor, *generalmente menstrual*, de la parte inferior del vientre. rur.

madremonte.
 I. 1. f. *Co.* Fantasma con figura de mujer que, según la creencia popular, habita los bosques y ejerce una influencia negativa sobre los fenómenos naturales.

¡madres!
 I. 1. interj. *Mx.* Expresa sorpresa ante un evento negativo. vulg.

madrevieja.
 I. 1. *Pa.* **madrejón**, cauce seco de un río.

madrezota.
 I. 1. f. *Mx.* Objeto de grandes dimensiones, estorboso e, incluso, inservible. vulg.

madrileña.
 I. 1. f. *Gu.* Pañoleta.

madrina.
 I. 1. *Mx.* **madriza**. euf; pop.
 II. 1. f. *Mx.* Persona que trabaja como confidente o espía de la policía. delinc.
 III. 1. f. *Gu*, *Ho*, *Co:E*, *Ve.* Manada pequeña de ganado manso que sirve para reunir o guiar al bravío.

 IV. 1. f. *Ec. En los mercados populares y ventas callejeras,* fórmula de tratamiento usada para dirigirse a un cliente.
 V. 1. f. *Gu.* Alcahueta. pop.

 ●
 a. ‖ **¡tu ~!**
 i. fórm. *RD*, *Ur*; *Ar*, obsol. Se usa para responder a un insulto. pop + cult → espon.
 ii. *RD*; *Ar*, obsol; *Ur*, p.u. Se usa para rechazar algo que se ha dicho o propuesto. pop + cult → espon.

 ■
 a. ‖ ~ **de brazos.** f. *Cu.* obsol. Mujer que sostiene en brazos al niño que ha de ser bautizado hasta el momento en que, al iniciarse la ceremonia, lo toma la madrina.
 b. ‖ ~ **de puerta iglesia.** f. *Pa.* Madrina de brazos, la que lleva al niño a la iglesia para ser bautizado.
 ▶ **andar suelto de ~.**

madrinero.
 I. 1. m. *Ar:NO.* Peón que conduce a la caballería que guía a la recua. rur.

madrinero, -a.
 I. 1. sust/adj. *Ve:C.* Persona o animal que reúne y guía al ganado bravío.

madrino.
 I. 1. m. *Ar:NO*, *Ur*, rur; *Co:O*, p.u. Caballo que sirve de guía a otros animales.
 2. *Ar:NO.* Buey que va en la izquierda de la yunta y lleva atada a la oreja una correa con la que se guía el yugo. rur.
 II. 1. m. *Ve:C.* Palo en el que se ata una **res** para ser sacrificada.

madrita.
 I. 1. *Mx.* **madrecita**, objeto insignificante. vulg.

madriza.
 I. 1. f. *Mx.* Paliza, serie de golpes. pop. ◆ **madrina**.

madroño.
 I. 1. m. *Pa*, *Co.* Árbol de hasta 12 m de altura, de copa piramidal, hojas lustrosas y fruto rugoso, de color amarillo verdoso, y pulpa blanca, algo ácida y comestible; la savia, de fuerte color amarillo, tiene aplicación en la medicina tradicional. (Clusiaceae; *Rheedia madruno*). ◆ **fruta de mono**.
 2. *Ni*, *CR*, *Pa.* **salamo**.
 3. *Pa.* Árbol de hasta 10 m de altura, de tronco acanalado, corteza exterior marrón o rojiza, hojas simples y opuestas, flores blancas tubulares, y frutos en forma de bayas púrpuras o negras al madurar. (Rubiaceae; *Amaioua corymbrosa*).
 4. *Pa.* Árbol de hasta 30 m de altura, de tronco recto y cilíndrico, corteza exterior grisácea, hojas simples y alternas, flores agrupadas, verdosas, y frutos en drupas, de color marrón o amarillento al madurar. (Euphorbiaceae; *Drypetes standleyi*).
 II. 1. m. *Ho.* Círculo de pequeñas plumas que tiene el gallo de pelea debajo de la golilla.

madrota.
 I. 1. f. *Mx.* Mujer que regenta un prostíbulo.

madrugado, -a.
 I. 1. adj. *ES. Referido a persona,* asaltada, atracada.
 2. *ES. Referido a cosa,* robada.

madrugador.
 I. 1. m. *Mx.* Pájaro conirrostro, de hasta 12 cm de longitud, patrón de coloración gris en las partes dorsales y en el pecho, vientre amarillo y cola cuadrada. (Tyrannidae; *Tyrannus vociferans*). ◆ **comprachilla**.

madrugadora.
 I. 1. f. *Pe.* **tórtola**, paloma silvestre.

madrugar(se).

I. 1. tr. *Mx, Gu, Ni, Pe, Bo, Ar, Ur. En una pelea o disputa*, aventajar al adversario adelantándose a su primer movimiento. pop + cult → espon.

2. tr. prnl. *Mx, Gu, Ni, Pa.* Matar *una persona* a *alguien* sin que pueda defenderse.

3. *Gu, Cu.* Adelantarse, sorprender o engañar a *alguien* en hacer algo que reporte un beneficio. pop.

II. 1. tr. prnl. *Mx, Gu, ES.* Robar a *alguien* sin que se dé cuenta.

madrugón.

I. 1. m. *ES.* Robo, atraco.

II. 1. m. *Ho.* Golpe de Estado, destitución de las autoridades elegidas democráticamente.

madrugonazo.

I. 1. m. *Ve; Cu, RD,* obsol. Asonada militar.

2. *RD, Ve; Pa,* pop. Acción, *generalmente de carácter político*, que se lleva a cabo por sorpresa.

3. *Pa.* Aprobación apresurada por la Cámara Legislativa, de una ley sobre un asunto de importancia política y social.

II. 1. m. *Ve.* Anticipación sobre un rival o competidor. pop.

madruguete.

I. 1. m. *Mx. En política*, acción que se realiza de manera adelantada al comportamiento previsto del adversario.

2. *RD.* Golpe de Estado, destitución de las autoridades elegidas democráticamente.

madura.

I. 1. f. *ES:E.* Rodaja de plátano.

maduraplátano.

I. 1. *Co.* **chirrinchao**.

madurar.

I. 1. tr. *Cu.* Golpear a *alguien*.

□

a. ‖ ~ **biche.** loc. verb. *Co.* Adquirir un niño o un joven un grado de madurez que corresponde al de una persona mayor. pop.

b. ‖ ~ **cambures.** loc. verb. *Ve.* Prolongar indefinidamente una relación amorosa. pop.

◪

a. ‖ **si madura como pinta...** fr. prov. *PR.* Indica la esperanza de que algo salga como se espera. pop + cult → espon.

madurero.

I. 1. *Ec.* **jilguero dorado**.

maduro.

I. 1. m. *Gu, Ni, CR, Cu, RD, PR, Co, Ec, Pe, Bo:E.* Fruto del **plátano**, cuando tiene la cáscara amarilla y la pulpa suave.

2. *Ve:O.* **Plátano** grande que se come cocido.

II. 1. m. *Gu.* Amoratamiento. pop.

■

a. ‖ ~ **con queso.** m. *Ec.* Cigarro de marihuana con cocaína añadida. drog.

maduro, -a.

I. 1. adj. *Ec, Pe. Referido a la* **chicha** *o al aguardiente de caña de azúcar*, que tiene el grado alcohólico máximo.

II. 1. adj. *Gu, Cu. Referido a persona*, dolorida, maltrecha. pop.

2. *ES, CR. Referido a alguna parte del cuerpo*, hinchada. rur.

3. *CR. Referido a persona o a una parte de su cuerpo*, magullada. pop.

III. 1. adj. *ES, Ni. Referido a un grano o una herida*, infectados.

IV. 1. adj. *Cu. Referido a persona*, ligeramente borracha.

V. 1. adj. *Cu. Referido a persona, especialmente a un niño*, que tiene mucho sueño.

VI. 1. adj. *ES. Referido a persona*, rica, con dinero.

VII. 1. adj. *PR. Referido a la leche*, que está próxima a cortarse. rur.

▶ **caer de ~; caerse de ~.**

mae.

I. 1. adj. *CR. Referido a persona*, tonta. pop + cult → espon.

II. 1. m-f. *CR.* Hombre o mujer. pop + cult → espon.

maese.

●

a. ‖ ~. fórm. *Gu, ES.* Se usa como tratamiento a un maestro.

maestranza.

I. 1. f. *Pe, Ch.* Conjunto de talleres y oficinas donde se construyen y recomponen motores y piezas metálicas utilizadas por entidades públicas o privadas, *especialmente de transporte*.

II. 1. f. *Ar, Ur.* p.u. *En el escalafón de la administración pública*, grado al que pertenece el personal de mantenimiento o de limpieza.

maestro, -a.

I. 1. m. y f. *Mx, Ni, Ec.* Amigo íntimo, compañero inseparable. pop.

II. 1. m. y f. *Mx, ES.* Titulación correspondiente a la maestría o curso de posgrado.

III. 1. m. y f. *Co; Pa,* rur. Curandero.

IV. 1. m. y f. *Gu.* Persona que fuma marihuana. drog.

●

a. ‖ **maestro.**

  i. fórm. *ES, Ni, Co, Pe, Ar; Ur,* p.u. Se usa para dirigirse a alguien de quien se solicita un servicio o favor. pop.

  ii. *Gu, ES, Cu.* Se usa para dirigirse a un hombre de manera respetuosa, especialmente los trabajadores a su jefe.

  iii. *Gu, ES, Pa.* Se usa como fórmula de tratamiento entre amigos o compañeros.

■

a. ‖ ~ **azucarero.** m. y f. *Cu. En un* **central**, especialista que dirige el laboratorio donde se procesa el azúcar.

b. ‖ ~ **chasquilla.**

  i. m. y f. *Ch.* Persona que se dedica a múltiples labores manuales o técnicas. pop + cult → espon.

  ii. *Ch.* Persona que realiza las cosas sin esmero ni cuidado. pop.

c. ‖ ~ **diferencial.** m. y f. *Ar.* Maestro especializado en la educación de niños que tienen alguna discapacidad.

d. ‖ ~ **dulcero.** m. y f. *Ho.* Persona encargada de señalar el momento en que la miel está en su punto para hacer el azúcar o **panela**. ♦ **puntero**.

e. ‖ ~ **jardinero.** m. y f. *Py; Ar.* p.u. Maestro del ciclo de educación preescolar.

f. ‖ ~ **normalista.** m. y f. *Mx, ES, Ni, RD, Bo, Py; Ur,* obsol. Profesor titulado en la Escuela Normal Superior para impartir enseñanza en colegios y escuelas.

mafá. (Del chino *ma*, lino, y *fa*, flor tejida).

I. 1. m. *Pa.* Pan de hasta cinco pulgadas de longitud, en forma de pequeña trenza de consistencia dura, salado y comercializado, heredado de la gastronomía china. pop + cult → espon.

mafafa.

I. 1. f. *Mx, Pa, Co.* Planta ornamental de hojas grandes acorazonadas, con largos pecíolos y tallo muy corto unido a un rizoma del cual nacen varios tubérculos comestibles. (Araceae; *Xanthosoma violaceum*,

X. sagittifolium, X. robustum). ◆ **malangay**; **pico de pato**; **quequesque**; **tarabundí**; **tiquisque**.

II. 1. f. *ES*; *Ve*, juv. Marihuana. drog.

mafafero, -a.
I. 1. sust/adj. *Ve*. juv. Persona que consume marihuana o trafica con ella.

mafafo.
I. 1. *PR.* **fotoco**, variedad de plátano.

mafera.
I. 1. f. *Bo:O.* Pieza de tela delgada, de forma cuadrangular, que se usa para limpiarse la nariz. delinc.

mafia.
I. 1. f. *Gu, RD, PR.* Engaño, trampa, ardid.

mafián.
I. 1. m. *Cu.* Pene. pop.

mafioso, -a.
I. 1. sust/adj. *RD, Bo:O.* Persona muy hábil para realizar una actividad, oficio, arte o deporte.
2. *Gu.* Persona malhechora, embaucadora. pop.

mafolongo, -a.
I. 1. adj/sust. *PR. Referido a persona*, que tiene conocimientos muy limitados y cualidades poco sobresalientes. pop + cult → espon ^ desp. ◆ **malungo**.

mafú.
I. 1. f. *PR.* Marihuana. drog. (**mafufa**).
2. *PR.* Cigarrillo de marihuana. drog.

mafufa.
I. 1. f. *PR.* **mafú**, marihuana. drog.

mafufada.
I. 1. f. *Mx.* Disparate con un alto grado de tontería. pop.

mafufeada.
I. 1. f. *Ho.* Fumada de marihuana.

mafufeado, -a.
I. 1. adj. *Ho. Referido a persona*, drogada por haber fumado marihuana. ◆ **flipeado**; **topado**.

mafufear(se).
I. 1. intr. prnl. *Ho.* Fumarse *alguien* uno o varios cigarros de marihuana.
2. intr. *Ho.* Fumar *alguien* marihuana.

mafufo, -a.
I. 1. adj/sust. *Mx. Referido a persona*, loca, disparatada. pop.
II. 1. adj/sust. *Ho, CR. Referido a persona*, que fuma marihuana.

mafutero, -a.
I. 1. m. y f. *PR.* Fumador de marihuana. drog.

maga.
I. 1. f. *RD.* **mago**.
2. *PR.* Árbol de hasta 15 m de altura, con ramas gruesas, hojas grandes, acorazonadas, grandes flores rojas y fruto redondo. (Malvaceae; *Thespesia grandiflora*).

magacín. (Del ingl. *magazine*, revista, almacén, cámara para cartuchos).
I. 1. m. *Cu*; *CR*. p.u. *En algunas armas de fuego*, cargador. (**magazín**; **magazine**).

magalena.
I. 1. f. *PR.* Persona que descubre a un compañero, delator. delinc.

magalla.
I. 1. f. *Ho, ES, Ni.* Colilla de cigarro o puro. pop. (**magaya**).
2. *Ho, ES.* Porción de tabaco que se masca de una vez. pop. (**magaya**).
II. 1. f. *Ve:E.* Conjunto de instrumentos y herramientas necesarias para desarrollar un oficio.
III. 1. f. *Ve:C.* Objeto viejo y deteriorado.
IV. 1. f. *Ho.* Prostituta. vulg; pop. (**magaya**).

magallanes.
I. 1. adj. *Ur.* p.u. *Referido a persona*, tonta, boba. pop + cult → espon.

magallón.
I. 1. m. *Ho.* Hombre homosexual. vulg; desp.

maganza.
I. 1. f. *Co:N.* Ociosidad, aversión al trabajo. desp.

maganzón, -na.
I. 1. m. y f. *Co.* Persona reacia al trabajo, holgazán.

magaya.
I. 1. *Ho.* **magalla**, porción de tabaco. pop.
2. *Ho.* **magalla**, colilla de puro.
II. 1. *Ho.* **magalla**, prostituta. vulg; pop.

magayal.
I. 1. m. *ES.* Gran cantidad de colillas.

magazín.
I. (Del ingl. *magazine*, revista).
1. *Ho, Ni.* **Magacín**, revista.
II. 1. m. *Ho:N.* Pene. vulg.
▶ **tronarle el ~**.

magazine. (Voz inglesa).
I. 1. *Ni, PR.* **Magacín**, revista.

magdalénico, -a.
I. 1. adj. *Co.* p.u. Relativo al río Magdalena, en Colombia.

magiar.
I. 1. tr. *ES. En **futbol***, regatear al contrario.
II. 1. tr. *ES.* Engañar a *alguien*. pop.

mágico.
I. 1. m. *Co.* Mafioso, *especialmente el dedicado al narcotráfico*. drog.

magíster.
I. 1. m. *ES, CR, Co, Ve*; *Bo, Ch, Py, Ur*, cult; *Pe, Ar*, p.u. Titulación correspondiente al posgrado en una determinada especialidad. ◆ **magistra**; **magistratura**.
2. m-f. *ES, CR, Ve, Pe*; *Ec, Bo, Ch, Py, Ur*, cult. Persona que ha obtenido un magíster.

magisteril.
I. 1. adj. *Ec, Bo.* Relativo al magisterio.

magistra.
I. 1. f. *Pa.* **magíster**, titulación. pop + cult → esm.

magistrado, -a.
■
a. ‖ **primer ~**. m. y f. *Mx, Pa, RD, Ar, Ur.* Presidente de la nación.

magistrando, -a.
I. 1. m. y f. *Ch.* Estudiante que cursa un programa de estudios de **magíster**. cult.

magistratura.
I. 1. f. *Mx, Ch.* **magíster**, titulación. cult.
■
a. ‖ **primera ~**. f. *ES, Ni, Ec, Bo, Ar, Ur.* Cargo de presidente de la nación.

magnavoz.
I. 1. m. *Mx.* Altavoz, aparato electroacústico que sirve para amplificar el sonido.

magneto.
I. 1. m. *Bo:O.* Tortura que consiste en aplicar descargas eléctricas sobre los testículos. delinc.

magnetósfera.
I. 1. f. *ES, Ni, Ec, Pe, Bo, Ch, Py, Ar, Ur.* Magnetosfera.

magnífica.
I. 1. f. *ES, Ni, RD.* Oración escrita que se lleva en el bolsillo como amuleto.
2. *Gu.* Escapulario con alguna imagen o santo.

II. 1. f. *ES*. Copia de algo para ser utilizada en un examen. est; fest.

■
   a. ‖ **La Magnífica.** f. *Pa*. Oración de la respuesta de la Virgen acerca de por qué el Señor la había elegido como madre de Jesús; es de alabanza a Dios y se acude a ella por amparo en caso de peligro extremo. pop + cult → espon.

magnolia.
   I. 1. f. *Gu*. **lloroconte**.

mago.
   I. 1. m. *Mx*. Árbol de hasta 20 m de altura, de ramas delgadas y glabras, hojas grandes y anchamente aovadas, fruto envuelto en una cúpula globosa, con una pequeña abertura en el ápice de la misma. (Hernandiaceae; *Hernandia sonora*). (**maga**).
   ♦ **guamiey**.

magolla.
   I. 1. f. *Cu*. Conjunto de residuos de tripas de tabaco que se utilizan para hacer picadura.

magona.
   I. 1. f. *Pe:E*. **mapuey**.

magoneta.
   I. 1. f. *ES*. Manga. delinc.

Magoya.
   I. 1. m. *Ar, Ur*. Personaje ficticio al que suele aludirse como ejemplo de que no hay solución para algo, *especialmente una decisión equivocada*. pop + cult → espon.
   ▶ **quejarse a ~**.

magrabón.
   I. 1. f. *ES*. p.u. Herida. delinc.

magre.
   I. 1. f. *ES*. p.u. Madre. rur.

magua. (De or. ind. antillano).
   I. 1. m. *Ho*. Abeja silvestre, de color rojo, sin aguijón, que fabrica sus panales debajo de la tierra en un llano o en barrancos. (Apidae; *Scaptotrigona pectoralis*). ♦ **panta; zuncuán**.
   2. *Ho*. Panal y miel elaborados por esta abeja silvestre.
   II. 1. f. *Cu*. obsol. Dinero, moneda corriente.

maguaquite. (Del nahua).
   I. 1. *Mx*. **mahuaquite**.

magueb. (Del kuna *mage*, pintar).
   I. 1. m. *Pa*. Tinte de color rojo que se extrae de la **chica**.

maguey. (De or. ind. antillano).
   I. 1. m. *Mx, Gu, Ho, ES, Ni, Cu, RD, PR, Co, Ve, Ec, Pe, Bo, Py, Ar:NO, Ur; Ch*, p.u. Planta vivaz, con hojas o pencas radicales, de color verde claro, carnosas, en pirámide triangular, con espinas en el margen y en la punta, flores amarillentas, en ramilletes; de su tronco se saca un líquido azucarado, del que se hace el **pulque** y el **cocuy**. (Agavaceae; *Agave* spp.). ♦ **cardo santo; maguey de pulque; magueyera; penco; penco negro; pita; sacqui; zapupe**.

■
   a. ‖ **~ blanco.** m. *Bo*. Planta de hojas o pencas radicales, carnosas, de borde espinoso y acabadas en un fuerte aguijón, con flores pequeñas y blancas en un alto y grueso tallo central, y frutos en cápsulas con semillas muy aplanadas; su fibra se utiliza para fabricar sogas o cuerdas y para hacer tejidos. (Agavaceae; *Furcraea andina*).
   b. ‖ **~ curandero.** m. *Mx*. Planta arbustiva arrosetada de hasta 1,5 m de altura, de hojas verdes con franjas transversales blanquecinas, ásperas al tacto, flores amarillas y frutos en cápsulas verdinegras; se usa para producir **mezcal**. (Agavaceae; *Agave marmorata*). ♦ **pitzomel**.

   c. ‖ **~ de mezcal.** m. *Mx*. Maguey cuyas hojas centrales se emplean para destilar el **mezcal**. (Agavaceae; *Agave* spp.).
   d. ‖ **~ de pulque.** *Mx*. **maguey**.
   e. ‖ **~ de tequila.** *Mx*. **chato**.
   f. ‖ **~ silvestre.** *Cu*. **espino**, arbusto.

magueyal.
   I. 1. m. *Mx, Bo*. Terreno plantado de **magueyes**. ♦ **magueyera**.

magueyera.
   I. 1. f. *Mx*. **maguey**.
   2. *Mx*. **magueyal**.

magueyero, -a.
   I. 1. adj. *Mx*. Relativo al **maguey**.

magullada.
   I. 1. f. *Mx, Ni, CR, Cu, RD, Bo*. Magulladura.

magullón.
   I. 1. m. *Mx, Ho, Pa, Cu, RD, PR, Co, Pe, Ch, Ar*, pop; *Bo, Ur*, pop + cult → espon. Contusión en el cuerpo de una persona o un animal, *provocada generalmente por un golpe*. ♦ **magullada**.
   II. 1. m. *Mx, Cu, RD, PR, Ch, Ur*, pop; *Ur*, pop + cult → espon. Daño en un objeto, *provocado generalmente por un golpe*.

magusi.
   I. 1. f. *Ho*. juv. Prostituta. euf.

mahón.
   I. 1. m/m. pl. *RD, PR*. Pantalón de tela recia, ceñido y en general tirando a azul.

mahuaquite. (Del nahua).
   I. 1. m. *Mx*. **nauyaca**. (**maguaquite**).

mai.
   I. 1. m. *Mx*. Albañil. pop.
   II. 1. f. *RD, PR*. Madre. pop + cult → espon ^ afec.

maibelline. (De *Maybelline*®).
   I. 1. m. *Gu*. Cosmético, maquillaje.

maiceado, -a.
   I. 1. adj. *Gu, ES, Ve*. *Referido a persona*, saludable, robusta, bien alimentada. pop.
   II. 1. adj. *Ho, ES, Ni*. *Referido a persona o animal*, bien alimentados con maíz.
   III. 1. *Ho, Ni*. **tomado**, en estado de embriaguez.

maicear(se).
   I. 1. tr. *Mx, Gu, Ho, ES, Ni*. Alimentar con maíz a los animales. (**maiciar**).
   II. 1. tr. *Mx*. metáf. *En política*, dar dinero o prebendas a cambio de la adhesión a una causa. pop.
   III. 1. intr. prnl. *Ho, Ni*. Emborracharse *alguien*.
   IV. 1. tr. *Ho*. Regalar dinero a *alguien*, sobornar.

maicena. (De *Maizena*®).
   I. 1. f. *RD, PR, Ar*. Plato preparado con harina de maíz, más huevos, leche, azúcar, sal y canela, en forma cremosa.

maicera.
   I. 1. f. *Co*. Maizal pequeño.
   2. *Cu*, rur; *Bo:E,S*, pop. Terreno dedicado a plantar maíz.

maicerada.
   I. 1. f. *CR*. Actitud o acción propia del **maicero**. pop + cult → espon.

maicería.
   I. 1. f. *Mx; Bo:E*, pop. Establecimiento en donde se vende o guarda maíz.

maicero.
   I. 1. m. *Gu*. Gran cantidad de maíz.

maicero, -a.
   I. 1. adj. *Co*. Relativo al departamento de Antioquia. pop.

II. 1. adj/sust. *Ni, Ec, Bo. Referido a persona,* que le gusta mucho comer maíz.

III. 1. adj/sust. *CR. Referido a persona,* inculta y de modales rústicos. pop ^ desp.

maices.

I. 1. m. pl. *ES.* Dientes.

maichiles.

I. 1. m. pl. *Pe:N.* Tobillera o ajorca de cascabeles o sonajas hecha con semillas que llevan unos danzantes para marcar el ritmo.

maiciar.

I. 1. *ES.* **maicear,** alimentar con maíz.

maicillera.

I. 1. f. *ES.* Cultivo de **maicillo.**

maicillo.

I. 1. m. *Mx, Gu, Ho, ES, Ni, CR.* Planta herbácea cultivada de hasta 2 m de altura, con hojas lineares, inflorescencia en panícula terminal y granos redondos mayores que los cañamones. (Poaceae; *Sorghum vulgare*). ♦ **nillo; sorgo.**

2. *Mx, Gu, Ho, ES, Ni.* Semilla pequeña y rojiza, más grande que los cañamones, para alimento de animales domésticos. ♦ **nillo.**

II. 1. m. *Pe, Ch.* Arena gruesa y amarillenta con que se cubren los caminos que se quieren hacer en los jardines o parques.

III. 1. m. *Pe, Bo:O,E.* Galleta pequeña, *generalmente redonda,* hecha con harina de maíz, azúcar, manteca, vainilla y otros ingredientes.

IV. 1. m. *Ho. En el ganado,* enfermedad de la cisticercosis.

▶ **regar ~; repartir ~; tirar ~.**

maicito.

I. 1. m. *ES.* Cantidad pequeña de dinero.

▶ **tirar ~s.**

maid. (Voz inglesa).

I. 1. f. *PR.* Criada, empleada del hogar.

mailear. (Del ingl. *e-mail,* correo electrónico).

I. 1. intr. prnl. *Ch, Ar; Ur,* p.u. Tener correspondencia o comunicación con alguien por correo electrónico.

2. tr. *Ch, Ar.* Escribir un correo electrónico a alguien.

3. *Ar.* Enviar un mensaje, texto o documento adjunto por correo electrónico.

¡maimente!

I. 1. interj. *RD.* Expresa rechazo o negación rotunda.

maipiola.

I. 1. f. *RD.* Mujer que regenta un burdel o es propietaria de él.

maipiolar.

I. 1. intr. *RD.* Hacer de **maipiolo,** persona que le busca a otra alguien con quien mantener una relación.

maipiolo, -a.

I. 1. m. y f. *RD.* Persona que le busca alguien a otra con quien mantener una relación sentimental, *generalmente ilícita,* o que actúa de intermediario en esta.

mairina.

I. 1. f. *Pe:E.* **taro,** planta.

máis.

■

a. ‖ **hijo del ~.** m. *Ho, ES.* Insulto grave.

maisol, -la.

I. 1. adj. *CR. Referido al ganado bovino,* que tiene rasgos semejantes a los de la raza cebú.

maistra.

I. 1. f. *Gu. En la construcción,* regla pequeña de madera pegada con **mezcla,** que se utiliza para determinar el grueso de los repellos.

maistro, -a.

I. 1. m. y f. *Mx, Gu, Ho, ES, Ni.* Persona especializada o con experiencia, que desempeña una actividad

manual, como construcción, mecánica, electricidad, fontanería o albañilería. pop.

maitén.

I. 1. m. *Ch, Ar:S.* Árbol de copa globosa, de follaje persistente, hojas dentadas y flores acampanadas de color púrpura. (Celastraceae; *Maytenus boaria*).

■

a. ‖ **~ chico.** m. *Ch, Ar:S.* Arbusto de flores pequeñas y fruto con una o dos semillas amarillentas. (Celastraceae; *Maytenus distincha*).

maitún.

I. 1. m. *ES.* **cabo,** cuerda. rur.

maitunazo.

I. 1. m. *ES.* meton. Golpe dado con el canto de un machete. rur.

maíz. (De or. ind. antillano).

■

a. ‖ **~ amarillo.** m. *Gu, Ho, ES, Ni, CR, Pa, RD, Ec, Pe, Bo, Py, Ur.* Grano de maíz de color amarillo.

b. ‖ **~ azul.** m. *Mx.* Maíz con granos de color azul.

c. ‖ **~ blanco.** m. *Mx, Ni, CR, Pa, Ec, Bo, Py, Ur.* Maíz con granos de color hueso.

d. ‖ **~ calilla.** m. *Pa.* Maíz tradicional, de **tuza** muy delgada y granos amarillos.

e. ‖ **~ capia.** m. *Ar.* Maíz con granos grandes de endosperma blando y abundante almidón. (Poaceae; *Zea mays amylacea*).

f. ‖ **~ capio.** m. *Co.* Maíz, blanco y resistente a los insectos.

g. ‖ **~ cariaco.** m. *Ve.* Maíz de mazorca pequeña y grano frágil.

h. ‖ **~ chuspillo.** m. *Bo:O,C.* Grano de maíz, pequeño, alargado y de color amarillo o gris, que se consume tostado.

i. ‖ **~ común.** m. *Ho:O.* Maíz para alimento de las autoridades de la Vara Alta para un año.

j. ‖ **~ curagua.** m. *Ch.* Maíz seco y tostado que revienta con el calor.

k. ‖ **~ de monte.** m. *Mx.* Helecho con rizoma masivo, con hojas de hasta 4 m de longitud, ovadas a deltado-ovadas, raquis y costas revestidos por escamas pardas claras, margen aserrado y venas *en su mayoría simples.* (Marattiaceae; *Marattia alata*).

l. ‖ **~ de perro.**

i. m. *Co.* **mazorquilla,** planta herbácea.

ii. *Co.* Arbusto muy ramoso de hojas pequeñas y flores de color blanco o rosado, cuyo fruto es una baya pequeña de color rojo que es tóxica. (Ericaceae; *Pernettya prostrata*). ♦ **mortiño; reventadera.**

m. ‖ **~ de postrera.** m. *Ho, Ni.* Planta y grano de maíz cosechado entre enero y junio, época de sequía.

n. ‖ **~ de primera.** m. *Ho, Ni.* Planta y grano cosechado de la primera siembra realizada en el mes de mayo.

ñ. ‖ **~ de Tejas.** *Mx.* **lampote.**

o. ‖ **~ de tusa morada.** m. *Ho.* Maíz blanco, de **olote** delgado muy productivo y con **tusa** morada o violeta que lo protege del gorgojo.

p. ‖ **~ del país.** m. *Ho.* Maíz con **olote** delgado.

q. ‖ **~ guararé.** m. *Pa.* Maíz amarillo.

r. ‖ **~ mayero.** m. *Pa.* Maíz que se siembra en mayo para cosechar en septiembre.

s. ‖ **~ meco.** *Mx.* **lampote.**

t. ‖ **~ mején.** m. *Mx:SE.* Maíz con granos pequeños, apreciado por su suavidad.

u. ‖ **~ morado.** m. *Ho, ES, CR, Ec, Pe, Bo.* Maíz cuyos granos son de color azul oscuro o morado.

v. ‖ **~ muerto.** m. *Ho.* Enfermedad del maíz que provoca el escaso crecimiento de la mazorca por la acción de varios tipos de hongos. (Sclerotiniaceae; *Sclerotinia sclerotiorum*). ◆ **maíz helado**; **maíz pegador**.

w. ‖ ~ **nacido.** m. *Pa.* Maíz sembrado para que, apenas broten las hojas, sirva para preparar la chicha fuerte o chicha de maíz nacido.

x. ‖ ~ **negro.** m. *Ho, ES, Ec, Bo.* Maíz precolombino de granos negros o morado intenso.

y. ‖ ~ **nuevo.** m. *ES, Ni, Pa, RD.* Maíz tierno.

z. ‖ ~ **pelado.** m. *RD, Bo:O,C.* Maíz de grano grande y de color perlado.

a¹. ‖ ~ **pinto.** m. *Mx.* Maíz con granos de diversos colores.

b¹. ‖ ~ **pira.**
   i. m. *Co:C.* Maíz de grano pequeño.
   ii. *Co:C.* p.u. Palomita de maíz.

c¹. ‖ ~ **pisingallo.**
   i. m. *Py, Ar*; *Ur*, obsol. Maíz de menor tamaño que el común. (Poaceae; *Zea mays minima*). ◆ **pishinga**; **pisingallo**.
   ii. *Ar, Ur*, obsol. Grano del maíz pisingallo, fino, corto y de color perlado brillante.

d¹. ‖ ~ **pizque.** m. *Ho.* Grano de maíz maduro que ha sido cocido o **nixtamalizado** con ceniza o cal.

e¹. ‖ ~ **postrero.** m. *Pa.* Grano de maíz que se siembra en septiembre para ser cosechado en enero.

f¹. ‖ ~ **precoz.** m. *Pa.* Maíz que madura en un período de cincuenta y cinco días, en lugar de hacerlo en sesenta y cinco.

g¹. ‖ ~ **rojo.** m. *Py.* Grano de maíz colorado.

h¹. ‖ ~ **rosado.** m. *Gu.* Enfermedad de la planta del cacao y del **cafeto** provocada por *Corticium salmonicolor*, que ataca las hojas.

i¹. ‖ ~ **tostado.** m. *Co.* Arbusto de hasta 3 m de altura, de copa rala, ramas espinosas largas y delgadas, hojas opuestas, gruesas, de color verde oscuro, flores blancas y fragantes durante la mayor parte del año, y fruto en bayas redondeadas. (Rubiaceae; *Randia aculeata*). ◆ **sotacaballo**; **tintillo**.

□

a. ‖ ¡**ni** ~! loc. interj. *Mx.* Expresa resistencia o negación a hacer algo.

▶ **coger a uno asando ~**; **echar ~ a la pava**; **echarle ~**; **echarle ~ a la pava**; **faltar mucho ~ por pilar**; **hacerse de su ~ picado**; **no ser ~**; **no tener ni un ~ que asar**; **picar ~**; **ponerse el ~ a peso**; **quebrar el ~**; **quebrar los de moler ~**; **regar ~**; **salir del ~ picado**; **salírsele el ~ a alguien**; **seguir el ~ a peso**; **ser como echarle ~ a la pava**.

maizal.
   I. 1. m. *Mx, ES, Ni, RD, Py.* Gran cantidad de maíz.

maizola.
   I. 1. f. *Ni. En el juego de canicas,* cuarta amañada, más larga que la real. inf.

maizón.
   I. 1. m. *Ho, Ni.* Maíz, de mata muy alta, de origen mexicano.

maizón, -na.
   I. 1. adj/sust. *Ho.* metáf. *Referido a persona,* de gran estatura.

maizudo, -a.
   I. 1. adj. *Ho. Referido a persona,* campesina. desp.

majá.
   I. 1. m. *PR.* **boa puertorriqueña.**

   ∎

   a. ‖ ~ **de Santa María.** f. *Cu.* Culebra de hasta 5 m de longitud, de cabeza redonda y cuerpo grueso y alargado, de color amarillo iridiscente, con manchas en forma de rombos. (Boidae; *Epicrates angulifer*).

majablanco.
   I. 1. *Bo:E.* **manjar blanco.** pop.

majablanquero, -a.
   I. 1. m. y f. *Bo:E.* Persona que hace y vende **majablanco**. pop.

majada.
   I. 1. f. *Pe, Bo, Ar, Ur.* Manada o hato de ganado lanar. rur.
   2. *Pe.* Grupo de individuos de una manada de ganado lanar de una misma generación o edad. rur.
   II. 1. f. *Pe.* Estiércol de vaca seco, desmenuzado y cernido, que se aplica a las piezas de barro para darles consistencia.
   III. 1. f. *ES.* Círculo de amigos.
   2. *ES.* Pueblo, gente, plebe.
   IV. 1. f. *Bo:O.* Paliza que se da a una persona hasta dejarla maltrecha. pop + cult → espon.
   2. *CR.* Pisada violenta o estrujón fuerte. pop.
   3. *Pa.* Tanda de golpes en lucha cuerpo a cuerpo.
   V. 1. f. *CR.* Aceleración que se le da de manera súbita a un vehículo para que alcance gran velocidad. pop + cult → espon.

majadeo.
   I. 1. m. *Pe.* Fertilización y preparación de un terreno para su cultivo posterior.

majaderear.
   I. 1. intr. *CR, RD, Ve, Ch, Ar:NO, Ur*; *Mx*, p.u. Causar *alguien* molestias o disgustos. pop + cult → espon.
   2. tr. *RD, Ve, Ch, Ar:NO, Ur*; *Mx*, p.u. Molestar a *alguien* o causarle disgustos. pop + cult → espon.
   II. 1. intr. *RD, Co, Ch, Ur.* Hacer o decir majaderías. pop.

majadero, -a.
   I. 1. adj/sust. *Mx, ES, Ni, Pa, RD, PR, Ec, Bo, Ur. Referido a persona,* descortés, grosera, maleducada. pop + cult → espon.
   II. 1. adj/sust. *Pa, Cu, RD, Pe, Bo, Ch*, pop; *Ur*, pop + cult → espon. *Referido a un niño,* llorón o que lloriquea para pedir las cosas.

majado.
   I. 1. m. *Co.* Sopa de **plátano** triturado.
   2. *Ec, Pe.* Alimento preparado con **plátano verde** cocinado y molido, mezclado con pasta de **maní**, **manteca negra** o **chicharrones**. (**majau**).
   3. *Ar:NO.* Postre o guiso hecho de este maíz o trigo.
   4. sust/adj. *Ch.* Trigo o maíz remojado y triturado que se utiliza en postres y guisos.
   5. m. *Bo:O,E.* Comida preparada con **charque martajado** y arroz.

majagua. (De or. ind. antillano).
   I. 1. f. *Mx, Cu, Ec.* **damajagua**, árbol.
   2. *Gu, Ho, ES, Ni, CR, RD, PR, Ve.* Árbol de hasta 12 m de altura, con hojas ovadas, inflorescencia axilar, flores vistosas, de color amarillento, y fruto en vaina; la fibra que se extrae de la corteza se utiliza en la confección. (Malvaceae; *Hibiscus tiliaceus*). ◆ **majaguillo de playa**; **majau**.
   3. *Pa, Co*; m. *CR.* Árbol de hasta 20 m de altura, de hojas simples y alternas, flores blancas y frutos cubiertos de pelos en la superficie exterior, de color rojo cuando están maduros; de su corteza se extraen fibras para cuerdas. (Tiliaceae; *Heliocarpus americanus*). ◆ **llausamora**; **majaguillo**; **majao**.
   4. *Co.* **jagua**, árbol de hasta 20 m y fruto.
   5. *RD.* Arbusto de hasta 8 m de altura, de hojas lanceoladas y de textura rugosa, flores de color verdoso y fruto globoso. (Cannabaceae; *Trema lamarckiana*). ◆ **palo de cabrilla**.
   6. *Pa.* Fibra sacada del tallo de plátano.

   ∎

   a. ‖ ~ **quemona.** f. *PR.* Árbol de hasta 12 m de altura, con tronco de corteza lisa, inflorescencia en racimos y flores pequeñas de color verdoso. (Nyctagi-naceae; *Torrubia fragrans*).

▶ cortar ~.

majagual.
I. 1. m. *Mx, ES, Ni, PR*. Sitio poblado de **majaguas**. rur.

majagüilla.
I. 1. f. *RD*. Arbusto de hasta 4 m de altura, de ramas gruesas, hojas acorazonadas y flores de color amarillo, rojizo o morado. (Malvaceae; *Hibiscus clypeatus*).
2. *PR*. **emajagüilla**, árbol.

majaguillo.
I. 1. *Pa*. **capulín**. (Tilaceae; *Trichospermum galeottii*).
2. *Pa*. **majagüillo**. (Muntingiaceae; *Muntingia calabura*).
3. f. *Pa*. **majagua**. (Tiliaceae; *Heliocarpus americanus*).

◼ **a.** ‖ ~ **de playa.** m. *Pa*. **majagua**. (Malvaceae; *Hibiscus tiliaceus*).

majagüillo.
I. 1. *Co*. f. Árbol de hasta 10 m de altura, de hojas simples, flores blancas y frutos globosos. Tiene usos medicinales y las fibras de la corteza se usan en la fabricación de cestos y cuerdas. (Muntingiaceae; *Mutingia calabura*).(**majagüillo**). ♦ **capulín**; **capulín colorado**; **uvillo**.
2. *Co*. Fruto del majagüillo, de forma ovoide y de color rojo brillante con pequeños puntos blancos; es comestible. (Muntingiaceae; *Mutingia calabura*).
3. *Co*. Arbusto de hasta 5 m de altura, de hojas compuestas, de color verde oscuro, flores amarillas en racimos y fruto en forma de vaina aplanada, de color café oscuro; se usa en medicina popular como purgante. (Fabaceae; *Herpetica alata*). ♦ **mocuteno**.
4. *Co*. **sacatrapo**.

majamama.
I. 1. f. *Ch*. Confusión, falta de orden. pop + cult → espon.

maján.
I. 1. *Ar:NO*. **puerco de monte**.

majano.
I. 1. *Pa, Ar:NO*. **puerco de monte**.

majano, -a.
I. 1. adj. *ES*. Referido a persona, tonta.

majao.
I. 1. m. *Co*. Árbol de hasta 30 m de altura, frondoso, de copa amplia y densa, de hojas grandes, palmeadas y flores en forma de campana de color amarillo y rojo; se cultiva como ornamental. (Sterculiaceae; *Sterculia apetala*). ♦ **panamá**.
2. *Co*. **majagua**. (Tiliaceae; *Heliocarpus americanus*).

majar.
I. 1. tr. *RD*. Realizar el coito. vulg.
2. intr. *RD*. Realizar el coito. vulg.
II. 1. tr. *Ni, CR, Pa*. Oprimir o ejercer presión sobre algo o alguien.
III. 1. tr. *CR*. Acelerar súbitamente un vehículo en movimiento para que alcance gran velocidad. pop + cult → espon.

▢ **a.** ‖ ~ **a palos.** loc. verb. *Ho*. Golpear, castigar a *alguien*. rur.
b. ‖ ~ **en hierro frío.** loc. verb. *Gu*. Insistir en dar consejos a quien no los quiere recibir.
c. ‖ ~ **la oreja.** loc. verb. *CR*. Dormir. pop.

majarete.
I. 1. m. *Pa, RD, PR, Ve*. Dulce hecho con harina de maíz, leche de coco, azúcar, agua, sal y canela, que

se cuece y se cuaja al enfriarse. (**manjarete**). ♦ **chacá**; **manjarblanco**.
2. *Cu*. Dulce hecho con fécula de maíz, leche y azúcar que se cuece hasta lograr una consistencia espesa. (**manjarete**).
II. 1. m. *RD*. Trámites y manejos que se realizan para conseguir algo, *generalmente un empleo público*. ♦ **majareteo**.

majaretear.
I. 1. intr. *RD*. Realizar **majaretes**, trámites.

majareteo.
I. 1. *RD*. **majarete**, trámites.

majás.
I. 1. f. *Pe:E*. **tepescuintle**. (**majaz**).

majasear.
I. 1. intr. *Cu*. Holgazanear, vaguear.

majaseo.
I. 1. m. *Cu*. Vagancia, falta de aplicación en una tarea. ♦ **majasería**.

majasería.
I. 1. f. *Cu*. **majaseo**.

majasuela.
I. 1. m-f. *Bo:O*. Persona que tiene por oficio hacer, vender o arreglar zapatos. pop ^ fest.

majau.
I. 1. *Pe:NO*. **majado**, alimento preparado con plátano verde.
II. 1. m. *Pa*. **majagua**. (Malvaceae; *Hibiscus tiliaceus*).

majaz.
I. 1. *Pe*. **majás**.

maje.
I. 1. adj/sust. *Mx, Gu, Ho, ES, Ni, CR*. Referido a *persona*, tonta. pop + cult → espon. ♦ **majiolo**; **majiriulo**.
2. m. *Mx, Ni*. Individuo desconocido, fulano.
3. m-f. *Ni, CR*. Hombre o mujer. pop + cult → espon.
II. 1. m-f. *Ho, Ni*. Individuo, persona despreciable. desp.
III. 1. *PR*. **jején**, insecto.

▶ agarrar de ~; caer de ~; coger de ~; hacer ~; hacerse el ~; hacerse ~; navegar con bandera de ~.

majear.
I. 1. tr. *Gu, ES; Mx*, p.u. Engañar, timar a *alguien*.
II. 1. tr. *ES*. *En el* **futbol**, regatear a un contrario.

mají.
I. 1. m. *RD*. Maíz. pop.

majijo, -a.
I. 1. adj. *CR*. Referido a *persona*, que habla gangueando por tener labio leporino.

majiolo, -a.
I. 1. *Ho*. juv. Tonto. desp.

majiriulo, -a.
I. 1. *ES*. juv. Tonto. desp.

majito, -a.
I. 1. sust/adj. *Co*. Persona procedente de los países de Oriente Medio. pop ^ fest.

majo.
I. 1. m. *Bo:E*. Palma de hasta 23 m de altura, de hojas pinnadas, con pecíolo corto, flores reunidas en una inflorescencia con forma de cola de caballo y fruto oblongo, de color morado; sus hojas se utilizan en la construcción de techos de viviendas rústicas. (Arecaceae; *Jessenia bataua*). ♦ **palma mil pesos**.

majomía.
I. 1. f. *Cu*. Obsesión o idea fija. pop.
2. *Cu*. Costumbre de hacer algo determinado. desp.

majomo.
I. 1. m. *Ve*. Árbol de hasta 15 m de altura, de tronco recto, corteza exterior marrón con manchas blan-

cas, hojas alternas, con ápice redondeado, flores de color rosado y frutos en vaina, que al madurar se vuelven marrón. (Fabaceae; *Loncbocatpus sericeus*).

majón.
I. 1. m. *ES, Ni.* Hombre de gran estatura. delinc.
II. 1. m. *CR.* Pisada violenta o estrujón fuerte.

majón, -na.
I. 1. adj. *Pa. Referido a persona*, que soba o manosea mucho a otra.

majonazo.
I. 1. m. *CR, RD.* Pisada violenta o estrujón fuerte.

majoncho.
I. 1. *Gu, Ho, ES, Ni:E.* **butuco**, variedad de **banano** y fruto. (**majunche**).

majuana.
I. 1. f. *PR.* Recipiente de vidrio o barro cocido, de cuello corto, a veces protegido por un revestimiento, que sirve para contener líquidos.

majujo, -a.
I. 1. adj. *Gu. Referido a persona*, obstinada, terca. desp.

majunchada.
I. 1. f. *Gu.* Conjunto de **majunches**, personas incultas. desp.

majunche.
I. 1. adj. *Ve. Referido a cosa*, de calidad inferior, deslucido, mediocre. pop.
II. 1. *Gu.* **majoncho**.
III. 1. adj. *Gu. Referido a persona*, obstinada, terca. desp.
IV. 1. adj. *Gu. Referido a persona*, inculta y de modales rústicos. desp.

makario.
I. 1. m. *Pe.* Zapato masculino de tacón grande.

makueni.
I. 1. *Gu.* **zacate guinea**.

mal.
I. 1. *Ho, Ni, RD, Py, Ur.* **daño**, maleficio.
2. *Py, Ar:NO,* rur; *Ur.* pop + cult → espon. **daño**, perjuicio causado por un maleficio.
II. 1. f. *PR.* **dolama**.
■

a. ‖ ~ **de aire**. m. *Gu.* Enfermedad nerviosa que se localiza en diferentes partes de cuerpo. pop.
b. ‖ ~ **de almácigo**. m. *Ec.* Enfermedad patógena, causada por *Rhizoctonia solani* o *Pythium* spp., que ataca el tallo de las plantas de semillero provocando su marchitamiento.
c. ‖ ~ **de araña**. m. *Gu.* Infección en la corona del casco de una caballería por la picada de una araña. rur.
d. ‖ ~ **de bazo**. m. *Gu.* Enfermedad del ántrax. rur.
e. ‖ ~ **de camioneta**. m. *Gu.* Diarrea. pop ^ fest.
f. ‖ ~ **de estómago**. m. *Cu, Co,* pop + cult → espon; *CR,* pop. **cagadera**, diarrea.
g. ‖ ~ **de hilachas**. m. *Gu, Ec.* Enfermedad causada por el hongo *Pellicularia koleroga*, que afecta a las hojas de la planta del café.
h. ‖ ~ **de la caja**. m. *Pe.* p.u. Tuberculosis.
i. ‖ ~ **de los avenales**. m. *Ar.* Enfermedad del ganado bovino y caballar causada por una deficiencia de calcio y magnesio en la alimentación.
j. ‖ ~ **de los rastrojos**. m. *Ar.* Enfermedad viral transmitida al hombre por un ratón que vive en los rastrojos.
k. ‖ ~ **de los siete días**. *Ve.* **mal de siete días**.
l. ‖ ~ **de mayo**. m. *ES.* Diarrea provocada por ingestión de frutas contaminadas. ♦ **mayo**.
m. ‖ ~ **de mina**. m. *Bo.* Silicosis.
n. ‖ ~ **de nuca**. m. *Gu.* Tortícolis. pop.
ñ. ‖ ~ **de ojo**.
i. m.*Mx.* Planta de hasta 60 cm de altura, de hojas opuestas, ovaladas y enteras, inflorescencias

terminales solitarias y flores de color dorado anaranjado o violáceo; es ornamental. (Asteraceae; *Zinnia elegans*). ♦ **mulata**; **virginia**; **zinnia**.
ii. *Ar:NO; Ve, Py,* rur; *Bo,* pop. Conjuntivitis.
iii. *Ar.* **disciplina de monja**.
iv. *Bo.* Orzuelo, divieso pequeño que nace en el borde de alguno de los párpados. pop.
o. ‖ ~ **de orín**. m. *Gu, ES, Pa.* Cistitis.
p. ‖ ~ **de orina**. m. *Gu, Ho, Ec; RD,* rur. Cistitis.
q. ‖ ~ **de orines**. m. *Pa.* Necesida repetida y persistente de orinar.
r. ‖ ~ **de Panamá**. m. *Gu, Ho, Pa, Ec.* Enfermedad de la planta del **banano** provocada por los hongos *Deuteromy cetes* y *Fusarium oxysporum*, que infectan las raíces y suben por el sistema vascular hasta las hojas, provocando su muerte.
s. ‖ ~ **de páramo**. m. *Ve.* Malestar físico que se manifiesta en las grandes alturas por disminución de la presión atmosférica y que se caracteriza por trastornos circulatorios, disnea, cefalalgia, vértigo y vómitos.
t. ‖ ~ **de pato**. m. *Bo.* Diarrea. pop + cult → espon ^ fest.
u. ‖ ~ **de patria**. m. *CR, RD.* Nostalgia por la tierra natal. pop.
v. ‖ ~ **de pelea**. m. *PR.* Histeria, pataleta.
w. ‖ ~ **de puna**. m. *Bo, Ar:NO.* **puna**, mal de montaña.
x. ‖ ~ **de San Vito**. m. *Mx, CR, RD, PR, Ve, Ur.* Baile de San Vito o corea. (**mal de sambito**).
y. ‖ ~ **de siete días**. m. *ES, Pa.* Tétanos. (**mal de los siete días**).
z. ‖ ~ **de tierra**. m. *Ho.* Enfermedad del repollo que se caracteriza por la pudrición de la cabeza producida por la bacteria *Xanthonomas campestris*.
a¹. ‖ ~ **de vista**. m. *Pa.* Conjuntivitis. pop.
b¹. ‖ ~ **del clavo**. m. *Gu.* Enfermedad de la planta de la piña producida por el hongo *Pennicillium* spp.
c¹. ‖ ~ **del pinto**. m. *Mx.* Enfermedad tropical caracterizada por lesiones pigmentarias en la piel, de color blanquecino, rojizo o azul oscuro. ♦ **pinto**.
d¹. ‖ ~ **del punto**. m. *ES.* Herpes que se manifiesta en manchas moradas y rugosas de la piel.
e¹. ‖ ~ **del talluelo**. m. *Gu.* Enfermedad provocada por las variedades de hongos esporangios *Pythium ultimatum, P. aphanidermatum, P. debaryanum* y *P. irregular*, que atacan semillas, plántulas y plantas adultas de la mayoría de los cultivos decolorando el área afectada y volviéndola acuosa por el colapso de las células. rur.
f¹. ‖ ~ **del tordo**. m. *Bo, Ch.* Aspecto físico de la persona que tiene las piernas muy delgadas y las nalgas grandes en exceso. pop + cult → espon ^ fest.
g¹. ‖ ~ **del vaso**. m. *Ar; Ur,* rur. Infección de los equinos que carcome el casco entre la uña y la carne.
h¹. ‖ ~ **habido**. *Ur.* **malhabido**.
i¹. ‖ ~ **postizo**. m. *Ar:NO.* Perjuicio causado supuestamente por medio de maleficios.
j¹. ‖ ~ **ruin**. m. *ES.* Enfermedad venérea. rur.
□
a. ‖ ~ **que** ~. loc. adv. *ES, Pe, Bo:O, Ch, Py, Ar.* De una manera o de otra, sea como fuere. pop + cult → espon.
▶ **pagar** ~; **parecerse al** ~ **ladrón de Masaya**; **vivir** ~.

mala.
I. 1. f. *Ch.* Antipatía, aversión hacia alguien. pop + cult → espon.

□

a. ‖ **a la ~.**
   i. loc. adv. *Mx, Bo,* pop; *Ch,* pop + cult → espon. A traición.
   ii. *Ni, PR, Pe, Bo, Ch.* Por la fuerza. pop + cult → espon.
   iii. *Ni, Pe, Bo, Ch.* Con mala intención. pop + cult → espon.
   iv. *RD, Bo,* pop; *Ch,* pop + cult → espon. Saltándose una norma ética, legal o jurídica.
   v. *Pe.* Sin orden ni cuidado. pop + cult → espon.
b. ‖ **a las ~ s.** loc. adv. *PR.* **a la cañona,** sin avisar.
c. ‖ **de ~s.**
   i. loc. adj. *Mx, Ni, Co, Ec, Bo.* Desafortunado, sin suerte.
   ii. loc. adv. *Pa.* Con dificultad, por casualidad. pop + cult → espon.
d. ‖ **en la ~.** loc. adv/adj. *Ni, RD, Ve, Bo, Ar,* pop; loc. adv. *Ur,* espon. En una mala situación, *especialmente económica.*
e. ‖ **¡~ mía!** loc. interj. *PR.* Expresa una justificación por haber hecho algo sin intención.
▶ **caer la ~; caer ~; darle la ~; hacerle ~ tercia; irse en la ~; irse en ~; pasar ~ mano.**

malabar.
   I. 1. *Ve.* **jazmín,** arbusto.
malabarear.
   I. 1. intr. *Ec, Ch.* p.u. Ejecutar con destreza y habilidad juegos malabares o algo dificultoso. pop.
malabarista.
   I. 1. m-f. *Ch.* p.u. Persona que roba o quita algo con astucia. pop + cult → espon.
malabarriga.
   I. 1. f. *RD, PR.* Síntomas que sufre la mujer embarazada.
malacahuiste.
   I. 1. m. *Ni.* **malacahuite.**
malacahuite. (Del nahua *malacatl,* huso, cosa giratoria, y *huitztli,* espina).
   I. 1. m. *ES.* Arbusto de hasta 3 m de altura, desde el tronco hasta sus ramas más altas está cubierto de espinas grandes, tiesas y agudas; de las ramas se hacen husos para hilar y sus hojas se utilizan como expectorante. (Flacourtiaceae; *Flacourtia prunifolia*). (**malacahuiste**).
malacara.
   I. 1. adj/sust. *Mx, Py, Ar; Ur,* rur. *Referido a caballo,* que tiene blanca la mayor parte de la cara.
malacaroso, -a.
   I. 1. adj. *Co. Referido a persona,* que muestra cara de enojo. pop.
malacate. (Del nahua *malacatl,* huso para tejer).
   I. 1. m. *Mx, Gu, Ho, ES, Ni.* Huso de madera que se utiliza para hacer hilo de algodón o cordel de pita.
   2. *Mx, Ho. En minería,* torno de eje vertical con polea en la boca de la mina, movido por tracción animal o humana, que sirve para subir y bajar materiales o líquidos.
   3. *Ho, Ni.* Rodillo horizontal y giratorio de madera, con una manivela en cada extremo, que se utiliza para sacar tierra o agua de un pozo.
   4. *Ur.* Cabrestante.
   II. 1. m-f. *Gu, Ho, ES, Ni.* Persona malvada, de malas intenciones. euf.
   2. *ES.* Persona que roba, ladrona. pop.
   III. 1. m. *ES, CR:NO.* Agujero redondo en el centro del cubo de una rueda de carreta en donde se inserta y gira el eje. rur.
   IV. 1. m. *PR. En las actividades marítimas,* carrete para enrollar cordel.

■

a. ‖ **pozo de ~.** m. *Ho.* Pozo artesano.
malacatero, -a.
   I. 1. m. y f. *Mx.* Persona encargada del manejo de un **malacate,** torno.
malacatonche. (Del nahua *malacachoa,* girar sobre sí mismo, y *tlontli,* desinencia de diminutivo).
   I. 1. m. o f. *Mx.* Juego infantil que consiste en tomarse de las manos a modo de balancín horizontal, dando vueltas hasta marearse y caer al suelo.
   2. *Mx.* Acto de hacer girar a alguien, continua y rápidamente hasta marearlo. pop.
   3. *Mx.* Coito. pop.
malacatoso, -a.
   I. 1. adj. *Ch. Referido a persona,* con una traza y un carácter malos que infunden temor. pop + cult → espon.
   2. *Ch. Referido a un objeto,* de mala construcción y calidad. pop + cult → espon.
malacho.
   I. 1. m. *Ve.* **macabí.** (Elopidae; *Elops saurus*).
malaclase.
   I. 1. adj/sust. *RD, Co; Ch,* pop ^ desp. *Referido a persona,* maleducada.
malaconciencia.
   I. 1. sust/adj. *RD, Bo:O.* Persona vil y deshonesta, que suele actuar sin tener en cuenta los intereses o el bienestar de los demás. pop + cult → espon.
malacriadeza.
   I. 1. f. *ES.* Mala educación o grosería.
malacrianza.
   I. 1. f. *EU, Mx, ES, Ni, CR, Pa, RD, PR, Co, Ve, Ec, Pe, Bo:O, Ar:NO.* Falta de urbanidad o buenos modales.
   2. *Gu, Ho, ES, Ni, CR, Pa, RD, PR, Pe, Bo.* Acto o dicho grosero o descortés.
   3. *Ni, CR, Pa.* Rabieta.
   4. *Cu.* Desobediencia o grosería, *especialmente de un niño.*
malacue.
   I. 1. f. *Ch.* p.u. Mala suerte. pop + cult → espon.
malafacha.
   I. 1. sust/adj. *Bo.* Persona que viste mal y sin gusto. pop + cult → espon.
malafé.
   I. 1. sust/adj. *CR, Bo,* pop + cult → espon; *Pa, RD,* pop. Persona de malos sentimientos.
malagana.
   I. 1. sust/adj. *RD, Bo:O.* Persona que actúa de manera negligente y poco seria. pop + cult → espon.
malagestado, -a.
   I. 1. adj/sust. *Ch. Referido a persona,* de rostro poco agraciado o que realiza muecas desagradables. pop.
malagracia.
   I. 1. sust/adj. *Pe; Bo:E,* pop + cult → espon. Persona no agraciada físicamente, desgarbada o que no sabe arreglarse.
   II. 1. sust/adj. *Pe.* Persona sin amabilidad ni cortesía.
malagradecimiento.
   I. 1. m. *Gu, Ni, Bo, Ch; Pa,* cult → espon. Actitud de la persona malagradecida. pop.
malagua.
   I. 1. f. *Pe.* Medusa.
malagueña.

□

a. ‖ **a la ~.** loc. adv. *Mx.* A la mala, de malas, con mala intención. fest.
b. ‖ **~ con trago.** loc. sust. *Pe.* Resaca producida por haber bebido alcohol en exceso. pop ^ fest.

malagüero, -a.
  I. 1. adj/sust. *Gu, RD, Pe, Bo. Referido a animal o cosa*, que presagia algún mal o desgracia. pop.

malagueta.
  I. 1. f. *Pe:E.* **chiltepe**, planta y fruto.
    2. *RD.* **mara.** (Clusiaceae; *Calophyllum calaba*).

malagueto.
  I. 1. m. *Pa, Co.* Árbol de hasta 10 m de altura, de tronco recto y cilíndrico, con ramas horizontales y extendidas, hojas simples y alternas, flores blancas o crema amarillentas y frutos en riñón, rojos cuando están maduros. (Annonaceae; *Xylopia macrantha*).
    ♦ **joroba**; **sembé.**
    2. *Pa, Co.* Fruto del malagueto.
■
    a. ‖ ~ **de monte.** *Pa.* **palo santo negro.**

malaire.
  I. 1. m. *Ec.* Alteración pasajera de la salud causada por la aspiración de gases tóxicos.
    2. *Ec.* Trastorno pasajero de la salud, *que sufren especialmente los niños y adolescentes de constitución débil*, caracterizado por náuseas, palidez, sudoración fría y descenso de la presión sanguínea.
    3. *Ec.* Trastorno nervioso atribuido popularmente a un espíritu maléfico.
  II. 1. *Ni.* Pedo, ventosidad que se expulsa por el ano. euf.

¡malajos!
  I. 1. interj. *Mx:N.* Expresa enojo, reprobación o contrariedad.

malalengua.
  I. 1. sust/adj. *RD, Bo:O, Ur.* Persona acostumbrada a hablar mal de sus prójimos. pop + cult → espon.

malaley.
  I. 1. m-f. *Co.* Persona de malos sentimientos en la que no se puede confiar. pop ∧ desp.

malamansado, -a.
  I. 1. adj. *CR. Referido a persona*, de comportamiento atolondrado o alocado y de modales rústicos *que, por lo general, rehúye el trato social.* pop ∧ fest.

malamaña.
  I. 1. f. *Pa, RD, PR.* Mala costumbre. pop.

malamañoso, -a.
  I. 1. *PR, Ve:O.* **mañoso**, ladrón.
    2. *PR, Ve:O.* **mañoso**, tramposo.
    3. *Pa. Referido a persona*, que tiene malas costumbres. pop.

malambear.
  I. 1. intr. *Ar, Ur.* Bailar el **malambo**, danza de zapateo. pop + cult → espon.

malambista.
  I. 1. m-f. *Ar, Ur.* p.u. Persona que baila el **malambo**, danza de zapateo.

malambo.
  I. 1. m. *Pa, Co.* Árbol de hasta 8 m de altura, muy ramificado, con hojas alternas, ovaladas, fragantes, inflorescencia terminal y flores en forma de campana. (Euphorbiaceae; *Croton malambo*).
    2. *Pa, Co.* Fruto del **malambo**, que consiste en una cápsula en forma de globo con cinco cascos; tiene aplicación en la medicina tradicional.
    3. *PR.* **barbasco.** (Canellaceae; *Canella winterana*).
  II. 1. m. *Pe:S, Ch:S, Ar, Ur.* Danza de zapateo y ritmo vivaz, que ejecutan solo los hombres y se acompaña con rasgueo de guitarra; pueden intervenir uno o varios bailarines que, sueltos y muchas veces en contrapunto, efectúan diversas mudanzas, sin otros movimientos que los de las piernas y pies.

malandra.
  I. 1. adj/sust. *Bo, Ch, Ar, Ur.* Delincuente. pop + cult → espon ∧ desp.

    2. m-f. *Ar, Ur; Ch,* p.u. Persona de costumbres reprobables. pop + cult → espon ∧ desp.

malandraca.
  I. 1. adj/sust. *Ar.* Delincuente. pop.

malandraje.
  I. 1. m. *Ve, Ur.* Grupo de **malandros**, delincuentes. pop + cult → espon.

malandrín.
  I. 1. m. *RD, Co; Ec, Bo:O, Py, Ar, Ur,* pop + cult → espon. Ratero, ladrón.

malandrín, -na.
  I. 1. adj/sust. *Ni, Pa, PR, Pe, Py, Ar*; pl. *Ur. Referido a persona*, de mal vivir. pop + cult → espon.
    2. sust/adj. *Ni, Pe, Ch.* Ratero, ladrón.

malandro.
  I. 1. m. *Ch.* Delincuente.

malandro, -a.
  I. 1. m. y f. *Ve, Py; Co, Ec,* pop ∧ desp; sust/adj. *Pa, Pe,* pop; *Bo:O,* pop + cult → espon; *Ar,* obsol. Delincuente. ♦ **landro.**
    2. m. y f. *Ve; Ur,* pop + cult → espon ∧ desp; *Bo:O,* pop + cult → espon; *Pe,* pop. Persona de costumbres reprobables. ♦ **landro.**
    3. *Py.* Persona malévola.

malanfiar.
  I. 1. tr. *Ar.* obsol. Comer. pop + cult → espon.

malanfio.
  I. 1. m. *Ar.* obsol. Asunto confuso o de dudosa legalidad. pop + cult → espon.

malanga. (De or. ind. antillano).
  I. 1. f. *Mx, Gu, Ho, ES, Ni, CR, Pa, Cu, PR, Co, Ve, Ec.* Planta herbácea de hasta 3 m de altura, de hojas grandes en forma de corazón y largos pecíolos. (Araceae; *Xanthosoma* spp.). ♦ **guagüí**; **quiscamote.**
    2. *Mx, Gu, Ho, ES, Ni, CR, Pa, Cu, PR, Co.* Tubérculo de esta planta, de coloración variada; es comestible solo después de cocido, crudo es venenoso. ♦ **quiscamote.**
  II. 1. f. *Cu.* Pene. vulg; pop.
■
    a. ‖ ~ **de jardín.** f. *Cu.* Planta herbácea, de bulbo perenne y hojas radicales y acorazonadas; es ornamental. (Araceae; *Alocasia macrorrhiza, A. cuprea, Caladium bicolor*).
□
    a. ‖ ~ **y el puesto de vianda.** loc. sust. *Cu.* Gran cantidad de personas.

malangal.
  I. 1. m. *Cu, PR.* Sitio poblado de **malangas.** rur.

malangay.
  I. 1. m. *Co:C.* **mafafa**, planta ornamental.

malango. (De or. ind. antillano).
  I. 1. *PR.* **fotoco**, variedad de **plátano.**

malango, -a. (De or. ind. antillano).
  I. 1. adj. *PR. Referido a persona*, inhábil, torpe.

malanguita.
  I. 1. f. *Cu.* Corte de pelo masculino en el que se corta el cabello casi al rape y se deja más largo en la parte superior para que caiga sobre la frente.

malanochado, -a.
  I. 1. adj. *Ec.* p.u. *Referido a persona*, trasnochada. pop + cult → espon.

malanocharse.
  I. 1. intr. prnl. *Ec.* p.u. Pasar la noche sin dormir. pop + cult → espon.

malanueva.
  I. 1. f. *Ec:S.* **catzo.**

malapaga.
 I. 1. adj/sust. *Gu, ES, Ni, CR, Pa, Cu, RD, Co, Ve*. *Referido a persona*, que no paga sus deudas, o las paga tardíamente. pop + cult → espon.

malapata.
 I. 1. sust/adj. *Gu, Bo*; *Pe*, p.u. Persona que tiene mala suerte en todo lo que emprende. pop + cult → espon.

malaria.
 I. 1. f. *Ar, Ur*. Situación de estrechez o extrema carencia de recursos económicos. pop + cult → espon.
 2. *Ar, Ur*. Mala suerte. pop + cult → espon.

malarico, -a.
 I. 1. adj. *Ho. Referido a persona*, que tiene la enfermedad del paludismo. cult → esm.

malario, -a.
 I. 1. adj. *Ho, ES. Referido a persona o animal*, malo, mal intencionado.

malarrabia.
 I. 1. f. *Cu*. Dulce hecho con boniato cortado en trocitos, que se cuece en agua con azúcar y se sirve en almíbar.
 2. *RD*. Dulce que se hace con plátano, **guayaba** y batatas.

malartoso, -a.
 I. 1. sust/adj. *Ve:O*. Persona fea o de mal aspecto. pop.

malasangre.
 I. 1. f. *Pa, RD, Ar*. Disgusto, angustia o ansiedad. (**mala sangre**).

malaspina.
 I. 1. f. *Ar*. Arbusto de hasta 2 m de altura, muy espinoso, con hojas escasas y pubescentes, flores de color blanco y frutos esféricos y rojizos. (Rhamnaceae; *Trevoa patagonica*).

malatión. (De *Malathion*®).
 I. 1. m. *CR, Pa, Ec:O*. Insecticida.

malatobo.
 I. 1. m. *Cu, PR. En las peleas de gallos*, animal rubio achocolatado salpicado de plumas negras, *que suele ser buen contendiente*.

malatraza.
 I. 1. sust/adj. *Ve:O*. Persona arisca y malintencionada.
 2. adj/sust. *Ec. Referido a persona*, insignificante y de aspecto miserable.
 3. sust/adj. *Bo*. Persona que viste mal y sin gusto. pop + cult → espon.

malavaina.
 I. 1. m-f. *ES*. Persona malintencionada, de malos sentimientos.

malavisión.
 I. 1. f. *RD, Py*. Aparecido, espectro de un difunto. rur.

malavuelta.
 I. 1. adj. *Py*; *Ar:NO*, p.u. *Referido a persona*, de trato difícil, *especialmente por su terquedad*.

malax.
 I. 1. sust/adj. *Pa*. p.u. Maleante, delincuente. delinc.

malaya.
 I. 1. f. *Pe, Ch*. Carne de **res** vacuna que está encima de los costillares.
 II. 1. f. *Ch. En restaurantes*, paño de limpieza. pop.

¡malaya!
 I. 1. interj. *Ho, ES, Ni, Ar*; *Bo:S*, euf; pop. Expresa ira, disgusto o lamentación. pop + cult → espon.
 2. *Ho, ES, Ni*. Expresa deseo de que alguien tenga mala suerte. pop + cult → espon.
 □
 a. ‖ **¡ah ~!**
  i. loc. interj. *Ve, Bo*, pop; *Co, Ur*, obsol. Expresa añoranza o deseo vehemente de algo. (**¡amalaya!**).
  ii. *Ve*. Expresa alabanza o lisonja. pop.

 b. ‖ **¡~ sea!** loc. interj. *Bo*. Expresa una fuerte maldición. vulg; pop + cult → espon.

malazo.
 I. 1. adv. *Pe, Ch, Ur*. Muy mal. pop + cult → espon.

malazo, -a.
 I. 1. adj. *Pa, Pe, Ch, Ur*; *Ar*, rur. *Referido a persona*, que carece de habilidad. pop + cult → espon.
 2. *Pa, Pe, Ch, Ur*; *Ar*, rur. *Referido a cosa*, de mala calidad. pop + cult → espon.
 3. *Ve, Ch, Ar, Ur. Referido a persona*, perversa. pop + cult → espon.

malcabestro, -a.
 I. 1. m. y f. *Gu*. Persona malintencionada y de carácter problemático. (**malcabresto**).

malcabresto, -a.
 I. 1. *Gu*. **malcabestro**.

malcajaco.
 I. 1. *ES*. **chaparro**, árbol.

malcaliente.
 I. 1. m. *Co*. Fiebre miliar del ganado vacuno. pop.

malcincal.
 I. 1. m. *Ho*. Terreno poblado de **malcinco**.

malcinco.
 I. 1. m. *Ho*. Árbol de hasta 30 m de altura, con hojas lanceoladas a oblongas, flores en espigas erectas y fruto en forma de bellota; tiene numerosas aplicaciones en la medicina tradicional. (Fabaceae; *Quercus sapataefolia, Q. hondurensis, Q. skinneri*). ♦ **malcote**.

malcota.
 I. 1. f. *Ho:O*. Bellota globosa, fruto del **malcote**.

malcote.
 I. 1. *Ho:O*. **malcinco**.

malcriadez.
 I. 1. f. *EU, Mx, Gu, ES, Ni, Pa, Cu, RD, PR, Co, Ve, Ec, Pe, Bo:O, Py, Ar*; *Ch*, pop; *Ur*, p.u. Mala educación o grosería. (**malcriadeza**).

malcriadeza.
 I. 1. *Gu, Ho, ES, Ni, RD, Bo:O*; *Ch*, p.u. **malcriadez**.
 2. f. *Bo*. Palabra grosera o soez.

malcriador, -ra.
 I. 1. adj. *PR, Ch, Py, Ar, Ur. Referido a persona*, excesivamente tolerante o condescendiente con los gustos y caprichos de alguien, *especialmente de los niños*. pop + cult → espon.

malcrianza.
 I. 1. f. *Ur*; *Py, Ar*. pop + cult → espon. Mala educación de los niños por excesiva tolerancia a sus gustos y caprichos de parte de los adultos.

maldad.
 I. 1. f. *EU, Mx, ES, Ni, Pa, Cu, RD, PR, Co, Ve, Ur*; *Ch*, pop. Travesura, diablura. espon ^ fest.
 2. *Cu, RD, Ve, Ur*. Broma pesada. pop ^ fest.
 ▶ **estar para la ~**; **hacer la ~**.

maldadoso, -a.
 I. 1. adj/sust. *Mx*; *Ch*, pop. *Referido a persona*, acostumbrada a cometer **maldades** o travesuras.
 2. adj. *Co. Referido a persona*, malintencionada.

maldición.
 ■
 a. ‖ **~ gitana**. f. *ES*. Ingestión de bebidas alcohólicas durante una semana sin interrupción.

maldingo, -a.
 I. 1. adj. *Co:N. Referido a persona*, maldita. euf; pop.

maldiojo.
 I. 1. m. *Ar:NO*. Conjuntivitis. rur.
 II. 1. m. *Ar:C*. **disciplina de monja**.

maldita.
- **I. 1.** f. *PR.* Llaga pequeña. rur.
- **II. 1.** f. *PR.* Tumor de pequeño tamaño. rur.

malditazo, -a.
- **I. 1.** adj. *Ni. Referido a persona*, astuta, mañosa, ventajista.

maldito.
- **I. 1.** adj. *Pe*, pop; *Bo*, juv; espon. *Referido a persona o cosa*, excelente, muy buena.
- **II. 1.** sust/adj. *Cu*; adj. *PR*, rur. Niño vivaracho y pícaro. pop.

malditura.
- **I. 1.** f. *Pa.* Travesura, diablura. rur.

maldoso, -a.
- **I. 1.** adj/sust. *Mx, Ni, CR. Referido a persona o animal*, travieso, inquieto, revoltoso. pop.
- **2.** adj. *Ni, CR. Referido a persona*, malintencionada.

maleado, -a.
- **I. 1.** adj. *ES, CR, RD, Ec. Referido a persona*, que tiene mala suerte. pop + cult → espon.
- **2.** adj/sust. *Gu. Referido a persona*, muy enojada. delinc.

maleán.
- **I. 1.** adj. *Pe. Referido a persona*, de conducta reprobable. pop + cult → espon.
- **2.** *Pe. Referido a lugar*, que es peligroso o frecuentado por gente de mal vivir. pop + cult → espon.
- **3.** m. *Bo:O.* Hombre que vive del robo. delinc.
- **II. 1.** adj. *Pe. Referido a situación*, complicada, difícil de afrontar. pop + cult → espon.

maleantada.
- **I. 1.** f. *ES.* Grupo de maleantes. ♦ **maleantería**.
- **2.** *Pa.* **maleantería**.

maleante.
- **I. 1.** m. *PR.* Adicto que pretende convencer a un individuo de que use drogas. drog.

maleantería.
- **I. 1.** *Pa.* **maleantada**.
- **2.** f. *Pa.* Modo de actuar propio de un maleante. pop + cult → espon. ♦ **maleantada**.

maleantoso, -a.
- **I. 1.** adj. *Bo:O. Referido a persona*, rebelde. pop ^ desp.

malear.
- **I. 1.** tr. *CR, RD, Ec.* Dar *algo* o *alguien* mala suerte a una persona. pop + cult → espon.
- **II. 1.** tr. *CR.* Hacer *algo* o *alguien* que una persona se desconcierte y no acierte en algo. pop + cult → espon.

malecón.
- **I. 1.** m. *EU, Mx, Gu, Ho, ES, Ni, Pa, Cu, RD, PR, Co, Ve, Ec, Pe, Ch.* Paseo que corre paralelamente a la orilla del mar o de un río. pop + cult → espon.

maleconear.
- **I. 1.** intr. *Mx, RD.* Pasear por el **malecón**.

malembe.
- **I. 1.** adj. *Cu. Referido a persona o animal*, decaído, débil.
- **2.** *Cu. Referido a cosa*, de poca calidad.

malempatarse.
- **I. 1.** intr. prnl. *Ve.* juv. Actuar o proceder mal con un amigo.

malena.
- **I. 1.** adj. *Ch. Referido a persona o cosa*, mala, de poca categoría o calidad. pop + cult → espon.

malencachado, -a.
- **I. 1.** adj/sust. *Bo:E; Ch*, p.u. *Referido a persona*, de aspecto desagradable. pop.

malencarado, -a.
- **I. 1.** adj. *Mx, RD, Ec. Referido a persona*, enfadada.
- **2.** *Ho, ES, Ni, Co. Referido a persona*, grosera en el trato.

malencia.
- **I. 1.** f. *ES.* Enfermedad.

malenco, -a.
- **I. 1.** adj. *Ho. Referido a persona*, mala, malvada.

malenseñar.
- **I. 1.** *Ec, Ur; Ni, RD, Ch*, pop. Permitir malos comportamientos a alguien.

malentretenido, -a.
- **I. 1.** sust/adj. *Bo.* Persona que pasa su tiempo haciendo cosas improductivas y poco edificantes. pop.
- **2.** *Bo:O.* Persona holgazana y perezosa. pop ^ desp.

malero, -a.
- **I. 1.** m. y f. *Pe.* Brujo que envía enfermedades y maleficios. rur.
- **II. 1.** adj/sust. *Ec. Referido a persona*, delincuente.
- **2.** adj. *Bo. Referido a un hombre*, pendenciero. pop + cult → espon.

malespín. (De *Francisco Malespín*, general y presidente salvadoreño, 1806-1846).
- **I. 1.** m. *Ho, ES, Ni.* Jerga o forma de hablar el español en clave mediante la trasposición fija de ciertas letras. ♦ **malespino**.

malespino.
- **I. 1.** *Ho, Ni.* **malespín**.

maleta.
- **I. 1.** adj. *Mx, Gu, ES, Ni, Pa, RD, Ve, Ec*; sust. *Co, Bo, Ar*, pop; sust/adj. *Pe. Referido a persona*, inepta. pop + cult → espon ^ desp.
- **2.** adj. *Mx. Referido a cosa*, de poca calidad. pop + cult → espon.
- **II. 1.** f. *Pa, Cu, Co; Ch*, obsol. Objeto rectangular, *generalmente de cuero*, empleado por los niños para llevar los útiles escolares. pop + cult → espon. (**maletín**).
- **III. 1.** f. *Pe.* Espalda de una persona, *y especialmente joroba*.
- **2.** *Cu; PR*, rur. Joroba de una persona. pop + cult → espon.
- **IV. 1.** f. *Ve, Ch; Ur*, p.u. **maletera**.
- **V. 1.** adj/sust. *Gu, Ch*, pop. *Referido a persona*, traidora, alevosa.
- **2.** m-f. *Gu.* Persona de mala índole.
- **VI. 1.** f. *Gu.* Porción de **frijoles** volteados.
- **2.** *Ni.* Pan relleno de carne.
- **VII. 1.** f. *Ho.* Fajo de billetes. pop.
- **2.** *Ho.* Paquete de cigarros o puros, *generalmente una o dos docenas*.
- **VIII. 1.** f. *Ho, Ni.* Abundancia de algo. rur.
- **IX. 1.** f. *CR.* Genitales masculinos, *especialmente cuando forman un abultamiento notorio debajo de una prenda muy estrecha*. pop + cult → espon ^ fest.

■
- **a.** ‖ ~ **azuana.** f. *RD.* **Funda** de papel de gran tamaño y con asas.

□
- **a.** ‖ **a la ~.**
  - **i.** loc. adv. *Bo, Ch.* Saltándose una norma ética, legal o jurídica. pop.
  - **ii.** *Bo, Ch.* A traición. pop.
- **b.** ‖ **como ~ de loco.**
  - **i.** loc. adv. *Ar.* Sin objetivos o ideas claras. pop + cult → espon.
  - **ii.** *Ur.* De un lado para otro. pop + cult → espon.

▶ **andar de ~; conocer al pasajero por la ~; ser una ~.**

maletear.
- **I. 1.** tr. *Pe.* Criticar a *alguien* intencionadamente. pop.
- **II. 1.** tr. *Gu.* Cargar la caña de azúcar.
- **III. 1.** tr. *Bo:C,O,S.* Propinar una paliza varias personas a otra, golpeándola con los puños y los pies.

maleteo.
- **I. 1.** m. *Pe.* Crítica malintencionada con el fin de perjudicar a alguien. pop.

maletera.
  I. 1. f. *Ni, Pa, RD, Ve, Pe, Bo, Ch, Ur; Cu*, obsol. *En los vehículos*, maletero, lugar destinado para las maletas o el equipaje. ◆ **maleta**.

maletería.
  I. 1. f. *Bo, Ch*. Establecimiento donde se venden y arreglan predominantemente maletas y otros artículos de cuero.

maletero.
  I. 1. m. *Ve. En los edificios de apartamentos*, cuarto o depósito apartado de las viviendas que se destina a guardar trastos.
  2. *CR*. Rejilla metálica que tienen en la parte posterior algunas bicicletas o motocicletas, y que se usa para llevar carga.
  II. 1. m. *Cu*. Persona dedicada al contrabando de dinero.
  2. *Bo:O*. Hombre que pelea a traición y utilizando recursos ilícitos. delinc.
  III. 1. m. *Bo:O. En el futbol*, jugador torpe y brusco. pop + cult → espon.
  IV. 1. m. *PR. En las peleas de gallos*, animal poco diestro en el tiro de la espuela.

maletero, -a.
  I. 1. m. y f. *Pe*. Persona que critica a alguien con la intención de perjudicarlo. pop.
  II. 1. adj/sust. *Bo, Ch. Referido a persona*, traidora, alevosa. pop.

maletín.
  I. 1. m. *Mx, Cu*. Responsabilidad de una persona.
  II. 1. m. *ES, Pa, Co*. **maleta**, objeto para llevar los útiles escolares.

  ●
  a. ‖ **tu ~, con ruedritas y todo.** fórm. *Cu*. Se usa para manifestarle a alguien que el dilema que tiene es solo de su incumbencia.

  □
  a. ‖ **~ de gásfiter.** loc. sust. *Ch*. Persona pesada, desagradable. pop ∧ fest.

maletón, -na.
  I. 1. adj. *Co*. obsol. *Referido a persona*, jorobada. pop.

maletudo, -a.
  I. 1. sust/adj. *Cu*; adj/sust. *Bo*. Persona con joroba. pop.

malevo, -a.
  I. 1. sust/adj. *Bo, Py; Ur*, p.u. Maleante. pop + cult → espon ∧ desp.
  2. adj/sust. *Ni, Bo. Referido a persona*, malévola, malintencionada. pop + cult → espon.
  3. *Bo; Ur*, obsol. Habitante de un arrabal. pop + cult → espon.
  4. adj. *Ur*. Relativo al mundo del tango. pop + cult → espon.
  II. 1. adj. *PR. Referido a un niño*, travieso. pop + cult → espon.

maleza.
  I. 1. f. *Ni, RD*. Achaque, enfermedad ligera.
  II. 1. f. *Ec*. Pus. pop + cult → espon.

malezal.
  I. 1. m. *Mx, Bo:E, Py, Ar*. Conjunto intrincado y espeso de hierbas y arbustos salvajes.
  II. 1. m. *Ar:NE*. Campo bajo e inundable.
  2. *Ar:NE*. Extensión de terreno fracturado en montículos o columnas que pueden alcanzar 60 cm de altura y están separados por pequeñas depresiones o canales.

malezar.
  I. 1. m. *PR*. Terreno cubierto de malezas. rur.

malgacha.
  I. 1. sust/adj. *Ar:NO*. **papa**, planta. rur.
  2. *Ar:NO*. **papa**, tubérculo.
  3. *Ar:NO*. Tubérculo de la malgacha; es comestible. rur.

malgenioso, -a.
  I. 1. adj/sust. *Mx, Cu, RD, Bo; Ec, Pe*, p.u. *Referido a persona*, de mal genio. pop + cult → espon. ◆ **malgeniudo**.

malgeniudo, -a.
  I. 1. *Mx, Bo*. **malgenioso**.

malgestado, -a.
  I. 1. adj. *Ar:NO,O. Referido a persona*, de gesto desagradable y adusto. pop + cult → espon.

malhabido, -a.
  I. 1. adj. *Mx, ES, Ni, Pa, Cu, Bo, Ch, Ar, Ur*, pop + cult → espon; *RD, Co, Pe, Py*, cult; *Ec*, p.u. *Referido a cosa, especialmente al dinero*, conseguido de forma ilícita. (**mal habido**).

¡malhaya!
  I. 1. interj. *Mx, Gu, Co; Bo, Ar:NO*, rur. Expresa añoranza o deseo vehemente de algo.
  2. *Pa, Bo:C,O, Ar; Pe*, p.u. Expresa ira, disgusto o lamentación. pop + cult → espon.
  3. *Gu, Ho, ES, Bo, Ch*. Expresa lamento por algo que no se ha logrado.
  4. *Ho, ES*. Expresa arrepentimiento, asombro, rechazo o disgusto por algo.

  □
  a. ‖ **¡~ no tiene cola!** loc. interj. *ES*. Expresa que algo no se puede asir o lograr.

malhayar.
  I. 1. *Ho*. **amalhayar**, desear con vehemencia.

malhecho.
  I. 1. m. *Bo, Ar:NO*. Maleficio, hechizo. rur; pop.

malhecho, -a.
  I. 1. adj. *Mx, ES, Ni, CR, RD, Bo. Referido a cosa*, realizada de manera descuidada.

malhechote, -a.
  I. 1. adj/sust. *Mx, Gu. Referido a persona*, chapucera, que no pone empeño en lo que hace.

malhoja.
  I. 1. f. *Ar*. Despojo de la caña de azúcar, que se utiliza como forraje y, quemada, como abono.

malhora.
  I. 1. m-f. *Mx*. Persona amiga de hacer maldades o travesuras. pop. (**malora**).

malía.
  I. 1. m-f. *Ho, ES*. Persona mañosa, malintencionada en su actuar.

malicia.
  I. 1. f. *Bo, Ch*. Bebida alcohólica que se echa a otra no alcohólica.
  II. 1. f. *ES, RD*. Deseo de hacer algo.
  III. 1. f. *ES, RD*. Provocación, morbosidad, insinuación.
  IV. 1. f. *ES*. Bravuconería, vanidad, coquetería.

malicioso, -a.
  I. 1. adj. *ES, RD, Bo, Ch. Referido a persona*, provocadora, morbosa.
  2. *ES, RD. Referido a persona*, con deseos y ganas de algo.
  3. *ES. Referido a persona*, presuntuosa, vanidosa, coqueta.

maligna.
  I. 1. f. *PR*. Marihuana. drog.

malilla.
  I. 1. f. *Mx*. Síndrome de abstinencia, provocado por la falta de consumo de droga en una persona que sufre dependencia. drog.
  ▶ **hacer la ~.**

malillero.
 I. 1. adj/sust. *Pe.* p.u. *Referido a persona*, que intencionalmente ocasiona inconveniencias o frustraciones.

malinche. (Del nahua *Malintzin*, Malinche, apodo de doña Marina, amante de Hernán Cortés).
 I. 1. adj/sust. *Mx, Gu, ES. Referido a persona*, que muestra apego a lo extranjero con menosprecio de lo propio.
 II. 1. m-f. *Ho.* Persona traidora.
 III. 1. adj. *Ni. Referido a persona*, enfadada, molesta.
 IV. 1. m. *Ho, ES:O, Ni, CR.* **flamboyán**.

malinchismo. (Der. de *Malinche*).
 I. 1. m. *Mx, Gu, Ho, ES, Ni, CR.* Actitud de quien muestra apego a lo extranjero con menosprecio de lo propio.
 II. 1. m. *Ho.* Traición.

malinchista.
 I. 1. adj/sust. *Mx, Ho, ES, Ni. Referido a persona*, que muestra apego a lo extranjero con menosprecio de lo propio.

malinformar.
 I. 1. intr. *Gu, Ho, Ni, CR, Pa.* Dar una referencia negativa sobre las cualidades o aptitudes de una persona.

mall. (Del ingl. *shopping mall*).
 I. 1. m. *EU, Ho, ES, Ni, CR, Pa, RD, PR, Ec, Pe, Ch.* Recinto de grandes dimensiones donde se encuentran localizados diversos establecimientos comerciales.

malla.
 I. 1. f. *Bo, Py, Ar, Ur; Ch*, obsol. Bañador. ♦ **vestido de baño**.
 2. *Ho, ES.* Medias de mujer con dibujos o bordados en forma de malla.
 II. 1. f. *Bo, Ar, Ur.* Banda de cuero, metal, plástico u otro material con que se lleva sujeto el reloj a la muñeca.
 III. 1. f. *Ec, Ch.* Conjunto de asignaturas y cursos de una carrera o de un plan de estudios determinados.
 ■
 a. ‖ ~ **ciclónica.** f. *Mx, RD.* Malla de entramado abierto, que se emplea en el cercado de espacios al aire libre para delimitar una determinada zona. ♦ **malla de ciclón**.
 b. ‖ ~ **curricular.** f. *Pe.* Distribución de las asignaturas contempladas en el plan de estudios, haciendo visibles las relaciones de articulación, prioridad, secuencialidad.
 c. ‖ ~ **de ciclón.** *Pa.* **malla ciclónica**.
 d. ‖ ~ **entera.** f. *Bo, Ar, Ur.* Traje de baño femenino de una sola pieza, que cubre desde el busto hasta el comienzo de las piernas. (**malla enteriza**).
 e. ‖ ~ **enteriza.** *Ar, Ur.* **malla entera**.
 f. ‖ ~ **milimétrica.** f. *Bo.* **alambre milimétrico**.

mallcu. (Del aim. y del quech. *mallku*, cóndor).
 I. 1. m. *Bo:O.* Hombre, *generalmente de edad avanzada*, que ejerce la autoridad en una comunidad indígena.

malle.
 I. 1. f. *Pa.* Muchacha, niña. rur.

mallín. (Del map. *malliñ*, lago).
 I. 1. m. *Ch:S, Ar.* Pradera cenagosa propia de la región semidesértica de la Patagonia.

mallku. (Voz aimara).
 I. 1. m. *Bo.* Cóndor. (Cathartidae; *Vultus gryphus*).
 II. 1. *Bo:O.* **mallcu**.

mallón.
 I. 1. m. *Mx.* Pantalón de tela elástica que se usa en ejercicios aeróbicos.

mallorca.
 I. 1. m. *Ec.* Aguardiente anisado.

malluelo.
 I. 1. m. *PR.* Variedad de **guineo**.

mallugada.
 I. 1. f. *Ho, ES, Ni, CR, RD; Mx*, pop; *Pa*, p.u.; rur. Magulladura. (**mayugada**).

mallugado, -a. (Metát. de *magullado*).
 I. 1. adj. *Mx, Gu, Ho, ES, Ni, CR; Pa*, rur; pop. Magullado.

mallugadura. (Metát. de *magulladura*).
 I. 1. f. *Mx, Gu, Ho, ES, Ni; Pa*, rur; pop. Magulladura.

mallugamiento.
 I. 1. m. *Mx, RD, Ve.* Magulladura.

mallugar. (Metát. de *magullar*).
 I. 1. tr. *Mx, Gu, Ho, ES, Ni, RD, Ve; Pa*. rur; pop. Magullar. (**mayugar**).

mallugón. (Metát. de *magullón*).
 I. 1. m. *Mx, Gu, Ho, ES, CR; Pa*, rur; pop + cult → espon; *RD*, pop. Magulladura. (**mayugón**).

malluguear.
 I. 1. intr. *EU:SO.* Maullar.

mallullo.
 I. 1. m. *Pe.* **Ulluco** deshidratado en forma de **chuño**.

mallullón, -na.
 I. 1. adj/sust. *Pa. Referido a persona*, grande y torpe. pop. (**mayuyón**).

malmatada.
 I. 1. f. *Gu, Ni; Ho.* rur; pop. Paliza, serie de golpes. ♦ **malmatón**.
 2. *ES; Ho, Ni, CR*, rur; pop. Caída fuerte y aparatosa. ♦ **malmatón**.

malmatado, -a.
 I. 1. adj. *Ni. Referido a cosa*, muy dañada.
 2. *Ni. Referido a cosa*, de mala calidad.
 II. 1. adj. *Ni. Referido a persona*, sin dinero, arruinada.
 III. 1. adj. *Ni. Referido a persona*, drogada.

malmatar(se).
 I. 1. tr. prnl. *Gu, Ho, ES; Ni, CR*, pop. Sufrir *alguien* grandes golpes al caerse.
 2. tr. *Ho, ES, Ni.* Golpear salvajemente a un animal o persona.
 II. 1. intr. prnl. *Ni.* Drogarse *alguien*. drog.

malmate.
 I. 1. m. *ES.* Golpe fuerte.
 2. *ES.* Caída fuerte.

malmatón.
 I. 1. m. *Ni.* Golpe fuerte.
 2. *Ni.* Caída fuerte.

malmente.
 I. 1. adv. *RD.* Malamente.

malmesabe.
 I. 1. m. *Ni.* Dulce típico hecho a base de maíz.

malmodear.
 I. 1. tr. *Ec.* Tratar a *alguien* de manera despectiva y grosera.

malmodeo.
 I. 1. m. *Ec.* p.u. Trato despectivo y grosero que se da a alguien. pop + cult → espon.

malmodiar.
 I. 1. tr. *Mx.* p.u. Tratar de malos modos o groseramente a *alguien*.

malmodiento, -a.
 I. 1. adj/sust. *Mx.* p.u. *Referido a persona*, zafia, grosera. ♦ **malmodoso**.

malmodoso, -a.
 I. 1. adj. *Mx, Gu*, p.u. **malmodiento**.

malnacido, -a.
 I. 1. adj. *Ho, Ni, RD. Referido a persona*, que no quiere saber nada de su familia directa.

malnatural.
 I. 1. adj/sust. *Bo; Pe,* p.u. *Referido a persona*, sin escrúpulos y malintencionada en su manera de comportarse. pop + cult → espon.

malnombre.
 I. 1. m. *Gu, Bo.* Apodo, sobrenombre, *generalmente humorístico y basado en algún defecto de la persona.*

malo, -a.
 I. 1. adj. *ES, Bo. Referido a persona*, iracunda.
 ▶ **hablar ~.**

malobra. (De *mal* y *obra*).
 I. 1. f. *Mx, Gu.* Hecho que molesta o perjudica a una persona. pop + cult → espon.

maloca.
 I. 1. f. *Co, Pe:E.* Choza de materiales vegetales que se construye sobre un andamio de palos, que sirve de vivienda comunitaria a los indígenas amazónicos.

maloja.
 I. 1. f. *Mx, Cu, PR, Ve.* **malojo.**
  2. *Ar.* Despojo de la caña de azúcar, que se utiliza como forraje y, quemada, como abono.
 II. 1. f. *PR.* Marihuana. drog.

malojal.
 I. 1. m. *Mx, Cu, PR, Ve, Bo.* Terreno plantado de **malojos.** rur.

malojero, -a.
 I. 1. m. y f. *Ve.* Persona que vende **malojo.**

malojilla.
 I. 1. f. *PR.* Planta herbácea perenne, con tallos de hasta 1 m de altura que enraízan en los nudos superiores, y hojas lineares; se utiliza como pasto para el ganado. (Poaceae; *Eriochloa polystachya*).
 ♦ **malojillo.**

malojillo.
 I. 1. *Ve.* **zacate limón.**
  2. m. *PR.* **malojilla.**

malojo.
 I. 1. m. *Mx, PR, Ve, Bo.* Planta de maíz que solo sirve para pasto del ganado. (**maloja**).

malón.
 I. 1. m. *Ar, Ur.* Grupo grande de personas. pop + cult → espon.
  2. *Ar.* Grupo, *generalmente de jóvenes,* muy bullicioso, alegre y movedizo. pop + cult → espon.
  3. *Bo; Ch,* pop. Fiesta organizada por un grupo de personas en casa de un conocido, sin previo aviso y a la que se lleva la comida y la bebida.
 II. 1. adv. *Ch.* Bastante o algo mal. pop.
 □
  a. ‖ **en ~.** loc. adv. *Ar, Ur.* Formando un grupo de personas numeroso y que se mueve, *generalmente, con desorden.* pop + cult → espon.

malón, -na.
 I. 1. adj. *Mx, Pe, Ch.* Bastante malo o algo malo. pop + cult → espon. ♦ **maluco.**

malora.
 I. 1. *Mx,* pop; *ES,* delinc. **malhora.**

malorear.
 I. 1. intr. *Mx.* Hacer **maldades** o travesuras. pop + cult → espon.

maloso, -a.
 I. 1. adj. *Mx, Ho, ES, Ni, CR, Pe, Bo, Ch, Referido a persona,* malvada. pop ^ desp.
  2. sust/adj. *Gu, Pa, Ve, Ec, Pe, Bo; Ch,* pop. Maleante, delincuente.

 II. 1. adj. *Gu, ES, Pa, RD, Ve. Referido a persona,* ligeramente enferma. pop + cult → espon.
  2. *Ve.* **maluco,** de poca calidad. pop + cult → espon.
  3. *Ho, ES. Referido a persona,* epiléptica.

malpagador, -ra.
 I. 1. sust/adj. *Bo:C,O.* Persona que suele desairar a otra del sexo opuesto después de alentar alguna esperanza de relación sentimental. pop + cult → espon.

malpaisal.
 I. 1. m. *ES.* Terreno volcánico.

malpaisera.
 I. 1. m. *ES.* Terreno volcánico.

malparidez.
 I. 1. f. *Co.* Estado de ánimo bajo, depresivo. pop.

malparido, -a.
 I. 1. adj/sust. *Ho, Ni, CR, Pa, Cu, Ve, Ec, Pe, Bo,* desp; *Co,* vulg; *Ch,* pop ^ desp. *Referido a persona,* indeseable, despreciable.
 II. 1. adj. *Ho. Referido a persona,* deforme. desp.

malpechoso, -a.
 I. 1. adj. *ES. Referido a persona,* malvada.

malpractice. (Voz inglesa).
 I. 1. f. *EU, PR.* Impericia, práctica médica desafortunada.

malrayo.
 I. 1. *PR.* **marrayo.**

malsacado, -a.
 I. 1. adj. *Ho. Referido a persona,* inútil, torpe. desp.

malta.
 I. 1. f. *Pa, Cu, RD, PR, Ve, Ec, Ur.* Bebida refrescante elaborada con cebada tostada, no fermentada.

malteada.
 I. (Del ingl. *malted milk,* leche malteada).
  1. f. *EU, Mx, ES, Ni, Pa, RD, Co, Ec, Ur; CR,* p.u. Bebida que se prepara batiendo helado o leche con polvo de malta.
 II. 1. f. *ES.* Felicitación a un amigo que consiste en lanzarlo al aire varias veces.

maltera.
 I. 1. f. *Cu.* Establecimiento donde se expenden **maltas.**

maltercio.
 I. 1. m-f. *ES.* Persona malintencionada.

maltón, -na. (Del quech. *malta,* joven).
 I. 1. adj/sust. *Pe; Ec, Ar:NO,* rur; pop. *Referido a persona,* que se halla en la niñez o en la adolescencia. espon.
  2. *Pe; Ec,* rur; pop. *Referido a animal,* que no ha alcanzado la madurez sexual.
  3. *Ar:NO. Referido a animal vacuno, ovino o porcino,* que tiene una edad de entre uno y dos años. rur.
  4. adj. *Bo, Ch. Referido a persona o a animal,* crecido y desarrollado a pesar de su joven edad.

maltraído, -a.
 I. 1. adj. *Pe, Bo; Ch,* espon; *Ar:N,* pop. *Referido a persona,* desaliñada.

maltrajada.
 I. 1. *ES.* **golpiza.**

maltrajar.
 I. 1. *Ho, ES.* **martajar,** machacar *algo.*
  2. tr. *ES.* Apretar, aporrear *algo.*

maltrajeado, -a.
 I. 1. adj/sust. *Pa, Pe, Ch;* adj. *Co,* cult; *Ur,* p.u. *Referido a persona,* desaliñada, mal vestida. pop.

maltrajón.
 I. 1. m. *ES.* **golpiza.**

maltramado, -a.
 I. 1. adj. *RD. Referido a persona*, deforme, o de rasgos físicos desproporcionados. pop + cult → espon.
  2. *RD. Referido a persona*, vestida de forma descuidada. pop + cult → espon.

maltratada.
 I. 1. f. *Gu, ES; Mx*, pop. Reprimenda, *especialmente si se hace con insultos.*
 II. 1. f. *Mx.* Maltrato. pop.

maltratado, -a.
 I. 1. adj. *Gu, ES. Referido a persona*, insultada.

maltratar.
 I. 1. tr. prnl. *Ch.* Agasajar, colmar a *alguien* con todo tipo de regalos y comodidades. pop + cult → espon ^ fest.

maltuerzo.
 I. 1. m. *Gu, Ho.* Hierba anual, de hasta 60 cm de altura, de hojas inicialmente en roseta, y después, alternas, flores con cuatro pétalos blancos, fruto en cápsula casi circular y plana, con dos semillas; tiene numerosas aplicaciones medicinales. (Brassicaceae; *Lepidium virginicum*). ♦ **mancuerno; pollito; sabelección; san Pedro.**

maluca.
 I. 1. f. *Mx.* **jagua,** árbol de hasta 20 m.

maluco, -a.
 I. 1. adj. *Mx, Gu, Ni, CR, Pa, Cu, RD, Co, Ve, Pe, Bo:O. Referido a persona*, enferma, indispuesta. pop.
  2. *Pa. Referido a persona o a animal*, algo enfermo. pop + cult → espon.
 II. 1. adj. *Ni, Co, Ve, Bo. Referido a cosa*, desagradable a los sentidos del gusto o del olfato. pop + cult → espon.
  2. *Co, Bo.* Desagradable a la vista o al gusto estético. pop.
 III. 1. adj. *ES, Pa, Bo; Ve*, pop. *Referido a persona*, ingrata y malvada.
  2. *Ho. Referido a persona*, enfadada.
  3. adj/sust. *Pa.* **macuco,** taimado.
  4. adj. *Pa. Referido a persona*, bromista, burlona. pop.
  5. *Pa.* **malón.**
 IV. 1. adj. *Pa, Bo; Ve*, pop. *Referido a cosa*, de poca calidad o eficacia. ♦ **maloso.**
 V. 1. adj. *Ve. Referido a animal*, en celo. pop.
 ► oler a ~.

maluenda.
 I. 1. adj. *Ch. Referido a un objeto*, de mala calidad o en mal estado. pop + cult → espon.

malulo.
 ■
 a. ‖ **el ~.** m. *Ch.* Diablo, príncipe de los ángeles rebelados contra Dios. rur; pop.

malulo, -a.
 I. 1. adj. *Ch. Referido a un niño*, travieso, inquieto. inf.
  2. *Ch. Referido a persona*, con tendencia a hacer maldades. fest.

malungo, -a.
 I. 1. *PR.* **mafolongo.**

maluquearse.
 I. 1. intr. prnl. *Ni, Co.* Indisponerse, desmayarse.

maluquencia.
 I. 1. *Ni.* **maluqueza.**

maluquera.
 I. 1. f. *Cu, Co.* Sensación de encontrarse mal físicamente. pop.
  2. *Co.* Desmayo, pérdida del sentido o del conocimiento. pop.

maluqueza.
 I. 1. f. *Ve.* Maldad, iniquidad. pop.
 II. 1. f. *Ni, Pa.* Malestar físico. ♦ **maluquencia.**

malura.
 ■
 a. ‖ ~ **de cabeza.** f. *Ch.* Locura, insania, falta de juicio o criterio. rur; pop.

malva.
 I. 1. f. *RD, Co.* Hierba de hasta 1,50 m de altura, con hojas vellosas con el borde dentado y flores blancas vistosas; se cultiva como ornamental y se emplea en la medicina popular contra los catarros y la disentería. (Malvaceae; *Malvastrum limense*).
  2. *Gu, Ho, Ni.* **huinar.**
 II. 1. f. *Pa, Ch.* Golosina pequeña y esponjosa elaborada con azúcar, clara de huevo y gelatina.

malvaca.
 I. 1. f. *Ar.* Arma de fuego. delinc; pop + cult → espon.

malvalito.
 I. 1. m. *ES.* Cementerio. est.

malvasco.
 I. 1. m. *PR.* **barbasco.** (Canellaceae; *Canella winterana*).

malvate.
 I. 1. m. *Cu.* Arbusto de hasta 1 m de altura, de hojas alternas y flores amarillas; la infusión hecha con las hojas y las ramas se usa como emoliente en la medicina popular. (Tiliaceae; *Corchorus siliquosus*). (**malvaté**).

malvaté.
 I. 1. *Cu.* **malvate.**

malvavisca.
 I. 1. f. *Gu.* Planta herbácea de hasta 1,5 m de altura, de tallos erectos, hojas pubescentes con forma romboidal, y flores axilares de color blanco o rosado; tiene propiedades medicinales. (Malvaceae; *Althaea officinalis*).

malvavisco.
 I. 1. m. *Mx, Ho, ES, Ni, Pa, Bo, Ch.* Dulce esponjoso, con textura chiclosa, *generalmente cortado en pequeños trozos de forma cilíndrica y de diversos colores tenues.*
 II. 1. m. *Co.* **chanita.**
  2. *Co.* Hierba de hasta 90 cm de altura, de hojas acorazonadas y vellosas de color verde claro y flores que varían del púrpura oscuro al rosa o amarillo; se cultiva como ornamental. (Malvaceae; *Althea rosea*).

malvecino.
 I. 1. m. *Pa.* Árbol de hasta 20 m de altura, con la corteza del tronco negra, hojas simples y opuestas, flores blancas o verdosas, frutos elipsoides de color púrpura al madurar. (Nyctaginaceae; *Guapira costaricana*). ♦ **mala sombra.**

malvestido, -a.
 I. 1. adj/sust. *Mx, Ni, RD, Ch; Ur*, pop. *Referido a persona*, desaliñada.

malviajarse.
 I. 1. intr. prnl. *Mx.* juv. Ponerse nervioso, irritarse o perder la calma. pop.

malviento.
 I. 1. *Ec.* **malaire.**
 II. 1. *Ni.* **malaire.**

malvillón.
 I. 1. m. *Gu.* **huinar.**

Malvinas.
 ► estar en las ~.

malvisco.
 I. 1. m. *Ar.* Planta de hasta 1 m de altura, de hojas pubescentes y dentadas y flores de color blanco rojizo; se le atribuyen diversas propiedades medicinales. (Malvaceae; *Sphaeralcea crispa*).

malvisto, -a.
    I. 1. adj/sust. *Gu. Referido a persona*, de conducta reprochable. pop + cult → espon.

malviviente.
    I. 1. sust/adj. *Mx, Gu, Ho, Ni, Pa, Ec, Bo:E, Ur.* Persona que vive al margen de la ley, y que se dedica a delinquir.

malvón.
    I. 1. m. *Mx, Py, Ar, Ur.* Planta muy ramificada, con hojas orbiculares o reniformes, afelpadas, y flores de tonos rojos o a veces blancas (Geraniaceae; *Pelargonium hortorum*).

mam. (Del maya).
    I. 1. m-f. *Gu.* Abuelo.

mama.
    I. 1. f. *Ar.* Borrachera. pop + cult → espon.
    ●
       a. ‖ ~. fórm. *CR, Pa, Cu.* Se usa para dirigirse a una mujer o una niña de manera afectiva.
       b. ‖ ¡tu ~!
          i. fórm. *RD, Ar:NO.* Se usa para responder a un insulto. pop + cult → espon.
          ii. *RD, Ar:NO.* Se usa para rechazar algo que se ha dicho o propuesto. pop + cult → espon.
    ■
       a. ‖ ~ vieja.
          i. m. *Ar:C,N; Ur*, obsol. Abuela. rur.
          ii. *Ar, Ur.* Personaje carnavalesco tradicional que representa una mujer mayor de raza negra vestida con ropas de colores llamativos.

mamá.
    ●
       a. ‖ ~. fórm. *Mx.* Se usa para dirigirse a una niña pequeña. afec.
    ■
       a. ‖ ~ gallina. f. *Ho.* Axila. pop ^ fest.
    □
       a. ‖ la ~ de Tarzán. loc. sust. *Ni, CR, Pa.* Lo más importante. pop ^ fest.
    ▶ creerse la ~ de Tarzán; ser la ~ de Tarzán.

mamabolas.
    I. 1. m. *PR; RD*, p.u. Tonto, idiota. pop + cult → espon ^ desp.

mámac. (Del quech. *mamaq*).
    I. 1. m. *Pe:C,O.* Flauta larga de caña que se toca de manera transversal. rur.

mamacha.
    I. 1. f. *Pe, Bo.* Mujer de edad madura, *especialmente la procedente de la sierra*. rur; pop.
    2. *Pe, Bo.* La Virgen María. rur; pop.
    3. *Bo:O.* Mujer atractiva por sus formas exuberantes. pop + cult → espon.

mamachanchona. (De *mamá* y *chancho*, cerdo).
    I. 1. f. *Ni.* Madre que pega a sus hijos. inf.

mamacheva.
    I. 1. f. *Ni.* juv. Comida, alimento.

mamachumbi. (Del quech. *mama*, grande, y *chumbi*, faja).
    I. 1. m. *Ec.* Faja ancha de color rojo con bordes verdes usada por los indígenas ecuatorianos para ceñir el **anaco**.

mamacita.
    I. 1. f. *Mx, Gu, Ho, ES, Ni, CR, Pa, RD, Co, Ve, Ec, Pe, Bo, Ch, Ar*, pop; *Py*, p.u. Mujer muy atractiva físicamente. (**mamazota**).
    ●
       a. ‖ ~.
          i. fórm. *Ve.* Se usa entre hombres para dirigirse a una mujer joven, aunque no haya amistad. pop.
          ii. *Ho, ES.* Se usa como tratamiento cariñoso entre dos mujeres amigas.

    □
       a. ‖ ¡ay ~! loc. interj. *Mx, Ho, ES, Ni.* Expresa susto, temor o asombro.
    ▶ creerse la ~; ser la ~.

mamaco.
    I. 1. m. *Bo:E, Ar:NO.* Ave gallinácea de gran tamaño y plumaje negro en el macho, con el vientre blanco, y ocráceo en la hembra, con la cabeza y el cuello negros. (Cracidae; *Crax* spp.).

mamacona. (Del map. *mama*, madre, y de *kuna*).
    I. 1. sust/adj. *Bo:O.* Mujer indígena, *generalmente gorda*. pop.

mamacuchara.
    I. 1. f. *Ec.* Cuchara grande de palo usada en la cocina para mezclar y remover las comidas en las grandes ollas.

mamada.
    I. 1. f. *Mx, Ni, Bo, Py, Ar.* Borrachera. vulg.
    II. 1. f. *Mx.* Despropósito, dicho o hecho petulante, fuera de razón, sentido o conveniencia. vulg.
    III. 1. f. *Co:N.* Chasco, fracaso. pop.
    IV. 1. f. *Ho, ES, RD.* **chupete**, señal roja.
    2. *Cu.* Lamida en cualquier parte del cuerpo.
    V. 1. f. *Bo.* Mentira o engaño. pop + cult → espon.
    VI. 1. f. *CR.* Cosa excelente. vulg; pop + cult → espon.

mamadera.
    I. 1. f. *Pa, RD, Ec, Pe, Bo, Ch, Py, Ar.* Biberón. (**mema**).
    2. *Gu, Ho, ES, Ni, Cu, PR.* Tetina del biberón.
    3. *Ar.* Cantidad que cabe en un biberón.
    II. 1. f. *Gu, Ho, Cu, RD, Pe; Bo*, pop. Beneficio económico que se obtiene en el ejercicio de un cargo.
    2. *Bo.* Empleo adquirido debido a compromisos políticos. pop + cult → espon.
    III. 1. f. *Bo.* Borrachera. pop + cult → espon.
    IV. 1. f. *CR. En deportes colectivos, especialmente en **futbol***, individualismo excesivo de un jugador. pop + cult → espon.
    □
       a. ‖ ~ de gallo. loc. sust. *Ho, ES, Co, Ve, Ec.* Tomadura de pelo. pop.
    ▶ no soltar la ~.

mamado, -a.
    I. 1. adj. *Mx, Gu, Ho. Referido a un hombre*, de músculos desarrollados, *generalmente debido al ejercicio*.
       ♦ **mamey**.
    II. 1. adj. *Co, Ve. Referido a persona*, agotada física o mentalmente. pop.
    III. 1. adj. *ES, Co*; adj/sust. *Pe. Referido a cosa*, muy fácil de realizar. pop.
    IV. 1. adj. *Co. Referido a persona*, aburrida o cansada de algo. pop.
    V. 1. adj. *Ho, Ni. Referido a tornillo o pieza*, apretado con fuerza.
    2. *Ho, Ni. Referido a ropa*, apretada, ceñida al cuerpo.
    VI. 1. adj/sust. *RD, PR. Referido a persona*, tonta. vulg; pop + cult → espon ^ desp.
    2. *PR. Referido a persona*, holgazana, ociosa, que no quiere trabajar. vulg; pop + cult → espon ^ desp.
    VII. 1. adj. *Ho, Ni, CR. Referido a estudiante*, que ha reprobado un examen. est.
    VIII. 1. adj. *Ho, Ni. Referido a persona*, sin dinero.
    IX. 1. adj. *CR. Referido a persona o cosa*, que se mueve o actúa con mucha prisa. vulg; pop + cult → espon.

mamador.
    I. 1. m. *ES.* Hombre afeminado.

mamador, -ra.
    I. 1. adj. *Bo.* metáf. *Referido a persona*, que vive a costa de otra. vulg; pop + cult → espon ^ desp.
    2. m. y f. *Bo.* Estafador. pop + cult → espon.

■

a. ‖ ~ **de gallo**.
  i.   m. y f. *Co, Ve*. Persona que no habla en serio. pop.
  ii.   *Ve*. Persona a quien le gusta gastar bromas. pop.

mamagallismo.
I. 1.   m. *Co*. Manera de comportarse del **mamagallista**. pop ^ fest.

mamagallista.
I. 1.   m-f. *Co*. Persona que toma el pelo a los demás y se burla de ellos. pop ^ fest.
  2.   *Co*. Persona que habla mucho y en broma. pop ^ fest.

mamagüevo.
I. 1.   sust/adj. *RD, Ve*. Persona estúpida, idiota. vulg; desp. (**mamahuevo**).

mamahuevo.
I. 1.   *RD*. **mamagüevo**. vulg; desp.

mamaíta.
•
a. ‖ ~. fórm. *ES*. Se usa para piropear a una mujer bella. afec.

mamajuana.
I. 1.   f. *RD*. Bebida que se prepara con ron y una mezcla muy variada de especias y raíces y hojas de plantas; se le atribuyen propiedades afrodisíacas.

mamalinda.
I. 1.   f. *Pe*. La Virgen María. inf.

mamallena.
I. 1.   f. *Pa*. Dulce hecho a base de pan desmenuzado y amasado con leche, azúcar, canela y pasas.

mamalón, -na.
I. 1.   sust/adj. *Cu; PR*, vulg. Persona holgazana y perezosa. pop + cult → espon ^ desp.
II. 1.   sust/adj. *Cu*. Persona que practica el cunnilingus o la felación. vulg.

mamalonería.
I. 1.   f. *PR*. Holgazanería. vulg; pop + cult → espon ^ desp.

mamama.
I. 1.   f. *Pe*, p.u, inf; *Ur*, obsol; pop. Abuela.

mamancona.
I. 1.   f. *Ec*. Mujer gorda de edad avanzada. pop + cult → espon ^ desp.

mamando, -a.
I. 1.   sust/adj. *RD*. Niño.
  2.   *RD*. metáf. Persona ingenua o de poca experiencia.

mamangá.
I. 1.   m. *Py*. Insecto himenóptero de cuerpo grueso y velludo que al volar produce un característico zumbido fuerte y prolongado. (Bombidae; *Bombus* spp.).

mamangulina.
I. 1.   f. *RD*. Baile popular, de parejas sueltas, acompañado de canto.

mamantar.
I. 1.   tr. *Mx; Ni*, rur. Amamantar.

mamantear.
I. 1.   intr. *Co*. Hacer que el ternero cambie de teta cuando está mamando para que pueda bajar la leche de la vaca.
II. 1.   tr. *PR*. Malcriar, consentir, *especialmente a los niños*. rur.

mamanto.
I. 1.   m. *Ho*. Proxeneta.

mamapancha.
I. 1.   f. *Pe*. Mujer obesa. pop.

mamar(se).
I. 1.   intr. *Mx, Bo*. Exagerar. vulg.
II. 1.   intr. prnl. *Co*. Cansarse físicamente. pop + cult → espon.
  2.   *Co*. Aburrirse, cansarse de algo. pop + cult → espon.
  3.   intr. *CR*. Esperar, *en especial cuando la espera resulta molesta*.
III. 1.   tr. prnl. *Pa, Cu, PR, Co, Ch*. Soportar, aguantar *algo* o a *alguien*. pop + cult → espon.
IV. 1.   tr. *Gu, Ho, Ni, CR, RD, Bo*. Beneficiarse en el ejercicio de un cargo.
V. 1.   intr. *RD, Bo*. Medrar en el Gobierno. pop + cult → espon.
  2.   *Bo*. Aceptar sobornos. pop + cult → espon.
VI. 1.   tr. *Ch*. Consumir, gastar, despachar *algo*. pop.
VII. 1.   tr. *Ni, Bo*. Mentir, engañar a *alguien*.
VIII. 1.   tr. *Ho*. **acabar**, matar a *alguien*. pop.
  2.   intr. prnl. *Ho*. **acabarse**, morirse *alguien*.
IX. 1.   tr. *Cu*. Humedecer con la boca y con la lengua cualquier parte del cuerpo.
X. 1.   tr. *Ni, CR*. Suspender un examen. est.
XI. 1.   tr. *Bo*. Engañar o estafar a *alguien*. pop + cult → espon.

□

a. ‖ ~ **a dos tetas**. loc. verb. *Gu, Ho, Ni, RD*. Querer *alguien* obtener beneficios, *generalmente de forma deshonrosa*, por dos medios diferentes o incompatibles. pop. ♦ **mamar y beber leche**.
b. ‖ ~ **banca**. loc. verb. *CR*. En el *fútbol*, permanecer un jugador como suplente. vulg; pop + cult → espon.
c. ‖ ~ **chichi**.
  i.   loc. verb. *Mx*. Beneficiarse de una situación sin dar nada a cambio o sin esforzarse. pop.
  ii.   *Mx*. Pedir ayuda después de haber cometido una falta o acción censurable. pop.
d. ‖ ~ **gallo**.
  i.   loc. verb. *Ho, Co, Ve*. Tomarle el pelo a *alguien*; burlarse. pop + cult → espon. (**mamarle el gallo**).
  ii.   *Co*. Engañar a *alguien* con evasivas o falsas promesas. pop + cult → espon. ♦ **caramelear**.
e. ‖ ~ **y beber leche**.
  i.   *Gu*. **mamar a dos tetas**. pop.
  ii.   *Gu*. loc. verb. Querer a *alguien* mucho más de lo que le corresponde. pop ^ fest.
f. ‖ ~**le el gallo**. *RD*. **mamar gallo**.
g. ‖ ~**se el dedo**. loc. verb. *Ni, Pa, RD, PR*. Hacer el papel de bobo. pop + cult → espon.
h. ‖ **mamársela**. loc. verb. *Mx*. Exagerar *alguien*. vulg.

■

a. ‖ **¡a ~!** loc. interj. *CR, Ec*. Expresa contrariedad, *especialmente cuando algo se ha echado a perder*. vulg; pop + cult → espon.

mámaro.
I. 1.   m. *ES*. Nalgas grandes.
II. 1.   *Ho*. **chivo**, proxeneta. desp.

mamarrachento, -a.
I. 1.   adj. *Pe; Ur*, p.u. *Referido a persona*, que hace mamarrachos o cosas imperfectas. pop + cult → espon. (**mamarrachiento**).
  2.   *Pe*. *Referido a cosa*, defectuosa o ridícula. pop + cult → espon. (**mamarrachiento**).
  3.   *Ur*. *Referido a persona*, que viste con mal gusto. pop + cult → espon. (**mamarrachiento**).

mamarrachero, -a.
I. 1.   sust/adj. *Cu, Bo*. Persona estrafalaria y descuidada en el vestir. pop.

mamarrachiento, -a.
I. 1.   adj. *Pe, Ur*. **mamarrachento**, imperfecto.
  2.   *Pe*. **mamarrachento**, defectuoso.
  3.   *Ur*. **mamarrachento**, con mal gusto.

mamarro, -a.
I. 1.   m. y f. *Ve:O.* Persona o animal grande y fuerte.
□
   a. ‖ **~ de.** loc. adj. *Ve. Referido a cosa*, de grandes dimensiones.

mamasada.
I. 1.   f. *ES.* Montón, mucho, gran cantidad de algo.
2.   *ES.* Fajo de billetes.

mamasán.
I. 1.   m-f. *Ch.* juv. Persona joven homosexual. pop.
2.   *Ch.* Persona muy apegada a sus padres, *especialmente a la madre.* pop.

mamasanta.
I. 1.   f. *Co:N.* Prostituta. pop ^ desp.
2.   *Co:N.* Mujer que aparenta virtud en público pero mantiene relaciones sexuales clandestinas. pop ^ desp.

mamasonga.
I. 1.   f. *Ve.* Mujer muy atractiva físicamente. pop.

mamasota.
I. 1.   f. *CR, PR*; *Mx, Ni, RD*, pop. Muchacha físicamente atractiva. ♦ **mamazonga.**

mamay. (Del quech. *mamay*, mi mamá).
I. 1.   f. *Pe, Bo.* Madre. rur.

mamaya.
I. 1.   m-f. *ES.* Persona aniñada. desp.

mamayita. (Epént. de *mamaita*).
I. 1.   f. *ES.* Mujer joven y bonita.
2.   *ES.* Hombre homosexual o afeminado. desp.
•
   a. ‖ **~.** fórm. *ES.* Se usa como piropo a una mujer bonita.

mamazonga.
I. 1.   *PR.* **mamasota.** (**mamizonga**).

mamazota.
I. 1.   *Mx, CR, Pa, Co, Ec.* **mamacita.** pop.

mambearse.
I. 1.   intr. prnl. *Ar.* juv. Drogarse.

mambetari.
I. 1.   m. *Mx:NO.* Palmera de hasta 9 m de altura, de hojas orbiculares con largos folíolos y nervadura central amarilla, inflorescencias ubicadas entre las hojas, flores de color amarillo, y fruto esférico u ovoide, de color verde azulado. (Arecaceae; *Latania borbonica*). ♦ **taco.**

mambí, -bisa.
I. 1.   m. y f. *Cu, RD. En las guerras de independencia del siglo XIX*, insurrecto contra España.
2.   adj. *Cu, RD.* Relativo a las guerras de independencia de Santo Domingo y Cuba en el siglo XIX.

mambo.
I. 1.   m. *Bo, Ar*; *Ur*, pop. | juv. Confusión o aturdimiento, *en general provocado por el consumo de alcohol o de alguna droga.*
2.   *Bo, Ar, Ur.* Lío, jaleo. pop + cult → espon ^ fest.
II. 1.   m. *Ar,* juv. Modo particular que una persona tiene de vivir y de interpretar la realidad.
2.   *RD.* Mentira, engaño.
III. 1.   m. *ES, Cu.* Situación, asunto. pop.
2.   adj. *ES. Referido a un acontecimiento*, divertido, alegre.
IV. 1.   m. *ES.* Chiste, gracia. pop.
V. 1.   m. *Ur.* Atracción del parque de diversiones que consiste en una plataforma circular con asientos que rota y oscila sobre un eje vertical al ritmo de la música.
▶ **irse de ~; quebrarle el ~.**

mamboretá. (Del guar.).
I. 1.   f. *Bo, Ar, Ur.* Mantis de hasta 12 cm de longitud, de cabeza triangular, tórax fino y miembros anteriores muy fuertes, prensiles y cubiertos de espinas, color verde o pardusco. (Mantidae; *Coptopteryx* spp., *Stagmatoptera* spp.).

mambúa.
I. 1.   *PR.* **guadua.**

mambual.
I. 1.   f. *PR.* Sitio poblado de **mambúas.** rur.

mame.
I. 1.   m. *Ec.* Cargo público. pop ^ fest.
2.   *Ec.* Paga quincenal que recibe un empleado público, *especialmente un* **pipón.** pop ^ fest.

mameicillo.
I. 1.   m. *Pa.* Árbol de hasta 30 m de altura, de hojas simples y opuestas, flores blancas y aromáticas y frutos en cápsulas, negros cuando están maduros; su madera se emplea en ebanistería. (Rubiaceae; *Alseis blackiana*).

mamela.
I. 1.   f. *ES.* Teta de mujer.

mamellazo.
I. 1.   m. *Ho, CR.* Golpe fuerte. (**mameyazo**).
2.   *Ho, CR.* Caída estrepitosa o choque fuerte. (**mameyazo**).
▶ **dar el ~.**

mamelo.
I. 1.   m. *ES.* Mamadera de un biberón.

mameluco.
I. 1.   m. *Mx, Gu, Ho, ES, Ni, CR, Cu, RD, Co, Bo, Py, Ar, Ur*; *Pa*, obsol. Prenda de una sola pieza apropiada para bebés.
2.   *Pa, RD, PR, Ec, Pe, Ch, Ar, Ur*; *Bo, Py*, pop; *Cu*, obsol. Prenda de vestir de una sola pieza, de tela fuerte, que consta de cuerpo y pantalón, *especialmente la utilizada en diversos oficios como traje de faena.*
3.   *CR, Pa, PR, Bo, Py.* Pantalón de niño, corto, con tirantes y pechera.
II. 1.   m. *Ni.* juv. Beso.

mamera.
I. 1.   f. *Co.* Cosa que produce pereza o aburrimiento. pop.
2.   *Co.* juv. Rechazo o repugnancia a algo. pop.

mamero.
I. 1.   adj. *Ho. Referido a un trabajo*, fácil de hacer.
II. 1.   adj. *Ho. Referido a persona*, inútil, que nada hace bien.

mamerria.
I. 1.   f. *RD.* Cabeza de una persona.

mamerro, -a.
I. 1.   adj. *PR. Referido a cosa*, grande, voluminosa, colosal. pop.
2.   *PR. Referido a pene*, muy grande. tabú; pop.
II. 1.   adj. *PR. Referido a persona*, ruin. pop.

mamerto, -a.
I. 1.   m. y f. *Mx.* Persona engreída. pop.
II. 1.   sust/adj. *Bo, Ar:NO, Ur.* Persona que tiene por hábito ingerir bebidas alcohólicas. pop + cult → espon ^ desp.
III. 1.   sust/adj. *Co.* Miembro del Partido Comunista de Colombia. desp.
IV. 1.   m. y f. *Pa, Cu, Ec, Bo.* Persona de poco entendimiento o razón.

mamey. (De or. ind. antillano).
I. 1.   m. *Mx, Gu, Ho, ES, Ni, CR, Pa, Cu, RD, PR, Co, Ve, Ec, Pe, Bo.* Árbol de hasta 20 m de altura, con hojas elípticas, gruesas, de textura coriácea, inflo-

rescencia en racimos, y flores fragantes, de color blanco. (Guttiferae; *Mammea americana*). (**mameyo**). ♦ **mamey amarillo; mamey de Santo Domingo; mataserrano; palo de mamey; zonzapote**.

2. *Mx, Gu, Ho, Ni, CR, Pa, Cu, RD, PR, Co, Ve, Ec, Pe, Bo*. Fruto del mamey, casi redondo, de corteza verdosa achocolatada, delgada y correosa, pulpa de color anaranjado, muy aromática y con dos semillas con forma de riñón; es comestible. (**mameyo**). ♦ **mamey amarillo; mamey de Santo Domingo; mataserrano; zonzapote**.

3. *Cu*. **zapote**, árbol. (Sapotaceae; *Pouteria sapota*).
4. *Cu*. **zapote**, fruto. (Sapotaceae; *Pouteria sapota*).

II. 1. m. *Mx, Gu, Ho, Pe*. Felación. vulg; pop.
III. 1. *Mx*. **mamado**, de músculos desarrollados. euf.
IV. 1. m. *Mx*. Vulva. vulg.
V. 1. adj. *Co*. Referido a una tarea o actividad, muy fácil de realizar.
2. m. *PR*. Empleo lucrativo, prebenda. pop + cult → espon.
3. *PR*. Cosa fácil de hacer. pop + cult → espon.
VI. 1. m. *Ni; Co*, fest. Cabeza humana.
VII. 1. adj/sust. *Ni, Pa, Cu, RD*. Referido a color, anaranjado o similar al del mamey, fruto.
2. adj. *RD*. Referido a cosa, de color mamey.
VIII. 1. m. *Ec*. Paga quincenal que recibe un empleado público, *especialmente un* **pipón**. pop ∧ fest.
IX. 1. adj. *Cu*. Referido a persona, simpática, comprensiva y servicial.
X. 1. adj. *Cu*. Referido a cosa, de excelente calidad.
XI. 1. m-f. *Ho*. Persona que gusta de emborracharse. pop ∧ fest.
XII. 1. m. *Ho*. juv. Hombre afeminado u homosexual.

■
a. ‖ ~ **amarillo**. *Cu, Ec*. **mamey**, árbol y fruto.
b. ‖ ~ **colorado**. *Cu*. **zapote**, árbol y fruto.
c. ‖ ~ **de montaña**. m. *Pa*. Árbol poco frecuente dentro del bosque, de hasta 30 m de altura, con corteza ligeramente corchosa, hojas simples y alternas, flores blancas agrupadas y frutos entre elipsoides y ovoides; la pulpa de los frutos maduros es comestible. (Sapotaceae; *Pouteria fossicola*).
d. ‖ ~ **de Santo Domingo**. *Cu, RD*. **mamey**, árbol y fruto.
e. ‖ ~ **del cura**. m. *PR*. Árbol de hasta 5 m de altura, con hojas aovadas elípticas, duras, y fruto ovoide cónico. (Theaceae; *Taonabo stahlii*).

◨
a. ‖ **con la boca es un ~**. fr. prov. *PR*. Indica que hay cosas que parecen fáciles por fuera, pero que realmente no lo son. pop + cult → espon.
▶ **gustarle el ~; hartarse de ~**.

¡mamey!
□
a. ‖ **¡qué ~!** loc. interj. *PR*. Expresa irónicamente la gran facilidad de algo.

mameyal.
I. 1. m. *Mx, Gu, Cu, PR*. Sitio poblado de árboles de **mamey**.

mameyaso.
▶ **dar el ~ final**.

mameyazo.
I. 1. m. *Mx, Gu, Ni, CR, Pa, Cu, PR, Ve*. Golpe violento. pop.
2. *Gu, Ho, ES, Ni, CR, PR*. **mamellazo**, golpe fuerte.
3. *Gu, Ho, ES, Ni, CR*. **mamellazo**, caída estrepitosa.
4. *Ni, PR*. Golpe dado con la fruta del **mamey**. pop + cult → espon.
5. *Ho*. metáf. Subida de tarifas o impuestos.
II. 1. m. *Ho*. Trago de licor.

III. 1. m. *Gu*. Aguacero.
IV. 1. m. *ES*. Gran cantidad, montón.
V. 1. m. *ES*. Tiro, balazo.
■
a. ‖ ~ **fatal**. m. *PR*. Golpe muy fuerte, contundente. pop + cult → espon.

mameyito.
I. 1. m. *Mx*. Árbol de hasta 20 m de altura, de corteza grisácea o marrón, hojas simples y alternas, aovadas o elíptico-lanceoladas, con bordes enteros, flores blancas y aromáticas, y frutos en cápsulas verdes o amarillas que se tornan rojizos al madurar. (Clethraceae; *Clethra lanata*). ♦ **mameyito negro**.

■
a. ‖ ~ **negro**. *Mx:S*. **mameyito**.

mameyo.
I. 1. *PR*. **mamey**, árbol y fruto.

mameyudo, -a.
I. 1. adj. *Ni*. Referido a persona, con cabeza grande.
II. 1. adj. *Ni*. Referido a persona, inteligente.

mameyuelo.
I. 1. m. *PR*. Árbol de hasta 6 m de altura, de hojas coriáceas, flores verdes y pequeñas que crecen en racimo, y fruto que contiene una baya redonda y de pequeño tamaño; su madera sirve para postes y combustibles. (Myrsinaceae; *Ardisia obovata*).

mami.
I. 1. f. *Ni, CR, Pa, RD, PR, Ve, Bo*. Mujer muy hermosa. pop. ♦ **mamirrina, mamisonga, mamita**.
II. 1. f. *Pe*. Regenta de un prostíbulo. prost.
III. 1. f. *Ho*. Hombre homosexual. desp.
●
a. ‖ ~ **fórm**. *Mx, Pa, Cu, RD, PR, Co, Ve, Bo; Ec*, p.u. Se usa para dirigirse a la novia o a la esposa, o a una niña pequeña si el que habla es un adulto. pop ∧ afec.
b. ‖ ~ **fórm**. *Pa*. Se usa para llamar la atención de una mujer al piropearla. vulg; pop + cult → espon ∧ desp.
■
a. ‖ ~ **rica**. f. *Mx, Ni, RD, PR, Bo*. Mujer muy hermosa. pop.

¡mami!
I. 1. interj. *CR, PR*. Expresa gran admiración de un hombre por una mujer muy hermosa. pop + cult → espon. ♦ **¡mami rica!**
□
a. ‖ **¡~ rica!** loc. interj. *Ni, RD, PR*. **¡mami!** pop.

¡mamía!
I. 1. interj. *Ec:N*. Expresa cariño, admiración, contento.

mamichula.
I. 1. m. *Mx, Ni, RD, PR*. Mujer muy atractiva, hermosa. pop + cult → espon.

mamila.
I. 1. f. *Mx, Ho, RD, Co:E, Ve:O; Ec*, p.u. Pezón de goma que tienen adaptados los biberones para permitir la succión de la leche. (**mamilla**).
2. *RD, Co:E*. Objeto con una parte de goma o materia similar en forma de pezón, que se da a chupar a los niños de pecho para que se entretengan.
3. *Ho, Bo:O*. Biberón o **mamadera**.
II. 1. *Mx*. **mamón**, engreído. euf.

mamilla.
I. 1. *Ho*. **mamila**.

mamirrina.
I. 1. f. *Mx*. juv. Mujer muy atractiva. pop.
2. *Mx*. juv. Mujer. pop.

mamirriqui.
I. 1. f. *Cu*. Mujer hermosa, de buena figura. pop.

mamisonga.
- I. 1. *PR.* Mujer muy atractiva, hermosa. pop + cult → espon.

mamita.
- I. 1. f. *CR, Cu, RD, PR, Co, Ve.* Mujer muy hermosa. pop.
- II. 1. f. *Ho, RD.* Hombre afeminado. desp.
  - 2. *Ho.* Hombre homosexual. desp.
- III. 1. f. *Cu.* Blusa ceñida en el busto y ancha en la zona del abdomen; muy usada por embarazadas.

- ● a. ‖ ~.
  - i. fórm. *CR, Pa, Cu, Co, Ve, Bo,* pop ^ afec; *PR,* pop + cult → espon. Se usa para dirigirse a la novia o a la esposa, o a una niña pequeña de forma afectiva si el que habla es un adulto.
  - ii. *Ho, ES, Ni, CR, Bo, Py, Ar; Ur,* pop. Se usa como piropo de un hombre a una mujer.
  - iii. *Ho, ES, Ni, CR, PR, Pe, Bo.* Se usa entre mujeres para llamar a una niña o a otra mujer. afec.
  - iv. *Ve.* Se usa entre hombres para dirigirse a una mujer joven, aunque no haya amistad. pop.

- ■ a. ‖ **Mamita linda.** f. *Pe.* La Virgen María. pop.

¡mamita!
- □
  - a. ‖ **¡ay ~!** loc. interj. *Ho, ES, RD, Bo.* Expresa asombro, miedo o sorpresa. pop.

mamitas.
- I. 1. adj/sust. *CR. Referido a hombre,* afeminado. pop ^ desp.

mamitay.
- I. (Del quech. *mamay,* mi mamá.)
  - 1. f. *Pe, Bo:C,O,S.* Madre. rur; afec.
- II. 1. adj/sust. *CR,* p.u. *Referido a un hombre,* cobarde.

mamitear.
- I. 1. intr. *PR.* juv. Buscar muchachas.
  - 2. *PR.* juv. Estar con muchachas, ufanándose públicamente de ello.

mamitico, -a.
- I. 1. adj. *Ec. Referido a persona,* de buenas intenciones y de carácter ecuánime. pop.

mamito.
- I. 1. *PR.* **guillú de parcelas.** pop.
  - 2. m. *PR.* Hombre que viste a la última moda, relamido. pop.
- II. 1. *PR.* **tucunaré.**

mamito, -a.
- I. 1. adj. *Ni, RD. Referido a persona,* dependiente de su madre.
- II. 1. adj. *Ni. Referido a un trompo,* que rota suavemente.
- III. 1. m. y f. *Ur.* Persona quejosa. pop.

mamitón.
- I. 1. m. *PR.* juv. Chico al que le gusta lucirse con las muchachas.

mamizonga.
- I. 1. *PR.* **mamazonga.**

mamo.
- I. 1. m. *Ho.* Cárcel. pop + cult → espon.

¡mamola!
- I. 1. interj. *Gu, Co.* Expresa desconfianza y obstinación en no dejarse engañar.
  - 2. *Gu.* Expresa deseo de negarse a hacer o dar algo.

mamón.
- I. 1. m. *Gu, ES, Ni, CR, Pa, Co:N, Ve.* **guaya,** árbol.
  - 2. *Gu, ES, Ni, CR, Pa, Co:N, Ve.* Fruto del mamón, de cáscara lisa y verde, semilla redonda de color marrón claro y pulpa comestible de sabor acídulo.
    - ◆ **mamoncillo.**
  - 3. *Py, Ar:N, Ur.* **papayo,** planta arbustiva.
  - 4. *Py, Ar:N, Ur.* **papayo,** fruto.

- 5. *RD, PR.* **suncuyo.**
- 6. *PR.* **suncuya.**
- II. 1. m. *Ch.* Estimulación bucal del pene. tabú; pop + cult → espon.
  - 2. *Ch.* juv. Broma que alguien realiza atrayendo la cabeza de otro hacia su zona pélvica, simulando una felación. pop.
- III. 1. m. *Gu, Pa.* Chupete, pezón de goma para niños.
  - 2. *Gu, Pa.* Tetina de la **mamadera.**
- IV. (Del port. *mamão*).
  - 1. m. *Cu.* Retoño que nace en la planta del tabaco.

- ■ a. ‖ **~ chino.**
  - i. m. *Ni, CR, Pa.* Árbol de hasta 25 m de altura, de hojas alternas, pinnadas y fruto comestible. (Sapindaceae; *Nephelium lappaceum*).
  - ii. *Ni, CR, Pa.* Fruto comestible del mamón chino, de forma ovoide con el pericarpio *generalmente rojo y cubierto con espinas blandas,* de una sola semilla y con pulpa jugosa de sabor acídulo.
- b. ‖ **~ de montaña.** m. *Pa.* Árbol de hasta 7 m de altura, de hojas imparipinnadas y alternas, flores blancas y fruto globoso de color amarillento. (Sapindaceae; *Talisia nervosa*).
- c. ‖ **~ de perro.** m. *RD.* Árbol de hasta 10 m de altura, de hojas simples y alternas, flores solitarias, de color amarillento y fruto globoso. (Annonaceae; *Annona glabra*).

mamón, -na.
- I. 1. adj/sust. *Mx. Referido a persona,* engreída. vulg. (**mamila**).
  - 2. adj/sust. *Co. Referido a persona,* fastidiosa, molesta, pesada. pop ^ desp.
  - 3. adj. *Co. Referido a cosa o actividad,* aburrida, difícil de manejar o soportar. pop ^ desp.
- II. 1. adj/sust. *Ch, Ar. Referido a persona,* muy apegada a los padres, *especialmente a la madre.* pop.
  - 2. *Ch.* juv. *Referido a persona,* de carácter débil y comportamiento soso. desp.
  - 3. adj. *Ch.* juv. *Referido a una manifestación musical, literaria o televisiva,* sentimental, que mueve a llanto. desp.
  - 4. *Ho. Referido a persona,* tonta.
- III. 1. adj/sust. *Ho, Bo.* metáf. *Referido a persona,* que cobra sin trabajar o trabajando muy poco.
  - 2. m. y f. *Bo.* Persona que vive a expensas de otra. pop + cult → espon.
  - 3. *Bo.* Estafador. pop + cult → espon.
- IV. 1. adj/sust. *Gu; Pa,* pop. *Referido a persona,* servil.
- V. 1. adj. *Gu. Referido a persona,* inteligente.
- VI. 1. m. y f. *Bo:E.* Cría de la vaca. rur.
- VII. 1. sust/adj. *CR. En los juegos colectivos, especialmente en el futbol,* jugador individualista. pop ^ desp.

¡mamón!
- □
  - a. ‖ **¡al ~!** loc. interj. *Ve:NO.* Expresa sorpresa o impaciencia. pop.

mamona.
- I. 1. f. *Co, Bo.* Carne de ternera o de ternero.
  - 2. *Co.* Cría hembra de la vaca.
  - 3. *Co.* Carne de ternera cortada en trozos que se ensartan en una varilla y se asan.
- II. 1. f. *Bo.* Reunión de amigos *en la que generalmente se bebe en exceso.* pop.

mamonazo.
- I. 1. m. *Ve; Co:O,* pop. Golpe dado con el puño de la mano.
  - 2. *Ho; Ve,* pop. Golpe fuerte. espon.

mamoncillo.
- I. 1. *Pa, Cu, PR, Co, Ec.* **mamón,** fruto.
  - 2. *Cu, PR, Co, Ec.* **guaya,** árbol.
- II. 1. *Ho.* **chupete,** señal roja en la piel.

mamonear(se).
 I. 1. intr. *RD*. Eludir responsabilidades. pop + cult → espon.
 2. intr. prnl. *RD*. Eludir responsabilidades. pop + cult → espon.
 II. 1. intr. prnl. *Ho, Ni*. Trabajar mucho *alguien*, esforzarse. pop + cult → espon. (**mamoniarse**).
 III. 1. tr. prnl. *Ho, Ni*. Golpear a *alguien* con una vara.

mamoniarse.
 I. 1. *Ni*. **mamonearse**, esforzarse.

mamoroca.
 I. 1. m. *Ho*. Gallo de pelea cobarde.

mamota.
 I. 1. f. *PR*. Mujer muy hermosa. pop.

mamotreto.
 I. 1. m. *Gu, ES, RD, Ve, Ur*. Cosa vieja y fea.
 2. *Pa*. Objeto desproporcionado, inarmónico, mal construido, viejo. pop + cult → esm.

mampara.
 I. 1. m-f. *Ni, RD, Ve*. Persona que encubre a otra. pop.
 2. f. *Ho, Ni, CR, RD*. metáf. Pretexto, encubrimiento.
 II. 1. m-f. *Ve*. *En el hipismo*, persona que suplanta jurídicamente al entrenador de un caballo.
 III. 1. f. *Ho*. metáf. Testaferro, persona o institución que actúa en lugar de otra.

mampato, -a.
 I. 1. adj/sust. *Ch*. *Referido a animal, especialmente a un caballo*, de patas cortas.

mampera.
 I. 1. *PR*. **pomarrosa**, fruto.

mampiola.
 I. 1. f. *RD*. Mujer que regenta un burdel o es dueña de él.

mampiolar.
 I. 1. tr. *RD*. Ejercer de **mampiola**.

mamplé.
 I. 1. m. *PR*. Bebida preparada con ron, anís, canela, clavo y pasas, puestos a curar en un coco.
 2. *PR*. Comida preparada con muchos ingredientes. pop + cult → espon.

mampleto, -a.
 I. 1. m. y f. *Ve:O*. Persona pusilánime.

mamplor.
 I. 1. m. *Gu, ES, Ni*. **mamplora**, hombre homosexual.

mamplora. (Var. de *manflora*, burdel o prostíbulo).
 I. 1. f. *ES, Ni; Ho*. rur. Hombre homosexual. (**mamplor**). ♦♦ **chuletón; culpable; cumbo; mamita; mamplusa; piña**.
 2. m. *Ho, ES*. Hombre afeminado. ♦ **culpable; cumbo; mamita**.
 II. 1. m-f. *Ho, ES*. Persona cobarde.
 III. 1. m-f. *ES*. Persona floja en el trabajo.

mamplorismo.
 I. 1. m. *ES*. Homosexualidad.

mamplusa.
 I. 1. m. *ES*. Hombre homosexual.

mampo.
 I. 1. m. *Gu*. Hombre homosexual. desp.

mampolo.
 I. 1. *RD*. p.u. **gualiqueme**, árbol.

mampora.
 I. 1. m. *Ec:O*. **guineo**, planta y fruto.

mamposta.
 I. 1. adj. *RD*. *Referido a persona*, tonta, boba.

mampostial.
 I. 1. *PR*. **marrayo**.

mampriolo, -a.
 I. 1. m. y f. *PR*. Dueño o administrador de una casa de citas. prost.

mampuesta.
 I. 1. f. *Gu, Ho, Ni*. **mampuesto**.
 □
 a. ‖ con ~. loc. adv. *Gu*. De forma indirecta, dando a entender algo sin expresarlo con claridad.
 ▶ **tirar con ~**.

mampuesto.
 I. 1. m. *Mx, Ni, CR, Co, Ve, Ec, Pe, Bo*. Punto de apoyo en que se afirma un arma de fuego para tomar mejor puntería. (**mampuesta**).

mamúa.
 I. 1. f. *Ar, Ur*. Borrachera. pop + cult → espon.

mamueca.
 I. 1. f. *Mx*. p.u. Sexo oral. vulg.

mamulón, -na.
 I. 1. adj. *Ni*. *Referido a persona joven*, muy alta en relación con las de su edad.
 2. adj/sust. *CR*. Grandullón. pop.

mamuncia.
 I. 1. f. *Mx*. obsol. Alimento, comida. pop.
 II. 1. f. *ES*. Felonía.

mamure.
 I. 1. m. *Ve:E*. Cesta circular grande, tejida con **bejuco mamure**, que se usa para pescar.

mamuri.
 I. 1. m. *Bo:E*. Árbol de hasta 4 m de altura, de hojas compuestas, flores amarillas reunidas en racimos y una legumbre aplanada como fruto. (Fabaceae; *Senna* spp.).

mamurri.
 I. 1. f. *Ch*. Mujer provocativa. pop.

mamushaca.
 I. 1. f. *Gu*. Dinero.

man. (Voz inglesa).
 I. 1. m. *EU, Gu, RD, Co; Ho, ES, Ni*, juv; pop; *PR, Ch*, juv. Individuo, hombre. pop + cult → espon. (***men***).
 2. *EU, Ho, ES, PR, Ve, Bo*, juv. Persona muy allegada, amigo inseparable, compañero. (***men***).
 3. m-f. *Ec*; *Gu, Ho, ES, Pa*, pop. | juv. Hombre o mujer. (***men***).

mana.
 I. 1. f. *Co*. Manantial, nacimiento de agua.

maná.
 I. 1. m. *Pe*. Dulce hecho con almendras molidas, azúcar y yemas de huevo.
 II. 1. *PR*. **palo de fraile**, arbusto.

manaca.
 I. 1. f. *Mx, Gu, Pa*. Palma de hasta 15 m de altura, de tronco solitario, recto y cilíndrico, hojas pinnadas, flores blancas y frutos oblongos o elipsoides, amarillentos cuando están maduros. (Arecaceae; *Attalea butyracea*). ♦ **cocuyo; manaco**.
 2. *Gu, Ho, RD*. **manacla**, palma y hoja.

manacal.
 I. 1. f. *Ho*. Conjunto de palmeras de **manaca**.

manacla.
 I. 1. f. *Gu, RD*. Palma de hasta 15 m de altura, con flores blancas agrupadas en racimos colgantes, y frutos de color negro brillante. (Arecaceae; *Prestoea montana, Orbignya cohune, Attalea cohune, Acronomia aculata*). (**manacle**). ♦ **manaca**.
 2. *Gu*, Hoja de esta palmera. ♦ **manaca**.

manacle.
 I. 1. m. *RD*. **manacla**.

manaco.
 I. 1. m. *Gu*. **manaca**, palma.
 2. *Cu*. Palma de hasta 5 m de altura que crece en zonas húmedas; sus pencas se utilizan para hacer techos de

bohíos y los frutos sirven para la alimentación del ganado porcino. (Arecaceae; *Calyptrogyne plumeriana*).
II. (De *Manaco*®).
　1. m. pl. *Bo:O.* Zapatos. pop + cult → espon.

manada.
　I. 1. f. *Gu, ES.* Manotazo.

managua.
　I. 1. m. *Ho, ES. En la mitología*, personaje que podía convertirse en lechuza y volaba sobre las tormentas llevando agua en un huevo al lago Managua.
　II. 1. m. *Ho.* Raza de gallo de pelea.

managuá.
　I. 1. m. *Ch.* Marinero, soldado de la Armada. pop + cult → espon.

managuatillo.
　I. 1. m. *Mx:O.* Arbusto de hojas opuestas, enteras, sésiles y glabras, inflorescencias axilares, flores tetrámeras, pequeñas y verdosas, de pétalos redondeados, y fruto en drupa de color rojo. (Celastraceae; *Rhacoma managuatillo*).

manajú. (De or. ind. antillano).
　I. 1. m. *Cu.* Árbol de hasta 10 m de altura, de hojas rígidas, con algunas espinas, fruto pequeño de color amarillo, pulpa blanca y sabor dulce; es ornamental, y se emplea en la medicina popular para cubrir heridas y evitar el tétano. (Clusiaceae; *Rheedia aristata*). ◆ **palo de cruz.**
　2. *PR.* Árbol de hasta 15 m de altura, con ramas extendidas, hojas opuestas, inflorescencia axilar y fruto en forma de baya; produce una resina empleada en medicina. (Clusiaceae; *Garcinia morella*).

manalote.
　I. 1. *Mx:S.* **guachichil.**

manamana.
　I. 1. m. *Ve.* Pez de río de hasta 45 cm de longitud, de color azul oscuro en el dorso y blanco en el abdomen. (Curimatidae; *Anodus laticeps*).

manan.
　I. 1. adv. *Pe.* No. rur.

manare.
　I. 1. m. *Ve:C,E.* Cedazo de forma circular y plana, tejido de caña amarga o **bejuco**, con el cual se cierne el almidón de la **yuca.**
　2. *Ve:O.* Cesta que se cuelga del techo para guardar alimentos.

manash.
　I. 1. m. *Gu.* **macagua**, árbol. (**manax**).

manatí. (De or. ind. antillano).
　I. 1. m. *Gu, Ho, Ni, CR, Pa, Cu, RD, PR, Ec, Bo.* Mamífero acuático de hasta 5 m de longitud, con cabeza redondeada, cuello corto, cuerpo muy grueso, piel grisácea y con vello, y miembros torácicos en forma de aletas, muy desarrollados; su carne y su grasa son muy apreciadas. (Trichechidae; *Trichechus manatus*). ◆ **baclán.**
　II. 1. m. *PR.* Planta herbácea marina, caracterizada por sus tallos largos y rastreros, sus hojas lineares, y por estar sumergida en lechos arenosos y poco profundos. (Cymodoceaceae; *Cymodocea manatorum*).
　■
　a. ‖ **~ amazónico.** m. *Pe.* Mamífero acuático de hasta 4 m de longitud, de color gris, *semejante a un delfín*, que tiene un gran hocico chato con bigotes, cuerpo de forma cilíndrica y las extremidades delanteras transformadas en aletas cortas y gruesas, y en lugar de patas traseras tiene una potente cola aplanada horizontalmente en forma de espátula. (Trichechidae; *Trichechus inunguis*).

manax.
　I. 1. *Gu.* **manash.**

manayupa.
　I. 1. f. *Pe.* Planta herbácea, perenne de hasta 50 cm de altura, con tallo delgado y débil, flores púrpuras ligeras y fruto en forma de vaina; las hojas y tallos se usan con fines medicinales. (Fabaceae; *Desmodium mollicum*). ◆ **pata de perro.**

manazo.
　I. 1. m. *Mx, Ni, CR, Ve:O, Ec, Pe, Bo, Ur.* Golpe dado con la mano. pop.

manca.
　I. (Del quech. *manka*).
　　1. f. *Ar:NO.* Olla grande sin asas. rur.
　II. 1. f. *Ve:O.* Navaja.
　■
　a. ‖ **~ fiesta.** f. *Ar:NO.* Feria de trueque de productos típicos, *especialmente recipientes de barro.*

mancaballero.
　I. 1. *Ho.* **mancacaballo**, planta.
　2. *Ho.* Espina del mancaballero.

mancacaballo.
　I. 1. m. *Mx.* Cactus solitaria de hasta 50 cm de altura, de tallo deprimido, globoso y cilíndrico, color verde azulado, espinas grandes que crecen en los bordes, aplanadas y algo curvadas hacia atrás, flores rosas y frutos cubiertos con una pelusa blanca. (Cactaceae; *Echinocactus horizonthalonius*).
　2. *Ho.* Planta de hasta 5 m de altura, sin hojas, con los tallos planos en forma de pala y aovados, normalmente con espinas, flores amarillas, cuyo el fruto es una baya amarilla o púrpura; en la medicina tradicional, la hoja soasada se aplica en la parte afectada y se usa contra inflamaciones, calenturas, quemaduras y afecciones de la piel. (Cactaceae; *Opuntia ficus-indica, O. guatemalensis, Nopalea cochenilifera*). ◆ **mancaballero.**

mancada.
　I. 1. f. *Pe.* Fracaso de un asunto o situación. pop.

mancagasto. (Del aim. *manq'a*, comida).
　I. 1. adj/sust. *Bo:C,O. Referido a persona*, que vive a costa ajena. pop + cult → espon.

mancancha. (Del aim. *manqhancha*).
　I. 1. f. *Bo:C,O.* Combinación desde la cintura que usan las mujeres por encima de la ropa interior y debajo del vestido.

mancapaqui.
　I. 1. m. *Pe:SO.* Arbusto de hasta 80 cm de altura, muy ramoso, con hojas alternas de forma oblonga verde ceniciento y flores amarillas con el centro café; muy usado en la medicina popular. (Asteraceae; *Encelia canescens*).

mancapotrillo.
　I. 1. m. *Ar.* Hierba de tallos rectos, de hojas coriáceas, lanceoladas con el borde espinoso, y flores amarillas. (Asteraceae; *Carthamus lanatus*). rur.
　2. *Ar:NO,O.* Arbusto leñoso de hasta 2 m de altura, de hojas compuestas, flores amarillas y fruto en forma de huso. (Zygophyllaceae; *Plectocarpa tetracantha*).

mancaqui.
　I. 1. m. *Ch.* Caqui más harinoso y seco, producto de un injerto. (**mankaki**).

mancar(se).
　I. 1. intr. *RD*; *Pe, Ur*, obsol. | metáf. Dejar de funcionar *algo*.
　2. tr. *Ar.* Frustrarse o fracasar un negocio o un proyecto. pop + cult → espon.
　3. intr. *Pe.* Morir *alguien*. pop.
　4. *Pe.* metáf. Perder pujanza o importancia, deteriorarse *algo* o *alguien*. pop.

5. intr. prnl. *Ur.* Equivocarse *alguien*.

II. 1. tr. prnl. *Ar.* Lesionarse las patas el ganado.

III. 1. intr. *RD.* No acudir *alguien* a una cita o ser impuntual.

□

a. ‖ **no ~.** loc. verb. *Pa.* Acertar siempre en todas las posibilidades. pop + cult → espon.

mancarrón.

I. 1. m. *Pe.* Presa pequeña o empalizada con la que se desvía el cauce de un río o arroyo en un trecho corto.

mancarrón, -na.

I. 1. m. y f. *Ur; Pe, Ch, Ar,* rur. Caballería, *especialmente la vieja o endeble.*

II. 1. adj. *Bo, Ar.* Referido a persona, torpe de entendimiento. pop + cult → espon.

2. *Ar.* Referido a persona, pesada y torpe en los movimientos. pop + cult → espon.

mancarrona.

I. 1. f. *Ch.* Barca vieja de madera.

II. 1. f. *Ni.* **Tortilla** grande de maíz.

2. *Ni.* Rosquilla grande de maíz y queso.

mancarronada.

I. 1. f. *Ar, Ur.* Conjunto de caballerías inútiles *y, generalmente, viejas.* rur.

mancha.

I. 1. f. *Bo, Ar, Ur.* Juego infantil en el que uno de los participantes persigue a los demás intentando atrapar o tocar a alguno.

2. *Ar.* Participante encargado de perseguir a los demás en este juego.

3. *Ho, Ni.* Juego de trompos. inf.

4. *Ho, Ni.* Círculo pequeño que se hace en el suelo con su respectivo diámetro para que el trompo gire sin salirse de él. ♦ **tortuga.**

II. 1. f. *Gu, Pe.* Grupo de personas, *generalmente amigos cercanos.* pop.

2. *ES, Ni.* Grupo de personas inquietas y violentas.

III. 1. f. *CR, Cu.* Savia de algunas musáceas como el **banano**, el **plátano** o el **guineo**.

IV. 1. f. *Ho.* Parcela sembrada o corro de un bosque en un terreno de vegetación baja.

■

a. ‖ **~ al aire.** f. *Ho. En el juego del trompo*, variante que consiste en tirar el trompo al vacío para que después caiga ya rodando en el círculo dibujado en el suelo. inf.

b. ‖ **~ brava.**

i. f. *Ho, ES, Ni.* Grupo de personas de un partido político, organización estudiantil, sindical o deportiva que utiliza la violencia contra quienes no comparten sus opiniones.

ii. *Ho, ES, Ni. En el juego del trompo*, variante en que el jugador no puede tocar con la cuerda ni con la mano el trompo del contrario y, en caso de pérdida, no puede sustituir el trompo con el que ha jugado. inf.

c. ‖ **~ de hierro.** f. *Gu, Ho, Ni, Ve.* Enfermedad del cafeto, producida por un hongo, que se manifiesta con manchas marrones muy pequeñas.

d. ‖ **~ de la luna.** f. *Ni, Cu, RD.* Mancha congénita de color rojo oscuro en la piel.

e. ‖ **~ mansa.** f. *Ho. En el juego del trompo*, variante en que el jugador puede tocar el trompo con la **cabuya** o la mano y, además, en los golpes de castigo o daño puede sustituir el trompo con que jugó por otro de peor calidad. inf.

f. ‖ **~ venenosa.** f. *Ar, Ur.* Juego infantil en el que uno de los participantes debe ponerse una mano en la parte del cuerpo donde previamente ha sido tocado y perseguir a los demás hasta tocar a otro.

□

a. ‖ **~ de guante.** loc. sust. *Pa. En boxeo*, paliza.

b. ‖ **~ de plátano.**

i. loc. sust. *PR.* Naturaleza, carácter del puertorriqueño. pop + cult → espon.

ii. *PR.* Conjunto de detalles al hablar o al actuar que identifican al puertorriqueño. pop + cult → espon. ♦ **mancheplátano.**

manchachina. (Del quech. *manchhachina*, que asusta).

I. 1. f. *Bo:C,SE.* Espantapájaros. rur.

manchaco.

I. 1. *Pe.* **gabán**, ave.

manchado, -a.

I. 1. adj. *Mx.* Referido a persona, excedida, que va más allá de lo lícito o razonable. pop.

manchador.

I. 1. m. *Co.* **carate**, árbol.

2. *Ho.* **achiotillo**, árbol pequeño.

manchal.

I. 1. m. *Pe:E.* Sitio poblado de árboles de una misma especie.

manchamancha.

I. 1. m. *Mx, Co.* Árbol de hasta 20 m de altura, con la copa redondeada y el tronco recto, corteza grisácea, hojas elípticas grandes, cubiertas de vello blanquecino, y flores dispuestas en panículas grandes; es apreciada su madera por la resistencia de su grano. (Melastomataceae; *Miconia argentea*). ♦ **cenizo; sabano.**

manchamanteles.

I. 1. m. *Mx, Pa.* Guiso de carne con **mole** y ciertas verduras y frutas.

manchancha.

I. 1. f. *Ar.* Dinero, *generalmente en monedas*, que se arroja después de un casamiento o bautismo para que los niños lo recojan. (**manchancho**).

2. *Ar.* Reparto o distribución desordenada y pródiga de dinero o bienes. pop + cult → espon.

□

a. ‖ **a la ~.** loc. adv. *Ar.* Sin cuidado o sin fundamento. pop + cult → espon.

▶ **tirar a la ~.**

manchancho.

I. 1. m. *Ar:NO.* **manchancha**, dinero que se arroja.

2. *Ar:NO.* Trabajo desordenado y mal hecho. pop + cult → espon.

manchapecho.

I. 1. m. *Pe.* Guiso hecho con **papas** secas deshidratadas, o **yuca**, fideos y carne de **res** o de otros animales.

manchar(se).

I. 1. intr. *Mx.* Exceder *algo* a alguien. euf; pop.

2. intr. prnl. *Mx.* Excederse *alguien*. euf; pop.

manchari.

I. 1. m. *Pe.* Susto, miedo. rur.

manchego.

I. 1. m. *PR.* **biajaiba.**

mancheplátano.

I. 1. m. *PR.* **mancha de plátano**, conjunto de detalles.

manches.

□

a. ‖ **a ~.** loc. adv. *Mx*, p.u. A horcajadas.

mancheta.

I. 1. f. *Ve.* Texto corto o frase ocurrente y crítica que representa la opinión del periódico sobre algún tema de actualidad y que aparece destacado.

manchiche.

I. 1. m. *Gu.* Árbol de hasta 40 m de altura, con hojas imparipinnadas, oblongas y de textura coriácea, y flores de color púrpura, dispuestas en racimos axilares; su madera se utiliza en la construcción y la carpintería. (Fabaceae; *Lonchocarpus castilloi*).

manchón.
  I. 1. m. *Ar:NO.* Conjunto de árboles de **yerba mate** que crecen en la selva.
  2. *ES.* Sitio poblado de **jiquilite**.
  3. *Ho.* Pequeño bosque en medio de un claro.
  II. 1. m. *Ar, Ur.* Pedazo de goma que se coloca provisionalmente en el interior de una cubierta de neumático agujereada, para proteger la cámara.
  III. 1. m. *Ho, Pa.* Mancha de tinta o borrón en un escrito o dibujo. pop + cult → espon.

manchoso.
  I. 1. m. *RD, PR.* **Guineo manzano** maduro, que al quitarle la cáscara presenta unos pedazos algo más duros y de color morado.

manclenco, -a.
  I. 1. adj/sust. *Ve:O. Referido a persona*, que cojea al caminar.
  2. *Pa.* Persona de aspecto desgarbado y débil. pop + cult → espon.

manco, -a.
  I. 1. m. y f. *Ch.* Penco, caballo malo. pop + cult → espon.
  ☑
    a. ‖ **cuando el ~ eche dedos.** fr. prov. *Cu.* Indica la improbabilidad o imposibilidad de algo.

mancorna.
  I. 1. f. pl. *Mx, Ve:O.* **mancuernas**, gemelos.
  2. sust/adj. *Co, Ve:O*, p.u. Amigo íntimo, compañero inseparable. pop.

mancornado, -a.
  I. 1. adj. *Ho, ES, Ni, Bo. Referido a dos cosas*, unidas o sincronizadas.
  2. *Ho, ES, Ni. Referido a dos personas, generalmente de distinto sexo*, que viven juntas.
  3. *Ho, ES. Referido a dos animales*, uncidos o atados.
  4. *Ho. Referido a dos frutos como el banano*, unidos por la misma cáscara.
  II. 1. adj. *Ve:C. Referido a persona*, dormida. rur.

mancornadora.
  I. 1. f. *Mx.* Mujer que tiene varios amantes.
  2. *Ho.* Prostituta. desp.

mancornar(se).
  I. 1. intr. prnl. *Gu, Ho, ES.* Casarse o unirse libremente un hombre y una mujer.
  II. 1. intr. *Ve:C.* Dormir. rur.
  III. 1. intr. *Cu.* Cortar el tallo de la planta del tabaco en secciones de dos hojas para colocarlas en el **cuje**.

mancuenco, -a.
  I. 1. adj. *RD.* obsol. *Referido a persona*, delgada, débil, sin corpulencia.

mancuerna.
  I. 1. f. *CR, Pa, Ec, Bo*; pl. *Mx, Gu, ES, Ve:O, Pe*; pl. *Ch*, p.u. Gemelo, accesorio usado para cerrar el puño de una camisa. (**mancorna**; **mancuernilla**).
  2. f. *Gu, Ho, ES, RD.* Par de cosas iguales o muy parecidas.
  3. *Ho, Ni, RD.* Yunta de bueyes.
  4. f. *ES, Ni, Pa.* Amigo íntimo compañero inseparable.
  II. 1. f. *Cu.* Porción de tallo de la planta del tabaco con un par de hojas.
  2. *Cu.* Modo en que suele hacerse el corte de la planta al tiempo de la recolección.
  III. 1. f. *Gu, Ho.* **Atado** de **dulce** o **panela**.
  IV. 1. f. pl. *Ho.* Varillas de hierro que sirven para apretar las compuertas y no dejar abrirse las barandas de la carreta.

mancuernilla.
  I. 1. f. *CR, Bo*; f. pl. *Mx, Gu, Ho, ES, Ni, Pa, Pe, Bo.* **mancuerna**, gemelo.

mancuerno.
  I. 1. m. pl. *ES.* Testículos. vulg.
  II. 1. m. *Ni.* Parte delantera del cuerpo que une las piernas con el tronco.
  III. 1. *Pa.* **maltuerzo**.

manculiya.
  I. 1. f. *ES.* Juego de muchachos que consiste en agarrar a alguien entre varios por las cuatro extremidades y, después de balancearlo, lanzarlo lejos.

mancuncho, -a.
  I. 1. adj. *Ni. Referido a una persona*, manca o con el brazo inmóvil.
  II. 1. adj. *Ni. Referido a una res*, con una pata dislocada.

manda.
  I. 1. f. *Mx, Pa, PR, Ch; Ar:O,NO*, p.u. Voto o promesa para lograr la solución de un problema grave, hechos a Dios, a la Virgen o a un santo. pop + cult → espon.
  2. *Mx.* Exceso de celo en el cumplimiento de algo.

mandá.
  I. 1. f. *RD.* Carrera, corrida. pop.

mandacallar.
  I. 1. m-f. *Co.* Persona que tiene el mando en un lugar o ámbito determinado. pop.

mandacho.
  I. 1. sust/adj. *Bo. En una relación de pareja*, hombre de carácter débil que se somete a la voluntad de la mujer. pop + cult → espon.

mandada.
  ☐
    a. ‖ **~ de parte.** loc. sust. *Bo, Ar, Ur.* Hecho o dicho jactancioso. pop + cult → espon.

mandadero.
  I. 1. m. *Ho.* Capataz de una hacienda o finca.

mandadero, -a.
  I. 1. m. y f. *Mx, Gu, Ho, ES, Ni, CR, Pa, RD, Co, Bo, Ur.* Persona encargada de hacer recados.
  2. *Gu.* Persona que cuando va a una ciudad compra los encargos de otras por una pequeña comisión.
  II. 1. m. y f. *Ho.* Persona servil y aduladora con otra por interés. desp.

mandado.
  I. 1. m. *Mx, ES, Ni, Pa, Cu, Ur*; m. pl. *RD, Bo.* Compra de lo necesario para la comida.
  2. pl. *Cu.* Víveres y otros artículos que compra una persona en la **bodega**.
  II. 1. m. *Cu.* Pene. pop.
  ☐
    a. ‖ **al ~.** loc. adv. *ES.* Directamente, sin tardanza.
    b. ‖ **al ~ y no al retozo.** loc. adv. *Gu, ES.* Directamente, sin tardanza.
  ► **cogerse el ~**; **comerse el ~**; **ganar el ~**; **hacer el ~**; **hacer los ~s**; **hacer un ~**; **ir por el ~**; **no sacarse ni el real del ~**; **pagar el ~**; **robarle el ~**; **sacarse el real del ~.**

mandado, -a.
  I. 1. adj. *Cu, Ve. Referido a persona o cosa*, que se desplaza a gran velocidad. pop + cult → espon.
  2. *Pe. Referido a persona*, atrevida. pop.
  3. *Cu. Referido a persona*, de carácter fuerte, impulsiva. pop + cult → espon.
  II. 1. adj. *Cu. Referido a cosa*, que excede en calidad.
  III. 1. adj. *Bo. Referido a un hombre*, que es dominado por su esposa. desp.

☐

a. ‖ **mandadito a hacer.** loc. adj. *Bo. Referido a una persona*, que es adecuada para una labor.

b. ‖ ~ **a guardar.** loc. adj. *RD, Ar. Referido a cosa*, descartada o desechada por anticuada. pop + cult → espon.

c. ‖ ~ **a hacer.** loc. adj. *ES, Ni, Pa, RD, Ve, Ec, Pe, Bo, Ch, Ar, Ur. Referido a cosa*, muy adecuada y conveniente para algo. pop + cult → espon.

d. ‖ **ni ~ a hacer.** loc. adv. *Ur.* Muy bien o adecuadamente.

e. ‖ **ni que mandado a hacer.**
   i. loc. adj. *Pa, Ec. Referido a persona o cosa*, con las cualidades óptimas en su clase. pop + cult → espon.
   ii. loc. adv. *Bo, Ur.* Muy bien, adecuadamente. pop + cult → espon.

f. ‖ **que ni ~ a hacer.** loc. adj. *Mx, Cu. Referido a cosa*, muy adecuada y conveniente para algo. pop.

mandador.
I. 1. m. *Ve.* Látigo.
II. 1. m. *Ho, Ni, CR.* Administrador o capataz de una hacienda. ♦ **mandadero**.

mandadora.
I. 1. f. *Ni.* Mujer del **mandador**.

mandamás.
I. 1. m. *ES.* Hombre que vive de una prostituta.

mandamiento.
I. 1. m. *Gu.* Conjunto de trabajadores que realizan labores agrícolas en tierras que no son de su propiedad.

mandanga.
I. 1. f. *Ec.* Droga. drog.

mandaparte.
I. 1. sust/adj. *Bo, Ar.* Persona que acostumbra tratar con arrogancia a los demás.

mandar(se).
I. 1. tr. prnl. *Gu, ES, Ve, Bo, Ch, Ar, Ur.* Hacer *algo* de características destacables. pop + cult → espon.
   2. intr. prnl. *Cu; Pe, Ar,* pop + cult → espon. Arriesgarse a hacer algo.
II. 1. intr. prnl. *Mx, Gu, ES, Cu.* **esmandarse**, pasarse.
III. 1. intr. prnl. *Mx, Gu, Cu.* Excederse en calidad o cantidad de algo.
IV. 1. tr. *ES, Pa, Co, Bo, Py.* Hacer cumplir lo significado por el infinitivo que viene después.
   2. tr. prnl. *Bo, Ch.* Iniciar o cumplir lo significado por el infinitivo que viene después.
V. 1. tr. prnl. *Co.* Tener *algo.* pop.
   2. intr. prnl. *Gu.* Conseguir *algo* bueno.
   3. *Gu.* Poseer *algo.*
   4. *ES.* Hacer bien algo.
VI. 1. tr. *Cu, PR, Co, Bo.* Tirar, lanzar un objeto, *generalmente con violencia.* pop.
VII. 1. tr. prnl. *CR, Cu, Ar; PR,* vulg; *Ur,* p.u. Comer o beber *algo, generalmente con exceso o avidez.* pop + cult → espon.
VIII. 1. tr. *Co.* Usar, utilizar *algo.* pop + cult → espon.
IX. 1. intr. prnl. *Ar, Ur.* Tomar una determinada dirección, *especialmente un conductor.* pop + cult → espon.
X. 1. intr. prnl. *Cu, RD.* Huir *alguien*, salir corriendo.
   2. *Cu.* Verse precisado *alguien* a trasladarse a un lugar.
   3. *Ho.* Irse *una persona* a un sitio.
XI. 1. intr. prnl. *Cu; Ve.* pop. Desplazarse a gran velocidad.
XII. 1. tr. prnl. *CR, Bo.* Realizar el coito. vulg; pop + cult → espon.
XIII. 1. intr. prnl. *Cu.* Verse obligada *una persona* a soportar algo o a alguien.
XIV. 1. tr. *Ho.* Dominar a *alguien* el tabaco, el alcohol u otro vicio.

●

a. ‖ **mandá fruta.** fórm. *Ar.* ¡mande fruta! pop.

b. ‖ **mande.** fórm. *Mx, Gu, Pe:N; Pa,* rur. Se usa para responder al llamamiento de alguien.

c. ‖ **¡mande(n) fruta!** fórm. *Pe, Ch, Ar.* Se usa para despedirse de alguien a quien pronto se va a volver a ver. pop. (**mandá fruta**).

d. ‖ **qué manda.**
   i. fórm. *Gu.* Se usa para indicar que no se ha escuchado o entendido bien lo dicho por el interlocutor. pop + cult → espon.
   ii. *Gu.* Se usa para responder al llamamiento de alguien. pop + cult → espon.

☐

a. ‖ ~ **a bañar.**
   i. loc. verb. *Ni, Pa, Cu, Ve:O, Bo, Ar, Ur.* Rechazar con enfado a *alguien.* pop + cult → espon.
   ii. *Pa, Cu, Ar, Ur.* Poner fin a la relación con alguien o desentenderse de él. pop + cult → espon.

b. ‖ ~ **a buena parte.** loc. verb. *Ch.* Rechazar a *alguien* con acritud. pop + cult → espon.

c. ‖ ~ **a calacas.**
   i. loc. verb. *Mx.* Liquidar *algo*, destruirlo, acabar con ello. pop + cult → espon.
   ii. *Mx.* Mostrar desprecio, rechazo o contrariedad hacia alguien a causa de su actitud u opiniones. pop + cult → espon.
   iii. *Mx.* Destituir, dejar de contar con alguien o romper trato o relación con él. pop + cult → espon.
   iv. *Mx.* Abandonar a *alguien* en una relación afectiva. pop + cult → espon.
   v. *Mx. En una* **competencia**, neutralizar, desplazar o eliminar a un rival u oponente. pop + cult → espon.
   vi. *Mx.* Matar *una persona* a *alguien.* pop + cult → espon.

d. ‖ ~ **a chapalearse.** loc. verb. *Ho, ES.* Despedir a *alguien* del trabajo, mandarlo lejos.

e. ‖ ~ **a chapaliar.** loc. verb. *ES.* Romper las relaciones de noviazgo.

f. ‖ ~ **a empinar chiringa.** loc. verb. *Cu.* Rechazar con enfado a *alguien.* pop + cult → espon. (**mandar a empinar papalotes**).

g. ‖ ~ **a empinar papalotes.** *Cu.* **mandar a empinar chiringa**.

h. ‖ ~ **a freír monos.** loc. verb. *Pa, Ve, Pe, Bo, Ch, Ar:NO.* Rechazar a *alguien* con insolencia y desdén. pop + cult → espon. ♦ **mandar a freír monos al África**.

i. ‖ ~ **a freír monos al África.** *Ch, Ar.* **mandar a freír monos**. pop + cult → espon.

j. ‖ ~ **a freír niguas.**
   i. loc. verb. *Gu, ES.* Despedir a *alguien* con desprecio o enfado.
   ii. *Gu.* Despedir a quien importuna.
   iii. *ES.* Pedir a alguien que se vaya lejos.

k. ‖ ~ **a freír papas.** loc. verb. *Ho.* Rechazar a *una persona.*

l. ‖ ~ **a freír tusas.** loc. verb. *Cu, RD.* Rechazar a *alguien* con insolencia y desdén. pop + cult → espon.

m. ‖ ~ **a guardar.** loc. verb. *Ch, Ar. En el acto sexual*, introducir *una persona* o *un animal* su pene en la vagina o en el ano. tabú; pop + cult → espon.

n. ‖ ~ **a la basura.** loc. verb. *RD, Bo.* Rechazar a *alguien* bruscamente por algo que hace, dice o propone. pop + cult → espon.

ñ. ‖ ~ **a la burguer.**
   i. loc. verb. *Mx.* Rechazar o despedir a *alguien* con enfado o disgusto. euf.
   ii. *Mx.* Deshacerse o desentenderse de alguien o algo. euf.

o. ‖ **~ a la cachimba.** loc. verb. *Bo.* Rechazar a *alguien* bruscamente por algo que hace, dice o propone. pop + cult → espon.

p. ‖ **~ a la China.**
i. loc. verb. *Mx, Gu; Bo,* pop + cult → espon ^ fest; *Ch,* espon. Rechazar *algo* o a *alguien* que provoca enfado o impaciencia.
ii. *Mx, Gu, Ni.* Pedir a alguien que se vaya muy lejos.
iii. *Gu, Bo.* Terminar una relación con alguien.
iv. *Gu.* Denegar *algo* a alguien.
v. *Gu.* Despedir a *alguien* de su trabajo.

q. ‖ **~ a la chingada.** loc. verb. *Mx, Ni.* Deshacerse o desentenderse de alguien o algo. vulg.

r. ‖ **~ a la chucha.** loc. verb. *Ch.* Rechazar a *alguien* o *algo* en forma enérgica. vulg; pop + cult → espon.

s. ‖ **~ a la cresta.** loc. verb. *Ch.* Rechazar *algo* o a *alguien* que provoca enfado o impaciencia. vulg; pop + cult → espon.

t. ‖ **~ a la droga.**
i. loc. verb. *Gu, Ho, ES, Ni, Cu.* Mandar a *alguien* a paseo, despedirlo de malos modos. pop. ♦ **mandar a la punta; mandar a la punta del chorizo; mandar a la punta del cuerno.**
ii. *Gu, ES.* Terminar una relación con alguien.
iii. *Gu, ES.* Despedir a *alguien* de su trabajo.
iv. *Gu, ES.* Pedir a alguien que se vaya muy lejos.
v. *Gu.* Denegar *algo* a alguien.

u. ‖ **~ a la fregada.**
i. loc. verb. *Mx.* Rechazar o despedir a *alguien* con enfado o disgusto. pop.
ii. *Mx.* Deshacerse o desentenderse de alguien o algo. pop.

v. ‖ **~ a la goma.**
i. loc. verb. *Mx.* Rechazar o despedir a *alguien* con enfado o disgusto. pop.
ii. *Mx.* Deshacerse o desentenderse de alguien o algo. pop.

w. ‖ **~ a la gran flauta.** loc. verb. *Gu, Bo; Ur,* pop. Rechazar a *alguien* bruscamente. euf.

x. ‖ **~ a la pija.** loc. verb. *Ho.* Mandar lejos a *alguien.* vulg.

y. ‖ **~ a la punta.** *Gu.* **mandar a la droga.** pop.

z. ‖ **~ a la punta del cerro.** loc. verb. *Ch.* Rechazar *algo* o a *alguien* que provoca enfado o impaciencia. pop + cult → espon.

a¹. ‖ **~ a la punta del chorizo.** *Gu.* **mandar a la droga.** pop.

b¹. ‖ **~ a la punta del cuerno.** *Gu.* **mandar a la droga.**

c¹. ‖ **~ a la verga.**
i. loc. verb. *Mx, Gu, Ho, Ni; Ec,* pop + cult → espon; *Pa.* tabú. Rechazar o despedir a *alguien* con enfado o disgusto. vulg.
ii. *Mx, Ni.* Deshacerse o desentenderse de alguien o algo. vulg.

d¹. ‖ **~ a las cachinas.** loc. verb. *Bo.* Rechazar a *alguien* bruscamente por algo que hace, dice o propone. pop + cult → espon.

e¹. ‖ **~ a moler agua.** loc. verb. *Bo.* Rechazar a *alguien* bruscamente por algo que hace, dice o propone. pop + cult → espon ^ fest.

f¹. ‖ **~ a pastar chirotes.** loc. verb. *Pa, Ec, Pe.* Rechazar a *alguien* bruscamente. pop.

g¹. ‖ **~ a pelar el rabo al demonio.** loc. verb. *Ho.* Enviar lejos a *una persona* a la que se odia.

h¹. ‖ **~ a rodar.**
i. loc. verb. *Pa, Pe, Bo; Ur,* pop. Rechazar a *alguien* bruscamente.
ii. *Pa, Ur.* Deshacerse de algo.

i¹. ‖ **~ a volar.**
i. loc. verb. *Mx, Gu, ES, RD, Bo.* Terminar una relación con alguien.
ii. *Mx, Gu, ES, Ni, Bo.* Despedir a *alguien* de su trabajo.
iii. *Mx, Gu, ES, Ni.* Denegar *algo* a alguien.

j¹. ‖ **~ al bombo.**
i. loc. verb. *Bo, Ar, Ur.* Perjudicar o hacer fracasar a *alguien.* pop + cult → espon.
ii. *Bo, Ur.* Hacer que fracase algo. pop + cult → espon.

k¹. ‖ **~ al brodo.** loc. verb. *Ar.* Estafar o engañar a *alguien.*

l¹. ‖ **~ al cajón.** loc. verb. *Co.* Matar *una persona* a *alguien.* delinc.

m¹. ‖ **~ al Canadá.** *Ni.* **mandar al hormiguero.** pop ^ fest.

n¹. ‖ **~ al carajo.** loc. verb. *Ho.* Despedir groseramente a *alguien.* pop + cult → espon.

ñ¹. ‖ **~ al Caribe.** loc. verb. *Pa.* Mandar lejos. euf.

o¹. ‖ **~ al chan.** loc. verb. *ES.* Tratar de que alguien se vaya lejos.

p¹. ‖ **~ al chorizo.**
i. loc. verb. *Pa, Co.* Rechazar bruscamente a *alguien* o desentenderse de algo. pop ^ desp.
ii. *Gu, Ho.* Echar a *alguien* lejos. vulg.

q¹. ‖ **~ al cipote.** loc. verb. *Ve.* Rechazar a *alguien* con insolencia y desdén. pop.

r¹. ‖ **~ al corno.** loc. verb. *Ar; Ur,* euf. Rechazar tajantemente con enfado o desprecio a *alguien.* pop + cult → espon.

s¹. ‖ **~ al degredo.** loc. verb. *Ve.* Relegar, olvidar a *alguien.*

t¹. ‖ **~ al desvío.** loc. verb. *Pe.* Despistar a *alguien.* pop + cult → espon.

u¹. ‖ **~ al frente.**
i. loc. verb. *RD, Ar, Ur.* Hacer que alguien encare una situación difícil o comprometida. pop + cult → espon.
ii. *Ar.* Dejar en evidencia a *una persona,* atribuirle *algo* reprochable. pop + cult → espon.

v¹. ‖ **~ al hormiguero.** loc. verb. *Ni.* Encarcelar. pop ^ fest. ♦ **mandar al Canadá.**

w¹. ‖ **~ al hoyo.**
i. loc. verb. *Bo, Ar, Ur.* Arruinar económicamente a *alguien.* pop + cult → espon.
ii. *Bo.* Rechazar a *alguien* o *algo* en forma enérgica. euf; pop + cult → espon ^ fest.

x¹. ‖ **~ al muere.** loc. verb. *Ar, Ur.* Encomendar a alguien una tarea peligrosa, muy difícil o que supone un fracaso seguro. pop + cult → espon.

y¹. ‖ **~ al papayo.** loc. verb. *Co.* Matar *una persona* a *alguien.*

z¹. ‖ **~ al plato.** loc. verb. *Gu.* Matar *una persona* a *alguien.*

a². ‖ **~ al tacho.**
i. loc. verb. *Ar, Ur.* Perjudicar o hacer fracasar a *alguien.* pop + cult → espon.
ii. *Ar.* Matar *una persona* a *alguien.* pop + cult → espon.
iii. *Bo.* Rechazar bruscamente a *una persona* por lo que dice o propone. pop + cult → espon.

b². ‖ **~ concha.** loc. verb. *Co:N.* Comportarse *alguien* de forma desvergonzada o sin consideración. pop.

c². ‖ **~ cortado.**
i. loc. verb. *Ch.* Expulsar o despedir a *alguien* de un lugar o trabajo. pop.
ii. *Ch.* Irse un volantín a la deriva. pop.
iii. *Ch.* Provocar a *alguien* un orgasmo en el acto sexual. vulg; pop.

d². ‖ ~ **donde las Osorito.** loc. verb. *Ni.* Señalar a alguien su gran ignorancia. fest.

e². ‖ ~ **la carne con el gato.** loc. verb. *RD.* Confiar *algo* a una persona que no es indicada para ello. pop + cult → espon.

f². ‖ ~ **la parada.** loc. verb. *Co.* Ejercer la autoridad o el control en un asunto. pop.

g². ‖ ~ **madre.** loc. verb. *RD, PR.* Estar una cosa excelente, extraordinaria, ser de calidad superior. pop + cult → espon.

h². ‖ ~ **para el otro lado.** loc. verb. *Cu.* Matar *una persona* a *alguien*.

i². ‖ ~ **pepa.** loc. verb. *PR.* Fumar marihuana. drog.

j². ‖ ~ **por un tubo.**
   i. loc. verb. *Mx, Gu, ES, Ni, Pe, Bo.* Rechazar o despedir a *alguien* con enfado o disgusto. pop.
   ii. *Mx, ES, Ni, Bo.* Deshacerse o desentenderse de alguien o algo. pop.

k². ‖ ~ **raya.** loc. verb. *RD.* Imponer *alguien* su autoridad.

l². ‖ ~ **retobado.** loc. verb. *Ch.* Rechazar *algo* o a *alguien* con acritud. pop + cult → espon.

m². ‖ ~ **saludes.** loc. verb. *Gu, ES, Co; Pa.* rur. Pedir a alguien que transmita saludos a otra persona.

n². ‖ ~**le mano.** loc. verb. *Ec.* Manosear, tocar con intención erótica. pop + cult → espon.

ñ². ‖ ~**se a cambiar.** loc. verb. *Pa; Bo, Ar,* p.u; *Ch.* espon. Irse de un lugar repentina o inesperadamente. pop + cult → espon.

o². ‖ ~**se a correr.** loc. verb. *Cu.* Hacer *algo* de forma rápida.

p². ‖ ~**se a jalar.** loc. verb. *Bo.* Marcharse disgustado de un lugar. pop + cult → espon.

q². ‖ ~**se a mudar.** loc. verb. *Pa, Pe, Bo, Ch, Ar, Ur.* Irse de un lugar repentina o inesperadamente. pop + cult → espon. (**mandarse mudar**).

r². ‖ ~**se al otro lado.** loc. verb. *Gu, Pa, RD.* Matar *una persona* a *alguien*.

s². ‖ ~**(se) al otro potrero.** loc. verb. *Gu.* Matar *una persona* a *alguien*. rur.

t². ‖ ~**se al pecho.**
   i. loc. verb. *Ch.* Ingerir un alimento o una bebida, *generalmente con ansia.* pop + cult → espon.
   ii. *Ch.* Derrotar a *alguien* con superioridad, astucia o habilidad. pop + cult → espon.
   iii. *Ch.* Soportar *algo* con entereza o paciencia. pop.

u². ‖ ~**se al plato.** loc. verb. *Gu.* Comerse *algo*.

v². ‖ ~**se cambiar.**
   i. loc. verb. *Pa, Pe, Bo; Ch,* espon. Irse, *generalmente molesto o enfadado,* de un lugar. pop + cult → espon.
   ii. *Ec.* Despedirse de alguien.

w². ‖ ~**se de hacha.** loc. verb. *Pe.* Ponerse *alguien* en evidencia. pop + cult → espon.

x². ‖ ~**se el** *show.* loc. verb. *Ar.* p.u. Adoptar una actitud extravagante para llamar la atención. pop + cult → espon.

y². ‖ ~**se jalar.** loc. verb. *Bo.* Marcharse disgustado de un lugar. pop + cult → espon.

z². ‖ ~**se la parte.** loc. verb. *Bo, Ar, Ur; Ch,* esm. Jactarse, vanagloriarse. pop + cult → espon.

a³. ‖ ~**se las partes.** loc. verb. *Ch.* Presumir *alguien* de algo. pop + cult → espon.

b³. ‖ ~**se mudar.** *Ec, Pe, Bo, Ch, Ur.* **mandarse a mudar.**

c³. ‖ ~**se un moco.** loc. verb. *Ar.* Cometer una equivocación o un error graves. pop + cult → espon ∧ desp.

d³. ‖ ~**se un numerito.** loc. verb. *Pa, Ch.* Hacer el ridículo *alguien*. pop + cult → espon.

e³. ‖ ~**se una cagada.** loc. verb. *Ch, Ar, Ur.* Cometer una equivocación o un error graves. vulg; pop + cult → espon.

f³. ‖ ~**se una de** *cowboys.*
   i. loc. verb. *Ar.* Contar *algo* mintiendo o exagerando la realidad. pop + cult → espon ∧ desp.
   ii. *Ur.* Hacer *algo* de características fuera de lo común. pop + cult → espon.

g³. ‖ ~**se una macana.** loc. verb. *Ur; Bo, Ar,* desp. Cometer una equivocación o un error graves. pop + cult → espon.

h³. ‖ ~**se y zumbarse.** loc. verb. *Cu.* Reaccionar *alguien* con frecuencia de un modo brusco y violento.

a. ‖ **¡manda cáscara!** loc. interj. *Co:N.* Expresa rechazo.

b. ‖ **¡manda madre!** loc. interj. *RD, PR.* Expresa admiración o sorpresa ante lo que resulta extraordinario, excesivo o increíble.

c. ‖ **¡manda mierda!** loc. interj. *Cu.* **¡manda pinga!**

d. ‖ **¡manda pinga!** loc. interj. *Cu.* Expresa disgusto o contrariedad. ♦ **¡manda mierda!**

e. ‖ **¡manda timba!** loc. interj. *Cu.* Expresa sorpresa y contrariedad.

mandarina.

  I. 1. m. *Bo; Ec.* p.u. Hombre dominado por su esposa. pop + cult → espon ∧ fest.

  ☐

  a. ‖ **buena ~.**
    i. loc. sust/adj. *Bo, Ar.* Niño travieso y revoltoso. pop + cult → espon.
    ii. *Bo, Ar.* Persona maliciosa o poco recomendable. pop + cult → espon.

  ▶ **partir la ~ en gajos.**

mandarria.

  I. 1. f. *Ni, Cu, RD, Ve.* Tipo de martillo muy pesado *que se emplea, generalmente, en la construcción.*
  2. *Ho, ES, Pa, Cu, RD.* metáf. Pene. vulg.
  3. *Ho.* Mazo de un almirez.

  II. 1. f. *Co:N.* Fuerza, vitalidad, potencia. pop.

  III. 1. f. *RD.* metáf. Persona excesivamente autoritaria. pop + cult → espon.

  IV. 1. adj. *ES. Referido a persona o cosa,* de gran tamaño o altura.

mandarriazo.

  I. 1. m. *Mx, Cu, RD, Co:N.* Golpe fuerte que se da a alguien. pop.
  2. *Ho, ES, Cu; RD, Ve,* pop. Golpe dado con una **mandarria** o con cualquier tipo de martillo.

mandibulero, -a.

  I. 1. adj. *Ch.* p.u. *Referido a persona,* indiscreta, que no puede guardar un secreto. pop ∧ desp.

mandiga.

  I. 1. m. *Ni.* Mano, parte del cuerpo humano.

mandil.

  I. 1. *Mx.* **mandilón.** desp.

  II. 1. m. *Ar, Ur.* Pedazo de paño grueso que se pone entre la carona y el sudadero de una caballería. rur.

  III. 1. m. *Pa, Pe, Bo.* Bata o guardapolvo usado por algunos estudiantes o en ciertas profesiones.

  ☐

  a. ‖ ~**es blancos.** loc. sust. *Bo.* Grupo o colectivo de estudiantes o profesionales que suelen usar mandiles, *especialmente médicos y enfermeras.*

mandilón.

  I. 1. m. *Mx, Bo.* meton. Hombre sometido a su mujer, *especialmente el que desempeña labores domésticas.* desp. (**mandil**).

mandilonear(se).

  I. 1. tr. *Mx.* Mangonear una mujer a su marido.
  2. tr. prnl. *Mx.* Mangonear una mujer a su marido.

II. 1. intr. *Mx.* Mantener una pareja una sesión de besos, caricias y abrazos apasionados sin llegar al acto sexual.

2. intr. prnl. *Mx.* Mantener una pareja una sesión de besos, caricias y abrazos apasionados sin llegar al acto sexual.

mandinga.

I. 1. m. *Co, Ec; Ni, Ve, Ur,* fest; *Pa, Pe,* p.u; rur; *Ar,* rur; *Ch,* pop ^ fest; *Py,* p.u; *Bo:E,S,* pop. Diablo, ángel rebelado contra Dios.

II. 1. sust/adj. *Ch; Ar,* obsol. Persona traviesa o astuta. pop.

III. 1. f. *Ve:E.* Red grande que se usa para pescar. pop.

IV. 1. adj/sust. *CR.* p.u. *Referido a hombre,* afeminado. desp.

2. *CR.* p.u. *Referido a hombre,* de carácter pusilánime. desp.

V. 1. adj/sust. *Pa.* Cucaracha negra y pequeña. pop + cult → espon.

2. f. *Pa.* Avispa negra muy agresiva.

◪

a. ‖ **el que no tiene de inga, tiene de ~.** fr. prov. *Pe.* Indica que, en Perú, toda persona es fruto del mestizaje. pop + cult → espon.

b. ‖ **el que no tiene dinga, tiene ~.** fr. prov. *PR.* Indica que, en Puerto Rico, el que más o el que menos tiene sangre de negro. pop + cult → espon.

▶ **llevar a uno ~.**

mandingo, -a.

I. 1. adj/sust. *Pe, Bo. Referido a persona,* de raza negra o con sus rasgos característicos. pop + cult → espon.

mandioca. (Del guar. *mandiog*).

I. 1. *Gu, Ni, Pa, RD, PR, Co, Pe, Bo, Ar.* **yuca,** tubérculo.

2. *Gu, Ni, RD, PR, Co, Pe, Bo, Py; Pa,* p.u. **yuca,** planta.

mandiocal.

I. 1. m. *Bo, Py.* Terreno plantado de **mandiocas.**

mandiyurá. (Del guar. *mandiyú-rá*).

I. 1. m. *Ar:NE, Ur.* Arbusto de hasta 2,5 m de altura, poco ramificado, de hojas enteras, inflorescencias multifloras y fruto de color castaño rojizo. (Convolvulaceae; *Ipomoea carnea*). ◆ **batatilla carnosa.**

mandoca.

I. 1. f. *Ve:O.* Rosquilla elaborada con harina de maíz, queso y **papelón.**

mandón.

I. 1. m. *Ec, Pe.* Hombre que **se desempeña** como capataz en una mina.

II. 1. m. *Ch.* obsol. Hombre encargado de dar la voz de partida en las carreras de caballos.

mandonear.

I. 1. tr. *Mx, Pe, Bo, Ch, Py, Ar,* pop; *Ur,* espon. Mandar sobre *alguien* con exceso de autoridad.

2. intr. *Pe, Ch, Ar.* Mandar o gobernar con exceso de autoridad. pop + cult → espon.

mandraca.

I. 1. f. *Pa.* obsol. Recipiente que usan los sacerdotes para rociar a los feligreses con agua bendita.

mandracada. (Der. de *Mandrake*).

I. 1. f. *Ho, ES.* Mala acción, perversidad. (**mandrakada**).

2. *Ho.* Acción inteligente.

mandrakada. (Der. de *Mandrake*).

I. 1. *Ho, ES.* **mandracada,** mala acción.

mandrake. (De *Mandrake,* personaje de tiras cómicas).

I. 1. *Ho, ES.* **mandraque.**

II. 1. adj. *Pa. Referido a persona,* capaz de realizar proezas.

mandrakear.

I. 1. *Ho, ES.* **mandraquear.**

mandrakero.

I. 1. *Ho, ES.* **mandraquero.**

mandraque.

I. 1. adj. *Ho, ES, Ni. Referido a persona,* tramposa, bribona. (**mandrake**). ◆ **mandraquero.**

mandraquear.

I. 1. tr. *Ho, ES.* Realizar acciones ilegales o deshonestas. (**mandrakear**).

mandraqueo.

I. 1. m. *Ho, ES.* Realización de **mandracadas.**

mandraquero, -a.

I. 1. sust/adj. *Ho, ES.* **mandraque.** (**mandrakero**).

mandrax. (De *Mandrax®*).

I. 1. m. *Co, Ve.* Sustancia estupefaciente.

mandre.

I. 1. adj. *Ni. Referido a persona,* lenta.

2. *Ni. Referido a persona,* despreocupada, olvidadiza.

mandria.

I. 1. adj/sust. *Ni. Referido a persona,* holgazana.

mandriedad.

I. 1. f. *ES.* Carencia de habilidad.

mandriedada.

I. 1. f. *ES.* Cosa mal hecha.

mandrio, -a.

I. 1. adj/sust. *Gu, Ho, ES, Ni. Referido a persona,* torpe, falta de habilidad o lenta para comprender algo.

manduca.

I. 1. f. *RD.* Torta pequeña hecha con harina de maíz.

manducatorio, -a.

I. 1. adj. *Ch.* p.u. Relativo a la comida y al acto de comer. pop + cult → espon.

manducazo.

I. 1. m. *Pa.* Golpe de **manduco** u otro objeto similar. pop + cult → espon ^ fest.

manduco.

I. 1. m. *Pa, Co.* Palo con el que se golpea la ropa cuando se lava.

2. *Ni, Pa.* Garrote.

mandul.

I. 1. *Co.* **carate,** árbol de hojas grandes.

mandulete.

I. 1. m-f. *PR.* Persona torpe, de escasa inteligencia. pop + cult → espon ^ desp.

2. *PR.* Muchacho holgazán, fastidioso e inútil. pop + cult → espon ^ desp.

mandungo.

I. 1. *Ho.* **armadillo hondureño.**

mandunguear.

I. 1. tr. *Ch.* p.u. Mandar sobre alguien con exceso de autoridad. pop.

manduque.

I. 1. m. *Ar, Ur.* p.u. Comida, alimento. pop.

manduquear.

I. 1. tr. *Bo, Ch, Ur.* Comer un alimento. pop ^ fest.

2. intr. *Bo, Ch.* Comer, ingerir alimento. pop ^ fest.

II. 1. tr. *Ch.* Dar órdenes con exceso de autoridad. pop + cult → espon ^ fest.

2. *Ch.* Dar órdenes sin tener autoridad para hacerlo. pop + cult → espon ^ fest.

mandurria.

I. 1. f. *RD, PR.* Pene de gran tamaño. prost.

manduvá.

I. 1. m. *Ar:E,NE, Ur.* **manduví.**

manduvé.

I. 1. m. *Ar:E,NE, Ur.* **manduví.**

manduví.

I. 1. *Py, Ar:E,NE, Ur.* Pez de agua dulce, cabeza deprimida en la parte anterior y cuerpo comprimido; es apreciado por su carne. (Ageneiosidae; *Ageneiosus* spp.). (**manduvá**; **manduvé**).

maneada.
 I. 1. f. *Bo, Ar, Ur.* Proceso de poner maneas o cuerdas para atar las patas de una caballería. rur.

maneadero.
 I. 1. m. *Gu, Ho.* Lugar donde se ponen maneas al ganado. rur; pop.

maneado, -a.
 I. 1. adj. *Ho, ES, Ni, Bo. Referido a animal vacuno, caballar o cabrío,* trabado de las cuatro patas. (**maniado**).
 II. 1. adj. *Ch. Referido a persona,* aturdida, confusa. pop + cult → espon.

maneador.
 I. 1. m. *Mx, Bo, Ar, Ur.* Tira de cuero con una presilla en uno de sus extremos, que sirve para trabar o atar a las caballerías. rur.

manear(se).
 I. 1. intr. prnl. *Gu, Ni, CR, Ch; Ar,* rur; *Ur,* p.u. Confundirse, actuar con torpeza. pop.
 2. *Co.* Enredarse, liarse en trabajos de poca importancia.
 3. *Ur; Ar,* pop. Enredarse los pies al caminar.
 4. tr. *Ni.* Enredar *algo.*
 II. 1. tr. *Ho, ES, Ur.* metáf. Atar a *alguien* de pies y manos.
 2. *Gu.* metáf. Imposibilitar a *alguien* para hacer algo.
 III. 1. intr. *ES.* No terminar un trabajo agrícola.
 IV. 1. tr. *Ho.* Contar frutos como naranjas o **bananos** por manos. (**maniar**).

manechi.
 I. 1. *Bo:E.* **mono colorado.**

maneco.
 I. 1. m. *Ni.* Líder estudiantil. est.

maneco, -a.
 I. 1. *Mx.* **maneto,** que tiene algún impedimento.

manejada.
 I. 1. f. *ES, CR, RD, Ec.* Conducción de un vehículo automotor.

manejador.
 I. 1. m. *Ho. En la caza,* persona que se encarga de echar los perros, animarlos con gritos y vigilarlos en un ojeo.

manejador, -ra.
 I. (Del ingl. *manager*).
 1. m. y f. *EU, Ni, RD, PR.* Apoderado de un boxeador o de un equipo deportivo.
 2. *EU.* Administrador, gerente.
 II. 1. m. y f. *Ve:O.* Persona que conduce un vehículo.

manejadora.
 I. 1. f. *Cu.* obsol. Mujer que se contrata para cuidar a uno o varios niños.

manejar.
 I. 1. tr. *Gu, Ho, ES, Ni, CR, Pa, Cu, RD, PR, Co, Ve, Ec, Pe, Bo, Ch, Py, Ar, Ur.* Conducir un vehículo.
 II. 1. tr. *Ho, ES, Cu, Bo. En deportes de equipo como el fútbol,* dominar en el toque de balón al contrario.
 III. 1. tr. *Ho, RD.* Tener *algo,* poseer. pop.
 ●
 a. ‖ **manejate.** fórm. *Ar.* juv. Se usa para indicar al interlocutor que atienda sus intereses o sus deseos.
 □
 a. ‖ ~ **del tramojo al cagadero.** loc. verb. *Ni.* Dominar por completo a *alguien.*
 b. ‖ ~ **el incensario.** loc. verb. *Gu.* Adular a *alguien* por interés.
 c. ‖ ~ **prendida la cabeza.** loc. verb. *Ni.* Tener *alguien* mucha fiebre.

maneje.
 I. 1. *Ch.* **manejo,** conducción. pop.

manejo.
 I. 1. m. *Pa, Cu, RD, Ve, Pe, Ch, Ar, Ur.* Conducción en general, *especialmente de un vehículo.* (**maneje**).
 II. 1. m. *RD.* Dinero.

maneo.
 I. 1. m. *Ho.* Trabamiento del ganado.

maneque.
 I. 1. m. *ES.* Amigo íntimo, compañero inseparable.

manera.
 I. 1. f. *Cu.* Pedazo de tela que se utiliza para rematar los bordes en las aberturas de una prenda de vestir.
 □
 a. ‖ **a la ~ que más que nunca.** loc. adv. *Ec.* Descuidadamente, sin esmero. pop.
 ▶ **deber hasta la ~ de caminar.**

maneral.
 I. 1. m. *Ho, Ni.* Herramienta en forma de L tumbada en cuya punta se introduce un cubo para apretar o aflojar tornillos.

manesquera. (Afér. de *amanesquera*).
 I. 1. *Ho.* **amanesquera,** turno laboral.

maneto, -a.
 I. 1. sust/adj. *Ve; Co,* p.u; pop. Persona patizamba.
 2. adj/sust. *Gu, Ho, Ni. Referido a persona o animal,* que tiene algún impedimento o defecto en alguna de las manos o patas. (**maneco**).

manfifio, -a.
 I. 1. adj. *Co.* p.u. *Referido a persona,* confusa, desconcertada. pop.

manfinfla.
 I. 1. f. *Bo, Ch.* Masturbación. euf; pop + cult → espon.

manfinflear(se).
 I. 1. tr. *Bo, Ch.* Masturbar una persona a otra. euf; pop + cult → espon.
 2. tr. prnl. *Bo, Ch.* Masturbarse *una persona.* euf; pop + cult → espon.

manfinflero, -a.
 I. 1. adj/sust. *Bo, Ch. Referido a persona,* que se masturba con frecuencia. euf; pop + cult → espon ^ desp.

manflinfla.
 I. 1. m. *ES.* Hombre homosexual. desp.

manflor.
 I. 1. m. *Ve:O; Ar.* obsol. Hombre homosexual. pop.

manflora.
 I. 1. f. *Mx.* Lesbiana *que generalmente asume el papel masculino.* desp.
 2. m-f. *Ar.* obsol. Hombre homosexual. pop.

manfloro.
 I. 1. m. *RD; Ar.* obsol. Hombre homosexual. pop.

manflorón.
 I. 1. m. *Ar.* obsol. Hombre homosexual. pop.

manga.
 I. 1. f. *Mx, Bo, Ar, Ur.* Nube de insectos voladores, *particularmente de langostas.*
 2. *Gu, Pa, Bo, Ch, Py, Ar, Ur.* Grupo de personas. pop + cult → espon.
 3. *Gu, ES, Bo, Ch.* Plaga de insectos o de pájaros migratorios.
 4. *Gu.* Grupo de jóvenes.
 II. 1. f. *Mx, Gu, Ni, CR, Ve, Ch, Ar, Ur.* Pasadizo corto entre dos empalizadas que se utiliza para enfilar el ganado.
 III. 1. f. *ES, CR, Ec, Bo, Ch, Py, Ar, Ur. En un aeropuerto,* túnel articulado que recorren los pasajeros para embarcar en el avión.

2. *Bo, Ch, Ar, Ur. En un estadio de **fútbol**,* túnel articulado que recorren los jugadores al salir al campo de juego.

IV. 1. f. *CR, Cu, Co, Ve.* **Mango** obtenido mediante injerto, que produce un fruto más grande que el común.

2. *Cu.* **Mango** pequeño y de pulpa hebrosa.

V. 1. f. *Co:N.* Puño o brazo fuerte. pop.

VI. 1. f. *Co:O.* Potrero o terreno pequeño.

VII. 1. f. *Gu, Ho:O, ES, Ni.* Manta o cobertor vasto de lana.

VIII. 1. f. *Ch.* Bolsa larga y ancha, *generalmente de plástico.*

IX. 1. f. *Ho:S, ES.* Trasmallo de 8 cm de longitud cada malla que se utiliza únicamente en los esteros para la pesca de peces grandes.

X. 1. f. *Ec.* Camino abierto entre la maleza de la selva.

XI. 1. f. *Ec.* Parte del pantalón que cubre cada pierna.

XII. 1. f. *Ho.* Corriente de aire.

■

a. ‖ ~ **de coleo.** f. *Ve.* Pasadizo largo, formado por dos cercas de estacas, provisto de gradas para el público, en el que se practica la **coleada** de toros.

b. ‖ ~ **de globo.** f. *Cu.* Manga corta y ahuecada.

c. ‖ ~ **de jamón.** f. *Cu.* Manga ancha que cubre hasta el codo.

d. ‖ ~ **larga.**

i. f. *Ni, Pa.* Botella de cerveza con capacidad para un litro.

ii. *Pa.* Árbol de hasta 20 m de altura. (Flacourtiaceae; *Casearia arborea, Laetia procera*). ♦ **corta lengua; pica lengua.**

□

a. ‖ **con la ~ hasta el codo.** loc. adv. *Cu.* Con firmeza y decisión.

b. ‖ **de todas ~s.** loc. adv. *Pe.* De todas las maneras. pop.

c. ‖ **¡la ~, qué!** loc. interj. *Mx.* Expresa incredulidad o negación ante un suceso. pop.

d. ‖ ~ **lisa.** loc. sust. *Ch.* Carabinero sin graduación. pop.

e. ‖ ~**s meadas.** loc. sust. *Ve.* Pelele, persona insignificante.

▶ **hacer ~s y capirotes; tirar la ~; vivir de la ~.**

mangabé.
I. 1. m. *Pa.* Árbol de hasta 25 m de altura. (Cecropiaceae; *Pourouma* spp.). ♦ **guarumo macho; uvito.**

2. *Pa.* **palo de sable.**

mangada.
I. 1. f. *Cu.* obsol. Estafa, engaño.

mangadera.
I. 1. f. *Cu.* obsol. Beneficio económico obtenido gracias a la influencia de otra persona.

mangado, -a.
I. 1. adj. *PR. Referido a persona,* atrapada en algo negativo. pop + cult → espon.

mangajería.
I. 1. f. *Pa.* Descuido. pop.

mangajo.
I. 1. m. *Ec.* obsol. Persona despreciable. pop + cult → espon ∧ desp.

mangajo, -a.
I. 1. adj/sust. *Pe. Referido a persona,* que carece de carácter o fuerza de voluntad.

II. 1. adj. *Pa. Referido a persona,* desaliñada, de presentación personal deficiente. pop + cult → espon.

mangal.
I. 1. m. *Mx, Gu, Ho, ES, Ni, Cu, RD, Co, Ve, Bo, Py.* Plantación de árboles de mango.

manganazo.
I. 1. m. *Co.* Golpe dado con el puño de la mano. pop.

manganear.
I. 1. tr. *Bo.* Robar.

manganeta.
I. 1. f. *Ar, Ur.* Engaño, ardid. pop + cult → espon.

mangangá. (Del guar. *mamangá*).
I. 1. m. *Bo, Py, Ar, Ur.* Insecto himenóptero de cuerpo grueso y velludo que al volar produce un característico zumbido fuerte y prolongado. (Bombidae; *Bombus* spp.).

2. *Bo, Ar:NE,* pop; *Ur,* espon. Persona fastidiosa por su continua insistencia.

manganía.
I. 1. f. *Gu.* Trampa, robo, estafa.

mangano.
I. 1. m. *CR.* Pantalón de mujer que llega hasta la rodilla.

mangansón, -na.
I. 1. *RD, PR, Bo.* **manganzón,** haragán.

II. 1. *RD, PR.* **manganzón,** alto, grandullón.

manganzón, -na.
I. 1. adj. *Ho, CR, Pa, Cu, RD, Ve, Ec, Pe, Bo:E; PR.* cult → espon ∧ desp. *Referido a persona,* haragana, que no quiere trabajar. pop. (**mangansón; manganzón**). ♦ **habitante.**

2. *RD, PR. Referido a un adolescente,* muy desarrollado para su edad. pop + cult → espon.

II. 1. adj/sust. *CR, RD, PR, Ve, Pe. Referido a persona,* alta, grandullona y un poco torpe en sus movimientos. pop → espon. (**mangansón**).

2. sust/adj. *RD.* Persona que resulta ridícula por mostrar un comportamiento infantil e impropio de su edad.

3. adj. *ES. Referido a persona,* torpe, lenta.

III. 1. adj/sust. *Ec. Referido a persona,* descarada. pop + cult → espon.

IV. 1. adj. *ES. Referido a persona,* poderosa.

V. 1. adj. *ES. Referido a dicho o chiste,* soez.

VI. 1. m. y f. *Ho.* Persona adulta que maltrata o molesta a los menores.

manganzonería.
I. 1. f. *Ec, Bo,* pop + cult → espon ∧ desp; *Cu,* obsol. Holgazanería, vagancia.

mangar.
I. 1. tr. *Bo, Ar,* pop; *Ur,* espon. **manguear,** pedir prestado.

II. 1. tr. *Pa, Cu,* obsol. Timar, estafar, quitar *algo* con engaño.

III. 1. tr. *PR.* Sorprender a *alguien* haciendo algo incorrecto. pop + cult → espon.

2. *PR.* Arrestar a *alguien, especialmente a un delincuente.* delinc.

3. *PR.* Caer en una redada. delinc.

IV. 1. tr. *PR.* Comprar droga. drog.

V. 1. tr. *PR.* Regañar a *alguien.* pop + cult → espon.

mangarriazo.
I. 1. m. *Mx.* Golpe fuerte. pop + cult → espon.

mangazo.
I. 1. m. *Mx, Ni, Ve, Bo.* Hombre atractivo. pop.

2. *Mx, Gu, Ho, Ni; CR,* p.u. Persona hermosa, muy atractiva. pop + cult → espon.

3. m-f. *Ho, ES, Ni.* metáf. Persona de cuerpo bello.

II. 1. m. *Co, Ch.* Puñetazo. pop.

2. *Ho, Ni, Cu, Ve.* Golpe dado con un fruto de mango. pop.

III. 1. m. *Ar, Ur.* Petición insistente de algo, *especialmente dinero.* pop + cult → espon.

IV. 1. m. *ES.* Tormenta copiosa.

mangazón, -na.
I. 1. sust/adj. *RD.* **manganzón,** haragán.

manglar.
 I. 1. m. *Mx, Gu, Ho, ES, Ni, CR, Pa, Cu, RD, PR, Co, Ve, Ec.* Terreno poblado de **mangles.** ♦ **poyal.**
mangle. (De or. ind. antillano).
 I. 1. m. *Mx, Gu, Ho, ES, Ni, CR, Pa, Cu, RD, PR, Co, Ve, Ec, Pe.* Árbol de hasta 4 m de altura, de ramas largas y extendidas, con vástagos arraigados en el suelo, hojas enteras, elípticas, obtusas y gruesas, flores amarillentas, fruto seco de corteza coriácea, pequeño y casi redondo, y muchas raíces aéreas. (Rhizophoraceae; *Rhizophora mangle*). ♦ **candelón; mangle colorado; mangle de chifle; mangle de montaña; mangle de sabana; mangle rojo; puyeque; tabché.**
 2. *Pa.* Árbol de hasta 15 m de altura, de tronco recto desprovisto de ramas hasta la mitad de su altura, corteza exterior blanca o grisácea, hojas simples y alternas, flores verdosas agrupadas y frutos en drupas, negros cuando maduran. (Myrsinaceae; *Mysine coriacea*).
 ■
 a. ‖ ~ **amarillo.** *Gu.* mangle blanco.
 b. ‖ ~ **blanco.** m. *Pa, PR, Ec, Pe.* Árbol de hasta 18 m de altura, de corteza parda, hojas elípticas y coriáceas, flores blanquecinas y fruto en drupa de color rojizo pardo, que se da en racimos; su corteza es medicinal, y también se usa para curtir pieles. (Combretaceae; *Laguncularia racemosa*). ♦ **mangle amarillo; mangle bobo; palo de agua.**
 c. ‖ ~ **bobo.** *PR.* mangle blanco.
 d. ‖ ~ **botón.** *PR.* **xkanché.**
 e. ‖ ~ **botoncillo.** *Pa.* **xkanché.**
 f. ‖ ~ **colorado.** *Gu, Ho, ES, Pa, RD, PR, Ec.* **mangle**, árbol de hasta 4 m.
 g. ‖ ~ **de agua.** *Pa.* **nacedero**, árbol.
 h. ‖ ~ **de chifle.** *Pa, PR.* **mangle**, árbol de hasta 4 m.
 i. ‖ ~ **de montaña.** *Pa.* **mangle**, árbol de hasta 4 m.
 j. ‖ ~ **de sabana.** *Pa.* **mangle**, árbol de hasta 4 m.
 k. ‖ ~ **enano.** m. *Ho, Ec.* Mangle que crece muy poco y soporta condiciones extremas de salinidad. (Anacardiaceae; *Conacarpus erecta*).
 l. ‖ ~ **negro.** m. *Gu, Ho, ES, CR, Pa.* Arbusto de manglar de hasta 15 m de altura, de hojas coriáceas, verdes, gruesas y aovadas, por las que expele la sal absorbida, flor verdosa, crema o blanca, y fruto en cápsula oblonga, aovada; la madera se usa para la construcción, como leña y para la curtimbre. (Acanthaceae; *Avicennia germinans*). ♦ **mangle prieto.**
 m. ‖ ~ **prieto.** *Pa.* **mangle negro.**
 n. ‖ ~ **rojo.** *Ho, Ni, Cu, Ec.* **mangle**, árbol de hasta 4 m.
 □
 a. ‖ **¡qué peste a ~!** loc. interj. *PR.* Expresa desagrado por el mal olor del ambiente. pop + cult → espon.
manglero, -a.
 I. 1. m. y f. *Mx, Ni, Cu, Ec.* Persona que corta o comercializa el **mangle.**
 2. adj. *Cu. Referido a persona*, que vive en los manglares o en lugares bajos de la costa.
mango.
 I. 1. m. *Mx, Gu, Ho, ES, Ni, Pa, Cu, Bo.* metáf. Persona atractiva físicamente. pop.
 2. *Mx, Ni, Ve, Bo.* Hombre atractivo. pop.
 II. 1. m. pl. *Py; Bo, Ar,* cult → espon; m. *Bo.* Dinero. pop.
 III. 1. m. *Co.* Corazón. pop.
 IV. 1. m. *Ho, Pa.* Árbol de hasta 30 m de altura, de tronco grueso, corteza negruzca con látex resinoso, copa densa, hojas alternas, lanceoladas, inflorescencia piramidal terminal y flores pequeñas, de color verde amarillento. (Anacardiaceae; *Mangifera indica*). ♦ **mangó.**

 2. *Ho, Pa.* Fruto comestible del mango, en forma de drupa de diferentes dimensiones, ovoide y aplanada por los extremos, de colores que van del verde al morado o rojo; su pulpa es amarilla o naranja y jugosa, con fibrosidades. (**mangó**).
 V. 1. sust/adj. *RD.* Asunto fácil de abordar. pop + cult → espon.
 2. *RD.* Persona dócil, que no opone resistencia ante las exigencias de otros. pop + cult → espon.
 ■
 a. ‖ ~ **criollo.** m. *Mx.* Mango amarillo con tinte carmín, semilla abultada y pulpa algo fibrosa.
 b. ‖ ~ **manila.** m. *Mx.* Mango amarillo pálido, de semilla aplanada.
 c. ‖ ~ **petacón.** m. *Mx.* Mango verde con tinte carmín, grande, semilla ovalada y abultada y pulpa amarilla pálida.
 □
 a. ‖ **al ~.**
  i. loc. adv. *Ar, Ur.* Con mucho trabajo u ocupaciones. pop + cult → espon.
  ii. *Ar, Ur.* Al límite, con gran entusiasmo o velocidad.
  iii. loc. adj. *Ur. Referido a un recipiente o a un lugar*, muy lleno. pop + cult → espon.
 b. ‖ **de ~.** loc. adv. *RD.* Gratuitamente, sin costar o pagar un precio. pop + cult → espon.
 c. ‖ **~.** loc. interj. *ES:E.* Expresa enfado.
 d. ‖ **~(s) bajito(s).** loc. sust. *RD.* Situación cómoda y fácil de abordar, o cosa que se consigue sin esfuerzo. pop + cult → espon.
 e. ‖ ~ **cipe.** loc. sust. *Ho.* Sobrenombre de la pistola de marca Smith and Wesson. fest.
 ▶ **coger de ~; coger de ~ bajito; coger los ~s bajitos; ser un ~; zumbar el ~; zumbarle el ~.**
mangó.
 I. 1. *PR.* **mango**, árbol.
 2. *PR.* **mango**, fruto.
 ■
 a. ‖ ~ **de avispa.** m. *PR.* Variedad de mangó.
 b. ‖ ~ **de hebra.** m. *RD, PR.* Variedad de mangó.
 c. ‖ ~ **de jobo.** m. *PR.* Variedad de mangó.
 d. ‖ ~ **de piña.** m. *PR.* Variedad de mangó.
 e. ‖ ~ **de rosa.** m. *PR.* Variedad de mangó.
 f. ‖ ~ **de toro.** m. *PR.* Variedad de mangó.
 g. ‖ ~ **langostino.** m. *PR.* Variedad de mangó.
 h. ‖ ~ **mayagüezano.** m. *PR.* Variedad de mangó.
 □
 a. ‖ ~ **bajito.** loc. sust. *PR.* Cosa fácil de hacer o conseguir. rur.
mangolla.
 I. 1. f. *Ni.* Prenda interior de vestir que ha perdido su elasticidad. desp.
mangollano. (De *mango* y *llano*).
 I. 1. m. *Ho, ES.* Árbol mediano, de corteza de color gris claro, hojas alternas, bipinnadas, ligeramente gruesas, flores blancas en cabezuelas, vellosas, y cuyo fruto es una vaina curva y retorcida de color rosado o castaño con semillas de color negro lustroso, cubiertas de una pulpa comestible de color blanquecino o rosado. (Fabaceae; *Pithecolobium dulce*). (**mongollano**). ♦ **ahuiste; espino dulce; michigüiste.**
mangomechudo. (De *mango* y *mechudo*).
 I. 1. m. *Ni.* Vulva. vulg; fest.
mangón.
 I. 1. m. *Cu.* Hombre atractivo.
mangonear.
 I. 1. intr. *Mx, Gu, Ni, Pa, Cu, Ec, Bo.* Aprovechar de manera astuta una situación propicia para hacer

negocios que redunden en beneficio propio. pop + cult → espon.

2. tr. *Gu, Pa, Co.* Utilizar a una persona para alcanzar un objetivo particular. pop.

II. 1. tr. *Mx, Ni, Pa, Ec, Pe, Bo.* Ejercer el mando en forma despótica. pop.

III. 1. tr. *PR.* Trabajar con lentitud, con pereza y vagancia. pop + cult → espon.

mangoneo.
I. 1. m. *Mx, Cu, RD, PR, Ec.* Aprovechamiento de manera astuta de una situación propicia para hacer negocios que redunden en beneficio propio. pop + cult → espon.

2. *Ni, Pe.* Mando despótico que se ejerce al gobernar.

mangonería.
I. 1. f. *PR.* Pereza, vagancia. pop + cult → espon.

mangongo, -a.
I. 1. adj/sust. *Pa. Referido a persona,* mimada, consentida.

mangonguear.
I. 1. tr. *Pa.* Tratar con excesivo cariño y condescendencia a *alguien, en especial a los niños.* pop.

¡mangos!
I. 1. interj. *Mx.* Expresa negación enfática o rechazo de una orden o indicación.

mangostán.
I. 1. *Gu, Ho.* **mangostín,** árbol y fruto.

mangostín. (Del port. *mangostão*).
I. 1. m. *Gu, Ho, Ni, Pa.* Árbol con hojas opuestas, aguadas, coriáceas y lustrosas, flores terminales, solitarias, con cuatro pétalos rojos. (Guttiferae; *Gracinia mangostana*). (**mangostán**).

2. *Gu, Ho.* Fruto de este árbol, carnoso, comestible y muy estimado. (**mangostán**).

mangotín.
I. 1. m. *PR.* Árbol perenne de hasta 25 m de altura, con follaje denso y hojas opuestas. (Clusiaceae; *Garcinia mangostana*).

2. *Pa.* **manzana de oro.**

3. *Pa.* Fruto del mangotín, en forma de drupa de color amarilla o anaranjada, es comestible.

mangú.
I. 1. m. *RD, PR.* Puré hecho con plátano y aceite o mantequilla.

2. adj. *RD.* metáf. *Referido a cosa,* de consistencia blanda y moldeable.

3. *RD.* metáf. *Referido a persona,* débil, frágil o miedosa.

manguá.
I. 1. m. *Cu.* obsol. Dinero, moneda corriente.

mangual.
I. 1. m. *Ho.* Pene. vulg.

manguala.
I. 1. f. *Co.* Confabulación con fines ilícitos. pop.

manguana.
I. 1. m. *ES.* Pene. vulg.

manguangua.
I. 1. f. *Ve.* Cosa o asunto que no presenta ninguna dificultad. pop.

manguaré.
I. 1. m. *Pe:E.* Instrumento de percusión, hecho de un tronco hueco, que sirve para transmitir noticias entre distintos pueblos de la Amazonia.

manguarear.
I. 1. intr. *Ve.* Malgastar el tiempo sin hacer nada. pop + cult → espon. (**mangüerear**).

manguareo.
I. 1. m. *Ve.* Ociosidad, holgazanería. pop + cult → espon. (**mangüereo**).

II. 1. m. *Ve.* Tontería, bobería. pop + cult → espon. (**mangüereo**).

manguarí.
I. 1. m. *Bo:E.* **garza morena.**

mangue.
I. 1. m. *PR.* Regaño.

mangueador.
I. 1. adj/sust. *Bo, Ur. Referido a persona,* que tiene el hábito de sacar provecho de los demás o vivir a costa ajena. pop + cult → espon.

manguear(se).
I. 1. intr. *Mx:SE, Ho, ES, Ni.* Buscar o recoger el fruto del mango. rur; pop.

II. 1. tr. *Mx.* Hacer entrar al ganado por la **manga.**

III. 1. tr. *Py; Bo, Ar, Ur,* cult → espon. Pedir *algo* prestado, *especialmente dinero.* pop. (**mangar**).

2. intr. *Bo:O, Ur.* Vivir a costa de los demás, aprovechándose y obteniendo cosas gratis. pop + cult → espon.

IV. 1. intr. *Pe.* Trabajar en la calle haciendo algún tipo de arte y pidiendo dinero al público por ello. pop.

V. 1. intr. prnl. *Ho.* Emborracharse.

VI. 1. intr. prnl. *Ni.* p.u. Huir, escapar.

VII. 1. intr. *PR.* Estar *alguien* de broma. rur.

mangueo.
I. 1. m. *PR.* Broma. rur.

manguera.
I. 1. f. *Co.* Anillo tubular de goma, que forma parte de los neumáticos, y está provisto de una válvula para inyectar aire a presión.

II. 1. f. *Ho, ES, Cu, Bo.* Pene. vulg.

III. 1. f. *Ur.* Corral para encerrar el ganado. rur.

manguerazo.
I. 1. m. *Cu.* Golpe dado con una manguera.

2. *CR.* Golpe fuerte. pop + cult → espon.

3. *CR. En el fútbol,* disparo potente hacia la portería contraria. pop + cult → espon.

4. *Pa.* Golpe propinado por un agente policial con una manguera. pop + cult → espon.

manguereada.
I. 1. f. *Gu, Pa, Ec, Bo; Ch,* pop + cult → espon. Riego o limpieza de algo o de alguien con manguera.

manguerear.
I. 1. tr. *Ni, CR, Pa, Pe, Bo, Py, Ar; Gu, Ec,* p.u; *Ch, Ur,* pop + cult → espon. Limpiar o regar *algo* ligera y rápidamente arrojándole agua con una manguera.

2. *Gu, Pa, Pe, Bo, Ar; Ch, Ur,* pop + cult → espon. Lanzar agua contra alguien con una manguera.

3. *Ch.* Dar una ducha.

mangüerear.
I. 1. *Ve.* **manguerear.**

mangüereo.
I. 1. m. *Ve.* **manguareo.**

manguero.
I. 1. m. *Cu.* Persona poco cuidadosa en el vestir. desp.

II. 1. m. *ES.* Cultivo de mangos.

manguero, -a.
I. 1. sust/adj. *Bo; ES, Ni, CR, Pe,* p.u. Persona que se dedica al cultivo o a la comercialización del mango.

2. m. y f. *Ni, Cu, Ec, Bo.* Persona que vende mangos. pop.

3. adj. *Ho, ES, Ni, Bo. Referido a persona,* aficionada a comer mangos.

II. 1. adj/sust. *Bo, Ar, Ur. Referido a persona,* que tiene el hábito de sacar provecho de los demás o vivir a costa ajena. pop + cult → espon.

manguilla.
  I. 1. f. *Ch.* Manga sobrepuesta para preservar la ropa.

manguillo.
  I. 1. m. *Mx.* Portaplumas, mango en que se coloca la pluma metálica para escribir o dibujar.
  II. 1. m. *Ho, ES.* Especie de ojal muy grande en que se reúnen las cuerdas tensoras de ambos extremos de una hamaca. ◆ **manilla.**
  III. 1. m. *Ho.* Pedazo de tronco de ocote seco.
  IV. 1. m. *PR.* Cada uno de los tirantes de la combinación o del **brasier.**

mangulina.
  I. 1. f. *RD.* Baile popular, de parejas sueltas, al compás del merengue tradicional. (**margulina**).

mangungo. (Del garífuna).
  I. 1. m. *Ho.* **cusuco,** armadillo. (**mandungo**).
  II. 1. adj. *Ho:N,C.* Referido a persona, tonta.

manguruyú.
  I. 1. m. *Py, Ar, Ur.* Pez de agua dulce de hasta 50 cm de longitud, de cuerpo grueso, cabeza ancha y color amarillento. (Pimelodidae; *Zungaro zungaro*). ◆ **tigre zúngaro; zúngaro.**
  2. *Ar.* Pez de agua dulce de hasta 2 m de longitud, de cuerpo grueso, cabeza muy ancha y deprimida, y color pardo grisáceo. (Pimelodidae; *Paulicea lutkeni*).

  ■
  a. ‖ **~ de las piedras.** m. *Ar.* Pez de agua dulce de menor tamaño que los anteriores, con nuca cruzada por una banda clara y aletas con una ancha faja oscura. (Pimelodidae; *Microglanis cottoides*).

maní. (Voz ind. antillano).
  I. 1. m. *Gu, Ho, ES, Ni, CR, Pa, Cu, RD, PR, Co, Ve, Ec, Pe, Bo, Ch, Ar, Ur.* Fruto comestible de esta planta una vez tostado, cacahuete. (**manía**).
  2. *Gu, Ho, ES, Ni, CR, Cu, PR, Co, Ec, Pe, Bo, Ch.* Planta herbácea de hasta 80 cm de altura, de tallos ligeramente peludos, con ramificaciones desde la base, hojas compuestas de dos pares de hojuelas ovales, inflorescencia axilar y flores amarillas; el fruto crece bajo tierra dentro de una vaina leñosa. (Fabaceae; *Arachis hypogaea*).
  II. 1. m. *Cu.* Dinero. pop.
  III. 1. adj. *Ni.* juv. Referido a persona, inteligente.

  ●
  a. ‖ **¿cómo es el ~?** fórm. *Ve.* Se usa para preguntar cómo tiene que hacerse algo.

  ■
  a. ‖ **~ confitado.** m. *Ch.* **garrapiñada,** golosina.
  b. ‖ **~ del inca.**
    i. m. *Pe.* Planta oleaginosa, silvestre, trepadora y semileñosa, con fruto capsular. (Euphorbiaceae; *Plukenetia volubilis*). ◆ **maní del monte.**
    ii. *Pe.* Fruto del maní del inca, con semillas comestibles, de aspecto y sabor similar al maní; poseen un elevado contenido proteico de muy buena digestibilidad. ◆ **maní del monte.**
  c. ‖ **~ del monte.** *Pe.* **maní del inca.**
  ▶ **importar un ~.**

manía.
  I. 1. f. *Gu.* **maní,** cacahuete.

maniabierta.
  I. 1. adj. *Pa.* Referido a persona, despilfarradora. pop + cult → espon.

maniabierto, -a.
  I. 1. adj. *Pa, Cu, Co, Ec, Bo; Ch,* pop + cult → espon. Referido a persona o cosa, generosa, dadivosa.

maniado, -a. (Var. de *maneado*).
  I. 1. adj. *Gu, ES, Ni, Pa, Ve, Bo.* Referido a persona, con las manos atadas.

  2. *Gu, Ni, CR, Ve.* metáf. Referido a persona, que no puede actuar libremente, a causa de la presión que otras ejercen sobre ella o por encontrarse en una situación problemática.
  II. 1. *ES, Ni.* **maneado,** trabado de las cuatro patas. rur.
  III. 1. adj. *Gu.* Referido a persona, torpe, inepta, carente de habilidad.

maniaguado, -a.
  I. 1. adj. *Pa.* Referido a persona, que deja caer las cosas con facilidad.

maniar. (Var. de *manear*).
  I. 1. tr. *RD; ES, Ni,* rur; *Bo,* pop. Atar, unir con ligaduras o nudos.
  2. *ES, Ni.* **manear,** contar frutos. rur.

manibarí.
  I. 1. m. *PR.* **atarraya,** planta.

manicagado, -a.
  I. 1. adj. *Co.* Referido a persona, zurda. pop ^ desp.

manicero.
  I. 1. m. *Gu,* cult → espon; *ES,* fest. Manicomio. pop.

manicero, -a.
  I. 1. *Ni, CR, Pa, Cu, Co, Ve, Ec, Bo, Ch, Py, Ar.* **manisero,** relativo al maní.
  2. sust/adj. *Cu, RD, Ve, Pe, Bo, Ch, Py, Ar, Ur;* m. y f. *PR, Ec.* **manisero,** vendedor de maní.
  II. 1. sust/adj. *Pe.* Hombre de pene pequeño. pop ^ fest.

manichear.
  I. 1. tr. *Cu.* Dirigir una compañía o negocio. pop.
  2. *Cu.* Mandar o gobernar a una o varias personas. pop.

manicheo.
  I. 1. m. *Cu.* Dirección de un negocio o empresa. pop.
  2. *Cu.* Autoridad que se ejerce sobre una persona. pop.

manicheta.
  I. 1. adj. *Ni.* Referido a persona, despilfarradora.

manicho, -a.
  I. 1. adj/sust. *Ec.* juv. Referido a persona, de poco juicio, disparatada e imprudente.

manicillo.
  I. 1. m. *Bo, Ar:NO.* Árbol de hasta 35 m de altura y corteza de color marrón claro que se desprende a manera de tiras de papel; su madera, de gran calidad, se utiliza en construcción y en la fabricación de muebles. (Combretaceae; *Terminalia oblonga*). ◆ **guayabón; rifari.**

manicito.
  I. 1. m. *Pe.* Pene, *especialmente de niño.* pop + cult → espon.

manicú.
  I. 1. m. *Ve.* **tacuacín,** zarigüeya.

maniculiteteo.
  I. 1. m. *Co.* Caricia erótica. vulg.

manicur.
  I. 1. *Co, Ve, Bo.* **manicure,** operación de cuidado.

manicure. (De *mano* y *curar*).
  I. 1. f. *EU, Ho, Ni, Pa, Cu, PR, Co, Ve, Pe, Bo, Ch;* m. *Mx, ES, CR, Pa, Ec.* Manicura, operación de cuidado y embellecimiento de las manos y uñas. (**maniquiur; manicur**).
  2. m-f. *Cu, Ch.* Persona, *especialmente mujer,* que tiene por oficio el recorte, pintado y pulido de las uñas.

manicureado, -a.
  I. 1. adj. *Ho, ES.* Referido a persona, que se ha hecho la **manicure.**

manicurista.
  I. 1. m-f. *Mx, Gu, Ho, ES, Ni, CR, Pa, Cu, RD, PR, Co, Ve, Ec, Pe, Bo, Ch, Py, Ar.* Persona que tiene por oficio cuidar las manos, *especialmente cortar y limar las uñas.*

manido, -a.
  I. 1. *Cu.* **cundido**, lleno.

maniega.
  I. 1. f. *Ho.* Mano izquierda.

manifestación.
  I. 1. f. *Ch.* Banquete, celebración en homenaje a alguien o conmemoración de algo.

manifestar(se).
  I. 1. intr. prnl. *RD, Bo; Ec.* juv. Invitar, pagar el gasto que haya hecho alguien.
  II. 1. intr. *Ur; Ch,* cult. | p.u. Tomar parte en una manifestación.

maniflojo, -a.
  I. 1. adj/sust. *Pa, Co, Ec, Bo. Referido a persona,* que gasta mucho y sin control. pop.
  II. 1. adj. *Pa. Referido a persona,* propensa a golpear.
    ♦ **manisuelto.**

maniful. (Del ingl. *manifold,* colector).
  I. 1. m. *Ho, ES. En un motor,* tubo de salida de gases desde la culata hasta el tubo de escape.

manigordo.
  I. 1. *Ho, Ni, CR, Pa, Ve.* **ocelote.**

manigua. (De or. ind. antillano).
  I. 1. f. *RD, Co.* Bosque tropical pantanoso e impenetrable.
  2. *Ho, Cu, RD, PR, Bo:E.* Conjunto espeso de hierbas, maleza y arbustos tropicales.
  3. *Ho, Ni.* Terreno pantanoso donde crece la manigua.
  4. *PR.* metáf. Juego clandestino, de dados y naipes, en el que participan varias personas.
  ▶ **irse a la ~.**

manigual.
  I. 1. m. *Cu, RD.* Sitio poblado de **maniguas.**

manigüero, -a.
  I. 1. adj. *PR; Cu,* pop. Relativo a la **manigua.**
  2. m. y f. *Cu,* pop. Persona que vive en un **manigual.**
  II. 1. adj. *Cu. Referido a cosa,* de poca calidad. desp.
  III. 1. adj. *PR. Referido a persona,* que participa en juegos clandestinos. pop + cult → espon.

manigueta.
  I. 1. f. *Ni, Pa, Cu, RD, PR; Co, Ve,* obsol. Manivela que permite dar vueltas a un objeto o poner en marcha una máquina.
  2. *PR.* Asa del mango de la pala. rur.
  □
  a. ‖ **¡le zumba la ~!** loc. interj. *RD, PR.* Expresa una valoración excelente, estupenda. pop + cult → espon.
  ▶ **dar ~; roncar la ~.**

manigüiti.
  •
  a. ‖ **manigüiti.** fórm. *Cu. En el juego de las canicas,* se usa para sorprender a los jugadores, aprovechando un descuido, y llevarse todas las canicas.

manija.
  I. 1. f. *Bo, Py, Ar; Ch, Ur,* pop + cult → espon. Poder o influencia. pop.
  II. 1. f. *Ar, Ur.* Tira de cuero o cordón trenzado con que se asegura el **rebenque** a la muñeca. rur.
  □
  a. ‖ **hasta la ~.** loc. adj. *Ar, Ur. Referido a un medio de transporte,* repleto. pop + cult → espon.
  ▶ **dar ~; darse ~; tener la ~.**

manijar.
  I. 1. tr. *Ch,* p.u; *RD,* rur. Conducir un vehículo. pop.
  II. 1. tr. *ES.* p.u. Manejar, dominar *algo.* rur.

manijazo.
  I. 1. m. *Ar, Ur.* Manipulación o alteración de algo para distorsionarlo y conseguir un objetivo. pop + cult → espon.
  2. *Ar.* Recomendación en favor de alguien. pop + cult → espon.
  3. *Ar.* Acción arbitraria y con abuso de poder. pop + cult → espon.

manijear.
  I. 1. tr. *Ar, Ur.* Incitar interesadamente a *alguien* para que piense, diga o haga algo determinado. pop + cult → espon.
  2. *Ar, Ur.* Manipular una situación para que resulte favorable a los intereses propios. pop + cult → espon.

manijera.
  I. 1. f. *Ar, Ur.* Tira de cuero o cordón trenzado con que se asegura el **rebenque** a la muñeca. rur.

manijero, -a.
  I. 1. adj/sust. *Ar, Ur. Referido a persona,* que intenta influir en la voluntad de otra, *generalmente en beneficio propio.* pop + cult → espon.

manila.
  I. 1. f. *Ni, CR, Pa.* Soga fuerte de fibra vegetal.
  2. *Ni, CR.* Fibra de cáñamo.
  II. 1. f. *Pa. En el juego de dominó,* una buena mano, cuando se recogen varias fichas de la misma clase. pop + cult → espon.
  2. *Pa.* **manopla,** guante.
  ∎
  a. ‖ **sobre de ~.** m. *Ho, ES, CR, Pa, Cu, PR, Co, Bo, Ar, Ur.* Sobre de varios tamaños, mayores que el de carta, fabricados con papel manila.

manilargo.
  I. 1. m. *Pa, Bo:O.* Hombre que tiene la costumbre de tocar con intención lasciva a una mujer, importunándola. pop + cult → espon.

manilargo, -a.
  I. 1. adj. *PR, Bo. Referido persona,* que despilfarra su dinero.

manilla.
  I. 1. f. *Cu.* Pulsera en forma de cadena de oro o plata.
  2. *Cu.* Tira que permite sujetar el reloj de pulsera.
  II. 1. f. *Cu.* Mazo de hojas de tabaco.
  III. 1. f. *Ho.* **manguillo,** de la hamaca.
  IV. 1. f. *Pa.* Guante para atrapar la pelota de **beisbol.**
  ▶ **colgar la ~.**

manillar.
  I. 1. tr. *RD.* Ejercer una persona dominio sobre otra, o manejarla en provecho propio.

manilleo.
  I. 1. m. *RD.* Dominio que alguien ejerce sobre una persona, o manejo que hace de ella en provecho propio.

manillete.
  I. 1. f. *Ho.* Manubrio del **zangarro.**

manilo.
  I. 1. m. *RD, PR.* Variedad de **plátano.** rur.
  ▶ **ser ~.**

manilo, -a.
  I. 1. adj. *PR;* sust/adj. *RD. Referido al gallo o a la gallina,* de gran tamaño, pero inservible para la pelea.
  2. adj. *RD, PR.* metáf. *Referido a persona,* miedosa, cobarde. pop + cult → espon.

manimoto.
  I. 1. m. *Co.* Golosina esférica, compacta, con sabor a maní.

manín.
  I. 1. m. *Gu.* Amigo íntimo, compañero inseparable. pop + cult → espon. (**manix**).

manincho, -a.
  I. 1. adj. *Ar:NO. Referido a persona o animal*, que tiene las rodillas muy juntas y los pies muy separados y vueltos hacia afuera. rur.

manipulador, -ra.
  I. 1. m. y f. *PR*. Persona que trata de convencer a otra para que consuma drogas. drog.

manipulativo, -a.
  I. 1. adj. *PR, Ch. Referido a un objeto o material didáctico*, que permite descubrir, aplicar y profundizar en ciertas nociones. cult.

manipulear.
  I. 1. tr. *Mx, RD, Bo, Ch, Py; Ar, Ur*, p.u. Manejar un asunto o a una persona con habilidad para conseguir algo por interés propio. pop + cult → espon.
  2. *Mx, RD, Bo, Ch, Ar*. Realizar un trabajo o labor con las manos o con instrumentos. pop.
  II. 1. tr. *PR*. Convencer a *alguien* para que consuma drogas. drog.

maniquiur. (Del ingl. *manicure*, manicura).
  I. 1. m. *ES, Ni, RD, Ve, Bo, Ar*. **manicure**, manicura.

manirse.
  I. 1. intr. prnl. *Mx, RD*. Descomponerse un alimento.

manisero, -a.
  I. 1. m. y f. *Ni, CR, Cu, RD, PR, Ve, Ec, Bo, Ch, Py, Ar, Ur; Pe*, p.u. Vendedor de **maní** o cacahuete. (**manicero**).
  2. adj. *Ni, CR, Cu, RD, PR, Ve, Ec, Bo, Ch, Py, Ar*. Relativo al **maní** o cacahuete. (**manicero**).

manisuelto, -a.
  I. 1. adj/sust. *Pa, Cu, RD, Co, Ec*, pop; adj. *PR*. **botarate**.
  2. *Pa, Cu, PR*. **maniflojo**, propenso a golpear.

manita.
  □
  a. ‖ **hasta las ~s.** loc. adj/adv. *Mx, Gu, ES, Ni, Bo. Referido a persona*, borracha. pop.
  b. ‖ **~ de gato.** loc. sust. *Mx, Ec*. Arreglo o retoque superficial de la apariencia de algo o alguien. pop + cult → espon.
  ▶ **dar una ~**; **hacer ~ de puerco**.

manito.
  I. 1. f. *CR:NO, Cu, RD, PR, Ve, Ec, Pe, Bo, Ch, Ar:NO, Ur*. Manecita, manita.
  II. 1. m. *Ni, RD*. Amigo íntimo, compañero inseparable.
  □
  a. ‖ **~ de gato.**
    i. loc. sust. *Pe, Bo, Ch*. Maquillaje superficial y rápido. pop + cult → espon.
    ii. *Pa*. p.u. Limpieza superficial del rostro. pop + cult → espon.
  b. ‖ **~s calientes.** loc. sust. *Ni, Ch*. Juego en que dos personas, una frente a otra, extienden sus manos, una con las palmas hacia arriba y otra hacia abajo, casi poniéndolas en contacto, y debiendo la primera golpear las manos de la otra rápidamente antes de que logre apartarlas.
  ▶ **dar una ~**; **darse una ~ de gato**.

manituoso, -a.
  I. 1. adj. *RD. Referido a persona*, insolente, entrometida e irrespetuosa.

maniú.
  ■
  a. ‖ **~ hembra.** m. *Ar:S*. Árbol de hasta 15 m de altura, de copa piramidal, hojas pequeñas y estrechas y fruto en forma de cono globoso. (Podocarpaceae; *Saxegothaea conspicua*).
  b. ‖ **~ macho.** m. *Ar:S*. Árbol de hasta 25 m de altura, de copa ramosa y piramidal y hojas coriáceas. (Podocarpaceae; *Podocarpus nubigena*).

manix.
  I. 1. *Gu*. **manín**.

manizal.
  I. 1. m. *Ni, Cu*. Terreno plantado de **maní** o cacahuete.

manizuela.
  I. 1. f. *Pe*. Manivela.

manjar.
  I. 1. *Gu, Ni, Pa, Ch*. **manjar blanco**.
  2. *Gu*. Puré elaborado con leche y fécula de maíz que se utiliza para hacer dulces y empanadas.
  ■
  a. ‖ **~ blanco.** m. *Gu, ES, CR, Pa, Cu, RD, PR, Co:SE, Ve, Ec, Pe, Bo, Ch*. Dulce que se prepara con leche y azúcar o leche condensada y se somete a cocción lenta y prolongada. (**majablanco**; **manjarblanco**). ♦ **arequipe**; **manjar**.
  b. ‖ **~ de leche.** m. *Ec*. Dulce de leche mezclado con azúcar blanco.
  c. ‖ **~ negro.** m. *Ec*. Dulce de leche mezclado con **rapadura** molida.

manjarblanco.
  I. 1. *CR, Cu, RD, PR, Ve*. **majarete**, dulce hecho con harina de maíz.
  2. *Pe*. **manjar blanco**.

manjarete.
  I. 1. *PR, Ve*. **majarete**, dulce hecho con harina de maíz.
  2. *PR, Ve*. **majarete**, dulce hecho con fécula de maíz.

manjol.
  I. 1. m. *Ni*. Alcantarillado y desagües de una ciudad.

manjúa.
  I. 1. m. *Cu, PR*. Pez marino de unos 10 cm de longitud, de cabeza plateada con una banda del mismo color, a ambos lados del cuerpo, que va desde el opérculo hasta la cola; su carne es muy apreciada, *en especial, para aperitivos*. (Engraulideae; *Engraulis perfasciatus*). ♦ **blanquillo**.

manjuarí.
  I. 1. m. *Cu*. Pez de agua dulce de hasta 2 m de longitud, de color gris verdoso, cuerpo alargado, boca grande y dientes afilados; es comestible. (Lepisosteidae; *Lepisosteus tristoechus*).

manjuila.
  I. 1. f. *RD*. **guatíbere**. (Tyrannidae; *Tyrannus caudifasciatus*).

mankaki.
  I. 1. *Ch*. **mancaqui**.

mano.
  I. 1. f. *Mx, Gu, CR, Pa, Cu, RD, PR, Co, Ve, Ec, Pe, Ch:N*. Conjunto de cinco frutos de una musácea, como el **banano** o el **plátano**, que se cortan de un racimo, pero que permanecen unidos entre sí.
  2. *Mx, Gu, Ni, Pe, Bo*. Unidad usada para contar frutas y verduras, equivalente a cinco productos de una misma clase.
  3. m. *Ho, Bo*. Conjunto de cinco frutas.
  II. 1. m. *Gu, Ni, Bo; Pa*, rur. Amigo íntimo, compañero inseparable. afec.
  III. 1. f. *Cu*. Cantidad grande de personas, animales o cosas aglomeradas en un lugar.
  IV. 1. m. *Bo*. Piedra cilíndrica para moler el maíz o el cacao al frotarla contra el **metate**. ♦ **mano de piedra**.
  ●
  a. ‖ **meta ~.** fórm. *PR*. Se usa para apoyar a una persona muy emprendedora. pop + cult → espon.
  ■
  a. ‖ **~ cuica.** f. *Ho*. Mano torcida.
  b. ‖ **~ de arada.** f. *Ec*. Paso de la reja en una tierra de labranza.

c. ‖ **~ de león.**

   i. f. *Mx.* Planta herbácea anual de hasta 60 cm de altura, de hojas alternas, simples, con nerviaciones muy evidentes, inflorescencia bastante ancha y flores de color blanco, amarillo, rojo o violeta; es ornamental. (Amaranthaceae; *Celosia cristata*). ◆ **cresta de gallo; terciopelo.**

   ii. *Ch.* **garra de león.**

   iii. *Ho, Ni.* Árbol de hasta 20 m de altura, de tronco blanquecino, con pocas ramas extendidas, huecas y con tabiques a intervalos, hojas palmeadas de color verde oscuro en la cara superior y de tomento blanco en la inferior, flores dioicas y fruto ovoide de color negro púrpura; del tronco se extraen fibras, y la hoja se utiliza para envolver la cuajada. (Moraceae; *Cecropia peltata*).

   iv. *Gu.* **inguande.**

d. ‖ **~ de mico.** f. *Mx.* Árbol de hasta 30 m de altura, de corteza lisa de color grisáceo, hojas grandes y ligeramente lobuladas, flores llamativas de color rojo vivo, de pétalos dactiliformes con marcas claras en las puntas, y frutos en cápsulas leñosas y alargadas con semillas negras y aovadas. (Malvaceae; *Chiranthodendron pentadactylon*). ◆ **kanac; mapasúchil**.

e. ‖ **~ de moler.** f. *Gu, Co, Ve.* Piedra del tamaño de un puño que sirve para pilar granos.

f. ‖ **~ de oso.** f. *Mx.* **bolpoch.**

g. ‖ **~ de piedra.**

   i. f. *Gu, Ho.* **timbo,** serpiente.

   ii. *Ho, Ni, CR.* **mano,** piedra cilíndrica.

   iii. *Ho, Ni.* Tajo de carne de la pierna de **res,** dura y sin grasa que se utiliza para hacer salpicón.

h. ‖ **~ de pilón.** f. *Pa, RD, Co, Ve.* Utensilio de madera para apilar granos, o para machacar alimentos.

i. ‖ **~ de tigre.** f. *Mx, CR.* **conté.**

j. ‖ **~ del metate.** f. *Mx.* Rodillo de piedra con que se muele maíz en el **metate.**

k. ‖ **~ del molcajete.** f. *Mx.* Piedra para moler **chile,** tomate y otros vegetales en el **molcajete.**

l. ‖ **~ vuelta.**

   i. f. *Ch.* Devolución de un favor. pop.

   ii. *Ho.* Sistema tradicional de trabajo en zonas rurales que consiste en que todos los miembros de una comunidad ayudan en las tareas agrícolas o en la construcción de una casa a un vecino con el compromiso de la persona beneficiada de que debe devolver al resto su ayuda cuando la necesite. rur.

☐

a. ‖ **a ~.** loc. adv. *Gu, ES, Ni, Pa, Cu, PR, Ve, Pe, Bo, Ch, Ar, Ur.* En igualdad de condiciones, sin deudas ni obligaciones pendientes. pop + cult → espon.

b. ‖ **a ~ limpia.** loc. adv. *Ni, Pa, Cu, RD, Ve, Bo, Ur.* Con los puños, sin armas. pop.

c. ‖ **a ~s lavadas.** loc. adv. *Ec.* Sin haber realizado ningún esfuerzo o haber hecho méritos. pop + cult → espon.

d. ‖ **bajita la ~.** loc. adv. *Mx.* Disimuladamente, atenuadamente. pop + cult → espon.

e. ‖ **con la ~ en la cintura.**

   i. loc. adv. *Mx, Ni.* Con facilidad. pop + cult → espon.

   ii. *Mx.* Con autoridad y seguridad. pop + cult → espon.

f. ‖ **con las ~s puras.** loc. adv. *Ho.* Sin tener recursos económicos o instrumentos adecuados. pop.

g. ‖ **hasta las ~s.**

   i. loc. adj/adv. *Ar, Ur. Referido a persona,* sumamente involucrada con alguien o en una actividad. pop + cult → espon. ◆ **hasta las guachas.**

   ii. loc. adj. *Ar. Referido a persona,* borracha o drogada. pop. ◆ **hasta las guachas.**

h. ‖ **la ~ que aprieta.** loc. sust. *Ch.* Persona que mantiene la disciplina en un sitio o ámbito determinado. pop + cult → fest.

i. ‖ **~ aguada.** loc. adj. *Pa. Referido a persona,* que deja caer las cosas con facilidad. pop + cult → espon.

j. ‖ **~ caída.** loc. sust. *Mx, Gu, Ho, Ni.* Hombre homosexual.

k. ‖ **~ cuica.** m. *Ho.* Hombre homosexual.

l. ‖ **~ de chaya.** loc. sust/adj. *Ch:N.* Persona generosa, dadivosa. pop + cult → espon.

m. ‖ **~ de gato.** loc. sust. *Pe, Bo, Ch.* Arreglo superficial para mejorar la imagen de alguien o algo. pop + cult → espon.

n. ‖ **~ de guagua.** loc. sust/adj. *Ch.* Persona tacaña, cicatera, avariciosa. pop + cult → espon.

ñ. ‖ **~ de hacha.** loc. sust/adj. *Ch.* Persona poco hábil en las tareas manuales o destrozona. pop + cult → espon.

o. ‖ **~ de lagarto.** loc. sust. *Gu.* Sarna. rur.

p. ‖ **~ de matrona.** loc. sust. *Ch.* Persona entrometida. pop + cult → espon.

q. ‖ **~ de monja.** loc. sust. *Ch.* Prolijidad de una persona para preparar alguna labor doméstica, *principalmente comidas.* pop.

r. ‖ **~ de mono.** loc. sust. *Gu.* Robo, fraude o estafa. ◆ **mano peluda.**

s. ‖ **~ de terciopelo.** loc. sust. *Bo, Ch.* p.u. Ladrón, carterista que roba con habilidad. delinc. pop.

t. ‖ **~ de trapo.** loc. sust/adj. *Ni, RD.* Persona torpe y falta de habilidad para sostener algo entre las manos sin que se le caiga.

u. ‖ **~ liviana.**

   i. loc. sust. *Ch.* Falta de severidad en el mando o en el trato personal. pop + cult → espon.

   ii. loc. adj. *RD. Referido a persona,* sutil y hábil para realizar una determinada tarea sin ocasionar daños colaterales. pop + cult → espon.

v. ‖ **~ mora.** loc. sust. *Ch.* Persona, grupo o circunstancia que interviene o influye secretamente en un asunto. pop + cult → espon.

w. ‖ **~ muerta.** loc. sust. *Pa.* Persona, *generalmente un hombre,* que acaricia disimulada y lascivamente a otra.

x. ‖ **~ pachona.** loc. sust. *Ni.* **mano peluda,** persona.

y. ‖ **~ peluda.**

   i. loc. sust. *Gu, ES, Pa; Ve,* pop. Persona que interviene secretamente en un asunto. ◆ **mano pachona.**

   ii. *Gu.* **mano de mono.**

z. ‖ **~ pesada.** loc. sust. *Ni, Pa, RD, Ur.* Severidad en el mando o en el trato personal.

a¹. ‖ **~ quebrada.** loc. adj/sust. *Ni, Ec. Referido a un hombre,* homosexual. pop ^ desp.

b¹. ‖ **~ salada.** loc. sust. *RD.* Persona torpe, *especialmente para realizar un trabajo manual.* pop + cult → espon.

c¹. ‖ **~ suelta.** loc. adj/sust. *Ur; Ni, CR, Bo, Ar,* obsol. *Referido a persona,* desprendida y que gasta el dinero de manera desordenada. pop.

d¹. ‖ **~ volteada.** loc. sust. *Ho, Ni.* Hombre homosexual. fest ^ desp.

e¹. ‖ **~s de caca.** *Mx.* **manos de estómago.**

f¹. ‖ **~s de estómago.** loc. sust. *Mx.* Persona que rompe o descompone todo lo que toca. pop + cult → espon. ◆ **manos de caca.**

g¹. ‖ **por ~ del diablo.** loc. adv. *RD.* Casualmente.

▶ **aconcharse la ~; aflojar la ~; aguantar la ~; arrancarle la ~; cagar en su propia ~; caérsele la ~; calentar la ~; cargar la ~; comer las ~s; dar ~ y muñeca; dejar en la ~; dejársela en la ~; echar ~s al bulto;**

endurecer la ~; estar a ~; estirar la ~; haber ~ pachona; hablar con las ~s metidas en la bolsa; hacer ~ de mono; írsele la ~ en pollo ~; jugar de ~s; lanzar la piedra con ~ ajena; llevar de la ~ y corriendo; mandarle ~; meter la ~ en la candela; meter la ~ en la lata; meter las ~s; meter las ~s en la candela; meterle la ~; mojar la ~; parar la ~; pararse de ~s; pasar la ~; pasar mala ~; romper la ~; sacar la ~; salir a ~; soltar la ~; tener comiendo en la ~; tentar a Dios con las ~s sucias; tirar la ~; tiritar la ~; untar la ~; .

mano, -a. (Afér. de *hermano*).
  I. 1. m. y f. *Mx, Gu, Ni, Pa, Co, Ve; RD, PR,* p.u. Amigo. pop + cult → espon.

•

    a. ‖ ~. fórm. *Gu, Ho, Ni, PR, Bo.* Se usa como tratamiento entre dos personas de mucha confianza.

manófono.
  I. 1. m. *Cu. En el teléfono,* auricular por el que se habla o escucha.

manojada.
  I. 1. f. *Gu,* Manojo grande.

manojeador, -ra.
  I. 1. m. y f. *Cu.* Persona encargada de hacer manojos durante la **escogida**.

manojear.
  I. 1. tr. *Mx, Cu.* Poner en manojos las hojas de tabaco en rama.
    2. *Gu, Ni.* Hacer manojos. rur.
    3. *CR.* Clasificar las hojas de tabaco. rur.

manojeo.
  I. 1. m. *Cu.* Operación de formar atados de **tabaco en rama**.
  II. 1. m. *Ho.* Siembra de la caña de azúcar. rur.

manojo.
  I. 1. m. *Ho.* Conjunto de dos, tres o cuatro hojas verdes de tabaco para ser secadas. rur.
    2. *Ho. En el tabaco,* unidad que contiene cien puros.

manolarga.
  I. 1. m-f. *Mx, Ni, Cu, Bo.* Ladrón. pop + cult → espon.

manopelada.
  I. 1. *Ar:NE, Ur.* **aguará popé**.

manopla.
  I. 1. f. *Mx, Gu, CR, Cu, PR, Co, Ve, Ec, Pe, Bo, Ch, Ar, Ur; Pa,* pop + cult. Arma de hierro en forma de eslabón, con agujeros por los que pasan los cuatro últimos dedos y que, una vez cerrado el puño, se usa para golpear.
  II. 1. f. pl. *Ho, ES, Ni, CR, Bo.* Manos. fest.
    2. f. *Ho, ES, Ni. En el **beisbol**,* guante. ♦ **manila**.
  III. 1. f. *Ni.* Vulva. vulg.

manoplazo.
  I. 1. m. *Mx, Bo.* Golpe asestado con una **manopla**.
    2. *RD, PR.* Golpe fuerte que se da con la mano abierta.

manosanta.
  I. 1. m-f. *Py, Ar, Ur.* Persona a quien se le atribuyen poderes de curación por medio de sus manos.

manoseada.
  I. 1. f. *Mx, Gu, ES, CR, RD, Bo, Py, Ar, Ur; Ch,* pop + cult → espon. Manoseo, toqueteo reiterado, *generalmente con intención erótica.*

manosear.
  I. 1. tr. *Gu, Bo, Ar; Co, Py,* pop. Maltratar moralmente a *alguien*.
    2. *Ar.* Tratar reiterada e imprudentemente un tema o la conducta de una persona *provocando su descrédito.*

    3. *Gu, ES, Ni, RD.* Tratar a *alguien* irrespetuosamente.

manoseo.
  I. 1. m. *Co, Bo, Ar, Ur.* Maltrato moral a una persona. pop.

manotada.
  I. 1. f. *Co.* Cantidad de algo que se puede contener en el hueco de la mano o de las dos manos juntas. pop.
    2. *Pa.* Medida de peso que equivale a la cantidad de arroz que cabe en la mano. rur.

manoteada.
  I. 1. f. *Gu, Ar:NO.* Golpe dado con la mano abierta. pop + cult → espon.

manotear.
  I. 1. tr. *Ni.* Mover el caballo al andar las patas delanteras acompasadamente, echándolas hacia los lados con elegancia. rur.

manquehuito. (De *Manquehuito®*).
  I. 1. m. *Ch.* Vino espumoso envasado en botellas pequeñas, procedente de una fábrica de Manquehue.

manquillar.
  I. 1. intr. *Ec.* Tropezar una caballería por debilidad.

mansaca.
  I. 1. f. *Ch.* Situación de caos. euf; pop.

mansalva.
  ☐
    a. ‖ a ~.
      i. loc. adv. *ES, CR, Co, Ve, Pe, Bo, Ar. En una agresión o ataque,* a traición.
      ii. *Ur. En una agresión o ataque,* brutalmente, despiadadamente, por sorpresa o con alevosía. pop + cult → espon.

manso, -a.
  I. 1. adj. *Pa, Ch.* Muy grande o muy bueno en su línea. pop.
  II. 1. adj. *Ho, Bo. Referido a fuego,* que está bajo.
  ☐
    a. ‖ ~ **con cimarrones.** loc. sust. *RD.* Persona nada semejante a otra, con formas de ser o de actuar muy diferentes.
    b. ‖ ~ **ni que.** loc. adj. *Ch.* Muy grande. pop + cult → espon.

manta.
  I. 1. m. *Mx, Ho, ES, Ni, CR.* Tela ordinaria de algodón. ♦ **manta plaza**.
    2. f. *Bo, Ar:NO.* Prenda de confección sencilla parecida al poncho. rur.
    3. *Ch.* Prenda masculina multicolor de tela fina, abierta por los lados y con una abertura en el centro por donde se introduce la cabeza; es típica del **huaso**. rur.
    4. *Ho, Ni, CR.* Tela larga y rectangular en la que se pintan eslóganes y mensajes políticos o comerciales.
    5. *Bo.* Mantón, pañuelo de lana, algodón o seda terminado en flecos, que se lleva sobre los hombros.

  ■
    a. ‖ ~ **de Castilla.** f. *Ch.* Poncho masculino de tela gruesa y color oscuro, con una abertura en el centro por donde se introduce la cabeza; es usado durante el invierno. rur.
    b. ‖ ~ **guajira.** f. *Ve.* Prenda de vestir hecha de una sola pieza, ancha, larga y sin botones, confeccionada con tela de algodón estampada, que usan las mujeres indígenas.
    c. ‖ ~ **plaza.** *ES.* **manta**, tela ordinaria.
    d. ‖ ~ **sucia.** f. *Ni, Pa.* Tela de algodón un poco áspera, de color crema. (**mantasucia**).

□

a. ‖ **con la ~ arrastrando.** loc. adj. *Pa. Referido a persona*, disgustada, irascible, que está buscando motivos para iniciar una discusión o pelea. pop + cult → espon.

b. ‖ **de ~.** loc. adj. *Ec:S. Referido a una mujer*, que usa, para salir de casa, una amplia manta, *generalmente de seda negra*, que la cubre de la cabeza a los pies.

c. ‖ **~ mojada.** loc. adj. *Ec. Referido a persona*, falta de coraje y determinación.

◪

a. ‖ **cada uno se arropa hasta donde le da la ~.** fr. prov. *Pa.* Indica que cada uno sabe cuáles son sus posibilidades.

▶ **andar arrastrando la ~; arrastrar la ~; romper ~; sacudir ~.**

mantado, -a.
   I. 1. adj. *Ho. Referido a persona*, que ha nacido envuelta en la bolsa amniótica. rur.

mantadril. (De *manta* y del ingl. *dril*).
   I. 1. m. *ES.* Manta gruesa y resistente.
   2. *Ho.* Tela ordinaria de algodón, azul o blanca, *que sirve principalmente para hacer uniformes de los soldados.*
   3. *Ho.* Especie de servilleta de tela blanquecina y fina, *generalmente de algodón.*

mantasucia.
   I. 1. *Ni, Pa.* **manta sucia.**

manteado.
   I. 1. m. *Mx, Gu, CR.* Toldo, *generalmente de lona*, utilizado para cubrir la carga que se transporta en un vehículo, para extenderlo y secar granos al sol en él y para otros usos.
   2. *Ho.* Manta o tela gruesa.
   3. *Ho.* Pancarta, cartelón de tela.

mantear(se).
   I. 1. tr. *Pe:E.* Hacer que alguien caiga o zancadillearlo.
   II. 1. intr. prnl. *Bo, Ch.* Convertirse en manto una veta de mineral.

manteca.
   I. 1. f. *Gu, Ni, Cu, Ve*, juv; pop; *Ho, ES, Ni, PR.* drog. Marihuana.
   2. *PR.* Heroína. ♦ **fino.**
   II. 1. f. *Co.* Empleada de servicio doméstico. pop ^ desp.
   III. 1. f. *RD; Ve*, pop. Dinero que se obtiene fácilmente.
   IV. 1. f. *Gu.* Pulgón del algodón provocado por el áfido *Aphis gossypi.*

■

a. ‖ **~ de color.** f. *Ec.* Preparación para darle color a los sofritos, elaborada con semillas de **achiote** fritas en manteca vegetal, aceite o manteca de cerdo.

b. ‖ **~ de corozo.** f. *Pa.* Preparación para el cabello con el fruto del corozo.

c. ‖ **~ de puerco.** f. *Pa.* Gordura del cerdo utilizada para cocinar.

d. ‖ **~ de ubre.** f. *PR.* Ungüento para fricciones que estimula la circulación de la sangre y baja la inflamación.

e. ‖ **~ negra.** f. *Ec.* Manteca en la que se han frito **chicharrones.**

▶ **comer con ~; engañar con ~ de garrobo; pasar por ~; revolver el sebo con la ~; saber dónde el grillo tiene la ~; sacar ~; tirar ~ al techo.**

mantecado.
   I. 1. m. *RD, PR.* Helado.
   II. 1. m. *Cu.* Marihuana. pop.
   III. 1. m. *Cu.* Asunto, tema o negocio. pop.
   ▶ **ponerse malo el ~; probar el ~.**

manteco.
   I. 1. m. *Co.* Hombre que mantiene relaciones sexuales con la empleada del servicio doméstico. pop ^ desp.

manteco, -a.
   I. 1. adj. *Co:C.* p.u. *Referido a persona*, mal vestida. pop ^ desp.
   II. 1. m. y f. *Co.* Persona de baja condición social. pop ^ desp.

mantecudo, -a.
   I. 1. adj. *Ni, Co, Bo.* Mantecoso, que tiene mucha manteca. pop.
   2. *Co.* Semejante a la manteca en alguna de sus propiedades.

mantel.
   I. 1. m. *Mx:SE.* Planta herbácea de tallos cuadrangulares, de hojas opuestas, de color verde en los bordes y pardo y fucsia hacia el centro, inflorescencias en espiga, y flores muy pequeñas de color azul rosáceo claro; tiene uso ornamental. (Lamiaceae; *Coleus blumei*). ♦ **tocador; vergüenza.**

■

a. ‖ **~ largo.** m. *Ch; Pe*, p.u. Comida que se celebra con la apariencia de un banquete. pop + cult → espon.

□

a. ‖ **de ~(es) largo(s).** loc. adj. *Mx, Ni, Ec, Pe, Bo, Ch. Referido a una celebración, comida o restaurante*, de lujo. pop + cult → espon.

▶ **tirar el ~.**

mantelito.
   I. 1. m. *Ho.* Paño de cocina para secar los cubiertos y la vajilla.

mantención.
   I. 1. f. *Gu, Ni, RD, Co, Ve.* Provisión de lo necesario para vivir, *especialmente de alimento.* pop.
   II. 1. f. *Gu, Ni, RD, Ec, Ch; Ar*, p.u. Mantenimiento, *generalmente el que se relaciona con la conservación de máquinas, herramientas o instalaciones.*

mantenedora.
   I. 1. f. *Ni.* Frigorífico en forma de cajón con tapa horizontal.

mantener(se).
   I. 1. intr. prnl. *Ni, RD.* Permanecer *una persona* continuamente en un determinado lugar, *generalmente la vivienda de otra.*

□

a. ‖ **~ a mecate corto.** loc. verb. *Ho, Ni.* Controlar mucho a *alguien*, darle poca libertad de acción. pop + cult → espon. ♦ **mantener con la soga corta.**

b. ‖ **~ al hilo.** loc. verb. *Ni, Co.* Tener a *alguien* informado de un asunto. pop.

c. ‖ **~ con la soga corta.** *Pa.* **mantener a mecate corto.**

d. ‖ **~le el pico.** loc. verb. *Ni.* Alimentar a *alguien*. ♦ **mantenerle la boca.**

e. ‖ **~le la boca.** *Ni.* **mantenerle el pico.**

f. ‖ **~se fresco.** loc. verb. *Pa.* Tomarse *alguien* las cosas con calma.

g. ‖ **~se siempre cargada.** loc. verb. *Ni.* Estar una mujer embarazada con mucha frecuencia. ♦ **mantenerse siempre cargada como escopeta de hacienda.**

h. ‖ **~se siempre cargada como escopeta de hacienda.** *Ni.* **mantenerse siempre cargada.**

mantengo.
   I. 1. m. *PR.* Práctica que consiste en vivir permanentemente de la beneficencia pública. pop + cult → espon.
   2. *PR.* Cupones de Servicios Sociales para comprar alimentos. pop + cult → espon.
   3. *PR.* Ayuda proporcionada por el Gobierno a personas de escasos recursos. pop + cult → espon.

mantenido, -a.

I. 1. sust/adj. *Gu.* Persona que vive a expensas de otra.

2. *Gu.* Hombre que vive con una mujer, pero que no contribuye con el sostenimiento del hogar.

3. adj. *ES. Referido a persona*, que se mantiene satisfecha comiendo poco.

mantenimiento.

▶ **dar ~.**

mantequero.

I. 1. m. *Co.* **yuco**, árbol.

II. 1. m. *Ho, Ni.* Gordura grasosa del cuerpo humano.

mantequilla.

I. 1. f. *Mx.* Ave zancuda, de cuerpo blanco con manchas negras, pico largo, delgado y encorvado hacia arriba, cola corta y dedos palmeados. (Recurvirostridae; *Recurvirostra americana*).

II. 1. f. *Ho.* Grano de café que, después del despulpe, ha quedado con la pulpa.

III. 1. m. *Ho.* Raza de gallo de pelea.

IV. 1. f. *Ho:N.* Marihuana, planta alucinógena. drog.

V. 1. m-f. *Ni.* Persona que trabaja o juega en un equipo sin estar oficialmente registrado.

■

a. ‖ **~ angola.** f. *Ho.* Mantequilla muy espesa hecha de la capa de debajo de la mantequilla rala reposada durante una noche, con sal y sin nata, de sabor muy ácido. rur. ♦ **mantequilla de costal.**

b. ‖ **~ crema.** *Ho.* **mantequilla rala.**

c. ‖ **~ de bolsa.** *ES.* **mantequilla escurrida.**

d. ‖ **~ de cántaro.** *ES.* **mantequilla escurrida.**

e. ‖ **~ de costal.** *Ho, ES, Ni.* **mantequilla de angola.**

f. ‖ **~ de hacienda.** *Ho.* **mantequilla escurrida.**

g. ‖ **~ escurrida.** f. *Ho.* Mantequilla espesa, de color amarillento, hecha de la primera capa de la mantequilla rala con sal y reposada durante una noche en un costal para que escurra el suero. ♦ **mantequilla de bolsa; mantequilla de cántaro; mantequilla de hacienda; mantequilla lavada.**

h. ‖ **~ lavada.** f. *ES, Ni.* **mantequilla escurrida.**

i. ‖ **~ negra.** f. *Ch.* Salsa hecha con harina dorada al fuego y manteca.

j. ‖ **~ rala.** f. *Ho.* Mantequilla semilíquida y sin sal, con sabor ligeramente agrio. ♦ **mantequilla crema.**

k. ‖ **~ vegetal.** f. *Pa.* Margarina.

□

a. ‖ **~ en pan caliente.** loc. sust. *RD.* Suceso o noticia muy recientes. pop. ♦ **pan caliente.**

▶ **ser ~; volverse una ~.**

mantequillera.

I. 1. f. *Gu, Ho.* Ollita de boca ancha que se usa en la cocina para guardar y conservar la manteca o mantequilla. rur.

mantequillero.

I. 1. m. *Ec.* Recipiente en que se sirve la mantequilla en la mesa.

mantequilludo, -a.

I. 1. adj. *Co. Referido a un alimento*, con consistencia de mantequilla.

mantequita.

I. 1. sust/adj. *Ar; Ur*, pop. Persona excesivamente delicada o temerosa.

II. 1. f. *RD.* Arbusto de hasta 7 m de altura, de hojas elípticas y flores de color blanco y morado, cuyo fruto es una baya globosa de color anaranjado. (Solanaceae; *Solanum nudum*).

mantilla.

I. 1. f. *Ho, CR, Bo*, rur; *Ur*, obsol. Pañal, sabanilla o pedazo de lienzo en que se envuelve a los niños de pecho.

II. 1. f. *Ho, ES, Ni.* Papel plateado que envuelve los cigarrillos de una cajetilla y se utiliza para liar un cigarro de marihuana. drog.

III. 1. f. *ES.* Billete.

IV. 1. f. *Ho.* Hombre cobarde. rur.

mantillero.

I. 1. m. *Ar:NO.* Persona que extrae la capa superior del suelo, formada por la descomposición de materia orgánica, y se dedica a venderla.

mantillón.

I. 1. m. *Gu, Ho, Ni, CR.* Manta gruesa que se pone debajo de la silla de montar y encima del sudadero de una caballería. rur. ♦ **alfombra.**

manto.

I. 1. *Mx.* **manto de la Virgen.**

2. *Mx.* Planta de hasta 90 cm de altura, de hojas radicales que aparecen al final de largos tallos, con colores variados sobre una base verde en el contorno, inflorescencia en espiga y flores de color verdoso. (Araceae; *Caladium bicolor*). ♦ **tayara.**

II. 1. m. *Ho.* Círculo de pequeñas plumas que tiene el gallo de pelea debajo de la golilla.

III. 1. m. *Pa.* Bolsa amniótica en la que nace envuelta una criatura. pop.

■

a. ‖ **~ de la Virgen.** m. *Mx.* Planta enredadera con hojas alternas, flores de diversos colores que tienen el tubo de la corola casi cilíndrico y el limbo extendido en forma pentagonal. (Convolvulaceae; *Ipomoea purpurea*). ♦ **manto; mecapatli; metlancasis; suspiro.**

mantudo.

I. 1. m. *Ho, Ni, CR.* p.u. Persona disfrazada y con máscara.

manual.

■

a. ‖ **~ de cortapalos.** m. *Ch.* Conjunto de instrucciones para casos imprevistos. pop + cult → espon.

manubrio.

I. 1. m. *Mx, Gu, Ho, ES, Ni, Pa, Cu, PR, Ve, Ec, Pe, Bo, Ch, Py; Ar, Ur,* p.u. *En un vehículo de dos ruedas,* manillar, pieza encorvada por sus extremos, que sirve para apoyar las manos y dirigir la marcha.

2. *RD, Ch.* Volante, pieza, *generalmente en forma de aro,* con la que el conductor dirige un vehículo motorizado.

manuco, -a.

I. 1. adj/sust. *Ho. Referido a persona*, que le faltan uno o varios dedos.

manudo, -a.

I. 1. adj/sust. *Gu. Referido a persona*, que tiene manos grandes. pop.

2. *Gu. Referido a persona rústica*, campesina. pop.

II. 1. adj/sust. *Ho. Referido a persona*, que todo lo hace mal.

2. *Ho. Referido a persona*, que conduce mal el automóvil.

III. 1. adj. *Gu. Referido a persona*, que abusa de la confianza de otro.

2. adj. *CR.* Relativo a Alajuela, provincia de Costa Rica. pop ^ fest.

V. 1. adj. *ES. Referido a persona*, borracha.

VI. 1. adj. *ES.* Relativo al equipo de **futbol** Luis Ángel Firpo. pop.

manuela.

I. 1. f. *Gu, ES, Ni.* Mano. fest.

■

a. ‖ **~ palma.** f. *Gu, Pe, Ch, Ar.* Masturbación. tabú; pop ^ fest.

manueleada.
   I. 1. f. *ES, Bo.* Masturbación. vulg.
manuelear(se).
   I. 1. tr. prnl. *Bo, Ar,* euf; pop + cult → espon; *Ho, ES,*
       vulg. Masturbarse *alguien.*
     2. tr. *Ho, ES,* vulg; *Bo,* euf, pop + cult → espon.
       Masturbar *alguien* a otra persona.
manuelero, -a.
   I. 1. adj/sust. *Ho, ES,* vulg; *Bo,* tabú; pop + cult
       → espon. *Referido a persona,* que se masturba fre-
       cuentemente.
manuelita.
   I. 1. f. *Ni.* Torta pequeña de harina azucarada, frita
       con canela y queso.

      □
     a. ‖ ¡**toma tu ~!** loc. interj. *Ni.* Expresa burla a al-
       guien.
manuelito.
   I. 1. m. *RD.* Pájaro de hasta 22 cm de longitud, de ca-
       beza y pico grandes, en relación con su tamaño, plu-
       mas de color verde olivo en el dorso, amarillo en
       el vientre y canela en la cola, con vetas ocres.
       (Tyrannidae; *Myiarchus stolidus*).
manurio.
   I. 1. m. *Ch.* Manillar, manubrio. pop.
manusear.
   I. 1. tr. *PR.* Manosear, tocar repetidamente una cosa.
       rur.
     2. *PR.* Manosear, tocar repetidamente a *una persona*
       con las manos, *generalmente con intención erótica.* rur.
manuseo.
   I. 1. m. *PR.* Manoseo.
manuto, -a.
   I. 1. m. y f. *Pa.* p.u. **buchí**, campesino.
¡manya!
   I. 1. interj. *Pe.* Expresa asombro o sorpresa. pop.
manyaoreja.
   I. 1. adj/sust. *Ar, Ur. Referido a persona,* aduladora.
       pop ∧ desp.
manyar. (Del it. *mangiare*).
   I. 1. intr. *RD, Bo, Ar, Ur; Ch,* fest. Ingerir alimentos.
       pop + cult → espon.
     2. tr. *Ch, Ar, Ur.* Ingerir una determinada comida.
       pop + cult → espon.
   II. 1. tr. *Pe, Ar, Ur.* Entender *algo* o a *alguien.* pop + cult
       → espon.
     2. *Ar.* Observar con atención y disimulo. pop + cult
       → espon.
manye.
   I. 1. f. *RD, Bo; Ch,* espon ∧ fest. Comida, conjunto de
       alimentos. pop. (**manyé**).
     2. *Ch.* Ingestión de alimentos. pop ∧ fest.
manyé.
   I. 1. *RD.* **manye**, comida. pop.
manyín, -na.
   I. 1. sust/adj. *Ar.* obsol. Persona que come o bebe en
       exceso. pop + cult → espon.
manzana.
   I. 1. f. *Gu, Ho, Ni, CR, Bo.* Superficie de terreno que
       equivale a 6987,29 m² o 10 000 varas cuadradas.
   II. 1. f. *Ho, ES, Ni, PR, Bo.* **manzana de Adán.** vulg;
       pop + cult → espon.
  III. 1. f. *ES, RD.* Vulva. vulg.
  IV. 1. f. *Gu.* Bola de metal o de madera en la parte ante-
       rior del fuste de una silla de montar.
   V. 1. f. *PR.* Parte inferior de la uña de un animal.
  VI. 1. *Pa.* **campana**, pieza de carreta.

■

     a. ‖ **~ chilena.**
       i. f. *Ec.* Árbol frutal de hasta 8 m de altura, de co-
         pa baja, extendida y poblada de ramas retorci-
         das, hojas elípticas y puntiagudas y flores solita-
         rias blancas o rosadas; es muy apreciado como árbol
         ornamental. (Rosaceae; *Mespilus germanica*).
      ii. *Ec.* Fruto de la manzana chilena, de forma glo-
         bular, color pardo amarillento cuando madura y
         sabor acídulo; *se consume generalmente en jalea.*
     b. ‖ **~ de agua.**
       i. m. *CR.* Árbol de hasta 18 m de altura, de tron-
         co recto, follaje abundante de forma piramidal,
         hojas simples y opuestas, flores rojas solitarias o
         dispuestas en racimos axilares. (Myrtaceae; *Euge-*
         nia malaccensis).
      ii. f. *CR.* Fruto de la manzana de agua, en forma
         de pera, de color rojo y carne blanca muy
         acuosa; es comestible.
     c. ‖ **~ de oro.** f. *RD.* Árbol de hasta 40 m de altura, de
       hojas imparipinnadas y alternas, flores blancas y
       fruto oblongo. (Anacardiaceae; *Spondias dulcis*).
       ♦ **mangotín.**
     d. ‖ **~ de Puerto Rico.** f. *RD.* **noni**, árbol.
     e. ‖ **·· rosa.** *Gu, Ho, ES, Ni.* **pomarrosa**, árbol y fruto.
       (**manzanarrosa**).

      □
     a. ‖ **~ de Adán.** (Calco del ingl. *Adam's apple*). loc. sust.
       EU, Mx, Ho, ES, Ni, CR, Pa, RD, PR, Co, Ve, Ec,
       Pe, Bo, Ch, Py, Ar. En los hombres, nuez de la gar-
       ganta. ♦ **manzana.**
manzanarrosa.
   I. 1. f. *Gu.* **manzana rosa.**
manzanero, -a.
   I. 1. adj. *Gu.* Relativo a Totonicapán, municipio de
       Guatemala.
manzanilla.
   I. 1. f. *Mx.* Arbusto de hasta 3 m de altura, ramificado
       desde la base, de corteza color café rojizo, hojas
       coriáceas, elípticas, inflorescencias en racimo,
       flores de color blanco a rosa, y frutos pequeños,
       globosos, de color café; el fruto es comestible y tiene
       sabor agridulce. (Ericaceae; *Arctostaphylos pungens*).
       ♦ **pindicua; pingüica.**
     2. *Mx:O,SE.* **tejocote**, árbol.
manzanillera.
   I. 1. f. *Ve.* Sardina con tres líneas longitudinales de co-
       lor naranja en la mitad dorsal del cuerpo y una
       mancha del mismo color en la cabeza. (Clupei-
       dae; *Harengula humeralis*).
manzanillismo.
   I. 1. m. *Co.* Dominio o predominio de los **manzani-**
       llos en la política.
manzanillo.
   I. 1. m. *Mx, Gu, CR, RD, PR.* Árbol perenne de hasta
       20 m de altura, con copa amplia y globosa, hojas
       simples, ovales, inflorescencia en espiga y fruto pa-
       recido al de la manzana, con pulpa lechosa y un hue-
       so muy duro; produce una savia muy cáustica y sus
       hojas y frutos son muy venenosos. (Euphorbiaceae;
       Hippomane mancinella).
     2. *Co.* **caspi.**
     3. *Gu, Ho.* **pepenance**, arbusto y fruto.
   II. 1. m. *Pa.* Hombre sin personalidad e influenciable.
       pop.
  III. 1. m. *Pa.* Hombre aprovechado que saca beneficio
       de otros. pop.
manzanillo, -a.
   I. 1. adj. *Co. Referido a un político,* que cambia de opi-
       nión según conveniencia personal. desp.

manzanita.
> I. 1. f. *Ho, Bo*. Nuez, prominencia cartilaginosa del tiroides en el hombre.
> II. 1. *Ho*. **pomarrosa**, árbol y fruto.

manzano.
> I. 1. *Co, Bo*. **plátano manzano**.

maña.
> ■
> **a.** ‖ **mala ~**. *Ni, Cu, RD, PR, Bo*. Mal hábito, mala costumbre.
> **b.** ‖ **quinta ~**. f. *Bo; Pe*, pop. Argucia, mal hábito que alguien tiene muy escondido y no demuestra a no ser para actuar de manera artera.
> □
> **a.** ‖ **¡~ afuera!** loc. interj. *RD*. Expresa obviedad ante un hecho que resultaba previsible. ♦ **¡mañas fuera!**
> **b.** ‖ **¡~s fuera!** loc. interj. *RD*. **¡maña afuera!**
> ▶ **estar con más ~s que un macho moto**; **sacar la quinta ~**.

mañana.
> □
> **a.** ‖ **a buena ~**. loc. adv. *Ho, ES*. Muy temprano.
> **b.** ‖ **~ más tarde**. loc. adv. *Pe*. Más tarde o más temprano. pop + cult → espon.
> ▨
> **a.** ‖ **~ hago mi casa, dijo el zope**. fr. prov. *Gu, ES*. Indica que alguien se propone algo, pero nunca lo realiza. rur.
> ▶ **cortar la ~**; **hacer la ~**.

mañanear.
> I. 1. intr. *Ho, ES, Ni, CR, Co, Bo; PR*, rur. Madrugar, levantarse temprano.

mañanera.
> I. 1. f. *Co*. obsol. Bata que se ponen las mujeres cuando se levantan.

mañanero.
> I. 1. m. *Mx, Pe; Ar*, pop. Coito que se realiza al despertar, por la mañana.

mañanero, -a.
> I. 1. adj. *Mx, Ni. Referido a bebida alcohólica*, que se ingiere a primera hora de la mañana.

mañanita.
> I. 1. f. *ES*. Manta con una abertura en medio para meter la cabeza.
> 2. *Ni*. Vestido de bebé, sin manga y abotonado al frente.
> II. 1. f. pl. *Mx, ES, Ni, Cu, Ec, Bo*. Composición musical en compás de tres por cuatro que se le canta temprano a alguien con ocasión de su cumpleaños, *especialmente a una mujer*.

mañaso, -a.
> I. 1. m. y f. *Bo*. Persona que se dedica a vender carne. pop + cult → espon. (**mañazo**).

mañazo, -a.
> I. 1. *Bo*. **mañaso**.

mañé.
> I. 1. adj. *Co:N,O. Referido a persona o cosa*, de apariencia desagradable, de mal gusto. pop ^ desp.

mañerear.
> I. 1. intr. *Py, Ur; Ar*, rur. Actuar con mañas o tretas, pop + cult → espon.

mañero, -a.
> I. 1. adj. *Bo, Py, Ar, Ur. Referido a persona*, mañosa, que tiene mañas o resabios. pop + cult → espon.

mañío.
> I. 1. *Ch*. **diablofuerte**, árbol.
> 2. m. *Ch*. Madera del mañío.

mañoco.
> I. 1. m. *Co, Ve*. Harina que se extrae de la raíz tostada de la **yuca**.

mañosa.
> I. 1. f. *Gu*. Cada una de las manos. fest.

mañosear.
> I. 1. intr. *Bo:S, Ar*, pop; *Ch*, p.u. Actuar con mañas o tretas.
> 2. *Pe, Ch*. Mostrarse caprichoso un niño pequeño, por el mimo con que se le trata. pop + cult → espon.
> 3. *Ch*, cult → espon; *Bo*, pop. Lloriquear e importunar un niño para conseguir algo. pop.
> 4. *Ch*. Encabritarse un animal sin motivo aparente.

mañoseo.
> I. 1. m. *Pe, Bo; Ch*, pop + cult → espon. Comportamiento caprichoso.

mañosería.
> I. 1. f. *Ec, Py, Ur*. Artimaña, picardía.
> 2. *Py, Ur*. Actitud de actuar con artimañas o picardías.
> II. 1. f. *Pe*. Capricho de un niño pequeño, por el mimo con que se le trata.
> III. 1. f. *RD, PR*. Manía, hábito absurdo.
> IV. 1. f. *Gu*. Cualidad de mañoso.

mañosidad.
> I. 1. f. *RD, Ve*. Astucia, malicia. pop.
> II. 1. *RD, PR*. p.u. Manía, hábito absurdo.

mañoso, -a.
> I. 1. adj/sust. *Mx, Ni, CR, PR, Co. Referido a persona*, resabiada, mal acostumbrada. pop + cult → espon.
> 2. adj. *Gu, Ve:O. Referido a mujer*, disipada, libertina.
> 3. m. y f. *Pe*. Persona lujuriosa. pop + cult → espon.
> II. 1. adj/sust. *Ni, Ch; Mx, RD, PR, Ar, Ur*, cult → espon. *Referido a persona o animal*, que es caprichoso o antojadizo. pop.
> 2. adj. *Py. Referido a persona o a un animal doméstico*, inquieto, nervioso.
> III. 1. adj. *Mx, Gu, ES, Ni, RD, Ve, Bo. Referido a persona*, tramposa. ♦ **malamañoso**
> IV. 1. adj/sust. *Gu, Ho, ES, Ni, RD, Ve, Pe, Bo; Ec:O, Ch:N*, pop + cult → espon. *Referido a persona*, ladrona que hurta cosas de poco valor. ♦ **malamañoso**
> V. 1. adj. *Pa. Referido a cosa*, bien proporcionada.

mañudear.
> I. 1. tr. *Bo*. Sacar *alguien* un beneficio personal a costa de los demás valiéndose de engaños. pop + cult → espon.

mañudería.
> I. 1. f. *Bo*. Obtención de un beneficio personal a costa de los demás valiéndose de engaños. pop + cult → espon.

mañudo, -a.
> I. 1. adj/sust. *Bo. Referido a persona*, que saca beneficio propio valiéndose de engaños. pop + cult → espon.

mañunga.
> I. 1. f. *Cu*. Mañana. pop + cult → espon ^ fest.

maoma.
> I. 1. adv. *Ch*. Más o menos, medianamente. pop ^ fest.
> 2. adj. *Ch*. Insatisfactorio, mediocre, de poca calidad. pop ^ fest.

mapa.
> I. (Del quech. *mapa*, suciedad).
> 1. adj. *Ec. Referido a persona*, farsante. pop + cult → espon ^ desp.
> 2. *Ec. Referido a persona*, insignificante. pop + cult → espon ^ desp.
> II. 1. m. *ES*. Torta grande de pan dulce con varios colores.

mapachada.
 I. 1. f. *ES.* Grupo de personas de clase social baja o delincuencial.

mapachagüe.
 I. 1. m. *Mx:SE.* **garrobo.** (Iguanidae, *Ctenosaura similis*).

mapache. (Del nahua *mapach*, mapache).
 I. 1. m. *Mx, Gu, Ho, ES, Ni, CR, Co, Ec.* Mamífero omnívoro de hasta 60 cm de longitud, de cuerpo ancho, pelaje gris o pardo amarillento, cabeza casi negra, con dos manchas negras alrededor de los ojos, extremidades cortas, hocico aguzado, y cola larga poblada de espeso pelo. (Procyonidae; *Procyon lotor*). (**mapachín**). ◆ **lavador; oso lavandero; racuno; ratón lavandero; solitario.**
 II. 1. m-f. *Mx.* Persona que ejecuta directamente un fraude electoral.
 III. 1. m-f. *ES.* Campesino pretencioso. desp.
 IV. 1. m-f. *Ho.* Miembro o simpatizante de un partido de izquierdas o que defiende ideas izquierdistas. desp.
 V. 1. m-f. *Ho.* Persona oportunista y vividora que siempre trata de timar a otra. desp.

mapachería.
 I. 1. f. *Mx.* Fraude electoral.

mapachín.
 I. 1. m. *Ho, Ni, CR.* **mapache,** mamífero omnívoro.

mapachito.
 I. 1. m. *Mx:SE.* **Mapache** de menor tamaño que la especie común. (Procyonidae; *Procyon pygmaeus*).

mapacho.
 I. 1. m. *Pe:E.* Cigarro de tabaco puro, de fabricación casera. rur.

mapagüira.
 I. 1. *Ec.* **mapahuira.**

mapahuira. (Del quech. *mapa*, suciedad, y *huira*, manteca).
 I. 1. f. *Ec.* Manteca en la que se han frito **chicharrones.** (**mapagüira**).

mapalé.
 I. 1. *Co.* **barbudo de mar.**
 II. 1. III. *Co.* Baile popular por parejas, originario de la costa atlántica colombiana, de ritmo muy rápido, que se acompaña con el palmoteo de los danzantes.

mapana.
 I. 1. *Pa.* **verrugosa.**

mapaná.
 I. 1. *Pa, Co.* **nauyaca.**

mapanagua.
 I. 1. m. *Ec.* Bebida elaborada con jugo de caña de azúcar, aguardiente y, *opcionalmente*, jugo de limón. (**mapanahua**).

mapanahua.
 I. 1. *Ec.* **mapanagua.**

mapanare.
 I. 1. *Co, Ve.* **nauyaca.**
 II. 1. f. *Co.* Planta con hojas alargadas que crecen hacia arriba, de contextura gruesa, pintadas de blanco amarillo o blanco grisáceo. (Agavaceae; *Sansevieria*).
 III. 1. adj. *Ve. Referido a mujer*, que tiene mal carácter.

mapano, -a.
 I. 1. sust/adj. *Mx.* Caballo bayo que tiene una raya negra que va de la parte más alta del lomo al anca.

mapasúchil. (Del nahua *macpalli*, palma de la mano, y *xochitl*).
 I. 1. m. *Mx.* **mano de mico.** (**macpalxóchitl**).
 2. *Mx.* Flor del mapasúchil, con forma de mano.

mapear.
 I. 1. tr. *Mx, ES, Co, Ch*, p.u. Trasladar a un mapa sistemas o estructuras conceptuales. cult.

 2. *Ho, ES, Ni, Cu, RD, Ec, Pe, Ch, Ur.* Hacer mapas. cult.
 II. 1. *EU, Ho:N, RD, PR.* **mopear.**

mapén.
 I. 1. *Cu:E.* **árbol del pan.**

mapeo.
 I. 1. m. *Mx, ES, Co, Ch.* Traslación de un sistema o estructuras conceptuales a un mapa. cult.
 2. *Ho, ES, Ni, Cu, RD, Ec, Ch, Ur.* Diseño y realización de un mapa. cult.
 II. 1. m. *PR.* Limpieza del suelo con un **mapo.**

mapín.
 I. 1. m. *Gu, ES.* Pan de cualquier clase. delinc.

mapioso, -a.
 I. 1. adj. *Ec. Referido a persona*, sucia, desaliñada.

mapipitza.
 I. 1. f. *Mx.* Planta de hasta 1 m de altura, de hojas alternas, inflorescencias en cimas umbeliformes, flores de pétalos blanquecinos o matizados de morado en el exterior y frutos secos, gruesos y atenuados en los extremos, con semillas de color café. (Asclepiadaceae; *Asclepias linaria*). ◆ **romerillo; solimán; venenillo; yamete.**

mapire.
 I. 1. m. *Ve.* Cesto cilíndrico de boca ancha, tejido con fibras de hojas de palmera o de **cocuiza**, y provisto de tiras para llevarlo en la espalda; usado por los indios para guardar y transportar alimentos o útiles de trabajo.

mapiro.
 I. 1. m. *PR.* Pez de agua dulce y salada de hasta 70 cm de longitud, de cuerpo ancho y corto, cabeza plana, aletas radiadas y coloración pardusca, con una raya oscura horizontal a lo largo de todo el cuerpo; es comestible. (Eleotridae; *Dormitator maculatus*). ◆ **masaguán.**

maple.
 I. 1. m. *Ho, Bo, Ar, Ur.* Envase para huevos.
 II. (Del ingl. *maple*, arce).
 1. m. *ES.* Miel hecha a base de flores de arce.

mapleto, -a.
 I. 1. adj/sust. *Ve. Referido a persona*, torpe, nula.

mapo. (Del ingl. *mop*).
 I. 1. m. *EU, PR.* Aparato compuesto por un mazo de cordones absorbentes y un mango largo para humedecer y limpiar los suelos.

mapola.
 I. 1. f. *Gu.* **chicocuchi.**

mapoleona.
 I. 1. f. *RD.* Árbol de hasta 10 m de altura, de corteza verdosa y con algunas espinas, hojas aovadas y acuminadas, e inflorescencia compuesta de flores de color rojo anaranjado intenso. (Fabaceae; *Erythrina variegata*).

mapoteca.
 I. 1. f. *Ni, Pa, Co, Ve, Ec, Pe, Bo, Ch, Py, Ar, Ur.* Lugar en donde se guardan y conservan mapas.
 2. *Pa, Co, Ve, Pe, Bo, Ch, Py, Ar, Ur.* Colección de mapas.

mapresa. (De Mapresa®).
 I. 1. f. *Pe.* Plancha de madera prensada para usos diversos.

mapu.
 I. 1. m. *Ch.* Entre los mapuches, tierra natal o ancestral de alguien.

mapuey.
 I. 1. m. *RD, PR, Ve, Ec.* **Ñame**, con tubérculo parecido a la **papa**, muy harinoso y alimenticio; apreciado por su sabor y fina textura. (Dioscoreaceae; *Dioscorea trifida*). ◆ **magona.**

mapurite. (De or. ind. antillano).
  I. 1. m. *Co, Ve.* Mofeta de hasta 45 cm de longitud, de pelaje espeso y negro con una doble franja blanca desde las orejas hasta la cola, con dos glándulas cerca del ano que segregan, como defensa, un olor intenso y desagradable. (Mustelidae; *Conepatus semistriatus*). (**mapuro**). ◆ **gato cañero**.

mapurito.
  I. 1. *Co.* **mapurite**.
  2. *Co.* **anamú**.
  3. m. *PR.* Árbol de mediana altura, con espinas en el tronco, de hojas sencillas y abundantes, flores pequeñas de color blanquecino y fruto pequeño y redondo, de color negro brillante; se caracteriza por su madera, muy dura, de albura blanca y corazón rojizo, utilizada en ebanistería y en la construcción. (Rutaceae; *Zanthoxylum monophyllum*). ◆ **carubio**; **rubia**; **rubial**.

mapuro.
  I. 1. *Co.* **mapurite**.

maque.
  I. 1. m. *Gu.* Barniz hecho con laca o brea y alcohol.

maqueador.
  I. 1. m. *Ho.* Torturador que es miembro de la policía.

maquear.
  I. 1. tr. *Gu, Ni.* Barnizar *algo* con **maque**.
  II. 1. tr. *ES, Ni.* Golpear con fuerza a *alguien*. delinc. (**maquiar**).
  III. 1. tr. *Gu.* Regañar a *alguien*.
  IV. 1. tr. *Ho.* Torturar a un detenido.

maquech. (Del nahua *macech*).
  I. 1. m. *Mx.* Escarabajo sin alas que se lleva vivo sobre la ropa, atado con una cadena, como si fuera un broche o prendedor de adorno. ◆ **cocuyo**.

maquenca.
  I. 1. f. *Pa.* Fruto del **maquenqué**, parecido a la uva.

maquenco, -a.
  I. 1. adj. *PR.* Grande. rur.

maquenque.
  I. 1. m. *Ni, CR.* **camona**, palma.
  2. *CR.* **chonta**. (Arecaceae; *Socratea exorrhiza*).

maquenqué.
  I. 1. m. *Pa.* Palma de los lugares cálidos, con grupos de hasta quince troncos que le salen de la base, sus hojas son pinnadas y alternas, las flores, blancas, y los frutos vienen dispuestos en drupas globosas, negros cuando están maduros. (Arecaceae; *Oenocarpus mapora*). ◆ **trupa**.

maqueño.
  I. 1. *Ec.* **topocho**, fruto.

maquetas.
  I. 1. m-f. *Co:C.* Persona holgazana, perezosa. pop ^ desp.

maquetear.
  I. 1. intr. *Co:C.* Rehuir el trabajo, haraganear. pop.

maquetería.
  I. 1. f. *Co:C.* Holgazanería. pop.

maqui.
  I. 1. m. *Ch, Ar:SO.* Arbusto de hasta 3 m de altura, con hojas aovadas y lanceoladas, flores axilares en racimo, y fruto redondo, dulce y un poco astringente, que se emplea en confituras y helados; también se prepara con él una especie de **chicha**. (Liliaceae; *Aristotelia chilensis*).

maquiar.
  I. 1. *ES, Ni.* juv. **maquear**, golpear. delinc.

maquiavélica.
  I. 1. f. *Ho.* Mano derecha. desp.

maquila.
  I. 1. f. *Mx, ES, CR, Co, Ec.* Producción de manufacturas textiles para su exportación, *generalmente a través de un trabajo personal y unitario.*
  2. *Mx, ES.* **maquiladora**, fábrica.
  3. *Gu, Ho, ES, Ni, Co.* Fábrica que confecciona ropa o piezas de vehículos para la exportación.
  4. *Gu, CR, Ec.* Fábrica, *dedicada generalmente al ensamblaje de productos textiles,* en la que a los trabajadores se les paga por pieza armada.
  5. *Ho, ES, Ni.* Industria de la confección de ropa de vestir o de componentes de vehículos que está exenta de impuestos y obligatoriamente es para la exportación.
  6. *ES.* Lugar de trabajo cuyo ambiente se asemeja al de las fábricas o industrias de ensamblaje. pop ^ hiperb ^ sat.
  7. *Py.* Sistema de producción mediante el cual las empresas pueden obtener bienes y servicios para su exportación.

maquilador.
  I. 1. m-f. *Ho, ES.* Persona que es dueña de una **maquila**.

maquilador, -ra.
  I. 1. adj. *Mx, Ho, ES, Ni, CR.* Relativo a la **maquila**.
  II. 1. m. y f. *Mx, Ho, ES, Ni.* Persona que trabaja en una **maquila**.

maquiladora.
  I. 1. f. *Mx, Ho, ES, Co.* Fábrica destinada a la producción de manufacturas textiles para la exportación, *generalmente a través de un trabajo personal y unitario.* ◆ **maquila**.
  2. *Mx, Pe.* Modelo empresarial en el que una empresa se compromete a producir un artículo para un tercero, que es el que comercializa el producto, *generalmente con su propia marca.*
  3. *Ho, ES, Co.* Fábrica que elabora piezas de vehículos para la exportación.
  4. *CR, Ec.* Fábrica *dedicada generalmente al ensamblaje de productos textiles,* en la cual a los trabajadores se les paga por pieza armada.
  5. *ES.* Lugar de trabajo cuyo ambiente se asemeja al de las fábricas o industrias de ensamblaje.
  6. *Py.* Fábrica, industria o empresa que se dedica a la **maquila**.

maquilar.
  I. 1. tr. *Mx, Ec, Py.* Importar materias primas, tratarlas y exportarlas.
  2. *ES, CR, Co, Ec.* Ensamblar un producto en una **maquila**.

maquilero, -a.
  I. 1. adj. *Ho, ES, Ni, Co.* Relativo a la **maquila**.
  2. m. y f. *Ho, ES.* Dueño de una **maquila**.

maquiligüe. (Apóc. de *maquilisguate*).
  I. 1. *ES.* **maquilisguate**.

maquilisguat. (Apóc. de *maquilisguate*).
  I. 1. *ES.* **maquilisguate**.

maquilisguate. (Del nahua *macuili*, cinco, y *ishuat*, hoja, pétalo). *maquilisguate*)
  I. 1. *ES.* p.u. **matilisguate**. (**maquiligüe**; **maquilisguat**; **maquilishuat**; **mazquilisguat**). ◆ **puntilla**; **roble**.

maquilishuat.
  I. 1. m. *ES.* **maquilisguate**.

maquillada.
  I. 1. f. *Ni, CR, Co, Bo, Py.* Aplicación de cosméticos en el rostro de una persona y modificación de su aspecto.

maquillista.
  I. 1. m-f. *EU, ES, Ni, Cu, RD, PR, Co, Ve, Ec, Pe, Bo, Py.* Persona que se dedica a maquillar, *especialmente en teatro, cine y televisión.*

máquina.
- **I. 1.** f. *Cu, RD, PR, Bo.* Automóvil.
- **2.** *Ch.* Microbús. pop.
- **II. 1.** f. *Cu, Ch.* Empresa fraudulenta creada con el único fin de estafar a sus clientes y socios.
- **2.** *Ch.* Maquinación, proyecto o engaño artificioso y oculto, *generalmente con mal fin.*
- **III. 1.** adj. *Ho. Referido a cosa,* muy grande o abundante.
- **2.** *Ho.* juv. *Referido a cosa,* de buena calidad.
- **3.** *Ho.* juv. *Referido a cosa,* bonita.
- **IV. 1.** f. *Ch.* Instrumento de tortura constituido por una serie de electrodos que se ponen en distintas partes del cuerpo del detenido y con los que se le aplican corrientes eléctricas. delinc.
- **V. 1.** f. *PR.* metáf. Vulva. prost.

- **a.** ‖ ~ **de limpieza.** f. *PR. En las peleas de gallos,* máquina de rayos ultravioleta para detectar la grasa en el gallo de pelea.
- **b.** ‖ ~ **IBM.** f. *PR.* Prostituta. euf; pop + cult → espon ^ fest.
- ▶ **correr** ~; **dar** ~ **para atrás; hacer** ~; **pillar la** ~; **volar** ~.

¡máquina!
- ☐
- **a.** ‖ **¡pucha** ~! loc. interj. *Ch.* Expresa sorpresa o enfado.

maquinada.
- **I. 1.** f. *Py.* Maquinación, proyecto o engaño artificioso y oculto, *generalmente con mal fin.*

maquinado.
- **I. 1.** *Ho, Co.* Sometimiento de la madera a procesos de tratamiento y cepillado de máquinas.

maquinaria.
- **I. 1.** f. *Ni, Co.* metáf. Organización y funcionamiento de un partido político.
- **II. 1.** f. *Pe.* Bocado que va en la enfrenadura del arado. rur.
- **III. 1.** f. *Ch,* cult → espon; *Pa,* pop → esm. Maquinación, proyecto o engaño artificioso y oculto, *generalmente con mal fin.* pop.
- ▶ **aceitar la** ~.

maquinazo.
- **I. 1.** m. *Pe.* Robo en el que uno de los delincuentes llama la atención de la víctima y la sorprende con gritos, mientras otro le quita la cartera del bolsillo. delinc.

maquinear(se).
- **I. 1.** tr. *Pa, Ch.* Maquinar, tramar *algo* ocultamente. pop + cult → espon.
- **II. 1.** intr. prnl. *Ch.* Confundirse, actuar con torpeza. pop + cult → espon.
- **III. 1.** tr. f. *Ni.* Robar. delinc.

maquinilla.
- **I. 1.** f. *CR.* Instrumento para afilar los lápices.

maquinita.
- **I. 1.** f. *Ho, Co, Ve, Pe, Bo, Ur;* pl. *ES.* Máquina de juego de azar que funciona con monedas.
- **2.** f. *Pe, Bo.* Emisión de dinero sin respaldo o aval que provoca inflación.

maquinof.
- **I. 1.** m. *Mx.* Cazadora de tela gruesa.

maquinón.
- **I. 1.** m. *PR; Cu,* pop. Automóvil lujoso.

maquipura.
- **I. 1.** *Bo:SO.* Trabajador eventual.

maquisapa.
- **I. 1.** *Ec, Pe.* **mono araña.**

mar.
- •
- **a.** ‖ **y la** ~ **en coche.** fórm. *Ar, Ur.* Se usa como remate exagerado de una enumeración. pop + cult → espon.
- ■
- **a.** ‖ ~ **corrida.** f. *RD, PR. En las actividades marítimas,* mar con olas muy seguidas.
- **b.** ‖ ~ **de fondo.** f. *RD, PR. En las actividades marítimas,* inmundicia que la marea arrastra a la playa. ♦ **rebozo.**
- **c.** ‖ ~ **muerta.** f. *RD, PR. En las actividades marítimas,* mar tranquila, tras un gran viento.
- **d.** ‖ ~ **pacífico.** m. *Ho, Cu, RD.* **gallardete,** arbusto.
- **e.** ‖ ~ **presencial.** m. *Ch.* Espacio situado en alta mar anejo a las aguas territoriales de un país que impone su presencia y vigilancia en él por razones de derecho preferente frente a los intereses de otros países.
- ☐
- **a.** ‖ ~ **afuera.** loc. sust. *Pa, Cu, RD, Ur.* Lugar del mar más alejado de la costa.
- ▶ **creer que la** ~ **es leche; hacer** ~; **pasar el** ~ **en un taburete.**

mara.
- **I. 1.** f. *Mx, Gu, Ho, ES, Ni, CR.* Pandilla de jóvenes delincuentes. ♦ **gatada.**
- **2.** *ES.* Grupo de amigos jóvenes. pop.
- **II. 1.** f. *Bo, Ar.* Árbol de hasta 45 m de altura, de hojas compuestas, flores dispuestas en panícula y frutos capsulares y leñosos que contienen semillas aladas; su madera es muy utilizada en carpintería. (Meliaceae; *Swietenia macrophylla*). ♦ **caray; cayelac; cáguano.**
- **2.** *Ar.* **liebre patagónica.**
- **3.** *RD, PR.* Árbol de hasta 20 m de altura, de tronco fino y alto con follaje espeso, corteza gris claro y agrietada, hojas elípticas, rígidas, flores blancas y fruto redondo de color castaño que echa semillas en cápsulas individuales; se cultiva para sombra y madera, aunque también tiene usos medicinales. (Clusiaceae; *Calophyllum calaba*). ♦ **malagueta; maría; palo María.**
- **III. 1.** f. *Co:C,NE.* p.u. Bola pequeña de cristal que utilizan los niños para jugar.
- **IV. 1.** f. *Ve:E.* Cesta plana y redonda de tramado muy abierto que se emplea para llevar, *generalmente en la cabeza,* frutas o pescado.
- ■
- **a.** ‖ ~ **blanca.** f. *Bo.* Árbol de hasta 12 m de altura, de corteza rugosa, hojas compuestas, flores amarillas dispuestas en panícula y una sámara encorvada como fruto. (Anacardiaceae; *Loxopterygium grisebachii*).
- **b.** ‖ ~ **macho.** f. *Bo.* **tornillo,** árbol.

marabú.
- **I. 1.** m. *Cu.* Arbusto espinoso, con inflorescencia en espiga colgante de 4 a 5 cm, flores de color rosa y amarillo, y fruto en vaina retorcida; proporciona una madera muy dura que se utiliza para leña y para fabricar carbón. (Fabaceae; *Dichrostachys glomerata*).

marabunta. (De *barahúnda*).
- **I. 1.** sust/adj. *Bo, Ch.* Persona que tiene apetito continuamente y come con exceso. pop ^ fest.

marabuzal.
- **I. 1.** m. *Cu.* Sitio poblado de **marabúes.**

maraca.
- **I. 1.** adj/sust. *Ar.* Hombre homosexual. pop + cult → espon.
- **2.** *Ar.* Hombre afeminado. pop + cult → espon.

II. 1. f. *Pe, Ch.* p.u. Juego de azar que se juega con tres dados que, en vez de puntos, tienen figurados un sol, un oro, una copa, una estrella, una luna y un ancla.

III. 1. f. *Ch.* Prostituta o mujer promiscua. vulg; pop ^ desp.

IV. 1. f. pl. *Cu.* Senos grandes de una mujer. pop + cult → espon ^ fest.

V. 1. f. pl. *ES.* metáf. Testículos. vulg; fest.

VI. 1. f. *PR.* **bandera**, planta.
  2. *PR.* **cucuyús**.

VII. 1. *PR.* **maraquita**, juguete.

VIII. 1. f. pl. *Pa.* Dinero. pop.

■

a. ‖ ~ **roja.** f. *PR.* **Maraca** caracterizada por el color de sus flores.

► **estar como ~, sin pelo y sin peronías; roncarle las ~s; sonar las ~s; zumbarle las ~s.**

maracachafa.

I. 1. f. *Co:NE.* Marihuana. pop.

■

a. ‖ ~ **mona.** f. *Co.* Hierba de hasta 1 m de altura, con hojas muy divididas, de márgenes aserrados, y pequeñas flores blanquecinas; produce una sustancia alucinógena de la que se obtiene la marihuana. (Cannabaceae; *Cannabis sativa*).

maracal.

I. 1. m. *PR.* Sitio poblado de **maracas**.

maracaná.

I. 1. m. *Pe, Py;* f. *Ve.* Ave de hasta 50 cm de longitud, de color verde excepto en la parte inferior de las alas que es roja y la parte superior de las primarias que es azul, plumas de la cola rojas y azules. (Psittacidae; *Ara severa, A. maracana*). ♦ **guacamaya frenticastaña**.

maracate.

I. 1. m. *PR. En las actividades marítimas,* instrumento para levantar pesos en los trabajos marineros. (**maracato**).

maracato.

I. 1. *PR.* **maracate**.

maracayá.

I. 1. *Ec, Pe.* **frijolillo**, felino.

maraco.

I. 1. m. *Ec, Bo.* Hombre homosexual. pop + cult → espon ^ desp.

maraco, -a.

I. 1. adj. *Bo, Ch.* Propio de una persona homosexual. pop + cult → espon.
  2. *Bo, Ch. Referido a un hombre,* afeminado. pop + cult → espon ^ desp.
  3. m. y f. *Ch.* Persona homosexual. pop + cult → espon ^ desp.

II. 1. adj/sust. *Ch. Referido a persona,* que causa molestias o realiza malas acciones. pop.

III. 1. m-f. *Ve.* Hijo menor de una familia.

maracuyá. (Del tupí-guaraní *mboruku'ya*).

I. 1. f. *Ho, Ni, Cu, Ch.* Planta trepadora de hasta 40 m de longitud, de tallo cuadrangular, hojas alternas, aovadas, flores blancas con bandas transversales rojizas y moradas, y fruto en forma de baya; tiene diversas aplicaciones en la medicina tradicional. (Passifloraceae; *Passiflora edulis*). ♦ **calala; chinola; pachío; parchita**.
  2. *Ho, Ni, Cu, Ch.* Fruto del maracuyá, ovoide, de cáscara lisa y verde amarilla cuando madura, con muchas y pequeñas semillas envueltas en una pulpa mucilaginosa y agridulce de la que se hace refresco. ♦ **calala; chinola; pachío; parchita**.

maraguato.

I. 1. m. *PR. En las actividades marítimas,* tromba marina de poca intensidad.

maraguato, -a.

I. 1. m. y f. *PR.* Persona víctima de un robo o de un asalto. delinc.
  2. *PR.* Persona a la que se planea robar. delinc.

marán.

I. 1. m. *Bo.* Piedra rectangular o circular, plana, que se utiliza de base para moler sobre ella cereales, verduras y otros alimentos, **martajar** la carne y, *especialmente, para preparar* **llajua**. rur.

maranda.

I. 1. *PR.* **maranta**, planta.

marandango, -a.

I. 1. sust/adj. *Ve:O.* Persona corpulenta y ágil. pop.

marangaya.

I. 1. *Bo.* **retama**, árbol.

marango.

I. 1. m. *Ho, ES, Ni.* Arbusto de hasta 12 m de altura, de copa poco densa, hojas caducas, flores color crema, fruto en vaina y semillas negras; tiene aplicación en la medicina tradicional. (Moringaceae; *Moringa oleifera*). (**marengo; narango**). ♦ **colirio; jazmín francés; libertad; palo de abejas; resedá**.

maranguango.

I. 1. m. *Co:N.* Bebida a la que se atribuye la virtud de causar maleficios o de cautivar o embelesar a quien la toma.

maranta.

I. 1. f. *PR.* **sagú**, planta. (**maranda**).

II. 1. f. *PR.* Cabello largo y en desorden. pop + cult → espon ^ desp.

marantoco.

I. 1. m. *Ve:O.* Gallo que no es de pelea. rur.

maraña.

I. 1. f. *ES, Ni, Cu, RD, Ur.* Marrullería, enredo, trampa.

marañero, -a.

I. 1. adj. *ES, Cu. Referido a persona,* tramposa.
  2. *ES. Referido a persona,* mentirosa.

marañista.

I. 1. adj. *Ni. Referido a persona,* tramposa.

marañón.

I. 1. m. *Mx, Gu, Ho, ES, Ni, CR, Pa, Cu, RD, Co, Ve:O, Ec, Pe:E, Bo.* Árbol de hasta 13 m de altura, de tronco retorcido y ramas extendidas, hojas alternas, aovadas o elípticas y flores pequeñas en grandes panículas terminales; su madera se usa para la construcción y la ebanistería, y su corteza como curtiente. (Anacardiaceae; *Anacardium occidentale*). ♦ **cacajuil; cajuil; cayú; jocote marañón; marey; merey; pajuil; pajuy**.
  2. *Mx, Gu, Ho, ES, Ni, CR, Pa, Cu, Co, Ve:O, Ec, Pe:E, Bo.* Fruto del marañón, en forma de luna creciente, de color amarillo rojizo al madurar, astringente, semilla en forma de riñón; es comestible y de su castaña se obtiene un aceite medicinal. ♦ **cajuil; caujil; cayú; marey; merey; pajuil; pajuy**.
  3. *Mx, Gu, Ho, ES, Ni, CR, Cu, Co, Ve:O, Ec, Bo.* Semilla comestible de la fruta del marañón, una almendra en forma de riñón de unos 3 cm de longitud. ♦ **merey**.

► **oler a ~.**

marañón, -na.

I. 1. m. y f. *ES.* Miembro de un grupo musical o persona que trabaja en una discoteca móvil.

marañonal.

I. 1. m. *Ho, Ni, Pa, Cu.* Terreno plantado de **marañones**.
  2. *Pa.* Gran cantidad de **marañones**, frutos.

marañonear.
 I. 1. tr. *ES.* Desconectar el equipo y los instrumentos utilizados durante un concierto y guardarlos en sus respectivas cajas o estuches.
 II. 1. tr. *Pa.* Cosechar **marañones**, frutos.

marañonero, -a.
 I. 1. sust/adj. *Ho, ES, Ni.* Persona que se dedica al cultivo o comercialización del **marañón**.
 2. adj. *Ho, ES, Ni.* Relativo al cultivo y comercialización del **marañón**.
 II. 1. sust/adj. *Pa.* Persona vulgar. desp.

marañuela.
 I. 1. f. *Cu.* **pelonchile**, planta.

marao.
 I. 1. m. *Ve.* Pez de agua dulce y salada, de hasta 1,5 m de longitud, con cuerpo fuertemente comprimido, de color gris plateado surcado por bandas negras caracterizado por sus prominentes mandíbulas, superior e inferior, extendidas en un largo pico con afilados dientes; es comestible. (Belonidae; *Ablennes hians*). ♦ **guamá.**

maraquear.
 I. 1. intr. *Ni, Cu, RD, Ve.* Tocar las maracas. pop.
 II. 1. tr. *RD, Ve.* Sacudir, agitar un objeto. pop + cult → espon.
 III. 1. intr. *Ch.* Ejercer la prostitución. pop + cult → espon.
 2. *Ch.* Tener relaciones sexuales esporádicas o circunstanciales con prostitutas u otras personas. vulg; pop + cult → espon.

maraqueo.
 I. 1. m. *Ve.* Sacudida que se da a un objeto. pop.

maraquera.
 I. 1. f. *Ve.* Ave de hasta 22 cm de longitud, de coloración pálida, cola alargada con el borde blanco y alas primarias de color bermejo; sus alas, al volar, producen un sonido similar al de una maraca. (Columbidae; *Scardafella squammata*). ♦ **maraquita; paloma maraquita.**

maraquero.
 I. 1. m. *Ve.* Hijo menor de una familia.

maraquero, -a.
 I. 1. m. y f. *Mx, Ni, Cu, Co, Ve.* Persona que toca las maracas.

maraquiana.
 I. 1. f. *Mx.* **donjuán.** (**marquiana**).

maraquita.
 I. 1. f. *Pa, RD, Ve.* Juguete infantil que consiste en una bola hueca, rellena de semillas o piedrecillas, y un mango, que suena al agitarla. ♦ **maraca.**
 II. 1. *Ve.* **maraquera.**
 III. 1. f. *RD.* Arbusto de hasta 2 m de altura, de hojas oblongas y con los nervios marcados, y flores de color amarillo intenso y agrupadas en racimos laxos. (Fabaceae; *Crotalaria spectabilis*).

marasmo.
 I. 1. m. *PR.* Malestar producido por exceso de alcohol. rur.

maratónico, -a.
 I. 1. adj. *Mx, ES, Ni, CR, Pa, Cu, RD, PR, Co, Ve, Pe, Bo, Ch, Py, Ar, Ur.* Referido a cosa, que cansa o se prolonga mucho.
 2. *Ni, Pa, Cu, RD, Co, Ve, Bo, Ch, Ar, Ur.* Relativo al maratón.

maratonismo.
 I. 1. m. *Cu.* Actividad o trabajo realizado con mucha prisa.

maravedí.
 I. 1. m. *RD.* **Bejuco** de tallos leñosos, de hasta 9 m de altura, con finas ramas y hojas ovaladas; se le atribuyen propiedades afrodisíacas. (Polygalaceae; *Securidaca virgata*). (**maravelí**). ♦ **jaboncillo.**
 2. *PR.* Arbusto de hasta 8 m de altura, con hojas opuestas, inflorescencia axilar, flores pequeñas de color verdoso y fruto en drupa. (Celastraceae; *Myginda* spp.).

maravelí.
 I. 1. *RD.* **maravedí**, bejuco.

maravilla.
 I. 1. f. *Co.* **matalí.**
 2. *Co.* **jagüique.**
 3. *Gu, Ho, ES, Ni, CR.* **chula**, hierba.
 4. *Gu, Ni, Cu, PR.* Planta herbácea perenne de tallo erguido y lampiño, de hojas opuestas y aovadas, flores olorosas, con cáliz en forma de trompeta, que se abren por la tarde y se cierran por la mañana, y fruto pequeño, redondo y arrugado, de color negro. (Nyctaginaceae; *Mirabilis jalapa*). ♦ **nochebuena; siciliana.**
 5. *Ch.* Girasol, (Asteraceae; *Helianthus annuus*).
 6. *RD.* **flor de Jamaica.**

maray.
 I. 1. *PR.* **maraymaray.**

maraymaray.
 I. 1. m. *PR.* Arbusto de ramas flexibles, hojas simples, aovado-elípticas, flores blancas y pequeñas, y fruto en forma de legumbre aplanada, con una semilla. (Fabaceae; *Hecastophyllum* spp.). ♦ **maray.**

marbella.
 I. 1. f. *Cu.* **ahuizote**, maleficio.

marbellín. (De *Maybelline*®).
 I. 1. m. *Cu.* Cosmético usado para resaltar las pestañas.
 ■
 a. ‖ ~ **plástico.** m. *Cu.* Cosmético resistente al agua, usado para resaltar las pestañas.

marbetar.
 I. 1. tr. *Ho, Bo.* Etiquetar un producto alimentario con control fiscal o sanitario con el marbete.

marble. (Voz inglesa).
 I. 1. *Ho.* **maule**, canica.
 2. *Ho.* **maule**, juego de las canicas.

marca.
 I. 1. m. *Pe.* Delincuente que, luego de un seguimiento, roba a personas que han retirado dinero de un banco. delinc.
 II. 1. f. *Bo.* Agrupación social, *generalmente campesina*, formada por un conjunto de familias que tienen ascendencia común y obedecen a una autoridad.
 2. *Bo.* Pueblo en el que habita una comunidad, *generalmente campesina*.
 3. *Bo.* Territorio ocupado por los habitantes de un país que tiene leyes y Gobierno comunes.
 III. 1. f. *ES. En el ejército*, falta, error.
 □
 a. ‖ ~ **chancho.** loc. adj. *Pe, Bo, Ch.* Referido a un producto, que no es de marca comercial conocida o es de mala calidad. pop + cult → espon.
 b. ‖ ~ **diablito.** loc. adj. *Gu.* Referido a un producto, sin marca o de mala calidad. desp.
 c. ‖ ~ **diablo.** loc. adj. *Mx.* Referido a acción o hecho, excesivo, muy intenso. pop.
 d. ‖ ~ **gato.** loc. adj. *Co.* Referido a un producto, que no es de marca comercial conocida. pop.
 e. ‖ ~ **kure.** *Py.* **marca chancho.**
 f. ‖ ~ **líquida.** loc. adj. *Ar.* Referido a un animal vacuno, que ha nacido y se ha criado en la ganadería a la que pertenece.
 g. ‖ ~ **llorarás.** loc. adj. *Mx.* Referido a un hecho, excesivo, muy intenso. pop.

h. ‖ ~ **morirás.** loc. adj. *Mx. Referido a un hecho*, excesivo, muy intenso. pop.

i. ‖ ~ **perro.**
   i. loc. adj. *Ar, Ur. Referido a un perro*, que no es de raza. pop + cult → espon.
   ii. *Ur.* **marca chancho**.

j. ‖ ~ **pirulo.** *Ar, Ur.* **marca chancho**.

k. ‖ ~ **robalito.** loc. adj/sust. *Ch. Referido a un objeto o artículo*, de origen robado. delinc.

▶ **cambiar de ~s; quedar con la ~ ardiendo.**

marcación.

I. 1. f. *Ho, ES, Ni, Co, Ec, Pe, Bo, Ch, Py, Ar, Ur. En deportes de equipo como el **fútbol**,* marcaje estricto del rival o de una zona del campo.

II. 1. f. *Ho, ES, Ni, Co.* **Discado** de un número de teléfono.

III. 1. f. *Pe.* Miembro de una pareja. pop.
   2. *Pe.* Visita a la novia. pop.

IV. 1. f. *Ho, Bo.* Control estricto de alguien.

■

a. ‖ ~ **al callo.** f. *Ch.* p.u. Vigilancia intensa que se hace sobre alguien, sobre todo por celos. pop.

marcada.

I. 1. f. *Bo, Ar.* Colocación de una marca o señal identificatoria en el ganado. rur. ♦ **hierro**.

marcadiablo.

I. 1. f. pl. *PR.* **Habichuela** alargada, algo cilíndrica y de color rojo ladrillo.

marcador.

I. 1. m. *Mx, Gu, Ho, ES, Ni, CR, Pa, Cu, RD, PR, Co, Ve, Ec, Pe, Bo, Py, Ar, Ur.* Rotulador, instrumento semejante al bolígrafo que escribe o dibuja con un trazo ancho mediante una punta gruesa de fieltro u otro material.

II. 1. m. *Ho.* Persona que se encarga de obtener información para un robo futuro. delinc.

marcanda.

I. 1. f. *ES.* Rollo de billetes.

marcante.

I. 1. m. *Py.* Apodo, sobrenombre, *generalmente humorístico y basado en algún defecto de la persona.*

marcar. (Del quech. *marq'ay*, llevar en los brazos.)

I. 1. tr. *Ec, Bo:SO, Ar:NO.* Alzar o levantar en brazos a un niño. pop + cult → espon.
   2. *Ec.* **amarcar**, llevar en brazos.

II. 1. intr. *Ni, CR, Cu.* Visitar el novio a su novia en su casa para pasar un rato juntos.
   2. *Cu.* Realizar el coito un hombre.

III. 1. tr. *Pe.* Hacer seguimiento a una persona que va a retirar dinero de un banco para robarle. delinc.

IV. 1. intr. *Ch. En ciertos juegos de naipes*, dar un golpe en la mesa con el puño anunciando el número de puntos conseguidos al obtener alguna combinación especial de cartas.

V. 1. intr. *Cu.* Ponerse *alguien* en una fila u ocupar en ella el lugar que le corresponde.

□

a. ‖ ~ **calavera.**
   i. loc. verb. *Co.* Estar *alguien* amenazado de muerte. delinc.
   ii. *Co.* No tener *alguien* opción en alguna actividad. pop.
   iii. *Ec.* juv. Morir *alguien*.

b. ‖ ~ **el paso.**
   i. loc. verb. *Gu, Ch.* Actuar de manera rutinaria, sin hacer nada por cambiar la situación. pop + cult → espon.
   ii. *Pa, Ur; RD*, obsol. Obedecer a *alguien* ciegamente. pop + cult → espon.
   iii. *Gu.* No progresar en algo, haraganear.

c. ‖ ~ **la cancha.** loc. verb. *CR, Bo, Ur.* Establecer claramente las reglas del juego en un asunto. pop.

d. ‖ ~ **los pasos.** loc. verb. *ES.* Vigilar muy de cerca a *alguien*.

e. ‖ ~ **ocupado.** loc. verb. *Ch.* Quedar *alguien* sorprendido o estupefacto ante algo. pop + cult → espon.

f. ‖ ~ **tarjeta.**
   i. loc. verb. *Ni, Cu, Co, Pe, Bo, Ch, Py, Ar, Ur.* Visitar a la novia. pop ^ fest.
   ii. *Ni, Pa, Cu, Co, Ec, Bo, Ch, Py, Ar, Ur. En un centro laboral*, dejar constancia cada empleado de su hora de entrada y salida, *generalmente en una máquina que contabiliza el tiempo trabajado.*
   iii. *Ho, Bo, Ch, Ur.* Visitar *alguien* puntualmente a su pareja. pop + cult → espon ^ fest.

marcatextos.

I. 1. m. *Mx.* Marcador de colores traslúcidos a base de agua que se emplea para colorear sobre un texto con la intención de resaltarlo.

marcatorio, -a.

I. 1. adj. *Ch. Referido a cosa*, característica, que tiene rasgos propios. cult.

marcay.

I. 1. m. *Ec.* Cantidad de algo que una persona puede abarcar con ambos brazos. rur.

marceada.

I. 1. f. *ES.* Hambreada.

marcear.

I. 1. intr. *ES.* Hambrear.

marcela.

I. 1. *Py, Ar, Ur.* **marcela hembra**.

II. 1. f. *Ar:NE.* Bebida alcohólica de poca graduación que se prepara con marcela hembra o marcela macho.

■

a. ‖ ~ **hembra.** f. *Ar; Ur*, p.u. Planta herbácea de hasta 40 cm de altura, ramosa y cubierta de pelos cortos que le dan un aspecto blanquecino; tiene aplicación en la medicina tradicional. (Asteraceae; *Achyrocline satureioides*). ♦ **marcela**.

b. ‖ ~ **macho.** f. *Py, Ar.* Planta herbácea de hasta 80 cm de altura, de pelos cortos que le dan un aspecto blanquecino y flores amarillas en racimo; se le atribuyen propiedades medicinales, *especialmente digestivas.* (Asteraceae; *Gnaphalium cheiranthifolium*). ♦ **marcelote; vira vira**.

marcelote.

I. 1. m. *Ur.* **marcela macho**.

marcha.

I. 1. f. *Pa.* Desfile de estudiantes, profesores, empleados públicos, bomberos, policías y asociaciones cívicas al son de la música para rendir honores a la nación. pop.

□

a. ‖ ~ **blanca.** loc. sust. *Ch.* Período de pruebas en el que se ensaya una actividad o el funcionamiento de algo.

marchador.

I. 1. adj. *Cu. Referido a un caballo*, que al andar mueve simultáneamente el pie y la mano de un mismo lado, en lugar de moverlos en cruz.

marchanta.

I. 1. f. *Co:C.* Mujer que despacha en una plaza de mercado.
   2. *Ar.* Lanzamiento al aire de monedas *para los niños en los casamientos y bautismos.*

□

a. ‖ **a la ~.** loc. adv. *Bo, Ar, Ur.* Descuidada o negligentemente. pop + cult → espon.

▶ **tirarse a la ~.**

marchantaje.
 I. 1. f. *Ni, RD*. obsol. Clientela.
marchante.
 I. 1. sust/adj. *RD, Ve, Pe, Ch; Bo, Ur*, obsol. Persona o grupo que participa en una marcha, manifestación o desfile.
 II. 1. adj. *Pa, Ec. Referido a hombre*, que vive en concubinato. pop.
 2. m. *PR; Pa*, pop. Novio informal, pretendiente.
 3. *Ho*. Hombre que es novio, amante o marido de una mujer. desp. ♦ **mariachi**.
 III. 1. m. *RD*. Individuo, persona indeterminada. pop + cult → espon.
marchante, -a. (Del fr. *marchand*).
 I. 1. m. y f. *Mx, Gu, Ni, RD, Co:C, Ve, Pe*. Vendedor, *generalmente de un mercado o tianguis*.
 2. *Gu, Ni, Pa, RD, PR, Ve, Bo:E, Py; Pe, Ar:N*, pop. Cliente habitual de una tienda o negocio.
 3. *Mx*. Comprador, *generalmente de un mercado o tianguis*.
marchantear.
 I. 1. tr. *Mx*. p.u. Buscar clientes para un negocio.
marchantería.
 I. 1. f. *Cu, RD; Mx*, p.u. Clientela.
marchantía.
 I. 1. f. *Ni, PR; RD, Ve*, obsol. Clientela.
marchantica.
 I. 1. f. *Ve*. Vehículo que incorpora una cámara de refrigeración en la que se conservan los helados que se venderán **al detal**, por las calles de una ciudad.
marchar.
 I. 1. tr. *RD*. Abordar a *alguien*, acercarse a él para proponerle algo o para tratar algún asunto.
 2. *RD*. Embestir, irse con ímpetu sobre alguien o algo.
 3. *RD*. Pretender a *una persona, especialmente a una mujer*.
 II. 1. intr. *Ur*. Resultar derrotado o tener que renunciar a una pretensión o aspiración. pop ^ fest.
 III. 1. tr. *Pa*. Echar el dueño de la casa a *alguien* de mala manera.
 IV. 1. intr. *Pa*. Desfilar en formación al compás de la música con tambores y cornetas para celebrar efemérides patrióticas. pop + cult → espon.
marchcré.
 ▶ llevar a la ~.
marchista.
 I. 1. m-f. *Cu, Ve, Bo; Ec*, p.u. Manifestante que participa en una marcha de protesta o de apoyo a una causa.
marchita.
 •
 a. ‖ en la ~. fórm. *Cu*. Se usa como respuesta para informar que alguien está como de costumbre, siguiendo su rutina habitual.
 ▢
 a. ‖ a la ~. loc. adv. *Cu*. Sin apresuramiento.
 ▶ coger la ~.
marchitarse.
 I. 1. intr. prnl. *ES, Cu*. Marcharse *alguien*. pop ^ fest.
marcial.
 I. 1. m. pl. *Ho:S*. Olas muy grandes que se forman a lo largo del mes de marzo y duran unos ocho días.
 2. adj. *Ho*. Relativo al mes de marzo.
 II. 1. m. *PR. En las peleas de gallos*, gallo nacido y empollado de un huevo puesto en el mes de marzo.
marciano.
 I. 1. *Pe*. **chup**.
 II. 1. m. *Ch*. Cigarrillo de marihuana al que se le añade una **línea** de cocaína, pasta base u otra droga en polvo. drog.

 III. 1. m. *PR. En las peleas de gallos*, gallo que cambia el color de su plumaje en la muda de cada año.
marcigo, -a.
 I. 1. *PR*. **marcigón**. rur.
marcigón, -na.
 I. 1. *PR. Referido a una fruta, especialmente a un* **plátano**, que está a punto de madurar. rur. (**marcigo**). ♦ **pinto**; **pintón**.
marco.
 I. 1. m. *CR. En una bicicleta*, armazón.
 II. 1. m. *Pe*. Planta silvestre de hasta 2 m de altura, de tallo ramoso y estriado, hojas verdes profundamente divididas, con el envés de color verde claro o azulado y flores dispuestas en espigas de color verde amarillo; tiene diversas aplicaciones en la medicina tradicional. (Asteraceae; *Ambrosia peruviana*).
marconi.
 I. 1. m. *Co*. obsol. Telegrama cuyo origen o destino es una estación móvil, transmitido, en todo o parte de su recorrido, por las vías de radiocomunicación. (**marconigrama**).
marconigrama.
 I. 1. *Co*. obsol. **marconi**.
Marcos.
 ◪
 a. ‖ hay muchos ~ Pérez en Buenavista. fr. prov. *Cu*. obsol. Indica que un rasgo de la personalidad, *generalmente negativo*, de alguien también lo manifiestan otras personas. pop.
¡mare! (De *madre*).
 I. 1. interj. *Mx:SE*. Expresa sorpresa o admiración. pop + cult → espon.
marea.
 I. 1. f. *Gu*. Viento que sopla de sur a norte.
 ◼
 a. ‖ ~ redonda. f. *Pa*. Marea menor en los cuartos de la Luna.
 ▢
 a. ‖ ~ roja. loc. sust. *Pa*. Grupo de partidarios entusiastas de la selección panameña de **futbol**.
 ▶ tener la ~ alta.
mareación.
 I. 1. f. *Pe:E*. Borrachera producida por la **ayahuasca**.
mareado.
 I. 1. m. *Mx*. Marido. fest.
mareado, -a.
 I. 1. adj. *ES, Cu. Referido a persona*, distraída.
 2. adj/sust. *RD. Referido a persona*, fastidiada.
 3. adj. *Ni. Referido a persona*, aburrida.
 II. 1. adj/sust. *Cu, RD. Referido a un tejido*, que ha perdido su color original a causa del sol o el lavado.
 III. 1. adj. *Ni. Referido a persona*, hambrienta.
marear(se).
 I. 1. tr. *Mx, Ve:O*. Engañar o embaucar a *alguien* con cuentos y promesas falsas.
 II. 1. intr. prnl. *Cu, RD, Co*. Perder una tela el color original por la luz del sol o el lavado.
 III. 1. intr. prnl. *Co*. Arrepentirse y retirarse de un negocio o de otro compromiso. pop.
 IV. 1. intr. prnl. *RD*. Fastidiar, cansar.
mareca.
 I. 1. f. *PR*. **xalcanautle**.
maremare.
 I. 1. m. *Ve*. Música y danza de diferentes pueblos indígenas venezolanos.
 II. 1. m. *Ve*. Ambiente de confusión y desorden. pop.
maremotear.
 I. 1. intr. *Ch*. p.u. Producirse un maremoto. cult.

marengo.
    I. 1.   *Gu.* **marango**.
mareño, -a.
    I. 1.   adj. *ES, Ni.* Relativo al mar.
mareón.
    I. 1.   *Pa.* **pucté**.
marera.
    I. 1.   f. *Ve:E.* Mujer que lleva mercancías en una **mara**, cesta.
marerío.
    I. 1.   m. *ES.* Gran cantidad de **maras**, pandillas. pop.
marero, -a.
    I. 1.   sust/adj. *Gu, Ho, ES, Ni, CR.* Persona que es miembro activo de una **mara** o pandilla de delincuentes. ♦ **maroso**.
       2.   adj. *Gu, Ho, ES, Ni.* Relativo a las **maras** o pandillas. ♦ **maroso**.
maretira.
    I. 1.   f. *Co:N.* Corazón o raspa de la mazorca del maíz después de desgranada. rur.
marey.
    I. 1.   m. *PR.* **merey**, árbol y fruto.
marfil.
    I. 1.   m. *Bo.* Árbol de hasta 7 m de altura, de corteza corchosa, hojas simples y alternas, flores en racimo y una drupa de color amarillo como fruto. (Opiliaceae; *Agonandra brasiliensis*).
   ■
    a. ‖ **~ vegetal.**
      i. m. *Co, Ec, Pe.* Palmera de tallo muy corto y corona muy frondosa. (Arecaceae; *Phytelephas macrocarpa*). ♦ **palma de marfil; tahua.**
      ii. *Co, Ec, Pe.* **tagua**, semilla.
      iii. *Co.* Árbol de hasta 10 m de altura, de tronco sinuoso, corteza con olor a limón, copa poco ramificada, hojas compuestas y opuestas, flores en racimo, de color crema y estambres blancos, y frutos de color marrón. (Rutaceae; *Amyris pinnata*).
margaja.
    I. 1.   f. *Ho, Ni.* Arena de río que brilla de manera semejante al oro.
margallate.
    I. 1.   m. *Mx.* Embrollo, enredo, confusión. (**margayate**).
margarabomba.
    I. 1.   f. *RD.* **limoncillo**, arbusto.
margarita.
    I. 1.   f. *Ar.* **boyerito**.
       2.   *Ho.* Ave con aspecto de garza, de hasta 66 cm de longitud, de pico largo de color amarillo, ligeramente curvo, cabeza con listas muy estrechas de color café y blanco, cuerpo y coberteras de las alas de color café oscuro con manchas lanceoladas blancas, y patas verde opaco. (Rallidae; *Aramus quarauna*).
    II. 1.   adj. *Ch. Referido a un pescado*, cocinado al horno con mariscos y cubierto con **salsa blanca**.
    III. 1.   f. pl. *Ch.* Hoyuelos de las mejillas cuando se sonríe.
    IV. 1.   f. *ES.* Galleta amarillenta de harina de trigo en forma de margarita con jalea en el centro superior.
   ■
    a. ‖ **~ del campo.** *Mx.* **lantana**.
    b. ‖ **~ punzó.** f. *Ar, Ur.* Planta rastrera, de tallos delgados y flores de un intenso rojo escarlata; es ornamental. (Verbenaceae; *Glandularia peruviana*).
    c. ‖ **~ purpúrea.** f. *Ar.* Hierba perenne, baja y rizomatosa, con hojas de borde partido y cubiertas de una lanosidad blanquecina, y flores de un intenso color rojo violáceo. (Asteraceae; *Leuceria purpurea*).

margaritero.
    I. 1.   m. *ES.* Sostén de mujer. delinc.
margarito.
    I. 1.   m. o f. *Pe.* Botella de cerveza con un litro de capacidad o más.
margay.
    I. 1.   m. *Pa, Ec, Bo:E, Py, Ar:N, Ur.* Felino de hasta 80 cm de longitud, de color bayo a rojizo con grandes manchas ovaladas oscuras y larga cola con anchas bandas negras. (Felidae; *Leopardus wiedii*).
margayate.
    I. 1.   *Mx.* **margallate**.
margesí.
    I. 1.   m. *Pe.* Inventario de los bienes del Estado, de la Iglesia y de las corporaciones oficiales.
marginal.
    I. 1.   f. *PR.* Calle paralela a lo largo de una avenida o autopista.
margulina.
    I. 1.   *RD.* **mangulina**.
margullar.
    I. 1.   tr. *Cu.* Enterrar un tallo joven, sin separarlo de la planta, para que eche raíces y pueda ser trasplantado.
margullirse.
    I. 1.   intr. prnl. *Ve.* Zambullirse en el agua. rur.
maría.
    I. 1.   f. *Mx, Gu; Pa,* obsol. Nombre genérico con que se ha designado paternal y tradicionalmente a la mujer indígena.
    II. 1.   f. *Ho, Pe.* **barillo**.
    III. 1.   f. *RD, PR.* **mara**. (Clusiaceae; *Calophyllum calaba*).
    IV. 1.   f. *Bo.* Ave carroñera de hasta 50 cm de longitud, de color negro con matices azulados, vientre y rabadilla de color blanco, cara anaranjada y pico amarillo pálido. (Falconidae; *Phalcoboenus megalopterus*). ♦ **titilo**.
    V. 1.   f. *CR.* Taxímetro.
   ●
    a. ‖ **de aquí y de allá, María corre y Juan gatea.** fórm. *Cu.* Se usa para expresar que debe pasar mucho tiempo para que ocurra algo determinado.
    b. ‖ **María estaba lavando y se le acabó el jabón.** fórm. *RD.* Se usa para dar excusas o pretextos. pop + cult → espon.
   ■
    a. ‖ **santa ~.** f. *Ho, Pe.* **barillo**.
   □
    a. ‖ **las tres ~s.** loc. sust. *Ve. En la educación secundaria*, grupo de asignaturas de cálculo como las matemáticas, la física y la química, consideradas, tradicionalmente, como difíciles de aprobar.
    b. ‖ **María palito.**
      i. loc. sust. *RD.* Insecto cualquiera de aspecto muy semejante a una ramita de un árbol o arbusto.
      ii. loc. sust/adj. *RD.* metáf. Mujer muy delgada. pop.
mariachi.
    I. 1.   m. *Gu, Ho, ES, Pe.* Marido. pop ^ fest.
       2.   *Gu, Pe. En una pareja sentimental*, el hombre respecto de la mujer. pop ^ fest.
       3.   *Ho.* **marchante**, hombre que es novio, amante o marido de una mujer.
mariagorda.
    I. 1.   f. *Mx.* Dulce elaborado con **cajeta** de maíz, azúcar y anís.
marialuisa.
    I. 1.   f. *Co:O.* Torta formada por dos bizcochuelos, uno sobre otro, pegados con dulce.

mariamulata.
    I. 1. f. *Co.* **zanate**.
mariapalito.
    I. 1. f. *Co:N.* Silla de brazos cuyas patas descansan sobre dos arcos o terminan en forma circular para poder mecerse.
maribela.
    I. 1. f. *Ni.* Marihuana. drog.
marica.
    I. 1. f. *Pa.* Muñeca de cartón con la que las niñas juegan vistiéndola con ropa y accesorios de papel. pop + cult → espon.
maricada.
    I. 1. f. *Co, Ve.* Cosa de poco valor. vulg; pop ^ desp.
    2. *Co, Ve.* Tontería, dicho o hecho sin importancia. vulg; pop ^ desp.
    II. 1. *Py.* **mariscada**. pop.
maricao.
    I. 1. m. *CR, Pa, PR, Co, Ve.* Árbol de hasta 20 m de altura, de copa redonda, follaje verde brillante, corteza pardo grisácea, hojas rojizas y flores pequeñas de color amarillo; su madera sirve para la construcción y como combustible. (Malpighiaceae; *Byrsonima spicata*). ♦ **nance de montaña**; **nancillo**; **nancito**.
    2. *PR.* Fruto del maricao, amarillo verdoso, de drupa jugosa con sabor agrio, y una semilla dura dentro.

    a. ‖ **~ cimarrón.** m. *RD, PR.* **yuco**, árbol.
    b. ‖ **~ verde.** m. *PR.* Árbol de hasta 12 m de altura, de corteza gris, hojas alternas, elípticas, flores blancas y olorosas, y fruto que consiste en una cápsula oblonga vellosa con semillas delgadas. (Theaceae; *Laplacea portoricensis*).

marichapa.
    I. 1. f. *Ve.* **tucunaré**.
marico.
    I. 1. m. *Bo:E.* Bolsa pequeña e impermeable *que se usa generalmente para llevar el tabaco picado y el papel de fumar.*
marico, -a.
    I. 1. m. y f. *Gu.* Persona homosexual. pop ^ desp.
    •
    a. ‖ **marica.** fórm. *Co.* juv. Se usa para dirigirse a un amigo o amiga.
maricón.
    I. 1. m. *Ch.* p.u. Tubo de lata abierto por los lados que se pone en un brasero para que se aviven las ascuas.
    •
    a. ‖ **a ~, ~ y medio.** fórm. *Bo, Ch.* Se usa para indicar que si una persona se porta mal con uno, este debe portarse peor con ella. vulg.
maricona.
    I. 1. f. *Ho, ES, Bo, Ar.* Mujer cobarde, miedosa.
    II. 1. f. *ES, CR.* Mariconera.
mariconada.
    I. 1. f. *Ho, ES, Ni, CR, Pa, Cu, Pe, Bo, Py, Ar; Ch,* vulg; *Ur,* pop. Cobardía.
    2. *RD.* Maldad.
mariconeado.
    I. 1. adj. *Cu. Referido a un hombre,* afeminado. pop + cult → espon.
mariconear(se).
    I. 1. intr. prnl. *Ni, Pe, Bo, Py, Ur.* Acobardarse *alguien.* pop.
    2. *Pe, Bo.* Abandonar un juego o una **competencia**, por ir perdiendo o teniendo un mal resultado. pop.
    3. tr. *Ho.* Tener miedo o temor *alguien.*
    II. 1. intr. prnl. *Pe; Ch,* cult → espon. Realizar una acción malintencionada o indigna. pop.

    2. tr. *Ch.* Tratar a *alguien* de mala manera, vejarlo. pop + cult → espon.
    III. 1. intr. *Ch, Py.* Tener *alguien* relaciones homosexuales. pop + cult → espon.
    2. tr. *Ch.* Tratar a *alguien* como homosexual. pop + cult → espon.
mariconería.
    I. 1. f. *RD, PR, Bo.* Hecho o dicho que molesta continuamente o irrita a una persona. pop.
maricongo.
    I. 1. m. *PR.* Variedad de **plátano**.
maricuando.
    I. 1. m. *Ve.* Hombre homosexual. desp.
maricuate.
    I. 1. m. *Ho.* Hombre afeminado.
maricucha.
    I. 1. f. *Pe.* Marihuana. drog.
maricueca.
    I. 1. f. *Pe, Bo.* Hombre homosexual. pop ^ fest.
    2. m. *Bo, Ch.* Hombre afeminado. pop + cult → espon ^ desp.
    II. 1. adj/sust. *Pe, Bo; Ch,* cult → espon. *Referido a persona,* cobarde, pusilánime. pop ^ desp.
maridal.
    I. 1. adj. *Gu.* Relativo al marido o a la vida conyugal.
marielito.
    I. 1. sust/adj. *Cu.* Persona que emigró a los Estados Unidos en la década de 1980 por el puerto del Mariel.
marifinga.
    I. 1. f. *RD.* obsol. Alimento hecho a base de harina de maíz guisada con manteca.
    II. 1. f. *PR.* Marihuana. drog.
mariflor.
    I. 1. m. *Ni.* Hombre homosexual. pop.
mariguanada.
    I. 1. *Ho, ES.* **marihuanada**, tontería.
mariguanear(se).
    I. 1. *Gu, Ho, ES, Ni, Ch; Bo, Py,* drog. **marihuanear**, fumar marihuana.
    2. *Gu, Ho, ES, Ni; Ch, Py,* p.u; drog. **marihuanearse**, fumarse cigarrillos de marihuana.
mariguaneo.
    I. 1. *Ch.* **marihuaneo**. drog.
mariguanero, -a.
    I. 1. *Gu, Ho, ES, Ni, Cu, RD, PR, Co, Ec, Pe, Bo, Py, Ur; Ch,* pop + cult → espon; *Pa,* p.u; pop + cult → espon ^ desp. **marihuanero**.
mariguano, -a.
    I. 1. *Mx, CR.* **marihuano**, que fuma marihuana.
    2. *Mx, CR.* **marihuano**, adicto a las drogas.
mariguanza.
    I. 1. f. *Ch.* Gesto burlesco hecho con las manos. pop + cult → espon.
    II. 1. f. *Ch.* Tejemaneje, trámite poco claro. pop + cult → espon.
marigüí. (Del guar. *mbarigüí*).
    I. 1. *Bo, Py.* **marihuí**.
marihuanada.
    I. 1. f. *Mx.* Disparate con un alto grado de tontería. pop + cult → espon.
    2. *Ho, ES.* Tontería, dicho o hecho tonto propio del que ha fumado marihuana. (**mariguanada**).
marihuanear(se).
    I. 1. intr. *Gu, Ho, ES, Ni, Bo, Py; Ch,* pop + cult → espon. Fumar marihuana. (**mariguanear**).
    2. intr. prnl. *Gu, Ho, ES, Ni; Bo, Ch, Py,* p.u; pop + cult → espon. Fumarse cigarrillos de marihuana. (**mariguanearse**).

marihuaneo.
   I. 1. m. *Bo, Ch, Py.* Consumo de marihuana. drog.
     (**mariguaneo**).

marihuanero, -a.
   I. 1. adj/sust. *Gu, Ho, ES, Ni, Cu, RD, PR, Co, Ve, Ec,*
     Pe, Bo, Ch, Py, Ar, Ur; Pa, pop + cult → espon
     ^ desp. *Referido a persona,* que fuma marihuana.
     (**mariguanero**).

marihuano, -a.
   I. 1. adj. *CR.* **marihuanero.** (**mariguano**).
    2. *CR. Referido a persona,* adicta a las drogas. drog.
     (**mariguano**).

marihuí. (Del guar. *mbarigüí*).
   I. 1. m. *Bo.* Insecto díptero de hasta 2 mm de longitud
     y color amarillo y negro, con un aparato bucal pi-
     cador y chupador que utiliza para alimentarse de san-
     gre. (Simuliidae; *Simulium philippi*). (**marigüí**).

marijane.
   I. 1. f. *Ve.* Marihuana. drog.

marilope.
   I. 1. m. *Cu.* **marilópez.**

marilópez.
   I. 1. f. *Mx, RD, PR.* Planta arbustiva de hasta 1 m de
     altura, con hojas simples, lanceoladas, de margen
     aserrado, flores de cinco pétalos de color amarillo
     intenso, y fruto en cápsula; se usa como planta orna-
     mental, y posee diversos usos en la medicina tradicional.
     (Turneraceae; *Turnera ulmifolia*). (**marilope**).

marilucha.
   I. 1. f. *CR.* Marihuana. pop + cult → espon.

marimacha.
   I. 1. f. *Gu, Ho, ES, Ni, CR, Co.* Lesbiana. pop ^ desp.

marimba.
   I. 1. f. *Mx, Gu, Ho, ES, Ni, CR, Pa, RD, PR, Co, Ve, Ec,*
     Bo, Py. Instrumento musical de percusión que con-
     siste en una serie de tablillas de madera dura y de longi-
     tud variable, dispuestas horizontalmente de mayor a
     menor sobre unos tubos de caña de longitud y diámetro
     variables que funcionan como resonadores; se toca con
     unos palillos de madera.
   II. 1. f. *Mx, Cu, PR, Co, Ve, Pe, Bo.* Marihuana. drog.
   III. 1. f. *Gu, Ho, ES; CR,* obsol; rur. Conjunto numero-
     so de hijos de un matrimonio. pop + cult → espon.
   IV. 1. f. *ES.* Estómago. pop ^ afec.

marimbazo.
   I. 1. m. *Ho, ES.* Golpe fuerte.
    2. *Ho.* Golpe dado con un **bate.**
   II. 1. m. *Gu.* Sablazo, petición de dinero.
   ☐
    a. ‖ **de un solo ~.** loc. adv. *Ho.* De una sola vez.
   ▶ **pegar el ~.**

marimbeada.
   I. 1. f. *Ho.* **golpiza.**
   II. 1. f. *Ho. En deportes o actividades políticas,* derrota
     contundente que una persona, equipo o partido
     político inflige al contrario.

marimbeado, -a.
   I. 1. adj. *Gu, Ni. Referido a un camino,* que tiene el piso
     muy accidentado o abrupto. (**marimbiado**).
   II. 1. adj. *Ho, Ni. Referido a persona,* golpeada.
   III. 1. adj. *Ho. Referido a persona o equipo,* derrotado.

marimbear.
   I. 1. intr. *Co.* Traficar con marihuana. drog; pop.
   II. 1. tr. *Ho, ES.* Golpear o pegar a *alguien.*
   III. 1. tr. *Ho.* Derrotar a *una persona* o equipo en cual-
     quier actividad competitiva.

marimbeo.
   I. 1. m. *Ho, ES.* Desorden, alboroto.

marimbero, -a.
   I. 1. m. y f. *Mx, Gu, Ho, ES, Ni, CR, Pa, RD, PR, Co,*
     Ec. Músico que toca la **marimba.** (**marimbista**).
    2. *Gu, Ni, CR.* Persona que fabrica o vende **marimbas.**
   II. 1. m. y f. *Cu, Co, Ve.* Persona que trafica con **ma-**
     rimba o marihuana. drog; pop.
   ▶ **poner cara de ~ mal pagado.**

marimbiado.
   I. 1. *Ni.* **marimbeado,** accidentado.

marimbista.
   I. 1. *Gu, Ho, ES.* **marimbero,** músico.

marímbula.
   I. 1. f. *Cu, Co:N, Ve:E.* Instrumento musical de percu-
     sión hecho con un cajón que posee una abertura en la
     que se han insertado varias varillas de acero sujetas por el
     centro, de modo que los extremos de estas quedan suel-
     tos; el músico se sienta sobre el cajón y lo hace sonar
     oprimiendo los flejes con las yemas de los dedos.

marimbulero, -a.
   I. 1. m. y f. *Cu.* Persona que toca la **marímbula.**

marimonda.
   I. 1. *Co, Ve, Ec, Pe.* **mono araña.**
   II. 1. f. *Co:N, Ve:O.* Borrachera. pop.
   III. 1. f. *Co:N.* Riña, pelea. pop.
   IV. 1. f. *Co.* Personaje enmascarado, con grandes orejas
     y una trompa muy larga, característico del carnaval
     de Barranquilla.

   ■
    a. ‖ **la ~.** f. *Pa.* Persona o cosa que han alcanzado el
     máximo grado en algún aspecto.

marimono.
   I. 1. m. *Bo:E.* **mono araña.**

marimoña.
   I. 1. f. *Pe.* p.u. Actitud, movimiento o cosa extravagan-
     te que se hace para impresionar. pop.

marina.
   I. 1. f. *Mx.* Pan de sal, suave y ovalado, que se rellena de
     distintos ingredientes, *por lo general algún embutido.*

marindango.
   I. 1. m. *Cu.* Hombre con el que una mujer mantiene
     relaciones sexuales. pop.

marinera.
   I. 1. f. *Ec, Pe.* Baile popular de ritmo algo pausado, que
     se ejecuta al son de guitarra, **caja,** palmoteo y un
     canto compuesto de tres estrofas.
    2. *Pe.* Género de música popular, antiguamente llama-
     do zamacueca, que se desarrolla cantando coplas
     propias y se ejecuta en compás de dos por cuatro,
     con acompañamiento de guitarra y **cajón.**
    3. *Pe.* Baile al ritmo de marinera, en el que toma par-
     te una pareja que se mueve sujetando un pañuelo
     en la mano derecha.

marinero.
   I. 1. m. *Cu, RD.* Hombre homosexual. euf; pop + cult
     → espon.
   II. 1. m. pl. *RD.* Ejercicio de gimnasia que consiste en
     saltar y mover las extremidades consecutivamente,
     primero abriendo y cerrando las piernas, y después
     alzando los brazos hasta juntarlos sobre la cabeza.

marinillo, -a.
   I. 1. adj. *Co:O. Referido a persona,* tonta. pop ^ desp.

marino.
   I. 1. m. *Ho, CR, Pa.* Hombre que trabaja en un barco.

marinoviazgo.
   I. 1. m. *ES.* Vida marital de una pareja de novios.

marinovio.
   I. 1. m. *Ec.* Hombre con quien se mantiene una rela-
     ción sentimental estable sin estar casado con él.
     pop ^ desp.

marinovio, -a.
  I. 1. m. y f. *Ho, ES, Ni, CR, Pa, PR, Cu, RD, Pe.* Novio que convive maritalmente con su pareja. pop + cult → espon.

mariñaque.
  I. 1. f. *PR.* Prostituta. prost.

mariol.
  I. 1. f. *Ho.* Hombre homosexual. desp.

mariola.
  I. 1. f. *Mx.* Arbusto de hasta 1,2 m de altura, tallos muy ramificados, hojas alternas, de contorno obovado, aovado, o anchamente oblongo, divididas en lóbulos, inflorescencias en cabezuelas, flores con corola tubular, de color blanco, y frutos secos indehiscentes con una sola semilla. (Asteraceae; *Parthenium incanum*).
  II. 1. f. *Ho:S, Ni, CR.* Abeja silvestre muy pequeña que vive en huecos de árboles.
    2. *Ho:S, Ni, CR.* Panal y miel de esta abeja.
  III. 1. f. *Ho. En el juego de canicas,* bola tiradora.

mariolo.
  I. 1. m. *Ve.* Hombre homosexual. desp.

maripenda.
  I. 1. f. *Mx:O.* **liquidámbar**.

maripeo.
  I. 1. m. *Bo:E.* Fiesta indígena.

mariposa.
  I. 1. f. *Mx, Ho, Ni, CR, Pa.* Hélice del motor de una lancha.
    2. *Ho, ES, Ni, CR.* Instrumento para regar, en forma de hélice o de grifo giratorio que, unido a una manguera, hace que el agua se esparza de manera uniforme por un cultivo.
  II. 1. f. *Mx, RD, Py.* Prostituta. pop + cult → espon.
  III. 1. f. *Co.* Pez de hocico alargado y boca pequeña, que posee grandes aletas dorsales y anales, *generalmente de color amarillo.* (Chaetodontidae; *Jonhranlandia nigrirostris*).
    2. *Gu, PR.* Pez marino de hasta 15 cm de longitud, con cuerpo comprimido en forma de disco, aletas radiadas y espinas prominentes en las aletas dorsal y anal, coloración plateada, con tonos amarillentos y pintas o líneas negras. (Chaetodontidae; *Chaetodon capistratus*).
  IV. 1. f. *Cu.* **conga**, planta.
    2. *Cu.* Flor de la mariposa.
    3. *Ho.* Mata de café cuando solo tiene dos hojas, una por cada cotiledón.
    4. *PR.* Árbol de hasta 15 m de altura, con hojas redondas divididas por un corte central, lo que ofrece una apariencia de mariposa, con inflorescencia en racimos, flores de color blanco, y vainas con múltiples semillas; es ornamental. (Fabaceae; *Bauhinia monandra*). ♦ **flamboyán blanco**.
    5. *PR.* Planta perenne con tallos horizontales y subterráneos, hojas en forma de abanico, flores amarillas o anaranjadas y fruto en cápsula. (Iridaceae; *Belamcanda chinensis*).
  V. 1. f. *Ch.* Cortaplumas de varias hojas que se sacan por los lados.
    2. *Ho.* Hoja de papel plegado de modo que, al sacudirlo con fuerza, por la parte recogida produce una detonación. inf.
  VI. 1. f. *Ho, ES.* Fuego artificial de pólvora que consiste en un cohete en forma de mariposa que, al quemarse, imita su vuelo.
  VII. 1. m. *Cu.* Pájaro de hasta 14 cm de longitud, de plumaje vistoso con el vientre y la rabadilla rojos, lomo de color verde claro y alas aceitunadas. (Emberizidae; *Passerina ciris*).

  VIII. 1. f. *ES.* Pieza que encaja con el **arito** para evitar que este se mueva o se caiga de la oreja.
  IX. 1. f. *Ho.* Termita reproductora con alas. ♦ **palomilla; polilla**.
  ■
    a. ‖ **~ del campo.** f. *Ch.* Planta herbácea, perenne, de hojas lineares de forma entre lanceolada y oblonga, inflorescencia terminal y flores muy vistosas; es ornamental. (Alstroemeriaceae; *Alstroemeria pulchra*).
    b. ‖ **~ del hígado.** f. *Co:C, Ec.* Parásito, denominado *Fasciola hepatica*, que infecta el hígado de los rumiantes.
  □
    a. ‖ **~ de la noche.** loc. sust. *Py.* Prostituta.
  ▶ **remar en ~**.

mariposario.
  I. 1. m. *Ho, ES, CR, Pa, PR, Co, Ec.* Lugar cerrado donde hay muchas variedades de mariposas. cult.

mariposeador, -ra.
  I. 1. adj. *RD, Pe. Referido a persona,* que anda alrededor de alguien, procurando el trato o la conversación.

mariposear.
  I. 1. tr. *Ho.* Mover *algo* de un lado a otro, *en especial un animal el rabo o la cola.*
  II. 1. tr. *Ho.* Hervir un líquido, *en especial el jugo de la caña.*

mariposero.
  I. 1. m. *Ch.* Cazamariposas.

mariposero, -a.
  I. 1. adj/sust. *Gu. Referido a persona,* enamoradiza.

mariposita.
  □
    a. ‖ **~ de la noche.** *Py.* **mariposita nocturna**.
    b. ‖ **~ noctámbula.** *RD.* **mariposita nocturna**. pop.
    c. ‖ **~ nocturna.** loc. sust/adj. *RD.* Mujer de vida nocturna *y, generalmente, sexualmente desinhibida.* pop. ♦ **mariposita de la noche; mariposita noctámbula**.

mariposo.
  I. 1. m. *Co.* obsol. Hombre afeminado u homosexual.

mariposón.
  I. 1. m. *Cu.* Persona que está sin saber qué hacer ni dónde permanecer.

mariquear.
  I. 1. intr. *Co.* Comportarse como un **mariquetas**. pop ^ desp.
  II. 1. intr. *Co.* Holgazanear, perder el tiempo. pop.
  III. 1. tr. *Co.* Molestar, fastidiar a *alguien.* pop.

mariquera.
  I. 1. f. *Ve.* Actitud o conducta que denota indecisión, capricho o cobardía. pop.
    2. *Ve.* Tontería, necedad. pop.
  II. 1. f. *Ho.* Bolso de cuero de mano para hombre.

mariquetas.
  I. 1. m. *Co:C.* Hombre homosexual amanerado. desp.

mariquiña.
  I. 1. f. *Pe:E.* Ave palmípeda de río, de pierna y cuello largos, plumaje color café o marrón y pico sonrosado. (Anatidae; *Dendrocygnina* spp.).

mariquita.
  I. 1. f. *Ar.* Baile popular de galanteo que ejecutaban varias parejas puestas frente a frente, con un pañuelo en la mano, acompañadas por un guitarrista cantor.
    2. *Ar.* Música y canto de este baile.
  II. 1. f. *Cu.* Rodaja fina y frita de **plátano verde**. pop.
  III. 1. f. *PR.* Obsequio que se hace en los bautizos, *generalmente en forma de monedas.*

IV. 1. f. *PR.* Pez marino de hasta 25 cm de longitud, con aletas radiadas, cuerpo comprimido lateralmente, de color plateado con líneas longitudinales amarillo doradas, siendo la más ancha la que atraviesa todo el costado hasta un punto negro situado en la base del pedúnculo caudal. (Haemulidae; *Haemulon aurolineatum*). ♦ **maruca; mula; mulita.**

■

a. ‖ ~ **de mar.** f. *Pe.* Caracol marino de tamaño pequeño, concha de color negro con franjas blancas, labio cortante y parte interna **café** oscuro. (Littorinidae; *Littorina peruviana*).

mariscada.
I. 1. f. *Py.* Caza de animales silvestres que habitan en las orillas de ríos y lagunas. rur. (**maricada**).

mariscador.
I. 1. m. *Py, Ar:NE.* Hombre que vive de la caza y venta de animales, *especialmente el* **carpincho**, *la* **nutria** *y el* **yacaré**.

mariscal.
I. 1. m. *Ch.* Guiso a base de mariscos variados.
2. *Ch.* Guiso de cualquier tipo que entre sus ingredientes incluye diversos tipos de mariscos.
3. *Ch.* Lugar en el mar o en la costa donde abundan los mariscos.
II. 1. m. *ES; Pe,* p.u. *En una pareja,* el hombre respecto de la mujer. pop.
III. 1. m. *Ch. En hípica,* herrador, encargado de herrar las caballerías.

Mariscala.
I. 1. f. *Pe.* Advocación de la Virgen de las Mercedes, reconocida con el grado militar de mariscal y patrona de las fuerzas armadas del Perú.

mariscar.
I. 1. tr. *Py, Ar:NE.* Cazar animales silvestres que habitan en las orillas de ríos y lagunas.

mariscoso, -a.
I. 1. adj. *Ec:O. Referido a cosa,* de sabor u olor similares a los del marisco.
2. *Pa. Referido a cualquier pescado,* que no es fresco sino congelado o mal conservado y que adquiere un sabor a marisco fuerte y algo desagradable. pop + cult → esm.

maritata.
I. 1. f. *Pe.* p.u. Canal de hasta 10 m de longitud y unos 50 cm de anchura, con el fondo cubierto de pellejos de carnero en el que se acumula polvo de metales una vez se ha hecho pasar una corriente de agua a la que se han echado minerales pulverizados.

maritate.
I. 1. m. pl. *Mx:SE, Gu, Ho, ES, Ni, CR.* Enseres personales de escaso valor. ♦ **tilichero.**
II. 1. m. *Bo:SO. En una mina,* armazón de madera de forma rectangular con una tela o malla metálica en la base; se utiliza para separar el mineral de la tierra.

market.
■
a. ‖ *flea* ~. (Voz inglesa). m. *EU, PR.* Mercadillo, **pulguero.**
b. ‖ ~ *share.* (Voz inglesa). m. *EU, Ni.* Participación en la bolsa.
c. ‖ *target* ~. (Voz inglesa). m. *EU, PR.* Público al que se dirige una campaña publicitaria.

marketa.
I. 1. *EU.* **marqueta**, mercado.

marketear.
I. 1. *Ec, Pe, Bo, Ch; Ch.* **marquetear**, promover un producto.
2. *Pe, Bo, Ch.* **marquetear**, promocionar a *alguien*.

marketeo.
I. 1. *Pe, Bo, Ch.* **marqueteo**. pop + cult → espon.

marketero, -a.
I. 1. *Pe, Bo, Ch.* **marquetero.**

marketinear.
I. 1. tr. *Bo.* Promover un producto con el fin de introducirlo en el mercado.
2. *Bo.* Promocionar a *alguien* para que su nombre sea conocido. pop.

marketineo.
I. 1. m. *Bo.* Promoción o campaña de mercadotecnia de algo o alguien.

marketinero, -a.
I. 1. adj. *Bo, Ar,* p.u. Relativo al **marqueteo**. pop.
2. *Ar. Referido a cosa,* que tiene posibilidades de comercialización.
3. sust/adj. *Bo, Py.* Persona que realiza el **marqueteo** de algo o de alguien.

marlene.
I. 1. adj. *Ni. Referido a persona,* enfadada, colérica.

marlin. (Voz inglesa).
I. 1. m. *Ho, ES, Pa.* Pez aguja.

marlo.
I. 1. m. *Pe:S, Bo, Py, Ar, Ur.* Mazorca del maíz desgranada.
II. 1. m. *Bo, Ar, Ur.* Pene. vulg; pop + cult → espon.
III. 1. m. *Ar, Ur.* Tronco de la cola de los caballos. rur.

marmaja.
I. 1. f. *Gu, Ho, ES, Ni; Mx, Bo,* vulg. Dinero, moneda corriente.
2. *Pe.* Cuota a repartir de una cantidad de dinero malhabido. desp.
II. 1. f. *Co.* Piedra parecida a la pirita que se usa en artesanía.

marmicoc. (De *Marmicoc*®).
I. 1. f. *Ch, Ar,* obsol. Olla a presión con un mango largo horizontal.
2. adj. *Ch. Referido a un proceso, especialmente una carrera o un curso,* muy rápido, sin preparación ni profundidad. pop + cult → espon ^ desp.

mármol.
□
a. ‖ **para el** ~. loc. adj/adv. *Ch. Referido a una expresión hablada o escrita,* hecha para permanecer en el tiempo por su belleza o genialidad. sat.

marmoleado, -a.
I. 1. adj. *Mx, Ni, Pa, PR, Ec, Pe, Bo. Referido a cosa,* de aspecto parecido al del mármol.

marmota.
I. 1. sust/adj. *Pa, Ve, Py, Ar, Ur.* Persona poco inteligente, *especialmente lenta en discurrir y reaccionar.* pop + cult → espon.

marmotear.
I. 1. intr. *Pe.* juv. Dormir mucho o estar acostado de manera ociosa. pop.

maroca.
I. 1. f. *Pe.* obsol. Mujer de conducta sexual desinhibida. pop.

maroíta.
I. 1. f. *RD.* **bobito**, ave de unos 15 cm de longitud.

marol.
I. 1. f. *Ni:N.* Guiso hecho con masa de maíz, carne y condimentos o de verduras.

marolas.
I. 1. f. pl. *Ho.* Ojos grandes.

maroma.
I. 1. f. *Mx, Gu, Ho, ES, Ni, CR, Pa, Cu, RD, PR, Co, Ve, Ec, Pe, Ch, Ar, Ur; Py,* p.u. Acrobacia, pirueta que hace una persona. ♦ **marometa.**

2. *Mx, Co, Ec, Pe, Ur.* metáf. Cambio oportunista de opinión o de partido político.

3. *Ni, Pa, Co; Mx, Ch,* p.u. Función de circo en que se hacen ejercicios de acrobacia.

4. *Gu, ES, RD, PR, Ch.* metáf. Treta, argucia, truco, trampa, ardid.

5. *PR.* metáf. Negocio arriesgado. pop + cult → espon.

II. 1. f. *Bo, Ar.* Travesaño, soga o alambre que en un corral une por sus extremos, y a cierta altura, los postes de la entrada. rur.

III. 1. f. *Ar, Ur.* Lío, desorden. pop.

IV. 1. f. *Ar:O.* Artefacto de diversión infantil consistente en una barra o tabla apoyada en su parte media sobre una estructura que le sirve de eje y permite que los extremos suban y bajen alternativamente.

V. 1. f. *Bo.* Oficina o dependencia de la policía. delinc.

VI. 1. f. pl. *ES.* **frijoles.** delinc.

▶ **dar ~; disparar una ~; hacer ~s.**

maromear.

I. 1. intr. *Mx, Ho, Ni, Cu, Co, Ve; Pa, PR,* pop + cult → espon. Dar saltos o hacer piruetas en el aire.

2. *Mx.* metáf. Cambiar de forma oportunista de opinión o de partido político.

3. *Pe.* metáf. Hacer equilibrios, inclinarse sobre un terreno o un lugar peligroso.

4. *Ho, Ni.* En el circo, realizar ejercicios y volteretas en el trapecio, en la cuerda o en un cable.

maromero.

I. 1. m. *Ni.* Juguete de madera que simula un trapecio del que cuelga un acróbata.

maromero, -a.

I. 1. m. y f. *Mx, Gu, Ho, ES, Ni, CR, Pa, Cu, RD, PR, Co, Ve, Ch.* Trapecista de un circo. ◆ **querque; volantín.**

2. *Gu, Ho, ES.* Persona que trabaja en un circo.

3. *Ni.* Gimnasta de barras paralelas y anillas.

4. adj. *Pa. Referido a un niño,* que trepa en cualquier lugar, que da saltos y hace piruetas constantemente, sobre todo en muebles u objetos altos.

II. 1. m. y f. *Mx, RD, Ve:O, Bo, Ch; Ur,* pop + cult → espon. | metáf. Político oportunista que cambia de opinión o de partido político.

2. adj/sust. *RD, Ch;* m. y f. *PR, Ur,* pop + cult → espon. | metáf. *Referido a persona,* acomodaticia o manipuladora.

3. adj. *Pe,* p.u.; metáf. *Referido a una actividad o proceso,* versátil, que se adapta o cambia según las necesidades o circunstancias.

marometa.

I. 1. *Mx, PR.* **maroma,** pirueta.

maromo.

I. 1. m. *ES.* Plato de arroz con **frijoles** fritos.

marona.

I. 1. *Pe:E.* **ipa.**

marosca.

▢

a. ‖ **¡a la ~!** interj. *Ar.* p.u. Expresa sorpresa o asombro. pop.

b. ‖ **de la ~.** loc. adj. *Ar.* p.u. Muy grande o intenso. pop.

maroso, -a.

I. 1. adj/sust. *ES.* **marero.**

marota.

I. 1. f. *Mx.* Lesbiana. pop.

II. 1. f. *PR.* Comida hecha de masa de maíz blanda con leche y azúcar.

2. *PR.* Comida hecha con harina de maíz, leche de vaca o de coco y sal.

III. 1. f. *RD.* **maroteo.**

marote.

I. 1. m. *Ar, Ur.* Cabeza de una persona. pop + cult → espon ∧ fest.

2. *Ar, Ur.* Inteligencia de una persona. pop + cult → espon.

II. 1. *Ar.* **triunfo,** danza.

marotear.

I. 1. tr. *RD.* Recoger o comer frutas de una plantación ajena.

maroteo.

I. 1. m. *RD.* Salida que se hace al campo para recoger o comer frutas de una plantación ajena. ◆ **marota.**

marotilla.

I. 1. f. *Ar:O.* Pieza de carne vacuna que se extrae de la zona situada entre la paleta y las costillas del animal.

II. 1. f. *Pe.* Pez marino de hasta 60 cm de longitud, de color plateado, labios y barbilla blancos, y aleta caudal bifurcada. (Sparidae; *Calamus brachysomus*). ◆ **sargo del norte.**

marpacífico.

I. 1. *Cu.* **mar pacífico.**

marqueño.

I. 1. m. *Ho.* Juego de póquer en el que cada jugador tiene una carta descubierta.

marquera.

I. 1. f. *Pe.* Siembra de plantas pequeñas y tiernas que posteriormente se trasplantan a un terreno más amplio para continuar su desarrollo.

2. *Pe.* Lugar donde se siembran las plantas pequeñas y tiernas que luego han de trasplantarse.

marquero.

I. 1. m. *Ar.* Peón encargado de marcar el ganado. rur.

II. 1. m. *ES.* En el futbol, portero, guardameta.

marquero, -a.

I. 1. m. y f. *Pe, Ch, Ar, Ur.* Persona que se dedica a hacer marcos o a enmarcar pinturas, dibujos o espejos.

II. 1. adj/sust. *Ch. Referido a persona,* aficionada a preferir las marcas más exclusivas de artículos comerciales, *especialmente ropa.* pop + cult → espon.

III. 1. m. y f. *ES.* En el ejército, persona indisciplinada.

marquesa.

I. 1. f. *Pe, Ch, Ar.* obsol. Cama baja de madera fina y tallada.

marquesina.

I. 1. f. *ES, Ni, Ur.* Cartel luminoso.

II. 1. f. *RD, PR.* Lugar de una casa destinado a guardar los automóviles.

marquesote.

I. 1. m. *Mx, Gu, Ho, ES, Ni, CR:NO.* Torta de forma de rombo, hecha de harina de arroz o de maíz, con huevo, azúcar, y cocida al horno.

II. 1. m. *ES.* Vulva. tabú.

III. 1. m. *Ho.* Pieza rectangular metálica o de goma que tienen los pedales de una bicicleta para que no resbale la suela.

IV. 1. m. *Ho.* metáf. Aparato de uso personal, como el teléfono móvil, que es demasiado grande, grueso y pesado.

marqueta.

I. 1. f. *Mx:SE, Gu, Ho, ES, CR.* Bloque en forma rectangular, *generalmente de* **panela** *o de jabón.*

2. *ES, Ni, CR.* Trozo grande y rectangular de hielo.

3. *Ni.* Pan de molde.

II. (Del ingl. *market,* mercado).

1. f. *EU:NE.* Mercado, **abarrotería,** tienda. (**marketa; marquete**).

III. 1. f. *Ho, ES.* Fajo de billetes.

marquete. (Del ingl. *market*).
  I. 1. m. *EU:SO.* **marqueta**, mercado.
marquetear(se).
  I. 1. tr. *Pe, Bo, Ch.* Promover un producto con el fin de introducirlo en el mercado. pop + cult → espon. (**marketear**).
  2. *Pe, Bo, Ch.* Promocionar a *alguien* para que su nombre sea conocido. pop + cult → espon. (**marketear**).
  3. tr. prnl. *Pe.* Promocionarse *alguien* para que su nombre sea conocido.
marqueteo.
  I. 1. m. *Pe, Bo, Ch.* Promoción o campaña de mercadotecnia de algo o alguien. pop + cult → espon. (**marketeo**).
marquetero, -a.
  I. 1. sust/adj. *Pe, Bo, Ch.* Persona que realiza el **marqueteo** de algo o de alguien. pop + cult → espon. (**marketero**).
  2. adj. *Pe, Bo, Ch.* Relativo al **marqueteo**. pop + cult → espon. (**marketero**).
marquetinero, -a.
  I. 1. adj. *Ur; Bo, Ch, Ar,* p.u. Relativo al **marqueteo**. pop + cult → espon.
  2. *Ar. Referido a cosa,* que tiene posibilidades de comercialización.
  3. *Bo, Ch,* p.u. *Referido a persona,* que realiza el **marqueteo** de algo o de alguien. pop + cult → espon.
marquiana.
  I. 1. *Mx.* **maraquiana**.
marquilla.
  I. 1. f. *Ar, Ur.* p.u. Envoltorio de un paquete de cigarrillos.
  II. 1. f. *Pa.* Utensilio que sirve para estampar lo que está en él grabado.
  2. *Pa.* Marca que queda estampada, impresa y señalada con un sello.
marquillero, -a.
  I. 1. adj. *Co:O. Referido a persona,* que solo usa cosas de marca o de moda.
marrajo, -a.
  I. 1. adj/sust. *Mx. Referido a persona,* tacaña, agarrada. rur.
  2. *Pe:NO. Referido a persona,* mezquina, irrespetuosa.
  3. sust/adj. *Ve:O.* Persona grosera y descortés.
  II. 1. sust/adj. *Ve:C.* Persona lenta en ejecutar algo.
marramucia.
  I. 1. f. *Co:N, Ve.* Recurso astuto, artimaña. pop.
marramuciero, -a.
  I. 1. sust/adj. *Ve.* Persona tramposa y embaucadora. pop.
marramuncia.
  I. 1. f. *Ve; Ar:NO,* obsol. Marrullería o astucia tramposa. pop + cult → espon.
marranada.
  I. 1. f. *Gu.* Objeto de poco valor. pop ^ desp.
marranazo.
  I. 1. m. *Co:NE.* Porrazo que se da alguien al caer. pop.
marranear(se).
  I. 1. tr. *Co.* Engañar, estafar a *alguien.* pop.
  II. 1. intr. *Co.* Hacer algarabía y divertirse con juegos de manos bruscos, *especialmente los niños.* pop.
  III. 1. intr. prnl. *Co:NE.* Caerse *alguien.* pop.
  IV. 1. intr. *Co:O.* Hacer o decir tonterías. pop.
marranera.
  I. 1. f. *Co.* Establo para ganado porcino.
marranería.
  I. 1. f. *Gu.* Matadero de puercos.
  2. *Gu.* Lugar donde se vende carne de porcino.

marranero, -a.
  I. 1. m. y f. *Gu.* Comerciante de ganado porcino.
marranilla.
  I. 1. f. *Mx.* Bebida alcohólica, blanca y espesa, del altiplano de México, que se obtiene haciendo fermentar el jugo extraído del **maguey**. pop.
  2. *Mx.* Bebida alcohólica adulterada o de baja calidad.
marranito.
  I. 1. m. *Co:C.* Crustáceo terrestre de hasta 2 cm de longitud, de figura aovada, aplanada y patas cortas, y de color ceniciento oscuro. (Armadillidiidae; *Armadillidium* spp.).
marrano, -a.
  I. 1. sust/adj. *RD, Co.* Persona a la que se le engaña fácilmente, o que no opone resistencia alguna a las exigencias de otra. pop + cult → espon ^ desp.
  ► **atáscate ~ ahora que hay lodo; coger de marrana; conseguir marrano; repartirse la ~.**
marraqueta.
  I. 1. f. *Pe:SO, Ch.* Pan pequeño y ancho con dos hendiduras transversales.
  2. *Pe:SO.* Conjunto de varios panes pequeños que se cuecen en una sola pieza, y pueden separarse después con facilidad.
  3. *Bo:O.* Pan de harina de trigo con o sin manteca, que se cuece en el piso del horno caliente para que reviente encima y sea más crujiente.
  II. 1. f. *Ch.* Abultamiento que dejan marcadas las partes pudendas femeninas en un pantalón o una prenda muy ceñida. vulg; pop.
  ☐
    a. ‖ **una ~ bajo el brazo.** loc. sust. *Ch.* Beneficio económico que, según la creencia popular, trae siempre un recién nacido. pop + cult → espon.
marras.
  I. 1. adv. *Co:C.* Mucho tiempo. pop.
  ☐
    a. ‖ **de ~.** loc. adj. *Ho. Referido a persona,* conocida por sus malas acciones. desp.
marrayo.
  I. 1. m. *PR.* Dulce hecho de pulpa de coco, miel de caña o azúcar y canela. (**malrayo**).
marrazo.
  I. 1. m. *Mx.* Bayoneta del fusil.
marro, -a.
  I. 1. adj/sust. *Mx. Referido a persona,* tacaña. pop + cult → espon.
marrocas.
  I. 1. f. pl. *Pe.* Esposas, pareja de manillas unidas entre sí con las que se aprisionan las muñecas de alguien. polic.
marroco.
  I. 1. m. *Ar.* obsol. Pan.
marrón.
  I. 1. m. *Mx, RD, PR, Ur.* Martillo grande de hierro usado para desbaratar piedras o paredes de cemento.
  2. *PR.* Badajo de la campana.
  II. 1. m. *Co.* obsol. Mechón de pelo que se enrolla y fija con algún objeto para que quede rizado.
  III. 1. m. *Ar.* Ano. vulg.
  IV. 1. m. *Ni, Ve.* Café con muy poca leche.
  ☐
    a. ‖ **~ científico.** loc. sust. *PR.* Cosa que se cuadra a la fuerza.
  ► **dar ~; forjar a ~.**
marronazo.
  I. 1. m. *RD, PR, Ur.* Golpe dado con un **marrón**.
  2. *PR.* metáf. Contestación tajante. pop + cult → espon.

marroneado, -a.
  I. 1. adj. *PR.* juv. *Referido a cosa o a acción*, mal hecha.

marronear.
  I. 1. tr. *RD, PR, Ur.* Martillar con un **marrón**.
  II. 1. tr. *PR.* Trabajar mal, descuidadamente. pop + cult → espon. (**marroniar**).
    2. *PR.* Arreglar algún trabajo a conveniencia propia.
    3. tr. *PR.* Forzar *algo* para conseguir el resultado deseado. pop + cult → espon.

marroneo.
  I. 1. m. *PR.* Trabajo descuidado, mal realizado. pop + cult → espon.
    2. *PR.* Ajuste de los resultados según conveniencia. pop + cult → espon.

marronero, -a.
  I. 1. adj. *PR. Referido a persona*, que hace las cosas sin saber la razón.

marroniar.
  I. 1. tr. *PR.* **marronear**, trabajar mal.

marroso, -a.
  I. 1. adj. *CR.* p.u. *Referido a fruto*, que produce en la lengua y en el paladar una sensación mixta de sequedad intensa y amargor.

marrueco.
  I. 1. m. *Ch.* Bragueta o portañuela.

marrueco, -a.
  I. 1. m. y f. *PR.* Gallo o gallina descendiente de gallo **inglés** y de gallina **manila**; es una raza de gallos que no pelea, que solo sirve para **cabestro**. rur.

marruja.
  I. 1. f. *Ho.* Marrullería, trampa. ♦ **marrullada**.

marrullada.
  I. 1. *ES, Ni, RD.* **marruja**.

marrullar.
  I. 1. intr. *RD.* Actuar con marrullerías.

marrullero.
  I. 1. m. *PR. En las peleas de gallos*, gallo poco diestro en el tiro de la espuela.

marrullista.
  I. 1. adj/sust. *Ni. Referido a persona*, marrullera.

marrumancia.
  I. 1. f. *Pa.* Mala costumbre, resabio. pop.

marrumanciero, -a.
  I. 1. adj. *Pa. Referido a persona o animal*, resabiado, mal acostumbrado. ♦ **marrumancioso**.

marrumancioso, -a.
  I. 1. *Pa.* **marrumanciero**.

marruñeco, -a.
  I. 1. sust/adj. *Ve.* Persona que hace o dice tonterías.
  II. 1. *Ve:E.* Persona de carácter introvertido.

marsé. (Del fr. *marché*).
  I. 1. m. *RD.* Mercado, lugar para comprar o vender.

marsellés.
  I. 1. m. *Ur.* Pan de harina de trigo, de tamaño mediano, con forma de dos cilindros paralelos y unidos, espolvoreado con harina de maíz.

marshall. (Voz inglesa).
  I. 1. m. *EU.* Alguacil, oficial de justicia.

marshmallow. (Voz inglesa).
  I. 1. m. *EU, ES, Ni, Pa, Cu, PR, Pe.* Confite de malvavisco. (**marsmalow**).

marsmalow. (Del ingl. *marshmallow*).
  I. 1. *ES.* **masmelo**.

marsopla.
  I. 1. adj. *ES. Referido a persona*, holgazana.
  II. 1. adj. *ES. Referido a persona*, que estorba por su gordura.
  III. 1. adj. *ES. Referido a hombre*, homosexual.

martajado, -a.
  I. 1. adj. *Mx. Referido a salsa*, machacada, a medio moler.
    2. *Ho, Ni. Referido a granos o frutos*, machacados.
  II. 1. adj. *ES, Ni. Referido a ropa*, arrugada.

martajar(se).
  I. 1. tr. *Mx.* Moler el maíz o los ingredientes de una salsa sin llegar al punto de molido total.
    2. *Gu, Ni, CR:NO, Bo.* Machacar, golpear *algo*, generalmente un alimento, para deformarlo, aplastarlo o reducirlo a pedazos pequeños. ♦ **maltrajar**.
    3. *Pe.* Cortar en rodajas un alimento.
    4. *Ho, Ni, Bo.* Quebrar, triturar *algo, en especial granos*.
  II. 1. intr. prnl. *Ni.* Arrugarse la ropa.

martelina.
  I. 1. f. *Mx.* Azuela de dos alas con filo serrado para dar acabado rugoso a paredes lisas.

martelinado.
  I. 1. m. *Mx.* Trabajo de albañilería hecho con una **martelina** para dotar a una pared de un aspecto rugoso.

martelinar.
  I. 1. tr. *Mx.* Trabajar una pared con una **martelina**.

martianismo. (De *José Martí*, ensayista, poeta y político cubano, 1853-1895).
  I. 1. m. *Cu.* Ideas sociopolíticas y literarias que emanan de la obra de Martí.

martiano, -a. (De *José Martí*, ensayista, poeta y político cubano, 1853-1895).
  I. 1. adj. *Cu. Referido a persona*, seguidor de las ideas de Martí.

martillador.
  I. 1. *Bo.* **martillero**.
    ☐
    a. ‖ ~ **público.** loc. sust. *Ec.* Funcionario de un tribunal de justicia encargado de llevar a efecto los remates públicos.

martillar.
  I. 1. tr. *Ho; Ve, Py*, juv. Solicitar dádivas o favores constantemente. (**martillear**).
    2. *ES, RD.* Recordar *algo* a alguien con insistencia.
  II. 1. tr. *Ho, Py. En el futbol*, chutar a puerta con un tiro excelente.
  III. 1. tr. *Ho.* Disparar un arma de fuego con percutor.

martillear.
  I. 1. tr. *Ho.* **martillar**, solicitar dádivas.

martilleo.
  I. 1. m. *Ni, RD, Ve.* juv. Petición insistente e incómoda de dinero o de alguna otra cosa.

martillero.
  I. 1. m. *Pe, Bo, Ch, Py.* Subastador. ♦ **martillador**.

martillero, -a.
  I. 1. m. y f. *Ar, Ur.* Subastador.

martillito.
  I. 1. m. *Ve.* Tipo de fuego artificial que al detonar produce una fuerte explosión.

martillo.
  I. 1. sust/adj. *Ve.* Persona que pide cosas a otros con frecuencia y porfía.
    2. m. *Ho, ES.* Persona gorrona.

martín.
  I. 1. m. *Bo.* Mono de hasta 40 cm de longitud, de cola larga y prensil y pelaje gris pardusco con vetas de color negro y marrón oscuro en cabeza, barbilla, patas y cola. (Cebidae; *Cebus apella*). ♦ **mono capuchino**; **mono hosco**; **mono silbador**.
  II. 1. m. *RD.* Hombre elegante, atractivo.
    ■
    a. ‖ ~ **caballero.** m. *ES.* Ave de hasta 31 cm de longitud, plumaje de color café cálido, apéndice vermi-

cular negro, coronilla, nuca y espalda con una lista negra, cola jaspeada con listas negras, pico y patas negruzcas. (Cuprimulgidae; *Cuprimulgus* spp.).

b. ‖ ~ **callado.** m. *Ho, ES.* Castigo que se da a un hijo por mal comportamiento.

c. ‖ **Martín Fierro.** m. *Ar, Ur.* Postre que consiste *principalmente en un trozo de dulce de membrillo con otro de queso encima.*

d. ‖ ~ **peña.** m. *Gu, Ho, ES, Ni, CR.* Ave zancuda de hasta 66 cm de longitud, de cuerpo fornido, cabeza, cuello y parte superior del pecho de color castaño, con una raya café bordeada de blanco rodeando la garganta y la parte media del cuello, abdomen gris y alas y resto del cuerpo de color marrón con listas marrón claro y un manto oliváceo, piel de la cara amarilla y patas verde oliva. (Ardeidae; *Trigrisoma lineatum*). ♦ **garza tigre.**

e. ‖ ~ **pescador.** m. *Gu, Ho, ES, Ni, CR, Pa, Co, Pe, Bo, Ch, Ar, Ur.* Ave de hasta 50 cm de longitud, con plumaje verdoso, grisáceo o azulado, cabeza grande, cuello corto, pico largo, recto y de punta aguda, y patas cortas. (Cerylidae; *Ceryle* spp. *Chloroceryle* spp.). ♦ **pico navaja.**

f. ‖ **Martín pescador.** m. *Ar, Ur.* Juego infantil en el que los participantes se toman de la mano y simulan un tren que pasa bajo un puente formado por dos niños; el último de la fila ha de responder una pregunta a los niños del puente y según la respuesta se van formando sendos equipos; gana el grupo que, tirando en sentido contrario, logra arrastrar al otro.

▶ **caerle ~ callado.**

martineta. (De *martinete*, penacho de plumas).

I. 1. f. *Ar.* Ave de unos 40 cm de longitud, de color pajizo manchado de pardo, caracterizada por un copete de plumas. (Tinamidae; *Eudromia* spp.). ♦ **perdiz copetona.**

2. *Py, Ur.* **inambú.**

martinetico.

I. 1. m. *RD.* **garza enana.**

martingala. (Del fr. *martingale*).

I. 1. f. *Ar, Ur.* Tira de tela que se coloca en la parte posterior de los **sacos** o abrigos, a la altura de la cintura, para entallarlos o bien como adorno.

II. 1. f. *Ar, Ur.* Correa con dos argollas por las que pasan las riendas y evita que las caballerías cabeceen. rur. ♦ **freno.**

martingalvis.

I. 1. m. *Co.* Árbol de hasta 5 m de altura, de tronco recto y copa en abanico, de follaje denso, hojas alternas, aromáticas, espatuladas y flores en racimo con pétalos amarillos y grandes. (Fabaceae; *Chamaesenna reticulata*).

martinico.

I. 1. m. *PR.* Variedad de **guineo.**

martiricio.

I. 1. m. *PR.* Martirio, fastidio, asunto que mortifica constantemente. rur.

martucha.

I. 1. f. *Pe.* **oso melero.** (Procyonidae; *Potos flavus*).

maruca.

I. 1. *PR.* **mariquita,** pez.

marucha.

I. 1. f. *Co.* Arbusto de hasta 3 m de altura, sarmentoso, de tallos semitrepadores y densamente poblados, tallo trinervio estriado y angulado, flores pequeñas de color blanco, agrupadas en cabezuelas; tiene diversas aplicaciones en la medicina tradicional. (Asteraceae; *Baccharis trinervis*). ♦ **alcotán; barba fina; crucito; lengua de vaca.**

2. *Pe.* Crustáceo decadópodo marino de cuerpo blando y dimensión variable; *es comúnmente usado como carnada por los pescadores artesanales.* (Callaniassidae; *Callianassa* spp.).

II. 1. f. *Pe, Ar, Ur.* Pieza de carne vacuna que se extiende desde la parte más alta del lomo hasta las costillas.

III. 1. f. *Ar:NO.* Mula o yegua que, llevando un cencerro al cuello, guía a una manada de ganado caballar.

IV. 1. *Pa.* **cangreja.** rur.

marucho.

I. 1. m. *Bo:E, Ar.* Muchacho que, montado en la **marucha** o yegua madrina, guía una manada de ganado caballar.

marufia.

I. 1. f. *Gu, Ho, ES, Ni.* Artimaña, trampa, marrullería que se utiliza para lograr algo. ♦ **marufiada.**

marufiada.

I. 1. *ES.* **marufia.**

marufiar.

I. 1. tr. *ES.* Engañar a *alguien.*

2. *ES.* Hacer trampas o marrullerías.

maruga.

I. 1. f. *Cu.* Juguete para niños pequeños que en su interior tiene piedrecillas, semillas o trozos de metal que hacen que suene al moverlo.

marullo.

I. 1. m. *RD, PR.* Ola de gran tamaño. (**maruyo**). ♦ **marullo alto; marullo grande.**

■

a. ‖ ~ **alto.** *PR.* **marullo.**

b. ‖ ~ **grande.** *PR.* **marullo.**

marulo.

I. 1. m. *Ar.* p.u. Cabeza de una persona. pop + cult → espon.

2. *Ar.* p.u. Inteligencia de una persona. pop + cult → espon.

II. 1. sust/adj. *Bo:O.* Hombre homosexual. euf.

marunguey.

I. 1. *PR.* **ñame de gallina.**

marupa.

I. 1. f. *Pe.* Árbol de hasta 30 m de altura, de copa redondeada con follaje denso y lustroso, tronco recto y cilíndrico, corteza exterior amarillenta y con manchas verdes o grisáceas, hojas imparipinnadas y alternas, flores verdes o amarillentas, y frutos en drupas verdes, tornándose negros al madurar. (Simaroubaceae; *Simarouba amara*).

marusa.

I. 1. f. *Ve:O.* Bolsa de tela.

maruto.

I. 1. m. *Ve:E.* Ombligo.

maruyo.

I. 1. *PR.* **marullo.**

más.

●

a. ‖ **de ~.** fórm. *Co:O.* Se usa como forma de cortesía con la que se asiente gustosamente a lo que otro solicita.

b. ‖ **¿qué ~?** fórm. *Co, Ve, Ec.* Se usa para saludar a alguien con quien se tiene familiaridad. pop.

□

a. ‖ **¡a ~!** loc. adv. *PR, Ec.* Además. rur.

b. ‖ **¡a ~!** loc. interj. *PR, Ec.* Además. rur.

c. ‖ **al no ~.** loc. adv. *Ho, ES.* Inmediatamente después.

d. ‖ **de lo ~ aquel.** loc. adv. *PR.* De lo más gracioso.

e. ‖ **de lo ~ bien.** loc. adv. *Ni, CR, Pa, Cu, PR, Ve, Pe, Bo, Py, Ur; Ch,* pop + cult → espon. Muy bien.

f. ‖ **de ~.** loc. adj. *Ur.* juv. Excelente, buenísimo. pop.
g. ‖ **hasta no ~.** loc. adv. *Bo.* Todo lo posible.
h. ‖ **~ antes.** loc. adv. *Pa.* Mucho antes. rur.
i. ‖ **~ antes de.** loc. adv. *Ec.* p.u. Mucho antes de, con mucha anticipación.
j. ‖ **~ bien.** loc. adv. *Ni, Co, Ve, Bo, Py.* Mejor.
k. ‖ **~ luego.** loc. adv. *Ho.* Rápidamente, sin tardanza.
l. ‖ **~ noche.** loc. adv. *Ho, ES, Ni, Ec.* Después, más tarde, por la noche.
m. ‖ **~ que otro poco.** loc. adv/adj. *Ch.* Mucho. pop.
n. ‖ **no ~.**
  i. loc. adv. *Mx, Gu, Ho, ES, Ni, Bo, Py, Ar.* Solamente, únicamente. pop + cult → espon.
  ii. *Gu, Ho, ES.* Muy cerca.
  iii. *Ho, ES, Ni.* Inmediatamente, al instante.
  iv. *Cu.* Ninguna cosa más.

masa.
  I. 1. *Bo, Py, Ar, Ur.* **masita**, galleta.
  II. 1. *Ar, Ur.* juv. Persona excepcional o extraordinaria.
  III. 1. f. *RD.* **tecopalcalhuite**.
  2. *PR.* **amacey**, árbol.
  IV. 1. f. pl. *Ho. En el trapiche*, conjunto de tres rodillos que estrujan la caña de azúcar.
  2. f. *PR. En la industria azucarera*, cada uno de los tres cilindros de acero del molino de una central que extraen el jugo de la caña.
  V. 1. f. *PR.* Manojo de hojas que forman la corona de la piña. rur.

■

  a. ‖ **~ seca.** f. *Ar, Ur.* Dulce pequeño elaborado con una masa de consistencia arenosa hecha de huevo, harina y azúcar, *que generalmente se recubre de chocolate, mermelada o dulce de leche*.

□

  a. ‖ **hasta las ~s.** loc. adj/adv. *Ch, Py. Referido a persona o cosa*, que va hasta el fondo de algo o está muy comprometida con algo. pop + cult → espon.
  b. ‖ **~ boba.** loc. adj. *Cu. Referido a persona, especialmente gruesa*, de poca inteligencia.
  ▶ **hacer la ~ aguada.**

masaboba.
  I. 1. m-f. *Cu.* Persona, *generalmente gorda*, que tiene sus carnes blandas y flácidas.

masacoate.
  I. 1. m. *Mx.* **mazacuata**, serpiente.

masacote.
  I. 1. m. *Pa, RD, Co, Ve, Pe, Bo, Ar:NO, Ur.* Sustancia espesa y pegajosa. pop.
  2. adj/sust. *Pa, Ve, Pe, Bo*; pop, *Ur*, espon. *Referido al arroz u otro alimento*, muy cocido y en forma de pegote.
  3. m. *Ar.* Pasta hecha de los residuos del azúcar que, después de refinada, quedan adheridos al fondo y a las paredes de la caldera.
  4. *Ar.* Comida o postre mal preparado, espeso y pegajoso, *por lo común por falta de cocción*.
  II. 1. m. *Ve:O.* Mezcla de cemento y arena. pop.
  III. 1. m. *Cu.* Conjunto, abundancia de cosas, *especialmente de dinero y de pelo*.
  IV. 1. adj/sust. *PR.* juv. *Referido a persona o cosa*, extraordinaria, excelente.

masacotear.
  I. 1. tr. *Cu.* Toquetear a *alguien*. pop + cult → espon.

masacoteo.
  I. 1. m. *Cu.* Toqueteo entre dos o varias personas. pop + cult → espon.

masacotudo, -a.
  I. 1. adj. *Mx, Cu, Co:O, Ve, Pe, Bo, Ch, Ur.* **mazacotudo**, apelotonado y pegajoso. pop.
  2. *Ch.* **mazacotudo**, de gran volumen. pop + cult → espon.

masacrar.
□
  a. ‖ **~ en la primera base.** loc. verb. *PR. En el beisbol*, poner fuera de juego a un jugador del equipo contrario en la primera base.

masacúa.
  I. 1. *Mx:SE.* **mazacuata**, serpiente.

masacuata.
  I. 1. *Ho, ES, Ni.* **mazacuata**, serpiente.

masacuate.
  I. 1. m. *Gu, Ho.* **mazacuata**, serpiente.

masacuche. (Del maya yucateco *máas*, grillo, y *kuch*, hilo).
  I. 1. m. *Mx: SE.* Escarabajo de hasta 3,4 cm de longitud, de color verde pálido por arriba y verde brillante metálico en el vientre y las patas, las cuales tiene atrofiadas y no le sirven para caminar. (Scarabaeidae; *Cotinis mutabilis*). ◆ **mayate**.

masaguán.
  I. 1. *PR.* **mapiro**.

masaguaro.
  I. 1. m. *Ve.* Árbol de hojas grandes bipinnadas, flores pequeñas y pilosas, de color blanco amarillento, y fruto en legumbre de hasta 15 cm de longitud; su madera, resistente, se usa en la fabricación de embarcaciones. (Fabaceae; *Pithecolobium guachapele*).

masaguas.
  I. 1. f. pl. *Ve:O.* Desperdicios de comida.

masajeada.
  I. 1. f. *Ni, Pe.* Masaje, *especialmente si es prolongado*. pop.

masambo.
  I. 1. *PR.* **chango**, ave.

masamorra.
  I. 1. *RD, Ec.* **mazamorra**, alimento, pasta o puré hecho de **auyama**.
  II. 1. *Cu, RD.* **mazamorra**, enfermedad causada por hongos en los pies.

masangos.
  ▶ **ser de buenos ~s.**

masarandua.
  I. 1. *Co.* **balata**. (Sapotaceae; *Manilkara bidentata*).

masari.
  I. 1. m. *Ho.* juv. Dinero.

masarreal.
  I. 1. m. *Cu.* Dulce hecho con harina de trigo, huevo, residuos de pan o galletas y azúcar morena, cocido al horno.

masatear.
  I. 1. intr. *Pe:E.* p.u. Beber **masato** de **yuca** o emborracharse con él.

masato.
  I. 1. m. *Co, Ve:O, Ec.* Bebida elaborada con arroz, piña o maíz, ligeramente fermentados, y agua, clavos de olor, canela y azúcar. (**mazato**).
  2. *Pe:E.* Bebida fermentada hecha con **yuca**.
  3. *Ec:O.* Plato preparado con **plátano** o yuca que una vez cocido y molido se sirve con agua o con leche.

masatudo, -a.
  I. 1. adj. *Co:O. Referido a un alimento cocido, especialmente al arroz*, que está apelotonado y pegajoso. pop.

mascada.
  I. 1. f. *Ho, ES, Ni, Cu, Py; Mx, Gu, Ar, Ur,* obsol; *Ve,* rur. Porción de tabaco que se masca y se lleva en la boca.
  2. *Pe, Bo, Ch; Py,* pop. Porción de comida que se consigue de un mordisco o que cabe en la boca de una vez. ◆ **kachuda**; **kachunazo**.

3. *Ho, ES, Pa, Ch.* metáf. Cantidad de dinero o beneficio que se saca de un negocio, *generalmente conseguidos al margen de lo legal.* pop.
4. *Ch.* Masticación de alimentos.
II. 1. f. *Mx, Gu, Ni.* Pañuelo, *especialmente de seda,* para adorno.

□

    a. ‖ **~ de vaca.** loc. adj. *Ni.* Referido a cosa, *especialmente a la ropa,* muy arrugada.

▶ **soltar la ~.**

mascadera.
I. 1. f. *RD; Co,* pop → espon. Masticación persistente.

mascadero.
I. 1. m. *Co.* Boca de una persona. pop + cult → espon ^ desp.

mascado, -a.
I. 1. adj. *Gu.* Referido a persona, enfadada.
2. *Pa.* Referido a la ropa, ajada.

▶ **estar mascado.**

mascadura.
I. 1. f. *Gu, PR,* obsol. Porción de tabaco que se toma de una vez para mascarlo.
II. 1. f. *Ho.* Pan dulce o bollo que se toma con el café o el chocolate.

mascafierros.
I. 1. m-f. *Pe.* Persona que trabaja con hierro o con cualquier objeto que tenga metal.

mascalana.
I. 1. sust/adj. *Ar:NO.* Persona apocada y fácilmente dominable. pop + cult → espon.
2. *Ar:NO.* Persona torpe o atolondrada. pop + cult → espon.

mascapaycha.
I. 1. f. *Pe.* Insignia, símbolo de poder que el inca llevaba sobre la frente, constituida por una borla con incrustaciones de oro. (**mascaypacha**).

mascar(se).
I. 1. tr. *Gu, Ni, RD.* Tratar con educación, aunque sin ganas, a *una persona* que no resulta simpática o con la que no se tiene afinidad. ♦ **mascar pero no tragar.**
II. 1. intr. prnl. *Ec.* Reprimir *alguien* la ira apretando fuertemente las mandíbulas. pop + cult → espon.
2. *Gu.* Enfadarse *alguien,* resentirse.

□

    a. ‖ **~ chicle.** loc. verb. *Ho:N, Ni, Ch.* Llevar *alguien* la ropa interior metida incómodamente en las partes íntimas. pop ^ fest. ♦ **ahorcar el cura.**
    b. ‖ **~ el freno.** loc. verb. *Gu; Ur,* pop. Contenerse de decir o hacer algo.
    c. ‖ **~ la soga.** loc. verb. *RD.* Cometer adulterio. pop.
    d. ‖ **~ lauchas.** loc. verb. *Ch.* Encontrarse *alguien* en una situación paupérrima, no tener lo mínimo o necesario para vivir. pop + cult → espon ^ fest.
    e. ‖ **~ pero no tragar.** loc. verb. *Gu, Ni, Pa, Bo.* **mascar,** tratar con educación.

▪

    a. ‖ **de ~lo.** loc. adj. *Bo, Ch.* Referido especialmente a una *bebida alcohólica o a un alimento,* excelente, muy bueno. pop + cult → espon.

máscara.
I. 1. f. *Pe, Ch.* Rejilla colocada en la parte delantera de un automóvil y que protege el radiador.
2. *Pe, Ch.* Cubierta de un aparato.

mascaré.
I. 1. m. *Ec.* Árbol de hasta 50 m de altura, con fuste ramificado a baja altura, corteza pardo rojiza, hojas simples, alternas, flores pequeñas de color blanco a verde amarillento en panículas axilares y fruto en drupa. (Phyllanthaceae; *Hieronyma alchorneoides*). ♦ **pilón.**

mascarilla.
I. 1. adj. *Py, Ar.* Referido a una caballería, que presenta manchas entre los ojos y el hocico. rur.

mascarita.
I. 1. f. *Cu, Bo, Py, Ar, Ur; Gu, Co,* obsol. Persona que lleva un disfraz, *especialmente en carnaval.*

•

    a. ‖ **te conozco ~.** fórm. *Mx, Ho, Cu, Ve, Bo, Py, Ar, Ur.* Se usa para advertirle a alguien que se conoce su manera de proceder. pop.

mascaypacha.
I. 1. *Pe.* **mascapaycha.**

mascón.
I. 1. m. *Cu.* p.u. Porción de alimento difícil de masticar por su consistencia correosa.
2. *Ho.* Bola que remasca el ganado cuando está rumiando. ♦ **rumen.**
II. 1. f. *ES.* **masconeada,** partido de **futbol.**
III. 1. m. *ES.* Estropajo para fregar.
IV. 1. m. *ES.* Desorden, jaleo.

masconeada.
I. 1. f. *ES.* Fregado de trastos de cocina.
II. 1. f. *ES.* Partido informal de **futbol.** ♦ **mascón.**

masconear.
I. 1. tr. *ES.* Jugar al **futbol** de manera improvisada.
II. 1. tr. *ES.* Fregar un recipiente.

masconero, -a.
I. 1. sust/adj. *ES.* Jugador de **futbol.**

mascota.
I. 1. f. *Cu, RD, Ve.* En el **beisbol,** guante redondeado y acolchado, de hasta 90 cm de circunferencia, que usa el **receptor** para amortiguar el impacto de la pelota.

mascotear.
I. 1. tr. *Cu, RD, Ve.* Capturar el **receptor** la pelota que envía el **lanzador.**

mascoteca.
I. 1. f. *Ch.* p.u. Tienda especializada en la venta de mascotas.

mascoteo.
I. 1. m. *Cu.* En el **beisbol,** recepción que realiza un jugador de la pelota lanzada por el **pícher.**

mascotín.
I. 1. m. *Ni, Cu, Ve.* En el **beisbol,** manopla o guante usado por el **inicialista** que no posee divisiones para meter los dedos y está provisto de una malla entre los dedos pulgar e índice.

maseada.
I. 1. f. *CR.* Manoseo lascivo. vulg; pop + cult → espon.

masear.
I. 1. tr. *CR.* Manosear lascivamente a *alguien.* vulg.

maseca. (De *Maseca*®).
I. 1. f. *Mx, Gu, Ho, ES, Ni.* Harina de maíz.

masequía.
I. 1. *Co.* **saetilla.**

maseta.
I. 1. *PR.* **cagado,** tacaño.

□

    a. ‖ **por la ~.** loc. adv. *PR.* Bien, de manera elegante, estupendamente. pop + cult → espon.

masetear.
I. 1. *PR.* **macetear,** golpear.

mashán.
I. 1. m. *Gu.* Hoja vegetal grande y resistente que se usa para envolver **tamales.** (**maxán**).

mashca.
I. 1. f. *Ec.* Harina de cebada tostada.

mashento, -a.
    I. 1.   adj. *Gu. Referido a color*, magenta.

masheño, -a.
    I. 1.   adj. *Gu.* Relativo a Chichicastenango, municipio de Guatemala.

mashmelo. (Del ingl. *marshmallow*).
    I. 1.   *Gu, ES.* **masmelo.**
    II. 1. m. *ES.* Pene que ya no tiene erección. pop + cult → espon ∧ fest.

mashonaste.
    I. 1.   *Pe:E.* **moral bobo.**

mashtate.
    I. 1.   *Gu.* **mastate,** ceñidor.
    2.   *Gu.* **mastate,** pañal.

mashua.
    I. 1.   *Ec, Pe.* **cubia,** planta.

mashushaca.
    I. 1.   f. *Gu.* Dinero.

masiar.
    I. 1.   tr. *Co:O.* Estudiar. est.

masica.
    I. 1.   f. *Gu, Ho.* Fruto del **masico,** parecido a una castaña y comestible una vez hervido. ♦ **masicarán.**

masicarán.
    I. 1.   m. *Ho.* **masica.**

masico.
    I. 1.   *Gu, Ho.* **huje.**

masiega.
    I. 1.   f. *Ar:N.* Sitio poblado de hierbas o malezas altas y tupidas.

masilla.
    I. 1.   f. *Ni, Cu, RD.* Pasta de cal viva y yeso que se utiliza para blanquear y alisar cielos rasos y paredes.
    2.   *Ni, CR, Ec.* Mezcla de cemento, cal y agua, usada para revestir paredes y cielos rasos.
    3.   *Pa.* Plastilina, sustancia plástica de colores variados que usan los niños para modelar figuras y ejercitar las manos. pop + cult → espon.
    4.   *Pa.* Material usado en construcciones y arreglos caseros para sostener las juntas.
    ▶ **dar ~.**

masío.
    I. 1.   *Cu.* **macío.**

masita.
    I. 1.   f. *RD, Bo, Py, Ar, Ur.* Pasta, galleta o pequeño bizcocho de confitería de consistencia blanda, *generalmente relleno de crema.* (**masa**).
    2.   *ES.* Bolita de masa de maíz que se añade a veces a la sopa de **frijoles.**
    II. 1. f. *ES.* Sueldo de un reo. carc.

masitería.
    I. 1.   f. *Py, Ar:NO,C.* Lugar en que se elaboran y venden productos de pastelería.

masitero, -a.
    I. 1.   m. y f. *Py, Ar:NO.* Persona que elabora o vende **masitas.**

maskin.
    I. 1.   m. *Mx, Ec, Bo.* **masking.**

masking. (Voz inglesa).
    I. 1.   m. *Mx, Ni, CR, Ec, Bo.* Cinta adhesiva resistente y de color blanquecino opaco. (**maskin**). ♦ **masking tape.**

■
    a. ‖ ~ **tape.** (Voz inglesa). *EU, Mx, Ho, ES, CR, Pa, PR, Pe, Bo.* **masking.**

maslote.
    I. 1.   m. *PR.* Cuello o tallo del racimo de plátanos. rur. ♦ **tímpano.**

masmalow. (Del ingl. *marshmallow*).
    I. 1.   m. *Ho.* **masmelo.**

masmelo. (Del ingl. *marshmallow*).
    I. 1.   m. *Ho, ES, CR, Pa, Co, Ec, Pe, Bo.* Dulce esponjoso hecho de clara de huevo batida, leche y azúcar, de diversas formas, tamaños y colores. (**marsmalow; mashmelo; masmalow**).

masoquearse.
    I. 1.   tr. prnl. *Ar.* Tener pensamientos dañinos para uno mismo. pop.
    2.   *Bo, Ch, Ur.* Aplicarse *alguien* castigos físicos o mentales. pop.

masoso, -a.
    I. 1.   adj. *Ho, ES, Ni. Referido a cosa,* blanda y pegajosa como la masa.
    2.   *Ho, ES. Referido a cosa,* manchada con masa.

masque.
    I. 1.   conj. *Ec:N.* Aunque.

mastate. (Del nahua *maxtlatl*, especie de bragas).
    I. 1.   m. *Mx, Gu.* Ceñidor que usaban los indios. (**mashtate; maxtate**).
    2.   *Gu.* Pañal, trozo de un material absorbente que se coloca a los niños entre las piernas. (**mashtate; maxtate**).
    II. 1. *CR.* **sande.**

master. (Voz inglesa).
    I. 1.   m. *Ve.* Número telefónico que corresponde a la central en una oficina.
    II. 1. m. *PR.* Maestría, grado académico posterior a la licenciatura o al bachillerato universitario.
    2.   *PR.* ***master bedroom.***

■
    a. ‖ ~ ***bedroom.*** (Voz inglesa). m. *EU, PR.* Dormitorio principal de una casa. ♦ ***master.***
    b. ‖ ~ ***key.*** (Voz inglesa). m. *EU, RD, PR.* Llave maestra.

máster.
    ▶ **ir a ~.**

masterado.
    I. 1.   m. *Ec, Bo.* Curso de posgrado en una determinada especialidad.

masticable.
    I. 1.   m. *Bo, Ch, Ar, Ur.* Caramelo de textura blanda, *generalmente de forma cuadrada.*

masticada.
    I. 1.   f. *Ni, Pe, Bo, Ch, Py.* Masticación.

masticado.
    I. 1.   adj. *Ho, ES, Ni, PR. Referido a un idioma,* mal hablado por alguien.

masticar.
    I. 1.   tr. *Mx, Ho, ES, Ni, PR, Pe.* Hablar con dificultad *alguien* un idioma o una jerga. pop.
    II. 1. tr. *Gu, Ni, Pa, Cu.* Tratar con educación, aunque sin ganas, a *una persona* que no resulta simpática o con la que no se tiene afinidad.

□
    a. ‖ **de ~lo.** loc. adj. *Ch. Referido a una bebida alcohólica o a un alimento,* excelente, muy bueno. pop + cult → espon.

mastique.
    I. 1.   m. *Mx, Co, Ve.* Pasta de yeso mate y agua de cola que sirve para igualar las superficies o tapar junturas.
    II. 1. m. *ES; Ch,* pop ∧ fest. Comida, cantidad de alimentos.

mastrantal.
    I. 1.   m. *Ve.* Lugar poblado de **mastranto.**

mastranto.
    I. 1.   m. *Co.* **oreja de perro.**
    2.   *Ve.* **chichinguaste.**
    3.   *Pa.* **pitiona.**

mastuco, -a.
- I. 1.   adj. *Bo:E. Referido a persona*, robusta y fuerte. pop + cult → espon.

masturbe.
- I. 1.   m. *ES*. Masturbación.

masu.
- I. 1.   m. *Bo*. Mamífero volador de hasta 8 cm de longitud, con una envergadura alar de aproximadamente 40 cm, cuerpo marrón oscuro y alas formadas por membranas interdigitales. (Desmodontidae; *Desmodus rotundus*). ♦ **murciélago chupador.**

masú.
- I. 1.   m. *Mx:SE*. Árbol de hasta 15 m de altura, de tronco leñoso y copa frondosa en forma de paraguas, hojas afelpadas por la cara superior, de color verde pálido, y flores blancas y fragantes; el fruto es una uvita blanco amarillenta en racimos cuyo jugo se emplea para pegar. (Boraginaceae; *Cordia alba*). ♦ **caujaro; nanguipo; upay; uvito; varí; zazamil.**

masucha.
- I. 1.   f. *ES*. Esposa.

masuchada.
- I. 1.   f. *ES*. Cantidad que contiene un manojo de algo.

masucho.
- I. 1.   m. *ES*. Manojo o ramo.
- II. 1.   m. *ES*. Jefe, mandamás.
- III. 1.   m. *ES*. Marido.

masucho, -a.
- I. 1.   m. y f. *ES*. Persona experta o conocedora de algo.

masudo, -a.
- I. 1.   adj. *Mx:SE, Cu, RD. Referido a persona*, obesa. pop + cult → espon.
- II. 1.   adj. *Gu, Ni, CR, Bo. Referido a arroz*, no suelto, amazacotado.
  - 2.   *Gu, CR, Bo. Referido a pan o pieza de repostería*, falto de cocción.
- III. 1.   adj. *Cu. Referido a fruto*, que tiene mucha pulpa.

mata.
- I. 1.   f. *ES, Ni, CR, Pa, Cu, RD, PR, Co, Ve, Ec, Ch*. Planta, excepto árboles grandes.
  - 2.   *Ho*. Planta del **banano**. ♦ **tallo.**
- II. 1.   f. *Gu, Ho*. Grupo dirigente.
  - 2.   *Ho*. Centro, foco principal.
- III. 1.   f. *Cu, Ec*. Causa u origen de algo. pop + cult → espon.
- IV. 1.   f. *Ec*. Lugar que suele ser frecuentado por cierta clase de personas, o que constituye el centro de alguna actividad. pop + cult → espon.

■

- a. ‖ **cargar la ~.** m. *Ch*. Juego en el que los participantes ponen una de sus manos al frente y a una determinada señal dejan la palma hacia arriba o hacia abajo, quedando eliminado el que difiere del resto.
- b. ‖ **~ alfalfa.** f. *Ar:NO*. **huinar.**
- c. ‖ **~ amarilla.** f. *Ar*. **colimamil.** ♦ **mata guanaco; monte guanaco.**
- d. ‖ **~ de gallina.** *PR*. **gunda.**
- e. ‖ **~ de negro.** f. *Pa*. **ochmul**, arbusto.
- f. ‖ **~ guanaco.** *Ar*. **mata amarilla.**
- g. ‖ **~ mora.** f. *Ar*. Arbusto ramoso con hojas alternas y pubescentes de color gris ceniza, y flores amarillas en capítulos; se emplea para teñir lana. (Asteraceae; *Senecio filaginoides*).
- h. ‖ **~ negra.** f. *Ar*. Arbusto de hasta 1,50 m de altura con ramas de sección cuadrangular, hojas diminutas y flores tubulares muy aromáticas de color blanquecino violáceo o rosado. (Verbenaceae; *Junellia tridens*).

□

- a. ‖ **la mera ~.** loc. sust. *Mx, Gu, ES*. Lugar de donde es originario algo, o donde se encuentra en abundancia. pop + cult → espon.
- b. ‖ **~ de arrayán florido.** loc. adj/sust. *Ch. Referido a persona*, tonta, necia. pop. ♦ **mata de huevas; mata de pelotas.**
- c. ‖ **~ de coco.** loc. sust. *Ve*. Persona muy alta. pop.
- d. ‖ **~ de huevas.** *Ch*. **mata de arrayán florido.** vulg; pop.
- e. ‖ **~ de pelotas.** *Ch*. p.u. **mata de arrayán florido.** vulg; pop.
- ▶ caerse de la ~; cargar la ~; dar matica de café; estar caído de la ~; ir a la ~; sacudir la ~.

matabacha. (De *matar* y *bacha*, colilla).
- I. 1.   f. *ES*. Especie de pinza para fumar la colilla de un cigarrillo de marihuana. drog.
- II. 1.   f. *ES*. Hueso en forma de pipa para fumar marihuana.

matabecerro.
- I. 1.   *RD*. **ahogabecerro.**

matabicho.
- I. 1.   m. *Bo:E,O*. Bebida alcohólica de mala calidad, preparada con aguardiente de caña de azúcar mezclado con agua o con algún refresco. pop + cult → espon ^ fest.

matabuey.
- I. 1.   m. *Ho, ES, Ni. En la carreta*, madero delantero y cruzado. ♦ **mataburro; telera.**
- II. 1.   *Ho, ES*. **cuayote**, bejuco.
  - 2.   *PR*. Árbol perenne de hasta 10 m de altura, con hojas elípticas, flores de color anaranjado en forma de embudo y fruto globoso. (Solanaceae; *Goetzea elegans*). ♦ **matayugo.**
- III. 1.   m. *ES*. Vulva. tabú.
- IV. 1.   m. *ES*. Hueso delantero de la pelvis de una mujer que molesta al hacer el coito.

mataburras.
- I. 1.   *Bo*. **mataburros**, accesorio de metal que se coloca en los vehículos.

mataburro.
- I. 1.   m. *Ni, Cu, RD, Pe, Bo, Py, Ar, Ho, ES, Ur*, fest ^ sat. **mataburros**, diccionario.
  - 2.   *Cu*. **mataburros**, libro o documento. pop + cult → espon ^ fest.
- II. 1.   m. *Ho, ES, CR, Ve, Ec, Bo*. Parachoques delantero de un automóvil, hecho de barras muy salientes de hierro o acero.
  - 2.   *Ho, ES, Ni*. **matabuey**, madero delantero de la carreta.
  - 3.   *Ho*. metáf. Persona o grupo que sirve de defensa y protección a otra. ♦ **pantalla.**
  - 4.   *Py*. Obstáculo colocado en medio de la calle para evitar el paso acelerado de vehículo.
- III. 1.   m. *Gu, Ho, Ni, Ec*. Aguardiente o cualquier licor de pésima calidad. pop + cult → espon ^ fest.
  - 2.   *Ho*. **matacaballo**, medicamento o bebida.
- IV. 1.   m. *Gu*. Trabajo pesado y agotador.

mataburros.
- I. 1.   m. *Ho, CR, Cu, RD, Ve, Pe, Bo, Py, Ar, Ur; Gu*, p.u. Diccionario. pop + cult → espon ^ fest. (**mataburro**). ♦ **amansaburros.**
  - 2.   *Cu*. Libro o documento de cualquier tipo que contiene la información que se necesita. (**mataburro**).
- II. 1.   m. *Gu, Ho, CR, Pa, Ve, Ec, Bo*. Accesorio de metal que se coloca en la parte delantera de ciertos vehículos, *generalmente todoterreno*, para protegerlos de los golpes. pop. (**mataburras**). ♦ **tumbaburros.**

III. 1. m. *Py, Ur.* Hueco en el suelo cubierto por barras paralelas en la entrada de una finca, que impide el paso del ganado pero permite el de las personas y vehículos.

2. *Py.* Obstáculo artificial alomado colocado transversalmente en la calzada para que los vehículos aminoren la marcha.

matacaballo.
I. 1. m. *Mx.* Arbusto de hasta 3 m de altura, de hojas alternas, elípticas o lanceoladas, de margen entero, flores de color púrpura, de pétalos separados en forma de estrella, y fruto compuesto y dehiscente; las hojas desprenden un aroma anisado. (Schisandraceae; *Illicium floridanum*).

2. *Mx.* Árbol de hasta 20 m de altura, de hojas simples, pecioladas, elípticas y de margen entero, inflorescencias en racimo, axilares, flores sésiles, con pétalos verdes, ovado-lanceolados, y fruto en drupa subglobosa de color verde; el fruto es comestible y su hueso es vomitivo y purgante. (Icacinaceae; *Calatola mollis*). ♦ **nuez calatola.**

3. *Ec:E,O.* **matacaballos**, boa.

II. 1. m. *Ho, Ur.* Medicamento o bebida excesivamente fuerte. fest. ♦ **mataburro.**

matacaballos.
I. 1. m. *Co, Bo.* Insecto de hasta 10 cm de longitud, de tórax largo, antenas delgadas, con patas traseras muy desarrolladas y largas, patas anteriores provistas de fuertes espinas, color verde intenso o pardo. (Mantidae; *Mantis religiosa*). ♦ **abracapalo; cerbatana; chimpilicoco; mula del diablo; ponmesa; tara.**

2. *Ch.* **pijuy.**

3. f. *Ec.* **boa de las vizcacheras.** (**matacaballo**).

matacaimán.
I. 1. m. *Co:S,E.* Pez de agua dulce de hasta 25 cm de longitud, que posee dos grandes espinas aserradas en las aletas pectorales y otra sobre el espinazo, que despliega y esconde a voluntad. (Doradidae; *Centrochir crocodili*). ♦ **sierra.**

matacambio.
I. 1. sust/adj. *Bo:C,O.* Persona, *generalmente joven*, que se queda con una parte del dinero de otra al hacer una compra. pop + cult → espon.

matacán.
I. 1. m. *Pa, Ve.* Mamífero artiodáctilo de hasta 1,4 m de altura, de pelaje pardusco y, en los ejemplares machos, dos pequeñas cornamentas sin ramificaciones. (Cervidae; *Mazama americana, M. gouazubira, M. rufina*).

2. *Ho, Ni.* Ternero grande y gordo de entre seis meses y un año que ha sido destetado.

II. 1. m. *PR. En las peleas de gallos*, gallo viejo que ya no sirve para la lucha.

III. 1. m. *Pa.* Piedra para relleno en carreteras antes de poner el asfalto o para conformar pisos en las construcciones.
▶ **dar ~.**

matache.
I. 1. m. *Ec.* Árbol propio de la sierra cuya madera se usa en la construcción. (Cunoniaceae; *Weinmannia descendens*).

2. *Ec.* Madera del matache.

matachín.
I. 1. m. *Ve:O.* Hombre que ha cometido varios homicidios. pop.

matachina.
I. 1. f. *Ve:O.* Matanza de personas. pop.

matachinado.
I. 1. m. *Co:C.* Vestido de colores vivos y llamativos.

matachitos.
I. 1. m. pl. *Co:NE.* Película, *generalmente para niños*, hecha con dibujos animados.

matacho.
I. 1. m. *Co:E,NE, Ve:O.* Espantajo que se pone en los sembrados y en los árboles para ahuyentar a los pájaros.

2. *Co:C.* Muñeco o figura humana hecha sin arte. pop ^ desp.

matachola.
I. 1. f. *Pe.* Juguete infantil hecho con una media larga que lleva un extremo cerrado relleno de trapos y harina con la que se golpea y mancha a la gente en los carnavales.

matacinga.
I. 1. f. *Gu, ES, CR.* Matanza, muerte de muchas personas.

mataco.
I. 1. m. *Bo, Ar.* Armadillo pequeño, de unos 35 cm de longitud. (Dasypodidae; *Tolypeutes mataco*).

2. *Bo.* **huitatobe.**

matacola.
I. 1. m. *Ch.* Objeto, *especialmente una pipa*, empleado para consumir la última porción de un cigarrillo de marihuana. drog.

matacora.
I. 1. f. *Mx:NO.* Arbusto de hasta 4 m de altura, de tallos correosos, hojas simples, alternas, de aovadas a espatuladas, carnosas, flores en racimo, muy pequeñas, de color amarillo pálido, y fruto en cápsula con una semilla negra; sus ramas se emplean en cestería, y posee diversos usos en la medicina tradicional. (Euphorbiaceae; *Jatropha spathulata*). ♦ **piñón del cerro; sangre de drago.**

matacoyote.
(De *matar* y del nahua *coyolt, coyote*).
I. 1. m. *Ho, ES.* **chalchuapa.**

mataculín.
I. 1. m. *Co:O.* Barra de madera o metal apoyada en equilibrio en su punto medio, de modo que quienes se sitúan en sus extremos suben y bajan alternativamente.

matada.
I. 1. f. *Gu, Ho, ES, Ni, CR, Cu, Ve; Pa, Ec*, pop. Caída o golpe violento y aparatoso.

2. *Gu.* Paliza, serie de golpes.

II. 1. f. *Co.* Matanza, acción de matar. pop.

III. 1. f. *Ho, Ni.* Esfuerzo grande y prolongado.

IV. 1. f. *Gu.* Llaga de caballería provocada por roce de algún arreo.

matadero.
I. 1. m. *Gu, Pa, Ve, Pe; Ur*, p.u. Establecimiento en el que se alquilan habitaciones a parejas para tener relaciones sexuales. pop + cult → espon ^ fest.

2. *Gu, Ho, ES.* Motel.

3. *Ho, ES.* Prostíbulo. vulg.

II. 1. m. *PR.* Penitenciaría estatal, cárcel. delinc.

matado, -a.
I. 1. adj. *Mx, Gu. Referido a estudiante*, dedicado de manera obsesiva al estudio. est.

II. 1. adj. *Co:O. Referido a persona*, encantada o fascinada por algo. pop.

III. 1. adj. *Gu, Pe. Referido a una cabalgadura*, llena de mataduras o moretones. rur.

IV. 1. adj. *Cu, RD, PR. Referido a persona*, desprovista de atractivos físicos.

2. *Cu. Referido a cosa*, de mala calidad.

V. 1. adj/sust. *Gu, Ho. Referido a persona*, muerta.

VI. 1. adj. *Gu, CR. Referido a cosa*, que aburre o cansa. pop.

VII. 1. adj. *Pa. Referido a persona*, corta de dinero.
▶ **dar en el ~.**

matador, -ra.
   I. 1.   m. y f. *Pe.* Jugador de voleibol o de vóley-playa. pop.

matadura.
   I. 1.   f. *Ar.* **boyerito**.
   II. 1.   f. *RD.* Placa que se forma en las heridas al secarse.
   III. 1.   f. *ES.* Infección venérea.
   IV. 1.   f. *Ur.* Lastimadura.

matafrío.
   I. 1.   m. *Co:S.* Especie de colador hecho de hojas de palma entretejidas, que se utiliza para exprimir la **yuca** rallada y eliminar el **yare**.

matagallego.
   I. 1.   m. *Cu.* p.u. Dulce hecho con harina de trigo, huevo, residuos de pan o galletas y azúcar morena, cocido al horno.

matagallegos.
   I. 1.   m. *RD.* Dulce de forma alargada y redondeada relleno de crema.

matagallina.
   I. 1.   m. *Mx:S.* Árbol de hasta 5 m de altura, de hojas simples, alternas, de elípticas a aovadas, inflorescencia en racimos umbeliformes, flores blancas, y frutos globosos u oblongos, amarillentos en el exterior y rojizos en el interior. (Capparidaceae; *Capparis incana*).
   2.   *RD.* Arbusto de hasta 8 m de altura, con hojas simples, solitarias, inflorescencia en fascículos, flores fragantes de color blanco y fruto en forma de baya jugosa, anaranjada o amarilla. (Solanaceae; *Acnistus arborescens*). ♦ **carite**; **galán arbóreo**.
   3.   *PR.* **gunda**, bejuco.

matagallo.
   I. 1.   m. *PR.* **gunda**, bejuco.

matagato.
   I. 1.   *Ar, Ur.* **matagatos**. pop.

matagatos.
   I. 1.   m. *Ar, Ur,* pop; *Ch,* obsol. Arma de fuego vieja o en mal estado. (**matagato**).

matagente.
   I. 1.   m. *Co:O,SO.* p.u. Molino rústico, usado para la elaboración de la caña de azúcar, que consiste en dos troncos que al girar exprimen las cañas.
   II. 1.   m. *Pe.* Juego entre dos equipos de igual número de jugadores, en el que uno de ellos lanza la pelota a los miembros del otro y los van eliminando si no consiguen atraparla.

matagón.
   I. 1.   m. *ES.* Carne de **res** o de cerdo.

matagusano.
   I. 1.   m. *Gu, Ho, ES, Ni.* Conserva de corteza de naranja y miel de panela o rapadura.
   2.   *Gu.* Dulce hecho con cáscara de naranja y **panela**.
   II. 1.   m. *Ar:C,NO.* Hierba de hasta 30 cm de altura, ramosa, con flores azuladas y un fruto capsular y pubescente; se usa para curar heridas agusanadas de los animales. (Hidrophyllaceae; *Nama undulatum*).
   III. 1.   m. *Cu.* Producto farmacéutico veterinario para curar enfermedades cutáneas producidas por moscas o por sus larvas.

matahambre.
   I. 1.   m. *Pe.* Guiso que se prepara con carne enrollada que recubre un relleno de huevo, pasas y otros ingredientes.
   2.   *Cu, RD.* Dulce hecho con harina de trigo, huevo, residuos de pan o galletas y azúcar morena, cocido al horno.
   3.   *RD, PR.* Galleta de mayor tamaño que las corrientes.

matalascallando.
   I. 1.   m-f. *Mx, ES, Ni; Pe,* p.u. Persona que, pese a parecer seria, gusta de hacer bromas. pop + cult → espon.
   2.   *Mx.* Persona hipócrita.

matalí.
   I. 1.   m. *Mx.* Planta de hasta 60 cm de altura, con largos tallos rojizos y nudos abultados, hojas carnosas, sin pecíolo, de color verde oscuro con dos bandas plateadas por arriba y púrpuras por debajo; se cultiva como ornamental por sus hojas vistosas. (Commelinaceae; *Zebrina pendula*). (**mataliste**; **mataliz**). ♦ **cucaracha**; **maravilla**; **panameña**; **sangría**.

mataliste.
   I. 1.   *Mx.* **matalí**.

mataliz.
   I. 1.   *Mx.* **matalí**.

matamata.
   I. 1.   f. *Co, Ec, Pe:E.* **jicotea**, tortuga.
   2.   *Bo:O.* Árbol de hasta 15 m de altura, de hojas simples y alternas, flores blancas agrupadas en racimos o espigas y fruto capsular leñoso. (Lecythidaceae; *Eschweilera coriácea*).

matamba.
   I. 1.   f. *Co.* Palma trepadora de tallo flexible y delgado con espinas rectas o ganchudas muy agudas; los segmentos de sus hojas son rígidos y puntiagudos. (Arecaceae; *Desmoncus* spp.). ♦ **yacitara**.
   2.   *Co.* Tallo flexible de la matamba, de hasta 20 m de longitud, que es una caña nudosa y resistente; se usa en cestería y para fabricar cuerdas.

matambazo.
   I. 1.   m. *ES.* Caída fuerte y estrepitosa de alguien.

matambo, -a.
   I. 1.   m. y f. *Mx.* Caballo blanco con pocas manchas en el cuerpo.

matambre.
   I. 1.   m. *Pe, Bo, Py, Ar, Ur.* Capa de carne que se saca de entre el cuero y el costillar de vacunos y porcinos.
   2.   *Bo, Py, Ar, Ur.* Fiambre hecho *por lo común* con carne de vacuno, de porcino o de pollo, rellena, adobada y envuelta.
   II. 1.   m. *Ar.* Cadáver. pop + cult → espon ^ fest.
   III. 1.   *Ho.* **ayacote**, planta.
   2.   *Ho.* **ayacote**, semilla.

matamico.
   I. 1.   m. *Ar:NO.* Ave rapaz de hasta 50 cm de longitud, de cabeza y pecho negros, y abdomen y cola blancos. (Falconidae; *Polyborus megalopterus*).

matancina.
   I. 1.   f. *Ni; Ho.* pop. Masacre.

matancinga.
   I. 1.   f. *ES.* Masacre.

matanegra.
   I. 1.   *Ar.* **leña hedionda**.
   2.   f. *Ar.* **venadillo**, hierba.

matanga.
   I. 1.   f. *Mx.* Juego infantil consistente en arrebatar de un golpe lo que otro niño tenga en la mano.
   ◪
   a. ‖ ~, **dijo la changa.** fr. prov. *Mx, ES, Bo.* Indica alegría cuando se consigue algo sin esfuerzo. pop + cult → espon.

matanza.
   I. 1.   f. *Pa.* Celebración campesina donde se mata una vaca y se realizan diversas actividades colectivas. rur.

mataojo.
   I. 1.   m. *Ar:NE, Ur.* Árbol de hasta 8 m de altura, de hoja perenne, flores perfumadas de color blanco

amarillento y fruto ovoide. (Sapotaceae; *Pouteria salicifolia*).

2. *Ar:NE.* Árbol de hasta 10 m de altura, de corteza rugosa y fruto globoso con epicarpio pubescente. (Sapotaceae; *Pouteria glomerata*).

matapajaritos.
I. 1. sust/adj. *Ch.* Lluvia primaveral. pop + cult → espon.

matapalo.
I. 1. m. *Mx, Gu, Ni, CR, Pa, Co, Ve, Ec, Pe, Bo.* Árbol parásito de hasta 15 m de altura, caducifolio, a veces con raíces aéreas, de corteza pardo claro a plomizo y fisurada longitudinalmente, hojas simples, alternas y con pubescencia en el envés, flores unisexuales, unas estériles y otras fértiles, y fruto compuesto por numerosos y pequeños aquenios. (Moraceae; *Ficus jacobii*). ♦ **renaquilla**; **sabalí**; **suan**; **zalate**.
2. *Ho, ES, Ni.* **amate**, árbol.
3. *ES.* Planta epifita en su juventud, de selvas intertropicales, que con el tiempo termina estrangulando al árbol que le sirve de sostén y crece hasta 30 m de altura. (Moraceae; *Ficus máxima, F. urbaniana, Phoradedron crasifolium, Structhanthus orbicularis*). ♦ **suelda**.
II. 1. m. *Bo:SO.* Minero encargado de poner puntales en las galerías para evitar el derrumbe de techos y paredes.

matapasiones.
I. 1. m. *ES, Cu, Co, Pe, Bo, Ch*; pl. *Ch,* pop + cult → espon ∧ fest. Calzón o calzoncillo grande y abultado.
2. adj/sust. *ES, Pe, Bo, Ch, Ar. Referido a cosa o persona,* que inhibe o disminuye la pasión erótica. pop.

matapaso.
I. 1. m. *PR.* **jagüey**, árbol.

matapasto.
I. 1. f. *Pe.* Maleza que seca los pastos.

matapechos.
I. 1. m. *Bo:O.* Aguardiente que se prepara con alcohol de caña de azúcar. pop + cult → espon.

matapenquero.
I. 1. adj/sust. *Ch. Referido a un vino,* de mala calidad. pop.

mataperrada.
I. 1. f. *Pe, Ar.* Travesura hecha por un **mataperro** o propia de él. pop.

mataperrear.
I. 1. intr. *Cu, Pe, Ar.* Realizar travesuras un **mataperro**. pop.
2. *Cu, Bo:E, Ar; Ec,* p.u. Pasar *una persona, generalmente un joven,* gran parte del tiempo en la calle, sin hacer nada de provecho. pop + cult → espon.

mataperro.
I. 1. m. *PR, Pe, Bo.* Parachoques adicional, hecho con tubos de hierro reforzado, que se coloca sobre el parachoques de un vehículo. pop. (**mataperros**).

mataperro, -a.
I. 1. m. y f. *Cu, Pe, Ar.* Joven callejero y travieso.
2. adj. *Ec:S. Referido a una persona,* haragana.

mataperros.
I. 1. m. *Ar.* Estructura metálica situada entre el motor de una moto y la rueda delantera, que sirve de protección.
2. *Pe, Bo:O.* **mataperro**, parachoques. pop.
II. 1. m-f. *Pe.* Joven callejero y travieso. pop + cult → espon ∧ desp.
2. *Ec.* Joven vagabundo y callejero. pop + cult → espon ∧ desp.

matapiojito.
I. 1. m. *Ec.* Dedo pulgar. inf.

matapiojo.
I. 1. m. *Mx, Gu, Ni.* Arbusto de ramas trepadoras, de hojas simples, opuestas, de lámina elíptica u aovadoelíptica, inflorescencias axilares, agrupadas sobre ramas cortas, flores de color amarillo verdoso, con pétalos carnosos y fruto capsular, del mismo color que la flor; se utiliza como antiparasitario e insecticida. (Hippocrateaceae; *Hippocratea acapulcensis*). ♦ **ixcate**.
2. *Mx, Gu, Pa.* Árbol caducifolio de hasta 10 m de altura, de hojas alternas, flores unisexuales de color blanco verdosas; el fruto es una cápsula globosa y las semillas tienen un arilo anaranjado o rojo; se utiliza como antiparasitario. (Meliaceae; *Trichilia hirta, T. americana*). ♦ **cabo de hacha**.
3. *Ch.* **matapiojos**, libélula.
II. 1. m. *Gu, Bo.* Dedo pulgar. pop ∧ fest. (**matapiojos**).

matapiojos.
I. 1. m. *Ch; Co.* p.u. Libélula. (**matapiojo**).
2. *Ar:NO.* Insecto muy voraz de color verde o pardusco, cuerpo alargado y miembros anteriores muy fuertes. (Mantidae; *Coptopteryx* spp., *Stagmatoptera* spp.).
II. 1. m. *Gu, Bo:O.* **matapiojo**, dedo. pop ∧ fest.
III. 1. sust/adj. *PR.* Persona persistente, tesonera. pop + cult → espon ∧ desp.

matapuerco.
I. 1. m. *Co.* Árbol de hasta 2 m de altura, con hojas que nacen del mismo nudo, flores muy pequeñas que se disponen en espigas, y fruto de color rojo. (Apocynaceae; *Rauwolfia viridis*).

matapulga.
I. 1. f. *Ar:NO.* Planta herbácea de hasta 50 cm de altura, hojas opuestas, flores azules y fruto capsular con forma de riñón. (Asteraceae; *Schkuria pinnata*).

matapulgas.
I. 1. m. *Bo:O.* Dedo pulgar. pop + cult → espon ∧ fest.
II. 1. m. *Ho.* Arbusto de hasta 1,5 m de altura, cubierto con pelos glandulares irritantes al tocarlos con la piel, hojas lobuladas, flores en racimos terminales, las masculinas con sépalos blancos y las femeninas de color verde, cuyo fruto es una cápsula trilobada; tiene diversas aplicaciones en la medicina tradicional. (Euphorbiaceae; *Cnidoscolus urens*).

matar(se).
I. 1. intr. *Ar.* Triunfar rotundamente en una **competencia** o una prueba. pop + cult → espon.
2. *Ar.* Causar una impresión excelente. pop + cult → espon.
II. 1. tr. *Pa, Ec, Bo, Ur.* Estudiar una asignatura concienzudamente y con aplicación.
III. 1. tr. *Ho, Bo.* Hacer daño, rozar una prenda de vestir o algún tipo de calzado.
IV. 1. tr. *Cu.* Terminar *algo*.
V. 1. intr. *Cu.* Besarse y abrazarse apasionadamente una pareja. fest.
VI. 1. tr. *ES.* Contagiar a *alguien* de una enfermedad venérea.
VII. 1. tr. *PR.* Comerse la colilla y ceniza del cigarrillo de marihuana. drog.

● **a.** ‖ **¡mátame esa!** fórm. *RD.* Se usa para enfatizar algo que acaba de decirse que se considera irrefutable.

□ **a.** ‖ ~ **carita.** loc. verb. *Mx.* Ser *algo* superior o prevalecer ante otra cosa que de por sí ya resulta valiosa y apreciable.

b. ‖ ~ **clase.** loc. verb. *Mx.* Convenir todos los alumnos de un curso en faltar a una o más sesiones, sin autorización del profesor. (**matar clases**).

c. ‖ ~ **clases.** loc. verb. *Mx.* **matar clase**.

d. ‖ ~ **el chancho.** loc. verb. *Bo.* Tomar un licor después de la comida para facilitar la digestión. pop + cult → espon ^ fest.

e. ‖ ~ **el chucho a tiempo.** loc. verb. *Gu, Ec.* Prevenir, tomar precauciones. pop + cult → espon.

f. ‖ ~ **el chuncho.** loc. verb. *Ch.* Acabar *alguien* con una racha de mala suerte. pop + cult → espon.

g. ‖ ~ **el disgusto.** loc. verb. *Bo.* Apaciguar alguien el mal humor tomando bebidas alcohólicas. pop + cult → espon.

h. ‖ ~ **el gallo.** loc. verb. *Cu.* Terminar, concluir *algo*. pop + cult → espon.

i. ‖ ~ **el oso a puñaladas.** loc. verb. *Mx.* Realizar el coito. pop + cult → espon.

j. ‖ ~ **el pollo.** loc. verb. *Gu.* Endurecerse el pene y notarse por fuera del pantalón.

k. ‖ ~ **el punto.** loc. verb. *Ch, Ar, Ur.* Superar a *alguien* en algo, *especialmente en una cualidad o habilidad.* pop + cult → espon.

l. ‖ ~ **la changa.** loc. verb. *PR.* Comerse la colilla de un cigarrillo de marihuana. drog.

m. ‖ ~ **la chiva.** loc. verb. *RD.* Estar *alguien* ocioso. pop + cult → espon.

n. ‖ ~ **la culebra.** loc. verb. *Ni, CR.* Fingir que se trabaja para dejar que transcurra el tiempo. pop.

ñ. ‖ ~ **la gallina.** loc. verb. *Ch.* Tener relaciones sexuales con alguien. pop ^ fest.

o. ‖ ~ **la jugada.** loc. verb. *Cu.* Realizar *algo*. pop + cult → espon.

p. ‖ ~ **la lombriz.** loc. verb. *Gu, Ho, ES, Bo, Ch.* Comer un poquito de algo.

q. ‖ ~ **las amebas a cabezazos.** loc. verb. *Ho, Ni.* Tener relaciones sexuales con otra persona por el ano. vulg; pop.

r. ‖ ~ **los ojos.** loc. verb. *RD.* Mirar a *alguien* con una expresión amorosa.

s. ‖ ~ **mil.** loc. verb. *Py, Ar.* Causar *alguien* o *algo* sensación de admiración por su atractivo o sus cualidades.

t. ‖ ~ **su toro.** loc. verb. *Ch.* Pagar cada persona su consumición dentro de un grupo. pop.

u. ‖ ~ **un diablo.** loc. verb. *Co:NE.* Decir o preguntar dos personas la misma cosa a la vez. pop.

v. ‖ ~ **un tigre a sombrerazos.** loc. verb. *Ve.* Comportarse con gran valentía y audacia. pop.

w. ‖ ~ **vampiros.** loc. verb. *Ho.* Tener *alguien* mal aliento. fest.

x. ‖ ~**le el gallo.** loc. verb. *Ho.* Desanimar a *alguien*, desmoralizarlo. rur.

y. ‖ ~**le el gallo en la funda.** loc. verb. *RD.* **matarle el gallo en la mano**.

z. ‖ ~**le el gallo en la mano.** loc. verb. *RD.* Rebatir, con contundencia y al instante, lo que alguien dice. ♦ **matarle el gallo en la funda**.

a¹. ‖ ~**se.** loc. verb. *RD.* Convencerse de algo por uno mismo. fest.

b¹. ‖ ~**se de risa.** loc. verb. *ES, Ni, CR, Pa, RD, Pe, Bo, Ch, Py, Ar, Ur.* Reírse con muchas ganas e inconteniblemente. pop + cult → espon.

a. ‖ **a ~.** loc. adv. *Pa.* Con urgencia.

b. ‖ **como ~ culebra.** loc. adv. *Gu.* Con ímpetu, insistentemente.

c. ‖ **matando y salando.** loc. adv. *Cu.* Rápidamente, en poco tiempo.

a. ‖ **matando se aprende.** fr. prov. *Bo.* Indica que para aprender se debe practicar.

matara.
   I. 1. *ES.* **mataras.**

mataracho, -a.
   I. 1. adj. *Ho. Referido a niño*, inquieto, travieso.

mataras.
   I. 1. *Ho.* **cebolla silvestre.** (**matara**).

matarife.
   I. 1. sust/adj. *Ni.* Persona fanfarrona y pendenciera. desp.

mataril.
   I. 1. *Mx.* **matarique**.

matarile.
   I. 1. m. *RD, PR.* Trabajo mal hecho. pop + cult → espon.
   ▶ **dar ~**.

matarique.
   I. 1. m. *Mx.* Planta herbácea de hasta 1 m de altura, de raíces largas y delgadas, tallos pubescentes, hojas coriáceas, agrupadas en rosetas, inflorescencias compuesta en la punta del escapo, y flores pequeñas de color crema. (Asteraceae; *Cacalia decomposita*). ♦ **mataril**.

matarratón.
   I. 1. m. *Mx:E, Pa, PR, Co.* Árbol de hasta 12 m de altura, con ramas ascendentes y copa frondosa, hojas compuestas, de color verde oscuro y brillante, aterciopeladas al tacto, flores en racimo rosas o lilas y fruto en forma de vaina aplanada de color amarillo o verde. (Fabaceae; *Gliricidia sepium*). ♦ **bala; cacahuanance; chanté; cocohite; iati; lengua de perico; madero negro; madreado; madrecacao; piñón amoroso; piñón florido; sacyab; xakyaab; yaité.**

matarrón.
   I. 1. f. *PR.* Deuda pendiente. pop + cult → espon.
   2. *PR.* Situación económica difícil, mala racha. pop + cult → espon.
   I. 1. m. *Ho; Gu.* p.u. Terreno poblado de **matasanos**.

matasanal.
   1. m. *Ho; Gu.* p.u. Terreno poblado de **matasanos**.

matasanillo.
   I. 1. m. *Gu, Ho, ES.* Árbol de hasta 18 m de altura, de corteza café grisáceo, flores blancas o verdosas, fruto globoso u ovoide; tiene diversas aplicaciones en la medicina tradicional. (Capparidaceae; *Crataeva tapia*). ♦ **guaco; mongo; peregüétano.**

matasano.
   I. 1. m. *Mx, Gu, Ho, ES, Ni, CR, Pa.* Árbol de hasta 12 m de altura, con hojas alternas digitadas, flores verdosas que crecen en panículas y corimbos terminales o axilares. (Rutaceae; *Casimiroa edulis*). ♦ **zapote blanco.**
   II. 1. m. *Mx, Gu, Ho, ES, Ni, CR, Pa.* Fruto del matasano, parecido al membrillo; es comestible.

matasca. (Del quech. *ma'asqa*).
   I. 1. f. *Pe.* Guiso de carne de **res** picada, **papas**, cebollas, ajo, tomate y **ají**, que se acompaña con arroz.

mataserrano.
   I. 1. m. *Pe.* Fruto del **pepino dulce.**
   2. *Ec.* **mamey**, árbol y fruto.

matata. (Del nahua *matatl*, red).
   I. 1. f. *ES.* **matate**, bolsa grande.
   2. *Ho.* **matate**, bolso o morral. (**matatón**).

matatada.
   I. 1. f. *Ho, ES.* Cantidad de cosas que caben en un **matate.**
   II. 1. f. *ES.* Testículos.

matatán, -na.
    I. 1. m. y f. *RD*. Persona que, en una jerarquía, está por encima del resto por tener una serie de cualidades en máximo grado.

matate. (Del nahua *matatl*).
    I. 1. m. *Mx, Gu, Ho, ES, Ni*. Bolso o morral colgante hecho de red de cuerda de pita, que utiliza el campesino para transportar vasijas, frutos y otros productos. (**matata**).
    2. *Gu, Ho, ES, Ni*. Bolsa grande de cuerda de pita, tejida en forma de red espesa, que utilizan los campesinos para llevar agua y alimentos. (**matata**).
    II. 1. m. *Gu, ES*. Testículos.
    2. *Gu, Ho*. Piel en forma de bolsa que recubre los testículos de un hombre o animal macho.

matatena. (Del nahua *maitl*, mano, y *tlatema*, arrojar piedrecitas).
    I. 1. f. *Mx*. Piedra pequeña y redondeada.
    2. *Mx*. meton. Juego infantil que se practica arrojando al aire piedrecillas o huesecillos de fruta.

matatero, -a.
    I. 1. m. y f. *Ho, ES*. Persona que hace o vende **matates**.
    2. adj. *ES. Referido a persona*, que carga **matates**.

matato.
    I. 1. m. *Bo:E*. Hocico largo que tienen algunos animales, *especialmente el cerdo*. pop + cult → espon.
    □
    a. ‖ **en buenos ~s.** loc. adv. *Bo:E*. En concordia. pop + cult → espon.

matatudo, -a.
    I. 1. adj/sust. *Ho. Referido a hombre*, valiente, valeroso.

matatús.
    I. 1. m. *Ho*. Golpe que un muchacho da en las manos de otro, en son de juego, para arrebatarle la golosina o cualquiera otra cosa que tenga en ellas.

matatusa.
    I. 1. f. *Gu, Bo*, obsol. Juego infantil que consiste en quitarle a alguien rápidamente y de una vez algo que exhibe en la mano, a la voz de «¡matatusa!».
    2. *Gu*. Robo o estafa.

matatusear(se).
    I. 1. tr. *Gu*. Ganar *algo* a la **matatusa**.
    II. 1. intr. prnl. *Gu*. Quedarse con algo que se ha pedido prestado.

matavaca.
    I. 1. m. *Cu*. Cuchillo muy grande. pop.

matavenado.
    I. 1. m. *Mx:SE*. Hormiga de hasta 6 mm de longitud, de color marrón claro, parte central del tórax muy estrecha y abdomen abultado. (Formicidae; *Pseudomyrmex kunckel*).

matayugo.
    I. 1. *PR*. **matabuey**, árbol perenne.

matazahui. (Del nahua *matlazahuatl*, tabardillo o tifus).
    I. 1. f. *Mx:NO*. p.u. Mortandad elevada.

matazo.
    I. 1. m. *RD*. Golpe fuerte que se recibe por una caída. pop ^ hiperb.

matazón.
    I. 1. f. *Mx, Gu, Ho, ES, CR, Cu, RD, Co, Ve*. Matanza de personas.
    II. 1. f. *Cu*. Esfuerzo o actividad intensa que se exige para terminar un trabajo. pop.
    III. 1. f. *Cu*. Situación de confusión que se produce por una desbandada.
    IV. 1. m. *ES*. **Destace** de una res.
    V. 1. f. *Pa*. Angustia, preocupación. pop + cult → espon.

mate. (Del quech. *mati*, calabacita).
    I. 1. m. *Co:SO, Pe, Bo, Py*. Vasija rústica, semiesférica, que se hace con la cáscara de algún fruto o de alguna calabaza, cortado por la mitad y vaciado.
    2. *Bo, Ch, Py, Ar, Ur*. Recipiente donde se toma la infusión de **yerba mate**, hecho de una calabaza pequeña o de otra materia.
    3. *Bo, Ar; Ch, Ur*, fest. | metáf. Cabeza de una persona. pop + cult → espon.
    4. *Bo, Ar, Ur*. metáf. Juicio, talento, capacidad. pop + cult → espon.
    5. *Pe, Bo*. Lo que cabe en un **mate**.
    6. *Ec, Ur*. Recipiente hecho del fruto del **mate**, con forma de cazuela honda.
    II. 1. m. *Co, Ec, Pe, Bo, Ch, Py, Ar, Ur*. Infusión de **yerba mate** que se toma sorbiendo a través de un pequeño tubo acondicionado para ese fin llamado **bombilla**. ♦ **amargo**; **verde**.
    2. *Pe, Bo*. Infusión de yerbaluisa, coca u otra hierba con propiedades medicinales.
    III. 1. *Gu, Ho, ES, Ni*. **amague**, intención de realizar una acción.
    2. *Gu, Ho, ES, Ni*. Simulación, fingimiento.
    3. *Gu, Ho, ES, Ni*. Ademán.
    IV. 1. m. *Ec, Bo, Ur*. Planta herbácea anual, rastrera o trepadora, de tallos estriados con numerosos zarcillos, hojas pecioladas de forma semejante a un riñón y ligeramente pilosas, y flores de color blanco. (Cucurbitaceae; *Ligenaria circeria*). ♦ **bototo**.
    2. *Ec, Bo, Ur*. Fruto de esta planta, con forma de ocho, carnoso, de piel verde e interior blanco, con numerosas semillas de color gris, aplanadas y de forma elíptica; es comestible.
    V. 1. m. pl. *Ho, ES, CR*. Visajes, gestos para llamar la atención.
    VI. 1. m. *Ec*. Frente, parte superior de la cara, comprendida entre una y otra sien, y desde las cejas hasta el comienzo del cabello. pop + cult → espon.
    VII. 1. m. *Cu*. Ligero escarceo amoroso hecho a escondidas. pop + cult → espon.
    ■
    a. ‖ ~ **amargo.** m. *Bo, Py, Ar, Ur*. Infusión de **yerba mate** preparada sin agregarle azúcar ni ningún otro producto endulzante. ♦ **cimarrón**; **mate cimarrón**; **mate verde**.
    b. ‖ ~ **choruno.** m. *Bo*. Calabaza que, una vez seca, se emplea como vasija.
    c. ‖ ~ **cimarrón.** *Bo, Ar, Ur; Py*, p.u. **mate amargo**.
    d. ‖ ~ **cocido.** m. *Py, Ar, Ur*. Infusión de **yerba mate** que se prepara con agua o leche y se toma, una vez colada, en vaso o taza y sin bombilla. ♦ **mate yerbeado**; **mate yerbiado**; **yerbeado**.
    e. ‖ ~ **de leche.** m. *Ar, Ur*. Infusión de **yerba mate** que se prepara con leche en lugar de agua.
    f. ‖ ~ **dulce.** m. *Ar, Ur*. Infusión de **yerba mate** que tiene azúcar.
    g. ‖ ~ **galleta.** f. *Ar*. Recipiente sin asa para tomar mate, hecho con una calabaza chata y redonda. rur.
    h. ‖ ~ **lavado.** m. *Ar, Ur*. Infusión de **yerba mate** que resulta insípida, por haber sido mal **cebada** o por haberse **cebado** muchas veces sin cambiar la **yerba**.
    i. ‖ ~ **verde.** *Ar*. **mate amargo**.
    j. ‖ ~ **yerbeado.** *Ar*. **mate cocido**.
    k. ‖ ~ **yerbiado.** *Ar*. **mate cocido**.
    □
    a. ‖ **a ~.** loc. adv. *Ec*. Al rape. pop.
    ▶ **calentar el ~; calentarse el ~; dar el ~; dar en el ~; dar ~; ensillar el ~; tener un ~; ¡tomá ~!**

mateada.
    I. 1. f. *Bo, Ch:S, Ar; Py*, pop; *Ur*, pop + cult → espon. Ingestión de mate.

II. 1. f. *Bo, Ch:S, Ar; Ur*, pop. Reunión en la que varias personas se juntan para tomar mate.

mateador, -ra.
I. 1. sust/adj. *Bo, Py, Ar; Ur*, p.u. Persona aficionada a tomar **mate**.
II. 1. m. y f. *Py.* Jugador de voleibol. pop.

matear(se). (De *mate*).
I. 1. intr. *Bo, Py, Ar; Ch, Ur*, pop + cult → espon. Tomar infusión de **yerba mate**. pop.
II. 1. tr. *Ve.* Realizar una tarea de forma descuidada y sin esmero. pop.
III. 1. intr. prnl. *Ch.* Estudiar mucho y con ahínco. pop + cult → espon.

mateare.
I. 1. *Ho, Ni.* **amatillo**, árbol.

matecllo.
I. 1. m. *Pe.* Planta de tallos horizontales, rastreros, hojas con pecíolos delgados, estípulas cóncavas, umbelas simples con flores, fruto de castaño amarillento a pardo rojizo; muy usada en la medicina popular. (Araliaceae; *Hydrocotyle ranunculoides*).

matejuelo.
I. 1. *PR.* **jolocho**.

mateo.
I. (De *Mateo*, nombre del caballo de un personaje de una pieza teatral de Armando Discépolo).
1. m. *Ar.* Antiguo carruaje de alquiler, con capota y dos asientos.
II. 1. m. *Ve.* Manera descuidada de hacer las cosas. pop.

mateo, -a.
I. 1. sust/adj. *Ch.* Persona que estudia mucho. pop + cult → espon.

matera.
I. 1. f. *Ve:O.* Establecimiento donde se venden plantas.

materia.
■
a. ‖ ~ **de arrastre.** *Bo.* **materia previa**.
b. ‖ ~ **diferida.** f. *Ve.* Asignatura cuyo examen se realiza fuera de las convocatorias o plazos establecidos.
c. ‖ ~ **previa.** f. *Ar, Ur.* Materia o asignatura de cursos anteriores que le queda pendiente a un estudiante. ♦ **materia de arrastre; previa**.
□
a. ‖ ~ **dispuesta.** loc. sust/adj. *Mx, ES, Ni, Pe, Ch, Ar, Ur.* Persona lista para ser utilizada o requerida en cualquier momento. pop + cult → espon.

material.
I. 1. m. *Cu, RD, Pe.* Persona, *generalmente mujer*, joven y muy bonita, preciosa.
II. 1. m. *Cu.* Mercancía que se vende de manera ilícita. euf.
III. 1. m. *PR.* Droga. drog.
□
a. ‖ **de ~.**
i. loc. adj. *Co, Py, Ar, Ur. Referido a una construcción*, hecha de ladrillos.
ii. *PR, Ur. Referido a una construcción*, de mampostería.
b. ‖ ~ **bélico.** loc. sust. *PR.* juv. Cigarrillo.
c. ‖ ~ **noble.** loc. sust. *Pe.* Cemento y ladrillos.
d. ‖ ~ **nuevo.** loc. sust. *PR.* Prostituta que se inicia en el oficio. prost.
e. ‖ ~ **trilirí.** loc. sust. *PR.* Droga que no produce buen efecto. drog.

materialista.
I. 1. m-f. *Mx.* Persona que se dedica a la venta de materiales de construcción.
2. adj. *Mx.* Relativo a los materiales de construcción.

matero.
I. 1. m. *Co:O, Ve, Ch.* Recipiente para sembrar plantas o matas.
II. 1. m. *Pe.* Hombre que conoce bien la selva y dirige o guía expediciones en busca de árboles para comerciar con ellos. rur.

matero, -a.
I. 1. sust/adj. *Bo, Ch, Py, Ar, Ur.* Persona aficionada a tomar **mate**.
II. 1. m. y f. *Pe.* Persona dedicada a decorar **mates**, vasijas rústicas. rur.
III. 1. adj. *Gu. Referido a persona*, pretenciosa, que presume de pasar por muy elegante o lujosa. pop.

materva. (De *Materva®*, refresco).
I. 1. adj. *Cu.* **infumable**, persona fea.
2. *Cu. Referido a cosa*, de poca calidad.

matete. (Del guar. *mateté*, conjunto de cosas muy unidas).
I. 1. m. *Bo, Ar.* Mezcla de sustancias deshechas en un líquido formando una masa inconsistente.
2. *Ar, Ur.* Situación de desorden o confusión. pop.
3. *Ar, Ur.* Enredo o maraña, *especialmente de cables o hilos*. pop.

matico.
I. 1. m. *Ec, Pe, Bo:E, Ch, Ar:NO.* **cordoncillo**, arbusto perenne.
2. *Bo:E, Ar:N.* **calandria**. (Icteridae; *Icterus icterus*).
3. *Bo:O.* Árbol de hasta 6 m de altura, de hojas simples y flores en forma de embudo, cuyas bayas tienen propiedades medicinales tonificantes y las hojas son el sustituto de la verdadera yerba mate. (Rubiaceae; *Coussarea hydrangeaefolia*).

matiguar.
I. 1. intr. *ES.* Comer un poquito de algo para paliar el hambre.

matilisguate. (Var. de *maquilisguate*).
I. 1. m. *Mx, Gu.* Árbol de hasta 20 m de altura, de tronco erecto, hojas digitadas y flores violáceas, rosadas o blancas agrupadas en inflorescencias corimbosas; se cultiva como ornamental. (Bignoniaceae; *Tabebuia pentaphylla*). (**maquilisguate; matilishuate**). ♦ **apamate; macuilís; orumo**.

matilishuate.
I. 1. *Mx, Gu.* **matilisguate**.

matillo.
I. 1. *PR.* **cacaotillo**.
2. *Pa.* **sama**.

matina.
I. 1. f. *Ar, Ur*, pop + cult ^ fest; *Ch*, juv. Mañana, tiempo que va desde el amanecer hasta el mediodía.

matinal.
I. 1. f. *Gu, Co, Pe, Bo, Py.* **matiné**.

matiné. (Del fr. *matinée*).
I. 1. m. *Mx, Gu, Ho, ES, Ni, CR, RD, Py.* Función cinematográfica matinal. ♦ **matinal**.
□
a. ‖ ~, **vermut y noche.** loc. adv/adj. *Ch; Pe*, p.u. A cualquier hora, en todo momento. pop + cult → espon ^ fest.

matista.
I. 1. adj/sust. *ES. Referido a persona*, expresiva en ademanes y gestos.

matita.
I. 1. f. *Ch.* Juego en el que los participantes ponen una de sus manos al frente y a una determinada señal dejan la palma hacia arriba o hacia abajo, quedando eliminado el que difiere del resto.

matizadilla.
I. 1. *Mx.* **lantana**.

matizado.
  I. 1. m. *PR*. Enfermedad de la caña de azúcar.
matizar.
  I. 1. intr. *ES*. Comer bien. carc.
  II. 1. tr. *Ni*. juv. Engañar a *alguien*.
  III. 1. intr. *Ni*. juv. Bromear con alguien.
matizón, -na.
  I. 1. adj. *Ni*. juv. *Referido a persona*, bromista.
mato.
  I. 1. m. *Bo, Ar:NO*. Árbol de hasta 15 m de altura, cor-
    teza caediza, follaje muy oscuro, hojas con una
    espina en el ápice, y flores de color blanco. (Myr-
    taceae; *Eugenia pungens*). ♦ **guabiyú**; **guaviyú**.
  2. *Bo, Ar:NO*. Fruto del mato, esférico, de color ne-
    gro violáceo, comestible, carnoso y dulce. (Myrtaceae;
    Eugenia pungens). ♦ **guabiyú**; **guaviyú**.
  3. *PR*. Planta herbácea perenne, con tallos rastreros,
    hojas alternas, inflorescencia axilar y fruto oblon-
    go. (Fabaceae; *Canavalia* spp.).
  4. *PR*. Semilla del mato, *generalmente ovalada*, de cor-
    teza muy dura y de sustancia interior blanca.
  ■
  a. ‖ ~ **colorado.**
    i. m. *PR*. Planta enredadera que produce una
      vaina de semillas rojas con una veta negra,
      entre redondas y ovaladas, con las que se hacen
      collares y otros adornos. (Fabaceae; *Canavali ru-
      siosperma*).
    ii. *PR*. **coral**, árbol.
  b. ‖ ~ **de agua.** *Ve.* lagarto.
  c. ‖ ~ **de playa.** m. *PR*. Planta enredadera que produ-
    ce una vaina de unos 15 cm con semillas redon-
    das, huecas y de color gris pálido. (Fabaceae; *Ca-
    navali maritima*).
matochada.
  I. 1. f. *Gu*. Terreno poblado de **matochos**.
matocho.
  I. 1. m. *Gu, ES*. Matojo, mata muy poblada y espesa.
  2. *ES*. Mata verde de marihuana. drog.
  II. 1. m. *Gu*. Mechón de pelo.
matojo.
  I. 1. m. *PR*. Marihuana. drog.
  ■
  a. ‖ ~ **de burro.** m. *PR*. Planta herbácea muy apeteci-
    da por el ganado. (Poaceae; *Sporobolus* spp.).
  ◪
  a. ‖ **de cualquier ~ salta un conejo.** fr. prov. *Co:N*.
    Indica que cualquier cosa puede suceder cuando
    menos se espera y en donde menos se imagina.
  ▶ **saltar ~s.**
matón.
  I. 1. m. *Ho, Ni*. Planta en período de crecimiento.
  2. *Ho*. Conjunto de tres o cuatro matas de maíz que
    nacen en el mismo hoyo.
  II. 1. m. *ES*. Golpe, caída fuerte.
  ■
  a. ‖ ~ **de chiste.** m. *PR*. Delincuente que reincide en
    el delito de asesinato. delinc.
  ▶ **saltar ~.**
matón, -na.
  I. 1. adj/sust. *Ec. Referido a estudiante*, muy aplicado.
  II. 1. adj. *ES. Referido a persona*, fornida, corpulenta.
  III. 1. adj. *Pa. Referido a un trabajo*, agotador.
matona.
  I. 1. f. *Ho*. Prostituta. vulg.
matonada.
  I. 1. f. *CR, Bo; Pe*, p.u. Dicho o hecho propio de un
    matón o bravucón. pop + cult → espon.

matonaje.
  I. 1. m. *Bo, Ch, Ar.* Conducta o actitud agresiva con la
    que se intenta intimidar a alguien amenazándole
    física y psicológicamente.
  2. *Ch; Ar*, p.u. Conjunto de matones.
matoneado, -a.
  I. 1. adj. *Ho, Ni; CR*, p.u. *Referido a persona*, asesinada
    en una emboscada.
matonear.
  I. 1. tr. *CR, Ar; Ur*, pop + cult → espon. Intimidar a
    alguien con una actitud agresiva y prepotente.
  2. *Ho, Ni, CR*. Asesinar a *alguien* a traición, estando
    al acecho.
  3. *Bo:O*. Maltratar física o anímicamente a *alguien*.
    pop + cult → espon.
matonería.
  I. 1. f. *Pe, Bo, Ar, Ur*. Dicho o hecho propio de un ma-
    tón o bravucón. pop + cult → espon.
matonil.
  I. 1. adj. *Ec. Referido a persona*, matonesca. pop.
  2. *Ec. Referido a persona*, bravucona y provocativa.
    pop.
matos.
  I. 1. m. *PR*. Semilla del **callajabo**.
  ■
  a. ‖ ~ **coloraos.** m. *PR*. Semilla del **callajabo**.
matoso.
  I. 1. m. *PR*. Variedad de **guineo**.
matoso, -a.
  I. 1. adj. *Ec, Bo. Referido a caballería*, que tiene mata-
    duras o llagas. rur.
matotazo.
  I. 1. m. *Ve:O*. Golpe dado con los dedos, a modo de
    latigazo, en el brazo o antebrazo.
matra.
  I. 1. f. *Ar:NO*. Manta de lana gruesa que se coloca
    debajo de la silla de montar.
matraca.
  I. 1. *Mx.* **sonaja**.
  2. m. *PR*. Pájaro insectívoro de color azul en la parte
    superior y blanco en la inferior, cola con manchas
    blancas, con una franja cenicienta azul en el pe-
    cho y una mancha blanca delante de los ojos, de
    pico fuerte y puntiagudo. (Cerylidae; *Megaceryle
    alcyon*). ♦ **pitirre de mangle**.
  II. 1. f. *ES, Pa, RD, PR, Ve, Ec, Bo; Ur*, p.u. Vehículo
    viejo y ruidoso. pop.
  2. *PR; RD, Bo*, pop. Artefacto mecánico que funcio-
    na mal o que no funciona. ♦**matrácala**.
  III. 1. sust/adj. *Gu, Ec, Bo:E*. Persona muy habladora.
  IV. 1. f. *Ve*. Dinero ilícito que cobran *especialmente los fun-
    cionarios públicos* por agilizar trámites.
  V. 1. f. *Gu*. Borrachera. pop.
matracada.
  I. 1. f. *Gu*. Rueda de tablas fijas en forma de aspa, entre
    las que cuelgan mazos que al girar producen rui-
    do; se usa en Semana Santa para las procesiones.
  2. *Ho*. Escándalo o molestia ruidosa e insistente.
matrácala.
  I. 1. *RD*. **matraca**, artefacto. pop.
matracazo.
  I. 1. m. *PR, Ve*. Golpe fuerte que recibe o da una per-
    sona. pop + cult → espon.
matraquear.
  I. 1. tr. *Ve*. Sobornar a *alguien, especialmente a un funcio-
    nario público*, para que agilice algún trámite.
  II. 1. intr. *ES*. Hacer *algo* ruido continuado y molesto.

matraquero, -a.
  I. 1. m. y f. *Ve.* Funcionario que pide dinero por agilizar un trámite burocrático.

matraquilla.
  I. 1. f. *Cu.* Preocupación excesiva o idea fija.
  2. *Cu.* Repetición insistente y fastidiosa de algo.

matraquilloso, -a.
  I. 1. sust/adj. *Cu.* Persona que importuna y molesta por su excesiva meticulosidad. pop.

matrero, -a.
  I. 1. adj. *Gu, Ho, ES, Ni, CR, Pa, Co, Ec. Referido al toro*, mañoso, que esquiva el trapo con que se lo invita y trata de embestir al torero.
  2. adj/sust. *Ho, Ni, CR, Ar*, metáf. *Referido al ganado*, **cimarrón**.
  3. adj. *Gu, Ni, Bo:O, Py. Referido a persona*, astuta, hábil o engañosa para conseguir algo.
  4. *Bo:N. Referido a persona*, que tiene el hábito de apropiarse de lo ajeno.

matricidio.
  I. 1. m. *CR, Co, Ec, Bo, Ch.* Matrimonio. pop ^ fest.

matricularse.
  I. 1. intr. prnl. *Ch.* Participar o involucrarse *alguien* en un asunto o actividad. pop + cult → espon.

matrimoniado, -a.
  I. 1. adj. *Mx, Ho, ES, Ni, Cu, Ec, Bo. Referido a persona*, que está casada. pop + cult → espon.

matrimoniar(se).
  I. 1. intr. prnl. *Mx, Gu, Ho, ES, Ni, CR, Cu, Co, Pe, Bo, Ch; Ec, Py*, p.u.; *RD, Ar:NO*, obsol. Contraer matrimonio. pop + cult → espon. ◆ **amatrimoniarse**.
  2. tr. *Bo, Ch; Py*, p.u. Casar, hacer que una pareja contraiga matrimonio. pop + cult → espon.

matrimonio.
  I. 1. m. *Ni, RD, Ve, Ec, Pe, Bo, Ch, Py, Ur.* Fiesta o banquete con que se celebra un casamiento.
  II. 1. m. *Co.* Postre que consiste en una combinación de **arequipe** y dulce de mora.
  III. 1. m. *Ve.* **novio**.
  ■
  a. ‖ ~ **a prueba**. m. *Bo, Ar:NO.* Relación marital de una pareja sin estar casados.
  b. ‖ ~ **detrás del matocho**. m. *ES.* Concubinato.
  c. ‖ ~ **por la ley**. m. *RD, Bo.* Unión de un hombre y una mujer mediante las leyes civiles. (**matrimonio por ley**).
  d. ‖ ~ **por ley**. *RD, Bo.* **matrimonio por la ley**.
  ▶ **pesar más que un mal ~**; **pesar más que un ~ mal llevado**.

matriqui.
  I. 1. m. *Pe, Bo.* Matrimonio, unión entre un hombre y una mujer legitimada por las leyes civiles o religiosas. pop + cult → espon.
  2. *Pe, Bo.* Ceremonia de boda y fiesta con que se celebra. pop + cult → espon.

matrisuicidio.
  I. 1. m. *Pe.* Matrimonio. pop + cult → espon ^ fest.

matrón, -na.
  I. 1. m. y f. *Ni, PR.* Dueño o administrador de una casa de citas. prost.

matuasto.
  I. 1. *Ar.* **ututo**.

matuco.
  I. 1. m. *PR.* Bastón fuerte hecho de palma u otra madera dura. rur.

matudo, -a.
  I. 1. adj. *Mx, Ar. Referido a persona*, que tiene el cabello largo y abundante. pop + cult → espon.

matufa.
  I. 1. f. *Ec.* Marihuana. pop + cult → espon.

matufia.
  I. 1. f. *Bo, Py, Ar, Ur.* Ardid para engañar a alguien. pop + cult → espon. ◆ **matufiada**.
  2. *Bo, Py, Ar, Ur.* Asunto o negocio sucio. pop + cult → espon. ◆ **matufiada**.

matufiada.
  I. 1. f. *Bo, Py, Ar, Ur.* **matufia**, ardid.
  2. *Bo, Py, Ar, Ur.* **matufia**, negocio sucio.

matufiador, -ra.
  I. 1. sust/adj. *Bo, Ur.* Persona que recurre a trampas y engaños para conseguir lo que quiere. pop + cult → espon.

matufiar.
  I. 1. tr. *Bo:O, Py, Ar, Ur.* Engañar o estafar a *alguien*. pop + cult → espon.

matul. (Parag. de *matulo*).
  I. 1. m. Par de **panelas**.
  II. 1. m. *Cu.* Conjunto de hojas de tabaco atadas por el pecíolo, *especialmente cuando están listas para transportarse*.

matula.
  I. 1. f. *Py.* Alimento que se lleva de viaje. pop.

matungaje.
  I. 1. m. *Ar*, p.u. Conjunto de caballos viejos e inútiles. rur.

matungo.
  I. 1. m. *Ar, Ur.* Pez semejante al **pejerrey**, pero de mayor tamaño. (Atherinidae; *Odontesthes bonariensis*).
  II. 1. *Ur.* **caballo de andar**. pop ^ fest.

matungo, -a.
  I. 1. adj/sust. *PR, Bo, Py, Ar, Ur; Ch:S*, desp. *Referido a caballo*, desmedrado.
  2. adj. *Cu. Referido a persona o animal*, enfermo y débil. pop.
  II. 1. m. y f. *Py.* Persona que excede mucho en su estatura a lo que se considera normal.

matunguera.
  I. 1. f. *Cu.* Alteración leve de salud. rur.

maturranga.
  I. 1. f. *Ve.* Ambiente de confusión y desorden.
  II. 1. f. *ES.* Vulva.
  III. 1. f. *Ni.* Robo, acto ilícito.
  ▶ **agarrar en la ~**.

maturrango, -a.
  I. 1. m. y f. *Ur; Py, Ar*, rur; *Pe*, obsol; rur. Persona que no sabe montar o andar bien a caballo. pop + cult → espon.
  2. adj. *Py, Ar, Ur. Referido a una caballería*, achacosa e inútil, *generalmente por su edad*. rur.

matusha.
  I. 1. f. *Gu.* Mazorca pequeña que no se cosecha. rur.

matusi.
  I. 1. m. *Bo:E.* Caballo de poca alzada y de mala apariencia. pop + cult → espon.

matute.
  I. 1. adj. *Ni, Py. Referido a persona*, tonta.

matuteo.
  I. 1. m. *Ch.* Contrabando en pequeña escala. pop + cult → espon.
  2. *Ch.* Venta de cosas a bajo precio, sin pago de impuestos. pop + cult → espon.

mau.
  I. 1. adj. *Py. Referido a un objeto*, falso, que no es lo que aparenta ser. pop.
  2. *Py. Referido a un producto*, que no es de la marca comercial bajo la cual se lo quiere vender o que ha sido introducido en el país de contrabando. pop.

3. *Py.* Referido a persona, que no tiene la suficiente capacitación para ejercer el cargo que ostenta o para realizar las tareas encomendadas. pop.
4. *Py.* Ilegal, que está contra la ley.

mauba.
I. 1. f. *Pe.* Planta de hojas opuestas y verticiladas, con estípulas persistentes a veces desarrolladas y flores amarillas o blancas espolonadas. (Vochysiaceae; *Vochysia* spp.).

maula.
I. 1. sust/adj. *Pe, Bo, Py, Ar,* rur; *Ur,* pop. Persona ruin y cobarde.

maule. (Del ingl. *marble*).
I. 1. m. *Ho, ES, Ni.* Canica, bolita de vidrio de diversos colores con que juegan los niños. (**mable; marble**).
2. pl. *Ho.* Juego de las canicas. (**mable; marble**).
♦ **maules al hoyito.**
3. *Ho.* metáf. Testículos. vulg.
4. *Ho.* metáf. Ojos. pop.
II. 1. adj/sust. *Ho.* Referido a persona, tonta.
■
a. ‖ ~ a la tabla. m. *Ho.* Variedad de juego de canicas, igual que el maule a la uñita, pero con el añadido de que debe tocar la canica del contrario no directamente, sino de rebote de una pared, una piedra o una tabla. inf.
b. ‖ ~ a la uñita. m. *Ho.* Juego de canicas en la que el jugador solo puede utilizar para impulsar la canica la uña del dedo pulgar, apoyándola en el índice y anular. inf.
c. ‖ ~ al toque y la cuarta. m. *Ho.* Juego de canicas por parejas en que la bola debe pegar a cualquiera de la de los contrarios o quedar a una distancia igual o menor a una cuarta. inf.
d. ‖ ~s al hoyito. m. pl. *Ho.* **maules**, juego de las canicas.

maulear.
I. 1. intr. *Bo, Ar:NO; Pe:E,* rur. Estar *alguien* ocioso voluntariamente. pop + cult → espon.
2. *Pe, Ar.* Comportarse *alguien* de forma ruin o cobarde. pop + cult → espon.

maulincho.
I. 1. m. *Bo:C,S,SO.* Instrumento musical de cuerda de la familia del **charango**, que emite notas más agudas que este.

maullar.
◪
a. ‖ **si por carne maúllas, aquí está la tuya.** fr. prov. *PR.* Indica que si alguien quiere relaciones sexuales, ha encontrado a la persona que está dispuesta a ello. vulg; pop + cult → espon.

mauri.
I. 1. m. *Pe:S, Bo:O.* Pez de hasta 20 cm de longitud, de cuerpo delgado sin escamas y con manchas oscuras sobre un fondo gris y cabeza comprimida. (Trichomycteridae; *Trichomycterus pictus*).
2. *Bo:E.* **garrapatero**, ave.

mauricio.
I. 1. m. *PR.* **alceiba.**

mauro.
I. 1. m. *Pa.* Árbol de hasta 10 m de altura, hojas simples y alternas, flores blancas o verdosas, y frutos en cápsulas rojo púrpura cuando están maduros. (Salicaceae; *Casearia commersoniana*). ♦ **cortalengua; picalengua; yerce.**

máuser.
▶ **partir la ~.**

maute.
I. 1. m. *Ve.* Becerro al que no se le han puesto herraduras.

maví.
I. 1. *RD, PR.* **mabí**, bebida.
2. *PR.* **mabí**, arbusto.

mavita.
I. 1. f. *Ve.* Mala suerte. pop.

maxán.
I. 1. *Gu.* **mashán.**

maximarquista.
I. 1. m-f. *Ch.* Plusmarquista, deportista que ostenta la mejor marca en una especialidad atlética o deportiva.

Maximón.
I. 1. m. *Gu.* Personaje en el que se funden elementos de la religiosidad indígena y del catolicismo, que protege a los pobres y al que se le ofrenda tabaco y **guaro.**

maxtate.
I. 1. m. *Mx, Gu.* **mastate**, ceñidor.
2. *Gu.* **mastate**, pañal.

maya.
I. 1. *RD, PR, Ve.* **piñuela**, planta.
2. *Ho, Ni.* Escarabajo de hasta 55 mm de longitud, *generalmente verde o amarillo*, que deposita unos huevos anaranjados en el suelo; las larvas son delgadas, excepto la cabeza y el último segmento del abdomen, que son de color café. (Chrysomelidae; *Diabrotica* spp.). ♦ **cucarroncito.**
3. *PR.* Cerca de colindancia hecha con mayas. rur. ♦ **mayal.**
4. f. *PR.* Manojo de hojas que forman la corona de la piña. rur.

Maya.
□
a. ‖ **¡que se quema la ~!** loc. interj. *Cu.* obsol. Expresa sorpresa o admiración. pop.

mayacaste.
I. 1. m. *Mx.* Camarón de agua dulce de hasta 12 cm de longitud, de color amarillo verdoso en diferentes tonalidades, y pinzas gruesas y fuertes. (Palaemonidae; *Macrobrachium carcinus*). ♦ **pigua.**

mayagua.
I. 1. f. *Ho.* Colilla de cigarro o puro.

mayaguado.
I. 1. m. *ES.* Método de pesca en los ríos que consiste en poner una malla en las piedras que circundan una poza y después agarrar los peces con las manos.

mayaguar.
I. 1. *ES.* **amayaguar.**

mayal.
I. 1. m. *RD.* **maya**, cerca.
▶ **brincar el ~.**

mayamero, -a.
I. 1. sust/adj. *Ve.* Persona que viaja frecuentemente a Miami, ciudad de los Estados Unidos de América, para hacer compras.

mayamiboy. (Del ingl. *Miami* y *boy*, muchacho).
I. 1. m-f. *Ni.* Joven nicaragüense que vive en los Estados Unidos. desp.

mayamismo.
I. 1. m. *Ve.* Gusto por viajar frecuentemente a Miami, ciudad de los Estados Unidos de América, a comprar diferentes artículos.

mayarse.
I. 1. intr. prnl. *CR.* Marchitarse una planta o una flor. rur.

mayate. (Del nahua *mayatl*, escarabajo que vuela).
I. 1. m. *Mx.* Hombre homosexual. pop + cult → espon.
2. *Mx.* Hombre que se prostituye con homosexuales. pop + cult → espon.

II. 1. *Mx.* **masacuche**.
2. *Gu, Ho, ES, Ni.* **ronrón**, escarabajo.

mayativo, -a.
I. 1. adj. *Mx. Referido a cosa*, llamativa, estridente, extravagante, de colores chillones. fest.

mayato.
I. 1. sust/adj. *Ho:S, Ni.* Persona de tez pálida.

maybelline. (Del ingl. *Maybelline*®).
I. 1. f. *Cu.* Cosmético para dar color a las pestañas.

maycha.
I. 1. f. *Pe.* Planta de hasta 80 cm de altura, de tallo inclinado, ramoso, hojas pequeñas sin rabillo y flores amarillas; muy usada en la medicina tradicional. (Asteraceae; *Senecio pseudotites*).

mayimbe.
I. 1. sust/adj. *Cu, RD.* Persona que desempeña un alto cargo en una institución estatal. pop.

mayita.
I. 1. f. *PR.* Manojo de hojas que forman la corona de la piña. rur.

mayito.
I. 1. m. *Cu.* Pájaro de hasta 20 cm de longitud, de ojos castaños, pico y patas negros, y plumaje general de color negro brillante, con una mancha ocre en cada ala. (Icteridae; *Agelaius humeralis*).

mayo.
I. 1. m. *Mx.* Planta herbácea bulbosa de hasta 20 cm de altura, de hojas angostas y estrechas y flores solitarias, campanuliformes, de color rosa fucsia; es ornamental. (Amaryllidaceae; *Zephyranthes carinata*).
2. *Co.* Arbusto de copa globosa y follaje denso, de hojas simples, opuestas y dispuestas en forma de cruz, con flores grandes y vistosas, inicialmente de color morado y luego rosado al polinizarse. (Melastomataceae; *Tibouchina lepidota*). ◆ **sietecueros**.
3. *Pa.* Árbol de hasta 30 m de altura, de hojas simples y opuestas, flores de color amarillo intenso, aromáticas, y frutos en cápsulas, negros cuando están maduros; la madera del tronco se emplea en carpintería. (Vochysiaceae; *Vochysia ferruginea*). ◆ **tecla**.
II. 1. m. *Pa.* **mal de mayo**.
□
a. ‖ **para ~.** loc. adv. *Ch.* Para un tiempo indefinido o nunca. pop.
▶ **caer un veinte de ~.**

mayoato.
I. 1. *Ar:N.* **mayuato**.

mayocol. (De *mayor* y del maya *col*, milpa).
I. 1. m. *Mx:SE.* obsol. Capataz, mayoral de una finca. rur.

mayoide.
I. 1. adj. *Mx. Referido a persona o cosa*, de aspecto o características propios de los mayas o de su cultura. cult.

mayombe.
I. 1. m. *Cu.* Culto afrocubano de origen bantú.

mayombero, -a.
I. 1. m. y f. *Cu.* Persona que practica el **mayombe**.

mayoneso, -a.
I. 1. sust/adj. *Ch.* obsol. Extremista o persona que lleva a cabo actos de vandalismo y terrorismo. pop + cult → espon ^ desp.

mayor.
I. 1. adj. *Ho, ES. Referido a selección*, la mejor que representa al país en cada deporte.
II. 1. m. *Gu.* Auxiliar de policía que trabaja en un municipio.
▶ **hacer la ~.**

mayoral.
I. 1. m-f. *Ec, Pe. En ciertas fiestas religiosas y populares*, persona encargada de organizar los festejos y reunir las flores. rur.

mayorala.
I. 1. f. *Pe. En las procesiones religiosas*, mujer encargada de adornar con flores los altares y andas de las imágenes. rur.

mayorca.
I. 1. m. *Ec.* Bebida preparada con aguardiente, anís y azúcar.

mayordomía.
I. 1. f. *Mx.* Responsabilidad que recae sobre un miembro de un pueblo o barrio, consistente en cuidar de su santo patrono por un año y correr con todos los gastos de su fiesta anual.

mayordomo.
I. 1. m. *Mx, Ho, ES, Ni, RD, Co:O, Bo, Ur.* Persona encargada de vigilar o administrar una hacienda.
◆ **agregado**.
2. *Ec.* Representante principal del propietario, arrendatario o administrador de una hacienda.
3. *Bo:SO. En una mina*, capataz.
4. *Bo:E.* Peón encargado de atender el ganado vacuno.
II. 1. m. *Gu.* Rollo de papel de cocina. pop.

mayorear.
I. 1. intr. *Mx, Ni.* Comerciar al por mayor.

mayorengo.
I. 1. m. *Bo; Ar,* obsol. Miembro de la policía encargado de mantener el orden público en las calles y velar por la seguridad de los ciudadanos.

mayoría.
■
a. ‖ **primera ~.** f. *Bo. En unas elecciones*, primer lugar que obtiene uno de los candidatos con muy poca diferencia sobre los demás.

mayoriar.
I. 1. tr. *ES.* Adelantar, aventajar a *alguien* en algo.

mayoritear.
I. 1. intr. *Mx. En política*, lograr la mayoría de votos en alguna cámara.

mayoriteo.
I. 1. m. *Mx. En política*, obtención de la mayoría de votos en alguna cámara.

mayuato.
I. 1. *Ar.* **aguará popé**. (**mayoato**).

mayugada.
I. 1. *Mx, Gu, Ho, ES, Ni, RD.* **mallugada**.

mayugar.
I. 1. *Mx, Gu, Ho, ES, Ni, RD.* **mallugar**.

mayugón.
I. 1. *Mx, Gu, Ho, ES, Ni, RD.* **mallugón**.

mayuna.
I. 1. f. *Ar:NO,O.* Rodaja que se coloca en la parte inferior del huso y ayuda a torcer la hebra. rur.

mayuyón, -na.
I. 1. *Pa.* **mallullón**.

maza.
I. 1. f. *Ar, Ur.* Pieza central de una rueda, en la que se insertan los radios.
2. *Ho, Cu, PR.* Cada uno de los tres cilindros horizontales que componen el molino de los ingenios de azúcar.
II. 1. f. *PR.* Manojo de hojas que forman la corona de la piña. rur.

mazacote.
I. 1. m. *Mx, Pa, RD, Co, Ve, Pe, Bo, Py, Ur.* Sustancia espesa y pegajosa.

2. adj/sust. *Mx, Pa, Co, Ve, Ec, Bo, Ur. Referido al arroz o a otro alimento,* muy cocido y en forma de pegote. pop.

3. m. *Mx, Ar.* Pasta hecha de los residuos del azúcar que, después de refinada, quedan adheridos al fondo y a las paredes de la caldera.

4. *Cu.* Conjunto, abundancia de cosas, *especialmente de dinero y de pelo.*

mazacotudo, -a.

I. 1. adj. *Mx, Co, Ve, Pe, Bo; Ar,* p.u. *Referido a un alimento cocido, especialmente al arroz,* que está apelotonado y pegajoso. pop. (**masacotudo**).

2. *Ec, Pe. Referido a cosa,* maciza o compacta y de acabado tosco.

3. *Ch. Referido a cosa,* de gran volumen, pesada. pop. (**masacotudo**).

mazacúa.

I. 1. *Mx:SE.* **mazacuata**, serpiente.

mazacuata. (Del nahua *mazacoatl*; de *mázatl*, venado, y *coatl*, serpiente).

I. 1. f. *Mx, Gu, Ho, ES, Ni.* Serpiente vivípara, de hasta 6 m de longitud, de cabeza triangular, cuerpo grueso en el que domina el color canela y el vientre blanco, con grandes manchas disformes de varios tonos de café que, según se acercan a la cola, se vuelven rojizas. (Boidae; *Boa constrictor imperator*). (**masacoate**; **masacúa**; **masacuata**; **masacuate**; **mazacúa**; **mazacuate**). ♦ **boa**; **güío**; **ilamacoa**; **sauyán**; **tragavenado**.

II. 1. f. *Gu, Ho, ES,* metáf. Pene. euf; pop + cult → espon.

III. 1. f. *Ho, ES.* Pistola o revólver. pop ^ hiperb.

mazacuate.

I. 1. m. *Mx, Gu, Ho.* **mazacuata**, serpiente.

mazambique.

I. 1. *PR.* **mozambique**, ave.

mazamorra.

I. 1. f. *PR, Co, Ve, Bo.* Alimento, de consistencia espesa, que se prepara con maíz, leche y **panela**.

2. *Bo, Py, Ar, Ur.* Comida elaborada con maíz blanco triturado y cocido al que, una vez frío, *generalmente se añaden leche y azúcar.*

3. *Co:C.* Sopa espesa de harina de maíz y legumbres.

4. *Pe.* Alimento de consistencia suave, dulce, que se prepara con harina de maíz y frutas secas o frescas.

5. *Ve.* Alimento de consistencia amazacotada por exceso de cocción.

6. *Ch.* Guiso dulce o salado hecho a base de harina de maíz o trigo a la que se añade otro ingrediente.

7. *Ec.* Comida elaborada con maíz, leche, agua, azúcar y otro ingrediente, *preferentemente un cereal.*

8. *Bo:E.* Comida que se sirve en el desayuno y que consiste en una masa casi líquida de harina de maíz tostado cocida en agua con azúcar.

9. *Bo:O.* Masa blanda hecha con harina de cualquier clase cocida con agua, sal y otros condimentos.

10. *RD.* Alimento de consistencia espesa que se prepara con **auyama**, cebolla y mantequilla o aceite. (**masamorra**).

11. *CR.* Alimento de consistencia espesa, preparado con harina del maíz azucarada, disuelta en agua, colada y ligeramente fermentada.

12. *Pa.* Plato dulce de consistencia espesa hecho de maíz nuevo molido y **nance**, sobre el que se espolvorea queso blanco del país. pop + cult → espon.

II. 1. f. *Mx, Co, Ve, Pe; Ch,* pop. Mezcolanza, revoltijo de ideas o de cosas.

III. 1. f. *Cu, PR, Co:E,N.* Ulceración de las pezuñas del ganado vacuno o caballar, *causada por infección microbiana.*

2. *Gu, Ho, ES, Ni, RD, PR; Pa, Cu,* pop. Lesión de origen bacteriano que se manifiesta con grietas en la piel debajo de los dedos de los pies. (**masamorra**).

IV. 1. f. *Cu.* Planta acuática revestida de una sustancia gelatinosa, de tallos delgados, hojosos y rizoma perenne, hojas flotantes, alternas y ovales, y flores pequeñas de color púrpura. (Cabombaceae; *Brasenia schreberi*).

V. 1. f. *Ch:S.* Danza popular de movimientos simples y continuos en la que se muestra el cortejo de dos hombres a una mujer.

VI. 1. m. *Bo:O.* Alud de barro y piedras que baja de una montaña por efecto de lluvias excesivas y torrenciales.

VII. 1. m-f. *ES.* Persona que siempre está comiendo.

VIII. 1. f. *Ni.* Lombriz común de tierra de color rojizo.

■

a. ‖ ~ **de cochino**. f. *Pe.* Postre preparado con harina de trigo, **chancaca** o azúcar de caña sin refinar y leche.

b. ‖ ~ **de dulce**. f. *Co:C,E.* Alimento que se prepara con harina de maíz, **panela** y algunas especias o **cunchos** de **chicha**.

c. ‖ ~ **morada**.

  i. f. *Pe.* Postre que se prepara con la esencia del maíz morado hervido, **chuño** y frutas secas.

  ii. *Ec.* Bebida dulce y de consistencia espesa que se elabora con harina de maíz negro o solamente con la fécula, moras, **mortiños**, naranjillas, piña y **babaco**, *y que se consume especialmente en la época próxima al día de los difuntos.*

mazamorrear.

I. 1. tr. *Co.* Extraer el oro de los yacimientos lavando en una batea la arena en la que se encuentra el mineral para separarla de este.

mazamorreo.

I. 1. m. *Co.* Extracción del oro de los yacimientos, que se hace lavando en una batea la arena para separar el mineral.

mazamorrero, -a.

I. 1. m. y f. *Co.* Minero que extrae oro mediante el procedimiento del **mazamorreo**.

II. 1. sust/adj. *Pe.* Persona aficionada a la **mazamorra**, postre.

mazamorriento, -a.

I. 1. adj. *Ch. Referido a un alimento o guiso,* que tiene consistencia o aspecto similar a una papilla o a un puré. pop + cult → espon.

2. *Ch,* p.u. *Referido a cosa,* confusa, revuelta, sin orden. pop ^ desp.

mazancuepa. (Del nahua *mázatl*, venado, y *cuepa*, voltearse).

I. 1. f. *Ni.* Voltereta que se hace poniendo la cabeza en el suelo. inf.

mazapán.

I. 1. m. *Gu, Ho.* **árbol del pan**.

2. *Gu, Ho.* Fruto del mazapán, casi redondo, suave, fibroso, con o sin semillas, que se come cortado en rodajas fritas.

II. 1. m. *ES.* Paciente al que no se le cobra la consulta o el tratamiento. pop.

mazate. (Del nahua *mázatl*, venado, y *tetl*, piedra).

I. 1. *Ni.* **patacón**, garrapata.

▶ **pegarse como un ~**.

mazato.

I. 1. *Ve:O, Pe:E.* **masato**.

mazinger. (De *Messenger*®).

I. 1. m. *Ho, ES.* Programa con el que se puede mantener una conversación en tiempo real con una o varias personas conectadas a Internet.

mazo.
    I. 1. m. *Ho, ES, Ec, Pe, Bo:E,O*. Pene. tabú; pop + cult → espon.
    2. *Ho*. Palo de mortero.
    II. 1. m. *Ho*. Atado o paquete de 12 puros.
    2. *Ho*. Cigarro grueso de marihuana. drog.
    III. 1. m. *Ho*. Pistola o revólver. pop.
    ▶ **dar ~; irse al ~; ser al ~.**

mazorca.
    I. 1. f. *ES, Ni, CR*. Dentadura. fest.
    II. 1. f. *Gu*. Grupo de personas íntimamente relacionadas.
    III. 1. f. *ES*. Pene. tabú; pop + cult → espon.
    IV. 1. f. *ES*. Armónica.
    V. 1. f. *Ni*. Fruto del cacao.
    ■
    a. ‖ **~ biche.** f. *Co:N*. Mazorca tierna de maíz. ◆ **mazorca verde.**
    b. ‖ **~ verde.** f. *Co:N*. **mazorca biche.**
    □
    a. ‖ **~ de hijos.** loc. sust. *Ni*. Muchos hijos.
    ▶ **desgranar la ~; pelar la ~.**

mazorcar.
    I. 1. intr. *Cu*. Echar mazorcas la planta de maíz.

mazorco.
    I. 1. m. *Gu*. Árbol de hasta 18 m de altura, de hojas compuestas y de gran tamaño, flores blancas, y frutos globosos, pequeños y dispuestos en racimo de tal manera que se asemejan a una mazorca. (Araliaceae; *Oreopanax xalapensis*).

mazorquear.
    I. 1. intr. *ES*. Echar mazorcas la mata de maíz.

mazorquero, -a.
    I. 1. adj. *Ar*. Relativo a la mazorca.

mazorquilla.
    I. 1. f. *Mx*. Planta herbácea de hasta 2 m de altura, de tallos rojizos, flores diminutas blancas o violáceas, dispuestas en largos racimos, y frutos purpúreos, lobulados y carnosos. (Phytolaccaceae; *Phytolacca icosandra*). ◆ **calalú; guaba; maíz de perro; ñamole; perla de China; pie de paloma; quilete; verbachina.**
    2. *Mx*. **elotillo.**

mazotazo.
    I. 1. m. *Ve:E*. Golpe que se da con la mano abierta. pop.

mazquilisguat.
    I. 1. *ES*. **maquilisguate.**

mazucho.
    I. 1. m. *ES*. *En el fútbol*, jugador habilidoso.

mbaguarí. (Del guar.).
    I. 1. m. *Ar*. Cigüeña de hasta 85 cm de altura, de color general blanco, cabeza, cuello y pecho con reflejos grises, alas y cola terminadas en plumas negras, pico gris verdoso en la parte basal y patas rojas. (Ciconiidae; *Ciconia maguari*). ◆ **tuyango; yulo.**

mbaipy. (Del guar.).
    I. 1. m. *Ar:NE*. Guiso *elaborado principalmente con carne picada, harina de maíz y cebolla*. rur.

mbatará. (Del guar.).
    I. 1. m-f. *Py*. Persona que dice simpatizar con diferentes partidos políticos.

mbeyú. (Del guar.).
    I. 1. m. *Py; Ar:NE*, rur. Torta elaborada con mandioca o con harina de maíz, leche, huevo y queso.

mbiguá.
    I. 1. m. *Py, Ar:NE; Ur*, p.u. Ave *predominantemente marina*, de hasta 70 cm de longitud, de plumaje negro, cola y cuello largos, patas cortas y dedos unidos por una membrana interdigital. (Phalacrocoracidae; *Phalacrocorax olivaceus*). (**biguá; viguá**). ◆ **chumucuco; cotúa olivácea; paticuervo; zamaragullón.**

mbocayá. (Voz guaraní).
    I. 1. m. *Py, Ar:NE*. Palma de unos 20 m de altura, de tronco espinoso y hojas palmadas, largas y colgantes. (Arecaceae; *Acrocomia totai*).

mbopa.
    I. 1. f. *Ar:NE*. Juego infantil en el que uno de los participantes persigue a los demás intentando atrapar o tocar a alguno.

mboreví. (Del guar.).
    I. 1. m. *Py, Ar; Ur*, obsol. Mamífero de hasta 2,50 m de longitud, de cuerpo macizo, pelaje oscuro, patas cortas y fuertes, y nariz prolongada en forma de pequeña trompa. (Tapiridae; *Tapirus terrestris*). ◆ **anta; sachavaca.**
    ■
    a. ‖ **~-caá.** m. *Ar:NE*. Árbol espinoso de hasta 3 m de altura, de hojas opuestas, flores azules y fruto capsular. (Rubiaceae; *Coutarea hexandra*). ◆ **azulejo.**

mburucuyá. (Del guar.).
    I. 1. m. *Py, Ar:NE; Ur*, p.u. **burucuyá**, arbusto, fruto y flor.

meacaballos. (De *mear* y *caballo*).
    I. 1. f. *Ho, ES*. **cuentacacao.**

meada.
    I. 1. f. *ES*. Regaño.
    □
    a. ‖ **~ de araña.** loc. sust. *Gu*. Infección del casco de una caballería. rur.

meadera.
    I. 1. f. *Ho, ES, CR, RD, Co, Ve, Pe; PR, Ec*, vulg. Ganas de orinar frecuentes. pop.
    2. *Pe*. Porción considerable de orina que se puede encontrar en un lugar usado por personas o animales como meadero.

meado, -a.
    I. 1. adj. *CR, Bo*. *Referido a persona*, que tiene mala suerte. pop + cult → espon.
    □
    a. ‖ **~ de cotorra.** loc. adj. *Cu*. *Referido a persona*, que tiene actitudes bajas o reprobables. pop + cult → espon ^ fest. ◆ **meado de gato.**
    b. ‖ **~ de gato.**
      i. loc. adj. *Ch*. **meado de perro.** pop ^ fest.
      ii. loc. sust. *ES, Ni*. Llovizna.
      iii. loc. adj. *Cu*. **meado de cotorra.** pop + cult → espon ^ fest.
    c. ‖ **~ de perro.** loc. adj/sust. *Ch*. *Referido a persona*, que no tiene fortuna ni suerte o atraviesa una mala racha. pop ^ fest. ◆ **meado de gato.**
    d. ‖ **~ por los perros.** loc. adv/adj. *Bo, Ar, Ur*. Atravesando un período de mala racha. vulg; pop + cult → espon.
    ▶ **aconchar los ~.**

meaíto.
    I. 1. *PR*. **tulipán africano.**

mear(se).
    □
    a. ‖ **~ dulce.** loc. verb. *Cu*. Empezar un adolescente a tener orgasmos. tabú; pop + cult → espon.
    b. ‖ **~ fuera de la escupidera.**
      i. loc. verb. *Mx, Gu, Ho, Ni, Ur*. Equivocarse o salirse del tema que se trata. vulg.
      ii. *Mx, Ur*. Obrar de forma incorrecta, *particularmente infringiendo una norma*. vulg.
    c. ‖ **~ fuera del guacal.** loc. verb. *Mx, Gu, Ho, Ni*. Equivocarse o salirse del tema que se trata. vulg.

d. ‖ ~ **fuera del orinal.** loc. verb. *Cu.* Equivocarse o salirse del tema que se trata. vulg.

e. ‖ ~ **fuera del perol.** loc. verb. *Ve.* Equivocarse o salirse del tema que se trata. vulg.

f. ‖ ~ **fuera del tarro.**
  i. loc. verb. *Py, Ar, Ur.* Equivocarse o salirse del tema que se trata. vulg.
  ii. *Py, Ar, Ur.* Obrar de forma incorrecta, *particularmente infringiendo una norma.* vulg.

g. ‖ ~**se fuera del tíbor.** loc. verb. *Cu.* Cometer *alguien* una indiscreción.

h. ‖ ~**se por.** loc. verb. *PR.* Admirar o estar enamorado de alguien. vulg.

a. ‖ **el que más mea.** loc. sust. *Cu, Ve.* Persona, *especialmente un hombre,* de mucho poder o influencia. vulg.

meazón.
  I. 1. f. *Ho, ES, Cu.* Reguero de orines.
  2. *Ho, ES.* Ganas de orinar frecuentes.

meca.
  I. 1. f. *Ec; Pe,* p.u. Prostituta. pop + cult → espon ^ desp.
  II. 1. f. *Bo.* Excremento humano o animal. pop + cult → espon.
  ▶ **andar la seca y la ~.**

mecahilo. (Del nahua *mécatl,* cuerda, y de *hilo).*
  I. 1. m. *Mx.* Cordel, cuerda fina.

mecánica.
  I. 1. f. *Ec.* Taller donde se repara toda clase de vehículos.

mecánico.
  I. 1. m. *Cu.* Pantalón hecho de una tela resistente de algodón, de color azul.

mecánico, -a.
  I. 1. adj. *Ho, ES, Ni. Referido a automóvil,* que tiene cambio manual de velocidades.

mecaniquear.
  I. 1. tr. *Cu, RD.* Intentar arreglar algún aparato o máquina, sin ser profesional en el oficio. (**mecaniquiar**).

mecaniquiar.
  I. 1. tr. *RD.* **mecaniquear.**

mecapacle.
  I. 1. *Mx.* **mecapatli.**

mecapal. (Del nahua *mecapalli;* de *mécatl,* soga, y *palti,* cosa ancha o plana).
  I. 1. m. *Mx, Gu, Ho, ES, Ni.* Faja de cuero o de fibra que, apoyada en la frente, se empleaba para llevar a cuestas una carga sujeta con cuerdas. ♦ **bambador.**

mecapalazo.
  I. 1. m. *Gu.* Golpe dado con un **mecapal.**

mecapalear.
  I. 1. tr. *Mx, Gu, Ho, ES.* Transportar alguna carga en **mecapal.**

mecapalero.
  I. 1. m. *Gu, Ho, ES; Mx,* p.u. Cargador que usa el **mecapal** para llevar una carga.

mecapate. (Del nahua *mécatl,* soga, y *patli,* medicina).
  I. 1. m. *ES.* **Bejuco** de hasta 25 m de longitud, de raíz larga y delgada, tallos con espinas recurvadas, hojas ovadas o lanceoladas con ápice agudo, flores blancas con perianto de seis segmentos en inflorescencia en umbela con un pedúnculo, flores masculinas y femeninas en plantas separadas, y fruto en baya. (Smilacaceae; *Smilax regelii).*

mecapatli. (Del nahua *mécatl,* soga, y *patli,* medicina).
  I. 1. m. *Mx.* **manto de la Virgen.** (**mecapacle**).

mecasala.
  I. 1. f. *ES.* Pene. vulg.
  II. 1. f. *ES.* Botella de licor. pop.

mecasúchil. (Del nahua *mecatl,* soga, y *xochitl,* flor).
  I. 1. m. *Mx.* Arbusto muy ramoso, con las hojas lanceoladas y oblongas, de color verde brillante; tiene diversas aplicaciones en la medicina tradicional. (Piperaceae; *Piper amalago).* ♦ **guayuyo.**

mecatazo.
  I. 1. m. *Mx, Gu, Ho, ES, Ni, CR, Ve.* Latigazo, golpe dado con un **mecate.**
  2. *Mx, Gu, Ho, ES, Ni, CR.* metáf. Trago de bebida alcohólica, *generalmente aguardiente.* pop.
  II. 1. m. *ES, Ni.* Abundancia de algo.
  III. 1. m. *CR.* Temblor de tierra de intensidad considerable. pop.
  □
  a. ‖ **de un solo ~.** loc. adv. *Ho, CR.* De una sola vez, en un momento.
  b. ‖ **en dos ~s.** loc. adv. *Ho, Ni.* En un momento, en un santiamén, rápidamente. pop.

mecate. (Del nahua *mécatl,* cordel o soga).
  I. 1. m. *Mx, Gu, Ho, ES, Ni, CR, Pa, Co:E,O, Ve; Ec,* p.u. Soga o cuerda hecha de fibra natural.
  II. 1. m. *ES.* Pene. tabú; pop + cult → espon.
  III. 1. m. *CR.* Comba, juego infantil.
  □
  a. ‖ **a ~ corto.** loc. adv. *Ho, Ni, CR.* Ejerciendo un control riguroso sobre alguien. pop + cult → espon.
  b. ‖ **a todo ~.**
    i. loc. adv. *Mx, Gu, Ho, ES; Ec,* p.u. Con gran lujo. pop + cult → espon.
    ii. loc. adj. *Mx, Gu, Ho, ES, Ni.* Muy bueno, excelente. pop + cult → espon.
    iii. loc. adv. *Mx, Ho, Ni.* A toda velocidad. pop + cult → espon.
    iv. *Mx, Ho.* Muy bien. pop + cult → espon.
  c. ‖ **con el ~ en el pescuezo.** loc. adj. *Mx. Referido a persona,* que está en un apuro, amenazada de un riesgo grave.
  d. ‖ **de a ~.** loc. adj. *Ni.* Excelente, muy bueno, de gran calidad.
  ▶ **aflojar ~; andar a ~ suelto; andar arrastrando el ~; atar a ~ corto; caerse del ~; estar solo de cortar el ~; llevar a ~ corto; pelar el ~; soltar ~; tener a ~ corto.**

mecateada.
  I. 1. f. *Mx, Gu, Ho, ES, Ni, CR.* Paliza, *generalmente dada con un mecate.* (**mecatiza**).

mecateado, -a.
  I. 1. adj. *Gu, Ho, ES, Ni, CR. Referido a persona o animal,* golpeado con un **mecate.**
  2. *ES. Referido a trabajo o asunto,* difícil, duro.

mecatear.
  I. (De *mecate).*
    1. tr. *Gu, Ho, Ni; CR,* obsol; pop + cult → espon. Azotar, castigar.
    2. *Ho, ES, Ni.* Hacer una tarea o trabajo con ahínco. pop + cult → espon.
    3. *Gu.* Atar con lazo una **res.**
  II. (De *mecato).*
    1. intr. *Co:O.* Comer alimentos ligeros entre comidas.

mecatera.
  I. 1. f. *Ni.* Negocio donde se hacen o venden **mecates.**

mecatero, -a.
  I. (De *mecate).*
    1. m. y f. *Mx, Ni; Ho,* p.u. Persona que se dedica a fabricar **mecates.**
  II. (De *mecato).*
    1. adj/sust. *Co:O. Referido a persona,* que suele comer **mecato.**

mecatiza.
  I. 1. f. *Mx.* **mecateada.**

mecato.
    I. 1. m. *Co:O,SO.* Alimento ligero, como galletas o dulces, que se suele tomar entre comidas.

mecatón, -na.
    I. 1. adj. *ES. Referido a cosa,* muy buena o bonita.
    2. *ES.* **mecatudo.**

mecatudo, -a.
    I. 1. adj. *ES, Ni. Referido a persona,* valiente. ♦ **mecatón.**
    2. *ES.* Muy bueno, estupendo. pop.

mecedor.
    I. 1. m. *Mx, Co:N, Ve.* Silla de brazos cuyas patas descansan sobre dos arcos o terminan en forma circular para poder mecerse.

mecedora.
    I. 1. f. *PR, Ec.* Asiento para varias personas, montado sobre un armazón de hierro o de madera que permite que todos se mezan a la vez.

mecer.
    I. 1. tr. *RD, Pe.* Postergar reiterada y engañosamente el cumplimiento de un compromiso u obligación.
    2. *ES.* Engañar a *alguien.*
    II. 1. tr. *Ho.* Derrotar a *alguien.*

mecha.
    I. 1. f. pl. *Mx, Gu, Ho, ES, Ni, CR, RD, Co, Ve, Ec, Bo, Ar, Ur; Pe,* p.u. Cabello, *especialmente desordenado.* pop.
    II. 1. f. *Cu, RD, PR, Ve, Ch, Ar, Ur.* Broca para un taladro.
    III. 1. f. *Gu, Ho, Ni, CR, Co:N.* Utensilio doméstico para limpiar pisos, consistente en un palo largo con un trozo de tela sujeto en uno de sus extremos.
    IV. 1. f. *Co:NE,C,E.* p.u. *En el juego de tejo,* triángulo pequeño de papel relleno con pólvora que se coloca sobre el **bocín** y estalla al ser golpeado con el tejo que lanza el jugador.
    V. 1. f. pl. *Co.* Ropa vieja o en mal estado. pop ^ desp.
    VI. 1. f. *Pe.* Pelea o disputa. pop.
    VII. 1. f. *EU.* Cerilla, fósforo.
    VIII. 1. f. *Ch.* Corbata masculina. delinc; pop.
    IX. 1. f. *Ec.* Persona viva, pícara, que tiene respuesta para todo.
    X. 1. f. *Ec.* p.u. Obstáculo, estorbo.
    XI. 1. f. *Ho, Ni.* Hilacha de carne cocida.
    XII. 1. f. *Cu.* Trabajo intenso o excesivo.
    XIII. 1. f. *CR.* p.u. Marihuana. pop + cult → espon.
    XIV. 1. f. *Pa.* Serie de petardos.
    ■
    a. ‖ **~ de clavo.** sust/adj. *Ch.* **mechas de clavo,** persona. pop ^ fest.
    b. ‖ **~s de clavo.**
      i. f. pl. *Ch.* Cabellos hirsutos. pop ^ fest.
      ii. sust/adj. *Ch.* Persona que tiene el cabello hirsuto. pop ^ fest. (**mecha de clavo**).
    □
    a. ‖ **de las ~s.** loc. adv/adj. *Bo, Ch.* En situación de enfrentamiento o enfado. pop.
    b. ‖ **~ corta.** loc. sust/adj. *Pe.* Hombre de pene pequeño. pop.
    c. ‖ **~s tiesas.** loc. sust. *Ch.* Persona o animal de cabello o pelaje hirsuto. pop ^ fest.
    ▶ **agarrar de las ~s; agarrarse de las ~s; cogerse de las ~s; dar ~; echar ~; estar de que le peguen la ~; guiñar las ~s; ponerlo de las ~s; prender la ~; salir con su media ~; ser ~ corta; ser cucaracha con ~; tirarse de las ~s.**

¡mecha!
    I. 1. interj. *Ni.* Expresa negación o rechazo a una afirmación o propuesta.

□
    a. ‖ **¡pa' su ~!** loc. interj. *Mx.* Expresa asombro o sorpresa.

mechadera.
    I. 1. f. *Pe.* Pelea o disputa. pop.

mechado.
    I. 1. m. *Bo:C,O,S.* Comida que se prepara con una pierna de cordero a la que se hacen incisiones profundas que se rellenan con cebolla, zanahoria y **ají colorado.**

mechado, -a.
    I. 1. adj. *Ho, CR, Ve, Ec. Referido a carne de* **res** *o cerdo,* que, una vez cocida, se desmenuza en hilachas.
    II. 1. adj/sust. *Cu. Referido a un estudiante,* que estudia mucho.

mechador, -ra.
    I. 1. adj/sust. *Pe. Referido a persona,* luchadora o que gusta de peleas. pop.

mechaje.
    I. 1. *Ni.* **mechal.**

mechal.
    I. 1. m. *ES.* Pelo abundante y largo. ♦ **mechaje.**
    2. *ES.* Hilachas.

mechanic. (Voz inglesa).
    I. 1. m. *EU.* Mecánico, persona dedicada al manejo y arreglo de vehículos de motor.

mechar(se).
    I. 1. tr. *CR, Ve, Ec.* Deshilachar carne cocida.
    II. 1. intr. prnl. *Pe.* Pelearse o enfrentarse con alguien. pop.
    III. 1. intr. prnl. *Cu.* Prepararse muy bien *una persona para hacer algo.* pop.
    IV. 1. tr. *Cu.* Rellenar un pastel con crema, mermelada o cualquier otro alimento.

mechazo.
    I. 1. m. *Gu, Ho, ES, Ni, CR.* Trago de bebida alcohólica que se bebe de una vez. pop.
    II. 1. m. *Ho, ES, Ni.* Disparo de arma de fuego.
    2. *Ho.* Rayo, relámpago. rur.

mechero.
    I. 1. m. *Mx, Co, Ve.* Cabello revuelto. pop ^ desp.
    II. 1. m. *Ni, Cu, RD, PR, Co, Bo.* Lámpara de petróleo con una mecha.
    III. 1. m. *Gu, ES.* Revólver.

meches. (De *Mercedes®*).
    I. 1. m. *Ho.* Automóvil de marca Mercedes Benz. pop.

mechiblanco, -a.
    I. 1. sust/adj. *Pa.* Persona que tiene en el cabello un mechón blanco.

mechicolorado, -a.
    I. 1. adj. *Co:C. Referido a persona,* pelirroja. pop.

mechita.
    I. 1. f. *Ni, Pa, Ve, Bo, Py, Ur.* Mechón de pelo que se ha teñido de un color diferente o una tonalidad más clara.
    2. *Pa.* Mechón de pelo.
    II. 1. f. *Pa.* Repelente sólido, en forma de espiral, contra los mosquitos.

mecho.
    I. 1. m. *Bo:E.* Utensilio de fabricación casera que funciona con aceite o **querosén** y se utiliza para alumbrar una habitación.

mechón.
    I. 1. m. *Pa.* **Guaricha** grande de queroseno.

mechón, -na.
    I. 1. sust/adj. *Ch.* Alumno universitario de primer año. pop + cult → espon.
    II. 1. adj/sust. *Ho. Referido a fruto,* que tiene fibras en forma de hilachas.

mechoneada.
 I. 1. f. *Co, Bo:E, Ar:NO.* Tirón de cabellos. pop.
mechonear.
 I. 1. tr. *Mx, Pa, Co, Bo:E,O, Ch, Ar:NO; Pe,* p.u. Tirar del cabello a *alguien,* con fuerza o repetidamente. pop.
 II. 1. tr. *Ch.* juv. *En los centros de enseñanza,* hacer novatadas a los nuevos estudiantes.
 III. 1. intr. *Pa:NE.* Pescar durante la noche con la ayuda de una linterna. rur.
mechoneo.
 I. 1. m. *Bo, Ch.* Tirón del pelo.
 2. *Ch.* juv. *En los centros de enseñanza,* novatada hecha o sufrida por estudiantes.
mechuda.
 I. 1. f. *Mx.* Palo que lleva en sus extremos adornos de papel de colores en forma de cabellera, que se usa en actos públicos.
mechudo.
 I. 1. m. *Mx, Ec, Ar:NO.* Utensilio de limpieza compuesto por un palo largo y un conjunto de hilos relativamente gruesos en uno de sus extremos, que sirve para sacar brillo al piso.
mechudo, -a.
 I. 1. adj. *Mx, Gu, Ni, Co, Ve, Ec, Bo, Ar:NO, Ur.* Referido a persona, que tiene el cabello largo y descuidado. pop.
 2. *Mx, Gu, Ho, ES, Ni, CR, Ec, Pe, Bo, Ar, Ur.* Referido a persona, que tiene el pelo enredado o despeinado. pop.
 3. *Gu, Ho, ES, Ni, CR, Co, Ve, Bo:E, Ar:NO.* Referido a persona, que tiene mucho pelo. pop.
 4. *CR, Ec, Ur.* Referido al cabello, enredado o despeinado. pop.
 II. 1. adj. *Ho, ES, Ni.* Referido a fruto, que tiene fibras en forma de hilachas.
 2. *Ho.* Referido a cosa, que tiene hilachas.
 III. 1. adj. *ES.* Referido a persona, entrometida.
mechuzo.
 I. 1. m. *Ve:C.* Lámpara o candil. rur.
mecida.
 I. 1. f. *Ho.* Serie de golpes dados con un palo o con cualquier otro medio o instrumento. pop.
 2. *Ho.* Derrota que *una persona* inflige a alguien. fest.
meclapil.
 I. 1. *Mx.* **metlapil.**
 II. 1. f. *Pe.* Postergación reiterada y engañosa del cumplimiento de un compromiso u obligación.
meco.
 I. 1. m. pl. *Mx.* Semen. vulg.
 II. 1. m. *Ec.* Hombre homosexual. pop + cult → espon ^ desp.
 III. 1. m. *CR. En el juego de trompos,* hueco hecho en un **trompo** por el **puyón** de otro.
 2. *CR.* obsol. Golpe que se da con el puño de la mano.
meco, -a.
 I. 1. m. y f. *Mx.* Indio, *especialmente el que conserva sus costumbres y tradiciones.*
 2. *Pa.* obsol. Persona de raza negra procedente de Jamaica. desp.
 II. 1. adj. *Mx. Referido a cosa,* de mucha importancia o dificultad. pop + cult → espon.
 III. 1. adj. *Mx. Referido a un animal,* de color bermejo con mezcla de negro.
mecona.
 I. 1. f. *Ec:NO.* Mujer de moral sexual relajada. pop + cult → espon.
 2. *Ec:NO.* Prostituta. pop + cult → espon.

mecoqui.
 I. 1. f. *Ni.* Gallina. pop.
mécora.
 I. 1. f. *Pa.* Mentira leve.
mecuate. (Del nahua *metí,* maguey, y *coatl,* culebra).
 I. 1. m. *Mx.* Brote lateral del agave que se emplea para la reproducción.
medalaganariamente.
 I. 1. adv. *RD.* De forma **medalaganaria,** arbitraria.
medalaganario, -a.
 I. 1. adj. *RD. Referido a persona,* caprichosa.
 2. *RD.* Arbitrario, sin criterio o sin método.
medalla.
 I. 1. f. *Ec:S.* obsol. Mancha de color entre amoratado, negruzco y amarillento, que suelen presentar en la región sacro lumbar los niños mestizos recién nacidos en los que predominan los rasgos de la raza indígena sobre los de la blanca.
 II. 1. f. *ES.* Vulva. vulg.
 III. 1. f. *Ni.* juv. Botella de licor.
medallita.
 I. 1. f. *Ch.* Planta de hasta 40 cm de longitud, trepadora, epífita o rastrera, perenne, de hojas opuestas, carnosas, gruesas, de bordes enteros o con muy pocos dientes, de color verde claro, y flores hermafroditas, axilares, solitarias, de color rojo. (Gesneriaceae; *Sarmienta repens*).
medanal.
 I. 1. m. *Ar.* Terreno lleno de dunas.
 2. *Ar:NO.* Terreno cenagoso.
media.
 I. 1. f. *ES, Ni, CR, Pa, Cu, RD, PR, Co, Ve, Ec, Pe, Bo, Ch, Py, Ar, Ur.* Calcetín, prenda que cubre el pie y llega hasta la pantorrilla.

 ▪
  a. ‖ ~ **agua.**
   i. f. *PR, Bo, Py, Ur.* **mediagua,** techo de una sola vertiente.
   ii. *PR, Bo, Py, Ur.* **mediagua,** edificio con el techo de una sola vertiente.
  b. ‖ ~ **cubana.** f. *Pe.* Calcetín femenino de vestir que cubre poco más arriba del tobillo.
  c. ‖ ~ **larga.** f. *Pe, Bo, Py; Ur,* obsol. Calcetín que cubre el pie y la pierna hasta la rodilla.
  d. ‖ ~~.
   i. f. *Co:C.* Prenda de vestir que cubre el pie y la pierna hasta la rodilla.
   ii. m. *Gu.* Trabajo rápido para salir del paso.
  e. ‖ ~ **pantalón.**
   i. f. *Co, Ec, Bo, Ur.* Prenda femenina que cubre y ciñe el cuerpo desde la cintura hasta los pies.
   ii. *Ve, Ch.* Prenda femenina que cubre el pie y la pierna hasta la rodilla como un calcetín largo.
  f. ‖ ~ **para hombre.** f. *Co, Py, Ur.* Calcetín.
  g. ‖ ~ **tobillera.** f. *Cu, Co, Ve, Ec, Py, Ur.* Calcetín que cubre hasta el tobillo.
  h. ‖ ~**s calzón.** f. pl. *Ni, Bo:O.* Prenda de vestir femenina, de nailon, lana u otro material, que se ajusta al cuerpo y lo cubre desde la cintura hasta los pies.
  i. ‖ ~**s largas.** f. pl. *Co, Bo.* Prendas femeninas de seda, nailon u otro material, que cubren el pie y la pierna hasta el muslo. ♦ **medias veladas.**
  j. ‖ ~**s nailon.**
   i. f. pl. *PR, Ec, Pe.* **pantimedias.**
   ii. *Bo.* Prenda interior femenina de un hilo sintético muy fino, que cubre el pie y la mayor parte de la pierna hasta el muslo.

k. ‖ ~s **tobilleras.** f. pl. *Ni, Co.* Prenda de vestir que cubre el tobillo y parte de la pierna sin llegar a la rodilla.

l. ‖ ~s **veladas.** *Co.* **medias largas.**

▶ **caerse las ~s; casar ~s; chuparse las ~s; hacer la ~; hacer ~; hacer una ~; jalarse las ~s.**

mediacaña.
    I. 1. f. *Ar, Ur.* Danza tradicional, galante y alegre, de pareja suelta y que alterna el ritmo lento con el vivo.
    II. 1. f. *RD.* Alianza o anillo de matrimonio que tiene el borde redondeado.

mediagua.
    I. 1. adj. *CR, Pa*; sust. *PR, Co, Ve, Ec, Bo, Ch. Referido a un edificio,* que tiene el techo de una sola vertiente. (**media agua; mediagüita**).
    2. *Ho, ES, Ni, CR, PR; Co, Ec, Py. Referido a un techo de un edificio,* de una sola vertiente. (**media agua; mediagüita**).
    3. f. *Ch.* Construcción **habitacional** que tiene el techo de una sola vertiente.
    4. *Ch.* Vivienda precaria hecha con materiales ligeros.

mediagüero, -a.
    I. 1. adj. *ES.* Relativo a la **mediagua.**

mediagüita.
    I. 1. f. *PR; Ec,* pop. **mediagua,** edificio con el techo de un sola vertiente.
    2. *PR; Ec,* pop. **mediagua,** techo de un sola vertiente.

medialuna.
    I. 1. f. *Ch.* Terreno circular cercado y rodeado de gradas donde se practica el **rodeo.**

mediana.
    I. 1. f. *ES.* Señal, indicación.

medianía.
    I. 1. f. *Ch.* Límite o linde de una finca con otra. rur.

mediano.
    I. 1. m. *Ec:S.* Vasija de barro, vidriada o no, de boca muy ancha y fondo menor, usada para contener líquidos.

medianoche.
    I. 1. f. *Mx.* Pan blanco para hacer un *hot dog.*
    2. *PR.* Emparedado de panecillo dulce y amarillo con pierna de cerdo asada.

mediante.
    I. 1. m-f. *Gu.* Campesino que trabaja para un terrateniente.

mediasnueves.
    I. 1. f. pl. *Co.* Refrigerio que se toma entre el desayuno y la comida del mediodía.

medibacha.
    I. 1. f. *Ar.* Prenda interior femenina de nailon, licra, seda u otros tejidos similares, que cubre desde los pies hasta la cintura.
    2. *Ar.* Prenda femenina o infantil de lana que cubre desde los pies hasta la cintura.

medicamentar.
    I. 1. tr. *Mx, Cu, RD, Ve, Ch, Ar, Ur.* Recetar medicamentos.
    2. *Mx, Cu, Bo, Ch, Ar, Ur.* Administrar medicamentos.

medicatura.
    I. 1. f. *Ve.* Pequeño centro de asistencia médica que presta atención primaria en medicina preventiva y cirugía menor, en zonas marginales urbanas o en áreas rurales.
    2. *Ec.* Ejercicio de la medicina.
    3. *Ec.* Ejercicio de la medicina por un período determinado que realiza en una zona rural el estudiante recién **egresado** de la facultad, como requisito para la obtención del título de médico.

■
    a. ‖ ~ **forense.** f. *Ni, CR, Pa, Ve, Ec.* Organismo judicial encargado de resolver casos que requieren la aplicación de la medicina legal.

medicina.
    I. 1. f. *ES.* Licor. fest.

medicinar(se).
    I. 1. tr. *Ho, Bo.* Recetar medicinas a alguien.
    2. tr. prnl. *Ho, Bo.* Recetarse uno mismo medicinas. rur.

médico.
    I. 1. *PR.* **barbero,** pez.

médico, -a.
    I. 1. m. y f. *Py, Ar:NO.* Curandero. rur.
    2. *PR.* **curioso.** rur.
■
    a. ‖ ~ **legista.** m. y f. *Mx, RD, Co, Ec, Bo, Ch, Py, Ur.* Médico adscrito oficialmente a un juzgado de instrucción para llevar a cabo prácticas periciales propias de la medicina legal.
    b. ‖ ~ **tratante.** m. y f. *Co, Ec, Ch, Py, Ur.* Médico que atiende y observa la evolución de un enfermo mientras está hospitalizado.
□
    a. ‖ **ni el** ~ **chino.** loc. adv. *Cu, RD, PR.* Nadie. pop + cult → espon.
▶ **no salvar ni el** ~ **brujo; no salvar ni el** ~ **chino.**

medida.
    I. 1. f. *Ho.* Unidad de volumen de granos que equivale entre 1,181 y 2,267 kg.
    2. *Ho.* Caja de madera o recipiente de plástico para medir este volumen de granos.
□
    a. ‖ **sobre** ~. loc. adj. *Mx. Referido a mueble o prenda de vestir,* hecho con medidas previamente establecidas para el espacio o la persona al que está destinado.
    b. ‖ **sobre** ~s. loc. adj. *Co, Pe, Py. Referido a una prenda de vestir,* hecha con las medidas adecuadas a la persona a la que está destinada.

medidor.
    I. 1. m. *Mx, Ni, CR, Pa, Co, Ve, Ec, Pe, Bo, Ch, Py, Ar, Ur.* Instrumento para medir el consumo de agua, gas o energía eléctrica.
    2. *PR.* Mecanismo que indica el resultado de una sucesión numérica de la energía eléctrica o del paso del agua o gas.
    II. 1. *Gu, CR, Ec.* **gusano medidor.**
■
    a. ‖ **falso** ~. m. *Ho, Co.* Insecto lepidóptero de color café grisáceo con unas líneas más oscuras que cruzan las alas anteriores, las tibias posteriores tienen espinas y un fleco de pelos largos en el pecho, su larva es un gusano de color café claro con dos bandas negras en el tórax y dos rayas longitudinales amarillas de la cabeza a la cola. (Noctuidae; *Mocis lapites*).
□
    a. ‖ ~ **de aceite.** loc. sust. *Mx, ES.* Pene. vulg.

mediería.
    I. 1. f. *Pe, Ch.* Contrato en que un patrón y su inquilino acuerdan repartir a medias lo producido en las tierras del primero. rur.
    II. 1. f. *Ur.* Tienda o sección de la misma donde se venden medias y ropa interior.

mediero, -a.
    I. 1. m. y f. *Ch, Ar.* Inquilino que tiene en **mediería** las tierras del patrón.

medio.
    I. 1. m. *Ho, Ni.* Caja de madera para medir entre 14,514 y 18,143 kg de granos.

2. *Ho.* Unidad de volumen de granos como el **frijol** que equivale a 8 **medidas**, o entre 14,514 y 18,143 kg.

3. *Ho.* Unidad de medida de grano de café sin despulpar que equivale a 7,257 kg o dos **latas**.

II. 1. adv. *PR, Ch.* Más o menos. pop + cult → espon. ■

a. ‖ **~ punto.** m. *PR.* Adorno de dos columnas que divide la sala del comedor de la clásica casa puertorriqueña.

☐

a. ‖ **~ a ~.**
   i. loc. adv. *RD; Ch,* pop. De medio a medio, por completo.
   ii. *Ch.* En el medio, en mitad de algo. pop.
   iii. *Ch.* En lo justo o preciso. pop.

b. ‖ **~~.** loc. adv/adj. *Mx, ES, Ni, CR, Pa, Co, Ve, Ec, Bo, Ch, Py, Ur.* Regular, no muy bien. pop + cult → espon.

c. ‖ **ni ~.** loc. adv. *Ni, Pa, Ve, Ec, Pe, Bo, Py, Ar, Ur.* Nada. pop + cult → espon.

d. ‖ **ni un ~.** loc. adv. *Cu, Pe, Bo, Py; Ec,* obsol. Nada de dinero.

e. ‖ **sin ~.** loc. adv. *Ec, Bo.* Sin dinero.

f. ‖ **sin un ~.** loc. adv. *Cu, Ec, Bo.* Sin dinero.

g. ‖ **y ~.** loc. adj. *Gu, Pa.* Muy grande, en alto grado. pop + cult → espon.

▶ **nacer para ~ y no llegar a real; no tener ni ~; no tener ni un ~.**

medio, -a.

I. 1. adj. *Ch.* Muy grande. pop + cult → espon.

2. *Ch.* Muy bueno. pop + cult → espon.

medioluto.

I. 1. m. *Ve.* Guiso hecho con arroz y **caraotas** negras.

mediomoco.

I. 1. sust/adj. *Bo:C,S,O.* Persona de baja estatura. pop + cult → espon.

mediomudo, -a.

I. 1. adj/sust. *Gu. Referido a persona,* tonta o ignorante. desp.

mediopelaje.

I. 1. m. *Ch.* **medio pelo.** pop + cult → espon ^ desp.

mediopelo.

I. 1. m. *Ec, Bo, Ch, Py.* Gente de clase media. pop + cult → espon ^ desp. ◆ **mediopelo.**

2. adj/sust. *Pe. Referido a persona,* de clase media.

mediopeso.

I. 1. m. *PR.* **cheto,** ave.

mediotiempo.

I. 1. m-f. *Cu.* Persona de mediana edad.

medir(se).

I. 1. tr. prnl. *Mx, ES, Ni, CR, RD, Co, Ec, Pe, Bo, Py, Ur.* Probarse una prenda.

II. 1. intr. prnl. *Co, Ur.* Dedicarse a una tarea dificultosa.

III. 1. tr. *RD.* Mirar a *alguien* con gran enojo, o con agresividad.

☐

a. ‖ **~ calles.** loc. verb. *CR, Co.* Callejear, vagar por las calles. pop.

b. ‖ **con la misma vara y una cuarta más.** loc. verb. *Ho.* Vengarse de alguien.

c. ‖ **~ el aceite.**
   i. loc. verb. *Mx, Ho, ES, Ni, CR, RD, Co, Pe, Bo; Ec,* p.u. Realizar el coito. vulg; fest.
   ii. *Co.* Indagar la actitud de alguien o de una situación a partir de una acción premeditada para saber cómo actuar posteriormente. pop.

d. ‖ **~ el agua a los camotes.** loc. verb. *Mx.* Valorar una situación para ver hasta dónde se puede

llegar. pop. ◆ **medir el agua a los chayotes; medir el agua a los tamales; tantearle el agua a los camotes.**

e. ‖ **~ el agua a los chayotes.** *Mx.* **medir el agua a los camotes.** pop.

f. ‖ **~ el agua a los tamales.** *Mx.* **medir el agua a los camotes.** pop.

g. ‖ **~ las costillas.**
   i. loc. verb. *Ho, Ni.* Pedirle cuentas a alguien.
   ii. *Ho, Ni.* Controlar a *alguien.*

meditabajo, -a. (Der. de *cabizbajo* y *meditabundo*).

I. 1. adj. *Ho, ES. Referido a persona,* cabizbaja. cult → esm ^ fest.

medium. (Voz inglesa).

I. 1. f. *EU, Ho, ES, Ni, CR, PR, Ec, Pe, Bo.* Talla mediana de ropa. (**midium**).

II. 1. adj. *EU, PR.* **medium rare.**
■

a. ‖ **~ rare.** (Voz inglesa). m. *EU, PR. Referido a la carne,* a término medio de cocción. ◆ **medium.**

medrar.

I. 1. intr. *Ec, Pe, Bo; Ur,* p.u. Vivir a expensas de alguien o de una institución, *principalmente del Estado.*

meduloso, -a.

I. 1. adj. *Ar. Referido a un estudio, una explicación o una exposición,* que contiene ideas importantes e interesantes. cult.

megacoalición.

I. 1. f. *Ni, Bo. En política,* concertación suscrita entre diferentes partidos políticos.

megaloco, -a.

I. 1. m. y f. *Ho:N.* Simpatizante del club de **futbol** Real España. desp.

megaterio.

I. 1. m. *Ch.* Persona, *generalmente mayor,* representante o defensora de una ideología o estética anticuada. pop ^ fest.

¡meh!

I. 1. interj. *Ch.* Expresa protesta o sorpresa. pop + cult → espon.

meico, -a.

I. 1. m. y f. *Ch.* Curandero que utiliza yerbas, ungüentos y artes de brujería. rur.

meimportamadrismo.

I. 1. *Mx.* **importamadrismo.** vulg.

mein.

I. 1. m. *Bo.* Hombre que destaca en alguna actividad. pop.

mején. (Del maya yucateco *mehén,* hijo).

I. 1. m. *Mx:SE.* Maíz de grano pequeño, suave y fino.

mejenga.

I. 1. f. *Ni.* Fuerza física.

II. 1. f. *CR.* Partido de **futbol** amistoso. pop.

▶ **darle ~; volar ~.**

mejengue.

I. 1. m. *Pa:O, Ve:O.* Fuerza, brío. rur.

II. 1. m. *RD.* Encanto o atractivo físico de una persona.

III. 1. m. *Ho.* Lío, enredo.

▶ **tener ~.**

mejenguear.

I. 1. intr. *CR.* Practicar un deporte como aficionado, *especialmente el* **futbol.** pop.

mejenguero, -a.

I. 1. adj/sust. *CR. Referido a persona,* aficionada a **mejenguear.** pop + cult → espon.

mejicana.

I. 1. f. *ES.* Botella de aguardiente.

2. *ES.* Engaño, timo.

mejido.
    I. 1. m. *Ec.* Alimento elaborado con queso, azúcar, huevos, nuez moscada en polvo, pasas y, a veces, **plátano** machacado o en puré, *usado generalmente como relleno para empanadas.*

mejor.
    □
    a. ‖ **a la ~.** loc. adv. *Mx.* Quizás, tal vez. pop + cult → espon.
    b. ‖ **de lo ~.** loc. adv. *Ni, Pa, Cu, Bo, Py, Ur.* Muy bien. hiperb.
    c. ‖ **más ~.** loc. adj. *Mx, ES, CR, Cu, Bo, Ch, Py, Ar:NO, Ur.* Mejor, superior a otro. pop.

mejora.
    I. 1. f. *Mx:O.* Primera limpieza que se lleva a cabo en los terrenos cultivados de caña de azúcar. rur.

mejorada.
    I. 1. f. *Ch.* Mejora, aumento en cuanto a la calidad. pop.

mejorador.
    I. 1. m. *Ar, Ur.* Aditivo que se añade al pan para hacerlo más liviano o potenciar alguna otra cualidad.

mejoral. (De *Mejoral*®).
    I. 1. m. *Bo, Ch.* p.u. Remedio transitorio contra una situación difícil.

mejorana.
    I. 1. f. *Pa.* Instrumento musical de cinco cuerdas, utilizado por los campesinos panameños. (**mejoranera**).
    2. *Pa.* Canto que se acompaña con la mejorana.
    3. *Pa.* Baile que se ejecuta al son de la mejorana.

mejoranera.
    I. 1. *Pa.* **mejorana**, instrumento musical.

mejoranero, -a.
    I. 1. m. y f. *Pa.* Músico que toca la **mejorana**.
    2. adj. *Pa.* Relativo a la **mejorana**.

mejorar(se).
    I. 1. intr. prnl. *ES, Ni, CR, Co:C,NE, Ch.* Dar una mujer a luz. rur; pop. ◆ **ameliorar**.

mejorero, -a.
    I. 1. m. y f. *Pe.* Trabajador que recibe una parcela de tierra que debe acondicionar para el cultivo y de la que percibirá la primera cosecha o una suma determinada por ella. rur.

meketeke. (Del ingl. *make and take it*).
    I. 1. m. *Ho. En baloncesto*, hecho de quedarse con el balón el que encesta. pop.

mel. (Der. de *Miguel*).
    I. 1. pron. *Ho.* juv. Yo.

melada.
    I. 1. f. *Py, Ar:N.* Jugo de caña de azúcar, de consistencia similar a la del jarabe.

melado.
    I. 1. m. *Mx:SE, Pa, Cu, RD, Co, Ve, Ec.* Almíbar espeso que se obtiene por cocción del azúcar o del **papelón** en pequeña cantidad de agua. (**melao**).

melador.
    I. 1. m. *Cu.* Olla en la que el **guarapo** se somete a una segunda cocción para eliminar impurezas y convertirlo en **meladura**.

meladora.
    I. 1. f. *Mx:SE.* Vasija grande donde se lleva a cabo la última cocción del azúcar, de donde sale con una textura melosa.

meladura.
    I. 1. f. *Ho, Ec.* Miel obtenida del jugo de la caña de azúcar. rur.

melaíllo.
    I. 1. *PR.* **higuillo**.

melao.
    I. 1. m. *Cu, RD, PR, Co, Bo:E; Ve,* pop + cult → espon. **melado**.
    2. *PR.* Variedad de **guineo**.
    3. *PR.* metáf. Persona de carácter dulce. rur.
    II. 1. m. *PR.* **yaraguá**.

melarchado, -a.
    I. 1. adj. *ES. Referido a persona*, melancólica, apenada.

melarchar.
    I. 1. tr. *ES.* Causar pena o tristeza a alguien.

melarchía.
    I. 1. f. *Ho:O, ES, Pa.* Tristeza, añoranza, melancolía.

melaza.
    I. 1. f. *ES.* Pegamento para inhalar. drog.
    □
    a. ‖ **~ ganadera.** loc. sust. *Ve.* Mezcla rica en proteínas y minerales que se le da al ganado como complemento alimenticio.

¡melaza!
    I. 1. interj. *RD, PR.* Expresa gran admiración ante algo. pop + cult → espon.

melcocha.
    I. 1. f. *Mx, Gu, Ho, ES, Ni, CR, Pa, RD, PR, Co, Ve, Ec; Bo:S,O,* pop. Golosina de consistencia gomosa elaborada con azúcar, miel o **panela** muy concentrados. (**melcoche**).
    2. *Mx, Gu, ES, Ni, CR, Cu, RD, PR, Ve, Ec, Bo.* metáf. Persona que actúa de manera muy dulce o, incluso, cursi.
    3. *Ho, ES, PR.* Dulce pegajoso que ha perdido su forma original.
    4. *Pa.* Dulce hecho con **raspadura**, leche de coco y hojas de naranja o limón.
    II. 1. f. *Ec.* Mezcolanza de gente o de cosas.
    ▶ **hacerse una ~.**

melcochar.
    I. 1. *PR.* **amelcochar**.

melcoche.
    I. 1. *Ve:E.* **melcocha**.

melcochero, -a.
    I. 1. adj. *Mx. Referido a persona o cosa*, empalagosa, cursi. ◆ **melcochudo**.
    2. sust/adj. *ES.* Persona aduladora.

melcochón.
    I. 1. m. *CR.* Bollo de pan blanco muy largo.

melcochoso, -a.
    I. 1. adj. *Gu, Ho, ES, Ni, RD, Ve, Ec. Referido a cosa o alimento*, de textura pegajosa y blanda.
    2. *CR, Ve, Ec. Referido a alimento*, que se estira y dobla fácilmente sin romperse.
    II. 1. adj. *Gu, ES, CR, RD. Referido a persona, o a su forma de hablar*, muy dulce o, incluso, cursi.
    III. 1. adj. *Ni. Referido a persona*, de pelo amarillento.

melcochudo, -a.
    I. 1. adj. *Mx, Co, Ve, Ec, Pe; CR,* p.u. *Referido a alimento*, que se estira y dobla fácilmente sin romperse.
    2. *Mx, Ho, ES, Ve. Referido a cosa o alimento*, de textura pegajosa y blanda.
    II. 1. *Mx.* **melcochero**.

melé.
    I. 1. f. *RD.* Pelea o riña.

melea.
    I. 1. f. *Bo:E.* Recogida de la miel de los panales. pop. (**meleada**).

meleada.
    I. 1. f. *Bo, Ar:NO.* **melea**. rur.

meleador, -ra.
    I. 1. m. y f. *Bo.* Persona que se dedica al cuidado de las colmenas y a la extracción de miel. pop.

melear.
 I. 1. intr. *Ni, Ar:N* rur; *Bo*, pop. Recoger la miel de los panales.
 II. 1. tr. *Bo*. Robar, quedarse con lo ajeno. pop.

melena.
 I. 1. *Co*. **paste**.
 2. f. *RD*. Filamentos que tiene la mazorca de maíz.

melenca.
 I. 1. f. *Ni*. Colilla de puro que se mastica.

melengüelear.
 I. 1. intr. *Gu*. p.u. Vagabundear.
 II. 1. intr. *Gu*. p.u. Contar chismes o murmurar de alguien.

melengüelero, -a.
 I. 1. adj. *Gu, ES. Referido a persona*, vagabunda, callejera.
 2. *Gu. ES. Referido a persona*, chismosa, indiscreta.
 3. *Gu. Referido a persona*, que hace muchos aspavientos.

melenqueador, -ra.
 I. 1. sust/adj. *Ni*. Persona que mastica tabaco.

melenquear.
 I. 1. intr. *Ni*. Mascar tabaco.

melenudo, -a.
 I. 1. sust/adj. *Ho*. Miembro o simpatizante del club de **futbol** Olimpia.

melera.
 I. 1. f. *Ec*. Recipiente metálico de forma parabólica, con la boca muy ancha y pared alta, *que se usa especialmente en los trapiches para cocer el* **caldo**.

melero.
 I. 1. m. *Co:SO. En los trapiches*, persona encargada de atender todos los procesos relacionados con el jugo de la caña que se cuece en las **pailas**.
 II. 1. *Ni, Bo*. **zamhool**.

melero, -a.
 I. 1. m. y f. *Ec. En los trapiches*, persona encargada de atender todos los procesos relacionados con el jugo de la caña que se cuece en las *pailas*.
 II. 1. adj. *Ni. Referido a persona*, insegura, angustiada.
 III. 1. adj. *Ni. Referido a caballería*, de cabeza esquiva.

melga.
 I. 1. f. *Ec, Bo:E, Ch, Ar:NO, Ur; Ve*, rur. Faja de tierra que se marca para sembrar.
 2. *Ho, Ni*. Parte pequeña de la tarea de un día que ha quedado sin labrar. rur.
 3. *Gu*. Cultivo que se siembra en la melga.
 4. *Gu*. Lomo entre surco y surco.
 5. *Gu*. Surco del arado.
 ▶ **pegar** ~; **sacar** ~.

melgambrea.
 I. 1. f. *Co:SO*. Persona desconsiderada e irrespetuosa. pop + cult → espon ^ desp.

melgarejada. (De *Mariano Melgarejo*, presidente de Bolivia, 1818-1871).
 I. 1. f. *Bo*. Toma del poder político del Estado por la fuerza. pop + cult → espon.
 II. 1. f. *Bo:O*. Error, acción equivocada. pop.

melgarejismo.
 I. 1. m. *Bo:E,O*. Sistema de gobierno despótico, al margen de la ley y de la Constitución. pop + cult → espon.

melgarejo.
 I. 1. m. *Bo*. Vaso de cristal de un litro de capacidad *en el que generalmente se sirve* **chicha**.

meliar.
 I. 1. tr. *Co:O*. Jugar al balón, *especialmente en el* **futbol**, engañando con habilidad al contrario.

melificador.
 I. 1. m. *Pe*. Cajón de lata con tapa de vidrio, para extraer la miel de abeja separada de la cera.

melindre.
 I. 1. m. *Pa*. Encaje de la **pollera**.

mellicero, -a.
 I. 1. adj/sust. *Ar:NO. Referido a un animal*, capaz de tener dos crías por concepción. rur.
 2. adj. *Ar:NO*. Relativo a los animales melliceros o característico de ellos. rur.

mello, -a.
 I. 1. adj/sust. *Pa, Co:N. Referido a persona*, nacida en el mismo parto que otra u otras.

melloco. (Del quech. *millucu*).
 I. 1. **ulluco**, planta.
 2. **ulluco**, tubérculo.

melodía.
 ▶ **estar hecho una** ~.

melodio.
 I. 1. m. *Ec, Pe*. Armonio.

melón.
 I. 1. m. *Cu*. Dinero. pop.
 II. 1. m. *ES*. **Llanta** lisa por el desgaste.
 III. 1. m-f. *PR*. Elector que, a pesar de ser partidario de la independencia, vota por el Estado Libre Asociado.
 ■
 a. ‖ ~ **de costa**. m. *PR*. Planta perenne, globosa, de textura carnosa, cubierta de numerosas espinas de color verde y flores rojas. (Cactaceae; *Melocactus communis*).
 b. ‖ ~ **loco**. m. *Mx*. Planta herbácea de hasta 2 m de diámetro, de hojas alternas, lobuladas, amplias, inflorescencias en umbelas, flores amarillas, fruto carnoso, con forma de melón pequeño, de color verde oscuro cuando no es maduro y amarillento o anaranjado cuando madura, con numerosas semillas aovado-elípticas. (Cucurbitaceae; *Apodanthera undulata*). ◆ **meloncillo**.
 ▶ **saberle a** ~.

melón, -na.
 I. 1. adj. *Mx:NO. Referido a ganado vacuno*, que carece de cuernos.

meloncillo.
 I. 1. *Mx*. **melón loco**.

melonear.
 I. 1. tr. *Ar*. Influir en alguien para hacerle pensar o actuar de determinada forma. pop.

melonera.
 I. 1. f. *Ho, ES, Ni*. Melonar, plantación de melones.

melosa.
 I. 1. f. *Ch, Ar:C,O,S*. Arbusto de hasta 1 m de altura, de hojas aserradas, flores amarillas y un aquenio como fruto. (Asteraceae; *Grindelia chiloensis*).

meltiolé.
 I. 1. *RD*. **mentiolé**.

mema.
 I. 1. f. *Ho*. Cabeza de una persona. pop.
 2. *Ho*. Memoria.
 II. 1. f. *ES*. Guitarra.
 III. 1. *Ur*. **mamadera**, biberón. inf.
 ■
 a. ‖ ~ **chocolatera**. *Ho*. Cabeza. fest.

memal.
 I. 1. *Ni*. **memoal**.

membledi.
 I. 1. adj. *Ni*. juv. *Referido a persona*, excitada sexualmente.

membrana.

■

a. ‖ ~ **asfáltica.** f. *Ec, Ar, Ur.* Lámina asfáltica recubierta de papel de aluminio que se usa como impermeabilizante.

membrecía.

I. 1. *Mx, Co, Pe.* **membresía**, condición. pop.

2. *Mx, Co, Pe.* **membresía**, conjunto.

membresía. (Del ingl. *membership*).

I. 1. f. *EU, Mx, Ho, ES, Ni, CR, Pa, RD, PR, Co, Ec, Pe, Bo, Ch, Py.* Condición de miembro de una entidad. (**membrecía**).

2. *Ho, ES, Ni, Pa, RD, PR, Ch, Py.* Conjunto de miembros. (**membrecía**).

3. *ES, RD, PR.* Matrícula de una sociedad o club.

membretado, -a.

I. 1. adj. *Mx, Ho, ES, Ni, CR, Pa, RD, Co, Ve, Ec, Pe, Py, Ar, Ur;* sust/adj. *Bo. Referido a papel, sobre o carta,* que tiene impreso el nombre de una persona, una empresa o alguna otra institución, *generalmente en la parte superior.*

membretar.

I. 1. tr. *Mx, Ho, ES, Ni, CR, Pa, Ec, Pe, Bo, Ar, Ur.* Poner membrete.

2. *Ho, Ec.* metáf. Encasillar a *alguien* o *algo* en una corriente o tendencia.

membretear.

I. 1. tr. *Co, Ve.* Estampar en la parte superior del papel de escribir o en los el membrete de una persona o corporación para su correspondencia.

membrillada.

I. 1. f. *Ec.* Dulce de membrillo.

membrillate.

I. 1. m. *Mx.* Dulce elaborado con membrillo.

membrillito.

I. 1. m. *Gu.* Arbusto muy ramificado, de hojas alternas y elípticas o casi circulares, flores blancas y fruto globoso, de color rojo o rosado. (Rosaceae; *Amelanchier denticulata*).

II. 1. m. *RD.* Árbol de hasta 15 m de altura, tronco delgado y erecto, hojas elípticas y flores de color blanco, agrupadas en racimos axilares y solitarios, cuyo fruto es una drupa de color rojo oscuro e intenso. (Rosaceae; *Prunus myrtifolia*). (**membrillo**). ♦ **palo de hacha.**

membrillo.

I. 1. m. *CR, Pa, Co, Ve, Ec, Bo.* Árbol de hasta 20 m de altura, de tronco ramificado a baja altura, de corteza exterior oscura y lenticelada, hojas grandes, lanceoladas, con bordes dentados, flores grandes y rosadas, con los estambres agrupados en el centro, y frutos globosos, con una estructura en forma de anillo en la punta, de color verde, que se tornan amarillos al madurar. (Lecythidaceae; *Gustavia superba*).

2. *RD.* **membrillito.**

3. *PR.* Planta silvestre de largos tallos, hojas elípticas, prolongadas, y flores en espiga. (Polygalaceae; *Securidaca volubillis*).

II. 1. m. *PR.* Conserva de frutas.

2. *PR.* Postre preparado con leche de coco y maicena o almidón de **yuca**.

■

a. ‖ ~ **de montaña.** m. *Pa.* Árbol de hasta 25 m de altura, cuyas hojas son empleadas para hacer arreglos florales en las fiestas religiosas. (Ochnaceae; *Cespedesia macrophylla*).

b. ‖ ~ **lúcuma.**

i. m. *Bo, Ch.* Membrillo. (Rosaceae; *Cydonia oblonga*). ♦ **lucma; lujma.**

ii. *Bo, Ch.* Fruto del membrillo.

□

a. ‖ (**como**) ~ **de colegial.** loc. adj/sust. *Ch. Referido especialmente a persona,* muy golpeada, fatigada o quebrantada. pop + cult → espon.

meme.

□

a. ‖ **a ~.** loc. adv. *ES.* A la espalda.

▶ **dar ~; hacer la ~.**

memeches.

□

a. ‖ **a ~.** loc. adv. *Gu. En la forma de llevar a un niño,* a la espalda, o sujeto con un rebozo o una manta.

memela. (Del nahua *mimilli*).

I. 1. f. *Mx, Gu, Ho, ES.* **Tortilla** de maíz gruesa y ovalada sobre la que se ponen **frijoles**, salsa, queso y, opcionalmente, carne.

II. 1. f. *ES.* Mentira.

III. 1. f. *ES.* Pie.

memento, -a.

I. 1. m. y f. *Mx, Ni.* Persona mema, tonta, mentecata. rur.

memerre.

I. 1. m. *Pa.* Comida, alimento.

memiso.

I. 1. m. *Cu, RD.* Árbol de hasta 6 m de altura, de follaje coposo, hojas agudas y dentadas, flores blancas y frutos globosos de color blanco o rosa; son comestibles. (Elaeocarpaceae; *Muntingia calabura*).

memo.

I. 1. m. *EU, Mx, Gu, Ho, ES, Ni, CR, PR, Ec, Bo, Ch, Ar, Ur; Py,* urb. Informe en que se expone algo que debe tenerse en cuenta para una acción o en determinado asunto.

2. *EU, Mx, ES, CR, Pa, Ve, Bo, Ch, Ar; Py,* urb. Nota que se envía por mano a una persona de la misma oficina o institución. ♦ **memorándum.**

3. *EU, Ni, Co, Ec, Bo.* Comunicación escrita por la que se designa, despide, amonesta o felicita a un empleado.

memoal.

I. 1. m. *Pe.* Memorándum, informe. pop.

2. *ES, Ni.* Papel, hoja de papel. (**memal**).

memorándum.

I. 1. *Mx, CR, Ch.* **memo**, nota.

2. m. *Ch.* Resguardo bancario.

memoria.

□

a. ‖ ~ **de gallina.** *Co.* **memoria de teflón.** pop + cult → espon ∧ desp.

b. ‖ ~ **de pollo.** *Co, Ec, Bo:O, Ch.* **memoria de teflón.** pop + cult → espon.

c. ‖ ~ **de teflón.** loc. sust. *Mx.* Mala memoria. pop.

♦ **memoria de gallina; memoria de pollo.**

▶ **tomar ~.**

memorista.

I. 1. sust/adj. *Ch.* Estudiante que se encuentra preparando una memoria para la obtención del título o grado de estudios correspondiente.

men. (Del ingl. *man*, hombre, persona).

I. 1. m. *Ho, ES, Ni, PR, Ve, Bo,* juv. **man**, persona muy allegada.

2. *Gu, Bo.* **man**, hombre.

3. *Gu.* **man**, individuo.

II. 1. m. *ES, Pe, Bo.* Hombre que tiene poder, prestigio o es muy versado en un tema. pop.

menarca.

I. 1. f. *Mx, CR, Pa, Co, Ec, Bo, Ar, Ur. En medicina,* aparición de la primera menstruación.

menchada.
   I. 1. f. *Ar:NE.* Acción o cosa que denota mal gusto. pop + cult → espon ^ desp.

mencho.
   I. 1. *Ar:NE.* **mensualero.** rur.

mencho, -a.
   I. 1. sust/adj. *Ar:NE.* Persona que tiene mal gusto y costumbres poco refinadas. pop + cult → espon ^ desp.
   2. adj. *Ar:NE.* Referido a cosa, que revela mal gusto. pop + cult → espon ^ desp.

mención.
   ■
   a. ‖ ~ **honrosa.** f. *Pe, Bo, Ch.* Mención honorífica, distinción o recompensa de menos importancia que el premio y el accésit.

méndez.
   •
   a. ‖ ¿**entiendes, ~?** fórm. *Ho, ES, Co, Bo.* Se usa para preguntar a alguien si ha entendido algo o se da por sabedor de una noticia. pop.

méndigo, -a.
   I. 1. adj/sust. *Mx, Gu, ES.* Referido a persona, infame, muy mala y vil. pop + cult → espon ^ desp.
   2. sust/adj. *Mx.* Cosa despreciable. pop + cult → espon.

mendingar.
   I. 1. tr. *Mx, CR.* Mendigar, pedir limosna. pop.

mendó.
   I. 1. m. *Cu.* Pene.

mene.
   I. 1. m. *Ve.* Manantial natural de petróleo.

meneacola.
   I. 1. *PR.* **churrete,** ave.

meneadera.
   I. 1. f. *CR, RD, PR.* Meneo.

meneadero.
   I. 1. m. *Ho.* Lugar donde traban al ganado.

meneadito.
   I. 1. *ES, Ni.* **meneado.**

meneado.
   I. 1. m. *ES.* Modo de andar. (**meneadito**).

menear(se).
   I. 1. intr. prnl. *Gu, Ni, RD.* Apresurarse, apurarse *alguien.*
   □
   a. ‖ ~ **el bote.** loc. verb. *Mx, Ni.* Bailar. pop.
   b. ‖ ~ **el petate.** loc. verb. *Ho.* Intentar arrebatar el puesto a alguien. pop.
   c. ‖ ~ **el piso.**
     i. loc. verb. *Mx, Ni.* Desconcertar. pop.
     ii. *Mx, Ni.* Provocar sentimientos amorosos. pop.
   d. ‖ ~ **el rabo.** loc. verb. *Ni, RD, PR.* Coquetearle una mujer a un hombre. pop.
   e. ‖ ~ **el tambo.** loc. verb. *Mx.* Bailar. pop.
   f. ‖ ~ **el tapete.**
     i. loc. verb. *Mx.* Provocar sentimientos amorosos. pop.
     ii. *Mx.* **menear el piso,** desconcertar. pop + cult → espon.
   g. ‖ ~ **las cañuelas.** loc. verb. *Ch.* Mover *alguien* las piernas al andar o al realizar otra actividad. pop ^ fest.
   h. ‖ ~ **pitas.** loc. verb. *Gu.* Hacer *alguien* gestiones para conseguir algo.

meneco, -a.
   I. 1. m. y f. *CR.* Persona joven y físicamente atractiva. pop + cult → espon.

menefreguismo. (Del it. *menefreghismo*).
   I. 1. m. *Ar.* Actitud indiferente o displicente hacia el entorno.

menefreguista. (Del it. *menefreghista*).
   I. 1. adj/sust. *Ar.* Referido a una persona o a su actitud, que muestra indiferencia o displicencia hacia el entorno.
   2. adj. *Ar.* Referido a una teoría o a una manera de pensar, que defiende la indiferencia hacia el entorno.

menega.
   I. 1. f. *Ar.* obsol. Dinero. pop + cult → espon.

meneíto.
   I. 1. m. *ES, Ni,* p.u. Especie de golosina. inf.
   II. 1. m. *CR.* Pene pequeño. tabú; pop + cult → espon.

meneón.
   I. 1. m. *CR.* Temblor de tierra. pop.

meneón, -na.
   I. 1. adj. *Gu.* Referido a persona, que se contonea mucho.

menequeo.
   I. 1. m. *Ve, Ar:NO.* Meneo, movimiento del cuerpo que se hace de un lado a otro. pop.

menequeteo.
   I. 1. m. *Ch, Ar:NO.* Movimiento continuo, ajetreo de una persona. pop.

menestra.
   I. 1. f. *Pa.* Caldo espeso de **arvejas, frijoles** o lentejas al que se añade un refrito de cebolla, tomates, **ajíes, culantro** y perejil; se sirve con arroz blanco, y se acompaña con uno o dos trozos de carne y varias tajadas de **plátano maduro fritas.**

menestrón.
   I. 1. m. *Pe, Ur.* Sopa que se hace con carne de **res, papas,** fideos, verduras, y se aderaza con albahaca.
   2. *Ve.* Sopa que se hace con carne y **caraotas** blancas.
   3. *Ch.* Guiso elaborado con verduras, pasta y **porotos** en su caldo.
   4. *Ur.* p.u. **menestrún.**

menestrún.
   I. 1. m. *Ur.* Sopa hecha a base de muchas verduras y hortalizas. (**menestrón**).

menesunda.
   I. 1. f. *Ar,* cult → espon; *Ur,* obsol. Lío, desorden, confusión. pop. (**meresunda**).
   II. 1. f. *Ur; Ar.* cult → espon. Droga, sustancia narcótica. pop. (**meresunda**).

mengala.
   I. 1. f. *Gu.* Traje tradicional que consiste en una falda larga y una blusa de encaje, de colores vivos e intensos.
   2. *Gu.* meton. Mujer de la clase popular que viste la mengala.

mengalo, -a.
   I. 1. m. y f. *Ni.* Persona pobre que le gusta figurar. desp.

mengambrea.
   I. 1. f. *Gu.* Persona o cosa con cualidades, *generalmente positivas,* en máximo grado. pop.
   2. *ES.* Persona muy valiente.
   3. *ES.* Persona buena, capaz.
   4. *Ho.* Persona importante y con poder.
   II. 1. f. *Ho.* Líquido seroso mezcla del semen y las secreciones de la mujer después de haber realizado el coito. rur.
   2. *Ho.* Olor característico de la mezcla de semen y secreciones vaginales. tabú.

menganejo, -a.
  I. 1. m. y f. *Co:N, Ve.* Persona indeterminada cuyo nombre se ignora o se quiere omitir.

menjunje.
  I. 1. m. *Mx, Bo, Py.* Ingrediente o elemento de una preparación. pop.
  2. *Bo, Ur.* Comida rápida, elaborada con productos baratos y poco nutritivos. pop.
  II. 1. m. *Bo:O, Ur.* Conjunto de cosas mal dispuestas y sin orden en un lugar. pop.

menjurje.
  I. 1. m. *Mx, ES, CR, Pa, RD, Ve, Bo.* Mezcla de cosas diversas que se hace sin orden ni medida.

menopáusico, -a.
  I. 1. adj. *ES, Ni, Py; Bo, Ch,* fest; *Co, Ur,* desp. *Referido a persona,* irritable, de mal humor. pop.

menor.
  ▶ hacer la ~.

mensada.
  I. 1. f. *Mx.* Tontería, dicho o hecho propios de una persona **mensa.** pop.

mensaje.
  I. 1. m. *ES.* juv. Muchacho. drog.
  2. *ES.* juv. Persona, individuo. drog.

menso, -a.
  I. 1. adj/sust. *Mx, Gu, Ho, ES, Ni, RD, PR; Ec, Pa, Co, Bo, Ar,* desp; *Pe, Ch,* juv; pop + cult → espon ^ desp; *CR,* p.u; *Ur,* p.u. *Referido a persona,* tonta.
  II. 1. adj. *Ch.* Inmenso, muy grande. pop + cult → espon.

mensú. (Apóc. de *mensualero*).
  I. 1. *Ar:NE, Ur.* **mensualero.**

mensual.
  I. 1. m. *Ec; Py, Ar:NO,* rur. Sueldo o salario de un mes.
  II. 1. *Ar, Ur.* **mensualero.** rur.

mensualero.
  I. 1. m. *Py, Ar:NE, Ur.* Peón contratado por meses para realizar diversos trabajos en el campo. rur. ♦ **mencho; mensú; mensual.**

mensualizar.
  I. 1. tr. *Ec; Ho, Py,* p.u. Hacer o pagar *algo* mensualmente.

mensuración.
  I. 1. f. *Mx, Bo.* Mensura, medida.

menta.
  I. 1. f. *Mx, ES, Ni, Co, Ec, Pe, Ch, Py, Ur.* Caramelo duro con sabor a menta, *usado generalmente para refrescar el aliento.*
  2. *RD.* Caramelo, golosina.
  II. 1. f. *Ar,* rur; f. pl. *Bo.* Reputación.
  III. 1. f. *ES. En el periodismo,* pago ilegal por algún servicio prestado.
  □
  a. ‖ **de ~s.** loc. adv. *Ar,* rur; *Ur,* pop. De oídas.

mentada.
  I. 1. *Mx, Gu, Ho, ES, Ni, Pe.* **mentada de madre.**
  ■
  a. ‖ ~ **de madre.** f. *Mx, Gu, Ho, ES, Ni, CR, Pa, Cu, PR, Co, Ve, Ec, Pe; Bo,* pop. Injuria u ofensa dirigida a alguien con insultos contra su madre. ♦ **mentada.**

mentadera.
  I. 1. f. *Mx, ES, Ni.* Conjunto o abundancia de **mentadas** o injurias.
  ■
  a. ‖ ~ **de madre.** f. *Ve.* Injurias u ofensas repetidas dirigidas a alguien contra su madre.

mentado, -a.
  I. 1. adj. *Ho, ES, Ni, CR, Co, Bo; PR,* rur. *Referido a persona,* susodicha, mencionada con anterioridad. desp.
  II. 1. adj. *Ni. Referido a persona,* de mala reputación.

mentar.
  □
  a. ‖ ~**la.** loc. verb. *Mx.* Injuriar u ofender a alguien con insultos contra su madre.

mente.
  ■
  a. ‖ ~ **de alcantarilla.** f. *Ch.* Manera de pensar obscena o centrada solo en el sexo. pop.
  □
  a. ‖ ~ **de pollo.**
  i. loc. sust. *Co.* Persona tonta. pop ^ desp.
  ii. *Ve, Ur.* Persona inmadura e infantil. pop + cult → espon.
  ▶ **dar una ~ de cacaíto; darle ~; poner ~; ponerle ~.**

mentero, -a.
  I. 1. adj. *ES. Referido a un periodista,* que recibe pagos ilegales.

mentiolé.
  I. 1. m. *RD; CR,* obsol. Líquido de color rojo que se usa como desinfectante de heridas superficiales. (**meltiolé**).

mentir.
  I. 1. intr. *CR, Ec.* No reflejar con precisión un instrumento las mediciones. pop.

mentira.
  I. 1. f. *Cu.* Parte que se deja sin pintar en una superficie.
  ■
  a. ‖ ~ **cerdosa.** f. *Ec:S.* Mentira grande. pop.
  □
  a. ‖ **de a ~s.** loc. adv. *Mx, Ni, Pe, Bo, Py.* En broma, de burla. pop. ♦ **de a mentis.**
  ▶ **caerse a ~s; sacar ~s; sacarse las ~s; sacarse ~s.**

mentirita.
  I. 1. f. *EU:SE.* Cubalibre, bebida *usualmente compuesta por ron y refresco de cola.*

mentirólogo.
  I. 1. m. *Ho.* Persona experta en decir mentiras. cult → esm.

mentis.
  □
  a. ‖ **de a ~.** *Mx.* **de a mentiras.**

mentisán. (De *Mentisan*®).
  I. 1. m. *Bo.* Ungüento compuesto de mentol, aceites esenciales y esencias variadas que se utiliza para aliviar todo tipo de dolencias.

mentol.
  I. 1. m. *Ho, ES.* juv. Mentira. fest.
  □
  a. ‖ **de ~.** loc. adv. *Ho, ES, Ni.* De mentira, falsamente.

mentolato. (De *Mentholatum*®).
  I. 1. m. *Mx, Ho, ES, Ni, Pa, RD, PR, Py.* Ungüento para las picaduras, los resfriados o dolores musculares. ♦ **mentolina.**
  2. sust/adj. *PR, Ch, Py.* Remedio o solución que se aplica a cosas muy diversas. pop + cult → espon. ♦ **mentolátum.**
  3. m-f. *Ch.* Persona hábil para resolver múltiples problemas cotidianos. pop + cult → espon. ♦ **mentolátum.**

mentolátum. (De *Mentholatum*®).
  I. 1. *PR, Bo, Ch, Py.* **mentolato,** remedio. pop + cult → espon.

2. *Bo:O*; *Ch*, cult → espon. **mentolato**, persona hábil. pop ^ fest.

mentolina.
  I. 1. f. *Ho, Ni, Py.* **mentolato**, ungüento.
  II. 1. f. *Ni.* juv. Mentira. fest.

menu.
  I. 1. m. *Ch:S.* Piña leñosa de gran tamaño del **pehuén** que contiene las semillas o **piñones**.

menuco.
  I. 1. m. *Ar:S.* Terreno con filtraciones u ojos de agua.

menuda.
  I. 1. f. *Co, Ve.* Dinero en moneda fraccionaria.

menudeado, -a.
  I. 1. adj. *Ho. Referido a producto*, que se vende al por menor o detalle.

menudear.
  I. 1. tr. *Mx, Ho, ES, Ni, CR, RD, Co, Ve, Ar.* Vender al por menor.
  II. 1. tr. *Co:O.* Cambiar billetes o monedas por otros equivalentes de menor denominación. pop.
  III. 1. intr. *Ve.* Cantar los gallos a coro al amanecer. rur.
  IV. 1. intr. *Ho, Ni.* Abundar o ser frecuente *algo*.

menudenciero, -a.
  I. 1. sust/adj. *Pe.* Persona que vende en los mercados despojos, vísceras o partes pequeñas de las **reses** o aves.

menudita.
  I. 1. f. *Ho:S.* Pez con cuerpo muy comprimido, pecho y abdomen con una arista ventral cortante gracias a una sierra ósea prominente, y con párpado adiposo en el ojo. (Clupeidae; *Jenkinsia lamprotaenia*).

menudo.
  I. 1. m. *Mx.* Guiso caldoso con callos o **pancita**, maíz, **chile** y **jitomate**.
  II. 1. m. *CR, Cu, RD, PR, Co.* Dinero en moneda fraccionaria.
  III. 1. m. *ES.* Pan dulce que se vende al por menor.
  IV. 1. m. pl. *ES.* Testículos.
  ▶ **sacar el ~**.

menudo, -a.
  I. 1. m. y f. *Bo:O.* Niño delincuente, *generalmente varón*, que vive en la calle robando y drogándose. delinc.

menyul. (Del ingl. *mint julep*, cóctel de menta).
  I. 1. m. *Mx.* Bebida preparada con hierbabuena, ron, algún licor y hielo picado.

meña.
  I. 1. f. *EU.* Crin del caballo.
  II. 1. m-f. *Pa.* Persona inculta y de poco refinamiento. pop ^ desp.
  2. *Pa.* Persona de clase social baja. pop ^ desp.

meón.
  I. 1. m. *Ec.* Pcnc. tabú; pop + cult → espon.

meón, -na.
  I. 1. adj/sust. *Ec. Referido a persona*, cobarde. pop.

meona.
  I. 1. f. *Ho, ES, Ni.* Hierba anual de hasta 2 m de altura, de hojas compuestas, aovadas o lanceoladas-aovadas, margen dentado, flores blancas con pétalos unidos y agrupadas en cabezuelas densas, frutos subglobosos de color rojo oscuro, y semilla negra y lustrosa. (Laminaceae; *Hyptis capitata*). (**miona**).

meque. (Apóc. de *mequetrefe*).
  I. 1. m-f. *ES, Ni.* Persona entrometida.

mequero, -a.
  I. 1. adj/sust. *Ar. Referido a persona*, adicta a la cocaína.

mequiote. (Del nahua *metl*, maguey, y *quiotl*, tallo).
  I. 1. m. *Mx.* Tallo del **maguey**.

mera.
  □
  a. ‖ **la ~**. loc. sust. *Ho.* Mujer que regenta un prostíbulo. euf.
  b. ‖ **la ~~**. loc. sust. *Ni.* Jefa, persona que manda. pop + cult → espon.

meracho.
  I. 1. *Pa.* **moracho**.

merca.
  I. 1. f. *Co, Bo:O.* Mercado. pop.
  2. *Pe, Bo:O, Py.* Mercancía u objeto introducido de contrabando. pop.
  3. *Pe, Bo, Ur.* Estupefaciente que se comercializa de forma clandestina. drog.

mercachiflear.
  I. 1. intr. *Cu.* p.u. Comerciar con baratijas.

mercachifleo.
  I. 1. m. *Cu.* p.u. Comercio que se hace con diversas baratijas.

mercachiflero, -a.
  I. 1. sust/adj. *Cu, Bo.* Persona que se dedica al comercio de cosas de poco valor.

mercadela.
  I. 1. f. *Mx.* Planta herbácea de hasta 50 cm de altura, de tallos erguidos, poco ramosos, hojas vellosas, elípticas, agudas, nerviosas y aserradas, flores rojizas en grupos axilares, y fruto seco con cuatro semillas; se emplea en condimentos. (Asteraceae; *Calendula officinalis*). ♦ **chinita**; **virreina**.

mercader, -ra.
  I. 1. m. y f. *Ho, ES, Ni.* Persona vulgar y soez.
  II. 1. m. y f. *Ur.* Profesional o comerciante sin escrúpulos.

mercadería.
  I. 1. f. *ES.* Vulva. tabú.

mercaderista.
  I. 1. m-f. *Co, Ec, Ch.* Especialista en mercadeo.

mercadito.
  I. 1. m-f. *Pe.* Empleado de una compañía encargado de supervisar la adecuada distribución y exhibición de sus productos en mercados y autoservicios.
  2. m. *Ho, ES, Ur.* **abarrotería**, tienda o pequeño mercado.

mercado.
  I. 1. m. *Co, Ve, Bo, Ur.* Conjunto de los comestibles que se compran para el gasto diario de las casas.
  ■
  a. ‖ **~ campesino**. m. *Cu, Co, Ec, Bo.* Mercado en el que los agricultores venden sus productos directamente a los consumidores.
  b. ‖ **~ concentrador**. m. *Cu.* Lugar en el que se concentran productos agrícolas procedentes del campo para ser distribuidos posteriormente a los lugares de venta.
  c. ‖ **~ de las pulgas**. *CR, RD, Co, Ve, Ch, Ar.* **mercado de pulgas**.
  d. ‖ **~ de pulgas**. (Calco del ingl. *flea market*). m. *Ni, Co, Ec, Ar, Ur; Pe, Ch, Py*, p.u. Mercado en el que se venden artículos diversos, nuevos o usados, a precio menor que el de los establecimientos comerciales. (**mercado de las pulgas**). ♦ **mercado persa**; **pulguero**.
  e. ‖ **~ libre**. m. *Ve, Py.* Mercado popular donde se compran víveres y otros artículos, tanto al mayor como **al detal**, a precios más asequibles.
  f. ‖ **~ nailon**. m. *Bo.* Mercado popular en el que se vende ropa y diversos artículos, *generalmente de contrabando*.
  g. ‖ **~ paralelo**. m. *Bo, Ur.* Actividad comercial que se desarrolla al margen de la oficial, *especialmente en el cambio de dólares*.

h. ‖ ~ **persa.** *Ch*, *Ar.* p.u. **mercado de pulgas**.

i. ‖ ~ **sobre ruedas.** m. *Mx.* Mercado que se instala eventual y periódicamente en un determinado lugar.

▶ **hacer el** ~.

mercanchifle.

I. 1. m-f. *Ch.* Comerciante de poca importancia. pop ^ desp.

mercancía.

■

a. ‖ ~ **seca.** f. *Ve.* Conjunto de artículos no comestibles.

□

a. ‖ ~ **muerta.** loc. sust. *PR.* Mercancía fácil de robar. delinc.

mercar.

I. 1. tr. *Co*, *Ve:O*, *Ec.* Comprar los comestibles para el gasto diario de una casa.

merced.

□

a. ‖ **su** ~. loc. sust. *Ch*; *ES*, *Co:C*, afec; *Ve*, obsol. Forma de tratamiento que expresa afecto o respeto. rur; pop + cult → espon.

merco.

▶ **ir a** ~.

mercolina.

I. 1. f. *Ho*, *ES.* **bledo**, planta herbácea.

mercurio.

I. 1. m. *Ar:NO,O.* Planta de vistosas flores rojizas; se usa en la medicina popular por sus propiedades calmantes y emolientes. (Malvaceae; *Modiola caroliniana*).
♦ **pilapila**; **sanalotodo**.

II. 1. m. *Gu*, *Ho*, *ES.* juv. Mercado, lugar o edificio donde se comercia. euf.

merecido, -a.

I. 1. adj. *ES. Referido a persona,* pagada de sí misma, creída.

merecumbé.

I. 1. m. *Ni*, *Co*, *Ec.* Baile mezcla de cumbia y de **merengue**.

2. *Ni*, *Co*, *Ec.* Ritmo musical, mezcla de cumbia y **merengue**, que acompaña al baile.

3. *Ch.* Movimiento rápido y exagerado de algo, *especialmente del cuerpo y de las caderas al bailar.* pop.

4. *Ho.* Baile que realizan los niños y niñas en la **ronda**. inf.

II. 1. m. *Pa.* Lío, barullo, situación enredada que provoca alteración de ánimos. pop + cult → espon ^ fest.

merecure.

I. 1. m. *Ve.* Árbol de hasta 12 m de altura, de hojas alternas, flores blancas agrupadas en espigas y fruto carnoso, comestible, de color rojo por fuera y amarillo por dentro. (Rosaceae; *Moquilea macrocarpa*).

meregilda.

I. 1. f. *ES.* Prostituta.

merelete.

I. 1. adj. *Ni. Referido a persona,* tonta.

meremere.

I. 1. m. *Ve.* Castigo físico que se da a un niño por desobedecer o no portarse bien. pop. ♦ **meremere con pan caliente**.

■

a. ‖ ~ **con pan caliente.** *Ve.* **meremere**.

merendada.

I. 1. f. *Mx*, *Ec.* Ingestión de la merienda.

2. *Bo:S.* Provisión de alimentos que se dispone en la mesa para que los comensales se sirvan.

merendar.

I. 1. tr. *Mx*, *Ec.* Cenar. pop.

merendera.

I. 1. f. *Bo:S.* Mujer que prepara y vende comida en la calle. pop.

merengada.

I. 1. f. *Co*, *Ve.* Batido que se hace con fruta, leche y azúcar.

2. *Ve*, *Py.* Bebida preparada con leche y helado.

merengar.

I. 1. *PR.* **merenguear**, bailar.

merengón.

I. 1. m. *Co*, *Ec.* Postre hecho de merengue, frutas y crema.

2. *Ve.* Postre hecho con claras de huevo al punto de nieve, azúcar y vainilla o canela al que se le agrega alguna fruta.

merengue.

I. 1. m. *Mx*, *Bo:E,O*, *Py*, *Ar*, *Ur.* Desorden, confusión, trifulca. pop + cult → espon.

II. 1. m. *Gu*, *Ho*, *ES*, *Ni*, *CR*, *RD*, *PR*, *Co*, *Ve.* Danza popular originaria de la República Dominicana, conocida también en otros países del Caribe.

III. 1. m. *Bo:O.* Bolsa de mano de diversos materiales, con cierre y asa, que usan las mujeres para llevar objetos personales. delinc.

IV. 1. m-f. *Ho.* Jugador o seguidor del club de **futbol** Olimpia.

□

a. ‖ **a todo** ~. loc. adv. *Ni*, *Py.* Rápidamente, velozmente.

▶ **dar** ~; **valer** ~.

merenguear(se).

I. 1. intr. *RD*, *PR.* Bailar **merengue**, danza popular. (**amerengar**; **merengar**).

II. 1. tr. prnl. *ES.* Matar *una persona* a *alguien*.

merenguero.

I. 1. m. *Bo:O.* Ladrón, *especialmente el que roba carteras o dinero de bolsillos o bolsos en el transporte público o en lugares en los que hay mucha gente.* delinc.

merenguero, -a.

I. 1. m. y f. *Ni*, *Pa*, *RD*, *PR*, *Co.* Cantante de **merengue**.

2. adj. *Co.* Relativo al **merengue**, danza popular.

3. sust/adj. *Ni*, *Pa*, *RD*, *PR.* Persona a la que le gusta escuchar o bailar **merengue**.

merenguito.

I. 1. m. *PR.* Cliente que paga espléndidamente los servicios de una prostituta. prost.

□

a. ‖ **un pargo de mucho** ~. loc. sust. *PR.* Cliente que paga espléndidamente los servicios de una prostituta. prost.

merequetén.

I. 1. m. *Ve.* Problema, asunto.

II. 1. m. *Ve.* Ambiente de confusión o desorden.

▶ **zumbar el** ~.

merequetengue.

I. 1. m. *Mx*, *Gu*, *ES*, *Ni*, *Ar*, *Ur.* Lío, follón. pop + cult → espon.

II. 1. m. *Co.* Pelea o discusión fuertes. pop.

III. 1. m. *Ni*, *Ch.* Movimiento rápido y exagerado de algo, *especialmente del cuerpo y de las caderas al bailar.* pop ^ fest.

meresunda.

I. 1. *Ur*; *Ar*, p.u; cult → espon. **menesunda**, lío. pop.

II. 1. *Ur*; *Ar*, cult → espon. **menesunda**, droga. pop.

merey.

I. 1. *PR*, *Co*, *Ve.* **marañón**, árbol y fruto. (**marey**).

2. *Co*, *Ve.* **marañón**, semilla.

mereyal.

I. 1. m. *Ve.* Terreno plantado de **mereyes**.

merfi. (De *firme*, por inversión silábica).
  I. 1. sust/adj. *Pe.* juv. Verdad, cosa verdadera y auténtica. pop.
  □
  a. ‖ **(a) la ~.** loc. adv. *Pe.* juv. Con certeza. pop.

merienda.
  I. 1. f. *Mx, Ec.* Cena. pop.
  2. *Ni, Co.* Alimento que se toma después de la **comida** como refrigerio.
  3. *ES.* Picado de carne de cerdo frito con tomate, **chile**, cebolla y **yuca** que se usa para acompañar a platos típicos.

meritante.
  I. 1. adj/sust. *Ch. Referido a un trabajador o funcionario*, que está haciendo méritos para ascender de puesto o categoría. cult.

meritocracia.
  I. 1. f. *Co; Mx, ES, Ni, CR, RD, Ve, Ec, Pe, Bo*, cult. Actitud empresarial en la que se toman en cuenta los méritos personales y profesionales de un trabajador para contratarlo, darle incentivos económicos o ascenderlo.

meriyéin. (De *Mary Jane*).
  I. 1. f. *ES.* Marihuana. drog.

merkén. (Del map. *medken*, moler).
  I. 1. *Ch.* **merquén.**

merlachía.
  I. 1. f. *ES.* Tristeza o melancolía.

merlín.
  I. 1. m. *Pe.* Pez de hasta 5 m de longitud, de piel áspera, sin escamas, negruzca por el lomo y blanca o plateada por el vientre, cabeza apuntada, con la mandíbula superior en forma de espada de dos cortes, similar al pez espada o al pez vela. (Istiophoridae; *Makaira* spp.).

merluza.
  I. 1. f. *Ar.* Cocaína. drog.
  II. 1. adj. *Cu. Referido a persona*, muy delgada y poco atractiva. pop.

merme.
  I. 1. f. *Pe.* Dinero. pop.
  II. 1. sust/adj. *Ch.* Persona de poca inteligencia. pop.

mermejo.
  I. 1. m. *RD.* Dinero.

mermelada.
  I. 1. f. *Pe, Bo:O.* Dinero **malhabido.** pop.
  2. *Pe.* Soborno. pop.
  II. 1. adj/sust. *Ch. Referido a persona*, tonta. pop.
  □
  a. ‖ **~ de huevas.** loc. adj/sust. *Ch.* p.u. *Referido a persona*, tonta. pop ^ fest.

mermelero, -a.
  I. 1. m. y f. *Pe.* Persona que recibe un soborno.

mero.
  I. 1. adj. *Mx, Gu, Ho, ES, Ni.* Mismo, idéntico, no otro.
  2. adv. *Mx, Ho, ES, Ni.* Justamente, exactamente.
  3. *Ho, ES, Ni.* En ese instante, en el mismo momento.
  II. 1. adv. *Gu.* Muy, mucho.
  III. 1. m. pl. *ES.* En el *futbol*, extremo derecho e izquierdo de la delantera.
  IV. 1. *ES.* **medio**, no del todo, no enteramente. pop + cult → espon.
  V. 1. m. *Pa.* **guasa**, pez.
  ■
  a. ‖ **~ batata.** m. *RD, PR.* **guasa**, pez.
  b. ‖ **~ cabrilla.** m. *RD.* Pez de hasta 75 cm de longitud, corpulento, con la boca de gran tamaño, provisto de espinas dorsales, y de color rojizo con numerosas manchas de color café que se asemejan a un mosaico. (Serranidae; *Epinephelus guttatus*).
  c. ‖ **~ colorado.** m. *Pe.* Pez marino de hasta 1 m de longitud, de cabeza y cuerpo de color rojo a café oscuro. (Serranidae; *Epinephelus acanthistius*).
  d. ‖ **~ murique.** m. *Pe.* Pez marino de hasta 2 m de longitud, de color café uniforme. (Serranidae; *Epinephelus niphobles*).
  □
  a. ‖ **ahí ~.** loc. adv. *Mx, Ni.* En ese lugar. ♦ **allá mero; allí mero.**
  b. ‖ **ahi ~.** *Mx.* **ya mero.**
  c. ‖ **allá ~.** *Mx, Ni.* **ahí mero.**
  d. ‖ **allí ~.** *Mx, Ni.* **ahí mero.**
  e. ‖ **aquí ~.** loc. adv. *Mx, Ni.* En este lugar.
  f. ‖ **el ~.** loc. sust. *Ho, ES.* **altísimo.**
  g. ‖ **el ~~.**
    i. loc. sust. *Mx, Gu, Ho, ES, Ni.* Jefe, persona que manda. pop + cult → espon. ♦ **el mero mero petatero; el mero papas fritas; el mero petatero.**
    ii. *Mx, Gu, ES, Ni.* El mejor en su campo. pop + cult → espon. ♦ **el mero mero petatero; el mero papas fritas; el mero petatero.**
  h. ‖ **el ~~ petatero.** *Mx.* **el mero mero.**
  i. ‖ **el ~ papas fritas.** *Mx.* **el mero mero.**
  j. ‖ **el ~ petatero.** *Mx.* **el mero mero.**
  k. ‖ **ya ~.**
    i. loc. adv. *Mx, Gu, ES, Ni.* Casi. pop + cult → espon. (**ahi mero**)
    ii. *Mx, Gu, Ho, Ni.* Enseguida, en un momento más.
  ▶ **dar en el ~ mole.**

mero, -a.
  I. 1. adj. *Ho, ES, Ni. Referido a persona*, misma, propia.
  II. 1. adj. *CR.* Mayor en cantidad o cualidad.
  III. 1. adj. *CR. Referido a cosa*, de grandes dimensiones. pop + cult → espon.

merol.
  I. 1. m. *ES, Ni.* Comida, alimento. pop.

merolear.
  I. 1. tr. *ES, Ni.* Comer *algo*. pop.

merolico, -a.
  I. 1. m. y f. *Mx, Gu, Ho.* Persona que vende medicamentos y baratijas en las plazas públicas anunciándolas con promesas, anécdotas maravillosas u ofertas extraordinarias. ♦ **meroliquero.**
  2. *Mx, Gu.* Persona que habla mucho y dice poco.
  3. *Cu.* Persona que vende artículos diversos de manera ambulante o en pequeños puestos de venta. ♦ **meroliquero.**

meroliquero, -a.
  I. 1. *Cu.* **merolico**, vendedor de artículos diversos.
  2. *Ho.* p.u. **merolico**, vendedor callejero de medicinas.

merolo, -a.
  I. 1. sust/adj. *Pa.* **chombo**, persona negra de habla inglesa.

merquear.
  I. 1. tr. *Bo:O.* Vender *una persona, generalmente una mujer*, comida a los presos dentro de un recinto penitenciario. delinc.
  2. *Bo:O.* Comprar y vender objetos robados. delinc.
  II. 1. tr. *Bo:O.* Tomar *una persona* alimentos sólidos. delinc.

merquén. (Del map. *medken*, moler).
  I. 1. m. *Ch.* Condimento de **ají rojo**, seco, tostado y molido. (**merkén**).

mersa.
  I. 1. sust/adj. *Ar, Ur.* Persona que tiene mal gusto y costumbres poco refinadas. pop + cult → espon ^ desp.

2. adj. *Ar*; *Ur*, p.u. *Referido a cosa*, que revela mal gusto. pop + cult → espon ∧ desp.

mersada.
I. 1. f. *Ar*, *Ur*. Comportamiento o cosa que denota mal gusto. pop + cult → espon ∧ desp.
2. *Ar*, *Ur*. Conjunto de gente vulgar o tosca. pop + cult → espon ∧ desp.

merthiolate. (De *Merthiolate*®).
I. 1. *Mx*, *Co*, *Pe*; *Ec*, p.u. **mertiolate**.

mertiolate. (De *Merthiolate*®).
I. 1. *Mx*, *Ho*, *ES*, *Ni*, *Co*, *Ve*, *Ec*, *Pe*; *Ur*, obsol. Antiséptico de color rojo usado para desinfectar heridas. (**merthiolate; mertiolate**).

mertiolato.
I. 1. *Mx*, *ES*. **mertiolate**.

mérula.
I. 1. f. *Ho*. Parte principal o esencial de algo.

merulia.
I. 1. f. *Ho*. Bebida alcohólica que resulta de la fermentación de ciertos cereales como el maíz, el arroz o la avena, de tubérculos como la **yuca**, o de frutos como la piña, en agua azucarada.

merusa.
I. 1. f. *Ho*. Dinero, caudal. pop.
2. *Ho*. Provecho obtenido con abuso de atribuciones. pop.

merusear.
I. 1. intr. *ES*. Vender medicinas en la calle.
II. 1. intr. *Ho*. Obtener dinero o prebendas por medios reprobables o sobornos.

merusero, -a.
I. 1. m. y f. *Ho*. Persona que recibe sobornos.

mes.
■
a. ‖ **~ de la madre.** m. *RD*. Mayo, por ser el mes en el que se celebra el día de las madres.
b. ‖ **~ de la patria.**
i. m. *Mx*, *Ni*. Septiembre, por ser en el que se declaró la independencia nacional. ◆ **mes patrio**.
ii. *Pe*. Julio, por ser el mes en el que se declaró la independencia de la República.
iii. *Ch*. Septiembre, por ser el mes en que se celebró la Primera Junta de Gobierno. ◆ **mes del Ejército**.
iv. *Bo*. Agosto, por ser el mes en el que se declaró la independencia de la República.
v. *RD*. Febrero, por ser el mes en el que se declaró la independencia de la República.
vi. *ES*. Septiembre, por ser el mes en el que se declaró la independencia de la República y de Centroamérica, en 1821.
c. ‖ **~ de las ánimas.** m. *Pa*, *Co*. Noviembre.
d. ‖ **~ de los gatos.** m. *Ch*. Agosto, por ser la época de celo de esos animales.
e. ‖ **~ de los volantines.** m. *Ch*. Septiembre, por ser el mes en el que se vuelan las cometas.
f. ‖ **~ de María.** m. *Ch*, *Ur*. Período que va del 8 de noviembre al 8 de diciembre dedicado a la Virgen María y a la celebración de la Inmaculada Concepción.
g. ‖ **~ del Ejército.** *Ch*. **mes de la patria**.
h. ‖ **~ del mar.**
i. m. *Ch*. Mayo, por ser cuando ocurrió la batalla naval de Iquique.
ii. *Bo*. Marzo, por ser el mes en el que se perdió el territorio marítimo, tras la muerte de Eduardo Abaroa defendiendo el puente del Topáter.
i. ‖ **~ patrio.** *Mx*. **mes de la patria**.
□
a. ‖ **decimotercer ~.** loc. sust. *Pa*. Sueldo extra que, *anualmente*, por ley, se les paga a los empleados públicos y de empresa privada en Panamá, en tres partidas.

mesa.
I. 1. f. *Pe*, *Bo:C,O,S*. Mantel, trozo de tela de lana de llama o papel con el que los brujos o curanderos realizan una ceremonia colocando sobre él una serie de objetos, con los que se llevan a cabo rituales acompañados de oraciones.
II. 1. f. *PR*. Lugar donde se planea un robo. delinc.
■
a. ‖ **~ de luz.** f. *Py*, *Ar*, *Ur*. Mueble pequeño, *generalmente con cajones o gavetas*, que se coloca al lado de la cama. (**mesita de luz**).
b. ‖ **~ del pellejo.** f. *Ch*. Mesa separada de otra principal a la que se sienta la gente joven o de confianza. pop.
c. ‖ **~ ratona.** f. *Pa*, *Ch*, *Ar*, *Ur*. Mesa baja, de patas cortas. (**mesita ratona**).
d. ‖ **~ sueca.** f. *Cu*. Mesa en la que se ponen diferentes platos, fríos y calientes, para que los comensales elijan y se sirvan lo que deseen.
▶ **hacer ~ gallega; ir a la ~; pasar por debajo de la ~; quedar debajo de la ~; quedarse debajo de la ~; tender la ~.**

mesabanco.
I. 1. m. *Mx*. Mueble compuesto por un asiento individual y una tabla horizontal al frente que sirve para escribir.

mesada.
I. 1. f. *Py*, *Ar*, *Ur*. Cobertura de la **mesada**, cuando es de granito, mármol o acero inoxidable.
2. *Ar*. Mueble donde se suelen instalar la cocina y la pileta, y sobre cuya cobertura libre se realizan diversas tareas.
II. 1. f. *Ar*. p.u. Llanura o planicie entre dos riachuelos.
III. 1. f. *Pe:SE*. Ceremonia ritual en la que los brujos o curanderos distribuyen una serie de objetos sobre la **mesa** o mantel de lana mientras entonan oraciones.

mesanín.
I. 1. m. *PR*. **mezanine**, entreplanta.

mesanina.
I. 1. f. *Ch*. Acceso para peatones a un paso o a una estación de transporte subterráneos.

mesano.
I. 1. m. *Pa*. Música de **mejorana** de ritmo lento.

mescal.
I. 1. *Mx*, *Gu*, *Ho*. **mezcal**, bebida.

mescalería.
I. 1. *Mx*. **mezcalería**.

mescalero, -a.
I. 1. adj/sust. *Mx*. **mezcalero**.

mescalina.
I. 1. f. *Mx*. Alcaloide de origen vegetal, con propiedades psicodélicas y alucinógenas que se extrae de la raíz y el tallo secos del **peyote**.

mesero.
I. 1. m. *Ec*. p.u. Hombre indígena que trabaja como peón en una hacienda determinado número de meses en tareas específicas. rur.

mesero, -a.
I. 1. m. y f. *Mx*, *Gu*, *Ho*, *ES*, *Ni*, *CR*, *Pa*, *Cu*, *RD*, *PR*, *Co*, *Ec*, *Pe*, *Bo*, *Ch*; *Ur*, p.u. Empleado que sirve los alimentos y bebidas en restaurantes, cafeterías u otros establecimientos similares. ◆ **coime**.
2. *Ch:S*. Persona que tiene un puesto en una feria o mercado, o trabaja en él.
II. 1. m. y f. *Gu*, *Ho*, *Ni*. Persona contratada para trabajar un mes. rur.

meseta.
I. 1. f. *Cu*, *RD*. *En una cocina*, plataforma adosada a la pared sobre la cual se preparan los alimentos para ser cocinados.

mesho, -a.
    I. 1. adj. *Gu. Referido a persona*, rubia, que tiene el pelo de color dorado. (**mexo**).

mesié. (Del fr. *monsieur*).
    I. 1. m. *ES, RD.* Señor, persona, individuo.

mesilla.
    I. 1. f. *Mx.* Altiplanicie pequeña sobre una sierra.

mesino, -a.
    I. 1. adj. *Ho. Referido a persona*, sietemesina.
    2. m. y f. *Ho.* Persona enclenque.

mesiote.
    I. 1. m. *Mx.* Parte exterior del **maguey** empleada para envolver los gusanos comestibles que se venden en mercados. rur.

mesita.
    I. 1. f. *Co:C.* p.u. Vagón pequeño y descubierto, para transportes en ferrocarril.

    ■
    a. ‖ ~ **de luz.** *Py, Ar, Ur.* **mesa de luz.**
    b. ‖ ~ **ratona.** *Ar, Ur.* **mesa ratona.**

mesmamente.
    I. 1. adv. *ES,* p.u; *Mx,* pop. Mismamente, allí mismo. rur.

mesmete.
    I. 1. m. *Gu, ES.* **Zacate** para pasto.

mesoamericanización. (De *Mesoamérica*).
    I. 1. f. *Gu, Ho, ES.* Proceso por el que un grupo étnico toma aspectos culturales o lingüísticos propios del área de Mesoamérica sin ser originalmente de ella. cult → esm.

mesón.
    I. 1. m. *Co, Ve, Bo:O, Ch, Py. En una cocina*, mesa hecha de ladrillos, cemento y arena, *generalmente revestida de cerámica*, que se utiliza para preparar alimentos.
    2. *Bo:O, Ch, Py.* Mostrador de un establecimiento público.
    3. *Ec. En una cocina*, mesa adosada que sirve para preparar alimentos o poner electrodomésticos.
    II. (Del fr. *maison*).
    1. m. *Ho, ES.* Casa grande en la que cada cuarto se alquila a una familia.
    ▶ **sacar el ~; salírsele el ~.**

mesonero, -a.
    I. 1. m. y f. *Ve, Ec, Ch, Py.* Empleado que sirve los alimentos y bebidas en restaurantes, cafeterías u otros establecimientos similares.

mesopotámico, -a.
    I. 1. adj. *Ar.* Relativo a la región argentina de la Mesopotamia, comprendida entre los ríos Paraná y Uruguay.

mesósfera.
    I. 1. f. *ES, Pe, Bo, Ch, Py, Ar, Ur.* Mesosfera.

mesote.
    I. 1. *Mx.* **mezote.**

mesquital.
    I. 1. *Mx.* **mezquital.**

mesquite.
    I. 1. *Mx, Gu.* **mezquite.**

mestiza.
    I. 1. f. *Co:NE.* Pan pequeño y redondo, hecho de cereal integral o de salvado.
    2. *Gu.* Pan dulce, mantecado, de poco espesor *y generalmente espolvoreado con ajonjolí*.
    II. 1. adj/sust. *RD, PR. Referido a una gallina*, mediana de cuerpo y muy ponedora. rur.

mestizo.
    I. 1. m. *Co.* Árbol de hasta 35 m de altura, de tronco recto y cilíndrico, copa globosa e irregular y hojas alternas y compuestas, flores pequeñas, blancas y olorosas y están dispuestas en racimos cortos, cuyo fruto consiste en una cápsula de tres cascos; la madera, fina y rojiza, se emplea en carpintería. (Meliaceae; *Guarea trichiloides*). ♦ **trompeto; trompillo.**
    II. 1. m. *Ec:S.* Pan elaborado a base de una mezcla de harina de trigo refinada y **harina de mollete** y relleno con queso desmenuzado.

mestlapique. (Del nahua *michin*, pescado, y *Hapic*, envuelto).
    I. 1. m. *Mx.* **Tamal** relleno de un pescado pequeño entero, asado al horno y envuelto en una hoja de maíz. (**mextlapique; mezclapique**).

mestura.
    I. 1. f. *RD, PR.* Carne o frituras que acompañan al plato básico de arroz y **habichuelas**.
    2. *PR.* Plato que acompaña al principal.

mesturar.
    I. 1. tr. *RD, PR.* Mezclar *algo*, incorporarlo o fundirlo con otra cosa.

meta.
    □
    a. ‖ **de ~ y ponga.**
      i. loc. adj/adv. *Ch, Ur. Referido a un encuentro deportivo o a una competencia*, muy reñido. pop.
      ii. loc. adv. *Ch.* **Tomando** alcohol de forma abundante. pop.

¡meta!
    I. 1. interj. *Pa, Bo, Ar:NO.* Expresa afirmación a una propuesta.
    2. *Bo.* Expresa ánimo o aliento.
    □
    a. ‖ **¡~ cumbia!** loc. interj. *Bo.* Expresa afirmación a una propuesta. pop.

metabo. (De *Metabo*®).
    I. 1. f. *CR; Ur.* Herramienta eléctrica manual de altas revoluciones que utiliza discos abrasivos cambiables y sirve para pulir o cortar materiales.

metáfora.
    □
    a. ‖ **de ~.** loc. adv. *RD.* Ocasionalmente.

metal.
    •
    a. ‖ **¡qué tal, ~!** fórm. *Bo:O.* Se usa como saludo entre quienes tienen una estrecha relación de amistad. pop.
    ■
    a. ‖ ~ **rojo.** m. *Co, Pe, Bo:SO, Ch.* Cobre.
    □
    a. ‖ ~ **del diablo.** loc. sust. *Bo:O. En las minas*, estaño.
    ▶ **calentar los ~es.**

metalero, -a.
    I. 1. sust/adj. *ES, Co, Ec, Pe, Bo, Py, Ur; Ch,* pop; *Mx,* juv. Persona aficionada a la música *heavy metal*.
    2. adj. *ES, Co, Ec, Pe, Bo, Ch, Py, Ur.* Relativo a la música *heavy metal*.
    II. 1. adj. *Bo:SO, Ch. Referido especialmente a un medio de transporte*, que lleva metales o mineral con este componente.

metapaso.
    I. 1. m. *Bo:E,S.* Juego de muchachos en el que uno salta por encima de otro que está agachado.

metapil.
    I. 1. *Mx.* **metlapil.**

metapío.
    I. 1. m. *Ch.* Líquido yodado desinfectante para heridas.

metate. (Del nahua *métatl*).
    I. 1. m. *Mx, Gu, Ho, ES, Ni; CR,* obsol. Piedra sobre la cual se muelen manualmente el maíz y otros granos con el **metlapil**.

II. 1. m. *Ho.* Bolsón o morral pequeño hecho de pita que se lleva al hombro.
  2. *Ho.* Escroto, bolsa de piel que envuelve los testículos de un macho. rur.

metateada.
I. 1. f. *Ho.* Serie de golpes dados con un palo o con cualquier otro medio o instrumento. pop.

metatear.
I. 1. intr. *Mx.* Moler en el **metate**.

metatudo. (Del nahua *metatl*).
I. 1. adj. *Ho. Referido a un hombre*, resuelto, valiente y viril. pop.

metecabeza.
I. 1. m. *PR. En las peleas de gallos*, gallo que no se defiende bien, poniendo la cabeza al contrario para que le dé golpes.

metecaña.
I. 1. m. *Co. En los* **trapiches**, el encargado de meter la caña.

metecuentos.
I. 1. m-f. *Ni, Bo, Py.* Persona chismosa. desp.

metedera.
I. 1. f. *Ni, Cu, RD, PR.* Entrometimiento, intromisión.
II. 1. f. *Cu.* Visita reiterada que se hace a una casa.
III. 1. f. *ES.* Insistencia en algo.
  2. *Ho.* Presentación reiterada de algo.
□
  a. ‖ **~ de mano.** f. *Gu, ES, Ni.* Tocamiento o manoseo que con intención erótica se hace a alguien.

metedero.
I. 1. m. *Co.* Establecimiento de poca calidad donde se va a comer, beber o bailar. pop ^ desp.
  2. *Ho.* Local o negocio donde se expenden bebidas alcohólicas.
  3. *Ho.* Prostíbulo. vulg; desp.
II. 1. m. *Ho.* Guarida de un animal.

metedor, -ra.
I. 1. m. y f. *Co.* Persona que consume **basuco** o cualquier tipo de droga. drog.
II. 1. sust/adj. *Bo:O, Ur.* Persona trabajadora y diligente. pop.
  2. adj/sust. *ES. Referido a persona*, tenaz, insistente.

metedura.
I. 1. f. *Ar; Ur*, cult → espon. Enamoramiento. pop.

metegol.
I. 1. m. *Py, Ar.* Juego mecánico en el que con pequeños muñecos se simula un partido de futbol. ♦ **fulbito**; **futbolito**.

metejón.
I. 1. m. *Py, Ar; Ur*, cult → espon. Enamoramiento. pop.
  2. *Ar; Ur*, cult → espon. Capricho, antojo. pop.

metejón, -na.
I. 1. m. y f. *Pe*, p.u; sust/adj. *Pa.* Persona entremetida. pop ^ desp.

metejonearse.
I. 1. intr. prnl. *Ar.* Enamorarse. pop.
  2. *Ar.* Aficionarse con apasionamiento a algo. pop.

¡métele!
I. 1. interj. *Mx, Co:C.* Expresa insistencia en que alguien se dé prisa. pop + cult → espon.
  2. *Mx.* Expresa insistencia en que alguien trabaje con ahínco. pop + cult → espon.

metelón, -na.
I. 1. sust/adj. *Co:C,SO.* Persona trabajadora y emprendedora. pop.
II. 1. sust/adj. *Co:C,SO.* Persona valiente y arrojada. pop.

III. 1. m. y f. *Co.* Persona que consume marihuana o drogas alucinógenas. pop ^ desp.

metepancle.
I. 1. *Mx.* **metepantle**.

metepantle. (Del nahua *metl*, maguey, y *tepantli*, pared).
I. 1. m. *Mx.* Terreno acotado por dos hileras de **maguey**. rur. (**metepancle**; **metepantli**).

metepantli.
I. 1. *Mx.* **metepantle**.

metepúa.
I. 1. *Ar.* **metepúas**.

metepúas.
I. 1. sust/adj. *Ar, Ur.* Persona intrigante o que causa embrollos y conflictos. pop + cult → espon. (**metepúa**).

meter(se).
I. 1. intr. prnl. *Mx, ES, Pe, Bo, Ch, Py, Ar; Ur*, pop + cult → espon. Relacionarse amorosamente una persona con otra.
  2. *Mx, Ni, RD, Py.* Mantener un hombre con una mujer, o viceversa, relaciones sexuales sin estar casados.
  3. *Cu, Py, Ar, Ur.* Enamorarse *una persona* de alguien. pop + cult → espon.
II. 1. tr. *Mx, Co, Ve, Pe, Ur.* Fumar marihuana o consumir cualquier tipo de droga. pop.
III. 1. intr. prnl. *Pe. En diversos deportes*, realizar una maniobra.
IV. 1. intr. prnl. *Cu.* Verse obligada *una persona* a soportar algo o a alguien. pop + cult → espon.
  2. *Gu.* Entrometerse. pop.
V. 1. tr. *Cu.* Imponer a alguien una tarea desagradable. pop + cult → espon.
  2. *Ho.* Dar, decir *algo* a *alguien*.
VI. 1. intr. prnl. *Cu.* Piropear.
●
  a. ‖ **metele que son pasteles.** fórm. *Ur; Ar*, p.u. Se usa para animar a alguien a hacer algo o para que se dé prisa. pop + cult → espon.
■
  a. ‖ **mete cuchara.** sust/adj. *Bo.* Persona entrometida y curiosa.
□
  a. ‖ **~ adentro.** loc. verb. *Pe, Bo, Py, Ar; Ur*, p.u.; cult → espon. Encarcelar.
  b. ‖ **~ al bote.** loc. verb. *Mx, Gu, Ho, Ni, Py; Pa*, pop + cult → espon. Encarcelar.
  c. ‖ **~ bisturí.** loc. verb. *Mx, Ni, Pa, Pe, Ch, Py.* Realizar una intervención quirúrgica a una persona o a un animal. pop.
  d. ‖ **~ borriguero por iguana.** loc. verb. *Pa.* Engañar dando algo por otra cosa de mejor calidad.
  e. ‖ **~ breque.**
    i. loc. verb. *Ho, Ni, Pa.* Decir que no, detener un asunto o resolución. pop.
    ii. *Pa.* Frenar, detener la marcha del automóvil. pop.
  f. ‖ **~ cabe.**
    i. loc. verb. *Pe.* Obstaculizar el normal desarrollo de alguien o algo.
    ii. *Pe.* Hacer una zancadilla. pop.
  g. ‖ **~ cabeza.**
    i. loc. verb. *Pe.* Pedir *alguien* dinero prestado sin intención de devolverlo o hacerse el desentendido cuando es reclamado. pop.
    ii. *Pa, Cu.* Pensar en la manera de resolver algo.
    iii. *Cu.* Luchar *alguien* de forma insistente con el fin de obtener algún logro. pop + cult → espon.
  h. ‖ **~ cabras.** loc. verb. *Ve.* Decir mentiras.

i. ‖ **~ calilla.** loc. verb. *Mx, Ho, Ni.* Indisponer a *una persona* contra alguien o contra algo. pop.

j. ‖ **~ candela.**
  i. *Pa, Pe.* **meter carbón.** pop.
  ii. loc. verb. *ES, Ni; Pa,* obsol. Acelerar *algo* que se está haciendo.
  iii. *Ho, Ni.* Dar fuego a una persona para fumar. rur.

k. ‖ **~ caña.** loc. verb. *Cu, PR.* Comenzar *alguien* un trabajo. pop + cult → espon.

l. ‖ **~ carbón.** loc. verb. *CR, Pa, Pe, Bo; Ch.* pop + cult → espon. Persuadir a *alguien* para que piense o actúe de determinada manera, *en especial, para que desarrolle animadversión hacia una o varias personas o hacia algo.* ♦ **meter candela.**

m. ‖ **~ casaca.** *Gu, Ho.* **meter cuento.**

n. ‖ **~ casco.** loc. verb. *PR.* Pensar *alguien* bien un asunto antes de realizarlo. pop + cult → espon.

ñ. ‖ **~ casquillo.** *Ve.* **dar casquillo.** pop.

o. ‖ **~ chala.**
  i. loc. verb. *Ch.* Pisar a fondo el acelerador de un vehículo automóvil. pop + cult → espon. ♦ **meter chalaila.**
  ii. *Ch.* Acelerar o agilizar el proceso de algo. pop + cult → espon.

p. ‖ **~ chalaila.** loc. verb. *Ch.* **meter chala,** pisar el acelerador. pop + cult → espon.

q. ‖ **~ chocolía.** loc. verb. *ES.* Apresurar a *alguien.*

r. ‖ **~ coba.** loc. verb. *Ve.* Engañar, mentir.

s. ‖ **~ conversación.** loc. verb. *Gu, CR, Pa, RD, Pe, Py.* Entablar conversación con alguien a quien no se conoce. pop.

t. ‖ **~ cráneo.** loc. verb. *Pa, Cu, PR.* Pensar, trabajar *alguien* con la cabeza. pop + cult → espon.

u. ‖ **~ cuchareta.** loc. verb. *Ec:S.* Intervenir *alguien* en asuntos o conversaciones que no le incumben. pop. ♦ **meter la cuchareta.**

v. ‖ **~ cuchilla.**
  i. loc. verb. *Ni, Pa, Cu, PR, Ch.* Intervenir quirúrgicamente a *alguien.* pop + cult → espon.
  ii. *Pe.* Acuchillar a *alguien.* pop.

w. ‖ **~ cuchillo.** loc. verb. *Mx, Gu, Pa, PR, Bo, Ch.* Intervenir quirúrgicamente a *alguien.* pop.

x. ‖ **~ cuco.** loc. verb. *Ch.* Asustar, atemorizar a *alguien.* pop + cult → espon.

y. ‖ **~ cuento.**
  i. loc. verb. *Gu, Ni, Pa, Cu, RD, Co, Ve, Pe, Bo, Py.* Tratar de engañar a alguien, hacerle creer por cierto algo que no es. ♦ **meter casaca.**
  ii. *Gu, Ho, Pa.* Tratar de enamorar a una mujer. ♦ **meter casaca.**

z. ‖ **~ cuernos.** loc. verb. *Bo, Py.* Engañar a *alguien* en una relación amorosa. pop + cult → espon.

a¹. ‖ **~ curva.** loc. verb. *Cu.* Eludir una responsabilidad.

b¹. ‖ **~ dentro del coco.** loc. verb. *PR.* Dominar a *una persona.* pop + cult → espon.

c¹. ‖ **~ diez con hueco.** loc. verb. *CR.* Engañar o estafar a *alguien.* pop + cult → espon.

d¹. ‖ **~ el bollo.** loc. verb. *CR.* Cobrar un precio excesivo por un bien o servicio. vulg; pop + cult → espon.

e¹. ‖ **~ el chambón.** loc. verb. *PR.* Acelerar un vehículo pisando el acelerador. pop + cult → espon. ♦ **pisar el chambón.**

f¹. ‖ **~ el colmillo.**
  i. loc. verb. *CR.* obsol. **meter el diente.** pop + cult → espon.
  ii. *Pa.* Comer.

g¹. ‖ **~ el cuerpo.**
  i. *Cu.* **meter el hombro,** trabajar. pop + cult → espon.

ii. loc. verb. *Cu.* Luchar *alguien* de forma insistente con el fin de obtener algún logro. pop + cult → espon.

h¹. ‖ **~ el culo.** loc. verb. *Gu.* Cometer *alguien* un error o desacierto graves. pop.

i¹. ‖ **~ el dedo.**
  i. loc. verb. *Ni, Pa, Ec, Pe, Bo; Pe,* vulg. Engañar a *alguien.* pop + cult → espon. ♦ **meter la yuca.**
  ii. *Ho, Ni.* Afectar negativamente a *alguien,* dañar.
  iii. *Cu.* Sonsacar a *alguien* para que revele lo que sabe.

j¹. ‖ **~ el dedo en el ventilador.** loc. verb. *Ar, Ur.* Mencionar el punto o aspecto más polémico o importante de un asunto. pop + cult → espon.

k¹. ‖ **~ el dedo en la boca.** loc. verb. *Gu, Co, Bo, Ch, Py.* Engañar a *alguien,* o considerarlo tonto. pop + cult → espon.

l¹. ‖ **~ el diente.** loc. verb. *ES, CR, Pa.* obsol. Cobrar más de lo establecido por un bien o servicio. pop + cult → espon. ♦ **meter el colmillo.**

m¹. ‖ **~ el hombro.**
  i. loc. verb. *Mx, Gu, ES, Ni, Pa, Cu, Co, Ve, Ec, Ur.* Ayudar o contribuir al logro de un fin o realización de una tarea. pop.
  ii. *Mx, Gu, Cu, Co, Ve.* Trabajar con esfuerzo. pop + cult → espon. ♦ **meter el cuerpo; meter el pecho.**

n¹. ‖ **~ el huevo.** loc. verb. *Gu.* **meter el nabo.** pop. ♦ **meter el huevo doblado.**

ñ¹. ‖ **~ el huevo doblado.** *Gu.* **meter el huevo.** pop.

o¹. ‖ **~ el judío en el cuerpo.** loc. verb. *Cu.* p.u. Inquietar a *una persona,* hacer que otro pierda el sosiego. pop.

p¹. ‖ **~ el lápiz.** loc. verb. *Cu.* Calcular el costo de algo. pop.

q¹. ‖ **~ el mono.** loc. verb. *Ho, Ni.* Infundir miedo a alguien.

r¹. ‖ **~ el nabo.**
  i. loc. verb. *Gu.* Tener suerte en algo.
  ii. *Gu.* Perjudicar a *alguien* o fastidiarlo. pop. ♦ **meter el huevo; meter la daga; meter la de asar; meter la paloma; meter la verga; meter la yuca.**

s¹. ‖ **~ el ojo.**
  i. loc. verb. *Pa, RD, Ve.* Revisar, investigar *algo* para detectar posibles irregularidades. pop.
  ii. *Pa.* Cuidar, observar *algo* con atención para que no le pase nada. pop + cult → espon.

t¹. ‖ **~ el pecho.**
  i. *Cu, Ve.* **meter el hombro,** trabajar. pop + cult → espon.
  ii. loc. verb. *Cu, Ve.* Ayudar o contribuir al logro de un fin o realización de una tarea. pop.

u¹. ‖ **~ el perro.** loc. verb. *Ar; Ur,* p.u. Mentir, engañar o estafar a *alguien.* pop + cult → espon.

v¹. ‖ **~ el pico.** loc. verb. *Pa, RD, Pe, Bo, Py, Ur.* Entremeterse *alguien* en una conversación. pop + cult → espon.

w¹. ‖ **~ el resuello.** loc. verb. *Bo:E.* Forzar *una persona* a otra a hacer o aceptar algo empleando la fuerza física o la autoridad moral.

x¹. ‖ **~ el tuco.** loc. verb. *CR.* Cobrar un precio excesivo por un bien o un servicio. vulg; pop + cult → espon.

y¹. ‖ **~ en baraja.** loc. verb. *RD.* Obligar a alguien a someterse al orden o a la disciplina.

z¹. ‖ **~ en brete.** loc. verb. *Bo.* Llamar la atención a alguien para que cambie su mala conducta.

a². ‖ **~ en farufa.** loc. verb. *PR.* Meter *una persona* en un lío a *alguien.* pop + cult → espon.

b². ‖ ~ en la colada.
   i. loc. verb. *Pa, Co, Pe; Ch*, pop + cult → espon. Comprometer a *alguien* en un asunto o situación difícil o desagradable.
   ii. *Ec.* Estar *alguien* muy comprometido con una causa.

c². ‖ ~ en un clavo. loc. verb. *Ho, Ni.* Crear un problema a alguien.

d². ‖ ~ ficha. loc. verb. *Co.* Poner interés y ahínco en algo para que se dé o suceda algo. pop.

e². ‖ ~ fierro.
   i. loc. verb. *ES, Bo; Ch, Ar, Ur*, pop. Pisar el pedal del acelerador para dar velocidad a un vehículo.
   ii. *Ar.* Reprender enojada y severamente. pop.
   iii. *Py.* Herir o matar con arma blanca. pop.

f². ‖ ~ floro. loc. verb. *Pe.* Palabrear, hablar con el fin de convencer o de conseguir algún favor. pop.

g². ‖ ~ ganas. loc. verb. *Ec.* Esforzarse mucho porque algo resulte bien. pop.

h². ‖ ~ goma. loc. verb. *Pe.* Golpear a *alguien*. pop.

i². ‖ ~ (un) jonrón. loc. verb. *Ho, Ni, Pa, RD.* Tener éxito en algo que no se esperaba.

j². ‖ ~ julepe.
   i. loc. verb. *Ni, Co:C.* Estimular a *alguien* para que haga algo. pop.
   ii. *Co:C.* Poner interés en lo que se hace. pop.
   iii. *Ni.* **meter julepe y miedo**.

k². ‖ ~ julepe y miedo. loc. verb. *Bo:O.* Provocar *una persona* mucho miedo en alguien. pop + cult → espon. ♦ **meter julepe**.

l². ‖ ~ la cabeza. loc. verb. *Co:C.* Empeñarse *alguien* en sostener o conseguir su capricho.

m². ‖ ~ la cabeza en un cartucho. loc. verb. *Cu.* Avergonzarse.

n². ‖ ~ la callulla. loc. verb. *Ch.* Curiosear *alguien* en un asunto entrometiéndose en él. pop + cult → espon.

ñ². ‖ ~ la chancleta. loc. verb. *CR, Co, Ve.* Pisar el acelerador de un vehículo para que vaya a mayor velocidad. pop.

o². ‖ ~ la cucamona. loc. verb. *Ni.* Infundir miedo a alguien, *especialmente a un niño*.

p². ‖ ~ la cuchareta. *Pa, Cu, RD.* **meter cuchareta**.

q². ‖ ~ la daga. *Gu.* **meter el nabo**. pop.

r². ‖ ~ la de asar. *Gu.* **meter el nabo**. pop. ♦ **meter la de asar carne**.

s². ‖ ~ la de asar carne. *Gu.* **meter la de asar**. pop.

t². ‖ ~ la galleta. loc. verb. *Ho.* Acelerar mucho un vehículo. pop.

u². ‖ ~ La Habana en Guanabacoa. loc. verb. *Cu.* Intentar meter algo donde no cabe. pop + cult → espon.

v². ‖ ~ la mano en la candela.
   i. loc. verb. *Cu, Co.* Confiar mucho en una persona y dar garantías de esta ante los demás.
   ii. *RD.* Salir en defensa de alguien o apoyarlo con total convencimiento.

w². ‖ ~ la mano en la lata. loc. verb. *Pa, Bo, Ar, Ur.* Apropiarse *alguien* indebidamente de algo ajeno, *especialmente dinero que le ha sido confiado*. pop + cult → espon.

x². ‖ ~ la mula.
   i. loc. verb. *Bo, Ch, Ar, Ur.* Mentir, engañar o estafar a *alguien*. pop + cult → espon.
   ii. *Bo, Ch.* Intentar impresionar a alguien o justificar algo mediante hechos falsos o argumentos poco sólidos. pop + cult → espon.

y². ‖ ~ la paloma. *Gu.* **meter el nabo**. pop.

z². ‖ ~ la pata.
   i. loc. verb. *ES, Ni, Pa, PR, Co, Ve, Ec, Pe, Bo.* Quedar embarazada una mujer sin haberlo planeado. pop.
   ii. *ES, Ni, CR, Pe.* Pisar el acelerador de un vehículo para que vaya a mayor velocidad. pop.

iii. *Ho.* Embarazar a una mujer sin haberlo planeado. pop.

a³. ‖ ~ la pesada. loc. verb. *Ur.* Presionar fuertemente a *alguien* para conseguir algo de él. pop + cult → espon.

b³. ‖ ~ la pluma. loc. verb. *Ve.* Llegar a una conclusión.

c³. ‖ ~ la púa. loc. verb. *Ar; Ur*, p.u. Sembrar cizaña entre dos personas. pop + cult → espon. (**meter púa**).

d³. ‖ ~ la punta. loc. verb. *Ch.* Intentar embaucar con propuestas aparentemente inofensivas. pop.

e³. ‖ ~ la puñalada. loc. verb. *Ni, Bo.* Traicionar a *alguien*.

f³. ‖ ~ la reata. loc. verb. *Mx.* Perjudicar o fastidiar a *alguien*. vulg.

g³. ‖ ~ la trompa. loc. verb. *Gu.* Entrometerse en una conversación. pop.

h³. ‖ ~ la verga. *Gu.* **meter el nabo**. vulg; pop.

i³. ‖ ~ la yuca.
   i. *Pe, Bo:S.* **meter el dedo**, engañar. pop + cult → espon.
   ii. loc. verb. *Gu, Bo.* Realizar el coito. euf; pop + cult → espon.
   iii. *Gu.* Tener éxito en algo. pop + cult → espon.
   iv. *Gu.* **meter el nabo**. pop + cult → espon.
   v. *Pa.* Fastidiar, engañar o causar daño a *alguien*. pop + cult → espon.

j³. ‖ ~ labia. loc. verb. *Ec.* juv. Engañar a *alguien* con palabras bonitas. pop.

k³. ‖ ~ lápiz. loc. verb. *Ni, Pa, RD.* Realizar una cuenta u operación aritmética para calcular un coste o un beneficio.

l³. ‖ ~ las cabras al corral. loc. verb. *PR.* Amedrentar *algo* o *alguien* a *una persona*. pop + cult → espon.

m³. ‖ ~ las cuatro. loc. verb. *Mx, Gu, Ho, ES, Ni, PR, Co, Ec, Pe, Bo.* Actuar de manera inconveniente o inoportuna. pop + cult → espon.

n³. ‖ ~ las cuatro patas. loc. verb. *Pa, RD, PR, Bo.* Actuar de manera inconveniente o inoportuna. pop + cult → espon.

ñ³. ‖ ~ las de andar. loc. verb. *Ho, Ni, CR, Ec*, fest; *Ur*, euf. Meter la pata. pop.

o³. ‖ ~ las de caminar. loc. verb. *Ho, Ni, Co, Ur; Ur*, pop. Cometer un error. euf.

p³. ‖ ~ las extremidades. loc. verb. *Gu.* Actuar de manera inconveniente o inoportuna. pop.

q³. ‖ ~ las manos. loc. verb. *Gu.* Entrometerse en una conversación o asunto. pop.

r³. ‖ ~ las manos en la candela.
   i. loc. verb. *Pa, Co.* Confiar mucho en una persona y dar garantías de esta ante los demás.
   ii. *Pa.* Salir en defensa de alguien o apoyarlo con total convencimiento.

s³. ‖ ~ las pailas. loc. verb. *Ho.* Equivocarse *una persona*, hacer *algo* mal. euf.

t³. ‖ ~ las patas.
   i. loc. verb. *Gu, ES, Ni, CR, Pa, RD, PR, Co, Ec, Ch, Py.* Actuar de manera inconveniente o inoportuna. pop + cult → espon.
   ii. *Gu.* Equivocarse. pop + cult → espon.

u³. ‖ ~ las quimbas. loc. verb. *Co:C.* Hacer o decir *algo* inoportuno o equivocado. pop + cult → espon.

v³. ‖ ~ las uñas. loc. verb. *Gu, Ho, Ni, Pa, Bo.* Robar o estafar. pop + cult → espon.

w³. ‖ ~ leña al fuego. loc. verb. *Ni, CR, RD, PR, Co, Bo, Py, Ur.* Incitar a *alguien* a actuar en contra de alguien o algo. pop.

x³. ‖ ~ letra. loc. verb. *Pe.* Entablar una conversación con alguien con el fin de persuadir.

y³. ‖ ~ leva. loc. verb. *Ho.* Ganarle a alguien todas las apuestas en una jornada de juego a las cartas.

z³. ‖ **~ línea.** loc. verb. *Cu.* Mentir, engañar a *alguien*.

a⁴. ‖ **~ los cascos.**
   i. loc. verb. *Gu.* Errar, hacer las cosas mal. pop.
   ii. *Pa.* Cometer una indiscreción. pop + cult → espon.

b⁴. ‖ **~ los cuernos.** loc. verb. *Ur.* Engañar a *alguien* en una relación amorosa. pop + cult → espon.

c⁴. ‖ **~ los dedos a la boca.** loc. verb. *Co, Bo.* Engañar *una persona* a otra con falsas expectativas. pop + cult → espon.

d⁴. ‖ **~ los ganchos.** loc. verb. *Py, Ar.* Apropiarse indebidamente de algo ajeno, *especialmente dinero que le ha sido confiado.* pop + cult → espon. (**meter los garfios**).

e⁴. ‖ **~ los garfios.** *Ar.* **meter los ganchos.** pop + cult → espon.

f⁴. ‖ **~ los huevos en un tornillo.** loc. verb. *Cu.* Aceptar con resignación una situación molesta o fastidiosa.

g⁴. ‖ **~ los mochos.** loc. verb. *PR; RD,* p.u. Mentir, engañar.

h⁴. ‖ **~ los monos.** loc. verb. *PR, Co:N.* Engañar a *alguien* contándole embustes. pop.

i⁴. ‖ **~ los monos en el cuerpo.** loc. verb. *Cu.* Inquietar a *una persona,* hacer que otro pierda el sosiego. pop.

j⁴. ‖ **~ machorrucio.** loc. verb. *Co:O.* Engañar a *alguien.* pop.

k⁴. ‖ **~ muela.**
   i. loc. verb. *Co.* Acometer, abordar un asunto. pop.
   ii. *Cu.* Hablar mucho *alguien.* pop.
   iii. *Cu.* Intentar convencer a *alguien.* pop.

l⁴. ‖ **~ ñeque.** loc. verb. *Ec.* Esforzarse porque algo salga bien. pop.

m⁴. ‖ **~ pala.** loc. verb. *Cu.* Introducir en un asunto una situación o idea que desvíe de la verdad.

n⁴. ‖ **~ para el caldero.** loc. verb. *Cu. En algunos ritos religiosos de origen africano,* intentar dañar a *alguien* a través de un rito o ceremonia.

ñ⁴. ‖ **~ penca.** loc. verb. *Ch.* Reprender con severidad a *alguien.* pop.

o⁴. ‖ **~ pico.** loc. verb. *Ec.* Opinar sobre un asunto, *generalmente sin ser invitado a hacerlo.*

p⁴. ‖ **~ pita para sacar listón.** loc. verb. *Gu, Ho.* Plantear a *alguien* un determinado tema de conversación para que cuente lo que no se le quiere preguntar de forma directa.

q⁴. ‖ **~ púa.** *Bo, Ar; Ur,* pop. **meter la púa.**

r⁴. ‖ **~ puya.** loc. verb. *PR.* Descubrir *alguien* a un delincuente. delinc.

s⁴. ‖ **~ retroceso.** loc. verb. *Ho.* Hacerse un hombre homosexual. desp.

t⁴. ‖ **~ tijeras.** loc. verb. *Gu.* Murmurar de otros, criticar. pop.

u⁴. ‖ **~ tupido.**
   i. loc. verb. *Ho, ES.* Trabajar intensamente y con ahínco.
   ii. *Bo:O.* Ingerir gran cantidad de bebidas alcohólicas en poco tiempo. pop.
   iii. *Bo:O.* Realizar una actividad con fuerza y ahínco. pop.

v⁴. ‖ **~ un ají en el poto.** loc. verb. *Ch.* Afectar *algo* o *alguien* a la sensibilidad o susceptibilidad de *alguien.* vulg; pop + cult → espon.

w⁴. ‖ **~ un cañazo.** loc. verb. *Co.* Engañar a *alguien.* pop.

x⁴. ‖ **~ un chivo.** loc. verb. *RD.* Decir una mentira. pop + cult → espon.

y⁴. ‖ **~ un jaretazo.** loc. verb. *CR.* Casarse un hombre con una mujer adinerada para acceder a una posición económica más favorable. pop + cult → espon.

z⁴. ‖ **~ un paquete.** loc. verb. *Cu, PR.* Mentir. pop + cult → espon.

a⁵. ‖ **~ una escapada.** loc. verb. *Co.* Salir de paseo a un sitio cercano.

b⁵. ‖ **~ una yuca.**
   i. loc. verb. *Ni, CR, Pa, Bo.* Mentir. pop ^ fest.
   ii. *Ni.* Amenazar con un daño.

c⁵. ‖ **~ vicio.** loc. verb. *Pe.* Causar desorden, bullicio.

d⁵. ‖ **~ violín en bolsa.** loc. verb. *Ar, Ur.* Abandonar o no entrometerse en un asunto o situación. pop + cult → espon.

e⁵. ‖ **~le.**
   i. loc. verb. *Mx, Pa, Ve, Pe, Ur; ES, Bo, Ch, Ur,* cult → espon. Dedicarse *alguien* de manera intensa o exclusiva a una actividad. pop.
   ii. *Mx, Pa, Ur.* Darse prisa. pop.

f⁵. ‖ **~le coco.** loc. verb. *Ni, Pa, Cu.* Pensar mucho en algo o esforzarse en comprender algo.

g⁵. ‖ **~le duro.**
   i. loc. verb. *Gu, Ho, ES, CR, Pa, RD, PR, Co, Pe, Bo, Py, Ur.* Trabajar mucho o duramente. pop.
   ii. *Ho, ES, Pe, Bo, Py, Ur.* Insistir, esforzarse más.

h⁵. ‖ **~le el chino.** loc. verb. *Ho, Pa, RD.* Robar a *alguien,* agarrándolo por el cuello y quitándole lo que lleva en los bolsillos. delinc.

i⁵. ‖ **~le el pico.** loc. verb. *RD.* Abordar decididamente un asunto, *especialmente si resulta problemático.*

j⁵. ‖ **~le el sombrero.** loc. verb. *Gu.* Castigar a *alguien.*

k⁵. ‖ **~le la mano.**
   i. loc. verb. *Ni, RD.* Ayudar a *alguien.*
   ii. *Pa.* Pegar a *alguien.* pop + cult → espon.

l⁵. ‖ **~le la pata a un carro.** loc. verb. *Ho.* Acelerarlo al máximo.

m⁵. ‖ **~le los pelos para adentro.** loc. verb. *Pa, RD.* Amedrentar a *alguien.* pop + cult → espon.

n⁵. ‖ **~le miedo al susto.** loc. verb. *Cu.* Ser una persona muy fea. pop.

ñ⁵. ‖ **~le pierna.** loc. verb. *Ni.* Acelerar lo que se está haciendo.

o⁵. ‖ **~le pluma.**
   i. loc. verb. *Ho, Ni, Bo.* Calcular el costo de algo.
   ii. *Gu, Ni.* Considerar *algo,* no descartarlo sin pensar antes sobre ello. pop + cult → espon.

p⁵. ‖ **~le trago.** loc. verb. *Bo:O.* Ingerir bebidas alcohólicas. pop.

q⁵. ‖ **~se a fogonero.** loc. verb. *ES.* Buscar pleitos o peleas. polic.

r⁵. ‖ **~se a gallo bravo.** loc. verb. *Gu.* Provocar riñas y peleas.

s⁵. ‖ **~se a pavo.** loc. verb. *Ve.* Adoptar *una persona* en edad madura hábitos y costumbres de los jóvenes.

t⁵. ‖ **~se a vivo.**
   i. loc. verb. *Gu, Pa.* Presumir de valiente.
   ii. *Pa.* Querer sacar ventaja de alguna situación.

u⁵. ‖ **~se al monte sin machete.** loc. verb. *Ho.* Hacer *algo* sin conocimientos para ello o sin las herramientas adecuadas.

v⁵. ‖ **~se al rancho.** loc. verb. *Co.* Inmiscuirse *alguien* en la vida o acciones de otra persona sin ninguna autoridad. pop.

w⁵. ‖ **~se bajo el ala.** *Ur.* **meterse en el ala.**

x⁵. ‖ **~se como cabo de hacha.** *Ni.* **meterse de entrépito.**

y⁵. ‖ ~se como la pobreza. *Ho, Ni.* meterse de entrépito.

z⁵. ‖ ~se de entrépito. loc. verb. *Ve.* Entrometerse, inmiscuirse *una persona* en lo que no le incumbe.
♦ meterse como cabo de hacha; meterse como la pobreza.

a⁶. ‖ ~se el agua. loc. verb. *Ho.* Llegar a una reunión *alguien* indeseable. ♦ meterse el ganado.

b⁶. ‖ ~se el ganado. *Ho.* meterse el agua.

c⁶. ‖ ~se en brisca. loc. verb. *PR.* Escaparse *alguien*, huir. rur; pop + cult → espon.

d⁶. ‖ ~se en candela. loc. verb. *Cu, RD.* Involucrarse en una situación difícil o con riesgo.

e⁶. ‖ ~se en cócora. loc. verb. *RD.* Acobardarse, sentir miedo.

f⁶. ‖ ~se en el ala. loc. verb. *Ho, ES.* Lograr la confianza o protección de alguien. pop + cult → espon.
♦ meterse bajo el ala.

g⁶. ‖ ~se en el cañal. loc. verb. *Ho.* Emborracharse. fest.

h⁶. ‖ ~se en el comején. loc. verb. *Ho.* meterse en honduras.

i⁶. ‖ ~se en honduras. loc. verb. *Gu, Pa, Ur.* Implicarse *alguien* en un asunto o problema. ♦ meterse en el comején.

j⁶. ‖ ~se en julepe. loc. verb. *RD.* Irse de juerga. pop + cult → espon.

k⁶. ‖ ~se en la grande. loc. verb. *Co.* Enredarse en una situación complicada. pop. ♦ meterse en la vacacola.

l⁶. ‖ ~se en la vacaloca. *Co.* meterse en la grande. pop.

m⁶. ‖ ~se en plata. loc. verb. *RD.* Enriquecerse *alguien*, llegar a tener mucho dinero.

n⁶. ‖ ~se en sus caites. loc. verb. *Ho, Ni.* Ser comprensivo con alguien.

ñ⁶. ‖ ~se en un cusuco. loc. verb. *Ho, ES.* Crearse *alguien* un problema. ♦ meterse en un rollo; meterse en un tamal.

o⁶. ‖ ~se en un forro. loc. verb. *Ch.* Meterse en líos y complicaciones. pop + cult → espon. ♦ meterse en un hormiguero.

p⁶. ‖ ~se en un hormiguero. *Gu.* meterse en un forro.

q⁶. ‖ ~se en un rollo. *Ho, Ni.* meterse en un cusuco.

r⁶. ‖ ~se en un tamal. *Ho, CR.* meterse en un cusuco.

s⁶. ‖ ~se entre las patas de los caballos. loc. verb. *Ni, Pa, Cu, RD.* Ponerse en situación comprometida.

t⁶. ‖ ~se un billete. loc. verb. *Ve.* Ganar, cobrar o recibir una gran cantidad de dinero. pop.

u⁶. ‖ ~se un puñal. loc. verb. *Ve.* juv. Estudiar mucho y en poco tiempo la materia de un examen.

v⁶. ‖ ~se un tabaco. loc. verb. *PR.* Fumar *alguien* marihuana. drog.

w⁶. ‖ ~se una buena bomba. loc. verb. *Gu, Pe.* Emborracharse.

x⁶. ‖ metérsele el agua.
i. loc. verb. *CR.* Adoptar *alguien* en forma repentina un comportamiento no habitual en su forma de ser. pop.
ii. *CR.* Tomar *una persona* intempestivamente la decisión de realizar algo. pop.

y⁶. ‖ metérsele el agua a la canoa. loc. verb. *Ho.* Ser un hombre homosexual.

z⁶. ‖ metérsele las cabras. loc. verb. *CR.* Entrar en pánico. pop ^ fest.

a⁷. ‖ metérselo y sacárselo del culo. loc. verb. *Ni.* Hacer de alguien lo que se quiere. tabú.

b⁷. ‖ metérselos. loc. verb. *ES, Co:N.* Tomar habitualmente unos tragos de licor. pop.

c⁷. ‖ no ~ aguja sin hilo. loc. verb. *Pa.* No realizar nada sin obtener ganancias. pop + cult → espon ^ fest.

d⁷. ‖ solo ~ el lomo. loc. verb. *Ho.* Dejarse *alguien* golpear o ser ofendido.

☑

a. ‖ ~ caña para sacar guarapo. fr. prov. *Pa.* Indica que alguien actúa sobre otro o en contra de otro, de palabra o acción, para obtener un fin o beneficio determinado. pop + cult → espon ^ sat.

b. ‖ ~la hasta donde dice *collins*. fr. prov. *Ho, Ni.* Indica que alguien se equivoca gravemente. pop.

c. ‖ ~se a brujo sin conocer la hierba. fr. prov. *Ho, Ve.* Indica que una persona hace algo sin ser conocedor o experto en ello.

meterete.
I. 1. sust/adj. *Bo, Ar, Ur,* cult → espon; adj/sust. *Py.* Persona entrometida y curiosa. pop.

meterruido.
I. 1. sust/adj. *Pa.* Persona fanfarrona.

metesito.
I. 1. m. *Bo:E.* Armadillo de hasta 30 cm de longitud, con siete u ocho bandas móviles, con la cola desnuda, sin placas óseas. (Dasypodidae; *Cabassous unicinctus*).

metete.
I. 1. sust/adj. *Gu, Ni; Ch,* desp; *Bo,* cult → espon; *Pe,* p.u. Persona entrometida y curiosa. pop.

metezón.
I. 1. f. *Cu.* Visita reiterada que se hace a una casa.

metiche.
I. 1. adj/sust. *Mx, Gu, Ho, ES, Ni, CR, Pa, Cu, RD, PR, Co, Ve, Ec, Pe, Bo, Py, Ar:NO, Ur; Ch,* desp. *Referido a persona*, que interviene indiscretamente en asuntos que no le incumben. pop + cult → espon. (metiches; metichi).

metichear.
I. 1. intr. *Mx.* Meterse *alguien* en lo que no le incumbe.

metiches.
I. 1. *CR, Py.* metiche. pop.

metichi.
I. 1. *Mx, Bo.* metiche. pop.

metida.
I. 1. *Mx.* metida de pata.
II. 1. f. *ES.* Coito.

■

a. ‖ ~ de culo. m. *Gu.* Error o desacierto grave que alguien comete. pop.

b. ‖ ~ de pata. f. *Mx, Gu, Ho, ES, Ni, CR, Cu, RD, PR, Co, Ve, Pe, Bo, Ch, Py, Ar, Ur.* Dicho o hecho inoportuno o poco adecuado. pop + cult → espon. (metida; metida de patas).

c. ‖ ~ de patas. *Co, Ch, Py.* metida de pata.

d. ‖ ~ de verga. m. *Gu, ES.* Situación problemática o muy molesta. vulg; pop.

metido.
I. 1. m. *Pa, Co.* Tira bordada o de encaje que se cose como adorno entre dos telas.
II. 1. m. *Cu.* Enamoramiento.

□

a. ‖ de ~. loc. adv. *Ni, Co, Ec, Py, Ur.* Sin invitación.

metido, -a.
I. 1. adj. *Gu, Ho, Ni, CR, Pa, Ec;* sust/adj. *ES, RD, Co, Ve, Pe, Py,* pop ^ desp; *PR, Bo, Ch, Ar, Ur,* pop + cult → espon. *Referido a persona*, entremetida, que se mete donde no la llaman.
II. 1. adj. *Cu, Py, Ar, Ur. Referido a persona*, enamorada. pop + cult → espon.
III. 1. sust/adj. *Co:NE.* Persona aduladora. pop ^ desp.

IV. 1. adj. *Ch, Py. Referido a persona*, que se encuentra en una situación difícil.

V. 1. adj. *PR. Referido a persona*, ligeramente borracha.

■

a. ‖ ~ **a gente.** sust/adj. *Bo; Ch,* desp. Arribista, persona que intenta tratar o alternar con otras de clase social superior. pop + cult → espon.

□

a. ‖ **más ~ que el saco del medio.** loc. adj. *PR. Referido a persona,* muy enamorada. pop + cult → espon.

b. ‖ **más ~ que la pobreza.** loc. adj. *Ni. Referido a persona,* que tiene la costumbre de meterse donde no la llaman. pop + cult → espon.

c. ‖ ~ **en palos.** loc. adj. *PR. Referido a persona,* borracha. pop + cult → espon.

metimiento.
   I. 1. m. *Cu.* p.u. Sentimiento amoroso hacia otra persona, enamoramiento.
   II. 1. m. *PR.* Entrometimiento, costumbre de inmiscuirse en temas ajenos.
   ▶ **tener un ~.**

metisaca. (Sínc. de *mete* y *saca*).
   I. 1. m. *Ho:S, ES, Ni.* Persona entrometida.

metlancasis.
   I. 1. *Mx.* manto de la Virgen.

metlapil. (Del nahua *metlapilli,* hijo del metate).
   I. 1. m. *Mx.* Rodillo de piedra con que se muele en el **metate.** (**meclapil; metapil**).

¡meto!
   I. 1. interj. *Pa:O.* Expresa sorpresa o extrañeza. pop.
   ♦ **coraje; júbilo.**

metodista.
   I. 1. m-f. *Mx.* Persona que consume todo tipo de drogas. fest.

metodólogo, -a.
   I. 1. sust/adj. *Ni, Cu.* Persona encargada de asesorar y controlar la actividad docente en un centro de enseñanza.

metra.
   I. 1. f. *Ve.* Bola pequeña de vidrio que utilizan los niños para jugar.
   2. *Ve.* Juego infantil que consiste en hacer rodar metras por el suelo haciéndolas chocar unas contra otras según unas reglas.
   II. 1. f. *Co.* Subametralladora, ametralladora reducida para ser usada por una persona, sin necesidad de bípodes. delinc.

□

a. ‖ **de ~.** loc. adv. *Ve.* Completamente, totalmente.
   ▶ **jugar ~s.**

metraca.
   I. 1. f. *Pe.* Ametralladora. pop.

metraje.
   I. 1. m. *Pe.* Medición de la longitud o superficie de algo expresada en metros.

metralla.
   I. 1. adj/sust. *Cu. Referido a persona,* de actitudes bajas y reprobables.
   2. sust/adj. *Cu.* Persona de dudosa moralidad y poca cultura.
   II. 1. f. *PR; Cu,* juv. Porquería, basura.
   III. 1. f. *RD.* juv. Ron de pésima calidad.

metralladora.
   I. 1. f. *RD.* **ametralladora,** metralleta.

metrallazo.
   I. 1. m. *ES.* Trago de licor.

metralleta.
   I. 1. f. *Ho, ES, Ni, Cu, RD, Bo.* Persona que habla con rapidez.

2. *Ho.* Persona imprudente y temeraria.
   ▶ **ser más peligroso que mono con ~.**

metratraca.
   I. 1. f. *Ho. En el ejército,* fusil ametrallador. desp.

metro.
   I. 1. m. *PR.* Taxímetro.
   □
   a. ‖ **medio ~.** loc. sust. *Cu, PR, Ve, Bo, Py, Ur,* pop. Persona de poca estatura. fest.
   b. ‖ ~ **contador.** loc. sust. *Cu.* Máquina que indica el consumo de agua o electricidad de una vivienda.
   c. ‖ ~ **cuadrado.** loc. sust. *Ch.* Espacio íntimo y personal considerado como básico para vivir. pop.
   ▶ **poner el ~.**

metrobús.
   I. 1. m. *Mx, ES, Cu.* Autobús urbano articulado, de dos secciones, que transita por una vía fija.
   2. *Ve.* Autobús que suple las rutas no cubiertas por el metro y lleva a los pasajeros a diferentes estaciones.
   3. *Ch.* Autobús urbano conectado con el servicio de metro que ofrece un servicio más económico a los viajeros.
   4. *Cu.* Autobús urbano de gran capacidad.

metrotrén.
   I. 1. m. *Ch.* Tren interurbano que cubre trayectos cortos a ciudades con mucha población.

metzole. (Del nahua *metl,* maguey, y *zolli,* cosa vieja).
   I. 1. m. *Mx.* Planta cactácea, carnosa y globosa, de color verde, hojas armadas de espinos y flores pequeñas de color rosa y rojo. (Cactaceae; *Mammillaria geminispina*).

mexcal.
   I. 1. *Mx.* **mezcal,** bebida.

mexica.
   I. 1. adj/sust. *Mx, Ho, ES.* Relativo a los nahuas o aztecas. cult → esm.

mexicana.
   I. 1. f. *Ch.* **mexicanazo.**

mexicanada.
   I. 1. f. *ES, Pe.* Dicho o expresión mexicano o que imita su forma de hablar. pop.
   2. *Pa, RD.* Película de tema mexicano y de mala calidad. pop.
   3. *Pa.* Actitud exagerada o ridícula en decires o modos a veces agresivos de algunos mexicanos. pop + cult → espon ^ desp.

mexicanazo.
   I. 1. m. *Ch.* Apropiación de un alijo de droga que pertenece a una banda rival hecha por otra banda o de manera ilegal por la policía. drog. ♦ **mexicana.**

mexicanización.
   I. 1. f. *Mx.* Traspaso de bienes o empresas extranjeros al Estado mexicano.

mexicanizar.
   I. 1. tr. *Mx, Ni.* Dar o conceder a *algo* características o rasgos propiamente mexicanos.

mexiote.
   I. 1. *Mx.* **mixiote.**

mexiquelite. (Del nahua).
   I. 1. *Mx.* **pelonchile.**

mexo, -a.
   I. 1. *Gu.* **mesho.**

mexocote. (Del nahua *mexocotl;* de *metl,* maguey, y *xocotl,* fruta ácida).
   I. 1. m. *Mx.* **timbiriche,** planta.

mextlapique.
   I. 1. *Mx.* **mestlapique.**

meyal. (Del nahua *atl,* agua, y *meyalli,* manantial).
   I. 1. m. *Mx.* p.u. Manantial, nacimiento de las aguas.

meyolote. (Del nahua *metl*, maguey, y *yolotli*, corazón).
    I. 1. m. *Mx.* Cogollo del **maguey** antes de su floreci-
        miento.

mezanín.
    I. 1. m. *Pa, Co; Ec,* p.u. **mezanine**, entreplanta.

mezanine. (Del ingl. *mezzanine* y este del it. *mezzanino*).
    I. 1. m. *Mx, Ho, CR, Pa, Cu, Co, Ec, Bo.* Piso situado
        entre la primera planta y la planta baja de un edi-
        ficio. (**mesanín; mezanín; mezzanine**).
      2. *PR, Pe, Bo. En un cine o teatro,* piso sobrepuesto a
        la platea, con butacas para los espectadores.

mezcal. (Del nahua *metl*, maguey, e *(i)xcalli*, cocido).
    I. 1. m. *Mx, Gu, Ho, ES.* Planta sin tallo con hojas
        carnosas en forma de espada de hasta 1,5 m de lon-
        gitud, con una espina terminal. (Agavaceae; *Agave
        sisalana*).
      2. *Mx, Gu, Ho, ES.* Bebida alcohólica que se extrae
        de la penca cocida de distintas variedades de aga-
        ve, *en especial el* **maguey**. (**mescal; mexcal**).
      3. *Ho, ES.* Fibra extraída de las hojas del **maguey** o
        del **henequén** para hacer **cabuyas**, cordeles, **metates** y
        bolsas.

mezcalear.
    I. 1. intr. *Mx.* Destilar **mezcal**.
      2. *ES.* Elaborar cuerdas con fibra de **maguey** o **he-
        nequén**.

mezcalería.
    I. 1. f. *Mx.* Fábrica de **mezcal**. (**mescalería**).
      2. *Ho.* p.u. Lugar donde se elaboran o venden cuer-
        das de **pita**.

mezcalero, -a.
    I. 1. adj. *Mx.* Relativo al **mezcal**. (**mescalero**).
      2. m. y f. *Mx.* Persona que cultiva y cosecha **mezcal**.
        (**mescalero**).
      3. *Mx.* Persona que fabrica **mezcal**. (**mescalero**).

mezcla.
    I. 1. f. *Mx, Gu, Ho, ES, Ni, CR, Cu, Co, Ve, Pe, Bo, Ar.*
        Material de construcción resultante de mezclar
        grava, arena, agua y cemento.
      2. *ES, Ni, CR, Pa, Pe, Bo, Ar, Ur.* Masa constituida
        por arena fina, agua y cemento hidráulico, usada en
        albañilería. pop + cult → espon.
      3. *Ec, Bo, Ur.* Masa constituida por arena fina, agua
        y cal, usada en albañilería.

mezcladora.
    I. 1. f. *Mx, Ho, ES, Ni, CR, Pa, PR, Co, Ve, Bo, Ch, Ar,
        Ur.* Máquina provista de un recipiente giratorio
        que realiza la mezcla de cemento, arena, cal, grava
        y agua para hacer el hormigón o **concreto**.

mezclapique.
    I. 1. *Mx.* **mestlapique**.

mezclero, -a.
    I. 1. sust/adj. *Cu. En la construcción,* persona encarga-
        da de hacer la mezcla de cemento.

mezclilla.
    I. 1. f. *Mx, ES, Ni, CR, Pa, Cu, Ec, Bo, Ch, Ur.* Tela
        gruesa de algodón, *generalmente de color azul, usada en
        los jeans.* pop + cult → esm.
    II. 1. f. *Mx.* Pájaro de hasta 13 cm de longitud, con
        franjas y manchas blancas y negras de distinto
        tamaño y tono en todo el cuerpo. (Parulidae;
        Mniotilta varia).
    III. 1. f. *Ve, Ec.* Mezcla de cemento, arena y cal empleada
        en la construcción.

mezclote.
    I. 1. m. *Ve.* Mezcolanza, baturrillo. desp.

mezontete.
    I. 1. *Mx.* **mezote**.

mezontle. (Del nahua *metl*, maguey, y *zontli*, cabellera).
    I. 1. *Mx.* **mezote**.

mezonzapote. (Del nahua *metzontli*, pelos de las piernas, y *tzapotl*,
    zapote).
    I. 1. *Mx.* **zonzapote**.

mezote. (Del nahua *metl*, maguey, y *zotl*, cosa sucia).
    I. 1. m. *Mx.* Tronco seco del **maguey** que se emplea
        como combustible. rur. (**mesote**). ♦ **mezontete;
        mezontle**.

mezquicopal. (Del nahua *mizquitl*, tinta, y *copalli*, resina, copal).
    I. 1. m. *Mx.* Jugo gomoso del árbol del **mezquite**.

mezquinar.
    I. 1. tr. *Mx, ES, Pa, Cu, Co, Ve, Pe, Bo, Ch, Py, Ar.* Esca-
        timar, disminuir lo que se va a gastar por mezquin-
        dad. cult → espon. (**mezquindar; mezquinear**).
    II. 1. tr. *Ec, Ar.* Apartar una persona o un animal su cuer-
        po o parte de él para evitar algo. pop + cult → espon.
    III. 1. tr. *Ec.* Negar a *alguien* lo que es suyo por derecho.
    □
      a. ‖ ~ **el bulto.** loc. verb. *Ar; Ur,* p.u. Eludir un pro-
        blema, un riesgo o un compromiso. pop.

mezquindar.
    I. 1. *Ch.* p.u. **mezquinar**, escatimar. pop.

mezquinear.
    I. 1. *Pa, Ch.* p.u. **mezquinar**, escatimar. rur.

mezquino.
    I. 1. m. *Mx, Gu, Ho, ES, Ni, CR, Co:C.* Verruga, excre-
        cencia cutánea.
      2. *Co.* Pedazo pequeño de piel que se levanta en la
        zona inmediata a las uñas de las manos, y causa
        dolor.

mezquital.
    I. 1. m. *Mx, Gu, ES, Ni.* Terreno poblado de **mezqui-
        tes**. (**mesquital**).

mezquitamal.
    I. 1. m. *Mx.* Masa elaborada con semillas de **mez-
        quite**.

mezquite. (Del nahua *mizquitl*).
    I. 1. m. *Mx, Gu, ES, Ni, Pe.* Árbol de hasta 12 m de al-
        tura, copa frondosa, ramas flexibles con espinas
        largas y fuertes, flores blancas y olorosas en espiga.
        (Fabaceae; *Prosopis juliflora*). (**mesquite**). ♦ **aro-
        ma; bayahonda; sirisecua; trupillo; yaque**.

mezquitillo.
    I. 1. *Mx.* **ecapacle**.

mezzanine. (Voz inglesa).
    I. 1. *Mx, CR, Pa, Cu, PR, Co, Bo.* **mezanine**, entre-
        planta. pop + cult → esm.

mí.
    □
      a. ‖ **¡porta ~!** (De *Qué me importa a mí*). loc. interj. *CR.*
        Expresa indiferencia. pop + cult → espon.

¡mí!
    I. 1. interj. *Ve.* Expresa negación enfática, y se acompaña
        de un gesto rápido que consiste en poner el dedo índice
        en el párpado inferior del ojo y tirar hacia abajo. pop.

miagar.
    I. 1. intr. *ES.* Maullar el gato. rur.

miagua.
    I. 1. f. *Mx:E.* Espiga del maíz. rur.

miaguido.
    I. 1. m. *ES.* Maullido. rur.

miaja.
    I. 1. f. *Cu, PR.* Mancha roja, de pequeño tamaño, que
        aparece en la yema de los huevos que han sido fe-
        cundados.
    II. 1. f. *RD.* Semen.
    ▶ **no tener ~.**

miami.
 I. 1. adj/sust. *PR. Referido a la persiana*, de tablillas fijas.

miango, -a.
 I. 1. adj. *Mx. Referido a persona*, desmedrada, flaca, enclenque. pop + cult → espon.

miao.
 I. 1. m. *Pa, RD, Ve.* Orina. pop + cult → espon.
 II. 1. m. pl. *Ve:E.* Bebidas alcohólicas que ofrecen los padres para celebrar el nacimiento de un hijo.

miaraña.
 I. 1. f. *Gu.* Meada. rur.

mica.
 I. 1. f. *Mx, PR, Ec, Ur.* Lámina de plástico transparente, flexible pero resistente.
 2. *Ho.* Protector transparente de la esfera de un reloj de mano.
 II. 1. f. *Co.* Recipiente que se usa para recoger los excrementos humanos. ♦ **bacenica**.
 III. 1. f. *Gu, Ho, ES.* **mico**, brazolargo.
 2. *Ho.* **zumbadora**. (Colubridae; *Clelia clelia*).
 IV. 1. f. *Pe.* Camisa, prenda de vestir hasta las caderas, abotonada, *generalmente con mangas y cuello*. pop.
 ♦ **micacla**.
 V. 1. f. *Ho, CR.* Borrachera. pop + cult → espon.
 VI. 1. f. *ES.* Gato, instrumento mecánico para levantar un vehículo.
 VII. 1. f. *Ho.* juv. Botella de cerveza.
 VIII. 1. f. *PR. En las actividades marítimas*, cordel de nailon usado en la pesca.

micada.
 I. 1. f. *Gu.* Payasada, bufonada.
 2. *Ho, Ni.* Niñería. desp.
 3. *Ho.* Tontería.
 II. 1. f. *Gu, ES.* Adorno o detalle superfluo.

micadas.
 I. 1. f. pl. *Gu.* Gracias de un niño, cosas que hace o dice que resultan divertidas o agradables. inf.
 2. *Gu.* Tonterías, dichos o hechos sin importancia.

micaela.
 I. 1. *Pe.* juv. **mica**, camisa. fest.

micailino, -a.
 I. 1. adj. *Ho. Referido a fiestas*, que se realizan en honor de san Miguel Arcángel.

micay.
 I. 1. m. *Co.* Planta de hasta 1 m de altura, que tiene una hoja larga y estrecha de color verde amarillento; se usa como pasto y en la medicina tradicional como diurético. (Poaceae; *Axonopus micay*).

micazo.
 I. 1. f. *ES.* Mujer hermosa y corpulenta. vulg.

micha.
 I. 1. f. *Mx:E.* Pan blanco de gran tamaño.
 2. *Pa.* Pan blanco en forma de bollo afinado hacia las puntas, de corteza tostada, migajón blando, con una hendidura en el centro. pop + cult → espon.
 II. 1. f. *Mx.* Mitad, cada una de las dos partes iguales en las que se divide un todo. pop + cult → espon.
 III. (Del aim. y del quech. *mich'a*, tacaño).
 1. sust/adj. *Bo:C,O.* Persona que escatima exageradamente el dinero que gasta o da. pop + cult → espon.
 IV. 1. f. *Pa.* Vulva. tabú; pop + cult → espon.
 □
 a. ‖ a ~**s.** loc. adv. *Mx.* Por partes iguales. ♦ **micha y micha**.
 b. ‖ ~ **y** ~. *Mx.* a michas.

michai.
 I. 1. *Ar:S.* **michay**.

michay. (Del mapuche *muchay*).
 I. 1. m. *Ch, Ar:S.* Arbusto de hasta 1 m de altura, con espinas en el tallo, hojas perennes y flores amarillas. (Berberidaceae; *Berberis* spp.). (**michai**).

miche.
 I. 1. m. *Mx.* Gato. pop.
 II. 1. m. *Ve:O.* Aguardiente de caña.
 III. 1. m. *Ho.* Dedo meñique.
 IV. 1. m. *CR.* Pleito entre dos o más personas o grupos. pop + cult → espon.

michelada.
 I. 1. f. *Mx, Gu, ES, Ni, CR, Co, Ch.* Bebida que se prepara con cerveza, jugo de limón, **chile** en polvo y algún tipo de salsa; suele servirse en un vaso o tarro con los bordes escarchados de sal.

michera.
 I. 1. f. *Ve:O.* Borrachera. pop.

michi.
 I. 1. m. *Bo:C, Py*, pop; *Ar*, inf. Gato doméstico.
 2. *Pa.* Nombre cariñoso usado para llamar a los gatos domésticos. pop + cult → espon.
 II. 1. m. *Pe.* Juego de las tres rayas que se lleva a cabo sobre una superficie en la que se dibujan alternativamente aspas o círculos.
 III. 1. sust/adj. *Bo:E.* Persona que escatima exageradamente el dinero que gasta o da. pop + cult → espon.
 ■
 a. ‖ ~-~. m. *Bo:SO.* Árbol de hasta 5 m de altura, de hojas compuestas y flores pentámeras reunidas en espigas, cuyo fruto es una legumbre endurecida y plana. (Fabaceae; *Piptadenia viridiflora*).
 □
 a. ‖ ~-~.
 i. loc. adj. *Cu. Referido a cosa*, de mala calidad. pop.
 ii. *Cu. Referido a persona*, cobarde.
 b. ‖ **ni** ~. loc. pron. *Pe.* Nada. pop.

¡michi!
 I. 1. interj. *Pe, Bo.* Expresa contrariedad o disgusto. euf; pop.

michicatería.
 I. 1. f. *Co:NE,SO.* Tacañería. pop ^ desp.

michicato, -a.
 I. 1. adj. *Co. Referido a persona*, tacaña. pop ^ desp.

michigüiste. (Del nahua *michín*, pescado, y *huiztli*, espina).
 I. 1. *Ho, Ni.* **mangollano**.

micho.
 ■
 a. ‖ ~ **de cerro.** *Pa.* **zorro gatuno**.

michoacán. (De *Michoacán*, Estado de México).
 I. 1. m. *Mx.* Planta enredadera vivaz, blanca, gruesa, fusiforme y harinosa, de hojas simples, flores acampanadas y fruto en cápsula; la fécula de su raíz se ha usado en la medicina tradicional como purgante. (Convolvulaceae; *Ipomoea alatipes*).

michú.
 I. 1. *Co.* **jaboncillo**, árbol.

michucsi.
 I. 1. f. *Pe:E.* **taro**, planta y tubérculo.

michule. (De *misules*).
 I. 1. m. *ES.* Persona, individuo. (**michulis**).

michulis.
 I. 1. *ES.* **michule**.

micifús.
 I. 1. m-f. *Ve*; *CR*, p.u. Persona cuyo nombre se quiere omitir. pop + cult → espon.

mickey.

□
    a. ‖ ~ **mouse.** (De *Mickey Mouse*, personaje de Walt Disney Co.). loc. adj. *Cu. Referido a un objeto*, que es copia de alguna marca famosa. pop.

micle.
    I. 1. *Mx.* **muicle.**

mico.
    I. (Del cuma).
        1. m. *Co.* Cualquier primate.
        2. *Ec, Pe.* **machín**, mono.
        3. *Gu, Ho, ES, Ni.* **brazolargo.** (**mica**).
    II. 1. m. *Gu, Ho, ES, Ni, CR, Ve:O.* Vulva. tabú; pop + cult → espon.
    III. 1. m. *Co.* Der. Texto o disposición que se incorpora en una ley durante el proceso de estudio y aprobación, que *generalmente no tiene relación con la misma* y pretende favorecer a alguien o algo, de manera subrepticia. pop.
    IV. 1. m. *Co.* Tortícolis. pop.
    V. 1. m. pl. *Ho, Ni.* Gestos raros o cosas extrañas pegadas en el rostro.
    VI. 1. m. pl. *Ho.* Dibujos animados, tiras cómicas o secuencia de varias fotografías.
    VII. 1. m. *Ho.* Dulce de color amarillo y de diversas figuras que se elabora batiendo la miel de caña a punto de cristalizarse hasta lograr un sólido suave, blanco y poroso.

    ■
    a. ‖ ~ **de Corpus.** m. *ES.* Adorno en forma de muñequito que se lleva el día del Corpus.
    b. ‖ ~ **de noche.** m. *Ho, ES, Pa.* **oso melero.** (Procyonidae; *Potos flavus*).
    □
    a. ‖ **con el ~ al hombro.** loc. adv. *Co.* De mal humor. pop.
    b. ‖ ~ **capuchino.** *Co.* **machín**, mono.
    c. ‖ ~ **maicero.** *Co.* **machín**, mono.
    ◪
    a. ‖ **el ~ sabe en qué palo trepa.** fr. prov. *Co.* Indica que alguien sabe con quién se mete.
    ▶ **amanecer con el ~ al hombro; andar como el ~; dar ~; hacer el ~; hacer ~s; hacer ~s y pericos; mirar ~s aparejados; oler a ~; quedar como el ~ de la chaya; ser la misma mica con distinta cola; ser la misma mica en distinta rama; tomar caldo de ~; ver ~s aparejados.**

mico, -a.
    I. 1. m. y f. *Co.* Niño inquieto, necio. pop.
        2. *ES.* Muchacho que hace de ayudante en un trapiche.
    II. 1. adj. *Gu, ES. Referido a persona*, coqueta, presumida.
    III. 1. adj. *Gu. Referido a persona*, chillona.
    IV. 1. sust./adj. *Ho.* Persona tacaña.

micoleón.
    I. 1. *Gu, Ho, ES, Ni.* **oso melero.** (Procyonidae; *Potos flavus*).

micrero.
    I. 1. m. *Bo.* Conductor o dueño de un microbús. pop + cult → espon.

micrero, -a.
    I. 1. m. y f. *Ch, Ar, Ur.* Conductor o dueño de un microbús.
        2. adj. *Ch, Ar, Ur.* Relativo al microbús.

micro.
    I. 1. f. *Mx, CR, Ch, Py*; m. *Mx, ES, Cu, Pe.* Microbús.
        2. m-f. *Ar.* Transporte colectivo de mayor tamaño que el usual.
    II. 1. m. *Ho, ES, CR.* Microondas.
    III. 1. m. *Cu.* **microbrigada.**
    ▶ **saber para dónde va la ~.**

microbasural.
    I. 1. m. *Ch.* Vertedero de pequeñas dimensiones.

microbrigada.
    I. 1. f. *Cu.* Cuadrilla o grupo de operarios que trabaja en una obra de construcción. (**micro**).

microbrigadista.
    I. 1. m. *Cu.* Operario que integra una **microbrigada.**

microbuey. (Del ingl. *microwave*).
    I. 1. m. *Ho.* Horno de microondas para calentar comida.

microbusero, -a.
    I. 1. m. y f. *Mx, Gu, Ho, ES, Ni, Pe, Ch.* Persona que **maneja** un microbús.
        2. adj. *Pe, Ch.* Relativo a los microbuses.

microcentro.
    I. 1. m. *Ch, Py, Ar; Ur,* p.u. Parte de una ciudad donde se concentra el mayor número de actividades administrativas y financieras.

microcomercializador, -ra.
    I. 1. m. y f. *Pe.* Vendedor de droga a pequeña escala. polic.

microfonear.
    I. 1. intr. *ES.* Hablar por el micrófono. pop.

microfutbol.
    I. 1. m. *Co, Ec.* Modalidad del **futbol** que se juega en un recinto más pequeño, *generalmente cubierto, con cinco jugadores por equipo.*

microondas.
    I. 1. *PR.* **disecador**, aparato.

micropore. (De *Micropore*®).
    I. 1. m. *Mx, Co.* Cinta adhesiva de papel, porosa e impermeable, que se emplea en curaciones.

micropunta.
    I. 1. f. *Co; Bo,* pop + cult → espon. Instrumento de escritura que consta de una varilla de un material poroso empapado en tinta y acabado en una punta muy fina.

micropunto.
    I. 1. m. *Ve, Ch.* Dosis de cierto compuesto químico con efecto alucinógeno. drog.

microtraficante.
    I. 1. m-f. *Ch.* Vendedor, a la vez que consumidor, de droga a pequeña escala. cult.

microtráfico.
    I. 1. m. *Ch.* Comercio de drogas a pequeña escala. cult.

micura.
    I. 1. m. *ES.* Gesto gracioso, coquetería.

micuro.
    I. 1. *Co.* **barbudo blanco.**

midium. (Del ingl. *medium*, tamaño mediano).
    I. 1. f. *Ho, CR.* **medium.**

miéchica.
    I. 1. f. *Bo, Ch; Pe,* p.u. ‖ metáf. Cosa despreciable o sin valor. euf; pop.
        2. *Bo; Ch,* p.u. Excremento. euf; pop.
    II. 1. adj/sust. *Ch. Referido a persona*, homosexual. pop ^ desp.
    □
    a. ‖ **de ~.** loc. adj. *Ch. Referido a persona o cosa*, despreciable o sin valor. pop ^ desp.

¡miéchica!
    I. 1. interj. *Pe, Bo, Ch.* Expresa contrariedad o disgusto. euf; pop.

miechicazo.
    I. 1. m. *Ch.* Expresión o acto propios de un hombre homosexual. pop ^ desp.

miedento, -a.
    I. 1. adj. *Ho. Referido a una persona*, miedosa. rur.

miedo.
I. 1. m. *PR.* Persona que ha cumplido el mínimo de su sentencia y se le deja en libertad provisional. carc.
▶ **no comer ~.**

miedolento, -a.
I. 1. adj. *Ec, Bo; Pe, Ar:NO,* p.u. *Referido a persona o animal,* que tiene miedo. pop + cult → espon.

miel.
I. 1. f. *Mx, Gu, Ho, ES, Ni, Pa.* Líquido espeso que resulta de la segunda cocción del caldo de la caña de azúcar.

■
a. ‖ **~ blanca.** f. *Gu, Py.* Miel de abeja.
b. ‖ **~ de algarrobina.** f. *Pe.* Miel que se obtiene del fruto del algarrobo.
c. ‖ **~ de blanco.** f. *Ho.* Miel silvestre. ◆ **miel de palo.**
d. ‖ **~ de chancaca.** f. *Pe.* Miel que se obtiene de la caña de azúcar.
e. ‖ **~ de dedo.** f. *Ho.* Líquido espeso que resulta de la segunda cocción del caldo de la caña de azúcar.
f. ‖ **~ de palo.**
  i. f. *Ho; CR,* p.u; rur. **miel de blanco.**
  ii. *Ni, Pa.* Secreción dulce de la corteza de algunos árboles.
g. ‖ **~ de purga.** f. *ES, Ni, CR, Cu, RD, PR. En la industria azucarera,* miel obtenida de la última cocción del **guarapo** de la caña de azúcar.
h. ‖ **~ de ulmo.** f. *Ch.* Miel procedente del néctar de las flores del **ulmo.**
i. ‖ **~ de zunteco.** f. *Ho.* Miel producida por el **zunteco.**
j. ‖ **~ negra.** f. *Py.* Miel de la caña de azúcar.
k. ‖ **~ silvestre.** f. *PR, Py.* Miel de color oscuro, elaborada por ciertas abejas negras.
▶ **derramar la ~; tener hacha calabaza y ~.**

mielazo.
▶ **estar con sus ~s adentro.**

mielcita.
I. 1. f. *Ar.* Caramelo líquido que se vende en pequeños **sachets.**

mielera.
I. 1. f. *Ho.* Olla grande, de boca abierta, con asas, asiento recto, que se utiliza para hervir el jugo de caña de azúcar.
2. *CR. En un trapiche,* paila en que se mantiene la miel hasta darle el punto adecuado y poder verterla en la **canoa.**

mielero.
I. 1. m. *Gu, ES.* **reinita.** (Thraupidae; *Cyanerpes cyaneus*).
II. 1. m. *Gu.* Cantidad de miel.

mielero, -a.
I. 1. adj. *Gu, Ni, Bo.* Relativo a la miel.
2. m. y f. *Ho.* Persona que se dedica a extraer la miel de panales silvestres.

mielita.
▶ **echar ~.**

mielmesabe.
I. 1. m. *Co:C.* **bienmesabe.**

mieloso. (Epént. de *meloso*).
I. 1. adj. *Ho, ES. Referido a cosa,* pegajosa como la miel.
2. *Ho, ES.* metáf. *Referido a persona,* cariñosa, amorosa.
3. *Ho.* metáf. **alabardero.**

¡miélquina!
I. 1. interj. *RD.* Expresa contrariedad o indignación. euf.

mieluda.
I. 1. f. *ES.* Policía de Hacienda. pop ^ fest.

mieludo, -a.
I. 1. adj. *ES. Referido a cosa,* buena, interesante.
II. 1. adj. *ES. Referido a asunto,* complicado.

mientras.
□
a. ‖ **hasta ~.** *Ec, Bo.* **por mientras.**
b. ‖ **para ~.** *ES, Ni.* **por mientras.** pop.
c. ‖ **por ~.** loc. adv. *Mx, CR, Pe, Bo; Pa, Ch,* cult → espon. Mientras tanto, durante un breve período de tiempo intermedio. pop. ◆ **hasta mientras; para mientras.**

¡miércale!
I. 1. interj. *Ch.* Expresa contrariedad o disgusto.

miércole.
I. 1. m. *Ar.* Mierda. euf; pop + cult → espon.
□
a. ‖ **de ~.** loc. adj. *Ar. Referido a persona o cosa,* de mierda, digna de desprecio. euf; pop + cult → espon ^ desp.

¡miércole!
I. 1. interj. *Pa, RD, Ar.* Expresa asombro o admiración. pop + cult → espon.
2. *RD, Ar.* **¡miércoles!** euf; pop + cult → espon.
3. *Pa.* Mierda. euf; pop + cult → espon.

miércoles.
I. 1. m. *Gu, ES, Ni, CR, Pa, Ve, Ec, Pe, Bo, Ch, Py;* f. *Ur.* Mierda. euf; pop + cult → espon.
□
a. ‖ **de ~.** loc. adj. *Pa, Bo, Py. Referido a persona o cosa,* de mierda, digna de desprecio. euf; pop + cult → espon ^ desp.
▶ **llevar ~; valerle ~.**

¡miércoles!
I. 1. interj. *Mx, Ho, ES, Ni, CR, Pa, Cu, RD, PR, Ec, Pe, Bo, Ch, Py, Ar, Ur.* Expresa enfado o contrariedad. euf; pop + cult → espon. (**¡miércole!**).
2. *CR, Pa, RD, Co, Ve, Ec, Pe, Bo, Py, Ar, Ur.* Expresa asombro o extrañeza. euf; pop + cult → espon.
3. *Gu, Ho, ES, Ni.* Expresa rechazo o negación de algo. euf; pop + cult → espon.
□
a. ‖ **¡a la ~!**
  i. loc. interj. *Ec, Pe, Bo, Py, Ar, Ur.* Expresa rechazo hacia alguien o algo. euf; pop + cult → espon.
  ii. *Py, Ar, Ur.* Expresa entusiasmo o alegría. euf; pop + cult → espon.
b. ‖ **¡la ~!**
  i. loc. interj. *Bo, Py, Ar, Ur.* Expresa asombro o extrañeza. euf; pop + cult → espon.
  ii. *Bo, Py, Ar; Ur,* euf; pop + cult → espon. Expresa enfado o contrariedad.
c. ‖ **¡qué ~!** loc. interj. *Ho, Pa, PR, Bo, Py; Ur,* euf; pop + cult → espon. Expresa contrariedad, sorpresa, enfado o rechazo.

mierda.
I. 1. *Ni.* **hijeputada.** vulg.
□
a. ‖ **como cagarse y no ver la ~.** loc. adj. *Cu. Referido a un hecho o situación,* insólito, inaudito. vulg.
b. ‖ **la ~ grande.** loc. adv. *Ho, Ni.* Muy lejos. vulg.
c. ‖ **hasta la pura ~.** loc. adv. *Gu.* Muy lejos. vulg; pop.
d. ‖ **ni ~.**
  i. loc. adv. *Gu, ES, Ni, CR, Pa, Pe, Bo.* Nada, ninguna cosa. vulg.
  ii. *Ho, Pa.* Nada, no. vulg.
▶ **andar hasta la ~; borrar con ~ del gato; caerle la ~ al piano; comer ~; creerse la gran ~; creerse más ~ que nadie; creerse una ~ en un palito; echar a la ~; hablar ~; hacer ~; huele ~; irse en ~; sacar la ~; sacarse la ~; volar ~ al zarzo; volver ~.**

¡mierda!
□
    a. ‖ **¡por la ~!** loc. interj. *Bo, Ch.* Expresa sorpresa o admiración, *generalmente desagradables.* pop + cult → espon.

mierdécima.
    I. 1. f. *Ho, ES.* Porcentaje pequeño, poco de algo. vulg; fest.

mierdero.
    I. 1. m. *Co.* Pelea, lío, problema. vulg; pop.
    II. 1. m. *Ve.* Número considerable, gran cantidad de cosas. vulg.
    III. 1. m. *Ho, CR, PR.* Lugar lleno de caca o mierda. vulg.
    IV. 1. m. *Ec.* Lugar desordenado, caótico.

mierdero, -a.
    I. 1. sust/adj. *Cu.* Persona que se preocupa por pequeñeces o presta atención a menudencias.
    2. adj. *Cu. Referido a persona,* que hace una mala acción.
    II. 1. adj. *Ni.* Relativo a la caca o mierda. vulg.
    III. 1. adj. *Pa. Referido a persona,* pretenciosa.

mierdísimo, -a.
    I. 1. adj. *PR. Referido a cosa o asunto,* completamente inútil, inservible, insignificante. tabú; pop + cult → espon.

¡miérquina!
    I. 1. interj. *RD.* Expresa contrariedad o indignación. euf.

miesca.
    I. 1. f. *Ar:NO.* Mierda. euf; pop + cult → espon.

miga.
    I. 1. f. *Ch.* Pan de sándwich sin corteza.

mignon. (Voz francesa).
    I. 1. *Ar.* **miñón,** pan.

migra. (Apóc. de *migration*).
    I. 1. f. *EU, Mx, Gu, Ho, ES, Ni, Ec.* Cuerpo de la policía de inmigración de los Estados Unidos de América. pop.

migucho.
    I. 1. m. *Co.* Palma de hasta 20 m de altura, de hojas grandes, pinnadas, flores en grandes racimos de color blanco amarillento y fruta elíptica, de color morado; con la fruta se elabora una harina y del pericarpio se extrae un aceite de varios usos en medicina popular. (Arecaceae; *Jessenia polycarpa*). ♦ **coroba; milpesos; seje; taparo.**

miguel.
    I. 1. pron. *Gu, Ni.* Yo, mí, mío.

miguelario.
    I. 1. *Pa.* **palo santo negro.**

miguelear.
    I. 1. tr. *ES, Ni.* Seducir a *alguien* o pretenderlo.

migueleño, -a.
    I. 1. adj. *ES. Referido a persona,* haragana.
    II. 1. pron. *Ho.* juv. Yo, mí, mío.

miguelero, -a.
    I. 1. adj. *ES. Referido a persona,* que enamora.

miguelito.
    I. 1. m. *Ho, Ni, Ec, Pe, Bo, Ch, Py, Ar, Ur;* m. pl. *Ec, Bo, Py.* Artefacto con clavos grandes y retorcidos para pinchar los neumáticos de los vehículos.
    II. 1. pron/adj. *Mx, Ho.* p.u. Yo, mí, mío.
    III. 1. m. *Mx.* Sobre pequeño de plástico que contiene **chile piquín** y azúcar.

mijanada.
    I. 1. f. *Pe:E.* **mijano.**

mijano.
    I. 1. m. *Pe:E.* Cardumen, banco de peces, *especialmente de ríos caudalosos.* ♦ **mijanada.**

mijao.
    I. 1. *Ve.* **caracolí.**

mijarra.
    I. 1. f. *Ho, ES, Pa, Co:N,SO; Ve, Pe:N,* rur. Palanca que unce al caballo o a cualquier otro animal al trapiche que ha de mover.

mije.
    I. 1. m. *Mx.* Tabaco de mala calidad. rur.

mijijo, -a.
 •
    a. ‖ **~.** fórm. *RD.* Se usa para dirigirse a un amigo o compañero. pop ^ afec.

mijitear.
    I. 1. tr. *Ch.* Tratar a *alguien* con familiaridad no justificada. pop.

mijito, -a.
 •
    a. ‖ **~.**
      i. fórm. *Gu, RD, Co, Ve, Ec, Py.* Se usa para dirigirse a un amigo o compañero. pop ^ afec.
      ii. *Ch; Pa,* pop + cult → espon ^ afec. Se usa para dirigirse afectivamente a un niño o a una persona menor que el interlocutor.
      iii. *Cu.* Se usa para llamar la atención de una persona, *especialmente al amonestarla.*
 ■
    a. ‖ **~ rico.** m. y f. *Ch.* Persona, *especialmente una mujer,* muy atractiva físicamente. pop + cult → espon.

mijo, -a.
 •
    a. ‖ **~.**
      i. fórm. *EU, Mx, Gu, Ho, ES, Ni, Pa, Cu, RD, PR, Co, Ve, Ec, Pe, Bo, Ch, Py, Ur.* Se usa para dirigirse a los hijos. pop ^ afec.
      ii. *EU, Mx, Gu, Ho, ES, Pa, Cu, RD, Co, Ve, Ec, Pe, Ch, Ur.* Se usa para dirigirse a un amigo o compañero. pop ^ afec.
      iii. *EU, Mx, Co, Ch.* Se usa entre los esposos o novios para dirigirse a su pareja. pop ^ afec.

mikis. (Del ingl. *Mickey Mouse,* personaje de dibujos animados).
    I. 1. m. pl. *Ho.* Dibujos animados de televisión o de tiras cómicas. (**miquis**).
    2. *Ho.* Gestos y acciones deliberadas de una persona para llamar la atención. (**miquis**).
    3. *Ho.* Tonterías, cosas insignificantes.
    II. 1. sust/adj. *Cu.* Joven que se preocupa excesivamente por estar a la moda y ostentar sus posibilidades económicas.
    III. 1. m. pl. *Ho.* Adornos o elementos accesorios como aire acondicionado, cromados especiales, etc., que lleva un automóvil. (**miquis**).
 □
    a. ‖ **sin muchos ~.** loc. adv. *Ho.* Rápidamente, sin muchos problemas, sin papeleo.

mil.
 □
    a. ‖ **a ~.**
      i. loc. adv/adj. *PR, Ec; Ch,* pop + cult → espon. Con gran intensidad o en gran proporción. pop.
      ii. loc. adj. *Ur; Pe,* pop. *Referido a persona,* muy ocupada, con mucha actividad. espon.
    b. ‖ **~ con cinco.** loc. sust. *Ho. En el ejército,* castigo que consiste en hacer mil **culucas** con cinco fusiles.
 ▶ **pasarle las ~ y una vainas.**

milagriento, -a.
   I. 1. adj/sust. *Mx, Gu, Ho, Ni. Referido a persona o cosa,* milagrosa, que hace milagros.
   II. 1. adj/sust. *Ar:NO,O. Referido a persona,* extremadamente pobre. rur.

milagrosa.
   I. 1. f. *Ar:N.* Cruz colocada a la vera de un camino o carretera en recuerdo de una persona fallecida allí en accidente.

milanito.
   ■
     a. ‖ ~ **blanco.** *Ar:NO.* **milano chico.**

milano.
   ■
     a. ‖ ~ **chico.** m. *Ar:NO.* Ave de hasta 22 cm de longitud, con dorso de color ceniza azulado y vientre blanco. (Accipitridae; *Gampsonyx swainsonii*). ♦ **milanito blanco.**

milaña.
   I. 1. f. *RD.* Porción muy pequeña de algo.

milcado.
   I. 1. *Ch:S.* **milcao.**

milcahual. (Del nahua *milli,* milpa, y *acahualli,* lo que acarrea el agua).
   I. 1. m. *Mx:N.* Vegetación que cubre un terreno sembrado mientras está en barbecho. rur.

milcao.
   I. 1. m. *Ch:S.* Panecillo hecho de **papa** cocida mezclada con **papa** rallada y manteca, que, cocido al horno, suele acompañar el **curanto.** (**milcado**).

milería.
   I. 1. f. *Ho.* Cantidad grande de cosas, animales o personas.

milhoja.
   I. 1. f. *Pa.* Milhojas, pastel en forma de prisma rectangular, que contiene merengue entre dos capas de hojaldre espolvoreado con azúcar. ♦ **Napoleón.**
   2. *Pa.* Tipo de masa para pastelería y que, ya hecha, la conforman varias capas muy finas de hojaldre a la que se le añade merengue o crema dulce. pop + cult → espon.

milhombres.
   I. 1. m. *Py.* **pareira brava.**

milicada.
   I. 1. f. *Ar, Ur.* Conjunto de **milicos.** pop + cult → espon ^ desp. ♦ **milicaje.**

milicaje.
   I. 1. m. *Ar, Ur.* **milicada.** pop + cult → espon ^ desp.

miliche.
   I. 1. m-f. *ES.* Militar, persona que profesa la milicia.

miliciano, -a.
   I. 1. m. y f. *ES.* Persona civil que entra en la policía sin haber hecho el servicio militar.

milico.
   I. 1. m. *Pa, Co, Ec, Pe, Bo, Ch, Py, Ar, Ur.* Militar de cualquier rango. pop + cult → espon ^ desp.
   2. *Bo, Ar, Ur.* Agente de policía. pop + cult → espon ^ desp.
   3. adj. *Ch, Ur. Referido a persona,* que reúne las características de mando propias de un militar. pop ^ desp.
   II. 1. m. *Ch.* p.u. **loica,** pájaro.

miliquito, -a.
   I. 1. m. y f. *Ur.* Soldado o agente de policía muy joven o de baja graduación. pop + cult → espon ^ desp.

militar.
   ■
     a. ‖ ~ **de fila.** *ES.* **militar de línea.**
     b. ‖ ~ **de línea.** m. *ES.* Mando del ejército que no ha estudiado en la Academia militar. ♦ **militar de fila.**

milito.
   I. 1. m. *Ho. Entre periodistas,* cobro ilegal de mil **lempiras.**

milla.
   I. 1. f. pl. *Pa.* Valor intercambiable por viajes en las compañías aéreas según las distancias y viajes realizados por una persona. pop + cult → esm.
   □
     a. ‖ **a las ~s.** loc. adv. *PR.* A gran velocidad. pop + cult → espon. ♦ **a las millas de chaflán.**
     b. ‖ **a las ~s de chaflán.** *PR.* **a las millas.**
     c. ‖ **a toda ~.** loc. adv. *RD.* A gran velocidad.
   ▶ **ir a las ~s de chaflán.**

millaje.
   I. 1. m. *Pa, RD, PR, Ec, Pe.* Número de millas recorridas por un vehículo.
   2. *Pa, PR.* metáf. Conjunto de experiencias vividas por una persona.
   3. *PR.* Registro, récord.

millalobo.
   I. 1. m. *Ch:SO.* Criatura mitológica mitad hombre mitad lobo de mar, de color dorado.

millero, -a.
   I. 1. adj. *Ch; Ar,* rur; *Ec,* cult. *Referido a una caballería,* apta para carreras de aproximadamente una milla de distancia.

millo.
   I. 1. m. *Pa.* Roseta de maíz tostado y reventado.
   2. *Pa.* Bola de millo. pop + cult → esm.
   ■
     a. ‖ **bola de ~.** f. *Pa, PR.* Golosina en forma de bola preparada con rositas de maíz y melaza de caña. rur.
     b. ‖ ~ **de mar.** m. *Cu.* Hierba perenne de hasta 2 m de altura, de hojas largas, enroladas longitudinalmente, y panojas de espiguillas planas y ovales. (Poaceae; *Uniola paniculata*).

milloco. (Del quech. *millucu*).
   I. 1. *Ec.* **ulluco.** (**millucu**).
   2. m. *Ec.* Tubérculo de esta hierba, cilíndrico o esférico y de color blanco, amarillo, verde claro, rosado, anaranjado, violeta o morado, y con semillas en forma de cápsula triangular con ángulos muy prominentes y superficie corrugada de color púrpura o verde; es comestible. (**millucu**).

millón.
   □
     a. ‖ **a ~.**
     i. loc. adv. *Pa, Cu, Ve.* A toda prisa, rápidamente.
     ii. loc. adj. *Cu. Referido a persona,* encolerizada, furiosa.

millonaje.
   I. 1. m. *Ho.* Cantidad de dinero que asciende a uno o varios millones.

millonaria.
   I. 1. f. *Ni, Bo:E,O; Ch, Py, Ar,* pop + cult → espon ^ fest. Firma de una persona.
   ▶ **estampar la ~.**

milloneta.
   I. 1. m-f. *Ho; Mx,* pop. Persona millonaria.

milluchada. (Del aim. *mulluchaña*).
   I. 1. f. *Bo.* Ceremonia en la que se quema incienso para pedirles a los dioses protección o agradecerles un beneficio. pop + cult → espon.

milluchar. (Del aim. *mulluchaña*).
   I. 1. intr. *Bo:C,O.* Quemar incienso a los dioses para pedirles protección o agradecerles un beneficio. pop + cult → espon.

millucu. (Voz quechua).
   I. 1.   *Ec.* **milloco**, hierba. rur.
     2.   *Ec.* **milloco**, tubérculo. rur.

miloficios.
   I. 1.   m-f. *Pe.* Persona que realiza diversos oficios, sin especializarse en ninguno. pop + cult → espon.

milonga.
   I. 1.   f. *Ni, Ar, Ur.* Baile popular de ritmo vivo y pareja enlazada, emparentado con el tango.
     2.   *Ni, Ar, Ur.* Música y letra de la milonga, baile popular.
     3.   *Ni, Ar, Ur.* Composición musical folclórica de ritmo apagado y tono nostálgico, que se ejecuta con la guitarra.
     4.   *Ar, Ur.* Copla con que se acompaña la milonga, composición musical.
  II. 1.   f. *Ar.* Local público en el que se bailan *especialmente milongas y tangos.* pop + cult → espon.
     2.   *Ar.* Reunión o fiesta con baile, *especialmente milongas y tangos.* pop + cult → espon.
     3.   *Bo:O.* Reunión de amigos *en la que generalmente se bebe en exceso.*
  III. 1.   f. *Ar, Ur.* Situación complicada o comprometida. pop + cult → espon.
  IV. 1.   f. *Ar, Ur.* Desorden o confusión. pop + cult → espon.
   V. 1.   f. *Ar.* Cocaína. drog.
   ■

   a. ‖ ~ **campera.** f. *Ar.* Composición musical de carácter popular que se ejecuta con la guitarra y se acompaña de versos octosilábicos. ♦ **milonga sureña; milonga surera.**
   b. ‖ ~ **sureña.** *Ar.* **milonga campera.**
   c. ‖ ~ **surera.** *Ar.* **milonga campera.**

milongueada.
   I. 1.   f. *Bo, Ar; Ur,* p.u. Reunión o fiesta con baile, en lugar público o privado. pop + cult → espon.

milonguear.
   I. 1.   intr. *Bo:O, Ar, Ur.* Bailar **milongas** o tangos.
     2.   *Ar, Ur.* Interpretar la música y la letra de una **milonga**, baile popular.
     3.   *Ar.* Salir a divertirse en grupo. pop + cult → espon.
  II. 1.   intr. *Ho.* Mentir *alguien.*

milonguero, -a.
   I. 1.   sust/adj. *Bo:O, Ar, Ur; Py,* obsol. Persona aficionada a bailar o que suele concurrir a reuniones en las que se baila. pop + cult → espon.
     2.   adj. *Ur; Ar,* pop + cult → espon. Relativo a la **milonga**, baile popular.

milpa. (Del nahua *milli,* sembradío, y *pan,* en, sobre).
   I. 1.   f. *Mx, Gu, Ho, ES, Ni, CR; Pe,* rur. Terreno plantado de maíz y a veces de otras semillas.
     2.   *Gu, Ho, ES, Ni.* Conjunto de matas de maíz de un cultivo.
     3.   *CR.* Maizal.
   ■

   a. ‖ ~ **de postreras.** f. *Ho, ES, Ni.* Milpa sembrada entre noviembre y enero sin arar el terreno de la milpa anterior.
   □

   a. ‖ **en** ~. loc. adv. *CR. En el futbol,* fuera de juego. pop ^ fest.
   ▶ **cuidar la ~; doblársele la ~; llover en su ~; no dejar que se lleven la ~; no hacer ni ~.**

milpal.
   I. 1.   m. *Gu, Ho, ES, Ni.* Terreno plantado de maíz y a veces de otras semillas.

milpear.
   I. 1.   tr. *Mx, Ho, ES, Ni.* Cuidar de la **milpa**, sembrar en ella.

milperío.
   I. 1.   m. *Mx, Gu, ES, Ni.* Conjunto de **milpas**.

milpero.
   I. 1.   *Ho, ES.* **frijol.**

milpero, -a.
   I. 1.   adj. *Mx, Gu, Ho, ES, Ni.* Relativo a la **milpa**.
     2.   m. y f. *Mx, Gu, Ho, ES, Ni.* Persona que siembra en una **milpa**.
  II. 1.   sust/adj. *Ho.* **Res** que acostumbra a comerse las plantas de maíz de una milpa.

milpesos.
   I. 1.   *Co.* **migucho.**

milpita.
   ▶ **lloverle en su ~.**

miltomate. (Del nahua *milli,* sembradío, y *tomatl,* tomate).
   I. 1.   m. *Mx, Gu, Ho, ES, Ni.* Planta herbácea anual, erecta, extendida o trepadora, de hasta 2 m de altura, de hojas alternas, dentadas y lobadas irregularmente, flores de color amarillo pálido, dispuestas en racimos, y fruto redondo, pequeño, de color verde o anaranjado, con semillas redondas y planas; en la medicina tradicional, la hoja molida se aplica a la zona afectada por el **paño blanco** y el **jiote**. (Solanaceae; *Lycopersicon esculentum*). ♦ **tomate.**
     2.   *Mx, Gu, Ho, ES, Ni.* Fruto del miltomate, tomatillo pequeño, redondo y de color verde o anaranjado que es comestible. ♦ **tomate.**

milusos.
   I. 1.   m-f. *Mx, Gu, ES, Ni.* Persona que realiza diversos oficios, sin especializarse en ninguno. pop + cult → espon.

mima.
   ●
   a. ‖ ~. fórm. *Cu.* Se usa para dirigirse a la madre, a la novia o a la esposa. pop + cult → espon.

mime.
   I. (De or. ind. antillano).
     1.   *RD, PR.* **jején.**
  II. 1.   m. *ES.* Sueño.
   □

   a. ‖ **de** ~. loc. adj. *RD. Referido a una parte del cuerpo, especialmente la cabeza o los ojos,* de tamaño muy pequeño.
   ▶ **caer ~s; caer ~s en la leche; caerle los ~s; hacer ~.**

mimero.
   I. 1.   m. *RD, PR.* Lugar donde abundan los **mimes**.
     2.   *RD, PR.* Enjambre de **mimes**.

mimosa. (De *Mimosa*®).
   I. 1.   f. *Bo:O; Pe,* p.u. Compresa higiénica. pop + cult → espon.

mina.
   I. 1.   f. *Bo, Py, Ar, Ur.* Mujer. pop + cult → espon. (**nami**).
     2.   *Ve, Bo.* Prostituta. delinc.
     3.   *Py.* Persona joven, *especialmente una mujer,* muy atractiva físicamente. pop + cult → espon.
  II. 1.   f. *Ar:NE.* p.u. Lugar en la selva donde abunda la **yerba mate** silvestre.
  III. 1.   f. *Ec.* Dispositivo cilíndrico y alargado de plástico o de metal, donde se almacena la tinta de los **esferográficos** o **marcadores**.
  IV. 1.   f. *ES.* Mueca.
   V. 1.   f. *ES.* Maña.
  VI. 1.   m. *PR.* Pez de agua dulce, de hasta 10 cm de longitud, con aletas radiadas, cabeza corta y cuerpo comprimido de color oliva gris, con bandas negras en los costados y vientre casi blanco. (Cyprinidae; *Pimephales promelas*).

■

a. ‖ ~ **quiebrapatas.** f. *Pa, Co, Ar.* Mina antipersona. pop.

minacuro.
I. 1.   m. *Co:SO.* Insecto volador de hasta 27 mm de longitud, de cuerpo estrecho y aplanado, color pardo, con dos manchas amarillentas a los lados del tórax. (Elateridae; *Pyrophorus luminosus*). ♦ **lanteja; lanterna; lucerna; lucía.**

minado, -a.
I. 1.   adj. *Ho.* juv. *Referido a persona*, que tiene abundancia de algo.

minador, -ra.
I. 1.   m. y f. *Ec.* Persona que hurga entre los depósitos de desechos para procurarse el sustento diario. pop.

minarda.
I. 1.   f. *Ar.* Mujer. pop + cult → espon ^ desp.

minca. (Del quech. *mink'a*).
I. 1.   *Bo:SO; Pe,* rur. **minga,** trabajo agrícola colectivo.

mincha.
I. 1.   f. *Co:C,NE.* Porción mínima o muy pequeña de algo. pop + cult → espon.

mincho.
I. 1.   m. *ES.* Gato, animal doméstico.
II. 1.   m. *Ho:N.* juv. Miedo, temor.

mindala.
I. 1.   m-f. *Co:SO.* Persona que intercambia o vende productos agrícolas en el mercado.

miné.
I. 1.   f. *Co, Bo; Ch,* esm. | juv. Cunnilingus. tabú; pop.

minera.
I. 1.   f. *Ho, ES, Pa, Ec, Bo.* Empresa que se dedica a la extracción de minerales.

mineral.
I. 1.   m. *Ho, Ch.* Lugar de explotación de cualquier yacimiento de mineral, *excepto el salitre.*
2.   *Ho, Bo.* Lugar donde abunda algún mineral valioso.

minero.
I. 1.   m. *Ar:NE.* Peón que trabaja en una **mina** de **yerba mate.** rur.
2.   *Ar:NE.* Explorador que se internaba en la selva de la provincia de Misiones para encontrar **minas** de **yerba mate.**
II. 1.   m. *Bo:O, Ch.* Ave de hasta 15 cm de longitud, de plumaje marrón grisáceo, con tonalidades rojas en las alas y en la cola, con el pico corto y delgado, de color negro. (Furnariidae; *Geositta* spp.). ♦ **tiquitiqui.**

mineroducto.
I. 1.   m. *Ec, Pe, Ch.* Tubería por la que se transporta mineral a largas distancias, *especialmente de cobre.*

minestrón.
I. 1.   m. *Ar, Ur.* Sopa elaborada principalmente a base de pasta o arroz con verduras y legumbres. (**minestrún**).

minestrún.
I. 1.   *Ar, Ur.* **minestrón.**

mineta.
I. 1.   f. *Ur; Bo, Ar,* cult → espon. Cunnilingus. vulg; pop.

minetear.
I. 1.   tr. *Ur; Bo, Ar,* cult → espon. Hacer la **mineta** a una mujer. vulg; pop.

minetero, -a.
I. 1.   m. y f. *Ur; Bo, Ar,* cult → espon. Persona que practica la **mineta.** vulg; pop.

minga.
I. (Del quech. *mink'a*).
1.   f. *Co, Ec, Py, Pe, Ch, Ar,* rur. Reunión de amigos y vecinos que solidariamente realizan un trabajo en beneficio de alguno de ellos. (**mingaco**).
2.   *Ec, Bo:SO; Pe,* rur. Trabajo agrícola colectivo que se realiza gratuitamente y con fines sociales. (**minca**).
3.   *Co.* Institución social de solidaridad, vigente en los pueblos indígenas y campesinos.
4.   *Ar:N, Ur.* Fiesta o convite que el beneficiario de un trabajo común ofrece a quienes le han ayudado. rur.
II. 1.   f. *ES.* Balón de **futbol.**

¡minga!
I. 1.   interj. *Ar, Ur.* Expresa negación o rechazo rotundo de algo. pop + cult → espon.

mingaco. (Del quech. *mink'akuy,* pedir ayuda a otro prometiéndole algo).
I. 1.   m. *Ch, Ar:S; Pe.* p.u. **minga,** reunión de amigos.

mingado.
I. 1.   m. *Pe:E.* **Mazamorra** hecha con **plátano maduro** y otros ingredientes.

mingar.
I. 1.   intr. *Co:SO, Ec, Ar:NO; Ch,* rur. Participar en una **minga,** reunión o trabajo.
2.   tr. *Bo, Ar:NO.* Encargar a alguien un trabajo o tarea, *especialmente manual o pesado.* rur.
3.   *Ar:NO.* Pedir o solicitar *algo* a alguien, *especialmente a manera de préstamo o favor.* rur.

mingo.
I. 1.   m. *Ve. En el juego de las **bolas criollas,** boliche al que deben arrimarse las bolas.
2.   *Ho.* Objeto pequeño que se pone como blanco para tirarle piedras u otro objeto.
II. 1.   m. *Ho.* Piedra o mojón que sirve para marcar un terreno.
III. 1.   m. *Ni.* Amigo y compañero en el juego.
■
a. ‖ ~~.
i.   m. *ES.* Ademán.
ii.   *ES.* Apariencia, disimulo.
□
a. ‖ **del ~ al mango.** loc. adv. *Ho:S.* De un lado para otro.
► **arrimar una al ~; arrimarse al ~; coger de ~; forzar el ~; no arrimarse al ~.**

mingo, -a.
I. 1.   adj/sust. *Cu. Referido a persona,* tonta.

mingón, -na.
I. 1.   adj. *ES, Ni, Ve. Referido a un niño,* que llora mucho. pop.
2.   *ES, Ni, Ve. Referido a un niño,* melindroso y delicado. pop.

mingonear.
I. 1.   intr. *Ve.* Lloriquear un niño. pop.

mingonería.
I. 1.   f. *Ve.* Comportamiento melindroso y ñoño. pop.

mingoña.
I. 1.   f. *Ve.* Menudencia, nimiedad.

minguero, -a.
I. 1.   m. y f. *Ec; Ch, Ar:NO,* rur; *Pe,* p.u; rur. Persona que participa en una **minga,** trabajo agrícola o reunión.
2.   adj. *Ec, Ch.* Relativo a una **minga,** trabajo agrícola o reunión. rur.

minguichi.
I. 1.   m. *Mx:O.* Salsa hecha con **chile** y queso.

minicargador.
    I. 1. m. *Ec, Ch.* Vehículo con un cabezal de una capacidad aproximada de media tonelada, para cargar camiones y otros medios de transporte de manera rápida.

minicomponente.
    I. 1. m. *Ho, ES, Ni, CR, Pa, Co, Ve, Ec, Pe, Bo, Ch, Ur.* Equipo modular de sonido de pequeñas dimensiones.

miniestra.
    I. 1. f. *Pa, Cu.* Granos o semillas comestibles de diferentes plantas leguminosas.

minifalda.
    I. 1. f. *Ch.* obsol. Billete de microbús recortado de manera fraudulenta por el conductor para hacer un recuento menor de pasajeros al final de la jornada.
    II. 1. f. *Gu.* **Trago** elaborado con alcohol de farmacia al que se le añade refresco o azúcar. fest.

minilolo, -a.
    I. 1. sust/adj. *Ch.* Preadolescente. pop + cult → espon.

minimercado.
    I. 1. m. *Gu, RD, Ve, Ec, Ch, Py, Ur.* Establecimiento de pequeñas dimensiones donde se venden productos de alimentación, además de artículos de consumo diario.

minimito.
    I. 1. m. *Ho.* Fruto del **dátil**.

mínimo.
    I. 1. *Gu, Ho:S,C,E.* **guineo**, planta y fruto. ♦ **tallo**.
    II. 1. m. *Cu.* Examen de suficiencia en alguna materia para la obtención de un grado científico. ♦ **examen de mínimo**.
    ■
    a. ‖ ~ **técnico.** m. *Cu.* Conocimiento básico sobre una materia.
    ▶ **coger ~.**

minimoto.
    I. 1. adj. *Ni.* juv. *Referido a persona,* de baja estatura.

ministril.
    I. 1. m-f. *Pe:S.* Persona que trabaja como auxiliar, ayudante o desempeña tareas de menor importancia.

ministro, -a.
    I. 1. m. y f. *Mx, Py.* Miembro de la Suprema Corte de Justicia.
    2. *Pa.* Alta autoridad del Poder Ejecutivo en el Gobierno panameño que, junto con el presidente y vicepresidente, forma parte del Consejo de gabinete.
    ■
    a. ‖ ~ **de fe.** m. y f. *Ch.* Funcionario, *y especialmente un notario o un secretario de un tribunal,* que goza del privilegio de que sus certificaciones y declaraciones sean consideradas como reales y verdaderas a todos los efectos.
    b. ‖ ~ **de fuero.** m. y f. *Ch.* Juez encargado de instruir y tramitar causas civiles o criminales que afectan a personas o instituciones que gozan de fuero, *y especialmente las que afectan a la seguridad del Estado.*
    c. ‖ ~ **en visita.** m. y f. *Ch.* Juez designado para instruir una causa que no le competía por la repercusión pública o gravedad del caso.

minisúper.
    I. 1. m. *Mx, Ho, ES, Ni, CR, Pa.* Establecimiento de menor tamaño que un supermercado donde se venden, *especialmente, artículos de consumo básico.*

miniteca.
    I. 1. f. *Co, Ve.* Grupo de personas cuyo trabajo consiste en amenizar con música grabada una fiesta.

    2. *Co, Ve.* Conjunto de aparatos de sonido, casetes, discos y luces que utilizan los integrantes de la miniteca.
    3. *Co.* Fiesta juvenil en la que se baila y utilizan todos los elementos de la miniteca.

minitenis.
    I. 1. m. *Ec, Ch.* Actividad deportiva destinada sobre todo a niños similar al tenis que se juega en una cancha mucho más reducida.

miniyaya.
    I. 1. f. *Pe.* Tara o defecto pequeño en el acabado de un producto, que determina su venta a bajo precio.

mino.
    I. 1. m. *Ur.* Hombre, *especialmente el que es atractivo.*
    ■
    a. ‖ ~ **rosado.** m. *PR.* Pez de agua dulce, de hasta 14 cm de longitud, con aletas radiadas, cabeza corta y cuerpo comprimido de color plateado, con tonos rojos metálicos en la parte inferior y una mancha oscura situada sobre la terminación de la aleta anal. (Cyprinidae; *Barbus conchonius*).

mino, -a.
    I. 1. sust/adj. *Ar.* Hombre, *especialmente el que es atractivo.*
    2. *Bo:O, Ch.* Persona joven, *especialmente una mujer,* muy atractiva físicamente. pop + cult → espon.
    ♦ **minoco**.
    3. m. y f. *Ch.* juv. Persona, amigo, compadre. pop + cult → espon.

minoco, -a.
    I. 1. *Ch.* **mino.** pop ∧ fest.

minuca.
    I. 1. f. *Bo:O.* Prostituta. delinc.

minué.
    ■
    a. ‖ ~ **federal.** m. *Ar, Ur.* p.u. Danza folclórica de pareja suelta, que consta de un tiempo lento y otro alegre y se ejecuta con pasos de minué, de vals y sencillos. ♦ **minué montonero; montonero.**
    b. ‖ ~ **montonero.** *Ar, Ur.* **minué federal.**

minusa.
    I. 1. f. *Ar.* Mujer. pop + cult → espon ∧ desp.

minuta.
    I. 1. f. *Py, Ar, Ur. En bares y restaurantes,* comida de preparación rápida.
    II. 1. f. *Gu, Ho, ES.* Granizado, refresco hecho con hielo desmenuzado y con alguna esencia o bebida.
    III. 1. f. *Cu.* Pescado abierto y limpio de vísceras y espinazo, listo para cocinar.
    2. *RD.* Pescados pequeños que se preparan rebozados.
    IV. 1. f. *Ni.* Comprobante de un depósito o retiro bancario.
    □
    a. ‖ **a la ~.** loc. adv/adj. *Bo, Py. En referencia al modo de preparar una comida,* con toda rapidez y a pedido del cliente.

minutera.
    I. 1. f. *Ho, ES, Bo, Ur.* Aguja grande de un reloj que marca los minutos.

minutero, -a.
    I. 1. m. y f. *Ho, ES.* Persona que se dedica a la venta de **minuta**, granizado.

minutisa.
    I. 1. f. *Mx.* Planta de hasta 50 cm de altura, de hojas opuestas, simples, lineares, gris verdes, flores medianas, de pétalos rosados, purpúreos o blancos, y con un margen festoneado; tiene uso ornamental. (Caryophyllaceae; *Dianthus plumarius*).

minuto.
    ■
    a. ‖ ~ **reglamentario.** m. *PR. En las peleas de gallos,* tiempo estipulado por reglamentación adminis-

trativa para contarle a un gallo que no pelea con su contrincante.

miñanga.
 I. 1. f. *Ur*; *Ar*. obsol. Porción muy pequeña de algo. pop + cult → espon.
 2. *Ar*. obsol; *Ur*, p.u; desp. Persona o cosa insignificante o de poco valor. pop + cult → espon.

miñango.
 I. 1. m. *Ni*. Trapo viejo, andrajo.
 2. *Ur*. Trozo o pedazo muy pequeño, *especialmente de algo que se ha roto.*

miñinga.
 I. 1. f. *RD*. Cantidad muy pequeña de algo.

miñingar.
 I. 1. tr. *RD*. Evitar gastar dinero o tratar de gastarlo lo menos posible, *especialmente por avaricia o mezquindad*. (**miñinguiar**).

miñinguiar.
 I. 1. *RD*. **miñingar**.

miñoco.
 I. 1. m. pl. *Co:O*. Gesto afectado, *generalmente de los labios*, con el que alguien finge disgusto, hace gracia o llama la atención. pop.

miñón. (Del fr. *mignon*, pequeño).
 I. 1. m. *Ar*, *Ur*. Pan blanco que se vende en piezas pequeñas. (**mignon**).

miñona.
 I. 1. *Mx*. **retama**, árbol.

mío.
 I. 1. *Ar*. **romerillo**, arbusto. (**mío-mío**).
 ■
 a. ‖ ~-~. *Ar*, *Ur*. **mío**.

mío, -a.
 I. 1. m. y f. *Cu*. Persona afín o estimada. pop.

mioca.
 I. 1. f. *ES*. Mitad de algo, *en especial de un cigarro de marihuana*.

mión.
 I. 1. m. *Pa*, *Co*. Insecto hemíptero de hasta 8 mm de longitud, de cuerpo oval, cabeza oscura, brillante, alas superiores más gruesas y de color café e inferiores membranosas, con las patas de color oscuro y el abdomen formado por nueve segmentos visibles. (Cercopidae; *Aeneolamia* spp.). ♦ **salivazo**; **salivita**.

miona.
 I. 1. f. *Co*. **tulipán africano**.
 2. *Ho*, *ES*. **meona**.

mionca. (De *camión*, por inversión silábica).
 I. 1. m. *Ar*, *Ur*; *Ch*, delinc. Camión. pop.

miota.
 I. 1. f. *Ec:O*, *Pe*. Camioneta, vehículo automóvil menor que el camión. pop + cult → espon.

mípalo. (De *mi* y *palo*).
 I. 1. m. *Ve*, *Bo*; *Pe*, p.u. Pene. vulg; pop.

miple.
 I. 1. m. *Co*. Tubo de acero, con rosca en ambos extremos, que se emplea para hacer los empalmes en las instalaciones de agua.
 2. *Co*. Tubito de goma que se enrosca por una de las puntas a un inflador y por otra se adapta a la válvula de algún objeto inflable.

miqueador, -ra.
 I. 1. m. y f. *PR*. Persona que toma las cosas con mucha calma.
 2. *PR*. Persona que pierde mucho el tiempo.

miquear(se).
 I. 1. intr. *Co*. Hacer piruetas y dar saltos, *especialmente los niños*. pop.

 II. 1. intr. *Gu*. Coquetear, tratar de llamar la atención de otra persona.
 2. prnl. *ES*. Acicalarse, embellecerse.
 III. 1. intr. *PR*. No estudiar *alguien*. est.
 IV. 1. intr. *PR*. Perder *alguien* el tiempo.

miquenfer.
 I. 1. f. *Ni*. Vulva. euf; pop.

miqueo.
 I. 1. m. *PR*. Broma, **relajo**. est.
 2. *PR*. Cosa fácil, que requiere poco esfuerzo.
 II. 1. m. *ES*. Enamoramiento a una mujer con bromas y gracias.
 ► **andar con ~s**; **ser un ~**.

miquería.
 I. 1. f. *Gu*, *ES*, *Co*. Gesto afectado que quiere ser gracioso. pop.

miquero.
 I. 1. m. *ES*. Hombre que se dedica a podar árboles. rur.

miquero, -a.
 I. 1. m. y f. *PR*. Persona que no hace nada y aparenta otra cosa.

miquillo, -a.
 I. 1. m. y f. *PR*. Chiquillo. pop + cult → espon ^ desp.
 II. 1. m. y f. *PR*. Persona insignificante. pop + cult → espon ^ desp.

miquilo.
 I. 1. m. *Ar:NO*. **nutria**.

miquingo, -a.
 I. 1. adj. *Co:C,SO*, *Ve:O*. *Referido a persona*, mezquina, tacaña. pop.

miquis. (De *Mickey*®).
 I. 1. pl. *Ho*. **mikis**, dibujos animados.
 2. *Ho*. **mikis**, gestos.
 3. *Ho*. Petulancia, engreimiento.
 II. 1. m. pl. *Ho*. **mikis**, adornos.
 III. 1. m. pl. *Ho*. Resentimiento, resabio.

miquispiquis. (De *miquis* y *piquis*).
 I. 1. adj. *Ho*, *ES*, *Pa*, *Bo*. *Referido a persona*, indecisa, melindrosa o incómoda.

¡míquiti!
 I. 1. interj. *Ve*. Expresa negación enfática, se acompaña de un gesto rápido que consiste en poner el dedo índice en el párpado inferior del ojo y tirar hacia abajo. pop.

mira.
 I. 1. f. *Cu*. **cagón**.
 ■
 a. ‖ **~ cielo**. *ES*, *Ni*. **miracielo**.
 b. ‖ **~ de infume**.
  i. f. *Ho*. Pistola marca *Smith and Wesson*.
  ii. *Ho*. Punto de mira de un arma de fuego.
 □
 a. ‖ **en la ~**.
  i. loc. adv. *Ho*, *ES*, *Cu*, *Ec*; *Ur*, pop + cult → espon. Bajo observación, crítica o sospecha.
  ii. *Cu*, *Ec*, *Bo*; *Pa*, *Ur*, pop + cult → espon. En el punto de interés, como objetivo.

¡mira!
 I. 1. interj. *Pa*, *Co:N*, *Ve*. Expresa negación enfática. pop.

miracaimán.
 I. 1. *Cu*. **cagón**.

miracielito.
 I. 1. m. *Ve*. Ave de hasta 14 cm de longitud, de color rojizo, estriado de negro, en la parte superior, pardusco en la inferior y cola grisácea. (Motacillidae; *Anihus bogotensis*).

miracielo.
 I. 1. m-f. *ES*, *Ni*. Persona bizca. pop + cult → espon ^ fest. (**mira cielo**).

mirada.

■
- **a.** ‖ **fuerte ~.** f. *Ho.* **vista fuerte**.
- **b.** ‖ **~ colocha.** f. *ES.* Mirada alegre y maliciosa.
- **c.** ‖ **~ pastelillo.** f. *PR.* Mirada provocativa.

mirador.

- **I. 1.** m. *RD, PR; Ur,* obsol. | p.u. Habitación en la parte más alta de una casa.
- **2.** *RD, PR.* p.u. Ático, apartamento o casa construida en la azotea de una vivienda mayor.

mirador, -ra.

□
- **a.** ‖ **~ en menos.** loc. adj. *Ch.* Referido a persona, que adopta una actitud de menosprecio o indiferencia hacia los demás. pop + cult → espon.

miraflores.

- **I. 1.** adj. *Ho.* Referido a persona, ciega. sat.

miraguano.

I. 1. *RD.* **miraguano de lana**.

■
- **a.** ‖ **~ de lana.** m. *Cu.* Palma de hasta 8 m de altura, tronco de hasta 12 cm de diámetro y fruto carnoso de color blanco; la lana que se obtiene de sus vainas sirve de relleno para las almohadas. (Arecaceae; *Coccothrinax litoralis*). ♦ **miraguano**.

mirahueco.

- **I. 1.** sust/adj. *Cu.* Persona que mira lascivamente a otras por rendijas y huecos de las habitaciones. desp.

miramelinda.

- **I. 1.** f. *PR, Ec.* **brinco**.

miramelindo.

- **I. 1.** m. *Ec.* Pez de color castaño oscuro, de hasta 2,4 m de longitud; sirve para el consumo. (Gempylidae; *Lepidocybium flavobrunneum*).

mirar.

●
- **a.** ‖ **¡mira nada más!** fórm. *Mx.* Se usa para llamar la atención sobre algo o para enfatizarlo.

□
- **a.** ‖ **~ a huevo.** loc. verb. *Ch.* Menospreciar, infravalorar a *alguien*. pop + cult → espon.
- **b.** ‖ **~ chueco.** loc. verb. *Pa, Bo.* Mirar con desconfianza y antipatía una persona a otra. pop.
- **c.** ‖ **~ como un moco.** loc. verb. *Co.* Tener en menos a *alguien*, desdeñarlo. pop.
- **d.** ‖ **~ con las patas.** loc. verb. *Ho.* Tratar a *alguien* con desprecio.
- **e.** ‖ **~ con ojo(s) de gallina que acaba de poner un huevo.** loc. verb. *Ho.* Mirar fijamente a otra persona. pop + cult → espon ^ fest.
- **f.** ‖ **~ con ojos llenos de puñales y de turuncas.** loc. verb. *Ho.* Mirar a *alguien* con odio. hiperb.
- **g.** ‖ **~ de ganchete.** loc. verb. *Ho.* Ver a *alguien* con desprecio.
- **h.** ‖ **~ de menos.** loc. verb. *Mx, Gu, ES, Ni.* Menospreciar a *alguien*.
- **i.** ‖ **~ el derecho de su nariz.** loc. verb. *Gu.* Preocuparse *alguien* solo por lo que afecta únicamente a él, *especialmente si es para obtener un beneficio*.
- **j.** ‖ **~ en (la) coca.** loc. verb. *Bo.* Vaticinar un adivino la suerte de una persona utilizando un puñado de hojas de coca.
- **k.** ‖ **~ en menos.** loc. verb. *Ar; Ch,* pop + cult → espon. Conceder a alguien menos importancia o valía de la que tiene.
- **l.** ‖ **~ feo.** loc. verb. *Pa.* Dirigir la mirada hacia alguien o algo con desdén o menosprecio.
- **m.** ‖ **~ gatos aparejados.** *Gu.* **mirar micos aparejados**.

- **n.** ‖ **~ hueco.** loc. verb. *Cu.* Observar *alguien* con disimulo o de manera oculta escenas íntimas ajenas. pop + cult → espon.
- **ñ.** ‖ **~ la luz a cuadros.** loc. verb. *Gu.* Estar en la cárcel. pop + cult → espon.
- **o.** ‖ **~ micos aparejados.** loc. verb. *Gu.* Pensar o juzgar *algo* con negatividad y pesimismo cuando no hay motivos claros para ello. ♦ **mirar gatos aparejados**.
- **p.** ‖ **~ monos en el aire.** loc. verb. *Ho, ES.* Tener alucinaciones. pop + cult → espon ^ fest. ♦ **mirar ratones en bicicleta**.
- **q.** ‖ **~ para adentro.** loc. verb. *Ar, Ur.* Dormir. pop + cult → espon ^ fest.
- **r.** ‖ **~ ratones en bicicleta.** *Ho.* **mirar monos en el aire.** pop + cult → espon ^ fest.
- **s.** ‖ **~ rayado.** loc. verb. *Co:NE.* Mirar con aversión o con desconfianza. pop.

▨
- **a.** ‖ **de mírame y no me tentés.** loc. adj. *Gu.* Muy frágil. pop + cult → espon.
- **b.** ‖ **¡mirá qué cacha!** loc. interj. *Ho.* Indica descaro o desvergüenza de alguien.
- **c.** ‖ **¡miren qué caso!** loc. interj. *PR.* Expresa sorpresa. pop + cult → espon.

mirasiete.

- **I. 1.** m-f. *ES.* Persona bizca.

mirasol.

- **I. 1.** m. *Pa, Ve, Ur.* Ave de hasta 80 cm de longitud, de color pardo jaspeado en la parte superior, corona negra, garganta blanca, vientre blanco con estrías pardas, plumas de vuelo negras y patas amarillas. (Ardeidae; *Botaurus pinnatus*).
- **2.** *Bo, Ur.* Ave zancuda de hasta 35 cm de longitud, de color pardo con manchas rojizas y castañas en el dorso, estrías pardas en el vientre, cuello largo y patas cortas, amarillas, corona y cola negras y pico agudo. (Ardeidae; *Ixobrychus* spp.).
- **II. 1.** m. *PR.* Racimo de **plátanos** o **guineos** no desarrollados cuyas puntas miran al sol. rur.

■
- **a.** ‖ **~ menudo.** m. *Pa.* **garza enana**.

mireya.

- **I. 1.** m. *Ni.* juv. Hombre homosexual.

miri.

- **I. 1.** f. *Ho.* juv. Reunión de todos los miembros de la **mara**, pandilla delincuencial. delinc.

mirian.

- **I. 1.** f. *ES.* Mitad de algo. pop + cult → espon ^ fest.

mirilla.

▶ **tener en la ~**.

miriñaque.

- **I. 1.** m. *Mx, Py.* Tela de alambre que forma una malla rala.
- **II. 1.** m, *Ar, Ur.* Armadura de hierro que llevaban las locomotoras en la parte delantera para apartar a un lado los objetos que impiden la marcha.
- **III. 1.** m. *Ve; PR,* p.u. Cuestión, asunto poco claro.
▶ **darle al ~; tupirle al ~**.

mirista.

- **I. 1.** adj/sust. *Bo, Ch.* Referido a persona, partidaria del Movimiento de Izquierda Revolucionaria (MIR).
- **2.** adj. *Bo, Ch.* Relativo al Movimiento de Izquierda Revolucionaria (MIR).

mirití.

- **I. 1.** m. *Co, Pe:N,NE.* Palmera de hojas en abanico y fruto cubierto de escamas lustrosas; de sus hojas se fabrican cordeles, sogas y hamacas y de sus frutos se obtiene una bebida refrescante y laxante. (Arecaceae; *Mauritia minor*).

mirla.

■

a. ‖ **~ blanca.** f. *Co.* Pájaro de hasta 27 cm de longitud y de color gris pálido. (Mimidae; *Mimus gilvus*). ◆ **chuchuba; chulinga.**

b. ‖ **~ negra.** f. *Co.* **chiguaco.**

mirlarse.

I. 1. intr. prnl. *PR.* Debilitarse, enflaquecerse *alguien.*

mirón.

●

a. ‖ **los mirones son de palo.**

i. fórm. *Mx, Ve.* Se usa en los juegos de mesa para pedir a las personas que están observando que no se entrometan.

ii. *Ec, Bo:O. En una conversación o discusión,* se usa para pedir a otra u otras personas que no se entrometan.

b. ‖ **los mirones son de papel.** fórm. *Co:N.* Se usa en los juegos de mesa para pedir a las personas que están observando que no se entrometan.

■

a. ‖ **~~.** m. *CR, Pa.* Juego infantil de ronda en el que los participantes cantan «Mirón, Mirón, Mirón, de dónde viene tanta gente, mirón, mirón, mirón, de San Pedro y San Vicente; que pase el rey, que ha de pasar y el hijo del conde se ha de quedar».

mironear.

I. 1. tr. *Py*; *Bo*, cult → espon. Observar a *alguien* con curiosidad e insistencia. pop.

2. *Py.* Presenciar cómo otras personas hacen algo. pop.

mirranga.

I. 1. f. *Co, Py.* Porción mínima o muy pequeña de algo. pop.

2. *Co, Py.* Persona muy pequeña. pop.

mirringa.

I. 1. f. *Cu*; *Co*, pop. Pequeña cantidad o porción de algo.

2. *Co.* Persona muy pequeña. pop.

3. *Ho, ES.* Migaja.

mirringada.

I. 1. f. *ES.* Grupo de niños.

2. *ES.* Montón de cosas pequeñas.

mirringo, -a.

I. 1. adj. *ES, Ni. Referido a persona o cosa,* pequeña, de baja altura.

2. *ES. Referido a niño,* desnutrido.

II. 1. m. y f. *Pa.* Nombre para llamar cariñosamente al gato de la casa.

mirrungo, -a.

I. 1. adj/sust. *Gu. Referido a persona,* pequeña, de poca edad. pop.

mirruña.

I. 1. f. *Mx, Gu.* Objeto pequeño o insignificante. pop.

2. *Gu*, p.u. Migaja, pizca, parte mínima de una cosa. rur.

mirrusca.

I. 1. f. *CR.* Porción muy pequeña de algo. pop.

2. adj. *CR. Referido a persona o a animal,* muy bajo de estatura.

mirujeada.

I. 1. f. *Gu, ES.* Mirada o exploración breve y superficial de algo. pop + cult → espon.

mirujeadera.

I. 1. f. *Gu.* Serie de miradas constantes. pop + cult → espon.

mirujear.

I. 1. tr. *Gu, ES.* Mirar, *generalmente de forma ligera o superficial.* pop + cult → espon. (**mirujiar**).

mirujiar.

I. 1. *Gu, ES.* **mirujear.** pop.

mirulincillo.

I. 1. m. *Mx.* Pájaro de hasta 19 cm de longitud, de pico negruzco por arriba y encarnado por abajo, con la punta oscura, patas rojizas, cabeza y partes superiores color café, anillo ocular y raya en la parte superior de los ojos, pecho moteado de color café oscuro y flancos parduscos. (Turdidae; *Catharus ustulatus*).

misa.

■

a. ‖ **~ campal.** f. *Ec.* Misa que se celebra en un lugar abierto ante mucha gente.

b. ‖ **~ de aguinaldos.** f. *PR, Ve.* Misa que se celebra antes de Navidad en la que se cantan aguinaldos.

c. ‖ **~ de honras.** f. *Ec.* Misa que se celebra en honor de un fallecido.

d. ‖ **~ de mes.** f. *Ni, Pa, Co, Ec, Pe, Bo.* Oficio religioso que se celebra al mes del fallecimiento de una persona.

e. ‖ **~ de nueve días.** f. *Mx, Ni, Pa.* Oficio religioso que se celebra a los nueve días del fallecimiento de una persona.

f. ‖ **~ de ocho días.** f. *ES, Bo.* Oficio religioso que se celebra a los ocho días del fallecimiento de una persona.

g. ‖ **~ de ponchito.** f. *Ar:NO.* Ceremonia de campesinos que, entre festejos, realizan una procesión en honor de un santo. rur.

h. ‖ **~ de salud.** f. *Pa, RD, Pe, Bo.* Oficio religioso que se celebra para pedir por la salud de un enfermo.

i. ‖ **~ del Niño.** f. *Ec.* Servicio religioso en honor del Niño Dios, que se celebra entre la Navidad y las fiestas de carnaval que preceden a la Cuaresma.

j. ‖ **~ suelta.** f. *PR.* Cantidad de dinero que se desconoce por no haber entrado en las cuentas oficiales.

□

a. ‖ **en ~.** loc. adj. *Ho, Ni. Referido a una persona,* atenta, vigilante.

b. ‖ **~ negra.** loc. sust. *Ho, Ni.* Reunión para confabularse.

c. ‖ **ni a ~.** loc. adv. *Ec.* A ninguna parte.

◨

a. ‖ **en ~ solo el cura toma vino.** fr. prov. *Ho.* Indica que los privilegios solo son para ciertas personas que tienen dinero, poder, autoridad o sabiduría.

▶ **deber una ~ a cada santo; decir hasta ~; decirle hasta ~; oler a ~ cantada; quedarse como en ~.**

misaca. (Metát. de camisa).

I. 1. f. *Co.* juv; *Bo*, delinc. Camisa. pop.

misacanteco.

I. 1. m. *PR.* **negrillo.** (Lauraceae; *Licaria triandra*).

misachico.

I. 1. m. *Bo, Ar:NO.* Ceremonia de campesinos que, entre festejos, realizan una procesión en honor de un santo. rur.

misanegrero, -a.

I. 1. m. y f. *Ho.* Persona que realiza reuniones para confabularse.

misangó.

I. 1. m. *RD.* p.u. Ser fantástico con el que se asusta a los niños y que, según las creencias populares, viene de Haití.

misca.

I. 1. f. *Pe, Bo:C.* Primera cosecha de cualquier siembra. rur.

miscelánea.

I. 1. f. *Mx, Ni, Pa, Co:C,O.* Almacén pequeño que vende artículos variados de papelería y regalo.

misciadura.
    I. 1. f. *Ar.* Pobreza extrema. pop + cult → espon.
miscio, -a.
    I. 1. sust/adj. *Ar.* obsol. Persona extremadamente pobre.
miscua.
    I. 1. m. *Mx:NO.* p.u. Excremento. pop.
miseada.
    I. 1. f. *Ho.* Serie de reuniones constantes y prolongadas para confabularse.
miserablesa.
    I. 1. *Co.* **miserableza.**
miserableza.
    I. 1. f. *Co.* Miseria, cantidad insignificante, *especialmente de dinero.* pop + cult → espon. (**miserablesa**).
    II. 1. f. *Co.* Comportamiento indigno y despreciable. pop + cult → espon. (**miserablesa**).
miseria.
    □
    a. ‖ **a la ~.**
      i. loc. adj. *Bo, Ch, Py, Ar*; loc. adj/adv. *Ur.* Referido a cosa, destrozada o muy deteriorada. pop + cult → espon. ♦ **en la miseria; para la miseria.**
      ii. loc. adv. *Ur.* En malas condiciones físicas o psíquicas. pop + cult → espon.
    b. ‖ **en la ~.** *Ch, Ur.* **a la miseria.** pop.
    c. ‖ **en la última ~.** loc. adv/adj. *Bo, Ar:NO, Ur.* En situación de extrema pobreza. pop + cult → espon.
    d. ‖ **para la ~.** *Ch.* **a la miseria.** pop + cult → espon.
    ▶ **llorar ~; llorar ~s.**
mish, -sha. (De or. onomat., por la forma de llamar al gato).
    I. 1. m. y f. *Gu, ES.* Gato, animal doméstico. ♦ **mishingo.**
    2. *Pa.* **misho.**
    II. 1. adj. *Gu.* Referido a persona, tímida o huraña.
mishiadura.
    I. 1. f. *Ar.* Pobreza extrema. pop + cult → espon.
mishingo, -a.
    I. 1. *ES.* **mish**, gato.
mishio, -a.
    I. 1. sust/adj. *Ar, Ur.* obsol. Persona extremadamente pobre.
misho.
    I. 1. m. *ES, Pa.* Forma de llamar al gato. (**mish**).
mishque. (Voz quechua).
    I. 1. m. *Ec.* Dulce fermentado del **maguey**, que se usa para elaborar la **chicha de jora**.
mishquipanga. (Del quechua *mishque*, dulce, y *pango* o *panca*, hoja).
    I. 1. f. *Pe.* Planta herbácea de hasta 6 m de altura, de hojas simples, alternas, sin estípulas, flores tubulares, amarillas o rojizas, fruto en cápsula, rojo y posteriormente negro al madurar. (Zingiberaceae; *Renealmia alpinia*).
mishule.
    I. 1. m. *ES.* Persona, sujeto, individuo.
misia.
    I. 1. f. *Ch*; *Co, Pe, Ar*, p.u; rur; *Ve, Ur*, obsol. Señora.
misiá.
    I. 1. f. *Co*, p.u; *Ch*, obsol. Señora.
misiadura.
    I. 1. f. *Ar, Ur.* Pobreza extrema. pop + cult → espon.
misifú.
    I. 1. m-f. *RD, PR.* Nombre que suple al de una persona determinada cuando no se quiere mencionar. (**misifús**). ♦ **misúa.**

misifús.
    I. 1. m-f. *Pa.* Gato, animal doméstico. pop + cult → espon ^ fest.
misil.
    I. 1. m. *Ho, ES, Bo.* **Trago** que se hace mezclando licor con agua.
    II. 1. m. *Ho.* Papelito que se tiran en una clase los estudiantes. est.
misilero, -a.
    I. 1. adj/sust. *Ec, Pe, Ch.* Referido a una embarcación, dotada de misiles.
    2. *Ec, Pe.* Referido a un avión, dotado de misiles.
    II. 1. m. y f. *Ec.* En el **futbol**, jugador que mete goles.
misingo, -a.
    I. 1. m. y f. *Ho, Ni, CR.* Gato, animal doméstico.
misiñami.
    I. 1. m. *RD.* p.u. Persona insignificante e inútil.
misio, -a.
    I. 1. adj/sust. *Pe.* Referido a persona, pobre, que no tiene lo necesario para vivir. ♦ **aguja.**
    2. *Pe.* Referido a persona, que no tiene dinero.
misionero.
    I. 1. m. *ES.* Tahúr.
misionero, -a.
    I. 1. adj/sust. *Pe.* Referido a persona, pobre, que no tiene lo necesario para vivir. pop + cult → espon ^ fest.
    II. 1. adj/sust. *ES.* Referido a persona, que vive de los juegos prohibidos.
    III. 1. m. y f. *ES.* Persona sin casa fija.
mismidor.
    I. 1. m. *Ar:NO.* En el trabajo de hilado, palo que se utiliza para torcer la lana en hilos gruesos. rur.
mismir. (Del quechua *mis-mi*, extender).
    I. 1. tr. *Ar:NO.* Hacer hilos de lana gruesos y poco torcidos, *especialmente para tejer mantas o alfombras.* rur.
mismo, -a.
    □
    a. ‖ **ahí ~.** loc. adv. *ES, Ni, Ve, Ec, Pe, Bo, Ar*; *Ur*, p.u. En ese instante.
    b. ‖ **por ahí ~.** loc. adv. *Pa.* Inmediatamente.
miso.
    I. 1. m. *Ec.* **moradilla.**
    2. *Bo:N.* Árbol de hasta 25 m de altura, de hojas simples y enteras, flores asimétricas reunidas en racimos o panículas y frutos leñosos que contienen semillas aladas; su madera tiene un alto valor comercial. (Lecythidaceae; *Couratari guianensis*).
mispacle. (Del nahua *michin*, pescado, y *patli*, medicina).
    I. 1. m. *Mx.* Arbusto de hasta 6 m de altura, ramillas tetrágonas y tormentosas, hojas apuestas, elípticas u oblongas, blanquecinas y tomentosas por el envés, inflorescencias en panículas y flores pequeñas; las hojas machacadas atontan a los peces y tiene diversas aplicaciones en la medicina tradicional. (Scrophulariaceae; *Buddleja americana*). ♦ **tepozán; zayolizcán; zayulpacle.**
misquiqueta.
    I. 1. f. *Bo:C.* Sustancia muy espesa que resulta de hervir el **arrope** durante la elaboración de la **chicha**. rur.
misquirichir.
    I. 1. tr. *Pe:S.* obsol. Probar poco a poco una comida. rur.
misquito.
    I. 1. m. *Ho, Ni.* Grupo étnico de la costa atlántica de Honduras y Nicaragua producto de la mezcla colonial de indias sumas y negros esclavos africanos. ♦ **mosco; zambo.**

2. *Ho, Ni.* Lengua del tronco macrochibcha que habla esta etnia.

misquito, -a.
I. 1. m. y f. *Ho, Ni.* Miembro del grupo étnico **misquito**.
2. adj. *Ho, Ni.* Relativo a este grupo y a su cultura. ♦ **zambo**.

miss. (Voz inglesa).
I. 1. f. *Mx, Gu, ES, PR, Pe, Bo:C,O.* Profesora de un centro de enseñanza de niños o adolescentes. (*missis*).
2. *Gu, Ho, ES, Bo, Ch, Ar:NO.* obsol. Institutriz.
3. *Pa.* obsol. Profesora de inglés.

missis. (Voz inglesa).
I. 1. f. *ES, PR.* **miss**.

mistado, -a.
I. 1. adj. *Ho.* **mixtado**, mezclado. rur.

mistar.
I. 1. intr. *Ho.* **mixtar**.

mistela.
I. 1. f. *Ec.* Caramelo con una fina cobertura de azúcar y relleno de licor. pop + cult → espon.

míster. (Del ingl. *mister*).
I. 1. m. *ES, PR; Gu, Ni, RD, Co, Ec, Bo,* pop. Estadounidense, *y generalmente, extranjero de aspecto rubio o blanco.*
II. 1. m. *Ho, ES, Bo.* Profesor de inglés.
2. *PR.* Profesor de un centro de enseñanza de niños o adolescentes.
III. 1. m. *RD, PR; Pa,* p.u; fest. Señor. pop + cult → espon.

misterio.
▶ **jugar a los ~s.**

misti. (Del aim. y del quech. *misti*, mestizo).
I. 1. m-f. *Pe. Entre los indígenas,* persona mestiza o que no pertenece a su etnia.
II. 1. m. *Bo.* Camélido andino, similar al **huanaco**, pero de menor tamaño; es el resultado del cruce entre una alpaca hembra y una llama macho.

mistiano, -a. (De *Misti*, volcán de Arequipa).
I. 1. adj. *Pe.* Relativo a la ciudad de Arequipa. pop.

místico, -a.
I. 1. adj. *Ho, Ni, RD, Ve; Pa,* obsol; *PR,* pop + cult → espon. *Referido a persona,* melindroso.
II. 1. adj/sust. *Cu.* juv. *Referido a persona,* orgullosa, engreída.

mistihueso. (De *Smith and Wesson*®).
I. 1. m. *RD.* Revólver, arma de fuego.

mistiquería.
I. 1. f. *RD; PR,* p.u. Melindre, gazmoñería, remilgo. ♦ **mistiquez**.

mistiquez.
I. 1. *RD.* **mistiquería**.

misto.
I. 1. m. *Ar, Ur.* Pájaro de hasta 13 cm de longitud, de dorso y plumas de color amarillo oliváceo y parte ventral amarillenta. (Emberizidae; *Sicalis luteola*). ♦ **chirigüe; chirihue**.

misto, -a.
I. 1. adj/sust. *Ur.* p.u. *Referido a persona,* ingenua, cándida. pop + cult → espon.

mistol.
I. 1. m. *Bo, Ar:NO.* Árbol de hasta 10 m de altura, de ramas rígidas y espinosas y flores pequeñas de color verde amarillento. (Rhamnaceae; *Zizyphus mistol*).
2. *Bo, Ar:NO.* Fruto del mistol, ovoide y de color castaño, utilizado en cocina y en medicina popular.
3. *Bo, Ar:NO.* Madera del mistol, rojiza, pesada y fibrosa.

mistongo, -a.
I. 1. adj. *Ar; Ur,* obsol. *Referido a persona o a cosa,* pobre, modesta, de baja calidad. pop + cult → espon.

mistonguería.
I. 1. f. *Ar.* Cosa sin valor o importancia. pop.

mistura.
I. 1. f. *Pe, Bo.* Conjunto de trocitos de papel de varios colores que se arrojan unas personas a otras en fiestas y celebraciones. (**mixtura**).
2. *Pe.* Conjunto de pétalos de diversas clases de flores que se echan al paso de las imágenes durante las procesiones religiosas. (**mixtura**).

misturera.
I. 1. f. *Pe.* obsol. Mujer que solía encabezar las procesiones y que llevaba en la cabeza una bandeja con **misturas**, pétalos.

misuá.
I. 1. *RD.* **misúa**.

misúa.
I. 1. *RD.* **misifú**. (**misuá**).

misules.
I. 1. m-f. *Ho. En una conversación entre personas de confianza,* nombre que se da a una de las presentes sin decir el verdadero.

mita.
I. 1. f. *Pe:E.* Cosecha de coca, cada una de las podas que se le hacen al **cocal**. rur.
II. 1. sust/adj. *PR.* Secta religiosa basada en la vida comunal y en la consecución y disfrute de los bienes terrenales.

□
a. ‖ **~-~.** loc. adv. *Gu, Ho, ES, Ni, Pe, Bo.* Al cincuenta por ciento o a medias. pop.
b. ‖ **~ y ~.** loc. adv. *Mx, Pa.* Al cincuenta por ciento o a medias.

mitá. (Del guar. *mitaí*, niño).
I. 1. m-f. *Py, Ar:NE.* Niño o adolescente. pop. (**mitaí**).

mitaca.
I. 1. f. *Co:C, Pe.* Cosecha intermedia, *especialmente de café.*

mitad.
▶ **costar un güevo y la ~ del otro.**

mitaí. (Voz guaraní).
I. 1. *Py, Ar:NE.* **mitá**. pop.

mitayar.
I. 1. intr. *Pe:E. Entre los nativos de la Amazonia,* ir de caza o de pesca. rur.

mitayero, -a.
I. 1. m. y f. *Pe:E.* **mitayo**. rur.

mitayo.
I. 1. m. *Pe:E. Entre los nativos de la Amazonia,* cacería o pesca. rur. ♦ **mitayero**.

mitayo, -a.
I. 1. m. y f. *Ec.* Indio. desp.

mitazas.
I. 1. m. pl. *Mx.* obsol. Calzón ancho y largo, abierto por los lados, que se pone encima de los pantalones y se puede cerrar con botones.

miti.
□
a. ‖ **~~.**
i. loc. adv. *Co, Ec, Bo, Ch, Py, Ar, Ur.* Al cincuenta por ciento o a medias. pop + cult → espon. (**miti y miti**).
ii. loc. sust. *Co, Bo, Py; Ur,* p.u. Cincuenta por ciento. pop + cult → espon.

b. ‖ ~ **mota.** loc. adv/adj. *Ch.* A medias. pop + cult
→ espon.

c. ‖ ~ **y** ~. loc. adv. *Py, Ar*; *Ur,* p.u. **miti miti.**

mitigüeso. (De *Smith and Wesson*®).

I. 1. m. *Ho, Ni, Ch*; f. *Ch.* | p.u. **mitihueso.** pop.

mitihueso. (De *Smith and Wesson*®).

I. 1. m. *Ch*; f. *Ch.* | p.u. Revólver Smith and Wesson.
rur. (**mistihueso**; **mitigüeso**).

mitimiti.

I. 1. adv. *Co, Ve, Bo, Ch, Py.* Mitad y mitad. pop ^ fest.

2. *Ch.* En la mitad o en el centro. pop ^ fest.

mitimota.

I. 1. adv. *Ch.* Mitad y mitad. pop ^ fest.

mitín.

I. 1. m. *Ni, Ch, Py, Ar; Ec, Ur,* p.u. Reunión pública
de carácter político convocada por un partido o
una organización sindical, en la que uno o varios
oradores pronuncian discursos.

mitón.

I. 1. m. *Co.* Guante tejido con un solo dedo para el pulgar que se le pone a los niños recién nacidos para
que no se arañen la cara.

2. *Ch, Ur; Pa,* p.u. Guante sin separaciones para los
dedos o solo con una para el pulgar.

mitote. (Del nahua *mitotl* y este de *mitotiqui,* danzante).

I. 1. m. *Mx.* Bulla, pendencia, alboroto. pop + cult
→ espon.

mitotear.

I. 1. intr. *Mx.* Armar bulla, alborotar.

mitotero, -a.

I. 1. adj. *Mx. Referido a persona,* alborotadora.

mitra.

I. 1. f. *Mx.* Cactus de tallo globoso, de color verde con
múltiples puntos blancos, con 5 costillas prominentes y agudas, sin espinos, y flores grandes de color amarillo. (Cactaceae; *Astrophytum myriostigma*).

II. 1. f. *Pe.* Cabeza de una persona.

III. 1. f. *PR.* Pene. tabú; pop + cult → espon.

mitrazo.

I. 1. m. *Pe.* Golpe dado con la cabeza. pop.

mitrón, -na.

I. 1. adj/sust. *Pe. Referido a persona,* que tiene la cabeza
grande. pop.

mixear.

I. 1. intr. *ES.* Pedir las sobras en un restaurante.

mixero.

I. 1. adj/sust. *Ch. Referido a un operario,* que realiza
mezclas de hormigón.

2. *Ch. Referido a un camión,* que sirve para mezclar hormigón.

mixiar.

I. 1. intr. *Ho:N.* Expeler orina, mear.

mixiote. (Del nahua *metl,* maguey, y *xiotl,* película que forra la penca).

I. 1. m. *Mx.* Plato elaborado con carne de pollo, carnero o cerdo metida en un saquito hecho con la
membrana que recubre la penca de **maguey** y
hervida al vapor. (**mexiote**).

2. *Mx.* Saquito hecho con la membrana que recubre
la penca de **maguey.** (**mexiote**).

mixta.

I. 1. f. *Gu.* **Tortilla** que se enrolla y lleva dentro una
salchicha, **guacamol** y repollo.

2. *PR.* Plato de arroz blanco, **habichuelas** guisadas y
carne **mechada** o guisada.

mixtado, -a.

I. 1. adj. *Gu. Referido a persona,* mestiza.

2. *Ho. Referido a cosa,* mezclada con otra. (**mistado**).

mixtar.

I. 1. tr. *Gu, Ho, Ni.* Mezclar, juntar. (**mistar**).

mixto.

I. 1. m. *Co:C,N.* Vehículo automotor, mezcla de **chiva**
y camión, con dos partes: en la delantera se transportan pasajeros, y en la trasera, cargas pesadas.

II. 1. m. *Pe.* Cigarrillo de **pasta base** de cocaína, marihuana y tabaco. drog; pop.

mixtura.

I. 1. *Bo.* **mistura**.

miztli. (Voz nahua).

I. 1. m. *Mx.* Puma, felino (Felidae; *Puma concolor*).

moai. (Voz rapanui).

I. 1. m. *Ch.* Busto gigantesco tallado en roca que representa a los jefes de la tribu y ancestros de los
habitantes de la Isla de Pascua.

moca.

I. 1. *RD, PR.* **yaba**.

mocahua.

I. 1. f. *Pe:E.* Vasija de boca ancha para agua que llevan
las mujeres sobre la cabeza. rur.

mocasín.

I. 1. m. *Mx.* Moco. fest.

mocato, -a.

I. 1. adj. *RD. Referido a un alimento,* cubierto de moho.

mocezuelo.

I. 1. m. *Mx,* rur; *Ve,* pop; *PR,* obsol. rur. Enfermedad
del tétanos en recién nacidos contraída al cortar el
cordón umbilical.

mocha.

I. 1. f. *Ve.* Palanca corta de algunos vehículos que sirve
para dar tracción propia a las ruedas delanteras. pop.

II. 1. f. *Ch.* Pelea, riña, trifulca. pop + cult → espon.

III. 1. f. *Pa, RD.* Instrumento agrícola de hoja metálica
ancha y más corta que la del machete. rur.

mochada.

I. 1. f. *Mx.* Cantidad de dinero o dádiva que se da para
sobornar. pop + cult → espon.

mochado, -a.

I. 1. adj. *ES. Referido a un estudiante,* suspendido en
un examen. est.

mochador.

I. 1. adj/sust. *Ur.* p.u. *Referido a un toro,* capaz de engendrar cría sin cuernos. rur.

mochar(se).

I. 1. intr. prnl. *Mx.* Contribuir con algo a una causa.
pop + cult → espon.

2. tr. *Mx.* Sobornar con dinero a *alguien.* pop + cult
→ espon.

II. 1. tr. prnl. *ES, Pa, RD, Ve, Pe.* fest. Cortarse el pelo,
raparse *alguien.*

2. tr. *RD, Ve, Pe.* Cortar o rapar el pelo a *alguien.*

III. 1. tr. *Pa, Ar:N.* Reducir un monto o presupuesto,
especialmente el gasto público.

mochazón.

I. 1. f. *ES.* Reprobación de muchos estudiantes. est.

moché.

□

a. ‖ **a la** ~. loc. adv. *RD.* A medias, a partes iguales.
♦ **moché moché.**

b. ‖ ~~. *RD.* **a la moché.**

mochería.

I. 1. f. *Mx.* Devoción religiosa exagerada. pop + cult
→ espon.

mochero.

I. 1. adj/sust. *Ch. Referido a persona,* que arma peleas y
trifulcas. pop + cult → espon.

2. adj. *Ch.* Propio de una **mocha** o pelea. pop + cult → espon.

mocheta.
 I. 1. f. *Ni.* Brazo fuerte de una persona.

mochetudo, -a.
 I. 1. adj. *Ni, RD. Referido a persona,* de brazos musculosos.

mochila.
 I. 1. adj/sust. *Mx.* **mocho,** exagerado en la devoción religiosa. fest.
 II. 1. f. *Co, Bo, Py.* Bolso de tela fuerte o de fibra vegetal tejido en forma de malla o red y provisto de una tira larga del mismo material para colgarlo del hombro o llevarlo en bandolera.
 2. *Ch.* metáf. Carga o situación que requieren un gasto o una preocupación. pop + cult → espon.
 3. *RD, PR. En las peleas de gallos,* saco o funda en que los **galleros** transportan a los gallos para llevarlos a la pelea.
 III. 1. f. *Ar, Ur.* Depósito de agua de un inodoro, sin empotrar.

mochilear.
 I. 1. intr. *ES, CR, Pa, Co, Ch.* Salir de excursión llevando lo necesario en una mochila. pop.
 2. *Ec.* Viajar por varios lugares llevando únicamente una mochila como equipaje.

mochileo.
 I. 1. m. *Ec, Ch.* Excursión, viaje o marcha hechos portando una mochila.

mochilero.
 I. 1. m. *Pa, Co, Pe.* Ave silvestre de hasta 28 cm de longitud, de plumaje negro con adornos amarillos. (Icteridae; *Cacicus* spp.). (**muchilero**). ◆ **arrendajo; boyero; guaico; gulungo; oropéndola.**
 II. 1. m. *Co.* Autobús que hace muchas paradas en un recorrido. pop.

mochilita.
 I. 1. *Co.* **esponjilla.**

mochilón.
 I. 1. m. *Co.* Canasto de mallas abiertas, tejido con las fibras de una planta.

mochilón, -na.
 I. 1. adj. *Mx. Referido a persona,* que tiende a la exageración en la devoción religiosa. fest.

mochinche.
 I. 1. *Pa.* **aguachinche,** a cuestas.

mochitanga.
 I. 1. f. *Mx.* Conjunto de **mochos,** personas que exageran la devoción religiosa. desp.

mocho.
 I. 1. m. *Ho, RD, PR.* Machete cuya hoja está desgastada o deteriorada.
 2. *Cu.* Machete ancho y curvado hacia el extremo, que se emplea para cortar caña. rur. ◆ **rula.**
 3. *PR.* Instrumento agrícola de hoja metálica ancha y más corta que la del machete.
 4. *Pa.* **machete de taco.**
 II. 1. m. *Gu.* Copete, pelo que se lleva levantado sobre la frente.
 III. 1. m. *Cu.* Tabaco a medio consumir.
 IV. 1. m. *Ni.* Escoba muy gastada.
 V. 1. m. *PR.* Mentira, engaño.
 ▶ **dar con el ~ del hacha; dejar como ~ de escoba; meter los ~s; vaciar el ~.**

mocho, -a.
 I. 1. sust/adj. *CR, Pa, RD, PR, Co, Ve, Pe, Bo.* Persona o animal que carece de algún miembro o parte de él.
 2. adj. *Gu, Ho, ES, Ni, Pa, RD, PR, Ec, Ar:O. Referido a persona,* mutilada. pop + cult → espon.

3. *Ni. Referido a persona,* que le falta uno o varios dientes. ◆ **gacho.**
 II. 1. adj/sust. *Mx. Referido a persona,* que exagera en los actos de devoción religiosa. fest. ◆ **mochila.**
 2. *Ch. Referido a un religioso,* lego. pop.
 III. 1. adj. *Ar:NO. Referido al cabello,* negro, ensortijado y crespo. pop + cult → espon.
 2. *Ar:NO. Referido a persona,* que tiene el cabello corto y ensortijado. pop + cult → espon.
 3. adj/sust. *Pe. Referido a persona,* que tiene el pelo muy corto.
 IV. 1. adj. *Ec. Referido a carnero,* que no está castrado, entero. rur.

mochomo.
 I. 1. m. *Mx:NO.* **arriera.**

mochongada.
 I. 1. f. *Mx:E.* Bufonada, payasada. pop + cult → espon.

mochongo, -a.
 I. 1. m. y f. *Mx:E.* Persona que por su figura ridícula y porte extravagante sirve de diversión a los demás. pop + cult → espon.

mochuelo.
 I. 1. m. *Pa, Co.* Pájaro canoro de pico amarillo, pecho gris claro y alas negras claras. (Fringillidae; *Sporophila intermedia*).

mocionar.
 I. 1. intr. *Ho, ES, Ec, Bo, Py, Ar, Ur.* Presentar una moción.

mocla.
 I. 1. f. *Mx.* juv. Mochila.

mocleca.
 I. 1. m. *PR.* Gallo que ha peleado satisfactoriamente. rur.

moclín.
 I. 1. m. *Ni.* Violador. pop + cult → espon ^ desp.
 2. *Ni.* Acosador sexual. pop + cult → espon ^ desp.
 3. *Ni.* Exhibicionista sexual. pop + cult → espon ^ desp.

moclinear.
 I. 1. tr. *Ni.* Violar a mujeres, *en especial adolescentes.*

moco.
 I. 1. m. *Mx, RD, Ch.* Semen. tabú; pop + cult → espon.
 II. 1. m. *Ar.* Error, equivocación. pop + cult → espon ^ desp.
 III. 1. m. *Gu.* Dinero que se gana de forma ilegal. pop.
 2. m. pl. *ES.* Ganancia en un negocio.
 3. *ES.* Propina.
 IV. 1. m-f. *Ve.* Persona fea, de poco atractivo. pop.
 V. 1. m. *Ho, Ni, Bo.* Parte carnosa y muy rojiza que le cuelga al pavo o **guajolote** desde el pico hasta la mitad de la parte delantera del cuello.

 ■
 a. ‖ **~ de guajolote.**
 i. m. *Mx.* Planta de hasta 1 m de altura, de tallo recto, hojas de bordes lisos, lanceoladas y estrechas, inflorescencia en panícula, flores color rosa o rojo vivo y fruto en aquenio. (Polygonaceae; *Polygonum persicaria*). ◆ **persicaria.**
 ii. *Mx.* **moco de pavo,** planta.
 iii. *Mx.* Pene cuando no está en erección. pop ^ fest.
 b. ‖ **~ de pavo.**
 i. m. *Mx.* Planta de hasta 90 cm de altura, de tallo grueso y ramoso, hojas oblongas, flores terminales en espiga densa, de colores vistosos, y fruto con muchas semillas negras; es ornamental. (Amaranthaceae; *Amaranthus caudatus*). ◆ **abanico; ataco; moco de guajolote; quinua de Castilla; sangoroche.**

ii. *RD, PR.* **siempreviva**. (Amaranthaceae; *Celosia argentea*).

c. ‖ ~-~. m. *Ar:NO.* Planta arbustiva que crece en suelos áridos. (Asteraceae; *Senecio viridis*).

□

a. ‖ **con el ~ bajo.** *PR.* con el moco para abajo.
b. ‖ **con el ~ caído.** loc. adj. *Gu, Ni, Cu, RD, PR.* Referido a persona, desanimada o triste. pop + cult → espon.
c. ‖ **con el ~ para abajo.**
   i. loc. adj. *RD. Referido a persona*, desanimada o triste. pop + cult → espon. ♦ **con el moco bajo.**
   ii. *RD. Referido a persona*, avergonzada, abochornada. pop + cult → espon. ♦ **con el moco bajo.**
d. ‖ **con los ~s caídos.** loc. adj. *Pa. Referido a persona*, desanimada o triste.
e. ‖ **hasta el ~.**
   i. loc. adj. *Mx. Referido a persona*, totalmente borracha. pop + cult → espon.
   ii. *Mx. Referido a lugar*, abarrotado. pop + cult → espon.
f. ‖ **~ de chumpe.** loc. sust. *ES.* Cosa fácil.

▶ **andar como el ~; andar con el ~ caído; bajar el ~; caérsele el ~; doblar el ~; estar con el ~ caído; hacer ~; hacerse ~; mandarse un ~; mirar como un ~; regresar con el ~ caído; salir como ~ de ñato; sonar los ~s; tener el ~ caído; ver como un ~; vivir con el ~ caído.**

mococha.
   I. 1. *Ec.* **tagua**, palma y semilla.

mococinchi.
   I. 1. m. *Bo.* Fruto del **durazno** pelado y secado al sol.

mococoa. (Del nahua *mococoa*, estar enfermo).
   I. 1. *Pa.* **macacoa**, tristeza.

mocola.
   I. 1. f. *Bo:C,SO.* Bebida refrescante que se prepara cociendo el **mococinchi** deshidratado con canela y azúcar.

mocongo, -a.
   I. 1. m. y f. *Cu.* Persona que dirige o ejerce la máxima autoridad en algún asunto. pop.

mocongó.
   I. 1. m. *PR.* Pene. prost.

mocoque.
   I. 1. *Mx.* **chicocuchi**.

mocora.
   I. 1. f. *Ec.* Palma con el tallo de hasta 15 m de altura, armado con bandas de espinas blanquecinas y aplanadas, hojas de hasta 4 m de longitud y flores de color crema y de olor intenso y desagradable. (Arecaceae; *Astrocaryum standleyanum*). ♦ **chunga; pejibaye de montaña.**
   2. *Ec.* Fruto de la mocora, de forma ovoide y algo picuda, y de color naranja al madurar.

mocosera.
   I. 1. f. *ES.* Abundancia de mocos en la nariz.

mocoso, -a.
   I. 1. adj. *ES. Referido a persona joven*, que distribuye droga. drog.

mocoví.
   I. 1. *Ar.* **guaicurú**, indio.
   2. adj. *Ar.* Relativo a los **mocovíes** o a su cultura.

mocuana. (Del nahua).
   I. 1. f. *Ni. En la mitología nicaragüense*, personaje femenino maléfico.

mocuteno.
   I. 1. *Co.* **majagüillo**, arbusto de hasta 5 m.

mocuyo.
   I. 1. *RD.* **anón**, árbol.

modable.
   I. 1. m. *ES.* Modo de comportarse una persona. rur.

modelaje.
   I. 1. m. *ES, Ni, CR, Pa, Cu, RD, PR, Co, Ve, Ec, Bo, Ch, Py, Ur.* Profesión de exhibir modelos de ropa para que los vean los clientes.
   2. *Cu, Py.* Desfile, exhibición con la que se presentan al público los nuevos modelos de ropa.
   3. *Ec.* Profesión de posar para obras artísticas, fotografías o publicidad.

modelar.
   I. 1. intr. *Mx, Gu, Ho, ES, Ni, CR, Pa, Cu, RD, Co, Ve, Ec, Pe, Bo, Ch, Py, Ar, Ur;* tr. *PR.* Exhibir en una pasarela un hombre o una mujer los nuevos diseños de ropa y calzado de uno o varios diseñadores.
   2. *Mx, Gu, Ho, ES, Ni, Ec, Bo.* Servir *alguien* de modelo a un artista.

modelista.
   I. 1. m.-f. *Ho.* **alistador**, persona que corta y cose el calzado.

modelo.
   I. 1. m. *Cu.* Impreso que se debe cumplimentar en la realización de un trámite administrativo.

móder. (Del ingl. *mother*).
   I. 1. f. *EU.* Madre, mujer que tiene hijos.

modess. (De *Modess®*).
   I. 1. m. *Bo, Py.* **toalla sanitaria**.

modistería.
   I. 1. f. *RD, Co, Ec; Pa,* pop + cult → espon. Taller de confección de ropa.

modistón.
   I. 1. m. *Pe.* p.u. Modisto, hombre que tiene por oficio hacer prendas de vestir.

modo.
   •
   a. ‖ **ya ni ~.** fórm. *Mx, Gu, Ec.* Se usa para expresar resignación ante un hecho malo o desafortunado.
   □
   a. ‖ **ni ~.**
     i. loc. adv. *Mx, Gu, Ho, ES, Ni, CR, Cu, RD, PR, Co, Ve, Ec, Bo.* Sin remedio, sin posibilidad de evitar.
     ii. *Gu, Pa, Co.* De ninguna manera.
   b. ‖ **ni ~ que.** loc. conj. *Mx, Gu, ES, Ni, Co, Pe, Bo.* Denota el rechazo o la imposibilidad de que se realice la acción expresada por el verbo.

▶ **perder hasta el ~ de andar.**

modoso, -a.
   I. 1. adj. *Mx. Referido a persona*, que actúa o se comporta con malos modos.

modubank. (De *módulo* y del ingl. *bank*, banco).
   I. 1. m. *Ar.* p.u. Pequeña oficina bancaria que se instala en lugares muy concurridos *y se destina especialmente al cobro de impuestos o a algunos servicios públicos*.

módulo.
   I. 1. m. *Mx, Ni, RD, Ch.* Local de atención al público, *generalmente para dar información de algún tipo*.
   2. *Ch. En oficinas o establecimientos comerciales o de servicios*, recinto de reducidas dimensiones para atender al público.
   II. 1. m. *Cu.* Equipo de ropa o utensilios de uso personal necesarios para un trabajo o actividad.

moena.
   I. 1. m-f. *Pe:E,N.* Árbol de hasta 35 m de altura, tronco recto de madera blanca, hojas lustrosas, flores pequeñas, amarillentas y olorosas, frutos globosos de cápsula de color rojo intenso que, al madurar, se

vuelve casi negra. (Lauraceae; *Nectandra* spp.). (**muena**). ♦ **laurel**; **negrillo**.

mofle. (Del ingl. *muffler*).
- I. 1. m. *EU, Mx, Ho, ES, Ni.* Dispositivo que se acopla al tubo de salida de gases en algunos motores de explosión, y que amortigua el ruido que producen. (**mófler**; *muffler*; **mufla**; **mufle**). ♦ **silenciador**.
- 2. m. *EU, Mx, Ho, ES, Ni, PR.* Tubo de escape de un vehículo. (**mófler**; *muffler*; **mufla**; **mufle**)

mófler. (Del ingl. *muffler*).
- I. 1. *RD.* **mofle**, dispositivo.

mofongo.
- I. 1. m. *RD, PR.* Plato hecho a base de plátanos verdes majados y **chicharrón** o tocino frito, sazonados con sal y ajo.

mofrado, -a.
- I. 1. adj. *Ho. Referido a persona*, afeminada u homosexual.

mofuco.
- I. 1. m. *Cu.* p.u. Bebida alcohólica de alta graduación y mala calidad.

mogo.
- I. 1. m. *ES, Ni.* Papilla para niños, ancianos y enfermos.
- 2. *Pa.* Comida hecha a base de **plátano maduro** y **malanga**. rur.
- II. 1. m. *ES.* Terreno encharcado o cenagoso.
- 2. *ES.* Lodo.

mogo, -a.
- I. 1. adj/sust. *Pa. Referido a persona*, tonta. pop + cult → espon ^ desp.
- 2. adj. *Pa. Referido a persona*, que padece mongolismo. pop.
- 3. *Pa. Referido a persona*, que tiene una deficiencia mental.

mogolla.
- I. 1. f. *Co, Ve:O.* Pan pequeño y redondo, hecho de cereal integral o de salvado.
- II. 1. f. *PR.* Mezcla confusa de ideas, elementos. pop + cult → espon ^ desp.
- III. 1. f. *PR.* metáf. Alimento blando y mal preparado. pop + cult → espon ^ desp.
- ▶ **volverse una ~.**

mogollarse.
- I. 1. *PR.* **amogollarse**.

mogollo.
- I. 1. adj. *Co:N, Ve:O. Referido a una actividad*, fácil de realizar. pop.

mogollón.
- I. 1. m. *RD.* Hombre grande y gordo. pop + cult → espon.
- II. 1. m. *Pa.* Última pieza musical que se toca en un baile típico.

mogomogo.
- I. 1. adj. *Co. Referido al arroz*, que queda caldoso. pop.
- 2. m. *Ho.* Puré que se prepara con **plátano verde**, calabaza o **ayote** y otros frutos.

mogoso, -a.
- I. 1. adj. *Ch. Referido a un hierro o a un objeto de hierro*, que está oxidado, cubierto de moho. pop.

mogote.
- I. 1. m. *Mx:SE, Ho,* rur; *Ni, Ve,* pop. Grupo aislado de árboles en un campo abierto.
- II. 1. m. *ES.* **Tortilla** caliente que, después de cocida, se muele conjuntamente con queso y algo de **chile**. rur.
- III. 1. *PR.* **carso**.

mogotillo.
- I. 1. m. *Ho.* Árbol pequeño de tallos rectos y nudos muy distanciados, hojas lanceoladas y flores blancas o de color blanco rosáceo; sus ramas se utilizan

como cerbatanas para cazar aves. (Actinidiaceae; *Saurauia* spp.).

moguería.
- I. 1. f. *Pa.* Tontería, bobería. pop + cult → espon.

mohán.
- I. 1. m. *Co.* Personaje de la mitología indígena que habita en los ríos acechando a niños, lavanderas y pescadores nocturnos. (**moán**).

mohína.
- I. 1. *Mx.* **muina**, enfado.

mohintli.
- I. 1. *Mx.* **muicle**.

moho.
- I. 1. m. *Mx.* Guiso caldoso hecho con pan y trozos de carne. (**mojo**).

mohosearse.
- I. 1. intr. prnl. *Ni, RD, Co, Ve, Bo.* Cubrirse de moho *algo*.

mohoseñada.
- I. 1. f. *Bo.* Danza tradicional en la que los danzantes llevan sus mejores trajes y las mujeres cargan sobre la espalda grandes roscas de pan.
- 2. *Bo.* Composición musical al compás de la que se baila la **mohoseñada**.

moictle.
- I. 1. *Mx.* **muicle**.

moino.
- I. 1. *Co.* **dientón**, pez de agua dulce.

moishe. (De *Moisés*).
- I. 1. sust/adj. *Ar; Ur,* p.u. Persona de religión judía. pop + cult → espon ^ fest.
- II. 1. adj. *Ar, Ur. Referido a persona*, tacaña o extremadamente ahorrativa. pop + cult → espon ^ desp.

mojabobos.
- I. 1. m. *Mx, Gu, Ho, ES, Co, Ve.* Lluvia fina pero constante. pop.

mojaculo.
- I. 1. *Ho.* **alzacolita**.

mojadera.
- I. 1. f. *Ni, RD, Pe.* Mojadura continuada o persistente. pop. (**mojadero**).
- 2. *Pa, Ec, Bo.* Mojadura de agua o colorante a las personas que participan en el carnaval.

mojadero.
- I. 1. m. *RD.* **mojadera**.

mojado, -a.
- I. 1. sust/adj. *Mx, Ho, ES, Ni, CR, RD.* Persona que emigra ilegalmente a los Estados Unidos. pop.
- 2. adj. *Ho, ES, Ni, CR.* Relativo a los inmigrantes ilegales en los Estados Unidos.
- ▶ **comprar a precio de guate ~; salir ~; salir ~ y sin pescado.**

mojagua.
- I. 1. f. *Gu.* Árbol de hasta 10 m de altura, de ramas amplias y ascendentes, hojas simples, alternas y lanceoladas, flores blancas o amarillentas, y fruto rojizo cuando está maduro. (Annonaceae; *Xylopia frutescens*).

moján, -na.
- I. 1. m. y f. *Ve:O.* Persona que practica la brujería o la hechicería.

mojar(se).
- I. 1. tr. *Ho, Cu, RD, Ch; PR,* obsol. Sobornar a *alguien*. pop + cult → espon.
- 2. *Pe. En el fútbol*, meter un gol. pop.
- 3. intr. prnl. *Cu. En un negocio*, obtener algún beneficio o ganancia, *generalmente de forma ilegal*. pop + cult → espon.

5. *Ni.* Salsa preparada con **chile** y tomate, más especias y condimentos que varían dependiendo de la elaboración.

■

a. ‖ **~ de olla.** m. *Mx.* Plato compuesto de carne, verduras y especias que se sirve con el propio caldo resultante de la cocción de los ingredientes.

b. ‖ **~ de plátano.** m. *Gu.* Plato preparado con plátano y una salsa elaborada con **chile**, chocolate, canela, ajonjolí y **pepitoria**, dulce de pepita. ♦ **mole**.

□

a. ‖ **en su mero ~.** loc. adv. *Mx, Gu.* En un ambiente o situación ideal. pop + cult → espon.

b. ‖ **mero ~.** loc. sust. *Mx, Gu.* Actividad que mejor domina alguien o que le resulta de mayor interés. pop + cult → espon.

▶ **dar en el mero ~**; **sacar el ~**.

molear.
  I. 1. intr. *Ho.* juv. Deambular por un *mall* para hacer compras o entretenerse.

moledera.
  I. 1. f. *Mx.* Molienda, quebrantamiento o aplastamiento de un cuerpo hasta hacerlo polvo. pop.

□

a. ‖ **de ~.** loc. adj. *Ch. Referido a persona, especialmente a un niño,* que se comporta mal o hace muchas travesuras. pop + cult → espon.

moledero.
  I. 1. m. *CR.* obsol. Tabla gruesa colocada de forma perpendicular a una pared, usada para moler maíz y preparar alimentos. rur.
  2. *CR.* Mueble de cocina consistente en una plataforma alargada, de madera o concreto, pegada a la pared y con compartimientos en su parte baja.
  II. 1. m. *ES.* Lugar fuera de la casa donde se realiza el coito. vulg.

moledor, -ra.
  I. 1. adj. *Ni. Referido a persona,* fornicadora. vulg.

molejón.
  I. 1. m. *Cu.* Roca elevada y con un tajo que sobresale en el mar.
  2. *Ni, Pa.* Piedra para amolar, *especialmente el machete.* rur.
  II. 1. m. *Ch.* Cama. delinc.

molendero.
  I. 1. m. *Ho, ES, Ni.* En una cocina, mueble rústico de madera donde se muelen el maíz y el café.
  2. *Gu.* Superficie sobre la que se muelen granos, semillas de algunas plantas.

moleón, -na.
  I. 1. adj. *Ni. Referido a una persona soltera,* que tiene relaciones sexuales frecuentes.

moler.
  I. 1. tr. *Mx, Gu.* Molestar. pop.
  II. 1. intr. *Co.* Trabajar mucho. pop.
  III. 1. tr. *ES, Ni.* Realizar el coito. pop.
  IV. 1. tr. *Ni.* **Aplazar** a *alguien* en un examen. est.

□

a. ‖ **~ a dos pailas.** loc. verb. *Bo:E.* Convivir un hombre con dos mujeres al mismo tiempo. pop + cult → espon.

molera.
  I. 1. f. *Mx.* Cazuela grande para preparar **mole**.

molero, -a.
  I. 1. m. y f. *Mx.* Persona a la que le gusta comer **mole**.
  II. 1. adj. *Mx. Referido a una lengua,* que se habla de forma incorrecta. pop.

¡moles!
  I. 1. interj. *Mx.* Expresa sorpresa ante un suceso negativo. euf.

molesta.
  I. 1. f. *Gu; PR,* obsol, rur. Molestia.

molestadera.
  I. 1. f. *Mx, Gu, Ho, ES, Ni, CR, Pa, RD, Co; Ec,* p.u. Molestia o fastidio que se causa a alguien de manera insistente. pop.

molestar.
  I. 1. tr. *Ho, Pa, Co, Ec, Bo; Pe,* p.u. Cortejar a *alguien.* pop.
  II. 1. tr. *Pa, Co, Ch, Ur.* Tomar el pelo a *alguien.* pop.
  2. *ES, Py.* Dañar *algo* o a *alguien.*

molestón, -na.
  I. 1. adj. *Gu, Ec. Referido a persona,* que molesta o fastidia mucho.
  II. 1. adj. *Gu, Pa. Referido a persona,* aficionada a bromear.

molestoso, -a.
  I. 1. adj. *EU, Gu, Pa, RD, PR, Ve, Ec, Pe, Bo, Ch, Py, Ar. Referido a persona o cosa,* molesta, fastidiosa. pop + cult → espon.

molida.
  I. 1. f. *Ho, ES, CR.* Terreno e instalaciones de un trapiche.
  II. 1. f. *ES, Ni.* Coito. vulg; pop + cult → espon.

molido.
  I. 1. m. *Ch; Pe,* p.u. Conjunto de monedas de poco valor. pop + cult → espon.

molido, -a.
  I. 1. adj. *Ho, CR, Py, Ar. Referido a carne,* picada.

molienda.
  I. 1. f. *Ho, Pa.* Terreno e instalaciones de un trapiche.

molinero.
  I. 1. m. *RD.* Árbol de hasta 8 m de altura, de hojas elípticas, flores blancas y fruto redondeado, pulposo y de color anaranjado. (Malvaceae; *Quararibea turbinata*). ♦ **molinillo**.

molinillo.
  I. 1. m. *Mx, Gu.* Árbol caducifolio de hasta 20 m de altura, de copa alargada, corteza gris negruzca, agrietada, hojas simples, pecioladas, alternas y glabras, más o menos puntiagudas en la base, flores con pétalos blancos, aromáticas, y fruto muy pequeño; su madera es muy apreciada y se emplea en construcciones. (Boraginaceae; *Cordia gerascanthus*). (**mulinillo**). ♦ **hormanguillo**.
  2. *Cu.* Hierba anual de hasta 1 m de altura, de tallo tetrágono de ángulos redondeados, hojas aovadas y dentadas, y flores de color naranja, dispuestas en cabezuelas esféricas. (Labiatae; *Leonotis nepetaefolia*).
  3. *RD.* **molinero**.
  4. *PR.* Planta herbácea anual, silvestre, de hasta 60 cm de longitud, con tallo erguido, hojas alternas, flores pequeñas de color blanquecino y fruto globoso; tiene propiedades medicinales. (Phyllanthaceae; *Phyllanthus niruri*).
  II. 1. *Ho.* **wabulero**, mortero.
  III. 1. m. *Ho.* Gozne, herraje articulado con el que se fijan las hojas de las puertas y ventanas al quicial para que giren.
  IV. 1. m. *PR. En la industria azucarera,* parte de la cala mecánica que muele la muestra de caña que se obtiene del vehículo que la transporta. ♦ **triturador**.

molino.
  I. 1. m. *Ec.* Unidad de medida para el agua de riego, equivalente a 33,33 litros por segundo.
  2. *Ec:S.* Curso de agua que da la fuerza motriz a un molino. rur.
  II. 1. m. *ES.* Dentadura de una persona. carc.

mollaje.
   I. 1.   m. *Ch.* Derecho o impuesto que se cobra a toda embarcación que fondea en un puerto, y se suele aplicar a la conservación de los muelles y limpieza de los puertos.

molle.
   I. 1.   m. *Ec, Pe, Ch, Py, Ar, Ur.* Arbusto espinoso de hasta 7 m de altura, con hojas simples alternas e inflorescencia en racimos. (Anacardiaceae; *Schinus* spp.).
   2.   *Pe, Bo, Ch, Ar, Ur.* **pirul.**
   ■
   a. ‖ ~ **de beber.**
      i.   m. *Py, Ar.* Árbol de hasta 10 m de altura, de corteza delgada de color rosa, hojas alternas y lineares, y una baya como fruto. (Anacardiaceae; *Lithraea molleoides*). ♦ **chichita; lloque.**
      ii.   *Py, Ar:NO.* Árbol de hasta 8 m de altura, de corteza gris, ramas delgadas, hojas alternas, y una drupa pequeña y de color verde blanquecino como fruto. (Anacardiaceae; *Lithraea ternifolia*). ♦ **chichita.**

molleja.
   I. 1.   f. *RD.* Planta herbácea, de follaje espeso, con las hojas redondeadas, de color verde o púrpura intenso con los nervios muy marcados, y flores blancas y de pequeño tamaño. (Amaranthaceae; *Iresine herbstii*).
   II. 1.   f. *Ni.* Base de la lengua del ganado vacuno.
   □
   a. ‖ **¡qué ~!**
      i.   loc. interj. *RD, Ve:O.* Expresa asombro o contrariedad. pop + cult → espon.
      ii.   *Ve:O.* Expresa alegría. pop + cult → espon.

mollejero.
   I. 1.   m. *Ve:O.* Ambiente de confusión o desorden. pop.

mollejón.
   I. 1.   m. *Co:SO.* Bola pequeña de cristal que utilizan los niños para jugar.
   II. 1.   m. *ES.* Reunión donde se critica y se hace burla de otras personas.

mollejonear.
   I. 1.   tr. *ES.* Criticar a *alguien* o burlarse de él.

mollejudo, -a.
   I. 1.   adj. *Ve:O.* Referido a cosa, muy buena, excelente. pop.

mollera.
   ▶ **abrir la ~; caerse la ~.**

mollero.
   I. 1.   m. *Gu, RD, Pe.* Bíceps de brazo o pierna, *especialmente el muy desarrollado por el ejercicio físico.* pop. ♦ **molleto.**
   2.   *ES, Cu, RD, PR.* Músculos del brazo, *especialmente el bíceps.* pop + cult → espon.
   ▶ **sacar ~.**

mollerudo, -a.
   I. 1.   adj. *ES.* Referido a persona, que tiene brazos muy musculosos. pop + cult → espon.

mollete.
   I. 1.   m. *Mx.* Trozo de *baguette* o pan blanco salado, partido longitudinalmente, calentado y untado con **frijoles** refritos y cubierto con queso gratinado en la parte superior.
   2.   *Pa.* Pan dulce espolvoreado con harina.

molleto.
   I. 1.   *RD.* **mollero,** bíceps de brazo o pierna. pop.

molleto, -a.
   I. 1.   adj/sust. *PR.* Referido a persona de raza negra, grande y musculosa. pop + cult → espon.

molloco.
   I. 1.   m. *Ec.* Alimento preparado con **plátano verde** cocinado y molido, mezclado con pasta de **maní, manteca negra** y **chicharrones.**

molo.
   I. 1.   m. *Co:SO, Ec.* Puré de **papa.**
   II. 1.   m. *Ch.* Murallón o terraplén que se hace para defenderse de las aguas. ♦ **molo de abrigo; molo de atraque.**
   ■
   a. ‖ ~ **de abrigo.** *Ch.* **molo,** murallón.
   b. ‖ ~ **de atraque.** *Ch.* **molo,** murallón.

moló.
   I. 1.   m. *Co.* **doncel.**

molocote. (Del nahua.)
   I. 1.   m. *ES.* **papayo,** planta y fruto.

molón.
   I. 1.   m. *Ec.* Trozo de piedra sin labrar.

molón, -na.
   I. 1.   adj/sust. *Mx.* Referido a persona, molesta, insistente, fastidiosa.

molonca.
   I. (Var. de *bolonca,* canica).
   1.   f. *Ho.* Bola grande del juego de canicas. inf.
   2.   *Ho.* mctáf. Cabeza de una persona. pop ^ desp.
   II. (Del nahua *molonqui,* cosa molida).
   1.   f. *Ho:C,S,O.* Bebida alcohólica proveniente de la fermentación del maíz, **piñuela** u otro fruto.
   ■
   a. ‖ ~ **reculona.** f. *Ho.* Borrachera. inf.

molondrón.
   I. 1.   *RD, PR.* **chimbombó.**

molongo.
   I. 1.   *Mx.* **bejuco,** planta sarmentosa.
   2.   m. *Co.* **casanga,** escarabajo.
   3.   *Co.* **gallina ciega,** larva.

molongote.
   I. 1.   m. *ES:E.* Coscorrón.

molonqueada.
   I. 1.   f. *Gu, ES.* Paliza, serie de golpes. pop + cult → espon. (**molonquiada**).

molonqueado, -a.
   I. 1.   adj. *Gu, ES.* Referido a persona, golpeada.
   II. 1.   adj. *Ho:O.* Referido a persona, borracha.

molonquear.
   I. 1.   tr. *Gu, ES.* Golpear a *alguien.* pop + cult → espon.
   2.   *ES.* Mover, agitar *algo.*

molonqueo.
   I. 1.   m. *ES.* **golpiza.**

molonquero, -a.
   I. 1.   m. y f. *Ho:O.* Persona que elabora o vende **molonca,** bebida alcohólica.

molonquiada.
   I. 1.   *Gu.* **molonqueada.** pop.

molotal.
   I. 1.   m. *Ho.* Desorden, escándalo muy grande.

molote. (Del nahua *mólotl,* todo objeto en forma de ovillo).
   I. 1.   m. *Mx, Gu, Ni.* Ovillo de hilo.
   2.   *Mx, Gu.* Lío, fardo, envoltorio.
   3.   *Gu, Ho, ES, Ni, CR, Pa, Cu, RD.* metáf. Conjunto aglomerado de personas o cosas. pop. ♦ **amolotamiento; molotera.**
   4.   *Gu, Ho, ES, Ni, CR, Pa, RD; PR,* pop + cult → espon. | metáf. Riña, alboroto. ♦ **molotera; morlote.**
   5.   *Gu, Ho, ES, CR.* metáf. Lío, enredo.

II. 1. m. *Mx.* **Tortilla** gruesa de maíz, de pequeño tamaño *y por lo general en forma ovalada*, rellena de **frijoles** u otro alimento.

III. 1. m. *Mx.* Moño del pelo.

moloteado, -a.
I. 1. adj. *ES. Referido a cosa*, maltratada, usada.
2. *ES. Referido a persona*, golpeada.

molotear.
I. 1. tr. *ES.* Hacer escándalo, alborotar.
2. *ES.* Sacudir, mover, agitar *algo*.

molotera.
I. 1. f. *Mx, Gu, Ho, ES, Ni, Cu.* **molote**, riña, alboroto.
2. *Gu, Ho, ES, Ni, Cu.* **molote**, aglomeración.
3. *Ho, ES.* Escándalo, bullicio.

moma.
I. 1. f. *Gu.* Persona o cosa que causan impresión por su magnitud o tamaño, o por otra cualidad que posean en máximo grado. pop.

mombín.
I. 1. m. *Mx.* Árbol de hasta 20 m de altura, corpulento, de corteza gruesa y leñosa, algo espinosa, hojas lustrosas puntiagudas y pinnadas, y flores hermafroditas, blanco amarillentas y fragantes, que nacen en racimos. (Anacardiaceae; *Spondias lutea*).

momento.
☐
a. ‖ **el ~ de los quiubos.** loc. sust. *Ch.* Momento decisivo en el que hay que adoptar una postura. pop + cult → espon.

¡momento!
I. 1. interj. *Mx, Ni, RD, Pe, Bo, Ch, Py, Ar, Ur; Ec,* p.u. Expresa llamada de atención o de espera al interlocutor. pop + cult → espon.

momiacho, -a.
I. 1. adj/sust. *Ch. Referido a persona*, de ideología tradicional y conservadora. pop + cult → espon ^ desp.
2. adj. *Ch.* Relativo a la ideología tradicional y conservadora. pop + cult → espon ^ desp.

momio, -a.
I. 1. adj/sust. *Ch. Referido a persona*, de ideas y actitudes conservadoras, y en particular a los que fueron contrarios a Unidad Popular, movimiento socialista que gobernó Chile entre 1970 y 1973. pop + cult → espon ^ desp.
2. adj. *Ch.* Relativo a los momios. pop + cult → espon ^ desp.

momis, -sa.
I. 1. adj. *Ni.* juv. *Referido a persona*, vieja. desp.

momise.
I. 1. m. *RD.* Danza de carnaval en la que se representan escenas bíblicas; es tradicional en San Pedro de Macorís. (**momises**).

momises.
I. 1. m. *RD.* **momise**.

momita.
I. 1. f. *Mx.* Juego de muchachos, en que uno, con los ojos vendados, trata de atrapar a otro y adivinar quién es; si lo logra, pasa el atrapado a ocupar su puesto.

momiza.
I. 1. f. *Mx.* Grupo de personas viejas. fest.

momo.
I. 1. m. *Mx.* **hierba santa**. (Piperaceae; *Piper sanctum*).
II. 1. m. *Pa, RD, Bo, Ur.* Rey tradicional del carnaval.

momo, -a.
I. 1. adj/sust. *PR, Bo, Py.* Rey tradicional del carnaval.

momoquí.
I. 1. m. *Bo:E.* Árbol de hasta 20 m de altura, de hojas compuestas y flores amarillas en racimos, cuyo fruto es una legumbre seca. (Fabaceae; *Caesalpinia pluviosa*).

momoroca.
I. 1. f. *ES.* Trompo grande.
II. 1. f. *ES.* Persona muy inquieta, hiperactiva.
III. 1. f. *ES.* Pene. tabú.
IV. 1. f. *Ho.* Gallina grande, gorda y buena ponedora.

momoroquear(se).
I. 1. tr. *ES.* Inquietar, poner nervioso a *alguien*.
2. intr. prnl. *ES.* Inquietarse *alguien*.
II. 1. intr. *ES.* Girar mal un trompo.

momoto.
I. 1. *Mx.* **pájaro bobo**. Momotidae; *Momotus momota*.
■
a. ‖ **~ coroniazulado.** *Pa.* **pájaro bobo**. Momotidae; *Momotus momota*.

momotombo, -a. (De *Momotombo*, volcán nicaragüense del departamento de León).
I. 1. adj. *ES. Referido a persona o cosa*, gorda, voluminosa.

mompa.
I. 1. m-f. *Co:SO.* Amigo o compañero. pop.

mona.
I. 1. f. *Mx.* juv. Pedazo de estopa o de papel higiénico bañado en algún solvente químico, que, inhalado, se emplea como droga. urb; drog.
2. *Co.* Marihuana. drog.
II. 1. f. *Mx:N.* Arbusto de hasta 5 m de altura, de corteza delgada, de color gris o marrón, hojas compuestas, margen aserrado, inflorescencias en racimos, flores rosas, muy aromáticas, y fruto en cápsula leñosa con semillas globosas. (Sapindaceae; *Ungnadia speciosa*). (**monilla**). ◆ **monillo**.
2. *ES.* Piña, fruto del pino.
III. 1. f. pl. *Ni, Co:C.* Reproducción, en papel o cartón de pequeño tamaño, de un dibujo, pintura o fotografía, destinada a juegos y colecciones infantiles.
2. f. *PR.* Imitación que se hace de la conducta y hábitos de otras personas.
IV. 1. f. *Co:N.* Martillo pesado de cabeza esférica que usan herreros y albañiles.
V. 1. f. *Ho.* Trompo grande de cabeza plana. inf.
2. *Ni.* Trompo pequeño. inf.
VI. 1. f. *ES.* Gallina silvestre.
VII. 1. f. *ES.* Pene. vulg.
■
a. ‖ **~ de traquear.**
i. f. *RD.* Gallo que se usa para incitar a la pelea a otro que, de esta forma, se pretende entrenar.
ii. *RD.* metáf. Persona que es maltratada por otra frecuentemente y sin oponer resistencia.
☐
a. ‖ **como la ~.**
i. loc. adv. *Pe, Bo, Py, Ar; Ch, Ur,* cult → espon. *En relación con el modo de hacer algo*, mal o con descuido y negligencia. pop. ◆ **para la mona**.
ii. loc. adj. *Pe, Bo, Py, Ar, Ur. Referido a persona*, desanimada, triste o deprimida. pop.
iii. loc. adv/adj. *Pe, Bo, Py, Ar, Ur.* En situación económica precaria. pop.
iv. loc. adj. *Pe, Bo, Py, Ar; Ur,* p.u. *Referido a cosa*, que está en mal estado de conservación. pop.
v. *Pe, Bo, Ar, Ur. Referido a persona*, enferma. pop.
b. ‖ **ni por la ~.** loc. adv. *Pa.* De ninguna manera.

c. ‖ **para la ~.** loc. adv/adj. *Ch, Ur.* **como la mona,** mal.

▶ **andar amagando la ~; coger de ~; creerse la ~ de Tarzán; estar como una ~ mal tirada; quedar como la ~; topar la ~.**

monaceada.
  I. 1. f. *ES.* **golpiza.**

monacear.
  I. 1. tr. *ES.* Dar una **golpiza** a *alguien.*

monacillo.
  I. 1. m. *Mx.* **chanita.**

monada.
  I. 1. f. *Cu.* Cuerpo encargado de velar el orden público. pop.
  II. 1. f. *ES.* Grupo de niños.

monazo.
  I. 1. m. *ES.* Golpe violento que se da o se recibe. pop.
  II. 1. m. *ES.* Gran cantidad de cosas o personas. pop.
  ☐
  a. ‖ **al ~.** *Ho.* **ahoritita,** ahora mismo.
  b. ‖ **en dos ~s.** loc. adv. *Gu, Ho, Ni, CR.* Rápidamente, en un momento. pop. ♦ **en un monazo.**
  c. ‖ **en un ~.** *Gu.* **en dos monazos.** pop.

moncaiba.
  I. 1. f. *Ec:N.* Pastel pequeño, de forma redonda y relleno de dulce, elaborado con harina de trigo, yemas de huevo, manteca de cerdo y azúcar, y cocinado al horno.

moncha.
  I. 1. f. *ES; CR,* juv. Alimento, conjunto de cosas que se comen o beben para subsistir. pop + cult → espon.
  ♦ **móncher; monchis.**
  II. 1. f. *CR.* juv. Hambre. pop + cult → espon.

monchar. (Del ingl. *to munch*).
  I. 1. intr. *ES; CR, PR,* juv. Comer o ingerir alimentos. pop + cult → espon.

móncher.
  I. 1. m. *ES.* **moncha,** alimento.

monchis.
  I. 1. m. *ES.* **moncha,** alimento.
  2. m. pl. *PR.* juv. Hambre.
  3. *PR.* juv. Entremeses, aperitivos. pop + cult → espon.
  4. f. *CR.* p.u. Deseo intenso de ingerir alimento que aparece después de haber fumado marihuana. pop + cult → espon.
  ▶ **tener los ~.**

moncholo.
  I. 1. m. *Co, Py, Ar.* Pez de agua dulce de hasta 40 cm de longitud, robusto y de cuerpo cilíndrico, boca grande, con una poderosa dentadura, y de color grisáceo. (Erythrinidae; *Hoplias malabaricus*). ♦ **calabrote; guabina; peje perro; perraloca; soco; tararira; tarucha.**

monco, -a.
  I. 1. adj. *ES. Referido a cosa,* bonita o de buena calidad.

monda.
  I. 1. f. *Mx.* obsol. Azotaina, zurra. pop + cult → espon. (**mondá**).

mondá.
  I. 1. f. *Co:N.* Pene. tabú; pop + cult → espon.
  II. 1. *PR.* **monda.**

mondado, -a.
  I. 1. adj. *RD, Co:N. Referido a persona,* que no tiene dinero. pop.

mondao.
  I. 1. m-f. *PR.* Persona sonriente. pop + cult → espon.

mondingo, -a.
  I. 1. adj. *Mx. Referido a caballo,* que mueve mucho los cuartos traseros cuando anda.

mondiola.
  I. 1. f. *Ar, Ur.* Corte de carne porcina, que se extrae de la región del lomo. pop.
  2. *Ar, Ur.* Embutido que se prepara con este corte. pop.

mondongada.
  I. 1. f. *Pa, RD.* **mondongo,** plato.

mondongo.
  I. 1. m. *Mx, Ni, CR, Pa, Cu, RD, PR, Co, Ve, Pe, Py, Ar, Ur.* Pedazos de estómago de cerdo, vacuno u ovino destinados al consumo humano. ♦ **mondonguera; pancita.**
  2. *Mx, Ni, CR, Pa, RD, PR, Co, Ve, Pe.* Plato que se prepara con pedazos de estómago de cerdo, vacuno u ovino. ♦ **mondonguera; pancita.**
  3. *PR, Ec:N.* Guiso sustancioso que se prepara con patas de vacuno y cerdo cocinadas en una base refrita de **manteca de color,** cebolla blanca, ajo y especias, aderezado con maíz desgranado y cocido, **maní** tostado y molido; opcionalmente, se le añade leche.
  4. *PR.* Plato hecho con patas de **res** y cerdo, a veces cocidas con **viandas** y ciertos condimentos.
  II. 1. m. *Ho, ES, Ni, Co:N, Ve, Ar, Ur.* Panza de una persona, *especialmente cuando es abultada.* pop + cult → espon ^ fest.
  2. *Pe.* Pliegue de gordura que se forma *generalmente en zonas próximas a la región abdominal.* pop + cult → espon ^ fest.

  ■

  a. ‖ **~ a la culona.** m. *Pa.* Plato típico de **mondongo** con un toque picante.
  b. ‖ **sopa de ~.** f. *Ho, ES, Ni, CR.* Estómago de **res** cocido en agua con patata, repollo, **chile** dulce, cebolla, **culantro,** ajo, tomate y **yuca** con hojas de laurel, sal y otras especias.
  ▶ **a freír ~; hablar como si hubiera comido ~; hacer ~; parecer que comió ~; tirar a ~.**

mondongona.
  I. 1. f. *Pa.* Herida ocasionada en el centro del pescuezo de un gallo de pelea.

mondongudo, -a.
  I. 1. sust/adj. *Mx, Ho, Ni, CR; Ar, Ur,* p.u. Persona de vientre abultado. pop + cult → espon ^ fest.

mondonguear(se).
  I. 1. tr. *ES.* Comer mucha **sopa de mondongo.**
  2. intr. prnl. *Ni.* Alimentarse *alguien* con mucha **sopa de mondongo.**

mondonguera.
  I. 1. f. *Ve.* Olla en la que se guisa el **mondongo.**
  2. *Cu.* **mondongo,** conjunto de pedazos de estómago.

mondonguería.
  I. 1. f. *Bo:O.* meton. Establecimiento de venta de comida tradicional.
  2. *Ni.* Casa o negocio donde se hace y se vende **mondongo.**

mondonguero.
  I. 1. m. *Ve.* Barriga, *especialmente si es voluminosa y fofa.*
  II. 1. m. *Pa.* Aficionado a preparar y comer **mondongo.** pop.

mondonguero, -a.
  I. 1. m. y f. *Ho, Ec.* Persona que vende **mondongo,** guiso sustancioso.
  II. 1. adj/sust. *RD;* adj. *PR,* p.u.; pop + cult → espon ^ desp. *Referido a persona,* desvergonzada y sin educación.
  III. 1. m. y f. *Ho.* Persona panzona.

mondonguito.

    I. 1. m. *Pe.* Guiso hecho con el estómago de la vaca o carnero cortado en trocitos, **papas**, **ají** y especias.

móndrigo, -a.

    I. 1. adj/sust. *Mx. Referido a persona,* infame, muy mala y vil. pop + cult → espon.

mone.

    I. 1. m. *Mx::SE.* **Tamal** de pescado envuelto en hojas de **momo**.

moneada.

    I. 1. f. *Ho, ES. En futbol,* dominio completo sobre el contrario.

    2. *Ho, ES.* Derrota abultada.

monear(se).

    I. 1. tr. *Mx.* Atar en gavillas el maíz o la caña de azúcar cuando están todavía sembrados para preservarlos de la lluvia o las heladas. rur.

    II. 1. intr. *Mx.* juv. Inhalar un solvente químico con la intención de drogarse. urb; drog.

    III. 1. intr. prnl. *PR, Pe, Bo.* Imitar los gestos y la forma de vestir de alguien. pop + cult → espon.

    2. tr. *Pe.* Imitar, copiar *algo* o a *alguien*. pop.

    IV. 1. tr. *Ho, ES. En futbol,* dominar o derrotar al contrario.

    2. *Ho, ES.* Golpear o castigar a *alguien*.

    3. *Ni.* Molestar, fastidiar a *alguien*.

    V. 1. tr. *Ec.* Manipular un artefacto u objeto sin ton ni son. pop.

    2. intr. *Ec.* Juguetear con un objeto. pop.

    VI. 1. intr. *Ve.* Trepar a los árboles. pop.

    VII. 1. intr. prnl. *Ho, ES.* Trabajar *alguien* intensamente.

    VIII. 1. intr. prnl. *ES.* Emborracharse.

moneda.

    ■

    a. ‖ **la ~ no suena sola.** fr. prov. *Ho.* Indica que hay un motivo para que se produzcan las habladurías.

monedera.

    I. 1. f. *Co, Py.* Bolsa pequeña para llevar el dinero, en particular las monedas.

monedero.

    I. 1. adj/sust. *Ni, Pa, Ec, Bo, Ch, Ur. Referido a un teléfono público,* que funciona cuando se le introducen monedas.

    2. m. *Ho, Pa.* Depósito metálico en donde se guardan las monedas de los teléfonos públicos.

monero, -a.

    I. 1. m. y f. *Mx.* Caricaturista.

money.

    ■

    a. ‖ **~ order.** (Voz inglesa). m. *EU, Pa, RD, PR.* Giro postal.

monga.

    I. 1. f. *PR.* Gripe, catarro muy fuerte.

mongo.

    I. 1. m. *Pa.* Golpe dado con el puño.

    2. *Pa:N.* Puño, mano cerrada. rur.

    3. *Pa.* **golpiza.** pop.

    II. 1. *Pa.* **matasanillo.**

    ▶ **dar ~.**

mongo, -a.

    I. 1. adj/sust. *Pe, Ch, Py,* pop; *Ur,* p.u; espon. *Referido a persona,* torpe, de poca inteligencia. desp.

    2. *Ch, Ur. Referido a persona,* que padece algún retraso mental, *en especial síndrome de Down.* pop + cult → espon.

    II. 1. adj. *PR. Referido a persona,* débil, sin fuerzas, con flojera. pop + cult → espon.

    2. *PR. Referido a persona,* blandengue, fofa. pop + cult → espon.

    3. *PR. Referido a cosa,* blanda. pop + cult → espon.

    III. 1. *PR. Referido a un chiste,* que no causa gracia. pop + cult → espon.

mongollano.

    I. 1. *ES.* **mangollano**, árbol mediano.

mongón.

    I. 1. *Ec.* **mono aullador**.

monguera.

    I. 1. f. *PR.* Flojera de las piernas que dificulta el andar. pop + cult → espon. ♦ **desmonguillamiento**.

    2. *PR.* metáf. Pereza. pop + cult → espon. ♦ **desmonguillamiento**.

    II. 1. f. *Pa.* Tanda de puñetazos. pop.

monguto, -a.

    I. 1. *Pa.* **motón**.

monicaco.

    I. 1. m-f. *Ec.* p.u. Persona pedante y ridícula en sus actitudes y en su afán de sobresalir.

    II. 1. m. *Pa.* Muñeco o figura humana hecha sin arte.

monicongo.

    I. 1. m. *Pa, Co:N.* Mamarracho, figura humana hecha sin arte o de manera esquemática.

    II. 1. m. *Co:O.* Muñeco pequeño, tallado en madera, que se lleva como amuleto para protegerse de la mala suerte.

    III. 1. m. *Pa.* Persona de aspecto muy feo. pop + cult → espon.

monifato.

    I. 1. m. *RD, Ve.* p.u. Monigote, muñeco o figura ridícula.

monifato, -a.

    I. 1. adj/sust. *Ve. Referido a persona,* que hace tonterías. pop.

    II. 1. adj/sust. *Ve:E. Referido a persona,* enamoradiza. pop.

monigote.

    I. 1. m. *Cu.* Trozo o cilindro de madera en que se enrolla el hilo del **papalote**.

monilla.

    I. 1. *Mx.* **mona**, arbusto.

monillo.

    I. 1. m. *Mx.* **mona**, arbusto.

    II. 1. m. *Pe.* obsol. Prenda femenina que cubre el torso. rur.

    2. *Pe.* obsol. Sostén, sujetador femenino.

monina.

    I. 1. m-f. *Cu.* Persona con la que se tiene un lazo de amistad.

    ●

    a. ‖ **~.** fórm. *Cu.* Se usa para dirigirse a una persona en tono de confianza. pop.

moninillo.

    I. 1. m. *Co:C,NE.* Palillo cilíndrico con una rueda gruesa y dentada en su extremo inferior que se usa para batir el chocolate. rur; pop.

monita.

    I. 1. f. *PR.* Cangrejo de pequeño tamaño, con casco violeta oscuro y pinzas cortas de color bermellón; no es comestible. (Gecarcinidae; *Gecarcinus ruricola*).

monito.

    I. 1. m. pl. *Co, Bo.* Serie o secuencia de viñetas con desarrollo narrativo.

    2. *Co.* Película, *generalmente para niños,* hecha con dibujos animados.

    II. 1. m. *PR, Ur.* Juego en que dos jugadores se arrojan mutuamente la pelota, evitando que un tercero, que está en el medio, pueda atraparla.

    2. *PR, Ur.* Jugador que se coloca en el medio en este juego.

■

a. ‖ **~ de monte.** m. *Ch.* Marsupial de hasta 13 cm de longitud sin contar la cola, de pelaje denso y suave de color pardo-grisáceo, blanquecino en el vientre, con franjas oscuras en los laterales, orejas pequeñas, y la cola, que alcanza unos 13 cm, es parcialmente prensil. (Microbiotheriidae; *Dromiciops gliroides*).

b. ‖ **~ mayor.** *Bo, Ch.* **mono mayor.**

□

a. ‖ **a ~.** loc. adv/adj. *Ar:NE.* A horcajadas sobre los hombros.

monitor, -ra.

I. 1. m. y f. *Ni; Cu, Ur,* obsol. *En la escuela primaria y secundaria,* alumno que, por sus buenos resultados académicos, ayuda al profesor en las tareas docentes y administrativas.

2. *Ni, RD. En la universidad,* ayudante de categoría subalterna de un profesor.

monitorear. (Del ingl. *to monitor*).

I. 1. tr. *Mx, Gu, Ho, ES, Ni, CR, Pa, Cu, RD, PR, Co, Ve, Ec, Pe, Bo, Ch, Py, Ar, Ur.* Supervisar o controlar *algo.*

2. *Mx, Ni, CR, Pa, Cu, RD, PR, Co, Pe, Bo, Ch, Py, Ur.* Monitorizar.

3. *EU, Mx, Ho, ES, Ni, Cu, Bo, Ur.* Supervisar las emisoras, canales de televisión o la red de Internet.

II. 1. tr. *EU, Mx, Ho, ES, Ni, Cu, Bo.* Oír un periodista constantemente las noticias de las emisoras de radio, con el fin de seguir algún tipo de control. pop.

monitoreo.

I. 1. m. *Mx, Gu, Ho, ES, Ni, CR, Pa, Cu, RD, PR, Co, Ve, Ec, Pe, Bo, Ch, Py, Ar, Ur.* Supervisión o control de algo.

2. *Mx, CR, Pa, Cu, RD, PR, Ec, Pe, Bo, Ch, Py, Ur.* Control o seguimiento realizado con un monitor o aparato electrónico visual o acústico.

monja.

I. 1. f. *ES.* Bollo de pan dulce hecho con yema de huevo y azúcar.

■

a. ‖ **~ blanca.** f. *Gu.* Planta herbácea epífita de hojas largas, con el tallo provisto de unos engrosamientos que almacenan sustancias, las flores, *generalmente individuales,* son triangulares y color blanco puro. (Orchidaceae; *Lycaste skinneri alba*).

b. ‖ **~ negra.** f. *ES.* Golondrina.

monjita.

I. 1. f. *Co.* Ave de hasta 19 cm de altura, con el cuerpo de color negro y la cabeza, nuca y pecho de color amarillo muy fuerte. (Icteridae; *Aglesius icterocephalus*).

2. *Ar.* **viudita.** (Tyrannidae; *Xolmis* spp.).

3. *Ho, ES, Ni.* Ave de hasta 13 cm de longitud, con una capucha azul celeste, frente rufa bordeada de una línea negra, coronilla y parte posterior del cuello azul pálido, resto de la cabeza, cuello, parte de arriba y garganta negro azulado y las partes de abajo naranja leonado. (Traupidae; *Euphonia elegantissima, E. hirundinacea*).

■

a. ‖ **~ blanca.** *Ar.* **viudita blanca.**

mono.

I. 1. m. *Mx, Bo; Ch,* pop. Naipe de la baraja española o inglesa en el que aparece representada una figura humana.

II. 1. m. *Ve, Bo.* Comodín, carta de la baraja que puede asumir el valor de cualquier otra.

2. m. pl. *Co:C, Bo.* Tiras cómicas, serie o secuencia de viñetas con desarrollo narrativo.

3. *Ch.* Película o serie, *generalmente para niños,* hecha con dibujos animados.

III. 1. m. *Mx, Ch.* Vulva. tabú; pop.

IV. 1. m. *Ve.* Deuda grande de difícil cancelación.

V. 1. m. *PR, Ch.* Imitación que se hace de la conducta y hábitos de otras personas.

VI. 1. m. *Ch.* Cigarrillo de tabaco al que se le añade cocaína u otra droga en polvo. drog.

VII. 1. m. *Ch:N.* Bonito, pez más pequeño que al atún, de cuerpo robusto, con franjas negras oblicuas en el dorso y aleta dorsal con espinas; es comestible. (Scombridae; *Sarda chilensis*).

VIII. 1. m. pl. *Ch.* obsol. Prendas y objetos de uso personal. pop.

IX. 1. m. *Bo.* Soldado que empieza su servicio militar. pop + cult → espon.

X. 1. m. *Pa.* **Macacón,** vestido de faena de una sola pieza utilizado en diversos oficios. pop + cult → espon.

■

a. ‖ **~ con ametralladora.** *Ur.* **mono con navaja.** fest.

b. ‖ **~ con cabeza.** m. *Ch.* Persona o cosa indemne. pop + cult → espon.

c. ‖ **~ con gillette.** *Bo, Ch.* **mono con navaja.** pop ^ fest.

d. ‖ **~ con navaja.** m. *Bo, Ch, Ar; Ur,* pop. Persona muy peligrosa, *especialmente por ser muy inconsciente.* fest. ♦ **mono con ametralladora; mono con gillette; mono con revólver.**

e. ‖ **~ con revólver.** *Ur.* **mono con navaja.** fest.

f. ‖ **~ deportivo.** m. *Cu, Ve.* Ropa deportiva que consta de un pantalón largo y una chaqueta.

g. ‖ **~ gordo.** m. *Pa.* Persona corrupta, *especialmente en las esferas del Gobierno.* pop + cult → espon.

h. ‖ **~ mayor.** m. *Bo:E, Ch.* Juego infantil en que uno de los participantes ejecuta movimientos y gestos que deben ser imitados por los demás. (**monito mayor**).

i. ‖ **~ porfiado.** m. *Ch.* Persona tenaz que intenta afrontar y superar todos los avatares de la vida, aunque sean fracasos. pop + cult → espon.

j. ‖ **~s animados.** m. pl. *Ch.* Dibujos animados.

□

a. ‖ **con los ~s.** loc. adj. *Ch.* Referido a persona, que está de mal humor, enojada. pop + cult → espon.

☑

a. ‖ **el ~ más feo se come el mejor zapote.** fr. prov. *Ho.* Indica que alguien es feo, pero inteligente. pop.

▶ **chiflar el ~; coger un ~; estar como ~ lleno de cuita; haber ~s en la costa; irse a freír ~s; mandar a freír ~s; mandar a freír ~ a al África; meter el ~; meter los ~s; mirar ~s en el aire; parecer ~ haciendo muecas; pasar el ~; pintar el ~; pintar ~s; ser más peligroso que ~ con hojilla; ser más peligroso que ~ con metralleta; tener el ~ trepao en la espalda; tener un ~ que no se apea; tocarle el ~; treparse un ~; volverse ~.**

mono, -a.

I. 1. m. y f. *Mx.* juv. Persona que frecuentemente se droga con solventes o que está bajo sus efectos. urb; drog.

II. 1. adj/sust. *Co.* Referido a persona, que tiene el pelo rubio.

2. adj. *Co.* Referido al pelo, rubio.

III. 1. m. y f. *ES.* Niño, niña. pop.

2. adj/sust. *Py.* Referido a persona, especialmente a un niño, traviesa e inquieta. pop.

IV. 1. sust/adj. *Pe, Ch.* Persona ecuatoriana. pop ^ desp.

2. *Pe. En el futbol,* jugador ecuatoriano. pop ^ desp.

V. 1. sust/adj. *Pe. Referido a persona*, que imita la conducta y hábitos de otros.

VI. 1. sust/adj. *Ve.* Persona vulgar y sin educación *que generalmente proviene de un ambiente social marginal.* desp.

VII. 1. adj. *Gu, ES. Referido a gallo o gallina*, que no tiene cola. pop.

VIII. 1. adj/sust. *Ec. Entre los habitantes de la Sierra ecuatoriana*, natural de la Costa. pop ^ desp.

IX. 1. adj. *Pa. Referido a un color*, negro desteñido.

●

a. ‖ ~. fórm. *Co:C.* p.u. Se usa para dirigirse a personas de una clase social popular. pop.

■

a. ‖ ~ **amarillo.** *Bo:E.* **mono tití.**

b. ‖ ~ **araña.** m. y f. *Mx:SE, Ho, Ni, Pa, Co, Ve, Ec, Bo.* Mono de hasta 60 cm de longitud, de cola prensil muy larga, pelaje basto y lacio, de coloración negra o castaño oscuro desde la cabeza hasta la cola, cuerpo delgado, cabeza pequeña y extremidades largas y colgantes. (Atelidae; *Ateles* spp.). ♦ **caranegra**; **chango**; **maquisapa**; **marimonda**; **marimono**; **yerré.**

c. ‖ ~ **aullador.**
i. m. y f. *Mx:SE, Pa, Pe, Bo, Ar:NE.* Mono de tamaño medio con pelaje largo, negro en el macho y pardo en la hembra, y cola prensil. (Cebidae; *Alouatta caraya*). ♦ **carayá**; **mono congo**; **mono negro.**
ii. *Mx, Gu, Ho, Ni, Pa, Ec.* Mono de hasta 50 cm de longitud, sin contar la cola, de cuerpo robusto y macizo, pelaje negro, con excepción de los costados, que son amarillos, cabeza grande, cuello corto, hocico romo y saliente, y cola larga y prensil. (Atelidae; *Alouatta palliata*). ♦ **aullador**; **congo**; **coto negro**; **mongón**; **olingo**; **saraguate**; **saraguato.**

d. ‖ ~ **bigotudo.** m. y f. *Bo:E.* Mono de hasta 30 cm de longitud, de color gris, con bigotes grandes y blancos, y cola larga, de unos 40 cm, de color naranja brillante. (Cebidae; *Saguinus imperator*). ♦ **emperador**; **mono emperador.**

e. ‖ ~ **blanco.** m. y f. *Ec.* **machín**, mono.

f. ‖ ~ **capuchino.**
i. m. y f. *Gu, Ho, Co, Ve, Ec.* **machín**, mono.
ii. *Bo:E.* **martín**, mono.

g. ‖ ~ **carablanca.** m. y f. *Ho, Ni, Co.* **machín**, mono.

h. ‖ ~ **choro.** m. y f. *Pe.* **caparro.**

i. ‖ ~ **chorongo.** m. y f. *Ec.* **caparro.**

j. ‖ ~ **colorado.** m. y f. *Pe.* Mono de hasta 1 m de longitud, con pelaje rojizo oscuro, pelo hirsuto en la cabeza y barba grande. (Cebidae; *Alouatta seniculus*). ♦ **araguato**; **manechi.**

k. ‖ ~ **congo.** *Ni, CR, Pa.* **mono aullador.** (Cebidae; *Alovatta caraya*).

l. ‖ ~ **de noche.** m. y f. *Ve, Bo:E.* Mono de hasta 47 cm de longitud sin contar la cola, de pelaje denso y lanudo de color gris a castaño en la parte superior y entre crema y anaranjado en el pecho y parte inferior. (Aotidae; *Aotus* spp.). ♦ **mono nocturno.**

m. ‖ ~ **emperador.** *Bo:E.* **mono bigotudo.**

n. ‖ ~ **fraile.** m. y f. *Pe.* **fraile.** (Cebidae; *Saimiri* spp.).

ñ. ‖ ~ **hosco.** m. y f. *Bo:E.* **martín**, mono.

o. ‖ ~ **lanudo.** m. y f. *Co.* **churuco.** mono.

p. ‖ ~ **leoncito.** m. y f. *Pe.* Mono de hasta 18 cm de longitud, de cola larga, pelaje entre gris y castaño con tonos amarillentos en la parte superior de las patas, y cola con anillos negruzcos. (Cebidae; *Callithrix pygmaea*). ♦ **leoncito.**

q. ‖ ~ **machín.** m. y f. *Ec.* **churuco**, mono.

r. ‖ ~ **micofraile.** m. y f. *Ni.* **machín**, mono.

s. ‖ ~ **negro.**
i. m. y f. *Co, Ec.* **machín**, mono.
ii. *Ho:N, Pa.* **mono aullador.**
iii. *Pa.* Mono grande y robusto, de hasta 64 cm de longitud, con pelaje largo, sedoso y extremidades cortas y gruesas. (Cebidae; *Alouatta villosa*).

t. ‖ ~ **nocturno.** *Pe.* **mono de noche.**

u. ‖ ~ **silbador.** m. y f. *Bo:E.* **martín**, mono.

v. ‖ ~ **tití.** m. y f. *CR, Co, Ve, Pe, Ur.* Mono de hasta 30 cm de altura, de cuerpo gris pardusco, cara blanca, cabeza negra, orejas blancas y peludas, y cola larga, prensil, de color gris con la punta negra. (Cebidae; *Saimiri sciureus*). ♦ **chichilo**; **mono amarillo.**

w. ‖ ~ **ururo.** m. y f. *Bo:E.* Mono de hasta 35 cm de longitud, con abundante pelo de color castaño rojizo, cola larga, prensil, que puede alcanzar los 40 cm de longitud, extremidades relativamente cortas y cara redondeada. (Cebidae; *Calliceibus* spp.).

▶ **dejar como chaleco de ~**; **parir ~s.**

monochop.
I. 1. m. *ES.* Motocicleta con un solo amortiguador trasero.

monocuco.
I. 1. adj. *Co:N.* Bonito, lindo. pop.
II. 1. m. *Co:N.* Figura disfrazada del carnaval de Barranquilla.

monoestrellada.
I. 1. f. *PR.* Bandera de Puerto Rico. prest; cult → esm.

monogordo.
I. 1. m. *Pa.* Persona corrupta, *especialmente en las esferas del Gobierno.*

monograma.
I. 1. m. *Ho, Pa, Ec, Bo.* Escudo o emblema de una escuela, colegio o instituto que se cose en un sitio visible de la camisa de un estudiante.

monólogo.
I. 1. m. *Bo:O.* Hombre que tiene apariencia de simio. fest.

monomático.
I. 1. m. *Ch.* p.u. Lugar donde se compra o adquiere drogas. drog; pop.

monono, -a.
I. 1. adj. *Ar; Ch*, cult → espon; *Ur*, p.u. *Referido especialmente a un objeto*, atractivo, que llama la atención por su apariencia o arreglo. pop.
2. *Ar; Ch, Ur*, cult → espon. *Referido a persona*, lindo y muy arreglada. pop.

monooperación.
I. 1. f. *Ch. En un puerto*, labor en la que se responsabiliza la movilización de una carga a un solo **operador.**

monooperador, -ra.
I. 1. sust/adj. *Ch. En un puerto*, sistema por el que la movilización de una carga es responsabilidad de un solo **operador.**
2. *Ch. En un puerto*, encargado único de la movilización de la carga.

monopólico, -a.
I. 1. adj. *RD, Ec, Pe, Bo, Ch, Ar. Referido a cosa o a persona*, que monopoliza el aprovechamiento de una industria, facultad o negocio.

monora.
I. 1. f. *Ve:E.* obsol. Prostituta.

monorote. (De *mono* y *cerote*).
I. 1. m. *Ho.* juv. Persona fea y tonta.

monra.
I. 1. f. *Pe, Bo; Ch*, delinc. Robo que se comete en una casa en la que se entra tras romper la cerradura o escalar la pared.

monrazo.
I. 1. m. *Bo:O.* Robo en domicilios particulares en el que se usa una barra de acero para saltar la cerradura. delinc.

monrear.
I. 1. intr. *Bo:O.* Robar en domicilios particulares haciendo saltar la cerradura con una barra de acero. delinc.

monrero.
I. 1. m. *Bo:O.* delinc. Ladrón que descerraja cerraduras de todo tipo para robar.

monrero, -a.
I. 1. m. y f. *Ch; Pe*, delinc. Ladrón que descerraja cerraduras de todo tipo para robar.

monse.
I. 1. adj/sust. *Pe.* Referido a *persona*, tonta y torpe. pop.
II. 1. adj. *Pe.* Referido a *cosa*, aburrida. pop.

monstruación.
I. 1. f. *Mx.* Menstruación. fest.

monstruo.
I. 1. m. *Ch.* Público, grupo numeroso de personas que asiste al Festival de la canción de Viña del Mar. pop + cult → espon ^ fest.
●
a. ‖ ~. fórm. *Ni, Cu.* Se usa para dirigirse a un amigo de forma afectiva. pop.
□
a. ‖ ~ **blanco.** loc. sust. *PR.* Heroína. drog.

montacaballo.
I. 1. *Pe:N.* **pijuy.**

montacarga.
I. 1. m. *Ni, CR, Pa, Ec, Pe, Bo, Ur.* Vehículo que levanta la carga pesada y la coloca en armazones altos dentro de los depósitos.

montada.
I. 1. f. *Mx, Gu.* Cuerpo de policía cuyos miembros prestan servicio montados a caballo.
II. 1. f. *Ho.* metáf. Coito. vulg.

montado.
I. 1. m. *Py.* Cabalgadura, caballería. rur.

montado, -a.
I. 1. adj/sust. *Ec, Pe.* Referido a un *bistec*, preparado con un huevo frito encima. pop.
II. 1. adj. *Ho.* Referido a un *arma de fuego*, cargada y sin seguro, lista para disparar.
□
a. ‖ **bien ~.** loc. adj. *Ar, Ur.* Referido a una amazona o a un jinete, que monta una caballería de gran calidad. rur.
b. ‖ ~ **en su macho.** loc. adj. *Mx, Ni.* Referido a persona, empecinada en algo.

montador.
I. 1. m. *PR.* En las peleas de gallos, persona que arma a los gallos, poniéndole las espuelas postizas con gran precisión.

montador, -ra.
I. 1. adj. *Co.* Referido a *persona*, que molesta o fastidia permanentemente a otra. pop.
II. 1. m. y f. *Ho, ES, Ni.* En zapatería, persona que pone suela al calzado.
III. 1. adj/sust. *Ec.* Referido a *animal*, semental. pop.

montaje.
I. 1. m. *Co.* Colección de utensilios, instrumentos y aparatos especiales que componen la dotación de una empresa industrial o agrícola.

montajista.
I. 1. m-f. *Ec, Bo, Ch.* Montador, persona que realiza el montaje de una película o del material gráfico en una imprenta.
▪
a. ‖ ~ **industrial.** m-f. *Ch.* Operario especializado en el proceso material y tecnológico que lleva a cabo la instalación de un proceso industrial.

montalayo.
I. 1. m. *Mx:E.* Plato compuesto del estómago del cordero relleno de vísceras, asado en barbacoa, condimentado y servido con salsas.

montallantas.
I. 1. m. *Co.* Lugar donde se arreglan y montan las **llantas** de los vehículos.

montante.
I. 1. m. *Pa.* Cohete que al encenderse y estallar desprende fragmentos peligrosos.

montaña.
I. 1. f. *Mx:SE, Gu, Ho, Ni, CR, Pa, PR, Ve, Ec, Pe, Ar:NO.* Terreno extenso, inculto y muy poblado de árboles.
2. *Pe.* Amazonia, región situada al oriente de la cordillera de los Andes.
▶ **venir bajando de la ~.**

montañerada.
I. 1. f. *Co.* Dicho o hecho del **montañero.** desp.

montañero, -a.
I. 1. m. y f. *Co.* Persona que vive y trabaja en el campo.
2. adj. *Co.* Relativo al campo o propio de él.
II. 1. sust/adj. *Co.* Persona huraña, que huye de la gente. pop. ♦ **cusumbosolo.**

montar(se).
I. 1. intr. prnl. *Gu, Ni, Bo.* Tener dominio *una persona* sobre *otra*.
2. *Cu, RD, PR.* Entrar un espíritu en el cuerpo de una persona, poseerla.
3. tr. *Ho.* Ganar a *alguien*.
II. 1. tr. *Ho.* Lograr enfadar a *alguien*.
□
a. ‖ ~ **al anca.** loc. verb. *Ho, Ni.* Viajar en caballería o moto detrás del jinete o conductor.
b. ‖ ~ **cachos.** loc. verb. *Ve.* Ser infiel a la pareja. pop.
c. ‖ ~ **cañón.** loc. verb. *Ve.* Amenazar a *alguien* para amedrentarlo. pop.
d. ‖ ~ **cara.** loc. verb. *Ch.* Expresar disgusto o rechazo gesticulando con el rostro.
e. ‖ ~ **catarina.** loc. verb. *Ni.* Golpear a *alguien*.
f. ‖ ~ **cuero.** loc. verb. *Ho.* Azotar o golpear a *alguien*. rur.
g. ‖ ~ **el caldero.** loc. verb. *Cu.* Preparar *alguien* la comida.
h. ‖ ~ **el picazo.** loc. verb. *Ar.* Encolerizarse. pop + cult → espon.
i. ‖ ~ **en la yegua cólera.** loc. verb. *Ch.* Encolerizarse. pop.
j. ‖ ~ **huella.** loc. verb. *Bo:E.* Circular un vehículo por el borde del camino para evitar las huellas profundas dejadas por vehículos de gran tonelaje.
k. ‖ ~ **la chica pidona.** loc. verb. *PR.* Pedir *alguien* dinero para conseguir droga. drog.
l. ‖ ~ **la olla.** loc. verb. *Ve.* Engañar a *alguien*.
m. ‖ ~ **maceta.** loc. verb. *Ho.* Golpear a *alguien*.
n. ‖ ~ **mula.** loc. verb. *Gu.* Enfadarse.
ñ. ‖ ~ **penca.** loc. verb. *Ho, ES.* Dar una paliza a *alguien*.

o. ‖ ~ **pija.** loc. verb. *Ho, ES, Ni.* Pegar a *alguien*.

p. ‖ ~ **reata.** loc. verb. *Ho, ES, Ni.* Pegar a *alguien*.

q. ‖ ~ **sandino.** loc. verb. *ES.* Pegar a *alguien*.

r. ‖ ~ **un cerebro.** loc. verb. *PR.* Conseguir *alguien* droga por medio de trampas. drog.

s. ‖ ~ **un llantén.** loc. verb. *Ve.* Llorar *una persona* con el fin de conmover a otra y obtener algún beneficio. pop. ♦ **montar una llorona.**

t. ‖ ~ **una llorona.** *Ve.* **montar un llantén.**

u. ‖ ~ **verga.**
   i. loc. verb. *Gu, Ho, ES, Ni.* Pegar a *alguien*.
   ii. *Gu, Ho, ES, Ni.* Derrotar a *alguien*.

v. ‖ ~**se en la burra.**
   i. loc. verb. *Ho, Ni, CR.* Alcanzar el poder político, *en especial la presidencia de la República*.
   ii. *Ni.* Pegar o golpear a *alguien*. pop.

w. ‖ ~**se en la carreta.** loc. verb. *CR.* Iniciar una borrachera de varios días. pop ^ fest.

x. ‖ ~**se en patines.** loc. verb. *Cu.* Hacer *algo* con premura.

y. ‖ ~**se en su macho.** loc. verb. *Mx, Gu, Ch.* Mostrarse obstinado *alguien* con intención de imponer su voluntad. pop.

z. ‖ ~**se en tribuna.** loc. verb. *PR.* Soltar *alguien* un discurso inesperado y enérgico. pop + cult → espon.

a¹. ‖ ~**se la albarda sobre el aparejo.** loc. verb. *Ho.* Ocurrir *algo* ilógico, anormal. pop + cult → espon.

b¹. ‖ ~**se maceta.** loc. verb. *Ho.* Pelearse dos o más personas.

c¹. ‖ ~**se un video.** loc. verb. *Co.* juv. Imaginarse cosas que no son reales. pop.

d¹. ‖ **montársela.**
   i. loc. verb. *PR, Co.* Molestar o fastidiar *una persona* a otra de forma insistente. pop.
   ii. *PR, Co.* Burlarse de alguien o tomarle el pelo. pop.

montarascal.
   I. 1. m. *ES, Ni.* Monte espeso.

montazal.
   I. 1. m. *Mx, CR.* Sitio poblado de maleza. pop.

monte.
   I. 1. m. *Mx, Gu, Ho, ES, Ni, CR, Pa, Cu, RD, PR, Ve, Ec, Pe.* Maleza, mala hierba.
   2. *Ho, ES, Cu, RD, Bo.* Terreno sin cultivar.
   3. *Pe:E.* Bosque amazónico.
   4. *Ni, RD, PR, Py.* Terreno situado a las afueras de un poblado.
   5. *Gu.* Campo.
   II. 1. m. *Gu, Ho, ES, Ni, CR, Ve.* Marihuana.
   III. 1. m. *Ho, ES, Ni.* Verdura comestible. desp.
   ■
   a. ‖ ~ **guanaco.** m. *Ar.* **mata amarilla.**
   □
   a. ‖ **criado a** ~. loc. adj. *Ar,* rur; *Ur,* pop. *Referido a persona*, tosca, carente de urbanidad.
   ► **andar a** ~; **botar el** ~; **coger el** ~; **ganar** ~; **irse al** ~; **meterse al** ~ **sin machete**; **oler a** ~; **ponerle al** ~; **ser** ~ **adentro**; **tener a** ~.

monteador.
   I. 1. m. *Pa, PR.* Hombre que busca y persigue la caza.

montear.
   I. 1. intr. *Mx, Ni, Cu, RD, Ve, Pe:E, Ar:NE, Ur; Ho,* rur. Andar por el monte o la selva.
   2. *Pe:E; Mx:SE,* obsol. Buscar árboles de madera valiosa.
   3. *Bo, Ur.* Cortar o talar árboles.
   II. 1. intr. *ES, Pe, Bo.* Comer.

montecito.
   I. 1. *PR.* **montón**, tierra. rur.

montecristi. (De *Montecristi*, población de la provincia de Manabí, Ecuador).
   I. 1. m. *Ec.* Sombrero de fina calidad elaborado con **paja toquilla.**

montecristo.
   I. 1. *Cu.* **eclear.**

monteño, -a.
   I. 1. adj. *ES. Referido a persona*, que vive en zona rural.

montepiado, -a.
   I. 1. adj/sust. *Ch. Referido a persona*, que percibe una pensión de un montepío.

montera.
   I. 1. f. *Ve:SO.* Gorro con el que se protege la cabeza de un recién nacido.
   II. 1. f. *Ho.* Borrachera.
   ► **sacar** ~.

montería.
   I. 1. f. *Pe:E, Bo.* Embarcación fluvial pequeña y semicilíndrica sin quilla.
   II. 1. f. *Gu.* Instalación situada en un área forestal, y destinada a la explotación maderera.

montero.
   I. 1. m. *RD.* Trabajador especializado en cazar animales salvajes.

montero, -a.
   I. 1. m. y f. *Mx:SE.* obsol. Persona que se dedica a buscar árboles de madera valiosa.
   2. *Gu.* Propietario o trabajador de una **montería**, instalación.

monterolo, -a.
   I. 1. adj. *ES. Referido a persona*, campesina, del campo. desp.

monterudo, -a.
   I. 1. adj. *ES. Referido a animal*, salvaje.

montete.
   I. 1. m. *Pe:NE.* Ave de hasta 66 cm de longitud, de cresta larga y corona negra, plumaje del dorso, alas y cola de color castaño con visos negruzcos, pico rojo, el borde del ojo amarillo y azul, y patas rosadas. (Cracidae; *Nothocrax urumutum*).

montezuma.
   I. 1. f. *Pe.* Danza folclórica en la que se hace una analogía entre Moctezuma y el Inca.
   2. *Pa.* Danza folclórica que se representa en Corpus Christi en La Villa de Los Santos.
   □
   a. ‖ ~ **cabezona.** loc. sust. *Pa.* Danza y representación que se acompaña con guitarra y maracas.
   b. ‖ ~ **española.** loc. sust. *Pa.* Representación con letra, música y danza de la conquista de México por Hernán Cortés.

monticulista.
   I. 1. m-f. *ES, Ni, Cu, Ve.* En el *beisbol*, jugador encargado de lanzarle la pelota al **bateador.**

montículo.
   I. 1. m. *ES, Ni, Pa, Cu, RD, PR, Ve.* En el *beisbol*, lugar elevado desde el cual el *pitcher* lanza la pelota.

montón.
   I. 1. m. *PR.* Tierra apiñada en la labranza para sembrar, especialmente **yuca.** rur. (**montecito**).
   II. 1. m. *PR.* Promontorio donde se encuentra el órgano sexual femenino. euf; pop + cult → espon.
   ► **echar** ~; **estar un** ~; **salir del** ~.

montonal.
   I. 1. m. *Mx, Ho, ES, Pe.* Número considerable. pop + cult → espon.

montonera.
   I. 1. f. *Ni, Co, Ve; Bo,* cult → espon. Cantidad grande, *especialmente de personas*, en desorden. pop.

2. *Ch.* Número considerable de algo.

II. 1. f. *Ar:NO.* Planta herbácea de hasta 70 cm de altura, pubescente, con hojas alternas y flores blancas. (Asteraceae; *Tanacetum vulgare*).

III. 1. f. *RD, Ve.* Grupo de guerrilleros. desp.

▶ **tirar a la ~.**

montonero.

I. 1. *Ar.* **minué federal**.

montonero, -a.

I. 1. adj. *Mx. Referido a persona*, que ataca a alguien solo si está acompañada y con la ayuda de muchas personas.

II. 1. m. y f. *Ve, Bo; Pe, Ch*, p.u. Persona que lucha en grupos armados no militarizados.

montononón.

I. 1. m. *Mx, Ho, Ni, Co, Ve; Pa*, pop + cult → espon ∧ hiperb. Gran cantidad de personas o cosas.

montoto.

I. 1. m. *Ch.* Persona indeterminada, un sujeto cualquiera. pop.

Montoto.

I. 1. m. *Ar.* Personaje ficticio al que suele aludirse como ejemplo de que no hay solución para algo, especialmente una decisión equivocada. pop + cult → espon.

▶ **quejarse a ~.**

montubia.

■

a. ‖ **~ bonita.** f. *Ec.* Reina de un **rodeo criollo**.

montubiada.

I. 1. f. *Ec.* Dicho o acción que revela ingenuidad, desconocimiento de lo obvio o falta de inteligencia. pop.

montubio, -a.

I. 1. sust/adj. *Pe:NO.* Campesino mestizo que habita en las zonas costeras. pop ∧ desp.

2. adj. *Ec.* Relativo a la Costa. (**montuvio**).

3. adj/sust. *Ec.* Campesino mestizo de la Costa. (**montuvio**).

II. 1. sust/adj. *Ec.* Persona de modales rústicos que es natural de la Costa. pop ∧ desp. (**montuvio**).

montuca.

I. 1. f. *Ho, ES, Ni.* **Tamal** dulce hecho de masa de maíz tierno, **achiote** y carne de gallina o cerdo.

2. *Ho, ES.* **Tamal** hecho de masa de harina de maíz tierno, un poco de leche y agua, envuelta en **tusa** y cocida en agua con manteca y algo de azúcar. (**muntuca**).

▶ **ponerse ~.**

montudo, -a.

I. 1. adj. *ES, Ve. Referido a un lugar*, con muchas malezas.

montuna.

I. 1. f. *Pa.* Vestido femenino típico más sencillo que la **pollera** de lujo, compuesto por una saya de tela de algodón floreada con colores vivos y camisa blanca con gran volante y **mota** de lana.

montunizarse.

I. 1. intr. prnl. *Ho.* Tomar *alguien* carácter rural. cult → esm.

montuno.

I. 1. m. *Pa.* Vestido masculino típico compuesto por una camisa de **mantasucia** bordada, sin cuello, y un pantalón corto.

montuno, -a.

I. 1. *Mx.* **amontunado**.

2. sust/adj. *Pa, RD; Ho, Ve*, desp. Persona rústica, del campo.

3. adj/sust. *Gu, Ho. Referido a persona*, que habla con entonación y términos de uso rural. desp.

II. 1. sust/adj. *Pa, Cu, Co, Ve, Pe.* Persona huraña, que huye de la gente. pop.

2. adj/sust. *RD, Ve. Referido a persona*, grosera, que no tiene buenos modales.

III. 1. adj/sust. *Ho. Referido a animal doméstico o domesticado*, poco dócil.

2. adj. *PR. Referido a una planta o a un animal*, silvestre. rur.

montura.

■

a. ‖ **~ chilena.** f. *Ni, Ch.* Silla de montar típica del **huaso**, que tiene cueros, pieles y un manto grueso sobre el lomo del animal para evitar que su sudor pase a la silla.

b. ‖ **~ salteña.** f. *Ar.* Montura con caronas grandes y **bastos**. rur.

monturero.

I. 1. m. *Py, Ar:NO.* Lugar donde se guardan monturas, arreos y utensilios para el cuidado del caballo. rur.

montuvio, -a.

I. 1. *Ec.* **montubio**, relativo a la Costa.

2. *Ec.* **montubio**, campesino.

II. 1. *Ec.* **montubio**, persona.

monumento.

I. 1. m. *Ho.* Mojón, señal que marca el límite entre tierras.

mony. (Del ingl. *money*).

I. 1. m. *Cu.* Dinero. pop.

moña.

I. 1. f. *Co; Ec*, p.u. Parte del cabello enrollada y sujeta, *generalmente con ganchos*, en la parte posterior de la cabeza.

II. 1. f. *Ho, ES.* Marihuana. drog.

III. 1. f. *Ec:S.* Círculo trazado en la tierra o con tiza para jugar a las canicas.

IV. 1. f. *Cu.* Estilo musical que engloba varios géneros norteamericanos como el rap, el *rhythm and blues* y el hip hop.

V. 1. f. *Ur.* Pasta seca en forma de lazo.

2. *Pa.* Pan de huevo trenzado.

VI. 1. f. *PR.* Pequeño grupo de árboles de café. rur.

VII. 1. f. *PR.* Fantasía, imaginación.

VIII. 1. f. *PR.* Mentira, engaño.

■

a. ‖ **~ de la piña.** f. *PR.* Manojo de hojas que forman la corona de la piña. ♦ **cogollo**; **corazón**; **rama**; **resiembro**.

▶ **faltarle pelo pa' ~; tenerle una ~.**

moñero.

I. 1. m. *PR. En las peleas de gallos*, gallo que ataca la cabeza o **moño** de su rival.

moñero, -a.

I. 1. adj. *Ho, ES. Referido a persona*, que vende marihuana. drog.

2. *Ho, ES. Referido a persona*, que fuma marihuana. drog.

II. 1. *Cu.* juv. **repartero**, joven.

moñinga.

I. 1. f. *Cu, PR.* p.u. Boñiga, excremento. rur.

moñita.

I. 1. f. *Ur.* **moño**, corbata.

II. 1. f. *Ur.* **moñito**, fideo.

moñito.

I. 1. *Py, Ar.* **moño**, corbata.

2. *Pa.* Banda elástica para recoger el cabello.

II. 1. m. *Py, Ar.* Fideo o pasta alimenticia de harina en forma de lazo. (**moñita**).

III. 1. m. pl. *Pa.* Peinado popular que consiste en trenzas muy pequeñas, tejidas y adornadas con lacitos o pinzas pequeñas de colores. pop + cult → espon.

□

a. ‖ **¡cómo no, ~!** loc. interj. *Co.* Expresa duda sobre lo que dice otra persona. pop.

moño.

I. 1. m. *Mx, ES, PR, Co, Py.* Corbata que se anuda por delante en forma de lazo sin caídas. (**moñita**; **moñito**).

2. *Ho, Ni.* Adorno de papel en forma de moño que se pone a los regalos.

II. 1. m. *Pe.* Cogollo, acumulación compacta de flores en la planta de marihuana. drog.

2. *Ve.* Marihuana de buena calidad, usada para fumar.

III. 1. m. *Pa.* Trenza, peinado femenino que se hace entretejiendo el cabello largo. rur; pop + cult → espon.

2. *Pa.* Cabello sujeto con horquillas o enrollado en cualquier parte de la cabeza. pop + cult → espon.

IV. 1. m. *Ho.* Cresta de las aves gallináceas, carnosa y de color rojo intenso que culmina la cabeza.

■

a. ‖ **~ de frijol.** m. *Ho.* Cresta de las gallináceas que apenas sobresale de las plumas de la cabeza.

b. ‖ **~ rojo.** f. *Pe.* Variedad común de marihuana. drog.

□

a. ‖ **con el ~ hecho.** loc. adv. *RD.* Esperando algo, *especialmente la llegada de una persona*, que finalmente no sucederá. pop + cult → espon.

b. ‖ **con el ~ parao.** loc. adj. *PR. Referido a persona*, irritada, de mal humor.

c. ‖ **con los ~s puestos.** loc. adj. *Ho, Ni. Referido a persona*, acicalada y bien vestida.

d. ‖ **el ~ virado.** loc. sust. *Cu, PR.* Disgusto, incomodidad. pop.

e. ‖ **~ de vieja.** loc. sust. *Ch.* Situación complicada o muy liosa. pop.

▶ agachar el ~; bajar el ~; bajarle el ~; jalarse los ~s; ponerse con el ~ parao; quedarle solo el ~ del pelo y las ganas de vivir; tener el ~ virado.

moñona.

I. 1. f. *Co.* Carambola, resultado favorable producido por casualidad o de manera indirecta. pop.

2. *Co. En el juego del tejo*, acierto máximo que consiste en introducir el **tejo** en el **bocín**, tras haber hecho explosionar las mechas o petardos que se ubican en él.

3. *Co. En el juego de los bolos*, acierto máximo en el que se derriban los diez palos en el primer lanzamiento.

■

a. ‖ **la ~.** f. *Pa.* La muerte. rur; pop ^ fest.

▶ hacer ~.

moñoña.

I. 1. f. *PR. En el juego del billar*, palillos colocados en formación de cuadro con uno en el centro por dentro de los cuales ha de pasar el **mingo** de la carambola.

moñoñón.

I. 1. m. *RD.* Vulva de gran tamaño. vulg; hiperb.

moñuda.

I. 1. f. *PR.* Mata de marihuana. drog.

mood. (Voz inglesa).

I. 1. m. *EU, PR.* Estado de ánimo.

moody. (Voz inglesa).

I. 1. adj. *EU, PR. Referido a persona*, que cambia mucho y sin causa de estado de ánimo.

mopeador.

I. 1. m. *Ho:N.* Mopa.

mopear. (Del ingl. *to mop*).

I. 1. tr. *EU, Mx, Ho:N, RD.* Limpiar el piso restregándolo con un estropajo o trapo empapado en agua y jabón u otro líquido adecuado. (**mapear**).

mópero, -a.

I. 1. m. y f. *Bo.* Persona joven. pop + cult → espon.

moqueadera.

I. 1. f. *Ec; Ni, CR, Cu, Co, Ve, Pe*, p.u. Secreción nasal abundante. pop.

moquear.

I. 1. intr. *Mx, Gu, ES, Ni, CR, RD, Co, Ve, Pe, Bo, Ch, Ar, Ur; Ec*, sat. Sollozar, llorar con movimientos convulsivos y respirando de manera entrecortada. pop.

II. 1. intr. *Ch.* Eyacular semen. vulg; pop.

2. tr. *Ch.* Empapar con semen *algo* o a *alguien*. vulg; pop.

moqueo.

I. 1. m. *Pe.* Sollozo, llanto. pop.

moquera.

I. 1. f. *Mx, Ni, CR, Pa, Cu, RD, PR, Ec; Co*, pop; *Ur*, p.u; espon. Secreción nasal continua. (**moquero**).

2. *Gu, Ho, ES, Ni, Cu; Ec*, pop. Abundancia de mocos en la nariz.

moquero.

I. 1. m. *PR, Bo.* **moquera**, secreción nasal. vulg; pop + cult → espon.

moquero, -a.

I. 1. adj. *Ar:C. Referido a persona*, que comete muchos errores. pop + cult → espon.

II. 1. adj. *Ar:C.* juv. *Referido a persona*, mentirosa o fabuladora.

moqueta.

I. 1. f. *Ec.* Alfombra pequeña de tela resistente o de caucho que se coloca en el piso de los automóviles o en las entradas de las casas.

moquetazo.

I. 1. m. *Mx, Gu, CR, PR, Bo, Py.* rur. Puñetazo. pop + cult → espon.

moqueteada.

▶ darse una buena ~.

moquetear.

I. 1. tr. *Mx, Gu, ES, CR, Bo, Py, Ur.* Dar un **moquetazo** a alguien. pop + cult → espon.

II. 1. tr. *Ur.* Cubrir una superficie o suelo con moqueta.

moquiento, -a.

I. 1. adj. *Mx, Gu, Ho, Ni, CR, Bo, Ar, Ur*, cult → espon; *Ec*, rur; pop. *Referido a persona*, que tiene las narices llenas de mocos.

moquillento, -a.

I. 1. adj. *Pe*, desp; *Ch*, pop + cult → espon. *Referido a persona o animal*, que echa mucha mucosidad por la nariz.

2. *Ch; PR*, pop + cult → espon. *Referido a persona*, que padece un catarro nasal. ◆ **moquilloso**.

moquillo.

I. 1. m. *Co, Ec.* Árbol de hasta 6 m de altura que está cubierto de pelos ásperos, de color rojizo, con hojas grandes, de forma ovalada, y pequeñas flores blancas con numerosos estambres amarillos, cuyo fruto es una baya globosa, comestible. (Dilleniaceae; *Saurauia* spp.).

II. 1. m. *Ch.* Semen. tabú; pop + cult → espon.

III. 1. m. *Ec.* Nudo corredizo con que se sujeta el labio superior del caballo para domarlo.

moquilloso, -a.

I. 1. adj. *Pa:O, RD.* **moquillento**, que padece un catarro nasal.

mora.
  I. 1. f. *Mx, Ni, CR.* Retraso en el pago de algo.
  II. 1. f. *Pe, Bo.* Árbol de hasta 10 m de altura, de hojas alternas, ovales, enteras o lobuladas y de márgenes dentados, de color verde brillante por el haz y más claras por el envés, flores pequeñas en espiga, y los frutos son pequeñas drupas estrechamente agrupadas, de color blanco a rojizo. (Moraceae; *Morus alba*).
    2. *Gu, Ni, Pa, PR.* **palo amarillo.** (Moraceae; *Chlorophora tinctoria*).
    3. *Ch.* **mora de Castilla.**
    4. *Ch.* Fruto de la **mora.** (Rosaceae; *Rubus glaucus*).
  ■
    a. ‖ ~ **amarilla.** f. *Mx.* **palo amarillo.** (Moraceae; *Chlorophora tinctoria*).
    b. ‖ ~ **de Castilla.** f. *Co.* Arbusto trepador conformado por varios tallos que se forman en corona en la base de la planta y son redondeados y espinosos, de hasta 3 m de altura, con hojas trifoliadas con bordes aserrados, de color verde oscuro el haz y blanquecino. (Rosaceae; *Rubus glaucus*). ♦ **mora.**
  ▶ **tirar para las ~s.**

moracho.
  I. 1. *CR:NO,SE, Pa.* **guataco,** lagarto. (**meracho; morochó**).

morada.
  I. 1. f. *Ec.* Jugo de moras.
    2. *Ec.* Bebida refrescante preparada a base de jugo de moras.
  II. 1. f. *ES.* Pene. tabú.

moradilla.
  I. 1. f. *Ec, Pe:N.* Planta de hasta 1 m de altura, tallos cilíndricos y divididos por nudos, hojas ovaladas, coriáceas y con áreas rojizas en las nervaduras y los bordes, inflorescencias en ramillas terminales, largas y finas; las raíces y las hojas son comestibles. (Nyctaginaceae; *Mirabilis expansa*). ♦ **miso; pega pega; taso.**
    2. *PR.* Planta herbácea anual o perenne, de hasta 1 m de altura, con hojas ovadas, inflorescencia en racimos y pequeñas flores azules. (Lamiaceae; *Salvia occidentalis*).

moradita.
  I. 1. *Ar.* **papa,** planta y tubérculo.
  II. 1. f. *Co.* Hierba de hasta 1 m de altura, muy ramificada, de tallos leñosos y hojas opuestas, con flores de color morado y simetría irregular, que parecen un cáliz alargado y abultado. (Lythraceae; *Cuphea dipetala*).

morado.
  I. 1. m. *Bo:E.* Árbol de hasta 8 m de altura, de hojas compuestas con muchos folíolos pequeños, con flores vistosas reunidas en racimos y frutos de una sola semilla; su madera se utiliza en construcción y muebles. (Fabaceae; *Machaerium scleroxylon*).
    2. *Ho.* **butuco,** fruto.
    3. m. *ES.* Ano. vulg.

morado, -a.
  I. 1. adj. *Gu, ES, Ni.* *Referido a persona,* de raza negra. desp.
  II. 1. adj. *CR.* Relativo al equipo de **futbol** Deportivo Saprissa. pop. ♦ **saprissista.**
    2. m. y f. *CR.* Seguidor del equipo de **futbol** Deportivo Saprissa. pop.

morajú.
  I. 1. *Ar.* **golofo.**

moral.
  I. 1. *Co.* **palo amarillo.** (Moraceae; *Chlorophora tinctoria*).

    2. *PR.* Árbol de hasta 15 m de altura, con ramaje abierto y extendido, hojas grandes, ásperas y vellosas, flores en racimos abultados de color verde claro, y fruta de pulpa pegajosa con una semilla grande de forma irregular; su madera se usa como combustible. (Boraginaceae; *Cordia macrophylla*).
  ■
    a. ‖ ~ **bobo.** m. *Ec, Pe.* Árbol de hasta 30 m de altura, de tronco recto y cilíndrico, corteza externa entre parda y anaranjada, lisa y dura, hojas simples, alternas, fruto carnoso, de color amarillo o rojizo cuando madura; muy apreciado por su madera. (Moraceae; *Clarisia racemosa*). ♦ **guariuba; leche de vaca; lechillo; mashonaste; murure; urupi.**
    b. ‖ ~ **fino.** *Ec.* **palo amarillo.** (Moraceae; *Chlorophora tinctoria*).

moralino, -a.
  I. 1. adj/sust. *Ch.* *Referido a persona o cosa,* que adolece de moralina o hipocresía. cult ^ desp.

moraya. (Del quech. *muraya*).
  I. 1. f. *Pe.* Fécula de **papa** que se obtiene después de hacer secar el tubérculo a la intemperie durante varios días, para después aplastarlo y remojarlo en la corriente de un río, dejándolo secar finalmente al sol.

morazán.
  I. 1. *Ho, ES.* **flamboyán.**

morazánico, -a.
  I. 1. adj. *Ho, ES.* Relativo a Francisco Morazán, paladín de la unión de los pueblos de Centroamérica.

morazanismo. (De *Francisco Morazán*, presidente de la Federación Centroamericana, 1792-1842).
  I. 1. m. *Ho, ES.* Movimiento doctrinario en favor de la unión de los países centroamericanos en un Estado federal.

morazanista. (De *Francisco Morazán*, presidente de la Federación Centroamericana, 1792-1842).
  I. 1. adj/sust. *Ho, ES.* *Referido a persona,* admiradora y seguidora de las ideas del prócer hondureño de la unión de Centroamérica.

morcate.
  I. 1. *Co.* **esmeraldo.**

morcillera.
  I. 1. f. *Pa, Co:N, Ve. En las peleas de gallos,* golpe de espolón que causa una herida que engruesa el pescuezo del animal que lo recibe y lo ahoga.

morcipán. (Acr. de *morcilla y pan*).
  I. 1. m. *Ar.* Emparedado de morcilla asada.

mordacear.
  I. 1. tr. *Ar.* Ablandar el cuero usando una **mordaza,** utensilio de madera. rur.

mordaza.
  I. 1. f. *Py, Ar.* Pequeña cuerda o tiento unido a un cabo de madera, que se pone en la boca ocasionalmente para someter a un caballo arisco. rur.
  II. 1. f. *Ar.* Utensilio cilíndrico de madera con una hendidura a través de la cual pasa un tiento o tira de cuero para ser ablandado. rur.
  ▶ **hacer ~.**

mordedor.
  I. 1. m. pl. *ES.* Policías.
  II. 1. *Ho.* **zangarro.**

mordedor, -ra.
  I. 1. sust/adj. *Ho, Ni, Bo.* Persona que recibe sobornos.

mordelón, -na.
  I. 1. sust/adj. *Mx, Gu, Ho.* Policía. delinc.
    2. adj. *Gu, Ho.* metáf. *Referido a persona,* chantajista, sobornador.

II. 1. adj/sust. *Ho, Ni, Co, Ve; Ec,* rur. *Referido a animal,* con tendencia a morder, *especialmente el perro.*

morder(se).

I. 1. tr. *Ho, ES, Ni; Mx, Gu,* pop + cult → espon. Exigir un soborno o sobornar a *alguien, generalmente una autoridad.*

2. *Mx, Pa, Cu, RD, PR.* Estafar a *alguien.* pop.

II. 1. tr. *Ur; Pe, Ar,* pop + cult → espon. Rozar o golpear la llanta de un vehículo el **cordón** de la acera.

III. 1. intr. prnl. *Ni, Bo, Ch.* Contenerse *alguien,* reprimir un dolor, enojo o molestia. pop + cult → espon.

IV. 1. tr. *Ec:O.* Comprender *algo, especialmente lo dicho por el interlocutor.* pop.

V. 1. intr. prnl. *Gu.* Enojarse *alguien.* pop + cult → espon.

□

a. ‖ ~ **al amo.** loc. verb. *Ho.* Traicionar la confianza de alguien. pop + cult → espon.

b. ‖ ~ **el ajo.** loc. verb. *Gu.* Transigir con desagrado en algo.

c. ‖ ~ **el cable.** loc. verb. *Ni.* Fracasar *alguien* en algo, salir mal *algo.*

d. ‖ ~ **el cordobán.** loc. verb. *Cu.* Trabajar.

e. ‖ ~ **el freno.** loc. verb. *Gu, Py; Ur,* pop. Soportar *algo* con desagrado.

f. ‖ ~ **el garrote.**
  i. loc. verb. *ES.* Morirse *alguien.*
  ii. *ES.* Fracasar *alguien* en algo, salir mal *algo.*

g. ‖ ~ **el leño.** loc. verb. *Ho, ES, Ni.* Fracasar *alguien* en algo, ser humillado.

h. ‖ ~ **la llanta.** loc. verb. *ES.* Morirse *alguien.*

i. ‖ ~ **la perra.** loc. verb. *Ni.* Meterse el pantalón entre las nalgas de alguien.

j. ‖ ~ **se un ojo.**
  i. loc. verb. *PR.* Fastidiarse *alguien.* pop + cult → espon.
  ii. *PR.* Callarse *alguien* la boca. pop + cult → espon.

mordida.

I. 1. f. *EU, Mx, Gu, Ho, ES, Ni, CR, RD, PR, Co, Ve, Pe, Bo, Ar; Pa, Ec, Py,* p.u. Soborno, dinero u otro tipo de prebendas ilegales que recibe una persona por algo. pop + cult → espon. ♦ **coima.**

2. *Gu, Ho, ES, Ni, CR, Bo.* Cantidad o beneficio obtenido en el soborno.

3. *Cu.* Estafa, engaño.

mordido, -a.

I. 1. adj. *Gu, CR. Referido a persona,* enfadada, resentida.

2. m. y f. *PR.* Persona tacaña, ruin.

mordillo.

I. 1. m. *Py, Ar, Ur.* Pieza de plástico o goma que se da a los niños pequeños para que muerdan cuando les salen los primeros dientes.

mordiscón.

I. 1. m. *Ni, PR, Ve, Ec, Bo, Ar, Ur; Pa, Ch,* pop + cult → espon. Mordisco grande, dentellada.

mordisquear.

I. 1. tr. *Py.* Comer *alguien algo* entre comidas.

II. 1. tr. *Ho.* metáf. Robar dinero en cantidades pequeñas.

moreliana. (De *Morelia,* ciudad de Michoacán).

I. 1. *Mx.* **oblea,** dulce.

morelio, -a.

I. 1. m. y f. *Ec.* juv. Persona quejumbrosa y teatral. pop.

morena.

I. 1. *Gu, Ec.* **morería pecosa.**

2. *Ho, ES, Ni, PR.* Pez marino de hasta 3 m de longitud, con cuerpo delgado y alargado, de color verde, aletas radiadas, boca provista de una hilera de

fuertes dientes y una larga aleta dorsal. (Muraenidae; *Gymnothorax funebris*).

II. 1. f. *Ho.* juv. Cerveza.

morenada.

I. 1. f. *Pe:S, Bo.* Danza folclórica andina en la que participan mujeres y hombres, los cuales llevan vistosos y pesados trajes y máscaras con los rasgos típicos de los negros; la coreografía es rítmica y representa el movimiento de los esclavos negros llevando pesados grilletes.

2. *Pe:S, Bo.* Música de ritmo lento que acompaña a la morenada.

morenal.

I. 1. m. *Ho.* Pueblo o aldea de negros **garífunas.** euf.

moreno, -a.

I. 1. m. y f. *Pe:S, Bo.* Persona que baila en la **morenada.**

II. 1. sust/adj. *Ho.* **afrohondureño,** persona de la etnia **garífuna.**

morería.

I. 1. f. *Gu.* Establecimiento donde se confeccionan y venden trajes y máscaras para danzas tradicionales o desfiles folclóricos.

■

a. ‖ ~ **de piedra.** f. *Pe.* Pez marino de hasta 97 cm de longitud, con cuerpo delgado y alargado, color café con una cubierta densa de manchas irregulares de tono crema. (Muraenidae; *Muraena clepsydra*).

b. ‖ ~ **pecosa.** f. *Pe.* Pez marino de hasta 75 cm de longitud, con cuerpo delgado y alargado, color café oscuro, casi negro, con manchas diseminadas blancas o amarillas. (Muraenidae; *Echidna nocturna*). ♦ **morena.**

morero, -a.

I. 1. adj. *ES. Referido a persona,* que roba gallinas. delinc.

moreseca.

I. 1. *Pa.* **saetilla.**

morete.

I. 1. m. *Mx.* Bizcocho muy blando y esponjoso que se hace de almidón y huevo.

II. 1. m. *Gu, Ho, ES, Ni, CR, Bo; Ar:NO,* pop. **Moretón.**

III. 1. sust/adj. *ES.* Persona que gusta de la felación.

IV. 1. f. *ES.* Boca. pop.

V. 1. adj. *ES. Referido a un hombre,* afeminado. delinc.

□

a. ‖ **a todo ~.** loc. adv. *Ni.* Rápidamente, a gran velocidad.

moreteado.

I. 1. m. *Ec.* Moradura.

moreteado, -a.

I. 1. adj. *Mx, Gu, ES, Ni, CR, Pa, Cu, RD, Co:N,NE, Ve, Pe, Bo:O, Py, Ar:O,NO; Ec,* pop; *Ch,* cult → espon. *Referido a persona,* que tiene el cuerpo lleno de **moretes.** ♦ **moretoneado.**

2. *Ec. Referido a persona,* que padece cianosis.

moretear(se).

I. 1. tr. *Mx, Gu, Ho, Ni, CR, Pa, RD, Pe, Bo, Py, Ar:NO,O; Ch,* p.u; pop. Llenar de moretones a *alguien* o una parte del cuerpo.

2. intr. prnl. *Gu, Ni, CR, Pa, RD, Pe, Bo, Ar:NO,O; PR,* p.u.; *Ch,* p.u; pop. Llenarse *alguien* o una parte del cuerpo de moretones.

moretecina.

I. 1. f. *Co.* Animal muerto y en descomposición.

moretoneado, -a.

I. 1. *Mx, Py.* **moreteado.** pop. (**amoretonado**).

morfar(se).

I. 1. tr. *Bo, Py, Ar, Ur.* Ingerir alimentos. pop.

2. *Bo.* Ingerir alimentos rápidamente. pop + cult → espon.

II. 1. tr. *Ar.* Soportar *algo* que causa disgusto sin poder decir ni hacer nada al respecto. pop.

III. 1. tr. *Bo.* Poseer sexualmente un hombre a una mujer. tabú.

☐
   a. ‖ **morfársela.** loc. verb. *Ar, Ur. En el futbol*, acaparar un jugador la pelota para lucirse. pop.

morfe.
   I. 1. *Bo, Py, Ar, Ur.* p.u. **morfi.** pop + cult → espon.

morfi.
   I. 1. m. *Py, Ar, Ur.* Comida, alimento. pop + cult → espon. (**morfe**).
   II. 1. m. *ES. En radio*, estorbo.

morfón, -na.
   I. 1. adj/sust. *Ar, Ur. Referido a persona*, que come mucho. pop.
   II. 1. adj/sust. *Ar, Ur. Referido a persona, especialmente a un jugador de futbol*, individualista, que acapara para sí el protagonismo de una acción sin contar con los demás. pop.
   III. 1. sust/adj. *Ar.* Hombre homosexual. pop + cult → espon ^ desp.

morga.
   I. 1. f. *ES.* Zapatería. fest.

morgue, -a.
   I. 1. adj. *ES, Bo, Py.* pop. *Referido a persona*, muerta.

morichal.
   I. 1. m. *Co, Ve.* Sitio poblado de **moriches**.

moriche. (De or. ind. antillano).
   I. 1. m. *Co, Ve, Pe:N.* Palma de hojas en abanico y fruto cubierto de escamas lustrosas; de sus hojas se fabrican cordeles, sogas y hamacas y de sus frutos se obtiene una bebida refrescante y laxante. (Aracaceae; *Mauritia minor*).
   2. *PR, Ec, Pe:E.* **aguaje**, palmera.
   II. 1. *Ve.* **calandrio**. (Icteridae; *Icterus icterus*).

moridera.
   I. 1. f. *Pa, Co, Ve.* Debilidad o desmayo, *generalmente pasajeros*. pop + cult → espon ^ fest.
   2. *Ve.* Estado de nerviosismo o ansiedad.
   3. *Ve.* Estado de tristeza acentuado.

moridero.
   I. 1. m. *Co, Ec.* desp. Lugar de poco valor o importancia, aburrido, sin ningún tipo de atracción.

moridor, -ra.
   I. 1. adj. *ES, Ni.* metáf. *Referido a persona*, firme, consecuente.

morillo.
   I. 1. m. *Mx.* Viga principal de una construcción sobre la cual se apoyan las tablas, maderos o listones que conforman el tejado.
   2. *Mx.* Palo o poste vertical sobre el cual se apoyan las vigas de una construcción.
   3. *Ho. En construcción*, cada uno de los maderos que soportan el techo de una casa y que van desde la cumbrera al durmiente que está a lo largo de la pared.

morinda.
   I. 1. f. *RD, PR.* **noni**, árbol.

morir(se).
•
   a. ‖ **¿quién se irá a ~?**
     i. fórm. *ES, RD.* Se usa para expresar curiosidad por un hecho inusual, extraño o intrigante.
     ii. *Cu.* Se usa para expresar asombro ante la llegada de alguien a quien hace mucho que no se ve.

☐
   a. ‖ **ir a ~ largo.** loc. verb. *Ni.* juv. Ir a molestar a otro lado.

b. ‖ **~(se) en la raya.** loc. verb. *Mx, PR.* Morir *alguien* en el cumplimiento del deber, sin muestras de cobardía. ♦ **morir en su línea**.

c. ‖ **~ callado.** loc. verb. *Ve.* No revelar un secreto.

d. ‖ **~ como chicharra.** loc. verb. *Ni.* Fallecer de hambre, pero contento.

e. ‖ **~ como chompipe.** loc. verb. *Ni.* Fallecer por una borrachera.

f. ‖ **~ como cucaracha.** loc. verb. *ES, Ni.* Fallecer aplastado en un accidente.

g. ‖ **~ como el caguamo.** loc. verb. *Pa.* Morir durante el coito. vulg; pop + cult → espon.

h. ‖ **~ en la rueda.** loc. verb. *Ch.* Guardar silencio *alguien*, estar callado sin hablar a pesar de ser instado a ello. pop + cult → espon. ♦ **morir piola**.

i. ‖ **~ en su ley.** loc. verb. *Gu, Co, Ec, Bo, Py, Ur.* Mantener *alguien* sus principios, opiniones o defectos hasta el final.

j. ‖ **~ en su línea.** *PR.* **morir en la raya**.

k. ‖ **~ piola.** *Ch.* **morir en la rueda**. pop + cult → espon.

l. ‖ **~ pollo.** loc. verb. *Ch.* Guardar un secreto. pop + cult → espon.

m. ‖ **morírsele las lombrices.** loc. verb. *Co.* Pasar *alguien* un gran susto por una situación de riesgo o peligro. pop.

n. ‖ **morírsele los lechones en la barriga.** loc. verb. *Cu.* No actuar a tiempo.

■
   a. ‖ **¡ahi muere!** loc. interj. *Mx, Gu, ES, Ni, Pa, RD.* Expresa la conclusión de un conflicto, fricción o asunto en general. (**¡ahí muere!**).

b. ‖ **¡ahí muere!** *Mx, Ni, RD, Ec, Bo.* **¡ahi muere!**

c. ‖ **¡muérete!** loc. interj. *Mx, Ve, Ec.* Expresa que lo que se va a contar es algo muy especial o fuera de lo común. pop. ♦ **¡muérete y prívate!**

d. ‖ **¡muérete que chao!** loc. interj. *Ve.* Expresa la conclusión de un asunto o situación desagradable. pop.

e. ‖ **¡muérete y prívate!** *Ve.* **¡muérete!**

▨
   a. ‖ **~ sin tener quién le dijera Jesús te valga.** fr. prov. *Ni.* Indica que alguien muere solo, sin nadie que esté con él.

b. ‖ **se murió pedime y quedó dame.** fr. prov. *Ho.* Indica que no se dé dinero a alguien. pop.

c. ‖ **todo cepillo muere pelón.** fr. prov. *Ni.* Indica que quien es adulador y servil acaba mal. ♦ **todo cepillo muere sin pelo**.

d. ‖ **todo cepillo muere sin pelo.** *Pa.* **todo cepillo muere pelón**. pop + cult → espon ^ fest.

morirsoñando.
   I. 1. m. *Ni, RD.* Bebida refrescante hecha con leche y jugo de naranja. (**morisoñando**).

morisoñando.
   I. 1. *RD.* **morirsoñando**.

morisqueta.
   I. 1. f. *Pa.* Mueca, gesticulación exagerada. pop + cult → espon ^ fest.

morisquetero, -a.
   I. 1. sust/adj. *Pa, Co:N.* Persona que con frecuencia hace muecas y gestos. pop + cult → espon ^ fest.

morisqueto.
   I. 1. m. *Pa.* Persona que, por su manera de actuar, genera jocosidad.

morita.
   I. 1. *RD.* **leontafia**.

morivivi.
   I. 1. m. *Cu, RD, PR.* **dormidera**.

morlaco.
    I. 1.   m. pl. *Mx, Ho, ES, Bo, Ar, Ur; Ch,* pop; *Pe,* p.u,
        Dinero. pop + cult → espon.

morlaco, -a.
    I. 1.   adj. *Ec.* Relativo a Cuenca, cantón de la provincia
        ecuatoriana de Azuay.

morlaquía.
    I. 1.   f. *Ec.* Condición de **morlaco**, natural de Cuenca
        del Ecuador.

morlote.
    I. 1.   *Mx.* **molote**.

mormado, -a.
    I. 1.   adj. *Mx. Referido a persona,* que padece conges-
        tión nasal.

mormarse.
    I. 1.   intr. prnl. *Mx.* Congestionarse la nariz.

mormaso. (Del port. *mormaço,* brumoso, caluroso).
    I. 1.   m. *Ur.* Calor fuerte y sofocante en verano. pop
        + cult → espon. (**mormazo**).

mormazo.
    I. 1.   *Ur.* **mormaso**.

mormoso, -a.
    I. 1.   adj. *Ar. Referido a persona,* maltrecha, *especialmente*
        por golpes recibidos. pop + cult → espon.

moro.
    I. 1.   m. *Co:C,N,O.* Torta de harina y huevos rellena de
        frutas, crema o chocolate.
    II. 1. m. pl. *Gu.* **moros y cristianos**, representación tea-
        tral.
      2.   m. *Gu.* Baile folclórico.
    III. 1. *Gu, Ho.* **cocolobo**.
    IV. 1. m. *RD.* Comida, almuerzo. pop + cult → espon.
      2.   *RD.* Plato que se prepara con arroz, y **frijoles** o
        guandús.
    V. 1. m. *Ho.* Cerdo de piel de negra.
    ■
    a. ‖ ~-~. m-f. *Ar:NO.* Abeja silvestre sin aguijón, de
        color negro, con cuatro fajas amarillas en el abdo-
        men, que produce una miel muy dulce y perfumada.
    b. ‖ ~**s y cristianos.** m. pl. *Ho, ES.* Representación
        teatral, de raigambre colonial, en que dialogan los
        cristianos (español conquistador) y los moros (indígenas)
        y bailan, y concluye con la aceptación de los indígenas de
        la religión y costumbres españolas. ♦ **moro**.
    ▢
    a. ‖ ~ **sin señor.** loc. sust. *ES.* Persona sentada porque
        no tiene nada que hacer.
    ◨
    a. ‖ ~ **viejo, mal cristiano.** fr. prov. *Pa, PR.* Indica
        que es muy difícil cambiar la forma de ser de la
        gente mayor.
    ▶ estar en ~; ver ~s con tranchete.

moro, -a.
    I. 1.   adj. *Gu, Ni, Pe:S. Referido a una caballería,* que
        tiene el pelo mezclado de negro y blanco.
      2.   *Ve. Referido a animal,* de pelo o plumas de color
        gris oscuro mezclado con blanco.
    II. 1. adj/sust. *Cu. Referido a persona,* mulata de tez os-
        cura, cabello negro lacio y rasgos similares a los de
        las personas de raza blanca.

moroca.
    I. 1.   *Ho, ES.* **patriota**, planta y fruto.

morocha.
    I. 1.   f. *Ar.* Olla negra de hierro fundido.
    II. 1. f. *ES.* Mujer guapa, de tez morena.

morochamente.
    I. 1.   adv. *Ec. En relación con el estilo de habla utilizado,*
        de manera informal o espontánea. pop.

morochero, -a.
    I. 1.   sust/adj. *Ve.* Persona con tendencia a engendrar
        morochos.

morochillo.
    I. 1.   m. *Ec.* Maíz blanco quebrantado.

morocho.
    I. 1.   m. *Ar.* obsol. Aparato telefónico.
    II. 1. *Pa.* **moracho**, reptil.

morocho, -a.
    I. 1.   adj/sust. *Pa, Co, Pe, Bo, Py, Ar, Ur; Ch,* cult
        → espon. *Referido a persona,* que tiene piel more-
        na. pop.
      2.   *Ar, Ur. Referido a persona,* que tiene pelo oscuro.
        pop.
      3.   *Ec, Pe:N. Referido a persona,* robusta y de aspecto
        sano. pop.
      4.   adj. *Ho, Ur. Referido a persona,* de pelo negro y tez
        morena.
      5.   *ES. Referido a persona,* gorda.
      6.   *Ho. Referido a persona,* que tiene labio leporino.
      7.   *Ni. Referido a persona,* que le falta algún diente.
    II. 1. adj. *Co:SO, Ec, Pe, Ch. Referido a maíz,* de color
        amarillo oscuro intenso y grano duro.
    III. 1. sust/adj. *Ve.* Persona que ha nacido en el mismo
        parto que otra. pop + cult → espon.
    IV. 1. adj. *Ve. Referido a cosa,* que es idéntica o está uni-
        da a otra. pop + cult → espon.
    V. 1. m. y f. *Ho.* Niño, adolescente.
      2.   adj/sust. *Pa.* p.u. *Referido a un niño,* que está sin
        bautizar.
    VI. 1. adj. *PR. Referido a un caballo o a una yegua,* que
        lleva la cola cortada. rur.

morochuco, -a.
    I. 1.   adj/sust. *Pe. Referido a una caballería,* de pequeña
        alzada y abundante pelaje.

morochudo, -a.
    I. 1.   adj. *ES. Referido a persona,* fuerte, robusta.

moroco.
    I. 1.   m. *Ho.* Gallo de pelea cobarde.

morocoto.
    I. 1.   m. *Ve.* Pez de agua dulce de hasta 80 cm de longi-
        tud, de color pardo grisáceo en el dorso, vientre
        blanquecino con manchas anaranjadas y opérculo
        con una mancha oscura. (Characidae; *Piaractus*
        brachypomum).

morola.
    I. 1.   f. *Ho.* Canica grande.
    II. 1. f. pl. *Ho.* Ojos, *especialmente si son grandes*.

morolico, -a.
    I. 1.   m. y f. *ES.* Vendedor de feria.

morolo, -a.
    I. 1.   adj. *ES. Referido a animal,* que no tiene cola o que
        la tiene corta.
    II. 1. adj. *ES. Referido a cosa,* de superficie lisa.

morón.
    I. 1.   m. *PR.* **guabina**.

morón, -na.
    I. 1.   adj. *Pa, PR. Referido a persona,* de poca inteligen-
        cia. desp.

morona.
    I. 1.   *Mx, Ni; CR,* obsol; *Co,* p.u. **borona**, parte más
        pequeña del pan.

moroncillo.
    I. 1.   m. *PR.* **guabina**.

moroncito.
    I. 1.   m. *Ar:NO.* Bollo dulce elaborado con harina de
        maíz, azúcar, canela y clavo de olor.

morondanga.
I. 1. f. *ES, Ni.* Comida o guiso que es un revoltijo de varios alimentos.
□
a. ‖ **de ~.** loc. adj. *Ur; Py, Ar,* euf; desp. *Referido a persona o cosa,* de poca calidad, sin valor. pop + cult → espon.

moronga.
I. 1. f. *Mx, Gu, Ho, ES, Ni, CR:N, Pe.* Morcilla hecha de sangre de cerdo, sal, pimienta y **chile** picante, cocida en agua con sal y manteca dentro de una tripa de cerdo.
2. *Gu, Ho.* metáf. Pene. tabú; pop.
II. 1. f. *Gu.* Borrachera. pop.
□
a. ‖ **a ~.** loc. adj. *Gu. Referido a persona,* borracha. vulg; pop.
▶ **creer que la vida es ~; ponerse a ~; valer ~.**

¡moronga!
I. 1. interj. *Gu.* Expresa negación de algo.

moronganga.
I. 1. f. *RD.* Cosa sin valor, inútil, despreciable.

morongazo.
I. 1. m. *Gu, Ho, ES.* Golpe violento. vulg; pop.
2. *Gu, Ho, ES.* Caída fuerte. vulg; pop.
II. 1. m. *Gu.* Aguacero fuerte. vulg; pop.
III. 1. m. *ES.* Trago de aguardiente. vulg; pop.
IV. 1. m. *ES.* Gran cantidad de algo. vulg; pop.

morongón, -na.
I. 1. adj. *ES. Referido a persona,* de raza negra. desp.

morongudo, -a.
I. 1. adj. *Ni. Referido a persona,* de raza negra. desp.

morongueada.
I. 1. f. *Gu, ES.* Paliza, serie de golpes. vulg; pop.

moronguear.
I. 1. tr. *Gu, ES.* Golpear a *alguien,* darle una paliza. vulg; pop.
2. *Gu, Ho.* Derrotar al contrario en una **competencia.** vulg; pop.

moronguero, -a.
I. 1. m. y f. *Gu.* Persona que hace o vende **morongas.**

morongueta.
I. 1. m-f. *ES.* Persona de raza negra. desp.

moropo.
I. 1. m. *Cu.* Cabeza de una persona. pop.

moroporán.
I. 1. m. *Ho.* Árbol de hasta 30 m de altura, de tronco grueso, corteza marrón, hojas paripinnadas y alternas, flores fragantes blancas y frutos en cápsulas oblongas o elipsoides, de color verde, tornándose marrón castaño y dehiscentes al madurar. (Meliaceae; *Guarea grandifolia*). ♦ **cedro macho; chuchupate.**

morra.
I. 1. f. *Gu, Ho, ES.* metáf. Cabeza de una persona. pop.
II. 1. f. *PR.* Mal carácter que muestran algunas personas al despertar.

morraco.
I. 1. m. *Co.* Muñeco, figura humana hecha de diferentes materiales. pop.

morral.
I. 1. m. *ES.* Terreno poblado de **morros.**

morralla.
I. 1. f. *Mx, Ho.* Conjunto de monedas de escaso valor. pop.
2. *Co.* p.u. Esmeralda de muy poca calidad y sin valor comercial.

morrallero, -a.
I. 1. m. y f. *Co:C.* p.u. Persona que se dedica a la búsqueda de **morrallas.**

morraña.
I. 1. f. *Ho.* Roña, suciedad pegada al cuerpo.

morrear.
I. 1. tr. *ES.* Enamorar un jovencito a una muchacha.
II. 1. tr. *Ho.* Estudiar mucho un tema o lección, memorizarlo. est.

morreo.
I. 1. m. *Ho.* Estudio intenso. est.

morrero.
I. 1. *Pe:NE.* **guásimo.**

morrina.
I. 1. f. *Pa.* Olor pestilente. pop + cult → espon.
2. *Pa.* Restos putrefactos de un animal. pop + cult → espon.

morrinson.
I. 1. m-f. *Ho.* juv. Persona inteligente. fest.

morriña.
I. 1. f. *Gu, Ho, Ni, Pa.* Enfermedad del ganado, *generalmente el caballar y mular,* que consiste en acumulación y derrame seroso anormal por la nariz. rur.
II. 1. f. *PR.* Rabia causada por envidia o por celos.

morriñoso, -a.
I. 1. adj. *PR. Referido a persona,* que está rabiosa por envidia o celos. (**morroñoso**).

morrita.
I. 1. f. *ES.* Niña, muchacha.

morro.
I. 1. *Mx, Gu, Ho, ES.* **jícaro,** árbol de hasta 10 m.
2. m. *Gu, Ho, ES.* Refresco, similar a la horchata, hecho de la semilla tostada y molida del **morro** popular, mezclada con arroz, canela, cacao y azúcar.
3. *Ho, ES.* **jícaro,** recipiente.
4. pl. *Ho.* metáf. Senos de mujer.
II. 1. m. *Gu, Ho.* Cabeza de una persona.
III. 1. m. *Ho.* Estudio intenso. est.
2. m-f. *Ho.* Alumno inteligente. est.
IV. 1. m. *ES.* Muchacho.
V. 1. m. *Ho.* Alteración sebácea de forma redondeada que tienen algunos bovinos en el lomo.
▶ **lavar el ~; rajarse el ~.**

Morro.
▶ **ser más viejo que el ~.**

morro, -a.
I. 1. m. y f. *Mx:N.* Muchacho.

morroco, -a.
I. 1. adj. *Ho:E. Referido a la superficie de plantas,* áspera al tacto.
II. 1. *Ho. Referido a cosa,* sucia.

morrocó.
I. 1. *Co.* **coscongo.**

morrocota.
I. 1. f. *Co.* **morrocoy,** tortuga terrestre.

morrocotudo, -a.
I. 1. adj. *Pa, Py, Ur; Ar,* p.u; sust/adj. *Bo. Referido a persona,* fornida, corpulenta. pop + cult → espon.
2. adj. *Ar.* p.u. *Referido a una cosa,* de importancia, de peso. pop + cult → espon.

morrocoy.
I. 1. m. *Pa, PR, Co, Ve, Ec.* Tortuga terrestre de hasta 75 cm de longitud, de caparazón alto y muy convexo, de color negro con placas óseas octogonales y abultadas de color amarillo anaranjado o naranja rojizo, cabeza, cuello, patas y cola negras con escamas amarillentas. (Testudinidae; *Geochelone*

carbonaria, G. denticulata). (**morrocota**; **morrocoyo**). ♦ **tequeteque**.

2. *Ur.* Tortuga de agua dulce, de hasta 30 cm de longitud, de caparazón notoriamente convexo, de color oliváceo a marrón oscuro con dibujos negros, y cabeza, cuello, patas y cola de color verde grisáceo con bandas negras, anaranjadas y amarillas. (Testudinidae; *Chrysemys dorbignyi*). (**morrocoyo**).

morrocoyo.
I. 1. *Pa, Co:N.* **morrocoy**, tortuga terrestre.
2. *Ur.* **morrocoy**, tortuga de agua dulce.
II. 1. m. *Cu.* Persona de poca estatura y contextura gruesa.

morrón, -na.
I. 1. adj. *Ho. Referido a ladrillo*, de color rojo.

morronga.
I. 1. f. *Cu.* Pene de gran tamaño. tabú; pop + cult → espon.
II. 1. f. *Ni.* Bucle o rizo que sobresale por encima del resto del cabello.

morrongo, -a.
I. 1. adj. *Co:C,O, Ve:O. Referido a persona*, lenta y pesada en su forma de actuar. pop ∧ desp.
II. 1. adj. *Co:SO. Referido a persona*, que oculta sus intenciones, opiniones o deseos. pop ∧ desp.

morronguear(se).
I. 1. intr. *Ur; Ar,* obsol. Dormitar. pop + cult → espon.
II. 1. tr. prnl. *Ve.* juv. Besarse dos personas apasionadamente.

morrongueo.
I. 1. m. *Ve.* juv. Beso apasionado.

morroñoso, -a.
I. 1. adj. *Gu, Ho, ES, Ni, RD. Referido a cosa, y especialmente al tronco de un árbol*, áspero o de superficie desigual. pop.
2. *PR.* **morriñoso**.
3. *Pa. Referido a cosa*, desaliñada y gastada.

morrudo, -a.
I. 1. adj. *Ar, Ur. Referido a persona*, fornida, corpulenta. pop + cult → espon.
II. 1. adj. *Ve. Referido a persona*, de gesto serio y ceñudo.

morsa.
I. 1. f. *Ar, Ur.* Instrumento que sirve para sujetar piezas que se trabajan en carpintería, herrería, o mecánica, compuesto de dos brazos paralelos unidos por un tornillo sinfín que, al girar, las acerca.

mortadela.
I. 1. m. *Py, Ar.* Cadáver. pop + cult → espon ∧ fest.
II. 1. adj. *Ar. Referido a persona*, muy cansada. pop + cult → espon ∧ fest.
2. *Ur. Referido a persona*, muerta. pop + cult → espon ∧ fest.

mortaja.
I. 1. f. *ES.* Cosa fácil de conseguir. fest.
II. 1. f. *Pa.* Hoja de papel con que se lía el tabaco del cigarrillo.

mortal.
I. 1. adj. *Ni, Cu, Bo, Py; Ch,* cult → espon; *Ur,* p.u. *Referido a cosa*, excelente, muy buena. pop.
2. *Cu. Referido a persona*, simpática, comprensiva y servicial.

mortalón, -na.
I. 1. sust/adj. *Cu.* Persona que actúa con gran calma.

mortandad.
I. 1. f. *Cu.* Falta de animación en un lugar.
II. 1. f. *Ho.* Olor a animal muerto.

mortango.
I. 1. m. *Co:C.* Cadáver. pop.

morteadora.
I. 1. f. *Mx.* Máquina para moler o pulverizar granos, especias o semillas.

morterazo.
I. 1. m. *ES.* Trago de aguardiente.
II. 1. m. *Ni.* Pedo sonoro. vulg.

morterear.
I. 1. tr. *Ho, Ni, Cu, Bo.* Disparar un mortero.

mortero.
I. 1. m. *Ho, ES, Ni.* Petardo, explosivo muy grande.
II. 1. m. *ES.* Pene. vulg.
III. 1. m. *Ni.* Pedo sonoro. vulg.

mortificadera.
I. 1. f. *Gu, Ni.* Mortificación.

mortificón.
I. 1. sust/adj. *Cu.* Persona fastidiosa e impertinente. pop.

mortiñada.
I. 1. f. *Ec.* Refresco preparado con **mortiño**.

mortiño.
I. 1. *Co.* **maíz de perro**.
2. *Ec.* Arándano. (Ericaceae; *Vaccinium myrtillus*).
3. *Ec.* Fruto del **mortiño**.

mortual.
I. 1. f. *Mx, CR.* Conjunto de bienes, derechos y obligaciones que, al morir alguien, son transmisibles a sus herederos. esm.
2. *Ho, Ni, CR.* Sucesión, bienes heredados.

mortuoria.
I. 1. f. *Co.* Juicio para inventariar, conservar, liquidar y partir la herencia del testador.
II. 1. f. *Ve:O, Py.* Velatorio.

moruco, -a.
I. 1. adj. *Ho. Referido a persona*, que no tiene dientes.

moruna.
I. 1. f. *Mx:E.* Machete.

moruno, -a.
I. 1. adj. *Co:N,SO. Referido a una res*, que no tiene cuernos. pop.

moruro.
■
a. ‖ ~ **abey.** m. *Cu.* Árbol de hasta 30 m de altura, de hojas bipinnadas, flores amarillas y fruto en vaina alada de hasta 7 cm; su madera se emplea en construcciones rurales y para hacer postes. (Fabaceae; *Peltophorum adnatum*).

morusa.
I. 1. f. *PR.* Porción de pelo enmarañado, sin peinar. pop + cult → espon.

mosaico.
I. 1. m. *Co.* Cuadro en el que se ponen las fotografías de los alumnos y profesores de una promoción académica al terminar sus estudios.
II. 1. m. *Pe, Bo.* Hombre que sirve en restaurantes o en establecimientos de hostelería. pop.
III. 1. m. *Gu, Ho, Ni.* Enfermedad del tabaco, tomate y frijol provocada por varios virus nanómetros que sobreviven en tallos, hojas y semillas en forma de rodillo y produce manchas oscuras en las hojas.
IV. 1. m. *CR, RD, PR.* Combinación de diversos fragmentos de canciones o piezas musicales que forman un todo.

mosaiquero, -a.
I. 1. sust/adj. *Bo; Ch,* p.u. Persona que se dedica a cubrir superficies con mosaicos. cult.

mosca.
I. 1. f. *Ch.* Firma abreviada. pop + cult → espon.

a. ‖ **te conozco, ~.** fórm. *Ho, ES, Ni, Co:O, Ec, Bo:O; Ch*, pop + cult → espon. *En una conversación*, se usa para poner en duda la honorabilidad de una persona de la que se desconfía.

■

a. ‖ **~ blanca.** f. *Gu, Ho, ES, Ni, Ur*. Insecto de 1 mm de longitud, de color verde amarillento en estado joven, y pardo amarillento cuando llega a adulto. (Aleyrodidae; *Bemisia tabaci*).

b. ‖ **~ chiclera.** f. *Mx*. Insecto parecido al mosquito, de hasta 3 mm, color amarillento y pelo recubierto de pelillo. (Psychodidae; *Phlebotomus* spp.).

c. ‖ **~ de caballo.** (Calco del ingl. *horsefly*.) f. *EU, Ec*. Insecto díptero de hasta 3 cm de longitud y de color pardo, que molesta principalmente a las caballerías; tábano.

d. ‖ **~ de lumbre.** (Del ingl. *firefly*.) f. *EU*. Insecto volador de hasta 3 cm de longitud, oblongo, pardo y con dos manchas amarillentas a los lados del tórax, por las cuales despide de noche una luz azulada bastante viva. (Lampyridae; *Photuris* spp.). ♦ **mosquito de luz.**

e. ‖ **~ prieta.** f. *Mx*. Insecto díptero de tamaño algo mayor que la mosca común, de color amarillento o anaranjado, y una trompa alargada al final del abdomen para depositar los huevos. (Tephritidae; *Anastrepha ludens*).

□

a. ‖ **de ~.**

i. loc. adv. *Mx*. En un autobús lleno, con el cuerpo fuera del vehículo, asido con dificultad de la parte trasera de este.

ii. *Mx. En un medio de transporte*, sin pagar el billete.

b. ‖ **la ~.** loc. sust. *Ni*. juv. La policía.

c. ‖ **la ~ loca.** loc. sust. *Bo:O, Ur; Ar*, obsol. Gran cantidad de dinero. pop + cult → espon.

d. ‖ **~ blanca.** loc. sust. *Ar, Ur*. Persona que constituye una excepción dentro de un grupo por su comportamiento correcto y honesto. pop + cult → espon ^ desp.

▨

a. ‖ **vamos arando, dijo la ~.** fr. prov. *Ch*. Indica la falta de actividad de alguien que toma parte en una labor. pop + cult → espon.

▶ **caer ~s; caerle ~s; hacer ~; jugar ~; parecer ~ en leche; ponerse ~; quedar ~; quedarse ~; quitarse la ~ de la oreja.**

¡mosca!

I. 1. interj. *Co, Ve*. Expresa advertencia de la proximidad de un peligro. pop.

moscardona.

I. 1. f. *Bo:O*. Prostituta joven. delinc.

moscatel.

I. 1. adj. *Ve. Referido a persona*, atenta, vigilante. delinc.

mosco.

I. 1. m. *Co, Ec*. Mosca común o cualquier otro insecto del orden de los dípteros. (Muscidae; *Musca* spp.).

II. 1. *Ni*. **misquito**, grupo étnico.

III. 1. *PR*. **mosquito**, tractor.

mosco, -a.

I. 1. adj. *Ni, Pe. Referido a persona*, que está atenta o alerta ante cualquier circunstancia.

II. 1. adj. *Ch. Referido a un caballo o a una yegua*, de color muy negro con algún que otro pelo blanco. rur.

moscorrofio.

I. 1. m. *Co:C*. Persona fea. pop ^ desp.

2. *Co*. Cosa de mala calidad o desagradable. pop ^ desp.

moseñada.

I. 1. f. *Bo:O*. Danza tradicional en la que los danzantes llevan sus mejores trajes y las mujeres cargan sobre la espalda grandes roscas de pan.

2. *Bo:O*. Composición musical al compás de la que se baila la moseñada.

mosepo.

I. 1. *Ho; Ni*, obsol. **musepo**.

mosh.

I. 1. m. *Ec*. juv. Baile de los roqueros que consiste en saltar, mover la cabeza y lanzarse unos contra otros.

II. 1. m. *Gu*. Avena preparada en papilla.

III. 1. m. *Gu*. Mal humor.

IV. 1. m. *Gu*. Potencia, fuerza para hacer algo.

moshudo, -a.

I. 1. adj. *Gu. Referido a persona*, malhumorada.

II. 1. adj. *Gu. Referido a persona o cosa*, potente, fuerte.

mosorola.

I. 1. f. *ES*. Pene. vulg.

II. 1. f. *ES*. Cabeza de persona.

mosqueado, -a.

I. 1. adj. *Cu, PR. Referido a un local comercial*, vacío, o con pocos clientes. pop + cult → espon ^ fest.

2. *Cu. Referido a una mercancía*, que permanece largo tiempo en un establecimiento comercial sin ser vendida.

II. 1. adj. *Cu. Referido a persona*, que está sola y aislada del resto de la gente, sin que nadie le preste atención o la atienda.

2. *PR. Referido a persona*, triste, deprimida o aburrida. pop + cult → espon.

III. 1. adj. *PR. Referido a un aguacate*, que tiene puntos negros en la cáscara, indicio de que ha empezado a pudrirse. rur.

IV. 1. adj. *PR. Referido a persona*, que aún no está enviciada o acostumbrada al uso de drogas. drog.

mosqueador, -ra.

I. 1. adj. *Ar. Referido a una caballería*, que mueve constantemente las orejas y la cola para espantar las moscas o, *especialmente, cuando se la castiga u obliga a marchar*. rur.

mosquear(se).

I. 1. tr. *Mx, Gu, Ho, ES, Ni, CR, RD, Pe; Ch*, pop. Tocar las moscas un alimento.

2. intr. prnl. *Gu, Ho, ES, Ni, Cu, Ec, Pe*. Llenarse *algo* de moscas.

II. 1. intr. *Mx, Ar:NO, Ur*. Mover una caballería las orejas y la cola para espantar las moscas o, *especialmente, cuando se la castiga u obliga a marchar*. rur.

III. 1. tr. *Mx*. Tocar o tratar repetidamente *algo*, desluciéndolo o complicándolo.

IV. 1. intr. prnl. *Co, Bo*. Azorarse, asustarse. pop.

V. 1. tr. prnl. *Cu, Pe*. Exhibirse y ofertarse una mercancía sin conseguir que se venda.

VI. 1. intr. *Ch*. Pescar con mosca.

VII. 1. intr. prnl. *Ec*. Darse cuenta *alguien* de una situación que le incumbe pero que no conocía.

mosquera.

I. 1. f. *Ec*. Arbusto espinoso de zonas secas. (Euphorbiaceae; *Croton wagneri*).

II. 1. f. *Gu*. Cubierta para proteger alimentos de las moscas.

mosquerío.

I. 1. m. *Gu, Ch*. Lugar insano poblado de moscas y suciedad. pop.

2. *Pa*. **mosquero**, abundancia de moscas. pop + cult → espon.

mosquerito.

■

a. ‖ **~ pechirrayado.** m. *Ec*. **mosqueta chorreada.**

mosquero.
  I. 1.   m. *Mx, Gu, Ho, ES, Ni, CR, Cu, RD, PR, Co, Ve, Ec; Pe.* rur. Hervidero o cantidad grande de moscas. ♦ **mosquerío**.
  II. 1.   m. *Co.* Arbusto de hasta 2 m, de hojas cubiertas de pelos rojizos y flores muy pequeñas, blancas y en espigas; se emplea en la medicina popular como febrífugo. (Euphorbiaceae; *Croton leptostachys*).
  III. 1.   m. *PR.* Establecimiento comercial, *especialmente restaurantes*, con muy pocos clientes o ninguno. pop + cult → espon ∧ fest.
  2.   *PR.* metáf. Aburrimiento, tristeza.
  ■
  a. ‖ ~ **común**. m. *Gu.* Pájaro de hasta 18 cm de longitud, con el dorso y las alas de color café, la cabeza café oscuro y el vientre amarillo claro. (Tyrannidae; *Myiarchus tuberculifer*).
  b. ‖ ~ **copetón**. m. *Gu.* Pájaro de hasta 20 cm de longitud, con un copete pronunciado, de color grisáceo el dorso, café las alas y la cola, blanco la garganta y amarillo el vientre. (Tyrannidae; *Myiarchus tyrannulus*).
  ▶ ser solo las ganas de vivir y el ~ atrás; tener un ~.

mosquero, -a.
  I. 1.   adj. *Ch.* Relativo a la pesca con mosca.
  II. 1.   m. y f. *Ch.* Persona aficionada a la pesca con mosca. pop.

mosqueta.
  I. 1.   f. *Mx.* Arbusto de hasta 10 m de altura, de ramas delgadas, inclinadas, de color castaño, hojas aovadas o lanceolado-aovadas, de margen entero, flores terminales, blanco-amarillentas, normalmente solitarias, de aroma intenso, fruto en cápsula leñosa y semillas angostas de color café. (Hydrangeaceae; *Philadelphus mexicanus*).
  II. 1.   f. *Ar.* Dinero. pop + cult → espon.
  III. 1.   f. *Ar.* Pájaro de pequeño tamaño, de dorso gris oliváceo, pecho y abdomen de color amarillo grisáceo, garganta blanquecina, alas largas y pardas, y pico fino y alargado. (Tyrannidae; *Phylloscartes ventralis*).
  IV. 1.   f. *Pa.* Roseta de oro recamada de perlas, confeccionada en pares para aretes y una de mayor tamaño para usarse como prendedor central en la camisa de la **pollera**. pop + cult → espon.
  ■
  a. ‖ ~ **chorreada**. f. *Ec, Ar.* Pájaro de pequeño tamaño, de dorso marrón, parte ventral blanquecina, corona amarilla, alas negruzcas con dos bandas ocráceas. (Tyrannidae; *Myiophobus fasciatus*). ♦ **mosquerito pechirrayado**.
  b. ‖ ~ **ojo dorado**. f. *Ar.* Pájaro de pequeño tamaño, de dorso pardo oliváceo, cabeza y parte ventral grises y ojos amarillos. (Tyrannidae; *Hemitriccus margaritaceiventer*).

mosquete.
  I. 1.   m. *Ho.* Golpe dado en el rostro. rur.

mosqueteado, -a.
  I. 1.   adj. *ES. Referido a cosa*, tocada por las moscas o llena de moscas.

mosquetear.
  I. 1.   intr. *Bo:C,E, Ar:C,NO.* obsol. Mirar y curiosear, *especialmente en una fiesta o reunión y sin participar en ella.* pop + cult → espon.

mosquetero.
  I. 1.   m. *ES.* Secuestrador de mujeres.

mosquetero, -a.
  I. 1.   sust/adj. *Bo; Ar:C,NO*, obsol. Persona que mira y curiosea, *especialmente en una fiesta o reunión y sin participar en ella.* pop + cult → espon.

mosquitero.
  I. 1.   f. *Mx, Ve.* Muchedumbre de mosquitos.

mosquito.
  I. 1.   m. *PR, Ur. En la industria azucarera*, tractor de ruedas grandes y cabina del conductor pequeña usado para remolcar jaulas y **carretones**. (**mosco**).
  ■
  a. ‖ ~ **de luz**. (Calco del ingl. *lighting bug*). m. *EU.* **mosca de lumbre**.
  □
  a. ‖ **en menos de lo que pestañea un ~**. loc. adv. *Cu.* Rápidamente, en nada.

mostacero.
  I. 1.   m. *Ch; Pe*, p.u. Hombre homosexual activo. tabú; pop ∧ desp. (**mostaza**).

mostacho.
  ▶ chuparse los ~s.

mostachol.
  I. 1.   m. *Ur*; m. pl. *Ar.* **mostacholi**.

mostacholi.
  I. 1.   m. *Ur*; m. pl. *Ar.* Pasta alimenticia de harina con forma de tubo. ♦ **mostachol**.
  II. 1.   m. *Ur.* obsol. Bigote, *especialmente grande y espeso.* pop + cult → espon ∧ fest.

mostacilla.
  I. 1.   f. *Mx.* Hierba de hasta 1 m de altura, de tallo ramificado desde la base, hojas con el lóbulo terminal más grande que el resto, inflorescencias en racimo, flores pequeñas, amarillas o verdosas, frutos simples, secos, y semillas ovoides de color café. (Brassicaceae; *Eruca sativa*).
  II. 1.   *Gu, Co.* **yaya**.
  2.   *Gu, Ho.* Garrapata recién nacida.
  III. 1.   f. *Ve, Py.* Perla pequeña.
  IV. 1.   f. *Ho, Ni.* Clavo de 1 cm de longitud, de punta fina y cabeza plana y grande, y la longitud necesaria para fijar los tacones del calzado a la suela.

mostaza.
  I. 1.   *Ch.* **mostacero**.
  II. 1.   f. *Gu.* Borrachera.
  ■
  a. ‖ ~ **criolla**. f. *RD.* Planta de hasta 1 m de altura, de tallos erectos, hojas de margen serrado e inflorescencia compuesta de flores pequeñas y amarillas. (Brassicaceae; *Sinapis arvensis*).
  b. ‖ ~ **montés**. f. *Mx.* **donjuán**.
  □
  a. ‖ **a ~**. loc. adj. *Gu. Referido a persona*, borracha. pop.
  ▶ ponerse ~; sacar la ~; subírsele la ~.

mostazo.
  I. 1.   *RD.* **frijol de monte**.

mosto.
  I. 1.   m. *Mx, Cu, RD, PR. En la industria azucarera*, residuo fétido del zumo de la caña de azúcar.
  2.   *Bo, Py.* Zumo de la caña de azúcar.
  II. 1.   m. *Ch.* Vino.
  ■
  a. ‖ ~ **muerto**. m. *Mx.* Mezcla de agua y miel hervida que queda en el alambique tras un proceso de destilación.
  b. ‖ ~ **verde**. m. *Pe.* **Pisco** de buena calidad elaborado por destilación del mosto sin haber finalizado el proceso de fermentación.

mostrar.
  □
  a. ‖ ~ **el cobre**. loc. verb. *Mx, Ni, Co.* Dejar ver *alguien* aspectos de su personalidad, *especialmente vicios o defectos.*

b. ‖ ~ **la hilacha.** loc. verb. *Bo, Ch, Ar, Ur.* Dejar ver *alguien* defectos o malas intenciones que deseaba mantener ocultos. pop + cult → espon. ◆ **mostrar la ojota.**

c. ‖ ~ **la ojota.** *Ch.* **mostrar la hilacha.** pop.

d. ‖ ~ **la pinta.** loc. verb. *Bo:E.* Dejar ver *alguien* sus verdaderas intenciones. pop.

mostrario.
I. 1. m. *Co; Ec,* p.u. Colección de muestras.

mostrenco.
I. 1. m. *Bo.* Soldado que empieza su servicio militar. pop + cult → espon.
II. 1. m. *CR, Pa.* Árbol de hasta 10 m de altura, de hojas simples y opuestas, flores tubulares blancas y aromáticas, y frutos en bayas globosas y oblongas, amarillos cuando están maduros. (Rubiaceae; *Randia armata*). ◆ **rosetillo.**
III. 1. m. *Ho.* Ternero o caballería sin señal en la oreja.

mostro, -a.
I. 1. adj. *Pe. Referido especialmente a cosa,* excelente. pop.
II. 1. m. y f. *PR.* **caballo,** persona hábil.

mostrón, -na.
I. 1. adj/sust. *Co. Referido a persona, generalmente a una mujer,* que le gusta exhibirse.

mota.
I. 1. f. *Mx, Gu, Ho, ES, Ni, CR, PR, Co:N, Ve, Ec.* Marihuana. drog.
II. 1. f. *Mx, Cu, RD, PR, Ve, Ec, Pe.* Borla para aplicar los polvos que se usan como cosmético.
2. *Pa. En la* **pollera,** bola de lana en el centro del escote de la camisa, que va por delante y por detrás. pop + cult → espon.
III. 1. f. *Mx.* Conjunto o grupo de árboles. rur.
IV. 1. f. *Pe.* Objeto pequeño que sirve para borrar cualquier tipo de pizarra.
V. 1. f. *RD.* Cantidad de dinero muy pequeña, que tiene muy poco valor.
VI. 1. f. *Ho.* Pinta de otro color que tienen la pluma o pelo de animales.
▶ **pasar la ~.**

motacú.
I. 1. m. *Bo.* Palma de hasta 10 m de altura, con el tronco casi desnudo, hojas compuestas de pecíolo corto, flores agrupadas en espiga y fruto en drupa, comestible; su tronco se utiliza en la construcción, y sus hojas, como techado de viviendas rústicas. (Arecaceae; *Scheelea princeps*).

motacusillo.
I. 1. m. *Bo.* Palma de hasta 5 m de altura, con el tronco anillado y reclinado hacia el suelo, hojas compuestas con pecíolo elongado, flores agrupadas en espiga y frutos en drupa. (Arecaceae; *Maximiliana maripa*).

motagua.
I. 1. sust/adj. *Ho.* Miembro o simpatizante del club de **futbol** Motagua. ◆ **motagüense.**

motagüense.
I. 1. sust/adj. *Ho.* **motagua,** miembro o simpatizante.
2. adj. *Ho.* Relativo al equipo de **futbol** Motagua.

motasatol. (Del nahua *motatl*, motate, piñuela, y *atolli*, atol).
I. 1. m. *Ni.* Postre preparado con el fruto de la **piñuela,** harina de maíz, azúcar y canela.

motate. (Del nahua *motatl*).
I. 1. f. *Ho, ES, Ni.* Fruto comestible del motate, una piña pequeña y agridulce. ◆ **cham.**
2. *Ho, ES, Ni.* Inflorescencia del motate, que se come **enhuevada** y frita o en encurtido.
3. *Ho, ES.* Piña silvestre con penca y hojas en roseta y espinosas, con vainas grandes, cubiertas de esca-

mas café oscuro y flores de color rosado con la base y los márgenes blancos; sus frutos, de forma ovoide, son comestibles y tienen un sabor agridulce; en la medicina tradicional, la decocción de las hojas se usa contra el escorbuto, la diabetes y la embriaguez. (Bromeliaceae; *Bromelia karatas, B. pinguin*). ◆ **cham.**

motatera.
I. 1. f. *ES.* Sitio poblado de **piñuelas.**

mote.
I. (Del quech. *mut'i*).
1. m. *Co, Ec, Pe, Bo.* Maíz desgranado y cocido, sea tierno o maduro, con cáscara o pelado, que se emplea como alimento.
2. *Co:N.* Plato típico preparado con **ñame** o con **ahuyama.**
3. *Ar:NO.* Maíz blanco hervido en lejía de ceniza y después pelado.
4. *Ar:NO.* Guiso elaborado *principalmente con maíz hervido y pelado, trozos de carne y* **ají.**
5. *Ch.* Guiso o postre de trigo quebrantado o triturado, después de haber sido cocido en lejía y deshollejado.
II. (Del aim. y quech. *muthu*, embotado).
1. m. *Pe; Ch,* pop + cult → espon. Error en lo que se habla o se escribe.
III. 1. m. *Ch.* Pez pequeño o cría que suele agruparse en cardúmenes y que se puede comer o utilizar como carnada.
2. m-f. *Ch.* metáf. Alumno de primer año de la Escuela Naval. pop + cult → espon.
IV. 1. m. *Ch.* Dosis de 1 g de cocaína. drog.
■
a. ‖ ~ **cauca.** m. *Ec.* Maíz desgranado a medio cocer, empleado para preparar guisos.
b. ‖ ~ **con huesillos.** m. *Ch.* Bebida compuesta de **mote** o trigo triturado con **duraznos** secos enteros.
c. ‖ ~ **de haba.** m. *Pe, Bo:O.* Haba cocida en agua.
d. ‖ ~ **de maíz.** m. *Ch.* Maíz desgranado, cocido y pelado que se prepara como postre, guiso o refresco.
e. ‖ ~ **pata.** m. *Ec.* Guiso elaborado con maíz desgranado y cocido, carne de cerdo y especias.
f. ‖ ~ **pillo.** m. *Ec.* Alimento preparado con huevo, cebolla, sal, manteca de cerdo y maíz desgranado y cocido.
g. ‖ ~ **sucio.** m. *Ec:S.* **Mote** o maíz mezclado con manteca de **chancho** y restos de **fritada** de carne de cerdo.
▶ **cachar el ~.**

moteada.
I. 1. f. *Ho.* Fumado de marihuana.

moteado, -a.
I. 1. adj. *Ho, ES, Ni, CR, PR. Referido a persona,* que está bajo los efectos de la droga o del alcohol. pop + cult → espon ^ desp.
II. 1. adj. *Cu. Referido a una planta,* que se trasplanta con las raíces, cubiertas de tierra y protegidas por una tela.

motear(se).
I. 1. intr. prnl. *Ho, ES, Ni, CR.* Fumarse un cigarrillo de marihuana.
2. intr. *Ho, ES, Ni, CR.* Fumar marihuana.
3. tr. prnl. *PR.* Consumir *alguien* droga. drog.
II. 1. intr. *Ar:NO.* Equivocarse, fallar. pop + cult → espon.

motel.
I. 1. m. *Mx, ES, Ni, CR, RD, PR, Co, Ve, Ec, Bo, Py, Ur.* Establecimiento en el que se alquilan habitaciones a parejas para tener relaciones sexuales, y a las que se llega por medio de un vehículo. ◆ **amoblado; amueblado.**

motelar.
    I. 1. m. *Mx:SE.* Terreno recién plantado de árboles de cacao. rur.

motelear.
    I. 1. intr. *Ni, Co; Ec,* p.u. Ir a un **motel** para tener un encuentro sexual. pop.

motelo.
    I. 1. m. *Ec, Pe:E.* Tortuga de hasta 60 cm de longitud, de color marrón oscuro con círculos más claros o amarillos, con múltiples manchas amarillas en las patas y la cabeza. (Testudinidae; *Geochelone denticulata*).

moteméi.
    I. 1. m. *Ch.* Maíz desgranado, cocido y pelado que se prepara como postre, guiso o refresco.

moteo.
    I. 1. m. *Cu.* Operación que consiste en sacar las posturas del vivero y plantarlas en el sitio elegido.

motera.
    I. 1. f. *Cu.* Recipiente que contiene polvos cosméticos y la **mota** para aplicarlos.

motero, -a.
    I. 1. m. y f. *Ec, Bo:C,O.* Persona que prepara y vende **mote** o maíz desgranado y molido.
    2. adj/sust. *Ch. Referido a persona,* que vende **mote**, guiso o postre de trigo.
    3. *Ch.* p.u. Aficionado a comer **mote**, guiso o postre de trigo.
    4. adj. *Ch.* p.u. Relativo al **mote**, guiso o postre de trigo.
    II. 1. sust/adj. *Gu, Ho, ES, Ni.* Persona que fuma marihuana.
    III. 1. adj/sust. *Ch. Referido a persona,* que comete errores al hablar o escribir.

motetada.
    I. 1. f. *Pa.* Contenido de un **motete**, cesto grande. rur.

motete.
    I. (Del nahua *motetía,* ayuntar piedras para edificar).
    1. m. *Ho, ES, Ni, CR, Pa, RD, PR, Co:N.* Envoltorio, atadijo de algo.
    2. *PR.* Paquete, envoltorio grande.
    II. 1. m. *Pe:E.* Cesta en la que se llevan objetos y correspondencia. rur.
    2. *Pa, RD, PR.* Cesto grande fabricado con cintas entrelazadas de **bejuco** que los campesinos llevan en la espalda. rur.
    III. 1. *Ho, ES, Ni.* **timbiriche**, planta.
    2. *Ni.* **zamhool**.
    IV. 1. m. *RD.* Objeto cualquiera que no se quiere mencionar o cuyo nombre se desconoce.
    2. pl. *RD.* Conjunto de objetos de uso personal o doméstico.
    V. 1. m. *Ni.* Vulva. tabú.
    VI. 1. m. *Pa.* Giba. pop + cult → espon.
    ▶ **hacer ~; liar el ~.**

moticha.
    I. 1. f. *ES, Ni.* Rebusca de mazorcas y algodón después de haber sido cosechados. rur.

motichar.
    I. 1. intr. *ES, Ni.* Recoger la **moticha**. rur.

moticuco, -a.
    I. 1. adj/sust. *Pe. Referido a persona,* fea. pop + cult → espon.

motilada.
    I. 1. f. *Co:O.* Corte de pelo.

motilar(se).
    I. 1. tr. *Co:O, Ve:O.* Cortar el pelo a *alguien.*
    2. intr. prnl. *Co:O, Ve:O.* Cortarse el pelo *alguien.*

motillo.
    I. 1. *PR.* **cacaotillo**.

motinista.
    I. 1. m-f. *Pe.* p.u. Persona que promueve o participa en un motín.

motita.
    I. 1. f. *Mx.* Planta herbácea de hasta 65 cm de altura, de tallo ramificado, hojas alternas, lineares a angostamente oblanceoladas, inflorescencias en cabezuelas solitarias y terminales, flores con corola rosada, y frutos de color verde amarillento. (Asteraceae; *Pinaropappus roseus*).

motivito.
    I. 1. m. *Cu.* Fiesta o reunión informal *donde generalmente se baila.* pop.

moto.
    I. 1. m. *Ni.* Enfermedad del tétanos, *especialmente el de los recién nacidos al cortar el cordón umbilical.*
    II. 1. *PR.* **gallo**, cigarrillo de marihuana.
    ■
    a. ‖ **~ de palabras.** m. *Ni.* Persona que ha quedado momentáneamente muda.
    ▶ **parecer ~.**

moto, -a.
    I. 1. adj. *Mx, Gu. Referido a persona,* que está bajo los efectos de la marihuana o de otra droga. drog.
    II. (Del nahua *motloc,* contigo, cerca de ti, a la par de ti).
    1. adj/sust. *Ho, ES, Ni, CR.* obsol. *Referido a persona,* huérfana.
    2. *Ho, ES, Ni, CR.* rur. *Referido a animal doméstico,* que no tiene madre conocida.
    3. *Ho, ES, Ni. Referido a personas o cosas,* sin su par.
    4. *Ho. Referido a persona o animal,* que no tiene compañía, solo.
    III. 1. adj. *Ar:NO. Referido a un cuchillo u otro instrumento para cortar,* que no tiene punta o filo. rur.
    ▶ **chantar la moto.**

motocachi. (De *Motocachi,* hacienda del valle de Nepeña, Áncash).
    I. 1. m. *Pe:N.* Aguardiente elaborado con el destilado de la uva tinta.

motocle. (Del nahua *mototli,* ardilla).
    I. 1. m. *Mx.* Ardilla de hasta 35 cm de longitud, con la parte inferior blanca, espalda marrón con varias líneas de manchitas blancas, cola alargada y peluda y orejas pequeñas y redondeadas. (Sciuridae; *Spermophilus mexicanus*).

motoconchista.
    I. 1. m-f. *RD.* Persona que conduce un **motoconcho**.

motoconcho. (De *motor,* motocicleta, y *concho,* taxi).
    I. 1. m. *RD.* Motocicleta de alquiler con conductor, que traslada a una persona al lugar deseado.

motocortadora.
    I. 1. f. *Ch.* Máquina cortadora, *especialmente de césped.*

motoguadaña.
    I. 1. f. *Ho, CR, Ar.* Máquina manual o mecánica de cuchillas rotatorias para cortar hierbas y malezas.

motojobobo.
    I. 1. m. *Bo:E.* Planta de tallo rastrero cuyo fruto es una baya comestible con la que se elaboran mermeladas y dulces. (Solanaceae; *Lycianthes asarifolia*).

motolito, -a.
    I. 1. sust/adj. *Ve:O.* Persona de apariencia afable que oculta malas intenciones.

motolo, -a.
    I. 1. adj. *Ec:S. Referido a objeto o instrumento,* romo, sin punta. pop + cult → espon.
    2. *Ec:S. Referido a herramienta cortante,* desafilada. pop + cult → espon.

motomochila.
> **I. 1.** f. *Cu.* Depósito con motor que se lleva a la espalda y se emplea para fumigar.

motomoto.
> **I. 1.** m. *Bo.* Arbusto de hasta 2 m de altura, de hojas compuestas dispuestas en espiral, flores amarillas agrupadas en racimos y frutos leñosos; de él se obtiene un colorante. (Fabaceae; *Senna aymara*). ♦ **tacarcaya.**

motón, -na.
> **I. 1.** adj. *RD. Referido a un animal*, que carece de cuernos o que únicamente le asoman. ♦ **monguto.**

motoneta.
> **I. 1.** f. *Gu, ES, Ni, Pa, Cu, Co, Ve, Ec, Pe, Bo, Ch, Ur; Ar,* obsol; *UR,* p.u. Motocicleta con ruedas pequeñas, cuya defensa se prolonga por debajo y hacia atrás a modo de piso sobre el cual apoya los pies el conductor.
> **2.** *Ho, Ni.* Moto con una rueda delante y dos detrás, con dos asientos que se utiliza como taxi.
> **II. 1.** f. pl. *Cu.* Clase de peinado que consiste en dividir el pelo en dos partes iguales y sujetarlo a manera de cola a cada lado de la cabeza.
> **2.** f. *Cu.* Cada una de las colas que conforman este peinado.
>
> □
> **a.** ‖ ~ **con llave.** loc. sust. *Ch.* p.u. Persona que tiene joroba. pop ^ fest.

motonetista.
> **I. 1.** m-f. *Ch, Ar, Ur; Ec,* p.u. Persona que conduce una **motoneta.**

motoniveladora.
> **I. 1.** f. *Pa.* Máquina que allana y compacta la tierra.

motoquero, -a.
> **I. 1.** sust/adj. *Ch, Py, Ar, Ur; Ec,* p.u., juv. Persona aficionada a las motos y a todo lo que esté relacionado con ellas.
> **2.** adj. *Py, Ar, Ur.* Relativo a las motos o a los **motoqueros.**
> **3.** m. y f. *Ar, Ur.* Mensajero o repartidor que va en moto.

motor.
> **I. 1.** m. *Cu, RD.* Motocicleta, vehículo automóvil de dos ruedas.
> ► **aceitar los ~es.**

motora.
> **I. 1.** f. *PR.* Motocicleta, vehículo automóvil de dos ruedas.

motorcicleta.
> **I. 1.** f. *Pa.* p.u. Motocicleta. pop.

motorista.
> **I. 1.** m-f. *ES, CR, Co:O,SO, Ec.* Persona que conduce un vehículo de motor.

motorizada.
> **I. 1.** f. *Ni, Pa, Cu, Py.* Unidad de la policía que patrulla las calles en vehículos automotores. (**aguanta ahí**).

motorizado, -a.
> **I. 1.** m. y f. *Ni, CR, Pa, Ve, Ec.* Persona que conduce una motocicleta.
> **2.** *Pe.* Persona que como parte de su oficio conduce una motocicleta.

motorizar(se).
> **I. 1.** tr. *Ve.* Promover *alguien* una acción u obra. pop + cult → espon.
> **II. 1.** intr. prnl. *Cu.* Trabajar de forma rápida.

mótorman.
> **I. 1.** m. *Ar, Ur.* obsol. Conductor de tranvía o de **subterráneo.**

motorolo.
> **I. 1.** m. *ES.* Motorista. pop ^ fest.

motorolo, -a.
> **I. 1.** adj/sust. *Mx. Referido a persona,* que está bajo los efectos de la marihuana o de otra droga. drog.

motoso.
> **I. 1.** m. *Co.* Sueño breve. pop.
> ► **echar un ~.**

motoso, -a.
> **I. 1.** adj. *ES, Co. Referido a un tejido,* que tiene motas o bolitas.
> **2.** *Ar, Ur. Referido al cabello,* negro, ensortijado y crespo. pop + cult → espon. ♦ **motudo.**
> **3.** adj/sust. *Ar. Referido a persona,* que tiene el cabello negro, ensortijado y crespo. pop + cult → espon. ♦ **motudo.**
> **4.** adj. *Ec. Referido al pelo,* dispuesto en forma de mota. ♦ **motudo.**
> **5.** adj/sust. *Ec.* meton. *Referido a persona,* que tiene el pelo en forma de **mota.** ♦ **motudo.**
> **II.** (Del aim. y quech. *muthu,* embotado).
> **1.** adj/sust. *Pe, Bo. Referido a persona,* que habla español con **motes** o con acento propio de lenguas indígenas. desp.
> **2.** adj. *Pe, Bo. Referido a un cuchillo o herramienta,* que no tiene punta ni filo.
> **III. 1.** adj. *ES. Referido a persona,* que se droga con marihuana.

mototaxi.
> **I. 1.** m. *ES, Co, Pe;* f. *Ec:O.* Motocicleta de tres ruedas, con asiento doble detrás del conductor y con techo, que se usa como medio de transporte popular y público para trayectos cortos.
> **2.** m. *Ni, Co, Ve, Bo:E.* Motocicleta que se emplea como taxi en la ciudad.

mototaxista.
> **I. 1.** m-f. *Pe.* Persona que tiene como oficio conducir un **mototaxi,** motocicleta con tres ruedas.

motovía.
> **I. 1.** f. *Ch.* p.u. Vía de circulación para motos.

motoyoé.
> **I. 1.** m. *Bo:E.* Árbol de hasta 12 m de altura, de hojas compuestas, con un solo par de folíolos y el pecíolo alado; sus flores son verdosas, agrupadas en racimos; los frutos son bayas comestibles de una sola semilla; su madera se utiliza en ebanistería. (Sapindaceae; *Melicoccus lepidopetalus*). ♦ **motoyué.**

motoyué.
> **I. 1.** *Bo:E.* **motoyoé.**

motrique.
> **I. 1.** m. *Ho:C,E,O.* Instrumento para extraer el jugo de la caña de azúcar que consiste en un poste rectangular que se hinca en el suelo con un agujero grande a un metro de altura en el que se introduce como palanca un palo que estruja la caña. rur.

motroco, -a.
> **I. 1.** m. y f. *Mx.* Niño pequeño. pop.

motrocolo.
> **I. 1.** m. *RD.* Persona fea o de aspecto ridículo. pop.

motua.
> **I. 1.** f. *Co.* **fique,** planta.

motudo, -a.
> **I. 1.** *Ar, Ur.* **motoso,** negro, ensortijado.
> **2.** *Ar, Ur.* **motoso,** que tiene el cabello negro y ensortijado.
> **3.** *Ch, Py.* **motoso,** en forma de **mota.** pop + cult → espon.
> **4.** *Ch.* **motoso,** que tiene el pelo en forma de mota. pop + cult → espon.

motusa.
    I. 1. f. *ES*. Ardilla.

mouse. (Voz inglesa).
    I. 1. m. *EU, Pa.* Pequeño aparato manual de la computadora cuya función es mover el cursor en la pantalla para dar órdenes. pop + cult → espon.

mover(se).
    I. (Calco del ingl. *to move*).
      1. intr. prnl. *EU*. Mudarse, cambiar de vivienda o lugar de trabajo.

    □
    a. ‖ **~ el bote.**
      i. loc. verb. *Mx, ES, Ni*. Bailar. pop.
      ii. *Mx*. Cambiar *una persona* de lugar por estorbar en el que anteriormente se encontraba.
      iii. *Ho*. Pedir dinero para obras benéficas. pop.
    b. ‖ **~ el caite.** loc. verb. *Ho.* Bailar. rur.
    c. ‖ **~ el cubo.** loc. verb. *Mx.* Bailar, seguir corporalmente el ritmo de la música. pop + cult → espon.
    d. ‖ **~ el petate.** loc. verb. *Ho.* Intentar arrebatar el puesto a alguien. pop.
    e. ‖ **~ el piso.**
      i. loc. verb. *Mx, ES, Cu, Co, Ve, Ec, Pe, Bo, Ur.* Provocar sentimientos amorosos. pop.
      ii. *Mx, Ni, PR, Co, Pe, Bo.* Desconcertar. pop.
      iii. *Ni, Ec, Bo, Ch, Ar, Ur.* Tratar mediante artimañas de que alguien fracase, pierda un cargo o no logre un ascenso laboral. pop + cult → espon.
      iv. *Pa, Ec, Bo, Ch, Ur.* Provocar en algo o alguien un estado de inseguridad o una sensación de peligro. pop + cult → espon.
    f. ‖ **~ el rabo.** loc. verb. *Ni, PR.* Coquetear una mujer. vulg; pop + cult → espon.
    g. ‖ **~ el tapete.**
      i. loc. verb. *Mx, Ni, PR.* Provocar sentimientos amorosos. pop.
      ii. *Mx.* Desconcertar, sorprender. pop + cult → espon.
      iii. *Ho.* Tratar de que alguien pierda su puesto o de perjudicarle en algo.
    h. ‖ **~ fichas.** loc. verb. *Co.* Hacer los contactos pertinentes para lograr algo. pop.
    i. ‖ **~ la angarilla.** loc. verb. *Co.* p.u. Bailar, seguir con el cuerpo el ritmo de la música. pop ∧ fest.
    j. ‖ **~ la cobija.** loc. verb. *Ho.* Perjudicar, tratar *una persona* de que otra pierda el puesto u otro beneficio. pop.
    k. ‖ **~ la culebra.** loc. verb. *Ch.* Hablar, *especialmente en demasía.* pop ∧ fest.
    l. ‖ **~ las tabas.**
      i. loc. verb. *Bo, Ar, Ur.* Bailar *una persona.* pop + cult → espon.
      ii. *Ar, Ur.* Ponerse en marcha o darse prisa. pop + cult → espon.
    m. ‖ **~ los palillos.** loc. verb. *Ch.* Buscar influencias y recomendaciones para conseguir un beneficio. pop + cult → espon.
    n. ‖ **~ pitas.** loc. verb. *Gu.* Hacer lo necesario para conseguir algo.
    ñ. ‖ **~se como tlaconete con sal.** loc. verb. *Mx.* Retorcerse o hacer movimientos bruscos. pop + cult → espon. (**moverse como tlaconete en sal**). ♦ **parecer tlaconete en sal**.
    o. ‖ **~se como tlaconete en sal.** *Mx.* **moverse como tlaconete con sal**.
    p. ‖ **no ~ ni una paja.** loc. verb. *Pa, RD, Bo.* Permanecer *alguien* sin hacer nada, y eludir cualquier actividad que requiera algún esfuerzo. pop + cult → espon.

    q. ‖ **no ~se del escritorio.** loc. verb. *Ch.* Conseguir un beneficio sin hacer nada para lograrlo. pop + cult → espon.
    r. ‖ **sin ~se del escritorio.** loc. verb. *Ch.* Sin hacer nada. pop + cult → espon.

movia.
    I. 1. f. *Mx.* juv. Chica con quien se entabla una relación amorosa pasajera. pop.

movida.
    I. 1. f. *Mx, Gu, CR, PR, Pe, Bo, Ur; Pa, Ec,* juv; *Ch,* pop + cult → espon. Estrategia o maniobra que se realiza para llevar a cabo un asunto.
      2. *Mx, Gu, Ho, ES, Ni, Cu, Bo.* Negocio o asunto sucio o ilegal.
      3. *Ni, Ec, Pe, Bo, Ch, Ur.* Movimiento que se hace de una cosa, *especialmente de una pieza en un juego de mesa.*
      4. *Gu, Ho, Ni, CR.* Maquinación para resolver algo.
      5. *Ho, ES.* Soborno.
      6. *Ho, ES.* Dinero o prebendas del soborno.
    II. 1. f. *Mx, Ho, ES, RD; Ch,* pop + cult → espon. Cita o romance secreto.
    III. 1. f. *Mx, Gu, Ni.* Acción ilegal e inmoral. pop + cult → espon.
    IV. 1. f. *Ar:NO.* Reprimenda o regaño. pop + cult → espon.
      2. *Ur.* Paliza. pop + cult → espon.
    V. 1. f. *Ch.* Lugar donde se vende droga. drog.
      2. *Ch.* Compra o venta ilegal de drogas. drog.
    VI. 1. f. *Gu, ES, Pa, PR.* Proyecto o asechanza artificiosa y oculta, *dirigida regularmente a mal fin.* pop.
    VII. 1. f. *Pa, RD.* Ocasión, oportunidad.

    ■
    a. ‖ **~ de piso.**
      i. f. *Bo, Ar, Ur.* Estratagema para que alguien fracase, pierda un cargo o no logre un ascenso laboral. pop + cult → espon.
      ii. *Ec.* Pérdida del equilibrio psicológico causada por algún acontecimiento extraordinario, positivo o negativo.

    □
    a. ‖ **de ~.** loc. adv. *Ar.* Desde el principio, desde un primer momento. pop + cult → espon.
    ▶ **agarrar en la ~; estar en la ~; gufearse la ~.**

movidero, -a.
    I. 1. adj/sust. *ES. Referido a persona,* que tiene **movidas,** negocios sucios.

movido, -a.
    I. 1. sust/adj. *Mx, Gu.* Amante, persona con la que alguien tiene relaciones sexuales ilícitas o clandestinas. pop.
    II. 1. adj. *Ni, Pa; Co:C,* p.u. *Referido a un huevo,* que no tiene endurecida su cáscara.
      2. *Pa, Cu. Referido a persona,* raquítica, falta de crecimiento.
      3. *Pa, Cu. Referido a fruto,* que ha madurado a destiempo.
    III. 1. adj/sust. *Pe. Referido a persona,* muy activa o inquieta.
    IV. 1. adj. *Ch. Referido a persona,* que tiene muchos conocidos a quienes suele recurrir para conseguir favores.
    V. 1. adj/sust. *ES. Referido a persona,* tonta, lerda.

movidoso, -a.
    I. 1. adj/sust. *Ho. Referido a persona,* que tiene **movidas,** negocios sucios.

móvil.
    I. 1. m. *Ec, Ch, Py, Ar, Ur;* f. *CR, Pe.* Vehículo dotado con un equipo de radio o televisión para transmitir señales o imágenes a la emisora desde un lugar exterior o lejano a ella.

2. m. *Ar, Ur.* Vehículo utilizado por la policía para sus desplazamientos y sus labores de vigilancia o traslado de detenidos.
3. *Ar.* Vehículo que pertenece a una flota.
4. *Ch.* Vehículo automóvil.
5. *Ur.* Taxímetro.

movilero, -a.
I. 1. m. y f. *Ar, Ur.* Periodista que transmite a través de un **móvil**, vehículo con un equipo de radio o televisión.

movilidad.
I. 1. f. *Pe, Bo, Py, Ar.* Vehículo, medio de transporte para personas o cosas.
2. *Pe.* Dinero que se necesita para viajar o trasladarse de un lugar a otro.
▶ tener ~.

movilizable.
I. 1. adj/sust. *Pe. Referido a persona*, que recibe instrucción militar fuera de los cuarteles con el fin de estar debidamente preparado si es llamado a filas.

movilización.
I. 1. f. *Ch.* Conjunto de transportes públicos de viajeros urbanos o interurbanos.
2. *Ch.* Vehículo de transporte particular.
II. 1. f. *Ec.* Dinero que paga una empresa a un empleado por gastos de viaje y de transporte.
III. 1. f. *Ec.* Marcha pacífica de protesta.

movilizador, -ra.
I. 1. m. y f. *Ch.* Operario encargado de trasladar productos o mercancías en un espacio concreto.

movilizar(se).
I. 1. intr. prnl. *Ni, Ec, Pe, Bo, Py, Ur.* Desplazarse *alguien* de un lugar a otro o por un sitio determinado.
2. tr. *Ni, Ec, Pe, Ch.* Trasladar a *una persona*, una carga o una mercancía a un sitio determinado.

moya.
I. 1. f. *Co:C,O,N, Ve.* Vasija de barro cocido sin vidriar y sin cuello.
II. (Del map. *muya*, huerto).
1. f. *Pe.* Sección cultivable de una tierra comunal. rur.

Moya.
I. 1. m. *Pa, Ch.* Persona indeterminada, un sujeto cualquiera. pop.
•
a. ‖ sepa ~. fórm. *Ch.* Se usa para dar a entender que no se sabe aquello de lo que se está hablando. pop + cult → espon.

moyete.
I. 1. m. *Gu.* Pan dulce, redondo y convexo, que se espolvorea con harina de trigo.

moyista. (De *Casimiro Nemesio de Moya*, político dominicano, 1849-1915).
I. 1. adj/sust. *RD. Referido a persona*, partidario del político dominicano Casimiro Nemesio de Moya.

moyocuil. (Del nahua *moyotl*, mosco, y *oculin*, gusano, larva).
I. 1. *Mx.* **colmoyote**.

moyola.
I. 1. f. *Ho.* Cabeza de una persona. pop.

moyolo, -a.
I. 1. adj/sust. *Ho. Referido a persona*, que tiene retraso mental en relación con su edad. desp. ♦ **moyotudo**.
2. *Ho. Referido a persona*, de raza negra. desp.

moyota.
I. 1. f. *ES.* Cabeza de una persona.

moyotudo, -a.
I. 1. adj. *Ho.* **moyolo**, que tiene retraso mental.

moyuna.
I. 1. f. *Pe:E.* Remolino. rur.

mozambique.
I. 1. *Cu.* Composición musical bailable que mezcla distintos elementos musicales entre los que se destaca la conga.
II. 1. *PR.* **chango**, ave. (**mazambique**).

mozandero.
I. 1. sust/adj. *Pe:E.* p.u. Hombre mujeriego. rur.

mozcorra.
I. 1. sust/adj. *Ho.* Mujer fea.

mozo, -a.
I. 1. m. y f. *Co, Ec.* Persona que convive con otra con la que mantiene una relación amorosa. desp.
2. *Ec.* Amante. desp.

mozote. (Del nahua *mozotl*, y este del verbo *motzoloa*, asirse con fuerza).
I. 1. m. *Gu, Ho, ES, Ni, CR.* Fruto seco, pequeño y espinoso de ciertas herbáceas que se adhiere con facilidad a la ropa.
2. *Gu, Ho, ES, Ni, CR.* **saetilla**.
3. *Ho, CR, Pa.* **ochmul**.
4. *Ho.* Hierba perenne, erecta, de hasta 60 cm de altura, de hojas alternas, flores blancas, tubulares, pentapartidas en cabezuelas cilíndricas, agrupadas en axilas de las hojas superiores; la cocción de la raíz se utiliza en la medicina tradicional para el flujo y para acelerar el parto. (Asteraceae; *Pseudoelephantopus spicatus*). ♦ **oreja de chancho**; **oreja de conejo**; **oreja de marrano**.
II. 1. m. *Gu, Ho, ES, Ni.* Persona molesta que siempre acompaña a otra.
III. 1. m. *ES.* Velcro, sistema de cierre de dos tiras de tejidos diferentes que se enganchan o adhieren al entrar en contacto.

■
a. ‖ ~ de caballo. *Ni, CR.* **ochmul**.

muán.
I. 1. m. *Co.* **mohán**.

muatzate.
I. 1. m. *Mx:O.* Planta de hojas rígidas, largas, lanceoladas, con el margen espinoso, que forman grandes rosetas en forma de corona, las flores salen de un tallo que nace del corazón de las rosetas y forman una inflorescencia en forma de espiga, cuyo fruto es una baya de pequeño tamaño. (Bromeliaceae; *Ananas sativus*). ♦ **pifia**.

muca.
I. (Quizás del quech. *mókkch'i*, enjuagatorio).
1. f. *Bo, Ar:NO.* Masa de harina de maíz masticada, que se emplea como levadura para hacer chicha. rur.
II. 1. f. *Pe.* **tacuacín**, zarigüeya.
III. 1. adj. *Ec. Referido a persona*, ahorrativa hasta la avaricia. pop ^ desp.
IV. 1. f. *CR.* juv. Bicicleta. pop.
V. 1. f. *Pa.* Envoltorio de ropa.
VI. 1. f. *Pa.* Giba.

mucahua. (Del quech. *mucahua*).
I. 1. f. *Ec.* Vasija de barro con decoraciones geométricas llamativas y dibujos simbólicos que representan animales como boas, tortugas y lagartos.

mucama. (Del port. *mucama*, criada).
I. 1. f. *Ho, ES, Ni, PR, Ec, Bo; Co*, cult. Persona que se encarga de la limpieza de una casa, hotel o edificio.

mucamo, -a. (Del port. *mucama*, criada).
I. 1. m. y f. *Mx, Ni, Cu, RD, Pe, Py, Ar, Ur.* Persona que se emplea en el servicio doméstico.
2. *Ni, Pe, Bo, Ch, Ar, Ur; Pa*, pop → esm. *En hospitales y hoteles*, persona encargada de la limpieza.

mucar.
■
    a. ‖ **piedra ~.** f. *Mx.* Sustancia pétrea formada por políperos de madréporas, de consistencia porosa, usada en construcciones.

múcara.
    I. 1. f. *ES.* Mujer, esposa. drog.

múcaro.
    I. 1. m. *PR.* Ave rapaz nocturna, con cabeza de gran tamaño, cara cubierta con plumas finas, ojos grandes de color amarillo intenso, pico corvo, alas color pardo con manchas blancas, cola oscura y patas negras. (Strigidae; *Gymnoglaux nudipes*).
    II. 1. m. *PR.* Persona trasnochadora, que duerme de día y vive de noche. pop + cult → espon.
■
    a. ‖ **~ de sabana.** *PR.* **múcaro real.**
    b. ‖ **~ real.** m. *PR.* Ave de hasta 40 cm de longitud, parda por la parte superior, con estrías de color canelo y alas con manchas grandes de tono leonado claro. (Strigidae; *Asio domínguensis*). ♦ **múcaro de sabana.**
▶ **tener vista de ~.**

mucbilpollo.
    I. 1. m. *Mx:SE.* Plato elaborado con carne de pollo y cerdo sazonada con especias, hortalizas y jugo de naranja, cubierta con masa de maíz y hojas de plátano y asada al horno. (**mucbipollo**).

mucbipollo.
    I. 1. *Mx:SE.* **mucbilpollo.**

mucepo.
    I. 1. *Ho, Ni.* **musepo.**

mucha.
    I. 1. f. *Ec.* p.u. Beso. pop.

muchá.
●
    a. ‖ **~.** fórm. *Gu, Ho, ES.* Se usa como forma de tratamiento entre personas de confianza.

muchacha.
■
    a. ‖ **la ~.** f. *Pa.* La novia.
    b. ‖ **~ de adentro.** f. *Gu; Co*, p.u. Empleada del servicio doméstico que se encarga de todos los trabajos de la casa menos de los de la cocina.

muchachada.
    I. 1. f. *Bo:O.* Grupo de delincuentes unidos por lazos de trabajo, camaradería o amistad. delinc.
    2. *Bo:O.* Celda de una prisión donde se encierra a los que tienen antecedentes delictivos. delinc.
    II. 1. f. *Ho.* Grupo de periodistas.

muchachera.
    I. 1. f. *Ni, Pa, Cu, Co:N, Ve.* Conjunto de muchachos. pop.
    II. 1. f. *Pe.* Correa de cuero que se pone en el borrén delantero de la montura y sirve para atar las riendas. rur.

muchachería.
    I. 1. f. *RD, PR.* Travesura. pop + cult → espon.
    2. *PR.* Conjunto de muchachos.

muchacherío.
    I. 1. m. *Cu, RD.* pop. Conjunto de muchachos. ♦ **muchachero.**

muchachero.
    I. 1. *Ve.* **muchacherío.**

muchachero, -a.
    I. 1. adj. *Mx, Ni, Pa, Bo. Referido a un adulto*, que gusta de departir y relacionarse con los jóvenes.

muchachila.
    I. 1. f. *ES.* Grupo de niños.

muchachista.
    I. 1. sust/adj. *Ar.* Persona adulta, *generalmente con alguna autoridad,* que pretende ganarse la simpatía de los jóvenes, *en especial con actitudes condescendientes.* pop + cult → espon ^ desp.

muchacho.
    I. 1. m. *Co, Ve; Py,* obsol. Carne del muslo de la **res** destinada al consumo.
    II. 1. m. *Gu, Ho, ES, Ni, Pa, Bo.* Empleado doméstico.
    III. 1. m. *PR, Bo, Py.* obsol. Tentemozo, palo que cuelga del pértigo del carro y que se pone contra el suelo, para impedir que aquel caiga hacia delante. rur.
    IV. 1. m. pl. *ES.* Guerrilleros. euf.

¡muchacho!
    I. 1. interj. *Pa, Ve, Py, Ur.* Expresa admiración o asombro. pop + cult → espon.

muchachón, -na.
    I. 1. sust/adj. *Gu, CR, Pa, Cu, Pe, Bo, Py.* Persona que todavía es joven o se conserva como tal. pop.

muchanga.
    I. 1. f. *ES.* Sirvienta.

muchar. (Del quech. *muchana*).
    I. 1. tr. *Ec, Bo.* p.u. Besar *algo* o a *alguien.* pop.

mucharejo, -a.
    I. 1. m. y f. *Co.* Persona muy joven. pop.

muche.
    I. 1. *Co.* **pisquín.**

muchico.
    I. 1. m. *Ec.* obsol. Sombrero viejo. rur.

muchilero.
    I. 1. *Co:SO.* **mochilero,** ave.

muchín.
    I. 1. m. *Ec.* Alimento consistente en **yuca** molida frita, aderezada con miel.

muchita. (Del quech. *mucha,* beso).
    I. 1. f. *Ec.* p.u. Beso. pop + cult → espon.

muchitanga.
    I. 1. f. *Pe,* obsol; desp; *PR,* obsol. Populacho, muchedumbre.
    2. *Ho. Entre militares,* persona civil. desp.

muchite.
    I. 1. *Mx:S.* **guamúchil.**

mucho, -a.
■
    a. ‖ **~s hermanos.** m. pl. *PR.* La policía. delinc.

mucle. (Del nahua *mohuitli,* azul).
    I. 1. m. *Ho.* Enfermedad que padecen los niños recién nacidos, que se conoce por el color azul verdoso del excremento, cuando se les indigesta la leche, por haber comido la madre o nodriza ciertos alimentos vegetales. ♦ **pujo.**

mucloso, -a.
    I. 1. adj. *Ho. Referido a las evacuaciones de diarreas,* de color verdoso.

muco, -a.
    I. 1. adj. *Gu, Ho, ES, Ni, Ec, Pe:NO. Referido a persona o animal,* que le falta un miembro, como un dedo o una oreja.
    2. *Gu. Referido a un miembro del cuerpo o una parte del él,* que ha sido amputado, cortado.
    3. *Ni, CR. Referido a animal vacuno,* que no tiene cuernos.
    II. 1. adj/sust. *Gu. Referido a persona,* vulgar, y de clase social y económica humilde. desp.
    2. adj. *Gu. Referido a cosa,* vulgar y de mal gusto. desp.
    3. *Gu. Referido a persona,* de poca importancia o indigno de consideración. desp.

III. 1. adj. *Ec. Referido a persona*, avara, tacaña.

IV. 1. adj/sust. *Ho. Referido a una variedad de gallo de pelea*, muy grande, de color marrón oscuro, piel negra azulada y pico muy fuerte.

V. 1. adj. *Ni. Referido a persona*, de pelo rizado.

múcura.

I. 1. f. *Cu, Co, Ve, Bo*. Cántaro de barro que se usa para conservar el agua.

2. *Ec:E.* p.u. Recipiente de barro que sirve para tomar chicha.

II. 1. f. *Co:NE*. Cabeza humana. pop.

III. 1. f. *Pe:E.* **tacuacín**, zarigüeya.

IV. 1. f. *Pe.* **anamú**.

V. 1. f. *Gu, ES*. Esposa, persona casada.

VI. 1. f. *Pa*. Carga, obligación de la que hay que hacerse cargo. pop + cult → espon.

▶ **ser una ~.**

mucuya.

I. 1. *Mx:SE.* **mucuyita**.

mucuyita. (Del maya yucat. *mucuy*, tórtola).

I. 1. f. *Mx:SE*. Ave parecida a la tórtola, de hasta 17 cm de longitud, de color pardo con listas oscuras, alas redondeadas con reflejos castaño rojizo, pecho de apariencia escamosa o manchada, patas amarillas y pico rojizo. (Columbidae; *Columbina passerina*). (**mucuya**).

muda.

I. 1. f. *Ar, Ur*. Conjunto de caballerías de refresco. rur.

II. 1. f. *Py, Ur*. Planta o parte de una planta que es trasplantada.

III. 1. f. *RD*. Ropa de vestir. rur.

IV. 1. f. *ES*. Mujer que queda embarazada después de tener un niño y antes de que le venga la menstruación.

V. 1. f. *Pa*. Piel que ha sido mudada por una culebra. rur.

mudada.

I. 1. f. *Mx, Gu, ES, Ni, CR, Ec, Pe, Bo*. Conjunto de prendas de vestir, tanto interiores como exteriores, que se mudan. pop + cult → espon.

2. *Ho, ES, Ni, Cu, Co, Pe, Bo*. Mudanza de casa o de una dependencia a otra. pop + cult → espon.

3. *Gu, Ho, ES, Ni, Ec, Bo*. Traje o vestido completo de una persona.

4. *Gu, Ho, Ni, Ec, Bo*. Cambio de ropa.

5. *Ho, ES, Ni*. Piel que cambian las serpientes.

mudador.

I. 1. m. *Ch*. Colchoneta o mueble utilizado para cambiar los pañales a los niños. (**mudadora**).

mudadora.

I. 1. f. *Ar*. Empresa encargada de efectuar el traslado de muebles y enseres en una mudanza.

II. 1. f. *Ch.* p.u. **mudador**.

mudai. (Del mapuche).

I. 1. m. *Ch*. **Chicha** de maíz, cebada u otros cereales fermentados, típica de la cultura mapuche. (**muday**).

mudar.

I. 1. tr. *Mx, Ni, Pa, Cu, PR, Co*. Perder un niño la primera dentición y empezar a salirle los dientes definitivos.

II. 1. tr. *Cu*. Robar a *alguien* buena parte de sus pertenencias.

□

a. ‖ **~ de estaca.** loc. verb. *Gu*. Cambiar de domicilio.

b. ‖ **~ el catre.** loc. verb. *Pa, Cu*. Marcharse a vivir a otro lugar. pop + cult → espon ^ fest.

c. ‖ **~ los colmillos.** loc. verb. *PR*. Madurar *una persona*, coger juicio. rur.

muday.

I. 1. *Ch.* **mudai**.

mudencada.

I. 1. f. *Gu*. Tontería, dicho o hecho tonto o insignificante. pop.

mudenco, -a.

I. 1. adj/sust. *Mx, Ni*. p.u. *Referido a persona*, callada, silenciosa, poco dada a hablar.

2. adj. *Ho, ES, Ni. Referido a persona*, tartamuda. rur; desp.

mudenquear.

I. 1. intr. *Gu*. Perder el tiempo, gastarlo en cosas que no son de provecho. pop.

2. *Gu*. Callejear.

mudo.

I. 1. m. *ES*. Pistola o revólver que lleva escondido un ladrón.

mudo, -a.

I. 1. adj/sust. *Gu, Ec; Ar:NO*, rur. *Referido a persona*, tonta. pop ^ desp.

mueble.

I. 1. m. *Ar, Ur*. Establecimiento dedicado al alquiler de habitaciones por horas para tener relaciones sexuales. pop + cult → espon.

II. 1. m. *RD*. Tresillo, conjunto de un sofá y dos butacas que hacen juego.

□

a. ‖ **~ inútil.** loc. sust. *Cu*. Persona a la que se ignora al tomar una decisión. pop.

mueblero, -a.

I. 1. m. y f. *Mx, CR, Pa, Bo, Py, Ar, Ur*. Persona que fabrica o vende muebles.

mueca.

▶ **parecer mono haciendo ~s.**

mueco, -a.

I. 1. adj. *Co. Referido a persona*, desdentada, sin uno o varios dientes o muelas.

muégano.

I. 1. m. *Mx:C*. Dulce elaborado con harina, miel y nueces, compuesto de varias piezas de diversa forma ensambladas entre sí con caramelo.

muela.

I. 1. f. *Cu, Ve*. Pinza, artejo de ciertos artrópodos que les sirve como órgano prensor.

II. 1. f. *RD, Ve*. Mentira, embuste. delinc.

III. 1. m-f. *Gu, Ho, ES*. Persona inexperta o inútil, *en especial en juegos y deportes*.

IV. 1. f. *Cu, RD*. Conversación larga y aburrida. ♦ **trova**.

V. 1. f. *Ch*. Hurto realizado por una prostituta o su proxeneta a un cliente. prost.

VI. 1. f. *Ho*. Palomita de maíz con miel.

■

a. ‖ **~ coca.** f. *Co:O*. Muela con caries.

□

a. ‖ **buena ~.** loc. adj. *Co. Referido a persona*, muy comedora.

b. ‖ **~ vizca.** loc. sust. *Cu*. Conversación larga y aburrida.

c. ‖ **~s de coyote.** loc. sust. *Mx*. Apelativo para referirse a alguien cuyo nombre no quiere pronunciarse. pop.

▶ **bajar una ~; botar la ~ del juicio; costar ~s; dar ~; echar ~; meter ~; perder en las ~s del gallo.**

mueladulce. (Calco. ingl. *sweet-toothed*, dientedulce).

I. 1. adj/sust. *EU. Referido a persona*, golosa, que le gusta mucho comer dulces o golosinas.

muelear.

I. 1. intr. *ES, Ni*. Masticar. pop.

muelero, -a.
    I. 1. sust/adj. *Ve.* Persona mentirosa. delinc.
    II. 1. m. y f. *Cu.* Persona que habla mucho. pop.
    III. 1. m. y f. *Gu.* Dentista. pop.

muelle.
    I. 1. m. *Pa, RD, Bo.* Amortiguador que compensa los movimientos bruscos de un vehículo de transporte.
    ▶ **tener los ~s flojos.**

muellería.
    I. 1. f. *Bo:O.* En mecánica, lugar donde se reparan los **muelles** de un vehículo automotor.

muellero.
    I. 1. m. *RD, PR.* Trabajador que carga y descarga mercancías de los barcos, estibador.

muelón, -na.
    I. 1. adj. *Gu, ES. Referido a persona*, inútil.
    2. *ES. Referido a persona*, tonta.

muelú.
    I. 1. sust/adj. *RD.* Persona que tiene la habilidad de hablar continuamente con otra para acabar convenciéndola. (**mueludo**).

mueluda.
    I. 1. f. *Co.* Pez de hasta 50 cm de longitud que presenta series de dientes multicúspides y triangulares; *por lo general es de color verde oliva en el lomo con dorados y platas en los costados,* tiene en la aleta caudal una banda negra y el resto de las aletas son de color púrpura; es muy apreciado por su carne. (Characidae; *Brycon moorei*).

mueludo, -a.
    I. 1. adj. *Gu, ES. Referido a persona*, de muelas o dientes grandes.
    II. 1. *RD.* **muelú.**

muena.
    I. 1. f. *Pe.* **moena.**

muenda.
    I. 1. f. *Co, Ve:O.* Castigo que alguien recibe, *especialmente con azotes o golpes.* pop. ♦ **apaleada; limpia.**
    II. 1. f. *Co.* Derrota contundente en un deporte o juego. pop. ♦ **apaleada.**
    ▶ **dar una ~.**

muengo, -a.
    I. 1. adj/sust. *Cu. Referido a persona o animal*, que le falta una oreja o la tiene caída.

muequear.
    I. 1. intr. *ES, Ni.* Hacer muecas.

muequerío.
    I. 1. m. *Ho, ES, Ni.* Muecas y gestos abundantes.

muequista.
    I. 1. m-f. *Ni.* Persona que hace muchas payasadas.

muerdealmohadas.
    I. 1. m. *Mx, Bo.* Hombre homosexual que ejerce un papel pasivo.

muerdihuye.
    I. 1. adj/sust. *Cu. Referido a persona*, que no salda sus cuentas.

muérgano, -a.
    I. 1. sust/adj. *Pa, RD, Co, Ve*; m. y f. *Ec.* Persona despreciable. pop ^ desp.
    II. 1. sust/adj. *RD, Co:C, Ve.* Persona vaga, irresponsable e inútil. pop ^ desp.
    2. *Pa.* Persona o animal inútil. desp.
    III. 1. adj. *RD, Ec. Referido a persona*, tosca y grosera. pop ^ desp.
    2. m. y f. *Ec.* Persona fea. pop ^ desp.

muermo.
    I. 1. m. *Pa, RD, PR.* Afección nasal que afecta a la respiración de las aves, *especialmente del gallo.* rur.

II. 1. m. *RD.* Congestión nasal.
    2. *Pa.* Congestión nasal que produce ruido.

muermo, -a.
    I. 1. adj/sust. *Pe:E,NO. Referido a persona o animal*, débil o enfermo.

muerta.
    I. 1. adj. *Ec. Referido a piedra*, porosa y de poca dureza.
    ●
    a. ‖ **¡~ la lora!** fórm. *Ni.* Se usa para indicar que un evento ha concluido.
    ▶ **comprar a precio de mula ~.**

muerte.
    ■
    a. ‖ **~ blanca.** f. *Ni, CR.* Efecto de haber consumido excesiva droga.
    □
    a. ‖ **a la ~ de un obispo.** *Ni, Ec, Pe, Bo.* **cada muerte de obispo.** pop + cult → espon.
    b. ‖ **cada ~ de obispo.** loc. adv. *Py, Ar, Ur.* Muy de tarde en tarde. pop + cult → espon ^ fest. (**a la muerte de un obispo; por la muerte de un obispo**).
    c. ‖ **de ~ lenta.** loc. adj. *Ni, CR, Pa, Ve. Referido a cosa,* magnífica, extraordinaria. pop.
    d. ‖ **la ~.**
        i. loc. sust. *Pe, Bo, Ch.* Lo máximo dentro de su categoría. pop + cult → espon.
        ii. *Pa.* Cosa o asunto desagradable, muy malo, lo peor. pop + cult → espon.
    e. ‖ **la ~ en bicicleta.** loc. sust. *Cu, RD.* Agonía, desesperación. pop.
    f. ‖ **por la ~ de un obispo.** *PR.* **cada muerte de obispo.** pop + cult → espon.
    ▶ **creerse la ~.**

muertero.
    I. 1. m. *Ec:S.* Sepulturero. rur; pop.

muertito.
    □
    a. ‖ **de a ~.** loc. adv. *Mx.* Sin oponer resistencia, dejándose llevar. pop. (**de muertito**).
    b. ‖ **de ~.** *Mx.* **de a muertito.** pop.

muerto.
    I. 1. m. pl. *ES.* Zapatos. delinc.
    II. 1. m. *ES. Entre militares*, documento anterior que sirvió de pauta al actual.
    III. 1. m. *CR, PR.* **policía acostado.**
    IV. 1. m. *PR.* **piragua**, arbusto.
    V. 1. m. *Ur. En los alambrados*, poste enterrado al que va sujeta la **rienda.** rur.
    ●
    a. ‖ **¡~ el cuaco!** fórm. *ES, Pa.* Se usa para indicar que un evento ha concluido.
    b. ‖ **¿~, quieres misa?** fórm. *Pa, RD, PR, Ve.* Se usa para expresar que resulta obvio que alguien va a aceptar algo que se le ofrece, por apetecerle mucho o hacerle falta.
    ◪
    a. ‖ **cayendo el ~ y soltando el llanto.** fr. prov. *Gu, ES, Ni.* Indica que algo se hace inmediatamente.
    b. ‖ **el ~ alante y la gritería atrás.** fr. prov. *Cu.* Indica que una persona debe pagar primero antes de recibir lo que pide. pop.
    c. ‖ **hacerse el ~ para que lo carguen.** fr. prov. *Ho, Ni, PR, Py.* Indica que alguien se hace la víctima, el sufrido.
    d. ‖ **no hay ~ malo.**
        i. fr. prov. *ES, Co, Ec, Bo, Ch, Py, Ar.* Indica que no se puede hablar mal de los que han fallecido. pop + cult → espon.
        ii. *Ec.* Indica que deudos y amigos tienden a recordar solo lo bueno de la persona que ha muerto.

e. ‖ **se ven ~s cargando adobes.** fr. prov. *Bo, Ch*. Indica que se da la posibilidad de que se produzcan o cuenten hechos increíbles o inverosímiles. pop + cult → espon.

f. ‖ **tras el ~, las coronas.** fr. prov. *ES*. Indica que hay que actuar inmediatamente. fest.

▶ **comprar a precio de gallo ~**; **conocer al ~ que va a panteón**; **conseguir un buey ~**; **dejar el ~ boca arriba**; **desenterrar ~s**; **echar ese ~ encima**; **echarse a ~**; **echarse ese ~ encima**; **huele a ~**; **levantar el ~**; **levantar ~s**; **llevar adelante su ~**; **quedarse con el ~**; **tirarse a ~**.

muerto, -a.
□

a. ‖ **~ caliente.** loc. adj. *Ec*. Referido a persona, de ánimo decaído, falto de entusiasmo. pop + cult → espon.

b. ‖ **~ de borracho.** loc. adj/sust. *Ch, Py*. Referido a persona, borracha en grado sumo. pop.

c. ‖ **~ de hambre.** loc. adj. *Co*. Referido a persona, que escatima exagerada o desinteresadamente en lo que gasta o da. pop ^ desp.

d. ‖ **~ de la erre.** loc. adj. *Co*. Referido a persona, que está riéndose mucho y con ganas. pop.

e. ‖ **~ en bola.** loc. adj. *RD*. Referido a persona, que está sin dinero. pop.

▶ **preguntarle al ~ si quiere entierro**; **preguntarle al ~ si quiere misa.**

muestración.
I. 1. f. *RD*. Menstruación. pop.

muestrera.
I. 1. f. *Ch*. Empresa dedicada al procesado de muestras de mineral en laboratorio.

2. *Ch. En la industria textil*, trabajadora especializada en la confección de muestras de vestuario.

muezo.
I. 1. m. *Ve:C*. Enfermedad del tétanos en recién nacidos contraída al cortar el cordón umbilical.

mufa.
I. 1. f. *Ch, Ar, Ur*. Mala suerte. pop + cult → espon.

2. sust/adj. *Ar, Ur*. Persona que supuestamente es portadora de mala suerte. pop + cult → espon.

II. 1. f. *Bo:S, Ar, Ur*. Enfado o malhumor por algo que molesta. pop + cult → espon.

III. 1. f. *Ar, Ur*. obsol. Moho o mancha de humedad. pop + cult → espon.

IV. 1. f. *Ch*. Envoltorio aislante para cables de alta tensión.

mufar(se).
I. 1. tr. *Ar, Ur*. Transmitir mala suerte a alguien o algo. pop + cult → espon.

II. 1. intr. prnl. *Ar, Ur*. Enojarse. pop + cult → espon.

muffler. (Voz inglesa).
I. 1. m. *EU, PR*. **mofle**, dispositivo y tubo de escape.

mufla. (Del ingl. *muffler*).
I. 1. f. *CR, Ec*. **mofle**, tubo de escape.

mufle. (Del ingl. *muffler*).
I. 1. m. *Pe*. Ano. vulg.

2. *Pe*. **mofle**, tubo de escape.

mufoso, -a.
I. 1. adj. *Ar, Ur*. p.u. Referido a persona o a cosa, portadora de mala suerte. pop.

mugre.
I. 1. sust/adj. *Mx, Ec, Bo, Py*; f. *Ar, Ur*. Persona despreciable, *especialmente por ser malintencionada*. pop + cult → espon ^ desp.

2. *Mx, CR, Ch, Py, Ar*. Cosa de escaso valor o calidad. pop + cult → espon ^ desp.

3. f. *Ch*. metáf. Infamia, calumnia.

II. 1. m. *CR, RD, Co, Ve, Ec, Py, Ur*. Suciedad acumulada. pop + cult → espon.

□

a. ‖ **~ y uña.** loc. sust. *Ni, Ve*. **uña y mugre**. vulg; pop + cult → espon.

▶ **sacar la ~**; **sacarse la ~**.

mugrería.
I. 1. f. *Bo, Ch*. Mugre, suciedad grasienta.

mugrerío.
I. 1. m. *Bo, Ch, Ar; Ur*, pop. Lugar donde hay mucha mugre. ♦ **mugrero**.

mugrero.
I. 1. m. *Mx*. Conjunto de objetos esparcidos desordenadamente en un lugar.

2. *Ur*. **mugrerío**. pop.

mugriento, -a.
I. 1. adj/sust. *Ch, Ar, Ur*. Referido a persona o cosa, despreciable, ruin. pop + cult → espon ^ desp.

2. *Ch*. Referido a persona, de clase social muy baja. pop + cult → espon ^ desp.

mugroso, -a.
I. 1. adj/sust. *Co, Ch, Ar, Ur*. Referido a persona, despreciable y ruin. pop ^ desp.

2. adj. *Ch, Ur*. Referido a cosa, despreciable, de poca calidad. pop ^ desp.

muicle. (Del nahua *mohuitli*, azul).
1. 1. m. *Mx*. Arbusto de hasta 1,5 m de altura, muy ramoso, de hojas largas y vellosas, flores terminales, tubulares, de color anaranjado o rojo pálido, y fruto capsular-ovoide con varias semillas; su infusión se emplea en la medicina tradicional con diversos usos. (Acanthaceae; *Jacobinia spicigera*). (**micle**; **mohintli**; **moictle**).

muimuy.
I. 1. m. *Pe*. Crustáceo de hasta 5 cm de longitud, con caparazón a modo de uña, de color gris; es comestible. (Hippidae; *Emerita analoga*). (**muy muy**). ♦ **limanche**; **pulgón de mar**.

muina.
I. 1. f. *Mx, ES*. Enfado, molestia. (**mohína**).

2. *ES*. Picazón, molestia.

muino, -a.
I. 1. adj. *Mx*. Referido a persona, enojada, iracunda.

muitú.
I. 1. m. *Bo:E, Ar:NE*. Ave gallinácea de gran tamaño y plumaje negro en el macho, con el vientre blanco, ocráceo en la hembra, con la cabeza y el cuello negros. (Cracidae; *Crax fasciolata*). ♦ **pava pintada**.

mujarra.
I. 1. *PR*. **mojarra**, espuela, pez marino.

mujer.
■

a. ‖ **mala ~.** *RD*. **machacha**.

b. ‖ **~ blanca.** f. *PR*. Marihuana. drog.

c. ‖ **~ de asiento.** f. *Pa. Respecto de un hombre*, mujer casada con él.

d. ‖ **~ de cortina.** f. *RD*. Prostituta de alta categoría social.

e. ‖ **~ de la carrera.** f. *Cu*. Prostituta. pop.

f. ‖ **~ de la vieja guardia.** f. *PR*. Prostituta vieja. prost. ♦ **mujer pasá de moda.**

g. ‖ **~ de ñeque.** f. *Ho, ES, Ni, Bo*. Mujer valiente y trabajadora.

h. ‖ **~ mosca.** f. *Ch*. Mujer que dice o hace continuamente algo inoportuno. pop + cult → espon.

i. ‖ **~ orquesta.** f. *Co*. Mujer que sabe desenvolverse en diferentes oficios o tareas a la vez. pop.

j. ‖ **~ pasá de moda.** *PR*. **mujer de la vieja guardia**. prost.

k. ‖ **~ que josea.** f. *PR*. Prostituta. prost.

▶ **explotar a una ~ en el cerebro**; **hacer el daño a una ~**; **ponérselo a una ~.**

múijer.
  I. 1. f. *Gu.* Mujer, persona del sexo femenino.
    2. *Gu.* Mujer, persona casada.

mujeral.
  I. 1. m. *Gu, Ho, ES, Ni, Pa.* Gran cantidad de mujeres.

mujerazo.
  I. 1. m. *Ch.* Reunión de mujeres, *generalmente con fines reivindicativos.* pop + cult → espon.

mujerear.
  I. 1. intr. *Gu, Ho, ES, Ni, CR, RD, Co:N, Ec, Ch, Py, Ar:O.* Buscar con frecuencia un hombre el trato con mujeres. pop.

mujerencón.
  I. 1. m. *Ho.* Mujer de gran estatura y buena presencia.

mujerengue.
  I. 1. sust/adj. *Bo:C,S.* Hombre afeminado. pop + cult → espon.

mujereo.
  I. 1. m. *Ch.* p.u. Afición desmedida a tener relaciones amorosas o sexuales con diferentes mujeres, sobre todo cuando se está casado. pop.

mujererío.
  I. 1. m. *Mx, Gu, Ni, RD, Co, Ve, Ur; Pa,* fest. Conjunto de mujeres. pop.

mujerero.
  I. 1. adj. *Gu, Ho, ES, Ni, CR, Ve, Ec, Ch, Ar.* p.u. *Referido a un hombre,* muy aficionado a las mujeres. pop + cult → espon.
  II. 1. m. *Ve.* Grupo numeroso de mujeres. pop + cult → espon.

mujerón.
  I. 1. m. *Mx, Gu, ES, CR, Pa, Cu, RD, PR, Co:N, Ve, Pe, Bo; Ur,* p.u. Mujer muy bella y apetecible sexualmente. pop + cult → espon. (**mujerota**).
    2. *Ni, Ec, Pe; Gu, Co,* pop. Mujerona, mujer alta y corpulenta.
    3. *Pa.* Niña o jovencita que ha crecido mucho y está hecha una mujer. pop.

mujerota.
  I. 1. f. *RD, PR.* **mujerón**, mujer muy bella. pop + cult → espon.

mujo, -a.
  I. 1. adj/sust. *Ve:E. Referido al ganado vacuno,* de pelaje grisáceo. pop.

mujú.
  I. 1. *Mx:SE.* **huje**. (**uju**).

muki.
  I. 1. m. *Pe.* Duende que se cree que habita en las minas. (**muqui**).

mula.
  I. 1. adj/sust. *Mx. Referido a persona,* desconsiderada, egoísta.
    2. adj. *Pa. Referido a persona,* terca. pop ^ desp.
  II. 1. f. *Ch, Ar.* Trampa, estafa, engaño. pop.
    2. *Bo, Py; Ch,* pop + cult → espon. Mentira. pop.
    3. adj. *Ch. Referido a algo,* falso o de poca calidad. pop + cult → espon.
  III. (Afér. de *tractomula*).
    1. f. *Pa, Co, Ec.* Camión de gran capacidad, *generalmente con remolque,* usado para carga pesada.
  IV. 1. f. *Bo; Pe,* rur. Ama de cura, mujer que convive con un sacerdote.
  V. 1. m-f. *Gu, Ni, RD.* Persona tonta.
  VI. 1. f. *Ch.* Droga de mala calidad producto de la mezcla de residuos de la planta de la marihuana con otros elementos. drog.
    2. *Pa.* Persona que transporta ilegalmente cualquier tipo de droga. drog.

  VII. 1. m-f. *Ho, Ni.* Persona muy grande.
    2. *Ho.* Persona musculosa.
  VIII. 1. sust/adj. *Bo.* Persona borracha. pop + cult → espon.
  IX. 1. f. *Bo.* Mujer estéril. pop + cult → espon ^ desp.
  X. 1. f. *ES. Entre militares,* esquema o resumen de un escrito.
  XI. 1. f. *Pa.* Máquina utilizada para entrar y sacar los barcos en las esclusas del Canal.
    2. *Pa.* Contenedor, recipiente de grandes dimensiones.
  XII. 1. *PR.* **mariquita**, pez.

  ■
  a. ‖ ~ **de silla.** f. *Ho.* Mula *que se utiliza exclusivamente para la monta.*
  b. ‖ ~ **del diablo.** f. *CR.* **matacaballos**, insecto.
  c. ‖ ~ **maneada.** f. *Ve.* Animal fantástico que según las creencias populares camina por las noches como si llevara atadas las patas delanteras. rur.
  d. ‖ ~ **prieta.** f. *Ni.* Mula de pelo color negruzco.

  □
  a. ‖ **a precio de ~ muerta.** loc. adv. *Ho, Ni.* A un precio muy bajo.
  b. ‖ ~ **de borracho.** loc. adj. *Bo:O. Referido a persona,* borracha.

  ◪
  a. ‖ **bueno le dijo la ~ al freno.** fr. prov. *Ho, Ni, Ur.* Indica que la persona que critica a otra por algo, tiene sus mismos defectos o carencias.
  b. ‖ **esa ~ es mi macho.** fr. prov. *Ho, Ni, CR.* Indica la terquedad de alguien. rur.
  c. ‖ **la mejor ~ se nos echa.** fr. prov. *ES, Ni.* Indica que ante un reto falla la persona que considerábamos mejor.
  ▶ **bajar de la ~; bajarse de la ~; caer ~; comprar a precio de ~ muerta; comprar a precio de ~ tuerta; llegar donde la ~ botó a Genaro; meter la ~; montar ~; parir la ~; ser ~ sin freno; vender a precio de ~ tuerta.**

mulada.
  I. 1. f. *Gu, ES, Ni.* Dicho o hecho disparatado, sin sentido común.
  II. 1. f. *Ho, ES, Ni.* Conjunto de mulas, recua grande de mulas. ♦ **mulaje**.

mulaje.
  I. 1. m. *Ho.* **mulada**.

mulata.
  I. 1. f. *Gu, Ho, ES.* **chula**, hierba.
    2. *Gu.* **mal de ojo**, planta.

mulataje.
  I. 1. m. *Mx, RD.* p.u. Conjunto de personas mulatas. ♦ **mulatería**.

mulatería.
  I. 1. f. *Cu, RD.* **mulataje**. pop.

mulatilla.
  I. 1. f. *Mx:S.* Arbusto de hasta 5 m de altura, tronco de corteza delgada y quebradiza, hojas verticiladas ampliamente aovadas, márgenes enteros, inflorescencias que asemejan una sola flor, frutos capsulares con semillas ovoides; produce un tipo de caucho. (Euphorbiaceae; *Euphorbia schlechtendalii*). ♦ **nilungaña; sacchacá**.

mulato.
  I. 1. m. *Mx.* Ave de hasta 30 cm de longitud, de color gris oscuro, ojos rojos, y pico y patas negros. (Mimidae; *Melanotis caerulescens*).
    2. *Co.* Árbol de hasta 8 m de altura, muy ramificado en la parte media superior, tallos grisáceos y algo rugosos, hojas alternas y lanceoladas, y flores pequeñas agrupadas en cabezuelas con forma de parasol. (Asteraceae; *Pollalesta discolor*).
    3. *Gu, Ho.* **palo marimba**.

mulco. (Del nahua *mulquitl,* redrojo de mies).
    I. 1. m. *Gu.* **molcate.** rur.
muleado, -a.
    I. 1. adj. *Ho. Referido a cosa,* transportada a lomo de mula. rur.
mulear.
    I. 1. tr. *Bo, Ur; Ar,* obsol. Engañar o mentir a *alguien, especialmente para obtener algo de él.* pop + cult → espon.
    II. 1. intr. *Ho, ES, Ni.* Transportar droga *una persona.* drog.
    III. 1. intr. *ES.* Trabajar *alguien* mucho y con intensidad.
    2. *Pa.* Caminar en exceso. pop.
    IV. 1. intr. *Ho.* Cuidar o trabajar *alguien* con mulas. rur.
    V. 1. tr. *Ni.* Cortar los granos de café desordenadamente, eligiendo las mejores matas. rur.
muleles.
    I. 1. m. pl. *Pa.* **chunche,** trastos viejos. pop.
muleque.
    I. 1. m. *Ar:NO; Ur,* p.u. Niño de raza negra.
mulera.
    I. 1. f. *Co:E,O.* Prenda tipo **ruana,** de tela fresca y resistente, con un orificio en la mitad, usada por el arriero para protegerse del ambiente y para taparle la cabeza a la mula mientras se enjalma y se carga.
mulerío.
    I. 1. m. *Ho.* Conjunto de mulas, recua grande de mulas.
mulero.
    I. 1. m. *Co.* Conductor de **tractomula.**
    II. 1. m. *Pa.* Látigo. rur.
mulero, -a.
    I. 1. adj/sust. *Bo, Ar; Ch, Ur,* pop + cult → espon. *Referido a persona,* tramposa, embustera. pop.
    II. 1. m. y f. *Ni, RD.* Persona contratada para transportar droga.
    2. *Ho. Entre ladrones de carros,* persona que transporta el vehículo robado a otro país o a un sitio seguro.
    3. *Ni.* Persona contratada para transportar mercadería de contrabando.
    III. 1. m. y f. *Ni.* Persona que en los cortes de café selecciona los arbustos más cargados y fáciles de cortar.
muletas.
    I. 1. f. pl. *Ho.* Aparato eléctrico con un brazo metálico que tiene en la punta un barreno; se utiliza en la mina para hacer agujeros cilíndricos e introduce y presiona la dinamita automáticamente.
muletilla.
    I. 1. f. *Pa.* Tronco de árbol que se usa para apoyar el encofrado en el que se vacía el **concreto.**
muleto.
    I. 1. m. *Pa.* Conejo de monte. (Sciuridae; *Sylvialagus brasiliensis*).
mulín.
    I. 1. m. *Ho.* Persona con cuerpo musculoso.
mulinillo.
    I. 1. *Mx.* **molinillo,** árbol.
mulisa.
    I. 1. *Pe.* **muliza.** rur.
mulita.
    I. 1. f. *Ve; Pe,* p.u. Petaca, botella de bolsillo, ancha y plana, que sirve para llevar bebidas alcohólicas. pop.
    2. *Pe.* Medida de capacidad equivalente a un cuarto de litro. pop.
    II. 1. f. *Ec, Ar.* **cusuco,** armadillo.
    2. *Bo.* **tatú bola.**
    3. *PR.* **mariquita,** pez.

    4. *Ur.* Armadillo de hasta 50 cm de longitud, de caparazón pardo grisáceo, dividido en tres secciones que recubren la cabeza, la zona escapular y la región pélvica, y cuya región central está articulada por siete bandas que le permiten enrollarse sobre sí mismo; la parte inferior del cuerpo, las patas y la cola están cubiertas de escamas y de pelos duros. (Dasypodidae; *Dasypus hybridus*).
    III. 1. adj. *Ar. Referido a persona,* cobarde o pusilánime. pop.
    ●
    a. ‖ **la ~ corcovea.** fórm. *RD.* p.u. Se usa para indicar que una determinada situación se presenta problemática.
mulix. (Voz maya).
    I. 1. adj. *Mx:SE.* p.u. *Referido a persona,* que tiene el pelo rizado.
muliza.
    I. 1. f. *Pe.* Música andina típica de muleros y arrieros, tocada con clarinete, saxofones, arpa y violín. rur. (**mulisa**).
mullaca. (Del quech. *mullaca,* hierba).
    I. 1. f. *Pe.* **pacanil.**
mullapa.
    I. 1. f. *Ec:S.* Cosa muy enredada que forma un bulto pequeño. rur; pop.
    2. *Ec.* obsol. Atadijo en el que ciertos mendigos o campesinos guardan dinero.
    3. *Ec.* obsol; metáf. Dinero.
mullo. (Del quech. *mullu*).
    I. 1. m. *Ec.* Cuenta de un rosario o de un collar.
mullu. (Voz quechua).
    I. 1. *Pe:N.* **mulo.**
mulo. (Del quech. *mullu*).
    I. 1. m. *Pe:NO.* Vasija de barro para contener **chicha,** bebida alcohólica. (**mullu**).
    ▶ **dar ~.**
mulón, -na.
    I. 1. m. y f. *Ni, CR, Pe, Bo.* Persona corpulenta. pop + cult → espon.
mulquitada.
    I. 1. f. *ES.* Montón de **mulquites.**
    II. 1. f. *ES.* Grupo de niños.
mulquite. (Del nahua *mulquitl,* redrojo de mies).
    I. 1. m. *Gu, Ho, ES.* Mazorca pequeña de maíz que no se ha desarrollado. rur. ♦ **molca; molcate.**
mulquitera.
    I. 1. f. *ES.* Montón de **mulquites.**
multa.
    I. 1. f. *Cu.* Sobreprecio en un producto de un establecimiento estatal. pop.
multar.
    I. 1. tr. *Cu.* Cobrar por un artículo más de lo que vale realmente. pop.
multi. (Apóc. de *multifamiliar*).
    I. 1. m. *ES, Pa.* Edificio de viviendas populares que consta de muchas plantas. pop.
multicancha.
    I. 1. f. *Ni, Ec, Ch.* Cancha que se divide en varias otras más pequeñas para la práctica de diversos deportes.
multiclasial.
    I. 1. adj. *Ch.* p.u. *Referido a una comunidad o población,* que engloba a diversas clases en ella. cult.
multifamiliar.
    I. 1. m. *Mx, ES, Ni, CR, Pa, RD, Co, Pe, Py;* adj. *Bo; Ec,* pop + cult → espon. Edificio de varias plantas y múltiples apartamentos destinado para viviendas familiares.

multigrafiar.
    I. 1. tr. *Pa*, *Ve*. Imprimir copias de un original a través de un **multígrafo**.

multígrafo.
    I. 1. m. *Ve*. Máquina que reproduce sobre láminas de papel textos impresos, mecanografiados o manuscritos, dibujos o grabados, sirviéndose de diversos procedimientos.

multimueble.
    I. 1. m. *Ni*, *Cu*; *Co*, obsol. Mueble modular que sirve para colocar o almacenar objetos, como la televisión, los libros, etc.

múltiple.
    I. 1. m. *Mx*. Pieza de maquinaria que distribuye un fluido por diversos conductos.
    2. *Pe*. Pieza que permite la conexión de varios enchufes en un mismo tomacorriente.

multipropósito.
    I. 1. adj. *Ni*, *Cu*, *Pe*, *Ch*; *Ec*, p.u. *Referido a cosa, en especial a un vehículo*, que desempeña diversas funciones. cult.

multisápido, -a.
    I. 1. adj. *Ve*. *Referido a un alimento*, que combina muchos sabores. cult.

multitrocha.
    I. 1. f. *Ar*. Autopista.

mulule.
    I. 1. *Ho*. **guaje**, árbol.

muluo.
    I. 1. m. *ES*. Animal mítico mesoamericano, con apariencia de perro lanudo, que se cruza, asusta y topea en la noche a borrachos u hombres trasnochadores.

mumuga.
    I. 1. f. *Ho*. **mumuja**, migajas y desperdicios.

mumuja.
    I. 1. f. *Ho*, *ES*. Migajas, sobras de algo. (**mumuga**).
    2. *Ho*, *ES*. Desperdicios de la hoja del tabaco que quedan después de hacer un puro. (**mumuga**).
    II. 1. f. *ES*. Billetes o monedas de baja denominación.
    III. 1. f. *Ho:N*. **Chicharrón** bien picado o desmenuzado.

mumujada.
    I. 1. f. *ES*. Montón de desperdicios.
    II. 1. f. *ES*. Grupo de niños.

mumujero.
    I. 1. m. *ES*. Grupo o conjunto de personas. desp.
    II. 1. *ES*. Lugar de desechos, de desperdicios.

mumujo.
    I. 1. m. *ES*. Cosas pequeñas o deshechas.

muna. (Del ingl. *money*).
    I. 1. f. *Ve*. Dinero. delinc.
    ■
    a. ‖ **~~.** f. *Ar:NO*. Ostentación que una persona hace ante otra de lo que tiene, para hacérselo desear. pop + cult → espon.

munchar. (Del ingl. *to munch*).
    I. 1. tr. *PR*. juv. Comer *alguien algo*.

munchi.
    I. 1. m. *PR*. juv. Bocado de poco volumen para matar el hambre momentáneamente.

munda.
    I. 1. f. *ES*. Reloj de pulsera. delinc.

mundachi.
    □
    a. ‖ **tútili ~.** *Ve*. **tútili mundi**. pop + cult → espon ^ fest.

mundi.
    □
    a. ‖ **tútili ~.** loc. sust. *PR*, *Ve*. Todo el mundo. pop + cult → espon ^ fest. ♦ **tútili mundachi**.

mundial.
    I. 1. adj. *Ho*, *PR*; *Ec*, *Pe*, *Ch*, juv, pop. *Referido a cosa, en especial a un evento*, excelente, estupenda.
    2. *Ho*, *Py*. *Referido a cosa*, muy grande o abundante.
    II. 1. m. *Cu*. Examen adicional que realiza un alumno que no ha aprobado una asignatura. est.

mundicia.
    I. 1. f. *Py*. Suciedad. rur.

mundillo.
    I. 1. m. *Pa*. Trencilla fuerte y estrecha que adorna la **pollera**.

mundo.
    I. 1. m. *Pe*, *Bo*. Juego infantil en el que se empuja con el pie una piedra o una moneda a través de una cuadrícula pintada en el suelo.
    2. *Ho*, *Pe*. *En el juego de la rayuela*, última casilla contando a partir de la línea de salida.
    II. 1. m. *Pa*, *Co*. Número o cantidad considerable de algo. pop.
    □
    a. ‖ **a ~ y Raimundo.** loc. adv. *Ho*, *Ni*, *Pa*, *PR*. Indiscriminadamente, a medio mundo.
    b. ‖ **¡ah ~!** loc. interj. *Pa*, *Ve:O*. Expresa añoranza o lamentación. pop.
    c. ‖ **para el ~.** loc. adv. *Ch*. Sin contención ni medida, de manera desmesurada. pop + cult → espon.
    d. ‖ **por ~ y Raymundo.** loc. adv. *Ho*. Por unos y otros, por muchas personas.
    ▶ **cagarse en el ~**; **comerse el ~ y no eructarlo**; **estar de más en el ~.**

muni. (Apóc. de *municipalidad*).
    I. 1. f. *Gu*, *Ho*, *CR*, *Ch*, *Py*; *Pe*, pop. Entidad que se encarga de la administración de una **comuna** o municipio.
    2. *Gu*, *CR*, *Ch*, *Py*; *Pe*, pop. Sede de la administración de una **comuna** o municipio.

muniama.
    I. 1. *PR*. **mojarra blanca**.
    ■
    a. ‖ **~ de afuera.** f. *PR*. Pez marino de hasta 50 cm de longitud, con aletas radiadas, cuerpo relativamente alto, comprimido, de color rosado a rojizo con reflejos plateados. (Lutjanidae; *Pristipomoides macrophthalmus*).

munición.
    I. 1. f. *Ar*. Fideo corto para sopa.
    ▶ **sudar municiones.**

municipalidad.
    I. 1. f. *Gu*, *ES*, *CR*, *Bo*, *Ch*, *Py*, *Ar*; *Pe*, pop. Entidad que se encarga de la administración de una **comuna** o municipio.
    2. *Gu*, *ES*, *CR*, *Bo*, *Ch*, *Py*, *Ar*; *Pe*, pop. Sede de la administración de una **comuna** o municipio.

munido, -a.
    I. 1. adj. *Bo*, *Py*, *Ar*, *Ur*. *Referido a persona*, provista de lo necesario.

munirse.
    I. 1. intr. prnl. *Bo*, *Py*, *Ar*, *Ur*. Proveerse *alguien* de lo necesario.

munisté. (Voz maya).
    I. 1. *Mx:SE*. **esquisúchil**.

munsito, -a.
    I. 1. adj. *ES*. *Referido a persona*, gangosa.

muntuca.
    I. 1. *ES*. **montuca**, variedad de tamal.

munune.

■

a. ‖ ~ **blanco.** m. *ES.* Árbol de hasta 20 m de altura, de copa redondeada, ramitas bifurcadas en forma dicótoma con una hoja saliendo en el punto de la bifurcación, hojas simples y alternas, flores blancas y frutos en drupas. (Boraginaceae; *Cordia panamensis*). ♦ **lengua de vaca; mununo; nigüita.**

b. ‖ ~ **rojo.** *ES.* **muñeco,** árbol de hasta 15 m.

mununo.

I. 1. *ES.* **munune blanco.**

muña.

I. 1. f. *Pe, Bo.* Arbusto de hasta 1,2 m de altura, frondoso en la parte superior, pubescente y erecto, tallo ramificado desde la base, hojas pequeñas, flores blancas reunidas en cortos racimos; tiene aplicación en la medicina tradicional. (Labiatae; *Minthostachys mollis*).

2. *Pe.* Infusión hecha con las hojas y las flores de la muña.

3. *Bo:E.* **muña-muña.**

■

a. ‖ ~-~. f. *Bo, Ar.* Arbusto de hasta 2 m de altura, con hojas oblongas y flores blancas; en infusión se utiliza popularmente como purgante o laxante. (Lamiaceae; *Satureja parvifolia*). ♦ **coa; muña; oreganillo.**

□

a. ‖ ~ **coca.** loc. sust. *Bo.* Hoja de coca de pequeño tamaño y mucha calidad.

muñada.

I. 1. f. *Ho.* Porción de cualquier cosa que se puede contener en la mano.

muñal.

I. 1. m. *Bo.* Lugar poblado de **muñas.**

muñe.

I. 1. m. *Cu.* **muñequito,** película.

2. *Cu.* **muñequito,** cómic.

muñeca.

I. 1. f. *Mx, Ho, Ar.* Mazorca de maíz cuando empieza a crecer. rur. (**muñequilla**).

II. 1. f. *Pe, Ch.* Destreza, habilidad para afrontar un asunto. pop.

2. *Py; Bo, Ur,* pop + cult → espon. Habilidad o influencia para obtener algo.

3. *RD.* Persona que tiene autoridad y don de mando.

4. *RD.* Mujer, hermosa, atractiva y elegante.

III. 1. f. *Ni.* Homosexual.

IV. 1. f. *PR.* Prostituta joven o adolescente que se inicia en el oficio. prost.

□

a. ‖ ~ **de burro.** loc. adj. *Co:N. Referido a cosa,* bonita, elegante. pop.

b. ‖ ~ **loca.** loc. sust/adj. *Ch.* Persona que firma documentos sin mirar su contenido o de manera despreocupada. pop ^ fest.

c. ‖ ~ **quebrada.** loc. adj. *Ar, Ur. Referido a hombre,* afeminado. pop ^ desp.

▶ **doblar la ~; peinar la ~; quebrar la ~; tener ~.**

muñeco.

I. 1. m. *Pa, Co.* Árbol de hasta 15 m de altura, hojas simples, alternas, inflorescencia en racimos, flores pequeñas amarillentas, y fruto drupáceo de color anaranjado, con una semilla muy dura. (Boraginaceae; *Cordia collococca*). ♦ **munune rojo.**

2. *RD.* **cenizo,** árbol.

3. *CR, Pa.* **suchicahue.**

II. 1. m. *Co.* Cadáver de una persona que ha sido asesinada. delinc.

III. 1. m. *ES, Cu, Ch.* Pene. euf; pop.

IV. 1. *Ho, Ni.* **peluche,** hombre joven.

V. 1. m. *Gu.* Rimero de **tortillas.**

VI. 1. m. pl. *Ho.* Dibujos animados.

■

a. ‖ ~ **de torta.** m. *Ve.* Hombre elegante y bien vestido. fest.

▶ **estar con los ~s; remojar el ~.**

muñecón.

I. 1. *Pa:SE.* **carabalí,** camarón.

muñequear(se).

I. 1. tr. *Ec, Bo, Py, Ar, Ur; Ch,* cult → espon. Modificar una situación o asunto, utilizando influencias para obtener algo. pop.

2. intr. *Ho.* Ostentar, lucirse *alguien.* pop.

II. 1. intr. *Ho, Ch, Ar:NO.* Empezar a crecer la mazorca de maíz. rur.

III. 1. tr. *Pe.* Provocar nerviosismo o temor a alguien. pop.

2. intr. prnl. *Pe.* Sentir *alguien* nerviosismo o temor por algo. pop.

IV. 1. intr. *PR.* Trabajar *alguien, especialmente con las manos.* rur.

muñequeo.

I. 1. m. *Ec, Bo, Ch, Ur.* Manejo de situaciones o personas para lograr un objetivo propio.

muñequera.

I. 1. f. *Co:N.* Pelea a puños. pop.

muñequilla.

I. 1. *Mx.* **muñeca,** mazorca tierna del maíz. rur.

II. 1. f. *Ho.* Cada una de las dos abrazaderas de hilo que llevan las hamacas y sirve para colgarlas o amarrarlas.

III. 1. f. *Ni.* Terminales cortos y largos en forma de L, *generalmente dos por lado,* que facilitan la suspensión y giro de los vehículos.

muñequito.

I. 1. m. pl. *Ho, ES, Ni, Cu, RD, PR.* Película de dibujos animados del cine o la televisión. (**muñe**).

2. *Ni, Cu, PR.* Cómic, serie de viñetas. (**muñe**).

II. 1. *Pa.* **xup.**

muñidor, -ra.

I. 1. m. y f. *Pe.* Persona encargada de llevar las flores en una procesión o de apagar o encender las velas. rur.

muñiga.

I. 1. f. *Pa; Pe,* rur. Boñiga.

muñocismo. (De *Muñoz Marín,* político puertorriqueño, 1898-1980).

I. 1. m. *PR.* Doctrina política que propugna una autonomía parcial de Puerto Rico a través del Estado Libre Asociado.

muñocista.

I. 1. adj. *PR. Referido a persona,* seguidora del **muñocismo.**

2. *PR.* Relativo al **muñocismo.**

muñuño.

I. 1. m. *Ve.* Enredo, maraña de cosas. pop.

muquear.

I. 1. tr. *Ar:NO,* rur; *Bo:C,S,* pop + cult → espon. Masticar la harina de maíz para utilizarla como levadura en la elaboración de **chicha.**

muqueo. (Del quech. *muk'u,* bola de maíz).

I. 1. m. *Bo:C,S.* Masticación de la harina de maíz en el proceso de la elaboración de la **chicha.** pop + cult → espon.

muqui.

I. 1. *Pe.* **muki.**

mura. (Afér. de *amura*).

I. 1. f. *Ho.* Remo que va en el centro de la parte trasera de una embarcación.

muralista.
   I. 1. sust/adj. *Ch.* Persona que se dedica a pegar y pintar carteles en las paredes con fines propagandísticos para un partido o agrupación política.

muralla.
   I. 1. f. *Gu, PR, Ch.* Pared de una edificación.
   2. *Bo, Py.* Vallado, tapia o muro que se pone alrededor de algún lugar.

muraya.
   I. 1. *Mx.* **murraya.**

murciégalo. (Metát. de *murciélago*).
   I. 1. m. *Gu, Ho, ES; RD,* rur; *Mx,* pop; *CR,* vulg. Murciélago.

murcielagario.
   I. 1. m. *Ec.* p.u. **Cantina** de mala muerte, antro donde se bebe alcohol en abundancia.

murciélago.
   I. 1. m. *Cu.* Pez marino de hasta 50 cm de longitud, de color pardo con manchas blancas, cuerpo alargado y aletas pectorales muy desarrolladas que parecen dos alas. (Dactylopteridae; *Dactylopterus volitans*).
   2. *PR.* **diablo.** (Ogcocephalidae; *Ogcocephalus vespertillo*).
   II. 1. m. *Ch.* p.u. *En el* ***futbol****,* táctica de juego muy defensiva de un equipo.

   ■
   a. ‖ ~ **chupador.** m. *Pa.* **masu,** mamífero volador.
   b. ‖ ~ **pescador.** m. *Ve, Ec.* Quiróptero de hasta 13 cm de longitud, de orejas largas, angostas y puntiagudas, cola corta y garras grandes curvadas. (Noctilionidae; *Noctilio leporinus*).

¡murió!
   I. 1. interj. *Ni, RD.* Expresa intención de terminar de inmediato una conversación o un asunto. pop + cult → espon.

murique.
   I. 1. m. *Pe.* Pez marino de hasta 60 cm, de cuerpo comprimido y arqueado de color verde oliva con manchas blancas repartidas irregularmente a lo largo de él y espinas más largas en la aleta dorsal. (Serranidae; *Epinephelus labriformis*).

murmunta.
   I. 1. f. *Pe.* **cushuro.**

múrmura. (Apóc. de *murmuración*).
   I. 1. f. *Ho.* Murmuración.
   II. 1. m. *ES. Entre militares,* queja o protesta en voz baja.

murmuradera.
   I. 1. f. *Mx, Gu, Ni, CR, Pa, RD.* Murmuración reiterada.

murmuro. (Apóc. de *murmuración*).
   I. 1. f. *ES.* Murmuración.

murmurón, -na.
   I. 1. adj/sust. *Ec; RD,* p.u. *Referido a persona,* murmuradora, difamadora.

muro.
   □
   a. ‖ ~ **a** ~. loc. adj. *Ch. Referido a una alfombra,* que cubre el suelo de una habitación o sala por completo.

murra.
   I. 1. f. *Ch:S.* Zarzamora o zarza. (Rosaceae; *Rubus ulmifolius*).

murralla.
   I. 1. f. *ES.* Peces pequeños.

murrallar.
   I. 1. intr. *ES.* Pescar peces pequeños.

murrapo.
   I. 1. *Co.* **soyacal,** planta.
   2. m. *Co.* **Banano** que produce un racimo pequeño con gran número de **dedos** cortos, gruesos y menos curvados que los de otras variedades de musáceas. (Musaceae; *Musa acuminata*). ♦ **banano manzano.**

murraya.
   I. 1. f. *Mx.* Arbusto de hojas pequeñas y ovaladas, flores blancas aromáticas y semillas verdes, pequeñas, duras y redondeadas; es ornamental. (Rutaceae; *Murraya exotica*). (**muraya**). ♦ **café de la India; cafeíllo; jibá; palo de toro.**

murriada.
   I. 1. f. *Co:C.* Impregnación de una superficie con cemento.

murriar.
   I. 1. tr. *Co:C.* Impregnar una superficie con cemento muy diluido en agua.

murriñoso, -a.
   I. 1. adj. *Ho. Referido a un animal,* que tiene la enfermedad de la **morriña.**
   2. *Ho. Referido a persona,* constipada.

murruco, -a.
   I. 1. adj. *Ho, Ni. Referido a persona,* de pelo muy rizado.

murruñoso, -a.
   I. 1. adj. *Cu. Referido a persona o cosa,* insignificante. desp.
   II. 1. sust/adj. *Cu.* Persona mezquina. desp.

murrusco.
   I. 1. adj. *Ho, Pa. Referido al pelo,* rizado y ensortijado.

murta.
   I. 1. *Ch.* **murtilla,** arbusto, fruto y licor.

murtilla.
   I. 1. f. *PR, Ch.* Arbusto de hasta 1 m de altura, de ramas opuestas, hojas pequeñas, ovaladas, lustrosas y duras, flores blancas, y una baya roja como fruto, casi redonda, coronada por los cuatro dientes del cáliz, de agradable sabor y aroma. (Myrtaceae; *Ugni molinae*). (**murta**). ♦ **uñi.**
   2. *Ch.* Fruto de la murtilla. (**murta**).
   3. *Ch.* Licor que se hace con el fruto de la murtilla fermentado, de color rojo claro, de olor y gusto muy agradables y sumamente estomacal. (**murta**).

murucho, -a.
   I. 1. *ES.* **murusho,** de cabello muy rizado.

murucuyá.
   I. 1. m. *Ar:NE.* **burucuyá,** arbusto, fruto y flor.

murumaca.
   I. 1. f. *Cu.* Mueca, gesto exagerado y gracioso. pop.

murundanga.
   I. 1. f. *Ni.* Revoltijo de comida.

murure.
   I. 1. *Pe.* **moral bobo.**

mururé.
   I. 1. m. *Bo:C,E.* Árbol de hasta 30 m de altura cuya corteza contiene abundante látex blanco, de hojas simples y flores agrupadas en racimos cuyo fruto es una drupa comestible de color anaranjado que contiene varias semillas. (Moraceae; *Clarisia* spp.).

murusho, -a.
   I. 1. adj/sust. *Gu. Referido a persona,* que tiene el cabello muy rizado. (**murucho; muruso**).
   2. adj. *Gu. Referido al cabello de una persona,* muy rizado.

muruso, -a.
   I. 1. adj. *ES.* **murusho,** de cabello muy rizado.

muruteto, -a.
I. 1.   adj. *Ho. Referido a persona*, que habla con dificultad.

musajoyó.
I. 1.   *Mx:SE.* **cempasúchil**.

musaraña.
I. 1.   f. *Pa, RD, Ve:O, Ch, Mx:SE*, p.u. Mueca que se hace con el rostro.
2.   m. *Ho, ES, Ni.* Gesto de la cara, *en especial antes de llorar*.
II. 1.   f. *Ec.* Mamífero insectívoro de pequeño tamaño, de pelaje denso y suave de gris oscuro a negro, vientre de color amarillo claro, cara angosta, cola corta y garras largas. (Soricidae; *Cryptotis thomasi*).
III. 1.   f. *PR.* Tontería, cosa sin importancia.
IV. 1.   f. *Ni.* Vulva. tabú.

musarela.
I. 1.   f. *Ar.* Mozzarella. (**muzarela**; **muzarella**).

musculosa.
I. 1.   f. *Ch, Py, Ar, Ur.* Prenda interior ligera que cubre el torso, sin mangas y descotada en pecho y espalda en forma de U.

musepo.
I. 1.   m. *Ho.* Tristeza y melancolía, *generalmente por sentir nostalgia de la tierra natal*. (**mosepo**; **mucepo**).

musha.
I. 1.   f. *Pe:E.* Mujer de ojos claros. rur.

música.
I. 1.   f. *Bo:O.* Cartera pequeña, de bolsillo, *que utilizan generalmente los hombres para llevar dinero en billetes*. delinc.

■

a.   ‖ ~ **carranguera**. *Co.* **música guasca**.
b.   ‖ ~ **carroñera**. f. *Ve.* Música urbana, de principios del siglo xx, que incorpora variedad de instrumentos.
c.   ‖ ~ **chicha**.
    i.   f. *Pe.* Música que resulta de la fusión de la cumbia y de ritmos indígenas del Perú.
    ii. *Bo.* Música resultante de la fusión de ritmos folclóricos y de la cumbia colombiana.
d.   ‖ ~ **chichera**. f. *Ec.* Género musical resultante de la fusión de ritmos folclóricos y de la cumbia colombiana, *cuyas letras generalmente cuentan historias de desengaños amorosos*. pop.
e.   ‖ ~ **criolla**. f. *Pe.* Música mestiza de la costa, de ritmo alegre, que se desarrolla cantando coplas propias y se ejecuta con acompañamiento obligatorio de guitarra.
f.   ‖ ~ **de boca**. m. *Mx.* Armónica, instrumento provisto de una serie de orificios con lengüeta, que se toca soplando o aspirando por estos orificios.
g.   ‖ ~ **de carrilera**. *Co.* **música guasca**.
h.   ‖ ~ **de muerto**. f. *RD, Bo.* Música clásica. pop.
i.   ‖ ~ **de viento**. f. *Mx.* Abucheo, pitada, expresión de desaprobación mediante pitos y silbidos. fest.
j.   ‖ ~ **grupera**. f. *Mx, Ho, ES, Ni, CR, Pa.* Género de música popular contemporánea que tiene sus raíces en los corridos, las rancheras y la música tradicional del norte de México, cuyas letras narran historias realistas y cotidianas, en ocasiones relativas al narcotráfico.
k.   ‖ ~ **guasca**. f. *Co.* Música folclórica colombiana.
    ♦ **guasca**; **música carranguera**; **música de carrilera**.
l.   ‖ ~ **papayera**. f. *Co.* Música popular interpretada por una **papayera**.
m.   ‖ ~ **ranchera**. f. *Mx, Gu, Ho, ES, Ni, CR, Bo.* Música y canciones típicas de México con sus corridos y rancheras, acompañado de mariachis.
n.   ‖ ~ **rocolera**. f. *Ec.* Música nacional, *que se escucha principalmente en* **cantinas** y **murcielagarios**.
▶ **dar la ~; ser ~; ser todo ~ y pocasvergüenzas**.

musical.
I. 1.   adv. *Cu.* Sin seriedad, sin permitir que algo le afecte demasiado.

musicanga.
I. 1.   f. *Cu.* Música de mal gusto. desp.

músico.
I. 1.   m. *Cu.* **faurestina**.

músico, -a.
I. 1.   adj. *Mx. Referido a persona*, vil, traicionera.
2.   *RD. Referido a persona*, informal.

musiña.
I. 1.   f. *Pe:S.* Choza rústica de forma cónica para pasar la noche o para que la ocupen temporalmente los encargados de vigilar los sembrados. rur.

musiquero, -a.
I. 1.   m. y f. *ES, Py, Ec*, p.u. Persona aficionada a la música.
II. 1.   adj. *PR. Referido a persona*, impertinente, **buscabullas**. pop + cult → espon ^ desp.

musiú, -siúa. (Del fr. *monsieur*).
I. 1.   m. y f. *Ve.* Persona extranjera, *especialmente si es rubia*.
▶ **hacerse el ~; ser el mismo ~ con diferente cachimbo**.

musolino.
I. 1.   m. *Ar.* obsol. Empleado municipal encargado de la limpieza de las calles.

muspa. (Del quechua).
I. 1.   m-f. *Ec.* Persona tonta, boba.

muspante.
I. 1.   m. *ES.* Alharaca.

muspar. (Voz quechua).
I. 1.   intr. *Ar:NO.* Delirar o desvariar. rur; pop.
2.   *Ar:NO.* Hablar en alto mientras se duerme. rur; pop.

muste.
I. 1.   *Mx:SE.* **icinté**.

mustio, -a.
I. 1.   adj. *Mx. Referido a persona*, hipócrita que aparenta ingenuidad o inocencia.

musú.
I. 1.   *RD.* **sonayote**.
2.   m. *RD.* meton. Esponja que se elabora con el fruto del musú, usada en el aseo personal y también para fregar.

musuco, -a.
I. 1.   adj. *Ni; Ho*, pop. *Referido al pelo*, rizado, ensortijado. ♦ **musungo**.

musungo, -a.
I. 1.   sust/adj. *ES.* **musuco**, de cabello crespo.

musuquez.
I. 1.   f. *Ho.* Rizado del pelo. cult → esm.

musurana.
I. 1.   *Bo, Ur.* **zumbadora**, serpiente.

musuraña.
I. 1.   f. *Bo.* Caricia que consiste en juntar los mentones.

musurete.
I. 1.   sust/adj. *RD.* Persona ridícula, que puede producir risa por su rareza o extravagancia.

musuruquí.
I. 1.   m. *Bo.* Garrapata. (Ixodidae; *Silva* spp., *Filaria* spp.).

musurute.
I. 1.   m-f. *ES.* Persona pequeña y gorda.

muta.
I. 1.   *Gu.* **piñuela**, planta terrestre.

mutar.
 I. 1. intr. *Ur.* juv. Estar *una persona* absorta.

mute.
 I. 1. m. *Co:C,NE*. Sopa de granos de maíz pelados, con verduras, legumbres, carne y condimentos.

muticha.
 I. 1. f. *ES, Ni*. Desperdicios de granos o de caña que quedan después de haber cosechado.

mutichar.
 I. 1. intr. *ES, Ni*. Recoger los desperdicios de un terreno cosechado.

mutichero, -a.
 I. 1. m. y f. *ES*. Persona que recoge **muticha** de un terreno cosechado.

mutishco.
 I. 1. m-f. *Pe:E*. Persona o animal de ojos claros. ♦ **ojo de gato**.

muto.
 I. 1. m. *Bo:O*. Arbusto de hasta 3 m de altura, de hojas compuestas, dispuestas en espiral, y flores de color amarillo reunidas en racimos y su fruto es una legumbre leñosa. (Fabaceae; *Cassia pendula*).
 II. 1. adj. *Bo:C,O,S. Referido a un instrumento cortante*, romo. pop + cult → espon.

mutual.
 I. 1. f. *ES, Bo, Ch, Ar*. Organización de asistencia médica o de seguros dependiente de una asociación de trabajadores.

mutualizado, -a.
 I. 1. adj. *Ar. Referido a persona*, que pertenece a una **mutual**.

mutulo, -a.
 I. 1. sust/adj. *Ar:NO*. p.u. Persona malintencionada y falsamente modesta. pop + cult → espon ^ desp.

mutún. (Del guar. *mutum*).
 I. 1. f. *Bo:N,E*. Ave de hasta 75 cm de longitud, de color negro azulado en el dorso y castaño en el vientre, cola negra con la punta de las plumas blancas y pico corto naranja rojizo. (Cracidae; *Mitu tuberosa*). ♦ **pajuí**; **pava mutún**.

 ■
 a. ‖ ~ **copete de piedra**. m. *Bo:E*. Ave de hasta 90 cm de longitud, de cola larga y plumaje negro con manchas azuladas, parte inferior del abdomen blanca, protuberancia alargada de color gris azulado en la base del pico. (Cracidae; *Crax unicornis*). ♦ **pajuí copete de piedra**; **pava copete de piedra**; **pavichi cresta azul**.

muturo.
 I. 1. m. *Bo:E*. Pez de agua dulce de hasta 2 m de longitud, de color pardo grisáceo, cuerpo grueso y cabeza muy ancha y deprimida. (Pimelodidae; *Paulicea lütkeni*). (**muturu**).

muturu.
 I. 1. *Bo:E*. **muturo**.

mutusay. (Del zoque *mutus*, pequeño, *muj*, remojar, y *sai*, bejuco).
 I. 1. m. *Mx:SE*. Planta herbácea de hojas alternas, acorazonadas, flores en espádice rodeado de una espata, y fruto en baya, con semillas de albumen carnoso o amiláceo. (Araceae; *Rhodospatha oblongata*).
 2. *Mx:SE*. Raíz del **mutusay**, parecida al mimbre, que se emplea en cestería.

mutuy.
 I. 1. m. *Bo:O*. Arbusto de hasta 2 m de altura, de hojas compuestas dispuestas en espiral, flores amarillas agrupadas en racimos y frutos leñosos; de él se obtiene un colorante. (Fabaceae; *Senna* spp.).

muvi. (Del ingl. *movie*, película).
 I. 1. m. *ES*. Cine, película

muy.
 ■
 a. ‖ ~~.
  i. adj/sust. *Mx, Ni, Pe, Bo, Py; Ec, Bo*, desp. *Referido a persona*, que tiene un comportamiento o manera de actuar que denota superioridad frente a los demás, sin que esta sea necesariamente cierta. pop + cult → espon.
  ii. *Pe*. **muimuy**.
 □
 a. ‖ ni ~~ ni tan tan. loc. adj/adv. *Mx, ES, Ni, CR, Pa, Cu, PR, Bo, Ur*. Proporcionado, sin exageración. pop.

muyo-muyo. (Del quech. *muyu*, vuelta).
 I. 1. m. *Bo:O*. Mareo repentino producido por el cansancio u otra circunstancia. pop + cult → espon. ♦ **faracho**.

muyuna. (Del quech. *muyuna*, lo que gira).
 I. 1. f. *Ar:NO*. Rodaja que se coloca en la parte inferior del huso y ayuda a torcer la hebra. rur.
 II. 1. f. *Pe:E*. Remolino que se produce en un río caudaloso al chocar el agua con las rocas y salientes de las orillas.

muzarela.
 I. 1. *Ur.* **musarela**.

muzarella.
 I. 1. *Ur.* **musarela**.

n

n.a.
   I. 1. f. *Mx. En la escala de calificaciones*, no acreditado.

na.
   □
      a. ‖ ~ **ni** ~. loc. adv. *Ch.* Absolutamente nada, nada de nada. pop.
      b. ‖ **ni** ~ **ni** ~. loc. adv. *Ve.* Nada de nada. pop.

nabá. (Voz maya yucateca).
   I. 1. m. *Gu.* **tache**, árbol.

nabo.
   I. 1. m. *Mx:NO.* **tuna**, planta.
      2. m. *Gu,* Planta silvestre de hasta 1 m de altura, de flores pequeñas y amarillas, y fruto en forma de vaina con varias semillas pequeñas, redondas y de color negro; se utiliza como pasto para el ganado y las caballerías. (Cruciferae; *Bassica campestris*). pop + cult → espon ^ desp.
   II. 1. m. *RD.* Pobreza, escasez o carencia de recursos. pop.
   □
      a. ‖ **del** ~.
         i. loc. adv/adj. *Mx.* En situación penosa o lamentable. pop + cult → espon.
         ii. loc. adj. *Mx. Referido a cosa*, muy difícil. pop + cult → espon.
         iii. *Mx. Referido a cosa*, muy fea o de mala calidad. pop + cult → espon.
   ▶ **dar** ~; **le ronca el** ~; **meter el** ~; **sembrar el** ~.

nabo, -a.
   I. 1. adj/sust. *Bo, Ar, Ur. Referido a persona*, tonta, ingenua.

naboncio, -a.
   I. 1. sust/adj. *Ur.* p.u. Persona tonta, ingenua. pop + cult → espon ^ desp.

naca.
   •
      a. ‖ ~~ **pirinaca.** fórm. *Ho.* Se usa para indicar algo a una persona.
   □
      a. ‖ ~~. loc. sust. *Pe:E.* **coral**, culebra.
      b. ‖ ~ **la pirinaca.** loc. prnl. *Pe, Ch.* Nada de nada. pop + cult → espon. ◆ **naca la piriznaca.**
      c. ‖ ~ **la piriznaca. naca la pirinaca.**

nacaco.
   I. 1. m. *Mx:SE.* Árbol de hasta 25 m de altura, de hojas simples, alternas, ovado-orbiculares a oblongas, inflorescencias en panículas axilares o terminales, flores verdosas y aromáticas, y frutos en drupas elipsoidales u oblongas. (Chrysobalanaceae; *Licania arborea*). ◆ **alcornoque; roble blanco.**

nacagüite. (Afér. de *anacahuite*).
   I. 1. *Mx, Ho.* **anacahuite**, árbol.

nacahuite. (Afér. de *anacahuite*).
   I. 1. *Mx, Ho.* **anacahuite**, árbol.

nacapitú.
   I. 1. m. *Mx:SE.* **Tortilla** gruesa de maíz con **frijoles**.

nacapulí. (Del nahua *nacatl*, carne, y *capulli*, capulín: capulín carnoso).
   I. 1. *Mx.* **higuerón**, árbol de hasta 40 m de altura.

nácar.
   I. 1. adv. *Gu.* No, nada, de ninguna manera.

¡nácar!
   I. 1. *PR.* **¡nacarile!**.

nacarigüe.
   I. 1. m. *Ho.* Maíz amarillo molido y tostado que se usa como salsa para ciertas comidas de carne.
      2. *Ho.* Comida hecha de costilla de cerdo, con sal, pimienta, cebolla y **chile** dulce picados a los que, una vez guisados, se les añade harina de maíz tostado.

¡nacarile!
   I. 1. interj. *RD, PR.* Expresa negación rotunda. pop + cult → espon ^ fest. (**¡nácar!**).
   □
      a. ‖ **¡~ del Oriente!** loc. interj. *PR.* Expresa negación muy enfática. pop + cult → espon ^ fest.

nacas.
   I. 1. adv. *Ho, ES.* No, nada, de ninguna manera.
   □
      a. ‖ ~ **pecas.** loc. adv. *ES.* Nada, no.

nacascalote. (Del nahua *nacaztili*, oreja, y *colotl* o *coltic*, cosa torcida).
   I. 1. *Mx.* **nacascolo**.

nacascol.
   I. 1. *Gu, Ni, CR.* **nacascolo**.

nacascola.
   I. 1. f. *ES.* Oreja de persona.

nacascolo. (Del nahua *nacatli*, oreja, y *colotl, coltic*, cosa torcida).
   I. 1. m. *Mx, Gu, Ho, ES, Ni, CR.* Árbol de hasta 10 m de altura, de ramas extendidas y retorcidas, hojas compuestas de color blanco mate, flores pequeñas, amarillas, en racimos auxiliares y terminales, cuyo fruto es una legumbre oblonga y retorcida; tiene numerosas aplicaciones en la medicina tradicional. (Fabaceae; *Caesalpinia coriaria*). (**nacascalote; nacascol; nacascolote; nacascul; nacasol**). ◆ **cascalote; guascolote.**

nacascolote.
   I. 1. *Mx.* **nacascolo**.

nacascul.
   I. 1. *Mx.* **nacascolo**.

nacasmá.
   I. 1. f. *Mx:SE.* **zompopo**, hormiga.

nacasol.
   I. 1. *Gu, ES, Ni.* **nacascolo**.

nacaspilo. (Del nahua *nacaztli*, oreja, y *pilli*, cosa que cuelga).
   I. 1. m. *Gu, Ho, ES.* **guamo**, árbol. (**nacaspiro**).

¡nacaspilo!
   I. 1. interj. *ES.* Expresa carencia total de algo.

nacaspiro.
   I. 1. *Gu, Ho:O, ES.* **nacaspilo**, árbol.

nacaste. (Afér de *guanacaste*).
   I. 1. *Mx.* **guanacaste**, árbol.

nacastle.
    I. 1.   *Mx.* **guanacaste**, árbol.

nacatamal. (Del nahua *nacatl*, carne, y *tamalli*, tamal).
    I. 1.   m. *Mx, Ho, ES, Ni, CR:NO.* **Tamal** relleno de trozos de carne de **res** o de cerdo y salsa picante.
      ♦ **nacatambuche; sacatamal.**
    II. 1.   m. *Ni.* Vulva. tabú.
    III. 1.   adv. *Ni.* juv. No, nada, de ninguna manera.
    ■

    a. ‖ ~ **de a peso.** m. *Ni.* El **tamal** más grande.
    ▶ **parecer ~ pindongo; salir con su ~; ser más hojas que ~; ser una olla de ~es; tener ~ escondido.**

nacatamaleada.
    I. 1.   f. *Ho, Ni.* Fiesta o comida con **nacatamales.**

nacatamalear(se).
    I. 1.   intr. prnl. *Ho, Ni.* Comerse uno o varios **nacatamales.**
    II. 1.   intr. *Ni.* Hacer **nacatamales.**

nacatamalero, -a.
    I. 1.   m. y f. *Ho, Ni.* Persona que hace o vende **nacatamales.**
    2.   *Ho, Ni.* Persona aficionada a comer **nacatamales.**
    3.   sust/adj. *Ni, Pa.* Olla grande para cocer **nacatamales.**

nacatambuche.
    I. 1.   *Ni.* **nacatamal.** fest.

nacatero, -a. (Del nahua *nacatl*, carne).
    I. 1.   m. y f. *Mx:E.* Matarife, persona que mata las reses y las descuartiza. (**nagatero**)

nacatete. (Del nahua *nacatl*, carne).
    I. 1.   m. *Mx.* Pollo que aún no ha echado la pluma. rur. (**nacatón**).

nacatón. (Del nahua *nacatl*, carne, y *tontli*, diminutivo despectivo).
    I. 1.   *Mx.* **nacatete.**

nacaxtle.
    I. 1.   *Mx.* **guanacaste**, árbol.

nacayote. (Del nahua).
    I. 1.   *Mx.* **najayote.**

nacazul. (Del nahua *nacatl*, carne, y *zullim*, codorniz).
    I. 1.   m. *Mx.* Arbusto de hojas recubiertas de pelillo grisáceo, enteras, elípticas y pinnadas, flores blancas con forma de trompeta, de olor intenso, y fruto en cápsula, del tamaño de un huevo, cubierto de espinas. (Solanaceae; *Datura inoxia*).

nacedera.
    I. 1.   f. *Gu.* Número elevado de nacimientos de niños.

nacedero.
    I. 1.   m. *Pa, Co:C,SO.* Árbol de hasta 15 m de altura, de hojas simples y opuestas, con grandes nervios, flores de color rojo púrpura y amarillo y frutos dispuestos en cápsulas; tiene aplicación en la medicina tradicional. (Acanthaceae; *Trichanthera gigantea*). ♦ **cajeto; madrediagua; mangle de agua; palo de agua; quiebrabarriga; yátago.**

nacer(se).
    I. 1.   intr. *Ni, CR, Pa, Cu, RD, PR, Ec, Pe, Bo, Py, Ar; Ur,* p.u. Surgirle a *alguien* el deseo de hacer *algo.* pop + cult → espon.
    2.   tr. *Cu.* Sentir *alguien* el deseo de hacer *algo.*
    II. 1.   intr. prnl. *Co.* Llenarse la ropa de pequeños puntos negros o manchas a causa de la humedad.
    2.   *Ho, ES, Ni, Ve.* Criar hongos una comida o una cosa por acción de la humedad.
    □

    a. ‖ ~ **canas.** loc. verb. *RD, Co.* Esperar *alguien* mucho tiempo. pop ∧ hiperb.
    b. ‖ ~ **chicharra.** loc. verb. *Ch.* No cambiar *alguien* su forma de ser, aunque sea negativa. pop.
    c. ‖ ~ **como cuyos.** loc. verb. *Gu, ES.* Tener *alguien* muchos hijos.

    d. ‖ ~ **con la estrella chueca.** loc. verb. *Ho.* Tener *alguien* mala suerte.
    e. ‖ ~ **en cuero negro.** loc. verb. *Ec.* Tener *alguien* buena suerte. pop.
    f. ‖ ~ **enmantillado.** *Ve.* **nacer parado.**
    g. ‖ ~ **para medio y no llegar a real.** loc. verb. *RD; Ur.* p.u. Nacer pobre y quedarse pobre toda la vida. pop + cult → espon.
    h. ‖ ~ **para semilla.** loc. verb. *RD.* Ser inmortal *una persona.*
    i. ‖ ~ **parado.** loc. verb. *Mx, Gu, Ho, ES, Ni, Pa, Cu, Ve, Pe, Bo, Ch; RD, PR, Ar, Ur.* pop + cult. Tener *alguien* buena suerte. espon.
    j. ‖ ~**le.** loc. verb. *Mx, Ni, CR, Pa, RD, Pe, Bo, Ch, Py, Ur.* Producirse con naturalidad una actitud en alguien. pop + cult → espon.
    ◪

    a. ‖ **al que nace para tamal del cielo le caen las hojas.** fr. prov. *Cu.* Indica que es imposible evadir los infortunios de la vida.
    b. ‖ **el que nace para maceta no pasa del corredor.** fr. prov. *Mx.* Indica que si una persona es mediocre, no dejará de serlo por más esfuerzos que haga. pop + cult → espon.
    c. ‖ **lo que no nace no crece.** fr. prov. *Cu.* Indica que no se puede imponer un sentimiento.

nacha. (Sínc. de *Natacha*, personaje de una telenovela mexicana).
    I. 1.   f. *Ho.* Sirvienta en una casa. desp.

nachero.
    I. 1.   m. *Ho.* Hombre que pretende a las empleadas del servicio doméstico.

nachos.
    I. 1.   m. pl. *Mx, Ho, ES, Ni, CR; Pa.* urb; pop. **Tortillas** troceadas de maíz frito con queso derretido.

nacho, -a.
    I. 1.   m. y f. *Ho.* Persona de estrato social bajo y sin educación.

nacido.
    I. 1.   m. *Gu, Ni, CR, Cu, RD, PR, Co, Ve, Py; Ec,* pop; *Pa.* p.u; rur. Forúnculo. (**nacío**).
    II. 1.   m. *Gu, Ho, Ni, PR.* Inflamación infecciosa de las glándulas sudoríparas de la axila.
    ■

    a. ‖ ~ **del ojo.** m. *Ho.* Orzuelo, divieso pequeño que nace en el borde del párpado.

nacido, -a.
    I. 1.   adj. *Ve;* adj/sust. *Ho, ES, Ni, CR. Referido a ropa o comida*, que le han crecido hongos.

naciente.
    I. 1.   f. *CR, Pe, Bo, Ar, Ur.* Cabecera o nacimiento de un río.
    2.   *CR, Bo, Py.* Sitio en el que nace o brota agua en forma natural y desde donde se forma una pequeña corriente.

nacío.
    I. 1.   *Cu.* **nacido**, forúnculo.

nacional.
    I. 1.   m. *Bo.* Campeonato deportivo en el que participan las selecciones de los nueve **departamentos** bolivianos.

nacionalismo.
    I. 1.   m. *Ho.* Conjunto de miembros del Partido Nacional de Honduras.
    2.   *Ur.* Conjunto de miembros del Partido Nacional del Uruguay.

nacionalista.
    I. 1.   adj/sust. *Ho. Referido a persona o cosa*, que pertenece al Partido Nacional de Honduras.
    2.   *Ur. Referido a persona o cosa*, que pertenece al Partido Nacional del Uruguay.

naciones.
   I. 1. m. pl. *Ni, Ch.* Juego infantil en que cada participante asume el nombre de un país y, cuando es nombrado, debe recoger un balón lanzado al aire, intentando que no caiga al suelo; si lo consigue, los demás participantes deben quedarse parados y el del balón lo arroja hacia uno de ellos, quien, si es alcanzado, queda eliminado.

naco.
   I. 1. m. *Py, Ar, Ur.* Porción de tabaco para mascar o liar cigarrillos.
   II. 1. m. *Co:C,NE.* p.u. Puré de **papa**.
   III. 1. m. *ES.* Hombre afeminado. polic.
    2. *Ni.* Hombre homosexual.
   IV. 1. m. *ES.* Billete. pop.
   V. 1. m. *Ur.* p.u. Miedo, temor. pop + cult → espon.
   ▶ **doblar los ~s; parar los ~s.**

naco, -a.
   I. 1. sust/adj. *Mx, Ni, Bo.* Persona ignorante y vulgar, que carece de educación. pop + cult → espon ^ desp.
    2. sust/adj. *EU.* Persona de pocos recursos económicos. pop + cult → espon ^ desp.
    3. adj/sust. *Ho, Ni, Bo, CR. Referido a joven,* de bajo estrato social y de educación limitada.
    4. *Ho, ES. Referido a niño,* llorón.
    5. adj. *ES, Ni. Referido a persona,* cobarde.
    6. *ES. Referido a persona,* floja.
    7. sust/adj. *CR.* Persona de escasa cultura. desp.

nacuma.
   I. 1. f. *Co:NE.* **soyacal**, planta herbácea perenne.
    2. *Co:NE.* Hoja tierna de esta hierba que se come en ensaladas.

nada.
   ●
   a. ‖ **más ~.** fórm. *RD, Ve, Ur.* Se usa para zanjar o dar por terminado algo.
   b. ‖ **~, qué.** fórm. *Mx.* Se usa para indicar rechazo ante una propuesta o enunciación. pop + cult → espon.
   c. ‖ **~ jabón.** fórm. *Ec.* Se usa para rechazar enfáticamente algo. fest.
   d. ‖ **por ~.** fórm. *Mx, Ni, Pa, Cu, RD, Ec, Ch, Py, Ar, Ur.* Se usa como respuesta a quien da las gracias. pop + cult → espon.
   □
   a. ‖ **a cada ~.** loc. adv. *ES, Co, Pe, Ch; Ni,* p.u. Repetida o frecuentemente. (**de cada nada**).
   b. ‖ **de cada ~.** *ES, Ni.* **a cada nada**.
   c. ‖ **en una ~.** loc. adv. *Ni, Co, Ec, Bo.* En un momento, rápidamente. pop.
   d. ‖ **~ puede.** loc. adj. *Ni, Bo:O,C. Referido a persona,* inútil y torpe.
   e. ‖ **mi peor es ~.** loc. sust. *Mx, Ni, Pa, Ve, Ec, Bo, Ch, Ar, Ur.* Persona con la que se mantiene una relación amorosa. pop + cult → espon ^ desp.
   f. ‖ **sin que quede ~ por dentro.** loc. adv. *Cu.* Con absoluta franqueza.
   ▶ **ser la ~.**

nadada.
   I. 1. f. *RD, Co.* Natación. pop.

nadadito.
   □
   a. ‖ **a ~ de perro.** loc. adv. *CR.* Poco a poco, pero de manera constante. pop ^ fest.
   b. ‖ **con ~ de perro.** loc. adv. *Co.* Ocultamente, con cautela. pop.

nadado.
   I. 1. m. *Ni, CR, RD, Co.* Estilo o modo de nadar.
   ■
   a. ‖ **~ de pecho.** *CR.* **nado de pecho**.

b. ‖ **~ de perro.** m. *Mx, Ni, Co.* Modo de nadar de quien está aprendiendo. pop + cult → espon.
   c. ‖ **~ libre.** *CR.* **nado libre**.

nadaísmo.
   I. 1. m. *Co.* Movimiento filosófico y literario fundado en Medellín en 1958 por Gonzalo Arango (1931-1976), que se caracteriza por una fuerte influencia del existencialismo francés y preconizaba la ruptura de la tradición literaria, política y social.

nadaísta.
   I. 1. adj. *Co.* Relativo al **nadaísmo**.
    2. adj/sust. *Co.* Partidario del **nadaísmo**.

nadar.
   □
   a. ‖ **~ en dos aguas.**
    i. loc. verb. *Ni, Cu, PR, Bo.* Actuar de manera equívoca, sin comprometerse con nada. pop + cult → espon.
    ii. *PR.* Estrellarse *alguien* contra las dificultades. pop + cult → espon.
   b. ‖ **~ en pisto.** *Ho.* **nadar en plata**.
   c. ‖ **~le.** loc. verb. *Mx, Ni, CR, Pa, Ec, Ch, Ur.* Quedarle a alguien muy holgada una prenda de vestir. pop + cult → espon.

nadie.
   ●
   a. ‖ **a mí no me ~.** fórm. *Bo.* Se usa para defenderse de las acusaciones o de las críticas.

nadien.
   I. 1. pron. *Mx, Ch; Ve, Ec,* rur. Nadie. pop.

nadies.
   I. 1. pron. *Bo; Ec, Pe,* rur; pop. Nadie. vulg.

nadita.
   I. 1. f. *Mx, Gu, ES, Ni, Cu, RD, Ve, Ec, Pe, Bo:O,C; Ar:NO, Ur,* p.u. Porción muy pequeña de algo. pop.
   ●
   a. ‖ **~.** fórm. *RD, Co:C,O.* Se usa para responder al saludo «qué hay» o «qué hubo». pop. ♦ **naitica**.
   □
   a. ‖ **por ~.** loc. adv. *EU, Mx, Cu.* Por poco, casi. pop + cult → espon. (**por naditas**). ♦ **por naitica**.
   b. ‖ **por ~s.** *Ho, Ni.* **por nadita**.

nado.
   I. 1. m. *Mx, Ho, Ni, Ve, Bo, Ch.* Cada uno de los estilos en que se practica la natación. pop + cult → espon.
   ■
   a. ‖ **~ de pecho.** m. *Mx, Ni, Co, Ve, Bo, Ch.* Estilo de natación en el que el cuerpo avanza boca abajo sobre el agua dando brazadas y moviendo a la vez las piernas. ♦ **nadado de pecho**.
   b. ‖ **~ libre.** m. *Mx, Ni, Co, Ve, Ec, Bo, Ch.* Estilo de natación que consiste en batir constantemente las piernas y en mover alternativamente los brazos hacia delante sacándolos del agua. ♦ **nadado libre**.

nafa.
   I. 1. f. *Bo:E.* Árbol de hasta 30 m de altura, de hojas compuestas, flores pequeñas y blancas y frutos en forma de cápsula globosa que contienen resina; su madera es apreciada. (Burseraceae; *Tetragastris altissima*).

nafta.
   I. 1. f. *Bo, Py, Ar, Ur.* Gasolina.

naftero, -a.
   I. 1. adj/sust. *Bo, Py, Ar, Ur. Referido a un vehículo,* que usa gasolina como combustible.

nagatero, -a.
   I. 1. *Mx:E.* **nacatero**.

nagua. (De or. ind. antillano).
    I. 1.   f. pl. *Mx*, *RD*; *Gu*, *Ho*, *ES*, rur; f. *Bo:S*; *Co*, p.u; *Ec*, pop. Prenda interior femenina, similar a una falda y que se lleva debajo de esta.
    2.   f. *Mx*, *ES*, *Ni*; *CR*. obsol. Saya o falda.
    II. 1.   *PR*. **flor de nagua**. (Nymphaeaceae; *Nymphaea ampla*).

nagual. (Del nahua *nahualli*, bruja).
    I. 1.   m. *Mx*, *Gu*, *Ho*, *ES*, *Ni*. Espíritu protector de alguien, que se representa en forma de animal. (**nahual**).
    2.   *Ho*, *ES*. Creencia en el poder de alguien para transformarse en su animal protector y así poder hacer daño a alguna persona enemiga. (**nahual**).
    II. 1.   m. *Mx*, *Gu*, *Ho*, *ES*, *Ni*, *Pa*. Hechicero supuestamente dotado de poderes mágicos. (**nahual**).
    ♦ **nahualista**.

nagualear.
    I. 1.   intr. *Mx*. obsol. Robar. pop.
    II. 1.   intr. *Ho*. Hacer *alguien* correrías nocturnas para asustar, robar o tener aventuras amorosas, bajo la apariencia de su **nagual**.

nagualismo.
    I. 1.   m. *Mx*, *Ho*, *ES*. Creencia en los **naguales** o hechiceros. cult. (**nahualismo**).

nagualista.
    I. 1.   m. y f. *ES*. Persona que cree en el **nagual**.

naguapate. (Del nahua *nanahuatl*, buba, y *patli*, medicina).
    I. 1.   m. *Mx*, *Ho*, *ES*, *Ni*. Hierba rastrera anual de hasta 1,20 m de altura, de tallos pubescentes, hojas compuestas, redondas en el ápice, inflorescencias en racimos terminales y flores pequeñas de color amarillo; se utiliza en la medicina tradicional contra las enfermedades venéreas. (Asteraceae; *Solidago sempervirens*). (**nahuapate**). ♦ **palancapacle**.

nagüe.
    I. 1.   m-f. *Cu:E*. Amigo, compañero. pop.
    ●
    ~s. fórm. *CR:E*. juv. Se usa como saludo entre amigos.

nagüilla.
    I. 1.   f. *ES*. Tela fina.

nagüilón, -na.
    I. 1.   adj. *Gu*, *ES*. Referido a persona, cobarde. (**nahuilón**).
    2.   *Gu*, *ES*. Referido a hombre, afeminado. (**nahuilón**).
    3.   *ES*. Referido a persona, llorona. (**nahuilón**).
    4.   *ES*. Referido a persona, muy consentida.

nahua. (Del nahua, *náhualt*, cosa que suena bien).
    I. 1.   adj. *Mx*, *Gu*, *Ho*, *Ni*. Relativo a este grupo étnico.

nahual. (Del nahua *nahualli*, brujo, hechicero).
    I. 1.   *Mx*, *Gu*, *Ho*, *ES*, *Ni*. **nagual**, espíritu protector.
    2.   *Ho*, *ES*. **nagual**, creencia.
    II. 1.   *Mx*, *Gu*, *Ho*, *ES*, *Ni*, *CR*, *Pa*. **nagual**, hechicero.

nahualismo.
    I. 1.   *Mx*, *Gu*, *Ho*, *Ni*. **nagualismo**.

nahualista.
    I. 1.   *Mx*. **nagual**, hechicero.

nahuapate.
    I. 1.   *Mx*, *Ho*, *ES*, *Ni*. **naguapate**.

nahuatlato, -a.
    I. 1.   adj. *Mx*. Referido a persona, que sabe hablar la lengua **nahua**.

nahuatlismo.
    I. 1.   m. *Mx*, *Ho*, *Ni*. Sustrato del español de origen **nahua**.

nahuilón.
    I. 1.   *Gu*, *ES*. **nagüilón**.

nahuite.
    I. 1.   *ES*. **levantamiento del espíritu**.

nahuyaca. (Del nahua *nahui*, cuatro, y *yacatl*, nariz).
    I. 1.   *Mx*, *Gu*. **nauyaca**.

nai.
    I. 1.   m. *Cu*. Ano. vulg; pop.
    2.   *Cu*. Glúteos. vulg; pop.

naibí.
    I. 1.   *Co*. **yaya**.

naiboa.
    I. 1.   f. *RD*, *Ve*. Torta de **cazabe** rellena con **papelón**, queso y algunas especias.
    II. 1.   f. *Cu*, *RD*, *PR*. obsol. Jugo venenoso que se extrae de la raíz de la **yuca**.
    III. 1.   pron. *Ve*. Nada. pop.
    IV. 1.   adv. *Ve*. No. pop.
    V. 1.   f. *RD*. Componente esencial de un alimento que lo hace delicioso o nutritivo.
    2.   *RD*. Riqueza, abundancia de bienes materiales o de características positivas.

naiden.
    I. 1.   pron. *Ni*, *Cu*, *RD*, *Ve*, *Ec*, *Ch*; *Mx*. pop. **naides**.

náidenes.
    I. 1.   pron. *Pe*. p.u. **naides**.

naides.
    I. 1.   pron. *Ec*, *Bo*, *Ch*; *Ar*. obsol; *Pe*. p.u. Nadie. rur (**naiden**; **náidenes**; **naidies**).

naidies.
    I. 1.   pron. *Pe*. p.u. **naides**.

naif. (Del fr. *naïf*).
    I. 1.   m. *Ho*, *Ur*. Estilo de vestir que proyecta una imagen inocente de quien lo lleva.
    II. 1.   adj. *Ho*. Referido a cosa, muy grande o abundante.

naifa.
    I. 1.   f. *Bo:E*, delinc; *Ar*, obsol; pop. Mujer.
    2.   *Bo:E*. Esposa, mujer casada. delinc.
    3.   *Bo:O*. Mujer que vive en concubinato con un hombre. delinc.
    II. (Del ingl. *knife*).
    1.   f. *Ar*, *Ur*. Cuchillo para cortar. pop + cult → espon. (**naife**).

naife. (Del ingl. *knife*).
    I. 1.   m. *Ar*. p.u. **naifa**, cuchillo. pop + cult → espon.

nailon. (De *Nylon*®).
    I. 1.   f. *Mx*. Nalgas. euf; pop + cult → espon.

nainitas.
    I. 1.   pron. *Ho*. Nada. rur.
    2.   adv. *Es*. De ninguna manera, no. rur.

naipe.
    I. 1.   adv. *Ch*. Nada. pop ˄ fest.
    II. 1.   m. *Gu*. Cerebro, juicio, talento y capacidad de una persona. pop + cult → espon.
    ●
    a. ‖ **¡~s de ese póquer!** fórm. *ES*. Se usa para indicar que no hay duda de algo. fest.
    ▶ **arreglar el ~**.

naipear.
    I. 1.   tr. *Bo:O*. Mezclar los naipes. pop + cult → espon.
    II. 1.   tr. *Bo:S*. Engañar, inducir a *alguien* a tener por cierto lo que no es. pop + cult → espon.

naipero, -a.
    I. 1.   sust/adj. *Bo:O,S*. Persona que practica la cartomancia. pop + cult → espon.

nais. (Del ingl. *nice*).
    I. 1.   adj. *Gu*, *Ni*, *RD*. Referido a persona o cosa, muy agradable, excelente.
    2.   *Ho*, *ES*, *Ni*, *CR*. juv. Referido a persona, amable, agradable. (**nice**).
    3.   *Ho*, *ES*, *Ni*. juv. Referido a persona o cosa, bonita, moderna, que viste a la moda. (**nice**).

naíta. (Sínc. de *nadita*).
   I. 1. pron. *RD*. Nada, ninguna cosa. pop.
   2. *RD*. Nada, poco o muy poco. pop.
   3. adv. *RD*. Nada, de ninguna manera. pop.

naitafón.
   I. 1. m. *Pa*. Fiesta privada en una casa particular.

naitica.
   I. 1. f. *Ve*. Porción muy pequeña de algo. rur.
   ●
   a. ‖ ~. fórm. *EU*. **nadita**.
   ☐
   a. ‖ por ~. *EU*. **por nadita**.

naive. (Voz inglesa).
   I. 1. adj. *EU, Pa, RD, PR, Ch. Referido a persona*, ingenua, candorosa, incauta. prest; cult → esm.

najallote.
   I. 1. *Mx*. **najayote**.

najayote.
   I. 1. sust/adj. *Mx*. Persona muy **naca** o vulgar. pop + cult → espon ^ desp. (**nacayote**; **najallote**).

nájera.
   I. 1. f. *Gu*. Nalga. euf.

najesí.
   I. 1. *Cu*. **andiroba**.

najualá. (Voz chapaneca).
   I. 1. m. *Mx*. Arbusto de hasta 4 m de altura, de ramas glabras, hojas alternas, redondeadas aovadas y acorazonadas en la base, cimas pequeñas y densas con flores masculinas y femeninas, fruto en forma de cápsula; tiene múltiples usos en la medicina tradicional. (Euphorbiaceae; *Jatropha curcas*). ♦ **cacalché**; **coquillo**; **piñón**; **sikilté**; **yupur**.

nalca.
   I. 1. f. *Ch:C, Ar:O*. **quitasol**, planta.
   2. *Ch:C*. Pecíolo del **pangue** que se come en forma de ensalada.

nalga.
   I. 1. f. *Mx*, vulg; *ES*, drog. Novia.
   II. 1. f. *Ar, Ur; Ni, Py*, pop. Corte del cuarto trasero de los vacunos, de la parte interna del muslo.
   ●
   a. ‖ **peor es ~s**. fórm. *Ni, CR*. Se usa para indicar que poseer algo, aunque no sea de calidad óptima, es mejor que no tener nada. pop + cult → espon.
   ■
   a. ‖ **~ de batea**. f. *Cu, RD*. Nalgas de gran tamaño y voluminosas. pop + cult → espon.
   b. ‖ **~s de aspirina**. f. pl. *Mx*. juv. Nalgas planas, sin volumen. pop + cult → espon. ♦ **nalgas de burro**; **nalgas de tesoro**.
   c. ‖ **~s de burro**. *Mx*. **nalgas de aspirina**.
   d. ‖ **~s de tesoro**. *Mx*. **nalgas de aspirina**.
   ☐
   a. ‖ **~ pronta**. loc. sust. *Mx*. Persona que busca o cede fácilmente a relaciones sexuales con distintas personas. vulg. (**nalgas prontas**; **nalguipronta**).
   b. ‖ **~s prontas**. *Mx*. **nalga pronta**. vulg.
   ▶ **dar las ~s**; **irse de ~s**; **peinarse de ~**; **quedar como ~ de india**.

nalgaje.
   I. 1. m. *PR*. Conjunto de ambas nalgas, si son protuberantes. vulg; pop + cult → espon ^ fest.

nalgamento.
   I. 1. m. *ES, Ni*. Nalgatorio, conjunto de ambas nalgas.

nalgazo.
   I. 1. m. *Mx, ES, Ni, CR, Pe, Bo*. Caída de nalgas.
   2. *Ni, PR, Pe, Bo, Ch*. Golpe dado en las nalgas.

nalgón, -na.
   I. 1. adj. *Ho, ES, Ni, CR, Pa, RD, PR, Ec, Pe, Bo, Py; Mx, Cu, Co, Ve. Referido a persona*, que tiene las nalgas grandes y abultadas. pop + cult → espon.
   ♦ **fondilludo**.

nalgotada.
   I. 1. f. *Ho*. Nalgada.

nalgueada.
   I. 1. f. *Mx, Ho, ES, Ni, CR*. Serie de golpes dados en las nalgas.
   2. *Ho, ES, Ni, Pa; Bo, Ur*, p.u. Palmada, golpe dado en las nalgas.

nalguear.
   I. 1. tr. *Mx, Gu, Ho, ES, Ni, CR, Pa, Co:N, Pe, Bo:E; Ec*, p.u. Dar palmadas o golpes en las nalgas. pop.
   2. *Mx, Gu, CR, Pa*. Tocar las nalgas o dar palmadas en ellas sensualmente o por chanza.
   3. intr. *Ho*. Realizar el coito. vulg.
   II. 1. tr. *Ni*. Derrotar a *alguien* con contundencia.

nalguerío.
   I. 1. m. *ES*. Gran cantidad de mujeres. desp.

nalguero.
   I. 1. m. *ES*. Hombre homosexual.

nalguipronta.
   I. 1. m f. *Mx*. **nalga pronta**.

namás.
   I. 1. adv. *Mx*. **nomás**, nada más. pop.

nambimbo. (Voz chapaneca).
   I. 1. m. *Mx:SE*. Árbol de hasta 10 m de altura, de hojas de color verde oscuro y de panojas de flores blancas, pequeñas y olorosas con fruto de color rojo o púrpura; se cultiva en jardines. (Boraginaceae; *Ehretia tinifolia*). (**nandimbo**).

nambira.
   I. 1. f. *Ho*. Mitad de una calabaza que, quitada la pulpa, sirve para usos domésticos.
   2. *Ni*. Recipiente hecho de la mitad del fruto del **jícaro**.
   II. 1. f. *Ni*. **guacal**, cabeza.

nami. (De *mina*, por inversión silábica).
   I. 1. f. *Bo:E*. **mina**, mujer. delinc.

namú.
   I. 1. *PR*. **anamú**.

nana. (Del nahua *nanantli* o *nanantzin*, madrecita).
   I. 1. f. *Mx, Gu, Ho, ES, Ni, Pa, RD, Ve, Pe, Ch, Ar; Cu, Co, Ec, Py*. p.u. Niñera.
   2. *Mx, Gu, Ho, ES, Ni, Pa, RD, Pe, Ar; Cu, Ch*, obsol. Nodriza.
   3. *Ch*. Mujer que por un salario o sueldo desempeña los trabajos domésticos o ayuda en ellos.
   4. *Ho. En el ejército*, mujer que presta sus servicios en una unidad como cocinera, lavandera o planchadora.
   II. 1. f. *Mx*. Útero guisado de la hembra del cerdo y de otros animales.
   III. 1. f. *Ch, Ar, Ur*. Daño o dolor corporal. inf. (**naná**).
   2. f. pl. *Py, Ar, Ur*. Achaques, dolencias físicas sin importancia. pop + cult → espon.
   IV. 1. f. *Gu, Ho, ES*. Madre, mujer. afec.
   2. *Ho*. Abuela. afec.
   3. *Ho*. Mujer de edad avanzada. afec.
   ☐
   a. ‖ **¡ay ~!** loc. interj. *RD*. Expresa deseo de que se produzca un determinado hecho.

naná.
   I. 1. f. *Py*. **nana**, daño. afec.

nanacate. (Del nahua *nanacatl*).
   I. 1. m. *Mx*. Hongo, seta.

nananche. (Del nahua *nanantzin,* madrecita).
I. 1. *Mx.* **nance**, árbol.

nananchi.
I. 1. *Mx.* **nance**, árbol.

nananina. (De *Nananina,* personaje radiofónico de la actriz cubana Mimí Cal, 1900-1978, en *La tremenda corte*).
I. 1. adv. *Cu.* **nereida**, negación rotunda.
2. *RD.* Nada. pop.
●
a. ‖ ~ **jabón candado.** (De *jabón Candado*®). fórm. *Cu.* Se usa para expresar negación rotunda de lo que se acaba de oír o de decir. pop. ♦ **nananina tres patines.**
b. ‖ ~ **tres patines.** (Del personaje radiofónico interpretado por el humorista Leopoldo Fernández, 1904-1985). fórm. *Cu.* obsol. **nananina jabón candado.**

nanasco.
I. 1. m. *ES.* Cosa muy grande.

nanay.
► hacer ~.

¡nanay!
I. 1. interj. *Pe:SE.* Expresa dolor, malestar o daño sufrido. rur; inf.
□
a. ‖ **¡~ cucas!** loc. interj. *Co.* Expresa negación rotunda a algo.

nance. (Del nahua *nantzin,* madre).
I. 1. m. *Mx, Gu, Ho, ES, Ni, CR, Pa.* **yuco.** (**nananche; nananchi; nancerol; nanche; nanchi; nancite**).
2. *Mx, Gu, Ho, ES, Ni, CR, Pa.* Fruto del nance, de forma esférica, color amarillo intenso al madurar y carne blanca muy aromática y de sabor acídulo. (**nanche; nanchi; nancite**).
3. *Ho, CR.* Grano del café cuando tiene color amarillo.
II. 1. m. *Ho, ES, CR.* Ano. euf.
III. 1. m-f. *Gu.* Persona pequeña y gorda.
IV. 1. m. *Gu.* Hombre con pocos pelos de barba.
V. 1. m. *Gu.* Vulva. tabú.
■
a. ‖ ~ **ácido.** m. *Gu.* Nance caracterizado por lo agrio de su fruto; su madera se utiliza para construcción, muebles y artesanías. (Malpighiaceae; *Byrsonia bucidaefolia*). ♦ **nance agrio.**
b. ‖ ~ **agrio.** *Gu.* **nance ácido.**
c. ‖ ~ **cimarrón.** m. *Gu.* Nance silvestre, de cuya corteza se extrae tanino. (Malpighiaceae; *Bunchosia cordifolia, B. guatemalensis*).
d. ‖ ~ **de montaña.** *Pa.* **maricao.**
► dar en el ~; destripar el ~; quebrar el ~.

nancear.
I. 1. intr. *Mx, Gu, Ho, ES, Ni, Pa.* Recoger el fruto del nance. rur. ♦ **nancitear.**
II. 1. tr. *Ho, ES.* Obtener *algo* sin ningún esfuerzo.
2. intr. *Ho.* No hacer nada, perder el tiempo.

nancehuiste. (Del nahua *nantzin,* nance, y *huitztli,* espina).
I. 1. m. *Ni.* **gallito.** (Cannabaceae; *Celtis iguanaea*). (**nancigüiste**).

nancero, -a.
I. 1. sust/adj. *ES.* Miembro de la Sociedad Morazán. desp.
2. *Ho.* Persona oportunista a la que le gusta lo fácil.

nancerol.
I. 1. *Mx.* **nance**, árbol.

nanche.
I. 1. *Mx.* **nance**, árbol.
2. *Mx.* **nance**, fruto.

nanches.
I. 1. adv. *Mx.* No. pop.

nanchi.
I. 1. m. *Mx.* **nance**, árbol.
2. *Mx.* **nance**, fruto.

nancigüiste.
I. 1. *Ni, CR:NO.* **nancehuiste.**

nancillo.
I. 1. *Pa.* **maricao**, árbol.

nancital.
I. 1. m. *Ho, Ni, CR:NO.* Terreno poblado de **nances**.
2. *Ni, CR:NO.* Gran cantidad de frutos del **nance**.

nancite. (Del nahua *nantzintl*).
I. 1. *Ho, ES, Ni, CR:NO.* **nance**, árbol.
2. *Ho, ES, Ni, CR:NO.* **nance**, fruto.

nancitear.
I. 1. intr. *Ni.* **nancear**, recoger **nances**.

nancito.
I. 1. m. *ES.* Ano pequeño. vulg.
II. 1. *Pa.* **maricao**, árbol.

nancy.
I. 1. adv. *Pe.* No. urb.
□
a. ‖ ~ **que berta.** loc. adv. *Pe.* Nada que ver. pop ^ fest.

nandimbo.
I. 1. m. *Mx:SE.* **nambimbo.**

nando. (De *Fernando*).
► ir con ~.

nanguipo. (Voz chapaneca).
I. 1. m. *Mx:SE.* **masú.**

nanita.
I. 1. f. *Ho, ES.* Abuela. pop + cult → espon ^ afec.

nanzal.
I. 1. m. *Mx, Gu.* Terreno poblado de **nances**.

nanzote.
I. 1. *Ho.* **achiotillo**, árbol pequeño.

nao.
I. 1. f. *Ch.* Planta herbácea, perenne y bulbosa, de flores azules, púrpuras o blancas dispuestas en panículas. (Tecophilaeaceae; *Conanthera* spp.).
□
a. ‖ ~~.
i. *Ch.* **virote zancudo.**
ii. *Ch.* En la isla de Pascua, **dengue** transmitido por el nao nao.

nap. (De *pan,* por inversión silábica).
I. 1. m. *Bo:O.* Pan. delinc.

napa.
I. 1. f. *Ch, Ar, Ur.* Depósito natural subterráneo de agua.
II. 1. f. *Co.* **soyacal**, planta.

napahuite.
I. 1. m. *Mx, Gu.* Árbol de hasta 20 m de altura, de hojas imparipinnadas y alternas, con bordes enteros, flores blancas o verdosas, y frutos en cápsulas globosas, de color rojizo; su madera es apreciada en ebanistería. (Meliaceae; *Trichilia hirta*). ♦ **guaita; jacobán; jobillo; jobobán; jumay; palo de anastasio; retamo; tinacio; xkunlinché.**

náparo.
I. 1. m. *Ec.* Plato preparado con sangre cocida de cerdo, chivo o borrego, aderezada con **papas**, cebolla, ajo, comino, pimienta en polvo, manteca de cerdo, orégano y perejil.

napeado, -a.
I. 1. adj. *Bo:O.* Referido a la cara de una persona, cortada con un arma blanca o con otro objeto punzante. delinc.
2. *Bo:O.* Referido a persona, con un corte en la cara producido por un arma blanca o por otro objeto cortante.

napear.
   I. 1. tr. *Bo:O.* Cortarle a alguien la cara con un arma blanca o con otro objeto cortante. delinc.

nápier.
   I. 1. f. *Ch.* Pierna, extremidad inferior de las personas. pop ^ fest.
      2. *Ch.* Mujer que es pareja sentimental de alguien. pop ^ fest.

nápiras.
   I. 1. f. pl. *Ho,* fest; *ES,* pop. Nalgas.

nápiro, -a.
   I. 1. adj/sust. *Gu; Ho,* pop. *Referido a persona,* ladrona.
   II. 1. adj/sust. *Ni, CR. Referido a persona,* de raza negra.
      2. *Ni. Referido a persona,* indio puro.
   III. 1. sust/adj. *Ho.* Persona torpe y palurda en su actuar.

napirulo, -a.
   I. 1. adj. *ES. Referido a persona,* de raza negra. delinc.

napkin. (Voz inglesa).
   I. 1. f. *EU.* Servilleta.

naple.
   I. 1. f. *Ec:O.* juv. Verdad. pop.

napoleón.
   I. (De *Napoleón* Bonaparte, en cuyo gobierno el conde de Bougainville llevó esta planta de Brasil a Europa)
      1. m. *Gu, Ho.* **trinitaria,** bejuco.
   II. 1. m. *Ch.* Herramienta similar al alicate pero de mayor tamaño que sirve para cortar candados, alambres o cables.
   III. 1. m. *Ur.* Producto de confitería horneado, con forma de silueta humana, de poco espesor y de color marrón; se elabora con azúcar rubia casi acaramelada y harina.
   IV. 1. *Pa.* **milhoja,** pastel.

naquear.
   I. 1. intr. *Py.* Mascar **naco.** pop.

naquencia.
   I. 1. f. *ES.* Flojera, pereza.
   II. 1. f. *ES.* Miedo, cobardía.

naquería.
   I. 1. m. *Ho, ES.* Miedo, cobardía.

naquez.
   I. 1. f. *Mx.* Vulgaridad, grosería o cualquier conducta que demuestre falta de educación. desp.

naquiza.
   I. 1. f. *Mx.* Conjunto de personas **nacas.** desp.

naraco.
   I. 1. *Ho.* **talcochote.**

narango.
   I. 1. *Ho, ES.* **marango.**

naranja.
   I. 1. f. pl. *ES, Bo.* Senos de mujer. vulg.
   II. 1. f. *ES.* Madre.
   III. 1. f. pl. *ES.* Testículos. vulg.
   ●
      a. ‖ **~s agrias.** fórm. *RD.* Se usa para negar o rechazar algo.
   ■
      a. ‖ **~ apepú.** f. *Py; Ar:NE* p.u. Fruto del **naranjo apepú,** de cáscara gruesa y sabor amargo, empleado para hacer dulces caseros.
      b. ‖ **~ grey.** f. *Co, Py.* Fruto de la **pamplemusa,** globoso, de gran tamaño, cáscara gruesa amarilla o verdosa y pulpa rosada. ♦ **grey.**
      c. ‖ **~ japonesa.** f. *Gu.* **quinoto,** árbol.
   □
      a. ‖ **media ~.** loc. sust. *Pa.* Cadena de oro que usa la **empollerada** cuyos eslabones circulares entrelazados dan la apariencia de un gajo de naranja.
   ▶ **no pasar ~; no pasar ~s.**

naranjas.
   I. 1. adv. *Ec, Pe, Bo.* Nada. pop + cult → espon ^ fest.
   ▶ **no sacar ~.**

¡naranjas!
   I. 1. interj. *Gu, Ho, ES, CR, Bo.* Expresa carencia absoluta de algo.
   □
      a. ‖ **¡~ agrias!** *Ho:N.* **¡naranjas de Chinandega!**
      b. ‖ **¡~ de Chinandega!** loc. interj. *Ho, ES.* Expresa negación, no, nada. ♦ **¡naranjas agrias!**

naranjela.
   I. 1. *Ni.* **toronja,** árbol.

naranjero.
   I. 1. m. *Ch:N, Ar, Ur.* Pájaro de hasta 18 cm de longitud, de cola larga y pico oscuro y pequeño pero fuerte. (Thraupidae; *Thraupis bonariensis*). ♦ **frutero.**

naranjilla.
   I. 1. f. *Ni, Pa, Co:SO, Ec.* Fruto del **naranjillo,** redondo, de color amarillo anaranjado, sabor ácido, y recubierto de una pelusa punzante; se usa para preparar refrescos y dulces.
      2. *Ni, Pa, Ec.* **naranjillo.** (Solanaceae; *Solanum quitoensis*).

naranjillada.
   I. 1. f. *Ec.* Bebida refrescante elaborada con el jugo de la **naranjilla.**

naranjillo.
   I. 1. m. *Co:SO.* Arbusto de hasta 3 m de altura, con hojas grandes de nervadura morada, y flores también moradas. (Solanaceae; *Solanum quitoensis*). ♦ **naranjilla.**
      2. *Co.* Arbusto de follaje denso, hojas ovaladas verde grisáceas en el haz y pardas y escamosas en el envés y flores de color lila pálido, con largos estambres de color violeta. (Capparidaceae; *Capparis odoratissima*). ♦ **olivo; tinto.**
      3. *Ar.* Árbol de hasta 8 m de altura, con aguijones en el tronco y las ramas, hojas pinnadas y flores de un color entre blanco y verdoso. (Rutaceae; *Fagara naranjillo*). ♦ **sachalimón.**
      4. *Ar:NE.* Árbol de hasta 8 m de altura, de hojas enteras y coriáceas color verde claro, y fruto carnoso no comestible. (Capparaceae; *Capparis speciosa*). ♦ **lima limita; limoncillo.**
      5. *Ar:NE.* Madera de este árbol, de color blanco amarillento, dura y pesada. (Capparaceae; *Capparis speciosa*).
      6. *Ch.* Árbol de hasta 10 m de altura, de hojas enteras y coriáceas color verdoso, con venas de color amarillo, y de drupa globosa y pequeña, de color violeta cuando está madura. (Icacinaceae; *Citronella mucronata*).
      7. *Bo:C.* Árbol de hasta 16 m de altura, de hojas simples y frutos muy aromáticos en forma de drupa carnosa. (Buxaceae; *Styloceras columnare*).
      8. *Bo.* Árbol de hasta 11 m de altura, de copa globosa y follaje abundante, siempre verde, hojas aserradas, flores pequeñas, blanco verdosas, y fruto redondo, morado cuando está maduro. (Rutaceae; *Zanthoxylum coco*).
      9. *Ur.* Árbol de hasta 4 m de altura, de tronco castaño con corteza escamosa, follaje persistente, hojas de margen espinoso y ápice agudo, flores blancas, perfumadas y dispuestas en densas inflorescencias, y frutos drupáceos de color negro violáceo. (Icacinaceae; *Citronella congonha*).
      10. *Ur.* Árbol de hasta 9 m de altura, de tronco recto, con corteza amarronada y escamosa, follaje persis-

tente, hojas simples, alternas y de marge
flores blancas amarillentas, dispuestas
inflorescencias, y frutos drupáceos de col
negruzco. (Icacinaceae; *Citronella panicu*
11. *Pa.* **ajicillo**.

naranjita.

  a. ‖ **~ de pegar.** f. *RD*. Arbusto de hasta 2
ra, con espinas, de hojas aovadas, flores
fragantes y fruto en forma de baya, a
pequeña y de color rojo. (Rutaceae; *Tri*
folia).

naranjito.

  I. 1. m. *Co*. Árbol de hasta 15 m de altura, d
ternas, trifolioladas, flores blancas y fru
globosa, comestible, de pulpa acídula; s
emplea para postes de cercados. (Capparac
va tapia). ♦ **naranjuelo; palo de guac**
reida.

  2. *Ho*. Mata tierna de café en la que han
dos primeras hojas verdaderas. rur.

  3. *Pa*. **limoncillo**. (Fabaceae; *Swartzia sim*

naranjo.

  I. 1. adj/sust. *Ch*. Referido a color, similar
naranja.

  2. adj. *Ch*. Referido a cosa, de color naranj

  a. ‖ **~ amarillo.** m. *Mx*. Arbusto de hasta
tura, de hojas oblongo-lanceoladas, fl
panadas amarillentas y frutos de color
ro o morado. (Apocynaceae; *Theve*
♦ **chirca**.

  b. ‖ **~ apepú.** *Py*; *Ar:NE*, p.u. **apepú**.

  c. ‖ **~ de montaña.** m. *Ec*. Árbol de hasta 45
ra, con **gambas** muy desarrolladas, h
oblongo-lanceoladas, flores blanqueci
de color verde. (Combretaceae; *Term*
zonia). ♦ **amarillón; roble coral**.

  d. ‖ **~ podrido.** m. *Pe*. Árbol de hasta 20
de corteza grisácea, hojas opuestas, l
inflorescencia terminal y flores blanca
fumadas. (Apocynaceae; *Parahancorni*

naranjuelo.

  I. 1. *Co*. **naranjito**, árbol.

  2. *Co*. **doncel**, árbol.

narciso.

  I. 1. m. *Gu, Ho, ES, Ni, CR*. Arbusto de h
altura, de hojas lanceoladas, elípticas,
puntiagudas en los extremos, flores de
co, rosado o rojo y cuyos frutos son v
res; es venenoso. (Apocynacea; *Nerium*

narco. (Abrev. de *narcótico*).

  I. 1. m. *PR*. Agente encubierto que persigu
el uso de drogas. delinc.

narcoavioneta. (De *narco* y *avioneta*).

  I. 1. f. *Ho, ES, Ni, Pe, Bo*. Avioneta que trans
mente algún tipo de droga.

narcocorrido.

  I. 1. m. *Mx, Ho, ES, Ec*. Composición mus
que narra historias relativas al narco
protagonistas, con intención de enaltecer

narcoguerrilla.

  I. 1. f. *Ec*. Guerrilla financiada totalmente
con recursos proporcionados por el
narcotraficante.

narcoloco.

  I. 1. m. *Ch*. p.u. Persona que intercambia
veda por drogas.

narcomadera.

  I. 1. f. *Ho*. Madera con la que se trafica ile

---

1. f. *Mx*. Escoria que queda t.
un metal.

1. f. *Gu, Ni*. Cáscaras, granos ve
café que flotan en los tanques

1. f. *Ho. En alfarería,* capa que se f
cie del barro puesto a remojar, h
culas más finas.

1. f. *Ho*. Verdad.

‖ **la pura ~.** loc. sust. *Mx*. Parte mejor y
de algo. pop.

hacer ~.

f. *Co:C, Bo:E,O*; *Gu, Ho, Ch*, desp; *Pe*, p.u.
pleada de servicio doméstico. pop + cult →
pon. ♦ **natachola**.

ola. (De *natacha* y *chola*, india).

1. *Ho*. **natacha**. desp.

ear.

1. intr. *RD*. Intentar *alguien* que no sabe nadar mantenerse a flote con movimientos torpes. (**natiguiar**).

2. *RD*. metáf. Esforzarse *alguien* y utilizar todos los
recursos a su alcance para enfrentar una situación muy
difícil. (**natiguiar**).

Ec, Pe. **ayahuasca**, liana.

m. *Ve:O*. Hijo menor de una familia.

RD. **nataguear**, intentar mantenerse a flote.

RD. metáf. **nataguear**, esforzarse.

f. *Co*. Plato típico de Navidad que se hace con
maíz cocido, molido y colado, **panela**, canela y
otras especias, y que se solidifica al enfriarse.
Pe:NO. Dulce hecho con leche, **chancaca** y harina de arroz.
Ni, CR. Nata o crema agria que se obtiene de la leche
cruda.
Ur. Dulce con forma de prisma o de cilindro pequeños, hecho con leche, azúcar, manteca y, a ve
ces, nueces picadas o chocolate.

f. *Co*. Fondos que se recogen entre un grupo
personas y cuyas regalías *se reparten generalmente*
mes de diciembre.

rto.

m. *RD, PR*. metáf. Proyecto o situación q
por fallido antes de comenzar.

rto, -a.

sust/adj. *RD*; sust. *PR*, pop + cult → es
nacido muerto.

m. *Ch*. Sitio poblado de **natres**, arbu

adj/sust. *Ch*. Referido a persona, m
ble. pop.
m. *Ch*. Arbusto de tallos de has
tud, de hojas de ovadas a lance
gantes, dispuestas en corimbos
rales, de color azul o violeta.
color amarillento a rojo brill
duras. (Solanaceae; *Solanum*

Ch. **natre**, arbusto.

-a.

adj. *Ni*. Referido a camp
gos indígenas. desp.

---

puerta, ventana u otra cosa semejante,
partes articuladas que se abren y se

grande.

rsona que no ha nacido en la isla

calentado con azúcar, canela y
aranja.

í. Persona que utiliza con fre-
ernet a través de una compu-

ie. *Ho*. **navegar con ban-**

lejo. loc. verb. *Mx*, vulg;
rtarse *una persona* como

asta 3 m.

queño tamaño, hojas bi-
en racimo, flores amari-
aceae; *Conzattia sericea*).

ananos** que tiene nueve

a, tonta.

de rodaja muy grande. rur.

) m de altura, de hojas bi-
es campanuladas y de color
os son cápsulas ovaladas y
están maduros. (Bignonia-
).

m de altura, de hojas alter-
ondeadas en su base y flores
uy fragantes, dispuestas en
Peltogine purpurea Pittier).
dad madura. fest.
*n especial el de **futbol**.* fest.

na de malos sentimientos. pop

lo a un lugar, cubierto total o par-
eblina. (**enneblinado**).

CR. Cubrirse total o parcialmente
eblina. (**enneblinarse**).

brirse un lugar de neblina, acompaña-
ente de llovizna.

n vehículo, faro halógeno supletorio que
ra alumbrar en zonas con niebla.

Ch. Foco luminoso que llevan los auto-
para paliar la falta de visibilidad producida por

Abundancia de neblina.

nébula.
    I. 1.   f. *PR.* juv. metáf. Asunto incierto, poco fiable.

nebulosa.
    □
        a. ‖ **en las ~s.** loc. adj. *Pa, Ve, Ec. Referido a persona*, distraída, despistada.

nebuloso, -a.
    I. 1.   adj/sust. *PR.* juv. *Referido a persona*, sospechosa.

neceada.
    I. 1.   f. *Mx.* Necedad, dicho o hecho necio.

necear.
    I. 1.   intr. *Mx, ES, Ni, RD, Co.* Comportarse neciamente. pop.
    2.   *Ni, CR, Pa, RD, Co.* Fastidiar, molestar.

necesitar.
    □
        a. ‖ **no ~ de tecomates para nadar.** loc. verb. *Gu.* No tener necesidad de ayuda o consejos de alguien.

necio, -a.
    I. 1.   adj. *Ni, CR, Pa, RD, Co. Referido a persona*, molesta y pesada.

neco.
    I. 1.   m. *Mx:NO.* **chichicamole.**

necrocomio.
    I. 1.   m. *Cu, Py.* Depósito de cadáveres.

néctar.
    I. 1.   m. *Bo:S.* Bebida hecha con leche y aguardiente.
    ■
        a. ‖ **~ de la caña.** m. *Ho, Ni.* Aguardiente. euf.
    □
        a. ‖ **el ~ negro de los dioses blancos.** loc. sust. *Cu.* Café. fest.

nectarín.
    I. 1.   m. *Ch.* Árbol de hasta 6 m de altura, de corteza y ramas de color gris con tonalidades rojizas, hojas oblongas, lanceoladas, flores solitarias o reunidas en pequeños grupos de color rosado. (Rosaceae; *Prunus persica*). (**nectarino**).
    2.   *Ch.* Fruto del nectarín, de hasta 6 cm de diámetro, de forma globosa, piel lisa sin vellosidades, pulpa de color anaranjado amarillento y hueso no adherido a la pulpa. (**nectarino**).

nectarino.
    I. 1.   *Ch.* **nectarín.**

necuazal. (Del nahua *necuatl*, miel, y *azcatl*, hormiga).
    I. 1.   m. *Mx.* **hormiga de miel.**

neer. (Del ingl. *nerd*, apasionado de actividades intelectuales).
    I. 1.   *Ni.* juv. **nerdo.**

nefasto, -a.
    I. 1.   adj. *Ni. Referido a persona*, que molesta mucho.
    II. 1.   adj. *Ni. Referido a persona*, enamoradiza.

nefregar(se). (Del it. *fregarsene*).
    I. 1.   intr. *Ar.* No afectar o resultar indiferente *algo* a alguien. pop + cult → espon.
    2.   intr. prnl. *Ar.* p.u. No hacer caso *alguien* de algo. pop + cult → espon.

negar.
    □
        a. ‖ **no ~ la cruz de su parroquia.** loc. verb. *Mx.* Manifestar *alguien* en su comportamiento o actitud su origen, preferencias o rasgos más característicos.

negativo.
    □
        a. ‖ **~ por esa vía.** loc. adv. *Cu.* No, respuesta negativa a una petición. pop.

negocear.
    I. 1.   tr. *RD, Co; PR,* pop. Negociar. espon.

negociación.
    I. 1.   f. *Mx, Ni.* Negocio, empresa.

negociadera.
    I. 1.   m. *Mx, Ni, RD.* Negociación intensa y reiterada. pop + cult → espon.

negociado.
    I. 1.   m. *Pa, Co, Ec, Pe, Bo, Ch, Py, Ar, Ur.* Negocio ilícito realizado con fondos públicos.

negocio.
    ●
        a. ‖ **¿cuál es tu ~?** fórm. *EU:SE.* Se usa para dirigirse a alguien, inquisitivamente, para cuestionar una posición que se considera desafiante.
    ■
        a. ‖ **~ de capaperro.** m. *RD.* Negocio que no resulta rentable.
        b. ‖ **~ de chance.** m. *Ve.* Negocio que se realiza de forma rápida y fácil. pop.
        c. ‖ **~ de negros.** m. *Bo:O.* Negocio que no resulta rentable. pop + cult → espon.
        d. ‖ **~ de yarda.** m. *Ho:N.* Terreno urbano en que se almacena y se vende madera.

negocito.
    I. 1.   m. *PR, Ar, RD, Co,* espon; *Ur,* pop + cult → espon. Tienda, pequeño establecimiento comercial.

negra.
    I. 1.   f. *RD, Co, Ec.* Mujer de piel oscura. pop.
    2.   *RD.* Muchacha. pop + cult → espon ^ desp.
    II. 1.   f. *PR.* **sesí.**
    ■
        a. ‖ **~ cuba.** m. *Cu.* **copaillo.**
    □
        a. ‖ **a la ~.**
            i. loc. adj. *Ch. Referido a una transacción bursátil*, que se hace solo con promesa de un pago futuro. ♦ **con la negra.**
            ii. loc. adv. *Bo.* Con riesgo de fracasar en una actividad comercial. delinc.
        b. ‖ **con la ~.** *Ch.* **a la negra.**
    ▶ **dar bola ~; dar la ~; dar ~; ver la ~; verlas ~s.**

negrada.
    I. 1.   f. *Mx, Ho, Ni, Cu, RD, PR, Ur, Ve, Ar,* obsol. Conjunto de personas de raza negra. pop + cult → espon ^ desp.
    2.   *Cu.* Dicho o hecho propio de negros. pop + cult → espon ^ desp.
    II. 1.   f. *RD.* Dicho o hecho malintencionado con el que se pretende dañar a alguien. desp.
    III. 1.   f. *Ur.* Conjunto de personas que llegan a un lugar. pop + cult → espon.

negraje.
    I. 1.   f. *Ar.* Conjunto de personas de escasa cultura y refinamiento, *especialmente las de extracción social humilde*. pop + cult → espon ^ desp.
    2.   m. *RD, Ve.* Conjunto de personas de raza negra. pop + cult → espon ^ desp.
    II. 1.   f. *Ar.* Actuación o cosa que refleja mal gusto o vulgaridad. pop + cult → espon ^ desp.

negrajorra.
    I. 1.   f. *Pa.* **saetilla.**

negral.
    I. 1.   m. *Ho.* Pueblo de negros. desp. ♦ **caribal.**

negramenta.
    I. 1.   f. *Ho, Ve,* desp; *Co,* pop + cult → espon. Conjunto de personas de raza negra.

negrazón.
    I. 1.   f. *ES.* Noche oscura.

negreada.
    I. 1.   f. *Ho, CR.* Trabajo intenso.

neoprene.
  I. 1. m. *Ar.* Adhesivo sintético líquido altamente volátil y tóxico; se emplea frecuentemente como droga. (**neoprén**).

neoprenero, -a.
  I. 1. sust/adj. *Ch.* Persona que consume **neoprén** inhalado por la nariz. drog. (**neoprénico**).
  2. adj. *Ch.* p.u. Relativo al **neoprén**.

neoprénico, -a.
  I. 1. *Ch.* p.u. **neoprenero**, persona.
  2. adj. *Ch.* p.u. Relativo al **neoprén**.

nepe.
  I. 1. m. *Ve.* Salvado del maíz mondado, compuesto de la cáscara del grano y de los embriones de la semilla.
  II. (Metát. de *pene*).
  1. m. *Ni, Ch.* juv. Pene. euf; pop.

nepi.
  I. 1. m. *Ec:E.* **ayahuasca**, liana.

neque.
  I. 1. adj. *Mx:C.* p.u. *Referido a persona*, que tiene labio leporino.

néquer.
  I. 1. adv. *Gu.* No. pop.

nequí.
  I. 1. *Bo:E.* **barranquillo**.

nequis.
  I. 1. adv. *Gu.* No. pop.

nerd. (Voz inglesa).
  I. 1. *Ho, Ni, Pa, PR, Co, Ec, Pe, Bo, Ch, Ur.* **nerdo**. est.

nerdo, -a. (Del ingl. *nerd*).
  I. 1. sust/adj. *CR, PR, Co, Ec; Gu, Ho, ES, Ni,* est. Persona estudiosa e inteligente *que, por lo general, muestra carácter abstraído y hace poca vida social.* desp. (**neer**; ***nerd***).

nere.
  I. 1. m. *Mx:S.* **algarrobo**. (Fabaceae; *Hymenaea courbaril*).

nereida.
  I. 1. adv. *Cu.* Expresa negación rotunda de lo que se acaba de oír o de decir. pop. ♦ **nananina**; **nela**; **nicomedes**.

nerón.
  ■
  a. ‖ ~~. m. *Ni.* Juego infantil de ronda en el que los participantes cantan una letra en la que se repite el nombre de Nerón.

nervio.
  I. 1. m. *ES, Ec; Ch,* p.u. Pene. tabú; pop + cult → espon.

nervioso.
  I. 1. m. *Pe, Bo, Ch.* Juego de cartas en el que los jugadores uno por uno van dejando una carta sobre la mesa a la vez que cantan un número correlativo del 1 al 13; si el número cantado coincide con el de la carta, todos colocan una mano sobre el montón; el último jugador en reaccionar se lleva todas las que hay sobre la mesa; gana el primero en deshacerse de todos sus naipes.

nerviudo, -a.
  I. 1. adj. *Bo; Ch,* p.u; *Ar,* fest. *Referido a persona*, nerviosa, inquieta, excitada. pop.

nescafé. (De *Nescafé*®).
  I. 1. adv. *Cu.* No. fest.

neshne. (Del ingl. *ashne*).
  I. 1. adj. *ES.* Ceniciento.
  2. *ES. Referido a persona*, pálida.

neshno.
  I. 1. m. *ES.* Ano. vulg.

neshno, -a.
  I. 1. adj. *ES.* **nesno**.

neshpino.
  I. 1. m. *ES.* **nespinul**.

nesno, -a.
  I. 1. adj. *ES. Referido a persona o cosa*, asoleada o quemada por el sol. (**neshno**).
  2. *ES. Referido a cosa*, que ha perdido su color. (**neshno**).
  3. *ES. Referido a persona*, pálida. (**neshno**).

nespinul.
  I. 1. m. *ES.* Dulce hecho con miel y ajonjolí. ♦ **neshpino**.
  2. *ES.* Masa de **maicillo** con azúcar y harina. ♦ **neshpino**.

nesquiza.
  I. 1. f. *Ni.* **nixtamal**.

nesquizar.
  I. 1. *Ni.* **nixtamalizar**.

net. (Voz inglesa).
  I. 1. f. *Ho, Ni, CR, Cu, Ec, Pe, Bo, Ch. En el tenis y otros deportes*, red divisoria de los dos campos de juego.
  ■
  a. ‖ ~ **ball.** (Voz inglesa). f. *Ho. En tenis*, saque en que la pelota roza la red y pasa al campo del receptor, por lo que debe repetirse el saque.

neta.
  I. 1. f. *Mx, Gu, ES; Ec, Ch,* juv. Verdad, pureza. pop + cult → espon ^ fest.
  II. 1. *ES.* Conclusión.
  ■
  a. ‖ **la ~ del planeta.** f. *Mx.* La verdad indubitable, clara y sin tergiversación. pop + cult → espon ^ fest.
  □
  a. ‖ **la ~.** loc. sust. *Mx.* Persona que posee los mejores atributos morales y que se considera un amigo leal.

netear.
  I. 1. tr. *RD, Ar; Ec,* juv. Determinar la cantidad de dinero que resulta después de haber descontado gastos, tasas u otras cantidades negativas.

neto.
  I. 1. m. *Co:SO.* Juego que se practica con bolas de cristal alrededor de un rectángulo.

neto, -a.
  I. 1. adj. *Mx. Referido a persona*, que habla con toda sinceridad. pop + cult → espon ^ fest.

neumateca.
  I. 1. f. *Ch.* p.u. Establecimiento donde se venden y reparan neumáticos.

neumática.
  ▶ **hacer la ~.**

neumático.
  I. 1. m. *Ho, ES, Ni, CR, Bo, Ch, Py.* Anillo tubular de goma que está provisto de una válvula para inyectar aire a presión dentro de una **llanta**.
  II. 1. m. *Ch.* Pliegue de grasa en el cuerpo, *especialmente el que se forma en la cintura*. pop.

neura.
  I. 1. f. *Mx, Cu, PR, Co, Bo, Ch, Py, Ur.* Mal humor. pop + cult → espon.

neurona.
  □
  a. ‖ ~ **coja.** loc. sust. *Ch.* Último resto de inteligencia o lucidez. pop + cult → espon ^ fest.

neurotizar.
  I. 1. tr. *Mx, Ve, Bo, Ch.* Enervar, irritar en exceso.

neutle. (Del nahua *neutli*, miel).
  I. 1. m. *Mx.* Bebida alcohólica, blanca y espesa, del altiplano de México, que se obtiene haciendo fermentar el jugo extraído del **maguey**. (**neutli**).

neutli. (Del nahua *neutli*, miel).
    I. 1.   *Mx.* **neutle**.

neutra.
    I. 1.   f. *RD, Co:O, Py. En un automóvil*, punto en el que no hay engranaje en la caja de cambios.

neutro.
    I. 1.   m. *Ni, CR, Cu, PR, Co, Ec, Pe, Bo. En un automóvil*, punto en el que no hay engranaje en la caja de cambios.
    II. 1.   m. *PR.* Hombre impotente. prost.
    III. 1.   *PR.* Hombre afeminado al que también le gustan las mujeres. prost.

nevada.
    I. 1.   f. *Pe:S.* Cambio brusco del clima que se da en la zona de Arequipa, caracterizado por una bajada de temperaturas y una concentración de nubes, que provoca además un ambiente más opresivo al que se le atribuye una influencia negativa en el ánimo de las personas.
    2.   *Pe:S.* Mal humor que se atribuye a los habitantes de la ciudad de Arequipa.

nevado.
    I. 1.   m. *Mx, Co, Ec, Pe, Bo, Ch, Ar.* Montaña cubierta de nieves perpetuas.
    II. 1.   m. *Ch.* Cigarrillo de marihuana al que se le añade cocaína. drog.
    III. 1.   m. *RD.* Arbusto de hasta 2 m de altura, de hojas elípticas, inflorescencia axilar y flores pequeñas de color blanquecino. (Phyllanthaceae; *Breynia disticha*).
    2.   *PR.* **salamo**.

nevador, -ra.
    I. 1.   adj. *Ch. Referido a una zona o a una región*, que sufre nevadas en abundancia.
    2.   *Ch. Referido a una época del año*, que suelen producirse nevadas en abundancia.

nevar.
    I. 1.   tr. *Ni, Ch.* Añadir cocaína a un cigarrillo de marihuana. drog.

nevazón.
    I. 1.   f. *Ec, Ch, Ar.* Nevada intensa.
    2.   *Bo:E,O, Ch, Ar.* Ventisca de nieve.

never. (Voz inglesa).
    I. 1.   adv. *Mx, Ni, Bo.* No. pop.
    ●
      a. ‖ ~ **mind.** (Voz inglesa).
        i.   fórm. *EU.* Se usa para indicarle a alguien que algo carece de importancia.
        ii.   *PR.* Se usa para decirle a alguien que se olvide de lo antes expuesto.

nevera.
    I. 1.   f. *PR.* Cárcel, prisión. delinc.

nevería.
    I. 1.   f. *Mx.* Establecimiento donde se hacen y venden helados.

nevero.
    I. 1.   m. *Cu.* Hombre que vende hielo.

nevero, -a.
    I. 1.   m. y f. *Gu.* Persona que vende helados.
    ▶ **ponérselas de ~**.

new.
    ■
      a. ‖ ~ **castle.** (Voz inglesa).
        i.   m. *Gu, Ho, Ni, CR, Co, Ec.* Enfermedad producida por el virus del mismo nombre.
        ii.   *Gu, Ho, Ni, CR, PR, Ec.* Virus que ataca a los pollos y gallinas que provoca abundante mucosidad, deficiencia respiratoria y, finalmente, su muerte.

news. (Voz inglesa).
    I. 1.   m. pl. *EU.* Noticias, hechos recientes que se divulgan.
    2.   f. *Ho.* Página de noticias.

newyorican. (Del ingl. *nuyorican*, y este de New York y Puerto Rican).
    I. 1.   *EU, PR.* **nuyorican**.

nexcoyote. (Del nahua *nextamalli*, nixtamal, y *xocoyotl*, el último hijo).
    I. 1.   m. *Mx:NO.* p.u. Última **tortilla** de maíz que se prepara con la masa sobrante que queda en el **metate**.

nexo.
    ▶ **tener ~s**.

nextapique. (Del nahua *nextamalli*, nixtamal).
    I. 1.   m. *ES.* **Tamal** hecho con **aiguaste** y pescado.

nguillatún. (Voz mapuche).
    I. 1.   *Ch, Ar.* **guillatún**.

¡ni pa'!
    I. 1.   interj. *PR.* Expresa negación rotunda. pop + cult → espon.

Niágara.
    ▶ **pasar el ~ en bicicleta**.

niamole. (Del nahua).
    I. 1.   *Mx.* **ñamole**.

nic.
    I. 1.   *Ar:S.* **nyc**.

nica.
    I. (Afér. de *bacinica*).
      1.   f. *Gu, Ho, ES, Ch; Mx.* **pato**, orinal. inf.
    II. (Apóc. de *nicaragüense*).
      1.   adj. *Gu, Ho, ES, Ni, CR, Cu, Co, Bo.* Relativo a Nicaragua.
    III. 1.   adv. *Bo; Ch,* pop + cult → espon; *Pe,* vulg; pop. De ninguna manera.
    IV. 1.   f. *RD.* Cantidad de dinero muy pequeña, de muy poco valor. pop.
    V. 1.   f. *Ho.* Automóvil viejo y destartalado.

nicaraguanidad.
    I. 1.   f. *Ni.* Identidad nicaragüense.

nicaraguanismo.
    I. 1.   m. *Ni.* Término, locución o frase propia de Nicaragua. (**nicarahuanismo**).

nicarahuanismo.
    I. 1.   *Ni.* p.u. **nicaraguanismo**.

nice. (Voz inglesa).
    I. 1.   adj. *EU, Mx, Ho, Ni, CR, Pa, PR, Bo, Ch; Ec,* juv. *Referido a persona o cosa*, bonita, buena, agradable. pop.
    2.   *EU, Ho, Ni, CR, PR. Referido a persona*, simpática, amable.

nicha. (Del malespín).
    I. 1.   f. *Ho, Ni.* juv. Noche, oscuridad.

nichardo, -a.
    I. 1.   m. y f. *Cu.* Persona de raza negra. desp.

niche, -a.
    I. 1.   adj/sust. *Ho, Cu, PR, Ec; Ve,* juv; pop. *Referido a persona*, de raza negra o de piel oscura. desp.
    II. 1.   adj/sust. *Ve.* juv. *Referido a persona*, de baja condición, de conducta chabacana o que tiene mal gusto. pop ⌃ desp.
    2.   adj. *Ve.* juv. *Referido a cosa*, tosca, vulgar, de mal gusto. pop ⌃ desp.
    III. 1.   adj. *Ho. Referido a cosa, acción o negocio*, ilegal.

nicho. (Calco del ingl. *niche market*, mercado muy especializado).
    I. 1.   m. *Ho, Co, Ec, Py.* Mercado de un producto de exportación especializado que tiene un determinado número de clientes fieles en el mercado mundial. cult → esm.

una persona que goza de estimación o relevancia social.

   ii. *Ve:O, Bo; Ch.* obsol. Se usa como tratamiento de respeto por una persona de mayor edad y menor rango social a otra de menor edad.

■

   a. ‖ **~ de brazos.** m. y f. *Ni, Pa, Cu, Co, Bo, Ch, Ur.* Niño que no camina todavía.
   b. ‖ **~ topo.** m. y f. *Bo:E.* Niño indigente que no tiene casa. pop.

□

   a. ‖ **~ escucha.** loc. sust. *EU, PR.* Persona perteneciente a una organización internacional con diversas ramas en la que se enseña a los niños y jóvenes a explorar la vida en la naturaleza.
   b. ‖ **~ envuelto.** loc. sust/adj. *EU,* Persona abúlica.
   ▶ **hacer niño.**

niñón, -na.
   I. 1. m. *ES, Ni.* Adulto con comportamiento infantil.
   2. *ES.* Adulto muy consentido.

niñuy.
●
   a. ‖ **~ fórm.** *Bo.* Se usa para dirigirse a otras personas, aunque sean mayores.

nío.
   I. 1. *Ar.* **romerillo,** arbusto. (**nío-nío**).
■
   a. ‖ **~-~.** *Ar.* **nío.**

nío, -a.
●
   a. ‖ **~ fórm.** *Gu.* Se usa como tratamiento de cortesía, antepuesto al nombre.

niple. (Del ingl. *nipple,* tubo de unión).
   I. 1. m. *Mx, Ho, ES, Ni, CR, Pa, Cu, Co, Ec, Pe, Bo, Ch, Ar, Ur.* Pieza de metal o plástico, con rosca en sus extremos, que sirve para unir caños o tubos de distinto diámetro, *generalmente de agua.*
   II. 1. m. *ES.* Ano. vulg; fest.
   III. 1. m-f. *Ho.* juv. Persona de raza negra.
   IV. 1. m. *Pa.* Arma de fabricación casera con la que se disparan clavos u otro tipo de munición.

níquel. (Del ingl. *nickel,* cinco centavos de dólar).
   I. 1. m. *Bo, Py; Ar, Ur,* p.u. Moneda, *generalmente de poco valor.*
   2. *Py.* Dinero.
   ▶ **correrse un ~.**

niquindó.
   I. 1. m. *Mx:SO.* Estiércol de gallina. rur.

nisayo.
   I. 1. m. *Ni.* Desperdicios de comida.

niséi. (Del japonés).
   I. 1. sust/adj. *Pe.* Descendiente japonés de segunda generación nacido en el extranjero. (**nisséi**).

nishpinol. (Del nahua *nextli,* cenizo, y *pinolli,* harina de maíz).
   I. 1. m. *ES.* Pan de maíz.

nishtamal.
   I. 1. *Gu.* **nixtamal,** maíz y cocción.

nishtamalear.
   I. 1. *Gu.* **nixtamalizar.**

nishtamalero.
   I. 1. m. *Gu, ES.* Olla grande, redondeada, con dos asas y boca ancha, que se utiliza para cocer el maíz con cal o ceniza. (**nixtamalera**).

nisio, -a.
   I. 1. adj. *ES. Referido a persona,* sin dinero.

nisperillo.
   I. 1. m. *RD, Ve.* Árbol de gran tamaño, con hojas alternas, elípticas aovadas, y flores en fascículos axila-

res; el fruto es una baya con albumen carnoso; es comestible. (Sapotaceae; *Manilkara bidentatu*).
   2. *RD.* **yaicuaje.**
   3. *Pa.* Árbol, de hasta 25 m de altura, de hojas simples y alternas, flores amarillentas y frutos en bayas globosas a ovoides, amarillos o púrpuras cuando están maduros; su madera se emplea para postes. (Sapotaceae; *Chrysophyllum colombianum*).

níspero.
   I. 1. m. *Mx, ES, Ni, CR:NO, Pa, Cu, RD, PR, Co:N, Ve, Ec, Pe, Bo, Ch, Py, Ar.* Árbol silvestre de hasta 20 m de altura, de tronco grueso y recto, hojas lanceoladas, flores blancas en umbelas y fruto drupáceo; tiene diversas aplicaciones en la medicina tradicional. (Sapotaceae; *Manilkara achras*). ♦ **chicle; chicozapote; zapote chico; zapote macho.**
   2. *Mx, ES, Ni, CR:NO, Pa, Cu, RD, PR, Co:N, Ve, Ec, Pe, Bo, Ch, Py, Ar.* Fruto del níspero, de color café, con semillas grandes y negras, corteza áspera, y pulpa aromática; es comestible. ♦ **chicle; chicozapote; zapote chico.**
   3. *PR.* **guayabota.**
□
   a. ‖ **del ~.** loc. adj. *Ch. Referido a un tiempo o momentos futuros,* muy lejano o que no se va a cumplir. pop + cult → espon.
   ▶ **oler a ~; tener aliento de ~.**

nisquear. (Sínc. de *nisquezar*).
   I. 1. *Ho.* **nisquezar.**

nisquesa.
   I. 1. *CR:NO.* **nisqueza.**

nisquesado.
   I. 1. adj. *CR:NO. Referido a maíz,* cocinado en cal o ceniza.

nisquesar.
   I. 1. *CR:NO.* **nisquezar.** ♦ **anisquesar.**

nisqueza.
   I. 1. f. *Ho, Ni.* Cocción del maíz con cal o ceniza. (**nisquesa; nixqueza**).

nisquezar. (Del nahua *nextli,* ceniza y *quetza,* mantener, conservar).
   I. 1. tr. *Ho, Ni.* Cocer el maíz con cal o ceniza. ♦ **nisquear; nixquear.**

nisséi. (Del japonés).
   I. 1. *Pe.* **niséi.**

nistamal.
   I. 1. *Mx, Gu, Ho, ES, Ni.* **nixtamal.**

nistamalero.
   I. 1. *Ho, ES.* **nixtamalero.**

nistamalización.
   I. 1. *Mx, Ho.* **nixtamalización.**

nistamalizado.
   I. 1. *Mx, Ho.* **nixtamalizado.**

nistayol. (De *nextli,* ceniza, y *ayot,* caldo).
   I. 1. *Ho:O, Ni, CR:NO.* **nixtamal,** maíz cocido.

nistayolear.
   I. 1. *Ni.* **nixtamalizar.**

nistayolero.
   I. 1. m. *Ni.* **nixtamalero.**

niste. (Del nahua *nextli,* ceniza).
   I. 1. adj. *Ho:O, Ni. Referido a persona,* de tez pálida, de color ceniza.

nistearse.
   I. 1. intr. prnl. *Ni.* Ponerse *algo* de color cenizo.

nítido.
   I. 1. adv. *RD, PR.* A la perfección, perfectamente.

nítido, -a.
   I. 1. adj. *Gu, Ho, ES, Ni, RD, PR. Referido a cosa,* buena, bonita.

    2. *Gu, Ho, Ni, RD, PR.* juv. *Referido a cosa,* muy limpia, bien hecha.

    3. *ES, Ni, RD. Referido a cosa,* impecable, como nueva.

  II. 1. adj. *Gu, Ni, RD, PR; Pa.* juv. *Referido a persona o cosa,* extraordinaria, excelente.

    2. *ES, Ni. Referido a persona,* honrada, sincera.

    3. *ES. Referido a cosa,* íntegra, completa.

nito, -a.
  I. 1. m. y f. *Mx:NO.* p.u. Amigo íntimo, compañero inseparable. pop.

    2. *ES:E.* **ñito**. afec.

nítrico, -a.
  I. 1. adj. *ES. Referido a cosa,* buena, bonita.

nitrón.
  I. 1. m. *Cu.* Persona a la que se le atribuyen acciones despreciables.

niuper.
  I. 1. adj. *Ni.* juv. *Referido a cosa,* nueva, sin estrenar.

niupre.
  I. 1. m. *PR. En la industria azucarera,* equipo que consta de cuatro cuerpos a los que pasa el líquido que sale de las **clarificadoras** para concentrarse más tarde en un proceso de evaporización.

niuyorican.
  I. 1. *EU, PR.* **nuyorican**.

nivel.
  I. 1. m. *Mx, Gu, Ho, ES, Ni, Co, Bo, Ar.* Planta de un edificio, *generalmente un centro comercial.*

  ■

    a. ‖ **~ inicial.** m. *Bo, Py, Ar, Ur.* Nivel de educación preescolar.

  □

    a. ‖ **a ~.** loc. adv. *Ni.* juv. De igual a igual.

    b. ‖ **~ y escuadra.** loc. adj. *ES. Referido a medida de algo,* exacta.

nixquear. (Epént. de *nisquezar*).
  I. 1. *Ho.* **nisquezar**.

nixtamal. (Del nahua *nextamalli*).
  I. 1. m. *Mx, Gu, Ho, ES, Ni.* Maíz cocido con cal o ceniza. (**nishtamal; nistamal**). ♦ **nesquiza; nistayol; nixtayol**.

    2. *Mx, Gu, Ho, ES.* Cocción del maíz en agua con cal o ceniza. (**nishtamal; nistamal**). ♦ **nesquiza**.

  ▶ **quebrar el ~.**

nixtamalera.
  I. 1. f. *Ho.* **nishtamalero**.

nixtamalero.
  I. 1. m. *Ho, ES.* metáf. Planeta Venus. (**nistamalero**). ♦ **chilatero; nistayolero**.

nixtamalero, -a.
  I. 1. adj. *Mx.* Relativo al **nixtamal**.

    2. m. y f. *Mx.* Persona que cuece el maíz con ceniza o cal para hacerlo comestible.

nixtamalización.
  I. 1. f. *Mx, Ho.* Proceso de cocción del maíz con cal o ceniza. cult. (**nistamalización**).

nixtamalizado, -a.
  I. 1. adj. *Mx, Ho, ES, Ni. Referido a grano de maíz,* cocido con cal o ceniza. (**nistamalizado**).

nixtamalizar.
  I. 1. tr. *Mx, Ho, Ni.* Cocer el maíz con cal o ceniza para hacerlo digestible. ♦ **nesquizar; nishtamalear; nistayolear; pisquear**.

nixtamalsóchil. (Del nahua *nex-tamalli*, maíz cocido, y *xochitl*, flor).
  I. 1. m. *Mx.* **retama** (*Tecoma stans*).

nixtayol. (Del nahua *nextli*, ceniza, y *áyoh*, caldo).
  I. 1. *Ho, Ni.* **nixtamal**, maíz.

nixte. (Del nahua *nextic*, ceniciento).
  I. 1. adj. *Ho:O. Referido a persona,* de tez pálida, de color ceniza. (**niste**).

¡njú!
  I. 1. *PR.* **¡ujú!**

NN. (Acr. de *Ningún Nombre*).
  I. 1. m-f. *Pe, Bo, Ch.* Persona desconocida de la que no se tiene ningún dato.

    2. *Ec.* Persona viva o muerta cuya identidad no se conoce.

no.
  □

    a. ‖ **de ~.** loc. adv. *Ec.* De lo contrario, si no. rur; pop.

noble.
  I. 1. m. *Ho:S.* Marea pequeña, considerada la mejor para la pesca.

  ▶ **dar la ~.**

nocaut. (Del ingl. *to knock out,* noquear, dejar sin sentido).
  I. 1. m. *Ni, CR, Pa, Cu, RD, PR, Co, Ec, Pe, Bo, Ch, Py, Ar, Ur. En el boxeo,* pérdida de sentido causada por un golpe que deja al boxeador afectado fuera de combate. (**nocáut**).

    2. adj. *Pa, Pe, Bo, Ch, Ar. Referido a persona,* que está sin sentido.

    3. m. *Pa, RD, Ec, Bo, Ch, Ar, Ur.* Derrota amplia. pop.

    4. adj. *Ni, Ch.* metáf. *Referido a cosa,* agotada, destruida.

nocáut. (Del ingl. *to knock out,* noquear, dejar sin sentido).
  I. 1. *Ho, ES, Ni, Ec, Pe.* **nocaut**, pérdida de sentido.

noche.
  I. 1. f. *Bo, Ch.* Función de cine, teatro, o cualquier otro espectáculo que comience después de las nueve de la noche.

  ●

    a. ‖ **¡buenas ~s los pastores!**

      i. fórm. *Ch.* Se usa para despedirse por la noche. pop + cult → espon ^ fest.

      ii. *Ch.* Se usa para dar por finalizado algo o para indicar que no se debe continuar. pop + cult → espon.

  ■

    a. ‖ **duerme de ~.** f. *Mx.* Planta arbustiva de hasta 3 m de altura, con flores amarillas, hojas pinnadas, y cápsulas cilíndricas con semillas brillantes; las semillas se emplean para hacer sucedáneo de café, al que se atribuyen propiedades medicinales. (Fabaceae; *Cassia laevigata*).

    b. ‖ **~ buena.** *RD.* **maravilla**.

  □

    a. ‖ **hecho una ~.** loc. adj. *Ec, Bo. Referido a persona,* triste y desalentada. pop.

  ▶ **coger la ~; gustarle asolearse de ~; pasar de ~; pasar las mil y una ~s; romper la ~.**

nochebuena.
  I. 1. f. *Mx.* **pastora**. (Euphorbiaceae; *Euphorbia pulcherrima*).

nochecita.
  I. 1. f. *Ni, Pa, Cu, RD, Pe, Bo:E, Py, Ar, Ur.* Crepúsculo vespertino.

nocheriego, -a.
  I. 1. adj/sust. *Ho; Ch.* p.u. *Referido a persona,* que trasnocha mucho.

nochero.
  I. 1. m. *Co:O,SO.* Mueble pequeño, con cajones, que se coloca al lado de la cabecera de la cama.

nochero, -a.
  I. 1. m. y f. *Ch, Ar, Ur. En ciertos trabajos,* persona que cumple servicio nocturno.

2. adj/sust. *Bo:O, Py; Ar.* p.u. *Referido a perso...* que acostumbra a salir de noche. pop + c... → espon.

II. 1. adj/sust. *Ar, Ur.* Referido a una caballería, que ... rante la noche se deja en las cercanías de la ... para poder usarla en caso de necesidad. rur

2. *Ho.* Referido a animal, que se alimenta po... noche.

nochesnopal.

I. 1. *Mx.* **nopal de la cochinilla**, planta. (**nochezno...**

nocheznopal. (Del nahua *nochtli*, la tuna, *eztli*, sangre y *nopal*...
pal).

I. 1. *Mx.* **nochesnopal.**

nocheztli. (Del nahua *nochtli*, la tuna, y *eztli*, sangre).

I. 1. *Mx.* **nopal de la cochinilla**, planta.

2. m. *Mx.* Materia pastosa extraída de la hemb... la **cochinilla** reducida a polvo que se usa com... rante grana de la seda, lana y otros objetos. rur.

nochocle. (Del nahua *nochtli*, la tuna, y *octli*, vino).

I. 1. *Mx.* **nochote.**

nochote.

I. 1. m. *Mx.* Bebida compuesta con el zumo fer... do de la **tuna**. ◆ **nochocle.**

nockiar.

I. 1. *EU:SO.* **noquiar.**

nodriza.

I. 1. f. *Co:N; Ur.* obsol. **alfiler de seguridad.**

II. (Del ingl. *nurse*, enfermera).

1. f. *EU.* Persona que hace curaciones o ad... medicinas a los enfermos, *generalmente en l...*

nogada.

I. 1. f. *Mx.* Dulce elaborado con azúcar mor... ma y nueces.

2. *Ec.* Dulce elaborado con azúcar o pan... limón, clara de huevo y pedazos de toct...

nogal.

I. 1. m. *Co, Ec, Pe, Bo, Ch.* Árbol de hasta 40... tura, de copa casi esférica y hojas comp... márgenes aserrados, flores poco vistos... globosos con semillas oleaginosas com... glandaceae; *Juglans neotropica*). ◆ **toct...**

2. *Co.* **suchicahue.**

3. *Bo:S.* **nogal criollo.**

4. *PR.* Árbol de hasta 30 m de altura, con... nadas, flores pequeñas de color verde ... boso, comestible; su madera se utiliza en... (Juglandaceae; *Juglans jamaicensis*).

a. ‖ **~ cimarrón.** *Mx.* **cedro**, árbol.

b. ‖ **~ criollo.** m. *Ar.* Árbol de hasta 25 ... de copa ancha y abierta, hojas alterna... pequeña y comestible como fruto (Ju... *Juglans australis*). ◆ **nogal; nogal del...**
tucumano.

c. ‖ **~ de Castilla.** m. *Mx.* Nogal comú... ceae; *Juglans regia*).

d. ‖ **~ del país.** *Ar.* **nogal criollo.**

e. ‖ **~ del zorro.** m. *Ar:NO.* Arbusto d... de altura, de hojas compuestas, flor... amarillos y una legumbre plana cor... baceae; *Cassia hookeriana*).

f. ‖ **~ tucumano.** *Ar.* **nogal criollo.**

nogalillo.

I. 1. *Mx.* **huanchal.**

noica.

I. 1. f. *Pe.* juv. Paranoia. pop.

noin.

I. 1. sust/adj. *Ni.* juv. Persona amiga.

...oquiar. (Del ingl. *to knock*).

I. 1. intr. *EU.* Llamar a la puerta. (**nockiar**).

...ordesta.

I. 1. m. *Ho:S.* Viento suave del nordeste.

...oria.

I. 1. f. *Gu.* Riachuelo, **quebrada.**

2. *Pa.* Estanque.

II. 1. f. *PR.* En la industria azucarera, lugar de la central donde se deposita el azúcar que se va a refinar.

...orio, -a.

I. 1. sust/adj. *Ec.* Persona estudiosa e inteligente, pero abstraída y de poca vida social. pop ^ desp.

...riten.

I. 1. m. *Mx.* Planta herbácea con muchos tallos rectos de hasta 60 cm de altura, de hojas pecioladas, ova-les, arrugadas, dentadas y olorosas, flores blancas en verticilos axilares, y fruto seco, capsular, con cuatro semillas menudas; sus hojas se usan como reme-dio tónico y antiespasmódico. (Lamiaceae; *Cedronella mexicana*).

...malista.

I. 1. m-f. *Mx, ES, Ni, Pa, Co, Ec;* CR, Pe, Ar, Ur, p.u; sust/adj. *Pe, Bo, Ch.* Maestro titulado en una es-cuela normal.

2. sust/adj. *Ho. Ni, Ec, Bo;* CR, Pe, Ar, p.u. Alumno de una escuela normal de formación de maes-tros de primera enseñanza.

...nar.

I. 1. tr. *Mx, Ni, CR, Cu, Ec, Pe, Bo, Ch, Ar.* Sujetar a normas. esm.

...atización.

I. 1. f. *Ho, ES, Ni, Cu, Bo, Ch, Ar, Ur; Ec,* p.u. Regula-ción de algo. cult → esm.

...atizar.

I. 1. tr. *Ho, ES, Ni, Cu, Bo, Ch, Ar, Ur, Ec,* p.u. **Nor-mar**, regular *algo* a través de una ley o reglamento. cult → esm.

1. m. *Co.* Árbol pequeño, de copa irregular, de hojas opuestas, elípticas, coriáceas y de nervios marca-dos, flores pequeñas, en racimos, de color amarillo, anaranjado, blanco, rosado o rojo, y fruto amari-llo en drupa globosa con el cáliz persistente; en a... gunas especies los frutos son comestibles. (Malpigh... ceae; *Byrsonima* spp.). ◆ **doncella.**

...iente.

1. m. *Ch.* Noroeste. cult → esm.

(Del ingl. *nurse*).

... f. *RD.* Enfermera.

... m. *ES, Ni, Cu, Ch.* Viento fuerte del norte

... m. *Mx, Ur; Gu, Ho, ES, Ni,* rur; m. pl. C... to frío y fuerte que sopla del norte.
m. *Pa, RD, Ve.* Lluvia pasajera que cae d... bre a enero, ya pasada la estación lluvi...
PR. En las actividades marítimas, brisa
m. *Gu.* Noticia. fest.

‖ ~ franco. m. *PR.* En las actividades m... to de cara.

...er ~; pasar el ~.

...-a.

adj. *Mx, Gu.* Referido a persona, d... dida. pop + cult → espon.
Ur. Referido a persona, orienta... pop + cult → espon.
adj. *Pa.* Referido al ritmo del ta...

Expresa

compla-
adable de
a nota!

~; gufear-
ner una ~

...otarial a un

...iodista que se
noticias para la
o o televisión.
e se preocupa
... pop + cult

...u, RD, PR, Co,
...ticiario, progra-
... transmiten no-

noticiero.

...ner conocimiento de
...un trámite o proceso

...gran depredadora de mos-
...tonecta irrorata*).

..., árbol.

...tudiantes universitarios no-

...olectividades*, vejar y molestar los
...én llegados. pop + cult → espon.

...cometido por falta de experiencia.
...de novato.

...rido a persona*, tonta. rur.

...Mx. Bebida alcohólica, ...
...Mx. Producir un zumb...

s! fórm. *Bo.* **¡qué novedades!**
...RD, Pe, Bo.* Se usa a modo de saludo.
qué de novedades!
...Bo.* Se usa para preguntar sobre alguna
...icia o asunto desconocido.

novela.
  I. 1. f. *ES*. Novia. fest.
    ☐
    a. ‖ **de ~.**
      i. loc. adj. *Ar*. Referido a persona o cosa, muy buena, excelente. pop + cult → espon.
      ii. *Ar*. Referido a cosa, desmesurada, grande, increíble. pop + cult → espon.

novelear.
  I. 1. intr. *Ho, RD, PR, Co, Py*. Curiosear, procurar enterarse de cosas ajenas. pop + cult → espon.
    ♦ **novelear; noveleriar.**
  II. 1. intr. *Ho, ES, Ni, Py*. Ver telenovelas.
  III. 1. intr. *Ho, Py*. Estar distraído *alguien*, perder el tiempo.

novelerear.
  I. 1. *Cu, PR, Co*. **novelear**, curiosear. (**noveleriar**).
  II. 1. intr. *Pa*. Exagerar *alguien* lo que le pasa para darse importancia o llamar la atención.

novelería.
  I. 1. f. *Cu*. Disposición a participar en cualquier actividad por curiosidad o esnobismo.

noveleriar.
  I. 1. *PR*. **novelear**, curiosear.

novelero, -a.
  I. 1. adj. *Gu, Ho, Cu, RD, PR*. Referido a persona, curiosa, inquieta, dispuesta a participar en cualquier actividad, *generalmente por esnobismo*.
  2. *Ho, Py*. Referido a persona, distraída.
  II. 1. adj. *Ho, Ni, CR, PR, Bo, Py*. Referido a persona, aficionada a ver telenovelas.
  III. 1. adj/sust. *Pa, Pe*. Referido a persona, que exagera lo que le pasa para darse importancia o llamar la atención.

novena.
  I. 1. f. *Mx, Cu, Co*. Equipo de **beisbol**.
  II. 1. f. *Co*. Práctica tradicional católica colombiana que se celebra del 16 al 24 de diciembre, y en la que se hacen lecturas relacionadas con el nacimiento del Niño Dios, se reza y se cantan villancicos junto al pesebre. ♦ **novena de aguinaldos.**
    ■
    a. ‖ **~ de aguinaldos.** *Co*. **novena**, práctica tradicional católica.
    ▶ **batear en las dos ~s; jugar en las dos ~s.**

novenante.
  I. 1. m-f. *Pe*; sust/adj. *Bo:E,O*. Persona que acepta celebrar una misa o novena y sufragar otros actos litúrgicos.
  II. 1. m. pl. *Pe:SE*. Danza típica que se suele bailar en las festividades de los santos patrones, en la que los danzantes van ataviados con plumas de colores y otras vestimentas figurando ser animales, mientras las mujeres llevan un látigo con el que simulan golpearlos.

noveno.
  I. 1. m. *Ve*. Equipo de **beisbol**.
  II. 1. m. pl. *Bo*. Ejercicio físico que consiste en dar pequeños saltos, en cuclillas y con las manos en la nuca.

novia.
  I. 1. f. *ES*. Pan dulce.
    ■
    a. ‖ **~ blanca.** *Pe*. **novia de arroz.**
    b. ‖ **~ de arroz.** f. *Ho, Ec, Pe*. Lepidóptero de hasta 45 mm de longitud; de adulto es de color blanco con un mechón abdominal de pelos también blancos en el macho y anaranjados o crema en la hembra; las larvas son blancas o de color crema. (Pyralidae; *Rupella albinella*). ♦ **novia blanca.**
    c. ‖ **~ de Honduras.** f. *Ho*. Ciudad de La Ceiba.
    ▶ **dejar como ~ de pueblo; quedarse como la ~ de tola; quedarse como las ~s de Barranca.**

noviar.
  I. 1. intr. *Mx, Ni, Cu, Bo, Ar, Ur*, p.u; *CR*, obsol. Mantener una relación de noviazgo. pop + cult → espon.
  2. *Mx*. Buscar una relación de noviazgo. pop + cult → espon.

noviciado.
  I. 1. m. *Gu*. Período de los primeros meses o años del matrimonio en el que, según la creencia popular, ocurren acontecimientos desgraciados o fruto de la mala suerte.
    ▶ **pagar el ~.**

noviembre.
  I. 1. adv. *Ni*. juv. No, nunca, jamás.

novilla.
  I. 1. f. *Ec, Ch*. **Res** vacuna hembra hasta el primer parto. rur.

novillear.
  I. 1. tr. *Py*. Acercarse a *alguien* con intenciones amorosas. pop.

novillo.
  I. 1. m. *Mx:SE, Gu, Ni, Cu, RD, Co, Ve, Ec, Py, Ar, Ur*. Macho bovino, castrado cuando joven, que se destina al consumo.
  2. *Mx, RD, Ec, Bo, Ch*. Ternero.

novillona.
  I. 1. f. *Ve*. Ternera, **res** vacuna más joven que una novilla.

novio.
  I. 1. m. *Pa, Co, Ve*. Planta con tallos herbáceos de hasta 40 cm de altura, con hojas opuestas, pecioladas y de borde ondeado, y flores en umbela de color rojo; hay varias especies, que se distinguen por su tamaño y el color de las flores, que también pueden ser rosadas, blancas y jaspeadas. (Geraniaceae; *Pelargonium* spp.). ♦ **matrimonio.**

nubazón.
  I. 1. m. *Gu, Ho, ES, Ni, Ch*. Agrupación de nubes oscuras que anuncian lluvia.

nube.
  I. 1. f. *Mx*. Planta herbácea de hasta 90 cm de altura, de tallo ramificado, hojas opuestas, lineales y estrechas, inflorescencias grandes, en panículas, y flores pequeñas con cinco pétalos blancos; tiene uso ornamental. (Caryophyllaceae; *Gypsophila paniculata*).
  2. *Mx*. Flor de la nube.
  II. 1. f. *Mx*. Pan dulce semiesférico y esponjoso espolvoreado con azúcar.
  III. 1. f. *Pe:NO*. *En ciertas procesiones religiosas*, pequeña caja situada en arcos y vigas de las calles que al paso de la imagen, por medio de un dispositivo, se abre y deja caer pétalos de flores.
  IV. 1. f. *ES, Ni*. Carta. carc.
    ☐
    a. ‖ **a las ~s.** loc. adv. *Ch, Ur*. A un precio muy elevado. pop + cult → espon. ♦ **en las nubes.**
    b. ‖ **en las ~s.** *Ur*. **a las nubes.**
    ▶ **bajarse de esa ~; coger agua la ~; llegar en ~s; rompe ~s.**

nuberío.
  I. 1. m. *Mx, Ho, ES; Co*, pop. Gran cantidad de nubes.

nubero, -a.
  I. 1. m. y f. *Ni*. Cartero. carc.

nublasón.
  I. 1. *RD*. **nublazón**, nubosidad.

nublazón.
  I. 1. f. *Mx, Gu, CR, Cu, RD, PR, Bo:O; Ar:NO*, p.u. Nubosidad. (**nublasón**).
  2. *Gu, Ho, Ni, Cu*. Agrupación de nubes oscuras que anuncian lluvia.

II. 1. f. *Cu.* Deficiencia de la vista debido a padecer taratas. pop + cult → espon.

nublinado, -a.
  I. 1. adj. *Ar:NO.* Referido al día o a la atmósfe[ra] niebla baja y densa.

nubo.
  I. 1. m. *Ho.* Piel suave, parecida a la napa, usad[a] rrar el interior de zapatos y botas.

nuca.
  □
  a. ‖ **de la ~.** loc. adj. *Ar, Ur.* juv. Referido loca, que tiene alteradas sus facultades pop + cult → espon.
  b. ‖ **~ de fierro.** loc. sust. *Ch.* Persona, *especi* bre, engañado por su pareja sin su cor pop + cult → espon.
  c. ‖ **por ~.** loc. adv. *Bo:O, Ch.* Por cabe[za] persona. pop.
  ▶ **dar en la ~; hacer andar de ~; pegar e[n] tear en la ~.**

nucazo.
  I. 1. m. *ES.* Engaño. pop.
  II. 1. m. *Ni.* Robo. pop.
  ▶ **darle ~s.**

nuche.
  I. 1. m. *Co, Ve:O, Ec, Pe.* Larva del nuc[he]
  2. *Co, Ec, Pe.* Mosca cuya larva paras[ita] los animales y provoca **gusanera** *Dermatobia hominis).*

nucleación.
  I. 1. f. *Py.* Asociación, unión de varias fin determinado. cult.

nucleamiento.
  I. 1. m. *Py, Ar, Ur.* Organización, política.

nuclear(se).
  I. 1. intr. prnl. *Cu, RD, Pe, Bo, Py,* tarse varias personas con un fin
  2. tr. *Cu, Bo, Py, Ar, Ur, Pe,* cult[a] rias personas que tienen in[t]erensión. **(aglutinar).**

núcleo.
  ■
  a. ‖ **~ educativo.** m. *Bo.* Centro primaria.

nuco.
  I. 1. *Ch.* **suindá.**
  II. 1. m. *ES.* Trozo o pedazo de

nuco, -a.
  I. 1. adj. *Ho, ES.* Referido a ga uno o los dos cuernos.
  2. *Ho.* Referido a persona o uno o más dedos o part[e]
  II. 1. adj/sust. *Ch:N.* Referido a

nucón, -na.
  I. 1. adj. *Mx.* p.u. Referido gruesa la nuca.

nucú.
  I. 1. *Mx:SE.* **zompopo,** ho

núcula.
  I. 1. m. *ES.* Bellota del rob[le]

nuculpat.
  I. 1. *Mx:SE.* **gretado gal[.]**

nudillo.
  I. 1. m. *Co.* Planta de has drico y estriado, ho alternas e inflorescen con un pequeño ap excelente forraje. (Po

---

nquilla.
  I. 1. adv. *RD.* juv. Nunca

nquita.
  I. 1. adv. *Ve, Ch, Ur.* Nunca.

nú.
  □
  a. ‖ **¡a ~!** loc. interj. *Ni.* Expres alguien a un niño. inf.

e.
  1. m. *Mx.* Planta vivaz de hasta 60 cr. sa, velluda, con hojas aovadas, inflo cimos y flores purpúreas; la infusión d diversas aplicaciones en la medicina tradici ceae; *Calamintha macrostema).*

a. (Del ingl. *nursery).*
  f. *EU.* metáf. Vivero de plantas y animale[s]
  sery). (Voz inglesa).
  f. *EU, Bo:C,E,O, Ar, Ur,* m. *PR.* En los hospit[ales] y maternidades, lugar donde están los recién n[a] cidos.
  m. *EU, Ho, Ec.* En el sistema educativo, centro d[e] enseñanza para niños menores de cuatro años. m. *EU.* **nursería.**

Pa. **pacaya,** palmera.

Ch:S, Ar, Ur. Mamífero roedor acuático de hasta 20 m de longitud, de pelaje pardo, lustroso y sua-, cabeza ancha, orejas pequeñas, hocico romo cu-[bi]erto de barbas, cola larga desprovista de pelos y [pat]as cortas; su piel es muy apreciada. (*Myocastoridae; castor coypus).* ◆ **coipo; miquilo; quiyapí.** *Ec, Bo.* **lobito de río.** *Bo.* **lobo de río.**
Pene. vulg; pop + cult → espon.
loc. sust. *Ni.* juv. Persona torpe, con escasa

S, Ar, Ur. Hombre que se dedica a caza y a traficar con sus pieles.

S. Relativo a la caza y tráfico de pieles

p.u. Profesional de la nutrición.

[ri]ña, pelear, combatir).
[pe]lea a puñetazos entre dos comu [e]n una especie de ritual para p [h]embra.

PR. Hijo de padres puert[orriqueños] [lo]s Estados Unidos, *princi[palmente]* [Nuev]a York. (**newyorican; ni[uyorican]**
[r]elativo a estos puertorri[queños] **[ni]orican).**

[P]ersona nacida en [particu]larmente el hábita[t] [es]Pon. (**nic**).

ña. (Afér. de *señá*, y este de *señora*).

●

    a. ‖ ~. fórm. *Mx, Gu, Ho, ES, Ni, CR, Pa, RD, Co, Ve, Ec, Pe, Bo:S,O, Ch, Py, Ar, Ur.* obsol. Se usa como tratamiento de cortesía, *especialmente para mujeres solteras de mucha edad*, antepuesto al nombre de pila de mujer. rur.

    b. ‖ ~ **cangreja.** fórm. *ES.* Se usa para expresar sorpresa o rechazo. rur.

ñaca. (Del quech. *ñak'ay*, apenas).

    I. 1. *Bo:O.* **ñacatola**.

ñacá.

    I. 1. f. *Ar:NE.* Arroyo en su curso superior, cerca del nacimiento.

¡ñaca!

    I. 1. interj. *Ch.* juv. Expresa desagrado por algo. pop.

ñacaniná.

    I. 1. f. *Bo, Py, Ar:NE, Ur.* Serpiente acuática de hasta 2 m de longitud y color pardusco con manchas oscuras redondeadas. (Colubridae; *Cyclagras gigas*).

ñacañaca.

    I. 1. m. *Ar.* Coito. vulg; pop.

    II. 1. m. *Pe.* Sensación de susto o temor. pop + cult → espon.

      2. *ES, Ni.* Sensación de miedo, asco, pena o dolor. pop + cult → espon ^ fest.

ñacar. (Del quech. *ñak'ariy*, padecer, sufrir).

    I. 1. tr. *Ar:NO.* Golpear *una persona* a *alguien*. pop + cult → espon.

ñácara.

    I. 1. f. *Ho, Ni, RD, Co.* Llaga, úlcera, *generalmente de una caballería*. rur. ♦ **chaquira, chayaste, ñángara ñola**.

ñacaratiá. (De or. guaraní).

    I. 1. m. *Ar:NE.* Árbol de hasta 25 m de altura, de tronco espinoso y poco consistente, follaje escaso, flores blancas y fragantes, y fruto blando. (Caricaceae; *Carica* spp.).

ñácaro, -a.

    I. 1. adj. *Co. Referido a cosa*, descascarada, desmedrada. pop + cult → espon.

¡ñácata!

    I. 1. interj. *RD, Ve.* Expresa el hecho de haberse cumplido algo que no se deseaba.

    II. 1. interj. *Pa.* Imita el sonido de un golpe dado sobre alguien o algo. pop + cult → espon.

¡ñácate!

    I. 1. interj. *Ve, Ar; Ur,* p.u. Expresa impresión ante algo brusco o inesperado, generalmente desagradable. pop + cult → espon.

      2. *Bo:O, Ar.* Expresa la realización repentina de una acción. pop.

      3. *Ve:O.* Expresa el hecho de haberse cumplido algo que no se deseaba. pop + cult → espon.

      4. *Bo:O.* Imita el sonido que produce un golpe. pop.

ñacatola.

    I. 1. f. *Bo:O.* Planta de hasta 50 cm de altura, con ramas densamente cubiertas de hojas espatuladas, con uno o dos dientes triangulares a cada lado y flores reunidas en inflorescencias axilares. (Asteraceae; *Baccharis* spp.). (**ñaca**).

ñache.

    I. 1. *Ch:S.* **ñachi**.

ñachi.

    I. 1. m. *Ch.* Guiso preparado con sangre cruda y coagulada de animal y hierbas, aliñada con condimentos picantes y sal; se sirve en trozos. (**ñache**; **ñiachi**).

ñacinga.

    I. 1. f. *Pa.* Trompo hecho a mano.

ñaco.

    I. 1. m. *Ni.* **Tamal** preparado con harina de maíz maduro, **frijol** y sal.

ñacundá.

    I. 1. m. *Py, Ar, Ur.* Ave nocturna de hasta 30 cm de longitud y plumaje de color pardo. (Caprimulgidae; *Podager nacunda*).

ñacurutú. (De or. onomat.).

    I. 1. m. *Bo, Py, Ar:NE, Ur.* Ave rapaz nocturna de hasta 50 cm de longitud, de color pardo oscuro, moteado de blanco en el dorso, garganta blanca y penachos auriculares pronunciados. (Strigidae; *Bubo virginianus*). ♦ **búho grande; talacua; tuco**.

ñada.

    I. 1. *Cu, RD, PR.* **yapa**, obsequio de poca cuantía.

ñadi.

    I. 1. m. *Ch:S.* Pantano algo extenso y poco profundo, con vegetación palustre.

ñaero. (De or. onomat.).

    I. 1. m. *Cu.* p.u. Cerdo.

ñafear(se).

    I. 1. intr. *Ni.* Probar *alguien* droga.

      2. intr. prnl. *Ni.* Drogarse *alguien*.

ñafiar.

    I. 1. *RD, PR, Ve.* **ñafitiar**.

ñafitear.

    I. 1. *PR.* **ñafitiar**.

ñafiteo.

    I. 1. m. *RD, PR.* Robo, hurto, sisa. pop.

ñafitero, -a.

    I. 1. adj/sust. *PR. Referido a persona*, ladrona, ratera. pop. ♦ **ñafitoso**.

ñafitiar. (De *uña* y *fitiar* y este de *tifitifi*).

    I. 1. tr. *RD, PR.* Robar *alguien algo*, hurtar, sisar. pop. (**ñafiar**; **ñafitear**).

      2. *PR.* Arrebatar *una persona algo* de las manos de alguien. pop. (**ñafiar**; **ñafitear**).

ñafitoso, -a.

    I. 1. *PR.* **ñafitero**.

ñafle.

    I. 1. m. *Pa.* Comida, alimento.

ñangaroso, -a.
  I. 1. adj. *Ho. Referido a persona*, que tiene ideas políticas de izquierda. ♦ **ñángara.**

ñangate.
  I. 1. m. *Mx.* **ñame**, planta.
    2. *Mx,* **ñame**, tubérculo.

ñangazo.
  I. 1. m. *EU:SE, Cu, RD.* Golpe fuerte.
  II. 1. m. *CR, RD.* Mordisco fuerte. pop + cult → espon.

ñanglado.
  I. 1. *PR.* **ñangado.**

ñango.
  I. 1. m. *Pa,* rur; *Co:N,* pop. Cóccix.
    2. *ES, RD.* Pene. tabú.
    3. *Pa:NO.* Nalga. rur.
  II. 1. m. *RD.* Saco de gran tamaño. rur.
  III. 1. m. *ES.* Carne con muchos nervios y cartílagos.

ñango, -a.
  I. 1. adj/sust. *Mx. Referido a persona o animal,* raquítico, enclenque, desmedrado. pop + cult → espon.
    2. *RD, PR.* **ñangado.**
    3. adj. *RD, PR. Referido a persona,* desgarbada. pop + cult → espon.
    4. *RD, PR. Referido a persona,* quisquillosa, mentecata. pop + cult → espon.
    5. *ES. Referido a persona,* gangosa.
    6. *ES. Referido a persona,* con la nariz tapada.
    7. *Ho. Referido a persona,* presumida y jactanciosa.
    8. *PR. Referido a persona,* de miembros flojos y torcidos, estevada. pop + cult → espon.
    9. *PR. Referido a persona,* tonta, idiota, torpe. pop + cult → espon ^ desp.
    10. *PR.* **chango**, bromista.

ñangón, -na.
  I. 1. adj. *Pe.* juv. *Referido a persona,* de nariz grande.

ñangotado, -a.
  I. 1. adj. *RD, PR. Referido a persona,* que está en cuclillas. (**añangotado, eñangotado**).
    2. adj/sust. *RD, PR.* metáf. *Referido a persona,* deprimida, triste, sin ambiciones. pop + cult → espon. (**añangotado**).
    3. *RD, PR.* metáf. *Referido a persona,* perezosa. pop + cult → espon. (**añangotado**).
    4. *PR.* metáf. *Referido a persona,* aduladora, servil. pop + cult → espon ^ desp. (**añangotado**). ♦ **ñangado.**
    5. *PR.* metáf. *Referido a persona,* incondicional al régimen político actual de Puerto Rico. pop + cult → espon.

ñangotamiento.
  I. 1. m. *RD, PR.* Pereza. pop + cult → espon.

ñangotar(se). (Del kikongo *niongota,* arrastrarse [?]).
  I. 1. intr. prnl. *RD, PR.* Ponerse *alguien* en cuclillas. pop + cult → espon.
    2. *RD, PR.* metáf. Perder *alguien* el ánimo, desanimarse, acobardarse. pop + cult → espon.
    3. tr. *RD, PR.* metáf. Perder un gallo fuerza en la pelea.
    4. intr. prnl. *PR.* metáf. Humillarse *alguien,* someterse. pop + cult → espon.
    5. tr. *PR.* metáf. Seguir *alguien* incondicionalmente al régimen político actual de Puerto Rico. pop + cult → espon.

ñangotismo.
  I. 1. m. *PR.* Conformismo. pop + cult → espon.

ñangué.
  I. 1. adj. *PR.* **ñango**, tonto.
  □
    a. ‖ **de ~.** loc. adj. *Pe. Referido a un espacio temporal,* antiguo, remoto. pop + cult → espon.

ñangueado, -a.
  I. 1. *Cu, RD.* **ñangado**, contrahecho.

ñanguear.
  I. 1. tr. *Cu.* Torcer o inclinar *algo.* (**ñangar**).
  II. (De la familia bantú *nyanla,* broma [?]).
    1. intr. *PR.* Chancear, bromear. pop + cult → espon.

ñanguera.
  I. 1. f. *ES.* Flojera.
    2. *ES.* Cojera.

ñanguería.
  I. 1. f. *RD, PR.* Tontería, idiotez. pop + cult → espon ^ fest.
    2. *PR.* Burla, chanza.
  II. 1. f. *PR.* Servilismo. pop + cult → espon.

ñanguero, -a.
  I. 1. adj. *Cu. Referido a persona,* torcida, estevada. pop + cult → espon.

ñangueta.
  I. 1. adj. *Cu. Referido a persona,* zamba. pop + cult → espon.

ñangueteado, -a.
  I. 1. *Cu.* **ñangado**, contrahecho.

ñanguetear(se).
  I. 1. tr. *Cu, RD.* Doblar, torcer *algo una persona.* pop + cult → espon.
    2. tr. prnl. *Cu, RD.* Doblarse *alguien* o *algo.* pop + cult → espon.

ñanguñao.
  I. 1. m. *CR:NO.* Puré de **plátano verde**. pop + cult → espon.

ñanjú.
  I. 1. *CR:NO.* **ñajú.**

ñanquia.
  I. 1. f. *Bo:O. En la cultura aimara,* espíritu maligno.

ñaña. (De etim. contr.).
  I. 1. f. *Gu, Cu, RD, PR, Pe, Ar.* obsol. Niñera, nana, nodriza.
    2. *Ch:S.* Mujer que vive con una familia sin ser pariente de ella.
    3. m-f. *Bo:O, Py.* Hermano o hermana. pop.
    4. *Bo:C,S,O.* Persona con la que se tiene una estrecha relación de amistad y camaradería. pop.
  II. 1. f. *Ar.* Capricho, antojo.
    2. *Ar.* Delicadeza afectada.
  III. 1. f. *Ar.* Queja exagerada o sin motivo.
  IV. 1. f. *Ar:O.* Artimaña, picardía. pop + cult → espon.
  V. 1. f. *Ho, Ni, CR.* Excremento humano o animal. rur. (**ñeñe**).
    2. *Ho, CR.* Suciedad.
  VI. 1. *Bo.* **ñañacas.**
  VII. 1. f. *ES.* Fritura de riñones, hígado y corazón de cerdo con cebolla y especias.

ñañá.
  I. 1. f. *RD, PR.* Forma de hablar de alguien que da la impresión de ser una persona cándida cuando no lo es. pop + cult → espon.
  □
    a. ‖ **en los tiempos de ~.** loc. adv. *Cu.* En tiempos antiguos, en tiempos de Maricastaña. pop + cult → espon.

ñañaca.
  I. 1. f. *Bo.* Bártulo, trasto, cachivache. ♦ **ñaña.**

ñañara.
  I. 1. f. *Cu, RD.* Llaga, tumor, erupción cutánea. (**ñáñara**). pop + cult → espon.
  II. 1. f. *RD.* Insecto. pop + cult → espon.

ñáñara.
  I. 1. f. pl. *Mx, Gu;* f. *Ho, ES, Pa.* Repelús, temor indefinido o repugnancia que inspira algo. pop + cult → espon.

2. f. *ES, Pa, RD.* Nerviosismo, comezón, picazón. pop + cult → espon.
3. *Ho.* Vergüenza.
II. 1. f. *Cu, PR, RD.* **ñañara**, llaga.
2. *Pa.* Herida infectada en la piel. pop + cult → espon.
III. 1. f. *RD, PR.* Pedacito de madera usado como calzo.
2. *PR.* Cosa pequeña.
IV. 1. f. *RD, PR.* Tontería.
V. 1. f. pl *Gu.* Escalofríos.

ñañarca.
I. 1. f. *Ar:NO.* Ave de alas y cola largas, cabeza grande, de color pardusco y hábitos vespertinos. (Caprimulgidae; *Caprimulgus* spp.).

ñañaroso, -a.
I. 1. adj. *Cu, RD. Referido a persona o animal*, que tiene **ñáñaras**. pop + cult → espon.
II. 1. adj. *ES, Cu. Referido a persona*, miedosa, inquieta. pop + cult → espon.

ñañeco, -a.
I. 1. adj/sust. *Pa. Referido a persona, especialmente a un niño*, consentido, mimado, llorón. pop + cult → espon ∧ desp.
2. *Pa. Referido a un hombre*, afeminado. pop + cult → espon ∧ desp.

ñañequería.
I. 1. f. *Pa.* Comportamiento propio de personas mimadas.

ñañería.
I. 1. f. *Ec.* Cordialidad. pop + cult → espon.

ñañero, -a.
I. 1. adj. *Ar. Referido a persona*, que se queja mucho.
2. adj. *Ar:O. Referido a persona*, que actúa con picardía o astucia. pop + cult → espon.

ñáñigo, -a.
I. 1. m. y f. *RD; PR.* obsol. Persona de raza negra cuya forma de hablar resulta incomprensible.
2. sust/adj. *Cu.* Miembro de la sociedad Abakuá, de origen africano, formada exclusivamente por hombres.

ñañiguismo.
I. 1. m. *Cu, RD.* Práctica de cánones y rituales que establece la sociedad de origen africano Abakuá.
2. *Cu.* Conjunto de creencias de los **ñáñigos**.

ñañito.
□
a. ‖ **de ~s.** loc. adv. *Ec.* p.u. Con mucha amistad y confianza. pop.

ñañito, -a.
•
a. ‖ **~.** fórm. *Pe.* Se usa para tratar de forma afectiva a una persona, especialmente a un niño. pop + cult → espon ∧ fest.

ñaño.
I. 1. m. *Pa.* Hombre homosexual. pop + cult → espon ∧ desp.
□
a. ‖ **~ de pierna.** loc. sust. *Ec:O.* Hombre que, igual que otro, ha tenido relaciones sexuales con la misma mujer.

ñaño, -a.
I. 1. sust/adj. *Pe, Ar:NO.* juv. Amigo.
2. m. y f. *Ec, Ar:NO;* m. *Bo.* | juv. Hermano o hermana. pop.
3. m. y f. *Pa, PR, Co:SO. Entre hermanos*, el más mimado. pop + cult → espon ∧ afec.
4. *Co:C,O.* Persona preferida de otra.
5. sust/adj. *Bo:C,S,O.* Persona con la que se tiene una estrecha relación de amistad y camaradería. pop.
II. 1. m. y f. *Pe.* Niño, nene. pop + cult → espon.

•
a. ‖ **~.** fórm. *Pe.* Se usa como forma de tratamiento entre enamorados.

ñañola.
I. 1. f. *Gu.* Abuela. pop + cult → espon ∧ afec.

ñañoso, -a.
I. 1. adj. *Ar. Referido a persona*, delicada y caprichosa. delinc.
2. *Ar. Referido a persona*, que vacila mucho antes de tomar una decisión, *por lo general, debido a reparos, temores y escrúpulos excesivos.*
□
a. ‖ **de ~.** loc. adv. *Ec.* p.u. Con muestras de mucha amistad y confianza. pop + cult → espon.

ñao.
I. 1. m. *Pa, RD.* Cuñado.
II. 1. m. *Cu.* Miedo, falta de coraje.

ñapa. (Del quech. *yapa,* ayuda, aumento).
I. 1. f. *Mx, Ni, CR, Cu:E, RD, PR, Co, Ve, Ec, Py, Pa, Ur,* obsol. Pequeña cantidad extra de la mercancía comprada que el vendedor obsequia al cliente. ♦ **llapa; yapa; yapana.** pop.
2. *Ve, Py.* Propina.
II. 1. m. *Mx:SE.* Robo, hurto. pop + cult → espon.
□
a. ‖ **de ~.**
i. loc. adv. *Mx, Pa, RD, PR, Ve, Py, Ar, Ur,* obsol. Gratis, de regalo. pop + cult → espon.
ii. *Pa, Ve, Py, Ur,* obsol. Para colmo.
b. ‖ **ni de ~.** loc. adv. *RD, PR, Ve.* De ninguna manera. pop + cult → espon.
▶ **dar la ~.**

ñapado, -a.
I. 1. adj. *Ar, Ur.* Asido, atrapado.

ñapango, -a. (Del quech. *lla-pangu,* descalzo).
I. 1. adj/sust. *Co. Referido a persona*, mestiza, mulata.

ñapar.
I. 1. tr. *Ar.* Tomar, coger *algo.* pop + cult → espon.
II. 1. *Ar.* **ñapear**, robar.

ñapear.
I. 1. tr. *Mx:SE.* Hurtar, robar *alguien algo.* (**ñapar; ñarpear**).
2. *Ve. En una venta*, quitar *alguien* alguna cantidad del producto vendido para contrarrestar la rebaja que se ha hecho. pop + cult → espon.

ñapindá.
I. 1. m. *Py, Ar:NE, Ur.* **uña de gato**.

ñapita.
I. 1. f. *Ve.* metáf. Persona muy pequeña y delgada. pop + cult → espon.

ñapo.
I. 1. m. *Ch.* Junquillo corto, flexible y muy resistente con el que se tejen cestas, canastos y sombreros.

ñaque.
I. 1. *PR.* **ñaqui**.

ñáquete.
I. 1. m. *RD.* Hurto, robo.

¡ñáquete!
I. 1. interj. *RD.* Expresa sorpresa por algo que ha pasado repentinamente, especialmente un robo. pop + cult → espon. (**¡ñáquiti!**).

ñaqui.
I. 1. m. *PR.* Trozo, pedazo pequeño de algo, *especialmente de algún alimento.* pop + cult → espon ∧ fest. (**ñaque; ñaski**).

¡ñáquiti!
I. 1. *RD.* **¡ñáquete!**

ñaragatal.
  I. 1. m. *Ve.* Situación adversa para una persona. pop + cult → espon.

ñaras.
  I. 1. m. pl. *Ve.* Pies del campesino. rur.
    2. *Ve.* Pies llenos de **niguas**. rur.
  □
    a. ‖ **tío ~.** loc. sust. *Ve.* Persona que tiene **niguas** en los pies. rur.

ñareco, -a.
  I. 1. adj. *Ho. Referido a persona*, gangosa.

ñarpear.
  I. 1. *Bo:E.* **ñapear**, robar.

ñarra.
  I. 1. adj. *Ec.* p.u. *Referido a persona o cosa*, de tamaño muy pequeño.
    2. f. *Ec.* p.u. Cosa insignificante, despreciable. pop + cult → espon.
  II. 1. adj. *Ho.* juv. *Referido a persona*, egoísta. desp.

ñarrear.
  I. 1. intr. *Pa.* Maullar el gato.
    2. *Pa.* Llorar insistentemente un niño para conseguir algo que se le niega.
    3. tr. *Pa.* Solicitar *alguien algo* con reiteración, importunando al interlocutor. desp.

ñarrido.
  I. 1. m. *Pa.* Maullido del gato.

ñarungo, -a.
  I. 1. adj. *Ho. Referido a persona*, de nariz chata. rur; desp. ♦ **ñarusco**; **ñaruso**.

ñarusco, -a.
  I. 1. *ES.* **ñarungo**.

ñaruso, -a.
  I. 1. adj. *Ec:N. Referido a persona*, que tiene su piel marcada con pequeños hoyos producidos por la viruela.
  II. 1. *ES.* **ñarungo**.

ñasgado, -a.
  I. 1. adj. *Mx:S. Referido a persona*, que tiene joroba. pop + cult → espon.

ñaski.
  I. 1. *PR.* **ñaqui**.

ñata.
  I. 1. f. *Gu, Ho, ES, Ni, CR, Pa, RD, Ch.* Nariz de una persona. (**ñatas**).
    2. f. pl. *Cu, Co, Bo:E, Ar, Ur.* **ñata**, nariz.
  II. 1. f. *Bo:E.* Calavera que se tiene en casa como amuleto de buena suerte. pop + cult → espon.
  ■
    a. ‖ **la ~.** f. *Bo:O.* Personificación de la muerte.

ñatazo.
  I. 1. m. *Ho, Ni.* Inhalación de cocaína por la nariz. drog.

ñatear.
  I. 1. tr. *Ni.* Aplastar *alguien* protuberancias, cortar las esquinas o ángulos salientes con un golpe violento.
  II. 1. tr. *Ni.* Inhalar *alguien* cocaína.

ñatez.
  I. 1. f. *Ho.* Cualidad de **ñato**. cult.

ñato.
  I. 1. m. *Ni.* Vulva. tabú.

ñato, -a.
  I. 1. adj/sust. *Gu, Ho, ES, CR, Pa, Cu, RD, Co, Ve, Ec, Pe, Bo, Ch, Py, Ar, Ur. Referido a persona o animal*, de nariz aplastada, chata. pop + cult → espon.
    2. adj. *Pe, Ch, Ar. Referido a cosa*, roma, sin punta. pop + cult → espon.
    3. sust/adj. *Pa, Co:N.* Persona que habla con resonancia nasal. pop.
    4. *Pa.* Persona con labio leporino.

  II. 1. adj. *Ho, Ni, Bo.* metáf. *Referido a un camión o un autobús*, cuy parte delantera, donde tiene el motor, no sobresale de la cabina.
  III. 1. m. y f. *Bo:O, Py, Ar.* Persona, individuo, tipo.
    2. *Bo, Ch.* Persona adulta. pop + cult → espon.
    3. m. y f. *Ar.* Amigo, compañero. pop + cult → espon ^ afec.
    4. m. y f. *Bo.* Persona joven que tiene una relación amorosa con otra del sexo opuesto sin compromiso formal para el matrimonio. pop.
    5. adj. *Ch. Referido a persona*, harta, fastidiada, cansada de algo. pop + cult → espon.
  IV. 1. adj. *Ch. Referido a un caballo, especialmente de carreras*, que no tiene ninguna opción de ganar.
  ●
    a. ‖ **~.** fórm. *Pe, Ur.* Se usa como forma de tratamiento afectivo a una persona, *especialmente a un niño*.
  □
    a. ‖ **en menos que se persigna un ~.** loc. adv. *Pa.* Rápida o inmediatamente.

ñatón, -na.
  I. 1. adj. *Ch.* p.u. *Referido a persona*, nariguda. pop + cult → espon ^ fest.

ñatuso, -a.
  I. 1. adj. *Ni, Ch. Referido a persona o animal*, que tiene la nariz corta. espon ^ afec.

ñau. (De or. onomat.)
  I. 1. m. *RD, PR, Co, Ch.* Maullido del gato, miau. pop.
    2. *PR.* metáf. Miedo. pop + cult → espon ^ fest.
  ► **hacer ~.**

ñauco, -a.
  □
    a. ‖ **del ~.** loc. adj. *Ch. Referido a tiempo*, muy antiguo o remoto. pop + cult → espon.

ñauñar.
  I. 1. tr. *Pe:S.* p.u. Cometer *alguien* un robo de pequeñas dimensiones.

ñauñau.
  I. 1. m. *Ni, RD.* Robo, rapiña.

ñaupa. (Del quech. *ñaupaco*, antiguo.)
  I. 1. sust/adj. *Bo.* Persona de edad avanzada. pop.
    2. adj. *Bo:C, O. Referido a un objeto*, antiguo. pop.
  □
    a. ‖ **de ~.** loc. adj. *Pa, Bo, Py, Ar, Ur. Referido a tiempo*, muy antiguo y remoto. pop + cult → espon. ♦ **del año de ñaupa**
    b. ‖ **del año de ~.** *Bo, Py, Ar, Ur.* **de ñaupa**.
    c. ‖ **~ herramienta.** loc. sust. *Bo:O.* Hombre que por su edad avanzada es considerado impotente para las relaciones sexuales. pop ^ fest.
    d. ‖ **~ tiempos.** loc. adv. *Bo:O.* En un pasado remoto. pop.

ñaure.
  I. 1. m. *Ve.* Leño muy compacto y nudoso. rur.
    2. *Ve.* Garrote tosco.

ñausa. (Del quech. *ñawsa*, ciego).
  I. 1. adj. *Pe.* obsol. *Referido a persona*, ciega. rur.

ñe-ñe-ñé.
  I. 1. m. *RD, PR, Py.* **ñeñeñé**.

ñeapu.
  I. 1. m. *Bo:E.* Mentira, embuste. pop.

ñebla.
  I. 1. f. *Mx, ES, CR.* Niebla, neblina. rur.

ñeblina.
  I. 1. f. *Mx, ES, CR, RD, PR.* p.u. Neblina. rur.

ñeca.
  I. 1. f. *ES.* Muñeca, juguete. pop + cult → espon.
  II. 1. f. *ES.* Pene. euf; pop + cult → espon.

III. 1. f. *Ho. En el ejército*, la ciudad más cercana al cuartel. pop + cult → espon ^ desp.

ñecazo.
  I. 1. m. *ES*. Golpe fuerte dado con la mano. pop + cult → espon.

ñecla.
  I. 1. f. *Ch*. Cometa de pequeño tamaño, hecha con panículas de escoba.
  II. 1. adj. *Ch. Referido a cosa*, poco firme o resistente. pop + cult → espon.
    2. *Ch. Referido a cosa*, de poco valor. pop + cult → espon.
  III. 1. adj. *Ch. Referido a persona*, débil, enfermiza. pop + cult → espon. (**ñecle**).

ñecle.
  I. 1. *Ch*. **ñecla**, débil, enfermizo.

ñeco.
  I. 1. m. *Ec*. Puñetazo. pop + cult → espon.
    2. *Ec*. Golpe que se da con los nudillos de la mano cerrada. pop + cult → espon.
    3. *ES*. **raspadura**, golpe. pop + cult → espon.
  II. 1. m. *Ho, ES. En el juego del trompo*, golpe que se da a un trompo que está en el suelo con otro que se lanza.
  III. 1. m. *Ho*. Conejo.
  IV. 1. m. *Ho. En el ejército*, soldado inepto. desp.

ñeco, -a. (Apóc. de *tuñeco*).
  I. 1. m. y f. *RD*. Persona que ha perdido un brazo o que lo tiene inutilizado por cualquier motivo. pop + cult → espon.
    2. adj. *RD. Referido a persona*, que tiene una o las dos manos hacia adentro por efecto de una lesión.
    3. *PR. Referido a persona*, que le falta alguna extremidad. pop + cult → espon.
    4. *PR. Referido a persona*, paralítica. pop + cult → espon.
  ▶ **dar gato por ~; ser la ñeca**.

ñecón.
  I. 1. adj. *ES*. Magnífico, inmejorable, hermoso. pop + cult → espon.

ñecs.
  I. 1. f. *Pa*. Excremento. vulg; pop + cult → espon.
  ▶ **sacar la ~; sacarse la ~.**

¡ñecs!
  I. 1. interj. *Pa*. Expresa disgusto o impaciencia. vulg; pop + cult → espon.

ñeja.
  I. 1. f. *Pe:E*. Palma espinosa de más de 4 m de altura, de hojas pinnadas, inflorescencia interfoliar con flores de ambos sexos y frutos arracimados en forma de drupa; su fruto es comestible. (Arecaceae; *Bactris* spp.).

ñejo.
  I. 1. m. *Ho*. Amigo íntimo, compañero inseparable.

ñejo, -a.
  I. 1. m. y f. *Ho*. Conejo.

ñema.
  I. 1. f. *PR, Ve*. Yema del huevo de gallina. pop.
    2. *Ve*. Huevo, *especialmente el de gallina*. pop.
  II. 1. f. *RD, PR*. Cabeza del pene, glande. tabú; pop + cult → espon.

ñemaso.
  I. 1. m. *RD*. Golpe fuerte dado en alguna parte del cuerpo. pop + cult → espon.

ñembo.
  I. 1. *Py*. **ñembotavy**.

ñembotavy.
  I. 1. adj. *Py. Referido a persona o animal*, que disimula algo. (**ñembo**).

ñemeo.
  I. 1. m. *Ve*. Lucro clandestino e ilícito.

ñemo, -a.
  I. 1. adj/sust. *PR. Referido a persona*, torpe ignorante. pop + cult → espon ^ desp.
  II. 1. adj/sust. *PR. Referido a persona*, cobarde. pop + cult → espon.

ñemundía.
  I. 1. f. *Bo. En la cultura chiriguana*, primera menstruación de una mujer.

ñenday. (Del guar. *ñendaí*).
  I. 1. m. *Py, Ar, Ur*. Loro de plumaje verde, con frente, corona, cara y mejillas negras, plumas remeras azules, pecho y abdomen amarillo verdoso con el ápice de las plumas azulado, muslos con plumas de ápice rojo, patas pardo rojizas y pico negro. (Psittacidae; *Nandayus nenday*). ◆ **loro cabeza negra; ñanday**.

ñengue.
  I. 1. adj/sust. *PR. Referido a persona*, idiota, estúpida. pop + cult → espon ^ desp.

ñenguere.
  I. 1. m. *Ve*. **alcaraván**. (**ñénguere**).

ñengueré.
  I. 1. *Cu*. gringuele,

ñénguere. (De etim. desc.).
  I. 1. m. *Ve*. **ñenguere**, ave.
  II. 1. adj/sust. *PR. Referido a persona*, soplona, delatora. polic.

ñenque.
  I. 1. m. *ES*. Puro de marihuana. drog.

ñeñe. (De etim. contr.).
  I. 1. adj/sust. *RD, PR. Referido a persona*, tonta. pop + cult → espon.
    2. adj. *RD, PR. Referido a persona*, aniñada. pop + cult → espon.
    3. adj/sust. *PR. Referido a persona*, retardada mental. pop + cult → espon.
  II. 1. m. *Ho, Ni*. **ñaña**, excremento. pop + cult → espon.

¡ñeñe!
  I. 1. interj. *RD*. Expresa rechazo hacia alguien a algo que se ha dicho. pop + cult → espon.

ñeñeñe.
  I. 1. *PR*. **ñeñeñé**.

ñeñeñé. (De *ñeñe*, tonto).
  I. 1. m. *Ni, RD, PR*. Tontería, sandez. pop + cult → espon. (**ñe-ñe-ñé; ñeñeñe**).
    2. *Ni, RD*. Lloriqueo, ñoñería. pop + cult → espon.
  II. 1. m. *Ni, RD, Py*. Burla, mueca burlona. pop + cult → espon.
  III. 1. m. *RD, PR*. Falta de ánimo, modo de hablar de una persona apocada. pop + cult → espon. (**ñe-ñe-ñé; ñeñeñe**).
  ▶ **dejarse de ~; hablar ~.**

ñeque.
  I. 1. m. *Ni, Ve, Ec, Pe, Bo*; m. pl. *Ho, ES*. Valor, coraje. pop + cult → espon.
    2. *Ni, Pe, Bo, Ch*; m.pl. *Gu, Ho, ES*. Fuerza, vigor. pop + cult → espon.
    3. m. *Ho, ES, Ni, Bo, Ch*. Esfuerzo, tesón, constancia. pop + cult → espon.
    4. adj. *Gu, Ho, ES, Ni. Referido a persona*, valiente, competente, capaz.
    5. m. *CR*. Hombre valiente, de agallas y de ánimo esforzado.
  II. 1. m. *Mx:SE, ES, PR, Bo*. Golpe, puñetazo, coscorrón. pop + cult → espon.
    2. adj. *Cu. Referido a persona*, que trae desgracias. pop + cult → espon ^ desp.
    3. m. *ES*. Golpe de un trompo a otro.

III. 1. *CR:S, Pa, Co:N, Ec.* **agutí.**
IV. 1. m. *ES.* Bíceps del brazo.
□
   a. ‖ de ~.
     i. loc. adj *Ni, Bo. Referido a persona*, valiente e intrépida. pop.
     ii. *Ni, Bo. Referido a persona*, fuerte, vigorosa. pop.
  ▶ meter ~.

¡ñeque!
  I. 1. interj. *PR.* Expresa negación rotunda. pop + cult → espon.

ñequear.
  I. 1. tr. *ES, Ec.* Dar *una persona* puñetazos a alguien. pop + cult → espon.
  II. 1. tr. *ES.* Astillar *alguien* un trompo a golpes con la punta metálica de otro. inf.
  III. 1. intr. *ES.* Realizar el coito. tabú; pop + cult → espon.

ñequiza.
  I. 1. f. *Ec.* Pelea a puñetazos entre dos o más personas. pop + cult → espon.

¡ñerda!
  I. 1. interj. *Co:N.* Expresa sorpresa o admiración.

ñereñere.
  I. 1. m. *Ve.* Menudencia, insignificancia. pop + cult → espon.
    2. *Ve.* Dinero que se da como propina. pop + cult → espon.

ñereo.
  I. 1. m. *Ch.* obsol. Pieza de telar primitivo, hecha de madera dura y bien alisada en forma de cuchilla con que se carga el hilo.

ñeris.
  I. 1. m-f. *Mx, Ho.* Amigo íntimo, compañero inseparable.

ñero, -a. (Apóc. de *compañero*).
  I. 1. m. y f. *Mx, Ho, ES, Ve; Co:N,SO.* juv. Amigo íntimo, compañero inseparable. pop + cult → espon. (**ñeris**).
  II. 1. m. y f. *Mx, Co:C.* Persona de bajo estrato social, marginado. pop + cult → espon ^ desp.
  III. 1. sust/adj. *Ve.* Persona tonta o de escaso entendimiento. pop + cult → espon.

ñervera.
  I. 1. f. *ES.* Nerviosismo. rur.

ñervo.
  I. 1. m. *Mx, Ho, ES, Ni, CR, Ve, Bo, Ch.* Nervio. rur.
    2. *Ni.* Carne de animal correosa por ser tendón.
  II. 1. adj. *Co:O.* juv. *Referido a persona, especialmente mujer*, fea. pop ^ desp.

ñervosera.
  I. 1. f. *ES.* Nerviosidad. rur.

ñervoso, -a.
  I. 1. adj. *Mx, ES, CR. Referido a persona*, nerviosa. rur.
    ♦ **ñervudo.**

ñervudo, -a.
  I. 1. *Mx, ES.* **ñervoso.** rur.

ñesca.
  I. 1. m. *ES.* Estiércol. rur.

ñeta.
  I. 1. f. *PR.* Organización criminal nacida en la cárcel, *dedicada especialmente al narcotráfico.*

¡ñeta!
□
   a. ‖ ¡ ~ puñeta!
     i. loc. interj. *RD, PR.* Expresa asombro.
     ii. *RD, PR.* Expresa gran enojo.

ñeto, -a. (De *nieto*).
  I. 1. m. y f. *ES, Ni, RD, PR, Bo:S.* Nieto. pop + cult → espon ^ afec.

II. 1. m. y f. *PR.* Miembro de una organización criminal nacida en la cárcel.

ñex.
  I. 1. f. *Pa.* Excremento. vulg; pop + cult → espon.
  ▶ sacar la ~.

ñía. (Afér. de *compañía*).
  I. 1. m. *Co.* Amigo íntimo, compañero inseparable. pop + cult → espon.

ñiachi.
  I. 1. *Ch.* **ñachi**, guiso.

ñica.
  I. 1. f. *Gu.* Porción mínima o muy pequeña de algo.

ñícaro.
  I. 1. m. *RD.* Plátano raquítico, muy deteriorado.

ñicazo.
  I. 1. *Ho.* **ñique**, golpe, marca y coscorrón.

ñiclero.
  I. 1. m. *ES.* p.u. Hombre homosexual.

ñico.
  I. 1. m. pl. *Ch.* Añicos. rur.
  II. 1. m. *Ec.* **chonta.** (Arecaceae; *Socratea exorrhiza*).

¡ñifla!
  I. 1. interj. *Pa.* Expresa negación rotunda.

ñigui.
  I. 1. adj. *Ho. Referido a persona*, de raza negra. pop + cult → espon ^ desp.

ñilgüe. (Del map. *ñillhue* o *ñill-hue*).
  I. 1. m. *Ch.* Planta herbácea anual o bienal, de hasta 80 cm de altura, de hojas pegadas al tallo, con pequeñas espinas en sus márgenes, de color verde, débilmente dentadas, flores agrupadas en corimbos de color amarillo, fruto seco de color plateado; tiene propiedades medicinales y es excelente pasto para el ganado. (Asteraceae; *Sonchus* spp.). (**ñilhue**).

ñilhue. (Del map. *ñillhue* o *ñill-hue*).
  I. 1. *Ch.* **ñilgüe.**

ñimi-ñimi.
  I. 1. m. *Pa.* Pedacitos de algo.
    2. *Pa.* Cantidad pequeña de algo sólido, *generalmente comida.* pop + cult → espon.

ñinga. (De la familia bantú).
  I. 1. f. *Pa, Cu, RD, PR.* Excremento. vulg; pop + cult → espon.
    2. *Cu, RD.* Cosa fea y mala. pop + cult → espon.
  II. 1. f. *Cu, RD, Ve.* Pizca, pequeña cantidad de algo. pop + cult → espon. (**ñinguita**). ♦ **ñizca.**
□
   a. ‖ ni ~. loc. adv. *Pa, RD.* Nada. vulg.

¡ñinga!
  I. 1. interj. *Cu.* Expresa contrariedad y disgusto. vulg.

ñinguita.
  I. 1. *RD, Ve.* **ñinga**, pizca.

ñiñín.
  I. 1. m. *Pa.* Pedazo pequeño de algo.

ñipa. (Del mapuche).
  I. 1. *Ch.* **pauca.**

ñipe. (Del mapuche).
  I. 1. m. *Ch.* Arbusto de hasta 14 m de altura, de corona densa, corteza gruesa y parda con grietas verticales de color naranja, hojas de haz verde negruzco y pálido en el envés, flores en corimbos de color blanco, y frutos pequeños de forma oval y color rojo oscuro; de sus ramas se extrae una sustancia tintórea. (Rosaceae; *Crataegus monogyna*).
  II. 1. m-f. *Ch.* Persona que se pone pesada y provocadora. pop.

ñipear.
  I. 1. intr. *Ch.* Protestar *alguien* airadamente, mostrar disconformidad ante algo. pop.

ñique.
  I. 1. m. *Ho, Ni, CR. En el juego del trompo*, golpe dado con el clavo de un trompo en la cabeza de otro, arrancándole astillas o partiéndolo. (**ñicazo**).
  2. *Ho.* Marca que queda en el trompo que ha sido golpeado. (**ñicazo**).
  II. 1. m. *Ho, Ni, CR.* Coscorrón. (**ñicazo**).

ñiquear(se).
  I. 1. tr. *Ni.* Dar *una persona* golpes a alguien. pop + cult → espon.
  2. intr. prnl. *Ni.* Golpearse dos o más personas. pop + cult → espon.

ñiquiti-ñiquiti.
  I. 1. m. *Pa.* juv. Repetición molesta de algo.

ñirantal.
  I. 1. m. *Ch, Ar.* Terreno poblado de **ñires**.
  2. *Ch.* Conjunto de estos árboles. rur.

ñirc. (Del map.).
  I. 1. m. *Ch, Ar.* Árbol caducifolio de hasta 25 m de altura, de hojas simples y alternas con el borde dentado y flores de color amarillo verdoso. (Nothofagaceae; *Nothofagus antarctica*). (**ñirre**).

ñirgües.
  I. 1. *Ho.* **chirgües**, conjunto de tendones y nervios.

ñirre.
  I. 1. *Ch.* **ñire**.

ñirringa.
  I. 1. adj. *Ve. Referido a cosa*, pequeña, insignificante, despreciable. pop + cult → espon. (**mirringa**).

ñisca.
  I. 1. f. *Pe, Ch.* p.u. Pizca, pedacito. pop + cult → espon. (**ñizca**).
  2. *ES.* Añicos. pop + cult → espon.
  II. 1. f. *ES, CR.* Excremento. vulg; pop + cult → espon.
  III. 1. adv. *ES.* Nada. rur.

ñisido, -a.
  I. 1. adj. *Bo. Referido a persona*, dormida. pop + cult → espon.

ñisir.
  I. 1. intr. *Bo:O.* Dormir *alguien*. delinc.

ñisñil.
  I. 1. m. *Ch:N.* **espada**, planta.

ñito, -a. (Afér. de *hermanito*).
  I. 1. m. y f. *ES.* Hermano pequeño pop + cult → espon ^ afec. (**nito**).

ñizca.
  I. 1. *PR, Pe.* **ñisca**, pizca. ♦ **ñinga**.

ño. (Afér. de *señor*).
  I. 1. fórm. *Gu, Ho, ES, Ni, Pa, RD, PR, Co, Ve, Ec, Pe, Bo, Ch.* obsol. Se usa como tratamiento de cortesía, antepuesto al nombre de pila de un hombre. rur.

  ■
    a. ‖ ~ **Carnavalón.** m. *Pe.* Muñeco que representa al carnaval durante esta fiesta.

ñoa. (Afér. de *doña*).
  •
    a. ‖ fórm. *Ve:O.* Se usa como tratamiento para señoras. rur.

ñoba. (De *baño*, por inversión silábica).
  I. 1. m. *Pe, Bo, Ch, Py, Ar, Ur.* Baño, cuarto de aseo. pop + cult → espon.

ñoca.
  I. 1. f. *Ni.* Tortuga de agua dulce.

ñocazo.
  I. 1. m. *ES.* Golpe, coscorrón. ♦ **ñique**.

ñocha.
  I. 1. f. *Ch.* Planta de hasta 1 m de altura, de tallo delgado y flexible, hojas de disposición alterna, largas, de margen entero y borde puntiagudo, que se superponen de forma apretada; de sus hojas se hacen abanicos y se saca una fibra para hacer cordeles, esteras y sombreros. (Bromeliaceae; *Greigea landbeckii*).

ñocla.
  I. 1. f. *Ho. En el juego de canicas*, castigo infligido por el ganador a los perdedores que consiste en golpear con la canica el puño de los perdedores el número de veces establecido antes de iniciar el juego. inf.

ñoclo.
  I. 1. m. *PR.* Nudillo del dedo. rur.

ñoclo, -a.
  I. 1. adj. *Ho, Ve. Referido al ganado*, gacho de una oreja. rur.

ñoco. (Del kikongo *nyokota*, quebrar [?]).
  I. 1. m. *Co:C,NE, Ec.* Muñón, parte de un miembro amputado que queda unido al cuerpo.
  II. 1. m. *Pe.* Juego del hoyuelo.
  2. *Pe.* Hoyo de este juego.
  III. 1. m. *Pe.* metáf. Hombre homosexual. pop.
  IV. 1. m. *Ch.* Pegamento sintético líquido altamente volátil y tóxico. drog.
  V. 1. m. *ES.* Pedazo o trozo de algo.
  VI. 1. *PR.* **zoco**.

ñoco, -a.
  I. 1. sust/adj. *PR, Ve.* Persona a la que le falta uno o varios dedos, la mano entera, o un brazo. pop + cult → espon. ♦ **broco**.
  II. 1. adj. *Ni.* metáf. *Referido a persona*, tonta.

ñocorpi.
  I. 1. m. *Ar.* Corpiño, sostén.

ñojo, -a. (Del aim. *ñuxu*).
  I. 1. sust/adj. *Bo:O.* Persona fea. pop ^ desp.
  2. *Bo:O.* Persona de clase social baja. pop ^ desp.

ñola.
  I. 1. f. *Co:O.* Excremento. euf.
  II. 1. f. *Ho, ES.* Llaga de la epidermis de un animal, *generalmente de una caballería*. rur.
  2. *Ni.* Enfermedad de la piel que se manifiesta con manchas blancas.
  III. 1. f. *Gu, ES.* Cabeza. pop + cult → espon ^ fest.
  IV. 1. m-f. *Ho.* Persona mediocre en su profesión.
  V. 1. f. *Ho.* Cosa inservible o vieja, *generalmente un vehículo*.

ñolazo.
  I. 1. m. *ES.* Ulceración cicatrizada de gran tamaño.

ñolerío.
  I. 1. m. *ES.* Cantidad grande de **ñolas**, llagas.

ñolero, -a.
  I. 1. adj. *ES. Referido a persona*, llena de ulceraciones cicatrizadas, de ronchas o de llagas secas. pop + cult → espon. ♦ **ñoludo**.

ñolo.
  I. 1. m. *PR.* Muñón. pop + cult → espon.
  2. *PR.* Cosa saliente y roma. pop + cult → espon.
  II. 1. m. *PR.* Pedazo, porción de algo. pop + cult → espon.

ñolón, -na.
  I. 1. adj. *ES. Referido a persona*, de cabeza grande. pop. ♦ **ñoludo**.

ñolquín. (Del map. *ñonquilñ*).
  I. 1. m. *Ch.* Instrumento de viento que consiste en un tubo hueco de poco más de 1 m de longitud y unos pocos centímetros de diámetro, forrado con tripa de caballo y adornado con cintas de lana de colores.

ñoludo, -a.
  I. 1. adj. *ES. Referido a persona*, que padece de ulceraciones o ronchas en la piel. ♦ **ñolero**.
  II. 1. *ES.* **ñolón**.

ñoma.
> **I. 1.** f. *Co:N.* Raspón, lesión o erosión superficial causada por un roce violento.

ñomblo, -a.
> **I. 1.** adj. *Ni. Referido a persona*, gorda, obesa. pop + cult → espon. (**ñomblón**).

ñomblón, -na.
> **I. 1.** *Ni.* ñomblo.

ñonga.
> **I. 1.** f. *CR.* Raíz vieja del cafeto. rur.
> **II. 1.** *Pa.* Semilla del **marañón**.

ñongo.
> **I. 1.** m. *Mx.* Lugar específico a donde se va a drogarse. pop.
> **II. 1.** m. pl. *Ho.* Piernas gruesas. pop + cult → espon.

ñongo, -a. (De etim. contr.).
> **I. 1.** adj/sust. *Ni, Cu, PR, Ve. Referido a persona*, insustancial, tonta. pop + cult → espon ^ desp.
> **2.** m. y f. *Ve.* Persona mimada y malcriada.
> **II. 1.** adj. *Co:N. Referido al cabello*, ensortijado o rizado de forma natural.
> **III. 1.** adj. *Ve. Referido a una situación o a un asunto*, inseguro, incierto, lleno de dificultades y obstáculos.
> **IV. 1.** adj. *Ve. Referido a persona o animal*, de mal aspecto.

ñongotarse. (Afér. de *añangotarse*).
> **I. 1.** *Ho.* **añangotarse**.

ñongoté.
> **I. 1.** m. *Ho.* Trapiche manual de pequeño tamaño. pop + cult → espon.

ñongue.
> **I. 1.** *Ve.* **ñongué**.

ñongué.
> **I. 1.** m. *Ve.* Planta herbácea anual de hasta 1 m de altura, de tallo morado, hojas ovales, lampiñas y dentadas, y flores violáceas; tiene propiedades medicinales. (Solanaceae; *Datura tatula*). (**ñongue**).

ñonguearse.
> **I. 1.** intr. prnl. *Ni.* Ladearse *algo*.
> **2.** *Ni.* Contonearse *alguien*. pop + cult → espon.
> **3.** *Ni.* Echarse *alguien* a correr. pop + cult → espon.

ñonguería.
> **I. 1.** f. *Ve.* Afectación en los gestos. pop + cult → espon.
> **2.** *Ve.* Mimos exagerados. pop + cult → espon.
> **II. 1.** f. *Ve.* Susceptibilidad de alguien. pop + cult → espon.

ñonguita.
> **I. 1.** f. *RD.* Mujer, *especialmente de poca estatura*. pop + cult → espon ^ afec.

ñoña.
> **I. 1.** f. *PR, Ve, Ec:O.* Excremento humano. vulg; pop + cult → espon.
> **II. 1.** f. *Ch.* juv. Persona o cosa sin importancia ni categoría.
> **III. 1.** f. *CR.* Raíz grande y vieja. rur.

ñoñal.
> **I. 1.** m. *PR.* Sitio cubierto de **ñoñas**, excrementos. pop + cult → espon. ♦ **ñoñero**.

ñoñar. (Afér. de *añoñar*).
> **I. 1.** tr. *PR, Ve; RD*, p.u. Consentir, mimar excesivamente *una persona* a *alguien, especialmente a un niño*. pop + cult → espon. (**ñoñear**).

ñoñear.
> **I. 1.** *Cu.* **ñoñar**.

ñoñeco.
> **I. 1.** adj. *Ni. Referido a persona*, tonta.

ñoñera.
> **I. 1.** f. *Ve.* Comportamiento de una persona mimada.

ñoñería.
> **I. 1.** f. *Ni, Ch, Ar.* Chochez. pop + cult → espon.
> **II. 1.** f. *Cu, RD, Bo, Ur.* Sandez, necedad. pop + cult → espon ^ desp.
> **III. 1.** f. *Cu, RD, PR.* Halago, mimo, carantoña. pop + cult → espon.
> **IV. 1.** f. *RD.* Cosa sin importancia, chuchería. pop + cult → espon.
> **V. 1.** f. *Ni.* Manifestación exagerada de dejadez. pop + cult → espon.

ñoñero.
> **I. 1.** *PR.* **ñoñal**.

ñoñez.
> **I. 1.** f. *ES, Cu, Ur.* Tontería, ridiculez.

ñoño, -a.
> **I. 1.** adj. *Mx. Referido a persona adulta*, con ademanes o vestimenta infantiles. pop + cult → espon.
> **II. 1.** sust/adj. *Co, Ec, Ch.* Persona estudiosa e inteligente que tiene poca vida social. pop + cult → espon ^ desp.
> **2.** *Ch.* juv. Persona tímida, que tiene problemas de comunicación.
> **III. 1.** adj. *Ch, Ar. Referido a persona*, de edad avanzada y gagá. pop + cult → espon.
> **IV. 1.** adj/sust. *Cu, RD, Ve. Referido a un niño*, mimado, consentido. pop + cult → espon.
> **2.** *RD. Referido a persona*, inclinada a mimos y carantoñas. pop + cult → espon.
> **V. 1.** adj/sust. *Ar. Referido a persona*, aburrida.
> **VI. 1.** adj. *Ho, ES, Ni, Bo. Referido a persona*, extremadamente gorda. pop + cult → espon.
> **VII. 1.** adj/sust. *Ch.* juv. *Referido a persona*, aficionada a coleccionar cómics, discos o cromos de personajes o temas de la cultura popular.
> ▶ **sacar la ~**.

ñoñoco.
> **I. 1.** m. *Pa.* Jugo de caña de azúcar fermentado.
> **2.** *Pa.* **Chicha** de maíz puesta a fermentar a la que se agregan pequeños bollos de maíz asoleados.

ñóñora.
> **I. 1.** f. *Pa.* Herida, llaga pequeña, excoriación de la epidermis. pop + cult → espon.
> **2.** *Pa.* Roncha grande. pop + cult → espon.

ñoñoroca.
> **I. 1.** f. *ES.* Pene. tabú; pop + cult → espon.

¡ñoo! (Afér. de *¡coño!*).
> **I. 1.** interj. *EU:SE, Pa, Cu.* Expresa admiración ante la buena calidad de algo. vulg.

ñope.
> **I. 1.** adj. *ES. Referido a persona*, zurda.

ñopo.
> **I. 1.** *Ve.* **yopo**.
> **2.** *Ve.* Droga embriagante preparada con las semillas o raíz pulverizada del **ñopo**.

ñopo, -a.
> **I. 1.** sust/adj. *Pa.* p.u. Persona rubia que es extranjera. pop + cult → espon.

ñoquero, -a.
> **I. 1.** sust/adj. *Ch.* Persona aficionada al consumo de **ñoco**, pegamento. drog.

ñoqui. (Del it. *gnocchi*).
> **I. 1.** m. *Py, Ar.* metáf. Pene pequeño.
> **II. 1.** m. *Ar, Ur.* Puñetazo. pop + cult → espon.
> **III. 1.** adj/sust. *Ar, Ur. Referido a un empleado público*, que cobra una remuneración sin ejercer ninguna tarea efectiva. pop + cult → espon ^ desp.
> **IV. 1.** m. *Ch:S.* Guiso hecho con harina de trigo tostada, **papa** molida, mezclada con mariscos y diversas salsas.

ñor, -ra. (Afér. de *señor, señora*).

• a. ‖ ~. fórm. *Mx, Ho, ES, Ni, RD, Ve, Pe, Bo, Ch, CR, Co*, obsol. Se usa como tratamiento para señores y señoras antepuesto al nombre de pila. rur; pop.

ñorbito.

I. 1. m. *CR*. Sandía cimarrona; se le atribuyen propiedades afrodisíacas. (Passifloraceae; *Passiflora lunata*).

ñorbo.

I. 1. *Ec, Pe.* **pochil**. ♦ **ñorbo hediondo**.

II. 1. m. pl. *Pe.* metáf. Ojos de una mujer, cuando son bonitos. pop + cult → espon.

■ a. ‖ ~ **hediondo.** *Ec, Pe.* **ñorbo**.

ñori.

I. 1. f. *Pe.* Señora. pop.

2. *Pe.* Esposa, cónyuge. pop.

ñoriposo, -a.

I. 1. adj. *Ni. Referido a persona*, que tiene una infección en los ojos, por lo que le lloran de continuo.

ñorita.

I. 1. f. *Ch.* Señorita profesora. rur.

ñorra.

I. 1. f. *ES.* Pene. tabú; pop + cult → espon.

ñorrear.

I. 1. intr. *ES.* Realizar el coito. tabú; pop + cult → espon.

ñorro.

I. 1. m. *Pa.* Hombre homosexual. vulg; desp.

ñorro, -a.

I. 1. adj/sust. *Pa. Referido a persona*, homosexual. vulg; desp.

ñorrón.

I. 1. m. *ES.* Hombre de pene grande. tabú; pop + cult → espon. ♦ **ñorrudo**.

ñorrudo.

I. 1. *ES.* **norrón**.

ñorsa.

I. 1. f. *Pe, Py.* Mujer, esposa.

ñorse. (De *señor*).

I. 1. m. *PR.* Señor.

ñorta.

I. 1. *ES.* **yorta**.

ñosa.

I. 1. adj. *Cu. Referido a un gallo de pelea*, que se utiliza para entrenar a otros que van a pelear. rur.

ñu.

• a. ‖ ~. fórm. *Bo:O.* Se usa como forma de tratamiento que se antepone al nombre de un varón. rur; pop.

□ a. ‖ **hasta el ~.**
   i. loc. adj. *PR. Referido a persona*, harta, fastidiada. pop + cult → espon ^ fest.
   ii. loc. adv. *PR.* Hasta las últimas consecuencias. pop + cult → espon ^ fest.

ñuco.

I. 1. m. *Ho, ES.* Muñón.

2. *Ho, ES.* Pedazo o trozo de algo.

ñuco, -a.

I. 1. adj. *Co. Referido a persona o cosa*, de apariencia desagradable, de mal gusto. pop ^ desp.

2. sust/adj. *Co.* Persona huraña y de modales toscos. pop ^ desp.

II. 1. adj. *Ch.* obsol. *Referido al resultado de un juego*, nulo, sin valor. pop.

III. 1. adj. *Ho. Referido a persona o animal*, que ha perdido un miembro o parte de él. pop.

2. *Ho. Referido al ganado vacuno*, que carece de cuernos. rur.

IV. 1. adj. *ES. Referido a persona*, zurda.

□ a. ‖ ~ **de.** loc. adj. *ES. Referido a persona o cosa*, muy buena, excelente o muy grande. espon ^ hiperb.

ñudo.

□ a. ‖ **al ~.** loc. adv. *Ar, Ur.* p.u. En vano, inútilmente. rur.

ñuelopa. (De *pañuelo*, por inversión silábica).

I. 1. m. *Bo:O.* Pieza de tela delgada, de forma cuadrangular, que se usa para limpiarse la nariz.

ñuflú.

I. 1. m. *Pa.* Juego de canicas.

ñuil. (Del map.).

I. 1. m. *Ch.* Planta herbácea perenne de hasta 25 cm de altura, con tallo envuelto por hojas basales y radicales, flores de color verde pequeñas, numerosas y fragantes. (Orchidaceae; *Brachystele unilateralis*).

ñulo, -a.

I. 1. adj. *ES. Referido a persona*, que vale poca cosa. pop + cult → espon ^ desp.

ñulso.

I. 1. m. *ES.* Pulso. rur.

ñulsudo, -a.

I. 1. adj. *ES. Referido a persona*, que tiene mucho pulso.

ñumi.

I. 1. m. *Pa.* **yanchama**. (**ñumí**).

ñumí.

I. 1. *Pa.* **ñumi**.

ñungo.

I. 1. m. *ES.* Excremento humano.

ñungo, -a.

I. 1. m. y f. *Ch.* Muñón.

II. 1. adj. *Ho. Referido a un producto*, de mala calidad. pop + cult → espon.

ñuña.

I. 1. f. *Pe.* **Frijol** muy pequeño y tostado.

ñuño. (Del quech. y aim. *ñuñu*, teta).

I. 1. f. *Pe.* Nodriza.

ñuñu. (Voz quech. y aim.).

I. 1. m. *Pe*, rur; *Bo:O*, pop. Seno de mujer.

ñuñuco.

I. 1. m. *ES.* Trozo o pedazo de algo.

2. *ES.* metáf. Pene. vulg; pop + cult → espon.

ñuñuma.

I. 1. f. *Pe.* **pato real**.

ñuñumaya. (Voz quechua).

I. 1. f. *Bo:C,S,O.* Arbusto ramoso de hasta 10 m de altura, con hojas verdes grisáceas, vellosas, y frutos de sabor muy amargo. (Solanaceae; *Solanum pulverulentum*).

ñuñuquero.

I. 1. m. *ES.* Cantidad de partes recortadas o trozos de algo.

ñurda.

I. 1. f. *Ho, ES, Ch.* Mano izquierda.

2. *Ho, ES, Ni.* Izquierda política.

ñurdazo.

I. 1. m. *ES, Ch.* Golpe dado con la mano o el pie izquierdos.

ñurdeli.

I. 1. *Ch.* **ñurdo**, zurdo.

2. *Ch.* **ñurdo**, torpe.

ñurderío.

I. 1. m. *ES.* Conjunto de personas zurdas. pop + cult → espon.

2. *ES.* Conjunto de personas de ideas izquierdistas. pop + cult → espon ∧ desp.

ñurdo, -a.
  I. 1. adj. *Ho, ES, Ni, Ch. Referido a persona*, zurda, que tiene tendencia natural a servirse de la mano o pierna izquierda. ♦ **ñurdeli**.
  2. *Ho, ES, Ni.* metáf. *Referido a persona*, de ideología izquierdista. pop + cult → espon ∧ desp.
  II. 1. adj. *Ch.* juv. *Referido a persona*, torpe. ♦ **ñurdeli**.

ñurido, -a.
  I. 1. adj. *Co:O. Referido a persona*, muy flaca y débil. pop ∧ desp.

ñusa.
  I. 1. f. *Ar:NO.* Alpargata. rur.
  II. 1. f. *Cu.* p.u. Bebida alcohólica. pop + cult → espon.
  III. 1. f. *Bo:S.* Nariz de una persona. ♦ **ñata**. pop.
  IV. 1. f. *Ni.* Excremento. vulg; pop + cult → espon.

ñusco.
  I. 1. m. *Pe:N.* Mineral de oro muy apreciado.

ñusco, -a.
  I. 1. adj. *ES. Referido a persona*, de edad avanzada.

ñusear.
  I. 1. intr. *Ar:NO.* Estornudar. pop + cult → espon.

ñuso, -a.
  I. 1. adj/sust. *Ar:NO. Referido a persona*, que tiene la nariz pequeña, ancha o aplastada. pop + cult → espon.

2. adj. *Ar:NO. Referido a persona*, que padece congestión nasal a causa de un resfriado. pop + cult → espon.

ñusta. (Del quech. *ñust'a*).
  I. 1. f. *Bo.* Mujer joven elegida como reina de un concurso anual de belleza, *generalmente de carácter folclórico*.

ñuta.
  I. 1. f. *Co:SO.* Sopa de maíz picado.

ñuto.
  I. 1. m. *Pe:N.* Dulce hecho con almidón de **yuca**, aguardiente, azúcar, huevos y manteca.

ñuto, -a. (Del quech. y aim. *ñutú*).
  I. 1. adj. *Ec, Pe, Bo, Ar:NO. Referido a alimento*, molido, desmenuzado. rur; pop.
  2. *Ec. Referido a la carne*, menuda y de desperdicio. pop + cult → espon.
  3. *Bo:S,O. Referido a un objeto, como una botella*, roto en pequeños pedazos. pop.

ñutul.
  I. 1. m. *ES.* Protuberancia. rur.

ñutulado, -a.
  I. 1. adj. *ES. Referido a persona o animal*, con **ñutules** o abultamientos. rur.

ñuzco.
  1. m. *Ho, Ni.* Diablo. pop + cult → espon.

o

o.

▶ **no saber ni la ~ por lo redondo.**

oa.

I. 1. m. *Ec.* Juego infantil en el que el niño lanza la pelota contra la pared, pronuncia ciertas fórmulas y hace algunos movimientos, en el tiempo en que la pelota tarda en volver a sus manos. inf.

2. *Ho, Ni.* Juego infantil en el que un niño lanza una pelota al aire y antes de que caiga dice con rapidez un texto y hace lo que le indica otro niño. inf.

II. 1. m. *Pa.* **piñuela**, planta.

oajaca.

I. 1. f. *Gu, Ho, ES, Ni.* **jagüiique**.

II. 1. m. *ES.* Cargador de maletas.

oajaquear.

I. 1. intr. *ES.* Cargar maletas.

oatíbili.

I. 1. m. *PR.* Pez marino de hasta 25 cm de longitud, con aletas radiadas y cuerpo de color rojo con puntos azules. (Labridae; *Bodianus ruber*).

Oaxaca.

▶ **cantar ~.**

obachón, -na.

I. 1. adj. *Ho. Referido a persona*, haragana.

obatel.

I. 1. m. *Mx:NO.* Arbusto o árbol de hasta 9 m de altura, de ramas extendidas, hojas lanceoladas, flores pequeñas, blanquecinas o verdosas. (Salicaceae; *Casearia nitida*). ◆ **cafetillo.**

obelisco.

I. 1. *Mx.* **gallardete**, arbusto

obero, -a.

I. 1. *Py.* **overo**, blanco con manchas de otro color.

oberol.

I. 1. *PR.* **overol**, prenda de trabajo.

obispo.

I. 1. m. *Co:SO.* Morcilla o **rellena** muy grande.

II. 1. m. *Ho.* Bollo redondo hecho de harina de trigo, yema y azúcar, que en su parte superior lleva una corona de mermelada roja de mora, que contrasta con el polvo blanco que lo rodea. fest.

□

a. ‖ **cada muerte de ~.** loc. adv. *CR.* Muy rara vez. pop + cult → espon.

b. ‖ **cuando se muere un ~.** loc. adv. *Ch.* p.u. De tarde en tarde. pop + cult → espon.

obiubí.

I. 1. m. *Ve.* Mono de hasta 27 cm de longitud, de pelaje denso de color gris a castaño en la parte superior y crema anaranjado en el pecho y parte inferior. (Aotidae; *Aotus trivigatus*). ◆ **jujuná.**

objecto. (Del ingl. *object*).

I. 1. m. *EU.* Objeto.

objetor, -ra.

■

a. ‖ **~ por conciencia.** m. y f. *PR.* Persona que por razones éticas o religiosas no participa en algo, *generalmente en una guerra*. ◆ **objetor por convicción.**

b. ‖ **~ por convicción.** *PR.* **objetor por conciencia.**

oblar.

I. 1. tr. *Ar.* Pagar un importe, *especialmente una multa, un impuesto o gastos administrativos.*

oblea.

I. 1. f. *Mx, ES, Ni, RD.* Dulce consistente en dos hojas delgadas hechas de harina, sal y agua, de forma circular y color blanco, entre las cuales se pone una porción de **cajeta**. ◆ **moreliana.**

2. *Ch, Py, Ar, Ur.* Galleta pequeña, alargada y rellena de crema u otro dulce, hecha con una masa delgada y crocante.

3. *Ch.* p.u. Píldora circular y plana o cápsula.

II. 1. f. *Ar.* Pegatina, etiqueta adhesiva.

III. 1. f. *Ho.* Lámina circular de hierro que golpea el gatillo de una escopeta al ser disparado.

obligación.

I. 1. f. *Ho.* Ceremonia indígena **lenca** en la que se agradece algo a los espíritus o divinidades con rezos, ofrendas y acompañada de sacrificios de animales.

II. 1. f. *Ni.* Trabajo, ocupación remunerada.

obligar.

I. 1. tr. *Bo:C; Ar*, obsol. *En una reunión*, invitar a beber a *alguien* la misma cantidad que el que invita y con frecuencia en el mismo vaso.

□

a. ‖ **~ a carabina.** loc. verb. *Cu, RD.* Obligar a *alguien* a realizar algo determinado, imponérselo.

obo.

I. 1. m. *Ec.* **jobo**, árbol y fruto.

obra.

■

a. ‖ **~ bruta.** *RD, Bo.* **obra gruesa.**

b. ‖ **~ de choque.** f. *Cu.* Obra social de gran envergadura.

c. ‖ **~ fina.** f. *RD, Bo, Ch.* Construcción que comprende el enyesado, cielo raso, solado y acabados finales.

d. ‖ **~ gris.** f. *Ni, CR, Co, Ec.* Edificación a la que le faltan los acabados y detalles.

e. ‖ **~ gruesa.** f. *Ec, Bo, Ch.* Construcción de cimientos, pilares, plataformas y techos de un inmueble. ◆ **obra bruta.**

f. ‖ **~ muerta.** f. *Pa.* Última etapa de una construcción que comprende acabados y detalles.

g. ‖ **~ negra.** f. *Mx, Co, Ec.* Edificación en la que solo se han terminado la estructura, las paredes y los pisos básicos.

obrada.

I. 1. f. *Ho, Ni, CR, Co:C.* Diarrea. rur.

2. *Ho.* metáf. Mala acción. pop + cult → espon ^ desp.

obradera.
    I. 1. f. *CR, Ve, Ho, Ni, Pa, RD, Co:C,* rur; *Mx,* pop. Diarrea.

obrado, -a.
    I. 1. adj. *EU, Ho, Ni, CR, Bo:E. Referido a un hecho o acto,* mal hecho. pop + cult → espon ^ desp.

obraje.
    I. 1. m. *Ar; Py.* pop. Establecimiento en el monte o en la selva, desde donde se dirige la tala de árboles y el traslado y comercialización de la madera.
    2. *Ar:NE.* Lugar de donde se extrae arcilla y en el que suelen fabricarse ladrillos. rur.
    3. *ES,* obsol. Complejo donde se extraía el añil. rur.
    4. *Ni.* Taller.

obrajero.
    I. 1. m. *Py, Ar.* Hombre que trabaja en un **obraje** forestal.
    2. *Ar:NE.* p.u. Hombre que fabrica ladrillos.

obrajero, -a.
    I. 1. adj. *Py, Ar.* Relativo al **obraje** forestal.

obrantina.
    I. 1. f. *Ve:O.* Diarrea frecuente.

obregonista. (De Álvaro *Obregón,* político mexicano, 1880-1928).
    I. 1. adj/sust. *Mx.* Partidario de Álvaro Obregón.
    2. adj. *Mx.* Relativo a este político mexicano.

obrero.
    I. 1. adj. *Ho. Referido a un burro,* semental. rur.

obsedido, -a.
    I. 1. adj. *Ve.* obsol. *Referido a persona,* que muestra obsesión por algo.

obstinación.
    I. 1. f. *CR, Cu, Ve, Pa,* p.u. Cansancio, fastidio o tedio originados generalmente por disgustos o molestias, o por aburrimiento. rur.
    2. *Ve.* Irritación o enfurecimiento.
    3. *CR.* Pérdida de la esperanza, la calma o del autocontrol.

obstinadera.
    I. 1. f. *Cu.* Cansancio, fastidio o tedio originados generalmente por disgustos o molestias, o por aburrimiento.

obstinado, -a.
    I. 1. adj. *CR, Cu, Ve, Py; Pa,* p.u; rur. *Referido a persona,* fastidiada, harta. (**ostinado**).
    2. *Ni. Referido a persona,* enfadada, furiosa.
    3. *CR. Referido a cosa, especialmente una tarea,* molesta, pesada.

obstinante.
    I. 1. adj. *Cu, Ve. Referido a cosa,* que produce exasperación.
    II. 1. adj. *Cu, Ve. Referido a cosa,* que produce aburrimiento.

obstinar(se).
    I. 1. tr. *Cu, Ve, Py.* Exasperar a *alguien.* (**ostinar**).
    2. intr. prnl. *Cu, Ve, Py.* Aburrirse, hastiarse, cansarse de alguien o algo. (**ostinarse**).
    3. tr. *CR.* Causar hastío *algo* a *alguien.*

obvio, -a.
    I. 1. adj. *Ch.* juv. *Referido a persona,* que hace siempre lo que quieren los demás.

oca. (Del quech. *oqa*).
    I. 1. f. *Ec, Pe, Bo; Ar:NO,* rur. Planta anual, de tallo herbáceo, erguido y ramoso, hojas compuestas de tres hojuelas ovales, flores pedunculadas, amarillas, con estrías rojas y pétalos dentados, y raíz tuberosa. (Oxalidaceae; *Oxalis tuberosa*).
    2. *Ec, Pe, Bo; Ar:NO,* rur. Tubérculo de la oca, feculento, casi cilíndrico, de color amarillo; es comestible y de sabor dulce.

ocambo, -a.
    I. 1. sust/adj. *Cu.* Persona vieja. pop.

ocarina.
    I. 1. f. *Ho.* Silbato del árbitro de un deporte, *especialmente de futbol.*

ocarse.
    I. 1. intr. prnl. *PR.* Hacerse dobleces la soga. rur.

ocaxtle. (Voz nahua).
    I. 1. m. *Mx.* Cucharón de metal, con mango de madera, que usan los **tlachiqueros** para raspar el interior del **cajete** del **maguey.**

occipucio.
    I. 1. m. *Mx; Ar,* p.u. Ano. euf; pop.

oceanopolítica.
    I. 1. f. *Ch.* Teoría de la relación de los Estados con los océanos y mares con los que lindan. cult.

ocelosúchil. (Del nahua *ocelotl,* tigre, y *xochitl,* flor).
    I. 1. *Mx.* **jagüique.**

ocelote. (Del nahua *ocelotl,* tigre).
    I. 1. m. *Mx, Gu, Ho, Ni, CR, Pa, Ec, Pe, Bo, Ar, Ur.* Felino de hasta 1 m de longitud, con pelaje de color amarillento con rayas y lunares negros en todo el cuerpo, cola anillada y orejas negras punteadas de blanco. (Felidae; *Leopardus pardalis*). ♦ **mamigordo; manigordo; tigrillo; yaguatirica.**

ocha.
    ▶ **hacer ~s.**

ochador, -ra.
    I. 1. adj. *Bo:S; Ar:NO,* rur. *Referido a un perro,* que ladra mucho. pop + cult → espon.

ochar.
    I. 1. intr. *Bo:S; Ar:NO,* rur. Ladrar un perro. pop + cult → espon.

ochava.
    I. 1. f. *Ar.* Lugar de encuentro de dos paredes en forma de cara plana y no de ángulo.

ochavado, -a.
    I. 1. adj. *Mx, Gu, Ni, Bo. Referido a un cuerpo o volumen tridimensional,* que tiene varias caras planas.

ochavar.
    I. 1. tr. *Mx, Gu, Ni, Bo.* Recortar un ángulo a un cuerpo o volumen tridimensional, de modo que se crea una cara plana.

ochmul. (Voz maya).
    I. 1. m. *Mx:SE, Gu.* Arbusto con hojas alternas aovadas, lobuladas y pubescentes, de margen dentado, flores sin pétalos, con cinco sépalos verdes, numerosos estambres y fruto redondo cubierto de espinas terminadas en gancho; tiene aplicaciones medicinales. (Malvaceae; *Triumfetta lappula*). ♦ **cadillo; cadillo de burro; cepa de caballo; mabo; mata de negro; mozote; mozote de caballo; pega-pega; semana santa.**

ocho.
    I. 1. m. *Mx, ES.* Pan dulce en forma de rosca, estrechado por el centro, hecho de masa suave por dentro y crujiente por fuera, debido al horneado, cuya superficie está decorada con azúcar glas.
    II. 1. m. *Mx.* En charrería, lazada en forma de ocho, que se coloca en el suelo, a manera de trampa, para atrapar las patas de una bestia, levantando dicha lazada en el momento oportuno.
    III. 1. m. *Ar, Ur.* En la coreografía del tango, figura en la que la mujer mueve las caderas y las piernas formando con sus pasos un **ocho.**
    2. *Ch.* En la coreografía de la cueca, vuelta que dan los bailarines haciendo una figura similar a un ocho.
    IV. 1. m. *Ho, ES.* Ano. vulg.

V. **1.** m. *Ec.* Conjunto de noventa y seis cogollos de **toquilla**, listos para ser empleados en la confección de sombreros de jipijapa.

□

a. ‖ ~ **con yo.** loc. sust. *Ho, ES.* Persona entrometida, indiscreta.

▶ **apuntarse un** ~; **hacer un** ~; **quedarse de a** ~; **volverse un** ~.

ochoa.
I. 1. f. *Bo:E.* Madera de **ochoó**.

ochohó.
I. 1. *Bo:E.* **ochoó.**

ochol. (Del nahua *ocholli,* raja de pino o colgajo de uvas).
I. 1. m. *Ho.* Conjunto de astillas de **ocote** resinoso. (**ochón**).
2. *Ho.* Racimo de frutas.

ochón.
I. 1. *Ho:E,O,S.* **ochol,** conjunto de astillas.

ochoó.
I. 1. *Bo:C,NE,O.* **solimanché.** (**ochohó**).

¡ocio!
I. 1. interj. *CR.* Expresa orden de espantar a las aves de corral.

ociociar.
I. 1. intr. *Ec.* p.u. Pasar el tiempo voluntariamente sin ocuparse en ningún trabajo. pop + cult → espon.

ociosear.
I. 1. intr. *Pe, Bo, Ch.* Estar ocioso en el trabajo o por afición. pop + cult → espon.

ocioso, -a.
I. 1. adj. *Ho, Ni; Ec, Bo,* pop + cult → espon; *Py,* rur. *Referido a un terreno,* sin cultivar.
II. 1. adj. *ES. Referido a persona,* deshonesta.

oclayo.
I. 1. m. *Mx, Gu, Ho.* Ojo. pop + cult → espon ^ fest.

ocobo.
I. 1. m. *Co.* **primavera,** árbol.

ocollo. (Del quech. *huq'ullu*).
I. 1. m. *Pe:S, Ar:NO.* Renacuajo. rur.

oconal. (Del quech. *huq'u,* mojado).
I. 1. m. *Pe:SE.* Pantano, terreno bajo, húmedo, con vegetación.
2. adj. *Pe:SE. Referido a una superficie o terreno,* pantanoso.

ocopa. (Del quechua. *oqopa,* sazonador).
I. 1. f. *Pe, Bo.* Salsa que se prepara licuando **ají amarillo**, hojas de **huacatay, maní** tostado, cebolla, ajos fritos y otros ingredientes; se acompaña con **papas** y huevos duros.

ocopino. (Del nahua *ocotl,* ocote, y del español *pino*).
I. 1. *Mx.* **ocote,** pino americano.

ocoró.
I. 1. m. *Bo:E,N.* Árbol de hasta 6 m de altura, de corteza lisa y castaña, follaje verde oscuro, flores amarillo rosadas y fruto que consiste en una baya larga de hasta 3 cm de longitud. (Clausaceae; *Rheedia acuminata*). ♦ **guayabacoa; palo de cruz; sebucán.**
2. *Bo:E,N.* Fruto del ocoró, baya amarilla cubierta de menudas púas; su pulpa es comestible y de sabor agridulce.

ocotal.
I. 1. m. *Mx, Gu, Ho, ES, Ni.* Sitio poblado de **ocotes.**

ocotaloso, -a.
I. 1. adj. *Ho. Referido a terreno,* poblado de **ocotes.**

ocote.
I. (Del nahua *ocolt,* tea, raja o astilla de pino).
1. m. *Hx, Gu, Ho, ES, Ni.* Pino de hasta 25 m de altura de corteza rugosa y grisácea o café grisáceo, hojas

en fascículos de color verde y flores monoicas, las masculinas en espigas pendientes y las femeninas en bellota; su resina se utiliza para elaborar productos químicos y la cocción de los cogollos de hojas tiernas tiene aplicación en la medicina tradicional. (Pinaceae; *Pinus oocarpa*). ♦ **ocopino; pino ocote.**
2. *Mx, Gu, Ho, ES, Ni.* Madera del ocote, utilizada en la construcción y en la fabricación de muebles.
3. *Gu, Ho, ES, Ni.* Raja de leña resinosa del tronco de este pino, utilizada para la lumbre.
4. *Ho.* **pinabete.**
II. (Del quech. *uquti*).
1. m. *Pe:S,* pop + cult → espon; *Ar:NO,* pop. Ano. vulg.
2. *Ar:C,NO,O.* Tripa gruesa, asadura. pop + cult → espon.
3. *Ec,* p.u. Colon, parte del intestino grueso que se extiende desde el ciego hasta el recto. vulg; pop + cult → espon.
4. *Ec,* p.u. Prolapso del recto. vulg.
III. 1. m. *Mx, Gu.* Tea hecha con la madera del pino americano.
IV. 1. m. *Ar:NO.* Buena suerte. vulg; pop + cult → espon.
■

a. ‖ ~ **blanco.** m. *Hv.* Madera del tronco de pino que no es del corazón, de color blanquecino y sin resina, utilizada como leña. rur. ♦ **ocote pálido.**
b. ‖ ~ **fino.** m. *Ho.* Madera rojiza del corazón del pino, utilizada para hacer fuego o alumbrar por estar impregnada de resina. rur.
c. ‖ ~ **pálido.** *Ho:O,S.* **ocote blanco.**

▶ **apagarse el** ~; **estar con el** ~ **afuera.**

ocotear.
I. 1. tr. *Mx, Gu.* Cortar o podar **ocotes.**

ocotero, -a.
I. 1. adj. *Mx, Ho, Ni.* Relativo al **ocote,** pino.

ocotilla.
I. 1. f. *Mx.* **ocotillo,** arbusto.

ocotillo.
I. 1. m. *Mx.* Arbusto de hasta 10 m de altura, muy ramificado en la base con tallos leñosos de apariencia seca que se cubren de follaje con las lluvias, hojas ovales pequeñas y flores de color rojo brillante; su corteza produce resina. (Fouquieriaceae; *Fouquieria splendens*). (**ocotilla**).
2. *Ho.* **tempisque.**
3. *Ho.* Fruto del ocotillo o **tempisque** en baya globosa de color amarillo que se come cruda o cocida.

ocotito.
I. 1. m-f. *Mx.* metáf. Persona que enciende discordias o genera alarmas innecesarias o falsas. pop + cult → espon.

ocotoso, -a.
I. 1. adj. *Gu, Ho. Referido a madera o leña de pino,* resinosa.
2. *Gu. Referido a un árbol, especialmente al* **ocote,** que tiene mucha resina.

ocotudo, -a.
I. 1. adj/sust. *Ar:NO,* p.u. *Referido a persona,* que tiene buena suerte. vulg; pop + cult → espon.

ocotzote. (Del nahua *ocotl,* ocote, y *tzotl,* suciedad).
I. 1. *Mx.* **ocozote,** árbol.

ocoxal. (Del nahua *ocotl,* ocote, y *xalli,* arena).
I. 1. m. *Mx.* Hojarasca y maleza seca que cubre el suelo de los bosques de **ocotes.**

ocoxote. (Del nahua *ocotl,* ocote, y *tzotl,* suciedad).
I. 1. *Mx.* **liquidámbar.**

ocozoal. (Del nahua *coatl,* culebra, y *tzahualli,* agua sucia).
I. 1. m. *Mx.* Serpiente de hasta 2 m de longitud, con la parte superior oscura con manchas negruzcas, vien-

tre claro y cola con anillos óseos. (Viperidae; *Crotalus* spp.).

ocozol. (Del nahua *ocotl*, ocote, y *zotl*, suciedad).
I. 1. m. *Mx*, *Ho*. **liquidámbar.** (**ocotzote**; **ocoxote**; **ocozote**).

ocozote. (Del nahua *ocotl*, ocote, y *zotl*, suciedad).
I. 1. m. *Mx*, *Ho*. **liquidambo**, árbol. (**ocotzote**; **ocoxote**).
2. *Mx*, *Ho*. Esencia balsámica extraída de la corteza del ocozol.

ocra.
I. 1. f. *Gu*, *Ho*, *ES*. **chimbombó.** (**ocre**; **ocrey**; **ocro**).

ocre.
I. 1. *Ho*, *ES*. **ocra.**

ocreado.
I. 1. m. *Pe*, *Bo:O. En la construcción*, revestimiento del piso de un inmueble con cemento y ocre.

ocrey.
I. 1. *ES*. **ocra.**

ocro. (De la familia bantú).
I. 1. m. *Gu*, *Ho*. **algalia.**
2. *Ho*. **ocra.**

octagenario, -a.
I. 1. adj. *Mx*, *Ho*, *ES*, *Ni*, *CR*, *Co*, *Ch*, *Py*; *Cu*, p.u. *Referido a persona*, octogenaria.

octaviano.
I. 1. *Gu*, *Ho*. **octavo.**

octavilla.
I. 1. f. *Mx*. Guitarra pequeña que tiene seis cuerdas metálicas dobles.

octavitas.
I. 1. f. *PR*. Tiempo de las fiestas navideñas cuando estas se prolongan más allá del día de Reyes.

octavo.
I. 1. m. *Gu*, *Ho*, *ES*. Unidad de líquidos, octava parte de un litro de aguardiente. ♦ **octaviano.**
2. *Gu*, *Ho*, *ES*. Botella de cristal en forma de petaca que contiene un octavo de litro de aguardiente. ♦ **octaviano.**

octubre.
I. 1. m. *Ho*. Botella con un octavo de litro de aguardiente. euf; pop.

octubrino.
I. 1. adj. *Ec*; *Pa*. cult. Relativo a octubre.
II. 1. m. *Ho*. **Guaro** o aguardiente. fest.

ocuera.
I. 1. *Pe:E*. **pebetera.**

ocueral.
I. 1. m. *Pe:E*. Sitio poblado de **ocueras.**

ocuje. (De or. ind. antillano).
I. 1. m. *Cu*, *RD*. Árbol de hasta 30 m de altura, con hojas opuestas de color verde oscuro, y flores blancas, olorosas, en racimo; su madera roja, sólida y resistente se utiliza en la fabricación de muebles y en construcciones navales. (Guttiferae; *Calophyllum brasiliense*).
2. *Cu*, *RD*. Madera del ocuje.

oculta.
■
a. ‖ ~~. m. *Bo:C,O,S*. Escondite, juego infantil. inf.
□
a. ‖ **a ~s.** loc. adv. *RD*, *Ec*, *Pe*, *Bo*, *Py*. A escondidas, intentando no ser visto. ♦ **de ocultas.**
b. ‖ **de ~s.** *Bo*. **a ocultas.**

oculto.
I. 1. m. *Ar:NO*. **tucu-tuco.** rur.

ocumo.
I. 1. m. *Co*. Planta herbácea de grandes hojas en forma de corazón y largos pecíolos; sus raíces bulbosas son comestibles. (Araceae; *Xanthosoma mafaffa*). ♦ **rascadera; tártago.**
2. *Ve*. **uncucha.**
3. *Ve*. Tubérculo del ocumo, comestible tras ser cocido. ♦ **yautía.**

ocupar.
I. 1. tr. *Mx*, *Ho*, *ES*, *Ni*; *Ec*, *Bo:NE,O*, *Ch*, *Ur*, pop + cult → espon. Usar *algo*.
2. *Ho*, *Ni*, *CR*; *Mx*, pop. Necesitar *alguien o algo* una cosa o a una persona.
3. *Ch*. Llevar o vestir una prenda determinada. pop.

ocurrido, -a.
I. 1. adj. *Ec*. p.u. *Referido a persona*, ocurrente, que tiene ocurrencias.

ocurso.
I. 1. m. *Mx*, *Gu*. Petición por escrito.

ocuy.
I. 1. m. *Mx:SE*. Inflorescencia del **maguey.**

odiador, -ra.
I. 1. sust/adj. *Bo*. p.u. Persona de carácter desagradable y poco amistoso. desp.

odio.
▶ buscar el ~.

odiosidad.
I. 1. f. *Ni*, *RD*. Majadería, dicho o hecho necio.

oenegeísta. (De *ONG*, Organización No Gubernamental).
I. 1. m-f. *Ho*, *Pe*. Miembro de una organización no gubernamental. (**onegeísta**).

Ofelia.
□
a. ‖ **hasta las de ~.** loc. adv. *CR*. En estado total de ebriedad. vulg; pop + cult → espon.

ofender.
I. 1. tr. *RD*. Desvirgar a una mujer.

ofendidizo, -a.
I. 1. adj. *Py*, *Ar:NO*. *Referido a persona*, que se ofende fácilmente. pop + cult → espon.

ofensiva.
I. 1. f. *Mx*, *CR*, *Pa*, *Ec*, *Pe*, *Ch*; *Ur*, p.u. *En el **futbol** americano y otros deportes*, línea formada por los jugadores que tienen como misión principal atacar al equipo contrario.
2. *Ni*, *Pa*, *Cu*, *RD*, *PR*, *Ve*. *En el **beisbol***, función que asume el equipo al batear.

ofensivo, -a.
I. 1. adj. *Co*. *Referido a persona*, que tiende a intervenir en peleas y discusiones o a provocarlas.

ofertada.
I. 1. f. *Mx*. p.u. **ofertamiento.**

ofertamiento.
I. 1. m. *Mx*. Oferta, conjunto de bienes o mercancías que se presentan en el mercado con un precio concreto y en un momento determinado. ♦ **ofertada.**

ofertar.
I. 1. tr. *Pa*, *RD*, *Co*, *Ec*, *Py*, *Ar*. Dar voluntariamente *algo*.
II. 1. tr. *Co*. Dedicar o consagrar a Dios o a un santo obra buena que se hace o el daño que se recibe o padece.

off.
▶ estar ~.

offset. (Voz inglesa).
I. 1. m. *Ch*. Compensación por la compra de armas o unidades de guerra en forma de proyectos de desarrollo e investigación.

ofi. (Apóc. de *oficial*).
I. 1. adv. *Pa*, juv. Sí, de acuerdo. pop + cult → espon.

ofiche.
I. 1.   m. *Ar.* p.u. Oficial del ejército. pop.

oficial.
I. 1.   adv. *Pa.* Sí, de acuerdo.

¡oficial!
I. 1.   interj. *PR.* Expresa afirmación rotunda, absoluta seguridad en algo.

oficialada.
I. 1.   f. *Bo:E,N,S; Mx*, p.u. Oficialidad, conjunto de oficiales. desp.

oficialía.
■
a. ‖ ~ **de partes.** f. *Mx.* Sección de una dependencia oficial donde se recibe, clasifica, procesa y se distribuye correspondencia o documentación.

oficialismo.
I. 1.   m. *ES, Ni, CR, Pa, RD, Co, Ec, Pe, Bo, Ch, Py, Ar, Ur.* Conjunto de personas de un partido o coalición de partidos que constituyen el Gobierno de un país.
2.   *Ho, Ni, Cu, RD, Ve, Pe, Bo, Ch, Py, Ar, Ur.* Conjunto de personas o partidos de distintas tendencias o directrices que apoyan al Gobierno. cult → esm.
3.   *Co.* Conjunto de personas que siguen las directrices establecidas por un partido político.

oficialista.
I. 1.   m-f. *CR, Cu, RD, Ve, Ec, Pe, Bo, Ch, Py, Ar, Ur.* Partidario o simpatizante del **oficialismo**, conjunto de personas de un partido o coalición.
2.   adj/sust. *Ho, Ni, Cu, Pe, Bo, Ch, Py, Ar, Ur.* Referido a persona u organización, perteneciente al **oficialismo**.
3.   *Co.* Referido a persona, que sigue las directrices establecidas por un partido político.
4.   *Cu.* Referido a medio de comunicación, que apoya el **oficialismo**.

oficina.
■
a. ‖ ~ **de partes.** f. *Ch.* Departamento de una institución pública donde se reciben y gestionan documentos y solicitudes de otros departamentos.

oficio.
I. 1.   sust/adj. *Mx, CR, Ec, Bo, Ch, Ur, Pe*, p.u. Papel cuyas medidas oficiales son 35,6 cm de longitud por 21,6 cm de anchura, especial para escribir a máquina o para imprimir usado para comunicaciones y resoluciones con carácter oficial.
II. 1.   m. *Ni, CR, RD, Ve, Pa*, pop + cult → espon. Labor doméstica cualquiera, *generalmente las que tienen que ver con la cocina, la limpieza de la casa o el lavado de ropa.*
■
a. ‖ **mil ~s.** *Pe.* **siete oficios.**
b. ‖ ~ **mudo.**
   i.   m. *Ar.* Juego infantil en el que uno de los participantes debe representar un oficio por medio de gestos y movimientos y los demás han de adivinarlo.
   ii. *Ar.* Lenguaje mímico.
c. ‖ **siete ~s.** m-f. *Ec, Bo, Ur, Ar*, rur. Persona que se ocupa en diversas labores o tareas para ganarse la vida. pop + cult → espon. ♦ **mil oficios.**
▶ **hacer ~s.**

ofisboy. (Del ingl. *office*, oficina, y *boy*, muchacho).
I. 1.   m. *Ho:N.* Persona que se encarga del control de materiales de una oficina o taller.
2.   *Ni.* Mensajero de una oficina.

oflador.
I. 1.   m. *Ar:NO.* Cilindro de madera que se utiliza en la cocina para estirar la masa. ♦ **ofleador.**

oflar.
I. 1.   tr. *Ar:NO.* Estirar la masa con el **oflador** cuando se cocina. ♦ **oflear.**

ofleador.
I. 1.   *Ar:NO.* **oflador.**

oflear.
I. 1.   tr. *Ar:NO.* **oflar.**

ofrecer.
□
a. ‖ ~ **pija.** loc. verb. *ES.* Prometer una **golpiza.** pop + cult → espon.
b. ‖ ~ **pija y rincón.** loc. verb. *Ni.* Prometer solo palos. vulg.
■
a. ‖ **¡ofrézcome!** loc. interj. *RD.* Expresa sorpresa, asombro o miedo. ♦ **¡ofrézcome a la Virgen!**
b. ‖ **¡ofrézcome a la Virgen!** *RD.* **¡ofrézcome!**

ofrecido, -a.
I. 1.   adj/sust. *Gu, Ni, Bo, Py.* Referido a persona, que continuamente está a disposición de otra, *especialmente si lo hace solo por interés.*
2.   adj. *Ni.* Referido a persona, entrometida en asuntos ajenos.
II. 1.   adj/sust. *Ho, Ni, CR, Pa, Py.* Referido a una mujer, que establece fácilmente contacto sexual con otra persona.

ofri. (De *frío*).
I. 1.   m. *Ar, Ur, Ch*, juv. Frío. pop + cult → espon ^ fest.

ófrico, -a.
I. 1.   adj. *Bo:E,O, Ar:NO; Pe*, p.u; cult. Referido especialmente a un lugar o ambiente, oscuro, frío y húmedo.
2.   *Pe.* obsol. Referido a una situación, crítica. cult.

ofuscado, -a.
I. 1.   adj. *ES, Co.* Referido a persona, apurada, apremiada, enojada, molesta.

ohmiaje.
I. 1.   m. *CR, Bo.* Cantidad de ohmios que actúan en una resistencia eléctrica.

¡oidioca!
I. 1.   interj. *Ar.* Expresa emoción o asombro.

oído.
I. 1.   m. *Co.* Conducto por donde sale el humo de los hornos hacia el exterior.
2.   *Ur.* En estufas y cocinas, inyector de gas.
■
a. ‖ ~ **de latonero.** m. *Co:NE.* Poca aptitud para percibir y reproducir correctamente los sonidos, *especialmente los musicales.* pop.
b. ‖ ~ **de tarro.**
   i.   m. *Ch.* Poca aptitud o percepción para la música y para reproducir lo escuchado. pop + cult → espon.
   ii. m. *Ch.* Persona con poca aptitud o percepción para la música y para reproducir lo escuchado. pop + cult → espon.
▶ **parar el ~; poner ~s de mercader; tener el ~ cuadrado; tener de ~ tuberculoso; tener ~s de mercader; tocar de ~.**

¡oigo!
●
a. ‖ fórm. *Cu.* Se usa para responder a una llamada telefónica.

oimiento.
I. 1.   m. *Ch*, p.u. Audición, capacidad de oír. pop.

oír.
●
a. ‖ **óe.** *Pe.* **óíte.**
b. ‖ **oiga que se lo digo.** fórm. *RD.* Se usa para llamar la atención del interlocutor, y enfatizar lo que acaba de decirse.

c. ‖ **oigo.** fórm. *Cu, Ur. En una comunicación telefónica*, se usa para responder una llamada y para iniciar la conversación, o para restablecer el diálogo tras una interrupción.

d. ‖ **oíte.** fórm. *Pe.* Se usa para llamar la atención del interlocutor o de alguien. ♦ **óe; oy.**

e. ‖ **oy.** *Pe:S.* p.u. **oíte.**

□

a. ‖ ~ **cantar al gallo y no saber dónde.** loc. verb. *Ni, Bo, Ch.* Entender o conocer a medias alguna cosa.

b. ‖ ~ **las dos campanas.** loc. verb. *RD, Py, Ur.* Tomar en consideración todas las versiones u opiniones acerca de un hecho determinado, a pesar de ser opuestas o totalmente diferentes.

c. ‖ ~ **pasos de animal grande.** loc. verb. *CR.* Sospechar que se avecina un desastre. pop + cult → espon.

d. ‖ ~ **pasos en la azotea.** loc. verb. *Mx, Ni.* Sentir *alguien* cierto temor por suponer que se avecina un acontecimiento desagradable. pop + cult → espon.

¡oíste!

I. 1. interj. *Ni, Pa, Cu, PR, Co, Ch, Py.* Expresa intensificación de una orden, prohibición o amenaza anterior. pop + cult → espon.

ojadra.

I. 1. *RD.* **hojaldra,** masa de harina.

ojal.

I. 1. m. *Mx, Pe, Ch;* m. pl. *Ho.* Ojo, órgano de visión. pop ^ fest.

2. m. *ES, Ni, Ch.* metáf. Ano. pop ^ fest. ♦♦

► **echar el ~.**

ojalador.

I. 1. m. *Ec.* Sacabocados, instrumento agudo para perforar.

ojaladora.

I. 1. f. *Ho, Ni, Pe, Bo, Ur.* Máquina de coser que solo hace los ojales de las prendas de vestir.

ojalar.

I. 1. tr. *Ar.* Herir con arma blanca. rur; pop.

ojamán.

I. 1. *Mx.* **chaparro,** árbol.

ojanco.

I. 1. m. *Cu, RD, PR.* Pez marino de hasta 40 cm de longitud, de lomo castaño rojizo con franjas amarillas en los costados, la cola de un rosa intenso y ojos muy grandes; su carne es muy apreciada. (Lutjanidae; *Lutjanus ojanco*).

ojé.

I. 1. m. *Pe.* **yanchama ojé.**

2. *Bo:N.* **amate,** árbol.

ojeado, -a.

I. 1. sust/adj. *En la creencia popular,* persona que sufre una maldición o mal de ojo.

ojeador, -ra.

I. 1. m. y f. *Pe, Ar:NO; Pa,* p.u. *En la creencia popular,* persona que ejerce un influjo negativo sobre otras, *especialmente sobre los niños.* rur.

ojeadura.

I. 1. f. *Ar:NO.* Mal de ojo. rur; pop.

ojear.

I. 1. tr. *Gu, Ho, ES, RD, Co, Ec, Pe, Ch, Py; Pa,* rur, pop; *Ve,* pop; *Ur,* pop + cult → espon. *En la creencia popular,* hacer mal de ojo o echar una maldición a alguien o algo.

II. 1. tr. *Ar:NO.* Sospechar o presumir *algo.* pop + cult → espon.

ojeis.

I. 1. *Mx.* **ojete,** persona que tiene malas intenciones. euf; pop + cult → espon.

ojeo.

I. 1. m. *RD, Pe, Py, Ar. En la creencia popular,* mal de ojo. pop.

ojera.

□

a. ‖ ¡**ay, ~s!** loc. interj. *Mx.* Expresa miedo o desazón. pop + cult → espon.

ojero.

I. 1. m. *ES, Py.* Callosidad redonda en la planta de los pies o la palma de las manos.

ojete.

I. 1. adj. *Mx. Referido a cosa,* mezquina, despreciable, cicatera. vulg.

2. sust/adj. *Mx.* Persona que tiene malas intenciones y actúa de mala fe con el propósito de dañar a alguien o aprovecharse de él. vulg. ♦ **ojeis.**

3. m. *ES.* Mal amigo.

II. 1. m. *Ar, Ur.* Suerte favorable. vulg; pop + cult → espon.

□

a. ‖ **como el ~.** loc. adv/adj. *Ar, Ur.* Sumamente mal. vulg; pop + cult → espon. ♦ **para el ojete.**

b. ‖ **de ~.** loc. adv. *Ar, Ur.* Por casualidad o suerte. vulg; pop + cult → espon.

c. ‖ **para el ~.** *Ar; Ur,* p.u. **como el ojete.**

► **tener el ~ roto.**

ojetería.

I. 1. f. *Mx.* Acto despreciable que se realiza con la intención de dañar a alguien o aprovecharse de él. vulg.

ojetillo.

I. 1. m. *Ch.* Abertura circular reforzada con plástico o metal por la que se introducen cordones o cuerdas.

ojetudo, -a.

I. 1. adj/sust. *Ar, Ur. Referido a persona,* que tiene buena suerte. vulg; pop + cult → espon.

ojialegre.

I. 1. adj. *Mx. Referido a persona,* que coquetea con cualquiera continuamente. pop + cult → espon.

2. adj/sust. *Gu, Ni, Ec. Referido a persona, especialmente a un hombre,* que mira con deseo el cuerpo de una mujer.

3. *Gu. Referido a persona,* sexualmente desinhibida.

4. sust/adj. *Bo.* Hombre que mantiene relación amorosa con diversas mujeres.

ojibrotado, -a.

I. 1. m. y f. *Co.* Persona que tiene los ojos saltones. pop.

ojillo.

I. 1. m. *Mx, Py.* Orificio pequeño y circular por el que se pasan los cordones de los zapatos, o en el que se introduce el clavito de la hebilla de los cinturones.

II. 1. m. *Mx.* **Bejuco** leñoso, grande, de tallo trígono, hojas pequeñas, largas, pinnadas, con el raquis y el pecíolo alados y con cinco folíolos, flores blancas, fruto en racimo, capsular, *generalmente de color rojo oscuro,* con semillas negras; el tallo seco se utiliza como cordel. (Sapindaceae; *Paullinia pinnata*). ♦ **azucarito; pate.**

ojinegro.

I. 1. *Cu.* **sesí.**

ojite. (Del nahua *oxitl,* ungüento de trementina).

I. 1. m. *Mx.* **huje.**

2. *Ho.* **ojoche,** arbol.

ojito.

I. 1. m. *Cu.* Lavada que se le da a la ropa. ♦ **ojo.**

II. 1. m. *Ur.* Bizcocho seco de forma circular con dulce en el centro.

III. 1. m. *Pa. En el juego de canicas,* jugada en la que un participante se acerca una de ellas al ojo, sosteniéndola con el índice sobre el pulgar, la arroja con fuerza para golpear y obtener así otra de las que en el suelo forman un triángulo. rur; inf.

■

a. ‖ ~ **de picho.** *Mx.* **frijolillo.** (Fabaceae; *Rhynchosia* spp.). •

☐

a. ‖ **de ~.**

   i. loc. adv. *Bo, Ar; Ur,* p.u. *En relación con el modo de leer algo,* disimuladamente. pop + cult → espon.

   ii. *Bo, Ar.* Gratis, a expensas de los demás. pop + cult → espon.

   iii. *Ar; Ur,* p.u. Sin experiencia o conocimientos suficientes. pop + cult → espon.

   iv. *Ar; Ur,* p.u. Aproximadamente o sin precisión. pop + cult → espon.

   v. *Ar.* Sin intervenir activamente. pop + cult → espon.

b. ‖ **~s de mosquito velando sancocho.** loc. sust. *ES.* Ojos pequeños y somnolientos.

ojo.

  I. 1. m. *Ar.* Individuo detenido con otros delincuentes, sin antecedentes.

  II. 1. m. *Ho, Bo.* Yema de algunas plantas, *en especial de la caña de azúcar.*

    2. *Ho.* **alma,** parte central de cualquier grano. rur.

  III. 1. *Cu.* **ojito,** lavada.

●

a. ‖ **~, pestaña y ceja.** fórm. *Ch.* Se usa para indicar que ha de prestarse mucha atención a lo que se hace o como advertencia. pop + cult → espon.

b. ‖ **~, piojo.** *Ch.* **ojo al piojo.**

c. ‖ **~ al piojo.** fórm. *Ar, Ur.* Se usa para indicar que se preste atención a lo que se dice o se presencia.

d. ‖ **~ pelao.**

   i. fórm. *Pa, RD, PR, Ve.* Se usa para indicar que ha de prestarse mucha atención a lo que se hace. pop.

   ii. Se usa como advertencia.

e. ‖ **¡sóplame el ~!** fórm. *Ni.* Se usa para saber si el interlocutor está borracho. pop.

■

a. ‖ **~ a la vinagreta.** m. *Ec.* Ojo amoratado, *especialmente como consecuencia de un golpe.* pop ^ fest.

b. ‖ **~ choco.** m. *ES.* Velatorio en que no se ofrece nada de comer o de beber.

c. ‖ **~ de agua.**

   i. m. *ES.* Velatorio. delinc.

   ii. *ES.* Lugar donde se vela a un muerto. pop + cult → espon.

   iii. *ES.* Cantina donde se bebe aguardiente. pop + cult → espon.

   iv. *Ur. En la margen de un río o arroyo,* zona circular donde queda estacionada el agua.

d. ‖ **~ de ángel.** m. *Ho.* Faro halógeno de un automóvil.

e. ‖ **~ de bife.** m. *Ar.* Corte vacuno de forma circular que se obtiene al deshuesar un bife ancho y sacarle la tapa.

f. ‖ **~ de buey.**

   i. *Ni, CR, Co, Pe:E.* **ojo de venado.**

   ii. m. *CR, Co.* Planta trepadora que tiene zarcillos leñosos y fruto en forma de vaina, de color marrón, con grandes semillas aplanadas de color negro brillante; tiene aplicación en la medicina tradicional. (Fabaceae; *Entada phaseoloides*).

   iii. *Cu, RD, PR.* **petena.**

   iv. *Cu.* Planta enredadera de hasta más de 10 m de longitud, de tallo leñoso, flores amarillas y frutos en forma de vainas gruesas que contienen tres o cuatro semillas aplastadas de forma circular y color café bordeadas por una lista negra. (Papilonaceae; *Mucuna urens*).

g. ‖ **~ de cangrejo.**

   i. *Mx.* **frijolillo.** (Fabaceae; *Rhynchosia* spp.).

   ii. m. pl. *Gu, Ho.* Señal de burla que se hace colocándose los puños cerrados frente a los ojos y con los pulgares apareciendo entre los dedos índice y medio.

h. ‖ **~ de conejo.** m. *Ch.* Ojo enrojecido o irritado, *generalmente por el consumo de drogas.* pop + cult → espon.

i. ‖ **~ de gallo.**

   i. m. *Mx, RD; Gu, Ho, Ni, CR,* rur. Enfermedad del café provocada por el hongo *Mycena citricolor* que provoca manchas en las hojas y su caída y la pérdida de productividad.

   ii. *Mx.* Bebida fermentada hecha de **pulque,** agua y miel, hervida con pimienta, anís y **chile** ancho.

   iii. *Ur.* Mezcla de bebidas alcohólicas. pop + cult → espon.

j. ‖ **~ de gato.**

   i. m. *Ar, Ur.* Pequeña luz o material reflectante empleados por ciclistas o peatones para advertir su presencia en calles o rutas.

   ii. m-f. *Pe.* **mutishco.**

k. ‖ **~ de gorgojo.** m. *ES.* Persona de ojos claros.

l. ‖ **~ de ópalo.** m. *ES.* Ojo con catarata.

m. ‖ **~ de Pancha.**

   i. m. *Mx.* Pan de figura, en forma ovalada, hueco y dorado, en cuya parte superior presenta una especie de pupila formada con azúcar horneada.

   ii. *Mx.* Guisado con huevos cocidos, salsa de **jitomate** y rajas de **chile.**

n. ‖ **~ de peje.** *RD.* **ojo de pescado,** verruga.

ñ. ‖ **~ de pescado.**

   i. m. *Mx, Ni, Pa, Cu, RD, Co:N.* Callosidad circular y aplastada *que se forma generalmente en las manos o en los pies.* ♦ **ojo de peje.**

   ii. *Mx.* Lente gran angular de frente muy curvo, que cubre un ángulo de unos 180 grados y da una imagen circular.

   iii. *Mx.* Planta de hasta 80 cm de diámetro, de tallo ramificado, hojas opuestas, simples, de margen entero y con ambas caras algo ásperas, inflorescencia en cabezuelas solitarias y terminales, flores amarillas con pétalos lanceolados, y frutos en aquenio. (Asteraceae; *Sanvitalia procumbens*). ♦ **xkantumbul.**

   iv. *Ho, ES, Ni.* Infección de la planta del pie que forma un grano rojo que tiene en el centro una cabeza pequeña, blanca y redonda.

o. ‖ **~ de poeta.** loc. sust. *RD.* **ojo de venus.**

p. ‖ **~ de sapo.** m. *Gu.* Aguardiente elaborado clandestinamente. pop.

q. ‖ **~ de uva.** m. *Pe.* Pez de hasta 60 cm de longitud, similar al mero, ojos grandes y ovalados, escamas brillantes y dorso azulado. (Scombridae; *Hemilutjanus macrophthalmus*). ♦ **ojón.**

r. ‖ **~ de venado.**

   i. m. *Mx, Ni, Pa, Co, Ec.* Planta trepadora de hojas compuestas de tres folíolos, flores de color violeta o amarillo agrupadas en racimos, su fruto es una vaina pubescente de color marrón, la semilla, del mismo color, se emplea en medicina popular contra las hemorroides y como amuleto. (Fabaceae; *Mucuna* spp). ♦ **ojo de buey.**

   ii. *Ho, ES.* Bejuco grande y leñoso con flores de color púrpura o violeta cuyo fruto es una vaina con varias semillas negras; tiene diversas propiedades en la medicina popular. (Fabaceae; *Dioclea megacarpa, Macura arayrophilla*).

   iii. *Ho, ES.* Semilla grande de este **bejuco,** con una incisión en forma de cruz que da buena suerte.

s. ‖ ~ **de venus.** m. *Mx.* Planta herbácea de hasta 2 m de altura, de hojas opuestas, sagitadas y poco dentadas, y flores grandes, de pétalos *generalmente amarillos*, con una mancha negra en el centro; tiene uso ornamental. (Acanthaceae; *Thunbergia alata*). ♦ **ojo de poeta.**

t. ‖ ~ **de zanate.** *Mx.* **frijolillo.** (Fabaceae; *Rhynchosia* spp.).

u. ‖ ~ **en compota.** m. *Bo, Ch, Ar, Ur.* Ojo inflamado y amoratado, *generalmente por efecto de un golpe*. pop + cult → espon ^ fest. ♦ **ojo en tinta.**

v. ‖ ~ **en tinta.** *Bo, Ch, Ar.* **ojo en compota.**

w. ‖ ~ **maraca.** m. *PR.* En las peleas de gallos, gallo de ojos negros y grandes.

x. ‖ ~ **moro.** m. *Mx.* Ojo amoratado a consecuencia de un golpe.

y. ‖ ~ **negro.** m. *Ho.* Pudrición de la punta del grano del maíz. rur.

z. ‖ ~ **sin fondo.** m. *PR.* En las peleas de gallos, ojo de un gallo de pelea que ha perdido su fondo, y que, por lo tanto, le ha desaparecido el color de la pupila.

a¹. ‖ ~ **tapado.** m. *Bo.* Ojo amoratado por un golpe. pop + cult → espon.

b¹. ‖ ~ **vago.** m. *PR.* Ojo que tiene el párpado caído.

c¹. ‖ ~ **volteado.** m. *Ho.* Posición del ojo en que no se ve la pupila ni el iris.

d¹. ‖ ~s **de chivo ahorcado.** m. pl. *Ni; ES.* pop. Ojos muy grandes de alguien.

e¹. ‖ ~s **de pavo cagón.** m. pl. *RD.* Ojos muy grandes o abultados. pop + cult → espon.

f¹. ‖ ~s **de perro envenenado.** m. pl. *Ni.* Ojos grandes y saltones.

g¹. ‖ ~s **de vaca cagona.** *PR.* **ojos de perro envenenado.**

h¹. ‖ ~s **de vaca parida.** *Ni.* **ojos de perro envenenado.**

i¹. ‖ ~s **fritos.** *Cu.* **ojos marchitos.**

j¹. ‖ ~s **marchitos.** m. pl. *Cu.* Ojos empequeñecidos y párpados hinchados, *generalmente a causa de fiebre, cansancio o sueño*. ♦ **ojos fritos.**

☐

a. ‖ a ~ **cerrado.** loc. adv. *Ni, CR, RD, Co, Ec, Pe, Bo, Py, Ur.* Sin dudarlo, con toda seguridad.

b. ‖ ¡adiós ~s **que te vieron, paloma turca!** loc. interj. *Ve.* Expresa añoranza por algo que se ha ido y no volverá.

c. ‖ al ~. loc. adv. *Ni, CR, Pa, RD, PR, Co, Ec, Pe, Bo, Ch, Py.* Aproximadamente, a bulto. ♦ **al ojo por ciento.**

d. ‖ al ~ **por ciento.** loc. adv. *PR.* **al ojo.**

e. ‖ aquí mis ~s. loc. sust. *Mx.* Apelativo para referirse a alguien presente cuyo nombre no se quiere pronunciar. pop.

f. ‖ ¡cómo te quedó el ~? loc. interj. *Ni, RD, Ve, Py; Pa, Co, Ch,* pop + cult → espon ^ fest; *Pe,* espon. Expresa sorpresa o admiración.

g. ‖ con el ~ **cuadrado.** loc. adv. *Mx, Ni, Py.* Muy sorprendido. pop + cult → espon.

h. ‖ con el ~ **pelón.** loc. adv. *Mx.* Sin dormir, con insomnio.

i. ‖ con ~s **de ver.** loc. adv. *Pe.* Viendo de manera clara lo que la mayoría no ve. pop + cult → espon.

j. ‖ con un ~ **al gato y otro al garabato.** loc. adv. *Mx.* Con la atención puesta a dos cosas al mismo tiempo.

k. ‖ de ~. loc. adv. *Ar.* Gratuitamente.

l. ‖ hasta el ~. loc. adj. *Ve.* Referido a algo, muy lleno, repleto. pop + cult → espon.

m. ‖ ¡ni qué ~ **de hacha!** loc. interj. *Mx.* Expresa negación vehemente de lo que alguien dice. pop + cult → espon.

n. ‖ ~ **al charque.** *Bo:C,O,S.* **ojo al charqui.**

ñ. ‖ ~ **al charqui.** loc. adv. *Ch, Ar:NO.* Observando atentamente, en actitud vigilante. pop + cult → espon.

o. ‖ ¡~ **al Cristo!** loc. interj. *Gu, CR, Pa; Ur,* p.u. Expresa advertencia.

p. ‖ ¡~ **al pillo!** loc. interj. *PR.* Expresa advertencia.

q. ‖ ~ **alegre.**
i. loc. adj/sust. *Mx.* *Referido a persona*, que coquetea con cualquiera continuamente.
ii. *Gu.* *Referido a persona, especialmente un hombre*, que mira con deseo el cuerpo de una mujer.
iii. loc. sust/adj. *Gu.* Persona sexualmente desinhibida.
iv. *Bo.* Hombre que mantiene una relación amorosa con diferentes mujeres. pop.
v. *Bo.* Persona aficionada a observar a otras del sexo opuesto. pop.

r. ‖ ~ **de águila.**
i. loc. adj. *Mx.* *Referido a persona*, alerta y atenta a cualquier contingencia o riesgo. pop + cult → espon. ♦ **vista de chícharo.**
ii. loc. sust. *PR, Ec, Pe, Ch; Ur,* p.u. Vista que alcanza y abarca mucho. pop + cult → espon.
iii. *Ch.* Perspicacia, capacidad para desentrañar y anticipar las cosas. pop + cult → espon.

s. ‖ ~ **de chícharo.** *Mx.* **ojo de águila.**

t. ‖ ~ **de coco.** loc. sust. *ES.* Ano. vulg.

u. ‖ ~ **de pato.** loc. sust. *ES.* Espía, delator, detective. pop.

v. ‖ ~ **de pollo.**
i. loc. sust. *Ch.* Nalgas de una persona. euf; pop.
ii. Ano de una persona. euf; pop.

w. ‖ ~ **de queque.** loc. sust. *ES.* Ano. rur; vulg.

x. ‖ ~ **de zope.** loc. sust. *Gu.* Ano. vulg.

y. ‖ ~ **del pie.** loc. sust. *Ho, ES, Ni.* metáf. Tobillo.

z. ‖ ~ **mágico.** loc. sust. *Mx, Pa, Cu, Pe, Bo:O.* Dispositivo transparente y pequeño que permite ver a través de una puerta.

a¹. ‖ ~ **pache.** loc. sust. *Gu.* Guiño del ojo. pop.

b¹. ‖ ~s **de gato.** loc. sust. *Pa, Ec, Bo.* Elevaciones redondas de asfalto o cemento que se ponen en una carretera, calle o avenida para obligar a reducir la velocidad de los vehículos.

c¹. ‖ ~s **de guapurú.** loc. sust/adj. *Bo.* Persona, *generalmente mujer*, que tiene ojos negros y brillantes.

d¹. ‖ ~s **de pistola.** loc. sust. *Mx.* Mirada amenazadora o intimidante. pop + cult → espon.

e¹. ‖ ¡sóplame este ~! loc. interj. *Ch.* Expresa incredulidad o ironía ante lo dicho por el interlocutor. pop.

◪

a. ‖ ~s **que te vieron ir.** fr. prov. *Cu, PR.* Indica adiós para siempre, que alguien o algo se ha marchado o perdido para siempre. rur.

▶ agarrar de ~ de gallo; agarrar de ~ de piche; aguársele el ~; alimentar el ~; apagar el ~; bailar los ~s; caer como pedrada en ~ tuerto; cortar los ~s; dejar con los ~s cuadrados; dejar los ~s azules; hacer ojitos; hacer ~; hacerse el ~ pacho; hacerse ~ de hormiga; hacerse ~ de Pancha; irse por ~; lamber el ~; llenarse primero los ~s que la barriga; llorar ante los ~s de Dios; matar los ~s; meter el ~; mirar con ~ de gallina que acaba de poner un huevo ; mirar con ~s de gallina que acaba de poner un huevo; mirar con ~s llenos de puñales y turuncas; morderse un ~; pelar el ~; pelar los ~s; picar el ~; ponerle un ~ en compota; ponerse los ~s como dos arepas; ponerse los ~s como dos paraparas; revirar los ~s; soplar el ~; taparle el ~ al macho; tener el ~ largo; tener el ~ más grande que la barriga; tener ~ de cacalote; tener ~ de gargajo; tener ~ de piche; tener ~s de gato; tener un ~ fumando y otro esperando el cabo; tenerle el ~ puesto; tirar el ~; tirar ~; tomar de ~ de gallo; tomar de ~ de piche; torcer los ~; traer entre ~s; tragarse con los ~s; verle el ~ a la papa; virar los ~s; volar ~; voltear los ~s; volverse ~ de hormiga.

¡ojó!
> I. 1. interj. *Ec:S.* Expresa disgusto o desacuerdo. rur; pop.

ojobuey.
> I. 1. m. *PR.* **pancha.**
> 2. *PR.* **jurel ojón.**

ojoche. (Del nahua *oxitl,* ungüento de trementina).
> I. 1. *Mx.* **huje.**
> 2. m. *Ho, ES, Ni, CR.* Árbol de hasta 30 m de altura, de corteza lisa, de coloración gris tenue, flores de color blanco grisáceo; las semillas del fruto, una vez hervidas, son comestibles, su madera se utiliza en la construcción y en ebanistería. (Moraceae; *Brosimum costaricanum*). **(ojuche).** ♦ **berbá; juche; jujushte; ojite; ojuste.**
> II. 1. m. pl. *Ni.* Ojos de persona.

ojolote. (Del nahua *atl,* agua, y *xolotl,* juguete).
> I. 1. m. *Mx.* Hilo o cordel elaborado con fibra vegetal.

ojón.
> I. 1. *Pe.* **ojo de uva,** pez.
> 2. m. *PR.* Pez marino de hasta 30 cm de longitud, con bandas alternas de color amarillo y azul, reflejos plateados en el cuerpo y dos bandas negras, las aletas de color amarillo; su carne es apreciada. (Haemulidae; *Anisotremus virginicus*).
> II. 1. m. *Ho, Ni.* Palmera de hasta 30 m de altura, de hojas grandes y frutos en racimo en cuyo interior se aloja una almendra, denominada endocarpo, que es la que protege el embrión. (Arecaceae; *Elaeis olifera*).
> 2. *Ho, Ni.* Aceite que se extrae del fruto del ojón.
> III. 1. m. *Cu.* **Juan chiví.** (Vireonidae; *Vireo gundlachii*).
> □
> a. ‖ **¡ay, ~!** loc. interj. *Mx.* Expresa asombro o sorpresa. pop + cult → espon.

ojón, -na.
> I. 1. adj. *Mx, ES, CR, Co, Ec, Pe.* Referido a persona, de ojos grandes. pop.
> 2. *Mx, CR, Pa, PR, Ve, Py, Ar.* Referido a persona o a animal, de ojos saltones o prominentes. pop + cult → espon.

ojoroso, -a.
> I. 1. adj. *Ar:NO.* Referido a persona, de ojos grandes y hermosos. rur; pop.

ojoso.
> I. 1. m. *Bo.* Árbol de hasta 25 m de altura, de hojas simples y frutos en forma de drupa. (Ulmaceae; *Celtis schippii*). ♦ **ojoso blanco; palo chonta.**
> ■
> a. ‖ **~ blanco.** *Bo:NE.* **ojoso.**
> b. ‖ **~ colorado.** m. *Bo:E.* Árbol de hasta 40 m de altura, de hojas simples, paripinnadas, flores unisexuales y drupas como frutos. (Moraceae; *Pseudolmedia laevis*). ♦ **palo pichi.**

ojoso, -a.
> I. 1. adj. *Bo, Ar:NO.* Referido a persona, de ojos grandes. pop + cult → espon.
> II. 1. adj. *Pe, Bo.* Referido a una **papa,** que tiene abundantes hoyos por donde brotan las raíces.

ojota. (Del quech. *usuta*).
> I. 1. f. *Co, Ec, Pe, Bo, Ch, Py, Ar, Ur.* Calzado tosco a manera de sandalia, hecho de cuero o de filamento vegetal, que usaban los indios del Perú y de Chile, y que todavía usan los campesinos e indígenas de algunas

regiones de América del Sur. **(osota).** ♦ **llanque; ushuta; usuta.**
> 2. *Pe, Bo, Ch.* Sandalia rústica *hecha habitualmente de neumáticos usados.*
> 3. *Ar, Ur.* Sandalia de goma, *usada ocasionalmente en la playa, baños o piscinas.*
> ▶ **mostrar la ~; parar la ~.**

ojotero, -a.
> I. 1. m. y f. *Bo:C,S.* Persona que hace y vende **ojotas.** pop.

ojotes.
> I. 1. m. pl. *CR.* Referido a persona, que tiene los ojos grandes o saltones.

ojotudo, -a.
> I. 1. adj. *Ar:NO.* Referido a persona, que calza **ojotas,** calzado a manera de sandalia. pop + cult → espon ^ desp.

ojovivo.
> I. 1. m. *Pe:S,* p.u. Hombre enamoradizo de edad madura.

ojú, -júa.
> I. 1. adj/sust. *Cu.* Referido a persona, *generalmente un niño,* que mira con codicia o reclama lo que tienen los demás.

ojuche.
> I. 1. *Ho.* **ojoche,** árbol.

ojudo, -a.
> I. 1. adj. *Mx, Ho, ES, Ni, CR, Pe, Ch, Ar:NO.* Referido a persona o a animal, de ojos grandes, saltones o prominentes. pop + cult → espon.
> 2. *Ho.* Referido a persona, que utiliza gafas.

ojushtal.
> I. 1. *ES.* **ojustal.**

ojushte.
> I. 1. *ES.* **ojuste.**

ojustal.
> I. 1. m. *Ho.* Terreno poblado de **ojustes.** **(ojushtal).**

ojuste. (Del nahua *oxitl,* ungüento de trementina).
> I. 1. *Ho.* **ojoche,** árbol. **(ojushte).**

oká. (Del ingl. *okay,* y este de *ok*).
> I. 1. adv. *Ni, Pa, Cu, PR; CR, Ur,* p.u. Bien, de acuerdo. pop + cult → espon. ♦ **okidoki.**

okidoki. (Del ingl. *okay okay*).
> I. 1. *EU, Ni, Pa, PR, Bo; Ec,* juv; *Ch,* p.u; espon. **oká.** pop + cult → espon ^ fest.

ola.
> ■
> a. ‖ **nueva ~.** f. *Pe.* Movimiento musical hispanoamericano de los años sesenta y setenta del siglo xx.
> b. ‖ **~ verde.** f. *Co.* obsol. Adecuación de las señales de tránsito que permite, al encenderse sucesivamente con luz verde y al marchar los vehículos a una velocidad establecida, que estos avancen sin parar en largos trechos de calles y avenidas de las ciudades.
> ◪
> a. ‖ **lo que botó la ~.** fr. prov. *Ch.* Indica que algo o alguien no merece ni debe ser tenido en cuenta. pop + cult → espon.
> ▶ **hacer ~s.**

olada.
> I. 1. f. *Ni, Bo, Py.* Abundancia. pop.

olaga.
> I. 1. f. *PR.* Arbusto perenne, de hoja simple, suave por el haz y espinosa por el envés, y flores solitarias. (Malpighiaceae; *Malphigia fucata*).
> 2. *PR.* Cactus de hasta 50 cm de longitud, con hojas carnosas armadas de espinos, flores de color amarillo y fruto en drupa de color rojo. (Cactaceae; *Opuntia repens*).

olán.
- **I. 1.** *Mx.* **holán**, volante de adorno.
- **2.** m. *Ec.* Holanda, tejido de algodón o lino.
- **3.** *Ho, Ni.* Material utilizado para hacer **papalotes** o cometas. inf.

olcacatzin. (Del nahua).
- **I. 1.** *Mx:E.* **cocolmeca**.

olcahuite. (Del nahua, *olli*, goma o látex, y *cahuitl*, árbol).
- **I. 1.** m. *Mx.* **hule**.

old.
■
- **a.** ‖ ~ **fashion.** (Voz inglesa). *EU, Ni, PR, Ch; Ur*, p.u. *Referido a cosa, especialmente a ropa*, anticuada, vieja. ♦ **old fashioned.**
- **b.** ‖ ~ **fashioned.** (Voz inglesa).
  - **i.** adj. *EU, PR; Ur*, p.u. ♦ **old fashioned.**
  - **ii.** m. *EU.* Cóctel que se compone de la mezcla de whisky, angostura, azúcar, cascarilla de limón y agua o soda.

oleada.
- **I. 1.** f. *ES.* Ronda de la policía. polic.

oleado, -a.
□
- **a.** ‖ ~ **y sacramentado.** loc. adj. *Ch; Pe, Bo*, pop + cult → espon. *Referido a un tema o asunto*, resuelto y cerrado de manera definitiva.

óleo.
- **I. 1.** m. *Ar.* Juego que consiste en tirar al aire o al suelo algunos objetos ante un grupo de personas para que los haga suyos el primero que los atrape.

oleoeléctrico, -a.
- **I. 1.** adj/sust. *Ch. Referido a un aparato o a un sistema de calefacción*, que funciona con un aceite especial calentado por electricidad.

oler.
●
- **a.** ‖ **ni tanto huele la flor.** fórm. *RD.* Se usa para disminuir las cualidades positivas de algo o alguien, o indicar que están exageradas. pop.
■
- **a.** ‖ **huele a muerto.** m. *Ho.* Periodista que cubre las noticias de la morgue. fest.
□
- **a.** ‖ **ni ~ ni heder.** loc. verb. *Gu, Ni, RD, Ve; Co*, pop. Resultar *algo o alguien* indiferente a una persona.
- **b.** ‖ ~ **a bacalao.** loc. verb. *Ve.* Oler mal.
- **c.** ‖ ~ **a cebolla.** loc. verb. *PR.* Oler a sudor.
- **d.** ‖ ~ **a chivo.** loc. verb. *Mx, Pa.* Oler mal, *generalmente a sudor.* pop + cult → espon.
- **e.** ‖ ~ **a chivo correteado.** loc. verb. *Mx.* Oler mal, *generalmente a sudor.* pop + cult → espon.
- **f.** ‖ ~ **a ciprés.** loc. verb. *Gu, Ho, ES.* Estar *alguien* próximo a morirse. fest.
- **g.** ‖ ~ **a cojón de oso.** *Cu.* oler a bacalao. pop.
- **h.** ‖ ~ **a corwarita.** loc. verb. *Bo.* Despedir *algo* olor a humedad.
- **i.** ‖ ~ **a feo.** *Co, Ur.* oler a león.
- **j.** ‖ ~ **a león.** loc. verb. *Mx.* Despedir mal olor. pop.
- **k.** ‖ ~ **a maluco.** *Co.* oler a león.
- **l.** ‖ ~ **a marañón.** *Ni.* oler a níspero.
- **m.** ‖ ~ **a mico.** *Co.* oler a león.
- **n.** ‖ ~ **a misa cantada.** loc. verb. *Ho.* Despedir una persona olor a alguna bebida alcohólica. pop + cult → espon ^ fest.
- **ñ.** ‖ ~ **a monte.** loc. verb. *Ho.* Conservar *una persona* las costumbres y comportamientos propios del campo, a pesar de vivir en la ciudad.
- **o.** ‖ ~ **a níspero.**
  - **i.** loc. verb. *ES, RD.* Estar borracho.
  - **ii.** *Ni.* Despedir un borracho olor a aguardiente. ♦ **oler a marañón.**
- **p.** ‖ ~ **a perro remojado.** loc. verb. *Ni.* Despedir olor a aguardiente.
- **q.** ‖ ~ **a puta.** loc. verb. *Ni, PR.* Usar *alguien, especialmente una mujer*, un perfume muy intenso. vulg; pop + cult → espon.
- **r.** ‖ ~ **a zaíno.** *Ni, Pa.* oler a león.
- **s.** ‖ ~ **el hule.** loc. verb. *Gu.* Tener *alguien* mal aliento.
- **t.** ‖ ~ **el tocino.** loc. verb. *Gu, Pa.* Sospechar *algo* oculto *y generalmente dañino.* pop + cult → espon.
- **u.** ‖ ~ **las enaguas.** loc. verb. *PR.* Andar un hombre tras una mujer. rur.
- **v.** ‖ ~ **los hules.** loc. verb. *Gu.* Despedir mal olor los pies de alguien.
- **w.** ‖ **olérselas.** loc. verb. *Mx, PR, Co, Bo.* Sospechar *algo* oculto *y generalmente dañino.* pop + cult → espon.

olería.
- **I. 1.** f. *Ar:NE; Py*, pop; *Ur*, p.u. Lugar de donde se extrae arcilla y en el que suelen fabricarse ladrillos.

olero, -a.
- **I. 1.** m. y f. *Ar:NE; Py*, pop; *Ur*, p.u. Persona que fabrica ladrillos, *especialmente de manera artesanal.*

oletear.
- **I. 1.** tr. *Pe.* Curiosear, *algo.* pop + cult → espon.

oletón, -na.
- **I. 1.** adj/sust. *Pe. Referido a persona*, aficionada a curiosear. pop + cult → espon.

olfa.
- **I. 1.** sust/adj. *Ar.* Persona aduladora, *generalmente por conveniencia.* pop + cult → espon ^ desp. ♦ **olfachón.**

olfachón, -na.
- **I. 1.** sust/adj. *Ar.* **olfa.**
- **II. 1.** sust/adj. *Ar.* Alumno muy estudioso y aplicado. pop + cult → espon.

olfateada.
- **I. 1.** f. *Mx, Ho, Ni, CR, PR, Bo, Ur; Pe*, pop + cult → espon. Olfateo.

olfatímetro.
- **I. 1.** m. *Ch.* Olfato, sagacidad, perspicacia. pop + cult → espon ^ fest.

olfatosas.
- **I. 1.** f. pl. *ES.* Narices.

olfear.
- **I. 1.** intr. *Ar:NO.* Adular por conveniencia. pop + cult → espon.
- **2.** tr. *Ar:NO.* Adular *a alguien* por conveniencia. pop + cult → espon.

olida.
- **I. 1.** f. *Mx, Ho, ES, Ni, CR; Ch*, pop + cult → espon. Olisqueo.

olimpiadas.
- **I. 1.** f. pl. *Ho, ES; CR*, p.u. Exámenes de recuperación de una o varias asignaturas que ha suspendido un alumno en un curso. est.
- **II. 1.** f. pl. *ES.* Cortes del café.

olímpico.
- **I. 1.** m. *Ur.* Emparedado de tres capas de pan de molde sin corteza relleno de jamón, queso, huevo duro, lechuga, tomate y mayonesa.

olinalá. (De *Olinala*, municipio del Estado de Guerrero).
- **I. 1.** f. *Mx.* Pintura elaborada artesanalmente para pintar **jícaras**, cajas y **platones.**

olingo.
- **I. 1.** *Gu, Ho, Ec.* **mono aullador.** (Atelidae; *Alovuatta palliata*).

oliscado, -a.
- **I. 1.** adj. *Pe, Bo; Ar:NO*, rur. *Referido a la carne*, que ha empezado a descomponerse y a oler mal. pop + cult → espon. (**olisqueado**).

oliscarse.
I. 1.　intr. prnl. *Pe, Bo.* Despedir mal olor un alimento. pop + cult → espon.

oliscón, -na.
I. 1.　adj/sust. *Pe,* p.u. *Referido a persona,* aficionada a curiosear. pop ^ desp.

oliscoso, -a.
I. 1.　adj. *Ni, Cu, Ec; Pe,* p.u. *Referido a un alimento,* que huele mal por estar descompuesto.

olisqueado, -a.
I. 1.　*Bo, Ar:NO.* **oliscado.** rur.

olitas.
▶ **hacer ~.**

olivar(se).
I. 1.　intr. prnl. *Ve, Ar.* Huir, escaparse. pop + cult → espon.
　2.　tr. *Ar.* Despedir o expulsar a *alguien.* pop + cult → espon.

olivo.
I. 1.　*Co.* **naranjillo.** (Capparidaceae; *Capparis odoratissima*).
　2.　*RD.* **cenizo,** árbol.
　3.　*PR.* **cetí.**
　4.　*Pa.* **yos.**
■
　a. ‖ **~ frijol.** *RD.* frijol de monte.
□
　a. ‖ **verde ~.** loc. sust/adj. *Bo.* Cuerpo de policía.
▶ **dar el ~; tomarse los ~s.**

olla.
I. 1.　f. *Co.* Lugar situado en sitios peligrosos en el que se expenden *generalmente drogas de mala calidad como basuco.* drog.
II. 1.　f. *Pe, Bo.* obsol. Agujero o redondel hecho en el suelo o en la tierra para jugar al trompo.
III. 1.　f. *Gu.* Aguardiente que se prepara en una olla de barro.
IV. 1.　f. *PR.* Chapa que usan los drogadictos para preparar la droga. drog.
■
　a. ‖ **~ arrocera.** f. *Ni, CR, Pa, Cu, PR, Co, Ec, Pe, Bo, Ch.* Olla eléctrica para cocer arroz.
　b. ‖ **~ común.** f. *Pe, Bo:O, Ch, Py.* Comida que se prepara con el aporte de varias personas, para indigentes o víctimas de algún desastre natural.
　c. ‖ **~ de carne.** f. *CR.* Comida preparada a base de carne de **res** vacuna cocida en agua junto con verduras.
　d. ‖ **~ de mono.** f. *Co.* Árbol de hasta 25 m de altura, con la corteza de color gris negruzco, inflorescencia en racimos largos de flores amarillas, fruto leñoso, pardusco, de pulpa amarillenta, y comestible; de las semillas se extrae un aceite. (Lecythidaceae; *Lecythis minor*).
　e. ‖ **~ de presión.** f. *Ni, CR, Pa, Cu, RD, PR, Ve, Ec, Pe, Bo, Ch, Py.* Recipiente de metal, con cierre hermético para que el vapor producido en el interior, regulado por una válvula, cueza los alimentos con gran rapidez.
　f. ‖ **~ del pobre.** f. *Bo, Ar.* Comida que se prepara para indigentes o víctimas de algún desastre natural.
　g. ‖ **~ frijolera.** f. *Ho.* Olla de barro, no muy grande, redondeada con tapadera para cocer **frijoles.**
　h. ‖ **~ mágica.** f. *CR.* Olla de presión.
　i. ‖ **~ popular.** f. *Ar.* Comida colectiva destinada a cubrir las necesidades alimentarias mínimas de grupos sociales con grandes carencias económicas.
□
　a. ‖ **con las ~s boca abajo.** loc. adv. *Ni, Pa, Ve.* Sin nada.

b. ‖ **en la ~.**
　i.　loc. adj. *RD, Co. Referido a persona,* escasa de dinero. pop. ◆ **en rines.**
　ii.　*Co. Referido a persona,* deprimida, sin ánimos para realizar cualquier actividad. pop.
c. ‖ **~ de tamales.** loc. sust. *Gu.* Persona murmuradora.
▶ **cagarse en la ~ de leche; destaparse la ~; estar en ~; montar la ~; parar la ~; quedar la ~ embarrada; raspar la ~; roncar como ~ de tamales; saber lo que está en la ~; salir de la ~.**

ollada.
I. 1.　f. *Gu, Ho, ES, Ni, CR, Co, Bo, Ch, Py, Ar.* Cantidad de comida que cabe en una olla. pop.
II. 1.　f. *Gu.* Guiso que se prepara con carne de **res** y verduras y especias.

ollazo.
I. 1.　m. *Pe, Bo, Ar, Ur; Ch,* pop + cult → espon. *En el* **futbol,** balón dirigido a la zona de meta. pop.
▶ **jugar al ~.**

ollera.
I. 1.　f. *Ho:C,O, ES, Ni.* Mujer que se dedica a elaborar o vender ollas.

ollero.
I. 1.　*Ec.* **hornero,** pájaro.

olleta.
I. 1.　f. *Co.* Vasija utilizada para hacer chocolate.
　2.　*Ch.* Olla de tres o cuatro patas con asa hecha de diversos materiales. rur.
II. 1.　f. *Ar:S.* Manantial termal cuya boca de salida tiene forma de olla.
III. 1.　f. *Ve.* Plato preparado en agua de maíz pilado, con carne de gallo, de **res** o rabos de cerdo, vino, alinos diversos y un poco de **papelón.**
□
　a. ‖ **en la ~.**
　i.　loc. adv. *Co.* Sin dinero. pop.
　ii.　loc. adj. *Co. Referido a persona,* que no tiene ánimos, deprimida para realizar cualquier actividad. pop.

olletón.
I. 1.　m. *Ec.* Petardo, artificio de pólvora.

ollita.
I. 1.　f. *Pa;* m. *Pa.* **coquito,** árbol de climas húmedos.
　2.　*Pa; Pa.* Fruto de la ollita, usado en artesanía.
II. 1.　f. *Ho, Ni.* Pequeña oquedad del hombre y otros mamíferos en el final de la garganta y el principio del esternón.
●
　a. ‖ **~s para la baba.** fórm. *Mx.* Se usa para llamar la atención de alguien que, por sorpresa o admiración, se encuentra en un estado de perplejidad total. pop + cult → espon.

olloco.
I. 1.　*Co:SO, Ec.* **ulluco,** planta y fruto.

ollón.
I. 1.　m. *PR, Ch.* Olla de grandes dimensiones.

olluco.
I. 1.　*Ec, Pe.* **ulluco,** planta y fruto.

ololiuque.
I. 1.　*Mx.* **ololiuqui.**

ololiuqui. (Del nahua *ololiuhqui,* el que cubre, rodea o envuelve).
I. 1.　*Mx.* **ixtabentún.** (**ololiuque**).

olomina.
I. 1.　m. *Gu, Ho, ES, Ni, CR.* **pepesca,** pez vivíparo. (**alomina; alumina; jolomina; ulumina**). ◆ **bubucha.**

olominero, -a.
I. 1.　m. y f. *ES.* Persona que pesca o vende **olominas.**

olor. ■

   a. ‖ **~ a bosque.** m. *Ch.* Olor a excremento que desprende una persona. pop + cult → espon ∧ fest. ♦ **olor a remedio.**

   b. ‖ **~ a chico.** m. *Gu.* Aliento del que ha bebido aguardiente.

   c. ‖ **~ a morgue.** m. *Ch.* Mal olor que hay en el ambiente. pop + cult → espon.

   d. ‖ **~ a remedio.** *Ch.* **olor a bosque.**

   e. ‖ **~ a rodilla.** m. *Ch.* Mal olor que desprende una persona. pop + cult → espon ∧ fest.

   □

   a. ‖ **~ que voltea.** loc. sust. *Ch, Ar, Ur.* Olor muy fuerte y desagradable. pop + cult → espon.

   ► **confundir la peste con el mal ~; tener ~ a gorra de policía.**

olorosar.

   I. 1. tr. *Ch.* Aspirar por la nariz para percibir o identificar el olor de algo o de alguien. pop.

oloroso.

   I. 1. *Co.* **xchite.**

olotal.

   I. 1. m. *Mx, Ho.* Conjunto de **olotes.**

olotazo.

   I. 1. m. *Ho.* Golpe dado con un **olote.**

olote. (Del nahua *ololtic,* cosa redonda).

   I. 1. m. *Mx, Gu, Ho, ES, Ni, CR.* Corazón de la mazorca, una vez desgranada. ♦ **bacal; chala; chilote.**

   ► **ser el ~; venir hasta el ~.**

oloteado.

   I. 1. m. *Ho.* Desprendimiento con la mano o frotando con un **olote** de los granos de maíz que han quedado después de haber sido aporreada la mazorca. rur.

   II. 1. m. *Ho.* Proceso de uniformar y adelgazar el interior y el exterior de una vasija de barro con un **olote** antes de cocerse. rur.

olotear.

   I. 1. tr. *Ho.* Desprender con la mano los granos de maíz que han quedado después de haber sido aporreada la mazorca. rur.

   II. 1. tr. *Ho.* Hacer incisiones a una vasija de barro con un **olote** antes de cocerse.

olotera.

   I. 1. f. *Mx.* Rueca rústica elaborada con **olotes** para desgranar las mazorcas de maíz. rur.

   2. *ES, Ni.* Gran cantidad de **olotes.**

   3. *Ho.* Mazo o ristra de **olotes** atados, que se usa para desgranar las mazorcas. rur.

olototol. (Del nahua *olotl, olote,* y *totolín,* ave).

   I. 1. m. *Mx.* Pájaro de hasta 18 cm de longitud, con las partes superiores de color azul brillante, el pecho y una franja curva de la parte superior de la espalda de color café rojizo y vientre blanco. (Muscicapidae; *Sialia mexicana*). ♦ **tempestad; ventura.**

olvidado, -a.

   I. 1. adj. *Ho; CR.* obsol. *Referido a persona,* olvidadiza.

olvidarse.

   □

   a. ‖ **~ del tango.** loc. verb. *CR, Ve; Pa,* pop + cult → espon. Echar en olvido un asunto.

¡olvidate!

   □

   a. ‖ **~.** loc. interj. *Ar.* Expresa encarecimiento de lo que se está diciendo.

¡olvídate!

   □

   a. ‖ loc. interj. *Ni, Cu, RD, Pe; Ch,* cult → espon. Expresa encarecimiento de lo que se está diciendo o convencimiento de lo que se expresa.

ombe.

   I. 1. m. *RD, Co:N.* Hombre.

   ●

   a. ‖ **¡~, qué va!** fórm. *RD; Co:N,* espon. Se usa para negar o rechazar algo. pop.

   b. ‖ **¡~ no!** fórm. *PR.* Se usa para negar o rechazar algo.

   □

   a. ‖ **¡ay, ~!** loc. interj. *Pa.* Expresa alegría de quienes escuchan o bailan música folclórica. rur; pop.

   b. ‖ **¡~!** loc. interj. *Pa, PR.* Expresa asombro o sorpresa. pop + cult → espon.

omblígate.

   I. 1. m. *Ni.* Juego de chicos en el que uno dobla su cabeza y espalda, apoyando sus manos en las rodillas, y los otros saltan sobre él impulsándose con las manos en la espalda de este.

ombligo.

   □

   a. ‖ **con el ~ parado.** loc. adj/adv. *Ni; Co:O* espon; *Ch,* pop + cult → espon ∧ fest. *Referido a persona,* saciada, ahíta de comida y bebida. pop.

   b. ‖ **el ~ de Buda.** loc. sust. *CR.* Centro de algo. pop ∧ fest.

   c. ‖ **~ afuera.** loc. adj/sust. *Ni, Pa. Referido a una prenda de vestir,* que se ajusta a las caderas y deja ver la zona umbilical.

   ► **cortar la tripa del ~; quedar el ~ parado.**

ombligudo, -a.

   I. 1. adj. *ES, Ni. Referido a persona,* de ombligo muy saliente.

ombliguera.

   I. 1. f. *Mx, Ni, Co; Bo,* p.u. Blusa o camiseta corta que termina por encima del ombligo.

   2. *Pa,* obsol. Faja de lino o algodón con la que ceñían a los recién nacidos para evitar que tuviesen ombligos sobresalientes. pop + cult → espon.

ombriguera.

   I. 1. f. *PR.* Herida muy sangrienta que recibe el gallo de pelea en la parte carnosa al final del pescuezo, donde se inicia la pechuga. rur.

omeco.

   I. 1. m. *Pe.* Mono aullador de hasta 90 cm de longitud, sin contar la cola prensil, y de coloración rojizo anaranjada o negra. (Atelidae; *Aluoatta* spp.). ♦ **cotomono.**

omequelite. (Del nahua *ome,* dos, y *quilitl,* verdura, hierba).

   I. 1. m. *Mx.* **jacinto de Indias,** planta herbácea.

omiso, -a.

   I. 1. m. y f. *Pe.* Persona que no se ha inscrito en el registro correspondiente para realizar el servicio militar.

omisúchil. (Del nahua *omitl,* hueso, y *xochitl,* flor).

   I. 1. m. *Mx.* **jacinto de Indias,** planta herbácea.

omita.

   I. 1. f. *Mx:S.* p.u. Isla de río.

omnibusero, -a.

   I. 1. m. y f. *Bo; Ur,* p.u. Persona que conduce un ómnibus.

omoto. (Del quech. *umutu*).

   I. 1. m. *Ec:N.* Persona de baja estatura. pop + cult → espon ∧ desp.

-onca.

   I. 1. suf. *Ho.* Indica gran tamaño de algo.

once.

   I. 1. f. *Ch.* **once comida.**

   2. *Ch.* Comida, que se sirve a media tarde.

   3. f. pl. *Co:C, Ch.* Refrigerio que se toma en las horas de la tarde. ♦ **el algo.**

■

a. ‖ ~ **comida.** f. *Ch.* Última comida que se realiza durante el día, no necesariamente la cena. pop + cult → espon. ◆ **once.**

□

a. ‖ **de ~ mil putas.** loc. adj. *Ho.* Referido a cosa, grande, intensa o difícil. vulg.

b. ‖ **en el ~.** loc. adv. *Ho, Ni, RD, Py.* A pie, andando. fest.

c. ‖ **~ con vos.** loc. sust. *Ho.* Persona entrometida.

▶ **tirarse el ~.**

oncena.

I. 1. f. *Mx, Gu, ES, Ec, Pe, Bo, Ch, Ur.* Equipo de once jugadores de **futbol.** (**onceno**).

II. 1. f. *Cu.* Período de once días en el que permanecen los estudiantes en las escuelas internas.

onceno.

I. 1. m. *Ni, CR, Pa, Co, Bo, Py.* **oncena,** equipo.

onda.

I. 1. f. *Ni, Pa, Cu, Ch, Ar, Ur.* juv. Manera, gusto, estilo de una persona. pop + cult → espon.

2. *Ch, Ar, Ur.* metáf. Encanto de algo, *especialmente un lugar.* pop + cult → espon.

3. *Ch.* Simpatía o antipatía de una persona.

II. 1. f. *Ho, Ni, Ar.* Comportamiento, actitud o actividad que se adopta en un momento dado.

III. 1. f. *Ho, Ni, Bo,* juv. Tema o idea de que se habla.

2. *Ho, ES, Ni.* Idea obsesiva.

IV. 1. adv. *Ch; Ur,* juv. Cerca de, aproximadamente. pop + cult → espon.

V. 1. m. *Gu, Ho.* juv. **acelere,** alteración. drog.

VI. 1. f. *Ho, Ni.* Nueva habilidad, entendimiento o forma de vida.

VII. 1. f. pl. *Gu.* Situación o condición *generalmente negativa.*

VIII. 1. f. *Gu.* Asunto, *generalmente aquel que presenta cierta complejidad o que es de actualidad.*

IX. 1. f. *Ho.* Chisme o falsa información de algo.

•

a. ‖ **¿cuál es la ~?** fórm. *Ni, Pa,* juv. Se usa para saludar y preguntar a quien se saluda cómo le va. est.

b. ‖ **esa ~.** fórm. *Ch,* juv. Se usa para destacar lo sorprendente de algo que se acaba de referir.

c. ‖ **¿qué ~?**
i. fórm. *Mx, Gu, Ho, ES, Ni, Bo, Ar, Ch,* juv; *Ur,* p.u. Se usa para preguntar qué sucede. pop.
ii. *Mx, Gu, Ho, ES, Ni, Bo; Ch,* juv; *Ur,* p.u. Se usa para saludar. pop.

□

a. ‖ **buena ~.**
i. loc. adj. *Mx, Gu, Ho, ES, Ni, CR, RD, Co, Ec, Pe, Bo, Ch, Py, Ar, Ur.* Referido a persona, simpática, agradable, generosa. pop.
ii. *Mx, Gu, Ni, Ec, Bo, Ch.* Referido a un hecho o situación, que se juzga favorable. pop.

b. ‖ **de ~.**
i. loc. adj. *Py, Ar, Ur.* De moda. pop + cult → espon.
ii. *Py, Ar.* juv. Referido a una relación sentimental, que no implica ningún compromiso.
iii. loc. adv. *Ar, Ur.* juv. Desinteresadamente, sin esperar retribución.

c. ‖ **mala ~.**
i. loc. adj. *Mx, Gu, Ho, ES, Ni, CR, RD, Co, Ec, Bo, Ch, Py, Ar, Ur.* Referido a persona, malvada, cruel, insensible. pop + cult → espon.
ii. *Mx, Gu, Ni, CR, RD, Co, Ec, Bo, Ch, Ar.* Referido a un hecho o situación, que se juzga desfavorable. pop + cult → espon.
iii. *Pe.* Referido a persona, antipática. pop.

▶ **agarrar la ~; cachar la ~; estar en ~; írsele la ~; joder la ~; ponerse en ~; ponerse para la ~; sacar de ~; seguir la ~; tener ~; tirar buena ~; tirar buenas ~s; tirar la ~; tirar mala ~; tirar ~.**

onde. (Afér. de *donde*).

I. 1. adv. *ES, Ni, CR, RD, Co, Ec.* Donde. rur.

ondequiera.

I. 1. adv. *Co.* **dondequiera.** rur; pop.

ondero, -a.

I. 1. adj. *Ch.* Referido a persona o cosa, que está en consonancia con lo que se da o está de moda en ese momento. pop + cult → espon.

2. *Ch.* juv. Referido a persona o cosa, que varía constantemente de estilo, postura o ideas. pop + cult → espon.

3. *Ch.* Referido a un lugar, que tiene encanto. pop + cult → espon.

II. 1. adj/sust. *Gu.* Referido a persona, drogadicta. pop.

ondilla.

I. 1. f. *Ho, ES.* Tirachinas.

ondón.

I. 1. m. *Gu.* Fiesta, diversión bulliciosa.

ondulín.

I. 1. m. *Ch.* Rulo, pequeño cilindro de plástico, esponja o metal que sirve para rizar el cabello.

2. *Ur.* Horquilla, objeto *generalmente en forma de U* que se utiliza para sostener el peinado.

onegeísta. (De *ONG*).

I. 1. m-f. *Ho.* **oenegeísta.**

onotar.

I. 1. tr. *Ve.* Condimentar la comida con **onoto.**

onotero.

I. 1. m. *Ve.* Utensilio de cocina en el que se guarda el colorante *para alimentos* elaborado con la semilla de **onoto.**

onoto. (De or. ind. antillano).

I. 1. *Co:E, Ve.* **achiote,** arbusto.

2. *Co:E, Ve.* **achiote,** fruto.

3. *Co:E, Ve.* **achiote,** semilla.

onza.

I. 1. f. *Mx, Gu.* Comadreja, mamífero carnicero nocturno. (Mustelidae; *Mustela nivalis*).

2. *Ho, Ni, Ve.* **jaguarondo.**

3. *Bo:E,N.* Jaguar. (Felidae; *Felis onca*).

•

a. ‖ **¿qué ~s?**
i. *Ho, ES.* juv. **¿qué uvas?**
ii. fórm. *Ho, Ni.* juv. Se usa para preguntar qué sucede. pop.

▶ **caer como una ~ de oro.**

oósfera.

I. 1. f. *CR, Ve, Ec, Pe, Bo, Py, Ar, Ur; Ch,* cult → esm. Oosfera.

opa. (Del quech. *upa,* sordo, tonto).

I. 1. adj/sust. *Bo, Py, Ar, Ur; Pe,* rur. Referido a persona, tonta, boba. pop + cult → espon ^ desp.

II. 1. sust/adj. *Bo.* Persona sordomuda. pop + cult → espon.

□

a. ‖ **a lo ~.** loc. adv. *Bo.* De manera tonta. pop + cult → espon.

¡opa!

I. 1. interj. *Ho, ES, Ni, CR, Pa, Co, Py.* Expresa extrañeza o sorpresa.

2. *CR, Pa, Co; Ur,* pop. Expresa ánimo y alegría.

3. *CR, Co.* Expresa saludo.

4. *Pa, Co.* Expresa advertencia ante un peligro.

opacar(se).
I. 1. tr. *Mx, Ni, CR, PR, Co, Ec, Pe, Bo, Ch, Py, Ar, Ur; Pa*. pop + cult → espon. | metáf. Oscurecer, deslucir a *alguien o algo*.
2. intr. prnl. *RD, Co, Bo, Py, Ar, Ur*. Cubrirse el cielo de nubes tormentosas.
3. tr. *Ni, PR, Co, Ec, Bo, Ch, Py*. Dar una tonalidad más oscura a algo, quitarle brillo.
4. tr. prnl. *Ho, ES, Ni, CR, Ec*. Volverse *algo* oscuro o nublado.
II. 1. tr. *Mx, Ho, Ni, CR, Cu, PR, Co, Ec, Pe, Bo, Ch, Py, Ar, Ur*. Superar a *alguien* en algún conocimiento o habilidad.

opachiste.
I. 1. m. *Pe:SE*, p.u; rur; *Bo:C,O,S*, pop + cult → espon. Chiste sin gracia.

¡ópale!
I. 1. interj. *ES, Ni; Pa*, pop. Expresa sorpresa.

opanga.
I. 1. sust/adj. *Bo:E*. Persona alta y robusta que da muestras de ingenuidad o de escaso entendimiento.

oparrón, -na.
I. 1. adj/sust. *Ar. Referido a persona*, tonta, boba. pop + cult → espon ^ desp.

opcionado, -a.
I. 1. adj. *Co, Ec. Referido a un candidato o a un competidor*, que tiene más posibilidades de triunfo.

opear.
I. 1. intr. *Bo, Ar:NO*. Comportarse tonta o ingenuamente. pop + cult → espon.
2. *Bo, Ar:NO*. Pasar el rato sin hacer nada de importancia. pop + cult → espon.
3. tr. *Bo*. Tratar a *una persona* de tonta o poco inteligente.

open.
◼
a. ‖ ~ **bar.** m. *Ho, Ni. En un bar, una discoteca o una cafetería*, espacio de tiempo durante el cual se venden ciertas bebidas a mitad de precio.
b. ‖ ~ *house.* (Voz inglesa). m. *EU, Mx, Ho, Pa, PR; Ec*, p.u. Fiesta en una casa privada o en un comercio, que carece de horario predeterminado, *generalmente para celebrar una inauguración.* ♦ **casa abierta**.

open-minded. (Voz inglesa).
I. 1. adj. *EU, Mx, PR; Ch*. p.u; cult. *Referido a persona*, receptiva, imparcial, abierta.

operación.
□
a. ‖ ~ **cajón.** loc. sust. *Mx*. Práctica que consiste en el cese de actividades por parte de un empleado en una oficina, sin haber concluido una o más tareas, debido a que su horario de trabajo ha concluido. pop + cult → espon ^ fest.
b. ‖ ~ **morrocoy.** *Ve*. **operación tortuga**.
c. ‖ ~ **peineta.** loc. sust. *Ch*. Labor de rastreo y búsqueda de algo o alguien llevada a cabo por la policía o el ejército. pop + cult → espon.
d. ‖ ~ **rastrillo.** loc. sust. *Ar, Ur*. Operativo policial o militar para rodear a un grupo de personas y poder interrogarlas o detenerlas.
e. ‖ ~ **tamal.**
i. loc. sust. *Mx*. Práctica electoral fraudulenta consistente en introducir en la urna, un solo individuo, un fajo de papeletas para votar.
ii. *Mx*. Práctica electoral fraudulenta consistente en reunir el día de las elecciones a amigos y parientes para convencerlos de votar por un determinado partido.

f. ‖ ~ **tortuga.** loc. sust. *Co*. Medida de protesta laboral que consiste en realizar el trabajo con gran lentitud.
♦ **operación morrocoy**.

operado, -a.
I. 1. adj. *Mx. Referido a persona*, de poco juicio, disparatada. pop + cult → espon. ♦ **operado del cerebro**.
□
a. ‖ ~ **de los nervios.** loc. adj/sust. *Ch. Referido a persona*, excesivamente tranquila, que no se inmuta por nada. pop + cult → espon ^ fest.
b. ‖ ~ **del cerebro.** loc. adj. *Mx*. **operado**, de poco juicio.

operador.
I. 1. m. *Ar*. Persona que, por su habilidad o por sus vínculos favorables, actúa formal o informalmente en beneficio de un partido, institución o grupo.
◼
a. ‖ ~ **de mesa.** *PR*. **operador de molino**.
b. ‖ ~ **de molino.** m. *PR. En la industria azucarera*, **operador** que alimenta el molino de una fábrica. ♦ **operador de mesa**.

operador, -ra.
I. 1. m. y f. *Mx, Ni, Pa, Ec, Bo, Ch, Ar*. Persona que maneja o conduce alguna máquina. pop + cult → espon.
2. sust/adj. *Ec, Ch. En un puerto*, persona o empresa encargada de movilizar la carga a las embarcaciones o desde ellas a tierra.

operadora.
I. 1. f. *Mx, Ec, Py, Ar*. Compañía o asociación que se encarga de promover, distribuir y organizar tareas relacionadas con alguna actividad específica.
◼
a. ‖ ~ **de cable.** f. *Mx, Ni, Ar*. Empresa que se dedica a la telecomunicación por cable.

operarse.
I. 1. intr. prnl. *Ch*. p.u. Librarse de alguien o de algo que es molesto o perjudicial. pop + cult → espon ^ fest.

operático, -a.
I. 1. adj. *Cu, RD, Co, Ve, Ch; PR*, prest; cult → esm. Relativo a la ópera.
2. adj/sust. *Ve, Ch. Referido a persona*, aficionada y asidua a la ópera.

opería.
I. 1. f. *Bo, Ar:NO*. Simpleza, bobería, disparate. pop + cult → espon.
2. *Bo, Ar:NO*. Cosa intrascendente, sin valor. pop + cult → espon.

opiante.
I. 1. adj. *Ar, Ur*. p.u. *Referido a persona o cosa*, que provoca cansancio o aburrimiento. pop + cult → espon.

opiarse.
I. 1. intr. prnl. *Ar; Ur*. p.u. Sentir aburrimiento o fastidio. pop + cult → espon.

opificar(se).
I. 1. tr. *Ar*. Dejar a *alguien* sin capacidad de discernimiento o de reacción. pop + cult → espon.
2. intr. prnl. *Ar*. Perder *alguien* la capacidad de discernimiento o de reacción. pop + cult → espon.

opio.
I. 1. m. *Ar, Ur*. Persona o cosa que resulta aburrida, pesada o fastidiosa. pop + cult → espon.
2. *Ar*. Hastío, aburrimiento.

oportunidad.
□
a. ‖ **en ~ de.** loc. adv. *Co, Bo, Py, Ar, Ur*. Al presentarse cierta ocasión o aprovechando el suceso de algo.

oprimir.
   I. 1. tr. *Gu.* Cosechar a mano el tabaco. rur.

óptica.
   I. 1. f. *Ar.* Conjunto de elementos del faro de un vehículo, *especialmente del delantero.*

opuesto, -a.
   I. 1. adj. *ES, Ni. Referido a persona,* que constantemente desafía a otra de mayor tamaño o fortaleza.

oque. (Del quech. y del aim. *uqi,* plomo).
   I. 1. adj. *Bo:C,O,S. Referido a cosa,* de color gris. rur.

oquendo.
   I. 1. m. *Pe:S.* Pastel pequeño, de forma romboide o redondeada, relleno con crema pastelera y azucarado por encima.

¡oquidoqui! (Del ingl. *okay okay,* de acuerdo).
   I. 1. interj. *PR; EU, Mx, Ni, Bo,* juv; *Pa,* obsol; *CR,* p.u. Expresa asentimiento o conformidad.

oquiroqui.
   I. 1. adj. *ES. Referido a cosa,* buena, perfecta, excelente. pop.

oquis.
   □
   a. ‖ **de ~.**
     i. loc. adv/adj. *Mx.* De balde, en vano. (**de hoquis; deoquis; dioquis**)
     ii. loc. adv. *Mx.* Gratuitamente. (**de hoquis; deoquis; dioquis**).

ora.
   I. 1. adv. *Gu, RD.* Ahora.

¡ora!
   I. 1. *Mx.* ¡órale!
     2. interj. *Co.* Expresa sobresalto o extrañeza. rur; pop.

oración.
   I. 1. f. *Bo:E; Pe,* p.u. Atardecer.
   •
   a. ‖ **que se reciba la ~.** fórm. *Bo.* Se usa para cerrar la oración por un difunto.

¡órale!
   I. 1. interj. *Mx, Gu, Ho, ES.* Expresa acuerdo, entendimiento o aceptación. pop + cult → espon. (**¡ora!**).
     2. *Mx, Gu, Ho, ES.* Expresa exhortación para hacer algo. pop + cult → espon. (**¡ora!**).
     3. *Mx, Gu, Ho, ES.* Expresa asombro o sorpresa. pop + cult → espon. (**¡ora!**).

orangutango.
   I. 1. m. *RD.* Orangután.

orático, -a.
   I. 1. adj. *Ho. Referido a persona,* loca.
     2. *Ho. Referido a persona,* inestable emocionalmente.

órbita.
   ▶ **estar en ~.**

orcajuela.
   I. 1. m. *Mx.* **negrito,** arbusto de hasta 6 m.

orchoro.
   I. 1. m. *Co.* Hierba de hasta 120 cm de altura, de hojas largas y flores en espigas densas de forma triangular; se utiliza como pasto. (Poaceae; *Dactylis glomerata*). ♦ **pasto ovillo.**

orco. (Del aim. y del quech. *urqu,* macho).
   I. 1. m. *Bo:O.* Persona o animal del sexo masculino. pop + cult → espon.
   ■
   a. ‖ **~ cebil.** *Ar:NO.* **horco cebil.**
   b. ‖ **~ mato.** *Ar:NO.* **horco mato.**
   c. ‖ **~ molle.** *Ar:NO.* **horco molle.**
   d. ‖ **~ quebracho.** *Ar:NO.* **horco quebracho.**

orcoquishuara.
   I. 1. f. *Bo:C.* Árbol de hasta 8 m de altura, de hojas simples con el envés cubierto de finos pelos, flo-

res reunidas en panículas y frutos en forma de cápsulas; se utiliza en la medicina tradicional como diurético y cicatrizante. (Loganiaceae; *Buddleja americana*).

ordaca.
   I. 1. adj. *Ch. Referido a persona,* vulgar, de poca valía o estima. pop + cult → espon ^ desp.

orden. (Del ingl. *order*).
   I. 1. f. *EU, Mx, Ni, CR, Pa, Cu, RD, PR, Ve, Ec.* Alimento o bebida que se pide en un bar, restaurante o establecimiento similar.
     2. *EU, Mx, CR, Cu, RD, PR.* Relación de lo que se va a consumir en una cafetería o restaurante.
     3. *EU, RD, PR.* Pedido de compra en un comercio.
   •
   a. ‖ **a la ~.**
     i. fórm. *EU, Mx, Ni, CR, Pa, RD, PR, Co, Ve.* Se usa como respuesta de cortesía a palabras de gratitud. ♦ **a sus órdenes.**
     ii. *EU, Mx, Ni, CR, RD, PR, Co, Ch.* Se usa para ofrecerse una persona a otra.
     iii. *Ur.* **a sus órdenes.**
   b. ‖ **a sus órdenes.**
     i. fórm. *Mx, CR, RD, PR, Ec, Py, Ur.* **a la orden,** respuesta cortés.
     ii. *Mx, CR, RD, PR, Ch, Ur.* Se usa como expresión de cortesía para responder a la presentación de otra persona. ♦ **a la orden.**
     iii. *CR, Bo.* Se usa para presentarse ante una persona hasta ahora desconocida. esm.
   c. ‖ **es su ~, mi jefe.** fórm. *Bo. En el ejército,* se usa como despedida al retirarse un soldado.
   ■
   a. ‖ **~ de cateo.** f. *Mx, Ni, Pa, PR, Co, Ve, Ec, Pe, Bo, Ch, Ar.* Orden de allanamiento o registro policial.
   b. ‖ **~ de pelea.** f. *PR. En las peleas de gallos,* forma particular que cada gallo emplea para atacar a su contrincante.
   c. ‖ **~ de pluma.** f. *PR. En las peleas de gallos,* jerarquía de los gallos de pelea según el color de sus plumas: de pluma superior y de pluma inferior.

ordenar. (Del ingl. *to order*).
   I. 1. tr. *EU, Mx, ES, Ni, CR, Pa, Cu, RD, PR, Ve, Ec, Bo, Ur; Co,* p.u. *En un bar, restaurante o establecimiento similar,* pedir un alimento o bebida.
     2. *EU, Mx, Ni, Pa, RD, PR, Ec, Bo, Ur.* Hacer un pedido de mercancía.

ordencito.
   I. 1. m. *RD,* p.u. Enamoramiento o relación amorosa pasajera.

ordeña.
   I. 1. f. *Mx, Ni, Bo.* Ordeño. ♦ **ordeñada.**

ordeñada.
   I. 1. *Ho, ES, Ni.* **ordeña.**

ordeñado, -a.
   I. 1. adj. *ES, Ni. Referido a persona,* que no tiene dinero.
   II. 1. adj. *ES, Ni. Referido a persona,* agotada, exhausta por el coito. vulg.

ordeñar.
   I. 1. tr. *Mx, ES, Ni.* Sacarle gasolina a escondidas al tanque de un vehículo.
   II. 1. tr. *Gu, Ho, Co.* Cosechar los granos de café de una rama apretando la rama de dentro hacia fuera y de un solo tirón. rur.
   III. 1. tr. *ES.* Provocar la eyaculación. vulg.
   IV. 1. tr. *Ni.* Obtener beneficio de un negocio o cargo.

ordeñe.
   I. 1. m. *Ur; CR, Cu, RD, Ve, Ec, Bo:E, Ar* p.u; *Py.* pop. Ordeño.

ordeño.

    I. 1. m. *Gu, Ho, Co.* Técnica de recoger el café de dentro a fuera de la rama de un tirón con la mano apretada a la rama. rur.

ordinarieque.

    I. 1. adj. *Ch. Referido a cosa*, vulgar, de poca calidad o sin importancia. pop ^ desp.

ordinario, -a.

    I. 1. adj. *Ho, ES, Ni, RD, Bo, Ch, Py, Ar, Ur. Referido a una palabra*, vulgar o tabú.

    II. 1. adj. *Ho, ES, Ni, RD; Ur*, p.u. *Referido a la ropa de vestir*, que se utiliza a diario.

    □

    a. ‖ **por lo ~.** loc. adv. *Bo:O.* Con frecuencia.

oreado.

    I. 1. m. *RD.* Breve momento de sol brillante al cesar la lluvia.

orear.

    I. 1. tr. *Ho, CR.* Buscar oro en los ríos de forma artesanal.

oreco, -a.

    I. 1. adj. *Mx.* p.u. *Referido a persona*, sorda o dura de oído.

oreganillo.

    I. 1. m. *Ar:O.* **muña-muña.**

    2. *RD.* **damiana.**

    3. *PR.* Árbol de hasta 15 m de altura, de corteza color castaño oscuro, hojas ovaladas y pequeñas, flores pequeñas en ristras y semillas diminutas y velludas. (Fabaceae; *Cynometra portoricensis*).

orégano.

    I. 1. m. *Mx, Gu; ES, Pe, Bo*, delinc. Oro. pop.

    II. 1. m. *Mx, Bo.* Marihuana. pop.

    III. 1. m. *Ni, Co, Py.* Hierba de hasta 2 m de altura, muy ramificada, con hojas dentadas, cubiertas de pelos rojizos, y florecitas blancas, muy aromáticas, que brotan en las axilas de las hojas. (Verbenaceae; *Lippia origanoides*).

    IV. 1. m. *ES.* Espía. pop ^ fest.

    2. *ES.* Delator. pop ^ fest.

    ■

    a. ‖ **~ cimarrón.** m. *RD.* **damiana.**

    b. ‖ **~ de la tierra.** m. *Cu.* Planta herbácea de hasta 1 m de altura, de color verde con hojas opuestas anchamente aovadas, pelosas en ambas caras, y flores agrupadas en verticilos, dispuestos en racimos terminales. (Lamiaceae; *Coleus amboinicus Lour*).

oreja.

    I. 1. m-f. *Mx, Gu, Ho, ES, Ni, Py.* Informante y delator de la policía u otra autoridad. ♦ **orellana.**

    2. *Mx, Gu, Ni.* Espía que oye las conversaciones para transmitirlas a otra persona.

    3. f. *RD.* Información de interés y no difundida que alguien ha llegado a conocer antes que otros. pop + cult → espon.

    II. 1. f. *Mx, Ho, ES, Ni, CR, Pa, Ec, Pe*, metáf. Pan dulce elaborado con masa de hojaldre que tiene forma de dos orejas unidas.

    III. 1. f. *Co.* Desviación en un puente vehicular que sirve para que los automotores tomen calles diferentes a las que van circulando.

    IV. 1. sust/adj. *Ar; Ur*, p.u. Persona aduladora, *generalmente por conveniencia*. pop + cult → espon ^ desp.

    V. 1. f. *RD.* Parte cualquiera del cuerpo de la mujer que, si queda al descubierto, le hace sentir pudor.

    VI. 1. f. *Ho. En el juego de la rayuela*, las cuatro subdivisiones pequeñas y cuadrangulares que rodean el **chocolón** dándole la forma de cruz y en el centro el círculo del **chocolón.** inf.

    VII. 1. f. *PR.* Arbusto perenne, con hojas opuestas, inflorescencia axilar, flores blanquecinas y fruto en forma de baya. (Myrtaceae; *Eugenia borinquensis*).

    2. f. *Ho.* metáf. Fruto del **guanacaste.**

    ■

    a. **~ de burro.**

      i. f. *Mx.* Planta de hasta 1 m de altura, de tallos carnosos, hojas gruesas y abovadas, dispuestas en roseta, de color verde azulado y borde rojizo, inflorescencias en panícula, y flores rojas por fuera y anaranjadas por dentro, pequeñas pero abundantes. (Crassulaceae; *Echeveria gibbiflora*).

      ii. f. *Cu.* Planta epífita, con pseudobulbos pequeños o casi nulos, hoja oblonga, gruesa, coriácea, y flores amarillas dispuestas en un pedúnculo robusto de hasta 2 m de longitud. (Orchidaceae; *Oncidium luridum Lindl*).

    b. ‖ **~ de conejo.** f. *Ho.* **mozote,** hierba perenne.

    c. ‖ **~ de coyote.** *Ho.* **pastora,** arbusto de 1 m de altura.

    d. ‖ **~ de león.**

      i. f. *Pe.* Árbol de hasta 20 m de altura, de flores grandes, acampanadas, muy vistosas y, según la especie, de color rosado, amarillo o blanco; se cultivan como ornamentales y su madera se emplea en ebanistería. (Rubiaceae; *Alseis peruviana*).

      ii. *Pe.* Madera de oreja de león.

    e. ‖ **~ de marrano.** *Ho.* oreja de chancho, hierba perenne. ♦ **oreja de marrano.**

    f. ‖ **~ de mono.** f. *Bo:E.* **timbó,** árbol de hasta 30 m de altura.

    g. ‖ **~ de negro.** f. *Ar, Ur.* **timbó,** árbol de hasta 30 m de altura.

    h. ‖ **~ de paila.** f. *Ch.* Oreja muy grande. pop + cult → espon ^ fest.

    i. ‖ **~ de palo.** f. *Ch:S.* Hongo perenne de hasta 30 cm de diámetro que crece prendido a los árboles muertos, de color castaño, con la parte superior muy suave y porosa y de sabor ácido, y la inferior más consistente y menos ácida. (Poliporaceae; *Polyporys senex*).

    j. ‖ **~ de perro.** f. *Co, Pe.* Hierba semirrastrera de hojas opuestas, algo acorazonadas, dentadas y pubescentes, inflorescencia terminal en espigas con flores de color azul; tiene aplicación en la medicina tradicional. (Lamiaceae; *Salvia palaefolia*). ♦ **mastranto.**

    k. ‖ **~ de plata.** f. *Mx.* Pájaro hasta de 14 cm de longitud, con la parte superior gris, cara, cuello y parte anterior del vientre roja, y abdomen blanco; con una franja negra en la mitad posterior de la cabeza. (Parulidae; *Cardellina rubrifrons*).

    l. ‖ **~ de puerco.** f. *Mx.* Hongo de hasta 13 cm de altura, de color entre amarillo y marrón y parte externa aterciopelada; es comestible. (Agaricaceae; *Clitocybe* spp.).

    m. ‖ **~ de ratón.** f. *Ar:NE.* Planta rastrera de tallos subterráneos, hojas alternas en forma de riñón y flores blancas. (Convolvulaceae; *Dichondra* spp.).

    □

    a. ‖ **~ de chancho.**

      i. loc. sust. *Ch.* Persona que está atenta a todo lo que pasa, aunque no le importe, y que difunde rápidamente los chismes de los que se entera. pop ^ desp.

      ii. *Ho.* **mozote.**

    b. ‖ **~ de paila.** loc. sust. *Ch.* Persona con las orejas grandes. pop + cult → espon ^ fest.

    c. ‖ **~s de conejo.** loc. sust. *Gu.* Antena en forma de *v* de un televisor que permiten recibir la señal.

▶ **apearse por las ~s; arderle las ~s; calentar la ~; echar ~; entregar la ~; estar como ~ de perro; hacer-**

se el de la ~ mocha; halar las ~s; ir con la ~ pará; jalar las ~s; majar la ~; parar la ~; parar las ~s; pelar la ~; quitarse la mosca de la ~; tener las ~s paradas; tener rojas las ~s.

orejano.
- **I. 1.** m. *Bo:E.* Hijo de una persona. pop.
- **2.** *Ur.* Hijo de padre desconocido.

orejano, -a.
- **I. 1.** adj/sust. *Mx, RD, Ve, Bo:E, Ar, Ur.* Referido a una *caballería o a una* **res** *vacuna*, que no tiene marca o señal identificatoria. rur.
- **2.** adj. *Ho.* Referido al ganado vacuno o caballar, que ha huido al monte y se ha hecho semisalvaje.

orejazo.
- **I. 1.** m. *Ar.* **orejeada**, audición rápida.
- **II. 1.** m. *Ar:NO.* **orejeada**, tirón de orejas.

orejeada.
- **I. 1.** f. *Gu, Ho, ES, Ar:NO.* Tirón de orejas para reprender a alguien. pop + cult → espon. ♦ **orejazo**.
- **II. 1.** f. *RD, Ar.* Audición rápida o ligera, *especialmente de una composición musical.* pop + cult → espon. ♦ **orejazo**.
- **III. 1.** f. *Ho.* Delación, vigilancia de alguien.

orejear.
- **I. 1.** tr. *Mx, ES, Ni, CR, RD, Bo:S.* Escuchar indiscretamente una conversación.
- **2.** *Ar; Ch*, p.u. Escuchar rápida o ligeramente *algo, especialmente una composición musical.* pop + cult → espon.
- **3.** intr. *Bo.* Escuchar *alguien* con disimulo. pop + cult → espon.
- **4.** tr. *Bo:O.* Observar *algo* o a *alguien* de soslayo. delinc.
- **5.** *RD.* Transmitir a *alguien* una información no difundida y de interés.
- **II. 1.** tr. *Ho, ES, Ni; Gu, Bo:O, Ar:NO,* pop + cult → espon. Tirar de las orejas a alguien, *generalmente para reprenderlo.*
- **III. 1.** tr. *Ar, Ur; Ch*, p.u. *En juegos de naipes,* levantar ligeramente las cartas que se tienen en la mano con el fin de ver el número y el palo de las que están ocultas por la primera del montón. pop.
- **IV. 1.** tr. *Ar.* Adular a *alguien.* pop + cult → espon.
- **V. 1.** tr. *Ho, ES.* Vigilar a *alguien* para informar a la policía.
- **2.** *ES, Ni.* Denunciar a *alguien* ante la policía.
- **VI. 1.** intr. *Ch.* Hablar, murmurar chismes, secretos o comentarios al oído. pop.
- **VII. 1.** tr. *RD.* Mirar las partes íntimas del cuerpo de una mujer con disimulo, sin que ella se dé cuenta.

orejeras.
- **I. 1.** f. pl. *Ho, Pa; Ch*, p.u. Audífonos que cubren las orejas.

orejero.
- **I. 1.** m. *Gu, Co.* **guanacaste**, árbol de hasta 35 m.

orejero, -a.
- **I. 1.** sust/adj. *Ch, Ar:NO, Ur.* Persona aduladora, *generalmente por conveniencia.* pop + cult → espon.
- **2.** *Ar:NO.* Persona malintencionada que habla mal de alguien para perjudicarlo o indisponerlo con los demás. pop + cult → espon.
- **3.** *Ch.* Persona chismosa. pop.
- **II. 1.** sust/adj. *Ni, Ar.* Persona que toca un instrumento musical sin tener formación teórica. pop + cult → espon.
- **III. 1.** adj/sust. *RD.* Referido a persona, aficionada a mirar las partes íntimas del cuerpo de una mujer con disimulo, sin que ella se dé cuenta.
- **IV. 1.** adj/sust. *CR.* Referido a persona, cautelosa y prevenida ante un posible peligro o trampa que se le está armando.

orejiblanco.
- **I. 1.** adj. *PR.* Referido a un gallo de pelea, que tiene las orejas blancas.

orejinegro, -a.
- **I. 1.** adj. *Co.* Referido al ganado vacuno, de color blanco con orejas negras.

orejismo.
- **I. 1.** m. *Ho.* Vigilancia y delación de alguien.

orejita.
- **I. 1.** f. *RD, PR.* Pista, anticipo de algo. pop + cult → espon.
- **II. 1.** f. *Pa.* Pasta de hojaldre en forma de oreja.
- ▶ **dar una ~.**

orejón.
- **I. 1.** m. *Mx, Ho.* **guanacaste**, árbol.
- **II. 1.** m. pl. *Mx.* Parotiditis, proceso inflamatorio de la glándula parótida.
- **III. 1.** m. *Bo:NE.* Animal, *especialmente vacuno,* sin marca.
- **IV. 1.** m. *Bo:E.* Conjunto de tiras de papel que se colocan en la puntas laterales de un **volador** a modo de orejas.

orejón, -na.
- **I. 1.** m. y f. *Gu.* Persona zafia y tosca. pop.
- **2.** adj. *Ho, CR.* Referido a persona, tonta o que lo parece.
- **II. 1.** adj. *Ho, ES, Ni.* Referido a una vasija o un recipiente, que tiene asas muy grandes.
- **III. 1.** adj. *ES.* Referido a persona, un poco borracha.
- **IV. 1.** adj. *Ho.* Referido a persona, que vigila algo o a alguien.
- **V. 1.** adj. *Ho:S.* Referido a la sal, que no tiene yodo.
- **VI. 1.** adj. *Ho.* Referido a persona, alcahueta, consentidora.

■

- **a.** ‖ **último ~ del tarro.** m. y f. *Ar, Ur.* Persona o cosa insignificante o que no cuenta para nada. pop ⊦ cult → espon.

orejuela.
- **I. 1.** m. *Mx.* Árbol de hasta 8 m de altura, de hojas simples, alternas, elíptico-oblongas, flores solitarias de color púrpura, con seis pétalos arrugados, y fruto en vaina larga con una semilla roja en su interior. (Annonaceae; *Cymbopetalum penduliflorum*). ♦ **sochinacaste**.

orellana.
- **I. 1.** *ES.* **oreja**, delator. fest.

orero, -a.
- **I. 1.** m. y f. *Ho, CR, Pe.* Persona que se dedica a la búsqueda de oro, *generalmente en el sedimento de los ríos.*

orey.
- **I. 1.** m. *Pa.* Árbol de hasta 30 m de altura, de hojas simples y alternas, flores amarillas y frutos en drupas ovoides de color rojo cuando están maduros. (Anacardiaceae; *Campnosperma panamense*).

orfanatorio.
- **I. 1.** m. *Mx, Ni, CR, RD, PR, Ec, Pe, Bo; Ch*, p.u; cult. Asilo de huérfanos. pop → esm.

organar.
- **I. 1.** intr. *Ho.* Cantar algunas aves falconiformes como el **guaco**. cult → esm.

organillo.
- **I. 1.** m. *Mx.* Planta carnosa, de tallo cilíndrico y verde, espinos muy abundantes y flores de color amarillo. (Cactaceae; *Grusonia bradtiana*).
- **2.** *Bo:E.* Ave de hasta 20 cm de longitud, de color café oscuro, y pico corto y recto. (Troglodytidae; *Cyphorhinus aradus*).

■

- **a.** ‖ **~ de boca.** *Mx.* **órgano de boca.**

organito.
 I. 1.   *Mx.* **organito de víbora**.
 II. 1.   m. *Ar.* Órgano o piano pequeño que se hace sonar por medio de un cilindro con púas movido por un manubrio.

 ■
   a. ‖ **~ de víbora**. m. *Mx.* Planta cactácea de hasta 2 m de altura, muy ramificada, con tallos de entre seis y ocho costillas, en donde brotan los espinos, y flores rojas. (Cactaceae; *Peniocereus viperinus*).
   ♦ **organito**.

organizarse.
 I. 1.   intr. prnl. *Co.* Irse a vivir juntos los miembros de una pareja.

 ■
   a. ‖ **~la bruta**. loc. verb. *Ni*, p.u. Provocarse un desorden o trifulca.

órgano.
 I. 1.   m. *Mx, Gu.* Cactus altos y rectos.
 II. 1.   m. *Ni.* Dulzaina, instrumento musical de viento de doble lengüeta, parecido a la chirimía, pero más corto y de tonos más altos.

 ■
   a. ‖ **~ de boca**. m. *Mx.* Armónica, instrumento provisto de una serie de orificios con lengüeta, que se toca soplando o aspirando por estos orificios.
   ♦ **organillo de boca**.
 ▶ **cagarse en la tapa del ~**.

orgásmico, -a.
 I. 1.   adj. *Cu, PR, Ec, Ar.* juv. *Referido a cosa o a un suceso*, estimulante, placentero.

oricha.
 I. 1.   *Cu.* **orisha**.

orilla.
 I. 1.   f. pl. *Mx, Ni, RD, Bo, Ar, Py*, pop; *Ur*, p.u. Arrabales, suburbio de una ciudad.

 ●
   a. ‖ **¡~!** fórm. *Cu.* Se usa para indicarle a alguien que debe caminar próximo a la pared para no interferir en las labores de limpieza. est.

 □
   a. ‖ **de ~**.
     i.   loc. adj. *Cu, RD. Referido a persona*, de clase social baja o humilde.
     ii.   *Cu. Referido a persona*, vulgar. desp.
   b. ‖ **~ de playa**. loc. sust/adj. *Ch.* Persona que bebe alcohol en exceso. pop + cult → espon ^ fest.
 ▶ **ir por la otra ~**.

orillar.
 I. 1.   tr. *Mx, Ni.* Obligar a algo.
   2.   *Mx.* Acosar, acorralar a *alguien*.
   3.   *Ni, Bo.* Marginar a *alguien*.
 II. 1.   tr. *Bo, Py, Ar.* Bordear, aproximarse a un grado o estado de una condición o cualidad.
   2.   *Cu, Bo.* Bordear la costa una persona o una embarcación.
 III. 1.   tr. *Cu, Bo.* Eludir, evitar un tema o una dificultad.

orillas.
 I. 1.   f. pl. *Mx, Ni, Bo, Ar.* Arrabales, sitios extremos de una población.

orillera.
 I. 1.   f. *Bo:N.* Borde u orilla de un río o de un bosque.

orillero, -a.
 I. 1.   m. y f. *Gu, Ho, ES, Ni, CR, Cu, RD, Ve, Bo:N, Py; Ar, Ur,* Persona que habita un arrabal. pop + cult → espon.
   2.   adj. *Gu, Ho, ES, Ni, CR, Cu, RD, Ve, Py; Ar, Ur.* Relativo al arrabal. pop + cult → espon.

   3.   adj/sust. *Cu, RD, Ve.* Referido a persona o cosa, vulgar y poco refinada. pop.
   4.   *Ni, RD. Referido a persona*, arrabalera.

orillita.
 ▶ **tratar de ~**.

orín.
 □
   a. ‖ **~ de gallina**. loc. sust. *Ho.* Inexistencia de algo, imposibilidad.
 ▶ **revolvérsele los orines**.

orinada.
 I. 1.   f. *Ni, CR, Cu, Bo; Pa*, vulg; *Mx*, pop + cult → espon. Porción de orina que se expele de una vez.

orinadera.
 I. 1.   f. *Mx, Gu, Ho, ES, Ni, CR, Pa, Cu, RD, Co, Ve.* Necesidad frecuente de orinar.
   2.   Acto de orinar a menudo. pop + cult → espon. (**orinadero**).

orinadero.
 I. 1.   m. *RD.* **orinadera**.

orinal.
 ▶ **mear fuera del ~**.

orinar(se).
 I. 1.   intr. prnl. *Ni, RD.* Sentirse atraído por una persona o estar enamorado de ella.

 □
   a. ‖ **~ como pipilacha**. loc. verb. *Ni.* Evacuar la vejiga una mujer sin apoyarse en el inodoro.
   b. ‖ **~ fuera de la bacinica**.
     i.   loc. verb. *Mx, Gu, Ho, ES, Ni.* Intervenir desacertadamente en algo, equivocarse. vulg.
     ii.   *Mx.* Obrar incorrectamente, *particularmente infringiendo una norma*. vulg.
   c. ‖ **~ fuera del guacal**.
     i.   loc. verb. *Mx, Gu, Ho, Ni.* Hacer mal una cosa. pop + cult → espon.
     ii.   Hacer *alguien* algo que no le compete. pop + cult → espon.
     iii.   *Mx, Ho, ES, Ni.* **orinar fuera de la bacinica**.
   d. ‖ **~ fuera del perol**.
     i.   loc. verb. *Ve.* Intervenir desacertadamente en algo, equivocarse. pop + cult → espon.
     ii.   *Ve.* Hacer *alguien* mal una cosa. pop + cult → espon.
     iii.   Hacer *alguien* algo que no le compete. pop + cult → espon.
   e. ‖ **~ fuera del tarro**. loc. verb. *CR, Ar, Ur.* Estar *alguien* en un error.
   f. ‖ **~ fuera del tiesto**. loc. verb. *Co.* Estar *alguien* en un error. pop + cult → espon.
   g. ‖ **~ horcones**. loc. verb. *CR.* Visitar un hombre una casa con intenciones de hacerse novio de una hija de los dueños.
   h. ‖ **~ más que una chicharra**. loc. verb. *Ni.* Evacuar la vejiga *alguien* con mucha frecuencia. pop.

orine.
 I. 1.   m. *Gu, Pa, Cu, RD, Co, Ve, Bo, Ar; Ec, Ch*, p.u. Orina, fluido que se expele por la uretra.

orinón, -na.
 I. 1.   sust/adj. *Gu, Ni, Co, Bo.* Persona que tiene necesidad de orinar frecuentemente. pop + cult → espon.

orión.
 I. 1.   m. *Ar.* Sombrero masculino de ala estrecha y copa hundida en la parte superior.

oripopo.
 I. 1.   m. *Ve.* **guala**, ave rapaz.

orisha.
 I. 1.   m. *Cu.* Deidad del culto afrocubano de origen **yoruba**, en la que confluyen, por sincretismo, atributos de un dios **yoruba** y un santo cristiano. (**oricha**).

orita.
    I. 1.   adv. *Ho, RD, Co, Ec, Mx*, espon; *Pa*, p.u. **ahorita**. rur; pop.

oritero, -a. (De *OIT,* Organización Internacional del Trabajo).
    I. 1.   adj. *Ho. Referido a persona sindicalizada*, que sigue fielmente las directrices de la OIT.

orito.
    I. 1.   *Ec.* **banano orito.**
    ■
    a. ‖ ~ **orgánico**. *Ec.* **banano orito.**

orizahá.
    I. 1.   m. *Bo:E.* Planta herbácea perenne de hasta 1,8 cm de altura, de hojas lineares, inflorescencias terminales, erectas, en panícula, fruto en espiga recubierto de pelo sedoso que cuando madura es de color amarillo pálido. (Poaceae; *Digitaria insularis*). ♦ **sorra**; **talcultuste**; **zacatuste**.

orlado.
    I. 1.   m. *Ho, Ni. En la fabricación de calzado*, remate de la orilla del cuero que queda en la parte superior de la **capellada**.

orlar.
    I. 1.   tr. *Ho, Ni.* Repulgar, hacer un pliegue en el borde de la **capellada** del calzado.

orlón. (De *Orlon*®).
    I. 1.   m. *Co, Ec, Pe, Bo.* Tejido sintético.

oro.
    ■
    a. ‖ ~ **blanco.**
      i.   m. *Ni, Ar:NE.* Planta del algodón y borra blanca que envuelve su fruto. pop + cult → espon.
      ii. *Ch.* Salitre, mezcla de nitrato de sodio y nitrato de potasio que se encuentra naturalmente en partes del norte de Chile.
    b. ‖ ~ **cochano.** m. *RD, Ve.* Oro puro, sin aleación.
    c. ‖ ~ **de Corocoro.** m. *Bo:O.* Objeto de gran valor. pop + cult → espon.
    d. ‖ ~ **de los tontos.** m. *Pe.* Pirita.
    e. ‖ ~ **de veta.** m. *Ve.* Oro que se extrae de una piedra.
    f. ‖ ~ **negro.**
      i.   m. *Cu.* Establecimiento de la cadena Oro Negro, en el que se vende gasolina, accesorios para autos y víveres.
      ii. *Bo:E.* **Bolacha** de caucho. pop + cult → espon.
    g. ‖ ~ **rojo.** m. *Ch*, p.u. Cobre.
    h. ‖ ~ **verde.**
      i.   m. *Ar:NE, Ur.* **yerba mate**, árbol. pop + cult → espon.
      ii. *Ho.* **Banano** o plátano, renglón importante de divisas.
      iii. *Ho.* Grano de café de exportación.
    □
    a. ‖ **hablando en ~.** loc. adv. *Bo; Pe*, p.u. De manera clara y sin rodeos. pop + cult → espon.
    ▶ **caer como una onza de ~; hablar en ~; hacerla de ~; poner de ~ y azul; salir de ~.**

orococillo.
    I. 1.   *Bo:E.* **jobo**, árbol.

oroi.
    I. 1.   m. *Ve.* Insecto díptero de hasta 1 mm de longitud, parecido a la pulga, pero mucho más pequeño, de color café rojizo, la trompa, muy alargada, tiene la longitud de su cuerpo; las hembras fecundadas penetran bajo la piel de animales como el cerdo y del hombre, principalmente bajo las uñas de los pies, y allí depositan la cría. (Hectopsyllidae; *Tunga penetrans, Pulex penetrans, Dermatiphilus penetrans*).

orontoco.
    I. 1.   m. *Ho, ES.* Larva del **ronrón**.
    II. 1. m. *ES.* Niño de pequeña estatura y gordo.

oropel.
    I. 1.   m. *Pe.* Árbol de hasta 7 m de altura, de tronco espinoso, hojas trifolioladas y alternas, flores tubulares rojas y frutos leguminosos, rojos o negros cuando están maduros. (Fabaceae; *Erythrina* spp.). ♦ **bucayo**; **elegueme**; **frijolillo**; **inmortal**; **machetito**; **poró**.

oropéndola.
    I. 1.   f. *Mx.* **zanate**.
    2.   *CR, Pa, Co.* **mochilero**, ave. (**gurupéndola**).
    3.   *Ho, Ni.* **chorcha**, ave.
    ■
    a. ‖ ~ **mayor.** *Gu.* **viuda**, pájaro de hasta 50 cm.

oroya. (Del quech. *uruya*).
    I. 1.   f. *Pe, Bo.* Cesta suspendida de dos argollas, que corre a lo largo de una maroma y sirve para transportar personas o cargas de una parte a otra en ríos o montañas.

orozul.
    I. 1.   m. *Mx, Ni, Pa, RD, Ve.* Planta herbácea de 40 cm de altura, de hojas ásperas y aromáticas y florecitas apiñadas, amarillas y rojas. (Verbenaceae; *Lippia dulcis*). (**orozús**). ♦ **suntul**.

orozús.
    I. 1.   *Mx, RD, Ve.* **orozul**.
    2.   *PR.* **paraguay**.

orozuz.
    I. 1.   m. *Gu, Ho, Ni, CR.* **orozul**.

orquesta.
    I. 1.   f. *Gu.* Juicio, facultad de razonar.
    ■
    a. ‖ ~ **típica.**
      i.   f. *Bo, Ch, Ar, Ur.* Orquesta especializada en interpretación de tangos y milongas. ♦ **típica**.
      ii. *RD.* Orquesta especializada en interpretación de merengues.
    □
    a. ‖ **a toda ~.** loc. adv. *Bo, Ch, Ar, Ur.* Con gran intensidad o energía. pop + cult → espon.

orquestado.
    I. 1.   m. *Mx, Ho, ES, Ni, Pa, Pe, Bo, Ar, Ur.* Situación que se ha planeado con alevosía de antemano para sorprender e inculpar a alguien.

orquestar.
    I. 1.   tr. *Mx, Ho, ES, Pe, Bo, Ur. En lenguaje político*, hacer *algo* en colaboración.
    2.   *EU. En lenguaje político*, hacer *alguien* que algo suceda con absoluto control de todos los detalles.

orqueta.
    I. 1.   f. *Gu.* Pez de cuerpo ovalado y comprimido, con una mancha azul en el opérculo, escamas de color plateado, oscurecido o menos intenso en la zona dorsal, y aletas amarillentas. (Carangidae; *Chloroscombrus orqueta*).

orquetilla.
    I. 1.   *PR.* **orzuela**.

orquídea.
    ■
    a. ‖ ~ **de la Virgen.** *Ho.* **brassavola**, orquídea.
    b. ‖ ~ **mariposa.** f. *Pe.* Planta epifita, con falsos bulbos cilíndricos aplastados de los que salen dos hojas coriáceas carnosas, de cuyo centro emergen dos varas florales con flores de gran tamaño de color amarillo dorado con manchas color púrpura. (Orchidaceae; *Psychopsis* spp.).

orquideario.
    I. 1.   *Ec.* **orquidiario**. cult.

orquídeo.
    I. 1.   m. *ES.* Hombre afeminado. desp.

orquideólogo, -a.
  I. 1. m. y f. *Ec.* Persona que estudia las orquídeas. cult.

orquidiario.
  I. 1. m. *Ec.* Lugar en el que se cultivan y se exhiben orquídeas. pop + cult → espon. (**orquideario**).

orre. (De *reo*, por inversión silábica).
  I. 1. m. *Ar.* p.u. Reo, procesado. pop + cult → espon ^ fest.

orrín.
  I. 1. m. *Ni.* Junta de goma que llevan las terminales de algunas partes de un motor para impedir el derrame de líquidos.

ortal.
  I. 1. m. *Bo.* Salida de un astro. pop + cult → espon.

ortega.
  I. 1. m. *Pe.* Nalgas de una persona. euf; pop ^ fest.
  2. *Pe.* Ano de una persona. euf; pop ^ fest.

ortegón.
  I. 1. *PR.* **hortegón**.

ortencio.
  I. 1. m. *Pe.* Nalgas de una persona. euf; pop ^ fest.
  2. *Pe.* Ano de una persona. euf; pop ^ fest.

ortiba. (De *batidor*, por inversión silábica).
  I. 1. sust/adj. *Ar, Ur,* p.u. Delator, soplón. pop + cult → espon ^ fest. (**ortiva**).

ortibar(se).
  I. 1. tr. *Ar.* p.u. Acusar o delatar a *alguien.* pop + cult → espon ^ desp. (**ortivar**).
  2. *Ar.* Observar, mirar con atención *algo* o a *alguien.* pop + cult → espon. (**ortivar**).
  II. 1. intr. prnl. *Ar.* Enojarse, enfadarse. pop + cult → espon. (**ortivarse**).

ortiga.
  I. 1. f. *Co, Ec.* Planta herbácea de hasta 30 cm de longitud, con hojas simples, alternas, con forma de corazón y márgenes dentados, y flores en cimas o racimos de color blanco. (Urticaceae; *Fleurya aestuans*).
  2. *Bo, Ch.* Hierba de hasta 1 m de altura, de hojas simples y flores de color naranja que presentan pelos urticantes; se utiliza en la medicina popular como antirreumática. (Loasaceae; *Caiophora horrida*).

  ■
  a. ‖ **~ brava.** f. *Ar:N.* Planta herbácea de hasta 3 m de altura, de ramas rojizas con vellosidades urticantes, hojas anchas, aovadas, aserradas, flores dioicas, y fruto de color blanquecino y rosado. (Urticaceae; *Urera baccifera*). ♦ **ishanga; ortiga pica-pica; pringamoza.**
  b. ‖ **~ pica-pica.** *Bo:NE.* **ortiga brava.**

ortigar.
  I. 1. tr. *CR, Ec; Mx,* p.u. Producir a alguien irritación cutánea el contacto ciertos gusanos y la ortiga.
  2. intr. *CR, Ec.* Producir ciertos gusanos y la ortiga irritación cutánea por contacto.
  3. tr. *Ch.* Frotar, azotar o pinchar a una persona o a un animal, con una ortiga o con algo que produzca efectos similares.
  4. *Ch*, metáf. Azuzar u hostigar a *alguien* por molestia o para conseguir algo. pop.
  5. *Ec.* Frotar o azotar a *alguien* con ortiga para curarlo de algún dolor reumático o muscular o de alguna enfermedad. rur; pop.

ortiguilla.
  I. 1. f. *Ar:NO.* Planta herbácea de hojas muy pequeñas y urticantes. (Loasaceae; *Caiophora coronata*). ♦ **rupachico.**
  2. *Cu, RD.* Planta trepadora de hasta 3 m de altura, de tallo leñoso en la base y hojas aovado triangulares, alternas y urticantes. (Euphorbiaceae; *Tragia volubilis*). ♦ **pica pica.**

ortiva.
  I. 1. *Ar.* **ortiba**.

ortivar(se).
  I. 1. *Ar.* **ortibar**, acusar.
  2. *Ar.* **ortibar**, observar.
  II. 1. *Ar.* **ortibarse**, enfadarse.

orto.
  I. 1. m. *Ve:O, Pe, Bo:O, Ch, Ar, Ur; Ec,* p.u. Ano. vulg; pop + cult → espon.
  II. 1. m. *Ar, Ur.* Buena suerte. vulg.
  □
  a. ‖ **como el ~.** loc. adv/adj. *Ch, Ar, Ur.* Sumamente mal. vulg; pop + cult → espon. ♦ **para el orto.**
  b. ‖ **de ~.** loc. adv. *Ar, Ur.* Por casualidad o suerte. vulg; pop + cult → espon.
  c. ‖ **para el ~.** *Ch, Ar, Ur.* **como el orto.**
  ▶ **hacer de ~.**

ortofónica.
  I. 1. f. *Ni, Ar, Ur.* Aparato reproductor de sonido utilizado antes de la llegada del tocadiscos.

ortografía.
  □
  a. ‖ **de dudosa ~.** loc. adv. *Co.* p.u. De conducta sospechosa.

ortopédico, -a.
  I. 1. adj. *ES.* Referido *a persona*, inadaptada, de mal genio. fest.

orumo.
  I. 1. m. *Co.* Árbol de hasta 20 m de altura, con copa abierta y extendida, hojas muy grandes y palmeadas, y flores poco vistosas; su madera se emplea en la fabricación de artesanías. (Urticaceae; *Cecropia* spp.).
  2. *Ve.* **matilisguate.**

oruzú.
  I. 1. *Ar:C,O.* **culencillo.**

orza.
  I. 1. f. *PR. En las actividades marítimas*, barca sin quilla.

orzuela.
  I. 1. f. *Mx.* Deterioro del cabello consistente en la bifurcación de sus puntas.

osamenta.
  ▶ **dejar la ~; dejarse la ~.**

osco, -a.
  I. 1. adj. *Ar:NO; Ur.* rur. Referido *al color de un animal vacuno*, oscuro de piel.

oscollo. (Del quech. *usqullu*).
  I. 1. m. *Pe, Bo:O, Ar:NO.* Gato de monte o salvaje. (Felidae; *Felis* spp.). (**oscoyo**). ♦ **tigrecillo.**

oscoyo. (Del quech. *usqullu*).
  I. 1. *Ar:NO.* **oscollo.**

oscura.
  I. 1. f. *ES, Bo. En una prisión*, celda de castigo. delinc.
  II. 1. f. *ES.* Cerveza.

oscurana.
  I. 1. f. *Gu, Ho, ES, Ni, CR, Ve, Bo:E; Pa, Ec,* rur. Oscuridad.

oscurano.
  I. 1. m. *Ar:NO.* Oscuridad. rur.

oscurito.
  □
  a. ‖ **en lo ~.** loc. adv/adj. *Mx, Ni, Ve, Ec, Bo, Ar, Ur.* De forma clandestina u oculta. pop + cult → espon.

oshota. (Del quechua *ushuta*).
  I. 1. f. *Ec.* p.u. Sandalia tosca de cuero que usan los campesinos indígenas de ciertas regiones del Ecuador. rur; pop.

osito.
  I. 1. m. *Bo:O, Ch, Py, Ar, Ur.* Pijama infantil de una sola pieza.
  2. *Ch.* Prenda de vestir infantil de una sola pieza.

a. ‖ **~ hormiguero enano.** *Ve.* **oso hormiguero sedoso.**

osmil. (Del ingl. *oatmeal*).
I. 1. m. *Gu, Ho.* Cereal preparado con harina de avena, que se toma con leche en el desayuno. pop + cult → espon.

osnaburgo.
I. 1. m. *Ch.* Tela delgada de lino o algodón, *generalmente de color crudo,* que se utiliza para paños de cocina, sacos o prendas ligeras.

oso.
I. 1. m. *Mx.* Vergüenza ante el ridículo, propio o ajeno. pop + cult → espon.
2. *Co.* Vergüenza o timidez que siente alguien al hacer o decir algo.
II. 1. m. *Cu.* Hombre al que le gusta la pendencia.
III. 1. m. *Bo:O.* Personaje de diferentes danzas propias del altiplano que lleva disfraz de oso.
IV. 1. m. *PR.* Persona que trata de convencer a otra para que consuma drogas. drog.

● **a.** ‖ **~.** fórm. *Ch, Ur; Ar.* fest. Se usa para dirigirse a alguien al tiempo que, a modo de broma, se retira la mano que se le ha ofrecido para saludarlo. pop.

■ **a.** ‖ **~ blanco.** m. *PR.* Penitenciaría Estatal.

□ **a.** ‖ **¡qué ~!** loc. interj. *Mx.* Expresa sensación de ridículo o vergüenza. pop.

► **coger de ~; hacer el ~; hacer la del ~; hacer ~s; hacer un ~; hacerse el ~; matar el ~ a puñaladas; poner el ~ a trabajar.**

oso, -a.
■
a. ‖ **~ andino.** *Ve, Ec, Bo.* **oso de anteojos.**
b. ‖ **~ bandera.** *Bo:E.* **oso palmero.**
c. ‖ **~ caballo.** *Ho, Pa.* **oso palmero.**
d. ‖ **~ careto.** *Co.* **oso de anteojos.**
e. ‖ **~ colmenero.** *Gu.* **oso hormiguero.**
f. ‖ **~ de anteojos.** m. y f. *Co, Ve, Ec, Pe, Bo.* Mamífero plantígrado que se caracteriza por tener la mayoría de las veces manchas entre blancas y crema alrededor de los ojos, bajo el mentón y el pecho. (Ursidae; *Tremarctos ornatus*). ♦ **jucumari; jukumari; oso andino; oso careto; oso frontino; oso negro; ucamari; ucuco; uxamari.**
g. ‖ **~ frontino.** *Co, Ve.* **oso de anteojos.**
h. ‖ **~ hormiguero.**
i. m. y f. *Mx, Gu, Ho, Pa.* Mamífero de hasta 1,30 m de longitud, de cabeza pequeña y prolongada en un hocico arqueado y estrecho, boca muy pequeña, lengua larga, delgada, viscosa y flexible, orejas y ojos muy pequeños, tronco alargado y robusto que termina en una cola poblada de pelos largos y pelaje de color blanco. (Myrmecophagidae; *Tamandua mexicana*). ♦ **hormiguero gigante; oso colmenero; shihui.**
ii. *Ve, Bo, Ur.* **oso palmero.**
i. ‖ **~ hormiguero sedoso.** m. y f. *Co, Ec.* Mamífero de hasta 17 cm de longitud, sin contar el largo de la cola, con el hocico menos alargado que otros mamíferos de su misma familia; la cola es prensil y su pelaje corto y sedoso. (Cyclopedidae; *Cyclopes didactylus*). ♦ **flor de balsa; osito hormiguero enano; oso melero; serafín; serafín del platanar.**
j. ‖ **~ lavandero.** m. y f. *Mx.* **mapache,** mamífero omnívoro.

k. ‖ **~ melero.**
i. m. y f. *Mx, Ve, Ar:N, Ur.* Mamífero de tronco robusto, color bayo grisáceo, cabeza alargada y estrecha, y uñas largas. (Myrmecophagidae; *Tamandua tetradactyla*). ♦ **caguaré; shihui; tamanduá.**
ii. *Mx.* Mamífero arborícola, de hasta 76 cm de longitud desde la cabeza hasta el comienzo de la cola, cabeza redonda, tronco largo, grueso y muy flexible, cola prensil que le sirve de anclaje, y pelaje crespo, suave y brillante, de coloración amarillenta leonada. (Procyonidae; *Potos flavus*). ♦ **coutí; cuchicuchi; cuyusa; juyo; kinkayú; martucha; mico de noche; micoleón.**
iii. *Bo:O.* **zamhool.**
iv. *Ho.* **oso hormiguero sedoso.**
l. ‖ **~ negro.** *Bo.* **oso de anteojos.**
m. ‖ **~ palmero.** m. y f. *Co, Ve.* Mamífero de hasta 1,20 m de longitud, con hocico alargado y cónico, sin dientes, el pelo del tronco de color castaño o grisáceo, corto, excepto en el lomo, en el que le crece una crin que se une con la cola. (Myrmecophagidae; *Myrmecophaga tridactyla*). ♦ **oso bandera; oso caballo; oso hormiguero; tamandúa.**
n. ‖ **~ perezoso.** *Ho, Pa, Ec.* **perezoso,** mamífero.

osobuco. (Del it. *ossobuco*).
I. 1. *Pe, Bo, Ch, Ar, Ur, Py,* pop. **caracú,** hueso.
2. m. *Ar, Ur.* Corte del hueso del jarrete vacuno, con su tuétano y la carne que lo rodea.

osota. (Del quech. *ushuta*).
I. 1. *Ar:NO.* **ojota,** calzado a manera de sandalia.

ostén.
I. 1. m. *RD.* Presunción, ostentación.

osterizer. (De *Osterizer*®).
I. 1. f. *PR.* Batidora eléctrica.

osterraiser. (De *Osterizer*®).
I. 1. f. *ES.* Batidora eléctrica.

ostinado, -a.
I. 1. *Ve.* **obstinado,** persona fastidiada.

ostinar(se).
I. 1. *Ve.* **obstinar,** exasperar.
2. *Ve.* **obstinarse.**

ostión.
I. 1. m. *Gu, Ho, Ni, CR, Ec, Pe, Ch.* Molusco marino lamelibranquio de gran tamaño, con dos conchas veteadas en forma de abanico de color rosado, excepto por la base que es blanquecina; su carne es muy apreciada en gastronomía. (Pectinidae; *Argopecten purpuratus*). ♦ **concha de abanico; señorita.**

■ **a.** ‖ **~ de mangle.** m. *PR, Ec.* Molusco lamelibranquio marino, de concha gruesa, áspera, de color azul negruzco; su carne es muy apreciada en gastronomía. (Ostreidae; *Crassostrea rhizophorae*). ♦ **ostra de mangle.**

ostionería.
I. 1. f. *Mx.* Establecimiento donde se venden y comen ostiones y otros moluscos marinos.

ostoche.
I. (Del nahua *otztli*, preñada, y *octli*, vino).
1. m. *Mx.* Bebida fermentada que se elabora con jugo de caña de maíz. (**ostochi**).
II. (Del nahua *oztoa, oztotl,* zorro que vive en cueva).
1. m. *CR.* Tigrillo pequeño que ataca a las gallinas.

ostochi. (Del nahua *otztli,* preñada, y *octli,* vino).
I. 1. *Mx.* **ostoche,** bebida.

ostra.
■ **a.** ‖ **~ de mangle.** f. *Ec.* **ostión de mangle.**

ostrero.

I. 1. m. *PR, Ec, Pe, Ar:S.* Ave marina de hasta 44 cm de longitud, de cabeza y cuello de color negro apizarrado, parte superior y cola gris oscuro y parte inferior blanca, pico recto de color rojo intenso y patas rosadas. (Haematopodidae; *Haematopus palliatus*).

oswaldiña. (De *Oswaldo*).

I. 1. f. *Ho,* juv. Cerveza. fest. (**oswaldita**).

oswaldita. (De *Oswaldo*).

I. 1. *Ho,* juv. **oswaldiña**.

otario, -a.

I. 1. sust/adj. *Bo:O, Ar, Ur, Py,* p.u. Persona tonta, necia o ingenua. pop + cult → espon ^ desp.

otatave.

I. 1. *Mx.* **huitatobe**.

otate. (Del nahua *otatl,* caña maciza y recia).

I. 1. m. *Mx.* **guadua**. (**otatera**).

2. *Mx.* Tallo del otate.

otatera.

I. 1. f. *Mx.* **otate**, planta.

otatillo.

I. 1. m. *Mx.* Hierba perenne y forrajera, con cálamos centrales robustos de hasta 2 m de altura. (Poaceae; *Lasiacis ruscifolia*).

otavalillo.

I. 1. m. *Ec.* En el proceso de producción de *panela,* espuma que se forma cuando hierve el **caldo**. rur.

oto.

■

a. ‖ ~ **de lagarto.** m. *Pa.* **cuyamiz**.

otoba.

I. 1. f. *Co.* Árbol de hasta 30 m de altura, de tronco recto y cilíndrico, hojas simples y alternas, brillantes, con un nervio medio muy pronunciado, y flores pequeñas, de color amarillo verdoso y dispuestas en racimos axilares, cuyo fruto es una drupa que desprende un olor desagradable. (Myristicaceae; *Dialyanthera otoba*). ♦ **otova**.

otoe.

I. 1. m. *Pa.* Planta de hojas grandes, acorazonadas, con largos pecíolos, y tallo muy corto unido a un rizoma del cual nacen varios tubérculos. (Araceae; *Xanthosoma* spp.).

2. *Pa.* Tubérculo del otoe, comestible después de cocido.

otomía. (Del nahua *otomitl,* otomí).

I. 1. f. *Gu, Pa, RD, Ve:C,E, Bo; Ho, ES, Ni,* cult → esm; *Cu, Ar:NO,* obsol. Atrocidad, crueldad.

otorgación.

I. 1. f. *Ni, RD, PR, Bo:O; Ec, Ch,* p.u. Entrega de algo, *generalmente de un premio.*

otoronco.

I. 1. *Ar:NO.* **uturunco**, personaje con figura de tigre.

otorongo.

I. 1. *Pe.* **tigre**. (*Panthera onca*).

otorunco.

I. 1. m. *Ar.* Felino de cola muy larga, con pelaje de color amarillo dorado o rojizo manchado con ocelos negros, y vientre blanquecino. (Felidae; *Leo onca*).

otova.

I. 1. *Co:SO.* **otoba**.

otra.

●

a. ‖ ~ **que.** fórm. *Ar, Ur.* Se usa seguida de un elemento de comparación para resaltar que otra cosa, citada o sobrentendida, es mejor o peor. pop.

□

a. ‖ ~ **más del taller Cajina.** loc. sust. *Ni.* Una más de las acciones ilegales o arbitrarias de alguien.

otto, -a.

I. 1. adj. *Ch.* Relativo a Alemania. pop + cult → espon ^ fest.

out. (Voz inglesa).

I. 1. m. *EU, Mx, Ni, CR, Pa, Cu, RD, PR, Co, Ve.* En el **beisbol,** anotación negativa en un turno de **bateo** de un jugador.

2. *Ni, PR.* En el **beisbol,** jugador eliminado en una entrada ofensiva.

► **ser ~ por regla.**

¡out! (Voz inglesa).

I. 1. interj. *EU, Mx, Ni, CR, Pa, Cu, RD, PR, Co, Ve.* En el **beisbol,** expresa que la pelota ha salido fuera del campo.

outfield. (Voz inglesa).

I. 1. m. *EU, Mx, Ho, Ni, Pa, Cu, PR, Ve.* En el **beisbol,** parte de un terreno comprendido entre el cuadro cuatro y la zona de **foul**.

2. *Cu.* En el **beisbol,** jugador ubicado en el *outfield*.

outfielder. (Voz inglesa).

I. 1. m. *EU, Ho, Ni, Cu, PR.* En el **beisbol,** jugador que tiene por misión atrapar la pelota que ha traspasado el **diamante**.

outlet. (Voz inglesa).

I. 1. m. *EU.* Venta de productos sobrantes o de otras temporadas que están en almacén, a menor precio del habitual.

outside. (Voz inglesa).

I. 1. m. *EU, PR, Py.* En el baloncesto o voleibol, balón fuera del campo de juego.

ovacharse.

I. 1. intr. prnl. *Mx.* Engordar mucho una caballería. rur.

ovachón, -na.

I. 1. adj. *Mx.* Referido a caballería, que ha engordado mucho. rur.

ovada.

I. 1. f. *Pe:E.* Embarcación pequeña casi plana de forma oval.

ovalada.

I. 1. f. *Ch, Ur.* En la prensa deportiva, balón o pelota de rugby.

óvalo.

I. 1. m. *Pe.* Espacio ovalado o circular que es punto de encuentro de varias calles o avenidas.

2. *Ec.* Punto de un canal principal de riego desde el que se reparten las aguas.

□

a. ‖ **de ~.** loc. adj. *Cu.* Referido a un tejido o a una prenda de vestir, con lunares.

oveja.

◪

a. ‖ ~ **mansa se mama su leche y la ajena.** fr. prov. *RD.* **oveja mansa se mama su teta y la ajena**.

b. ‖ ~ **mansa se mama su teta y la ajena.** fr. prov. *RD.* Indica que con paciencia y temple se puede conseguir lo que se quiere. ♦ **oveja mansa se mama su leche y la ajena**.

ovejera.

I. 1. f. *Bo.* Lugar cercado donde se guardan las ovejas.

ovejería.

I. 1. f. *Ch, Ar.* Crianza de ganado ovino.

2. *Ar:NO; Ch,* p.u. Ganado ovejuno.

3. *Ch.* Lugar donde se crían o guardan ovejas.

ovejito.

I. 1. m. *PR.* Cría macho de la oveja.

ovejo.

I. 1. m. *Cu, RD, PR, Co, Ve; Bo:E,S,* rur. Carnero, macho de la oveja.

2. *RD, PR,* metáf. Persona que necesita un corte de pelo, peluda. pop + cult → espon ^ fest.

II. 1. m. *Co, Ve.* Persona mansa, dócil y humilde.

ovejón.
I. 1. sust/adj. *Pe.* Gorro, *generalmente de lana,* acabado en punta y con orejeras. rur.

overa.
I. 1. *Ar:NO.* **papa,** planta y tubérculo. rur.

overalls. (Voz inglesa).
I. 1. m. *PR, Ur.* **overol,** prenda de trabajo de una sola pieza.

overdose. (Voz inglesa).
I. 1. m. *EU, ES, PR.* Dosis exagerada de algo, *especialmente de droga.* drog.

overear.
I. 1. tr. *Py.* Secar hojas de **yerba mate** en una **barbacuá** hasta que toman un color verde amarillento. rur.

overjauleado, -a.
I. 1. adj. *Mx. Referido a un vehículo de motor,* restaurado. (**overjoleado**).

overjol. (Del ingl. *overhaul,* examinar, revisar).
I. 1. m. *Ho, Ni, CR, Pa.* Puesta a punto del motor de un automóvil. ♦ **overjoleada.**
II. 1. adj. *Ho.* metáf. *Referido a persona,* que ha recibido un tratamiento médico completo y ha quedado bien de salud.

overjoleada.
I. 1. f. *Ho, Ni, CR.* **overjol.**

overjoleado.
I. 1. adj. *Ho, Ni, CR.* **overjauleado.**

overjolear. (Del ingl. *to overhaul,* examinar, revisar).
I. 1. tr. *Ho, Ni, CR.* Hacer un **overjol** a un motor.
II. 1. tr. *Ho, CR.* Hacer una revisión médica a alguien. fest.

overlista.
I. 1. m-f. *Ch; Ur,* p.u. **overloquista.**
2. adj. *Ch; Ur,* p.u. Relativo a las máquinas de coser **overlock.**

overlock. (Voz inglesa).
I. 1. f. *Ni, CR, Bo, Ch, Ur. En confección de ropa,* máquina de coser que remata el borde de las prendas de vestir para evitar que se deshilen.
2. m. *Ch.* Botón a presión de una prenda de vestir.

overloquista.
I. 1. m-f. *Bo, Ar, Ur. En confección de ropa,* persona que trabaja con una *overlock.* ♦ **overlista.**

overnight. (Voz inglesa).
I. 1. adv. *EU, PR.* Por la noche, durante la noche.

overo, -a.
I. 1. adj. *Mx, Gu, Ni, CR, RD, Co, Ve, Bo, Ch, Py, Ar, Ur. Referido a una caballería,* de color general blanco con manchas más o menos extensas e irregulares de otro color. rur. (**obero**).
2. *Gu, Ho, Ni; Pe,* rur. *Referido a animal,* de pelaje o plumaje blanco en su fondo, con manchas más o menos extensas de otro color cualquiera.
3. adj/sust. *Bo:E,N, Ar, Ur. Referido a un animal, generalmente caballar,* que presenta grandes manchas de dos colores. rur.
4. *Pe. Referido a una persona,* que tiene decoloraciones en la piel. rur.
▶ **poner ~.**

overol. (Del ingl. *overalls*).
I. 1. m. *EU, Mx, Gu, Ho, Ni, CR, Pa, Cu, RD, PR, Co, Ve, Ec, Pe, Bo, Ch, Py, Ar, Ur.* Prenda de trabajo de una sola pieza, que consta de cuerpo y pantalón *y se*

usa generalmente como traje de faena. (**oberol;** *overalls*).
2. *Mx, Cu, Ec.* Prenda de vestir de una sola pieza consistente en un pantalón, largo o corto, con peto.
3. *Ni, PR, Co.* Prenda de vestir de niño consistente en un pantalón con peto.

overtime. (Voz inglesa).
I. 1. m. *EU, ES, PR.* Tiempo extra de trabajo que se cobra aparte.

overweight. (Voz inglesa).
I. 1. m. *EU, PR.* Sobrepeso.
2. adj. *EU, PR. Referido a persona,* gorda, gruesa.

ovillo.
I. 1. m. *Mx:O.* **haba de San Ignacio.**
II. 1. m. *Pe. En la danza de la **diablada**,* figura en forma de espiral en la que en el centro se sitúan los danzantes que representan a los diablos más importantes del infierno.

ovitano.
I. 1. *Mx.* **zapotillo,** arbusto.

ovo.
I. 1. m. *Ho.* Árbol de flores blancas con filamentos rosados o púrpuras, frutos de idénticos colores y densamente pilosos. (Rosaceae; *Hirtella triand*).
2. *Ho.* Fruto comestible del ovo.

ovoide.
I. 1. m. *Mx.* Balón de **futbol** americano.

ox.
I. (Del maya yucat.).
1. *Mx:SE.* **huje.**
II. 1. m. *Ch.* Cápsula en la que se transporta cocaína. esm.

óxido, -a.
I. 1. adj. *Ni,* juv. *Referido a persona,* fea.

oxigenar.
I. 1. tr. *Ni, Pa, Cu, Co, Ve, Pe, Bo, Ch, Py, Ar, Ur; Ec,* pop + cult → espon. Vigorizar una situación deteriorada mediante la introducción de algún aporte innovador.

oxigenista.
I. 1. m-f. *Ch.* Operario especializado en realizar soldaduras con oxígeno.

oxígeno.
▶ **patear ~.**

oyama.
I. 1. *Pa.* **auyama.**

oyamel.
I. 1. *Mx.* **guayame.**

¡oyó!
I. 1. interj. *ES.* Expresa llamada a alguien desde muy lejos. rur. (**¡oyoó!**).

¡oyoó!
I. 1. *Ho.* **¡oyó!**

¡oyoy!
I. 1. interj. *Ho.* Expresa broma o chanza a alguien.
II. 1. interj. *Ho.* Expresa preocupación.

ozonósfera.
I. 1. f. *Mx, Ni, Ve, Ec, Pe, Ch, Py, Ar, Ur.* Ozonosfera.

ozote. (Del nahua *ozotl,* suciedad, y *otli,* camino).
I. 1. m. *Mx:S.* Árbol de hasta 8 m de altura, de hojas oblongo-elípticas de margen entero, flores solitarias en las axilas o en panículas, grandes y blancas, y fruto en cápsula que contiene dos semillas romboidales; posee diversos usos en la medina tradicional. (Convolvulaceae; *Ipomoea murucoides*).

p.

□

    a. ‖ **la ~.** loc. sust. *Ch.* juv. Poca cantidad de algo.

p. o. box. (Acr. de *postal office box*).

    I. 1. m. *Ho, Ec.* Apartado de correos, casilla postal. (*P. O. Box*).

P. O. Box.

    I. 1. m. *EU, Ni, PR, Ec.* **p. o. box.**

pa.

    I. 1. m. *Mx, Gu, Pa, PR, Pe, Bo, Ur.* Padre, papá. pop ^ afec.

paaj. (Del quech. *pahuani*, volar el ave).

    I. 1. m. *Ar:NO.* Afección cutánea producida por el contacto con el **quebracho colorado**, que se acompaña de fiebre, insomnio y cefalalgia. rur.

pabalate.

    I. 1. m. *Ni.* Palo que se lanza a una persona.

pabellón.

    I. 1. m. *Ar, Ur. En la danza del* **pericón**, figura en la que los bailarines forman la bandera nacional con los pañuelos blancos y celestes que llevan en el cuello.

    II. 1. m. *Ar:NO.* Montón de hojas de tabaco dispuestas en forma de cono para facilitar su secado.

    III. 1. m. *Pe.* obsol. Flequillo peinado sobre la frente, de uso en el siglo XIX.

    IV. 1. m. *Ve.* Plato consistente en **carne esmechada**, arroz, **caraotas** negras y **plátano** frito.

    V. 1. m. *Ho:O, ES.* Mosquitero hecho de seda o tela fina y transparente. rur.

    VI. 1. m. *Cu.* Visita que se le permite recibir a un preso para que tenga relaciones sexuales.

    VII. 1. m. *PR.* Pez marino de hasta 30 cm de longitud, con aletas radiadas y unas características rayas longitudinales que alternan el color rojo y el amarillo. (Serranidae; *Gonioplectrus hispanus*).

■

    a. ‖ **~ del rey.** *RD.* **guaniquí.**

    b. ‖ **~ mexicano.** m. *Mx.* Arbusto de hasta 1 m de altura, de forma redondeada, tallos semiherbáceos, hojas ovadas y flores de color rojo o púrpura; sus hojas despiden un aroma mentolado. (Lamiaceae; *Salvia microphylla*).

pabilera.

    I. 1. f. *Pe.* Máquina que fabrica **pabilo**.

pabilero, -a.

    I. 1. sust/adj. *Pe.* Operario encargado de una **pabilera**.

pabilo.

    I. 1. m. *CR, Pa, Ve, Pe.* Hilo grueso blanco, de algodón, resistente y poco tramado, que se emplea, entre otras cosas, para tejer alpargatas, hamacas o cubrecamas y para atar.

    II. 1. m. *Co.* Persona alta y flaca. pop.

    III. 1. m. *Bo:E.* Culebra de hasta 1 m de longitud, de cuerpo muy delgado, con el hocico prolongado en una punta roma, gris en el dorso y blanca en el vientre. (Colubridae; *Oxybelis aeneus*). ♦ **bejuquilla.**

pábilo.

    I. 1. m. *Ve.* Hilo grueso de algodón, resistente y poco tramado, que se emplea, entre otras cosas, para tejer alpargatas, hamacas o cubrecamas.

paca.

    I. (Del fr. *pacque*).

    1. *Co.* Bolsa, *generalmente de papel*, que sirve para guardar o llevar cosas.

    2. *Gu.* meton. Venta de ropa.

    3. *Ho.* Unidad de medida del tabaco que pesa 45 kilogramos.

    II. 1. f. *Ho, Pe, Bo:E.* **tepescuintle.**

    2. *Pe:SE.* **guadua.**

    III. 1. f. *PR, Ve.* Fajo grande de dinero en papel moneda.

    IV. 1. f. *Cu.* Droga en pastilla. drog.

    V. 1. f. *Cu.* **pacotilla**, conjunto de objetos materiales. pop ^ fest.

    VI. 1. f. *Ho.* Variedad de café que no necesita sombra.

    VII. 1. f. *CR.* Cuerpo policial encargado de velar por la seguridad y el orden ciudadanos.

■

    a. ‖ **~ común.** f. *Ec, Ar:NE.* **tepescuintle.**

    b. ‖ **~~.** (Del quech. *pakpaka*, de origen onomatopéyico).

      i. f. *Pe.* Ave rapaz diurna y nocturna con preferencias crepusculares, parecida a la lechuza, de tamaño pequeño, de coloración rojiza, marrón o gris en el dorso, pecho y vientre blancos con estrías de color y patas amarillas muy fuertes. (Strigidae; *Glaucidium peruanum*). (**pacapaca**). ♦ **pacpaco.**

      ii. m. *Gu.* Caballo. inf.

    c. ‖ **~ paquita.** m. *Bo:O.* Escondite, juego infantil.

    ▶ **abrir ~.**

pacaá.

    I. 1. *Ar.* **ipacaá.**

pacae. (Del quech. *paqay*).

    I. 1. m. *Pe, Bo.* **machetón**, árbol.

    2. *Pe, Bo.* Fruto del pacae.

pacanero.

    I. 1. m. *Mx.* Árbol de hasta 30 m de altura, de tronco grueso, copa ancha, hojas compuestas de hojuelas ovales y dentadas, flores verdosas en amentos largos y fruto seco del tamaño de una nuez, de cáscara lisa y forma de aceituna, con almendra comestible; la madera, semejante al nogal, es muy apreciada. (Juglandaceae; *Carya alba*). ♦ **pacano.**

pacanil. (Del maya yucateco).

    I. 1. m. *Mx.* Planta de hasta 1 m de altura, de tallos ramificados angulados, hojas alternas pecioladas ovadas, flores solitarias en forma de campanilla amarillo cremosa y fruto en baya globosa; tiene propiedades medicinales. (Solanaceae; *Physalis angulata*). (**pacanul**). ♦ **farolito; mullaca; sacabuche.**

pacano.

    I. 1. *Mx.* **pacanero.**

pacanul.

    I. 1. *Mx.* **pacanil.**

pacapaca. (Del quech. *palpaka*, de origen onomatopéyico).
 I. 1. m. *Gu, Ho, Ni*, inf; *Pa*, pop + cult → espon ^ fest. Caballo.
  2. *Ni.* Trote del caballo.
 II. 1. f. *Pe.* **paca paca**, ave rapaz.

pacará.
 I. 1. *Bo:S, Ar.* **timbó**, árbol y madera.

pacarana.
 I. 1. f. *Ec, Bo:NO.* Roedor de hasta 80 cm de longitud, sin incluir la cola, con pelaje de castaño oscuro a negruzco y algo canoso, con dos bandas de manchas blancas que cruzan la espalda longitudinalmente, orejas cortas y redondeadas, labio superior con una incisión, pelos nasales largos y patas anchas, cada una de ellas con cuatro dedos armados con uñas largas y fuertes. (Dynomidae; *Dinomys branickii*). ♦ **jochi con cola**.

pacarcar.
 I. 1. m. *Ec.* Árbol de hasta 20 m de altura, con las hojas de glabras y elípticas a ovado-elípticas, flores blancas con el cáliz lobulado y el fruto drupáceo con forma de pera, de pericarpio pegajoso y semilla dura. (Sabiaceae; *Meliosma arenosa*).

pacarina.
 I. 1. f. *Pe. En el antiguo Perú*, lugar de origen reconocido por un **ayllu**.
  2. *Bo:O. Entre los aimaras*, lugar sagrado o espiritual.

pacaso.
 I. 1. m. *Pe:NO, Bo:E.* **iguana**. (Iguanidae; *Iguana iguara*). (**pacazo**).

¡pácata!
 I. 1. interj. *Cu.* Expresa el sonido de un golpe, una caída o una acción abrupta.

¡pacatán!
 I. 1. interj. *Pa, RD, PR.* Imita el sonido de un golpe, caída o acción abrupta. pop + cult → espon.

¡pacatás!
 I. 1. interj. *RD, PR.* Imita el ruido que hacen las herraduras de uno o varios caballos cuando van a galope tendido.

¡pácatelas!
 I. 1. interj. *Mx, Ho, Bo.* Expresa asombro o sorpresa por algo, *en especial por caídas y golpes*. pop.

pacay.
 I. 1. m. *Mx:SE.* **yaba**.
  2. *Pe, Bo, Ch:N, Ar.* **machetón**, árbol. (**pacaya**).
  3. *Pe, Bo, Ch:N.* Fruto del pacay. (**pacaya**).
  4. *Gu.* **algarrobo**. (Fabaceae; *Hymenaea courbaril*).
  5. *Bo.* **ibirá-pitá**.

pacaya.
 I. 1. f. *Gu, Ho, ES, Ni, Pa.* Palmera silvestre de hasta 7 m de altura, de tallo comestible, aunque amargo; se cultiva con fines ornamentales. (Arecaceae; *Chamaedora tepejilote, C. bifurcata*). ♦ **caña agria**; **caña verde**; **nurú**.
  2. *Gu, Ho, ES, Ni.* Cogollos y flor comestibles de la pacaya, palmera silvestre.
  3. *Gu.* Palma de lugares cálidos y húmedos, de hojas compuestas, alternas, de hasta 30 cm de longitud, su flor, en forma de huso, encierra una serie de cordoncitos dependientes de un eje, es comestible en diversas formas. (Arecaceae; *Chamaedorea tepejilote*).
  4. *Bo.* **pacay**, machetón, árbol y fruto.
 II. 1. f. *Gu, ES.* Pene. vulg.
 III. 1. f. *Ho, ES. En carpintería*, travesaño entre dos de las patas de una silla.
 IV. 1. f. *Gu.* Fastidio o molestia.
  2. f. *ES.* Compromiso, apuro, molestia.

 V. 1. f. *Gu.* Trabajo que implica responsabilidad.
 VI. 1. f. *Gu.* Serie de suelos poco profundos, excesivamente drenados.
 VII. 1. f. *ES.* Hombre afeminado. desp.
 ∎
  a. ‖ ~ **cuilote amargo**. f. *ES.* Variedad de palma cuyas hojas se utilizan como adorno en las festividades; su fruto es comestible. (Arecaceae; *Chamaedorea carchensis*).
  b. ‖ ~ **de carcha**. f. *Gu.* **pacaya**, palma.

pacayal.
 I. 1. m. *Pe, Bo.* Terreno plantado de **pacayas**. (**pacayar**).
  2. *Gu, Ho, ES, Ni.* Cultivo de **pacayas**.

pacayar.
 I. 1. *Pe, Bo.* **pacayal**.

pacazo.
 I. 1. *Pe:NO.* **pacaso**.

paccha. (Del quech. *phaqcha*).
 I. 1. f. *Pe.* Caída de agua, catarata. rur. (**pajcha**).

pacencén.
 I. 1. *Gu.* **tempisque**.

pacencia.
 I. 1. f. *RD, Py.* Paciencia. pop.

paceña.
 I. 1. f. *Bo.* Bebida alcohólica elaborada con granos de trigo fermentados.

paceñidad.
 I. 1. f. *Bo.* Conjunto de habitantes de la ciudad de La Paz.

paceñismo.
 I. 1. m. *Bo.* Afecto por las cosas propias del **departamento** de La Paz.
  2. *Bo.* Tendencia de algunas personas e instituciones del **departamento** de La Paz, que postulan la unidad regional frente a otras unidades regionales.
  3. *Bo.* Voz, frase o giro propio de los habitantes del **departamento** de La Paz.

pacha.
 I. (Del nahua *patzoa*, magullar, aplastar).
  1. f. *Gu, Ho, ES, Ni, CR; Pa*, pop + cult → espon ^ fest. Botella de vidrio pequeña y aplanada *que usa generalmente para embotellar aguardiente o ron*.
  2. *Gu.* Biberón.
 II. (Del muisca *pabcha*, primos hermanos).
  1. f. *Co:C.* Pareja o conjunto de mazorcas atadas. rur.

pachacate. (Del nahua *patzahuac* o *patzactic*, trigo o maíz añublado, helado).
 I. 1. adj. *Mx. Referido a un fruto*, que se ha desarrollado poco y se ha quedado seco y pequeño. rur.
  2. *Mx.* metáf. *Referido a un niño*, enclenque, que ha crecido poco. rur.

pachacho, -a.
 I. 1. adj/sust. *Ch. Referido a persona o animal*, de piernas cortas en relación al volumen del cuerpo. pop.

pachaco.
 I. 1. m. *Ec, Pe.* Árbol de hasta 35 m de altura, con la copa amplia y abierta, el tronco cilíndrico y la corteza áspera, verde en árboles jóvenes y grisácea en los ejemplares adultos, hojas compuestas y alternas, flores amarillas, agrupadas en racimos terminales, y frutos en forma de vaina con una a dos semillas planas de color pardo; su madera es poco resistente, pero se usa en la construcción de canoas. (Fabaceae; *Schizolobium parahyba*). (**pashaco**). ♦ **gallinazo**; **tinecú**.

pachaco, -a.
 I. 1. adj. *Ni. Referido a persona*, delgada y de abdomen plano.

pachakuti.
    I. 1. m. *Bo:O. Entre los aimaras*, tiempo de cambio y transformación.

pachalina.
    I. 1. f. *Ec*. Manta para cubrir la espalda usada por las indígenas, *generalmente anudada al pecho o asegurada con un **tupo***.

pachamama. (Del quech. *pacha*, tierra, y *mama*, madre).
    I. 1. f. *Ec, Pe, Bo, Ch:N. En la cosmovisión andina*, la Tierra como madre de todo.
    II. 1. f. *Bo:O*. Mujer obesa y corpulenta. pop.
    III. 1. f. *Bo*. obsol. Hoja de coca. pop.
    ▶ **dar de comer a la ~.**

pachamámico, -a.
    I. 1. adj. *Pe, Ch:N*. p.u. Relativo a la **Pachamama**. esm.

pachamanca. (Del quech. *pacha*, tierra, y *manca*, olla).
    I. 1. f. *Ec, Pe, Bo:C,O*. Plato típico que se prepara bajo tierra en un hoyo, calentado con piedras al rojo vivo, donde se incluyen diferentes carnes, tubérculos y vegetales; se cubre de tierra para su cocción.
    2. *Pe*. metáf. Confusión, desorden. pop.

pachamancada.
    I. 1. f. *Pe*. **pachamanqueada**, reunión o fiesta.

pachamanqueada.
    I. 1. f. *Pe*. Reunión o fiesta popular en la que se sirve una **pachamanca** como plato principal. ◆ **pachamancada**.
    II. 1. f. *Pe*. Caricia lasciva y acto sexual entre dos personas. pop.

pachamanquearse.
    I. 1. intr. prnl. *Pe*. Disfrutar de una abundante comida. pop.
    2. *Pe*. Aprovecharse en beneficio propio de algo o alguien, *especialmente de una situación confusa*.
    3. tr. prnl. *Pe*. Acariciar a *alguien* de manera lasciva, tener relaciones sexuales. pop.

pachanga.
    I. 1. f. *Mx, Gu, Ho, ES, Ni, CR, Pa, Cu, RD, PR, Ar, Ve, Ec.* pop; *Pe*. juv. Fiesta bulliciosa con baile y bebida. pop + cult → espon. ◆ **bembé; gozadera; pachangazo; pachangón; rebambaramba; recholata**.
    2. *Pe*. juv. Música pop de origen hispanoamericano.
    II. 1. f. *Mx*. Cosa complicada o difícil. pop.
    III. 1. f. *ES, Co*. **Tortilla** de maíz con requesón y dulce de **panela**.
    IV. 1. f. *Ho, RD*. Borrachera.
    V. 1. f. *Bo:O*. Partido informal de **futbol** u otro deporte.

pachangá.
    ▶ **echar una ~.**

pachangazo.
    I. 1. m. *ES*. **pachanga**, fiesta.

pachango, -a.
    I. 1. adj. *Ho*. Referido a persona, que tiene estatura pequeña y cuerpo regordete.

pachangón.
    I. 1. m. *Mx, ES, Ni, CR, Pa, PR, Co:N, Pe.* **pachanga**, fiesta. pop + cult → espon.

pachangoso, -a.
    I. 1. adj. *ES, Co.* Referido a persona, aficionada a la fiesta y la juerga.

pachanguear.
    I. 1. intr. *Mx, Ho, Ni, CR, Pa, Cu, RD, PR, Co, Ve, Ec, Pe, Bo:O, Ch, Ar, Ur.* Irse de juerga, divertirse. pop + cult → espon.
    2. *Mx, Ho, ES, Ni, CR, Cu, RD, PR, Ve, Bo:O, Ar, Ur.* Participar en una **pachanga** o fiesta popular. pop + cult → espon.

pachanguero, -a.
    I. 1. sust/adj. *Mx, Ho, ES, Ni, CR, Pa, Cu, RD, PR, Co, Ec, Pe, Bo, Ch, Ar, Ur.* Persona que gusta de estar en fiestas, bailes o juergas. pop + cult → espon.
    2. m. y f. *Pe*. Relativo a la **pachanga**.
    3. *Ho*. **alcobiche**, borracho consuetudinario.
    II. 1. sust/adj. *Ho*. **charamilero**.

pacharaca.
    I. 1. f. *Ec*. **cojolite**.
    II. 1. f. *Ni*. Seno de mujer.

pacharaco, -a.
    I. 1. adj. *Pe*. juv. *Referido a persona o cosa*, de mal gusto, estrafalaria en su aspecto o que cae en la vulgaridad. pop.
    II. 1. sust/adj. *Pe*. juv. Mujer de vida sexual promiscua.
    III. 1. adj. *Pe:N. Referido a persona*, que no trabaja, ociosa.

pacharaquear(se).
    I. 1. intr. prnl. *Pe*. Volverse *algo* o *alguien* estrafalario o vulgar. pop.
    2. *Pe*. Volverse *algo* común o popular.
    II. 1. intr. *Pe*. juv. Estar *alguien* ocioso, sin trabajar. pop.
    III. 1. intr. *Pe*. Frecuentar o tener relaciones sexuales con **pacharacas**. pop.

pachatata. (Voz aimara).
    I. 1. m. *Bo:O. En la cultura andina*, padre divino, creador.
    2. *Bo:O. En la cultura andina*, espíritu de las montañas.

pachay.
    I. 1. m. *Ec*. Ave de hasta 15 cm de longitud, con pico negro, ojos escarlata y plumaje negro, excepto la cabeza y la frente, que son grises, y la parte posterior, que tiene manchas blancas. (Rallidae; *Laterallus spilonotus*).

pache.
    I. 1. adj. *Gu. Referido a persona o cosa*, de poca altura. (**pacho**).
    II. 1. m. *Gu*. **Tamal** hecho a base de **papa** machacada.

pacheca.
    ▶ **jugar la ~.**

pachecada.
    I. 1. f. *Mx*. Disparate con un alto grado de tontería. pop. ◆ **pachequez**.

pacheco.
    I. 1. m. *CR, Ve, Ec; ES*, carc. Frío intenso. pop + cult → espon.
    II. 1. m. *Ho:O, ES*. Pato común.

pacheco, -a.
    I. 1. adj/sust. *Mx, Ve, Ec. Referido a persona*, que está bajo los efectos de alguna droga o del alcohol. pop.
    2. m. y f. *Mx*. Persona que habla o actúa disparatadamente. pop.
    II. 1. adj. *ES*. metáf. *Referido a persona*, patizamba.

pachequez.
    I. 1. *Mx*. **pachecada**.

pachiche.
    I. 1. adj. *Mx*. **pachichi**.

pachichi. (Del nahua *pachichina*, chupar).
    I. 1. adj. *Mx. Referido a planta, flor u hoja*, lánguida, magullada, marchita. pop. (**pachiche**).
    2. *Mx. Referido a cosa*, arrugada. pop. (**pachiche**).
    3. *Mx. Referido a persona*, enjuta. pop. (**pachiche**).
    4. *Mx. Referido a persona*, vieja. pop. (**pachiche**).

pachilla.
    I. 1. f. *Ec, Pe*. Conjunto de fragmentos pequeños de cosas sólidas, *especialmente ladrillos, bloques de concreto, piedras y cosas similares*.
    2. *Ec*. metáf. Cosa inservible.
    3. *Ec*. Escombro menudo.

pachío.
    I. 1. m. *Bo:E.* **maracuyá**, planta y fruto.
pachiote. (Del nahua *pacha*, cosa lanuda o enmarañada).
    I. 1. *Mx:S.* **peine de mico**, árbol.
pachiquil.
    I. 1. m. *Ar:NO.* Rodete de tela que las mujeres se colocan en la cabeza para sostener y transportar cargas.
    2. *Ar:NO.* Lío o atado de cosas.
    II. 1. m. *Ar:NO.* Enredo o intriga en busca del beneficio propio.
pachita.
    I. 1. f. *CR; Pa,* pop + cult → espon ^ fest. Botella pequeña y por lo general aplanada en que vienen envasados ciertos tipos de bebidas alcohólicas.
pachiuba.
    I. 1. *Bo:E.* **camona**, palma.
pachiubí.
    I. 1. adj. *Bo:E. Referido a una casa*, techada con hojas de **pachiuba**.
pacho.
    I. 1. m. *Co.* Gato. pop.
    ▶ **hacerse del ojo ~.**
pacho, -a.
    I. (Del nahua *patzoa*, magullar, aplastar).
    1. adj. *Ni; Ho, ES,* pop. *Referido a cosa*, de forma aplastada.
    2. *Ho, ES, Ni. Referido a un río, pozo o lago,* de poca profundidad.
    3. *Ho, ES, Ni. Referido a persona, generalmente mujer,* de pechos o nalgas poco prominentes.
    4. *Gu.* **pache**, de poca altura.
    5. *Ho. Referido a elevación,* plana o lisa en su parte superior.
    II. (Del muisca *pabcha*, primos hermanos).
    1. sust/adj. *Co:C.* Fruta que se presenta adherida a otra de forma natural. rur.
    III. 1. adj. *Ho, ES. Referido a cosa*, fácil de hacer.
    IV. 1. sust/adj. *Ho, CR.* Situación divertida o cómica. pop + cult → espon.
    V. 1. adj. *ES. Referido a hombre*, sin pene. pop.
pachó.
    I. 1. m. *PR.* Situación ridícula, vergüenza, bochorno, mal rato.
    □
    a. ‖ **¡qué ~!** loc. interj. *PR.* Expresa sensación de ridículo o vergüenza. pop.
    ▶ **dar ~; hacer un ~; pasar un ~.**
pachocha.
    I. 1. f. *Cu, Co, Ve, Pe, Ch.* Tranquilidad y lentitud al hacer las cosas. pop.
    II. 1. f. *Mx.* Dinero en metálico, ya sea en monedas o en billetes. pop.
pachochez.
    I. 1. f. *Pa.* Lentitud en el modo de actuar las personas. pop + cult → espon.
pachocho, -a.
    I. 1. adj. *Pa, Co:O. Referido a persona*, que procede con gran lentitud. pop + cult → espon.
pachochudo, -a.
    I. 1. adj/sust. *Pe. Referido a persona*, que actúa con exceso de lentitud. pop.
pachola. (Del nahua, quizás de *pachón*, doblarse, inclinarse).
    I. 1. f. *Mx.* Tortita de forma alargada que se prepara con carne molida en el **metate**. (**pacholi**).
pachole. (Del nahua *patzoltic*, enmarañado).
    I. 1. m. *Mx.* Técnica de siembra del maíz consistente en plantar los granos a puñados. rur.
pacholi.
    I. 1. *Mx.* **pachola**.

pacholla.
    I. 1. *Gu.* **cholla**, lentitud.
pachómata. (Voz tarasca).
    I. 1. f. *Mx:SO.* Sopa hecha con **tortilla** de maíz desmigada en leche y sal. rur.
pachón.
    I. 1. m. *Gu.* Recipiente portátil destinado a transportar algún líquido.
    2. m. *ES.* Botella aplanada de medio litro de aguardiente.
pachón, -na. (Del nahua *pacha*, lanudo, velludo).
    I. 1. adj. *Mx, Gu, Ho, Ni; Ar:NO,O,* rur. *Referido a persona o animal*, peludo, lanudo.
    II. 1. adj. *Mx. Referido a cosa*, gruesa y esponjada. pop + cult → espon.
pachona.
    I. 1. f. *Mx.* p.u. La muerte.
pachonear.
    I. 1. tr. *Mx.* Dar palmadas o golpecitos en el lomo a un animal. rur.
pachorra.
    I. 1. f. *Mx, Ur.* Pereza continua. pop + cult → espon.
pachorrear.
    I. 1. intr. *Ho, Ni, Ar, Ur.* Holgazanear o actuar con pereza e indolencia. pop + cult → espon.
pachorrientamente.
    I. 1. adv. *Bo.* Lenta y despreocupadamente. pop.
pachorriento, -a.
    I. 1. adj/sust. *Ec, Bo:E, Py, Ar, Ur, Ch,* desp. *Referido especialmente a persona*, que actúa siempre con lentitud excesiva. pop.
pachorro, -a.
    I. 1. adj/sust. *Co. Referido a persona*, perezosa, lenta. pop.
    2. adj. *Ho, Ni. Referido a persona o animal*, haragán.
pachorrudo, -a.
    I. 1. adj. *Mx, Ni; Co,* pop. *Referido a persona*, perezosa, que actúa con excesiva lentitud, que padece **pachorra**.
pachoso, -a.
    I. 1. adj. *PR. Referido a persona*, tímida. pop + cult → espon.
pachotada. (Metát. de *patochada*).
    I. 1. f. *Mx, Gu, CR, RD, PR, Ve, Ec, Pe, Bo:C.* Respuesta grosera o burlona con que se hiere a alguien o se desestima lo que ha dicho. pop + cult → espon.
    ♦ **pachorrada**.
    2. *Gu, Ho, Ni, RD, Pe, Ch.* Despropósito, disparate, dicho necio o grosero. pop + cult → espon.
    3. m. *PR.* Acción que defrauda la expectación de alguien.
pachotear.
    I. 1. intr. *Ho.* Haraganear.
    II. 1. intr. *Ni.* Decir patochadas.
pachotero, -a.
    I. 1. adj/sust. *CR, RD, Ch. Referido a persona*, que dice **pachotadas**, despropósitos.
    2. adj. *Ch.* Relativo a las **pachotadas**, despropósitos.
pachotón.
    I. 1. m. *Ho, ES.* Respuesta irrespetuosa y ofensiva.
pachuca.
    I. 1. f. *Gu.* Radiopatrulla policial.
pachucada.
    I. 1. f. *CR.* Actitud propia del **pachuco**, persona de modales vulgares.
pachuché.
    I. 1. m. *RD.* Cigarro que se elabora artesanalmente envolviendo pasta de tabaco, *generalmente con papel*. rur.

pachucho.
 I. 1. m. *Pe:N.* Maíz de **jora** especial con el que se prepara **chicha**.

pachuco.
 I. 1. m. *Mx.* obsol. Joven caracterizado por un atuendo llamativo que consiste en un traje con un pantalón muy holgado pero ceñido a la cintura y los tobillos, chaqueta larga con amplias solapas, sombrero adornado con una pluma y zapatos bicolor.
 2. *ES.* Pantalón ancho por la parte superior, que se va estrechando por las perneras.
 II. 1. m. *Ve:O.* Cerdo adobado.

pachuco, -a.
 I. 1. adj. *Mx. Referido a persona,* emigrada de México a Texas.
 II. 1. adj. *CR, Co:C,SO. Referido a persona o cosa,* vulgar, de mal gusto.
 2. *Gu, Ho, ES, Ni. Referido a la ropa de vestir, generalmente el pantalón o la falda,* muy ceñida al cuerpo.
 3. m. y f. *Gu; CR,* desp. Persona, *en especial la de zonas urbanas,* de modales y lenguaje vulgares.
 4. adj. *Gu. Referido a persona,* exagerada o excéntrica para vestirse.
 III. 1. sust/adj. *Gu. Entre militares,* civil, persona que no guarda relación con el ejército. desp.

pachuquear.
 I. 1. intr. *ES.* Bailar, divertirse.

paciencia.
 I. 1. f. *Gu.* Galleta redondeada y de poco grosor.
 ■
 a. ‖ ~ **de chino.** f. *Ch.* **Paciencia** extremada ante las dificultades. pop + cult → espon.
 ▶ **embromar la ~; fregar la ~; fuñir la ~; hinchar la ~; rebalsar la ~.**

paciencioso, -a.
 I. 1. adj. *ES; Ec,* p.u.; pop. *Referido a persona,* que tiene mucha paciencia.
 2. *Ec.* p.u. *Referido a cosa,* que requiere paciencia y dedicación. pop.

package. (Voz inglesa).
 I. 1. m. *EU, Ni, PR.* Grupo de subprogramas de una computadora.
 2. *EU, PR.* Conjunto de cosas idénticas o relacionadas en un solo paquete.
 3. *EU, PR.* Oferta comercial.
 4. *EU, PR.* Distintos males relacionados con una enfermedad.

packing. (Voz inglesa).
 I. 1. m. *Ch, Ur.* Embalaje o empaquetado de productos.
 2. *Ch.* Establecimiento en el que se realizan actividades de empaquetado y embalaje.

paco.
 I. 1. m. *Ar.* Sustancia altamente tóxica que se consume como estimulante y que es el residuo de la primera fase de la elaboración del clorhidrato de cocaína.
 2. *Pe.* Paquete pequeño de marihuana o cocaína. drog.
 II. 1. m. *Gu, Cu; Ar, Ur,* p.u. Conjunto de piezas de papel dispuestas en bloque, *especialmente figuritas o billetes de papel moneda.* pop + cult → espon.
 III. 1. m. *Pe, Bo:O.* Animal bajo y lanudo que resulta del cruce de la llama y de la **alpaca.**
 IV. 1. m. *Ho, CR, Pa, Ec:O,* Bo. Miembro de la policía. desp.
 V. 1. m. *Pe:E.* Pez de agua dulce, de hasta 88 cm de longitud, de color plateado y aletas anaranjadas; su carne es muy apreciada. (Characidae; *Piaractus brachypomus*).
 VI. 1. m. *Cu.* **cartapaso,** cantidad considerable de algo.
 VII. 1. m. *Ni.* Tamal que lleva en la masa azúcar, crema y leche.
 2. *Ni.* Tamal de maíz lavado.

VIII. 1. m. *Bo:O.* Mineral de plata con ganga ferruginosa.
 IX. 1. m. *Ur.* Mentira, engaño. pop + cult → espon.
 ■
 a. ‖ ~ **de la esquina.** m. *Bo, Ch.* Policía encargado de la vigilancia de un barrio o manzana. pop + cult → espon.
 b. ‖ ~~. m. *Pe.* Planta de tallo pequeño y ramificado, con espigas duras y puntiagudas que se adhieren a los vestidos; se considera perjudicial para el ganado. (Poaceae; *Aciachne pulvinata*).
 c. ‖ ~ **vicuña.** m. *Pe, Bo.* Camélido andino, similar al **huanaco,** resultado del cruce entre una **alpaca** hembra y una vicuña macho. (Camelidae; *Lama vicugna*). (**pacovicuña**).

paco, -a.
 I. (Del quech. *paku*).
 1. sust/adj. *Pe, Bo, Ar:NO.* Color rojizo o bermejo.
 2. adj. *Pe, Ar:NO. Referido a cosa,* de color rojizo o bermejo.
 II. 1. m. y f. *Pe, Ch.* Miembro de la policía. pop ^ desp.
 2. adj/sust. *Ch.* metáf. *Referido a persona,* estricta, severa. pop.
 3. m. y f. *ES.* Miembro del Partido Comunista. euf.

pacobillo.
 I. 1. *Bo:E.* **xup.**

pacocha. (Del quech. *pakucha*).
 I. 1. f. *Ar:NO.* **alpaco.**

pacochi.
 I. 1. m. *Bo.* Danza indígena de la época colonial en la que se ridiculiza a los españoles.

pacomio, -a.
 I. 1. m. y f. *Ch.* p.u. Carabinero, agente de policía. pop + cult → espon ^ fest.

pacón.
 I. 1. *Ho.* **jaboncillo,** árbol y fruto.

pacora.
 I. 1. f. *Pa.* Palma de hasta 10 m de altura, de hojas pinnadas y arqueadas, flores amarillas o blanco amarillentas y frutos en drupas globosas, amarillos cuando están maduros. (Arecaceae; *Acrocomia panamensis*).
 2. *Pa.* Fruto de la pacora, que se emplea en una bebida refrescante.

pácora.
 I. 1. f. *Co.* Pez de agua dulce de hasta 24 cm de longitud, que tiene encima de cada uno de los ojos una piedra transparente del tamaño de un hueso de aceituna, con coloración gris plateada en el dorso. (Sciaenidae; *Plagioscion surinamensis*).

pacota.
 I. 1. f. *Mx.* Persona o cosa insignificante y de escaso valor. pop.
 II. 1. f. *Ar:NO.* Grupo de personas que participan en una fiesta popular, *especialmente en el carnaval.*
 III. 1. f. *PR.* Comida mal preparada. pop + cult → espon.

pacotero, -a.
 I. 1. sust/adj. *Ar:NO. En una fiesta popular,* integrante de una **pacota.**

pacotilla.
 I. 1. f. *Gu, Ho, ES, Ni, RD.* Chusma, gente vulgar y maleante. desp.
 2. *Ho, ES, Ni.* Pandilla de jóvenes.
 3. m-f. *RD.* Persona floja, inútil. pop + cult → espon.
 II. 1. f. *Cu.* Conjunto de objetos materiales, *generalmente importados y de gran valor.* pop. ♦ **paca.**
 □
 a. ‖ **en ~.** loc. adv. *PR.* En grupo.

ñ. ‖ **~ las habas que se comió el burro.** loc. verb. *RD, PR, Ch.* Cargar *alguien* con las deudas, culpas o errores ajenos. pop + cult → espon. ♦ **pagar la jaba que se comió el burro**; **pagar las habas.**

o. ‖ **~ los elotes.**
  i. loc. verb. *Gu, Ho, Ni, CR.* Sufrir un castigo no merecido. pop.
  ii. *Gu, Ho, Ni.* Cargar con las culpas de otro.

p. ‖ **~ mal.** loc. verb. *Ho, Bo, Py.* Ser alguien infiel a su pareja. euf.

q. ‖ **~ por chorritos.** loc. verb. *RD.* Satisfacer una deuda por partes pequeñas.

r. ‖ **~ prote.** loc. verb. *Ve.* Adular a *alguien* por servilismo o interés.

page. (Voz inglesa).
  I. 1. m. *EU, PR.* Llamada de una persona a alguien, normalmente con un buscador electrónico o *beeper*.
  ▶ **dar un ~.**

página.
  ▶ **caer en la ~ de Cheo**; **quedar en la ~ dos**; **virar la ~**; **voltear la ~.**

pago.
  I. 1. m. *Bo, Py, Ar, Ur.* Lugar en el que ha nacido o está arraigada una persona. rur.
  II. 1. m. *Ho:O, ES:O, Pe, Bo:O.* Rito en el que se realiza una ofrenda a la madre tierra en agradecimiento por las cosechas y otros favores. rur. (**paga**).

  ■
  a. ‖ **~ de marcha.** f. *Mx.* Retribución económica que se da a los familiares de un trabajador cuando fallece.

  ☐
  a. ‖ **el ~ de Chile.** loc. sust. *Ch.* Actitud desagradecida del Estado, una institución o un particular hacia una persona a pesar de los servicios que le ha prestado.

pago, -a.
  I. 1. adj. *CR, Cu, RD, Ar, Ur, PR*, rur. Pagado. pop.

¡pago!
  I. 1. interj. *Co.* Expresa asentimiento o conformidad. pop.

pago-pago. (De or. onomat.).
  I. 1. *ES:O.* **¡pao-pao!**

pagoda.
  I. 1. f. *Ch.* Farol de estilo oriental.
  II. 1. f. *ES. En el ejército*, obstáculo de madera en forma de banco alto que hay que saltar en los ejercicios de instrucción.

pagua. (Del nahua *pahuatl*, nombre genérico de cualquier fruta que no es ni ácida ni dulce).
  I. 1. f. *Mx.* Fruta de una variedad de **aguacate.** (**pahua**).

paguay.
  I. 1. m. *Mx:NO.* Arbusto de hasta 5 m de altura, con hojas imparipinnadas, de margen entero, inflorescencias en panícula terminal, flores numerosas, sésiles, de color blanco, y fruto pequeño, esférico, de color rojo y cubierto de pelillos. (Anacardiaceae; *Rhus terebinthifolia*). ♦ **temazcal.**

pague.
  I. 1. m. *ES. En el ejército*, castigo inmediato de un superior a un subalterno.

pagüichi.
  I. 1. *Bo.* **pahuichi.**

pahua.
  I. 1. *Mx.* **pagua.**

pahuichi.
  I. 1. m. *Bo, Ar:NO.* Casa pequeña o cabaña techada con hojas. (**pagüichi**).

pai.
  I. (Del ingl. *pie*, tarta).
    1. m. *Ho, Pa, Co, Py.* Pastel hecho con un fondo de masa y un relleno de fruta o crema. (**pay**).
  II. 1. m. *RD, PR.* Padre. pop + cult → espon ^ afec.
    2. *PR.* metáf. Director o encargado de prisiones o de casa de rehabilitación de drogadictos. delinc.
  III. 1. m. *Pa.* juv. Mujer, *especialmente joven*, de gran atractivo físico. pop + cult → espon ^ fest.
    2. *Pa.* juv. Novia. pop + cult → espon ^ fest.

paica.
  I. 1. f. *Ar.* Mujer. pop + cult → espon.
    2. *Bo:E.* Muchacha, mujer joven.
  II. (Del quech. *pallca*, horqueta).
    1. *Ec.* **horqueta**, tirachinas.
  III. 1. *Ec.* **pallca.**

paichané.
  I. 1. *Bo:E.* **suquinay.**

paiche.
  I. 1. m. *Ec, Pe, Bo:N.* Pez de agua dulce de hasta 3 m de longitud, con cuerpo casi cilíndrico y alargado, de color plateado con reflejos oscuros y las escamas abdominales de color rojizo; es comestible. (Osteoglossidae; *Arapaima gigas*). ♦ **arapaima**; **piracurú**; **pirarucú.**

paico. (Del quech. *payk'u*).
  I. 1. m. *Pa, Co, Ec, Pe, Bo, Ch, Py, Ar, Ur.* Planta herbácea de hasta 1,40 m, erguida, vellosa, con tallo ramificado, hojas aovadas y dentadas, flores pequeñas, verdes, en racimos delgados, semilla negra, muy pequeña; toda la planta tiene un olor fuerte y penetrante. (Chenopodiaceae; *Chenopodium ambrosioides*). ♦ **lipazote**; **pasote.**
    2. *Ar, Ur.* Planta de ramas delgadas y postradas, hojas pecioladas y pequeñas flores axilares. (Chenopodiaceae; *Chenopodium multifidum*).
    3. *Ar, Ur.* Planta aromática de tallo muy engrosado en la base, ramas postradas y fruto rojizo y carnoso. (Chenopodiaceae; *Chenopodium retusum*).
    4. *Ar.* Planta aromática de tallo muy engrosado en la base, ramas erectas y flores en espigas. (Chenopodiaceae; *Chenopodium chilensis*).
    5. *Pa.* Árbol de clima húmedo de hasta 10 m de altura, de hojas simples y alternas, flores blancas y frutos en drupas blancas y gelatinosas cuando están maduros. (Boraginaceae; *Cordia lasiocalyx*).
  II. 1. m. *Ec.* Aguardiente de caña de azúcar.

paila.
  I. 1. f. *Mx, Gu, Ni, Pa, Cu, RD, Co, Ve, Ec, Pe, Bo:E,S, Ch, Py, Ar.* Recipiente de boca ancha, más hondo que la sartén y de fondo redondeado, que se emplea para cocinar alimentos o tostar granos.
    2. *Mx, Ho, ES, Ni, CR, Cu, Ve, Bo:E.* Recipiente metálico de forma parabólica, con la boca muy ancha y pared alta, *usado principalmente en los trapiches para cocer el* **caldo.**
    3. *Pe. En cuarteles y prisiones*, olla de grandes dimensiones donde se prepara la comida.
    4. *Pe.* meton. Comida que se sirve en la cárcel. carc.
    5. *Ni, Ch.* Sartén, *especialmente una pequeña* para freír huevos.
    6. *Gu, ES.* Plato pequeño sobre el que se coloca una taza o recipiente similar.
    7. *Ho, ES:E.* Recipiente redondo de cualquier material, *en especial de plástico*, para contener líquidos.
    8. *Cu.* Cazo, cucharón.
    9. *PR.* Envase de metal o de plástico que contiene 5 galones de pintura.
    10. *Pa.* Comida. pop + cult → espon.
  II. 1. f. pl. *Ho, ES, Ni.* **lanchas**, pies grandes.

2. f. *Ch.* Oreja. pop + cult → espon ^ fest.

3. *Gu.* Pie de una persona.

III. 1. adv. *Co.* juv. Muy mal. pop.

IV. 1. f. *Ho; Ec,* pop. Caja metálica de un ***pick-up*** unida a la cabina y abierta en su parte superior que se utiliza para transportar carga. ♦ **palangana**.

2. *Ho.* Camioneta con cabina que en la parte trasera tiene una caja metálica abierta que se utiliza para la carga.

V. 1. m-f. *Ho.* Persona experta o hábil en algo.

2. *Ho.* Persona importante por tener dinero, mando o autoridad.

VI. 1. f. *Ni.* Machete de hoja ancha y delgada, con mango para el corte de la caña de azúcar.

■

a. ‖ ~ **marina**. f. *Ch.* Guiso de pescados y mariscos con cebolla, **ají** y otros ingredientes cocinado en una **paila**.

□

a. ‖ **a las ~s.**
  i. loc. adj. *Bo.* Referido a persona, decaída física y moralmente. pop + cult → espon.
  ii. *Bo:O.* Referido a cosa, vieja, que se encuentra en mal estado. pop + cult → espon.
b. ‖ **la ~ mocha.** loc. sust. *Co.* El infierno. fest.
► **andar ~; estar ~; hablar como si hubiera comido en ~; hacerse la ~; irse a las ~s; meter las ~s; moler a dos ~s; quedar fuera de la ~.**

pailada.

I. 1. f. *Ho, ES, Ni, Pa, Co, Bo:E.* Cantidad de algo que cabe en una **paila**. espon.

2. *Ho, Ni.* Gran cantidad de cosas. pop.

pailas.

I. 1. adj. *Co.* Referido a persona, abatida, deprimida. pop.

¡pailas!

I. 1. interj. *Co.* Expresa disgusto. pop.

pailear.

I. 1. intr. *Ho.* Viajar en la **paila** de un vehículo. ♦ **palanganear**.

II. 1. intr. *Ni. En el trapiche,* trabajar en las **pailas** de jugo o miel.

III. 1. intr. *Ni.* Cortar caña de azúcar con la **paila**. rur.

pailería.

I. 1. f. *Mx.* Lugar donde se fabrican o venden **pailas**.

pailero, -a.

I. 1. m. y f. *Mx, Ni, Cu, RD, Bo; PR,* p.u. Persona que maneja las **pailas** en los ingenios de azúcar o en las fábricas de sal.

2. sust/adj. *Ni, CR, Cu, Co:C,NE, Ve.* Persona que trabaja en las **pailas** de un trapiche.

3. m. y f. *Pe. En una cárcel,* persona que sirve la comida a los presos.

4. sust/adj. *Ni.* Cortador de caña de azúcar con la **paila**.

II. 1. m. y f. *Mx, Ec, Pe, Bo.* Persona que hace, repara o vende **pailas**, sartenes y otros recipientes de esta misma naturaleza.

III. 1. sust/adj. *EU.* Hombre homosexual o afeminado. euf; pop + cult → espon.

IV. 1. adj/sust. *Ho.* Referido a persona, que va frecuentemente en la **paila** de un vehículo.

pailetas.

I. 1. adj. *CR.* Referido a *res vacuna,* que tiene los cuernos curvados hacia atrás o las patas hacia los lados.

pailón.

I. 1. m. *Ho, Ec, Bo:E,S.* Hondonada de forma más o menos circular. ♦ **joyada**.

II. 1. m. *Bo:E.* Remolino que forman las aguas, *generalmente de un río.*

pailón, -na.

I. 1. adj/sust. *Ch.* Referido a un muchacho, muy desarrollado físicamente para su edad. pop + cult → espon.

2. *Ch.* Referido a persona, que tiene más edad de la estimada como propia para algo o para una actividad. pop + cult → espon.

3. *Ch.* Referido a persona, tonta, necia. pop + cult → espon.

II. 1. adj/sust. *Ch.* Referido a persona, que tiene las orejas grandes. pop + cult → espon ^ fest.

pailot. (De *Pilot*®).

I. 1. m. *CR.* Instrumento para escribir o dibujar, con punta de fieltro y de trazo más grueso que la del bolígrafo.

pailover. (Voz inglesa).

I. 1. m. *Ho:N, Ve; Ec,* p.u. Tractor con ruedas y pala.

paina.

I. 1. f. *Ar.* Copo blanco formado por los abundantes pelos que cubren las semillas del **palo borracho**.

paíño.

■

a. ‖ ~ **de vientre blanco.** m. *Ec.* **fragata**, ave marina.

paipa. (Del ingl. *pipe*).

I. 1. f. *Pa,* pop + cult → espon; *Ch,* p.u. Tubería de conducción de agua.

2. *Ch.* obsol. Pipa de fumar.

3. *Gu.* Vulva. tabú.

II. 1. f. *Ch:C,S.* obsol. *En el juego de la rayuela,* tejo plano más pequeño que el habitual.

□

a. ‖ **para la ~.** loc. adj. *Ch.* Referido a persona, que se comporta de manera servil. pop.

paipudo, -a.

I. 1. adj. *Ni.* Referido a persona, de labios gruesos y pronunciados.

2. *Ni.* Referido a persona, que tiene la mandíbula pronunciada.

páirex. (De *Pyrex*®).

I. 1. m. *EU, Ho, ES, Ni, CR, Pa, Ch.* Recipiente de vidrio resistente a altas temperaturas de varias formas y tamaños para hornear alimentos.

país.

□

a. ‖ **los ~es.** loc. sust. *Cu, RD.* Naciones que no son la propia.

► **dirigirse al ~.**

paisa. (Apóc. de *paisano*).

I. 1. adj/sust. *Mx, Gu, Ho, ES, Ni, Ve, Ec, Ch;* m-f. *Bo:O.* Referido a persona, que es del mismo lugar que otra. pop + cult → espon.

2. m-f. *Mx, Pa, PR, Ec, Pe; Cu,* p.u. Amigo íntimo, compañero inseparable.

3. adj/sust. *Co.* Natural del departamento de Antioquia.

4. *Ch.* Referido a persona o cosa, civil respecto de un militar. desp.

5. m-f. *Ho.* juv. **valo**, persona que no pertenece a una mara. delinc.

●

a. ‖ ~. fórm. *Cu.* Se usa para entablar relación amistosa con alguien.

□

a. ‖ **de ~.** loc. adj/adv. *Ch.* Referido a una persona que pertenece a un cuerpo uniformado, que viste ropa de civil.

paisana.

I. 1. *Pa:O.* **chachalaca**, ave.

paisanada.

I. 1. f. *Ar, Ur.* Conjunto de campesinos. pop.

paisano.
□
   a. ‖ **el único ~.** loc. sust. *Bo. En el juego de la **lota**,* el número uno. pop.

paisano, -a.
   I. 1. sust/adj. *Pe.* Persona que procede de la sierra peruana. desp.
     2. m. y f. *Ch.* Inmigrante de origen árabe.
     3. *Ch:N.* Persona de rasgos físicos indígenas. desp.
     4. *Pa; Cu,* obsol. Persona de ascendencia asiática.

paiste.
   I. 1. *Mx.* **paste**, planta bromeliácea.

paja.
   I. 1. f. *Mx, Gu, Ho, ES, Ni, CR, Pa, Cu, Ve Ec, Bo.* Cosas insignificantes, sin importancia, o tonterías. pop + cult → espon.
     2. *Gu, Ho, ES, Ni, Co; Ve,* juv. Mentira, embuste. pop.
     3. *ES.* Fanfarronada.
   II. 1. adj. *Pe. Referido a cosa,* excelente. pop.
     2. *Pe. Referido a persona,* agradable, simpática. pop.
   III. 1. f. *Gu, ES, Ni, CR.* Caudal de agua que suministra el tubo principal de una casa a la cañería particular.
     2. *ES, Ni.* Llave que regula el paso de líquidos o gases por una tubería.
   IV. 1. f. *Ch.* juv. Trabajo, esfuerzo que requiere algo. pop + cult → espon.
   V. 1. f. *Ch.* juv. Pereza. pop + cult → espon.
   VI. 1. f. *Ho.* Halago desmedido a alguien para obtener un beneficio personal.
   VII. 1. f. *Pa.* Césped. rur pop + cult → espon.
■
   a. ‖ **~ brava.** f. *Ec, Pe, Bo, Ar.* Planta herbácea de hasta 40 cm de altura; es muy apreciada como pasto, y también como combustible en los hornos de minerales. (Poaceae; *Paspalum paniculatum*).
   b. ‖ **~ carona.** f. *Bo:E.* **espartillo**, gramínea erecta.
   c. ‖ **~ ratonera.** f. *Ch.* Planta perenne de hasta 30 cm de altura, hojas como láminas pubescentes y espigas violáceas o verdes amarillentas; es muy usada para el techado de cabañas. (Poaceae; *Hordeum comosum*). ♦ **ratonera**
   d. ‖ **~ toquilla.**
     i. f. *Pa, Ec.* Planta de tallo sarmentoso y hojas alternas y palmeadas, de la cual se extrae la fibra con la que se fabrica el sombrero de **ipijapa**. (Pandanaceae; *Carludovica palmata*). ♦ **lisán**; **rampira**.
     ii. *Ec.* Fibra de la paja toquilla.
□
   a. ‖ **con la ~ tras la oreja.** loc. adv. *CR.* Experimentando recelo o desconfianza. pop.
   b. ‖ **~ de agua.**
     i. loc. sust. *CR, Ec.* Arroyo pequeño o parte de un caudal que se toma de un río para riego.
     ii. *ES.* obsol. Medida antigua de capacidad, que equivale a poco más de dos centímetros cúbicos.
   c. ‖ **~ molida.** loc. sust. *Ch.* Cosa sin importancia ni valía. pop + cult → espon. ♦ **paja picada**.
   d. ‖ **~ picada.** *Ch.* **paja molida**.
   e. ‖ **~ que nadie se traga.** loc. sust. *Ho.* Mentira que nadie se cree. pop + cult → espon.
   ► **correr la ~; dormirse en las ~s; echar ~; hablar ~; no mover ni una ~; no ser ~ de coco; regar ~; ser ~ para la garza; ser pura ~; tirar ~; tragarse la ~; volarse la ~; volarse ~.**

pajal.
   I. 1. m. *Mx, Gu; Ar,* p.u. Lugar donde se junta la paja silvestre.
     2. *Ar.* p.u. Sitio poblado de **paja brava**.

pajama.
   I. 1. f. *RD.* Prenda para dormir, *generalmente compuesta de pantalón y chaqueta.*

pájara.
   I. 1. f. *RD.* Mujer homosexual. desp.
   II. 1. f. *PR.* Concubina. pop + cult → espon.
■
   a. ‖ **~ pinta.**
     i. f. *Ho, Ni, Pa, RD, Ec.* Ronda de niños y niñas con estrofas cantadas que consiste en que el niño o la niña que hay en el centro obliga a otro del corro a hacer las acciones que quiere. inf.
     ii. *Ho.* Trato especial, cuidados.
   ► **dar ~.**

pajarada.
   I. 1. f. *Pe:O.* Bandada de aves marinas que revolotean sobre un banco de peces y se zambullen en el agua para pescarlos.
     2. *Ec:S.* Bandada, grupo numeroso de aves que vuelan juntas.

pajaral.
   I. 1. m. *Ho.* Abundancia de pájaros.

pajarazo.
   I. 1. m. *CR, RD.* p.u. Hombre homosexual. pop + cult → espon ^ desp.

pajareado.
   I. 1. adj. *Cu. Referido a un hombre,* amanerado. pop.

pajarear(se).
   I. 1. intr. *Mx, Gu, Ho, PR.* Distraerse en clase un alumno. est.
     2. *Mx, Ch.* Dejar de prestar atención a aquello que lo requiere. pop + cult → espon.
     3. tr. *Gu, Ho, ES, Ni, CR, PR.* Distraerse o pasear *alguien* sin rumbo.
     4. *Ni, Pa, Ve.* Eludir una responsabilidad o intentar escabullirse de la realización de una tarea.
     5. intr. prnl. *Pe.* Confundirse, equivocarse o actuar de una manera confusa. pop + cult → espon.
   II. 1. tr. *Mx, Gu, Ho, ES, Ni, Co:O, Ec, Pe, Bo:E,S, Ch.* Espantar las aves de los campos de cultivo. rur.
     2. intr. *Ho, ES, Co.* Espantarse una caballería.
     3. tr. *Ec.* Espantar o ahuyentar a un animal. pop + cult → espon.
     4. intr. prnl. *Ec.* Cambiar de modo repentino y violento la dirección una caballería espantadiza.
   III. 1. intr. *Mx.* Intentar oír o enterarse de algo con disimulo. pop + cult → espon.
   IV. 1. tr. *Gu, Pe.* Ver aves, *especialmente en su hábitat.*

pajareo.
   I. 1. m. *Co, Pe.* Actividad de espantar las aves que pueden perjudicar los cultivos y sembrados. rur.
   II. 1. m. *Pe.* Confusión, dicho o acto atolondrado. pop.

pajareque.
   I. 1. m. *Ve.* obsol. Bahareque, pared de cañas y barro.

pajarera.
   I. 1. f. *Cu.* Conjunto de hombres homosexuales. pop.
   II. 1. f. *Ur.* p.u. Cabeza de una persona. pop + cult → espon ^ fest.

pajarería.
   I. 1. f. *Cu, RD.* Comportamiento considerado como propio de un hombre afeminado.

pajarero.
   I. 1. m. *Ni.* Empleado que no hace nada.

pajarero, -a.
   I. 1. adj. *Mx, Gu, Ho, Co, Ve, Ec, Bo, Ar:NO. Referido a una caballería,* espantadiza. rur; pop + cult → espon.
   II. 1. sust/adj. *Mx, Ho.* Persona, que se dedica a cazar y a vender pájaros.

2. *Ho, Ni, Ec, Pe, Bo:E,S, Ch.* Persona, *generalmente un niño,* que se encarga de espantar los pájaros en los sembrados. rur; pop + cult → espon.

III. 1. adj. *Ve. Referido a persona,* desconfiada.

IV. 1. adj. *Ho. Referido a persona,* distraída y que hace cosas poco útiles.

pajarilla.

I. 1. *Ar:NO.* **calaguala,** helecho epífito.

2. *Bo:E.* **flamboyán.**

II. 1. f. *Co.* Mentira. pop + cult → espon.

III. 1. f. *RD, PR.* Vulva. tabú; pop + cult → espon.

2. *Pa.* Pene. tabú; pop.

IV. 1. f. *Gu.* Enfermedad de algunos animales.

V. 1. f. *Bo:E.* Silbato en forma de pájaro que produce un sonido parecido al canto de un ave. pop.

▶ **salir ~.**

pajarillo.

I. 1. m. *Ar.* Danza folclórica de galanteo, pareja suelta y ritmo vivo, similar en su ejecución a la **lorencita.**

pajarita.

I. 1. f. *Ho.* Palabras dichas con poco sentido y sin tocar a fondo el tema, queriendo dar la sensación de que se sabe. est.

2. *Ho.* Mentira o promesa que no se va a cumplir. fest.

II. 1. f. *Ec.* **zacate guinea.**

III. 1. f. *PR.* Vulva de niña.

□

a. ‖ **sin andar con tanta ~.** loc. adv. *Ho.* Sin rodeos o de manera directa e informal.

▶ **irse la ~.**

pajariteado.

I. 1. m. *Ho.* Vigilancia y cuidado de un sembrado para que no lo dañen los pájaros. rur. ♦ **pajariteo.**

pajaritear.

I. 1. intr. *ES.* Espantar los pájaros en un sembrado.

pajariteo.

I. 1. *Ho.* **pajariteado.**

pajaritero.

I. 1. m. *Ni.* Poeta.

2. *Ni.* Intérprete de la cultura chorotega.

3. m. *Ni.* Jefe de danza de rituales.

II. 1. adj. *ES. Referido a persona, generalmente un niño,* que espanta los pájaros en un sembrado.

pajarito.

I. 1. m. *Co, Pe.* Planta ornamental trepadora de hasta 2,5 m de altura, con hojas pecioladas, flores de color amarillo muy vivo con algunas manchas rojas ocasionales en los pétalos. (Tropaeolaceae; *Tropaeolum peregrinum*).

II. 1. m. *PR.* Cualquier insecto.

□

a. ‖ **como ~ en grama.**

i. loc. adj. *Ve. Referido a persona,* sola. fest.

ii. *Ve. Referido a persona,* desorientada. fest.

b. ‖ **~s en el aire.** loc. sust. *RD.* Promesas que son muy atractivas pero no realistas y, por lo tanto, no pueden cumplirse.

c. ‖ **~s preñaos.** loc. sust. *RD.* Ideas exageradas o que no se corresponden con la realidad.

d. ‖ **~s volando.** loc. sust. *Cu.* Aspiraciones excesivamente pretenciosas o imposibles.

▶ **creer en ~s preñaos; pensar en ~s preñaos; pintar ~s en el aire.**

pajarito, -a.

I. 1. m. y f. *Ch.* Niño de constitución física débil. pop + cult → espon.

II. 1. m. y f. *Ch.* Persona que actúa inocentemente. pop + cult → espon.

III. 1. adj. *ES. Referido a un objeto o a una marca,* que no es conocido comercialmente.

□

a. ‖ **~ nuevo.** loc. sust. *Bo, Ch.* Persona recién incorporada a un trabajo, grupo o institución.

pájaro.

I. 1. m. *EU, CR, Pa, Cu, RD, Ec.* Hombre homosexual. pop + cult → espon ^ desp.

2. *CR, Cu, RD; Pa,* pop + cult → espon. Hombre afeminado. desp.

II. 1. m. *Co.* En los años de la **violencia,** asesino al servicio de uno de los dos partidos políticos en lucha en Colombia.

III. 1. m. *RD.* Cualquier animal, *especialmente si tiene un aspecto que resulta poco común.*

2. m. *RD.* Parásito del intestino. pop.

IV. 1. m. *RD.* Cometa de armazón plana y ligera, recubierta de tela o papel y adornada con una cola, que se sujeta con una cuerda y se arroja al aire para que el viento la eleve.

■

a. ‖ **~ aceitero.** m. *Ec, Bo.* Ave frugívora nocturna, de hasta 55 cm de longitud, de color castaño rojizo, con manchas blancas orladas de negro, ojos grandes y pico fuerte, largo y ganchudo; su carne es comestible. (Steatornithidae; *Steatornis caripensis*). ♦ **lucero.**

b. ‖ **~ ardilla.** *ES.* **pájaro león.**

c. ‖ **~ arrocero.** m. *Ve.* Ave de hasta 16 cm de longitud, con cabeza y lomo estriados en ocre y negro, ceja y pecho amarillos, alas y cola pardas con las plumas orilladas de gris. (Cardinalidae; *Spiza americana*).

d. ‖ **~ azul.** m. *Mx.* Ave de hasta 30 cm de longitud, de cabeza, alas y cola azules, parte inferior gris amarronada, zona de la garganta gris clara, casi blanca, y contorno de los ojos negro. (Corvidae; *Aphelocoma californica*).

e. ‖ **~ bandera.** *Mx.* **chinizcán.**

f. ‖ **~ bobo.**

i. m *Mx, Ho, CR.* Ave de hasta 50 cm de longitud, de cabeza voluminosa, con una franja azul en la frente, pico grueso ligeramente curvado, plumaje de variados colores y cola larga y negra. (Momotidae; *Momotus momota*). ♦ **momoto; momoto coroniazulado.**

ii. *Pe Bo:E, Ar.* Árbol de hasta 8 m de altura, de copa reducida, corteza de color gris verdoso y gruesas hojas grisáceas. (Asteraceae; *Tessaria integrifolia*). **(pajarobobo).** ♦ **palobobo.**

iii. *Pe.* Ave de hasta 70 cm de longitud, con cabeza, cuello, pecho y partes inferiores de color blanco, alas y cola marrón oscuro, pico gris oscuro y patas cortas de color azulado. (Sulidae; *Sula variegata*).

iv. *RD.* Ave de hasta 45 cm de longitud, con plumaje gris, garganta y parte inferior del vientre y de las alas naranja, cola blanca y negra, de gran tamaño, y anillo rojo alrededor de los ojos. (Cuculidae; *Coccyzus longirostris*).

v. *Hc.* **piquero,** ave.

vi. *PR.* Ave de hasta 43 cm de longitud, con el pecho gris y el vientre acanelado, cola larga con manchas blancas y un anillo rojo alrededor del ojo; el pico es largo y relativamente recto. (Cuculidae; *Coccyzus vieilloti*). ♦ **guagaca; pájaro bobo mayor; pájaro de agua.**

g. ‖ **~ bobo del mar.** *PR.* **bubí.**

h. ‖ **~ bobo mayor.** *PR.* **pájaro bobo.** (Cuculidae; *Coccyzus vieilloti*).

i. ‖ **~ bobo menor.** m. *RD, PR.* Ave de hasta 30 cm de longitud, de plumaje café grisáceo en el dorso y blanco anaranjado en la garganta y el vientre, y cola larga y negra, con manchas blancas circulares y dispuestas paralelamente. (Cuculidae; *Coccyzus minor*).

j. ‖ ~ **bobo pechiblanco.** *PR.* platero.

k. ‖ ~ **bobo pico amarillo.** *RD.* platero.

l. ‖ ~ **campana.** m. *Ni, Py, Ar.* Ave de hasta 28 cm de longitud, de plumaje blanco con la garganta de color celeste verdoso; la hembra, más pequeña, es de color oliva en el dorso, con la parte ventral amarillenta. (Cotingidae; *Procnias nudicollis*).

m. ‖ ~ **cantil.** m. *Gu.* Ave de hasta 30 cm de longitud, de plumaje de color café, más oscuro en el dorso y la cola, cuello largo, con bandas verticales blancas y negras, patas largas, con manchas amarillas y negras, y pico largo, rojizo y negro. (Heliornithidae; *Heliornis fulica*). ♦ **patito cuello listado**; **patito punpún.**

n. ‖ ~ **cu.** m. *Mx.* Ave de hasta 33 cm de longitud, con la parte inferior de color azul claro y la superior de color rojizo, y la cola larga y separada en forma de **V.** (Momotidae; *Momotus mexicanus*).

ñ. ‖ ~ **danta.** *CR.* danto, pájaro.

o. ‖ ~ **de agua.** *PR.* pájaro bobo. (Cuculidae; *Coccyzus vieilloti*).

p. ‖ ~ **del amor.** *Ho.* correcaminos, cuclillo.

q. ‖ ~ **del diablo.** *ES.* zanate.

r. ‖ ~ **dormilón.** *Ho.* pájaro león.

s. ‖ ~ **errante.** *ES.* correcaminos, cuclillo.

t. ‖ ~ **gato.** m. *Mx.* Ave de hasta 25 cm de longitud, de color gris oscuro, con partes negras en la cabeza y la cola, y ojos y pico negros. (Mimidae; *Dumetella carolinensis*).

u. ‖ ~ **hormiguero.** m. *Co, Bo:E.* Ave de hasta 30 cm de longitud, de alas cortas y redondeadas y pico terminado en forma de gancho. (Formicaridae; *Pittasoma* spp.).

v. ‖ ~ **león.** m. *Ho, ES.* Ave nocturna de hasta 51 cm de longitud, con plumaje blanco en el abdomen y manchas negras en las escapulares, franja irregular de manchas negras en el pecho, alas y colas barreteadas en negro, pico negro y patas verde claro. (Steatornithidae; *Nyctibius grandis*). ♦ **pájaro ardilla**; **pájaro dormilón.**

w. ‖ ~ **macuá.** *Ni, CR, Pa, Co:N.* macuá, ave.

x. ‖ ~ **mosca.** *Mx, Ho, ES, Ni, Cu, RD, PR, Ec, Ur.* colibrí.

y. ‖ ~ **mosquito.** *PR.* colibrí.

z. ‖ ~ **prieto.** *Mx.* zanate.

a¹. ‖ ~ **reloj.** *Mx:SE.* horatotol.

b¹. ‖ ~ **sombrilla cuellinudo.** *CR.* danto, pájaro.

c¹. ‖ ~ **vaco.** m. *Ve.* Ave de 71 cm de longitud, de cabeza de color castaño, con una línea blanca en el cuello, lomo castaño, rayado de pardo y negro, vientre leonado y costados con barras blancas y negras. (Ardeidae; *Tigrisoma lineaturri*).

d¹. ‖ ~ **vaquero.** *RD.* golofo.

e¹. ‖ ~ **víbora.** *Bo:E.* ahuizote, ave.

f¹. ‖ ~ **yaguá.** *Ar.* guaco, ave.

☐

a. ‖ ~ **bravo.** loc. sust. *Ve.* Persona que saca beneficios aprovechándose de los demás.

b. ‖ ~ **de cuenta.** loc. sust. *Mx, Ni, Pa, Ch.* Persona que posee antecedentes policiales por haber cometido delitos.

c. ‖ ~ **frutero.** loc. sust. *Pe.* Niño abandonado y pobre que roba alimentos para subsistir. pop + cult → espon.

d. ‖ ~ **malo.** loc. sust. *RD.* Diablo, espíritu maligno.

e. ‖ ~ **nalgón.** loc. sust/adj. *Mx.* Persona que no cumple sus promesas. pop + cult → espon.

◪

a. ‖ **comprar ~s que van volando.** fr. prov. *Ho.* Indica el pago por adelantado de algo que no se está seguro de que se obtendrá.

▶ **conocer al ~ por la pluma; dormirse el ~; haber ~s en el alambre; irse el ~; ser ~s de la misma pluma; volarse los ~s.**

pájaro, -a.
I. 1. adj. *Ch.* Referido a persona, distraída, despistada. pop + cult → espon.

pajarobobo.
I. 1. *Pe, Bo.* pájaro bobo, árbol.

pajarobravismo.
I. 1. m. *Ve.* Actitud egoísta con la que se pretende obtener beneficios personales de cualquier situación. pop + cult → espon.

pajarólogo, -a.
I. 1. m. y f. *Ho.* Ornitólogo, persona especializada en el estudio de las aves.

pajarón, -na.
I. 1. sust/adj. *Bo, Ch, Py, Ar, Ur.* Persona tonta, ingenua o poco perspicaz. pop + cult → espon ^ desp.
2. m. y f. *Ch.* Persona joven muy desarrollada físicamente para su edad.

pajaronear.
I. 1. intr. *Ch, Ur.* Estar *una persona* distraída debiendo estar atenta a lo que sucede a su alrededor. pop + cult → espon.

pajarote.
I. 1. m. *Ve.* juv. Adolescente muy alto e ingenuo. pop.

pajarraco.
I. 1. sust/adj. *RD.* Hombre afeminado. pop + cult → espon ^ desp.

pajaza.
I. 1. *Pe.* Cosa excelente. pop.

pajazo.
I. 1. m. *Co, Ec, Pe.* Masturbación. vulg.
II. 1. m. *Ho, ES.* Mentira.
■

a. ‖ ~ **mental.** m. *Ec, Pe.* Pensamiento o cosa liosa, desagradable. pop + cult → espon ^ desp.

pajcha.
I. 1. *Pe, Bo:E.* paccha.

paje.
I. 1. m. *RD, Bo.* Muchacho que acompaña a una adolescente, cuando esta cumple quince años, en la recepción que se realiza en su honor.

pajeada.
I. 1. f. *Ho, ES, Co.* Masturbación. vulg.
II. 1. f. *ES.* Embaucamiento.
2. *Ho.* Tontería, conversación de cosas intrascendentes.
3. *Ho.* Conversación para enamorar.

pajeado, -a.
I. 1. adj. *Ho, ES.* Referido a persona, que ha sido engañada con mentiras o falsas promesas.

pajeador, -ra.
I. 1. sust/adj. *Ho.* Persona que enamora a mujeres.

pajear(se).
I. 1. tr. *Ho, ES, Ni, CR.* Hablar de cosas intrascendentes. pop.
2. intr. prnl. *Ni, Ch.* Perder el tiempo en actividades superfluas y poco importantes. pop.
3. tr. *Ho, ES.* Convencer a *alguien* con halagos, mentiras o engaños.
4. *Ho, ES.* Mentir a *alguien.*
II. 1. tr. *Ho.* Enamorar a *alguien.*

pajerazo, -a.
I. 1. adj. *Pe.* pajero, que se masturba.
2. *ES.* pajero, mentiroso.

pajería.
I. 1. f. *Ar, Ur.* Hecho o dicho insustancial o absurdo. vulg.

2. *Ar, Ur.* Cosa o asunto de escaso valor o importancia. vulg.

II. 1. f. *Bo.* Masturbación. vulg.

pajero.

I. 1. m. *Ni.* Fontanero.

pajero, -a.

I. 1. sust/adj. *Ve:O, Ar, Ur* Persona tonta o de poca agilidad mental. vulg.

2. adj. *Ar, Ur. Referido a persona*, carente de iniciativa o voluntad. pop + cult → espon ^ fest.

3. sust/adj. *Ho, ES, Ni.* Persona que dice tonterías o habla de cosas intrascendentes.

4. adj. *Ch. juv. Referido a persona o cosa*, lenta, que no tiene brío ni fuerza.

5. sust/adj. *Ho.* Persona servil y aduladora.

6. adj. *Ho. Referido a persona*, fanfarrona.

II. 1. adj/sust. *Gu, Ho, ES, RD, Pe, Bo:O, Ch, Py, Ar. Referido a persona*, que se masturba. vulg. ♦ **pajerazo**.

III. 1. adj/sust. *Gu, Ho, ES, Ni. Referido a persona*, mentirosa. pop. ♦ **pajerazo**.

pajilla.

I. 1. f. *Gu, CR, RD.* Paja para sorber líquidos.

pajista.

I. 1. adj. *Ni. Referido a persona*, haragana, vaga.

2. *Ni. Referido a persona*, mentirosa.

II. 1. adj. *Ni. Referido a hombre*, que se masturba.

pajistada.

I. 1. f. *Ni.* Tontería, dicho o hecho tonto.

pajita.

☐

a. ‖ ~s que le caen a la leche. loc. sust. *PR.* Problemas pequeños, sin importancia. pop + cult → espon.

▶ caer ~s en la leche; quedarse cortando ~s; quedarse mascando ~s; tumbar la ~.

pajito.

I. 1. adj. *Ni. Referido a un trompo*, que gira con suavidad.

II. 1. adj. *Ni. Referido a persona*, que disfruta de algo en soledad y silencio.

III. 1. adj. *Ni. Referido a un animal o a un río*, quieto, manso.

pajizo, -a.

I. 1. adj/sust. *Pa, Cu, Co, Ve. Referido a persona, especialmente a un varón*, que se masturba frecuentemente. pop. (**pajuzo**).

II. 1. adj. *Ho. Referido a persona o cosa*, que pesa poco, que es muy delgada.

2. *Ni. Referido a persona o cosa*, pálida, descolorida o desgastada.

III. 1. adj. *Ho. Referido a cosa, en especial madera o arcilla*, que se desmorona con facilidad. rur.

IV. 1. sust/adj. *Ho.* En el ejército, soldado haragán.

pajla. (Del aimara *pajla* y del quechua *pagla*).

I. 1. sust/adj. *Pe:S, Bo:C,O.* Persona calva, sin pelo. rur; pop. (**pajla**).

2. f. *Bo:C,O.* Calva de una persona. pop + cult → espon.

pajón.

I. 1. m. *Mx, Gu, RD.* Planta herbácea de hasta 1 m de altura que crece en zonas elevadas y llanas; se utiliza para hacer los techos de las casas rurales y la mata con las raíces se usa como escoba. (Poaceae; *Panicum jumentoceum*). rur. ♦ **ac**.

pajón, -na.

I. 1. adj. *Ec. Referido a terreno*, cubierto de **paja brava**.

II. 1. adj. *RD.* metáf. *Referido al cabello*, abundante y revuelto.

pajona.

I. 1. f. *Bo:E.* obsol. Mujer joven y robusta.

pajonal.

I. 1. m. *RD, PR, Co, Pe, Ch, Py, Ar, Ur.* Terreno bajo y anegadizo con vegetación herbácea alta y enmarañada.

2. *Ec, Bo, Ar, Ur.* Sitio poblado de **paja brava**.

3. *Gu, Ho, ES, Ni, RD; Pa,* rur; pop. Sitio poblado de hierba.

4. *Gu, Cu.* metáf. Pelo abundante y desordenado.

5. *Ur.* Terreno cubierto por plantas y pasto alto, en el que es difícil transitar.

pajonú, -núa.

I. 1. adj. *RD.* **pajonudo**, que tiene el cabello abundante.

pajonudo, -a.

I. 1. sust/adj. *RD.* Persona con cabello abundante y revuelto. (**pajonú**).

pajoso, -a.

I. 1. adj. *PR. Referido a cosa, especialmente al pelo*, de aspecto seco.

II. 1. *CR. Referido a persona*, que habla con petulancia de asuntos intrascendentes y hace falsas promesas. pop.

pajpa.

I. 1. f. *Bo:C.* **cabuyo**.

2. *Bo:C.* Planta de hojas o pencas radicales, carnosas, de borde espinoso y acabadas en un fuerte aguijón, flores pequeñas y blancas en un alto y grueso bohordo o tallo central y frutos en cápsulas con semillas muy aplanadas; su fibra se utiliza para fabricar sogas o cuerdas y para hacer tejidos. (Agavaceae; *Furcraea andina*).

pajra.

I. 1. sust/adj. *Bo:C,O,S.* **pajla**, persona calva.

pajuatada.

I. 1. f. *Ve.* Tontería, estupidez. pop.

pajuato, -a.

I. 1. sust/adj. *Ni, RD, Ve, Ar, Ur.* Persona de poca agilidad mental o poco entendimiento. pop.

2. adj. *PR. Referido a persona*, inactiva, que no hace nada ni tiene ánimo para hacerlo.

pajudo, -a.

I. 1. adj/sust. *Co. Referido a persona*, mentirosa. pop.

2. sust/adj. *Ve.* **pajúo**.

pajuela.

I. 1. f. *Bo:E; Mx, Ni,* obsol. Cerilla de fósforo.

II. 1. f. *Mx.* Punta de las tiras trenzadas de un látigo.

III. 1. f. *Ve.* Pieza en forma de uña hecha de carey, cuerno o metal que se utiliza para tocar ciertos instrumentos musicales de cuerda.

IV. 1. f. *Ho, ES.* Parásito filiforme que vive en el cuerpo humano, *especialmente en los niños*. (**pajuelilla**).

V. 1. f. *Ho.* Especie de probeta fina y alargada que se utiliza en la inseminación artificial del ganado.

VI. 1. f. *Pa.* Joya de oro macizo o de oro guarnecido con perlas que se pone en la cabeza la mujer que luce la **pollera**. pop + cult → espon.

pajuelazo.

I. 1. m. *ES; Mx,* p.u. Trago de licor.

pajuelear.

I. 1. tr. *ES.* Beber tragos de licor.

II. 1. tr. *ES.* Mentir a *alguien*.

III. 1. intr. *ES.* Enfermar de diarrea.

pajuelilla.

I. 1. f. *Ni.* Picazón en el ano que provoca la **pajuela**.

2. *Ni.* **pajuela**, parásito.

II. 1. f. *Ni.* metáf. Niño inquieto y molesto.

pajueloso, -a.

I. 1. adj. *ES. Referido a persona*, que tiene **pajuelas** en el estómago e intestinos.

pajuerano, -a.
  I. 1. sust/adj. *Bo, Ar, Ur, Py*, desp. Persona procedente del campo o de una pequeña población que ignora las costumbres de la ciudad. pop + cult → espon.
  2. *Bo.* Persona que proviene de otro país. pop + cult → espon.

pajuí.
  I. 1. *Bo:E.* **mutún.**
  ■
    a. ‖ ~ **copete de piedra.** *Bo:E.* **mutún copete de piedra.**

pajuil.
  I. 1. m. *Mx, Gu, Ni, Ec.* Ave gallinácea de 91 cm de longitud, de plumaje negro brillante con vientre blanco y patas grisáceas; el macho tiene un bulto globoso de color amarillo en la base del pico; su carne es comestible. (Cracidae; *Crax rubra*). (**paujil**) ♦ **hoco; pavón.**
  2. *Gu, PR.* **marañón,** árbol. (**pajuy**).
  3. *PR.* **marañón,** fruto. (**pajuy**).

pajuil, -la.
  I. 1. adj/sust. *Ho, ES. Referido a persona,* tonta.

pajuila.
  I. 1. f. *ES.* Hembra del **pajuil.**

pajuilado, -a.
  I. 1. adj. *ES.* **apajuilado,** tonto.

pajuilear.
  I. 1. intr. *ES, RD.* Vagar sin rumbo, perder el tiempo.

pajúo, -a.
  I. 1. sust/adj. *Ve.* juv. Persona chismosa y habladora. (**pajudo**).
  2. *Ve.* Persona que hace o dice tonterías. pop ^ desp. (**pajudo**).
  II. 1. sust/adj. *Ve.* Persona mentirosa y falsa. pop ^ desp. (**pajudo**).

pajurria.
  I. 1. m. *Cu.* Tabaco de hojas de ínfima calidad.
  II. 1. *Cu.* Cosa insignificante.

pajuy.
  I. 1. *PR.* **pajuil,** árbol y fruto.

pajuzo, -a.
  I. 1. adj/sust. *Cu.* Persona que se masturba frecuentemente. pop.

pala.
  I. 1. f. *Ar:NO. En un telar,* pieza en forma de cuchilla alargada, *generalmente en madera de algarrobo,* que se usa para apretar la trama del tejido mientras se trabaja.
  II. 1. f. *Ni, Cu; CR,* fest. | juv. Cuchara para comer. pop.
  III. 1. f. *Cu.* Engaño, distorsión.
  IV. 1. f. *PR.* Influencia, valimiento, poder. pop + cult → espon.
  2. *PR.* **palanca,** persona influyente. pop + cult → espon.
  ■
    a. ‖ ~ **carrilera.** f. *CR.* Pala que tiene su plancha o lámina de hierro acanalada.
    b. ‖ ~~~. (Del quech. *pala-pala,* cuervo).
      i. m. *Ar:NO.* **palapala.**
      ii. *Ar.* Antigua danza folclórica en cuya coreografía los bailarines simulan ser aves, galantea el macho a la hembra y mueven las puntas del poncho a modo de alas.
      iii. *Ar.* Canto y música de esta danza.
    □
    a. ‖ **a toda** ~. loc. adv. *Ec, Ch.* A gran velocidad. pop.
  ▶ **hacer la** ~; **meter** ~; **tener** ~; **tirar** ~.

palabra.
  ●
    a. ‖ ~**s han habido.** fórm. *RD.* Se usa para llamar la atención sobre algo que acaba de decirse abiertamente, sin rodeos.

    b. ‖ ~**s sacan** ~**s.** fórm. *Pe.* Se usa para expresar que algo aparece o se hace poco a poco, paulatinamente.
    c. ‖ **su** ~ **vaya adelante.** fórm. *Ve.* Se usa para expresar respeto y credibilidad con lo enunciado por el interlocutor. pop.
  ■
    a. ‖ **mala** ~. f. *Gu, Ho, Ni, CR, Cu, RD, PR, Co, Ve, Ec, Pe, Bo, Py, Ur, Pa,* pop + cult → espon. Palabra soez. euf.
    b. ‖ ~ **de domingo.** f. *CR, PR, Ch.* **palabra dominguera.**
    c. ‖ ~ **dominguera.** f. *Mx, Pa, RD, PR, Ve.* Vocablo especializado, elegante o de poco uso. pop + cult → espon. ♦ **palabra de domingo.**
  □
    a. ‖ ~ **de hombre.** loc. sust. *Ni, RD, PR, Pe, Bo.* Compromiso o promesa que compromete el honor.
  ◪
    a. ‖ ~**s traen palabras.** fr. prov. *Gu, RD; Ec,* p.u. Indica que una discusión o una disputa puede prolongarse indefinidamente.
  ▶ **beber las** ~**s; no bosticar** ~**; rapar la** ~**; sentarse en la** ~.

palabreada.
  I. 1. f. *Pe.* Abundancia de palabras usada sobre todo para convencer o persuadir a alguien.

palabreado, -a.
  I. 1. adj. *Mx, Ni, CR, Cu, RD, Co, Ec, Bo, Ch; Pa,* rur; pop + cult → espon. *Referido a cosa,* tratada o acordada de palabra, pero sin haber llegado a formalizarse.

palabreador, -ra.
  I. 1. m. y f. *Pe; Ch,* p.u. Persona que habla sin moderación y vanamente para convencer.

palabrear(se).
  I. 1. tr. *Mx, Ni, CR, Cu, RD, Ve, Ec, Ch; Co, Bo,* pop; *Pa,* rur. Tratar o acordar de palabra *algo,* pero sin formalizarlo.
  2. *ES, Ni, Ec, Pe, Bo, Ch.* Hablar con el fin de convencer o de conseguir algún favor. pop + cult → espon.
  3. intr. prnl. *Pa, Ec, Bo.* Sellar una pareja su compromiso de boda.
  4. *ES, Bo.* Comprometerse, adquirir un compromiso.
  5. intr. *ES, Ni.* Conversar con alguien.
  6. tr. *ES.* Cortejar, enamorar.
  7. *Pa.* Acordar *algo,* que con la palabra bastará como compromiso de honor. pop + cult → espon.
  II. 1. tr. *Bo, Ch.* Insultar o tratar rudamente de palabra a *alguien.*
  2. intr. prnl. *Ho, Ni, Bo.* Discutir violentamente, insultarse.
  III. 1. intr. prnl. *Ec.* Enterarse de algo.

palabrerío.
  I. 1. m. *Ni, Pa, Cu, RD, Bo, Ur.* Discurso o exposición de ideas inútiles y sin fundamento. pop + cult → espon.

palabrero.
  I. 1. m. *Co:N.* Persona que media y concilia en los conflictos interfamiliares entre los wayúu, grupo étnico del departamento colombiano de La Guajira.

palabrón.
  I. 1. m. *RD.* Palabra considerada obscena, sucia, indecorosa.

palacio.
  I. 1. m. *Gu. En la despulpadora de café,* cada una de las salidas del café despulpado. rur.
  ■
    a. ‖ ~ **municipal.** m. *Co.* Sede de una municipalidad o ayuntamiento.

paladar.
  I. 1. m-f. *Cu.* Restaurante particular o fonda que, por ley, dispone solo de doce sillas.
paladear.
  I. 1. tr. *Co.* Saber manejar *alguien* a otras personas.
paladeo.
  I. 1. m. *Pe.* obsol. Trozo de gasa impregnado de aceite de almendras y jarabe de goma que se introduce en la boca de un bebé para que lo chupe e ingiera la sustancia que tiene efectos laxantes.
palama.
  I. 1. f. *Bo:S.* Juego de muchachos que consiste en sacar de varias divisiones trazadas en el suelo un tejo al que se da con un pie, llevando el otro en el aire y cuidando de no pisar las rayas y de que el tejo no se detenga en ellas.
  2. *Bo:S.* Piedra pequeña, plana, *generalmente circular*, para jugar a la palama.
palamentazón.
  I. 1. f. *Ve.* Ingesta abundante de bebidas alcohólicas. pop.
palán.
  ■
  a. ‖ ~-~. m. *Ec, Ar, Ur.* **donjuán.**
palana.
  I. 1. f. *Pe.* Pala, azada.
palanca.
  I. 1. f. *Mx, Ho, ES, Ni, CR, Pa, Cu, RD, Co, Ve, Ec, Bo, Py, Ar.* Persona influyente que puede ayudar a alguien a obtener algo, *especialmente un puesto público.* pop + cult → espon. ♦ **pala.**
  2. *Mx, Gu, Ho, ES, Ni, Pa, RD, Ec, Pe, Bo.* Influencia, valimiento, poder. pop + cult → espon.
  3. *Pe.* Cosa que sirve como instrumento para conseguir algo.
  4. *Ho, ES.* Persona de gran estatura.
  II. 1. m. *Pa* pop + cult → espon; *Pe,* pop. *En el transporte público,* conductor que maneja por horas un vehículo que no es suyo, a cambio de parte de las ganancias.
  III. 1. f. *Ch.* Carne magra cortada de forma rectangular y más gruesa por el centro que suele ser preparada como asado.
  IV. 1. f. *ES.* Pierna de una persona. pop.
  V. 1. f. *ES.* Pene. vulg.
  VI. (Del nahua *palanqui,* cosa podrida).
  1. f. *Ho.* Arbusto de hasta 15 m de altura, con flores de color blanco que despiden un aroma desagradable y fruto globoso, parecido a la ciruela. (Bombacaceae; *Quararibea funebris*).
  □
  a. ‖ ~ **de gallinas.** f. *Ho.* Vara en la que hay seis gallinas atadas por las patas. rur.
  ▶ **agarrar para la ~; estar bien ~; estar ~; tener ~.**
palancapacle. (Del nahua *palanqui,* podrido, y *Patli,* medicamento).
  I. 1. *Mx.* **naguapate.**
palancazo.
  I. 1. m. *Ho, ES, Ni; Co,* pop. Ayuda o recomendación.
palancho.
  I. 1. *Ar:NO.* **donjuán.**
palanco. (Del nahua *palanqui,* cosa podrida).
  I. 1. m. *Gu, CR.* Árbol pequeño, de tierras cálidas, parecido al anono, de flores grandes con sépalos de color rojo oscuro que brotan del tronco y de las ramas y despiden un mal olor; fruto comestible; de su corteza se extrae una fibra. (Annonaceae; *Sapranthus foetidus*).
palancón, -na.
  I. 1. adj/sust. *Gu, Ho, ES. Referido a persona,* muy alta de estatura o de piernas largas.
  2. *Ho. Referido a plantas,* de tallo o tronco fino y alto.

palancú.
  I. 1. adj/sust. *PR. Referido a persona,* muy alta de estatura o de piernas largas.
¡palangán!
  I. 1. interj. *ES.* Imita el sonido de la caída de un cuerpo sobre el suelo o algo duro.
palangana.
  I. 1. adj/sust. *Bo; Pe, Ar,* obsol. *Referido a persona,* fanfarrona. pop + cult → espon ^ desp.
  2. m-f. *Ch, Ar; Ur,* p.u. Persona boba, tonta. pop + cult → espon ^ desp.
  II. 1. *Gu, Ni,* **paila,** caja metálica de un **pick-up.**
  III. 1. f. *Ur.* Lavabo, pila con grifos que se utiliza para lavarse.
  □
  a. ‖ ~ **de baba.** loc. sust. *CR.* Persona que promete y no cumple nunca.
palanganada.
  I. 1. f. *Ho, Ni, CR, Co.* Cantidad de algo que cabe en una palangana. pop.
  II. 1. f. *Pe, Bo:S.* Fanfarronería. pop + cult → espon ^ desp.
palanganas.
  I. 1. m-f. *CR.* obsol. Persona indecisa. pop.
  II. 1. m-f. *CR.* obsol. Persona boba, tonta. desp.
  III. 1. m-f. *CR.* obsol. Persona que tiene la costumbre de meterse donde no la llaman. pop.
palanganear.
  I. 1. intr. *Pe; Bo:S, Ar,* p.u. Fanfarronear. pop + cult → espon ^ desp.
  II. 1. intr. *Gu.* Adular, hacer o decir lo que se cree que puede agradar.
  2. *Gu.* Llevar la corriente sin comprometerse en algo o con alguien.
  3. *Gu.* Detener un asunto el tiempo necesario hasta que se olvide o se crea oportuno.
  III. 1. intr. *Gu.* **pailear,** viajar en la **palangana** de un vehículo.
palanganeo.
  I. 1. m. *Gu.* Adulación.
  II. 1. m. *CR.* Falta de resolución o determinación de alguien.
palangre.
  I. 1. m. *Ve.* Negocio oportunista, por el que se obtiene una ganancia jugosa.
  2. *Ve. En lenguaje periodístico,* pago ilícito que se hace a un periódico o a un periodista por publicar una información que afecta o beneficia los intereses de alguien.
palangrismo.
  I. 1. m. *Ve. En lenguaje periodístico,* práctica de recibir **palangre** o pagos ilícitos.
palangrista.
  I. 1. adj/sust. *Ve. Referido a un periodista o a un periódico,* que recibe **palangre** o pago ilícito.
palanqueada.
  I. 1. f. *Ve, Ec, Ch.* Empleo de influencias para la obtención de un beneficio.
  II. 1. f. *Ni, CR, Ec; Ch,* p.u. Movimiento de algo con palanca.
palanqueado, -a.
  I. 1. adj. *Co, Ve. Referido a persona,* que ha conseguido un cargo por **palanca.**
  2. *Pa. Referido a cosa,* que se ha obtenido por medio de influencias. pop + cult → espon.
palanqueador, -ra.
  I. 1. m. y f. *Ec.* Persona que usa su influencia para lograr algo.
palanquear(se).
  I. 1. tr. *Mx, Ho, ES, Ni, Cu, RD, Co, Ve, Ec, Ch, Py, Ar, Ur; Bo:O,* pop + cult → espon. Ayudar *alguien*

influyente a otra persona para que obtenga algo, *especialmente un puesto de trabajo o la resolución de un asunto importante.*

2. *RD, Co, Pe, Bo; Pa.* Usar a personas con influencia para obtener algo, *especialmente un puesto de trabajo o la resolución de un asunto importante.* pop.

3. tr. prnl. *Pe.* Usar *algo* o a *alguien* para conseguir algo, *especialmente un beneficio.* pop.

II. 1. tr. *Mx, Ho, CR, Bo.* Apalancar, levantar, mover o partir *algo* con una palanca.

III. 1. tr. *Ch.* Criticar o amonestar severamente a *alguien.*

2. *Ch.* Hacer a *alguien* víctima de bromas. pop + cult → espon.

IV. 1. tr. *Gu.* Robar.

2. tr. prnl. *Gu.* Robar *algo.*

palanqueo.
I. 1. m. *Ni, Ec, Bo, Ch.* Movimiento de algo mediante una palanca.
2. *Cu, Ec, Ch.* Empleo de influencias para la obtención de un beneficio.
3. *Pe.* Empleo de algo o alguien para la obtención de un beneficio.
4. *Ch.* Burla, tomadura de pelo, chanza. pop + cult → espon.

palanquera.
I. 1. f. *Ho.* Gran cantidad de palos y troncos.

palanquero.
I. 1. m. *ES.* Hombre que carga una carroza religiosa.

palanquero, -a.
I. 1. m. y f. *Ni, Ec:O.* Persona que conduce una canoa impulsándola mediante una vara larga.

palanqueta. (De nahua *palanqui,* cosa revenida).
I. 1. f. *Mx.* Dulce hecho con cacahuates o pepitas de calabaza acaramelados, de consistencia sumamente dura.
2. *Co:SO, Ec.* Pan francés.

palanquetero, -a.
I. 1. m. y f. *Mx.* Persona que se dedica a elaborar o vender **palanquetas** y otros dulces.

palante.
▶ **coger de atrás** ~.

palapa.
I. 1. f. *Mx.* Palma de hasta 15 m de altura, de hojas grandes y pinnadas, inflorescencias en racimo, flores color crema y frutos en drupa, ovados y de color amarillo marronáceo. (Arecaceae; *Attalea cohune*).
2. *Mx.* Hoja de la palapa.
3. *Mx.* Construcción rústica hecha con palapas, en forma de techo o de sombrilla, para resguardarse del sol.
II. 1. f. *RD.* Espacio cubierto, situado en el exterior de un hotel, donde se sirven comidas y bebidas o se ofrecen espectáculos.

palapala.
I. 1. m. *Ar:NO.* **gallinazo,** ave rapaz. (**pala-pala**).

palapar.
I. 1. m. *Mx.* Sitio poblado de **palapas.**

palapichi.
I. 1. m. *Ec.* Alimento de consistencia espesa, preparado con harina de maíz azucarada disuelta en agua, colada y ligeramente fermentada.

palaustre.
I. 1. m. *Co:N.* Herramienta de albañil para extender la mezcla.

palazo.
I. 1. m. *CR, PR, Co, Ec, Pe, Bo.* Golpe dado con un palo.
2. *Bo; Pe,* p.u. Reprimenda, crítica severa.
II. 1. m. *Pe.* Pantalón ancho cuyas perneras terminan acampanadas. (**palazzo**).

palazón.
I. 1. f. *Gu, ES.* Gran cantidad de árboles, bosque.
2. *Gu, Ni.* Gran cantidad de troncos. ♦ **palerío.**
II. 1. f. *Ve.* Ingesta abundante de bebidas alcohólicas. pop.

palazzo.
I. 1. *Pe.* **palazo,** pantalón ancho.

palca. (Del quech. *pallqa,* bifurcado, horqueta).
I. 1. f. *Bo, Ar:NO.* Cruce de dos ríos o de dos caminos.
2. *Bo, Ar:NO.* Horquilla formada por una rama.
II. 1. f. *Ec, Bo.* Juguete similar a una honda, compuesto por una horquilla con mango, *usualmente de madera,* a cuyos extremos se unen los de una goma con una pieza de cuero que, al estirarla, sirve para disparar objetos como piedrecillas o perdigones. ♦ **flecha.**
2. *Ec.* **pallca.**
3. *Bo:E.* Horquilla de madera o de metal donde se sujetan los elásticos del **bodoqui.**
III. 1. sust/adj. *Bo:NO.* Persona de labio leporino. pop.
IV. 1. f. *Ho.* Retirada de la tierra que hay alrededor de una planta, una vez que ha asentado las raíces.

palcalzado, -a.
I. 1. adj. *Pa.* Referido a una gallinácea, que tiene plumas en las patas.

palco.
□
a. ‖ **para coger** ~. loc. adj. *Ve. Referido a un acontecimiento,* muy importante o de gran calidad. fest.
▶ **agarrar** ~; **tomar** ~.

palea.
I. 1. f. *CR.* Trabajo que se realiza con pala en un terreno, *especialmente para quitar malas hierbas o aporcar plantas.* rur.

paleador.
I. 1. m. *Ni. En el* **beisbol,** jugador que **batea** frecuentemente.

palear.
I. 1. tr. *Ve.* Robar *algo.* delinc.
II. 1. tr. *Ch.* Paliar, mitigar, suavizar *algo.*
III. 1. intr. *Cu.* Comer todos los alimentos con la cuchara.
IV. 1. intr. *Ni. En el* **beisbol,** darle el jugador a la pelota con el **bate.**

paledonia.
I. 1. f. *Ve:O.* Galleta dulce y redonda, con los bordes dentados, hecha de harina de trigo y **panela.** (**paledoña**).

paledoña.
I. 1. *Ve:O.* **paledonia.**

palen.
I. 1. m. *Ho.* Instrumento para esparcir el fertilizante alrededor de las plantas de café.

palencón.
I. 1. m. *Ho, Ni, CR.* Palo o tronco de árbol gigantesco. pop + cult → espon.
2. *Ni.* metáf. Hombre alto y simpático.

palendra.
I. 1. f. *Co:SO.* Azada.

palenque.
I. 1. m. *Mx, Ho, ES, Ni.* Lugar en donde se realizan las peleas de gallos.
2. *Bo, Py, Ar, Ur.* Poste liso y fuerte clavado en la tierra, que sirve para atar animales.
3. *Ho.* Conjunto de estacas que marcan el redondel en que pelean los gallos.
II. 1. m. *Cu, Co, Ve.* Lugar alejado que servía de refugio a los esclavos fugitivos.
III. 1. m. *Ni.* Casa rústica cuyas paredes son de palos o rejones.
2. *CR.* Vivienda, *generalmente un rancho o choza pobre,* en la que habitan varias familias indígenas.

□

a. ‖ ~ **donde rascarse.** loc sust. *Ar, Ur.* Persona o medio a que se puede recurrir en caso de necesidad. pop + cult → espon.

palenquear.
I. 1. tr. *Ar, Ur.* Sujetar animales al **palenque.** rur.

paleoindio, -a.
I. 1. sust/adj. *Ch.* Período comprendido hasta el siglo x a. C. en el que se produce el asentamiento en tierras americanas de los actuales pueblos indígenas. cult.
2. adj. *Ch.* Relativo a este período. cult.

palera.
I. 1. f. *Pa, Co:N.* Serie de golpes dados a una persona o a un animal a manera de castigo. pop.
II. 1. f. *Pa, Co:N. En* **competencias** *deportivas*, derrota amplia.
III. 1. f. *ES. En minería*, hombre que se encarga de recoger la broza y de cargar la **cubeta.**
IV. 1. f. *Ho.* **Golpiza** dada con un palo. rur.

palerío.
I. 1. m. *Gu, ES.* palazón, gran cantidad de troncos.

palero.
I. 1. m. *Ho. En minería*, hombre que se encarga de recoger la broza y de cargar la **cubeta.**

palero, -a.
I. 1. adj/sust. *Pe. Referido a persona*, falsa, mentirosa. pop.
2. m. y f. *Cu.* Persona que ayuda a otra a hacer trampas o llevar a cabo acciones fraudulentas.
3. sust/adj. *Cu.* Persona que practica en los ritos afrocubanos la regla del palo.

palestino, -a.
I. 1. sust/adj. *Ho.* **turco,** descendiente de árabes.

paleta.
I. 1. f. *Mx, Gu, Ho, ES, Ni, CR, Pa, Cu, RD, PR, Co, Ch, Ar.* Helado con forma similar a una paleta, sostenido por un palillo plano de madera o de plástico. (**paletica**).
2. *Mx, Ni, RD, PR, Bo:O, Py, Ar, Ur.* Golosina consistente en un caramelo sólido circular sostenido por un palito.
3. *Gu, Ho, CR.* meton. Palito plano y alargado que está insertado en el helado para poder sujetarlo. ♦ **palilla.**
II. 1. f. *Ni, CR, Pa, PR, Ec, Fe, Bo, Ch, Py, Ar, Ur.* Pala de madera usada en la práctica de ciertos juegos, como el tenis de mesa.
2. *Gu, ES, CR.* Palo largo de madera que semeja un cucharón plano que se usa para remover líquidos como el atol.
3. *Bo:N.* Remo.
4. *CR, PR.* Instrumento formado por una superficie plana de material flexible provista de mango, de múltiples usos.
5. *Ho.* Madero alargado y pesado que se cuelga del cuello al ganado vacuno para que no salte los cercos. rur.
III. 1. f. *Ch, Ar, Ur.* Paletón, parte de la llave donde están situados los dientes.
IV. 1. f. *Ve.* Plataforma hecha de tablas de madera rústica, que sirve para almacenar y transportar mercancías.
V. 1. adj. *Ch. Referido a persona*, servicial, dispuesta a servir a los demás. pop + cult → espon.
2. f. *Ur.* Persona que acompaña a una pareja de enamorados con el fin de controlar su conducta. pop + cult → espon.
VI. 1. f. *Ni.* Vidrio grueso que se inserta en marcos de madera.
VII. 1. f. *Pa.* Orinal, vasija de poca altura y forma adecuada para recoger la orina y el excremento del enfermo que no puede abandonar el lecho. pop + cult → espon.

■

a. ‖ ~**s gemelas.** f. pl. *Ho.* Conjunto de dos helados de **paleta** unidos.

□

a. ‖ **en** ~. loc. adv. *Gu, Ho, ES, Ni; CR*, obsol, pop. En gran cantidad.

▶ **caerse la** ~.

paletaria.
I. 1. *PR.* **peletaria.**

paletazo.
I. 1. m. *Ni, Pe, Ch, Ur, Ar*, p.u. Golpe o lanzamiento hecho con una paleta o raqueta de tenis de mesa.
2. *CR, PR, Bo, Ur.* Golpe dado por alguien a una persona con una **paleta.**
II. 1. m. *Cu.* Choque entre automóviles. pop.
2. *Cu.* Realizar un hombre el coito.
3. *Cu.* Obtención de un beneficio.

paleteada.
I. 1. f. *Ch.* Ayuda, *generalmente desinteresada*, que se presta o se pide a alguien para realizar una tarea. pop + cult → espon.

paleteado, -a.
I. 1. adj/sust. *Ch. Referido a persona*, que ayuda servicialmente a otra a realizar una tarea. pop + cult → espon.

paletear(se).
I. 1. tr. *Ar, Ur.* Dirigir un jinete a un animal vacuno o equino empujándolo a la altura de la paleta con el pecho de su caballo. rur.
II. 1. tr. *Pe.* Toquetear lascivamente a *alguien.* pop.
III. 1. intr. prnl. *Ch.* Hacer un favor significativo a alguien o estar dispuesto para actuar en ayuda de los demás. pop + cult → espon.
IV. 1. tr. *Ec.* Dar a una pared u otra superficie un **paleteo.**

paleteo.
I. 1. m. *Pe.* Toqueteo lascivo. pop.
II. 1. m. *Ec.* Acabado de textura fina y ligeramente pulida que se da a una superficie con una capa de yeso, estuco u otra mezcla similar.

paletera.
I. 1. f. *Ec.* Fábrica de plataformas de madera, usadas para almacenar y transportar mercancías.
II. 1. f. *RD.* Puesto o bandeja donde el **paletero** ofrece el género.

paletería.
I. 1. f. *Mx.* Tienda donde se venden **paletas** de hielo.

paletero, -a.
I. 1. m. y f. *Mx, Gu, Ho, ES, Ni, Pa, Co.* Persona que fabrica o vende **paletas,** *generalmente de hielo.*
2. *RD.* Persona que vende dulces o cigarrillos en un puesto callejero o como vendedor ambulante.
II. 1. m. y f. *Ch.* Jugador de tenis de mesa.
2. adj. *Ch.* Relativo al tenis de mesa.
III. 1. adj/sust. *Pe. Referido a persona, especialmente a un hombre*, que toquetea a otra persona de manera lasciva.
IV. 1. m. y f. *Ve.* Persona cuyo oficio es cortar madera para hacer **paletas.**

paletica.
I. 1. *Cu.* **paleta,** helado. pop.

paletilla.
▶ **caérsele la** ~; **poner la** ~ **en su lugar.**

paleto.
I. 1. *Pa.* **uapaké.**
2. m. *Pa.* Fruto comestible del paleto.

paletó.
I. 1. m. *RD, Bo; Ch*, obsol. Chaqueta de vestir formal.

paletón.
I. 1. *Co, Ec.* **tucán,** ave.

II. 1. m. *Gu, Ho, ES, Ni, CR. En una falda o pantalón*, tabla o pliegue formado por un par de dobleces.

III. 1. m. *Bo.* Chaqueta de vestir formal.

☐
    a. ‖ **en el ~ del culo.** loc. adv. *Ni.* En un sitio recóndito. vulg.

paletonear.

I. 1. adj. *ES.* Hacer **paletones** a una falda o pantalón.

paletudo, -a.

I. 1. adj/sust. *Cu. Referido a persona*, de gran fortaleza física.

II. 1. adj. *Ho, Ur. Referido a persona*, que tiene los dientes incisivos muy grandes. pop.

palgüishte. (De *palo* y la voz nahua *huitztli*, espina).

I. 1. *ES.* **tiamo.**

palhuén.

I. 1. *Ch.* **cuerno de cabra.**

paliacate.

I. 1. m. *Mx.* Pañuelo grande de algodón, estampado, que se pone al cuello o a la cabeza como adorno.

  ▶ **echar un ~.**

palichada.

I. 1. f. *Bo:O.* Soborno a la policía o a una autoridad judicial. delinc.

palichar.

I. 1. tr. *Bo:O.* Sobornar a la policía o a una autoridad judicial. delinc.

pálida.

I. 1. f. *Ar, Ur.* Depresión, decaimiento anímico. pop.

2. *Ar, Ur.* Asunto o tema deprimente. pop.

3. *Ar, Ur.* Noticia mala o desalentadora. pop.

II. 1. f. *Gu, ES, CR, PR, Co, Ch.* Mareo, malestar debido al consumo de alcohol o de drogas. pop. ♦ **payula.**

2. *Gu, Ho.* Desmayo de una persona.

3. *Ho.* Efecto del exceso de ingestión de cocaína. drog.

III. 1. f. *ES.* Susto, miedo.

IV. 1. f. *Ho.* Enfermedad de la malaria o paludismo.

V. 1. f. *Ho.* Policía Nacional de Honduras. drog.

■
    a. ‖ **la ~.** f. *Gu, Ho, ES, Ec.* La muerte.

  ▶ **agarrar la ~; dar la ~; estar con la ~; irse en ~; tirar ~s.**

pálido, -a.

  ▶ **ponerse ~.**

palier. (Voz francesa).

I. 1. m. *Ch, Ar, Ur. En edificios de apartamentos*, espacio común de cada planta en el que convergen las puertas de los distintos apartamentos, las de los ascensores y los accesos a la escalera.

palilla.

I. 1. *Ho.* **paleta,** palito del helado.

palillera.

I. 1. f. *Ho.* Aserradero que se dedica a cortar y aserrar madera en tablas, reglas y listones para exportación.

palillero.

I. 1. m. *Ho.* Hombre que se dedica a cortar árboles.

palillero, -a.

I. 1. m. y f. *Ho.* Persona que trabaja en una **palillera.**

palillo.

I. 1. m. *Mx.* Arbusto de hasta 2 m de altura, con hojas ovadas de margen entero, inflorescencia en racimos y frutos pequeños de color amarillo. (Euphorbiaceae; *Croton morifolius*). ♦ **puzcual.**

2. *Ec, Pe, Bo.* **cúrcuma,** sustancia colorante.

3. *Pe.* **cúrcuma,** hierba.

4. *Pe:E.* Árbol de hasta 10 m de altura, de corteza seca y blanquecina, hojas opuestas con nervaduras en el envés, flores de color crema y fruto algo mayor que un tomate, redondo, achatado y de color amarillo pajizo, de pulpa jugosa. (Myrtaceae; *Campomanesia lineatifolia*). ♦ **reme.**

II. 1. m. *Bo.* Varilla delgada de diferentes tamaños, *generalmente de metal*, que se usa para tejer a mano.

2. *Ho.* Conjunto de reglas o listones de madera de pino para palos de escoba o usos similares.

3. *PR.* Barrita de madera o de material plástico para revolver bebidas alcohólicas combinadas.

III. 1. m. *PR.* Cigarrillo de marihuana. drog.

IV. 1. m. *Ur.* Pinza para tender la ropa.

■
    a. ‖ **~ de algodón.** *Pa.* **hisopo,** palillo recubierto de algodón..

    b. ‖ **~ de oído.** *Pa.* **hisopo,** palillo recubierto de algodón.

  ▶ **mover los ~s; vérselas a ~s.**

palillón.

I. 1. m. *Ni.* Bastón corto y muy decorado para hacer malabares.

2. *Ni.* meton. Varón que preside desfiles militares o escolares y hace piruetas con el palillón.

palillona.

I. 1. f. *Ho, Ni.* Muchacha vestida con uniforme militar de fantasía que, en ocasiones festivas, desfila junto con otras agitando rítmicamente un bastón al son de una banda de música.

palín.

I. 1. m. *CR, Ve:S.* Pala de borde recto y mango muy largo.

II. 1. m. *Ch.* Juego en el que se enfrentan dos equipos dispuestos en dos bandas iguales, procurando cada uno que una pelota, empujada con unos palos que llevan los jugadores, no pase la raya que señala su término; es un precedente del *hockey*. rur. ♦ **palitún.**

III. 1. m. *Gu.* Serie de suelos profundos, desarrollados sobre material volcánico pomáceo y máfico mezclados, en un clima húmedo-seco.

palique.

I. 1. m. pl. *Ho.* Pique o pelea verbal que tienen dos personas.

palisá.

I. 1. *RD.* **palizá.** pop.

palisangre.

I. 1. m. *Pe.* Árbol de hasta 45 m de altura, de corteza roja y látex blanco. (Moraceae; *Brossimum rubescens*).

2. *Pe.* Madera del palisangre, muy apreciada en ebanistería y artesanía.

palita.

I. 1. f. *Ve, Bo, Py, Ar, Ur.* Utensilio en forma de pala pequeña que se emplea para recoger la basura.

palito.

I. 1. m. *Mx, Gu, Ho, ES.* Coito. vulg.

II. 1. m. *Pe.* Aguja de diversos materiales para tejer lana y algodón.

2. *Pe.* Varilla cilíndrica larga y fina de diversos materiales para comer alimentos propios de la comida oriental.

III. 1. m. *Py, Ar, Ur.* **palito helado.**

IV. 1. m. *Ar.* obsol. Danza folclórica de galanteo y carácter picaresco cuya primera parte es ejecutada por una pareja, mientras que en la segunda se añade otra bailarina.

V. 1. m. *Bo, Ch, Ur.* Parte del tallo o de la rama del árbol de la **yerba mate** que se mezcla con la hoja triturada.

VI. 1. m. *RD, PR.* Trago de bebida alcohólica, *especialmente de ron*.

VII. 1. m. *CR, PR.* Árbol pequeño o arbusto de poca elevación.

VIII. 1. m. *Py.* Colín, barra de pan pequeña y alargada.

IX. 1. m. *Ho.* Mata de café.

X. 1. m. *Ho.* Poca cantidad de algo.

XI. 1. m. *PR. En las peleas de gallos*, cuña de madera para abrir la boca del gallo. ♦ **fórceps**.

■

a. ‖ ~ **barquillero**. m. *Cr.* Persona que recorre varios lugares haciendo diversas gestiones o trabajos por encargo de otra.

b. ‖ ~ **de fósforo**. m. *Ni, RD, Pe, Bo, Ch.* Cerilla, fósforo.

c. ‖ ~ **de ropa**. m. *RD.* Pinza que se usa para sujetar la ropa mojada a la cuerda. ♦ **palito de tendedera; palito de tender**.

d. ‖ ~ **de tendedera**. *Cu:O.* **palito de ropa**.

e. ‖ ~ **de tender**. *Cu:O.* **palito de ropa**.

f. ‖ ~ **volador**. *ES.* **chilincoco**.

g. ‖ ~**s chinos**.
   i. m. *Cu.* Instrumentos de mesa para comer alimentos propios de la cocina china, palillos.
   ii. *Cu.* Juego que consiste en esparcir una serie de varillas de colores e intentar recuperarlas una a una sin mover las demás.

h. ‖ ~**s de copetín**. m. pl. *Ar.* Trozos de galleta salada en forma de palo, delgados y alargados.

□

a. ‖ ~ **de los enredos**. loc. sust. *CR.* obsol. Persona de confianza que ayuda a otra a resolver sus problemas. pop.

b. ‖ ~ **helado**. loc. sust. *Ar, Ur.* Bloque de helado que se come sosteniéndolo por un pequeño palo hincado en su base. ♦ **palito**.

▶ **cortar ~; creerse una mierda en un ~; echar los ~s; estar a ~s; pisar el ~; quebrar ~s; romper ~; salir en dos ~s; tener ~; verse a ~s; vérselas a ~s.**

palitraquero, -a.
I. 1. adj. *Co:C. Referido a persona*, astuta y con mañas. pop ^ desp.

palitroque.
I. 1. m. *Ve:O, Pe, Bo.* Juego de bolos.
2. *Pe.* Cada uno de los bolos.
II. 1. m. *ES, Ni, Pa, Cu, PR.* Pan en forma de varilla redondeada, o de **bolillo**, con textura de galleta, tostado y sin migajón.
2. *Pa, Cu.* metáf. **fleco**, persona muy delgada.
3. *Ni.* Bolillo de pan.
III. 1. m. *Ve.* Trago de una bebida alcohólica. pop ^ fest.
IV. 1. m. *PR.* Asalto, atraco, robo. delinc.
▶ **hacer un ~.**

palitún.
I. 1. *Ch.* **palín**, juego.

palizá.
I. 1. f. *RD.* Empalizada. pop. (**palisá**).

palizada.
I. 1. f. *Ni, CR, Co, Ec, Pe, Bo:E.* Conjunto de ramas y troncos arrastrados por la corriente de un río.
II. 1. f. *Pe.* Conjunto de personas que se reúnen para divertirse y, *en ocasiones*, para molestar con bromas a alguien.

palla.
I. 1. pl. *Pe.* Danza tradicional bailada por dos filas de mujeres que zapatean al ritmo de dos tambores y un violín.
2. f. *Pe:C,S.* Mujer que baila la **palla** y otras danzas tradicionales.
3. *Ec.* Instrumento musical *similar a la zampoña, pero de menor tamaño que esta.*
4. *Ec. En la celebración del Corpus en algunos pueblos de la Sierra*, mujer gigantesca de armazón de carrizos revestida de blanco que, acompañada por bailarines y músicos, canta y baila al son de la **palla**.

II. 1. f. *Pe:S.* p.u. Cosecha, *especialmente de coca o de maíz.* rur.

III. 1. f. *Bo:SO, Ar:NO; Ch*, p.u.; rur. Selección de los minerales según su ley.

IV. 1. f. *Gu.* Tela blanca con bordado o sin él de color blanco, con la que se cubren la cabeza las novias de ciertos grupos indígenas.

V. 1. f. *Bo:O.* Mujer de la nobleza incaica.

■

a. ‖ ~~.
   i. f. *Pe:E.* Danza popular que simboliza la vuelta de los soldados al hogar tras la guerra por la independencia de Perú.
   ii. *Bo:O.* Instrumento musical de viento que consta de tubos de bambú o de **caña hueca** colocados en serie de mayor a menor.

pallaco.
I. 1. m. *Bo:O. En las minas*, restos de mineral que quedan en el **desmonte**.

pallado, -a.
I. 1. adj. *Bo. Referido al mineral*, seleccionado de los desmontes.

pallador.
I. 1. m. *Pe, Bo:O. En una mina*, operario encargado de recoger el mineral.
II. 1. *Ch.* p.u. **payador**, cantor.

pallalla.
I. 1. *Ch.* **payaya**.

pallana.
I. 1. *Ar:NO,O Ur.* **payana**, juego.

pallapa.
I. 1. f. *Pe:S.* Recogida de **papas** *realizada generalmente por mujeres y niños*, que buscan y se quedan con aquellas que no se recolectaron en su momento. rur.

pallapar.
I. 1. tr. *Pe:S.* Recoger **papas** u otros alimentos después de la cosecha.

pallaquear.
I. 1. tr. *Pe, Bo:C,O,S.* Entresacar o escoger la parte metálica o más rica de los minerales.

pallar.
I. 1. sust/adj. *Ec, Pe, Bo:C, Ch:N.* Judía o **frijol** de color blanco y forma achatada.
2. m. *Pe.* metáf. Lóbulo de la oreja. pop.
II. (Del quech. *pallay*, recolectar, cosechar.)
   1. tr. *Pe.* Cosechar coca o maíz. rur.
   2. *Bo:O.* Entresacar o escoger la parte metálica o más rica de los minerales.
   3. *Bo:C,O,S.* Recoger *algo* que está desparramado.
III. 1. intr. *Ch.* p.u. **payar**.

pallasa.
I. 1. f. *Ch.* Colchón de paja o de hojas de **choclo**.

pallca.
I. 1. f. *Ec.* Catapulta. (**paica; palca**).

pallira.
I. 1. *Ar:NO.* **palliri**, mujer que trabaja en las minas.

palliri.
I. 1. f. *Bo:O, Ar:NO.* Mujer que trabaja en las minas seleccionando o entresacando de las piedras la parte más rica en minerales. rur. (**pallira**). ♦ **kareadora**.
2. *Bo:C.* Mujer que trabaja en el campo recogiendo las cosechas.

palma.
I. 1. f. *Ar, Ur.* Arreglo floral en forma de abanico que se envía a funerales o se coloca en monumentos conmemorativos.
II. 1. f. *Ar.* Cansancio, agotamiento. pop + cult → espon.
III. 1. f. *Cu.* metáf. Persona alta y delgada. pop + cult → espon ^ fest.
IV. 1. f. *Ho.* Masturbación. vulg.

a. ‖ ~ **africana.** m. *Gu, Ho, ES, Ni, CR, Ec.* Palma de hasta 12 m de altura, con tronco cilíndrico y duro cuando está totalmente desarrollado, hojas pecioladas con un nervio central recio, leñoso, y espinas largas intercaladas en el nervio, y flores en racimos; del fruto se extrae aceite y otros productos. (Arecaceae; *Elaeis guineensis*).

b. ‖ ~ **amarga.** f. *Co.* Palma de hasta 25 m de altura, de tronco delgado, sin espinas, hojas en abanico, inflorescencias en forma de espiga y frutos de color morado y sabor dulzón. (Arecaceae; *Astrocaryum malybo*). ♦ **chingalé; palmiche.**

c. ‖ ~ **americana de aceite.** f. *Gu.* Palma de hasta 40 m de altura, con hojas grandes y pinnadas e inflorescencia axilar, cuyo fruto es una drupa rica en aceite y con una envoltura cerosa. (Arecaceae; *Elaeis melanococca*).

d. ‖ ~ **apache.** f. *Mx.* isuate.

e. ‖ ~ **barrigona.** f. *Cu.* Palma de hasta 15 m de altura, con tronco abultado en el centro, hojas de color verde azulado y flores melíferas; semillas comestibles. (Arecaceae; *Colpothrinax wrightii*).

f. ‖ ~ **blanca.** f. *Ec, Bo:E, Ar:NE.* Palma de hasta 30 m de altura, con hojas en forma de abanico y flores y frutos amarillos. (Arecaceae; *Copernicia* spp.). ♦ **palma jata; palma negra; yarey.**

g. ‖ ~ **cana.** f. *Cu, RD.* Palma de hasta 15 m de altura, con hojas en forma de abanico, con raquis central grueso, de cuyos segmentos salen filamentos largos de color blanco; sus semillas se usan en la alimentación del ganado porcino. (Arecaceae; *Sabal parviflora*).

h. ‖ ~ **ceniza.** f. *Mx.* Palma de hasta 7 m de altura, de hojas rectas, rígidas y robustas, de color verde azulado, acabadas en espina, inflorescencias en panícula y flores blancas. (Agavaceae; *Yucca treculeana*).

i. ‖ ~ **chilena.** f. *Ch.* Palma de hasta 20 m de altura, con el tronco liso, grueso, de color pardo grisáceo, hojas pinnadas, folíolos lanceolados con el envés glauco, inflorescencia interfoliar, flores púrpura y fruto comestible. (Aracaceae; *Jubaea spectabilis, J. chilensis*). ♦ **palma de Chile.**

j. ‖ ~ **china.** f. *Mx, Ec.* Planta de hasta 6 m de altura, con tronco robusto, profusamente ramificado, hojas rectas y rígidas, de color verde apagado, e inflorescencia erguida. (Agavaceae; *Yucca decipiens*).

k. ‖ ~ **Christi.** *Gu, RD.* higuerilla, arbusto.

l. ‖ ~ **culona.** f. *Mx.* Palma de hasta 10 m de altura, con hojas lineales y coriáceas de color verde intenso y flores abundantes y pequeñas de color blanco verdoso. (Ruscaceae; *Beaucarnea inermis*).

m. ‖ ~ **de aceite.** f. *Pa, Co.* Palma de hasta 40 m de altura, de tronco solitario, inclinado en la base y vertical hacia el ápice, hojas pinnadas, inflorescencia axilar, flores blancas, frutos en drupas, de color verde amarillento, que se tornan anaranjados o rojos al madurar; de los frutos se obtiene aceite. (Arecaceae; *Elaeis oleifera*). ♦ **corozo; nolí; palma de manteca.**

n. ‖ ~ **de cacheo.** f. *RD.* cacheo, palma.

ñ. ‖ ~ **de cera.** f. *Co.* Palma de tronco delgado y de color grisáceo, al igual que las hojas; produce una cera de un alto grado de fusión. (Arecaceae; *Ceroxylon* spp.).

o. ‖ ~ **de Chile.** *Ec.* palma chilena.

p. ‖ ~ **de coco.** f. *Pa, RD, PR.* coco, palma.

q. ‖ ~ **de corozo.** *Ni, Pa, PR.* coroza, palma.

r. ‖ ~ **de costa.** *PR.* palma real.

s. ‖ ~ **de escoba.** f. *Mx, Gu.* Palma de hasta 15 m de altura, con tronco de aspecto robusto, flores agrupadas en racimos, algo fragantes, y fruto ovalado y aplanado. (Arecaceae; *Sabal mexicana*). ♦ **soyamiche.**

t. ‖ ~ **de grana.** *PR.* palma real.

u. ‖ ~ **de guano.** *PR.* palma real.

v. ‖ ~ **de jipijapa.** f. *Gu.* soyacal, planta.

w. ‖ ~ **de la India.** f. *Pa.* Planta ornamental de hasta 3 m de altura, de tronco delgado y hojas largas de color rojizo o morado. (Agavaceae; *Cordyline terminalis*).

x. ‖ ~ **de mansa.** *PR.* palma real.

y. ‖ ~ **de manteca.** *Co.* palma de aceite.

z. ‖ ~ **de marfil.**
　i. f. *Co.* marfil vegetal, palma.
　ii. *Co.* tagua, semilla.

a¹. ‖ ~ **de sierra.** f. *PR.* Palma de hasta 6 m de altura, con tronco liso y delgado, erecto y cilíndrico, con anillos, copa rala, flores blancas y fruto redondo. (Arecaceae; *Euterpe globosa*).

b¹. ‖ ~ **de sombrero.** m. *ES, Ni.* Palma robusta de hasta 15 m de altura, con tronco formado por la base de los pecíolos de las hojas, palmadas y muy arqueadas, flores pequeñas y frutos de color marrón y con una forma ovoide o globosa; de sus hojas se hacen sombreros. (Arecaceae; *Sabal mexicana, Brahea salvadorensis*).

c¹. ‖ ~ **de tlaco.** f. *Mx.* Palma de hasta 6 m de altura, de hojas palmeadas, glaucas en el envés, con pecíolos armados. (Arecaceae; *Brahea brandegeei*).

d¹. ‖ ~ **de vino.** f. *Co.* cuesco, palma.

e¹. ‖ ~ **de yagua.** f. *RD, PR.* palmacté.

f¹. ‖ ~ **del desierto.** *Pa.* daguilla, planta.

g¹. ‖ ~ **doncella.** f. *PR.* Palma real antes de dar frutos; posee propiedades medicinales.

h¹. ‖ ~ **ixtle.** f. *Mx.* Arbusto de tallos macizos, hojas lanceoladas y terminadas en puntas grandes y flores colgantes de color crema; con sus hojas se elabora una fibra, y con el jugo de los cogollos, una bebida alcohólica. (Agavaceae; *Samuela carnerosana*). ♦ **palma samandoca.**

i¹. ‖ ~ **jata.** *Cu.* palma blanca.

j¹. ‖ ~ **mil pesos.** f. *Pa.* majo.

k¹. ‖ ~ **negra.** *Ar:NE.* palma blanca.

l¹. ‖ ~ **real.**
　i. f. *Mx, Gu, CR, Pa, Cu, RD, PR, Co, Ve, Pe:NE.* Palma de hasta 20 m de altura, de tronco liso y duro por fuera pero filamentoso en su interior, con un penacho de hojas en el extremo superior, inflorescencia en racimos con flores de color blanco y fruto en forma de baya alargada; se cultiva como ornamental. (Arecaceae; *Roystonea regia*). ♦ **palma de costa; palma de grana; palma de guano; palma de mansa.**
　ii. m. *Gu, Ho, ES, Ni.* Palma de hasta 15 m de altura, de tronco limpio y liso, hojas pecioladas, flores blancas y menudas en grandes racimos y fruto redondo, del tamaño de la avellana, y colorado. (Arecaceae; *Roystonea dunlapiana*).
　iii. f. *Bo:E,O.* aguaje, palma.

m¹. ‖ ~ **samandoca.** *Mx.* palma ixtle. ♦ **samandoca.**

n¹. ‖ ~ **sará.** f. *Co.* Palma de hasta 30 m de altura, de tronco solitario y duro, hojas en forma de abanico con numerosas hojitas, abanicadas y rígidas; se emplea para cubrir el techo de las casas y en la fabricación de sombreros. (Arecaceae; *Copernicia sanctae-marthae*). ♦ **palmiche.**

ñ¹. ‖ ~ **zunca.** f. *Bo:E.* Palma de hasta 7 m de altura, con hojas pinnadas y frutos comestibles en forma de drupa que contienen pocas semillas; sus fibras son usadas para la elaboración de sogas y colchones y las hojas para techos y abanicos. (Arecaceae; *Parajubaea torallyi*).

a. ‖ **más altas son las ~s y los puercos comen de ellas.** fr. prov. *RD*. Indica que un deseo o un fin pueden estar al alcance de una persona, a pesar de que planteen grandes dificultades.

palmacristi.
   I. 1. m. *Cu*. Aceite que se extrae de las semillas del ricino.

palmacté.
   I. 1. m. *Mx*. Palma de hasta 20 m de altura, de tronco liso y duro por fuera pero filamentoso en su interior, con un penacho de hojas en el extremo superior de color verde oscuro y brillante que salen de la vena central en varias direcciones, inflorescencia en racimos, flores de color blanco y fruto en forma de baya alargada; se cultiva como ornamental. (Arecaceae; *Roystonea* spp.). ♦ **chaguarrama**; **palma de yagua**; **yagua**.

palmadita.
   I. 1. f. *Ar*. Juego infantil en el que dos niños situados uno frente a otro se golpean las palmas de las manos al compás de una rima o canción.

palmado, -a.
   I. 1. adj. *Ar*. Referido a persona, muy cansada. pop + cult → espon.
     2. *Ar*. Referido a persona, dormida. pop + cult → espon.
   II. 1. adj. *Ho, ES, Ni*. Referido a persona, que no tiene dinero.
   III. 1. adj. *ES, Ni*. Referido a persona, aburrida, sin ánimo.

palmán.
   I. 1. m. *Mx*. Árbol de hasta 6 m de altura, de copa abierta, aparasolada, hojas simples y flores solitarias, blancas, y frutos globosos, de color amarillo o rojo; se utiliza en cordelería. (Eleocarpaceae; *Muntingia calabura*). ♦ **chitató**; **puán**.

palmar(se).
   I. 1. tr. *Py, Ar*. Pagar una deuda. pop + cult → espon.
   II. 1. intr. prnl. *Ar*. Dormirse una persona. pop + cult → espon.
   III. 1. intr. prnl. *Gu, Ni, CR*. Morirse *alguien*. pop + cult → espon.
   IV. 1. tr. *Ho, ES, Ni*. Matar *una persona* a alguien. pop.

palmarital.
   I. 1. m. *Ve*. Sitio poblado de palmas.

palmazo.
   I. 1. m. *Ni, Pe, Bo:O, Ch*. Golpe dado con la palma de la mano.

palmazón.
   I. 1. f. *Ho, ES*. Masacre, mortandad.
   II. 1. f. *ES, Ni*. Aburrimiento, depresión.
   III. 1. f. *Ni*. Carencia total de dinero.

palme.
   I. 1. m. *Ho*. Asesinato. delinc.

palmeado, -a.
   I. 1. adj. *Ho, Ni, CR*. Referido a **tortilla** de maíz, que se hace con la palma de las manos.

palmeadora.
   I. 1. f. *ES*. Mujer que hace **tortillas**.

palmear(se).
   I. 1. tr. *Mx, Ho, ES, Ni*. Hacer **tortillas** de maíz con la palma de la mano.
     2. intr. *CR*. Elaborar **tortillas** mediante palmeo de la masa.
   II. 1. tr. *Ve*. Saludar dando palmadas en la espalda.
   III. 1. intr. prnl. *Ho*. Masturbarse. vulg.
   IV. 1. intr. *Py*. Caminar o pasear *una persona* por la calle Palma de Asunción.

palmera.
   ■
   a. ‖ **~ caranday.** f. *Ar, Ur*. Palma de hasta 5 m de altura, con hojas en forma de abanico, y flores y frutos amarillos. (Arecaceae; *Trithrinax campestres*).
   b. ‖ **~ pindó.** f. *Ar, Ur*. Palma de hasta 20 m de altura, con tronco delgado, recto, con marcas anulares y grisáceo, follaje verdeoscuro, lustroso, hojas grandes, no aplanadas, erguidas pero arqueadas, flores de color blanco amarillento, en grandes panojas y frutos drupáceos, anaranjados, en infrutescencias pénculas. (Arecaceae; *Syagrus romanzoffiana*).

palmerita.
   I. 1. f. *Ar*. Masita chata, hojaldrada y cubierta de caramelo que, por su forma, recuerda la copa de una palmera.

palmerización.
   I. 1. m. *Ch*. p.u. Plantación y cultivo de un terreno con palmeras. cult.

palmerizar.
   I. 1. tr. *Co*. p.u. Poblar un terreno con palmas o palmeras. cult.

palmero.
   I. 1. m. *Ho*. Persona que se dedica al cultivo y comercialización de la **palma africana**.

palmero, -a.
   I. 1. m. y f. *Ni, Pe*. Persona que cultiva palmas.

palmerolo. (De *Palmerola*, base aérea cercana a Comayagua).
   I. 1. m. *Ho*. Militar norteamericano que vive en la base aérea militar hondureña de Palmerola.

palmeta.
   I. 1. f. *Ar, Ur*. Utensilio formado por una superficie plana de material flexible provista de mango, usada para matar moscas.

palmicha.
   I. 1. f. *Co*. **soyacal**, planta.

palmiche.
   I. 1. m. *Ce*. **palma amarga**.
     2. *Co*. **palma sará**.
     3. *Cu, PR*. Fruto de la **palma real**, ovalado, muy duro, de color verde claro casi gris, blanquecino una vez seco; muy usado como forraje de cerdos.

palmicultor.
   I. 1. m. *Ec*. Agricultor especializado en el cultivo del palmito.

palmilera.
   I. 1. f. *CR*. **camona**, palma.

palmilla.
   I. 1. f. *RD*. **botisuelo**.
     2. *PR*. Planta herbácea de hasta 50 cm de longitud, con hojas lineares, inflorescencia axilar y flores amarillas; tiene usos medicinales. (Iridaceae; *Sisyrinchium palmifolium*).

palmillo.
   I. 1. m. *PR*. Cogollo de la **palma real**, compuesto de láminas blancas y lustrosas; en ensalada es muy alimenticio.

palmira.
   I. 1. f. *Mx*. Planta enredadera de hasta 5 m de longitud, de hojas grandes, lobuladas, inflorescencias en racimo y flores rojas; se utiliza como planta ornamental. (Convolvulaceae; *Ipomoea versicolor*).

palmista. (Del ingl. *palmist*).
   I. 1. m-f. *PD*. Persona que lee la palma de la mano, quiromántico.

palmiste.
   I. 1. m. *Ho*. Semilla de la **palma africana**, de la que se extrae aceite.

palmita.

I. 1. f. *RD.* **botisuelo**.

II. 1. f. *Ur.* Pastel de hojaldre de forma similar a la de la hoja de una palmera.

palmito.

■

a. ‖ ~ **amargo.** m. *CR.* **chonta**. (Arecaceae; *Socratea exorrhiza*).

palmolive. (De *palm* y *olive*, aceite de palma).

I. 1. adj. *Gu, Ho:N, CR.* *Referido a persona*, muerta. fest.

II. 1. m. *Cu.* Bebida de poca calidad y de alta graduación de alcohol.

III. 1. adj. *Ni.* juv. *Referido a persona*, que no tiene dinero. fest.

IV. 1. m. *PR.* Policía. delinc.

palmotazo.

I. 1. m. *Co, Ch.* Golpe dado con la palma de la mano.

palo.

I. 1. m. *Mx, Gu, Ho, ES, Ni, CR, Pa, RD, PR, Co, Ve.* Árbol, arbusto.

2. *Py, Ar, Ur.* Pedazo de la parte leñosa de la rama de la **yerba mate** que se mezcla con la hoja triturada para infusión.

II. 1. m. *Mx, Gu, Ho, ES, Ni, Ec.* Coito. vulg.

III. 1. m. *ES, Ni, Pe, Bo:C,O; Ho, Cu, Ch, Ar, Ur,* vulg. Pene. euf; pop + cult → espon. ♦ **palo de tombo**.

IV. 1. m. *Cu, RD, PR, Co:N, Ve.* Trago de bebida alcohólica.

V. 1. m-f. *Ho, Bo, Ar.* Persona flaca. pop + cult → espon.

2. *Ho.* juv. Persona muy atractiva.

VI. 1. m. *Co.* Suceso inesperado, sorpresivo. pop.

VII. 1. f. *Co.* **canasta** de cerveza. pop.

VIII. 1. m. *Ar.* Crítica no frontal, indirecta. pop + cult → espon.

IX. 1. m. *Pe.* Engaño, mentira. pop.

X. 1. m. *RD.* Tambor hecho con madera de forma cilíndrica y alargada.

2. pl. *RD.* meton. Baile tradicional que se ejecuta al ritmo de estos tambores, y que tiene raíces católicas y africanas.

XI. 1. m. *Ch. En el golf,* cada uno de los golpes que se da a la pelota.

XII. 1. m. *RD, PR.* Madera.

XIII. 1. m. *RD.* Cosa que es muy buena o tiene mucho éxito. pop + cult → espon.

XIV. 1. m. *PR.* Empuñadura de herramienta, *especialmente de machete*.

XV. 1. m. *PR.* Tentemozo, palo que cuelga del pértigo del carro y, puesto de punta contra el suelo, impide que aquel caiga hacia delante.

XVI. 1. m. *PR.* Golpe que el gallo da a su contrincante con las patas.

■

a. ‖ ~ **ajilao.** m. *PR.* Bebida hecha con ron, anís y ajo mojado.

b. ‖ ~ **amargo.**
i. m. *Mx.* Arbusto de hasta 6 m de altura, con hojas aovadas, inflorescencias en racimos, flores pequeñas y blancas, y fruto en cápsula globosa de color verde; se utiliza en la medicina tradicional. (Rubiaceae; *Coutarea latiflora*).
ii. *RD.* **lejío**.
iii. *Pa, PR.* Árbol de hasta 10 m de altura, con hojas elípticas, inflorescencia axilar, flores pequeñas, blancas, y fruto en drupa de color morado. (Apocynaceae; *Rauwolfia nitida*). ♦ **palo de muñeco**.

c. ‖ ~ **amarillo.**
i. m. *Mx.* Árbol de hasta 25 m de altura, de tronco recto y cilíndrico con raíces superficiales ex-

tendidas en la base, follaje fino, flores pequeñas, amarillo verdosas, y fruto de color gris, globoso y carnoso; su madera se usa en ebanistería. (Moraceae; *Chlorophora tinctoria*). ♦ **dinde; fustete; mora; mora amarilla; moral; moral fino; taibá; yagahuil**.
ii. *Pe, Ar:NE, Ur.* Árbol de hasta 7 m de altura, con hojas elípticas muy estrechas, flores blanquecinas sin pétalos y fruto alado. (Combretaceae; *Terminalia australis*). ♦ **amarillo**.
iii. *Pe, Ar:S.* Arbusto de hasta 1 m de altura, de tallo recto con abundantes espinas de tres puntas, flores amarillas y fruto globoso de color negruzco. (Berberidaceae; *Berberis montana*).
iv. *Co.* **angostura**.

d. ‖ ~ **azul.** m. *Ar, Ur.* Arbusto de hasta 2 m de altura, de ramas espinosas, hojas diminutas, flores amarillentas y fruto de forma casi cilíndrica; tiene propiedades medicinales. (Asteraceae; *Cyclolepis genistoides*).

e. ‖ ~ **barillo.** m. *Gu.* **machare**.

f. ‖ ~ **blanco.**
i. m. *Mx.* Árbol de hasta 12 m de altura, de hojas compuestas de folíolos minúsculos, flores amarillo pálido o blancas y fruto leguminoso. (Fabaceae; *Acacia willardiana*). ♦ **palo liso**.
ii. *Mx.* **jaboncillo**. (Sapindaceae; *Sapindus saponaria*).
iii. *Bo.* Árbol de hasta 5 m de altura, de corteza lisa y madera de color cobre o anaranjado. (Rubiaceae; *Calycophyllum multiflorum*).
iv. *PR.* Árbol de hasta 7 m de altura, de hojas oblongo-lanceoladas, inflorescencia en panículas y flores rosadas; su madera es liviana y muy blanda, de color amarillento. (Bignoniaceae; *Tecoma leucoxylon*).

g. ‖ ~ **bobo.**
i. m. *Ar.* **palobobo**. (Asteraceae; *Tessaria integrifolia*).
ii. *Cu.* **tecomajuche**, árbol.
iii. *RD.* Árbol de hasta 10 m de altura, con hojas lanceoladas, flores terminales blancas y fragantes y fruto en drupa amarillenta o rojiza. (Boraginaceae; *Bourreria succulenta*).
iv. *PR.* Árbol de hasta 8 m de altura, de copa rala, hojas opuestas, inflorescencia en racimos, flores pequeñas de color amarillo verdoso y fruto en drupa en forma de estrella. (Brunelliaceae; *Brunellia comocladifolia*).

h. ‖ ~ **borracho.**
i. m. *Ec, Bo:E, Py, Ar, Ur.* Árbol de hasta 15 m de altura, de tronco abultado en su parte media, corteza de color gris verdoso con numerosos aguijones cónicos, flores crema o rosadas, según la especie, y fruto en cápsula oblonga con numerosas semillas recubiertas por abundantes pelos sedosos. (Bombacaceae; *Chorisia* spp.).
ii. *Bo, Ar, Ur.* Madera del palo borracho, esponjosa y muy utilizada en carpintería.

i. ‖ ~ **brea.**
i. m. *Mx:NO.* **lebón**.
ii. *Bo:S.* **palo verde**.

j. ‖ ~ **bronco.** m. *PR.* Arbusto de hasta 6 m de altura, con hojas simples, flores solitarias, pequeñas, de color rojizo y fruto en drupa, dulce y jugoso; es comestible. (Malpighiaceae; *Malpighia urens*).

k. ‖ ~ **campeche.** m. *Mx, Gu, Ho.* Árbol de hasta 8 m de altura, provisto de espinas, hojas con folíolos ovados de superficie lustrosa, flores amarillas en racimos axilares cortos y fruto leguminoso. (Fabaceae; *Haematoxylum campechianum*). ◆ **palo de Campeche; palo de tinte.**

l. ‖ ~ **canela.** *PR.* **barbasco.** (Canellaceae; *Canella winterana*).

m. ‖ ~ **cenizo.** *RD.* **cenizo.** (Bignoniaceae; *Tabebuia berteroi*).

n. ‖ ~ **chonta.** *Bo:E.* **ojoso.** (Ulmaceae; *Celtis schippii*).

ñ. ‖ ~ **colorado.**
  i. *Mx.* **chacaj.**
  ii. *Pe, Ch.* Árbol de hasta 5 m de altura, con hojas de color verde oscuro en el haz y blanco amarillentas en el envés, flores hermafroditas, axilares de color blanquecino, y fruto en drupa globosa de color rojo cuando madura. (Sapotaceae; *Pouteria splendens*). ◆ **lúcumo.**
  iii. *Ch.* Árbol de hasta 15 m de altura, con corteza lisa de color pardo rojizo y madera muy dura, hojas ovaladas, inflorescencias en ramillete de flores blanquecinas y frutos redondos con cubierta de color marrón oscuro y sabor amargo. (Myrtaceae; *Blepharocalyx cruckshanksii*). ◆ **temu.**
  iv. *Ch.* Árbol de hasta 20 m de altura, con corteza de color castaño, muy ramificado, de hojas simples redondas u ovaladas, brillantes por el haz, y flores hermafroditas de color blancas muy olorosas. (Myrtaceae; *Luma apiculata*). ◆ **temu.**
  v. *RD.* **llorona,** árbol.
  vi. *PR.* Árbol de hasta 20 m de altura, de tronco grueso de corteza lisa de color castaño rojizo, hojas elípticas cortas y flores blanco rosadas en espigas largas. (Pentaphylacaceae; *Ternstroemia luquillensis*).

o. ‖ ~ **compadre.** *Ho.* **bienteveo.** (Anacardiaceae; *Toxicodendron striatum*).

p. ‖ ~ **cuadrado.** m. *Pa.* Árbol de hasta 25 m de altura, de tronco acanalado con surcos verticales profundos e irregulares y corteza exterior marrón o rojiza, hojas simples y opuestas, elípticas, flores rosadas y frutos en cápsulas cilíndricas con semillas aladas y pequeñas. (Rubiaceae; *Macrocnemum glabrescens*).

q. ‖ ~ **curtidor.** m. *Gu.* Árbol de hasta 35 m de altura, con hojas simples y alternas, flores verdes amarillentas y frutos en drupas pequeñas de color rojo oscuro cuando están maduros. (Euphorbiaciae; *Hieronyma alchorneoides*). ◆ **piedro; zapatero.**

r. ‖ ~ **de abejas.** *RD.* **marango.**

s. ‖ ~ **de aceite.** *RD, PR, Ve:C.* **tecopalcalhuite.**

t. ‖ ~ **de aceituna.** m. *PR.* Árbol de hasta 12 m de altura, con hojas alternas, elípticas, pequeñas flores blancas, y fruto carnoso, oblongo, de color negro azulado. (Symplocaceae; *Symplocos martinicensis*).

u. ‖ ~ **de Adán.** m. *Mx.* **cirio,** árbol.

v. ‖ ~ **de agua.**
  i. m. *Pa, Pe, Ch.* Instrumento musical hecho con una rama hueca de un cactus rellena de semillas y que, al moverlo, imita el sonido del agua.
  ii. *ES.* **mangle blanco.**
  iii. *Pa.* **nacedero,** árbol.

w. ‖ ~ **de algodón.** m. *RD.* Planta tropical perenne, con flores amarillas y semillas negras; produce un algodón de fibras inusualmente largas y se usa también como droga para inhibir la fertilidad. (Malvaceae; *Gossypium barbadense*).

x. ‖ ~ **de anastasio.** *PR.* **napahuite.**

y. ‖ ~ **de asta.** m. *Mx.* Árbol de hasta 10 m de altura, muy ramificado, de hojas pilosas y flores blancas,

abundantes y olorosas. (Boraginaceae; *Cordia sonorae*).

z. ‖ ~ **de avispas.** *RD.* **limoncillo.** (Salicaceae; *Casearia aculeata*).

a¹. ‖ ~ **de balsa.** m. *Ve, Ec, Pe, Bo.* ◆ **balsa,** árbol.

b¹. ‖ ~ **de brujo.** *Ho.* **habillo.** (Euphorbiaceae; *Hura crepitans*).

c¹. ‖ ~ **de burro.** m. *RD.* **yaba.**

d¹. ‖ ~ **de cabra.** m. *PR.* Árbol de tamaño mediano, de hojas alternas, simples, con margen aserrado, y pequeño fruto en drupa, de color rojo. (Cannabaceae; *Trema micranthum*).

e¹. ‖ ~ **de cabrilla.** m. *PR.* **majagua.** (Cannabaceae; *Trema lamarckiana*).

f¹. ‖ ~ **de cachumba.** *PR.* **gongolí,** árbol.

g¹. ‖ ~ **de café.** m. *Co.* Cafeto, árbol del café.

h¹. ‖ ~ **de Campeche.** *Mx, Ho.* **palo campeche.**

i¹. ‖ ~ **de caya prieto.** m. *RD.* Árbol de hasta 20 m de altura, de flores blancas y hojas alternas, elípticas o aovadas y fruto en drupa globosa, de color morado. (Sabiaceae; *Meliosma herbertii*).

j¹. ‖ ~ **de ceniza.** *ES.* **cazahuate** empaste.

k¹. ‖ ~ **de chincho.** *Ho.* **cabrayuyo.**

l¹. ‖ ~ **de cotorra.**
  i. m. *RD.* Árbol de hasta 9 m de altura, con ramas extendidas, hojas lanceoladas, inflorescencia axilar y flores pequeñas, blanquecinas o verdosas. (Salicaceae; *Casearia sylvestris*). ◆ **cajetillo; castor; guazatumba.**
  ii. *PR.* Árbol perenne de hasta 30 m de altura, de hojas simples y alternas, inflorescencias en espigas axilares, pequeñas flores amarillas y fruto capsular verde, que se torna rojo al madurar. (Euphorbiaceae; *Alchornea latifolia*).

m¹. ‖ ~ **de cruz.**
  i. *RD.* **manajú.** (Clusiaceae; *Rheedia aristata*).
  ii. *PR.* **ocoró,** árbol.
  iii. m. *Pa.* Árbol de hasta 6 m de altura, con lenticelas blancas en el tronco y en las ramas, hojas simples y alternas, flores blancas y aromáticas, y frutos en cápsulas, verdes, que se tornan blancos y dehiscentes al madurar. (*Casearia guianensis*).

n¹. ‖ ~ **de cuasia.** *Gu.* **hombre grande.**

ñ¹. ‖ ~ **de fierro.** m. *Mx.* Árbol de hasta 10 m de altura, con hojas compuestas, folíolos pinnados y dos espinas que nacen de la base de cada pecíolo, flores rosadas o rojizas y fruto en cápsula; su madera es apreciada por su gran dureza, y las semillas son comestibles. (Fabaceae; *Olneya tesota*).

o¹. ‖ ~ **de fósforo.**
  i. m *Ec, Ch.* Cerilla, fósforo.
  ii. *Ch.* metáf. Persona muy delgada. pop + cult → espon.

p¹. ‖ ~ **de fraile.** m. *Gu.* Arbusto perenne de hasta 3 m de altura, con grandes hojas, verdes en el envés y blanquecinas en el haz, inflorescencia axilar y vistosas flores de color rojo brillante; es ornamental. (Euphorbiaceae; *Jatropha multifida*). ◆ **don tomás; dontomás; maná.**

q¹. ‖ ~ **de gallina.** m. *Cu, RD.* **belladona.**

r¹. ‖ ~ **de golpe.** m. *Ho.* **comida de culebra.** (Olacaceae; *Schoepfia schreberi*).

s¹. ‖ ~ **de guaco.** *Pa.* **naranjito,** árbol.

t¹. ‖ ~ **de guanábana.** m. *Cu, PR, Co, Ve.* **guanábana.** (Annonaceae; *Annona muricata*).

u¹. ‖ ~ **de guayaba.** m. *Cu, Co, Ve.* Árbol de hasta 6 m de altura, con tronco torcido y ramoso, hojas elípticas, puntiagudas, ásperas y gruesas, flores blancas, olorosas, axilares, de muchos pétalos redondeados, cuyo fruto es la **guayaba**. (Myrtaceae; *Psidium guajaba*).

v¹. ‖ ~ **de hacha**. *RD*. **membrillito**. (Rosaceae; *Prunus myrtifolia*).

w¹. ‖ ~ **de hoz**. *PR*. **escambrón**, planta trepadora.

x¹. ‖ ~ **de huevo**. *PR*. **salamo**.

y¹. ‖ ~ **de hule**. *Ho, Es*. **hule**, árbol.

z¹. ‖ ~ **de Indias**. m. *PR*. **guayacán**. (Zygophyllaceae; *Guaiacum officinale*).

a². ‖ ~ **de jazmín**. m. *PR*. Árbol perenne de hasta 20 m de altura, de hojas alternas, inflorescencia en racimos, flores blancas y fruto en drupa. (Styracaceae; *Styrax portoricencis*).

b². ‖ ~ **de jiote**. *Gu, Ho*. **chacaj**.

c². ‖ ~ **de lama**. *Gu*. **jaúl**.

d². ‖ ~ **de lana**. *RD*. **corcho**, árbol.

e². ‖ ~ **de leche**.
  i. *Ar*. **lecherón**. (Euphorbiaceae; *Sebastiania brasiliensis*).
  ii. *Ar*. Madera del palo de leche, dura, ligera y de color blanco con vetas.
  iii. *RD*. **macagua**.

f². ‖ ~ **de lija**. m. *Ar, Ur*. Árbol de hasta 10 m de altura, de tronco recto y fino, hojas pecioladas con la cara superior áspera, y fruto comestible; sus hojas son utilizadas en infusión contra el asma y se emplean también como lija casera. (Moraceae; *Cecropia adenopus*).

g². ‖ ~ **de limoncillo**. m. *RD*. **limoncillo** (Salicaceae; *Casearia aculeata*).

h². ‖ ~ **de luz**.
  i. m. *RD*. Poste del tendido eléctrico.
  ii. *RD*. metáf. Persona desproporcionadamente alta.

i². ‖ ~ **de maco**. *RD*. **frijol de monte**. (Capparaceae; *Capparis cynophallophora*).

j². ‖ ~ **de mamey**. *PR*. **mamey**. (Guttiferae; *Mammea americana*).

k². ‖ ~ **de maría**.
  i. *Ho*. **barillo**.
  ii. *PR*. Árbol de hasta 10 m de altura, de copa redondeada, hojas simples y opuestas, flores blancas con estambres amarillos y fruto en drupa globosa. (Clusiaceae; *Calophyllum inophyllum*).

l². ‖ ~ **de mato**. *PR*. **coral**, árbol.

m². ‖ ~ **de muñeco**. *PR*. **palo amargo**. (Apocynaceae; *Rauwolfia nitida*).

n². ‖ ~ **de nigua**. *ES*. **chichicaste**. (Urticaceae; *Urtica baccifera*).

ñ². ‖ ~ **de oreja**. m. *PR*. Árbol de hasta 25 m de altura, con hojas simples y opuestas, inflorescencia axilar, flores blancas y fruto en cápsula ovoide de color amarillento cuando madura. (Rhizophoraceae; *Cassipourea elliptica*). ♦ **ajo; huesito**.

o². ‖ ~ **de pan**. *PR*. **árbol del pan**.

p². ‖ ~ **de pan cimarrón**. *PR*. **guachichil**.

q². ‖ ~ **de peje**. m. *RD*. Árbol de hasta 10 m de altura, con hojas alternas y compuestas, flores dispuestas en racimos terminales, muy pequeñas y de color verde claro, y el fruto es una baya carnosa de color rojizo. (Simaroubaceae; *Picramnia pentandra*). ♦ **guarema; huesillo; hueso; hueso blanco; hueso prieto**.

r². ‖ ~ **de peña**. *Gu*. **yolosóchil**.

s². ‖ ~ **de perico**.
  i. *RD*. **hueledor**.
  ii. *RD*. **limoncillo**, (Salicaceae; *Casearia aculeata*).
  iii. *PR*. Arbusto de hasta 3 m de altura, con hojas lanceoladas, inflorescencia axilar, flores verdosas y fruto en drupa. (Boraginaceae; *Cordia ulmifolia*).

t². ‖ ~ **de pollo negro**. *PR*. **gongolí**, árbol.

u². ‖ ~ **de quina**. *PR*. **sabacché**.

v². ‖ ~ **de rayo**. *PR*. **huacáporo**.

w². ‖ ~ **de reina**. *RD*. **chapuliscle**.

x². ‖ ~ **de sable**. m. *RD*. Árbol de hasta 30 m de altura, de tronco ramificado, hojas digitadas y alternas, flores verdes o amarillentas y frutos en bayas, de color negro cuando están maduros. (Araliaceae; *Schefflera morototoni*). ♦ **gargorán; mangabé**.

y². ‖ ~ **de sal**. *Ho*. **curuma**, arbusto.

z². ‖ ~ **de San Antonio**. *Ar*. **canelón**.

a³. ‖ ~ **de tea**. *RD*. **guaconejo**.

b³. ‖ ~ **de tinte**. *Mx*. **palo campeche**.

c³. ‖ ~ **de tombo**. *Pe*. **palo**, pene. pop.

d³. ‖ ~ **de toro**. m. *PR*. **murraya**.

e³. ‖ ~ **de trenzar**. m. *Bo:S*. Palo largo fijado al suelo que se utiliza en el **baile de la trenza**.

f³. ‖ ~ **de vaca**.
  i. *PR*. **gongolí**, árbol.
  ii. *Pa*. **sande**.

g³. ‖ ~ **de vidrio**. m. *RD*. Árbol de hasta 12 m de altura, con ramas pubescentes, hojas elípticas y acuminadas, e inflorescencia en panícula terminal, con flores pequeñas azules o violetas, y fruto en drupa pequeña y pubescente. (Verbenaceae; *Cornutia pyramidata*). ♦ **penda azul**.

h³. ‖ ~ **de yaqui**. m. *RD*. Árbol de hasta 30 m de altura, con ramas largas y delgadas, dispuestas en horizontal, hojas simples y alternas, elípticas, acuminadas y con el borde aserrado, y flores blancas de pequeño tamaño. (Flacourtiaceae; *Laetia procera*). ♦ **yagüita grande**.

i³. ‖ ~ **de yuca**. m. *RD*. Arbusto de hasta 7 m de altura, de flores pequeñas y amarillas, hojas aovadas, de textura coriácea y pecioladas. (Euphorbiaceae; *Euphorbia petiolaris*).

j³. ‖ ~ **de zope**. *ES*. **guarumo**.

k³. ‖ ~ **del brujo**. *Ho*. **solimanché**.

l³. ‖ ~ **diablo**. *Bo*. **palo marimba**.

m³. ‖ ~ **hediondo**.
  i. m. *Ch*. Árbol de hasta 7 m altura, muy oloroso, de ramas dicótomas y corteza de color cenicienta, hojas alternas, flores de color blanco o verde amarillentas, muy olorosas, agrupadas en inflorescencias. (Thymelaeaceae; *Ovidia pillopillo*). ♦ **pillopillo**.
  ii. *PR*. **frijolillo**. (Fabaceae; *Lonchocarpus latifolius*).

n³. ‖ ~ **jabón**. *Ar:NE*. **jaboncillo**. (Sapindaceae; *Sapindus saponaria*).

ñ³. ‖ ~ **lagarto**. *Ho*. **palo marimba**.

o³. ‖ ~ **liso**. *Mx*. **palo blanco**. (Fabaceae; *Acacia willardiana*).

p³. ‖ ~ **marfil**. m. *Pe*. Árbol de gran tamaño, de corteza amarillenta, hojas alternas lanceoladas, flores de color amarillo pálido y fruto carnoso; su corteza tiene aplicación en la medicina tradicional. (Apocynaceae; *Geissospermum vellosii*).

q³. ‖ ~ **María**.
  i. m. *RD, PR*. **mara**. (Clusiaceae; *Calophyllum calaba*).
  ii. *Bo*. **lechemaría**.

r³. ‖ ~ **marimba**. m. *Gu, ES*. Árbol de hasta 12 m de altura, con copa abierta y ramas gruesas, flores de color rojizo y fruto rodeado de un cáliz con lóbulos largos. (Polygalaceae; *Triplaris americana*). ♦ **mulato; palo diablo; palo lagarto; palo mulato**.

s³. ‖ ~ **mataco**. m. *Bo, Ar*. Árbol de hasta 10 m de altura, con copa cubierta de espinas, flores agrupadas

en espigas cilíndricas y una legumbre de color oscuro como fruto. (Fabaceae; *Prosopis kuntzei*).
♦ **itín**; **lanza lanza**.

t³. ‖ ~ **mortero.** *Ar:NO.* **viraró.** (Fabaceae; *Pterogyne nitens*).

u³. ‖ ~ **mulato.**
i. *Mx.* **chacaj**.
ii. *Gu, Ho.* **palo marimba**.

v³. ‖ ~ **nareida.** *Bo:N.* **naranjito**.

w³. ‖ ~~. m. *Ch.* Molusco con forma de caracol de hasta 3,5 cm de longitud, de concha cónica y puntiaguda. (Ranellidae; *Argobuccinum argus*). (**palopalo**).

x³. ‖ ~ **perrito.** *RD.* **gri gri**.

y³. ‖ ~ **piche.** m. *Ar.* Arbusto de hasta 1 m de altura, de hojas pequeñas, flores tubulares blancas y fruto dehiscente. (Solanaceae; *Fabiana imbricata*). ♦ **pichi**; **romero pichi**.

z³. ‖ ~ **pichi.** *Bo:C.* **ojoso colorado.** (Moraceae; *Pseudolmedia laevis*).

a⁴. ‖ ~ **pique.** m. *Ho:O.* Palo que se utiliza en las paredes de las casas para construir las esquinas.

b⁴. ‖ ~ **prieto.** m. *RD.* **llorona**, árbol.

c⁴. ‖ ~ **ramón.** m. *PR.* Árbol de hasta 9 m de altura, de hojas alternas, elípticas, flores solitarias de color amarillo y fruto en baya; sus hojas sirven de alimento al ganado vacuno y caballar. (Salicaceae; *Banara vanderbiltii*).

d⁴. ‖ ~ **rubio.** m. *PR.* **acacia**, árbol.

e⁴. ‖ ~ **salvaje.** m. *RD.* Árbol tropical de hasta 15 m de altura, de hojas oblongas lanceoladas, flores pequeñas verdosas y fruto capsular con semillas. (Salicaceae; *Casearia arborea*). ♦ **gía**; **palo vara**; **rabojunco**; **yagüita**.

f⁴. ‖ ~ **santo.**
i. m. *Mx.* Árbol de hasta 10 m de altura, de tallo espinoso, hojas pequeñas y ovadas y flores de color rojo anaranjado. ↑Fouquieriaceae; *Fouquieria formosa*). ♦ **rosalillo**.
ii. *Bo, Py, Ar.* Árbol de hasta 20 m de altura, con tronco de corteza delgada, madera dura de color castaño o verde oscuro con jaspes, y flores sueltas o en racimo de color amarillo anaranjado; su madera es apreciada en ebanistería y tornería. (Zygophyllaceae; *Bulnesia sarmientoi*).
iii. *Co.* Arbusto de tronco pubescente, con hojas opuestas y flores agrupadas en racimos pequeños tubulares. (Verbenaceae; *Aegiphila* spp.). ♦ **sacaojo**; **totumo de monte**.
iv. *RD, PR, Ve.* **guayacán.** (Zygophyllaceae; *Guaiacum officinale*).
v. *Ch.* Árbol de hasta 30 m de altura, de tronco recto, hojas compuestas opuestas, flores blancas en racimo y fruto en forma de cápsula coriácea de color rojo; su corteza tiene usos medicinales. (Cunoniaceae; *Weinmannia trichosperma*). ♦ **tenío**; **tineo**.
vi. *Ch.* Árbol de hasta 20 m de altura, de tronco recto, corteza blanda, con cortes longitudinales profundos, hojas alternas de borde entero verdosas amarillentas, flores blancas, hermafroditas, y fruto pubescente. (Asteraceae; *Dasyphyllum diacanthoides*). ♦ **trevo**.
vii. *Ch.* **huayacán**.
viii. *Gu.* **guayacán.** (Zygophyllaceae; *Guaiacum sanctum*).
ix. *ES.* **chacaj**.

g⁴. ‖ ~ **santo negro.** m. *Bo:N.* Árbol de hasta 30 m de altura, con savia de color café rojizo, hojas simples y frutos castaño rojizo en forma de cápsula elíptica que contienen semillas carnosas de color rojo. (Myristicaceae; *Virola surinamensis*). ♦ **malagueto de monte**; **miguelario**.

h⁴. ‖ ~ **seco.** *PR.* **frijolillo.** (Fabaceae; *Lonchocarpus latifolius*).

i⁴. ‖ ~ **vara.** *RD.* **palo salvaje**.

j⁴. ‖ ~ **verde.** m. *Mx, Gu.* Árbol espinoso de hasta 8 m de altura, con tronco de corteza lisa y verde, flores amarillas, y una vaina coriácea de forma elíptica como fruto; tiene numerosas aplicaciones en la medicina tradicional. (Fabaceae; *Cercidium praecox*). ♦ **brea**; **chañar brea**; **palo brea**; **yabo**.

k⁴. ‖ ~ **víbora.** *Ar.* **guacharaco.** (Apocynaceae; *Tabernaemontana* spp.).

l⁴. ‖ ~ **volador.** m. *Gu.* Representación folclórica de origen maya, en la que los participantes penden de un poste alto del que se descuelgan dando vueltas sujetados a un lazo, hasta llegar al suelo.

m⁴. ‖ ~ **yodo.** m. *Bo:N.* Árbol de hasta 30 m de altura cuya corteza se desprende en forma de tiras de papel, hojas simples y frutos de color amarillo en forma de drupa con la superficie áspera; las fibras de la corteza se emplean para hacer sogas. (Ulmaceae; *Ampelocera edentula*).

☐

a. ‖ **a medio ~.**
i. loc. adj. *Gu, Cu, PR, Co:N, Ve.* Referido a persona, ligeramente borracha. pop + cult → espon.
ii. loc. adv. *Gu, Ho, ES, CR, Pa, Ve.* A medio hacer.

b. ‖ **a ~ entero.** loc. adj. *PR.* Referido a persona, completamente borracha. pop + cult → espon.

c. ‖ **a ~s con el águila.** loc. adv. *Ch.* Con apuros económicos. pop + cult → espon.

d. ‖ **al ~.**
i. loc. adv. *Ar, Ur.* Al máximo, con mucha dedicación o intensidad. pop + cult → espon.
ii. loc. adj. *Ar, Ur.* Referido a un lugar, muy lleno. pop + cult → espon.
iii. *Ar.* Sexualmente excitado. vulg.

e. ‖ **como ~ de gallinero.**
i. loc. adj/adv. *Pe, Bo, Ch.* Referido a persona o cosa, que está en situación de descrédito o desprestigio. pop + cult → espon.
ii. loc. adj. *Ve.* Referido a persona, muy asustada.
iii. *Bo.* Referido a persona, decaída física y moralmente. pop + cult → espon.

f. ‖ **de medio ~.**
i. loc. adj. *Ve.* Referido a persona, de clase media baja.
ii. *Cu.* Referido a persona, ligeramente borracha. pop.

g. ‖ **de ~ para leña.** loc. adj. *RD.* Referido a cosa, inservible por ser de mala calidad o estar muy deteriorada. pop + cult → espon.

h. ‖ **del ~.** loc. adj. *Ar, Ur.* Referido a persona, de ideas o creencias afines. pop + cult → espon.

i. ‖ **detrás del ~.** loc. adv. *CR, Cu.* Sin entender nada. pop + cult → espon ^ fest.

j. ‖ **en lo que el ~ va y viene.** loc. adv. *Cu, Ve.* Mientras, entretanto.

k. ‖ **la de ~.** loc. sust. *ES, Bo.* Pierna izquierda.

l. ‖ ~ **a pique.** loc. sust. *Ve, Py, Ar, Ur.* Poste enterrado por un extremo, a continuación de otros, para formar una empalizada. rur.

m. ‖ ~ **blanco.**
i. loc. sust. *Ch; Bo,* cult. En una subasta, persona que puja solo para que aumente el precio del objeto, sin tener intención de adquirirlo.
ii. *Bo.* Testaferro. pop.

n. ‖ ~ **cochinero.**
i. loc. sust. *Ve.* Golpe fuerte. pop.
ii. *Ve.* Sanción, castigo o escarmiento. pop.

ñ. ‖ ~ **de.** loc. adj. *CR, Pa, Co:N, Ve.* Referido a persona o cosa, que posee cualidades en grado óptimo. pop.

o. ‖ ~ **de agua.** loc. sust. *Pa, Co, Ve.* Lluvia abundante e intensa. pop.

p. ‖ ~ **de amasar.** loc. sust. *Py, Ar, Ur.* Cilindro de madera para estirar la masa.

q. ‖ ~ **de cerveza.** loc. sust. *Co:C.* Conjunto de cervezas que vienen en cajas o **canastas** plásticas. rur; pop.

r. ‖ ~ **de esquina.** loc. sust. *ES.* Persona que es víctima de todos.

s. ‖ ~ **de hilo.** loc. sust. *PR.* Carrete de hilo.

t. ‖ ~ **de la gata.** loc. sust. *RD.* Golpe duro, gran perjuicio que una persona ocasiona a otra.

u. ‖ ~ **de músico.** loc. sust. *RD, Ve.* Trago de bebida alcohólica fuerte.

v. ‖ ~ **de piso.** *CR.* palo de trapear.

w. ‖ ~ **de pisto.** loc. sust. *ES.* Persona que proporciona dinero.

x. ‖ ~ **de rosa.** loc. sust. *Ec.* Color rosa pálido.

y. ‖ ~ **de tal.** loc. sust. *Pa.* Hombre que sobresale por sus cualidades o habilidades.

z. ‖ ~ **de trapear.** loc. sust. *Cu.* Utensilio para fregar el suelo que consta de un palo horizontal con una goma y de un palo vertical con el que se maneja. ♦ **palo de piso.**

a¹. ‖ ~ **embetunado.** *Co.* palo ensebado.

b¹. ‖ ~ **enjabonado.** *Bo:E,S, Py, Ar, Ur.* **palo ensebado.**

c¹. ‖ ~ **ensebado.**
  i. loc. sust. *Mx, Gu, CR, Pa, Cu, RD, Co, Ve, Ec, Pe, Bo:E,S, Ch, Ar, Ur.* Juego que consiste en desplazarse por un palo largo, untado de una sustancia *grasa y fijado generalmente en posición vertical*, hasta alcanzar un premio colocado en el extremo superior. ♦ **palo embetunado; palo enjabonado; palo jabonado.**
  ii. *Mx, CR, Cu, Ve, Ec, Bo:E, Ch, Ar, Ur.* Tronco usado en el palo ensebado. ♦ **palo enjabonado.**

d¹. ‖ ~ **grueso.**
  i. loc. sust. *Ec; Ch,* obsol; pop. Persona adinerada.
  ii. *Bo.* Persona que aprovecha su poder político para enriquecerse ilícitamente.

e¹. ‖ ~ **jabonado.** *Ar, Ur.* palo ensebado.

f¹. ‖ ~ **verde.** *Bo:O.* Persona chismosa. pop.

■

a. ‖ **no ser** ~ **que da tres yugos.** fr. prov. *PR.* Indica la insuficiencia de alguien.

b. ‖ ~ **dado, ni Dios lo quita.** fr. prov. *RD.* Indica que existen hechos o acciones que son irreversibles, *especialmente si resultan dañinos o perjudiciales.*

c. ‖ ~ **porque boga y** ~ **porque no boga.** fr. prov. *Co, Ch.* Indica que se haga lo que se haga siempre se reciben críticas.

▶ andar arriba de los ~s; cagar a ~s; coger de ~ de cagar; dar el ~; dar el ~ al gato; dar ~; dar un ~; darse un ~; dejar a medio ~; dejar como ~ de gallinero; echar ~; echar un ~; estar a medio ~; estar arriba de los ~s; estar más pelado que el ~ del acial; fajarse por los ~s; llevar a pinga y ~; llevar al ~; parecer ~ de jiñocuabo; pedir el ~ a gritos; pegarse un ~; poner ~s en las ruedas; quedar arriba de los ~s; quedarse al ~; saber bien el ~ que trepa; saber del ~ que uno se rasca; salir por los ~s; ser buen ~; ser mal ~; serruchar el ~; tener los ~s encima; tener un ~ donde arrimarse; tirar ~s; tumbarse del ~ temprano.

paloapique.
  I. 1. m. *ES, Ve.* Cerca construida con palos hincados verticalmente en la tierra, muy juntos y formando hilera. (**palopique**).
  2. *ES, Ve.* Cada uno de los palos que forman esta cerca. (**palopique**).

palobobo.
  I. 1. *Co, Bo.* pájaro bobo.

palogrueso, -a.
  I. 1. m. y f. *Ch.* Persona adinerada o de categoría social elevada y posición influyente. pop + cult → espon.
  2. adj. *Ch.* Relativo a las personas adineradas o de clase social elevada. pop + cult → espon.

palojiote. (De *palo* y del nahua *xiotl*, sarna).
  I. 1. *Ho.* **chacaj**, árbol.

paloloco.
  I. 1. m. *Pa.* Número de lotería indeterminado. pop.
  2. *Pa.* Acierto o logro casual. pop.

paloma.
  I. 1. f. *Gu, Ho, ES, Ni, Pa, Co, Ve,* vulg; *Mx, CR,* p.u, euf, pop; *Ec, Bo:O,* euf, espon ^ fest; *Pe,* p.u, vulg. Pene.
  2. *Ve:O.* Vulva. euf.
  II. 1. f. *Mx.* **volantín**, juguete.
  2. *Ec, Pe.* Artificio explosivo en forma de corona que lleva un castillo artificial en su cúspide y que se dispara hacia arriba después de haberse quemado todo el armazón.
  III. 1. f. *Mx.* Signo manual similar a la V que se pone en cada uno de los diferentes apartados de un escrito para notar una selección o una revisión, así como para calificar como correcto un ejercicio, pregunta o tarea.
  IV. 1. f. *Mx.* Bebida elaborada con tequila y refresco de toronja.
  V. 1. f. *Mx.* Ayuda o apoyo que se brinda. pop + cult → espon.
  VI. 1. f. *Co.* Paseo breve que se le ofrece hacer a alguien en un vehículo para que lo pruebe o por mero pasatiempo.
  VII. 1. f. *Co:C.* p.u. Sustitución temporal en un trabajo. pop.
  VIII. 1. f. *Ch.* Método de tortura consistente en colgar a una persona de los brazos o manos atados a la espalda.
  IX. 1. f. *Ch.* p.u. *En el futbol*, golpeo de cabeza al balón que realiza un jugador haciendo una estirada en el aire.
  X. 1. f. *Gu.* Pan desabrido, cuya forma recuerda a una paloma.
  XI. 1. f. *Bo:O.* Niño delincuente, *generalmente varón*, que forma parte de pandillas y tiene adicciones.

■

a. ‖ **mansa** ~. f. *CR, Pa, Cu, Ec, Bo, Ch; PR,* sat. Persona tranquila, inocente o muy buena.

b. ‖ ~ **aliblanca.** *Ho, Ni.* aliblanca.

c. ‖ ~ **barranqueña.** *Ho.* paloma volcanera.

d. ‖ ~ **bobona.** *RD.* paloma ceniza.

e. ‖ ~ **cardosantera.** *PR.* cardosantera.

f. ‖ ~ **ceniza.** f. *RD.* Paloma de hasta 40 cm de longitud, de color rojo grisáceo, *generalmente pálido*, menos en la cabeza y la parte superior de las alas. (Columbidae; *Columba inornata*). ♦ **paloma bobona.**

g. ‖ ~ **collareja.** *Ho, Ec.* paloma volcanera.

h. ‖ ~ **de Castilla.** f. *Ho, CR, Pa, Ec.* **zuro.**

i. ‖ ~ **de monte.** *Co.* tórtola.

j. ‖ ~ **de san Antonio.** *ES.* turquita.

k. ‖ ~ **de san Juan.** f. *Mx, Pa.* Insecto isóptero de hasta 6 mm de longitud, parecido a la polilla, de color blanco. (Termitidae; *Termes marginipennis*). ♦ **palomilla de san Juan; palomita de san Juan.**

l. ‖ ~ **de san Nicolás.** *Ho, Ni.* turquita.

m. ‖ ~ **del cabo.** f. *Pe, Ch.* Ave de hasta 42 cm de longitud, con cabeza y dorso superior de color negro apizarrado, dorso inferior y lomo blancos, anchados de negro, pecho y abdomen blancos, cola blanca con gran banca terminal negra pico negro, y patas pardas oscuras. (Procellariidae; *Daption capense*). ♦ **petrel moteado; petrel pintado; tablero; tablero de damas.**

n. ‖ ~ **madrugadora.** *Pe.* **tórtola.**

ñ. ‖ ~ **maraquita.** *Ve.* **maraquera.**

o. ‖ ~ **ocotera.** *Ho.* **paloma volcanera.**

p. ‖ ~ **perdiz.** f. *Cu, Ec.* Paloma de hasta 30 cm de longitud, de plumaje general pardo rojizo, cabeza de color azul, pico rojizo en la base y ceniciento azul en la punta, garganta con una mancha negra, plumas remeras con las orillas de color amarillo y patas rosadas; su carne es muy apreciada. (Columbidae; *Starnoenas cyanocephala*).

q. ‖ ~ **pico amarillo.** *Gu.* **paloma volcanera.**

r. ‖ ~ **pico negro.** f. *Gu.* Ave de hasta 35 cm de longitud, con manto rojizo que contrasta con la cabeza gris pizarra, garganta blanquecina, nuca verde bronceado, rabadilla color pizarra, cola gris ceniciento, pico y cera negros y patas magenta. (Columbidae; *Columba cayanensis*).

s. ‖ ~ **piquicorta.** f. *Gu, Ni.* Paloma de hasta 26 cm de longitud, de plumaje color burdeos, con la cola, el pico y el extremo de las alas negros, y las patas y los ojos rojos. (Columbidae; *Columba nigrirostris*).

t. ‖ ~ **piquirroja.** f. *Gu, Ni.* Ave de hasta 30 cm de longitud, con pico entre blanco marfil y rosado claro con la base y la cera rosadas, cabeza, cuello y pecho color púrpura iridiscente, espalda gris café oscuro, hombros y primarias fuscas, rabadilla, cola y abdomen gris azulado y cola negruzca. (Columbidae; *Columba flavirostris*).

u. ‖ ~ **rabiche.** f. *Cu.* Paloma silvestre de hasta 30 cm de longitud, de plumaje general de color gris pardo, pico negro y patas rojas, y cola alargada con plumas blancas. (Columbidae; *Zenaida macroura*).

v. ‖ ~ **real.** f. *Ho, Pa, Ec.* **zuro.**

w. ‖ ~ **sabanera.** f. *PR.* Paloma de plumaje castaño, más oscuro en el lomo, las alas y la cola, de pico largo y fino de color rojo, y de patas fuertes de este mismo color. (Columbidae; *Columba inornata wetmorei*).

x. ‖ ~ **torcaza.** *Co, Ec, Bo, Ch.* **paloma volcanera.**

y. ‖ ~ **turca.**

　i. f. *RD.* Paloma de hasta 40 cm de longitud, de color burdeos o gris rojizo, más intenso en algunas zonas del cuerpo que en otras, su cuello, en la parte posterior, tiene unos pliegues característicos y posee un anillo alrededor del ojo que es rojo en el macho y amarillo en la hembra. (Columbidae; *Columba squamosa*).

　ii. *Ho.* **turquita.**

z. ‖ ~ **volcanera.** f. *Mx.* Paloma silvestre de hasta 36 cm de longitud, de color gris oscuro con tonalidades moradas y un collar blanco en semicírculo alrededor de la nuca; es comestible. (Columbidae; *Columba fasciata*). ♦ **collareja; paloma barranqueña; paloma collareja; paloma ocotera; paloma pico amarillo; paloma torcaza; petenera; torcaza.**

a. ‖ **de mansa ~.** loc. adv. *Cu.* De manera inesperada, sorpresivamente.

b. ‖ ~ **presidencial.** loc. sust. *Co.* Oportunidad que tiene el **designado** de reemplazar temporalmente al presidente de la República en sus funciones. pop.

c. ‖ **santa ~.** loc. sust. *Ni, Pa, Ec, Pe, Bo:O, Ch; PR.* sat. Persona tranquila, inocente o muy buena.

▶ **hacer la ~; írsele la ~; levantar la ~; meter la ~; no creer en palomitas preñadas; ser ~; volar ~.**

palomar.
　I. 1. m. *Mx.* Edificio de viviendas con muchos departamentos.
　2. *Gu.* Edificio de viviendas reducidas donde habitan, como inquilinas, varias familias.
　3. *Cu.* Vivienda pequeña en un piso muy alto. desp.

palomazo.
　I. 1. m. *Mx.* Acto improvisado con el que alguien demuestra su experiencia y dominio sobre una determinada actividad, *que generalmente se realiza como muestra de cortesía a un amigo.* pop + cult → espon.
　II. 1. m. *Gu, Ho.* Coito. vulg. ♦ **talco.**
　III. 1. m. *Ho.* Golpe en la cabeza.

palomear.
　I. 1. tr. *Mx.* Poner en un escrito una **paloma** o signo gráfico.
　II. 1. tr. *Pe; Ec, Ch,* obsol. Disparar a *alguien* con un arma de fuego, *especialmente tiro a tiro o a traición.* pop + cult → espon.
　III. 1. tr. *Ch:N.* obsol. *En las minas de salitre,* despedir a un trabajador.
　IV. 1. tr. *ES.* Realizar el coito. vulg.
　V. 1. tr. *Ni:O.* juv. Usar con frecuencia la misma ropa.
　VI. 1. tr. *Pe.* Lavar la ropa a mano y rápidamente. rur.

palomeo.
　I. 1. m. *Pe.* Sucesión de disparos que se hacen de manera pausada, uno a uno. pop.

palomera.
　I. 1. f. *Ho.* Casa muy pequeña construida sobre pilares de madera.

palometa.
　I. 1. f. *Mx, Gu, Ho:S, Ni.* Pez marino de hasta 35 cm de longitud, de coloración plateada, con grandes mandíbulas que pueden proyectarse hacia delante y hacia abajo, cuya aleta dorsal se une con la parte espinosa muy alta y la aleta caudal muy bifurcada. (Gerridae; *Diapterus olisthostomus, Eucinostomus gula, E. melanopterus, E. argentu, Gerres abbreviatus*). ♦ **palomita.**
　2. *Cu.* **pámpano** (Carangidae; *Trachinotus carolinus*).
　3. *Bo:E.* **caribe,** pez de agua dulce.
　4. *Bo:E.* **cupaneca.**
　5. *RD.* Ave de plumaje blanco, con el dorso grisáceo y negra la parte superior de la cabeza, y el pico delgado, largo y anaranjado. (Sternidae; *Sterna dougallii*).
　II. 1. f. *Ni.* Cometa de forma romboide.

palomilla.
　I. 1. f. *Mx, Gu, Ho, Ni, Ec:O.* Pandilla de jóvenes.
　2. m-f. *Pe, Ch.* Muchacho que pasa su tiempo deambulando por las calles y realizando travesuras.
　3. m-f. *Pe;* adj/sust. *Ch.* Persona bromista y juguetona.
　4. f. *Gu, Ho.* Grupo de personas afines.
　5. *Ho; Pa,* obsol. Pandilla de vagabundos y matones. pop.
　II. 1. f. *Co.* Insecto que es una plaga para diversos cultivos, *especialmente para la caña de azúcar.* (Pseudococcidae; *Pseudococcus* spp.).
　2. *Gu, Ho, ES, Ni.* Insecto lepidóptero, que parece una hormiga, con alas estrechas y antenas verticales. (Plutellidae; *Plutella xylostella*). ♦ **papalomoyo.**
　3. *Ho.* **mariposa,** termita.
　III. 1. f. *Pa, Cu.* Corte de carne de vacuno que se saca del cuarto trasero del animal.
　IV. 1. f. *Ho.* Pene pequeño.
　V. 1. f. *Ho.* Instrumento metálico giratorio que, unido a una manguera, esparce el agua con mucha fuerza a su alrededor para regar plantas.

■

a. ‖ ~ **de san Juan.** *Mx.* **paloma de san Juan.**

palomillada.
   I. 1.   f. *Pe, Ch.* Broma, travesura. pop + cult → espon.
        ◆ **palomillaje**.
    2.   *Pe, Ch.* Conjunto de **palomillas**, muchachos. pop + cult → espon. ◆ **palomillaje**.

palomillaje.
   I. 1.   m. *Ch.* p.u. **palomillada**, broma.
    2.   *Ch.* p.u. **palomillada**, conjunto de palomillas.

palomillar.
   I. 1.   intr. *Ch.* p.u. Callejear, andar sin rumbo fijo ni objetivo definido. pop + cult → espon.
    2.   *Ch.* p.u. **palomillear**.

palomillear.
   I. 1.   intr. *Ch; Pe.* p.u. Hacer travesuras o gastar bromas, *especialmente un niño o un joven.* pop + cult → espon. (**palomillar**).

palomillo, -a.
   I. 1.   m. y f. *Bo.* Niño delincuente, *generalmente varón*, que forma parte de pandillas y tiene adicciones.
    2.   sust/adj. *Bo:E.* Niño muy travieso.

palomilloso, -a.
   I. 1.   adj/sust. *Pe.* Referido a persona, *especialmente un niño o un joven*, que gusta de hacer travesuras o gastar bromas. pop + cult → espon.

palomino, -a.
   I. 1.   m. y f. *Pa.* Caballo o yegua de color amarillo oro con las crines y el rabo blancos.

palomita.
   I. 1.   f. *Gu, Ho, ES, CR, Co, Pe, Bo, Ch, Py, Ar.* En el *futbol*, golpe de cabeza al balón que realiza un jugador haciendo una estirada en el aire.
   II. 1.   f. *Py, Ar.* Corte de carne vacuna extraído de la parte posterior del animal, debajo de la protuberancia coxal.
   III. 1.   f. *Ar, Ur.* Danza folclórica de galanteo cuya coreografía combina amplias evoluciones individuales por el cuadrado de baile y pasos de polca en las partes de pareja enlazada.
   IV. 1.   f. *Ho, ES, RD.* Pene pequeño. inf.
   V. 1.   f. *Bo, Ch.* Pajarita, figura de papel que resulta de doblarlo varias veces hasta conseguir la forma deseada, *generalmente de pájaro*.
   VI. 1.   f. *Ch.* Vendedora de dulces, frutos secos o golosinas que trabaja en las estaciones o a la puerta de cines y centros de ocio.
   VII. 1.   m. *Ch.* Ofrecimiento que se hace a alguien para que dé una chupada o calada a un cigarrillo de marihuana en señal de amistad. drog.
   VIII. 1.   *Gu.* **palometa**, pez marino.
   ■
   a. ‖ ~ **de san Juan.** *Mx, Pa.* **paloma de san Juan**.
   b. ‖ ~ **de la Virgen.**
     i.   f. *Ar, Ur.* **cuculí**.
     ii.   *PR.* **biajaní**.
   □
   a. ‖ **de ~.** loc. adv/adj. *CR, Co, Pe, Bo, Ch, Py.* En el *futbol*, referido a un tiro, de espaldas al arco.

palomitay.
   ●
   a. ‖ ~. fórm. *Bo.* Se usa para dirigirse a una **enamorada** de forma cariñosa. pop.

palomo.
   I. 1.   m. *RD.* Muchacho, *especialmente el que es de carácter difícil*.
    2.   sust/adj. *RD.* Hombre bueno y de carácter débil.
   II. 1.   m. *Ur.* p.u. Hombre tonto o excesivamente ingenuo. pop + cult → espon.

palomo, -a.
   I. 1.   adj/sust. *Ho, Co, Ar, Ur.* Referido a una caballería, de color blanco. rur.

    2.   adj. *Ve, Ar, Ur.* Referido al pelaje de una caballería, de color blanco. rur.

palomudo.
   I. 1.   adj. *Ho, ES.* Referido a un hombre o a un animal macho, de pene largo y grueso. rur. ◆ **parrungudo**.

paloneado, -a.
   I. 1.   adj. *Ec.* Referido a planta, que tiene la tierra removida y amontonada en la base del tallo. rur.

palonear.
   I. 1.   tr. *Ec.* Remover la tierra para amontonarla alrededor de los troncos o los tallos de una planta. rur.

palopalo.
   I. 1.   *Ch.* **palo palo**.

palopique.
   I. 1.   *ES.* **paloapique**.

palopiso.
   I. 1.   m. *CR.* Utensilio doméstico para limpiar pisos, consistente en un palo largo al que se adapta un trozo de tela en uno de sus extremos mediante un gancho.

palote.
   I. 1.   m. *Ar, Ur.* Cilindro de madera que se utiliza en la cocina para estirar la masa.
   II. 1.   m. *PR.* Palillo de la vena central de la hoja de tabaco.
    2.   *CR.* Seudotallo de ciertas plantas musáceas como el **banano** o el **plátano**. rur. ◆ **tollo**.
   III. 1.   m. *PR.* Enfermedad que ataca a los cafetales de cultivo intensivo, que causa que muchas hojas amarilleen o se caigan. rur.
   □
   a. ‖ ~ **negro.** *Mx.* **guásimo**, árbol.

paloteado, -a.
   I. 1.   adj. *Ve.* Referido a persona, ligeramente borracha.

palotearse.
   I. 1.   *Ve.* **jalarse**, emborracharse.

palpite. (Voz portuguesa).
   I. 1.   *Ur.* p.u. **pálpite**. pop + cult → espon.

pálpite.
   I. 1.   m. *Py.* Corazonada, presentimiento. pop. (**palpite**).

palqui.
   I. 1.   m. *Ch, Ar:N.* Arbusto de hasta 3 m de altura, con muchos tallos erguidos, hojas enteras, lampiñas, estrechas y terminadas en punta por ambos extremos, y flores en panojas terminales con brácteas; se utiliza para hacer jabón. (Solanaceae; *Cestrum parqui*). ◆ **palqui amarillo**; **palqui negro**; **rama verde**.
    2.   *Ch.* **hediondilla**, arbusto.
   ■
   a. ‖ ~ **amarillo.** *Bo:S.* **palqui**. (Solanaceae; *Cestrum parqui*).
   b. ‖ ~ **negro.** *Bo:S.* **palqui**. (Solanaceae; *Cestrum parqui*).

palta.
   I. 1.   f. *Gu, Ec, Pe, Bo, Ch, Ar, Ur.* Fruto comestible del **aguacate**.
   II. 1.   f. *Pe.* Equivocación, error. pop.
    2.   *Pe.* Vergüenza, turbación. pop.
    3.   *Pe.* Susto, temor. pop.
   III. 1.   f. *Ch.* metáf. Moretón, cardenal de la piel a causa de un golpe o herida.
   ■
   a. ‖ ~ **Hass.** f. *Pe, Ch.* Fruto del **palto Hass**.
   b. ‖ ~ **mayo.** *Ch.* Palta o aguacate con mayonesa.

paltado, -a. (Del quech. *palta*, sobrepuesto).
   I. 1.   adj. *Bo:C,E.* Referido a la dentadura, de dientes desiguales y montados unos sobre otros. pop.

paltana.
   I. 1.   f. *Ec.* Sobreprecio. rur.

2. *Ec. En un trueque*, cantidad de dinero o bien con que se compensa el menor valor de una de las dos cosas que se intercambian.

3. *Ec.* Adehala, **yapa**. rur.

palte. (Del quech. *palti*).

I. **1.** m. *Ec.* Tarima construida en alto para que se recojan las aves de corral.

palteado, -a.

I. **1.** adj. *Pe. Referido a persona*, desconcertada.

2. *Pe. Referido a persona*, equivocada.

3. *Pe. Referido a persona*, asustada.

II. **1.** adj. *Ch.* p.u.; obsol. *Referido a persona*, bien vestida.

paltear(se).

I. **1.** tr. *Pe.* Hacer que *alguien* se ponga nervioso.

2. *Pe.* Asustar a *alguien*.

3. intr. prnl. *Pe.* Ponerse *alguien* nervioso.

II. **1.** tr. *Pe.* Hacer que *alguien* se avergüence.

2. intr. prnl. *Pe.* Avergonzarse *alguien* por algo.

III. **1.** intr. prnl. *Pe.* Equivocarse *alguien*.

palteo.

I. **1.** m. *Pe.* Equivocación, error. pop.

paltero, -a.

I. **1.** sust/adj. *Mx, Pe, Ch.* Persona que cultiva, produce o distribuye **palta** o aguacate.

2. adj. *Mx, Pe, Ch.* Relativo a la **palta** o aguacate.

palto.

I. **1.** *Pe, Bo, Ch, Ar, Ur.* **aguacate**, árbol.

a. ‖ ~ **Hass.** m. *Pe, Ch.* Variedad de **aguacate** que da un fruto más pequeño de cáscara rugosa, de tono verde al principio y negruzco cuando madura; es muy apreciado por su pulpa aceitosa y su sabor.

palto, -a.

I. **1.** adj. *Ch.* juv. *Referido a persona o cosa*, elegante o formal en su aspecto o apariencia. pop.

paltó.

I. **1.** m. *Ve, Ch.* Chaqueta de tela, con solapas y botones, que llega por debajo de la cadera.

paltón, -na.

I. **1.** adj. *Ch. Referido a persona*, elegante, refinada. pop.

paltudo, -a.

I. **1.** sust/adj. *Bo:C,O.* Persona poco inteligente, sin viveza. vulg.

palucha.

I. **1.** f. *Mx:E, Cu.* Fanfarronada, dicho o hecho jactancioso. pop.

II. **1.** f. *Cu, RD.* Conversación frívola. pop.

III. **1.** f. *Mx:SE.* Engaño, bulo. pop.

paluchear.

I. **1.** intr. *Cu.* Hablar de temas sin importancia, por diversión o pasatiempo.

paluchería.

I. **1.** f. *Cu.* Charla frívola y sin sustancia.

II. **1.** f. *Cu.* Fanfarronada, dicho o hecho jactancioso.

paluchero, -a.

I. **1.** sust/adj. *Cu.* Persona habladora. pop.

II. **1.** sust/adj. *Cu.* Persona fanfarrona y jactanciosa. pop.

palucho, -a. (Sínc. de *paliducho*).

I. **1.** adj. *ES. Referido a persona o cosa*, paliducha, descolorida.

paludís. (Apóc. de *paludismo*).

I. **1.** m. *ES.* Paludismo.

paludo, -a.

I. **1.** adj. *Mx, Ni, Co. Referido a una planta, un fruto o un tubérculo*, fibroso, duro, sin jugo. pop.

II. **1.** adj. *ES.* metáf. *Referido a hombre*, de pene grande.

palurdo, -a.

I. **1.** adj. *Ec. Referido a caballería de carga*, lerda. rur.

pam.

▶ **dar ~-~.**

pama.

I. **1.** m. *Bo:N.* Árbol de hasta 22 m de altura, con cicatrices anulares sobre las ramas que exuda un látex de color marrón lechoso, de hojas simples, *generalmente enteras y pubescentes*, flores unisexuales, las masculinas reducidas en inflorescencias discoidales y las femeninas solitarias, y los frutos son drupas. (Moraceae; *Pseudolmedia macrophylla*).

pamacari.

I. **1.** m. *Pe:E.* Techado de hojas de palma colocado en las embarcaciones fluviales para que los pasajeros se protejan del sol o la lluvia. rur.

2. sust/adj. *Pe:E.* Embarcación fluvial que lleva un techado de hojas de palma.

pamba.

I. **1.** f. *Mx.* Paliza, serie de golpes dados con un palo o con cualquier otro medio o instrumento. ♦ **pambiza**.

II. **1.** f. *Ec.* Terreno destinado a la agricultura. (**pampa**).

III. **1.** f. *ES, Ni.* Mentira, engaño.

pambaceada.

I. **1.** f. *Mx.* Paliza, serie de golpes. pop.

pambaceado, -a.

I. **1.** adj. *Mx. Referido a un rostro*, empalidecido por tener una capa de talco o de maquillaje.

pambacear.

I. **1.** tr. *Mx.* Dar una paliza a *alguien*. pop.

pambazo.

I. **1.** m. *Mx, Co.* Pan suave, liso y de forma ovalada, cubierto por una capa de harina fina.

2. *Mx.* Pan de harina de trigo, semicircular, liso, relleno de **papa** con chorizo y bañado en salsa de **chile guajillo**.

pambiche.

I. **1.** m. *RD.* Variedad de **merengue** de ritmo lento.

pambil.

I. **1.** m. *Ec.* **camona**, palma.

pambiza.

I. **1.** *Mx.* **pamba**, paliza. pop.

pambotano.

I. **1.** f. *Mx.* Arbusto de hojas bipinnadas, lineales y oblongas, inflorescencias en panículas terminales, flores color escarlata y frutos en cápsulas recubiertas con pelillos. (Fabaceae; *Calliandra anomala*). ♦ **taguapillo**.

pamentero, -a.

I. **1.** sust/adj. *Ur.* Persona que hace **pamentos**. pop + cult → espon.

pamento.

I. **1.** m. *Py, Ur.* Demostración excesiva o afectada de espanto, admiración u otros sentimientos. pop + cult → espon.

pamfleto. (Del ingl. *pamphlet*).

I. **1.** m. *ES, PR.* Publicación que alcanza muy pocas páginas, folleto.

pamita.

I. **1.** f. *Mx.* Hierba erecta, *generalmente ramificada*, de hasta 70 cm de altura, con hojas lobuladas y lanceoladas, inflorescencias en racimos, flores pequeñas de cuatro pétalos amarillos, y frutos en silicua linear o *ligeramente encorvada y cilíndrica*, con numerosas semillas de pequeño tamaño y color rojizo. (Cruciferae; *Sisymbrium irio*).

pamizar. (Acr. de. Por una Argentina de Mayores Integrados, PAMI).
  I. 1. tr. *Ar.* Hacerse cargo el servicio médico y asisten-
    cial estatal para jubilados y pensionistas de ciertas
    prestaciones o servicios.

pampa. (Del quech. *pampa*, llanura).
  I. 1. f. *Pe, Bo:C,O, Ch, Ar, Ur.* Llanura extensa sin
    árboles.
  2. *Gu, Ho, Ni.* Llanura seca en verano recubierta de
    zacate y algunos árboles. cult.
  3. *ES.* Descampado.
  II. 1. f. *Ec.* **pamba**, terreno destinado a la agricultura.
  IIII. 1. f. *Bo:O.* Parte del **aguayo** sin iconografía.
    □
    a. ‖ **a la ~.** loc. adv. *Ho, Ni, Co.* A cielo descubierto, a
      campo raso.
    b. ‖ **en ~.**
      i. loc. adv. *Ch.* Al descubierto, a la intemperie.
      ii. loc. adj/adv. *Ch. Referido a persona,* que no tie-
        ne nada, carente de recursos económicos.
      iii. *Ch. Referido a persona,* desprevenida o igno-
        rante de algo.
    c. ‖ **en ~ y la vía.** loc. adv. *Ar.* En situación económica
      muy precaria. pop + cult → espon ^ fest.
    d. ‖ **en ~s.** loc. adv. *Ni.* Totalmente abierto, de par en
      par.
    e. ‖ **~ corneta.** loc. sust. *Pe.* Instrumento musical de
      viento hecho de **maguey** y similar a un clarín. rur.
    f. ‖ **~ misayoc.** loc. sust. *Pe.* p.u. **pampamisayoc.**

pampaco.
  I. 1. m. *Bo:C, Ar:NO.* Colmena de la **guanota.** ♦ **gua-
    nota.**
  2. m-f. *Ar:NO.* **guanota,** abeja.
  II. 1. m. *Bo:C,O.* Comida preparada con diversas carnes
    adobadas y cocidas en una olla que se pone en un ho-
    yo y se cubre con adobes, piedras o ladrillos calentados
    previamente con leña de carbón durante varias horas.

pampamisayoc.
  I. 1. m. *Pe.* Hechicero. rur. **(pampa misayoc).**

pámpana.
  I. 1. f. *PR.* Flor del **guineo.** rur. **(pámpara).**
  2. *PR.* Tallo del racimo de **plátanos** o **guineos.** rur.
    (pámpano). ♦ **paslote.**
  II. 1. *PR. En las peleas de gallos,* **concha,** caída del gallo.

pampanilla.
  I. 1. f. *Pe.* Falda que llega hasta las rodillas con aberturas
    a los lados y dibujos sencillos en colores vivos. rur.

pampanillo.
  I. 1. m. *Gu.* Pez de cuerpo comprimido y de color pla-
    teado con algunas franjas oscuras verticales, boca y
    dientes pequeños y aleta dorsal y anal prolongadas
    en ángulo agudo hasta terminar en un filamento.
    (Carangidae; *Trachinotus rhodopus*).

pampanito.
  I. 1. m. *Pe.* Pez de hasta 30 cm de longitud, de cuerpo
    ancho, dorso de color gris plateado, azulado o
    verdoso, vientre de color blanco y hocico redon-
    deado. (Carangidae; *Trachinotus paitensis*).

pámpano.
  I. 1. m. *Mx, Ec.* Pez marino de hasta 25 cm de longi-
    tud, de cuerpo alto, plano y comprimido, de co-
    lor grisáceo; es comestible. (Carangidae; *Trachino-
    tus carolinus*). ♦ **palometa.**
  2. *Bo:O.* Mamífero de hasta 1 m de longitud, de pe-
    laje color rojizo amarillento. (Canidae; *Dusicyon
    culpaeus*). ♦ **tiula.**
  3. *PR.* Pez marino de más de 50 cm de longitud, de
    cuerpo corto y comprimido, con el dorso gris y el
    vientre blanco, hocico corto y redondeado y aleta
    caudal bifurcada; es comestible. (Carangidae; *Tra-
    chinotus falcatus*).
  4. *PR.* **pámpana,** tallo.

pámpara.
  I. 1. *PR.* **pámpana,** flor.

pampayo, -a.
  I. 1. adj. *Ar:NO. Referido a un río o arroyo,* de poca
    profundidad. pop + cult → espon.

pampear(se).
  I. 1. tr. *Bo:C,E,O, Ch. En una* **competencia,** vencer por
    una gran diferencia al rival. pop + cult → espon.
  2. tr. prnl. *Ch. En una* **competencia,** vencer por una
    gran diferencia al rival. pop + cult → espon.
  II. 1. intr. *Pe.* Salir a la pampa a buscar mujeres de con-
    ducta sexual desinhibida. rur; pop.

pampeña.
  I. 1. f. *Pe:S.* Danza tradicional bailada por parejas pro-
    vistas de pañuelos que agitan al ritmo vivo de la música.

pamper. (De *Pampers*®).
  I. 1. m. *EU, PR.* **pampers.**

pámper. (Del inglés *Pampers*®).
  I. 1. m. *Ho, Ni, Pa, Py.* **pampers.**
    □
    a. ‖ **en ~s.** loc. adj. *Pa. Referido a persona,* inexperta.

pamperito.
  I. 1. m. *PR.* Ave de 18 cm de longitud, con plumaje
    color castaño negruzco en los flancos, el pico cua-
    drado y negro con las membranas amarillas, y la
    cola también negra caracterizada por un llamati-
    vo parche cuadrado blanco en la rabadilla. (Hy-
    drobatidae; *Oceanites oceanicus*). ♦ **lavapiés;
    pamperito de rabo cuadrado.**

    ■
    a. ‖ **~ de rabo cuadrado.** *PR.* **pamperito.**

pampero.
  I. 1. sust/adj. *Ar, Ur.* Viento frío y seco procedente del
    sudoeste argentino que sopla en la provincia de La Pam-
    pa, en parte de la provincia de Buenos Aires y en Uruguay.
  II. 1. m. *PR.* **diablotín,** ave marina.

pampers. (De *Pampers*®).
  I. 1. m. pl. *EU, RD, Py.* Pañales para bebés, tira de mate-
    rial absorbente que se coloca entre las piernas.
    (*pamper, pámper*).

pampía. (De or. onomat., por su canto).
  I. 1. f. *Ho.* **alguacil.**

pampiar.
  I. 1. tr. *Ho.* Cuidar una **milpa** de las **pampías.** rur.

pampino, -a.
  I. 1. adj/sust. *Ch; Pe.* obsol. Natural de la pampa sali-
    trera, situada en las regiones 15.ª (Arica y Parina-
    cota), 1.ª (Tarapacá) y 2.ª (Antofagasta) de Chile,
    al norte del país.
  2. adj. *Ch; Pe.* obsol. Relativo a la región pampina.

pampirolada.
  I. 1. f. *Ho.* Tontería, cosa insignificante, estupidez. rur.

pampita.
  I. 1. f. *Ar.* Claro en un bosque.

pamplemusa.
  I, 1. f. *Co.* Árbol de hasta 15 m de altura, de hojas sim-
    ples, alternas, con superficie coriácea de color ver-
    de oscuro, y flores olorosas, de estambres blancos
    muy visibles y anteras de color naranja. (Ruta-
    ceae; *Citrus grandis*).
  2. *Co.* Fruto de la pamplemusa, globoso, de gran ta-
    maño, con cáscara gruesa amarilla o verdosa y pul-
    pa rosada.

pamplín.
  I. 1. adj. *Ho. Referido a persona,* tonta.

pamplón, -na.
  I. 1. adj. *PR. Referido a persona, especialmente a una mujer,*
    gorda y de movimientos lentos. pop + cult → espon
    ^ desp.

pamplona.
 I. 1. f. *Ur.* Carne sazonada arrollada y envuelta en tripa, que se come asada.

pamplonudo, -a.
 I. 1. adj. *PR. Referido a cose*, grandiosa, extraordinaria. pop + cult → espon.

pampón.
 I. 1. m. *Pe.* Terreno rústico amplio y sin cercar.

pan.
 I. 1. m. *Gu, Ho, ES, Ni, Pa, Co, Bo:E.* Vulva. euf; pop + cult → espon.
 2. *Bo; Gu.* vulg. Nalgas de una mujer. pop ^ fest.

 a. ‖ ~~. fórm. *RD.* Se usa para resaltar *algo* que acaba de decirse por ser claro o no admitir discusión. pop.

 a. ‖ **buen ~.** *RD, Ve.* **árbol del pan. (buempán).**
 b. ‖ **~ alemán.** m. *Ar, Ur.* Pan blanco, *ligeramente dulce*, elaborado con harina, leche, levadura, azúcar y cerveza; se vende en piezas de forma ovalada o algo alargada que presentan una superficie brillante con estrías transversales.
 c. ‖ **~ amasado.** m. *Ec, Ch.* Pan hecho con harina mezclada con manteca o grasa.
 d. ‖ **~ batido.** m. *Ch.* Pan en porciones pequeñas cocido en una sola pieza que se separan con facilidad.
 ♦ **pan francés.**
 e. ‖ **~ blanco.**
  i. m. *Mx, Ho, Ve, Ec, Ch.* Pan de harina de trigo refinada y aliñado con manteca, sal y poca levadura.
  ii. *Gu.* Pan desabrido.
  iii. *Ho.* metáf. Persona aburrida y sosa en el trato con los demás.
 f. ‖ **~ bon.** m. *CR, Pa.* Par. dulce, de color moreno, elaborado con **tapa de dulce** y con frutas.
 g. ‖ **~ bululo.** m. *Ho:N.* Pan hecho con harina de trigo, aceite de coco y un poco de levadura.
 h. ‖ **~ cacho.** m. *Ar:NO.* Pan elaborado con el horno abierto, con forma de torta redonda que se levanta más hacia el centro.
 i. ‖ **~ cañón.** m. *Py.* Pan de miga suave y anisada, y costra blanda, con forma de cañón militar.
 j. ‖ **~ casero.** m. *Ar, Ur.* Par. blanco de corteza gruesa y miga abundante y poco porosa, elaborado a base de harina, agua, sal, levadura y grasa de vaca.
 k. ‖ **~ con camisón.** m. *Pe.* Pastel de bizcocho alargado recubierto de azúcar blanca o caramelizada.
 l. ‖ **~ con timba.** m. *Cu.* Pan con un trozo de dulce de **guayaba.**
 m. ‖ **~ criollo.**
  i. m. *Ar.* Pan blanco *elaborado generalmente a base de harina, agua, sal, levadura, grasa de vaca y extracto de malta.*
  ii. *PR* **pan francés,** con forma de barra.
 n. ‖ **~ de afrecho.** m. *Bo.* Pan de color negruzco elaborado con harina integral poco molida.
 ñ. ‖ **~ de agua.**
  i. m. *Co:C.* Pan blanco con poco aliño.
  ii. *Ec.* Pan blanco con poca grasa.
 o. ‖ **~ de aliño.** m. *Ho.* Pan dulce hecho con huevo batido, harina de trigo y azúcar, y luego horneado.
 p. ‖ **~ de Arani.** m. *Bo:C,E,O.* Pan integral de gran tamaño y forma circular elaborado con harina de maíz y de trigo.
 q. ‖ **~ de árbol.**
  i. *Pe.* **árbol del pan.**
  ii. *Pe.* Fruto del pan de árbol.
 r. ‖ **~ de arroz.** m. *Bo:O.* Pan de forma alargada elaborado con harina de arroz, **yuca** y queso.

 s. ‖ **~ de batalla.** m. *Bo:O.* Pan de forma alargada elaborado con harina de trigo, agua y sal.
 t. ‖ **~ de batata.** m. *RD.* Dulce hecho a base de **batata** con canela, clavo, coco o nuez moscada.
 u. ‖ **~ de bono.** m. *Co.* Pan hecho con harina de maíz y queso. **(pandebono).**
 v. ‖ **~ de cachito.** m. *Ho.* Pan blanco y dulce hecho con harina de trigo, azúcar y huevos, con forma de cruasán.
 w. ‖ **~ de caja.** m. *Mx.* Pan de molde, esponjoso, de forma alargada, cortado en rebanadas más o menos cuadradas, *que generalmente se emplea en la elaboración de sándwiches.*
 x. ‖ **~ de canilla.** m. *Ve.* Pan de forma alargada elaborado como el **pan francés.**
 y. ‖ **~ de Caracas.** m. *Cu.* Dulce preparado con harina de maíz, leche, mantequilla y azúcar.
 z. ‖ **~ de cazón.** m. *Mx.* Guiso elaborado con **tortillas** de maíz, **cazón** o atún, **frijoles** y salsa de **jitomate.**
 a¹. ‖ **~ de coco.** m. *Ho.* Pan hecho de harina de coco.
 b¹. ‖ **~ de culebra.** m. *Gu.* Pan dulce redondo y alargado.
 c¹. ‖ **~ de flauta.** m. *Cu, Ar.* Pan alargado, de miga blanca y esponjosa, y corteza crocante.
 d¹. ‖ **~ de fruta.**
  i. *RD.* **árbol del pan.**
  ii. *RD.* Fruto del **árbol del pan.**
 e¹. ‖ **~ de gloria.**
  i. m. *Cu.* Panecillo azucarado.
  ii. *RD.* Pan dulce de pequeño tamaño.
  iii. *Ho.* Azucarillo, masa esponjosa de almíbar.
 f¹. ‖ **~ de Guatemala.** m. *Pe.* obsol. Bizcocho de poca calidad de color amarillento.
 g¹. ‖ **~ de huevo.**
  i. m. *Mx, PR, Ec, Ch.* Pan de color amarillo, *ligeramente dulce.*
  ii. *Pa.* Pan, *por lo general trenzado*, hecho con mayor cantidad de huevos de lo usual, lo que le da una coloración amarilla, sabor dulzón, y corteza y migajón suaves.
 h¹. ‖ **~ de indio.** *Ar:S.* **llao-llao.**
 i¹. ‖ **~ de jamón.** m. *Ve.* Pan relleno de jamón, pasas y aceitunas; suele comerse en las fiestas navideñas.
 j¹. ‖ **~ de leche.** m. *Ar.* **Factura** de masa esponjosa, en forma de bollo achatado en su base y coronado con crema pastelera.
 k¹. ‖ **~ de Mallorca.** *PR.* **pan dulce.**
 l¹. ‖ **~ de manteca.**
  i. m. *Mx.* Planta acuática con raíces sumergidas, hojas flotantes, inflorescencias en racimo y flores pequeñas, amarillas o blanquecinas. (Menyanthaceae; *Nymphoides humboldtiana*).
  ii. *Pe.* Pan hecho con harina de maíz, en cuya masa se añade manteca.
  iii. *Gu.* Pan dulce y pequeño, *generalmente redondo.* pop.
 m¹. ‖ **~ de medio aliño.** m. *Ho.* Torta o bollo hecho de harina y azúcar al que solo se le ha añadido un poquito de huevo batido.
 n¹. ‖ **~ de miga.** m. *Ch, Ar, Ur.* Pan blanco sin corteza, dividido en planchas cuadradas de poco espesor, *que se emplea especialmente para preparar sándwiches.*
 ñ¹. ‖ **~ de muerto.** m. *Mx.* Pan dulce de forma redondeada, recubierto con una capa de azúcar; se suele preparar y consumir para celebrar el día de los difuntos.
 o¹. ‖ **~ de mujer.** m. *Ho.* Cualquier bollo o galleta caseros hechos de harina de trigo o de maíz, huevo batido y azúcar, mezclados en una masa y horneados al fuego.
 p¹. ‖ **~ de pancho.** m. *Ar.* Pan de forma ovalada, con sabor algo dulce, miga esponjosa y corteza fina y tostada.

q¹. ‖ ~ **de pascua.** m. *Ec, Ch.* Pastel navideño hecho con harina, levadura, azúcar, huevos, miel, pasas, frutas confitadas y frutos secos.

r¹. ‖ ~ **de Pinllo.** m. *Ec.* Pan hecho con **harina de Castilla**, manteca y **raspadura**.

s¹. ‖ ~ **de queso.** m. *Co, Ec.* Pan hecho con harina de maíz y queso. (**pandequeso**).

t¹. ‖ ~ **de rodaja.** m. *Gu.* Pan de forma rectangular *que se usa principalmente para hacer emparedados.*

u¹. ‖ ~ **de rosa.** m. *Ho, Ni.* Dulce hecho de azúcar, miel y clara de huevo batida, y cortado en pequeños cuadrados con colorantes de color rosado.

v¹. ‖ ~ **de sagú.** m. *Co.* Pan hecho con harina de **sagú**.

w¹. ‖ ~ **de toco.** m. *Bo:C.* Pan de forma redonda elaborado con harina integral mezclada con borra de **chicha**.

x¹. ‖ ~ **de todos santos.** m. *Bo:O. En la fiesta de Todos los Santos*, pan de diversas formas elaborado con harina de trigo, huevo, azúcar, sal y levadura.

y¹. ‖ ~ **de tunja.** m. *Ve.* Pan dulce hecho con harina de trigo, huevos, azúcar y manteca.

z¹. ‖ ~ **de Viena.** m. *Ar.* Pan alargado y fino, de miga muy esponjosa y corteza blanda, que se usa para hacer **panchos**.

a². ‖ ~ **de yema.**
  i. m. *Pe.* Bizcocho pequeño hecho con harina de trigo, huevos y leche.
  ii. *Ho, Ni.* Pan dulce hecho con harina de trigo y yema de huevo batida.

b². ‖ ~ **de yuca.** m. *Co, Ec.* Pan hecho de harina de **yuca**.

c². ‖ ~ **dulce.**
  i. m. *Mx, Ho, ES, Ve, Ch.* Pan o bollo que se elabora con azúcar, *generalmente con harina de trigo*, y con muy diversas formas.
  ii. *Bo, Ur. En las fiestas navideñas*, pan de forma cilíndrica, con la parte superior ligeramente elevada, elaborado con harina de trigo, huevo, leche, azúcar y levadura, al que se agregan **frutas abrillantadas**, pasas, nueces y almendras.
  iii. *PR.* Ensaimada. ◆ **pan de Mallorca**.

d². ‖ ~ **especial.**
  i. m. *Bo.* Pan que se elabora con harina de trigo, leche, agua, sal, levadura y mantequilla.
  ii. *PR.* Pan de molde.

e². ‖ ~ **francés.**
  i. m. *Mx, Gu, ES, Ni, Pa, PR, Co, Ve, Ec, Bo, Ar, Ur.* Pan en forma de barra que tiene la corteza crocante y la miga tierna, *con el que se suelen acompañar las comidas.*
  ii. *Pe.* Panecillo redondo con una pequeña división en el centro.
  iii. *Ch:S.* **pan batido**.

f². ‖ ~ **lactal.** m. *Ar, Ur.* Pan de leche y harina que se presenta en forma de barra pequeña o en rodajas.

g². ‖ ~ **mestizo.** m. *Pa, Ec:C,S.* Pan de forma redonda elaborado con harina integral, agua, azúcar, sal y levadura.

h². ‖ ~ **micha.** m. *Pa.* Pan blanco en forma de bollo afinado hacia las puntas, de corteza tostada y migajón blando, con una hendidura en el centro. pop + cult → espon.

i². ‖ ~ **molido.** m. *Mx, Ni, CR, Ec, Pe, Bo, Ar.* Pan granulado que se emplea para **empanizar**, *generalmente carnes.*

j². ‖ ~ **tortuga.** m. *Ar, Ur.* Pan con la forma de un caparazón de tortuga, que suele tener varios cortes en la corteza.

k². ‖ ~ **trincha.** m. *Py.* Pan francés de corteza dura, tostada, y de miga blanca muy esponjosa.

□
a. ‖ **como ~ que no se vende.** loc. adj/adv. *Bo, Ar. Referido a persona*, desorientada, que no sabe qué hacer. pop + cult → espon.

b. ‖ **como un ~ de cera.** loc. adj. *RD.* Descolorido, amarillento, pálido.

c. ‖ **de ~ en mano.** loc. adj/sust. *Ho. Referido a un niño*, que todavía no puede trabajar, dependiente de sus padres.

d. ‖ **¡ni qué ~ caliente!** loc. interj. *PR, Co, Ec.* Expresa rechazo ante lo dicho por alguien. pop.

e. ‖ ~ **caliente.**
  i. loc. sust. *Ni, RD.* Juego infantil que consiste en manotear uno las manos del otro.
  ii. *Pa.* **mantequilla en pan caliente**.

f. ‖ ~ **de abeja.**
  i. loc. sust. *PR.* Panal de la miel de abeja que se come al natural.
  ii. *PR.* Policía. delinc.

g. ‖ ~ **de Dios.** loc. sust. *Mx, Ni, CR, Pa, PR, Ve, Ec, Pe, Bo, Ch, Ar, Ur.* Persona bondadosa, cándida y humilde. pop + cult → espon.

h. ‖ ~ **de jabón.** loc. sust. *Cu; Ec, p.u. | obsol.* Jabón natural, de forma rectangular, que se usa para lavar la ropa. pop.

i. ‖ ~ **de san Juan.** loc. sust. *Bo:E.* Fruto del **cupesí**.

j. ‖ ~ **del día.** loc. sust. *Ec, Bo.* Tema preferido de conversación.

k. ‖ ~ **sin sal.** loc. adj. *Ho.* **paniaguado**, que no tiene gracia.

l. ‖ ~ **y pedazo.** loc. sust. *Ch.* Algo que es necesario o se desea más algo que se añade o lo complementa.

m. ‖ **¡que la ~ con queso!** loc. interj. *Ar, Ur.* Expresa gran enojo o molestia. euf; pop + cult → espon.

◨
a. ‖ **cada ~ tiene su queso.** fr. prov. *RD.* Indica que cada persona o cada cosa se tiene que relacionar o asociar con otra de sus mismas características.

b. ‖ **no pedir ~ al hambre ni cobija al frío.** fr. prov. *Ho.* Indica que alguien pide algo imposible.

c. ‖ ~ **con ~ no pega.** fr. prov. *Ni, Pe.* Indica que dos cosas o personas de las mismas características no casan bien.

▶ **coger ~ grande; dar el ~; dar ~; echar ~ en su matate; irse como ~ caliente; repartir como ~ bendito; sacarse el ~; sacarse el ~ del horno; sacarse ~; vender como ~ caliente.**

pana.
I. 1. m-f. *EU, Mx, Pa, RD, PR, Ve, Ec, Bo:O; Ho, ES, Ni. juv.* Amigo íntimo, compañero inseparable. pop + cult → espon. ◆ **compio; panita**.

II. 1. f. *Ch.* Fallo o avería de una máquina o instalación.
2. *Ch.* Suspensión temporal de la actividad de un mecanismo o del cuerpo humano provocada por un factor externo o una disfunción propia.

III. 1. f. *Ch.* Hígado.
2. *Ch. metáf.* Valentía, sangre fría, arrestos. pop.

IV. 1. f. *RD, PR.* **árbol del pan**.
2. *RD, PR.* Fruto de la pana, de color castaño oscuro, que guarda en su pulpa numerosas semillas comestibles y alimenticias. ◆ **pana de granos; pana de pepitas; pana de sopa; pana rubia; panapén; pepita de pan**.
3. *PR.* Fruto parecido a la pana, pero sin semillas; su pulpa se come cocida. ◆ **pana de afuera; pana de bola; pana de raja; pana filipina; pana forastera**.

V. 1. f. *Gu, Ho, Ni.* Vasija circular de metal o plástico para usos domésticos.

■
a. ‖ ~ **burda.** m-f. *Ve. juv.* Amigo íntimo, compañero inseparable. pop.

b. ‖ ~ **cimarrona.** *PR.* **jaca**, árbol y fruto.

c. ‖ ~ **de afuera.** *PR.* **pana**, fruto parecido a la pana.

d. ‖ ~ **de bola.** f. *PR.* **pana**, fruto parecido a la pana.

e. ‖ ~ **de granos.** f. *PR.* **pana**, fruto.

f. ‖ ~ **de pepitas.** f. *PR.* **pana**, fruto.

g. ‖ ~ **de raja.** f. *PR.* **pana**, fruto parecido a la pana.

h. ‖ ~ **de sopa.** f. *PR.* **pana**, fruto.

i. ‖ ~ **del tonto.** f. *Ch.* Paralización imprevista de un vehículo por haberse quedado sin combustible.

j. ‖ ~ **filipina.** f. *PR.* **pana**, fruto.

k. ‖ ~ **forastera.** f. *PR.* **pana**, fruto parecido a la pana.

l. ‖ ~ **fuerte.** f. *PR.* Amigo íntimo, compañero inseparable. pop + cult → espon.

m. ‖ ~ **rubia.** f. *PR.* **pana**, fruto.

□

a. ‖ **sendo, -a ~.** loc. sust. *PR.* juv. Amigo íntimo, compañero inseparable.

▶ **caer como ~; tirar ~.**

panabrisa.

I. (De *Panabrisa*®).

1. *Pa.* **guayabera**, camisa.

panacea.

I. 1. f. *PR.* Planta herbácea anual de hasta 60 cm de altura, de hojas simples, alternas, inflorescencia axilar, flores blancas y fruto con numerosas semillas; tiene propiedades medicinales. (Boraginaceae; *Heliotropium portoricense*).

panacú.

I. 1. m. *Bo:E.* Cesto tejido con hojas de palmera que se carga a la espalda.

panada.

I. 1. sust/adj. *Bo:E.* Persona, animal o cosa inútiles. pop.

panadería.

I. 1. m-f. *Ve.* juv. Amigo íntimo, compañero inseparable. pop.

II. 1. f. *Ho.* Vulva. vulg.

panadero.

I. 1. m. *Ar, Ur.* Conjunto de filamentos algodonosos del fruto de algunas compuestas que, arrastrado por el viento, transporta la semilla.

II. 1. m. *ES.* Amante de una mujer casada.

III. 1. adj/sust. *Cu.* Referido a *un hombre*, que toca y soba a las mujeres con lascivia. pop + cult → espon ^ fest.

▨

a. ‖ **cada ~ alaba su pan.** fr. prov. *Bo.* Indica que cada uno presume de lo que tiene. pop.

panaful.

I. 1. m-f. *RD.* Amigo íntimo, compañero inseparable. pop + cult → espon.

panal.

I. 1. m. *Gu, ES, Ni.* metáf. Parte externa del radiador de un automóvil.

II. 1. m. *Gu, ES, Ni.* Vulva. tabú.

III. 1. m. *Bo:E,S.* Dulce crujiente elaborado con clara de huevo batida, azúcar, un poco de harina y **polvo de hornear**.

□

a. ‖ ~ **de rosa.** loc. sust. *Pe.* Dulce esponjoso de azúcar y clara de huevo.

▶ **alborotarse el ~.**

panalero.

I. 1. m. *Mx:NO.* Arbusto de hasta 3 m de altura, de hojas ovales, inflorescencias en racimos axilares, flores amarillas y fruto esférico, de pequeño tamaño, negro y comestible. (Oleaceae; *Forestiera angustifolia*).

panalillo.

I. 1. m. *Mx.* Árbol de hasta 25 m de altura, de copa ancha, hojas compuestas, alternas, con hojuelas lan-

ceoladas, muy estrechas y de margen ligeramente aserrado, flores blanquecinas y fruto seco, indehiscente, con pocas semillas y pericarpio extendido. (Sapindaceae; *Thouinidium decandrum*).

panalit.

I. (De *Panalit*®).

1. m. *Pa.* Material de construcción hecho de cemento y fibras, usado para cubiertas y tejados.

panalivio.

I. 1. m. *Pe.* Canción y música de origen africano, que pueden ser de ritmo lento o muy vivo y que trata temas como la opresión y la explotación de los esclavos.

2. *Pe.* Danza que acompaña al panalivio.

panamá.

I. 1. m. *Co.* Árbol de hasta 7 m de altura, de copa ancha y densa, hojas muy divididas y pecioladas y flores pequeñas en cimas dicótomas, de color blanco. (Caricaceae; *Jatropha aconitifolia*).

2. *Pa.* **majao**, árbol.

panamax.

I. 1. m. *Pa.* Barco de unos 30 m de manga que transporta contenedores; es uno de los más grandes que cruzan el Canal de Panamá. pop + cult → esm.

panameña.

I. 1. f. *Co.* **matalí**.

II. 1. f. *Ni. En el juego de las tabas*, taba que queda en posición vertical. inf.

panameñidad.

I. 1. f. *Pa.* Individualización o caracterización de lo panameño. urb; cult → esm.

panameñista.

I. 1. m-f. *Pa.* Persona que apoya o estima lo característico de Panamá. cult.

panameñizar.

I. 1. tr. *Pa.* Dar o conceder a algo características o rasgos propiamente panameños.

panameño.

□

a. ‖ **en buen ~.** loc. adv. *Pa.* Con sencillez y claridad.

panamericana.

I. 1. sust/adj. *Mx, Ni, Pa, Ch, Ur.* Carretera que atraviesa el continente americano de norte a sur.

panamito.

I. 1. m. *Pe.* Judía o **frijol** pequeño de color amarillo.

panana.

I. 1. f. *Ni.* Vulva. tabú.

panapén.

I. 1. *RD, PR.* **árbol del pan**.

2. m. *PR.* **pana**, fruto del **árbol del pan**.

panate.

I. 1. m. *Pa.* Comida hecha a base de arroz y coco. rur.

panca. (Del quech. *p'anqa*).

I. 1. f. *Pe, Ch:N.* Hoja que envuelve la mazorca del maíz.

pancada.

I. 1. f. *Ve.* Golpe dado con una pierna o una mano como consecuencia de un movimiento brusco al nadar.

II. 1. f. *Ec.* Caída estrepitosa sufrida por una persona.

pancataya.

I. 1. f. *Bo:O.* Coleóptero de aproximadamente 2 cm de longitud, de color negro brillante, que suele llevar hasta el nido bolas de excremento que transporta con las patas traseras. (Scarabaeidae; *Copris* spp.). ♦ **tanca-tanca**.

panceburro.

I. 1. m. *RD.* p.u. Sombrero hecho con fieltro.

pancha.

I. 1. f. *Gu, Ho:S.* Pez de agua salada, de hasta 60 cm de longitud, con el cuerpo cubierto de escamas pequeñas y ojos grandes, aletas dorsales y anales que tienen de 12 a 15 radios. (Priacanthidae; *Priacanthus arenatus*). ♦ **cómico**; **ojobuey**; **rey**; **sol**.

panchada.
I. 1.   f. *Pe.* Fiesta benéfica en la que se ofrecen **panchos** o salchichas como plato principal. pop.

panchera.
I. 1.   f. *Py, Ar.* Máquina para elaborar **panchos**, con un compartimento para cocer las salchichas y otro para mantener tierno el pan.

panchería.
I. 1.   f. *Ar.* Establecimiento especializado en la preparación de **panchos**, sándwiches.

panchero, -a.
I. 1.   m. y f. *Py, Ar, Ur.* Persona que prepara y vende **panchos**, sándwiches.
II. 1.   sust/adj. *Ve:O.* Persona que cambia de partido político por conveniencia. pop.

panchita.
I. 1.   f. *RD.* **botisuelo**.

panchito.
I. 1.   m. *Mx.* Miembro de una banda de delincuentes afincada en la Ciudad de México.
II. 1.   m. *Bo.* Salchicha frita o cocida que se pone dentro de un pan pequeño y alargado con mostaza, mahonesa y **llajua**.

pancho.
I. 1.   m. *Mx.* Rabieta que causa escándalo o gran extrañeza. pop.
II. 1.   m. *Py, Ar, Ur.* Sándwich hecho con una salchicha dentro de un pan de viena.
   2.   *Pe, Py, Ur.* Salchicha. pop + cult → espon.
   3.   *Bo.* Pan pequeño y alargado en el que se coloca una salchicha con mostaza, mahonesa y **llajua**.
   4.   *Py.* Emparedado de chorizo.
III. 1.   m. *RD.* Prenda de vestir usada o de segunda mano.
IV. 1.   *Ho.* **machín**.
V. 1.   m. *Ni.* Vulva. tabú.
VI. 1.   m. *PR.* La policía. delinc.
■
   a. ‖ ~ **prieto**. m. *RD.* **hojancha**.
   ► **hacer panchos**.

pancho, -a.
I. 1.   m. y f. *Mx.* Miembro del Frente Popular Francisco Villa, agrupación urbana de reivindicación social.
II. 1.   adj/sust. *Ar. juv.* Referido a persona, boba, tonta. pop + cult → espon.
   2.   adj. *Ni.* Referido a persona, entrometida.
III. 1.   adj. *Pa.* Referido a una cantidad de dinero en balboas o en dólares, muy alta. pop + cult → espon ^ fest.

pancinga.
I. 1.   f. *ES, Bo:E.* Barriga.

pancita.
I. 1.   f. *Mx, Pe.* **mondongo**, pedazos de estómago. (**panza**).
   2.   *Mx, Pe.* **mondongo**, plato. (**panza**).

pancitingo, -a.
I. 1.   adj. *ES.* Referido a persona, que tiene barriga.

pancito.
I. 1.   m. *Ho, Bo:E.* Vulva. tabú; pop + cult → espon.

pancololote.
I. 1.   m. *Mx:C.* Dulce elaborado con fruta almibarada.

pancorazo.
I. 1.   m. *Ch.* Golpe dado con la rodilla, *generalmente al muslo del contrario*.

pancracio.
I. 1.   m. *Ni.* Vulva. vulg.

pancutra.
I. 1.   *Ch.* **pantruca**. pop.

pandeada.
I. 1.   f. *Mx, Ho, Ni, Co.* Torcimiento de una cosa.
II. 1.   f. *ES.* Servicio o favor prestado con buena disposición.
III. 1.   f. *ES.* Mala fortuna, fracaso.
IV. 1.   f. *Ho.* Coito.

pandeado, -a.
I. 1.   adj. *Ho, Pa, Ve, Bo.* Referido a cosa, torcida, doblada.
   2.   *Pa.* Referido a persona, tan erguida que se le curva la cintura y le abulta el pecho. pop + cult → espon.

pandear(se).
I. 1.   intr. prnl. *Mx, Ho, CR, Ve.* Torcerse o doblarse *algo*.
   2.   intr. prnl. *Mx.* Volverse atrás, acobardarse o desistir de algo a última hora. pop + cult → espon.
   3.   tr. *Ho, Ni, CR.* Torcer o doblar *algo*.
   4.   intr. prnl. *Ni, RD.* Echarse *alguien* hacia atrás para atacar o para dar un puñetazo a una persona. pop + cult → espon.
II. 1.   intr. *ES.* Cometer un error, fracasar.
III. 1.   intr. prnl. *Ho.* Contornearse o mover la cintura al caminar.

pandebono.
I. 1.   *Co.* **pan de bono**.

pandehorno.
I. 1.   m. *Ve:C.* Rosquilla hecha con harina de maíz, manteca y **papelón**.

pandeos.
I. 1.   m. pl. *Ho, Ni.* Evasivas, excusas, miedos.

pandequeso.
I. 1.   *Co.* **pan de queso**.

pandereco, -a.
I. 1.   adj. *ES.* Referido a persona, que tiene mala suerte. (**pandereto**).

pandereta.
I. 1.   f. *Bo:E, Ch.* Tabique construido con los ladrillos puestos de panderete o de canto.
II. 1.   sust/adj. *CR, Pa.* Persona perteneciente a una secta cristiana protestante. pop ^ desp. (**panderetas**). ♦ **panderetero**.
   2.   *CR.* Fanático religioso. pop ^ desp. (**panderetas**). ♦ **panderetero**.
III. 1.   f. *Ur.* Nalgas. pop + cult → espon ^ fest.
   ► **caer como ~ aleluya**; **dar como a ~ aleluya**.

panderetas.
I. 1.   sust/adj. *CR.* **pandereta**, persona.
   2.   *CR.* **pandereta**, fanático.

panderetearse.
I. 1.   intr. prnl. *Ar:NO.* Exhibirse o mostrarse públicamente. pop + cult → espon.

panderetero, -a.
I. 1.   m. y f. *CR.* **pandereta**, persona.
   2.   *CR.* **pandereta**, fanático.

pandereto, -a.
I. 1.   adj. *ES.* **pandereco**, que tiene mala suerte.
II. 1.   adj. *Ho.* Referido a persona, que tiene las piernas arqueadas hacia fuera.

panderista.
I. 1.   m-f. *Pe.* Persona que participa en un **pandero**, sistema de inversión.

pandero.
I. 1.   m. *Co.* Panecillo con forma de rosca, hecho de harina de **yuca**, mantequilla, azúcar y huevos.
II. 1.   m. *Pe.* Sistema de inversión consistente en que un grupo de personas acuerda abonar periódicamente una cuota fija de dinero a un concesionario de automóviles con miras a obtener por sorteo un vehículo equivalente al total de lo entregado en una fecha determinada.

III. 1. m. *Pa.* Cometa grande y pesada. rur; pop + cult → espon.
► **llevar el ~.**

pandeyuca.
I. 1. m. *Co.* Pan hecho de harina de **yuca**.

pandilla.
I. 1. f. *Pe:SE.* Danza tradicional bailada durante los carnavales por un grupo de mujeres ricamente ataviadas.
2. *Bo:E,S,SO.* En *las fiestas de carnaval*, grupo de personas que recorre las calles bailando.
► **caerle en ~.**

pandisho.
I. 1. *Pe.* **árbol del pan**.

pando.
I. 1. m. *Gu, Ho.* Machete curvo y convexo con mango que se usa para desherbar. ♦ **taco**.
II. 1. m. *Gu.* Sensación de llenura después de comer en abundancia.

pando, -a.
I. 1. adj. *Gu, Ho, ES, Ni. Referido a cosa*, torcida, doblada.
2. *Cu. Referido a persona*, que tiene la parte sacro lumbar muy curvada. rur.
3. *Gu. Referido a animal, especialmente a una caballería*, que tiene el lomo hundido, muy curvado.
4. *Ho. Referido a persona*, que tiene las piernas torcidas.
II. 1. adj. *Co. Referido a un recipiente*, de poco fondo.
2. *Bo. Referido a una laguna, a un pozo o a una parte de un río*, de poca profundidad.
III. 1. adj. *Pe.* obsol. *Referido a una prenda de vestir*, estrecha, de poco vuelo.
IV. 1. adj. *Ho. Referido a vehículo*, robado y con el número de serie del motor cambiado.
2. *Ho. Referido a vehículo*, ilegal.
V. 1. adj. *Cu. Referido a persona*, que tiene el estómago lleno.
VI. 1. adj. *Ho. Referido a persona*, que tiene mala suerte.
VII. 1. adj. *Ho. Referido a hecho, acontecimiento o acto*, mal hecho o ilegal.
► **quedar ~.**

pandonga.
I. 1. f. *Cu.* Vulva. vulg.

pandorca.
I. 1. f. *PR.* Vulva. tabú; pop + cult → espon.

pandorga.
I. 1. f. *Ve, Py, Ar:NE; Ur:NO.* p.u. Juguete que consiste en una armazón ligera recubierta de papel o plástico, provista de una cuerda mediante la cual se puede lanzar al aire y conseguir que se remonte y se mantenga a flote aprovechando el impulso del viento. pop + cult → espon.
► **caer en ~.**

pandroso, -a.
I. 1. adj. *Mx. Referido a persona*, descuidada en la forma de vestir, al punto de que parece desaseada o andrajosa. pop + cult → espon.

pandundo.
I. 1. adj/sust. *Ho, Ni. Referido a persona*, tonta.
2. *Ho, Ni. Referido a persona*, carente de gracia.

pandura.
I. 1. f. *ES.* Torcedura.
II. 1. f. *ES.* Mala suerte. ♦ **pandurria**.

pandureco, -a.
I. 1. adj. *Ho, Ni. Referido a cosa*, torcida.
2. *Ho. Referido a persona*, que tiene las piernas arqueadas hacia fuera.

pandurria.
I. 1. *ES.* **pandura**, mala suerte.

panear.
I. 1. intr. *Ve, Ch, Ur.* Hacer con una cámara, *especialmente cinematográfica*, una vista general previa por aquello que se va a a fotografiar o filmar antes de fijar el objetivo.
2. tr. *Ch.* Mirar *algo* rápidamente por encima antes de detenerse en ello, *y especialmente, en fotografía o filmación*, antes de fijarlo en el objetivo.
II. 1. intr. *Ch.* Fallar o averiarse un mecanismo o instalación. pop + cult → espon.

panecico.
I. 1. m. *RD.* Masa de harina horneada que se toma como alimento, y que lleva anís, **chicharrones** o **yuca**.

panecillo.
I. 1. m. *Ni.* Trozo compacto de una mezcla de cacao y maíz.

panecito.
I. 1. m. *Ho.* **chanita**.

panel.
I. 1. m. *Ho, Ni, Cu, Ec, Bo, Ch, Ur.* Tablero interior con el juego de instrumentos de un automóvil colocado en la parte frontal del espacio del conductor.
2. *Cu, Co.* Vehículo automóvil cubierto, más pequeño que el camión, destinado al reparto de mercancías.

panela.
I. 1. f. *Mx, Gu, Ho, ES, Ni, Pa, Co, Ve, Ec, Pe.* Azúcar sin refinar, que se obtiene de la caña y se elabora en pequeños bloques de diferentes formas; se usa en lugar del azúcar como edulcorante natural y en la preparación de comidas y bebidas. ♦ **dulce**; **güifa**; **papelón**; **pilón**; **raspadura**.
2. *Ho.* Unidad de volumen de azúcar negro y sólido hecho de caña de azúcar de forma cuadrada o circular de casi medio kilo de peso.
II. 1. f. *Co.* **Celular** de tamaño grande. pop ^ fest.
III. 1. f. *Ar:NE.* Recipiente cilíndrico con dos asas, utilizado para cocinar.
IV. 1. f. *ES.* Casco de las caballerías.
■
a. ‖ **~ de San Joaquín.** f. *Ve.* Bizcocho dulce y tostado de forma rectangular que se hace en el pueblo de este mismo nombre.
b. ‖ **~ de jabón.** f. *Ve.* Pieza rectangular de jabón para lavar la ropa.

panelero, -a.
I. 1. adj/sust. *Ho, Co, Ec. Referido a persona*, que elabora o vende **panela**.
2. adj. *Ho, Co.* Relativo a la **panela**, azúcar.

panelista.
I. 1. m-f. *Mx, CR, Pa, Cu, RD, Co, Ve, Ec, Pe, Bo, Ch, Py, Ar, Ur.* Persona que participa en una mesa redonda o circunstancia similar.

panelita.
■
a. ‖ **~ de leche.** f. *Co.* Golosina hecha a base de leche y **panela**, consistente y con forma de rombo.

panelito.
I. 1. *Cu.* **panel**, vehículo automóvil cubierto más pequeño que el camión.

panelón.
I. 1. m. *Ve.* Ladrillo cuadrado de barro cocido.

paneo.
I. 1. m. *CR, Pa, Cu, Co, Ve, Ec, Bo, Ch, Ur.* Vista rápida que se hace sobre algo con una cámara antes de fijar el objetivo.
2. *Ho, CR, Cu.* Visión general.
3. *Ho, Cu.* Revisión visual de algo.
4. *Ho.* Revisión y selección de la imagen que va a ser emitida por televisión.

panero, -a.
  I. 1. adj. *Ch. Referido a un vehículo o a una máquina*, que tiene muchos fallos o averías. pop + cult → espon.

panesico.
  I. 1. m. *RD.* Bollo hecho con maíz o con **yuca**.

paneta.
  I. 1. f. *PR.* Cada una de las tablas levadizas que se colocan en el fondo, como piso falso, de una embarcación.

panetela.
  I. 1. f. *Pe.* Caldo hecho con arroz tostado, zanahoria, canela y azúcar; se les da a los enfermos con problemas digestivos.
  2. *Pe.* Puré o gachas hechos con cualquier tipo de harina.
  II. (Del it. *panatella*).
  1. f. *Cu, PR.* Bizcocho esponjoso, grande y delgado, relleno de **guayaba**.
  III. 1. f. *Cu.* Cierto tipo de cigarro, puro. pop.
  IV. 1. adj. *Cu. Referido a persona*, agradable, simpática y cordial.
  ■
    a. ‖ ~ **borracha.** f. *Cu.* Bizcocho empapado en almíbar.
  ▶ **ser ~; ser una ~.**

panetón. (Del it. *panettone*).
  I. 1. m. *Mx, Ni, PR, Pe, Bo, Py, Ar.* Pan dulce, de base cilíndrica y abultada en la parte superior, hecho en molde de papel, con pasas y frutas glaseadas. pop + cult → espon.

panfleteada.
  I. 1. f. *Bo, Ch, Ar, Ur.* Reparto de panfletos de carácter político. pop + cult → espon.

panfletear.
  I. 1. intr. *Bo, Ch, Ar, Ur.* Hacer panfletos o repartirlos. pop + cult → espon.

panfleteo.
  I. 1. m. *Ch, Ar.* Realización y reparto de panfletos. pop + cult → espon.

panga.
  I. 1. f. *Mx:NO, Gu, Ho, ES, Ni, CR, Pa, Pe.* Pequeño bote de fondo plano y cubierta ancha, movido a remo, vela o motor, que se emplea para pescar o transportar personas en aguas poco profundas.
  2. *Mx:SE, Ho:S, ES:E, Ni.* Barcaza de carga movida por motor, de fondo plano y cubierta ancha, que, siguiendo un cable como guía, sirve para transportar carga, *en especial vehículos*, de un lado a otro de un río, lago o laguna.
  3. *Ho:S, ES, Ni, CR, Ec.* Embarcación descubierta, ancha, de poco calado y con motor que se utiliza para la pesca y para el transporte de pasajeros.
  II. 1. f. *Ho, ES:O.* **canoa**, tabla ahuecada.
  □
    a. ‖ **en ~.**
    i. loc. adj. *Pa. Referido a cosa*, pasada de moda. pop.
    ii. *Pa. Referido a una mujer*, que carece de atractivo físico.
    iii. *Pa. Referido a cosa*, que no cumple con los requisitos o expectativas.
  ▶ **estar en ~.**

pangajé.
  I. 1. m. *Mx:SE.* Arbusto aromático de hasta 4 m de altura, con hojas aovadas, flores en inflorescencias de corola azul o morada y fruto drupáceo. (Verbenáceas; *Cornutia piramidata*).

pangal.
  I. 1. m. *Ch, Ar.* Sitio poblado de **pangues**.

panganada.
  I. 1. f. *Ho.* Tontería, idiotez.

pangar.
  I. 1. tr. *Co:N.* Abollar un automóvil.

pangaré.
  I. 1. adj. *Py, Ar, Ur. Referido a una caballería*, que tiene el pelo de un color desteñido, casi amarillento. rur.

pango.
  I. 1. m. *Pe:O.* Sopa hecha con pescado, **yuca** y **plátano**.

pangola.
  I. 1. f. *RD, Co.* Gramínea de hojas grisáceas que sirve de pasto. (Poaceae; *Paspalum* spp.).
  2. *Gu, CR.* Hierba perenne que sirve de pasto, con hojas lineales, lisas por las dos caras y con la vaina ovalada y ligeramente pubescente. (Poaceae; *Digitaria decumbens*).
  II. 1. f. *PR, Ve.* Cosa de poco o ningún valor. pop.
  III. 1. adj. *Ve. juv. Referido a cosa*, fácil de realizar. pop.
  IV. 1. f. *Ve. juv.* Persona tonta. pop.

panguana.
  I. 1. f. *Co. juv.* Cosa de poco valor. pop.
  2. *Co. juv.* Persona vulgar e insignificante. pop.
  II. 1. f. *Pe.* Ave parecida a la perdiz, de hasta 30 cm de longitud, de color pardo, rojizo en pecho y vientre; alas y plumas cortas. (Tinamidae; *Crypturellus obsoletus*).

pangue. (Del map. *panke*).
  I. 1. *Ch, Ar:S.* **quitasol**, planta. (**panque**).

panguear.
  I. 1. intr. *Ho.* Viajar en **panga**.
  2. *Ho.* Remar en una **panga**.

panguero, -a.
  I. 1. m. y f. *Mx, Ho:S, Ni, CR, Pa.* Persona que conduce una **panga**, bote pequeño.
  2. *Ho:S, Ni.* Persona que es dueña de una **panga**.

paniaguado, -a. (De *pan* y *agua*).
  I. 1. adj/sust. *Ho, Pa, RD; Ec,* espon ^ fest. *Referido a persona*, que no tiene gracia. ♦ **huevo sin sal; pan sin sal.**
  2. *Ho, RD. Referido a persona*, indecisa en algo.

pánico.
  I. 1. m. *PR.* Escasez de droga. drog.
  2. *PR.* Redada de drogas. drog.

panida.
  I. 1. m-f. *Ni.* Poeta. cult → esm.

paninato, -a.
  I. 1. adj. *Ho. Referido a persona*, tonta. rur.

paniqueado, -a. (Del ingl. *panicky*, muy nervioso).
  I. 1. adj. *EU:NE,SO, CR, PR, Ec, juv. Referido a persona*, asustada, atemorizada, preocupada, nerviosa por algo que ha hecho.
  2. *Gu, Ho:N, Ec. Referido a persona*, muy nerviosa o que tiene pánico por efecto de alguna droga. drog.
  3. *Ec. Referido especialmente a una persona joven*, deseosa, anhelante. hiperb.

paniquearse. (Del ingl. *panicky*, muy nervioso).
  I. 1. intr. prnl. *EU:NE,SO, Gu, CR, RD, PR, Ec, juv; Mx,* pop. Experimentar pánico, alarmarse.
  2. *Ho:N; Ec*m juv. Tener pánico por efecto de las drogas. drog.

paniquiado, -a.
  I. 1. adj. *CR, Co. Referido a persona*, atemorizada. pop + cult → espon.
  2. *Co. Referido a persona*, nerviosa y agitada por el consumo de drogas. drog.

paniquiar.
  I. 1. tr. *CR, Co.* Alterar *alguien* el estado de ánimo y la percepción física al consumir drogas alucinógenas. drog.
  II. 1. intr. *Co. juv.* Sentir miedo, pánico. pop.

paniquín.
   I. 1. m. *Ni.* p.u. Recipiente metálico para guardar granos en la cocina.

panismo.
   I. 1. m. *Mx.* Conjunto de miembros, militantes o simpatizantes del Partido Acción Nacional.

panista.
   I. 1. adj. *Mx.* Relativo al Partido Acción Nacional.
   2. m-f. *Mx.* Miembro del Partido Acción Nacional.

panita.
   I. 1. *PR, Ec.* Amigo íntimo, compañero inseparable.

panitela.
   I. 1. f. *Bo.* Masa suave que se prepara con fécula de maíz u otro cereal, agua y azúcar, *generalmente destinada a niños y enfermos.*
   2. *Bo:C,E.* Arroz cocinado con membrillo, azúcar y canela.

panizo.
   I. 1. m. *Ch.* obsol. Persona o situación de la que se obtiene, o se piensa obtener, gran provecho.

   ■ **a.** ‖ **~ azul.** m. *Gu.* Hierba perenne, de hasta 2,5 m de longitud, y hojas largas de color verde con un reflejo azulado; sirve de pasto. (Poaceae; *Panicum antidotale*).

panllevar.
   I. 1. m. *Gu, Pe.* Conjunto de productos agrícolas de primera necesidad.

panne. (Voz francesa).
   I. 1. f. *Ch, Ur.* Fallo o avería de una máquina o instalación. cult → esm.

   ■ **a.** ‖ **~ del tonto.** f. *Ch.* Paralización imprevista de un vehículo por haberse quedado sin combustible. cult → espon.

   □ **a.** ‖ **en ~.**
     i. loc. adv/adj. *Ch.* En situación de avería o sin moverse. cult → esm.
     ii. *Ch.* Con frustración, sin haber logrado lo que se pretendía. cult → esm.

panocha.
   I. 1. f. *Mx, CR, Cu, PR, Co, Ec; Ho, ES,* vulg; m. *CR.* Vulva. tabú; pop + cult → espon.
   II. 1. f. *Mx:E,O.* Azúcar poco refinado, con forma de cono truncado, que sirve para endulzar pasteles o infusiones.
   III. 1. f. *Co.* **Arepa** que se asa envuelta en hojas de **plátano**.
   2. *Co:N.* Pan grande, relleno de dulce y queso.
   3. *Bo:C,E,SO.* **Torta** elaborada con harina de maíz, huevo, azúcar, sal y agua. pop.

   ▶ **hacer ochas y ~s.**

panochillo.
   I. 1. *Mx:NO.* **negrito**, arbusto de hasta 6 m.

panóptico.
   I. 1. m. *Bo; Co, Ec, Pe.* p.u.; pop. Cárcel, presidio.

panque.
   I. 1. *Ch.* **pangue**.

panqué.
   I. 1. m. *Mx.* **panqueque**, torta delgada y blanda.
   2. *Cu.* **panqueque**, torta.

panquear(se).
   I. 1. intr. *RD, Ve.* Morir *alguien*. pop. (**panquiar**).
   2. prnl. *RD.* Morirse *alguien*. pop. (**panquiarse**).
   II. 1. intr. *RD.* Agitar las piernas o golpear con ellas en el agua. (**panquiar**).

panqueca. (Del ingl. *pancake*).
   I. 1. f. *Ve.* **panqueque**, torta.

panqueque. (Del ingl. *pan cake*).
   I. 1. m. *Mx, Gu, Ho, Ni, CR, Pa, Co, Ec, Pe, Bo, Ch, Py, Ar, Ur.* Torta delgada y blanda elaborada con harina de trigo, huevos y mantequilla, que se cocina en sartén o plancha, *y se sirve generalmente con nata, chocolate o sirope.* (**panqué**; **panqueca**).
   2. *Pe.* metáf. Hombrera, almohadilla que se pone en los hombros de una prenda de vestir para que parezcan más anchos.
   3. *Ch.* metáf. Capa de tierra que se encuentra sobre el **caliche**, salitre.
   II. 1. adj/sust. *Pe. Referido a persona,* seguidora del movimiento y la música punk. pop ^ fest.
   2. adj. *Pe.* Relativo al movimiento punk. pop ^ fest.
   III. 1. m. *Ar.* p.u. Persona voluble. pop + cult → espon.
   IV. 1. m. *Ho.* juv. Homosexual.

panquequera.
   I. 1. f. *Ch, Ar, Ur.* Sartén o plancha pequeñas para hacer panqueques.

panquiar(se).
   I. 1. *RD.* **panquear**, morir. pop.
   2. *RD.* **panquearse**, morirse. pop.
   II. 1. *RD.* **panquear**, agitar las piernas.

panta.
   I. 1. *Ho.* **magua**, abeja.
   2. f. *Ho.* Panal y miel fabricados por esta abeja silvestre.

pantaleta.
   I. 1. f. *Mx, Ho, Ni, Pa, PR, Ve;* f. pl. *RD, Co:N.* Braga, prenda interior femenina.
   2. f. *ES.* Pantalón flojo y cómodo que se usa para estar en casa o para hacer deporte.

   □ **a.** ‖ **por sus ~s.** *PR.* **por sus calzones**.
   b. ‖ **¡qué ~!** *PR.* **¡qué pantalones!**

pantalla.
   I. 1. f. *Ch; Mx, Gu, ES, CR, Pa, Cu, RD, Ve, Ec, Pe, Bo, Py.* pop. Apariencia falsa que da alguien que quiere impresionar.
   2. *Co.* Demostración pública de la propia valía hecha de manera desmesurada. pop.
   II. 1. f. *Py, Ar, Ur.* Abanico en forma de pala y con mango.
   2. *PR.* Pendiente, tanto el pegado al lóbulo como el colgante.
   III. 1. f. *RD, Ar.* Cartelera pequeña, que se coloca junto al borde de las aceras o en las esquinas de las calles.
   IV. 1. f. *Ar, Ur.* Oreja, *especialmente si es grande.* pop + cult → espon ^ desp.
   V. 1. f. *Bo. En el futbol,* maniobra que consiste en interponerse un jugador entre dos adversarios para interceptar el balón.
   VI. 1. f. *Ho.* **mataburro**, persona o grupo que sirven de defensa

   □ **a.** ‖ **~ chica.**
     i. loc. sust. *Mx, Ni, CR, Pa, Cu, RD, PR, Pe, Bo, Ch, Ar, Ur.* Televisión.
     ii. *Ch.* p.u. Televisor, aparato receptor de televisión.

   ▶ **hacer ~; ser pura ~.**

pantallar.
   I. 1. *Ve.* **pantallear**. pop.

pantallazo.
   I. 1. m. *Pa, Ec, Ch, Ar, Ur.* Información o panorámica general de un asunto.
   2. *Co.* Publicidad, aparición en los medios. pop.

pantallear(se).
   I. 1. intr. *RD, Co, Ve.* Hacer ostentación o presumir de algo. pop. (**pantallar**).
   2. *RD, Ve.* Hacer alarde de algo que no es o no se posee. pop. (**pantallar**).

II. 1. tr. *Py; Ar.* p.u. Echar aire a *alguien* o *algo*, como al fuego, moviendo una **pantalla**, un abanico u otro objeto plano. ♦ **apantallar**.

2. prnl. *Py; Ar.* p.u. Echarse aire con una **pantalla**. (**apantallarse**).

pantalleo.

I. 1. m. *RD.* Exhibición u ostentación que alguien hace ante un grupo de gente o los medios de comunicación.

pantallero, -a.

I. 1. adj/sust. *RD, Co, Ve, Ch.* Referido a *persona*, que hace alarde de lo que no es. pop ^ desp.

2. *Co.* Referido a *persona*, que le gusta aparecer en los medios de comunicación.

pantalloso, -a.

I. 1. adj/sust. *Cu.* Referido a *persona*, **alardosa**. pop + cult → espon.

pantalón.

I. 1. m. *Co.* Prenda interior femenina que cubre la parte inferior del tronco y tiene dos aberturas en las piernas.

■

a. ‖ ~ **bombilla.** m. *Ar, Ur.* Pantalón de pernera estrecha en la parte inferior, *particularmente en la zona del tobillo*.

b. ‖ ~ **brincacharcos.** m. *Mx, Ni, Cu, PR, Ec.* Pantalón que queda demasiado corto a la persona que lo lleva. pop + cult → espon ^ fest. ♦ **pantalón cogepuerca**.

c. ‖ ~ **cogepuerca.** m. *Co:N.* **pantalón brincacharcos.** pop ^ fest.

d. ‖ ~ **dril.** m. *Ho, Ni.* Pantalón blanco que usaba el campesino, hecho de tela **dril**.

e. ‖ ~ **marranero.** m. *Co:O.* p.u. Pantalón más corto de lo normal para evitar que se manche de barro.

f. ‖ ~ **mecánico.** m. *Cu, RD.* Pantalón hecho de una tela resistente de algodón, de color azul, usado originalmente por vaqueros y mineros norteamericanos.

g. ‖ ~ **Oxford.** m. *Bo:C, Ar, Ur.* Pantalón largo y con los **botapiés** acampanados.

h. ‖ ~ **punta de yuca.** m. *Ho.* Pantalón muy ceñido al cuerpo, *en especial a las piernas*. pop ^ fest.

i. ‖ ~ **(de) tubito.** m. *Cu.* Pantalón cuyas perneras se estrechan en la parte inferior ajustándose al calzado.

□

a. ‖ ~**es largos.** loc. sust. *Ch, Ar, Ur.* Grado de madurez o perfección que alcanza una institución u organismo después de mucho esfuerzo.

b. ‖ **por sus** ~**es.** loc. adv. *PR.* **por sus calzones**.

c. ‖ **¡qué** ~**es!** loc. interj. *PR.* Expresa censura de una persona ante la conducta impropia y abusiva de alguien. ♦ **¡qué pantaleta!**

▶ **amarrarse los** ~**es; atrincarse los** ~**es; caérsele los** ~**es; fajarse los** ~**es; llover con** ~**es; tener bien amarrados los** ~**es; tener los** ~**es.**

pantaloncillo.

I. 1. m. pl. *RD, Co, Ve:O;* m. *PR, Ec:N.* Prenda interior masculina que cubre desde la cintura hasta el comienzo de las piernas.

pantaloncito.

■

a. ‖ ~**s calientes.** m. *Pa, Co:N.* Pantalones muy cortos.

pantalonera.

I. 1. f. *Mx.* Pantalón con botones en los lados exteriores de las piernas, típico de los **charros**.

pantalonero, -a.

I. 1. m. y f. *Mx, Ho, Ec, Bo.* Persona experta en confeccionar pantalones.

pantaloneta.

I. 1. f. *Ho, ES, CR, Co, Ec, Bo.* Calzoneta, pantalón corto utilizado para practicar deporte.

2. *Ho, ES, Co.* Pantalón corto usado por los pescadores para trabajar.

3. *Cu.* Pantalón con perneras muy anchas.

4. *Ho.* Pantalón corto que utilizan los hombres para bañarse.

□

a. ‖ ~ **de baño.** loc. sust. *CR, Co, Ar.* Prenda de vestir masculina que cubre el cuerpo desde la cintura hasta una altura variable de los muslos, usada para bañarse en playas, ríos o piscinas.

▶ **tener pantalones**.

pantalonudo, -a.

I. 1. adj. *Pe.* p.u. Referido a *un hombre*, que se deja llevar por los demás, que no tiene carácter. pop.

II. 1. adj/sust. *PR.* **calzonudo**, que tiene coraje.

pantanera.

I. 1. f. *Co.* Bota de caucho para andar por el barro.

pantanero, -a.

I. 1. adj. *CR, Ec, Ar, Ur.* Referido a *una llanta*, que tiene la superficie de rodamiento apta para garantizar un buen agarre en terrenos con barro.

pantano.

I. 1. m. *Co.* Masa de agua y barro que queda detenida en una cavidad pequeña y poco profunda de la tierra.

pante. (Del nahua *pantli*, hilera).

I. 1. m. *Gu.* Porción rectangular de terreno destinada al cultivo.

2. *Gu.* Pedazo o lote de terreno de una finca.

3. *Ho.* Unidad de volumen de tierra equivalente a un metro cúbico. rur.

II. 1. m. *Gu.* Atado de cuatro panelas.

III. 1. m. *ES.* Cuadrado hueco formando rajas de palos cruzados uno encima de otro. rur.

pantear.

I. 1. intr. *Ho, ES.* Hacer **pantes** de leña. rur.

II. 1. intr. *Gu.* Hacer **pantes** de panela. rur.

panteón.

I. 1. m. *Mx, Pa, RD, Co, Pe, Bo, Ch, Ar:NO; Ho, ES, Ec.* meton; *CR.* p.u. Cementerio.

panteonero.

I. 1. m. *Mx, Gu, Ni, CR, Pe, Bo, Ch, Ar:NO.* Guardián de un cementerio.

2. *Ni, Ec, Bo.* Sepulturero.

II. 1. m. *Ch.* Viento huracanado de la Patagonia que levanta fuertes marejadas en primavera.

pantera.

I. 1. sust/adj. *Mx;* sust. *Pa.* Persona atrevida, audaz.

II. 1. f. *ES.* Pierna o pie. pop.

panti.

I. 1. m. *Pe.* Planta herbácea de hasta 30 cm de altura, anual, casi sin tallo y escapo florífero alargado, hojas pinnadas de borde dividido, inflorescencia en capítulo solitario, flores de color lila; usada en infusión contra afecciones pulmonares. (Asteraceae; *Cosmos peucedanifolius*). (**panti panti**).

II. 1. m. *Pa.* **pantimedias**.

■

a. ‖ ~~. m. *Pe.* Panti.

pantijós. (Del ingl. *panty hose*).

I. 1. m. *ES.* **pantimedias**, prenda interior femenina.

pántijos. (Del ingl. *pantyhose*).

I. 1. m. pl. *EU.* Prenda de ropa interior, de tejido fino y muy elástico, que se ajusta a las piernas y las cubre desde la cintura a los pies.

pantijús. (Del ingl. *panty hose*).

I. 1. m. *EU.* **pantimedias**.

pantimedias. (Calco del *panty hose*)
   I. 1. f. pl. *Mx, Ho, CR, Pa, Cu, RD, Ec, Pe, Ch, Ar, Gu, Ni, PR, Bo, Ur.* p.u. Prenda interior femenina que consiste en dos medias altas de tejido fino y elástico que suben hasta la cintura a modo de pantalón ajustado. ♦ **medias nailon** **panti; pantijós; pantijús; pantis; panty;** *panty hose*.

pantis. (Del ingl. *panties*).
   I. 1. m. pl. *EU, Mx, CR, Pe, RD, PR, Co, Ve, Ec, Bo, Ch.* Prenda interior femenina que cubre la parte inferior del tronco y tiene dos aberturas en las piernas. (**panty**).
   2. f. pl. *Cu.* **pantimedias**.

pantorrilla.
   I. 1. f. *Pe.* obsol. Presunción, altivez basada en la pertenencia a clase social elevada. pop.

pantorrilludo, -a.
   I. 1. adj/sust. *Pe.* p.u. *Referido a persona,* altiva, presuntuosa. pop.

pantruca.
   I. 1. f. *Ch.* Trozo pequeño y delgado de masa de harina que se echa al caldo para hacer una sopa. (**pancutra**).
   2. *Ch.* obsol; metáf. Boleto de microbús.

pantruquero.
   I. 1. m. *Ch.* p.u.; obsol. Conductor de microbús.

pantry. (Voz inglesa).
   I. 1. m. *Ni, Cu, RD, Ve:O.* Despensa, cuarto donde se guardan la vajilla y los alimentos. pop.
   II. 1. m. *Ve.* Juego de sillas y mesa de cocina.

pants. (Del ingl. *sweatpants*).
   I. 1. m. pl. *EU, Mx, Gu.* Pantalón deportivo.
   2. *EU, Mx.* Ropa deportiva que consta de pantalón y sudadera.

pantufla.
   I. 1. f. *ES, RD.* Tipo de sandalia hecha de una suela que se sostiene al pie por medio de una tira en forma de V, que separa el pulgar de los restantes dedos.

panty. (Voz inglesa).
   I. 1. m. *EU, Mx, Gu, Ni, CR, Pa, PR, Ve;* f. *Ec, Bo, Ch.* **pantis**.
   2. f. *Mx, Ho, Ni, CR, Pe, Ar.* **pantimedias**, prenda interior femenina que sube hasta la cintura.

   ■
   a. ‖ ~ **hose.** (Voz inglesa). f. *CR, Pa, PR, Bo.* **pantimedias**, prenda interior femenina que sube hasta la cintura.

panucha.
   I. 1. f. *Co.* Golosina hecha de leche, azúcar y coco.
   II. 1. f. *ES.* Vulva. tabú.

panuchero, -a.
   I. 1. m. y f. *Mx.* Persona que hace o vende **panuchos**.

panucho.
   I. 1. m. *Mx.* **Tortilla** de maíz rellena con **frijoles** y carne.
   2. *PR.* Dulce de **yuca** rallada, leche de coco y azúcar. rur.
   3. *PR.* Empanada de **yuca** sin carne, hecha con leche de coco y sal, *generalmente envuelta en hojas de plátano.* rur.
   II. 1. m. *Ni.* Vulva. euf.

panuda.
   I. 1. f. *Ho, ES, Ni.* Mujer que tiene la vulva grande.
   ► **ver ~.**

panudear(se).
   I. 1. intr. *Pe.* Presumir de algo. pop.
   2. prnl. *Pe.* Vanagloriarse, jactarse. pop.

panudo.
   I. 1. m. *ES.* Hombre cobarde.

   2. m. *ES.* Hombre que se mete en cosas de mujeres. desp.

panudo, -a.
   I. 1. adj. *Pe.* *Referido a persona,* vanidosa, pagada de sí misma. pop + cult → espon.
   II. 1. adj. *Cu.* **amasado**.
   III. 1. adj. *RD. Referido a una situación,* difícil o compleja. pop.

panul.
   I. 1. m. *Ch.* Apio.

panula.
   I. 1. f. *Pa.* **guayabillo**.

panulo.
   I. 1. m. *ES* Fruto comestible de la **panula**.

panza.
   I. 1. f. *Mx, PR, Bo; Gu,* p.u. **pancita**, pedazos de estómago.
   2. *Mx, Bo.* **pancita**, plato.
   II. 1. sust/adj. *Cu, Ve.* Tarea o asunto de fácil realización. pop.

   ■
   a. ‖ ~ **de burro.** *Ho.* **guitarrona**.
   b. ‖ ~ **pelada.** f. *Ho.* Tripa de una persona que queda al desnudo.
   ► **llorar la ~ no tocarse la ~; pasar de ~; pelarse la ~; salir con ~; tirarse de ~.**

panzaco, -a.
   I. 1. sust/adj. *Ar:NO.* Persona que tiene el vientre muy abultado. pop + cult → espon.

panzazo.
   I. 1. m. *Ec.* Panzada, golpe fuerte dado en la barriga o con ella. pop.
   2. *Ec.* Golpe que, sin graves consecuencias, da un avión en la pista, cuando, al hacer las maniobras de descenso, no puede sacar debidamente el tren de aterrizaje. pop.

   □
   a. ‖ **de ~.** loc. adv. *Mx, Gu.* Apenas, por los pelos. pop.

panzona.
   I. 1. adj/sust. *Mx, Gu, Ni, CR, PR, Ec, Bo, Py, Ar. Referido a mujer,* embarazada. pop + cult → espon.
   2. sust/adj. *Ho, ES, Ni, Bo.* Hembra preñada.
   II. 1. f. *ES.* Cartera para guardar el dinero.

panzonear.
   I. 1. tr. *Ho, Ni.* Preñar el macho a la hembra. rur.
   2. *Ni, CR.* Dejar embarazada a una mujer. pop + cult → espon ^ desp.

paña.
   I. 1. f. *Pe:E.* Piraña, pez de río de hasta 25 cm de longitud, con la boca armada de numerosos dientes muy afilados. (Characidae; *Serraselmus* spp.).
   II. 1. f. *Pe:O.* Cosecha de algodón o de otras plantas. rur.
   III. 1. m-f. *ES* Gente, compañía. drog.
   2. *ES.* Amigo íntimo, compañero inseparable. drog.
   IV. 1. f. *Ni.* Mestizo que no es del lugar.

   ■
   a. ‖ ~ **machete.** loc. sust. *Ni.* Mestizo antisocial.

pañalera.
   I. 1. f. *CR, Co, Ar, Ur.* Tienda donde se venden pañales.
   2. *Ar.* Fábrica de pañales.
   3. *Pa, Ec, Bo.* Bolsa para llevar pañales.

pañalero, -a.
   I. 1. adj. *Ar.* Relativo a una pañalera.
   II. 1. adj/sust *ES. Referido a un ladrón,* que roba ropa. delinc.
   2. *ES. Referido a un ladrón,* que roba objetos de poco valor. delinc.

pañalitis.
 I. 1. f. *Ni, CR, Ve, Ec; Pa*, pop + cult → espon. Irritación en la piel de los niños que afecta principalmente a la entrepierna y las nalgas, causada por la orina, las heces y el roce del pañal.

pañanga.
 I. 1. adj. *Ho. Referido a un producto*, de mala calidad.

pañatí.
 I. 1. *Mx.* **pañete**, planta.

pañera.
 I. 1. f. *CR, Ve.* Barra que se emplea para colgar **paños**.

pañetar.
 I. 1. tr. *Co, Ec.* **empañetar**, recubrir un muro o una pared.

pañetas.
 I. 1. f. *PR.* Cada una de las tablas atravesadas que forman el piso de una embarcación.

pañete.
 I. 1. m. *Mx.* **dominguilla**. (**pañatí**).
 II. 1. m. *RD, Co, Ve:O.* Capa de yeso o estuco que se da a las paredes. pop.

pañía. (Afér. de *compañía*).
 I. 1. f. *ES:E.* Compañía, amigo.
 II. 1. f. *Ni.* Juego de niños para compartir golosinas.

pañil.
 I. 1. m. *Ch, Ar.* Arbusto de hasta 4 m de altura, de hojas lanceoladas, de color verde oscuro por el haz y verde blanquecino por el envés, flores en inflorescencias globosas de color amarillo o anaranjado; el fruto es una cápsula usada con fines medicinales. (Buddlejaceae; *Buddleja globosa*).

paño.
 I. 1. m. *Mx.* Pañuelo. rur.
 2. *Ni, CR, Ve.* Toalla, pieza de felpa, algodón u otro material, *por lo general rectangular*, para secarse el cuerpo.
 II. 1. m. *Gu, Ni, RD, PR.* Hongos que forman zonas más claras que el color natural de la piel de la persona.
 III. 1. m. *Ch.* Sector, porción de una superficie o terreno.
 2. *Pa. En una vía pública*, banda longitudinal destinada al tránsito de una sola fila de vehículos.
 IV. 1. m. *Ch.* Eslabón, sección de la cadena de una embarcación.
 V. 1. m. *PR. En las actividades marítimas*, porción de tejido en un arte de malla.
 2. *PR. En las actividades marítimas*, tramo o sección de un **chinchorro**.

 ■
 a. ‖ **~ de Holanda.** m. *Mx.* **pastora**, arbusto de hasta 3 m.
 b. ‖ **~ lenci.** *Co, Pe, Ch, Ar, Ur.* **pañolenci**.
 □
 a. ‖ **~ blanco.** loc. sust. *Ho, Pa.* Afección cutánea que se presenta bajo la forma de manchas, sombras o parches blanquecinos y redondeados, producidos por hongos.
 b. ‖ **~ con pasta.** loc. sust. *RD.* Arreglo que se hace de forma provisional, solo para salir de un apuro.
 c. ‖ **~ que cortar.** loc. sust. *Ch.* Quehacer, trabajo pendiente. pop + cult → espon.
 d. ‖ **~s de agua tibia.** loc. sust. *Ni, RD, Co, Ec.* **paños tibios**.
 e. ‖ **~s fríos.** loc. sust. *Ch.* **paños tibios**.
 f. ‖ **~s tibios.**
  i. loc. sust. *CR, Pa, Ec, Pe, Ar, Ur.* Medidas suaves *y por lo general ineficaces* con que intenta solucionarse un problema. ◆ **paños de agua tibia**; **paños fríos**.
  ii. *Pa.* Explicación con la que alguien intenta suavizar algo incómodo o desagradable, sin lograrlo.
 ▶ **andar con ~s tibios; estar a ~s y manteles; sobrar ~.**

pañol.
 I. 1. m. *Ch, Ar.* Bodega, almacén de una empresa o de un establecimiento.

pañolenci. (Del it. *pannolenci*).
 I. 1. m. *Ch, Ar, Ur.* Paño muy compacto, *empleado especialmente en la confección de muñecos, gorros y adornos navideños*. (**paño lenci**).

pañolero, -a.
 I. 1. m. y f. *Ch, Ar.* Persona encargada de la bodega o almacén de una empresa o establecimiento.

pañosearse.
 I. 1. tr. prnl. *Gu.* Bañarse.

pañoso, -a.
 I. 1. adj. *Mx, Gu, Ec. Referido a persona o cosa*, que tiene manchas.
 2. *Gu, Ho, Ni. Referido a persona*, que tiene en la piel manchas blancas producidas por la enfermedad del **paño blanco**.
 II. 1. adj. *Ho. Referido a persona*, mañosa y tramposa. est.

pañueleta.
 I. 1. f. *Mx, Ni, Co, Bo:O, Ar.* Prenda de forma triangular, que se lleva sobre los hombros o en la cabeza. pop.

pañuelito.
 I. 1. m. *Ar.* Juego infantil en el que uno de los participantes permanece fuera del corro formado por los demás, tratando de dejar un pañuelo detrás de alguno sin que este lo advierta y pase así al exterior del círculo.

pañuelo.
 I. 1. m. *Ho, ES, Cu, Ec.* Bollo en forma de corbatín hecho de hojaldre y endulzado por encima con una fina capa de caramelo.
 2. *Pa.* Golosina hecha de masa de hojaldre, doblada en forma de triángulo, rellena de jalea de frutas y cubierta por encima con una capa de azúcar blanca muy fina.

 ■
 a. ‖ **~ de Madrás.** m. *RD, Ve.* Pañuelo grande de algodón de estampados vistosos.
 ▶ **bailar cada uno con su ~; bailar con su ~.**

pañusa.
 I. 1. f. *ES.* Artículo de poco valor.
 II. 1. f. *ES.* Agua. carc.

pañusear(se).
 I. 1. tr. *ES, Ni.* Bañar a *alguien*.
 2. intr. prnl. *ES, Ni.* Bañarse *alguien*.

pañuso, -a.
 I. 1. adj. *Ho. Referido a persona o a un equipo*, torpe, falto de habilidad o destreza.
 2. *Ho. Referido a cosa*, de mala calidad.
 3. *Ho. Referido a un equipo de futbol*, que juega muy mal.
 II. 1. adj. *Ho.* juv. *Referido a un objeto*, como ropa, calzado o *carro*, de mala calidad o feo.

pañusquear.
 I. 1. tr. *ES.* Lavar *algo*. carc.

¡pao! (De or. onomat.).
 I. 1. interj. *Ho, CR, RD.* Imita el sonido de dar un azote en la nalga de un niño. inf.
 2. *Ho, CR, RD.* Expresa la amenaza de dar un azote o una palmada a un niño. inf.
 3. *Pa.* Imita el sonido de golpe o caída. pop.

¡pao-pao!
 I. 1. interj. *Ho, Ni, CR, Pa, RD, Co.* Expresa la amenaza de dar un azote o una palmada a un niño. inf. (**pago-pago**).

2. *Ho, ES, Ni, CR, Pa, RD.* Imita el sonido que produce un azote dado en la nalga a un niño. inf. (**pago-pago**).

papa.

I. (De or. quech.).

1. f. *Mx, Gu, Ho, ES, Ni, CR, Pa, Cu, RD, PR, Co, Ve, Ec, Pe, Bo, Ch, Py, Ar, Ur.* Tubérculo comestible de la papa, redondeado, *generalmente de color pardo por fuera y blanco o amarillento por dentro.* ♦ **collareja; colorana; condorilla; cuarentilla; cuarentona colorada; imilla; malgacha; moradita; overa; tuni; turma.**

2. *Mx, Ho, Ni, CR, Pa, Cu, RD, PR, Co, Ve, Ec, Pe, Bo, Ch, Ar, Ur.* Planta herbácea anual, con tallos aéreos de hasta 1 m de altura, raíces fibrosas y rizomas que en sus extremos desarrollan gruesos tubérculos, hojas compuestas, inflorescencia terminal, flores blancas o violáceas y fruto en baya con semillas pequeñas. (Solanaceae; *Solanum tuberosum*). ♦ **chacarero; collareja; colorana; condorilla; cuarentilla; cuarentona colorada; imilla; malgacha; moradita; overa; tuni.**

II. 1. f. *Mx, Ho, Cu, Co, Ve* Comida, alimento. pop + cult → espon.

2. *Bo, Ch.* Papilla que se da a un bebé.

III. 1. f. *Mx, Ch, Ar, Ur.* Cosa o asunto fácil de hacer. pop + cult → espon.

2. *Ch.* Tarea, responsabilidad ardua o pesada. pop.

IV. 1. f. *Mx, Ch.* Mentira. pop + cult → espon.

V. 1. f. *Mx, RD.* Persona fácil de vencer o superar en algún ámbito. pop + cult → espon.

VI. 1. f. *Ho, Ch, Ar, Ur.* Agujero en una media o calcetín, *particularmente en el talón.* pop + cult → espon ∧ fest.

VII. 1. f. *Ur, Ar.* p.u. Mujer hermosa. pop + cult → espon.

VIII. 1. f. *Ar.* Enfermedad cancerígena. euf; pop + cult → espon.

IX. 1. f. *Gu, ES, Ni.* Dinero. pop + cult → espon.

X. 1. f. *Ec.* Giro verbal ingenioso hecho con gracia y humor. pop.

XI. 1. f. *ES.* Pene. tabú.

XII. 1. f. *ES.* Marihuana. drog.

XIII. 1. f. *PR.* Papada.

XIV. 1. f. *Pa.* Puesto político que ofrece beneficios económicos a quien lo ejerce.

●

a. ‖ **las ~s queman.** fórm. *Pe, Py, Ar, Ur.* Se usa para indicar que una situación está candente o que es un momento difícil. pop + cult → espon.

b. ‖ **~.** fórm. *Ho, Ni, PR.* Se usa como tratamiento de confianza a un hombre. afec.

c. ‖ **~ caliente.** fórm. *Cu.* Se usa para dirigirse a un hombre en tono de confianza. pop.

d. ‖ **~s.** fórm. *Mx.* Se usa para afirmar o demostrar acuerdo sobre algo.

■

a. ‖ **~ a la huancaína.**

i. f. *Ec, Pe.* Papa cocida que se acompaña con una salsa hecha a base de **ají** amarillo picado y queso fresco licuado, lechuga, huevos duros y aceitunas.

ii. *Bo:O.* Plato preparado con papas, lechuga, rodajas de tomate, huevo duro, queso y salsa hecha de **maní** y **ají** molidos.

b. ‖ **~ al hilo.** f. *Pe.* Papa cortada en tiras delgadas muy finas y fritas. ♦ **papa hilo.**

c. ‖ **~ cambray.** f. *Mx.* Tubérculo de color pardo o rojizo por fuera y amarillento o blanco por dentro, redondo; es comestible.

d. ‖ **~ chip.** f. *Ar, Ur.* Rebanada de papa fina, frita y crujiente.

e. ‖ **~ criolla.** f. *Co.* Papa cuya pulpa es de color amarillo intenso y de consistencia blanda y harinosa.

f. ‖ **~ de la reina.** f. *RD.* Planta herbácea trepadora, de más de 10 m de altura, con hojas verdes brillantes y vistosas flores de color púrpura. (Fabaceae; *Centrosema virginianum*). ♦ **sonajera.**

g. ‖ **~ hilo.** *Ch.* **papa al hilo.**

h. ‖ **~ huayca.** *Bo.* **papa huayco.**

i. ‖ **~ huayco.** f. *Bo:C,SO.* Papa cocida con cáscara en agua sin sal. (**papa huayca**).

j. ‖ **~ imilla.** f. *Bo:C,O.* Papa pequeña y redonda que se emplea para preparar algunos platos, como el **chairo**.

k. ‖ **~ kati.** f. *Bo.* Papa cocida con cáscara en agua sin sal.

l. ‖ **~ oca.** f. *Ar.* Tubérculo comestible de la **oca.**

m. ‖ **~ pica.** f. *Bo:E.* Papa deshidratada al sol y al aire que remojada y cocida se utiliza como acompañamiento de diversos platos.

n. ‖ **~ pureja.** f. *Bo.* Papa suave y muy harinosa, de color rojo o morado moteado de blanco, que se cuece rápidamente.

ñ. ‖ **~ raja raja.** f. *Pe:S.* Papa hervida y un poco estrujada que se presenta con una serie de hendiduras provocadas por el calor de la cocción.

o. ‖ **~ rellena.** f. *Cu, Pe, Bo:C,O.* Porción de puré de papa *que se rellena generalmente con carne picada, tomate, huevos duros y pasas.*

p. ‖ **~ runa.** f. *Bo:C,O,S.* Papa alargada, grande, de color oscuro, *que se utiliza generalmente para preparar platos secos y como ingrediente de algunas sopas.*

q. ‖ **~ sabanera.** f. *Co.* Papa cuya pulpa es dura y no se deshace al cocerla.

r. ‖ **~ uchu.** f. *Bo:S.* Plato preparado con papa menuda, cebolla, manteca, quesillo sin sal y mucho **ají** verde molido.

s. ‖ **~s a la francesa.** f. pl. *Ni, CR, Co.* Papas cortadas en forma de bastoncillos y fritas en aceite que se sirven como guarnición de un plato.

t. ‖ **~s chorreadas.** f. pl. *Co.* Guiso de papas cocidas con su piel y aderezadas con una salsa hecha de tomate, cebolla y diversos condimentos.

u. ‖ **~s en chupe.** f. pl. *Co:S.* Plato preparado con papas, en trozos, cocidas con leche.

□

a. ‖ **buena ~.** loc. sust. *Co.* Persona bondadosa, gentil. pop.

b. ‖ **como quien ~s pela.** loc. adv. *Bo.* De forma simple, sin esfuerzo.

c. ‖ **cuando las ~s queman.**

i. loc. adv. *Pe, Bo, Py, Ar, Ur.* En el último momento. pop + cult → espon.

ii. *Pe.* En un momento difícil. pop.

d. ‖ **donde las ~s queman.** loc. adv. *Bo, Ch.* En medio de una situación de peligro o comprometida. pop + cult → espon.

e. ‖ **~ caliente.** loc. sust. *EU, Mx, Gu, Ho, ES, Ni, CR, Pa, Cu, RD, Co, Ve, Ec, Pe, Bo, Ch, Ar, Ur.* Problema grave o enojoso difícil de resolver. pop + cult → espon.

f. ‖ **~ frita.** loc. sust/adj. *Mx, Bo:S, Ar, Ur.* Persona ingenua y lenta para comprender. pop.

g. ‖ **~ partida.** loc. adj. *Bo:O. Referido a persona*, idéntica o muy parecida físicamente a otra.

h. ‖ **~ pelada.** loc. sust. *Gu, Ve.* Cosa fácil de hacer, obtener o resolver. pop + cult → espon.

i. ‖ **~ suave.** loc. sust. *Cu.* Cosa fácil de hacer, obtener o resolver.

j. ‖ **negra ~.** loc. sust. *ES.* Trabajo o tarea difícil.

► **agarrar ~; conseguirse la ~; darse la ~; darse las ~s; dorar la ~; echar ~; echar ~ al caldo; estar en la ~; estar en las ~s; ganarse la ~; hablar con la ~ en la boca;**

irse a freír ~s; mandar a freír ~s; no importar una ~; no mojarse ni con las ~s; rallar la ~; rayar la ~; ser buena ~; ser una ~; tener la ~; tener una ~ en la boca.

Papa.
► escribir al ~.

papá.
•
a. ‖ ¡a ~ mono con bananas verdes! fórm. *Pa, Bo, Ar, Ur.* Se usa para afirmar que uno no puede ser engañado fácilmente. pop + cult → espon.
b. ‖ ~. fórm. *Ho, Ni; Pa.* pop + cult → espon ^ afec. Se usa como tratamiento a amigos o familiares.
■
a. ‖ ~ corazón. m. *Ch.* Padre, y por extensión cualquier jefe o encargado, que destaca por su bondad e indulgencia. pop + cult → espon.
b. ‖ ~ Dios. m. *Ni, RD, PR, Pe; Pa,* inf. Dios. afec.
c. ‖ ~ Fondo. m. *Ho.* Fondo Monetario Internacional. sat.
□
a. ‖ ¡jai ~! loc. interj. *RD.* Expresa autoafirmación o suficiencia de forma irrespetuosa o desvergonzada. pop.
b. ‖ ~ bocó.
  i. loc. sust. *RD.* Brujo, hombre con poderes mágicos.
  ii. *RD.* metáf. Persona con influencia y autoridad sobre otras.

papacara.
I. 1. f. *Ec.* Nevada de corta duración y de copos menudos.
II. (Del quech. *papa* y *cara,* piel).
  1. f. *Ec.* Cáscara o piel de la **papa**.

papache.
I. 1. *Mx.* granjel. (**papachillo**).

papachillo.
I. 1. *Mx.* papache.

papachiuchi.
I. 1. *Bo:O.* chingolo.

papacho.
•
a. ‖ papacho. fórm. *Bo:O.* Se usa para dirigirse al **enamorado** de forma cariñosa. pop.

papachú.
I. 1. m. *Ni.* Dios. afec.
  2. *Ni.* Jesucristo. afec.

papacito.
I. 1. m. *Mx, Gu, Ho, ES, Ni, CR, Co, Ve, Pe, Bo, Ch, Py; Ec,* p.u; *Pa.* pop + cult → espon ^ fest. Hombre atractivo físicamente, buen mozo. espon ^ afec.
  ♦ papasote.
•
a. ‖ ¡~!
  i. fórm. *Mx, Gu, CR, Pe, Bo, Py; Pa,* pop + cult → espon ^ afec. Se usa para dirigirse un adulto a un niño. espon. (**papasito**).
  ii. *Mx, Ho, ES, Ni, CR, Pa, Bo.* Se usa como piropo de una mujer a un hombre atractivo. (**papasito**). ♦ papasote.
  iii. *Mx, Bo; Pa.* pop + cult → espon ^ afec. Se usa para dirigirse una mujer a su esposo o amante. espon. (**papasito**).
  iv. *Mx, Bo.* Se usa para dirigirse a un hombre de forma cariñosa. pop. (**papasito**).
  v. *Bo:O.* Se usa para dirigirse al **enamorado** de forma cariñosa. (**papasito**).

papacla.
I. 1. f. *Mx.* Hoja ancha del árbol del **plátano** que se emplea para envolver alimentos.

papacote.
I. 1. m. *RD.* Cerdo macho que se destina a la reproducción.
  2. m-f. *RD.* metáf. Persona con influencia y autoridad dentro un ámbito determinado.

papada.
I. 1. f. *Gu, Ho, ES, Ni.* Tontería.
  2. *Ho, ES, Ni, Bo.* Cualquier cosa sin importancia o valor a la que no se denomina por su nombre.
  3. pl. *Ho.* Pretextos o excusas. pop.
II. 1. f. *Ho.* Vulva. tabú.
III. 1. f. *Ho.* Pareja de carnosidades colgantes, de color rojo vivo, que tienen algunas aves como las gallináceas debajo del pico inferior. rur.
► creerse la gran ~.

¡papada!
I. 1. interj. *Ho.* Expresa negación, enfado o disgusto.
□
a. ‖ ¡pura ~! loc. interj. *Ho.* Expresa que algo es malo o no tiene importancia o calidad.
b. ‖ ¡qué ~! loc. interj. *Ho.* Expresa que algo ha salido mal.

Papadiós.
I. 1. m. *Pa, Ve.* Dios. inf.

papadita.
I. 1. f. *Ho.* Cosa o hecho sin importancia.
  2. *Ho.* Cantidad insignificante.

papadzul.
I. 1. m. *Mx.* **Tortilla** de maíz enrollada y cubierta de una salsa hecha de semillas de calabaza y caldo de **epazote**. (**papasul; papazul**).

papafrita.
I. 1. sust/adj. *Mx, Ar, Ur.* Persona tonta, ingenua o poco perspicaz. pop + cult → espon ^ desp.

papagayo.
I. 1. m. *Mx:SE, Ve, Bo:O.* Juguete formado por una armazón plana y muy ligera que sostiene una lámina de papel o tela con una cola de cintas o trozos de papel, que, sujeto con una cuerda, se arroja al aire para que el viento lo eleve.
II. 1. m. *Pe, Ar.* Botella de forma especial que se usa para recoger la orina del hombre que guarda cama.
III. 1. m. *Ve.* Planta de hojas pubescentes, de borde entero, y pequeñas flores de color amarillo que se vuelven rojas durante la floración; se cultiva como ornamental. (Euphorbiaceae; *Euphorbia pulcherrima*).
  2. *PR.* Arbusto de hasta 6 m de altura, con hojas pinnadas, inflorescencia en racimos y flores amarillentas. (Fabaceae; *Sesbania sericea*).
IV. 1. adj/sust. *Bo:O. Referido a persona,* que trata a los demás con engreimiento o despectivamente, dándose aires de superioridad.
V. 1. *Ho:C,S.* **loro frentiblanco**.

papaillo.
I. 1. m. *Bo:O.* Árbol de hasta 4 m de altura, de tronco poco ramificado, hojas simples, flores de color amarillo y frutos en forma de baya. (Caricaceae; *Carica glandulosa*).

papaíto.
•
a. ‖ ~. fórm. *ES.* Se usa como piropo de la mujer al hombre o para insinuar algún tipo de relación amorosa.

papal.
I. 1. m. *Mx, Gu, Ho, Ni, CR, Pa, Ec, Bo:C,S, Ch, Pe.* rur. Terreno plantado de **papas**.
  2. *Gu, Ho, Ni, CR.* Gran cantidad de **papas**.

papalazón.
I. 1. m. *Ni.* Parpadeo constante.

papalear. (Del nahua *papalotl,* mariposa).
   I. 1. intr. *Ni.* Agitar un ave las alas.

papalina.
   I. 1. f. *Gu, Ho, ES, Ni, Ur.* Borrachera.
   II. 1. f. pl. *Gu, Ho.* **Papas** en rebanadas muy finas o en tiras, fritas y con sal.
   III. 1. f. *ES.* **Golpiza,** paliza.

papalindo.
   I. 1. m. *Pe.* Dios, ser supremo de la religión cristiana. inf; pop.

papalisa.
   I. 1. f. *Pe, Bo.* **ulluco,** planta
      2. *Pe, Bo.* **ulluco,** tubérculo.

pápalo.
   I. 1. *Mx.* **papaloquelite.**
   ■
   a. ‖ ~ **quelite.** *Mx.* **papaloquelite.**

papalohuiteconi. (Del nahua *papalotl,* mariposa, y *huiteconi,* escoplo).
   I. 1. m. *Mx.* **hojarasca.**

papalomoyo. (Del nahua *papalotl,* mariposa, y *moyotl,* mosquito).
   I. 1. m. *Ni.* **palomilla.** (Plutellidae; *Plutella xylostella*).
      2. *CR.* Mosquito de hasta 4 mm de longitud, de alas aovadas, en forma de V y cubiertas de pelos. (Psychodidae; *Lutzomyia* spp.).
      3. *CR.* Enfermedad causada por la picadura del papalomoyo, que transmite el virus causante de la leishmaniosis y provoca llagas profundas muy difíciles de curar.

papalón. (Del nahua).
   I. 1. m. *Ho, ES, Ni.* **uva de playa.**
      2. *Ho, ES, Ni.* Fruto comestible del papalón.

papaloquelite. (Del nahua *papalotl,* mariposa, y *quilitl,* hierba).
   I. 1. m. *Mx.* Hierba de hasta 1 m de altura y hojas lobuladas; es muy aromática, con olor similar al del cilantro, y se emplea en gastronomía para aderezar platos. (Asteraceae; *Porophyllum coloratum*). (**pápalo quelite**). ♦ **pápalo.**

papalota. (Del nahua *papalotl,* mariposa)
   I. 1. f. *Gu, ES.* Mariposa, insecto lepidóptero.
   II. 1. f. *ES.* Cartón pequeño para enrollar hilo.
   III. 1. f. *ES.* **papalote,** cometa.

papalote. (Del nahua *papalotl,* mariposa).
   I. 1. m. *Mx, Gu, Ho, Ni, CR, Cu, RD.* Cometa de armazón plana y ligera, recubierta de tela o papel y adornada con una cola, que se sujeta con una cuerda y se arroja al aire para que el viento la eleve. (**papalota; papelote**).
   II. 1. m. *Mx.* Árbol de hasta 50 m de altura, de hojas alternas, simples, de borde serrado, inflorescencias en racimos colgantes, flores verdosas con tonos rojizos, y frutos secos, membranosos y cubiertos de pelos; su madera se emplea para hacer muebles. (Ulmaceae; *Ulmus mexicana*).
   III. 1. m. *Ni.* Bomba de extracción de agua movida por aspas semejantes a las de un molino.
      2. *Ni.* Palomilla nocturna que daña los cultivos.
   □
   a. ‖ ~ **sin cola.** loc. sust. *Ni.* Persona alocada.
   ▶ **andar como ~ sin cola; hacer un ~; irse a empinar ~s; mandar a empinar ~s.**

papalotear. (De *papalote,* mariposa).
   I. 1. intr. *Mx, Gu, Ni.* Agitar o mover las alas.
      2. *Mx, Gu, Ni.* metáf. Perder el tiempo, andar en cosas que no son de provecho. pop + cult → espon.
      3. *Mx, Gu.* metáf. Andar o vagar sin rumbo o criterio fijo. pop + cult → espon.
      4. *Mx, ES.* Tontear un hombre con varias mujeres, sin fijarse en ninguna.
      5. *Ho, ES, Ni.* Revolotear un ave. rur.

      6. *Gu.* metáf. Decir tonterías, actuar tontamente. pop + cult → espon.
      7. *Ni.* Volar con torpeza un animal.
   II. 1. tr. *Gu.* Esperar a *alguien* mucho tiempo.
      2. *Gu.* Buscar *algo* sin poder hallarlo.

papaloteo. (De *papalote*).
   I. 1. m. *Mx, Ni.* Movimiento agitado o palpitante. pop + cult → espon.

papalotía. (De *papalote*).
   I. 1. f. *Gu.* **Frijol** a los dos días de nacido.

papalozón. (De *papalote*).
   I. 1. m. *Ni.* Párpado del ojo.

papalulun. (Del quech. *papa,* papa, y *lulun,* huevo).
   I. 1. m. *Ec.* Fruto aéreo de la **papa**; no comestible.

papalús.
   I. 1. *RD.* **papelús.**

papamiel.
   I. 1. m. *Ni, CR.* **Bejuco** de hasta 8 m de altura, leñoso, trepador, con follaje verde, inflorescencia en panículas, flores anaranjadas y fruto de color verde a rojizo, con una sola semilla. (Combretaceae; *Combretum farinosum*).

papamo.
   I. 1. *Co.* **carate,** árbol.

papamoscas.
   I. 1. m. *Ho, Ec.* Pájaro de 20 cm de longitud, de cabeza y cuerpo rojizos, con barras fuscas en la región superior y el pecho, pico negruzco y patas grises. (Tyrannidae; *Laniocera rufescens*).

papán.
   I. 1. m. *Mx.* Ave de hasta 50 cm, de plumaje negro en cabeza y cuello, gris oscuro en la parte superior y blanco en la inferior, pico amarillo con la punta negra y ojos negros con el contorno amarillo. (Corvidae; *Psilorhinus morio*). ♦ **pea; pepe.**

papaqui. (Del nahua, apóc. de *papaquiliztli,* alegría, gozo).
   I. 1. m. *Mx.* Música bulliciosa y alegre que suena en algunas celebraciones del carnaval.

paparacho.
   I. 1. m. *ES.* Cresta del **garrobo,** reptil.

paparapa. (De or. onomat.).
   I. 1. adj. *Ni. Referido a persona,* que habla con rapidez y pronuncia los sonidos con dificultad.

paparazear. (Del it. *paparazzi*).
   I. 1. intr. *Ch.* Hacer el oficio de paparazi.
      2. tr. *Ch.* Abordar los paparazis a una persona famosa de manera reiterada para conseguir unas declaraciones o unas fotografías.

paparote.
   I. 1. *Co.* **pecho amarillo,** ave.

paparrón.
   I. 1. m. *Mx, ES.* **uva de playa.**

paparulo, -a.
   I. 1. adj./sust. *Ar, Ur; Pe,* p.u. *Referido a persona,* tonta, ignorante, ingenua. euf; pop + cult → espon.

papasal.
   I. 1. m. *Ni.* Desorden de algo, *en especial del cabello.*

papasito.
   •
   a. ‖ ¡~! fórm. *RD.* **papacito.**

papaso.
   I. 1. m. *PR.* **papazo.**

papasón.
   I. 1. m. *Pa.* juv. Hombre muy atractivo físicamente. pop + cult → espon.

papasongo.
   I. 1. m. *Ve.* Hombre muy atractivo físicamente. pop.

papasote.
    I. 1. m. *Mx, Ho, ES, Ni, CR, Py.* **papacito**, hombre atractivo. afec.

•
    a. ‖ ¡~! fórm. *Mx, Ho, ES, Ni, CR.* **papacito**.

papasul.
    I. 1. *Mx.* **papadzul**.

papate.
    I. 1. *Mx.* **zanate**.

papaturro.
    I. 1. m. *Mx, Gu, Ho, ES, Ni, CR.* **uva de playa**.
    II. 1. m. *Gu.* Serie de suelos, poco profundos, mal drenados.

papaúpa.
    I. 1. m. *RD, Ve.* pop. Persona de máxima responsabilidad e influencia de un lugar o colectividad. ♦ **papaúpa de la matica**.
    2. *RD, Ve.* Persona que destaca en alguna actividad. pop. ♦ **papaúpa de la matica**.

■
    a. ‖ ~ **de la matica**.
      i. m. *RD.* Papaúpa, persona de máxima responsabilidad. pop.
      ii. *RD.* Papaúpa, persona que destaca. pop.

papausa.
    I. 1. f. *Mx.* **ilamo**, árbol.

papaya.
    I. 1. f. *EU:E,SE, Mx, Ho, ES, Ni, Cu:O, PR, Ec, Pe, Bo, Ch.* Vulva. tabú; pop + cult → espon.
    II. 1. f. *CR, Pa, Cu:E, PR, Co, Pe, Bo, Ch.* **papayo**, fruto.
    2. *Gu, ES, CR, Cu:E, Co.* **papayo**, árbol.
    3. *Ch.* Bebida refrescante hecha con papaya, fruto.
    III. 1. *Co:N.* **cola**, trasero. euf; pop.
    2. *ES.* Cabeza de persona.
    IV. 1. f. *Pe:SO.* Cántaro de cerámica aparentemente cerrado para conservar fresca el agua. rur.
    V. 1. f. *Ve.* **papayo**, cosa fácil de hacer.
    VI. 1. f. *Bo:O.* Bebida gaseosa de cualquier tipo. pop.
    VII. 1. f. *Bo.* Sulfato de cocaína de forma más o menos esférica. drog.
    VIII. 1. f. *ES. En el ejército*, proyectil de mortero.

■
    a. ‖ ~ **de montaña**. f. *Gu, Ec.* **babaco**, planta.
    b. ‖ ~ **hawaiana**. f. *Mx, Gu, Ho, ES, Ni, CR, Co, Ec.* **papayo**, planta.

□
    a. ‖ **de** ~. loc. adv. *Co.* Oportunamente. pop.
▶ **caer como una** ~; **creerse la divina** ~; **dar** ~.

papayada.
    I. 1. f. *Pe.* p.u. Cosa fácil y sin importancia. pop.

papayal.
    I. 1. m. *Mx, Gu, Ho, Ni, CR, Pa, PR, Co, Ec, Pe, Bo.* **papayo**, planta.
    2. *Ho, Ni, CR.* Gran cantidad de **papayas**.

papayasta. (De or. ind. antillano)
    I. 1. f. *Ho.* Muchacha vulgar en el trato. desp.

papayazo.
    I. 1. m. *Co.* Oportunidad o descuido que alguien aprovecha para sacar ventaja de una situación. pop.
    II. 1. m. *Bo.* Golpe dado por alguien a una persona con una **papaya**. pop + cult → espon.
    2. *ES.* Tiro de proyectil o bomba.
    3. *Ni.* Golpe fuerte recibido accidentalmente.

papayera.
    I. 1. f. *Co.* Banda popular, compuesta por músicos aficionados que interpretan música típica de su región.

papayero.
    I. 1. *Mx.* **papayo**, planta arbustiva.

papayero, -a.
    I. 1. m. y f. *Co.* Músico de una **papayera**.

papayillo.
    I. 1. *Bo:E.* **higuerón**, árbol de hasta 7 m.

papayita.
□
    a. ‖ **de** ~. loc. adv. *Co.* Oportunamente, en el momento justo. pop.

papayo. (De or. ind. antillano).
    I. 1. m. *Mx, Gu, Pa, Cu:E, PR, Co, Pe, Bo, Ch.* Planta arbustiva de hasta 8 m de altura, en forma de palmera, con copa redonda, corteza gris verdosa con manchas amarillentas, hojas anchas con el borde sinuoso de color verde siena, pequeñas flores amarillentas y fruto elíptico; la infusión de sus flores tiene diversas aplicaciones en la medicina tradicional. (Caricaceae; *Carica papaya*). (**papaya**). ♦ **fruta bomba**; **frutabomba**; **lechoso**; **mamón**; **papaya hawaiana**; **papayal**; **papayero**.
    2. *Mx, Gu, Ho, ES, Ni, Co.* Fruto comestible del papayo, de color verde que, al madurar, se vuelve amarillo anaranjado, con pulpa carnosa y múltiples semillas. (**papaya**). ♦ **fruta bomba**; **lechosa**; **mamón**.
    II. 1. m. *PR; ES*, p.u. | metáf. Hombre tonto, lerdo, pusilánime. pop + cult → espon ∧ desp.
    III. 1. m. *PR.* Mujer hombruna. pop + cult → espon ∧ desp.

■
    a. ‖ ~ **macho**.
      i. m. *Pa, PR, Bo:E.* Arbusto de papayo que no da frutos.
      ii. *Bo:E.* Hombre estéril. pop.
▶ **mandar al** ~; **secar un** ~.

papayo, -a.
    I. 1. adj/sust. *Pe, Ch*; adj. *Ec*, juv. *Referido a cosa*, fácil de hacer. (**papaya**).
▶ **pasar al** ~.

papayón, -na.
    I. 1. adj/sust. *Ho, ES. Referido a persona*, tonta.

papayoso, -a.
    I. 1. adj. *ES. Referido a cosa*, blanda.
    2. *ES. Referido a cosa*, descolorida.

papayuda.
    I. 1. sust/adj. *Cu.* Mujer de pubis muy abultado. pop.
    2. adj. *Cu. Referido a mujer*, aprovechada y vaga. pop.

papayuela.
    I. 1. f. *Co.* Fruto del **papayuelo**.

papayuelo.
    I. 1. *Co.* **panamá**. (Caricaceae; *Jatropha aconitifolia*).

papazo.
    I. 1. m. *Cu, Pe.* obsol. Golpe dado a alguien. pop.
    II. 1. m. *PR.* Alisado y peinado del pelo con un cepillo. pop + cult → espon. (**papaso**).

•
    a. ‖ ~. fórm. *Bo:O.* Se usa para dirigirse al enamorado de forma cariñosa. pop.

□
    a. ‖ **de un** ~. loc. adv. *Pe.* Rápidamente. pop. (**en dos papazos; en un papazo**).
    b. ‖ **en dos** ~**s**. *Pe.* **de un papazo**.
    c. ‖ **en un** ~. *Pe.* **de un papazo**.

papazote.
    I. 1. m. *Ni, Co, Ec, Py; Pa.* pop + cult → espon ∧ fest. Hombre atractivo físicamente. espon.

papazul. (Del maya *papak*, muy embarrado, y *zul*, empapar, remojar).
    I. 1. *Mx.* **papadzul**.

pape.
    I. 1. m. *Ch.* Golpe fuerte dado con el puño. pop + cult → espon.
    2. *Ch.* metáf. Golpe dado a un trompo con la punta de otro durante el juego.

papea.

I. 1. f. *RD*. Comida, alimentos que se toman.

papeado, -a.

I. 1. adj. *Cu, Ve, Ec. Referido a persona*, fuerte y bien alimentada. (**papiado**)

papear(se).

I. 1. tr. prnl. *PR, Co*. Realizar el coito. vulg.

II. 1. tr. *Cu, PR, Ve*. Comer, tomar alimento, *especialmente en forma abundante*. pop + cult → espon.

III. 1. tr. *Gu, ES, Bo:O*. Engañar a *alguien* diciéndole mentiras. pop + cult → espon.

2. intr. *Bo:O*. Decir mentiras. pop + cult → espon.

IV. 1. intr. prnl. *Gu*. Atontarse *alguien*, perder la concentración.

2. *Gu*. Distraerse, descuidarse.

3. *Ho*. **pendejear**, perder el tiempo.

V. 1. intr. *RD*. Tener una buena situación económica y laboral.

VI. 1. tr. *ES. En el futbol*, regatear a *alguien*.

a. ‖ ~**es cantan.** fórm. *Bo:O*. Indica que lo escrito o acordado en un documento es prueba irrefutable de algo. pop.

papel.

a. ‖ ~ **ahumado.** m. *Pa, Ve*. Película fina y transparente que se pega a los vidrios de automóviles y casas para proteger del sol.

b. ‖ ~ **bond.** (Calco del ingl. *bond paper*).
   i. m. *EU, Mx, Ho, Ni, CR, RD, Ve, Ec, Bo, Ch*. Hoja fina de color blanco.
   ii. *Pa*. Variedad de hoja de papel de diversos colores.

c. ‖ ~ **bulky.** m. *Pe*. Papel fino de color oscuro, de baja calidad y costo.

d. ‖ ~ **carbónico.** m. *Bo, Py, Ar, Ur*. Hoja de papel fina, entintada por una de sus caras, que sirve para calcar.

e. ‖ ~ **carta.** m. *Pe*. Hoja muy fina, rayada horizontalmente por un lado.

f. ‖ ~ **colomural.** *Pe*. **papel tapiz.**

g. ‖ ~ **confort.** m. *Ch*. Papel higiénico.

h. ‖ ~ **copia.** m. *Ec, Bo, Ch*. Hoja delgada y semitransparente, que se utiliza para reproducir la copia de un texto poniendo sobre él un papel carbónico.

i. ‖ ~ **crespón.** m. *Pa*. Papel corrugado, de diversos colores, utilizado para manualidades.

j. ‖ ~ **de argolla.** m. *PR*. Papel rayado horizontalmente.

k. ‖ ~ **de armar.** m. *Ar, Ur*. Tira de papel delgado que se utiliza para liar o armar cigarrillos.

l. ‖ ~ **de astraza.** m. *Py, Ar, Ur*. Papel de estraza. pop.

m. ‖ ~ **de carta.** m. *RD, Ur*. Papel rayado horizontalmente. ♦ **papel ministro.**

n. ‖ ~ **de china.** *Mx, Gu, Ho, Ni*. **papelillo**, papel muy fino.

ñ. ‖ ~ **de encomienda.** m. *Ch*. Papel grueso de color café usado para envolver grandes paquetes.

o. ‖ ~ **de protocolo.** m. *Gu*. Papel sellado impreso en hoja doble para escrituras.

p. ‖ ~ **decomural.** *Ch*. **papel tapiz.**

q. ‖ ~ **glacé.** *Ar*. **papel lustre.**

r. ‖ ~ **lustre.** m. *Mx, Gu, Ch*. Papel coloreado y brillante en una de sus caras. ♦ **papel glacé; papel lustrillo; papel lustroso.**

s. ‖ ~ **lustrillo.** *Ni*. **papel lustre.**

t. ‖ ~ **lustroso.** *Bo*. **papel lustre.**

u. ‖ ~ **madera.** m. *Bo, Py, Ar*. Papel grueso, de color pardo, que se emplea principalmente para envolver.

v. ‖ ~ **mantequilla.** m. *Gu, Pe, Bo, Ch*. Papel semitransparente de tono amarillento que se usa para envolver o para calcar.

w. ‖ ~ **mascado.** m. *Gu*. Papel de periódico molido o machacado que se usa para modelar figuras.

x. ‖ ~ **ministro.** m. *RD*. **papel de carta.**

y. ‖ ~ **(de) oficio.** m. *Mx, Gu, CR, Co, Ve, Ec, Bo, Ch, Ur*. Hoja de papel que mide 33 cm por 21 cm.

z. ‖ ~ **palin.** m. *Gu*. Papel higiénico.

a¹. ‖ ~ **palpo.** m. *Ch*. Papel higiénico. pop ^ fest.

b¹. ‖ ~ **pasante.** m. *Gu*. Papel carbón.

c¹. ‖ ~ **pauteado.** m. *Ch*. Papel pautado.

d¹. ‖ ~ **picado.**
   i. m. *Mx, Ho, RD, Ec, Pe, Bo:O, Ch, Py, Ar, Ur*. Confeti.
   ii. *Ch*. metáf. Conjunto de cosas sin importancia.

e¹. ‖ ~ **platina.** m. *Pe*. Papel de plata, lámina muy fina de aluminio o estaño aleado, utilizada para envolver alimentos.

f¹. ‖ ~ **sanitario.** m. *Cu*. Papel higiénico.

g¹. ‖ ~ **tapiz.** m. *Mx, Gu, Ni, CR, Co, Ve, Ec, Py*. Papel de colores y dibujos que se emplea como adorno para cubrir paredes. ♦ **papel colomural; papel decomural.**

h¹. ‖ ~ **toalla.** (Calco del ingl. *paper towel*). m. *EU, Pa, PR, Ec*. Papel que se usa como servilleta, o para limpiar restos de comida en una superficie.

i¹. ‖ ~ **tualet.** m. *Gu*. Papel que se usa para la higiene personal.

j¹. ‖ ~ **vejiga.** m. *RD*. Papel de colores que se emplea para hacer manualidades, de aspecto similar al vegetal.

k¹. ‖ ~ **volantín.** m. *Ch*. Papel de seda de colores variados y muy vivos para hacer **volantines** o cometas.

a. ‖ **como un ~ de música.** loc. adv. *RD*. En orden.

b. ‖ ~ **quemado.** loc. sust. *Ni, Ve, Bo, Ch; Pe*, obsol. Hombre casado. pop ^ fest.

a. ‖ **el ~ aguanta todo.** fr. *Cu, Pe*. **el papel todo lo aguanta.**

b. ‖ **el ~ todo lo aguanta.** fr. prov. *RD, Ec, Bo*. Indica que, aunque una idea se ponga por escrito y se publique, no está libre de ser desacertada o disparatada. ♦ **el papel lo aguanta todo.**

▶ **jugar ~.**

papelacero, -a.

I. 1. sust/adj *Cu*. Persona que suele quedar en ridículo por sus desaciertos o sus errores.

papelada.

I. 1. f. *Ec*. Recubrimiento de una superficie con papel.

papelazo.

I. 1. m. *Ni, Cu, RD, PR*. Actuación deslucida o ridícula de alguien.

papelería.

I. 1. f. *Mx, Ho, ES, Ni, CR, Pa, Ec, Bo, Ch, Ar*. Todo tipo de papel que utiliza una empresa o institución.

2. *PR, Ar*. **papelerío**, presentación de un conjunto de documentos.

3. *PR*. **papelerío**, cantidad grande de papeles. pop + cult → espon.

papelerío.

I. 1. m. *Mx, Ho, Ni, CR, Pa, Cu, RD, PR, Ve, Ec, Pe, Bo, Ch, Py, Ar, Ur*. Cantidad grande de papeles, *generalmente en desorden*. pop + cult → espon. (**papelería**).

II. 1. m. *Ni, Co, Ar, Ur*. Exceso de trámites burocráticos.

2. *PR, Ec*. Presentación de un conjunto de documentos requeridos para tramitar un asunto. (**papelería**).

papelero.

I. 1. m. *Bo, Co, Py, Ar*. Cesto o recipiente donde se arrojan los papeles inservibles.

papelero, -a.

I. 1. sust/adj. *RD, Co*. Persona que finge lo que no es o no siente. pop.

II. 1. adj/sust. *Pa*; sust. *RD. Referido a persona*, que hace demostración excesiva de sus sentimientos.

papeleta.
I. 1. f. *Ec, Pe.* Notificación o documento donde figura una multa.
2. *Pe.* Multa impuesta por una infracción de tráfico.
3. *Bo.* Comunicación judicial por la que se llama a prestar declaración a alguien. pop.
II. 1. f. *Co.* Petardo de pólvora negra en forma de triángulo.
III. 1. adj. *Co:O. Referido a persona*, inquieta, traviesa.
IV. 1. f. *Bo.* Documento extendido por la administración pública en el que se justifica la cantidad de un sueldo y las retenciones. pop.
2. *RD.* Billete, papel que circula como dinero legal en efectivo.

■
a. ‖ ~ **de pago.** f. *Bo.* Documento extendido por la administración pública en el que se justifica la cantidad de un sueldo y las retenciones.
b. ‖ ~ **valorada.** f. *Bo.* Papel impreso que justifica el pago de un trámite, *generalmente en la administración pública.*
▶ **gozar la ~; rajar la ~.**

papelillo.
I. 1. m. *Mx.* Árbol resinoso de hasta 8 m de altura, con corteza de color rojo oscuro, fruto bivalvo y subgloboso. (Burseraceae; *Bursera excelsa, B. graveolens*).
2. *Pa.* Árbol de hasta 10 m de altura, de tronco irregular y ramificado a baja altura, hojas simples y opuestas, lanceoladas con bordes aserrados, verdes en el haz y cremas en el envés, y flores blancas y frutos negros cuando están maduros. (Melastomataceae; *Conostegia xalapensis*). ♦ **quitamanteca; raspalengua.**
II. 1. m. pl. *Ni, Pa, PR, Ve.* Pedacitos de papel de varios colores que se arrojan las personas unas a otras en los días de carnaval *y, en general, en cualquier otra celebración festiva.* ♦ **papelito.**
2. m. *Ni, Cu, PR.* Tira de papel en la que se enrolla un mechón de pelo para rizarlo.
3. *Ho, Ni.* Papel muy fino y de colores llamativos para trabajos manuales. ♦ **papel de china.**

papelisa.
I. 1. f. *ES.* Conjunto de billetes. ♦ **papelusa.**

papelista.
I. 1. adj/sust. *Ni. Referido a persona*, farsante, hipócrita.

papelito.
I. 1. adj. *Ec.* juv. *Referido a cosa*, fácil de realizar.
2. *Ec:O.* juv. *Referido a cosa*, que reúne las cualidades óptimas en su clase, excelente.
II. 1. m. pl. *Ur.* **papelillos**, pedacitos de papel que se arrojan en algunas celebraciones.

●
a. ‖ ~ **habla lengua.** *Cu.* papelitos hablan.
b. ‖ ~ **manda.** *Pe.* papelitos hablan.
c. ‖ ~s **hablan.** fórm. *Mx, Ni, Gu.* Se usa para indicar que solo lo escrito tiene validez o confirma lo que se dice. pop + cult → espon. ♦ **papelito habla.**
▶ **hablar con ~s en la mano.**

papelógrafo.
I. 1. m. *Gu, Ho, Ni, Co, Ec, Bo, Ch, Py, Ur.* Instrumento similar a una pizarra pequeña que consta de hojas grandes de papel en las que se escribe o dibuja durante una charla, clase o conferencia.
II. 1. m. *Pe.* Hoja de papel que mide 61 por 86 cm.

papelón.
I. 1. m. *Ve.* **panela**, azúcar sin refinar.
II. 1. m. *PR.* Ave de corral, *especialmente un gallo*, de color amarillo tenue con plumas blanquecinas.
▶ **hacer el ~.**

papeloncito.
I. 1. m. *Ve.* Golosina de forma cónica, hecha con azúcar y pulpa de fruta.

papelonear(se).
I. 1. intr. *Ar, Ur.* Hacer el ridículo, *especialmente a causa de algún error.* pop + cult → espon.
2. prnl. *Ve.* Confundirse *alguien* al hablar o al actuar. pop + cult → espon.
3. *Ve.* Acobardarse. pop + cult → espon.

papelonero, -a.
I. 1. adj/sust. *Bo:S, Ar, Ur. Referido a persona*, que suele quedar en ridículo o en situaciones que provocan vergüenza. pop + cult → espon.

papelote.
I. 1. *Ho, Ni, CR.* **papalote**, cometa.

papeluchero, -a.
I. 1. adj/sust. *Pe. Referido a persona*, que ejerce el oficio de abogado. pop ∧ desp.

papelús.
I. 1. m. *RD.* Personaje de carnaval cuyo disfraz está hecho con trozos de papel o de plástico. (**papalús**).

papelusa.
I. 1. *ES.* **papelisa.**

paper. (Voz inglesa).
I. 1. m. *PR, Ch.* Documento en el que aparecen los resultados de una investigación o estudio.

papera.
I. 1. f. *Ni. En las gallináceas*, barbilla. ♦ **papilla.**

papero, -a.
I. 1. m. y f. *Mx, Ni, CR, Cu, Ec, Pe, Bo, Ch, Ar, Ur;* sust/adj. *Co.* Persona que se dedica al cultivo o a la comercialización de la **papa.**
2. adj. *Mx, CR, Cu, Co, Ec, Pe, Bo, Ch, Ar, Ur.* Relativo a la **papa.**
3. sust/adj. *CR, Co, Ec, Bo, Ch, Ur.* Persona a quien le gustan mucho las **papas.**
II. 1. adj/sust. *Ar. Referido a persona*, que consume drogas. pop + cult → espon.
III. 1. adj/sust. *Ch. Referido a persona*, que cuenta muchas **papas** o mentiras. pop + cult → espon.

paperudo, -a.
I. 1. adj. *Ni, Ve. Referido a persona*, afectada de paperas.
2. *Ni, Ve. Referido a persona*, que tiene bocio.

papi.
I. 1. m. *Mx, Pa, RD, PR, Bo, Py.* Hombre atractivo físicamente.
2. *Bo:O.* Hombre que tiene muchas virtudes físicas, intelectuales o de otra naturaleza, reales o supuestas.

●
a. ‖ ~.
  i. fórm. *EU, CR, Pa, Cu, RD, Co, Ve, Ec, Bo, Ar, Ur.* Se usa para dirigirse al novio o al esposo, o a un niño pequeño si el que habla es una persona mayor. pop ∧ afec.
  ii. *Bo:O, Ar.* Se usa para dirigirse al **enamorado** de forma cariñosa. pop.
  iii. *Cu, Ve.* Se usa para dirigirse a un hombre en tono de confianza. pop.

■
a. ‖ ~ **chulin.** *RD, PR; Cu,* pop. **papichulo.**
b. ‖ ~ **chulo.** *Mx, RD, Bo.* **papichulo.**
c. ‖ ~ **riqui.** *Cu.* **papirriqui.**
d. ‖ ~ **shampoo.** m. *RD.* Hombre que presume de ser muy atractivo físicamente. pop + cult → espon.

papiado, -a.
I. 1. *PR, Ve, Ec.* **papeado.** pop.

papiar.
   I. 1.   intr. *Mx, RD, PR, Ve.* Comer, alimentarse. pop.
   II. 1.   tr. *ES.* Driblar. pop.

papiche.
   I. 1.   adj/sust. *Ch. Referido a persona*, que tiene la mandíbula inferior notoriamente prominente.

papichulin.
   I. 1.   *PR.* **papichulín**.

papichulín.
   I. 1.   m. *PR.* juv. Adolescente apuesto, buen mozo. (**papichulin**). ♦ **papisongo**.

papichulo.
   I. 1.   m. *Mx, RD, PR, Bo, Py.* Hombre que, por su atractivo físico, es objeto de deseo de una mujer. (**papichulin**; **papi chulo**).

papilla.
   I. 1.   f. *Ho.* **papera**.

papín.
   I. 1.   m. *Mx:SE.* Dulce hecho con leche, huevo y vainilla, de textura semejante al flan.
   II. 1.   m. *Ar.* Variedad de **papa**, de muy pequeño tamaño y destinada al consumo.

papipollo.
   I. 1.   m. *Ec.* Comida consistente en **papas** fritas con pollo asado o frito, servida con mayonesa o salsa de tomate.

pápiro.
   I. 1.   m. *Gu, ES.* Papel o documento.

papirotazo.
   I. 1.   m. *Mx, Ho, Ch.* p.u. *En el juego de canicas*, golpe fuerte dado en el centro del **maule** del contrario.

papirotear.
   I. 1.   tr. *Ch.* p.u. Dar papirotazos sobre algo. pop.

papirriqui.
   I. 1.   m. *Cu.* Hombre apuesto, atractivo. (**papi riqui**).

papirusa.
   I. 1.   f. *Ar; Ur.* p.u. Mujer, *especialmente la hermosa y atractiva*. pop + cult → espon.

papisongo.
   I. 1.   *PR.* **papichulín**.

papista.
   I. 1.   m-f. *PR.* Seguidor incondicional de un líder político.

papita.
   I. 1.   f. *Mx, RD.* Persona fácil de vencer o superar en algún ámbito. pop + cult → espon.
     2.   *RD, Ur.* Tontería, cosa de poca importancia o que no plantea grandes problemas. pop + cult → espon.
   II. 1.   f. pl. *Ni, Pa, Pe, Bo, Ar, Ur.* **Papas** fritas industrializadas para aperitivo.
     2.   f. *Pa, Bo.* Guarnición de **papa** frita cortada en juliana.
   III. 1.   f. *ES. En el fútbol*, regate al contrario.
   •
     a. ‖ ~.
       i. fórm. *Ho, Ni.* Se usa como tratamiento de confianza de una mujer a un hombre, al marido o a un hijo. afec.
       ii. *Ho.* Se usa como tratamiento a alguien con el que no se está de acuerdo en algo.
       iii. *Ho.* Se usa como tratamiento a cualquier persona que acompaña.
   □
     a. ‖ ~ **para el loro.** loc. sust. *Bo, Ar, Ur.* Cosa muy fácil de hacer o lograr. pop + cult → espon.

papití.
   ▶ **ser ~ nada mas.**

papito.
   I. 1.   m. *Mx, CR, PR, Co, Py.* Hombre atractivo físicamente. pop.
   •
     a. ‖ ~. fórm. *EU, Mx, Ho, CR, Cu, PR, Co, Ve, Pe, Bo, Ar, Ur.* Se usa por las mujeres para dirigirse a su novio o esposo, o por una persona mayor para dirigirse a un niño. pop ∧ afec.

papo.
   I. 1.   *ES, Pa, Co.* **gallardete**, arbusto.
     2.   m. *ES. Pa, Co.* Flor del papo, *generalmente roja*.
   II. 1.   m. *Ar, Ur.* Padre. afec.
     2.   pl. *Ar.* Padre y madre. afec.
   III. 1.   m. *Pa, Ar, Ur*; m. pl. *Cu.* Zapato. inf.
   IV. 1.   m. *Cu.* Vulva, *especialmente de una niña*. tabú.
   V. 1.   m. *Bo.* Mentira. pop + cult → espon.
   •
     a. ‖ ~.
       i. fórm. *Cu.* Se usa para dirigirse a un hombre o un niño en tono de confianza. pop.
       ii. *Ho.* Se emplea como tratamiento a alguien de mucha confianza ante alguien o algo que le ha causado sorpresa, admiración o indignación.
     b. ‖ **ya, ~s.** fórm. *Gu.* Se usa para negar algo con rotundidad.
     c. ‖ **a lo ~.** loc. adv. *Ho.* Sin ningún conocimiento ni dirección, empíricamente.
   □
     a. ‖ **¡ea ~!** loc. interj. *Gu.* Expresa enfado o disgusto. pop.
   ▶ **caer de ~.**

papo, -a.
   I. 1.   adj/sust. *Mx, Gu, Ho, ES. Referido a persona*, ingenua.
   II. 1.   adj/sust. *Ch. Referido a cosa*, buena, agradable. pop.
   III. 1.   adj. *Ec. Referido a una expresión*, ocurrente, graciosa, humorística. pop.
   ▶ **hacerse el ~.**

paponia.
   I. 1.   f. *Ar, Ur.* Ganga, cosa apreciable que se consigue con poco dinero o esfuerzo. pop + cult → espon.
     2.   *Ar, Ur.* Negocio fácil y muy rentable. pop + cult → espon.

paporreta.
   I. 1.   f. *Pe.* Repetición mecánica de lo que se ha aprendido de memoria sin entenderlo o entendiéndolo a medias. desp.
   □
     a. ‖ **de ~.**
       i. loc. adv. *Pe.* De memoria, recordando lo que se ha leído u oído.
       ii. *Pe.* Con poca o ninguna conciencia de lo que se dice.

paporretear.
   I. 1.   tr. *Pe.* Aprender de memoria sin entender lo que se aprende o entendiéndolo a medias. desp.
     2.   *Pe.* Repetir *algo* sin entenderlo.

paporretero, -a.
   I. 1.   adj/sust. *Pe. Referido a persona*, que **paporretea**.

papote.
   I. 1.   m. *RD, PR.* Hombre atractivo físicamente, guapo. pop + cult → espon.

papú.
   I. 1.   m. *Ch.* Automóvil. inf.

papucho.
   I. 1.   m. *CR; Mx, Ho, Ni*, juv. Hombre atractivo, elegante. ♦ **papurri**.
   •
     a. ‖ ~. fórm. *CR, Bo:O, Ar.* Se usa para dirigirse a un enamorado de forma cariñosa. pop.

papudo, -a.
  I. 1. sust/adj. *Ar.* Persona que tiene pocas luces o que obra como tal. pop + cult → espon ^ desp.

papujado, -a.
  I. 1. adj. *Ec.* **papujo**, referido a ave gallinácea pequeña.
  2. *Ec.* metáf. *Referido a persona*, gruesa y de poca altura.

papujo, -a.
  I. 1. adj. *Mx, Pa, Cu, RD, PR, Ve, Pe. Referido a la cara o los ojos*, hinchados por haber dormido mucho.
  2. adj/sust. *Co. Referido a persona*, que tiene los pómulos abultados por hinchazón o por gordura.
  3. adj. *PR. Referido a persona*, hinchada. rur.
  II. 1. adj. *Pa, PR, Ec; Pe*, p.u. | metáf. *Referido a persona*, gruesa y de poca altura.
  2. *Ec, Pe. Referido a ave gallinácea*, pequeña y rolliza. ♦ **papujado**.
  3. *PR, Ve. Referido a ave gallinácea*, que tiene la parte inferior del cuello abultada en forma de barba.
  4. *PR. Referido a un pollo*, que tiene una moña en el cuello. rur.

papurri.
  I. 1. *Ni.* juv. **papucho**.

papusa.
  I. 1. f. *Ar, Ur.* Mujer, *especialmente la hermosa y atractiva*. pop + cult → espon.

paquear.
  I. 1. tr. *Ur.* Engañar. pop + cult → espon.

paquero, -a.
  I. 1. m. y f. *Ur.* Persona que suele mentir o engañar. pop + cult → espon.

paquetazo.
  I. 1. m. *Ho, ES, Ni, RD, Pe, Bo, Ar.* Conjunto de disposiciones tomadas para poner en práctica alguna decisión. desp. ♦ **trancazo**.
  2. m. *Pe.* Conjunto de disposiciones económicas simultáneas puestas en práctica por un gobierno.
  II. 1. m. *Ho, ES.* Timo, hurto, *especialmente el que consiste en engañar a alguien con un* **vigésimo** *de la lotería grande supuestamente premiado o con un fajo de billetes, la mayoría falsos.*
  2. *Pa.* Fraude electoral. pop + cult → espon.

paquete.
  I. 1. m. *Mx, Gu, Ni.* Responsabilidad. pop.
  II. 1. m. *Cu, RD, PR, Ar, Ur.* Mentira. pop.
  III. 1. m. *Cu.* Persona o cosa aburrida. pop.
  2. *Cu.* Persona antipática y molesta.
  3. *Ho.* Persona que no rinde lo que se esperaba en su trabajo. desp.
  IV. 1. m. *Ch. En un vehículo*, conjunto de hojas flexibles de acero que sostienen la parte posterior del chasis a su eje y permiten amortiguar los movimientos en el desplazamiento. ♦ **paquete de resortes**.
  V. 1. m. *Bo.* Bolsa de yute que contiene hojas de coca seca, que pesan 25 kilos.
  VI. 1. m. *RD.* Cantidad grande de cosas. pop.
  VII. 1. m. *Ho.* Cien años.
  VIII. 1. m. *Ni.* Vulva. tabú.
  IX. 1. m. *PR.* Conjunto de distintos males relacionados con una enfermedad.

  ■
  a. ‖ **~ de resortes.** m. *Ch.* paquete, conjunto de hojas flexibles.

  □
  a. ‖ **de a ~.** loc. adv. *RD.* En gran cantidad. pop.
  b. ‖ **de ~.**
    i. loc. adj. *CR, Pa, Cu, Ec, Ch. Referido a cosa*, nueva, que no se ha estrenado. pop.
    ii. *Bo; Ec.* fest. *Referido a persona*, que muestra un particular esmero en su arreglo y vestimenta. pop.

iii. *Ho, Ni, PR. Referido a un coche*, nuevo.
iv. *Ho. Referido a mujer*, que es virgen. fest.
  c. ‖ **~ chileno.**
    i. loc. sust. *Ve.* Timo cometido con un billete de lotería falso con el que se estafa a alguien vendiéndoselo o intentando vendérselo como premiado, a un precio inferior.
    ii. *Ve.* Estafa que consiste en ofrecer ganancias extraordinarias si se invierte dinero en una operación mercantil fuera de las instituciones regulares.
  d. ‖ **puro ~.**
    i. loc. adj. *CR. Referido a persona*, que es solo apariencia. pop.
    ii. *CR. Referido a cosa*, contraria a la verdad. pop.
  ▶ **darse ~; darse su ~; doblar el ~; meter un ~.**

paquete, -a.
  I. 1. adj. *Ve:O, Pe, Bo, Py, Ar, Ur. Referido a persona*, que muestra un particular esmero en su arreglo, vestimenta o modales. pop + cult → espon.
  2. *Pe, Bo, Py, Ar, Ur. Referido a un objeto, a una vivienda o a una reunión*, elegante, refinado. pop + cult → espon.

paquetear(se).
  I. 1. intr. *Ni, Bo:E,O; Py, Ar, Ur*, p.u. Hacer ostentación de prendas de vestir elegantes o de otros objetos lujosos. pop + cult → espon.
  2. intr. prnl. *Ni, Ur.* Vestirse con elegancia. pop + cult → espon.
  II. 1. tr. *CR, Ur.* Engañar o estafar a *alguien*. pop.
  III. 1. tr. *Pe.* Comercializar droga al menudeo en la calle. drog.

paqueteo.
  I. 1. m. *Pe.* Venta callejera de droga al menudeo. drog.

paquetera.
  I. 1. f. *Pa. En tiendas y almacenes*, espacio en el que los clientes dejan sus pertenencias antes de entrar.
  2. *Pa.* Gran cantidad de paquetes.

paquetería.
  I. 1. f. *Py, Ar, Ur.* Refinamiento, elegancia, buen gusto. pop + cult → espon.
  2. *Py, Ar.* Conjunto de prendas o adornos que una persona se pone para ir bien vestida.
  3. *Ar, Ur.* meton. Cosa elegante, refinada o de buen gusto. pop + cult → espon.
  II. 1. f. *Ch.* Mercería.

paqueterío.
  I. 1. m. *Mx, Cu, Co.* Conjunto de paquetes. pop.

paquetero, -a.
  I. 1. m. y f. *Ve.* Persona que estafa mediante el **paquete chileno**.
  2. adj/sust. *Cu, RD, PR. Referido a persona*, mentirosa, embustera. pop + cult → espon. ♦ **empaquetador**.
  II. 1. sust/adj. *Pe.* Persona que vende droga al menudeo. drog.
  III. 1. m. y f. *Pa.* Persona que trabaja en la **paquetera**.

paquetudo, -a.
  I. 1. adj. *Bo:E,O; Ar*, desp. *Referido a persona*, que viste con elegancia y cuida mucho su apariencia. pop.

paquín. (Sínc. de *pasquín*).
  I. 1. *Ho, ES, Ni.* **pasquín**, historieta de dibujos animados para niños.
  2. *Ho.* metáf. Escrito, texto o trabajo poco serio o profundo en su contenido. desp.
  3. *Pa.* Cuadernillo de historietas de dibujos animados. (**pasquín**).

paquinero. (Sínc. de *pasquinero*).
  I. 1. f. *Ho.* Puesto callejero en que se compran o alquilan **paquines**.

paquió.

I. 1. *Bo.* **algarrobo**, árbol y fruto. (Fabaceae; *Hymenaea courbaril*).

2. *Bo.* Madera del paquió, utilizada en la construcción y para hacer canoas.

paquiosillo.

I. 1. m. *Bo:N.* Árbol de hasta 14 m de altura, de tronco de color café y hojas compuestas, elípticas y pecioladas; su madera se usa para hacer morteros donde se muele la caña de azúcar. (Fabaceae; *Hymenaea parvifolia*).

2. *Bo:N.* Fruto leguminoso de este árbol, que contiene semillas rodeadas por una pulpa seca.

paquito.

I. 1. m. *RD, Co:N.* Revista de historietas.

par.

☐

a. ‖ **de tres ~es.** loc. adj. *Cu, PR. Referido a persona o cosa*, extraordinaria, fantástica.

b. ‖ **en ~ boliones.** loc. adv. *Co.* Rápidamente, inmediatamente. pop.

para.

I. (Apóc. de *paramilitar*).

1. m-f. *Co, Bo.* Paramilitar. pop.

II. 1. f. *Bo. En la mina*, descanso.

■

a. ‖ **~~.** m. *Pe:NO.* Licor de carácter afrodisíaco.

pará.

I. 1. sust/adj. *Gu, Ho, ES, Ni, CR.* Hierba perenne y forrajera con cálamos de hasta 6 m de altura, flores en panículas bien desarrolladas, con numerosas semillas. (Poaceae; *Panicum purpurascens*). ♦ **pasto elefante; zacate pará.**

2. m. *Gu.* Hierba forrajera de hojas anchas y pubescentes. (Poaceae; *Brachiaria mutica*).

paraba.

■

a. ‖ **~ amarilla.** *Bo:E.* **guacamaya azul y amarilla.**

b. ‖ **~ azul.** f. *Bo.* Ave de hasta 70 cm de longitud, de color azul, con el borde de los ojos y la base del pico amarillos. (Psittacidae; *Anodorhynchus hyacinthinus*). ♦ **paraba jacinta.**

c. ‖ **~ frente roja.** f. *Bo.* **loro burro.**

d. ‖ **~ jacinta.** *Bo.* **paraba azul.**

e. ‖ **~ militar.** *Bo.* **guacamaya verde.**

f. ‖ **~ roja.** f. *Bo:E.* Ave de hasta 70 cm de longitud, de color rojo, con el dorso y la cola azules. (Psittacidae; *Ara chloroptera*).

g. ‖ **~ siete colores.** *Bo:E.* **guacamaya.**

parabachi.

I. 1. m. *Bo:E.* Ave de hasta 50 cm de longitud, de color verde excepto en la parte inferior de las alas, que es roja, y la parte superior de las primarias, que es azul, y las plumas de la cola, rojas y azules. (Psittacidae; *Ara severa*).

parabicho.

(De *parar* y de *bicho*, pene).

I. 1. f. *PR.* Mujer provocadora. tabú; pop + cult → espon ^ fest.

parabienes.

I. 1. m. pl. *ES.* Golpes, azotes.

parabrisa.

I. 1. m. *Mx, Ni, CR, Pa, Cu, Ec, Bo, Py, Ar, Ur.* Parabrisas, bastidor con cristal del automóvil.

parabrisas.

I. 1. m. *ES.* Párpado. fest.

paraca.

(Del quech. *paraqa*).

I. 1. f. *Mx.* Arbusto de hasta 6 m de altura, de hojas paripinnadas, alternas, flores solitarias, axilares, grandes y de color amarillo, y frutos en legumbres aplanadas; con su corteza se elabora un tinte vegetal. (Fabaceae; *Cassia skinerii*).

II. 1. m. *Ec*; m. pl. *Pe.* Viento muy fuerte del Pacífico.

III. (Abrev. de *paracaidista*).

1. m-f. *Gu, Ho.* Persona que cobra sin trabajar.

IV. 1. *Ec.* **paracaidista**, que se presenta sin estar invitado.

paracaídas.

I. 1. *Pa, RD.* **paracaidista**, que se presenta sin estar invitado.

II. 1. m. *Pa.* Ropa interior femenina que cubre las nalgas en su totalidad. pop + cult → espon.

☐

a. ‖ **de ~.** loc. adv. *Cu. En relación con el modo de llegar una persona a un lugar*, de improviso.

▶ **caer de ~; caer en ~; dejarse ir sin ~.**

paracaidismo.

I. 1. m. *ES, Ni.* Gorronería.

2. *Ho.* Sinecura, empleo o cargo retribuido que ocasiona poco o ningún trabajo.

paracaidista.

I. 1. m-f. *Mx, Gu, Ho, Ar, Ur.* Persona que tiene un puesto remunerado al que ha accedido por influencias. pop + cult → espon.

2. *Ni, Py.* Arribista.

3. *Bo.* Persona que se afilia por conveniencia a un partido político para obtener algún beneficio.

4. *Mx, Gu, Ni.* Persona que se asienta ilegalmente en un terreno o casa abandonada. pop + cult → espon.

II. 1. m-f. *Gu, ES, Ni, CR, RD, Co, Ve, Ec, Pe, Bo:O, Py, Ur; Bo:O, Py* pop; *Pa*, pop + cult → espon ^ desp. Persona que acostumbra a presentarse en un lugar sin haber sido invitada. ♦ **paraca; paracaídas.**

III. 1. m-f. *Bo:O.* Ladrón que se dedica a robar en camiones que transportan mercancías. delinc.

parachoques.

I. 1. m. pl. *Bo:O, Py; Ch*, fest. Senos de mujer. pop.

parachute.

I. 1. m. *ES.* Miembro de la Fuerza Aérea.

2. *ES. En el ejército*, paracaidista.

paraco.

I. 1. m-f. *Co*, pop ^ desp; *Bo*, pop. Paramilitar.

2. adj. *Co, Bo.* Relativo a los paramilitares. pop.

II. 1. m. *Co:N.* Cabello revuelto. pop.

III. 1. m. *Co:N.* Panal de abejas.

paracorto.

(Calco del ingl. *short stop*).

I. 1. m. *Ho, Ni, RD.* **campocorto**, puesto de un jugador de béisbol. ♦ **sitiador.**

paracua.

(Del tarasco).

I. 1. f. *Mx.* Arbusto de hasta 4 m de altura, de hojas simples, hondamente lobuladas, flores de pétalos blancos y corola amarilla, parecidas a la margarita; tiene uso ornamental. (Asteraceae; *Montanoa grandiflora*).

parada.

I. 1. f. *Bo, Py; Ur*, p.u; *Ar*, obsol. Actitud o aspecto exterior con que una persona busca destacarse. pop + cult → espon.

2. *Ar.* Actitud y aspecto de una persona que muestra firmeza o arrogancia.

II. 1. f. *Ar, Ur.* Lugar donde se sitúa el vendedor de diarios ambulante.

2. *Ar, Ur.* Lugar, *frecuentemente un bar o un club*, en el que un grupo de personas se reúne habitualmente.

III. 1. f. *Co.* Asunto, tema. pop.

IV. 1. f. *Ho, ES, Ni.* Cantidad de dinero que se apuesta en una jugada de dados.

2. *Ho.* Partida clandestina de dados o cartas. rur. ♦ **chiva; chiveada.**

V. 1. f. *Ec.* Cantidad de jugo de caña de azúcar fermentado que se coloca en el alambique para producir aguardiente.

2. *Gu.* Batido de miel de caña que se endurece agitándola con espátula y a la que se le agrega anís para darle sabor. rur.

VI. 1. f. *Ec. En un coto de caza de venados*, cada uno de los puestos de alerta o de tiro.

2. *Gu.* Ráfaga de disparos.

VII. 1. f. *CR, Pa, PR.* Desfile navideño.

VIII. 1. f. *RD.* Dicho ingenioso.

□

a. ‖ **de ~.** loc. adj. *Ec. Referido a ropa*, que se reserva para ocasiones especiales por ser de mejor calidad. pop.

b. ‖ **~ de carro(s).** loc. sust. *Bo, Ch, Ur.* Intervención de alguien impidiendo que otro continúe actuando abusiva o ilícitamente. pop + cult → espon.

c. ‖ **~ de gallo viejo.** loc. sust. *Bo:S.* Actitud soberbia frente a una situación de amenaza a la que no se le da importancia.

▶ **colear la ~; correr con la ~; pasarse de la ~; subir la ~; tirarse una ~.**

paradero.

I. 1. m. *Mx, Co, Ec, Pe, Bo, Ch.* Lugar demarcado en el que se detienen los autobuses y otros vehículos de servicio público para dejar y recoger pasajeros.

2. *Cu.* Estación de ómnibus.

3. *Cu.* Lugar demarcado en el que se detienen los trenes para dejar y recoger pasajeros.

II. 1. m. *Bo; Ve*, rur. Lugar donde se reúne al ganado para que pase la noche.

paradilla.

□

a. ‖ **en ~.** loc. adv. *Gu. En relación con la manera de desplazarse*, con las manos sobre el suelo y los pies en alto.

paradita.

I. 1. f. *Pe.* Mercado ambulante al aire libre. pop + cult → espon.

paradito, -a.

▶ **estar ~.**

parado.

I. 1. m. *Bo.* Celda de una cárcel o de una institución militar que se utiliza para castigar a quienes cometen faltas disciplinarias.

parado, -a.

I. 1. adj. *Mx, Gu, Ho, ES, Ni, CR, Cu, RD, PR, Co, Ve, Ec, Pe, Ch, Py, Ar, Ur; Bo*, pop; *Pa*, pop + cult → espon. | metáf. *Referido al pene*, erecto.

2. *Mx, Gu, ES, Ni, CR, Pa, Cu, RD, PR, Ve, Ec, Pe, Ch, Py, Ar, Ur; Bo*, pop. *Referido a persona*, que está de pie.

3. *Mx, Gu, Ho, Ni, CR, Pa, Cu, RD, Ve, Ec, Pe, Bo, Ch, Ar, Ur.* metáf. *Referido a cosa*, levantada y derecha. ♦ **paraguay.**

4. *CR, Ec, Bo, Ch. Referido a una superficie o a un lugar*, que tiene mucha inclinación, muy empinado.

5. *Ni. Referido a persona*, rebelde, levantada en armas.

II. 1. adj. *PR, Ch; Ec*, p.u. *Referido a persona*, orgullosa y engreída.

III. 1. adj. *Gu, Ho, ES, Ni. Referido a frijoles fritos*, con el grano entero, que no ha sido machacado ni triturado.

IV. 1. adj. *Pe. Referido a persona*, en excelente situación económica. pop.

V. 1. adj. *Pe. Referido a persona o cosa*, bien conservada, que se encuentra en óptimo estado. pop.

□

a. ‖ **bien ~.** loc. adj. *Ho, Ec. Referido a persona*, que tiene buena presencia física.

b. ‖ **~ como verga.** loc. adj. *Bo. Referido a una persona*, que está de pie en un lugar sin hacer nada.

c. ‖ **~ de pestañas.** loc. adj. *Mx. Referido a persona*, enojada, enfadada.

▶ **caer ~; dar un ~; estar bien ~; estar parado; hacer la ~; ir a todas las ~s; mandar la ~; nacer ~; no saber dónde está ~; salir ~; tirarse una ~.**

paradocencia.

I. 1. f. *Ch.* Actividad o conjunto de actividades de nivel técnico, complementarias de la labor educativa.

paradocente.

I. 1. sust/adj. *Ch.* Persona que trabaja como auxiliar de los profesores.

2. adj. *Ch.* Relativo a la **paradocencia.**

3. m. *PR.* Asistente de cátedra.

parador, -ra.

I. 1. adj/sust. *Bo. Referido a una persona*, que reacciona de manera desafiante y altanera.

parafango.

I. 1. m. *Ve.* Pieza de un vehículo destinada a impedir que salpique el barro.

paragolpe.

I. 1. m. *Py, Ar, Ur.* **paragolpes.**

paragolpes.

I. 1. m. *Py, Ar, Ur.* Parachoques, pieza o aparato que llevan exteriormente los automóviles y otros vehículos, en la parte delantera y trasera, para amortiguar los efectos de un choque. (**paragolpe**).

paragua.

I. 1. m. *Bo, Ch, Ar; Ur*, p.u. Paraguas, utensilio portátil para resguardarse de la lluvia.

2. *PR.* Sombrilla de hombre.

II. 1. adj. *Bo, Ch, Ar; Ur*, p.u. Relativo al Paraguay. pop + cult → espon.

□

a. ‖ **con ~.** loc. adj/adv. *Ch. Referido a una infusión*, ligera, no cargada ni fuerte. pop.

paraguas.

I. 1. m. *RD, PR.* Sombrilla de hombre.

II. 1. m. *RD.* p.u. **hoja ancha.**

■

a. ‖ **~ japonés.** m. *Co.* **pastora**, arbusto de hasta 3 m.

▶ **abrir el ~; trabarse el ~.**

paraguatán.

I. 1. m. *Ve.* Árbol de hasta 20 m, de madera rosada; de su corteza se hace una tinta roja. (Rubiaceae; *Condaminea tinctorea*).

paraguay.

I. 1. m. *Co, Ec.* Hierba de hasta 30 cm de altura, de ramas delgadas, hojas aovadas y dentadas de color verde oscuro y flores blancas cuyo fruto es globoso y amarillo. (Scrophulariaceae; *Scoparia dulcis*). ♦ **cancharagua; orozús.**

II. 1. adj. *Gu. Referido al pene*, erecto. euf.

2. *Gu.* **parado**, que está de pie. euf.

□

a. ‖ **~ la palmera.** loc. sust. *ES.* Pene erecto.

paraguaya.

□

a. ‖ **a la ~.** loc. adv. *Ch.* Realizando el coito de pie. pop + cult → espon ^ fest.

paraguayidad.

I. 1. f. *Py.* Identidad paraguaya. cult.

paraguayo.

I. 1. m. *Bo:E.* Rosquete hecho de azúcar, almidón y clavo de olor.

paraguayo, -a.

I. 1. adj. *PR. Referido a persona*, que no se deja convencer para consumir drogas. drog.

paraguazo.

☐

    a. ‖ **de un ~.** loc. adv. *Ch.* De manera expeditiva o rápida. pop + cult → espon ^ fest.

paragüero, -a.

    I. 1. sust/adj. *Cu.* Persona que conduce un vehículo con poca destreza y habilidad.

paragüita.

    I. 1. m. *Ar, Pa,* p.u. Dulce de chocolate, con forma de paraguas.

    II. 1. m. *RD.* **paragüito.**

paragüito.

    I. 1. m. *PR.* Hongo de pequeño tamaño que nace cercano al tronco del árbol. pop + cult → espon. (**paragüita**). ♦ **flor de tierra.**

paraisillo.

    I. 1. *Bo:N.* **limoncillo.** (Fabaceae; *Senna spectabilis*).

paraíso.

    I. 1. m. *Gu, Ni, Cu, Ar, Ur.* Árbol de hasta 20 m de altura, con tronco ancho de corteza oscura, hojas pequeñas y lanceoladas, de borde aserrado, y flores de color violáceo y lila, muy fragantes, cuyo fruto es una drupa amarilla; toda la planta es tóxica. (Meliaceae; *Melia azedarach*). ♦ **adelaila; alilaila; lilayo; pestaña.**

    2. *Cu, Ar.* Madera del paraíso, muy usada en carpintería.

    a. ‖ **~ blanco.** m. *Gu.* Árbol de hasta 9 m de altura, con hojas alternas, caducas y pinnadas, flores blancas en racimos y una cápsula alargada como fruto; de sus semillas se extrae un aceite medicinal de textura suave y sin olor. (Moringaceae; *Moringa oleífera*). ♦ **paraíso francés.**

    b. ‖ **~ francés.** *Cu.* **paraíso blanco.**

parajero, -a.

    I. 1. *RD.* **parejero,** vanidoso.

paral.

    I. 1. m. *Gu.* Puntal de madera que se emplea para sostener edificaciones de modo provisional, cuando están en construcción o reparación.

    2. *Ho.* Cada uno de los dos palos verticales clavados en tierra que sujetan los dos rodillos o mazas del **zangarro.**

    3. *Ho.* En el *motrique,* palo vertical con un agujero donde se introduce la caña de azúcar y la palanca que la estruja.

    4. *Ho.* En cestería, cada una de las cañas o mimbres gruesos que salen verticalmente de la base y forman el armazón de un cesto.

    5. *Pa.* Madero vertical que, en paralelo y a cierta distancia, sirve de soporte a las paredes de barro. rur.

paralé.

    I. 1. m. *Pe, Ch.* Detención, parón enérgico que se hace a algo, *generalmente abusivo o ilícito.* pop + cult → espon.

paralela.

    I. 1. f. *Ho, ES, Ar.* Organización gremial creada por interés para anular o destruir otra ya existente.

paralítica.

    I. 1. f. *Ar, Ur.* p.u. Rodillazo. pop + cult → espon.

    2. *Ar.* En el *futbol,* puntapié o tijera violentos aplicados al adversario. pop + cult → espon.

paralogizar(se).

    I. 1. tr. *Bo, Ch.* Dejar a *alguien* asombrado o sorprendido, sin capacidad para reaccionar. cult.

    2. intr. prnl. *Bo, Ch.* Quedarse *alguien* asombrado o sorprendido, sin capacidad para reaccionar. cult.

paramada.

    I. 1. f. *Ec.* Lluvia menuda y pasajera.

paramar.

    I. 1. intr. impers. *Ec; Co:C,SO.* rur. Caer lluvia menuda y pasajera. (**paramear**).

    2. *Ve:O.* **paramear.**

paramear.

    I. 1. intr. impers. *Ve:O.* Caer una tempestad de nieve con viento o una ráfaga de viento y lluvia en el páramo. (**paramar**).

    2. *Ec,* p.u. **paramar.**

paramédico, -a.

    I. 1. m. y f. *EU, Mx, Ho, ES, Ni, CR, Pa, RD, Co, Ve, Ec, Bo, Ch, Py, Ar, Ur.* Persona auxiliar que colabora en tareas médicas.

paramero, -a.

    I. 1. adj. *Ve, Ec.* Relativo al páramo.

    2. *Ec. Referido a persona,* conocedora de la vida del páramo.

    II. 1. adj/sust. *Ec.* **cerrero,** acostumbrado a caminar con agilidad por sitios intrincados.

páramo.

    I. 1. m. *Co, Ve, Ec, Pe, Bo.* Lugar situado a más de 3000 m de altura, en la zona andina, yermo y muy frío.

    II. 1. m. *Ve:O, Ec; Co:C,SO, Pe:NO.* rur. Llovizna.

    ▶ **pasar el ~ en escarpines; pasar ~s.**

paramoso, -a.

    I. 1. adj. *Co, Ec. Referido al clima o a un lugar,* que presenta lloviznas frecuentes.

paramuno, -a.

    I. 1. adj/sust. *Co.* Natural del páramo.

    2. adj. *Co.* Relativo al páramo.

parangua.

    I. 1. f. *Mx.* Piedra o murete situado en una cocina de leña para apoyar el puchero. rur.

paranoideo, -a.

    I. 1. adj. *Ch. Referido a persona,* paranoide. cult.

parante.

    I. 1. m. *Ec, Py, Ar, Ur.* Poste o pilote de madera utilizado para consolidar cimientos o paredes.

    2. *Ec, Bo, Py, Ur.* En algunos deportes, *especialmente en futbol,* poste o palo vertical de la portería.

parao.

    I. 1. m. *Ve:O.* Dulce preparado con melaza de la caña de azúcar aliñada con anís y envuelto en hojas de caña.

parapara.

    I. 1. m. *Pe:NO.* Licor de carácter afrodisíaco.

    2. f. *Ve.* Fruto del **paraparo;** de forma globosa y de color negro brillante; se usa como amuleto.

paraparay.

    I. 1. m. *Ar:N.* Árbol de hasta 10 m de altura, de copa amplia, flores tubulares de color azul violáceo y fruto capsular leñoso. (Bignoniaceae; *Jacaranda cuspidifolia*).

paraparo.

    I. 1. *Ve.* **jaboncillo,** árbol.

parape.

    I. 1. *Ve.* **carey,** tortuga marina.

parapeteado, -a.

    I. 1. adj. *Ve. Referido a cosa,* que no está completamente reparada o arreglada.

parapetear(se).

    I. 1. intr. prnl. *Ve; Co.* pop. Ingeniárselas para cubrir con pocos recursos las necesidades, *en especial las económicas.*

    II. 1. tr. *Ve.* Asistir un médico a un enfermo sin llegar a curarlo completamente.

    2. *Ve.* Reparar *algo* a medias.

parapeto.

    I. 1. m. *Ve, Ec.* Cosa inútil, molesta y voluminosa. pop.

    2. *Cu.* Paripé.

    II. 1. m. *ES, Ni, Pa.* Apariencia, engaño.

parapolítica.

I. 1. f. *Co; Ec.* p.u. Forma de ejercer la política caracterizada por la relación estrecha con el movimiento paramilitar.

paraqué.

I. 1. m. *Ve, obsol. En una casa*, habitación pequeña donde se recibía a las personas de confianza.

parar(se).

I. 1. intr. prnl. *Mx, Gu, Ho, ES, Ni, CR, Cu, RD, PR, Co, Ve, Ec, Pe, Bo, Py; Ch, Ar, Ur,* vulg. Ponérsele erecto el pene a un hombre. pop.

2. *Mx, Gu, Ho, ES, Ni, CR, Pa, Cu, RD, PR, Co, Ve, Ec, Pe, Bo, Ch, Ar, Ur.* Ponerse *alguien* de pie.

3. tr. *Mx, Gu, CR, Pa, Cu, RD, PR, Co, Ve, Ec, Pe, Bo, Ch, Py, Ar, Ur.* Poner *algo* en posición vertical.

4. *Mx, Gu, Ni, CR, Cu, RD, Co, Ve, Ec, Bo, Ch, Py, Ar, Ur.* Poner de pie a *alguien.*

5. intr. prnl. *Mx, Gu, Ni, Pa, Cu, RD, Co, Ve, Pe, Bo.* Dejar la cama *alguien* que está acostado.

6. *Mx, Gu, Pa, Co.* metáf. Dejar un enfermo de guardar cama.

7. *Ni, Pe, Bo, Ar,* pop; *Ec, Ch,* p.u. Enfrentarse *alguien, especialmente de manera arrogante o altanera,* a otra persona. pop.

8. tr. *Cu, Bo.* Levantar un animal una parte de su cuerpo.

9. intr. prnl. *Ni.* Hacer frente a una situación.

II. 1. intr. prnl. *Cu, Pe, Bo; Co, Ec, Ar, Ur,* pop. Lograr una buena posición económica. ♦ **pararse para toda la cosecha; pararse para toda la zafra.**

III. 1. intr. *Gu, ES, Ni, Bo; Py,* pop. Apostar en el juego, *especialmente en el de los dados.*

IV. 1. intr. *Ec, Bo, Ur.* Acudir con frecuencia a determinado lugar para reunirse con alguien. pop.

V. 1. tr. *Ve.* juv. Prestar atención a *alguien.*

VI. 1. intr. prnl. *Ho, Bo.* Pisar *algo,* estar encima de algo.

VII. 1. tr. *Ec:S. En la cocina,* poner las ollas al fogón para cocinar los alimentos.

VIII. 1. tr. *Ho:O. En alfarería,* fabricar una vasija.

●

a. ‖ **párale.** fórm. *Mx.* Se usa para mandar a alguien que deje de molestar. pop.

b. ‖ **párela.** fórm. *Co.* Se usa para mandar a alguien que deje de molestar. pop.

□

a. ‖ **no encontrar dónde ~se.**
 i. loc. verb. *PR.* Quedarse *alguien* sin argumentos. pop + cult → espon.
 ii. *PR.* Quedarse *alguien* avergonzado. pop + cult → espon.

b. ‖ **no ~le pichiche a ese mondongo.** loc. verb. *Ec:O.* No preocuparse por algo. pop + cult → espon.

c. ‖ **no parársele mosca.** loc. verb. *Gu.* Ser *alguien* muy irritable.

d. ‖ **~ bola(s).** loc. verb. *Ho, Ni, Pa, RD, Co, Ve. ES, Ec.* Prestar atención a *alguien* o a *algo.* pop + cult → espon. ♦ **poner bolas.**

e. ‖ **~ chibola.** loc. verb. *Gu.* Prestar atención a *alguien.* ♦ **parar coco.**

f. ‖ **~ coco.** *Ho.* **parar chibola.**

g. ‖ **~ de un solo viaje.** loc. verb. *Ni.* Detener bruscamente a *alguien* o *algo.*

h. ‖ **~ el caballito.** loc. verb. *PR.* Contener *una persona a alguien,* dándole una respuesta adecuada. pop + cult → espon. (**parar el caballo**).

i. ‖ **~ el caballo.** *PR.* **parar el caballito.**

j. ‖ **~ el carro.** loc. verb. *Ar.* Reconvenir a alguien súbitamente, frenarlo.

k. ‖ **~ el chorro.** loc. verb. *Ni, CR.* Orinar.

l. ‖ **~ el dedo.** loc. verb. *Ch.* Estar sin hacer nada, de manera ociosa. pop + cult → espon.

m. ‖ **~ el happy.** loc. verb. *Pa.* Contener a *alguien* en sus palabras o actos desmedidos.

n. ‖ **~ el macho.** loc. verb. *Mx, Pa, Co:N, Pe.* Contener a *alguien* en sus palabras o actos desmedidos. pop.

ñ. ‖ **~ el oído.** *Mx, Ar.* **parar las orejas.**

o. ‖ **~ el rabo.**
 i. loc. verb. *RD.* Echar *alguien* a correr. pop + cult → espon.
 ii. *CR.* obsol. Marcharse *alguien* de un lugar, *generalmente para eludir una responsabilidad.*

p. ‖ **~ el rancho.** loc. verb. *Gu.* Enfrentarse a *alguien* más fuerte o con más poder.

q. ‖ **~ en seco.** loc. verb. *Mx, Gu, Ni, CR, Cu, Co, Bo, Ch, Ur.* Reprender a *alguien,* haciéndole callar. pop + cult → espon.

r. ‖ **~ la cara.** loc. verb. *Ho.* Mostrar rechazo a alguien o *algo.* pop.

s. ‖ **~ la chata.** loc. verb. *Ar.* Frenar a *alguien* que pretende propasarse o extralimitarse. pop + cult → espon.

t. ‖ **~ la cola.**
 i. loc. verb. *Ve:C, Ch.* Irse apresuradamente de un lugar, huir. pop.
 ii. *Ve.* Morir *alguien.* pop.
 iii. *Gu.* Pasear, callejear, parrandear.

u. ‖ **~ la guápil.** loc. verb. *CR.* obsol. Sufrir *alguien* una caída mientras va caminando. rur.

v. ‖ **~ la(s) guatacona(s).** loc. verb. *Cu.* Agudizar el oído, *generalmente para poder escuchar conversaciones ajenas.*

w. ‖ **~ la lengua.** loc. verb. *PR.* Excitar *alguien* o *algo* el deseo de tomar una bebida alcohólica. pop + cult → espon.

x. ‖ **~ la mano.**
 i. loc. verb. *Pa, Pe, Ar, Ur.* Frenar o detener el desarrollo de algo. pop + cult → espon.
 ii. *Gu.* Oponer resistencia a alguien por lo que dice o lo que hace.

y. ‖ **~ la manta.** loc. verb. *CR.* Marcharse *alguien* de un lugar, *generalmente para eludir una responsabilidad.*

z. ‖ **~ la ojota.** loc. verb. *Ar:NO.* Morir *alguien.* pop + cult → espon.

a¹. ‖ **~ la olla.** loc. verb. *Ec, Pe, Ch, Ar, Ur.* Ganarse el sustento diario realizando cualquier actividad lucrativa. pop + cult → espon.

b¹. ‖ **~ la(s) oreja(s).** loc. verb. *Mx, Gu, Ho, ES, Ni, CR, Pa, Cu, RD, PR, Co, Ec, Pe, Bo, Ch, Py, Ar, Ur.* Poner atención para oír algo, *especialmente conversaciones ajenas.* pop + cult → espon. ♦ **parar el oído.**

c¹. ‖ **~ la ushuta.** loc. verb. *Ar:NO.* Morir *alguien.* pop + cult → espon.

d¹. ‖ **~ las antenas.** loc. verb. *Mx, Ni, CR, Pa, PR, Ch, Ar, Ur.* p.u. Poner atención para oír algo, *especialmente conversaciones ajenas.* pop + cult → espon.

e¹. ‖ **~ las chalas.**
 i. loc. verb. *Ch.* Caer *alguien* de espaldas. pop + cult → espon ^ fest.
 ii. *Ch.* Morir *alguien.* pop + cult → espon.

f¹. ‖ **~ las chalupas.** loc. verb. *Ch.* Morir *alguien.* pop ^ fest.

g¹. ‖ **~ las herraduras.** loc. verb. *Ch.* Morir un animal o una persona. pop ^ fest.

h¹. ‖ **~ las patas.**
 i. loc. verb. *Gu, Ho, Ni, Bo, Ch, Ar:O.* Morir *alguien.* pop + cult → espon.
 ii. *CR, Co.* Sufrir *alguien* una caída.
 iii. *Gu, Ch.* Caer *alguien* de espaldas. pop + cult → espon.

i¹. ‖ **~ los caites.** loc. verb. *Gu, Ho, ES, Ni.* Morirse *alguien.*

j¹. ‖ **~ los nacos.** loc. verb. *Ho.* Morirse *alguien.*

k¹. ‖ **~ los pelos.** loc. verb. *Mx, Gu, Pa, Ve, Pe, Bo, Ch, Ur.* Producir *algo* una fuerte impresión. pop + cult → espon.

l¹. ‖ **~ los queques.** loc. verb. *CR.* p.u. Sufrir *alguien* una caída mientras va caminando. pop + cult → espon.

m¹. ‖ **~ los tenis.** loc. verb. *Gu.* Morirse *alguien.*

n¹. ‖ **~ rodeo.** loc. verb. *Py, Ar, Ur.* Reunir el ganado, *generalmente con el fin de apartar los animales pertenecientes a distintos dueños o los destinados a la venta.* rur.

ñ¹. ‖ **~la.** loc. verb. *Ni, CR, Bo.* Terminar *una persona* con una borrachera que mantenía por varios días seguidos. pop.

o¹. ‖ **~se bonito.** *Cu, RD.* **pararse firme.**

p¹. ‖ **~se de cabeza.** loc. verb. *Ni, Cu, Pe, Bo.* Ponerse *alguien* cabeza abajo.

q¹. ‖ **~se de manos.** *CR, Ar, Ur.* **pararse de uñas.** pop.

r¹. ‖ **~se de pestañas.** loc. verb. *Mx.* Molestarse, indignarse. pop + cult → espon.

s¹. ‖ **~se de uñas.** loc. verb. *Mx, CR.* Oponerse *alguien* férreamente. pop. ♦ **pararse de manos.**

t¹. ‖ **~se el cuello.** loc. verb. *Mx.* Presumir de algo, *generalmente sin fundamento.* pop + cult → espon.

u¹. ‖ **~se el pelis.** loc. verb. *Ho.* Tener miedo *alguien* o asustarse por algo.

v¹. ‖ **~se en dos patas.** loc. verb. *RD, Ch.* Mostrar *alguien* una actitud firme y enérgica para defenderse o afrontar una situación complicada.

w¹. ‖ **~se en dos pies.** loc. verb. *Ni, Bo:E.* Tomar *alguien* una posición enérgica ante una situación. pop.

x¹. ‖ **~se en la bandera.** loc. verb. *Ho.* Tratar mal a *alguien.*

y¹. ‖ **~se en las hilachas.** loc. verb. *Ch.* Adoptar una actitud arrogante o altiva en una situación o momento determinados. pop + cult → espon.

z¹. ‖ **~se en las patas de atrás.**
  i. loc. verb. *PR.* Empecinarse *alguien* en algo, emperrarse. rur.
  ii. *PR.* Enfadarse *alguien*, irritarse, encolerizarse. rur.

a². ‖ **~se en su suerte.** loc. verb. *Gu.* Quedar mal en algo.

b². ‖ **~se en sus calzones.** loc. verb. *Gu.* Hacerse respetar *alguien.*

c². ‖ **~se en treinta.** loc. verb. *Ho, Ni.* Negarse rotundamente a hacer algo.

d². ‖ **~se firme.** loc. verb. *Pa, Co, Bo, Ar, Ur.* Adoptar una actitud decidida. pop + cult → espon. ♦ **pararse bonito.**

e². ‖ **~se los pelos.** loc. verb. *Gu, Ho, CR, Cu, PR, Co, Ve, Pe, Bo, Ch.* Erizársele el cabello a una persona, *generalmente por frío o por temor.* pop + cult → espon.

f². ‖ **~se para toda la cosecha.** loc. verb. *Ar, Ur.* pararse, lograr una buena posición económica. pop + cult → espon. ♦ **pararse para toda la zafra.**

g². ‖ **~se para toda la zafra.** *Ur.* pararse para toda la cosecha.

h². ‖ **parársele el pelo.**
  i. loc. verb. *Mx, Ni, CR, Pa, Co.* Experimentar *alguien* temor o mucho asombro.
  ii. *Gu, Ho, Pa, Co, Bo, Ch; CR, Py, Ur,* pop + cult → espon; *Pe,* p.u. Ponerse los pelos de punta, horrorizarse.

▪

a. ‖ **¡ya párale a tu carro!** loc. interj. *Mx.* Expresa orden a alguien de que se detenga o contenga en lo que dice o hace de manera irreflexiva o sin consideración. pop. ♦ **¡ya párale a tu tren!**

b. ‖ **¡ya párale a tu tren!** loc. interj. *Mx.* **¡ya párale a tu carro!** pop.

parará.
  I. 1. m. *Ar. En algunas danzas tradicionales,* zapateo que se realiza con los dos pies y con variaciones de ritmos y modalidades, siendo el pie derecho por lo común el que golpea con mayor eficacia.

pararrayo.
  I. 1. m. *RD.* Planta de tallo grueso y corteza angulosa y con espinas, y hojas largas y aovadas. (Euphorbiaceae; *Euphorbia neriifolia*).
  ▶ **tener ~.**

pararrayos.
  I. 1. m. *Co:C.* Regalo que se hace a la pareja como compensación por haber obrado mal. pop ^ fest.

parásito, -a.
  I. 1. m. y f. *Ni, PR.* Estudiante que copia de otro en los exámenes. est.

parate.
  I. 1. m. *Ar. Ur.* Pausa o descanso. pop + cult → espon.
  2. *Ar, Ur.* Disminución de la actividad económica o comercial. pop + cult → espon.

paraulata.
  I. 1. f. *Co:E, Ve.* Ave semejante al tordo y aproximadamente del mismo tamaño, de color grisáceo, pardo o negruzco, según las especies, y de pico corto y ancho. (Mimidae; *Mimus* spp.). ♦ **tenca.**
  II. 1. f. *Ve.* Persona habladora, charlatana. pop + cult → espon.

paraván.
  I. 1. m. *Cu, Ve.* Biombo, mampara articulada que se usa para dividir espacios o decorar una habitación.

parazón.
  I. 1. f. *Ho, ES.* Erección frecuente del pene. vulg.
  II. 1. f. *Ho.* Paradas constantes de una persona o de un vehículo.

parce. (Apóc. de *parcero*).
  ●
  a. ‖ **~.** fórm. *Co, Ec.* juv. **parcero.** pop.

parcelamiento.
  I. 1. m. *Gu, Py.* Porción de tierra, *generalmente dedicada al cultivo,* que pertenece a alguien.

parcelario, -a.
  I. 1. sust/adj. *Gu.* Persona favorecida con un terreno.

parcelero, -a.
  I. 1. m. y f. *CR, Co, Ec, Pe, Ch.* Dueño de una parcela agrícola.
  2. *Co, Ch.* Trabajador de una parcela agrícola.

parcero, -a.
  I. 1. m. y f. *Co, Ec.* juv. Amigo íntimo, compañero inseparable. pop.
  ●
  a. ‖ **~.** fórm. *Co, Ec.* juv. Forma de tratamiento usada entre jóvenes conocidos. pop. ♦ **parce.**

parcha.
  I. 1. m-f. *Ve.* Homosexual. pop.
  II. 1. *PR.* **pasionaria.** (aparcha).
  2. f. *PR.* Fruto de la parcha, redondo, de color amarillento, cáscara dura, suave y lustrosa, de carne acuosa de color rosado y semillas envueltas en una masa gelatinosa que se aprovecha para hacer refrescos.
  ■
  a. ‖ **~ cimarrona.** f. *PR.* Planta trepadora de hasta 10 m de altura, con hojas ovaladas, flores de gran tamaño, aromáticas, de color blanco y púrpura, y fruto redondo, amarillento y liso; su pulpa es comestible y agradable sabor. (Passifloraceae; *Passiflora maliformis*).
  b. ‖ **~ granadina.** f. *Pa, Ve.* Planta trepadora de hasta 20 m de altura, de hojas acorazonadas, flores grandes, aromáticas, de color blanco y púrpura, y

fruto redondo, de gran tamaño, amarillento y liso; su pulpa es comestible y de sabor agradable. (Passifloraceae; *Passiflora quadrangularis*).

c. ‖ ~ **redonda.** *PR.* **pasionaria.**

parchado, -a.

I. 1. adj. *Mx, Gu, Ho, ES, Ni, Bo, Ch. Referido a cosa*, parcheada.

2. *Mx, Gu, ES, Ni. Referido a cosa*, en malas condiciones, que no está bien hecha.

parchador.

I. 1. m. *Bo:E,O.* Taller de reparación de neumáticos.

parchar(se).

I. 1. tr. *Mx, Ho, ES, Ni, Cu, Pe, Bo, Ch, Ar, Ur,* p.u. Parchear, poner un parche a *algo*.

2. *Mx, Ho, Bo.* Remendar o modificar *algo*.

3. *Mx, Ho, Bo.* Tapar los baches de una calle o carretera.

4. *Mx, Ho.* Arreglar *algo* provisionalmente.

5. *Ho, Bo. En alfarería*, remendar una vasija de barro crudo o cocido.

6. *Ec.* Ocluir la abertura de un tubo neumático con un parche.

II. 1. intr. *Mx, ES.* Realizar el coito. vulg.

2. tr. prnl. *Mx.* Realizarse el coito. vulg.

3. *Co.* juv. Dar besos a *alguien*. pop.

III. 1. intr. prnl. *Co.* juv. Reunirse con los amigos en el **parche** o en otro sitio. pop.

parche.

I. 1. m. *Co.* juv. Sitio de reunión para jóvenes. pop.

2. *Co.* juv. Grupo de jóvenes que comparten ideología, vestuario y pautas de comportamiento. pop.

II. 1. m. *Ni.* Problema, conflicto.

III. 1. m. *Pa.* Placa de oro que lleva en las sienes la mujer que viste la **pollera** y que cubre los remedios medicinales que antiguamente se usaban para el dolor de cabeza.

■

a. ‖ ~ **antena.** m. *Co:SO.* juv. Grupo de amigos varones que suelen frecuentar los mismos lugares. pop.

b. ‖ ~ **cuca.** m. *Co:SO.* juv. Grupo de amigas que suelen frecuentar los mismos lugares. pop.

c. ‖ ~ **curita.**
   i. m. *Ch.* **parche poroso.**
   ii. *Ch.* metáf. Remedio o alivio temporal para algo.

d. ‖ ~ **poroso.** m. *Cu, Ve; Ec, Ur,* obsol. Tira adhesiva que tiene en una de sus caras una gasa esterilizada, y que sirve para cubrir cortaduras y otras heridas leves. ♦ **parche curita.**

□

a. ‖ ~ **mal pegado.** loc. sust. *RD.* Persona cuya presencia resulta molesta por ser innecesaria o inoportuna. (**parcho mal pegado**).

► hacerse ~; poner el ~ antes de que salga el chupo; poner el ~ antes de que salga el hueco; ponerse el ~ antes de que salga el grano; sacarle al ~; ser un ~.

parchepegado.

I. 1. m. *Pa.* p.u. Marido o amante que no cumple con las condiciones que se esperan. vulg.

parchero, -a.

I. 1. sust/adj. *Gu, Ho, ES.* Experto en poner parches, fomentos o emplastos para curar enfermedades.

2. *Gu, Ho, ES.* Persona que cura enfermedades con plantas.

II. 1. sust/adj. *Gu, Ho, ES.* Persona aficionada y chapucera en su oficio.

parchita.

I. 1. f. *RD, Ve.* **maracuyá,** planta.

2. *RD, Ve.* **maracuyá,** fruto.

parcho.

I. 1. m. *RD, PR, Ve.* Trozo de tela, papel u otro material, que se pega sobre la superficie de un objeto para repararlo o disimular el daño.

□

a. ‖ ~ **de viento.**
   i. loc. sust. *PR.* Golpe de viento. pop + cult →
      espon.
   ii. *PR.* Viento a ráfagas. pop + cult → espon.

b. ‖ ~ **mal pegado.** *RD.* **parche mal pegado.**

parchón.

I. 1. m. *CR.* Mancha grande.

parchoso.

I. 1. adj. *Ho, ES. Referido a cosa*, parcheada, remendada.

parcialidad.

I. 1. f. *Ec, Bo; Pe,* p.u. Zona en la que vive una comunidad indígena dentro de un municipio o circunscripción territorial.

parcializarse.

I. 1. intr. prnl. *Ve, Ec.* Adoptar *alguien* una postura parcial ante algo, tomando partido por una de las partes en conflicto. pop + cult → espon.

parco.

I. 1. m. *Ho.* juv. **valo,** persona. delinc.

■

a. ‖ ~ **prieto.** m. *RD.* **hojancha.**

pardear.

□

a. ‖ **al ~.** loc. adv. *Mx.* Al atardecer, al anochecer, al oscurecer.

pardo, -a.

I. 1. adj/sust. *Bo:E, Ar. Referido a persona*, de tez oscura y rasgos aindiados. pop.

2. sust/adj. *Bo:E,O,* pop; *Ur,* pop + cult → espon ^ desp; *Ec,* obsol. Mulato, nacido de negra y blanco o al contrario.

pare.

I. 1. m. *Cu, PR, Co, Ve, Ec.* Señal de tránsito que indica a los conductores la obligación de detenerse.

II. 1. m. *ES.* Reto, provocación.

III. 1. m. *ES.* Apuesta.

IV. 1. m. *ES.* Favor.

parear.

I. 1. tr. *Ch.* Impedir que un número determinado de representantes de un partido voten, por un acuerdo previo o de honor, para equipararlos con otro número igual de representantes del partido o facción rival que están ausentes por alguna causa.

parecén.

I. 1. *Gu.* **tempisque.**

parecer.

I. 1. intr. *Ho, Ni.* Gustar algo.

●

a. ‖ **¿cómo te parece?** fórm. *Co, Ve, Ec.* Se usa para pedir opinión o parecer.

□

a. ‖ ~ **acordeón.** loc. verb. *Mx, Ni, Bo.* Tener *alguien* muchas arrugas. fest.

b. ‖ ~ **azote de verguear perros.** loc. verb. *Ho.* Estar muy delgado. rur; vulg.

c. ‖ ~ **caballo cholenco.** loc. verb. *Ni.* Tener el cuerpo dolorido.

d. ‖ ~ **cabeza de gallina.** loc. verb. *Ni.* Ser *alguien* olvidadizo.

e. ‖ ~ **chancho de engorde.** loc. verb. *Ni.* Estar *alguien* muy gordo. desp. ♦ **parecer chancho de hule; parecer chancho en alforja; parecer nacatamal pindongo.**

f. ‖ ~ **chancho de hule.** *Ni.* **parecer chancho de engorde.** desp.

g. ‖ ~ **chancho en alforja.** *Ni.* **parecer chancho de engorde.** desp.

h. ‖ ~ **chile relleno.** loc. verb. *Mx.* Vestir *alguien* ropa muy entallada, de manera que sobresalen los pliegues de gordura. pop ^ fest.

i. ‖ ~ **cola de macho.** loc. verb. *Gu.* Callejear por una ciudad.

j. ‖ ~ **criado con leche pedida.** loc. verb. *PR.* Tener *alguien* aspecto enfermizo, enclenque. pop + cult → espon.

k. ‖ ~ **cueca.** loc. verb. *Bo, Ch.* Repetirse *algo* de manera excesiva produciendo hartazón. pop.

l. ‖ ~ **culo con pujo.** loc. verb. *Ho.* Insistir *alguien* en algo. rur.

m. ‖ ~ **de hule.** loc. verb. *Ho.* Rechazar un cheque bancario por insuficiencia de fondos. pop + cult → espon.

n. ‖ ~ **foto.** loc. verb. *Mx, ES, Ni, CR, Ec.* Vestir *alguien* la misma ropa. fest.

ñ. ‖ ~ **gallina chiricaca.** loc. verb. *Ni.* Tener *alguien* el pelo erizado.

o. ‖ ~ **gallina comprada.** loc. verb. *Ni.* Sentirse *alguien* mal o ridículo en un lugar o reunión.

p. ‖ ~ **gallo chorompo.** loc. verb. *ES.* Estar *alguien* satisfecho consigo mismo.

q. ‖ ~ **garrobo.** loc. verb. *Ho, Ni.* **Asolearse** *alguien.*

r. ‖ ~ **librillo.** loc. verb. *Ni.* Tener *alguien* muchas arrugas en la cara.

s. ‖ ~ **loras en guanacaste.** loc. verb. *Ho, Ni.* Hacer escándalo o hablar mucho y fuerte.

t. ‖ ~ **loro comiendo masa.**
   i. loc. verb. *Ho.* Hablar mucho *alguien.*
   ii. *Ho.* Ensuciar de migas y sobras la mesa donde se come.

u. ‖ ~ **loros en guayabal.** loc. verb. *Ho, Ni.* Hacer escándalo con gritos y voces. pop + cult → espon.

v. ‖ ~ **mono de chompipe.** loc. verb. *Ni.* Tener *alguien* muchas arrugas en la cara.

w. ‖ ~ **mono haciendo muecas.** loc. verb. *Ni.* Gesticular mucho.

x. ‖ ~ **mosca en leche.** loc. verb. *Ni, Bo, Ch.* Vestir de blanco *una persona* de piel oscura. fest.

y. ‖ ~ **moto.** loc. verb. *Ni.* Estar *alguien* triste.

z. ‖ ~ **nacatamal pindongo.** *Ni.* **parecer chancho de engorde.** fest.

a¹. ‖ ~ **palo de jiñocuabo.** loc. verb. *Ni.* Tener *alguien* el cuerpo lleno de cicatrices y moraduras.

b¹. ‖ ~ **pipilacha.** loc. verb. *Ni.* Estar *alguien* muy delgado.

c¹. ‖ ~ **pollo comprado.** loc. verb. *Ho.* Sentirse *alguien* mal o ridículo en un lugar o reunión.

d¹. ‖ ~ **pollo remojado.** loc. verb. *Ni.* Sentirse *alguien* triste. ♦ **parecer zanate remojado.**

e¹. ‖ ~ **real de tripa.** loc. verb. *Ni.* Ser *algo* muy largo, durar mucho algo.

f¹. ‖ ~ **retrato.** loc. verb. *Ho, Ni.* Andar vestido siempre con la misma ropa.

g¹. ‖ ~ **semáforo.** loc. verb. *Ho.* Vestir *alguien* ropa con colores muy llamativos y vivos. sat.

h¹. ‖ ~ **tlaconete en sal.** *Mx.* **moverse como tlaconete en sal.** pop + cult → espon.

i¹. ‖ ~ **un costal de huesos.** loc. verb. *Gu, Ho, Ni, Bo, Ch.* Estar *alguien* muy flaco.

j¹. ‖ ~ **un escaparate.** loc. verb. *Ve.* Ser *alguien* de gran corpulencia.

k¹. ‖ ~ **una chicharra.** loc. verb. *Gu, Ve.* Experimentar *una persona* ganas de orinar con más frecuencia de lo normal. pop ^ fest.

l¹. ‖ ~ **una cucaracha loca.** loc. verb. *PR.* Ser *una persona* alocada, atolondrada. rur.

m¹. ‖ ~ **una quirina.** loc. verb. *Ni.* Estar *alguien* muy flaco.

n¹. ‖ ~ **vara de bajar aguacates.** loc. verb. *Ho.* Ser *una persona* muy alta y delgada. pop.

ñ¹. ‖ ~ **vara de hurgar aviones.** loc. verb. *Ho.* Ser *una persona* muy alta. fest.

o¹. ‖ ~ **yegua panda.** loc. verb. *Ni.* Tener *alguien* el cuerpo lleno de cicatrices y moraduras.

p¹. ‖ ~ **zanate remojado.** *Ni.* **parecer pollo remojado.**

q¹. ‖ ~**se a la chica parida.** loc. verb. *Ni.* Llevar a un bebé siempre en brazos.

r¹. ‖ ~**se a la Chumila.** loc. verb. *Ni.* Estar *alguien* muy gordo. desp.

s¹. ‖ ~**se al mal ladrón de Masaya.** loc. verb. *Ni.* Ir *alguien* sucio y desaseado. desp.

parecimiento.
   I. 1. m. *Gu; Mx*, pop. Semejanza, parecido.

pared.
   □
   a. ‖ **hasta la ~ de enfrente.** loc. adv. *Mx, Ni, CR, Pa, Cu, RD, Ch; Ec, Bo,* p.u. En grado sumo. pop.
   ▶ **quedarse apaleando ~es.**

paredilla.
   I. 1. f. *ES.* Zócalo o borde saliente en la pared de las casas de campo.
   2. *Pa.* Pared o muro no muy alto que rodea el patio de una casa u otra construcción.

pareira.
   ■
   a. ‖ ~ **brava.** f. *Mx, Ar.* Enredadera de hasta 5 m de longitud, de ramas herbáceas, hojas alternas, con las venas palmeadas, flores pequeñas y verdosas, y fruto de color rojizo en drupa; la raíz tiene diversos usos en la medicina tradicional. (Menispermaceae; *Cissampelos pareira*). ♦ **alcotán; contrayerba; curarina; milhombres; pegamo.**

pareja.
   I. 1. m-f. *Mx.* Policía, compañero de otro policía. pop.
   II. 1. f. *Ni.* Carrera de caballos.
   2. *Pa.* p.u. Carrera. rur.
   □
   a. ‖ **a toda ~.** loc. adv. *Pa.* p.u. Rápidamente. rur.

parejeada.
   I. 1. f. *ES.* Carrera entre dos personas.

parejear.
   I. 1. intr. *ES.* Correr *alguien.*
   2. *Ni.* Correr o galopar dos caballos.
   II. 1. tr. *Ni.* Perseguir a *alguien.*

parejera.
   I. 1. f. *Ur.* Culebra de color verdoso opaco y movimientos muy rápidos. (Colubridae; *Phylodrias patagoniensis*).

parejería.
   I. 1. f. *RD, PR, Ve.* Actitud propia de la persona **parejera**, vanidosa. pop + cult → espon.
   2. *Ve.* Actitud propia de la persona **parejera**, que procura andar acompañada de otra.
   3. *Cu.* Actitud propia de la persona irrespetuosa y confianzuda.
   4. *Cu.* Confianza excesiva en el trato con las personas.

parejero, -a.
   I. 1. adj. *Mx, Bo, Ch; Ar, Ur,* rur; adj/sust. *Py. Referido a una caballería*, veloz, adiestrada para correr o tirar en pareja.
   2. adj. *Ni. Referido a un caballo o una yegua*, que galopa muy bien y con rapidez.
   II. 1. adj/sust. *PR, Ve*; adj. *RD. Referido a persona*, vanidosa, pedante, soberbia. pop + cult → espon. (**parejero**).

2. adj. *Ve. Referido a persona*, que procura andar siempre acompañada de otra de situación económica y social más ventajosa, con el fin de recibir la misma consideración y respeto.

III. 1. adj/sust. *Cu, PR. Referido a persona*, que se toma excesivas confianzas y falta el respeto a otras. pop + cult → espon.

IV. 1. adj. *Ch. Referido a un establecimiento hotelero*, que admite ocasional o habitualmente solo parejas que van a tener relaciones sexuales.

V. 1. sust/adj. *Cu.* Niño que imita la conducta de los adultos.

parejito.
▶ gastarse ~.

parejo.
I. 1. adv. *Ch, Py, Mx, Co, Bo, Ar, Ur, Pa*, pop + cult → espon. De manera continuada o constante.

II. 1. adv. *Co, Ve, Bo; Pa*, cult → espon. Mucho, en cantidad. pop.

III. 1. m. *Pa, PR, Co; Ve*, rur. Compañero de baile.

IV. 1. m. *PR. En las peleas de gallos*, apuesta igual a la hecha por el apostador anterior.

▶ entrar ~; halar ~; jalar ~; levantar ~; tropezar en lo ~.

parejo, -a.
I. 1. adj. *Ho, ES, Ni. Referido a persona o ley*, justa, imparcial.

II. 1. adj. *Ho, Ni. Referido a persona*, de trato afable.

2. *Ni. Referido a persona*, generosa.

parel.
▶ bogar al ~.

parendera. (De *parir*).
I. 1. sust/adj. *Ho, ES, Ni.* Mujer que ha parido varias veces.

pareo.
I. 1. m. *Ch.* Acuerdo previo o pacto de honor entre dos partidos antagónicos o rivales para que no vote un número determinado de representantes de un partido y equipararlo con un número igual del otro que están ausentes por alguna causa.

pares.
I. 1. m. pl. *Mx:SE, Ho, Ni.* Placentas.

II. 1. m. pl. *Ho, CR.* Conexiones instaladas para colocar una línea de teléfono.

pargo.
I. 1. sust/adj. *Ve.* Hombre homosexual o afeminado. euf; pop + cult → espon.

II. 1. m. *PR.* Cliente de una prostituta. prost. (**parguito**).

■

a. ‖ **~ amarillo.** m. *CR, Pa, PR.* Pez marino de hasta 70 cm de longitud, de rostro largo y puntiagudo, con un par de caninos grandes en la mandíbula superior, cuerpo alto, plateado, y un característico color amarillo en las aletas y la cola; es comestible. (Lutjanidae; *Lutjanus apodus*). ◆ **pargo rubio.**

b. ‖ **~ colorado.** m. *Cu.* **guachinango.**

c. ‖ **~ criollo.** m. *Cu.* Pez marino de hasta 80 cm de longitud, de color verde oliváceo en el dorso, rosáceo en el vientre, rosa intenso en las aletas y unas rayas azules debajo de los ojos; es comestible. (Lutjanidae; *Lutjanus analis*). ◆ **pargo de ley; pargo sanjuanero.**

d. ‖ **~ de la mancha.** m. *Pa.* **parqueta.**

e. ‖ **~ de ley.** *Cu.* **pargo criollo.**

f. ‖ **~ de lo alto.** m. *Cu.* Pez marino de hasta 70 cm de longitud, de ojos amarillos, cuerpo rosáceo con tenues líneas amarillas y una mancha negra en los lados. (Lutjanidae; *Lutjanus vivanus*). ◆ **chillo; colorado.**

g. ‖ **~ guacinuco.** m. *PR.* **cubera.** (Lutjanidae; *Lutjanus cyanopterus*).

h. ‖ **~ manchego.** m. *PR.* **biajaiba.**

i. ‖ **~ mulato.** m. *PR.* **cubera.** (Lutjanidae; *Lutjanus cyanopterus*).

j. ‖ **~ prieto.** *PR.* **guachinango.**

k. ‖ **~ rojo.**
    i. *Ni, CR, Cu, Co.* **guachinango.**
    ii. *Pa.* **colorado.**

l. ‖ **~ rubio.** *PR.* **pargo amarillo.**

m. ‖ **~ sama.** *PR.* **guachinango.**

n. ‖ **~ sanjuanero.** *Cu.* **pargo criollo.**

ñ. ‖ **~ sesí.** *Cu.* **sesí.**

□

a. ‖ **~ barato.** loc. sust. *PR.* Cliente de prostituta que no paga bien. prost. ◆ **pargo chipe.**

b. ‖ **~ chipe.** (Del ingl. *cheap*, barato). *PR.* **pargo barato.**

c. ‖ **~ de mucho merenguito.** loc. sust. *PR.* Cliente de prostituta que paga espléndidamente. prost.

d. ‖ **~ duro.** loc. sust. *PR.* Cliente de prostituta que paga bien. prost.

e. ‖ **~ estéril.** loc. sust. *PR.* Cliente que sale siempre con la misma prostituta. prost.

f. ‖ **~ maceta.** loc. sust. *PR.* Cliente de prostituta, tacaño. prost.

▶ pescar un ~.

pargo, -a.
I. 1. adj/sust. *CR. Referido a persona*, vagabunda, holgazana. pop + cult → espon.

pargolete.
I. 1. m. *Ve.* Hombre homosexual o afeminado. delinc.

parguela.
I. 1. m. *EU, Cu.* Hombre homosexual. pop.

parguito.
I. 1. *PR.* **pargo**, cliente de prostituta. prost.
▶ coger una prostituta un ~.

pari. (Del ingl. *party*, fiesta).
I. 1. m. *Ho, ES.* juv. *party*.

paria.
I. 1. m-f. *ES.* Amigo íntimo, compañero inseparable. pop.

parián.
I. 1. m. *Mx:O.* Mercado.

paricear. (De pari).
I. 1. intr. *PR.* juv. **parisear.**

parichi.
I. 1. m. *Bo:E.* Estera tejida con el cogollo de la palmera **motacú.** pop.

parición.
I. 1. f. *Gu, Ec, Ar.* Parto de un animal vivíparo.

2. *Ec. En ciertas plantas*, especialmente musáceas, brote del racimo.

3. *Cu.* Fructificación de las plantas.

parida.
▶ parecerse a la chica ~.

paridero.
I. 1. m. *Ec. En una hacienda*, lugar en que pare el ganado.

parido, -a.
I. 1. adj. *Ch. Referido a un sentimiento, tendencia o instinto*, visceral, muy intenso o profundo. pop + cult → espon.

paridor, -ra.
I. 1. m. y f. *Pe:NO.* Partero, persona que asiste a la parturienta. pop.

2. adj. *Ec. Referido a animal*, que se reproduce con facilidad. rur.

pariente.
●
a. ‖ **~.** fórm. *Cu.* Se usa para entablar una relación amistosa con alguien. pop.

■

a. ‖ ~**s, sacadientes.** fr. prov. *Bo.* Indica que los parientes aprovechan al máximo los beneficios de sus allegados.

parietaria.
I. 1. f. *Mx.* Planta herbácea de tallo rastrero, hojas circulares, flores en espiga y fruto de aristas punzantes; se emplea en medicina popular por sus propiedades digestivas y diuréticas. (Amaranthaceae; *Alternanthera pungens*). ♦ **tianguispepetla.**

pariguana.
I. 1. *Pe, Bo:O.* **parihuana.**

pariguayo, -a. (Del ingl. *party watcher*)
I. 1. sust/adj. *RD.* Persona que hace el ridículo por no estar a la altura de las circunstancias.
2. *RD.* Persona tonta, estúpida.

parihuana.
I. 1. *Pe, Bo:O.* **parina grande.** (**pariguana**).

parihuela.
I. 1. f. *Ve, Pe.* Plataforma transportable de madera sobre la que se colocan objetos.
II. 1. f. *Ec, Pe, Bo.* **Chupe** hecho con pescado, mariscos y otros ingredientes.

parima.
I. 1. *Ar:NO.* **parina grande.**

parina. (Del quech. *parína*).
I. 1. *Bo, Ch:N, Ar.* **parina chica.**
2. *Bo, Ch:N, Ar.* **parina grande.**

■

a. ‖ ~ **chica.** f. *Bo, Ar:NO.* Ave zancuda de hasta 90 cm de longitud, de plumaje rosado, pico amarillo con el ápice negro y patas rojas. (Phoenicopteridae; *Phoenicoparrus jamesi*). ♦ **parina; parinagua.**
b. ‖ ~ **grande.** f. *Bo, Ar:NO.* Ave zancuda de hasta 1,2 m de longitud, de plumaje rosado en el cuerpo y negro en las alas, pico grueso y fuerte, y patas amarillas. (Phoenicopteridae; *Phoenicoparrus andinus*). ♦ **parihuana; parima; parina.**

parinagua.
I. 1. *Ch:N.* **parina chica.**

parinari.
I. 1. m. *Pe:E.* Árbol alto y frondoso, de frutos naranjas, morados o verdes, *por lo general comestibles*, aunque también algunos se usan como tintes. (Chrysobalanaceae; *Parinari* spp.).

parindera.
I. 1. adj. *Ho, Ni, Gu, Pa, Bo:E,* p.u.; rur. *Referido a una hembra, generalmente al ganado,* que pare y cría muy bien.
2. sust/adj. *ES.* Mujer que ha parido varias veces. pop + cult → espon.

parir.
I. 1. intr. *Pa, Cu, RD, PR, Ve.* Dar frutos una planta. rur; pop + cult → espon
2. tr. *Ho.* Echar el **plátano** el **virote** y la bellota grande y morada que contiene la flor. rur.
3. *Ho.* Florecer una planta, *en especial el tabaco.* rur.
II. 1. tr. *Ho, Bo.* Escribir *algo* de cierta extensión. hiperb.
2. *ES.* En el ejército, pensar *algo.*
III. 1. tr. *Bo:O.* Sufrir *alguien* una desgracia o contratiempo. pop.
IV. 1. tr. *Ho.* En el ejército, conseguir *algo.*
V. 1. intr. *CR.* Experimentar dificultades al realizar *algo.* pop + cult → espon.

□

a. ‖ ~ **a la taba.** loc. verb. *Ni.* Tener una mujer muchos hijos y no cuidar de ellos.
b. ‖ ~ **borugos.** loc. verb. *Ce:C.* Encontrarse *alguien* en aprietos o dificultades. pop.

c. ‖ ~ **chayotes.**
i. loc. verb. *Mx.* Conseguir *algo* con mucho esfuerzo. pop + cult → espon.
ii. *Mx.* Realizar una tarea muy difícil. pop + cult → espon.
d. ‖ ~ **la mula.** loc. verb. *Ho, ES.* Suceder *algo* insólito e increíble.
e. ‖ ~ **las venadas.** loc. verb. *ES.* Llover con sol.
f. ‖ ~ **manos.** loc. verb. *CR.* Experimentar dificultades al realizar *algo.* pop + cult → espon.

■

a. ‖ **¡que la (lo) parió!** loc. interj. *Bo, Ar, Ur.* Expresa asombro, desilusión o enojo. vulg.

▨

a. ‖ **o pare la burra o revienta la reata.** fr. prov. *ES.* Indica que se está decidido a hacer algo sin importar las consecuencias.

parisear.
I. 1. intr. *PR.* juv. Irse de fiesta. (**paricear; parisiar**).

parisiar. (Del ingl. *party*).
I. 1. *PR.* **parisear.**

parisón. (Del ingl. *party*).
I. 1. m. *PR.* juv. Fiesta estupenda.

parito.
I. 1. m. *Gu.* Par, conjunto de dos personas o cosas.

paritorio.
I. 1. m. *Cu, RD, PR.* Alumbramiento.

parkinsonia.
I. 1. f. *Ch.* **huacáporo.**

parlache.
I. 1. m. *Co.* Jerga utilizada por ciertos grupos urbanos populares o marginales.

parlama.
I. 1. f. *Gu.* Tortuga de agua dulce de hasta 60 cm de longitud, con el cuerpo aplanado, caparazón de color marrón oscuro con tonos grisáceos y unas pequeñas líneas amarillas a ambos lados de la cabeza. (Dermatemydidae; *Dermatemys mawii*). (**paslama**).
2. *Gu.* **golfina.**

■

a. ‖ **cazuela de ~.** f. *Ho.* Guiso de tortuga.

parlante.
I. 1. m. *Ho ES, Ni, CR, Pa, Co, Ve, Ec, Pe, Bo, Ch, Py, Ar, Ur* Aparato que, conectado a un transmisor o emisor de sonidos, transforma impulsos eléctricos en sonidos, amplificándolos.
2. *Ho, ES, Ni.* Caja de resonancia con uno o más parlantes, que sirve para amplificar y mejorar el sonido, *especialmente de un equipo de audio.*

parlatutti. (Del it. *parlare*, hablar, y *tutti*, todos).
I. 1. adj/sust. *Ar.* p.u. *Relativo a persona*, charlatana, excesivamente habladora. pop + cult → espon.

parle.
I. 1. m. *Cu.* Reloj de pulsera. pop.

parlé.
I. 1. m. *Cu.* Combinación de dos números del uno al cien, de los tres que resultan ganadores cada día en el juego de la **bolita**, que logra acertar un jugador.

parlerío.
I. 1. m. *Bo.* Parloteo. pop.

parlo.
I. 1. m. *Ar.* Reloj. delinc.

■

a. ‖ ~ **con marroca.** m. *Ar.* Reloj de bolsillo con cadena. delinc.

parlote.
I. 1. m. *PR.* Tronco de la mata de tabaco. rur.
2. *PR.* Tronco de donde salen las **manos** que llevan los **guineos** o los **plátanos.** rur.

paro.
- I. 1. m. *Mx, ES.* Ayuda o favor que se hace a alguien. pop.
- II. 1. m. *Ec.* juv. Mentira.
  - 2. *ES.* Pretexto, excusa.
- III. 1. m. *Ho.* juv. *Entre pandilleros*, amigo inseparable.
- IV. 1. m. *Ho. En el juego de dados*, apuesta única en que se juega todo el dinero en una jugada.
  - □
  - a. ‖ ~ **de manos.** loc. sust. *Ur.* Prueba gimnástica que consiste en tomar impulso apoyando las palmas de las manos sobre el suelo y levantar las piernas para lograr una posición vertical.
  - ▶ **hacer el ~; pedir ~.**

parole. (Voz inglesa).
- I. 1. m. *EU.* Libertad bajo palabra.

parón.
- ▶ **dar un ~.**

parota.
- I. 1. f. *Mx.* **guanacaste**, árbol.

parpadear.
- ▨
  - a. ‖ **el que parpadea, pierde.** fr. prov. *Gu, Ni, CR, Pa.* Indica que hay que estar muy atento para no desaprovechar la ocasión.

parque.
- I. 1. m. *Mx, Gu, Ho, Ni, Bo.* Munición de armas de fuego. (**párquer**).
- II. 1. m. *RD; Pa*, rur; pop + cult → espon. *En un pueblo o una ciudad*, plaza, lugar en el que convergen varias calles.
  - ▨
  - a. ‖ ~ **automotor.** m. *Co, Bo, Ch, Ar, Ur.* Conjunto de vehículos que circulan en una ciudad.
  - b. ‖ ~ **cementerio.** m. *Co, Ch.* Cementerio que se caracteriza por tener amplios prados, en donde solo se sitúan las lápidas.
  - c. ‖ ~ **de diversiones.** m. *Mx, CR, Pa, Cu, PR, Co, Ec, Bo, Ch, Ar, Ur.* Establecimiento, *generalmente al aire libre*, en el que se reúnen instalaciones recreativas y de entretenimiento. ◆ **parque de entretenciones.**
  - d. ‖ ~ **de entretenciones.** *Ch.* **parque de diversiones.**
  - e. ‖ ~ **industrial.** m. *Co, Bo.* Conjunto de las industrias de una ciudad, **departamento** o país.
  - f. ‖ ~ **rodante.** m. *Cu.* Conjunto de vehículos propiedad de una institución estatal.
  - ▶ **irse del ~; joder el ~.**

parqueada.
- I. 1. f. *Mx:N, Ho, ES, Ni, CR, Bo.* Maniobra que consiste en dejar estacionado un vehículo en un sitio apropiado o destinado para tal fin.
- II. 1. f. *Pa.* Aclaración y precisión que se le hace a alguien sobre un asunto para dejarlo en evidencia. pop + cult → espon.

parqueadero. (Del ingl. *parking*, estacionamiento).
- I. 1. m. *Gu, Co, Ec, Bo; Pa.* p.u. Lugar reservado para estacionar vehículos.
  - 2. *Ch.* Lugar reservado para guardar vehículos chocados o decomisados.

parqueado, -a.
- I. 1. adj. *Gu, Ho, ES, Ni, CR, Cu, PR, Co, Ec, Bo.* Referido a un **vehículo**, estacionado.
- II. 1. adj. *Ho, ES. Referido a persona*, muerta. fest.
  - 2. *Ho, ES.* metáf. *Referido a persona*, borracha que se ha quedado dormida. fest.
  - 3. *Gu.* metáf. *Referido a persona*, profundamente dormida. pop + cult → espon.
- III. 1. adj. *Gu, Ho. Referido a persona*, que ha perdido en una discusión. fest.

- 2. *Gu, Ho. Referido a persona*, que ha sido apartada de su trabajo. fest.
- IV. 1. adj. *Gu. Referido a persona*, que la han dejado esperando.
  - ▶ **estar ~; tener ~.**

parqueador, -ra.
- I. 1. m. y f. *ES, Ni, Cu, Ch.* Persona al cuidado de los automóviles en un **parqueo**.

parquear(se).
- I. (Del ingl. *to park*).
  - 1. tr. *EU, Mx:N, Gu, Ho, ES, Ni, CR, Pa, Cu, RD, PR, Co, Ec, Pe, Bo.* Estacionar un vehículo en un lugar. ◆ **cuadrar.**
  - 2. intr. prnl. *Gu, Cu, Co, Bo.* metáf. Permanecer *una persona* por mucho tiempo en una visita o a la espera de alguien. pop.
  - 3. intr. prnl. *CR, Ec, Bo; Pa*, pop. Dejar temporalmente un conductor su vehículo estacionado en un lugar.
  - 4. tr. *Ho, Ni.* metáf. Detener un asunto, tema o trámite de algo.
  - 5. *Ho.* metáf. Detener o frustrar las aspiraciones de alguien a algo.
- II. 1. tr. *Ho, ES, Ni.* metáf. Matar *una persona* a *alguien*.
  - 2. intr. prnl. *Ho, ES, Ni.* Morirse *alguien*.
- III. 1. tr. *Gu, Ni, Pa.* Hacerle a *alguien* una aclaración o precisión sobre un asunto para dejarlo en evidencia. pop + cult → espon.
- IV. 1. intr. prnl. *Ho, ES.* metáf. Dormirse *alguien* por estar borracho.
- V. 1. intr. prnl. *Bo.* Conseguir *alguien* un empleo o situación de privilegio por amistad, parentesco o por pertenecer a un determinado partido. pop.
- VI. 1. intr. *Pa.* juv. Reunirse con los amigos para pasar el tiempo. pop + cult → espon.
  - □
  - a. ‖ ~ **la rastra.** loc. verb. *Ho.* Dormir o descansar *una persona*. fest.
  - b. ‖ ~ **solo.** loc. verb. *Pa.* juv. Quedarse aislado en una reunión ignorado por todos.

parqueo. (Del ingl. *to park*).
- I. 1. m. *Mx:N, Gu, Ho, ES, Ni, Cu, RD, Co, Ec, Pe, Bo; Pa*, rur; pop. Maniobra que se realiza para dejar estacionado un vehículo en un sitio apropiado o destinado para tal fin.
  - 2. *EU, Gu, Ho, ES, Ni, CR, Pa, Cu, RD, Ec, Pe, Bo.* Estacionamiento, lugar reservado para estacionar vehículos.
  - 3. *Gu, Ho, ES, Ni, CR, Pe.* Pago por el estacionamiento.

párquer.
- I. 1. *Ho, Ni.* **parque**, munición.

parquero, -a.
- I. 1. m. y f. *Ve.* Persona que estaciona los vehículos en un lugar destinado a ello.
  - 2. *Ni.* Persona que cuida un parque.

parqués.
- I. 1. m. *Co.* Parchís.

parqueta.
- I. 1. f. *Gu.* Pez de hasta 80 cm de longitud, que presenta una hilera de escamas por encima de la línea lateral, con el margen posterior de las aletas dorsal y anal redondeado, de color rojo con manchas horizontales de color grisáceo azulado, una mancha oscura debajo de la aleta dorsal y en la cabeza algunas manchas de color azul. (Lutjanidae; *Lutjanus guttatus*). ◆ **pargo de la mancha; patí.**

parquin.
    I. 1. m. *Pa.* juv. Reunión ce amigos que se realiza en un parque o patio de estacionamiento. pop + cult → espon.

parquización.
    I. 1. f. *Ar, Ur.* Construcción de parques, jardines u otras zonas verdes en un lugar.
    2. *Ar, Ur.* Conversión de un terreno en zona verde, *especialmente en parque o jardín.*

parquizar.
    I. 1. tr. *Ar, Ur.* Dotar a un lugar de zonas verdes, *especialmente parques o jardines.*
    2. *Ar, Ur.* Convertir un terreno en zona verde, *especialmente en parque o jardín.*

parra.
    I. 1. f. *Ho.* Conjunto de tallos de algunas plantas enredaderas que crecen sobre una enramada. rur.

parraguera.
    I. 1. f. *Ve:O.* Pelo enmarañado y descuidado. pop.

parral.
    I. 1. m. *Py.* Planta de la vid.
    2. *Py.* Fruto de la vid.

parraleña.
    I. 1. f. *Mx:N.* Planta de hasta 25 cm de altura, de hojas alternas, pinnadas, y flores aromáticas de corola y pétalos amarillos; en la medicina tradicional posee diversas aplicaciones. (Asteraceae; *Dyssodia pentachaeta*).

parralera.
    I. 1. f. *Py.* Parral, conjunto de parras sostenidas con armazón.

parrampán, -na.
    I. 1. m. y f. *Pa.* Persona que se disfraza de manera estrafalaria y forma parte de una comparsa en la fiesta del Corpus.
    2. sust/adj. *Pa.* metáf. Persona ridícula, extravagante, que desea llamar la atención de cualquier modo. pop + cult → espon.
    3. adj/sust. *Pa.* metáf. *Referido a persona*, desaliñada en el vestir o en el porte. pop + cult → espon.

parrampanada.
    I. 1. f. *Pa.* Ridiculez, payasada. rur; pop + cult → espon.

parranda.
    I. 1. f. *Ar.* Fiesta en grupo, con baile y bebidas alcohólicas. pop. ♦ **parrandeada.**
    2. *Ve:E.* Manifestación folclórica en la que un grupo de personas canta y baila alrededor de una persona disfrazada, *generalmente de animal*, que es el tema central de las canciones.
    3. *Gu, Ni.* **bebedera**, hábito de tomar alcohol.
    II. 1. f. *Pa, Co.* Abundancia y multitud de personas y cosas. pop.
    III. 1. f. *ES.* Machete recto con el filo en la parte trasera de la hoja. rur.
    IV. 1. f. *ES.* Broma que consiste en golpear todos la cabeza del que ha dicho o hecho algo indebido.

parrandeada.
    I. 1. *Gu, Ho, ES.* **parranda**, fiesta.

parrandeadero.
    I. 1. m. *Co.* Sitio adecuado para celebrar una **parrandeada**. pop.

parrandeador, -ra.
    I. 1. sust/adj. *Gu.* Persona a la que le gustan mucho las **parrandeadas.**

parrandearse.
    I. 1. intr. prnl. *Gu.* Burlarse de alguien.

parrandero.
    I. 1. m. *Ve.* Hombre que mantiene relaciones amorosas con diferentes mujeres.

parrandero, -a.
    I. 1. m. y f. *Ve.* Persona que canta o toca algún instrumento en una **parranda** navideña.

parrandón.
    I. 1. m. *Gu.* Fiesta en donde se baila, muy concurrida o muy distinguida.

parrilla.
    I. 1. f. *Mx, Gu, Ho, ES, Ni, Pa, Cu, RD, Co, Ve, Ec, Pe, Bo, Ch, Py, Ar, Ur.* Estructura de metal que se instala sobre el techo de un automóvil para llevar equipaje o cargas pequeñas. ♦ **rack.**
    2. *Gu, Ho, ES, Cu, RD, Co, Ve, Ec, Pe, Bo:E, Ar, Ur.* Rejilla metálica colocada en la parte trasera de las bicicletas o motocicletas, usada para llevar carga.
    3. *Ch, Ar, Ur. En un teatro*, armazón del que cuelgan el telón y los decorados.
    4. *Bo, Ar, Ur.* Armazón o bastidor que sirve de soporte al colchón.
    5. *Ho, Ni, CR.* Rejilla de hierro o plástico de los automóviles que protege y permite la entrada de aire al radiador.
    6. *Bo:SO. En las minas*, rejilla de forma rectangular que se utiliza para seleccionar el mineral.
    7. *Ho.* Rejilla de alcantarillado.
    II. 1. f. *Ve, Ur.* Conjunto de alimentos, *especialmente la carne*, preparados en una parrilla.
    III. 1. f. *Ch.* Conjunto de presentaciones dentro de un evento artístico o espectáculo.
    IV. 1. f. *Ch.* Arbusto de 1,5 m de altura, de tallos delgados, volubles y espinosos, hojas aserradas, alternas, de color verde claro, flores amarillo crema o verdoso en racimos axilares, frutos en forma de bayas globosas de color oscuro cuando maduran; muy utilizado en medicina popular. (Grossulariaceae; *Ribes* spp.).
    V. 1. f. *ES.* Nalgas voluminosas de alguien. fest.
    □
    a. ‖ **la ~.** loc. sust. *Pa.* El infierno. pop + cult → espon ^ fest.
    ▶ **pasar por la ~.**

parrillada.
    I. 1. f. *Ho, CR, Pa, Py, Ur.* Restaurante en el que *se sirve especialmente carne asada.*

parrillazo.
    I. 1. m. *Pa.* Infidelidad a la pareja. vulg; pop + cult → espon.

parrilleo.
    I. 1. m. *Ch.* Elaboración de un alimento a la parrilla.

parrillera.
    I. 1. f. *Ve.* Rejilla metálica colocada en la parte trasera de las bicicletas o motocicletas, usada para llevar carga.
    II. 1. f. *Ho. En la industria del tabaco*, cajón alargado hecho de tablas donde se colocan las hojas verdes de tabaco para introducirlas en los hornos de leña y acelerar su secado.

parrillero.
    I. 1. m. *Bo, Ar, Ur.* Construcción con chimenea y parrilla para el asado de carnes.
    2. *Bo:O.* Estructura de metal en forma de rejilla, con dos mangos y cuatro patas, que se utiliza para asar o tostar alimentos, *especialmente carnes.*
    II. 1. m. *Ch.* Mozo que trabaja en un autobús de línea encargado de subir y bajar los equipajes de los pasajeros.
    III. 1. m. *Ho.* Entrenador de un equipo de **futbol.**

parrillero, -a.
    I. 1. m. y f. *Mx, Ec, Pe, Ch, Py, Ar, Ur.* Persona que trabaja cocinando carnes a la parrilla en un restaurante u otro tipo de local de comidas.
    2. *Ho, CR, Pe, Py, Ar, Ur.* Persona que asa carne en una parrilla.

II. 1. adj. *Ec, Bo, Ch, Py, Ar, Ur. Referido a carnes u otros alimentos*, que son aptos para ser asados a la parrilla.

2. *Bo, Ch, Py, Ar. Referido a la parrillada*, compuesta de distintos tipos de carnes asadas.

III. 1. m. y f. *Co; Cu, Ve, Bo*. pop + cult → espon. *En las motocicletas o bicicletas*, persona que va sentada detrás del conductor en la **parrilla**.

parrilludo, -a.

I. 1. adj. *ES. Referido a persona*, **nalgona**. vulg; pop + cult → espon.

parrón.

I. 1. m. *Ch*. Parral, emparrado.

II. 1. m. *Ch*. Cabello ralo, *especialmente del varón*, peinado tratando de disimular la calvicie. fest.

parronal.

I. 1. m. *Ch*. Terreno en el que hay **parrones** o emparrados.

parroquia.

I. 1. f. *Ec*. Unidad territorial y administrativa de Ecuador en que se divide un **cantón**.

parrungudo.

I. 1. *Ho, ES*. **palomudo**.

part.

■

a. ‖ ~ **time.** (Voz inglesa) m. *EU, PR, Ar, Ur*. Trabajo a tiempo parcial. (**partai**).

partai. (Del ingl. *part-time*).

I. 1. *ES*. part time.

parte.

I. 1. m. *CR, Co, Ch*. Multa *por infracción de las normas de tránsito*.

II. 1. f. *Ho, ES, RD, Bo*. Pene. vulg.

2. *Ho, ES, Bo*. Vulva de animal hembra. vulg.

III. 1. f. pl. *Ho, Bo; CR*, p.u. Repuestos, piezas de repuesto de una máquina o vehículo.

■

a. ‖ ~ **de cortesía.** m. *Ch*. Amonestación policial sin multa ni comunicación oficial por haber cometido una infracción, *especialmente de tránsito*.

b. ‖ ~ **fotográfico.** m. *Ch*. Comunicación policial en la que se expone una infracción de tránsito cometida por alguien y que se acompaña de la fotografía en la que se muestra el momento y lugar en que se produjo.

c. ‖ ~ **matrimonial.** m. *Ec, Pe, Bo:O, Ch*. Invitación de boda en la que los padres de los novios notifican el enlace de sus hijos y el lugar y hora de la celebración.

□

a. ‖ **la ~ del sentimiento.** loc. sust. *Cu*. Aspecto más importante de un asunto o una situación.

b. ‖ ~**s ocultas.** loc. sust. *ES, Ur*. Órganos genitales. fest.

c. ‖ **por ~ baja.** loc. adv. *Ch*. Como mínimo, estimando por lo bajo. pop + cult → espon.

d. ‖ **por ~s y cucharadas.** loc. adv. *Pe*. Poco a poco, paso a paso. pop + cult → espon.

e. ‖ **salva sea la ~.** loc. sust. *Ho*. Vulva. euf.

▶ **mandar a buena ~; mandarse la ~; mandarse las ~s; pasar ~; pasarse por buena ~.**

parteaguas.

I. 1. m. *Mx*. Momento o hecho decisivo que marca la diferencia entre un estado previo y otro siguiente.

II. 1. m. *Ho*. Línea divisoria en la vertiente de agua de un tejado.

partear.

I. 1. tr. *Ch*. Sancionar y notificar un policía a *alguien* una infracción, *especialmente de tránsito*. pop + cult → espon.

parteo.

I. 1. m. *Ch*. Notificación o sanción de una infracción de tránsito.

partesana.

I. 1. f. *ES*. Danza que se realiza en el municipio salvadoreño de Santiago Nonualco.

2. *Ho:O*. Alabarda con corte por ambos lados y mango corto que se tira al aire para que caiga clavada en el suelo en algunos bailes coloniales.

participar.

□

a. ‖ ~ **en la vela y en el entierro.** loc. verb. *Ho*. Meterse *una persona* en asuntos que no le conciernen.

particulado, -a.

I. 1. adj. *Ch. Referido a cosa*, desmenuzada, convertida en partículas pequeñas. cult.

particular.

I. 1. tr. *Ch*. Convertir *algo* en partículas pequeñas, desmenuzarlo. cult.

partida.

I. 1. f. *Mx, Gu, Ho*. Hato, porción de ganado mayor o menor.

2. *CR, PR, Ec*. Conjunto de animales de una misma raza. rur.

II. 1. f. *Ho*. Renglón o rubro del presupuesto de una institución.

■

a. ‖ ~ **de gallos.** f. *PR. En las peleas de gallos*, conjunto de gallos de pelea en posesión de un solo dueño.

b. ‖ ~ **de madre.**

i. f. *Mx*. Golpe que se da a alguien. vulg.

ii. *Mx*. Derrota o daño grave de cualquier tipo que se inflige a alguien. vulg.

□

a. ‖ **de ~.** loc. adv. *Gu, Ho*. De mala calidad.

b. ‖ ~ **de caballo inglés.** loc. sust. *Ch*. Arranque positivo de algo, pero que acaba fracasando. pop + cult → espon.

▶ **echar la ~; echar la ~ para atrás; no ser de la ~.**

partidacho.

I. 1. m. *Bo:O*. Partido informal, *especialmente de futbol*.

partidario, -a.

I. 1. m. y f. *Ec, Bo:E*. Aparcero. rur.

partidarismo.

I. 1. m. *CR, Ec, Pe*. Partidismo, adhesión o sometimiento a las opiniones de un partido con preferencia a los intereses generales.

partidarista.

I. 1. adj. *CR, Ec, Pe, Bo*. Relativo al **partidarismo**.

2. sust/adj. *Pe*. Persona que practica el **partidarismo**.

3. m-f. *Ni, CR*. Miembro de un partido político.

partidarizarse.

I. 1. intr. prnl. *Ni, Pe, Bo*. Adherirse a una ideología, una causa, un partido político o una persona o decantarse por ellos.

partideño.

I. 1. m. pl. *Gu*. Baile folclórico.

partideño, -a.

I. 1. m. y f. *Gu, Ho*. Persona que compra o vende una **partida** de ganado.

2. *Gu*. Persona que cuida de una **partida** de ganado o que es dueña de ella.

3. adj. *Gu. Referido a cabeza de ganado*, que forma parte de una **partida**.

partidero.

I. 1. m. *Ec*. Lugar donde un camino se divide en varios ramales o brazos.

II. 1. m. *Ho*. Tronco grueso donde se parte la leña. rur.

partido.
- **I. 1.** m. *Mx:C, Ho, Ni, Pa, Ec.* Raya que separa el cabello. ♦ **partidura.**
- **II. 1.** m. *PR, Ve.* Hombre homosexual. pop + cult → espon.

■

  - **a.** ‖ ~ **de la estrella solitaria.** m. *Ho.* Partido Nacional de Honduras.

partido, -a.
- **I. 1.** adj. *Ni, Cu, PR, Co, Ve, Bo, Ur.* Referido a los labios de una persona, agrietados y resecos. pop.
- **II. 1.** adj. *Gu.* Referido a persona, triste.
- **III. 1.** adj. *Cu.* Referido a persona, hambrienta.

□

  - **a.** ‖ ~ **al medio.**
    - **i.** loc. adj. *Ec, Ch, Ar, Bo,* pop; *Ur,* p.u. Referido al cabello o a un peinado, dividido en dos mitades similares.
    - **ii.** *Ch.* Referido a persona, que lleva el pelo dividido en dos mitades similares.

partidocracia.
- **I. 1.** f. *Ec.* Influencia abusiva de los partidos políticos en las funciones del gobierno.

partidor.
- **I. 1.** m. *Co, Pe, Ch. En la hípica,* lugar donde se colocan los caballos para comenzar una carrera.
- **II. 1.** m. *Ch.* Cebador o dispositivo que sirve para regular la entrada de energía eléctrica a un sistema y, *especialmente, a un tubo fluorescente.*

partidor, -ra.
- **I. 1.** adj. *Ch. Referido a una caballería,* que arranca en el momento justo en el que se inicia la aceleración final hacia la meta.

partidura.
- **I. 1.** f. *Mx:NO, Pa, PR, Bo.* **partido,** raya que separa el cabello.

partir(se).
- **I. 1.** tr. *Co:N; Bo,* est. Suspender *alguien* a un alumno en un examen o en una asignatura. pop.
  - **2.** intr. prnl. *Co:N.* Suspender un alumno un examen o una asignatura. esm.
- **II. 1.** tr. *Gu.* Causar daño a *alguien.*
  - **2.** *Gu.* Causar una fuerte impresión en alguien, *especialmente negativa,* con algo que se le dice o hace.
  - **3.** *Cu.* Matar *una persona* a *alguien.* pop.
  - **4.** intr. prnl. *Cu.* Morirse *alguien.*
- **III. 1.** tr. *Co.* Poner un **policía de tránsito** una multa a quien ha cometido una infracción. pop.
- **IV. 1.** intr. prnl. *Cu, RD, PR.* Hacer un hombre movimientos afeminados.
- **V. 1.** tr. *Cu.* Ver. pop.
  - **2.** *Cu.* Pillar in fraganti a *alguien.* pop.
- **VI. 1.** intr. *Ch.* Iniciarse un proceso o actividad.

●

  - **a.** ‖ **se partió el bate.** fórm. *Cu.* Se usa para expresar sorpresa. pop. ♦ **se partió el machete.**
  - **b.** ‖ **se partió el machete.** *Cu.* **se partió el bate.**

□

  - **a.** ‖ ~ **con la primera.**
    - **i.** loc. verb. *Gu, Ni.* Decir *algo* de alguien de forma irreflexiva y con desconfianza.
    - **ii.** *Gu.* Obrar *alguien* precipitadamente.
  - **b.** ‖ ~ **el ayote.** loc. verb. *ES.* Acertar, tener éxito en algo.
  - **c.** ‖ ~ **el bate.** loc. verb. *Cu.* Hacer *algo* inusual o sorprendente. ♦ **partirla.**
  - **d.** ‖ ~ **el brazo.** loc. verb. *Cu.* Aprovechar la oportunidad de adquirir, lograr u obtener algo.
  - **e.** ‖ ~ **el carapacho.**
    - **i.** loc. verb. *Cu.* Derrotar a *alguien.*
    - **ii.** *Cu.* Matar *una persona* a *alguien.*

  - **f.** ‖ ~ **el culo.** loc. verb. *Cu.* Iniciar a *alguien* en el sexo. vulg.
  - **g.** ‖ ~ **el hocico.** *Mx.* **partir la madre,** golpear. pop.
  - **h.** ‖ ~ **en banda.** loc. verb. *RD.* Partir en dos.
  - **i.** ‖ ~ **la madona.**
    - **i.** loc. verb. *Mx.* Dar un golpe muy fuerte a alguien. euf; pop + cult → espon.
    - **ii.** *Mx.* Hacer sufrir a *alguien.* euf; pop + cult → espon.
  - **j.** ‖ ~ **la madre.**
    - **i.** loc. verb. *Mx,* vulg; pop + cult → espon; *Ho,* hiperb. Golpear o matar *a alguien.* ♦ **partir el hocico; partir la mandarina en gajos; partir la máuser.**
    - **ii.** *Mx, Pa.* Causar un daño grave de cualquier tipo a alguien. vulg; pop + cult → espon.
  - **k.** ‖ ~ **la mandarina en gajos.** *Mx.* **partir la madre,** golpear. euf; pop + cult → espon ^ sat.
  - **l.** ‖ ~ **la máuser.** *Mx.* **partir la madre,** golpear. euf; pop.
  - **m.** ‖ ~ **la siquitrilla.** loc. verb. *Cu.* Ocasionar perjuicios a alguien, *especialmente en el aspecto económico.*
  - **n.** ‖ ~ **la vaca.** loc. verb. *Gu.* Dividir las cosas entre todos.
  - **ñ.** ‖ ~ **las patas.** loc. verb. *Cu.* Castigar a alguien por haber cometido un error.
  - **o.** ‖ ~ **plaza.** loc. verb. *Mx.* Manifestar *alguien* por su comportamiento o actitud seguridad en sí mismo.
  - **p.** ‖ ~ **por el eje.** loc. verb. *Cu, Ur.* Destrozar *algo.*
  - **q.** ‖ ~ **un confite.**
    - **i.** loc. verb. *Ve, Ar:NO.* Compartir dos personas una amistad muy íntima. pop.
    - **ii.** *Ve.* Compartir varias personas una ganancia. pop.
  - **r.** ‖ ~ **un examen.** loc. verb. *PR.* Tener éxito en un examen. est.
  - **s.** ‖ ~**la.** *Cu.* **partir el bate.**

partner. (Voz inglesa).
- **I. 1.** m. *EU.* Socio en un negocio o empresa. pop + cult → espon.
  - **2.** m-f. *Ch.* Amigo muy cercano. pop + cult → espon.
  - **3.** m. *PR.* Amigo íntimo, compañero inseparable. pop + cult → espon.
  - **4.** *PR.* Compañero de trabajo. pop + cult → espon.

parto.
□

  - **a.** ‖ ~ **alumbrado con tusa.** loc. sust. *ES.* Persona tonta, boba.
  - **b.** ‖ ~ **helado.** loc. sust. *ES.* Persona tonta, boba.

partusa
- **I. 1.** f. *Ch, Ar.* Fiesta en la que se abusa en exceso del alcohol, de las drogas o del sexo. pop + cult → espon. (**partuza**).

partuza
- **I. 1.** *Ch, Ar.* **partusa.** pop + cult → espon.

party. (Voz inglesa).
- **I. 1.** f. *Ho, Ni, Bo;* m. *EU, PR.* Fiesta. (**pari**).

■

  - **a.** ‖ ~ **de hierba.** m. *PR.* Fiesta de marihuana o cocaína. drog.

□

  - **a.** ‖ ~ ***pooper.*** (Voz inglesa). loc. sust. *EU.* Persona que turba cualquier diversión o regocijo.

parva.
- **I. 1.** *Mx.* **parvada,** bandada.
- **II. 1.** f. *Co:C.* Conjunto de galletas, panes u otros comestibles de este tipo que se comen al desayuno o como acompañamiento de un café, chocolate o té.
- **III. 1.** f. *Ec:S.* Conjunto de cañas de maíz con la mazorca adherida, que se guardan como reserva dispuestas en forma de cilindro.

parvada.
  I. 1.   f. *Mx, Gu, Ho, ES, Ni, Pa, Pe, Bo*. Bandada de aves que vuelan juntas. ♦ **parva**.
    2.   *Mx*. rur. Conjunto de aves de corral.
    3.   *Ho; Gu, Pe, Bo*, metáf. Conjunto de personas.

parvero, -a.
  I. 1.   m. y f. *Mx, Ec*. Trabajador agrícola encargado de hacer **parvas**.

parvifundio.
  I. 1.   m. *Mx*. Minifundio, finca rústica que, por su reducida extensión, no puede ser objeto por sí misma de cultivo en condiciones remuneradoras.

parvifundismo.
  I. 1.   m. *Mx*. Sistema de división de la tierra basado en el **parvifundio**.

parvifundista.
  I. 1.   adj. *Mx*. Relativo al **parvifundio**.
    2.   m-f. *Mx*. Propietario de uno o varios **parvifundios**.

parvuliche.
  I. 1.   m. *Pe*. Curso de párvulos o enseñanza preescolar. pop.
    2.   *Pe*. Parvulario, centro de enseñanza preescolar. pop.
    3.   m-f. *Pe*. Alumno de enseñanza preescolar. pop.

parvulito.
  I. 1.   m. *PR*. Persona a quien se planea robar o engañar. delinc. (**párvulo**).

parvulito, -a.
  I. 1.   m. y f. *Pe*. Niño recién fallecido en cuya casa se dispone el velatorio y en el que las oraciones y rezos se acompañan de música y se consumen bebidas alcohólicas.

párvulo.
  I. 1.   *PR*. **parvulito**, persona a quien se planea robar. delinc.

pary. (Del ingl. *party*).
  I. 1.   m. *Ho*. Diversión o regocijo, *especialmente entre los jóvenes*. pop + cult → espon.

pas.
  ■
  a. ‖ **~-pasará.** m. *Ni*. Juego infantil en el que dos niños se toman de la mano haciendo un arco mientras los otros, formando una cadena, pasan por debajo.

pasa.
  I. 1.   f. *Gu*. Variedad de **chile** cuyo fruto, desecado al sol, sirve como condimento.
  □
  a. ‖ **~~.** loc. sust. *Mx*. Persona que se dedica a ayudar al automovilista a encontrar un lugar en la vía pública para aparcar el automóvil. pop.
  ▶ **alborotársele la ~.**

¡pasa!
  I. 1.   interj. *PR*. Expresa la intención de alguien de espantar a un perro.

pasabarcos.
  I. 1.   *Pa*. **pasacables**.

pasaboca.
  I. 1.   m. pl. *Pa, Co, Ec*. Alimento elaborado con ingredientes variados, de manera que pueda ingerirse en un solo bocado, *que se sirve generalmente en aperitivos para acompañar bebidas*.

pasabolas.
  I. 1.   m. pl. *Co*. Aperitivo, comida que se toma antes de la comida principal.

pasabordo.
  I. 1.   m. *Co*. Documento que permite a un pasajero embarcar en un avión.

pasac.
  I. 1.   *Gu*. **talcochote**.

pasacables.
  I. 1.   m. *Pa. En las esclusas del Canal de Panamá*, persona que ata los cables de las **locomotoras** a los barcos. ♦ **pasabarcos**.

pasacalle.
  I. 1.   m. *Mx*. Obra instrumental de movimiento pausado, desarrollado en variaciones.
    2.   *Bo*. Música derivada del **caluyo**, de melodía pentatónica y compás de dos por cuatro, que se toca al inicio de una serenata.
  II. 1.   m. *Co, Bo, Ar, Ur; Py*, pop. Cartel con anuncios que cruza la calzada por lo alto.

pasacana.
  I. 1.   f. *Bo:C,O*. Fruto comestible de la **ulala**, de forma cónica, color verde, con espinas en la superficie y la parte de la punta de color café, cuya pulpa contiene pepitas negras.

pasacantando.
  I. 1.   m-f. *RD*. Persona que vende en la calle, bien en un puesto fijo, o bien yendo de un lugar a otro.
  II. 1.   m-f. *RD*. Persona sin oficio ni beneficio. desp.

pasacarne.
  I. 1.   f. *Pa*. Planta de hojas compuestas, largas y divididas que crece arraigada a las rocas, dentro de los torrentes de agua, donde completan su período vegetativo, para luego, durante la estación seca, florecer y culminar su evolución. (Podostemaceae; *Marathrum schiedeanum*).

pasacasete.
  I. 1.   m. *Ar, Ur*. Aparato que permite reproducir los sonidos grabados en un casete. (**pasacassette**).

pasacassette.
  I. 1.   *Ar, Ur*. **pasacasete**.

pasacharcos.
  I. 1.   *Pa*. **brincacharcos**.

pasacintas.
  I. 1.   m. *Co*. obsol. Magnetófono.

pasada.
  I. 1.   f. *Mx, Gu, Ho, Ni, Ec*. Dicho o hecho ingenioso que hace reír.
    2.   *Ho, ES, Ec*. Suceso, hecho o acontecimiento.
    3.   *Gu*. Grosería, acción repudiable.
  II. 1.   f. *Gu, Ni, CR*. Paso o sitio por donde se va de una parte a otra.
  III. 1.   f. *Ho*. Favor.
  ■
  a. ‖ **~ de fuego.** f. *Ho. En alfarería*, vasija que ha sido sometida a temperaturas más altas de lo normal.
  b. ‖ **~ de nube.** f. *Gu*. Lluvia repentina y pasajera.
  c. ‖ **~ de violín.** f. *Ho*. Coito. fest.
  □
  a. ‖ **a la ~.**
    i.   loc. adv. *Ec, Bo, Ch, Ar, Ur*. De pasada, de manera superficial. pop.
    ii.   *Pe*. **de pasadita**, aprovechando la ocasión.
    iii.   *Ch*. Según se va pasando. pop + cult → espon.
  b. ‖ **~ a llevar.**
    i.   loc. sust. *Ch*. Atropello que se realiza sobre algo o alguien que se interpone en el camino. pop + cult → espon.
    ii.   *Ch*. Atropello o agravio que se realiza mediante abuso de poder. pop + cult → espon.
  c. ‖ **~ de cuenta.** loc. sust. *Ch*. Represalia, revancha o venganza que se toma contra alguien. pop + cult → espon.
  d. ‖ **~ de mano.** loc. sust. *Pe, Bo*. Zalamería, guiño o regalo con los que se intenta agradar o embaucar a alguien, *generalmente enfadado*. pop + cult → espon.

e. ‖ **~ por las armas.** loc. adj. *Mx, Gu, Ni, Ch.* Referido a mujer, que no es virgen por haber mantenido relaciones sexuales.

▶ **ir de ~.**

pasadera.

I. 1. f. *Mx, Gu, Ni, CR, Cu, Ve; Co,* pop. Pasaje o paso repetido por un mismo lugar. (**pasadero**).

II. 1. f. *ES.* Diarrea.

pasadero.

I. 1. m. *Mx.* **pasadera,** paso repetido.

II. 1. m. *Ho. En la caza,* lugar por donde acostumbra a pasar un animal.

pasadía.

I. 1. f. *Mx:SE, RD;* m. *PR.* Día que se pasa en el campo, con la familia o amigos, por ocio o diversión.

2. *RD;* m. *PR.* Día que pasan un grupo de personas divirtiéndose, desde la mañana a la tarde, con actividades organizadas de cualquier tipo.

pasadiscos.

I. 1. m. *Ur.* Tocadiscos.

pasadita.

I. 1. f. *Gu, Ho, Ni, Pa, RD, Ur.* Visita rápida.

II. 1. f. *ES.* Acrobacia.

□

a. ‖ **de ~.**
  i. loc. adv. *Mx, ES, Ec, Bo.* Rápidamente, sin detenerse.
  ii. *Pe.* Aprovechando la ocasión. ♦ **a la pasada.**

b. ‖ **hasta con ~.** loc. adv. *ES.* Perfectamente, muy bien.

pasado.

I. 1. m. *CR.* Alimento que consiste en **plátano maduro** cortado longitudinalmente y deshidratado al sol.

□

a. ‖ **~ de cabuya.** loc. adj. *PR. Referido a un gallo,* que no pelea bien, por exceso de **traqueo.**

b. ‖ **~ por agua.** loc. adj. *PR. Referido a un pescado,* hervido.

pasado, -a.

I. 1. sust/adj. *Mx, Ve;* adj. *RD, PR.* Persona que se toma demasiadas confianzas. pop + cult → espon.

II. 1. adj. *Mx, Cu. Referido a cosa,* de buena calidad.

III. 1. adj. *Ve, Ur. Referido a un fruto,* desecado.

IV. 1. adj/sust. *Ho, Ch, Ur. Referido a persona,* borracha. pop + cult → espon.

V. 1. adj. *Cu, PR. Referido a persona,* muy inteligente.

VI. 1. adj. *RD. Referido a persona,* equivocada.

VII. 1. adj. *Ho. Referido a persona o cosa,* impregnada de algo.

VIII. 1. adj. *Ur. Referido a persona,* cansada, harta o aburrida de alguien o algo. pop + cult → espon.

□

a. ‖ **~ a leche.** loc. adj. *Ch. Referido a persona,* que aún no ha llegado a la adolescencia. pop + cult → espon ^ fest.

b. ‖ **~ de años.** loc. adj. *Gu, Ni, Pa, RD, PR, Pe, Bo, Ar; Co,* pop. *Referido a persona,* que tiene una edad avanzada.

c. ‖ **~ de horno.** loc. adj. *Ni. Ve. Referido a persona,* que tiene la piel oscura.

d. ‖ **~ de revoluciones.** loc. adj. *Bo, Ar. Referido a persona,* loca, chiflada. pop + cult → espon.

e. ‖ **~ de tueste.** loc. adj. *Gu. Referido a persona,* que tiene más edad de la que ella considera apropiada para realizar algo.

f. ‖ **~ de vueltas.**
  i. loc. adj. *Pe, Ar. Referido a persona,* ansiosa o muy nerviosa. pop + cult → espon.
  ii. *Ar. Referido a persona,* loca, chiflada. pop + cult → espon.
  iii. *Ar. Referido a cosa,* desmedida o excesiva. pop + cult → espon.

g. ‖ **~ por agua tibia.** loc. adj. *Pe. Referido a persona o cosa,* que ha superado una prueba o un cuestionamiento con lenidad.

h. ‖ **~ por el torno.** loc. adj. *PR. Referido a un gallo,* presentado a nombre de una persona que no es su dueño, con la intención de engañar al público y poder jugar un buen gallo de incógnito.

◢

a. ‖ **lo ~, pisado.** fr. prov. *Ec, Bo, Ar, Ur; Pa,* cult → espon. Indica que los acontecimientos, *generalmente negativos,* sucedidos en el pasado, se deben olvidar. pop.

▶ **dar pasada; dar una ~; darle una ~.**

pasador.

I. 1. m. *Mx, Cu, Ve.* Alfiler, joya que se prende en la ropa.

II. 1. m. *Ar. Ur.* Hombre que se encarga de recibir apuestas para juegos clandestinos. pop + cult → espon.

2. *Bo.* Hombre que se dedica al contrabando en pequeñas cantidades.

III. 1. m. *Ec, Pe, Bo:C,O.* Cordón del calzado.

◼

a. ‖ **~ de corbata.** m. *Ni, Cu, Ve.* Joya que sujeta la corbata a la camisa.

pasador, -ra.

I. 1. m. y f. *Gu. En una fiesta,* camarero.

pasadura.

I. 1. f. *Ho.* Paso repetido por un mismo lugar. rur.

pasaje.

I. 1. m. *Ve.* Composición musical de inspiración tradicional con ritmo de **joropo,** pero lento, *generalmente de tema amoroso,* que se interpreta con arpa, **cuatro** y maraca.

II. 1. m. *Ec.* Valor que ha de cancelarse por el pasajero en el transporte público.

pasajero, -a.

I. 1. m. y f. *Co, Ch, Ar; Bo,* pop; *Ur,* p.u. Huésped de un establecimiento hotelero.

II. 1. m. y f. *Mx:SE.* obsol. Persona que se dedica a transportar gente con una embarcación desde la orilla de un río a la orilla opuesta.

▶ **conocer al ~ por la maleta; estar ~.**

pasallo.

I. 1. m. *Ec, Pe.* Árbol de hasta 9 m de altura, caducifolio, con flores en panícula de color marfil y fruto en cápsula con semillas vellosas. (Malvaceae; *Eriotheca ruizii* spp.).

pasamano.

I. 1. m. *Ni, Co, Ve, Bo:O, Py, Ur.* Tubo o asa del que se agarran los pasajeros que van de pie en un vehículo de transporte público.

II. 1. m. *ES.* p.u. *En las casas de campo,* muro o apoyo más bajo que la cintura que se construye entre dos columnas para sentarse.

III. 1. m. *CR.* Espacio angosto que se deja abierto al lado de un portón, para que sirva de paso solo a las personas. rur (**pasamanos**).

pasamanos.

I. 1. m. *Ho.* Preso que tiene la confianza de las autoridades carcelarias y goza de ciertos privilegios. carc.

II. 1. m. *CR.* **pasamano,** espacio angosto. rur.

pasanacu.

I. 1. m. *Bo.* Juego que consiste en sortear el dinero de las cuotas semanales o mensuales de los participantes.

2. *Bo. En política,* práctica que consiste en alternar los partidos políticos en el usufructo de una alcaldía o de otra administración pública.

pasancalla.

I. 1. f. *Bo.* Maíz tostado y rociado con azúcar diluida en agua.

pasante.

I. 1. m-f. *Mx, RD, Ur.* Estudiante que ha terminado sus estudios superiores sin haber alcanzado todavía la titulación.

2. *Ve, Ec.* Estudiante universitario que trabaja por un tiempo en una empresa o institución pública para mejorar su preparación.

II. 1. m. *Mx:C.* Papel fino y entintado por una de sus caras que sirve para la obtención de copias a mano o a máquina.

III. 1. m. *Co.* Trago de alguna bebida suave, como agua o gaseosa, o alimento ligero que se toma después de un trago de aguardiente o de otro licor para neutralizar su sabor.

IV. 1. m-f. *Ch; Bo:O,S*, pop. Persona que organiza y costea una fiesta de carácter pagano-religioso.

pasantía.

I. 1. f. *Ec.* Práctica preprofesional.

II. 1. f. *Bo.* Fiesta popular de carácter pagano-religioso que es organizada y costeada por el **pasante**. pop.

pasapalo.

I. 1. m. *Co:N, Ve.* Porción pequeña de alimento que se sirve para acompañar una bebida alcohólica.

pasapasa.

I. 1. sust/adj. *Bo.* Persona que cambia de opinión o de partido por intereses personales o por falta de convicción.

pasapelotas.

I. 1. m-f. *Bo, Ch, Py, Ar. En algunos deportes*, recogepelotas, persona encargada de recoger las pelotas que, en algunas jugadas de los partidos, quedan en el suelo o salen fuera del terreno de juego.

pasaporte.

▶ **bonificar el ~; darle su ~.**

pasar(se).

I. 1. tr. *Mx, Ho, ES, Ni, CR, Pa, Cu, RD, Ve, Bo, Ch, Ar, Ur.* Soportar a *alguien* que resulta desagradable o antipático. pop + cult → espon.

2. intr. *Mx, Ni.* Gustarle *algo* a alguien. pop + cult → espon.

II. 1. intr. prnl. *Pe.* Orinarse *alguien*. pop.

III. 1. intr. prnl. *Ch.* Impregnarse *algo* o *alguien* de un olor o *algo* en un lugar determinado. pop.

IV. 1. tr. *Ch.* Sancionar y notificar un agente de policía una infracción de tránsito a alguien. pop + cult → espon.

V. 1. tr. prnl. *Gu.* Realizar el coito.

VI. 1. tr. *Gu.* Hacer circular moneda falsa o deteriorada.

VII. 1. intr. prnl. *Cu.* Abstenerse *alguien* de tomar partido por desconocimiento o por no querer comprometerse.

VIII. 1. tr. *Ho.* Aceptar *algo*.

●

a. ‖ **allí pasándola.** fórm. *Pa.* Se usa para responder a un saludo e indicar que no se está muy bien, solo regular. pop + cult → espon.

b. ‖ **pasándola.** fórm. *Mx, Gu, Ni, CR, Co.* Se usa para responder a un saludo. pop.

c. ‖ **pásele a lo barrido.** fórm. *Mx.* Se usa para invitar de manera afable a alguien a entrar a un lugar, *generalmente la casa de quien realiza la invitación*. pop.

d. ‖ **¿qué pasó?** fórm. *Ni, CR, Pa, RD.* Se usa para saludar. pop. (**qué sopá**).

e. ‖ **todo pasando.** fórm. *Ch.* juv. Se usa para mostrar que algo es favorable y que no hay nada que interrumpa su desarrollo.

□

a. ‖ **no ~ de perico perro.** loc. verb. *Mx.* Quedarse *alguien* sin prosperar o mejorar, no medrar. pop.

b. ‖ **no ~ naranja(s).** loc. verb. *Bo, Ar, Ur.* No ocurrir nada. pop + cult → espon ^ fest.

c. ‖ **~ a bomba.** loc. verb. *Gu, Ho, ES, Ni.* Estar borracho.

d. ‖ **~ a llevar.**
i. loc. verb. *Gu, Ch.* Arrollar, derribar *algo* o a *alguien*.
ii. *Gu, Ch.* Agraviar a *alguien* empleando la violencia o abusando de la fuerza o poder que se tiene.

e. ‖ **~ a tabaco.** loc. verb. *Bo:O.* Matar *una persona* a *alguien*. pop.

f. ‖ **~ aceite.** loc. verb. *Mx, Co:C.* Dejar escapar aceite un automóvil cuando tiene problemas el motor.

g. ‖ **~ aceite a las bujías.**
i. loc. verb. *Mx, Ho, ES.* Ser homosexual un hombre. pop ^ fest.
ii. *Ho.* Estar *alguien* loco. pop ^ fest.

h. ‖ **~ agachado.** loc. verb. *Ni, Pa.* Pasar inadvertido, no comprometerse, quedar al margen cuando se toma una decisión vital y de competencia general. pop + cult → espon.

i. ‖ **~ agosto.**
i. loc. verb. *Pa, Ch, Ar, Ur.* Superar *una persona* una situación difícil, una enfermedad grave o un problema. pop.
ii. *Ar:NE.* Obtener alguna ventaja personal de una situación. pop.

j. ‖ **~ al barrio de los calvos.** loc. verb. *Ho.* Morir *alguien*. pop + cult → espon ^ fest.

k. ‖ **~ al cuarto.** loc. verb. *Ar.* Hacer víctima a *alguien* de un engaño o estafa. pop.

l. ‖ **~ al frente.** loc. verb. *Ar, Ur.* Salir de una situación difícil, vencer un obstáculo o dificultad. pop + cult → espon.

m. ‖ **~ al papayo.** loc. verb. *Co.* Matar *una persona* a *alguien*. pop.

n. ‖ **~ avión.** loc. verb. *Ho.* Estar muy atento o vigilar *algo* o a *alguien*. pop.

ñ. ‖ **~ calor.** loc. verb. *Bo, Ar, Ur.* Experimentar vergüenza por haber quedado desairado públicamente. pop + cult → espon. ♦ **pasar un verano**.

o. ‖ **~ candelada.** loc. verb. *Ve.* Sufrir privaciones.

p. ‖ **~ centro.** loc. verb. *RD.* Sufrir las consecuencias de la inexperiencia.

q. ‖ **~ cholo.**
i. loc. verb. *Ni.* Ir con gran rapidez.
ii. *Ni.* Superar *algo* sin dificultad.

r. ‖ **~ como amarillo en boca de vieja.** loc. verb. *PR.* Hacer *alguien* rápidamente *algo*. pop + cult → espon.

s. ‖ **~ con las charolas peladas.** loc. verb. *Ni.* No dormir.

t. ‖ **~ de gordo.** loc. verb. *Ho.* Divertirse mucho *alguien*. pop.

u. ‖ **~ de agache.**
i. loc. verb. *Co, Ec.* Actuar disimuladamente. pop.
ii. *Co.* Quedarse al margen de algo. pop.
iii. *Co.* Rehuir con maña el tratamiento o la solución de un asunto. pop.

v. ‖ **~ de año.** *Ur.* pasar el año.

w. ‖ **~ de barriga.** *Ho.* pasar de panza.

x. ‖ **~ de coles a nabos.** loc. verb. *Ec.* Cambiar de un tema a otro. pop.

y. ‖ **~ de cura a sacristán.** loc. verb. *Ni.* Empeorar la situación de alguien.

z. ‖ **~ de grado.** *PR.* pasar el año.

a¹. ‖ **~ de noche.**
i. loc. verb. *Gu.* Darse cuenta de algo.
ii. *Gu.* No tener presente *algo* o a *alguien*, no contar con ellos.
iii. *Ni.* Fracasar en algo.

b¹. ‖ **~ de panza.** loc. verb. *Ho, Ni.* Aprobar una asignatura o examen con la nota mínima. est. ♦ **pasar de barriga**.

c¹. ‖ **~ de relumbrón.** loc. verb. *Ho.* Tener *algo* muy poco tiempo. desp.

d¹. ‖ **~ de rolo.** loc. verb. *PR.* Pasar *alguien* sin detenerse, sin mirar. pop + cult → espon.

e¹. ‖ **~ de viva la flor.** loc. verb. *Gu, Ni.* Estar *alguien* ocioso mientras otros trabajan. ♦ **pasarla de viva flor.**

f¹. ‖ **~ de zapato a caite.** loc. verb. *Ho.* Empeorar la situación de alguien. pop.

g¹. ‖ **~ de zope a gavilán.** loc. verb. *Gu.* Progresar *una persona*, prosperar.

h¹. ‖ **~ el año.** loc. verb. *Mx, Gu, Ni, CR, Pa, Co, Ec, Pe, Bo, Ch, Ar.* Aprobar un colegial los cursos correspondientes a un año académico. (**pasar de año**). ♦ **pasar de grado.**

i¹. ‖ **~ el barniz.** loc. verb. *Ar.* Halagar o adular a *alguien, generalmente por conveniencia.* pop.

j¹. ‖ **~ el cargo.** loc. verb. *Pe.* Asumir formalmente la responsabilidad de organizar la fiesta patronal.

k¹. ‖ **~ el guante.** loc. verb. *Ch.* Delegar en otro una responsabilidad. pop + cult → espon.

l¹. ‖ **~ el mar en un taburete.** loc. verb. *Ho.* Estar *alguien* en una situación muy difícil.

m¹. ‖ **~ el mono.** loc. verb. *PR.* Vender *alguien* mercancía robada. delinc.

n¹. ‖ **~ el Niágara en bicicleta.**
   i. loc. verb. *Cu; Pa,* pop + cult → espon ^ fest. Encontrarse *alguien* en mala situación económica.
   ii. *Pa, RD.* Tener dificultades o problemas para realizar algo. pop ^ fest.

ñ¹. ‖ **~ el norte.** loc. verb. *Gu.* Informar de algo a *alguien*, chismorrear.

o¹. ‖ **~ el páramo en escarpines.** loc. verb. *Ve.* Morir *alguien.* pop + cult → espon.

p¹. ‖ **~ el peine.**
   i. loc. verb. *Ho, Ni.* Mirar, investigar, examinar con detenimiento y minuciosidad algo.
   ii. *Ho, Ni.* Despedir a *alguien* del trabajo. pop.

q¹. ‖ **~ el peine fino.** loc. verb. *Ur.* Mirar detenida y minuciosamente algo.

r¹. ‖ **~ el susto de la vaca.** loc. verb. *PR.* Pasar *alguien* el susto más grande de su vida. pop + cult → espon.

s¹. ‖ **~ el taco.** loc. verb. *PR.* Salir *alguien* de una situación o dificultad desagradable. pop + cult → espon.

t¹. ‖ **~ fierros.** loc. verb. *Gu.* Tener el hombre relación sexual con la mujer.

u¹. ‖ **~ flatos.** loc. verb. *Ni.* Estar en apuros.

v¹. ‖ **~ la balanza.**
   i. loc. verb. *Ho, ES.* Recolectar dinero exigiendo a cada contribuyente la misma cantidad. pop.
   ii. *Ho.* Cobrar *algo* a alguien.
   iii. *Ho.* Contribuir con dinero para pagar algo entre todos.

w¹. ‖ **~ la boleta.**
   i. loc. verb. *Ar, Ur.* Cobrarse un favor. pop + cult → espon.
   ii. *Ch.* Pasar o exigir a *alguien* cuenta por lo que hizo en el pasado. pop.

x¹. ‖ **~ la brocha.** loc. verb. *Ni, CR, Pa.* Adular. pop.

y¹. ‖ **~ la charola.** loc. verb. *Mx.* Hacer una colecta.

z¹. ‖ **~ la cuenta.**
   i. loc. verb. *Ni, Ch, Py, Ur.* Vengarse de alguien o tomar represalias contra él. pop.
   ii. *Cu.* Matar *una persona* a *alguien.* pop.
   iii. *Cu.* Tener sexo con alguien. pop.
   iv. *Cu.* Causar daño a alguien. pop.

a². ‖ **~ la cuenta de cobro.** loc. verb. *Co.* Vengarse de alguien o tomar represalias contra él.

b². ‖ **~ la culebra.** loc. verb. *Ho.* Repartirse dos o más personas parte de lo robado o del soborno. delinc.

c². ‖ **~ la guitarra.** loc. verb. *Ho, Ni, Pa.* Ceder la palabra a alguien, dejar hablar.

d². ‖ **~ la lengua.** loc. verb. *RD.* Adular *una persona* a *alguien.* vulg; pop + cult → espon.

e². ‖ **~ la mano.**
   i. loc. verb. *RD, Ec, Ur.* Cohechar, sobornar. pop.
   ii. *Cu.* Ser benévolo con alguien.

f². ‖ **~ la mota.** loc. verb. *Cu.* Adular interesadamente a *alguien.* pop. ♦ **jabonear.**

g². ‖ **~ la poruña.** loc. verb. *Ch.* Cobrar o pedir dinero. pop + cult → espon.

h². ‖ **~ la vieja.** loc. verb. *Ch.* No aprovechar la oportunidad de algo favorable que pasa. pop + cult → espon.

i². ‖ **~ la zarza y el guayacán.** loc. verb. *PR.* Tener *alguien* una mala racha. pop + cult → espon.

j². ‖ **~ las duras y las maduras.** *Co.* pasar las verdes y las maduras.

k². ‖ **~ las mil y una noches.** loc. verb. *Cu.* Padecer *alguien* sufrimientos y necesidades.

l². ‖ **~ las verdes y las maduras.** loc. verb. *Cu, Co.* Verse *alguien* en una situación difícil o apurada. pop. ♦ **pasar las duras y las maduras.**

m². ‖ **~ letra.** loc. verb. *Ar. En teatro,* repasar de memoria un actor sus parlamentos sin cargarlos de intencionalidad.

n². ‖ **~ liso.**
   i. loc. verb. *Ve.* Aprobar un estudiante todas las asignaturas de un curso.
   ii. *Ho.* Introducir *algo* de contrabando. pop.

ñ². ‖ **~ mala mano.** loc. verb. *Gu.* Tener *alguien* un percance.

o². ‖ **~ páramos.** loc. verb. *Pa.* Sufrir apuros y dificultades. pop + cult → espon.

p². loc. verb. *Ch, Ur.* Sancionar y notificar un agente de policía una infracción de tránsito a *alguien.* pop + cult → espon.

q². ‖ **~ pelis.** loc. verb. *Ho, ES, Ni.* Estar muy atento o vigilando *algo* o a *alguien.* pop + cult → espon.

r². ‖ **~ pelota.** loc. verb. *Ar.* Prestar atención, tener en cuenta. vulg; pop.

s². ‖ **~ piola.**
   i. loc. verb. *Pe, Ch.* Pasar *algo* o *alguien* inadvertido. pop + cult → espon.
   ii. *Pe.* Ser suficiente o tolerable *algo.* pop + cult → espon.

t². ‖ **~ por agua tibia.**
   i. loc. verb. *Pe.* Someter a *alguien* o *algo* a una prueba sin tratarlo con rigor para que pueda superarla.
   ii. *Pe.* Analizar o estudiar un tema o situación a la ligera, sin profundizar.

u². ‖ **~ por debajo de la mesa.** loc. verb. *Cu, RD, Ve.* No festejar o pasar inadvertido un acontecimiento o celebración. pop.

v². ‖ **~ por la chágara.** loc. verb. *Cu.* Matar *una persona* a *alguien.*

w². ‖ **~ por la parrilla.** loc. verb. *Pa. En una relación amorosa,* ser infiel *una persona* a su pareja. sat.

x². ‖ **~ por la piedra.**
   i. loc. verb. *PR.* Burlarse de alguien. pop + cult → espon.
   ii. *PR.* Regañar *una persona* a *alguien* en clase. est.
   iii. *PR.* Suspender, salir *alguien* mal en un examen. est.

y². ‖ **~ por las armas.** loc. verb. *Mx, Gu, Ni, CR, Bo, Ch.* Quitar la virginidad a una mujer.

z². ‖ **~ por manteca.**
   i. loc. verb. *Co:N.* Engañar a *alguien.* pop.
   ii. *Co:N.* Demostrar una actitud de completa indiferencia por alguien. pop.

a³. ‖ ~ **rabias.** loc. verb. *Co*; *Ch*, pop + cult → espon. Sentir rabia o enojo en una situación.

b³. ‖ ~ **raspa cum laude.** loc. verb. *PR.* Pasar un examen o un grado con el mínimo requerido. pop + cult → espon.

c³. ‖ ~ **sin ver.** loc. verb. *Mx.* Negarse *alguien* a ser partícipe de algo o a realizar una acción. pop.

d³. ‖ ~ **tocando arena.** loc. verb. *Ho.* Carecer de dinero *una persona.* pop ^ fest.

e³. ‖ ~ **un buen tiempo.** loc. verb. *EU.* Pasar un rato bueno o agradable.

f³. ‖ ~ **un pachó.** loc. verb. *PR.* Pasar o sentir vergüenza *alguien.* pop + cult → espon.

g³. ‖ ~ **un verano.** *Ar, Ur.* **pasar calor.**

h³. ‖ ~ **vareta.** loc. verb. *Cu.* Perjudicar a *alguien.*

i³. ‖ ~**la de viva flor.** *Gu, Ni.* **pasar de viva la flor.**

j³. ‖ ~**la grueso.** loc. verb. *Ho.* Disfrutar mucho, gozar mucho de algo o alguien. pop.

k³. ‖ ~**le las del chompipe.** loc. verb. *Ni.* Morir *alguien.*

l³. ‖ ~**le las del sordo.** loc. verb. *Ni.* No darse cuenta *alguien* de los problemas que tiene.

m³. ‖ ~**le las mil y una vainas.** loc. verb. *Ni, RD.* Tener *alguien* muchas aventuras y sinsabores.

n³. ‖ ~**lo.** loc. verb. *Ch.* juv. Consentir una mujer tener sexo con un hombre. euf.

ñ³. ‖ ~**lo chancho.** loc. verb. *Ch.* Pasarlo bien. pop + cult → espon.

o³. ‖ ~**se al patio.** loc. verb. *Ar, Ur.* p.u. Tomarse demasiada confianza con alguien. pop + cult → espon.

p³. ‖ ~**se con ficha.** loc. verb. *Cu.* Abstenerse de tomar partido en una situación. pop.

q³. ‖ ~**se de la parada.** loc. verb. *RD.* Sobrepasarse o excederse *alguien.* pop + cult → espon.

r³. ‖ ~**se de lanza.** loc. verb. *Mx.* Aprovecharse *alguien* abusivamente de una persona, una situación o un objeto. pop.

s³. ‖ ~**se de liso.** loc. verb. *Pa, Bo.* Insolentarse *una persona* con otra.

t³. ‖ ~**se de piquete.** loc. verb. *RD.* Ser *algo* excesivo por tener una serie de cualidades, *generalmente positivas*, en máximo grado. pop.

u³. ‖ ~**se de tueste.**
  i. loc. verb. *Mx.* Excederse *alguien* en lo que dice, hace o pretende, yendo más allá de lo debido. pop.
  ii. *Mx.* Tener *alguien* demasiada edad para ciertas actividades.
  iii. *Gu.* Envejecer mucho. fest.

v³. ‖ ~**se el asado.** loc. verb. *Ar.* p.u. Perderse una oportunidad. pop.

w³. ‖ ~**se el cuarto de hora.** loc. verb. *Cu, Co, Bo, Ch, Ar, Ur.* Pasársele *a alguien* el momento oportuno para hacer algo. pop + cult → espon.

x³. ‖ ~**se tejo.** loc. verb. *Ch.* Extralimitarse, sobrepasarse alguien. pop.

y³. ‖ ~**se entre las canillas.** loc. verb. *Gu.* Faltar el respeto *a alguien.*

z³. ‖ ~**se las copas.** loc. verb. *Mx, Gu, Ni, Pa, Ch.* Beber *alguien* hasta emborracharse. pop + cult → espon. ♦ **pasársele las cucharadas.**

a⁴. ‖ ~**se las cucharadas.** *Mx.* **pasársele las copas.**

b⁴. ‖ ~**se para la punta.** loc. verb. *Ch.* Sobrepasarse o excederse *alguien.* pop + cult → espon.

c⁴. ‖ ~**se películas.** loc. verb. *Ch.* Inventar o imaginarse una historia o situación sobre algo, pero sin una base real o sin llevarla a cabo posteriormente. pop + cult → espon.

d⁴. ‖ ~**se por buena parte.** loc. verb. *Ch.* Despreciar o prescindir de algo o de alguien sin tenerlo en cuenta para nada.

e⁴. ‖ ~**se por el poto.** loc. verb. *Ch.* Despreciar o no dar importancia a *algo* o *alguien.* vulg; pop + cult → espon.

f⁴. ‖ ~**se por el traste.** loc. verb. *Ch.* Despreciar o no dar importancia a *algo* o *alguien.* vulg; pop.

g⁴. ‖ ~**se por la faja.** loc. verb. *Co.* Hacer caso omiso de algo o alguien. pop. ♦ **pasarse por la galleta.**

h⁴. ‖ ~**se por la galleta.** *Co.* **pasarse por la faja.**

i⁴. ‖ ~**se por la zorra.** loc. verb. *Ch.* Hacer caso omiso, *generalmente una mujer*, de algo o de alguien.

j⁴. ‖ ~**se rollos.** loc. verb. *Ch.* Imaginarse problemas o situaciones catastróficas. pop + cult → espon.

k⁴. ‖ **pasársela por la galleta.** *Co.* **pasárselo por la galleta.**

l⁴. ‖ **pasársela tirado.** loc. verb. *Mx, Gu, Pa.* No hacer otra cosa que descansar. pop + cult → espon.

m⁴. ‖ **pasárselo por la galleta.** loc. verb. *Co.* No reconocer la autoridad de alguna persona o entidad. pop. (**pasársela por la galleta**).

▶ ~ **el ~.**

pasara-pasara.
  I. 1. m. *Bo.* Juego infantil en el que dos niños se toman de la mano haciendo un arco mientras los otros, formando una cadena, pasan por debajo.

pasarrato.
  I. 1. m. *RD, PR*; *Mx:SE* p.u; *Bo*, pop. Pasatiempo, diversión y entretenimiento en que se pasa el rato.

pasarraya.
  I. 1. f. *ES, CR.* Juego que consiste en hacer que una moneda atraviese, mediante el golpe de la púa del trompo, un cuadro demarcado en el suelo.

□
  a. ‖ **a la ~.**
    i. loc. adv. *ES.* Rápidamente, en un momento.
    ii. *ES.* Modo de jugar al trompo que consiste en lanzarlo fuertemente con el cordel, de manera horizontal.

pasarríos.
  I. 1. m. *Mx.* Reptil iguánido de hasta 11 cm de longitud, de cuerpo lateralmente comprimido, larga cola, cabeza pequeña, cresta ósea en la parte trasera de la cabeza, ojos grandes y rojizos, y coloración variable según las zonas del cuerpo. (Corytophanidae; *Corytophanes cristatus, C. hernandezii*).
  2. *Co.* **guataco**, lagarto.
  II. 1. m. *ES.* Pantalón corto, cuyas perneras llegan hasta unos pocos centímetros debajo de la rodilla, *usado principalmente por mujeres.*

pasarroyos.
  I. 1. *Co.* **guataco**, lagarto.

pasatrastes.
  I. 1. adj/sust. *Gu. Referido a persona*, chismosa, intrigante.

pasaya.
  I. 1. f. *Pe:NO.* Tira hecha de las vainas y hojas secas del **plátano** con la que se atan los postes de las viviendas rústicas. rur.

pasazón.
  I. 1. f. *Ho.* Hambre. pop.
  II. 1. f. *Ho.* Exceso en algo.

pascacho, -a.
  I. 1. adj/sust. *Ar:NO. Referido a persona*, que no tiene buena suerte. pop + cult → espon.

pascana. (Del quech. *paskana*).
  I. 1. f. *Pe, Bo:E,S, Ar:NO.* Etapa o parada en un viaje. rur.
  2. *Pe, Bo:E,S, Ar:NO.* Posada, lugar para hospedarse. rur.

pascanero, -a.
  I. 1. adj. *Bo.* Relativo a la **pascana**.
    2. m. y f. *Bo:E.* Persona que utiliza las **pascanas** para descansar durante un viaje largo.

pascar.
  I. 1. intr. *Pe, Bo:E.* Hacer un descanso en un viaje o trayecto. rur.

paschar.
  I. 1. tr. *Ar:NO.* Inclinar o volcar un recipiente. pop + cult → espon.

pascle.
  I. 1. *Mx.* **paste**, planta bromeliácea.

pascola.
  I. 1. f. *Mx:NO.* Danza ritual de los indios yaquis.

pascón. (Del náhua *pazcoa*, exprimir, filtrar o colar).
  I. 1. m. *Ho, ES, Ni, CR.* Utensilio consistente en un mango largo que en uno de sus extremos tiene atada la mitad de una calabaza agujereada que se usa en la molienda para **descachazar** el jugo de caña o remover la miel.
    2. *Ho, ES, CR.* **pazcón**, utensilio. ♦ **percolador.**
    3. *Ho, Ni.* Cedazo de tela o malla metálica para cerner arcilla, granos o harina. (**pazcón**).
  II. 1. m. *Ho, CR. En el **futbol***, guardameta que, por su mal desempeño, permite que le anoten muchos goles. pop ^ fest.
  III. 1. m. *CR.* p.u. Mujer que ha tenido relaciones sexuales con muchos hombres. desp.
  ▶ **quedar como un ~.**

pasconeado, -a.
  I. 1. adj. *Ho, Ni. Referido a objeto*, agujereado.
    2. *Ho, Ni. Referido a persona*, que ha recibido el impacto de muchas balas.
  II. 1. adj. *Ho. Referido a mujer*, promiscua. vulg.

pasconear.
  I. 1. tr. *Ho, ES, Ni.* metáf. Matar a tiros *una persona* a *alguien*.
    2. *Ho, Ni.* Agujerear un objeto.
    3. *Ho.* **abalear**, disparar con bala.

pasconero, -a.
  I. 1. m. y f. *Ho.* Persona que quita con **pascón** la suciedad del jugo de caña en un trapiche.

Pascua.
  ■
    a. ‖ **Pascua de los negros.** f. *Ch.* Festividad de la Epifanía o de la adoración de los Reyes Magos.
  □
    a. ‖ **de Pascuas a San Juan.** loc. adv. *Cu.* Algunas veces, de vez en cuando.
  ▶ **poner cara de ~; ser una ~.**

pascuala.
  I. 1. f. *Mx:SE, Gu.* Masturbación. vulg; pop.
  □
    a. ‖ **la ~.** loc. sust. *Ho.* La muerte. pop.

pascualina.
  I. 1. f. *Ch, Py, Ar, Ur.* Pastel relleno de espinacas o acelgas condimentadas y huevos enteros.

pascuero.
  I. 1. *Bo, Ch.* **viejo pascuero.**

pascueta.
  I. 1. f. *PR.* Planta herbácea de hasta 1 m de altura, de tallo frágil, erecto y muy ramificado, hojas alternas e inflorescencia en racimos, con numerosas flores que forman una panícula compacta; tiene propiedades medicinales. (Asteraceae; *Erigeron canadensis*).

pascuita.
  I. 1. f. *CR, RD.* **pumpumí.**

pase.
  I. 1. m. *Mx, Cu, RD, Co, Ec.* Dosis de droga. pop.
    2. *ES, Pa, RD, Co, Ve.* Aspiración de cocaína. drog.
    3. *Pa, Co.* Distribución de drogas. drog.
    4. *Pe.* Operación en la que se vende o compra drogas. drog.
    5. *PR.* Inhalación de marihuana. drog.
  II. 1. m. *Ce.* Documento emitido por la autoridad competente que autoriza a su poseedor a conducir un vehículo automotor en la vía pública.
  III. 1. m. *Ho, ES, Ni, Pa; Ec.* pop. **Boleto** o entrada para un espectáculo o evento.
  IV. 1. m. *Ni, Ec.* Procesión que sigue a la **misa del Niño**.
  V. 1. m. *Cu.* Asunto, *generalmente turbio o deshonesto*.
  VI. 1. m. *Ce.* Golpe suave con un mazo de hierbas que da un santero a una persona para librarla de un mal o de la mala suerte.
  VII. 1. m. *PR.* **Saque** de una cosecha del **batatal**. rur.
  VIII. 1. m. *CP.* Valor del pasaje en un autobús.
  ■
    a. ‖ **~ a bordo.** m. *Cu, Ec, Bo.* Tarjeta de embarque.
    b. ‖ **~ del Niño.** m. *Ni, Ec.* Procesión que sigue a la **misa del Niño**.
  □
    a. ‖ **~ de factura.** loc. sust. *Pa, Py.* Venganza.
  ▶ **dar ~ de paloma; dar un ~; darse un ~; tener un ~.**

paseada.
  I. 1. f. *Mx, Gu, Ho, CR, RD, Pe, Bo:O.* Paseo largo. ♦ **paseadera.**
  II. 1. f. *Gu.* Insulto grave.
    2. *Gu.* Regaño severo.
  III. 1. f. *Ho, ES, Ni.* Error, acción desacertada.
  IV. 1. f. *Ho, ES, Ni.* Rotura o desarreglo de algo.
  ▶ **darse una ~.**

paseadera.
  I. 1. f. *Ni, CR, Co, Ve; Pa,* cult → espon. Paseo o viaje que se hace muchas veces. pop.
    2. *RD.* **paseada.**

paseandero, -a.
  I. 1. adj/sust. *Pe, Bo, Py, Ar, Ur; Ch.* p.u. *Referido a persona*, que pasea mucho y frecuentemente.
    2. sust/adj. *Bo:E.* Persona sin oficio a quien no le gusta trabajar. pop ^ desp.

pasear(se).
  I. 1. tr. *Ni, Bo, Ch, Ar, Ur.* Derrotar ampliamente al adversario en una **competencia** deportiva. pop + cult → espon.
  II. 1. intr. prnl. *Gu, Ho, ES, CR.* Causar daño físico o moral a una persona. pop. ♦ **pasearse en la suerte.**
    2. *Gu, ES, CR, Pa.* Echar a perder una cosa.
    3. *Ni, CR.* Dejar encinta a una mujer soltera. vulg.
    4. *Ni.* Cometer un error.
  III. 1. intr. prnl. *Cu, RD, Pe.* Dominar ampliamente una disciplina. pop.
  IV. 1. intr. prnl. *Gu.* Reprender a *alguien* con dureza. pop.
  □
    a. ‖ **~se en la suerte.** *Gu.* **pasearse**, causar daño físico o moral. pop.

pasel.
  I. 1. m. *Mx:SE.* Techado rústico para protegerse del sol o las lluvias durante las faenas agrícolas. rur.

paseo.
  I. 1. m. *RD, PR, Pe, Bo. En algunas danzas*, recorrido corto que se ejecuta antes de iniciar los pasos de baile correspondientes.
    2. *Co.* Baile de la región de la costa atlántica que se danza por parejas, con pasos cortos y arrastrando los pies.
    3. *Co.* Música que acompaña a este baile.

4. *Pa.* Movimiento del baile de la **mejorana**, del **tamborito** o del **punto**, en el que la pareja baila separada.

II. 1. m. *Ni, Co, Bo.* Día de campo.

□

a. ‖ **~ bugueño.** loc. sust. *Co.* Reunión en la que las mujeres forman un grupo separado de los hombres. pop ^ fest.

b. ‖ **~ millonario.** loc. sust. *CR, Co.* Atraco que consiste en irrumpir en un taxi y obligar al pasajero a retirar sucesivamente dinero de varios cajeros electrónicos. pop ^ sat.

▶ **fregarse el ~; hacerse un ~.**

pasera.

I. 1. f. *ES.* Cajón para desgranar el maíz aporreado. rur.

pasero.

I. 1. m. *Mx.* Lugar en donde se tienden al sol los **chiles** para secarlos.

II. 1. m. *Ch.* Barquero que pasa viajeros de una orilla a otra. rur.

III. 1. m. *PR.* Cabellera de pelo crespo.

pasero, -a.

I. 1. m. y f. *Py, Ar:NE.* Persona que efectúa contrabando a pequeña escala. pop + cult → espon.

2. *Pe.* Persona que hace de intermediaria en la distribución de drogas. drog.

II. 1. m. y f. *Ch.* Persona dedicada al cultivo de vides y al proceso de conversión de la uva en pasa.

2. adj. *Ch.* Relativo al negocio de las uvas pasas.

pasguatada.

I. 1. f. *Ve.* Dicho o hecho propios del **pajuato**. pop + cult → espon.

pashaco.

I. 1. *Pe.* **pachaco.**

pashama.

I. 1. f. *Gu.* Prenda para dormir, *generalmente compuesta de pantalón y chaqueta.*

pashashmo.

I. 1. m. *ES.* Grano mal molido.

pashcuana. (Del otomí).

I. 1. *Mx:C.* **chilchaca.**

pashpa.

I. 1. *ES.* Vulva. vulg.

pashpala.

I. 1. *Gu.* Vulva. vulg.

pashte.

I. 1. m. *Gu, Ho, ES.* **paste**, sonayote.

2. *Gu, Ho, ES.* **paste**, esponja.

3. *Gu, ES.* **paste**, tejido fibroso.

4. *Gu.* **paste**, planta.

pashtudo, -a. (De *paste*).

I. 1. adj. *Gu, RD. Referido a persona o animal,* de pelo largo y lanoso.

pashuro.

I. 1. *Pe.* **chachafruto**, árbol.

pasiero, -a.

I. 1. m. y f. *Pa.* **wity**, amigo de confianza. pop.

pasilla.

I. 1. m. *Mx.* **chile pasilla.**

II. 1. m. *Co.* Café trillado que contiene muchas impurezas, *especialmente las constituidas por los granos que se han secado en el cafeto antes de la cosecha.*

pasillero, -a.

I. 1. m. y f. *Ch. En los supermercados,* encargado de distribuir y marcar los precios de los productos que se encuentran en los pasillos antes de su venta.

pasillo.

I. 1. m. *Pa, Co, Ve, Ec, Pe.* Baile popular, en pareja, de ritmo rápido y ligero.

2. *Pa, Co, Ve, Ec, Pe.* Composición musical de compás tres por cuatro, con la cual se baila el pasillo.

II. 1. m. *Mx.* Estera larga y estrecha que se pone en los lugares de mucho paso.

pasión.

•

a. ‖ **¿qué ~?** fórm. *Mx.* Se usa como forma de saludo entre amigos cercanos. pop.

pasionaria.

I. 1. f. *Pa, Ec, Bo.* Planta trepadora, de hasta 9 m de altura, con **bejucos** largos, fibrosos y resistentes, hojas lobuladas, flores solitarias de gran tamaño, aromáticas, de color amarillento con tonos púrpuras. (Passifloraceae; *Passiflora incarnata*). ♦ **curuba; parcha; parcha redonda.**

pasionario, -a.

I. 1. adj. *Ho, PR. Referido a persona,* apasionada, amante de algo.

pasionismo.

I. 1. m. *Ho.* Apasionamiento.

pasionista.

I. 1. adj. *Bo. Referido a persona,* apasionada. pop.

pasisto, -a.

I. 1. adj. *ES. Referido a persona,* que hace **mates**, muecas y gestos abundantes.

pasita.

I. 1. adj. *Mx, Pa, Ar, Ur. Referido a persona,* anciana y de piel arrugada. pop.

II. 1. adj. *Pe. Referido al cabello,* rizado, similar al de las personas negras. pop.

III. 1. f. *Pa, Bo.* Uva seca.

pasito.

I. 1. m. *CR.* Representación, *por lo general escultórica,* del nacimiento de Jesús, constituida fundamentalmente por la imagen del Niño, la Virgen, san José, la mula y el buey.

□

a. ‖ **a ~.** loc. adv. *Pa.* Despacio, con tiento. rur; pop.

b. ‖ **~ tuntún.** loc. sust. *Ni.* Persona coja. fest. ♦ **tuntún.**

pasitrote.

I. 1. m. *Pa.* Música de **mejorana** cuyo ritmo imita el trote del caballo.

pasivo, -a.

I. 1. m. y f. *Bo, Ch, Ar, Ur.* Persona que ha dejado definitivamente el trabajo en una institución o empresa de acuerdo con las normas establecidas en la legislación social, por razones de edad o incapacidad física, y que recibe una pensión vitalicia.

paslama.

I. 1. *Ni.* **parlama**, tortuga.

paslote.

I. 1. m. *PR.* **pámpana**, tallo. rur.

2. *PR.* Tronco de la mata de tabaco. rur.

▶ **ser un ~.**

pasmadera.

I. 1. f. *Cu.* Situación de aburrimiento, desánimo, inacción.

II. 1. f. *Cu.* Situación económica difícil.

pasmado, -a.

I. 1. adj. *Mx, Ho, Ni, Pa, Cu, RD, PR, Co, Ve, Pe, Ch, Ur. Referido a una fruta,* que no ha madurado bien.

2. *Cu, RD, Ve, Ch. Referido a un niño,* que ha crecido poco con respecto a su edad.

3. *ES, Ni; Pa,* pop + cult → espon. *Referido a un alimento,* mal cocido.

4. *Cu. Referido a un trámite,* que está detenido. pop.

II. 1. adj. *Co. Referido a persona*, que ha dejado de notar los efectos del alcohol. pop.

2. adj/sust. *CR, RD.* desp. *Referido a persona*, escuálida.

3. adj. *ES. Referido a una enfermedad*, mal curada.

III. 1. adj. *Ni, PR, Py; Ur,* p. u. *Referido a persona*, asustada, perpleja. pop + cult → espon.

2. m. y f. *Ni, CR, Ur.* Hombre o mujer; se usa frecuentemente como insulto.

3. adj. *PR. Referido a persona*, abochornada. pop + cult → espon.

IV. 1. sust/adj. *Cu.* Persona poco divertida, aburrida. pop + cult → espon.

2. *Cu.* Persona que no tiene dinero. pop.

V. 1. adj. *Pa, Bo:O. Referido a un producto*, que ha perdido sus propiedades y no se puede utilizar.

pasmarse.

I. 1. intr. prnl. *Mx:SE, Pa, RD, PR, Pe, Bo, Ch.* Secarse la fruta sin llegar a madurar.

2. *ES, Ni; Mx, Cu* pop + cult → espon; *Ar.* p.u. Cocerse o asarse mal un alimento.

3. *Pa, Cu, RD, PR, Ve, Pe, Ch.* metáf. No desarrollarse plenamente *alguien* o *algo*, como era de esperar.

4. *Co.* Dejar *alguien* de sentir los efectos de una bebida alcohólica.

5. *Gu, ES.* Hacerse crónica una enfermedad, no curarse.

6. *Bo:O.* Perder un producto sus propiedades. pop.

7. *PR.* Ponerse descolorido *alguien* por enfermedad, apergaminarse.

II. 1. intr. prnl. *PR.* Avergonzarse *alguien*.

2. *PR.* Desilusionarse *alguien*.

pasmazón.

I. 1. f. *Cu.* Falta de animación en un lugar, *especialmente en una fiesta*.

II. 1. f. *Cu.* Mala situación económica.

III. 1. m-f. *Ho.* Persona alelada.

IV. 1. f. *Ho.* Comida mal cocida.

pasme.

I. 1. m. *PR.* Estupefacción, susto, sorpresa que deja a alguien sin saber qué decir. pop + cult → espon.

☐
a. ‖ **¡qué ~!** loc. interj. *PR.* Expresa frustración, chasco de alguien. pop + cult → espon.

▶ **llevarse un ~.**

pasmique.

I. 1. adj. *ES. Referido a persona*, pasmada, lela, tonta. ♦ **pasmolín.**

pasmo.

I. 1. m. *Gu, ES, Ni.* Dolor de estómago.

2. *Gu.* Inflamación persistente.

3. *ES.* Vómito.

II. 1. m. *Gu.* Lentitud.

III. 1. m. *PR.* Policía. delinc.

■
a. ‖ **~ de estómago.** m. *PR.* Contracción estomacal por haber bebido algún líquido frío después de una comida muy caliente. rur.

b. ‖ **~ de luna.** m. *Bo:E. Según creencia popular*, desarreglo intestinal por haber dormido a la intemperie. pop.

c. ‖ **~ de sol.** m. *Bo:E.* Insolación, malestar por exponerse al sol mucho tiempo. pop.

▶ **cortar el ~; cortar el ~ a tiempo.**

pasmolín, -na.

I. 1. *ES.* **pasmique,** pasmado.

pasmuno, -a.

I. 1. adj. *PR. Referido a una enfermedad o a un mal*, largo y crónico. rur.

paso.

■
a. ‖ **~ a desnivel.** m. *Mx, ES, CR, Co, Ec, Pe, Bo, Ch.* Lugar en que se cruzan dos avenidas de diferente nivel.

b. ‖ **~ de parada.** m. *Bo, Ch.* Paso de desfile caracterizado por levantar rígida y horizontal la pierna que avanza.

c. ‖ **~ huachano.** m. *Pe. En equitación*, paso de ambladura o de andadura en el que las cabalgaduras mueven a un tiempo la mano y el pie del mismo lado

d. ‖ **~ nivel.** m. *Co, Ch, Ar.* Paso a nivel, lugar en el que un ferrocarril se cruza con un camino o carretera al mismo nivel.

e. ‖ **~ picado.** m. *Pa.* Paso de la caballería que parece que no sale de su terreno.

f. ‖ **~ superior.** m. *Ch.* Puente o pasarela elevados sobre un camino o carretera para permitir el paso de personas o de otros vehículos.

☐
a. ‖ **a ~ de jicotea.** loc. adv. *Cu, RD.* Con lentitud.

b. ‖ **a un ~ de perico.** loc. adv. *Gu.* Muy cerca.

c. ‖ **al ~.** loc. adv. *Pa.* Enseguida. pop + cult → espon.

d. ‖ **al ~ de la guayaba.** loc. adv. *CR.* obsol. Muy lentamente. pop.

e. ‖ **al ~ del pavito.** loc. adv. *RD.* Lentamente. pop + cult → espon.

f. ‖ **de ~.** loc. adj. *Ec. Referido a una caballería*, que al caminar mantiene un paso suave, que no trota ni galopa.

g. ‖ **~ cordillerano.** loc. sust. *Bo.* Terreno de pasto, llano y de cierta extensión.

h. ‖ **de perico.** loc. sust. *Bo.* Distancia muy corta.

i. ‖ **~s de animal grande.** loc. sust. *Ho, Co.* Rumores de que *algo* va a ocurrir.

●
a. ‖ **de ~, cañazo.** fórm. *Ar, Ur.* Se usa para indicar que se aprovecha una oportunidad o un momento apropiado para hacer u obtener algo. pop + cult → espon.

▶ **cambiar el ~; dar un ~ de costado; dar un ~ de lado; deshacer los ~s; hablar ~; hacerse pasito; llevar a ~ de conga; marcar el ~; marcar los ~s; oír ~s en la azotea; quedar a un ~ de perico; recoger los ~s; sacar de ~; sacar del ~; sacar ~; tirar ~.**

pasoca.

I. 1. f. *Bo:E.* Panecillo que se prepara con harina de maíz tostada, **yuca** cocida y cecina de **res** desmenuzada y frita.

pasodoble.

▶ **romper el ~.**

pasojo.

I. 1. m. *Mx.* Estiércol de ganado caballar. rur; pop.

pasola.

I. 1. f. *RD, Ec.* Motocicleta de poca cilindrada.

pasón.

I. 1. m. *Mx.* Sobredosis de droga.

2. *Ve.* juv. Resaca, malestar que padece al despertar quien ha bebido alcohol o tomado alguna droga.

II. 1. m. *ES, Co.* Pasada rápida por un lugar.

2. *Gu.* Repaso breve o retoque superficial que se hacen en un trabajo.

3. *Gu.* Lectura rápida.

☐
a. ‖ **de un solo ~.** loc. adv. *Ho.* Rápidamente, deprisa, a la carrera.

pasoneado, -a.

I. 1. adj. *Ve.* juv. *Referido a persona*, que tiene resaca por haber ingerido alcohol o tomado alguna droga.

pasonivel.
I. 1. m. *Co, Ch.* Sitio en que un ferrocarril se cruza con otro camino al mismo nivel.

pasopicado.
I. 1. m. *Pa.* Paso del caballo, acompasado y suave.

pasoso, -a.
I. 1. adj. *Ve. Referido a papel*, no impermeable.
2. *Ho, Ni. Referido a vasija de barro*, muy porosa. rur.
II. 1. adj. *Ni, Ec. Referido a enfermedad*, contagiosa.
2. *ES. Referido a persona*, que tiene diarrea.
III. 1. adj. *Ch. Referido a un olor*, muy penetrante y difícil de quitar.

pasota.
I. 1. f. *Ve.* **pasote**.

pasote.
I. 1. m. *Mx, Gu, Ho, Ni, Ve.* **paico**. (Chenopodiaceae; *Chenopodium ambrosioides*). (**apasote**; **apazote**; **epasote**; **epazote**; **ipazote**; **pasota**; **pazote**; **yepazote**).

paspa.
I. 1. f. *Ec, Ar:NO; Bo:C,O.* pop + cult → espon. Agrietamiento de la piel causado por el viento y el frío excesivo.
2. adj. *Bo:O. Referido a la piel de una persona*, agrietada por el frío y la sequedad. pop.
II. 1. f. *Ec.* Pan hecho a base de harina de maíz.

paspaco, -a. (Del aim. *p'axp'aku* y del quech. *p'axpaku*, tramposo).
I. 1. m. y f. *Bo.* Persona que se dedica a la venta ambulante de productos, *generalmente medicamentos*, que no tienen las propiedades que les adjudica.

paspado, -a.
I. 1. adj. *Ar. Referido a persona*, atontada, alelada. pop + cult → espon.
II. 1. adj. *Bo:O, Ur. Referido a la piel de una persona*, agrietada o irritada por el frío y la sequedad del ambiente. pop + cult → espon.

paspadura.
I. 1. f. *Bo:C,O, Ar, Py,* pop; *Ur,* pop + cult → espon. Agrietamiento de la piel, *especialmente de las manos o los labios, o de las nalgas de un bebé*.

paspaque.
I. 1. m. *Mx.* Ave similar a la garza, de hábitos nocturnos, que mide unos 54 cm de longitud, cuya cabeza tiene una corona negra, cresta larga y cara negra, la parte superior, garganta y pecho son blancos, y las partes inferiores son rojas con los flancos negros, las alas son gris pálido, y el pico es macizo y ancho, con forma de cucharón. (Ardeidae; *Cochlearius cochlearius*). ♦ **bujaja**; **huapapa**.

paspar(se). (Del quech. *p'aspay*, agrietar).
I. 1. intr. prnl. *Ec, Py, Ar; Bo:O,S* pop; *Pe,* p.u; *Ur,* pop + cult → espon. Agrietarse o irritarse la piel a causa del viento y el frío excesivo.
2. *Py, Ar; Ur.* pop + cult → espon. Sufrir un bebé irritación o agrietamiento de la piel en las nalgas o genitales a causa de la orina.
II. 1. intr. prnl. *Ar, Ur.* metáf. Aburrirse o hastiarse. pop + cult → espon.
2. tr. *Ar, Ur.* metáf. Aburrir o hastiar a *alguien*. pop + cult → espon.

pasposo, -a.
I. 1. adj. *Ec, Bo:O; Pe.* p.u. *Referido a persona*, que sufre **paspa**.

¡pasque!
I. 1. interj. *Gu.* Expresa sorpresa o asombro. rur.

pasquín.
I. 1. m. *Mx, Co, Ve, Bo, Ch, Py, Ar, Ur, Ho, ES, Ni, Ec.* desp. Libro, periódico o revista de mala calidad, superficial y sensacionalista. ♦ **peneca**.

2. *Ho, Ni, PR.* Revista infantil de historietas cuyo asunto se desarrolla en series de dibujos.
3. *Pa, PR.* **paquín**, revista de cómicas.

pasquinar.
I. 1. tr. *PR.* Pegar *alguien* pasquines en sitios públicos.

pasquinero, -a.
I. 1. m. y f. *Mx, RD, PR.* Persona que pega **pasquines**.
2. sust/adj. *Ho.* Persona que gusta de leer o hacer **pasquines**.

pasta.
I. 1. f. *Mx, Gu, ES, Ni.* Pastilla de droga. drog.
2. *Pe, Bo, Ch.* **pasta base**. drog. ♦ **pasturri**.
II. 1. f. *Mx, Pa, Cu, Ec, Ur.* Flema, pachorra. drog.
III. 1. f. *Ec.* Pastel pequeño.
IV. 1. f. *Bo:O.* Muñeca hecha de tela.
V. 1. f. *Ho.* Persona importante y con poder.
■
a. ‖ ~ **base**. f. *Co, Pe, Bo, Ch, Ar, Ur.* Masa básica de cocaína. drog. ♦ **pasta**.
b. ‖ ~ **frola**. f. *Ar, Ur.* **pastafrola**, pastel.
c. ‖ ~ **real**. f. *Ar:NO.* Golosina elaborada con **bizcochuelo**, dulce de **cayote** y almendras.
□
a. ‖ ~ **frola**. loc. sust. *Ar.* **pastafrola**, persona tonta.
▶ **hablar en ~; hablar ~ a ~; ser una ~.**

pastabasero, -a.
I. 1. m. y f. *Ch; Ar, Ur.* drog. Adicto a la pasta base de la cocaína.
2. sust/adj. *Ch.* Traficante de **pasta base**.
3. adj. *Ch.* Relativo a la **pasta base**.

pastador, -ra.
I. 1. m. y f. *Ec.* Persona que guarda, guía y apacienta el ganado.

pastafrola. (Del it. *pastafrolla*).
I. 1. f. *Py, Ar, Ur.* Pastel cubierto de dulce de membrillo o de leche y decorado con tiritas entrecruzadas de la masa. (**pasta frola**).
II. 1. m-f. *Ar.* Persona tonta o necia. pop + cult → espon. (**pasta frola**).

pastaje.
I. 1. m. *Mx, Gu, Pa, Co, Ar:NO.* Proceso de alimentación del ganado en los campos de pasto. rur.
2. *Mx, Gu, Bo:E, Py, Ar:NO.* Pago o canon por el uso de un campo ajeno para que paste el ganado. rur.
3. *Mx, Gu, Ar:NO.* Lugar o campo donde pasta el ganado. rur.

pastajero, -a.
I. 1. m. y f. *Ar:NO.* Persona que, previo pago de un canon, lleva su ganado a un campo ajeno para que paste.
2. *Ar:NO.* Persona que cede en arriendo su campo para que paste ganado ajeno.

pastal.
I. 1. m. *Mx, Co, Bo:E,S, Ch, Ar:NO; Pe,* p.u. Sitio poblado de pasto. rur.

pastalinda.
I. 1. f. *Ar; Ur,* p.u. Máquina para estirar la masa o para hacer fideos y otros tipos de pasta, que consta de un sistema de rodillos accionados con una manivela adosada a uno de los costados.

paste.
I. (Del nahua *pachtli*, hierba que se cría y cuelga de los árboles).
1. m. *Mx, Ho.* Planta epífita de hasta 2 m de longitud, de tallo flexible, hojas largas, delgadas, curvadas o arremolinadas, de color gris, y flores muy pequeñas en espiga, de color verde pálido o azul; se emplea como estropajo y para hacer adornos navideños. (Bromeliaceae; *Tillandsia usneoides*). (**paiste**; **pascle**; **pashte**; **pastle**; **paxcle**; **paxtle**). ♦ **chimecate**; **cuapaste**;

estopa de los árboles; **guajaca**; **heno**; **melena**; **paste de cerro**; **tacari**.

2. *Ho, ES, Ni, CR.* Esponja vegetal alargada, cilíndrica y fibrosa para baño, hecha de la fibra del paste. (**pashte**).

3. *Ho, ES, Ni.* Estropajo de cualquier material.

4. *Ho, ES, CR.* **sonayote** (**pashte**; **paxte**).

5. *Ho, ES, CR.* Fruto no comestible del paste, de hasta medio metro de longitud, fibroso, reticulado y esponjoso. (**paxte**).

6. *Ho, ES, CR.* Tejido fibroso, especie de esponja alargada y redondeada, que queda tras pudrirse la pulpa del fruto. (**pashte**).

7. *Ho.* Estropajo hecho de los filamentos cocidos del paste que se usa para fregar platos y trastos de cocina.

II. (Del ingl. *pastry*, empanadilla).

1. m. *Mx:C, Ho, Ni.* Empanada de hojaldre.

■

a. ‖ ~ **de Castilla.** *Ho.* **sonayote**.

b. ‖ ~ **de cerro.** *Ho.* **paste**, planta.

▶ **dejar hecho ~** ; **hacer ~**.

pasteada.
I. 1. f. *Ho.* Abrillantamiento de la carrocería de un vehículo con cera u otro producto similar.

pasteado, -a.
I. 1. adj. *ES. Referido a persona*, drogada con pastillas.

pasteador, -ra.
I. 1. adj/sust. *Ho, ES. Referido a persona*, que limpia y abrillanta la carrocería de un vehículo con pasta.
II. 1. m. y f. *Bo:O.* Persona, *generalmente niño*, que lleva a pastar al ganado ovino rur.

pasteaje.
I. 1. m. *Pe.* obsol. Conducción del ganado a pacer.

pastear(se).
I. 1. tr. *Pe, Bo, Py.* Dar pasto a los ganados.
II. 1. tr. *Ho, ES.* Abrillantar con pasta la carrocería de un vehículo. ◆ **robinear**.
III. 1. intr. prnl. *Gu.* Tomar pastillas de droga. drog.

pastel.
I. 1. m. *Co:N,NE.* Plato típico, hecho con masa de maíz rellena de diversas carnes y otros ingredientes, según la zona, que se envuelve en hojas de mazorca o de **plátano** y se cocina al vapor o al horno.

2. *Bo:O.* Masa en forma de medialuna grande y esponjosa que se fríe en aceite y se espolvorea con azúcar; se sirve casi siempre como acompañamiento del **api**.

3. *PR.* Plato hecho de masa de arroz y carne, o de **plátano**, **yuca** u otras viandas rellena de carne de cerdo picada en pequeños pedazos, aderezada con garbanzos, pasas y ciruelas, envuelta en hojas de **plátano** y hervida en agua de sal; es comida típica de la Navidad. ◆ **pastel de hoja**.

II. 1. *Co:O.* **acordeón**, papel est.

III. 1. m. *Gu; Ch,* pop. Enredo, lío.

2. *Cu.* Sexo entre más de dos personas. pop. ◆ **pastelón**.

IV. 1. m. *Pe.* Masa básica de cocaína. drog.

V. 1. m. *Ch.* p.u. Excremento. euf; pop ^ fest.

VI. 1. m. *Ch.* Persona que comete despropósitos, que hace tonterías. pop.

VII. 1. m. *ES.* Vulva. tabú.

VIII. 1. m. *Pa.* juv. Mujer de gran atractivo físico. pop.

■

a. ‖ ~ **ciego.** m. *PR.* Pastel sin relleno.

b. ‖ ~ **de choclo.** m. *Ch.* Guiso hecho con pollo y **choclo** molido que se cubre con una capa de azúcar.

c. ‖ ~ **de chucho.** *ES.* **pastel de perro**.

d. ‖ ~ **de hoja.** m. *PR.* **pastel**, plato hecho de masa de arroz y carne.

e. ‖ ~ **de perro.** m. *Ho.* Empanadilla hecha de harina de maíz, manteca, **achiote**, carne molida o puré de **papa** fritos en aceite o manteca. ◆ **pastel de chucho**; **pastelito de chucho**; **pastelito de perro**.

f. ‖ ~ **en hoja.** m. *RD.* Plato que consiste en una masa *hecha principalmente con* **plátano**, **yautía** *y carne picada*, que se envuelve en hojas de **plátano** y se hierve; es un plato tradicional en Navidad.

g. ‖ ~ **mandi'o.** m. *Py.* Empanada de **mandioca** rellena con carne molida y otros condimentos.

□

a. ‖ ~ **verde.** loc. sust. *Bo:O*; *Pe.* obsol. Agente de policía. pop.

▶ **arreglar el ~** ; **picar como para ~es**.

pastelada.
I. 1. f. *PR.* Comida que solo consta de pasteles.

pastelear.
I. 1. intr. *Ve.* Simpatizar con dos partidos políticos. pop.
II. 1. intr. *Gu.* Intrigar, chismorrear.

pasteleo.
I. 1. m. *Gu.* Enredo, lío, chisme.

pastelera.
I. 1. f. *Ch.* Plato hecho con **choclo** molido, huevos batidos y espolvoreado con azúcar por encima.

pastelero.
I. 1. *Pe.* **ladrillo pastelero**.

pastelero, -a.
I. 1. m. y f. *Pe, Bo:C,O.* Persona adicta a la pasta básica de cocaína. drog.

2. *Bo:C,O.* Persona que vende pasta básica de cocaína. drog.

II. 1. adj. *Gu. Referido a persona*, intrigante, chismosa.

2. *ES. Referido a persona*, parlanchina e informal.

3. *ES. Referido a hombre*, que enamora a varias mujeres al mismo tiempo.

III. 1. m. y f. *Ve.* Persona que simpatiza con dos partidos políticos. pop.

IV. 1. adj/sust. *Ve.* Persona que practica el sexo con otras simultáneamente. pop.

pastelillo.
I. 1. m. *Pe.* Raya, pez selacio. pop.

pastelito.
I. 1. m. *Ar.* Postre hecho con masa de harina, grasa, agua y sal, rellena con un dado de dulce de membrillo o batata, que se fríe y luego se baña en almíbar.

2. *Ho, Ni, RD.* Empanada en forma de medialuna hecha de harina de maíz y un relleno variado de verduras, carne, especias y **achiote**, y frita en manteca o aceite.

3. *Pa.* Empanada pequeña de forma redondeada hecha de masa de hojaldre rellena con pollo, carne molida o queso.

■

a. ‖ ~ **de chucho.** *Ho.* **pastel de perro**.

b. ‖ ~ **de perro.** *Ho.* **pastel de perro**.

pastelón.
I. 1. m. *Ch.* Loseta grande de cemento o de cerámica que se utiliza para pavimentar o para formar un camino sobre el césped.

II. 1. *Cu.* **pastel**, sexo. pop.

III. 1. m. *PR.* Plato hecho de rebanadas de **plátano** maduro frito, con huevo batido, carne molida y habichuelas tiernas.

pasteluda.
I. 1. f. *ES.* Mujer con vulva grande. vulg.

pastenaca.
I. 1. sust/adj. *Ur,* p.u.; *Ar.* obsol. Persona tonta, ingenua o poco perspicaz. pop + cult → espon ^ desp.

pasteque.
I. 1. m. *ES.* Sandía, planta y fruto.

pasterizadora.
 I. 1. f. *Co.* Establecimiento donde se procesa industrialmente la leche.

pastero, -a.
 I. 1. adj. *Mx. Referido a animal*, que transporta pasto o hierba. rur.
 II. 1. adj/sust. *Ho, Ch, Ar, Ur. Referido a persona*, adicta a la pasta base de cocaína. drog.
 2. *ES. Referido a persona*, que se droga con pastillas.

pasteurizadora.
 I. 1. f. *Ec.* Establecimiento donde se procesa industrialmente la leche.

pasticho. (Del it. *pasticcio*).
 I. 1. m. *Ve, Ar.* Plato formado por capas de pasta de harina, cuadradas o alargadas, que se intercalan con carne picada o verdura.
 2. *Ar.* Comida de mal aspecto, *por lo general debido a una mala cocción o a una mezcla poco esmerada de sus ingredientes.* pop + cult → espon.
 II. 1. m. *Ar, Ur.* p.u. Lío, confusión, desorden. pop + cult → espon.

pastifficio. (Voz italiana).
 I. 1. m. *Ec.* Fábrica de fideos. cult.

pastilla.
 I. 1. f. *Pe.* Pieza de tejido, *generalmente cuadrangular*, que se une a otra para hacer manteles, colchas y otras prendas.
 II. 1. f. *Cu.* Pareja amorosa de alguien.
 2. *Cu.* Persona por la que se siente una atracción amorosa.
 III. 1. f. *Gu.* Dinero. pop.
 IV. 1. f. *Gu.* Mentira.
 V. 1. f. *Gu. En la construcción de carreteras*, cada una de las divisiones de cemento con entramado de varillas de tres metros de longitud en que se divide el asfalto para que no se raje.

pastillaje.
 I. 1. m. *Pa, Co, Ec, Pe, Bo, Py.* Arte de decorar pasteles y tortas.
 2. *Ho.* Técnica de adornar las vasijas de barro a través de bultos, flores en bajo relieve, botones, bolitas y otras formas e incisiones como **chiches**.
 3. *Pa.* Decoración que llevan los pasteles.

pastillero, -a.
 I. 1. m. y f. *Bo.* Persona que vende caramelos y otras golosinas en la calle. pop.

pastillita.
 I. 1. f. *Cu.* Caramelo de colores que tiene forma de pastilla.
 II. 1. f. *Cu.* Cubito de caldo concentrado.

pastina.
 I. 1. f. *Ar.* obsol. **pastines**.
 II. 1. f. *Ar.* Masa o mezcla de albañilería empleada para sellar grietas o junturas y alisar paredes.

pastines.
 I. 1. m. pl. *Ur, Ar*, obsol. Porción de pasta alimenticia, muy menuda y a la que se puede dar diversas formas, que se emplea para hacer sopas. (**pastina**)

pastizal.
 I. 1. m. *PR.* Sembrado de marihuana de pequeñas dimensiones. drog.

pastle.
 I. 1. *Mx.* **paste**, planta bromeliácea.

pasto.
 I. 1. m. *Mx, Ni, Pa, PR, Co, Ec, Pe, Bo, Ch, Py, Ar, Ur.* Césped.
 2. *PR.* **vega**, terreno plantado. rur.
 II. 1. m. *Ho, PR, Co, Bo:O.* Marihuana, *especialmente la de mala calidad.* drog.

■
 a. ‖ ~ **amargo.** m. *Ho.* Hierba perenne y forrajera, de hasta 50 cm de altura, de flores en panículas bien desarrolladas, con numerosas semillas. (Poaceae; *Homolepis aureus*). ♦ **zacate amargo**.
 b. ‖ ~ **bandera.** m. *Bo:O.* **brama**.
 c. ‖ ~ **chato.** m. *Gu.* Hierba perenne, densa, de textura gruesa y color verde claro; forma un manto mullido. (Poaceae; *Axonopus compressus*).
 d. ‖ ~ **de milpa.** m. *Ho.* Hierba perenne y forrajera, de tallos carnosos de hasta 1,5 m de altura, flores en panículas bien desarrolladas, con numerosas semillas. (Poaceae; *Ixophorus unisetus*). ♦ **pasto Honduras; zacate blanco**.
 e. ‖ ~ **elefante.** *Gu, Pa, Ec.* **pará**, hierba perenne.
 f. ‖ ~ **Guatemala.** *Gu.* **zacate Guatemala**.
 g. ‖ ~ **Guinea.** *Gu, Pa.* **zacate Guinea**, hierba perenne.
 h. ‖ ~ **Honduras.** *Gu.* **pasto de milpa**.
 i. ‖ ~ **horqueta.** m. *Ar, Ur.* Planta herbácea perenne de hojas lineales, algo vellosas, y flores en panoja con dos espigas violáceas en horquilla; forma praderas y se usa como forrajera. (Poaceae; *Paspalum notatum*). ♦ **jengibrillo**.
 j. ‖ ~ **imperial.** m. *Gu, Co.* Hierba perenne de hasta 1,5 m de altura, tallos suculentos y hojas anchas, pubescentes y de punta roma, que forma grandes macollas; se emplea como hierba para ensilaje o para forraje verde. (Poaceae; *Axonopus scoparius*). ♦ **gramalote; imperial**.
 k. ‖ ~ **ovillo.** *Pe.* **orchoro**.
 l. ‖ ~ **plateado.** m. *Ar.* Planta perenne con hojas pubescentes de lámina lanceolada y margen dentado que presenta inflorescencias en panículas. (Poaceae; *Digitaria californica*).

□
 a. ~ **seco.** loc. adj. *Ch. Referido a persona*, que se entusiasma o exalta con facilidad. pop + cult → espon.

▶ **dar ~; dar ~ a las fieras; emburrar ~; estar en buen ~; jalar ~.**

pastor.
 I. 1. m. *PR.* Pez marino de hasta 40 cm de longitud, con el cuerpo alargado, de color plateado con manchas negras, y aletas pélvicas muy desarrolladas. (Nomeidae; *Nomeus gronovii*).
 II. 1. m. *Ur.* Semental equino o porcino. rur.

□
 a. ‖ **¡a mamar los ~es!** loc. interj. *Ec.* Expresa contrariedad, *especialmente cuando algo se ha echado a perder.* vulg; pop + cult → espon.
 b. ‖ **al ~.** loc. adj. *Mx. Referido a carne de cerdo*, adobada con una salsa a base de distintos **chiles**, ajo, vinagre y otros condimentos, y después cocinada a las brasas con piña y cebolla; se sirve troceada como relleno de **tacos** y tortas.

pastora.
 I. 1. f. *Mx, CR.* Arbusto de hasta 3 m de altura, con hojas grandes, alternas, de color verde oscuro e inflorescencias amarillas con brácteas rojas, rosas o blanquecinas, es ornamental y tiene propiedades medicinales. (Euphorbiaceae; *Euphorbia pulcherrima*). ♦ **estrella federal; liberal; listoncillo; navidad; nochebuena; paño de Holanda; paraguas japonés; sombrilla japonesa**.
 2. *Mx.* **damiana**.
 3. *Mx:NO.* Arbusto de 1 m de altura, con hojas verdes y puntiagudas, flores amarillas y frutos recubiertos de densas espinas. (Tiliaceae; *Triumfetta polyandra*). ♦ **oreja de coyote**.
 II. 1. f. *Gu.* Masturbación. vulg.

pastorcita.
 I. 1. *Gu.* **lechecilla**.

pastorear.
I. 1. tr. *Mx.* Vigilar y cuidar a *alguien*, a intervalos, sin obligación y con constancia.
2. *Ho, Ni.* Mimar, cuidar a *alguien*.
3. intr. *ES.* Vagar, perder el tiempo.
4. tr. *Ho.* Buscar con insistencia a *alguien* para conseguir algo.
5. *Ur.* Observar con atención a *algo* o a *alguien*. pop + cult → espon.

pastorejazo.
I. 1. m. *Ve.* Golpe dado con la mano o el puño, *especialmente en la oreja*. pop.

pastorejo.
I. 1. m. *Co.* p.u. Golpe que se da, *generalmente en la cabeza*, haciendo resbalar con un movimiento brusco, sobre la yema del pulgar, el envés de la última falange de otro dedo de la misma mano.

pastorelearse.
I. 1. intr. prnl. *ES.* Masturbarse.

pastoreo.
I. 1. m. *Ho.* Búsqueda de alguien con insistencia.

pastorero.
■
a. ‖ ~ **peruano.** m. *Pe.* Ave de hasta 20 cm de longitud, con pecho de color rojo muy vivo y el cuerpo negro, con una línea blanca sobre el ojo. (Icteridae; *Sturnella belicosa*). ♦ **huanchaco**.

pastorero, -a.
I. 1. m. y f. *Mx.* **Taquero** que se especializa en la elaboración de **tacos al pastor**.

pastorina.
I. 1. f. *Pe:C.* Sombrero de cartón forrado en terciopelo, adornado con perlas y un penacho de plumas de color; se usa en la danza de los **negritos**. rur.

pastoso, -a.
I. 1. adj. *Mx, Ni, Ch, Py, Ar. Referido a un terreno*, que tiene mucho pasto.
II. 1. adj/sust. *Cu. Referido a persona*, lenta.

pastrulada.
I. 1. f. *Pe.* juv. Dicho o hecho propio de un **pastrulo**.

pastrulo, -a.
I. 1. adj/sust. *Pe. Referido a persona*, que consume **pasta base** de cocaína. drog.

pastudo, -a.
I. 1. adj. *Pe.* juv. *Referido a persona*, que hace o dice incoherencias.

pasturri.
I. 1. *Ch.* **pasta base**. urb; drog; pop.
2. m-f. *Ch.* Consumidor de **pasta base**. urb; drog; pop.
3. *Ch.* Traficante de **pasta base**. urb; drog; pop.

pasturriento, -a.
I. 1. m. y f. *Ch.* Consumidor de **pasta base**. urb; pop ^ desp.

pastuso, -a.
I. 1. sust/adj. *Co, Ve:O, Ec.* Persona tonta, de escaso entendimiento. pop ^ desp.
2. adj. *Pa, Co, Ve:O. Referido a persona*, lenta. pop ^ desp.
3. *Ec. Referido a persona*, de modales toscos y groseros.

pasuco, -a.
I. 1. adj. *Ar. Referido a una caballería*, que al andar mueve simultáneamente las dos patas del mismo lado. rur.

pasudo, -a.
I. 1. adj. *Cu, PR; Ve*, obsol. *Referido al cabello*, ensortijado o rizado de forma natural. pop + cult → espon.
2. adj/sust. *Cu, PR; Ve*, obsol. *Referido a persona*, que tiene el cabello ensortijado o rizado, como el

de alguien de raza negra. pop + cult → espon.
♦ **apasado**.

pásula. (Del genovés *pasua*).
I. 1. f. *Ar, Ur.* Gorrión. pop + cult → espon.
2. *Ur.* p.u. Persona ingenua o poco lúcida. pop + cult → espon.

¡pasumadre!
I. 1. interj. *Mx, Pe.* Expresa admiración o sorpresa. pop.

pasurín.
I. 1. m. *PR.* Pelo extremadamente rizado, de textura reseca y con tendencia a partirse, asociado a la raza negra.

pat.
I. 1. m. *PR.* Marihuana. drog.

pata.
I. 1. m-f. *Cu, Pe, Bo:SO, Ch*; m. *Bo:SO.* Amigo íntimo, compañero inseparable. pop.
2. f. *Ec.* juv. Grupo de amigos. pop.
II. 1. *Ar:C,N.* **pata del monte**.
III. 1. f. *Ch.* Parte, división o etapa que sigue a otra. pop + cult → espon.
IV. 1. f. *Ch.* Comportamiento propio de una persona entrometida o atrevida.
V. 1. f. *Ch.* Pantalón femenino elástico y ajustado que acaba en un tirante o estribo por el que se introduce el pie.
VI. 1. f. *RD, PR.* Lesbiana. pop + cult → espon ^ desp.
VII. 1. f. *Ni.* Influencia con una autoridad.
2. *CR.* Persona influyente de la que alguien se vale para conseguir un favor.
VIII. 1. f. *Ho.* Borrachera prolongada.
●
a. ‖ **qué ~ puso ese huevo.** fórm. *Gu, RD.* Se usa para mostrar recelo hacia algo o alguien que es desconocido.
b. ‖ **¡qué tres ~s para una mesa!** fórm. *Cu.* Se usa para indicar que tres personas de las que se habla tienen alguna característica en común. fest.
■
a. ‖ ~ **de breque.** m-f. *Ni.* Persona coja. fest. ♦ **patebreque**.
b. ‖ ~ **de buey.** f. *Bo:E, Ar, Ur.* Árbol de hasta 6 m de altura, de follaje ralo y flores grandes y blancas; sus hojas tienen aplicación en la medicina tradicional. (Fabaceae; *Bauhinia candicans*). ♦ **cauba; falsa caoba**.
c. ‖ ~ **de burro.** f. *Pe.* **chanque**.
d. ‖ ~ **de cabra.** f. *RD.* **pie de cabra**.
e. ‖ ~ **de cotorra.** *RD.* **hoja ancha**.
f. ‖ ~ **de gallina.** f. *Gu, PR, Co.* Planta herbácea anual, forrajera, de hasta 1 m de altura, con tallo erecto, hojas con vainas foliares y flores en espigas; se utiliza en la medicina tradicional. (Poaceae; *Eleusine indica*). ♦ **pata de ganso; pie de gallo; zacate gallina**.
g. ‖ ~ **de ganso.** f. *Gu.* **pata de gallina**.
h. ‖ ~ **de león.** f. *Mx.* Hierba de hasta 80 cm de longitud, con hojas basales, desde enteras o ligeramente partidas hasta profundamente divididas, flores *generalmente solitarias*, pétalos de color amarillo, frutos diminutos, secos, ligeramente cuadrangulares, dispuestos en una cabezuela o globosa o cilíndrica. (Ranunculaceae; *Ranunculus petiolaris*).
i. ‖ ~ **de perro.** *Pe.* **manayupa**.
j. ‖ ~ **de vaca.** f. *Co, Bo:C, Ch, Ur.* Árbol de hasta 10 m de altura que tiene las hojas divididas en dos lóbulos, y flores de color lila, rosado o blanco, parecidas a las de la orquídea. (Fabaceae; *Bauhinia* spp.). ♦ **casco de vaca**.
k. ‖ ~ **de yanke.** m-f. *Ni.* Pie muy grande.
l. ‖ ~ **del monte.** f. *Ar:C,N.* Arbusto espinoso de hasta 3 m de altura, con hojas ovaladas de color

grisáceo, flores perfumadas de color crema y fruto agridulce. (Olacaceae; *Ximenia americana*).
♦ **pata.**

☐

a. ‖ **a ~ de mingo.** loc. adv. *Ve.* Muy cerca.

b. ‖ **a ~ limpia.** loc. adv. *Co.* Con los pies descalzos.

c. ‖ **a ~ pelada.** loc. adv. *Ni, CR, RD, Ec, Pe, Bo, Ch.* Con los pies descalzos. pop + cult → espon.

d. ‖ **con la ~ en el suelo.** loc. adj. *Co:N, Ur.* Referido a *persona*, descalza. pop.

e. ‖ **con las ~s.** loc. adv. *Mx, Ni, CR, PR, Bo, Ch.* De manera descuidada y sin esmero.

f. ‖ **con las ~s y el buche.** loc. adv. *Ch.* Con lo mínimo para salir indemne o airoso de una situación. pop + cult → espon.

g. ‖ **con toda la ~.**
  i. loc. adj. *CR.* Referido a *persona*, saludable. pop.
  ii. *CR.* Referido a *cosa*, que está en buen estado. pop.

h. ‖ **con una ~ aquí y otra allá.** *PR.* **con una pata en el cajón.**

i. ‖ **con una ~ en el cajón.** loc. adv. *Ch; Ur*, p.u. Con cercanía a la vejez, la muerte o a una enfermedad grave. pop + cult → espon. ♦ **con una pata aquí y otra allá.**

j. ‖ **de a ~.**
  i. loc. adj. *Bo, Ch, Ur.* Referido a *persona o animal*, que anda o da pasos.
  ii. *CR.* Referido a *persona*, normal y corriente. pop.
  iii. *CR.* Referido a *persona*, que no posee vehículo. pop.

k. ‖ **en las ~s de los caballos.** loc. adv. *Ni, Cu, Ch.* En una situación problemática o conflictiva. pop + cult → espon.

l. ‖ **hasta la ~.**
  i. loc. adv. *Ho, Ni.* A rebosar.
  ii. *Ho.* En estado de embriaguez.

m. ‖ **hasta las ~s.**
  i. loc. adv. *Mx, Ec, Bo, Ch, Ar, Ur.* Totalmente. pop + cult → espon. ♦ **hasta las huevas.**
  ii. loc. adv/adj. *Ec, Pe.* En malas condiciones o estado. pop. ♦ **hasta las huevas.**

n. ‖ **lame ~s.** loc. sust. *Ec.* p.u. Persona aduladora. pop + cult → espon.

ñ. ‖ **~ al suelo.** loc. adj. *Ec.* Referido a *persona*, que no lleva calzado. pop + cult → espon.

o. ‖ **~ caliente.**
  i. loc. adj/sust. *CR, Pa, Cu, PR, Ve, Ec.* Referido a *persona*, que le gusta mucho salir de casa o pasear. pop.
  ii. loc. sust. *Cu, PR.* Persona que gasta las suelas de los zapatos con rapidez. pop.

p. ‖ **~ de cabra.**
  i. loc. sust. *Pa, Cu, RD, PR, Co, Ve, Ec, Pe, Bo, Ar.* Herramienta de hierro usada en albañilería, con dos uñas, que sirve para sacar clavos y palanquear.
  ii. *Ar.* Trastorno digestivo del bebé, supuestamente originado desde la región sacra por un maleficio.
  iii. *Ar:NO.* Bebida elaborada con **chicha**, aguardiente, canela, cáscara de naranja y azúcar.
  iv. *Ho.* Navaja, cuchillo o machete para pelear.
  v. *Ho.* Máquina para compactar la tierra.
  vi. *Ho.* Instrumento metálico manual para enderezar la chapa de la carrocería de un vehículo.

q. ‖ **~ de cabro.** loc. sust. *ES.* **patecabra**, cigarro.

r. ‖ **~ de catre.**
  i. loc. sust. *Ar.* Deformidad o defecto en la piernas, consistente en tenerlas más juntas de lo

normal a la altura de las rodillas. pop + cult → espon ^ fest.
  ii. *Ar.* Persona que tiene las piernas más juntas de lo normal a la altura de las rodillas. pop + cult → espon ^ fest.

s. ‖ **~ de chancha.** loc. sust. *Ni.* Herramienta que se utiliza para palanquear clavos muy grandes u otros objetos.

t. ‖ **~ de cheje.** loc. sust. *ES.* Participación en la ganancia de un negocio.

u. ‖ **~ de chucho.** *Gu, Ho, ES, Ni.* **pata de perro**, persona a la que le gusta salir de casa. pop + cult → espon.

v. ‖ **~ de gallina.**
  i. loc. sust. *Pa, Cu, RD, PR, Co, Ve, Bo, Ur.* Arruga que se forma en el ángulo externo del ojo y que suele tener surcos divergentes. pop + cult → espon.
  ii. *Ho, Ni. En el ejército*, metralleta con trípode.
  iii. *RD.* Bengala tradicional en las fiestas de Navidad.
  iv. *Ni.* Taburete muy bajo con tres patas.
  v. *Pa.* Firma de una persona. fest.

w. ‖ **~ de gallo.** loc. sust. *Pe.* Soporte en forma de escuadra que se adosa a la pared para sujetar baldas y repisas.

x. ‖ **~ de jaiba.** loc. sust. *Ch.* juv. Menudencia, minucia, cosa sin importancia. pop + cult → espon.

y. ‖ **~ de Judas.**
  i. loc. sust. *Gu, Pa, Pe.* Persona, *especialmente un niño*, traviesa, revoltosa. pop + cult → espon.
  ii. *Pa, Pe.* Persona de mal genio o mala intención. pop.
  iii. *Pa.* Persona muy divertida y simpática. pop.

z. ‖ **~ de la guagua.** loc. sust. *Ch.* Cosa que no tiene sentido o que no viene al caso.

a¹. ‖ **~ de la laucha.** loc. adj. *Ch.* Referido a *persona o animal*, próximo a morir, que se halla en estado de agonía. pop + cult → espon.

b¹. ‖ **~ de lora.** loc. sust. *Ni.* Persona que cojea.

c¹. ‖ **~ de mico.** loc. sust. *Ho.* Yunque que utilizan los zapateros y ensueladores para reparar el calzado.

d¹. ‖ **~ de perro.** loc. sust. *Mx, CR, Pa, RD, Co:C, Bo:E, Ch, Ar:NO; Ho, Ni,* rur; *Pe,* p.u; *Pa,* pop + cult → espon; *Ec,* obsol. Persona a la que le gusta mucho salir de casa o pasear. espon. ♦ **pata de chucho.**

e¹. ‖ **~ de plancha.** loc. sust. *Cu.* Persona de pies planos. pop.

f¹. ‖ **~ de puerco.** loc. sust. *Cu, RD.* Persona insignificante e ignorante. pop.

g¹. ‖ **~ de rana.** loc. sust. *Ar, Ur.* Calzado de goma en forma de pala o aleta de pez, que sirve para impulsarse y desplazarse en el agua al nadar o bucear.

h¹. ‖ **~ de rolo.** loc. adj. *Ve.* Referido a *persona*, tranquila, despreocupada e indiferente. pop + cult → espon.

i¹. ‖ **~ de turco.** loc. sust. *Ho.* Pies malolientes.

j¹. ‖ **~ de vaca.** loc. adj/sust. *Ch.* Referido a *persona*, de comportamiento insensible y rudo. pop + cult → espon ^ desp.

k¹. ‖ **~ del diablo.** loc. sust. *Cu, Bo:N,O,E.* Persona muy traviesa y pícara, *especialmente un niño*. pop.

l¹. ‖ **~ dura.** loc. sust. *Bo:S, Ur.* Persona que carece de habilidad para bailar. pop + cult → espon.

m¹. ‖ **~ en el suelo.** loc. sust. *Ve; Ec,* p.u. Persona de escasos recursos económicos.

n¹. ‖ **~ juca.** loc. sust. *Ho.* Persona o cosa que despide muy mal olor.

ñ¹. ‖ **~ llucha.** loc. adj/sust. *Ec.* Referido a *persona*, descalza.

o¹. ‖ ~ **loca.**
   i. loc. sust. *Ch.* Puente de apoyo colocado en un vehículo.
   ii. *Ch.* Persona que tiene tendencia a ir a gran velocidad cuando conduce. pop.

p¹. ‖ ~ **pila.** loc. sust. *Bo, Ar:NO.* **patapila.**

q¹. ‖ ~ **polvosa.** *RD.* **pata por suelo.**

r¹. ‖ ~ **por suelo.** loc. sust. *RD.* Persona insignificante y de escasos recursos. desp. ♦ **pata polvosa; patiporsuelo.**

s¹. ‖ ~ **rajada.**
   i. loc. sust. *Mx, Ec, Ch; Pa,* desp. Persona que en su conducta muestra no tener modales ni educación. pop + cult → espon.
   ii. *RD.* **pata por suelo.** pop ^ desp. ♦ **pata rajada.**
   iii. *Ho.* Persona que camina descalza.
   iv. loc. adj/sust. *Pa. Referido a persona,* campesina o indígena. pop + cult → espon ^ desp.

t¹. ‖ ~ **sucia.** sust/adj. *Cu.* Persona grosera o digna de desprecio. pop + cult → espon ^ desp.

u¹. ‖ ~ **verde.** loc. sust. *Bo.* Hombre que se dedica a pisar hojas de coca, mezcladas con **querosén** en el proceso de elaboración de cocaína. pop.

v¹. ‖ ~**s de cabra.** loc. sust. *Mx, Ch.* El diablo. pop. ♦ **patas de chivo.**

w¹. ‖ ~**s de cañafístola.** loc. sust. *Ho, Ni.* Piernas muy delgadas.

x¹. ‖ ~**s de chicle.** loc. sust. *Ni.* Persona inquieta, que se mueve mucho.

y¹. ‖ ~**s de chivo.** *Mx.* **patas de cabra.**

z¹. ‖ ~**s de fierro.** loc. sust. *Ch.* Tren, ferrocarril. pop + cult → espon.

a². ‖ ~**s de hilo.** loc. sust. *Mx.* La muerte. pop.

b². ‖ ~**s de hule.**
   i. loc. sust. *Mx, Ho, ES,* juv, fest. Automóvil. pop.
   ii. *CR.* obsol. Vehículo de la policía que se encarga de la vigilancia pública. pop + cult → espon.

c². ‖ ~**s de lora en cumba.** loc. sust. *Ho.* Persona que camina con gran dificultad.

d². ‖ ~**s de rifle.** loc. sust. *Ho.* Persona de muslos muy anchos. fest.

e². ‖ ~**s de yagual.** loc. sust. *Ho.* Persona que tiene debilidad en las piernas.

f². ‖ ~**s negras.** loc. sust. *Ch.* Amante de una persona casada. pop + cult → espon.

a. ‖ **no saber qué ~ puso ese huevo.** fr. prov. *Ho, ES, Ni.* Indica que no se sabe quién ha hecho mal algo. pop + cult → espon.

b. ‖ **otra ~ que le nace al cojo.** fr. prov. *Co.* Indica que a las dificultades existentes se añaden otras nuevas. pop + cult → espon.

▶ **abrirse de ~s; aflojársele las ~; agarrar ~; alzar la ~; andar hasta la ~; bailar en chulla ~; bailar en una ~; buscarle la quinta ~ al gato; caer a las ~s; caer en las ~s; chupar las ~s; comer por una ~; cortar las ~s; creerse de la ~ del rey; curarse hasta las ~s; dar ~; dormir a ~ ancha; empacar las ~s; estar ~s; hacer con las ~s; hacer la ~; hacer la ~ ancha; ir a parar las ~s; irse de ~s; írsele las ~s; levantar la ~; llevarse entre las ~s; meter la ~; meter las ~s; meter las cuatro ~s; meterle la ~ a un carro; meterse entre las ~s de los caballos; mirar con las ~s; parar las ~s; pararse en dos ~s; pararse en las ~s de atrás; partir las ~s; perder la ~; ponérsele a la ~; quedar ~s; revolear la ~; saber dar a ~; saber de la ~ que cojea; sacar las ~s de barro; saltar en una ~; ser la ~ del diablo; ser muy ~ ; ser ~ de chucho; ser ~ de perro; serruchar las ~s; tener la ~ alzada; tirar ~; tratar con las ~s; tumbar las ~s; verle las ~s a la sota; verle ~s a la culebra; verle ~s a la sota; volar ~; volear ~.**

patá. (Abrev. de *patada*).
▶ **darse una ~.**

pata-pata.
I. 1. f. *Bo.* Juguete que consta de una pelota atada al tobillo con una cuerda.
   2. *Bo.* Juego que consiste en atarse la pata-pata a uno de los tobillos y saltar haciéndola pasar por debajo de la otra pierna.

patacala. (De *pata* y del quechua *kala,* desnudo).
I. 1. adj/sust. *Pe,* pop + cult → espon; *Bo:O,* pop. *Referido a persona,* descalza.
   2. adv. *Pe.* Sin calzado.

patacar. (Del aim. *p'atagaña,* mordisquear).
I. 1. tr. *Bo:E.* Masticar la harina de maíz para acelerar la fermentación, en el proceso de la elaboración de **chicha.** pop.

patachado, -a.
I. 1. adj. *Pe:E. Referido a cosa,* amontonada sobre otra. pop.

patache. (Del quechua y aimara *phata,* maíz hervido).
I. 1. m. *Pe.* Potaje hecho con trigo, habas, **alverjas,** carne y otros ingredientes. (**patachi**).
   2. *Ch.* Bocado o aperitivo muy condimentado que se suele comer a deshoras o en ocasiones especiales.
   3. *Ch.* Atracón de comidas o golosinas. pop + cult → espon.

patachenca.
I. 1. m-f. *Ho.* **patarrenca.**

patachero, -a.
I. 1. sust/adj. *Ch.* Aficionado a darse **pataches,** atracones de comidas o golosinas. pop.
   2. adj. *Ch.* Relativo a los **pataches,** atracones de comidas o golosinas. pop + cult → espon.

patachi.
I. 1. *Pe.* **patache,** potaje.

patacho.
I. 1. m. *Mx, Gu, Ho, ES.* Reata de mulas. rur.
   2. *Ho, ES.* metáf. Grupo de personas. desp.

patachón, -na.
I. 1. adj. *Ho:N. Referido a persona,* de baja estatura y de cuerpo grueso.

patacite.
I. 1. m. *Mx.* Planta herbácea perenne, de hasta 3 m de altura, con hojas dentadas, largas y aplanadas, de borde muy afilado, inflorescencia panicular y flores blancas; su tallo se usa para tejer cuerdas y hacer sombreros, **escobetas** y cepillos. (Poaceae; *Paspalum virgatum*). ♦ **maciega.**

pataco.
I. 1. m-f. *ES.* **patacón,** garrapata.

patacón.
I. 1. m. *Ar.* Título público emitido por la provincia de Buenos Aires, que circuló entre 2001 y 2003, y sirvió para pagar impuestos, servicios, obligaciones bancarias o para comprar en algunos comercios. pop + cult → espon ^ fest.
   2. pl. *Ar.* Dinero, fortuna. pop + cult → espon ^ fest.
II. 1. m. *Ho, CR, Pa, Co, Ve, Ec.* Rodaja de **plátano verde,** machacada y frita.
III. 1. m. *Gu, Ho, ES, Ni:O.* Garrapata muy grande en su última fase de desarrollo. (Rhipicephalinae; *Dermacentor imitans*). ♦ **garrapata chata; mazate; pataco.**
IV. 1. m. *Ho.* metáf. Persona inseparable de otra por interés.
   2. *Ho.* metáf. Persona molesta y fastidiosa.
V. 1. m. pl. *ES, Ni.* Pendientes redondos pegados a la oreja.
VI. 1. m. *Pa.* Pequeña tarjeta con los datos de un bautismo que se reparte a los invitados.

2. *Pa.* Conjunto de monedas que el padrino echa a los niños en un bautizo.

VII. 1. m. *Ho.* Tachuela con cabeza grande y abultada.

■

a. ‖ ~ **pisado.** *Co:N, Ec.* **patacón**, rodaja de plátano.

□

a. ‖ **a ~ por cuadra.** loc. adv. *Ar, Ur.* A pie, caminando. pop + cult → espon.

b. ‖ ~ **en el culo.** loc. sust. *Ho.* Persona insoportable.

pataconear.

I. 1. intr. *Ar:C,NO.* Caminar o andar, *generalmente mucho.* pop + cult → espon ^ fest.

patacua.

I. 1. f. *Mx:O.* Telar sencillo de pequeño tamaño empleado por ciertas tribus indígenas.

patada.

I. 1. f. *CR, Bo, Ch, Py, Ar, Ur.* Descarga eléctrica que recibe una persona al manipular una instalación eléctrica. pop + cult → espon.

2. *Cu, Bo, Py.* metáf. Respuesta grosera y maleducada. pop.

3. f. *Ch; Ho, ES, Ni, CR, Cu, Ve,* p.u. Movimiento brusco hacia atrás que produce un arma de fuego al ser disparada. pop.

II. 1. f. *ES, Ni, CR.* Mal olor. pop.

2. *ES, Ni.* Aliento fétido.

III. 1. f. *Cu.* Calada, chupada de un cigarro.

■

a. ‖ ~ **de burro.**
i. f. *Ni.* Cigarrillo hecho a mano.
ii. *Ni.* **patada de mula.**

b. ‖ ~ **de mula.** f. *Ho, Ni.* Trago de licor de mala calidad y alta graduación de alcohol. ♦ **patada de burro.**

c. ‖ **una ~ en el hígado.** f. *Ur.* **un balazo en el hígado.** pop + cult → espon.

□

a. ‖ **a la ~.**
i. loc. adv. *CR, Cu, Ec.* Sin consideración, de forma grosera. pop.
ii. *CR, PR, Ec.* Rápidamente y sin esmero. pop.
iii. *Ho, Ni.* Pésimamente.

b. ‖ **a las ~s.**
i. loc. adv. *Mx, Bo, Ch, Ar, Ur.* En situación de enemistad o desavenencia. pop + cult → espon.
ii. *Pa, Co, Bo, Ch, Ar, Ur.* Sin ningún cuidado ni esmero. pop + cult → espon.

c. ‖ **a ~s.** loc. adv. *Ec.* Andando.

d. ‖ **a ~s con los piojos.** loc. adv. *Ch.* En estado de necesidad o pobreza. pop + cult → espon ^ fest.

e. ‖ **de la ~.**
i. loc. adj. *Mx, Gu, Ni, Pa, Ec. Referido a una situación o a una cosa,* muy mal, de mala calidad. pop.
ii. *Pe. Referido a una situación o cosa,* tremenda, muy fuerte. pop.

f. ‖ **de ~ larga.** loc. adj. *CR. Referido a actividad,* muy prolongada. pop.

g. ‖ **de una ~.** *Ec, Ch, Py.* **en una patada.**

h. ‖ **en par ~s.** loc. adv. *Co; Ec.* p.u. Inmediatamente. pop.

i. ‖ **en una ~.** loc. adv. *Mx, Ch, Py, Ur.* p.u. Muy rápidamente, en poco tiempo. pop + cult → espon. **(de una patada).**

j. ‖ **para la ~ y el combo.** loc. adj/adv. *Ch. Referido a persona o cosa,* que está para soportar los malos momentos, para recibir las culpas y las críticas. pop + cult → espon.

k. ‖ ~ **china.** loc. sust. *Ec.* Conjuntivitis. pop + cult → espon.

l. ‖ ~**s de ahogado.**
i. loc. sust. *Mx, ES.* Esfuerzos inútiles.
ii. *Ni, Co, Ec.* Argumentos o disculpas poco creíbles que se emplean para justificar una mala acción.

m. ‖ ~**s y puñetes.** loc. sust. *Bo.* Diversión en la que una persona lanza al aire pequeños objetos para que otros los recojan.

n. ‖ **¡qué ~!** loc. interj. *PR.* Expresa alarde o jactancia. pop + cult → espon.

▶ andar por la ~ grande; caer como ~ de burro; caer como ~ de mula; caer como ~ en la espinilla; caer como ~ en la guata; caer como una ~ en el bofe; caer como una ~ en el culo; dar la ~ a la lata; darse de ~; darse una ~; estar de la ~; ir de la ~ grande; no dar ~ sin mordido; pegar ~ y mordida; ponerse con Sansón a las ~s; tener para la ~ y el combo.

patadeperro.

I. 1. m. *Mx, CR, Co:N.* Persona aficionada a andar o viajar mucho. pop.

patadura.

I. 1. sust/adj. *Bo, Py, Ar, Ur.* Persona de movimientos torpes, *especialmente para bailar o jugar al **futbol**.* pop + cult → espon.

patagrás. (Del fr. *pâte grasse,* pasta grasa).

I. 1. m. *Ve.* Queso de consistencia untosa, muy graso y de sabor intenso.

patagüino, -a.

I. 1. adj. *Ch. Referido a cosa,* enorme, excesiva. pop + cult → espon.

patai.

I. 1. *Ar:NO,O.* **patay.**

pataiperro, -a.

I. 1. sust/adj. *Pe, Bo.* Persona aficionada a vagar por las calles sin rumbo fijo. pop.

patajahua.

I. 1. m. *Pe.* Poyo de piedra que sirve como lecho para acostarse. rur.

patajuca.

I. 1. m-f. *Ho.* Persona a la que le hieden los pies.

2. sust/adj. *Ho.* Mal olor.

patalco, -a.

I. 1. adj. *Ar:NO. Referido a un alimento,* que tiene sabor agridulce y deja sensación de aspereza en la boca. rur; pop + cult → espon.

pataleo.

■

a. ‖ ~ **de ahogado.** m. *Pa, Bo, Ch.* Protesta inútil.

pataleta.

I. 1. f. *Ch, Ar, Ur.* Indisposición o manifestación repentina de una enfermedad o un malestar, *especialmente en el hígado.* pop + cult → espon.

II. 1. f. *Gu, Ni, RD.* Calzado en forma de aleta, de material flexible, que se usa para nadar, sobre todo debajo del agua.

pataletear.

I. 1. intr. *Ve.* rur. Patalear.

pataleteo.

I. 1. m. *RD, PR.* Pataleo.

pataló.

I. 1. *Co.* **besote.** (Prochilodontidae; *Ichthyoelephas longirostris*).

patalsuelo.

I. 1. adj. *Ec. Referido a persona,* que no acostumbra a llevar calzado.

patán.

I. 1. m. *Mx, Ni, Pa, PR, Ec, Pe, Py.* Hombre machista, abusivo y grosero.

II. 1. m. *PR.* Pez marino de hasta 50 cm de longitud, de cuerpo alto de color plateado y aletas radiadas. (Gerreidae; *Eugerres brasilianus*).

patán, -na.
I. 1. m. y f. *Ch, Ur.* Persona vaga, holgazana e irresponsable.
2. adj/sust. *Pa.* Referido a persona, grosera, violenta y de mal carácter. pop + cult → espon ^ desp.

patana.
I. 1. f. *Cu.* Embarcación de popa plana y poca quilla *que se emplea, generalmente, para transportar leña y carbón vegetal.*
2. *RD.* Camión de gran tamaño.

patanada.
I. 1. f. *ES; Co,* pop. Patanería.
2. *Bo:O.* Tontería. pop.

patancha.
I. 1. sust/adj. *Ar:NO.* Persona condescendiente o excesivamente tolerante con defectos o incumplimientos del deber, tanto ajenos como propios.

pataneo.
I. 1. m. *Ch.* Comportamiento vago o irresponsable. desp.

patango.
I. 1. adj. *Ho, ES.* Referido a persona, que tiene las piernas torcidas.
2. adj. *Ho:C, Ni.* Referido a persona, de estatura pequeña y cuerpo grueso. rur.

patantaco, -a.
I. 1. adj. *Gu.* Referido a persona, que anda o camina con movimientos torpes.

patao.
I. 1. m. *Cu.* **mojarra.** (Gerreidae; *Diapterus olisthotomus*).

patapata.
I. 1. f. *Ch.* Máquina manual que sirve para apisonar el pavimento mediante un golpeteo continuo sobre la superficie. pop.

patapelada.
I. 1. sust/adj. *Bo, Ch.* Persona indigente que no lleva zapatos. pop + cult → espon.

pataperrear.
I. 1. intr. *Bo:E,O, Ch, Ar:NO,O.* Callejear, ir de un lado a otro. pop + cult → espon ^ fest.
2. *Ch.* Viajar mucho, recorrer diversos lugares o países. pop + cult → espon ^ fest.

pataperro.
I. 1. adj/sust. *Pe.* Referido a persona, callejera, que gusta de callejear. pop.

patapila.
I. 1. adj. *Ar:NO;* sust/adj. *Bo.* Referido a persona, descalza. pop + cult → espon. (**pata pila**).

patapluma.
I. 1. adj. *PR.* Referido a un gallo, que tiene plumas en las patas.

patarasca.
I. 1. f. *Pe:E.* Guiso de pescado envuelto en hojas de **bijao** hecho a la brasa.

patarrajada.
I. 1. sust/adj. *Mx, Pa, RD.* Persona de condición humilde. pop + cult → espon ^ desp.
2. m-f. *Bo:C,O.* Campesino indígena que emigra del campo a la ciudad. pop ^ desp.
II. 1. sust/adj. *Bo:C,S.* Persona que tiene modales rudos y aspecto descuidado. pop ^ desp.

patarrasa.
I. 1. m. *PR. En las peleas de gallos,* pollo joven que no ha echado espuelas aún.

patarrenca.
I. 1. m-f *Ho.* Persona coja. ♦ **patachenca.**

pataruco, -a.
I. 1. adj. *Ve.* Referido a gallo, que no es de raza pura ni bueno para la pelea.
II. 1. adj. *Ve.* Referido a persona, pusilánime, cobarde. pop ^ desp.
III. 1. m. y f. *Ve.* Persona sin experiencia para realizar una tarea determinada.

patas.
I. 1. adj. *Gu.* Referido a dos o más personas, empatadas, igualadas.

patasca. (Del quech. *phatasqa*, reventado).
I. 1. f. *Bo:E, Ch:N, Ar:NO.* Guiso *hecho fundamentalmente a base de patas de cerdo o vísceras de res, maíz y papas.* (**pataska**).
2. *Pe.* Sopa *hecha especialmente de vísceras y patas de res, mote, papas y cebolla.*
3. *Pe.* Maíz o trigo hervido reventado que se utiliza para hacer guisos y sopas.
4. *Bo:E,O.* Maíz blanco, pelado y cocido que se emplea para acompañar algunos platos.
II. 1. f. *Pa, Bo:E,* pop. Disputa, altercado.

patashte.
I. 1. *Mx, Gu, ES.* **pataste.**

pataska.
I. 1. *Ch:N.* **patasca,** guiso.

patasola.
I. 1. f. *Co.* Personaje imaginario con que se asusta a los niños.
II. 1. f. *Co.* p.u. Juego infantil que se practica llevando una pierna encogida y saltando sobre el otro pie.

pataste. (Del nahua *patláchtic,* cosa ancha).
I. 1. m. *Mx, Gu, Ni, CR.* Árbol de hasta 18 m de altura, de hojas simples, oblongas y coriáceas, inflorescencias en cimas, flores de cinco pétalos y fruto en baya drupácea de forma oblonga; el fruto es similar al del cacao, y se emplea en repostería. (Malvaceae; *Theobroma bicolor*). (**patashte; pataxte; pataxtle**). ♦ **bacao.**
2. m. *Ho, Ni.* **güisquil,** planta y fruto (**pataxte**).

patastera.
I. 1. f. *Ho* **güisquil,** planta.
II. 1. f. *Ho.* metáf. Cabellera larga, ensortijada y desordenada.

patastero, -a.
I. 1. m. y f. *Ho.* Persona enamoradiza. rur.

patastillo.
I. 1. m. *Mx:SE.* Árbol de hasta 20 m de altura, con corteza grisácea, hojas simples y alternas, oblongo-avadas, con bordes dentados, flores blancas y frutos en cápsulas leñosas con cinco surcos a lo largo de ellas. (Tiliaceae; *Luehea speciosa*). ♦ **pepecacao.**

patastón, -na.
I. 1. *Ho, Ni.* **dundo,** tonto.
2. *Ho.* Referido a persona, lenta, parsimoniosa.

patasucia.
I. 1. sust/adj. *Ar, Ur.* Persona grosera o digna de desprecio. pop + cult → espon ^ desp.

patatín.
□
a. ‖ **a ~.** loc. adv. *Bo:O.* A pie. pop ^ fest.

patato, -a.
I. 1. adj/sust. *Cu.* Referido a persona, de muy baja estatura.

pataxte.
I. 1. *Mx, Gu.* **pataste.**

pataxtle.
I. 1. *Mx.* **pataste.**

patay.
    I. 1. m. *Ar:NO,O.* Pasta seca hecha de harina de algarroba y soasada en un molde redondo. (**patai**).

pate.
    I. 1. m. *Pe.* Vasija o cuenco hondo hecho con el fruto de la calabaza. rur.
    II. (Del nahua *patli*, remedio, medicamento).
        1. m. *Ho.* **ojillo**, bejuco. (**paté**).

paté.
    I. 1. **ES.** **pate**.

pateada.
    I. 1. f. *Ho, ES, Ni.* **golpiza**, paliza.
        2. *Ni, CR.* Serie de golpes dados con el pie.
    II. 1. f. *Ho, Ni.* Derrota contundente en una **competencia** deportiva o en una polémica. pop + cult → espon.
    III. 1. f. *Ho.* Caminata larga y agotadora.

pateado, -a.
    I. 1. adj. *Ho, ES, PR. Referido a cosa o gestión*, mal hecha. pop + cult → espon.
        2. *Ho. Referido a cosa*, de mala calidad.
        3. *Ho. Referido a persona*, decepcionada por algo que le ha salido mal.
        4. *Ni. Referido a cosa*, muy repetida.
    □
    a. ‖ **~ de moscas.** loc. adj. *Ve. Referido a un alimento*, que lo han tocado las moscas.

pateador, -ra.
    I. 1. adj. *Mx, Ni, Cu, Co, Ch; Ar, Ur.* rur. *Referido a un equino o a una **res***, que da muchas coces.
        2. m. y f. *Ho, Pe, Bo, Ch, Py. En el **futbol***, jugador que golpea bien y con potencia al balón.
        3. adj. *Ch. metáf. Referido a un arma de fuego*, que tiene mucho retroceso.
        4. *RD. Referido a un gallo de pelea*, que agrede mucho con las patas.

pateadura.
    I. 1. f. *Cu, Pe, Bo, Ch, Ar, Ur.* **Golpiza** en la que abundan las patadas. pop + cult → espon.
        2. *Cu, Pe, Ch.* Derrota ampliamente en una **competencia**, debate o elecciones. pop + cult → espon.

patear(se).
    I. 1. intr. *Mx, ES, CR, Pa, Cu, RD, Co, Ve, Ec, Bo, Ch, Ar, Ur.* meton. Producir un arma de fuego un movimiento brusco hacia atrás al ser disparada.
    II. 1. tr. *Mx.* Despedir, echar o rechazar a *alguien*. pop.
        2. *Ch; Ar*, juv. Abandonar *alguien* a su pareja sentimental. pop + cult → espon.
    III. 1. intr. *Mx, CR, Cu, Py.* Producir una bebida alcohólica un fuerte estado de ebriedad.
        2. tr. *CR, Pa, PR, Ec, Bo, Ch, Py, Ar, Ur.* Causar a alguien dolor de estómago o indigestión un alimento o bebida. pop.
        3. *Ch.* Producir *algo* o *alguien* incomodidad, fastidio o molestia.
        4. *Bo.* Empalagar una comida. pop.
    IV. 1. intr. *Ni, CR, Pa, Co:O, Bo:O, Ch, Ar, Ur.* Producir un artefacto eléctrico, al ser manipulado, una descarga eléctrica. pop.
    V. 1. tr. prnl. *Co:C.* Observar *alguien algo* con atención. pop.
    VI. 1. tr. *Ho, Ni, RD, PR.* Vencer *alguien* arrolladoramente en una **competencia** deportiva o en una polémica. pop + cult → espon.
    VII. 1. tr. *Ho, Ni, Cu.* Golpear, dar una paliza a *alguien*.
    VIII. 1. tr. *Ch.* Aplazar, postergar *algo* para tratarlo más adelante. pop + cult → espon.
    IX. 1. tr. *Ch.* Cortar o adulterar la cocaína. drog.
    X. 1. tr. *RD.* Hacer *alguien* las cosas con facilidad. pop + cult → espon.

        2. *PR.* Hacer *alguien* las cosas con descuido. pop + cult → espon.
    XI. 1. tr. *Ec.* Robar. pop + cult → espon.
    XII. 1. tr. *Ho. En alfarería*, aplastar con los pies la arcilla para suavizarla y homogeneizarla.
    □
    a. ‖ **~ con la izquierda.** loc. verb. *Gu, CR.* Ser un hombre homosexual. pop + cult → espon ^ fest.
    b. ‖ **~ con la zurda.** loc. verb. *Gu, CR.* Ser un hombre homosexual. pop + cult → espon ^ fest.
    c. ‖ **~ el alambre.** loc. verb. *ES.* Emborracharse una persona. pop ^ fest.
    d. ‖ **~ el balde.** (Calco del ingl. *to kick the bucket*). loc. verb. *Ho, Ni, CR, Pa.* Morir *alguien*. pop + cult → espon.
    e. ‖ **~ el cable.** loc. verb. *ES.* Emborracharse *una persona*. fest.
    f. ‖ **~ el hígado.** loc. verb. *Ni, Pa, Ch, Ur.* Hacerle a alguien daño la comida.
    g. ‖ **~ el nido.** loc. verb. *Bo:E,O; Ar, Ur,* pop + cult → espon. Hacer fracasar un proyecto, plan o negociación. ♦ **patear el tablero.**
    h. ‖ **~ el tablero.**
        i. loc. verb. *Bo, Ar, Ur.* **patear el nido.**
        ii. *Bo, Ar, Ur.* Hacer o decir *algo* inesperado. pop + cult → espon.
        iii. *Pe.* Desistir de un propósito, proyecto o plan sin admitir el inminente fracaso.
    i. ‖ **~ el tarro.** loc. verb. *Ar.* Adelantarse o aventajar a alguien. pop + cult → espon. (**patear los tarros**).
    j. ‖ **~ en contra.** loc. verb. *Ar, Ur.* Hacer algo perjudicial para los intereses propios. pop + cult → espon.
    k. ‖ **~ la cubeta.** loc. verb. *Gu, Ho.* Morir *alguien*. pop + cult → espon ^ fest.
    l. ‖ **~ la perra.** loc. verb. *Ch.* Encontrarse *alguien* enojado y hacer manifestaciones visibles de este estado. pop + cult → espon.
    m. ‖ **~ las canillas.** loc. verb. *Ch.* Atacar de manera reiterada y constante a *alguien*. pop + cult → espon.
    n. ‖ **~ latas.** loc. verb. *Pe.* Estar *alguien* sin trabajo y sin dinero. pop + cult → espon.
    ñ. ‖ **~ los tarros.** *Ar.* **patear el tarro.**
    o. ‖ **~ oxígeno.**
        i. loc. verb. *Bo:O.* Cometer errores *alguien* en la realización de algo por inexperiencia o por falta de habilidad. pop + cult → espon.
        ii. *Bo:O.* Hacer *algo* inútilmente y, *especialmente, insistir en vano*. pop + cult → espon.
    p. ‖ **~ piedras.** loc. verb. *Bo, Ch.* Estar *alguien* sin hacer nada útil o de provecho. pop + cult → espon.

    ▪
    a. ‖ **pateando sapos.** loc. adv. *Ar.* Andando con excesiva lentitud. pop + cult → espon.

patebreque.
    I. 1. *Ni.* **pata de breque**.

pateca.
    I. 1. f. *PR. En la industria azucarera*, pieza que aguanta el cable de la grúa.

patecabra. (Sínc. de *pata de cabra*).
    I. 1. f. *RD, Co.* Instrumento punzante *utilizado generalmente por delincuentes*. delinc.
        2. f. *RD, Ve.* Herramienta consistente en una barra metálica con un extremo terminado en forma de uña y el otro en forma de cincel, usada en labores de demolición.
    II. 1. m. *Ho, ES.* Cigarro hecho a mano. ♦ **pata de cabro**.

patecabrazo.
    I. 1. m. *Ho.* Corte hecho con la **pata de cabra**, herramienta.

patechucho. (Sínc. de *pata de chucho*).
   I. 1. m-f. *Ho, ES.* Persona dedicada a la vagancia, andariega.

pategallina. (Sínc. de *pata de gallina*).
   I. 1. f. *Co.* Arruga que se forma en el ángulo externo del ojo y que suele tener surcos divergentes. pop.
   II. 1. f. *Ho.* Ametralladora montada sobre un trípode.

pateja.
   I. 1. f. *Ar:NE.* Anzuelo grande de tres garfios.

patejar.
   I. 1. tr. *Ar:NE.* Pescar con **pateja.**
   2. intr. *Ar:NE.* Rastrear el fondo del agua con ayuda de una **pateja.**

patejuso.
   I. 1. m. *Ve.* Diablo. euf; pop.

patenta.
   I. 1. f. *RD.* Patente de un invento o una marca. pop.

patentamiento.
   I. 1. m. *CR, Co, Ec, Ch, Ar, Ur.* Obtención de una patente para un invento o una marca.
   2. *Ar, Ur.* Matriculación de un vehículo.

patentar.
   I. 1. tr. *Py, Ar, Ur.* Inscribir un vehículo automotor en el registro oficial.

patente.
   I. 1. f. *Ch, Py, Ar.* Matrícula, placa que llevan los vehículos automotores en la que se exhibe su combinación de números y letras de inscripción.
   2. *Ch, Ar, Ur.* Combinación de números y letras que identifica a un vehículo automotor en el registro oficial.
   II. 1. f. *Ch, Ar, Ur.* Impuesto que debe pagar el propietario de un vehículo automotor. ♦ **patente de rodados.**
   2. *RD.* Impuesto que debe pagar el propietario de un establecimiento comercial.
   III. 1. m. *Ve.* Cuero brillante tratado con un barniz adherente.
   IV. 1. adv. *Ch.* Patentemente. pop + cult → espon.
■

   a. ‖ **~ de rodados.** *Ar, Ur.* **patente,** impuesto.

pateperro. (Sínc. de *pata de perro*).
   I. 1. sust/adj. *Ni, Co:C.* Persona callejera. pop.

patepuerco. (Sínc. de *pata de puerco*).
   I. 1. sust/adj. *RD.* Persona insignificante e ignorante. desp.

patera.
   I. 1. f. *Cu.* Soga que se emplea para atar las patas de un animal. rur.
   II. 1. f. *Cu.* Lugar donde están reunidos muchos hombres homosexuales.
   III. 1. f. *Ho.* Lugar donde se crían los patos. rur.

patería.
   I. 1. f. *Pe, Ch.* Muestra ocasional y excesiva de amistad, con la finalidad de caer simpático o de conseguir algo. pop.
   II. (De *pato,* homosexual).
   1. f. *PR.* Homosexualidad. pop + cult → espon ^ desp.
   2. *PR.* Costumbre afeminada. pop + cult → espon ^ desp.
   3. *PR.* Cualidad propia de algunos homosexuales. pop + cult → espon ^ desp.
   ▶ **hacer la ~.**

paterna.
   I. 1. f. *Gu, Ho, ES, Ni.* Fruto del **paterno.**
   II. 1. f. *ES.* Pie. fest.
   III. 1. f. *ES.* Machete. carc.

paterno.
   I. 1. m. *Gu.* Árbol de hasta 12 m de altura, con hojas en pares de hojuelas, flores en espigas axilares, pétalos blancos, fruto en vaina; tiene diversos usos en la construcción y en la medicina tradicional. (Fabaceae; *Inga paterno*). ♦ **cuija.**

patero, -a.
   I. 1. adj/sust. *Pe, Ch.* Referido a persona, aduladora. pop.
   2. *Pe.* Referido a persona, que tiene facilidad para hacer amigos.
   II. 1. adj/sust. *Bo, Ar.* Referido a un vino, prensado con los pies.
   III. 1. *Ho, ES.* **alcoholista.**

pateta.
   I. 1. sust/adj. *Ho:O.* Niño, muchacho.
   II. 1. adj/sust. *Ho.* Referido a persona, que camina con las puntas de los pies abiertas.

patí.
   I. (De or. maya).
   1. m. *Mx:SE.* Manta de algodón tejida a mano.
   II. 1. m. *Py, Ar, Ur.* Pez de río, de color gris azulado con manchas oscuras. (Pimelodidae; *Luciopimelodus pati*).
   2. *Pa:O.* **parqueta.**
   III. 1. m. *Ni:O, CR, Pa.* Alimento similar a una empanadilla con relleno de carne picante y especias o **papas.**

patialegre.
   I. 1. adj. *Co.* Referido a persona, aficionada a la diversión y amiga de fiestas. pop ^ fest.

patiamarillo.
   I. 1. m. *Cu, PR.* Gallo de pelea de color amarillo oscuro con patas negruzcas.

patibarcino, -a.
   I. 1. adj. *Cu.* Referido a un caballo, que tiene franjas blancas en las patas.

patica.
   □
   a. ‖ **a ~.** loc. adv. *Ve.* A pie, caminando.

paticaliente.
   I. 1. adj/sust. *PR.* Referido a persona, que camina mucho, andariega. pop + cult → espon.

patichi.
   I. 1. sust/adj. *Bo:E.* Persona que cojea al caminar. pop.

patichueco, -a.
   I. 1. adj/sust. *Mx, Pe; Ch,* desp. Referido a persona, que tiene las piernas juntas a la altura de las rodillas y separadas a la de los tobillos. pop + cult → espon.

patico.
   I. 1. m. *RD.* Planta trepadora de hojas acorazonadas y flores solitarias y axilares, con pétalos muy llamativos de trazo ovalado, forma acampanada y color rojizo o púrpura salpicado de blanco. (Aristolochiaceae; *Aristolochia littoralis*).

paticuervo.
   I. 1. *Pa.* **biguá.**

patíe.
   I. 1. m. *Pa.* Empanada afro-panameña.

patiero, -a.
   I. 1. sust/adj. *ES.* Persona que tiene gallos de pelea.
   2. adj/sust. *ES.* Referido a gallo, que domina a todos los del corral.
   II. 1. adj/sust. *Pa.* Referido a persona, de baja condición social.

patihinchada.
   I. 1. f. *Pa.* Escopeta de caza.

patihinchado, -a.
   I. 1. sust/adj. *Co.* Persona sin dinero y de baja categoría social. pop ^ desp.

patijuey. (De *pata* y de *juey*).
   I. 1. m. *PR. En las peleas de gallos,* gallo de patas azules o verdes que cortan mucho, como las pinzas de los cangrejos.

patijunto, -a.
I. 1. adj. *Co, Ch. Referido a persona*, que tiene las piernas torcidas hacia afuera y junta mucho las rodillas. pop.

patilla.
I. 1. f. *RD, PR, Co, Ve.* **sacobari**.

II. 1. f. *Bo; Pe*, obsol. Asiento o grada de adobe o piedra adosado a la pared.

2. *Ch. En una mina*, conjunto de maderos dispuestos de forma inclinada y que sirven como escalera.

III. 1. f. *Co:N,SO.* Parte trasera de la canoa en la que se coloca el piloto.

IV. 1. f. *Bo, Ch.* Esqueje o tallo de una planta.

■

a. ‖ **~ de león.** f. *Gu.* Dolor renal.

▶ **hacerse la ~; llevarse de ~.**

patillo.
I. 1. m. *Mx:SE.* Ave palmípeda de hasta 40 cm de longitud, de coloración muy viva, cabeza y cuello azules con manchas blancas, lomo pardo oscuro y vientre color canela (Anatidae; *Anas discors*). ♦ **barraquete; pato media luna; pisingo.**

2. *Ec, Pe.* **cuervo de mar.**

patillón.
I. 1. m. *Mx.* Arbusto de hasta 5 m de altura, de ramas con espinas negras, hojas pequeñas y gruesas, flores parecidas a la rosa, de color rosa intenso o fucsia, y frutos pequeños, globosos y de color rojo vivo. (Cactaceae; *Pereskia portulacifolia*). ♦ **pititache.**

patilludo, -a.
I. 1. adj. *Ar, Ur. Referido a persona*, cansada o harta de algo. pop + cult → espon. (**patiyudo**).

patimorado.
I. 1. m. *PR. En las peleas de gallos*, gallo de pata amarilla y oscura que corta mucho. rur.

patín.
I. 1. m. *Mx, Gu, Ho, ES.* juv. Patada, puntapié.

2. *Co:C,E.* Calzado de punto, *generalmente en forma de bota, que se pone a los bebés.*

3. m. pl. *Ar.* Piezas de tela suave, *especialmente de franela*, en las que se ponen los pies para caminar sobre un piso encerado sin rayarlo.

II. 1. m. *Gu, Ho, ES.* Borrachera. pop + cult → espon.

2. *Ho, Ni.* **acelere**, alteración. drog.

3. *ES.* Tufo, mal aliento.

III. 1. f. *Bo:O, Ch*; m. *Ch.* Prostituta callejera. prost.

V. 1. m. *Gu.* Tema, idea o asunto en el que alguien se empeña.

2. *Ho, Ni.* juv. Idea obsesiva.

VI. 1. m. *Ni.* Pretexto, excusa.

■

a. ‖ **~ a bordo.** m. *ES.* Alcohol de farmacia.

□

a. ‖ **~ del diablo.** loc. sust. *Mx, Ec.* Juguete que consiste en una plancha sobre dos ruedas y provista de un manillar para conducirlo, sobre el que se deslizan los niños poniendo un pie sobre él e impulsándose con el otro contra el suelo.

▶ **agarrar ~; agarrar el ~; echar un ~; montarse en ~es; ponerse los ~es; tener en un ~.**

patinada.
I. 1. f. *Mx, Pe, Bo, Ch, Ar, Ur.* Patinazo, giro de las ruedas de un coche sin avanzar, por falta de adherencia con el suelo o por defecto en su libre movimiento sobre los ejes.

2. *CR, Co, Pe, Bo, Ch, Py, Ar, Ur.* Resbalón sobre una superficie.

3. *Ch.* **Competencia** o actividad de patinaje en un lugar.

II. 1. f. *Ho, Cu, Pe, Ch, Ar, Ur.* Desliz o equivocación. pop + cult → espon.

III. 1. f. *Ch.* p.u. Desempeño de la prostitución callejera. prost.

patinadera.
I. 1. f. *Mx, Gu, Pa, RD.* Patinazo insistente y reiterado de las ruedas de un coche.

patinado, -a.
I. 1. adj. *Ho. Referido a loza, teja u olla*, que tienen una capa de pátina o engobe denso.

patinadora.
I. 1. f. *Ch; Bo:O*, delinc. Prostituta. pop + cult → espon ^ fest.

patinadura.
I. 1. f. *Ch.* p.u. Resbalón sobre una superficie.

patinaje.
I. 1. m. *Ch.* Actividad de la prostitución. prost.

patinar(se).
I. 1. tr. prnl. *Ar, Ur.* Despilfarrar dinero o alguna cosa de valor. pop + cult → espon.

II. 1. intr. prnl. *ES.* Divertirse, irse de parranda.

□

a. ‖ **~ el cloche.** *Cu, RD.* **patinar el coco.**

b. ‖ **~le el coco.** loc. verb. *Mx, Gu, Ho, ES, Ni, CR, Pa, Cu, PR, Co, Ve, Ec, Bo, Ar, Ur; Pe*, p.u. Faltarle a alguien el raciocinio, pensar o actuar como si no se estuviese cuerdo. pop ^ fest. ♦ **patinar el cloche; patinar el embrague.**

c. ‖ **~ el embrague.** *Ch, Ar, Ur.* **patinar el coco.** pop.

patinata.
I. 1. f. *Ve.* Conjunto de personas que patinan juntas por avenidas y calles durante el mes de diciembre.

patineta.
I. 1. f. *Mx, Gu, Ho, ES, Ni, CR, Pa, Cu, RD, PR, Co, Ve, Ec, Bo, Ch, Ar, Ur.* Juguete consistente en una tabla relativamente larga sobre ruedas y provista de un manillar, con la que se deslizan los niños tras impulsarse con un pie contra el suelo. ♦ **teresina.**

2. *Mx, Gu, Ni, Co, Ve, Ec, Bo, Ch, Py.* Tabla sobre ruedas, con la que se desliza el patinador tras impulsarse con un pie contra el suelo.

patinón.
I. 1. m. *Gu.* Patinazo, resbalón brusco.

2. *Gu.* metáf. Desliz, desacierto de una persona.

patiñero.
I. 1. *Cu.* **charquero**, suciedad.

patio.
I. 1. m. *Gu.* Plataforma de ladrillo, hormigón o empedrado revestido de cemento y con cierta inclinación, en la que se exponen los granos de café al sol, para rebajar su grado de humedad.

2. *Ho. En la industria azucarera*, explanada donde se deposita la caña. rur.

II. 1. m. *Ho, ES.* Ambiente social en que uno es apreciado y querido.

2. *Pa.* Entorno en el que se vive.

■

a. ‖ **~ de comidas.** m. *Co, Ec, Bo, Ch, Py, Ar, Ur. En galerías y centros comerciales*, zona dedicada a restaurantes y establecimientos similares. ♦ **plazoleta.**

□

a. ‖ **~ de los callados.** loc. sust. *Ch.* Cementerio. pop + cult → espon.

b. ‖ **~ limoso.** loc. sust. *Pa.* Grupo de personas de bajo nivel social y educativo que organiza riñas y desórdenes.

▶ **coger el ~; pasarse al ~; tener ~.**

patío.
I. 1. m. *Mx.* obsol. Taparrabo que se ata a la cintura. rur.

patipelado, -a.
I. 1. adj. *Ch. Referido a persona*, que va descalza. pop + cult → espon.
2. sust/adj. *Ch.* Persona que vive en la pobreza y carece de recursos. pop + cult → espon ^ desp.

patiperrear.
I. 1. intr. *Bo, Ch.* Callejear, deambular sin rumbo fijo ni propósito determinado.
2. *Ch.* Viajar con frecuencia o estar de gira.

patiperreo.
I. 1. m. *Ch.* Vagabundeo, viaje sin rumbo fijo.

patiperro, -a.
I. 1. sust/adj. *Bo, Ch.* Persona aficionada a viajar o vagabundear de un lugar a otro sin llegar a establecerse.

patiporsuelo. (Abrev. de *pata por suelo*).
I. 1. m-f. *RD.* **pata por suelo.**

patiquín.
I. 1. m. *Ve.* obsol. Hombre joven de modales afectados, poco dedicado al estudio o al trabajo y al que le gusta vestir con esmero y andar cortejando mujeres.

patiquina.
I. 1. f. *Pe.* Planta de tallo erguido, de hojas ovaladas o lanceoladas un tanto asimétricas, de color verde oscuro que en algunos casos presenta manchas claras. (Araceae; *Dieffenbachia* spp.).

patirrajado, -a.
I. 1. adj. *Co. Referido a persona*, de clase social baja. pop ^ desp.
II. 1. adj. *Pa. Referido a persona del interior del país*, que tiene sus raíces bien arraigadas. desp.

patiseco, -a.
I. 1. adj. *Co. Referido a persona*, que tiene las piernas muy delgadas. pop.
II. 1. adj. *Cu. Referido a un fruto*, que no está jugoso.
III. 1. adj/sust. *Cu. Referido a persona*, poco expresiva.

patitas.
I. 1. f. pl. *Gu, PR.* Patas de cerdo saladas.
2. *Bo:O.* Sopa que se prepara con patas de cordero o cerdo, **papas** y **chuño**.
3. *Pa.* Patas de cerdo limpias y aderezadas para cocinarlas.
□
a. ‖ **de ~s.** loc. adv. *Pa.* A pie, caminando.
b. ‖ **¡las ~s!** loc. interj. *Ch.* Expresa censura hacia alguien por considerar que se ha comportado de manera desvergonzada o cínica. pop + cult → espon.
c. ‖ **~s de tero.** loc. sust. *Ar. Ur.* Piernas muy delgadas de una persona. pop + cult → espon ^ fest.
▶ **gustarle las ~s de chancho.**

patito.
I. 1. m. *Mx, Ch.* Bote que dan las piedras lanzadas sobre la superficie del agua.
II. 1. m. *Mx:S.* Planta trepadora de hojas alternas, compuestas, de folíolos ovales y margen entero, inflorescencias en racimos axilares, flores acampanadas de color morado con manchitas blancas y frutos en legumbres rectas y comprimidas. (Fabaceae; *Canavalia villosa*).
2. *Bo:E.* **blanquillo.** (Ulmaceae; *Ampelocera ruizii*).
III. 1. adj. *Mx. Referido a cosa*, que es de imitación, *generalmente más barata o de menor calidad que la original.* pop + cult → espon.
■
a. ‖ **~ cuello listado.** *Bo:E.* **pájaro cantil.**
b. ‖ **~ punpún.** *Bo:E.* **pájaro cantil.**

patiyudo, -a.
I. 1. *Ar.* **patilludo.**

patiza.
I. 1. f. *Mx; Ec*, p.u. Serie de golpes dados con el pie. pop.

pato.
I. 1. m. *Mx, Gu, Ni, Cu, PR, Co, Ve, Ec, Bo, Ch.* Recipiente para recoger la orina de personas enfermas que no pueden abandonar la cama. ♦ **cómodo.**
2. *Mx, Ho, ES, Ni.* Orinal. ♦ **nica.**
II. 1. m. *EU, Cu, PR, Pe*, pop + cult → espon ^ desp; *Mx, Pa, RD*, euf. Hombre homosexual.
2. *Ni, Pa.* Hombre afeminado. pop + cult → espon ^ desp.
III. 1. m. *Co.* Persona que asiste a un evento sin ser invitada o sin pagar. pop.
2. *Co.* Persona que está donde no debe. desp.
3. *Co.* Persona que va en el puesto trasero de una motocicleta. pop.
IV. 1. m. *Ar.* Competición deportiva en la que dos equipos de cuatro jugadores cada uno, intentan introducir en el aro una pelota de seis asas.
2. *Ar.* Pelota utilizada en la competición del **pato.**
V. 1. m. *Ch.* Beso erótico en la boca. pop + cult → espon.
2. *Ch.* Coito. pop + cult → espon.
VI. 1. m. *Pe. En el surf*, caída aparatosa.
VII. 1. m. *Pe.* Hombre cuyo nombre no se recuerda o no se quiere mencionar.
VIII. 1. m. *Ch.* Litro de una bebida, *especialmente alcohólica.* pop + cult → espon.
IX. 1. m. *Ho.* Alerón trasero de un automóvil.
X. 1. m. *Ho:S. En alfarería*, vasija de barro zoomórfica en forma de pato para beber agua. ♦ **porrón.**
XI. 1. m. *PR. En las peleas de gallos*, gallo de pata corta.
●
a. ‖ **alábate ~, que mañana te mato.** fórm. *Ni, Pa, Ur.* Se usa para responder a quien se alaba. sat.
■
a. ‖ **~ aguja.** *Ho, Ni, CR, Co, Ec, Bo:E.* **ahuizote**, ave.
b. ‖ **~ alablanco.** m. *Ec, Pe.* Ave palmípeda de hasta 51 cm de longitud, de cara y garganta blancas, cuerpo de color canela en el dorso manchado, vientre con pecas, alas con tonalidades de color verde y pico de color plomizo con la base roja. (Anatidae; *Anas bahamensis*). ♦ **alabanco.**
c. ‖ **~ argentino.** *Ar.* **pato capuchino.**
d. ‖ **~ barcino.** m. *Ar, Ur.* Ave de hasta 40 cm de longitud. de plumaje general ocre con manchas más oscuras, pico amarillo y patas de color gris azulado. (Anatidae; *Anas flavirostris*). ♦ **pato piojoso; pato sutro; sutro.**
e. ‖ **~ bermejuelo.** m. *Pe.* Ave palmípeda de hasta 43 cm de longitud, de color pardo o rufo, con franjas blancas en alas, patas amarillas y pico largo y ancho. (Anatidae; *Anas cyanoptera*). ♦ **pato de ala azul.**
f. ‖ **~ bichichi.** m. *Bo:S.* **iguasa.**
g. ‖ **~ bobo.** m. *Mx.* Ave marina de hasta 1,10 m de longitud, de plumaje blanco por todo el cuerpo, excepto la parte final de las alas, que es negra, ojos azules rodeados de un contorno negro, y una mancha de color amarillo claro alrededor del cuello. (Sulidae; *Morus bassanus*).
h. ‖ **~ bocón.** m. *Mx.* Ave de hasta 50 cm de longitud, con cabeza grande, ojos amarillos, pico gris claro y plumaje blanco y negro en los machos y pardo en las hembras. (Anatidae; *Aythya marila*).
i. ‖ **~ brasileño.** m. *Bo:E.* Ave palmípeda de hasta 40 cm de longitud, de color pardo ocráceo, las plumas primarias son verdes y negras, la cara del macho es roja. (Anatidae; *Amazonetta brasiliensis*).
j. ‖ **~ buzo.** *Co.* **zambullidor.** (Podicipedidae; *Podilymbus podiceps*).
k. ‖ **~ calvo.** *Pa.* **xalcanautle.**

l. ‖ ~ **capuchino.** m. *Bo:S, Ar, Ur.* Ave de hasta 40 cm de longitud, de dorso pardo y negro con rayas blancas transversales y la región ventral blanquecina. (Anatidae; *Anas versicolor*). ◆ **pato argentino.**

m. ‖ ~ **chilico.** *Co.* **pijije.**

n. ‖ ~ **ciego.** *Mx.* **ahuizote,** ave.

ñ. ‖ ~ **cimarrón.** *PR.* **pato real.**

o. ‖ ~ **cortacorrientes.** *Ch.* **pato de los torrentes.**

p. ‖ ~ **crestudo.** m. *Bo:C,E,S.* Ave palmípeda de hasta 70 cm de longitud, de cuerpo blanco con manchas negras, y alas, dorso y cola completamente negros con fuertes matices metálicos de púrpura y verde; el macho tiene el pico amarillo y negro y está provisto de una gran cresta anaranjada. (Anatidae; *Sarkidiornis melanotos*).

q. ‖ ~ **cuchara.** m. *CR, Pe.* Ave palmípeda de hasta 50 cm de longitud, con el cuerpo de color castaño, pecho blanco, vientre rojizo, cabeza color verde de botella oscuro, muy brillante, y pico ancho y grande con forma de espátula. (Anatidae; *Anas clypeata*).

r. ‖ ~ **cuervo.** m. *Pa, Co, Ec, Bo:E.* Cormorán o cuervo marino. (Phalacrocoracidae; *Phalacrocorax* spp.).

s. ‖ ~ **de ala azul.** *Bo:C,S.* **pato bermejuelo.**

t. ‖ ~ **de las torrenteras.** *Bo.* **pato de los torrentes.**

u. ‖ ~ **de los torrentes.** m. *Co, Ec.* Ave de hasta 46 cm de longitud, con la parte superior de color gris claro y la inferior gris castaño con barras. (Anatidae; *Merganetta armata*). ◆ **pato cortacorrientes; pato de las torrenteras.**

v. ‖ ~ **jerga.** m. *Pe.* Ave de hasta 43 cm de longitud, con plumaje de color pardo con manchas negras, pico amarillo y negro, y cola puntiaguda. (Anatidae; *Anas georgica spinicauda*).

w. ‖ ~ **macho.** m. *RD.* Amo o patrón de la casa o de un establecimiento o negocio.

x. ‖ ~ **maicero.** m. *Ar, Ur.* Ave de hasta 60 cm de longitud, con el plumaje general pardo con manchas más oscuras, cara y cuello blanquecinos, pico amarillo y patas grisáceas. (Anatidae; *Anas georgica*).

y. ‖ ~ **media luna.** *Pe.* **patillo,** ave.

z. ‖ ~ **monja.** m. *Mx.* Ave de hasta 40 cm de longitud, de cabeza grande, pico corto y negro, y plumaje blanco y negro en los machos y gris en las hembras. (Anatidae; *Bucephala albeola*).

a¹. ‖ ~ **negro.** *Bo:E.* **pato real.**

b¹. ‖ ~ **peruano.** *Pe.* **pato real.**

c¹. ‖ ~ **picazo.** m. *Ar, Ur.* Ave robusta de color negro, con flancos cenicientos y pico rosado el macho, y parda con pico gris azulado la hembra. (Anatidae; *Netta peposaca*).

d¹. ‖ ~ **piojoso.** *Bo:C,E,S.* **pato barcino.**

e¹. ‖ ~ **puna.** m. *Pe:S, Bo, Ch:NE.* Ave de hasta 40 cm de longitud, de color negro en la mitad superior de la cabeza, debajo del ojo y en la nuca, dorso café con leche manchado de pardo oscuro, pecho y flancos del mismo tono pero con las manchas más pequeñas y tonalidades verdosas, pico largo y fuerte de color azul y negro. (Anatidae; *Anas puna*). ◆ **yucsa.**

f¹. ‖ ~ **rana.** m. *Pe.* Ave palmípeda de hasta 41 cm de longitud, de plumaje castaño rojizo, cabeza, cuello y cola más oscuros y pico color celeste. (Anatidae; *Oxyura ferruginea*). ◆ **pato taclón.**

g¹. ‖ ~ **real.**
i. m. *Gu, Ho, Ni, CR, Co, Bo:E.* Ave de hasta 80 cm de longitud, de plumaje negro y con iridiscencias verdes y azules variando hasta un color café chocolate, en ocasiones con manchas blancas, patas y pico negros. (Anatidae; *Cairina moschata*). ◆ **ñuñuma; pato cimarrón; pato negro; pato peruano.**

ii. *Pe, Ch.* Ave palmípeda de hasta 54 cm de longitud, de color negro en general pero con la cara blanca, nuca de color verde brillante y franjas blancas en las alas. (Anatidae; *Anas sibilatri*).

h¹. ‖ ~ **roncador.** m. *Bo:E,N.* Ave palmípeda de hasta 50 cm de longitud, de color pardo ocráceo de alas negras con fuertes matices metálicos de color azul y verde y espejo alar blanco. (Anatidae; *Neochen jubatus*).

i¹. ‖ ~ **rosado.** m. *Ar.* **espátula,** ave.

j¹. ‖ ~ **silbador.** *Ec, Bo:S.* **pijije.**

k¹. ‖ ~ **sirirí.** m. *Ar, Ur.* **iguasa.**

l¹. ‖ ~ **sutro.** *Pe.* **pato barcino.**

m¹. ‖ ~ **taclón.** *Pe.* **pato rana.**

n¹. ‖ ~ **vapor.** m. *Ch, Ar:S.* Ave de hasta 90 cm de longitud, con cabeza gris claro, garganta con reflejos castaños y dorso gris azulado. (Anatidae; *Tachyeres pteneres*).

ñ¹. ‖ ~ **vapor volador.** m. *Ar:S.* Ave de hasta 70 cm de longitud, cuyo color general es gris azulado, con una tonalidad más oscura en la cabeza y reflejos castaños en garganta, cuello, pecho y flancos. (Anatidae; *Tachyeres patachonicus*).

o¹. ‖ ~ **víbora.** *Bo.* **ahuizote,** ave.

p¹. ‖ ~ **yeco.** *Ch.* **cuervo de mar.**

q¹. ‖ ~ **zambullidor.** *Co.* **zambullidor,** (Podicipedidae; *Podilymbus podiceps*).

r¹. ‖ ~ **zaramagullón.** m. *PR.* Ave acuática de hasta 25 cm de longitud, de plumaje gris oscuro, ojos amarillos, pico agudo y corto, negro con la punta gris, y patas negras. (Podicipedidae; *Tachybaptus dominicus*).

■

a. ‖ ~ **enterrado.** m. *Bo:E.* Juego de algunas festividades campestres que consiste en enterrar un pato vivo dejándole la cabeza fuera para que los participantes, con los ojos cerrados, traten de golpearlo.

□

a. ‖ **como ~ de chifa.** loc. adj. *Pe.* p.u. Referido a persona, arruinada económicamente. pop.

b. ‖ ~ **de la boda.** loc. sust. *Ch; Bo, Ar, Ur,* pop + cult → espon. Persona que paga las consecuencias de algo de lo que no es responsable. ◆ **pavo de la boda.**

c. ‖ ~ **de toda boda.** loc. sust. *Ec.* Persona que se las arregla para ir como invitado a todos los convites.

d. ‖ ~ **malo.** loc. sust. *Ch.* Delincuente. pop + cult → espon.

e. ‖ ~**s asados.** loc. sust. *Ch.* Ambiente con exceso de calor y presencia del sol. pop + cult → espon.

◪

a. ‖ **ser como el ~, que camina, vuela y nada.** fr. prov. *Ho, ES.* Indica que alguien sabe un poco de todo. fest.

b. ‖ **ya los ~s les tiran a las escopetas.** fr. prov. *Mx.* Indica que un principiante intenta dirigir a una o más personas de mayor experiencia.

▶ **caer ~s asados; cagar más que un ~ amarrao; correr ~; hacer ~; hacerse ~; ir de ~; pagar el ~ de la boda; quedar como ~ mojado; ser el ~ de la fiesta; volársele los ~s.**

pato, -a.

I. 1. adj. *Bo:C,E,O, Ch, Py, Ar, Ur.* Referido a persona, que no tiene dinero, *especialmente por haberlo perdido en el juego.* pop + cult → espon.

II. 1. adj. *Gu, Ho.* Referido a persona, ingenua, inexperta, torpe.

2. sust/adj. *Ec.* Persona víctima de burlas y groserías.

3. m. y f. *Ni.* Persona perjudicada.

patoco.

I. 1. m. *Pa.* Serpiente de hasta 50 cm de longitud, de color rosa salmón, amarillento o gris con una línea dorsal delgada, blanca o amarillenta desde la nuca hasta la cola, con manchas de color café oscuro y bordes negros, cola más clara que el resto del cuerpo, la cabeza es triangular y con escamas alargadas. (Viperidae; *Porthidium lansbergii*). ♦ **toboba**.

patois. (Voz francesa).
    I. 1.   *Cu*. **creole**, variante dialectal del francés.

patojada.
    I. 1.   f. *Gu*. Dicho o conducta infantiles. pop.
    2.   *Gu*. Acción realizada por un **patojo**, niño o muchacho.
    3.   *Gu*. Conjunto de **patojos**, niños o muchachos. pop. ♦ **patojerío**.

patojear.
    I. 1.   intr. *Ni; Ec*, pop. Cojear *alguien*.
    2.   *ES*. Andar con los pies abiertos.
    II. 1.   intr. *Ec*. Mostrar *alguien* inseguridad o indecisión. pop + cult → espon.
    III. 1.   intr. *Gu*. Ir en busca de muchachas o muchachos con la intención de coquetear. pop.

patojera.
    I. 1.   f. *Ec*. Cojera. pop.

patojerío.
    I. 1.   m. *Gu*. **patojada**, conjunto de **patojos**.

patojo, -a.
    I. 1.   m. y f. *Gu, Ho:N,O, ES, Co:C; Mx:SE*, p.u. Niño o muchacho de pocos años. pop.
    II. 1.   adj. *Ho:C,S, ES, Ni, Ec*. *Referido a persona*, coja.
    2.   *Gu:E, Ho*. *Referido a persona*, que camina con los pies abiertos hacia fuera.
    ●
    a. ‖ ~. fórm. *Co:C*. Se usa para dirigirse cariñosamente a alguien. pop.

patojón, -na.
    I. 1.   sust/adj. *Gu*. Joven alto y fornido.
    2.   *Gu*. Joven que está llegando a adulto.

patol. (Del nahua *patolli*, huesecillos a manera de dados).
    I. 1.   *Mx*. **iquimite**. (**pitol**).

patón, -na.
    I. 1.   adj. *Mx, Ni, CR, Pa, Pe; Co, Ec*, pop. *Referido a persona*, de pies grandes.
    2.   adj/sust. *Ch, Py, Ar, Ur*. *Referido a un tipo de rueda*, muy ancha y gruesa.
    II. 1.   *Cu*. **zurdo**, persona que baila mal.

patona.
    I. 1.   *Ec*. **chonta**. (Arecaceae *Socratea exorrhiza*).

patoneada.
    I. 1.   f. *Co*. Caminata. pop.

patonear.
    I. 1.   tr. *Co:C*. Recorrer cierta distancia durante mucho tiempo, con un propósito definido. pop.

patota.
    I. 1.   f. *Ve, Pe; Co:C, Bo, Ch, Ar, Ur*, pop. Grupo de amigos que se reúne frecuentemente.
    2.   *Ve, Pe, Ch, Py; Bo, Ar, Ur*, pop + cult → espon. Grupo que suele darse a provocaciones, desmanes y abusos en lugares públicos.
    II. 1.   f. *Pa, RD, PR, Ec*. Pie muy grande. pop + cult → espon ^ desp.
    □
    a. ‖ en ~. loc. adv. *Pe, Bo, Ch, Py, Ar, Ur*. En grupo, *especialmente numeroso*. pop + cult → espon.

patotear.
    I. 1.   tr. *Py, Ar, Ur*. Intimidar *a alguien*, *generalmente por medio de la violencia*. pop + cult → espon.
    II. 1.   intr. *Ch*. Andar **en patota**. pop + cult → espon.

patotero, -a.
    I. 1.   m. y f. *Ve, Bo, Ch, Py; Ar, Ur*, pop + cult → espon. Integrante de una **patota**, grupo que suele provocar desmanes.

    2.   adj. *Ve, Bo, Ch, Py; Ar, Ur*, pop + cult → espon. *Referido a persona o a un grupo de personas*, que manifiesta o posee los caracteres propios de una **patota**, grupo dado a provocar.

patovica.
    I. 1.   m. *Ar, Ur*. Hombre de complexión robusta que trabaja como guardia de seguridad en locales públicos. pop + cult → espon.
    2.   *Ar, Ur*. Guardaespaldas. pop + cult → espon.

patral.
    I. 1.   m. *Ho:N*. En el cultivo de la piña y del **banano**, máquina excavadora.

patrasiarse.
    I. 1.   intr. prnl. *Co*. juv. Echarse atrás, no cumplir un trato o promesa. pop.
    2.   *Co*. juv. Retroceder, echarse hacia atrás. pop.

patria.
    I. 1.   f. *Ar*. Danza folclórica de galanteo, de pareja suelta y ritmo vivo, con zapateo y **zarandeo**, en la que juega un papel importante el movimiento del pañuelo.
    □
    a. ‖ **como la gran ~**. loc. adj. *Gu*. *Referido a persona*, muy enojada.
    b. ‖ **¡la gran ~!** loc. interj. *Gu*. Expresa asombro, enojo o indignación. pop + cult → espon.
    ▶ **hacer por la ~**.

patriada.
    I. 1.   f. *Ar, Ur*. Labor trabajosa y desinteresada.
    2.   *Ar*. Campaña de un grupo social o político que se hace invocando la necesidad de salvar a la patria.

patriarca.
    I. 1.   f. *Gu, ES, CR*. Pie o pierna. pop + cult → espon ^ fest.

patricia.
    I. 1.   f. *Gu, Ho, ES, Ni*. Pie o pierna de una persona. fest.
    ▶ **andar a ~**.

patrio, -a.
    I. 1.   adj. *Ar:NO*. *Referido a un susto*, muy grande. pop + cult → espon.

patriota.
    I. 1.   m. *Ho, ES, Ni, CR, Pa*. Fruto comestible del patriota, más grueso y corto que el **banano**, de cáscara amarillenta y pulpa más consistente, fibrosa y menos dulce, aunque cocido se vuelve bastante sabroso. ♦ **moraca**.
    2.   *Ho, ES, Ni*. Planta herbácea de hasta 3 m de altura, con aspecto de árbol y fuste no leñoso, formado por las hojas enrolladas unas sobre otras apretadamente; el conjunto de las hojas forma la copa de la planta. (Musaceae; *Musa ABB*). ♦ **habanero; moraca**.
    ▶ **ser una mujer ~**.

patrol.
    I. 1.   m. *Ni, Ve*. Tractor grande provisto de una cuchilla oblicua situada después de las ruedas delanteras que se utiliza para nivelar calles, carreteras y caminos.

patrolear.
    I. 1.   intr. *Ni*. Conducir un **patrol**.
    2.   tr. *Ni*. meton. Emparejar una calle o camino.

patrón, -na.
    I. 1.   m. y f. *Ec*. Señor, amo.
    II. 1.   adj. *Ni*. *Referido a persona*, de pies grandes.
    ●
    a. ‖ ~. fórm. *Mx, Ho, CR, Ve, Ch, Py; Ur*, obsol. Se usa como tratamiento de respeto a alguien.
    □
    a. ‖ ~ **de fundo**. loc. sust. *Ch*. Persona que ejerce un poder despótico y arbitrario. pop + cult → espon.

b. ‖ ~ **de prueba.** loc. sust. *Cu.* Gráfico fijo con líneas y colores que permiten ajustar la imagen de un televisor.

c. ‖ ~ **grande.** loc. sust. *Ec.* Latifundista o hacendado. rur.

patrona.
 I. 1. f. *Ho, Bo:O.* Mujer que regenta un prostíbulo. pop.

patronales.
 I. 1. f. pl. *Pa.* Fiesta o celebración por cualquier motivo en la que se gasta mucho dinero.

patronato.
 ■
 a. ‖ ~ **de menores.** m. *Bo.* Establecimiento estatal en el que se recluye a menores de edad que han cometido un delito.

patronista.
 I. 1. m. *Ho. En zapatería,* persona que se encarga de elaborar los patrones para el diseño de calzado.

patrulla.
 I. 1. f. *Mx, Gu, Ho, ES, CR, Pa, RD, Co, Ve, Bo, Ch, Py, Ar, Ur;* m. *Pa.* Vehículo de la policía usado para la vigilancia pública.
 II. 1. f. *Mx.* Pie. pop + cult → espon ^ fest.

patrullera.
 I. 1. f. *Ni.* Prostituta.

patrullero.
 I. 1. m. *Ni, Cu, RD, Pe, Bo, Ar, Ur;* f. *Py.* Vehículo automóvil que usa la policía para la vigilancia pública.
 II. 1. m. *Ni, Cu. En el **beisbol,** cualquiera de los tres jugadores que defienden la parte central del terreno de su equipo.

patrullero, -a.
 I. 1. m. y f. *Mx, ES, Ni, RD, Co, Bo, Ar, Ur;* m. *CR, Cu, Ve, Py.* Agente de policía que patrulla una determinada zona de la ciudad en un automóvil.
 2. *ES.* p.u. Campesino que pertenece a una organización paramilitar.

patuá. (Del fr. *patois*).
 I. 1. f. *Cu, RD.* Variante dialectal del francés que se habla en Haití.
 2. *Pa.* Variante dialectal del francés hablado por antillanos, guadalupanos y martiniqueños.

patucho, -a.
 I. 1. adj. *ES, Ec. Referido a persona,* coja. pop + cult → espon.
 2. adj/sust. *Ec:O. Referido a persona,* de baja estatura. pop + cult → espon.
 II. 1. adj. *Ec. Referido a ave,* que carece de cola.

patuco.
 I. 1. m. *Ve.* Enredo, confusión.
 II. 1. m. *Ve.* Trampa o engaño.
 III. 1. m. *Ve.* Trampa pequeña para cazar lobos.
 □
 a. ‖ **de ~.** loc. adv. *Ve. En relación con el modo de plantar caña,* clavando cuatro esquejes en un hoyo cuadrado.

patudamente.
 I. 1. adv. *Ch.* De manera atrevida o con excesiva confianza. pop + cult → espon.

patudez.
 I. 1. f. *Ch.* Dicho o acto descarado propio de la persona **patuda.**
 2. *Ch.* Calidad o condición de la persona **patuda.**

patudo.
 I. 1. m. *Ec, Pe, Bo.* Pez de hasta 2 m de longitud, de cuerpo alto y ojos grandes, color azul oscuro y gris amarillento a lo largo de los flancos y aletas amarillentas. (Scombridae; *Thunnus obesus*).

a. ‖ ~. m. *Pe.* p.u. El diablo. euf; pop + cult → espon.

patudo, -a.
 I. 1. adj. *Ho, Py. Referido a persona,* poco hábil en el manejo de los pies, torpe.
 2. *ES. Referido a persona,* descalza.
 3. *ES. Referido a persona,* borracha.
 II. 1. adj. *Ch. Referido a persona,* entrometida, confianzuda, atrevida. pop + cult → espon.
 III. 1. adj/sust. *Bo:S. Referido a persona,* que tiene mucha suerte. pop.

patujú.
 I. 1. m. *Bo:E.* Planta de hasta 4 m de altura, de hojas verdes, anchas, largas y radiales, parecidas a las del **plátano,** con inflorescencia, en espiga erguida, de color rojo brillante, verde, amarillo o naranja, y fruto pequeño, no comestible, de color azul turquesa; las hojas se utilizan para envolver alimentos como el queso y de su tallo se extraen fibras para hacer cuerdas. (Heliconiaceae; *Heliconia rostrata*).

patujuzal.
 I. 1. m. *Bo:E.* Sitio poblado de **patujúes.**

patuleco, -a.
 I. 1. adj/sust. *Mx, Gu, Ho, ES, Ni, Co:N, Pe, Ch; Ve, Ar:NO,O,* pop; *Pa,* pop + cult → espon. *Referido a persona,* que cojea o anda defectuosamente.
 2. adj. *Pa, Ec; Bo:N,E,* pop. *Referido a persona,* que tiene las piernas torcidas de tal modo que las rodillas le quedan juntas y las piernas separadas.
 3. sust/adj. *ES, Ni.* Mueble al que no le asientan bien las patas.
 4. adj. *Pa. Referido a persona,* que se cae con facilidad. pop + cult → espon.
 II. 1. adj/sust. *Ni, PR. Referido a un hombre,* homosexual. pop + cult → espon ^ desp.
 2. *PR. Referido a una mujer,* lesbiana. pop + cult → espon ^ desp.

patulenco, -a.
 I. 1. adj. *CR.* obsol. *Referido a persona,* que tiene dificultad para andar por sufrir de problemas en las piernas. pop + cult → espon.

patuleto, -a.
 I. 1. adj. *Ho, Co:E,N,SO. Referido a persona,* que tiene las piernas y los pies torcidos hacia fuera y junta mucho las rodillas.
 2. *Ho. Referido a persona,* que camina con dificultad.

patuque.
 I. 1. m. *Ve.* Enredo, confusión.
 II. 1. m. *Ve.* Trampa o engaño.

paturro, -a.
 I. 1. adj. *Co:C. Referido a persona o animal,* grueso y de poca estatura. pop ^ fest.

patuso, -a.
 I. 1. adj. *Ve. Referido a persona,* de temperamento calmado y lenta de movimientos. pop.

paty. (De *Paty*®).
 I. 1. m. *Ar.* Hamburguesa.
 2. *Ar.* Bocadillo o sándwich relleno con un paty.

patzicía.
 I. 1. f. *Gu.* Serie de suelos profundos, bien drenados y desarrollados sobre ceniza volcánica.

¡pau!
 □
 a. ‖ ¡~~!
   i. loc. interj. *Pe:SE, Bo:O.* Expresa indicación de que algo se ha acabado, especialmente a un niño. inf.
   ii. *Cu.* ¡paupau!

pauca.
 I. 1. f. *Pe.* Árbol de hasta 3 m de altura, caducifolio, cuyas hojas enrojecen antes de caer; las flores se disponen en racimos colgantes y se usan con fines medicinales y como tinte (Escalloniaceae; *Escallonia* spp.). ♦ **ñipa.**

paucar.
 I. 1. *Pe.* **yapú.** (**páucar**).

páucar.
 I. 1. *Pe.* **paucar.**

pauche.
 I. 1. *Co.* **arboloco.**

paujé.
 I. 1. m. *Bo:E.* Conjunto de dos mazorcas de maíz atadas por sus **chalas** que se cuelgan para evitar el ataque de insectos y la humedad.

paujil. (De or. onomat.).
 I. 1. *Gu, Ho, Co, Ve, Ec, Pe.* **pajuil**, ave.

Paula.
 ◪
 a. ‖ **parió ~.** fr. prov. *Pe.* Indica que finalmente se produjo algo que se llevaba esperando desde hacía mucho tiempo. pop + cult → espon.

pauliche.
 I. 1. m. *Pe.* obsol. Curso de párvulos o enseñanza preescolar. pop.
 2. *Pe.* obsol. Parvulario, centro de enseñanza preescolar. pop.

¡paupau! (De or. onomat.).
 I. 1. interj. *CR, Pa, Cu.* Imita el sonido de un azote en la nalga en señal de advertencia a un niño. (**pau pau**).
 ▶ **dar ~.**

paúro.
 I. 1. m. *Bo:E.* Corriente natural de agua que brota de la tierra o de las rocas.
 2. *Bo.* Pozo que se cava a la orilla de un río.

pausa.
 I. 1. f. *Bo:E,O,S.* Cohete que al estallar deja caer chispas de muchos colores.
 ●
 a. ‖ **coge ~.** fórm. *Ve.* Se usa para ordenar a alguien que se calle. pop.

pautado, -a. (De *pactado*).
 I. 1. adj. *Ho, PR, Ur.* Referido a cosa, que ha sido programada o prevista para realizarse en el futuro. cult.
 II. 1. adj. *Ho.* Referido a persona, que ha hecho un pacto con el diablo.

pautar.
 I. 1. intr. *ES.* Pactar, *en especial con el diablo.*

pautear.
 I. 1. tr. *Ch.* Establecer un plan de acción o trabajo.
 2. *Ch.* Servir de pauta o modelo.

pauteo.
 I. 1. m. *Ch.* Regla o pauta que se fija para llevar a cabo algo.

pauto.
 I. 1. m. *Ho, ES.* Pacto con el diablo.

pava.
 I. 1. f. *Mx.* Orinal. rur. ♦ **xolo.**
 II. 1. f. *Pa, Co, Ve.* Sombrero de mujer, de ala ancha y copa baja.
 2. *RD, PR.* Sombrero campesino de ala ancha, *especialmente el hecho de la fibra de la palma de* **yarey.**
 III. 1. f. *Gu, Ni, Pa, Co:N.* Parte que queda sin consumir de un cigarro o cigarrillo.
 IV. 1. *Co.* **aburria.**
 2. *Bo:S.* **pava de monte.**

3. f. *PR.* Gallo cuya cresta muestra un escaso crecimiento, sin ser gruesa ni abierta, por lo que muestra parecido con una pava.
 4. *CR.* **cojolite.**
 V. 1. f. *Bo:S, Py, Ar.* Recipiente de metal o hierro esmaltado, con asa en la parte superior, tapa y pico, que se usa para calentar agua.
 VI. 1. f. *Gu, Ho.* Mujer con varios novios.
 2. adj/sust. *Gu.* Referido a mujer, sexualmente desinhibida.
 VII. 1. f. *Ve.* Mala suerte.
 VIII. 1. f. *Gu, Ho.* Persona audaz, lista, habilidosa.
 IX. 1. f. *Ni, CR.* Porción del cabello de una persona que cae sobre la frente.
 2. *Ni; Pa,* obsol. Flequillo del pelo.
 X. 1. f. *RD.* Siesta, sueño breve.
 ■
 a. ‖ **~ aliblanca.** f. *Ec, Pe.* Ave de hasta 80 cm de longitud, de color negro con nueve grandes plumas de vuelo blancas en los extremos de las alas, pico gris azulado con la punta negra, cara de color rosa grisáceo, gargantilla desnuda de color anaranjado, cola larga y patas rosadas. (Cracidae; *Penelope albipennis*).
 b. ‖ **~ andina.** *Ec.* **aburria.**
 c. ‖ **~ campanilla.** f. *Bo:E.* Ave de aproximadamente 75 cm de longitud, de color morado con fuertes matices metálicos, alas blancas con manchas moradas, cara azul y en el cuello lleva un apéndice colgante, a manera de una campanilla, también de color azul y las patas rosadas. (Cracidae; *Aburria pipile*).
 d. ‖ **~ copete de piedra.** f. *Bo:E.* **mutún copete de piedra.**
 e. ‖ **~ coto colorado.** *Bo:E.* **pucacunga.**
 f. ‖ **~ crestada.** f. *Ho, CR, Ec.* **cojolite.**
 g. ‖ **~ de monte.**
  i. *Mx.* **chachalaca.**
  ii. f. *Ar, Ur.* Ave de hasta 90 cm de longitud, de color pardo oscuro y cola negra. (Cracidae; *Penelope oscura*). ♦ **pava.**
  iii. *Ho, Ec.* Ave silvestre parecida al guajolote, pero con círculos de colores en la cola, y de cabeza desnuda, de piel azulada, con verrugas anaranjadas esparcidas en la coronilla. (Cracidae; *Agriocharis ocelata*).
  iv. *Bo.* **charata.**
 h. ‖ **~ granadera.** f. *CR.* **cojolite.**
 i. ‖ **~ guaraca.** f. *Bo:E.* Ave silvestre de hasta 60 cm de longitud y de color general pardo cuyo su pico es corto, grueso y ligeramente curvado y la cola larga y ancha. (Cracidae; *Ortalis guttata*). ♦ **pavichi.**
 j. ‖ **~ guaracachi.** *Bo:E.* **pucacunga.**
 k. ‖ **~ mutún.** f. *Bo:E.* **mutún.**
 l. ‖ **~ pintada.** f. *Bo:E.* **muitú.**
 m. ‖ **~ serere.** f. *Bo:E.* **hoatzin.**
 □
 a. ‖ **~ morocha.** loc. sust. *Ve.* Muy mala suerte. pop.
 ▶ **hacerse la ~; peinar la ~; pelar la ~.**

pavada.
 I. 1. f. *Bo, Py, Ar, Ur.* Objeto de escaso valor, *especialmente el que se regala a alguien.* pop + cult → espon.
 2. *ES.* Grupo de muchachos.
 □
 a. ‖ **en la ~.** loc. adv. *Ar, Ur.* En un ambiente superficial o anodino. pop + cult → espon.

pavana.
 I. 1. f. *Ni:NO.* Cometa hexagonal.

pavazo. (De *pava*, sombrero, símbolo del Partido Popular Democrático).
 I. 1. m. *PR.* Voto marcado fuera del recuadro a favor del Partido Popular Democrático.

paveada.
   I. 1. f. *Pa.* Ausencia deliberada e injustificada, *especialmente al trabajo o a clases.* pop + cult → espon.

paveadera.
   I. 1. f. *Pa.* Ausentismo deliberado y constante de una persona a su trabajo o a otras actividades obligatorias. pop + cult → espon ∧ fest.

pavear.
   I. 1. intr. *RD, Bo:C,E,SO, Ar, Ur.* Hacer o decir cosas tontas o poco inteligentes. pop.
   2. *RD, Ar.* Pasar el rato sin hacer nada de importancia. pop + cult → espon.
   3. *Ch.* Tener *alguien* una conducta distraída. pop + cult → espon.
   4. *ES, Ni.* Quedar las mujeres sin pareja en un baile.
   II. 1. tr. *Bo:SO.* Estafar a *alguien.* pop.
   III. 1. intr. *Pa.* No asistir a clases o a otro sitio obligatorio injustificadamente. est; pop + cult → espon.

pavera.
   I. 1. f. *Mx, Ec,* p.u. Recipiente metálico para asar alimentos.
   II. 1. f. *PR.* Tontería acompañada de abundante risa, *especialmente la hecha o dicha entre adolescentes.*
   ▶ dar ~.

pavesa.
   I. 1. f. *Mx, Ho.* Mecha de algodón que está en el centro de una vela.

pavi.
   I. 1. *Py.* **rabincho**, persona débil.

pavichi.
   I. 1. *Bo.* **pava guaraca.**
   ■
   a. ‖ ~ **cresta azul.** f. *Bo:E.* **mutún copete de piedra.**

pavimentada.
   I. 1. f. *Mx, Ni.* Pavimentación. (**pavimentado**).

pavimentado.
   I. 1. m. *Pe.* **pavimentada.**

pavimentadora.
   I. 1. f. *Ec.* Máquina para cubrir con mezclas de asfalto o de cemento las superficies de calles, avenidas, carreteras, plazas.

paviola.
   I. 1. m-f. *Pa.* Estudiante que habitualmente no asiste a clase.

paviolo, -a.
   I. 1. m. y f. *Pa.* Estudiante que habitualmente, sin motivo justificado, no asiste a clase. est; pop + cult → espon ∧ fest.
   2. adj. *Pa.* Referido a persona, que deja de asistir, sin justificación, a alguna parte contra lo debido o acostumbrado. pop + cult → espon ∧ fest.

pavita.
   I. 1. f. *RD.* Siesta o sueño breve.
   ■
   a. ‖ ~ **de tierra.** f. *Pa.* En la tradición popular, ave imaginaria cuyo canto predice desdichas.
   ▶ cantar ~.

pavito, -a.
   I. 1. adj. *Py. Referido a niño,* que evidencia poca defensa. pop + cult → espon.
   2. *Py.* **rabincho**, persona débil.

pavo.
   I. 1. m. *Ni, Bo, Ch; Pe,* p.u. Polizón, hombre que se embarca clandestinamente en un medio de transporte, *como un avión, barco o tren.*
   2. *Ec.* Persona que entra en un espectáculo público sin pagar.
   3. *Pa.* Persona que viaja sin pagar en un autobús público con el consentimiento del conductor. pop + cult → espon.

II. 1. m. *Ch.* **Volantín** o cometa en forma de rombo de tamaño más grande que el habitual.
   III. 1. m. *Ec.* Joroba, curvatura anómala de la columna vertebral de una persona. pop + cult → espon.
   IV. 1. m. *Cu.* Hombre que vive de la prostitución de mujeres.
   V. 1. m. *Gu.* Hombre con muchos amores.
   VI. 1. m. *Pa.* Persona que sirve de ayudante al conductor de un autobús. pop + cult → espon.
   ■
   a. ‖ ~ **petenero.** m. *Gu.* Ave de hasta 90 cm de longitud, con plumaje brillante y vistoso, de color negro, verdoso, cobrizo y azulado, cabeza azul y ojos rodeados por un anillo de piel roja. (Meleagrididae; *Meleagris ocellata*).
   □
   a. ‖ **de ~.**
   i. loc. adv. *Ec, Bo.* Sin pagar determinado monto por lo que es debido. pop + cult → espon.
   ii. *Ec, Bo.* Sin tener invitación.
   b. ‖ **después de los ~s.** loc. adv. *Pa.* Muy tarde, cuando todo ha acabado.
   c. ‖ ~ **de la boda.** *Ar, Ur.* **pato de la boda.**
   ▶ comer ~; írsele los ~s; meterse a ~; .

pavo, -a.
   I. 1. sust/adj. *ES, Pe, Ch, Py, Ur.* Persona tonta.
   2. m. y f. *RD, Ve, Py.* Persona que está en la adolescencia.
   3. *Gu, Ho, CR.* Persona lista y astuta. desp.
   4. sust/adj. *Ch.* Persona distraída, que no está atenta. pop.
   5. adj/sust. *Ch. Referido a persona,* que no tiene gracia, aburrida. pop.
   6. sust/adj. *ES.* Persona grosera y maleducada.
   II. 1. m. y f. *Pe,* p.u; sust/adj. *Bo,* pop. Persona que entra en un espectáculo público sin pagar.

pavón.
   I. 1. *Mx, Ho, Ni.* **pajuil**, ave.
   2. m. *Ve.* Pez de agua dulce de hasta 70 cm de longitud y presenta coloración variada y vistosa; su carne es muy apreciada. (Cichlidae; *Cichla* spp.).
   3. *PR.* **tucunaré.**
   II. 1. m. *Gu.* Cárcel, prisión. pop.

pavón, -na.
   I. 1. adj. *Pe.* p.u. *Referido a persona,* que se ruboriza con facilidad. pop.

pavona.
   I. 1. *PR.* **coqueta**, arbusto y flor.

pavonado, -a.
   I. 1. adj. *Pe. Referido a un vidrio o cristal,* que tiene una capa de pintura o azogue para evitar que sea translúcido.

pavonar.
   I. 1. tr. *Pe.* Quitar la transparencia de un cristal por diversos procedimientos.

pavoso, -a.
   I. 1. sust/adj. *Ve.* Persona o cosa que trae mala suerte. pop + cult → espon.

pavote, -a.
   I. 1. sust/adj. *Bo, Ar, Ur;* adj/sust. *Py,* juv. Persona tonta, ingenua o poco perspicaz. pop + cult → espon ∧ desp.

paxcle.
   I. 1. *Mx.* **paste**, planta bromeliácea.

paxinama.
   I. 1. f. *Gu.* Serie de suelos poco profundos, excesivamente drenados, desarrollados sobre aluvión arenoso, en un clima cálido y húmedo-seco.

paxte.
I. 1. *Gu, ES.* **paste**, planta y fruto.
II. 1. m. *Gu.* Estropajo.

paxtle.
I. 1. *Mx.* **paste**, planta bromeliácea.

pay.
I. 1. *EU, Mx, Ho, Cu.* **pai**, pastel.
II. 1. m. *Pa.* juv; metáf. Novia, muchacha con la que un joven sale, como pareja. pop + cult → espon ^ fest.

paya.
I. 1. *Ch.* **payada de contrapunto**.
II. 1. f. *Ec.* Instrumento musical similar a la zampoña, pero de menor tamaño que esta.

payada.
I. 1. *Pe, Bo:C,S, Ch, Ar, Ur.* **payada de contrapunto**.
2. f. *Pe, Bo, Ch, Ar, Ur.* Canto del **payador**, cantor.
3. *Bo:C,S, Ch.* Improvisación poética que el **payador** efectúa acompañándose de la guitarra.
4. *Ur.* metáf. Exposición improvisada con el fin de ocultar ignorancia. pop + cult → espon.

a. ‖ ~ **de contrapunto**. f. *Bo, Ch, Ar, Ur.* **Competencia** en la que, alternándose, dos **payadores** improvisan cantos sobre un mismo tema. ♦ **paya**; **payada**.

payador.
I. 1. m. *Ec, Pe, Bo:C,O, Ch, Ar, Ur.* Cantor popular que, acompañándose con una guitarra *y generalmente en* **contrapunto** *con otro*, improvisa sobre temas variados. (**pallador**).
II. 1. m. *Ar:NO.* Pájaro de pequeño tamaño, con plumaje oscuro en el dorso y de color canela en pecho y vientre, y parte superior del pico ganchuda. (Coerebidae; *Diglossa sittoides*).

payador, -ra.
I. 1. sust/adj. *Ur.* metáf. Persona que hace una exposición improvisada con el fin de ocultar su ignorancia. pop + cult → espon.

payaishna.
I. 1. f. *ES.* Harina mal molida.

payama. (Del ingl. *pajama*).
I. 1. m. *EU, Ho, Cu, RD, PR.* Pijama, prenda para dormir.

payana.
I. 1. f. *Ar:N, Ur.* Juego infantil en el que se usan cinco piedras pequeñas y que consiste en recoger rápidamente las más posibles de cuatro colocadas en el suelo antes de agarrar una que se ha arrojado al aire. (**pallana**).
II. 1. f. *Ni.* Arroz quebrado.

payanar.
I. 1. tr. *Mx, Ni.* Triturar el maíz en el **metate**. rur.

payandé.
I. 1. *Co.* **guamúchil**.

payar.
I. 1. intr. *Pe, Bo, Ch, Ar, Ur.* Cantar **payadas**. (**pallar**).

payasa.
I. 1. f. *Bo, Ch.* Colchón de paja. pop + cult → espon.

payasear.
I. 1. intr. *Ni, Ch.* **Lesear** con malicia. pop.
II. 1. intr. *Cu.* Comportarse *alguien* de forma pretenciosa y creída.
III. 1. intr. *Cu.* Hacer payasadas.

payasería.
I. 1. f. *Cu.* Engreimiento y superficialidad de una persona.
2. *Cu.* Alarde, molestia, impertinencia.
3. *Cu.* Selectividad extrema de una persona, *especialmente para el comer y el vestir*.

payasito.
I. 1. m. *Mx.* Prenda de tela elástica, de una sola pieza, ajustada al cuerpo, que cubre el torso hasta el arranque de las piernas; *usada generalmente por acróbatas, gimnastas y bailarines*.
2. *Mx.* Prenda de una sola pieza para bebés.

payaso, -a.
I. 1. adj. *Mx, Ch*; sust. *Pa.* Referido a persona, fanfarrona. pop ^ desp.
2. adj. *Mx.* Referido a persona, antipática. pop.
II. 1. sust/adj. *Cu.* Persona engreída, superficial y que actúa de manera afectada.
2. *Cu.* Persona muy selectiva, *especialmente para el comer y el vestir*.
► **comer ~; mojar el ~; remojar el ~; ser ~ para comer**.

payaste. (Del nahua *payana*, desmenuzar algo).
I. 1. adj. *Ni, CR:NO.* Referido a harina de maíz, poco molida.
II. 1. adj. *Ni.* Referido a cosa, de mala calidad. afec.

payaya.
I. 1. f. *Ch.* Juego que consiste en lanzar al aire cinco piedras pequeñas que se deben intentar recoger antes de que caigan al suelo sin perder ninguna. (**pallalla**).

payché. (Voz maya yucat.).
I. 1. *Mx:SE.* **anamú**.

paye.
I. 1. m. *Bo:E.* Según creencias populares, hombre que tiene poderes sobrenaturales y maléficos para actuar sobre la vida y la salud de otras personas. pop.
II. 1. m. *ES:O.* Niño. afec.
III. 1. m. *Ur.* Improvisación sobre un tema cuando se tienen pocos conocimientos. pop + cult → espon.

a. ‖ ~. fórm. *ES:O.* Se usa para llamar al niño. afec.

payé. (Del guar.).
I. 1. m. *Py, Ar:NE.* Hechizo.
2. *Ar:NE.* Talismán.

payesero, -a.
I. 1. m. y f. *Py.* Persona que practica la hechicería. pop.

payo, -a.
I. 1. m. y f. *Mx.* obsol. Persona procedente del campo, con pocos recursos económicos, que emigra a la ciudad.
II. 1. sust/adj. *Ar.* Persona albina.
2. *Ar:NO.* Persona rubia y de piel blanca. pop + cult → espon.

payol.
I. 1. m. *Pe.* Plataforma sobre la que se ponen alimentos como maíz, carnes o pescados salados para secarlos al sol.

payola.
I. 1. f. *RD.* Pago que hace un músico a un medio de comunicación para que lo promocione.

payote.
I. 1. m. *Ho.* Colador hecho con media calabaza agujereada con un mango para limpiar el jugo de la caña cuando empieza a hervir. rur.

payuca.
I. 1. *Ar.* **payucano**.

payucano, -a.
I. 1. sust/adj. *Ar.* Persona procedente del campo o de una pequeña población que ignora las costumbres de la ciudad. pop + cult → espon. ♦ **payuca**.

payuje.
I. 1. m. *Bo:E.* Postre que consiste en un **plátano** al que se le echa encima leche condensada espolvoreada de canela molida.

payula.
    I. 1. *Ho.* **pálida**, mareo.

payulear.
    I. 1. tr. *ES.* Perder el color *algo*.
    2. *ES.* Blanquear la ropa.

payulo, -a.
    I. 1. adj. *Ho, ES. Referido a persona*, que tiene el rostro pálido.
    2. *Ho. Referido a un huevo*, que tiene la yema de color amarillo pálido.

payute.
    I. 1. adj. *ES. Referido a persona*, tonta.

paz.
    □
    a. ‖ **a ~ y salvo.** loc. adv. *Pa, Co.* Sin deudas con una entidad oficial o con un particular.
    b. ‖ **~ y salvo.** loc. sust. *Pa, Co.* Documento que se expide a una persona para certificar que no adeuda dineros a una entidad oficial o a algún particular.
    ▶ **no creer ni en la ~ de los sepulcros.**

pazcón.
    I. 1. m. *Ho, ES, Ni, CR.* Utensilio de forma cónica hecho de tela fina o de malla metálica para colar café o refresco. (**pascón**).
    2. *Ho, Ni.* **pascón**, cedazo de tela.

pazote. (Afér. de *epazote*).
    I. 1. *Mx, Gu, Ho, Ni, PR.* **pasote**.

pe.
    I. 1. f. *Gu, Bo.* Prostituta. euf.
    ▶ **no saber ni ~.**

pea.
    I. 1. *Mx.* **papán**.
    II. 1. f. *Ve.* Borrachera. pop + cult → espon.
    ■
    a. ‖ **~-~.** m. *Co:N.* Pito de caucho usado por las **marimondas**.

peach.
    ■
    a. ‖ **~ *melba*.** (Voz inglesa). m. *EU, Mx, Ho.* Helado con una rodaja de **durazno** o pera.

peadera.
    I. 1. f. *RD*, vulg; *Co*, pop + cult → espon. Expulsión repetida de pedos.

peado, -a.
    I. 1. adj. *Co:N. Referido a persona*, borracha. pop.

peaje.
    I. 1. m. *Ch, Py.* Pago que suele exigir y cobrar un delincuente o una persona necesitada de dinero a alguien, bajo amenaza de agresión en un lugar apartado.
    2. *Ch. En la bolsa*, pago de comisiones por las operaciones bursátiles hechas en otra ciudad.
    3. *ES.* Soborno. fest.

peajero, -a.
    I. 1. m. y f. *Py.* Persona que se dedica a la delincuencia callejera exigiendo dinero a cambio de que la otra siga su camino. pop.

peal.
    I. 1. m. *Gu, Ho, Ni, Ar:NO.* **pial**, lazo que se arroja a las patas de un animal. rur.
    II. 1. m. *ES.* Pene. vulg.

pealazo.
    I. 1. m. *ES.* Latigazo.

pealera.
    I. 1. f. *Ho, Ni.* **pial**, lazo que se arroja a las patas de un animal.

pear(se).
    I. 1. intr. *Co, Ch.* Expulsar pedos. pop.
    2. intr. prnl. *Bo, Ch.* Expulsar *alguien* pedos. pop.

peatón.
    ◪
    a. ‖ **el ~ no es gente.** fr. prov. *RD.* Indica que, en una jerarquía, quienes se desplazan en automóvil están por encima de quienes lo hacen a pie.

pebeta.
    I. 1. f. *ES.* Prostituta.

pebete.
    I. 1. m. *Ar, Ur.* Pan de forma ovalada, con sabor algo dulce, miga esponjosa y corteza fina y tostada.

pebete, -a.
    I. 1. m. y f. *Py, Ar.* p.u. Niño o adolescente. pop + cult → espon.

pebetera.
    I. 1. f. *Co.* Arbusto de hasta 6 m de altura, de tallo pubescente, médulas blancas, hojas alternas, oblongas, flores tubulares blancas o rosadas, dispuestas en una panícula grande, y fruta amarilla; la hoja la utilizan los campesinos como abono orgánico y en la medicina tradicional. (Asteraceae; *Vernonia* spp.). ◆ **ocuera.**

pebre.
    I. 1. m. *Pe:S.* Guiso *hecho especialmente con carne de cordero o gallina, **papas**, **yucas**, garbanzos, arroz, cebolla y **ají**.*
    2. *Ch.* Salsa fría compuesta de tomate, cebolla, **ají** y cilantro picados, aderezada con aceite y limón, que suele acompañar el **curanto**. ◆ **pebre cuchareado.**
    3. *Ni:E.* Comida típica hecha con la carne de la cabeza del cerdo y verduras, condimentada con **achiote**.
    4. *Pa.* Alimento, conjunto de cosas que se comen o beben para subsistir. pop.
    ■
    a. ‖ **~ cuchareado.** *Ch.* **pebre**, salsa fría.
    ▶ **hacer ~.**

¡pebú!
    •
    a. ‖ **~.** fórm. *RD.* Se usa para exigir silencio.

pecado.
    ■
    a. ‖ **~ de gallo.** loc. sust. *Ho.* Huevo de gallina. fest.

pecana.
    I. 1. f. *Bo:S, Ar:NO.* Piedra rectangular y cóncava en el medio sobre la que se muele el grano por medio de otra piedra.
    2. *Bo:S, Ar:NO.* Mortero para machacar.
    3. *Bo:S, Ar:NO.* Mano del mortero.
    II. 1. f. *Ec, Pe.* Fruto del **pecano**, que se caracteriza por ser una nuez alargada y lisa de color castaño.

pecanear.
    I. 1. tr. *Ar:NO.* Moler granos en una **pecana**, piedra cóncava.

pecano.
    I. 1. m. *Ec, Pe.* Árbol caducifolio de hasta 40 m de altura, y de copa muy frondosa. (Juglandaceae; *Carya illinoinensis*).

pecar.
    □
    a. ‖ **sin ~.** loc. adj. *Ho, ES. Referido a cosa*, nueva, limpia.

pecarí. (Del guar.).
    I. 1. m. *Mx, Co, Ec, Pe, Bo, Py, Ar, Ur.* Mamífero artiodáctilo de hasta 50 cm de altura, parecido al jabalí europeo pero sin cola, de cerdas largas y fuertes, colmillos pequeños y una glándula en la parte superior del lomo que segrega una sustancia fétida; su carne y piel son muy apreciadas. (Tayassuidae; *Tayassu* spp.). ◆ **báquiro; cafuche; puerco de monte; saíno; tatabra.**
    2. *Ho.* **chancho de monte.**

■

a. ‖ ~ **de collar.** m. *Mx, Ur.* Mamífero artiodáctilo de hasta 1 m de longitud, parecido al jabalí europeo, con pelaje colorido canoso, blanco y negro con una banda blanquecina alrededor del cuello; su carne y piel son muy apreciadas. (Tayassuidae; *Tayassu tajacu*). ♦ **báquiro de collar; cháchero; puinque; taitetú; taitetú de collar.**

b. ‖ ~ **de labio blanco.** *Ho.* chancho de monte.

c. ‖ ~ **labiado.** *Bo, Ar, Ur.* chancho de monte.

pececillo.

□

a. ‖ ~ **de plata.** loc. sust. *Ee, Bo:E, Ur.* Insecto sin alas, de hasta 2 cm de longitud, blanco o gris y cubierto de escamas, su cabeza presenta largas antenas filiformes y un aparato bucal masticador y en el extremo posterior del abdomen lleva un filamento caudal largo y dos cercos laterales de menor longitud. (Lepismatidae; *Lepisma saccharina*).

pecera.

I. 1. f. *Cu.* Sala de espera de un aeropuerto. pop.

peceto.

I. 1. m. *Bo, Py, Ar, Ur.* Corte de carne de vacuno extraída del cuarto trasero del animal, detrás del fémur.

pecha.

I. 1. f. *Ch.* Golpe o empujón dado, *especialmente con el pecho, para abrirse paso.* pop + cult → espon.

2. *Ch.* metáf. Esfuerzo que se hace para conseguir algo. pop + cult → espon.

II. 1. f. *Ch.* Provecho o beneficio conseguido gratuitamente a costa de otros. pop + cult → espon.

pechada.

I. 1. f. *Mx, Ni, Ec, Pe, Bo:E,S, Ch, Ar, Ur.* rur. Golpe que da un jinete con el pecho de su caballo a una **res** para apartarla o voltearla.

2. *Pe, Bo, Ch, Ar, Ur.* Encontronazo, empujón fuerte, atropello. pop + cult → espon.

3. *Ho, ES, Ni, Pa.* metáf. Ejercicio físico con el que se fortalece el pecho.

4. *Ho, ES, Ni.* Golpe dado a alguien en el pecho con la palma de la mano.

II. 1. f. *Bo:E,S; Ar.* obsol; pop. Petición insistente de algo, *especialmente de dinero.* pop + cult → espon.

pechador, -ra.

I. 1. adj/sust. *Bo:E,S, Ch, Ar, Ur.* obsol. *Referido a persona,* que tiene el hábito de sacar provecho de los demás o vivir a costa ajena. pop + cult → espon.

II. 1. sust/adj. *Ch.* Persona que compite con intensidad o hace esfuerzos por conseguir algo.

III. 1. adj/sust. *Ch. Referido a persona o cosa,* que empuja con fuerza. pop.

pechal.

I. 1. m. *Mx.* Correa que se echa al toro para montarlo.

pechar(se).

I. 1. tr. *Mx, Ec, Pe, Ch, Ar, Ur.* rur. Golpear un jinete con el pecho de su caballo una **res** para apartarla o voltearla.

II. 1. tr. *Pe, Bo:E, Ch, Ar, Ur.* Dar un empujón fuerte a *alguien* o *algo.* pop + cult → espon.

2. tr. *Ho, ES.* Dar un golpe a *alguien* en el pecho con la palma de la mano.

3. tr. *Bo:E,O,S.* Empujar *algo* o a *alguien* con el cuerpo para abrirse paso entre la multitud.

4. intr. prnl. *RD.* metáf. Encontrarse con alguien de forma súbita. rur.

III. 1. tr. *Ar, Ur.* Pedir *algo* con insistencia, *especialmente dinero o un favor.* pop + cult → espon.

2. intr. *Bo:E,S, Ch, Ur.* Vivir a costa de los demás, aprovechándose y obteniendo cosas gratis. pop + cult → espon.

IV. 1. intr. *Ch.* Competir con mucha intensidad o actuar esforzadamente por algo.

2. *Bo:E.* Interesarse un hombre por conquistar a una mujer. pop.

V. 1. intr. *ES. En el fútbol,* parar el balón con el pecho.

2. tr. *CR. En el fútbol,* dominar el balón amortiguándolo con el pecho.

pechazo.

I. 1. m. *Pe, Bo, Ar, Ur.* Encontronazo o empujón fuerte. pop + cult → espon.

II. 1. m. *Py, Ar, Ur.* Petición insistente de algo, *especialmente de dinero.* pop + cult → espon.

2. *Cu.* Apuesta que hace un jugador sin tener dinero suficiente para cubrirla.

peche. (Del nahua *pitztli,* sínc. de *pitzactli,* cosa delgada).

I. 1. *Pe.* **peche colorado.**

II. 1. adj/sust. *ES. Referido a persona,* delgada, flaca por enfermedad.

2. *ES. Referido a persona o animal,* abandonado por su madre.

3. *ES. Referido a persona,* huérfana.

4. *ES. Referido a un hijo,* que es el menor.

III. 1. m. *Ga.* Becerro.

■

a. ‖ **la ~.** f. *ES.* La madre.

b. ‖ ~ **colorado.** m. *Pe.* Ave de hasta 20 cm de longitud, con plumaje manchado de negro y gris, pecho de color rojo, pico grueso y cónico, y cola corta (Icteridae; *Stornella bellicosa*). ♦ **peche.**

pechear.

I. 1. tr. *Bo, Py.* Sacar dinero a alguien, *generalmente con insistencia, sin intención de devolverlo.* pop.

II. 1. tr. *Bo.* Dar un empujón fuerte a *alguien* o *algo.* pop.

pechera.

I. 1. f. *Ch.* Trozo de tela con un número que llevan al pecho los participantes en muchos deportes o **competencias.**

II. 1. f. *ES.* Enfermedad o malestar que padece un niño al quedar su madre nuevamente embarazada.

□

a. ‖ **como ~ de monja.** loc. adv. *CR.* Sin dinero. pop ^ fest.

pechereque.

I. 1. m. *Pe.* Seno de una mujer. euf; pop.

pechero.

I. 1. m. *Ar.* Pieza del apero para resguardar el pecho de la cabalgadura.

pechero, -a.

I. 1. sust/adj. *Py.* Persona que acostumbra a pedir prestado dinero, pero sin intención de devolverlo, o simplemente solicitarlo para algún fin determinado. pop.

pechetrine.

I. 1. f. *ES.* Navaja, puñal. delinc.

pechiamarillo.

I. 1. *Pa, Ec* **pecho amarillo,** ave.

pechicato, -a.

I. 1. sust/adj. *Cu.* obsol. Persona mezquina y cicatera.

pechichar.

I. 1. tr. *Co:N.* Consentir, mimar a *alguien.* pop.

pechiche.

I. 1. m. *Co:N.* Cuidado o delicadeza con que se trata a alguien o a algo. pop.

II. 1. m. *Ec.* Árbol de madera fina e incorruptible (Verbenaceae; *Vitex gigantea*).

2. *Ec.* Fruto del pechiche, similar a una cereza, pero de color negro al madurar.

pechichón, -na.

I. 1. adj. *Cc:N. Referido a persona,* consentida, malcriada.

pechirrojo.
  I. 1.   *Co.* **rubí**.
pechistillo, -a.
  I. 1. adj. *ES. Referido a persona*, extremadamente delgada.
pechito.
  I. 1. m. *Ar.* Pez pequeño de agua dulce y color plateado con manchas o líneas de varios colores. (Gasteropelecidae; *Thoracocharax* spp.).
  II. 1. m. *Pe.* Persona a la que se hace referencia en el discurso o hablante que actúa como si fuera una tercera persona. pop.

•

  a. ‖ **este ~.**
    i. fórm. *Co, Pe, Bo:C,O,S, Ch.* Se usa para indicar que es uno mismo la persona que habla. pop ^ fest.
    ii. *Bo, Ch.* Se usa para resaltar y destacar los logros personales de uno. pop.

pecho.
  I. 1. m. *Ec, Ch, Ar, Ur.* Braza, estilo de natación.
  II. 1. m. *Ho, ES, Ni, CR, Ec, Bo, Ur.* Corte de carne del pecho de la **res**.

■

  a. ‖ **~ amarillo.**
    i. m. *Mx, Ho, CR.* Ave insectívora de hasta 20 cm de longitud, de color grisáceo en la garganta y el pecho, y amarillo en el abdomen, con pico encorvado en la punta. (Tyrannidae; *Tyrannus melancholicus*). (**pechiamarillo**). ♦ **bienteveo; juanchiciro; paparote; quisquidi; sirirí; toreador.**
    ii. *Ar, Ur.* Pájaro de hasta 25 cm de longitud, con el dorso de color pardo y amarillas las alas y la región ventral. (Icteridae; *Pseudoleistes* spp.).
    iii. *CR.* **cristofué**.
  b. ‖ **~ apretao.** m. *RD, PR.* Asma.
  c. ‖ **~ colorado.**
    i. m. *Ar, Ur.* Pájaro de hasta 25 cm de longitud de plumaje pardo oscuro con una gran mancha colorada en el pecho. (Icteridae; *Sturnella superciliaris*).
    ii. *Ho.* Cualquier pájaro con el pecho rojo.

□

  a. ‖ **a todo ~.** loc. adv. *Cu.* En voz muy alta, a gritos.
  b. ‖ **al ~.**
    i. loc. adv. *Cu. En relación con la manera de llevar a cabo una empresa*, sin las condiciones creadas.
    ii. *Cu. En relación con la manera de solicitar algo*, sin rodeos.
  c. ‖ **~ de oro.** loc. sust. *PR.* **reinita**. (Coerebidae; *Coereba portoricensis*).
  d. ‖ **~ de paloma.**
    i. loc. sust/adj. *Ch.* Persona que se muestra orgullosa, arrogante, engreída. pop + cult → espon.
    ii. loc. sust. *Ch.* Actitud o conducta orgullosa, arrogante o engreída. pop + cult → espon.
    iii. *Ho, Ni.* Modo de esposar al detenido con las manos atrás. polic.
  e. ‖ **~ rallado.** loc. sust. *Ho.* Persona servil.
  ▶ **apretársele el ~; escupirse el ~; llevársela de ~; mandarse al ~; meter el ~.**
pechocha.
  I. 1. f. *Py.* Mujer de senos grandes. pop.
pechocho, -a.
  I. 1. adj/sust. *Co; RD, Ch,* cult → espon ^ afec. *Referido a persona*, preciosa, linda, hermosa. pop.
  2. *Ho, Ch; Co.* pop ^ afec. *Referido a un niño*, precioso, bonito. inf.
pechón.
  I. 1. m. *Ar:NO,O.* Encontronazo o empujón fuerte. pop + cult → espon.

pechón, -na.
  I. 1. adj/sust. *Bo. Referido a persona*, que dedica su tiempo a rezar y a aparentar virtud.
  II. 1. adj. *Pa. Referido a persona*, que se muestra ostensiblemente orgullosa de algo o alguien. pop + cult → espon ^ fest.
pechona.
  I. 1. adj. *Pa, Bo. Referido a una mujer*, de busto grande. pop + cult → espon.
pechoñería.
  I. 1. f. *Bo, Ch.* Actitud o conducta propia de un **pechoño**. pop + cult → espon ^ desp.
  2. *Bo, Ch.* Conjunto de **pechoños**. pop + cult → espon ^ desp.
pechoño, -a.
  I. 1. sust/adj. *Bo, Ch.* Persona que practica de manera estricta su religión, *especialmente la católica*, o que actúa con falsa beatería. pop + cult → espon ^ desp.
pechú, -a.
  I. 1. adj/sust. *RD.* **pechudo**, temerario. pop + cult → espon.
  2. *RD.* **pechudo**, animoso. pop + cult → espon.
pechucear.
  I. 1. intr. *Ni.* Haraganear.
pechucero, -a.
  I. 1. adj. *Ho. Referido a persona*, haragana.
pechudo, -a.
  I. 1. adj/sust. *RD, PR. Referido a persona*, temeraria, atrevida, bravucona. pop + cult → espon. (**pechú**).
  2. *RD, PR. Referido a persona*, animosa. pop + cult → espon. (**pechú**).
pechuga.
  I. 1. f. *Pe; Ch,* pop + cult → espon; *Pa,* obsol; pop + cult → espon ^ fest; *Ec,* p.u. Desfachatez.
  2. m-f. *Ch.* Persona descarada, que actúa con desfachatez. pop + cult → espon.

□

  a. ‖ **¡qué ~!** interj. *RD.* Expresa asombro por lo que una persona hace, especialmente si se trata de algo que implica valor y descaro.
  ▶ **sacar ~.**
pechugada.
  I. 1. f. *Ho.* Golpe dado en el pecho a una persona.
pechugón, -na.
  I. 1. sust/adj. *Pa, Ve, Pe; Co,* pop. Persona a la que le gusta vivir a costa de los demás.
  2. adj/sust. *Pe, Ch; Ec,* obsol. *Referido a persona*, que tiene mucho descaro y desfachatez.
  3. sust/adj. *Ni.* Persona orgullosa.
  4. m. y f. *Pa.* Persona que abusa de la confianza y generosidad de los demás en provecho propio. pop + cult → espon ^ desp.
pechugonada.
  I. 1. f. *Pe.* Desfachatada. pop.
  2. *Pa.* Dicho o acto con que alguien abusa de la generosidad de otro. pop + cult → espon ^ desp.
pechuguera.
  I. 1. f. *Mx:SE.* Resfriado, *especialmente el que provoca tos y expectoraciones*. pop + cult → espon.
  II. 1. f. *PR.* Parte del pecho femenino que se ve por el escote. vulg; pop + cult → espon.
  2. *PR.* Camisa desabrochada o que solo se abrocha en la parte inferior, dejando el pecho al aire.
pécora.
  I. 1. f. *Pe.* Mal olor de los pies. pop.
  2. *Pe.* metáf. Olor, sospecha de algo que está oculto o por suceder. pop.

pecorear.
 I. 1. intr. *PR.* Molestar, hablar *alguien* mucho y de lo que no se debe. pop + cult → espon ^ desp.

pecoriento, -a.
 I. 1. adj/sust. *Pe.* p.u. *Referido a persona*, que tiene mal olor de pies.

pecos.
 ■
 a. ‖ ~ **bill.** (De *Pecos Bill*, personaje representativo del vaquero estadounidense). m. *Ch.* obsol. Pantalón de **mezclilla** de moda en los años 60.

pecosa.
 I. 1. f. *Co.* Planta trepadora de hasta 3 m de altura, con hojas alternas, lanceoladas, de color verde grisáceo, y flores colgantes de color anaranjado con puntos oscuros en el interior, agrupadas en grandes racimos en umbela, cuyo fruto es una cápsula globosa y de color amarillo o pardo. (Alstroemeriaceae; *Bomarea* spp.).

pecuaca.
 I. 1. *Ec:O.* **pecueca**.

pecueca.
 I. 1. f. *Pa, Co, Ve, Ec.* Mal olor que despiden los pies de una persona. pop + cult → espon. (**pecuaca**).

pecueco, -a.
 I. 1. adj/sust. *Co. Referido a persona*, despreciable. pop + cult → espon ^ desp.
 2. *Co.* juv. *Referido a cosa*, insignificante y sin valor. pop + cult → espon ^ desp.

peculado.
 I. 1. m. *Mx, CR, Pa, Co, Bo, Ar, Ur.* Gasto indebido que hace una persona de los fondos públicos que administra.
 2. *Pe.* Apropiación de los bienes del Estado en provecho propio o de terceros por parte de un funcionario.
 3. *Ni, Bo.* Escasez de un producto para obtener mayor lucro con su venta.

peculador, -ra.
 I. 1. m. y f. *Ni, Pe.* Persona que comete el delito de **peculado**.

pecusio.
 I. 1. m. *RD.* Diablo, príncipe de los ángeles rebelados.

peda.
 I. 1. f. *Mx.* Borrachera. pop.

pedaceado, -a.
 I. 1. adj. *Bo; Ni, Ec,* p.u. *Referido a cosa*, destrozada, hecha pedazos. pop.

pedacear.
 I. 1. tr. *Mx, Ho, ES, Ni, Bo, Ar:NO; Ec,* p.u. Hacer pedazos *algo*. pop.

pedacería.
 I. 1. f. *Mx.* Conjunto de pedazos. (**pedacerío**).

pedacerío.
 I. 1. m. *Mx.* **pedacería**.

pedacito.
 I. 1. m. *Mx, Ho, Ni.* Billete de la lotería mayor. pop.
 ■
 a. ‖ ~ **de gente.** m. *Ni, Ec, Pe, Bo.* Persona de corta edad. pop ^ afec.

pedal.
 I. 1. m. *ES.* Pedo. carc.
 ●
 a. ‖ ¿qué ~? fórm. *Mx.* **¿qué pedo?** euf; pop.

pedaleada.
 I. 1. f. *Mx, Ho, Ni.* Caminata larga y fatigosa. pop.
 2. *CR, Co, Ec, Pe, Bo, Ur.* Pedalada, impulso sostenido dado con el pedal de una bicicleta.

pedalear.
 I. 1. intr. *Mx, Ho, Ni.* Caminar un largo trecho. pop.
 2. *Mx.* Trabajar con ahínco.
 □
 a. ‖ ~ **en el aire.** loc. verb. *Ch.* p.u. No obtener resultado positivo en algo. pop + cult → espon.
 b. ‖ ~ **la bicicleta.** loc. verb. *Mx.* Cortejar o mantener relaciones amorosas con una persona ya comprometida. pop. (**pedalear su bicicleta**).
 c. ‖ ~ **su bicicleta.** loc. verb. *Mx.* **pedalear la bicicleta**. pop.

pedalero, -a.
 I. 1. m. y f. *Pe, Bo, Ch.* **pedalista**.
 2. adj. *Pe, Bo, Ch.* Relativo al ciclismo o a cualquier actividad relacionada con montar en bicicleta.

pedalismo.
 I. 1. m. *Gu, CR, Co.* Ciclismo.

pedalista.
 I. 1. m-f. *Gu, CR, Cu, Co, Ec, Bo, Ar.* Persona que practica el ciclismo. ♦ **pedalero**.
 2. *Co.* Persona que monta en bicicleta.

pedazal.
 I. 1. m. *Ho, ES.* Gran cantidad de pedazos de algo.

pedazo.
 I. 1. m. *PR.* Porción de heroína equivalente a unos 30 g. drog.
 □
 a. ‖ ~ **de gente.**
 i. m. *Pe.* p.u. Persona de poco valor moral o poco agraciada físicamente.
 ii. loc. sust. *Cu, RD.* Persona pequeña o de muy poca corpulencia. pop + cult → espon.

pedera.
 I. 1. f. *Ho, ES.* juv. Borrachera.
 II. 1. f. *ES.* Efecto del consumo de drogas. drog.

pedernal.
 I. 1. adj. *Mx. Referido a persona*, borracha. euf.
 2. m. *Mx.* Borrachera. euf.

pedestal.
 I. 1. m. *Ni, Ec, Pe, Ch, Py.* Soporte de un micrófono u otro dispositivo.
 II. 1. m. *Ho.* Aparato que se utiliza para pegar el **tape** en prendas de vestir.

pediche.
 I. 1. *Ho, ES.* **pidiche**. pop + cult → espon ^ desp.

pedicure. (Voz inglesa).
 I. 1. m. *EU, Mx, Ho, Ni, CR, Cu, PR, Co, Ve, Bo;* m-f. *Pa, Ec, Pe;* f. *Ch.* Pedicura, tratamiento de cuidado y embellecimiento de los pies. ♦ **pediquiur**.

pedidera.
 I. 1. f. *Mx, Gu, Ho, ES, Ni, CR, Pa, Cu, RD, Co, Ve, Ec, Py; Pe,* p.u. Petición o solicitud reiterada de algo. pop. (**pediera**).

pedido.
 I. 1. m. *Gu.* Embarazo.

pedidón, -na.
 I. 1. adj/sust. *RD. Referido a persona*, que pide insistentemente o de manera inoportuna.

pediera.
 I. 1. f. *PR.* **pedidera**.

pedigree. (Voz inglesa).
 I. 1. *Mx, Ho.* Marca de un producto, *por lo general de buena calidad*. pop.

pedilón, -na.
 I. 1. adj. *Mx, RD, Ve, Pe;* sust/adj. *Bo:O. Referido a persona*, pedigüeña, que pide con frecuencia e importunidad. pop. (**pididón; pidilón**).

pedimento.
I. 1. m. *Pe:NO.* Petición de matrimonio, pedida de mano. pop.

pedinche.
I. 1. *Mx.* **pidiche.**

pediquiur. (Del ingl. *pedicure*).
I. 1. *ES, RD, Co; Ec,* p.u. **pedicure.**

pedir.
I. 1. tr. *Co.* Proponer *alguien* una relación sexual a otra. euf.

●
a. ‖ **¡pide, que hay!** fórm. *PR.* Se usa como invitación jactanciosa de alguien a pedir sin reparo lo que se desea, porque hay en abundancia.
b. ‖ **pido.** fórm. *Mx, Py, Ar, Ur.* En un juego de niños o entre amigos, se emplea para pedir clemencia o tregua.

□
a. ‖ **no ~ favor una cosa a otra.** loc. verb. *Ec.* No ser una cosa de inferior calidad que otra. pop.
b. ‖ **~ agüita.** loc. verb. *Ch.* Hallarse agotado *alguien.* pop + cult → espon.
c. ‖ **~ aventón.** loc. verb. *Mx, Pe.* Pedir un viaje gratuito en el vehículo de otra persona. ♦ **halar dedo; pedir bola; pedir botella; pedir cola; pedir jalón; pedir pon.**
d. ‖ **~ base.** *Mx.* **pedir esquina,** solicitar indulgencia. pop.
e. ‖ **~ bola.** *RD.* **pedir aventón.**
f. ‖ **~ botella.** *Cu.* **pedir aventón.**
g. ‖ **~ cacao.**
  i. loc. verb. *Ho, ES, Ni, CR, Pa, RD, Co, Ve.* Solicitar a alguien ayuda para hacer algo que no se ha podido llevar a cabo. pop + cult → espon.
  ii. *Gu, Ho, ES, Ni, RD, Co; CR,* obsol. Pedir *alguien* perdón, o pedir que se le conceda una gracia, *especialmente si se hace suplicando.* pop + cult → espon.
  iii. *Gu, CR, Pa.* Rendirse. pop + cult → espon.
  iv. *Ho.* Pedir *algo* imposible.
h. ‖ **~ cancha.** loc. verb. *Ve, Bo.* Solicitar campo o espacio especialmente en un juego.
i. ‖ **~ canoa.** loc. verb. *Co:C,E,SO.* Solicitar a alguien ayuda o permiso para realizar algo. pop + cult → espon.
j. ‖ **~ chepa.**
  i. loc. verb. *Pe.* Solicitar descanso o tregua.
  ii. *Pe.* Rendirse *alguien.*
k. ‖ **~ chichi.** loc. verb. *Mx.* Pedir favores. pop + cult → espon.
l. ‖ **~ cola.** *Ve.* **pedir aventón.**
m. ‖ **~ el capitolio.** loc. verb. *Cu.* Pedir mucho.
n. ‖ **~ el dos.** loc. verb. *PR.* Pedir *alguien* que le den un cigarrillo. pop + cult → espon.
ñ. ‖ **~ el palo.** loc. verb. *Cu.* En una cola, preguntar dónde termina esta para colocarse en el último lugar.
o. ‖ **~ el palo a gritos.** loc. verb. *Ni.* Comportarse *alguien* muy mal.
p. ‖ **~ esquina.**
  i. loc. verb. *Mx.* Solicitar *alguien* indulgencia o el cese de una acción que lo agobia. pop. ♦ **pedir base.**
  ii. *Ho.* juv. Solicitar ayuda una **mara** a otra para pelear contra una tercera. delinc.
q. ‖ **~ jalón.** *Gu, Ho.* **pedir aventón.**
r. ‖ **~ la bendición.** loc. verb. *Ni, Cu, PR, Co, Ve, Ec, Bo.* Solicitar un menor a un familiar mayor que le transmita la bendición de Dios.
s. ‖ **~ la cabeza.** loc. verb. *Cu.* No tolerar a *alguien.* pop + cult → espon.
t. ‖ **~ la escupidera.**
  i. loc. verb. *Ar, Ur.* Solicitar *alguien* ayuda humillándose. pop.
  ii. *Ar, Ur.* Rendirse, darse por vencido. pop.
u. ‖ **~ la vacuna.** loc. verb. *Co.* Extorsionar a *alguien.*
v. ‖ **~ limosna con escopeta.** loc. verb. *Pa, Cu, Co.* Pedir un favor con exigencias. pop.
w. ‖ **~ más que deme.** loc. verb. *Co.* Pedir mucho y con frecuencia. fest.
x. ‖ **~ más que la Cruz Roja.** loc. verb. *PR.* Pedir *alguien* cooperación económica con demasiada frecuencia. pop + cult → espon.
y. ‖ **~ para las aguas.** loc. verb. *Mx.* Pedir propina. pop + cult → espon.
z. ‖ **~ paro.** loc. verb. *Gu.* **pedir pelo,** pedir una tregua en un juego. inf.
a¹. ‖ **~ pelo.**
  i. loc. verb. *Gu. En los juegos infantiles,* pedir una tregua o descanso para no seguir participando en el juego. ♦ **pedir paro.**
  ii. *Gu.* metáf. Pedir, en un conflicto o una situación crítica, que cesen por un tiempo las hostilidades.
b¹. ‖ **~ perdón.** loc. verb. *Pa.* Estar *algo* en muy malas condiciones.
c¹. ‖ **~ pichón.** loc. verb. *Pa. En un baile,* solicitar bailar con la pareja de otro. pop + cult → espon ^ fest.
d¹. ‖ **~ pita.** loc. verb. *Bo:E,S,O.* Implorar a alguien comprensión y ayuda. pop.
e¹. ‖ **~ pon.** *PR.* **pedir aventón.**
f¹. ‖ **~ su limosna.** loc. verb. *Mx.* Estar necesitado *alguien* de algo o desearlo intensamente. pop + cult → espon.
g¹. ‖ **~ un bote.**
  i. loc. verb. *Pa.* Solicitar por señas, con el dedo pulgar, transporte a los automóviles que transitan. pop + cult → espon.
  ii. *Pa.* Solicitar *una persona* a otra que la lleve en su automóvil a algún sitio. pop + cult → espon.
h¹. ‖ **~ vía.** loc. verb. *Ho.* Encender uno de los intermitentes de un vehículo para indicar que se va a girar.

■
a. ‖ **como se pide chumbeque.** loc. adv/adj. *Pe.* De la manera adecuada o debida. pop.

pedo.
I. 1. m. *Mx, Gu, Ho, PR, Ec.* metáf. Problema. vulg; pop + cult → espon. ♦ **agite.**
II. 1. m. *Gu.* Mentira, pretexto.
2. *Gu.* Fanfarronada, pretensión desmedida.
III. 1. m. *Gu.* Escándalo, alboroto.
2. *ES.* Fiesta, jolgorio.
IV. 1. m. *Gu, Ho.* Remilgo, escrúpulo.
V. 1. m. *Ho.* juv. Susto. vulg.
VI. 1. m. *Py.* juv. Suerte. pop.

●
a. ‖ **¿qué ~?** fórm. *Mx, Ho, Ni.* juv. Se usa como forma de saludo entre amigos. vulg. ♦ **¿qué pedal?**

□
a. ‖ **a los ~s.** loc. adv. *Ar, Ur.* Rápidamente, a toda velocidad. vulg; pop + cult → espon. ♦ **a los santos pedos.**
b. ‖ **a los santos ~s.** loc. adv. *Ar.* **a los pedos.** vulg; pop + cult → espon.
c. ‖ **al ~.**
  i. loc. adv. *Mx, Ni.* En perfecto estado, en buenas condiciones o de gran calidad. vulg; pop + cult → espon.
  ii. *Py, Ar, Ur.* En vano, inútilmente. vulg; pop.
  iii. loc. adj. *Ar, Ur. Referido a persona,* ociosa, sin trabajo o nada que hacer. vulg; pop.

iv. loc. adv. *Ch.* Por casualidad. pop + cult → espon ^ fest.

v. *Ch.* Sin fundamento, sin razón alguna. pop + cult → espon ^ fest.

vi. *Bo:E.* Deprisa, descuidadamente. pop.

d. ‖ **al ~ como bocina de avión.** loc. adv. *Py, Ar, Ur.* En vano, inútilmente. vulg; pop + cult → espon ^ fest. ♦ **al pedo como cenicero de moto.**

e. ‖ **al ~ como cenicero de moto.** *Py, Ar, Ur.* **al pedo como bocina de avión.** vulg; pop + cult → espon ^ fest.

f. ‖ **como ~.** loc. adv. *Ni, Ar, Ur.* Rápidamente. vulg; pop.

g. ‖ **como un ~.** loc. adv. *Ve, Bo.* Rápidamente. vulg.

h. ‖ **de ~.** loc. adv. *Ar, Ur, Py,* juv; fest. Por casualidad. vulg; pop.

i. ‖ **de un ~.** loc. adv. *Gu.* Rápidamente. vulg.

j. ‖ **en ~.** loc. adj. *Py, Ar, Ur. Referido a persona,* borracha. vulg; pop.

k. ‖ **huele ~s.** m. *CR.* **huelepedos.**

l. ‖ **ni en ~.** loc. adv. *Ni, Py, Ar, Ur.* De ninguna manera, en absoluto. vulg; pop. ♦ **ni en pepe.**

m. ‖ **ni ~.** loc. adv. *Mx.* Sin remedio, sin posibilidad de evitar algo. vulg; pop + cult → espon.

n. ‖ **~ azul.** loc. sust. *Ar, Ur.* Borrachera. vulg; pop.

ñ. ‖ **~ de alcalde.** loc. sust. *Ho.* Persona engreída.

o. ‖ **~ negro.** loc. sust. *Ar.* Borrachera muy grande. vulg; pop.

▶ **andar hecho un ~; armarla de ~; cagar a ~s; cagarse a ~s; durar lo que dura un ~ en una canasta; estar al ~; hacerla de ~; ponerse al ~; ponerse hecho un ~; sacar un ~; salir como ~ de achín; salir como ~ de mula; salir hecho un ~; ser otro ~; tirarse un ~ más alto que el culo; valer ~.**

pedorra.
I. 1. f. *Gu, Ni.* Motocicleta. pop + cult → espon.
II. 1. f. *Ho.* Ametralladora. pop + cult → espon.

pedorrea.
I. 1. f. *Pa.* Continua expulsión de ventosidades. vulg; pop.

pedorrera.
I. 1. *Cu.* **cartacuba.**

pedorriento, -a.
I. 1. adj. *Mx, Ni; Co,* pop; *Ar.* vulg. *Referido a persona,* que expulsa pedos repetidamente.

pedorro.
I. 1. m. *Ho, ES, Ni.* Ano. vulg.

pedorro, -a.
I. 1. adj. *Ho, Ar, Ur. Referido a cosa,* de mala calidad. pop + cult → espon.
II. 1. adj. *Gu. Referido a persona,* fanfarrona, presumida.

pedrada.
I. 1. f. *Gu, Ho, Ni, CR, Py.* metáf. Indirecta, ataque verbal a alguien.
2. *ES.* Antipatía y **malcriadez** de alguien.
II. 1. f. *Gu.* Error lingüístico en el que alguien incurre al expresarse.
III. 1. f. *Ho.* metáf. Mal olor corporal.
IV. 1. m-f. *Ho.* Persona fea.
□
a. ‖ **a la ~.**
i. loc. adv. *Ec, Pe, Bo. En relación con el modo de llevar puesto el sombrero,* inclinado sobre uno de los ojos.
ii. *Pa. En relación con el modo de lucir los hombres el sombrero típico,* con el ala delantera levantada; indica que quien lo lleva está retando a quien desee a pelear. rur; pop + cult → espon ^ fest.

▶ **caer como ~ en ojo tuerto.**

pedraplén.
I. 1. m. *Cu, Ec, Ch.* Viaducto, hecho de piedras, que une dos puntos separados por el mar.

pedreadura.
I. 1. f. *Bo.* Lanzamiento de piedras. pop + cult → espon.

pedregal.
I. 1. m. *Mx:NO.* Criadero de madreperlas.

pedreguero.
I. 1. m. *Gu, Ni, Pa.* Lugar lleno de piedras sueltas.

pedregullal.
I. 1. m. *Ve.* Sitio poblado de piedras.

pedregullero.
I. 1. m. *Ve.* Abundancia de piedras.
2. *Ve.* Lugar pedregoso.

pedrerío.
I. 1. m. *Mx, Ch, Ur.* Conjunto de piedras sueltas.

pedrero.
I. 1. m. *Ho, Co:O.* Pedregal, terreno con muchas piedras.
2. *Ho, Ni.* Cantidad grande de piedras.
II. 1. m-f. *Ni.* Vendedor o consumidor de *crack.*

Pedro.
■
a. ‖ **las de san ~.** f. pl. *Gu.* Lágrimas, gotas segregadas por las glándulas lagrimales.
◩
a. ‖ **aquí te las traigo, ~.** fr. prov. *Ch.* juv. **aquí te las traigo, Píter.** pop + cult → espon.

pedúnculo.
I. 1. m. *Gu, Ni.* Pedo, ventosidad. fest.

pedurría.
I. 1. f. *Ho.* Mancha azulada o de color café que tienen la mayoría de los niños mestizos al nacer en la nalga, en la cintura o en la espalda, a la altura del riñón. rur.
II. 1. f. *Ho.* Apéndice grasoso que tienen las aves al final de la columna vertebral.

péfiro.
I. 1. m. *ES.* Pedo, ventosidad. euf.

pega.
I. 1. f. *Mx, PR.* Pez marino de hasta 40 cm de longitud, fusiforme, de color ceniciento, con una aleta dorsal y otra ventral que nacen en la mitad del cuerpo y se prolongan hasta la cola, posee una ventosa en la cabeza que le permite adherirse fuertemente a otros peces de mayor tamaño y ser transportado sin esfuerzo. (Echeneidae; *Echeneis naucrates*). ♦ **guaicán; pegador.**
2. *PR.* Gusano de hasta 20 mm de longitud, de cuerpo de color verde amarillento, piloso, con la cabeza más oscura. (Tortricidae; *Omiodes indicata*).
II. 1. f. *Cu, Ec, Bo, Ch.* Actividad que realiza habitualmente una persona para ganarse la vida. pop + cult → espon.
2. *Cu, Bo, Ch.* Empleo, lugar de trabajo.
III. 1. f. *Co:O, Pe.* Juego de niños en que uno persigue y alcanza a otro, el cual a su vez hace lo mismo con los demás participantes. ♦ **chucha; lleva.**
IV. 1. f. *Co:C.* Costra de arroz que queda adherida al fondo de la olla, cuando se ha puesto mucho tiempo al fuego. ♦ **cucayo.**
V. 1. f. *Co:C.* Broma o engaño que se hace a alguien. pop.
VI. 1. f. *ES, Ni, Ec.* Pegamento usado por los zapateros.
2. *ES.* Pegamiento de propaganda.
VII. 1. adj/sust. *RD. Referido a un organismo animal o vegetal,* parásito.
2. *RD.* metáf. *Referido a persona,* inútil, que no quiere trabajar o que vive a costa ajena.
VIII. 1. f. *Ch.* Juerga, farra. pop.

IX. 1. f. *PR.* Artefacto que conecta un remolque a un vehículo de motor.

X. 1. f. *CR.* Persona odiosa por su comportamiento antipático. pop ^ desp.

XI. 1. f. *Pa.* Instante decisivo, significativo de una situación; suceso digno de presenciarse. pop + cult → espon ^ fest.

■
a. ‖ ~~. f. *Ec.* **moradilla** (Lamiaceae; *Salvia occidentalis*).
b. ‖ ~~.
  i. m. *Pa, Co.* **zarzabacoa**.
  ii. *Ar.* **lecherón** (Euphorbiaceae; *Sapium* spp.).
  iii. *Ar.* **lecherón**, madera blanda.
  iv. *Pa.* **ochmul**.

□
a. ‖ ~ **de chorizo.** loc. sust. *CR.* Persona odiosa por su comportamiento antipático. pop ^ desp.
b. ‖ ~~.
  i. loc. sust. *Pe.* **pegapega**, velcro.
  ii. *Pe.* **pegapega**, pieza de velcro.
  iii. *Cu.* Situación o estado en que una persona, por afecto o afinidad, quiere mantenerse junto a otra.

pegachento, -a.
I. 1. adj. *Co:C,NE.* Untado de una sustancia grasienta o pegajosa.

pegada.
I. 1. f. *Ar, Ur.* Acierto. pop + cult → espon.
II. 1. f. *RD.* Discusión acalorada.
2. *Ho.* juv. Pelea planificada de una **mara** contra otra. delinc.
III. 1. f. *Ni.* Atractivo especial de una persona.

pegadero.
I. 1. m. *Ho.* Lugar con mucha agua y barro en que los animales y las carretas quedan detenidos.
II. 1. m. *Ho.* Prostíbulo en el que puede contagiarse alguien de sífilis. pop.

pegado, -a.
I. 1. adj. *Pe.* Referido a persona, absorta en una actividad. pop.
2. adj/sust. *Ho, ES, Ni.* Referido a persona, muy enamorada. pop.
II. 1. adj/sust. *Cu, RD.* Referido a persona, que vive, se divierte u obtiene algún tipo de beneficio a costa ajena. desp.
III. 1. adj/sust. *Ho, Ni, CR.* Referido a persona, enferma de sífilis, tuberculosis o gripe.
IV. 1. adj. *Ho.* Referido al dinero, que está en billetes de alta denominación.
V. 1. adj/sust. *Ni.* Referido a persona, herida de bala.

□
a. ‖ ~ **con escupo.** loc. adj. *Ch.* Referido a persona o cosa, débilmente afirmada, de poca firmeza o consistencia. pop + cult → espon.
b. ‖ ~ **con saliva.**
  i. loc. adj. *Bo, Ar.* Referido a persona, de poca moral.
  ii. *Ni, Ec, Bo; Ur,* p.u. *Referido a cosa,* de poca consistencia material, de mala calidad. pop + cult → espon.
▶ **bailar** ~; **estar bien** ~; **quedar** ~; **salir junto con** ~.

pegador.
I. 1. *Ho, Ni.* Tira ancha de cuero crudo para uncir los bueyes. rur.
II. 1. *PR.* **pega**, pez marino.

pegador, -ra.
I. 1. adj/sust. *Ho, Ni, Cu, Bo;* m. *PR, Ur. Referido a un futbolista,* que golpea fuerte al balón.

II. 1. sust/adj. *Ho, Pa.* Planta que agarra bien cuando se siembra.
III. 1. adj/sust. *ES. Referido a licor,* que emborracha con facilidad a quien lo bebe.

pegadura.
▶ **hacerse la** ~.

pegajosa.
I. 1. f. *Mx.* Planta herbácea de hasta 1 m de altura, de hojas alternas, de lineares a lanceoladas y de margen entero, inflorescencias en cabezuelas dispuestas en conjuntos, flores pequeñas y amarillas, y frutos en aquenios. (Asteraceae; *Gymnosperma glutinosum*).

pegajoso, -a.
I. 1. adj/sust. *Gu. Referido a persona,* servil.
II. 1. adj/sust. *ES. Referido a persona,* ladrona.
III. 1. adj/sust. *Ni. Referido a persona,* que se introduce en un grupo sin haber sido invitada.

pegalón, -na.
I. 1. adj/sust. *Mx, Pe; Bo,* pop. *Referido a persona,* pegona, aficionada a pegar golpes a otros.

pegamentero, -a.
I. 1. m. y f. *Gu.* Persona adicta a inhalar pegamento.

pegamento.
I. 1. m. *Ho.* Persona que no se separa de otra por interés. pop.

pegamo.
I. 1. m. *Mx:O.* **pareira brava**.

pegamosco.
I. 1. m. *Co.* Arbusto de hasta 4 m de altura, de hojas pequeñas y flores vistosas en forma de campana de color rojo oscuro que tanto las hojas como las flores segregan una resina viscosa que se utiliza para cazar moscas. (Ericaceae; *Befaria* spp.). ◆ **angucha**; **pegapega**.

pegante.
I. 1. m. *Co, Ec.* Sustancia que sirve para adherir una cosa a otra.

pegao, -gá.
I. 1. adj/sust. *Cu, RD, Co:O. Referido a persona,* que se presenta en un lugar sin haber sido invitada. pop.
▶ **dejar el** ~.

pegapalo.
I. 1. m. *PR.* Planta epifita, con ramas que cuelgan hasta 4 m, de flores solitarias, pequeñas, de color blanco, y baya globosa con semillas negras. (Cactaceae; *Rhipsalis cassutha*).

pegapega.
I. 1. m. *Ch; Mx,* pop. Planta cuyos frutos se adhieren a todo aquello que los roza, *especialmente a la ropa.*
2. *Co.* **pegamosco**.
3. *Ho, ES, Ch.* Fruto seco, pequeño y espinoso de ciertas herbáceas que se adhiere con facilidad a la ropa.
4. *Ho, Ni.* Planta que enraíza con facilidad.
5. *CR, Pa.* Planta herbácea cuyas semillas se adhieren a la ropa o a la piel cuando se roza con ellas. (Fabaceae; *Pharus latifolius*). ◆ **lambedor**.
6. f. *PR.* **sayunsay**.
II. 1. m. *Ho, ES, Ni, Ve.* Persona que siempre va acompañando a otra. pop.
2. f. *Ve.* Tendencia de alguien a buscar la compañía de otra persona.
3. m. *Ho. En el fútbol y otros deportes de equipo,* jugador que marca a un contrario sin despegarse de él.
III. 1. m. *Cu, Pe.* Velcro, sistema de cierre o sujeción formado por dos tiras de tejidos diferentes que se enganchan al entrar en contacto. pop. (**pega-pega**).
2. *Cu, Pe.* Pieza de velcro. pop. (**pega-pega**).

pegapollo.
I. 1. m. *PR.* **sonorita**.

pegar(se).

I. 1. intr. *Mx, Gu, Ni, RD, Co, Ec, Pe, Ur.* Tener éxito. pop.

2. tr. *Ni, CR, RD, Ve, Ec* Ganar un premio en un juego de azar. pop.

3. *Ni, CR, Pa, Py, Ur,* p.u. Acertar en algo que se dice como respuesta.

4. intr. *Ni, RD, PR.* Acertar, decir *alguien* algo correcto, aunque por casualidad. pop + cult → espon.

5. *Ho, RD.* Tener buena puntería.

6. prnl. *Cu.* En el dominó, ganar un jugador colocando su última ficha.

7. *PR, Ur.* Ganar *alguien* en un juego de azar. pop + cult → espon.

II. 1. tr. prnl. *RD, Ve, Ec.* Ingerir una porción de alimento o una bebida. pop.

III. 1. intr. *Pa, PR, Ec, Bo:E.* Empezar a hacer algo de repente y con fuerza.

IV. 1. tr. *RD.* Atribuir a alguien una carga que no le corresponde, o una falta de la que no es culpable. pop.

2. *RD.* Poner a una persona un mote o apodo. pop.

3. *Py.* Culpar a *alguien* por algo que ha hecho. pop.

V. 1. intr. *Cu.* Trabajar.

VI. 1. intr. prnl. *Cu.* Vivir, divertirse u obtener algún tipo de beneficio a costa ajena.

VII. 1. intr. prnl. *ES, CR.* Atascarse un vehículo en un lodazal.

VIII. 1. tr. *Bo:E,S.* Cerrar *algo* con un candado. pop.

IX. 1. tr. *Bo:O.* p.u. Mascar hojas de coca, a veces mezcladas con cenizas de **quinua** o cal y **papa** hervida, para obtener un jugo de efecto estimulante.

X. 1. tr. *RD.* Tener un hombre relaciones sexuales con una mujer. vulg; pop.

XI. 1. tr. *Ho.* Decir *algo, generalmente falso.* pop.

XII. 1. tr. prnl. *Ho.* Robar. sat.

●

a. ‖ **pégate mecha.** fórm. *Ni.* Se usa para pedir a alguien que se vaya.

□

a. ‖ **no ~ ni al quinto bote.** loc. verb. *Ch.* No ganar nunca.

b. ‖ ~ **botones.**
i. loc. verb. *Mx.* Morirse *alguien.* pop.
ii. *Ho.* Hacer bien las cosas. pop + cult → espon.

c. ‖ ~ **cachos.** loc. verb. *CR, Ve.* Ser infiel a la pareja. pop.

d. ‖ ~ **canas.** loc. verb. *Ve.* Estar en la cárcel. delinc.

e. ‖ ~ **centro.**
i. loc. verb. *Gu.* Tener suerte.
ii. *Gu.* Embarazar.

f. ‖ ~ **con cerca.** loc. verb. *CR.* Enfrentar *alguien* una dificultad que le impide avanzar en lo que estaba realizando. pop.

g. ‖ ~ **con tubo.**
i. loc. verb. *Mx, Ho.* Tener éxito *alguien,* impactar a alguien positivamente. pop + cult → espon.
ii. *Mx.* Decir o hacer *algo* contundente o resolutivo. pop.

h. ‖ ~ **daga.** loc. verb. *PR.* Practicar el coito. tabú; pop + cult → espon.

i. ‖ ~ **duro.** loc. verb. *Ni, CR, RD, Bo.* Atacar fuerte una enfermedad.

j. ‖ ~ **el alarido.** loc. verb. *Gu, Ho, Ni.* Llorar a gritos. pop + cult → espon.

k. ‖ ~ **el barquinazo.**
i. loc. verb. *Ho, Ni.* Morir *alguien.* pop.
ii. *Ho.* Estropearse o destruirse *algo, en especial una máquina o un mueble.* pop.
iii. *Ni.* Despedir a *alguien* de su cargo o puesto de trabajo. pop.

l. ‖ ~ **el brinco.**
i. loc. verb. *Mx.* Reaccionar decisiva y resueltamente ante algo. pop + cult → espon ∧ hiperb.
ii. *Ni, CR.* Protestar airadamente.

m. ‖ ~ **el cachimbazo.**
i. loc. verb. *Ho, Ni.* Morir una persona o un animal. pop.
ii. *Ho, Ni.* Estropearse *algo,* dejar de funcionar *algo.* pop.

n. ‖ ~ **el churretazo.** loc. verb. *Ni.* Tener diarrea.
♦ **pegar el pitazo.**

ñ. ‖ ~ **el diente.** loc. verb. *RD, PR.* Comer *alguien* con apetito. pop + cult → espon.

o. ‖ ~ **el macanazo.**
i. loc. verb. *Ho, Ni.* Morirse o desaparecer *una persona.* pop.
ii. *Ho.* Estropearse *algo,* dejar de funcionar.
iii. *Ho.* Arruinarse una empresa o un negocio.

p. ‖ ~ **el marimbazo.**
i. loc. verb. *Ho.* Arruinarse un banco o negocio. pop + cult → espon.
ii. *Ho.* Morirse *alguien.* pop + cult → espon ∧ fest.

q. ‖ ~ **el mate.** loc. verb. *Ni.* Sorprenderse por algo.

r. ‖ ~ **el pitazo.** *Ni.* **pegar el churretazo.**

s. ‖ ~ **el plomo.** loc. verb. *Ve.* Quedar embarazada una mujer.

t. ‖ ~ **el raje.**
i. loc. verb. *Ar, Ur.* Huir o marcharse precipitadamente de un lugar. pop + cult → espon.
ii. *Ar.* Despedir a *alguien* de su puesto de trabajo. pop + cult → espon.
iii. *Ar.* Abandonar o rechazar a *alguien* con quien se tiene algún tipo de compromiso. pop + cult → espon.

u. ‖ ~ **el riendazo.** loc. verb. *Ho.* Morir una planta, animal o persona.

v. ‖ ~ **el vergazo.**
i. loc. verb. *Ho, Ni.* Morirse *alguien.* vulg.
ii. *Ho.* Estropearse, arruinarse *algo.*

w. ‖ ~ **en la nuca.** loc. verb. *Ch.* Ser infiel a la pareja sentimental. fest.

x. ‖ ~ **en la pera.** loc. verb. *Ch.* Aprovecharse *alguien* de la invitación de otro para comer o beber a su costa. pop.

y. ‖ ~ **en las canillas.** loc. verb. *Ch.* Atacar de manera reiterada y constante a *alguien.* pop + cult → espon.

z. ‖ ~ **en una cosa.** loc. verb. *PR.* Dedicarse *alguien* a algo para hacerlo bien. pop + cult → espon.

a¹. ‖ ~ **lecos.** loc. verb. *Ve.* Cantar o hablar de forma estridente. pop.

b¹. ‖ ~ **los tarros.** loc. verb. *Cu.* Engañar *alguien* a su pareja. pop.

c¹. ‖ ~ **melga.** loc. verb. *ES.* Salir corriendo *alguien,* huir. rur.

d¹. ‖ ~ **patada y mordida.** loc. verb. *Ho.* Quedar *una persona* muy molesta y ofendida por algo.

e¹. ‖ ~ **un boche.** *Ve.* **dar un boche.** pop + cult → espon.

f¹. ‖ ~ **un jaretazo.** loc. verb. *CR.* Casarse un hombre con una mujer adinerada para acceder a una posición económica más favorable. pop + cult → espon.

g¹. ‖ ~ **un levantón.** loc. verb. *ES.* Recomendar a *alguien.*

h¹. ‖ ~ **una barriga.** loc. verb. *RD.* Dejar embarazada a una mujer.

i¹. ‖ ~ **una disparada.** loc. adv. *Ar, Ur.* Dirigirse rápidamente hacia un lugar. pop + cult → espon.

j¹. ‖ ~ **una pestañada.** loc. verb. *Pe, Bo, Ur.* Dormir. pop + cult → espon.

k¹. ‖ ~ **vellones.** loc. verb. *PR.* Molestar, tomar *una persona* el pelo a alguien. pop + cult → espon.

l¹. ‖ ~**la.**
  i. loc. verb. *Ni, CR, PR, Ar, Ur.* Acertar, dar con la elección, solución o decisión más apropiada. pop + cult → espon.
  ii. *Gu, Ho, ES, Ni; Ch.* pop. Engañar a *alguien.*
  iii. *Pe.* Dárselas *alguien* de algo. pop + cult → espon.
  iv. *Ho.* Mantenerse bien físicamente *alguien* a pesar de su edad.

m¹. ‖ ~**le.**
  i. loc. verb. *Ch.* Tener aptitudes para algo, saber hacerlo. pop + cult → espon.
  ii. *Bo.* Dedicarse intensamente a una actividad o muy a menudo. pop.

n¹. ‖ ~**le al clavo.** loc. verb. *Mx.* Atinar, acertar plenamente. pop + cult → espon.

ñ¹. ‖ ~**le al gordo.** loc. verb. *Mx, Ni, CR.* Ganar el premio mayor de la Lotería.

o¹. ‖ ~**le calor de vista.** *Ni.* **pegarle sol.**

p¹. ‖ ~**le el feo.** loc. verb. *Ho.* Mostrar *alguien* una conducta anormal. pop.

q¹. ‖ ~**le la gana.** loc. verb. *Mx, Gu, Ni.* Querer *alguien algo* caprichosamente. pop + cult → espon.

r¹. ‖ ~**le la llorona.** loc. verb. *Ho.* Llorar *alguien* sin motivo aparente.

s¹. ‖ ~**le la pálida.** loc. verb. *Ho.* Desmayarse o palidecer *alguien.*

t¹. ‖ ~**le sol.** loc. verb. *Ni.* Provocar a un niño mal de ojo. ♦ **pegarle calor de vista.**

u¹. ‖ ~**se a un santo.** loc. verb. *Ni, Pa, RD.* Rezar o invocar a un santo para obtener un favor.

v¹. ‖ ~**se como un mazate.** loc. verb. *Ni.* Mantenerse siempre al lado de una misma persona.

w¹. ‖ ~**se el alcachofazo.** loc. verb. *Ch.* Darse cuenta de algo. pop + cult → espon.

x¹. ‖ ~**se el gomazo.** *Ch.* p.u. **pegarse los gomazos.**

y¹. ‖ ~**se el pique.** loc. verb. *Ch.* Dirigirse rápidamente a un sitio para realizar una gestión o un encargo. pop + cult → espon.

z¹. ‖ ~**se el raje.** loc. verb. *Ar, Ur.* Irse de un lugar, *especialmente para eludir algo.* pop + cult → espon.

a². ‖ ~**se en la pera.** loc. verb. *Ch.* Inhalar droga, *especialmente cocaína,* por la nariz. drog.

b². ‖ ~**se la cachada.** loc. verb. *Ch.* Darse cuenta de algo. pop + cult → espon.

c². ‖ ~**se la del oso.** loc. verb. *Ec.* Emborracharse. pop.

d². ‖ ~**se la frisa.** loc. verb. *PR.* Quedarse *alguien* dormido, no despertarse a tiempo.

e². ‖ ~**se la quebrada.** loc. verb. *Ch.* Comportarse *alguien* de manera altanera, soberbia o prepotente. pop.

f². ‖ ~**se la rodadita.** loc. verb. *Co.* Hacer un viaje corto. pop.

g². ‖ ~**se los gomazos.** loc. verb. *Ch.* Darse cuenta repentinamente de algo en lo que no se había reparado. pop + cult → espon. (**pegarse el gomazo**).

h². ‖ ~**se un carril.** loc. verb. *Ch.* Improvisar una historia o una mentira para salir del paso en una situación comprometida. pop.

i². ‖ ~**se un jabón.** loc. verb. *Ar, Ur.* Asustarse. pop + cult → espon.

j². ‖ ~**se un palo.**
  i. loc. verb. *RD, Ve.* Tomar un trago de alguna bebida alcohólica.
  ii. *Ec.* Realizar el coito. pop + cult → espon.

k². ‖ ~**se una lavada.** loc. verb. *Co:C.* Empaparse con agua de lluvia. pop.

l². ‖ ~**se una pestañeada.** loc. verb. *Co, Ch.* Dormir una siesta. pop.

m². ‖ **pegársela.** loc. verb. *Pa, Ve, Pe.* Emborracharse. pop.

n². ‖ **pegársele a la pata.** loc. verb. *Pa.* Vigilar a *alguien* atentamente.

ñ². ‖ **pegársele el flote.** loc. verb. *Ho.* Enfadarse de repente y sin causa aparente.

o². ‖ **pegársele las cobijas.** loc. verb. *Mx, Ho, ES, Ni, CR, Co, Ec, Ur.* Levantarse *una persona* más tarde de lo debido o habitual. pop.

p². ‖ **pegársele los platinos.**
  i. loc. verb. *Ch.* Tartamudear *una persona.* pop + cult → espon ^ fest.
  ii. *Ch.* Tener *una persona* despistes o no pensar con coherencia y sentido común. pop + cult → espon ^ fest.

☒

a. ‖ **allá pegue y aquí no llegue.** fr. prov. *RD.* Indica el deseo de que un mal no alcance más allá de donde se padece. pop + cult → espon.

b. ‖ **así se pegan botones.** fr. prov. *Ho.* Indica reconocimiento de que algo se ha hecho bien. pop.

c. ‖ **si me va(s) a ~, no me regañe(s).** fr. prov. *Co, Ve.* Indica a otra persona que sobran las recriminaciones sobre un asunto.

pegariza.
  I. 1. f. *Ho.* juv. Marihuana.

pegarropa.
  I. 1. f. *Mx.* Planta cuyos frutos se adhieren a todo aquello que los roza, *especialmente la ropa.* pop.

pegasola.
  I. 1. sust/adj. *Py.* Material provisto de pegamento, el cual le facilita su adherencia a cualquier superficie. pop + cult → espon.

pegatex. (De *Pegatex*®).
  I. 1. *Ho.* **alipego.** pop.

pegatina.
  I. 1. f. *Py, Ar, Ur.* Serie de carteles de propaganda política que se coloca en la vía pública. pop + cult → espon.

pegatinero, -a.
  I. 1. m. y f. *Ar, Ur.* Persona encargada de colocar carteles de propaganda política en las paredes. pop + cult → espon.

pegatodo.
  I. 1. m. *Bo, Py, Ur.* Pegamento, sustancia para pegar. pop + cult → espon.

pegazón.
  I. 1. m. *Gu, Ho, ES, Ni, CR, Pa, Cu.* Cercanía excesiva o continuada de una persona a otra.

pegoge.
  I. 1. *PR.* **guacharaco,** arbusto.

pegón.
  I. 1. m. *Gu.* Apariencia de algo.
  2. *Ni.* Chasco, engaño.
  II. 1. m. *Ni.* Dificultad, problema.
  III. 1. m. *Pa.* Droga que es una mezcla de marihuana, gasolina y tierra mojada. drog.

pegoshte.
  I. 1. *Gu.* p.u. **pegoste,** porción de algo.
  2. *Gu.* p.u; metáf. **pegoste,** persona impertinente.

pegoste.
  I. 1. m. *Mx, Gu, Ho, ES, Ni, Cu, Co.* Porción de algo espeso y pegajoso. (**pegoshte; pegostre**).
  2. *Mx, Gu, Ho:O, ES, Ni, Cu.* metáf. Persona impertinente que no se aparta de otra y cuya presencia incomoda. (**pegoshte; pegostre**).
  3. *Ve.* Compañero inseparable. pop + cult → espon.
  II. 1. m-f. *Gu, ES, Ni.* Niño.
  2. *Gu, ES.* Persona de pequeña estatura.

pegosteado, -a.
- **I. 1.** adj. *Mx, Ni, Pe. Referido a cosa*, pegajosa, embadurnada de algo viscoso.

pegostear(se).
- **I. 1.** tr. *Mx, Gu, Ni.* Embadurnar o manchar con algo espeso y pegajoso.
- **2.** prnl. *Mx, Gu, Ni.* Embadurnarse o mancharse *algo* o *alguien* con algo espeso y pegajoso.
- **3.** intr. prnl. *Pe.* Pegarse *algo* a otra cosa a causa del calor, la suciedad u otras sustancias, *especialmente los alimentos a los recipientes en los que se cocinan.*

pegosteoso, -a.
- **I. 1.** adj. *Mx. Referido a persona o cosa*, pegajosa, embadurnada de alguna sustancia viscosa.
- **2.** *Mx.* metáf. *Referido a persona*, empalagosa, que causa fastidio por su zalamería y afectación.

pegostera.
- **I. 1.** f. *Gu.* Pegajosidad.

pegostre. (Epént. de *pegoste*).
- **I. 1.** *Mx, Ho.* **pegoste.** pop.

pegote.
- **I. 1.** m. *RD, Co:C.* Objeto sin forma definida. pop.
- **II. 1.** m. *Ve.* Persona muy apegada a otra. pop + cult → espon.

pegotear.
- **I. 1.** tr. *Ch.* Unir o introducir de forma arbitraria a *algo* o a *alguien* en un conjunto mayor ya formado. pop + cult → espon ^ desp.

pegoteo.
- **I. 1.** m. *Ch.* Unión caprichosa y sin rigor de elementos. pop + cult → espon ^ desp.

pegotín.
- **I. 1.** m. *Ur.* Adhesivo pequeño con algún dibujo o texto, *especialmente de propaganda.*

pegotista.
- **I. 1.** m-f. *Ch.* p.u. *En diseño gráfico*, persona encargada de componer y pegar imágenes e ilustraciones.

pegotudo, -a.
- **I. 1.** adj. *Co. Referido a cosa*, de aspecto apelmazado y pegajoso. pop.

peguajó.
- **I. 1.** *Ar:N.* **pehuajó.**

pegual.
- **I. 1.** m. *Bo:E, Ar, Ur.* Tira larga de cuero provista de una argolla, que sirve para fijar el **pellón** a la silla de montar. (**pehual**).
- **2.** *Ch.* Cincha con argollas para sujetar los animales agarrados con lazo, o para transportar objetos pesados. rur.

pegue.
- **I. 1.** m. *Mx, Gu, Ho, ES, Ni, CR, Pa, Ec.* Carisma, especial capacidad de algunas personas para atraer o fascinar. pop + cult → espon.
- **2.** *Ho.* Noviazgo.
- **II. 1.** m. *Ho, ES, Ni.* Empleo, trabajo.
- **2.** *Ho.* Recomendación para obtener un buen trabajo. pop.
- **3.** *Ni.* Lugar de trabajo.
- **III. 1.** m. *Ho, ES.* Unión de las distintas piezas de una prenda de vestir.
- **2.** *Ho.* Conexión a la red de agua o luz.
- **IV. 1.** m. *Gu.* Apariencia de calidad.
- **V. 1.** m. *Ho.* Enraizamiento de una planta.
- **VI. 1.** m. *Ur.* Papelón, situación o acción ridícula o bochornosa. pop + cult → espon.
- ▶ **tener ~.**

peguear.
- **I. 1.** intr. *Ni.* Trabajar.

peguero, -a.
- **I. 1.** sust/adj. *ES.* Persona que se droga oliendo pegamento.

pehuajó.
- **I. 1.** m. *Ar:N.* Planta acuática que se eleva en un tallo de hasta 1,50 m sobre el nivel del agua, con una sola hoja lanceolada, larga y fuerte, y una espiga de color amarillento en el extremo; se usa para ornamentación. (Marantaceae; *Thalia geniculata*). (**peguajó**).

pehual.
- **I. 1.** *Ar.* **pegual**, tira larga de cuero.

pehuén. (Del map. *pewen*).
- **I. 1.** m. *Ch, Ar.* Árbol de hasta 40 m de altura, de porte piramidal cuando es joven y copa cónica en su madurez, con hojas perennes, verticiladas y punzantes, flores dioicas poco visibles, fruto drupáceo en forma de cono con escamas punzantes y semillas marrón oscuro; *su madera, semipesada, de color blanco amarillento, se usa en carpintería.* (Araucariaceae; *Araucaria araucana*). ◆ **pino de Neuquén.**
- **2.** *Ch, Ar.* Fruto del pehuén, drupa en forma de cono de hasta 15 cm de diámetro.
- **3.** *Ch, Ar.* Semilla del pehuén, similar a una almendra, de color marrón oscuro, que, una vez asada o cocida, es comestible.

peído, -a.
- **I. 1.** adj. *Ho. Referido a persona*, pedorra. desp.

peinada.
- **I. 1.** f. *Ho, Ec.* Rastreo minucioso de una zona.
- **II. 1.** f. *Ho, Ni.* Robo. pop.
- **III. 1.** f. *Ho.* Regañina.

peinado.
- **I. 1.** m. *Gu.* **Deshierbe** de un terreno con un machete. rur.

peinador, -ra.
- **I. 1.** sust/adj. *Ho.* Persona ladrona. pop + cult → espon.

peinadora.
- **I. 1.** f. *Ni, CR, Pa, Ve, Ec.* Mueble de tocador.

peinar(se).
- **I. 1.** intr. prnl. *Mx.* Morirse *alguien.* pop.
- **II. 1.** tr. *Gu, Ho, ES, Ni.* Robar *algo* a *alguien.*
- **2.** prnl. *Gu, Ho, ES, Ni.* Robar *alguien* una cosa.
- **III. 1.** tr. *Gu, ES, RD.* Deshierbar un terreno, cortando la hierba a ras de suelo con un machete. rur.
- **IV. 1.** intr. prnl. *Ch.* Lucirse *alguien*, demostrar su habilidad o conocimientos de algo. pop.
- **V. 1.** intr. prnl. *Ch.* Aspirar droga por vía nasal. drog.
- **VI. 1.** tr. *Ho, ES.* Realizar el coito. vulg.
- **VII. 1.** intr. *Ho, ES.* Haraganear *alguien.*
- □
  - **a.** ‖ **~ el lado.** loc. verb. *Ho.* Procurar quedar bien con alguien o tratar de pasarlo lo mejor posible ante una situación difícil.
  - **b.** ‖ **~ la culebra.** loc. verb. *Ho, Ni.* Haraganear *alguien*, no trabajar. pop + cult → espon ^ fest. ◆ **peinar la pava.**
  - **c.** ‖ **~ la gata.** *Ho.* **peinar la culebra.**
  - **d.** ‖ **~ la muñeca.**
    - **i.** loc. verb. *Pe; Ch*, pop + cult → espon ^ fest. Comportarse de una manera alocada o similar a la de un loco.
    - **ii.** *Pe.* Perder el tiempo *alguien* con cosas sin importancia y sin hacer nada provechoso. pop.
  - **e.** ‖ **~ la pava.** *Ho.* **peinar la culebra.**
  - **f.** ‖ **~se de libro abierto.** loc. verb. *Mx.* Separar el cabello mediante una raya que lo divide en partes iguales. pop. ◆ **peinarse de nalga.**
  - **g.** ‖ **~se de nalga.** *Mx.* **peinarse de libro abierto.**
  - **h.** ‖ **~se de préstamo forzoso.** *Mx.* **peinarse de queso oaxaca.**

i. ‖ **~se de queso oaxaca.** loc. verb. *Mx.* Emplear el cabello lateral de la cabeza para cubrir la calvicie. pop. ♦ **peinarse de préstamo forzoso.**

◿

a. ‖ **no te peinés que no salís en la foto.** fr. prov. *Ar.* Indica negación rotunda a que alguien participe en un evento. pop.

b. ‖ **o te peinas o te haces moñitos.** fr. prov. *Cu.* Indica la necesidad de alguien de tomar una decisión. pop + cult → espon.

c. ‖ **o te peinas o te haces papelillo.** fr. prov. *PR.* Indica la necesidad de alguien de tomar una decisión. pop + cult → espon. ♦ **o te peinas o te haces rolos.**

d. ‖ **o te peinas o te haces rolos.** *PR.* **o te peinas o te haces papelillo.**

peinaviejas.

I. 1. m. *Ho.* Hombre que gusta de tener relaciones sexuales con mujeres de edad muy superior a la suya. vulg; pop.

peine.

I. 1. m. *Ho, Cu.* Peinado, rastreo.
2. *ES.* Redada de la policía.
II. 1. m. *Gu.* Pieza de la guillotina, que sirve de tope a la pila de papel, para dar la medida del corte.
III. 1. m. *Gu.* Dentadura prominente.
IV. 1. sust/adj. *Bo:C,O,S.* Persona diestra o experta en una actividad. pop.
V. 1. adj. *Bo:C,O,S.* Referido a persona, carente de escrúpulos. pop.
VI. 1. m. *Ho.* Robo. pop.
VII. 1. m. *Ho.* Instrumento musical vibrador hecho con un peine de carey, hule o plástico al que se envuelve con papel de celofán.
VIII. 1. m. *Ho.* Cargador, estuche metálico con un muelle impulsor en el que se disponen los proyectiles para las armas automáticas ligeras.

■

a. ‖ **~ de bruja.** m. *Mx.* Hierba de hasta 50 cm de altura, de hojas lanceoladas, inflorescencias en umbelas, flores rosadas y fruto en forma de aguja enroscada. (Geraniaceae; *Erodium cicutarium*). ♦ **peludilla.**

b. ‖ **~ de mico.**
i. m. *Mx:SE, Co.* **Bejuco** trepador que tiene los zarcillos divididos en tres garfios, hojas opuestas y flores blancas, con inflorescencia en racimos, cuyo fruto está cubierto de espinas romas y contiene semillas aladas; se emplea en medicina popular contra el reúma. (Bignoniaceae; *Pithecoctenium crucigerum*).
ii. *Gu, Ho, ES, Ni, CR.* Árbol de hasta 25 m de altura, de ramas grandes y colgantes, hojas simples y alternas, oblongo-elípticas, con ápice acuminado, bordes serrados y base cordada, flores amarillas y frutos en cápsulas globosas cubiertas de pelos espinosos, similares a un erizo de mar; de la cáscara se fabrican cordeles resistentes. (Tiliaceae; *Apeiba tibourbou*). ♦ **burío; pachiote.**
iii. *Gu, Ho, ES, Ni, CR.* Fibra extraída de la corteza de este árbol que se utiliza como cordel.
c. ‖ **~~.** m. *Bo:C.* Helecho arbóreo de hasta 4 m de altura, con pocos pares de pinnas y cubiertos de espinas oscuras y escamas grandes; su mucílago es cicatrizante. (Cyatheaceae; *Nephelea incana*).

▶ aparecer el ~; aparecer el ~ en la cabeza del calvo; hacerse el ~; no saber lo que cuesta un ~ en cabello malo; no saber lo que es un ~ en cabello malo; pasar el ~; pasar el ~ fino; sacarse con ~ fino.

peinecillo.

I. 1. m. *Pa.* Árbol de hasta 30 m de altura, con hojas simples y alternas, flores amarillas y frutos en cáp-

sulas achatadas cubiertos de espinas y negros cuando están maduros. (Tiliaceae; *Apeiba membranacea*). ♦ **cortezo; frutabicho.**

peineta.

I. 1. f. *Bo, Ch, Py.* Peine, utensilio para peinar los cabellos.
II. 1. f. *Gu, Ni, PR.* metáf. Dentadura prominente y muy saliente. pop + cult → espon ^ fest.
III. 1. m-f. *Ch.* p.u. Persona diestra o experta en una actividad. pop.
IV. 1. adj/sust. *Ch.* Referido a persona o cosa, que agrada o gusta por su aspecto o apariencia. pop.
V. 1. f. *ES.* Conjunto de hasta ocho granos de café unidos. rur.
2. *CR.* Conjunto de tres granos que nacen unidos, *especialmente de café*. rur.

■

a. ‖ **~ de balcón.** f. *Pa.* Peineta que lleva la **empollerada**.

peinetón.

I. 1. m. *Pa.* Peineta colocada en la parte trasera de la cabeza, usada por la mujer que viste la **pollera**.

peinilla.

I. 1. f. *Pa, PR, Co, Ec, Pe; Ur*, obsol. Utensilio consistente en una hilera de dientes paralelos unidos por un lado, que se emplea para desenredar y ordenar el cabello.
II. 1. f. *Pa, Co, Ec.* Machete o cuchillo pequeño.
2. *Ve.* Machete de un solo filo, de 70 cm de longitud y 3 cm de ancho, que utilizan algunos miembros de los cuerpos de seguridad del Estado.

peinillazo.

I. 1. m. *Ve.* Golpe dado con una **peinilla**.

peje.

I. 1. m. *Ar.* **sombra de toro**.
II. 1. adj/sust. *Gu, ES.* Referido a persona, tonta.

●

a. ‖ **hazte ~ y tírate al mar.** fórm. *RD.* Se usa para desafiar a alguien a que haga algo muy peligroso.

■

a. ‖ **~ blanco.**
i. m. *Pe.* Pez de hasta 1 m de longitud, de color gris azulado y carne rosada con la aleta dorsal que cubre casi todo el dorso y aleta caudal amarillenta y con forma alunada en los individuos adultos. (Malacanthidae; *Caulolatilus princeps*).
ii. *PR.* **jaco**.
b. ‖ **~ colorado.** *PR.* **carey**, tortuga marina.
c. ‖ **~ de vaca.** m. *Ho.* Vaca marina.
d. ‖ **~ gallo.** *Ec, Pe.* **pejegallo**.
e. ‖ **~ loro.** m. *Mx, RD.* Pez loro. ♦ **gutú**.
f. ‖ **~ palo.** m. *Pe.* Merluza, pez marino. (Merlucciidae; *Merluccius gayi peruanus*).
g. ‖ **~ perro.** *Pa.* **moncholo**.
h. ‖ **~ plástico.** m. *PR.* Pez marino de hasta 10 cm de longitud, de aletas radiadas, cuerpo alargado, comprimido, de color crema, con una banda horizontal más oscura. (Clupeidae; *Chirocentrodon taeniatus*). ♦ **pelaílla**.
i. ‖ **~ puerco.** m. *Cu, PR.* **cachúa**.
j. ‖ **~ tamborí.** m. *PR.* **guanábana**.
k. ‖ **~ zorro.** m. *Pe.* Tiburón de hasta 6 m, de color gris azulado, con una cola tan larga como su cuerpo, que tiene el lóbulo inferior pequeño, mientras que el superior es muy largo, arqueado y terminado en punta. (Alopiidae; *Alopias vulpinus*). (**pejezorro**).

□

a. ‖ **~ chiquito.** loc. sust. *PR.* Persona que vende droga a pequeña escala. drog.

b. ‖ ~ **gordo.**
   i. loc. sust. *Cu, RD.* Persona de mucha influencia y poder.
   ii. *PR.* Persona que vende droga a gran escala. drog. ♦ **peje grande.**
c. ‖ ~ **grande.** *PR.* **peje gordo**, que vende droga.
▶ **hacerse el ~.**

pejecaballo.
  I. 1. *Ho, ES.* **pez caballo.**

pejegallo.
  I. 1. m. *Pe, Ch.* Pez de hasta 80 cm de longitud, de cuerpo alargado ligeramente comprimido de color plateado con manchas de forma y disposición irregular; cabeza corta con el hocico provisto de una protuberancia en forma de gancho. (Callorhinchidae; *Callorhinchus callorhyncus*). (**peje gallo**).
  2. *Ho.* Pez marino, con escamas pequeñas, la primera aleta dorsal con seis a ocho espinas delgadas, unidas por membranas, poco elevados los lóbulos de las aletas anal y dorsal, sin raya oblicua detrás del ojo, piel azulada y una especie de cresta carnosa elevada que le baja hasta la boca; tiene alto valor comercial. (Carangidae; *Seriola zonata*).

pejelagarto. (De *peje* y de *lagarto*).
  I. 1. m. *Mx.* Pez de hasta 2 m de longitud, con escamas gruesas y romboidales, el hocico alargado y los dientes largos y afilados. (Lepisosteidae; *Lepisosteus* spp.).

pejero, -a.
  I. 1. sust/adj. *Cu:C.* Persona vulgar y poco refinada. desp.

pejerrey.
  I. 1. m. *Gu, Pa, Pe, Bo, Ch, Py, Ar, Ur.* Pez marino o de agua dulce, de color plateado con reflejos azules, dorados o negros; es comestible. (Atherinidae; *Odontesthes* spp.).

pejesapo.
  I. 1. m. *Co.* Pez de hasta 1 m de longitud, de color gris o pardo amarillento, con bandas verticales y numerosos puntos, más o menos visibles, con la región inferior blanquecina, la boca y los ojos pequeños, y el cuerpo cubierto de largas espinas eréctiles. (Diodontidae; *Diodon hystrix*).
  2. *Ch.* Pez pequeño de hasta 30 cm de longitud, sin escamas, de cabeza grande y cuerpo redondeado, con una ventosa en la parte inferior que le permite adherirse a las rocas. (Gobiesocidae; *Sicyases sanguineus*).

pejezorro.
  I. 1. *Ch.* **peje zorro.**

peji.
  I. 1. m. *Bo:E.* Mamífero desdentado de hasta 40 cm de longitud, con el cuerpo cubierto por un caparazón de seis bandas móviles; su cola mide alrededor de 20 cm, sus patas son cortas y unas uñas muy fuertes. (Dasypodidae; *Euphractus sexcintus*).

pejibay. (Apóc. de *pejibaye*).
  I. 1. *Gu, Ho, Ni.* **pejibaye**, palmera de tronco áspero.
  2. *Ni, Ec.* **pejibaye**, palmera de tallo erecto y sin espinas.

pejibaye. (De etim. controv.).
  I. 1. m. *Gu, Ho, Ni, CR, Ec.* **chonta.** (Arecaceae; *Socratea exorrhiza*). (**pejibay**).
  2. *Gu, Ho, Ni, CR.* **chonta.** (Arecaceae; *Bactris gasipaes*). (**pejibay**).

  ■
  a. ‖ ~ **de montaña.** m. *CR.* **mocora**, palma y fruto.

pejiche.
  I. 1. *Bo:E.* **tatú guazú.**

pejichi.
  I. 1. m. *Bo:E.* Prueba de fuerza en la que dos hombres atados por el pecho uno al otro con una cuerda y colocados a cuatro patas uno frente a otro, deben tirar de la cuerda tratando de arrastrar al rival hasta una meta determinada con anterioridad.

pejpera.
  I. 1. f. *Bo:S.* **chicuate.**

pejtu. (Del quech. *piqtu*, mezcla).
  I. 1. m. *Bo:O,C.* Plato preparado con habas, trozos de **charque**, **ahogado** y **papas.**

pela.
  I. 1. f. *EU, Mx, Ni, Cu, RD, PR, Co, Ve, Pa*, p.u. Serie de golpes dados a una persona o un animal a manera de castigo, *generalmente con una correa u otro objeto similar.* pop + cult → espon.
  2. *Mx, RD, PR.* metáf. *En una* **competencia** *o un enfrentamiento*, derrota contundente. pop + cult → espon. ♦ **pela de calzón quitado.**
  3. *Mx.* metáf. Esfuerzo que produce agotamiento. pop + cult → espon.
  II. 1. f. *Pe.* juv. Película, obra cinematográfica. urb.
  III. 1. f. *Gu.* Juego de niños muy parecido a la rayuela.

  ■
  a. ‖ ~ **cantada.** f. *RD.* metáf. Reprimenda fuerte. pop + cult → espon.
  b. ‖ ~ **de calzón quitado.** f. *RD.* metáf. **pela**, derrota. pop + cult → espon ^ hiperb.
  c. ‖ ~ **palo.** m. *PR.* **pelapalo.**
▶ **dar una ~ de lengua; darse la ~.**

pelá.
  I. 1. f. *PR.* Rasguño o quemadura en la piel. pop + cult → espon.

¡pela!
  I. 1. interj. *Gu.* Expresa desinterés por algo que no importa o importa poco. ♦ **¡pela la verga!**

  □
  a. ‖ **¡pela la verga!** loc. interj. *Gu.* **¡pela!** vulg.

pelabola.
  I. 1. m-f. *Ve.* Persona muy pobre, indigente.

pelacable.
  I. 1. adj/sust. *Ch.* *Referido a persona*, que tiene un carácter poco convencional, fuera de lo normal. pop + cult → espon. (**pelacables**).

pelacables.
  I. 1. m-f. *Ch.* Ladrón que se dedica a robar cables del tendido eléctrico o telefónico.
  II. 1. *Ch.* **pelacable.** pop.
  III. 1. adj/sust. *Ch.* *Referido a una bebida alcohólica, especialmente al ron*, que es muy fuerte, que tiene alta cantidad de alcohol.
  IV. 1. adj/sust. *ES.* *Referido a persona*, loca, que ha perdido la razón.
  V. 1. m. *Py.* Herramienta utilizada para quitar la envoltura aislante del cable. pop + cult → espon.

pelada.
  I. 1. f. *Mx, Gu, Ni, CR.* Corte de cabello. pop + cult → espon.
  2. *Ec, Pe, Bo, Ar, Ur.* Parte de la cabeza sin pelo. pop + cult → espon.
  3. *Ve.* Corte de pelo muy corto. pop.
  II. 1. f. *Co.* Pez de hasta 60 cm de longitud, de cuerpo alargado y comprimido y de color gris azulado con estrías oscuras y abdomen blanquecino. (Sciaenidae; *Cynoscion* spp.).
  2. *Pe.* Pez de hasta 15 cm de longitud, de color azulado, con una banda ancha plateada en el centro y manchas negras en las puntas de la aleta caudal. (Clupeidae; *Lile stolifera*).

III. 1. f. *Ho, Ni, Pa, RD, PR.* Rasguño o quemadura en la piel. pop + cult → espon.

IV. 1. f. *CR, Pa, PR, Py.* Fracaso o desacierto que hace quedar en ridículo a alguien. pop + cult → espon.

V. 1. f. *Ho, ES.* Desnudo, hecho de quitarse la ropa.

VI. 1. f. *PR, Bo.* Muerte, cesación de la vida. pop + cult → espon.

VII. 1. f. *Ec:O.* Mujer. pop + cult → espon ^ desp.

VIII. 1. f. *Gu.* Murmuración que se hace sobre alguien que está ausente. pop + cult → espon.

IX. 1. f. *Py.* juv. Situación ridícula o embarazosa experimentada por una persona. pop.

X. 1. f. *Ho.* Robo.

■

a. ‖ **la Pelada.** f. *Mx, Ch.* Figura del esqueleto humano como representación de la muerte. pop + cult → espon ^ fest.

▶ **tenérsela ~.**

peladaje.
I. 1. m. *Mx.* Conjunto de **pelados**, personas de bajo estrato social.

peladal.
I. 1. m. *Mx.* Erial, terreno con muy poca o ninguna vegetación. rur.

peladar.
I. 1. m. *Ar; Bo:E.* rur. Campo árido y sin vegetación.

2. adj. *Ur.* Referido a *terreno*, árido y carente de vegetación. rur.

peladera.
I. 1. f. *Gu, RD, PR; Mx, Ch*, p.u. Murmuración continua que se hace sobre alguien que está ausente, chismorreo. pop + cult → espon.

II. 1. f. *Mx, Cu.* Peladura intensa o reiterada.

III. 1. f. *Cu, PR, Ve, Ur, Pe*, p.u. Situación económica difícil. pop. ♦ **pelambrera.**

2. *Ho.* Sacada de dinero. pop.

□

a. ‖ **~ de diente.** f. *Gu, Ho, Ni.* Sonrisa.

peladero.
I. 1. m. *Mx, Ch; Pa, Cu, Ve*, pop; *Ho, Pe*, rur; *Co.* desp. Terreno inhóspito, sin vegetación.

2. *Co.* Lugar de poco valor o importancia. pop ^ desp.

3. *CR, Ve.* Terreno sin vegetación.

4. *Gu.* Sitio en *el que habitualmente se murmura y habla sobre el prójimo y los ausentes.*

5. *CR.* Sitio donde el ganado ha agotado el pasto.

□

a. ‖ **en el ~.** loc. adv. *Pa.* En la oposición, fuera del Gobierno.

b. ‖ **más limpio que ~ de chivo.** loc. adv. *Ve.* Sin dinero.

peladez.
I. 1. f. *Mx.* Grosería.

II. 1. f. *Co.* Carencia de dinero. pop.

peladientes.
I. 1. m-f. *Ho, Ni.* Persona sonriente.

2. *Ho.* Persona que muestra desagrado apretando los labios, dientes y lengua, pasando el aire entre los dientes y emitiendo un chasquido.

peladilla.
I. 1. f. *Pe.* Alevín de **anchoveta.**

2. *Ch.* Pez de hasta 17 cm de longitud, de cuerpo alargado, casi cilíndrico, de color verdoso, aletas translúcidas, con una sola aleta dorsal, cabeza pequeña y corta, y ojos plateados. (Galaxiidae; *Galaxias* spp.). ♦ **puye.**

peladingo, -a.
I. 1. m. y f. *Bo:E.* Niño o muchacho. pop + cult → espon.

II. 1. adj. *Bo:E.* Referido a *persona*, desnuda o que lleva poca ropa. pop + cult → espon.

peladito, -a.
I. 1. m. y f. *Mx.* **pelado**, persona de bajo estrato social. desp.

II. 1. m. y f. *Ec.* Muchacho, niño pequeño. pop ^ afec.

2. *Bo:E.* Criatura en el vientre de la madre. pop.

pelado.
I. 1. m. *RD.* Fracaso o desacierto que hace quedar en ridículo a alguien. pop + cult → espon.

▶ **bailar el ~.**

pelado, -a.
I. 1. m. y f. *Mx, Ho, ES.* Persona insignificante, cualquiera. desp.

2. sust/adj. *Ho, Pa, Co; Ar*, obsol. Persona joven, muchacho. pop. ♦ **sardino.**

3. m. y f. *Co, Ec, Bo:E.* Niño o muchacho. pop.

II. 1. m. y f. *Mx, Gu, Ho, ES, Ni, Py; Bo*, pop + cult → espon. Persona de las capas sociales menos pudientes y de inferior cultura. desp. (**peladito**).

2. sust/adj. *Ho.* **acabado**, pobre.

III. 1. adj/sust. *Mx, ES, Ni.* Referido a *persona*, grosera, descortés o falta de educación, malhablada. ♦ **pelangoche.**

2. adj. *Ho.* Referido a *persona*, franca, directa al hablar.

IV. 1. adj. *Mx, Ho, Ni.* Referido a los *ojos*, muy abiertos.

V. 1. adj/sust. *Pa; Ho, ES, CR, Bo.* pop + cult → espon. Referido a *persona*, desnuda o con poca ropa.

VI. 1. adj. *Ve.* Referido a *persona*, borracha.

VII. 1. adj. *Cu.* Referido a *labio de una persona*, reseco y agrietado. pop + cult → espon.

2. *Cu.* Referido a *la piel de una persona*, irritada. pop + cult → espon.

VIII. 1. m. y f. *Ec, Bo.* Persona que mantiene relaciones sentimentales con otra. pop + cult → espon.

IX. 1. m. y f. *Ch.* meton. Soldado, recluta que realiza el servicio militar. pop + cult → espon.

□

a. ‖ **más ~ que pepa de huaba.** loc. adj. *Ec.* Referido a *persona*, que no tiene dinero.

b. ‖ **más ~ que rabo de chancho.** loc. adj. *Ho.* Referido a *persona*, que no tiene nada de dinero.

▶ **dar por el ~.**

pelador, -ra.
I. 1. adj/sust. *Gu, Ni, Ch.* Referido a *persona*, que se dedica a murmurar o hablar mal de otros. pop.

peladora.
I. 1. f. *PR; RD.* p.u. Mujer que tiene amantes con la intención de sacarles el dinero. pop + cult → espon ^ desp.

peladura.
I. 1. f. *CR, Pa, Co, Py, Ar, Ur.* Llaga producida por rozamiento. pop + cult → espon.

2. *Ni.* Desolladura de la piel.

pelaera.
I. 1. f. *PR.* Murmuración continua que se hace sobre alguien que está ausente. pop + cult → espon.

II. 1. f. *PR.* Situación económica difícil. pop + cult → espon.

pelafustán.
I. 1. m-f. *Ur.* p.u. Persona insignificante.

pelaílla. (Var. de *peladilla*).
I. 1. f. *PR.* **peje plástico.**

pelajachas.
I. 1. m-f. *Ho.* Persona sonriente. pop ^ desp.

pelajear.
I. 1. tr. *Ar:NO.* p.u. Desollar, quitar la piel a un animal.

pelambre.
I. 1. m. *Ch.* Murmuración, chismorreo hecho para desacreditar a alguien. pop + cult → espon.

pelambrera.
 I. **1.** *PR.* **peladera**, situación difícil.

pelancina.
 I. **1.** f. *Ho, Ni.* Lugar sin vegetación.
 II. **1.** f. *Ho.* Crítica, chismorreo, maledicencia.

pelandruja.
 I. **1.** sust/adj. *Pa, Cu.* Mujer de comportamiento vulgar. pop + cult → espon ^ desp.

pelandrún, -na.
 I. **1.** sust/adj. *Ar, Ur,* p.u. Persona holgazana e irresponsable. pop ^ desp.
  2. *Ar, Ur,* p.u. Persona pícara o poco honrada. pop ^ desp.
  3. *Ar.* Persona tonta, ingenua o poco perspicaz. pop ^ desp.

pelanga.
 I. **1.** f. *Co:C.* Guiso hecho con vísceras o cabeza de **res** o de cerdo. pop.

pelangoche, -a.
 I. **1.** *Mx.* **pelado**, grosero, descortés.

pelantrín, -na.
 I. **1.** m. y f. *Mx.* p.u. Persona sin valía, poco conocida, de escaso poder e influencia. desp.

pelao.
 I. **1.** m. *Mx:O,NO.* Hombre. pop.
 II. **1.** *Pa.* **wity**.
 ▶ **quedarse bailando el ~.**

pelapalo.
 I. **1.** *PR.* **hicaquillo**, arbusto parásito. (**pela palo**).

pelapapas.
 I. **1.** m. *Cu.* Cuchillo especial para pelar **papas**.

pelapecho.
 I. **1.** m. *Ch:SO.* Brujo.

pelar(se).
 I. **1.** intr. prnl. *Mx, Gu, Ho, ES, Ni, Pe, Bo:E, Ur.* Escapar, huir precipitadamente. pop + cult → espon.
  ♦ **pelárselas.**
  2. *Mx, ES, Ni, Pa, RD, Ur.* Morirse *alguien*. pop + cult → espon.
 II. **1.** intr. prnl. *Gu, Pa, RD, Co:N, Ve, Pe, Bo.* Cometer *alguien* un error. pop + cult → espon. ♦ **pelársela.**
  2. *Pe.* Llevarse un chasco.
  3. *Ec.* Referido a un estudiante, fracasar en una presentación, en un examen. pop + cult → espon.
  4. *Ec.* Referido a un actor, representar mal su papel. pop + cult → espon.
 III. **1.** tr. *Mx, Ho, Ni.* Prestar atención a *alguien* o a *algo.* pop.
 IV. **1.** tr. *PR; Mx,* obsol. Dar una **pela** o serie de golpes a *alguien.* pop + cult → espon.
 V. **1.** tr. *Gu, Bo:E, Ar, Ur, Py,* pop. Sacar con rapidez *algo* que se lleva encima, *especialmente una billetera o un arma.* pop + cult → espon.
 VI. **1.** tr. *Ho, Ni, CR, Bo, Py, Ur.* Dejar al descubierto *alguien* una parte del cuerpo que lleva con ropa o desnudar a *alguien.* pop + cult → espon.
  2. intr. prnl. *Ho, ES, Bo.* Desnudarse *alguien.* pop + cult → espon.
 VII. **1.** intr. prnl. *RD, PR, Ch.* Esforzarse por conseguir algo que se desea mucho. pop + cult → espon. ♦ **pelárselas.**
 VIII. **1.** tr. *Ch.* Robar. pop.
  2. intr. prnl. *Pa, PR.* Perder *alguien* todo el dinero. pop + cult → espon.
 IX. **1.** tr. *Cu.* Irritar la orina la piel de una persona.
 X. **1.** tr. *RD.* Engañar a *alguien*, forzarle a dar algo. pop + cult → espon.
 XI. **1.** intr. *Py.* juv. Hacer el ridículo o pasar por una situación embarazosa. pop.

□

a. ‖ **no ~la.** loc. verb. *Ho. Referido a un hombre,* haber perdido el vigor sexual. vulg; pop.
b. ‖ **~ a coco.** *Cu.* pelar al coco.
c. ‖ **~ al coco.** loc. verb. *Cu.* Cortar el pelo al rape.
 ♦ **pelar a coco.**
d. ‖ **~ bolas.**
 i. loc. verb. *Ve.* No tener dinero. vulg.
 ii. *Ve.* Fracasar en algo que se emprende. pop + cult → espon.
 iii. *Ve.* Morir. pop + cult → espon.
e. ‖ **~ culo.** loc. verb. *Py.* Descubrirse el trasero y mostrarlo a alguien, *generalmente con fines de ofensa, broma o exhibicionismo.* pop.
f. ‖ **~ eje.** loc. verb. *Ho.* juv. No importar a alguien *algo* que le afecta. vulg.
g. ‖ **~ el ajo.**
 i. loc. verb. *Ch.* Trabajar de manera esforzada sin recibir una retribución adecuada. pop + cult → espon.
 ii. *ES, Ni.* Morir *alguien.* pop.
h. ‖ **~ el ayote.** loc. verb. *ES.* Morir *alguien.* pop.
i. ‖ **~ el bollo.**
 i. loc. verb. *Pa.* Morir *alguien.* pop.
 ii. *Pa.* Estar *alguien* muy borracho. pop.
j. ‖ **~ el cobre.** loc. verb. *Ni, Co.* Mostrar *alguien* un lado negativo o de mala intención ante una situación.
k. ‖ **~ el cuero.** loc. verb. *Bo.* Hablar mal de alguien. pop.
l. ‖ **~ el culo.** loc. verb. *Ho, Ni.* Adular, ser servil con alguien por interés. vulg.
m. ‖ **~ el diente.**
 i. loc. verb. *Ni, CR, Pa, RD, PR, Co, Ve, Bo.* Sonreír, *especialmente por coquetería.* pop + cult → espon.
 ii. *Pa, Ve, Bo.* Adular, halagar *una persona* a *alguien.* pop + cult → espon.
n. ‖ **~ el mecate.** loc. verb. *Ve.* Cometer un error.
ñ. ‖ **~ el ojo.**
 i. loc. verb. *Mx, Ni, Ve, Ec.* Estar *alguien* advertido para que no lo engañen. pop. (**pelar los ojos**).
 ii. *Ni, CR, Pa, Ve.* Observar con atención. pop + cult → espon. (**pelar los ojos**).
 iii. *Pe:NO.* Morirse. pop.
 iv. *Gu, CR.* Actuar con cautela. pop + cult → espon. (**pelar los ojos**).
o. ‖ **~ el piano.** loc. verb. *Gu.* Reír, sonreír. pop.
p. ‖ **~ el riel.** loc. verb. *Gu.* No conceder importancia a algo, despreocuparse de alguien o de algo. vulg.
q. ‖ **~ el verde.** loc. verb. *ES, Ni.* Morir *alguien.* pop.
r. ‖ **~ ese boche.** loc. verb. *Ve.* Desaprovechar una oportunidad. pop.
s. ‖ **~ gajo.**
 i. loc. verb. *Ve.* Morir *alguien.* pop.
 ii. *Ve.* No tener dinero. pop.
 iii. *Ve.* juv. Cometer una equivocación.
t. ‖ **~ gallo.**
 i. loc. verb. *Ho:O, ES,* rur; *Mx, Gu,* pop + cult → espon. Morir *alguien.*
 ii. *Mx, Ho.* Huir, escapar, irse precipitadamente *alguien.* pop + cult → espon.
u. ‖ **~ la cara.**
 i. loc. verb. *ES, Ni.* Avergonzar a *alguien*, desenmascararlo. pop.
 ii. *Ho.* Mostrar rechazo a alguien o algo. pop.
v. ‖ **~ la mazorca.** loc. verb. *Gu, Ho, ES.* Reír o sonreír. pop.
w. ‖ **~ la oreja.** loc. verb. *Gu.* Escuchar con atención. pop.
x. ‖ **~ la pava.** loc. verb. *Ho.* Haraganear, perder el tiempo.

y. ‖ ~ **la tusa.** loc. verb. *Ho.* Huir, salir corriendo. pop.

z. ‖ ~ **la yuca.** loc. verb. *Ho, Ni.* Tocar o acariciar el órgano genital masculino. tabú.

a¹. ‖ ~ **las birolas.** loc. verb. *Ho, ES.* Abrir muy bien los ojos, estar muy atento a algo. pop.

b¹. ‖ ~ **las charolas.** loc. verb. *Ho, Ni.* Abrir mucho los ojos, estar muy atento a algo. pop.

c¹. ‖ ~ **las guayabas.** loc. verb. *CR.* Mirar con atención. pop + cult → espon ^ fest.

d¹. ‖ ~ **las jachas.**
   i. loc. verb. *Gu, Ho.* Reír, sonreír. vulg.
   ii. *Ho, ES.* Mostrar cara de desagrado, *generalmente haciendo un chasquido de la lengua contra los dientes.* pop ^ desp.

e¹. ‖ ~ **las pepas.** loc. verb. *Ec.* Prestar atención. pop.

f¹. ‖ ~ **los dientes.**
   i. loc. verb. *Mx, Gu, Ho, Ni, Pa, PR, Ve, Bo, Py; Pe,* p.u. Sonreír, *especialmente por coquetería.* pop + cult → espon.
   ii. *Mx.* No causar efecto o daño alguno. pop + cult → espon.
   iii. *Ni, CR, Ve, Ch.* Enseñar los dientes. pop.
   iv. *Ho, Bo.* Arrugar la cara en señal de desagrado o disgusto. pop.

g¹. ‖ ~ **los faroles.** loc. verb. *Ho, Ni.* Estar atento *alguien,* vigilante. fest.

h¹. ‖ ~ **los focos.** loc. verb. *Ho.* Abrir *alguien* mucho los ojos, estar atento o vigilante. pop.

i¹. ‖ ~ **los ojos.**
   i. loc. verb. *Mx, Gu, Ni, Pa, Ve.* Abrir mucho los ojos por admiración o por susto.
   ii. *Mx, CR, Pa.* **pelar el ojo.**
   iii. *Ho.* Estar muy atento, vigilar. pop.

j¹. ‖ ~ **rata.** loc. verb. *Gu, ES.* Morir *alguien.*

k¹. ‖ ~**la.**
   i. loc. verb. *Mx, Pa.* Morirse *alguien.* vulg.
   ii. *Pa.* Estropearse *algo.* vulg.

l¹. ‖ ~**le la estaca.** *Gu.* **pelarle la verga.**

m¹. ‖ ~**le la verga.** loc. verb. *Gu, Ho.* No importarle ni afectarle en absoluto *algo* a alguien. vulg. ♦ **pelarle la estaca.**

n¹. ‖ ~**se a coco.** loc. verb. *Mx.* Cortarse *alguien* el pelo al rape. pop + cult → espon. ♦ **pelarse a raspacoco.**

ñ¹. ‖ ~**se a la plancha.** loc. verb. *Ho.* Cortarse *alguien* el pelo quedando la parte superior en forma plana.

o¹. ‖ ~**se a raspacoco.** *PR.* **pelarse a coco.**

p¹. ‖ ~**se el caite.** loc. verb. *Gu, Ho, Ni.* Huir *una persona* con rapidez. pop.

q¹. ‖ ~**se el culo.**
   i. loc. verb. *Ar.* Trabajar mucho o duramente. pop + cult → espon.
   ii. *Ho.* Huir *alguien* velozmente. vulg.
   iii. *CR.* Quedar en ridículo al cometer un error. vulg; pop + cult → espon.

r¹. ‖ ~**se el suyate.** loc. verb. *Ho.* Irse precipitadamente. pop.

s¹. ‖ ~**se la cara.** loc. verb. *Pa.* Pedir *algo* a alguien que no se muestra muy anuente a proporcionarlo. pop + cult → espon.

t¹. ‖ ~**se la frente.**
   i. loc. verb. *Ar, Ur.* Trabajar mucho o duramente. pop + cult → espon.
   ii. *Ar:NO.* Sufrir un chasco o un desengaño. pop + cult → espon. ♦ **pelársela.**

u¹. ‖ ~**se la panza.** loc. verb. *Ho.* Quedar la panza al desnudo. pop.

v¹. ‖ ~**se la verga.**
   i. loc. verb. *Ho.* Salir corriendo, huir velozmente.
   ii. *Ho.* No hacer nada, perder el tiempo *alguien.* vulg.

w¹. ‖ **pelársela.**
   i. loc. verb. *Mx.* Tener *alguien* más méritos que nadie. vulg.
   ii. *Gu.* Perder el tiempo sin hacer ninguna cosa importante o útil. vulg.
   iii. *Bo.* Quedar mal, fracasar.
   iv. *Bo.* **Pelarse la frente,** sufrir un chasco.
   v. *CR, Pa.* **pelarse,** cometer un error.

x¹. ‖ **pelárselas.**
   i. loc. verb. *Ch.* **pelarse,** irse.
   ii. *Ch.* **pelarse,** esforzarse.
   iii. *Cu.* Molestar a alguien con insistencia.

y¹. ‖ **pelársele el billete.** loc. verb. *RD.* Quedarse una persona sin lo que esperaba conseguir.

z¹. ‖ **pelársele los alambres.** *Gu, Ho, Ch.* **pelársele los cables.** pop + cult → espon.

a². ‖ **pelársele los cables.** loc. verb. *Gu, Ho, ES, Ni; Bo, Ch, Ar, Ur,* pop + cult. Actuar con locura repentina, ilógicamente. espon. ♦ **pelársele los alambres.**

◰

a. ‖ **cada uno pela su guineo.** fr. prov. *ES.* Indica que cada persona debe pagar lo que consume en una invitación. fest.

pelaverga.
   I. 1. adj/sust. *Ec. Referido a persona,* irritante. vulg; pop + cult → espon ^ desp.

pelaverguismo. (De *pelar la verga*).
   I. 1. m. *Gu.* Actitud de indiferencia y apatía que alguien tiene por todo aquello que lo rodea. vulg.

pelazón.
   I. 1. f. *CR, Ve.* Miseria, pobreza extrema.
   2. *Cu, PR.* Situación económica difícil.
   II. 1. m. *Ho, ES.* Locura o trastorno temporal.
   III. 1. m. *Ho, CR.* Terreno o montaña sin vegetación.
   IV. 1. adj. *Ho.* juv. *Referido a cosa,* fácil de hacer.

☐

a. ‖ ~ **de alambres.** m-f. *Ho, ES.* Persona loca o drogada.

pele.
   ▶ **tirar ~.**

pelea.
   ■

a. ‖ ~ **armada.** *Ni, PR.* **pelea casada.**

b. ‖ ~ **casada.** f. *Ni, RD, PR.* Pelea de gallos concertada oficialmente para un determinado día. rur. ♦ **pelea armada.**

c. ‖ ~ **de fondo.** f. *PR.* Pelea en la que el gallo conserva sus fuerzas para seguir combatiendo. rur.

d. ‖ ~ **monga.** f. *PR.* Litigio ganado mediante persuasión diplomática, sin forzar a la parte contraria. pop + cult → espon.

e. ‖ ~ **suelta.** f. *RD, PR.* Lidia de gallos no concertada. rur.

f. ‖ ~ **tabla.** f. *PR.* Empate de dos contrincantes en una pelea. rur.

☐

a. ‖ **ni en ~ de perros.** loc. adv. *Ec, Pe, Ch,* pop + cult → espon; *Bo,* pop. Nunca.

b. ‖ ~ **de tigre con burro amarrado.** loc. sust. *Co.* Desigualdad de condiciones en cualquier situación. pop ^ fest.

◰

a. ‖ **la ~ es peleando.** fr. prov. *Pa, Co.* Indica que las cosas deben hacerse con ganas y entusiasmo.

▶ **cazar la ~; estar de ~; estar listo para la ~; hacerse el ~ monga.**

peleada.
   I. 1. f. *Mx, Gu, Ho, ES, Ni, CR.* Pelea, riña.

peleadera.
    I. 1. f. *Gu, Ho, ES, CR, Pa, RD, Co.* **peleadora**.
peleadora.
    I. 1. f. *Mx, Ho, ES.* Pelea reiterada o prolongada. ♦ **peleadera**.
pelear(se).
    I. 1. intr. *CR, Ch, Ur.* Finalizar una relación amistosa o amorosa. pop + cult → espon.
    □
        a. ‖ ~ **el gallo de fondo.** loc. verb. *PR.* Mantener el gallo su acometividad desde el principio hasta el fin de la pelea. rur.
        b. ‖ ~ **línea.** *Ho.* **pelear ruta**.
        c. ‖ ~ **ruta.** loc. verb. *Ho, Ni.* Tratar dos conductores de autobús de adelantarse el uno al otro para llegar antes a la próxima parada. pop + cult → espon. ♦ **pelear línea**.
        d. ‖ ~**la.** loc. verb. *Bo, Ch, Ar, Ur.* Poner mucho empeño para conseguir algo. pop + cult → espon.
        e. ‖ ~**se con el cocinero.** loc. verb. *Cu.* Pelearse con el que manda.
        f. ‖ ~**se por un can.** loc. verb. *RD.* Gustar mucho de fiestas y diversiones.
pelecha.
    I. 1. f. *ES.* Semilla de **marañón** vana. rur.
pelechador, -ra.
    I. 1. m. y f. *Pa.* Persona que saca provecho de su cargo para medrar.
pelechar(se).
    I. 1. tr. *ES.* Conseguir *algo* con mucha dificultad. pop + cult → espon.
    II. 1. intr. prnl. *Pa.* Sacar *una persona* provecho de alguien o de algo. pop + cult → espon.
pelecho.
    I. 1. m. *Ar, Bo:E,S,* pop. Piel de la que los animales se desprenden periódicamente.
pelecho, -a.
    I. 1. m. y f. *Py.* Persona pobre, carente de recursos materiales y que viste de manera descuidada y andrajosa. pop → espon ^ desp.
pelego.
    I. 1. m. *Ur.* Manta pequeña de lana o de vellón que se coloca sobre el recado de montar. rur.
pelejo.
    I. 1. m. *Pe:E.* **perezoso**, mamífero desdentado.
pelela.
    I. 1. f. *Ch, Ar, Ur,* inf; *Bo:S, Py,* pop. Orinal.
pelelengua.
    I. 1. f. *RD.* Insulto u ofensa grave.
pelenco, -a.
    I. 1. adj. *Ho, ES, Ni. Referido a una caballería,* flaca y vieja. rur. ♦ **pelenque**.
    2. *ES. Referido a persona,* inhábil.
¡pelenguén!
    I. 1. interj. *ES.* Imita el sonido de la caída de un objeto pesado al suelo.
pelenque.
    I. 1. *Ho, ES. Referido a una caballería.* **pelenca**.
peleonero, -a.
    I. 1. adj/sust. *Mx, Gu, Ho, ES, Ni, CR, Pa, Co:N,SO, Ec, Pe, Bo. Referido a persona,* pendenciera. pop. (**pelionero**).
pelería.
    I. 1. f. *Ch.* Desbarajuste, ruina, desastre.
    ▶ **quedar la ~.**
pelerío.
    I. 1. m. *Mx, Gu, CR.* p.u. Pelambrera, pelo o vello abundante y revuelto.

pelero.
    I. 1. m. *Ho, ES, Ni, CR, Pa, Ec, Ar:NO.* Manta pequeña que se pone a las cabalgaduras debajo de la silla o aparejo. rur.
    II. 1. m. *CR, Co, Ve.* Abundancia o gran cantidad de pelo. pop + cult ^ fest.
    2. m. *Ve.* Pelaje, pelo o lana de un animal.
    III. 1. m. *ES.* Sábana. polic.
    IV. 1. m. *ES.* Sombrero. polic.
    V. 1. m. *Ni.* Ropa sucia de una persona.
    ■
        a. ‖ **segundo ~.** m. *Ho.* **alfombra**, manta gruesa para la caballería.
    ▶ **dejar el ~.**
peletaria.
    I. 1. *PR.* **alumbre**. (**paletaria**).
pelete.
    □
        a. ‖ **al ~.** loc. adv. *Ar, Ur.* Muy bien o muy oportunamente. pop + cult → espon ^ fest.
        b. ‖ **en ~.** loc. adv. *Cu. En relación con el modo de vivir de una persona,* con total libertad. pop + cult → espon.
peletería.
    I. 1. f. *Cu.* Zapatería, lugar donde se venden zapatos.
peletero, -a.
    I. 1. m. y f. *Cu.* Persona que vende zapatos.
pelético, -a.
    I. 1. adj. *RD. Referido a persona,* muy temperamental.
pélex.
    I. 1. adj. *Gu. Referido a persona,* irresponsable, que no cumple con sus obligaciones o está ociosa sin hacer nada.
peli.
    I. 1. adj. *Ho, ES. Referido a cosa,* que es mala o fea. (**pelis**).
pelicán.
    I. 1. m. *PR.* Pez marino de hasta 2 m de longitud, de aletas radiadas, cuerpo alargado de color plateado, con varias filas de color amarillento y pequeñas manchas amarillas; su carne es muy apreciada. (Scombridae; *Scomberomorus regalis*). ♦ **sierra**.
pelícano.
    ■
        a. ‖ ~ **café.** *Mx, Ho, Ec.* **pelícano café**.
        b. ‖ ~ **pardo.** m. *Mx, CR, Cu, Co.* Ave de más de 1 m de altura, de plumaje café grisáceo oscuro, con las plumas de las partes superiores recubiertas con un lustre plateado, cabeza y cuello blancos, pico largo de color café, bolsa y piel grisácea, y patas negras. (Pelecanidae; *Pelecanus occidentalis*). ♦ **alcatraz**; **buchón**; **pelícano café**; **pontó**.
    □
        a. ‖ ~ **blanco.** m. *Ho, CR.* Ave de hasta 150 cm de longitud, de plumaje blanco y plumas primarias y secundarias externas negruzcas, pico, bolsa y piel de la cara amarillo encendido, manchado de gris en la nuca cuando no está criando. (Pelecanidae; *Pelecanus erythrorhynchus*).
pelicolorado, -a.
    I. 1. adj/sust. *PR. Referido a persona,* pelirroja.
pelicolorao, -a.
    I. 1. adj. *PR.* **colorado**, pelirrojo.
película.
    ▶ **borrársele la ~; dar ~; pasarse ~s; robarse la ~; ser pura ~; tomar la ~.**
peliculina.
    I. 1. f. *Pe.* Afán de notoriedad, tendencia al exhibicionismo. pop + cult → espon.

peliduro, -a.
  I. 1. adj. *Pa. Referido a persona*, de pelo rizado. pop + cult → espon ^ desp.

peliento, -a.
  I. 1. sust/adj. *Ch.* Persona vulgar de malos modales y poca educación. desp.

pelietas.
  I. 1. adj/sust. *Co. Referido a persona*, que le gusta participar y provocar riñas o discusiones. pop.

peligro.
  I. 1. m. *Gu.* Pelo.

pelili.
  I. 1. m. *ES.* Pelo desordenado.

pelillal.
  I. 1. *Mx.* **pelillar.** rur.

pelillar.
  I. 1. m. *Mx.* Sitio poblado de **pelillo**, hierba forrajera. rur. (**pelillal**).

pelillo.
  I. 1. m. *Mx, Ho.* Hierba de hasta 50 cm de altura, de tallos erectos, estrechos y alargados, y flores verdosas de pequeño tamaño. (Cyperaceae; *Cyperus haspan, C. fugax, C. tenerrimus*). ♦ **navajuela.**
  II. 1. m. *Gu, Ho.* Retoño tierno de algunas gramíneas, *especialmente en potreros y prados.*
    2. *Ho.* Diarrea que produce el pelillo en el ganado y en quien come la carne de estas **reses**.
  III. 1. m. *Ch.* Alga roja de hasta 50 cm de longitud, de forma cilíndrica y alargada y tallo erecto con ramificaciones de color café o rojo oscuro. (Gracilariaceae; *Grarcilaria* spp.).

pelínshucil. (Del nahua *pilihui,* marchitarse, y *xóchilt,* flor).
  I. 1. *ES.* **chicocuchi.**

pelío, -a.
  I. 1. adj. *Ho. Referido a persona*, insignificante o mediocre, sin posición social ni económica.

pelionero, -a.
  I. 1. m. y f. *Mx, PR, Co.* **peleonero.**

pelis.
  I. 1. adj/sust. *Ho, ES. Referido a persona*, atenta o pendiente de algo o de alguien.
    2. *Ho, ES. Referido a un concierto o actuación*, bueno, excelente.
    3. *Ho. Referido a persona*, lista.
    4. *Ho.* **ácido**, experto en algo.
  II. 1. adj. *Ho, CR. Referido a una situación, problema o asunto*, difícil de solucionar o de comprender.
  III. 1. m. pl. *Ho.* juv. Pelos.
  IV. 1. *CR.* p.u. **peli.** pop.
  ▶ **andar ~; pararse el ~; pasar ~s.**

peliteñido, -a.
  I. 1. sust/adj. *Co, Ec, Py.* Persona que tiene el pelo teñido de rubio. pop ^ desp.

pelito.
  I. 1. m. *Ho.* Riña, pelea o discusión.

pelizorrero, -a.
  I. 1. adj. *Ve. Referido a asunto*, problemático, inseguro o peligroso.

pella.
  I. 1. f. *Py.* Grasa animal, *generalmente usada para freír el* **chicharrón.** pop.

pellar.
  I. 1. *Co, Pe.* **teruteru.**

pelle.
  I. 1. adj. *Co:N,O. Referido a cosa*, de mal gusto. pop ^ desp.

pelleja.
  I. 1. adj/sust. *Cu. Referido a persona*, muy entrada en años. pop + cult → espon ^ desp.
  II. 1. f. *ES.* Cartera para llevar el dinero.

pellejada.
  I. 1. f. *ES.* Sopa de **frijoles** nuevos con piel de cerdo.
    2. *ES.* Reunión en que se come la pellejada.
  II. 1. f. *ES.* Cosa inservible.

pellejear.
  I. 1. tr. *Ho. En los rodeos de las ferias*, montar a un toro sin pretal.
  ☐
    a. ‖ ~la.
      i. loc. verb. *CR.* Realizar muchos sacrificios para procurarse el sustento diario. pop + cult → espon.
      ii. *CR.* Pasar muchos trabajos y apuros para salir bien librado de una situación difícil. pop + cult → espon.

pellejería.
  I. 1. f. *Ch; Ar,* obsol; *Bo:S,* pop. Dificultad o contratiempo.
    2. *Bo.* obsol. Acto malintencionado que causa un perjuicio. pop + cult → espon.
  II. 1. f. *Bo:E.* Pelea o disputa entre dos o más personas. pop.

pellejерío.
  I. 1. m. *Mx, Ni.* p.u. Conjunto de pellejos o de trozos de piel.

pellejía.
  I. 1. f. *Ni.* Prostituta envejecida.

pellejina.
  I. 1. f. *Ho.* Crítica descarnada.

pellejo.
  I. 1. m. *Ho, CR, RD.* Mujer fea. pop + cult → espon ^ desp.
    2. *PR.* Prostituta, *en especial, la desmadejada y fea.* vulg; pop + cult → espon.
  II. 1. m. *Ch.* Cuerpo muy atractivo de persona joven, *especialmente de mujer.* pop + cult → espon.
  III. 1. adj. *ES. Referido a persona*, tonta.
    2. *ES. Referido a cosa*, de mala calidad.
  IV. 1. m. *Cu.* Película pornográfica. pop.
  V. 1. adj. *ES. Referido a persona*, odiosa.
  VI. 1. m. *Ho.* Acordeón, instrumento musical. rur.
  VII. 1. m. *Ho.* **Res** flaca. rur.
  VIII. 1. m. *CR.* Rueda de vehículo con la superficie de rodamiento muy desgastada. pop + cult → espon.
  ▶ **largar el ~; no caber en el ~.**

pellejosa.
  I. 1. f. *ES.* Pene. tabú.

pellejudo, -a.
  I. 1. adj. *Bo:O,S. Referido a una situación*, difícil de resolver. pop.

pellín.
  I. 1. *Ch.* **roble.** (Nothofagaceae; *Nothofagus obliqua*).
    2. m. *Ch.* Madera del pellín, rojiza y dura, muy usada para muebles y construcciones.
  II. 1. *Ch.* **hualle,** árbol.

pelliza.
  I. 1. f. *PR.* Pedazos del estómago de un animal que constituyen parte del **mondongo**. rur.

pellizcada.
  I. 1. f. *Mx.* **Tortilla** gruesa de maíz con pequeñas muescas en el borde para que puedan contener mejor el relleno y la salsa que la acompaña.

pellizcar(se).
  I. 1. tr. prnl. *CR, Co.* Ponerse alerta. pop.
  ☐
    a. ‖ ~ la uva. loc. verb. *Ch.* Coquetear o rondar a la pareja de otra persona. pop + cult → espon.

pellizco.

I. 1. m. *Cu.* Objeto para sujetar el cabello formado por dos piezas dentadas unidas por un muelle. pop + cult → espon ^ desp.

II. 1. m. *Ni.* Puntada de costura.

▶ **no ser ~ de ñoco.**

pellizcón.

I. 1. m. *Pa, Pe, Bo, Ch, Ar, Ur.* Pellizco, pinzamiento intencional hecho con los dedos en algo o alguien. pop + cult → espon. (**peñizcón**).

pellizcón, -na.

I. 1. adj/sust. *Mx, Bo. Referido a persona,* aficionada a dar pellizcos. pop.

pellón.

I. 1. m. *RD, Pe, Py; Bo:E, Co, Ar, Ur,* rur; *Ec,* p.u.; rur. Cuero curtido que conserva el pelo o la lana, usado sobre las sillas de montar.

2. *Ec, Bo:O. En la confección,* tela de fibra muy fina y de color blanco que, impregnada de una sustancia pegajosa, se destina a ser adherida a otra tela para darle forma y consistencia. pop.

3. *Gu.* Tejido grueso de lana *que se utiliza generalmente para hacer alfombras.*

■

a. ‖ **~ sampedrano.** m. *Pe.* Cuero curtido muy fino hecho en la ciudad peruana de San Pedro, en Cajamarca.

pellonera.

I. 1. f. *Pe.* Prenda acolchada que se usa para evitar el roce de las piernas del jinete con las piezas metálicas de la montura. rur.

pelmas.

I. 1. sust/adj. *Pe.* obsol. Persona pesada, molesta. pop.

pelo.

I. 1. m. *Ho, Ni, Bo.* Cada uno de los estigmas rojizos de la mazorca de maíz.

2. m. *Ch.* Cáscara fina de la **papa.**

II. 1. m. *Ch.* Condición o categoría de alguien, *especialmente por su presentación o estima.* pop + cult → espon.

III. 1. m. *Ch.* Hilo o hebra de almíbar, mermelada o azúcar que se forma cuando se cuecen y alcanzan su punto.

IV. 1. m. *Gu.* Permiso que los niños solicitan para retirarse momentáneamente de un juego. inf.

V. 1. m. *Ho.* Espacio muy pequeño.

VI. 1. m. *PR.* Filamento de alambre de púas. rur.

●

a. ‖ **~ suelto y carretera.** fórm. *Cu.* Se usa para incitar a actuar con total libertad.

■

a. ‖ **~ bueno.** m. *Pa, Cu, RD, PR.* Pelo liso o rizado, de textura suave y manejable, asociado a la raza blanca o indígena. pop + cult → espon.

b. ‖ **~ chicharrón.** m. *Ve.* Cabello ensortijado o rizado.

c. ‖ **~ cuscú.** m. *Pa.* Cabello de rizo muy apretado.

d. ‖ **~ de alambre.**
i. m. *Mx.* Perro de la raza fox terrier.
ii. *PR.* Línea de alambre de púas que se usa en los cercados. rur. ♦ **pelo de púas.**

e. ‖ **~ de chancho.** m. *Ho.* Cabello grueso y duro.

f. ‖ **~ de clavo.** m-f. *Bo:E.* Persona que tiene el cabello lacio y grueso. pop ^ fest.

g. ‖ **~ de cuca.**
i. m. *ES.* Cabello rizado.
ii. *ES.* Persona tacaña.
iii. *ES.* Mala persona.

h. ‖ **~ de elote.**
i. m. *Mx, Gu, Ho, Ni.* Cabello rubio.
ii. *Gu, Ho, Ni.* Cada uno de los estigmas rojizos de la mazorca de maíz.

i. ‖ **~ de gato.**
i. m. *Mx.* Hierba perenne de hasta 60 cm de altura, con hojas opuestas, elíptico-lanceoladas,

de color verde claro e inflorescencia en umbela con flores vistosas de corola roja y corona amarilla. (Asclepiadaceae; *Asclepias curassavica*).
♦ **bencenuco; lavarropa; niño muerto; plato y taza; revientamuelas; viborana.**
ii. *Co.* **cuatronarices.**
iii. *CR.* Lluvia menuda que cae suavemente. pop.

j. ‖ **~ de guatuza.** m. *Ho, Ni.* Cabello crespo y rojizo.

k. ‖ **~ de jilote.**
i. m. *Gu, Ho.* Cada uno de los estigmas rojizos de la mazorca de maíz.
ii. *Gu, Ho.* Cabello rojizo.

l. ‖ **~ de ñaña.** m. *Ni.* Cabello crespo.

m. ‖ **~ de púas.** *PR.* **pelo de alambre.** rur.

n. ‖ **~ de vieja.** m. *Co.* Gramínea de hasta 1,50 m de altura, de tallo erecto y semileñoso, con márgenes ásperos, flores de color blanco amarillento, con inflorescencia en racimos grandes y plumosos. (Poaceae; *Antropogon bicornis*).

ñ. ‖ **~ duro.** m. *Pa, RD.* Cabello ensortijado o rizado.

o. ‖ **~ indio.** m. *Cu, PR, Ve.* Cabello negro, lacio y grueso.

p. ‖ **~ *kinky*.** *PR.* **pelo quinqui.**

q. ‖ **~ malo.**
i. m. *Cu, RD, PR, Co:N, Ve.* Cabello ensortijado o rizado.
ii. *PR.* Pelo extremadamente rizado, de textura reseca y con tendencia a partirse, asociado a la raza negra. pop + cult → espon ^ desp.

r. ‖ **~ muerto.** m. *RD.* Pelo largo y suave.

s. ‖ **~ parado.** m. *Mx, Ho, Ni, Co, Ve.* Cabello tieso, crespo o erizado.

t. ‖ **~ quieto.** m. *Co.* Cabello ensortijado o rizado.

u. ‖ **~ quinqui.** m. *Pa, PR.* Pelo rizado y de textura reseca, que tiende a proyectarse desde la cabeza hacia fuera. pop + cult → espon ^ desp. (**pelo *kinky***).

□

a. ‖ **a ~.** loc. adv. *Pa.* Por muy poco, de milagro.

b. ‖ **al ~.** loc. adv. *Ni, Ve.* De memoria y de manera exacta.

c. ‖ **como un ~.** loc. adv. *Co.* De mal humor. pop.

d. ‖ **de a ~s.** loc. adj/adv. *Gu.* Muy bueno, magnífico. pop.

e. ‖ **de al ~.**
i. loc. adj. *Gu. Referido a persona,* aprovechada, que saca beneficio. pop.
ii. *Gu.* De buena calidad.

f. ‖ **de medio ~.**
i. loc. adj. *Ve, Ec, Pe, Bo. Referido a persona,* de clase media.
ii. *Cu, Ve, Ur. Referido a persona,* de condición social poco destacada. pop + cult → espon ^ desp.

g. ‖ **de ~s.** loc. adv/adj. *Mx, Ni.* Muy bien, magníficamente. vulg. ♦ **de peluche; de peluches.**

h. ‖ **de un ~.** loc. adv. *Ni, Bo.* Apenas. pop.

i. ‖ **en ~.** loc. adv. *Gu, Bo:E, Ch, Ar, Ur. En relación con el modo de cabalgar un jinete,* sin montura.

j. ‖ **en ~s.** loc. adv. *Ve.* Sin ninguna ropa, en total desnudez.

k. ‖ **~ a ~.**
i. loc. sust. *Gu, Ur.* p.u. Trueque, intercambio directo de una cosa por otra. pop + cult → espon.
ii. loc. adv. *Gu, Ur.* A trueque, cambiando una cosa por otra. pop + cult → espon.

l. ‖ **~ con tuco.** loc. sust. *Ur.* Persona pelirroja. pop + cult → espon ^ fest.

m. ‖ **~ de caña.** loc. sust. *PR. En las peleas de gallos,* conjunto de las plumas más finas del gallo, que se asemejan por su tersura a la flor de la caña o **guajana.**

n. ‖ **~ de choclo.**
    i. loc. sust. *Ec, Pe, Ch.* Filamento de la mazorca de maíz. pop.
    ii. *Ec, Bo:O, Ch.* Persona con el pelo rubio o de color pajizo. pop + cult → espon.

ñ. ‖ **~ de erizo.** loc. sust. *Bo:O.* Persona que tiene el cabello lacio y grueso. pop ∧ fest.

o. ‖ **~ de guama.** loc. sust. *Ve.* Sombrero de terciopelo o fieltro *usado generalmente por los hombres de Los Llanos venezolanos.*

p. ‖ **~ de la cola.** loc. sust. *Ch.* Cosa insignificante o de poca importancia. pop + cult → espon.

q. ‖ **~ en la leche.** *Ch, Ur.* **pelo en la sopa.**

r. ‖ **~ en la sopa.** loc. sust. *Ni, Ch, Ur.* Cosa que provoca malestar, enfado o molestia. pop + cult → espon. ♦ **pelo en la leche.**

s. ‖ **~ y barba.** loc. sust. *ES.* Favor completo o doble favor.

◪

a. ‖ **nunca falta un ~ en un sancocho.** fr. prov. *RD.* Indica que, aunque una situación sea buena, siempre se da una circunstancia inoportuna o desfavorable.

b. ‖ **pierde el ~, pero no las mañas.** fr. prov. *Ni, Bo, Ur.* Indica que una persona difícilmente cambia de conducta a pesar de los años. pop + cult → espon.

▶ **alzar ~; bajarse el ~; caer a ~; caer un ~ en la sopa; cagar ~; cargar ~; correrla en ~; crecer el ~; dar hasta entre el ~; dar ~; echar el ~; echar ~s a la leche; echar ~s a la sopa; estar del ~; faltarle ~ pa' moña; halarse de los ~s; ir ~ a ~; jalarse los ~s; meter los ~s para dentro; no tener un ~ de bobo; no tener un ~ de leso; no tener un ~ de zonzo; parar los ~s; pararse el ~; pararse los ~s; pedir ~; poner un ~ en la sopa; subir el ~; tener hasta el último ~; tener más ~ que un empacho de coco; tener poco ~; tirar más de un ~ de crica; tomar del ~.**

peloláis.

  I. 1. adj/sust. *Ch.* juv. *Referido especialmente a una mujer joven,* que sigue una tendencia caracterizada por el uso del pelo largo y muy liso, y por modos propios de la juventud de clase alta.

pelón.

  I. 1. m. *Mx, Ho, ES, Ni.* Pene. vulg.
  II. 1. m. *Py, Ar, Ur.* **Durazno** o melocotón, pero sin vellosidad.
    2. *Bo:S.* Bebida refrescante que se prepara hirviendo **duraznos** secos con canela y azúcar.
  III. 1. m. *Ho, ES. En la Lotería,* número *generalmente terminado en cero.*
  IV. 1. m. *Ho, Ni.* Sueño corto.
  V. 1. m. *ES.* Raspón.
  VI. 1. m. *Ho.* metáf. Soldado.
  VII. 1. m. *Ho.* Regaño. pop.
  VIII. 1. *PR.* **gallo pelón.**

□

a. ‖ **cuatro pelones.** loc. sust. *Gu, Ho, Ni.* Pocas personas. pop.

▶ **echar un ~.**

pelón, -na.

  I. 1. m. y f. *Gu, ES, Ni.* Niño, muchacho.
    2. *Gu.* Persona de poca importancia, o cuyo nombre no se quiere mencionar. pop + cult → espon ∧ desp.
    3. *Ho.* Persona pobre o de clase social desfavorecida. desp.
  II. 1. adj. *Gu, Ho, ES. Referido a un terreno o paisaje,* sin vegetación.
  III. 1. adj. *Ec. Referido a persona,* que tiene mucho pelo. pop.

pelona.

  I. 1. f. *Mx, Gu, Ho, ES, Ve, Pe, Bo,* pop; *CR, Ec:O,* pop ∧ fest; *Pa,* tabú; *Co,* fest; *Pa,* pop + cult → espon ∧ fest. Muerte de alguien.
    2. *Gu, Ni, CR, Cu, RD, Ve, Pe.* Muerte, *personaje que representa el cese de la vida y que generalmente se representa como un esqueleto humano con una guadaña.*
  II. 1. f. *Gu, Ho, ES, Ni.* Cabeza calva. desp.
  III. 1. f. *Ec.* Fracaso o desacierto que hace quedar en ridículo a alguien.
  IV. 1. f. *Ni.* **Llanta** gastada, sin dibujo.
  ▶ **cargarse la ~; coger una ~; llevarse la ~.**

pelonar.

  I. 1. tr. *Mx:N.* **pelonear,** rapar. pop.

peloncahuite. (De *pelun,* Perú, y *cahuitl,* árbol).

  I. 1. *Mx.* **pirul.**

pelonchile. (De *pelun,* Perú, y *chilli,* chile).

  I. 1. m. *Mx.* Planta trepadora de hasta 4 m de altura, con tallos sarmentosos, hojas alternas abroqueladas y flores en forma de capucha, de color rojo anaranjado, olor suave y sabor algo picante; se cultiva como adorno en los jardines y es comestible. (Tropaeolaceae; *Tropaeolum majus*). (**pelonchili**). ♦ **cachaco de muladar; capuchina; espuela; espuela de caballero; espuela de galán; marañuela; mexiquelite; taco de reina; texao.**

pelonchili.

  I. 1. *Mx.* **pelonchile.**

peloneada.

  I. 1. f. *Ho, ES, Ni.* Corte de pelo al rape. pop.

pelonear(se).

  I. 1. tr. *Gu, Ho, ES, Ni.* Rapar, cortar el pelo al rape. (**pelonar**).
    2. tr. prnl. *Gu, Ho, ES, Ni.* Raparse, cortarse el pelo al rape.

pelonera.

  I. 1. f. *Pa.* Juego de niños consistente en manotear ligeramente la cabeza del perdedor. inf.
    Pa. Golpe ligero que se da con la mano en la cabeza a alguien. pop + cult → espon ∧ fest.
    3. *Pa.* p.u.; metáf. Vituperación. pop.

pelópidas.

  I. 1. m-f. *Pe; Bo,* fest. Persona tonta, necia. pop.

pelota.

  I. 1. f. *Co;* m-f. *Ch.* Persona tonta o simple. pop ∧ desp.
    2. f. *PR.* Persona gruesa y bajita. pop + cult → espon.
  II. 1. f. *Cu, RD, Ve.* **Beisbol.**
  III. 1. f. *Cu.* Persona, *especialmente un niño,* por quien se tiene especial preferencia.
  IV. 1. f. *Ni, CR.* Grupo de amigos.
  V. 1. f. *ES.* Vulva. tabú.
  VI. 1. f. *Ni.* Bola de palomitas de maíz con dulce de rapadura.
  VII. 1. f. pl. *Pa.* Moño que a ambos lados de la cabeza lleva la **empollerada.**

■

a. ‖ **~ a paleta.** f. *Ar.* Juego en el que se compite lanzando la pelota con una paleta contra un muro. (**pelota paleta**).

b. ‖ **~ envenenada.** f. *Ch.* Juego infantil en el que uno de los jugadores lanza la pelota hacia otro con intención de golpearla con ella y eliminarlo, pero si este consigue cogerla puede seguir en el juego y tratar de hacer lo mismo con otros.

c. ‖ **~ paleta.** *Bo, Ar.* **pelota a paleta.**

d. ‖ **~s de maicillo.** f. pl. *Ho.* Palomitas de maíz o maicillo con azúcar o miel, en forma de bola.

□

a. ‖ **¡a la ~!** loc. interj. *Ar.* Expresa asombro. pop.

b. ‖ **como las ~s.** loc. adv/adj. *Ch.* Muy mal, de manera pésima. vulg; pop + cult → espon.

c. ‖ **en ~.** loc. adv. *Ni.* Sin tapujos. pop + cult → espon.

d. ‖ **en ~s.** loc. adv/adj. *Ar.* Sin conocer o sin haber comprendido algo. vulg; pop.

e. ‖ **hasta las ~s.**
   i. loc. adv. *Ar, Ec,* vulg; pop. *En relación con la intensidad con la que se siente o realiza algo,* total y profundamente. espon.
   ii. loc. adj. *Ar. Referido a un lugar,* muy lleno. pop.

f. ‖ **ni ~.** loc. adv. *Pe.* Nada. pop + cult → espon.

g. ‖ **~ muerta.**
   i. loc. sust. *CR, Bo. En el **futbol**,* balón situado en un punto del campo para iniciar o reiniciar el juego o ejecutar un tiro libre.
   ii. *Py.* Juego, *especialmente de niños,* que consiste en formar líneas de personas en posición de frente a frente y lanzar una pelota al adversario, de modo que quien reciba el pelotazo pase al grupo contrario.

h. ‖ **~ quemada.** loc. sust. *Bo:O.* Juego infantil en el que dos equipos se ubican uno frente a otro y se tiran la pelota tratando de golpear a algún jugador del equipo contrario.

i. ‖ **~ voladora.** loc. sust. *Bo:O.* Juego infantil en el que los participantes se sitúan alrededor de un poste en el que está atada una pelota de trapo rellena de arena; los jugadores golpean la pelota con la mano con el fin de que esta toque a uno de los otros, que queda eliminado.

▶ botar la ~; cantarse las ~s coger ~; dar en las ~s; dar ~; dar por las ~s; estar encantado de la ~; hacer ~; hacer ~s; hacerse ~; hacerse ~s; pasar ~; romper las ~s; tener las ~s llenas; tirar la ~; tirar ~.

pelotas.
I. 1. sust/adj. *Ec, Bo, Ch, Ar, Pe,* p.u. Persona tonta. pop ^ desp.
   2. *Ec, Bo, Ar.* Persona simple, crédula y fácil de engañar. pop ^ desp.
   3. *Bo.* Persona que tiene pocas luces o que obra como tal.
II. 1. adj/sust. *Ur. Referido a persona,* haragana. pop + cult → espon.

¡pelotas!
I. 1. interj. *PR.* Expresa negación rotunda. pop + cult → espon.

pelotear(se).
I. 1. tr. *Cu, Pe, Bo; Ch, Ur,* pop. Hacer ir a *alguien* de un lugar a otro, *especialmente cumpliendo trámites o gestiones.* pop.
   2. *Ni, Ve.* Reclamar cosas sin importancia.
   3. *Ve.* Dejar en manos de alguien un asunto para que lo resuelva.
II. 1. tr. *Bo; Ar,* pop. Tratar a *alguien* sin consideración. pop + cult → espon.
   2. *Bo; Ar,* pop. Agobiar o abrumar a *alguien* haciéndole muchas preguntas. pop + cult → espon.
III. 1. tr. *Bo, Ar, Ur. En un deporte, especialmente en el **futbol**,* superar ampliamente al adversario. pop + cult → espon.
IV. 1. intr. prnl. *Co.* p.u. Malograrse algo. pop.
V. 1. intr. *Co.* Caer *algo* o *alguien.* pop.
VI. 1. intr. *CR, Bo.* Pasar el tiempo en fiestas o tertulias. pop.
   2. prnl. *Bo.* Pasar el tiempo sin hacer nada productivo.
   3. intr. *CR.* Tomar parte *alguien* en algo que no le incumbe. pop.
VII. 1. tr. *Py.* Prestarle atención a *alguien.* pop.
VIII. 1. intr. *Ho.* Comenzar el repollo a formar el cogollo. rur.

peloteo.
I. 1. m. *Cu, Pe, Ch.* Envío de un lugar a otro del que es objeto una persona para hacer gestiones que resultan molestas e innecesarias. pop + cult → espon.

pelotero.
I. 1. m. *Ho, ES, Ni, CR, Cu, RD, PR, Co, Ve.* Jugador de **beisbol.**
II. 1. m. *Ar, Ur.* Establecimiento dotado de peloteros y otros juegos para niños.
   2. *Ar.* Recipiente grande y de variadas formas provisto de pelotas de distintos colores y tamaños para que jueguen los niños.
III. 1. m. *ES. En el trapiche,* hombre que alimenta el horno con pelotas de **bagazo.**

pelotero, -a.
I. 1. m. y f *Pe, Ch; Bo, Py,* pop. Persona que juega con una pelota o practica un deporte con ella, *especialmente futbolista.*
   2. *Pa.* Jugador de **beisbol.**
II. 1. adj. *Ni. Referido a persona,* tacaña.
III. 1. adj/sust. *CR. Referido a persona,* que tiene por costumbre meterse donde no la llaman. pop.

pelotillehue.
□
a. ‖ **en ~.** loc. adv. *Ch.* En total desnudez. pop + cult → espon ^ fest.

pelotita.
I. 1. f. *ES. En el ejército,* castigo o ejercicio físico que consiste en dar saltos con el cuerpo acurrucado.

pelotoso, -a.
I. 1. adj. *RD. Referido a persona,* que tiene granos en la cara.
   2. *Ho. Referido a cosa,* redonda y abultada.

pelotudear.
I. 1. intr. *Bo, Py, Ar, Ur.* Perder el tiempo sin hacer ninguna cosa importante o útil. vulg; pop + cult → espon.
   2. *Bo, Ar, Ur.* Hacer o decir tonterías o cosas sin sentido. vulg; pop + cult → espon.

pelotudez.
I. 1. f. *Bo, Py, Ar, Ur; Ch,* espon. Tontería, hecho o dicho tonto o sin sentido. vulg; pop + cult → espon.
   2. *Py, Ar, Ur.* Asunto o problema fácil de comprender o resolver. vulg; pop + cult → espon.

pelotudo, -a.
I. 1. adj/sust. *Pe, Bo; Py, Ar, Ur,* vulg; *Co, Ec, Ch,* pop ^ desp. *Referido a persona,* que es o actúa de modo poco inteligente o ingenuo.
   2. adj. *ES, Pa, Ur,* vulg; pop + cult → espon. *Referido a persona,* haragana.
   3. adj/sust. *Py. Referido a persona,* osada, atrevida. vulg; pop + cult → espon.
   4. *Pa. Referido a persona,* que abusa de los demás, que obtiene siempre más y mejor que otros. vulg; pop + cult → espon.
II. 1. adj. *Ar, Ur. Referido a persona o cosa,* de gran tamaño o valor. pop + cult → espon.

▶ hacerse el ~.

pelpa. (De *papel*).
I. 1. m. *Pe.* Papel. pop + cult → espon ^ fest.
   2. *Pe.* obsol. Documento de identificación. delinc.

peltre.
I. 1. adj. *Ec. Referido a persona,* alegre y desinhibida a causa de la ingestión de bebidas alcohólicas.
II. 1. adj. *Ec. Referido a cosa,* de calidad ordinaria.

pelú.
I. 1. m. *Ch.* Árbol de hasta 10 m de altura, de tronco recto, corteza gris, hojas compuestas imparipinnadas, flores amarillas agrupadas en racimos colgan-

tes y cuyo fruto es una legumbre verde amarillenta. (Fabaceae; *Sophora cassioides*). ♦ **pilo**.

pelú, -a.
 I. 1. adj. *PR. Referido a una actividad o tarea*, que exige mucho trabajo para realizarla. pop + cult → espon.
 II. 1. adj. *PR. Referido a cosa, especialmente a un asunto*, peliagudo, que provoca inquietud, nerviosismo o desasosiego.
 III. 1. *PR.* Enorme, grande, tremendo.

peluca.
 I. 1. m. *Ar, Ur.* Macho del lobo marino que se caracteriza por el pelo largo en parte de la cabeza y el cuello. (Otariidae; *Otaria flavescens*).
 II. 1. f. *ES, Ni.* p.u. Reprimenda.

pelucas.
 I. 1. m. *Bo:O.* Peluquero. pop ^ fest.

peluche.
 I. 1. m. *Ho.* Vulva. vulg.
  2. *Ho.* Vello púbico de la mujer. vulg; pop.
 II. 1. m. *Ho.* juv. Hombre joven, atractivo y vestido a la moda. ♦ **muñeco**.
  2. adj. *Ni. Referido a persona*, engreída.
 III. 1. adj. *Ho. Referido a persona*, mimada, delicada.
 IV. 1. m-f. *Ni.* Ladrón.
 V. 1. m. *Ni.* Pandillero.
 □
  a. ‖ **de ~**. loc. adv/adj. *Mx.* **de pelos**.
  b. ‖ **de ~s**. loc. adv/adj. *Mx.* **de pelos**.
 ▶ **estar de ~**.

pelucón, -na.
 I. 1. adj/sust. *Cu, Pe, Bo:O; Ch*, esm. *Referido a persona o a su cabeza*, que tiene cabellos largos y abundantes. pop.
 II. 1. sust/adj. *Ec, Ur.* Persona adinerada que hace ostentación de su buena situación económica. pop + cult → espon ^ desp.

peluda.
 I. 1. f. *Ho.* Fruto del **liche**.
 II. 1. f. *Ho.* Vulva. tabú.
 III. 1. f. *PR.* Araña de hasta 12 cm de longitud, de color marrón oscuro, recubierta de pelo. (Theraphosidae; *Cyrtopholis portoricae*).

peludear.
 I. 1. intr. *Ar, Ur.* Desplazarse con dificultad una persona, un animal o un vehículo *a causa del barro*. pop + cult → espon.
  2. *Ar.* Hacer un gran esfuerzo físico. pop + cult → espon.
 II. 1. intr. *Ur; Ar*, p.u. Afrontar las dificultades. pop + cult → espon.
 III. 1. tr. *Ar.* Cazar **peludos**, armadillos. rur.

peludilla.
 I. 1. f. *Ar.* **peine de bruja**.

peludillo.
 I. 1. m. *Mx:SE.* **damiana**.

peludo.
 I. 1. m. *Mx; Ar, Ur*, pop + cult → espon; *Py*, p.u. Borrachera.
 II. 1. m. *CR, PR, Bo, Ch.* Armadillo grande, de unos 50 cm de longitud y ocho placas móviles. (Dasypodidae; *Chaetophractus villosus*).
 □
  a. ‖ **como ~ de regalo**. loc. adv. *Ar, Ur.* Inesperadamente o en un momento inoportuno. pop + cult → espon.

peludo, -a.
 I. 1. adj. *Gu, Ho, ES, Ni, CR, Pa, PR, Pe, Bo:O,S, Ar, Ur; Co, Ve*, pop. *Referido a una actividad o tarea*, que exige mucho trabajo realizarla.

  2. *Gu, ES, Ni, CR, PR, Bo, Ch. Referido a cosa, especialmente a un asunto*, peliagudo, que provoca inquietud, nerviosismo o desasosiego. pop + cult → espon.
 II. 1. adj. *Ch. Referido a persona*, que tiene la carne o la piel porosa o erizada por frío, fiebre o temor. pop + cult → espon.
 III. 1. m. y f. *Ur.* Trabajador de la caña de azúcar del noroeste uruguayo.
 ▶ **ponerse peluda la cosa**.

peluera.
 I. 1. f. *PR.* Vellosidad en las axilas o en el pubis. vulg; pop + cult → espon.

pelujía.
 I. 1. f. *RD.* Filamentos que tiene la mazorca de maíz.

peluqueada.
 I. 1. f. *Mx, Ho, Ni, CR, Co, Pe, Bo, Py, Ar, Ur, Ch*, pop; m. *CR*; m. *Ec*, fest. Corte del cabello. pop.
 II. 1. f. *Py.* Reprimenda áspera. pop.

peluqueado, -a.
 I. 1. adj. *Mx, Ho, ES, Ni, CR, Bo. Referido a persona*, que se ha cortado el pelo.

peluquear(se).
 I. 1. tr. *Mx, Gu, Ho, ES, Ni, CR, Co, Ve, Ec, Pe, Ch, Ar:N*, pop + cult → espon; *Bo:O, Py*, pop; *Pe, Ur*, p.u. Cortar el cabello a *alguien*.
  2. tr. prnl. *Mx, Gu, Ho, Ni, Co, Ve, Ec, Pe, Bo, Ch, Ar:N*, pop + cult → espon; *Py*, pop; *Ur*, p.u. Cortarse el cabello *alguien*.

peluquera.
 I. 1. f. *Cu.* Cabellera abundante.

peluquerita.
 I. 1. *Ar.* **llana**.

pelusa.
 I. 1. f. *Mx.* Conjunto de gente de baja extracción social. desp.
  2. m-f. *Ch.* Niño travieso, callejero, *generalmente de condición humilde*.
  3. adj/sust. *Ch.* p.u. *Referido a persona*, que le gusta hacer travesuras y picardías. pop + cult → espon.
 II. 1. m. *Pa.* Erupción cutánea *provocada por algunas enfermedades contagiosas frecuentes en niños y adolescentes*.
 □
  a. ‖ **¡la ~!** loc. interj. *Ve.* Expresa negación rotunda.
  b. ‖ **la ~ de la contrapelusa**. loc. sust. *Cu.* Detalle más mínimo. pop + cult → espon.

pelusada.
 I. 1. f. *Ho, CR.* Gran cantidad de pelo, *especialmente de axilas y genitales*. pop + cult → espon. ♦ **pelusanga**.
 II. 1. f. *Ho.* Vulva. tabú. ♦ **pelusanga**.

pelusanga.
 I. 1. *Ho.* **pelusada**, gran cantidad de pelo.
 II. 1. *Ho.* **pelusada**, vulva. tabú.

pelusear.
 I. 1. intr. *Ch.* Realizar travesuras, *especialmente un niño*.
  2. *Ch.* p.u. Actuar *una persona* mayor haciendo bromas y diciendo picardías.

pelusiento, -a.
 I. 1. adj. *Pe, Ch, Ar. Referido a cosa*, que tiene mucha pelusa. pop.
 II. 1. adj/sust. *Ch. Referido a un niño*, que se comporta con una **pelusa**, como un niño travieso. pop.

pelusón, -na.
 I. 1. m. y f. *Ch.* Persona joven a la que le gusta hacer travesuras y picardías. pop + cult → espon.

pemuche.
 I. 1. *Mx.* **iquimite**.

pen-pen.
 I. 1. m. *ES.* Fiesta.

¡pen-pen! (De or. onomat.).
- **I. 1.** interj. *ES.* Imita la explosión de un cohete de fuegos artificiales.
- **2.** *ES.* Imita el sonido que produce una balacera.

pena.
- **I. 1.** f. *Mx, Gu, Ho, ES, Ni, CR, Pa, Cu, RD, PR, Co, Ve, Bo, Py.* Vergüenza o timidez que siente alguien al hacer o decir algo.
- **2.** *Ho, ES, Ni.* Honestidad, modestia, recato.
- **3.** *Pa.* Timidez, cortedad de ánimo.
- **II. 1.** f. *Cu, RD.* Molestia o dolor leve que se siente en alguna parte del cuerpo. (**penita**).
- **a.** ‖ **con la ~.** fórm. *Mx, Ni.* Se usa para indicar que se va a hacer algo a pesar de la vergüenza.
- **b.** ‖ **me da ~ con usted.** fórm. *Mx, Gu, Ni, CR, Pa, Cu, Co.* Se usa para disculparse, agradecer o pedir un favor o llamar a alguien la atención de forma atenuada.
- **c.** ‖ **me muero de la ~.** fórm. *Mx, Gu, Ni, CR, Pa, Cu, PR, Co:C, Ec, Py.* Se usa para disculparse, agradecer o pedir un favor o llamar a alguien la atención de forma atenuada.
- **a.** ‖ **~ ajena.** loc. sust. *Mx, Ni, Pa, Cu, Co.* Sentimiento de vergüenza ante un hecho o dicho ajeno que se considera ridículo o bochornoso.
- **b.** ‖ **quitado de la ~.** loc. adj. *Mx. Referido a persona,* despreocupada. pop + cult → espon.
- **a.** ‖ **unos en la ~ y otros en la pepena.** fr. prov. *Gu, Ni.* Indica el contraste que existe entre los que aprovechan una situación complicada o trágica para beneficiarse, frente a quienes la asumen con responsabilidad o sufrimiento.

penacho.
- **I. 1.** m. *Py, Ar:NO.* Planta de hojas oblongas y flor en espiga, carnosa y de color rojo intenso; se emplea en medicina popular. (Amaranthaceae; *Amaranthus retroflexus*).

penadura.
- **I. 1.** f. *Ch.* Manifestación de la presencia del espíritu de una persona que ha muerto.

penal. (Apóc. de *penalty*).
- **I. 1.** m. *Mx, Ho, ES, Ni, CR, PR, Ec, Pe, Bo, Ch, Py, Ar, Ur. En el futbol y otros deportes,* penalti.
- **2.** sust/adj. *Mx, CR, PR, Pe, Bo, CR, Py, Ar, Ur. En el futbol y otros deportes,* ejecución o lanzamiento de la sanción del penalti. ◆ **pénalti**.

penalero, -a.
- **I. 1.** m. y f. *Ho, ES, Py.* Jugador que tira con frecuencia los penaltis en un equipo.

pénalti. (Del ingl. *penalty*, sanción, penalidad).
- **I. 1.** *Mx, CR, Co, Bo.* **penal**, penalti.
- **2.** *Mx, CR, Bo.* **penal**, ejecución del penalti.

penar.
- **I. 1.** intr. *Ni, Co, Ve, Pe, Bo, Ch.* Aparecerse o manifestarse un fantasma o un alma en pena.
- **2.** *Gu, Ho, Ni, Cu, Bo.* Vagar el espíritu de alguien.
- **3.** *Ch.* Dejarse sentir *algo* que provoca desazón, preocupación o un resultado final desgraciado.
- **a.** ‖ **~ las ánimas.** loc. verb. *Ch.* No haber nadie en un lugar.
- **b.** ‖ **~ y morir.** loc. verb. *Ch.* Desear *algo* vehementemente o ser muy aficionado a ello.

penca.
- **I. 1.** f. *Mx, Gu, ES, Ni, Py.* Racimo de **plátanos**.
- **2.** *Mx:SE, Pa, PR.* Hoja de la palmera o de planta semejante a la palmera.

- **3.** *Ho:E, ES.* Hoja carnosa de la mata del **plátano**.
- **4.** *Cu.* Abanico hecho con hojas de **guano**.
- **5.** *Ho, Ni.* **henequén**. (Agavaceae; *Agave leotonae*).
- **II. 1.** f. *Gu, ES, Ch.* metáf. Pene. vulg; pop + cult → espon.
- **III. 1.** f. *Ch.* Látigo o azote de cuero trenzado. rur.
- **IV. 1.** f. *Gu, ES.* Paliza, **golpiza**. pop.
- **2.** *Ch.* Amonestación o represión severa. pop + cult → espon.
- **V. 1.** adj/sust. *Ch. Referido a persona o cosa,* que es desdeñable por su baja categoría o su poca calidad. pop + cult → espon.
- **VI. 1.** f. *Ch.* Trozo de panal de miel.
- **VII. 1.** f. *PR.* Pedazo grande de **chicharrón**. rur.
- **2.** *PR.* Cuerpo del bacalao entero y seco. rur.
- **VIII. 1.** f. *ES.* Borrachera. pop.
- **IX. 1.** f. *PR.* Vulva. tabú; pop + cult → espon.
- **a.** ‖ **~ de huerta.** f. *Ho, Ni.* Tronco de la mata del **banano**.
- **b.** ‖ **~ de tusa.** f. *Ho.* Conjunto de hojas que envuelven la mazorca del maíz.
- **c.** ‖ **~ sábila.** f. *Co, Ec, Bo.* **zábila**, planta.
- **a.** ‖ **a la pura ~.** loc. adv. *Gu.* A rajatabla. pop.
- **b.** ‖ **de ~.** loc. adj. *Pa.* Muy bueno, digno de imitar. pop.
- **c.** ‖ **~ a ~.** loc. adv. *Ho.* Directamente, cara a cara, de igual a igual. pop.
- **d.** ‖ **~ de bacalao.** loc. sust. *Cu.* Trozo grande de bacalao en salazón. pop.
- **e.** ‖ **~ de tasajo.** loc. sust. *Cu.* Trozo grande de carne en salazón. pop.
- ▶ echar ~; llover ~; meter ~; montar ~; ser la pura ~; valer ~; volar ~.

pencaceada.
- **I. 1.** f. *Gu.* Paliza, serie de golpes. pop.

pencacear.
- **I. 1.** tr. *Gu.* Dar una paliza a *alguien*, golpearlo. pop.

pencada.
- **I. 1.** f. *Ho.* Tontería, dicho o hecho tonto. pop.
- **2.** *Ho.* Dicho jocoso, pícaro o soez.

pencal.
- **I. 1.** m. *Ec, Ar:NO.* Sitio poblado de **pencas**, plantas cactáceas.

pencazal.
- **I. 1.** m. *Ho, ES, Ni.* Gran cantidad de cosas.

pencazo.
- **I. 1.** m. *Gu, Ho, ES, Ni; Co:N, p.u; Ch,* pop. Golpe, choque o caída fuerte.
- **2.** *Co:N, Co.* p.u. Golpe dado con la **penca** o látigo. rur.
- **3.** *Gu, Ho, ES, Ni.* Caída estrepitosa.
- **4.** *Gu, Ho.* metáf. Golpe moral dado a alguien.
- **II. 1.** *Ni, Ch, Ur.* metáf. Trago o dosis altos de licor o droga, con los que se alcanzan estados de euforia o ebriedad.
- **2.** m. *Ho, ES, Ni.* Trago de licor.
- **III. 1.** m. *Ho, ES, Ni.* Lluvia torrencial.
- **2.** *Ho, ES, Ni.* Gran cantidad de cosas.
- **a.** ‖ **al ~.** loc. adv. *Ni.* Inmediatamente.
- **b.** ‖ **de un solo ~.** loc. adv. *Ho, Ni, Ch.* De una vez, de un golpe, rápidamente. pop.
- **c.** ‖ **en dos ~s.** loc. adv. *Gu.* De forma rápida y brusca. pop + cult → espon.
- **d.** ‖ **para ~s.** loc. adj. *Gu. Referido a persona,* muy enojada. pop + cult → espon.

penchuque. (De or. maya).
- **I. 1.** m. *Mx:SE.* **Tortilla** muy gruesa y grande de maíz que se sirve acompañada de otros alimentos. rur.

penco.
    I. 1.   *Ec.* **maguey.**
    II. 1.   m. *RD.* Pedazo o trozo grande. pop + cult → espon.
      2.   *ES.* Cantidad grande de cosas.
    III. 1.   m. *Cu.* Persona muy delgada. pop + cult → espon.
    IV. 1.   m. pl. *ES.* Pantalones. polic.
    ■
      a. ‖ **~ blanco.** m. *Ec.* Planta de tallo muy corto, con hojas carnosas o suculentas, largas, angostas, con espinas en el borde y terminadas en aguja, que forman una roseta. (Agavaceae; *Agave fourcroydes*).
      b. ‖ **~ negro.** *Ec.* **maguey.**
    □
      a. ‖ **~ de.** loc. adj. *Pa.* Referido a persona o cosa, que posee cualidades en grado óptimo. pop + cult → espon ^ hiperb.

penco, -a.
    I. 1.   adj. *Gu, Ho. Referido a persona*, tonta. desp.
      2.   *Ho. Referido a persona*, que dice o hace cosas graciosas pero vulgares.
    II. 1.   *Pa, PR*; *RD*, p.u. **berraco**, extraordinario. pop + cult → espon.
    III. 1.   adj. *Gu, Ho. Referido a persona*, brusca y violenta en el trato con los demás.
    IV. 1.   adj. *Gu, Ni. Referido a caballería*, con poco brío, lenta. pop.
    VI. 1.   adj. *Ho. Referido a persona*, campesina, que vive en una zona rural. desp.
    ▶ **dar penca.**

pencón, -na.
    I. 1.   adj. *Gu, Ho, ES, Ni. Referido a persona*, hábil, experta en su especialidad o trabajo.
      2.   *Gu, ES, Ni, CR.* p.u. *Referido a cosa*, magnífica, extraordinaria. pop + cult → espon. ♦ **pencudo.**
      3.   *Gu, ES, Ni. Referido a persona*, buena, admirable.
      4.   *Gu, ES, Ni. Referido a persona*, valiente, osada.
      5.   *CR.* p.u. *Referido a persona o cosa*, fuerte y robusta. pop + cult → espon.

penconazo, -a.
    I. 1.   adj. *Ho. Referido a persona*, muy desarrollada físicamente en relación a su edad.

pencoso, -a.
    I. 1.   adj. *Ar:NO. Referido a un terreno*, poblado de **pencas**, plantas cactáceas.

pencudo, -a.
    I. 1.   adj. *Gu.* p.u. **pencón**, magnífico.

penda.
    I. 1.   f. *RD.* Árbol de hasta 12 m de altura, de hojas opuestas y elípticas, flores blancas y pequeñas dispuestas en racimos largos y colgantes, cuyo fruto es una drupa de color rojizo o negro; su madera es apreciada. (Verbenaceae; *Citharexylum fruticosum*). ♦ **péndola.**
    ■
      a. ‖ **~ azul.** f. *RD.* **palo de vidrio.**

pendaflex. (De *Pendaflex®*).
    I. 1.   m. *Ho, PR.* Carpeta con dos varillas metálicas que sirve para colgarla en el archivo.

pendango, -a.
    I. 1.   adj. *RD, PR. Referido a persona*, cobarde, pusilánime. pop + cult → espon ^ desp.
      2.   *RD, PR. Referido a persona*, tonta, boba, inútil. pop + cult → espon ^ desp.

pendeja.
    I. 1.   f. *Py.* juv. Novia.

pendejá.
    I. 1.   *RD.* **pendejada**, hecho o situación molestos. pop + cult → espon.

2.   *RD.* **pendejada**, deshonestidad. pop + cult → espon.
    II. 1.   *RD.* **pendejada**, tontería. pop + cult → espon.
      2.   *RD.* **pendejada**, cosa de poca entidad. pop + cult → espon.
    III. 1.   *RD.* **pendejada**, cobardía. pop + cult → espon.

pendejada.
    I. 1.   f. *Mx, Gu, Ni, Pa, RD, PR, Co, Ve, Ec, Bo:O, Ch, Ur.* Tontería, bobada. vulg; pop + cult → espon. (**pendejá**).
      2.   *RD, Ve, Ec, Bo, Ch*; *Ho, Ni*, desp. Cosa sin valor ni importancia. pop + cult → espon. (**pendejá**).
      3.   *Bo:O.* Burla, broma, *generalmente pesada*. pop + cult → espon.
    II. 1.   f. *Py, Ar, Ur*, vulg; *Ch*, pop. Dicho o conducta infantiles.
      2.   *Ar.* Grupo de niños o de jóvenes. vulg.
    III. 1.   f. *RD, Pe, Bo:O*; *PR*, vulg. Deshonestidad cometida con astucia para que tenga éxito. pop + cult → espon. (**pendejá**).
      2.   *RD, PR, Bo.* Hecho o situación muy molestos o dañinos. pop + cult → espon. (**pendejá**).
      3.   *Ch.* Acto malintencionado o con el que se intenta perjudicar a otro. pop + cult → espon.
      4.   *Ho.* Pretexto, disculpa.
    IV. 1.   f. *RD*; *PR*. vulg. Cobardía, falta de coraje. pop + cult → espon. (**pendejá**).
    □
      a. ‖ **¡qué ~!** loc. interj. *Ho, Ni, PR, Py.* Expresa disgusto, enfado o desprecio.

pendejamente.
    I. 1.   adv. *RD, PR, Co.* De forma sencilla, sin complicaciones y como si no tuviera importancia. pop + cult → espon.

pendejear.
    I. 1.   intr. *Ho, Ni, PR, Ur, Mx, Co, Ve, Ec, Bo*, pop. Hacer o decir necedades o tonterías.
      2.   *ES, Pa, Co.* **huevonear**, haraganear. pop + cult → espon.
      3.   *Ho, ES, Bo, Ur.* Perder el tiempo en tonterías. ♦ **papear.**
      4.   *ES, PR.* Hablar más de la cuenta.
    II. 1.   tr. *Mx.* Reprender a *alguien*, dando por sentado que es incapaz o tonto. pop.
    III. 1.   tr. *Pe.* Realizar el coito o flirtear con una persona que no es la pareja, utilizando tretas y artimañas. pop.
    IV. 1.   intr. *Pe.* Actuar con astucia y artimañas en provecho propio. pop + cult → espon.

pendejera.
    I. 1.   f. *Ni, Ve.* Tontería, cosa sin importancia. pop + cult → espon.
    II. 1.   f. *ES, Ni.* Actitud estúpida.
      2.   *ES.* Somnolencia como efecto de la droga.
    III. 1.   f. *Cu.* Arbusto de hasta 4 m de altura, de ramas con aguijones aplanados, hojas grandes y hendidas, flores pequeñas de color blanco y fruto amarillento en forma de baya globosa. (Solanaceae; *Solanum torvum*).
    IV. 1.   f. *Cu.* Pelo púbico.
    V. 1.   f. *ES.* Borrachera. pop + cult → espon.

pendejerete.
    I. 1.   adj. *Pe. Referido a persona o cosa*, insignificante, sin importancia. pop + cult → espon ^ desp.
      2.   sust/adj. *Ho.* Persona tonta.

pendejez.
    I. 1.   f. *Mx.* Tontería. pop.

pendejismo.
    I. 1.   m. *Ho, Ec.* Estupidez y tontería.
    II. 1.   m. *Cu.* Cobardía. pop.

pendejitis.
    I. 1.   *Cu.* **pendijitis.**

pendejito.

■

a. ‖ ~ **a la vela.** m. *RD, PR.* Persona insignificante, de poca o ninguna importancia. vulg; pop + cult → espon ^ desp.

pendejo.

I. 1. m. *Ho.* Hoja carnosa de algunas plantas como las de **suyate**, **maguey** o **henequén**. rur.

pendejo, -a.

I. 1. adj/sust. *Mx, Gu, Ho, ES, Ni, Pa, Cu, RD, Co, Ve, Ec, Bo, Py; PR, Ur.* vulg. *Referido a persona*, tonta, falta de entendimiento o razón. pop + cult → espon ^ desp. ♦ **pensador.**

2. sust/adj. *Pa, PR, Co, Ec.* Persona simple, crédula y fácil de engañar. pop + cult → espon ^ desp.

3. adj. *Gu, Ho. Referido a cosa*, de escaso valor.

4. *ES, Ni. Referido a persona*, inútil para hacer algo.

II. 1. adj/sust. *Mx, Ni, CR, Pa, Cu, RD, Co*; adj. *PR. Referido a persona*, cobarde, pusilánime. vulg; pop + cult → espon ^ desp. ♦ **pensador.**

III. 1. sust/adj. *Pa, Ch, Py, Ar, Ur.* Persona que se comporta como un niño siendo adulta. pop + cult → espon.

2. *Ch, Ar, Ur,* pop + cult → espon; *Py,* pop. Niño, muchacho, adolescente.

IV. 1. adj. *Mx, Pa, Ch. Referido a persona o cosa*, insignificante, sin importancia. pop + cult → espon ^ desp.

V. 1. adj/sust. *Pe, Bo. Referido a persona*, astuta o taimada. pop.

2. m. y f. *Bo.* Persona muy hábil para resolver o realizar una actividad o tarea. pop + cult → espon ^ desp.

VI. 1. adj. *RD.* Excesivo, abundante.

VII. 1. adj. *ES. Referido a persona*, borracha o drogada. desp.

□

a. ‖ **a la ~.** *Mx.* **a lo pendejo.**

b. ‖ **a lo ~.**

   i. loc. adv. *Mx, PR.* Sin pensar, tontamente. (**a la pendeja**).

   ii. *Ho.* A lo bruto, improvisadamente, sin esmero.

c. ‖ **en la ~.** loc. adj. *Mx. Referido a persona*, distraída. vulg.

◪

a. ‖ **de ~ no tiene ni un pelo.** fr. prov. *Mx, PR.* Indica la astucia que tiene alguien. pop + cult → espon.

▶ **estar en la pendeja; hacerse el ~; hacerse ~; traer de su ~.**

pendejón, -na.

I. 1. adj. *Co. Referido a persona*, que se comporta de forma tonta. pop ^ desp.

II. 1. adj. *Pe. Referido a persona*, que se comporta de manera astuta o taimada. pop.

pendenciar.

I. 1. intr. *RD.* Hacer por enterarse, de forma imprudente, de lo que ocurre en vidas ajenas.

pendenciero, -a.

I. 1. adj. *RD. Referido a persona*, que le gusta **pendenciar.**

penderejil.

I. 1. sust/adj. *Bo.* Persona inteligente, viva. pop.

péndex.

I. 1. m-f. *Ar.* Persona joven. pop + cult → espon.

2. *Py; Ch, Ur,* pop + cult → espon ^ desp. | juv. Niño, muchacho.

3. adj. *Py; Ch,.* pop + cult → espon ^ desp. | juv. Relativo a los niños y muchachos.

pendiente.

I. 1. m. *Mx, Ni.* Preocupación.

pendijitis.

I. 1. f. *Cu.* Cobardía. pop ^ fest. (**pendejitis**).

pendiolo, -a.

I. 1. adj. *Co.* p.u. *Referido a persona*, tonta, falta de entendimiento o razón. pop ^ desp.

péndola.

I. 1. f. *Cu.* Planta trepadora de hasta 10 m de altura, de hojas alternas unifoliadas, flores blancas en pequeñas panículas axilares y fruto en una pubescente y aplanada; la infusión de sus hojas, flores y semillas se usa como diurético en la medicina popular. (Fabaceae; *Dalbergia hecastophyllum*).

2. *PR.* **penda.**

■

a. ‖ ~ **blanca.** f. *PR.* Árbol de hasta 20 m de altura, de hojas compuestas por tres hojuelas, fragantes flores azules y fruta ovalada. (Lamiaceae; *Vitex divaricata*).

pendón.

I. 1. m. *Pe:S, Bo.* Banderín de color rojo o blanco que se iza en las **picanterías** o **chicherías** para anunciar que se vende **chicha.**

2. *Ch.* Cartel publicitario dispuesto de forma vertical.

▶ **tumbar el ~.**

pendonearse.

I. 1. intr. prnl. *RD.* Huir, salir corriendo.

pendonero.

I. 1. m. *Ec.* Persona que lleva un pendón, como señal de importancia, en ciertas fiestas religiosas. pop + cult → espon.

pendorcho.

I. 1. m. *Ar, Ur.* p.u. Objeto, *generalmente de forma extraña o complicada*, que no se sabe cómo nombrar. pop + cult → espon.

peneca.

I. 1. m-f. *Co.* obsol. Niño, muchacho.

II. 1. f. *Ni.* **pasquín**, periódico sensacionalista.

penepé. (De la sigla *PNP*, Partido Nuevo Progresista).

I. 1. m-f. *PR.* Militante de este partido. (**penepeísta**).

penepeísta. (De la sigla *PNP*, Partido Nuevo Progresista).

I. 1. *PR.* **penepé**, militante.

2. adj. *PR.* Relativo a este Partido.

peneque.

I. 1. m. *Mx.* Empanadilla de queso rebozada con huevo y harina y frita.

II. 1. adj/sust. *Mx.* Pendejo. euf.

penetro.

I. 1. m. *Ec:S.* Sinvergüenza, confianzudo, abusivo.

2. *Ec:S.* Persona o grupo de personas que acostumbran ir a todo convite sin haber sido invitados. desp ^ fest.

II. 1. m. *Ch.* Viento muy frío procedente de la cordillera.

penfli.

I. 1. f. *Ni.* Palidez y malestar *por excesivo consumo de cocaína.* drog.

penga.

I. 1. f. *Bo:E, Py.* Racimo de algunas frutas. pop.

penguén. (De or. onomat.).

I. 1. m. *Gu.* Disparo de un arma de fuego.

¡penguén! (De or. onomat.).

I. 1. interj. *Cu.* Imita el sonido del disparo de un arma de fuego.

●

a. ‖ **¡~!** fórm. *Gu.* Se usa como contestación amistosa y en broma a la pregunta «¿quién?».

peni. (Abrev. de *penitenciaría*).

I. 1. f. *Gu, Ni; Mx, CR, Ec, Ch,* pop. Penitenciaría, cárcel.

II. 1. *Bo:E.* **caraguay.**

península.
    I. 1.   f. *Gu, ES.* Penitenciaría, cárcel. euf.

penita.
    I. 1.   *Cu, RD.* **pena**, molestia o dolor.

penitentada.
    I. 1.   f. *Mx, Ec.* Tontería, bobada. euf; pop.

penitente.
    I. 1.   m. *Ch, Ar.* Formación de hielo o nieve que se alinea en sentido Este Oeste y se inclina en dirección al Sol, que recuerda en su forma la de una persona en actitud de penitencia.
    II. 1.   m. *PR.* Espíritu errante, que no ha subido al cielo. pop + cult → espon.

penitente, -a.
    I. 1.   adj/sust. *Mx, Ec. Referido a persona*, tonta. euf; pop.

pénjamo.
    I. 1.   m. *PR.* Penitenciaría Estatal. carc; pop + cult → espon ^ fest. ◆ **penjan**; **penthouse**.

penjan.
    I. 1.   *PR.* **pénjamo.** carc.

penoco.
    I. 1.   *Bo:E,N.* **samán.**

penoso, -a.
    I. 1.   adj/sust. *Mx, ES, Ni, CR, Pa, Cu, Co, Ve. Referido a persona*, tímida, apocada.
    2.   adj. *Ho, ES, Ni, CR, Cu, PR, Co, Bo, Py. Referido a persona o asunto*, vergonzoso.

penqueada.
    I. 1.   *Gu, Ho, ES, Ni.* **puteada**, reprimenda.
    2.   f. *Gu, Ho, ES, Ni.* Paliza, serie de golpes.
    3.   *Gu, Ho, Ni.* metáf. Derrota abultada que se inflige al contrario.
    II. 1.   f. *Ho, ES, Ni.* Trabajo realizado por alguien con mucho esfuerzo.
    2.   *Ho, ES, Ni.* metáf. Esfuerzo grande.

penqueado, -a.
    I. 1.   adj. *Gu, Ho, ES, Ni. Referido a persona*, que ha recibido una paliza.
    2.   *Ho, Ni.* metáf. *Referido a persona, partido político o equipo*, derrotado con contundencia. pop + cult → espon.
    II. 1.   adj. *Ho, ES, Ni. Referido a cosa*, que se logra, realiza o entiende con mucha dificultad y esfuerzo. pop + cult → espon.

penqueador, -ra.
    I. 1.   m. y f. *ES, Ni.* Persona que gusta de golpear a otras.

penquear(se).
    I. 1.   tr. *Mx.* Cortar las pencas del **maguey**.
    II. 1.   tr. *Gu, Ho, ES, Ni.* Golpear a *alguien*.
    2.   *Gu, Ho, ES, Ni.* Castigar a alguien con golpes.
    3.   *Gu, Ni.* metáf. *En una* **competencia** *deportiva*, derrotar ampliamente al adversario.
    4.   *Ho, Ni.* Derrotar con contundencia a *alguien*.
    III. 1.   tr. prnl. *Gu, Ho, ES, Ni.* Trabajar arduamente, esforzarse mucho en algo.
    IV. 1.   intr. prnl. *Ch.* Beber alcohol. pop.

penqueo.
    I. 1.   m. *Ni.* Combate bélico.
    2.   *Ni.* Pelea entre jóvenes.
    II. 1.   m. *Ni.* Trabajo duro e intenso.

pensada.
    I. 1.   f. *Ho, ES, Ni.* Idea bien elaborada, ocurrencia.
    2.   *Gu.* Reflexión, meditación.
    3.   *Gu.* Idiotez, estupidez. sat.
    ▶ **echarse una ~.**

pensadera.
    I. 1.   f. *Cu.* Cabeza de una persona.
    II. 1.   f. *Cu.* Pensamiento reiterado.

pensador, -ra.
    I. 1.   *Mx.* Tonto. euf; pop + cult → espon ^ sat.
    2.   **pendejo**, cobarde. euf; pop + cult → espon ^ sat.

pensadora.
    I. 1.   f. *Bo:O, Ur,* pop ^ fest; *ES,* delinc; *PR,* juv; *Ar,* p.u. Cabeza.

pensamiento.
    ■
    a. ‖ **~ de pobre.** m. *RD.* **teresita.**
    □
    a. ‖ **~ al diablo.** loc. sust. *Ho. En el ejército*, castigo que consiste en mantener recto el cuerpo sostenido por los dos codos que están sobre la chapa de una botella de refresco.
    ▶ **dar ~.**

pensar.
    I. 1.   tr. *RD, Co, Ec.* Recordar a *alguien*.
    II. 1.   intr. *Ch.* Existir la posibilidad de que se haga lo que se está mencionando o de que suceda algo.
    □
    a. ‖ **~ en la inmortalidad del cangrejo.** loc. verb. *Mx, Gu, Ho, ES, Ni, Pa, Cu, RD, Ve, Ec, Bo, Ur.* Estar distraída *una persona*, perder la atención. sat.
    b. ‖ **~ en la inmortalidad del mosquito.** loc. verb. *Pe.* Estar distraída *una persona*, perder la atención.
    c. ‖ **~ en las muelas del gallo.** loc. verb. *Gu.* Distraerse *alguien*, perder la atención.
    d. ‖ **~ en los anteojos del gallo.** loc. verb. *Gu.* Distraerse *alguien*, perder la atención.
    e. ‖ **~ en los huevos del gallo.** loc. verb. *CR, Co.* Estar *alguien* distraído. pop.
    f. ‖ **~ en pajaritas preñadas.** *Pa.* **pensar en pajaritos preñados.**
    g. ‖ **~ en pajaritos preña(d)os.** loc. verb. *Pa, RD, PR, Ve.* Hacerse ilusiones sobre algo irrealizable. (**pensar en pajaritas preñadas**).
    ◨
    a. ‖ **hasta para orinar se piensa.** fr. prov. *Ho.* Indica que siempre hay que pensar en todo lo que se hace. pop.

pensión.
    I. 1.   f. *Mx.* Establecimiento en que se pueden estacionar automóviles mediante un pago mensual.
    II. 1.   f. *Co:O,SO.* Preocupación, inquietud. pop.
    2.   *Ch.* Aflicción, pena. rur.
    III. 1.   f. *Ec, Pe, Bo.* Cantidad de dinero que se paga mensualmente en una institución educativa privada.
    IV. 1.   f. *Bo:O.* Local en que se sirven comidas y bebidas alcohólicas.
    V. 1.   f. *Bo.* Almuerzo y cena que recibe una persona en un restaurante a cambio de un pago mensual.
    ■
    a. ‖ **~ de mesa.** f. *Ch.* Comida o servicio de comidas que se da en una pensión o alojamiento.
    ◨
    a. ‖ **~ Soto, donde se da casa, comida y poto.** fr. prov. *Pe; Ch,* fest. Indica que en un lugar se da un servicio completo o se tiene de todo, incluidas relaciones sexuales. pop + cult → espon.
    ▶ **dar ~.**

pensionado.
    I. 1.   m. *Ni, Ch; Bo,* obsol. Sección privada de un hospital cuyos pacientes pagan todos los servicios y atenciones.

pensionado, -a.
    I. 1.   m. y f. *Mx, Ni, CR, Co.* Persona que recibe una pensión de jubilación.
    II. 1.   sust/adj. *Bo.* Persona que recibe diariamente el almuerzo o la cena en un restaurante a cambio de un pago mensual.

2. *Bo:S.* Persona que recibe alojamiento y comida en una pensión a cambio de un pago mensual.
III. 1. adj. *Pa. Referido a persona*, afligida. rur.

pensionar(se).
I. 1. intr. prnl. *Mx, Ni, RD, PR, Co, Ch.* Obtener la pensión o jubilación.
2. tr. *CR, Ec.* Jubilar a *alguien*.
II. 1. intr. prnl. *Bo.* Recibir el almuerzo o la cena en un restaurante a cambio de un pago mensual.

pensum.
I. 1. m. *Gu, Ni, Ec, Bo; Co,* cult. Plan de estudios de una carrera universitaria.
2. *Ho, Ni, Ve, Ec, Bo.* Conjunto de asignaturas de una carrera o un posgrado. cult → esm.

pent-house.
I. 1. *Cu.* **penthouse**.

pentamón. (Del taras.).
I. 1. *Mx:O.* **ahuehuete**.

penthouse. (Voz inglesa).
I. 1. m. *EU, Mx, Ho, Ni, CR, Cu, PR, Pe, Ur.* Apartamento lujoso construido en el piso más alto de un edificio, *generalmente con una terraza grande*. (**pent-house**).
II. 1. *Mx, PR.* metáf. **pénjamo**. carc.

penudo, -a.
I. 1. adj. *ES, Ni, CR. Referido a hombre*, de pene grande.
II. 1. adj. *ES; CR,* p.u, pop + cult → espon ^ fest. *Referido a persona*, vergonzosa, tímida.

peña.
I. 1. f. *Ch.* Evento donde se toca música folclórica y se consumen bebidas y comidas típicas.
II. 1. sust/adj. *Gu.* Persona sorda. pop + cult → espon ^ fest.
▶ **estar bajo la ~; quedarse deteniendo la ~; sostener la ~.**

peñarolense.
I. 1. sust/adj. *Ur.* Miembro o simpatizante del Club Atlético Peñarol, del Uruguay. pop + cult → espon.

peñasca.
I. 1. f. *Ni.* Agua.

peñasquear.
I. 1. tr. *Ch.* Arrojar piedras u objetos contundentes sobre algo o alguien. pop.

peñasquería.
I. 1. f. *Mx.* Peñascal, sitio cubierto de peñascos. rur.

peñero.
I. 1. m. *Ve, Pe.* Bote pesquero de 9,5 m de eslora, sin cabina y de forma más fina y alta en la proa, lo que le proporciona rapidez.

peñi.
I. 1. m-f. *Ch. Entre mapuches*, hermano, amigo, camarada.

peñiscar.
I. 1. tr. *Pe.* Pellizcar, asir *algo* con los dedos y apretarlo. (**peñizcar**).

peñisco.
I. 1. *Pe.* **peñizco**.

peñizcar.
I. 1. *Pa, Ec, Pe; Ch,* pop. **peñiscar**.

peñizco.
I. 1. *Pe, Ch; Ec,* p.u, rur, pop. Pellizco, pinzamiento hecho con los dedos sobre algo, *generalmente una parte del cuerpo*. pop. (**peñisco**).

peñizcón.
I. 1. *Pa, Pe, Ch.* **pellizcón**, pellizco.

peñol.
I. 1. m. *Ho.* Peñón, piedra grande y vertical de la parte alta de un cerro.

peñolería.
I. 1. f. *Pe, Bo:E.* Conjunto de rocas escarpadas.

peñonal.
I. 1. m. *PR.* Risco empinado. rur.

peñonazo.
I. 1. m. *PR.* Golpe dado a alguien o a algo con una piedra grande. pop + cult → espon.

peo.
I. 1. m. *PR, Ve.* Discusión o pelea. vulg.
2. *PR, Ve.* Problema, conflicto. vulg.
II. 1. m. *Cu.* Persona de poca estatura. pop + cult → espon ^ desp.
III. 1. m. *Cu.* Susto. pop + cult → espon.
□
a. ‖ **como un ~.** loc. adv. *Cu. En relación con el modo de desplazarse o de salir de un lugar*, muy rápidamente.
b. ‖ **en ~.** loc. adv. *Cu.* En estado de embriaguez. pop + cult → espon.
c. ‖ **~ mal tirado.**
   i. loc. sust. *Cu.* Persona presuntuosa. pop + cult → espon ^ desp.
   ii. *Cu.* Persona molesta. pop + cult → espon ^ desp.
▶ **tener un ~ atravesado.**

peo, -a.
I. 1. adj. *Ve. Referido a persona*, borracha. vulg.

peón.
▶ **pagar el ~.**

peoneta.
I. 1. m-f. *Ch.* Persona encargada de subir y bajar bultos de los vehículos de carga.

peonía.
I. 1. f. *Mx, Cu, Co.* Planta trepadora de hasta 5 m de altura, de tallos leñosos y hojas compuestas, pinnadas y alternas, flores pequeñas, blancas, rosadas o rojas en racimo, y semillas en vaina, gruesas, duras, esféricas y de un rojo vivo con un lunar negro. (Fabaceae; *Abrus precatorius*). (**peronía**).
   ♦ **chocho; semilla de culebra; xoxoac.**
2. *Mx.* **frijolillo**. (Fabaceae; *Rhynchosia* spp.).

people.
■
a. ‖ *beautiful* **~.** (Voz inglesa). m. *Ho, Ve.* Persona de la alta sociedad, *generalmente con dinero*. cult → esm.

peor.
I. 1. adv. *Gu, Ni, Py.* Más aún.
□
a. ‖ **de ~ en ~.** loc. adv. *Ve.* De mal en peor, cada vez más desacertada e infaustamente. pop + cult → espon.
b. ‖ **~ es nada.** loc. sust. *Mx, Gu, Pa, Ve, Ec, Pe, Bo, Ch, Py, Ar, Ur.* Pareja sentimental de alguien. pop ^ fest.
c. ‖ **~ tantito.** loc. adv. *Mx.* Mucho peor.

peora.
I. 1. f. *Ec.* Daño o deterioro que sufre un inmueble.

pepa.
I. 1. f. *Co, Pe; Ec,* juv. Pastilla de éxtasis. drog.
2. *Co, Pe; Ec,* juv. Pastilla, pequeña porción compacta y redondeada de un preparado medicinal.
3. *PR, Pe, Ch.* Cápsula o pastilla de estupefaciente. drog.
4. *Ar.* Pastilla de ácido lisérgico. pop + cult → espon.
II. 1. f. *Pa, PR, Pe, Bo.* Semilla grande y dura de algunas frutas.
2. *Co.* Parte dura y compacta en el centro de algunos frutos en la cual se contiene la semilla.
3. *Co.* Grano de café.

4. *Ho, CR, Pa.* Semilla grande de algunos frutos como el **chayote**.

5. *ES.* Semilla de **marañón**.

6. *Ho.* Brote germinal en medio de las dos mitades de la semilla del **pataste**. rur.

III. 1. f. *Mx, Pa, Ec, Ch.* Tumor o pepita que tienen los gallos y las gallinas en la lengua y que les impide comer y cacarear.

IV. 1. f. *Mx.* Instrumento de carpintería parecido a una gubia.

V. 1. f. *Co:C.* Persona inteligente y perspicaz. pop.

2. *Pe.* Apariencia de alguien, *especialmente la cara, generalmente buena.* pop.

3. adj. *Ec.* juv. *Referido a cosa,* estupenda o muy buena. pop.

4. *Ec.* juv. *Referido a persona,* simpática, amable. pop.

VI. 1. f. *Bo, Ch, Ar.* En el *fútbol,* gol. pop + cult → espon.

VII. 1. f. *Ho, Ve, Ur; CR,* p.u. Vulva. tabú; pop + cult → espon.

VIII. 1. f. *Pe.* metáf. Secreto, noticia que se revela. pop.

IX. 1. f. *Pa, Ch.* Ojo, órgano de la vista. pop + cult → espon.

2. pl. *Bo.* Testículos del hombre. vulg; fest.

X. 1. f. *Ve.* Grano sebáceo que brota *generalmente en la cara.*

XI. 1. f. *Ve.* Bala de un arma de fuego.

XII. 1. f. *Ch.* Pepita de un mineral nativo.

XIII. 1. f. *Ch.* Dispositivo o espita que obstruye o cierra una cámara neumática.

XIV. 1. f. *Ch.* Año de edad. pop.

XV. 1. f. *Ec.* juv. Músculo.

XVI. 1. f. pl. *Ec:O.* Ojos de una persona. pop + cult → espon ^ fest.

XVII. 1. f. *Bo.* En *periodismo,* noticia de gran importancia. pop.

XVIII. 1. f. *ES.* Cabeza.

XIX. 1. f. *PR.* Fuerza, vigor. pop + cult → espon.

XX. 1. f. *Pa.* obsol. Menstruación. pop + cult → espon.

■

a. ‖ ~ **de zambo.** f. *Ec.* **vinchuca.**

b. ‖ ~ **del ojo.** f. *Pa.* Globo ocular. pop.

□

a. ‖ **como ~ de guama.** loc. adv. *Co.* Rápidamente. pop.

b. ‖ **como ~ de mango.** loc. adv. *Ve.* Con mucho atractivo y belleza física.

c. ‖ **cuatro ~s.** loc. sust. *Ve.* Persona que usa gafas.

d. ‖ **en ~s.** loc. adv. *Ec, Bo.* Sin ropa. pop.

e. ‖ **la ~ del alma.**

i. loc. sust. *Ch.* La cosa más valiosa o indispensable para alguien. pop + cult → espon.

ii. *Ch.* Lo más profundo e íntimo de alguien. pop + cult → espon.

f. ‖ **más limpio que una ~.** loc. adv. *Ec.* Sin suciedad.

g. ‖ **más limpio que una ~ de guama.** loc. adv. *Ve.* Sin dinero.

h. ‖ ~ **de jobo.** loc. sust. *PR.* Pelo grifo. pop + cult → espon. (**pepita de jobo**).

i. ‖ ~ **de yegua.** loc. sust. *Ho.* Persona con la cara llena de espinillas. vulg; pop + cult → espon ^ desp.

j. ‖ **sin ~s en la lengua.** *PR.* **sin pepitas en la lengua.**

▶ **hablar en ~s; hacerse ~; largar la ~; mandar ~; pelar las ~s; salir como ~ de guama; ser ~; soltar la ~; valer ~.**

pepazo.

I. 1. m. *Pa, Ve,* pop + cult → espon; *Co,* pop. Balazo.

2. *Pa, PR, Ve.* Golpe que se da con algún objeto esférico o con algo parecido, *como una piedra o una semilla.* pop + cult → espon.

II. 1. m. *Co.* Idea brillante. pop.

III. 1. m. *Pe.* Dosis de psicofármaco de efecto estimulante.

pepe.

I. 1. *Mx.* **papán.**

II. 1. m. *Gu, Ho.* Biberón.

2. *Gu.* Chupete de caucho.

3. *ES.* Tetilla del biberón.

III. 1. sust/adj. *Gu, ES.* Niño huérfano.

IV. 1. m. *Ch.* Hombre natural de España. pop + cult → espon ^ fest.

V. 1. m. *Ho.* Miembro de la policía. desp.

VI. 1. m. *Ho.* Corte de carne del pecho del ganado vacuno hecho con dos tajos alargados.

●

a. ‖ **¡qué Pepes!** fórm. *Ho.* juv. Se usa como saludo entre jóvenes.

□

a. ‖ **al Pepe.** loc. adv. *Ar.* Inútilmente. vulg; pop.

b. ‖ **de a Pepe.**

i. loc. adv. *Cu, PR.* Por las malas. pop.

ii. *Cu.* Por simple deseo o capricho. pop. ◆ **de a Pepe cojones.**

c. ‖ **de a Pepe cojones.**

i. *Cu.* **de a Pepe**, por simple deseo.

ii. loc. adv. *PR.* A la fuerza. vulg; pop.

d. ‖ **ni en Pepe.** *Ar.* **ni en pedo.** vulg; pop.

pepeado, -a.

I. 1. adj. *Co, Ec, Pe. Referido a persona,* drogada con estimulantes en pastilla. pop.

II. 1. adj. *Ve.* juv. *Referido a persona,* muy bella.

2. *Ve.* juv. *Referido a cosa,* muy buena.

pepear(se).

I. 1. tr. prnl. *Ec, Pe.* juv. Ingerir drogas o sustancias estimulantes en pastilla.

2. tr. *Pe.* Hacer que *alguien* ingiera una dosis de psicofármacos, *generalmente con el propósito de robarle.*

II. 1. tr. *Gu.* Robar *algo* a alguien.

pepecacao. (Del nahua).

I. 1. *Mx:SE.* **patastillo.**

pepedé. (De la sigla *PPD,* Partido por la Democracia).

I. 1. m. *Ch.* Partido por la Democracia, fundado por políticos de izquierdas en 1987.

2. adj. *Ch.* Relativo a este partido.

3. m-f. *Ch.* Militante de este partido.

4. *PR.* Militante de la agrupación política Partido Popular Democrático.

pepeite. (De nahua *pepechtli,* colchón).

I. 1. m. *Ho.* Colchón. polic.

pepelma.

I. 1. f. *Pe.* Azulejo muy pequeño de forma hexagonal o cuadrangular utilizado para cubrir frisos, baños, piscinas o cocinas que produce un efecto de mosaico.

pepena. (Del nahua *pepena,* recoger lo esparcido por el suelo).

I. 1. f. *Mx, Gu; Ec,* p.u. Rebuscamiento entre la basura.

2. *Mx, Gu.* Recolección del sobrante de una cosecha. rur.

3. *Gu, Ho, ES, Ni.* Recolección de los últimos granos de café madurado que han caído al suelo.

4. *Gu, Ni.* Recogida de algo del suelo.

II. 1. f. *Ni:N,O.* Resto de carne que se adhiere a las ollas al freír la corteza del cerdo.

◪

a. ‖ **unos a la pena y otros a la ~.** fr. prov. *Mx, Gu.* Indica que mientras unos ayudan, otros roban o se aprovechan de la situación.

▶ **estar a la ~.**

pepenadero.

I. 1. m. *Mx.* Lugar donde se acumulan objetos desechados aunque puedan tener algún empleo o utilidad.

pepenado, -a.
 I. 1.   m. y f. *Gu.* obsol. Niño huérfano o abandonado que es adoptado por una familia o acogido en una institución.
  2.   adj. *Ni.* p.u. *Referido a nijo,* adoptivo. rur.

pepenador, -ra.
 I. 1.   m. y f. *Mx, Ho, Ni; Ec,* p.u. Persona que se dedica a rebuscar entre la basura.
  2.   sust/adj. *Ho, Ni; Pa,* rur.; pop. Persona que recolecta granos de café.
  3.   m. y f. *Ho, Ni.* Persona que vive de recoger la basura. ♦ **guajero.**
  4.   *ES.* Persona que recoge frutos del suelo.

pepenance. (Del nahua *pepena,* recoger, y *nanche,* nance).
 I. 1.   m. *Mx, Gu, Ho, ES, Ni, Co.* Arbusto con ramas cubiertas de espinas curvas, hojas oblongas y puntiagudas, flores blancas, pequeñas y olorosas, fruto de color amarillo, parecido al **nance.** (Oleaceae; *Ximenia americana*). ♦ **aguja de arra; chocomico; limoncillo; manzanillo.**
  2.   *Mx, Gu, Ho, ES, Ni, CR.* Fruto del pepenance, pequeño y de color amarillo; es comestible. ♦ **chocomico; limoncillo; manzanillo.**

pepenar(se). (Del nahua *pepena,* escoger, recoger).
 I. 1.   tr. *Mx, Gu, Ho, ES, Ni, CR:NO, Pa.* Recoger *algo* del suelo, rebuscar. rur.
  2.   intr. *Mx, Gu, Ni; Ec,* p.u. Buscar entre la basura y rescatar objetos que pueden tener algún empleo o utilidad.
  3.   tr. *Mx, Gu.* Recoger el sobrante de una cosecha. rur.
  4.   tr. prnl. *Mx, Ni.* Robar *algo* a alguien.
  5.   tr. *Mx.* Encontrar a *alguien* casual y sorpresivamente. pop.
  6.   *Ho, Ni.* Cosechar del suelo algún grano como el café.
 II. 1.   tr. *Mx.* Atrapar a *alguien.* pop.
  2.   tr. prnl. *Ho, ES, Ni.* Matar *una persona* a alguien.
  3.   *ES.* Morirse *alguien.*
  4.   tr. *Ho.* Derrotar con contundencia a *alguien.*
  5.   *Ho.* Golpear a *alguien.*
  6.   *Ni.* Apresar a *alguien.*
 III. 1.   intr. prnl. *ES, Ni.* Realizar el coito.
 IV. 1.   tr. *Ni.* Aplazar, suspender a un alumno. est.

pepenco, -a.
 I. 1.   m. y f. *Mx:NO.* Niño malcriado.

pepeo.
 I. 1.   m. *Co.* Cosecha de los granos de café que maduran antes o después de la cosecha principal.

pepepán.
 I. 1.   *Ec:N.* **árbol del pan.**

pepepato.
 I. 1.   m. *Ch.* p.u. Hombre joven que revela en su forma de hablar y vestimenta proceder de una clase social elevada.

peperecha.
 I. 1.   f. *Gu, ES.* Prostituta.
  2.   adj. *Ho.* Referido a *muchacha,* coqueta.
 II. 1.   f. *ES.* Pan dulce pequeño, de escaso grosor, con una capa de azúcar normalmente con color rojo en la parte de arriba.

pepereche.
 I. 1.   m. *ES.* Puto, prostituto.

peperechero.
 I. 1.   m. *ES.* Prostíbulo.

peperina.
 I. 1.   f. *Ar.* Planta ramosa de hasta 2 m de altura, de hojas fragantes y flores blancas; se atribuyen propiedades medicinales a la infusión de las hojas, ricas en aceite esencial. (Labiatae; *Minthostachys verticillata*).

pepermín. (Del ingl. *peppermint,* menta).
 I. 1.   m. *Pa, Ur.* Licor de menta. pop + cult → espon.

 II. 1.   m. *Pa.* Caramelo de forma alargada, de color blanco y líneas rojas, con sabor a menta. pop + cult → espon.

pepero, -a.
 I. 1.   m. y f. *Pe.* Delincuente o persona dedicada a la prostitución que hace ingerir a su víctima una dosis de psicofármacos en pastilla para robarle posteriormente. delinc.

pepesca. (Del nahua *pepechtic,* reluciente).
 I. 1.   f. *Gu, Ho, ES, Ni.* Pez de hasta 15 cm de longitud, de cuerpo cilíndrico con una cabeza plana, la mayoría tienen escamas cicloides, la línea lateral es incompleta y poco desarrollada, las aletas dorsal y anal están en la punta media del cuerpo o más atrás y las aletas pélvicas están en posición abdominal. (Poeciliidae; *Alfaro ruberi, Poecilia mexicana, Poeciliopsis gracilis, Heterandria himaculata, Poeciliopos turrubarensis, Pecilistes pleurospilos, Mollienesia aphenops*). ♦ **bubucha; bute; chimbola; chimbomba; cholola; olomina.**
  2.   *Gu, Ho, ES, Ni.* Pepesca, salada y secada al sol.
 II. 1.   f. *ES.* Partido Demócrata Cristiano.
  2.   *ES.* Miembro del Partido Demócrata Cristiano.
 III. 1.   f. *ES.* Persona voluble y con desdoblamiento de personalidad.

pepescue.
 I. 1.   m-f. *ES.* Persona zafia y grosera.

pepeshte. (Del nahua *pepechtli,* colchón o ropa sobre la que se duerme).
 I. 1.   m. *ES.* Colchoneta para dormir.
  2.   *ES.* Pequeña almohadilla o protector que se pone en el hombro o lomo para transportar algo.

pepeshteado, -a.
 I. 1.   adj. *ES. Referido a ropa,* vieja y muy remendada.

pepeshtear.
 I. 1.   tr. *ES.* Remendar la ropa vieja.

pepestle. (Del nahua *pepechtli,* colchón).
 I. 1.   m. *Mx.* Lecho de hojas de maíz que se ponen en el fondo de la olla donde se cuecen los **tamales.** rur.

pepeto.
 I. 1.   *Gu, Ho, ES.* **guajinicuil.**

pepeyote. (Del nahua).
 I. 1.   m. *Mx.* Piojillo, insecto parásito que vive sobre las aves y se alimenta gracias a ellas.

pepiada.
 I. 1.   f. *CR.* Enamoramiento profundo que experimenta alguien por otra persona. vulg; pop + cult → espon.

pepiado, -a.
 I. 1.   adj. *CR. Referido a persona,* sumamente enamorada de alguien. vulg; pop + cult → espon.

pepián.
 I. 1.   m. *Pe.* Guiso hecho con **choclo** rallado y **ají** al que se añade carne, queso y otros ingredientes.
  2.   *Gu.* Guiso de espinazo de cerdo con una salsa de pan tostado, **culantro,** ajo, cebolla y sal. (**pipián**).

pepiarse.
 I. 1.   intr. prnl. *CR.* Enamorarse apasionadamente de alguien. vulg; pop + cult → espon.

pepillito.
 I. 1.   m. *RD.* Chico muy guapo, admirado por las muchachas.

pepillito, -a.
 I. 1.   adj/sust. *RD. Referido a persona,* que cuida mucho su físico y su forma de vestir. (**pepillo**).

pepillo.
 I. 1.   sust/adj. *Cu, RD.* Persona joven o de aspecto juvenil y elegante.
 II. 1.   sust/adj. *Cu.* Persona que está a la moda.
 III. 1.   adj/sust. *RD.* **pepillito,** que cuida su físico.

pepino.
    I. 1.   m. *CR, Bo, Ch, Ar, Ur. En el **futbol***, gol. pop.
   II. 1.   *Pe.* **pepino dulce**, planta y fruto.
     2.   *Ho.* **cundeamor**.
     3.   m. *PR.* **curuba**, planta. (Cucurbitaceae; *Sicaria odorifera*).
     4.   *PR.* **curuba**, fruto.
  III. 1.   m. *Cu.* Botella de plástico para almacenar líquidos con capacidad para 1,5 o 2 litros.
  IV. 1.   m. *Bo:O.* Personaje cómico de las fiestas de carnaval que lleva un traje ancho con grandes botones y una máscara sonriente.
   V. 1.   m. *Ho. En el juego de la rayuela*, casilla elíptica que se añade para hacer el doble. inf.

■

    a. ‖ ~ **de monte.** *Bo:E.* **tomate de árbol**, arbusto y fruto.
    b. ‖ ~ **de rellenar.** m. *Co.* **achojcha**, planta y fruto. pop.
    c. ‖ ~ **dulce.**
      i.   m. *Ec, Pe.* Fruto en forma de baya redonda u ovalada de hasta 15 cm de color amarillo dorado con vetas color púrpura y carne muy dulce. ♦ **pepino; pepino mataserrano**.
     ii.   *Pe.* Planta herbácea, semiarbustiva perenne, con tallos muy ramificados y tendencia rastrera; hojas lanceoladas y simples de hasta 12 cm; flores en racimos simples de color blanco con vetas azul moradas. (Solanaceae; *Solanum muricatum*). ♦ **pepino; pepino mataserrano**.
    d. ‖ ~ **mataserrano.** m. *Pe.* **pepino dulce**, planta y fruto.
    e. ‖ ~ **morado.** m. *Co.* Berenjena. (Solanaceae; *Solanum melongena*). pop.
  ▶ **amargar el ~.**

pepita.
    I. 1.   f. *Gu, Pa.* Nuez del varón.
     2.   *ES, Ur.* Vulva. tabú.
     3.   *RD.* Clítoris. vulg.
   II. 1.   f. *Gu.* Carne de **res**.

□

    a. ‖ **como ~ de guaba.** loc. adv. *Pa.* Muy rápido, aceleradamente. pop + cult → espon.
    b. ‖ ~ **de guate.** loc. sust. *Pa.* Sombrero de color claro y ala ancha.
    c. ‖ ~ **de jobo.** *PR.* pepa de jobo.
    d. ‖ ~ **de pan.** loc. sust. *PR.* **pana**, fruto. (**pepita de pana**).
    e. ‖ ~ **de pana.** *PR.* pepita de pan.
    f. ‖ **sin ~s en la lengua.** loc. adv. *Pa, PR.* De manera directa, sin tapujos. (**sin pepas en la lengua**).
  ▶ **estar como ~ en maraca; no tener ~ en la lengua; no tener ~s en la lengua; salir como ~ de guaba.**

pepitazo.
    I. 1.   m. *Gu, Pa.* Balazo. delinc.
     2.   *Gu.* Golpe dado con un objeto.

□

    a. ‖ **en un ~.** loc. adv. *Gu.* En un momento, rápidamente.

pepitero.
    I. 1.   m. *Ar:NO.* Pájaro de color gris en el dorso y ocráceo en el abdomen, con el pico fuerte y grueso. (Emberizidae; *Saltator* spp.). ♦ **rey del bosque**.

pepito.
    I. 1.   m. *Ve; Co:C*, obsol. Hombre que viste con mucho esmero y afectación.

■

    a. ‖ ~ **paga doble.** m. *Ch.* Juego, *generalmente callejero*, en el que quien dirige el juego moviliza con gran rapidez tres chapas una de las cuales está marcada; gana quien adivina cuál de ellas es la marcada.

pepito, -a.
    I. 1.   adj. *Ve. Referido a persona*, muy bien vestida.

pepitoria.
    I. 1.   f. *Mx, Gu.* Dulce de pepita de calabaza con **piloncillo**.
   II. 1.   f. *Co:NE.* Guiso hecho con sangre y vísceras.
  III. 1.   f. *Gu, Ho, ES.* Semilla seca de **ayote**.

pepitudo, -a.
    I. 1.   adj. *Gu. Referido a fruta*, que tiene muchas semillas.
   II. 1.   adj. *Gu. Referido a hombre*, que posee una nuez prominente.

pepla.
    I. 1.   f. *RD.* Cosas sin importancia ni fundamento sobre las que alguien habla.

peploso, -a.
    I. 1.   adj. *RD. Referido a persona*, que habla solo de cosas que no son importantes ni tienen fundamento.

peplum.
    I. 1.   m. *Cu.* Tachones dispuestos de la cintura para abajo en camisas o chaquetas.

pepo.
    I. 1.   m. *Ec*; m. pl. *Pe*, p.u. Canicas, juego de niños.
     2.   m. *Pe.* p.u. Una de las canicas.
     3.   *Ec:C. En el juego de los **cocos***, golpe con el que se logra sacar del círculo una de las bolas de acero.
   II. 1.   m. *Ec.* Trago de bebida alcohólica, *en especial de aguardiente*.

pepo, -a.
    I. 1.   adj. *ES. Referido a persona*, drogada.

pepón.
    I. 1.   adj/sust. *Pe. Referido a persona*, de cara y apariencia muy agraciadas. pop.

pepona.
    I. 1.   adj. *Ho. Referido a hembra*, de vulva abultada, turgente.

peposo, -a.
    I. 1.   adj. *PR. Referido a persona*, rebosante de energía. pop + cult → espon.
     2.   *PR.* Bueno, excelente. pop + cult → espon.

pepsicola. (De *Pepsicola*®).

□

    a. ‖ **la última ~ del desierto.** loc. sust. *Ni, Ve.* Lo más importante.

pepsicolear.
    I. 1.   tr. *Ni.* Mirar, observar, vigilar *algo* o a *alguien*.

pepudo, -a.
    I. 1.   adj. *Ec.* juv. *Referido a persona*, de complexión musculosa.

peque.
    I. 1.   *Pe.* **pequepeque**.

pequén.
    I. 1.   m. *Ch.* **lechucita de las vizcacheras**.
     2.   *Ch:C,S.* metáf. Danza popular bailada por parejas que imitan en sus movimientos el galanteo del pequén.
   II. 1.   m. *Ch.* Empanada pequeña y triangular sin carne, hecha con cebolla, **ají** y otros ingredientes.

pequeña.
    I. 1.   f. *RD.* Cerveza cuyo envase es una botella de poca capacidad.

pequepeque. (De or. onomat., por el ruido del motor).
    I. 1.   m. *Pe.* Embarcación de madera a modo de canoa, con motor, de unos 10 m de longitud por 1,5 m de ancho. ♦ **peque**.

per. (De or. onomat.).
    I. 1.   m. *Ho.* Canto del sapo.

pera.
    I. 1.   f. *Ch; Ar, Ur*, pop + cult → espon. Mentón.

II. 1. f. *Ec.* Falta injustificada de un estudiante a clase.

III. 1. f. *Bo.* Beneficio o prebenda que tienen los militantes de un partido que está en el poder. pop + cult → espon.

IV. 1. f. *PR.* Persona o establecimiento comercial a los que se planea robar. delinc.

V. 1. f. *Ur.* Válvula del escape del inodoro que permite al aparato descargar el agua.

■

a. ‖ **doble ~.** f. *Ch.* Conjunto de mentón y papada.

□

a. ‖ **buenas ~s.** loc. sust/adj. *Ch.* Persona tonta o poco inteligente. euf; pop.

b. ‖ **como ~s en cajeta.** loc. adv. *Ec.* obsol. Con mucha estrechez por falta de espacio.

c. ‖ **¡las buenas ~s!** loc. interj. *Ch.* Expresa rechazo o negación enfática. pop.

▶ andar a la ~; echarse la ~; hablar de la ~ y comer de ella; pegar en la ~; pegarse en la ~; poner las ~s a cuatro; ponerle entre ~ y bigote; tirarse la ~; vivir de la ~.

peralejo.

a. ‖ **~ de sabana.** *RD.* **chaparro,** árbol.

peramota.

I. 1. f. *Bo.* Variedad de pera, amarilla, de carne dulce y de mayor tamaño.

perazo.

I. 1. m. *Ch.* Fracaso, frustración. pop + cult → espon.

percala.

I. 1. f. *Pe.* Percal, tela de algodón.

percalina.

I. 1. f. *Pe.* Papel de apariencia plastificada que imita a la tela, usado para forrar libros y cuadernos.

percán.

I. 1. m. *Ch.* Hongo o moho que debido a la humedad se forma en la ropa, dejando manchas.

percance.

I. 1. m. *Pe:NO.* obsol. Obsequio de poca cuantía que, *especialmente un vendedor, daba a un cliente por la compra hecha.*

percánica.

I. 1. f. *ES.* Botella de licor.

II. 1. f. *ES.* **chicha** fuerte. polic.

percanta.

I. 1. f. *Ar, Ur,* p.u. Mujer, *especialmente la hermosa y atractiva.* pop.

2. *Bo.* Prostituta. vulg.

percar.

I. 1. tr. *Bo:O.* Construir o levantar una pared, *generalmente de piedra.* pop.

percedí.

I. 1. m. *Ni.* juv. Mercado.

percentil.

I. 1. m. *Pe.* En *los centros de enseñanza escolar,* prueba que se realiza a los alumnos que consiste en dictar palabras de ortografía dudosa para obtener porcentajes de aciertos y fallos e incorporarlos a estadísticas más amplias.

percha.

I. 1. f. *ES, Cu, Ve, Ur.* Conjunto de prendas de vestir, *especialmente las elegantes y costosas.*

2. *Cu, PR.* Armario sin puertas para colgar ropa.

3. *RD.* Lujo y ostentación en el vestir. pop.

II. 1. *Gu, Ho.* **prensa,** multitud o montón.

III. 1. f. *Ch.* Sarta de pescados o mariscos.

IV. 1. f. *Ho.* Conjunto de tablas puestas verticalmente para el secado.

2. *Ho.* Rama seca de un árbol.

V. 1. adj/sust. *Ec.* Referido a *mujer,* solterona.

▶ echar ~; quedarse en la ~; tirar ~; tirarse la ~.

perchar.

I. 1. intr. *Ho.* Posarse un ave en una rama seca. cult → esm.

perchel.

I. 1. m. *Bo:E,* rur; *Py,* obsol. Desván de algunas casas que se utiliza como granero.

perchero, -a.

I. 1. m. y f. *Ec.* En *un establecimiento comercial,* persona encargada de colocar las mercaderías en los lugares destinados para su exhibición y venta.

perchico.

I. 1. m. *Bo:O.* Variedad de **durazno** de pulpa blanda y sabor muy dulce.

perchudo, -a.

I. 1. adj. *Co.* Referido a *persona,* arreglada y vestida con esmero. pop.

percolador, -ra. (Del ingl. *percolator*).

I. 1. m. y f. *Ho.* **pazcón,** utensilio.

percoladora. (Del ingl. *percolator*).

I. 1. f. *Ho, Ni, CR.* Cafetera eléctrica.

percucio, -a.

I. 1. m. y f. *Ve.* Persona de escasos recursos económicos y sin educación formal.

percudir.

I. 1. tr. *Mx, ES, CR, Pa, PR, Pe, Bo, Ar.* Provocar *algo* que una prenda de vestir de color claro o blanco amarillee o pierda sus tonos originales.

2. *Ho, Ni.* Aclarar la ropa enjabonada.

percusio, -a.

I. 1. m. y f. *Ve.* Persona de escasos recursos económicos y sin educación formal.

percutar.

I. 1. tr. *Ho, Pa,* delinc; *Ch,* esm. Disparar un arma de fuego.

perdedera.

I. 1. f. *Mx, Ho, Ni, CR, RD, Co.* Pérdida reiterada de algo. pop.

2. *Cu.* Olvido o despiste constante. pop.

3. *Cu.* Desconocimiento de algo. pop.

perdedizo, -a.

I. 1. adj. *Mx, Gu, Ho, Co.* Referido a *cosa,* fácil de perder o perderse. pop.

2. *Mx, Gu.* Referido a *persona,* que se escabulle de sus obligaciones. pop.

▶ hacer ~; hacerse el ~.

perdedor, -ra.

▶ salir de ~.

perder(se).

I. 1. tr. *Ho, Py.* Esconder momentáneamente algo.

□

a. ‖ **no ~ patada.** loc. verb. *CR.* Ser *una persona* físicamente muy parecida a otra, *en especial un hijo respecto de uno de los padres.*

b. ‖ **no ~ pie ni pisada.** loc. verb. *Pa, Cu, RD, PR.* Vigilar a *alguien* atentamente, o ir tras él y acompañarlo en todo momento. (**no perderle ni pie ni pisada**).

c. ‖ **no ~ pisada.** loc. verb. *Bo, Ch, Ar, Ur.* Vigilar a *alguien* atentamente. pop + cult → espon.

d. ‖ **no ~ tilde.** loc. verb. *Bo.* Prestar mucha atención a *algo* o a *alguien.* pop + cult → espon.

e. ‖ **no ~le ni pie ni pisada.** loc. verb. *PR.* **no perder pie ni pisada.**

f. ‖ **no ~le ojo.** loc. verb. *Ni, PR, Co, Bo.* Vigilar a *alguien* atentamente. pop.

g. ‖ **no ~se la corrida de un catre.** loc. verb. *Co.* Asistir *una persona* a todo evento o acto que lo inviten. pop.

h. ‖ ~ **como en la guerra.** loc. verb. *Ch, Py, Ar, Ur.* Sufrir un revés o un fracaso rotundo. pop + cult → espon.

i. ‖ ~ **de bola.** loc. verb. *RD. Entre jugadores,* perder sin haber tenido la menor posibilidad de ganar.

j. ‖ ~ **el año.** loc. verb. *Co.* Ser asesinado *alguien.* delinc.

k. ‖ ~ **el balance.** loc. verb. *PR.* Perder *alguien* el equilibrio.

l. ‖ ~ **el bus.** loc. verb. *Ec.* Quedarse *alguien* retrasado en algo.

m. ‖ ~ **el caldo y los huevos.** loc. verb. *RD.* Quedarse *alguien* sin nada. pop + cult → espon.

n. ‖ ~ **el capote.** loc. verb. *Cu.* Perder habilidad para hacer algo.

ñ. ‖ ~ **güiro, calabaza y miel.** loc. verb. *Cu.* Quedarse sin nada.

o. ‖ ~ **hacha, calabaza y miel.** loc. verb. *Pa.* Perderlo todo.

p. ‖ ~ **hasta el modo de andar.** loc. verb. *Ni, CR, Pa.* Quedarse sin nada. pop + cult → espon.

q. ‖ ~ **la cobija.** loc. verb. *Cu.* Quedarse calvo.

r. ‖ ~ **la llave.** loc. verb. *Cu, PR.* Tener *alguien* que cumplir una sentencia larga. carc.

s. ‖ ~ **la pata.** loc. verb. *PR. En las peleas de gallos,* perder un gallo la fuerza durante el combate.

t. ‖ ~ **la soga y la cabra.** *PR, Bo.* **perder soga y cabra.** pop + cult → espon.

u. ‖ ~ **la tabla.**
   i. loc. verb. *Cu, PR.* Perder *alguien* la compostura.
   ii. *PR.* Perder *alguien* la libertad bajo palabra. carc.

v. ‖ ~ **las llaves.** loc. verb. *Mx, Ho, Ni.* Tener diarrea. pop + cult → espon ^ fest.

w. ‖ ~ **piso.** loc. verb. *Mx, Pe.* Quedar desconcertado o sin saber qué hacer. pop + cult → espon.

x. ‖ ~ **prenda.** loc. verb. *Cu.* No decir o hacer *algo* en el momento oportuno. pop.

y. ‖ ~ **soga y cabra.** loc. verb. *Pe.* Perder *alguien* todo. **(perder la soga y la cabra).**

z. ‖ **perdérselo.** loc. verb. *Ch, Ur.* Fallar, pifiar, marrar *algo, especialmente en el futbol,* una ocasión de marcar un gol.

perdía.
   I. 1. f. *RD.* Ave de hasta 30 cm de longitud, de cuerpo grueso y plumaje anaranjado, pálido en el pecho y brillante en las alas, con una franja blanca horizontal bajo el ojo. (Columbidae; *Geotrygon chrysia*). ♦ **barbijo.**

perdicita.
■
   a. ‖ ~ **cojón.** f. *Ch.* **cojón.**

perdida.
□
   a. ‖ **a las ~s.** loc. adv. *Ch, Ar, Ur.* Muy de vez en cuando o esporádicamente. pop + cult → espon.
   b. ‖ **de ~.** loc. conj. *Mx.* Por lo menos, como mínimo, aunque sea. pop. ♦ **de perdis; de pérdulis.**
   ▶ **darse una ~; tirar ~s.**

pérdida.
   I. 1. f. *Co, Ch; CR, Pa, Ec, Pe, Bo, Py,* euf; pop; *Ur,* obsol; euf; pop. Aborto espontáneo.

perdidoso, -a.
   ▶ **salir ~.**

perdis.
□
   a. ‖ **de ~.** *Mx.* juv. **de perdida.**

perdiz.
   I. 1. *CR, Ec, Bo, Py.* **gallina de monte,** ave.

2. f. *PR.* **boyero,** paloma.

3. *Ur.* Ave de hasta 25 cm de longitud, de plumaje ocre estriado de negro. (Tinamidae; *Nothura maculosa*).

■
   a. ‖ ~ **colorada.** f. *RD.* **boyero,** paloma.
   b. ‖ ~ **copetona.** *Ch.* **martineta,** ave.
   c. ‖ ~ **cordillerana.**
      i. f. *Ch.* Ave de hasta 30 cm de longitud, de cabeza, cuello, partes superiores, cobertoras y pecho de color ceniciento rojizo, garganta leonado pálido, abdomen y subcaudales canela pálido a oscuro. (Thinocoridae; *Attagis gayi*).
      ii. *Bo:O.* **yutu.**
   d. ‖ ~ **de la puna.** *Ch.* **francolina.**
   e. ‖ ~ **de los altos.** f. *Gu.* Ave de hasta 33 cm de longitud, de cuerpo comprimido lateralmente, cola larga y en forma de V invertida, cresta corta, cara y garganta de color blanco anteado y el resto de la cabeza marrón, la parte anterior de la espalda y el pecho, gris pizarra con listas castañas, pico negro y patas rojizas. (Odontophoridae; *Dendrortyx leucophrys*). ♦ **chirrascuá; perdiz montañera.**
   f. ‖ ~ **de manglar.** *Ec.* **gallareta,** ave.
   g. ‖ ~ **de monte.** *Pe.* **gallina de monte,** ave.
   h. ‖ ~ **montañera.** *CR.* **perdiz de los altos.**
   i. ‖ ~ **silbadora.** f. *Bo:E.* Ave de hasta 30 cm de longitud, de color pardo rojizo con franjas de color negro, pico corto y delgado. (Tinamidae; *Crypturellus undulatus*).
   ▶ **embolinar la ~; emborrachar la ~; hacerse ~.**

perdón.
   ▶ **pedir ~.**

¡perdona!
□
   a. ‖ **¡~, sae!** loc. interj. *PR.* Expresa solicitud de perdón de una persona por algo. pop + cult → espon ^ fest.

perdonado, -a.
   ▶ **estar ~.**

perdonazo.
   I. 1. m. *Ch.* Perdón colectivo o condonación general de una deuda.

pérdulis.
□
   a. ‖ **de ~.** loc. conj. *Mx.* p.u. **de perdida.**

perearse.
   I. 1. intr. prnl. *Ec, Pe:S.* p.u. Faltar injustificadamente a clase. rur.

perecear.
   I. 1. intr. *Gu, Ni, CR, Pa, Co.* Dejar pasar el tiempo sin ocuparse en ninguna tarea, *generalmente por sentir pereza.* pop. ♦ **cachacear.**

perecido, -a.
   I. 1. adj. *Co:O, Pe.* obsol. *Referido a persona,* tacaña. rur; desp.
   II. 1. adj/sust. *Pe:NO.* p.u. *Referido a persona,* que pasa mucha hambre por ser muy pobre.

perecoso, -a.
   I. 1. adj/sust. *Co. Referido a persona,* que suele causar molestias. pop.
   2. *Co:NE,O. Referido a persona,* que suele intervenir en discusiones y peleas o provocarlas. pop.

perecudo, -a.
   I. 1. adj. *Co.* p.u. *Referido a cosa,* difícil de realizar. pop.

peregrina.
   I. 1. f. *ES, RD, PR.* Rayuela, juego infantil que consiste en sacar de una figura geométrica pintada en el suelo una piedrecita a la que se da con un pie, llevando el otro en el aire.

peregué. (De or. onomat.).
   I. 1.   m. *ES.* Galope de caballería.

peregueta.
   I. 1.   f. *Ho, ES.* Carrera, huida de una persona.

peregüétano.
   I. 1.   *Pa.* **matasanillo.**

pereguetear.
   I. 1.   intr. *ES.* Salir corriendo *alguien.*
     2.   *ES.* Acelerar la marcha un vehículo.

perejil.
   I. 1.   sust/adj. *Bo, Ar, Ur.* Persona ingenua y de poco entendimiento y viveza. pop.
   II. 1.   sust/adj. *Ch.* obsol. Persona que va vestida con andrajos o harapos. pop – cult → espon ^ desp.
     2.   adj. *Bo. Referido a una prenda de vestir,* harapienta. pop.
   III. 1.   m. *Ho.* Persona importante y con poder.
  ■
     a. ‖ **gran ~.** m. *Ho.* Persona que tiene poder en una región, pueblo o comunidad.
  □
     a. ‖ **como el ~ .**
       i.   loc. adj/adv. *Ar.* En situación de pobreza, en malas condiciones económicas. pop + cult → espon.
       ii.   *Ar.* Sin ánimo, deprimido y solo. pop + cult → espon.
     b. ‖ **como ~ en maceta.** loc. adv. *Ar.* Con mucha estrechez o apretura *por falta de espacio.* pop.
  ▶ **valerle un ~.**

perencejo, -a.
   I. 1.   m. y f. *Gu, Ni, CR, Pa, Co, Ve, Ec.* Persona indeterminada cuyo nombre se ignora o se quiere omitir.

perendenga.
   I. 1.   f. *Bo.* Prostituta. pop.

perenjoyado, -a.
   I. 1.   sust/adj. *Ho.* Persona enjoyada.

perentoriar.
   I. 1.   tr. *Ni.* Anunciar el último plazo para el cumplimiento de algo.

pereque.
   I. 1.   m. *Co, Ve:O.* Molestia, incomodidad. pop.
   II. 1.   m. *Ho:C, ES, Ni, CR, Pa.* Lío, problema de difícil solución. pop.
     2.   *ES.* Cosa que se repite fastidiosamente.
     3.   *ES.* Argucia, engaño.
   III. 1.   m. *Ve.* Objeto cuyo nombre se ignora, no se recuerda o no se quiere mencionar.
   IV. 1.   m. *Ve:O.* Represión airada.
   V. 1.   m. *Ni, CR, Pa.* Alboroto, tumulto. pop.
   VI. 1.   m. *Ho, Ni.* Fiesta popular con baile y bebida.
  ▶ **poner ~.**

perequear.
   I. 1.   intr. *Pa.* Buscar camorra o pendencia por cualquier motivo. pop + cult → espon.

perequero, -a.
   I. 1.   adj/sust. *Pa. Referido a persona,* que discute o pelea por cualquier causa. pop + cult → espon.

pereré.
   I. 1.   m. *Ho.* Conversación larga, repetitiva y cansina.

¡pereré!
   I. 1.   interj. *Ho.* Expresa rechazo a una persona habladora y molesta.

perero, -a.
   I. 1.   adj/sust. *Pe:S. Referido a persona, especialmente un estudiante,* que gusta de haraganear y no acudir a clase o al trabajo. pop.

perete.
   I. 1.   m. *Ve.* Objeto inservible.
     2.   *Ve.* **pereto.**
   II. 1.   m. *Ve:O.* Molestia, incomodidad.
   III. 1.   m. *Ve:O.* Represión airada.

peretera.
   I. 1.   f. *Ve.* Conjunto de **peretes** u objetos inservibles. (**peretero**).
     2.   *Ve.* Conjunto de objetos cuyo nombre se ignora, no se recuerda o no se quiere mencionar. (**peretero**).

peretero.
   I. 1.   m. *Ve.* **peretera.**

peretete. (De or. onomat.).
   I. 1.   *Gu, ES, Ni:N.* **alcaraván.**

pereto.
   I. 1.   m. *Ve.* Objeto inservible o que estorba. pop + cult → espon ^ fest.
   II. 1.   m. *Ve.* Objeto cuyo nombre se ignora, no se recuerda o no se quiere mencionar. pop + cult → espon. (**perete**).

pereza.
   I. 1.   f. *Ve.* **perezoso,** mamífero desdentado.

perezosa.
   I. 1.   f. *Mx:S, ES, Ni, Co, Pe, Bo, Py, Ar.* Silla con respaldo largo y reclinable, que se utiliza al aire libre.

perezosito.
   I. 1.   *Ho.* **zamhool.**

perezoso.
   I. 1.   m. *Gu, Ho, ES, RD, Bo:E, Ur.* Mecedora.
     2.   *Ni, Bo.* Silla de madera de asiento amplio y respaldo alto.

perezoso, -a.
   I. 1.   m. y f. *Gu, Ho, Ni, Pa, Ec, Pe, Bo.* Mamífero desdentado de hasta 60 cm de longitud, de cabeza pequeña, pelaje pardo, áspero y largo, piernas cortas, pies con uñas largas y fuertes y cola rudimentaria. (Bradypodidae; *Bradypus tridactylus, B. variegatus*).
  ◆ **oso perezoso; pelejo; pereza; perico ligero.**

perfilar.
   I. 1.   tr. *Ni. En las artes gráficas,* recortar con guillotina los bordes de un libro o publicación.

perforador.
   I. 1.   m. *Gu, PR, Py.* Instrumento de escritorio que sirve para hacer agujeros en el papel.

perforista.
   I. 1.   m. *Ec, Bo. En las minas,* minero especializado en el manejo de las máquinas perforadoras.

performance. (Voz inglesa).
   I. 1.   m. *Ni, Py, Ur.* Rendimiento de un motor.
  ■
     a. ‖ **~ bond.** (Voz inglesa). m. *PR.* Seguro que necesita un proyecto para obtener financiamiento.

perforo.
   I. 1.   m. *Ch. En la mina,* trabajador encargado de perforar suelos y paredes.

perfumol. (De *Perfumol* ®)
   I. 1.   m. *Ur.* Producto de limpieza líquido que desinfecta y perfuma. pop + cult → espon.

perga.
   I. 1.   f. *Cu.* Vaso grande de cartón en el que se envasa la cerveza.
     2.   *Cu.* meton. Cerveza. pop + cult → espon.

pergamino.
   I. 1.   m. *Mx, CR; Gu, Ho, ES, Ni, Pa, PR,* rur. Cascarilla delgada que envuelve el grano del café, la cual se halla inmediatamente debajo de la capa mucilaginosa.
  ◆ **cáscara blanca.**
     2.   *Pa, Co, Ec.* Grano de café seco, sin descascarar.

3. *Gu, Ho, ES, Ni.* Grano de café o de cardamomo que conserva la cascarilla que lo recubre.

■

a. ‖ **~ húmedo.** m. *Gu, Ho, ES, Ni.* Grano de café despulpado, con la cascarilla y secado al sol con 40% de humedad.

b. ‖ **~ oro.** m. *Gu, Ho, ES, Ni.* Grano de café despulpado, seleccionado, secado al sol y a máquina, todavía con la cascarilla y sin tostar.

c. ‖ **~ seco.** m. *Gu, Ho, ES, Ni, Ec.* Grano de café verde despulpado, con la cascarilla, secado al sol y a máquina con humedad máxima del 13%.

□

a. ‖ **en ~.** loc. adj. *Mx, Ni, CR, Ec. Referido al café*, que no le ha sido quitada la cáscara delgada que envuelve el grano.

pergenio, -a.

I. 1. sust/adj. *Ni, Ch*; m. *Ur*, p.u. Niño, *especialmente el que es inquieto y vivaz.*

2. m. y f. *Ch.* Persona demasiado joven para algo de lo que se está tratando.

perica.

I. 1. f. *Gu, Ho, ES, Ni, CR, Co.* Hembra del **perico**.

II. 1. f. *Co, Ve.* Porción de cocaína.

¡perica!

I. 1. interj. *Gu, Ni.* Expresa contrariedad o enfado.

□

a. ‖ **¡a la ~!** loc. interj. *Ni, CR.* Expresa asombro.

pericazo.

I. 1. m. *Mx, Ho, Co.* Inhalación de cocaína. drog.

periche.

I. 1. m. *Pe.* Pez de hasta 40 cm de longitud, de cuerpo alto, romboidal y comprimido, de color plateado, líneas oscuras a lo largo del cuerpo y aletas oscuras. (Gerreidae; *Eugerres periche*).

pericia.

I. 1. f. *Ch, Py, Ur.* Estudio o examen pericial de algo. cult.

periciar.

I. 1. tr. *Ho, Ch.* Realizar un informe pericial *a algo* o a *alguien.* cult.

perico.

I. 1. m. *Mx, Pa, Cu, RD, PR, Bo.* metáf. Persona que habla sin descanso.

2. *Gu, Ho, ES, Ni, CR, Pa, Co, Ve, Ec, Bo, Ur.* Ave trepadora de hasta 28 cm de longitud, de plumaje predominantemente verde brillante, pico pequeño, grueso y ganchudo, patas cortas y fuertes con dos dedos por delante y dos por detrás. (Psittacidae; *Aratinga nana, A. canicularis, Bolborhynchus lineola, Brotogeris jugularis, Psittacula passerina*). (**periquita**). ♦ **aracanga; hablantín**.

II. 1. m. *Mx, Ho.* Llave semejante a la llave inglesa, empleada en fontanería. pop.

III. 1. m. *Pa, Co, Ec.* Huevo revuelto.

2. *Ve.* Comida hecha con huevos revueltos con tomate, cebolla y **ají dulce**.

IV. 1. m. *Co:C.* Café con leche pequeño.

2. *Ho.* Grano de café que todavía está verde.

V. 1. m. *Pe.* Pez de hasta 2,5 m de longitud, de coloración azul en el dorso y blanco y plateado en el resto del cuerpo, con una franja amarillenta a lo largo del cuerpo, y hocico largo y puntiagudo. (Carangidae; *Seriola lalandi*). ♦ **vidriola**.

VI. 1. m. *Ho; CR*, p.u. Piropo.

VII. 1. m. *Ho.* Pene. tabú.

VIII. 1. m. *PR.* metáf. Persona que delata a un delincuente. polic.

■

a. ‖ **~ carasucia.** m. *Co, Ve.* Ave de hasta 25 cm de longitud, de color predominantemente verde en la ma-

yor parte del cuerpo, corona azul y cola verde algo azulada en la punta. (Psittacidae; *Aratinga pertinax*). ♦ **carasucia**.

b. ‖ **~ ligero.** *Pa, Co, Bo.* **perezoso**, mamífero desdentado.

c. ‖ **~ macareño.** *Pe:NO.* **macareño**.

□

a. ‖ **como ~ en la estaca.** loc. adj. *RD.* Con frustración.

b. ‖ **como ~ en mango.** loc. adv. *Pa.* En silencio. fest.

c. ‖ **como ~ en rama.** loc. adv. *Ve.* En soledad.

d. ‖ **~ ripiao.**

i. loc. sust. *RD.* Grupo de personas que forman un conjunto musical donde se toca el acordeón, la tambora y la **güira**.

ii. *RD.* meton. Música que toca este conjunto, de carácter festivo y pegadizo.

▶ **comer ~; echar ~s; hablar como un ~; no pasar de ~ perro; no salir de ~ perro; quedar como ~ en la estaca.**

perico, -a.

I. 1. adj/sust. *Ve.* metáf. *Referido a persona*, locuaz, parlanchina.

2. sust/adj. *Ec, Bo.* Persona que repite de memoria lo que ha oído o lo que le encomiendan decir. pop + cult → espon ∧ desp.

3. m. y f. *Ho.* metáf. Locutor de radio.

II. 1. m. y f. *Ch.* Persona, *especialmente joven o niña.*

III. 1. m. y f. *Ni.* Aprendiz de algo.

2. adj. *Ni. Referido a persona*, poco hábil.

▶ **dar ~; estar como Dios pintó al ~; haber ~s en la milpa; hacer micos y ~s; tener ~s en la cara.**

pericón.

I. 1. m. *Mx, Gu, Ho, ES, Ni.* Planta de hasta 80 cm de altura, de hojas simples, opuestas, lineares a oblongas, elípticas a oblongolanceoladas, de márgenes aserrados, flores amarillas, de láminas suborbiculares, y frutos secos, negruzcos, indehiscentes, con una sola semilla. (Asteraceae; *Tagetes lucida*). ♦ **hierba de santamaría; santamaría; yautle**.

II. 1. m. *Ar, Ur.* Danza folclórica de conjunto con parejas sueltas y pasos de vals, que se ejecuta con castañuelas y pañuelo grande. (**pericona**). ♦ **adentro; pericón nacional**.

III. 1. m. *Ho.* Trago de bebida alcohólica.

■

a. ‖ **~ nacional.** m. *Ar, Ur.* **pericón**, danza.

pericona.

I. 1. f. *Ch:C,SO, Py.* **pericón**, danza.

pericote.

I. 1. m. *Ec:N, Pe, Ch, Ar, Ur.* Rata o ratón, *generalmente de tamaño grande.* (Muridae; *Rattus* spp.).

2. *Pe.* metáf. Niño pequeño. pop ∧ afec.

3. sust/adj. *Pe.* metáf. Persona que roba. pop.

II. 1. *Pa.* **uapaké**.

2. *Pa.* Fruto del pericote; es comestible.

pericoteado.

I. 1. adj. *Pe. Referido a cosa*, que ha sido robada o procede de un robo.

pericotear.

I. 1. tr. *Pe.* Robar *algo*.

pericoteo.

I. 1. m. *Pe.* Robo.

pericotera.

I. 1. f. *Pe.* Ratonera, trampa para ratones.

periférico.

I. 1. m. *Mx, Gu.* Vía de tránsito rodado que circunda un núcleo urbano al que se puede acceder por diferentes entradas. ♦ **periférico**.

periférico, -a.
 I. 1. adj. *Ec. Referido a una vía de tránsito rodado*, que circunda un núcleo urbano al que se puede acceder por diferentes entradas.

perigallo.
 I. 1. *PR.* **pirigallo**, planta.

perigó.
 I. 1. adj. *Pa. Referido a persona*, melenuda y con urgencia de cortarse el cabello.

perilla.
 I. 1. f. *Mx, Ni, Cu, PR, Ve, Pe: Bo, Ch.* Picaporte o tirador de puertas, ventanas o cajones.
 2. *Mx.* Llave con la que se abre un picaporte.
 II. 1. f. *Ho, Py.* Instrumento metálico o de porcelana que, impulsado con la mano, permite evacuar el agua de un servicio.
 III. 1. f. *Cu.* Parte de las aves en la que están las plumas de la cola.
 IV. 1. f. *Cu.* Clítoris. pop.
 V. 1. f. *Ho.* Parte aovada del puro por donde se fuma.
 ♦ **gorra.**
 VI. 1. m-f. *Ni.* Niño.
 VII. 1. f. *Ni.* Pene de niño.
 VIII. 1. f. *PR.* Parte central del yugo. rur.

perillo.
 I. 1. m. *Co.* Árbol de hasta 25 m de altura, de hojas en forma de corazón, de color verde brillante y flores rosadas, fragantes y fruto carnoso; su savia lechosa se usa para tratar la diarrea y afecciones cutáneas y su fruto *es comestible.* (Apocynaceae; *Couma macrocarpa*).

perimido, -a.
 I. 1. adj. *Ar; Py, Ur,* cult → esm. Obsoleto, anticuado.

perimir.
 I. 1. intr. *RD, Co;* *Ar,* esm; *Py,* cult; *Ur,* cult → esm. Caducar un procedimiento por haber transcurrido el término fijado por la ley sin que lo hayan impulsado las partes.
 2. *Ar; Ur,* cult. | metáf. Caer en desuso un objeto o una costumbre. esm.

perinola.
 I. 1. f. *Ve, Bo, Ur.* Juguete formado por un palo terminado en punta y por una bola taladrada sujeta a él por un cordón, la que, lanzada al aire, se procura ensartar en la punta del palo.
 □
 a. ‖ *¡a la ~!* interj. *Ur; Ar,* p u. Expresa sorpresa o asombro. pop + cult → espon.
 b. ‖ *de ~.* loc. adv. *Ve.* En grado sumo.

periodiquero, -a.
 I. 1. m. y f. *Mx, Pa, RD, Ec, Bo:O.* Persona que vende periódicos en la calle.

periodisto.
 I. 1. m. *Bo.* Periodista. pop ∧ desp.

periquear(se).
 I. 1. tr. prnl. *Pe; CR,* p.u. Arreglarse, adornarse, maquillarse una persona, *especialmente una mujer mayor.* pop.
 II. 1. intr. *Gu, Pa.* Hablar mucho. pop + cult → espon.
 2. tr. *Ho.* Galantear o enamorar a *alguien, generalmente a una mujer.*
 III. 1. intr. prnl. *ES.* Trabajar arduamente, esforzarse mucho en algo.
 2. intr. *Ni.* Trabajar con poca experiencia. pop + cult → espon.
 IV. 1. intr. prnl. *Ho.* Absorber una porción de cocaína por la nariz. drog.

periqueo.
 I. 1. m. *Gu.* Conversación bulliciosa. pop + cult → espon.

periquera.
 I. 1. f. *Mx, Bo:E.* Silla para alimentar a un bebé o niño de corta edad, con patas muy altas y una pequeña tabla horizontal que sirve como mesa para el alimento.
 II. 1. f. *Ho, ES, Pa, Ve.* Bandada de **pericos**.
 2. *ES, Pa, Ve.* metáf. Gritería confusa de varias personas que hablan a un tiempo.
 3. *ES.* Lugar donde hay muchos **pericos**.

periquero.
 I. 1. m. *Gu, ES, Pa.* metáf. Conjunto de personas que hablan bulliciosamente.

periquero, -a.
 I. 1. adj/sust. *PR, Co, Ve. Referido a persona*, adicta a la cocaína. drog.
 II. 1. adj. *Ho. Referido a persona*, que galantea o enamora a otra.

periquita.
 I. 1. f. *Gu.* **perico**, ave trepadora.

periquito.
 I. 1. m. pl. *Ve.* Conjunto de objetos que sirven para adornar algo.
 II. 1. m. *Ve.* Alimento elaborado con huevos revueltos y chorizo picado muy finamente.
 III. 1. m. *Bo.* Ave de hasta 20 cm de longitud, con plumaje de colores muy vistosos, *generalmente verde, amarillo, azul y blanco*, y pico fuerte y curvado hacia abajo. (Psittacidae; *Bolborhynchus* spp., *Brotogeris versicolorus, Forpus xanthopterygius*).
 IV. 1. m. *Ho.* Culo.
 2. *Ho.* Nalgas.
 V. 1. m. *PR.* Cocaína. drog.
 ▶ **echar periquito~; hablar ~s.**

perista.
 I. 1. adj. *Ec. Referido a estudiante*, que con frecuencia falta injustificadamente a clase.

perita.
 □
 a. ‖ *~ haitiana.* f. *RD.* Arbusto de hasta 10 m de altura, de hojas elípticas de nervios marcados y flores verdosas, cuyo fruto es una drupa de 2,5 cm de diámetro, carnosa y de color anaranjado. (Rhamnaceae; *Ziziphus mauritania*).

perital.
 I. 1. adj. *Ec.* p.u. Pericial.

peritazgo.
 I. 1. m. *Co, Ec, Bo.* Peritaje.

perjudicar.
 I. 1. tr. *Pa, Co:N,O, Pe, Py; ES,* rur; *Cu,* obsol. Quitar la virginidad a una mujer. euf.

perjudicial.
 I. 1. m. *Mx.* **judicial**, agente de policía del ramo penal que acata las órdenes del juez respectivo. fest.

perjuicioso.
 I. 1. adj. *Ho, ES, Ni, Bo:S.* Perjudicial.

perjumar.
 I. 1. tr. *ES, Ni, Bo:S, Py.* Perfumar. rur.

perjume.
 I. 1. m. *Mx, ES, Ni, Bo:S, Py.* Perfume. rur.

perkins. (Voz inglesa, del apellido *Perkins*).
 I. 1. m. *Ch.* Recluso, *generalmente nuevo*, que es tratado como si fuera un sirviente, y usado como mujer o esclavo sexual por los más veteranos. carc.
 2. m-f. *Ch.* Persona a quien se utiliza para asignarle tareas rutinarias y menores que no se desea realizar.

perla.
 I. 1. m-f. *Bo; Ch,* pop + cult → espon. Persona que actúa egoístamente sin ningún miramiento ni consideración a los demás.

II. 1. f. *Ho.* Capa blanquecina de suciedad que con el uso recubre la parte de la bujía donde se produce la chispa.

III. 1. f. *Ho.* Grano de maíz lechoso. rur.

□

a. ‖ **las ~s de la Virgen.** loc. sust. *Mx.* Cosa que difícilmente se puede obtener, exigir u ofrecer.

b. ‖ **~ de China.** loc. sust. *Mx.* **mazorquilla**, planta herbácea.

▶ **ser buena ~.**

perlar.

I. 1. intr. *Gu.* Comenzar a granar la mazorca de maíz. rur.

II. 1. tr. *Ho.* Brillar *algo.* cult → esm.

perleche.

I. 1. m. *ES.* Llaga que se forma en la comisura de los labios. ♦ **timpiriche.**

perlín.

I. 1. m. *Ni.* Vigueta de acero que se usa en las construcciones, *principalmente para soportar techos.*

perlita.

I. 1. f. *Ho, Ni.* Grano de maíz que empieza a formarse. rur.

II. 1. f. *Py.* Equivocación de una persona, que suele causar gracia y posteriormente se cuenta como una anécdota. pop + cult → espon.

perlitas.

I. 1. f. pl. *Mx.* Arbusto de hojas enteras, con forma redondeada, flores pequeñas, blanquecinas o rosas, normalmente en pequeños grupos aunque en ocasiones aparecen solitarias, y frutos redondeados, que pueden ser blancos, rosas o rojos según la especie. (Caprifoliaceae; *Symphoricarpos* spp.).

perlo, -a.

I. 1. adj. *ES. Referido a persona,* drogada.

permisado, -a.

I. 1. adj. *Ve, Bo. Referido a persona o cosa,* permitida, autorizada.

permisar.

I. 1. tr. *Ve.* Autorizar la realización de algo mediante permiso oficial.

permiso.

•

a. ‖ **con ~.** fórm. *Mx, Ni, CR, PR, Ec, Bo, Py.* Se usa para despedirse de forma cortés.

permutar.

I. 1. tr. *Cu.* Intercambiar *alguien* su casa por otra mediante un trámite legal.

pernicia.

I. 1. f. *Co.* Negligencia y desidia de una persona que no hace su trabajo y se dedica a gastar su tiempo en juergas.

II. 1. f. *Ve.* Molestia reiterada.

perniciar.

I. 1. intr. *Co:NE.* p.u. Holgazanear, estar sin hacer nada.

perno.

I. 1. m-f. *Ch.* Persona que permanece sentada mucho tiempo en un sitio, *especialmente un viajero de autobús que permanece casi todo el recorrido en su asiento.* pop + cult → espon ^ fest.

2. *Ch. Entre* **estacionadores**, persona que permanece estacionada todo el día en un estacionamiento.

3. adj/sust. *Ch. Referido a persona,* torpe, inútil. pop.

4. *Ch.* juv. *Referido a persona o cosa,* sosa, sin gracia, que tiene poco atractivo. pop + cult → espon.

II. 1. m. *Ho, ES, Ni.* metáf. Problema, asunto administrativo o legal difícil de resolver. pop.

2. *ES.* Causa judicial.

3. *Ho.* metáf. Intriga, infundio, chisme.

III. 1. m. *Ch.* p.u. Pene. vulg; pop.

□

a. ‖ **hasta el ~.** loc. adv/adj. *Pe, Ch.* En muy mal estado o en mala situación. pop + cult → espon.

▶ **faltar un ~; hacer ~s; tener un ~ suelto.**

perol.

I. 1. m. *Ve.* Objeto cuyo nombre se ignora, no se recuerda o no se quiere mencionar.

2. *Ve.* Objeto muy deteriorado.

II. 1. m. *Ho, ES, Ni, CR.* Vehículo viejo. pop.

2. *Cu.* Automóvil. pop.

III. 1. m. *Ch.* Guiso hecho con mariscos, **papas**, **ají** y verduras.

IV. 1. f. *Ec.* p.u. Mujer que se ocupa en tareas domésticas a cambio de un sueldo. pop + cult → espon ^ desp.

V. 1. f. *ES.* Trasero de mujer.

□

a. ‖ **¡adiós ~es!** loc. interj. *Ve.* Expresa asombro.

▶ **mear fuera del ~.**

perolada.

I. 1. f. *Mx, Gu, Ni.* Gran cantidad de algo. pop.

II. 1. f. *Ve.* Gran cantidad de **peroles**, objetos. pop + cult → espon.

perolaje.

I. 1. m. *Ve.* Gran cantidad de **peroles**, objetos. pop + cult → espon.

perolero.

I. 1. m. *Ve.* Gran cantidad de **peroles**, objetos. pop + cult → espon.

2. *Ni.* obsol. Persona que arregla peroles.

perolero, -a.

I. 1. m. y f. *Gu.* Persona que vende recipientes y otros objetos de hojalata.

perolón, -na.

I. 1. adj/sust. *Gu. Referido a persona,* gorda. pop.

peronía.

I. 1. *Mx.* **peonía**, planta trepadora.

2. f. *PR.* Árbol de hasta 20 m de altura, de hojas pinnadas, inflorescencia en racimos, flores de color rojo bermellón o violeta y vainas con semillas. (Fabaceae; *Adenanthera pavonina, Ormosia Krugii*). (**pionía**).

3. *PR.* Madera de la peronía, que se utiliza en ebanistería, en la construcción y como combustible. (**pionía**).

4. *PR.* Semilla que produce este árbol, esférica, dura y brillante, muy usada en artesanía popular. (**pionía**).

peronil.

I. 1. *Pa.* **huairuro.**

peroquí.

I. 1. *Bo:E.* **peroquí cabeza amarilla.**

2. *Bo:E.* **peroquí cabeza roja.**

■

a. ‖ **~ cabeza amarilla.** *Bo:E.* **zopilote**. (Cathartidae; *Cathartes burrovianus*). (**peroquí**).

b. ‖ **~ cabeza roja.** m. *Bo:E.* **guala**, ave rapaz. (**peroquí**).

perote.

I. 1. m. *Pa.* Fiesta típica de las costas panameñas.

perotó.

I. 1. m. *Bo:E.* Árbol de hasta 5 m de altura, cuya corteza presenta una superficie corchosa y muchas fisuras, con hojas palmaticompuestas y flores con pétalos carnosos solitarias o agrupadas en cimas, cuyo fruto es una cápsula que contiene semillas cubiertas por un tejido carnoso blanco o rojo. (Malvaceae; *Pseubombax longiflorum*).

perpelero. (De or. onomat.).

I. 1. m. *Ho.* Canto del sapo.

perpera.

I. 1. f. *Ho.* Persona importante y con poder.

perra.

  I. 1.   f. *Co:C,O.* Sombrero viejo y estropeado. rur.

  II. 1.   f. *Pe.* Olor intenso y desagradable de los pies. pop + cult → espon ^ desp.

  III. 1.   f. *Ho.* Relato exagerado, chascarrillo.

    2.   *Ho.* Mentira muy elaborada.

    3.   *Ho.* Chisme, infundio.

  IV. 1.   f. *Ec.* Bolsa de lona **encauchada** para transportar aguardiente.

    2.   adj/sust. *CR. Referido a persona*, poco habilidosa, *especialmente para la práctica de un deporte.* pop ^ fest.

  V. 1.   f. *Ec.* Malestar físico que padece al despertar quien ha bebido alcohol en exceso. pop. ♦ **goma.**

  VI. 1.   f. *Ec.* Bolsa de lona impermeabilizada con caucho, usada para transportar aguardiente. rur; pop.

  VII. 1.   f. *Ec.* Persona que compra sombreros de **jipijapa** directamente al artesano para revenderlos al exportador.

  VIII. 1.   f. *Ho, Ni.* Alicate de abertura regulable para tuercas de diverso tamaño.

  ☐

    a. ‖ **como la ~ de Donato.** loc. adj. *RD. Referido a persona*, enojada y furiosa.

    b. ‖ **¡por la ~!** loc. interj. *Co; Ec*, rur. Expresa asombro, enojo e indignación. pop + cult → espon.

  ▶ **amarrarse una ~; andar amagando la ~; estar amagando la ~.**

perrada.

  I. 1.   f. *Mx.* Conjunto de gente de clase social baja. pop ^ desp.

    2.   *Mx.* Conjunto de estudiantes de primer ingreso a una universidad. est.

    3.   *Py.* juv. Conjunto de jóvenes del sexo masculino.

  II. 1.   f. *Ho, CR, Co, Ve, Ar.* Mala pasada, acción malintencionada. vulg.

    2.   *ES, Ni.* Respuesta vulgar y ofensiva.

  III. 1.   f. *ES, Ni.* Cólera, enfado grande y persistente.

  ▶ **hablarle con ~s.**

perraje.

  I. 1.   m. *Ve.* Gente de condición social humilde. pop + cult → espon.

    2.   *Ho* juv; *Ch.* pop. Grupo de personas normales y corrientes. desp.

  II. 1.   m. *Gu, Ho, ES.* Manta, de diversos materiales y colores, que algunas mujeres usan para cubrirse la espalda, el pecho y la cabeza, y también para cargar a un niño pequeño.

  III. 1.   m. *Ni:O.* Colcha con flecos.

perraloca.

  I. 1.   f. *Co.* **moncholo.**

perramenta.

  I. 1.   f. *Ve* pop; *Co*, desp. Grupo numeroso de perros.

perramus. (De *Perramus*®).

  I. 1.   m. *Ar; Bo* pop; *Ur*, p.u. Prenda de vestir masculina en forma de abrigo y confeccionada en gabardina, *que sirve especialmente para protegerse de la lluvia.*

perrángano, -a.

  I. 1.   m. y f. *Ec.* Persona desleal. pop + cult → espon ^ desp.

perranza.

  I. 1.   f. *Cu.* Adulación. pop.

    2.   *Cu.* Petición de algo con sumisión o insistencia. pop.

perrata.

  I. 1.   sust/adj. *Co:N.* Gente de clase social baja. pop ^ desp.

    2.   adj. *Co:N. Referido a cosa*, de mala calidad. pop ^ desp.

perratearse.

  I. 1.   intr. prnl. *Co.* Rebajarse, perder *alguien* la estimación social que tenía. pop ^ desp.

    2.   tr. prnl. *Co.* Echar a perder *algo*, arruinarlo. pop.

perreada.

  I. 1.   f. *Ho.* juv. **perreo.**

  II. 1.   f. *Ni.* Serie de insultos u ofensas.

perrear.

  I. 1.   intr. *Pe; Ho, CR, RD, PR* juv; *Ec*, juv; vulg. Bailar un hombre y una mujer juntando mucho sus cuerpos y agitando ambos a la vez sus caderas.

  II. 1.   intr. *Ar.* Meter el perro. pop + cult → espon.

  III. 1.   intr. *ES, Ni, CR, Pa, Ec.* Andar un hombre en amoríos con diferentes mujeres. pop + cult → espon.

  IV. 1.   tr. *Ve.* Menospreciar a *alguien*. pop + cult → espon.

  V. 1.   intr. *Cu.* Adular. pop.

    2.   *Cu.* Pedir con sumisión e insistencia. pop.

  VI. 1.   intr. *ES. En el ejército*, obtener *alguien* más ventajas que otros.

perredismo.

  I. 1.   m. *Mx.* Conjunto de miembros, militantes o simpatizantes del Partido de la Revolución Democrática.

perredista. (De la sigla *PRD*).

  I. 1.   adj. *Mx.* Relativo al Partido de la Revolución Democrática.

    2.   m-f. *Mx.* Miembro del Partido de la Revolución Democrática.

    3.   adj. *Pa.* Relativo al Partido Revolucionario Democrático.

    4.   m-f. *Pa.* Miembro del Partido Revolucionario Democrático.

perrencazo.

  I. 1.   m. *Co:N.* Golpe dado con un látigo. pop.

perrenque.

  I. 1.   m. *Co:N.* Fuerza, energía. pop.

perreo.

  I. 1.   m. *RD, Pe; PR, Ec, Py*, juv; *Ho*, juv; vulg. Baile que ejecutan un hombre y una mujer juntando mucho sus cuerpos y agitando ambos a la vez sus caderas. ♦ **perreada.**

  II. 1.   m. *Cu.* **perrera**, aglomeración.

perrera.

  I. 1.   f. *Mx, Gu, Ho, CR, RD, PR; Pe*, p.u. Vehículo policial utilizado para transportar delincuentes. pop ^ desp.

    2.   *ES.* Ambulancia de la policía municipal.

  II. 1.   f. *Ar, Ur. En un hipódromo*, tribuna donde están las localidades más baratas. pop + cult → espon.

  III. 1.   f. *Cu.* Aglomeración de personas donde impera el bullicio, la confusión. ♦ **perreo.**

perrerazo.

  I. 1.   m. *Co:SO.* Golpe dado con un látigo.

perrerío.

  I. 1.   m. *Mx, Ho, Ni, CR, Ve, Ch, Ur.* Gran cantidad de perros.

perrero.

  I. 1.   m. *Co:C,N,SO; Ec.* rur. **Fuete** usado por los arrieros.

perrero, -a.

  I. 1.   adj. *Ho, Ar:NO. Referido a persona*, que acostumbra mentir y fabular en exceso. pop + cult → espon.

perrerreque.

  I. 1.   m. *Ni.* Torta horneada hecha de masa de maíz tierno, manteca y queso.

perreta.

  I. 1.   f. *Cu, PR.* Rabieta de un niño. pop.

perrilla.
  I. 1. f. *Mx.* Tumor pequeño en forma de perla que nace al borde de alguno de los párpados. pop + cult → espon.

perrista.
  I. 1. sust/adj. *Ho.* Persona mentirosa.

perrita.
  I. 1. f. *PR.* **chavito**, moneda.

perritas.
  I. 1. f. pl. *ES.* Esposas para los detenidos.

perrito.
  ▶ echar los ~s.

perro.
  I. 1. m. *Mx.* Estudiante de primer curso de una carrera universitaria.
  2. *Pe, Bo. En las academias militares*, alumno de primer año. pop ^ desp.
  II. 1. adj. *ES, Ni, CR, Pa, Co. Referido a un hombre*, que acostumbra a andar en aventuras amorosas con diferentes mujeres. pop ^ desp.
  III. 1. adj/sust. *Co. Referido a hombre*, astuto, sagaz. pop.
  IV. 1. m. *Ve. En los juegos de azar*, ficha usada para contabilizar el número de juegos perdidos o las manos jugadas.
  V. 1. m. *Ec.* Herramienta usada para doblar las varillas de hierro empleadas en los elementos estructurales del hormigón armado.
  VI. 1. m. *Bo:E.* Dinero. pop.
  VII. 1. m. *PR.* Aguacate muy pequeño que no sirve para la venta. rur.
  VIII. 1. m. *PR.* Agente de policía encubierto.

  ■
  a. ‖ ~ **cachudo**. m. *Ho:E.* Animal mítico con forma de perro con cuernos que pasea por las noches oscuras montado en un brioso corcel, vestido de negro, echando fuego por las narices y lanzando arena y piedras en los tejados de las casas embrujadas.
  b. ‖ ~ **cala**. m. *Bo:C,S,O.* Perro de tamaño mediano, que se caracteriza por no tener casi pelo.
  c. ‖ ~ **calato**. m. *Pe.* Perro de hasta 65 cm de altura, que se caracteriza por no tener casi pelo, excepto en su cabeza, y su coloración varía entre el negro y el castaño oscuro; carece de dentadura premolar, por lo que no es apto para la caza. (Canidae; *Canis nudus*). ◆ **viringo**.
  d. ‖ ~ **chapi**. m. *Bo.* Perro que se caracteriza por tener el pelo muy rizado. ◆ **chapi**.
  e. ‖ ~ **chapinés**. m. *Bo.* Perro pequeño, de nariz chata y pelo rizado. ◆ **chapinés**.
  f. ‖ ~ **cuidandero**. m. *Co.* Perro guardián, que cuida una propiedad.
  g. ‖ ~ **de agua**.
    i. m. *Mx, Ec.* Hurón, mamífero carnicero. (Mustelidae; *Mustela putorius*).
    ii. *Mx.* Nutria, mamífero carnicero. (Mustelidae; *Lutra felina*). ◆ **chinchimén; chungungo; gato marino; huallaque**.
    iii. *Gu, Ho, Ni.* Animal semiacuático, de hasta 150 cm de longitud, de cabeza achatada y redondeada, cuello corto y tan grueso como la cabeza, tronco cilíndrico, muy flexible y aplanado que le sirve de impulsor cuando nada, orejas y orificios nasales se cierran cuando se sumerge, patas cortas con membrana interdigital. (Mustelidae; *Lontra longicaudis*). ◆ **chucho de agua**.
    iv. *Ho.* Mamífero marsupial pequeño, de cabeza cónica, hocico corto y grueso con largas vibrisas, nariz con ventosas laterales y boca grande, tronco robusto, alargado y flexible, cola larga, rolliza y escamosa, extremidades cortas y fuer-

tes, pelaje corto, suave y compacto, de color gris de varios tonos. (Didelphidae; *Chironectes minimus*).
  h. ‖ ~ **de huella**. m. *Bo:E.* Perro de caza.
  i. ‖ ~ **de monte**. m. *Pa, Co.* Perro salvaje que mide hasta 75 cm de longitud, la cabeza gruesa, hocico poco saliente, orejas pequeñas y patas cortas, la espalda y los costados son de color castaño a rojizo, la cabeza y cuello *son generalmente más claros*, mientras que las extremidades y cola son siempre más oscuros. (Canidae; *Speothos venaticus*). ◆ **perro venadero**.
  j. ‖ ~ **sato**. m. *Cu, PR.* Perro que no es de raza.
  k. ‖ ~ **tigrero**. m. *Bo:E.* Perro adiestrado en la caza de tigres.
  l. ‖ ~ **venadero**. *Co:E.* **perro de monte**.

  ☐
  a. ‖ **a lo ~**. loc. adv. *Co:C,SO, Ur.* En abundancia, exageradamente, *especialmente referido a comer y beber*. pop.
  b. ‖ **como ~ en bote**. loc. adj/adv. *Ar, Ur. Referido a persona*, muy insegura o temerosa, *especialmente por encontrarse en un medio extraño*. pop + cult → espon.
  c. ‖ **como ~ en cancha de bochas**. loc. adj/adv. *Ar, Ur. Referido a persona*, muy desorientada, sin saber qué hacer. pop + cult → espon ^ fest.
  d. ‖ **como ~ sin dueño**. loc. adv. *Mx, Ni, PR, Ec, Py.* Con total libertad. pop + cult → espon.
  e. ‖ **de ~**.
    i. loc. adj. *Ec. Referido a cosa*, de pésima calidad. pop.
    ii. *Ec. Referido a persona*, despreciable. pop.
  f. ‖ **¡la gran perra!** loc. interj. *Gu, Ur.* Expresa asombro, enojo e indignación.
  g. ‖ **ni en pelea de ~**. loc. adv. *Ec.* Nunca. pop.
  h. ‖ ~ **a la portañuela**. loc. sust. *Ni.* Hombre amante del coito.
  i. ‖ ~ **caliente**. loc. sust. *CR, Cu, RD, Co, Ve, Ec.* Pan blando y alargado con una salchicha cocida dentro, *generalmente untado de mostaza o salsa de tomate*. pop.
  j. ‖ ~ **de toda boda**. loc. sust. *Co.* Persona amiga de figurar que aparece en todas partes y se entromete en todo.
  k. ‖ ~ **nuevo**. loc. sust. *Ch.* Persona inexperta, novata, que acaba de ingresar en un grupo, trabajo o actividad. pop + cult → espon.
  l. ‖ ~ **prieto**. loc. sust. *Pa.* El diablo.

  ◪
  a. ‖ ~ **al mambo y chancho al tango**. fr. prov. *Ni.* Indica que alguien es bueno en unas cosas y malo en otras.
  b. ‖ ~ **huevero, aunque le quemen el hocico**. fr. prov. *Pa, Cu, RD.* Indica que la forma de ser de una persona, especialmente sus vicios y defectos, es genuina y no cambia con el tiempo.
  c. ‖ ~ **no come ~**. fr. prov. *Co; Mx, Cu, RD, Ve, Ec*, pop. Indica que dos personas de la misma condición no se atacan, ni destaca una sobre la otra.
  d. ‖ **vuelve el ~ y jala el hueso**. fr. prov. *Pa.* Indica que alguien molesta porfiada e insistentemente. pop + cult → espon ^ fest.
  e. ‖ **ya ese ~ me mordió**. fr. prov. *Cu.* Indica que ya se ha sufrido o experimentado lo que se está narrando. pop + cult → espon.

  ▶ ajotar los ~ y después treparse; amarrar el ~; andar como ~; andar como ~ en procesión; correr como ~ capado; dar ~ muerto; darse la del ~; decir hasta ~ muerto; echar al ~; echar el ~; echar los ~s; echarle el ~ muerto; entrar y salir como ~ por su casa; estar como el ~ escaldado; estar para el ~; hacer el caso del ~; hacer ~ muerto; ir como ~ de rico; meter el ~;

no servir ni para sacar los ~s a mear; soltarle a alguien los ~s; sufrir las del ~; tirar los ~s; tirar ~ muerto; vivir las del ~.

perro, -a.
I. 1. m. y f. *Ho, ES, Ni, Ch.* metáf. Persona estricta y severa en su actuar. desp.
2. adj. *Gu, Ho, ES, Ni.* metáf. *Referido a persona,* de mal carácter o enojada.
II. 1. adj. *Gu, Ho, ES, Ni. Referido a problema, asunto o tema,* difícil de solucionar o de comprender.
III. 1. adj. *Ho, Cu. Referido a cosa,* muy intensa, fuerte.
2. *Cu. Referido a cosa,* de muy buena calidad.
IV. 1. m. y f. *Ch.* Hombre o mujer. pop + cult → espon.
V. 1. adj. *Ec:O.* juv. *Referido a persona,* enamorada perdidamente de alguien.
VI. 1. adj. *Ho, Ni.* juv. *Referido a persona,* experta o hábil en algo.
VII. 1. sust/adj. *Cu.* Persona aduladora.
VIII. 1. adj. *Ho.* Referido a persona, experta en algo.
IX. 1. sust/adj. *Py.* Persona que por su actitud provoca el insulto de otra. pop + cult → espon ^ desp.
□
a. ‖ ~ choco, -a. loc. sust. *Ch.* Hombre o mujer. pop + cult → espon ^ afec.
▶ morder la ~; patear la ~; soltar la ~.

¡perro!
I. 1. interj. *Ve.* Expresa admiración o sorpresa con actitud negativa. vulg.

perromuertero, -a.
I. 1. adj/sust. *Pe. Referido a persona,* que se va de un sitio sin pagar. pop.

perrón, -na.
I. 1. adj. *Mx. Referido a cosa,* muy buena, magnífica. pop.

perrucho, -a.
I. 1. adj. *Mx. Referido a persona,* agresiva, violenta. pop.
2. *Mx. Referido a persona,* estricta, exigente. pop.

persa.
I. 1. m. *Ch.* Mercado en el que se venden artículos diversos, nuevos o usados, a precio menor que el de los establecimientos comerciales.

persecuta.
I. 1. f. *Ch, Ar, Ur.* Delirio persecutorio. pop + cult → espon.
2. m-f. *Ar, Ur.* Persona que padece delirio persecutorio. pop + cult → espon.

perseguidora.
I. 1. f. *Pe, Bo:O,E.* Resaca, malestar que al despertar tiene alguien por haber bebido en exceso. pop.
2. *Bo.* Estado de alucinación que padece una persona después de drogarse. pop.
II. 1. f. *Co.* Persecución. pop.
III. 1. f. *Ch.* Jubilación en que se obtiene la remuneración que se tiene en el momento que se jubila.
IV. 1. f. *Cu.* Vehículo de la policía usado para la vigilancia pública.

perseguir.
□
a. ‖ ~ hasta el catre. loc. verb. *Ur.* Enamorar a una mujer hasta conquistarla.

persiana.
I. 1. f. *Ni.* Ventana hecha con tiras de cristal que se ponen perpendiculares u horizontales al suelo.
II. 1. f. *Ni.* Costilla de persona.
■
a. ‖ ~ miami. f. *Cu.* Persiana de tablillas móviles.
▶ bajar la ~.

persicaria.
I. 1. f. *Mx.* moco de guajolote, planta.

persinado, -a.
I. 1. adj/sust. *Mx. Referido a persona,* mojigata, que se escandaliza con facilidad.

persinar(se).
I. 1. tr. *Gu, CR, RD, Ch.* Persignar, hacer la señal de la cruz. pop.
2. intr. prnl. *Gu, RD, Ch.* Persignarse, hacerse la señal de la cruz. pop.
□
a. ‖ persinársela. loc. verb. *Gu.* No importarle en absoluto *algo* a *alguien,* no tener ningún interés para él. pop.

persoga.
I. 1. f. *Mx, Gu.* Cuerda de fibra vegetal trenzada que se usa para atar animales. rur. (**persogo**).
2. *Pa.* Par de **reses** vacunas que van juntas, atadas la una a la otra. rur.

persogar.
I. 1. tr. *Mx, Ni, CR.* Atar una bestia con un mecate largo a una de sus manos para que pueda moverse y pastar con más facilidad. rur.
2. *CR.* Añadir un mecate largo al cabestro.

persogo.
I. 1. m. *Gu, Ho, ES, Ni.* persoga.
2. *Ve.* Conjunto de dos o más cosas o animales unidos por medio de una soga o de una cuerda.

persona.
▶ cogerle a uno con ~ o cosa.

personera.
I. 1. f. *Ar:NO.* Mujer que, en un baile con **relaciones**, es designada por la bailarina para que responda en nombre de ella.

personería.
I. 1. f. *Co.* Cargo de **personero**.
2. *Co.* Oficina del **personero**.
■
a. ‖ ~ jurídica. f. *Mx, Ho, Ni, CR, Pa, Co, Bo, Py, Ar, Ur.* Condición que se le reconoce a una agrupación de personas o entidad de tener derechos y deberes.

personero.
I. 1. m. *Ec.* Representante oficial de una entidad pública o privada.

personero, -a.
I. 1. m. y f. *Mx, Pa, Co, Bo.* Funcionario del municipio que cuida de la buena marcha de los asuntos públicos.
2. *Co, Bo.* Portavoz de un Gobierno, de un grupo político o de una agrupación en general.
3. *Ho, CR, Ve, Ec, Bo.* Persona que desempeña como titular un empleo de alta jerarquía en una empresa y realiza para ella *generalmente comisiones de representación.*
4. *Ar.* Antiguamente, el que reemplazaba a un ciudadano en sus obligaciones militares.
5. *Ar.* Subalterno de un organismo, una institución o un grupo cuyas ideas e intereses son objetadas. desp.
6. *Bo.* Funcionario público.

perú.
I. 1. m. *Mx, Gu.* **pirul.**

peruanidad.
I. 1. f. *Pe.* Identidad peruana. cult.

peruanista.
I. 1. sust/adj. *Pe.* Persona que estudia la historia, la cultura y la realidad peruana. cult.
2. *Pe.* Persona que actúa en pro del Perú.

peruanizado, -a.
I. 1. adj/sust. *Pe, Bo. Referido a persona o cosa*, que se ha adaptado a la forma de vida peruana o la ha hecho suya.

peruanizar.
I. 1. tr. *Pe.* Difundir el conocimiento de la historia y cultura peruana a los pueblos de la selva o de la sierra con el fin de que adquieran la identidad nacional.

perucha.
I. 1. f. *Co:O.* Pecho de mujer. pop ^ fest.

perulera.
I. 1. f. *Ho, ES.* **Guayaba** silvestre de color rosado y un poco ácida.

perulero.
I. 1. m. *Gu.* Variedad del fruto del **güisquil**, de tamaño más pequeño y color amarillo.

perulero, -a.
I. 1. adj. *Pe.* Relativo al Perú. pop.

peruviano, -a.
I. 1. adj. *Pe.* Relativo al Perú. pop + cult → espon.

perverso, -a.
I. 1. adj. *ES. Referido a niño*, travieso.

pesa.
I. 1. f. *Gu, CR, Pa, Cu, Ve.* Instrumento para determinar el peso de algo.
II. 1. f. *Ho, Ni.* Carnicería, establecimiento donde se vende carne. rur.
2. *Ho.* Lugar donde se destaza una **res**. rur.
3. *Ho:S.* Pescadería.

pesada.
I. 1. f. *Mx.* obsol. Venta de carne.
II. 1. f. *Bo.* Arma automática de fuego que dispara proyectiles de grueso calibre en ráfagas.
III. 1. f. *Ho.* Carnet de conducir camiones y autobuses.
IV. 1. f. *Pa.* **Mazamorra** o gachas de maíz, **nance** u otra fruta.

■
a. ‖ ~ **de nance.** f. *Pa.* Dulce espeso hecho con pulpa de **nance**, agua, azúcar y en ocasiones maicena, que se sirve con trozos de queso fresco.

□
a. ‖ **la ~.**
i. loc. sust. *Co, Bo, Ar.* Conjunto de personas de gran importancia e influencia en un grupo. pop.
ii. *Ar.* Grupo de personas violentas o que intimidan con hechos o dichos. pop + cult → espon.
iii. *Bo.* Cocaína. drog.
▶ **echarle la ~; meter la ~.**

pesadería.
I. 1. f. *Gu.* Hecho o dicho insolente o falto de delicadeza.
II. 1. f. *Gu.* Arrogancia.

pesado, -a.
I. 1. adj. *Gu, CR, Cu, RD, PR. Referido a persona*, arrogante, engreída. pop.
II. 1. adj. *Pe, Bo. Referido a una casa o a un lugar*, que está habitada por espíritus o en la que ha habido sucesos desgraciados con anterioridad. pop.
III. 1. adj/sust. *Gu, Ni, Bo. Referido a persona*, grosera, falta de delicadeza.
IV. 1. adj. *Ho, ES, Ni.* juv. *Referido a persona*, experta o hábil en algo.
V. 1. adj. *Ec; Ni,* juv. *Referido a persona*, influyente, poderosa.
VI. 1. adj. *ES, RD.* juv. *Referido a cosa*, excelente, de gran calidad.
VII. 1. adj/sust. *Bo. Referido a un delincuente*, experimentado y habilidoso. delinc.
VIII. 1. adj. *Ho.* **ácido**, experto en algo.

a. ‖ ~ **como agua de pozo.** loc. adj. *Ur. Referido a persona*, fastidiosa o molesta.
▶ **caer ~; caerle la ~.**

pesador, -ra.
I. 1. m. y f. *Mx.* obsol. Carnicero, persona que se dedica a la venta de carne.
II. 1. sust/adj. *Cu.* Persona que pesa las entregas de caña para enviarlas al central.

pesar.
I. 1. tr. *Ho.* Destazar una **res** o vender su carne. rur.
II. 1. intr. *Ni.* Realizar el coito.

□
a. ‖ ~ **más que un mal matrimonio.** loc. verb. *Ni, CR, Pa.* Pesar mucho algo, resultar algo difícil de soportar. ♦ **pesar más que un matrimonio mal llevado.**
b. ‖ ~ **más que un matrimonio mal llevado.** loc. verb. *PR.* **pesar más que un mal matrimonio.**
c. ‖ **le el ruedo.** *RD.* **pesarle los ruedos de los pantalones.**
d. ‖ **le las nalgas.** loc. verb. *Ho, Ni.* Ser perezoso o lento. vulg.
e. ‖ **le los cocos.** loc. verb. *Bo.* Comportarse *alguien* de manera indolente o perezosa.
f. ‖ **le los huevos.**
i. loc. verb. *Ho, Ni, CR, Bo.* Ser holgazán, perezoso o lento. vulg.
ii. *Ho.* Ser valiente. vulg.
g. ‖ **le los ruedos de los pantalones.** loc. verb. *RD.* Ser *una persona* valiente y con coraje. ♦ **pesarle el ruedo.**

▪
a. ‖ **el que menos pesa.** loc. sust. *Cu. En el dominó*, el doble nueve.

pesares.
I. 1. m. pl. *Bo.* Billetes, dinero en papel moneda. pop.

pesca.
I. 1. f. *Pe:S, Bo.* Juego de niños en que uno persigue y alcanza a otro, el cual a su vez hace lo mismo con los demás participantes.
II. 1. *Cu.* **pescado**, billete. pop.
2. *Cu.* **pescado**, cantidad. pop.
III. 1. f. *Ho, Ni.* Cárcel, prisión. pop.
2. *Ni.* Policía. pop.

a. ‖ ~ **de lo alto.** f. *Cu.* Pesca de gran altura.
b. ‖ ~ **del bajo.** f. *Cu, PR.* Pesca que se realiza hasta 40 o 50 brazas a partir de la costa.
c. ‖ ~ **pesca.**
i. f. *Bo:O.* Juego de niños en que uno persigue y alcanza a otro, el cual a su vez hace lo mismo con los demás participantes.
ii. *Bo.* Escondite, juego infantil.

□
a. ‖ ~ **milagrosa.** loc. sust. *Co.* Secuestro colectivo realizado por la guerrilla. pop.
▶ **echarle ~.**

pescada.
I. 1. f. *Mx, Py.* Pesca. pop.

pescadera.
I. 1. f. *Mx, CR.* Pesca frecuente y reiterada. pop.
2. *Bo:O.* Mujer que vende en la calle o en el mercado pescado frito acompañado con **papas**, **chuño** y arroz o fideos.

pescadito.
I. 1. m. *Ho.* Tortura de un preso que consiste en atar un hilo a un grano de maíz y obligar al preso a que se lo trague, después el torturador tira y afloja constantemente del hilo. delinc.

pescado.
  I. 1. m. *Mx, Gu, Ho, ES, Ni, Pa, Cu, PR, Co, Ve, Ec, Pe, Bo, Py.* Pez, ya esté dentro o fuera del agua, sea comestible o no.
  2. f. *Ho.* Pesca. pop.
  II. 1. *Cu.* Cantidad equivalente a diez pesos cubanos. pop. ♦ **pesca.**
  III. 1. m. *ES.* Partido Demócrata Cristiano.
  2. sust/adj. *ES.* Miembro del Partido Demócrata Cristiano.
  IV. 1. m. *PR.* Persona a quien se trata de convencer para que use drogas. drog.
  V. 1. m. *PR.* Cliente de prostituta. prost.
  ■
  a. ‖ **manso ~.** m. *Ch.* Hombre alto y fornido. pop + cult → espon.
  b. ‖ **~ calzado.** m. *ES.* Comida hecha con pescado seco rebozado con huevo, patatas y especias. ♦ **pescado forrado.**
  c. ‖ **~ forrado.** *ES.* **pescado calzado.**
  d. ‖ **~ podrido.** m. *Ar.* Información falsa. pop + cult → espon.
  □
  a. ‖ **ni ~ frito.** loc. adv. *Cu.* Absolutamente nada. pop.
  ◪
  a. ‖ **el ~ se pudre por la cabeza.** fr. prov. *Pe.* Indica que la corrupción e inmoralidad empieza por las autoridades o los que ostentan el poder. pop + cult → espon.
  ▶ **comer ~; hacerse el ~ frito.**

pescador.
  I. 1. m. pl. *Mx, Co, Bo, Ch, Py, Ar;* m. *Ho, Cu, Ve, Ec, Ar;* sust/adj. *Pa.* Pantalón que cubre hasta la mitad de la pantorrilla. ♦ **pescadora.**

pescadora.
  I. 1. f. *Cu.* **pescador.**

pescante.
  I. 1. m. *Ni.* Pieza saliente del eje de la rueda trasera de una bicicleta que se usa para poner los pies.
  2. *Ni.* Vara de donde se cuelga la polea para sacar agua de un pozo.

pescao.
  I. 1. m. *PR.* Mentira, engaño. pop + cult → espon.

¡pescao!
  □
  a. ‖ **¡qué ~!** loc. interj. *PR.* Expresa acusación de mentira de una persona a alguien.
  ▶ **ajumarse el ~.**

pescar.
  I. 1. tr. *Gu, Ho, ES, Ni, CR, PP; Ur,* p.u. | metáf. Conseguir *alguien* los favores de una mujer o de un hombre. vulg; pop + cult → espon.
  2. *Pe.* Besar y acariciar eróticamente a *alguien.* pop.
  II. 1. tr. *Gu.* metáf. Robar *alguien algo.*
  III. 1. intr. *Cu.* juv. Dormir. pop
  IV. 1. tr. *Ho, Ur.* metáf. Encontrar a *alguien* que se buscaba. pop.
  □
  a. ‖ **~ con cuerda.** loc. verb. *CR:NO.* Flirtear, coquetear. pop.
  b. ‖ **~ el negocio.** loc. verb. *Bo:O.* Hallar la forma de obtener ingresos por medios ilícitos. pop + cult → espon.
  c. ‖ **~ un pargo.** loc. verb. *PR.* Salir una prostituta a la caza de un cliente. prost.

pesceto.
  I. 1. m. *Bo, Ar, Ur.* Corte de carne de vacuno extraída del cuarto trasero del animal, detrás del fémur.

pescocear.
  I. 1. tr. *Gu, Ho, ES, Ni, CR.* Golpear a *alguien* con la mano, *especialmente en la cara.* pop.
  2. *Ho.* metáf. Llamar la atención o regañar a *alguien.*
  3. *Ho.* metáf. Derrotar a *alguien.*
  □
  a. ‖ **~le la verga.** loc. verb. *Ho.* Estar difícil o complicado *algo.*

pescotis.
  •
  a. ‖ **~.** fórm. *Bo.* Se usa para asustar a alguien a quien se sorprende haciendo algo indebido.

pescozada.
  I. 1. f. *Gu, RD, PR, Ve.* Golpe dado con la mano a una persona, *especialmente el que se da en la cara.* pop + cult → espon.
  2. *Gu.* Pescozón.
  3. *CR.* Serie de golpes dados con la mano a alguien.

pescozón.
  I. 1. m. *Mx:SE, Gu, Ho, ES, Ni, CR, Cu, RD, PR, Ve.* Golpe dado con la mano a una persona, *especialmente el que se da en la cara.* pop.
  II. 1. m. *Ni.* Comida preparada con **pipián,** queso y huevo.

pescuecear.
  I. 1. intr. *Ve. En las peleas de gallos,* entrelazar un animal el pescuezo con el de su contrincante cuando está agotado por la pelea.
  II. 1. intr. *Ve.* Buscar con astucia una posición política.
  III. 1. intr. *Gu, Ho, Ni.* Estirar el pescuezo para ver algo.
  IV. 1. tr. *Ho:S,O.* metáf. *En alfarería,* formar el cuello y la boca de una vasija.

pescueceo.
  I. 1. m. *Ve.* Búsqueda de una posición política que se realiza con astucia.

pescuecipelado, -a.
  I. 1. adj. *Pa, Cu. Referido a un ave gallinácea,* que carece de plumas en el pescuezo.

pescuezo.
  I. 1. adj/sust. *RD. Referido a una mujer,* fea, que no resulta guapa ni atractiva. pop ^ desp.
  □
  a. ‖ **hasta el ~.** loc. adv. *Gu.* En mala situación económica o anímica.
  b. ‖ **~ blanco.** loc. adj. *RD. Referido a persona,* que pertenece a la sociedad acomodada o económicamente privilegiada. pop. ♦ **pescuezo largo.**
  c. ‖ **~ largo.**
    i. *RD.* **pescuezo blanco.**
    ii. *RD. Referido a un vehículo,* de gran tamaño.
  ▶ **comprar soga para su ~.**

pescuezón, -na.
  I. 1. adj/sust. *Gu, Ho, Ni, CR. Referido a persona o animal,* de cuello largo.

pescuezona.
  I. 1. f. *Ni.* Botella grande de licor.

pescuezuda.
  I. 1. f. *Gu, CR.* p.u; metáf. Botella, *especialmente la que contiene una bebida alcohólica.* pop ^ fest.
  2. *Ec.* metáf. Cerveza. pop.

pescuezudo, -a.
  I. 1. adj. *Mx, Gu, Ni, CR, Bo:E, Ur. Referido a persona o animal,* de pescuezo muy largo. pop + cult → espon.

pesébere.
  I. 1. m. *RD.* Pesebre.

pesebre.
  ▶ **tener el ~ alto.**

pesebrera.
   I. 1. f. *Co, Ec.* Sitio cubierto destinado a albergar ganado, *especialmente caballos y bestias de carga.*

pesero.
   I. 1. m. *Mx.* Autobús urbano de tamaño pequeño.

pesero, -a.
   I. 1. m. y f. *Mx.* Persona que trabaja conduciendo un
pesero.
      2. *Ni.* Persona que gana un peso buscando pasajeros
para los autobuses.
   II. 1. m. y f. *Co:NE; Ho,* rur. Persona que vende carne.

peseta.
   I. 1. f. *Ec.* Conjunto de veintiocho cogollos de **paja
toquilla**, listos para ser usados en el tejido de sombreros de **jipijapa**.
   II. 1. m-f. *Ho.* Joven ex **marero**. delinc.
   ▶ **caer la ~.**

peseteado, -a.
   I. 1. sust/adj. *Ho.* Joven que ha dejado de ser **marero**.
delinc.

pesetear.
   I. 1. tr. *Pe.* Sobornar a *alguien* con dinero para conseguir
algo.
      2. intr. *Pe.* Obtener *alguien* dinero o préstamos de
distintas personas.
      3. tr. *Pe.* Pagar a *alguien* muy poco dinero por su tra-
bajo. pop.
      4. *Pe.* Vender *algo* muy por debajo de su valor. pop.
      5. intr. *ES.* Ganar *alguien* muy poco dinero.

peseteo.
   I. 1. m. *Pe.* Soborno.
      2. *Pe.* Obtención de dinero o de préstamos de dis-
tintas personas o procedencias.
      3. *Pe.* Práctica de pagar muy poco dinero a los traba-
jadores.

pesetera.
   I. 1. f. *Ec; Bo,* vulg. Prostituta de muy baja categoría.
pop + cult → espon ^ desp.

pesetero, -a.
   I. 1. adj/sust. *ES, Pe.* Referido a persona, que trabaja
por muy poco dinero.
      2. *Pe.* Referido a persona o institución, que paga muy
poco dinero a sus trabajadores.
      3. *ES.* Referido a un microbús, que se cobra por el pa-
saje menor cantidad de la que está regulada.

peshte.
   I. 1. adj. *Gu.* Feo, ruin.
   II. 1. m. *Gu.* Tejido protector que se coloca en la espal-
da para cargar algo.

pésimio, -a.
   I. 1. adj. *ES.* Referido a persona, grosera, maleducada.

pesista.
   I. 1. m-f. *Cu, Ec, Pe, Bo.* Persona que practica el levantamiento de pesas.

peso.
   I. 1. m. pl. *RD, Bo.* Billetes, dinero en papel moneda.
   ■
     a. ‖ **el ~ de la vergüenza.** m. *RD.* Cantidad de dinero
que se reserva para alguna necesidad o imprevisto.
     b. ‖ **~ al oro.** m. *PR. En las peleas de gallos,* peso exacto
(en libras y onzas) de dos contendientes.
     c. ‖ **tres ~s.** *Ho.* **barranquillo**.
   □
     a. ‖ **de a ~.**
       i. loc. adj. *Mx, Ni.* Extraordinariamente difícil.
pop + cult → espon.
       ii. *Co, Bo.* Referido a cosa, de poco valor. pop.
       iii. *Ch.* Referido a persona o cosa, que tiene alguna
característica muy negativa.

     b. ‖ **de a tres por el ~.** loc. sust. *Ni.* Prostituta. desp.
     c. ‖ **~ en el rabo.** loc. sust. *Co.* Sensatez. pop.
     d. ‖ **~ liviano.** loc. sust. *Bo, Ch, Ur. En boxeo,* catego-
ría a la que pertenecen los boxeadores que pesan
menos de 61,235 kg.
   ▶ **apostar ~s a morisquetas; caer de ~; caer de su ~;
contar los ~s; etericar el ~; faltar cinco para el ~;
faltarle chaucha para el ~; hablar al ~ de la lengua;
hacer el ~; hacerse el de a ~; no tener ni un ~ partido por la mitad; quedarse con el ~ y los ocho reales;
ser otros cinco ~s; tener ~ en la cola.**

pesoca.
   I. 1. m. *Py.* Hombre cuyos músculos están muy desarrollados mediante la práctica de ejercicios físicos, *especialmente de gimnasio,* por lo que presenta una apariencia corporal de gran tamaño y volumen. pop.

pesor.
   I. 1. m. *Mx, Gu, Pa; ES,* rur. Pesantez.

pespita.
   I. 1. f. *Ho.* Mujer joven, coqueta y bien arreglada.

pespito, -a.
   I. 1. adj. *ES.* Referido a una persona joven, inquieta, vivaracha.

pespuntear.
   I. 1. tr. *Mx. En el baile del jarabe,* zapatear suavemente.

pespunteo.
   I. 1. m. *Mx.* Zapateo suave que se ejecuta en el baile
del **jarabe**.

pesque.
   I. 1. m. *Pe:SE, Bo:O.* Guiso hecho con **quinua**, queso,
ají y otros ingredientes.

pesquisa.
   I. 1. m. *Ar.* p.u. Investigador policial, detective.
      2. f. *Ec; Pa,* obsol. Policía secreta.
      3. f. *Ec;* m. *Pa,* obsol. Agente de la policía secreta.
   II. 1. f. *Ec.* Oficina gubernamental encargada de realizar
investigaciones criminales.

pesquisante.
   I. 1. m-f. *Bo:E.* Persona que realiza pesquisas. pop.

pesquisar.
   I. 1. intr. *Ho, Ni.* Curiosear, fisgonear.

pesquisón, -na.
   I. 1. adj/sust. *Ho, Ni.* Referido a persona, curiosa, fisgona.

pesrubia.
   I. 1. f. *Ni. En el beisbol,* polvos que usa el lanzador en
la mano para evitar el sudor.

pestaña.
   I. 1. f. *Co.* **paraíso**, árbol.
   ▶ **echarse una ~; pararse de ~s; quemar la ~; tirar ~.**

pestañada.
   I. 1. f. *Bo.* Pestañeo. pop + cult → espon.
   □
     a. ‖ **en una ~.** loc. adv. *Bo, Ch.* Con mucha rapidez,
en un instante. pop + cult → espon.
   ▶ **echar una ~; pegar una ~.**

pestañar.
   I. 1. intr. *Mx, Gu, CR, RD, PR, Co, Pe, Bo.* Pestañear,
mover los párpados. pop.

pestañazo.
   I. 1. m. *Mx, Gu, Ho, Pa, Cu, Pe, Bo.* Sueño breve.
      ◆ **pestañeada**.
      2. *Cu.* Breve período de tiempo.
   ▶ **echar un ~; tirar un ~.**

pestañeada.
   I. 1. f. *Mx, Ni, Cu, Co; Bo, Ar:NO,* pop. Pestañeo.
      2. *Mx, Pe; Pa, Ch,* pop. **pestañazo**, sueño breve.

□
    a. ‖ **en una ~.** loc. adv. *Bo, Ar:NO.* Con mucha rapidez, en un instante. pop + cult → espon.
▶ **echar una ~; pegarse una ~.**

pestañear.
  I. 1. intr. *Mx, Pe, Ur.* Dormir, echar un sueño breve. pop + cult → espon.
□
    a. ‖ **en un ~.** loc. adv. *Ni, Pa.* Rápidamente.

pestañeteo.
  I. 1. m. *Cu.* Pestañeo.

pestañina.
  I. 1. f. *Co.* Cosmético que se aplica en las pestañas.

pestañudo, -a.
  I. 1. adj/sust. *Ni, Bo:E. Referido a persona,* de pestañas largas y arqueadas. pop.

peste.
  I. 1. f. *Ni, Co, Pe, Bo:E.* Gripe. pop ^ hiperb.
    2. *Ec, Pe, Py.* Epidemia.
    3. *Ni, Bo:O.* Enfermedad. pop.
  II. 1. f. *Ho, Ni.* Plaga de algún animal.
•
    a. ‖ **¡la ~ el último!** fórm. *Cu.* Se usa para incitar a otro a correr o a salir de un lugar.
■
    a. ‖ **~ blanca.** f. *Ho, Ec.* Tuberculosis. rur.
    b. ‖ **~ de la flor del día.** f. *Ho.* Diarrea continua acompañada de vómitos, dolor y temblor de piernas.
    c. ‖ **~ de rayo.** f. *Co.* Enfermedad virulenta y contagiosa, frecuente y mortífera en el ganado lanar, vacuno, cabrío y a veces en el caballar. rur.
□
    a. ‖ **¡vaya la ~!** loc. interj. *Pa.* Expresa asombro o desagrado.
▶ **confundir la ~ con el mal olor.**

pestífero, -a.
  I. 1. sust/adj. *Cu.* Persona comilona. pop.

pestigre.
  I. 1. m. *RD.* **guatíbere.** (Tyrannidae; *Tyrannus dominicensis*). (**petigre**).

pesto. (Voz italiana).
  I. 1. m. *Ar.* Salsa hecha a base de albahaca y ajo machacados, que se ligan con aceite.
▶ **dar el ~; dar un ~.**

pestón.
  I. 1. m. *Ve.* Gripe fuerte.

pestoso, -a.
  I. 1. adj. *Ve. Referido a persona,* que tiene una gripe fuerte.

pesudo, -a.
  I. 1. adj. *Mx. Referido a persona,* rica, que tiene muchos pesos.

pesuña.
  I. 1. *Ec, Pe.* **pezuña,** mal olor de los pies.

pesuñiento, -a.
  I. 1. adj/sust. *Ec. Referido a persona,* que tiene mal olor de pies, por enfermedad o descuido. vulg; pop + cult → espon ^ desp.

pet.
■
    a. ‖ **~ shop.** (Voz inglesa). m. *EU, PR, Bo; Ch,* p.u. Tienda de venta de animales.

peta.
  I. 1. f. *Bo:E.* Tortuga terrestre de hasta 50 cm de longitud, de color gris verdoso, con un caparazón duro de color gris pardusco. (Testudinidae; *Geochelone carbonaria*). ♦ **tortuga de tierra.**
  II. 1. f. *Bo.* Coche pequeño, de dos puertas, que tiene el techo convexo. pop.

petaca. (Del nahua *petatlcalli,* caja hecha de petate).
  I. 1. f. *Mx, Gu, Ni, Ve, Pe, Bo.* Maleta o pequeño arcón de madera o forrado de cuero para viajar o llevar una carga. rur; pop + cult → espon.
    2. *Ar.* Bolso femenino para fiesta.
    3. *Ve, Ec.* Cesta de mimbre o de otra fibra similar.
    4. *Ho.* Cartera para llevar el dinero. pop.
    5. *Ni.* p.u. Maleta de **petate** para guardar ropa. rur.
    6. *Ur.* Estuche pequeño para cosméticos.
  II. 1. f. pl. *Mx, ES, Ni.* Nalgas. euf; pop.
    2. f. *Gu, ES, Pa.* Espalda de una persona cuando está curvada. pop.
    3. *Ho, Pa, Bo:E,O.* Vientre de una persona cuando está abultado. pop.
    4. *Gu, Pa.* Joroba, giba.
    5. *Gu.* Espalda. desp.
    6. *Gu.* metáf. Fastidio, engorro, molestia.
  III. 1. f. *Co.* **güío negro.**
  IV. 1. f. *Bo.* Cosa que vale poco. pop ^ desp.
  V. 1. f. *Ho.* Fajo de billetes. pop.
□
    a. ‖ **de media ~.** loc. adj. *Co.* p.u. *Referido a persona,* que aparenta ser más de lo que es. desp.
    b. ‖ **~ vieja.** loc. adj/sust. *RD. Referido a persona,* físicamente débil a causa de su edad avanzada.
▶ **echar las ~s; echarse con las ~s; ser un ~.**

petacazo.
  I. 1. m. *RD, Co:N.* Trago grande de bebida alcohólica. pop.
  II. 1. m. *Bo:E.* Golpe que se da a una persona o cosa con el vientre. pop.

petaco.
  I. 1. m. *Pa, Co.* **Canasta** para transportar botellas de cerveza. pop + cult → espon.

petaco, -a.
  I. 1. adj. *Ar. Referido a persona o animal,* de poca altura y, *generalmente,* grueso. pop + cult → espon.

petacón.
  I. 1. m-f. *Co:O.* Niño de pocos años. pop.
  II. 1. m. *ES.* Queso de forma redondeada.

petacón, -na.
  I. 1. adj. *Mx. Referido a persona,* de nalgas prominentes.
    2. *Mx. Referido a cosa,* abultada en forma de nalgas.
    3. *RD, Bo, Py, Ar. Referido a persona o animal,* de poca altura y, *generalmente,* grueso. pop.
    4. *Gu, ES. Referido a persona,* que tiene la espalda curvada. pop.
    5. sust/adj. *Ho, Bo.* Persona de vientre abultado. pop.

petacudo, -a.
  I. 1. adj. *Gu, ES, Pa.* p.u. *Referido a persona,* jorobada, cheposa.
    2. sust/adj. *Ho, Bo.* Persona de vientre muy pronunciado. pop.
    3. adj. *Bo. Referido a la hembra de un animal,* preñada. pop.
    4. *Bo. Referido a una mujer,* embarazada. pop.

pétalo.
  I. 1. m. *Gu.* Pedo. euf; fest.

petapa.
  I. 1. f. *Mx.* **algarrobo.** (Fabaceae; *Hymenaea courbaril*).

petaqueada.
  I. 1. *ES.* **golpiza,** paliza.

petaquear(se).
  I. 1. prnl. *Co:C,SO.* Echarse a perder *algo.* pop.
  II. 1. tr. prnl. *RD.* Tomar un trago de algo, *especialmente una bebida alcohólica.* pop.
  III. 1. tr. *ES.* Golpear a *alguien,* dar una paliza.
  IV. 1. intr. prnl. *Pa.* Morirse *alguien.* pop.

petaquería.
   I. 1. f. *Mx.* Lugar donde se fabrican o venden maletas.

petaquero.
   I. 1. m. *Bo:E.* Prenda de vestir ancha y cómoda, de una sola pieza, que usan las mujeres embarazadas.

petaquero, -a.
   I. 1. m. y f. *Mx.* Persona que se dedica a la fabricación o venta de maletas.

petaquilla.
   I. 1. f. *Mx; Pe,* p.u. Cesto o canasta rústicos para transportar frutas.
   2. *Mx.* obsol. Mueble rústico consistente en un cajón de madera para almacenar cosas en su interior.
   II. 1. f. *Mx.* Planta trepadora leñosa, de hojas opuestas y elípticas, inflorescencias en umbela, laterales sobre el tallo, flores de color blanco o crema, frutos secos y semillas aplanadas. (Asclepiadaceae; *Funastrum clausum*).

petardear.
   I. 1. tr. *Pa.* Criticar duramente *algo* o a *alguien*.

petardo.
   I. 1. m. *Ho, RD.* Pedo estruendoso y de mal olor. tabú; pop + cult → espon.
   II. 1. *PR.* **rabo de gallo**, bebida.

petate. (Del nahua *petlatl*).
   I. 1. m. *Mx, Gu, Ho, ES, Ni, CR, Pa, PR, Co, Ve, Ch.* Esterilla hecha de ramas de palma tejidas para múltiples usos.
   2. *Mx, Gu.* Tejido de palma con que se elaboran sombreros, canastas y otros objetos.
   3. *Ho.* **acapete**, estera gruesa.
   II. 1. m. *Ec:O.* Catre, cama ligera para una persona. rur.
   III. 1. m. *Gu.* Persona buena.
   □
   a. ‖ **al ~.** loc. adv. *Ni.* Concretamente, al meollo, al grano.
   b. ‖ **de a ~.** loc. adj/adv. *Gu.* Muy bueno, magnífico. pop + cult → espon.
   c. ‖ **~ del muerto.** loc. sust. *Mx, Gu.* Argumento con el que se quiere asustar o preocupar a alguien, independientemente de que sea infundado.
   ◪
   a. ‖ **de esas pulgas no brincan en mi ~.** fr. prov. *Mx, Ho, ES, Ni.* Indica que una determinada mujer no es considerada de su misma categoría por el hombre que habla. desp. ♦ **no es pulga que duerme en ese petate.**
   b. ‖ **desde que nace el indio, rasca el ~.** fr. prov. *ES.* Indica que el indígena siempre mantiene sus costumbres e idiosincrasia.
   c. ‖ **no es pulga que duerme en ese ~.** *Gu.* **de esas pulgas no brincan en mi petate.** desp.
   d. ‖ **no es tanto el meado cuanto el tufo del ~.** fr. prov. *Ni.* Indica que son peores las consecuencias que el propio acto.
   ▶ **andar asustado con el ~ del muerto; caer del ~; cargar con el ~; correr con el ~ de un muerto; dejar en el ~; doblar el ~; estirar el ~; menear el ~; rascar el ~; servir de ~; tirar al ~.**

petateada.
   I. 1. f. *Mx, Gu, ES, Ni.* Defunción, muerte de una persona. pop + cult → espon.
   2. *Ho, Ni, CR.* Regaño, reprimenda, insulto.
   3. *Ho, ES.* Paliza, **golpiza**. pop.
   4. *Ho.* Derrota abultada que se inflige al contrario. (**petatiada**).

petateado, -a.
   I. 1. adj. *Ho.* Referido a *una persona, equipo o empresa,* que ha sufrido una gran derrota. pop.

   II. 1. adj. *Ho.* Referido a *cosa,* que tiene adornos que semejan la forma geométrica de trenzado de un petate.

petatear(se). (De *petate*).
   I. 1. intr. prnl. *Mx, Gu, Ho, ES, Ni, CR, Pa.* Morir *alguien*. pop + cult → espon.
   2. *Gu, Ho, ES, Ni, CR, Pa.* Suicidarse *una persona.* pop + cult → espon.
   3. tr. *Ho, ES, Ni.* Matar *una persona* a *alguien*. pop + cult → espon.
   4. intr. *Gu.* Morir *alguien*. pop + cult → espon.
   II. 1. tr. *Ho, ES.* Golpear a *alguien*.
   2. *ES, Ni.* Castigar a *alguien* con golpes.
   III. 1. tr. *Ho.* Derrotar de forma contundente a *alguien*. pop.

petatería.
   I. 1. f. *Mx.* Lugar donde se fabrican o venden objetos elaborados con **petate**.
   2. *Ho.* Elaboración de petates.

petatero, -a.
   I. 1. m. y f. *Mx, Gu, Ho, ES, Ni.* Persona que hace o vende cosas elaboradas con **petate** o tejido de palma.
   2. adj. *Mx, Gu.* Relativo al **petate** o tejido de palma.

petatiada.
   I. 1. *Ho.* **petateada**, derrota.

petatillo.
   I. 1. m. *Mx, CR.* Tejido elaborado con hojas de palma trenzadas con el que se hacen asientos de sillas y otros elementos de mobiliario.
   II. 1. m. *Ho.* Dibujo o motivo ornamental que imita la forma de tejer el petate.
   2. *Ho. En la construcción de carreteras de cemento,* técnica en que se entrecruzan a manera de petate varillas de hierro cada tramo de tres metros.
   III. 1. *Ho.* **sirín**, arbusto.
   IV. 1. m. *Ho.* Helecho terrestre de hojas bipinnadas y con soros en los bordes de las hojas, que crece en pinares. (Polipodiaceae; *Pteridium aquilinum, Dennstaetia bipinnata*).
   □
   a. ‖ **siembra en ~.** f. *Ho.* Método de siembra de la caña de azúcar que consiste en que un pedazo va inclinado y el otro opuesto como si formaran una T inclinada.

petatiux.
   □
   a. ‖ **de ~.** loc. adj. *Mx.* juv. Referido a *persona o cosa,* que copia algo o a alguien de prestigio internacional pero con menor calidad. pop ^ fest.

petatudo, -a.
   I. 1. adj. *Gu.* Muy bueno, magnífico. pop + cult → espon.
   2. *Gu.* Referido a *persona,* valiente, osada.
   3. *Gu.* Referido a *persona,* hábil, experta en algo.

pete.
   I. 1. m. *Py, Ar.* Felación. vulg.

peteco.
   □
   a. ‖ **a ~.** loc. adv. *Ar:O.* Sobre los hombros o la espalda de alguien. pop + cult → espon.

petejota. (De la sigla *PTJ, Policía Técnica Judicial*).
   I. 1. m-f. *Pa.* Institución y oficinas de la policía.
   2. *Pa.* Persona que trabaja en la policía.

petejotero, -a.
   I. 1. m. y f. *Pa.* p.u. Detective de la Policía Técnica Judicial. pop.

petema.
   I. 1. *Mx:SE.* **petena**.

petena.

I. 1. f. *Mx:SE.* Planta trepadora de gran tamaño, tallo leñoso, hojas elípticas y algo acuminadas, flor de color morado, pedúnculos muy largos y colgantes y legumbre oblonga, pubescente y cubierta de pelos urticantes. (Fabaceae; *Mucuna urens*). (**petema**). ♦ **fogaraté; ojo de buey; pica pica; torteza.**

petenera.

I. 1. *Gu, ES, Ni.* **paloma volcanera.**

peteque.

I. 1. m. *PR.* **saetilla.**

¡petequén! (De or. onomat.).

I. 1. interj. *Ho.* Imita el sonido de los cascos de una caballería al galope.

petequena.

I. 1. f. *Ho.* Huida impetuosa que emprende una persona, un animal o, *especialmente, un conjunto de ellos.*

2. *Ho.* Huida veloz y desordenada de un grupo de personas.

3. *Ho.* Galope de una caballería. pop.

petequenes.

I. 1. m. pl. *ES.* Tragos de licor.

peter.

I. 1. m. *Cu.* Tablilla de chocolate, rectangular, delgada y con divisiones.

petereby.

I. 1. *Py.* **peteribí.** (**peterevy**).

2. m. *Py.* Madera del petereby, semidura y sumamente apreciada en carpintería. (**peterevy**).

peterevy.

I. 1. *Py.* **petereby,** árbol.

2. *Py.* **petereby,** madera.

peteribí.

I. 1. m. *Ar, Ur.* Árbol de hasta 25 m de altura, de tronco grande y copa de poca amplitud, hojas caducas, flores pequeñas y el fruto, en forma de una pequeña baya. (Boraginaceae; *Cordia trichotoma*). (**petereby; petiribí**). ♦ **loro blanco.**

2. *Ar, Ur.* Madera del peteribí, semidura y sumamente apreciada en carpintería. (**petereby; petiribí**).

■

a. ‖ **~-morotí.**

i. m. *Ar:NE.* Árbol de hasta 25 m de altura, de hojas con ápice agudo y flores de color blanco amarillento dispuestas en panojas. (Boraginaceae; *Bastardiopsis densiflora*).

ii. *Ar:NE.* Madera del peteribí-morotí, de color amarillo y muy empleada en carpintería.

petero, -a.

I. 1. sust/adj. *Ar.* Persona a la que le gusta practicar el sexo oral. vulg.

peticero, -a.

I. 1. m. y f. *Ar.* **petisero.**

peticionar.

I. 1. tr. *Ho, CR, PR, Ec, Pe, Bo, Py, Ar, Ch,* esm; *Ur,* p.u. Presentar una petición o súplica, *especialmente ante una autoridad.*

peticote.

I. 1. m. *Pa.* p.u. Prenda interior femenina en forma de falda que se usa debajo de esta. pop + cult → espon.

pétigo. (Apóc. de *impétigo*).

I. 1. m. *Ho.* Dermatosis inflamatoria e infecciosa que presenta vesículas aisladas o aglomeradas en cuyo interior se encuentra pus. pop.

petigre.

I. 1. *RD.* **pestigre.**

petipán.

I. 1. m. *Pe.* Pan pequeño especial para preparar emparedados.

petipuá. (Del fr. *petit pois*).

I. 1. m. *Ho, ES, Ni, CR, Pa, Cu, RD, PR, Ve.* **alverja.** (**pitipuá**).

2. *Ho, ES, Ni, CR, Pa, Bo.* Fruto verde, redondo y comestible de la vaina de esta planta. (**pitipuá**).

petiribí.

I. 1. *Ar, Ur.* **peteribí,** árbol.

2. *Ar, Ur.* **peteribí,** madera.

petirrojo.

I. 1. m. *Mx, Ho, Pa, Ec, Bo.* Pájaro migratorio, de hasta 18 cm de longitud, de pico robusto y cónico, cola larga y capucha rojo profundo o rufo que rodea la cara y la garganta negras; el plumaje general de los adultos es negro con zonas de color rojo escarlata oscuro o carmesí. (Thraupidae; *Phlogothraupis sanguinolenta*).

petisalé.

I. 1. m. *RD.* Tocino con que se da sabor a algunos guisos.

petiseco, -a.

I. 1. adj. *RD. Referido a un fruto o una planta,* raquítico o marchito.

2. *RD.* metáf. *Referido a persona,* muy flaca.

petisero, -a.

I. 1. m. y f. *Ar.* Cuidador de caballos. (**peticero**).

petiso. (Del port. bras. *petiço*).

I. 1. m. *Bo, Ch, Py, Ar, Ur.* Caballo de poca alzada. (**petizo**).

■

a. ‖ **~ de los mandados.** m. *Ar, Ur.* obsol. Caballo dócil y de poca alzada utilizado para transportar la compra y hacer otras diligencias. (**petizo de los mandados**).

petiso, -a.

I. 1. adj/sust. *Co, Ec, Pe, Bo, Ch, Py, Ar, Ur,* pop + cult → espon. *Referido a persona,* de baja estatura. (**petizo**).

2. adj. *Bo, Ar, Ur,* pop + cult → espon. *Referido a cosa,* de poca altura. (**petizo**).

3. m. y f. *Ec, Pe, Bo.* Niño de corta edad. (**petizo**).

4. sust/adj. *Bo.* Animal de pequeño tamaño. pop.

■

a. ‖ **~ de los mandados.** m. y f. *Ar, Ur.* Persona a la que se encarga toda clase de tareas o diligencias de escasa responsabilidad. pop + cult → espon ^ fest. (**petizo de los mandados**).

petitero, -a.

I. 1. sust/adj. *Bo, Py, Ar, Ur,* obsol. Persona que manifiesta gustos propios de la clase social acomodada. pop + cult → espon ^ desp.

2. adj. *Bo, Py, Ar, Ur,* obsol. Relativo a los petiteros o propio de ellos. pop + cult → espon ^ desp.

petitorio.

I. 1. m. *Ec, Bo, Ar, Ur.* Petición presentada o elevada a una autoridad por un conjunto de personas.

petizo. (Del port. bras. *petiço*).

I. 1. *Pe, Bo, Ch, Py, Ar, Ur.* **petizo,** caballo.

■

a. ‖ **~ de los mandados.** *Ar, Ur.* obsol. **petizo de los mandados,** caballo.

petizo, -a.

I. 1. *Pe, Bo, Ch, Py, Ar, Ur,* pop + cult → espon. **petiso,** de baja estatura.

2. *Ar, Ur.* **petiso,** de poca altura.

3. *Pe, Bo.* **petiso,** niño.

■

a. ‖ **~ de los mandados.** *Ar, Ur.* **petiso de los mandados,** persona.

peto.

I. 1. m. *Co.* Alimento que se prepara con granos de maíz enteros y sin hollejo, algunos triturados o cascados, cocidos en leche con azúcar o **panela.**

II. 1. m. *Cu.* Pez marino de hasta 2 m de longitud, de color general azul verdoso con numerosas rayas verticales oscuras, vientre plateado y aletas azuladas, cuerpo fusiforme, largo y ligeramente comprimido, hocico puntiagudo, cabeza prolongada y delgada, y aleta dorsal extendida; es comestible. (Scombridae; *Acanthocybium solandri*).

2. *Gu.* **sierra,** pez marino comestible.

petra.

I. 1. f. *Ch.* Árbol de hasta 12 m de altura, de corteza gris clara con fisuras longitudinales, hojas grandes, de ápice agudo o redondeado, flores solitarias de color blanco; sus hojas y corteza se usan con fines medicinales. (Myrtaceae; *Myrceugenia exsucca*).

petrea.

I. 1. f. *PR.* Planta trepadora de hasta 15 m de altura, de tallos delgados, hojas opuestas, oblongo-elípticas y acuminadas, inflorescencia en racimos y flores de color azul lila; es ornamental. (Verbenaceae; *Petrea volubilis*).

petrel.

◼

a. ‖ ~ **moteado.** m. *Ch.* **paloma del cabo.**

b. ‖ ~ **pintado.** m. *Ec.* **paloma del cabo.**

petróleo.

▶ **sudar ~.**

petrolero, -a.

I. 1. adj/sust. *Cu. Referido a un vehículo,* que funciona con petróleo.

II. 1. adj/sust. *Cu. Referido a persona,* que suele tener relaciones amorosas con personas de raza negra.

petrolizar.

I. 1. tr. *Mx.* Untar o cubrir *algo* de petróleo o de un derivado suyo, como un pavimento, una calzada o un tejado.

2. *Co.* Impermeabilizar con petróleo un vehículo.

petromax. (De *Petromax*®).

I. 1. f. *Ec, Pe, Ch; Ar,* p.u. Lámpara alimentada con **querosén.**

petty.

◼

a. ‖ ~ *cash.* (Voz inglesa).

i. m. *EU, PR.* Fondo para gastos menores.

ii. *EU, PR.* Cantidad pequeña de dinero disponible.

peuco.

I. 1. m. *Ch.* Ave rapaz diurna de hasta 50 cm de longitud, de cabeza, dorso y lomo negros, a veces con plumas bordeadas de rojo, garganta blanquecina con líneas longitudinales negras, cuello, pecho y abdomen negruzcos, cola negra con borde terminal blanco, pico azulado oscuro con cera amarilla, patas amarillas y uñas grandes negras. (Accipitridae; *Parabuteo unicinctus*).

2. *Ch.* **vari.**

II. 1. y f. *Ch.* Hombre o mujer jóvenes; se suele aplicar más a los pretendientes. pop.

◼

a. ‖ ~ **blanco.** m. *Ch.* **bailarín.**

peumo.

I. 1. m. *Ch.* Árbol de hasta 25 m de altura, de tronco recto, corteza lisa poco agrietada, ramas centrales gruesas ascendentes, hojas perennes, aromáticas, simples, alternas y opuestas, flores en panojas o racimos densos, de color amarillo verdoso. (Lauraceae; *Cryptocarya alba*). (**belloto**).

2. *Ch.* Fruto del peumo, de color rojo; es comestible. (**belloto**).

peúña.

I. 1. f. *Gu.* Pie de persona que no usa zapatos.

pex. (De *pedo,* problema).

I. 1. m. *Mx.* juv. Problema.

●

a. ‖ **¿qué ~?** fórm. *Mx.* juv. Se usa como forma de saludo entre amigos cercanos.

peye.

I. 1. adj. *Co:O.* **lobo,** de mal gusto. pop ∧ desp.

☐

a. ‖ **¡qué ~!** loc. interj. *Co:O.* Expresa desagrado. pop.

peyerrea.

I. 1. f. *Co:O.* juv. Persona ruin y despreciable. vulg; pop.

peyorro, -a.

I. 1. sust/adj. *Pa.* Persona que tiene gases intestinales.

peyote. (Del nahua *peyotl,* peyote).

I. 1. m. *Mx.* Cactus pequeño, sin espinas, de muy lento crecimiento, que sobresale del suelo en botones en forma de disco del tamaño de una pelota de golf, contiene **mescalina** que es un alcaloide alucinógeno. (Cactaceae; *Lophophora williansii*).

2. *Mx.* Bebida alucinógena elaborada de la cocción en agua de la raíz y el tallo secos del peyote.

3. *Ni.* Pequeña cantidad de cocaína. drog. ◆ **wokowi.**

peyotero, -a.

I. 1. adj. *Mx.* Relativo al **peyote.**

2. m. y f. *Mx.* Persona que cultiva **peyotes.**

pez.

I. 1. m. *Mx.* juv. Problema. euf.

◼

a. ‖ ~ **caballo.** m. *Mx.* Pez marino, con escamas solo en la parte superior de la segunda aleta dorsal y la anal, cuerpo delgado, fusiforme, de color amarillento con reflejos verdes por arriba, aletas grisáceas, aleta caudal muy bifurcada y una mancha negra en el opérculo; su carne es comestible. (Carangidae; *Caranx hippos*). ◆ **pejecaballo; pez toro.**

b. ‖ ~ **de Castilla.** f. *Ch.* Pez, sustancia resinosa, sólida, lustrosa, quebradiza y de color pardo amarillento, que se obtiene echando en agua fría el residuo que deja la trementina al acabar de sacarle el aguarrás.

c. ‖ ~ **diablo.** m. *Pe.* Pez marino, de hasta 46 cm de longitud, cuerpo de color ocre o rojizo, lleno de espinas, cola blanca con barras oscuras y aleta dorsal dotada de espinas venenosas; habita en las rocas. (Scorpaenidae; *Scorpaena mystes*).

d. ‖ ~ **guitarra.** m. *Gu.* Pez marino de hasta 62 cm de longitud, color grisáceo, cabeza aplanada, con una forma característica de punta de flecha y mucho más ancha que su cola. (Rhinobatidae; *Rhinobatos leucorhynchus*).

e. ‖ ~ **mosquitero.** m. *Ch.* **gambusia.**

f. ‖ ~ **mosquito.** m. *Ec.* **gambusia.**

g. ‖ ~ **rubia.** f. *Cu. En el beisbol,* polvos que se aplica el lanzador en la mano para evitar el sudor.

h. ‖ ~ **sol.** m. *Ec, Pe.* Pez marino de hasta 3 m de longitud, de cuerpo plateado, alto, comprimido y de forma redondeada aunque truncada, sin aleta caudal. (Molidae; *Mola mola*).

i. ‖ ~ **toro.** *Mx.* **pez caballo.**

j. ‖ ~ **volador.** m. *Gu, Ni.* Pez marino de hasta 18 cm de longitud, de cuerpo comprimido, hocico picudo y escamas de color anaranjado, aletas alargadas, que se asemejan a las alas de un pájaro. (Exocoetidae; *Fodiator acutus*).

▶ **coger como ~ en nasa; no creer ni en los peces de colores.**

pezote.

I. 1. *Mx.* **pizote,** coatí.

pezuña.
 I. 1. f. *Ni, Pa, Ec, Pe.* Mal olor que despiden los pies de una persona. pop + cult → espon. (**pesuña**).
 2. *Ec.* Pie de atleta.
 II. 1. f. *Ec; Pa,* p.u. Obsequio de poco valor que, *especialmente el vendedor, da al cliente por la compra hecha.*

pezuñar.
 I. 1. intr. *Bo:E.* Raspar o frotar el suelo con la pezuña. pop. (**pezuñear**).

pezuñear.
 I. 1. *Bo:E.* **pezuñar.** pop.

pezuñento, -a.
 I. 1. adj. *Ec, Pe, Bo:E. Referido a persona,* que le huelen mal los pies. pop + cult → espon.
 2. *Ec. Referido a cosa,* que despide mal olor. pop + cult → espon.

philip. (De *Philip*®).
 I. 1. m. *Ho, ES, Ni, CR, Py, Ar.* Destornillador cuya punta tiene forma de estrella. (**filip**).

photo. (Voz inglesa).
 ■
  a. ‖ **~ finish.** (Voz inglesa).
   i. m. *Mx, PR;* m-f. *Ec.* Exposición final de una película.
   ii. m. *PR.* Llegada o cumplimiento de algo a última hora.
 □
  a. ‖ **~ finish.** (Voz inglesa). loc. adv. *PR.* A última hora, en el momento justo.

pi.
 I. 1. m. *Mx:SE.* Guiso elaborado con carne de cerdo y pimienta.

pía. (De *pía,* onomatopeya de su canto).
 I. 1. f. *Ho.* **alguacil**, pájaro. (**pía pía**).
 ■
  a. ‖ **~~.** m. *Ho.* **pía.**

piaca.
 I. 1. f. *Ni.* **alguacil**, pájaro.

piajeno. (De *pie y ajeno*).
 I. 1. m. *Pe:N.* Asno, burro.

pial.
 I. 1. m. *Mx, Gu, Ho, Ec, Ch, Ar, Ur.* Lazo que se arroja a las patas de un animal para derribarlo o atraparlo. rur. (**peal**). ♦ **pealera.**
 2. *Gu, Ho, ES, Ni, Ur.* Tira de cuero o soga con que se amarran o traban las patas del ganado.
 3. *Gu.* Corbata.

pialada.
 I. 1. f. *Mx, Ec, Bo:S, Ar, Ur.* Apresamiento de una **res**, *especialmente vacuna o equina,* con un **pial**. rur. ♦ **pialadura.**

pialador.
 I. 1. m. *Mx. En* **charrería**, jinete encargado de lazar por el cuello a un animal.
 2. *Ar, Ur.* Peón encargado de apresar reses, *especialmente vacunas o equinas,* arrojando el **pial** a sus patas. rur.

pialadura.
 I. 1. *Ar.* **pialada.** rur.

pialar.
 I. 1. tr. *Mx, Ho, Ec, Bo:S, Py, Ar, Ur.* Atrapar a un animal, *generalmente a una res,* por las patas con un lazo de cuerda. rur.
 2. *Mx. En* **charrería**, aprisionar por el cuello a un caballo, mediante una cuerda de nudo corredizo que se hace girar por los aires.

pialazo.
 I. 1. m. *Gu, ES.* Azote dado con un **pial**.

 2. *Gu.* Lanzamiento de un **pial** sobre una **res** para derribarla.
 II. 1. *Gu.* metáf. Espacio muy breve de tiempo.

pialera.
 I. 1. f. *Mx.* Soga para lazar o apresar a un animal.
 2. *Ho, Ni.* Tira larga y estrecha de cuero crudo para trabar o lazar el ganado.
 ▶ **cagar ~.**

piana.
 I. 1. f. *Ho.* **alguacil**, pájaro.

piangua.
 I. 1. f. *CR, Co, Ec.* Molusco bivalvo; es comestible. (Arcidae; *Anadara* spp.).

pianista.
 I. 1. m-f. *Ho, Ni, Bo.* Ladrón. euf.

pianito. (Quizás del it. *piano*).
 I. 1. adj. *Bo. Referido a persona,* disciplinada y obediente.
 2. *RD. Referido a persona,* atemorizada y escarmentada por otra que impone su autoridad.

piano.
 I. 1. m. *Co:O,SO.* obsol. Gramófono eléctrico que funcionaba con monedas.
 II. 1. m. *Gu.* Dentadura. pop + cult → espon.
 III. 1. m. *Gu.* Terreno en pendiente.
 □
  a. ‖ **~ al revés.** loc. sust. *RD.* juv. Robo.
 ▶ **afinar el ~; aguantar un ~; echar las cinco al ~; pelar el ~; subirse al ~; tocar ~; tocar el ~.**

pianola.
 I. 1. f. *ES.* Letrina. delinc.

piantadino, -a.
 I. 1. adj/sust. *Ar. Referido a persona,* loca, perturbada. pop + cult → espon ^ fest.
 2. *Ar. Referido a persona,* de comportamiento extravagante o extraño. pop + cult → espon ^ fest.

piantado, -a.
 I. 1. adj/sust. *Ar, Ur. Referido a persona,* loca, perturbada. pop + cult → espon ^ fest.
 2. *Ar, Ur. Referido a persona,* de comportamiento extravagante o extraño. pop + cult → espon ^ fest.

piantadura.
 I. 1. f. *Ar, Ur.* Estado de locura o enajenación. pop + cult → espon.

piantar(se). (Del it. *piantare*).
 I. 1. intr. *Ar, Ur.* Irse, *por lo común precipitadamente y sin que nadie lo advierta.* pop + cult → espon.
 2. tr. *Ar, Ur.* Echar a *alguien* de un lugar. pop + cult → espon.
 3. intr. prnl. *Ar, Ur.* Salirse, irse. pop + cult → espon.
 II. 1. intr. prnl. *Ar, Ur.* Enloquecer, perder el juicio. pop + cult → espon.
 III. 1. tr. *Ar.* Zafarse, soltarse alguna cosa. pop + cult → espon.
 IV. 1. intr. prnl. *Ur.* Morirse *alguien.* pop + cult → espon.
 □
  a. ‖ **piantárselas.** loc. verb. *Ar, Ur.* Marcharse, irse de un lugar. pop + cult → espon.

piantavotos.
 I. 1. sust/adj. *Ar.* Político que, por su conducta o su mala imagen pública, hace perder votos a su partido. pop + cult → espon.

piante.
 I. 1. m. *Ar.* Despido de un empleo o de un sitio de trabajo. pop + cult → espon.
 2. *Ar.* Huida precipitada de un lugar. pop + cult → espon.

piara.
 I. 1. f. *Bo:E.* Ave de hasta 20 cm de longitud; el macho tiene el dorso negro, el vientre blanco y su cola

presenta franjas transversales negras, la hembra tiene el dorso y la cola de color castaño y el vientre blanco, su pico es recto, ligeramente curvado en la punta, y sus ojos son rojos. (Formicariidae; *Taraba major*).

piasaba.
  I. 1. f. *Pe:NE*. Palma de 4 m de altura cuyo tronco está cubierto de fibras y culmina en una corona grande en forma de abanico de hojas compuestas con tres o más folíolos a cada lado del eje central, erectas y curvadas en el ápice; con su fibra se hacen cepillos y escobas. (Arecaceae; *Aphandra natalia*).
  2. *Pe*. Fibra de la **piasaba**.

piba.
  I. 1. f. *Ar, Ur*. Mujer joven, *especialmente la hermosa y atractiva*. pop + cult → espon.

pibá.
  I. 1. m. *Pa, Co*. **chonta**. (Arecaceae; *Bactris gasipaes*).

pibe, -a.
  I. 1. m. y f. *PR, Bo, Ar, Ur*; m. *PR*; *Py*, p.u. Muchacho, joven. pop + cult → espon ∧ afec.
  ●
    a. ‖ ~. fórm. *Ar, Ur*. juv. Se usa como vocativo genérico y carente de significado específico. pop + cult → espon.

piberío.
  I. 1. m. *Ar, Ur*. Conjunto de niños o adolescentes. pop + cult → espon.

pibil. (Del maya *pib*, asar bajo tierra, e *il*, participio pasivo).
  I. 1. adj. *Mx:SE. Referido a alimento*, envuelto en hojas de **plátano** y cocinado bajo tierra, en barbacoa u horneado.

pibinal. (Del maya *pib*, asar bajo tierra).
  I. 1. m. *Mx:SE*. **Elote** asado.

pibipollo.
  I. 1. m. *Mx:SE*. Plato elaborado con carne de pollo y cerdo sazonada con especias, hortalizas y jugo de naranja, cubierta con masa de maíz y hojas de **plátano** y asada al horno.

pica.
  I. 1. f. *Ho, Ec, Pe, Bo, Ar*. Envidia. pop + cult → espon.
  2. *Ho, Ec, Bo, Ar, Ur*. Rivalidad, **competencia**. pop + cult → espon.
  3. *Ec, Ch, Ar*. Rencor. pop + cult → espon.
  4. *Pe, Bo*. Ira, enojo. pop + cult → espon.
  5. *Ur*. Intriga, curiosidad. pop + cult → espon.
  II. 1. f. *Mx:SE, Ho, Pa, Co, Ve, Ec, Bo:E*. Vereda o camino angosto y de libre tránsito que sirve de atajo.
  III. 1. f. *Gu, Ec, Bo:E,N*. Incisión en el tronco de la **siringa** para extraer el látex.
  2. *Ec*. Incisión hecha con herramienta cortante en la corteza del árbol de **caucho** para obtener el látex.
  3. *Ho, CR*. Corte de leña. rur.
  IV. 1. f. *PR*. Ruleta usada en las fiestas patronales, ferias o verbenas.
  V. 1. f. *Ur. En el juego de la* **escondida**, lugar en el que un participante cuenta mientras los demás buscan lugares para esconderse.
  ●
    a. ‖ ¡~! fórm. *Ur*. Se usa en el juego de la **escondida** para indicar que se ha descubierto el lugar en que se oculta uno de los jugadores.
  ■
    a. ‖ ~~.
      i. m. *Mx*. Polvo que se obtiene de la ortiga. pop + cult → espon.
      ii. *Ar*. Picapedrero práctico en disminuir la altura del cordón de la acera.
      iii. *Ni, RD*. **petena**.
      iv. *Gu*. Pedacitos de papel muy fino que, como diversión, se arrojan las personas unas a otras

en carnaval; a veces se contienen en un cascarón, y su contacto con la piel produce escozor.
  v. f. *Bo:E,S*. Arbusto de hasta 4 m de altura cubierto de pelos urticantes, con hojas simples, alternas, dentadas, y flores unisexuales, solitarias o dispuestas en cimas axilares, sus frutos son aquenios, ovados o comprimidos que están cubiertos por un tejido carnoso y de color rojo. (Urticaceae; *Urera* spp.).
  vi. *RD*. **ortiguilla**, planta trepadora.
  □
    a. ~ **pollo**. loc. sust. *RD*. Ración de pollo frito y troceado que se acompaña con **papas** o **plátanos** fritos.
    b. ‖ **por la** ~. loc. adv. *Co:O,SO*. A propósito o de manera intencionada. pop.
  ▶ **sacar ~**; **tener ~ a alguien**.

picabuey.
  I. 1. *Ar*. **boyerito**.

picacaballo.
  I. 1. f. *Ho, Ni, CR*. **cuentacacao**.

picacake. (De *picar*, y del ingl. *cake*, tarta, pastel).
  I. 1. m. *Cu*. Fiesta de cumpleaños informal para un niño.

picachero, -a.
  I. 1. m. y f. *ES*. Persona que conduce un *pick-up*.

picacho.
  I. 1. *ES*. *pick-up*, camioneta.

picacuana.
  I. 1. *Mx*. **ipecacuana**, hierba de hasta 40 cm.

picada.
  I. 1. f. *Pa, Co, Ec, Bo, Py, Ar, Ur*. Conjunto de alimentos, como trozos pequeños de carne, **papa**, maíz, **patacones**, que se sirven en reuniones informales como aperitivo o acompañamiento de bebidas alcohólicas.
  II. 1. f. *CR, Ec, Bo:E, Py, Ar, Ur; Cu*, rur. Camino o senda abierta por el hombre a través de la espesura del monte.
  III. 1. f. *Co; Pe*, p.u. Punzada, dolor fuerte y repentino.
  2. *Ho*. Picotazo.
  IV. 1. f. *Ch, Py, Ar, Ur*. Carrera de automóviles, *generalmente callejera e ilegal*, de corto recorrido.
  V. 1. f. *Ch*. Lugar o cosa conocidos solo por unos pocos *y especialmente donde se come a buen precio* y hay un ambiente agradable.
  VI. 1. f. *Ch*. Carbunco o ántrax. rur.
  ■
    a. ‖ ~ **de bejuco**. f. *Pa*. Mal de Chagas.
  □
    a. ‖ **en la** ~.
      i. loc. adv. *RD*. Comprometiéndose especialmente en un asunto.
      ii. loc. adj. *RD. Referido a persona*, que está al tanto, enterada de algo.
    b. ‖ **en** ~.
      i. loc. adv/adj. *Gu, CR, Pa, Cu, RD, PR, Co, Ve, Ec, Pe, Bo, Ch, Py, Ar, Ur. En relación con el vuelo o caída de algo*, casi verticalmente y a gran velocidad.
      ii. *Gu, Ni, CR, Pa, Cu, RD, PR, Co, Ve, Pe, Bo, Py, Ar, Ur. Referido a volar o caer, especialmente un avión*, hacia abajo.
      iii. loc. adv. *Ni, Pa, Cu, RD, Co, Ve, Bo, Ch, Py, Ar, Ur*. Rápida e irremediablemente.
      iv. *Ni, CR, Cu, PR, Ec, Py, Ar, Ur*. En proceso de deterioro o declive. pop + cult → espon.
      v. *Ch*. De manera directa y agresiva. pop.
  ▶ **fijar la** ~; **volver a la** ~.

picadera.
 I. 1. f. *RD.* Aperitivos, comida que se sirve en pequeñas raciones acompañando a una bebida.
 II. 1. f. *Ho.* Hoja pequeña de acero con filo en su parte
inferior curvada para picar el tabaco.

picadero.
 I. 1. m. *Mx.* Lugar o sitio al que los adictos a una droga
acuden para consumirla. pop + cult → espon.
 II. 1. m. *Py, Ar, Ur.* Pista de arena en el circo.

picadillo.
 I. 1. m. *Ch, Ur.* Aperitivo, refrigerio.
 2. *Bo, Py.* Pasta untable elaborada con carne de cerdo, de ave o de vaca.
 3. *Cu.* Guiso de carne de **res** molida, con sofrito de
ajo, pimiento, hojas de laurel, alcaparras, cebolla,
orégano, salsa de tomate y aceite; en ocasiones se le
añade pasas o **papas** troceadas.
 ▶ estar el condumio de ~ y yuca.

picadita.
 I. 1. f. *Ar:NO.* Juego infantil consistente en tirar una canica contra la pared de modo que rebote y golpee a la del
adversario.
 2. *Py.* Juego que consiste en situar la pelota en la punta de
un pie y hacerla saltar continuamente hasta que se caiga.
pop.

picadito.
 I. 1. m. *Co, Bo, Ar:NO, Ur* Partido de **futbol** que se
juega entre amigos por diversión. pop.
 II. 1. m. *Py.* Comida preparada a base de carne picada.
pop.

picado.
 I. 1. m. *Co, Py; Bo, Ch, Ar, Ur,* pop + cult → espon.
Partido de **futbol** informal.
 II. 1. m. *Gu.* Plato que se prepara con los ingredientes
finamente desmenuzados.
 2. *Bo:E.* Sopa de **yuca** picada, de consistencia espesa.
 3. *ES.* Carne molida frita y revuelta con **papas** y verduras.
 4. adj. *Ho.* Referido a huevo de gallina, que se fríe revolviendo la yema y la clara.
 III. 1. m. *Cu.* obsol. Juego que consiste en tirar una moneda
contra la pared para que, al rebotar, caiga lo más cerca
posible de otra previamente colocada en el suelo.
 IV. 1. m. *Gu.* Embravecimiento del mar.
 V. 1. m. *Ur.* Carrera de automóviles, *generalmente callejera
e ilegal,* de corto recorrido.

picado, -a.
 I. 1. adj. *Mx, Gu, Ho, ES, Ni, CR, Pa, PR, Ec, Pe, Bo,
Ar, Ur; Py,* p.u. *Referido a persona,* ligeramente
borracha. pop + cult → espon.
 II. 1. adj/sust. *Co. Referido a persona,* que pretende pasar por distinguida y rica. pop ^ desp.
 2. *Co. Referido a persona,* engreída, arrogante. pop
^ desp.
 III. 1. adj. *Gu, ES, CR, Pa, Ec, Ve,* pop. *Referido a persona,*
que experimenta resquemor, resentimiento o ira por
haber sido engañada o superada en algo. ♦ **chimado.**
 2. *Gu, Ec. Referido a persona,* que ante cualquier
contrariedad se enfada y actúa de modo vengati-
vo. pop + cult → espon
 IV. 1. adj. *Ho, ES; Ve,* p.u. *Referido a persona,* que tiene
tuberculosis.
 V. 1. adj. *Gu, Ve. Referido a persona,* enamorada. pop
+ cult → espon.
 VI. 1. adj. *Gu, Ho, ES, Ni. Referido a semillas como el frijol,* que tiene gorgojos en su interior.
 VII. 1. adj. *Ho, Ni. Referido a la leña,* cortada.
 2. *Ni, Pa. Referido a un tronco de árbol,* con cortaduras e incisiones.
 VIII. 1. adj. *Bo. Referido al cabello, especialmente al de una
mujer,* que tiene las puntas abiertas. pop.

□
 a. ‖ **más ~ que un metro de piedra.** loc. adj. *PR. Referido a persona,* extremadamente borracha. rur;
pop + cult → espon.
 b. ‖ **~ de la araña.** loc. adj. *Ch. Referido a persona,* de
carácter enamoradizo. pop ^ fest.
 ▶ caer en picada; estar como ~ de alacrán; ponerse el
picado malo.

picador.
 I. 1. m. *Ho:C.* Hombre que corta el pasto para el ganado.
■
 a. ‖ **~ gigante.** m. *Bo.* Colibrí de hasta 25 cm de longitud, de color gris verdoso con brillo metálico y
vientre blanco. (Trochilidae; *Patagona gigas*).
 b. ‖ **~ gomero.** m. *Bo:E.* Ave de hasta 25 cm de longitud, de color café a gris ceniciento, sus alas son de
color canela y su pico corto, cónico y negro. (Cotingidae; *Lipaugus uropygialis, L. vociferans*).
 ▶ poner la cabeza en un ~.

picador, -ra.
 I. 1. m. y f. *Gu, Ec, Bo:E.* Persona encargada de realizar
incisiones en los árboles para extraer el látex.
 2. *Ho.* Persona encargada de picar el tabaco.
 II. 1. sust/adj. *Cu.* Persona aprovechada y vividora.

picadora.
 I. 1. f. *Ho.* Instrumento de hierro acerado, en forma de
media luna y con sendos mangos de cuerno en sus
extremidades, para picar el tabaco.

picahielo.
 I. 1. m. *Gu, Ho, ES, Ni, CR, Py, Ur.* Punzón largo y
puntiagudo para picar las barras de hielo.

pical.
 I. 1. m. *Ho.* Terreno poblado de arbustos **pica pica.**

picaleche.
 I. 1. m. *ES.* Pegamento.

picalengua.
 I. 1. *Pa.* **mauro.**

picalonga.
 I. 1. f. *RD.* Ración de comida que consiste en embutidos o carne de cerdo frita.
 2. *RD.* meton. Puesto donde se venden estas raciones.

picamano.
 I. 1. *Ho, Ni.* **comemano.**

picana.
 I. 1. f. *Pa, Ec, Pe, Bo, Py, Ar, Ur; Ch,* rur. Palo con un
pincho de hierro adaptado en un extremo, usado
para animar a andar a los bueyes o a las caballerías.
 II. 1. f. *Ar.* Corte de carne vacuna correspondiente a la
zona del anca.
 2. f. *Bo.* Caldo preparado con trozos de carne de pollo, **res**, cordero, **papas**, habas, cebollas picadas y
ají colorado, se condimenta con pimienta, hojas
de laurel y perejil, y se le agrega también un poco
de cerveza o vino.
■
 a. ‖ **~ negra.** f. *Bo:C,E.* **suchicahue.**

picanazo.
■
 a. ‖ **~ eléctrico.** m. *Bo, Ch.* Descarga eléctrica hecha
con el instrumento de tortura de la **picana.**

picaneada.
 I. 1. f. *Ar:NO.* Serie de pinchazos con la **picana** para
aguijar a los bueyes o las caballerías.

picanear.
 I. 1. tr. *Pe, Ch, Py, Ar, Ur.* Aguijar a los bueyes o a las
caballerías. rur.
 2. *Py, Ar, Ur.* Torturar a *alguien* utilizando una picana.
 3. *Ch, Py, Ur.* Incitar, insistir a *alguien* para que lleve a
cabo una acción.

4. *Ch.* Aguijonear, atormentar a *alguien* para que haga lo que se le ordene. pop.

picaneo.

I. 1. m. *Ar:NO, Ur.* Serie de pinchazos con la **picana** para aguijar a los bueyes o las caballerías.

picantada.

I. 1. f. *Pe.* Guiso en el que predominan los productos picantes.

picante.

I. 1. m. *Mx, CR, Pa, Co, Ve, Ec, Pe, Bo, Ch, Ar:NO.* Salsa o guiso aderezado con el fruto del **chile** o **ají** picante.

2. *Ec, Pe, Ch.* Porción de alimento que se prepara con mucho *ají y se sirve generalmente como acompañamiento de una bebida.*

3. *Bo.* Guiso preparado con carne, cebollas, habas y zanahorias, condimentado con pimienta, sal y otras especias, se acompaña de arroz y **papas**, y va aderezado con perejil picado.

II. 1. m-f. *Ch.* metáf. Persona maleducada, que se comporta mal. pop ^ desp.

2. *Ch.* Persona de clase social baja. cult → espon ^ desp.

3. adj. *Py.* Referido a *persona,* que realiza comentarios agudos y molestos. pop + cult → espon.

III. 1. m. *Bo:O.* Reprimenda severa. delinc.

IV. 1. m. *Bo:O.* Cigarrillo hecho con tabaco picado mezclado con cocaína. delinc.

picanteada.

I. 1. f. *Bo:O, Ar:NO; Pe,* p.u. Comida en la que solo se sirve **picante**, guiso. pop + cult → espon.

picantería.

I. 1. f. *Ec, Pe, Bo:O, Ch:N.* Establecimiento donde se sirven *principalmente* **picantes**.

II. 1. *Ch.* Conjunto de personas poco dignas o maleducadas.

2. *Ch.* Grosería propia de una persona maleducada.

picanterío.

I. 1. m. *Ch.* Conjunto de personas que no saben comportarse educadamente o con dignidad.

picantero, -a.

I. 1. m. y f. *Ec, Pe, Bo.* Persona que se dedica a la elaboración y venta de **picantes**.

2. sust/adj. *Pe.* Persona aficionada a frecuentar **picanterías** y a comer en ellas.

picao.

I. 1. m. *Cu.* Asunto, cuestión, tema. pop.

picap. (Del ingl. *pick-up*).

I. 1. m. *EU, CR, Co.* Vehículo de transporte, de menor tamaño que un camión, con la parte posterior descubierta y destinado para llevar carga.

II. 1. m. *Pe, Bo.* Fonógrafo.

picapalo.

I. 1. m. *Ar:N.* Pájaro de pico muy largo y curvo, con las plumas caudales rígidas y espinosas. (Dendrocolaptidae; *Campylorhamphus* spp.).

picapasito.

I. 1. m. *Ve.* Persona de apariencia apocada que encubre malicia.

picapica.

I. 1. m. *Mx, Ho, ES, Ni, Ve;* f. *CR, Pa, Cu, PR, Co, Ve.* Planta trepadora con largos zarcillos que llegan a alcanzar los 15 m, hojas vellosas por el envés y flores y vainas cubiertas de pelos anaranjados que producen una urticaria en la piel. (Fabaceae; *Mucuna pruriens*). ♦ **fogareté; frijol abono; tortera.**

II. 1. m. *Gu, Pe.* Confeti, **papel picado.**

III. 1. m. *Py.* p.u. Artefacto eléctrico que produce intermitencia en las lámparas durante su encendido.

picapleitero, -a.

I. 1. sust/adj. *Bo.* Abogado deshonesto en el ejercicio de su profesión.

picapleitismo.

I. 1. m. *Bo.* Manejo de los códigos y leyes propio de un **picapleitero**. pop ^ desp.

picapollero, -a.

I. 1. sust/adj. *ES.* Persona que escribe a máquina despacio y con dos dedos. fest.

picapollo.

I. 1. m. *Gu, ES.* Modo de escribir a máquina despacio y con dos dedos. fest.

II. 1. m. *Ho.* Juego que consiste en colocar el primer jugador una moneda en el suelo de cara o de **escudo** y el otro jugador la golpea para lograr caras o **escudos** según lo convenido previamente.

picapollos.

I. 1. adj. *CR.* Referido a *pantalón,* más corto que lo normal. pop.

picar(se)

I. 1. intr. *Co, Pe, Bo, Ch, Py, Ar, Ur.* Arrancar bruscamente un automóvil. pop.

II. 1. tr. *Mx:SE, Gu, Ec, Bo:E.* Realizar incisiones en árboles para extraer el látex. rur.

III. 1. intr. *Mx.* Abrir un camino o senda a través de la espesura del monte.

2. tr. *Ho, CR.* Cortar leña. rur.

3. *Ho.* Cortar o romper *algo.*

IV. 1. intr. prnl. *CR, PR, Pe, Bo, Ch, Ar:NO,O, Ur.* Emborracharse ligeramente. pop + cult → espon.

2. tr. *Ni.* Emborrachar a *alguien.*

V. 1. intr. *CR, Cu, Py, Ar, Ur; Py,* p.u. Rebotar un cuerpo en el suelo.

2. *Ve. En algunos juegos,* tocar la pelota el suelo, saltar y seguir su curso.

3. *Bo.* Botar la pelota después de golpear contra el suelo.

4. *Pa. En el yac,* hacer saltar la pelota sobre el piso para recoger más de lo que se esperaba en determinado turno o salto de aquella.

VI. 1. intr. *Pa, Co. En algunos juegos,* escoger a los integrantes de los equipos.

VII. 1. intr. prnl. *Gu, Ho, ES, Ni, CR, Ec.* Quedarse *alguien* con ganas de continuar haciendo lo que hacía.

VIII. 1. intr. prnl. *Gu, Ho, ES, Ni, Ur.* Llenarse de gorgojos algún tipo de grano.

2. tr. *Ho.* Quitar la cáscara al café o arroz en un mortero. rur.

IX. 1. tr. *RD, Ve.* Enamorar a *alguien.*

X. 1. tr. *RD, Ve.* Aventajar a *alguien* en una competición.

XI. 1. tr. *Pe.* Pedir dinero a *alguien.* pop + cult → espon.

2. *Cu.* Pedir prestado dinero a *alguien* sin intención de devolverlo. pop + cult → espon.

3. *Cu.* Pedir tabaco a *alguien.* pop + cult → espon.

XII. 1. tr. *Ve.* Robar *algo* a *alguien.* pop + cult → espon.

XIII. 1. tr. *Ve.* Tocar o manosear a una mujer de manera sorpresiva. pop + cult → espon.

XIV. 1. tr. *Ve.* Conducir el ganado hasta el corral.

XV. 1. tr. *PR. En las peleas de gallos,* acercar, antes del combate, a los gallos que van a pelar para que se enfurezcan.

XVI. 1. intr. *Ch.* Ocuparse sucesivamente y de manera pasajera de cosas diversas.

XVII. 1. tr. *Ch.* Adulterar una droga, *especialmente cocaína,* con una sustancia que rebaja su pureza. drog. ♦ **machetear.**

XVIII. 1. intr. *ES.* Insistir en algo.

2. tr. *Ho.* Aspirar a *algo.*

XIX. 1. tr. *Gu.* Fecundar un ave macho a otra hembra.

XX. 1. intr. *Ur.* Pujar en una subasta. pop + cult → espon.

a. ‖ **pica y se extiende.** fórm. *Ni, Cu, PR, Ve.* Se usa para indicar que un asunto o problema tiene consecuencias que van más allá de lo esperado. pop + cult → espon.

□

a. ‖ **~ a la cabeza de ala.** loc. verb. *PR.* Clavar el gallo la espuela debajo del ala de su contrincante. rur.

b. ‖ **~ a un gallo boca llena.** loc. verb. *PR.* En las peleas de gallos, picar un gallo a su oponente con firmeza y con tino.

c. ‖ **~ como para pasteles.** loc. verb. *PR.* Dar *una persona* puñaladas o cortar a *alguien* como se hace con el cerdo para preparar **pasteles**. rur.

d. ‖ **~ de atrás.** loc. verb. *Ch.* Recuperar terreno o posiciones con éxito desde otra más atrasada. pop + cult → espon.

e. ‖ **~ el alacrán.** loc. verb. *ES.* Perder la virginidad una mujer. pop + cult → espon ^ fest.

f. ‖ **~ el bagre.** loc. verb. *Ar.* Darle a alguien ganas de comer. pop + cult → espon.

g. ‖ **~ el bicho.** loc. verb. *Ec.* Tener muchas ganas de hacer algo que no se ha hecho antes.

h. ‖ **~ el culo.** loc. verb. *Ni, Py.* Tener interés por averiguar algo.

i. ‖ **~ el ganado.** loc. verb. *Ve.* Arrear el ganado hacia el corral. rur.

j. ‖ **~ el gusano.** loc. verb. *Ho, Ni, CR, Bo.* Tener grandes deseos de hacer o averiguar algo.

k. ‖ **~ el ojo.** loc. verb. *RD, PR, Co, Ve.* Cerrar un ojo momentáneamente quedando el otro abierto, a veces con disimulo, como señal o advertencia.

l. ‖ **~ el tiquete.** loc. verb. *CR.* Morir *alguien.* pop ^ fest.

m. ‖ **~ espuelas.** loc. verb. *Ni.* Marcharse *alguien.*

n. ‖ **~ fuera de hoyo.** loc. verb. *PR.* No acertar, estar equivocado *alguien* en algo.

ñ. ‖ **~ la cresta.** loc. verb. *Mx, Gu.* Causar molestia a alguien. pop + cult → espon.

o. ‖ **~ la ingle.** (Del ingl. *to speak English*). loc. verb. *RD.* Hablar inglés. fest.

p. ‖ **~ la mano.**
  i. loc. verb. *Ho, Bo, Py.* Esperar la llegada de dinero. pop + cult → espon.
  ii. *Ho.* Tener grandes deseos de hacer algo. pop + cult → espon.

q. ‖ **~ los cabos.**
  i. loc. verb. *Ve.* Irse *alguien* con prisa de un lugar.
  ii. *Ve.* Huir *alguien* por algún motivo.

r. ‖ **~ los dedos.** loc. verb. *Ho.* Desear *alguien* hacer algo inmediatamente. pop.

s. ‖ **~ los pies.**
  i. loc. verb. *Ho, Ni, Ec.* Tener grandes deseos de hacer algo.
  ii. *Pa.* Tener deseos de participar en algo muy esperado.

t. ‖ **~ maíz.** loc. verb. *Cu.* p.u. Escribir a máquina lentamente, usando solo el dedo índice de cada mano.

u. ‖ **~ por delante.** loc. verb. *Pa, Ar.* Anticiparse *alguien* en una acción. (**pisar primero**).

v. ‖ **~ primero.** *Pa.* **picar por delante.**

w. ‖ **~ una mancha.** loc. verb. *Ni.* Jugar una partida de trompos.

x. ‖ **~ y hacer roncha.** loc. verb. *RD.* Ser *una persona* muy fea. pop.

y. ‖ **~la.**
  i. loc. verb. *Pe.* Pisar el acelerador de un automóvil para que adquiera mayor velocidad. pop + cult → espon.
  ii. *CR.* obsol. Jactarse *alguien* de algo. pop + cult → espon.

z. ‖ **~le.** loc. verb. *Mx, Gu, ES.* Caminar *alguien* deprisa, acelerar el paso o llevar a cabo rápidamente una determinada acción.

a¹. ‖ **~le la lengua.**
  i. loc. verb. *Co.* Incitar o provocar a alguien para que cuente algo que uno quiere saber. pop.
  ii. *CR, Pa, Bo; Py,* p.u. Tener deseos de intervenir en una conversación.

b¹. ‖ **~se el hígado.** loc. verb. *Gu.* Enojarse.

c¹. ‖ **~se el ojo.** loc. verb. *Gu.* Frustrarse *alguien* por algo, fracasar en algo.

d¹. ‖ **picárselas.**
  i. loc. verb. *Pe, Bo, Py, Ar, Ur.* Irse *alguien* de un lugar, *especialmente para eludir algo.* pop + cult → espon.
  ii. *Ho, ES, Ni, CR:NO, Pa, Co.* Creerse *alguien* más de lo que es, ufanarse, *generalmente de algo de lo que se carece.* pop ^ desp.

e¹. ‖ **picárselas de arroz con pollo.** loc. verb. *Ni.* Ufanarse *alguien* de ser importante.

■

a. ‖ **¡pícalo, gallo!** loc. interj. *PR.* Expresa ánimo y aplauso de alguien por una acción.

◪

a. ‖ **de atrás pica el indio.** fr. prov. *Ch.* Indica que aunque una persona o un colectivo vaya mal, siempre se puede recuperar y alcanzar el éxito final. pop + cult → espon.

b. ‖ **ni pica ni presta el hacha.** fr. prov. *CR.* Indica que alguien no actúa ni tampoco deja que otros lo hagan.

picarada.
  I. 1. f. *Gu.* Broma, picardía. rur.

picarazado, -a.
  I. 1. adj. *RD, Ve; PR,* p.u. *Referido a persona,* que tiene huellas o cicatrices de viruela. pop + cult → espon.

picarazo, -a.
  I. 1. adj. *Gu.* Persona capaz de cualquier cosa.

picardía.
  I. 1. f. *ES.* Escena representada en barro de tamaño minúsculo, *generalmente un belén o una escena grotesca.*

picarito, -a.
  I. 1. sust/adj. *Ho.* Ladrón.

pícaro, -a.
  I. 1. sust/adj. *RD.* Persona que no paga una cantidad de dinero que debe, o que lo hace con retraso.

picarón.
  I. 1. m. *Mx, Pe, Ch.* Masa de harina, huevos, leche, agua de anís y azúcar, a la que a veces se incorpora **camote** o **zapallo**, que se fríe en forma de aros y se sirve con almíbar solo o de higos.
  2. *Ch.* metáf. Salvavidas en forma de aro.
  3. *Ch.* metáf. Cojín pequeño redondo que se usa para sentarse más cómodamente.

picarona.
  I. 1. f. *Pa.* Volante de tela que guarnece el borde inferior de la falda de la **pollera**.

picaronada.
  I. 1. f. *Pe.* Fiesta popular en la que se sirven *principalmente picarones y otros platos de postre.*
  2. *Pe.* Plato de **picarones**.
  3. *Ch.* Reunión en que un grupo de personas se reúne a comer **picarones**.

picaronero.
  I. 1. sust/adj. *Pe.* Persona que elabora y vende **picarones**.

picatierra.
  I. 1. f. *Ve.* Gallina, hembra del gallo.

picazo.
    I. 1. m. *PR.* Cantidad grande de dinero. pop + cult → espon.
    ▶ **montar el ~.**

picazón.
    I. 1. f. *Ho, ES, Ni.* Deseo sexual femenino exacerbado. rur.

piccha.
    I. 1. f. *Pe, Bo.* Mascado de hojas de coca. rur.

picchar.
    I. 1. tr. *Pe* rur; intr. *Bo.* Mascar hojas de coca para succionar poco a poco su jugo.

picchear.
    I. 1. intr. *Bo.* Mascar hojas de coca para succionar poco a poco su jugo. pop.

piccho.
    I. 1. m. *Pe.* Pequeña bola hecha con hojas de coca, a veces mezcladas con cenizas de **quinua** o cal y **papa** hervida, que se masca para extraer un jugo de efecto estimulante. rur.

picha.
    I. 1. f. *Co.* Legaña. pop.
    □
      a. ‖ **hasta la ~.**
        i. loc. adv. *CR.* En total estado de ebriedad. vulg; pop + cult → espon.
        ii. loc. adj. *CR. Referido a cosa*, completamente llena, repleta. pop + cult → espon.

pichaceada.
    I. 1. f. *CR.* Conjunto de golpes dados a una persona. vulg; pop + cult → espon.

pichaceado, -a.
    I. 1. adj. *CR. Referido a persona*, agotada por haber realizado un esfuerzo físico prolongado. vulg; pop + cult → espon.
    II. 1. adj. *CR. Referido a cosa*, muy deteriorada. vulg; pop + cult → espon.

pichacear.
    I. 1. tr. *CR.* Propinar una paliza a *alguien*. pop + cult → espon.

pichacha.
    I. 1. f. *Gu, Ho.* Colador o cucharón grande, *generalmente hecho con media calabaza agujereada*, para extraer la **cachaza** del caldo de la caña de azúcar en un trapiche.
    2. *Gu.* Olla de barro con pequeños agujeros para lavar el **nixtamal**.
    3. *Ho.* Media calabaza agujereada. rur.
    ▶ **hacer ~.**

pichachear.
    I. 1. tr. *Gu.* Colar *algo* utilizando una **pichacha**.

pichacoso, -a.
    I. 1. adj. *Ve. Referido a lugar*, cubierto de lodo o fango.

pichada.
    I. 1. f. *Mx, Ni. En el* **beisbol**, lanzamiento de la pelota que efectúa el lanzador al bateador del equipo contrario.
    II. 1. f. *Co.* Coito. vulg.

pichadero.
    I. 1. m. *Co.* Lugar en el que las parejas tienen encuentros íntimos. vulg; pop.

pichado, -a.
    I. 1. adj/sust. *Py. Referido a persona*, que se enoja con facilidad. pop + cult → espon.

pichador, -ra.
    I. 1. adj. *Co. Referido a persona*, que realiza el coito. vulg.

pichadura.
    I. 1. f. *Ar* vulg; *Py*, pop. Sentimiento de hartazgo, enojo o disgusto.

pichagua.
    I. 1. f. *Ve.* Fruto del **güiro**, planta.

pichagüero.
    I. 1. *Ve.* **jícaro**, árbol perenne.

pichal.
    I. 1. m. *Co.* Charco de agua estancada y sucia. pop.
    II. 1. m. *Pa.* Gran cantidad. vulg.

pichana. (Del quech. *pichay*, barrer).
    I. 1. f. *Pe, Bo:C,SO, Ar.* Escoba rústica hecha con un manojo de ramillas.
    II. 1. f. *PR, Pe, Ar.* Arbusto de hasta 1,50 m de altura, de hojas persistentes, flores amarillas y una legumbre como fruto. (Fabaceae; *Cassia aphylla*). ♦ **pichanilla.**
    III. 1. f. *Pe.* Violación sexual hecha a una mujer que es entregada a un grupo de soldados. rur.
    2. *Pe.* Mujer violada sexualmente por varios soldados. rur.
    ▶ **tirar ~.**

pichanal.
    I. 1. m. *Ar.* Sitio poblado de **pichanas**, arbustos leñosos.

pichancha.
    I. 1. f. *Mx.* Válvula que regula el flujo de agua de la cisterna al **tinaco** y que sirve como filtro de la bomba que hace subir el agua.
    II. 1. f. *ES.* Rallador de queso.

pichanear. (Del quech. *pichana*, barrer).
    I. 1. tr. *Pe, Bo, Ar:NO.* Barrer con **pichana**, escoba. rur.
    II. 1. tr. *Pe.* Violar sexualmente un grupo de soldados a una mujer. rur.

pichanero, -a.
    I. 1. m. y f. *Pe, Bo.* Persona que barre el suelo con una **pichana**. rur.

pichanga.
    I. 1. f. *Pe, Bo:O; Ec*, p.u; *Ch*, pop + cult → espon. Partido informal de **futbol** u otro deporte.
    2. *Pe.* Labor o actividad hecha como entretenimiento, sin seriedad o provecho real.
    II. (Del quech. *pichanga*, limpiar).
    1. f. *Co:SO.* Escoba de ramas. rur; pop.
    III. 1. f. *Ar:NO,O.* Vino que no ha terminado de fermentar.
    IV. 1. f. *Ch.* Fiesta, reunión informal en una casa celebrada entre familiares y amigos. pop + cult → espon.
    V. 1. f. *Ch.* Plato hecho con trozos de carne, embutidos o queso acompañados de aceitunas y **ají.**
    VI. 1. f. *Ch. En el juego del* **cacho**, jugada en la que se obtienen todos los números desiguales.
    VII. 1. f. *Bo.* Cosa mínima, casi nada. pop.
    VIII. 1. *PR.* **chango**, ave.

pichanguear.
    I. 1. intr. *Pe, Bo; Ch*, pop + cult → espon. Jugar un partido con una pelota, *generalmente de* **futbol**, de manera informal y por ocio.
    II. 1. intr. *Ch.* Celebrar una **pichanga** o fiesta. pop + cult → espon.

pichanguero, -a.
    I. 1. adj/sust. *Pe, Bo, Ch, Ar. Referido a persona*, aficionada a jugar **pichangas** o partidos informales de **futbol** u otros deportes. pop + cult → espon.
    2. adj. *Pe, Bo, Ch, Ar.* Relativo a estos partidos. pop + cult → espon.
    II. 1. adj/sust. *Ch. Referido a persona*, aficionada a las **pichangas** o fiestas hogareñas. pop.

pichanilla.
    I. 1. *Ar.* **pichana**, arbusto.

pichaque.
    I. 1. m. *Ve.* Charco pequeño de agua sucia.

pichar(se). (Del ingl. *to pitch*).
I. 1. intr. *Mx, Gu, ES, Ni, CR, Cu, RD, PR, Ve, Ec.* En el **beisbol**, lanzar el **pitcher** la pelota al **bateador** del equipo contrario. (**pitchar**).
II. 1. intr. *Co.* Realizar el coito. vulg.
III. 1. tr. *Ve.* Pagar la cantidad correspondiente por un bien o un servicio. pop + cult → espon.
IV. 1. tr. *RD, Py.* Molestar continuamente a *una persona*, hacer que se enoje.
2. intr. prnl. *Py.* Disgustarse, enojarse. pop + cult → espon.
V. 1. tr. *Py.* Hacer sentir desánimo, turbación o temor a *alguien.* pop + cult → espon.
2. intr. prnl. *Py.* Sentir *alguien* desánimo, turbación o temor. pop + cult → espon.
VI. 1. intr. prnl. *RD.* Morirse *alguien*.
VII. 1. tr. *Ho.* En el ejército, delatar a *alguien*.

pichara.
I. 1. f. *Bo:C,S.* Maleficio con el que se intenta sanar a una persona arrojando las prendas del enfermo al cruce de los caminos por donde pasarán otras personas que lo recibirán. pop.
2. *Bo:O. En medicina tradicional,* limpieza que se hace del cuerpo enfermo pasando sobre este un animal o algún preparado con hierbas medicinales y otros elementos. pop.

picharar.
I. 1. intr. *Bo, Ar:NO.* Hacer ceremonias mágicas que, en la creencia popular, sirven especialmente para recuperar el espíritu extraviado por efecto de algún maleficio. rur.
2. *Bo. En medicina tradicional,* limpiar el cuerpo de un enfermo con alguna medicina o preparado. pop.

pichardines.
I. 1. m. pl. *ES.* Clase de pan dulce.

picharero, -a.
I. 1. m. y f. *Bo:E. En la creencia popular,* persona que tiene poderes sobrenaturales y maléficos para actuar sobre la vida y la salud de otras personas. pop.

picharra.
I. 1. m. *ES.* Desecho venenoso del **maguey**.

piche.
I. 1. m. *Mx:SE.* Árbol de hasta 7 m de altura, con copa redondeada, hojas compuestas de numerosas hojuelas, flores blancas y fruto en legumbre aplanada y muy delgada. (Fabaceae; *Acacia angustissima*). ♦ **timbe**.
2. *Ar.* Armadillo grande de color pardo oscuro y siete placas móviles. (Dasypodidae; *Zaedyus pichiy*).
3. *Ho, Ni, CR.* **pijije**.
II. 1. m. pl. *Co:C.* p.u. Legaña.
III. 1. adj. *Ve. Referido a persona,* borracha.
2. *ES. Referido a persona,* tacaña.
IV. 1. adj. *Ve. Referido a alimento,* fermentado o revenido.
V. 1. adj. *Ve. Referido a cosa,* que es de poco valor o que ha perdido valor o importancia. pop + cult → espon.
2. *Ve. Referido a acción o actividad,* insignificante. pop + cult → espon.
VI. 1. m. *Bo:E.* Pene. vulg; pop + cult → espon.
VII. 1. m. *RD.* Agujero por el que se escapa algún líquido.
VIII. 1. m-f. *RD.* Persona que asiste al conductor de una **guagua** o autobús, anunciando las paradas o cobrando a los pasajeros.
IX. 1. m. *Ni.* Cliente.
■
a. ‖ ~ **ciego.** m. *Ar:NO.* Armadillo de tamaño muy pequeño, desdentado y dotado de enormes uñas

delanteras para excavar. (Dasypodidae; *Chlamyphorus truncatus*). ♦ **pichiciego menor; pichiciego pampeano.**
□
a. ‖ ~ **falso.** loc. sust. *Ni.* Persona que consume sin pagar en un negocio.
▶ **hacer el ~; tener ojo de ~; tomar de ojo de ~.**

pichear. (Del ingl. *to pitch*).
I. 1. tr. *EU, Mx, Gu, Ho, Ni, Pa, Cu, PR, Ve.* En el **beisbol**, lanzar el **pitcher** la pelota al **bateador** del equipo contrario.

pichel.
I. (Del ingl. *pitcher*, jarra).
1. m. *Gu, Ho, ES, Ni, CR.* Jarra para servir bebidas.
II. 1. m. *ES.* Hombre homosexual.
III. 1. m. pl. *ES.* Botas. carc.
IV. 1. f. *Ni.* Empleada doméstica.
V. 1. m. *CR.* p.u. Rostro de una persona. pop ^ fest.

pichela.
I. 1. f. *Bo.* Recipiente de cristal de cuello largo y sin asa, usado para guardar líquidos, *especialmente agua*.

pichelero.
I. 1. sust/adj. *Ni.* Hombre que enamora a las empleadas domésticas.

picheo.
I. 1. m. *Mx, Ho, Ni, CR, Pa, Cu, PR.* En el **beisbol**, lanzamiento de pelota al **bateador**.

pícher. (Del ingl. *pitcher*).
I. 1. m. *EU, Mx, Ni, CR, Pa, Cu, RD, PR, Ve.* En el **beisbol**, **lanzador** que tira la pelota al receptor para que el **bateador** de turno la **batee**. (**pitcher**).
■
a. ‖ ~ **tapón.** m. *Cu.* En el **beisbol**, **lanzador** que sustituye a otro.
□
a. ‖ ~ **pícher.** loc. sust. *Pa.* p.u. Persona que paga las cuentas ajenas. pop + cult → espon.

pichete.
I. 1. m. *Ho, ES, Ni.* Lagartija de hasta 15 cm de longitud, de distintos colores, café, verde y anaranjado por encima, y blanquecino por debajo. (Corytophanidae; *Corithofanes hernandesi, Basiliscus vittatus*). ♦ **charancaco; chenca; chengo; chenqueque; cuatete; cuijina; tenguereche.**
II. 1. m. *Ho.* Persona muy fea, *especialmente de cara delgada y boca y labios salientes*. desp.
■
a. ‖ ~ **monterudo.** m. *Ho.* Lagartija común de color verde con cresta en la cabeza, el cuello y parte del lomo. (Corytophanidae; *Basiliscus* spp.).
b. ‖ ~ **verde.** m. *Ho, ES.* Lagarto de hasta 45 cm de longitud; el macho es verde con motas negras en el lomo y amarillento en el vientre, y la hembra tiene verde brillante el lomo y el vientre amarillo anaranjado. (Lacertidae; *Lacerta viridis*).
▶ **ponerse color de ~.**

pichetear. (Del ingl. *to pitch*, fijarse al suelo con firmeza).
I. 1. tr. *Ho.* Hacer un agujero en la veta de la mina con un taladro o con las **chanchas**.

pichi.
I. 1. m. *Bo, Ar:C,S.* Pene. vulg; pop + cult → espon.
2. f. *Gu.* Vulva. vulg; pop + cult → espon.
II. 1. f. *Pe.* Orina. inf; pop + cult → espon.
III. 1. *Ch.* **palo piche**.
IV. 1. m. *Pa, Bo.* Cocaína. drog.
V. 1. f. *Ni.* juv. Botella de licor.

pichí.
I. 1. m. *Ch, Py, Ar, Ur.* Orina. inf.

pichica.
I. 1. f. *Bo:C,O,S.* Trenza de pelo. pop.

pichicata.
  I. (Del it. *pizzicata*, pizca).
    1. f. *Bo, Ch, Ar, Ur, Py*, juv; *Pe*, p.u. Droga de cualquier tipo. drog.
    2. *Py.* juv. Porción pequeña de droga que puede tomarse con los dedos pulgar e índice. drog.
  II. 1. f. *Ar.* Inyección. pop + cult → espon.
  III. 1. adj/sust. *Gu. Referido a persona*, tacaña, que intenta gastar lo menos posible.

pichicateada.
  I. 1. f. *Pe.* Medida o mejora que se hace sobre algo para que se recupere, *especialmente a un vehículo*. pop + cult → espon.

pichicateado, -a.
  I. 1. adj/sust. *Py, Ar, Ur, Pe*, p.u. *Referido a persona*, que ha tomado drogas o sustancias estupefacientes. pop.
  II. 1. adj. *Pe, Ar. Referido a un vehículo o a un aparato*, trucado, mejorado para tener más potencia o prestaciones.

pichicatear(se).
  I. 1. tr. *Mx, Ho, Ni.* Escatimar lo que se debe dar, cicatear, actuar con mezquindad. pop.
  II. 1. intr. prnl. *Ch, Ar, Ur, Py*, juv; *Pe*, p.u. Drogarse, *especialmente con cocaína*. pop.
    2. tr. *Py, Ur, Ch*, pop; *Pe*, p.u. | juv. Administrar cualquier sustancia estimulante a una persona o a un animal.
  III. 1. tr. *Pe, Ch.* juv. Hacer arreglos a un vehículo para que tenga más potencia o mejor apariencia. pop.
  IV. 1. tr. *Ch.* p.u. Provocar cansancio o hastío a *alguien*. pop.

pichicateo.
  I. 1. m. *Ch, Py, Ar, Ur.* Consumo de drogas. pop.
    2. *Ch.* metáf. Administración a alguien de una sustancia estimulante.
  II. 1. m. *Ch.* metáf. Arreglo, retoque o trucaje que se hace a una máquina o vehículo.

pichicatería.
  I. 1. f. *Mx, Gu, Ho, Ni*, pop; *Co:SO*, desp; *PR*, cult → esm. Cicatería, mezquindad.

pichicatero, -a.
  I. 1. adj/sust. *Pe, Bo, Ch, Ar, Ur, Py*, juv. *Referido a persona*, drogadicta. pop.
    2. adj. *Bo, Ch.* Relativo a las drogas y a las personas que las consumen. pop.
    3. sust/adj. *Bo, Py.* Persona que se dedica a la producción y tráfico de cocaína. pop.
  II. 1. adj/sust. *Ni, Ch. Referido a persona*, que acostumbra regatear los precios, tacaña. pop.
  III. 1. sust/adj. *Bo:O.* Persona que se dedica a la comercialización de hierbas y otros productos que se emplean en ritos mágico-religiosos. pop.

pichicato, -a.
  I. 1. adj. *Mx, Gu, Ho, ES, Ni; Co:SO*, desp. *Referido a persona*, cicatera, tacaña, mezquina. pop. ♦ **pichinche**.
    2. *Ho. Referido a cosa, generalmente dinero*, escaso, en pequeña cantidad.

pichichanca.
  I. 1. *Pe.* **pichisanca**.

pichiche. (Del nahua *pixixi*, de *pixcoa*, cubrirse de plumas el ave).
  I. 1. *Mx, Ho, ES, Ni.* **pijije**. (**pichichi**; **pichichil**; **pichichín**; **pishishe**).
    2. m. *Ho.* metáf. Persona con el cuello delgado y largo. desp.
  II. 1. m. *Ni.* Músculo posterior y abultado de la pierna.
  III. 1. m. *Ni.* Corte de carne de la paletilla de la **res**.

pichiché.
  I. 1. m. *Mx:SE.* Arbusto de hasta 50 cm de altura, de hojas ovado-lanceoladas, flores con pétalos blan-

cos y numerosos estambres, y fruto en baya; la raíz y la hoja poseen diversas aplicaciones en medicina tradicional. (Myrtaceae; *Psidium sartorianum*).
    2. *Mx:SE.* **retama**, árbol.

pichichi.
  I. 1. *Mx.* **pichiche**.

pichichil.
  I. 1. *Mx:N.* **pichiche**.

pichichín.
  I. 1. *Mx:N.* **pichiche**.

pichichío.
  I. 1. *Ho.* **chichigua**, arbusto.

pichicho, -a.
  I. 1. m. y f. *Bo:O, Ar, Ur; Ch*, pop + cult → espon. Perro, *especialmente el pequeño y de raza indefinida*. pop.
    2. sust/adj. *Ch.* Cantidad pequeña. pop.

  a. ‖ ¡**a morir** ~! fórm. *Ch.* juv. Se usa para exhortar a realizar algo que se considera arriesgado. pop + cult → espon.

pichichuela.
  I. 1. f. *ES, Ni.* Pizca, poca cosa.
    2. *ES.* Tontería, cosa insignificante.

pichiciego.

  a. ‖ ~ **chaqueño.** *Ar:NO.* pichiciego mayor.
  b. ‖ ~ **mayor.** m. *Ar:NO.* Armadillo pequeño, desdentado y provisto de enormes uñas en los miembros delanteros. (Dasypodidae; *Calyptophractus retusus*). ♦ pichiciego chaqueño.
  c. ‖ ~ **menor.** *Ar:C,E,N.* piche ciego.
  d. ‖ ~ **pampeano.** *Ar:C,E,N.* piche ciego.

pichico.
  I. 1. m. *Pe:E.* Mono de hasta 25 cm de longitud, sin incluir la cola, que puede alcanzar más de 30 cm; muy usado en investigaciones médicas. (Cebidae; *Saguinus* spp.).

pichicuda.
  I. 1. sust/adj. *Bo:C,O,S.* Mujer joven, *generalmente chola*, de trenzas largas. pop.

pichicuma.
  I. 1. sust/adj. *Pa.* Persona tacaña, avara. pop + cult → espon ^ fest.

pichigueta.
  I. 1. *Mx:SE.* **frijolillo**, felino.

pichihumo.
  I. 1. *Mx.* **pichijumo**.

pichijumo.
  I. 1. m. *Mx.* Árbol de hasta 15 m de altura, de copa redondeada, tronco y ramas cubiertos de espinas, hojas bipinnadas y alternas, inflorescencias en espigas, flores blancas y frutos en legumbres cilíndricas, de color rojizo cuando han madurado. (Fabaceae; *Pithecellobium lanceolatum*). (**pichihumo**). ♦ **sagabichi**.

pichila.
  I. 1. f. *Bo:O.* Pene. vulg; pop + cult → espon.

pichilingo.
  I. 1. m. *Ec.* Ave de hasta 41 cm de longitud, de pico ancho con un borde negro dentado y la punta negra, cabeza y pecho negros, rabadilla rojo brillante, vientre amarillo brillante con una mancha negra en el pecho y una banda roja y negra en el abdomen, muslos de color castaño, piel facial desnuda de color negro, ojos amarillos y patas verdes. (Ramphastidae; *Pteroglossus torquatus*). ♦ **cucharón**.

pichilo.
  I. 1. m. *Bo.* Pene. vulg; pop + cult → espon.

pichín.
 I. 1. m. *Py, Ar.* Orina. inf.
 II. 1. m. *Ch.* Escasa porción o cantidad de algo, pizca. pop + cult → espon.
 □
 a. ‖ **como un ~.** loc. adj. *Pe.* Referido a persona, airada, colérica.

pichina.
 I. 1. f. *Pe.* Boquilla u orificio de caucho por donde se inflan neumáticos o balones.

pichincha. (Del port. *pechincha*, beneficio, lucro).
 I. 1. f. *Bo:O, Ch, Py, Ar, Ur.* Cosa apreciable que puede adquirirse por poco dinero u obtenerse con poco esfuerzo. pop + cult → espon.
 2. *Ar.* Situación favorable para adquirir u obtener una cosa apreciable a bajo precio o con poco esfuerzo. pop + cult → espon.

pichinche.
 I. 1. adj. *ES.* **pichicato**, tacaño.

pichinchear.
 I. 1. tr. *Ar:NO, Ur.* Discutir un comprador con el vendedor el precio de una mercancía. pop + cult → espon.

pichincheo.
 I. 1. m. *Ar.* Regateo, discusión entre comprador y vendedor sobre la rebaja del precio de una mercancía. pop + cult → espon.

pichinchero, -a.
 I. 1. sust/adj. *Ar, Ur* pop + cult → espon; *Py,* pop ^ desp. Persona que busca u ofrece **pichinchas**, cosas apreciables.

pichinga.
 I. 1. f. *Gu, ES, CR.* Vasija de peltre o de metal para líquidos, con colador en su pitorro de salida.
 2. *Ni, CR.* Recipiente, *generalmente con capacidad de más de cinco litros,* de plástico y con asa, utilizado para transportar líquidos.
 II. 1. f. *Gu, Ho, ES.* Borrachera.
 III. 1. f. *ES.* Hombre homosexual.
 IV. 1. *Ho.* **mazacuata**, pene.
 □
 a. ‖ **a ~.** loc. adj. *Gu.* Referido a persona, borracha. pop.
 ▶ **estar a ~; ponerse a ~; tener a ~.**

pichingo.
 I. 1. m. *Co:SO, Pe:NE, Bo:C.* Pene. tabú.
 II. 1. m. pl. *Ho.* Dibujos animados.
 2. m. *Ho.* Muñeco de trapo o barro. pop.
 3. *Ho.* Estatuilla.
 III. 1. m. *Ho.* Persona no respetada. desp.
 IV. 1. m. *Ho.* Rimero de **tortillas**.

pichingo, -a.
 I. 1. adj. *Ar:NO.* De pequeño tamaño. pop + cult → espon.

pichinguero.
 I. 1. m. *Ho.* Conjunto desordenado de ropa y otros objetos personales.

pichinguitos.
 I. 1. m. pl. *Ho.* Dibujos animados.

pichintún.
 I. 1. m. *Ch.* Escasa porción o cantidad de algo, pizca. pop + cult → espon.

pichipén.
 I. 1. m. *RD.* Madera de pino.

pichiqueado.
 I. 1. m. *ES.* Juego de canicas.

pichiri.
 I. 1. m-f. *Bo:O.* Empleado de la alcaldía que trabaja en la limpieza urbana. pop.

pichiriche.
 I. 1. adj. *ES.* Referido a persona, tacaña. (**pichirico**).

pichirico, -a.
 I. 1. *ES.* **pichiriche.**

pichirilazo.
 I. 1. m. *ES.* Trago de licor.

pichirilo.
 I. 1. m. *Gu, Ho, ES, CR, Ec, Co,* pop. Automóvil pequeño, *especialmente el viejo y destartalado.*
 2. *CR.* Automóvil. pop ^ fest.

pichirina.
 I. 1. f. *Pe:E.* **carate**, árbol.

pichiró.
 I. 1. adj. *Bo:E.* Referido a una fruta, *especialmente al plátano,* desagradable al paladar por no estar suficientemente maduro. pop.
 2. *Bo:E.* Referido a cosa, insípida, que carece de gracia. pop.

pichirre.
 I. 1. adj. *Ec; Ve,* pop. Referido a persona, tacaña.

pichirrear.
 I. 1. tr. *Ve.* Obrar con mezquindad. pop + cult → espon.

pichirrería.
 I. 1. f. *Ve.* Mezquindad. pop + cult → espon.

pichirrí.
 I. 1. m. *RD.* Parte inferior de la columna vertebral. pop + cult → espon.

pichirruchi.
 I. 1. *Pe, Bo* **pichiruchi**, persona o cosa insignificante. pop + cult → espon ^ desp.

pichiruche.
 I. 1. *Pe, Bo, Ch.* **pichiruchi**, persona o cosa insignificante. pop + cult → espon ^ desp.

pichiruchi.
 I. 1. sust/adj. *Pe, Bo, Ch.* Persona o cosa insignificante, de escasa importancia. pop + cult → espon ^ desp. (**pichirruchi; pichiruche**).
 II. 1. adj/sust. *Ar.* Referido a persona, boba, tonta. pop + cult → espon.

pichisanca.
 I. 1. m. *Pe, Bo:O.* Pájaro de hasta 15 cm de longitud, de plumaje de color pardo, pecho blanco, cabeza gris con líneas negras, plumas de la corona levantadas a modo de copete, y una característica mancha rojiza alrededor del cuello. (Emberizidae; *Zonotrichia capensis peruviensis*). (**pichichanca**). ♦ **pichiusa; pichuncho.**

pichitanca.
 I. 1. f. *Bo:O.* **chingolo**. (Emberezidae; *Zonotrichia capensis*).

pichiusa.
 I. 1. *Pe.* **pichisanca.**

picho.
 I. 1. m. *Mx:SE.* juv. Pelea, riña, pendencia.
 II. 1. m. *Py, Ar:NE.* Pene. vulg; pop + cult → espon.
 III. 1. m. *Py.* Hombre caracterizado por conquistar fácilmente a las mujeres con adulación y galantería. pop. (**picholo**).

picho, -a.
 I. 1. m. y f. *Mx:NO.* **chompipe**, pavo.
 2. *Ch, Ar.* Perro, *especialmente el pequeño y de raza indefinida.* pop + cult → espon.
 II. 1. adj. *Co:C,NE,SO.* Referido a un líquido o alimento, que empieza a descomponerse. pop.
 III. 1. adj. *Ch.* obsol. Excelente, muy bueno. pop.
 2. *Ch.* p.u; obsol. Referido a persona, de gran atractivo físico. pop.

a. ‖ ~. fórm. *Ch.* Se usa como tratamiento afectuoso, para referirse a un amigo. pop.

pichoa.
 I. 1.　f. *Ch.* Hierba de raíz gruesa, con muchos tallos, largos, de unos 10 cm o más, de hojas alternas, ovaladas y oblongas terminadas en umbelas trífidas. (Euphorbiaceae; *Euphorbia portulacoides*).

pichocal. (Del nahua *pizotl*, pizote o cerdo, y *calli*, casa).
 I. 1.　m. *Mx.* p.u. Pocilga, establo de ganado porcino. rur.

pichocho, -a.
 I. 1.　m. y f. *Bo:O.* juv. Persona joven que mantiene una relación amorosa con otra sin compromiso formal. pop.

picholear.
 I. 1.　intr. *Py.* Conquistar un hombre a las mujeres con adulación y galantería. pop.

picholo.
 I. 1.　*Py.* **picho**, hombre conquistador.

pichomel.
 I. 1.　*Mx.* **pitzomel**.

pichón.
 I. 1.　m. *Gu, Ni, CR, Pa, Cu, RD, Co, Pe, Bo, Py, Ar, Ur.* Polluelo o cría de un ave.
　　2.　*CR.* **daguilla**, planta.
 II. 1.　m. *Ar, Ur.* Seguido de la preposición *de*, se usa para ponderar la importancia o la magnitud del adjetivo o sustantivo al que precede. pop + cult → espon.
 III. 1.　m. *Gu.* Mancha de excremento en la ropa interior. pop.
 IV. 1.　m. *ES.* Pene.
 V. 1.　m. *PR.* Cigarrillo de marihuana. drog.
 VI. 1.　m. *Pa.* Retoño de la caña de azúcar.
 VII. 1.　m. *Pa.* Cohete sin varilla que, encendido, corre por la tierra entre los pies de las personas.

　　□
　　a. ‖ ~ de poste. loc. sust. *Ve.* Persona muy alta.
　　▶ dar ~; echar ~; pedir ~.

pichón, -na.
 I. 1.　adj/sust. *Mx, Gu, Ho, Ni, CR, Pa, RD, Co, Pe, Bo:O, Ch, Ar, Ur. Referido a persona*, joven y sin experiencia. pop + cult → espon.
　　2.　m. y f. *Mx.* Jugador al que se gana con facilidad. pop + cult → espon.

pichona.
 I. 1.　*Co.* **tórtola**, paloma.

pichoneada.
　　▶ dar una ~.

pichonear(se).
 I. 1.　intr. prnl. *Pe.* Orinarse encima ligeramente, por temor o por otra causa. pop.
　　2.　*Pe.* Sentir un temor o miedo que puede provocar orinarse. pop.
　　3.　tr. *Gu, ES.* Manchar de excrementos una prenda de ropa interior. pop.
 II. 1.　tr. *Co:C.* Sorprender a *alguien* haciendo algo indebido. pop.
 III. 1.　tr. *Ni.* Sacar ventaja a *alguien* en un juego.
 IV. 1.　tr. *Pa.* Pedir prestada ropa ajena.

pichonera.
 I. 1.　f. *Ar.* Nido de aves. rur.

pichorcha.
 I. 1.　m. *ES.* Aprendiz del juego del ajedrez.
 II. 1.　adj. *Ni. Referido a un hecho*, insignificante, que no tiene importancia.
 III. 1.　adj. *Ni. Referido a persona*, tonta.

pichota.
 I. 1.　f. *Ho.* Bellota grande y morada del ápice del vitote.
　　2.　*Ho.* Fruto del pino.
　　3.　*Ho.* Fruto del **achiote**.

¡pichota!
 I. 1.　interj. *CR.* Expresa desacuerdo o negación rotunda. tabú.

pichucha.
 I. 1.　*Py.* **piyuya**.

pichuela.
 I. 1.　f. *ES.* Resto que queda después de cosechar plantas o frutos. rur.

pichuelear.
 I. 1.　tr. *ES.* Recoger el fruto que queda en los campos después de alzadas las cosechas.

pichuelero, -a.
 I. 1.　adj/sust. *ES. Referido a persona, generalmente niño*, que recoge las sobras de la cosecha de algo. rur.

pichuercho, -a.
 I. 1.　adj. *Ni. Referido a persona*, joven.
　　2.　*Ni. Referido a persona*, traviesa.

pichula.
 I. 1.　f. *Pe, Bo, Ch, Ar:NO,O.* Pene. tabú; pop + cult → espon.

pichuleador, -ra.
 I. 1.　*Ar.* **pichulero**, persona que regatea.
　　2.　*Ar.* **pichulero**, persona dedicada a negocios de poca monta.

pichulear.
 I. 1.　intr. *Ni, CR, Ar, Ur.* Dedicarse a ventas o negocios de poca monta. pop + cult → espon.
　　2.　tr. *Py, Ar, Ur.* Regatear, debatir un comprador con el vendedor el precio de una mercancía. pop + cult → espon.
 II. 1.　intr. *Ar, Ur.* Comportarse con mezquindad o avaricia. pop + cult → espon.
 III. 1.　intr. *CR, Py.* Realizar trabajos ocasionales o esporádicos. pop + cult → espon.

pichuleo.
 I. 1.　m. *Ar, Ur.* Discusión entre comprador y vendedor sobre el precio de algo. pop + cult → espon.
　　2.　*Ar, Ur.* Venta o negocio de poca monta. pop + cult → espon.
 II. 1.　m. *CR.* Cosa de poco valor o importancia. pop.

pichulero, -a.
 I. 1.　sust/adj. *Ni, Ar.* Persona que se dedica a ventas o negocios de poca monta. pop + cult → espon. (**pichuleador**).
　　2.　*Ar, Ur.* Persona que acostumbra regatear al comprar algo. pop + cult → espon. (**pichuleador**).
　　3.　*Ar, Ur.* Persona mezquina y egoísta. pop + cult → espon.
 II. 1.　adj/sust. *Ch. Referido a persona*, bromista, que hace burla de los demás. vulg.

pichulín.
 I. 1.　m. *Bo, Ch, Py, Ar:N,C, Ur.* Pene. inf.

pichuncho.
 I. 1.　m. *Ch.* Bebida hecha con **pisco** y vermú.
 II. 1.　m. *Ch:N.* **pichisanca**.

pichuquira.
 I. 1.　f. *Bo.* Pechera hecha de cuero de vaca que se utiliza en una pelea para evitar los golpes.

pichurria.
 I. 1.　f. *Co.* Cosa insignificante, de poco valor. pop + cult → espon ^ desp.

pichurro, -a.
 I. 1.　m. y f. *Ve.* Niño o muchacho pequeño.
　　2.　*Ve.* Persona baja de estatura.

picia.

◻

    a. ‖ ¡la ~! loc. interj. *Ve.* Expresa negación rotunda.

piciego, -a.

    I. 1. adj. *RD. Referido a persona*, que ve muy poco o muy mal, y tiene los ojos muy entornados.

piciete. (Del nahua *picietl*).

    I. 1. m. *Mx.* obsol. Tabaco, planta solanácea. (Solanaceae; *Nicotiana* spp.).

picingaña.

    I. 1. f. *Co.* p.u. Juego con que se divierten los muchachos, pellizcándose suavemente en las manos unos a otros.

picizigaña.

    I. 1. *Ni.* **pizpicigaña.** inf.

pick-up. (Voz inglesa).

    I. 1. m. *EU, Mx, Ho, ES, Ni, Pa, Cu, PR, Ve, Ec, Bo, Ch, Ar*; f. *Co, Ch, Py, Ur.* Camioneta en cuya parte delantera van el conductor y sus acompañantes y en la trasera tiene una caja descubierta destinada a la carga. (**picó; picop**). ♦ **guagua de cajón; picacho; troca.**

    2. *Ch.* Cajón descubierto de esta camioneta.

    II. 1. tr. *EU, PR.* Recoger *alguien* una cosa o a una persona.

pickle. (Voz inglesa).

    I. 1. m. *EU, Pa, PR, Ch, Ar, Ur*; pl. *Ec.* Encurtido, fruto o legumbre conservado en vinagre.

    II. 1. adj. *Ch. Referido a persona o cosa*, de características, actitudes o modales poco elegantes. pop + cult → espon ^ desp.

◻

    a. ‖ **como ~.** loc. adj. *Ch.* obsol. *Referido a persona*, borracha.

picle. (Del ingl. *pickle*).

    I. 1. m. *Ar, Ur.* Encurtido, fruto o legumbre conservado en vinagre.

    2. *EU.* Pepinillo encurtido.

    3. *Py.* Condimento preparado a base de picante, *especialmente ají.* pop + cult → espon.

pico.

    I. 1. m. *Ho, CR, Pa, Cu, RD, Co, Ve, Ec, Pe, Bo, Ar, Ur.* Boca y cuello de la botella.

    2. *Ho.* Parte delantera de un automóvil o camión.

    II. 1. m. *ES, Cu, Bo:O; Pa, Ch*, vulg; *CR*, p.u. Pene. euf; pop + cult → espon.

    III. 1. m. *Py, Ar.* Grifo, llave que regula la salida de líquidos por un conducto.

    IV. 1. m. *Pa, Ve.* Trozo sobrante de algo.

    V. 1. m. *Ho, Ec.* Perilla o parte superior del arco que forman por delante los fustes de la silla de montar.

    VI. 1. m. *Gu, Ho.* **piocha.**

    VII. 1. m. *Ch.* Crustáceo cirrópodo parecido al percebe, que vive en colonias y tiene una envoltura firme de placas murales en forma cilíndrica; su interior es de color blanco con tonalidades violetas y pardas; es comestible. (Balanidae; *Austromegabalanus psittacus*). ♦ **picoroco.**

    VIII. 1. m. *Gu.* Deuda, obligación de pagar.

    IX. 1. m. *Bo:E.* Colmena que forman las abejas silvestres en los troncos de los árboles o en la tierra.

    X. 1. m. *ES.* Preservativo.

    XI. 1. m. *ES.* Clase de pan dulce en forma triangular.

●

    a. ‖ **¡~ de cera!** fórm. *Mx.* Se usa para pedir discreción.

■

    a. ‖ **~ cruzado.** m. *RD.* Ave de hasta 15 cm de longitud, de plumaje rojizo o amarillento con algunas manchas blancas, cola y alas negras y pico negro y corvo con las dos puntas entrecruzadas. (Fringillidae; *Loxia leucoptera*).

    b. ‖ **~ de chancho.** m. *Ho.* Avispa de nido grande, similar al morro del cerdo. (Vespidae; *Parachartergus apicalis*). ♦ **ala blanca.**

    c. ‖ **~ de frasco.** *Mx, Ve.* **tucán,** ave.

    d. ‖ **~ de gallo.**

      i. m. *EU, Mx, CR, PR.* Salsa cruda, compuesta de **jitomate,** cebolla, **chile verde** y cilantro picados finamente.

      ii. *Mx:O.* Fruta, *generalmente* **jícama,** *mango y pepino*, cortada finamente en cuadros, aderezada con un tipo de **chile**.

      iii. *Gu, Ho.* Ensalada hecha con naranja y **chile** seco, *que generalmente se da a los que tienen resaca.*

    e. ‖ **~ de gorrión.** *ES.* **ixcanal.**

    f. ‖ **~ de loro.**

      i. f. *Ar.* Pinza cuyos brazos, que se deslizan sobre el eje de unión para variar el grado de abertura, rematan en forma semielíptica semejante al pico de un loro.

      ii. m *Ve.* **golfina.**

      iii. *Bo:O.* Aldaba en forma de gancho que se ensarta en una argolla para asegurar puertas después de haberlas cerrado. pop.

    g. ‖ **~ de pato.**

      i. *Bo:E, Py.* **blanquillo.** (Pimelodidae; *Sorubim lima*).

      ii. m. *ES.* **mafafa,** planta.

    h. ‖ **~ de plata.** m. *Pe, Bo:E.* Ave de hasta 18 cm de longitud, con el dorso de color marrón oscuro a negro, garganta y pecho granate oscuro, y la base del pico inferior blanca o plateada. (Thraupidae; *Ramphocelus carbo*).

    i. ‖ **~ navaja.** *Gu, Ho, ES.* **martín pescador.**

◻

    a. ‖ **a ~s.** loc. adv. *Pe, Bo.* En pequeñas cantidades, poco a poco. pop + cult → espon.

    b. ‖ **como el ~.** loc. adv/adj. *Ch.* Muy mal, de manera pésima. vulg; pop + cult → espon. ♦ **como el hoyo; como el loly; como las reverendas; para el pico.**

    c. ‖ **con el ~ caído.** loc. adj. *Gu, Bo; Ec*, fest. *Referido a persona*, cabizbaja, entristecida. pop + cult → espon.

    d. ‖ **en el ~ de la piragua.** *Cu.* **en el pico del aura.**

    e. ‖ **en el ~ del aura.** loc. adv. *Cu.* A punto de fracasar. pop. ♦ **en el pico de la piragua.**

    f. ‖ **en ~ de zamuro.** loc. adv. *Ve.* Con pocas probabilidades de llevarse a cabo.

    g. ‖ **hasta el ~.**

      i. loc. adv/adj. *RD, Ch.* juv. En situación de hartura o cansancio total. vulg.

      ii. loc. adv. *Ch.* juv. En grado sumo. vulg.

    h. ‖ **para el ~.** *Ch.* **como el pico.**

    i. ‖ **~ a ~.**

      i. loc. adv. *Ho, RD, PR.* Frente a frente, cara a cara. pop.

      ii. loc. sust. *Ec.* Discusión en la que se enzarzan dos personas, sin que ninguna atienda a las razones de la otra.

    j. ‖ **~ caliente.** loc. sust. *RD, Bo:O.* Persona que toma bebidas alcohólicas muy frecuentemente. pop + cult → espon.

    k. ‖ **~ de chinche.** loc. sust. *Ho.* Persona que tiene la boca pequeña y saliente.

    l. ‖ **~ de plata.** loc. sust. *Ve.* Persona que habla fluidamente y con labia.

    m. ‖ **~ dulce.** loc. sust. *Bo:O.* Persona que acostumbra a lisonjear y adular a otras personas para obtener beneficios. pop.

n. ‖ ~ **futre.** loc. sust. *Bo.* Persona que tiene facilidad para hablar.

ñ. ‖ ~ **verde.** loc. sust. *Bo:E.* Campesino del altiplano boliviano que masca hojas de coca con mucha frecuencia. pop ^ desp.

o. ‖ ~ **y espuela.** loc. sust. *PR.* Deporte gallístico.

p. ‖ ~ **y placa.** loc. sust. *Co, Ec.* Limitación horaria de la circulación de vehículos durante ciertos días y horas. urb.

▶ aguantar el ~; andar con el ~ parado; beber a ~ de botella; calentarse el ~; clavar el ~; coger el ~; doblar el ~; echar al ~; echarse al ~; enterrar el ~; estar con el ~ caído; estar de ~ y culo; irse de ~; limpiar el ~; meter el ~; meter ~; meterle el ~; ponerse de ~ a ~; quebrarse el ~; sonar el ~; tapar el ~; tener del ~; tener el ~ caliente; tener el ~ como un tirapiedras; volar ~.

picó.
　I. (Del ingl. *pickup truck,* camioneta).
　　1. m. *Gu, Cu, Co:C,O.* **pick-up**, camioneta.
　I. 1. m. *RD; Ve,* obsol. Tocadiscos. (**picot**).

¡picó! (Del guar. *piko,* morfema que acompaña a un pronombre interrogativo).
　I. 1. interj. *Py.* Expresa sorpresa o admiración. pop.

picofeo.
　I. 1. *Pa, Co.* **tucán**, ave.

picofósforo.
　I. 1. *PR.* **escribano**. (Hemirhamphidae; *Hyporhamphus unifasciatus*).

picolé.
　I. 1. m. *Bo:E, Py.* Helado que se come cogiéndolo de un palillo hincado en su base. pop.

picoloro.
　I. 1. m. *Cu, Ve, Bo.* Alicate de extremos redondeados, semejantes al pico de un loro, *que se emplea para aflojar, apretar o sujetar otras piezas.*

picón.
　I. 1. m. *Ve.* Mirada hacia cualquier parte de la mujer que queda expuesta sorpresivamente.
　II. 1. m. *Ve. En el* ***beisbol***, rebote que da la pelota al caer al terreno de juego.
　▶ dar ~; dar picones.

picón, -na.
　I. 1. adj. *Mx:SE.* p.u. *Referido a persona*, achispada, ligeramente borracha. pop + cult → espon.
　　2. *Gu. Referido a persona*, que consume reiteradamente bebidas alcohólicas, *especialmente aguardiente.*
　II. 1. adj. *Pe. Referido a persona*, que se resiente, ofende o disgusta con facilidad.
　III. 1. adj. *Gu. Referido a una comida o bebida*, que, tras probarse una vez, incita a repetir.
　　2. *PR. Referido a una comida*, que tiene algún ingrediente que pica un poco.
　IV. 1. m. y f. *CR.* p.u. Persona que realiza **piques** o competiciones ilegales de velocidad en una vía pública. pop + cult → espon.

piconazo.
　I. 1. m. *Ve.* Bote que da una pelota de **beisbol** delante de un jugador que intentaba atraparla.

piconería.
　I. 1. f. *Pe.* Resentimiento o enojo por algo.

picop. (Del ingl. *pickup truck,* camioneta).
　I. 1. m. *Mx, Gu, Ho, Pa.* **pick-up**, camioneta.

picoquito.
　▶ tener a ~ que querés.

picorete.
　I. 1. m. *Mx, Ho.* Beso fugaz. pop.

picoreto, -a.
　I. 1. adj. *PR. Referido a un niño*, hablador, dicharachero. pop + cult → espon.

picoroco.
　I. 1. *Ch.* **pico**, crustáceo.
　□
　　a. ‖ **como el ~.** loc. adv/adj. *Ch.* Muy mal, de manera pésima. euf; pop + cult → espon.

picoso, -a.
　I. 1. adj. *Mx, ES. Referido a un alimento*, que tiene **chile** picante.
　　2. *PR. Referido a cosa*, especialmente a una comida, que tiene picante.

picot.
　I. 1. m. *Ve.* **picó**, tocadiscos.

picota.
　I. 1. f. *Pe, Bo, Ch, Ar.* Pico, herramienta.
　　2. *Pe, Bo, Ar.* Azada.
　II. 1. adj/sust. *Ch. Referido a persona*, que se molesta o enfada rápidamente o envidia cuanto ocurre a su alrededor. pop + cult → espon.

picoteado, -a.
　I. 1. adj. *PR. Referido a cosa*, cortada en pequeños trozos lo que la hace inservible. pop + cult → espon.

picotear(se).
　I. 1. tr. *Cu, RD, PR; Bo,* pop. Cortar *algo* en trozos pequeños.
　　2. *RD.* Hacer múltiples heridas a *una persona.*
　II. 1. tr. *Bo; Pe,* rur. Arrancar raíces y remover la tierra con la **picota**, azada.
　III. 1. intr. prnl. *Bo:O.* Desgastarse un tejido o una prenda a causa del uso y los lavados.

picoteo.
　I. 1. m. *RD.* Remuneración que se consigue de forma extraordinaria. pop + cult → espon.
　　2. *RD.* Trabajo con que se consigue esta remuneración. pop + cult → espon.

picotijera.
　I. 1. *PR, Ar.* **rayador**, ave.

picotillo.
　I. 1. m. *Cu.* Conjunto de trozos pequeños de algún material que se ha cortado.

picotón.
　I. 1. m. *Ec, Pe, Ur.* Picotazo de un ave.

picsín.
　I. 1. m. *Ho.* Cantidad pequeña de algo.
　□
　　a. ‖ **en un ~.** loc. adv. *Ho.* En un instante, en un momento.

picte. (Del nahua *pictli,* envolver).
　I. 1. m. *Mx:SE.* **Tamal** de **elote** de pequeño tamaño. (**pictle**).

pictle. (Del nahua *pictli,* envolver).
　I. 1. *Mx:SE.* **picte**.

picú, -cúa. (Sínc. de *picudo*).
　I. 1. adj. *PR. Referido a persona*, respondona, que a todo replica.

picua.
　I. 1. *Bo:E.* **piscua**.

picúa.
　I. 1. *Cu, RD, PR.* **picuda**, barracuda.
　II. 1. sust/adj. *Cu.* Persona cursi y ridícula.
　　2. *RD.* Persona dócil, que no opone resistencia ante las exigencias de otros.
　III. 1. f. *Pa.* Embarcación colombiana que navega por costas panameñas realizando trueque de productos variados, *principalmente comestibles*, por cocos. pop + cult → espon.
　■
　　a. ‖ ~ **brava.** *PR.* **barracuda**.

   b. ‖ ~ **lanceta.** *PR.* **barracuda.**
   c. ‖ ~ **parda.** *PR.* **barracuda.**
   ▶ **coger de** ~.

picuala.
   I. 1. f. *Cu.* Arbusto de hasta 10 m de altura, de ramas subtrepadoras, hojas opuestas, enteras y ovales, flores dispuestas en espigas axilares y terminales, muy fragantes, de color blanco, rosa o rojo, y fruto con cinco alas; se cultiva como ornamental en jardines y patios. (Combretaceae; *Quisqualis indica*). (**piscuala**).

picuana.
   I. 1. *Ho.* **ipecacuana,** hierba perenne.

picuaremo.
   I. 1. *Mx:O.* **carrizo,** planta gramínea. (Poaceae; *Phragmites australis*). ♦ **juco; zongón.**
   2. *Mx:O.* **carrizo.** (Poaceae; *Phragmites communis, Lasiacis rustifolia*).

picuchada.
   I. 1. f. *ES.* Carga que cabe en un *pick-up*.

picuchero, -a.
   I. 1. sust/adj. *ES.* Conductor de un *pick-up*.

picuda.
   I. 1. f. *Gu, Ho, ES, Cu, RD, PR, Co, Ve, Ec.* Pez marino de hasta 2 m de longitud, muy voraz, de cuerpo alargado, provisto de poderosos dientes y cola potente que le permite arrancar a gran velocidad en escasos segundos; su carne es comestible, pero al llegar a cierta edad se vuelve venenosa, produciendo la enfermedad llamada **ciguatera.** (Spyraenidae; *Sphyraena barracuda, S. argenta, S. ensis, S. picudilla*).
   2. *Gu, Ho, ES.* **barracuda,** pez marino carnívoro. (**picúa**).
   3. *Ho.* **chinche picuda,** insecto.
   ▶ **echarle la** ~.

picudilla.
   I. 1. f. *PR.* Pez marino de hasta 60 cm de longitud, de hocico largo y puntiagudo, cuerpo alargado, cilíndrico, de color plateado con la parte superior más oscura, y cola ahorquillada; es comestible. (Sphyraenidae; *Sphyraena picudilla*).

picudo.
   I. 1. m. *Mx, Ho, ES, Ni.* Insecto coleóptero que ataca cultivos como el **frijol,** el algodón, el café y el cocotero. (Curculionidae; *Trichapion godmani, Rhynchophorus palmarum*).
   2. *Co, Ec.* Insecto coleóptero de pequeño tamaño, con la cabeza prolongada en un pico, en cuyo extremo se encuentran las mandíbulas. (Curculionidae; *Anthonomus vestitus*).
   II. 1. m. *Py.* Camión de punta larga y ligeramente afinada. pop.

picudo, -a.
   I. 1. adj. *Mx.* Referido a persona o cosa, elegante. pop + cult → espon.
   2. *Mx.* Referido a cosa, muy buena. pop + cult → espon.
   II. 1. adj/sust. *Pe, Ar:NO,O.* p.u. Referido a un niño, que acostumbra replicar irrespetuosamente a sus superiores o a las personas mayores. pop + cult → espon.
   2. *Ar:NO,O.* p.u. Referido a persona, charlatana, excesivamente habladora. pop + cult → espon.
   3. *Gu, Pa, PR; Ch,* pop + cult → espon. Referido a persona, especialmente a un niño, que habla sin discreción.
   III. 1. adj. *Mx.* Referido a persona, importante, influyente. pop + cult → espon.
   IV. 1. adj. *Ho, Ni, Bo.* Referido a animal, de hocico o pico grande y saliente.

   2. *Ho, Ni, Bo.* Referido a persona, de labios abultados y salientes.
   3. *Ho, Ni.* Referido a persona, enfadada, irritada u ofendida.

picuencia.
   I. 1. f. *Cu.* Demostración de cursilería o mal gusto.
   2. *Cu.* Comportamiento propio de una persona **picúa,** que contrasta negativamente.

picuismo.
   I. 1. m. *Cu.* p.u. Ridiculez o mal gusto. pop.

picúo, -a.
   I. 1. adj. *Cu.* Referido a persona, de mal gusto.
   2. *Cu.* Referido a persona, que contrasta negativa o desagradablemente en un lugar.
   II. 1. adj/sust. *Pa.* Referido a persona, especialmente a niños pequeños, habladora. pop + cult → espon ^ afec.

picure.
   I. 1. m. *Co:E,C,NE, Ve, Ec.* Mamífero roedor de hasta 60 cm de longitud, de pelaje amarillento, hocico puntiagudo, orejas pequeñas y cola corta. (Dasyproctidae; *Dasyprocta spp.*). ♦ **acure; guaro; guatín.**

picuro.
   I. 1. *Pe.* **picure.**

picus.
   I. 1. m. *Pe.* **gargacha.**

pidén.
   I. 1. m. *Ch.* Ave de hasta 40 cm de longitud, de plumaje color pardo oliváceo, pecho y abdomen gris ceniciento, pico largo, algo curvado, rojo en la base, azulado en el medio y verdoso en el extremo. (Rallidae *Pardirallus sanguinolentus*). ♦ **cotuta.**

   ◼
   a. ‖ ~ **austral.** m. *Ch.* Ave de hasta 22 cm de longitud, de cabeza, cuello trasero y dorso de tono pardo oscuro con estrías negra, cara y garganta gris clara, el resto del cuerpo es de color gris con tonalidades pardas y alas negras, pico alargado de color pardo y rojo vivo, patas verdosas. (Rallidae; *Rallus antareticus*). ♦ **pidencito.**

pidencillo.
   I. 1. m. *Ch.* Ave de hasta 16 cm de longitud, de cabeza, cuello delantero y pecho de color gris ceniza, nuca, cuellos lateral y posterior y dorso superior de color rojizo pardusco, el resto del cuerpo pardo oliváceo, pico pardo verdoso y patas verdosas. (Rallidae; *Laterallus jamaicensis*).

pidencito.
   I. 1. *Ch.* **pidén austral.**

pidevía.
   I. 1. m. *Ho, Ni.* En un automóvil, luz intermitente para indicar un cambio de dirección en la marcha.
   II. 1. m. *Ni.* juv. Cada uno de los senos de la mujer. fest.

pidi. (De la sigla *PD, Police Department*).
   I. 1. m. *PR.* Policía del Estado. carc.

pidiche.
   I. 1. adj/sust. *Mx, Ho, ES.* Referido a persona, pedigüeña. pop + cult → espon ^ desp. (**pediche; pedinche**).

pidichera.
   I. 1. f. *ES.* Manía de pedir.

pididón, -na.
   I. 1. *RD.* **pedilón.**

pidilón, -na.
   I. 1. *RD.* **pedilón.**

pidión, -na.
   I. 1. sust/adj. *PR.* Persona que pide dinero y otras cosas a alguien con mucha frecuencia, pedigüeña. pop + cult → espon ^ desp.

pidulle.

I. 1. m. *Ch.* Parásito que vive en el extremo inferior del recto y suele producir picazón.

2. *Ch.* metáf. Persona inquieta o muy activa. pop + cult → espon.

pie.

I. (Calco del ingl. *feet*).

1. m. *Bo, Ch, Ar.* Señal o cantidad de dinero que se paga al contado en una compra a plazos.

2. *Ho, Pa.* Unidad de medida de superficie de madera que equivale a 9,29034 decímetros. ♦ **pie tablar**.

3. *Ho.* Unidad de medida de altitud que equivale a 9,29034 decímetros.

4. *Ho.* Unidad de medida cúbica para madera que equivale a 0,0023597 m³. ♦ **pie de madera**; **pie tablar**.

II. (Del ingl. *pie*).

1. m. *EU, Cu, PR.* Pastel de frutas.

2. *Ho.* Postre relleno de **poleada** de limón o manzana y bañado de **betún**.

III. 1. *Ch.* **pie de cueca**.

IV. 1. m. *PR.* **Mabí**, bebida fermentada, que se mezcla con el **mabí** fresco para que este coja sabor.

2. *PR.* Medida mínima del **mabí** picante que se usa en esta mezcla. rur.

V. 1. m. *PR.* Verso que sirve de motivo para terminar la décima que improvisa el cantador popular. rur.

VI. 1. m. *PR.* Hoja del tabacal, de las más bajas y de calidad secundaria. rur.

■

a. ‖ **~ de cabra.** m. *Mx.* Arbusto de hasta 8 m de altura, hojas compuestas por dos lóbulos, flores de color blanco o rosado, dispuestas en racimos terminales, y fruto leguminoso. (Fabaceae; *Bauhinia divaricata*). ♦ **huella de chivo**; **pata de cabra**; **pie de chivo**.

b. ‖ **~ de chivo.** *RD.* **pie de cabra**.

c. ‖ **~ de gallo.**
i. *Mx.* **plumajillo**.
ii. *Gu.* **pata de gallina**.

d. ‖ **~ de madera.** *Ur.* **pie**, unidad de medida cúbica.

e. ‖ **~ de niño.**
i. m. *Ho.* **golondrina**, planta herbácea.
ii. *Pa.* Arbusto cultivado, de hasta 3 m de altura, con numerosos tallos, hojas alternas entre ovadas a oblongas y algo carnosas, flores pequeñas en cabezuelas dentro de unas brácteas rojas y fruto en forma de cápsula con tres lóbulos; la cocción del tallo y de la hoja tiene diversas aplicaciones en la medicina tradicional. (Euforbiaceae; *Pedilantus tithymaloides*).

f. ‖ **~ de paloma.** *Ho.* **mazorquilla**, planta herbácea.

g. ‖ **~ tablar.** *Ho.* **pie**, unidad de medida de superficie y de volumen.

□

a. ‖ **a ~.** loc. adv. *Mx, CR, Py.* Sin contar con el auxilio de un medio automático. pop.

b. ‖ **~ pelado.** loc. adv/adj. *Mx, Bo, Ch.* Con los pies descalzos. pop + cult → espon.

c. ‖ **al ~ de la vaca.**
i. loc. adj. *Ni, CR, Pe, Ch, Ar, Ur; Bo:E*, pop. *Referido a la leche*, fresca, recién ordeñada.
ii. loc. adv. *CR, Ar.* En el sitio mismo en el que se espera con tensión que ocurra algo cuyo desenlace se desconoce. pop.

d. ‖ **con el ~ en el suelo.** loc. adj. *Pa, Ur. Referido a persona*, descalza.

e. ‖ **con un ~ aquí y otro allá.** loc. adv. *RD, Ve.* A punto de morir, en el último trance.

f. ‖ **con un ~ en el cajón.** loc. adj. *Ch, Py, Ur. Referido a persona*, próxima a morir por enfermedad o vejez. pop + cult → espon.

g. ‖ **de cuatro ~s.** loc. adv. *Bo.* Con las manos y los pies apoyados en el suelo. pop.

h. ‖ **de ~.** loc. adv. *ES, Ni.* Con frecuencia, con insistencia, a menudo.

i. ‖ **en el BMV dobel ~.** loc. adv. *Ho.* A pie. pop ^ fest.

j. ‖ **en el mero ~.** loc. adv. *Ho.* Al comienzo, en el arranque.

k. ‖ **en ~.** loc. adj. *Mx, CR, Pe, Py, Ar, Ur. Referido a animal*, que se vende vivo. rur.

l. ‖ **~ de amigo.**
i. loc. sust. *Ho, Ni, RD. En las cercas de fincas y potreros*, poste inclinado que suele ponerse para reforzar la sujeción de los postes esquineros.
ii. *Cu.* Pieza que asegura la sustentación de anaqueles o librerías.

m. ‖ **~ de barba.** loc. sust. *Ve.* Patilla, porción de barba.

n. ‖ **~ de cueca.** loc. sust. *Ch.* Parte en que se divide la **cueca**, baile tradicional. ♦ **pie**.

ñ. ‖ **~ de gallina.** loc. sust. *Ni.* Taburete de tres patas.

o. ‖ **~ de gallo.** loc. sust. *Gu.* Arruga con surcos divergentes que con los años se forma en el ángulo externo de cada ojo.

p. ‖ **~ de Judas.** loc. sust. *Pe.* Persona, *especialmente un niño*, traviesa, muy inquieta. pop + cult → espon.

q. ‖ **~ de mico.** loc. sust. *Ho.* Yunque que utilizan los zapateros.

◿

a. ‖ **para que no dé pie, démosle Juan.** fr. prov. *ES.* Indica que hay que matar a alguien para que no hable.

▶ **bailar en un ~; caer con los ~s hinchados; dar ~ atrás; dar el ~ forzado; dejar a ~; dejar los ~s en la calle; echar ~ atrás; echar un ~; estar a ~; levantar el ~; llegar golpeando con los ~s; llevárselo entre los ~s; no dar ~ en bola; no perder ~ ni pisada; pararse en dos ~s; picar los ~s; poner ~s y cabeza; quedarse a ~; sacar el ~; saltar en un ~.**

piecera.

I. 1. f. *Mx, Ur.* Parte de la cama opuesta a la cabecera.

piecero.

I. 1. m. *Mx, Pa.* Banqueta pequeña para apoyar los pies.

piecito.

I. 1. m. *Gu.* Pata trasera del cerdo.

piedra.

I. 1. f. *Mx, Ho, Ni, CR, Pa.* Droga en forma de cristales obtenida al mezclar clorohidrato de cocaína con bicarbonato. drog.

2. *Ni, CR, Ve.* Porción de *crack*, droga.

II. 1. f. *Co.* Ira, furia. pop.

III. 1. f. *Pe.* Rostro de un hombre. delinc.

IV. 1. f. *Ve.* Pieza o ficha de dominó.

V. 1. f. *Ho, Ni, Bo.* Acumulación petrificada de sales en el riñón de algunos animales, *en especial del venado*.

VI. 1. adj. *Gu, Ni. Referido a persona*, antipática o desagradable en el trato.

VII. 1. f. *Ho, Ni.* Molleja de ave. rur.

VIII. 1. f. *Cu.* Acierto o logro casual.

IX. 1. adj. *Ni. Referido a persona*, tacaña.

X. 1. f. *PR.* Persona pesada en el trato.

■

a. ‖ **~ berenguela.** f. *Pe; Ch:N.* p.u. Alabastro, piedra blanca no muy dura, *en ocasiones translúcida*. ♦ **piedra de Puno**; **piedra del lago**.

b. ‖ **~ bola.** f. *Ec, Ar.* Piedra alisada y redondeada por la erosión y el arrastre de las aguas.

c. ‖ **~ canteada.** f. *Ho, Bo.* Piedra labrada por un cantero.

d. ‖ **~ chispa.** f. *Ec.* Material de construcción semejante al ripio, pero de grano similar a la arena, usado en albañilería y, *especialmente, en pavimentación de carreteras*.

e. ‖ ~ **de Huamanga.** f. *Pe:C.* Variedad de alabastro de color blanco y en ocasiones gris o sepia, de origen volcánico, muy dúctil y maleable; se usa mucho en cerámica y objetos decorativos.

f. ‖ ~ **de moler.** f. *Mx, Ni, CR, Co, Ec, Ch, Py, Pa,* obsol. Piedra de forma rectangular y de cara plana o ligeramente cóncava, usada para triturar granos con la ayuda de una mano o piedra en forma de rodillo.

g. ‖ ~ **de Puno.** *Pe.* **piedra berenguela.**

h. ‖ ~ **de rayo.**

   i. f. *RD, Ar:NO.* En la creencia popular, piedra ennegrecida caída con un rayo y dotada de cualidades sobrenaturales. rur.

   ii. *Gu, ES.* Hacha prehispánica.

   iii. *Gu, Ho.* Jade.

   iv. *Ho.* Pedernal.

i. ‖ ~ **del lago.** *Pe.* **piedra berenguela.**

j. ‖ ~ **lipe.** f. *Ho.* Sulfato de cobre.

k. ‖ ~ **manzana.** f. *Bo:O.* Piedra redondeada, de 10 a 15 cm de diámetro, que se emplea para empedrar. pop.

l. ‖ ~ **pirimán.** f. *Ch:SO.* Piedra imán a la que se le atribuyen propiedades mágicas.

m. ‖ ~ **poma.** f. *Ho, Ni, Ar:NO.* Piedra pómez. rur.

n. ‖ ~ **sapo.** f. *Ar.* Piedra muy blanda, de color negro verdoso y fácil tallado.

☐

a. ‖ **con cuatro ~s en la mano.** loc. adv. *Ni, Pa, Co, Ve.* Mostrando hostilidad o contestando de manera violenta.

b. ‖ **con una ~ en el pecho.** loc. adv. *CR, Pa, Ch.* Con gran satisfacción por haber obtenido algo mejor de lo que se esperaba.

c. ‖ ~ **de tope.**

   i. loc. sust. *Ch.* Inconveniente, cosa que impide realizar algo.

   ii. *Ec.* Piedra de toque, cosa que lleva al conocimiento de las virtudes o inconvenientes de algo.

   iii. *Ec.* Cosa o persona que es objeto y blanco habitual de críticas. pop.

d. ‖ ~ **de tranca.** loc. sust. *Ve.* Cosa o persona que es objeto y blanco habitual de críticas.

e. ‖ ~ **libre.**

   i. loc. sust. *Ar, Ur.* Libertad de decisión o acción, *generalmente concedida por alguien a quien se está subordinado.* pop + cult → espon.

   ii. *Bo:SO, Ur.* Juego infantil que consiste en atrapar a los componentes del equipo contrario que corren de un sitio a otro en el que están a salvo.

f. ‖ **¡qué ~!** loc. interj. *PR.* Expresa rechazo de alguien o a una persona fastidiosa, antipática.

g. ‖ **tres ~s.** loc. adj. *ES.* Referido a cosa, muy buena. ◆ **tres piedras** u **un tejo encima; tres piedras y un tetunte.**

h. ‖ **tres ~s y un tejo encima.** *ES.* **tres piedras.**

i. ‖ **tres ~s y un tetunte.** *ES.* **tres piedras.**

◪

a. ‖ **las ~s rodando se encuentran.** fr. prov. *Cu.* Indica que es inevitable el reencuentro de dos o más personas.

▶ **botar la ~; darse con ~s en el pecho; darse con una ~ en el pecho; darse con una ~ en los dientes; darse la ~ con el coyol; dormir como ~ en pozo; encontrarse la ~ con el coyol; estar tres ~s; hablar ~s; hacer la ~; juntarse la ~ con el coyol; lanzar la ~; pasar por la ~; patear ~s; recibir con cuatro ~s en la mano; sacar la ~; salírsele la ~; ser ~ en el zapato; tener ~; tirar ~s; toparse la ~ con el coyol; volar ~.**

piedraje.

   I. 1. m. *Ho.* Granizada. rur.

piedrero.

   I. 1. m. *Ho, ES, Ni, CR, Pa, PR, Ve; Ec,* p.u. Pedregal.

   2. *Ho.* Granizada.

piedrero, -a.

   I. 1. adj. *Co:C.* Referido a persona, que se enfada con facilidad. pop.

   II. 1. sust/adj. *Ho, CR, Pa.* Persona que consume *crack.* drog.

   2. *Pa.* Persona drogadicta, callejera, de apariencia sucia y desaliñada. pop + cult → espon ^ desp.

piedrín.

   I. 1. m. *Gu, Ho, ES, Ni.* Gravilla, piedra machacada finamente.

piedro.

   I. 1. *Co.* **chirrinchao.**

   2. *Pa.* **palo curtidor.**

▶ **estar piedro.**

piedro, -a.

   I. 1. adj. *Co.* Referido a persona, enojada. pop.

piedrón.

   I. 1. adj/sust. *Pe.* Referido a un hombre, atractivo. pop.

piedronón.

   I. 1. m. *Co.* Ira muy grande. pop + cult → espon.

piedroso, -a.

   I. 1. adj. *ES.* Referido a un terreno, pedregoso.

piel.

   I. 1. f. *Mx.* p.u. Mujer muy hermosa. pop.

☐

a. ‖ ~ **de durazno.** loc. sust. *Ec, Bo, Py, Ar, Ur.* Tela de algodón con felpa, tratada para darle una textura aterciopelada.

b. ‖ ~ **y huesos.** loc. adj. *Ec, Bo, Ur.* Referido a persona, muy delgada.

▶ **tener la ~ finita.**

pielera.

   I. 1. f. *Cu.* Pieza, *generalmente de madera,* que limita la cama por el lado opuesto a la cabecera.

pienso.

☐

a. ‖ **ni por un ~.** loc. adv. *RD; Pa,* rur. Ni por pienso, ni en sueños.

▶ **hacer sus ~s.**

pierde.

   I. 1. m. *Mx, Gu, Ho.* Pérdida, derrota en una competición.

▶ **no tener ~.**

pierdeteuna.

   I. 1. sust/adj. *Ch.* Persona que acapara todo tipo de ganancias y beneficios. pop + cult → espon.

   2. *Ch.* Persona a la que le gusta figurar o hacerse notar. pop + cult → espon ^ fest.

pierna.

   I. 1. f. *Mx, Gu, Ni, Co, Pe, Bo.* En las aves, *especialmente el pollo,* parte que va del muslo a la pata.

   II. 1. adj. *Bo:E, Ar, Ur.* Referido a persona, que siempre está dispuesta a colaborar o a prestar ayuda. pop + cult → espon.

   III. 1. f. *Ar.* En juegos de cartas, figura que se forma con tres cartas del mismo número y distintos palos.

   IV. 1. m-f. *Ar.* p.u. Cada uno de los individuos que se reúnen para jugar, *particularmente a la baraja.*

   V. 1. f. *Ec, Ch.* En una regata, manga, cada una de las partes o eliminatorias en las que se divide la **competencia.**

   VI. 1. f. *Ch.* juv. Persona que es pareja respecto de otra. pop. ◆ **pierna suave.**

   VII. 1. f. *Ho.* Cama del freno.

■

a. ‖ ~ **de freno.** f. *Ho.* Cada una de las palancas del freno en cuyos extremos inferiores van sujetas las riendas. rur.

b. ‖ ~ **negra.** f. *Gu.* Enfermedad del ganado vacuno producida por el bacilo *Clostridium chauvoei* que causa cojera, hinchazón y la muerte.

c. ‖ ~**s de chichicuilote.** f. pl. *Mx.* Piernas delgadas y largas de una persona. pop + cult → espon. ◆ **piernas de chorro de atole.**

d. ‖ ~**s de chorro de atole.** *Mx.* **piernas de chichicuilote.** pop + cult → espon.

e. ‖ ~**s de clis clis.** f. pl. *Gu.* Piernas muy delgadas.

□

a. ‖ ~ **suave.** loc. sust. *Ch.* **pierna,** persona que es pareja. pop.

▶ echar ~; hacer una ~; meterle ~.

piernamenta.
    I. 1.   f. *Ho.* Conjunto de piernas, *generalmente bonitas.*

piernear.
    I. 1.   intr. *Py.* p.u. Ser cómplice de alguien o hacer el favor desinteresadamente.

piernera.
    I. 1.   f. *Ch.* Funda para un arma que se ajusta a la pierna.

piernipeludo.
    I. 1.   m. *Co:O.* p.u. Adolescente que aún viste pantalón corto. pop.

piernón, -na.
    I. 1.   adj/sust. *RD, Ec, Pe. Referido a persona,* que tiene las piernas grandes. pop.
    2.   *Pa, Co. Referido a una persona, especialmente una mujer,* que tiene piernas llamativas y atrayentes. pop + cult → espon ^ fest.
    3.   *Pa. Referido a persona,* que tiene las piernas gruesas o llenas. pop + cult → espon.

piernudo, -a.
    I. 1.   adj. *Mx, ES, Ni, CR, Pe, Bo, Py, Ar, Ur. Referido a persona,* de piernas gruesas. pop.

pierruli.
□

a. ‖ **a ~.** loc. adv. *Cu.* A pie. fest.

piesera.
    I. 1.   f. *Mx, Ar, Ur; Ec,* pop. Pieza que limita la cama por la parte de los pies.

piesero.
    I. 1.   m. *Co:N.* Parte de la cama opuesta a la cabecera.

pieses.
    I. 1.   m. pl. *Gu, Ho, Ni, CR; ES,* rur. Pies. pop.

pietaje. (Calco del ingl. *footage*).
    I. 1.   f. *EU, PR, Ec.* p.u. Largo de una cinta donde se graban sonidos.
    2.   *EU, PR.* Medidas de una casa.

pieza.
    I. 1.   f. *PR.* Onza de heroína. delinc.

■

a. ‖ ~ **de café.** f. *PR.* Cafetal.

b. ‖ ~ **de caña.** f. *PR.* Cañaveral.

c. ‖ ~ **de ropa.** f. *PR.* Prenda de vestir.

d. ‖ ~ **de reblujos.** f. *Co:O. En una vivienda,* habitación *generalmente pequeña que suele destinarse a guardar objetos de poco uso.*

□

a. ‖ **de una ~.** f. loc. adv. *Bo.* Completamente. pop.
▶ hacer ~.

pífano.
    I. 1.   m. *Pe, Bo:E.* **Quena** pequeña hecha de caña de bambú o de hueso.
    II. 1.   m. *Bo:E.* **garza silbadora.**

pifear.
    I. 1.   tr. *Pa.* Exhibir *algo* vanidosamente.

pifia.
    I. 1.   f. *Mx, Ec, Bo:E, Ar.* Burla que se hace con el propósito de ofender. pop.
    2.   *Pa, Ec, Pe, Bo, Ch.* Mofa sonora y colectiva; abucheo.
    3.   *Pa.* juv. Acción, gesto o cosa usada para llamar la atención.
    II. 1.   f. *Pa.* Cosa muy bien hecha. pop + cult → espon.
    III. 1.   f. *Pa.* **muatzate.**
    ▶ hacer ~.

pifiadera.
    I. 1.   f. *Pe, Ch.* Pita, silba, rechifla prolongada. pop + cult → espon.

pifiado, -a.
    I. 1.   adj. *Bo. Referido a un voto,* anulado por estar incorrectamente marcado.

pifiador, -ra.
    I. 1.   sust/adj. *Ec, Ar.* Persona que hace burlas con el propósito de ofender.

pifiar(se).
    I. 1.   tr. *Pe, Bo, Ar.* Escarnecer, hacer mofa y burla de *alguien.*
    2.   *Ec, Bo, Ch.* Reprobar a *alguien* mediante silbidos. pop.
    3.   *PR.* Traicionar *una persona* a *alguien.* delinc.
    4.   *Pa.* juv. Exhibir *algo* con ostentación. pop + cult → espon.
    II. 1.   intr. prnl. *Ni, Co:N, Bo, Ch, Py, Ur.* Equivocarse torpemente. pop.

pifioso, -a.
    I. 1.   adj/sust. *Pa.* juv. *Referido a persona,* vanidosa, presumida, ostentosa. pop + cult → espon.
    II. 1.   adj. *Pa. Referido a cosa,* muy buena, estupenda. pop + cult → espon.

pigricia.
    I. 1.   f. *Pe, Bo:E,O, Ar:O.* Cosa insignificante o cantidad pequeña de algo.
    2.   *Ec, Ar.* p.u. Pobreza, falta de recursos económicos.
    3.   *Pe.* p.u. Persona baja, de corta estatura.

pigua.
    I. 1.   f. *Mx:SE.* **mayacaste.**
    II. 1.   f. *ES.* Pastilla de droga.

piguchén.
    I. 1.   *Ch:SO.* **piuchén.**

pigüelo.
    I. 1.   *Ar, Ur.* **pihuelo,** soporte.

pihuelo. (Del mapuche).
    I. 1.   m. *Ar, Ur, Ch,* p.u. Soporte pequeño de metal en el que va colocada la rodaja de la espuela. (**pigüelo**).
    II. 1.   m. *Ch.* Bebida que combina **chicha** con harina tostada.
    ▶ llegarle al ~.

pihuicho.
■

a. ‖ ~ **de mejillas grises.** *Pe:NO.* **macareño.**

pija.
    I. 1.   *Ho, ES.* **Golpiza,** paliza.
    2.   f. *ES, Ni.* Látigo o cuerda para azotar.
    II. 1.   f. *Gu, Ho, ES.* Borrachera. vulg; pop.
    III. 1.   f. *Ho, ES.* Cosa o persona excelente, buena o bonita. vulg.

■

a. ‖ **la mera ~.**
    i.   f. *Ho.* Persona importante y con poder. vulg.
    ii.   *Ho.* Persona excelente en su especialidad o trabajo. vulg.

b. ‖ **la pura ~.** f. *ES.* Persona excelente, valiente.

☐

a. ‖ **a ~.** loc. adv. *Ni.* Obligadamente, forzosamente.
b. ‖ **de a ~.** loc. adv. *Ho, ES.* Excelentemente, muy bien.

▶ **dar ~; echar ~; echarse ~; mandar a la ~; ser la ~; soplarse la ~; tener ~ atrás; trampar ~; valer ~; volar ~.**

¡pija!
I. 1. interj. *Co:E.* Expresa satisfacción y gusto.

pijaceada.
I. 1. f. *Gu, Ho, ES.* Paliza, serie de golpes. vulg.

pijaceado, -a.
I. 1. adj. *Gu, Ho, ES. Referido a persona,* golpeada, que ha recibido una paliza. vulg.
2. *Ho. Referido a persona,* derrotada con contundencia.

pijacear.
I. 1. tr. *Gu, Ho, ES.* Golpear a *alguien,* darle una paliza. vulg.
2. *Ho.* Derrotar a *alguien* con contundencia. vulg.

pijaceo.
I. 1. m. *Gu, Ho, ES.* Pelea. vulg.
2. *Ho.* Escándalo, estruendo.

pijalillo.
I. 1. m. *Ho.* Lugar muy lejano.

pijama.
I. 1. f. *Mx, Ho, Ni, RD, PR.* Pantalón y camisa para dormir.

pijazal.
I. 1. m. *Ho, ES, Ni.* Gran cantidad de personas, animales o cosas. vulg.

pijazo.
I. 1. m. *Gu, Ho, ES, Ni.* Golpe fuerte, puñetazo.
2. *Ho.* **aguacatazo.** vulg.
3. *Ho.* Golpe dado o recibido con un **bate.**
II. 1. m. *Ho, ES, Ni.* Gran cantidad de personas, animales o cosas.
III. 1. m. *Gu, ES.* Abertura o raja que se deja en la parte trasera de una chaqueta o en alguno de los laterales de una falda.
IV. 1. m. *Gu.* Herida con arma cortante.
2. *Ni.* Balazo.
V. 1. m. *Ho, ES.* Trago de bebida alcohólica.
☐
a. ‖ **al ~.** loc. adv. *Ho.* Desordenadamente, precipitadamente, sin cuidado ni esmero. vulg; pop.
b. ‖ **de un solo ~.** loc. adv. *Ho, Ni.* De golpe, de una vez, rápidamente. vulg; pop.
c. ‖ **en dos ~s.** loc. adv. *Gu.* De forma rápida y brusca. vulg; pop.
d. ‖ **en un solo ~.** loc. adv. *Gu, Ho, Ni.* Rápidamente. vulg; pop.
e. ‖ **para ~s.** loc. adj. *Gu. Referido a persona,* muy enojada. vulg; pop.

▶ **sembrárselo de un solo ~.**

pijchador, -ra.
I. 1. sust/adj. *Bo.* Persona que suele **pijchar** hojas de coca con frecuencia. pop. (**pijcheador**).

pijchar.
I. 1. intr. *Bo.* Mascar hojas de coca para succionar poco a poco su jugo. (**pijchear**).

pijcheador, -ra.
I. 1. *Bo.* **pijchador.** pop.

pijchear.
I. 1. *Bo.* **pijchar.**

pijcheo.
I. 1. m. *Bo.* Mascado de las hojas de coca para extraer su jugo estimulante. pop.

pijcho.
I. 1. m. *Bo.* Pequeña bola hecha con hojas de coca, *a veces mezcladas con cenizas de* **quinua** *o cal y* **papa** *hervida,* que se masca para extraer un jugo de efecto estimulante. pop.

pije.
I. 1. sust/adj. *Ch;* m-f. *Bo.* Persona que refleja en su ropa una holgada situación económica vistiendo con elegancia y pulcritud. pop.

pije, -a.
I. 1. sust/adj. *Pe.* p.u. Persona que refleja en su ropa una holgada situación económica porque viste con elegancia y pulcritud. pop ^ desp.

▶ **montar pija.**

pijeada.
I. 1. f. *Gu, Ho, ES, Ni.* Paliza, serie de golpes. vulg; pop. (**pijiada**).
2. *Ho, ES, Ni.* metáf. Derrota contundente. vulg; pop. (**pijiada**).
3. *Ho, ES, Ni.* metáf. Esfuerzo o trabajo agotadores. vulg; pop.

pijeado, -a.
I. 1. adj. *ES, Ni. Referido a persona,* golpeada, que ha recibido una paliza. vulg; pop. (**pijiado**).
II. 1. adj. *ES. Referido a persona o vehículo,* rápido, veloz. vulg; pop.
III. 1. adj. *Ho. Referido a hecho, problema o asunto,* difícil de hacer, solucionar o comprender. vulg; pop.

pijeador, -ra.
I. 1. m. y f. *Ho, Ni.* Persona que golpea a otras con frecuencia.

pijear(se).
I. 1. tr. *Gu, Ho, ES, Ni.* Golpear, dar una paliza a alguien. vulg. (**pijiar**).
2. *Gu, Ho, Ni.* metáf. Derrotar a *alguien* con contundencia. vulg. (**pijiar**).
3. *Ni.* Castigar a *alguien.* (**pijiar**).
II. 1. tr. *Gu, Ho.* Robar *algo* a alguien. (**pijiar**).
2. tr. prnl. *Ho.* Robar *algo.* (**pijiarse**).
III. 1. intr. prnl. *Ho, ES, Ni.* Trabajar mucho, esforzarse en hacer algo bien. vulg. (**pijiarse**).

pijeo.
I. 1. m. *Ho, Ni.* Pelea, combate.
2. *Ho.* Desorden, caos, alboroto.
II. 1. m. *Ni.* Trabajo intenso.

pijiada.
I. 1. *Gu, Ho, ES, Ni.* **pijeada,** derrota.
2. *Ho, ES, Ni.* **pijeada,** paliza.

pijiado, -a. (Var. de *pijeada*).
I. 1. adj. *Gu, Ho, ES, Ni.* **pijeado,** golpeado. vulg.

pijiar(se).
I. 1. tr. *Gu, Ho, ES, Ni.* **pijear.**
II. 1. intr. prnl. *Ho, ES, Ni.* **pijearse.**
III. 1. tr. prnl. *Ho,* **pijearse,** robar.

pijibay.
I. 1. m. *Ho, Ni.* **chonta.** (Arecaceae; *Bactris gasipaes*).

pijije. (De nahua *pixixi;* de *pixcoa,* cubrirse de plumas el ave).
I. 1. m. *Mx, Gu, Ho, ES, Ni, CR.* Ave de hasta 48 cm de longitud, de color pardo oscuro rojizo en la corona y detrás del cuello, frente y lados de la cabeza grises, lomo y pecho superior castaño parduzco, vientre negro, con un área blanca grande en la parte superior de las alas, pico rosado encendido con la punta más pálida. (Anatidae; *Dendrocygna autumnalis*). (**pichiche**). ◆ **guíchiche; guirirí; huichiche; pato chilico; pato silbador; piche.**

▶ **venir de arrear ~s.**

pijín.
    I. 1.   m. *Ho.* Pelea. pop + cult → espon.
    II. 1.   m. *Ho.* Fiesta con desorden y jaleo.
    III. 1.   m. *Ho.* Borrachera.

pijindrín, -na.
    I. 1.   sust/adj. *Ar.* Persona astuta, lista. pop + cult → espon.

pijinear.
    I. 1.   intr. *Ho.* Estar de juerga y en constante diversión. pop + cult → espon.

pijineo.
    I. 1.   m. *Ho.* Juerga, diversión.

pijinero, -a.
    I. 1.   adj. *Ho. Referido a persona*, parrandera, juerguista.

pijiniada.
    I. 1.   f. *Ho.* Juerga, diversión.

pijiriche.
    I. 1.   adj. *ES. Referido a persona o animal*, de baja estatura.

pijirigua.
    I. 1.   m-f. *RD.* Persona insignificante. desp.

pijiza.
    I. 1.   f. *Gu.* Paliza, serie de golpes. vulg.

pijo.
    I. 1.   m. *Ho`, ES, Ni.* Gran número de personas, animales o cosas.

pijón.
    I. 1.   *Mx.* **pijuy.**

pijón, -na.
    I. 1.   adj. *ES. Referido a persona*, valiente, audaz.
    2.   *ES. Referido a cosa*, bonita, bien hecha.

pijoreta.
    I. 1.   f. *ES.* Cualquier objeto de uso diario del que no se le dice su nombre. desp.
    II. 1.   f. *ES.* Pene. vulg.

pijotear.
    I. 1.   intr. *Py, Ar, Ur.* Obrar con avaricia o tacañería. pop + cult → espon.
    2.   tr. *Ar, Ur.* Escatimar o reducir *alguien* exageradamente lo que gasta o da. pop + cult → espon.

pijotería.
    I. 1.   f. *RD, Ar, Ur*, p.u. Avaricia o tacañería. pop + cult → espon.

pijotero.
    I. 1.   m. *Ve.* Pez de agua dulce de boca pequeña, que presenta una banda lateral oscura y recta; tiene escaso valor comercial. (Anostomidae; *Schizodon isognathus*).

pijotero, -a.
    I. 1.   sust/adj. *RD, Py, Ar, Ur, Cu.* obsol. Persona avara o tacaña. pop + cult → espon.

pijuashta.
    I. 1.   *ES.* **chicha**, bebida alcohólica. polic.
    2.   *ES.* Botella de licor.

pijuashtazo.
    I. 1.   m. *ES.* Trago de licor.

pijuashtear.
    I. 1.   intr. *ES.* Beber licor.

pijuayo.
    I. 1.   m. *Pe.* **chonta.** (Arecaceae; *Bactris gasipaes*).

pijuayta.
    I. 1.   *ES.* **chicha**, bebida alcohólica.

pijudamente.
    I. 1.   adv. *Ho, Ni.* Estupendamente, de maravilla.

pijudo.
    I. 1.   adv. *Ho, Ni.* Sí, de acuerdo.

pijudo, -a.
    I. 1.   adj. *Gu, Ho, ES, Ni. Referido a cosa, suceso o acción*, muy bueno, excelente. pop.

    2.   adj/sust. *Gu, Ho, Ni. Referido a persona*, de carácter y trato afables.
    3.   adj/sust. *Ho, Ni. Referido a persona*, que tiene buena salud.
    4.   *Gu. Referido a persona*, hábil, capaz.
    5.   *ES; Ur,* vulg. *Referido a persona*, valiente.
    II. 1.   adj. *Gu, Py, Ur. Referido a un hombre*, que tiene el pene grande. vulg.
    2.   *Ho. Referido a cosa*, muy grande o abundante.

¡pijudo!
    I. 1.   interj. *Ho, Ni.* Expresa aceptación entusiasta de algo.

pijuí.
    I. 1.   m. *Ar.* Pájaro de pequeño tamaño, de plumaje general de color pardo, con zonas castañas o rojizas, y ojos marrones. (Furnariidae; *Synallaxis* spp.).

pijuil. (De or. onomat.).
    I. 1.   *ES.* **pijuy.**

pijul. (De or. onomat.).
    I. 1.   *Mx, ES, Ni.* **pijuy.**

pijuy.
    I. 1.   m. *Mx, Gu, ES.* Ave de hasta 30 cm de longitud, de plumaje de color negro con escamado iriscente en la cabeza y el pecho, alas relativamente cortas y redondeadas, cola larga colgante, y pico curvo y fuerte. (Cuculidae; *Crotophaga sulcirostris*). (**pijuil**; **pijul**; **pijuyo**). ♦ **chatero; chiclón; chijute; chucraco; garrapatero; guardacaballo; matacaballos; montacaballo; pijón; talingo; tijo; tijul; tingo-tingo; zopilotillo.**

pijuyo. (De or. onomat.).
    I. 1.   *Ho:S, ES.* **pijuy.**

pila.
    I. 1.   f. *Gu, Ni, Ch, Py, Ar.* Energía o vitalidad que tiene una persona. pop + cult → espon.
    2.   adj. *Ch, Py, Ar. Referido a persona*, que tiene mucha vitalidad o energía. pop.
    II. 1.   adj. *Ar:NO. Referido a una persona*, calva. pop + cult → espon.
    2.   *Ar:NO. Referido a una persona*, desnuda. pop + cult → espon.
    III. 1.   f. *Cu:O, Ve, Bo.* Grifo, llave para regular el paso de los líquidos.
    IV. 1.   f. *Pe.* Orina.
    2.   *RD.* Excremento. inf.
    V. 1.   sust/adj. *Gu*; pl. *Ec*, juv. Persona avispada, espabilada o inteligente. pop + cult → espon.
    VI. 1.   f. *ES.* Idea fija, manía.
    VII. 1.   f. *ES.* Prostituta.
    VIII. 1.   f. *Ho. En el trapiche*, artesa grande y rectangular para batir la miel.

    ■
    a. ‖ **~ de fermentación.** f. *Gu.* Depósito con agua para el grano de café que se somete a un período de fermentación para que al lavarse suelte fácilmente el mucílago.
    b. ‖ **~ de pilar.** *Ho.* **piladera.** rur.
    c. ‖ **~ pila.** *Ch.* **pilapila.**
    □
    a. ‖ **de ~.** loc. adv. *Ve.* En grado extremo.
    b. ‖ **en ~.** loc. adv. *Ni, CR, Pa, Ur.* En gran cantidad.
    c. ‖ **por ~s.** loc. adv. *RD.* En gran cantidad.
    ▶ **cagar ~; cagar ~s; fallarle las ~s; hacer ~.**

pilada.
    I. 1.   f. *Mx, Ni, Ec.* Descascarillado y pulido del arroz y otros cereales. (**pilado**). ♦ **piladera.**

piladera.
    I. 1.   f. *Ho.* Mortero hecho de un tronco ahuecado, en forma de copa, para despajar el arroz y despulpar el grano de café. rur. ♦ **pila de pilar.**
    2.   *Pa.* **pilada.** rur.

II. 1. f. *Pa.* Estudio largo y esforzado para preparar un examen o un trabajo escolar. est.

pilado.
I. 1. m. *CR, Pa.* **pilada**.

pilado, -a.
I. 1. *Co.* juv. **botado**, fácil de realizar. pop.

II. 1. adj. *Ho, Ni, CR, Ec. Referido a un grano de arroz o de café*, descascarillado.

piladora.
I. 1. f. *Mx, CR, Pa, Co, Ec.* Máquina para descascarillar cereales.

2. *Mx, Ec.* Industria donde se procesa el arroz en cáscara y se **empaca** para la venta.

pilanca.
I. 1. f. *Ve.* Conjunto de objetos amontonados.

pilancho.
I. 1. m. *Ar:NO.* Cuchillo pequeño y viejo, *generalmente sin mango.* rur.

pilancón.
I. 1. m. *Pe:O.* Fuente, pila.

2. *Pe:E.* Tapia, cercado. rur.

II. 1. m. *Ve:O.* Cantidad grande de objetos amontonados.

pilandero, -a.
I. 1. m. y f. *Co, Ve.* Persona que pila, *especialmente maíz.*

pilanza.
I. 1. f. *ES.* Comida.

pilapila.
I. 1. f. *Ch.* **mercurio**, planta. (**pila pila**).

pilar.
I. 1. tr. *Pa.* Estudiar con ahínco. est.

□

a. ‖ ~ **de iglesia.** loc. adj. *Gu. Referido a persona*, inmortal.

pilas.
I. 1. adj. *Gu, Ec, Pe; Ve*, juv. *Referido a persona*, avispada e inteligente.

¡pilas!
I. 1. interj. *Gu, Ho, Co; Ec*, juv. Expresa atención, vigilancia o alerta.

pilastra.
I. 1. f. *Ch.* obsol. Puesto de un mercado o feria.

pilastrero, -a.
I. 1. m. y f. *Ch.* obsol. Dueño o dependiente de una **pilastra**.

pilatos.
I. 1. m. *Pe:E.* Muñeco de trapo que representa a Poncio Pilatos y que en la Pascua de Resurrección es quemado públicamente.

pilatuna.
I. 1. f. *Co.* Travesura propia de niños.

pilatunada.
I. 1. f. *Ch.* Jugada, jugarreta mala e inesperada contra alguien.

2. *Ec.* Travesura, acción maligna e ingeniosa, pero sin importancia. pop.

pilatuno, -a.
I. 1. adj. *Ve. Referido a un proceso, especialmente en el que se toma una decisión*, injusto.

pilazo.
I. 1. m. *Ar:NO.* Golpe dado con la cabeza o recibido en ella. pop + cult → espon.

pilca. (Del quechua *pirca*, pared).
I. 1. *Pe, Ar:NO.* **pirca**, pared de piedra. rur.

2. *Ar:NO.* **pirca**, cerca de piedra y barro.

3. *Ar:NO.* **pirca**, mojón.

pilcate. (Del nahua *pilli*, muchacho, y *catzactic*, sucio).
I. 1. m. *Mx.* p.u. Niño.

pilcha.
I. 1. f. *Pe, Bo, Py.* Prenda de vestir elegante o cara. pop.

2. *Py, Ar, Ur; Ec*, p.u; juv. Prenda de vestir. pop + cult → espon.

3. *Bo, Py.* Prenda de vestir pobre o en mal estado. rur.

4. adj. *Pe. Referido a persona*, vestida con elegancia.

5. f. *Pe.* Apariencia de algo o alguien.

6. f. pl. *Bo:E, Ch.* Conjunto de útiles, ropas y enseres personales. pop.

II. 1. f. *Bo, Py, Ar, Ur.* Pieza del **recado** de montar. rur.

III. 1. f. *Bo.* Cocaína. drog.

2. *Bo.* Alijo de droga. drog.

pilchaje.
I. 1. m. *Ar, Ur.* **recado**, conjunto de arreos. rur.

II. 1. m. *Ar.* Conjunto de prendas de vestir. pop + cult → espon.

pilche.
I. 1. m. *Co:SO, Pe.* p.u. Vasija pequeña y semiesférica, hecha con la cáscara del fruto de una especie de palmera de coco.

2. *Ec, Bo:O.* Recipiente hecho con media calabaza que, una vez seco, sirve para beber agua y bebidas alcohólicas fermentadas. pop.

II. 1. *Ec.* **jícaro**, árbol perenne.

2. *Ec.* Fruto del pilche, esférico, de cáscara leñosa, pulpa blanca y semillas planas de color negro.

pilchería.
I. 1. f. *Ar.* p.u. Tienda donde se vende ropa.

pilcherío.
I. 1. m. *Ar, Ur.* Conjunto de prendas de vestir. pop + cult → espon.

pilchero, -a.
I. 1. adj. *Ar. Referido a persona*, que viste a la moda y con ropa elegante. pop + cult → espon.

II. 1. adj/sust. *Ch. Referido a una caballería*, destinada a acarrear cargas. rur.

pilco.
I. 1. m. *Pe.* Pájaro de hasta 17 cm de longitud, de cabeza de color gris con una gran línea blanca desde la parte superior del pico hasta la nuca, las partes superiores y la garganta gris pardas y las inferiores café rojizo con una franja rojiza en las cubiertas de las alas. (Tyrannidae: *Ochthoeca oenanthoides* spp.). ♦ **putilla**.

píldora.
I. 1. f. *Ni, Ve.* Pelota de **beisbol**. pop.

2. *Gu.* Bola de juego.

II. 1. f. *Gu, Bo.* Mentira.

III. 1. f. *Gu.* Bala.

IV. 1. f. *PR.* Droga. drog.

▶ **chuparse la ~; tragar ~s cuadradas.**

pildorearse.
I. 1. intr. prnl. *Ch.* p.u. Consumir píldoras, *generalmente de manera abusiva.*

pildorero.
I. 1. m. *Ch.* Pastillero, estuche pequeño para llevar píldoras.

pildorero, -a.
I. 1. adj/sust. *Ch. Referido a persona*, que consume o receta con frecuencia píldoras. pop + cult → espon.

pildorita.
I. 1. f. *Bo:O.* Mujer que seduce a un hombre y lo droga con algún somnífero para robarle. pop.

II. 1. f. *Ur.* Salchicha de unos 5 cm de longitud, hecha de carne cocida sazonada, que se sirve caliente, *generalmente en fiestas o reuniones.*

pilear.
I. 1. intr. *Ni.* Morir *alguien*.

pilenque.
I. 1. m. *Ve.* Pila o montón de algo.

pilero, -a.
I. 1. m. y f. *ES.* Persona de ideas fijas.

pileta.
I. 1. f. *Py, Ar, Ur.* Lavabo.
2. *PR, Ar, Ur.* Pila con patas y un plano inclinado con ondulaciones para lavar la ropa.
3. *Ec, Bo:E, Ch.* Fuente pública en la que los vecinos de un barrio o lugar recogen el agua para el uso doméstico.
4. *Ch.* Fuente ornamental ubicada en un lugar público.
5. *Ni.* Pila donde comen los cerdos o gallinas y pavos.
II. 1. f. *RD, Bo, Py, Ar, Ur.* Piscina.
▶ **tirarse a la ~.**

pilgajo.
I. 1. m. *ES.* Colgajo.

pilguaje. (Del nahua *pilhuan*, hijos).
I. 1. m-f. *ES.* Muchacho andrajoso. rur.

pilguajo. (Del nahua *pilhuan*, hijos).
I. 1. m. *ES.* Colgajo.

pilguanejo, -a. (Del nahua *pilhuan*, hijos).
I. 1. m. y f. *ES, Ni.* p.u. Niño harapiento.

piliar.
I. 1. intr. *ES.* Contar animadamente mentiras.
II. 1. tr. *Ni.* Matar *una persona* a *alguien.*

piliche.
I. 1. *ES.* **pilinche**, arrugada.
2. *ES.* **pilinche**, marchita.

pilico.
I. 1. m. *Mx:SE.* Tabaco preparado para mascarlo.
2. *Mx:SE.* Recipiente donde se lleva el **pilico.**

piligüe. (Del nahua *pilihui*, arrugarse).
I. 1. m. *Ho.* Grano desmedrado, *generalmente de cacao o café.*

piligüijo, -a. (Del nahua *pilihui*, arrugarse).
I. 1. adj/sust. *Mx.* p.u. *Referido a persona, especialmente a niño*, de complexión pequeña, raquítico. pop.

pililiento, -a.
I. 1. adj/sust. *Ch. Referido a persona*, que viste andrajosa o es poco aseada. pop ^ desp.

pililo, -a.
I. 1. m. y f. *Ar:O; Ch.* desp. Persona andrajosa y sucia.

pilín.
I. 1. m. *Mx, Ch, Py; Ec,* p.u; tabú; *Bo,* tabú. Pene.
II. 1. m. *Ni.* Niño.

pilinche.
I. 1. adj. *ES. Referido a cosa*, arrugada. (**piliche**).
2. *ES. Referido a planta*, marchita. (**piliche**).
II. 1. m. *Gu.* Pedazo de algo.
III. 1. m. *Ho.* Pene de hombre o verga de animal.
▶ **hacer ~s.**

pilincho.
I. 1. m. pl. *Py.* Cabellos cortos y duros. pop + cult → espon.
2. *Py.* Cabellos despeinados. pop + cult → espon.
II. 1. *Py.* **pirincho**, ave.

pilinjoyo.
I. 1. m. *Ni.* Niño.

pilinque.
I. 1. adj/sust. *Pa. Referido a persona*, tacaña, ruin, *especialmente con la comida.* pop + cult → espon. (**pilinqui**). ◆ **pilishne.**

pilinqui.
I. 1. *Pa.* **pilinque.**
▶ **ponerse ~.**

pilishne.
I. 1. *ES.* **pilishte.**
2. *ES.* **pilinque.**

pilishte. (Del nahua *pilihui*, arrugarse o marchitarse).
I. 1. adj. *Gu, ES. Referido a una persona, una planta o un fruto*, débil o enfermiza. (**pilishne; pilixte**).
◆ **pishteluco.**

pilísimo, -a.
I. 1. adj. *Co. Referido a un alumno*, aplicado y bien preparado. est.
2. *Co. Referido a persona*, diligente y trabajadora.

pilixte.
I. 1. *Gu.* **pilishte.**

pilla.
I. 1. f. *Ec:N.* Prostituta. pop + cult → espon ^ desp.

pilladita.
I. 1. f. *Bo, Ar:NO.* Juego infantil en el que uno de los participantes persigue a los demás intentando atrapar o tocar a alguno.

pillado, -a.
I. 1. adj. *Ur; Ar.* p.u. *Referido a persona*, engreída. pop + cult → espon ^ desp.

pilladura.
I. 1. f. *Ar, Ur.* Engreimiento, vanidad. pop + cult → espon.
II. 1. m. *Ar:NO. En la creencia popular*, rapto del alma por parte de la tierra. rur.

pillán.
I. 1. m. *Ch:C,S. Entre los mapuches*, divinidad maléfica poderosa que puede dominar a las personas y a los fenómenos naturales. rur.
2. *Ch:C,S.* Espíritu de un antepasado que vela por sus descendientes.
II. 1. m. *Ch.* Avioneta ligera de combate o exploración.

pillar(se).
I. 1. tr. *Pa, Co.* Mirar con atención.
II. 1. intr. prnl. *Ar, Ur.* Envanecerse, engreírse. pop + cult → espon.
2. *PR.* Verse *alguien* inmiscuido en un asunto inmoral e ilegal.
III. 1. intr. prnl. *Ar.* Orinar.
●
a. ‖ **nos pillamos.** fórm. *Co.* Se usa para despedirse cuando hay un encuentro próximo.
□
a. ‖ **~ chanchito.** loc. verb. *Ch.* Sorprender a *alguien* haciendo algo ilícito o escandaloso. pop + cult → espon.
b. ‖ **~ la máquina.** loc. verb. *Ch.* Cumplírsele a *alguien* de manera inesperada el plazo de algo o el advenimiento de un suceso sin haber conseguido terminar o alcanzado unos objetivos marcados. pop + cult → espon.

pillarse.
I. 1. m. *Ch.* Juego infantil consistente en que un jugador persigue a los demás y si consigue tocar a uno que no está en un lugar considerado como protegido, se libra de seguir haciendo su papel de perseguidor al pasarle la responsabilidad al otro.

pillería.
I. 1. f. *PR, Pe, Bo, Ur; Ec,* p.u. Pillaje, robo. pop + cult → espon.

pillijján.
I. 1. m. *Ar:C,O.* **cola de quirquincho.**

pillín, -na.
I. 1. m. y f. *Ch.* Delincuente o estafador experto. pop ^ fest.
2. adj. *Ch. Referido a persona*, que trata de obtener beneficio a costa de los demás.

3. *PR. Referido a persona*, ladrona, ratera. pop + cult → espon ^ desp.

pillo, -a.

I. 1. m. y f. *Mx, Gu, Ni, CR, Pa, PR, Ec, Pe, Bo, Ur.* Ladrón. desp.

II. 1. adj. *Ch. Referido a persona*, que está desorientada o sin saber qué hacer. pop.

2. *Ch. Referido a persona*, que se encuentra en dificultades ante algo. pop.

□

a. ‖ **pillos y rondinos.** loc. sust. *Bo.* Juego infantil en el que participan dos grupos, los pillos y los rondinos, éstos últimos tienen que sacar a los pillos del juego tocándolos por la espalda mientras aquellos escapan utilizando un escondite en el que no pueden estar más de uno al mismo tiempo.

▶ **dar como a ~ de película; sacarse el ~; sacarse los ~.**

pillopillo.

I. 1. *Ch.* **palo hediondo.**

pillote.

I. 1. m. *Mx:E,SE, Ve.* Montón, conjunto de cosas puestas sin orden unas encima de otras.

pillu.

I. 1. m. *Bo.* Corona o guirnalda de flores, de frutas o de hojas, que se coloca en la cabeza o en el cuello de una persona en señal de premio o de distinción.

pillullo.

I. 1. m. *Ch; Ar:NO*, obsol. Trampa, engaño, fraude. pop.

pilluyo.

I. 1. f. *Ni.* Propina que dan los abogados a los empleados de un juzgado.

pilmama. (Del nahua *pilli*, niño, y *mama*, cargar o llevar a cuestas).

I. 1. f. *Mx.* Criada destinada a cuidar niños.

pilo.

I. 1. *Ch.* **pelú**, árbol.

II. 1. m. *Ec.* Gran cantidad de personas o cosas. pop.

pilo, -a.

I. 1. adj/sust. *Co:C,O. Referido a persona*, hábil, diligente, juiciosa. pop + cult. ♦ **piloso.**

piló.

I. 1. m. *Ur.* Prenda de vestir confeccionada en material impermeable, que se lleva sobre el resto de la ropa para protegerla de la lluvia.

pilocho, -a.

I. 1. adj. *ES. Referido a persona*, desnuda.

pilón.

I. 1. m. *Mx, Pa, RD.* Artefacto rudimentario para descascarillar cereales. rur.

2. *Gu, Ho, ES, Ni, CR, PR.* Mortero hecho de un tronco ahuecado, en forma de copa, para despajar el arroz y despulpar el grano de café.

3. *Pe.* Piedra o plataforma dura en la que se muelen granos, **ají** o semillas con otra base dura y curva.

II. 1. m. *Mx, Ho, ES, Ni.* **panela**, azúcar sin refinar. (**piloncillo**).

2. *Ho:N.* Helado casero hecho con agua, azúcar y esencia de alguna fruta congelados en un vasito con una **palilla.**

3. *PR.* Caramelo de azúcar cristalizada con sabor y color de alguna fruta, sostenido por una pequeña pieza de madera para agarrarlo mientras se chupa.

III. 1. m. *Mx.* Porción extra de algo que se agrega al todo.

IV. 1. m. *Pe:S.* Llave de paso o grifo de una cañería.

V. 1. m. *Gu.* Porción de tierra con que se extraen las plantas para ser trasplantadas.

2. *Ho.* Mata de café en bolsa de plástico antes de ser trasplantada.

VI. 1. m. *Ho, ES. En la caña de azúcar*, pila grande en que se hierve el jugo. rur.

VII. 1. *Ec.* **mascaré.**

VIII. 1. m. *ES.* Alucinación de una persona drogada.

IX. 1. m. *Ho.* Masa de arcilla en forma de cilindro para empezar a formar una vasija.

□

a. ‖ **de ~.** loc. adv. *Mx.* Por añadidura, además.

pilón, -na.

I. 1. adj/sust. *Pa. Referido a persona*, que estudia mucho y cumple con sus deberes escolares. est.

pilonancia.

I. 1. f. *Cu.* Glotonería.

pilonche.

□

a. ‖ **a ~.** loc. adv. *Mx:E.* En brazos.

piloncillo.

I. 1. m. *Mx.* **pilón**, azúcar sin refinar.

pilopo.

I. 1. *ES.* **güisisil.**

piloso, -a.

I. 1. *Co:C,O,SO.* **pilo.**

II. 1. adj. *ES. Referido a persona*, obsesionada por algo o alguien.

pilot. (De *Pilot*®).

I. 1. m. *Ni, CR.* Rotulador, instrumento para escribir o dibujar, con punta de fieltro y de trazo más grueso que el del bolígrafo. (**piloto**).

pilotaje.

I. 1. m. *Ni, Cu, Ve, Ec, Bo.* Prueba que se hace para comprobar la viabilidad o eficacia de algo.

pilotear.

I. 1. tr. *Mx, Ec, Pe, Bo, Ar, Ur.* Conducir o dirigir un asunto. pop + cult → espon.

II. 1. intr. *Py. juv.* Divagar, sin desarrollar el fondo del tema en un examen. pop + cult → espon.

2. *Py. juv.* Hablar de manera incongruente y disparatada, sin decir nada de sustancia. pop + cult → espon.

III. 1. tr. *Bo:E,O.* Introducir mercancías de contrabando. pop.

pilotero, -a.

I. 1. m. y f. *Bo:E.* Persona que realiza contrabando a pequeña escala. pop.

pilotillo.

I. 1. m. *RD.* Columna, de forma y tamaño variables, que sostiene la estructura de una construcción.

piloto.

I. 1. m. *Bo:O, Ch, Py, Ar, Ur*, p.u. Impermeable, prenda de vestir confeccionada en material que no deja pasar el agua, que se lleva sobre el resto de la ropa para protegerla de la lluvia.

II. 1. m-f. *Ch.* Vendedor callejero de drogas en pequeñas cantidades. drog.

2. *Bo:E,O.* Persona que realiza contrabando a pequeña escala. pop.

3. m. *Bo:O.* Delincuente que ha huido de la cárcel y se encuentra prófugo. delinc.

III. 1. m. *Ve. En el **beisbol***, mánager del equipo.

2. *Pa. En el canal de Panamá*, técnico especialmente capacitado que dirige las embarcaciones en su cruce de un océano al otro.

IV. 1. m. *Ch.* Ave de pequeño tamaño de color pardo, de pico y patas oscuras. (Furnariidae; *Cinclodes* spp.).

V. 1. m. *Py.* p.u. Preservativo.

VI. 1. m. *Ni. juv.* Cigarrillo.

VII. 1. m. *Pa.* **pilot.**

piloy.

I. 1. *Gu.* **ayacote**, planta y semilla.

pinchar(se).

    I. 1. intr. *Ch, Py, Ar.* Tener una relación amorosa o sexual superficial con alguien. pop.

    2. *Ch.* Establecer con alguien una conexión basada en el atractivo físico, de forma pasajera. pop + cult → espon.

    II. 1. intr. prnl. *Co:C,SO.* Ponerse *alguien* vanidoso o soberbio. pop.

    III. 1. tr. *Ve.* Robar *algo* con engaño y astucia. pop.

    IV. 1. intr. *Cu.* Trabajar. pop + cult → espon.

    V. 1. intr. prnl. *Cu.* Ponerse *alguien* un diente de oro. pop.

    VI. 1. *Bo.* **acullicar.**

    VII. 1. intr. *Ho.* Realizar el coito. vulg.

    □

    a. ‖ **ni ~se ni cachar.** loc. verb. *Ho.* No hacer *alguien* nada ni dejar hacer a otro.

    b. ‖ **pinchársela.** loc. verb. *Co.* obsol. Sentir rechazo o mala voluntad hacia alguien. pop.

pincharrata.

    I. 1. sust/adj. *Ar.* Simpatizante del equipo de futbol Estudiantes de la Plata. pop + cult → espon.

pinchazo.

    I. 1. m. *Ch.* Soldadura de una pieza metálica.

    2. *Gu.* Taller mecánico donde se reparan neumáticos.

    II. 1. m. *Ch.* Establecimiento de una relación pasajera con alguien basada en el atractivo físico.

pinche.

    I. 1. adj. *Mx, Gu, Ho, ES, Ni, Co, Ec, Bo, Ur.* Referido a *persona* o *cosa*, insignificante, pequeña. pop + cult → espon.

    2. adj/sust. *Mx, Gu, Bo.* Referido a *persona*, despreciable, vil. pop + cult → espon.

    3. adj. *Mx, Gu, ES.* Referido a *cosa*, de mala calidad o en mal estado. pop + cult → espon.

    4. *Mx, Gu.* Referido a *cosa*, maldita, que produce disgusto o rechazo. pop ^ desp.

    II. 1. adj. *Mx.* Referido a *persona*, querida, estimada. afec.

    2. m-f. *Ch.* Persona con quien se tiene una relación de coqueteo, basada en el atractivo físico, sin mayor compromiso.

    III. 1. m. *Py, Ar.* Alfiler con cabeza gruesa de cristal, metal, nácar u otro material, que se usa para sujetar especialmente prendas, tocados o sombreros. (**pincho**).

    2. *RD, PR, Ch.* **hebilla**, pieza de metal.

    3. *Bo.* Pequeña pieza compuesta de un alambre galvanizado doblado por la mitad con un cierre en uno de los extremos al que se une el otro extremo puntiagudo para cerrarlo.

    4. *PR. En las peleas de gallos*, distintivo para identificar a las aves.

    IV. 1. m. *Co:O,SO.* **afrechero.** (Fringillidae; *Zonotrichia capensis*).

    V. 1. m-f. *Ar, Ur.* Empleado que ocupa el puesto más bajo dentro de una jerarquía, *generalmente en una empresa o en una oficina.* pop + cult → espon ^ desp.

    VI. 1. adj. *ES, Ni, CR.* Referido a *persona*, tacaña, mezquina. pop + cult → espon.

    VII. 1. m. *PR.* Tenedor de mango largo usado para servir la comida.

    ▶ **coger un ~.**

pinchila.

    I. 1. f. *Ar.* Pene. vulg; pop + cult → espon.

pinchita.

    I. 1. *RD.* **cigüita**, ave.

pincho.

    I. 1. *Ar.* **pinche**, alfiler de cabeza gruesa.

    2. m. *RD.* Pieza de metal u otro material que se emplea para sujetar el pelo.

II. 1. m. *Pe.* Pene. tabú; pop + cult → espon.

III. 1. m-f. *Cu.* Persona que ocupa un alto cargo. pop + cult → espon.

IV. 1. m. *PR.* Corazón. pop + cult → espon.

    ■

    a. ‖ **~ pancho.** m. *RD.* Juego infantil que consiste en adivinar qué parte de la semilla del **cajuil**, que un niño guarda en su mano cerrada, queda al descubierto cuando la abre.

    ▶ **llegar al ~.**

pincholearse.

    I. 1. *Bo:E.* **pinchulearse.**

pinchulearse.

    I. 1. tr. prnl. *Bo:E,O.* Acicalarse, arreglarse con mucho esmero. pop + cult → espon. (**pincholearse**).

pinchurriento, -a. (De *pinche*).

    I. 1. adj. *Mx.* Referido a *persona o cosa*, mala, despreciable, que produce rechazo. pop + cult → espon ^ desp.

pinco.

    ■

    a. ‖ **~-~.** m. *Pe:S, Bo:O.* **pingo-pingo.** ♦ **pincopinco.**

pincolla.

    I. 1. *Bo.* **pincullo.**

pincollo.

    I. 1. *Bo, Ar:NO.* **pincullo**, flauta pequeña.

pincollori.

    I. 1. m. *Bo.* Persona que toca el **pincullo**.

pincopinco.

    I. 1. *Pe.* p.u. **pingo-pingo.**

pincullo. (Del quech. *pinkullu*).

    I. 1. m. *Pe, Bo, Ch:N, Ar:NO.* Instrumento musical indígena en forma de flauta pequeña de caña o madera, con boquilla; que emite un sonido más agudo que la quena. (**pincolla**; **pincollo**; **pingollo**; **pingullo**).

    2. *Ec.* Instrumento musical indígena, con forma de flauta, de entre 30 y 40 cm de longitud y con siete agujeros, *hecho generalmente de caña.* (**pincolla**).

pindi.

    I. 1. m-f. *Ch.* **pindy.**

pindicua.

    I. 1. *Mx.* **manzanilla.**

pindín.

    I. 1. m. *Pa.* Reunión popular en la que se escucha y baila música típica panameña. pop.

    2. m. *Pa.* Baile tradicional panameño con música de acordeón.

pindinga.

    I. 1. adj/sust. *Pe.* **arrecho**, excitado sexualmente. pop + cult → espon.

    2. sust. *Pe.* Estado de zozobra en el que se encuentra una persona. pop + cult → espon.

    □

    a. ‖ **en ~s.** loc. adv/adj. *Ec, Pe.* En estado de zozobra o inquietud. pop + cult → espon.

pindo.

    I. 1. m. *Co, Ec.* **caña brava**, planta silvestre.

pindó.

    I. 1. f. *Py, Ar, Ur.* Palmera de hasta 20 m de altura, de tronco delgado y grisáceo, hojas grandes y flores de color blanco. (Arecaceae; *Arecastrum romanzoffianum*).

pindonga.

    I. 1. f. *ES, Ar.* Pene. vulg; pop + cult → espon.

    □

    a. ‖ **¡a la ~!** loc. interj. *Ar, Ur.* Expresa admiración o sorpresa. vulg; pop + cult → espon.

    b. ‖ **¡la ~!** *Ar, Ur.* **¡a la pindonga!**

pindongo.
    I. 1. m. *Ch.* Piedra de forma más o menos irregular que se coloca en los lechos de los ríos para sustentar obras de ingeniería.
    II. 1. m. *ES.* **Nacatamal** que solo lleva masa.
    ▶ **parecer nacatamal ~.**

pindy.
    I. 1. m-f. *Ch.* Persona que estorba la visión de algo como una obra de teatro, una película o una retransmisión televisiva, por estar delante. pop + cult → espon ^ fest. (**pindi**).

pineo, -a. (De *pigmeo*)
    I. 1. sust/adj. *RD.* Persona de muy baja estatura.

ping-pong.
    ▶ **jugar al ~.**

pinga.
    I. 1. f. *Mx, Gu, Ho, ES, Ni, CR, Pa, Cu, PR, Co:N, Ve, Ec, Pe, Bo, Ch, Ar.* Pene. tabú; pop + cult → espon.
    II. 1. f. *Mx.* Pastilla de droga. pop + cult → espon.
    III. 1. f. *Ni, Co:C,NE.* Porción muy pequeña de algo. pop.
    IV. 1. f. *Ho. En el enchute*, eje de madera de unos 10 cm de longitud que tiene un extremo en forma de copa y en el otro termina en punta y debe introducirse en el agujero de la bola.
    V. 1. m-f. *Ho.* Persona o cosa muy buena, excelente.
    VI. 1. f. *Ho.* Trompo pequeño. (**piunga**).
    ●
      a. ‖ **pinga.** fórm. *Cu.* Se usa para dar más energía a lo que se dice. pop.
    □
      a. ‖ **con ~.** loc. adv. *Cu.* Mucho. pop.
      b. ‖ **de ~.**
        i. loc. adj. *Cu, Ve. Referido a persona o cosa*, muy buena, excelente. pop.
        ii. loc. adv. *Ve.* Muy bien, estupendamente.
        iii. *Cu.* Muy mal. pop.
      c. ‖ **¡de ~!** loc. interj. *Cu.* Expresa disgusto o contrariedad. pop.
      d. ‖ **en ~.** loc. adj. *Ho. Referido a persona*, desnuda, sin ropa.
      e. ‖ **¡la ~!** loc. interj. *Ve.* Expresa rechazo. pop.
    ▶ **comer ~; estar en ~; importar una ~; irse para la ~; llevar a ~ y palo; salir de la ~.**

pingada.
    I. 1. f. *Co:NE, Ve.* Tontería, necedad. pop.

pingaloca.
    I. 1. adj/sust. *Pe. Referido a un hombre*, mujeriego. pop.

pingamiosa.
    I. 1. f. *PR.* **pringamoza**. (Urticaceae; *Urtica dioica*).

pingancha.
    I. 1. f. *Ve.* Tenedor grande de dos púas usado especialmente por las vendedoras de pescado frito para darle vuelta a las piezas cuando se están friendo.

pinganilla.
    I. 1. sust/adj. *Ch.* Persona, *especialmente joven*, de poca valía o importancia. pop + cult → espon.
    II. 1. m-f. *Ch.* Persona pícara, astuta, *generalmente delincuente*. pop + cult → espon.
    III. 1. f. *ES.* Paso en puntillas.

pinganillo.
    I. 1. m. *Ar:NO.* Pene. inf; pop + cult → espon.
    II. 1. m. *Ec.* obsol. Campesino de la provincia del Chimborazo.
    III. 1. m. *Ec.* obsol. Pantalón de cuero usado por vaqueros.

pinganillo, -a.
    I. 1. m. y f. *Ec; Pe*, obsol; sust/adj. *Bo*, pop. Persona, *generalmente joven*, a la que le gusta arreglarse y vestirse bien para presumir de su aspecto físico.

pingar.
    I. 1. intr. *ES.* Realizar el coito. delinc.

pingarria.
    I. 1. f. *Co:N.* Pereza, poca gana de hacer algo.

pingazal.
    I. 1. m. *CR.* Cantidad grande de algo. vulg; pop + cult → espon.

pingazo.
    I. 1. m. *CR, Pa, Cu.* Golpe fuerte. vulg; pop + cult → espon.
    II. 1. m. *Cu.* Penetración del pene. vulg; pop.
    III. 1. m. *Ho, CR.* Cantidad grande de personas o cosas. vulg; pop + cult → espon.

pingo.
    I. 1. m. *Gu, Ho, ES, Ni, Co:NE, Pe, Bo, Ar:C,N*; Pene. tabú; pop + cult → espon.
    II. 1. m-f. *Mx.* Niño travieso. afec.
    III. 1. m. *Mx.* Diablo.
    IV. 1. m. *Bo:S, Ch, Py, Ar, Ur.* Caballo, *especialmente cuando es brioso y veloz*.
    V. 1. m. *Co:NE.* Individuo, persona. pop.
    VI. 1. m. *Ec.* Tablón redondeado de madera, *generalmente de eucalipto*.
    ●
      a. ‖ **~. fórm.** *Co:NE.* Se usa para dirigirse a un amigo de mucha confianza. pop.
    ■
      a. ‖ **~-~. m.** *Ar:N.* Arbusto dioico de hasta 2 m de altura, de hojas caedizas, flores pequeñas y fruto en forma de nuececita; se le atribuyen propiedades medicinales. (Ephedraceae; *Ephedra* spp.). (**pinco-pinco**; **pincopinco**).

pingo, -a.
    I. 1. adj. *Co:NE. Referido a persona*, tonta o simple. pop + cult → espon ^ desp.

pingollo.
    I. 1. *Ar:NO.* **pincullo**, flauta pequeña.

pingolo.
    I. 1. m. *PR.* Maíz tostado, molido, hervido y colado, bebido en sustitución del café.

pingón.
    I. 1. adj. *CR, PR, Pe. Referido a un hombre*, que tiene el pene muy grande. tabú; pop + cult → espon.

pingopingo.
    I. 1. m. *Ch, Ar:NO.* Arbusto ramoso de hasta 5 m de altura, de tallo verde ceniciento de textura áspera, hojas pequeñas, lineares y agudas, flores amarillas, fruto con forma de nuez; es usado con fines medicinales. (Ephedraceae; *Ephedra chilensis*).

pingpong.
    □
      a. ‖ **~ de bolsillo.** loc. sust. *Ch.* **pimpón de bolsillo**. euf; pop ^ fest.

pingua.
    I. 1. f. *Gu, Co:C.* Canica pequeña.
    2. *ES.* Pastilla de droga. drog.

pingüica.
    I. 1. f. *Mx.* **manzanilla**.

pinguillas.
    ▶ **andar en ~.**

pinguín.
    I. 1. m. *ES.* Niño.

pingüinera.
    I. 1. f. *Ar.* Lugar de la costa donde los pingüinos se reúnen en la época en que hacen los nidos y en la de la cría.

pingüino.
    I. 1. m. *Ar.* Recipiente de forma alargada con asa y pico, que se usa, *generalmente en fondas*, para tomar vino.

II. (De *Pingüino*®).

1. m. *ES. En un hospital*, bolsa de hule con hielo para bajar la fiebre.

■

a. ‖ ~ **de Humboldt.** m. *Ch.* Ave palmípeda de hasta 70 cm de longitud, de cabeza y cuello posterior negro, cuello anterior blanco, pecho blanco con pintas y flanco negros, lo mismo que las alas natatorias, pico aplanado verticalmente, sonrosado en la base y rodeando al ojo. (Spheniscidae; *Spheniscus humboldti*). ♦ **pingüino del Norte.**

b. ‖ ~ **de Magallanes.** m. *Ch, Ar, Ur.* Ave palmípeda de hasta 70 cm de longitud, de cabeza y cuello negros y pecho blanco. (Spheniscidae; *Spheniscus magellanicus*). ♦ **pingüino del Sur.**

c. ‖ ~ **del Norte.** *Ch.* **pingüino de Humboldt.**

d. ‖ ~ **del Sur.** *Ch.* **pingüino de Magallanes.**

pingüino, -a.

I. 1. m. y f. *Ch.* Estudiante de enseñanza pública básica o media. pop.

2. adj. *Ch.* Relativo a los estudiantes de enseñanza pública básica o media.

II. 1. adj. *RD.* Referido a un pájaro que es todavía polluelo.

III. 1. adj. *RD.* Referido a persona, de baja estatura. pop + cult → espon ^ desp.

pinguita.

a. ‖ ~ **de mono.** *Pe.* **ají**, planta.

pingullo.

I. 1. *Ec.* **pincullo**, flauta pequeña.

pingüó, -a.

I. 1. adj/sust. *Cu.* Referido a persona, que actúa siempre pensando en el beneficio propio, sin tener consideración por los demás.

2. *Cu.* Referido a persona, que le gusta que otros le hagan el trabajo que ella debe hacer.

II. 1. adj/sust. *Cu.* Referido a hombre, que tiene el pene grande.

pinicua.

I. 1. f. *Mx:NO.* Planta de hasta 3 m de altura, de hojas alternas, lanceoladas y terminadas en punta, flores pequeñas de color naranja intenso y frutos en baya, pequeños y de color amarillento. (Theophrastaceae; *Jacquinia pungens*). ♦ **rosadilla; sanjuán.**

pinina.

I. 1. f. *Ni.* Taba que queda en posición vertical en el juego de las tabas. inf.

pinineo, -a

I. 1. adj. *Gu.* Referido a persona, enana.

pininga.

I. 1. f. *Pe:N,NO.* Plato hondo en el que se toma **masato.**

pinini.

I. 1. *Ar:NO.* **pinino**, en las tabas.

pinino.

I. 1. m. pl. *Mx, Ho, ES, CR, Pa, Cu, RD, PR, Ve, Pe, Ar, Ur.* Pinitos, primeros pasos que se dan en alguna actividad, arte o ciencia.

2. *Mx, Ho, ES, Pa, Cu, RD, Pe, Ar, Ur.* Pinitos, primeros pasos que da el niño cuando empieza a caminar.

3. *Ar:NO.* Esfuerzos por mantenerse en una posición o lugar. pop + cult → espon.

II. 1. m. *Bo:S, Ar:NO. En el juego de las tabas*, posición de equilibrio de una de ellas cuando cae clavada por uno de sus extremos. (**pinini**).

pinito.

■

a. ‖ ~ **de agua.** m. *Ch.* Alga de agua dulce, perenne, de ramajes pequeños y flores diminutas blancas;

muy popular por su uso para acuarios. (Haloragaceae; *Myriophyllum aquaticum*).

pinkillo.

I. 1. m. *Ar:NO.* Instrumento musical indígena en forma de flauta pequeña de caña o madera, con boquilla.

pino.

I. 1. m. *Bo, Py.* Árbol de hasta 15 m de altura, de corteza rugosa, color gris pardusco y flores de color **guindo**, sus frutos son sámaras. (Casuarinaceae; *Casuarina* spp.).

2. *Bo.* Arbusto de hasta 3 m de altura, de hojas opuestas con dos bandas blanquecinas en la cara superior y frutos en forma de baya de color azul blanquecino; se cultiva como ornamental. (Cupressaceae; *Juniperus chilensis*).

II. 1. m. *Ch.* Picadillo compuesto fundamentalmente por cebolla y carne aderezados. pop + cult → espon.

■

a. ‖ ~ **blanco.**

  i. *Gu, Ho.* **pino llorón.**

  ii. m. *Bo:E.* Árbol de hasta 10 m de altura, de corteza fisurada y resina cristalina; su madera es muy apreciada. (Podocarpaceae; *Podocarpus parlatorei*). ♦ **pino de cerro.**

b. ‖ ~ **cahuite.** *Mx.* **ayacahuite.**

c. ‖ ~ **caribe.** *Ni.* **pino de Petén.**

d. ‖ ~ **colorado.** m. *Bo.* Árbol de hasta 30 m de altura, muy ramificado y con la corteza que se desprende en placas de color negro o colorado, tiene hojas lineares con una sola nervadura y flores reunidas en estróbilos; cuando el estróbilo femenino madura tiene aspecto parecido al de una drupa de color amarillo; su madera se usa para vigas en minas y como material de construcción. (Podocarpaceae; *Prumnopitys exigua*).

e. ‖ ~ **costanero.** *Ho.* **pino de Petén.**

f. ‖ ~ **de cerro.** *Bo:S.* **pino blanco.**

g. ‖ ~ **de corcho.** *Mx.* **hallarín.**

h. ‖ ~ **de la sierra.** *Gu.* **pino rojo.**

i. ‖ ~ **de Misiones.** *Ar.* **cury.**

j. ‖ ~ **de monte.** m. *Bo:E.* Árbol de hasta 12 m de altura, de resina cristalina y hojas simples. (Podocarpaceae; *Podocarpus glomeratus*).

k. ‖ ~ **de Neuquén.** *Ar.* **pehuén**, árbol.

l. ‖ ~ **de Petén.** m. *Gu.* Pino de hasta 40 m de altura, con corteza de color café rojizo, gruesa y con profundas fisuras; su madera resinosa es útil para la construcción y la industria papelera. (Pinaceae; *Pinus caribaea*). ♦ **pino caribe; pino costanero.**

m. ‖ ~ **hembra.** *Gu.* **pinabete.**

n. ‖ ~ **llorón.** m. *Ho.* Pino de hasta 40 m de altura con el tronco ligeramente arrugado, las últimas agujas de cada rama crecen hacia arriba y el resto hacia abajo, dándole una forma característica. (Pinaceae; *Pinus maximinoi*). ♦ **pino blanco.**

ñ. ‖ ~ **montezuma.** m. *Gu.* Pino de hasta 35 m de altura, con la corteza de color café rojizo y las hojas dispuestas en grupos de cinco; su madera se utiliza para la construcción y como combustible. (Pinaceae; *Pinus montezumae*).

o. ‖ ~ **ocote.** *Gu, Ho, Ni.* **ocote**, pino de hasta 25 m.

p. ‖ ~ **Paraná.** *Ar.* **cury.**

q. ‖ ~ **real.** *Ho.* **ayacahuite.**

r. ‖ ~ **rojo.** m. *Ho.* Pino de hasta 45 m de altura, de tronco rojizo, grueso en la base y liso en la parte superior, tiene gran cantidad de piñas o conos, pero son de pequeño tamaño. (Pinaceae; *Pinus hondurensis, P. tecumanii*). ♦ **pino de la sierra.**

s. ‖ ~ **triste.** *Ho.* **pinabete.**

□

a. ‖ ~ **nuevo.** loc. adj. *RD, Ve.* Referido a persona, novata.

▶ **hacerse el ~; ponerle ~.**

pinochetismo.
I. 1. m. *Ch*, *Ur*, p.u; obsol. Posición ideológica afín al gobierno de Augusto Pinochet.

pinochetista.
I. 1. sust/adj. *Ch*, *Ur*. Partidario del **pinochetismo**.
2. adj. *Ch*, *Ur*. Relativo al **pinochetismo**.

pinochetización.
I. 1. f. *Ch*. Conversión de algo o de alguien al **pinochetismo**. cult → esm.

pinochetizar.
I. 1. tr. *Ch*. Convertir a *alguien* en seguidor del **pinochetismo**. cult → esm.

pinochito.
I. 1. m. *Pe*. Vehículo policial blindado de gran tamaño, usado para disolver manifestaciones arrojando potentes chorros de agua sobre los manifestantes.

pinocho.
I. 1. m. *Py*. Persona mentirosa. pop.

pinol. (Del nahua *pinolli*, harina de maíz).
I. 1. m. *Mx:SE*, *Gu*, *Ho*, *ES*, *Ni*, *CR*, *Cu:E*; *Pa*, p.u. Harina fina de maíz tostado. (**pinole**; **pinolillo**).
2. *Mx:SE*, *Gu*, *Ho*, *ES*, *Ni*, *CR*; *Pa*, p.u. | meton. Bebida refrescante, similar al chocolate, que se prepara con harina de maíz tostado, cacao, **achiote** y azúcar, cocidos y batidos. (**pinole**; **pinolillo**).
3. m. *Ho*, *ES*, *Ni*. Guiso de carne al que se le añade harina de maíz tostado. (**pinole**).
4. m. *Ec*. **Máchica** con panela rallada o azúcar y especias.
▶ hacer ~; tragar más ~.

pinolate. (Del nahua *pinolli*, harina de maíz, y *atl*, agua).
I. 1. m. *Mx*, *Gu*. Bebida preparada con agua, **pinole**, cacao y, en ocasiones, azúcar.

pinole. (Parag. de *pinol*).
I. 1. m. *Mx*; *Gu*, *Ho*, *ES*, *Ni*, p.u. **pinol**, harina de maíz tostado.
2. *Mx*; *Gu*, *Ho*, *ES*, *Ni*, p.u. | meton. **pinol**, bebida.
II. 1. *Ho*, *ES*, p.u. **pinol**, guiso.

pinolear.
I. 1. intr. *Mx*, *Ni*. Beber **pinole**.

pinóleo. (De *Pinóleo*®).
I. 1. m. *Ho*. Producto elaborado con trementina de pino que se emplea para desinfectar y aromatizar ambientes.

pinolero, -a.
I. 1. adj. *Mx*, *Ni*. Relativo al **pinole**, harina de maíz tostado.
2. *Mx*, *Ni*. Referido a persona, aficionada a tomar **pinole**, bebida.
II. 1. adj. *Gu*, *Ho*, *ES*, *Ni*, *CR*. Relativo a Nicaragua. pop + cult → espon.

pinolillo.
I. 1. m. *Mx*. Insecto de color rojo y muy pequeño, que parece polvo de **pinole**. (Ixodidae; *Amblyomma mixtum*).
2. *Mx*. Larva de un género de garrapata.
II. 1. *Ho*, *ES*, *Ni*. **pinole**, bebida.
III. 1. *Ho*, *Ni*, *CR*. **pinole**, harina de maíz tostado.
IV. 1. m. *ES*. Polvillo que despiden algunas semillas. rur.

pinqui.
□
a. ‖ ~ **pinqui.** loc. adv. *Bo:E*. Al contado. pop.

pinquillada.
I. 1. f. *Bo*. Actividad o fiesta en la que hay música interpretada con **pinquillos**.
2. *Bo:O*. Danza típica de la región andina en la que las parejas, vestidas con los trajes típicos de la región y agarradas de la mano, bailan alrededor de un grupo de músicos que tocan **pinquillos**.

3. *Bo:O*. Composición musical típica de la región andina, de carácter alegre y ritmo rápido, al compás de la cual se baila la **pinquillada**.

pinquillero, -a.
I. 1. m. y f. *Bo:O*. Persona que toca el **pinquillo**.

pinquillo.
I. 1. m. *Ec*, *Pe*, *Bo:O*, *Ch:N*, *Ar:NO*. Instrumento musical indígena en forma de flauta pequeña de caña o madera, con boquilla.
■
a. ‖ ~ **carnavalero.** m. *Bo:O*. Pinquillo construido en caña hueca, que mide 35 cm de longitud y tiene cuatro orificios delante y uno detrás que produce un sonido agudo y chillón.

pinrreles.
I. 1. m. pl. *Ve*. juv. Zapatos.

pinsión.
I. 1. f. *Gu*. Obsesión, preocupación.

pinsote.
I. 1. m. *Ve*. Espata de algunas musáceas como el **plátano** o el **banano**.

pinta.
I. 1. f. pl. *Mx*, *Ni*, *CR*, *Ve*. Sistema empírico de pronosticar el tiempo que hará durante los doce meses del año, basado en el comportamiento atmosférico de los días de enero. rur.
II. 1. f. *Co*, *Bo*. Ropa elegante, *generalmente nueva*. pop.
2. *Co*. Vestimenta que se lleva puesta. pop.
3. *Ve*. Conjunto de prendas de vestir.
III. 1. f. *Mx*. Letrero pintado a mano sobre un muro, *especialmente el de contenido político*.
2. f. *Ve*, *Pe*. Pintada en las paredes de letreros *preferentemente de contenido político o social*. pop.
IV. 1. f. *Ve*. Una de las cuatro series de figuras en que se divide una baraja.
2. *Ve*. Demarcación de las cartas españolas a lo largo de su borde, que sirve para identificar el palo de la baraja sin que sea necesario verlo.
3. f. *Gu*, *Ho*. Jugada de dados en que gana el cinco y el seis y pierde el as y el dos.
4. *Gu*. En el juego de naipes, jugada con el as, dos y tres en mano.
V. 1. m-f. *Co* delinc; *Ur*, pop + cult → espon. Tipo, individuo.
VI. 1. f. *Ve*. Borrachera.
VII. 1. f. *Ve*. Yacimiento de oro.
VIII. 1. f. *Gu*. Adelanto que se da a los cuadrilleros al contratarlos.
IX. 1. f. *Cu*. Conjunto de dibujos y colores de una tela.
X. 1. f. *RD*. Color de la piel de una persona de raza negra.
XI. 1. adj. *Ho*. juv. *Referido a un objeto o a ropa*, bonito.
XII. 1. f. *PR*. Unidad de volumen equivalente a la mitad de un cuarto de litro.
XIII. 1. f. *Pa*. Cerveza en botella. pop.
■
a. ‖ **pura** ~. sust/adj. *Mx*, *Ni*, *Pa*, *Co*, *Ec*, *Pe*, *Bo*, *Py*, *Ar*, *Ur*. Persona o cosa que solo aparentemente reúne una serie de cualidades positivas. pop + cult → espon.
□
a. ‖ **a la** ~.
i. loc. adv. *Ch*. Al gusto, agrado o antojo de quien habla.
ii. *Py*. Enojadamente. pop.
▶ andar en ~; echar ~; hacer ~; irse de ~; jugar de ~; mostrar la ~; tirar ~.

pintada.
I. 1. f. *CR*, *Ec*, *Pe*, *Bo*. Recubrimiento de una superficie con una capa de pintura.
II. 1. f. *PR*. Grano que comienza a madurar *especialmente el del café*.

pintadera.
   I. 1.   f. *Mx, Ni, CR, Cu.* Pintada reiterada.

pintadilla.
   I. 1.   f. *Pe.* Pez de hasta 35 cm de longitud, de cuerpo oblongo, alargado, de color marrón verdoso interrumpido por fajas transversales más claras, aletas y cola de color anaranjado. (Cheilodactylidae; *Cheilodactylus variegatus*).

pintadillo.
   I. 1.   *Co.* **sachacuy**.

pintado.
   I. 1.   m. *Ho, Pa, Co:C,O,SO, Ec.* Café con leche pequeño.
   II. 1.   m. *Bo:O.* Trazo, signo o dibujo, *generalmente de contenido político o social*, que se hace en un muro. pop.
   III. 1.   *Bo:O.* **guardatinaja**. (Dasyproctidae; *Cuniculus paca, Agouti paca*).
   2.   m. *PR.* **chirivita**.

pintado, -a.
   I. 1.   adj. *Mx, Ho, ES, Ni, Pa, Ar, Ur;* sust/adj. *Bo. Referido a persona*, cuya autoridad o presencia es pasada por alto. pop + cult → espon.
   II. 1.   adj. *Ni, Pe, Bo, Py. Referido a persona*, idéntica a otra, *especialmente a uno de sus progenitores*. pop + cult → espon.
   III. 1.   adj. *Ho, ES, Bo. Referido a fruta*, que comienza a madurar.
   □
   a. ‖ **~ al óleo.** loc. adj. *Ar, Ur*, p.u. *Referido a persona*, que no es tenida en cuenta. pop + cult → espon.
   b. ‖ **~ en la pared.**
     i. loc. adj. *CR, Pa, Cu, PR, Co, Ve, Pe, Bo, Ch. Referido a persona*, cuya autoridad o presencia es pasada por alto. pop + cult → espon.
     ii. *Co, Pe. Referido a un jefe o a un empleado*, que no cumple sus funciones de control. pop + cult → espon.
     iii. loc. adj/sust. *Ec. Referido a persona*, insignificante, que no tiene ninguna importancia. pop.
   ▶ **estar ~; quedar ~.**

pintamonos.
   I. 1.   m-f. *Ch.* Dibujante gráfico, *especialmente de historietas y viñetas*.
   II. 1.   sust/adj. *Ch.* Persona que gusta de ser el centro de atención y actúa para conseguirlo. pop + cult → espon ∧ fest.

pintamozo.
   I. 1.   m. *Pa.* **achiotillo**. (Clusiaceae; *Vismia baccifera*).

pintanguá.
   I. 1.   f. *RD.* **guabairo**.

pintar(se).
   I. 1.   intr. *Mx, Bo, Ch.* Manifestar una serie de cualidades, ideas o defectos o tender hacia ellos cambiando los que se tenían hasta entonces. pop + cult → espon.
   2.   intr. prnl. *Gu, ES, Ni.* Ser *alguien* hábil para algo.
   II. 1.   intr. prnl. *Mx, Gu, ES, Ni, CR, Pa, PR, Ve.* Irse, marcharse de un sitio. pop + cult → espon.
   2.   intr. *Mx, Ni.* Ausentarse un alumno de las clases sin motivo justificado.
   3.   intr. *Ar.* Ir o venir *alguien* a un sitio. pop + cult → espon.
   III. 1.   intr. *Ar.* juv. Gustar o interesar *algo* a alguien.
   IV. 1.   intr. *Gu.* Poder procrear un hombre.
   2.   tr. *RD.* Dejar embarazada a una mujer. pop + cult → espon.
   V. 1.   intr. *Gu.* Prestarse o servir para algo.
   VI. 1.   tr. *Ni, Pa.* Dejar *una persona* sus genes muy marcados en sus descendientes.

   VII. 1.   tr. *Ni.* Retener la mujer al hombre mediante brujería.
   ●
   a. ‖ **píntela como quiera.** fórm. *Co.* Se usa para desafiar a alguien. pop.
   □
   a. ‖ **~ chalecos.** loc. verb. *Gu.* Irse de un lugar sin pagar la consumición o el gasto hecho. fest.
   b. ‖ **~ el mono.**
     i. loc. verb. *Ch.* Actuar de una manera llamativa. pop + cult → espon.
     ii. *Ch.* Mostrar una actitud desafiante o agresiva. pop + cult → espon.
     iii. *Ch.* Holgar, estar ocioso. pop + cult → espon.
   c. ‖ **~ fiestas.** loc. verb. *Cu.* Coquetear con alguien. ♦ **pintar gracias**.
   d. ‖ **~ gracias.** *Cu.* **pintar fiestas**.
   e. ‖ **~ huevos.**
     i. loc. verb. *Mx.* Ejecutar un gesto con un movimiento enérgico del brazo para mostrar la palma de la mano y los dedos flexionados a diferente abertura con la intención de menospreciar a quien la ve. pop + cult → espon ∧ desp.
     ii. *Mx.* Desdeñar. pop + cult → espon ∧ desp.
   f. ‖ **~ la varilla.** loc. verb. *PR.* Presumir, dárselas *alguien* de elegante, gracioso, valiente. rur.
   g. ‖ **~ llantas.**
     i. loc. verb. *Ho.* Irse rápidamente *alguien* de un lugar. pop.
     ii. *Ho.* Viajar.
   h. ‖ **~ monos.** loc. verb. *Ch.* Aparecer *alguien* en un sitio o intervenir en un asunto por creer que tiene derecho real a hacerlo. pop + cult → espon.
   i. ‖ **~ pajaritos en el aire.** loc. verb. *RD, Co.* Hablar de algo que resulta atractivo o ilusionante, aunque de forma exagerada o que no se corresponde con la realidad.
   j. ‖ **~ un violín.**
     i. loc. verb. *Mx.* Despedir a *alguien* con aspereza, disgusto o sin miramientos. vulg.
     ii. *Mx.* **pintar violines**. pop + cult → espon ∧ desp.
   k. ‖ **~ violines.** loc. verb. *Mx.* Ejecutar un gesto con los dedos índice y medio de una mano a un lado y otro en la nariz para insultar a quien le ve. vulg; pop ∧ desp. (**pintar un violín**).
   l. ‖ **~la.** loc. verb. *Co.* Presentar un negocio. pop.
   m. ‖ **~se de colores.** loc. verb. *Mx, Pa, PR, Ve; Ec*, p.u.; juv. Irse *alguien*, abandonar un lugar.
   n. ‖ **~se para chingar.** loc. verb. *Gu.* Divertirse molestando a otras personas. ♦ **pintarse para joder; pintarse para molestar**.
   ñ. ‖ **~se para joder.** *Gu.* **pintarse para chingar**.
   o. ‖ **~se para molestar.** *Gu.* **pintarse para chingar**.
   p. ‖ **pintárselas.** loc. verb. *Gu, ES, CR.* Huir precipitadamente. pop.

pinteado, -a.
   I. 1.   adj. *Ch. Referido a persona*, elegante, bien vestida. pop + cult → espon.

pintearse. (De *pinta*, medida de líquidos.)
   I. 1.   intr. *Bo.* Recorrer *una persona* diferentes lugares para lucirse. pop.
   2.   *Ho.* juv. Presumir de prendas de vestir u otros objetos ante los demás.
   II. 1.   intr. *Pa.* Tomar **pintas** de cerveza. pop.

pintero.
   I. 1.   sust/adj. *ES. En manifestaciones y en propaganda política*, persona que pinta paredes.

pintiado.
   I. 1.   m. *ES. En la minería*, desmenuzamiento de las piedras o broza para extraer el oro.

pintiar.
   I. 1. tr. *Ho. En la minería*, escoger las piedras o broza para ser trituradas.

pintica.
   I. 1. f. *Co:SO.* Mancha de pintura negra que se pintan unos a otros los asistentes a la **fiesta de negros y blancos**.

pintillo.
   I. 1. m. *Mx.* Agave de pequeño tamaño, con hojas erguidas, verdes, de forma poligonal con bordes córneos y blanquecinos y una espina en la punta, que forman una roseta compacta; su fibra es muy apreciada, y tiene uso ornamental. (Agavaceae; *Agave victoriae-reginae*).
      2. *Bo.* Árbol de hasta 4 m de altura, de corteza peluda y escamosa, hojas compuestas, flores unisexuales y dispuestas en panículas axilares, frutos, en cápsulas, que contienen semillas total o parcialmente envueltas en una cubierta carnosa y delgada. (Meliaceae; *Trichilia elegans*). ♦ **sapaimosi**.

pintiparado, -a.
   I. 1. adj. *PR, Co:N, Ec, Ch. Referido a persona*, presumida, vanidosa. pop + cult → espon.

pinto.
   I. 1. *Mx.* Enfermedad de la piel provocada por un herpes que produce manchas en la cara y en el cuerpo de color blanco, café o morado. ♦ **mal del pinto**.
   II. 1. adj. *Co. Referido a un hombre*, atractivo, bien parecido. pop.
   III. 1. m. *Ec:O.* Persona que se dedica a vender drogas ilícitas.
   IV. 1. m. *ES.* **Tamal** de harina de maíz con **frijoles** enteros.
      2. m. *CR.* Comida elaborada con arroz y **frijoles** revueltos y otros ingredientes como huevo picado, cilantro y cebolla, que se come normalmente a la hora del desayuno.
   V. 1. m. *Pa.* Ave de hasta 11 cm de longitud, de pico grueso, con la frente, la coronilla y la parte de abajo de color amarillo brillante, con un tinte anaranjado en el pecho, y el resto de la parte superior, los lados de la cabeza y el cuello de color negro azulado lustroso. (Fringillidae; *Euphonia laniirostris*).
   ■
     a. ‖ **mal del ~**. m. *Ho, Ec.* **pinto**, enfermedad.
   □
     a. ‖ **hasta el ~ de la paloma**. loc. sust. *Cu.* Todo el mundo, todas las personas. pop.
     b. ‖ **~ habichuelo**. loc. adj. *PR. Referido a un gallo*, de plumaje parecido a las habichuelas pintas.
   ▶ **estar con la ~ puesta; ponerse la ~**.

pinto, -a.
   I. 1. adj. *Co. Referido a persona*, elegante, bien vestida.
   II. 1. adj. *Ni, PR. Referido a una fruta*, que empieza a madurar.

pintón.
   I. 1. m. *Ve.* Fruto del **plátano**.
      2. m. *Ho.* Grano de café que comienza a madurar.

pintón, -na.
   I. 1. adj/sust. *Pe, Bo, Ur;* adj/m. *Ec, Py, Ar. Referido a persona, especialmente un hombre*, atractivo, bien parecido. pop + cult → espon.
      2. adj. *Pe, Bo:O. Referido a persona*, atractiva por su vestimenta o arreglo. pop + cult → espon.
      3. *ES. Referido a persona*, extravagante. drog.
   II. 1. *PR.* **marcigón**. rur.

pintoneado, -a.
   I. 1. adj. *Ve, Py. Referido a persona*, en estado de ebriedad. espon.

pintonera.
   I. 1. f. *Ve.* Borrachera. pop.

pintor.
   I. 1. m. *Ar.* obsol. Prenda abotonada en la parte trasera, que llevan en la escuela los niños pequeños sobre su ropa de vestir para no ensuciarla.

pintorotear(se).
   I. 1. tr. *ES.* Pintar *algo* mucho y mal.
   II. 1. tr. prnl. *ES.* Pintarse mucho *alguien, generalmente una mujer*.
   III. 1. tr. *Ni.* Hacer un lance en el juego de dados.

pintorreteado, -a.
   I. 1. adj. *PR, Co. Referido a persona*, mal maquillada. desp.

pintorretear(se).
   I. 1. tr. *Mx, Ni, Cu, PR, Co.* Pintar *algo* sin arte, frecuentemente con manchas de color y garabatos. pop.
      2. tr. prnl. *Cu, PR, Co.* Pintarse o maquillarse mal o excesivamente *alguien*. pop.

pintorreteo.
   I. 1. m. *Mx.* Pintura mal trazada y de colores impropios.
      2. m. *Gr.* Maquillaje mal aplicado.

pintoso, -a.
   I. 1. adj. *Co:C,O, Ch; Ec,* p.u. *Referido a persona*, bien parecida. pop.
      2. *Co, Cr; Ho,* juv. *Referido a persona*, especialmente a un hombre, elegante, bien vestida. pop. ♦ **titino**.
      3. *Ch. Referido a cosa*, que tiene buena apariencia. pop.
      4. *Ho.* juv. *Referido a cualquier objeto, máquina, instrumento o construcción*, que llama la atención por estar a a moda.

pintudo, -a.
   I. 1. adj. *Ar:NO,C;* sust/adj. *Bo. Referido a persona*, guapa y de buena presencia. pop + cult → espon.
      2. adj. *Bc:O. Referido a persona*, vestida de forma elegante. pop + cult → espon.

pintún, -na.
   I. 1. adj. *Ur. Referido a persona*, atractiva y de buena presencia. pop + cult → espon.

pintuna.
   I. 1. f. *Ar:NO.* Pieza de madera, alargada y cilíndrica, que se coloca en la parte posterior del telar y sirve para arrollar la tela que va saliendo.

pintura.
   □
     a. ‖ **~ y capota**. loc. adj. *PR. Referido a persona*, poco fiable por aparentar lo que no es. pop + cult → espon.
   ▶ **rayar la ~; salir para ~**.

pinturería.
   I. 1. f. *Bo:S, Ch, Py, Ar, Ur.* Establecimiento donde se venden pinturas y todos los accesorios necesarios para pintar cualquier superficie.

pinturita.
   I. 1. f. *Mx, Ch, Ar, Ur.* Persona o cosa bonita o de muy buen aspecto. pop + cult → espon.
      2. adj/sust. *Ch. Referido a persona*, que le gusta llamar la atención. pop + cult → espon.

pinu.
   I. 1. m. *Ho.* Partido de Innovación y Unidad de Honduras.

pinuca.
   I. 1. f. *Ch:SO.* Lombriz de mar, de hasta 8 cm de longitud y 2 cm de grosor, cuerpo arrugado, piel gruesa, coriácea, de color entre blanco y pardo; es comestible. (Urechidae; *Urechis chilensis*).

pinuista.
   I. 1. sust/adj *Ho.* Miembro del Partido de Innovación y Unidad de Honduras.

pinula.
I. 1. f. *Gu.* Serie de suelos profundos, bien drenados, desarrollados sobre toba volcánica en un clima seco o húmedo-seco.

pinzan.
I. 1. *Mx.* **guamúchil**.

pinzas.
I. 1. f. pl. *Gu.* Piernas. fest.
□
a. ‖ **las ~s.** loc. interj. *Bo, Ch.* Expresa negación enfática o burlesca. euf; pop.

pinzote.
I. 1. m. *Ni.* Manojo de hojas que forman la corona de la piña.
2. m. *Ni.* Pezón de una fruta.

piña.
I. 1. f. *Mx, Ho. En el juego de billar*, conjunto de las quince bolas ordenadas en forma de triángulo para iniciar el juego.
II. 1. f. *Mx; PR,* p.u. Pieza central de la rueda de un vehículo en la que convergen los radios.
III. 1. *Mx.* **piñata**, de mala calidad. pop.
IV. 1. f. *Mx.* Cilindro giratorio donde van las cápsulas de un revólver.
V. 1. f. *RD, Bo:O, Ar.* Pelea, riña.
2. *RD, Ve, Bo:O, Py, Ur.* Puñetazo.
VI. 1. sust/adj. *Pe.* Persona con mala suerte. pop + cult → espon.
2. f. *Pe.* Mala suerte. est; pop + cult → espon.
VII. 1. f. *Gu, Ho, ES, Ni.* Gran cantidad de personas o cosas.
2. *Ho.* Cantidad de huevos que tiene una gallina en su interior. rur.
VIII. 1. f. *Ve.* Persona fastidiosa.
IX. 1. m. *Ho, ES.* Hombre homosexual. desp.
2. f. *Gu.* Hombre afeminado.
X. 1. f. *Gu.* **chicharrón**, carne de cerdo.
XI. 1. f. *Cu.* Dispositivo que permite conectar simultáneamente tres enchufes en una única toma.
XII. 1. f. *Cu.* Camarilla, grupo cerrado de personas que buscan beneficios a costa o en perjuicio de otras. pop.
XIII. 1. f. *Ni.* Racimo de frutos.
2. *PR.* Manojo de hojas que forman la corona de la piña. rur.
XIV. 1. f. *ES.* Excremento humano.
XV. 1. f. *Ni.* Cigarro de mariguana. drog.
■
a. ‖ **cara de ~.** f. *Ho, Ni, Pa.* Persona que tiene la cara marcada con pequeños hoyos como producto del acné o de la viruela. desp.
b. ‖ **~ anona.** *Gu, Co.* **piñanona**.
c. ‖ **~ cabezona.** *ES.* **piñuela**, planta.
d. ‖ **~ de cerco.** *ES.* **piñuela**, planta.
e. ‖ **~ de garrobo.** *Ho.* **piñuela**, planta.
f. ‖ **~ de monte.** *Ho.* **piñuela**, planta.
g. ‖ **~ de ratón.** *Cu, PR.* **piñuela**, planta.
h. ‖ **~ hawaiana.** *Ec.* Postre consistente en una piña o ananás rellena de helado y galleta.
■
a. ‖ **efecto de ~.** m. *Ho:E,O. En alfarería*, técnica de incisión en vasijas de barro que tiene la forma de la piña.
□
a. ‖ **de ~.** loc. adv. *Ho.* Obligadamente, por fuerza.
b. ‖ **~, mamey y zapote.** loc. sust. *Cu.* Nada.
▶ **acomodar de una ~; acomodar una ~; agarrar como ~; chupar ~; estar la ~ agria; llevar ~s a Milagro; no decir ni jugo de ~.**

piñacera.
I. 1. f. *Cu, Bo.* Pelea a puñetazos.

piñaco, -a.
I. 1. sust/adj. *Bo:O.* Persona que pelea frecuentemente y es hábil con los puños. pop.

piñaje.
I. 1. m. *ES.* Hombre afeminado. desp.

piñal.
I. 1. m. *Mx, Gu, Ho, ES, Ni, CR, Pa, Co, Ve, Ec, Pe, Py.* Terreno plantado de piña o ananás.
2. *Gu, Ho, ES, Ni.* Gran cantidad de piñas.
II. 1. m. *ES.* **piñuela**, planta.

piñanona.
I. 1. f. *Mx, Ho.* **conté**. (**piña anona**).

piñar.
I. 1. tr. *Mx.* Engañar o estafar a *alguien*. pop.
II. 1. tr. *Bo:O.* Golpear a *alguien* con los puños. pop.
III. 1. intr. *ES.* Defecar.

piñata.
I. 1. adj. *Mx.* juv. *Referido a persona o cosa*, de mala calidad. pop. ♦ **piña**.
II. 1. f. *Ho, Ni.* Repartimiento injusto, desproporcionado e ilegal de bienes o dineros públicos.
III. 1. f. *ES. En el ejército*, bomba.
IV. 1. f. *ES.* Hombre homosexual.
V. 1. f. *Ho.* Persona a la que todo el mundo critica, abusa de ella o la golpea. pop.
VI. 1. f. *Py.* Preservativo.
VII. 1. f. *Ur.* Riña o pelea a golpes. pop + cult → espon.

piñatazo.
I. 1. m. *Ho, Ni.* Robo de dinero del erario. desp.

piñatero, -a.
I. 1. adj/sust. *Ni. Referido a persona*, que se apropia de los bienes públicos o privados.

piñatizar.
I. 1. tr. *Gu.* Transferir una empresa o actividad pública al sector privado.

piñazo.
I. 1. m. *Ho, Ni, CR, Cu, PR, Ve, Ec, Bo:O, Ur.* Puñetazo. pop + cult → espon.

piñén.
I. 1. m. *Ch.* Mugre o suciedad adherida a la piel por desaseo prolongado. pop + cult → espon.

piñico.
I. 1. m. *Ho:S, ES.* **piñuela**, planta.
2. *ES.* Retoño del piñico.
II. 1. m. *ES.* Campesino.

piño.
I. 1. m. *Ch, Ar:S.* Rebaño, hato de ganado.
2. *Ch.* p.u.; metáf. Reunión de personas. pop + cult → espon.

piñolar.
I. 1. m. *Pa.* Sitio poblado de **piñuelas**.

piñón.
I. 1. *Gu, Ho, ES, Ni, PR, Ec, Ar, Ur.* **najualá**.
2. *PR.* **sirlochi**.
3. m. *Ch.* Semilla de la piña del **pehuén**, similar a una almendra, de color marrón oscuro, que, una vez asada o cocida, es comestible como las castañas.
II. 1. m. *Bo.* Freno de un carro o de una bicicleta.
III. 1. m. *PR.* Plato hecho de rebanadas de **plátano** maduro frito, con huevo batido, carne molida y habichuelas tiernas. ♦ **piñón de amarillo**.
■
a. ‖ **~ amoroso.** *Cu.* **matarratón**.
b. ‖ **~ de amarillo.** *PR.* **piñón**, plato.
c. ‖ **~ de oreja.**
i. *Co.* **guanacaste**, árbol.
ii. *Co.* **gualanday**.
d. ‖ **~ de puñal.** m. *Cu.* **espino**, arbusto.

e. ‖ ~ **de sombra.** m. *Cu.* Árbol espinoso de hasta 30 m de altura, de hojas puntiagudas, compuestas y alternas, flores anaranjadas en forma de campanas y fruto en vaina con semillas arriñonadas de color marrón oscuro; se cultiva como ornamental y para dar sombra a las plantas de café y de cacao. (Fabaceae; *Erythrina poeppigiana*).

f. ‖ ~ **del cerro.** m. *Mx.* **matacora**.

g. ‖ ~ **florido.** *Cu.* **matarratón**.

h. ‖ ~ **real.** m. *Cu.* Árbol espinoso de hasta 10 m de altura, de hojas trifoliadas de color pardo y flores vistosas de color naranja. (Fabaceae; *Erythrina grisebachii*).

piñonata.
I. 1. f. *ES.* Veneno.

piñonate.
I. 1. m. *Ni, CR:NO.* Dulce de **papaya** verde o de coco, cocido en miel de azúcar.
2. *RD.* Dulce hecho con coco rallado y **batata**.

piñoncillo.
I. 1. m. *Mx.* Arbusto de hasta 5 m de altura, con hojas acorazonadas, divididas casi siempre en lóbulos y pecioladas, flores en cima y fruto carnoso con semillas crasas; sus semillas se emplean en medicina como purgantes y las raíces sirven para teñir de color violado. (Euphorbiaceae; *Jatropha* spp.).

piñonear.
I. 1. intr. *Ch.* Buscar y recoger piñones del **pehúen**.

piñoneo.
I. 1. m. *Ch.* Búsqueda y recogida de piñones del **pehúen**.

piñonera.
I. 1. adj. *Cu.* Dispositivo que tienen las bicicletas profesionales de ciclismo en el que se encuentran varios piñones.

piñoso, -a.
I. 1. adj/sust. *Pe. Referido a persona*, desafortunada, con mala suerte. pop.

piñotate.
I. 1. m. *Ve.* Conserva elaborada con **papaya** verde rallada, **panela** y ralladura de naranja.

piñuela.
I. 1. f. *Mx.* **ixcanal**.
2. *Gu, Ho, ES, Ni, CR, Pa, Ec.* Planta de hasta 2 m de altura, con hojas agrupadas en roseta provistas de aguijones, flores de color blanco rosáceo y fruto comestible, oviforme y de color amarillo; es muy utilizada para la construcción de setos vivos. (Bromeliaceae; *Bromelia pinguin*). (**piñuelo**). ♦ **chigüichigüe; maya; muta; oa; piña cabezona; piña de cerco; piña de garrobo; piña de monte; piña de ratón; piñal; piñico; piñuela de cerco; piñuela de montaña; piñuela motata.**
3. *Co.* **chahuar**, planta herbácea.

■

a. ‖ ~ **de cerco.** *Gu.* **piñuela**, planta de hasta 2 m.
b. ‖ ~ **de montaña.** *Gu, Ho.* **piñuela**, planta de hasta 2 m.
c. ‖ ~ **motata.** *Ho.* **piñuela**, planta de hasta 2 m.

piñuelo.
I. 1. m. *Ec.* **piñuela**, planta de hasta 2 m.

piñufla.
I. 1. adj/sust. *Ec, Ch. Referido a persona o cosa*, insignificante, de poca importancia. pop + cult → espon ^ desp. ♦ **piñufliento.**

piñufliento, -a.
I. 1. adj. *Ch.* **piñufla**. pop + cult → espon ^ desp.

pío.
I. 1. *Bo:E.* **ñandú**, ave corredora.

piocha.
I. (Del nahua *piochtli*).
1. adj. *Mx, Gu.* Agraciado, excelente, magnífico. pop.
II. 1. f. *Mx.* Barba de mentón.
III. 1. f. *Ho, ES, Ni, Cu.* Zapapico.
IV. 1. f. *Ch.* Distintivo que se usa en la solapa para indicar la pertenencia a una institución.
V. 1. f. *Gu.* Diente incisivo muy desarrollado.
2. f. *ES.* Nariz chata.

□

a. ‖ **por ~.** loc. adv. *Mx, Gu. En un reparto o distribución*, por persona. pop.

piochazo.
I. 1. m. *He.* Golpe dado con una **piocha**.

pioja.
I. 1. f. *Mx.* Arbusto de hasta 4 m de altura, de tallos muy ramificados, hojas ovadas, elípticas, de margen entero, inflorescencias en cabezuelas, flores púrpuras y frutos en aquenios fusiformes. (Asteraceae; *Porophyllum punctatum*).
II. 1. f. *Co:C,SO.* Espolón postizo que se pone al gallo de pelea que tiene las espuelas cortas o dañadas.

piojera.
I. 1. f. *Gu, Ar, Ur.* Cabeza de una persona. pop + cult → espon ^ fest.
II. 1. f. *Gu.* Cama, mueble que sirve para dormir y descansar. pop + cult → espon ^ fest.
III. 1. f. *PR.* Drogadicción. drog.

piojerío.
I. 1. m. *Mx, Gu, Ni, Ar:NO, Ur.* Gran cantidad de piojos. pop.

piojero.
I. 1. m. *Mx, Gu, Ho, Ni, CR, Co, Ve.* Abundancia de piojos.

piojillo.
I. 1. *Ho.* **achiotillo**, arbusto.

piojito.
I. 1. m. *Mx RD.* Caricia, demostración de cariño que se hace con la mano. pop.
2. *Gu, Ec.* Cosquillas o caricias que se hacen a alguien, especialmente a un niño, a modo de juego, en la cabeza.
II. 1. *Ar.* **urutaú**.
III. 1. m. *RD, Ec.* Pinza pequeña que se fija al pelo como adorno.
▶ **hacer ~.**

piojo.
I. 1. adj. *Mx. Referido a cosa*, de mala calidad. pop.
2. *Ur. Referido a persona*, tacaña. pop.
II. 1. m. *Ni, Pa, PR, Bo, Ar.* Persona de muy baja estatura. pop + cult → espon.
2. *Pa.* Niño. pop + cult → espon ^ afec.
III. 1. m. *Pe.* Brote de una planta que en ocasiones la perjudica. rur.
IV. 1. m. *Ho, Ni.* Pequeño prendedor de plástico redondo y de colores variados que sirve de adorno en el pelo.
V. 1. m. *Ni.* Persona necia e insistente.
VI. 1. *PR.* **macabí.** (Elopidae; *Elops saurus*).

■

a. ‖ ~ **del diablo.** m. *Pe.* **higuerilla**, arbusto.

□

a. ‖ **como ~.** loc. adj. *Ch. Referido a persona*, muy embriagada por haber bebido en exceso. pop.
b. ‖ ~ **blanco.** *Gu.* Persona rubia o de piel clara.
c. ‖ ~ **pegao.**
   i. loc. sust. *Cu.* Persona que vive, se divierte u obtiene algún tipo de beneficio a costa ajena. desp.
   ii. *Cu.* Persona que no tiene relación de parentesco directa con el resto de los que vive. desp.

iii. *PR.* Individuo que se presenta en un sitio sin haber sido invitado. pop + cult → espon.

iv. *PR.* Acompañante de un invitado. pop + cult → espon.

d. ‖ ~ **resucitado.**

i. loc. sust. *Mx, Ur.* Persona de origen humilde que acaba por ostentar una buena posición económica o un buen cargo político. pop + cult → espon ∧ desp.

ii. *Ar, Ur.* Persona que se cree muy importante sin serlo. pop + cult → espon ∧ desp.

e. ‖ ~ **tuerto.** loc. sust. *Bo:O.* Persona o cosa poco importante y de poco valor. pop.

▶ **dar el ~; guindar el ~; largar el ~.**

piojorara.

I. 1. adj. *Bo:O.* Lleno de piojos. pop.

piola.

I. 1. adj. *Bo, Ar, Ur.* Referido a persona, comprensiva, solidaria o de trato agradable. pop + cult → espon.

2. adj/sust. *Bo:O,C,S, Ar.* Referido a persona, astuta, lista. pop + cult → espon.

3. adj. *Ar.* Referido a persona, inteligente. pop + cult → espon.

4. *Ar.* Referido a objeto, tema o asunto, interesante o de provecho. pop + cult → espon.

II. 1. adj. *Ch.* juv. Referido a cosa, especialmente a un lugar, secreto, inadvertido, discreto, escondido.

2. *Ch.* juv. Referido a persona, tranquila, serena, discreta.

3. *Ch.* Referido a persona, normal, que no destaca ni en lo positivo ni en lo negativo.

III. 1. adj/sust. *Ar.* Referido a persona, vaga, perezosa. pop + cult → espon.

IV. 1. adj. *Ch, Ur.* Referido a cosa o a un lugar, que no tiene obstáculos, diáfano. pop.

2. *Ch.* Referido a persona, que queda libre de castigo o prisión. pop.

V. 1. f. *Ch.* Palanca o mando para accionar una máquina o vehículo. pop + cult → espon.

●

a. ‖ ~. fórm. *Ch.* juv. Se usa para pedir que se guarde un secreto o silencio sobre una cosa.

▶ **dar ~; hacerse el ~; morir ~; pasar ~; quedarse ~.**

piolada.

I. 1. f. *Ar.* Treta, ardid. pop + cult → espon.

piolín.

I. 1. m. *Pa, Pe, Bo, Py, Ar, Ur.* Cordel delgado.

II. 1. adj. *Ho.* Referido a persona, que tiene la cabeza grande y el pelo liso.

III. 1. m. pl. *ES.* Tragos de licor.

piolo.

I. 1. m. *ES.* **Frijol.**

piolo, -a.

I. 1. sust/adj. *Cu.* Persona de raza negra, que solo quiere tener relaciones amorosas con personas de raza blanca.

pion.

I. 1. *Ho.* **amansador,** poste donde se amarra el ganado.

pioncha.

I. 1. f. *Bo:E.* Peineta, utensilio parecido a un peine curvo. pop.

pionero, -a.

I. 1. sust/adj. *Cu.* Miembro de la Unión de Pioneros de Cuba, organización que orienta y coordina las actividades educativas y recreativas de los niños de las escuelas primarias y del nivel inferior de las secundarias.

pionía.

I. 1. *PR.* **peronía,** árbol, madera y semilla.

pionono.

I. 1. m. *PR.* Fritura alargada hecha con rebanadas de **plátanos** maduros, rellena con queso parmesano rallado, claras y yemas de huevo, carne molida y habichuelas.

pioquinto.

I. 1. m. *Ec.* Dulce preparado con vino blanco, yemas de huevo, azúcar y algún otro ingrediente. ♦ **candiel.**

2. *Ni.* Postre preparado con **marquesote, atolillo,** azúcar, ron, clavo de olor, pasas y agua.

piote.

I. 1. *Mx.* **jícore.**

pipa.

I. 1. f. *Mx, Ho, ES, Ni, Cu.* Camión cisterna que sirve para transportar líquidos, *generalmente agua.*

II. 1. f. *Ho, Ni, Pa, Cu, RD, PR, Co, Pe, Bo.* Barriga abultada. pop + cult → espon.

2. *Ec.* Estómago de una persona. pop.

III. 1. f. *CR, Pa, Co:N, Ec.* Fruto verde del cocotero, con su corteza exterior e interior.

IV. 1. f. *Co.* Vasija resistente, de forma cilíndrica, para contener gas.

V. 1. f. *Ho.* Gran cantidad de personas.

2. *Ho.* Persona o cosa de mucha altura.

3. *Ho.* Cosa de gran tamaño.

VI. 1. f. *Ho, CR:NO.* Vulva. euf; pop + cult → espon.

VII. 1. f. *ES.* Canica.

VIII. 1. adj/sust. *CR.* Referido a persona, inteligente. pop.

▶ **fumar en ~; fumarse en ~.**

pipá.

☐

a. ‖ **por ~.** loc. adv. *RD.* En gran cantidad o abundantemente. pop + cult → espon.

pipada.

I. 1. f. *Mx.* Cantidad de tabaco que se fuma de una vez en una pipa.

2. *Ho, Ni.* Gran cantidad de algo.

pipante. (Voz misquita).

I. 1. m. *Ho, Ni.* Embarcación de remos estrecha y alargada, más grande que el **cayuco,** que se utiliza para navegar en los ríos.

pipantear.

I. 1. intr. *Ho, Ni.* Dirigir un **pipante.**

pipantero.

I. 1. m. *Ho, Ni.* Hombre que conduce un **pipante.**

pipe.

I. 1. m. *Gu, Ho:N, ES.* Pene. vulg.

II. (Del nahua *pipilli,* reduplicación de *pilli,* hijo, niño).

1. m. *Ni, CR:NO.* Amigo íntimo, compañero inseparable.

2. *Ni.* Hermano menor.

3. *Ni.* Niño pequeño.

III. 1. m. *PR.* Individuo cualquiera.

pipencia.

I. 1. f. *Ni.* Amistad muy estrecha.

pipeño, -a.

I. 1. adj/sust. *Ch.* Referido al vino, de un año sin procesar y guardado en pipas.

pipera.

I. 1. f. *PR.* Hartura. rur.

piperita. (Del ingl. *pepper*).

I. 1. f. *Ho.* Pimienta menuda o pimienta de Castilla.

pipero, -a.

I. 1. adj. *Co:C,O.* Referido a persona, que se emborracha habitualmente. pop.

2. *RD.* Referido a persona, drogadicta. pop.

II. 1. sust/adj. *Ni, Cu.* Persona que conduce una **pipa.**

III. 1. m. y f. *Ch.* p.u. Persona aficionada a fumar en pipa. pop + cult → espon.

pipeta.
   I. 1. f. *Co.* Vasija resistente, de forma cilíndrica, para contener gas.

¡pipeta!
   I. 1. interj. *Bo, Py, Ar, Ur.* Expresa sorpresa o asombro. pop + cult → espon.
   □
     a. ‖ **¡a la ~!** interj. *Bo, Py, Ar, Ur.* Expresa sorpresa o asombro. pop + cult → espon.

pipi.
   I. 1. m. *Gu, Cu, Ec, Ar.* Orina. inf.
   II. 1. m. *Cu, Ec, Bo.* Pene. euf; pop + cult → espon.
   III. 1. m. *Cu; PR,* inf. Vulva. euf.

pipí.
   I. 1. m. *Mx, ES, Ni, Pa, Cu, PR, Co, Ve, Pe, Ur.* Pene. inf; pop + cult → espon.
   II. 1. *Ar.* **anamú,** planta.
   □
     a. ‖ **de ~ cogido.** loc. adj. *Co, Ec. Referido a persona,* que tiene una relación de amistad muy fuerte con otra. pop ^ fest.

pipián.
   I. 1. m. *Mx.* Salsa de semillas de calabaza, o almendras o maíz tostado, molidos con **chile** verde.
   2. *Mx.* Guiso de carne, *generalmente de cerdo,* o de ave con **pipián.**
   3. *Co.* Guiso espeso de puré elaborado a base de **papas** y aderezado con **maní** tostado, ajo, huevo duro, tomate, cebolla y **achiote.**
   4. *Gu.* **pepián,** guiso de espinazo.
   5. *RD.* Guiso que se hace con las vísceras trituradas de algunos animales.
   II. 1. *Gu, Ho, ES, Ni, CR.* **zapallo,** planta y fruto.
   III. 1. m. *Gu, Ho, ES, Ni.* Semilla blanca y ovalada comestible.
   IV. 1. m. *ES.* Hombre homosexual.
   V. 1. m. *Ni.* juv. Mujer joven y guapa.
   VI. 1. m. *CR.* Salsa de tomate y semillas de **ayote** trituradas, condimentada con pimiento rojo y espesada con masa de maíz.
   □
     a. ‖ **de a ~.**
      i. loc. adj. *Ni. Referido a cosa,* buena, excelente.
      ii. *Ni. Referido a persona,* irresponsable, sinvergüenza.
     b. ‖ **¡qué de a ~!** loc. interj. *Ni.* Expresa reclamo.
   ► **estar como ~ tierno; ser ~ sin sal.**

pipiciego, -a.
   I. 1. adj. *Co. Referido a persona,* corta de vista, o de vista escasa. fest.

pipicucú.
   I. 1. adj. *Ar, Ur.* Bonito, lindo. pop + cult → espon.

pipil. (Del nahua *pipilli,* reduplicación de *pilli,* hijo, niño).
   I. 1. adj. *Ho, ES, Ni.* Relativo a El Salvador.

pípila.
   I. 1. f. *Mx.* Hembra del **guajolote.**

pipilacha.
   I. 1. f. *Ni, CR:NO,SE.* Libélula, insecto. (Libellulidae; *Uracis imbuta*).
   II. 1. f. *Ni.* Avión pequeño o avioneta. desp.
   ► **orinar como ~; parecer ~.**

pipilí.
   I. 1. m. *Pe.* Pene. inf; pop + cult → espon.

pipilín.
   I. 1. m. *Pe.* Pene, *especialmente del niño.* tabú; pop + cult → espon.

pípilo.
   I. 1. m. *Mx.* Cría del **guajolote.**

pipilojihuite. (Del nahua *pipilli,* reduplicación de *pilli,* hijo, niño, y *xihuitl,* hierba).
   I. 1. *Mx.* **hueledenoche.**

pipilosóchil. (Del nahua *pipilli,* hijo, niño, y *xochitl,* flor).
   I. 1. *Mx.* **acasúchil.**

pipiniada.
   I. 1. f. *ES.* Actitud ridícula.

pipiniar(se).
   I. 1. tr. *ES.* Matar a *alguien.*
   II. 1. intr. prnl. *ES.* Realizar el coito.

pipiol.
   I. 1. m. *Mx.* Golosina consistente en una lámina pequeña y fina de maíz con azúcar.

pipiolera.
   I. 1. f. *RD; Mx,* p.u. Chiquillería, concurrencia de chiquillos. pop.

pipiolo, -a. (De *PIP,* Partido Independentista Puertorriqueño).
   I. 1. m. y f. *PR.* Miembro del Partido Independentista Puertorriqueño.

pipioste. (Del nahua).
   I. 1. adj. *Ni. Referido a persona,* legañosa o con conjuntivitis.

pipire.
   I. 1. *Co.* **chonta.** (Arecaceae; *Bactris gasipaes*).

pipirí.
   I. 1. *ES.* **pipirín,** comida. pop.

pipirichadas.
   I. 1. f. pl. *Gu.* Cosas sin importancia, tonterías.
   2. *Gu.* Remilgos.

pipiriche.
   I. 1. m. *Gu.* Pene. tabú; pop.

pipiriciego, -a.
   I. 1. adj. *Gu, Ni, CR. Referido a persona,* cegata.

pipiricojo, -a.
   I. 1. adj. *Ni. Referido a persona,* que cojea.

pipirigallo.
   I. 1. m. *Ho, Ni, CR.* Clítoris. vulg; pop + cult → espon.

pipiriles.
   I. 1. m. pl. *ES.* Frijoles. (**pipirines**).

pipirín.
   I. 1. m. *Mx.* Comida, alimento. fest. (**pipirí**).
   2. *Gu, Ho, ES, Ni.* **puntal,** alimento, ligero.
   3. m. pl. *ES.* **pipiriles.**

pipirináis. (De *pipiri* y del ingl. *nice*).
   I. 1. adj. *Ho, ES, Ni. Referido a cosa,* bien presentada, bonita.

pipirindonga.
   •
     a. ‖ **de ~.** fórm. *Ni.* Se usa para nombrar a la persona amada.

pipirinear.
   I. 1. tr. *Ho.* Comer *algo* en poca cantidad.

pipiripago, -a.
   I. 1. adj. *Ni. Referido a objeto,* viejo y destartalado.

pipiripao.
   I. 1. adj. *Ni. Referido a cosa,* de poco valor.
   □
     a. ‖ **de ~.** loc. adj. *Mx, Gu, Ni, CR, RD; Co,* obsol. De poca calidad a pesar de su buena apariencia. desp. (**de pipiripiao**).

pipiripí.
   I. 1. m. *Ar.* Dispositivo electrónico que se usa para alterar un taxímetro y aumentar fraudulentamente el costo de un viaje. pop + cult → espon.

pipiripiao.
   □
     a. ‖ **de ~.** *RD.* de **pipiripao.**

pípiris.
    I. 1.   adj. *Mx.* **pípiris nais**. pop.
    ☐
    a. ‖ ~ **nais.**
        i. loc. adj. *Mx. Referido a persona*, que en su ves-
            tuario, modales y lenguaje manifiesta gustos
            propios de una clase social acomodada. pop.
            (**pipiris** *nice*) ♦ **pípiris.**
        ii. *Mx. Referido a cosa o a lugar*, refinado, exquisi-
            to, elegante. pop. (**pipiris** *nice*) ♦ **pípiris.**
    b. ‖ ~ *nice*. loc. adj. *PR.* **pípiris nais.**

pipisigallo.
    ☐
    a. ‖ **hasta el ~.** loc. sust. *Cu.* Todo el mundo. pop.

pipisqui.
    I. 1.   adj. *Mx:NO. Referido a persona o animal*, que tie-
        ne los ojos legañosos. pop + cult → espon.

pipistrelo, -a. (Del it. *pipistrello*, murciélago).
    I. 1.   sust/adj. *Ar.* obsol. Persona tonta o necia. pop
        + cult → espon.

pipisuit.
    I. 1.   sust/adj. *Pa.* Hombre mujeriego. pop + cult
        → espon.

pipito.
    I. 1.   m. *Bo, Ar:NO.* Pene. inf.

pipito, -a.
    I. 1.   m. y f. *Ni.* Niño. afec.

pipizahua. (Del nahua *pipitzahuatl*, reduplicación de *pitzahuatl*, cosa
delgada).
    I. 1.   *Mx.* **hojarasca**, planta.

pipo.
    I. 1.   m. *Co.* Aguardiente de mala calidad que se prepa-
        ra fermentando la hoja del **fique**. delinc.
    II. 1.   m. *RD.* Vulva. vulg.
    ●
    a. ‖ ~.
        i. fórm. *EU, CR, Cu, PR, Ur.* Se usa para dirigirse al
            novio o al esposo, o a un niño pequeño si el que
            habla es una persona mayor. pop + cult → espon.
        ii. *Cu.* Se usa para dirigirse al padre. pop + cult → espon.
        iii. *Cu.* Se usa para dirigirse una mujer a un hom-
            bre en tono de confianza. pop + cult → espon.

pipo, -a.
    I. 1.   adj. *PR. Referido a persona*, repleta, harta de comi-
        da. pop + cult → espon.

¡pipo!
    I. 1.   interj. *RD:N.* Expresa enfado o sorpresa desagra-
        dable. vulg; pop.

pipoca. (Voz portuguesa).
    I. 1.   f. *Bo, Ar:NE.* Palomita de maíz.

pipón.
    I. 1.   m. *Ar:NO,O.* Tinaja de gran tamaño y boca estre-
        cha utilizada para conservar el vino. rur.
    II. 1.   *Ec.* **becado**, que recibe un sueldo. pop + cult
        → espon.
    III. 1. m. *Pa.* Juego de cartas de póquer en el que pierde
        quien se queda con el as de picas.

pipón, -na.
    I. 1.   adj/sust. *Ho, Ni, Pa, PR, Co, Ec, Pe, Bo. Referido
        a persona*, que tiene gran barriga. pop + cult
        → espon ^ fest.
    2.   sust/adj. *Ho, ES, Ni, Pa, PR, Co, Ec.* Mujer emba-
        razada. pop + cult → espon.
    II. 1.   adj. *Ar, Ur. Referido a persona*, que ha comido y
        bebido hasta saciarse completamente. pop + cult
        → espon.

piponazgo.
    I. 1.   m. *Ec.* Situación de privilegio en la que una perso-
        na realiza un trabajo bien remunerado y poco
        oneroso. pop + cult → espon.

piponcho, -a.
    I. 1.   adj. *Co:O. Referido a persona*, que ha comido has-
        ta saciarse completamente. pop.
    II. 1.   adj. *Co:O. Referido a una mujer*, embarazada. pop.

pipoquero, -a.
    I. 1.   m. y f. *Bo:O.* Persona que vende **pipocas**.

piporra.
    I. 1.   f. *Ho.* Hinchazón o inflamación de una parte del
        cuerpo.

piporro, -a.
    I. 1.   adj. *Ho. Referido a persona*, barrigona o panzona.

piporrudo, -a.
    I. 1.   adj. *Ni.* **piporro**.

pipote.
    I. 1.   m. *Ve.* Barril metálico usado generalmente para alma-
        cenar agua.
    2.   *Ve.* Recipiente para poner la basura.
    II. 1.   m. *Pa.* Fruto del cocotero cuando empieza a en-
        durecer la pulpa.

pipute.
    I. 1.   m. *Pe:S.* Ombligo de una persona. pop + cult
        → espon.

pique.
    I. 1.   m. *Pe, Bo, Py, Ar, Ur.* Rapidez con la que un ve-
        hículo, una persona o un animal alcanzan su veloci-
        dad máxima en carrera.
    2.   *Pe, Ar, Ur.* Carrera corta y rápida.
    3.   *Ho, CR, Co, Ec.* **Competencia** de carreras cortas
        de automóviles.
    4.   *Ho, Ec, Pe, Ch,* pop. Arranque o aceleración de
        algo o alguien.
    5.   *Co:O.* Arrancada rápida de un caballo.
    6.   *Co:O.* Dispositivo que pone en marcha el motor
        de un vehículo automóvil.
    II. 1.   m. *Mx.* **Tamal** pequeño y relleno de **picante**.
    2.   *Bo:O.* Plato preparado con salchichas, carne de
        res y pollo con salsa de cebolla y tomate condi-
        mentada con especias.
    III. 1. m. *PR, Co.* Variedad de **ají** picante.
    2.   *PR, Co.* Salsa picante que se hace con esta varie-
        dad de **ají**.
    IV. 1. m. *Co.* Partido de **futbol** que se juega entre ami-
        gos por diversión. pop.
    2.   *Pe, Py. En el* **futbol**, golpe que se da con la punta
        del pie por la parte inferior del balón elevándolo
        por encima de un adversario.
    V. 1.   m. *Pe, Py, Ar:NE.* Insecto áptero, parecido a la pulga,
        parásito del hombre y los animales, hematófago y
        que produce picaduras molestas; las hembras pueden
        penetrar en el huésped y causar inflamaciones y tumores al
        poner los huevos. (Hectopsyllidae; *Tunga penetrans*).
    VI. 1. m. *Ho, Bo:O, Ch, Ar:NO. En una mina*, pozo ver-
        tical o inclinado. ♦ **tiro.**
    VII. 1. m. *Ni, Pa, Bo, Py, Ar:NO.* Senda estrecha que se
        abre en la selva.
    VIII. 1. adv. *Pe.* juv. Quizás, con probabilidad. pop.
    IX. 1. m. *Bo:C,S; Ch*, obsol. Juego infantil consistente en
        arrojar contra una pared monedas o **bolitas** hasta que
        una de ellas, de rebote, quede más próxima o toque a una
        de las otras.
    X. 1. m. *Ch.* Desplazamiento rápido a un lugar para rea-
        lizar una gestión o encargo. pop + cult → espon.
    XI. 1. adj. *Ec. Referido a persona*, ligeramente borracha.
        pop + cult → espon.
    XII. 1. m. *Cu.* Fiesta que se hace al día siguiente de la ce-
        lebración de los quince años de una joven.
    XIII. 1. m. *RD.* Rabia, enojo.
    XIV. 1. m. *Ho.* Tirada de un anzuelo.
    XV. 1. m. *Ni.* Corte que se realiza a la parturienta en la
        vagina para facilitar la salida del bebé.

■

a. ‖ ~ **a lo macho.** *Bo.* **pique macho.**

b. ‖ ~ **macho.** m. *Bo.* Plato preparado con salchichas, carne de **res** y pollo con salsa de cebolla, **locoto** y tomate condimentada con especias. ◆ **pique a lo macho.**

□

a. ‖ **a los ~s.** loc. adv. *Ar.* Con mucha prisa. pop + cult → espon.

b. ‖ **a los santos ~s.** loc. adv. *Ar.* Con mucha prisa. pop + cult → espon.

c. ‖ **a todo ~.** loc. adv. *Bo:O, Ar.* Con mucha prisa. pop.

d. ‖ **desde el ~.** loc. adv. *Ar. Ur.* Desde el principio. pop + cult → espon.

▶ **coger ~; dar ~; pegarse un ~; venire a ~.**

piqueada.
  I. 1. f. *Ho.* Besuqueo.

piquear. (De *pico*, beso).
  I. 1. tr. *Gu.* Dar quejas, delatar a *alguien.*
  II. 1. *Ho.* Besar a *alguien* en la boca.
  III. 1. tr. *Pa.* Hurtar con gran habilidad la cartera u otros objetos de valor a una persona. delinc.

piquejuye.
  I. 1. m. *PR.* Insecto de pequeño tamaño, de color negro, con el abdomen ligeramente dilatado en la parte posterior y cuya picadura es muy dolorosa. (Anisolabididae; *Anisolabis ambigua*).

piquelado.
  I. 1. m. *Ho, Ec. En la curtimbre,* aplicación de ácido a las pieles para que no se hinchen.

piqueo.
  I. 1. m. *Ho, Ec, Pe, Bo.* Comida informal en la que se toman diversas porciones de alimentos, aperitivos o tapas. pop + cult → espon.
  2. *Ec, Pe, Bo.* Cada una de estas porciones de alimentos. pop + cult → espon.
  II. 1. m. *Ho.* Besuqueo.

piquera.
  I. 1. f. *Mx.* Cantina, establecimiento donde se sirven bebidas. pop + cult → espon.
  II. 1. f. *Pa, Cu.* Lugar público donde estacionan los taxis para ser alquilados.
  2. *Cu.* Lugar destinado al estacionamiento de los vehículos que prestan servicio a una institución, empresa u organismo.
  3. *Pa.* Estación terminal de autobuses o de taxis.
▶ **estar ~.**

piquería.
  I. 1. f. *Co:N.* Rivalidad entre dos copleros.
  2. *Co:N.* Acto de entrar en **competencia** dos copleros.

piquero.
  I. 1. m. *Pe, Ch.* Ave palmípeda de hasta 70 cm de longitud, de plumaje de color café en el dorso, siendo el resto del cuerpo blanco parduzco, pico recto y puntiagudo, patas entre amarillentas y verdosas. (Sulidae; *Sula* spp.). ◆ **ciguanabo; pájaro bobo.**
  II. 1. m. *Ch.* Zambullida en el agua con los brazos estirados hacia adelante.

■

a. ‖ ~ **enmascarado.** m. *Ec.* Piquero de color blanco, con los extremos de las alas y la cola negros, con una especie de antifaz negro o azul alrededor de los ojos. (Sulidae; *Sula dactylatra*).

b. ‖ ~ **patas azules.** *Ec.* **camanay.**

c. ‖ ~ **patas rojas.** m. *Ec.* Piquero de patas rojas y prensiles, plumas castaño oscuro y pico azul. (Sulidae; *Sula sula*).

piquero, -a.
  I. 1. m. y f. *Ec.* Persona que se ocupa de pequeños y variados negocios.
  2. sust/adj. *PR.* Persona que posee o administra una **pica.**

piqueta.
  I. 1. f. *PR.* Margarita silvestre.

piquetazo.
  I. 1. m. *Mx, Gu, Ch.* Pinchazo, punzada hecha con un objeto agudo, *especialmente con una navaja o puñal.*
  2. *Cu, Ve.* Golpe dado con el pico o herramienta del cantero.
  3. *Cu, Ve.* Corte hecho de un golpe con las tijeras.
  4. *Gu, Ho, Ni, CR.* Picotazo.
  5. *Gu, Ho. ES.* Dolor repentino, punzante e intenso.
  II. 1. m. *Ve.* Tijeretazo.

piquete.
  I. 1. m. *Mx, Gu, Ho, Ni, Ch.* Picadura de animal o de un objeto **punzocortante.**
  2. *Ec.* Dolor agudo y momentáneo.
  II. 1. m. *Mx, Gu, Ni, Ec, Bo.* Pequeña porción de alcohol que se agrega a una bebida. pop.
  III. 1. m. *Co:C,NE.* Comida que se hace para un almuerzo campestre.
  2. *Co:C,NE.* Alimento preparado con carne, **yuca** y **papas.**
  IV. 1. m. *Ar, Ur.* Lugar descubierto destinado a encerrar animales. rur.
  V. 1. m. *Cu.* Banda u orquesta formada por pocos músicos.
  2. *Cu.* Grupo de personas que comparte una actividad recreativa.
  VI. 1. m. *Gu.* Deseo de provocar celos.
  2. *Pa.* Palabra o acto, involuntario o no, que puede provocar envidia. pop + cult → espon.
  VII. 1. m. *Ho.* uv. Presunción.

□

a. ‖ **de ~.** loc. adj. *Ho. Referido a cosa,* nueva, bonita, excelente.

▶ **dar un ~; pasarse de ~; sacarle ~; tirar ~.**

piqueteadero.
  I. 1. m. *Co.* Lugar a la orilla de las carreteras donde se venden comidas y bebidas. pop.

piqueteado.
  I. 1. m. *Pe.* Técnica de hacer agujeros en papel o tela con fines decorativos.

piquetear.
  I. 1. intr. *Co:C,NE.* Participar en un **piquete**, comida. pop.
  II. 1. intr. *EU, Pa, RD, PR.* Efectuar una demostración de protesta.
  III. 1. tr. *Pe.* Hacer agujeros en papel o en tela con fines decorativos.
  IV. 1. intr. *Ho.* Presumir de algo, *en especial de bienes materiales,* ante las demás personas.

piqueteo.
  I. 1. m. *Ho.* Exhibición o lucimiento de algo.
  2. *Pa.* Demostración de protesta.

piqueteramente.
  I. 1. adv. *Ho.* Con elegancia, con gusto.

piquetero, -a.
  I. 1. adj. *Ho. Referido a persona,* elegante, vestida a la moda.
  2. *Ho. Referido a cosa,* bonita o que está de moda.
  3. *Ho. Referido a palabra o expresión,* eufemística y que está de moda.

piquetón, -na.
  I. 1. adj. *Ho, Ni. Referido a persona,* que viste con elegancia

piquetudo, -a.
   I. 1. sust/adj. *Pa.* Persona que es proclive a provocar la envidia de los demás. pop + cult → espon.

piquiamarillo.
   I. 1. *Gu.* **horatotol**.

piquicho, -a.
   I. 1. *Pe:E.* p.u. **piquichón**, que tiene **piques** en los pies.

piquichón, -na.
   I. 1. adj. *Pe.* p.u. *Referido a persona*, aduladora y servil.
     2. *Pe.* p.u. *Referido a persona*, astuta, taimada.
   II. 1. adj/sust. *Pe.* p.u. *Referido a persona*, que tiene **piques** en los pies o que anda mal a causa de ello. pop. (**piquicho**).

piquijuye.
   I. 1. *PR.* **besote** (Mugilidae; *Agonostomus monticola*).

piquillín.
   I. 1. m. *Ar.* Arbusto de hasta 3 m de altura, de ramas rígidas terminadas en punta espinosa y con espinas laterales foliadas, hojas caducas y flores amarillas. (Rhamnaceae; *Condalia microphylla*).
     2. *Ar.* Fruto del piquillín, de color granate; utilizado para hacer arrope.

piquillo.
   I. 1. m. *Py.* Niño. pop.

piquinini.
   I. 1. m-f. *Ni, Cu, RD.* **chamaco**, niño.

piquinini, -na.
   I. 1. adj. *RD. Referido a persona, especialmente a un niño*, de baja estatura. pop + cult → espon.

piquinyuqui.
   I. 1. m. *Ni.* Trago de licor.

piquiña.
   I. 1. f. *RD.* Envidia, inquina, antipatía, rencor, mala voluntad. pop + cult → espon. ♦ **enroña**.
   II. 1. f. *PR.* Urticaria. pop + cult → espon.

piquiñado, -a.
   I. 1. adj. *PR. Referido a persona*, que se ha rehabilitado del uso de drogas. drog.

piquiñoso, -a.
   I. 1. adj. *RD. Referido a persona*, envidiosa, enconosa, propensa a tener mala voluntad hacia los demás. pop + cult → espon ^ desp.

piquito.
   I. 1. m. *RD.* Gesto o mueca de enojo que hacen los niños.
   ▶ **tener a ~ de querés**.

piquituerto.
   I. 1. adj. *PR. Referido a un gallo*, de pico inservible.

piquiwasi. (Del quech. *piki*, pulga, y *wasi*, casa).
   I. 1. f. *Bo.* Cárcel o prisión.

pira.
   I. 1. f. *Co.* Variedad de maíz de grano pequeño.
     2. *Co:C,SO.* **crispeta**, palomita de maíz.
   ▶ **dar ~; ir en ~**.

piracambú.
   I. 1. m. *Py. Ar:NE.* Persona que se aprovecha de los demás en beneficio propio. pop + cult → espon ^ desp.

piracurú.
   I. 1. *Pe:E.* **paiche**.

pirado, -a.
   I. 1. adj. *Ve. Referido a persona o cosa*, que se mueve con rapidez.

piragua.
   I. 1. *RD.* **hoja ancha**.
     2. f. *RD.* Arbusto de hasta 6 m de altura, con corteza oscura, hojas pequeñas redondeadas y flores blan-

cas en racimos. (Erythroxylaceae; *Erythroxylum areolatum*). ♦ **cocaína falsa**; **indio**; **muerto**.
   II. 1. f. *Ec.* Cigarrillo que se hace manualmente enrollando picadura y cocaína en papel de fumar. pop + cult → espon.
   III. 1. m. *ES.* Helado casero hecho con agua o leche azucarada con esencia de frutas que se vende congelada en una bolsa plástica.
     2. *PR.* **raspada**, refresco.
   □
     a. ‖ **tamaña ~.** loc. sust. *Ho.* metáf. Persona muy alta.
   ▶ **estar al borde de la ~**.

piragüero, -a.
   I. 1. m. y f. *PR.* Fabricante o vendedor de **piraguas**, refrescos.

piraiba.
   I. 1. f. *Pe:E.* Pez de agua dulce de hasta 3 m de longitud, de cuerpo comprimido sin escamas y con tres pares de bigotes, ojos pequeños y aleta caudal grande. (Pimelodidae; *Brachyplatystoma filamentosum*). ♦ **saltón**; **valentón**.

piraña.
   I. 1. sust/adj. *Gu, Ni, CR, Pa, Cu, PR, Bo; Ch*, p.u. Persona acaparadora, codiciosa, que se enriquece explotando a los demás. pop.
     2. f. *Pe.* Muchacho o niño que se dedica a robar en grupo.
   II. 1. sust/adj. *CR, PR.* Persona astuta, hábil. pop.
   III. 1. f. *Ni. En el ejército*, lancha rápida de combate.

pirañita.
   I. 1. sust/adj. *Py.* Niño o niña que se agrupa con otros para robar. pop.

pirapitá.
   I. 1. m. *Ar:NE, Ur.* Pez de cuerpo robusto, hocico muy largo y color general amarillo rosado, con el vientre blanco plateado y las aletas con los extremos rojizos. (Characidae; *Brycon orbygnianus*). ♦ **pirapitanga**; **salmón del Paraná**.

pirapitanga.
   I. 1. *Ar:NE.* **pirapitá**.

piraquina.
   ■
     a. ‖ **~ negra.**
       i. f. *Bo:E.* Árbol de hasta 8 m de altura, de hojas simples y elípticas y flores de color blanco, solitarias o agrupadas en haces axilares y frutos globosos. (Annonaceae; *Xylopia sericea*).
       ii. *Bo:N.* Arbusto o árbol de hasta 4 m de altura, con las ramas jóvenes cubiertas por escamas doradas y brillantes, de hojas simples, elípticas, con una capa de cera en el haz, con la nervadura principal hundida y flores generalmente grandes agrupadas en cimas dispuestas al lado opuesto de las hojas; el fruto es algo espinoso cuando está maduro. (Annonaceae; *Duguetia quitarensis*).

pirarse.
   I. 1. intr. prnl. *Ar, Ur.* **rayarse**, enloquecer. pop + cult → espon.
     2. *Ar, Ur.* **rayarse**, adoptar una conducta intempestiva. pop + cult → espon.

pirarucú.
   I. 1. *Co.* **paiche**.

pirata.
   I. 1. m. *Ve.* Huida apresurada.
   II. 1. m-f. *Ve.* Persona que no tiene la capacidad para realizar bien *algo*.
   III. 1. adj. *Ve. Referido a cosa*, inútil o desagradable.
   IV. 1. adj/sust. *Ch. Referido a una embarcación de regatas y a la clase a la que pertenece*, de dos velas y para dos tripulantes.

V. 1. m-f. *Bo:O.* Preso que ha huido de la cárcel. pop.

VI. 1. m-f. *Py.* Persona que asiste a una fiesta o celebración sin ser invitada.

VII. 1. m-f. *Ni.* juv. Persona tacaña. pop.

▶ **tener garganta de ~.**

piratear.

I. 1. tr. *Ve.* Realizar alguien mal *algo*.

pirayú.

I. 1. m. *Py.* **dorado**, pez de hasta 70 cm de longitud.

pirca. (Del quech. *pirqa*, pared).

I. 1. f. *Ch, Ar:NO; Bo*, pop; *Ec*, p.u; rur; *Pe*, rur. Pared de piedra construida sin utilizar argamasa. (**pilca**).

2. *Ch, Ar:NO.* Cerca de piedra y barro utilizada para dividir **potreros**, sembrados u otras propiedades. rur. (**pilca**).

3. *Ar:NO.* Mojón o señal de piedra. (**pilca**).

pircado.

I. 1. m. *Ar:NO; Pe*, rur. Cerca de piedra y barro utilizada para dividir **potreros**, sembradíos u otras propiedades.

2. *Bo; Pe*, rur; f. *Pe*, rur. Construcción de un muro o pared con piedra y sin argamasa.

pircado, -a.

I. 1. adj. *Pe*, rur; *Bo*, pop. *Referido a una construcción*, hecha con piedra sin argamasa.

pircana.

I. 1. f. *Ar:NO.* Piedra o laja con que se tapa un recipiente, *especialmente una olla*. rur.

pircar.

I. 1. tr. *Bo, Ch, Ar:NO; Ec*, p.u; *Pe*, rur. Delimitar un lugar con muro de piedra construido sin utilizar argamasa.

pire.

I. 1. m. *Ar, Ur.* juv. Locura repentina.

II. 1. m. *Ve.* Huida apresurada.

pireca.

I. 1. f. *Py, Ar:NE.* Cáscara de la fruta. pop + cult → espon.

2. *Py.* Piel que cubre la carne asada.

3. *Py.* Fritura de la **tapa** o masa de la empanada.

pirecua.

I. 1. f. *Mx.* Canción tradicional de un grupo indígena de Michoacán.

pireli.

▶ **hacerse ~.**

pirelli.

I. 1. m. *Bo.* Delincuente que ha huido de la cárcel y se encuentra prófugo.

pírex. (De Pyrex®)

I. 1. m. *Gu, Ho, ES, Cu, Ec, Pe, Py; Pa*, p.u. Recipiente hecho de vidrio refractario.

2. adj. *Cu, Ar.* Referido a un recipiente de cristal, que resiste la acción del calor.

pirey.

I. 1. m. *Cu.* Líquido embotellado, *especialmente cerveza*, que no llega a la cantidad establecida.

▶ **dar ~.**

pirgua. (Del quech. *pirwa*).

I. 1. f. *Bo, Ch:N; Ar:NO*, rur. Cobertizo hecho con cañas o palos que se emplea para almacenar maíz u otros granos. (**pirhua**; **pirua**).

pirgüín. (Del map.).

I. 1. *Ch.* **pirigüín**.

pirhua. (Del quech. *pirwa*).

I. 1. *Bo, Ar:NO.* **pirgua**.

pirhuín.

I. 1. *Ch.* **pirigüín**.

piri. (Del aim. y del quech. *phiri*).

I. 1. m. *Bo:O,C,S.* Alimento de consistencia pastosa, elaborado con harina, *generalmente de maíz tostado*, manteca, agua, sal y azúcar. pop.

■

a. ‖ **~.** *Pe.* **piripiri**.

pirí.

I. 1. m. *Py, Ar.* Planta palustre de tallos largos con cuya fibra se tejen sombreros, bolsos y esteras. (Cyperaceae; *Cyperus* spp.).

piribo.

I. 1. m. *Ar.* Mala persona, traidor. vulg.

piricuaco, -a.

I. 1. m. y f. *Ho, Ni.* Militar sandinista.

picularia.

I. 1. f. *Ho.* Plaga del arroz causada por el hongo *Picularia grisea*.

pirigallo.

I. 1. m. *Ni, Pa.* Clítoris. vulg.

II. 1. m. *PR.* Planta epífita, con hojas en forma de roseta, una espiga de color rojo y pequeñas flores amarillentas; tiene propiedades medicinales. (Bromeliaceae; *Vriesea macrostachya*). (**perigallo**).

pirigüeta.

I. 1. f. *Gu.* Pirueta, acrobacia.

pirigüín.

I. 1. *Ch.* **saguaipé**, gusano. (**pirgüín**; **pirhuín**).

2. *Ch.* Enfermedad causada por el pirigüín. (**pirgüín**; **pirhuín**).

□

a. ‖ **~ de pipa.** loc. sust. *Ch.* Persona que se emborracha habitualmente. pop ^ fest.

pirigundín.

I. 1. *Ar, Ur.* **piringundín**.

pirimán.

I. 1. f. *Ch:SO*; m. *Ch:SO.* Piedra imán a la que se le atribuyen propiedades mágicas. pop.

pirincha.

I. 1. f. *Ar, Ur.* **pirincho**, ave.

pirincho. (Del guar. *piririta*).

I. 1. m. pl. *Py, Ar, Ur.* Cabellos despeinados. pop + cult → espon.

2. *Ar, Ur.* Cabellos cortos y duros. pop + cult → espon.

II. 1. m. *Py, Ar, Ur.* Ave de hasta 35 cm de longitud, de plumaje pardo ocráceo en el dorso, cola larga con una banda negra y cresta desordenada. (Cuculidae; *Guira guira*). (**pirincha**; **pilincho**). ♦ **machilo piririta**; **quililo**; **serere**; **seresche**.

pirincho, -a.

I. 1. m. y f. *Ar.* Persona que tiene el cabello corto y duro. pop + cult → espon.

piringundín.

I. 1. m. *Ar, Ur.* Bar o local nocturno de baja categoría, *generalmente con música, baile y diversión*. pop + cult → espon. (**pirigundín**).

pirinjoyo, -a.

I. 1. m. y f. *Ni.* Niño pequeño.

pirinola.

I. 1. f. *Mx, Gu, Ho, Ni, CR, Co, Pe, Bo, Ch.* Juguete similar a un trompo, en forma de hexágono u octágono, con mensajes, letras o números escritos en cada uno de sus lados. ♦ **turra**.

2. *Ho, Ni, Co.* Juego de niños y de azar en el que se apuesta dinero u otros objetos.

3. *Pe, CR.* Cualquier objeto similar en su forma a la pirinola, juguete.

4. *Ho, Ni.* Una de las partes del juguete **enchute**.

II. 1. f. *Mx, Gu, Ho, ES, Ni, CR, Pe; Ec,* p.u. Pene. tabú; pop + cult → espon.
III. 1. f. *Mx.* Niño de corta edad que ya sabe caminar.
  2. adj/sust. *Pe. Referido a persona,* de baja estatura. pop.
IV. 1. f. *Ni.* Ruina económica.
□
  a. ‖ **en ~.** loc. adv. *Ho, Ni.* Completamente desnudo.
  b. ‖ **la mera ~.** loc. sust. *Ho.* El diablo.
▶ **estar hecho ~.**

piripicho.
  I. 1. m. *Ar, Ur.* Apéndice alargado y pequeño de un objeto. pop + cult → espon.
  2. *Ur.* Prolongación de la válvula por la cual se introduce el aire en un balón o en otros objetos inflables. pop + cult → espon.
  II. 1. m. *Ar, Ur.* Pene. pop + cult → espon.

piripipí.
  I. 1. adj. *Ni. Referido a persona,* chismosa.

piripiri.
  I. 1. *Pe.* **chintul.** (**piri piri**).

piririta.
  I. 1. f. *Py.* **pirincho,** ave.

pirizal.
  I. 1. m. *Py, Ar:NE.* Sitio poblado de juncos.

piro.
  I. 1. m. *Pa.* Planta con penca y hojas espinosas, en roseta, de flores rosadas y frutos de color morado, comestibles; se emplea para hacer setos. (Bromeliaceae; *Bromelia karatas, B. pinguin*). rur.

pirobar(se).
  I. 1. tr. *Py, Ar.* Realizar el coito. vulg.
  2. prnl. *Ar.* Realizar el coito.

pirobo.
  I. 1. m. *Co:O.* Hombre homosexual.
  2. *Ar.* Mantenimiento de relaciones sexuales. vulg.

pirobo, -a.
  I. 1. m. y f. *Co.* p.u.; juv. Persona que se dedica a la prostitución. pop ^ desp.
  II. 1. adj/sust. *Co. Referido a persona,* despreciable.

piroco.
  I. 1. m. *PR. En las peleas de gallos,* gallo sin plumas en el cuello. (**piropo**).

piroco, -a.
  I. 1. adj. *Ve, Bo. Referido a ave gallinácea,* que no tiene plumas en el cuello.

pirolazo.
  I. 1. m. *Ho.* Trago de licor.

piromaníaco, -a.
  I. 1. adj/sust. *Ni, Pa, Pe, Bo, Ar, Ur; Ec,* p.u. Pirómano.

pirón.
  I. 1. m. *Ar:NE, Ur.* Pasta hecha de harina de mandioca cocida en caldo, que se come a modo de pan con el puchero.

piropero.
  I. 1. m. *Gu, Ho, Ni, CR, Pa, RD, Ec, Ch, Py.* Hombre que con frecuencia dice piropos.

piropo.
  I. 1. m. *Ec.* p.u. Pedazo pequeño de papel doblado varias veces sobre sí mismo que, como juego, lanzan los niños con una liga o banda elástica.
  II. 1. m. *PR.* **piroco,** gallo.

piróscafo.
▶ **tomarse el ~.**

pirósfera.
  I. 1. f. *Mx, Ve, Pe, Ch, Py, Ar, Ur.* Pirosfera.

pirotín.
  I. 1. m. *Ec, Bo, Py, Ar, Ur.* Molde pequeño de repostería, para caramelos, bombones o **masitas.**

pirpinto.
  I. 1. m. *Bo:O,C,S.* Mariposa de color amarillo, anaranjado o blanco, con los márgenes externos negros; a veces produce daños importantes en la agricultura. (Pieridae; *Colias* spp.).

pirquén.
  I. 1. m. *Ch.* Mina pequeña de la que se extrae carbón artesanalmente.
▶ **dar a ~; trabajar al ~.**

pirquinear.
  I. 1. intr. *Ch, Ar:NO.* Trabajar en un **pirquén.**
  2. *Ch, Ar:NO. En el lenguaje de las minas,* trabajar sin condiciones ni sistema determinados, sino en la forma que el minero quiera, pagando lo convenido al dueño de la mina.

pirquinería.
  I. 1. f. *Ch.* p.u. Actividad de **trabajar al pirquén.**

pirquinero.
  I. 1. m. *Bo, Ch, Ar:NO.* Minero que explota un **pirquén** por cuenta propia y con pocos recursos.
  2. *Ch, Ar:NO.* p.u. Minero que trabaja en un **pirquén.**

pirquinero, -a.
  I. 1. adj. *Ch, Ar:NO.* Relativo al **pirquén** y al trabajo realizado de esta manera.
  2. adj/sust. *Ch.* p.u; metáf. *Referido a persona,* que actúa con mezquindad y ruindad. pop + cult → espon.

pirquiñero.
  I. 1. m. *Bo.* Minero que **trabaja al pirquén.**

pirracha.
  I. 1. f. *ES.* Desechos de **maguey** o **henequen** que se tiran a los ríos.
  2. *Ho.* Desecho de hortalizas o frutas dañadas o de menor tamaño que no se exportan y se venden en el mercado nacional.
  3. *Ho:C,S.* Persona o cosa inservible.
  II. 1. f. *Ho.* Pequeña cantidad de algo. pop.

pirreles.
  I. 1. m. pl. *Ve.* juv. Zapatos.

pírrico.
  I. 1. m. *Gu.* Castigo físico que consiste en que alguien repita muchas veces ponerse en cuclillas y ponerse recto y viceversa.

pirrín.
  I. 1. m. *Mx.* Pene. inf; pop + cult → espon. ◆ **pispirrín.**

pirringo, -a.
  I. 1. sust/adj. *Co.* obsol. Persona muy pequeña.

pirú.
  I. 1. *Mx, Gu.* **pirul.**

pirua. (Del quech. *pirwa*).
  I. 1. f. *Ar:NO.* **pirgua.**

piruca.
  I. 1. adj. *Ni. Referido a persona,* borracha.

piruchas.
  I. 1. f. pl. *Co.* Senos de mujer. pop ^ fest.

pirujo.
  I. 1. m. *Gu.* Pan sazonado con muy poca sal, que se consume acompañando a las comidas o para preparar **hotdogs.**
  2. *Gu.* Cierto tipo de pan suave.

pirujo, -a.
  I. 1. adj/sust. *Mx. Referido a hombre,* mujeriego. pop + cult → espon.

II. 1. sust/adj. *Cu, Ar.* Persona que tiene mal gusto y costumbres poco refinadas. pop + cult → espon ^ desp.
   2. adj. *Ar. Referido a cosa* que revela mal gusto. pop + cult → espon ^ desp.
III. 1. adj. *Gu, ES. Referido a persona*, que no cumple con sus prácticas o deberes religiosos.
IV. 1. adj. *Ho. Referido a cosa* mal hecha o fea.
   2. *Ho. Referido a documento, moneda o título*, falso, ilegal.
V. 1. m. y f. *Ni.* Niño pequeño.

pirul.
I. 1. m. *Mx, Gu.* Árbol de hasta 15 m de altura, de hojas compuestas de numerosas hojuelas largas y estrechas, flores pequeñas de color amarillo, y fruto en drupa del tamaño de un grano de pimienta, de color rosa brillante, con muy poca carne y un solo hueso. (Anacardiaceae; *Schinus molle*). (**perú; pirú**). ♦ **aguaribay; anacahuita; gualeguay; guaribay; lentisco del Perú; molle; peloncahuite; pimiento.**

pirula.
I. 1. f. *ES.* Mujer embarazada.

piruleador.
I. 1. m. *Bo. En la construcción*, herramienta que consta de un recipiente de metal con asa, conectado a una manivela, que se utiliza para esparcir la mezcla que se pone sobre una superficie para obtener un revoque áspero. ♦ **pirulo.**

pirulí.
I. 1. *ES, PR.* Pene.

pirulín.
I. 1. m. *RD, Bo, Ar, Ur, PR, Ch,* inf. | metáf. Pene. euf; pop + cult → espon. (**pirulí**).
II. 1. m. *Gu, Ho, Ar.* Pirulí, dulce. ♦ **rolimplín.**
III. 1. m. *Ar.* juv. Cigarrillo de marihuana. drog.

pirulo.
I. 1. m. *Pe.* Plomo que se ata a una red de pesca para que se mantenga vertical.
   2. *Pe.* metáf. Arma constituida por dos mangos terminados en una pelota de plomo unidos a una cadena.
II. 1. m. pl. *Ar, Ur.* Años de edad. pop + cult → espon.
III. 1. *Bo.* **piruleador.** pop.

pirulo, -a.
I. 1. adj/sust. *Ch. Referido a persona o cosa*, elegante, refinada. pop + cult → espon.
II. 1. adj. *ES. Referido a persona*, que no cumple con sus deberes religiosos.

pirupítico, -a.
I. 1. sust/adj. *Ar:NO.* p.u. Persona remilgada, de modales afectados o excesivamente pudorosa. pop + cult → espon ^ fest.

piruquiadera.
I. 1. f. *Ni.* Borrachera. pop.

piruro.
I. 1. m. *Pe.* Utensilio de madera en forma de disco que se coloca en el extremo del huso para evitar que se caiga la madeja. rur.

pirwa. (Del aim. y del quech. *pirwa*).
I. 1. f. *Bo:O,C,S.* Cobertizo hecho con **cañas huecas**, *que se emplea* para almacenar granos, tubérculos y otros productos agrícolas. pop.

pisá.
  □
  a. ‖ ~ **colá.** loc. sust. *RD.* Juego infantil en el que un niño tiene que encontrar a otros, que están escondidos, e ir diciendo sus nombres.

pisablandito.
I. 1. adj. *Bo:O. Referido a persona*, que anda suave y silenciosamente.
   2. adj/sust. *Bo:E. Referido a persona*, cauta y sutil.

pisaburras.
I. 1. m. *Ho.* Hombre fornicador. tabú.

pisacoca.
I. 1. m. *Be.* Hombre que se dedica a pisar hojas de coca mezcladas con **querosén** en el proceso de elaboración de cocaína. drog. ♦ **pisador.**

pisacorbata.
I. 1. m. *Mx, Ni, Pa, RD, Co, Ec, Bo.* p.u.; obsol. Objeto metálico, a manera de pinza, empleado para sujetar y adornar la corbata.

pisacostura.
I. 1. m. *Cu. En una máquina de coser*, pieza que prensa la tela que se está cosiendo.

pisada.
I. 1. f. *Gu, Ho, Ni, CR.* Coito. tabú.
II. 1. f. *Gu, Ho.* metáf. Humillación. vulg.
   2. *Gu, Ho.* metáf. Derrota abrumadora.
   3. *Gu.* Persona que se siente mal física, moral o económicamente.
III. 1. f. *Ho, CR.* metáf. Reprobación de un examen.
  □
  a. ‖ ~ **de cola.** loc. sust. *Ch.* p.u. Equivocación o frustración que sufre una persona ante algo que pretendía conseguir. pop + cult → espon.
  ▶ **cobrar hasta las ~s; no perder ~.**

pisadera.
I. 1. f. pl. *Bo:O, Ar:NO. En un telar*, pedales consistentes en dos maderas horizontales situadas a la altura de los pies, que permiten levantar los hilos de la trama alternadamente. rur.
   2. f. *Ec, Bo, Ch.* Parte de los grandes vehículos, como autobuses, camiones o trenes, que sirve para apoyar el pie y subir o bajar de ellos.
II. 1. f. *Ho, Ni, CR.* Realización reiterada del acto sexual. vulg; pop + cult → espon.

pisadero.
I. 1. m. *Mx.* Pisada frecuente. pop.
II. 1. m. *Ar, Ur.* Lugar donde se pisa el barro para la fabricación de adobe. rur.
III. 1. m. *Ho, Ni.* Prostíbulo. vulg.

pisado, -a.
I. 1. adj/sust. *Pe. Referido a persona*, dominada por otra, *especialmente por su pareja*. pop.
   2. adj. *Pa. Referido a persona*, que está muy enamorada. pop + cult → espon.
II. 1. adj. *Gu, Ho. Referido a persona*, despreciable. desp.
   2. *Ho. Referido a persona*, mediocre. desp.
III. 1. adj. *Gu, Ho, Ni. Referido a persona*, que ha tenido relaciones sexuales con otra. tabú.
IV. 1. adj/sust. *Gu. Referido a persona*, desgraciada, que inspira menosprecio. desp.
V. 1. adj. *Gu. Referido a una situación*, difícil, problemática.
VI. 1. adj/sust. *Ho. Referido a un estudiante de primaria o secundaria*, que no ha aprobado un examen, una materia o el curso lectivo.
  ▶ **ir bien ~.**

pisador.
I. 1. m. *Co:C,NE.* Cabestro o cuerda que se echa a las caballerías alrededor de la boca y la cabeza dejando un solo cabo o rienda.
II. 1. m. *Bo:C,NO.* **pisacoca.**

pisador, -ra.
I. 1. adj. *Gu, Ho, Ni. Referido a persona*, muy aficionada a practicar el acto sexual. vulg; pop + cult → espon.

pisagallinas.
 I. 1. m. *Ho.* Hombre que gusta de tener relaciones sexuales con jovencitas. desp.

pisaicorre.
 I. 1. m. *RD.* Cosa o asunto sin importancia o que no requiere especial atención. (**pisicorre**).
 II. 1. m. *Pa.* Prisa, necesidad de hacer algo rápidamente. pop + cult → espon.
 □
 a. ‖ **de ~.** loc. adv. *Pa.* Con apremio.
 ▶ **andar de ~.**

pisaje.
 I. 1. m. *Mx.* Renta que se paga en concepto de alquiler por el uso de un espacio o un lugar.

pisajo.
 I. 1. m. *Cu.* Pene. vulg.
 II. 1. m. *Cu.* Látigo, fusta de cuero. rur.

písamo.
 I. 1. m. *Co.* Árbol de hasta 15 m de altura, con espesa copa y flores de color rojo anaranjado; se cultiva en clima cálido templado como ornamental y para dar sombra. (Fabaceae; *Erythrina fusca, Erythrina poeppigiana*).

pisamojón.
 I. 1. m. *Ve.* Zapato de talla grande.
  2. pl. *Pa.* Zapatos masculinos, de acabado rústico, con suela gruesa y acanalada que dan la apariencia de ser muy grandes. pop + cult → espon ^ desp.

pisandinga.
 I. 1. f. *Ho.* Repetición de coitos. vulg; desp.

pisante.
 I. 1. sust/adj. *Pe.* obsol. Campesino que vive en un terreno de una hacienda sin trabajarla ni arrendarla. rur.

pisapasito.
 I. 1. adj/sust. *Ve. Referido a persona*, que actúa con malicia y solapadamente.

pisapisuela.
 I. 1. m. *Ar.* Juego infantil en el que uno de los participantes pasa delante de los demás recitando unos versos y golpeándoles ligeramente los zapatos con el pie; quien recibe el golpe cuando se pronuncia la última palabra del último verso pasa a ser el recitador.

pisar(se).
 I. 1. tr. *Gu, Ho, ES, Ni, CR, Cu, RD, Ec, Pe, Bo:E.* Realizar el coito. vulg; pop + cult → espon.
  2. intr. *Gu, CR, Cu, Ec.* Realizar el coito. vulg; pop + cult → espon.
 II. 1. tr. *Ec, Bo, Ur; Ar*, pop. Arrollar o atropellar un vehículo a una persona o a un animal.
 III. 1. intr. prnl. *Pa, Co.* Irse. cult.
 IV. 1. tr. *Co:C,O. En algunos contratos*, pagar anticipadamente una cantidad del precio como garantía de su cumplimiento.
 V. 1. tr. *Ar; Ur*, obsol. Moler maíz en un mortero.
 VI. 1. tr. *Gu, Ho.* metáf. Destituir o separar a alguien de su puesto de trabajo o cargo. vulg.
  2. *Ho.* metáf. Explotar a *alguien* en el trabajo sin recibir una remuneración justa.
  3. *Ho.* Vencer a *alguien* en algo. vulg.
 VII. 1. tr. *Gu, Ho,* Suspender un alumno un examen o asignatura. est.
 VIII. 1. intr. *Gu.* Comprometerse en algo muy serio.
  2. *Gu.* Trabajar agotadoramente.
 IX. 1. tr. *RD.* Acompañar una comida con una bebida.
 □
 a. ‖ **~ duro.**
  i. loc. verb. *Co.* Actuar con seguridad y arrogancia.

ii. *RD.* Estrenar *alguien* zapatos. pop + cult → espon.
 b. ‖ **~ el chambón.** loc. verb. *PR.* meter el chambón. pop + cult → espon.
 c. ‖ **~ el palito.**
  i. loc. verb. *Bo:O,C,E, Ch, Py, Ar, Ur.* Ser víctima de una trampa o engaño. pop + cult → espon.
  ii. *Pe.* Caer en un error propio. pop + cult → espon.
 d. ‖ **~ el peine.** loc. verb. *Ve.* Caer en una trampa.
 e. ‖ **~ el poncho.**
  i. loc. verb. *Ec, Pe, Bo, Ar, Ur.* Abrumar o dominar a *alguien, especialmente en una situación de rivalidad.* pop + cult → espon.
  ii. *Pe, Bo, Ch.* Provocar, desafiar, incitar a *alguien* para que reaccione de una manera o haga algo. pop + cult → espon.
  iii. *Bo, Ar, Ur.* Aventajar o igualar a *alguien* en méritos o conocimientos. pop + cult → espon.
  iv. *Ec; Bo*, pop + cult → espon. Herir el amor propio o la dignidad de alguien.
 f. ‖ **~ fino.** loc. verb. *RD.* Ir con cuidado, hacer *algo* con precaución. pop + cult → espon.
 g. ‖ **~ la chancleta.** loc. verb. *Ve.* Acelerar un vehículo, pisar el acelerador. pop.
 h. ‖ **~ la comida.** loc. verb. *PR.* Tomar *alguien* algo de licor después de comer. pop + cult → espon.
 i. ‖ **~ la huasca.** loc. verb. *Ch.* p.u. Provocar o incitar a *alguien.* pop.
 j. ‖ **~ rabo.** loc. verb. *PR.* Sentarse *una persona* en un lugar del que acaba de levantarse alguien. pop + cult → espon.
 k. ‖ **~ una concha de mango.** loc. verb. *Ve.* Caer *alguien* en una trampa. pop.
 l. ‖ **~se la cola.** loc. verb. *Ch.* Resultar *alguien* frustrado o defraudado en lo que pretende. pop + cult → espon.
 m. ‖ **~se la huasca.** loc. verb. *Ch.* Salir o quedar *alguien* malparado o frustrado tras haber intentado hacer algo. pop + cult → espon.

pisara.
 I. 1. f. *Bo:O,C,S.* Plato preparado con **quinua** cocida.

pisatario, -a.
 I. 1. m. y f. *Mx, Ve.* Agricultor que paga arrendamiento por el terreno que cultiva. rur. ◆ **arrendado.**

pisaviejas.
 I. 1. m. *Ho.* Hombre que tiene relaciones sexuales con cualquier mujer madura.

pisbae.
 I. 1. m. *Pa.* **chonta.** (Arecaceae; *Bactris gasipaes*). (**pixbae**).

pisca. (Del nahua. *pixca*, cosecha).
 I. 1. f. *Mx. En las labores del campo*, recolección o cosecha, *sobre todo de granos*, como los del café, el maíz o el algodón. (**pixca; pizca**).
 II. 1. f. *Co, Ve.* Hembra del **pisco** o pavo.
 III. 1. f. *Co:C.* obsol. Prostituta. pop ^ desp.
 IV. 1. f. *Ve:O.* **pisca andina.**
 ■
 a. ‖ **~ andina.** f. *Ve.* Caldo preparado *principalmente con huevo*, **papas**, *cebolla, cilantro y leche*, que se toma como desayuno.

piscacha.
 I. 1. *Mx, Ni.* **pizcacha.**

piscador.
 I. 1. m. *Mx.* Herramienta rústica hecha de hueso para deshojar la mazorca de maíz. rur.

piscador, -ra.
 I. 1. adj. *Mx.* Relativo a la **pisca.**

piscadora.
   I. 1.   f. *Mx.* Máquina para llevar a cabo la **pisca**.

piscala.
   I. 1.   *Ar:NO.* **disciplina de monja**.

piscapocha.
   I. 1.   f. *Mx.* p.u. Prostituta. pop ^ desp.

piscar.
   I. 1.   tr. *Mx.* Recolectar o cosechar granos de café, maíz o algodón. (**pixcar; pizcar**).

pischar.
   I. 1.   intr. *Bo.* Mascar hojas de coca para succionar poco a poco su jugo.

Pisco.
   □
   a. ‖ **entre ~ y Nazca**. loc. adj. *Pe.* *Referido a persona,* borracha. pop ^ fest.

pisco. (Del quech. *pishku*).
   I. 1.   m. *Pe, Bo:O, Ch, Ar, Ur.* Aguardiente que se obtiene por destilación de mostos frescos de uva o por la uva moscatel.
   II. 1.   *Co:C,O, Ve.* **chompipe**, pavo.
   III. 1.   m. *Co:C.* p.u. Individuo, sujeto. pop ^ desp.
   ■
   a. ‖ **~ acholado**. m. *Pe.* Pisco elaborado con diferentes tipos de uvas.
   b. ‖ **~ puro**. m. *Pe.* Pisco de muy buena calidad elaborado con uva **quebranta**.
   c. ‖ **~ sauer**. m. *Pe, Bo, Ar, Ur.* Cóctel elaborado principalmente con pisco, clara de huevo, azúcar y limón ácido. (**pisco sour**).
   d. ‖ **~ sour**. *Bo:O,C,S, Ch, Ar, Ur.* **pisco sauer**.

piscoiro, -a. (Del mapuche. *pizcoitun,* jugar al trompo).
   I. 1.   m. y f. *Ch.* p.u. Niño, *especialmente el despierto e inteligente.* pop.

piscola.
   I. 1.   f. *Ch.* Bebida hecha con **pisco** y refresco de cola.

piscolabis.
   I. 1.   m. *Pe, Bo.* Copa de **pisco** que se toma como aperitivo. pop ^ fest.

piscólogo, -a.
   I. 1.   m. y f. *Pe.* Persona experta en la elaboración del **pisco**, aguardiente.
   2.   *Pe.* Catador de vinos y aguardientes. pop.

piscoyuyo. (Del quechua).
   I. 1.   m. *Ar:NO.* Arbusto muy ramificado de hojas con nervaduras muy visibles, flores tubulares de color violeta intenso y fruto rojo al inicio y negro al madurar. (Solanaceae; *Lycium cestroides*).

piscua.
   I. 1.   f. *Bo:E.* **tingazú**. (**picua**).

piscuala.
   I. 1.   *Cu.* **picuala**.

piscucha.
   I. 1.   f. *ES.* Cometa.

piscuñar(se).
   I. 1.   tr. *Gu.* Robar *algo a alguien.*
   2.   tr. prnl. *Gu.* Robar *algo a alguien.*

piscura. (Del aim. *phiskhuña,* limpiar).
   I. 1.   f. *Bo:O. En medicina tradicional,* limpieza que se hace del cuerpo enfermo pasando sobre éste un animal o algún preparado con hierbas medicinales y otros elementos. pcp.

pise.
   I. 1.   m. *Gu.* Relación sexual.

pisero, -a.
   I. 1.   m. y f. *Ar:NO.* Ocupante de un terreno por el que paga arriendo. rur.

   II. 1.   m. y f. *Gu, Py.* Persona encargada de instalar o reparar el piso o suelo de un edificio.

pishaco, -a.
   I. 1.   adj. *Gu:O. Referido a persona,* que tiene el rostro picado por la viruela.

pishada. (Del ger ovés).
   I. 1.   f. *Ar:NO,O.* Orina expelida de una vez. pop + cult → espon.

pishar(se).
   I. 1.   intr. *Ar:NO,O.* Orinar. pop + cult → espon.
   2.   prnl. *Ar:NO.* Orinar involuntariamente. pop + cult → espon.
   3.   tr. prnl. *Ar:NO.* Orinarse sobre algo. pop + cult → espon.

pishcol.
   I. 1.   m. *Pe:N,N.* Cactus arborescente de tronco ramificado de hasta 5 m de altura; ramas de hasta 12 cm de diámetro, espinas centrales robustas proyectadas hacia fuera de color amarillo con la punta rojiza, flores blancas y nocturnas y el fruto puede ser de color verde rojo o negro. (Cactaceae; *Espostoa lanata*).

pishilín.
   I. 1.   m. *Ar:NO.* Pene. inf.

pishinga.
   I. 1.   f. *Ar:NO.* **maíz pisingallo**, variedad de maíz.
   2.   *Ar:NO.* **pisingallo**, grano.

pishiñero.
   I. 1.   m. *Pe:E.* Pescador artesanal que captura peces exóticos para acuarios, *generalmente de manera ilícita.*

pishirico, -a.
   I. 1.   adj. *Gu. Referido a persona o animal,* pequeño, de baja estatura.

pishishe.
   I. 1.   *ES.* **pichiche**, pijije, ave anseriforme.
   II. 1.   m. *ES.* Botella de forma especial que se usa para recoger la orina del hombre que guarda cama.

pishpar.
   I. 1.   *Ar:NO.* **pispar**, observar.

pishque. (Del nahura *pixque,* conservar, guardar).
   I. 1.   *Gu.* **tamal pixque**.
   II. 1.   adj. *Gu. Referido a persona,* esmirriada.

pishta. (Del quechua *pishta,* desollar).
   I. 1.   f. *Pe:E. En algunas tribus amazónicas,* ablación del clítoris a las niñas y adolescentes.

pishtaco. (Del quech. *pishtaku,* degollador).
   I. 1.   m. *Pe.* Delincuente de la serranía que se dedica a asaltar y asolar las aldeas de la zona o a los viajeros, a los que degüella. pop.

pishtar.
   I. 1.   tr. *Pe:E.* Descuartizar un animal o cortar su carne. rur.

pishteluco.
   I. 1.   *Gu.* **pilishte**.

pishtón.
   I. 1.   m. *Gu.* **Tortilla** gruesa de harina de maíz. (**pixtón**).

pishura.
   I. 1.   f. *Pe:E.* Vulva. euf; pop.

pisico.
   I. 1.   m. *Bo:O.* Gato doméstico. pop.

pisicorre.
   I. 1.   m. *Cu.* Automóvil sin separación entre los asientos traseros y el maletero, y que termina en una puerta con cristal.
   2.   *Cu.* Camioneta.
   3.   *PR.* Furgoneta preparada para el transporte público de pasajeros entre pueblos de la isla y barrios de las ciudades.
   4.   *PR.* **guagua pública**.
   II. 1.   m. *RD.* **pisaicorre**, cosa o asunto sin importancia.

pisillo.
   I. 1. m. *Ve.* Carne de **chigüire**, seca, majada y frita.

pisingallo.
   I. 1. *Py, Ar.* **maíz pisingallo**.
     2. *Ar, Ur.* Grano del pisingallo, fino, corto y de color perlado brillante. ♦ **pishinga**.

pisingo.
   I. 1. *Co:N.* **patillo**.

pisirico, -a.
   I. 1. adj. *ES, Ni. Referido a persona*, tacaña.

pisisigaña.
   I. 1. f. *Pa.* Engaño, bellaquería. pop.

pisiútico, -a.
   I. 1. sust/adj. *Ch.* Persona remilgada o de modales afectados. pop + cult → espon.

piso.
   I. 1. m. *Ec*, juv; m. pl. *Co*, p.u; pop. Zapato, calzado.
   II. 1. m. *Bo, Py, Ar, Ur. En edificios de apartamentos*, propiedad que ocupa toda la extensión de una planta. pop + cult → espon.
   III. 1. m. *Pe, Bo, Ch.* Tapete de hule, paño u otro material que se pone sobre la superficie de los muebles como adorno o protección.
   IV. 1. m. *Ec, Ch, Ur. En economía*, valor mínimo que puede alcanzar una divisa o una acción.
   V. 1. m. *Ch.* Taburete bajo sin respaldo ni brazos que a veces se usa como reposapiés.
   VI. 1. m. *Ch.* Base teórica o ideológica en la que se sustenta algo o alguien.

   ■
     a. ‖ **precio ~.** m. *Ho. En productos con precios regulados*, precio mínimo que puede tener un producto.
     b. ‖ **primer ~.** m. *Cu, PR, Co.* Planta de un edificio que está al nivel del suelo.

   ■
     a. ‖ **siete ~s.** m. *Cu.* Árbol ornamental de hasta 40 m de altura y ramas dispuestas de forma horizontal, que le dan al árbol un aspecto de cono. (Araucariaceae; *Araucaria excelsa*).

   □
     a. ‖ **~ de tierra.** loc. adj/loc. sust. *CR. Referido a persona*, de origen y condición humildes. pop.
     b. ‖ **por el ~.** loc. adv. *Ni, Pa, Cu, PR, Ec, Bo, Ur.* En situación muy baja.

   ▶ aserruchar el ~; barrer el ~ con alguien; coger el ~; estar por el ~; jabonar el ~; menear el ~; mover el ~; pagar el ~; perder ~; serruchar el ~; trapear el ~.

pisomel.
   I. 1. *Mx.* **pitzomel**.

pisón.
   I. 1. m. *Mx, Co.* Pisotón.
   II. 1. m. *Ch.* Barra cilíndrica de acero con bordes redondeados usada para apisonar.
     2. *Gu.* Parte de la guillotina que comprime el papel en el momento de cortarlo.
   III. 1. m. *Gu.* Regla que se usa para nivelar los ladrillos del piso a medida que se colocan.
   IV. 1. adj. *Gu. Referido a hombre*, mujeriego.
   V. 1. m. *PR. En la industria cafetalera*, rueda para moler los granos de **café** provistos todavía de su cascarilla.

   ▶ echarle tierra y darle ~.

pisón, -na.
   I. 1. adj. *Gu, Ho, Ni, CR, Cu. Referido a persona*, que *realiza frecuentemente el coito*. tabú.
     2. *Gu, Ho, Cu. Referido a animal*, que se aparea.

pisonay.
   I. 1. *Pe.* **chachafruto**, árbol.

pisote.
   I. 1. m. *Mx, Ho.* **pizote**, coatí, mamífero plantígrado.
   ▶ ser ~.

pisoteada.
   I. 1. f. *Mx, Pa, Bo, Ch.* Pisoteo. pop.

pisoteadera.
   I. 1. f. *Mx.* Pisoteo reiterado. pop.

pispar.
   I. 1. tr. *Ch; Ar:NO*, pop + cult → espon. Sospechar o intuir *algo* que no es evidente.
   II. 1. tr. *Py; Ar, Ur*, p.u; cult → espon. Observar a *alguien* o *algo* con disimulo. pop. (**pishpar**).

pispeada.
   I. 1. f. *Ar.* Mirada u ojeada disimulada. pop + cult → espon.

pispear.
   I. 1. tr. *Ar, Ur.* Observar a *alguien* o *algo* con disimulo. pop + cult → espon. (**pispiar**).

pispelo.
   I. 1. m. *ES.* Orzuelo.

pispiar.
   I. 1. *Ar:NO.* **pispear**.

pispicho, -a.
   I. 1. adj/sust. *Pe:S.* p.u. *Referido a persona*, juguetona, pizpireta. pop.

pispicia.
   I. 1. f. *Co:C,NE,O, Ar:NO.* Astucia, ingenio. pop.

pispila. (Del aimara *p'isla*).
   I. 1. adj/sust. *Bo:O,S. Referido a una mujer*, que se insinúa amorosa o lascivamente. pop.

pispilear.
   I. 1. intr. *Gu, Ho, ES.* Parpadear.
     2. *Gu, Ho.* Encenderse y apagarse con rapidez algo que tiene luz. cult.
     3. *Ho.* metáf. Abrirse y cerrarse algo con rapidez, como los ojos. cult.

pispileo.
   I. 1. m. *Gu, Ho, ES.* Parpadeo. cult.
     2. *Ho.* Encendido y apagado rápido de una luz. cult.

pispireto, -a.
   I. 1. adj. *Mx, Gu, Ho, Ni; Ur*, p.u. *Referido a persona*, coqueta. pop.
     2. *Ni, Py; Ur*, p.u. *Referido a persona*, vivaz.

pispirilla.
   I. 1. sust/adj. *Bo.* Mujer coqueta, que se deja seducir fácilmente por los hombres. pop.

pispiriña.
   I. 1. adj. *PR. Referido a una mujer*, pizpireta, viva, aguda.

pispirria.
   I. 1. f. *Mx.* Pájaro de hasta 10 cm de longitud, de pico y cola largos, plumaje gris claro o azulado, con una mancha en la cabeza de los machos. (Polioptilidae; *Polioptila caerulea*). ♦ **pitiflor**.

pispirrín.
   I. 1. m. *Mx.* **pirrín**. inf; pop + cult → espon.

pispisigaña.
   I. 1. *Gu, Ho, ES, Ni.* **pizpizigaña**, juego infantil.

pispo, -a.
   I. 1. adj. *Co:O; Ar:NO*, obsol. *Referido a cosa*, linda, bonita. pop.

pisporra.
   I. 1. f. *Gu, Ni.* Abultamiento en la piel de una persona.
     2. *Gu.* Verruga.

pisporrazo.
   I. 1. m. *Ni.* Golpe fuerte.

pisque. (Del nahua *pixque*, conservar, guardar).
   I. 1. sust. *Ho, Ni, CR:NO. Referido a un grano de maíz maduro, cocido con ceniza o cal*. (**pixque**).

pisquear.
   I. 1. *Ni.* **nixtamalizar**.

pisqueli.
   I. 1. *Ch.* **pisco**, aguardiente que se obtiene por destilación de mostos frescos de uva pop + cult → espon ^ fest.

pisquera.
   I. 1. f. *Pe, Bo, Ch.* Instalación industrial en donde se procesa el **pisco**, aguardiente de uva.
   2. *Ch.* Botella de forma alargada que contiene **pisco**, aguardiente de uva.

pisquero, -a.
   I. 1. adj. *Pe, Bo, Ch.* Relativo al **pisco**, aguardiente de uva.
   2. m. y f. *Pe, Bo, Ch.* Persona que produce, distribuye o vende **pisco**, aguardiente de uva.

pisquín.
   I. 1. m. *Gu, Co.* Árbol de hasta 30 m de altura, de copa amplia y follaje fino, tiene hojas bipinnadas, alternas, y flores poco vistosas, en cabezuelas, de color amarillo verdoso, cuyo fruto es una vaina aplanada y pubescente. (Fabaceae; *Albizia carbonaria*). ♦ **muche**.

pisquito.
   I. 1. m. *Pe.* Vasija de arcilla o barro para **pisco** de un litro aproximado de capacidad.

pista.
   I. 1. f. *Pe.* Calzada, parte de la calle comprendida entre dos aceras.

pistache.
   I. 1. m. *Mx.* Pistacho, fruto del alfóncigo.

pistacho.
   I. 1. m. *Ho.* Dinero. fest.

pistal. (Der. de *pisto*, dinero).
   I. 1. m. *Gu, Ho.* Gran cantidad de dinero. pop + cult → espon.

pistam.
   I. 1. m. *Bo. En la milicia*, arma de fuego portátil, automática, que dispara proyectiles en ráfagas.

pistarrajal. (Der. de *pisto*, dinero).
   I. 1. m. *Gu, Ho.* Gran cantidad de dinero. pop + cult → espon.

pistarro, -a.
   I. 1. sust/adj. *Ho.* Niño, muchacho.

piste.
   I. 1. m. *Co:C,E.* Maíz quebrado sin reducir a harina que, mojado y puesto en reposo, se pone a fermentar.

pisteado, -a.
   I. 1. adj. *Ho. Referido a una persona o una empresa*, que ha ganado mucho dinero.

pistear(se).
   I. 1. tr. *Mx.* Ingerir bebidas alcohólicas. pop + cult → espon.
   II. 1. tr. *Gu, Ho.* Sobornar a *alguien*. pop + cult → espon.
   2. *Ho, ES.* Pagar dinero a *alguien* a cambio de un favor o un servicio.
   3. *Ho.* Obtener dinero de alguien. pop + cult → espon.
   4. intr. prnl. *Ho.* Enriquecerse *alguien*.
   III. 1. intr. *Cu.* Pasear *alguien* exhibiendo algo, *especialmente una prenda de vestir* para despertar admiración.

pistela.
   I. 1. f. *Gu.* Vasija alargada con un tubo curvo y largo terminado en una boquilla, para dar líquidos a un enfermo en cama.

pistero.
   I. 1. m. *Co:C.* Hematoma alrededor del ojo, producido por un golpe o puñetazo. pop.
   II. (Der. de *pisto*, dinero).
   1. m. *ES, Ni.* Monedero.
   III. 1. m. *Gu.* Excremento de gallina.

   IV. 1. m. *PR.* Grifo que controla la salida de agua de una manguera.
   V. 1. m. *PR.* Palillo o canuto de lavativa.

pistero, -a.
   I. 1. adj. *Ec, Ch.* Relativo a las pistas de carreras.
   2. m. y f. *Ch.* Persona que corre en pistas de carreras, *especialmente un ciclista*.
   II. 1. *Pe. Referido a un neumático*, diseñado para viajar por carretera asfaltada.
   III. 1. m. y f. *CR, Cu, Ec. En una gasolinera*, persona que tiene como oficio dispensar combustible.
   IV. (Der. de *pisto*, dinero).
   1. adj. *Gu, Ho, ES. Referido a persona*, que piensa mucho en el dinero y en ganar más.

pistiar.
   I. 1. tr. *Co.* Vigilar, seguir a *alguien*. pop + cult → espon.

pistín.
   I. 1. m. *Ar. En la cosecha manual*, peón que se encarga de recoger las bolsas de rastrojo y cargarlas en un tractor o en un camión.

pistista.
   I. 1. adj. *Bo. Referido a persona*, que se da importancia.

pisto.
   I. 1. m. *Mx.* Bebida alcohólica. pop + cult → espon.
   II. 1. m. *Gu, Ho, ES, Ni; CR,* obsol. Dinero. pop + cult → espon.
   ●
   a. ‖ **ese es otro ~.** fórm. *ES.* Se usa para indicar que se trata de otro asunto.
   ■
   a. ‖ **~ plástico.** m. *Ho.* Tarjeta de crédito.
   ◩
   a. ‖ **~ en mano, culito en tierra.** fr. prov. *Gu, Ho.* Indica que todo se vende al contado. fest.
   b. ‖ **~ jala ~.** fr. prov. *Ho, ES.* Indica que el dinero atrae al dinero.
   ▶ **bañarse en ~; echar un ~; ser ~ en mano.**

pistola.
   I. 1. f. *Pa, Co.* Gesto de desprecio que se hace extendiendo el dedo medio o corazón y recogiendo los demás en un puño. vulg.
   II. 1. f. *Ar:NO,* obsol. Mentira, embuste. pop + cult → espon.
   III. 1. f. *Ho, ES, Ni.* Acumulación de grasa en la parte lateral y superior de los muslos de algunas personas.
   2. *Cu.* Huesos de las caderas de una persona.
   IV. 1. sust/adj. *Ve.* Persona tonta y fastidiosa.
   V. 1. f. *Ec.* Cigarrillo que se hace manualmente rellenando con picadura y cocaína un cartuchillo de papel de fumar. pop + cult → espon.
   VI. 1. f. *Ho, Ni.* Secador de pelo.
   VII. 1. f. *Bo.* Cosa o asunto sin valor ni importancia. pop.
   VIII. 1. f. *Bo:O.* Despropósito, disparate, dicho necio o grosero. pop.
   ■
   a. ‖ **~ camisiada.** f. *Ho.* Pistola oculta bajo la camisa.
   b. ‖ **~ radar.** f. *Ch.* Dispositivo en forma de pistola que usa la policía para controlar por radar los excesos de velocidad de los conductores.
   □
   a. ‖ **~ al pecho.** loc. sust. *Bo, Ch.* Coacción que se hace a alguien para forzarlo a hacer lo que se le pida. pop + cult → espon.
   b. ‖ **por mis ~s.** loc. adv. *Mx.* Por propia iniciativa. pop + cult → espon.
   ▶ **cagar ~; estar hecho ~; estar hecho una ~; hacer ~.**

¡pistola!
   I. 1. interj. *CR, Pa,* vulg; *Bo,* pop. Expresa desacuerdo o negación rotunda.

□

a. ‖ ¡la~! loc. interj. *Pa, Ve.* Expresa rechazo o negación rotunda.

pistolada.
    I. 1. f. *Ve, Bo.* Tontería, necedad.

pistolazo.
    I. 1. m. *Mx, PR, Ec, Bo.* Disparo hecho con una pistola. pop.

pistolear.
    I. 1. tr. *Ch.* Controlar y medir la policía la velocidad de los vehículos con la **pistola radar**. pop + cult → espon.
    2. *Ch.* Leer un dispositivo un código de barras de un producto. pop.
    II. 1. tr. *Ch.* Convertir a *alguien* en víctima de un engaño o de una broma. pop.
    III. 1. tr. *Ch.* Producir a *alguien* molestia o fastidio. pop.
    IV. 1. tr. *Ho.* Secar el pelo y darle forma con un secador.

pistoleo.
    I. 1. m. *Ch.* Control o medición por radar de la velocidad de los vehículos en carreteras y vías públicas.
    2. *Ch.* Lectura de un código de barras hecha por un dispositivo.

pistoleza.
    I. 1. f. *Bo.* Cosa o asunto sin valor ni importancia. pop.

pistolo.
    I. 1. m. *Co.* obsol. Cigarrillo de marihuana.

pistoloco.
    I. 1. m. *Co:O.* Sicario. delinc.

pistonear.
    I. 1. intr. *Cu, PR, Ve, Ec, Pe, Ar.* Funcionar mal y ruidosamente un motor por fallo en la combustión.
    2. *Ve.* No explotar un proyectil al ser disparada un arma de fuego.

pistoneo.
    I. 1. m. *Cu, PR, Ec, Pe.* Funcionamiento anómalo y ruidoso del motor de un vehículo.

pistoqué.
    I. 1. *Mx:SE.* **cristofué.**

pistudo, -a.
    I. 1. adj. *Gu, Ho, Ni; CR,* obsol. *Referido a persona,* que tiene mucho dinero. pop + cult → espon.

pisuica.
    I. 1. m. *Ni.* Diablo, demonio. euf.

pita.
    I. 1. f. *Gu, Ho, CR, Pa, Co, Ec, Ch.* Fibra extraída de la hoja de la pita o **maguey** después de un proceso de pudrición, que se emplea en la fabricación de cuerdas.
    2. *Gu, Ho, Pa, Cu, PR, Pe, Bo, Ch.* Cuerda delgada elaborada con esta fibra.
    3. *Ho, Ni, CR, Ec, Bo.* **maguey.**
    II. 1. f. *Ho.* Vulva. euf.
    ▶ **chavar la ~; chingar la ~; echar ~; enredar la ~; fregar la ~; hacer sudar la ~; hacerse la ~; jalar la ~; joder la ~; jorobar la ~; menear ~s; meter ~ para sacar listón; pedir ~; recoger ~; reventar la ~.**

pitada.
    I. 1. f. *Ec, Pe, Bo:C,O, Py, Ar, Ur,* pop; *Pa,* obsol. Chupada que se da al cigarrillo. ♦ **seca.**

pitadera.
    I. 1. f. *Gu, Ni, CR, Pa, Cu, RD, PR; Ec,* p.u. Sonido prolongado o reiterado de un pito.

pitado, -a.
    I. 1. adj. *Gu, Ho, Ni, Co. Referido a persona o cosa,* que se mueve o actúa a gran velocidad. pop.
    ▶ **salir ~.**

pitador, -ra.
    I. 1. sust/adj. *Ar, Ur,* obsol; *Bo:E,O,* pop. Persona que tiene el hábito de fumar.

pitahaya. (De or. ind. antillano).
    I. 1. f. *Mx, Gu, Ho, Ni, CR, Pa, Co, Ec; Pe,* p.u. Cactus perenne, trepador, con hojas carnosas de color verde, angulosas y armadas de espinas, flores de color blanco y fruto en baya, cuya pulpa es comestible. (Cactaceae; *Selenicereus megalanthus, Hylocereus* spp.). (**pitahayo**; **pitajaya**; **pitaya**).
    2. *Mx, Gu, CR, Pa, PR, Co, Ec, Pe.* Fruto de la pitahaya, de forma oblonga o redonda y de color rojo o amarillo, según la especie, con pequeñas espinas en la cáscara, y pulpa consistente y espumosa, de sabor dulce, con diminutas semillas negras. (**pitajaya**; **pitaya**).
    3. *Gu, PR.* Cactus de hasta 2 m de altura, con tallo ramoso y flores de color blanco, grandes y olorosas; crece regularmente sobre rocas o árboles. (Cactaceae; *Cactus grandiflorus, Cereus triangularis*). (**pitaya**).

pitahayo.
    I. 1. m. *Mx.* **pitahaya,** cactus perenne.

pitaí.
    I. 1. m. *Bo:E.* Erupción cutánea, que se manifiesta en forma de granos o manchas rojas. pop.

pitajaya.
    I. 1. *Ho, Ni, CR, Ec, Pe; Pa,* rur. **pitahaya,** cactus perenne.
    2. *CR, Ec, Pe; Pa,* rur. **pitahaya,** fruto.

□

a. ‖ **como una ~.** loc. adj. *RD, Referido a la cara,* encendida, colorada, debido al sol o por sentir vergüenza.

▶ **importar una ~.**

pitanga.
    I. 1. f. *Gu, CR, Ec, Ar:NE, Ur.* Arbusto de hasta 8 m de altura, de corteza que se desprende en placas delgadas, hojas simples y flores blancas. (Myrtaceae; *Eugenia uniflora*). ♦ **sagüinto; ñangapirí.**
    2. *CR, Ar:NE, Ur.* Fruto de la pitanga, de color púrpura; es comestible.
    II. 1. f. *Ho.* Diarrea, evacuaciones de vientre líquidas y frecuentes. rur; pop ^ fest.

pitao, -tá.
    ▶ **salir ~.**

pitar(se).
    I. 1. intr. *Pe, Bo, Ch, Py, Ar, Ur.* Fumar cigarrillos. pop + cult → espon.
    II. 1. tr. *Ho, ES, Cu.* Contar *algo* a alguien, denunciar.
    III. 1. tr. prnl. *Ch.* Engañar a *alguien* por burla haciéndole creer algo que no es cierto. pop.
    2. tr. *Bo:E.* Engañar a *alguien,* burlarse de él. pop.
    IV. 1. intr. prnl. *Gu, Bo:E.* Marcharse de un lugar.
    V. 1. tr. *Gu.* Pagar, satisfacer una cantidad de dinero.
    VI. 1. intr. *PR. En las peleas de gallos,* producir el gallo un silbido continuado en su garganta cuando está cansado.

□

a. ‖ **~ bajito.** loc. verb. *PR.* Estar *alguien* tranquilo. pop + cult → espon.
b. ‖ **~ la boca.** loc. verb. *PR.* Heder la boca a alguien. pop + cult → espon ^ desp.
c. ‖ **~ la Borinqueña.**
    i. loc. verb. *PR.* Quedar *alguien* inquieto, sobresaltado. pop + cult → espon.
    ii. *PR.* Quedar *alguien* vencido y abochornado. pop + cult → espon.

pitaya. (Apóc. de *pitahaya*).
    I. 1. *Mx, Gu, Ho, CR, PR.* **pitahaya,** cactus perenne y fruto.
    2. *Gu, Ho, PR.* **pitahaya,** cactus de hasta 2 m de altura.

pitayo.
    I. 1. *Mx.* **pitahayo.**

pitazo.
I. 1. m. *Mx, Gu, Ho, Ni, CR. Pa, Cu, RD, PR, Co, Ve, Ec, Pe. Bo, Ch, Py, Ar, Ur.* Sonido o golpe de pito.
2. *Mx.* Silbido, sonido agudo emitido con los labios.
3. *Ho, Ni, Bo, Ch.* Silbido fuerte de una máquina.
II. 1. m. *Mx, Cu, Ve.* Soplo, aviso que se da en secreto y con cautela. pop + cult → espon.
2. *Gu, Ho, Ni.* Denuncia de alguien ante la autoridad.
▶ **dar el ~.**

pitchar. (Del ingl. *to pitch*).
I. 1. *EU, Cu, PR.* **pichar**, lanzar.

pitchear.
I. 1. tr/intr. *Mx, Ho, Ni, CR, Cu, PR, Co:N, Ve.* En el **beisbol**, lanzar el **lanzador** la pelota al **bateador** del equipo contrario. (**pitchar**).

pitcheo.
I. 1. m. *Mx, Ho, Ni, CR, Cu, PR.* En el **beisbol**, lanzamiento de la pelota que efectúa el **pícher** al **bateador** del equipo contrario.

pitcher. (Voz inglesa).
I. 1. *EU, Mx, Ho, Ni, Pa, Cu, PR, Co:N, Ve.* **pícher**, lanzador.
▶ **ser ~ y catcher.**

pite. (Del quech. *piti*, cosa pequeña).
I. 1. m. *Co, Ec.* Porción pequeña de algo. pop. (**piti**).
2. *Ec.* Espacio temporal breve. pop. (**piti**).
II. 1. m. *Co:SO.* Individuo que introduce la caña en los trapiches.
III. 1. m. *Co:SO.* Juego en que se tiran monedas contra una pared, y gana la moneda el que hace caer la suya a un palmo o menos de distancia de la del otro.

piteada.
I. 1. f. *Pa, Pe, Bo, Ch.* Introducción de un cigarrillo en la boca, aspirando y exhalando el humo.
II. 1. f. *Pe.* Desaprobación manifestada por una muchedumbre mediante silbidos reiterados.

piteador, -ra.
I. 1. m. y f. *Bo:O.* Persona habituada a fumar cigarrillos de cocaína. pop.

pitear(se).
I. 1. intr. *CR, Bo, Ch; Ar:C,NO,* pop. Silbar o hacer sonar un pito.
2. *Bo, Ch.* Sonar o salir un pitido de una cosa.
3. *Ch.* meton. Arbitrar un partido o **competencia**.
II. 1. intr. *Ch; Bo,* pop; *Pe,* pop + cult → espon. Protestar, expresar *una persona* su queja o disconformidad.
2. *Ch.* Hacer una reclamación.
III. 1. intr. *Bo, Ch.* Fumar. pop.
IV. 1. tr. prnl. *Ch.* juv. Realizar el coito.
V. 1. tr. *Ch.* Causar un daño fatal o irremediable, destruir, matar. pop + cult → espon.

pitén.
I. 1. m. *Cu.* Equipo de **beisbol** callejero.

piteo.
I. 1. m. *Pe, Ch.* Pitada, protesta contra alguien. pop + cult → espon.
2. *Ch.* Toque de silbato hecho por alguien. pop.

Píter. (Del ingl. *Peter*, Pedro).
◪
a. ‖ **aquí te las traigo, ~.** fr. prov. *Ch.* juv. Indica burla hacia alguien que se muestra muy prepotente. pop. ◆ **aquí te las traigo, Pedro.**

pitero.
I. 1. m. *Ho, Bo.* Hombre que fabrica o vende pitos o flautas de **carrizo**.
2. *Ho, Bo.* Hombre que toca el pito o flauta de **carrizo**.
II. 1. *Ho, ES, Ni.* **cusuco**, armadillo.

■
a. ‖ **~ de uña.** *Ho.* **armadillo hondureño.**

pitero, -a.
I. 1. adj/sust. *Gu, Ch.* Fumador. pop.
2. *Gu.* Referido a persona, que fuma marihuana.

piti.
I. 1. *Ec.* **pite**, porción pequeña de algo.
2. *Ec.* **pite**, espacio temporal breve.
II. 1. adj/sust. *Ch.* Referido a persona, corta de vista, cegata. pop.

pitiado.
I. 1. m. *Gu.* Espaldera que se hace con varas enterradas a cierta distancia y unidas con pitas, para sostener las plantas.
II. 1. m. *Gu.* Pene. vulg.

pitiar.
I. 1. intr. *Gu.* Comenzar a despuntar la flor del café. rur.

pitiayumí.
I. 1. m. *Ar, Ur.* Pájaro de hasta 11 cm de longitud, con la zona dorsal de color gris azulado con una mancha olivácea, pecho anaranjado y vientre amarillo. (Parulidae; *Parula pitiayumi*).

piticiego, -a.
I. 1. adj/sust. *Ch.* Referido a persona, corta de vista, cegata. pop.

piticlín.
I. 1. m. *Pe.* Cigarrillo de marihuana o de otra droga. drog.
2. *Ch.* Cigarrillo. pop + cult → espon.
II. 1. adj/sust. *Pe.* Referido a persona, que carece de experiencia o es neófita en algo. pop.
III. 1. m. *Cu,* juv; *Ch,* pop. Dinero o moneda de poco valor.

pitiflor.
I. 1. m. *Mx.* **pispirria.**

pitigüe.
I. 1. m. *Ch.* **gargacha.** (**pitihue**).

pitihue.
I. 1. *Ch.* **pitigüe.**

pitijaña.
I. 1. f. *Ch.* Cosa pequeña o sin importancia. pop + cult → espon.

pitilla.
I. 1. f. *Ch, Ar:O; Bo:S,* pop. Cordel delgado usado para atar paquetes pequeños.
▢
a. ‖ **en la ~.** loc. adv. *Ch.* En muy mala condición o situación. pop + cult → espon.
▶ **estar en la ~.**

pitillero, -a.
I. 1. m. y f. *Bo.* Persona que fuma cigarrillos de cocaína o los vende. pop.

pitillo.
I. 1. m. *Cu, Co, Ve.* Tubo estrecho que sirve para sorber líquidos.
II. 1. m. *Ni, PR, Pe.* Cigarrillo de marihuana. pop + cult → espon.
2. *Bo.* Cigarrillo de cocaína. pop.
III. 1. adj. *Ni.* Referido a mujer joven, que es virgen.

pitío.
I. 1. m. *Ch.* **gargacha.**
■
a. ‖ **~ del norte.** m. *Ch.* **gargacha.**
▢
a. ‖ **como ~.** loc. adj. *Ch:SO.* Referido a persona, empapada, mojada. pop.
b. ‖ **¡~ chitón!** loc. interj. *Ho.* Expresa orden de callarse.

pitiona.

I. 1. f. *Mx.* Arbusto de hasta 1,50 m de altura, muy aromático, con hojas opuestas, oblongas, y flores de color púrpura o violeta; se utiliza en la medicina tradicional. (Verbenaceae; *Lippia alba*). ♦ **amargón**; **juanilama**; **mastranto**; **salvia**; **sonora**.

pitipuá.

I. 1. *Ho, PR.* **petipuá**.

pitiquín.

I. 1. m. *Ho.* Abundancia de personas, animales y cosas.

pitirre. (De or. onomat.).

I. 1. *RD, PR.* **guatíbere**. (Tyrannidae; *Tyrannus dominicensis*).

2. m. *Cu.* Ave de hasta 15 cm de longitud, de color pardo en la parte superior y vientre amarillento con dos bandas anchas atravesadas, una debajo de la garganta y otra en el pecho, cabeza moñuda y cola ahorquillada. (Tyrannidae; *Contopus caribaeus*).

■

a. ‖ ~ **de agua**. m. *PR.* Pájaro de pequeño tamaño, cabeza, patas y pico negros, lomo, cola y alas, de color cenizo oscuro. (Sternidae; *Chlidonias nigra*).
b. ‖ ~ **de mangle**. *PR.* **matraca**, pájaro.
c. ‖ ~ **guatíbere**. *Cu.* **guatíbere**. (Tyrannidae; *Tyrannus caudifasciatus*).
d. ‖ ~ **real**. m. *Cu.* Pájaro de hasta 28 cm de longitud, de color gris en la parte superior y plumaje blanco en la inferior, con una mancha rojiza en la cabeza. (Tyrannidae; *Tyrannus cubensis*).

pititache.

I. 1. *Mx.* **patillón**.

pitiyanqui. (De *petit* y *yankee*).

I. 1. sust/adj. *Ve.* Persona que imita al estadounidense.

pito.

I. 1. m. *Mx, Gu, Ho.* Árbol de hasta 10 m de altura, con el tronco y las ramas espinosas; hojas trifoliadas, inflorescencia en racimos, flores de color rojo y fruto en forma de legumbre leñosa con semillas de color escarlata con una pinta negra; en la medicina tradicional, la corteza y la flor en decocción tienen numerosas aplicaciones. (Fabaceae; *Erythrina bertereona*). ♦ **chacmolché**.
2. *Gu, Ho.* Flor comestible del pito.
3. *Gu, Ho.* Semilla no comestible del pito, que se utiliza para adivinar el futuro.
II. 1. m. *Gu, Ni, CR, Pa, Cu, PR, Ve, Ec, Pe, Ch.* Cigarrillo de marihuana. drog.
III. 1. m. *Mx.* Flor de algunas plantas leguminosas.
IV. 1. m. *Mx.* Insecto hemíptero de hasta 3 cm de longitud, de color negro o castaño, con manchas de diversos tonos. (Reduviidae; *Rhodnius prolixus*).
V. 1. m. *Pe, Bo.* Dulce o papilla de maíz desleído con azúcar.
VI. 1. m. *Pe.* **gargacha**.
VII. 1. m. *Ho, Ni.* Instrumento musical aerófono hecho de caña o carrizo, de 30 a 50 cm de largo, que en la parte superior lleva cuatro pequeños agujeros y uno en el centro del perfil opuesto; por un lado tiene un canal de insuflación a través de una boquilla biselada y una lengüeta vibradora hecha de corteza de la fruta del **jícaro**.
VIII. 1. m. *Ho.* Diarrea. vulg.
IX. 1. m. *CR.* Hoja central de algunas musáceas, como el **plátano** y el **banano**, cuando está aún arrollada, erecta y muy tierna.

■

a. ‖ ~ **Juan**. *Ar:NO.* **pitojuán**.

□

a. ‖ a ~ **de escopeta**. loc. adv. *Ch.* A propósito de algo que no tiene relación con lo que se está tratando.

b. ‖ ¿a ~ **de qué?** loc. adv. *Ni, Ch.* Con qué motivo. pop + cult → espon.
c. ‖ a ~ **y caja**. loc. adv. *CR.* p.u. Atropelladamente o a toda prisa. pop.
d. ‖ **con** ~ **y caja**. loc. adv. *Ch. Con referencia a la salida de alguien de un puesto o cargo*, con mucho escándalo y difusión pública. pop + cult → espon.
e. ‖ **de** ~ **y tolete**. loc. adj. *Pa. Referido a un policía*, que no lleva revólver por dedicarse solo a dirigir el tránsito. pop + cult → espon ∧ desp.
f. ‖ ni ~. loc. adv. *Ni, Ec, Pe.* Nada. pop + cult → espon.
g. ‖ ~ a ~. loc. adv. *RD.* Cara a cara, abiertamente o sin rodeos ni reservas.
h. ‖ ~ **catalán**. loc. sust. *Pa, Ar, Ur.* Gesto de burla que se hace poniendo la yema del dedo pulgar en contacto con la nariz y moviendo los demás dedos de la mano. pop + cult → espon.
i. ‖ ~ **de cañahua**. loc. sust. *Bo.* Grano o fruto de **cañihua** molido muy fino.
j. ‖ ~s y **pailas**. loc. sust. *Pa.* Protesta que realizaba el pueblo panameño en las calles, sonando pitos y golpeando **pailas** durante la dictadura del general Noriega. pop + cult → espon.

▶ gastar en ~s y flautas; ir con el ~ y la caja; no tener ~ que tocar; no tocar ni ~; valerle ~.

pito, -a.

I. 1. adj. *Pe. Referido a cosa*, nueva o en buen estado. pop.
2. *Pe.* metáf. *Referido a persona*, virgen, que no ha tenido relaciones sexuales. pop.
II. 1. m. y f. *Bo, Ar, Ur.* Árbitro de **futbol** o de otra **competencia**. pop ∧ fest.
III. 1. adj. *Pe. Referido a una prenda de vestir*, ajustada. pop.

pitoche.

□

a. ‖ ni ~. loc. adv. *Cu.* Absolutamente nada. pop.

pitoco, -a. (Voz portuguesa).

I. 1. adj. *Ar:NE. Referido a un animal*, que tiene el rabo cortado o algún miembro mutilado.

pitofé.

I. 1. *Ar.* **cristofué**.

pitogüé.

I. 1. *Py.* **cristofué**.

pitojí.

I. 1. *Ar:NE.* **cristofué**.

pitojuán.

I. 1. *Ar.* **cristofué**. (**pito Juan**).

pitol.

I. 1. *Mx.* **patol**.

pitola.

▶ estar hecho una ~.

pitón.

I. 1. m. *Pe, Bo.* Boquilla o conducto de metal que se ajusta a una manguera de riego o incendios por donde sale el agua.
2. *Gu.* Boquilla de una lavativa.
3. *Bo.* Orificio pequeño de la válvula del quemador por donde sale el gas de combustión de un anafre o de una cocina de gas.
4. *Ho.* Tubo que recoge las aguas de lluvia de un tejado.
II. 1. m. *Ho.* Persona aduladora y servil. est.
III. 1. adj. *Ho. Referido a un fruto*, que comienza a madurar.
IV. 1. m. *Ho.* Chorro.
V. 1. m. *PR.* Clítoris. tabú; pop + cult → espon.

pitonear.

I. 1. intr. *Ve.* Funcionar mal y ruidosamente un motor por fallo en la combustión.

pitongo.
    I. 1. m. *Pa.* Parte sobresaliente de un objeto.

pitoreta.
    I. 1. f. *Ho.* Flauta de juguete, *generalmente de plástico*, que se utiliza en fiestas y eventos deportivos para hacer ruido.
       2. *Ni.* Trompeta.
       3. *CR.* Silbato del tren.
    II. 1. f. *Ho.* Persona que dice tonterías. desp.
       2. m-f. *Ni.* Persona chismosa, indiscreta.
    III. 1. f. *ES.* Diarrea.
    IV. 1. f. *Ho.* Mofa, burla.
    ▶ **no hallar ~ que tocar; ser la ~; tomar a ~.**

pitorro.
    I. 1. m. *RD, PR.* Ron de fabricación clandestina, de muy baja calidad y alta graduación confeccionado con miel de **purga** y miel residual de la caña de azúcar.

pitre.
    I. 1. m. *RD.* Individuo que se viste y acicala con refinamiento llamativo y algo cursi. ◆ **taco.**

pitrimitri.
    □
       a. ‖ **de la ~.** loc. adj/adv. *Pe.* Referido a persona o cosa, excelente, muy buena. pop + cult → espon.

pituca.
    I. 1. f. *Bo:E, Ar.* Cigarrillo de marihuana. drog.
    II. 1. f. *Pe.* **taro**, planta y tubérculo.

pitucada.
    I. 1. f. *Ur.* Conjunto de **pitucos**, personas de extracción social alta. pop + cult → espon ^ desp.
       2. *Ur.* Hecho o dicho propio de un **pituco**, persona de extracción social alta. pop + cult → espon ^ desp.

pitucaje.
    I. 1. m. *Ur.* **pitucada**, conjunto de **pitucos**, personas de extracción social alta. pop + cult → espon ^ desp.

pituco, -a.
    I. 1. sust/adj. *Ec, Pe, Bo; Ch, Py, Ar, Ur*, desp. Persona de extracción social alta. pop.
       2. adj. *Ec, Pe, Bo:O, Ch, Py, Ar, Ur.* Referido a persona, que viste con elegancia y cuida mucho su apariencia. pop.
    II. 1. adj. *Ch, Py, Ar, Ur.* Referido a objeto, lugar o situación, muy elegante. pop + cult → espon.

pitudo, -a.
    I. 1. adj. *Mx, CR, Ch.* Referido a la voz o a un sonido, muy agudo.
       2. *Ho.* Referido a persona, chillona, gritona.
    II. 1. adj. *Gu.* Referido a alimento, fibroso.
    III. 1. adj/sust. *Gu.* Referido a persona, necia.

pitufo.
    I. 1. m. *Mx.* Agente de la policía. pop.
    II. 1. m. *Pa.* obsol. Vehículo antidisturbios que lanza agua.

pitufo, -a.
    I. 1. m. y f. *Bo:O.* Niño delincuente, *generalmente varón*, que forma parte de pandillas y tiene adicciones. delinc.

pituquear(se).
    I. 1. intr. *Bo; Py, Ar, Ur*, p.u. Comportarse como un **pituco**, persona de clase social alta. pop + cult → espon.
       2. intr. prnl. *Pe.* p.u. Comportarse *alguien* como si fuera un **pituco**, persona de clase social alta. pop.
       3. *Bo:O.* Arreglarse y vestirse bien *alguien*. pop + cult → espon.

pituqueli.
    I. 1. adj. *Ch.* Referido a objeto, lugar o situación, muy elegante. pop + cult → espon.

pituquería.
    I. 1. f. *Pe, Ch, Ar, Ur.* Conjunto de **pitucos**, personas de extracción social alta. pop + cult → espon.
       2. *Pe, Ch.* Actitud de quien quiere ser considerado elegante.
       3. *Pe, Ch.* Expresión o acto propios de un **pituco**, persona de extracción social alta.
       4. *Ar, Ur.* Refinamiento o elegancia. pop + cult → espon.

pituqueso, -a.
    I. 1. adj/sust. *Pe.* p.u. Referido a persona, que aparenta ser de clase social alta o presume de ello. pop + cult → espon.

piturrear.
    I. 1. intr. *Ho.* Defecar *alguien* que tiene diarrea.
       2. *Ho.* Defecar la gallina.

piturría.
    I. 1. f. *Ho.* Diarrea.
    II. 1. f. *Ho.* **cristofué**.

piturriaca.
    I. 1. f. *Ho.* Diarrea. rur; pop.

pitusa.
    I. 1. f. *Cu.* Pantalón hecho de una tela resistente de algodón, de color azul, usado originalmente por vaqueros y mineros norteamericanos.

pitutear.
    I. 1. intr. *Ch.* Realizar *una persona* trabajos ocasionales en forma paralela al suyo habitual. pop + cult → espon.

pituteo.
    I. 1. m. *Ch.* Trabajo ocasional paralelo al propio habitual. pop + cult → espon.

pitutero, -a.
    I. 1. sust/adj. *Ch.* Persona que se dedica a hacer **pitutos**, trabajos ocasionales. pop + cult → espon.
       2. adj. *Ch.* Relativo a los **pitutos** y a quien los realiza. pop + cult → espon.

pituto.
    I. 1. m. *Ch.* Tubo pequeño y sobresaliente de un objeto. pop + cult → espon.
    II. 1. m. *Ch.* Trabajo ocasional que se realiza en forma simultánea con otro estable con el fin de aumentar los ingresos. pop + cult → espon.
    III. 1. m. *Ch.* Contacto influyente de alguien que facilita y proporciona beneficios. pop + cult → espon.

pitzomel. (Del nahua *pitzotl*, cerdo, y *metl*, maguey).
    I. 1. *Mx:C,S.* **maguey curandero**. (**pichomel**; **pisomel**).

piuchén.
    I. 1. m. *Ch:SO.* Criatura fabulosa con cuerpo de culebra o lagarto y alas de murciélago. (**piguchén**).

piule. (Del zapoteca).
    I. 1. *Mx.* **ixtabentún**.

piunga. (Epént. de *pinga*).
    I. 1. *Ho:O,S.* **pinga**, trompo pequeño.
       2. f. *Ho.* Pene. euf; fest.

piuquén.
    I. 1. m. *Ch, Ar.* **guayata**.

piure.
    I. 1. m. *Ch.* Animal marino procordado, sedentario, cuyo cuerpo, de color rojo y de hasta 6 cm de longitud, tiene la forma de un saco con dos aberturas, que son, respectivamente, la boca y el ano; es comestible. (*Pyuridae*; *Pyura chilensis*).

pius.
    I. 1. m. *CR.* Parte del cuerpo de la gallina, situada debajo de la cola, donde se sitúa la glándula que segrega grasa. rur.

piva.
    I. 1. f. *Ni.* juv. Muchacha joven.

pivijay.
 I. 1. *Co.* **higuerón**, árbol de hasta 40 m.

pivote.
 I. 1. m-f. *Ec, Bo. En el **basquetbol**,* jugador cuya misión básica consiste en situarse en las cercanías del tablero para recoger rebotes o anotar puntos.

pixbae.
 I. 1. *Pa.* **pisbae**.

pixca. (Del nahua *pixca*, coger el maíz).
 I. 1. *Mx.* **pisca**, cosecha.

pixcar. (Del nahua *pixca*, coger el maíz).
 I. 1. *Mx.* **piscar**.

pixcoy.
 I. 1. *Gu.* **tingazú**.

pixote.
 I. 1. m. *Bo:O.* Niño sin hogar que forma parte de una pandilla y se dedica al robo. delinc.

pixoy.
 I. (Del maya yucat. *pish*, tapar y *soi o sui*, culo).
 1. *Mx:SE.* **guásimo**, árbol.
 II. 1. m. *Mx:SE.* Aguardiente de caña.

pixque. (Del nahua *pixque*, guardar, conservar).
 I. 1. adj/sust. *Ho.* **pisque**.

pixte. (Del nahua *pitztli*, el hueso o cuesco de algunas frutas).
 I. 1. m. *Mx.* Semilla del fruto del **zapote**, de la que se extrae aceite vegetal para la elaboración de jabón; se usa en la medicina tradicional. (**pixtle**).

pixtle.
 I. 1. *Mx.* **pixte**.

pixtón.
 I. 1. *Gu.* **pishtón**.

piyama.
 I. 1. f. *Mx, Ho, Ni, CR, Cu, RD, PR, Co, Ve, Ec, Pe, Bo, Py, Ar, Ur, Ch,* p.u. Prenda de dormir, *generalmente compuesta de pantalón y chaqueta.*
 □
 a. ‖ **en plan ~.** loc. adj/adv. *Cu. Referido a persona,* que está en su casa a la espera de una sanción por haber cometido un delito, *especialmente en un puesto directivo.*
 b. ‖ **~ de madera.** loc. sust. *Mx, Co:O; Ch,* euf; pop + cult → espon ^ fest. Ataúd. delinc.

piyo.
 I. 1. *Bo:E.* **ñandú**, *Rhea americana.* (**piyu**).

piyu.
 I. 1. *Bo.* **piyo**.

piyuya.
 I. 1. f. *Py.* Mujer. pop. (**pichucha**).

piyuyo.
 I. 1. adj. *Bo:E. Referido a persona,* sin dinero. pop.

piza.
 □
 a. ‖ **¡la ~!** loc. interj. *Ve.* Expresa negación rotunda.

pizarra.
 I. 1. f. *Cu.* Panel del interior del automóvil frente al chofer donde se encuentran los instrumentos de conducción del mismo.

pizarreño.
 I. 1. m. *Ch.* Plancha hecha con una mezcla de cemento y asbesto.

pizarrín.
 I. 1. m. *Gu.* Caramelo, de forma cónica o cilíndrica, con un palito que sirve de mango.

pizarrín, -na.
 I. 1. m. y f. *Gu.* Amigo íntimo, compañero inseparable. pop.
 II. 1. adj. *Gu. Referido a persona,* que ha realizado el coito.

pizarrón.
 I. 1. m. *Mx, Gu, Ho, Ni, Cu, RD, PR, Ve, Ec, Pe, Bo, Ch, Py, Ar, Ur; CR,* p.u; *Pa.* cult. Tablero con la superficie acondicionada para escribir y borrar sobre ella con tiza o **marcador**, *usado generalmente en las aulas.*
 ▶ **sacar al ~; salir al ~.**

pizca.
 I. 1. *Mx.* **pisca**, cosecha.
 II. 1. f. *Ve.* Caldo preparado *principalmente con huevo, **papas**, cebolla, cilantro y leche* que se toma como desayuno. ♦ **pizca andina**.
 □
 a. ‖ **~ andina.** *Ve:O.* **pizca**, caldo.

pizcacha.
 I. 1. f. *Mx, Ho, Ni.* Pizca, porción mínima o muy pequeña de algo. pop. (**piscacha**).

pizcar.
 I. 1. *Mx.* **piscar**.

pizizigaña.
 I. 1. *Ni.* **pizpizigaña**, juego infantil.

pizota. (De *epizootia*, epidemia entre los animales).
 I. 1. f. *Ar:NO,O.* Fiebre aftosa. rur; pop + cult → espon.

pizote. (Del nahua *pizotl*).
 I. 1. m. *EU, Mx, Gu, Ho, ES, Ni, CR, Pa.* **Coatí**, mamífero plantígrado, de cabeza alargada y hocico estrecho con nariz muy saliente y puntiaguda, orejas cortas y redondeadas, pelaje largo y tupido. (Procyonidae; *Nasua* spp.). (**pezote**; **pisote**).
 II. 1. adj/sust. *Gu. Referido a persona,* desgraciada, que inspira menosprecio.
 III. 1. sust/adj. *Ho.* Persona astuta, lista y vividora.
 IV. 1. sust/adj. *Ho.* Persona que tiene los labios gruesos y salientes.
 □
 a. ‖ **como ~.** loc. adj. *Gu. Referido a persona,* sola, sin compañía.

pizpicigaña.
 I. 1. f. *Gu.* **pizpizigaña**, juego infantil. (**picizigaña**).

pizpirigaña.
 I. 1. f. *Ni.* **pizpizigaña**, juego infantil.

pizpizigaña.
 I. 1. f. *Gu, Ho, ES. Ni.* Juego infantil que consiste en hacer un corro de niños con sus manos en el centro, uno de ellos pellizca la mano de los demás y el último debe alejarse del corro; los niños del corro eligen cada uno el nombre de un animal o medio de locomoción que debe adivinar el que está fuera del corro; si acierta, el niño con ese nombre le debe transportar cargado hasta el corro. (**pispisigaña**; **pizizigaña**; **pizpicigaña**; **pizpirigaña**).
 2. *Ho.* Broma, cosa poco seria, tontería.

pizquearse.
 I. 1. intr. prnl. *Ho, Ni.* Llenarse algunas plantas o frutos de manchas.

pizuña.
 □
 a. ‖ **¡la ~!** loc. interj. *Ve.* Expresa negación o rechazo ante algo que se teme.

pizute.
 I. 1. *Ho:C,E.* **huizote**, instrumento de labranza.

pizzera.
 I. 1. f. *Bo, Ch, Py, Ar.* Bandeja, *generalmente redonda,* en la que se prepara la pizza.

placa.
 I. 1. f. *Gu, Ho, Ec, Bo.* Dentadura postiza.
 2. *Bo.* **placa dental**.

II. 1. f. *Ch.* p.u. Parte inferior de un edificio o de un conjunto de ellos, *destinados generalmente para locales comerciales o de servicios.*

2. f. *Cu.* Techo de hormigón armado de una edificación.

III. 1. f. *Ch.* Hierba perenne de hasta 60 cm de altura, lampiña, de tallo erguido, hojas inferiores pecioladas y las superiores aovadas de bordes dentados, con flores solitarias de forma acampanada. (Phrymaceae; *Mimulus luteus*).

IV. 1. f. *Ho.* juv. *Entre* **mareros**, tatuaje. delinc. ♦ **taco**.

V. 1. f. *Ho.* juv. Pintada en una superficie. delinc.

■

a. ‖ **~ de rodaje.** f. *Pe.* Chapa en la que aparece la matrícula de un vehículo.

b. ‖ **~ dental.** f. *Bo.* Estructura metálica, *generalmente de oro o plata,* que sujeta los dientes postizos a los propios. ♦ **placa**.

c. ‖ **~ postiza.** f. *Bo, Ch.* Prótesis dental.

□

a. ‖ **la ~.** loc. sust. La libertad.

▶ **salir por la ~.**

placar. (Del fr. *placard*).

I. 1. m. *Bo, Py, Ar, Ur.* Armario empotrado para guardar, *generalmente, prendas de vestir y ropa de cama.* (**placard**).

placard. (Voz francesa).

I. 1. *Bo, Ar, Ur.* **placar**.

placé. (Voz francesa).

I. 1. adj. *Pe, Ch, Ar, Ur. Referido a un caballo de carreras,* que llega a la meta a la meta en segundo o tercer lugar.

2. m. *Pe, Ch. En las carreras de caballos,* apuesta y dividendo que se gana cuando el caballo escogido llega entre los tres primeros lugares en una prueba de más de once competidores.

II. 1. adv. *Ch.* **a placé**.

□

a. ‖ **a ~.** loc. adv. *Pe, Ar.* Tardíamente. (*placé*).

▶ **llegar ~.**

placenta.

I. 1. f. *PR.* Individuo que está todo el tiempo con una persona. pop + cult → espon ∧ fest.

placer.

I. 1. m. *Cu.* Campo yermo o terreno plano y descubierto, en el interior o en las inmediaciones de una ciudad.

2. *Ho.* Lugar o poza de un río en el que hay pepitas o sedimentos arenosos.

placera.

I. 1. adj/sust. *Mx, Gu, Ec, Pe. Referido a mujer,* vulgar, sin cultura ni educación. pop + cult → espon ∧ desp.

II. 1. f. *Gu, Ec, Pe.* Mujer que tiene un puesto en el mercado o vende en él.

III. 1. f. *Ho.* Prostituta.

placero, -a.

I. 1. m. y f. *Ar, Ur.* Persona encargada del cuidado y mantenimiento de las plazas públicas.

placita.

I. 1. f. *Gu, RD, PR.* Pequeño mercado de frutos menores.

2. *Cu.* Pequeño mercado estatal donde se venden productos agrícolas racionados.

II. 1. f. *PR.* Lugar donde se planea un robo. delinc.

plafón.

I. 1. m. *PR.* Techo.

plafonier. (Del fr. *plafonnier*).

I. 1. m. *Ch.* Lámpara adosada al techo de una habitación.

plaga.

I. 1. f. *CR, Pa, Bo, Ur, Py,* desp. Persona molesta y pesada.

2. *Ec.* Niño, travieso y molestoso, aunque sin malicia. pop + cult → espon ∧ fest.

3. *Gu.* Muchachada.

plagero, -a.

I. 1. adj/sust. *Pe. Referido a persona, principalmente a un estudiante,* que copia o plagia. pop + cult → espon.

plagiado, -a.

I. 1. sust/adj. *Ho, Ni, CR, Pa, Ve, Ec, Bo, Ch, Py.* Persona que ha sido secuestrada.

plagiador, -ra.

I. 1. m. y f. *Gu, Ho, Ni, CR, Ec, Pe, Bo, Py; Ch.* esm. Persona que **plagia** o secuestra a alguien. ♦ **plagiario**.

II. 1. sust/adj. *Pe.* Estudiante que copia de los compañeros en los exámenes. est.

plagiar(se).

I. 1. tr. *Mx, Gu, Ho, Ni, CR, Pa, Co, Ve, Ec, Pe, Bo, Py; Ch.* esm. Secuestrar a *alguien, generalmente con el fin de obtener un rescate.*

II. 1. tr. *Ni, Pe.* Copiar un examen o prueba de evaluación de otra persona. est.

2. intr. prnl. *Pe.* Copiar en un examen o prueba de evaluación. est.

plagiario, -a.

I. 1. m. y f. *Mx, Gu, Ho, Ni, CR, Ve, Ec, Pe, Bo, Py; Ch.* esm. **plagiador**, secuestrador.

plagio.

I. 1. m. *Mx, Ho, Ni, CR, Pa, Ve, Ec, Pe, Bo, Py; Ch,* esm. Secuestro de una persona.

II. 1. m. *Pe.* Copia fraudulenta que se hace en los exámenes y pruebas de evaluación. est.

plagosear.

I. 1. tr. *RD.* Pedir *alguien algo* con tanta insistencia que resulta molesto. (**plagosiar**).

plagosiar.

I. 1. *RD.* **plagosear**.

plagoso, -a.

I. 1. adj. *Gu, Ni. Referido a cultivo agrícola,* con plagas.

2. *Ni. Referido a persona,* que se enferma con frecuencia.

II. 1. adj/sust. *RD. Referido a persona,* que resulta molesta por pedir algo con mucha insistencia.

plaguear.

I. 1. intr. *Py, Ar:NE.* Quejarse continuamente, *en especial de la propia suerte.* pop + cult → espon.

2. *Gu, Py.* Refunfuñar, gruñir. pop + cult → espon.

II. 1. intr. *Ar:NE.* Andar molestando o importunando con un mismo tema. pop + cult → espon.

III. 1. intr. *Gu, ES.* Negar o dificultar la dádiva de algo.

plagueo.

I. 1. m. *Py, Ar:NE.* Queja, manifestación de disconformidad. pop + cult → espon.

plagueón, -na.

I. 1. sust/adj. *Ar:NE.* Persona molesta e inoportuna. pop + cult → espon.

II. 1. sust/adj. *Py.* Persona que se queja continuamente. pop + cult → espon.

2. *Py.* Persona que refunfuña constantemente. pop + cult → espon.

plan.

I. 1. m. *Mx:SE, Cu, Co, Ve, Ec; Gu, Pa,* rur. Parte plana de la hoja del machete.

II. 1. m. *Gu, ES, Co:C,O,SO, Ve, Ch; CR,* rur. Extensión de terreno llano, *especialmente el de gran amplitud.*

2. *Bo.* Unidad administrativa de un municipio. pop.

3. *Ho:C,O.* Pedazo de tierra llano y en alto. rur.

III. 1. m. *Ve.* Golpe dado con la parte plana del machete o de otro instrumento similar.

IV. 1. m. *Ni, Pa.* Fondo de un río, playa o de un lago. rur.

2. *Pa.* Fondo de una vasija.

●
a. ‖ ~ **y para el cuartel.** fórm. *Ve.* Se usa para dar una orden de un militar superior a un subalterno para que conduzcan al cuartel a personas que han sido arrestadas.

■
a. ‖ ~ **cuadrante.** m. *Ch.* Sistema de división de una ciudad en cuadrantes para hacer más efectiva la vigilancia y combatir más eficazmente la delincuencia.

b. ‖ ~ **de machete.**
i. m. *Cu.* Castigo infligido por la guardia rural que consistía en una serie de golpes dados con el plan.
ii. *Cu.* metáf. Castigo con golpes.

□
a. ‖ **a ~ de.** loc. prep. *Bo.* Por medio de.
b. ‖ ~ **de la calle.** loc. sust. *Cu.* Actividad recreativa, programada para niños, que se realiza en la calle.
c. ‖ ~ **tortuga.** loc. sust. *Co.* Medida de protesta laboral que consiste en realizar el trabajo con gran lentitud.
▶ **ser de ~ y ladera.**

plana.
I. 1. f. *Gu. En el trapiche*, pilones cuadrados para hervir el jugo de caña y convertirse en **panela**.
II. 1. f. *PR.* Barca.

planaciada.
I. 1. f. *Ho.* **planazo**, golpe dado con la parte plana de un machete. rur.

planada.
I. 1. f. *Ho, Ni, Ec, Bo.* Terreno plano.
II. 1. f. *Ho.* **planazo**, golpe dado con la parte plana de un machete.

planadora.
I. 1. f. *CR.* Máquina automóvil que rueda sobre unos cilindros de acero muy pesados, usada para allanar y compactar el firme de caminos o el pavimento de otras superficies.

planazo.
I. 1. m. *CR, Pa, RD, Co, Ve, Ec, Pe, Bo, Ar, Gu, Ho, ES, Cu, PR,* rur. Golpe dado con la parte plana del machete o de otro instrumento similar. ♦ **planaciada; planada**.
2. *Ve.* Golpe dado en la espalda de alguien con un látigo.
3. *Cu, RD.* Golpe que alguien da a otro con intención de hacerle daño. pop.
4. *Ho, Ni.* Caída, costalada.
II. 1. m. *Cu.* Trago de una bebida alcohólica de alta graduación. pop.

planazón.
I. 1. f. *Ve.* Cantidad grande y continuada de **planazos** dados con el machete.

plancha.
I. 1. f. *Ni, RD, Co, Ve, Pe, Bo.* Lista de candidatos que se presentan a una elección.
II. 1. f. *Mx, Bo.* Espera prolongada. pop + cult → espon.
III. 1. f. *Mx.* Mesa de hierro para colocar cadáveres o enfermos que requieren cirugía.
IV. 1. f. *Ho, Ni, Ec, Ur.* Estructura del techo o suelo de una casa o de un edificio hecha con varillas de hierro y hormigón.
2. *Gu, Bo.* Herramienta compuesta de una plancha de hierro o acero y una manija o un asa, *que usan los albañiles* para extender y allanar el yeso o la argamasa.
3. *Ho, Ur. En la construcción*, bloque de cemento fundido con entramado de varillas de 3 m de largo.

V. 1. *Ve.* Situación molesta o desagradable.
2. *RD.* Desplante. pop + cult → espon ^ fest.
VI. 1. f. *CR, Ve, Ch.* Dentadura postiza. pop.
VII. 1. f. *Gu, Pe.* Caja descubierta de un vehículo donde se transportan mercancías.
VIII. 1. adj. *Pe. Referido a un autobús público*, lleno de pasajeros. pop.
IX. 1. f. *Ch.* Lámina de metal que, colocada en algún lugar público, sirve de guía, orientación, anuncio, prohibición, o como recuerdo de una efeméride.
2. *Bo:E.* Hoja fina, con tinta en una de sus caras, que permite obtener diferentes copias.
X. 1. f. *Bo.* Escrito que ocupa una sola hoja de papel.
XI. 1. f. *Ho.* Pie grande. desp.
XII. 1. f. *Ni.* Matadura.

■
a. ‖ ~ **laceadora.** f. *Pe.* **laceadora.** (**plancha laciadora**).
b. ‖ ~ **laciadora.** f. *Pe.* **plancha laceadora**.

□
a. ‖ **como ~ de chino.** loc. adv. *Ve.* Con mucho disgusto.
b. ‖ **en ~.** loc. adj. *Pa, Ec. Referido al voto electoral*, otorgado a toda la candidatura de un partido político.
▶ **caer en ~; hacer ~; pelarse a la ~; poner la ~; tirar ~; tirar una ~; tirarse en ~.**

planchada.
I. 1. f. *Ho.* Reprobación de un examen o asignatura. est.

planchadera.
I. 1. f. *Mx, Ni, CR, Pa.* Planchado reiterado de la ropa. pop.
2. *Gu.* Mueble donde se lleva a cabo el planchado.

planchado.
I. 1. m. *Pe.* Reparación de la carrocería de un vehículo.
II. 1. m. *Cu.* Recipiente de cartón que contiene ron.
2. *Cu.* meton. Ron que se comercializa en un recipiente de cartón.

planchado, -a.
I. 1. adj. *Mx, Gu, Bo, Ar, Ur. Referido a persona*, muy cansada. pop + cult → espon.
II. 1. adj. *Ve, Ec. Referido a persona*, fracasada, arruinada.
2. *Ve, Ec. Referido a persona*, enfrascada en una situación difícil.
3. *Ni. Referido a persona*, sin dinero.
III. 1. adj. *Ni, Ch. Referido a persona*, que queda bien con otra persona.
2. *Gu.* Muy bueno, muy agradable.
3. *Gu. Referido a persona*, elegante.
IV. 1. adj. *Cu. Referido a persona*, de nalgas caídas y aplanadas. ♦ **chumbo**.
V. 1. adj. *Gu. Referido a persona*, muy competente o muy capaz.
VI. 1. adj/sust. *Ho. Referido a un estudiante de primaria o secundaria*, que no ha aprobado un examen, una materia o el curso lectivo.
VII. 1. adj. *PR. Referido a un asunto*, que está listo, a punto de terminarse. pop + cult → espon.

planchador.
I. 1. *Gu, Ho, CR.* **aplanchador**, mueble.

planchador, -ra.
I. 1. m. y f. *Pe.* Operario encargado de desabollar la chapa y carrocería de un vehículo.

planchadora.
I. 1. sust/adj. *Bo:O.* Mujer que en una fiesta no es requerida para bailar. pop.

planchaduría.
I. 1. f. *Mx.* Establecimiento comercial en donde se plancha ropa.

planchar(se).
- I. 1. tr. *Mx, ES.* Realizar el coito. vulg.
  2. prnl. *Mx.* Realizar el coito. vulg.
- II. 1. tr. *Mx, RD, Bo:O, Ur.* Dejar a *alguien* esperando. pop.
  2. intr. *Bo:E,S, Ch, Ar:NO.* pop; *Py, Ur,* obsol. Quedar *alguien* sin ser invitado a bailar en una reunión.
- III. 1. tr. *Gu, Ho.* Vencer a alguien en una discusión.
  2. intr. *Ec.* Fracasar, arruinarse. pop + cult → espon.
  3. tr. *Pa, Cu.* Excluir a *alguien* de una tarea en equipo.
  4. *Pa, Cu.* Rechazar una idea o una propuesta por considerarla inadecuada.
  5. tr. prnl. *Ho.* Suspender a alumnos.
  6. tr. *Ho.* Cometer un error, echar a perder algo.
  7. *Pa.* Hacer fracasar un candidato a otro en el intento de obtener un puesto político deseado. pop + cult → espon.
- IV. 1. tr. *Bo, Ch, Ur.* En el *futbol* y otros deportes, golpear un jugador con la planta del pie a un adversario, *especialmente en la pierna.*
  2. *Bo:O.* En una pelea, dar un golpe con los pies juntos, estirándolos con fuerza en el aire, al rival que se encuentra de pie. pop.
  3. *RD.* En el *beisbol*, **batear** cortamente.
- V. 1. tr. *Gu, Ve.* Perjudicar a *alguien.*
- VI. 1. tr. *Ve.* Dar un **planazo** a alguien.
- VII. 1. tr. *Pe.* Reparar la carrocería de un vehículo.
- VIII. 1. tr. *Cu.* Romper la relación amorosa con alguien.
- IX. 1. intr. *Cu.* Andar descalzo.

plancherazo.
- I. 1. m. *Gu.* Persona que hace quedar mal a los demás con sus escándalos.

plancherío.
- I. 1. m. *Ur.* Conjunto de personas de estrato social bajo. pop + cult → espon ^ desp.

planchero, -a.
- I. 1. m. y f. *Gu, Ho.* Persona que habitualmente comete errores.
  2. sust/adj. *Ho.* Persona que no cumple lo que promete.
  3. *Ho.* Persona que no llega a una cita.

plancheta.
- □
  a. ‖ ~ **y media.** loc. sust. *Bo.* Situación desagradable. pop.

planchista.
- I. 1. adj. *Gu.* Referido a persona, escandalosa o que causa escándalos.

planchita.
- I. 1. f. *Py.* Artefacto eléctrico que utilizan las mujeres para alisar el cabello. pop + cult → espon.

plancho, -a.
- I. 1. adj. *Co.* Referido a una superficie, llana, lisa.

planchón.
- I. 1. m. *Co, Ec.* Embarcación que tiene como base una plataforma descubierta y que se usa en los ríos para transbordar vehículos de una orilla a otra.
  2. *Co.* Embarcación de fondo plano y sin velas, que se lleva a remolque de un buque.
- II. 1. m. *Ch, Ar.* Mancha de nieve o hielo perpetuos en las zonas de alta montaña.
  2. *Ch.* Trozo de tierra o conjunto de rocas que queda suelto después de haber hecho el tiro en una excavación.
  3. *Bo.* Planicie o meseta en las cumbres andinas.
  4. *Bo:SO.* En las minas, roca que está a punto de desprenderse a causa de la humedad.
- III. 1. m. *Gu.* Daño en una prenda de vestir por pasar la plancha demasiado caliente.
- IV. 1. m. *Ho.* Equivocación, error en algo.

planchoso, -a.
- I. 1. adj. *Ec.* Referido a persona, que comete un error por el cual queda en ridículo.

plancito.
- I. 1. m. *Pe.* Relación o cita ocasional de carácter sexual. pop + cult → espon.

plancón.
- I. 1. m. *Ho.* Tablón o tronco de árbol para cruzar un río, una **quebrada** o una acequia. rur.

planeación. (Del ingl. *planning*).
- I. 1. f. *Mx, Ni, Ec, Bo.* Conjunto de las medidas y los procedimientos que se efectúan para trazar un plan.
  2. m. *Ho, Ni, CR, Bo.* Planeamiento. cult → esm.

planear.
- I. 1. tr. *Mx:SE, Ve.* Golpear contra algo la parte plana del machete o de otro instrumento similar. rur.

¡plangán!
- I. 1. interj. *Ho.* Expresa el comienzo de una acción.
  2. *Ho.* **¡prangán!**

planilla.
- I. 1. f. *CR, Pa, Co, Ec, Pe, Bo, Ch, Py, Ar, Ur.* Lista de las personas que cobran un sueldo en una empresa.
  2. *Gu, Pa, Ec, Pe, Bo, Ch, Py, Ar, Ur.* Relación ordenada de gastos contables.
  3. *Co, Bo.* Documento en el que constan los datos sobre el itinerario, la carga y los pasajeros de un viaje o transporte de personas o mercancías.
  4. *Gu, Ho, Ni, CR, Bo, Ur, Ec,* p.u. Lista del personal de una empresa en la que figuran los salarios y horarios y que sirve para el control por parte de las autoridades.
  5. *Gu, CR, Bo, Ch.* Conjunto de sueldos que paga una empresa.
- II. 1. f. *Cu, Co, Ve, Pe, Bo, Ch, Py, Ar, Ur.* Formulario u hoja impresa con espacios en blanco para rellenar en la realización de trámites.
  2. *PR.* Impreso en el que se hace la declaración fiscal.
- III. 1. f. *Mx, Gu, Ho.* Lista de personas con sus respectivos cargos para una elección que presenta un partido, una facción o un grupo de personas.
  2. *Ho.* Equipo de personas que conforman la candidatura para ocupar puestos políticos o juntas directivas.
- IV. 1. f. *Ec.* Factura por concepto de un servicio público, *especialmente de energía eléctrica, gas, agua y teléfono.*
- ■
  a. ‖ ~ **volante.** f. *Ar.* En dependencias de la administración pública o en centros educativos, hoja que se hace circular entre los empleados o profesores para que firmen y dejen constancia de su presencia.

planilladora.
- I. 1. f. *Pe, Bo.* p.u. Impresora o máquina de escribir para hacer **planillas**, formularios.

planillero, -a.
- I. 1. m. y f. *Gu, CR, Bo.* Persona encargada de elaborar **planillas**.
  2. adj. *Py.* Referido a un empleado público, que cobra una remuneración sin ejercer ninguna tarea efectiva. desp.

plano.
- I. 1. m. *Ho; Gu,* rur. Cada una de las partes laterales de la hoja de un arma cortante que va del filo al lomo.
- II. 1. m. *PR.* Conjunto de mapas, atlas geográfico.
- □
  a. ‖ **de ~.** loc. adv. *Ho, Ni, Bo, Ur.* Sí, ciertamente, con seguridad.

planta.
- I. 1. f. *Ho, Ni, CR, Pa, Cu, Ve, Ec, Pe, Bo, Ch, Py, Ar.* Central eléctrica.

II. 1. f. *Co, Ve.* Parte inferior de la mano.
III. 1. f. *Gu.* Desfachatez.
   2. *Gu.* Mueca, gesticulación.
IV. 1. f. *Ch.* **planta funcional.**
V. 1. f. *Gu.* Escrúpulo.
VI. 1. f. *Gu.* Asunto criticable.

■

a. ‖ ~ **eléctrica.** f. *Cu.* Aparato generador de corriente que se emplea como generador auxiliar cuando falta el fluido eléctrico.
b. ‖ ~ **funcional.** f. *Ar.* Conjunto del personal fijo de una empresa u oficina. ♦ **planta.**
c. ‖ ~ **física.** (Del ingl. *plant*). f. *PR, Ec, Bo.* Serie de estructuras usadas para un fin común.
d. ‖ ~ **madre.** f. *Ho. En el cultivo del café*, planta de la que se seleccionan los granos de café para semilla.

□

a. ‖ **de la ~.** loc. adj. *Ur. Referido a persona o cosa*, de gran calidad. pop + cult → espon.
b. ‖ **de ~.**
   i. loc. adj. *Mx, CR, Co, Ec, Pe, Bo, Ch. Referido a un empleado*, que forma parte del personal fijo de una oficina o empresa.
   ii. *Mx. Referido a una persona dedicada al servicio doméstico*, que pernocta en la vivienda donde trabaja.

◪

a. ‖ **la ~ hace la trampa.** fr. prov. *Ho.* Indica que la apariencia es engañosa.
▶ **andar con ~s; quedar como su ~.**

plantada.
I. 1. f. *Mx, Gu, Ni, Pa, Co, Bo:O.* Espera en un lugar durante mucho tiempo. pop.
II. 1. f. *Mx.* Plantación.
III. 1. f. *Pe, Bo.* Parón brusco de un motor o de un vehículo.

plantado, -a.
I. 1. adj. *Pe, Bo:O. Referido a un delincuente*, regenerado. pop.

plantaje.
I. 1. m. *RD, Ec.* Aspecto o apariencia.

plantar(se).
I. 1. intr. prnl. *Pe, Bo:O.* Regenerarse un delincuente. pop.
II. 1. intr. *Gu.* Imponerse.
III. 1. tr. prnl. *Ho.* Vestir o ponerse *alguien algo.*

□

a. ‖ ~ **bandera.** loc. verb. *Ar, Ur.* Abandonar *alguien* un propósito o algo que estaba haciendo. pop + cult → espon.
b. ‖ ~ **cantón.** loc. verb. *RD.* Esperar a *una persona* en un lugar determinado.
c. ‖ ~ **el pico.** loc. verb. *Pe.* Quedarse *alguien* dormido por sueño, cansancio o embriaguez cesando la actividad que se estaba realizando.
d. ‖ ~ **un can.** loc. verb. *RD.* Iniciar una reunión, tertulia o fiesta.

plante.
I. 1. m. *Co.* Dinero aportado para iniciar una empresa.
II. 1. m. *Gu, Ho.* Apariencia, aspecto, fachada.
III. 1. m. *Cu.* Ceremonia de iniciación de un **abakuá.**

plantear.
I. 1. tr. *Ho, ES, Ni.* Hacer gala de algo, lucir.

plantel.
I. 1. m. *Mx, Gu, Co, Ec, Bo.* Establecimiento escolar o universitario.
   2. *Mx, Gu, ES.* Escuela pública para la enseñanza infantil.
   3. *Gu, Pa.* Escuela de secundaria o primaria.

II. 1. m. *Py, Ar, Ur.* Conjunto de animales seleccionados pertenecientes a un establecimiento ganadero.
III. 1. m. *Ho, Ni, CR.* Conjunto de edificios y patios de una fábrica o ingenio azucarero.
   2. *Ho, Ni, CR.* Explanada de terreno de una fábrica, ingenio azucarero o bodega en que se deja temporalmente la materia prima o el producto final.
   3. *Ho.* Terreno preparado para construir una casa.

planteo.
I. 1. m. *Gu, Ar, Ur.* Protesta o exigencia colectiva o individual.

plantera.
I. 1. f. *Py.* Maceta, recipiente de barro cocido, que, lleno de tierra, sirve para criar plantas.

plantero.
I. 1. sust/adj. *Ec.* Persona que se dedica al cultivo de plantas o que tiene esta afición.
II. 1. adj. *Gu. Referido a persona*, que hace muchos gestos o muecas.

plantilla.
I. 1. f. *Mx, Gu.* obsol. Remedio casero consistente en una tela untada con sebo caliente y aplicada a la planta de los pies.
II. 1. m-f. *Ec.* Persona embustera, charlatana. pop + cult → espon.
   2. *Ec.* Persona que presume de lo que no tiene. pop + cult → espon.
III. 1. f. *PR, Ur,* obsol. Bizcocho delgado, elaborado a base de harina y huevos, y espolvoreado con azúcar.
IV. 1. f. *Ho:N. En el cultivo de la piña*, conjunto de nuevas fincas donde se acaba de sembrar las matas hasta que comienzan a dar fruto.

■

a. ‖ ~ **de carnaza.** f. *Gu, Ho.* Molde de cuero de **carnaza** del interior de la suela.

□

a. ‖ **en ~ de medias.** loc. adv. *Cu.* En medias o calcetines, sin zapatos.

plantillada.
I. 1. f. *Ec.* Hecho o dicho propios del **plantilla.** pop + cult → espon.

plantillar.
I. 1. intr. *Ec.* p.u. Engañar, actuar como **plantilla.** pop + cult → espon.

plantillero, -a.
I. 1. sust/adj. *Cu.* Persona que, en una fábrica, tiene por oficio hacer las plantillas o moldes para el vaciado de las piezas de metal, cemento, yeso u otro material.
II. 1. sust/adj. *Pa.* Persona que alardea de lo que no tiene o de lo que no es.

plantín.
I. 1. m. *Bo, Ar, Ur.* Planta recién nacida que se destina a la reproducción.

plantista.
I. 1. adj. *Gu. Referido a persona*, chistosa, graciosa.
II. 1. adj. *Gu. Referido a persona*, escrupulosa, puntillosa.

plantón.
I. 1. m. *Mx, Ec, Pe.* Permanencia por tiempo indefinido de un grupo de personas frente a una oficina de gobierno para hacer una solicitud o dar a conocer su apoyo o desacuerdo con algún asunto.
   2. *Ho, Ni, Ec.* Manifestación de protesta ante un edificio.
II. 1. m. *Gu, Ur, Bo,* pop. Castigo que consiste en poner de pie a alguien durante largo tiempo.
III. 1. m. *Gu.* Apariencia, aspecto.
IV. 1. m. *Ho.* Lugar donde se coloca la sal en sacos.

plantoneada.

    I. 1. f. *Bo, Ar:NO; Co*, espon. Espera larga y fastidiosa, *especialmente a una persona que no acude a una cita.* pop + cult → espon.

plantonear.

    I. 1. tr. *Bo:O.* Dejar a *alguien* esperando en un sitio durante mucho tiempo. pop.

plantoso, -a.

    I. 1. adj. *ES. Referido a persona*, que gusta de lucirse ante los demás.

    2. *ES. Referido a persona*, elegante en el vestir.

plántula.

    I. 1. f. *Ch.* Planta que crece poco. cult.

plaqueado, -a.

    I. (De *placa*, tatuaje o pintada).

    1. adj. *Ho. Referido a pared o muro*, pintado con **grafitos**.

    2. *Ho.* juv. *Referido a un miembro de una* **mara**, tatuado.

    II. (De *placa*, matrícula).

    1. adj. *Ho. Referido a vehículo automotor*, que lleva matrícula falsa o diferente a la asignada oficialmente. polic.

plaquear(se).

    I. (De *placa*, tatuaje).

    1. tr. *Ho.* juv. Pintar paredes con símbolos de la **mara**. polic.

    2. prnl. *Ho.* juv. Tatuarse el cuerpo un miembro de una **mara**. polic.

    II. (De *placa*, matrícula).

    1. tr. *Ho.* Cambiar ilegalmente la matrícula de un vehículo por la de otro. polic.

plaqueo.

    I. 1. m. *Ho.* Cambio ilegal de la matrícula de un vehículo. polic.

plaqueta.

    I. 1. f. *Ar, Ur.* p.u. Publicación de pocas páginas, *generalmente sin encuadernar* y de escasa tirada. esm.

    II. 1. f. *Gu, Bo.* Placa que sirve de guía, orientación, anuncio, prohibición, o como recuerdo de una efeméride.

plaquita.

    I. 1. f. *RD.* Juego que simula al **beisbol** y se practica en la calle.

plashtazo.

    I. 1. m. *ES.* Golpe fuerte y sonoro.

plasmosis.

    I. 1. f. *Gu, Ho.* Enfermedad del ganado vacuno que provoca anemia por causa de las garrapatas.

plasta.

    I. 1. f. *Cu.* Persona insignificante, torpe y sin iniciativa.

    II. 1. f. *Ni.* Error de una persona.

    III. 1. f. *Ni. En las artes gráficas*, color plano y pleno en una impresión.

    ☐

    a. ‖ **como ~.** loc. adv. *Ch.* De manera fea o con mala presentación. pop + cult → espon.

plastacho, -a.

    I. 1. adj. *Pe:E. Referido a cosa* aplanada. rur.

plasticado, -a.

    I. 1. adj. *Gu, Cu. Referido a un papel o documento*, recubierto con una lámina de plástico.

plasticar.

    I. 1. tr. *Gu, Cu.* Recubrir un papel o documento con una lámina de plástico transparente, para evitar su deterioro.

plasticina.

    I. 1. f. *Gu, Ho, ES, Ch, Ur.* Pastilina, de diversos colores, que se utiliza en escultura y como material educativo.

plástico.

    ▶ **ser ~.**

plástico, -a. (Del ingl. *plastic*).

    I. 1. adj. *Gu, ES, Ni, CR, Pa, RD, PR, Ec. Referido a persona*, engreída y superficial. ♦ **plasticón**.

    2. *ES, Ni, CR, Cu.* juv. *Referido a persona*, que viste a la moda y habla y actúa de manera afectada y exhibicionista. desp.

    3. sust/adj. *Bo.* Adolescente que solo busca diversión y descuida sus obligaciones.

    4. adj/sust. *Ni; Pa*, p.u, pop + cult→ espon. *Referido a persona joven*, que viste, habla y se comporta como si perteneciera a la clase alta o adinerada. pop.

    ▶ **ser un ~.**

plasticón, -na.

    I. 1. adj/sust. *Cu.* **plástico**, engreído.

plastoformo.

    I. 1. m. *Bo.* Material plástico en forma de planchas blancas muy ligeras, que se utiliza en la construcción como aislante.

plata.

    I. 1. pl. *Ch.* Dinero en cantidad considerable, en cuanto se administra o se usa en transacciones comerciales.

    ■

    a. ‖ **cualquier ~.** f. *Ch, Ar, Ur.* Gran cantidad de dinero. pop + cult → espon. ♦ **más plata que los ladrones**.

    b. ‖ **más ~ que los ladrones.** *Ar, Ur.* **cualquier plata**.

    c. ‖ **~ chica.** f. *Ar, Ur.* Dinero suelto o billetes de poco valor. pop + cult → espon.

    d. ‖ **~ dulce.** f. *Ch, Ar, Ur.* Dinero fácilmente adquirido.

    ☐

    a. ‖ **picho de ~.** loc. adj. *Co. Referido a persona*, adinerada.

    ◪

    a. ‖ **adiós mi ~.** fr. prov. *Ur; Ch, Py, Ar*, obsol. Indica el advenimiento de un suceso o una situación perjudicial para el hablante. pop + cult → espon.

    b. ‖ **con ~ se compran huevos.** fr. prov. *Ch.* Indica que con dinero se puede comprar cualquier cosa. pop + cult → espon.

    c. ‖ **la ~ llama la ~.** fr. prov. *Ni, Ec, Bo, Ar, Ur.* Indica que cuanto mayores son las riquezas que se tienen, más se reciben. pop + cult → espon.

    d. ‖ **~ en mano, chivato en pampa.** fr. prov. *Pe.* Indica que hay que pagar al contado en el momento de comprar o adquirir algo.

    e. ‖ **~ en mano, culo en tierra.** fr. prov. *Pa.* Indica que se espera recibir de inmediato aquello por lo que se pagó. pop + cult → espon ∧ fest.

    f. ‖ **por la ~ baila el mono.** fr. prov. *Ho, Ni, RD, Ec, Bo, Ur.* Indica que alguien hace cualquier cosa por dinero. pop + cult → espon. ♦ **por dinero baila el mono**.

    ▶ **cambiar ~ por ~**; **contar ~ delante de los pobres**; **correr ~**; **hablar en ~ blanca**; **salvar la ~**; **taparse de ~**.

platabanda.

    I. 1. f. *Ve.* Techo plano de casas y edificios *hecho generalmente de* **concreto**.

platacho.

    I. 1. m. *Ch.* Llana rústica de madera que se usa para extender yeso, cemento o **concreto** sobre una superficie.

    II. 1. m. *Ch.* Plato abundante de una comida. pop.

platada.

    I. 1. f. *Gu, Ho, ES, Ni.* Dineral.

    II. 1. f. *Gu, Bo.* Cantidad de alimento que cabe en un plato.

platado.

I. 1. m. *CR, Co.* Cantidad que puede contenerse en un plato. pop + cult → espon.
   2. *CR, Pa.* Plato muy lleno de comida. pop + cult → espon.

plataforma.

I. 1. f. *Gu, Bo:C,E,O, Py, Ur. En una terminal de autobuses*, espacio en el que los pasajeros pueden esperar, subir al bus o bajar de este.
II. 1. f. *CR, Bo.* Oficina o lugar de atención al público.

plataformero, -a.

I. 1. m. y f. *Mx.* Persona que trabaja en una plataforma petrolífera.

platal.

I. 1. m. *Gu, Ni, CR, Pa, Cu, Co, Ve, Pe, Bo, Ch, Py, Ar, Ur.* Gran cantidad de dinero. pop.

platanal.

I. 1. m. *Ec.* Cantidad grande de dinero. pop + cult → espon.

platanazo.

I. 1. m. *Gu, Ho, ES, Ni, Ve*; *Mx*, p.u. Golpe que se da alguien al caer de espaldas o de costado.
   2. *Ni.* Golpe fuerte.
II. 1. m. *Ni, CR.* Hombre homosexual. pop + cult → espon ^ desp.
   2. *CR.* Hombre. pop + cult → espon ^ desp.
□
   a. ‖ **de ~.** loc. adv. *Ve.* Golpeándose contra el suelo al caer.
▶ **dar el ~.**

platanero, -a.

I. 1. sust/adj. *Cu, PR.* Temporal de vientos huracanados bajos que derriban las matas de **plátano**.

platanillo.

I. 1. m. *Mx, Gu, Ho, ES, Ni, Pa, Cu, Co, Ve, Pe.* Planta de hasta 4 m de altura, de hojas verdes, anchas, largas y radiales, parecidas a las del **plátano**, inflorescencia en espiga erguida, de color rojo brillante, verde, amarillo o naranja, y fruto pequeño, no comestible, de color azul turquesa. (Heliconiaceae; *Heliconia bihai*). ♦ **bijao; ruturi**.
   2. *Gu, Ho, ES, Ni.* Planta vivaz de rizoma serpenteante, erecta con hojas verde oscuro brillante, largos pecíolos envainantes, grandes hojas alternas, estrechas, lanceoladas con nerviación marcada, inflorescencia en espiga erecta formada por algunas brácteas alternas con forma de pico de loro, muy afiladas, y largas flores tubulares de color rojo escarlata y anaranjado las brácteas, el fruto son drupas azules en la madurez. (Heliconiaceae; *Heliconia psittacorum*). ♦ **calisguate**.
   3. *RD.* **bella**.
   4. *PR.* **algodoncillo**, planta herbácea.

platanina.

I. 1. f. *Gu.* Rodaja fina de **plátano verde**, frita y sazonada con sal. (**plataniña**).

plataniña.

I. 1. f. *Gu.* **platanina**.

platanito.

I. 1. m. *ES, Ni, Pa.* Rodaja fina de **plátano verde**, frita y sazonada con sal.

plataniza.

I. 1. f. *Pe.* Bebida ligeramente alcohólica hecha con **plátanos** fermentados diluidos en agua.

plátano.

I. 1. *Mx, Gu, Ho, ES, Ni, CR, Pa, Cu, RD, PR, Co, Ve, Ec, Bo.* **guineo**, planta.
   2. *Gu, Ho, ES, Ni, CR, Pa, Cu, RD, PR, Co, Ve, Ec, Bo.* **guineo**, fruto.

II. 1. m. *Gu, Ho, ES, Ni, Bo,* metáf. Pene. tabú; pop + cult → espon.
III. 1. m. *Cu.* Equipo náutico recreativo con forma de plátano, en el que se monta un grupo de personas y que es remolcado por una motocicleta acuática.
■
   a. ‖ **~ amarillo.** m. *Ni, Pa, RD, Co:N.* Fruto maduro de la planta de plátano.
   b. ‖ **~ a puñetazo(s).** m. *EU, Cu.* Trozo de **plátano verde** que se fríe durante pocos minutos, se aplasta y se fríe nuevamente.
   c. ‖ **~ bocadillo.** m. *Co:C,SO.* Variedad de plátano.
   d. ‖ **~ burro.** m. *Cu.* Variedad de plátano.
   e. ‖ **~ de Guinea.** m. *PR.* Variedad de plátano.
   f. ‖ **~ de la isla.** m. *Pe.* Variedad de plátano.
   g. ‖ **~ de seda.** m. *Ec, Pe.* Variedad de plátano.
   h. ‖ **~ dominico.** *Mx, ES, Ni, CR, Pa, RD, PR, Ve, Ec, Pe.* **dominico**.
   i. ‖ **~ en gloria.** m. *ES.* Plátano horneado con azúcar por encima.
   j. ‖ **~ en tentación.**
     i. m. *Cu.* Plato que consiste en cocer el **plátano maduro** con canela, azúcar, mantequilla y vino seco.
     ii. *Pa.* Plátano bien maduro, horneado en trozos, sazonado con agua de canela, miel de caña, lasquitas de mantequilla derretidas y queso blanco desmenuzado al final.
   k. ‖ **~ enano.** m. *PR.* Variedad de plátano.
   l. ‖ **~ fruta.** m. *Cu.* Variedad de plátano.
   m. ‖ **~ gigante.** m. *PR.* Variedad de plátano.
   n. ‖ **~ guineo.** m. *Mx, Pa, PR, Co:N,O.* Variedad de plátano.
   ñ. ‖ **~ hartón.** m. *PR, Co.* Variedad de plátano.
   o. ‖ **~ indio.** m. *Cu, PR.* Variedad de plátano.
   p. ‖ **~ macho.** m. *Mx, Cu.* Variedad de plátano.
   q. ‖ **~ maduro.** m. *Ni, CR, Pa, Cu, RD, Co, Ve, Ec, Pe.* Fruto maduro de la planta de plátano.
   r. ‖ **~ manzano.** m. *Mx, Cu, Co.* Variedad de plátano. ♦ **manzano**.
   s. ‖ **~ orito.**
     i. m. *Ec.* **banano orito**.
     ii. *Ec.* Fruto del **orito**.
   t. ‖ **~ palillo.** m. *Pe.* Variedad de plátano.
   u. ‖ **~ popocho.** m. *Co:C.* Variedad de plátano. ♦ **popocho**.
   v. ‖ **~ roatán.** m. *Mx.* Variedad de plátano. ♦ **roatán**.
   w. ‖ **~ silvestre.** m. *PR.* Variedad de plátano.
   x. ‖ **~ topocho.** m. *Co:C,E.* Variedad de plátano.
   y. ‖ **~ verde.** m. *Ni, CR, Pa, Cu, RD, PR, Co, Ve, Ec, Bo.* Fruto verde de la planta de plátano.
☒
   a. ‖ **~ maduro no vuelve a verde.** fr. prov. *RD.* Indica que el paso del tiempo es irreversible.

platanutre.

I. 1. m. *PR.* Rueda fina de **plátano verde**, frita, muy tostada, y espolvoreada con sal.

plateada.

I. 1. f. *Ch.* Pieza de carne rectangular cubierta de grasa por un lado y por el otro de una telilla gruesa que está en el costillar de la **res**.
II. 1. f. *ES.* Persona falsa y traidora.
III. 1. f. *ES.* Luna. carc.
IV. 1. f. *ES. Entre alcohólicos*, ambulancia de la policía.

plateado.

I. 1. m. *Ho, ES.* Pez de agua dulce de hasta 120 cm de longitud, de cuerpo muy comprimido lateralmente, con una enorme boca que apunta hacia arriba, mandíbula inferior más larga que la superior, grandes escamas y barbillones en el labio inferior. (Osteoglossidae; *Osteoglossum bicirrhosum*).

II. 1. m. *Gu.* Limpieza de hierba alrededor de una planta. rur. ♦ **plateo.**

plateado, -a.

I. 1. adj/sust. *Gu. Referido a persona*, que ha recibido dinero para hacer algo incorrecto.

II. 1. adj. *Ho. Referido a persona*, de pelo canoso.

platear(se).

I. 1. tr. *Gu.* Sobornar a *alguien*.

2. *Ho.* Dar dinero a *alguien*.

3. intr. prnl. *Ho.* Ganar *alguien* mucho dinero, enriquecerse.

II. 1. tr. *Gu.* Limpiar la maleza alrededor de una planta. rur.

2. intr. *Ho.* Echar las primeras hojas el repollo. rur.

III. 1. tr. *Ho, Ni; CR,* pop. Comprar o vender *algo.*

IV. 1. intr. prnl. *Ho.* Volverse canoso el pelo de alguien.

plateo.

I. 1. *Gu.* **plateado,** limpieza de hierba.

platera.

I. 1. f. *Co:N.* Mueble o utensilio en el que se pone a escurrir la vajilla fregada.

platero.

I. 1. m. *Mx.* Ave migratoria de hasta 30 cm de longitud, de color grisáceo en la parte superior y blanco en la inferior, plumas timoneras laterales de color negro con la punta blanca y pico amarillo con la punta negra. (Cuculidae; *Coccyzus americanus*). ♦ **pájaro bobo pechiblanco; pájaro bobo pico amarillo.**

platero, -a.

I. 1. adj. *CR, Pa; Co,* p.u. *Referido a persona*, aficionada al dinero. pop ^ desp.

2. *Ni, CR. Referido a persona*, que busca el dinero con codicia.

plática.

☐

a. ‖ **en libre ~.** loc. adv. *Ch.* En situación de tener un preso el beneficio de poder recibir visitas.

platicada.

I. 1. f. *Mx, Gu, Ho, ES, Ni.* Conversación prolongada. pop.

platicadera.

I. 1. f. *Mx, Gu, Ho, ES, Ni.* Conversación larga y repetida. pop.

platicón, -na.

I. 1. adj/sust. *Mx, Gu, Ho, Ni. Referido a persona*, que habla mucho y sin sustancia.

2. *Gu, Ni. Referido a persona*, comunicativa.

platicona.

I. 1. f. *Gu, Ho, ES, Ni.* Charla prolongada.

platillar.

I. 1. intr. *Co:N.* Dar a entender un policía que acepta soborno. pop.

platillero.

I. 1. m. *Co:NE.* Mueble o utensilio en el que se pone a escurrir la vajilla fregada.

platillero, -a.

I. 1. adj. *Co:N. Referido a un policía*, sobornable. pop.

platillo.

I. 1. m. *Mx, Ni.* Alimento que se sirve en un plato.

2. *Pe:E.* Plato de madera, *generalmente de gran tamaño*, usado para machacar y majar **yuca, plátano** y otros alimentos. rur.

3. *Gu, CR, Pa, Bo.* Plato de comida especial y elaborado. (**platito**).

II. 1. m. *Pa, Ec, Bo:O.* Tapón metálico de las botellas. pop.

III. 1. m. pl. *Bo:O.* Juego de niños que consiste en lanzar platillos contra una pared desde una distancia determi-

nada; quien logra poner su platillo sobre uno del adversario gana.

platina.

I. 1. f. *Pe.* Papel de plata, lámina muy fina de aluminio o estaño aleado, utilizada para envolver alimentos.

II. 1. f. *Pa.* Hierro afilado que se usa como arma. delinc.

platinado, -a.

I. 1. adj. *Ni, Cu, Ve, Ec, Ar. Referido al pelo*, teñido de rubio muy claro.

2. *Cu, Ve, Ec, Ur. Referido a persona*, que lleva el pelo teñido de rubio muy claro.

platinar.

I. 1. tr. *Ch, Ar, Ur.* Teñir el pelo de color rubio platino.

platino.

▶ **pegársele los ~s.**

platista.

I. 1. m-f. *Eo:E.* Persona obsesionada por el dinero que hace todo lo posible por obtenerlo. pop.

platito.

I. 1. m. *Bo.* **platillo.**

plato.

I. 1. m. *Ni, Cu, RD, PR, Ve.* **home**, lugar del campo en el **beisbol.**

II. 1. m. *Bo, Ar, Ur.* Situación o persona jocosa, alegre o festiva. pop + cult → espon.

III. 1. m. *Bo, Ch.* Quemador o fuego de una cocina.

IV. 1. adj. *Bo; Ch,* obsol. *Referido a una falda*, circular de vuelo amplio y cintura estrecha.

V. 1. adj/sust. *Ec, Bo. Referido a persona*, que provoca risa, sobre todo por su aspecto o forma de vestir original o estrafalaria. pop.

VI. 1. m. *Gu.* Zona limpia que resulta del **plateo.**

VII. 1. m. *RD.* Techo de una vivienda fabricado con **concreto.**

•

a. ‖ **en dos ~s:** nada. *Gu.* **nada en dos platos.**

b. ‖ **nada en dos ~s.** fórm. *Gu.* Se usa para indicar que no se ha resuelto o conseguido nada al término de una gestión o un trámite determinados. ♦ **en dos platos: nada.**

■

a. ‖ **~ de fondo.** m. *Pe, Ch.* Plato principal de una comida.

b. ‖ **~ de pie.** m. *Ve.* Utensilio de barro, de forma cónica y con un mango en su extremo convexo, para tapar las **arepas** recién hechas.

c. ‖ **~ extendido.** *CR, Pe.* **plato tendido.**

d. ‖ **~ frío.** m. *Co, Bo.* Plato compuesto de pollo, pavo, jamón y diferentes embutidos, con ensalada de **papa,** de verdura o de fruta, a veces con crema de leche, que se sirve frío.

e. ‖ **~ opresor.** m. *Cu.* Pieza aplanada que oprime el disco del embrague cuando se mete una marcha.

f. ‖ **~ paceño.** m. *Bo.* Comida preparada con **papas,** habas cocidas con cáscara, **choclos** y queso frito, que se acompaña de **llajua.**

g. ‖ **~ pando.** *Co, Bo.* **plato tendido.**

h. ‖ **~ tendido.** m. *Mx, Ec.* Plato cuya concavidad tiene poca hondura. ♦ **plato extendido; plato pando.**

i. ‖ **~ tortero.** m. *Co.* Plato para servir postres.

j. ‖ **~ y taza.** *Mx.* **pelo de gato,** hierba.

☐

a. ‖ **en dos ~s.**

i. loc. adv. *Ve.* Brevemente.

ii. *CR* De manera directa, sin rodeos. pop.

b. ‖ **~ de fondo.** loc. sust. *Pe, Ch.* Asunto central de una serie de temas que se van a tratar o actuación principal en un evento.

c. ‖ **~ volador.** loc. sust. *Bo, Ch, Ar, Ur.* Ovni, objeto al que en ocasiones se considera, según la ufología, como una nave espacial de procedencia extraterrestre.

d. ‖ **¡qué ~!** loc. interj. *Bo, Ar, Ur.* Expresa asombro o sorpresa. pop + cult → espon.

e. ‖ **salido del ~.** loc. adj. *Cu.* Referido a persona, que incumple las normas establecidas.

▶ **dejar el ~ enganchado; echarse al ~; mandar al ~; mandarse al ~; ser un ~; tirarse al ~.**

platón.

I. 1. m. *Mx, Ni, CR, Ec, Pe.* Plato grande y poco profundo o extendido, en el que se sirven alimentos para que varios comensales puedan servirse.

II. 1. m. *Pa, Co; Cu,* obsol. Recipiente circular, ancho y de poca profundidad, que se usa para el aseo personal y para lavar la ropa.

III. 1. m. *Gu.* Plato para colgar o colocar sobre un portaplatos, que se da como reconocimiento o se compra como recuerdo.

platonado.

I. 1. m. *Co.* Cantidad exagerada de alimentos servidos en un plato. pop.

platudo, -a.

I. 1. sust/adj. *Gu, Ho, ES, Ni, CR, Pa, Cu, Co, Ve, Ec, Pe, Bo, Ch, Py, Ar, Ur.* Referido a persona, que tiene mucho dinero. pop + cult → espon ^ fest.

♦ **billetudo.**

play. (Voz inglesa).

I. 1. adj. *Co.* juv. De buen gusto o a la moda. pop.

II. 1. m. *EU.* Pieza de teatro, *particularmente musical.*

III. 1. m. *RD.* Parque para jugar al **beisbol.** (**plei**).

2. *Ni.* En el **beisbol,** inicio de partido.

■

a. ‖ **doble ~.** m. *EU, Ni, Cu, PR, Ve.* En el **beisbol,** jugada en la que un corredor ha quedado *out* dos veces sucesivas.

b. ‖ **~ wood.** (Voz inglesa). m. *EU, CR, PR.* Madera enchapada o prensada.

□

a. ‖ **de ~-off**(Voz inglesa).

i. loc. adv. *Ve.* De gran tamaño.

ii. *Ve.* Muy importante.

▶ **echarse el ~; jugar doble ~.**

playa.

I. 1. f. *Cu, Pe, Bo, Py, Ur.* Espacio plano, ancho y despejado, *destinado generalmente al estacionamiento de vehículos.*

2. *Bo, Ar, Ur.* En un establecimiento industrial, espacio amplio y abierto destinado a la carga y descarga de productos.

3. *Ar, Ur.* Zona espaciosa y despejada en la que se hace la esquila. rur.

II. 1. f. *Gu, ES, Ni.* Prostituta. carc.

III. 1. f. *Gu.* Mancha en forma de charco.

▶ **ser la ~.**

playada.

I. 1. f. *CR.* Actitud o comportamiento propios del **culiolo.**

II. 1. f. *CR.* juv. Necedad, tontería. pop.

playar.

I. 1. intr. *ES.* Divertirse en la playa.

playazo.

I. 1. m. *Pe.* Disfrute de un día en la playa tomando el sol o bañándose en el mar.

playear.

I. 1. tr. *Cu.* Buscar mariscos o nidos de tortugas por una playa.

playera.

I. 1. f. *Mx, Ni.* Camiseta de algodón, de manga corta y sin cuello.

2. *Ni, CR, Ec.* Camisa de hombre poco ceñida, abigarrada y de estampados vivos.

3. *Gu, Ho.* Camiseta sin mangas, que se usa bajo la camisa en la ciudad y sola en lugares calurosos.

II. 1. *PR.* **hierba doncella.** (Apocynaceae; *Vinca minor*).

2. *PR.* Flor de la playera, frágil, de pétalos finos de color azul, violado, rosado o blanco.

III. 1. f. *Ho.* Prostituta.

playero.

I. 1. m. *ES, Ni.* Hombre afeminado. desp.

II. 1. m. *Cu.* Pantalón corto con peto y tirantes que usan los niños.

III. 1. m. *Ho.* juv. Tipo de música tropical de **merengue** similar al rap.

IV. 1. m. *PR.* Ave de pequeño tamaño, de color grisáceo en la parte superior y blanco en la inferior, con bandas de distintos colores en el pecho y en el cuello. (Charadriidae; *Charadrius* spp.).

playero, -a.

I. 1. m. y f. *Py, Ar.* Persona que trabaja en una **playa** de estacionamiento.

2. *Py, Ar:NE.* En una estación de servicio, persona que sirve el carburante.

II. 1. adj/sust. *Ho.* Referido a una persona joven, que gusta de vestir ropa de talla muy superior a la suya.

III. 1. m. y f. *PR.* Persona que fuma marihuana. drog.

playo.

I. 1. m. *CR; ES, Ni,* delinc. Hombre afeminado. desp.

2. *Ni, CR.* Hombre homosexual. desp.

II. 1. m. *Ec.* Instrumento similar a unas tenazas, de pequeño tamaño y con ranuras finas en cada una de sus puntas.

playo, -a.

I. 1. adj. *Py, Ar, Ur.* Referido a objeto, que tiene poca profundidad.

playón.

I. 1. m. *Ho, Bo.* Sedimento arenoso y de limo que dejan los ríos en su curso bajo.

plaza.

I. 1. f. *Mx, Gu.* Compra cotidiana de comida que se hace en el mercado. rur.

II. 1. f. *Ec, Pe, Bo, Ch, Ur.* Medida del ancho de una cama.

III. 1. f. *ES.* Servicio militar.

■

a. ‖ **~ de armas.** f. *Mx, Pe, Bo, Ch.* Lugar abierto en el centro de una ciudad con jardines, bancos, farolas y, en ocasiones, quiosco para una banda de música, que sirve como punto de reunión y recreo.

▶ **barrer la ~; hacer la ~; partir ~; sentar ~.**

plazo.

▶ **sonreír a ~s.**

plazoleta.

I. 1. f. *PR.* **patio de comidas.**

plazuela.

I. 1. m. *Ec.* Hombre descarado y desvergonzado. pop + cult → espon ^ desp.

2. *Ec.* Muchacho travieso y juguetón, que anda casi siempre en la calle y apenas tiene vigilancia. pop + cult → espon.

plebada.

I. 1. f. *ES.* Travesura.

II. 1. f. *ES.* Plebe.

plebe.

I. 1. adj. *Mx, RD, Co:C,N.* Referido a persona, ordinaria, grosera.

II. 1. f. *Gu, Ni.* Cantidad grande de personas.

plebedad.
    I. 1. f. *Co:N.* Ordinariez, grosería.

plegada.
    I. 1. f. *ES.* Molestia, fastidio.

plegadera.
    I. 1. f. *Co.* Hierba de hojas redondas, muy partidas, de color gris, y flores pequeñas de color amarillo verdoso; la infusión de sus hojas se utiliza como astringente. (Rosaceae; *Alchemilla* spp.).

plegado, -a.
    I. 1. adj. *ES. Referido a persona*, de malas intenciones.
      2. *ES. Referido a cosa*, difícil.

plegar(se).
    I. 1. tr. *ES.* Molestar, fastidiar *a alguien*.
    II. 1. intr. prnl. *PR.* Llorar desconsoladamente.

plegoste.
    I. 1. *PR.* **plegostre.**

plegostre.
    I. 1. m. *PR.* Cosa endurecida, pegajosa, de aspecto desagradable. pop + cult → espon. (**plegoste**).

plei.
    I. 1. *RD.* **play**, parque.

pleibú. (Del ingl. *plywood*).
    I. 1. m. *RD.* Contrachapado, material compuesto de varias capas finas de madera encoladas.

plein.
    □
    a. ‖ **en ~.** loc. adv. *Ni.* juv. Sí, de acuerdo, ciertamente.

pleitero, -a.
    I. 1. adj/sust. *Mx, Gu, Ni, CR, PR, Co:C, Ec, Bo:E,O, Ur. Referido a persona*, amiga de pleitos.

pleitisto, -a.
    I. 1. adj/sust. *Gu, Ni, CR, Ec. Referido a persona*, peleadora o pendenciera.

pleito.
    ■
    a. ‖ **~ casado.** m. *Mx, RD; Co*, pop. Disputa o riña que se produce irremediablemente debido al carácter antagónico de quienes se enfrentan.
    b. ‖ **~ de cieguitos.** *RD.* **pleito de perros.** pop + cult → espon. ♦ **pleito de perros.**
    c. ‖ **~ de perros.** m. *Gu.* Gran disputa o riña. ♦ **pleito de cieguitos.**
    ▶ **comprar ~.**

plena.
    I. 1. f. *PR.* Música y baile popular de origen puertorriqueño.
      2. *Pa.* p.u. Género musical que se deriva del *reggae* jamaicano.
    II. 1. f. *Ec.* Verdad. pop.

plenera.
    I. 1. f. Instrumento musical de percusión de madera, de forma circular y cubierto por sus dos bases con piel de chivo estirada; se usa en la **plena.**

plenero, -a. (De *plena*).
    I. 1. adj. *PR. Referido a un músico o a un conjunto musical*, especializado en tocar **plenas.**
      2. *PR. Referido a persona*, que canta **plenas.**

plenguén. (De or. onomat.).
    I. 1. m. *Gu, ES.* Golpe, caída.

pleno, -a.
    I. 1. adj. *Ec.* juv. *Referido a cosa*, muy buena, excelente.
      2. *Ec.* juv. *Referido a persona*, simpática.

plepla.
    I. 1. f. *RD.* Cosas tontas o intrascendentes sobre las que se habla.

pleploso, -a.
    I. 1. adj/sust. *RD. Referido a persona*, que habla sobre cosas tontas o intrascendentes.

plequecó.
    I. 1. adj. *Bo:E. Referido a persona*, gorda y de cuerpo fofo. pop.

plequepleque.
    I. 1. m. *Pa, Co:N.* Barullo, confusión. pop.
      2. *Pa, Co:N.* Discusión acalorada. pop.

pleura.
    I. 1. f. *Ho, Ni, RD, Bo.* Inflamacion de la membrana que recubre los pulmones, llamada pleura.

pley.
    I. 1. m. *Ec.* juv. Favor, ayuda que se presta a alguien.
    II. 1. adj. *ES. Referido a persona*, bien vestida.

pliego.
    ■
    a. ‖ **~ de lotería.** m. *Ho.* Pliego de papel que tiene impreso veinte vigésimos del mismo número.

¡plin!
    I. 1. interj. *Ho.* Expresa miedo o nerviosismo por algo.

pliqui. (Voz guar.).
    I. 1. adj. *Py. Referido a persona*, de baja estatura.
      2. *Py. Referido a persona*, de poca importancia para los demás.
      3. *Py. Referido a persona*, desmañado, torpe, chico, pequeño.
      4. *Py.* **rabincho**, persona débil.
    □
    a. ‖ **de ~.** loc. adv. *Bo:E.* En broma, de mentirijillas. pop.

pliro.
    I. 1. m. *Gu.* Hombre homosexual.
      2. *Gu.* Hombre afeminado.

¡plocois!
    I. 1. interj. *ES.* Imita el sonido de la caída de un objeto o de alguien en algo blando, lodoso o pegajoso.

plomazón.
    I. 1. f. *Gu, Ve.* **abaleo.** pop + cult → espon.

plomeada.
    I. 1. f. *Pa.* Derrota o pérdida.

plomeado.
    I. 1. *Gu, Ho.* **abaleo.**

plomear.
    I. 1. tr. *Mx, Gu, Ho, ES, Ni, CR, Pe.* Disparar a *alguien* con un arma de fuego. pop.
    II. 1. tr. *Pa.* Exhibir a *alguien*, refutándole en público o en el periódico sus ideas, censurando su proceder o difamándolo. pop + cult → espon.

plomera. (De *plomo*).
    I. 1. f. *Co:N.* **abaleo.** pop.
    II. 1. f. *Pa.* Conjunto de insultos o difamaciones. pop + cult → espon.
    ▶ **dar una ~.**

plomería. (Del ingl. *plumbing*).
    I. 1. f. *EU, Mx, Gu, ES, Ni, CR, Pa, Cu, RD, PR, Co, Ve, Ec, Bo, Py, Ar, Ur*, obsol. Fontanería, oficio del fontanero.
      2. *Mx, Ho, Pa, Ve, Py.* Establecimiento donde se venden artículos de fontanería.
      3. *Mx, Ho, Pa, Cu, Bo, Py.* Conjunto de tuberías por donde se dirige y distribuye el agua.
    I. 1. m. y f. *Py, Ar, Ur*, p.u. **plomero.**

plomo.
    I. 1. m. *Ch.* Funcionario, guardia de prisiones. carc.
    II. 1. m. *Gu.* Enfermedad del melocotón provocada por el *Stereum purpureum*.

III. 1. m. *PR. En las actividades marítimas*, instrumento que mide la profundidad del mar.

IV. 1. m. *Pa.* Engaño, estafa. pop + cult → espon.
□
   a. ‖ ~ **ronco.** loc. sust. *Bo. En las minas*, plata nativa.
◪
   a. ‖ **el ~ flota y el corcho se hunde.** fr. prov. *Ho.* Indica algo insólito, ilógico o sin sentido.
▶ **dar ~; echar ~; volar ~.**

plomo, -a.
I. 1. adj. *Mx, Ni, Ec, Pe, Bo, Ch.* Color plomo.

plomoso, -a.
I. 1. adj. *Gu, ES. Referido a persona*, pesada, molesta. pop + cult → espon.

¡plop!
I. 1. interj. *Bo, Ch.* Expresa sorpresa ante algo inesperado. pop + cult → espon.

plosh.
I. 1. m. *ES. Entre alcohólicos*, trago de licor.

ploteo.
I. 1. m. *Mx, Ho, CR, Ec, Pe, Bo, Ur.* Reproducción de gráficos o mapas.

plug. (Voz inglesa).
I. 1. m. *Cu.* Dispositivo auxiliar que se conecta en un aparato eléctrico.
▶ **conectar el ~; desconectar el ~.**

pluma.
I. 1. f. *Mx, Ni, Pa, PR.* Bolígrafo.
II. 1. f. *Mx, ES.* Barrera que se coloca en lugares públicos para regular el paso de vehículos.
III. 1. f. *Mx.* Pez marino de hasta 50 cm de longitud, de color gris moráceo, cabeza olivácea, escamas doradas en la cara y una franja azul debajo de los ojos; su carne es poco apreciada. (Sparidae; *Pagellus calamus*).
   2. *PR.* Pez marino de hasta 40 cm de longitud, de cuerpo lateralmente comprimido, de color pardo, aleta dorsal larga y estrecha con espinas gruesas, cabeza corta y ancha y ojos grandes de color amarillo. (Sparidae; *Calamus pennatula, C. bajonado*).
IV. 1. f. *Pa, Cu:E, RD, PR, Co:N.* Llave para regular el paso de los líquidos.
V. 1. f. *Gu, ES.* Infundio, mentira.
VI. 1. f. *Bo:O.* Prostituta. vulg; pop.
   2. sust/adj. *Bo.* Mujer de moral sexual relajada. pop.
VII. 1. f. *Ch.* Brizna, viruta de algo que se asemeja por su ligereza a una pluma.
VIII. 1. f. *Ec. En un vehículo*, limpiaparabrisas.
◼
   a. ‖ ~ **atómica.** f. *Mx.* Bolígrafo.
   b. ‖ ~ **fuente.** (Calco del ingl. *fountain pen*). f. *EU, Mx, Ho, Ni, CR, Cu, RD, Ve, Ec, Pe, Bo, Ch, Py, Ar, Gu, Pa, Ur*, obsol. Pluma estilográfica.
   c. ‖ ~ **inferior.** f. *PR. En las peleas de gallos*, pluma diferente al plumaje rubio de algunos gallos.
   d. ‖ ~ **madura.** f. *PR. En las peleas de gallos*, plumaje que ha alcanzado su pleno desarrollo tras el proceso de muda.
   e. ‖ ~ **superior.** f. *PR. En las peleas de gallos*, plumaje rubio de ciertos gallos de pelea.
□
   a. ‖ **a la ~.** loc. adj/adv. *Bo.* **en pluma.**
   b. ‖ **con la ~ parada.** loc. adv/adj. *Ch.* Con disgusto o exasperación. pop + cult → espon.
   c. ‖ **en ~.** loc. adj/adv. *Bo. Referido a un alimento o a cosa*, cortado en virutas, en trozos pequeños y delgados. ◆ **a la pluma.**
   d. ‖ ~ **de burro.** loc. sust. *RD.* Cosas tontas o sin fundamento sobre las que se habla.

▶ **botar ~s; conocer al pájaro por la ~; levantar ~s; meter la ~; meterle ~; quitar la ~; quitar la plumita; soplar la ~; tener ~s; tirar ~; volar ~; volar ~s.**

plumajillo.
I. 1. m. *Mx, Gu.* Árbol perenne de hasta 20 m de altura, de copa estrecha, hojas compuestas, imparipinnadas y alternas, flores en racimo y frutos rojizos con pelo en el borde; se utiliza en la medicina tradicional. (Simaroubaceae; *Alvaradoa amorphoides*). ◆ **cola de ardilla; huichipil; pie de gallo.**

plumarse.
I. 1. intr. prnl. *RD.* **plumearse.**

plumavit. (De *Plumavit*®).
I. 1. m. *Ch.* Poliestireno expandido, material plástico poroso en planchas blancas muy ligeras usado en las construcciones como aislante y en los embalajes.

plumear(se).
I. 1. intr. *Bo.* Manifestar enojo o contrariedad pronunciando palabras malsonantes. pop. ◆ **broncar; humear.**
II. 1. intr. prnl. *RD.* Huir, salir corriendo. (**plumarse**).

plumereada.
I. 1. f. *Ar, Ur.* Limpieza del polvo de una superficie con un plumero.

plumerear.
I. 1. tr. *Ar, Ur.* Limpiar con el plumero el polvo acumulado en una superficie.

plumerillo.
I. 1. *Ar, Ur.* **carbonero**, árbol.

plumerío.
▶ **quedar el ~; quedar el ~ no más.**

plumero.
I. 1. m. *Mx, Ec.* Portaplumas.
   2. *Co:N.* Bolígrafo, instrumento para escribir que tiene en su interior un tubo de tinta especial y, en la punta, una bolita metálica por donde fluye la tinta.
II. 1. m. *PR. En las peleas de gallos*, jaula de tela metálica con una pequeña parte techada, en la que se ponen los gallos a emplumar durante el invierno.
   2. *PR. En las peleas de gallos*, sitio donde se sueltan los gallos de pelea durante el período de mudar plumas.
III. 1. m. *Ho.* **caña brava**, planta silvestre.
   2. m. *PR.* Gusano blanco con aspecto de una pequeña pluma de ave, de picadura dolorosa; su contacto con la piel humana produce quemadura con efectos corrosivos, también daña las hojas de ciertos árboles, especialmente los cítricos. (Megalopypigidae; *Megalopyge krugii*). ◆ **plumilla.**

plumífera.
I. 1. f. *Bo.* Prostituta. pop ∧ fest.

plumífero.
I. 1. m. *RD.* Homosexual masculino. pop + cult → espon ∧ fest.
   2. *RD.* Hombre afeminado. pop + cult → espon ∧ fest.

plumígrafo.
I. 1. m. *Co.* Instrumento de escritura o dibujo parecido al bolígrafo, pero con punta de fieltro y de trazo más grueso.

plumilla.
I. 1. f. *Co, Pe, Ch.* Mecanismo que se adapta a la parte exterior del parabrisas y que, moviéndose de un lado a otro, aparta la lluvia o la nieve que cae sobre él.
II. 1. f. *Pe.* Varilla con la que se carga la escopeta de perdigones.
III. 1. f. *Pe.* Bordado que remata el dobladillo de la parte inferior de la ropa de niños o de mujer.
IV. 1. f. *Ch.* Nieve muy fina.

V. 1. f. *Gu.* Dolor de oídos.

VI. 1. f. *Gu.* Trenza de cuatro madejas.

VII. 1. f. *Ho:N.* Mosca diminuta *que ataca los* **bananales**. (Psychodidae; *Phlebotemus* spp.).

2. *PR.* **plumero**, gusano.

VIII. 1. f. *Ho.* Ceniza de volcán.

IX. 1. f. *PR.* Delincuente callejero. delinc.

plumista.

I. 1. sust/adj. *ES.* Persona chismosa.

plumita.

I. 1. adj/sust. *Ch. Referido a un trompo*, que gira suavemente.

plumudo.

I. 1. m. *Ar:NO.* Hombre cubierto de plumas y colgantes que en las fiestas religiosas danza ante las imágenes en las procesiones.

II. 1. m. *Gu.* Litro de cerveza.

¡plungún!

I. 1. interj. *Ho.* Imita el ruido de una cosa o persona al caer al suelo o al agua.

plus.

I. 1. m. *Gu.* Aguardiente espesado con azúcar y con distintos sabores, como anís, menta, cacao y otros.

a. ‖ ~ **café.** m. *PR, Ve.* Copa de licor que se toma tras la comida y el café. cult → esm.

plush. (Voz inglesa).

I. 1. m. *Pe, Ch, Ar, Ur.* Tela afelpada similar al terciopelo.

plutera.

I. 1. f. *Ec.* juv. Borrachera.

pluto.

I. 1. m. *PR.* Persona pesada, **sangrigorda**. pop + cult → espon.

pluto, -a.

I. 1. adj/sust. *Ec.* juv. *Referido a persona*, borracha. pop.

pluvial.

I. 1. *PR.* **frailecito**, ave.

plywood. (Voz inglesa).

I. 1. m. *EU, Gu, Ho, ES, Ni, CR, Pa, Cu, Ec.* Tablero fabricado con láminas delgadas de madera superpuestas, encoladas y prensadas, de manera que sus fibras queden entrecruzadas entre sí.

po.

I. 1. m. *Bo:O.* Droga que se obtiene de las hojas de coca. delinc.

poaquil.

I. 1. m. *Gu.* Serie de suelos profundos, bien drenados, desarrollados sobre caliza, en un clima húmedo-seco.

pobla.

I. 1. *Ch.* **población**. pop + cult → espon.

población.

I. 1. f. *Ch.* Barrio popular de una ciudad. (**pobla**).

poblada.

I. 1. f. *Bo; Ec, Pe, Ch*, pop. Muchedumbre confusa y desordenada de gente, *especialmente cuando está en actitud agresiva*.

2. *Bo; Ve, Ec*, pop. Motín.

3. *Ch.* Gente del pueblo. pop.

poblador, -ra.

I. 1. m. y f. *Gu, Ni, Bo, Ch, Ur.* Vecino, persona que habita en una **población**.

poblano, -a.

I. 1. adj/sust. *Ho, ES, Ni; Gu. Bo*, pop + cult → espon; *Pa*, obsol. *Referido a persona*, lugareña, campesina.

2. sust/adj. *Cu.* Persona que habita en un pueblo, en oposición a los que viven en el campo.

poblete.

I. 1. adj/sust. *Ch. Referido a persona*, pobre, que carece de dinero y bienes.

pobre.

a. ‖ **como cuando usted era** ~. fórm. *Ni, Pa.* Se usa para responder a un saludo cuando el interlocutor se interesa por la salud de la otra persona. fest.

a. ‖ ~, **pero no indio.** fr. prov. *Gu.* Indica que tener escasos medios económicos no implica pertenecer a la clase social baja.

▶ **caminar como entierro de** ~.

pobrecía.

I. 1. f. *RD; Ve*, cult; *Co*, p.u.; **pobrerío**.

pobrerío

I. 1. m. *Ch; Ec, Py, Ar, Ur*, pop; *Co*, p.u; espon. Conjunto de pobres. espon.

pobreza.

a. ‖ **mientras más** ~, **más ají de cuy.** fr. prov. *Ec.* Indica que alguien tiene muchos hijos, pero no cuenta con los medios suficientes para mantenerlos. pop ^ sat.

▶ **meterse como la** ~.

poc-chuc. (Voz maya).

I. 1. m. *Mx:SE.* Guiso elaborado con carne de cerdo, tomate y otras verduras.

poca.

a. ‖ **a** ~ **desto.** loc. adv. *Ve.* A poco rato. rur.

pocajul.

I. 1. m. *Ho.* Variedad de **frijol** comestible.

pocavergüenza.

I. 1. adj. *Mx. Referido a persona*, que actúa atrevidamente y con descaro. pop + cult → espon.

2. f. *PR.* Atrevimiento, descaro. pop + cult → espon.

poceado, -a.

I. 1. adj. *Ar, Ur. Referido a una carretera, una calle o un camino*, lleno de hoyos o baches. pop + cult → espon.

II. 1. adj. *Ar, Ur. Referido a la cara de una persona*, con marcas o pequeñas cicatrices como consecuencia de alguna enfermedad o por granos o espinillas. pop + cult → espon.

poceador, -ra.

I. 1. m. y f. *ES.* Ladrón que mete la mano en los bolsillos de alguien.

pocear(se).

I. 1. intr. prnl. *Ar, Ur.* Llenarse un camino o una calle de **pozos** o baches.

2. intr. *Ho.* Hacer hoyos en la tierra para plantar.

II. 1. tr. *Ho, ES, Ni.* Robar *algo* de los bolsillos de alguien.

III. 1. tr. *Gu.* Recoger agua del pozo.

pocero, -a.

I. 1. m. y f. *Ho, ES.* Carterista, ladrón de los bolsillos.

poceta.

I. 1. f. *Co.* Pequeño depósito de agua que forma parte del lavadero de una casa.

2. *Ve.* **excusado**.

3. *Cu, PR.* Espacio destinado a la ducha que se separa con paredes del resto del baño.

II. 1. f. *Cu.* Depresión natural de la costa que se llena o vacía de agua de acuerdo con la marea.

poceto.

I. 1. m. *RD.* Lugar de desagüe de la lluvia o las aguas residuales.

pocha.

I. 1. f. *Gu.* Fruto del cacao.

2. f. *Gu.* Espata o bellota del racimo de **bananos**.

II. 1. f. *Bo.* Excremento humano. pop + cult → espon.

poche.

I. 1. m. *Mx.* Batracio de hasta 10 cm de longitud, de cuerpo redondeado, de color verde y con una franja en la espalda de color anaranjado que divide el dorso en dos mitades. (Rhinophrynidae; *Rhinophrynus dorsalis*).

II. 1. m. *Gu.* **Tamalito** hecho solo de masa de maíz.

2. m. *Ho.* Plato de huevos cocidos en agua con una cucharada de vinagre.

pocheca.

I. 1. f. *Co.* Mama, teta. pop.

pochecó.

I. 1. adj. *Bo:E.* Referido a una persona, harta o molesta. pop + cult → espon.

pochil. (Del maya yucat.).

I. 1. m. *Mx:SE.* **Bejuco** leñoso de tallo peludo, con vellos de secreción viscosa que producen un olor desagradable, flor de color lila o rosado y fruto, consistente en una baya verde; es comestible, de sabor agridulce. (Passifloraceae; *Passiflora foetida*). ♦ **agualaste; ñorbo; sandía de culebra.**

pochita.

I. 1. f. *Ur.* **pochito morfoni.** pop + cult → espon.

pochito, -a.

■

a. ‖ ~ **morfoni.** (De *Pochita Morfoni,* personaje de cómic que comía mucho.) m. y f. *Ar.* Persona que come mucho. pop + cult → espon. (**pochita**).

pochitoca.

I. 1. *Mx:E.* **pochitoque.**

pochitoque.

I. 1. *Mx:SE.* **mojina.** ♦ **pochitoca.**

pocho.

I. 1. m. *ES.* Cigarro de marihuana.

pocho, -a.

I. 1. adj/sust. *Mx.* Referido a una persona, que adopta costumbres o modales de los estadounidenses. pop + cult → espon ^ desp.

pochocho.

I. 1. m. *Gu.* Flor del **banano** que está en la punta del racimo. rur.

pochocho, -a.

I. 1. adj. *RD, Ch, Ur.* Referido a una mujer o a un niño, bonito, lindo. pop + cult → espon ^ afec.

pochoclo. (Del quechua).

I. 1. m. *Ar:E,NO.* Palomita de maíz.

pochola.

I. 1. f. *Co:C.* Cerveza. pop.

pochoroco, -a.

I. 1. adj. *ES.* Referido a un asunto o tema, difícil, complicado.

II. 1. adj. *ES.* Referido a persona, tímida.

pochota.

I. 1. f. *Mx:SE.* **pochote.**

2. *Ho, ES.* Fruto del **pochote**.

II. 1. f. *ES.* Colilla de cigarro.

2. *ES.* Tabaco para masticar.

III. 1. f. *ES.* Prostituta.

IV. 1. m-f. *ES.* Persona de raza negra.

pochotal.

I. 1. m. *Mx, ES.* Sitio poblado de **pochotes**.

pochote. (Del nahua *póchotl*).

I. 1. m. *Mx, Gu, Ho, ES, Ni.* Especie de algodón blanquecino que rodea las semillas del fruto del pochote que se utiliza como relleno de colchones y almohadas.

2. *Mx, Gu, Ho, ES.* **ceiba**, árbol de hasta 50 m. (**pochota; puchote**).

3. *Mx, Ho, Ni, CR.* Árbol de tronco cubierto de espinas; su madera es muy apreciada en la ebanistería. (Bombacaceae; *Bombacopsis quinatum*). ♦ **cedro espino; cedro espinoso; espinoso; xcunché.**

pochotero, -a.

I. 1. sust/adj. *Ho:C,E.* Persona encargada de recoger en las fincas los pedazos de caña que quedan tras la cosecha.

pocicle.

I. 1. m. *Ho, Ni.* **charamusca,** helado casero.

pocillado.

I. 1. m. *Co.* Cantidad que cabe en un pocillo o taza.

pocillero.

I. 1. *Ec.* **posillero.**

pocillo.

I. 1. m. *Co.* Persona a la que le falta una oreja. pop ^ fest.

II. 1. m. *Gu, Ho, ES, Ni, Ur.* Recipiente pequeño en el que se bebe *especialmente café*.

2. *PR.* **Café**, solo o con leche, servido en taza pequeña.

III. 1. m. *Gu.* Boca de una persona. pop + cult → espon.

pocito.

I. 1. m. *Ho.* Pequeña cantidad de dinero que se guarda en una casa, institución o empresa para los gastos de una eventualidad.

poco.

I. 1. m. *Ni, Co.* Gran cantidad o abundancia de algo, como actividades, personas, cosas, animales.

●

a. ‖ **a ~.** fórm. *Mx.* Se emplea para manifestar sorpresa o incredulidad. pop.

□

a. ‖ **¿a ~?** loc. adv. *Mx, Gu, CR.* Acaso.

b. ‖ **¡a ~ no!** loc. interj. *EU:SO, Mx.* Expresa sorpresa, incredulidad, admiración.

c. ‖ **de a ~.**

i. loc. adv. *Cu, Ec, Pe, Bo, Ch, Py, Ar, Ur.* Lentamente, despacio. pop. (**de a pocos**).

ii. *Gu, Ni, Cu, Bo, Ch.* En pequeñas porciones o cantidades de algo. pop.

d. ‖ **de a ~s.** loc. adv. *Pe.* **de a poco,** lentamente. pop.

e. ‖ **un buen ~.** loc. sust. *Gu, RD, Ch.* Cantidad apreciable o de sobra de algo. pop.

pocón.

I. 1. adj. *Ar.* Referido a cosa, escasa, poca. pop + cult → espon.

2. m. *Ar.* Cantidad corta o pequeña. pop + cult → espon.

3. adv. *Ar.* Brevemente. pop + cult → espon.

4. *Ar.* Con escasez, menos de lo preciso. pop + cult → espon.

5. *Gu.* En mayor cantidad de lo esperado.

poconón.

I. 1. m. *Gu, Ni, Co.* Gran cantidad de personas o cosas. pop.

pocote.

I. 1. m. *Gu, CR, Co, Ve.* Porción grande de algo. pop.

pocotillo.

I. 1. *Ar:NO.* **pocoto,** hierba y baya.

pocoto.

I. 1. m. *Ar:NO.* **revientacaballo,** hierba de hasta 1 m. (**pocotillo**).

2. *Ar:NO.* Baya globosa y de color rojo del pocoto.

pocotón.

I. 1. m. *Ec, Ni, CR, Pa, Co, Ve, Pe,* cult → espon. Gran cantidad de algo. pop.

2. *Ec, Pa, Co, Ve, Pe,* cult → espon. Masa o montón de gente. pop.

pocoyo.

I. 1. *Ho, Ni.* **pocuyo,** curiango.

pocuyo.
  I. 1. *Ho, ES, Ni.* **curiango.** (**pocoyo**; **pucuyo**).

podada.
  I. 1. f. *Gu, Ni, CR, Pa, Ve, Ec, Bo, Ar, Ur, Mx,* pop. Poda. eliminación de ramas superfluas en árboles y plantas.

podadera.
  I. 1. f. *Mx, Gu, Ni, CR.* Poda reiterada. pop.

podadora.
  I. 1. f. *Gu, Ni, CR, Co, Ec, Bo, Ur.* Máquina para cortar el césped.

poder.
  ■
  a. ‖ **siete ~es.** m. *PR.* **siete potencias.**

poder(se).
  I. 1. tr. *Gu, ES.* Disgustar, contrariar a *alguien.*
  2. intr. prnl. *Ho.* Enfadarse.
  II. 1. *Ho.* **agallaje,** potencia física.
  ●
  a. ‖ **¡bien pueda!** fórm. *Co.* Se usa dar permiso.
  □
  a. ‖ **no ~ ni con la carta de venta.** loc. verb. *Gu.* Estar *alguien* muy débil, *generalmente por su avanzada edad.*
  b. ‖ **~le.** loc. verb. *Mx, CR.* Irritar, molestar u ofender *algo* a *alguien.* pop + cult → espon.
  c. ‖ **podérsela.** loc. verb. *Co.* Demostrarse y convencerse *alguien* de que tiene capacidad para enfrentarse a algo. pop + cult → espon.
  d. ‖ **podérselas.**
      i. loc. verb. *Gu, Ho, ES, Ni.* Tener *alguien* la capacidad de resolver un problema o enfrentarse a algo por sí mismo.
      ii. *Ho, ES.* Tener influencias.
  ☒
  a. ‖ **puede ser que tronando llueva.** fr. prov. *Ar, Ur.* Indica la posibilidad de que algo ocurra a pesar de no haber muchas perspectivas favorables para ello. pop + cult → espon.

poderosa.
  I. 1. f. *Mx, Ni, Bo.* Firma, nombre y apellido que una persona escribe de su propia mano en un documento. pop.
  II. 1. f. *Gu.* Persona pudiente.
  III. 1. f. *Bo:O.* Droga que se obtiene de las hojas de coca. delinc.
  IV. 1. adj. *PR. Referido a una muchacha,* que posee un bonito cuerpo. pop + cult → espon ^ desp.
  ► **estampar la ~.**

podiatra.
  I. 1. m-f. *PR, Ec, Bo; Pe,* p.u; *Py,* cult. Podólogo.

podologista.
  I. 1. m-f. *Bo, Ch.* Especialista en podología.

podrida.
  I. 1. f. *Bo, Py.* Bronca, riña o disputa ruidosa. pop + cult → espon.
  II. 1. f. *Cu.* Asunto difícil, molesto o complicado.
  □
  a. ‖ **la ~.** loc. sust. *Bo, Ar, Ur.* Pelea, situación violenta o caótica. pop + cult → espon.

podrido, -a.
  I. 1. adj. *Ni, CR, Ec, Bo:E, Py, Ar, Ur. Referido a persona,* harta, molesta, enfadada. pop + cult → espon.
  II. 1. adj. *Ch. Referido a cosa,* de mala calidad. pop.
  III. 1. adj. *Ho. Referido a persona,* drogadicta.

podrir.
  I. 1. tr. *Gu, Ho.* **agriar,** dejar la arcilla en remojo.
  II. 1. intr. *Cu.* Dormir *alguien* drogadicta.
  □
  a. ‖ **~se en plata.** loc. verb. *Gu, Ho, ES, Ni, CR, Ec, Bo.* Tener mucho dinero.

poeta.
  I. 1. m. *Cu:SO. En una asamblea de brujos,* el que se dedica a contar los sucesos que después se van a tratar.

pofi.
  I. 1. m-f. *Ni.* Amigo íntimo, compañero inseparable.

pog. (Voz totonaca).
  I. 1. *Mx:S.* **jícaro,** árbol perenne.

pogo.
  I. 1. m. *Co.* juv. Algarabía, bullicio que los espectadores hacen al ritmo de la música desde los lugares cercanos al escenario en los espectáculos de rock.

poguio. (Del quech. *puguiu,* fuente, surtidor).
  I. 1. m. *Ec.* Fuente de agua que surge de la tierra.

poir.
  I. 1. *Ho.* **aromo.**

pokemón, -na.
  I. 1. adj/sust. *Ch.* juv. *Referido a persona,* que sigue una tendencia juvenil caracterizada por el uso del pelo teñido o peinado de forma poco convencional, y que adopta determinadas formas de la cultura juvenil nipona.
  2. adj. *Ch.* juv. Relativo a estas personas.

polaca.
  I. 1. f. *Mx.* Política, actividad que rige los asuntos públicos. fest.
  II. 1. f. *Ar.* Salchicha gruesa.
  III. 1. f. *Gu, ES.* Cuerpo de policía, conjunto de personas que la componen. pop.
  IV. 1. f. *Gu.* Lotería de cartón que, en vez de números, tiene nueve figuras que van siendo descritas por la persona que va sacando las bolas.
  V. 1. f. *Ni.* Prostituta.

polaco.
  I. 1. m. *CR; Cu,* obsol. Vendedor ambulante, *generalmente de origen polaco, sirio o turco, y en particular el que se dedica a vender ropa.*
  II. 1. *Cu.* **polaquito.**
  III. 1. m. *Bo:O.* Coito. delinc.

polaco, -a.
  I. 1. m. y f *Gu, ES.* Miembro del cuerpo de policía. pop.
  II. 1. sust/adj. *CR.* Judío, *especialmente el de Polonia que emigró durante la Segunda Guerra Mundial.*

polada.
  I. 1. f. *CR.* Comportamiento propio del **polo,** persona de mal gusto. pop.

polaina.
  I. 1. f. pl. *Gu, ES.* Poder, capacidad, habilidad. fest.
  II. 1. f. *Ni.* Prostituta.
  ► **ponerse las ~s.**

polainear.
  I. 1. intr. *Ho.* Tener poder ante alguien.

polancho.
  I. 1. m. *ES.* Cerdo grande y de piel blanca. rur.

polaquear.
  I. 1. intr. *Be:O.* Realizar el coito. delinc.
  II. 1. intr. *CR.* Vender mercancías de casa en casa, *generalmente a crédito.* pop.

polaquito.
  I. 1. m. *Cu.* Automóvil de la marca Fiat, modelo 126. (**polaco**). ♦ **polski.**

polar.
  I. 1. f. *ES.* Policía uniformada. polic.

polarcita. (De *Polarcita®*).
  I. 1. f. *Ve.* Cerveza. ♦ **polarizada.**

polarizada.
  I. 1. *ES.* **polarcita.**

polca.

I. 1. f. *Pe.* Blusa femenina a modo de casaca ceñida sin faldones, *usada generalmente dentro de la casa.* rur.
  2. *Ec.* Blusa de seda o paño bordada en vivos colores, usada por la **chola** cuencana.
II. 1. f. *Ho, Ni.* Anca de una caballería.
III. 1. *Py.* polca paraguaya.
■
  a. ‖ ~ **boliviana.** f. *Bo.* Danza que se baila por parejas con un ritmo moderadamente rápido y es de carácter alegre y popular.
  b. ‖ ~ **paraguaya.**
    i. f. *Py.* Danza típica nacional que se baila por parejas con un ritmo rápido y es de carácter alegre y popular. pop + cult → espon. ♦ **polca.**
    ii. *Py.* Melodía que acompaña al baile de la polca paraguaya. ♦ **polca.**
  ▶ **tocar la ~ del espiante.**

poleada.

I. 1. f. *Ar:NO.* Comida preparada con afrecho de trigo hervido con agua o leche hasta que está espeso. rur.
  2. *Ho, ES.* Leche batida con azúcar, maicena o chocolate.

polendas.

□
  a. ‖ **de muchas ~.** loc. adj. *Mx.* **de polendas.**
  b. ‖ **de ~.** loc. adj. *Mx, Pe.* De mucha calidad, talento o valor. ♦ **de muchas polendas.**

polenta.

I. 1. adj. *Pe; Ar, Ur,* pop + cult → espon. | p.u. *Referido a persona o cosa,* estupenda, magnífica, muy buena. pop.
II. 1. f. *Ar, Ur.* Fuerza, empuje, potencia. pop + cult → espon.
III. 1. f. *Gu.* Harina para hacer **atol.**

polera.

I. 1. f. *Ar, Ur, Py,* pop + cult → espon. Suéter de cuello alto y con mangas. ♦ **polerón.**
  2. *Pe.* Camiseta deportiva de manga larga, *en ocasiones con capucha.* ♦ **polerón.**
  3. *Bo, Ch.* Camiseta deportiva de manga corta.

polero.

I. 1. m. *Pe.* Camiseta deportiva gruesa y ancha con manga larga, *en ocasiones con capucha.*

polero, -a.

I. 1. m. y f. *Ch.* Jugador de polo.
  2. adj. *Ch.* Relativo al deporte del polo.
II. 1. adj. *Pe.* Relativo al polero o camiseta de manga ancha.

polerón.

I. 1. m. *Ar, Ur.* **polera,** suéter de cuello alto.
  2. *Bo, Ch.* **polera,** camiseta deportiva de manga larga.

poliada.

I. 1. f. *Co:SO.* Sopa espesa de harina de maíz.

policear.

I. 1. tr. *Ho.* Robar a *alguien* en un descampado. delinc.
  2. *Ho. En el Ejército,* robar alimentos dentro de la unidad.

policero.

I. 1. m. *Ho. En el Ejército,* soldado que come a cualquier hora.

policía.

■
  a. ‖ **baja ~.** f. *Pe.* Servicio municipal de limpieza.
  b. ‖ ~ **caminera.** f. *Bo, Ar, Ur.* Cuerpo de policía encargado de controlar la circulación de los vehículos en las carreteras. ♦ **policía de caminos; policía rural; policía vial.**
  c. ‖ ~ **de caminos.** *Mx, Bo.* **policía caminera.**
  d. ‖ ~ **de línea.** m. *Ho.* **policía de tránsito.**
  e. ‖ ~ **de pito y tolete.** *Pa.* **macanero,** policía que lleva macana.
  f. ‖ ~ **de tráfico.** *Cu, RD, Co.* **policía de tránsito.**
  g. ‖ ~ **de tránsito.** f. *Mx, Gu, Ho, ES, Ni, CR, Pa, Cu, Ec, Bo, Ar, Ur.* Cuerpo de policía encargado de controlar la circulación de los vehículos en las ciudades. ♦ **policía de línea; policía de tráfico.**
  h. ‖ ~ **rural.** *Bo.* **policía caminera.**
  i. ‖ ~ **vial.** *Co.* **policía caminera.**
□
  a. ‖ **~acostado.** loc. sust. *Ho, Ni, Cu, RD, PR, Co, Ve, Ec. En una vía pública,* obstáculo artificial alomado que cruza de lado a lado para limitar la velocidad de los vehículos. pop + cult → espon. ♦ **chapa acostado; chapa muerto; muerto; policía dormido; policía muerto.**
  b. ‖ ~ **dormido.** *CR.* **policía acostado,** pop.
  c. ‖ ~ **muerto.** *Pa.* **policía acostado,** pop.
  ▶ **tener olor a gorra de ~.**

policiario, -a.

I. 1. adj. *Bo.* Relativo a la policía.

policivo, -a.

I. 1. adj. *Pa, Co.* Relativo a la policía.

policleto, -a.

I. 1. m. y f. *Mx, CR.* Agente de policía de seguridad pública que realiza su labor de vigilancia desplazándose en una bicicleta. urb; pop + cult → espon.

policonsultorio.

I. 1. m. *Bo.* Centro médico en el que se ofrecen servicios en varias especialidades.

policontuso, -a.

I. 1. adj. *Gu, Ec, Pe, Bo, Ch. Referido a persona,* que padece múltiples contusiones y heridas. cult → esm.

policopiado.

I. 1. m. *RD, Ec, Bo.* Texto reproducido en una máquina multicopiadora a partir de un original *especialmente preparado para este propósito.*
  2. *Ec, Bo.* Manual o texto en forma de libro que contiene los conocimientos esenciales de una materia y ha sido preparado por el profesor de la misma para los estudiantes.

policopiador.

I. 1. m. *Bo.* obsol. Máquina que reproduce numerosas copias de un escrito o dibujo realizado previamente en un cliché o en papel estucado.

policopista.

I. 1. sust/adj. *Gu, Bo.* Máquina que reproduce numerosas copias de un escrito o dibujo realizado previamente en un cliché o en papel estucado.

poliducto.

I. 1. m. *Mx, Gu, Ho, CR, Ec, Bo.* Red de tuberías que sirven para el transporte de petróleo y sus derivados, u otros líquidos o gases.

polifón.

I. 1. m. *Pa, Ur.* Material plástico ligero derivado del polietileno, que se emplea para la confección de colchones, almohadas y también para embalajes, construcción y actividades manuales. pop + cult → espon.

polifuncional.

I. 1. m. *Bo, Ur.* Campo deportivo en el que se pueden practicar varios deportes.
  2. adj. *Ur. Referido a persona, cosa o institución,* que desempeña más de una función.

poligrafiado.

I. 1. m. *Ec, Bo.* Manual o texto en forma de libro que contiene los conocimientos esenciales de una materia y ha sido preparado por el profesor de la misma para los estudiantes. est.

poligrafiado, -a.
    I. 1. adj. *Ec, Bo. Referido a un texto*, fotocopiado.

polígrafo.
    I. 1. m. *Ni, CR.* Mimeógrafo.

poligrillo, -a.
    I. 1. sust/adj. *Ar, Ur.* Persona pobre, sin recursos para poder vivir. pop + cult → espon ^ desp.
    2. *Ar, Ur.* Persona insignificante. pop + cult → espon ^ desp.

poliladro.
    I. 1. m. *Ar.* **poliladrón**, juego infantil.

poliladrón.
    I. 1. m. *Ar, Ur.* Juego infantil en el que un grupo de niños que son los policías persigue a otro que son los ladrones. (**poliladro**).
    II. 1. m. *Ar, Ur.* p.u. Policía implicado en un robo u otro delito. pop + cult → espon.

polilla.
    I. 1. f. *Ho, Ni, Pe.* Termes o termita.
    II. 1. f. *Pe.* Prostituta. pop.
    III. 1. f. *Cu.* Persona que lee mucho. pop.
    2. *Cu.* Alumno muy estudioso.
    IV. 1. adj/sust. *Ch. Referido a persona*, que se muestra muy insistente o pesada en sus reclamaciones o críticas. pop + cult → espon.
    V. 1. m-f. *Ch.* Persona a la que le gusta mostrarse en los medios de comunicación en busca de fama y publicidad. pop + cult → espon.
    VI. 1. m-f. *Bo:O.* Niño delincuente, *generalmente varón*, que forma parte de pandillas y tiene adicciones. pop + cult → espon.

□

    a. ‖ **mala ~.** loc. sust. *RD.* Persona innoble o maligna. pop – cult → espon.
    ▶ **entrar la ~; sacudirse la ~.**

polillera.
    I. 1. f. *Ar:NO.* Planta de hojas oblongas y flores amarillentas dispuestas en racimos espiciformes. (Scrophulariaceae; *Verbascum virgatum*). ♦ **vara de San José.**

polimodal.
    I. 1. m. *Ar.* Nivel escolar posterior a la educación básica o primaria, en el que se realizan estudios especializados o con orientación laboral.

polín. (Del fr. *poulain*).
    I. 1. m. *Mx.* Viga rectangular de madera que sustenta el entarimado de un piso o que sostiene provisionalmente una estructura arquitectónica.
    2. *Cu; Co:O*, p.u. Cada uno de los maderos que se atraviesan en una vía férrea para asentar sobre ellos los rieles.
    3. *Ch.* Estaca o pieza de madera barnizada con sustancias protectoras que sirve para levantar cercas y otros usos.
    4. *ES.* Viga triangular de hierro y hormigón para sostener el techado de una construcción.
    5. *Ho.* Poste de madera o viga de hormigón sobre los que descansan las casas y construcciones en zonas húmedas.
    II. 1. m. *Ec.* Media gruesa usada en la práctica de **futbol** y otros deportes.

polinés.
    I. 1. *Ho:N.* dátil.

polipak. (Del ing. *Polypack*®).
    I. 1. m. *Ho.* Envasado de productos al vacío con un cartón recubierto de una película de aluminio.

polis.
    I. 1. m-f. *Gu.* Agente de policía.
    2. f. *Gu.* Cuerpo policial.

polistel. (De *Polystel*®).
    I. 1. m. *Pe.* Tejido sintético.

política.

■

    a. ‖ **~ de campanario.** f. *Mx.* Gestión o administración pública que solo vela por intereses individuales o locales.

político.
    I. 1. *Ec.* **teniente político.**

politiqueante.
    I. 1. adj. *Bo. Referido a persona*, que **politiquea**. pop + cult → espon.

politiquear.
    I. 1. intr. *Mx, Gu, Ho, ES, Ni, CR, Pa, Cu, RD, PR, Ve, Ec, Pe, Bo, Py, Ar, Ur.* Hacer política de intrigas y bajezas. pop + cult → espon ^ desp.

politiquería.
    I. 1. f. *Mx. Gu, Ho, ES, Ni, CR, RD, PR, Ve, Ec, Bo, Ar, Ur.* Actuación en política mediante intrigas.
    2. *Pa, Cu, PR, Ec, Pe, Py, Ur.* Práctica política que consiste en tratar de conseguir o mantener el poder mediante licencias, falsas promesas y regalos.

politiquero, -a.
    I. 1. adj/sust. *Mx, Gu, Ho, ES, Ni, CR, Pa, PR, Ve, Ec, Bo, Ur. Referido a persona*, aficionada a la política de intrigas. desp.
    2. *PR.* Que **politiquea**.

polito.
    I. 1. m. *ES.* Jefe de la policía secreta. polic.

polizonta.
    I. 1. f. *Gu, ES.* Cuerpo policial. pop.

poll. (Voz inglesa).
    I. 1. m. *EU, Ho.* juv. Encuesta, votación.

polla.
    I. 1. f. *Pa, Ec, Pe, Bo, Py, Ar, Ur.* Apuesta, *particularmente la que se hace en carreras de caballos*.
    2. *Pe, Bc:E, Ch, Ar, Ur.* Prueba hípica de carreras.
    3. *Co, E:, Ch.* Apuesta que pronostica los resultados de los partidos de **futbol** de una jornada. ♦ **polla gol.**
    4. *Co, Ch.* Apuesta que pronostica el resultado de algo inmediato y de poca importancia.
    5. *Ch.* Cantidad de dinero que reúnen varias personas periódicamente y que se sortea entre las mismas, con el fin de paliar necesidades económicas inmediatas.
    6. *Ho, Ni.* Cantidad de dinero que se apuesta en un juego de cartas.
    7. *Ho. En el juego de lotería casera*, cantidad de dinero acumulada entre los jugadores y que se adjudica al que gana.
    II. 1. f. *Mx.* Bebida hecha con leche, huevos, jerez y canela.
    III. 1. f. *Co:O.* juv. Novia. pop.
    IV. 1. f. *RD. PR, Bo:N.* Persona joven de gran belleza, atractiva y elegante. pop + cult → espon.

■

    a. ‖ **~ gol.** f. *Ch.* **polla**, apuesta a los partidos de **futbol**.
    ▶ **estar como ~ comprado; sacarse la ~.**

pollada.
    I. 1. f. *Pe, Py, Ar.* Fiesta popular en la que se vende pollo, *especialmente a la parrilla*, como plato principal.
    2. *Pe, Bc.* Plato compuesto de pollo a la parrilla o frito, ensalada y **papas sancochadas**. pop.

pollajería.
    I. 1. f. *Ar.* Establecimiento en el que se venden pollos.

pollento, -a.
    I. 1. adj. *Ch.* p.u. *Referido a persona*, que presenta congestión de mucosidad en pulmones y garganta. pop.

pollera.

  I. 1. f. *Co:N, Ch, Py, Ar, Ur.* Falda o parte del vestido de mujer que cae desde la cintura.

    2. *Pe, Bo.* Falda de tela gruesa, amplia, holgada y fruncida, que usan las mujeres campesinas y de clase popular.

    3. *Ec.* Falda de tela gruesa de color llamativo, amplia, con pliegues y bordados en la orilla inferior, que usan las **cholas** cuencanas. pop + cult → espon.

    4. *Pa.* Traje típico de la mujer panameña, que consta de una blusa y una falda de amplio vuelo finamente bordadas.

  II. 1. f. *Ve.* Establecimiento donde se crían pollos para el consumo humano.

    2. *Ve.* Restaurante especializado en pollos asados.

  III. 1. f. *Ho:C,E.* **abrazadera**, cuerda.

  □

    a. ‖ **de ~.** loc. adj. *Ec, Pe, Bo. Referido a una mujer,* india o del pueblo. pop + cult → espon.

pollerero, -a.

  I. 1. m. y f. *Bo:O.* Persona que confecciona y vende **polleras.** pop + cult → espon.

pollerín.

  I. 1. m. *Co:N.* Prenda interior femenina, similar a una falda y que se lleva debajo de ésta.

    2. *Bo.* **Pollera** de tela ligera, con pliegues, ancha y corta.

    3. *Bo:C,O.* Falda corta adornada de filigranas, perlas y lentejuelas que se usa como disfraz en algunas danzas folclóricas.

    4. *Pa.* **Pollera** corta que llega a media pierna y es más sencilla que la tradicional.

pollero, -a.

  I. 1. m. y f. *Mx.* Persona que transporta ilegalmente trabajadores indocumentados a otro país, *generalmente a los Estados Unidos de América.*

  II. 1. adj. *Cu. Referido a animal,* que caza y come pollos.

pollerón.

  I. 1. m. *Co:N.* Hombre afeminado. pop ^ desp.

  II. 1. m. *Ar.* obsol. Falda o **pollera** amplia y larga usada por las mujeres para montar a caballo.

    2. *Pa.* Parte inferior de la **pollera**, sujeta a la cintura de la **empollerada.**

pollerona.

  I. 1. sust/adj. *Pe.* **polleruda**, mujer. pop.

pollerudo.

  I. 1. m. *Bo.* Hombre pusilánime. pop + cult → espon ^ desp.

pollerudo, -a.

  I. 1. adj. *Bo, Ch, Py, Ar, Ur. Referido a persona,* apegada a su madre o a otras mujeres de las que depende. pop ^ desp.

    2. sust/adj. *Bo, Py, Ar, Ur.* Hombre sumiso a las decisiones femeninas. pop + cult → espon.

  II. 1. adj. *Ar:NO, Ur. Referido a un vestido,* que tiene faldas demasiado largas o demasiado amplias. pop + cult → espon.

    2. sust/adj. *Pe.* Mujer que viste **polleras** anchas y largas. ♦ **pollerona.**

pollina.

  I. 1. f. *RD, PR, Ve.* Flequillo, porción de cabello recortado que cae sobre la frente de una persona o de un animal.

pollito.

  I. 1. m. *Ar.* Danza folclórica de galanteo y ritmo vivo caracterizada por los avances y retrocesos en diagonal de los bailarines.

  II. 1. m. *Cu.* Juego para bebés que consiste en balancear la mano, con los dedos juntos, hacia arriba y hacia abajo, mientras se cantan o recitan unos versos.

  III. 1. m. *ES.* Vestido nuevo.

  IV. 1. *Pa.* **maltuerzo.**

  ■

    a. ‖ **~ arrocero.** m. *Ho.* **arrocero**, pájaro.

  □

    a. ‖ **~ de real y medio.** loc. sust. *Cu.* obsol. Adolescente que empieza a cambiar la voz. pop.

  ▶ **contar los ~s antes de nacer; ir a comerse un ~ al velador.**

pollo.

  I. 1. m. *Ec.* Pene. inf; tabú; pop + cult → espon.

  II. 1. m. *Ec.* **acordeón**, trozo de papel.

  III. 1. m. *RD; Pa,* obsol. Hombre muy atractivo físicamente.

  IV. 1. m. *Gu.* Gargajo.

  V. 1. m. *Bo:O.* Droga que se obtiene de las hojas de coca. delinc.

  VI. 1. m. *ES.* Ropa nueva.

  ●

    a. ‖ **¿no querés ~ también?** fórm. *Gu.* Se usa para hacer comprender a una persona que sus peticiones resultan excesivas. sat.

    b. ‖ **y listo el ~.** fórm. *Ve, Ec, Bo, Ar, Ur.* Se usa para indicar lo definitivo de alguna decisión o acción. pop + cult → espon.

  ■

    a. ‖ **~ de manglar.** m. *RD.* Ave de hasta 40 cm de longitud, de plumaje de color café, con el pecho rojizo y las plumas de las espalda bordeadas de gris, pico largo, oscuro, y patas grisáceas. (Rallidae; *Rallus longirostris*). (**pollo de mangle**).

    b. ‖ **~ de mangle.** *PR.* **pollo de manglar.**

    c. ‖ **~ de patio.** m. *Pa.* Pollo criado sin engorde artificial en gallinero de casa. pop + cult → espon.

    d. ‖ **~ inglés.** m. *PR. En las peleas de gallos*, pollo de raza que se convierte en gallo de pelea.

    e. ‖ **~ rostizado.** m. *Gu, Ho, Ni, PR.* Pollo muy frito en aceite.

    f. ‖ **~ sudado.** m. *Ho, CR, Pa.* Pollo cocido al vapor.

  □

    a. ‖ **¡listo el ~!** loc. interj. *Co, Bo, Ar, Ur.* Expresa que se da por terminado un trabajo. pop + cult → espon. (**¡muerto el pollo!**).

    b. ‖ **medio ~.**

      i. loc. sust. *Ch.* Obrero que trabaja en nombre del que debería ocupar su propia plaza y que recibe de salario solo la mitad del sueldo, mientras la otra mitad la recibe ilícitamente el titular. pop.

      ii. *Ch.* Jornal que reciben los que trabajan como **medio pollos**. pop.

      iii. *RD.* Café con leche que se sirve en una taza pequeña.

    c. ‖ **¡muerto el ~!** *PR.* **¡listo el pollo!**

    d. ‖ **~ peletas.** loc. sust. *Co:C,O.* Persona que se distingue desfavorablemente del resto, dentro de una familia o una colectividad. pop + cult → espon.

  ▶ **aflojar el ~; atajar un ~; comer frijoles y eructar ~; creerse el arroz con ~; creerse que los ~s maman; echarse el ~; llorar de ver cagar un ~; morir ~; parecer ~ comprado; parecer ~ remojado.**

pollo, -a.

  I. 1. adj/sust. *Mx, Gu, Pa. Referido a persona,* de apariencia elegante, atractiva o juvenil.

  II. 1. m. y f. *Mx.* Persona que entra en los Estados Unidos de América sin la documentación necesaria.

  III. 1. adj/sust. *Pe, Bo. Referido a persona,* que tiene poca resistencia al alcohol.

pollomate.

  I. 1. m. *Mx.* Planta de hasta 80 cm de altura, de tallo erecto, hojas alternas, oblongo-lanceoladas, inflorescencias en cabezuelas, flores amarillas y fruto seco indehiscente, con una sola semilla. (Asteraceae; *Gnaphalium viscosum*).

pollón.
□
   a. ‖ **~ de botón.** m. *PR.* Pollo joven al que empiezan a salirle las espuelas.

pollón, -na.
   I. 1. m. y f. *Ni, Cu, PR, Pa.* Pollo, macho o hembra, que aún no ha llegado a su madurez sexual.
   II. 1. sust/adj. *Gu, Ho, ES, Ni, Pa.* metáf. Persona de avanzada edad sana y fuerte.
   2. adj. *Gu. Referido a persona*, de aspecto saludable. pop + cult → espon.

pollona.
   I. 1. f. *Cu. En el juego de dominó*, pérdida de una partida sin lograr acumular ningún punto.

pollution. (Voz inglesa).
   I. 1. f. *EU.* Contaminación atmosférica.

polmay.
   I. 1. *Ch:SO.* **pulmay**.

polo.
   I. 1. m. *ES.* **Ayote** de cáscara blanca y corteza blanda.
   II. 1. m. *CR.* Campesino. pop ∧ desp.
□
   a. ‖ **~ acuático.** loc. sust. *CR, Cu, PR, Bo.* Juego practicado en una piscina entre dos equipos de siete jugadores cada uno, que consiste en introducir el balón con la mano en la portería contraria mientras se nada.
   b. ‖ **~ norte.** loc. sust. *PR.* Penitencial Estatal. carc.

polo, -a.
   I. 1. adj/sust. *CR. Referido a persona*, de mal gusto, comportamiento rústico y, *generalmente, escasa educación.* pop ∧ desp.

poloche. (Del ingl. *polo*).
   I. 1. m. *RD.* Prenda de punto que llega hasta la cintura, con cuello, y abotonada por delante en la parte superior.

polochic.
   I. 1. m. *Gu.* Serie de suelos aluviales, profundos, mal drenados, que se encuentran en un clima húmedo.

polocho.
   I. 1. m. *Co.* Miembro del cuerpo de la policía. pop.

pololear.
   I. 1. intr. *Ch; Bo,* pop + cult → espon. Mantener relaciones amorosas, con cierto nivel de compromiso aunque no necesariamente de convivencia.
   2. tr. *Bo; Ch,* pop. Cortejar a *alguien*.
   3. *Ch.* Intentar atraer a *alguien* a un negocio o actividad. pop + cult → espon.

pololeo.
   I. 1. m. *Bo; Ch,* pop + cult → espon. Relación amorosa estable, pero no de convivencia.

pololo.
   I. 1. m. *Ch.* Insecto coleóptero de 1,5 cm de longitud, de color verde intenso o **café** oscuro, élitros cortos, cabeza pequeña y caparazón duro y liso. (Scarabaeidae; *Hylamorpha elegans*).
   2. *Ch.* Trabajo ocasional y breve que se consigue fuera del trabajo habitual. pop + cult → espon.

pololo, -a.
   I. 1. m. y f. *Ch; Bo:E,O,* pop + cult → espon. Persona que mantiene con otra una relación amorosa estable pero no necesariamente de convivencia.

poloncho.
   I. 1. m. *CR.* Campesino. pop ∧ desp.

poloncho, -a.
   I. 1. adj/sust. *CR. Referido a persona*, de mal gusto, comportamiento rústico y, *generalmente, escasa educación.* pop ∧ desp.

polongón. (De or. onomat.).
   I. 1. m. *ES.* Caída, golpe.

¡polongón!
   I. 1. interj. *Gu, ES.* Imita el sonido de caída de algo al suelo.

polski.
   I. 1. *Cu.* **polaquito**.

polvalera.
   I. 1. f. *Ni.* Polvareda.

polvarín.
   I. 1. m. *Pa.* Cantidad de polvo que se levanta de la tierra, agitada por el viento o por otra causa cualquiera.

polvasal.
   I. 1. *Gu, Ni.* **polvazal**.

polvazal.
   I. 1. m. *Ho, Ni, CR.* Polvareda, gran cantidad de polvo. (**polvasal**).

polvazón.
   I. 1. m. *Gu, Ho, ES.* Polvareda.
   II. 1. m. *ES.* Alboroto, bullicio.
   2. *Ho.* Escándalo.

polvear(se).
   I. 1. intr. prnl. *Mx, ES, Ni, Bo, Ar:NO;* tr. *Gu, Ec,* p.u. Aplicarse polvos cosméticos en la cara.
   2. intr. *Mx, ES.* Poner polvos cosméticos al cuerpo.
   II. 1. intr. *Bo.* Realizar el coito. delinc.

polvera.
   I. 1. f. *Mx.* Pieza metálica que se coloca en la parte inferior de la carrocería, cerca de las ruedas, para proteger contra el polvo.
   2. *Ho, Ni.* Pieza flexible de hule que protege del polvo a cojinetes, rodamientos y bombas de freno.
   II. 1. f. *Gu, Co:C,O.* Utensilio de forma redondeada, hecho de pluma o de otro material suave, que se usa para aplicar polvos cosméticos.
   III. 1. f. *Ho, Ni.* juv. Cama. fest.
   IV. 1. f. pl. *ES.* Orejas.

polvero.
   I. 1. m. *CR, Cu, PR, Co, Ve.* Gran cantidad de polvo. pop. ♦ **polvorín**.
   II. 1. m. *Gu.* Pañuelo.

polviento, -a.
   I. 1. adj. *Mx, Gu. Referido a una cosa o a un lugar*, polvoriento, cubierto de polvo.

polvillo.
   I. 1. m. *Mx, Ec, Pe, Bo, Ch, Py.* Género de hongos parásitos, como el tizón y la roya amarilla o polvillo estriado del trigo, que atacan los cereales. (Pucciniaceae; *Puccinia* spp.).
   2. *Co.* **guayacán**. (Bignoniaceae; *Tabebuia* spp.).
   3. *Ec, Ch.* Enfermedad producida por el polvillo.
   II. 1. m. *Ec.* Residuo pulverizado de la cáscara de arroz que sale de la **piladora**; se emplea como alimento para aves de corral.

polvito.
   I. 1. m. *RD.* Droga. drog.

polvo.
   I. 1. m. *Ve.* Suerte o casualidad.
■
   a. ‖ **~ amargo.** m. *RD.* Café. rur.
   b. ‖ **~ de hornear.** m. *Mx, Pa, Cu, Co, Ve, Ec, Bo, Ch, Ar, Ur.* Levadura en polvo capaz de hacer crecer la masa de pan y pasteles.
   c. ‖ **~ dulce.** m. *RD.* Azúcar. rur.
□
   a. ‖ **medio ~.** loc. sust. *Ho, Ni,* fest; *Bo,* pop + cult → espon ∧ desp. Persona de pequeña estatura.
   b. ‖ **~ de aquellos lodos.** loc. sust. *Ho.* Recuerdo de algo que ya no se puede repetir.

c. ‖ ~ **de gallo.** loc. sust. *Ni, Pa, RD, Co; Ho,* fest. Eyaculación precoz. vulg.

▶ **aventar** ~; **echar** ~; **levantar** ~; **levantar el** ~; **ser del año del** ~.

pólvora.

▶ **gastar** ~ **en chimangos; gastar** ~ **en gallinazo; gastar** ~ **en gallinazos; gastar** ~ **en infiernitos; gastar** ~ **en jotes; gastar** ~ **en sanates; gastar** ~ **en zamuro; gastar** ~ **en zanates; gastar** ~ **en zopes; gastar** ~ **en zopilotes.**

polvorera.

I. 1. f. *Co.* Fábrica de pólvora.

polvorería.

I. 1. f. *Co.* Fábrica de pólvora.

polvorero, -a.

I. 1. m. y f. *Co, Ec,* p.u. Especialista en pirotecnia.
2. adj. *Co.* Relativo a la fabricación de pólvora.

polvorilla.

I. 1. f. *Bo:SO. En las minas,* mineral de plata de alta ley que tiene el aspecto de la pólvora.

polvorín.

I. 1. m. *Bo, Ar:NO.* Ácaro de muy pequeño tamaño y color rojizo, cuya larva produce picaduras sumamente molestas. (Trombidiidae; *Eutrombicula alfreddugesi*). ♦ **bicho colorado; usapuca.**
2. *Bo:S.* Garrapata. (Ixodidae; *Silva* spp., *Filaria* spp.).
II. 1. m. *Pa, PR.* **polvero,** gran cantidad de polvo.

polvorita.

I. 1. m-f. *Ch, Py, Ar, Ur.* Polvorilla, persona de gran vivacidad, propensa al arrebato pasajero e intrascendente. pop + cult → espon.

polvorón.

I. 1. m. *Mx, Ni, Pa, PR, Ur.* Galleta dulce que se desmorona fácilmente.
II. 1. adj. *Ni. Referido a persona,* de tez oscura.

polvorosa.

I. 1. f. *Co, Ve.* Pastel de harina, mantequilla, azúcar y leche, cocido al horno, que se desmenuza fácilmente.

polvoso, -a.

I. 1. adj. *Mx, Ec, Ar:NO; Co,* p.u; *Bo:O,* pop + cult → espon. *Referido a cosa o lugar,* polvoriento, cubierto de polvo.

pom. (Voz maya).

I. 1. *Mx:SE, Gu.* **copal,** árbol.
2. *Gu.* Resina aromática extraída de la corteza del pom, que los mayas queman como incienso en sus rituales.

poma.

I. 1. f. *Co:C.* Utensilio de forma redondeada, hecho de pluma o de otro material suave, que se usa para aplicar polvos cosméticos.
2. *Ni, Ec:S.* Jarra de barro o porcelana, con cuello y boca anchos y un asa, para servir líquidos.
3. *Gu, Ni.* Pómez, feldespato volcánico, muy poroso y liviano, usado para desgastar o pulir.
II. 1. f. *PR.* Grano del café maduro. rur.

pomacita.

I. 1. f. *Ch.* Piedra pómez, mineral de origen volcánico, esponjoso, frágil, de color agrisado y textura fibrosa, que raya el vidrio y el acero y es muy usada para desgastar y pulir; su polvo se utiliza en la industria del cemento.

pomada.

I. 1. f. *Pe, Ar, Ur.* Betún, mezcla de varios ingredientes de consistencia pastosa, que se utiliza para lustrar el calzado.

□

a. ‖ **en la** ~. loc. adv. *Bo; Co, Ar, Ur,* pop + cult → espon. Al tanto de lo que sucede, con la información más actualizada.

b. ‖ **la divina** ~.
i. loc. sust. *Pa, Pe, Bo.* Persona o cosa asombrosa por sus cualidades.
ii. *Ec.* Persona engreída y petulante.

▶ **aflojar la** ~; **hacer** ~; **hacerse** ~; **vender la** ~.

pomadoso, -a.

I. 1. adj. *Mx. Referido a persona,* excesivamente acicalada.
2. *Mx. Referido a cosa o a lugar,* refinado, exquisito, elegante.

pomarrosa.

I. 1. f. *Mx, Gu, Pa, Cu, Co, Ve, Ec;* m. *PR, Co.* Árbol de hasta 10 m de altura, de follaje denso, que tiene las hojas opuestas y lanceoladas, las flores son blanco amarillentas, vistosas y dispuestas en racimo. (Myrtaceae; *Syzygium jambos*). ♦ **manzana rosa; manzanarrosa; manzanita.**
2. f. *Mx, Gu, Pa, Cu, PR, Co, Ve.* Fruto de la pomarrosa, en forma de pera, pequeño y fragante, de color amarillento con partes rosadas y de sabor dulce acidulado. (**pumarrosa**). ♦ **mampera; manzanita.**

pombero.

I. 1. m. *Py, Ar:NE. En la creencia popular,* duende que puede ser amigo o enemigo del hombre según la conducta de este.

pomela.

I. 1. f. *Gu.* Pomelo, toronja, fruto del cidro.

pomo.

I. 1. m. *Mx.* Botella que contiene bebida alcohólica. pop.
2. *Cu, PR, Ec, Bo:E,O, Ar, Ur.* Recipiente, de cristal o plástico, en que se expenden cosméticos, fármacos, pinturas, u otras materias de consistencia líquida o cremosa.
3. *Ar, Ur.* Juguete, *por lo común cilíndrico y flexible,* con el que se arroja generalmente agua durante el carnaval.
4. *Cu.* Biberón.
II. 1. m. *Co:C,E,O,SO.* Utensilio de forma redondeada, hecho de pluma o de otro material suave, que se usa para aplicar polvos cosméticos.
2. *Ec.* Extremo redondeado que tienen las palancas de cambios de los vehículos.
3. *Ni.* Cacha de pistola. delinc.
III. 1. m. *Ar; Ur,* p.u. Pene. vulg; pop + cult → espon.
2. *ES.* Brazo. delinc.

□

a. ‖ **un** ~. loc. adv. *Ar, Ur.* Nada. pop + cult → espon.

pomolché. (Del maya yucat.).

I. 1. m. *Mx:SE.* Árbol pequeño de hojas simples, alternas, ovadas y de margen entero, inflorescencias cimosas y axilares, flores de color amarillo verdoso y fruto en cápsula dehiscente; tiene diversas aplicaciones en la medicina tradicional. (Euphorbiaceae; *Jatropha gaumeri*).

pomoy.

I. 1. m. *Mx:SE.* **gatillo,** árbol.

pompa.

I. 1. f. *Mx.* Nalga. pop + cult → espon.
II. (Del ingl. *pump*).
1. f. *EU, PR.* Bomba, artefacto para elevar agua u otro líquido y darle impulso en una dirección determinada.

pompano.

I. 1. m. *PR.* Pez marino de hasta 1 m de longitud, de cuerpo fuertemente comprimido, coloración plateada, aletas radiadas y espinas dorsales alargadas en la fase juvenil, encapsuladas en la piel en adultos. (Carangidae; *Alectis ciliaris*).

pompar. (Del ingl. *to pump*).

I. 1. tr. *EU.* Bombear, elevar agua u otro líquido por medio de una bomba. (**pompear**).

pompeado, -a.
   I. 1. adj. *Pa. Referido a persona*, de músculos desarrollados.

pompear(se). (Del ingl. *to pump up*, hinchar).
   I. 1. tr. *EU.* **pompar**.
   II. 1. intr. prnl. *Pa.* Desarrollar los músculos a través del ejercicio físico.

pompo, -a.
   I. 1. adj. *Co:C,SO. Referido a un instrumento cortante, un cuchillo, navaja, etc.*, que no tiene filo, romo.

pompocua.
   I. 1. *Mx:E.* **jobo**, árbol.

pompón.
   I. 1. m. *Mx, Ho, Co*; pl. *PR.* Especie de moño redondo hecho de plástico o de papeles de colores que llevan en las manos para agitarlos rítmicamente las **porristas**.
     2. *Ho.* Círculo de pequeñas plumas que tiene el gallo de pelea debajo de la golilla.
   II. 1. m. *Ni.* Retrete, escusado.
   ●
     a. ‖ ~. fórm. *Ni.* Se usa para indicar a un niño que algo se acabó.

pomponeada.
   I. 1. f. *ES.* Toque a una puerta para que la abran.

pomponear.
   I. 1. tr. *Gu, Ho, ES.* Llamar a la puerta con golpes. (**pumpunear**).

pomponeo.
   I. 1. *ES.* **pumpuneo**.

pomponera.
   I. 1. f. *Ho. En los desfiles cívicos o competiciones deportivas*, muchacha que realiza una exhibición de malabarismo y pasos rítmicos para entretener al público.

pon.
   I. 1. m. *Cu.* Juego infantil en el que hay que saltar diferentes recuadros de una figura dibujada en el suelo con una sola pierna.
   II. 1. m. *PR.* Viaje gratuito en un vehículo.
   ▶ **coger ~; dar ~; pedir ~.**

pona.
   I. 1. f. *Pe.* Palmera que alcanza hasta 30 m de altura, de color oscuro; madera consistente y resistente, utilizada en la industria de la madera y en la construcción. (Arecacea; *Iriartea exhorriza*).
     2. *Pe.* Madera de pona.

poncear.
   I. 1. intr. *Ch.* juv. Dar besos o caricias por placer sin mediar una relación afectiva. pop + cult → espon.

ponceo.
   I. 1. m. *Ch.* juv. Beso, caricia o manoseo por placer, sin mediar relaciones afectivas. pop + cult → espon.

poncha.
   I. 1. f. *Ch.* Lona grande e impermeable utilizada por los empleados municipales de limpieza en la que se recoge la basura de las casas.

ponchada.
   I. 1. f. *Mx, Gu, Ho, Ni, Ec, Pe, Bo.* Pinchazo, pérdida de aire de un objeto inflable. ♦ **ponchadura**.
   II. 1. f. *Bo:E, Py, Ar, Ur.* Gran cantidad de algo. pop + cult → espon.
     2. *Py, Ar, Ur.* obsol. Cantidad de algo que cabe en un poncho. rur.
   III. 1. adj. *Cu.* **corrida**, que ha tenido relaciones sexuales con muchos hombres.
   IV. 1. f. *Ho.* metáf. Equivocación o error.
   V. 1. f. *Ni. En el beisbol*, tiro efectivo que deja fuera de juego al bateador contrario.

□
   a. ‖ **a las ~s.** loc. adv. *Ar:NO.* De manera improvisada o esporádica. pop + cult → espon.
   b. ‖ **a ~s.** loc. adv. *Ar.* Con grandes dificultades. pop + cult → espon.

ponchadera.
   I. 1. f. *Ar:NO.* Gran cantidad de algo. pop + cult → espon.

ponchado, -a.
   I. 1. adj. *Mx, Gu. Referido a persona o animal*, fuerte, robusto o musculoso. pop.
     2. *Mx, Ni. Referido a persona*, agotada.
   II. 1. adj. *Mx, Ni, Cu, RD, PR, Ve. Referido a un jugador de beisbol*, eliminado por fallar en el bateo. ♦ **estrucado**.

ponchador.
   I. 1. m. *Cu.* Instrumento con el que se perfora el boleto de viaje de un pasajero para acreditar que este ha pagado su importe.
     2. *Pa.* Objeto de oficina que se usa para unir papeles con pequeñas grapas de metal.

ponchador, -ra.
   I. 1. adj. *Ni, Cu. Referido a un lanzador de beisbol*, que elimina a muchos bateadores.

ponchadora.
   I. 1. f. *Cu.* Utensilio de oficina que se usa para abrir agujeros al papel.

ponchadura.
   I. 1. f. *Mx, Gu, Ho; Pe*, p.u. **ponchada**, pinchazo.

ponchallantas. (De *ponchar* y *llanta*).
   I. 1. m-f. *Ho.* Persona que por maldad se dedica a pinchar neumáticos de cualquier vehículo automotor.

ponchar(se). (Del ingl. *to punch* y *pinchar*).
   I. 1. tr. *Mx, Gu, Ho, Ni, Pa, Cu, RD, Co, Ve, Pe. En el beisbol*, eliminar a un jugador por fallar en el **bateo**. ♦ **estrucar**.
     2. intr. prnl. *Ni, Cu, PR, Co, Ve. En el beisbol*, quedarse eliminado un **bateador** al fallar tres veces consecutivas en el intento de golpear la pelota.
   II. 1. intr. prnl. *Mx, Gu, Ho, ES, Ni, Pa, Cu, RD, Ec, Pe, Bo:O,S; CR*, p.u. Pincharse un objeto inflable. cult.
   III. 1. tr. *Mx.* Extenuar, agotar.
   IV. 1. tr. *Mx.* Romper una o más canicas con un **ponche**.
   V. 1. tr. *Ve.* Recortar *algo* de tal manera que quede más corto de lo debido. pop.
     2. intr. *Pa, RD, PR.* Marcar en una máquina o reloj especial la hora de entrada y de salida del trabajo.
     3. tr. *Pa, Cu.* Perforar un billete o boleto.
     4. *Pa.* Unir con grapas.
   VI. 1. tr/intr. *Ho, ES, Co:NE.* Sorprender a *alguien* en flagrante falta o engaño. pop.
   VII. 1. tr. *Ve, Pe.* Dirigir o enfocar la cámara de televisión en determinada dirección.
   VIII. 1. tr. *Gu, Ni, Cu.* Suspender, reprobar a *alguien* en un examen. est.
   IX. 1. tr. *Gu.* Fastidiar, dañar, derrotar a *alguien*.
   X. 1. tr. *PR.* Ir *alguien* a ver a su novia. pop + cult → espon ^ fest.

ponchazo.
   I. 1. m. *Ar, Ur.* Golpe dado con un poncho.
     2. *Cu.* **ponche**, pinchazo.
□
   a. ‖ **a los ~s.**
     i. loc. adv. *Bo, Py, Ar, Ur.* Con grandes dificultades. pop + cult → espon.
     ii. *Bo, Py, Ar, Ur.* De manera improvisada. pop + cult → espon.

ponche.

I. 1. m. *Mx.* Canica de consistencia más dura que la común.

II. 1. *Co:N.* **chigüiro**.

III. 1. m. *Gu.* Bebida que se toma caliente y se prepara con fruta troceada, especias *y, opcionalmente, ron.*

2. *Cu.* Bebida fría que se prepara mezclando diversas frutas troceadas y ron.

3. *RD.* Bebida que se toma caliente y se prepara con yema de huevo, café y nuez moscada.

4. *Py.* Postre preparado de clara de huevo, canela y azúcar. pop + cult → espon. ◆ **ponchi**.

IV. 1. m. *Ho, Ni. En el **beisbol**,* hecho de que el **lanzador** gane al **bateador**.

V. 1. m. *Cu.* Pinchazo, hendidura que deja escapar el aire de una rueda. ◆ **ponchazo**.

■

a. ‖ ~ **a la romana.** m. *Ch.* Bebida elaborada con champán, piña macerada en alcohol y helado de piña.

b. ‖ ~ **crema.** m. *Ve.* Bebida elaborada a base de leche, yema de huevo, ron y especias.

c. ‖ ~ **en leche.** m. *Ch.* Ponche que tiene como ingrediente básico la leche.

d. ‖ ~ **navideño.** m. *Mx.* Bebida elaborada a partir de una mezcla de frutas, como la **guayaba** o el tamarindo, **flor de Jamaica**, especias y **piloncillo** hervidos.

ponchear.

I. 1. tr. *Bo:O.* Realizar el coito. delinc.

II. 1. tr. *Bo:O.* Aprovecharse de una persona usando sus prendas de vestir, sin su consentimiento. delinc.

ponchera.

I. 1. f. *RD, PR, Co:N,O,NE, Ve.* Palangana de hierro esmaltado, aluminio o plástico, *que se usa principalmente para el aseo personal o para lavar ropa.*

II. 1. f. *Ch.* metáf. Barriga, sobre todo cuando está abultada.

2. *PR.* Vasija ancha, *generalmente de cristal,* en la que se prepara el **bul**.

III. 1. f. *Ch. Especialmente entre los militares,* pago o invitación que realiza alguien cuando comete algún error en un trabajo o servicio.

IV. 1. f. *Cu.* Establecimiento donde se reparan los neumáticos que han sufrido un **ponche**.

V. 1. f. *Bo:O.* Prostituta. delinc.

ponchería.

I. 1. f. *Bo.* Puesto donde se vende ponche.

ponchero.

I. 1. m. *Cu.* Hombre que tiene por oficio arreglar los **ponches** de los neumáticos.

ponchero, -a.

I. 1. m. y f. *Ec, Bo:O.* Persona que vende ponche en la calle. pop + cult → espon.

II. 1. sust/adj. *Ho.* Persona que pincha neumáticos.

III. 1. sust/adj. *Ho.* metáf. Persona que se dedica con malas artes a quitar el puesto a alguien.

poncherudo, -a.

I. 1. adj/sust. *Ch. Referido a persona,* que tiene barriga abultada. pop + cult → espon.

ponchete.

I. 1. m. *Cu. En el **beisbol**,* lanzamiento efectivo del **pícher** que deja fuera de juego al **bateador** del equipo contrario.

ponchi.

I. 1. *Py.* **ponche**, postre.

II. 1. adj. *Pa. Referido a persona,* loca. pop + cult → espon.

ponchillo.

I. 1. m. *Ar:NE.* Poncho o manta de tejido fino, *generalmente de vicuña,* que se lleva doblado sobre el hombro.

2. *Bo.* Tela rectangular a manera de un poncho pequeño, sujeta al cuerpo con dos cintas cosidas a los lados, que se usa como uniforme en los entrenamientos de un equipo deportivo.

ponchito.

I. 1. m. *Gu.* Manta de lana alargada que algunos hombres indígenas llevan alrededor de las caderas y sobre el pantalón.

poncho.

I. 1. m. *Co:O.* Variedad de **ruana**, de tela de algodón, *usada como parte de la indumentaria típica en algunas regiones.*

2. *Gu.* Frazada gruesa.

3. *Gu.* Capote de lana o de hule, de montar. rur.

II. 1. m. *Ec, Pe, Bo:O, Ur.* Condón. euf; pop.

III. 1. m. *Ar:NE.* Protección hecha de tablillas que se pone al tallo de las plantas. rur.

IV. 1. m. *Ch.* Lío o dificultad difícil de solventar. pop + cult → espon.

V. 1. *Pa.* **carpincho**.

■

a. ‖ ~ **calamaco.** m. *Ar:NO, Ur.* Poncho de lana en el que predomina el color rojo.

b. ‖ ~ **carpa.** m. *Ar:NO.* Poncho de forma circular que se impermeabiliza con cera virgen.

c. ‖ ~ **de aguas.** m. *Ec, Bo:E.* Impermeable.

d. ‖ ~ **overo.** *Ar:NO.* **tigre**, jaguar.

e. ‖ ~ **pampa.** m. *Ar.* Poncho de lana con fondo gris y **guardas** o franjas de adorno.

f. ‖ ~ **pullo.** m. *Ar:NO.* Poncho rústico hecho de lana de oveja o de llama *y generalmente frisado en uno de sus lados.* (**poncho puyo**). ◆ **pullo; puyo.**

g. ‖ ~ **puyo.** *Ar:NO.* **poncho pullo**.

h. ‖ ~ **salteño.** m. *Ar.* Poncho colorado o de color grana con **guardas** y flecos negros.

i. ‖ ~ **vallisto.** m. *Ar:NO.* Poncho de color beis con una raya blanca que lo atraviesa a lo largo.

□

a. ‖ **a ~.** loc. adv. *Ar, Pe,* obsol. Sin haber estudiado o preparado algo, sin conocimientos. pop + cult → espon.

b. ‖ **bajo el ~.** loc. adj/adv. *Bo, Ch, Ar, Ur.* Referido a *cosa,* escondida, dejada en reserva, *generalmente con astucia,* para sacarla por sorpresa posteriormente. pop + cult → espon. ◆ **debajo del poncho.**

c. ‖ **como a ~ de indio.** loc. adv. *Ec.* Con rudeza y desconsideración. pop.

d. ‖ **como ~.**
  i. loc. adj. *Ch. Referido a cosa, especialmente a la ropa,* holgada, grande. pop ^ fest.
  ii. *Ch. Referido a un asunto o problema,* demasiado grande, importante o grave para afrontarlo. pop ^ fest.

e. ‖ **de ~.** loc. adj. *Ec. Referido a persona,* menesterosa o de condición muy humilde. pop.

f. ‖ **debajo del ~.** loc. adj/adv. *Ch, Ar.* **bajo el poncho.** pop + cult → espon.

g. ‖ ~ **blanco.** loc. sust. *Ar:NO.* Niebla que se asienta en los cerros y los valles.

h. ‖ ~ **de los pobres.** loc. sust. *Ur.* Sol. pop + cult → espon.

▶ **arrastrar el ~; pisar el ~; quedar como ~; traer bajo el ~.**

poncho, -a.

I. 1. adj. *Ve. Referido a animal, especialmente a un ave,* que tiene la cola corta o recortada. pop + cult → espon.

2. *Ve. Referido a prenda de vestir o a cabello,* más corto de lo considerado normal. pop + cult → espon.

pondo. (Del quech. *pundu*).
I. 1. m. *Co:SO, Ec.* Vasija de barro de dos asas, boca y base estrechas y centro abultado, usada para transportar y contener agua.

poneca.
I. 1. f. *Ho.* Torta seca de excremento animal o humano. rur; pop.

ponededo.
I. 1. sust/adj. *ES.* Delator, acusador. pop ^ desp.

ponedera.
I. 1. f. *Ho.* Nalgas de mujer.
II. 1. f. *Ho. En las aves,* conjunto de plumas suaves y cortas que están debajo de la cola. rur.

ponedora.
I. 1. sust/adj. *Mx, Bo:O.* Mujer de moral sexual relajada. pop + cult → espon.
2. f. *Bo:O.* Prostituta. delinc.

poner(se).
I. 1. intr. prnl. *Mx, Ni, Cu, Pe, Bo, Ar, Ur.* Aportar *una persona* cierta cantidad de dinero para un fin determinado. pop + cult → espon.
II. 1. tr. prnl. *ES, Ni; Ch,* pop + cult → espon. Imaginarse, suponerse *algo.*
III. 1. intr. *Bo.* Realizar el coito. vulg; pop + cult → espon.
2. tr. *Bo.* Poseer sexualmente a *alguien.* vulg; pop + cult → espon.
IV. 1. intr. prnl. *Ch.* Llegar a un acuerdo dos o más personas o partes interesadas.
V. 1. tr. *Gu.* Golpear.

●
a. ‖ **ponele la firma.** fórm. *CR, Bo, Ar, Ur.* Se usa para indicar al interlocutor que puede estar totalmente seguro de algo. pop + cult → espon. ♦ **ponele sello.**
b. ‖ **ponele sello.** fórm. *Ni.* **ponele la firma.** pop + cult → espon.

□
a. ‖ **no ~ una.**
i. loc. verb. *Cu.* Trabajar poco *una persona.*
ii. *Cu.* Comportarse o proceder de forma desacertada.
b. ‖ **~ a caballo.** loc. verb. *Ec.* Alentar, entusiasmar vivamente a *una persona* a que inicie un trabajo o se arroje a una empresa, y abandonarla después a su propia suerte y gobierno. pop.
c. ‖ **~ a gozar.**
i. loc. verb. *Cu.* Reprender a *alguien.*
ii. *Cu.* Golpear duramente a *alguien.*
iii. *Cu.* Producir placer sexual a alguien.
d. ‖ **~ a pija.**
i. *Ho, ES.* **ponerse a verga.**
ii. loc. verb. *Ho, ES.* Hartarse de alguien. vulg.
e. ‖ **~ abajo.** loc. verb. *CR.* obsol. Aceptar *alguien* sin objeciones el juicio y las decisiones de otra persona con la que no estaba de acuerdo.
f. ‖ **~ agua en cedazo.** loc. verb. *Ec.* Confiar imprudentemente algo reservado, como por ejemplo un secreto, a quien no sabe guardarlo.
g. ‖ **~ al hielo.** loc. verb. *Bo.* Dejar de hablar a una persona, marginándola de un grupo. pop + cult → espon.
h. ‖ **~ al hilo.** loc. verb. *Gu, Ni.* Informar a *alguien* de que algo acaba de ocurrir.
i. ‖ **~ al parir.** loc. verb. *Cu.* Poner a *alguien* en aprietos.
j. ‖ **~ al rescoldo.** loc. verb. *PR.* Aplazar *alguien algo* para otra ocasión. rur; pop + cult → espon.
k. ‖ **~ bocas.** loc. verb. *Ec.* Hacer propaganda *una persona* en forma oral y de modo particular, para solicitar u ofrecer un servicio, *en especial de carácter doméstico.* pop.

l. ‖ **~ bolas.** *Ho, Ni, RD, Co.* **parar bolas.** pop.
m. ‖ **~ cabeza.** *Ur.* **poner cráneo.**
n. ‖ **~ cachos.** loc. verb. *Bo; Co, Ve, Ec,* fest. Ser *alguien* infiel a su pareja. pop + cult → espon. ♦ **cuernear.**
ñ. ‖ **~ cara de barro.** loc. verb. *Ni.* Disimular *alguien* que ha hecho algo.
o. ‖ **~ cara de herrero mal pagado.** loc. verb. *Gu.* Mostrar mala cara, enfadarse.
p. ‖ **~ cara de marimbero mal pagado.** loc. verb. *Ni.* Mostrar mala cara, enfadarse.
q. ‖ **~ cara de pascua.** loc. verb. *Gu.* Disimular *alguien* que ha hecho algo. pop + cult → espon.
r. ‖ **~ cara de tusa.** loc. verb. *PR.* Estar *alguien* enojado. pop + cult → espon.
s. ‖ **~ cáscara.** loc. verb. *Gu.* Idear una trampa para desenmascarar a alguien.
t. ‖ **~ cáscaras.** loc. verb. *Gu.* Crear dificultades o poner obstáculos a alguien. (**poner cascaritas**).
u. ‖ **~ cascaritas.** *Gu, RD.* **poner cáscaras.**
v. ‖ **~ casco.** loc. verb. *PR.* Tratar *una persona* de entender algo. pop + cult → espon.
w. ‖ **~ chala.** loc. verb. *Ch.* Pisar a fondo el acelerador de un automóvil. pop + cult → espon.
x. ‖ **~ como camote.**
i. loc. verb. *Mx.* Insultar o criticar a *alguien.* pop.
ii. *Gu.* Dejar morado a *alguien* por los golpes.
y. ‖ **~ como chupa.** loc. verb. *PR.* Insultar *una persona* a *alguien.* pop + cult → espon. ♦ **poner como chupa de china; poner como culo.**
z. ‖ **~ como chupa de china.** *PR.* **poner como chupa.**
a¹. ‖ **~ como culo.** *PR.* **poner como chupa.**
b¹. ‖ **~ como guanábana de regalo.** loc. verb. *Ve.* Golpear, maltratar *algo* o a *alguien.*
c¹. ‖ **~ como lazo de cochino.** loc. verb. *Mx.* Tratar mal de palabra a *alguien.*
d¹. ‖ **~ como un chuica.** loc. verb. *CR.* obsol. Desacreditar a *alguien* con palabras ofensivas.
e¹. ‖ **~ como un culo.** loc. verb. *Cu.* Insultar a *alguien.* ♦ **poner como una botija verde.**
f¹. ‖ **~ como una botija verde.** loc. verb. *Cu.* **poner como un culo.**
g¹. ‖ **~ conejo.** loc. verb. *Co:C.* Eludir el pago de una compra o de un servicio. pop.
h¹. ‖ **~ cráneo.** loc. verb. *Ur.* Pensar *alguien* sobre lo que se está hablando. pop + cult → espon. ♦ **poner cabeza.**
i¹. ‖ **~ cruz y calavera.** loc. verb. *Gu.* Dar por perdido *algo.* pop + cult → espon.
j¹. ‖ **~ de oro y azul.** loc. verb. *Gu.* Hablar mal de alguien, desprestigiarlo. pop + cult → espon.
k¹. ‖ **~ del asco.** loc. verb. *Mx.* Regañar o insultar fuertemente a *alguien.* pop.
l¹. ‖ **~ del voladero.** loc. verb. *Ho.* Tener nervioso o en un aprieto a *alguien.*
m¹. ‖ **~ el bozal.** loc. verb. *Gu, Ho, Ni.* Tratar de que una persona o un medio de comunicación no hable de algo.
n¹. ‖ **~ el dedo.** loc. verb. *Gu, ES.* Delatar a *alguien.*
ñ¹. ‖ **~ el dedo en el renglón.** loc. verb. *Mx, Ni.* Hacer énfasis en algo, insistir.
o¹. ‖ **~ el gorro.** loc. verb. *Ch, Ar.* Engañar *alguien* a su pareja, serle infiel. pop + cult → espon.
p¹. ‖ **~ el lomo.** loc. verb. *Pa, Ch, Ar, Ur.* Trabajar duramente o cooperar en algo sin escatimar esfuerzos. pop + cult → espon.
q¹. ‖ **~ el metro.** loc. verb. *PR.* Poner en marcha el contador el conductor de un taxi. pop + cult → espon.
r¹. ‖ **~ el oso a trabajar.** loc. verb. *Cu.* Analizar *algo* con seriedad antes de proceder a solucionarlo.

s¹. ‖ ~ **el parche antes de que salga el chupo.** loc. verb. *Pe.* p.u. Dar explicaciones o excusas antes de conocerse o realizarse algo. pop + cult → espon.
♦ **poner el parche antes de que salga el hueco.**

t¹. ‖ ~ **el parche antes de que salga el hueco.** *Cu.* **poner el parche antes de que salga el chupo.**

u¹. ‖ ~ **el sello.** loc. verb. *PR, Ur.* Dar *alguien algo* por seguro. pop + cult → espon.

v¹. ‖ ~ **en alto.** loc. verb. *Ni, CR, Pe, Ur, Bo,* pop + cult → espon. Enaltecer *algo o a alguien.*

w¹. ‖ ~ **en charola de plata.** loc. verb. *Mx, Ni, Bo.* Dar grandes facilidades a alguien para que consiga *algo.* pop + cult → espon.

x¹. ‖ ~ **en el avispero.** loc. verb. *Gu.* Colocar a *alguien* en una situación difícil. pop + cult → espon.

y¹. ‖ ~ **en la lista negra.** loc. verb. *Ho, Ni, Ur.* Desprestigiar a una persona, empresa o institución.

z¹. ‖ ~ **en las cuatro esquinas.** loc. verb. *RD.* Criticar o desacreditar *a alguien.*

a². ‖ ~ **en línea.** loc. verb. *Ch, Ur.* Reprender a *alguien,* recordándole sus obligaciones. pop + cult → espon.

b². ‖ ~ *gillette.* loc. verb. *Ho.* Estar atento, listo o preparado para algo.

c². ‖ ~ **la albarda.** loc. verb. *Gu.* Vencer a *alguien.*

d². ‖ ~ **la ardilla a trabajar.** loc. verb. *Mx.* Pensar. pop.

e². ‖ ~ **la bancaria.** loc. verb. *Ho, Ni.* Firmar un documento.

f². ‖ ~ **la cabeza en un picador.** *Cu, PR.* **caerse de culo.** pop + cult → espon.

g². ‖ ~ **la cagada.** loc. verb. *Ve.* Cometer un error difícil de solucionar. vulg.

h². ‖ ~ **la canal.** loc. verb. *Co.* Vivir o comer a costa ajena. pop + cult → espon.

i². ‖ ~ **la canoa.** loc. verb. *Co.* Buscar donde comer gratis o a costa ajena.

j². ‖ ~ **la carreta delante de los bueyes.** loc. verb. *Cu, Ch, Ur.* Alterar el orden establecido.

k². ‖ ~ **la cascarita.** loc. verb. *Co.* Emplear artificios para atraer, *generalmente con engaño.*

l². ‖ ~ **la cómica.** loc. verb. *Ve.* Hacer el ridículo. pop.

m². ‖ ~ **la escoba tras la puerta.** loc. verb. *Gu.* Desear que una visita se despida pronto.

n². ‖ ~ **la ficha del tranque.** loc. verb. *PR.* Actuar *alguien* de tal manera que se paralice una negociación que se está llevando a cabo. pop + cult → espon.

ñ². ‖ ~ **la garrapata.** loc. verb. *Ho, Ni.* Firmar un documento. pop ∧ fest.

o². ‖ ~ **la paletilla en su lugar.** loc. verb. *Bo:E.* Hacerle ver *a alguien* cuál es su posición para que no se permita determinadas libertades. pop.

p². ‖ ~ **la plancha.** loc. verb. *Ur.* Imponer alguien a otra persona su criterio con prepotencia o violencia. pop + cult → espon.

q². ‖ ~ **la precisa.** loc. verb. *Cu.* Obligar a *una persona* a hacer algo.

r². ‖ ~ **la puntería.** loc. verb. *CR.* Adoptar una disposición negativa hacia alguien, con el deseo de perjudicarlo. pop + cult → espon.

s². ‖ ~ **la tapa al frasco.** loc. verb. *Cu.* Hacer o decir *una persona algo* que supera ampliamente lo dicho o hecho anteriormente.

t². ‖ ~ **la torta.** loc. verb. *Ve.* Actuar de manera desacertada.

u². ‖ ~ **la yagua antes de que caiga la gotera.** loc. verb. *PR.* Dar alguien satisfacción de algo antes de que le hagan cargo de ello. pop + cult → espon.

v². ‖ ~ **las charras.** loc. verb. *Gu.* Imponer disciplina a alguien.

w². ‖ ~ **las dos y veinte.** loc. verb. *Ni.* Apresurarse *alguien.* pop ∧ fest.

x². ‖ ~ **las peras a cuatro.**
  i. loc. verb. *Ch.* Aclarar una situación. pop.
  ii. *Gu.* Hacer que alguien esté en apuros, en una situación difícil.

y². ‖ ~ **lenguas.** loc. verb. *Ec.* Correr la voz para conseguir u ofrecer algo. pop.

z². ‖ ~ **los chifles.** loc. verb. *RD.* Ser *alguien* infiel a su pareja.

a³. ‖ ~ **los de carey.** loc. verb. *Ho.* Ser *alguien* infiel a su pareja. pop.

b³. ‖ ~ **los huesos de punta.**
  i. loc. verb. *Gu, Ur.* Levantarse. pop ∧ fest.
  ii. *Ni.* Luchar arduamente contra las dificultades.

c³. ‖ ~ **los huevos a peseta.** loc. verb. *PR.* Poner a *alguien* en una situación difícil. pop + cult → espon.

d³. ‖ ~ **mente.** loc. verb. *Ni.* Prestar atención, pensar en algo.

e³. ‖ ~ **negro.** loc. verb. *Bo:E.* Desacreditar *a alguien.*

f³. ‖ ~ **oídos de mercader.** loc. verb. *Ve.* obsol. Hacerse el tonto, aparentar que no advierte algo de lo que no le conviene darse por enterado.

g³. ‖ ~ **overo.** loc. verb. *Ar.* Reprender a *alguien* severamente o criticarlo con dureza. pop + cult → espon.

h³. ‖ ~ **pereque.** loc. verb. *Co:C.* Molestar, importunar a *alguien.* pop.

i³. ‖ ~ **pies y cabeza.** loc. verb. *Gu.* Exagerar un asunto.

j³. ‖ ~ **punto.** loc. verb. *Gu.* Sobresalir, superar lo hecho por otro.

k³. ‖ ~ **sebo.** loc. verb. *Co:C.* Fastidiar o molestar mucho. pop.

l³. ‖ ~ **un pelo en la sopa.** loc. verb. *Ho.* Disentir en algo, estropear lo que está bien.

m³. ‖ ~ **un telegrama.** loc. verb. *Gu, Ni, Pa.* Evacuar el vientre. euf; pop ∧ fest.

n³. ‖ ~ **un trancazo.** loc. verb. *Bo.* En el *fútbol,* detener el avance de un jugador del equipo contrario apoyando firmemente el pie en el suelo para hacerlo caer. pop + cult → espon.

ñ³. ‖ ~ **un zíper.** loc. verb. *Ho.* No permitir hablar a *alguien.*

o³. ‖ ~ **una jáquima.** loc. verb. *CR.* No pagar una deuda. pop + cult → espon.

p³. ‖ ~ **una ramazón.** loc. verb. *Ho.* Ser infiel *una persona* a su pareja.

q³. ‖ ~ **una tranca.**
  i. loc. verb. *Bo:E.* Impedir que alguien lleve a cabo algo determinado. pop.
  ii. *Bo:E.* En el *fútbol,* detener el avance de un jugador del equipo contrario apoyando firmemente el pie en el suelo para hacerlo caer. pop.

r³. ‖ ~ **la en China.** loc. verb. *Cu.* Proponer un problema o asunto de difícil solución.

s³. ‖ ~ **le.**
  i. loc. verb. *Cu, Ch.* Exagerar, agrandar *algo* de manera desmesurada. pop + cult → espon.
  ii. *Cu, Ch.* Apostar una cantidad de dinero a algo.
  iii. *Bo, Ch.* Beber alcohol. pop + cult → espon.

t³. ‖ ~ **le al monte.** loc. verb. *Ho.* Fumar marihuana. drog.

u³. ‖ ~ **le asunto.** loc. verb. *Cu, RD.* Prestar atención a algo, estar pendiente de ello.

v³. ‖ ~ **le bonito.** loc. verb. *CR.* Redoblar esfuerzos para poder sacar adelante una tarea. pop. ♦ **asuntarle.**

w³. ‖ ~ **le coco.** loc. verb. *Ho, ES.* Pensar mucho en algo o esforzarse en comprender algo. pop + cult → espon.

x³. ‖ ~ **le de colores.** loc. verb. *Mx.* Regañar *a alguien* duramente.

y³. ‖ ~ **le del bueno.**
  i. loc. verb. *Ch.* Beber alcohol. pop + cult → espon ∧ fest.

ii. *Ch.* Actuar con entusiasmo en una actividad o en la ejecución de una cosa. pop + cult → espon ^ fest. ♦ **ponerle wendy**.

z³. ‖ **~le el cuño.** loc. verb. *Cu.* Dar algo por seguro o confirmado.

a⁴. ‖ **~le el frente.** loc. verb. *RD.* Enfrentarse u oponerse a alguien. pop + cult → espon.

b⁴. ‖ **~le entre pera y bigote.** loc. verb. *Ch.* Consumir alcohol. pop.

c⁴. ‖ **~le la cacona.** loc. verb. *RD.* Enterrar a *alguien*.

d⁴. ‖ **~le la cereza al helado.**
i. loc. verb. *Bo.* Culminar muy bien *algo*. sat.
ii. *Pa.* Terminar de enredar o malograr *algo* que ya estaba complicado. pop + cult → espon ^ sat.

e⁴. ‖ **~le la frutilla a la torta.** loc. verb. *Bo, Ar, Ur.* Culminar o rematar *algo*, generalmente de manera espectacular. pop + cult → espon.

f⁴. ‖ **~le la guinda a la torta.** loc. verb. *Bo, Ch.* Culminar *algo* de manera espectacular. pop + cult → espon.

g⁴. ‖ **~le la proa.**
i. loc. verb. *Ve, Ur.* Oponerse a alguien. pop.
ii. *Pa.* Manifestar *alguien* continuamente animadversión por otro. pop + cult → espon.

h⁴. ‖ **~le lápida.** loc. verb. *Ch, Ur.* Dar por finalizada o frustrada definitivamente una actividad o proyecto. pop + cult → espon.

i⁴. ‖ **~le los cachos.** loc. verb. *Gu, Ho, ES, Ni, CR, Pa, Co, Ve, Ec, Pe, Bo, Ch, Ar.* Ser infiel *alguien* a su pareja. pop + cult → espon ^ fest.

j⁴. ‖ **~le mente.** loc. verb. *Ni.* Pensar mucho en algo.

k⁴. ‖ **~le pino.** loc. verb. *Ch.* Poner empeño, dedicación o esfuerzo en una actividad. pop + cult → espon.

l⁴. ‖ **~le sello.** loc. verb. *Ni, Ur.* Aseverar la certeza de algo.

m⁴. ‖ **~le tema.** loc. verb. *Ni.* Mostrar antipatía a alguien, hostigarlo.

n⁴. ‖ **~le tiza.**
i. loc. verb. *Co:C.* Prestar excesiva atención a algo que no lo merece. pop.
ii. *CR.* Acometer algo con empeño. pop.

ñ⁴. ‖ **~le un cuatro.** loc. verb. *Mx.* Tender a alguien una trampa.

o⁴. ‖ **~le un ojo en compota.** loc. verb. *Bo, Ur.* Golpear a alguien en el ojo dejándoselo amoratado. pop.

p⁴. ‖ **ponerle del bueno.** *Ch.* actuar con entusiasmo. pop + cult → espon ^ fest.

q⁴. ‖ **~lo de las mechas.** loc. verb. *Ni.* Provocar la ira de alguien, encolerizarlo.

r⁴. ‖ **~lo en banderas.** loc. verb. *Ni.* Hablar mal de alguien públicamente.

s⁴. ‖ **~se a derechas.** loc. verb. *Gu.* Enmendarse, corregirse *alguien*.

t⁴. ‖ **~se a derecho.** loc. verb. *Pe.* Corregirse, ponerse a disposición de la justicia.

u⁴. ‖ **~se a gáver.** *Ho.* juv. **ponérsela**.

v⁴. ‖ **~se a moronga.** *Ho.* **ponérsela**.

w⁴. ‖ **~se a pichinga.** *Ho.* **ponérsela**.

x⁴. ‖ **~se a tiro.** loc. verb. *PR.* Ponerse dos personas de acuerdo sobre alguna cosa. pop + cult → espon.

y⁴. ‖ **~se a verga.** loc. verb. *Gu, ES.* Estar borracho. vulg. ♦ **poner a pija**.

z⁴. ‖ **~se abusado.** loc. verb. *Mx, Ni.* Estar alerta, prepararse para algo.

a⁵. ‖ **~se águila.**
i. loc. verb. *Mx, CR.* Agudizar *alguien* sus facultades mentales para rendir al máximo en determinada actividad. pop.
ii. *Ho, ES.* Mantenerse *alguien* alerta, atento o vigilante.

b⁵. ‖ **~se aguja.** loc. verb. *Ho.* Mantenerse *alguien* alerta, atento o vigilante. pop + cult → espon.

c⁵. ‖ **~se al brinco.**
i. loc. verb. *Mx, Ni.* Adoptar inmotivadamente una actitud defensiva. pop.
ii. *Mx, Ni.* Adoptar una actitud agresiva. pop.

d⁵. ‖ **~se al corte.**
i. loc. verb. *CR.* Unirse a una o varias personas para acompañarlas. pop.
ii. *CR.* Perseguir a *alguien*. pop.

e⁵. ‖ **~se al hilo.** loc. verb. *CR.* Avivarse para concentrar la atención y los esfuerzos en lo que se está haciendo. pop + cult → espon.

f⁵. ‖ **~se al pedo.** loc. verb. *Mx.* Adoptar *alguien* actitud de pelea o desafío. pop + cult → espon.

g⁵. ‖ **~se almeja.** loc. verb. *Mx.* Fijar la atención en algo, estar muy pendiente de ello. pop + cult → espon.

h⁵. ‖ **~se ardilla.** loc. verb. *Mx.* Estar listo, atento o vigilante. pop. ♦ **ponerse avión**.

i⁵. ‖ **~se asado.** loc. verb. *Gu.* Encolerizarse *alguien*.

j⁵. ‖ **~se avión.** *Ho.* **ponerse ardilla**.

k⁵. ‖ **~se avispa.** loc. verb. *Mx, Ho, Ni.* Estar muy atento o vigilar *algo* o a *alguien*. pop + cult → espon.

l⁵. ‖ **~se bajito.**
i. loc. verb. *Cu, RD.* **ponerse chiquito**. pop + cult → espon.
ii. *Cu, RD.* Atemorizarse *una persona*. pop + cult → espon.

m⁵. ‖ **~se bellaco.** loc. verb. *PR.* Estar *alguien* excitado sexualmente. vulg; pop + cult → espon.

n⁵. ‖ **~se brasa.** loc. verb. *Ho.* Enfadarse mucho *una persona*. pop.

ñ⁵. ‖ **~se breco.** loc. verb. *Ho.* Tornarse una situación o problema difícil y tenso.

o⁵. ‖ **~se buzo.**
i. loc. verb. *Mx, Gu, Ho:N, ES, Ni.* Estar vivo, despierto, en máximo estado de atención.
ii. *Gu, ES.* Estar muy atento o vigilar *algo* o a *alguien*.

p⁵. ‖ **~se cabra.** loc. verb. *Ho.* juv. Estar muy atento o vigilante a *algo* o a *alguien*.

q⁵. ‖ **~se caliente.**
i. loc. verb. *Mx, Gu, Ho, ES, Ni, Pa, Bo.* Enojarse, encolerizarse *alguien*. pop.
ii. *Cu.* Tensarse el ambiente.

r⁵. ‖ **~se cangri.** loc. verb. *PR.* juv. Molestarse.

s⁵. ‖ **~se catrín.** loc. verb. *Gu.* Trajearse bien. ♦ **ponerse como chango**.

t⁵. ‖ **~se chango.** loc. verb. *Mx.* Ponerse listo o alerta. pop.

u⁵. ‖ **~se chinito.** loc. verb. *Mx, Gu, Ho.* Tener o ponérsele a alguien la carne de gallina. pop + cult → espon.

v⁵. ‖ **~se chiquitico.** *Ve.* **ponerse chiquito**.

w⁵. ‖ **~se chiquitito.** *PR.* **ponerse chiquito**.

x⁵. ‖ **~se chiquito.**
i. loc. verb. *Cu, RD, PR, Ve.* Cambiar *alguien* su actitud altanera ante una persona de mayor respeto o jerarquía. (**ponerse chiquitito; ponerse chiquitico**). ♦ **ponerse bajito**.
ii. *Pa, Ec.* Amilanarse o turbarse *alguien*. pop.

y⁵. ‖ **~se chiva.** loc. verb. *Gu, Ho, ES, Ni.* Estar muy atento o vigilar *algo* o a *alguien*.

z⁵. ‖ **~se chivo.** loc. verb. *RD.* Sospechar, dudar.

a⁶. ‖ **~se chucho.** loc. verb. *Ho.* Enojarse, encolerizarse. pop ^ desp.

b⁶. ‖ **~se color de hormiga.** loc. verb. *Mx, Gu, Ho, Ni, Pa, PR, Co, Ve, Ec, Pe, Bo, Ur.* Volverse *algo* difícil o complicado. pop + cult → espon ^ fest.

c⁶. ‖ **~se color de pichete.** loc. verb. *Ho.* Complicarse un asunto, negocio o problema. rur.

d⁶. ‖ **~se cómico.** loc. verb. *Ve.* Contrariar los deseos o aspiraciones de alguien. pop.

e⁶. ‖ **~se como chango.** *Gu.* ponerse catrín.

f⁶. ‖ **~se como chincha.** loc. verb. *PR.* Darse *alguien* un hartazgo. pop + cult → espon.

g⁶. ‖ **~se como estandarte.** loc. verb. *Ho.* Enflaquecerse *alguien*.

h⁶. ‖ **~se como la gran diabla.** loc. verb. *Gu, Ho, ES.* Encolerizarse *alguien*. ♦ ponerse como la gran flauta; ponerse como la gran púchica; ponerse como la gran puta.

i⁶. ‖ **~se como la gran flauta.** loc. verb. *Gu.* ponerse como la gran diabla.

j⁶. ‖ **~se como la gran púchica.** *Ho.* ponerse como la gran diabla. euf.

k⁶. ‖ **~se como la gran puta.** *Gu, Ho, ES.* ponerse como la gran diabla.

l⁶. ‖ **~se como sapo de letrina.** loc. verb. *Ni, PR.* Comer *alguien* mucho. vulg; pop + cult → espon.

m⁶. ‖ **~se como un ají.** loc. verb. *PR, Ec, Ur.* Enrojecer *alguien* de vergüenza o de cólera. pop + cult → espon.

n⁶. ‖ **~se como un guabá.** loc. verb. *PR.* Enojarse *alguien* mucho. pop + cult → espon.

ñ⁶. ‖ **~se como una hoja de papel.** loc. verb. *Ho, Bo, Ch.* Palidecer por causa del miedo.

o⁶. ‖ **~se con el moño parao.**
 i. loc. verb. *PR.* Estar *alguien* de mal humor. pop + cult → espon.
 ii. *PR.* Estar *alguien* muy impaciente. pop + cult → espon.

p⁶. ‖ **~se con Sansón a las patadas.** loc. verb. *Mx.* Retar a *alguien* que supera en atributos al retador. pop.

q⁶. ‖ **~se coyote.** loc. verb. *Gu.* Maliciar de alguien o algo.

r⁶. ‖ **~se de agua.** *CR, Cu.* estar de agua. rur.

s⁶. ‖ **~se de brocha.** loc. verb. *Ho.* Situarse en medio *una persona*, entremeterse en algo.

t⁶. ‖ **~se de pico a pico.** loc. verb. *PR.* Enfrascarse dos personas en una discusión acalorada. pop + cult → espon.

u⁶. ‖ **~se de punta.** loc. verb. *Gu, Ch.* Enemistarse con alguien.

v⁶. ‖ **~se de ruana.** loc. verb. *Co.* Manejar *alguien* a su antojo una cosa o a una persona.

w⁶. ‖ **~se de tapete.** loc. verb. *Mx.* Comportarse servilmente o adular a *alguien*. pop.

x⁶. ‖ **~se duro.** loc. verb. *PR.* Prepararse bien un estudiante para tomar un examen. est.

y⁶. ‖ **~se el carro de sombrero.** loc. verb. *Pa.* Tener un accidente automovilístico.

z⁶. ‖ **~se el dado malo.** loc. verb. *Cu.* Agravarse una situación. pop.

a⁷. ‖ **~se el de bajar al pueblo.** loc. verb. *Gu.* Ser *alguien* el mejor vestido, el más elegante.

b⁷. ‖ **~se el maíz a peso.** loc. verb. *Ho.* Volver *alguien* a lo mismo, no solucionar algo.

c⁷. ‖ **~se el parche antes de que salga el grano.** loc. verb. *Cu.* Prevenirse ante un posible acontecimiento perjudicial o desfavorable.

d⁷. ‖ **~se el picado malo.** loc. verb. *Gu.* Complicarse una situación.

e⁷. ‖ **~se el saco.** loc. verb. *Mx.* Darse por aludido ante una indirecta. pop.

f⁷. ‖ **~se el tiempo.** loc. verb. *Pa.* Empezar el cielo a nublarse con indicios de lluvia.

g⁷. ‖ **~se elote.** loc. verb. *Ho.* Volverse difícil una situación o problema. pop.

h⁷. ‖ **~se en alas de cucaracha.** loc. verb. *Ho, ES.* Estar *alguien* nervioso, inquieto o preocupado. pop + cult → espon ∧ fest.

i⁷. ‖ **~se en algo.**
 i. loc. verb. *PR.* Estar *alguien* a la moda. pop + cult → espon.
 ii. *PR.* Actuar *alguien* de acuerdo con los demás. pop + cult → espon.

j⁷. ‖ **~se en cuete.** *Mx, Ur.* ponérsela. pop.

k⁷. ‖ **~se en curia.** loc. verb. *Ho.* Estar alerta o vigilante.

l⁷. ‖ **~se en el caso.** loc. verb. *Mx, Ch, Ar.* Adoptar el punto de vista de una persona o tratar de comprenderlo.

m⁷. ‖ **~se en funcia.** loc. verb. *CR.* Ponerse manos a la obra. pop + cult → espon.

n⁷. ‖ **~se en high.** (Del ingl. *high*). loc. verb. *PR.* Beber más de lo normal. pop + cult → espon.

ñ⁷. ‖ **~se en las coloradas.** loc. verb. *Ch.* Tomar y mantener una actitud firme ante una situación o acción consideradas como injustas. pop + cult → espon.

o⁷. ‖ **~se en onda.** loc. verb. *Mx, Ni, Pa, Ec, Pe, Bo, Ch, Ur.* Adaptarse a las circunstancias del momento. pop.

p⁷. ‖ **~se en tela de medir.** loc. verb. *Bo:O.* Exponerse *alguien* a comentarios maledicentes.

q⁷. ‖ **~se frío.** loc. verb. *RD, Bo, Ar.* Sorprenderse *alguien* y preocuparse o asustarse por algo que acaba de ocurrir.

r⁷. ‖ **~se gordo.** loc. verb. *Ho, Bo, Ar.* Agravarse, complicarse un asunto o situación.

s⁷. ‖ **~se gríngolas.** loc. verb. *PR.* Negarse *alguien* a ver claramente un asunto. pop + cult → espon.

t⁷. ‖ **~se guapo.**
 i. loc. verb. *Mx.* Ser generoso o dadivoso *alguien*. pop.
 ii. *Mx.* Sobornar a alguien. pop.
 iii. *RD.* Enojarse o molestarse *alguien*. pop + cult → espon.

u⁷. ‖ **~se guillet.**
 i. loc. verb. *Ho.* Estar muy atento o vigilante a *algo* o a *alguien*. pop + cult → espon.
 ii. *Ho.* Ser experto en algo o saber mucho de un tema. pop + cult → espon.

v⁷. ‖ **~se ha hecho un pedo.** loc. verb. *Ni.* Vestir con elegancia.

w⁷. ‖ **~se hasta el cereguete.** *Ho, Ni.* ponérsela. pop.

x⁷. ‖ **~se hasta las chanclas.** *Mx.* ponérsela. pop.

y⁷. ‖ **~se la arepa cuadrada.** loc. verb. *Ve.* Ponerse difícil o empeorar una situación.

z⁷. ‖ **~se la camiseta.**
 i. loc. verb. *Mx, Co, Ec, Bo, Ch, Ur.* Mostrar entusiasmo y deseos de hacer bien lo que se tiene entre manos. pop.
 ii. *Mx, Ec, Pe, Bo, Ch.* Mostrar solidaridad con una causa o proyecto comunes. pop.
 iii. *Ni, Ec, Bo, Ch, Py, Ar, Ur.* Manifestar *alguien* adhesión a una corriente de opinión o su preferencia por una idea o partido político.

a⁸. ‖ **~se la del Puebla.**
 i. loc. verb. *Mx.* Contribuir con algo a una causa. pop.
 ii. *Mx.* Sobornar con dinero. pop.

b⁸. ‖ **~se la hebra.** *Co:N.* ponerse la pinta. pop.

c⁸. ‖ **~se la percha.** *Co:N.* p.u. ponerse la pinta.

d⁸. ‖ **~se la pinta.** loc. verb. *Co.* Vestirse con elegancia, con esmero. pop. ♦ estar con la pinta puesta; ponerse la hebra; ponerse la percha.

e⁸. ‖ **~se las botas.**
 i. loc. verb. *Co, Pe.* Entrar en acción, actuar. pop.
 ii. *Ar.* Obtener ganancias, enriquecerse.

iii. *ES, Ni, Bo.* Imponer *alguien* su voluntad unilateralmente o mostrarse severo y autoritario.

iv. *ES, Bo.* Mostrar firmeza de carácter o autoridad.

v. *Gu.* Huir, largarse. ♦ **ponerse las polainas**.

f⁸. ‖ **~se las de hule.** loc. verb. *Gu.* Huir, alejarse con rapidez.

g⁸. ‖ **~se las polainas.** *Gu.* **ponerse las botas**, huir.

h⁸. ‖ **~se las rayobac.** loc. verb. *Ho.* Estar *alguien* listo para hacer algo.

i⁸. ‖ **~se liebre.** loc. verb. *Ho.* Estar *alguien* atento o vigilante de alguien o algo.

j⁸. ‖ **~se listo.** loc. verb. *PR.* Pensar *alguien* bien lo que se va a hacer. pop + cult → espon.

k⁸. ‖ **~se los caites.** loc. verb. *Gu.* Huir *alguien* velozmente.

l⁸. ‖ **~se los chongos.** loc. verb. *Ho.* Ser engreído. pop + cult → espon.

m⁸. ‖ **~se los colochos.** loc. verb. *Ho.* Darse excesiva importancia *una persona* frente a los demás. pop + cult → espon.

n⁸. ‖ **~se los ojos como dos arepas.** *Ve.* **ponerse los ojos como el dos de oro**.

ñ⁸. ‖ **~se los ojos como dos paraparas.** *Ve.* **ponerse los ojos como el dos de oro**.

o⁸. ‖ **~se los ojos como el dos de oro.** loc. verb. *Ve, Ur.* Sorprenderse mucho *una persona*. fest. ♦ **ponerse los ojos como dos arepas; ponerse los ojos como dos paraparas**.

p⁸. ‖ **~se los patines.** loc. verb. *Cu, PR.* Marcharse *alguien* rápidamente. pop + cult → espon.

q⁸. ‖ **~se los tenis.** loc. verb. *Gu.* Huir *alguien* velozmente.

r⁸. ‖ **~se lucas.** loc. verb. *He.* Emborracharse o drogarse. drog.

s⁸. ‖ **~se malo el mantecado.** loc. verb. *Cu.* Volverse difícil una situación.

t⁸. ‖ **~se más caliente que un ají.** loc. verb. *PR.* Enfadarse *alguien* mucho, encolerizarse. pop + cult → espon.

u⁸. ‖ **~se más jincho que un peo.** loc. verb. *PR.* Ponerse muy pálido por miedo. vulg; pop + cult → espon.

v⁸. ‖ **~se montuca.** loc. verb. *Ho.* Volverse difícil o problemática una situación. rur.

w⁸. ‖ **~se mosca.**

  i. loc. verb. *Co, Ve, Pe.* Estar alerta y atento. pop.

  ii. *Co:C.* Enfadarse. pop.

  iii. *Ec.* juv. **ponerse once**.

x⁸. ‖ **~se mostaza.** loc. verb. *Gu.* **ponérsela**.

y⁸. ‖ **~se negro.** loc. verb. *Bo:E.* Afanarse por resolver algo.

z⁸. ‖ **~se once.** loc. verb. *Ec.* juv. Agudizar *alguien* sus facultades mentales para rendir al máximo en determinada actividad. ♦ **ponerse mosca**.

a⁹. ‖ **~se pálido.** loc. verb. *PR.* Cooperar *alguien* con algo. pop + cult → espon.

b⁹. ‖ **~se para eso.** loc. verb. *Cu.* Esforzarse mucho *una persona* en la realización de una actividad o trabajo.

c⁹. ‖ **~se para la onda.**

  i. loc. verb. *Cu.* obsol. Tratar de enamorar a *alguien*.

  ii. *Cu.* obsol. Vigilar a alguien para sorprenderlo en una falta.

d⁹. ‖ **~se para las cosas.** loc. verb. *Cu.* Comenzar a mostrar atención o interés por algo.

e⁹. ‖ **~se para su cartón.** loc. verb. *Cu.* Prestar atención al comportamiento de alguien.

f⁹. ‖ **~se pelis.** loc. verb. *Ho, ES, Ni.* Estar muy atento o vigilando *algo* o a *alguien*. pop + cult → espon.

g⁹. ‖ **~se peluda la cosa.** loc. verb. *Ho, ES, Ni, CR, PR, Bo, Ur.* Complicarse un asunto, resultar *algo* difícil de solucionar. pop + cult → espon. ♦ **ponerse tramado**.

h⁹. ‖ **~se picudo.** loc. verb. *Ho, Ni.* Enojarse, encolerizarse.

i⁹. ‖ **~se pilinqui.** loc. verb. *Mx:NO.* Comer excesivamente.

j⁹. ‖ **~se pimpo.** loc. verb. *PR.* Hartarse *alguien* de comer. pop + cult → espon.

k⁹. ‖ **~se popof.** loc. verb. *PR.* Vestirse *alguien* elegantemente. pop + cult → espon.

l⁹. ‖ **~se rabón.** loc. verb. *Co:NE.* Enfadarse, enojarse. pop.

m⁹. ‖ **~se sisifús.** loc. verb. *Ho.* Estar *alguien* nervioso, inquieto o con miedo.

n⁹. ‖ **~se taco a taco.** loc. verb. *Ni.* Estar de igual a igual.

ñ⁹. ‖ **~se tortol.** loc. verb. *Gu.* Enmudecer ante un asunto, callarse.

o⁹. ‖ **~se tostado.** loc. verb. *Gu.* Enojarse.

p⁹. ‖ **~se tramado.** *Gu.* **ponerse peluda la cosa**.

q⁹. ‖ **~se trinco.** loc. verb. *PR.* No poder abrir la boca a causa de algún accidente o afección. pop + cult → espon.

r⁹. ‖ **~se trompón.** loc. verb. *Co.* Enfadarse y manifestarlo frunciendo los labios y sacándolos hacia fuera. pop.

s⁹. ‖ **~se trompudo.** loc. verb. *Gu, Bo; Ec,* p.u. Enfadarse *alguien*.

t⁹. ‖ **~se una bomba.** *Gu.* **ponérsela**.

u⁹. ‖ **~se una cachimba.** *Gu.* **ponérsela**.

v⁹. ‖ **~se una chinga.** loc. verb. *Mx.* Trabajar *alguien* con mucho esfuerzo. vulg.

w⁹. ‖ **~se una flor en el ojal.** loc. verb. *CR.* Quedar muy bien por haber realizado algo satisfactoriamente.

x⁹. ‖ **~se una jipa.** *Gu.* **ponérsela**.

y⁹. ‖ **~se una tuna.** *Gu.* **ponérsela**.

z⁹. ‖ **~se vivo.** loc. verb. *Ho.* Estar alerta, estar vigilante de algo.

a¹⁰. ‖ **~se yilet.** loc. verb. *Ho.* Estar muy atento o vigilante a algo o a alguien. pop + cult → espon.

b¹⁰. ‖ **ponérsela.** loc. verb. *Mx, Gu, Ho, Ni.* Emborracharse. ♦♦.

c¹⁰. ‖ **ponérsela a alguien en China.**

  i. loc. verb. *Cu.* Plantearle a alguien una situación difícil, ponerlo en un aprieto.

  ii. *Cu.* Dar una respuesta rotunda y aplastante a alguien.

d¹⁰. ‖ **ponérselas de nevero.** loc. verb. *Mx.* Beber hasta emborracharse completamente. pop.

e¹⁰. ‖ **ponérsele.** loc. verb. *Bo, Ch, Ur.* Presentir, intuir, sospechar *algo*. pop + cult → espon.

f¹⁰. ‖ **ponérsele a la pata.** loc. verb. *Co, Ur.* Estar *alguien* pendiente de una persona para que haga algo determinado. pop.

g¹⁰. ‖ **ponérselo a una mujer.** loc. verb. *RD.* Tener un hombre relaciones íntimas con una mujer. tabú; pop + cult → espon.

◪

a. ‖ **altar para que otro diga misa.** fr. prov. *Gu.* Indica que alguien se esmera en hacer algo para que otra persona sea la que se aproveche.

b. ‖ **~ la escoba para que otro diga misa.** fr. prov. *Gu.* Indica el deseo de que se vaya pronto la persona que está de visita en la casa.

ponga.

  I. 1. f. *Ho.* Trampa, estafa, timo.

  2. *Ho.* Soborno.

pongaje.
 I. 1. m. *Pe*; *Bo*, obsol. Sistema de trabajo realizado por los hombres de una comunidad indígena en una finca en la que están obligados a trabajar durante una semana, a cambio de poder sembrar una porción de tierra que les ha sido concedida como propia. rur. (**pongueaje**).

pongo.
 I. 1. *Mx:SE.* **bongo**, embarcación de fondo plano.
 II. 1. m. *Ec*, *Pe*. Paso angosto y peligroso de un río.
 III. 1. m. *ES.* Cesta para llevar comestibles.
  2. *ES.* Bolso para llevar lo robado. delinc.

pongo, -a. (Del quech. *pungu*).
 I. 1. m. y f. *Pe*, *Bo*, obsol. Indio, *generalmente hombre*, que hace oficios de criado.

pongolote.
 I. 1. *Mx:S.* **chicocuchi**.

¡pongón!
 I. 1. interj. *Gu*, *ES*, *Ni*. Imita el ruido de una caída fuerte de algo o alguien al suelo.

pongueada.
 I. 1. f. *Ho.* Trampa, estafa, timo.

pongueaje.
 I. 1. m. *Pe*; *Bo*, obsol. **pongaje**.

ponguear.
 I. 1. tr. *Ho.* Estafar, engañar a *alguien*.
  2. *Ho.* Perjudicar, dañar a *alguien*.

ponguero, -a.
 I. 1. m. y f. *Ho.* Persona tramposa.

ponguete.
 I. 1. adj/sust. *Pe:E.* Referido a persona, que tiene el vientre hinchado y la piel amarillenta o pálida, *generalmente por enfermedad o desnutrición*. rur.

ponina.
 I. 1. f. *Cu.* Dinero que se reúne entre varias personas para compartir un gasto determinado. pop.

ponión.
 I. 1. m. *ES.* Hombre afeminado. desp.

ponja. (De *Japón*, por inversión silábica).
 I. 1. adj. *Pe*, *Ar*. Relativo al Japón. pop + cult → espon ^ fest.
  2. m. *Pe*, *Ar*. Lengua hablada en el Japón. pop + cult → espon ^ fest.

ponmesa.
 I. 1. f. *Pa.* **matacaballos**, insecto.

ponopinito.
 I. 1. m. *Mx:E.* Arbusto de hasta 3 m de altura, con numerosos tallos también carnosos, hojas también carnosas, alternas, de aovadas a oblongas, flores pequeñas, en cabezuelas, con forma de zapatilla y fruto en cápsula con tres lóbulos; tiene diversas aplicaciones en la medicina tradicional. (Euphorbiaceae; *Pedilanthus tithymaloides*). ♦ **bítamo**; **dictamo**; **díctamo real**; **itamorreal**; **popotillo**; **sanguinaria**; **tamaulipa**.

ponqué. (Del ingl. *pound cake*).
 I. 1. m. *Co*, *Ec*. Pastel grande de bizcocho o de alguna otra masa homogénea, *de forma generalmente redonda*, relleno de frutas, crema o alguna otra confitura.
  2. *Ve.* Tarta redonda que puede estar rellena con frutas, crema o confitura.

 ■
  a. ‖ **~ de novia.** m. *Co*, *Ec*. Pastel que se prepara para el festejo nupcial.

ponte.
 I. 1. f. *Ho.* Hueso saliente a ambos lados del anca del ganado caballar. rur.

¡ponte!
 I. 1. interj. *Ho*, *ES*. Expresa orden de detenerse a los bueyes. rur.

ponteadero.
 I. 1. m. *Co.* Constr. Lugar escogido para la construcción o montaje de un puente.

pontear.
 I. 1. tr. *ES.* Mimar a *alguien*, consentir.
 II. 1. tr. *Ho.* Calmar una **res** repitiendo la palabra **¡ponte!**

ponteduro.
 I. 1. m. *Mx.* Turrón elaborado con maíz tostado, **piloncillo** y semillas de calabaza.

pontó.
 I. 1. *Mx:SE.* **pelícano pardo**.

ponzoña.
 I. 1. f. *Pa*, *RD*, *PR*, *Co.* Aguijón de determinados insectos y de los escorpiones.
  2. *PR.* Parte trasera de las aves, de donde salen las plumas de la cola; rabadilla.
 II. 1. f. *Gu.* Rencor.

poñoñón, -na.
 I. 1. adj. *Ni.* Referido a persona, que se han burlado de ella.

pool. (Voz inglesa).
 I. 1. m. *CR*, *Ch*, *Ar*, *Ur.* Establecimiento donde se juega al billar en sus distintas variedades.
 II. 1. m. *EU.* Grupo de personas que juntas llevan a cabo algo.
  2. *Ec.* Grupo de empleados de una empresa que sirven indistintamente a cualquiera de los superiores.
 III. 1. m. *PR.* Apuesta en el hipódromo.
  2. *PR.* Monto de las apuestas a repartir en las carreras de caballos.

 ■
  a. ‖ **~ de hipotecas.** m. *PR.* Recogida de unas cuentas que se venden después en un mercado secundario.
  b. ‖ **~ party.** (Voz inglesa). m. *Ho*, *PR.* Fiesta con piscina.

pop. (Voz inglesa).
 I. 1. m. *Ur.* Palomitas de maíz tostado.

 ■
  a. ‖ **~ corn.** (Voz inglesa). m. *Ho*, *Ni*, *CR*, *PR*, *Bo*, *Ur.* **popcorn**.

popa.
 I. 1. f. *Ni.* Globo elástico inflable.
  2. *Ni.* Burbuja de agua con jabón.
  3. *Ni.* Ampolla por quemadura o roce.
 II. 1. f. *Ch.* Trasero, nalgas. euf; pop ^ fest.

popada.
 I. 1. f. *Mx:SE.* Reunión o celebración en la que se bebe **popo**.

popal. (Del nahua *potoni*, heder, y *palli*, barro).
 I. 1. m. *Mx:SE.* Ciénaga cubierta de plantas acuáticas.

popalería.
 I. 1. f. *Mx:SE.* Sucesión de **popales**.

popalero, -a.
 I. 1. adj. *Mx:SE.* Relativo al **popal**.

popcorn. (Voz inglesa).
 I. 1. m. *EU*, *Ho*, *Pa*, *PR*, *Bo*, *Ur.* Palomitas o granos de maíz tostado. ♦ ***pop corn***.

popear.
 I. 1. tr. *Ni.* Hervir un líquido.
  2. intr. *Ni.* Roncar *alguien*. fest.

popero.
 I. 1. m. *Ar:NE.* Bote con motor fuera de borda.
  2. *Ar:NE.* Motor del bote fuera de borda.
  3. *Pe.* Timonel de una embarcación pequeña o balsa, *situado generalmente a la popa*.

popero, -a.
 I. 1. m. y f. *Ec.* Persona aficionada a la música.

popi.
    I. 1. m. *Ch.* Ano. inf. (**popin**; **popín**).
    2. *Ch.* Nalgas. inf. (**popin**; **popín**).
    II. 1. m/m. pl. *Cu.* obsol. Zapato deportivo.

popí.
    I. 1. m. *Bo:E.* Mancha de moho que aparece en la ropa y alimentos a causa de la humedad. pop.

popin.
    I. 1. *Ch.* **popi**, ano, nalgas. inf.

popín.
    I. 1. *Ch.* **popi**, ano, nalgas. inf.

popis.
    I. 1. *Gu.* **popó**, excremento.

poplín. (Epént. de *popelín*).
    I. 1. m. *Ho, Ni, CR, Pa, Cu, Py, Ar, Ur.* Popelina, tela delgada.

popo.
    I. 1. m. *Mx:SE.* Bebida elaborada con arroz, cacao, cáscara de **yuca** y azúcar, típica de Tlacotalpan, en el estado de Veracruz.
    II. 1. m. *Ho, ES.* Lance o abrazo por el cuello, *generalmente para besar.*

popó.
    I. 1. m. *Mx, Gu, Ni, Co, Ec, Bo; Ur, Ar.* inf. Excremento humano. ♦ **popis**.
    II. (Del ingl. *pop off*, hablar alto y sin pensar).
    1. adj. *ES. Referido a persona*, de la clase social alta y adinerada.

popocha. (De or. onomat.).
    I. 1. f. *ES.* Flor de la espata del **banano** o **plátano**.

popocho.
    I. 1. *Co:C.* **plátano popocho**.

popocho, -a.
    I. 1. adj. *Co:C. Referido a persona*, que ha comido mucho. pop ^ fest.
    2. *Co.* **popochón**. pop ^ fest.

popochón.
    I. 1. adj. *Gu, ES. Referido a persona*, gorda. (**popocho**).

popof. (Del ingl. *pop off*).
    I. 1. adj. *Mx, Gu, Ho, Ni, CR, Pa, Cu, RD, PR, Ve. Referido a persona*, de clase social alta o adinerada. pop ^ sat.
    2. *Mx, Gu, Ni, CR, Pa, RD, PR. Referido a cosa*, elegante o suntuosa. pop ^ sat.
    ▶ **ponerse ~.**

popola.
    I. 1. f. *RD.* Vulva. vulg; pop.

poporoila.
    I. 1. f. *Ho.* **altísimo**.

poporopo.
    I. 1. m. *Gu, ES.* **alboroto**, golosina en forma de bola.
    II. 1. m. *Gu.* Grano de maíz que al tostarse se abre en forma de flor.

poposa.
    I. 1. f. *Ch.* **pupusa**, arbusto.

poposear(se).
    I. 1. tr. *Co.* Ensuciar *algo* con excremento.
    2. intr. prnl. *Co.* Expeler excrementos.

popotalagua.
    I. 1. *Mx.* **huinar**.

popote. (Del nahua *popotl*).
    I. 1. m. *Mx, RD.* Tubo estrecho que sirve para sorber líquidos.
    2. *Mx.* Tallo hueco y fino de las plantas.

popotillo.
    I. 1. *Mx.* **ponopinito**.

popoxcal. (Del nahua).
    I. 1. m. *Mx.* Ave de hasta 38 cm de longitud, cabeza y cuello gris azulado, pecho de color ocre canela y abdomen negro, patas rojas y pico amarillo. (Rallidae; *Aramides cajanea*). ♦ **chachapoya**; **chiricote**; **chiricoé**; **cochapolla**; **crespo**; **taracoé**.

popsicle. (Del ingl. *Popsicle®*, helado, paleta).
    I. 1. m. *EU, Ho, Ni, Ve.* Helado que se come cogiéndolo de un palillo hincado en su base.
    2. *Ho.* **charamusca**, helado casero.
    3. *Ho.* Trago de aguardiente servido en jícara o pocillo.

popular.
    I. 1. f. *Bo, Ar, Ur. En un hipódromo o en un estadio*, zona donde están las localidades baratas.
    2. *Ar.* Público que se sienta en esta zona.

popusa.
    I. 1. f. *Bo:E.* **Tortilla** que se prepara con harina de maíz, queso o trozos de carne de **res**.

poque. (Del aim. y del quech. *p'uqi*).
    I. 1. m. *Bo:O.* Arcilla arenosa de color blanco que se utiliza para quitar los restos pegados a las ollas. pop + cult → espon.

poquencia.
    I. 1. f. *ES, Ni.* Poco de algo.

poquero, -a.
    I. 1. m. y f. *Bo:O.* Persona que vende **poque**. pop + cult → espon.

poquichicho.
    I. 1. m. *Ch.* Cantidad pequeña de algo. pop + cult → espon.

poquingo.
    I. 1. adv. *Bo:E.* Poco. pop + cult → espon.

poquistillo.
    I. 1. m. *ES.* Poco de algo.

poquitero, -a.
    I. 1. sust/adj. *Mx, Gu, Ho, ES, Ni.* Persona que compra o vende en pequeñas cantidades.
    2. *Gu, Ho, ES.* Pequeño productor.
    II. 1. adj. *Mx, Gu, Ho, ES. Referido a persona*, tacaña. pop.
    2. *Gu. Referido a persona*, que se conforma con poco.
    III. 1. adj. *Ho. Referido a cosa*, escasa.

pora.
    I. 1. f. *Py, Ar:NE.* Fantasma o aparición.

porcelana.
    I. 1. f. *Mx.* Orinal. (**borcelana**).
    II. 1. f. *Gu.* Plato para poner la taza. (**borcelana**).

porcelano, -a.
    I. 1. adj. *Ar. Referido al pelaje de una caballería*, de color blanco con pequeñas manchas negras que producen reflejos azulados.
    2. sust/adj. *Ar.* Caballería con pelaje porcelano.

porch. (Voz inglesa).
    I. 1. f. *EU, Pa, Ar;* m. *Ho, Bo; Ur,* p.u. Portal o salón de entrada a una casa.

porcha.
    I. 1. f. *Bo:E.* Mezcla de tierra y agua de consistencia más o menos sólida. pop.

porcino.
    ▶ **irse al ~.**

porción.
    I. 1. f. *Mx, Ec, Bo, Py, Ar, Ur. En bares y restaurantes*, cantidad de un determinado alimento o guiso para consumo individual.

pordebajear.
    I. 1. tr. *Co.* Hacer que *una persona* se sienta mal, ya sea por medio de una humillación o ignorándolo. pop.

pordelantear.
    I. 1.   tr. *Ar:NO.* Adelantar o aventajar a *alguien.* pop + cult → espon.
    2.   *Ar:NO.* Pisotear o postergar a *alguien.* pop + cult → espon.

pordiyero.
    I. 1.   m-f. *Gu.* Peón que trabaja por día.

porear.
    I. 1.   tr. *Bo:E,S.* Tomar **mate** en **poro.** pop + cult → espon.

porfía.
    I. 1.   f. *Pa.* p.u. Reunión de campesinos en la que varias personas rivalizan cantando décimas de forma improvisada. rur.

porfiadez.
    I. 1.   f. *Ch, Ur.* Porfía, tozudez. pop.

porfiado.
    I. 1.   m. *Ni, CR, Ve, Ec, Pe*; adj, *Ch.* Tentetieso.

porfiado, -a.
    □
    a. ‖ ~ **de cara.** loc. adj/sust. *Ch. Referido a persona*, de rostro poco bello y agraciado. pop + cult → espon ^ fest.

porfiriato. (De *Porfirio* Díaz, militar y político mexicano, 1830-1915).
    I. 1.   m. *Mx.* Período de la historia mexicana que va de 1877 a 1911, en el que Porfirio Díaz ejerció la jefatura del Estado. ♦ **porfirismo.**

porfirismo.
    I. 1.   *Mx.* **porfiriato.**

porfirista. (De *Porfirio* Díaz, militar y político mexicano, 1830-1915).
    I. 1.   adj. *Mx.* Relativo al general mexicano Porfirio Díaz.
    2.   m-f. *Mx.* Partidario de Porfirio Díaz.

porista.
    I. 1.   sust/adj. *Bo.* Militante o simpatizante del Partido Obrero Revolucionario de Bolivia.

poro.
    I. 1.   m. *Mx.* Puerro.
    II. (Del quech. *puru*).
    1.   m. *Pe, Bo:E,S, Ar:NO.* Recipiente hecho con una calabaza en forma de pera y con cuello, *que sirve especialmente para* **cebar** *el* **mate.**

poró.
    I. 1.   *CR.* **frijolillo.** (Fabaceae; *Erythrina* spp.).

poronga.
    I. 1.   f. *Bo, Ar, Ur.* Pene. vulg; pop + cult → espon.
    II. 1.   f. *Ni.* Tinaja pequeña para enfriar el agua que se bebe. rur.
    III. 1.   f. pl. *Ni.* Senos de mujer.

porongo. (Quizás de quech. *purunku*).
    I. 1.   m. *Bo, Py, Ar, Ur.* Recipiente para tomar **mate,** hecho con un porongo seco. ♦ **poronquillo.**
    2.   *Pe, Bo:C,E,S.* Vasija de arcilla para guardar agua o **chicha.**
    3.   *Pe, Bo.* Calabaza grande y alargada que sirve de depósito.
    4.   *Pe.* Recipiente de hojalata con cuello angosto, tapa y asa, que sirve para la venta de leche.
    5.   *Pe.* metáf. Testículo. euf; pop.
    6.   *Ch:N.* Recipiente pequeño.
    II. 1.   *Bo, Py, Ar, Ur.* **camazo.**
    2.   m. *Bo, Py, Ar, Ur.* Fruto del porongo, con muchas semillas y de forma similar a una pequeña calabaza.
    III. 1.   m. *Ar:NO.* Instrumento musical consistente en una calabaza de gran tamaño con piedrecillas o **huairuros** en su interior.
    ▶ **vaciar los ~s.**

poronguero.
    I. 1.   m. *Pe.* Vendedor de leche que la lleva en los **porongos,** vasijas.

poronquillo.
    I. 1.   *Ar:NO.* **porongo,** recipiente para tomar **mate.**

poroña.
    I. 1.   f. *Ar:NO.* Recipiente grande de barro y forma troncocónica. rur. (**puruña**).

poroporo.
    I. 1.   *Ni, Pa, Pe.* **tecomajuche,** árbol.

pororó.
    I. 1.   m. *Bo:E, Py, Ar, Ur.* Palomita de maíz.

pororoca. (Del guar. *poro'roka*, estruendo).
    I. 1.   f. *Ar:NE.* Crecida de las aguas de un río en su desembocadura en el mar y en contra de la corriente, producida por la marea alta.

porosa.
    I. 1.   f. *ES.* Clase de pan dulce de arroz y manteca en forma de torta gruesa y suave.

poroso, -a.
    I. 1.   adj. *Ho. Referido a cosa*, fácil de romperse o deshacerse. rur.

porotada.
    I. 1.   f. *Ch; Ur*, pop. Comida abundante hecha con **porotos** como ingrediente fundamental.

porotal.
    I. 1.   m. *Ar.* Terreno sembrado de **porotos,** judías. rur.

porotazo.
    I. 1.   m. *Ec, Pe, Bo, Ch.* Acierto grande e inesperado en un juego de azar o en una empresa.

porotera.
    I. 1.   f. *Ch.* Ave de hasta 32 cm de longitud, de pico largo y recto, plumaje de color pardo variado y claro desde la cabeza a la cola y blanco en el abdomen, y patas de color amarillo. (Scolopacidae; *Gallinago paraguaiae*).

porotero.
    I. 1.   m. *Ar.* Posavasos.

porotero, -a.
    I. 1.   m. y f. *Ar:NO.* Persona que cultiva y cosecha **porotos.**
    2.   adj. *Ar:NO.* Relativo al **poroto,** *especialmente a su cultivo.*

porotillo.
    I. 1.   m. *Ar:NE.* Planta silvestre de hojas trifoliadas, flores de color violáceo a purpúreo y una legumbre como fruto. (Fabaceae; *Macroptilium* spp.).
    2.   *Pe.* **garbancillo.**
    3.   *Ec.* Planta perenne, rastrera y trepadora, de tallos delgados, con hojas acorazonadas y distribuidas en espiral, y flores acampanadas, de color rosa pálido o blanco y con cinco rayas radiales rosadas levemente más oscuras. (Convolvulaceae; *Convolvulus arvensis*).

poroto. (Del quech. *purutu*)
    I. 1.   m. *Pa, Co:SO, Ec, Bo, Ch, Py, Ar, Ur.* **frijol,** planta.
    2.   *Pa, Co:SO, Ec, Ch, Ar, Ur.* **frijol,** fruto.
    3.   *Ec, Pe, Bo, Ch, Py, Ar, Ur.* **frijol,** semilla.
    4.   pl. *Pe, Ch.* Guiso hecho con porotos.
    5.   m. *Ch.* metáf. Bulto o excrecencia que sale en una parte del cuerpo. pop + cult → espon.
    6.   pl. *Pa.* Comida, alimento que se toma para subsistir.
    II. 1.   m. *Ec, Ch.* Acierto o logro importante. pop + cult → espon.
    III. 1.   m. *Ur.* Persona, cosa o acción de escaso valor o relevancia, *especialmente en comparación con otra.* pop + cult → espon.
    ■
    a. ‖ ~ **bayo.** m. *Ch, Ur.* Variedad de semilla de poroto de color pardusco.
    b. ‖ ~ **burro.** m. *Ch.* Variedad de semilla de poroto de color gris.

c. ‖ **~ granado.** m. *Ch.* Variedad de semilla de poroto que acaba de convertirse en grano maduro.

d. ‖ **~ verde.** m. *Ch.* Variedad de semilla de poroto que se consume cocido en su vaina cuando comienza a granar.

e. ‖ **~s con riendas.** m. pl. *Ch.* Guiso hecho con porotos y tallarines u otro tipo de pasta.

☐

a. ‖ **un poroto.** loc. adv. *Ar.* De escasa importancia o poco relevante, poca cosa. pop + cult → espon.

▶ **anotarse un ~; apuntarse un ~; ganarse los ~s; ganarse un ~.**

poroto, -a.

I. 1. m. y f. *Ch.* Niño en su primera infancia. pop + cult → espon.

porquería.

I. 1. f. *Co, Ec, Ar, Gu,* pop + cult → espon. Persona sin escrúpulos.

2. sust/adj. *Pe, Bo.* Persona sin valor ni importancia. pop + cult → espon.

☐

a. ‖ **de ~.** loc. adj. *Mx, Ec, Pe, Bo, Ch, Ur. Referido a persona o cosa,* que provoca fastidio o que no tiene valor ni importancia. pop + cult → espon.

porra.

I. 1. f. *Mx, Gu, Ho, Ni, Co.* barra, grupo de seguidores.

2. *Mx, ES, CR, Co.* Conjunto de eslóganes y de gritos de los partidarios de una persona o agrupación, *generalmente política o deportiva.*

3. *Pe. En las corridas de toros,* público entendido y aficionado que censura o aplaude los lances de la lidia.

II. 1. f. *Bo:E, Py, Ar.* Cabello abundante y desaliñado. pop + cult → espon.

2. *Ar.* Cerda abundante y enmarañada en la crin y la cola del caballo. rur.

III. 1. f. *Co.* p.u. Persona inteligente.

IV. 1. f. *Co.* Cabeza humana. pop.

V. 1. f. *Ec.* Porción de excremento que se expulsa de una sola vez. pop + cult → espon.

VI. 1. f. *Bo.* Nudo que se hace al final de una hebra de hilo ensartado en una aguja. pop + cult → espon.

☐

a. ‖ **algo más en ~.** loc. adv. *Bo.* Por añadidura.

b. ‖ **de ~.**

i. loc. adj. *Mx. Referido a persona,* traviesa. pop.

ii. *RD, Bo, Ar:NO.* Maldito, que causa molestia. pop + cult → espon

c. ‖ **en la ~.** loc. adv. *Ec.* Muy lejos. ♦ **en la porra grande.**

d. ‖ **en la ~ grande.** loc. adv. *Ho.* **en la porra.**

e. ‖ **esto más en ~.** loc. adv. *Bo.* Por añadidura.

f. ‖ **ni ~.** loc. adv. *Ho.* Nada.

▶ **andar por la ~; echar ~s.**

porraceada.

I. 1. f. *Gu.* Porrazo, golpe que se recibe por una caída, o por topar con un cuerpo duro.

porracear.

I. 1. tr. *Ho, Ni.* Golpear *algo,* dar porrazos. rur.

porrazo.

I. 1. m. *Ho, ES, Ec.* Cantidad grande de algo.

☐

a. ‖ **de ~.** loc. adv. *Pe.* **de un porrazo.** pop + cult → espon.

b. ‖ **de un ~.** loc. adv. *Mx, Ec, Bo.* Súbitamente, de una vez. (**de porrazo**).

porrismo.

I. 1. m. *CR, Pa, Ec, Bo.* Actividad que consiste en una serie pasos, figuras y ejercicios gimnásticos, acompañada de frases que corean jóvenes con pompones en las manos para animar a un equipo.

II. 1. m. *Pa.* Facción política dentro del partido liberal panameño liderada por el doctor Belisario Porras.

porrista.

I. 1. f. *Mx, Gu, Ho, ES, Ni, CR, Pa, PR, Co, Ec, Pe, Bo, Ar, Ur. En un espectáculo deportivo,* mujer joven que, con un pompón en cada mano, anima a su equipo y a los espectadores con cantos y movimientos gimnásticos. ♦ **cachiporrista**; *cheerleader.*

2. m-f. *Mx, Co.* Componente de una **porra.**

3. *Ho.* Persona incondicional, admirador o hincha de una persona o un equipo.

II. 1. m-f. *Pa.* Seguidor del **porrismo**, facción política.

porro.

I. 1. m. *Co.* Baile folclórico originario de la costa caribeña de Colombia, con influencia de la cultura negra, que se realiza por parejas.

2. *Co.* Música que acompaña el baile del porro.

II. 1. m. *Co:N.* Tambor en forma de cono truncado, revestido de un solo parche por su base más amplia.

III. 1. *Ho.* **agüero**, vasija de barro.

porro, -a.

I. 1. adj. *PD. Referido a persona,* mala.

porroca.

I. 1. f. *Co:N.* Enfermedad de la palma del coco.

▶ **caerle la ~.**

porrón.

I. 1. m. *Pe.* p.u. Botella de cerveza de cuello alargado y ancho con el fondo abombado.

II. 1. *Ho.* **agüero**, vasija para hervir.

2. *Ho:S.* **pato**, vasija de barro.

III. 1. m. *Ho.* Hombre afeminado.

2. *Ho.* Hombre homosexual.

porronada.

I. 1. f. *Ho.* Mariconada, tontería. vulg.

porroñoso, -a.

I. 1. adj. *PR. Referido a una parte del cuerpo, generalmente las manos,* áspera, curtida. pop + cult → espon.

porrosco, -a.

I. 1. adj. *Ni. Referido a gallo o gallina,* grande y gordo.

II. 1. adj. *Ni. Referido a hombre viejo,* que le gustan las muchachas.

porrotoco.

I. 1. *PR.* **corrotoco**, persona baja.

porrudo, -a.

I. 1. sust/adj. *Ar, Ur,* p.u. Persona que tiene el cabello largo y abundante. pop + cult → espon.

2. adj. *Ar. Referido a una caballería,* que tiene **porras** en la crin o en la cola. rur.

II. 1. adj. *Bo:E. Referido a los dedos o a las ramas,* nudosos. pop.

porsia. (Apóc. de *per si acaso*).

I. 1. adv. *CR, Cu, PR, Ve; Ec,* juv. Por si acaso. pop.

porsiacaso. (De *por si acaso*).

I. 1. m. *Ve, Ar:NO.* Alforja o saco pequeño en que se llevan provisiones de viaje.

portaaros.

I. 1. sust/adj. *Bo:O.* Niño que lleva las alianzas en una boda.

portabalayo.

I. 1. m. *Bo:E.* Caja grande de madera que se utiliza para transportar objetos frágiles en los viajes.

portable. (Voz inglesa).

I. 1. adj. *Ec, Bo, Ar, Gu.* p.u. *Referido a cosa,* portátil.

portabusto.

I. 1. m. *Ni.* Sujetador. euf.

portacepillos.
 I. 1. f. *Gu, Ho, Pe, Bo.* Recipiente en donde se colocan los cepillos de dientes.

portacinto.
 I. 1. m. *ES.* Presilla de un pantalón o una falda.

portación.
 I. 1. f. *Mx, Ho, Ni, Ec, Py, Ar, Ur.* Posesión, tenencia, *especialmente de armas.*

portacomidas.
 I. 1. m. *Co.* Conjunto de vasijas que encajan una sobre otra, unidas por un asa, que se usa para llevar comida de un lugar a otro.

portaconfort.
 I. 1. m. *Ch.* Portarrollos para papel higiénico.

portacoronas.
 I. 1. m. *Ar, Ur.* Vehículo de una empresa funeraria destinado a transportar al cementerio las coronas u otros motivos florales enviados a un velatorio.

portacosméticos.
 I. 1. m. *Ec, Pe, Ar, Ur.* Estuche o bolso pequeño para guardar los cosméticos.

portada.
 I. 1. f. *Co:O,E,SO.* Puerta rústica que debido a la colocación de sus piezas se abre y cierra por sí sola con facilidad.

portador, -ra.
 I. 1. sust/adj. *Ch.* Empresa de telefonía que se encarga de la transmisión y recepción de llamadas a larga distancia.

portafolio.
 I. 1. m. *Pe, Bo.* Cada uno de los centros administrativos en que se divide el gobierno de la nación.
 II. 1. m. *Ec.* Conjunto de tareas previstas para su próxima realización. cult → espon.

portafuente.
 I. 1. m. *Cu, Ur.* Trozo de tela o plástico que se pone en la mesa, debajo de las ollas calientes, para proteger el mantel.

portal.
 I. 1. m. *Ec. En algunas edificaciones importantes de ciertas ciudades del norte,* espacio físico en los bajos habilitado como local comercial, cuyas puertas dan hacia el atrio o **andén** que hay delante de dichas edificaciones.
 2. *Ec.* Pórtico; **andén** cubierto.

portallanta.
 I. 1. m. *Mx, Ni, Ec.* Estructura que se ajusta en la carrocería de un automóvil para llevar la **llanta de refacción.**

portalón.
 I. 1. m. *Ho.* Portón.

portamacetas.
 I. 1. m. *Ar.* Soporte, *por lo general de hierro,* en el que se colocan macetas.

portamate.
 I. 1. m. *Ar; Ur,* p.u. Estuche, *generalmente de cuero,* en la que se llevan el **mate** y la **bombilla.**

portamecha.
 I. 1. m. *Bo.* Utensilio que sirve para poner la mecha de implementos explosivos.

portamechas.
 I. 1. f. *Ar, Ur.* Pieza de un taladro en la que se inserta la **mecha.**

portañuela.
 I. 1. f. *Mx, Ni, Cu.* Abertura en la parte delantera de un pantalón que se cierra por medio de botones o **zíper.** pop.

portapliegos.
 I. 1. m-f. *Pe.* Empleado de una oficina encargado de llevar documentos y correspondencia de una dependencia a otra.

portar(se).
 I. 1. tr. *Ar. En derecho,* llevar un arma de fuego en condiciones de ser empleada.
 □
  a. ‖ ~**se fiera.**
   i. loc. verb. *Gu.* Demostrar al máximo la habilidad o capacidad que se tiene para algo.
   ii. *Gu.* Portarse con dignidad o buena educación.
  b. ‖ ~**se águila.** loc. verb. *Gu.* Manifestarse diestro, capaz, inteligente.

portasenos.
 I. 1. m. *Ar,* obsol; *Py,* pop; *RD,* p.u. Sujetador.

portaservilletas.
 I. 1. m. *Ni, Ec, Bo:O, Ur.* Utensilio en forma de aro en el que se recoge enrollada una servilleta.

portaterno.
 I. 1. m. *Ec, Ch.* Maleta o bolsa de viaje que permite llevar trajes estirados para evitar que se arruguen. (**portaternos**).

portaternos.
 I. 1. *Ec, Ch.* **portaterno.**

portátil.
 I. 1. m. *Pe. En mítines y manifestaciones,* conjunto de personas que son llevadas a ellos desde distintos lugares para asegurar una representación multitudinaria.
 II. 1. f. *Ni.* Computadora portátil.
 III. 1. f. *Ur.* Lámpara eléctrica con pie, *que se coloca especialmente sobre una mesa.*

portavaso.
 I. 1. m. *Mx, Gu, Ni, Pa, Cu, Co, Ve, Ec, Pe, Bo, Ur.* Pieza pequeña de cartón o plástico sobre la que se coloca un vaso para impedir su contacto con la superficie en la que descansa. (**portavasos**).
 2. *Ec. En los automóviles,* dispositivo redondo que sirve para colocar los vasos.

portavasos.
 I. 1. m. *Mx, Gu, Ho, Pa, Bo, Ch, Ur.* **portavaso,** pieza pequeña de cartón.

portaviandas.
 ▶ **cagar en la ~.**

porte.
 •
  a. ‖ ~**. fórm.** *Py.* Se usa como expresión de saludo utilizada preferentemente entre los hombres.
 □
  a. ‖ **del ~ de un elefante.** *Ch.* **del porte de una catedral.**
  b. ‖ **del ~ de una catedral.** loc. adj. *Ch. Referido a cosa, especialmente una torpeza,* muy grande. pop + cult → espon ^ hiperb. ♦ **del porte de un elefante.**

porteador. (De *porter*).
 I. 1. m. *PR.* Mensajero.
 2. *PR.* Repartidor, *especialmente de periódicos.*

porteñada.
 I. 1. f. *Ar, Ur.* Conjunto de personas que viven en Buenos Aires. pop + cult → espon.
 2. *Ar.* Dicho o hecho propio de los porteños. desp.

porteño, -a.
 I. 1. adj. *Ar. Relativo a Buenos Aires,* capital de la Argentina, e, históricamente, de la provincia argentina del mismo nombre.
 2. *Pe.* Relativo al Callao, ciudad del Perú.
 3. *Ch.* Relativo a Valparaíso, ciudad de Chile.
 4. adj. *CR.* Relativo a Puntarenas, ciudad de Costa Rica.

portería.
 I. 1. f. *Bo:E.* Cargo de vigilancia de los puertos fluviales.

portezuelo.
    I. 1.   m. *Gu, Ar:NO.* Paso en la alta montaña.

pórtico.
    I. 1.   m. *Ho, Bo; Ch,* esm. En el **futbol** y otros deportes, portería.

portillo.
    I. 1.   m. *Gu, Ho.* Hueco dejado por algo. rur.

portilludo, -a.
    I. 1.   adj. *Ho. Referido a persona,* que le falta uno o varios dientes.

portón.
    I. 1.   m. *Co, Ve, Ec, Bo.* Puerta principal de una casa o de un edificio.
    □
      a. ‖ **~ eléctrico.** loc. sust. *Pa, Ec, Bo, Ch, Ar.* Portero automático, mecanismo que permite abrir las puertas de un edificio o de una finca.

portugués.
    I. 1.   m. *Mx.* Pájaro de hasta 23 cm de longitud, de cabeza negra con una franja blanca en los ojos y una corona amarilla, parte superior color marrón e inferior amarilla, y alas y cola marrones. (Tyrannidae; *Megarynchus pitangua*).

portulaca.
    I. 1.   *Ho.* **atarraya.**

poruña.
    I. 1.   f. *Ch.* Pala pequeña de uso manual de plancha alargada y cóncava y mango corto.
    2.   *Ch.* metáf. Mano tendida en ademán de pedir dinero.
    ▶ **pasar la ~.**

poruñada.
    I. 1.   f. *Ch.* p.u. Cantidad de algo que cabe en una **poruña**, pala.

pos.
    I. 1.   conj. *Mx.* Pues. rur; pop + cult → espon.

posa.
    I. 1.   f. *Pe.* Altar pequeño a modo de arco adornado de cintas y papeles de colores, frutas, animales o plantas, que se pone en el cruce de las calles por las que pasan las procesiones y delante del cual se detienen a modo de parada o estación.

posada.
    I. 1.   f. *Mx, Gu, Ho, ES, Ni, RD, Ec:O.* Fiesta tradicional navideña que se hace los nueve días antes al nacimiento de Jesús, en que los peregrinos en procesión rezan el rosario, entonan cantos y piden posada en una casa.
    2.   *Cu.* Hotel especial donde se alquilan las habitaciones por horas a parejas que desean tener relaciones sexuales.

posadero.
    I. 1.   m. *Cu.* Estructura que permite a las aves, *generalmente de corral,* posarse y descansar.

posamate.
    I. 1.   m. *Ar, Ur.* Soporte en el que se coloca el **mate**, recipiente.

posapava.
    I. 1.   m. *Ar.* Soporte sobre el que se coloca en la mesa la **pava** con agua caliente.

poscuapi. (Del quech. *p'usqu,* fermento, y *api,* harina de maíz cocida en agua).
    I. 1.   m. *Bo·C.* Alimento preparado con maíz triturado, macerado y cocido, y al que se le añade canela, clavo de olor, cáscara de naranja y azúcar.

poseído, -a.
    I. 1.   adj. *Pa. Referido a persona,* engreída, jactanciosa.

posero, -a.
    I. 1.   adj. *Bo, Ch. Referido a persona,* que asume posturas y poses con el fin de impresionar. desp.
    2.   *Gu. Referido a persona,* amanerada.

posesita.
    I. 1.   f. *Gu.* Sordera. rur.

posetacú.
    I. 1.   m. *Bo.* Promontorio de barro seco y duro que construyen las termitas.

posfechado, -a.
    I. 1.   adj. *Ec. Referido a cheques o documentos financieros,* que presenta fecha posterior a aquella en la que fue girado.

posfechar.
    I. 1.   tr. *Ec.* Girar un cheque u otro documento financiero con fecha posterior a la del momento de su firma.

poshoroco, -a.
    I. 1.   adj/sust. *Gu. Referido a un gallo,* común, que no es de pelea.
    2.   adj. *Gu. Referido a un gallo,* fuerte y poco ágil.
    II. 1.   adj. *Gu. Referido a persona,* amanerada.

poshpa.
    I. 1.   f. *ES.* Vulva. tabú.

poshta.
    I. 1.   f. *ES.* Fruto del **anono**, redondo o acorazonado, de cáscara entre negra y parda o verde con carpelos regulares convexos, y de pulpa carnosa y blanca, dentro de la cual se hallan las semillas.

poshte.
    I. 1.   *ES.* **anón**, árbol.
    2.   *ES.* **anón**, fruto.

posición.
    □
      a. ‖ **~ adelantada.** *Ec.* **posición prohibida.**
      b. ‖ **~ prohibida.** loc. sust. *CR, Ec, Bo.* En el **futbol**, fuera de juego. ◆ **posición adelantada.**

posillero.
    I. 1.   m. *Ec. En hoteles y restaurantes,* empleado que se encarga de sacar la basura y lavar la vajilla y limpiar los baños. (**pocillero**).

posmo, -a.
    I. 1.   adj. *Ve. Referido a cosa, especialmente al agua o la carne,* hedionda.

posnatal.
    I. 1.   m. *Gu, Ni, Pe, Ch.* Permiso concedido a la mujer trabajadora o a su marido para dedicarse exclusivamente al cuidado del bebé. (**postnatal**).
    2.   *Gu, Ni, Pe, Ch.* Asignación pagada por este permiso. (**postnatal**).

posol.
    I. 1.   *Mx, ES, Ni.* **pozol**, bebida.

posola.
    I. 1.   f. *Ho.* **Nigua** que ya ha procreado bajo la piel, formando una vejiga.

posole.
    I. 1.   m. *Ho.* **pozole**.

pospago.
    I. 1.   m. *Gu, Ni, Ec.* Servicio de teléfono celular cuya cuenta se paga a fin de cada mes.
    2.   *Gu, Ni.* Teléfono celular que está bajo este tipo de servicio.

posta.
    I. 1.   adj. *Ar.* Excelente, óptimo. pop + cult → espon.
    2.   adj/adv. *Ar.* Exacto, cabal. pop + cult → espon.
    II. 1.   f. *Cu, Pe, Bo, Ch.* Establecimiento donde se prestan los primeros auxilios médicos.

2. *Ho.* Caseta de control de tráfico que hay en las carreteras.

III. 1. f. *Ch.* Corte de carne de vacuno con poco o nada de grasa, extraído de los cuartos delanteros o traseros del animal.

2. *Gu.* Carne de ganado vacuno.

IV. 1. f. *Ch. En ciertos deportes*, cambio o relevo de jugadores que se hace durante el encuentro.

V. 1. f. *Ho.* Delegación de policía nacional.

VI. 1. f. *PR. En las peleas de gallos*, cantidad de dinero con que se juega un gallo.

■

a. ‖ ~ **de paleta.** f. *Ho, Ni, CR.* Corte de carne de ganado vacuno alargada y aplastada de paletilla.

b. ‖ ~ **de pecho.**
i. f. *Gu.* Corte de carne de ganado porcino de las mazas de las piernas traseras.
ii. *ES, CR.* Corte de carne de ganado vacuno del pecho.

c. ‖ ~ **grande.** f. *ES.* Corte de carne de ganado vacuno de la paletilla de las patas delanteras.

d. ‖ ~ **médica.** f. *Cu, Bo.* Establecimiento médico en el que un médico y una enfermera brindan asistencia primaria a un grupo de familias.

e. ‖ ~ **negra.**
i. f. *Ch.* Corte de carne de vacuno de forma redondeada, de color rojo oscuro y extraído de la cara interna del muslo del animal.
ii. *Ho, ES.* Pieza de carne de ganado vacuno que se encuentra en medio de la pierna y *que se utiliza especialmente para hacer bistec.*

f. ‖ ~ **rosada.** f. *Ch.* Corte de carne de vacuno de forma redondeada, extraído de la cara externa del muslo del animal.

□

a. ‖ **la ~.** loc. sust. *Ar.* Información que se supone exacta, precisa. pop + cult → espon.

▶ **casar las ~s.**

¡posta!
I. 1. interj. *Ar.* Expresa énfasis. pop + cult → espon.

postación.
I. 1. m. *Ec, Ch.* Conjunto de postes para el tendido eléctrico en un sector determinado. cult.
2. *Ec, Ch.* Colocación de postes para el tendido eléctrico. cult.

postaje.
I. 1. m. *Ho.* Pago de impuesto municipal por el derecho a sacar del pueblo ganado vacuno para la venta.

postalita.
I. 1. adj/sust. *Cu. Referido a persona*, presuntuosa y engreída. pop.
II. 1. f. *RD.* Estampa, papel o tarjeta que tienen impresos un dibujo o una fotografía, *especialmente de una persona*, y que son coleccionables.

□

a. ‖ **de ~.** loc. adj. *RD.* Vistoso, aparente y superficial.

poste.
I. 1. m. *Gu, Ho, Ni, Bo.* Palo grueso clavado en el suelo de un potrero para atar al ganado vacuno con el fin de herrarlo o curarlo.
2. *Gu, Ho, Bo.* Sitio donde se amarran, a la espera de que su dueño los recoja, los animales que están sueltos por el campo o las carreteras. rur.
II. 1. m. *Ar.* Señal identificadora de una parada de **colectivos** colocada junto al cordón de la **vereda** o acera.
2. *Ni.* juv. Diente de persona.

■

a. ‖ ~ **madre.** m. *Ho.* Poste más grueso y resistente que los contiguos en una cerca de alambres. rur.
♦ **poste temblador.**

b. ‖ ~ **restante.** (Del fr. *poste restante*). m. *Ar.* Servicio de correos que permite al destinatario retirar su correspondencia en una oficina postal, lista de correo.

c. ‖ ~ **temblador.** *Ho.* **poste madre.**

postear.
I. (De *poste*).
1. tr. *Mx, Gu, Ho, ES, Ni, CR.* Clavar en el suelo los postes de un cercado. rur.
2. *Ho.* **acotar,** cercar un terreno.
II. 1. tr. *ES.* Seguir y vigilar a *alguien* para robarle.
2. *Ni.* p.u. *En el ejército*, vigilar un objetivo.
III. (Del ingl. *to post*, anunciar, divulgar).
1. tr. *Ho, PR.* Anotar una operación contable.
IV. (De *posta*).
1. tr. *Ho.* Pagar el costo de los sellos por envío por correo de una carta o paquete.

postemilla.
I. 1. f. *Mx, Ho, ES, Ni, Pa, Ec; Gu, Pe, Ar, Ur,* p.u; *PR,* rur. Absceso en la encía.
2. *Cu.* Postilla, costra.

postería.
I. 1. f. *Mx, Ho, Ni, Ec.* Conjunto de postes o columnas verticales.

postero.
I. 1. m. *Ho.* Hombre encargado de llevar los animales al poste. rur.

postinudo, -a.
I. 1. sust/adj. *Ve.* Persona que actúa con mucha calma. pop + cult → espon.
II. 1. m. y f. *Ve.* Persona que se da importancia. pop + cult → espon.

postítulo.
I. 1. m. *Ec, Ch.* Conjunto de estudios sistemáticos de especialización que se realiza después de la obtención del título académico o profesional.

postiza.
I. 1. f. *PR. En las peleas de gallos*, espuela artificial que se pone en las patas de los gallos cuando van a pelear.

postnatal.
I. 1. m. *Gu, Ni, Pe, Ch.* **posnatal.**

postón.
I. 1. m. *Ch.* Bala de menor calibre usada en las armas de aire comprimido.

postre.
I. 1. m. *Bo.* **topocho.**

■

a. ‖ ~ **chajá.** m. *Ur.* Producto de confitería hecho a base de merengue, chantillí, **durazno** en almíbar y **bizcochuelo.**

b. ‖ ~ **vigilante.** m. *Ar, Ur.* Golosina compuesta por un trozo de queso con otro de dulce de membrillo o **batata.** ♦ **vigilante.**

postrera.
I. 1. f. *Mx, Ni, CR, Ec;* sust/adj. *Co.* | metáf. Leche espesa y cremosa que se obtiene del último ordeño de una vaca. rur; pop.
II. 1. f. *Ho, ES, Ni, Pa, Ec.* Segunda siembra del año y cosecha correspondiente. rur.
III. 1. f. *Bo.* Recipiente pequeño, de forma cóncava, *generalmente de loza o de cristal*, que se utiliza para servir los postres.

postulante.
I. 1. m-f. *Mx, Ni, CR, Pa, Ec, Pe, Bo, Ch, Py, Ar, Ur.* Aspirante a un cargo, título o condición de campeón de algo. cult.
2. *Mx, CR, Ec, Bo, Ch, Py, Ar, Ur.* Candidato político. cult.
3. sust/adj. *Mx.* Abogado que ejercita su profesión aunque no tenga un puesto público. cult.

postular.
- **I. 1.** tr. *Mx, Gu, Ho, ES, Ni, CR, RD, PR, Ve, Ec, Bo, Ur.* Proponer un candidato para un cargo electivo.

postura.
- **I. 1.** f. *Ch, Ar, Ur.* Cada uso de una prenda de vestir.
  - **2.** *Ec:S.* Conjunto de prendas de vestir que se usan a la vez, *especialmente el que se prepara para alguna celebración especial.*
- **II. 1.** f. *Ho, Bo. En una licitación o un remate,* propuesta económica para lograr la adjudicación de algo.
- **III. 1.** f. *Ho.* Cantidad de semillas de maíz, **frijol** u otro cultivo que se pone en cada hoyo en la siembra.

posudo, -a.
- **I. 1.** adj. *Mx, Co. Referido a persona,* presuntuosa, orgullosa de sí misma. pop.

potaje.
- **I. 1.** m. *Cu.* Asunto, cuestión o negocio. pop.

potala.
- **I. 1.** m-f. *RD.* Persona simple y tarda. pop.

potazo.
- **I. 1.** m. *Bo, Ch.* Golpe dado con el **poto** o las nalgas, o cayendo sobre él. pop.

pote.
- **I. 1.** m. *Ho, Ni, Pa, Cu, RD, PR, Co, Ve, Ec, Pe, Bo, Ch, Py, Ar, Ur.* Recipiente de diversos tamaños y formas, *generalmente provisto de tapa,* que sirve para contener alimentos o sustancias de diversa naturaleza.
  - **2.** *Ve.* Recipiente para depositar la basura de la casa.
  - **3.** *RD.* Botella de ron.
- **II. 1.** m. *Co:NE.* Cárcel. pop.
- **III. 1.** adj. *Co:C. Referido a una persona o animal,* grueso y de poca altura.
- **IV. 1.** m. *Ve.* Automóvil viejo y destartalado *que generalmente funciona mal.*
- **V. 1.** m. *PR.* Cantidad de dinero que se arriesga en una apuesta.

poteado, -a.
- **I. 1.** adj/sust. *Bo. Referido a un muro,* reforzado con piedra para evitar derrumbes.

potear.
- **I. 1.** tr. *Bo:SO. En las minas,* construir paredes de piedra para evitar derrumbes en el interior.

poteca.
- **I. 1.** f. *Co.* Puré de **ahuyama** o **zapallo**.

potencia.
- **a.** ‖ **siete ~s** m. *PR.* En el espiritismo, talla de un conjunto de hombres de raza negra, sincretizadas con el catolicismo, con una figura central erecta, rodeada de siete figuras sentadas con los brazos cruzados frente a las piernas, que sirve para rechazar todo mal. ♦ **siete poderes.**
- ► **ser una ~.**

potera.
- **I. 1.** f. *Co:N.* Recipiente para sembrar plantas.

potería.
- **I. 1.** f. *PR.* Conjunto de **potes** o frascos que contienen alimentos precocinados.

potiche. (Voz francesa).
- **I. 1.** m. *Ar.* Recipiente o vasija grande de cerámica o cristal, *generalmente con tapa y finamente decorado.*

potisa.
- **I. 1.** *RD.* **potiza.**

potito.
- **I. 1.** m. *Pe:N.* Calabaza pequeña seca que se usa para beber **chicha** o pasarla a recipientes de mayor capacidad.
- **II. 1.** m. *Ch.* Tripa gorda de **chancho** que se fríe o asa y come en bocadillo.
- ► **mojarse el ~.**

potiza.
- **I. 1.** f. *RD.* Recipiente de forma acorazonada, hecho de barro y que se usa para almacenar agua. (**potisa**).

poto.
- **I.** (Del ant. mochica *poto,* testículo).
  - **1.** m. *Ec, Pe, Bo, Ch, Py, Ar:NO,O.* Ano.
  - **2.** *Ec, Pe, Bo, Ch, Py, Ar:NO, O.* Nalgas.
  - **3.** *Pe, Bo:O, Ch.* metáf. Parte inferior o posterior de un objeto. pop.
- **II.** (Del quech. *putu*).
  - **1.** m. *Pe.* Vasija hecha de calabaza para **chicha**.
- **III. 1.** m. *Ec.* **güiro**, planta y fruto.
  - **2.** *Ec.* Recipiente hecho del fruto seco del poto.
- **IV. 1.** m. *EU:SO.* meton. Hombre homosexual.
- **V. 1.** m. *Ch. En una mina,* oquedad en el techo de una galería en la que se acumula gas metano.
- ■
  - **a.** ‖ **~ de mar.** m. *Pe, Ch.* Anémona o actinia.
- □
  - **a.** ‖ **a ~ pelado.**
    - **i.** loc. adj/adv. *Ch. Referido a persona,* desnuda, sin ropa, *especialmente de cintura hacia abajo.* pop + cult → espon.
    - **ii.** *Ch. Referido a persona,* sin dinero ni recursos económicos. pop + cult → espon.
    - **iii.** *Ch. Referido a persona,* sin conocimientos de alguna materia o sin preparación alguna. pop + cult → espon.
    - **iv.** loc. adv. *Ch.* Sin tapujos ni rodeos. pop + cult → espon.
  - **b.** ‖ **como el ~.** loc. adv/adj. *Ch.* Muy mal, de manera pésima. pop.
  - **c.** ‖ **como ~ de bebé.** loc. adj. *Pe, Bo. Referido a la piel o a una parte del cuerpo,* suave y delicada. ♦ **como poto de guagua.**
  - **d.** ‖ **como ~ de guagua.** *Ch.* **como poto de bebé.** pop + cult → espon.
  - **e.** ‖ **con el ~ al aire.** loc. adv. *Pe, Bo.* En mala situación, *especialmente económica.* pop.
  - **f.** ‖ **en el ~ del mundo.** loc. adv. *Ch.* En el fin del mundo, en un lugar muy alejado. pop + cult → espon.
  - **g.** ‖ **por su ~.** loc. adv. *Ch.* Por supuesto. pop ^ fest.
  - **h.** ‖ **~ de botella.** loc. sust/loc. adj. *Pe, Bo, Ch.* Lente muy gruesa. pop ^ fest.
  - **i.** ‖ **~ loco.** loc. sust. *Ch.* Persona inquieta o muy activa que no puede estar nunca parada. pop + cult → espon.
  - **j.** ‖ **~ sucio.** loc. sust. *Ch, Ar:O.* Juego de naipes en el que se van formando parejas con las cartas. (**potosucio**).
  - **k.** ‖ **~ y calzón.** loc. adj/sust. *Ch. Referido a persona,* muy íntima o inseparable de otra. pop + cult → espon.
- ► **caerse de ~; irse de ~; limpiarse el ~ antes de cagar; mojarse el ~; pasarse el ~; prestar el ~; quitarle el ~ a la jeringa; sacarle el ~ a la jeringa; tirar el ~ para las moras.**

potoco, -a.
- **I. 1.** adj/sust. *PR, Ch. Referido a persona y a animal,* de complexión gruesa y de baja estatura. pop.

potolear.
- **I. 1.** intr. *Ch.* Mantener relaciones amorosas, con cierto nivel de compromiso aunque no necesariamente de convivencia. pop + cult → espon ^ fest.

potoleo.
- **I. 1.** m. *Ch.* Relación amorosa estable, pero no de convivencia. pop + cult → espon ^ fest.

potolo.
- **I. 1.** m. *Bo:O.* Danza autóctona del departamento de Chuquisaca que se caracteriza por el pronunciado contoneo de caderas.

2. *Bo:O.* Composición musical de ritmo alegre al compás de la que se baila el potolo.

potomártir.

I. 1. m. *Bo:O.* Hombre homosexual. delinc.

potón, -na.

I. 1. adj/sust. *Pe, Bo:O, Ch, Ar:O. Referido a persona,* de **poto** grande y abultado. pop.

2. adj. *Pe, Ch. Referido a cosa,* de base grande o extremo prominente. pop.

potoroca.

□

a. ‖ **¡me cago en la ~!** loc. interj. *PR.* Expresa disgusto, malestar, irritación de alguien. vulg; pop + cult → espon. ♦ **¡me caso en la potoroca!**

b. ‖ **¡me caso en la ~!** loc. interj. *PR.* **¡me cago en la potoroca!**

c. ‖ **¡vete a la ~!** loc. interj. *PR.* Expresa el deseo de una persona de enviar a alguien muy lejos. pop + cult → espon.

potosucio.

I. 1. m. *Ar:O.* **poto sucio.**

potoyunco.

I. 1. m. *Pe.* Ave nocturna de hasta 24 cm de longitud, de cabeza, cuello trasero y dorso negros, garganta, cuello delantero, pecho y abdomen blancos, alas negras bordeadas de blanco, cola negra brillante; pico negro, y patas azuladas con membranas negruzcas. (Pelecanoididae; *Pelecanoides garnotii*).

potra.

I. 1. f. *Co.* **ecapacle.**

II. 1. f. *Ho, ES.* Partido informal de **futbol.**

III. 1. f. *Ni.* Salida y caída de la matriz de la vagina de una mujer.

IV. 1. f. *Ur.* Mujer joven, muy atractiva. pop + cult → espon.

potranca.

I. 1. f. *PR, Ur; Gu, Ho, Ni,* rur; desp; *RD,* pop + cult → espon. Muchacha bonita y elegante.

II. 1. f. *ES.* Colilla de puro.

potrancona.

I. 1. sust/adj. *Gu.* Niña que tiene un comportamiento considerado más propio de varones.

potrancota.

I. 1. sust/adj. *Gu.* Muchacha aficionada a los juegos varoniles.

potranquear.

I. 1. intr. *Gu.* Jugar los niños armando escándalo y haciendo mucho ruido.

potreado, -a.

I. 1. adj. *Gu. Referido a cosa,* que se le ha dado mucho uso.

potrear.

I. 1. intr. *Ar, Ur.* Jugar los niños libremente, como si estuvieran en un potrero. pop + cult → espon. (**potrerear**).

2. tr. *Ho.* Retozar, dar brincos y carreras una persona o un animal.

II. 1. tr. *Gu.* Tratar mal o dañar algún objeto.

2. *Gu.* Regañar a *alguien.*

potreraje.

I. 1. m. *Ho, Ni, Co:SO, Ec, Bo:E.* Cantidad de dinero que se paga periódicamente por la alimentación del ganado que se mantiene en un **potrero** ajeno. rur.

2. *Ho, Ni, Ec.* Conjunto de ganado por el que se paga **potreraje.** rur.

potrerear.

I. 1. *Ar.* **potrear,** jugar los niños libremente.

2. *Ec:C.* p.u. Buscar una pareja los **potreros** más allá del pueblo para conversar a solas y acariciarse. rur; pop. (**potreriar**).

potreriar.

I. 1. *Ec:C.* **potrerear,** buscar una pareja un **potrero.** rur.

potrerizo.

I. 1. m. *Ar:NO.* Peón encargado de cuidar los animales de una finca.

potrero.

I. 1. m. *Mx, Gu, Ho, ES, Ni, CR, Pa, Cu, RD, Co, Ve, Ec, Pe, Bo, Ch, Py, Ar, Ur.* Terreno cercado y con pastos para alimentar y guardar ganado.

2. *Ho, Ni.* Terreno pequeño cercado y sin pasto que sirve de establo al ganado.

II. 1. m. *Bo, Py, Ar, Ur.* Terreno urbano sin edificar, donde acuden a jugar los muchachos.

2. *Co.* Terreno cercado *que generalmente se encuentra sin edificar.*

3. *Ho.* metáf. Un país cualquiera. desp.

III. 1. m. *Ar.* Habilidad y conocimientos que provienen de la propia experiencia. pop + cult → espon.

■

a. ‖ **pica ~.** m. *Ho.* Corte, deshierbe y limpia de las matas altas de pasto de un potrero días antes de la llegada de la época lluviosa. rur.

b. ‖ **~ de (la) invernada.** m. *Ar.* Campo de buenos pastos, destinado al pastoreo de ganado.

□

a. ‖ **a los ~s.** loc. adv. *Ch.* Con referencia al descenso en *un torneo de* **futbol,** a una categoría inferior de la que se está en esos momentos. pop + cult → espon.

b. ‖ **a todo ~.** loc. adv. *Ch.* Con total libertad y todo lo necesario para vivir, *especialmente en un entorno natural.* pop.

► **irse para el otro ~; mandarse al otro ~.**

potriado, -a.

I. 1. adj. *ES. Referido a cosa,* usada.

potrillada.

I. 1. f. *Mx, Ch, Ar, Ur.* Conjunto de potrillos.

potrillo.

I. 1. m. *Ch, Ar.* Vaso largo y estrecho *en el que generalmente se sirven bebidas alcohólicas.*

II. 1. m. *Co:SO.* Canoa, embarcación de remo estrecha y ligera.

III. 1. m. pl. *Ni.* Calzoncillos. fest.

potro.

I. 1. m. *Mx, Ni, Ec, Bo, Ar, Ur; Gu,* rur. Caballo sin domar.

potro, -a.

I. 1. m. y f. *Py, Ar, Ur.* Persona digna de admiración por sus cualidades, *especialmente por su físico.* pop + cult → espon.

2. *Ur.* Niño al que le gusta participar en juegos de mucho movimiento, sin denotar cansancio. pop + cult → espon.

II. 1. sust/adj. *Bo.* Persona obsesionada por la relaciones sexuales. vulg.

potudo, -a.

I. 1. adj/sust. *Bo:O, Ar:O. Referido a persona,* de nalgas prominentes. vulg.

potze.

I. 1. m. *Mx:SE.* **Tamal** de carne envuelto en hojas de **momo.**

power. (Voz inglesa).

I. 1. m-f. *Ho.* **chivo,** proxeneta.

2. *Ho.* Persona que se dedica a la venta clandestina de marihuana, cocaína u otro tipo de estupefaciente. drog.

II. 1. m-f. *Ho, Ni.* Persona que tiene autoridad o poder de decisión en algo.

■

a. ‖ ~ *steering*. (Voz inglesa). m. *Ho.* Dirección asistida de un automóvil.

□

a. ‖ **con todos los** *powers*. loc. adj. *PR. Referido a cosa*, muy bien equipada.

poyal.
 I. 1. *PR.* **manglar**, terreno.

poyo.
 I. 1. m. *Pe:S.* Hoyo pequeño, poco profundo y seco en el que se deposita el maíz desgranado que se remoja para conseguir el **guiñapo**. rur.

poza.
 I. 1. f. *Ch.* Zona a la orilla del mar o en un puerto defendida del oleaje y del viento por un malecón o una construcción similar.
 II. 1. f. *Ho.* Pedazo de madera fuerte, con un hueso en medio, de que se sirven los zapateros para amoldar en él la suela.

□

a. ‖ ~ **de viento.** loc. sust. *PR.* Ventosidad. rur.
▶ irse a ~ azul.

pozancón.
 I. 1. m. *Bo:E.* Hoyo grande y profundo. pop + cult → espon.

pozo.
 I. 1. m. *RD, Co, Ve, Bo:E; Gu*, p.u; rur; *Pe*, p.u. Lugar de un río apropiado para bañarse.
 II. 1. m. *Ec, Pe, Bo, Ch, Py, Ar, Ur.* En un juego de azar, cantidad de dinero destinada al premio del o de los ganadores.
 III. 1. m. *Ve, Bo, Py, Ar, Ur.* Bache, hoyo en el pavimento de calles, carreteras o caminos.
 IV. 1. m. *Pe.* Fosa marina, lugar muy profundo en el océano.
 V. 1. m. *Bo:O.* Bolsillo ubicado en la parte inferior del **saco**. delinc.
 2. *ES.* Bolso de mujer. delinc.
 VI. 1. m. *Ho.* Lugar o establecimiento en el que se vende droga. drog.
 VII. 1. m. *PR.* Vulva. tabú; pop + cult → espon.

■

a. ‖ ~ **de balde.** m. *Ar:NO.* Pozo de gran profundidad para que el agua contenida entre dos capas subterráneas impermeables encuentre salida y suba naturalmente a mayor o a menor altura del suelo.
b. ‖ ~ **de maceración.** m. *Bo.* Excavación rectangular poco profunda cubierta de tela plástica en la que se macera la coca para la elaboración de cocaína.
c. ‖ ~ **de malacate.** m. *Ho.* Pozo artesanal que se ha hecho utilizando el torno o **malacate**.
d. ‖ ~ **semisurgente.** m. *Ar, Ur.* Pozo artificial del que surge agua subterránea que se extrae por medio de una bomba.
▶ bajar al ~.

pozol. (Del nahua *pozolli*, espumoso, esponjoso).
 I. 1. m. *Mx, Gu, Ho, ES, Ni, CR:NO.* Bebida hecha de masa de maíz **nixtamalizada** con agua y *a la que puede añadirse azúcar, cacao o leche*. (**posol**; **pozole**).
 2. *CR; Cu*, p.u. Plato que se prepara con maíz reventado, carne de cerdo, *en especial de la cabeza*, y condimentos.
 3. *Gu.* Maíz crudo machacado para alimento de aves. (**pozole**).
 4. *ES.* **Tortilla** de maíz caliente o tostada, deshecha en leche cruda de vaca con un poquito de sal. (**posole**; **pozole**).
 II. 1. m. *Gu, Ho, ES.* Desperdicio de algo, *en especial el de las hojas del tabaco*. (**pozole**).

2. *Ho, ES.* Residuo espeso de cualquier líquido. (**pozole**).
 III. 1. m. *Gu.* Dinero en monedas.
 □
 a. ‖ **de a ~.**
  i. loc. adj. *Gu. Referido a persona*, buena.
  ii. *Gu. Referido a mujer*, bonita.
  iii. *Gu. Referido a cosa o animal*, agradable.
 ▶ estar hecho ~; hacer ~; hacer ~es.

pozole. (Del nahua *pozolli*, espumoso, esponjoso).
 I. 1. m. *Mx, Gu, Ho, Ni.* **pozol**, bebida. (**posole**).
 2. *Mx.* Guiso caldoso, elaborado con maíz **cacahuacintle** y, *por lo regular, carne de cerdo*, condimentado con orégano, cebolla, **chile**, limón, lechuga y rábano. (**posole**).
 3. *Gu, Ho, ES.* **pozol**, desperdicio de algo.
 4. *Ho, ES.* **pozol**, residuo de un líquido.
 5. *Gu.* **pozol**, maíz.
 6. *ES.* **pozol**, **tortilla** de maíz.
 ▶ gustarle el ~ de vampiro.

pozolear(se).
 I. 1. tr. *Mx.* Disolver en ácido el cadáver de una persona asesinada. delinc.
 II. 1. tr. *Gu, ES.* Alimentar a *alguien* con mimo.
 2. intr. *Ho, Ni.* Beber **pozol**.
 III. 1. intr. prnl. *Ho.* Rajarse una vasija durante la quema.
 IV. 1. intr. prnl. *Ni.* Salirle ampollas o **mazamorras** a *alguien* en los pies.

pozolería.
 I. 1. f. *Mx.* Establecimiento donde se vende **pozol**.

pozolero, -a. (De *pozol*).
 I. 1. adj. *Mx, Gu.* Relativo al **pozol**.
 2. m. y f. *Gu, Ho, Ni.* Persona que hace o vende **pozol**.
 3. adj. *ES, Ni. Referido a personas*, que gusta de tomar **pozol**.
 4. sust/adj. *Gu.* Sirviente de una casa.

pozoloso, -a.
 I. 1. adj. *ES. Referido a un líquido*, espeso y denso como el **pozol**.
 II. 1. adj. *ES. Referido a persona*, habladora.

pozón.
 I. 1. m. *Ar.* Lugar del río donde este se ahonda y sus aguas corren más lentas.

pozonque.
 I. 1. m. *Mx.* Bebida similar al **pozol**, elaborada con harina de maíz, azúcar y cacao molido, que se bebe fría.

pozudo, -a.
 I. 1. adj. *Bo:E. Referido a una vía pública*, que tiene muchos **pozos**.

pozuelo.
 I. 1. m. *Cu, Ec.* Recipiente hondo de boca ancha que se emplea para servir ensaladas, caldos y otros guisos.
 2. *RD.* Jarro con asa para beber.
 II. 1. m. *Py.* Baúl de cuero para guardar provisiones.

práctica.
 I. 1. f. *Pa.* Mujer empleada en una casa particular para el cuidado de un recién nacido.

practicante.
 I. 1. m-f. *Gu, Ni, PR, Ec, Pe, Bo, Ar, Ur.* Estudiante de nivel superior que antes de obtener el título realiza prácticas correspondientes a su futura profesión.

práctico, -a.
 I. 1. m. y f. *Pa, Bo.* Persona diestra en los caminos de la montaña o en la selva.
 II. 1. m. y f. *Pa.* Capitán de la marina mercante responsable de los barcos en tránsito en el canal de Panamá.

prado.
    I. 1. m. *Gu, Co.* Hierba tupida y menuda que cubre el suelo.
    II. 1. m. *Ar.* Danza folclórica de galanteo, de pareja suelta y ritmo vivo, en la que varones y damas atraviesan varias veces la zona de baile, ejecutan vueltas y giros y terminan con una **coronación**.

¡pran!
    I. 1. interj. *Pa, RD.* Expresa que algo ocurre en un instante, o rápidamente.

¡pran-prán!
    I. 1. interj. *Ho, Pa.* Expresa rapidez en realizar una acción. rur.

¡prangán! (De or. onomat.).
    I. 1. interj. *Ho.* Imita el ruido de algo que cae al suelo o se rompe. (**¡plangán!**).

prángana.
    I. 1. adj/sust. *Mx; RD,* p.u. *Referido a persona,* pobre, sin dinero.
    2. f. *PR; RD.* p.u. Pobreza extrema.
    □
    a. ‖ **en la ~.** loc. adv. *Cu; RD,* p.u. Sin dinero.

¡prángana! (De or. onomat.).
    I. 1. interj. *PR.* Expresa el ruido de una caída o golpe. pop + cult → espon.

pranganoso, -a.
    I. 1. adj/sust. *RD.* p.u. *Referido a persona,* pobre, sin dinero.

pre. (Apóc. de *precinto*).
    I. 1. m. *Cu.* Ciclo de estudios correspondiente a los tres últimos años de la enseñanza media.
    2. *Cu.* Establecimiento escolar en donde se estudian los tres últimos años de la enseñanza media.
    II. 1. m. *PR.* Adicto a drogas en proceso de rehabilitación. drog.

preavisado, -a.
    I. 1. adj. *Ni. Referido a persona,* que ha tenido notificación del cese en su cargo.

prebásico, -a.
    I. 1. adj/sust. *Ec, Bo, Ch. Referido a un centro educacional, a una actividad o a un tipo de enseñanza,* que prepara y forma al niño para ingresar en la enseñanza básica del sistema educativo.

prebendario, -a.
    I. 1. adj. *Ec, Bo, Py.* Empleo lucrativo y poco trabajoso. cult.

prebendarismo.
    I. 1. m. *Ec, Bo, Py.* Práctica que favorece la distribución de prebendas o empleos lucrativos y poco trabajosos, *especialmente en el ámbito político.* cult.

precario.
    I. 1. m. *Gu.* Pobreza.
    2. *CR.* Conjunto de viviendas muy pobres situadas en un barrio marginal.

precario, -a.
    I. 1. sust/adj. *Ur.* p.u. Docente que ocupa un cargo provisionalmente.

precarista.
    I. 1. m. *CR, Pa.* Persona que se instala en un terreno ajeno y baldío o sin edificar y que construye en él una vivienda provisional.

precautelativo, -a.
    I. 1. adj. *Co. Referido a la medida tomada por la autoridad,* que previene un daño o peligro. ♦ **precautelatorio**.

precautelatorio, -a.
    I. 1. *Ec.* **precautelativo**.

precinto.
    I. 1. m. *Cu, PR.* Jurisdicción policíaca.
    2. *PR.* Distrito electoral.
    II. 1. m. *PR.* Lugar donde se rehabilita un adicto a las drogas. drog.

precio.
    ■
    a. ‖ **~ (de) techo.** m. *Ho, Ec. En productos con precio regulado,* precio máximo que puede tener un producto.
    b. ‖ **~ piso.** m. *Ec.* Precio mínimo al que puede ser vendido un producto.
    □
    a. ‖ **a ~ de cochino enfermo.** loc. adv. *Cu.* **a precio de guate mojado**. rur; fest.
    b. ‖ **a ~ de gallo muerto.** loc. adj. *Ho, Ni. Referido a cosa,* que se compra o se vende muy barato.
    c. ‖ **a ~ de guate mojado.** loc. adv. *Ho, Ni.* Muy barato, por poco dinero. ♦ **a precio de cochino enfermo**.
    d. ‖ **a ~ de huevo.** loc. adv. *Co, Ec, Pe, Ch.* A un precio muy bajo. pop.
    e. ‖ **a ~ de mula muerta.** loc. adj. *Ho, Ni. Referido a cosa,* que se compra o se vende muy barato.
    f. ‖ **a ~ de mula tuerta.** loc. adv. *Ni.* A un precio muy barato.
    g. ‖ **a ~ de quemazón.** loc. adj. *Ho, Ni, PR. Referido a cosa,* que se compra o se vende muy barato.
    h. ‖ **a ~ de vaca muerta.** loc. adv. *RD.* A un precio muy bajo. pop + cult → espon.

precioso, -a.
    I. 1. adj/sust. *Ho, Ch.* juv. *Referido a persona,* encarcelada. euf; pop.

preciosas.
    I. 1. f. *ES.* Esposas que utiliza la policía. sat.

precipitud.
    I. 1. f. *Pa, Co.* Precipitación.

precisa.
    I. 1. f. *Ar.* Supuesta verdad respecto de un hecho o de una situación.
    II. 1. f. *CR; Ni,* obsol. Urgencia de realizar algo. pop + cult → espon.
    III. 1. m. *Ni:E.* p.u. Neceser, pequeño maletín o bolsa de cuero que llevan algunas mujeres para guardar sus productos de belleza en un viaje.
    ▶ **poner la ~; tener la ~.**

precisado, -a.
    I. 1. adj. *Mx. Referido a cosa,* obligatoria, de realización forzosa.
    2. *Cu. Referido a persona,* obligada a realizar algo.
    II. 1. adj. *Gu, Ni, CR. Referido a persona,* impaciente. pop.
    2. *Gu, Ni, CR. Referido a persona,* que tiene prisa. pop.
    3. *Ni. Referido a un asunto,* urgente. pop.

preciso.
    I. 1. m. *ES.* p.u. Telegrama. rur.
    II. 1. m. *ES.* p.u. Persona que entrega telegramas. rur.
    □
    a. ‖ **el ~.** loc. sust. *Mx.* El jefe, la persona que está al mando. pop.

preciso, -a.
    I. 1. adj. *Gu, Ho, ES. Referido a persona,* con mucha prisa.
    II. 1. adj. *Ec:O.* p.u. *Referido a cosa,* bonita. pop.

precontractual.
    I. 1. adj. *Ec. Referido a una acción o a un procedimiento,* que se efectúa antes de que exista un contrato.

precundía.
    I. 1. f. *RD.* Hipocondría.
    2. *RD.* Depresión, tristeza profunda.

precurón, -na.
  I. 1. adj. *Ho:C. Referido a persona*, fisgona, entremetida.

precursor.
  I. 1. m. *Co, Bo.* Sustancia química que se utiliza en la elaboración de cocaína.

prediario.
  I. 1. m. *Bo.* Dinero que el Estado da mensualmente a un preso para sus gastos personales.

predicada.
  I. 1. f. *Mx, Ni.* Predicación. pop.

predicado.
  I. 1. m. *Ho.* Prestigio o estimación.

predicador.
  I. 1. *Cu.* **chichinguaco.**

predicamento.
  I. 1. m. *Mx, Ni, Pa.* Disyuntiva, dificultad.

preduntar.
  I. 1. tr. *Ch.* Preguntar, interrogar a *alguien.* pop.

preeleccionario, -a.
  I. 1. adj. *Bo, Ch, Ar, Ur. Referido a un período o a una actividad*, preelectoral o previo a las elecciones. esm.

prefecto, -a.
  I. 1. m. y f. *Pe, Bo.* Jefe político de un gobierno regional o local, *especialmente del orden y la seguridad.*
  2. *Ch.* Jefe de policía en una **comuna** o municipio.
  3. *Ec.* Autoridad provincial.

prefectura.
  I. 1. f. *Ec, Pe, Bo.* Cargo o dignidad de **prefecto** o jefe político de un departamento o gobierno local.
  2. *Ec, Pe, Bo.* Oficina o dependencia dirigida por el **prefecto** o jefe político de un departamento o gobierno local.
  3. *Ch.* Cargo o dignidad de **prefecto** o jefe de policía.
  4. *Ch.* Oficina o dependencia dirigida por el **prefecto**.
  5. *Ch.* Zona de jurisdicción del **prefecto** o jefe de policía.

prefectural.
  I. 1. adj. *Bo.* Relativo al **prefecto**.

preferencia.
  I. 1. f. *Ho, PR, Ec, Bo. En un espectáculo*, localidad muy cercana al escenario.

pregrado.
  I. 1. m. *Ni, Co, Ec, Bo, Ch.* Nivel de estudios posterior a la educación media y anterior a la obtención de un grado académico o título profesional.

pregunta.
  ☐
  a. ‖ **la ~ de los 64 000 pesos.** loc. sust. *Cu.* Pregunta difícil o imposible de responder.

preguntadera.
  I. 1. f. *Mx, Gu, Ho, Ni, CR, Pa, RD; Co, Ve, Ec, Bo.* pop. Requerimiento insistente de algo mediante preguntas.
  2. *Pe.* Reiteración continua de preguntas. pop.

preguntar.
  ☐
  a. ‖ **~ en la coca.** loc. verb. *Bo.* Vaticinar un adivino la suerte de una persona utilizando un puñado de hojas de coca.
  b. ‖ **~le al muerto si quiere entierro.** *Cu.* **preguntarle al muerto si quiere misa.**
  c. ‖ **~le al muerto si quiere misa.** loc. verb. *Cu, RD, PR.* Contestar afirmativamente a un ofrecimiento. ♦ **preguntarle al muerto si quiere entierro.**

prejuiciar(se).
  I. 1. tr. *Gu, Ni, CR, Cu, PR.* Predisponer a *alguien* generalmente en contra de alguien o de algo.

  2. *Cu.* Tener predisposición negativa respecto de *alguien* o de *algo.*
  II. 1. intr. *PR.* Encapricharse *una persona* con algo o alguien.

prekínder.
  I. 1. m. *Gu, CR, PR, Co, Ec, Bo, Ch.* Curso previo al **kínder**, etapa educativa.

prelación.
  I. 1. f. *Co, Bo.* Preferencia de paso de un vehículo frente a otro en una vía pública.

preliminar.
  I. 1. m. *Gu, Co, Ec, Pe, Bo, Ar, Ur. En algunos deportes*, encuentro o partido previo a otro de más importancia.

prementina.
  I. 1. f. *Ar:NO.* Arbusto de hojas lanceoladas al que se atribuyen múltiples propiedades medicinales. (Asteraceae; *Eupatorium bupleurifolium*).

premiación.
  I. 1. f. *Mx, Ho, Ni, Cu, RD.* Acto en el que se entrega un premio.

premiar.
  I. 1. tr. *Ho, Ni.* Embarazar a una mujer.

premio.
  I. 1. m. *Gu.* Rédito o interés que se paga por un capital en préstamo.
  II. 1. m. *Ni.* Embarazo.
  ■
  a. ‖ **~ consuelo.** m. *Ni, Ec, Pe, Bo, Ar, Ur.* Recompensa que se otorga a quien no obtiene los primeros premios en sorteos, loterías o competiciones.
  b. ‖ **~ seco.** m. *Co.* Premio menor de una lotería. ♦ **seco.**
  ▶ **salir con ~.**

premoldeado, -a.
  I. 1. adj. *Ar. Referido a los bloques o a otras estructuras de cemento*, los que, previamente moldeados, se emplean en la construcción.

premunir(se).
  I. 1. tr. *Pe, Ch.* Proveer a *alguien* con algo como prevención o para alguna finalidad determinada. cult.
  2. intr. prnl. *Ec, Ch.* Proveerse de algo como prevención para algún fin. cult.

premuroso, -a.
  I. 1. adj. *Ec, Bo, Ch.* p.u. *Referido a persona*, que hace las cosas con mucha premura o de manera apresurada. cult.

prenatal.
  I. 1. m. *Gu, Ni, Pe, Bo, Ch.* Permiso concedido antes del parto a la mujer trabajadora a fin de preservar su salud y la del feto, cuya duración es estipulada por el médico.
  2. *Gu, Pe, Bo, Ch.* Asignación pagada por este permiso.

prenda.
  I. 1. f. *Mx, Ni, Pa, Cu, PR, Co, Ve, Bo, Py.* Joya.
  2. *Gu.* Parte del vestuario.
  II. 1. f. *Ar.* Mujer amada, novia. rur.
  ■
  a. ‖ **las ~s.** f. pl. *Cu.* Juego infantil que consiste en que uno de sus participantes sostiene un objeto pequeño entre las dos manos y va pasando por cada jugador simulando que lo deja caer en sus manos; al finalizar el recorrido, uno de ellos debe adivinar quién tiene el objeto.
  ▶ **dar ~; perder ~.**

prende.
  I. 1. m. *Bo:E.* Mujer que tiene una relación amorosa con un hombre sin compromiso formal de matrimonio. pop + cult → espon.
  II. 1. m. *Bo:E.* Beso en la boca. pop.
  III. 1. m. *RD.* Borrachera. pop.

prendedizo.
I. 1. m. *Ni.* Rama o tronco de una planta que sembrado arraiga con facilidad.

prendedizo, -a.
I. 1. adj. *Co. Referido especialmente a una enfermedad*, capaz de contagiarse o propagarse con facilidad. pop.
2. *Gu.* Alfiler, adorno que se pone sujetando la ropa.

prendedora.
I. 1. f. *Ho.* Aro que se coloca en la nariz del ganado para mantenerlo quieto. rur.

prender(se).
I. 1. intr. prnl. *Gu, Ni, Ur.* Estar pendiente de algo, como la radio o la televisión. pop.
2. *RD.* metáf. Ponerse *alguien* a hacer algo.
II. 1. intr. prnl. *Mx.* Entusiasmarse *alguien*. pop.
2. *Ni, Co, Ec.* Animarse una reunión, fiesta o evento. pop.
3. tr. *PR, Ec.* Avivar *alguien* una fiesta, un baile, una conversación.
4. intr. prnl. *Ni, Bo:E.* Enamorarse de *alguien*. pop + cult → espon.
III. 1. intr. prnl. *Mx, Ho, Ni, PR.* Enojarse *alguien*. pop.
2. *Pe, Bo.* Actuar con mala voluntad o por manía contra alguien increpándolo o molestándolo de manera continua. pop.
3. tr. prnl. *Pe.* Desafiar a *alguien*. pop.
IV. 1. intr. *Ho, Cu, Ch, Ar, Ur.* Provocar una vacuna una reacción en la piel. pop.
2. intr. prnl. *Ch.* p.u. Experimentar *alguien* malestar o dolor estomacal. pop + cult → espon.
3. *Ho, Ni.* Comenzar a tener *alguien* mucha fiebre. pop.
4. intr. *Bo.* Manifestarse una enfermedad por medio de erupciones cutáneas. pop.
V. 1. intr. prnl. *Co.* Encontrarse *alguien* ligeramente borracho. pop.
2. *RD, Ve.* Emborracharse *alguien*. pop.
3. *Ho.* Alegrarse y avivarse *alguien* al comenzar a ingerir bebidas alcohólicas. pop + cult → espon.
4. *Ho.* Drogarse.
VI. 1. intr. prnl. *Ar, Ur.* Adherirse o sumarse *alguien* a una empresa o iniciativa ajena. pop + cult → espon.
2. tr. *Ch.* Comenzar *algo* con éxito y con perspectivas de que siga así. pop.
VII. 1. tr. *Bo.* Engañar o estafar a *alguien*. pop + cult → espon.

□

a. ‖ ~ **a la llama.** loc. verb. *ES.* Encender con gran rapidez.
b. ‖ ~ **con agua.** loc. verb. *Ch.* Entusiasmarse o exaltarse con facilidad. pop + cult → espon.
c. ‖ ~ **la bombilla.** loc. verb. *PR.* Ocurrírsele una idea a *alguien*. pop + cult → espon.
d. ‖ ~ **la luz.** loc. verb. *Ch.* Poner en claro algo o darlo a conocer.
e. ‖ ~ **la vacuna.** loc. verb. *Ar:NO.* Quedar embarazada una mujer. pop + cult → espon ^ fest.
f. ‖ ~ **una vela a cada santo.** loc. verb. *Ur.* Mover *alguien* muchas influencias para conseguir algo. pop + cult → espon.
g. ‖ ~**se el bombillo.**
   i. loc. verb. *Ni, CR, Cu, PR, Co, Ve.* Venírsele a la mente a *alguien* de modo repentino la solución a un problema. pop.
   ii. *Ve.* Entender *alguien* una cosa que antes no había captado.
h. ‖ ~**se el rancho.** loc. verb. *Pa.* Organizarse un problema o una situación conflictiva.
i. ‖ ~**se en todas.** loc. verb. *Ar.* Participar en los más variados asuntos y proyectos, *especialmente cuando reportan beneficios*. pop + cult → espon.

j. ‖ ~**se la caldera.** loc. verb. *Ho.* Beber o comer en abundancia. pop.
k. ‖ ~**se la chispa.** loc. verb. *Cu.* Ocurrírsele a alguien una idea genial.
l. ‖ **prendérsele el foco.**
   i. loc. verb. *Mx, Ho, Ni, Pa, Ec, Pe, Bo.* Encontrar repentinamente la solución a un problema determinado. pop + cult → espon.
   ii. *Mx, Ec, Bo.* Ocurrírsele una idea a *alguien*. pop + cult → espon.
m. ‖ **prendérsele la ampolleta.** loc. verb. *Ch.* Venirle a *alguien* a la mente una idea ingeniosa o la solución a un problema. pop.
n. ‖ **prendérsele la lamparita.** loc. verb. *Ve, Py, Ar, Ur.* Tener *alguien* una buena idea o darse cuenta repentinamente de algo. pop + cult → espon.

prendería.
I. 1. f. *Co.* Establecimiento donde se presta dinero mediante la entrega condicionada de alhajas o ropas u otros bienes muebles, en prenda.

prendero.
I. 1. m. *Co, Ec.* p.u. Persona que administra una **prendería**.

prendida.
I. 1. f. *Ni, Ec, Pe, Ur.* Encendido de una luz, de un motor o de un aparato. pop.
II. 1. f. *Bo.* Estafa, engaño. pop + cult → espon.

prendidito, -a.
I. 1. adj. *Mx. Referido a persona*, acicalada. pop. (**prendido**).

prendido, -a.
I. 1. adj. *Mx, Gu, Ni, PR, Co, Ve, Ec. Referido a una fiesta*, en el momento de mayor animación. pop.
2. *Mx, Gu, Ec. Referido a persona*, animada, entusiasmada. pop.
II. 1. adj. *Mx, Ni. Referido a persona*, enamorada. pop.
III. 1. adj. *Mx, PR. Referido a persona*, enojada. pop.
IV. 1. *Mx.* **prendidito.**
V. 1. adj. *RD, Co, Ve. Referido a persona*, muy borracha. pop.
VI. 1. adj. *Pa. Referido a persona*, sofocada por el exceso de calor.
▶ **estar ~.**

prensa.
I. 1. f. *Gu, Ho, ES.* Conjunto de prendas de vestir, especialmente las elegantes y costosas.
2. *Ni, CR.* Pinza para sujetar la ropa lavada que se tiende de un alambre.
3. *Ni, CR.* Pinza usada por las mujeres para sujetar el cabello.
II. 1. f. *Ho.* **Troja** improvisada sobre cuatro postes para apilar las mazorcas o la caña de azúcar. rur.
2. *Ho.* Piedra o trozo de madera que se coloca en la tapa del cincho para presionar el queso.
3. *Ho.* Instrumento manual de madera con un manubrio horizontal, que se utiliza para apretar y dar forma al puro que está metido en un molde.
III. 1. f. *Gu.* Periódico.

prensado.
I. 1. m. *Ho, Ni.* Sometimiento a presión en una prensa de los moldes que contienen diez puros solo con su tripa y capote.
II. 1. m. *CR.* Alimento frito consistente en dos **tortillas** con una rebanada de queso entre ellas.

prensar.
I. 1. tr. *Gu, ES, Ni, Pa.* Agarrar, sujetar *algo*.
2. *Ho, Ni.* Apresar y detener a *alguien*.
3. *ES.* Robar *algo*. delinc.
II. 1. tr. *Gu, Ni.* Besar y acariciar a *alguien*. pop.

III. 1. tr. *Ho.* Colocar cosas una encima de otras.

IV. 1. tr. *Ho.* Machacar *algo*.

prense.
    I. 1. m. *Co.* Pliegue, doblez en una tela o en algo flexible.

prensero.
    I. 1. m. *Co.* Persona que introduce la caña en el trapiche.
    2. *Pe.* Operario encargado de meter el pescado en una prensa para desecarlo.

preñadera.
    I. 1. f. *PR.* Embarazo. rur.

preñar.
    I. 1. tr. *Ho. En el cultivo de la piña*, provocar la polinización de la planta aplicándole carbón y gas etileno.
    □
    a. ‖ ~ **la gata.** loc. verb. *ES.* Perder *alguien* el tiempo. pop.

prepa. (Apóc. de *preparatoria*).
    I. 1. f. *Mx, Gu, Ni.* **escuela preparatoria.** est.
    2. m-f. *PR.* Estudiante de primer año de universidad. est.

prepaga.
    I. 1. f. *Ar.* Empresa que brinda a sus abonados servicios de atención médica.

prepago.
    I. 1. f. *Co; Ec,* p.u. Mujer de buena formación y posición económica que ejerce la prostitución.

preparador, -ra.
    ■
    a. ‖ ~ **de cortes.** m. y f. *Ho.* **alistador**, persona que corta y cose el calzado.

preparar.
    □
    a. ‖ ~ **los cocos antes de vender la vaca.** loc. verb. *PR.* Hacerse *alguien* ilusiones, concebir esperanzas. rur.

preparatoria.
    I. 1. f. *Mx, Gu, Ni.* **escuela preparatoria.**
    2. *Bo:S.* Período de enseñanza preuniversitaria, *generalmente obligatorio*, que deben superar los bachilleres para ingresar en la universidad.

preparatoriano, -a.
    I. 1. adj. *Mx.* Relativo a la **escuela preparatoria.**
    2. m. y f. *Mx.* Estudiante de **escuela preparatoria.**

preparatorio.
    I. 1. m. *Ar.* Curso previo a otros estudios superiores, que se da en algunos establecimientos de enseñanza.
    2. *Ar. En algunos deportes*, período de entrenamiento previo a una **competencia.**

preparo.
    I. 1. m. *Gu.* Preparativo, cosa que se hace para preparar algo.

prepear(se).
    I. 1. tr. *Ar.* Tratar a *alguien* con prepotencia. pop + cult → espon.
    2. intr. prnl. *Ni.* Situarse en un lugar privilegiado o ventajoso.
    II. 1. intr. prnl. *Ni.* Prepararse para cualquier contratiempo.

prepicado.
    I. 1. m. *Ch.* Perforación pequeña y sucesiva hecha sobre una parte de un documento que permite luego separarlo con facilidad del resto sin romperlo.

prepicar.
    I. 1. tr. *Ch.* Realizar una serie de perforaciones pequeñas y sucesivas sobre una parte de un documento que permita posteriormente separarlo con facilidad del resto sin romperlo.

prepis.
    I. 1. adj. *Pe.* Referido a persona, novelera.

prepizza.
    I. 1. f. *Bo, Ch, Ar, Ur.* Masa plana ligeramente cocida *y cubierta generalmente con tomate* que se vende para preparar pizzas colocando sobre ella otros ingredientes.

prepo.
    I. 1. f. *Bo, Ch, Ar.* Prepotencia. pop + cult → espon.
    2. sust/adj. *Ch, Py.* Persona que impone su voluntad y sus criterios con prepotencia. pop + cult → espon.
    □
    a. ‖ **a la ~.** loc. adv. *Pe.* A la fuerza. pop + cult → espon.
    b. ‖ **a ~.** loc. adv. *Ar, Ur.* A la fuerza. pop + cult → espon.
    c. ‖ **de ~.**
      i. loc. adv. *Bo, Ar, Ur.* Con prepotencia o absoluta desconsideración. pop + cult → espon.
      ii. *Bo:O.* Súbitamente, sin previo aviso. pop + cult → espon.

prerrequisito. (Del ingl. *prerequisite*).
    I. 1. m. *EU, Mx, Ni, PR, Ec, Pe, Bo, Ch.* Asignatura obligatoria y previa a otra que se necesita cursar para alcanzar un grado, est.

presa.
    I. 1. f. *Ch.* Órgano o parte del cuerpo de un animal. pop + cult → espon.
    2. *Ch.* Parte del cuerpo de una persona. pop + cult → espon ^ fest.
    II. 1. f. *PR. Entre galleros*, el gallo perdedor en una pelea que se vende para que sirva de alimento, o pasa a ser propiedad del dueño del gallo ganador.
    2. *PR. En las peleas de gallos*, gallo lisiado que el **careador** usa para calentar a otro.
    III. 1. f. *CR.* Congestión de vehículos, embotellamiento. pop.
    ▶ **no tener ~ mala.**

presada.
    I. 1. f. *Ho.* Jugada de dados en que sale pares, ganan el tres, el cinco y el seis y pierde el as, el dos y el **cuatro.**

prescindente.
    I. 1. adj. *Ur. Referido especialmente a persona o a una organización*, que no toma posición en algún asunto o conflicto en los que podría opinar o decidir.

presea.
    I. 1. f. *Gu, Ho, Ni, CR, Pa, Cu, RD, Ve, Ec, Bo, Ur.* Medalla que se otorga al ganador de una competición.

presear. (Del ingl. *to press*).
    I. 1. tr. *PR.* Presionar *una persona* a *alguien*.
    2. tr. *PR. En algunos deportes,* como el baloncesto y el **futbol**, seguir muy de cerca un jugador a otro del equipo contrario, sin cederle espacio.

presencia.
    ▶ **llorar ante la ~ de Dios.**

presentado, -a.
    I. 1. adj. *RD, PR. Referido a persona*, entrometida. pop + cult → espon. (**presentao**). ♦ **aprontado.**
    2. *PR. Referido a persona*, que concurre a una fiesta sin haber sido invitado. (**presentao**).

presentao.
    I. 1. adj. *PR.* **presentado**, entrometido. pop + cult → espon.
    2. *PR.* **presentado**, que concurre a una fiesta sin ser invitado.

presentar(se).
    □
    a. ‖ ~ **un fronte.** loc. verb. *PR.* Aparentar *alguien* lo que no es. pop + cult → espon.

b. ‖ ~se con todo y cartuchera. loc. verb. *ES.* Personarse ante alguien para recibir sus órdenes. pop.

presente.
  I. 1. m. *Gu.* Voz que se emplea para correspondencia en la misma ciudad.
  □
    a. ‖ ~ griego. loc. sust. *Bo, Ar, Ur.* Obsequio u ofrecimiento inesperado que no favorece en absoluto a quien lo recibe.

preseo.
  I. 1. m. *PR. En el baloncesto*, hostigamiento de un jugador a otro del equipo contrario para quitarle la pelota.

presera.
  I. 1. f. *Mx.* Planta de hasta 2,5 m de altura, tallo ramificado con ganchos puntiagudos, hojas algo puntiagudas con margen espinoso, inflorescencias en panículas, flores pequeñas de color blanco, rosado o rojo, y frutos secos compuestos. (Rubiaceae; *Galium mexicanum*).

preservante.
  I. 1. m. *Gu, Ni, CR, Cu, Ec, Pe, Bo.* Conservante, sustancia para mantener inalterable la cualidad de los componentes de los alimentos procesados.
  2. adj. *Ni, CR, Ec, Bo. Referido a sustancia*, que sirve para preservar alimentos.

presidencia.
  I. 1. m. *Ho.* juv. Cárcel. fest.

presidencial.
  I. 1. sust/adj. *Ch.* Bandera de la República de Chile con el escudo nacional entre las franjas blanca y roja, que es emblema de la presidencia de la República.

presidentazo.
  I. 1. m. *Gu.* Halago, adulación.
  II. 1. m. *Gu.* Orden que un superior impone, rompiendo alguna regla.

presidente. (De *Presidente*®).
  I. 1. f. *RD.* Cerveza. pop.

presidente, -a.
  I. 1. adj/sust. *Gu. Referido a persona*, presa, que sufre prisión. euf.

presidentitis.
  I. 1. f. *Ho.* Deseo desmedido de ser presidente.

presilla.
  I. 1. f. *Cu, PR.* Clip, pieza para sujetar papeles.
  2. *Cu.* Grapa, pieza metálica para sujetar papeles.
  3. *Cu.* Horquilla para sujetar el cabello.
  II. 1. f. *Ni, Ec, Bo.* Insignia militar que se sujeta al hombro.

presilladora.
  I. 1. f. *Cu.* Grapadora.
  II. 1. f. *Ho. En la maquila*, máquina para hacer presillas.

presillar.
  I. 1. tr. *Cu.* Unir papeles con una presilladora.

presión.
  ▶ levantar ~.

preso.
  ■
    a. ‖ ~ de confianza.
      i. m. *RD.* Preso al que se le permite abandonar la prisión en determinadas ocasiones.
      ii. *RD.* metáf. Persona que tiene el permiso de otra para realizar algo.

prestaciones.
  I. 1. f. pl. *Gu, Ho, Ni, CR.* Dinero que el patrón debe pagar al trabajador por despedirlo sin causa justificada o por retiro voluntario.

prestada.
  I. 1. f. *Mx, Co.* Préstamo o entrega de algo a alguien para que lo utilice temporalmente y luego lo devuelva. pop.

prestadera.
  I. 1. f. *Mx, Gu, Ni, CR.* Préstamo frecuente y reiterado. pop.

préstamo.
  ▶ peinarse de ~ forzoso.

prestanombre.
  I. 1. m. *Bo, Py.* Testaferro, persona que actúa en lugar de otra. pop.

prestar(se).
  I. 1. tr. *Mx:SE, Gu, Ni, CR:NO, Bo.* Pedir prestado *algo*.
  2. tr. prnl. *Pe.* Llevarse *algo* en préstamo. pop.
  II. 1. tr. *Co.* Traer, alcanzar *algo*.
  □
    a. ‖ ~ el poto. loc. verb. *Ch.* Tener una mujer relaciones sexuales. vulg; pop.
    b. ‖ ~ la guitarra. loc. verb. *Ho, ES, Ni.* Ceder la palabra a alguien, dejarle hablar.
    c. ‖ ~ ropa. loc. verb. *Ch.* Ayudar o echar una mano a alguien en una situación difícil o mala. pop + cult → espon.
  ■
    a. ‖ ~ presta pisto. loc. sust. *Ho.* Prestamista. rur.

prestazgo.
  I. 1. m. *Bo.* Fiesta popular de carácter religioso organizada y costeada por los **prestes** de un barrio o de un pueblo.

preste.
  I. 1. m-f. *Bo.* Persona que corre con los gastos de ciertas fiestas religiosas.

presterío.
  I. 1. m. *Bo.* Fiesta *organizada generalmente por un matrimonio*, en la que se come y se bebe durante uno o más días a expensas de los **prestes**.

prestero, -a.
  I. 1. sust/adj. *Bo:O.* Persona a quien le gusta organizar **presteríos** o asistir a ellos.

presumir.
  I. 1. tr. *Mx, Gu, Ni, Ec, Pe, Bo, Py, Ar.* Mostrar con orgullo *algo* que se posee.
  II. 1. intr. *Ar:NO,O.* Coquetear *una persona* con otra. pop + cult → espon.
  2. tr. *Bo.* Cortejar un hombre a una mujer. pop + cult → espon.
  III. 1. tr. *Pa.* obsol. Proveer de algo como prevención o cautela para algún fin.

presupuestal.
  I. 1. adj. *Mx, Ho, Ni, PR, Co, Ec, Pe, Bo, Ur.* Relativo al presupuesto, *especialmente al de un Estado*.

presupuestívoro, -a.
  I. 1. sust/adj. *Pe.* p.u. Persona que se sirve del presupuesto público para beneficiarse económicamente, *especialmente si ejerce un cargo político*. pop + cult → espon ^ sat.

pretal.
  I. 1. m. *Ar.* Tiento o cinta de cuero curtido que ciñe el pecho del caballo y sirve para impedir que el apero se deslice hacia atrás, sujetándolo con los extremos superiores. rur.
  2. *Ho, Ni, CR.* Cuerda que se ata rodeando al toro para que se sujete la persona que lo monta.
  3. *Ho.* Pretina.

prete. (Abrev. de *pretendiente*).
  I. 1. m. *Ch.* Hombre que aspira al noviazgo o al matrimonio con una mujer. pop.

pretención.
    I. 1. f. *Gu, PR, Ec.* Presunción, orgullo, vanidad.

pretencioso, -a.
    I. 1. m. y f. *Py.* Persona que mantiene una relación con alguien con intenciones de sacarle provecho. pop + cult → espon.

pretil.
    I. 1. m. *Co:N.* Acera, orilla de la calle destinada al uso de los peatones.
    2. *Ni.* Acera alta.
    II. 1. m. *Gu, Ve.* Muro de mediana altura que se construye en las casas, adosado a la pared o en el vano de las puertas.
    III. 1. m. *ES.* Precipicio rocoso y profundo.

pretina.
    I. 1. f. *Ni.* Corte de carne de la falda de ganado vacuno que se utiliza en la sopa de mondongo.

    ■
    a. ‖ **~ de boca.** f. *Pa.* Tira o cinta que refuerza el escote de la camisa.

pretorio.
    I. 1. m. *Cu.* Escalón o escalones que dan acceso a una casa o edificio.

preuniversitario.
    I. 1. m. *ES, Ec, Bo, Ch, Ur.* Centro de estudios o actividad que tiene como finalidad la preparación de estudiantes para ingresar en la universidad.

preuniversitario, -a.
    I. 1. m. y f. *Ch.* Persona que estudia en un preuniversitario o realiza un curso de este tipo.
    2. *Bo:O.* Estudiante que se prepara para ingresar en la universidad.

preventiva.
    I. 1. f. *Mx. En un semáforo*, luz ámbar.

previa.
    I. 1. f. *Ar, Ur.* **materia previa**.
    II. 1. *Ec. En deportes*, acontecimientos anteriores a un partido o **competencia**.
    III. 1. f. *Ch.* juv. Reunión informal de personas que se juntan antes de un evento de mayor magnitud y en el que se suele beber o comer algo.
    IV. 1. f. *Gu.* Intervención que se hace para aclarar algo o ahondar en un tema.
    V. 1. f. *Cu.* Preparación militar que reciben los varones durante los primeros cuarenta y cinco días del servicio militar obligatorio.

preview. (Voz inglesa)
    I. 1. m. *EU, PR.* Película que se exhibe por adelantado, preestreno.
    II. 1. m. *PR.* Opiniones de un banco previas a efectuar una transacción.

previsión.
    ■
    a. ‖ **~ social.** f. *Ni, Bo, Ch, Ur.* Organización estatal que se ocupa de atender determinadas necesidades económicas y sanitarias de los ciudadanos.

previsional.
    I. 1. adj. *Ni, Ch, Py, Ar, Ur.* Relativo a la **previsión social**.

previsivo, -a.
    I. 1. adj. *CR, Co, Ve, Ec, Ch.* Previsor.

previsora.
    I. 1. f. *Ch.* Entidad financiera aseguradora.

previsorio, -a.
    I. 1. adj. *Ec. Referido a persona*, precavida, prudente, sensata.

pri.
    □
    a. ‖ **~ ~.**
    i. loc. sust. *RD.* Conjunto musical en el que se toca un **balsié**, un **güiro** y una **tambora**.
    ii. *RD.* meton. Música que toca este conjunto, o baile que se ejecuta al compás de esta música.

prieta.
    I. 1. f. *Mx.* Árbol de hasta 7 m de altura, de hojas simples, alternas, de lineares a aovadas, inflorescencias en racimos umbeliformes, flores blancas, y frutos alargados con pulpa color rojo vivo. (Capparidaceae; *Capparis indica*).
    II. 1. f. *Ho, Ch.* metáf. Pene. vulg; pop.
    III. 1. *Ch.* Morcilla, embutido hecho con sangre de cerdo, **res** u otro animal.
    IV. 1. f. *Ch.* Amonestación o reprensión severa. pop.
    V. 1. f. *Gu.* Robo.

prietito.
    I. 1. m. *Gu.* Persona morena.
    □
    a. ‖ **~ en el arroz.** loc. sust. *Mx.* Inconveniente, problema, obstáculo. pop.

prieto, -a.
    I. 1. adj. *Mx, Ho, Ni, PR. Referido a persona*, de tez morena oscura. desp.
    2. adj. *Ho, Pa*; adj/sust. *Cu, RD, PR*, euf. *Referido a persona*, de raza negra.
    3. adj. *Ho. Referido a ganado*, de color negro.
    4. *Ni. Referido a ropa*, que queda sucia después de lavada.
    □
    a. ‖ **~ y puya.** loc. adj. *PR. Referido al café*, preparado sin leche y sin azúcar.

prietusco, -a.
    I. 1. adj. *Gu, RD. Referido a cosa*, muy oscura, que casi no se distingue del negro. pop.

prigamoza.
    I. 1. *PR.* **pringamoza**. (Urticaceae; *Urtica dioica*).

priísmo.
    I. 1. m. *Mx.* Conjunto de miembros, militantes o simpatizantes del Partido Revolucionario Institucional.

priísta.
    I. 1. adj. *Mx.* Relativo al Partido Revolucionario Institucional.
    2. m-f. *Mx.* Miembro del Partido Revolucionario Institucional.

prima.
    I. 1. f. *Ho, CR.* Enganche, primer pago al vendedor en una compra a plazos. ♦ **primaje**.
    ■
    a. ‖ **~ del dólar.** f. *RD.* Valor relativo del dólar estadounidense con respecto al peso dominicano.
    □
    a. ‖ **de ~s a primeras.** loc. adv. *Ho, ES, Ni.* De repente, inmediatamente, sin pensarlo.

primaje.
    I. 1. m. *Ho.* **prima**.

primanoche.
    I. 1. f. *PR.* Período de tiempo que va desde las siete a las nueve de la noche. rur.

primario, -a.
    I. 1. sust/adj. *Ch.* Profesor de enseñanza primaria.

primas.
    I. 1. adj. *Gu.* Primero.

primavera.
    I. 1. f. *Mx, Gu, Ho.* Árbol de hasta 35 m de altura, con corteza de color café claro a gris, suave y, a veces, con escamas, madera blanca o café claro, flor ama-

rillo brillante, y fruto en cápsula; la madera es muy apreciada en carpintería. (Bignoniaceae; *Tabebuia* spp.). ♦ **ocobo**.

2. *Mx.* Ave de hasta 20 cm de longitud, con pico delgado de color amarillo anaranjado, cabeza, parte superior, alas y cola negras, pecho y parte inferior color naranja arcilloso, con pequeñas manchas grisáceas en la zona cercana a la cola. (Turdidae; *Turdus migratorius*).

3. *Ho.* **chula**, hierba.

II. 1. f. *Bo, Ch, Ar, Ur.* Bebida hecha con jugo de frutas varias, a la que se suele añadir alcohol.

III. 1. f. *PR.* **espada**, pluma.

primer.

I. 1. m-f. *RD.* Primero.

■

a. ‖ ~ **sudadero.** m. *Ho.* **aliño**, manta para la caballería.

primera.

I. 1. f. *Gu.* Siembra al inicio de la época de lluvias.

II. 1. f. *Ho. En el juego de canicas*, el hoyo más próximo a la línea de tirada. inf.

□

a. ‖ **de ~.** loc. adv. *Ch.* En primer lugar, en un principio.

b. ‖ **de ~ y pata.** *Cu.* **de ~.**

◪

a. ‖ **no hay ~ sin segunda.** fr. prov. *Ni, Bo.* Indica que a un suceso desventurado suele seguirle otro igualmente malo.

► **botar la ~; partir con la ~.**

primerear.

I. 1. intr. *Ar, Ur.* Aventajar de entrada, ganar de mano. pop + cult → espon.

II. 1. intr. *ES.* Meter mucho la primera marcha a un automóvil.

primerizo.

I. 1. m. *Mx.* Gallo de pelea que aún no ha tenido su primera pelea.

primiparada.

I. 1. f. *Co. Entre estudiantes universitarios*, broma pesada que los antiguos hacen a los recién llegados. pop.

► **pagar la ~.**

primíparo, -a.

I. 1. adj. *Co. Referido a persona*, inexperta.

2. *Co. Referido a un estudiante universitario*, que está en su primer semestre.

primo.

I. 1. m. *Ho, ES, Ni, CR, Pa, Ec:O, Ar:NO*; m-f. *Cu, Pe, Ur.* Hombre o mujer. pop + cult → espon.

II. 1. m. *Ar:NO.* Corte de carne vacuna de la zona que une el cuello y el tronco.

III. 1. m. *Bo:O.* Bolsillo exterior del **saco**, situado en la parte superior izquierda. delinc.

primo, -a.

I. 1. m. y f. *Ho, Bo:E.* Amigo íntimo, compañero inseparable. pop + cult → espon.

primorosa.

I. 1. *Ni.* **chula**, hierba.

primus. (De *Primus*®).

I. 1. m. *Pe, Bo, Ar, Ur.* Calentador portátil que funciona con ron o **querosene**.

princesa.

I. 1. f. *Ch:SO.* Niña o adolescente que en procesiones o fiestas forma parte de la corte de honor de la **suprema**.

principal.

I. 1. m. *Mx, Gu, Ho.* Persona que ejerce mucha influencia o tiene poder en una región, pueblo o comunidad.

II. 1. m-f. *EU, PR.* Director de una escuela.

III. 1. m. *Ve.* Pilar de madera que sostiene la parte más alta del techo de una casa de **bahareque**. rur.

IV. 1. m. *PR.* Dueño de una finca. rur.

V. 1. f. *PR.* Esposa legítima de un hombre que también tiene otras concubinas. rur.

príncipe.

I. 1. m. *Ch.* Pastel alargado compuesto de dos láminas de masa fina rellenas de **manjar blanco**.

principio.

I. 1. m. *Co:C,SO.* Alimento que sirve de acompañamiento al **seco** o plato principal.

II. 1. m. *PR.* Dinero, propiedad o algo de valor que se tiene como base para iniciar un negocio. rur.

pringa.

I. 1. f. *Mx, Gu, Ho, Ni.* Mancha pequeña, *generalmente en la piel, el pelo o el plumaje*.

2. *Mx, Gu, Ni.* Mancha pequeña, salpicadura.

II. 1. f. *Ve.* Gota de lluvia.

2. *Ho, ES, Ni.* Gota.

III. 1. f. *Ve.* Pizca.

IV. 1. f. *Ve.* Demarcación de las cartas españolas a lo largo de su borde, que sirve para identificar el palo de la baraja sin que sea necesario verlo.

V. 1. f. *ES.* Copa de licor.

VI. 1. f. *Ho.* Trompo pequeño.

□

a. ‖ ~ **pie.** loc. sust. *Gu.* Diarrea.

pringadera.

I. 1. m. *Gu.* Salpicadera.

2. *ES.* Llovizna pertinaz.

pringamosa.

I. 1. *Co.* **pringamoza**. (Urticaceae; *Urtica dioica*).

pringamoza.

I. 1. f. *Mx, Gu, Pa, Cu, RD, PR, Co.* Planta arbustiva de hasta 1,5 m de altura, cubierta de una pelusa urticante, con hojas alternas, dentadas y pecioladas, flores de color verde amarillento, dispuestas en racimos las masculinas y en espiga las femeninas. (Urticaceae; *Urtica dioica*). (**pingamiosa**; **pringamosa**; **prigamoza**).

2. *Ho, Co.* **Bejuco** americano de hoja aovada, margen dentado, flores pequeñas, verdes, rosadas o rojas, y fruto redondo y de color negro; las hojas se aplican a los tumores. (Euphorbiaceae; *Cnidoscolus quinquelobus*). ♦ **guaritoto**.

3. *Gu, Ho.* **ortiga brava**.

pringapié.

I. 1. m. *Ho, ES, CR, Pa.* Diarrea. pop ^ fest.

pringar(se).

I. 1. intr. impers. *Mx, Gu, Ni, Ve.* Lloviznar. pop. (**pringuear**).

2. tr. *Mx, Gu, Ho, Ni, CR, Pa.* Saltar un líquido sobre algo, salpicar. pop. (**pringuear**).

3. *Ho, Ni.* Rociar con agua la ropa para plancharla.

II. 1. tr. *Ve.* Engañar o timar a *alguien*. pop.

III. 1. intr. prnl. *Bo.* Impregnarse *alguien* de un hábito o de una costumbre. pop + cult → espon.

IV. 1. intr. prnl. *Ni.* Realizar el coito.

pringazón.

I. 1. f. *Gu.* Salpicadura de un líquido de forma constante.

II. 1. f. *Bo:E.* Suciedad, grasa o porquería que se pega a la ropa o a otra cosa. pop + cult → espon.

pringo.

I. 1. m. *ES, Pa.* Pizca, porción pequeña de algo.

2. *ES.* Gota.

pringón.

I. 1. m. *Bo:E.* Sustancia pegajosa como la grasa o el lodo. pop + cult → espon.

pringue.
 I. 1. m. *Gu, CR.* Pizca. pop.
  2. *Ni.* Gota de un líquido que salpica.
pringuear.
 I. 1. tr. *Mx, Gu.* **pringar**, saltar un líquido.
  2. intr. impers. *Mx, Gu.* **pringar**, lloviznar.
pringuín.
 I. 1. m. *Pa.* Pizca.
printear. (Del ingl. *to print*).
 I. 1. tr. *EU, ES, PR; Ec*, p.u. Imprimir *algo*.
printer. (Voz inglesa).
 I. 1. m. *EU, PR.* Impresora.
priora.
 I. 1. f. *PR.* Dueña o administradora de un prostíbulo. prost.
priostazgo.
 I. 1. m. *Ec.* Apadrinamiento de una fiesta religiosa católica de carácter popular.
prioste.
 I. 1. m. *Ec.* Persona que preside y costea una fiesta religiosa católica de carácter popular.
prisco.
 I. 1. m. *Gu, Bo:S, Ar, Ur.* Variedad de **durazno**, globoso, de piel verdosa con pelitos, que se vuelve amarillenta cuando madura.
 II. 1. adj/m. *Gu. Referido a persona*, presa, que sufre prisión.
pristiño.
 I. 1. m. *Ec.* Postre frito de harina y huevos que se sirve con miel.
priti.
 I. 1. adj. *Pa.* juv. Bonito.
  2. *Pa.* juv. *Referido a persona*, simpática, agradable.
 II. 1. m-f. *Pa.* juv. Novio.
privacía. (Del ingl. *privacy*).
 I. 1. f. *Mx, Ni, CR, Pa, Ec, Bc, Ur.* Vida privada de una persona.
privada.
 I. 1. f. *Mx.* Calle cerrada por uno de los extremos, *normalmente en mitad de una manzana*, cuyo uso es particular de los vecinos que viven en ella.
 II. 1. f. *Gu, CR.* Sueño profundo y prolongado. pop.
privado.
 I. 1. m. *Mx, Ni, Ec, Ur, Ch,* esm. | p.u. Oficina independiente que se encuentra en una oficina o establecimiento mayor.
 II. 1. m. *Ni.* Sección de un hospital en la que la atención recibida es pagada íntegramente por el paciente.
 III. 1. m. *PR. En las peleas de gallos*, gallo que ha perdido su instinto de pelea, a consecuencia de un golpe en la cabeza.
privado, -a.
 I. 1. adj/sust. *Ho, ES, Ni, CR. Referido a persona*, profundamente dormida. pcp.
privador, -ra.
 I. 1. adj/sust. *Pe.* obsol. *Referido a persona*, que se entusiasma con algo, *especialmente con una amistad*, pero que rápidamente la abandona o cambia por otra. pop.
privante.
 I. 1. adj. *Ve. Referido a persona*, soberbia.
privanza.
 I. 1. f. *RD.* Presunción, fanfarronería.
privar(se).
 I. 1. intr. prnl. *Gu, Ho, ES, Ni, CR.* Quedarse profundamente dormido. pop.
 II. 1. intr. prnl. *Ve.* Perder *alguien* la compostura debido a la cólera.
 III. 1. intr. *RD.* Presumir *alguien* de algo.

□
  a. ‖ **~ en fruta fina.** loc. verb. *RD.* Presumir *alguien* y estar convencido de que es una persona muy importante, elegante o físicamente atractiva.
  b. ‖ **~ en guapo.** loc. verb. *RD.* Presumir *alguien* de ser valiente.
privón, -na.
 I. 1. adj/sust. *RD. Referido a persona*, presumida, fanfarrona.
prixón.
 I. 1. m. *Ni.* juv. Amigo.
pro. (Apóc. de *prostituta*).
 I. 1. f. *PR.* Prostituta. prost.
■
  a. ‖ **~ del sesenta.** f. *PR.* Prostituta vieja. prost.
proa.
 ▶ ponerle la ~.
probada.
 I. 1. f. *Mx, Ni, CR, Co, Ec, Ch, Ur.* Prueba de comida o bebida, o de otra cosa. pop.
  2. *Mx, Ni, CR.* Porción mínima que se consume para hacer una probada.
probador.
 I. 1. m. *Gu.* Muestra de comida que se saca de la olla, sartén etcétera, para catar su sazón.
probana.
 I. 1. f. *Ec.* Muestra gratuita de alimento que el vendedor da al comprador para que la pruebe. pop.
probar.
□
  a. ‖ **~ el mantecado.** loc. verb. *Cu.* Tener por primera vez relaciones sexuales, *especialmente una mujer*.
◧
  a. ‖ **probando es como se guisa.** fr. prov. *RD.* Indica que debe intentarse primero hacer una cosa para después poder obtener buenos resultados. pop + cult → espon.
probatoria.
 I. 1. f. *PR.* Libertad condicional dada a un presidiario.
problema.
 ▶ hacer ~.
procura.
□
  a. ‖ **en ~ de.** loc. adv. *Ni, CR, Pa, Cu, Ve, Ec, Bo, Ur.* En búsqueda de.
procurador, -ra.
 I. 1. sust/ad . *Pe.* Persona encargada de la organización y realización de los actos llevados a cabo en las festividades religiosas. rur.
 II. 1. m. y f. *CR, PR.* Abogado del Gobierno.
  2. *PR.* Jefe de un tribunal.
■
  a. ‖ **~ de afectación.** m. y f. *Bo.* Abogado designado por la ley que representa a las personas que no pueden pagar un privado. ♦ **procurador de reos**.
  b. ‖ **~ de reos.** m. y f. *Bo.* **procurador de afectación**.
  c. ‖ **~ general de la Nación.** m. y f. *Mx, Co, Ec, Pe, Ar, Ur.* Alto funcionario que controla los tribunales, especialmente lo relacionado con derechos humanos, intereses de la nación, patrimonio del Estado y administración pública.
procuraduría.
 I. 1. f. *Mx, Gu, Co, Ec, Pe, Ar, Ur.* Cargo de **procurador general de la Nación**.
  2. *Mx, Gu Co, Ec, Pe, Ar, Ur.* Oficina del **procurador general de la Nación**.
procurar.
 I. 1. tr. *Mx, Gu.* Cuidar del bienestar de *alguien*.
 II. 1. tr. *PR.* Buscar a *alguien* o a *algo*.

prode.
    I. 1. m. *Ar.* Juego de azar oficial que consiste en pronosticar los resultados de un cierto número de partidos de **futbol**.

prodigiosa.
    I. 1. f. *Mx.* Arbusto de hasta 3 m de altura, de tallo velludo y rojizo, hojas opuestas y dentadas, y flores amarillas en cabezuelas colgantes; el líquido resultante tras la cocción de las hojas se emplea en la medicina tradicional. (Asteraceae; *Brickellia cavanillesii*).

producción.
    □
    a. ‖ ~ **independiente.** loc. sust. *Cu.* Hijo que concibe una mujer sin contar con la participación del progenitor para su crianza.

producido.
    I. 1. m. *Co, Ar, Ur.* Conjunto de bienes obtenidos por un trabajo o una operación económica.

producido, -a.
    I. 1. adj. *PR, Py, Ar, Ur,* juv; *Ch,* pop. *Referido a persona,* maquillada o vestida para mejorar su aspecto.

producirse.
    I. 1. tr. prnl. *PR, Ch, Py, Ar, Ur,* juv. Maquillarse o vestirse para mejorar la apariencia.

proero.
    I. 1. m. *Pe.* Marinero que se sitúa a la proa de la embarcación.

profesionalizante.
    I. 1. adj. *Ni, Ch. Referido a la educación o a un centro de estudios,* que favorece lo profesional. cult.
    2. *Ch. Referido a una actividad o a un curso de formación,* que proporciona un trabajo bien remunerado y socialmente reconocido. cult.
    3. *Ch. Referido a un posgrado o curso,* que favorece la actualización y optimización del desempeño profesional. cult.

profesionista. (Calco del ingl.).
    I. 1. m-f. *Mx, Gu, Ho, Ni, CR, Ec, Bo.* Profesional, persona que ejerce su profesión con **competencia**. cult.

profesor, -ra.
    ■
    a. ‖ ~ **secundario, -a .** m. y f. *Gu, Ar, Ur.* Profesor que ejerce la docencia en una escuela de enseñanza media.
    b. ‖ ~ **guía.**
      i. m. y f. *Bo, Ch.* Persona que dirige la tesis de grado a un estudiante.
      ii. *Cu.* Profesor que controla el desarrollo de las actividades docentes y extradocentes de un grupo de estudiantes.

profeta.
    I. 1. m. *Mx:SE.* Arbusto silvestre, de hasta 3 m de altura, de hojas simples, inflorescencia en racimos, flores pequeñas de un intenso color naranja y fruto anaranjado de cáscara dura, en forma de baya; las frutas machacadas se utilizan para aturdir peces. (Theophrastaceae; *Jacquinia aurantiaca*). ♦ **güirrique; sicaján; siche; sique; siqueté; sochipaltic.**

proficiencia. (Del ingl. *proficiency*).
    I. 1. f. *Ho, CR; Ec,* p.u. Aprovechamiento, aptitud, conocimiento. cult.

profitar.
    I. 1. intr. *Ch.* Sacar provecho de alguien o de algo. cult.

profundo, -a.
    I. 1. adj. *PR. Referido a una cosa o asunto,* delicado.
    ► **irse en la ~.**

programa.
    I. 1. m. *Ec, Ar, Ur; Py,* juv. Relación amorosa furtiva y pasajera. pop.

    2. *Bo, Py, Ar.* Cita amorosa. pop + cult → espon.
    3. *Ar, Ur.* Persona con quien se tienen relaciones sexuales pasajeras. pop + cult → espon.
    4. m. *Bo.* Diversión nocturna en la que además de bailar y beber se procura entablar una relación sexual con algún asistente a la fiesta. pop + cult → espon.
    □
    a. ‖ **de ~.** loc. adj. *Co, Ec, Bo. Referido a una mujer,* que fácilmente acepta cualquier propuesta de los hombres con los que sale. pop ^ desp.

programero, -a.
    I. 1. m. y f. *Bo, Py.* Persona inclinada a buscar relaciones amorosas furtivas y pasajeras. pop + cult → espon.

prójimo, -a.
    I. 1. m. y f. *Gu.* Persona a la cual se hace alusión.

prolijar.
    I. 1. tr. *Ar:NO.* Ordenar o arreglar. pop + cult → espon.

prolongador.
    I. 1. m. *Bo, Ar.* Cable que se utiliza para empalmar un enchufe con un aparato eléctrico.

promedio.
    I. 1. m. *Gu.* Calificación final en el rendimiento escolar.

promesado, -a.
    I. 1. sust/adj. *Bo:S.* **promesante.**

promesante.
    I. 1. m-f. *Ni, Bo:E,S, Ch, Ar:NO.* Persona que cumple una promesa religiosa, *generalmente en procesión.* ♦ **promesado; promesero.**

promesar.
    I. 1. tr. *Ar:NO.* Hacer promesas, *por lo general religiosas.*

promesero, -a.
    I. 1. m. y f. *Co, Ch; Py,* pop. **promesante.**

promitente.
    I. 1. adj. *Ec. Referido a persona o cosa,* que promete o da indicios de algo positivo.

promocionismo.
    I. 1. m. *Cu.* Tendencia a aprobar a estudiantes que no tienen los conocimientos suficientes para pasar de curso.

promover.
    I. 1. tr. *Gu, Ni, PR, Bo.* Aprobar un profesor a un estudiante para que alcance el grado superior inmediato. est.

pronta.
    I. 1. adj. *Mx. Referido a mujer,* que fácilmente cede a propuestas sexuales. desp. ♦ **prontina.**

prontina.
    I. 1. *Mx.* **pronta.** desp.

pronto.
    I. 1. m. *PR.* Cantidad de dinero que se paga al firmar un contrato de compraventa a plazos *principalmente de bienes inmuebles o automóviles.*
    □
    a. ‖ **de ~.** loc. adv. *Ni, Co, Ec, Ur.* Probablemente, quizás.
    b. ‖ **de un ~.** loc. adv. *Gu, RD.* Al momento, inmediatamente.
    c. ‖ **pa' ~.**
      i. loc. adv. *Mx, Gu.* De inmediato. pop.
      ii. *Mx.* En definitiva. pop.
    ► **andar ~; dar el ~.**

prontuariado, -a.
    I. 1. adj. *Ec, Bo:O;* adj/sust. *Pe, Ch, Ar, Ur. Referido a persona,* que tiene antecedentes penales.
    2. sust/adj. *Pa.* Documento que recoge los antecedentes penales de una persona.

prontuariar.
    I. 1. tr. *Bo, Ch, Ar, Ur.* Anotar a *alguien* en el registro de delitos y procesos criminales.
    2. *Ec, Bo.* Registrar la policía a alguien un hecho delictivo en su expediente.

prontuario.
   I. 1. m. *CR, Pa, Co, Ve, Ec, Pe, Bo, Ch, Ar, Ur, Py*, cult. Documento que recoge los antecedentes penales de una persona.

pronuncia.
   I. 1. f. *Co; Ec*, obsol; pop. Facultad de hablar. rur.

propábulo.
   I. 1. m. *Ho:N. En el cultivo de la piña*, semillero.

propagandear.
   I. 1. tr. *Mx, ES, PR, Bo, Ch, Ur, Ec*, pop. Hacer propaganda o publicidad a *algo* o a *alguien*.

propagandizar.
   I. 1. tr. *ES, Ni*. Hacer propaganda de *algo* o *alguien*.

propela. (Del ingl. *propeller*, hélice, propulsor).
   I. 1. f. *EU, Mx, Ho, CR, Pa, Cu, Ve*. Hélice del motor de un avión o de una embarcación.
   2. *Ho*. Hélice giratoria que mueve y aspira el agua en una bomba de agua.
   3. *Ho*. Ventilador del radiador de un automóvil.

propi.
   •
   a. ‖ ~. fórm. *Ve, Ur*. juv. Se usa para asentir a lo que el interlocutor acaba de decir.

propina.
   I. 1. f. *Pe*. Asignación, *generalmente semanal*, que dan los padres a los hijos para sus gastos.

propinco, -a.
   I. 1. adj. *RD*. Propenso.

propinero.
   I. 1. m. *Ch*. Recipiente para dejar propinas en algunos restoranes de comida rápida.

propinero, -a.
   I. 1. sust/adj. *Ch*. Persona que trabaja solo por la propina que puede recibir de los clientes a los que sirve o despacha.

propio.
   I. 1. adv. *Ho*. Sí, de acuerdo, por supuesto. pop + cult → espon.
   •
   a. ‖ ~. fórm. *Ho*. Se usa como contestación afirmativa a una petición.
   ☐
   a. ‖ **al propio.** loc. adv. *CR*. Adrede, a propósito. pop.
   b. ‖ **lo ~.** loc. adj. *Ur*. juv. *Referido a cosa o evento*, lo máximo.
   ▶ **hacer el ~.**

propman. (Voz inglesa).
   I. 1. m. *EU, PR. En teatro*, la persona encargada de los accesorios de escena.

proponer.
   ◪
   a. ‖ **en ~ no hay engaño.** fr. prov. *Bo*. Indica que no se pierde nada por realizar una propuesta aunque se crea que no va a ser aceptada.

proporción.
   I. 1. f. *Py*. Medio del que se vale alguien para enviar una carta o un paquete.
   •
   a. ‖ **proporciones guardadas.** fórm. *Pa*. Se usa para reconocer las diferencias existentes entre dos o más personas o cosas.

propósito.
   ☐
   a. ‖ **a ~ de escopeta.** loc. adv. *Ch*. A propósito, por cierto. pop + cult → espon ^ fest.

prorrector, -ra.
   I. 1. m. y f. *Bo, Ch*. Vicerrector.

prosa.
   I. 1. f. *Bo, Ch*, obsol. Jactancia, petulancia, presunción. pop.
   ▶ **echar ~; tirar ~.**

prosear.
   I. 1. intr. *Ur; Ar:NE*, p.u; pop. Conversar. pop + cult → espon.

prosecretaría.
   I. 1. f. *Ho, Ni, Ec, Bo, Ar, Ur*. Cargo de vicesecretario.

prosecretario, -a.
   I. 1. m. y f. *Mx, Ho, Ni, RD, Ec, Pe, Bo, Ch, Py, Ar, Ur*. Vicesecretario.

prosema.
   I. 1. m. *Ni*. Poema en prosa. cult.

proseo.
   I. 1. m. *Ur*. Conversación. rur.

prospecto. (Del ingl. *prospect*).
   I. 1. m. *EU, Ho, Ni, CR, Cu, RD, PR, Co, Ec*. Persona que promete o muestra cualidades positivas en su especialidad profesional.
   II. 1. *EU, PR*. Comprador potencial.

prosudo, -a.
   I. 1. adj. *Ec, Bo:E. Referido a persona*, que **echa prosa** o se da importancia.

protesorero, -a.
   I. 1. m. y f. *Py, Ar, Ur*. Persona que colabora estrechamente con el tesorero y puede sustituirlo en sus funciones.

protestadera.
   I. 1. f. *Gu, Ho, ES*. Protesta o reclamación frecuente y repetida.

protocolo.
   I. 1. m. *Gu, Pa*. Grupo de personas encargadas de la introducción y atención de los asistentes a un congreso o conferencia.
   II. 1. m. *Ni*. Estómago abultado de alguien. cult → esm ^ fest.

provecho.
   •
   a. ‖ **feliz ~.** fórm. *Gu*. Se usa para desearle a alguien que la comida que tome le resulte placentera o buena para su salud. ♦ **provecho.**
   b. ‖ ~. fórm. *Mx, Ni, CR, Pe, Bo, Ch*. **feliz provecho.**

provista.
   I. 1. f. *Ar*. Conjunto de comestibles con los que se provee a la economía familiar, provisión. rur.
   2. f. *Py*. Provisiones necesarias para un período de tiempo. pop.

provocar(se).
   I. 1. intr. prnl. *Pa, Co; Gu, Ve*, pop. Antojarse de *algo*.
   2. intr. *Gu, ES, RD, Ve, Pe*. Apetecer *algo* a *alguien*, despertarle el apetito o deseo.
   3. intr. prnl. *Ni, Pa, Co*. Tener *alguien* deseos de comer, tener o hacer *algo*.

próximo.
   ■
   a. ‖ ~ **pasado.** loc. adj. *Mx, Bo, Ur. Referido a una fecha o período de tiempo*, inmediatamente anterior a la presente. esm.

proyecto.
   I. 1. m. *Gu, PR*. Empresa o plan que cuesta mucho trabajo llevar a cabo.

proyectora.
   I. 1. f. *Bo, Co*. Proyector, aparato que sirve para proyectar imágenes ópticas fijas o en movimiento.

pru.
   I. 1. m. *Cu*. Bebida refrescante hecha de **bejuco** ubí, **jaboncillo**, anís, jengibre, raíz china, canela, agua y azúcar; posee propiedades medicinales.

prudenciar.
  I. 1. intr. *Ni, Ar:NO.* Actuar con prudencia y contención.

prueba.
  I. 1. f. *Mx, Ch.* Espectáculo, ejercicio o actuación hechos en un espectáculo.

  ■

    a. ‖ **~ al canto.** f. *Cu, Ec, Pe, Bo, Ur.* Prueba indiscutible, inmediata y efectiva.

    b. ‖ **~ de aptitud.** f. *PR. En las peleas de gallos,* prueba que se le hace al gallo para saber si está apto para la pelea.

    c. ‖ **~ de la blancura.** f. *Ch.* Demostración palpable de la calidad o pureza de algo.

    d. ‖ **~ de la pita.** f. *ES.* Hecho de pasar una cuerda entre el cuerpo de dos personas para saber si están copulando o no. fest.

    e. ‖ **segunda ~.** f. *PR. En las peleas de gallos,* segunda confrontación de un gallo, con otro contrincante, después de haber huido del primero.

  □

    a. ‖ **a ~ de fuego.** loc. adj. *Mx, Cu, Ec, Pe, Ur. Referido a persona,* valiente y decidida.

pruebe.
  I. 1. m. *Ch.* Probadura o **probada** de algo, *especialmente de un alimento o bebida.* pop.

pruebera.
  I. 1. f. *Ar:NE; Py,* pop. Mujer que predice el porvenir mediante la lectura de las cartas de la baraja.

pruebista.
  I. 1. m-f. *Ar:NE.* Trapecista, acróbata.

psicoenergético.
  I. 1. m. *Ch.* Sustancia ilegal que provoca una subida transitoria de la energía psíquica del que la consume.

psicosear.
  I. 1. tr. *Ec.* Asustar, llenar de temores a *alguien.* pop.

psicosiado, -a.
  I. 1. adj. *CR, Co, Ec. Referido a persona,* que tiene miedo de todo. pop.

¡pu!
  I. 1. interj. *Co.* Expresa énfasis a una afirmación. pop.

púa.
  I. 1. f. *Ar.* Espolón de acero que se coloca a los gallos de riña.

  ▶ **meter la ~; meter ~; tener el corazón de alambre de ~s.**

puán.
  I. 1. *Mx:E.* **palmán.**

puazo.
  I. 1. m. *Ar, Ur. En las peleas de gallos,* golpe asestado por uno de los animales al otro con la **espuela.**

pública.
  I. 1. f. *Cu.* Vivienda donde se ubica un teléfono para el servicio público.
  2. *Cu.* Cabina donde se encuentran uno o más teléfonos públicos.

público.
  ▶ **quedarle poco ~ en el estadio.**

publiguía.
  I. 1. f. *Ch.* Guía publicitaria de comercios y servicios.

puca.
  I. 1. *PR.* **puka.**

pucacapa.
  I. 1. f. *Bo.* Empanada circular rellena de queso, huevo, aceituna y cebolla, todo condimentado con **ají colorado.**

pucacho, -a.
  I. 1. adj/sust. *Pe:N,E. Referido a persona,* de cara colorada. rur.
  2. adj. *Pe:N,E. Referido a cosa,* de color rojizo o rosáceo. rur.

pucacunga.
  I. 1. f. *Pe.* Ave similar al pavo, de hasta 89 cm de longitud, de plumaje negruzco con estrías blancas en cuello y nuca, entre castaño y oliváceo en el cuerpo, y rojizo en el vientre, copete con plumas bordeadas de blanco y garganta roja desnuda. (Cracidae; *Penelope jacquacu*). ♦ **pava coto colorado; pava guaracachi.**

pucacuro.
  I. 1. m. *Pe:E.* Hormiga roja de pequeño tamaño cuya picadura produce irritación y escozor en la piel. (Formicidae; *Solenopsis* spp.).

pucana.
  I. 1. f. *Ar:NO.* **huañil.**

pucancho.
  I. 1. *Ar:NO.* **ichivil.**

pucarara.
  I. 1. *Bo:O.* **verrugosa.**

pucha.
  I. 1. f. *Co:C,O.* Medida de capacidad *especialmente para granos.*
  II. 1. f. *Cu, RD.* Ramillete de flores, *especialmente el que llevan las novias el día de la boda.*
  III. 1. f. *ES, CR.* Vulva. vulg; pop.
  IV. 1. f. *ES.* Pedazo de cuerda.
  V. 1. f. *ES.* Colilla de puro.
  VI. 1. f. *ES.* Hoyo en el suelo para jugar tirando en él canicas.

  □

    a. ‖ **~ de flores.** f. *Cu.* Ramillete de flores.

¡pucha! (Sínc. de *púchica*).
  I. 1. interj. *Ho, CR, Co, Ve, Ec, Pe, Bo, Ch, Py, Ar, Ur.* Expresa contrariedad, desagrado. euf; pop. (**¡a la pucha che!; ¡la pucha!; ¡la gran pucha!; ¡por la pucha; ¡pucha digo!; ¡puchas**).
  2. *Pe, Bo, Ar.* Expresa admiración. pop + cult → espon.

  □

    a. ‖ **¡a la ~ che!** loc. interj. *Bo, Ur.* **¡pucha!** euf; pop + cult → espon.

    b. ‖ **¡la gran ~!** loc. interj. *Ch, Ar, Ur.* **¡pucha!** euf; pop.

    c. ‖ **¡la ~!** loc. interj. *Bo, Ch, Py, Ar, Ur.* **¡pucha!** euf; pop + cult → espon.

    d. ‖ **¡por la ~!** loc. interj. *Ch.* **¡pucha!**, expresa contrariedad. euf; pop + cult → espon.

    e. ‖ **¡~ digo!** loc. interj. *Py, Ar, Ur.* **¡pucha!** euf; pop + cult → espon.

¡puchacay!
  I. 1. interj. *Ch.* Expresa admiración o sorpresa. euf; pop + cult → espon.

puchada.
  I. 1. f. *ES.* Cantidad de algo que se puede agarrar con las manos.
  2. *Ho.* Porción muy pequeña de algo.

puchador.
  I. 1. m. *Co:O. En el juego del trompo,* trompo perdedor que recibe los golpes del contrario.
  2. *Co:O.* metáf. Persona a la que se hace pagar las culpas de otros o de todos.

puchagua.
  I. 1. f. *ES.* Sandía que no ha madurado bien y ha quedado amarillenta por dentro.
  2. m-f. *ES.* Persona de tez pálida.

¡puchamadre!
  I. 1. interj. *Pe, Bo*; *Ur*, p.u. Expresa admiración, fastidio o disgusto. euf; pop.

¡puchana!
  I. 1. interj. *Py*. Expresa queja y desgano para realizar alguna labor.

puchar. (Del ingl. *to push*).
  I. 1. tr. *EU:SO, Mx:N*. Empujar.

¡puchas!
  I. 1. *Ec, Ch*. ¡pucha!

puche.
  I. 1. m. *Gu*. Porción pequeña de algo.
  II. 1. m-f. *ES*. Persona fácil de engañar.
  III. 1. m. *ES*. Excremento de niño.

puchear. (Der. de *púcher*).
  I. 1. intr. *Pe, Bo*. Fumar un cigarrillo. pop.
  II. 1. intr. *Ni*. Vender marihuana. drog.

puchecas.
  I. 1. f. pl. *Co*. Pecho de mujer. pop + cult → espon ^ fest.

púcher. (Del ingl. *pusher*, camello, traficante de drogas).
  I. 1. m-f. *Ho, ES, Ni*. Persona que vende drogas, *habitualmente cocaína*. drog.

pucherear.
  I. 1. intr. *Ho, Ar, Ur*. Lloriquear, hacer pucheros o hacer gestos propios de quien está a punto de ponerse a llorar. pop + cult → espon.
  II. 1. intr. *Ar, Ur*. Ganar apenas para el sustento. pop + cult → espon.
  III. 1. tr. *ES*. Alimentar bien a *alguien*, cuidar, *especialmente a un niño*.

puchero.
  I. 1. m. *Pe:S, Bo, Ch, Py, Ar, Ur*. Guiso de carne vacuna con verduras y **choclos**.
  2. *Co*. Plato elaborado con trozos de cerdo, pollo y **res** que se cocinan y se acompañan de mazorca de maíz, **plátano maduro papas, yuca** y **hogao**.
  II. 1. m. *Ar*. Cenicero. pop + cult → espon.
  III. 1. m-f. *ES*. Vendedor de marihuana.
  ▶ **ganarse el ~.**

pucheroso, -a.
  I. 1. adj. *Ho*. *Referido a persona*, que está a punto de llorar.

puches.
  I. 1. m. pl. *Gu, Ho*. Conjunto de plumas largas que tienen ciertos gallos y gallinas a ambos lados de la cara. rur.
  2. *Gu*. metáf. Patillas del hombre.
  3. *Gu*. metáf. Pelo de ambos lados de la cabeza de un hombre calvo.

¡puches!
  I. 1. interj. *Gu*. Expresa admiración, sorpresa, enfado, protesta o miedo. euf.

puchi.
  I. 1. m. *Bo:E*. Excremento. pop + cult → espon.

¡púchica!
  I. 1. interj. *Gu, Ho, ES, Ni, CR, Pa, Ec, Pe*. Expresa admiración, sorpresa, enfado, contrariedad o miedo. euf. ♦ **¡ushica!**
  □
  a. ‖ **¡a la ~!** loc. interj. *Ho, ES, Ni, CR*. Expresa asombro o extrañeza.
  b. ‖ **¡la gran ~!** loc. interj. *Gu, Ni*. Expresa asombro, o enojo e indignación pop + cult → espon. (**¡ushica!**).
  ▶ **ponerse como la gran ~.**

puchicana.
  I. 1. f. *Ar:NO*. Huso rudimentario para hilar.

¡púchicas!
  I. 1. interj. *Gu, Co:SO, Ec*. Expresa admiración, sorpresa o disgusto. euf.

puchichi.
  I. 1. m. *Bo:E*. Forúnculo. pop + cult → espon.
  2. *Bo:E*. Grano rojizo, *a veces purulento*, que sale *generalmente en el rostro o en el cuerpo de los adolescentes*. pop + cult → espon.
  ▶ **reventar el ~.**

puchipluma.
  I. 1. adj/sust. *PR*. *Referido a persona*, que aparenta ser lo que no es. pop + cult → espon ^ desp.

¡puchis!
  I. 1. interj. *Gu, ES, CR*. Expresa admiración, sorpresa, enfado o miedo. euf.

puchitero, -a.
  I. 1. m. y f. *Ni*. Comerciante minorista.
  2. *Ni*. Agricultor de terrenos muy reducidos.

puchito.
  I. 1. m. *Gu, Ho, ES, Ni, CR, Co:C, Bo, Ar, Ur*. Porción pequeña de algo, *generalmente de comida*. pop. (**pushito**).
  2. *Ho*. Puñado de billetes.
  II. 1. m. *Gu*. Buche.
  □
  a. ‖ **de a ~s.**
  i. loc. adv. *Bo, Py, Ar, Ur*. En pequeñas porciones o cantidades. pop + cult → espon.
  ii. *Py, Ar, Ur*. Lentamente, despacito. pop + cult → espon.
  b. ‖ **~ a ~.** loc. adv. *Ho, Bo, Ur*. Poco a poco.
  c. ‖ **~ por ~.** loc. adv. *Ho*. Poco a poco.

pucho. (Del quech. *puchu*, sobrante, sobra, residuo).
  I. 1. m. *Ho, ES, PR, Co:O,SO, Ec, Pe, Bo, Ch, Py, Ar, Ur*. Colilla de cigarrillo o puro. pop. ♦ **cabo**; **chenca**; **chinga**; **chiva**; **yegua**.
  2. *Co:O,SO, Pe, Bo, Ch, Ar, Ur*. Cigarrillo. pop. ♦ **fallo**.
  3. *Ni, CR, Co:O,SO*. Cigarrillo de marihuana. pop + cult → espon.
  4. *ES*. Puñado de marihuana.
  5. *Ho*. Bolsita con marihuana. drog.
  II. 1. m. *Gu, Ni, Ec, Pe, Bo:E,O, Ch, Py, Ar, Ur*. Resto, residuo, pequeña cantidad sobrante de alguna cosa. pop.
  2. *Ho, ES, Ni*; *CR, Co:C*, pop. Puñado, porción que se puede tomar entre las dos manos juntas.
  3. *Co:C*. Pequeña cantidad que excede un número exacto y no se sabe o no se quiere decir concretamente cuánto es. pop.
  4. *Gu, Ho, ES*. Porción pequeña de algo.
  5. *Ve*. Cantidad de algo.
  III. 1. m. *Pe*. **Pisco** de poca calidad obtenido al final de la primera destilación.
  IV. 1. m. *Bo, Ch:S*. Hijo último, varón o mujer, cuyos hermanos son bastante mayores que él.
  □
  a. ‖ **a ~s.** loc. adv. *Ho, Co, Pe, Bo, Ar, Ur*. En pequeñas cantidades, poco a poco. pop. ♦ **por puchos**.
  b. ‖ **al ~.** loc. adv. *Bo, Ar*. Al instante, sin dilación.
  c. ‖ **¡al ~!** loc. interj. *Bo:O*. Expresa que todo marcha bien en un asunto o negocio. pop + cult → espon.
  d. ‖ **de a ~s.**
  i. loc. adv. *Bo, Ar, Ur*. En pequeñas porciones o cantidades. pop + cult → espon.
  ii. *Ar, Ur*. Lentamente, despacito. pop + cult → espon.
  e. ‖ **por ~s.** *Pe*. **a puchos.** pop + cult → espon.
  f. ‖ **sobre el ~.** loc. adv. *Pe, Bo, Py, Ar, Ur*. Inmediatamente, en seguida. pop + cult → espon. ♦ **sobre el pucho la escupida**.
  g. ‖ **sobre el ~ la escupida.** *Ar, Ur*. **sobre el pucho**.
  ▶ **botarse a ~; no valer un ~.**

pucho, -a.
 I. 1. adj. *ES. Referido a persona*, inútil.
puchote.
 I. 1. *Mx.* **pochote**, ceiba.
puchucho, -a.
 I. 1. adj. *ES. Referido a un alimento o bebida*, sin sabor.
puchuela.
 I. 1. f. *Ec.* Cantidad ínfima de dinero.
 2. *Ec.* Cosa de muy poco valor.
puchuncho, -a.
 I. 1. adj. *Pa. Referido a persona*, llena de dinero. pop.
puchunga.
 I. 1. f. *Ni.* Pene. vulg; pop + cult → espon.
puchungo.
 I. 1. m. *Ve.* Hombre homosexual.
 II. 1. m. *Ve.* Demostración efusiva de cariño mediante gestos y caricias. pop + cult → espon ∧ desp.
puchungo, -a.
 I. 1. m. y f. *RD, Ve.* Niño pequeño. afec.
 •
 a. ‖ ~. fórm. *Cu.* Se usa para dirigirse a alguien con quien media una estrecha relación afectiva.
puchunguito, -a.
 •
 a. ‖ ~. fórm. *Mx, Ho, PR, Ur.* Se usa para referirse a la persona amada. afec.
puchunte, -a.
 I. 1. adj. *ES. Referido a cosa o a una parte del cuerpo*, hinchado.
pucllay.
 I. 1. *Ar:NO.* **pujllay**, dios.
 2. *Ar:NO.* **pujllay**, muñeco.
 3. m. *Pe:SE.* Juego tradicional de carácter guerrero en el que los participantes intentan ocupar la mayor parte de terreno posible, venciendo de esta manera a los contrincantes.
pucón.
 I. 1. m. *Ec:S.* **chala**, hoja que envuelve la mazorca de maíz. rur; pop.
pucté.
 I. 1. m. *Mx:SE, Gu.* Árbol de hasta 25 m de altura, de tronco erguido, copa ancha, simétrica y redondeada, con las ramas horizontales o ascendentes, hojas alternas y elípticas, flores de color blanco verdoso y frutos en nueces pequeñas; su madera se utiliza en ebanistería. (Combretaceae; *Bucida buceras*). ♦ **caracolí de Puerto Rico; gri gri; guaraguao; húcar; júcaro; mareón.**
pucuna. (Del quech. *pukuna*, cerbatana).
 I. 1. f. *Ec, Pe:E, Bo:E.* Cerbatana o canuto para disparar proyectiles soplando con la boca.
 II. 1. f. *Pe:S, Bo.* Tubo metálico o de otro material por el que se sopla para avivar el fuego de leña.
 2. *Bo:E.* Abanico hecho con hojas de palmera que se utiliza para avivar el fuego.
pucunear.
 I. 1. tr. *Pe:E.* Disparar a un animal o a una persona con una cerbatana.
pucunucho.
 I. 1. sust/adj. *Pe:E.* **Ají** de tamaño grande y muy picante.
pucupucu.
 I. 1. m. *Bo:O.* Ave de hasta 30 cm de longitud, de color pardo ocráceo, con el vientre blanco y manchas negras y blancas en el dorso y en el pecho. (Thinocoridae; *Thinocorus* spp.).
¡pucutún! (De or. onomat.).
 I. 1. interj. *PR.* Imita el ruido de caída de un objeto.

pucuy.
 I. 1. *Mx.* **pucuyo**, tapacaminos.
pucuya.
 I. 1. f. *ES.* Vulva.
pucuyo. (De or. onomat., por su canto).
 I. 1. *Mx, ES.* **tapacaminos**, ave. (**pucuy**; **pujuy**; **pujuyo**).
 2. *Ho.* **pocuyo**, curiango.
pudín.
 I. 1. m. *Ni, RD, Co:N.* **torta**, pastel grande.
pudrición.
 I. 1. m. *Ho, Ec.* Enfermedad de muchas plantas provocada por el hongo *Sclerotina sclerotiorum* que produce áreas acuosas en el tallo y las hojas más cercanas al suelo.
 II. 1. f. *Ur.* Evento o actividad muy aburrida. pop + cult → espon.
 ■
 a. ‖ ~ **amarga.** m. *Gu.* Enfermedad de algunas plantas como el **aguacate**, **mango** y **papayo** producida por el hongo *Glomerella cinguiata*.
pudridora.
 I. 1. *Co.* **nauyaca.**
 2. *Pe.* Serpiente de hasta 1,30 m de longitud, de color variado que va del castaño al pardo en los adultos, tiene una línea detrás del ojo de color negro, y manchas en forma de trapecio en el dorso y en el medio del cuerpo. (Viperidae; *Bothrops microphthalmus*).
pudrirse.
 I. 1. pron. *Ar.* Tener algo mal fin, fracasar. pop + cult → espon.
pudu.
 I. 1. *Ec; Ch*, p.u. **pudú.**
pudú.
 I. 1. *Ec, Ch, Ar:S.* **venado**, mamífero. (**pudu**).
pueblada.
 I. 1. f. *Ar.* Protesta colectiva de una población.
 2. *Bo:C,E,S, Ur.* Gran cantidad de gente reunida en un lugar. pop + cult → espon.
 II. 1. f. *Ve, Bo.* Motín.
pueblear.
 I. 1. intr. *Mx, Ni.* Pasear dentro de un pueblo.
 2. *Mx.* Trasladarse de un lugar a otro teniendo como trayecto aquel compuesto solo por pueblos, en lugar del camino más urbanizado y común.
puebleño, -a.
 I. 1. adj/sust. *Co, Bo:C,E.* Natural de un pueblo pequeño. pop + cult → espon ∧ desp.
 2. adj. *Bo:C,E.* Relativo a un pueblo pequeño. pop + cult → espon ∧ desp.
puebleril.
 I. 1. adj. *Mx.* Relativo a una ciudad o pueblo. rur.
pueblero, -a.
 I. 1. sust/adj. *Ve, Bo, Py, Ar; Ur*, desp. *Para el campesino*, natural o habitante de una ciudad o pueblo. rur.
 2. adj. *Ve, Bo, Py, Ar, Ur.* Relativo a una ciudad o pueblo. rur.
pueblino, -a.
 I. 1. sust/adj. *Ch.* Persona nacida o que vive en un pueblo.
 2. adj. *Ch.* Relativo a un pueblo pequeño o aldea.
pueblo.
 •
 a. ‖ **de ahí para alante no hay más ~.** fórm. *Cu.* Se usa para expresar admiración ante una cualidad extraordinaria.

□

a. ‖ ~ **joven.** loc. sust. *Pe.* Barrio marginal. euf.

▶ **arrastrar un ~; bajar al ~; dejar como novia de ~; inflarse como jolote de ~; ponerse el de bajar al ~.**

puelche.

I. (Del *araucano puel*, oriente y *che*, persona).
1. sust/adj. *Ar.* Indio perteneciente a un pueblo del grupo de los tehuelches septentrionales.
2. adj. *Ar.* Relativo a los puelches o a su cultura.

II. 1. m. *Ch.* Viento frío procedente de la cordillera de los Andes con dirección oeste.

pueloso.

I. 1. adj. *PR. Referido al gallo de pelea*, que tiene buenas espuelas.

puente.

■

a. ‖ ~ **Bailey.** m. *Ho, ES, CR, Ec.* Puente provisional de hierro para el paso de vehículos y personas.

b. ‖ ~ **de hamaca.** m. *Ho, ES, CR.* Puente colgante para el paso de personas hecho con cuatro cables fijados en las orillas y una hilera de tablas cruzadas y sujetas en los dos cables más bajos.

□

a. ‖ ~ **roto.** loc. sust. *Cu, Ur.* Persona antipática y desagradable. pop.

▶ **hacer el ~; hacer ~.**

puentear.

I. 1. intr. *ES, Ni.* Permanecer o sentarse en la acera cerca de la puerta de la casa.

puerca.

I. 1. f. *ES.* Prostituta. desp.

□

a. ‖ ¡**a la ~!** loc. interj. *Ho, ES.* Expresa reclamo, protesta o enfado.

b. ‖ **en ~.** loc. adv. *Ho, ES.* En gran cantidad, en abundancia.

c. ‖ ¡**la gran ~!** loc. interj. *Gu.* Expresa asombro, o enojo e indignación. pop.

d. ‖ ¡**qué ~s!** loc. interj. *Ho.* Expresa sorpresa, negación, rechazo o enfado por algo o con alguien.

◪

a. ‖ **allí es donde la ~ torció el rabo.** fr. prov. *Pa, Ve.* Indica que siempre surge un obstáculo que impide la realización de algo. pcp + cult → espon ^ fest.
◆ **aquí torció la ~ el rabo.**

b. ‖ **aquí torció la ~ el rabo.** fr. prov. *Ve.* **allí es donde la puerca torció el rabo.**

▶ **llevárselo ~s; torcer la ~ el rabo; valer ~s.**

puercada.

I. 1. f. *Gu, Ho, ES, Ni, CR; RD, PR,* pop + cult → espon. Cochinada, suciedad.
2. *Gu, Ho, ES, Ni, PR.* metáf. Acción malintencionada, hecho censurable o injusto.
3. *Ho, ES, Ni.* metáf. Cosa mal hecha o inservible. desp.
4. *Ho, ES, Ni.* metáf. Persona despreciable. desp.
5. *Ho, ES, Ni.* metáf. Persona, animal o cosa que no sirve para nada. desp.
6. *Ho, ES.* metáf. Cosa insignificante o de poco valor. desp.
7. *Ho.* metáf. Cualquier cosa a la que no se la denomina por su nombre. desp.

II. 1. f. *Ho.* Evacuación de sangre procedente del útero, que se produce todos los meses en las hembras de algunos mamíferos. tabú.

puerco.

•

a. ‖ ¿**qué sabe un ~ de freno?** fórm. *Ve.* Se usa para dar a entender que no se le puede pedir a nadie lo que por naturaleza no puede dar.

■

a. ‖ ~ **cimarrón.** m. *RD.* Jabalí.

b. ‖ ~ **de monte.** *Mx, Gu, Ho, ES, Ni, Pa.* **pecarí,** mamífero.

c. ‖ ~ **de trompa.** *Bo:E,N.* **chancho de monte.**

d. ‖ ~ **juín.** m. *Mx.* Mamífero carnicero de hasta 90 cm de longitud, cuerpo aplanado, cuello corto y ancho, patas fuertes y cortas con garras, orejas y ojos pequeños, pelaje amarillento negro y blanco, con una máscara negra alrededor de los ojos y orejas, y dos franjas negras a lo largo de la cabeza. (Mustelidae; *Taxidea taxus*). ◆ **tlacoyote.**

◪

a. ‖ **ese no es ~ que dé manteca.**
   i. fr. prov. *Pa.* Indica que alguien no es capaz de hacer algo o de esforzarse por ello.
   ii. *Pa.* Indica que alguien es mezquino o tacaño.

▶ **dar como a ~.**

puercoespín.

I. 1. m. *Mx, Gu, Ho, ES, Ni, CR, Pa.* Animal roedor y arbóreo, cubierto de espinas fuertes, cabeza redonda, nariz y labios grandes, bulbosos, suaves y rosados, orejas pequeñas, pies con almohadillas anchas y cuatro garras fuertes dobladas hacia adentro. (Erethizontidae; *Sphiggurus mexicanus*). ◆ **rosispingo.**

puerqueza.

I. 1. f. *Py.* Porquería, basura. pop + cult → espon.

puerquito.

I. 1. m. *PR.* Cliente que paga bien los servicios de una prostituta. prost.

II. 1. m. *PR.* Artefacto eléctrico en forma de bobina que sirve para auxiliar en el encendido de un automóvil.

III. 1. m. *PR.* Pez marino de hasta 25 cm de longitud, con escamas finas, cuerpo redondeado y lateralmente plano, coloración café a gris azulado y puntos difusos de color azul en la parte superior. (Balistidae; *Xanthichthys ringens*).

■

a. ‖ ~ **de teta.** m. *PR.* Cerdo de poco menos de cuarenta días de nacido que se sacrifica para el consumo. rur.

b. ‖ ~ **mamón.** m. *PR.* Cerdo más pequeño de la cría. rur.

▶ **agarrar su ~.**

puerta.

I. 1. *Pe, Ar, Ur.* **puerta cancel.**

II. 1. m. *Ve.* Marca de ganado que consiste en quitar un trozo rectangular de oreja partiendo desde el borde.

■

a. ‖ ~ **cancel.** f. *Pe, Ar, Ur.* Puerta o verja que separa el vestíbulo o el patio del zaguán. ◆ **puerta.**

b. ‖ ~ **de alambre.** f. *Ho, Ni.* Puerta de un cerco hecha con tres o cuatro palos verticales, unidos por cuatro o cinco hileras de alambre de púas, aseguradas con grapas.

c. ‖ ~ **de broche.** f. *Co.* Puerta de una valla o cercado hecha de alambre de púas. rur.

d. ‖ ~ **de golpe.**
   i. f. *Co, Ve; Cu,* rur. Puerta rústica que debido a la colocación de sus piezas se abre y cierra por sí sola con facilidad.
   ii. *Ho, Pa.* Puerta de un **potrero** armada con reglas y dispuesta, por un lado, de un batiente sobre el que gira y por otro lado, de un **golpeador,** y se cierra por sí sola por estar inclinada hacia adelante. rur.

e. ‖ ~ **de trancas.** f. *Mx, Ho, Pa, Cu, Co:O.* Portón rústico hecho con dos postes verticales separados a cierta distancia uno del otro, que tienen una serie de agujeros por los cuales se deslizan horizontalmente unos palos con los que se abre o cierra el paso. rur.

f. ‖ **~ y calle.** f. *Bo.* Puerta principal de una casa que da a la calle.

□

a. ‖ **de ~s adentro.** loc. adj. *Ec, Ch. Referido a mujer,* que trabaja como empleada doméstica y habita en la misma casa en la que desempeña su labor. (**puertas adentro**).

b. ‖ **de ~s afuera.** loc. adj. *Ec, Ch. Referido a mujer,* que trabaja como empleada doméstica, pero no habita en la misma casa en la que desempeña su labor. (**puertas afuera**).

c. ‖ **media ~.** loc. sust. *Ve.* Marca de ganado que consiste en quitar un trozo rectangular de oreja partiendo desde el borde.

d. ‖ **por la ~ ancha.** loc. adv. *Pa, PR, Ec, Bo, Ur.* Triunfalmente.

e. ‖ **~ de agua.** loc. sust. *Ve.* Puerta lateral o trasera de una vivienda que se usa para el paso del personal de servicio y para meter o sacar cosas.

f. ‖ **~ giratoria.** loc. sust. *Ch.* Característica de una organización que permite la rotación constante del personal.

g. ‖ **~s adentro.**
   i. *Ec, Ch.* de puertas adentro.
   ii. loc. adj/loc. adv. *Ch. Referido a un trabajo,* que incluye alojamiento y comida gratuita en la misma casa donde se desempeña. pop + cult → espon.
   iii. loc. adj. *Ch. Referido a una pareja o a uno de sus miembros,* que mantiene relaciones sexuales y afectivas viviendo junto con su pareja. pop ^ fest.

h. ‖ **~s afuera.**
   i. *Ec, Ch.* de puertas afuera.
   ii. loc. adj/adv. *Ch. Referido a un trabajo,* que no incluye alojamiento en la casa donde se desempeña. pop + cult → espon.
   iii. loc. adj. *Ch. Referido a una pareja o a uno de sus miembros,* que mantiene relaciones sexuales o afectivas sin vivir juntos. pop + cult → espon.
▶ **coger el dedo la ~; dar ~; darse ~; echar la ~ por la ventana; golpear las ~s de los cuarteles; verle la ~.**

puertazo.
   I. 1. m. *Ec. En un estadio de futbol,* entrada libre que se concede pocos minutos antes de que termine un encuentro. pop + cult → espon.

puertera.
   I. 1. sust/adj. *Ho.* Abeja que vigila la entrada al panal o la colmena. rur.

puerterío.
   I. 1. m. *ES.* Gran cantidad de puertas. pop.

puertero.
   I. 1. m. *Bo.* Hombre encargado de atender la entrada y salida de embarcaciones en un puerto fluvial.

puerto.
   ■
   a. ‖ **~ aéreo.** m. *Mx; Ec,* p.u. Aeropuerto.
   □
   a. ‖ **~ Arturo.** loc. sust. *PR.* Gallo que muda el color de sus plumas todos los años. rur.

puertón.
   I. 1. m. *Ho.* Portón.

puertorriqueñidad.
   I. 1. m. *PR.* Conjunto de características propias de los puertorriqueños.

puertorriqueñismo.
   I. 1. m. *PR.* Amor y apego a las cosas de Puerto Rico.

puertorriqueñizarse.
   I. 1. intr. prnl. *PR.* Asimilarse *alguien* a la vida y costumbres de Puerto Rico.

puertorro, -a.
   I. 1. sust/adj. *PR.* Puertorriqueño. pop + cult → espon ^ desp.

¡pues!
   I. 1. interj. *Gu.* Expresa aceptación, confirmación de algo.
   □
   a. ‖ **¡vaya ~!** loc. interj. *Ho, Ni.* Expresa aceptación de algo.

puesta.
   I. 1. f. *Py, Ar, Ur. En carreras de caballos,* empate.
   II. 1. f. *Ho.* Cantidad de semillas de maíz o **frijol** que se siembran en cada hoyo. rur.
   □
   a. ‖ **por ~ de manao.** loc. adv. *Pe.* Por poco, por un tiempo o cantidad mínimos.

puestera.
   I. 1. f. *Ar, Ur.* Mujer del **puestero.** rur.

puestero, -a.
   I. 1. m. y f. *Cu, PR, Co:C, Bo:C,O,S, Ch, Ar, Ur.* Persona que tiene un puesto en un mercado o trabaja en él.
   2. *Ch, Py, Ar, Ur.* Persona que tiene a su cargo un **puesto** de una hacienda de campo. rur.
   3. *Cu.* Persona que tiene o atiende un puesto de frutas o verduras.
   II. 1. adj. *Co. Referido especialmente a un partido político,* que ofrece puestos a cambio del apoyo. desp.

puestísimo, -a.
   I. 1. adj. *Mx. Referido a persona,* dispuesta, preparada para algo.

puesto.
   I. 1. m. *Py, Ar, Ur; Ch,* p.u. Vivienda situada en una de las partes en que se divide una hacienda, en la que vive el **puestero** que tiene a su cargo el cuidado de animales y sembrados. rur.
   ■
   a. ‖ **~ de salud.** m. *Ni, Pa, Co.* Unidad de atención médica primaria y preventiva en una población rural.
   b. ‖ **~ sanitario.** m. *Ar, Ur.* Centro de salud que se establece en zonas rurales y barrios de ciudad.
   ▶ **darse el ~; darse ~; quedar ~ y convidao; serruchar el ~; tener más ~s que un bus.**

puestón, -na.
   I. 1. adj. *Ch. Referido a persona,* algo borracha. pop + cult → espon.

puestudo, -a.
   I. 1. adj. *PR. Referido a persona,* engreída, soberbia, vanidosa, petulante. pop + cult → espon.

pueta.
   I. 1. m-f. *Ni, Ch.* Poeta, *especialmente el de carácter popular* y que improvisa versos en cualquier ocasión que se requiera. pop.
   2. m. *Ho.* Poetastro. desp.

puf.
   I. 1. m. *Ch.* Inhalador, aparato para inhalar medicamentos.
   II. 1. m. *Gu.* Excremento humano. inf.
   III. 1. m-f. *Gu.* Persona pretenciosa y con remilgos. desp.
   ▶ **hacer ~.**

¡pufa!
   I. 1. interj. *Gu, Ur.* Expresa fastidio o enojo. pop + cult → espon.

puff.
   I. 1. m. *Ch.* Dosis de medicamento inhalada por la nariz.

púgil.
    I. 1.   m. *Mx.* Hombre homosexual. euf; desp.

pugilateado, -a.
    I. 1.   adj. *PR. Referido a persona,* frustrada, agobiada, abrumada. pop + cult → espon. ♦ **rochado.**

pugilatear(se).
    I. 1.   intr. prnl. *PR.* Crearse *alguien* muchos problemas, preocuparse. pop + cult → espon.
    2.   *PR.* Ponerse *alguien* nervioso, agobiarse. pop + cult → espon.
    II. 1.   tr. *Cu.* Tener que superar muchas dificultades para conseguir algo.

pugilateo.
    I. 1.   m. *Cu.* Conjunto de gestiones que se hacen para conseguir algo. ♦ **pugilato.**
    II. 1.   m. *PR.* juv. Problema que causa tristeza a alguien.

pugilato.
    I. 1.   *Cu.* **pugilateo,** conjunto de gestiones. pop.
    II. 1.   m. *PR.* Contratiempo, fastidio. pop + cult → espon.
    ▶ **dejar el ~.**

pugio.
    I. 1.   *Bo:O, Ar:NO.* **puquio.**
    II. 1.   m. *Ar:NO. En la creencia popular,* genio de las aguas subterráneas.

puguilla.
    I. 1.   f. *Bo:E.* **zancudo,** mosquito.

pui.
    I. 1.   m. *Ve.* **flor amarilla,** árbol.

puinque.
    I. 1.   *Ve.* **pecarí de collar.**

puisca. (Del quech. *phuska*).
    I. 1.   f. *Bo, Ar:NO.* Huso rudimentario para hilar. ♦ **puiscana.**

puiscana.
    I. 1.   *Ar:NO.* **puisca.**

puisquillo.
    I. 1.   m. *Ar:NO.* **guanota,** abeja.

pujadera.
    I. 1.   f. *Gu, Ho, Ni, CR, RD.* Emisión constante de **pujidos.**
    II. 1.   f. *Ho.* **empujadera.**

pujador.
    I. 1.   m. *Pa.* Tambor de sonido grave, formado por un cilindro hueco, utilizado para acompañar el **tamborito** u otros ritmos típicos.

pujagua. (Del nahua *paxauac,* cosa fofa o esponjada).
    I. 1.   adj/sust. *Ho, ES, Ni, CR:NO. Referido a un grano de maíz,* grande, fofo y de color morado. (**pujagüe; pushagua; pushague**).

pujaguante.
    I. 1.   m. *Ho.* Instrumento de labranza consistente en un palo largo con uno de sus extremos en punta que sirve para ahoyar.

pujagüe.
    I. 1.   *Ho, ES, Ni.* **pujagua.**

pujao.
    I. 1.   m. *Ve.* Tambor tubular de dos membranas sujetas entre sí mediante cuerdas o cabuyas que se toca con baqueta y con la mano, sosteniéndolo entre las piernas.

pujar.
    I. 1.   intr. *Mx, Gu, Ho, ES, Ni, CR, Cu, RD, Ve, Ec.* Emitir un sonido o voz ahogada y fatigosa cuando se hace un gran esfuerzo o se soporta un dolor.
    2.   tr. *Ho, ES, Ni, Pa; CR, Cu, RD, PR, Pe, Bo,* euf; pop. Realizar un esfuerzo con los músculos, especialmente del estómago, para intentar defecar o para liberar el cuerpo de otras presiones.

II. 1.   tr. *Ho.* Presionar a *alguien.*
III. 1.   tr. *Pa.* Tocar el tambor.
    □
    a. ‖ **~ para abajo.** loc. verb. *Gu.* Soportar las consecuencias de nuestra conducta.
    b. ‖ **~ para adentro.** loc. verb. *Mx, Ni, RD.* Aguantarse, no protestar o quejarse ante determinada situación. pop + cult → espon.
    c. ‖ **~ un coco.** loc. verb. *PR.* Hacer *alguien* un esfuerzo extraordinario y no lograr el fin que se perseguía. pop + cult → espon.

pujido.
    I. 1.   m. *Mx, Gu, Ho, ES, Ni, CR, Pa, Co, Ve, Bo:E.* Sonido o voz característica que emite una persona cuando hace un esfuerzo físico o se queja de un dolor.
    2.   *Gu, Ho, ES.* Esfuerzo muscular para defecar.

pujilateo.
    I. 1.   m. *Cu.* Conjunto de gestiones para conseguir algo.

pujillo.
    I. 1.   m. *Pa.* Bebida hecha de maíz tierno y **melado.**

pujio.
    I. 1.   *Bo, Ar:NO.* **puquio.**

pujllay. (Del quech. *pujllay,* jugar).
    I. 1.   m. *Pe:SE, Ar:NO. En la creencia popular,* dios del carnaval, alegre y juguetón. (**pusllay; pucllay**).
    2.   *Pe:SE, Ar:NO.* Muñeco que representa al carnaval y se quema el último domingo de la fiesta. (**pusllay; pucllay**).
    3.   *Pe:SE, Bo:C,O.* Danza que se baila durante las fiestas del carnaval.
    4.   *Pe:SE.* Fiesta de carnaval.
    5.   *Bo:C,O.* Composición musical de ritmo lento y alegre a cuyo compás se baila el pujllay.

pujo.
    I. 1.   m. *Ho, ES, Ni, CR, Co:SO.* Efecto del mal de ojo en los niños que se manifiesta en lloriqueos, ganas de defecar sin lograrlo y malestar general.
    2.   *Gu.* Disentería.
    II. 1.   m. *Ve.* Prisa. pop + cult → espon.
    III. 1.   m. *Ve.* Nerviosismo. pop + cult → espon.
    IV. 1.   m. *Cu.* Chiste o broma que no tiene gracia.
    V. 1.   m. *Ni.* Persona antipática, necia y pesada. pop + cult → espon.
    VI. 1.   *Pa.* **mucle.**
    ▶ **ser un ~ en vendaval.**

pujón, -na.
    I. 1.   m. y f. *Cu.* Persona que cuenta chistes que no tienen gracia. pop.

pujoso, -a.
    I. 1.   adj. *ES. Referido a persona,* de tos constante.

pujusó.
    I. 1.   adj. *Bo:E. Referido a cosa,* mohosa. pop + cult → espon.

pujuy.
    I. 1.   *Mx.* **pucuyo,** tapacaminos.

pujuyo.
    I. 1.   *Mx.* **pucuyo,** tapacaminos.

puka.
    I. 1.   f. *PR.* Collar hecho de caracoles u otros materiales que se usa pegado al cuello. (**puca**).

pul.
    I. 1.   m. *Ho, ES, Ni, Pa.* Influencia, poder.
    2.   *CR.* Fama, renombre.
    II. 1.   m. *Ho.* Juego de billar americano. (**pull**).

pulchungo, -a.
    I. 1.   adj. *Ec. Referido a animal, especialmente a un perro,* que tiene el pelo largo y desordenado. pop.

pulear.
    I. 1.   intr. *ES.* Jugar al billar americano.

pulenta.
   I. 1. adj. *Pe, Ar.* Excelente, extraordinario. pop. (**pulento**).

pulento, -a.
   I. 1. *Pe, Bo, Ch.* juv. **pulenta**, excelente.
     2. adj/sust. *Bo, Ch.* Referido a persona, rica, que posee mucho dinero. delinc; pop.
     3. adj. *Ch.* Referido especialmente a persona, de clase social baja.
     □
      a. ‖ **el Pulento.** loc. sust. *Ch.* Dios. pop.
      b. ‖ **la pulenta.** loc. sust. *Ch.* Verdad que se ha tenido oculta y ha tenido que ser revelada. pop + cult → espon.

pulga.
   I. 1. f. *Gu, ES.* Prostituta. euf.
   II. 1. f. *PR. En la industria azucarera,* enfermedad de la semilla de la caña de azúcar.
     □
      a. ‖ **como ~ en la oreja.** loc. adj. *Pe.* Referido a persona, que molesta o incordia continuamente. pop + cult → espon.
      b. ‖ **como ~ en perro sato.** loc. adj. *Cu.* Referido a animal o cosa, muy abundante.
      c. ‖ **de pocas ~s.** loc. adj. *Ho, Ni, Ec; Mx, CR, Bo:O, Ar, Ur,* pop + cult → espon. Referido a persona, que se irrita o se molesta con facilidad.
      d. ‖ **~ en petate.** loc. sust/adj. *Gu.* Persona insignificante. desp.
     ▶ **aguantar ~s; hacerse ~; sacarse las ~s; sacudir las ~s; ser de pocas ~s; subirse la ~.**

pulgarada.
     □
      a. ‖ **a ~s.** loc. adv. *ES.* A la fuerza, por poquito.

pulgón.
   I. 1. m. *Ve.* obsol. Mancha negruzca producida por la humedad o los hongos en un tejido.
     ■
      a. ‖ **~ de mar.** *Ch.* **muimuy.**

pulgosa.
   I. 1. f. *Ch.* p.u. Pulga, insecto parásito. pop.

pulguento, -a.
   I. 1. adj. *Ch.* Referido a animal, que tiene pulgas. pop.

pulgueral.
   I. 1. m. *Gu, Ve.* Lugar apestado de pulgas. pop + cult → espon.
     2. *Ve.* Cantidad grande de pulgas. pop + cult → espon.
   II. 1. m. *Ve.* Cárcel. pop + cult → espon ^ fest.

pulguerío.
   I. 1. m. *Mx, Gu, Ni, Ch; Ar, Ur,* pop + cult → espon. | p.u. Abundancia de pulgas.
     2. *Gu, Bo, Ch, Ur.* Sitio en el que abundan las pulgas.

pulguero.
   I. 1. m. *Co:O* carc; *Ve,* obsol, pop. Cárcel.
   II. 1. *EU, PR, Ec.* **mercado de pulgas.**
     2. m. *Ho, Ni.* Tienda en que se venden objetos usados.
   III. 1. m. *Gu, Ve.* Cantidad de pulgas.
     2. *Gu.* Lugar en el que abundan las pulgas.
   IV. 1. m. *Ch:N.* obsol. Calabozo en yacimientos o minas de salitre.

pulguiento.
   I. 1. m. *Gu.* Persona o animal que tiene muchas pulgas.
   II. 1. m. *CR.* Perro. pop ^ desp.

pulguiento, -a.
   I. 1. adj. *Mx, Gu, Ho, ES, Ni, CR, Pa, Cu, Ve, Ec, Pe, Bo, Ch, Py, Ar, Ur.* Pulgoso. pop ^ desp.

II. 1. adj. *Mx, Pe, Bo, Ch, Ur.* Referido a persona, de aspecto sucio y desaliñado. pop + cult → espon ^ desp.
     2. *Ur.* Referido a cosa, de poco valor. pop + cult → espon ^ desp.
     3. *Ur.* Referido a un perro, que no es de raza. pop + cult → espon ^ desp.

pulguilla.
   I. 1. f. *Ec, Bo.* Escarabajo de pequeño tamaño, de cuerpo ovalado, cabeza pequeña y antenas cortas. (Chrysomelidae; *Chaetocnema* spp.).

pulgurío.
   I. 1. m. *Gu, Ho, ES.* Gran cantidad de pulgas.

pulido, -a.
   I. 1. adj. *Ho, Ve.* Referido a persona, vestida con elegancia.
   II. 1. adj. *ES.* Referido a cosa, bonita, de buena calidad.
     2. *Ho.* Referido a cosa, bien hecha.

pulidor.
   I. 1. m. *Ec, Pe, Ur.* Producto detergente limpiador que no raya las superficies.

pulipuli.
   I. 1. *Pe:SE.* **pulipulis.**

pulipulis.
   I. 1. *Pe:SE.* Danza tradicional que imita los pasos de los cazadores. (**pulipuli**).

pulique.
   I. 1. m. *Gu.* Carne de **res** o de pollo aderezada con varios condimentos, en un caldo espesado con maíz o con pan.

puliquera.
   I. 1. f. *Gu.* Barriga. pop.

pulir(se).
   I. 1. intr. prnl. *Mx, Ho, ES, CR, Pe.* Lucirse, llevar a cabo una tarea muy bien, de modo que despierte admiración.
     □
      a. ‖ **~ el cuero.** loc. verb. *Cu.* Trabajar con mucho tesón y sacrificio para conseguir algo.
      b. ‖ **~ hebillas.** *Ve.* **pulir la hebilla.**
      c. ‖ **~ la hebilla.** loc. verb. *Ve.* Bailar muy juntas dos personas. pop. ♦ **pulir hebillas.**
      d. ‖ **~la.** loc. verb. *Cu.* Trabajar con mucho tesón y sacrificio para conseguir algo.

pull. (Del ingl. *pool*).
   I. 1. *Ho, ES.* **pul,** billar americano.
   II. 1. m. *Ho, PR.* Influencia, valimiento, poder.
     ■
      a. ‖ **~ negro.** m. *Ho. En el billar americano,* variedad de juego que consiste en que un jugador o una pareja debe meter las bolas que tienen los números del 1 al 7 y otro, del 9 al 15; la bola con el número ocho debe meterse en una de las seis **buchacas.**

pullar.
   I. 1. tr. *Ni, CR, RD, PR, Co, Ve.* metáf. Mortificar insistentemente a *alguien* con expresiones agudas y mordaces. pop. (**puyar**).

pullazo.
   I. 1. m. *CR, Co, Ve, Bo.* Alusión maliciosa e irónica que alguien dirige a otra persona encubiertamente para enardecerla, ofenderla o mortificarla.

pullero, -a.
   I. 1. sust/adj. *Ve.* Pullista.

pullman. (Voz inglesa).
   I. 1. m. *Mx.* Autobús de pasajeros, confortable y lujoso.

pullo. (Del aim. y del quech. *phullu*).
   I. 1. m. *Pe, Bo, Ar:NO.* Manta gruesa de lana. rur.
     2. sust/adj. *Ar:NO.* **poncho pullo.**

3. m. *Bo.* Mantón que llevan las mujeres sobre los hombros para abrigarse. rur.

pullocata.
　I. **1.** f. *Pe.* p.u. Manta femenina gruesa de lana. rur.

pulloil. (De *Pulloil*®).
　I. **1.** m. *Ar.* obsol. Detergente en polvo para limpiar especialmente las instalaciones del baño y la cocina o las superficies cubiertas de grasa.

pullón, -na.
　I. **1.** adj. *PR. Referido a persona*, que acostumbra tirar indirectas, pullas. pop + cult → espon.

pullu. (Del aim. y del quech. *phullu*).
　I. **1.** m. *Pe, Bo.* Mantón que llevan las mujeres sobre los hombros para abrigarse. rur.

pulman. (Del ingl. *pullman*).
　I. **1.** m. *Pe.* Autobús de pasajeros, *generalmente de dos pisos*, confortable y lujoso.

pulmay.
　I. **1.** m. *Ch.* Comida hecha a base de mariscos y cerdo cocidos en una olla tapada. (**polmay**).

pulmón.
　I. **1.** m. *Mx.* Trago de **pulque**. pop.
　　2. *ES.* Botella de aguardiente.
　　3. *ES.* Litro de aguardiente.
　II. **1.** m. *Mx:N,C.* Hombre homosexual. pop.
■
　a. ‖ **medio ~.** m. *ES.* Medio litro de aguardiente.
□
　a. ‖ **a ~.**
　　i. loc. adv. *Cu; Mx, PR, Py, Ar, Ur*, pop + cult → espon. Con gran esfuerzo y sin ayuda.
　　ii. *Ho.* Manualmente, a mano.
　b. ‖ **a ~ lleno.** loc. adv. *Bo.* Con mucha fuerza y potencia. pop + cult → espon.
　c. ‖ **a todo ~.** loc. adv. *Pa, Bo.* Con mucha fuerza y potencia. pop + cult → espon.
　d. ‖ **~ de gato.** loc. sust/adj. *Pe.* Persona muy delgada. pop.
▶ **comer los pulmones; hacer una cosa a ~.**

pulpa.
　I. **1.** f. *Gu, Ho, Ni.* Cáscara gruesa del grano de café ya maduro.
　II. **1.** f. *Ch.* Concentrado de cobre u otro mineral en agua.
■
　a. ‖ **~ cuadrada.** f. *Ar:NO, Ur.* Corte de carne de vacuno extraída de la pata trasera del animal, alrededor del fémur.

pulpaya.
　I. **1.** f. *Pe.* p.u. **Pulpería** de mal aspecto y con poco género. desp.

pulpear.
　I. **1.** tr. *Ch.* Explotar a *alguien*, aprovecharse en beneficio propio de su trabajo, esfuerzo o capacidad. pop.
　II. **1.** intr. *Pa.* Dedicarse a distintos trabajos o empleos.
　III. **1.** tr. *Pa.* Acumular riquezas o dinero. pop.

pulpeo.
　I. **1.** m. *Ch.* Aprovechamiento del esfuerzo ajeno en beneficio propio. pop.

pulpería.
　I. **1.** f. *Gu, Ho, ES, Ni, CR, RD, Co:SO, Ve, Ec, Bo:C,E,S; Ch, Ar, Ur*, obsol; *Mx, Pe*, p.u. Establecimiento típico de la zona rural, donde se venden víveres, bebidas alcohólicas, instrumentos de trabajo, artículos de ferretería, de mercería y de quincallería.
　　2. *Ho.* metáf. Oficina, ministerio o cualquier lugar de trabajo. desp.

II. 1. f. *Ni.* Vómito del borracho. fest.
▶ **echar la ~.**

pulpero.
　I. **1.** m. *Gu.* Máquina **despulpadora** del café.

pulpero, -a.
　I. **1.** m. y f. *Gu, Ho, Ni, CR, RD, Ve, Ec, Bo:E,S, Ar; Mx, Pe*, p.u; *Ch, Ur*, obsol. Propietario o dependiente de una **pulpería**.
◩
　a. ‖ **cada ~ alaba su queso.** fr. prov. *Ve.* Indica que en las personas existe la tendencia a alabar las cosas propias.

pulpo.
　I. **1.** m. *Pe, Bo, Ch.* Persona que explota a otros o se beneficia de su esfuerzo o trabajo.
　II. **1.** m. *Ho.* Variedad de nudo con amplia comba.
　III. **1.** m. *Pa.* Persona que tiene diversos trabajos o empleos.

pulque. (Del nahua, apóc. de *poliuhqui-octli*, vino podrido).
　I. **1.** m. *Mx, Gu, Ho, Ni.* Bebida alcohólica, blanca y espesa, del altiplano de México, que se obtiene haciendo fermentar el jugo extraído del **maguey** con el **acocote**.
　　2. *Ec.* Bebida fabricada con el jugo del extremo inferior de la espata del **penco**, *a veces endulzado y hervido con un poco de harina de maíz.* ◆ **chahuarmishqui.**
■
　a. ‖ **~ blanco.** m. *Mx.* Pulque puro, sin mezclar con jugo de alguna fruta.
　b. ‖ **~ curado.** m. *Mx.* Pulque que se mezcla con el jugo de alguna fruta.

pulquería.
　I. **1.** f. *Mx.* Tienda donde se vende **pulque**.

pulquero, -a.
　I. **1.** adj. *Mx.* Relativo al **pulque**.
　　2. m. y f. *Mx.* Persona que fabrica y vende **pulque**.

pulsa.
　I. **1.** f. *Cu:E* Pulsera.

pulsador, -ra.
　I. **1.** m. y f. *Gu.* Persona que echa pulsos.
　　2. *Gu.* Acróbata que soporta su peso y el de otros con la fuerza de sus manos.
　II. **1.** m. y f. *Bo:E.* Persona que toca un instrumento de cuerda con la yema de los dedos.

pulsar.
　I. **1.** intr. *Co.* Asirse dos personas por una de las manos y, apoyando los codos firmemente, tratar cada uno de abatir el brazo contrario.

pulseada.
　I. **1.** f. *Ec, Pe, Ch, Py, Ar, Ur, Mx*, pop + cult → espon. | metáf. Enfrentamiento entre dos o más personas o instituciones para hacer prevalecer los propios intereses o puntos de vista.
　　2. *Ec, Pe, Bo, Ch, Py, Ur, Mx*, pop + cult → espon. Prueba de fuerza en la que dos personas enfrentadas se toman por la mano, con los codos apoyados sobre una mesa, e intentan doblar el brazo del contrario llevándole el puño hasta la mesa.
　II. **1.** f. *Pe.* Tanteo, investigación de un asunto para averiguar la manera de tratarlo. pop + cult → espon.
　III. **1.** f. *Ch.* Toque o rasgueo de una tecla o cuerda en un instrumento musical.

pulseador, -ra.
　I. **1.** adj. *Bo. Referido a persona*, que tiene gran habilidad y fuerza pulseando.

pulsear.
　I. **1.** tr. *Ec, Pe, Ch, Ar.* Enfrentarse a *alguien* con la intención de vencerlo o hacer prevalecer su postura.

2. intr. *Ar.* Medir dos personas su fuerza en el pulso, tomándose de una mano y con los codos apoyados en lugar firme.

3. tr. *Pe.* Probar la fuerza entre dos personas.

II. 1. tr. *Bo:E, Ch, Ur, Pe,* pop. Tantear, investigar un asunto para averiguar la manera de tratarlo.

□

a. ‖ ~la. loc. verb. *CR.* Esforzarse al tratar de conseguir algo. pop + cult → espon.

pulseta.
I. 1. f. *Bo.* Prueba de fuerza en la que dos personas enfrentadas se toman por la mano, con los codos apoyados sobre una mesa, e intentan doblar el brazo del contrario llevándole el puño hasta la mesa.

2. *Ur.* Enfrentamiento entre dos o más personas o instituciones, para hacer prevalecer los propios intereses o puntos de vista.

pulso.
I. 1. m. *Mx, Gu, Ho, ES, Ni.* meton. Puntería.

II. 1. m. *Cu, Ve, Bo, Ar, Ur.* En las comunicaciones telefónicas, unidad de medida de tiempo y gasto.

III. 1. m. *Ho, ES.* Cuidado, cautela.

IV. 1. m. *Cu.* Pulsera, brazalete.

pulsudo, -a.
I. 1. adj. *Ar:NO.* Referido a *persona,* fuerte y robusta. pop + cult → espon.

2. *Ar:NO.* Referido a una *comida,* sustanciosa, nutritiva. pop + cult → espon.

II. 1. adj. *Gu, Ho, ES.* Referido a *persona,* que tiene buena puntería con un arma de fuego.

2. *Ho.* meton. Referido a *arma de fuego,* que tiene perfectamente alineados sus **partes** de puntería.

pulu.
I. 1. m. *Bo:O.* Hilo que va amarrado a uno de los palos del telar.

pulule.
I. 1. m. *Gu, Ho:O, Ni.* Dulce de pulpa de calabaza asada con una capa de miel.

pululé.
I. 1. m. *Bo:E.* Acumulación de grasa que se forma en las caderas, muslos y parte superior del brazo. pop.

pululo, -a.
I. 1. adj. *Cu.* p.u. Referido a *animal o cosa,* muy abundante.

II. 1. adj/sust. *Gu.* Referido a *persona,* pequeña y gorda.

pululu.
I. 1. m. *Ar:NO.* Trompeta hecha con cuerno de buey, que se usa para llamar o con motivos ceremoniales. rur.

pulún-pulún. (De or. onomat.).
I. 1. m. *ES.* Marimba.

2. *ES.* Orquesta de pueblo.

¡pulungún! (De or. onomat.).
I. 1. interj. *Ho.* Expresa el hecho de lanzarse o tirarse rápidamente sobre algo o alguien.

pum.
I. 1. m. *Gu, Ho, Ni, Bo.* Caída al suelo. inf.

puma.
I. 1. m. *Ch.* Hombre valiente, arrojado. pop + cult → espon.

pumacua.
I. 1. *Mx.* **achiote,** arbusto.

pumagarza.
I. 1. f. *Pe.* **hocó colorado.**

2. *Pe.* **hocó oscuro.**

pumarrosa.
I. 1. *PR.* **pomarrosa,** fruta.

pumo.
I. 1. m. *Mx.* Palma de hasta 30 m de altura, de tronco recto y hojas palmadas; su fruto, comestible, es muy apreciado. (Arecaceae; *Copernicia pumus*).

pumpo.
I. 1. *Mx.* **guaje,** planta.

pumpujuche. (Del nahua).
I. 1. *Gu, Ho:N.* **zapotón.** (**pumpunjuche**).

pumpumí.
I. 1. m. *Mx:SE.* Arbusto de hasta 4 m de altura, ramoso y erguido, con hojas lineares y pecioladas, y flores pequeñas, blancas y fragantes; es una planta ornamental. (Euphorbiaceae; *Euphorbia leucocephala*). ♦ **pascuita.**

pumpunear(se). (De or. onomat.).
I. 1. *Ho, ES.* **pomponear.**

2. *Ho.* Tocar con los nudillos algo, *en especial una puerta,* haciendo ruido.

II. 1. tr. prnl. *Ho.* Golpearse *alguien* el pecho en señal de arrepentimiento.

pumpuneo. (De or. onomat.).
I. 1. m. *Ho, ES.* Toque en la puerta, golpeándola con los nudillos. (**pomponeo**).

pumpunjuche.
I. 1. *Mx:SE, ES.* **pumpujuche.** (**pupunjuche**).

pumpuñete.
I. 1. m. *Ho.* Juego infantil que consiste en que uno de ellos tiene que abandonar el grupo mientras los demás en secreto se ponen nombres de animales que él debe acertar; el niño que tiene el nombre del animal que ha acertado debe traerlo cargado a la espalda hasta el grupo. inf.

puna. (Del quech.).
I. 1. f. *Ve, Ec, Pe, Bo, Ch, Py, Ar, Ur.* Extensión grande de terreno raso y yermo ubicada en altura.

2. *Pe, Bo, Ch, Ar:NO.* Mal de montaña, malestar físico que se manifiesta en las grandes alturas por disminución de la presión atmosférica. ♦ **apunamiento; asorochamiento; mal de puna; soroche; sorochi; sorocho; sorojchi.**

3. *Ar.* Tierra alta, próxima a la cordillera de los Andes.

4. *Pe, Bo.* Región de gran altitud, sobre los 4000 m sobre el nivel del mar, de poco relieve, con planicies yermas donde solo crecen **pajonales** y cactáceas.

5. *Ch.* metáf. Fallo o deterioro que sufre una máquina o una cosa por efecto de la altitud y la falta de oxígeno.

II. 1. f. *Ch:SO.* p.u. **digüeñe.**

III. 1. f. *Ni.* Alevín.

■

a. ‖ ~ **lloque.** m. *Bo:S.* Árbol de hasta 6 m de altura, de hojas simples, flores de color blanco y frutos en forma de cápsula que contienen muchas semillas pequeñas. (Saxifragaceae; *Escallonia schreiteri*).

puncetear.
I. 1. tr. *Ch.* Pinchar o herir con un objeto punzante *algo* o a *alguien.*

2. *Ch.* Aguijonear, incitar con firmeza y reiteración a *alguien.*

3. *Ch.* Molestar repetidamente con frases hirientes o puyas a *alguien.*

punch.
▶ tener ~.

punchal.
I. 1. m. *ES.* Gran cantidad de cangrejos **punches.**

punche.
I. 1. m. *Mx.* Mermelada espesa y dulce que se elabora con maíz.

II. 1. m. *Pe.* Musculatura del brazo, *especialmente el bíceps.* pop + cult → espon.

2. *Pe.* Fuerza, vigor. pop + cult → espon.

III. 1. m. *Ho, ES, Ni.* Cangrejo de tierra con caparazón grande. (Gecarcinidae; *Cardisoma guanhumi*).

IV. 1. m. *Ni.* Vulva. euf.

punching.
■

a. ‖ ~ **bag.** (Del ingl. *pushing bag*). m. *Cu.* Saco cilíndrico que utilizan los boxeadores para entrenarse.

punco.
I. 1. m. *Ar:NO.* Puerta. rur.

¡pundumbum!
I. 1. interj. *Pa.* Imita el sonido de un golpe o de una caída.

puneño, -a.
I. 1. adj. *Bo, Ar.* Relativo a la **puna** o tierra alta próxima a la cordillera andina.

punga.
I. 1. m-f. *Ch; Ar, Ur,* delinc, pop + cult → espon; *Bo,* delinc. Ladrón, *especialmente el que roba carteras o dinero de bolsillos o bolsos en el transporte público o en lugares en los que hay mucha gente.* ♦ **punguista.**

2. f. *Ch, Ar, Ur.* meton. Robo, *especialmente de carteras o dinero de los bolsos en el transporte público.* delinc; pop.

3. *Ar.* Objeto robado por el **punguista.** delinc.

II. 1. m. *Pe.* Árbol de hasta 5 m de altura de tronco de color verdoso con estrías blancas, poco follaje y madera casi blanca. (Malvaceae; *Pseudobombax munguba* spp.).

III. 1. adj/sust. *Ch.* Referido a persona, de clase social baja. pop + cult → espon ^ desp.

pungar.
I. 1. tr. *Ar.* Robar objetos pequeños, *especialmente dinero o carteras de bolsillos o bolsos.* delinc; pop.

pungente.
I. 1. adj. *Ec.* Referido a cosa, de olor o sabor penetrante.

pungueada.
I. 1. f. *Ar.* meton. Robo, *especialmente de carteras o dinero de los bolsos en el transporte público.*

punguear.
I. 1. tr. *Ar, Ur; Bo,* delinc. Robar objetos pequeños, *especialmente dinero o carteras de bolsillos o bolsos.* pop.

punguista.
I. 1. *Bo, Ar. Ur.* **punga,** ladrón. pop.

¡pungulún!
I. 1. interj. *Ho.* Imita el sonido producido al caer alguien o algo al suelo.

¡pungún!
I. 1. interj. *Ho, Ni.* Imita el sonido de beberse algo rápidamente y de un solo trago.

2. *Ni.* Imita el sonido de un golpe o caída.

punilla.
I. 1. f. *Bo:E.* Espacio cubierto y cercado con barandas situado delante de la entrada principal de una casa. pop + cult → espon.

2. *Bo:E.* Alero improvisado hecho con hojas de palmera para resguardarse del sol. pop + cult → espon.

punitorio, -a.
I. 1. adj. *Ar.* En el ámbito legal y administrativo, perteneciente al castigo.

punkeke.
I. 1. adj/sust. *Pe.* Referido a persona, seguidora del movimiento y la música *punk.* pop + cult → espon ^ fest.

2. adj. *Pe.* Relativo al movimiento *punk.* pop + cult → espon ^ fest.

punta.
I. 1. f. *Mx, Gu, ES, Ni, Pe, Bo:O, Ch.* Cuchillo, navaja. delinc.

2. *Ve.* Cuchillo largo y angosto empleado en labores agrícolas.

3. *Ch.* Reja del arado. rur.

4. *Gu.* Herramienta con una boca cortante, que sirve para desprender los revoques de las paredes y para escafilar los ladrillos.

II. 1. f. *Mx, Pe, Ch, Ar.* Posición primera o destacada de una clasificación o **competencia.** pop.

III. 1. f. *Mx.* En la elaboración del **pulque**, primera tina que se extrae del **maguey** ya fermentado.

2. m. pl. *Ec.* Aguardiente de caña de azúcar obtenido en la primera fase de destilación, característico por el alto contenido alcohólico.

IV. 1. f. *Mx.* Grupo de personas que comparten una cualidad considerada negativa. desp.

V. 1. f. *Gu, Ho, Ni, Ve, Ar.* Partida de ganado o conjunto de animales vacunos, *especialmente de vacas.*

VI. 1. f. *Pe, Ch.* Pañuelo triangular que se coloca rodeando el cuello y cayendo a la espalda.

VII. 1. f. *Ve.* Pulla o indirecta.

VIII. 1. f. *Cu, PR.* Hoja de tabaco de calidad superior.

IX. 1. f. *Ch.* Dosis pequeña y ocasional de droga. drog.

X. 1. f. *ES, Ni.* Música y baile tradicional del **garífuna** por la muerte de un familiar.

XI. 1. f. *ES, Ni.* Corte de carne del muslo de las patas delanteras del ganado vacuno.

XII. 1. f. *ES, Ur.* Cantidad grande e indeterminada de algo.

XIII. 1. f. *Bo:SO.* En la mina, turno de trabajo de ocho horas.

XIV. 1. f. *PR.* Clavo del trompo.

●

a. ‖ **a la ~ del cerro.** fórm. *Pe, Ch.* Se usa para despedir a alguien con aspereza, enfado o sin miramientos.

■

a. ‖ ~ **de plancha.** m. *Ni.* Finca triangular.

b. ‖ ~ **de verija.** f. *Ar.* Corte de carne vacuna extraído del cuarto trasero del animal y que corresponde *especialmente a los músculos glúteos.*

c. ‖ ~ **de yuca.** m. *Ho:N, ES.* Pantalón que por abajo es muy estrecho y pegado a la pierna.

d. ‖ ~ **y codo.** f. *Ch.* Ejercicio que consiste en arrastrarse por el suelo impulsándose alternativamente con cada uno de los codos.

□

a. ‖ **a la ~ del cuerno.**
i. loc. adv. *Ec.* Muy lejos de uno.
ii. loc. interj. *Bo:E.* Expresa rechazo. pop.

b. ‖ **a ~ de.** loc. adv. *Mx, Ni, CR, Pa, Ve, Ec, Pe, Bo, Ch, Ur.* A fuerza de.

c. ‖ **de ~.**
i. loc. adj. *CR, Bo, Ch.* Referido a cosa, que tiene los últimos adelantos y avances tecnológicos. pop + cult → espon.
ii. loc. adv/adj. *Ch; Ur,* pop + cult → espon. Enfrentándose a alguien o en situación de discordia o desavenencia con él.

d. ‖ **de ~ y taco.** loc. adj. *Ch.* Referido a una danza folclórica, *especialmente a la* **cueca**, que se baila con energía marcando los ritmos con el zapateado de la puntera y los tacones. pop + cult → espon.

e. ‖ **en ~.**
i. loc. adv. *Cu.* A punto de realizar algo.
ii. *Ho.* En conjunto, sin diferencias individuales. rur.

f. ‖ **en ~s de pie.** loc. adv. *Ec, Pe.* De puntillas, pisando con las puntas de los pies y levantando los talones. pop + cult → espon.

g. ‖ **hasta la ~.** loc. adv. *Gu.* Muy lejos. pop.

h. ‖ ¡**la ~ de un sauce verde!** loc. interj. *Ar, Ur.* Expresa enojo o contrariedad. euf; pop + cult → espon.

i. ‖ **¡la ~ del obelisco!** loc. interj. *Ar.* Expresa enojo o contrariedad. euf; pop + cult → espon.

j. ‖ **la ~ del ovillo.** loc. sust. *Ar.* Hecho o indicio considerado fundamental para comenzar a desentrañar una trama o un suceso.

k. ‖ **a ~.** loc. sust. *PR.* Pelea de gallos con espuelas naturales.

l. ‖ **~ de calle.** loc. sust. *Pa.* Final de una calle sin salida.

m. ‖ **~ de lanza.** loc. sust. *Ve.* Procedimiento para marcar ganado que consiste en realizar un corte en chaflán por ambos lados en la punta de la oreja del animal vacuno.

n. ‖ **~ de rieles.** loc. sust. *Ch.* Lugar que supone el final de una línea de ferrocarril. pop + cult → espon.

ñ. ‖ **~ de tijera.** loc. sust. *PR. En las peleas de gallos,* corte con tijera de las plumas del lomo y por los lados del gallo, una a una, en forma puntiaguda.

o. ‖ **~s florecidas.** loc. sust. *PR, Ar.* Deterioro del cabello que hiende en dos sus puntas.

▶ **andar en ~s; coger por la ~; dar con la ~ del ovillo; dar ~; echar ~; hacer andar de ~; ir en ~; irse a la ~; irse a la ~ de un cuerno; irse de ~; largarse a la ~ de un cuerno; llegar en las ~s del agua; llevarse de su ~; mandar a la ~; mandar a la ~ del cerro; mandar a la ~ del chorizo; mandar a la ~ del cuerno; meter la ~; no ver ni la ~ del zapato; pasarse para la ~; poner los huesos de ~; ponerse de ~; sacar ~ y filo; sacarle ~ al lápiz; sacarse ~; tener más ~s que un cabestro de cerdas; tirar una ~; tratar con la ~ del pie.**

puntabola.

I. 1. f. *Bo.* Bolígrafo, instrumento para escribir que tiene en su interior un tubo de tinta especial y, en la punta, una bolita metálica por donde fluye la tinta.

puntada.

I. 1. f. *Mx, Gu, ES, Ni.* Ocurrencia, agudeza, idea o dicho ingenioso o humorístico.

II. 1. f. *Ve.* Dolor intenso.

a. ‖ **~ de bolillo.** f. *Pa.* Puntada que se usa para recoger las piezas de la **pollera** y que forma un fino bolillo en el borde de la tela.

b. ‖ **~ de zurrón.** f. *Pa.* Puntada que se usa para unir los lienzos de la **pollera.**

a. ‖ **~ de costado.** f. *Ve.* Dolor que se refleja en los músculos del pecho.

b. ‖ **tres ~s.** m. *Co:N.* Calzado que consiste en una suela de cuero u otro material, sobre la que están fijados en tres puntos las correas que sujetan el pie.

▶ **botarse una ~; no dar ~ sin dedal.**

puntaje.

I. 1. m. *Mx, Ho, ES, Ni, CR, Pa, RD, Co, Ve, Ec, Pe, Bo, Ch, Ar, Ur, Gu, Py,* pop. Conjunto de puntos obtenidos en algún tipo de prueba.

puntal.

I. 1. adj. *Mx, Ni, CR. Referido a toro,* que tiene los cuernos sin desmochar. rur.

II. 1. m. *Mx:S,E.* Estaca empleada para sembrar. rur.

III. 1. m. *Gu, Ho, ES, Ni, CR, Co:C,NO, Ve:O.* Alimento ligero que se toma entre las comidas principales. ◆ **pipirín.**

IV. 1. f. *Cu.* Mujer que accede fácilmente a tener relaciones sexuales con hombres.

puntalear.

I. 1. intr. *Ve:O.* Tomar un alimento ligero entre las comidas principales.

II. 1. tr. *Gu.* Colocar puntales en una pared o en un edificio.

puntapié.

a. ‖ **~ inicial.** loc. sust. *Ec, Bo, Ch, Ur.* Acto con el que se da inicio a una actividad. pop + cult → espon.

puntaya.

I. 1. f. *Pe.* Estanque amplio y poco profundo destinado para la fermentación del mosto de uva.

puntazo.

I. 1. m. *ES, CR, Pe, Bo, Ch, Ar, Ur. En el fútbol,* golpe que se da al balón con la punta del pie.

punte.

a. ‖ **a ~.** loc. prep. *Ec, Bo. Seguido de un sustantivo que designa medio, arma o instrumento,* mediante el uso de, a punta de. pop.

punteado, -a.

I. 1. adj. *Ve, Bo:E,S, Ar:NO. Referido a persona,* ligeramente borracha. pop + cult → espon.

punteador.

I. 1. m. *Ho. En la elaboración del azúcar de caña,* persona encargada de señalar el momento en que la miel está en su punto para hacer el azúcar o **panela.**

punteagudo, -a.

I. 1. adj. *RD, Bo. Referido a cosa,* que termina en punta.

puntear(se).

I. 1. intr. *Mx, CR, Cu, Co, Ve, Bo, Ch, Py, Ar, Ur. En una carrera u otra **competencia** deportiva,* estar en el primer lugar de la clasificación.

2. *Mx, Ve, Ec, Pe, Bo, Py, Ar.* Marchar a la cabeza de un grupo de personas o animales.

3. *Mx, Gu, Ho, ES, Co, Bo.* Ir o estar *una persona o cosa* a la cabeza de algo.

II. 1. tr. *Ec, Ar, Ur.* Remover la capa superior de la tierra con la punta de la pala.

III. 1. tr. prnl. *Pe, Ch.* Rozarse un hombre vestido el pene en una zona del cuerpo de otra persona. vulg; pop + cult → espon.

2. tr. *Pa.* Rozar un hombre el pene en una zona del cuerpo de otra persona.

IV. 1. intr. prnl. *Ar:NO.* Ponerse ligeramente borracho. pop + cult → espon.

V. 1. tr. *Ec, Bo, Ch. En el fútbol,* golpear un balón con la punta de la bota.

VI. 1. tr. *Ch; Bo:O,* delinc. Pinchar, herir con un objeto punzante.

VII. 1. tr. *Ho. En la cocción del jugo de la caña de azúcar,* tantear si la miel está a punto para pasarla a los moldes.

VIII. 1. intr. *PR.* Desarrollarse la espuela del gallo cuando empieza a dejar de ser botón.

IX. 1. intr. *CR.* Echar zarcillos ciertas plantas enredaderas, como la calabacera o la **chayotera.** rur.

a. ‖ **~ alto.** loc. verb. *Gu.* Hacer muchos puntos favorables en un juego.

b. ‖ **~ bajo.** loc. verb. *Gu.* Hacer pocos puntos favorables en un juego.

puntera.

I. 1. f. *Ar:NO. En el juego de las canicas,* bola que por su calidad y tamaño se considera la mejor para efectuar los tiros.

II. 1. f. *PR.* Tapa de metal que se clava en la parte anterior de la suela del zapato para evitar su desgaste. ◆ **casquillo.**

puntería.

▶ **poner la ~; ser de ~.**

puntero.

I. 1. m. *Mx, Pa, Ve, Ec, Pe, Bo, Ch.* Cada una de las manecillas del reloj.

II. 1. m. *Mx.* Pequeño negocio que proporciona el principal sustento económico a alguien.

III. 1. *Gu, Ho, ES.* **maestro dulcero**.

2. *Gu.* Recipiente que se somete al calor para que la miel espese y se torne **panela**.

IV. 1. m. *Ec.* **faragua**.

V. 1. m. *Gu.* En el *futbol*, delantero, jugador de ataque.

puntero, -a.

I. 1. m. y f. *Mx, RD, Pe, Bo, Ch, Py, Ar, Ur.* Persona o animal que va delante de los demás componentes de un grupo.

2. *Mx.* En una *competencia* deportiva, deportista o equipo que va primero

II. 1. m. y f. *Gu, Ho, Co, Ec, Pe, Bo, Ch, Py, Ar, Ur.* En el *futbol*, delantero que se **desempeña** en los laterales.

III. 1. m. y f. *Py, Ar.* En *política*, persona que promueve la acción de un partido para conseguir afiliados. pop + cult → espon.

IV. 1. m. y f. *Ch.* p.u. Persona que vende drogas en pequeñas cantidades. drog.

2. *Bo:S.* Delincuente que estafa a los turistas ofreciéndose para cambiar sus divisas en una oficina de cambio y quedándose él con ellas. delinc.

■

a. ‖ ~ **de barrio.** m. *Ur.* Representante de un partido político en un barrio.

puntete.

I. 1. m. *Ch.* Puntapié, golpe dado con la punta del pie o la puntera del calzado, *especialmente en el futbol.* pop + cult → espon.

2. adj/sust. *Ch. Referido a persona*, que suele molestar majaderamente. pop ^ desp.

puntilla.

I. 1. f. *Mx, Cu, Co.* Clavo delgado, de hierro o acero, que se emplea en construcciones y otros usos.

II. 1. f. *Ch. En un monte o colina*, extremo angosto situado en la parte superior o lateral.

2. *Ch.* Accidente geográfico con forma de punta, que se interna en el mar o en un terreno.

III. 1. f. *Ch.* Pañuelo triangular que se coloca rodeando el cuello y cayendo a la espalda.

2. *Ch.* Pieza triangular pequeña que se pone como adorno en los extremos de ciertos objetos.

IV. 1. f. *Ve.* Navaja pequeña. pop.

V. 1. m. *ES.* **matilisguate**.

VI. 1. f. *PR.* Puntera del zapato.

puntillazo.

I. 1. m. *Cu, Bo.* Hecho decisivo o culminante de una actividad.

II. 1. m. *PR.* Broma. pop + cult → espon.

2. *PR.* Garrotazo. pop + cult → espon.

puntillero, -a.

I. 1. adj. *PR. Referido a persona*, que acostumbra decir pullas, sátiras. pop + cult → espon.

punto.

I. 1. m. *Pe, Ar.* Persona que es objeto de las burlas y mofas por los demás. pop.

II. 1. m. *Ve.* Lugar en el que se pueden comprar drogas ilícitas.

2. *Ho, ES.* Lugar fijo donde se toma un taxi o autobús.

III. 1. m. *Ve.* Miembro de la policía que realiza labores de vigilancia en un sitio determinado.

IV. 1. m. *Ve.* Empeño que alguien pone en hacer algo, *generalmente provocado por el orgullo o por el afán de competir con otra persona.*

V. 1. m. *Bo.* Sustancia química que se echa en el caldo de las hojas de coca con cal para saber si la droga está lista para cuajar. drog.

VI. 1. m. *Pa.* Baile folclórico panameño.

2. *Pa.* Música que acompaña a este baile.

VII. 1. m. *Ho.* Poca cantidad de algo, *generalmente de especias, sal y azúcar.*

VIII. 1. m. *PR.* Mérito.

IX. 1. m. *PR.* Valor de patrocinio que tiene un negocio.

X. 1. m. *PR.* Penitenciaría Estatal. carc.

●

a. ‖ **veinte ~s.** fórm. *Ve.* Se usa para expresar entusiasmo, felicitación o aprobación. pop + cult → espon.

■

a. ‖ ~ **álgido.** m. *Ve.* LSD, sustancia derivada del ácido lisérgico.

b. ‖ ~ **ciego.** m. *Ho.* **nudo ciego**, punto fronterizo.

c. ‖ ~ **de la leche.** m. *Cu.* Tienda donde se expenden productos lácteos. pop.

d. ‖ ~ **de orden.** m. *Ec. En el parlamento*, recurso al que apela un legislador para hacer observaciones a otro que está haciendo uso de la palabra.

e. ‖ ~ **de turrón.** m. *Ho.* Estado de solidificación y endurecimiento de la **panela** o dulce de **rapadura**.

f. ‖ ~ **fijo.**

i. m. *Ch.* Agente de policía o grupo de ellos que tiene un puesto fijo temporal de vigilancia en un lugar determinado.

ii. *Ch:N.* Pez de hasta 50 cm de longitud, de cuerpo alargado y longilíneo de color gris azulado, y aletas de reducido tamaño; es comestible. (Scomberesocidae; *Scomberesox* spp.).

g. ~ **negro.** m. *Bo.* Calificación negativa que se da a algo o alguien. pop + cult → espon.

h. ‖ ~ **rojo.** *ES, Co, Ch.* Marihuana de gran calidad. drog.

i. ‖ ~ **yérsey.** m. *Pe, Py.* Tejido fino de punto que se hace con dos agujas.

□

a. ‖ **a ~ de melcocha.** loc. adv. *Ve.* A punto de contraer matrimonio.

b. ‖ **a ~ metido.** loc. adv. *RD.* Con puntería, con habilidad o destreza para acertar.

c. ‖ **cien ~s.** loc. adv. *Bo.* Estupendamente, muy bien.

d. ‖ **con los nueve ~s.** loc. adj. *Cu. Referido a persona*, de mal humor.

e. ‖ **por ningún ~.** loc. adv. *Ho.* No, de ninguna manera.

f. ‖ ~ **negro.** loc. sust. *Ch.* Persona mal vista dentro de un grupo por sus condiciones negativas.

g. ‖ **sin ~.** loc. adj. *ES. Referido a persona*, sinvergüenza.

▶ agarrar de ~; beber a ~ de botella; cotorrearse el ~; dar el ~; hacer los ~s; ir al ~; matar el ~; poner ~; tener de ~; tomar de ~; tomar ~.

puntón, -na.

I. 1. adj. *Ec. Referido a cosa*, terminada en punta. pop.

puntoso, -a.

I. 1. adj. *PR. Referido a persona*, puntual. pop + cult → espon.

puntualito, -a.

I. 1. adj/sust. *Cu. Referido a estudiante*, muy aplicado y cumplidor de sus deberes. est; desp.

puntudez.

I. 1. f. *Ch.* Acto o dicho propio de la persona **puntuda** o atrevida.

2. *Ch.* p.u. Cualidad de **puntudo**, puntiagudo. pop.

puntudo, -a.

I. 1. adj. *Ho, ES, Ni, Co, Ve, Bo:E, Ch; Mx, PR, Ec, Ar, Ur,* pop. *Referido a cosa*, puntiaguda.

II. 1. adj/sust. *Ch. Referido a persona o cosa*, audaz, atrevida o que se muestra desinhibida. pop + cult → espon.

III. 1. adj. *PR. Referido a persona*, que habla con segundas intenciones. pop + cult → espon.

pununo, -a.
I. 1. adj. *ES. Referido a un objeto o lugar*, lleno, repleto.
II. 1. adj. *ES. Referido a una mujer*, embarazada.

punzada.
I. 1. f. *Mx.* **edad de la punzada.**
□
a. ‖ **~ de clavo.** loc. sust. *Cu.* Dolor intenso y pasajero que se experimenta en un ojo. pop.
b. ‖ **~ del guajiro.** loc. sust. *Cu.* Dolor intenso y pasajero que se experimenta después de haber bebido algo muy frío. pop.

punzar(se).
I. 1. tr. *CR.* Penetrar el macho a la hembra. vulg; pop + cult → espon.
□
a. ‖ **~ el hígado.** loc. verb. *Mx, CR.* p.u. Resultar *algo* motivo de enfado a alguien. pop + cult → espon.
b. ‖ **~se el hígado.** loc. verb. *Mx, CR.* p.u. Enojarse, enfadarse. pop + cult → espon.

punzazo.
I. 1. m. *RD, Ch; Ar:NO*, pop + cult → espon. Herida o incisión hecha o que se hace con un objeto puntiagudo sobre algo o alguien.

punzocortante.
I. 1. adj. *Mx, Gu, Ni, CR, Pa, PR, Ec, Bo. Referido a objeto metálico, especialmente a un arma blanca*, de punta muy aguda.
2. *Mx, Ni, Pa, Bo, Ur. Referido a una herida*, ocasionada con un objeto de punta aguda.

punzón.
I. 1. m. *Ve.* Pinza para sujetar el cabello.
II. 1. m. *Ve.* Marca del ganado que consiste en practicar dos incisiones en cada oreja, de manera que quede solo una porción estrecha y alargada del pabellón.
III. 1. m. *PR.* Instrumento agrícola de dientes de hierro utilizado para trabajar la tierra.

punzonazo.
I. 1. m. *Ho.* Herida hecha por una persona a alguien con un punzón.

puñadura.
I. 1. m. *PR.* Mango del motor de una embarcación.

puñal.
I. 1. m. *Mx, Ni.* Hombre homosexual. euf; pop.
2. *ES, Ni.* Hombre afeminado.
II. 1. adj. *Mx. Referido a persona*, cobarde. pop.

puñalada.
I. 1. f. *PR, Ar. En las peleas de gallos*, golpe de espuela con el que el gallo remata sus embestidas.
II. 1. f. *Gu.* Mal aliento.
III. 1. f. *Ho.* Mala acción de un homosexual.
■
a. ‖ **~ marranera.** f. *Co.* Traición o mala jugada. pop.
□
a. ‖ **~ de vaca.** loc. sust. *Ve. En las peleas de gallos*, espolonazo que produce una herida profunda en el buche del contrincante.
▶ **dar una ~ de carne; darse una ~; meter la ~.**

puñaleada.
I. 1. f. *Ni, CR.* Serie de heridas hechas a alguien con puñal. pop + cult → espon. (**apuñaleada**).

puñaleado, -a.
I. 1. sust/adj. *Ve. En el juego de cartas o en el dominó*, jugador que tiene las mejores cartas o piezas.
II. 1. adj. *Ho, ES, Ni, CR. Referido a persona*, apuñalada.

puñalear(se).
I. 1. tr. *Ho, ES, Ni, RD, PR, Co, Bo:O.* Dar una o más puñaladas a *alguien*. pop.

II. 1. intr. prnl. *Ni, Ve.* Estudiar mucho y en poco tiempo la materia de un examen. pop + cult → espon.

puñalero.
I. 1. m. *Ve.* Hombre que acostumbra llevar puñal consigo.

puñalero, -a.
I. 1. adj. *Ec.* Triste, deprimente.

puñera.
I. 1. f. *Pa; Co:N*, pop. Serie de golpes dados con el puño.

puñeta.
I. 1. f. *Gu, ES, RD, Pe, Bo, Ch.* Masturbación. vulg; pop.
●
a. ‖ **¡para la ~!** fórm. *Cu.* obsol. Se usa para expresar negación o rechazo rotundo hacia algo. pop.
□
a. ‖ **de la ~.** loc. adj. *Cu. Referido a persona*, despreciable.
b. ‖ **de ~.**
i. loc. adj. *Cu. Referido a persona o cosa*, fea.
ii. *Cu. Referido a persona*, que no goza de buena salud.
iii. *Cu. Referido a una situación*, difícil.
c. ‖ **en la ~.** loc. adv. *PR.* En un lugar muy alejado.
▶ **volarse la ~.**

puñete.
□
a. ‖ **buen ~.** loc. adj. *Ec. Referido a persona*, agresiva y pendenciera. pop. ♦ **gran puñete.**
b. ‖ **gran ~.** *Ec.* **buen puñete.**
▶ **irse de ~.**

puñeteadura.
I. 1. f. *Bo:O,S.* Serie de golpes dados con los puños.

puñetear(se).
I. 1. tr. *Mx, Gu, Ho, ES, Bo, Ch.* Golpear a *alguien* con los puños.
II. 1. tr. prnl. *Ch.* Masturbarse una *persona*. pop.

puñetero.
I. 1. m. *Gu.* Insulto.

puñetero, -a.
I. 1. sust/adj. *Gu, Ve, Bo.* Persona que se masturba con frecuencia. vulg; pop.
II. 1. adj. *Cu.* **infumable**, feo.

puñito.
I. 1. m. *Gu, Ho, ES, PR.* Cantidad pequeña de algo.

puño.
I. 1. m. *Mx, Ni, Cu, PR, Co, Ve, Ec, Bo.* Golpe con la mano cerrada.
II. 1. m. *Co:E.* **caribe**, pez.
III. 1. m. *Pe:NO.* Abono formado con hojas secas de **algarrobo**.
IV. 1. m. *Gu.* Montón de personas, animales o cosas.
□
a. ‖ **~ ñema.** loc. sust. *PR.* Nota floja en un examen. est.

puñu. (Del quech. *p'uñu*).
I. 1. m. *Bo:C.* Vasija de barro cocido, ancha en la base y estrecha en el cuello. rur.

puón.
I. 1. m. *Ar.* Espolón postizo del gallo de pelea. rur.

pupa.
I. 1. f. *Pe, Ar:NO.* Arbusto con ramas gruesas y rugosas, hojas alternas, inflorescencia axilar, flores solitarias de coloración rojiza y fruto en baya globosa; tiene aplicaciones medicinales. (Loranthaceae; *Ligaria cuneifolia*). ♦ **liga; llave; quintral del espino; suelda con suelda; suelda que suelda.**
II. 1. f. *Bo:E.* Vulva de niña. tabú; pop + cult → espon.
III. 1. f. *RD.* Barriga abultada. pop ^ fest.

pupera.

    I. 1.   f. *Ec, Ar:NO.* Blusa o camiseta femenina que deja al descubierto el **pupo** u ombligo. pop + cult → espon.

pupero.

    I. 1.   m. *Ec.* Pieza de tela que se pone a los recién nacidos en el ombligo.

pupila.

    I. 1.   *PR.* **mojarra blanca**, pez.

    ▶ **alimentar la ~; dar por la ~; dar ~; echar ~; tirar ~; volar ~.**

pupis.

    I. 1.   f. *ES.* Prostituta. delinc.

pupitrazo.

    □

    a. ‖ **a ~.** loc. adv. *Co.* Referido al modo de hacer una votación, mediante golpes en el pupitre. pop.

pupitre.

    ▶ **calentar ~.**

pupo. (Del quech. *pupu*, ombligo).

    I. 1.   m. *Ec, Pe, Bo, Ch:N, Ar.* Ombligo de una persona. pop.

    II. 1.   m. *Ec.* Zapato especial para la práctica de **futbol**. pop.

    ▶ **rascarse el ~.**

puppy.

    I. 1.   adj. *Co.* juv. *Referido a persona,* que en su vestuario, modales y lenguaje manifiesta gustos propios de una clase social alta.

pupu. (Voz quechua).

    I. 1.   m. *Bo.* Ombligo de una persona. pop.

pupú.

    I. 1.   m. *Ho, ES, Ni, CR, Pa, RD, Ve.* Excremento, *generalmente el humano.* inf.

    II. 1.   m. *Cu.* Automóvil. inf.

    ▶ **hacer ~.**

pupudo, -a.

    I. 1.   adj. *Ar:NO. Referido a persona,* que ha comido y bebido hasta saciarse completamente. pop + cult → espon. (**pupulo**).

pupulo, -a.

    I. 1.   *Ar:NO.* **pupudo.** pop + cult → espon.

pupunjuche.

    I. 1.   *Mx:SE.* **pumpunjuche.**

pupusa.

    I. 1.   f. *Pe, Bo-O,S, Ch.* Arbusto de tallo corto, de raíces fibrosas, hojas imbricadas y un aquenio como fruto; se emplea, entre otros usos medicinales, contra el **apunamiento**. (Asteraceae; *Xenophyllum poposum*). ◆ **poposa.**

    II. 1.   f. *Gu, Ho, ES, Ni, PR.* Vulva. euf; pop + cult → espon. ◆ **embalsamada.**

    III. (Del nahua *puxahuac,* cosa fofa o esponjada).

    1.   f. *Gu, Ho, ES, Ni.* **Tortilla** cocida o frita hecha de harina de maíz o arroz, *rellena generalmente de chicharrón molido, queso o flor de loroco.*

    IV. 1.   f. *Ni.* Cantidad de dinero.

pupusear.

    I. 1.   intr. *Ni,* vulg; *Ve,* inf. Defecar.

    II. 1.   intr. *ES.* Comer **pupusas**.

    III. 1.   *ES.* Realizar el coito.

pupusera.

    I. 1.   *Ho.* **pupusería**, local.

pupusería.

    I. 1.   f. *Gu, Ho, ES, Ni.* Local o negocio donde se vende **pupusas**. ◆ **pupusera.**

pupusero.

    I. 1.   m. *ES.* Gran cantidad de **pupusas**.

pupusero, -a.

    I. 1.   m. y f. *Gu, Ho, ES, Ni.* Persona que se dedica a hacer o vender **pupusas**.

    2.   adj/sust. *Ho, ES, Ni.* Referido a persona, aficionada a comer **pupusas**.

pupusiada.

    I. 1.   f. *Ni* vulg; *Ve,* inf. Defecación.

pupuso, -a.

    I. 1.   adj. *Ho, ES. Referido a cosa o a una parte del cuerpo,* hinchada.

    2.   *Gu. Referido a persona,* que tiene la cara hinchada, gorda o abultada.

    3.   *ES. Referido a cosa o lugar,* lleno.

pupusona.

    I. 1.   sust/adj. *Gu, Ho, ES.* Mujer de vulva grande. vulg.

pupusuda.

    I. 1.   f. *Ho, ES.* Mujer de vulva grande. vulg.

pupusudo, -a.

    I. 1.   sust/adj. *Ho, ES.* Hombre al que le gusta discutir o pelearse con mujeres. vulg; desp.

    □

    a. ‖ **~.** loc. adj. *Ho. Referido a persona,* que tiene momentáneamente mucho dinero.

puputi. (Del quech. *pupu*, ombligo).

    I. 1.   m. *Pe.* Ombligo de una persona. pop + cult → espon.

pupuya.

    I. 1.   f. *ES.* Vulva. euf.

pupy.

    I. 1.   adj. *Co:N. Referido a cosa,* lujosa.

puquial.

    I. 1.   m. *Pe.* Manantial, fuente.

    2.   *Pe.* Lugar que se encuentra alrededor de un manantial.

puquio.

    I. 1.   m. *Pe, Bo, Ch, Ar:NO.* Manantial o vertiente de agua. rur. (**pugio**; **pujio**).

pura.

    I. 1.   f. *Cu.* Madre. pop + cult → espon.

    ■

    a. ‖ **~~.** f. *Pe.* Planta herbácea que crece en zonas húmedas de la cordillera andina, con tallo con estrías alargadas y hojas pequeñas y estrechas. (Asteraceae; *Werneria rubigena*).

    □

    a. ‖ **en ~.** loc. adj. *Co.* Muy rápidamente. pop.

    b. ‖ **por las ~s.** loc. adv. *Ec, Pe, Ch.* De manera inútil, sin finalidad alguna. pop + cult → espon.

purapinta.

    I. 1.   sust/adj. *Bo, Py, Ar.* Persona de buena apariencia, pero insignificante o de poca importancia.

pure.

    I. 1.   adj. *Ve.* juv. *Referido a persona,* vieja.

    2.   *Ve.* juv. *Referido a persona,* anticuada.

    3.   m-f. *Ve.* juv. Padre o madre.

pureada.

    I. 1.   f. *Ho, ES.* Adivinación de una enfermedad fumando un puro.

    2.   *ES.* Adivinación del futuro de alguien fumando un puro.

purear.

    I. 1.   tr. *Ho, ES.* Diagnosticar la enfermedad de alguien fumando un puro y echando el humo en el cuerpo del enfermo.

    2.   *ES.* Predecir el futuro de alguien fumando un puro.

    II. 1.   intr. *Py.* juv. Hacer ostentación de prendas de vestir elegantes o de otros objetos lujosos.

purecua.
    I. 1. f. *Mx:O.* **iquimite**.

pureque.
    I. 1. *Mx:O.* **iquimite**.

purero, -a.
    I. 1. m. y f. *Ho, ES, Ni.* Persona que se dedica a elaborar o vender puros.
    2. *Ch.* Persona aficionada a fumar puros habanos.
    3. *Ho, ES.* Persona que practica la adivinación fumando un puro.

pureta.
    I. 1. f. *Cu, Ve.* Madre.

purete.
    I. 1. adj/sust. *CR. Referido a persona,* insignificante. pop + cult → espon.
    2. adj. *CR. Referido a cosa,* de mala calidad. pop + cult → espon.

¡purete!
    I. 1. interj. *Py.* juv. Expresa que algo es hermoso, fastuoso, excelente, ideal. pop.

pureteado, -a.
    I. 1. adj. *CR. Referido a persona o cosa,* que ha perdido calidad. pop + cult → espon.

puretear(se).
    I. 1. tr. *CR.* Hacer que *algo* pierda calidad. pop + cult → espon.
    2. intr. prnl. *CR.* Perder *algo* o *alguien* calidad. pop + cult → espon.

puretera.
    I. 1. f. *Cu, Ur.* Utensilio de cocina, que consta de un disco con perforaciones y un mango, que se emplea para hacer purés.

pureto.
    I. 1. m. *Cu, Ve.* Padre.

pureto, -a.
    I. 1. m. y f. *Ve.* Persona anciana. pop + cult → espon.

purga.
    I. 1. *Mx.* **jalapa**, planta.
    2. f. *PR.* Planta perenne, con la base de los tallos engrosada, hojas cordado-ovadas, inflorescencia axilar y fruto carnoso, oblongo, de color verde. (Cucurbitaceae; *Doyerea emetocathartica*).
    ▶ **caer ~**.

purgación.
    I. 1. f. *Ni, Ve.* Flujo mucoso ocasionado por la inflamación de una membrana, *principalmente de la uretra.*

purgante.
    I. 1. *Ni, Cu.* **hígado**, persona antipática. pop + cult → espon.

purgar(se).
    I. 1. intr. prnl. *Mx, ES.* Molestarse, enfadarse con alguien.
    2. tr. *ES.* Enfadar mucho a *alguien.*

purguera.
    I. 1. f. *Ve. En el proceso de elaboración de azúcar,* recipiente en el que se recoge la melaza.

púrima.
    □
       a. ‖ **en ~s.** loc. adv. *Ve.* Sin ninguna ropa puesta, en total desnudez.

purina.
    I. 1. f. *PR.* Heroína. drog.
    2. *PR.* Droga en general. drog.

puripuri.
    I. 1. *Ve.* **jején**, insecto.

puritano.
    I. 1. m. *ES.* Puro de fumar. carc.

purito, -a.
    I. 1. adj. *PR, Bo:E. Referido a persona,* igual a otra, parecida en el físico y en las maneras. pop + cult → espon.

purma.
    I. 1. f. *Pe.* **Chacra** o terreno de cultivo abandonado.
    2. *Pe:E.* Vegetación que crece en un bosque anteriormente talado.
    3. *Pe.* Terreno virgen. rur.

puro.
    I. 1. m. *Co:C.* Trago de aguardiente.
    2. *Ve.* Alimento que se toma entre comidas.
    3. *Ve.* **Café** muy fuerte.
    4. *Ec.* Aguardiente de caña de azúcar. rur.
    II. 1. m. *Gu, Ho, ES, CR.* Cigarrillo de marihuana. drog.
    2. *Gu, Ho, Bo:E.* Marihuana. pop + cult → espon.
    III. 1. m. *Cu.* Padre. pop + cult → espon.
    IV. 1. m. *ES.* Bala de fusil. polic.
    ■
       a. ‖ **~ de picadura.** m. *Ho, Ni.* Cigarro grueso cuya **tripa** ha sido elaborada con la picadura o sobras de otros puros. ♦ **puro de segunda; puro de tripa corta.**
       b. ‖ **~ de primera.** m. *Ho, Ni.* Cigarro grueso elaborado con la mejor hoja, tanto lo relativo a la tripa, como al **capote** o la **capa.** ♦ **puro de tripa larga.**
       c. ‖ **~ de segunda.** *Ho, Ni.* ♦ **puro de picadura.**
       d. ‖ **~ de tripa corta.** *Ho, Ni.* ♦ **puro de picadura.**
       e. ‖ **~ de tripa larga.** *Ho, Ni.* ♦ **puro de primera.**
    □
       a. ‖ **~ y no más.** loc. adv. *Ve.* Únicamente. pop.
    ▶ **dar el golpe al ~; fumarle el ~.**

puro, -a.
    I. 1. *Gu, Ho, ES.* **puto,** simple.
    II. 1. adv. *Bo, Ch.* Solamente, únicamente. pop.
    III. 1. adj. *Ho, ES, Ni.* Idéntico, mismo o sumamente parecido. pop.
    IV. 1. m. y f. *Cu.* Persona de edad madura o avanzada. pop + cult → espon.

purrete, -a.
    I. 1. m. y f. *Ar, Ur.* Niño o adolescente. pop + cult → espon.

purrio, -a.
    I. 1. adj. *Ve.* obsol. *Referido a cosa,* de mala calidad o de poco valor.

purrón.
    I. 1. m. *PR.* Redoma o vasija de forma cilíndrica.
    2. *PR.* Vasija *hecha generalmente de acero inoxidable* usada para transportar leche fresca.
    3. *PR.* Vasija de barro o de vidrio usada para sembrar plantas ornamentales.

purruchada.
    I. 1. f. *Cu.* Muchedumbre.
    2. *Cu.* **cartapaso,** cantidad considerable.
    3. *PR.* Cantidad grande de dinero.

¡purrudún!
    I. 1. interj. *Co.* Imita el sonido producido al caer alguien o algo al suelo.

purrún.
    I. 1. m. *Gu.* Fiesta, reunión de personas para divertirse.
    II. 1. m. *ES.* Golpe.
    □
       a. ‖ **de un solo ~.** loc. adv. *ES.* De una sola vez.

purrunga.
    I. 1. *Ho, ES, Ni.* vulg. **mazacuata,** pene.

purrungudo.
    I. 1. adj. *Ho. Referido a hombre,* de pene largo y grueso. rur; vulg.

purrunguero.
    I. 1. m. *Ho.* Hombre que tiene relaciones sexuales, *en especial con hombres.* vulg.

purser. (Voz inglesa).
    I. 1.   m. *PR*. Sobrecargo.

purtumote.
    I. 1.   *Pe*. **purtumute**.

purtumute.
    I. 1.   m. *Pe*. Guiso hecho a base de **frijoles sancochados**, con salsa de **culantro**, **ají**, cebolla y otros ingredientes. (**purtumote**).

puru puru.
    I. 1.   m. *Pe*. Arbusto perenne que florece todo el año, de hojas simples y opuestas con flores en racimos axilares de color amarillo. (Calceolariaceae; *Calceolaria bilatata*).

puruma.
    I. 1.   adj. *Bo:O. Referido a un terreno*, que nunca ha sido cultivado. rur.

puruña.
    I. 1.   *Pe, Ar:NO*. **poroña**.

purupuru.
    I. 1.   m. *Ve*. **guadua**.

pururuca.
    I. 1.   f. *Pe:E*. Bebida hecha con **plátanos maduros** cocidos en agua que se dejan fermentar.

pus.
■
    a. ‖ ~ ~. m. *Ar:NO*. Arbusto de tallo duro, al que se atribuyen múltiples propiedades medicinales. (Fabaceae; *Zuccagnia punctate*).

pusa. (Sínc. de *pupusa*).
    I. 1.   f. *Gu*. Vulva. vulg.

pusana.
    I. 1.   f. *Ve*. Brebaje de efectos afrodisíacos, preparado por los indígenas del Estado Bolívar.

pusandao.
    I. 1.   m. *Co:SO*. Sopa de pescado con **yuca**, **plátano**, **ñame**, **papa** y otros ingredientes.
       2.   *Ec*. Guiso elaborado con **plátano**, **yuca** y carne de cerdo.

pusanga.
    I. 1.   f. *Pe:E*. Sustancia con la que por medio de un hechizo se pretende atraer sexualmente a alguien.
       2.   *Pe*. Perfume o colonia hecho con flores y plantas amazónicas, con propiedades afrodisíacas.

pusanguear.
    I. 1.   tr. *Pe:E*. Atraer sexualmente a *alguien* por medio de la **pusanga**.

pusanguero, -a.
    I. 1.   m. y f. *Pe:E*. Persona, *generalmente un hechicero*, que utiliza la **pusanga** para despertar el apetito sexual de alguien.
       2.   adj. *Pe:E*. Relativo a la **pusanga**.

pusca. (Del quech. *phuska*).
    I. 1.   f. *Bo:C,S,SO*. Huso rudimentario para hilar.

puscafé.
    I. 1.   m. *Co, Ve*. Trago de una bebida alcohólica que se suele tomar con el café, después de la comida.

puscana.
    I. 1.   f. *Ar:NO*. Huso rudimentario para hilar.

push. (Voz inglesa).
    I. 1.   m. *Pa*. Motel con garaje privado donde acuden parejas para encuentros sexuales. pop. ♦ *push button*; **pushboton**.
■
    a. ‖ *~-up.* (Voz inglesa). m. *PR*. Ejercicio gimnástico que consiste en levantar y bajar alternativamente el cuerpo haciendo flexiones con las manos mientras se mantienen estas con las palmas apoyadas en el suelo y el resto del cuerpo en posición horizontal, boca abajo y apoyado sobre las puntas de los pies.
    b. ‖ ~ *button.* (Voz inglesa). *Pa.* **push**.

pushagua.
    I. 1.   f. *ES*. **pujagua**.
       2.   adj. *ES. Referido a la piel de la mano*, arrugada por haberla tenido mucho tiempo en el agua.

pushagüe.
    I. 1.   f. *ES*. **pujagua**.

pushboton. (Del ingl. *push button*).
    I. 1.   m. *Pa*. **push**. euf; pop + cult → espon.

pushca.
    I. 1.   m. *Pe*. Huso para hilar lana. rur.

pushcana.
    I. 1.   f. *Pe:E, Ar:NO*. Huso rudimentario para hilar. rur.

pushco, -a.
    I. 1.   adj. *ES. Referido a la ropa*, sucia, enmohecida.

pusher. (Voz inglesa).
    I. 1.   m. *Mx, Gu, Ho, Ve, Ec*. juv. Distribuidor de droga al por menor. drog.
       2.   *PR*. Distribuidor de drogas al por mayor. drog.

pushing.
■
    a. ‖ ~ *bag.* (Voz inglesa). m. *EU, Ni, Cu*. Saco cilíndrico que utilizan los boxeadores para entrenarse.

pushito.
    I. 1.   *Gu*. **puchito**, porción.

pushpo.
    I. 1.   m. *Pe:C,O*. Guiso hecho a base de **frijoles** secos tostados y luego cocidos en agua, maíz desgranado o **mote** y otros ingredientes.

pusllay.
    I. 1.   *Ar:NO* **pujllay**, dios.
       2.   *Ar:NO* **pujllay**, muñeco.

pusno, -a.
    I. 1.   adj. *ES:E*. **puspo**.

puspo, -a.
    I. 1.   adj. *ES. Referido a persona*, pálida. ♦ **pusno**.

puspús.
► estar ~.

puspusear.
    I. 1.   intr. *Ho, ES*. Tener *alguien* miedo.

pusún.
    I. 1.   m. *Ec*. Guiso elaborado a base de intestinos de vacuno.

pusunga.
    I. 1.   f. *Ho:O,C. En la caña de azúcar*, cachaza, espumas e impurezas que tiene por encima el jugo de la caña.
    II. 1.   f. *Ho*. Pene. tabú.

pusungo.
    I. 1.   m. *ES*. Café adulterado hecho de maíz o arroz tostados.
    II. 1.   m. *ES*. Hombre que anda entre mujeres haciendo oficios de mujer. desp.

pusunguear.
    I. 1.   tr. *ES*. Dar de beber a *alguien* **pusungo**.
    II. 1.   intr. *Ho*. Tocar mal la guitarra.

pususearse.
    I. 1.   intr. prnl. *CR*. obsol. Producirse finos agujeros en un material a causa de la corrosión o de la carcoma. rur. (**apususarse**).

puta.
    I. 1.   m. *Pe*. Hombre. pop.
■
    a. ‖ el ~s.
       i.   m. *Ce*. El demonio. pop.
       ii.   *Co*. Persona que desempeña muy bien una actividad u oficio. pop.

b. ‖ **~ de borolín.** f. *PR.* Prostituta que cobra caro sus servicios. vulg; pop + cult → espon.

c. ‖ **~ de caché.** f. *PR.* Prostituta de la alta sociedad. vulg; pop + cult → espon.

d. ‖ **~ de sesenta.** f. *PR.* Prostituta vieja. vulg; pop + cult → espon.

e. ‖ **~ vieja.** *Ho.* **dormilona**, planta de hasta 70 cm.

□

a. ‖ **como cien mil ~s.** *Gu.* **como cien putas.** vulg.

b. ‖ **como cien ~s.** loc. adv. *Gu.* Muy enojado. vulg.

c. ‖ **de la gran ~.** loc. adj. *Pa, Pe, Bo:O, Ar. Referido a cosa,* muy buena, extraordinaria. pop.

d. ‖ **de la ~.**
  i. loc. adj. *Bo.* Muy bueno.
  ii. loc. adv. *Bo.* Muy bien.

e. ‖ **del ~s.**
  i. loc. adj. *Co, Ec.* vulg. *Referido a cosa,* estupenda o muy buena. vulg; pop + cult → espon.
  ii. loc. adv. *Co, Ec.* vulg. Muy bien, estupendamente. vulg; pop + cult → espon.
  iii. loc. adj. *Ec. Referido a persona,* bonita, elegante, agradable. vulg; pop + cult → espon.

f. ‖ **en ~.**
  i. loc. adv. *Ho, ES, Ni; Gu,* pop; *CR,* pop + cult → espon. En gran cantidad, mucho. vulg.
  ii. *Gu,* pop; *CR,* pop + cult → espon. En alto grado. vulg.

g. ‖ **ni a ~s.** loc. adv. *Gu, CR.* De ningún modo. vulg; pop.

h. ‖ **ni por el ~s.** loc. adv. *Co.* De ninguna manera. pop.

i. ‖ **ni por la ~.** loc. adv. *Ho.* No, nunca, ni por estas. vulg.

▨

a. ‖ **la que es ~, vuelve.** fr. prov. *Gu.* Indica que alguien reincide en un vicio o comportamiento censurable. vulg.

▶ **cargarse ~; estar como la gran ~; hacerse el ~s; importar todo un mojón de ~; llevárselo ~s; oler a ~; romper la ~; sacar la ~; sepa ~s.**

¡puta!

I. 1. interj. *Mx, Gu, Ho, ES, Ni, Pe, Bo; Ch,* pop + cult → espon. Expresa asombro o sorpresa, generalmente desagradables. vulg; pop. ♦ **¡por la gran puta!; ¡por la puta!; ¡por la puta madre!; ¡puta la huevada!; ¡uta!**

□

a. ‖ **¡a la gran ~!** loc. interj. *Gu, Ho, Ni, CR, Py, Ar.* Expresa asombro, extrañeza o disgusto. vulg.

b. ‖ **¡a la ~!** loc. interj. *Gu, Ho, Ni, CR, Bo, Py, Ar, Ur.* Expresa asombro, sorpresa o disgusto por algo o alguien. vulg.

c. ‖ **¡ah la ~!** loc. interj. *Gu, CR, Bo.* Expresa enojo, asombro o sorpresa. vulg.

d. ‖ **¡como ~s!** loc. interj. *Ho, ES, Ni, Co, Bo.* Expresa sorpresa de cómo pudo realizarse o hacerse algo. vulg.

e. ‖ **¡en dónde ~s?** loc. interj. *Gu, Ho, ES, CR, Co, Bo.* Expresa una pregunta con enfado. vulg.

f. ‖ **¡para qué ~s!** loc. interj. *Gu, Ho, ES, Ni, Co, Bo.* Expresa una pregunta sobre la finalidad de algo. vulg.

g. ‖ **¡por la gran ~!** loc. interj. *CR, Ch.* **¡puta!** cult → espon.

h. ‖ **¡por la ~!** loc. interj. *Bo, Ch.* **¡puta!** cult → espon.

i. ‖ **¡por la ~ madre!** loc. interj. *Ch.* **¡puta!** cult → espon.

j. ‖ **¡~, jodido!** loc. interj. *Ho, Ni.* Expresa queja o lamento. vulg.

k. ‖ **¡~, mano!** loc. interj. *Gu, Ho, ES.* **¡qué putas!**

l. ‖ **¡~ la huevada!** loc. interj. *Ch.* **¡puta!**

m. ‖ **¡qué ~s!** loc. interj. *Gu, Ho, ES, Bo.* Expresa asombro, sorpresa o rechazo. vulg. ♦ **¡puta, mano!**

putada.

I. 1. f. *ES.* Cosa sin valor, tontería, estupidez.

II. 1. f. *CR.* Cosa cuyo nombre se desconoce o no se desea mencionar. pop + cult → espon.

putal.

I. 1. m. *Gu.* Montón, gran cantidad. vulg; pop + cult → espon.

II. 1. m. *Ni.* Prostíbulo. vulg.

putamadral.

I. 1. *Mx.* **madral.** vulg.

putamadre.

▶ **llevarse la ~.**

putangada.

I. 1. f. *ES.* Acción malintencionada que perjudica a alguien.

putañero, -a.

I. 1. sust/adj. *Pe.* Persona de comportamiento agresivo o grosero. pop.
  2. *Ve.* Persona que actúa de mala fe y se vale de artimañas para engañar a otras.

putaparió.

I. 1. *Ar:NO, Ur.* **ají,** planta.
  2. *Ar:NO, Ur.* **ají,** fruto.

putarrajal.

I. 1. m. *Gu.* Montón, gran cantidad. vulg.

¡putas!

I. 1. interj. *Ch.* **¡puta!**

putazo.

I. 1. m. *Mx.* Golpe fuerte. vulg.

II. 1. m. *Bo.* Reprimenda vehemente, *generalmente con palabras soeces.* vulg.

□

a. ‖ **a ~ limpio.** loc. adv. *Bo.* Con palabras agresivas y soeces. vulg.

puteada.

I. 1. f. *Pa, Bo:O, Ch, Py, Ar, Ur; Mx, Gu, Ho, ES, Ni, CR, Ec, Pe,* pop + cult → espon. Reprimenda vehemente que se da con insultos groseros. vulg. ♦ **penqueada; rasurada; trapeada.**
  2. *Ni, Pa, Bo, Ch, Py, Ar, Ur; Mx, Gu, CR, Ec, Pe,* pop + cult → espon. Manifestación de enojo o contrariedad mediante palabras soeces. vulg.
  3. *Gu.* Reprimenda de una autoridad.
  4. *ES.* **insultada.** pop + cult → espon.

■

a. ‖ **~s de a leguas.** f. pl. *Ho.* Reprimenda. hiperb.

puteadera.

I. 1. f. *Gu.* Serie de reprimendas constantes.

puteadero.

I. 1. m. *Ho, Co.* Burdel. vulg.

puteado, -a.

I. 1. adj. *Ve. Referido a cosa,* trillada.

puteador, -ra.

I. 1. sust/adj. *Bo:O, Ar, Ur.* Persona que acostumbra proferir insultos fuertes. vulg; pop + cult → espon.

putear.

I. 1. tr. *Ar, Ho, ES, Ni, CR, Pa, Co, Ve, Ec, Bo, Ch, Py, Ur,* vulg; *Mx, Gu, Pe,* vulg, pop + cult → espon. Insultar a *alguien* con palabras agresivas y malsonantes. vulg.
  2. intr. *Ar, Ni, CR, Ec, Bo, Ch, Py, Ur,* vulg; *Mx, Gu, Pe,* vulg; pop + cult → espon. Manifestar enojo o contrariedad pronunciando palabras malsonantes. vulg.
  3. tr. *Gu, Ho, ES, Ni, CR, Bo.* Regañar a *alguien.*

II. 1. tr. *Ve.* Hacer que *algo* se degrade. pop.

putería.

I. 1. f. *Mx.* Ruindad, acción baja y vil. pop + cult → espon.

II. 1. f. *RD, Co.* Cosa extraordinaria, que causa admiración. pop.
2. *RD, PR.* juv. Cosa bonita. vulg.
III. 1. f. *Co.* Enojo, rabia. pop.
IV. 1. f. *Co:O.* Decisión, perseverancia. pop.

puterío.
I. 1. m. *ES, Ni, Bo.* Prostíbulo. pop.
II. 1. m. *Ur.* Lío, embrollo, discusión entre varias personas. pop + cult → espon.
2. *Ur.* Lugar, *generalmente de trabajo*, donde existe maledicencia y frecuentes altercados. pop + cult → espon.

putero.
I. 1. m. *ES, Ni, CR, Pa, PR, Bo.* Prostíbulo. pop + cult → espon.

puti. (Del aim. *phuthi,* chuño cocido).
I. 1. m. *Bo.* **Chuño** o fruto de alguna leguminosa cocido en agua que se sirve con queso, huevo duro o **charque**.

■
a. ‖ ~ **de habas.** m. *Bo.* Plato preparado con habas, cebollas y otros condimentos rebozados con huevo.

putia.
I. 1. f. *Mx:NO.* Planta de hasta 2,5 m de altura, de hojas simples, sésiles o pecioladas, flores amarillo verdosas, y frutos en baya esférica de color grisáceo blanquecino, con una semilla rugosa y negra en su interior. (Achatocarpaceae; *Phaulothamnus spinescens*).

puticio.
I. 1. m. *Ho.* Prostíbulo. fest.
2. *Ho.* Grupo de prostitutas. fest.

putilla.
I. 1. f. *Pe.* **pilco**.
2. *PR.* **frailecito**.

putimadral.
I. 1. *Mx.* **madral**. vulg.

putita.
I. 1. f. *Bo:E,S.* **cumbarí**, planta y fruto.

putiza.
I. 1. f. *Mx.* Paliza, serie de golpes dados a una persona o a un animal. vulg.

puto.
I. 1. m. *Gu, Ni, CR, RD, PR, Ec, Pe, Bo, Ch.* Hombre aficionado a tener relaciones sexuales con mujeres. vulg; pop + cult → espon. ♦ **puto de la vida**.
2. *Ve, Bo.* Hombre que frecuentemente mantiene relaciones con prostitutas.
3. *Ch.* Proxeneta.

☐
a. ‖ ~ **de la vida.** loc. sust. *PR.* **puto**, aficionado a tener relaciones sexuales con mujeres.

puto, -a.
I. 1. adj. *Gu, Ho, ES, Bo.* Referido a persona o cosa, simple. vulg. ♦ **mero; puro**.

putón.
I. 1. m. *Bo:O, Ur.* Hombre homosexual. pop.

putona.
I. 1. f. *PR, Ec;* sust/adj. *Mx, Gu, Ni, CR, Ur.* Mujer de moral sexual relajada. pop + cult → espon ^ desp.
2. f. *Ni, CR, Ec.* Prostituta. pop + cult → espon ^ desp.

¡putri!
I. 1. interj. *Pa.* Expresa asombro o admiración. vulg.

putriaco.
I. 1. m. *Ar:NO.* Comida elaborada sin esmero y en la que se mezclan varios ingredientes. pop + cult → espon.

putuco. (Del quech. *putuku*).
I. 1. m. *Pe:SE, Bo:O.* Vivienda rústica sin ventanas hecha de tierra, de base semicircular y techo cónico con una abertura a modo de respiradero.

¡putucún!
I. 1. interj *Ho.* Imita el sonido del golpe o caída de algo o alguien al suelo.

putuku.
I. 1. m. *Bo.* Choza de abobe con techo abovedado. rur.

putunque.
I. 1. m. *Ho.* Hilo delgado y resistente a altas temperaturas con que se atan los dos extremos de las cujes que se cuelgan en el horno de secado.

pututero, -a.
I. 1. m. y f. *Pe.* Persona que toca el **pututo**.

pututo.
I. 1. m. *Pe, Bo, Ch.* Concha de caracol marino empleada como trompeta. (**pututu**).

pututu.
I. 1. m. *Ar:NO; Bo,* pop + cult → espon. Trompeta hecha con cuerno de buey, que se usa para llamar o con motivos ceremoniales.
2. *Pe, Ch.* **pututo**.
II. 1. m. *Bo:E.* Sopa preparada con verduras, carne y **yuca**.

puxcahua. (De or. nahua).
I. 1. f. *Mx:SE.* Envoltijo mal hecho. rur.

puxinú.
I. 1. m. *Mx:SE.* Dulce elaborado con una variedad de maíz y miel de **panela**.

puxo, -a.
I. 1. adj. *Mx:SE.* Referido a persona, pálida, anémica. rur.

puya.
I. 1. f. *Ni, PR, Co, Ve.* Objeto de punta afilada.
2. *Co:N.* Arpón pequeño para pescar.
3. *Co:N.* Triángulo de hierro en la extremidad de una vara larga, con el cual el **puyero** da un corte en el tallo del árbol, para que se doble lentamente y caiga despacio el racimo sobre el hombro de otro trabajador que lo transporta.
4. *Gu, Pa* rur; *Ho, Ni,* delinc. **Machete** corto y puntiagudo de fabricación casera.
5. *Ni, Bo.* Punta metálica del trompo.
6. *PR.* Utensilio en forma de horca, con varias púas, hecho con alambres clavados a un mango para tocar el **güiro**.
II. 1. f. *Co:N.* Danza que se baila en grupo al son de tambores.
2. *Co:N.* Música que acompaña la ejecución de este baile.
III. 1. f. *Pe, Bo, Ch.* Planta de hasta 5 m de altura, hojas tendidas, verdes y blancas en la cara inferior, flores amarillas y en algún caso azules, con largos pétalos que se arrollan en espiral al secarse. (Bromeliaceae; *Puya* spp.). ♦ **cardón**.
IV. 1. f. *Gu.* Mal aliento de alguien.
V. 1. f. *Cu.* Pene.
VI. 1. f. *Cu.* Zapato de mujer de tacón muy alto.
VII. 1. f. *ES.* Sistema usado para medir la cantidad de café que lleva un cortador en su saco mediante la introducción de una puya o vara de madera o de hierro.

●
a. ‖ **si es ~, que pase; y si no, que rechace.** fórm. *Pa.* En una conversación, se usa para decir que aunque se ha entendido la indirecta, no se admite. pop + cult → espon ^ fest.

■
a. ‖ **caldo de ~.** m. *ES.* Sopa muy popular hecha de hueso y menudos de **res**, aderezada con vegetales y especias.
b. ‖ ~ **raimondi.** f. *Pe, Bo, Ch.* Planta de hasta 14 m de altura contando la inflorescencia y hojas espinosas. (Bromeliaceae; *Puya raimondii*). ♦ **titanca**.

□
a. ‖ **de a ~.** loc. adv. *Ve.* En grado extremo.

◪
a. ‖ **a dos ~s, no hay toro valiente.** fr. prov. *Ho, ES, Ni.* Indica que es difícil atender o aguantar dos problemas.

▶ **meter ~; no entender ni a ~ ni a bala.**

¡puya!
I. 1. interj. *ES.* Expresa admiración o sorpresa. euf.

□
a. ‖ **¡a la gran ~!** loc. interj. *ES.* Expresa disgusto. euf.
b. ‖ **¡a la ~!** loc. interj. *ES.* Expresa asombro, sorpresa o disgusto. euf.

puyada.
I. 1. f. *Pa, Bo.* Herida producida por un pinchazo.

¡púyala!
I. 1. interj. *PR.* Expresa deseo de alguien de adelantar a otro vehículo. pop + cult → espon.

puyar(se).
I. 1. tr. *Gu, Ho, ES, Ni, CR, Pa, RD, PR, Co, Ve, Bo.* Pinchar a *alguien* con un objeto punzante. pop.
2. *Gu, Ho, ES, Ni, Pa, PR; CR, Co, Ve,* pop; *Cu,* rur. | metáf. Estimular a *alguien* para que realice una acción.
3. *Ho, ES, Ni, Pa, Cu, Co, Ve, Bo.* Herir con la puya.
4. intr. prnl. *Pa, RD, Co, Ve.* Pincharse o herirse con un objeto punzante. pop.
5. tr. *Co:N.* metáf. Desafiar, retar a *alguien* con burlas, indirectas. pop.
6. *Co:N.* En la cosecha del *plátano*, cortar el tallo con la **puya**.
7. *Ho, ES, Ni.* Denunciar *algo*.
8. *Gu, Ho.* Poner una inyección a *alguien*.
II. 1. tr. *Ho, ES, Ni, PR.* Acelerar *alguien* la marcha de un automóvil. pop + cult → espon.
2. *Gu, Ni.* Apresurar a *alguien* o acelerar *algo*.
3. *Ho.* Espolear a una caballería.
III. 1. intr. *Ho, Ni.* metáf. Realizar el coito. vulg.
IV. 1. tr. *Ho.* Apretar *algo, en especial teclas, botones o timbres.*
V. 1. tr. *Ho.* Suspender a un alumno en un examen. est.
VI. 1. intr. *Ho.* Caer verticalmente los rayos del sol sobre algo o alguien.
VII. 1. tr. *PR.* **pullar**, mortificar.

•
a. ‖ **puyalo.** *Ni.* **púyalo.**
b. ‖ **púyalo.**
  i. fórm. *Ve.* Se usa para solicitar al conductor de un vehículo que acelere la marcha. (**puyalo**).
  ii. *Ve.* Se usa para solicitar a alguien que acelere la realización de algo, especialmente cuando se ha presentado una coyuntura favorable. (**puyalo**).

□
a. ‖ **~ al carro.** loc. verb. *Ho, Ni.* Acelerar al máximo un automóvil.
b. ‖ **~ al macho con vara corta.** loc. verb. *Ho.* Arriesgar demasiado en una situación difícil o complicada. pop + cult → espon.
c. ‖ **~ al tigre con vara corta.** loc. verb. *Ho.* Arriesgar demasiado una persona criticando a los militares. pop + cult → espon.
d. ‖ **~ con tortilla tiesa.** loc. verb. *Gu.* Agredir físicamente una persona a otra de cualquier manera, de forma que resulta muy peligrosa.
e. ‖ **~ el burro.** loc. verb. *Co:N.* Irse con prisa. pop.

puyazo.
I. 1. m. *Gu, Ho, ES, Ni.* Pieza de carne de **res** para asar.

puyazón.
I. 1. f. *ES.* Velocidad alta, aceleración de un vehículo.

puye.
I. 1. m. *Ch.* **peladilla**, pez.

puyeque.
I. 1. *Mx:NO.* **mangle**, árbol de hasta 4 m.

puyero.
I. 1. m. *Co:N.* Trabajador que maneja la **puya** en la cosecha de **plátanos**.
II. 1. m. *Ve.* Gran cantidad de monedas de poco valor.
III. 1. m. *PR.* **puya** de tocar el **güiro**.
IV. 1. *PR.* **puyón**, púa grande.

▶ **gozar un ~.**

puyo.
I. 1. sust/adj. *Ar:NO.* **poncho pullo**.
2. m. *Ar:NO.* Manta gruesa de lana. rur.

puyón.
I. 1. m. *Co:N.* Hombre que es amante de una mujer casada. pop.
2. *Ve.* Hombre que mantiene relaciones sexuales con mucha frecuencia.
3. *Ho.* Coito.
II. 1. m. *PR; Bo:E, Ar,* pop. *En las peleas de gallos,* espolón postizo del gallo de pelea.
2. *PR.* Púa grande. (**puyero**).
III. 1. m. *Gu, Ho, ES.* Herida hecha con un arma blanca.
2. *Gu, Ho, ES.* Pinchazo a una persona o animal.
IV. 1. m. *CR, Ve; Ho, Ni,* inf. Púa del trompo.
V. 1. m. *Ve.* Mosquito de gran tamaño.
VI. 1. m. *Ve.* Reja del arado.
VII. 1. m. *Gu, Ho, Ni.* Brote nuevo de una planta, *en especial del maíz.* rur.
2. *CR.* Parte terminal y más aguda de la raíz central de una plántula de café. rur.
VIII. 1. m. *Gu.* Incitación, azuzamiento.
2. *Ho.* Molestia.
IX. 1. m. *Gu.* Trago de aguardiente.
X. 1. m. *Gu.* Mal aliento.
XI. 1. m. *ES.* Carrera veloz.
XII. 1. m. *Ho.* Acelerón de un vehículo.

■
a. ‖ **~ de tope.** m. *Ho.* Clavo de dos puntas, una redonda y otra cuadrada, que sirve de eje para que el trompo dé vueltas. inf.

□
a. ‖ **de ~.** loc. adj. *Ho, ES, Ur.* Referido a un automóvil, que está a punto, en perfecto funcionamiento.

▶ **estar a ~; sembrar a ~.**

puyonazo.
I. 1. m. *Ho, Ni, Bo. En el juego de trompos,* golpe que los ganadores dan al trompo del perdedor con el **puyón** de su trompo. inf.
II. 1. m. *Bo.* Pinchazo, herida hecha con algo puntiagudo. pop.

puyonear.
I. 1. intr. *Ho, Ni.* Germinar o brotar el grano de una planta, *en especial el maíz.* rur.

¡púyote!
I. 1. interj. *Ve.* juv. Expresa rechazo rotundo. pop.

puytu. (Del swahili *puytu*).
I. 1. m. *Bo.* Cántaro de arcilla.

puyú.
▶ **dejar ~.**

puyudo, -a.
I. 1. adj. *Ho, ES, Ve. Referido a cosa,* puntiaguda.
II. 1. adj. *Ve. Referido a los ojos de alguien,* que miran en forma penetrante y aguda.
III. 1. adj. *Ve. Referido a persona,* que juzga con malicia.
IV. 1. adj. *Ve. Referido a persona,* mezquina.
V. 1. adj. *Ve. Referido a persona,* que acostumbre robar mediante engaño.
VI. 1. adj. *Pa. Referido al amor,* apasionado.

puzcual.
I. 1. *Mx.* **palillo**, arbusto.

puzunque.
I. 1. m. *Gu.* **quebrantada**.

q'arachupa.
    I. 1. *Bo.* **carachupa.**

q-tip. (De *Q-tips*®).
    I. 1. m. *EU, Mx, Pa, PR, Co, Pe.* **hisopo**, palillo recubierto de algodón en sus puntas. (**quiutip**).

quachi.
    I. 1. m. *Ch.* Bebida compuesta de chicha y **quatro**. rur.

quáker. (De *Quaker*®).
    I. 1. m. *Ec, Pe, Ch, Ar.* **cuáquer**, avena machacada.
    2. *PR.* Preparación hecha con esta avena, *generalmente mezclada con agua o leche hervidas y azúcar.*

quality.
    ■
    a. ‖ ~ **control.** (Voz inglesa). m-f. *EU.* Controlador, corrector.

quarache.
    I. 1. *Mx.* **guarache.**

quasar.
    I. 1. m. *Mx.* Quásar.

que.
    •
    a. ‖ **¿y qué?** fórm. *Cu.* **¿qué hubo?**
    □
    a. ‖ **a lo ~.** loc. adv. *Mx, Gu, CR; Ec,* p.u. En el momento en que. ♦ **en lo que.**
    b. ‖ **en lo ~.** *Bo.* **a lo que.**

queabos.
    I. 1. m. *Bo.* Olor desagradable.

quebrabarriga.
    I. 1. *Co.* **quiebrabarriga.**

quebracha.
    I. 1. f. *PR.* **quebracho.**

quebrachal.
    I. 1. m. *Py, Ar, Ur.* Terreno poblado de **quiebrahachas**.

quebrachalero, -a.
    I. 1. sust/adj. *Ar.* Persona que posee **quebrachales**.

quebrache.
    I. 1. *Mx.* **quebracho.**

quebrachear.
    I. 1. tr. *Ar.* metáf. Beber *alguien* vino tinto ordinario.

quebrachero, -a.
    I. 1. m. y f. *Ar.* metáf. Persona inclinada a beber vino tinto de mala calidad.
    2. *Ar.* Persona que come con glotonería.
    II. 1. m. y f. *Ar.* Peón que trabaja en la explotación del **quebracho**.

quebrachillo.
    I. 1. m. *Ho, Ur.* Árbol de hasta 5 m de altura, de copa amplia, hojas de color verde azulado, caducas, alternas y lanceoladas con espinas en las axilas, y frutos en forma de pequeña baya; de esta y de la raíz se extrae una tinta negra y otra amarilla para teñir tejidos de lana. (Santalaceae; *Acanthosyris spinescens*).

quebrachita.
    I. 1. f. *Ar.* Éter metílico que se extrae de la corteza del **quebracho**.

quebracho. (De *quebrar* y de *hacha*).
    I. 1. m. *Bo, Py, Ar.* Árbol de hasta 24 m de altura, de copa poco desarrollada y flores pequeñas. (Anacardiaceae; *Schinopsis* spp.). (**quebracha; quebrache**).
    ♦ **quebracho colorado; quebrajache; quebrajacho; soto.**
    2. *Ar.* Madera de este árbol, dura y muy resistente.
    ♦ **quebracho colorado.**
    3. *Co.* **zongolica.**
    4. *PR.* Arbusto de hasta 5 m de altura, de corteza de color castaño, hojas elípticas, flores blanquecinas que se reproducen en racimos, y frutos pequeños y vellosos. (Sampindaceae; *Thouinia portoricensis*).
    ■
    a. ‖ ~ **blanco.**
    i. m. *Gu, ES, Ar.* Árbol de hasta 25 m de altura, de tronco recto y corteza rugosa de color amarillo grisáceo, follaje perenne, flores fragantes blanco amarillentas y fruto en cápsula leñosa, aovada, de color castaño grisáceo. (Apocynaceae; *Aspidosperma quebracho-blanco*).
    ii. *Ar.* Madera de este árbol, dura y con múltiples usos en carpintería.
    b. ‖ ~ **colorado.**
    i. m. *Ar.* **quebracho**, árbol y madera
    ii. *Ur.* Árbol de hasta 24 m de altura, de corteza grisácea, copa poco desarrollada, hojas semipersistentes y flores pequeñas de color blanco verdoso o rojizo; su madera se emplea en la construcción. (Anacardiaceae; *Schinopsis urentezií*).

quebrachona.
    I. 1. f. *Ur.* Mujer hermosa que conoce sus encantos y los luce para atraer a los hombres.

quebrada.
    I. 1. f. *EU, Mx, Gu, Ho, ES, Ni, CR, Pa, PR, Co, Ve, Ec, Ch.* Arroyo, riachuelo. (**crebada**). ♦ **joya.**
    II. 1. f. *Cu.* Hoja de tabaco de calidad superior pero agujereada.
    ▶ **pegarse la ~.**

quebradeño, -a.
    I. 1. m. y f. *Ar.* Habitante de las quebradas del norte del país.

quebradera.
    I. 1. f. *Ni.* Escurrimiento vaginal de un líquido seroso que algunas mujeres sufren tras el período menstrual.
    II. 1. f. *CR.* Quebramiento de algo.

quebradero.
    I. 1. m. *Mx.* Lugar de una hacienda de cacao donde se quiebran mazorcas.
    2. *CR.* Lugar donde se quiebra algo, especialmente piedras.

Quebradillas.
    ▶ **irse para ~.**

quebradita.
    I. 1. f. *Mx.* Música alegre de ritmo binario que surgió a partir de la música tradicional que se bailaba en Sinaloa.
    2. *Mx.* Baile que acompaña a la quebradita.

quebradito, -a.
   I. 1. m. y f. *Ve, Ar.* Persona o animal que ha sufrido la rotura de uno o más huesos.
     2. sust/adj. *Ve, Ar.* Persona cargada de espaldas, encorvada.

quebrado.
   I. 1. m. *Cu.* Paso estrecho y navegable entre dos grupos de arrecifes.
   ■
     a. ‖ **~ de boca.** m. *Ur.* Caballo mal domado, que no responde a la rienda.

quebrado, -a.
   I. 1. adj. *PR. Referido a persona*, corcovada, jorobada, doblada de espalda. pop + cult → espon. ◆ **jibado; tullido.**

quebrador.
   I. 1. adj. *Co:O. Referido a un hombre*, que logra con facilidad el amor de las mujeres. pop.
   II. 1. m. *CR.* Planta donde se procesan materiales extraídos de un **tajo**.

quebrador, -ra.
   I. 1. m. y f. *Ho.* Profesor que suspende mucho a los alumnos. est.
     2. adj. *Ho. Referido a un examen*, extremadamente difícil. est.
   II. 1. m. y f. *ES.* Vendedor que adultera la droga.

quebradora.
   I. 1. f. *CR.* Máquina utilizada para descascarar café, nueces, avellanas, etc.
     2. *CR.* Trituradora, *especialmente de piedras.* ◆ **triturador.**
   II. 1. f. *Ni.* Fiebre de origen viral acompañada de dolores por todo el cuerpo.

quebrados.
   I. 1. m. pl. *PR.* Huesos.

quebradura.
   I. 1. f. *Bo, Ar, Ur.* Fractura, rotura de un hueso.
     2. *Ve.* Hernia.
     3. *Ve.* Dengue.
     4. *EU:SO.* Grieta en el techo o la pared de una vivienda.
     5. *Ch.* Quebramiento de algo.

quebraduras.
   I. 1. f. *Ve.* **aguacate.**

quebrahacha.
   I. 1. f. *PR.* **quiebrahacha.**

quebrahueso.
   I. 1. m. *Ve.* Masturbación masculina. tabú; pop + cult → espon.

quebrajachal.
   I. 1. m. *Mx.* Sitio poblado de **quiebrahachas.** ◆ **quebrajachalero.**

quebrajachalero.
   I. 1. *Mx.* **quebrajachal.**

quebrajache.
   I. 1. *Mx.* **quebracho**, árbol.

quebrajacho.
   I. 1. m. *Mx.* **quebracho**, árbol.

quebrajamiento.
   I. 1. m. *Ch.* Resquebrajamiento.

quebrajar.
   I. 1. tr. *Ch.* Resquebrajar.

quebrajeado, -a.
   I. 1. adj. *Ar. Referido a un objeto*, agrietado, resquebrajado.

quebrajearse.
   I. 1. tr. prnl. *Ch, Ar.* Agrietarse un objeto, resquebrajarse.

quebrajizo, -a.
   I. 1. adj. *Ar. Referido a cosa*, fácil de quebrarse.

quebrallón, -na.
   I. 1. adj. *Ar. Referido a persona*, valerosa, audaz, temeraria. rur.
     2. *Ar. Referido a persona*, desafiante, ostentosa, pagada de sí misma.

quebramuciar.
   I. 1. tr. *Ni.* Realizar el coito. vulg; pop + cult → espon.

quebrancina.
   I. 1. f. *Ho.* Estropicio, destrucción.
     2. *Ho.* Reprobación masiva de estudiantes. est.

quebrando.
   ■
     a. ‖ **~ montes.** m. *Ar.* Huida precipitada de personas o animales.

quebrandoso, -a.
   I. 1. adj. *Ho. Referido a persona*, enfermiza a causa de la vejez.
     2. *Ho. Referido a cosa*, muy frágil.

quebranta.
   I. 1. f. *Pe.* Variedad de uva que se distingue por sus matices blanquecinos y violáceos; con ella se hace muy buen vino.

quebrantaco, -a.
   I. 1. sust/adj. *RD.* Enfermo. pop + cult → espon.

quebrantada.
   I. 1. f. *Mx, Gu.* **Atole** que se hace con maíz molido que no está refinado. ◆ **puzunque.**

quebrantado, -a.
   I. 1. adj. *Mx, Ve. Referido a persona*, acalenturada.
   II. 1. adj. *CR. Referido a un niño*, que tiene dolores óseos o musculares muy fuertes.

quebrantagüeso.
   I. 1. f. *Ni.* Mujer delgada. ◆ **cacastoso.**

quebrantahuesos.
   I. 1. m. *Mx.* Bebida embriagante preparada con jugo de caña de maíz, fruta de **pirú** y maíz tostado en granos machacados.

quebrantao, -tá.
   I. 1. adj. *RD. Referido a persona*, enferma. pop.

quebrantar(se).
   I. 1. tr. *Mx.* Domar un potro, desbravarlo. rur.
     2. *Pe. En equitación*, colocar al caballo la primera silla para docilizarlo.
   II. 1. tr. *Mx.* Arquearse la quilla de un barco.
   III. 1. tr. *Mx.* Moler el grano de maíz ya cocido.
   IV. 1. tr. *Mx.* Realizar el coito.
   V. 1. tr. *Ve.* Entibiar un líquido, quitarle lo frío.
   VI. 1. tr. prnl. *CR.* Sufrir un niño dolores óseos y musculares.
   □
     a. ‖ **~ el ayuno al cuarto para las doce.** loc. verb. *Mx.* Abandonar *alguien* una actitud enérgica cuando se está a punto de lograr el propósito.

quebranto.
   I. 1. m. *Ve.* Enfermedad gripal acompañada de fiebre leve.

quebrao.
   I. 1. adj/sust. *RD. Referido a persona*, herniada. pop + cult → espon.
   II. 1. adj/sust. *RD. Referido a persona*, completamente arruinada. pop + cult → espon.

quebrapedra.
   I. 1. f. *Ur.* Hierba de hasta 50 cm de altura, con tallo delgado, hojas alternas estipuladas, y flores masculinas y femeninas en el mismo pie, solitarias, que nacen en la axila de las hojas; se usa para eliminar pie-

dras de riñón y de vesícula. (Euphorbiaceae; *Phyllanthus niruri*). (**quiebrapiedra**). ◆ **rompepiedra**.

quebrar(se).

I. 1. tr. *Mx, Gu, Ho, ES, Pa. Co.* **acabar**, matar. delinc.
2. *Ho, ES, Co, Ve.* Reprobar al que hace un examen. est.
3. *Ho.* Despedir o destituir a *alguien* del puesto o del trabajo.
4. *Ni.* Echar abajo los planes ilícitos de alguien, descubrirlo.
II. 1. tr. *Gu, Ho, CR.* Triturar piedra.
2. *Gu, Ho; CR,* obsol; rur. Moler granos crudos sin llegar a convertirlos en polvo.
III. 1. tr. *ES.* Realizar el coito
2. intr. *CR.* Romper la relación de noviazgo. pop.
□
a. ‖ **no ~ un huevo.** loc. verb. *Ch.* Tener *alguien* el aspecto o dar la impresión de no haber cometido ninguna falta. pop + cult → espon.
b. ‖ **~ el ala.** loc. verb. *Ur.* Iniciar *alguien* a una joven en la vida sexual. vulg; pop + cult → espon.
c. ‖ **~ el carozo.** loc. verb. *Ur.* Echar *alguien* por tierra la fama de un valentón invicto. pop + cult → espon.
d. ‖ **~ el cuerpo.** loc. verb. *Ur.* Andar *alguien* de manera afectada. pop + cult → espon.
e. ‖ **~ el empacho.**
   i. loc. verb. *Ch.* p.u. Aliviar la indigestión de un niño, dándole golpecitos en el cóccix o masajeándoselo. rur.
   ii. *Cu.* Curar una indigestión a través de un masaje o pequeños pellizcos en el abdomen.
f. ‖ **~ el espinazo.** loc. verb. *Ch.* Arruinar, derrotar o destruir *algo* o a *alguien.* pop + cult → espon.
g. ‖ **~ el maíz.** loc. verb. *Ar. En la siembra tradicional,* torcer la base de la mazorca para mejorar y apurar la maduración del grano. rur.
h. ‖ **~ el nance.** loc. verb. *ES.* Desvirgar a una mujer. tabú.
i. ‖ **~ el nixtamal.** loc. verb. *Ho.* Romper el grano de maíz antes de cocerlo.
j. ‖ **~ el traste.** loc. verb. *Ni.* Desvirgar a una mujer.
k. ‖ **~ la galleta.** loc. verb. *Ur.* Dar fin con un triunfo a una racha de mala suerte. pop + cult → espon.
l. ‖ **~ la muñeca.** loc. verb. *Ar, Ur.* Ser un hombre homosexual. pop + cult → espon ^ fest.
m. ‖ **~ la racha.** *Ur.* **quebrar la galleta.**
n. ‖ **~ la ubre.**
   i. loc. verb. *PR.* Inflamarse los tejidos internos de la ubre de la vaca recién parida. rur.
   ii. *PR.* Dar friegas con agua caliente o con **manteca de ubre** para estimular la circulación de la sangre y bajar la inflamación. rur.
ñ. ‖ **~ lanzas.** loc. verb. *Ch.* Reñir, disputar o enemistarse dos o más personas. pop + cult → espon.
o. ‖ **~ los de moler maíz.** loc. verb. *Ho.* Romper los dientes a alguien.
p. ‖ **~ palitos.** loc. verb. *Pa.* Romper la relación con otra persona.
q. ‖ **~ record.** loc. verb. *Ch.* Batir un récord.
r. ‖ **~ zanate.** loc. verb. *Ho.* Perder la virginidad.
s. ‖ **~le el culo.**
   i. loc. verb. *Ho, Ni,* Golpear a *alguien* en los glúteos. vulg. pop + cult → espon.
   ii. *Gu, Ho, Ni, Cu.* Matar *una persona* a *alguien.* vulg; pop + cult → espon.
   iii. *Ho.* Despedir a *alguien* de su puesto de trabajo. vulg.
   iv. *Ni.* Vencer o castigar *alguien* a *una persona.* vulg; pop + cult → espon.

t. ‖ **~le el mambo.** loc. verb. *Ni.* Resultar *algo* muy difícil de realizar.
u. ‖ **~le la jícara.** loc. verb. *Ni.* Romperle *una persona* la cabeza a *alguien.* pop + cult → espon.
v. ‖ **~se.** loc. verb. *Mx, Gu, ES, CR, Pa, Cu, Co, Ve, Ch, Ar, Ur.* Ir *alguien* a la quiebra. pop + cult → espon.
w. ‖ **~se el banco.** loc. verb. *Ni.* Golpearse, fracturarse *alguien* las nalgas. pop + cult → espon.
x. ‖ **~se el culo.** loc. verb. *Ni.* Golpearse, fracturarse *alguien* el trasero. pop + cult → espon.
y. ‖ **~se el pico.** loc. verb. *Ho.* Caer de bruces. pop.
z. ‖ **~se la cabeza.** loc. verb. *Ni.* Reflexionar *alguien* insistentemente sobre un problema para tratar de resolverlo. pop + cult → espon.
a¹. ‖ **~se un culo.** loc. verb. *Ho.* Realizar el coito. tabú.
b¹. ‖ **quebrársele el serrucho.** loc. verb. *Ve.* Fallarle a alguien todos los recursos utilizados para tratar de resolver algo. pop + cult → espon.
c¹. ‖ **quebrárselo.**
   i. loc. verb. *Gu.* Matar *una persona* a *alguien.* pcp + cult → espon.
   ii. *Gu.* Partir en dos, rasgar, romper *algo.* pop + cult → espon.

quebrazón.
I. 1. f. *Mx. Gu, Ho, ES, Ni, CR, Co, Ch.* Quebradura, rotura de algo. pop + cult → espon.

quebrón, -na.
I. 1. adj. *ES. Referido a un objeto*, quebradizo.

queca.
I. 1. f. *Mx, Cu, Co, Ar.* Pierna flaca. pop + cult → espon.
II. 1. f. *Mx.* juv. **quesadilla**, tortilla rellena.
III. 1. f. *Co:NE.* Empleada doméstica.
IV. 1. f. *Co.* Moneda.

¡queca! (Apóc. de ¡*qué cagada!*).
I. 1. interj. *Ur.* Expresa que algo no ha salido bien. vulg; pop + cult → espon.

quececupatle. (Del nahua).
I. 1. m. *Gu.* **sensitiva**, planta.

quecha.
I. 1. f. *Ch.* Aporcadura de **papas**.
2. *Ch.* Pieza de ropa y de toda la tela que no tiene parejo el borde. pop + cult → espon. (**quecho**).

quechahue.
I. 1. m. *Ch.* Terreno labrado. rur.

quechalera.
I. 1. f. *Ar.* Indisposición intestinal que se manifiesta en diarreas frecuentes. rur.

quechali.
I. 1. m. *Pe.* Persona que sufre mucho de diarreas. pop + cult → espon.
2. *Pe.* metáf. Tacaño. pop + cult → espon.

quechalo, -a.
I. 1. adj. *Ar. Referido a persona*, que padece mucho de diarreas. pop + cult → espon.

quechar.
I. 1. tr. *Ar.* Defecar *alguien* en forma de diarrea.
2. *Ar.* metáf. Hacer *alguien* que una persona tacaña pague una cuenta.
II. (Del ingl. *to cetch*, agarrar, coger).
1. tr. *Ve. En el beisbol*, atajar la pelota el receptor.
III. 1. tr. *Pa.* Comer y beber *alguien* a costa de otro. pop + cult → espon.

quechatún. (Del quech.).
I. 1. m. *Ch.* Operación de poner tierra nueva en el camellón, limpiando al mismo tiempo las malezas del terreno. rur.

queche.
I. 1. m. *Pe.* Guiso de **papas** cocidas en arena caliente.

II. 1. m. *Pe.* Cogida de una pelota antes de que caiga al suelo.

quechear.
   I. 1. tr. *Cu. En el **beisbol**,* cubrir un jugador la posición de receptor.
   2. *Cu.* Hacer que una persona tacaña pague la cuenta.

quecher.
   I. 1. m. *Ve. En el **beisbol**,* receptor de los lanzamientos del **pícher**. (**quécher**).
   II. 1. adj/sust. *Ve.* metáf. *Referido a persona,* que le gusta ser invitada para no invitar a nadie. (**quécher**).
   2. adj/sust. *Pa. Referido a persona,* que siempre se las ingenia para no pagar; gorrón.

quécher. (Del ingl. *catcher*).
   I. 1. *Cu, Ve.* **quecher**.

quechera.
   I. 1. f. *Pe.* Diarrea, evacuaciones de vientre líquidas y frecuentes. pop + cult → espon.
   2. *Pe.* Apodo de la persona que sufre diarreas frecuentemente. pop + cult → espon.

quechi.
   I. 1. m. *Pe.* Golpe. pop + cult → espon. (**kechi**).
   2. *Pe.* Derrumbe que destruye el bosque. rur.
   II. 1. m. *Ch.* Juego que consiste en llegar a un punto preestablecido lo más pronto posible a fin de no ser alcanzado con una pelota.

quechi-quechi.
   I. 1. *Ch.* **quechiquechi**.

quechín.
   I. 1. m. *Ch.* Porción de **milcao** exprimido.

quechincha.
   I. 1. f. *Pe.* Hilo de hollín que se forma con colgajos de los techos de paja en las cocinas de leña. rur. (**quechinche**).
   2. *Pe.* Tizne que mancha techos y paredes en las cocinas rústicas. rur. (**quechinche**).

quechinche.
   I. 1. m. *Pe.* **quechincha**.

quechinchoso, -a.
   I. 1. adj. *Pe.* Tiznado. pop + cult → espon.
   2. m. y f. *Pe.* Persona de piel negra. pop + cult → espon.
   3. *Pe.* Persona con mala suerte o poseedora de una suerte negra. pop + cult → espon.

quechiquechi.
   I. 1. m. *Ch.* Cernícalo. (**quechi-quechi**).

quecho.
   I. 1. m. *Ch, Ar.* Pedazo o tajada de sandía.
   II. 1. m. *Ch.* **quecha**, pieza de ropa.

quechol. (Del nahua *quecholli*).
   I. 1. m. *Mx.* Ave palmípeda de plumaje rosáceo y pico rojo en forma de espátula. (Threskiornithidae; *Platalea mexicana*). (**quechole**).

quechole.
   I. 1. m. *Mx.* **quechol**.

quechquémel. (Del nahua *quechtli*, pescuezo, y *quemitl*, camisa).
   I. 1. m. *Mx.* Parte del vestido femenino que consiste en un cuadrado de tejido con una abertura en el centro por el que se introduce la cabeza, dejando caer los ángulos sobre el pecho, la espalda y los hombros. (**quichuismo**).

quechuismo.
   I. 1. m. *Pe, Ar.* Vocablo o giro de la lengua quechua.

quechuizante.
   I. 1. adj/sust. *Pe. Referido a persona,* que **quechuiza**.

quechuizar.
   I. 1. tr. *Pe.* Hablar la lengua quechua.
   2. *Pe.* Adoptar la lengua quechua.
   3. *Pe.* Darle forma quechua a una palabra ajena a esta lengua.

quechul. (Del nahua *quecholli*).
   I. 1. m. *Mx::SE.* **quetzal**, ave.

quechupai.
   I. 1. *Ar.* **quechupay**.

quechupay.
   I. 1. m. *Ar.* **cristofué**. (**quechupai**).

quechuro.
   I. 1. m. *Pe.* obsol. Suciedad, *especialmente en la cara*.
   II. 1. m. *Pe.* obsol. Pequeña vasija de barro con dos picos o vertederos.

queco.
   I. 1. m. *Ar, Ur.* Prostíbulo. pop + cult → espon.
   II. 1. m. *Ur.* Choque entre dos canicas.

quecos.
   I. 1. m. pl. *Pe, Ur.* Nervios.

quecuesque. (Del nahua *quequexquic*, que causa comezón).
   I. 1. adj. *Mx. Referido a cosa,* que causa picazón o comezón. pop + cult → espon.

quecupatli. (Del nahua *quecnecuil*, que tiene envarado el pescuezo, y *patli*, medicamento).
   I. 1. m. *Mx.* **dormilona**, planta.

queda.
   I. 1. f. *Mx.* Tercer toque de campana que se hace para llamar a misa a los fieles.

quedá.
   I. 1. adj. *Mx. Referido a persona,* conservadora. (**quedaa**).

quedaa.
   I. 1. adj. *Ch.* **quedá**.

quedada.
   I. 1. f. *Mx, Ho, Ni, CR, Pa, Co, Ve, Ec, Pe, Bo, Ch, Ar, Ur.* Solterona.

quedadera.
   I. 1. f. *CR.* Estancias de tiempo frecuentes en un lugar.

quedadizo, -a.
   I. 1. adj/sust. *Mx, CR. Referido a persona,* lenta, tarda. pop + cult → espon.
   2. *Mx, CR. Referido a persona,* indolente. pop + cult → espon.

quedado, -a.
   I. 1. adj. *Mx, Ho, CR, PR, Co, Ve, Ec, Pe, Bo, Ch, Ar, Ur. Referido a persona,* muy borracha. pop + cult → espon.
   II. 1. adj. *PR. Referido a persona,* inactiva, incapaz de iniciativas. pop + cult → espon.

   □
    a. ‖ ~ **en las güinchas.**
     i. loc. adj. *Ch. Referido a persona,* apocada, corta de ingenio. pop + cult → espon. (**quedado en las huinchas**).
     ii. *Ch. Referido a persona,* retardada. pop + cult → espon. (**quedado en las huinchas**).
    b. ‖ ~ **en las huinchas.** *Ch.* **quedado en las güinchas.**

quedantismo.
   I. 1. m. *Ar.* Tendencia a mantener una línea política implantada por un grupo de gobernantes. prest; cult → esm.

quedao.
   I. 1. m. *Ve, Ch.* Conservador.
   2. *Ve, Ch.* Persona sin ambición ni motivación y con poco ánimo.

quedar(se).
   I. 1. intr. prnl. *Pa, Co.* Permanecer *alguien, especialmente una mujer,* soltero. pop + cult → espon.
   II. 1. intr. prnl. *Co.* No aprobar *alguien* un examen o una asignatura. est.

   •
    a. ‖ **¿cómo te quedó el ojo?**
     i. fórm. *Mx, Pa.* Se usa para vanagloriarse ante alguien. pop + cult → espon.

ii. *Mx.* Se usa para preguntar su opinión a alguien ante un hecho sorprendente o inusitado. pop + cult → espon.

□

a. ‖ **no ~ ni para contar el cuento.** loc. verb. *Ec, Ch.* Morir *una persona* en un accidente o en circunstancias extrañas y, por tanto, ser incapaz de relatar lo que le ocurrió.

b. ‖ **~ a un paso de perico.** loc. verb. *Gu.* Estar *algo* cerca de donde uno se encuentra.

c. ‖ **~ acostado.** loc. verb. *Ur.* Perder el sentido por efecto de un golpe o una caída. pop + cult → espon.

d. ‖ **~ afeitado y sin visita.** loc. verb. *Ar, Ur.* Prepararse para recibir a alguien que finalmente no llega. pop + cult → espon.

e. ‖ **~ arriba de los palos.** *Ni.* **quedarse apaleando paredes.**

f. ‖ **~ bailando.** loc. verb. *Ur.* Estar *alguien* en una situación desairada, peligrosa o ridícula. pop + cult → espon.

g. ‖ **~ bien con Dios y con el diablo.** loc. verb. *Pa, Ar, Ur.* Adherirse a un tiempo a dos posturas contrarias sin comprometerse en firme por ninguna de ellas. pop + cult → espon.

h. ‖ **~ cabal.** loc. verb. *Gu, Ho.* Morir *alguien.* pop + cult → espon.

i. ‖ **~ capote.** loc. verb. *ES.* Perder quedando sin hacer un tanto. pop + cult → espon.

j. ‖ **~ caído.** loc. verb. *Pa.* Enamorarse, prendarse.

k. ‖ **~ chairando.** loc. verb. *Ur.* Estar a un punto para algo que a último momento no se concreta. pop + cult → espon.

l. ‖ **~ cheque.** loc. verb. *Ho, ES.* Estar de acuerdo en algo dos o más personas. pop + cult → espon.

m. ‖ **~ chiche.** loc. verb. *Ho.* Hacer *alguien algo* muy bien, excelentemente. pop + cult → espon.

n. ‖ **~ chocheco.** loc. verb. *Ve.* Estar abochornada *una persona.* pop + cult → espon.

ñ. ‖ **~ chongo.** loc. verb. *PR.* Llevarse un chasco.

o. ‖ **~ claro.** loc. verb. *Ni.* Estar sin dinero. pop + cult → espon.

p. ‖ **~ colgado.** loc. verb. *Ch.* No entender nada. pop + cult → espon.

q. ‖ **~ como billete de a peso.** loc. verb. *Ho, ES.* Estar aplastada *una persona* tras ser atropellada por un vehículo.

r. ‖ **~ como diuca.** loc. verb. *Ch.* Andar *alguien* empapado, en especial por la lluvia.

s. ‖ **~ como dos de queso.** loc. verb. *Co.* Haber realizado un esfuerzo físico excesivo. ♦ **quedar como dos y tres de queso; quedar como el mico de la chayo; quedar en la lona.**

t. ‖ **~ como dos y tres de queso.** *Pa, Co.* **quedar como dos de queso.**

u. ‖ **~ como el mico de la chayo.** *Ni.* **quedar como dos de queso.**

v. ‖ **~ como estampilla en el pavimento.** loc. verb. *Ni.* Permanecer *una persona* completamente desbaratada debido a un accidente automovilístico. pop + cult → espon.

w. ‖ **~ como gallina chiricana.** *Ni.* **dejar como mocho de escoba.**

x. ‖ **~ como gallinero.** loc. verb. *Ch.* Encontrarse *alguien* muy desprestigiado. pop + cult → espon.

y. ‖ **~ como gato mojado.** loc. verb. *PR.* Encontrarse receloso, desconfiado, a causa de malas experiencias anteriores. pop + cult → espon.

z. ‖ **~ como la chancha de la tía Lacha.** *Ni.* **quedar mirando la fiambrera.**

a¹. ‖ **~ como la gata de Abella, mirando la fiambrera.** *Ur.* **quedar mirando la fiambrera.**

b¹. ‖ **~ como la mona.** loc. verb. *Ar.* Encontrarse en situación desairada. pop + cult → espon.

c¹. ‖ **~ como nalga de india.** loc. verb. *Ni.* Encontrarse la barba bien afeitada, lisa, sin asomo de vello. vulg; pop + cult → espon.

d¹. ‖ **~ como pato mojado.** loc. verb. *PR.* Encontrarse receloso, desconfiado, a causa de las malas experiencias anteriores. pop + cult → espon.

e¹. ‖ **~ como perico en la estaca.** loc. verb. *RD.* Sentirse *alguien* frustrado por no obtener el resultado esperado. pop + cult → espon.

f¹. ‖ **~ como poncho.** loc. verb. *Ch.* Venir *algo* muy grande a una persona. pop + cult → espon.

g¹. ‖ **~ como su cara.** loc. verb. *Gu.* Ponerse *alguien* en ridículo. pop + cult → espon.

h¹. ‖ **~ como su planta.** loc. verb. *Gu.* Perder todo. pop + cult → espon.

i¹. ‖ **~ como un pascón.** loc. verb. *Ho.* Estar agujereado por tiros *alguien* o *algo.* pop + cult → espon.

j¹. ‖ **~ como una foca.** loc. verb. *Pa.* Hacer el ridículo. pop + cult → espon.

k¹. ‖ **~ como venadito entre su huerta.** loc. verb. *Ni.* Estar atrapado, acorralado, acosado. pop + cult → espon.

l¹. ‖ **~ con cuello.** loc. verb. *Ch.* Encontrarse *alguien* decepcionado o desilusionado. pop + cult → espon.

m¹. ‖ **~ con el casco y la mala idea.** loc. verb. *Cu.* Encontrarse *alguien* o *algo* desmantelado. pop + cult → espon.

n¹. ‖ **~ con el ombligo parado.** loc. verb. *EU, RD.* Comer *alguien* mucho. pop + cult → espon.

ñ¹. ‖ **~ con la bolsa vacía.** *Ni.* **quedarse en blanco.**

o¹. ‖ **~ con la cara larga.** loc. verb. *Ar.* Sufrir una decepción, un desencanto. pop + cult → espon.

p¹. ‖ **~ con la carabina al hombro.**
i. loc. verb. *PR.* Frustrarse *alguien.* pop + cult → espon.
ii. *PR. En el beisbol,* no darle el bateador a la pelota.

q¹. ‖ **~ con la marca ardiendo.** loc. verb. *Ur.* Ofenderse *alguien*, guardar rencor. pop + cult → espon.

r¹. ‖ **~ cortando pajitas.** loc. verb. *PR.* Avergonzarse de algo. pop + cult → espon.

s¹. ‖ **~ darling.** loc. verb. *PR.* Encontrarse molesto, perjudicado. pop + cult → espon.

t¹. ‖ **~ de feo.** loc. verb. *RD.* Sentir vergüenza o bochorno tras no resultar algo como se había anunciado.

u¹. ‖ **~ debajo de la mesa.** loc. verb. *Bo.* Estar completamente borracho. pop + cult → espon.

v¹. ‖ **~ el plumerío.** loc. verb. *Ar.* No quedar *nadie* en un lugar del que las personas huyen o son despedidas. pop + cult → espon.

w¹. ‖ **~ en bolas.** loc. verb. *Ur.* Perder *alguien* sus bienes. pop + cult → espon.

x¹. ‖ **~ en chiva.** loc. verb. *PR.* No ganar una sola mano en un juego o deporte. pop + cult → espon.

y¹. ‖ **~ en familia.** loc. verb. *Ni, Pa, Ch.* Esperar *alguien algo*, encontrarse a la expectativa. pop + cult → espon.

z¹. ‖ **~ en guate.** loc. verb. *Ho.* Resultar *algo* pequeño a alguien.

a². ‖ **~ en la lona.** *Ni.* **quedar como dos de queso.**

b². ‖ **~ en la página dos.** loc. verb. *Cu.* Morir *alguien.* pop + cult → espon.

c². ‖ **~ en talla.** loc. verb. *Cu.* Gustar mucho *algo* a alguien. pop + cult → espon.

d². ‖ **~ en un quedar.** loc. verb. *Ni.* Llegar dos o más personas a un acuerdo. pop + cult → espon.

e². ‖ **~ en veremos.** loc. verb. *Ni, Ve.* No llegar a nada. pop + cult → espon.

f². ‖ **~ feo.** loc. verb. *Ch.* Resultar menoscabado el prestigio de alguien.

g². ‖ **~ frisado.** loc. verb. *Ve.* Estar atónita *una persona.* pop + cult → espon. ♦ **quedar frisado en el sitio.**

h². ‖ **~ frisado en el sitio.** loc. verb. *Ve.* **quedar frisado.** pop + cult → espon.

i². ‖ **~ fuera de la paila.** loc. verb. *Ni.* Ser excluido alguien de la repartición de bienes o de un negocio. pop + cult → espon.

j². ‖ **~ la olla embarrada.** loc. verb. *Gu.* Apropiarse *alguien* de una parte de dinero ajeno. pop + cult → espon.

k². ‖ **~ la pelería.** loc. verb. *Ch.* Causar *alguien* o *algo* confusión, desbarajuste. pop + cult → espon.

l². ‖ **~ mirando al icaco.** loc. verb. *Ni.* **ver para el icaco.**

m². ‖ **~ mirando la fiambrera.** loc. verb. *Ur.* Padecer *alguien* la frustración de no recibir algo que se esperaba. pop + cult → espon. ♦ **quedar como la chancha de la tía Lacha; quedar como la gata de Abella, mirando la fiambrera.**

n². ‖ **~ mosca.** loc. verb. *Ar.* Permanecer impasible. pop + cult → espon.

ñ². ‖ **~ pachito.** loc. verb. *Ni.* Tener *alguien* el abdomen abultado debido a la pérdida de peso. pop + cult → espon.

o². ‖ **~ pagando.**
  i. loc. verb. *Ch.* Terminar perplejo o aturdido sin ver cumplidas sus esperanzas o expectativas.
  ii. *Ur.* Recibir *alguien* la peor parte de algo. pop + cult → espon.

p². ‖ **~ pando.** loc. verb. *Gu.* Ahorrarse *alguien* la comida. pop + cult → espon.

q². ‖ **~ para contar el cuento.** loc. verb. *Ch.* Resultar *alguien* superviviente. pop + cult → espon.

r². ‖ **~ para los chuchos.** loc. verb. *Ho.* Terminar *alguien* desprestigiado ante otra persona. pop + cult → espon.

s². ‖ **~ para los chumelos.** loc. verb. *Ho.* Estar *una persona* mal psíquica o físicamente. pop + cult → espon.

t². ‖ **~ para repuesto de loco.** loc. verb. *Ar.* Encontrarse en mal estado físico y psíquico. pop + cult → espon.

u². ‖ **~ patas.** loc. verb. *Gu.* Terminar *alguien* un juego sin perder ni ganar. pop + cult → espon.

v². ‖ **~ pegado.**
  i. loc. verb. *Ch, Ar, Ur.* Ponerse *alguien* en evidencia. pop + cult → espon.
  ii. *Ar.* Ser *alguien* identificado o asimilado a una persona o a un grupo por su vinculación con estos. pop + cult → espon.
  iii. *Ar.* Electrocutarse, recibir un golpe de corriente eléctrica. pop + cult → espon.
  iv. *Ch.* Repetir curso un estudiante. est.
  v. *PR.* Encontrarse *alguien* atónito por haber sido sorprendido en algo. pop + cult → espon.

w². ‖ **~ peinado para lenga.** loc. verb. *Ch.* Estar *algo* perfecto. pop + cult → espon.

x². ‖ **~ pintado.** loc. verb. *Cu.* Entallar bien una ropa. pop + cult → espon.

y². ‖ **~ por dentro.** loc. verb. *CR.* Salir perdiendo. pop + cult → espon.

z². ‖ **~ puesto y convidao.** loc. verb. *Cu.* No estar dispuesto a repetir una experiencia amarga. pop + cult → espon.

a³. ‖ **~ que ni pa billetero.** loc. verb. *Cu.* Salir muy mal parado de un lance. pop + cult → espon.

b³. ‖ **~ sin Beatriz y sin el retrato.** loc. verb. *Ho, Ni.* No obtener *alguien algo* por desear varias cosas a la vez. pop + cult → espon.

c³. ‖ **~ viendo pasar aviones.** loc. verb. *Ho.* Morir *alguien.* pop + cult → espon.

d³. ‖ **~le poco público en el estadio.** loc. verb. *Ch.* Tener alguien poco pelo en la cabeza. pop + cult → espon.

e³. ‖ **~le (solo) el casco y la mala idea.** loc. verb. *Cu.* Estar *alguien* muy viejo. pop + cult → espon ^ fest.

f³. ‖ **~le solo el cebo y el mecate.** loc. verb. *Ni.* Estar entre la espada y la pared. pop + cult → espon.

g³. ‖ **~le solo (el moño del pelo y) las ganas de vivir.** loc. verb. *Ni.* Estar muy desmejorada *una persona* debido a la vejez o a problemas de salud. ♦ **quedarle solo el relincho.**

h³. ‖ **~le solo el relincho.** loc. verb. *Ni.* **quedarle solo el moño del pelo y las ganas de vivir.**

i³. ‖ **~se a la luna de Paita.** *Ec, Bo, Ch, Ar.* **quedarse afeitado y sin visita.**

j³. ‖ **~se a pie.** *Ni.* **quedarse en blanco.**

k³. ‖ **~se aculado.** loc. verb. *Ec.* Encontrarse muy asombrado. pop + cult → espon.

l³. ‖ **~se afeitado y sin visita.** loc. verb. *EU, Mx, Ho, RD, PR, Bo.* Frustrarse las esperanzas o deseos de algo. pop + cult → espon. ♦ **quedarse a la luna de Paita; quedarse colgado de la brocha; quedarse como la novia de Tola; quedarse con los crespos hechos; quedarse con los rulos hechos.**

m³. ‖ **~se al corte.** loc. verb. *Gu.* Estar *alguien* sin nada. pop + cult → espon ^ fest.

n³. ‖ **~se al palo.** loc. verb. *Bo.* Ignorar *una persona* a *alguien,* dejarlo de lado. pop + cult → espon.

ñ³. ‖ **~se al ruido.** loc. verb. *CR.* No entender *alguien* lo que está leyendo u oyendo. pop + cult → espon.

o³. ‖ **~se apaleando paredes.** loc. verb. *Ni.* Sufrir alucinaciones por efecto del alcohol o de las drogas. drog. ♦ **quedar arriba de los palos.**

p³. ‖ **~se baboso.** loc. verb. *Gu.* Estar atónito, asombrado. pop + cult → espon.

q³. ‖ **~se bailando el pelado.** loc. verb. *Ni.* No tener rumbo fijo, carecer de metas.

r³. ‖ **~se botado.** loc. verb. *Cu.* No entender nada. pop + cult → espon.

s³. ‖ **~se bruja.** loc. verb. *Mx.* Empobrecerse, devenir necesitado de lo más elemental. pop + cult → espon.

t³. ‖ **~se celeste.** loc. verb. *Mx.* p.u. Permanecer inmutable, no prestar atención. pop + cult → espon.

u³. ‖ **~se chato.** loc. verb. *Mx, Gu.* No conseguir lo que esperaba. pop + cult → espon.

v³. ‖ **~se chilín campana.** loc. verb. *Ar.* Permanecer mudo, guardar silencio. pop + cult → espon.

w³. ‖ **~se chino.** loc. verb. *Gu.* Estar *alguien* harto, fastidiado por algo. pop + cult → espon.

x³. ‖ **~se colgado de la brocha.** loc. verb. *Ni.* **quedarse afeitado y sin visita.**

y³. ‖ **~se comiendo jobos.** loc. verb. *PR.* Faltar un alumno a clase sin avisar ni pedir permiso. est.

z³. ‖ **~se como en misa.** loc. verb. *CR.* obsol. Permanecer *alguien* en silencio, *especialmente después de recibir una reprensión.* pop.

a⁴. ‖ **~se como la novia de Tola.** *Ni.* **quedarse afeitado y sin visita.**

b⁴. ‖ **~se como las novias de Barranca.** loc. verb. *Co.* Quedarse soltera una mujer.

c⁴. ‖ **~se como semáforo.** *Ni.* **quedarse en blanco.**

d⁴. ‖ **~se con cara de mexicano.** loc. verb. *Ni.* Encontrarse *alguien* sin nada. pop + cult → espon.

e⁴. ‖ **~se con cuello de camello.** loc. verb. *Ch.* Encontrarse decepcionado, desilusionado. pop + cult → espon.

f⁴. ‖ **~ con el canto.** loc. verb. *PR.* Realizar *algo* exitosamente.

g⁴. ‖ **~se con el clavo.** loc. verb. *CR.* Encontrarse *alguien* con una duda. pop + cult → espon.

h⁴. ‖ **~se con el coco vacío.** loc. verb. *Cu.* Tener *alguien* una idea brillante. pop + cult → espon.

i⁴. ‖ **~se con el muerto.** loc. verb. *Ch.* Encontrarse con una mercancía que no ha encontrado comprador. pop + cult → espon.

j⁴. ‖ **~se con el peso y los ocho reales.** *Gu.* **quedarse con el santo y con la limosna.**

k⁴. ‖ **~se con el santo y con la limosna.** *Ch.* Quedarse con todo, con lo propio y lo ajeno. pop + cult → espon. ◆ **quedarse con el peso y los ocho reales.**

l⁴. ‖ **~se con el tonto.** loc. verb. *Ch.* Ser *alguien* engañado. pop + cult → espon.

m⁴. ‖ **~se con la carabina al hombro.**
 i. loc. verb. *Cu, PR.* Frustrarse *alguien.* pop + cult → espon.
 ii. *Cu, PR. En el beisbol*, no darle el bateador a la pelota.
 iii. *Cu.* No poder actuar.

n⁴. ‖ **~se con los churos hechos.** loc. verb. *Ec.* No lograr *alguien* concretar lo planeado. pop.

ñ⁴. ‖ **~se con los colochos hechos.** loc. verb. *Ho, Ni, Ch.* Esperar *algo* o a *alguien* que no llega. pop + cult → espon.

o⁴. ‖ **~se con los crespones hechos.** loc. verb. *Ho.* Esperar *algo* que no se ha realizado o se ha hecho de forma diferente a la esperada.

p⁴. ‖ **~se con los crespos hechos.** *Co.* **quedarse afeitado y sin visita.**

q⁴. ‖ **~se con los rulos hechos.** *Bo.* **quedarse afeitado y sin visita.**

r⁴. ‖ **~se de a ocho.** loc. verb. *Mx.* Quedarse confuso, sorprendido, asombrado. pop + cult → espon. ◆ **quedarse de a seis.**

s⁴. ‖ **~se de a seis.** *Mx.* **quedarse de a ocho.**

t⁴. ‖ **~se de aquí.** loc. verb. *PR.* Quedarse *alguien* ignorante de algo, desconocerlo. pop + cult → espon.

u⁴. ‖ **~se de ese tamaño.** loc. verb. *Co.* Quedarse un problema sin aclarar ni concluir. pop + cult → espon.

v⁴. ‖ **~se debajo de la mesa.** loc. verb. *Ch.* No llegar *alguien* a tiempo para el reparto. pop + cult → espon. ◆ **quedarse diciendo miren qué caso.**

w⁴. ‖ **~se deteniendo la peña.** loc. verb. *Co.* Afrontar una responsabilidad que comprende igualmente a otro. pop + cult → espon.

x⁴. ‖ **~se diciendo miren qué caso.** *Gu.* **quedarse debajo de la mesa.**

y⁴. ‖ **~se el fogón sin leña.** loc. verb. *Cu.* Volverse un asunto difícil. pop + cult → espon.

z⁴. ‖ **~se embancado.** loc. verb. *Ni.* Estancarse un proceso o trabajo debido a una serie de obstáculos. pop + cult → espon.

a⁵. ‖ **~se en blanco.** loc. verb. *CR, Pa, Cu.* Estar sin dinero. pop + cult → espon. ◆ **quedarse a pie; quedarse como semáforo; quedarse con la bolsa vacía; quedarse hablando a solas.**

b⁵. ‖ **~se en China.** loc. verb. *Cu.* Estar distraído *alguien* o no comprender lo que se le pregunta o lo que sucede a su alrededor.

c⁵. ‖ **~se en eleolo chicozapote.** loc. verb. *Ni.* No entender nada de lo escuchado o leído. pop + cult → espon.

d⁵. ‖ **~se en las tablas.** loc. verb. *PR.* Estar arruinado, sin bienes ni fortuna. pop + cult → espon.

e⁵. ‖ **~se en los laureles.** loc. verb. *Ch.* Descuidarse o abandonarse *alguien* en la actividad emprendida. pop + cult → espon.

f⁵. ‖ **~se flai.** loc. verb. *Ve.* Permanecer perplejo ante una situación inesperada.

g⁵. ‖ **~se hablando a solas.** *Ho.* **quedarse en blanco.**

h⁵. ‖ **~se mapeado.** loc. verb. *PR.* Encontrarse *alguien* deslumbrado por algo. pop + cult → espon.

i⁵. ‖ **~se mascando pajitas.** loc. verb. *PR.* Abochornarse *alguien* de algo, acoquinarse. pop + cult → espon.

j⁵. ‖ **~se mirando de lado.** loc. verb. *PR.* Encontrarse con ganas de algo. pop + cult → espon.

k⁵. ‖ **~se mosca.** loc. verb. *Ar.* Callar, guardar silencio. pop.

l⁵. ‖ **~se piola.** loc. verb. *Ar.* Abstenerse de actuar, *generalmente para no comprometerse*. pop + cult → espon.

m⁵. ‖ **~se sembrado.** loc. verb. *PR.* Permanecer *alguien* en un sitio, acomodarse bien. pop + cult → espon.

n⁵. ‖ **~se sin Inés y sin el retrato.** loc. verb. *CR.* Encontrarse sin una cosa ni la otra de las que se pretendían obtener. pop ^ fest.

ñ⁵. ‖ **~se soso.** loc. verb. *PR.* Sentirse *alguien* desconcertado, cortado. pop + cult → espon.

o⁵. ‖ **~se viendo un chispero.** loc. verb. *Co.* Frustrarse *alguien* por no obtener lo que esperaba conseguir. pop + cult → espon.

quedó.
 I. 1. m. *CR.* Juego de niños en el que uno persigue a los demás hasta que logra tocar a otro y decirle «¡quedó!», después de lo cual este niño debe asumir la función de quien lo ha tocado, y así sucesivamente.

queen. (Voz inglesa).
 I. 1. f. *EU.* Modelo de cama matrimonial de un tamaño menor que la **king size**. ◆ **queen size.**
 II. 1. f. *EU.* Hombre homosexual.
 ∎
 a. ‖ **~ size.** (Voz inglesa). f. *EU.* **queen.**

queik. (Del ingl. *cake*).
 I. 1. m. *Pa.* **queque**, tarta o pastel.

quejadera.
 I. 1. f. *Mx, Gu, Ho, Ni, CR, Pa, Cu, Ve, Co*, pop. Queja reiterada.

quejambroso, -a.
 I. 1. adj. *Co. Referido a persona*, que se queja con poco motivo o por hábito.

quejarse.
 □
 a. ‖ **~ a Magoya.** loc. verb. *Ar, Ur.* Manifestar su disconformidad *alguien* sin que nadie pueda darle una solución, especialmente después de haber tomado una decisión equivocada. pop + cult → espon. ◆ **quejarse a Montoto.**
 b. ‖ **~ a Montoto.** *Ar.* **quejarse a Magoya.**

quejón, -na.
 I. 1. adj. *Pa, Co:N,O. Referido a persona*, que se queja con poco motivo o por hábito. pop.

quejura.
 I. 1. f. *PR.* Padecimiento, dolor continuo. pop + cult → espon.

quelite. (Del nahua *quilitl*, verdura).
 I. 1. m. *Mx, Ho.* **bledo**, planta herbácea. (**quilete**). ◆ **chongo; jataco.**
 2. *CR.* Brote comestible de la **ayotera** o de la **chayotera.**

quelli.
 ▶ hacerse ~.

queltehue.
 ∎
 a. ‖ **~ de la puna.** m. *Ch:NE.* **leque leque.**

quema.
 I. 1. f. *PR.* **quemada**, cantidad de carbón vegetal.
 ▶ estar en la real ~.

quemacocos.

I. 1. m. *Mx, CR, Ve, Ec. En algunos automóviles*, ventanilla corredera situada en el techo, que permite la entrada de la luz y el aire.

quemada.

I. 1. f. *PR.* Cantidad de carbón vegetal que se saca de quemar leña en una sola operación. rur. (**quema**).

II. 1. f. *PR.* Chasco, engaño. pop + cult → espon.

III. 1. f. *PR.* Efecto del abuso de la bebida o de las drogas. drog.

quemadera.

I. 1. *Co.* **chisacá.**

quemadito, -a.

I. 1. adj. *PR.* metáf. *Referido a persona*, de raza negra. euf; pop + cult → espon.

quemado, -a.

I. 1. adj. *Cu.* metáf. *Referido a persona*, perturbada mentalmente. pop.

II. 1. adj. *Cu. Referido a persona, generalmente alumno*, que estudia constantemente.

III. 1. *PR.* **gallo quemado.**

IV. 1. adj. *PR. Referido a un jugador*, que ha perdido sus aptitudes. pop + cult → espon.

V. 1. adj. *PR. Referido a persona*, convicta en un tribunal de justicia. pop + cult → espon.

VI. 1. adj. *PR. Referido a persona*, que tiene resaca. pop + cult → espon.

▶ salir ~.

¡quémala!

I. 1. interj. *PR.* Expresa el deseo de una persona de chocar la mano con alguien. pop + cult → espon.

quemar(se).

I. 1. tr. *Cu, Ar, Ur.* Poner *una persona* en evidencia a *alguien*. pop + cult → espon.

II. 1. tr. *Ar, Ur.* Herir *una persona* a *alguien* con un arma de fuego. pop + cult → espon.

III. 1. tr. prnl. *Cu.* Perder *algo* actualidad.

IV. 1. tr. *PR.* Conseguir droga por medio de una trampa. drog.

2. *PR.* Fumar marihuana. drog.

V. 1. tr. *RD.* Negar un profesor la aprobación a un examinando. est.

VI. 1. tr. *PR.* Estafar, engañar *una persona* a *alguien*. pop + cult → espon.

VII. 1. tr. *PR.* Condenar a *una persona*, dictar sentencia contra ella.

VIII. 1. tr. *PR.* Eliminar la policía a un agente encubierto. polic.

IX. 1. tr. *Pa.* Ser infiel al cónyuge o pareja. pop + cult → espon.

□

a. ‖ ~ **barba.** loc. verb. *Ho.* Haber terminado el período de fecundación de la mazorca. rur.

b. ‖ ~ **la canilla.** loc. verb. *Gu, Ho, ES, Ni.* Ser infiel a la esposa o a la pareja. pop + cult → espon.

c. ‖ ~ **la pestaña.** loc. verb. *Pa.* Esforzarse *una persona* por estudiar. est.

d. ‖ ~ **las naves.** loc. verb. *Ur.* Hacer todo lo posible para definir una situación. pop + cult → espon.

e. ‖ ~**se el coco.** loc. verb. *PR.* Terminar la fiesta, la juerga o el licor. ♦ **quemarse el gofio.**

f. ‖ ~**se el culo.** loc. verb. *Cu.* Trabajar duramente. vulg; pop + cult → espon.

g. ‖ ~**se el gofio.** *PR.* **quemarse el coco.**

h. ‖ **quemársele las habas.** loc. verb. *Mx.* Estar en una situación de extrema curiosidad, por lo que desea actuar de inmediato.

quemazón.

I. 1. m. *PR.* Incendio. pop + cult → espon.

II. 1. m. *PR.* Saldo, baratillo, liquidación de mercancías. pop + cult → espon.

□

a. ‖ **precio de** ~. loc. adj *PR.* Barato, de precio muy reducido.

queme.

I. 1. m. *Pa.* Acto de adulterio. vulg; pop + cult → espon.

quemeimportismo.

I. 1. m. *Ec.* Actitud de indiferencia y apatía ante los asuntos privados o públicos. pop.

quemo.

I. 1. m. *Ar, Ur.* Situación ridícula o embarazosa. pop + cult → espon.

II. 1. m. *Ar, Ur.* Persona que hace pasar vergüenza a los demás por hacer o decir cosas ridículas o inconvenientes. pop + cult → espon.

quemón, -na.

I. 1. m. *PR.* juv. Regaño.

II. 1. adj/sust. *Pa. Referido a persona*, adúltera. vulg; pop + cult → espon.

▶ dar un ~; darse un ~.

quena. (Voz quechua).

I. 1. f. *Pe, Bo, Ch.* Flauta construida tradicionalmente con caña, hueso o barro, de longitud variable, que en la actualidad se caracteriza por tener siete agujeros, seis al frente y uno detrás para el dedo pulgar, y por su escotadura en forma de U con el borde anterior afilado.

quenepa.

I. 1. f. *PR.* Fruto del **quenepo**, redondo u ovoide, en racimo, de color encarnado, cáscara débil, carnosidad suave y sabor agridulce; su semilla es comestible si se tuesta. (**quenepe**).

quenepal.

I. 1. m. *PR.* Sitio poblado de **quenepos**.

quenepe.

I. 1. *PR.* **quenepa.**

quenepero, -a.

I. 1. m. y f. *PR.* Vendedor de **quenepas**.

quenepo.

I. 1. m. *PR.* Árbol de hasta 12 m de altura, frondoso, de tronco recto y grisáceo, y de ramas fuertes; su madera blanca amarillenta es de poco valor. (Sapindaceae; *Meliocca bijuga*).

quenepo, -a.

I. 1. adj. *PR. Referido a persona*, tonta, fatua, de mucha apariencia y poca inteligencia. pop + cult → espon ^ desp.

quenque.

I. 1. m. *Pa.* Marihuana. drog.

queperi.

I. 1. *Ar:NO.* **queperí.**

queperí.

I. 1. m. *Ar:NO.* Corte de carne de vacuno que se extrae de la parte inferior del abdomen. (**queperi**).

quepí.

I. 1. m. *Pe.* Quepis, gorra cilíndrica o ligeramente cónica, con visera horizontal, que como prenda de uniforme usan los militares.

quepiri.

I. 1. *Bo.* **cargador**, persona que transporta cargas.

queque. (Del ingl. *cake*).

I. 1. m. *Cu, Pe, Bo, Ch.* Bizcocho de harina, mantequilla y huevos *que, a veces, lleva frutas secas o confitadas*.

2. *Ho, Ni.* Tarta *de forma generalmente redonda*, rellena de frutas, crema, etc., o bien de bizcocho, pasta de almendra y otras clases de masa homogénea.

3. *CR, Pa.* Tarta o pastel. (**queik**).

II. 1. m. *Ch.* Trasero, nalgas. euf; pop.

III. 1. adj/sust. *CR. Referido a cosa*, fácil de realizar. pop
+ cult → espon.

■

a. ‖ ~ **seco.** m. *CR.* Queque, bizcocho, sin **lustre.**

□

a. ‖ **hasta el ~.**
i. loc. adj/adv. *Mx. juv. Referido a persona o cosa*,
excesivamente llena.
ii. *Mx. juv. Referido a persona*, borracha. (**hasta
los queques**).
iii. loc. adv/adj. *Pe.* En malas condiciones físicas o
anímicas. pop.
b. ‖ **hasta los ~s.** loc. adj. *Ni.* **hasta el queque**, borracho. pop.

▶ **comer ~; cortar el ~; estar hasta los ~s.**

quequeo. (Del maya *kekén*).
I. 1. *Ho, ES.* **cerdo de monte.**

quequesque. (Del nahua *quequextli*).
I. 1. m. *Mx, Gu, Ho, ES, Ni.* **mafafa,** planta.
2. *Mx, Gu, Ho, ES, Ni.* Tubérculo comestible de la
mafafa, solo después de cocido.

quereme.
I. 1. m. *Co.* Bebida o composición con que se pretende
conseguir el amor de una persona. pop.
II. 1. m. *Co.* Arbusto de hasta 2 m de altura, de hojas enteras, alternas y pecioladas, flores con grandes corolas, tubulares, de colores brillantes anaranjados
o rojos, muy vistosas agrupadas en racimos. (Ericaceae; *Cavendishia quereme*).

querencia.
▶ **coger ~.**

querendenga.
I. 1. f. *CR.* Querida, amante. pop + cult → espon.

querendón, -na.
I. 1. sust/adj. *PR.* Persona, *especialmente un niño*, favorita, mimada. pop + cult → espon ^ afec.
2. *PR.* Hijo predilecto. pop + cult → espon ^ afec.

querendongo, -a.
I. 1. m. y f. *PR.* Concubino, querido, amante. pop
+ cult → espon ^ desp (**querindango; querindongo**).

querequeté. (De or. onomat.).
I. 1. m. *PR.* Ave de hasta 20 cm de longitud, de color
negro en la parte superior, con tonos variados de
gris y rojizo, alas negruzcas con manchas blancas
y cola negra matizada de rojo. (Caprimulgidae;
Chordeiles minor vicinus). (**querequetec**). ♦ **crequeté; gaspayo.**

querequetec.
I. 1. *PR.* **querequeté.**

querer.
●

a. ‖ **de ~ estoy flaco.** fórm. *Cu.* Se usa como respuesta
afirmativa ante un ofrecimiento, generalmente de
comida y de bebida. pop + cult → espon.

□

a. ‖ **~ cajeta, cuchillo y guaro.** loc. verb. *Ho.* Desear
un hombre tener dinero, mujeres y bebida. pop
+ cult → espon.
b. ‖ **~ engañar al agua.** loc. verb. *Ni.* Tratar de engañar a alguien que no se deja. pop + cult → espon.
c. ‖ **~ huevo.** loc. verb. *Pe.* Desear una mujer tener
relaciones sexuales. vulg; pop + cult → espon.
d. ‖ **~ la breve pelada.** loc. verb. *Ar.* Pretender *alguien*
conseguir algo sin esfuerzo ni sacrificio. pop + cult
→ espon.
e. ‖ **~ la cancha y los cuatro reales.** loc. verb. *Ur.*
Querer *alguien* todo o más de lo que le correspon-

de. pop + cult → espon. ♦ **querer la cancha y
los veinte.**
f. ‖ **~ la cancha y los veinte.** *Ar.* querer la cancha y
los cuatro reales.

◪

a. ‖ **~ petate y ~ colchón.** fr. prov. *Ho.* Indica que alguien desea todo a la vez. pop.

quereza.
I. 1. f. *Pa.* Queresa, conjunto de huevos de mosca de-
positados en la carne.

querible.
I. 1. adj. *Ch. Referido a persona o animal*, que es fácil de
querer, que se deja querer.

querido, -a.
I. 1. adj. *Co. Referido a persona*, amable, buena gente,
simpática. pop.
II. 1. adj. *Cu. Referido a un asunto*, resuelto favorablemente.

querindango, -a.
I. 1. *Cu.* **querendongo.**

querindongo, -a.
I. 1. *PR.* **querendongo.**

querosén.
I. 1. m. *CR, Cu, Ve, Ec.* Queroseno, subproducto del
petróleo, translúcido y de color amarillento, que se
emplea como combustible para quinqués, faroles y cocinas. (**querosene; querosín**). ♦ **gas.**

querosene.
I. 1. *Ho, ES, Cu, Co, Pe, Ar, Ur.* **querosén.**

querosín.
I. 1. *Ni, Pa Ec.* **querosén.**

querosina.
I. 1. f. *PR.* Gas inflamable, producto del petróleo, usado para iluminación y como combustible. (**kerosín;
kerosina; keroseno**).

querque.
I. 1. m. *Ho, ES.* **caracara.**
2. *Ho.* metáf. Persona que anda sola y errante.
3. *Ho.* metáf. Persona pesada, molesta e inoportuna.
4. *Ho.* metáf. Persona excesivamente flaca.
5. *Ho.* **maromero,** trapecista.

querrequerre.
I. 1. m. *Ve.* Pájaro de hasta 30 cm de longitud, de lomo y alas verdes, vientre amarillo, cola verde por
encima, coronilla azul con una pequeña cresta
eréctil, y garganta y mejillas de color negro brillante. (Corvidae; *Cynocitta armillata*).
II. 1. sust/adj. *Ve.* Persona que siempre está de mal humor.

quesadilla.
I. 1. f. *Mx.* **Tortilla** de harina de maíz o de trigo doblada por la mitad y rellena de queso u otros ingredientes, y posteriormente asada o frita; se come
caliente y acompañada de salsas. ♦ **queca.**
II. 1. f. *Ar:NO.* Dulce, *generalmente de forma rectangular*, hecho con dos o tres capas de masa unidas con arro-
pe, dulce de leche, de **cayote** o de **batata,** y cubierto a veces con un baño de azúcar. ♦ **guisadilla.**

quesadillo.
I. 1. m. *Co.* Masa de queso de crema rellena de dulce
de **guayaba.**

queseyó. (De *¿qué sé yo?*).

a. ‖ **~.** fórm. *PR.* Se usa como muletilla para sustituir una
palabra que no acude a nuestra memoria. pop + cult
→ espon.

quesillo.
I. 1. m. *Co:SO, Ve.* Dulce hecho con yemas de huevo,
leche y azúcar, cocidos en baño María hasta darles la
consistencia de flan.

2. *Co:C.* Queso blanco y blando, muy suave, que se vende en porciones pequeñas envuelto en hojas de plátano.

3. *Ec.* Queso tierno y sin sal, *usado especialmente para preparar guisos.*

II. 1. m. *Ho, ES, Ni.* **chanita,** arbusto.

quesito.

I. 1. m. *PR.* Empanadilla dulce rellena de queso blanco.

queso.

I. 1. m. *Ec.* Persona que se halla en medio de un grupo y estorba la comunicación.

II. 1. m. *Ec:O.* Zapato blanco. pop + cult → espon ^ fest.

III. 1. m. *PR.* Acumulación de sustancia sebácea en la base del glande causada por una prolongada inactividad sexual. vulg; pop + cult → espon ^ fest.

IV. 1. m. *PR.* Calva. pop + cult → espon ^ fest.

●

a. ‖ **allí está el ~.** fórm. *Ec.* Se usa para indicar el quid o punto clave de un asunto.

■

a. ‖ **~ asadero.** m. *Mx.* Queso fresco y blando. ♦ **asadero.**

b. ‖ **~ de capas.** m. *Gu.* Variedad de queso blanco y de pasta filamentosa enrollada en forma de bola. (**queso palmito**).

c. ‖ **~ de comida.** m. *Ec.* Queso tierno y sin sal, *usado especialmente para preparar guisos.*

d. ‖ **~ de hoja.**

i. m. *Ec.* Queso tierno arrollado en forma de cilindro y envuelto en hojas de **achira.**

ii. *PR.* Variedad de queso blanco y suave de fabricación doméstica.

e. ‖ **~ de puño.** m. *PR.* Queso hecho con leche fresca de vaca, amasado y exprimido a mano.

f. ‖ **~ palmito.** m. *CR.* **queso de capas.**

g. ‖ **~ Oaxaca.** m. *Mx.* Queso que se hace en tiras que se trenzan hasta formar una bola; *se consume por lo regular derretido o asado.*

▶ **coger lo que se unta al ~; comerse un ~; cortar el ~; dar ~ al ratón; estar como un ~ en medio de un plato de loza; estar del ~; peinarse de ~ oaxaca; quedar como dos de ~; quedar como dos y tres de ~.**

quesque.

I. 1. adv. *CR; Mx, Co,* rur. Al parecer, presuntamente. pop + cult → espon.

quesudo, -a.

I. 1. adj. *Pa.* Referido a persona, que solo piensa en asuntos sexuales.

quete.

I. 1. m. *Pe.* Paquete de pasta básica de cocaína. drog.

quetzal. (Del nahua *quetzalli*).

I. 1. m. *Gu, Pa, PR.* Ave trepadora de plumaje verde tornasolado por arriba y rojo en el pecho y en el abdomen, copete sedoso de color verde, mayor en los machos, con patas y pico amarillos. (Trogonidae; *Pharomachrus moccino*). ♦ **kukul; quechul.**

queule.

I. 1. m. *Ch.* Árbol de hasta 15 m de altura, de hojas perennes, simples, opuestas, de borde liso y forma oblonga o elíptica, cuyo fruto es una drupa verde que torna a amarillo cuando madura. (Gomortegaceae; *Gomortega keule*). (**keule**).

queusa.

I. 1. adj. *Bo.* Referido a persona, cobarde. (**keusa**).

quibebe.

I. 1. m. *Ar:NE, Ur.* Lío, desorden, confusión. pop + cult → espon.

quibey.

I. 1. *PR.* **reventacaballo,** hierba perenne.

quibombó.

I. 1. *PR.* **quimbombó.**

quicato, -a.

I. 1. adj. *Co:SO.* Referido a un niño, maleducado e impertinente.

quicha.

I. 1. f. *Co:SO.* Diarrea. pop.

quiche. (Del tunebo).

I. 1. m. *Co, Ve.* Planta epifita, de hojas acanaladas y espigas de flores con brácteas rojas o azules, cuyo fruto es una cápsula cubierta de pelos sedosos. (Bromeliaceae; *Tillandsia* spp.).

quichicientas. (Met. de *chiquicientas*).

I. 1. adj. *Ar, Ur.* Muchas veces. pop + cult → espon ^ fest. ♦ **chiquicientas.**

quichua.

I. 1. adj/sust. *Ec.* Quechua.

quichuismo.

I. 1. *Ec.* **quechuismo.**

quichuista.

I. 1. m-f. *Ec.* Persona especializada en la lengua y cultura quechuas.

quiebra.

▶ **darle la ~; estar de ~.**

quiebrabarriga.

I. 1. m. *PR.* **nacedero.** (**quebrabarriga**).

quiebrahacha.

I. 1. f. *PR.* **dividivi,** árbol. (**quebrahacha**).

quiebrahuesos.

I. 1. f. *CR.* Gripe. pop.

quiebrapatas.

I. 1. f. *Pa, Co.* Mina antipersona de fabricación artesanal. pop.

II. 1. m. *Co:C,SO.* Foso cubierto con una parrilla de tubos metálicos que se construye a la entrada de los cercados para impedir la salida de los animales y permitir el paso de personas y vehículos.

quiebrapiedra.

I. 1. *Ur.* **quebrapedra.**

quiebre.

I. 1. m. *Co.* Punto frágil de algo o alguien. pop + cult → espon.

2. *Pa, Ar.* Rotura que divide en dos o más partes un objeto físico.

3. *Pa.* Quiebra o descalabro económico.

4. *Pa.* Ruptura de relaciones entre personas.

II. 1. m. *Ar.* Cambio súbito en una situación o en un proceso.

III. 1. m. *CR.* Rebaja en el precio de una mercadería. pop + cult → espon.

▶ **hacer un ~.**

quien.

◪

a. ‖ **~ quita no vive lejos.** fr. prov. *PR.* Indica que los peligros están siempre más cerca de lo que se piensa. pop + cult → espon.

b. ‖ **~ te quemó, que te sople.** fr. prov. *PR.* Indica que el que debe solucionar los problemas es quien los ha provocado. pop + cult → espon.

quihuicha. (Del quech. *kiwicha*).

I. 1. f. *Pe.* Planta herbácea de hasta 1 m de altura, con nervios en el envés de las hojas y pequeñísimas semillas de gran valor nutritivo de color amarillo, que al tostarse aumentan de tamaño.

quijada.

I. 1. f. *PR.* Barbilla. pop + cult → espon.

2. m-f. *PR.* meton. Persona de gran mandíbula. pop + cult → espon ^ desp.

3. f. *PR.* metáf. Pico con que termina el mango del machete. rur. ♦ **barba**, **nariz**.

quijo.
I. **1.** m. *Co:SO.* **granadilla.**
2. *Co:SO.* Fruto del quijo, de forma redondeada, anaranjado, dorado, pardo o amarillo con pequeñas pintas claras, con cáscara lisa, dura y con un acolchado para proteger las semillas, que son duras, de color negruzco, rodeadas de una sustancia gelatinosa y transparente gris claro.

quijongo.
I. **1.** m. *Ho, Ni, CR.* Instrumento musical de cuerda, compuesto por una vara larga y flexible en cuyos extremos se fija una cuerda o alambre tenso que en el medio lleva una jícara como caja de resonancia; el sonido se produce golpeando la cuerda o el alambre con un palo pequeño.

quilada.
I. **1.** f. *Ar.* Gran cantidad de algo. pop + cult → espon.
□
a. ‖ **una ~.** loc. adv. *Ar.* Mucho. pop + cult → espon.

quilaje. (De *quilo*).
I. **1.** m. *Ar, Ur.* Peso medido en kilogramos.

quíler.
I. **1.** m. *ES.* Boquilla de metal u otro material para poner el cigarrillo y poder fumarlo mejor.

quilete. (Del nahua *quilitl*, verdura).
I. **1.** *Gu, Ho.* **quelite**, hierba silvestre comestible.
2. *Ho, ES.* Cogollo u hojas de algunos árboles que se comen como verdura, *en especial en la época seca.*
3. *Gu.* **chichiquelite.**
4. *Ho.* **mazorquilla**, planta herbácea.

quilico.
I. **1.** *Ec:N.* **gavilán primito.**
▶ **hacer ~.**

quililo.
I. **1.** *Ar:NO.* **pirincho**, ave.

quilinchuche. (Del nahua *quilitl*, verdura, y *xochitl*, flor).
I. **1.** m. *Ho.* Árbol de hasta 4 m de altura, con hojas de color rojo brillante, vistosas flores acampanadas con pétalos que van del blanco al rojo púrpura con estambres pronunciados de diferentes colores y fruto oblongo con una especie de algodón de color blanco opacos. (Bombaceae; *Pseudobombax ellipticum*). (**jilinchuche**).

quilineja.
I. **1.** f. *Ch.* **coral del monte.**

quilitique. (Del ingl. *kill tick*).
I. **1.** m. *PR.* Garrapaticida. rur. (**quitique**; **quitiqui**).

quilla.
I. **1.** f. *PR.* Vértebra. (**quiya**).
2. *PR.* Espina dorsal. (**quiya**).
3. *PR.* metáf. Persona muy delgada. pop + cult → espon ^ fest. (**quiya**).
4. *PR.* Esternón. (**quiya**).
II. **1.** f. *PR.* Esternón del gallo, *sobre todo cuando es muy saliente.* (**quiya**).
III. **1.** m. *Ur.* Fila de puntos que se sueltan de una media.

quillada.
I. **1.** f. *PR.* Embarcación.

quillango.
I. **1.** m. *Ar.* Cierto tipo de cobertor hecho de pieles, *principalmente de guanaco.*
2. *Ar.* Manta formada de pieles cosidas que usaban algunos pueblos indígenas.

quillay. (Del map. *cullay*).
I. **1.** m. *Bo, Ch, Ar.* Árbol de gran tamaño, de tronco alto, derecho y cubierto de una corteza gruesa y cenicienta, hojas menudas, coriáceas, elípticas, obtusas,

algo dentadas, lampiñas y cortamente pecioladas, flores con pétalos blanquecinos y cáliz tomentoso por fuera; su fruto es un folículo tomentoso. (Rosaceae; *Quillaja saponaria*). (**killay**; **quiyay**).

quillillico.
I. **1.** *Ec:S.* **quilico.**

quillivirado.
I. **1.** adj. *PP.* Referido a un gallo, que tiene una desviación en la **quilla.**

quillo.
I. **1.** m. *Co:SO.* Recipiente que se hace con un **totumo.**

quilmes. (De *Quilmes®*).
I. **1.** f. *Ar.* Cerveza. pop + cult → espon.
◪
a. ‖ **el ~ no tiene vuelto.** fr. prov. *Cu.* Indica que una situación no tiene retroceso.

quilombero, -a.
I. **1.** adj/sust. *Ar.* Referido a persona, que hace ruido y causa alboroto. pop.
2. *Ar.* Referido a persona, que causa confusión y desorden. pop.

quilombo.
I. **1.** m. *Pa, Bo, Ch, Py, Ar, Ur.* Prostíbulo. vulg; pop + cult → espon.
II. **1.** m. *Ar, Ur.* Situación problemática y de difícil solución. pop + cult → espon.
2. *Ve.* Lugar apartado y de difícil acceso.
III. **1.** m. *Ho, Bo, Py, Ar, Ur.* Lío, barullo, gresca, desorden. pop + cult → espon. ♦ **bolonqui.**

quilquil. (Del map. *culcul*, mata).
I. **1.** m. *Ar:S.* **costilla de vaca.**

quilquiña.
I. **1.** *Bo.* **kirkiña.** (**quirquiña**).

quilterry.
I. **1.** m. *Ch.* Perro de raza indeterminada y sin pedigrí. (**kilterry**). ♦ **quiltro.**

quiltro.
I. **1.** *Ch.* **quilterry.** (**kiltro**).

quimba.
I. **1.** f. *Co:C,O.* Pie. pop + cult → espon ^ fest.
II. **1.** f. *Co:O.* Especie de alpargata. rur.
▶ **echar ~.**

quimbamba.
I. **1.** f. *PR.* **quimbámbaras.**

quimbámbaras.
I. **1.** f. pl. *PR.* Lugar indeterminado y muy remoto. pop + cult → espon. ♦ **quimbamba**; **quimbámbula.**
□
a. ‖ **en las ~.** loc. adv. *Cu, PR.* Extremadamente lejos.

quimbámbula.
I. **1.** f. *PR.* **quimbámbaras.**

quimbo.
I. **1.** m. *Ar, Ur.* Testículo. vulg; pop + cult → espon.
II. **1.** m. *PR.* Machete.
▶ **hinchar los ~s.**

quimbole.
I. **1.** m. *Pa.* Variedad de **frijol** blanco, pequeño y redondo.

quimbolito.
I. **1.** m. *Co:SO.* Masa de maíz que se cuece o asa envuelta en hojas de plátano o **banano.**
II. **1.** m. *Pa.* Frijol blanco de la familia de las habas, que se prepara con azúcar y canela.

quimbombó.
I. **1.** *Mx, PR.* **guingambó.** (**quibombó**).

quimil.
I. **1.** m. *Ar.* Arbusto muy ramificado de hasta 4 m de altura y flores rojas. (Cactaceae; *Opuntia quimilo*).

2. *Ar.* Fruto del quimil, de color amarillo; es comestible.

quimona.
I. 1. f. *PR.* Bata de mujer para estar en casa.

quimpe.
I. 1. m. *Ar:N.* Planta herbácea de tallo rastrero, con hojas alternas y pequeñas flores verdes; tiene diversos usos medicinales. (Cruciferae; *Coronopus didymus*). (**quimpi**).

quimpi.
I. 1. *Ar:N.* **quimpe**.

quimsacharani.
I. 1. m. *Bo.* Látigo, *generalmente de cuero trenzado*, que termina en tres puntas. (**kinsacharani**).

quina.
I. 1. f. *Pa.* Parte de la ficha de dominó que tiene cinco puntos. (**quinina; quinoa; quínoa**).

quincalla.
I. 1. f. *PR.* Puesto improvisado en la vía pública en el que se venden diversos artículos, todos modestos.
2. *PR.* Conjunto de cosas de mercería.

quincallero, -a.
I. 1. sust/adj. *PR.* Dueño de una **quincalla**.
II. 1. adj. *PR. Referido a un hombre*, mujeriego. pop + cult → espon.

quince.
I. 1. m. *Mx:N.* Juego parecido a los dados originario de los indios tarahumaras.

quinceañera.
I. 1. f. *PR.* Fiesta en honor de una **quinceañera**.

quinceañero, -a.
I. 1. m. y f. *Mx, PR.* Adolescente, *generalmente mujer*, que cumple quince años.

quinceaños.
I. 1. m. *CR, Pa, Ve, Ec, Ch.* Fiesta en la que se celebran los quince años de una joven.

quincearse.
I. 1. intr. prnl. *Pe.* Equivocarse, confundirse. pop + cult → espon.

quincha.
I. (Del quech. *qincha*, cerco o palizada).
1. f. *Pa, Co:O,SO, Ec, Pe, Ch, Ar:NO.* Pared de cañas, varillas u otra materia similar, que suele recubrirse de barro y emplearse en cercas o en construcciones rústicas como chozas y corrales.
2. *Ar:NO, Ur.* Tejido o entramado de caña y juncos secos.
II. 1. f. *Co:C,NE.* Colibrí.
III. (Del aim. *qhincha*).
1. f. *Pe.* Infortunio, desgracia.
IV. 1. f. *Ec.* Caña de bambú.
▶ **caer la ~.**

quinchado.
I. 1. m. *Ur.* Techo de **quincha**, entramado de caña y juncos.
II. 1. m. *Pa.* **quincha**, entramado de caña y juncos.

quinchamal.
I. 1. m. *Ar:NO.* Arbusto de hasta 2 m de altura, de hojas alternas y frutos blanquecinos; tiene aplicaciones medicinales. (Asteraceae; *Baccharis grisebachii*). (**quinchamali, quinchamalí**).

quinchamali.
I. 1. *Ar:NO.* **quinchamal**.

quinchamalí. (Del map. *quinchamallín*).
I. 1. m. *Ch, Ar:SO.* Planta de hasta 20 cm de altura, con hojas alternas y lanceoladas, y flores amarillas terminales dispuestas en espigas cortas apretadas;

tiene propiedades medicinales. (Santalaceae; *Quinchamalium chilense*).
2. *Ar:NO.* **quinchamal**.

quinchar.
I. 1. tr. *Ec.* Cubrir o cercar con **quinchas** o cañas de bambú.

quinchihue. (Del mapuche).
I. 1. m. *Ar:O.* **huacatay**.

quincho.
I. 1. m. *Py, Ar, Ur.* Cobertizo con techo de paja sostenido solo por columnas, que se usa como resguardo en comidas al aire libre.
II. 1. m. *Ur.* Peluquín. pop + cult → espon.
III. 1. m. *Ur.* Situación en la que imperan el desorden y la confusión. pop + cult → espon.

quinchoncho.
I. 1. *Co.* **gandul**, arbusto.

quinde. (Del quech. *quindi*).
I. 1. *Co:SO, Ec, Pe.* **colibrí**.
II. 1. adj. *Ec. Referido a persona*, que se emborracha con mucha frecuencia.

quingo. (Del quech. *quingu*).
I. 1. m. *Co:SO, Ec.* Ángulo o curva que forma algo, *especialmente un camino o un río*, cuando varía de dirección.

quingombó.
I. 1. *PR, Co.* **chimbombó**.

quinicho, -a. (Del nahua *quimichia*, ratón).
I. 1. adj. *Ho. Referido a persona*, falta de inteligencia. pop + cult → espon.
2. *Ho. Referido a persona*, terca, pertinaz. rur.
3. *Ho. Referido a un burro*, pequeño y desmedrado.

quiniela.
I. 1. f. *RD, Ar, Ur.* Juego que consiste en apostar a la última o a las últimas cifras de los premios mayores de la lotería.

quinielero, -a.
I. 1. m. y f. *RD, Ar, Ur.* Capitalista u organizador de **quinielas**.
2. *RD, Ar, Ur.* Persona que recibe o realiza apuestas de quiniela.
3. *Ar, Ur.* Persona aficionada a realizar apuestas de quiniela.

quinientos.
▶ **batear para ~.**

quinina.
I. 1. f. *Pa.* **quina**.

quinoa.
I. 1. *Ar:NO.* **quinua**.

quínoa.
I. 1. *Ar:NO.* **quinua**.

quinoto. (Del it. *chinotto*).
I. 1. m. *Ar, Ur.* Árbol de hasta 2 m de altura, de copa redondeada, hojas lanceoladas de color verde brillante y flores blancas. (Rutaceae; *Fortunella margarita*). (**kinoto**). ♦ **naranja japonesa.**
2. *Ar, Ur.* Fruto del quinoto; es comestible. (**kinoto**).
3. pl. *Ar, Ur.* metáf. Testículos. pop + cult → espon. (**kinoto**).
▶ **hinchar los ~s; inflar los ~s; romper los ~s.**

quinqui. (Del ingl. *kinky*, enroscado).
I. 1. adj. *Pa, PR. Referido al cabello*, muy ensortijado, como el de los negros.
II. 1. adj. *PR. Referido a cosa*, que posee connotación sexual.

quinquilloso, -a.
I. 1. adj. *PR.* **bochinchero**, alborotador.

quinta.
I. 1. f. *Co, Ve.* Casa con jardín y con espacios libres a su alrededor.

2. *Pa, Ar.* Finca de descanso o de veraneo, *generalmente situada en los alrededores de una ciudad.*

3. *Pe.* Conjunto de viviendas que comparten un patio interior en forma de pasaje.

II. 1. f. *Ar, Ur.* Huerta de extensión variable dedicada al cultivo de hortalizas.

☐

a. ‖ **de ~.**
i. loc. adj. *Co.* De poca calidad y categoría.
ii. *Co.* Referido a una *situación o a una actuación*, de mal gusto, inapropiada.

b. ‖ **~ del ñato.** loc. sust. *Ar.* Cementerio, camposanto. pop + cult → espor. ^ fest.

quintacolumna.
I. 1. *Pa, PR.* **quintacolumnista**.

quintacolumnista.
I. 1. m-f. *PR.* Persona infiltrada en una organización para delatar a la policía lo que oye y ve. polic. ♦ **quintacolumna**.

Quintín.
▶ **llevarse san ~.**

quinto.
I. 1. m. *Mx, RD.* Dinero.
II. 1. m. *Co:C,O.* Quinta parte de un billete de lotería.
▶ **echar un ~.**

quintral. (Del map. *cauthal*).
I. 1. m. *Ch.* Planta parásita de flores rojas muy perjudicial para las plantas sobre las que se desarrolla; de su fruto se extrae liga, y sirve para teñir. (Loranthaceae; *Tristerix* spp.).
2. *Ch.* Enfermedad que sufren las sandías y **porotos**.

◼

a. ‖ **~ del espino.** m. *Ch.* **pupa**, arbusto.

quinua. (Del quech. *kinúwa* o *kínua*).
I. 1. f. *Co, Ec, Pe, Bo, Ar:NO.* Planta de hasta 2 m de altura, de tallo con estrías, hojas rómbicas y flores blanquecinas, pequeñas, dispuestas en racimos con hojas tiernas; sus semillas son muy abundantes, menudas y comestibles. (Chenopodiaceae; *Chenopodium quinoa*). (**kinua; quinoa; quínoa**). ♦ **dahue**.

◼

a. ‖ **~ de Castilla.** f. *Ec.* **moco de pavo**, planta.

quiñador.
I. 1. m. *Co:SO.* En el juego de trompos, el trompo perdedor que recibe los golpes del contrario.

quiñar(se).
I. 1. tr. *Pa, PR.* En el juego infantil de las **bolitas**, dar *alguien* con una bola a otra del contrincante.
II. 1. intr. *PR.* Trabar las pinzas de un cangrejo para que no muerda. pop + cult → espon.
III. 1. intr. prnl. *PR.* Llevarse *alguien* un chasco.

quiñazo.
I. 1. m. *Ec, Pe, Bo, Ch.* Golpe que se da con la púa de un trompo en el cuerpo de otro. ♦ **calazo; quiño**.
2. *Pa, Ec, Pe, Ch.* metáf. Puñetazo. ♦ **quiño**.
3. *Ec, Pe, Ch.* metáf. Golpe de mala suerte.
4. *Ec:C, Pe, Ch.* Agujero producido en un trompo por la púa de otro. ♦ **calazo; quiño**.
5. *Ec.* Empujón o golpe violento que se le da a una persona para moverla. pop + cult → espon.

quiño.
I. 1. m. *Ec.* **quiñazo**, puñetazo.
2. *Ec:C.* **quiñazo**, agujero producido en un trompo.
3. *Ec:C.* p.u. **trompos**, juego de niños.
4. *Ec:C.* **quiñazo**, golpe que se da con la púa de un trompo.

quiote. (Del nahua *quiotl*, tallo, brote).
I. 1. m. *Mx.* Inflorescencia de **maguey**.

quipa. (Del quech. *quipa*).
I. 1. m. *Ec.* Concha de caracol marino usada por los indígenas como trompeta.

quipe.
I. 1. m. *Ec.* Fardo. rur.

quique.
I. 1. *PR.* **kike**, efecto de la droga.

quiqueado, -a.
I. 1. adj. *PR.* juv. *Referido a persona*, enloquecida, enajenada por dar rienda suelta a la imaginación. (**kikeado**).

quiquear.
I. 1. intr. *PR.* juv. Relajarse, pasar *alguien* el rato. (**kikiar**).

quiqueo.
I. 1. m. *PR.* juv. Cosa, asunto, reunión divertida de jóvenes. (**kikeo**).
2. *PR.* juv. Cosa o asunto fácil. (**kikeo**).

quiquiriquí. (De or. onomat.).
I. 1. m-f. *PR.* meton. Gallo o gallina muy pequeños, bien por su poca edad, bien por su raza.

quira.
I. 1. *CR.* **granadillo**. (Fabaceae; *Platymiscium pinnatum*).
2. *Pa.* **yaba**.

quirate.
I. 1. m. *Pa.* Larva de la cigarra, que sirve como medicina para curar infecciones cutáneas. rur.

quirico, -a.
I. 1. adj. *PR.* *Referido a persona*, de poca estatura, pero pendenciera. rur.

quirina.
▶ **parecer una ~.**

quirío.
I. 1. m. *PR.* Lamento, queja. rur.

quirólogo.
I. 1. *PR.* **palmista**.

quirquiña.
I. 1. *Bo.* **quilquiña**.

quis.
◼

a. ‖ **~ nervioso.** m. *Ho.* Movimiento convulsivo, que se repite con frecuencia, producido por la contracción involuntaria de uno o varios músculos.

quisca. (Del quech. *kíska*).
I. 1. f. *Ar:N.* p.u. Espina.

quiscamote. (Del nahua *cuahuitl*, árbol, y *camotli*, camote).
I. 1. m. *Mx, Ho.* **malanga**, planta.
2. *Mx, Ho.* **malanga**, tubérculo.

quiscataco.
I. 1. *Ar.* **guaschin**.

quisnear(se).
I. 1. tr. *Ho.* Poner de lado. pop + cult → espon.
2. *Ho.* Torcer, alterar la posición recta de algo.
3. intr. prnl. *Ho.* Perder *algo* su posición recta.
4. intr. *Ho.* Bizquear, padecer estrabismo.

quisneto, -a.
I. 1. adj. *Ho, Ni, CR:NO.* *Referido a una cosa, especialmente una pared*, torcida, inclinada. (**quizneto**).
2. *Ho.* *Referido a persona*, estrábica. pop + cult → espon.
3. *Ho.* *Referido a persona*, que tiene las piernas arqueadas para dentro a la altura de la rodilla. pop + cult → espon.
4. *Ho.* *Referido a cosa*, que está mal hecha o es fea. pop + cult → espon.

quisquémil. (Del nahua *quechtli*, pezcuezo, y *quémitl*, camisa).
I. 1. m. *Mx.* Pieza de tela cuadrada que usan las mujeres indígenas con una raja en el centro por donde se

mete la cabeza y se dejan caer las puntas en el pecho, en la espalda y los costados. (**quizquémel**).

quisquidi.
 I. 1. *PR.* **pecho amarillo**, ave.

quisquidí.
 I. 1. *PR.* **bien te veo**, ave.

quisquido, -a.
 I. 1. adj. *Ar:NO. Referido a persona*, que padece estreñimiento. pop + cult → espon.

quisquilla.
 I. 1. f. *PR.* Provocación, riña. pop + cult → espon.
  2. *PR.* Rencor, resentimiento. pop + cult → espon.

quisquillar(se).
 I. 1. tr. *PR.* Molestar, reñir, enfadar *una persona* a *alguien*. pop + cult → espon.
  2. intr. prnl. *PR.* Enfadarse *alguien*, resentirse. pop + cult → espon.

quistuña.
 I. 1. sust/adj. *Bo.* Persona de raza negra.
 II. 1. f. *Bo.* Pequeño palo que se utiliza para remover la leña del fogón.

quita.
  ■
  a. ‖ ~-**calzón**. m. *Gu, ES, Co.* Avispa de fuerte picadura que produce ganas de defecar. pop + cult → espon.
  b. ‖ ~ **calzón**. *Gu, Ho, ES, Ni, CR, Co.* **quitacalzón**.

quita-pie.
 I. 1. m. *ES.* Mina colocada en el campo que deja amputada a la persona que la pisa.

quita-quita.
 I. 1. m. *Pe.* **Competencia** entre dos personas por llevarse alguna cosa que está en oferta comercial.

quitacalzón.
 I. 1. m. *Mx.* Asunto que preocupa por embrollado o aparentemente irresoluble. pop + cult → espon. (**quita calzón**).
  2. *Mx.* Cosa difícil. pop + cult → espon. (**quita calzón**).
 II. 1. m. *Gu, Ho, ES, Ni, CR, Co.* Hombre lascivo. vulg; pop + cult → espon. (**quita calzón**).

quitacambray.
 I. 1. m. *Gu.* Quite, movimiento defensivo. pop + cult → espon.

quitacamisa.
 I. 1. m. *Co.* Juego de naipes entre dos en el que el que baraja entrega la mitad de los naipes a su contrario, alternativamente de una en una; el que gana agrega las bazas a las costas que tiene en la mano y continúan así hasta que uno de ellos queda sin naipes.

quitacutícula.
 I. 1. m. *Ar.* Renovador de cutículas.
  2. *Ar.* Productos para uñas: esmaltes, bases, etc.

quitadera.
 I. 1. f. *Mx, ES, Pe.* Quitadura, hecho de quitar continua y reiteradamente algo a alguien. pop + cult → espon.

quitado, -a.
 I. 1. m. y f. *PR.* Persona que ha dejado algún vicio o mala costumbre, *especialmente las drogas*. drog.
  2. *PR.* metáf. Persona retraída, tímida.
 II. 1. adj. *PR. Referido a cosa*, muy fácil de hacer. pop + cult → espon.
 III. 1. m. y f. *PR.* Estudiante que ha aprobado un examen o una asignatura. est.

quitador.
 I. 1. m. *Ch.* Delincuente que se dedica a quitar a los ladrones lo que estos han robado. pop + cult → espon.

quitafrío.
 I. 1. m. *Pa.* Pareja amorosa.

quitagoma.
 I. 1. m. *Gu.* Aguardiente que se bebe para contrarrestar los efectos de una borrachera. pop + cult → espon.

quitagustos.
 I. 1. m-f. *Ec, Pe.* Persona inoportuna, fastidiosa, aguafiestas. pop + cult → espon.

quitaipón.
 I. 1. m. *Co.* Puerta rústica de una valla, hecha de alambre de púas. rur.
 II. 1. m. *Pa.* Papel de pequeño tamaño con un pegamento suave en un extremo que hace fácil el pegarlo y el quitarlo; es usado para recordatorios.

quitalápiz.
 I. 1. m. *Co.* Goma de borrar.

quitamal.
 I. 1. *PR.* Agua medicinal.

quitamanteca.
 I. 1. *Pa.* **papelillo**, árbol.

quitan.
 I. 1. *Mx:SE.* **quitán**.

quitán. (Del maya yucat. *kitán*, cerdo).
 I. 1. m. *Mx:SE.* Jabalí, puerco del monte. (**quitan**).

quitandas.
 I. 1. f. *Bo, Ar, Ur.* Comercio ambulante de comidas camperas simples: pan, rosquillas, empanadas, dulces, etc.

quitañaque.
 I. 1. m. *Pe.* Fiesta familiar.

quitao, -tá.
 I. 1. adj/sust. *PR. Referido a persona*, que abandona alguna mala costumbre. pop + cult → espon.

quitapenas.
 I. 1. m. *Ch.* Taberna situada cerca de un cementerio. pop + cult → espon ^ fest.

quitapesares.
 I. 1. m. *Pe.* Aguardiente. pop + cult → espon ^ fest.

quitaporquería.
 I. 1. m. *Pe.* Planta cuya raíz contiene una sustancia jabonosa. (Polygalaceae; *Monnina polystachia*).

quitapulso.
 I. 1. adj. *PR. Referido a persona*, chapucera.

quitar(se).
 I. 1. intr. prnl. *Mx, Gu, Ho, ES, CR, RD, Pe, Bo.* Quedarse *alguien* desnudo.
 II. 1. intr. prnl. *Mx.* Desentenderse, despreocuparse de algo.
 III. 1. tr. *PR.* Impedir *alguien* algo.
  2. *PR.* Sacar *algo* a alguien.
 IV. 1. intr. prnl. *CR.* Desistir *alguien* de un propósito o retirar lo dicho. pop.
  □
  a. ‖ **no ~ el dedo del renglón**. loc. verb. *Mx, Ho.* Insistir en un propósito.
  b. ‖ **no ~le el chucho de encima**. loc. verb. *RD.* No dejar tranquilo a alguien, molestarlo en exceso. pop + cult → espon.
  c. ‖ ~ **el cuerpo**. loc. verb. *Ch.* Saciar el cuerpo.
  d. ‖ ~ **el seso**. loc. verb. *Ch.* Hacer perder *alguien* o *algo* a una persona el buen juicio, discreción y serenidad en el comportamiento.
  e. ‖ ~ **el veneno**. loc. verb. *RD.* Probar una bebida.
  f. ‖ ~ **guayabas**. loc. verb. *Gu.* Acariciar el carrillo o la barbilla a un niño o a una mujer. pop + cult → espon.
  g. ‖ ~ **la hierba**. loc. verb. *Mx, ES, Ni, RD, Co, Ar.* Cortar la hierba.
  h. ‖ ~ **la pluma**. loc. verb. *PR.* juv. Invitar *una persona* a pelear a alguien. ♦ **quitar la plumita**.

i. ‖ **~ la plumita.** *PR.* quitar la pluma.

j. ‖ **~ los diez cheles.** loc. verb. *RD.* Quitar un hombre la virginidad a una mujer.

k. ‖ **~ prestado.** loc. verb. *Ve.* Pedir *alguien algo* en préstamo.

l. ‖ **~le el culo a la jeringa.** *Ch.* quitarle el poto a la jeringa.

m. ‖ **~le el guante de la cara.** loc. verb. *PR.* Dar *una persona* un respiro a alguien. pop + cult → espon.

n. ‖ **~le el hipo.** loc. verb. *Co.* Bajarle *alguien* los humos a una persona.

ñ. ‖ **~le el kioskito.** loc. verb. *PR.* Apropiarse *alguien* de un negocio o de una prebenda. pop + cult → espon.

o. ‖ **~le el poto a la jeringa.** loc. verb. *Ch.* Intentar *alguien* librarse de algo desagradable. ♦ quitarle el culo a la jeringa; quitarle el tambembe a la jeringa.

p. ‖ **~le el tambembe a la jeringa.** *Ch.* quitarle el poto a la jeringa.

q. ‖ **~le la teta.** loc. verb. *RD.* Perder *alguien* un empleo o cargo de autoridad. pop + cult → espon.

r. ‖ **~le los brincos.** loc. verb. *Co.* Enfrentarse *alguien* a una persona agresiva y aplacarla. pop + cult → espon.

s. ‖ **~se el tiro.** loc. verb. *CR.* Abandonar *alguien* un proyecto, no asumir su responsabilidad.

t. ‖ **~se la mosca de la oreja.** loc. verb. *PR.* Deshacerse de un sujeto fastidioso, pesado.

u. ‖ **~se una brasa del culo.** loc. verb. *Gu, ES.* Hacer *algo* con rapidez, de inmediato. vulg; pop.

w. ‖ **quitárysele el gusanillo.** loc. verb. *Mx.* Satisfacer *alguien* un deseo.

quitasol.

I. 1. m. *Co, Pe, Bo, Ch.* Planta de hasta 1,5 m de longitud, con grandes hojas verdosas, orbiculares y lobuladas, tallo cilíndrico con muchas espigas de flores y fruto en drupa, pequeña y rojiza; el rizoma se usa en medicina y para teñir y curtir. (Gunneraceae; *Gunnera tinctoria*). ♦ **dinacho; nalca; pangue.**

II. 1. m. *PR.* Toldo para proteger del sol en una terraza o en un balcón.

quitasueños.

I. 1. m. *Pe.* Aro metálico del que cuelgan tiras de papel con trozos de vidrio pegados, los que al ser movidos por el viento producen un continuo tintineo; muy usado en fiestas campesinas populares. rur.

quitatén.

I. 1. m. *Ni.* Especie de colmena que produce una miel rala. rur.

quitatinta.

I. 1. m. *PR, Co.* **vinagrillo**, planta herbácea.

quite.

I. 1. m. *Gu.* Esguince. ♦ **kachaña.**

II. 1. m. *PR.* En el juego de azar, desquite, revancha.

III. 1. m. *PR.* Cosa fácil de realizar. pop + cult → espon.
•

a. ‖ **¿quién quita un ~?** fórm. *CR.* Se usa para expresar que lo dicho es probable.

▶ **hacer el ~; hacerle el ~; hacerse el ~.**

quiteñidad.

I. 1. f. *Ec.* Carácter quiteño.

2. *Ec.* Comunidad quiteña.

quiteñismo. (De *Quito*, capital de el Ecuador).

I. 1. m. *Ec.* Palabra, giro, modo de hablar privativos del quiteño.

quitería.

I. 1. f. *Co.* Planta de raíz venenosa, tallo herbáceo de hasta 50 cm de altura, cuatro hojas terminales en forma de cruz, flores simples de color blanco rosado, en forma de espiga, y fruto en cápsula con numero-

sas semillas negras, se emplea en medicina como vermífugo. (Longaniaceae; *Spigelia anthelmia*).

quiterón, -na.

I. 1. sust/adj. *Mx.* obsol. Hijo de español y cuarterona, o viceversa.

quitifón.

I. 1. m. *Ar.* Espíritu maligno. rur.

quitiplás.

I. 1. m. *Ve.* Instrumento musical de percusión y entrechoque compuesto por un conjunto de cuatro o más tubos hechos de bambú de diverso tamaño y diámetro, que se toca entre tres o cuatro personas golpeándolos contra el piso y haciendo chocar los canutos más angostos.

quitique.

I. 1. *PR.* **quilitique. (quitiqui).**

quitiqui.

I. 1. *PR.* **quitique.**

¡quitis!

I. 1. interj. *CR.* Expresa petición de libertad para escoger, en el juego de canicas, cualquier bola de dentro del círculo.

quititeña.

I. 1. f. *CR.* Carne que está encima del lomo de la **res** vacuna.

quitlacoche. (Del nahua *vuittat*, excremento, y *cochi*, dormir).

I. 1. *Mx.* **cuitlacoche,** hongo del maíz.

quitoles.

I. 1. *Co.* **quitolis.**

quitolis. (Del latín *qui tolis pecata mundi*).

I. 1. m. *Co.* Perdón. **(quitoles).**

quitonear(se).

I. 1. tr. *Bo.* Disputar *alguien* una cosa u objeto apetecible.

2. intr. prnl. *Bo.* Disputarse dos o más personas una cosa u objeto apetecible.

quitoneo.

I. 1. m. *Bo.* Dispute de algo apetecible.

quitra.

I. 1. f. *Ch.* Cachimba, pipa de fumar.

quitrife.

I. 1. m. *Ve.* Lío, enredo, *especialmente el asociado a una intriga.*

quituches.

I. 1. m. pl. *Gu.* Probabilidad, posibilidad.

quitucho.

I. 1. m. *Ar.* **Ají** molido y muy picante.

quitupí.

I. 1. *Ar.* **benteveo,** pájaro.

quitusco.

I. 1. m. *Pe.* Dulce en pasta hecho de **yuca** y **chancaca** y envuelto en pencas.

¡quitzes!

I. 1. interj. *Mx.* Expresa sorpresa, negación o negativa sorpresiva. rur.

quiubo. (De *¿qué hubo?*).
•

a. ‖ **~.** fórm. *CR, Pa, Co, Ec.* Se usa como saludo. pop.

quiuca.

I. 1. f. *Ar:N.* Lombriz de tierra.

quiula.

I. 1. *Pe, Ch.* **kiula.**

quiulla.

I. 1. *Ch.* **quiúlla.**

quiúlla.

I. 1. f. *Ch.* Gaviota de las lagunas de la cordillera de Los Andes. (Laridae; *Laurus serranus*). **(quiulla).**

quiutip. (De *Q-tip*®).
   I. 1. m. *Pa.* **Q-tip**.

quivano.
   I. 1. m. *Bo.* Dinero, en papel moneda o en metálico, de cualquier valor. ♦ **quivo**.

quiveve.
   I. 1. m. *Ar.* Especie de puré o crema hecha con **zapallo**, harina de maíz y queso. (**quivevé**).

quivevé. (Voz guaraní).
   I. 1. *Py.* **quiveve**.

quivo.
   I. 1. *Bo.* **quivano**.

quixal.
   I. 1. m. *Gu.* Serie de suelos bien drenados, poco profundos.

quixqui.
   I. 1. m. *Ar.* Perro ordinario de pequeño tamaño.

quixtan.
   I. 1. m. *Gu.* Serie de suelos profundos, bien drenados, desarrollados sobre conglomerados o en brecha de caliza.

quiya.
   I. 1. *PR.* **quilla**.

quiyá.
   I. 1. f. *Ar, Ur.* Delantal de cuero. (**kiyá**).
   2. *Ar.* Manta de cuero de nutria o caípu. (**kiyá**).
   3. *Ar.* Vestimenta indígena hecha con estas pieles. (**kiyá**).

quiyapí.
   I. 1. m. *Ar, Ur.* **nutria**, mamífero.

quiyay.
   I. 1. *Ar.* **quillay**.

quiyaya.
   I. 1. m. *Pe.* Baile popular; es típico de la provincia de Angasmarca.
   2. *Pe.* Vara adornada con colgajos y cascabeles, usada en este baile.

quiyou.
   I. 1. m. *Gu.* Árbol frutal.

quiz. (Voz inglesa).
   I. 1. m. *EU, Ho, CR, Pa, PR, Ve.* Examen, prueba escolar de corta duración.

quizcuate.
   I. 1. m. *Co.* Planta que forma matas péndulas sobre algunos árboles. (Bromeliaceae; *Thillandsia usneodis*).

quizneto, -a.
   I. 1. adj. *Ni, CR.* **quisneto**, torcido.

quizque.
   I. 1. adv. *Co.* **dizque**.

quizquémel.
   I. 1. m. *Mx.* **quisquémil**.

rabada.
I. 1. f. *Mx.* p.u. Movimiento súbito de la cola de una animal.

rabadilla.
I. 1. f. *Cu.* Nalgas, *especialmente las de la mujer.* pop.

rabajador, -ra.
I. 1. m. y f. *Ho.* Persona encargada de rebajar el cuero antes de curtirlo.

rabandola.
I. 1. f. *RD.* Parte inferior de la espalda que coincide con el término de la columna vertebral. pop.

rabanillo.
I. 1. m. *Mx.* Arbusto de hasta 1 m de altura, de tallo erguido, hojas ovadas y flores amarillas; se emplea en la medicina tradicional. (Asteraceae; *Senecio sanguisorbae*).

rabanito, -a.
I. 1. sust/adj. *Bo; Pe,* p.u. Persona de ideología aparentemente comunista. pop + cult → espon ^ fest.
2. *Ch.* obsol. **rábano**.
3. adj. *Ch.* obsol. Relativo al Partido Comunista. pop + cult → espon ^ fest.

rábano.
I. 1. sust/adj. *Bo; Pe,* p.u. Persona que pertenece al Partido Comunista o defiende sus ideas. pop + cult → espon ^ fest. ♦ **rabanito**.
☐
a. ‖ **al ~.** loc. adv. *ES.* En breve, pronto.

rabazo.
I. 1. m. *Mx, Pa, Cu.* Golpe fuerte que dan algunos animales con el rabo, *especialmente el cocodrilo.*

rabeadera.
I. 1. f. *Mx.* Movimiento continuo del rabo de un animal.
II. 1. f. *Pa.* Exhibición en la que se tumba a los toros, tirándolos fuertemente por la cola. (**rabeadora**).

rabeador.
I. 1. m. *Pa.* Hombre que en la **rabeadora** corre detrás de un toro y lo tira de la cola para derribarlo.

rabeador, -ra.
I. 1. adj. *Mx, Pa.* Referido a animal, que da golpes con el rabo.

rabeadora.
I. 1. *Pa.* **rabeadera**, exhibición.

rabear.
I. 1. intr. *Pa.* Derrapar, patinar un vehículo sin rodar. pop + cult → espon.

rabia.
■
a. ‖ **mala ~.** f. *Pe:NO.* Guiso de Cuaresma hecho con **plátano sancochado**, cebolla y otros ingredientes.
b. ‖ **malas ~s.** f. *Ve.* Postre hecho con **plátano** o **cambur** maduros y papelón.
▶ **pasar ~s; tener ~.**

rabiador.
I. 1. adj. *Cu.* Referido a caballo, que agita mucho la cola cuando se le espolea

rabiahorcado.
I. 1. m. *Mx:SE, Ho.* Ave palmípeda de hasta 40 cm de longitud, con la cola larga en forma de horquilla, la cabeza negra, el dorso gris, las alas pardas y el vientre blanco. (Tyrannidae; *Tyrannus savana*).

rabiascoso, -a.
I. 1. adj. *Mx.* Referido a persona, colérica, que se enfada con facilidad.

rabiblanca.
I. 1. *Pa.* **yeruti**.

rabiblanco, -a.
I. 1. adj/sust. *Pa.* Referido a persona, de clase social alta. pop + cult → espon ^ sat.
2. *Pa.* Referido a persona, de piel blanca. pop + cult → espon ^ sat.

rabiblanquera.
I. 1. f. *Pa.* Conjunto de **rabiblancos**. pop + cult → espon ^ desp.

rabiche.
I. 1. f. *Cu, PR.* Paloma silvestre de hasta 30 cm de longitud, de plumaje general de color gris pardo, pico negro, patas y piernas rojas, y cola alargada con plumas blancas. (Columbidae; *Zenaida macroura*).
II. 1. m. *Ho.* Ladrón de objetos personales. delinc.

rabicolorado, -a.
I. 1. adj. *Pa.* Referido a persona, que tiene marcada afinidad por lo procedente de los Estados Unidos. pop + cult → espon ^ desp.
2. *Pa.* Referido a una mujer, que tiene afinidad afectiva o sexual por los estadounidenses. pop + cult → espon ^ desp.

rabihorcado.
I. 1. m. *Pa, Ec.* **fragata**, ave marina. pop + cult → espon.

rabijunco.
I. 1. m. *PR, Ec.* **fragata**, ave marina. ♦ **rabo de junco**.

rabinche.
I. 1. adj. *ES.* Referido a persona, tacaña.

rabincho.
I. 1. m. *Py.* Tira de cuero para sujetar la cola del caballo. rur.

rabincho, -a.
I. 1. adj/sust. *Py.* Referido a un objeto, gastado o deteriorado por el uso.
2. adj. *Py.* Referido a un caballo, que tiene las cerdas de la cola cortadas. rur.
3. sust/adj. *Py.* Persona de aspecto físico desmedrado y débil. pop. ♦ **chavi**; **pavi**; **pavito**; **pliqui**; **rabiqui**.

rabiparado.
I. 1. m. *PR.* En las peleas de gallos, gallo de cola vertical.

rabipelada.
I. 1. f. *Co.* **tacuacín**, zarigüeya.

rabipelado.
I. 1. *Ve.* **tacuacín**, zarigüeya.

lanceoladas y flores azules. (Asteraceae; *Cichorium intybus*). ◆ **radicheta**.

2. *Ur.* Raíz de la radicha, fusiforme, blanca y amarga, que se come hervida.

II. 1. adj/sust. *Ar.* Simpatizante o afiliado del Partido Radical Argentino. pop + cult → espon ^ fest.

radicheta.

I. 1. *Ar, Ur.* **radicha**, planta.

II. 1. *Ar.* **radicha**, simpatizante o afiliado al Partido Radical Argentino.

radier.

I. 1. m. *Ch.* Losa de **concreto** sobre la que se edifica una construcción.

radio.

I. 1. m. *Mx, Ni, CR, Pa, RD, Co, Ec, Ur.* Sistema de transmisión del sonido a distancia mediante ondas hercianas.

□

a. ‖ **~ bemba.**

i. loc. sust. *Ho, Pa; Cu, RD, Ve,* fest; *Co:N, Ec,* p.u. | métaf. Emisora inexistente de donde parten los rumores y chismes, o transmisión oral de noticias, *generalmente sobre política*. pop + cult → espon ^ fest. (**radiobemba**).

ii. *Cu, RD.* Fuente de información que difunde noticias no oficiales. pop ^ fest.

iii. *Pa, RD.* Persona que difunde con rapidez un comentario o noticia. pop + cult → espon ^ fest.

b. ‖ **~ cocina.** loc. sust. *Bo.* Emisora inexistente de donde parten los rumores y chismes.

c. ‖ **~ céntrico.** loc. sust. *Ar.* Parte de una ciudad donde se concentra el mayor número de actividades, *especialmente las comerciales.*

d. ‖ **~ urbano.** loc. sust. *Py.* Zona comprendida entre una ciudad y sus alrededores, donde se concentra el mayor número de actividades, *especialmente las comerciales.*

radioaudiencia.

I. 1. f. *Gu, RD, Bo, Ch, Py; Ar, Ur,* p.u; *Ec,* cult. Conjunto de oyentes de una **radioemisora** o de un determinado programa de radio.

radiobemba.

I. 1. *Pa, Cu, RD.* **radio bemba.**

radiocasetera.

I. 1. *Cu, Ec, Bo:O; Ch; CR,* p.u; *Ur,* obsol. **radiograbadora**.

radiodifusora.

I. 1. f. *Mx, ES, Ni, Pa, Cu, PR, Co, Ve, Ec, Pe, Bo, Ch, Py, Ar, Ur.* Empresa dedicada a emitir contenidos de radio. ◆ **radioemisora**.

radioelectrola.

I. 1. f. *Ch.* Conjunto de radio, tocadiscos y otros componentes de reproducción de sonido y música que aparecen juntos en un mismo mueble o módulo.

radioemisora.

I. 1. *Gu, Ho, ES, Ni, CR, Pa, Cu, RD, PR, Co, Ve, Ec, Pe, Bo, Ch, Py, Ar, Ur.* **radiodifusora**. pop + cult → espon.

radiograbador.

I. 1. m. *Ho, ES, Cu, Ec, Py, Ar, Ur.* **radiograbadora**.

radiograbadora.

I. 1. f. *Ho, ES, Ni, CR, Pa, Cu, Ec, Pe, Bo, Ch, Py, Ar, Ur.* Aparato electrónico que consta de una radio y un reproductor de casetes de audio. (**radiograbador**). ◆ **radiocasetera**.

radiola.

I. 1. f. *Gu, ES, Co, Ec, Pe, Bo.* obsol. Mueble en forma de armario, que contiene una radio y un tocadiscos.

radiopatrulla.

I. 1. m. *Mx, ES, CR, Pa, Cu, Ve, Pe, Bo, Ch, Ur.* Automóvil oficial de la policía. polic; pop + cult → espon. (**radiopatrullas**).

2. f. *Ec.* Central de comunicación de la policía.

radiopatrullas.

I. 1. *Cu, Ch.* **radiopatrulla**, vehículo.

radioperador, -ra.

I. 1. m. y f. *Mx, CR, Pa, RD, Co, Ec, Bo, Ch, Ar, Ur.* Técnico operador de radio.

radioteatro.

I. 1. m. *RD, Ec, Bo, Ch, Ar, Ur; Pe,* obsol. Serial radiofónico.

radiotón.

I. 1. f. *Pa, Ec, Ch.* Emisión ininterrumpida de un programa de radio con fines benéficos. pop + cult → espon.

rafa.

I. 1. f. *Gu.* Columna de ladrillo o adobe.

rafaila. (De *Rafaela*).

I. 1. f. *Ho, ES, Ni.* Rabadilla, cóccix. pop + cult → espon ^ fest.

II. 1. m. *Ho.* Hombre homosexual. pop + cult → espon ^ desp.

rafañoso, -a.

I. 1. *Ar.* **ranfañoso**, avaro. pop + cult → espon ^ desp.

2. *Ar.* **ranfañoso**, mezquino. pop + cult → espon ^ desp.

rafargaya.

I. 1. f. *PR.* Cosa rara o extraña. pop + cult → espon.

¡raflá!

I. 1. interj. *Ni.* Expresa la rapidez con que se hace algo.

raga.

I. 1. f. *Bo:O.* Broma, burla. pop + cult → espon.

raga-raga.

I. 1. f. *Bo:C.* Salvia. (Lamiaceae; *Lepechinia graveolens*).

ragamofin.

I. 1. m. *Pa.* Estilo musical que deriva del *reggae*.

2. *Pa.* Persona seguidora de este estilo de música, que viste con ropa muy ancha, usa gorra con la visera hacia atrás y lleva pendiente.

ragú.

I. 1. m. *Ar.* obsol. Hambre, ganas de comer. pop + cult → espon.

raguno. (Del ingl. *raccoon*).

I. 1. *Ho:N.* **racuno**.

rai. (Del ingl. *ride*, viaje, paseo).

I. 1. *Ho.* **raite**.

raicear.

I. 1. intr. *Mx, Ni, Bo:E,O; Gu, Ho, ES, CR,* rur. Echar o criar raíces.

II. 1. intr. *Ho.* Estar *alguien* enterrado en el cementerio. pop + cult → espon ^ fest.

raicerío.

I. 1. *Mx, Gu, Ho, ES, Ni, CR.* **raicero**. rur; pop + cult → espon.

raicero.

I. 1. m. *Mx, Gu, Ho, ES, Ni, CR, PR, Ec.* obsol. Abundancia de raíces. ◆ **raicerío; raiciambre; raizal**.

raiciambre.

I. 1. *Ho.* **raicero**.

raicilla.

I. 1. *Ni, Pa, Co.* **ipecacuana**.

raicillero, -a.

I. 1. m. y f. *Ni.* Persona que arranca **raicilla**.

raid. (Del ingl. *ride*).
    I. 1. *Mx, Gu, ES.* **raite.** pop + cult → espon.
    II. 1. *Ur.* **raidismo.**

raidismo.
    I. 1. m. *Bo, Ch; Ur,* p.u. Práctica deportiva en la que se recorren largas distancias y se prueba la resistencia de vehículos y participantes. ♦ **raid.**

raidista.
    I. 1. m-f. *Bo, Ch; Ur,* p.u. Persona que practica el **raidismo.**
    2. adj. *Bo, Ch; Ur,* p.u. Relativo al **raidismo.**

raído.
    I. 1. m. *Ar:NE.* Carga pequeña de hojas de **yerba mate,** que se traslada al lugar de secado y tueste.

raído, -a.
    I. 1. sust/adj. *Py.* Persona de aspecto físico descuidado y andrajoso. pop + cult → espon.

raíl.
    •
    a. ‖ **aunque caigan ~es de punta.** fórm. *Cu.* Se usa para afirmar de manera enfática que algo ocurrirá sean cuales sean las circunstancias. ♦ **aunque lluevan raíles de punta.**
    b. ‖ **aunque lluevan ~es de punta.** *Cu.* **aunque caigan raíles de punta.**

raima.
    I. 1. f. *Pe, Ch:N.* Recogida y cosecha de la aceituna. rur.

Raimundo.
    □
    a. ‖ **~ y medio mundo.** loc. pron. *Ho, CR.* Gran cantidad de personas.
    b. ‖ **~ y todo el mundo.** loc sust. *Ni, CR, Pa, Co, Ec.* Toda la gente. pop.

raimundo, -a.
    I. 1. adj. *Ni. Referido a persona,* tonta.

rain.
    ■
    a. ‖ **~ check.** (Voz inglesa) m. *EU, PR.* Vale para obtener en el futuro algún servicio no prestado o para asistir a un espectáculo pospuesto por causas mayores.

raite. (Del ingl. *ride,* viaje, paseo).
    I. 1. m. *Mx, Gu.* Autostop. (**ray; rai; raid**).
    2. *EU, Gu, Ho.* Trayecto recorrido en un vehículo. pop + cult → espon. (**ray; rai; raid**).

raiteada.
    I. 1. f. *Ho.* Vuelta o paseo que da una persona, bien andando o bien en un vehículo.

raitear.
    I. 1. intr. *Ho.* Dar *alguien* una vuelta o paseo, bien andando o bien en un vehículo.

raíz.
    ■
    a. ‖ **doce raíces.** m. *Pe.* Licor elaborado con el fruto del **huito,** al que se atribuyen propiedades afrodisiacas.
    b. ‖ **~ de china.** f. *Mx, Cu.* **cocolmeca.**
    c. ‖ **~ de gato.** f. *Mx.* Hierba de hasta 60 cm de altura, de tallo ramificado, hojas opuestas, elípticas, flores tubulares de corola blanca o rosada, y frutos secos con abundantes pelillos. (Valerianaceae; *Valeriana ceratophylla*). ♦ **raíz de oso.**
    d. ‖ **~ de indio.** f. *Mx.* **canastillo,** bejuco.
    e. ‖ **~ de oso.** *Mx.* **raíz de gato.**
    f. ‖ **~ de zambo.** f. *Ho.* **hombre grande.**
    g. ‖ **~ del manso.** f. *Mx.* Hierba de hasta 80 cm de altura, con hojas elíptico-oblongas, inflorescencias en espiga terminal, flores numerosas y pequeñas, de color blanco y frutos en cápsula. (Saururaceae; *Anemopsis californica*).

h. ‖ **~ del sapo.** f. *Mx.* Planta de hasta 40 cm de altura, de tallo con ramificaciones horizontales, hojas en roseta, inflorescencia en cabezuelas cilíndricas, flores pequeñas, blancas, azules o moradas, con cinco pétalos, y fruto indehiscente y globoso. (Umbelliferae; *Eryngium comosum*).
    i. ‖ **siete raíces.**
      i. *Pe.E.* **sieterraíces.**
      ii. m. *Pe.* Guiso hecho a base de siete carnes o pescados, cocido y elaborado como un **sancocho.**
    ▶ **estar contando raíces.**

raizal.
    I. 1. *Mx, Ni.* **raicero.**
    2. *Pa.* Raigal. cult → esm.

raizudo, -a.
    I. 1. adj. *Gu, Ho, ES, Ni, Pe, Bo. Referido a un árbol o a una planta,* que tiene muchas raíces o que estas son muy grandes.

raja.
    I. 1. f. *Mx.* Surco donde se siembra el maíz. rur.
    II. 1. f. *Mx.* Excremento seco de animal que se utiliza como combustible. rur.
    III. 1. f. *Gu, Ni, Ch.* Nalgas. vulg; pop. + cult → espon.
    2. *Gu, Ni, Ch.* Ano. vulg; pop + cult → espon.
    3. *Pa, Cu.* Vulva. tabú.
    4. *Pa.* Hendidura entre las nalgas. vulg.
    IV. 1. adv. *Ch.* Muy bien, de manera excelente. pop.
    2. adj. *Ch. Referido a persona,* extenuada, agotada. pop.
    3. adv. *Ch.* Profundamente. pop.
    4. adj. *Ch. Referido a persona,* muy borracha. pop.
    V. 1. f. *Gu, Ho.* **alita,** cobro ilegal.
    2. *Gu.* Ganancia que se obtiene de la venta de cosas robadas.
    3. *Ho.* Parte del dinero obtenido que se entrega a un compinche o intermediario.
    VI. 1. f. *Ho, Ec.* Pedazo de corteza de una rama de árbol de canela.
    2. *Py.* Leña hecha de un tronco de árbol que, dependiendo del tamaño, es cortado verticalmente en cuatro partes o más. pop.
    VII. 1. f. *Ch.* Suerte que tiene alguien. pop.
    VIII. 1. adv. *Ho.* A medias, en cooperación a partes iguales.
    □
    a. ‖ **a toda ~.** loc. adv. *Bo, Ch.* Deprisa. pop + cult → espon.
    b. ‖ **la ~.** loc. adj/adv. *Ch.* Muy bueno, excelente. vulg; pop ^ hiperb.
    c. ‖ **~ y ~.** loc. adv. *ES.* Por partes iguales.
    d. ‖ **una ~.** loc. pron. *Ch.* Nada.
    ▶ **creerse la ~. cuidar la ~; tener ~ de negro; volar la ~.**

rajacho.
    I. 1. m. *Pe:S.* Caña de maíz rajada que permite chupar su jugo.

rajacincha.
    □
    a. ‖ **a ~.**
      i. loc. adv. *Ar, Ur.* Atropelladamente, muy deprisa. pop + cult → espon.
      ii. *Ar, Ur.* Con exceso, sin medida. pop + cult → espon.

rajada.
    I. 1. f. *Mx, Gu, CR, Pe, Py.* Raja, hendidura.
    II. 1. f. *Mx, Cu.* Arrepentimiento o cobardía ante algo.
    III. 1. f. *Bo, Py, Ar, Ur.* Huida repentina de un lugar. pop + cult → espon.
    IV. 1. f. *Gu, Ho, Bo, Ur.* Crítica o ataque verbal violento. pop + cult → espon.
    □
    a. ‖ **a la ~.** loc. adv. *Bo.* Rápida y precipitadamente. pop + cult → espon. (**a las rajadas**).
    b. ‖ **a las ~s.** *Ar.* p.u. **a la ~.**

rajadera.

   I. 1. f. *Co, Pe*. Crítica malintencionada. pop.

rajadiablos.

   I. 1. m-f. *Bo, Ch*. p.u. Persona irascible, colérica, de constante mal humor.

rajado, -a.

   I. 1. adj. *Ch. Referido a persona*, generosa, dadivosa.

      2. *Ch. Referido a persona*, aficionada a las fiestas, a la buena vida o a lo que va contra lo convencional. pop.

   II. 1. adj. *Ve*. Auténtico, acreditado de cierto y positivo por los caracteres, requisitos o circunstancias que en ello concurren.

   III. 1. adj. *Cu. Referido a la voz de una persona*, áspera y bronca, *generalmente por causa del consumo excesivo de bebidas alcohólicas*.

      2. *Cu. Referido a la voz de una persona*, temblorosa y poco sonora, *generalmente por vejez*.

   IV. 1. adj. *Ho. Referido a mujer*, sentada en algo a horcajadas. pop + cult → espon ∧ desp.

rajador, -ra.

   I. 1. adj/sust. *Bo, Ar; Ur*, p.u. *Referido a persona, vehículo o animal, especialmente un caballo*, que corre a gran velocidad. pop + cult → espon.

   II. 1. adj/sust. *Pe, Bo*. Que chismorrea. est; pop.

   III. 1. adj/sust. *Ch. Referido a un profesor*, que suele evaluar con bajas calificaciones a los alumnos. est; pop.

rajadora.

   I. 1. f. *Ar*. Carrera de caballos. pop + cult → espon.

rajadura.

   I. 1. f. *Mx, Gu, Ni, CR, Pa, Cu, RD, Bo, Ch, Py, Ur*. Hendidura. pop + cult → espon.

   II. 1. f. *Ho, ES, Bo*. Vulva. tabú.

rajaleña.

   I. 1. m. *Co*. Baile popular típico de las regiones de Huila y Tolima, parecido al **bambuco**.

      2. *Co*. Copla en cuartetas octosílabas que se canta con la música que acompaña a este baile.

rajante.

   I. 1. adj. *Ar, Ur. Referido al sol*, que calienta mucho. pop + cult → espon.

      2. *Ar, Ur. Referido a una orden o a una decisión*, que no admite réplica. pop + cult → espon.

rajar(se).

   I. 1. intr. *Mx, Gu, Ho, Co, Ec, Pe, Bo*. Criticar malintencionadamente. pop + cult → espon.

   II. 1. intr. prnl. *Cu, RD, Bo, Ch, Py, Ar, Ur; Ec*, p.u. Irse de un lugar, *generalmente de modo precipitado o sin que nadie lo advierta*. pop + cult → espon.

      2. intr. *Bo, Py*. Huir *alguien, generalmente de modo precipitado o sin que nadie lo advierta*. pop + cult → espon.

   III. 1. intr. prnl. *Mx, Ni*. Desdecirse. pop + cult → espon.

   IV. 1. intr. prnl. *ES, Pa, Pe, Bo, Ch*. Gastarse mucho dinero en agasajar u obsequiar. pop + cult → espon.

   V. 1. tr. *Bo, Py, Ar, Ur*. Echar a *alguien* de un lugar. pop + cult → espon.

   VI. 1. tr. *Bo, Py, Ar, Ur*. Despedir a un empleado de su trabajo. pop + cult → espon.

   VII. 1. intr. prnl. *Co, Bo*. Reprobar un alumno un examen o asignatura.

   VIII. 1. intr. prnl. *Pe, Bo*. Esforzarse *alguien* con ahínco en algo. pop + cult → espon.

   IX. 1. intr. prnl. *RD*. Empezar bruscamente a desarrollarse una acción. pop + cult → espon.

   X. 1. tr. *PR*. Vencer, apabullar. pop + cult → espon.

   □

      a. ‖ **~ la papeleta.** loc. verb. *PR*. Votar por todos los candidatos de un mismo partido. pop + cult → espon.

      b. ‖ **~ leña.** loc. verb. *Mx*. Delatar o confesar un delito o falta. pop + cult → espon.

      c. ‖ **~se el ayote.** loc. verb. *Ho*. Pelearse o golpearse dos o más personas. pop.

      d. ‖ **~se el culo.** loc. verb. *Ho, Bo*. Esforzarse *alguien* mucho en algo, *en especial en el trabajo*. vulg.

      e. ‖ **~se el morro.** loc. verb. *Ho*. Abrirse la cabeza.

rajatablas.

   I. 1. m. *Co*. p.u. Represión, amonestación severa. pop.

   □

      a. ‖ **a ~.**

         i. loc. adv. *Gu, Ni, CR, Pa, PR*. De forma descuidada y con precipitación.

         ii. *Pa*. Sin ambages, abruptamente, de modo claro y sin atenuantes. pop + cult → espon.

rajatebién.

   I. 1. m. *Gu*. Árbol de hojas grandes, opuestas, palmeadas y elípticas, inflorescencia en panícula y fruto globoso y carnoso; su madera se emplea en la carpintería y la construcción. (Lamiaceae; *Vitex gaumeri*).

      ♦ **yaxnix**.

rajativo, -a.

   I. 1. adj/sust. *Ch. Referido a un profesor o maestro*, que suspende o reprueba mucho, que suele evaluar con bajas calificaciones a los alumnos. est; pop.

rajazo.

   I. 1. m. *Ch*. Golpe de suerte. pop.

raje.

   I. 1. m. *Ar, Ur*, pop + cult → espon; *Py*, pop. Huida repentina de un lugar.

   II. 1. m. *Pe*. Crítica malintencionada. pop + cult → espon.

   III. 1. m. *Ho, ES*. Incumplimiento de algo que se había prometido.

   □

      a. ‖ **a los ~s.** loc. adv. *Py, Ar*. Rápida y precipitadamente. pop + cult → espon.

      b. ‖ **al ~.** loc. adv. *Ec*. Grosera o bruscamente. pop + cult → espon.

      c. ‖ **de ~.** loc. adv/adj. *Ar, Ur*. Rápida y precipitadamente. pop + cult → espon.

   ▶ **dar el ~; pegar el ~; pegarse el ~; tomarse el ~.**

rajetear(se).

   I. 1. tr. *Ar:NO*. Producir grietas en *algo*. pop + cult → espon.

      2. intr. prnl. *Ar:NO*. Empezar *algo* a tener grietas. pop + cult → espon.

rajiero.

   I. 1. m. *PR*. Roedor, ratón pequeño.

rajita.

   I. 1. m. *Mx*. Tira de **chile poblano**.

rajo.

   I. 1. m. *Bo:O. En las minas*, galería destinada a la explotación tanto en superficie como subterránea.

      2. *Bo:O. En las minas*, espacio abierto que queda en la superficie de un yacimiento mineral después de haber realizado la explotación.

      3. *Bo:O. En las minas*, gran masa de mineral que aparece en un yacimiento por ensanche de una o más vetas.

   ■

      a. ‖ **~ abierto.** m. *Bo:O. En las minas*, cavidad de una explotación minera que sale a la superficie de la tierra.

rajón.

   I. 1. m. *Cu, Ch*. Rajadura, hendidura, rasgón, *especialmente en las telas*. rur.

      2. m. *Cu*. Grieta grande en una cosa.

   II. 1. m. *Cu*. Piedra dura que se usa como base en la pavimentación de una calle o carretera.

rajón, -na.
I. 1. adj/sust. *Mx, Gu, Ho, ES, Ni, Bo:O. Referido a persona*, que incumple lo prometido. pop.
2. adj. *Mx, Gu, Ni. Referido a persona*, cobarde, que desiste de algo en el último momento.
II. 1. adj/sust. *Mx. Referido a persona*, delatora. pop.
2. *Ho, Pe. Referido a persona*, que habla mal de otras. pop.
3. *Ho, Ni, CR. Referido a persona*, jactanciosa, fanfarrona. pop.
III. 1. adj/sust. *Ho, ES, Bo. Referido a persona*, generosa con el dinero.

rajonada.
I. 1. f. *Ho, Ni, CR.* Dicho o hecho propio del **rajón**, jactancioso. pop.

rajonería.
I. 1. f. *Ho, ES.* Derroche o gasto abundante de dinero.
II. 1. f. *Ho.* Fanfarronería, insolencia.

rajudo, -a.
I. 1. adj/sust. *Ch. Referido a persona*, que tiene muy buena suerte. pop.

rajuñar.
I. 1. tr. *Ch, Ar, Ur.* Hacer un arañazo o rasguño a *alguien*. pop.

rajuño.
I. 1. m. *Ch, Ar, Ur.* Arañazo, rasguño. pop.

rak. (Del ingl. *rack*).
I. 1. m. *Pe.* Soporte movible que sirve para sujetar un artefacto al techo o la pared.
2. *Pe.* Soporte para transportar objetos.

rake. (Voz inglesa).
I. 1. m. *EU.* Rastrillo, instrumento compuesto de un mango largo y delgado cruzado en uno de sus extremos por un travesaño armado de púas a manera de dientes, y que sirve para arrastrar hierba, hojas o paja.

rala.
I. 1. f. *Cu, Co:C.* Excremento de las aves de corral.

ralada.
I. 1. f. *Ar:N.* Lugar descampado. rur.
II. 1. *Cu.* **rala.**

raleada.
I. 1. f. *Bo.* Segregación de una persona para que no participe en algo.

raleado, -a.
I. 1. adj. *Bo, Ch, Ur. Referido a cosa*, poco densa.
II. 1. adj. *ES. Referido a persona*, apuñalada, herida con cuchillo. polic.

ralear(se).
I. 1. tr. *Cu, Pe, Ch. En una **montaña***, cortar los árboles de madera menos aprovechable para facilitar el crecimiento de los que se pueden explotar comercialmente.
2. *Pe. En agricultura*, arrancar plantas débiles o fuera de tipo, cuando alcanzan una altura entre 10 y 20 cm.
3. *Ho, Ur.* Arrancar matas en un cultivo por haber nacido en exceso.
II. 1. tr. *Bo, Ar, Ur.* Ignorar o apartar *algo* o a *alguien*. pop + cult → espon.
III. 1. tr. *Ho, ES.* Partir o hacer incisiones paralelas con un cuchillo a la carne o al pescado.
2. *ES.* Acuchillar a *alguien*. delinc.
IV. 1. tr. *Bo.* Vender una mercancía al por menor.
V. 1. intr. prnl. *Bo:O.* Perder consistencia un alimento espeso.

raleo.
I. 1. m. *Pe, Ar, Ur. En agricultura*, proceso de arrancado de plantas débiles o fuera de tipo, cuando alcanzan una altura entre 10 y 20 cm. ♦ **desahije.**
2. *Ho, Cu, Ec, Pe, Ur.* Corte de los árboles de madera menos aprovechable para facilitar el crecimiento de los que se pueden explotar comercialmente.

3. *Ho.* Arranque de ciertas matas en un cultivo demasiado espeso, *especialmente de frijol y maíz.*
☐
a. ‖ **al ~.** loc. adv. *Bo, Ur.* Al por menor. pop + cult → espon.

ralera.
I. 1. f. *Ar:NE.* Terreno cubierto de vegetación baja y poco densa.

ralez.
I. 1. f. *ES.* Escasa densidad o espesura.

ralladito.
I. 1. *RD.* **facatán**, juego.

rallar(se).
I. 1. tr. *Bo:O.* Hacer una persona a otra un corte en la cara con un arma punzante. pop + cult → espon.
☐
a. ‖ **~ la papa.** loc. verb. *Ch.* juv. Decir o hacer locuras o tonterías. pop + cult → espon.
b. ‖ **~ yuca.** loc. verb. *Ve.* Masturbarse un hombre. vulg. (**rallarse una yuca**).
c. ‖ **~se una yuca.** *Cu.* **rallar yuca.** vulg.

ralo.
☐
a. ‖ **~~.** loc. adv. *Ar:NO.* De vez en cuando. pop + cult → espon.

ralo, -a.
I. 1. adj. *Gu, PR, Pe; Ho, ES, Ni, CR, Bo*, rur. *Referido al café o a una infusión*, que tiene demasiada agua, poco cargado.
2. *Ni, CR. Referido a una tela*, transparente.

rama.
I. 1. f. *Pa, Co, Bo, Ur. En el constitucionalismo*, cada uno de los poderes del Estado y sus sectores.
2. *Ch. En las Fuerzas Armadas*, cada una de sus especialidades.
II. 1. f. *ES, Ni.* Brazo o mano. carc.
III. 1. f. *PR.* **cogollo**, punta de la caña de azúcar.
2. *PR.* **moña de la piña.**
■
a. ‖ **~ de caballo.** f. *Mx.* Arbusto de hasta 2 m de altura, muy ramificado, de hojas ovadas, ligeramente dentadas, flores de color blanco en racimos. (Euphorbiaceae; *Croton ciliato-glandulosus*). ♦ **chilca; ciegaojo; ciegavistas; solimán; tutumilpate.**
b. ‖ **~ de oro.** f. *Mx.* Arbusto de hasta 5 m de altura, de hojas alternas y ovadas, inflorescencia en racimos y flores amarillas. (Malpighiaceae; *Galphimia glauca*).
c. ‖ **~ del sapo.** f. *Mx.* Planta herbácea carnosa de hasta 1 m de altura, de hojas aovadas, y flores amarillas en panícula terminal; es comestible. (Portulacaceae; *Talinum paniculatum*). ♦ **feafá.**
d. ‖ **~ negra.** f. *Ar, Ur.* Arbusto de hasta 4 m de altura, de follaje persistente, de hojas compuestas con folíolos lanceolados, racimos de flores amarillas y frutos en legumbres rectas casi cilíndricos; se usa en la medicina natural como purgante. (Fabaceae; *Cassia corymbosa*). ♦ **sen del campo.**
e. ‖ **~ verde.** f. *Bo:O.* **palqui.** (Solanaceae; *Cestrum parqui*).
▶ **dejársela en la ~.**

ramada.
I. 1. f. *Ho, ES, Ni, Co, Ve, Ec, Pe, Bo:E, Ch, Ar.* Cobertizo hecho de ramas de árboles.
2. *Co.* Construcción ligera o rústica que consiste en un techo sin paredes o con paredes incompletas.
3. *Pe:NO.* obsol. Capilla rústica colonial hecha con material perecedero.
4. *Ch.* Fonda, puesto instalado durante la celebración de las **fiestas patrias** en el que se ofrecen co-

midas típicas y música característica de dicha celebración.

■

a. ‖ **~ oficial.** f. *Ch. En la celebración de las **fiestas patrias**, **ramada*** o puesto patrocinado por la autoridad.

ramajal.
   I. 1. m. *Cu.* Lugar donde hay un montón de ramas.

ramajear.
   I. 1. tr. *Cu.* Cortar las ramas de una planta.
   II. 1. tr. *RD.* Comer el ganado hierba en los campos.

ramajeo.
   I. 1. m. *Cu.* Corte de las ramas de una planta.

ramajo.
   I. 1. m. *Cu.* Conjunto de ramas de un árbol.

ramalear.
   I. 1. tr. *Ar:NO.* Cortar alguno de los **tientos** del lazo de aprisionar animales. rur.
   2. *Ar:NO.* Deshacerse el lazo trenzado con **tientos**. rur.

ramasé. (Del fr. *ramasser*, recoger).
   I. 1. m. *RD.* Saqueo, apropiación de todo o casi todo lo que hay en un lugar.

ramazal.
   I. 1. m. *ES, CR.* Montón de ramas.

ramazón.
   I. 1. m. *Co.* Conjunto de ramas amontonadas en algún lugar.
   II. 1. f. *Cu, RD.* p.u. Enrojecimiento de la piel en forma de pequeñas ramas, como consecuencia de alguna enfermedad. pop + cult → espon.
   III. 1. f. *Ho, Ni.* Cornamenta del venado.
   ▶ **poner una ~; tener más ~ que un venado en abril.**

rambla.
   I. 1. f. *Bo, Ch:N, Ar, Ur.* Avenida o paseo urbanizado que bordea la costa de un lago, un río o el mar.

rambo. (De John *Rambo*, personaje protagonista de varias películas estadounidenses).
   I. 1. m-f. *Ch.* Soldado perteneciente a los comandos de fuerzas especiales y de asalto por sorpresa. pop.

rambulería.
   I. 1. f. *Pa.* Provocación directa o indirecta, con palabras o gestos ofensivos y burlones, para empezar o seguir una contienda. pop + cult → espon ^ fest.

rambulero, -a.
   I. 1. adj/sust. *Pa. Referido a persona*, grosera y exagerada en sus palabras o acciones. pop.
   2. adj. *Pa. Referido a persona*, que dice o hace cosas con el fin de causar desagrado. pop + cult → espon.

ramear.
   I. 1. intr. *Mx, Bo.* Comer un animal ramas de los árboles. rur.
   II. 1. tr. *Mx.* Hostigar a un animal con una rama. rur.
   III. 1. tr. *Ar:NO.* Arrastrar una cosa, un animal o a una persona por el suelo. rur.
   2. *Ar:NO.* Pasar ramas por un campo arado, para igualar la tierra, o por un terreno recientemente sembrado, para cubrir la semilla. rur.
   IV. 1. intr. *Gu, CR, Bo; Ho, ES*, rur. Echar ramas una planta. pop.

ramillón.
   I. 1. m. *Ho. En la producción de azúcar*, pequeño recipiente de calabaza o metálico que, unido a un largo mango, se utiliza como cazo para llenar la **miel** de los moldes.

ramita.
   I. 1. f. *Ch.* Bastón pequeño y delgado, hecho de masa de harina frita y salada.

■

a. ‖ **~ de san Antonio.** *Ho.* **cebolla silvestre.**

ramón.
   I. 1. m. *Mx, Cu.* Árbol de hojas alternadas, ovales, lanceoladas, flor blanca de cuatro divisiones y cuatro estambres, y fruto en baya globulosa, rojiza, dividida en cuatro; sus hojas se emplean como forraje para alimentar el ganado. (Moraceae; *Trophis racemosa*). (**ramoncillo**). ♦ **lechemaría; ramón de caballo.**
   2. *Mx.* **lantrisco.**
   3. *PR.* **yaití.**
   II. 1. adj. *Ch.* p.u. *Referido a persona*, boba, necia. euf; pop.
   III. 1. m. *CR.* Nalgas. euf; pop ^ fest.

■

a. ‖ **~ de caballo.** *Cu.* **ramón**, árbol.

ramona.
   I. 1. f. *Ho, ES.* Mujer dominante y mandona.

ramoncillo.
   I. 1. *Mx.* **ramón**, árbol.
   2. m. *PR.* **gaeta**, árbol.

ramonear.
   I. 1. intr. *Ho, Bo.* Entretenerse, distraerse una persona o un animal.

rampa.
   I. 1. *Ch.* **rampla**.

rampampán.
   □

a. ‖ **de ~.** *Cu.* **de rampán.**

rampán.
   □

a. ‖ **de ~.** loc. adv. *Cu.* De pronto, sorpresivamente. pop. (**de rampampán**).

rámpano.
   I. 1. m. *RD.* Herida en la piel que no termina de cicatrizar.
   2. *RD.* metáf. Problema grave y continuo, que no acaba de solucionarse.

rampira.
   I. 1. *Ec.* **paja toquilla**.

rampla.
   I. 1. f. *Ch.* **Acoplado** con ruedas, movido por un vehículo a tracción. (**rampa**).

ramplán.
   □

a. ‖ **en un ~.** loc. adv. *Pa.* En un instante, de inmediato, rápidamente. pop + cult → espon.

ramplazo.
   I. 1. m. *Cu:E.* Explanada.

ramplimazo.
   I. 1. m. *RD.* Golpe fuerte que se recibe. pop + cult → espon.
   2. *RD.* metáf. Impulso súbito que mueve a alguien a hacer algo. pop + cult → espon.

ramplón.
   I. 1. m. *Co:C.* Escoba hecha con ramas de **chite**.

ramplón, -na.
   I. 1. adj. *Ve. Referido a una actividad o a una empresa*, que cuenta con escasos recursos. pop + cult → espon.

ramplug. (De *Ramplug*®).
   I. 1. m. *Ve, Bo.* Pieza, *generalmente de plástico*, que se empotra en una pared para sujetar clavos o tornillos.

ramudo, -a.
   I. 1. adj. *Bo:E. Referido a un árbol*, que tiene muchas ramas. pop + cult → espon.

¡ran!
   I. 1. interj. *Ho, Pa, Bo.* Expresa la rapidez de una acción. pop.

rana.

I. 1. f. *Co.* Castigo en que se obliga a un soldado a meterse uniformado en el agua hasta la cintura, con su fusil y todo el equipo, sin dejar que estos se mojen.

2. *Ho, Ni, Bo, Ch.* Ejercicio o castigo que consiste en flexionar las piernas y saltar. (**ranita**).

II. 1. sust/adj. *Bo, Ar; Ur,* p.u. Persona avispada y astuta. pop + cult → espon.

2. *Bo.* Persona joven extravertida y afable.

III. 1. f. *Ch.* Instrumento para cortar metales provisto de soplete.

IV. 1. f. *Cu.* Pieza metálica, pequeña y en forma de V que está en el punto de intersección de un **desviadero**.

2. *CR.* Una de las tuercas con que se mantiene sujeta la rueda en un vehículo. pop.

V. 1. f. *ES.* Tipo de máquina de coser que hace varios puntos a la vez.

VI. 1. m. *PR.* Colilla de cigarrillo de marihuana. drog.

VII. 1. m. *PR. En las peleas de gallos,* gallo de pata corta.

■

a. ‖ **~ arborícola.** f. *Ve, Ec.* Anfibio anuro con dedos en forma de disco. (Hylidae; *Hyla* spp.).

b. ‖ **~ de vidrio.** f. *Ve.* Anfibio anuro de color general verde y cuerpo transparente que tiene la propiedad de reflejar la luz infrarroja. (Centrolenidae; *Centrolenella* spp.).

c. ‖ **~ lechera.** f. *Ve.* Anfibio anuro de coloración parda, que segrega un líquido lechoso. (Hylidae; *Trachycephalus* spp.).

d. ‖ **~ pipa.** f. *Pe.* Anfibio anuro de hasta 20 cm, de color gris verdoso, cuerpo achatado y cabeza triangular. (Pipidae; *Pipa pipa*).

□

a. ‖ **como ~.** loc. adj. *Ch. Referido a persona,* muy borracha.

b. ‖ **~ chacha.** loc. sust. *ES. En el ejército,* ejercicio o castigo que consiste en que dos hombres en cuclillas y de espaldas se agarran las manos y saltan a la vez.

c. ‖ **~ mujer del sapo.** loc. sust. *Ho.* Juego de azar que es una variedad antigua del bingo.

▶ **reventar la ~.**

ranada.

I. 1. f. *Ar, Ur.* Ardid, picardía. pop + cult → espon.

ranario.

I. 1. m. *Ec.* Lugar donde se crían ranas.

ranazo.

I. 1. m. *Mx, Gu.* Golpe, choque o caída fuerte. pop.

II. 1. m. *Ch.* Fallo o falta que se comete por descuido o negligencia. pop.

III. 1. m. *Ch.* Golpe de buena suerte. pop.

rancha.

I. 1. f. *Ch; Ho, ES, Ni,* rur. Casa hecha de manera improvisada con materiales ligeros y precarios.

ranchada.

I. 1. f. *Ar:NE.* Conjunto de **ranchos** levantados como vivienda temporal para cazadores, leñadores o pescadores.

II. 1. f. *Gu, Ho, ES, Ni, Pa.* Canoa con toldo de hojas.

ranchar(se).

I. 1. tr. *Gu, Co:C. En zonas de conflicto,* cocinar.

2. *Gu, Ho, ES. En zonas de conflicto,* comer, tomar alimentos.

3. *Bo.* **ranchear,** comer el rancho.

4. tr. prnl. *Ho.* Comer o beber *algo* en exceso.

II. 1. intr. prnl. *Co.* Mantener con empeño una opinión, actitud o decisión, a pesar de obstáculos o argumentos en contra. pop.

III. 1. intr. prnl. *Ni, Pa.* Quedarse *una persona* a vivir en la casa de alguien, sin mostrar deseos de salir de ella y a disgusto del dueño. pop + cult → espon.

IV. 1. intr. prnl. *CR.* juv. Vomitar. pop + cult → espon.

ranchear.

I. 1. intr. *Bo.* Comer el rancho un peón, un preso o un soldado. (**ranchar**).

II. 1. intr. *Bo:E; Cu,* obsol. Realizar todo lo posible para conseguir algo determinado.

rancheo.

I. 1. m. *Bo:O.* Irrupción de jóvenes en una feria con diversidad de instrumentos musicales. pop + cult → espon.

ranchera.

I. 1. f. *Bo:S.* **rancho,** vivienda pobre.

▶ **cantar mal las ~s; no cantar mal las ~s.**

rancherada.

I. 1. f. *Mx.* Conjunto de rancheros.

ranchería.

I. 1. f. *Mx, Gu, Ni, RD, Pe, Bo. En un rancho,* conjunto de dependencias en las que viven los peones que trabajan en él. rur.

2. *Ve, Bo.* Conjunto de **ranchos.** pop + cult → espon ^ desp.

3. *Ni, Ve.* **rancho,** vivienda pobre.

4. *Ve.* Lugar en la orilla de un río o de un camino, que es utilizado por navegantes o caminantes para pernoctar.

5. *Ve.* Posada rústica situada en zonas rurales *que es utilizada especialmente por arrieros y ganaderos.* pop + cult → espon.

6. *Pa.* Conjunto de ranchos de construcción simple, *generalmente en las playas,* donde viven durante la estación seca personas de zonas rurales aledañas, que venden artesanías, vegetales y dulces caseros. pop + cult → espon.

rancherío.

I. 1. m. *Mx, Gu, RD, Co, Ve, Bo, Ar, Ur* desp; *Py,* rur. Conjunto desordenado y pobre de viviendas precarias en las zonas rurales.

2. *Ve, Ur.* Cantidad grande de **ranchos.** pop + cult → espon ^ desp.

3. *Ch.* Conjunto desordenado y pobre de viviendas precarias en las zonas marginales.

ranchero, -a.

I. 1. adj/sust. *Mx. Referido a persona,* tímida.

II. 1. adj. *PR. Referido a persona,* que hace trampas en el juego y en los negocios. rur.

ranchita.

I. 1. f. *Mx.* Habitación pequeña y posterior.

rancho.

I. 1. m. *Mx, Gu, Ho:E,O, ES, Ni, CR, Pa, RD, Co, Ve, Ec, Pe, Bo, Ch, Py, Ar; Ur,* p.u. Vivienda pobre, *generalmente con techo de paja,* que se construye en zonas rurales o fuera de poblado. ♦ **ranchera; rancho de lata.**

2. *Mx, RD, Co, Bo, Py, Ar, Ur.* Casa, hogar. pop ^ fest.

3. *Mx, Ni, Co, Ve.* Ramada o cobertizo.

4. *Ni, CR, RD, Bo, Ch, Py, Ar, Ur.* Vivienda muy pobre y precaria. pop + cult → espon.

5. *Co; RD, Ve,* desp. Vivienda en mal estado.

6. *Pe.* obsol. Vivienda cómoda y lujosa de veraneo.

7. *Ve.* Vivienda urbana muy pobre construida *generalmente con paredes de cartón, piso de tierra y techo de planchas de cinc.*

8. *Ur.* Habitación campesina, de paredes de barro, techo de paja y piso de tierra.

II. 1. m. *Mx, Gu, Pa, RD, Ec, Bo, Py.* Hacienda ganadera.

III. 1. m. *Co.* Alimento preparado y envasado herméticamente para mantenerse en buenas condiciones durante mucho tiempo.
2. *Gu.* Tiempo o momento destinado para el almuerzo.
IV. 1. m. *Ve.* Amigo asiduo. pop + cult → espon.
2. *Ve.* Compañero en la labor de la recolección del café. pop + cult → espon.
V. 1. m. *Ur*; *Ar*, obsol. **rancho de paja**.
VI. 1. m. *CR, Pa.* Lugar destinado en los patios y jardines de las casas a la celebración de fiestas y reuniones. pop + cult → espon.

•
 a. ‖ ¡~! fórm. *Ve.* Se usa como tratamiento entre soldados. pop + cult → espon.
 b. ‖ y el ~ **ardiendo.**
  i. fórm. *Ni, Co, Ve.* Se usa para informar de que una persona que ya tiene varios hijos está esperando otro. fest.
  ii. *Pa, RD, Co.* Se usa para insistir en el empeoramiento de una situación ya de por sí mala.
  iii. *Pa.* Se usa para indicar que mientras se pierde el tiempo en algo insustancial, lo verdaderamente importante se ha descuidado. pop + cult → espon.

■
 a. ‖ ~ **de lata.** *RD, Ur.* **rancho**, vivienda pobre.
□
 a. ‖ ~ **de paja.** loc. sust. *Ur*; *Ar*, obsol. Sombrero rígido de paja, de color claro, alas circulares y planas y copa cilíndrica y baja con una cinta negra en la parte inferior. ♦ **rancho.**
▶ **botar el ~; hacer un ~; ir a comer ~; ir para el ~; meterse al ~; parar el ~; pararle el ~; prenderse el ~; seguir ardiendo el ~; vivir de ~ y gancho.**

ranchón.
I. 1. m. *Cu.* Local rústico techado con ramas y sostenido por una armazón de madera, *que funciona principalmente como restaurante o cafetería.*

ranchulera.
I. 1. f. *Ho.* **achiotillo**, árbol pequeño.

rancio, -a.
I. 1. adj. *Ch. Referido a persona*, que tiene un comportamiento insensato o indecoroso. pop.

rancla.
I. 1. f. *Ec.* Falta injustificada de un estudiante a clase.

ranclarse.
I. 1. intr. prnl. *Ec.* Faltar injustificadamente un alumno a clase.

ranclón, -na.
I. 1. adj. *Ec:S. Referido a estudiante*, que con mucha frecuencia falta injustificadamente a clase.

ranclonería.
I. 1. f. *Ec.* Hábito de faltar deliberadamente a clase.

raneada.
I. 1. f. *ES.* Holgazanería, pereza.

raneado, -a.
I. 1. adj. *ES. Referido a persona*, dormida profundamente.

ranear.
I. 1. intr. *Pe.* Andar en cuclillas dando saltos.
2. *RD.* Desplazarse *algo* o *alguien* por un lugar arrastrándose o muy pegado al suelo.
II. 1. intr. *ES.* Holgazanear, perder el tiempo.
2. *ES.* Mostrar *alguien* cansancio al caminar o hacer algo.
3. *ES.* Ir un vehículo muy lentamente o tener fallos.
III. 1. intr. *RD.* Alardear.
IV. 1. tr. *ES.* Coser con una **rana**.

ranerío.
I. 1. m. *Mx.* Sitio donde abundan las ranas y los sapos.

ranero, -a.
I. 1. adj. *ES. Referido a persona*, lenta, perezosa.
2. *ES. Referido a persona*, inútil.

ranfañoso, -a.
I. 1. adj. *Ch, Ar, Ur.* p.u. *Referido a persona o cosa*, mezquina o despreciable. pop + cult → espon ^ desp. (**rafañoso**).
2. *Ch, Ar.* p.u. *Referido a persona o cosa*, sucia, descuidada, de mal aspecto. pop + cult → espon ^ desp.
3. adj/sust. *Ar*; *Ur*, p.u. *Referido a persona*, avara o tacaña. pop + cult → espon ^ desp. (**rafañoso**).

ranfañote.
I. 1. m. *Pe.* Dulce hecho con trozos de pan empapados en miel de **chancaca**, queso, cáscara de naranja, nueces y otros ingredientes.

ranfla.
I. 1. f. *EU:S, Mx:N.* juv. Automóvil. pop.
II. 1. f. *Cu, Pe.* Rampa o plataforma.
III. 1. f. *Ho.* juv. Bronca, pelea o tiroteo entre dos **maras** o pandillas delincuenciales. delinc.

ranflero, -a.
I. 1. adj. *Ec:O. Referido a cosa*, de mala calidad. pop.
2. *Ec:O. Referido a cosa*, chabacana, de mal gusto. pop.

ranga.
I. 1. f. *Co.* p.u. Caballo flaco y desgarbado.
II. 1. f. *Bo:C,O.* Guiso preparado con panza de **res** picada en tiras muy finas, ajo, sal, y **ají colorado** o **amarillo**; se sirve con **papas** y **zarza**. ♦ **ranga ranga.**

■
 a. ‖ ~~. f. *Bo:C,E.* **ranga**, guiso.
 b. ‖ ~~. m. *ES.* Lavado de ropa hecho a mano.

rangacho, -a.
I. 1. adj. *Pe:E. Referido a persona o cosa*, de mala constitución o aspecto. pop.

rangalido, -a.
I. 1. adj. *Pa.* Escuálido, macilento, insignificante, de consistencia exigua. rur; pop + cult → espon.

¡rangán!
I. 1. interj. *Ho, ES.* Expresa una acción rápida y sorpresiva.

rango.
I. 1. m. *Ar, Ur.* Juego infantil en el que un niño va saltando por encima de otros que están encorvados y puestos en fila.
II. 1. m. *Ec.* Conjunto de escolares dispuestos en fila.

rangón, -na.
I. 1. adj. *ES. Referido a persona*, generosa, dadivosa.

rangoso, -a.
I. 1. adj/sust. *Bo:E, Ch. Referido a persona*, que le gusta alardear de su dinero gastándolo en fiestas y lujos. pop.

ranguero, -a.
I. 1. m. y f. *Bo.* Persona que prepara o vende **ranga**, guiso.

ranilla.
■
 a. ‖ ~ **blanca.** f. *Ec.* Enfermedad del ganado bovino.

ranita.
I. 1. *Pa, Bo.* **rana**, ejercicio o castigo.

rankeado, -a.
I. 1. *Pe.* **ranqueado**, deportista.

rankear.
I. 1. *Pe, Ch.* **ranquear**. cult.

ranqueado, -a.
I. 1. adj. *Mx, CR, Pa, Cu, Co, Ec, Pe, Ch, Ur. Referido a un deportista*, que ocupa un lugar en la clasificación de rendimiento deportivo. (**rankeado**).

2. *Cu, PR, Ec. Referido a cosa*, que es considerada por su calidad una de las mejores en su género.

3. *Cu, PR. Referido a persona*, que es considerada una de las mejores en su campo profesional.

4. sust/adj. *Cu.* Persona con mucha experiencia de la vida.

5. adj. *Cu. Referido a persona*, que tiene muy buena posición económica.

ranquear. (Del ingl. *to rank*).
I. 1. tr. *EU, Mx, CR, Pa, Cu, Co, Pe, Ur; Ch, Ar*, cult. Clasificar *algo o a alguien, especialmente a un deportista*, en un escalafón según su rendimiento. pop. (**rankear**).

ranquero, -a.
I. 1. m. y f. *Bo.* Persona que compra al agricultor sus productos y los revende. pop + cult → espon.

2. *Bo.* Persona que acapara a bajo precio mercaderías para luego revenderlas a precios más altos. pop + cult → espon.

3. *Bo:O. En las minas*, persona, *generalmente mujer*, que vende artículos de primera necesidad junto a las **pulperías**.

rantan.
I. 1. m. *Pa.* juv. Gran cantidad de algo. vulg; pop.

rante. (Afér. de *atorrante*).
I. 1. sust/adj. *Ar.* obsol. Persona vaga y holgazana. pop + cult → espon.

rantifuso, -a.
I. 1. sust/adj. *Bo; Ar, Ur*, obsol. Persona sucia, descuidada, de mal aspecto. pop + cult → espon ^ desp.

2. adj. *Ar, Ur.* obsol. *Referido a cosa*, de baja calidad. pop + cult → espon ^ desp.

3. sust/adj. *Ar.* obsol. Persona ruin y despreciable. pop + cult → espon ^ desp.

rapa.
I. (Apóc. de *rapadura*).
1. f. *Gu, Ho.* Azúcar mascabado con forma de pan prismático o de cono truncado.
II. 1. f. *RD.* Resto o parte de una comida que queda pegado a un plato, bandeja o recipiente y que hay que raspar para poder comerlo.
□
a. ‖ **a la ~.** loc. adv/adj. *Gu, Ho. En relación con la forma de cortar el pelo*, al límite, sin sobresalir nada de lo que se deja.

rapadura.
I. 1. f. *RD, PR, Ec, Py, Ar:NE, Ur; Gu, Ni, Pa*, p.u.; rur. **raspadura**, azúcar sin refinar.

rapar.
I. 1. *RD.* Realizar el coito. vulg.
□
a. ‖ **~ la palabra.** loc. verb. *Co.* Quitar la palabra a alguien, hablar simultáneamente.

rapear. (Del ingl. *to rap*).
I. 1. tr. *PR.* Enamorar a *alguien*.

rapeo.
I. 1. m. *PR.* Enamoramiento. pop + cult → espon.
▶ **estar en el ~.**

rapero.
I. 1. m. *PR.* juv. Hombre muy hablador con las mujeres.

rapi.
I. 1. m. *Bo:E.* Pieza de carne de **res** que está en la parte más gorda de la espalda, cerca del cuello. pop + cult → espon.

rapichero, -a.
I. 1. adj/sust. *RD. Referido a persona*, drogadicta.

rapidito.
I. 1. m. *Ho, Bo:O.* Bus pequeño. pop + cult → espon.

rápido, -a.
□
a. ‖ **a la rápida.** loc. adv. *Bo, Ch.* A la ligera.
b. ‖ **más ~ que ligero.** loc. adv. *Ni, CR, Pa, PR, Ur.* Muy rápidamente.

rapidol.
I. 1. adv. *ES, Ec, Pe.* Rápidamente. pop.

rapiñar.
I. 1. *Cu.* Intentar con mucha diligencia conseguir dinero o algo que se necesita, *especialmente comida*.

raponazo.
I. 1. m. *Co; Ec*, p.u. Robo que consiste en arrebatar una pertenencia y darse a la fuga. pop + cult → espon.

raponear.
I. 1. tr. *Co; Ec*, p.u. Robar *algo* arrebatándolo y dándose a la fuga. pop.

raponero.
I. 1. m. *Co; Ec*, p.u. Delincuente que comete **raponazos**. pop.

raposa.
I. 1. f. *Co.* **tacuacín**.

raque.
I. 1. m. *Co.* Árbol de hasta 16 m de altura, de hojas simples, alternas, pequeñas, con el haz verde oscuro, lustroso, manchado de rojo, naranja o amarillo y envés reticulado, con flores rosadas, que permanecen todo el año. (Elaeocarpaceae; *Vallea stipularis*).

2. *Ho.* **tucán**, ave.

II. 1. m. *Ho:O, ES.* Maíz de color rojizo.

ráquet. (Del ingl. *racket*).
I. 1. m. *Cu.* Negocio ilegal productivo.

raquetear.
I. 1. intr. *Pe, Bo, Ch. En el tenis o tenis de mesa*, golpear la pelota con la raqueta pasándosela al otro jugador como entrenamiento.

2. *Bo.* Ejercitarse *alguien* lanzando la pelota al aire y haciéndola rebotar varias veces en la raqueta.

II. 1. tr. *Co:C.* Registrar a *alguien* para robarle lo que lleva encima. delinc.

raqueteo.
I. 1. m. *Ch.* Práctica de un deporte en el que se emplea raqueta.

raquetero, -a. (Del ingl. *racket*).
I. 1. adj. *Pa.* p.u. *Referido a persona*, que vive de fraudes y engaños, de hacer negocios sucios e ilegales. pop + cult → espon.

raqui.
I. 1. m. *Pe.* Vasija de barro cocido, tamaño mediano y boca ancha.
■
a. ‖ **~~.** f. *Pe:E.* **doradilla**.

raquiña.
I. 1. *RD.* **rasquiña**, picazón fuerte.

raquiñoso, -a.
I. 1. *RD.* **rasquiñoso**.

rara.
I. 1. f. *Ch.* Ave de hasta 20 cm de longitud, de frente y corona de color rojizo, cuello trasero y dorso de color pardo rayado de negro, garganta, pecho y abdomen rojizo acanelado, alas negruzcas con línea transversal blanca, pico ancho y ojos rojos. (Phytotomidae; *Phytotoma rara*).

rareza.
I. 1. adj. *Pa, Py.* p.u. Diferente, fuera de lo común. pop + cult → espon.

2. *Pa.* Magnífico, excepcional. vulg; pop + cult → espon ^ fest.

rarífico, -a.
  I. 1. adj. *CR, Pa, Ch. Referido especialmente a cosa*, rara, extravagante. pop → espon ^ hiperb.

rarófila.
  I. 1. sust/adj. *Py.* Mujer **machorra**. pop + cult → espon ^ desp.

rarófilo.
  I. 1. sust/adj. *Py.* Hombre afeminado. pop + cult → espon ^ desp.

rarófilo, -a.
  I. 1. adj. *Py. Referido a una situación o cosa, excepcionalmente a persona*, que presenta características raras. pop.

rarón, -na.
  I. 1. sust/adj. *Ur.* p.u. Persona homosexual. pop + cult → espon ^ fest.

raroso, -a.
  I. 1. adj. *Gu, ES.* Raro, extraño. pop + cult → espon.

ras.
  I. 1. m. *ES.* Venta callejera de objetos.
  II. 1. m. *Pa.* Ano, nalgas. vulg; pop.
  ■
    a. ‖ ~ **de mar.** m. *Cu.* Inundación de la costa y los sitios próximos a ella por un fuerte oleaje.
  □
    a. ‖ ~ **con cantidad.** loc. adv. *Co:O.* p.u. Casi tocando, casi al nivel de una cosa.
  ▶ **salir ~ con chinche.**

rasca.
  I. 1. f. *Pa, Ve, Ch; CR, PR, Co, Bo:S,* pop + cult → espon. Borrachera. espon.
  II. 1. adj. *Ch, Py, Ar. Referido especialmente a cosa*, de mala calidad. pop + cult → espon ^ desp.
  III. 1. sust/adj. *Ar; Ur,* p.u. Persona avara o tacaña. pop + cult → espon ^ desp.
  IV. 1. adj/sust. *Py. Referido a persona*, de baja condición social y económica. desp.
  □
    a. ‖ **a la ~.** loc. adv. *Bo:O.* A la carrera. pop.
    b. ‖ **a ~s.** loc. adv. *Ho.* Con mucha dificultad, a duras penas. pop + cult → espon.
    c. ‖ **~~.** loc. sust. *Pe.* Sarna. pop. (**rascarrasca**).
  ▶ **amarrarse una ~; pegarse una ~.**

¡rasca!
  I. 1. interj. *Ec.* Expresa apoyo, *generalmente a un equipo o a un deportista.*

rascablanquillos.
  I. 1. m-f. *Ho.* Persona haragana.

rascabonito.
  I. 1. m. *Ec.* p.u. Sarna, afección cutánea producida por el ácaro parásito *Sarcoptes scabiei.* pop + cult → espon.

rascabuchar.
  I. 1. tr. *Cu, Ve.* Acariciar lujuriosamente *a alguien.* pop. (**rascabuchear; rescabuchar; rescabuchear**).
  II. 1. tr. *Cu, Ve.* Mirar disimuladamente o a escondidas, especialmente las partes pudendas de personas del sexo opuesto. (**rascabuchear; rescabuchar; rescabuchear**).

rascabuche.
  I. 1. *Mx:SE.* **güiro**, instrumento musical.
  II. 1. m. *Pe.* Aguardiente fuerte de poca calidad. pop. (**rascabuches**).
  III. 1. m. *Ch.* Vino de mala calidad.

rascabucheador, -ra.
  I. 1. *Cu.* **rescabucheador**.

rascabuchear.
  I. 1. *Ve.* **rascabuchar**, acariciar.
  II. 1. *Cu.* **rascabuchar**, mirar.

rascabucheo.
  I. 1. m. *Ve.* Beso, abrazo y caricias apasionadas que alguien da a su pareja. pop.
  II. 1. m. *Cu.* Mirada que se echa disimuladamente o a escondidas a las partes pudendas de otras personas. (**rescabucheo**).

rascabuches.
  I. 1. *Pe.* **rascabuche**. pop.

rascacio.
  I. 1. *PR.* **chamaco**, pez.

rascada.
  I. 1. f. *Pe.* Rascamiento, rascadura.
    2. *Ho:O.* Arañazo, rasguño.
  II. 1. f. *ES.* Robo o fraude.

rascadera.
  I. 1. f. *Mx, Gu, Ni, CR, Pa, RD, Pe; Ec,* p.u. Rascadura reiterada. pop + cult → espon.
  II. 1. f. *Co.* **ocumo**. (Araceae; *Xanthosoma mafaffa*).

rascado, -a.
  I. 1. adj. *Ho, Ni, CR, PR, Co, Ve, Bo:S. Referido a persona*, embriagada por el alcohol. pop.
  II. 1. adj. *Gu, Ho, ES. Referido a persona*, enojada.

rascalavieja.
  I. 1. *Mx.* **chaparro**, árbol.

rascana.
  I. 1. f. *PR.* **chamaco**, pez.

rascaniguas.
  I. 1. m. *Ho.* Cohete rastrero.

rascapailas.
  I. 1. adj. *Pa. Referido a persona*, que carece de lo elemental para vivir. vulg.

rascapaloma.
  I. 1. f. *Bo.* Sarna.

rascapecho.
  I. 1. m. *Bo:E.* Bebida alcohólica de alta graduación. pop + cult → espon.

rascar(se).
  I. 1. intr. *Mx:C.* Cosechar la **papa**. rur.
  II. 1. intr. prnl. *Ni, PR, Co, Ve; CR,* p.u. Emborracharse *alguien* por haber ingerido bebidas alcohólicas en exceso. pop + cult → espon.
  III. 1. intr. *Ar.* p.u. Besarse y acariciarse apasionadamente una pareja. vulg.
    2. *Cu.* Realizar el coito un hombre.
    3. tr. *Cu.* Realizar un hombre el coito con alguien.
  IV. 1. intr. prnl. *Bo, Py, Ar, Ur.* Estar ocioso y sin hacer nada de provecho. pop + cult → espon.
  V. 1. intr. *Co.* Experimentar cierto ardor, escozor o desazón alguna parte del cuerpo. pop.
  VI. 1. tr. *Gu.* Estar *una persona* alrededor o cerca de una edad o una cantidad de algo.
  VII. 1. tr. *ES.* Robar *algo* a alguien. delinc.
  VIII. 1. tr. *PR.* Producir ciertos frutos sensación de gomosidad, pegajosidad y ardor y acidez en la boca. pop + cult → espon.
  □
    a. ‖ ~ **el ala.** loc. verb. *Gu.* Intentar *una persona* enamorar a otra.
    b. ‖ ~ **el petate.** loc. verb. *Gu.* Morirse *alguien.*
    c. ‖ ~ **el tigre.** loc. verb. *Ni.* Tener *alguien* hambre.
    d. ‖ ~**se con las propias uñas.** loc. verb. *Mx, Ni, Ch.* Ser independiente o autosuficiente.
    e. ‖ ~**se el pupo.** loc. verb. *Ec, Ar.* Estar ocioso y sin hacer nada de provecho. pop + cult → espon.
    f. ‖ ~**se la guata.** loc. verb. *Ch.* Estar ocioso y sin hacer nada de provecho. pop + cult → espon.
    g. ‖ ~**se para adentro.** loc. verb. *Mx, Ar.* Ocuparse *alguien* únicamente de sus propios asuntos e intereses. pop + cult → espon.

rascarrabias.
    I. 1. sust/adj. *Mx, Gu, Ni, CR*; m-f. *Ec*, p.u; m-f. *Bo*. Cascarrabias, persona que se enfada o riñe a menudo. pop + cult → espon.

rascarrasca.
    I. 1. *Pe*. **rasca rasca**. pop.

rascazo.
    I. 1. *PR*. **chamaco**, pez.

rascón.
    I. 1. m. *ES*. Ladrón.
    II. 1. m. *PR*. Pez marino de pequeño tamaño, cuerpo comprimido y ancho, cuya coloración oscila entre el rojo, negro, rosa y blanco que se caracteriza por sus aletas robustas que extiende si se siente amenazado y que contienen glándulas de veneno. (Scorpaenidae; *Scorpaena* spp.).

rascona.
    I. 1. f. *PR*. Variedad de **malanga**, comestible, pero no muy apreciada por el ardor y acidez que produce en la boca.

rascuache.
    I. 1. *Mx, Gu, Ho, ES*. **rascuacho**. pop.
    2. adj. *Ho. Referido a evento*, mal organizado.

rascuachera.
    I. 1. f. *ES*. Conjunto de cosas de mala calidad.
    2. *ES*. Lugar lleno de cosas de mala calidad.

rascuacho, -a.
    I. 1. adj. *Mx, Pe. Referido a persona o cosa*, de mala calidad o de poco valor. pop. (**rascuache**).
    2. *ES. Referido a persona*, ladrona de poca monta.

rasear.
    I. 1. tr. *Bo:O. En sombrerería*, coser el raso de un sombrero.

rasgada.
    I. 1. f. *Mx*. Rasgadura.

rasgado, -a.
    I. 1. adj. *Co. Referido a persona, desprendida*, propensa a dar de lo que tiene. pop.

rasguco.
    I. 1. m. *Ho*. Rasgueo de las cuerdas de un instrumento musical, *especialmente la guitarra o la* **caramba**.

rasguido.
    I. 1. m. *Mx, Ec, Bo*. Rasgueo de las cuerdas de una guitarra.

rasguñada.
    I. 1. f. *Mx, CR, Ec, Bo*. Rasguño, herida superficial.

rasguñar.
    I. 1. tr. *Mx, Pa, Bo:O, Ch*. Realizar *algo* con esfuerzo o dificultad alcanzando el objetivo por muy poco o sin lograrlo. pop.

rasguñeo.
    I. 1. m. *Ho*. Arañazo.

rasguñón.
    I. 1. m. *Mx, Ho, Ni, PR, Ch*. Arañazo, desolladura. pop + cult → espon.

rash. (Voz inglesa).
    I. 1. m. *EU, PR*. Escoriación, salpullido, alergia. (**rach**).

rasmillada.
    I. 1. f. *Ch; Ec, Ar:NO*, pop. Rasguño, arañazo leve. ♦ **rasmilladura**.

rasmillado, -a.
    I. 1. adj. *Ec, Bo, Ch. Referido a persona o cosa*, que presenta un leve rasguño. pop.

rasmilladura.
    I. 1. f. *Pe; Bo:C,O*. pop. **rasmillada**, rasguño.

rasmillar(se). (De *rezmila*, garduña)
    I. 1. tr. *Ec, Bo, Ch*. Rasguñar, arañar ligeramente *algo* o a *alguien*. pop.

    2. intr. prnl. *Ec, Bo, Ch*. Hacerse *alguien* una herida superficial. pop.

rasmillón.
    I. 1. m. *Ec, Bo, Ch*. Herida superficial en la piel o en un objeto al rasparse contra una superficie rugosa o afilada.

raso.
    I. 1. m. *Co*. Hierba de hasta 60 cm de altura, de hojas finamente divididas, de color verde azulado y flores grandes de color anaranjado o amarillo intenso; se utiliza como ornamental. (Papaveraceae; *Eschscholzia californica*).

raspa.
    I. 1. f. *Mx, Ec, Bo, Ch, Ar; Ur; Pa, Co*, obsol. Represión o regaño vehementes. pop + cult → espon.
    II. 1. f. *Ni, CR, Cu, RD, Ch; Ar:NO, Ur*, pop + cult → espon. Resto o parte de una comida que queda pegado a una olla y que hay que raspar para poder comerlo.
    III. 1. f. *Co*. Instrumento musical de percusión consistente en un fragmento de caña labrado con muescas en la parte anterior que se raspan con un palillo, hueso o alambre, para producir sonido.
    IV. 1. m-f. *Ar*. obsol. Ratero, ladrón de poca monta. pop + cult → espon.
    V. 1. f. *Ec. En una caja de fósforos*, superficie sobre la que se frota para producir la ignición.
    VI. 1. *PR*. **raspadura**, azúcar sin refinar.
    VII. 1. f. *CR*. Cupón de lotería que en una parte tiene una película que se raspa para ver si está premiado o no. (**raspadita**).

    ■

    a. ‖ ~ **de cuerpo.** f. *PR. En la industria azucarera*, parte de los filtros para limpiar la cachaza. ♦ **raspa de mano**.
    b. ‖ ~ **de mano.** *PR*. **raspa de cuerpo**.
    c. ‖ ~ **la uña.** f. *PR*. Bebida afrodisíaca. delinc.
    d. ‖ ~~. m-f. *Ho*. Lotería en la que se raspa el cartón para ver si ha tocado algún premio.

    ▶ pasar ~ *cum laude*.

raspabuche.
    I. 1. m. *Mx*. Pan elaborado con harina sin refinar. pop + cult → espon.
    2. adj/sust. *Ch. Referido a un alimento o al vino*, áspero, de mal sabor.

raspacacho.
    I. 1. m. *Ch*. Represión o regaño vehementes. pop + cult → espon. (**raspacachos**).

raspacachos.
    I. 1. *Ch*. **raspacacho**.

raspachín, -na.
    I. 1. m. y f. *Co*. Persona que recolecta hoja de coca en época de cosecha.

raspacoco.
    I. 1. m. *PR*. Corte de pelo a raíz, hecho con navaja. pop + cult → espon ^ fest.

    ▶ estar a ~; pelarse a ~.

raspada.
    I. 1. f. *Mx, PR, Co, Ve, Ec, Bo*. Refresco hecho con hielo finamente desmenuzado, al que se agrega alguna esencia, sirope o jugo de fruta. ♦ **piragua**; **raspadura**.
    II. 1. f. *Mx, Pa, Pe, Bo*. Raspadura.
    III. 1. f. *Mx, Gu*. Represión o regaño vehementes.
    2. *ES, Ur; Ec*, pop. Reprimenda.
    IV. 1. f. *Co*. Suspenso o negación de la aprobación a un examinando.

raspadera.
    I. 1. f. *Mx, Ni, Pa*. Raspadura. pop + cult → espon.
    II. 1. *Ve*. Suspenso reiterado en un examen.

raspadero, -a.
    I. 1. m. y f. *Ni, Pa, Ve.* Persona que vende **raspados**.

raspadilla.
    I. 1. f. *Pe.* Hielo raspado al que se agrega esencia o jugo de frutas. (**raspadillo**).

raspadillera.
    I. 1. f. *Pe.* Máquina que pica hielo para preparar **raspadillas**.

raspadillero, -a.
    I. 1. m. y f. *Pe, Bo:E,O.* Persona que hace o vende **raspadillas**.

raspadillo.
    I. 1. m. *Bo.* **raspadilla**.

raspadita.
    I. 1. f. *Ho, Ni, Ec, Ar, Ur.* Juego de azar que consiste en raspar una película que cubre una parte de un billete en la que se indica si este está o no premiado.
    2. *CR.* **raspa**, cupón.

raspado.
    I. 1. m. *Mx, Ho, Ni, Pa, Ec.* Helado hecho de hielo raspado con jarabe de frutas.

    ●
      a. ‖ ¡~!
        i. fórm. *Ve.* Se usa para indicar a alguien que ha sido despedido de su empleo. pop + cult → espon.
        ii. *Ve.* Se usa para indicar a alguien que la respuesta que ha dado no es correcta. pop + cult → espon.

    ■
      a. ‖ ~ **de muralla.** m. *Ch.* Cal de pared con la que se adultera la cocaína. drog.
      b. ‖ ~ **de olla.** m. *Ch.* Gasto de la última cantidad de algo, *especialmente dinero*, de que se dispone. pop.
    ▶ **hablar ~.**

raspado, -a.
    I. 1. adj. *Mx, ES, Ve.* Referido a persona, sin dinero por haber gastado los recursos disponibles. pop + cult → espon.
    2. *Mx, Gu.* Referido a persona, muy pobre. pop.
    3. *Ve, Bo.* Referido a persona, sin empleo por haber sido despedida. pop + cult → espon.
    II. 1. sust/adj. *Gu, Ho, ES, Ni, Bo.* Estudiante que supera un curso con notas bajas. pop.
    2. *Ve.* Estudiante que no ha aprobado una asignatura o un curso. pop + cult → espon.
    III. 1. adj. *Ve.* Referido a persona, que dice francamente lo que piensa. pop + cult → espon.
    IV. 1. adj. *Ve.* Referido a persona, que manifiesta los efectos del cansancio. pop + cult → espon.

raspadora.
    I. 1. f. *Co.* Utensilio para quitarle la parte quemada a la **arepa**, especie de pan.

raspadura.
    I. 1. f. *Mx, Gu, Ho, Ni, Pa, RD, PR, Ec, Pe, Ch.* **panela**, azúcar sin refinar. (**rapadura**). ♦ **raspa**.
    2. *Cu.* Dulce sólido elaborado con melaza de la caña de azúcar.
    II. 1. f. *RD, Ve, Ch.* Restos de un alimento, *especialmente dulce*, que quedan adheridos a la olla en que se ha cocinado. pop + cult → espon.
    III. 1. f. *Ve.* Hijo menor de una familia. pop + cult → espon.
    IV. 1. *PR.* **raspada**, refresco.
    V. 1. f. *Pa.* Vulva. rur; vulg.

    □
      a. ‖ **con la ~.** loc. adj/adv. *Ve.* Referido a persona, muy cansada y haciendo un último esfuerzo. pop + cult → espon.

raspaguacal.
    I. 1. *Mx, Ho, CR.* **chaparro**, árbol.

raspaje.
    I. 1. m. *Ec, Bo, Ch, Ar, Ur.* Legrado, raspado. pop + cult → espon.
    2. *Bo, Ch, Ar.* Intervención quirúrgica que interrumpe la gestación de un feto.
    3. *Ch.* Lijado y pulimento de una superficie.

raspalalma. (De *raspar* y *alma*).
    I. 1. m. *Gu.* Aguardiente fuerte, de mucha graduación.

raspalengua.
    I. 1. *Pa.* **papelillo**, árbol.

raspao.
    I. 1. m. *Ve.* **esnorbor**.

raspapared.
    I. 1. m. *Ar:NO.* Artificio pirotécnico consistente en una tira de cartón con pequeñas porciones de pólvora, que se raspa contra una superficie áspera y produce pequeñas explosiones.

raspapolvo.
    I. 1. m. *RD.* Rapapolvo, reprensión áspera.

raspar.
    I. 1. tr. *Mx, Bo:O.* Reprender, regañar. pop + cult → espon.
    2. *PR.* Decir *alguien algo* tal como lo piensa, francamente.
    II. 1. intr. *Bo:O, Ch.* Irse de un sitio, marcharse a otra parte. pop.
    2. *Ve.* Salir apresuradamente. pop + cult → espon.
    3. *Ve.* Huir, especialmente una pareja. pop + cult → espon.
    III. 1. tr. *Ve.* Matar a *alguien*, *especialmente por venganza o conveniencia*. pop + cult → espon.
    2. *Ve.* Eliminar una entidad, *especialmente una empresa o institución*. pop + cult → espon.
    3. intr. *Ve.* Morir *alguien*. pop + cult → espon.
    IV. 1. tr. *Ve.* Negar la aprobación a un examinando. pop + cult → espon.
    V. 1. tr. *Ve.* Consumir todos los bienes existentes en un lugar. pop + cult → espon.
    2. *Ve.* Tomar los fondos de una empresa o institución. pop + cult → espon.
    VI. 1. tr. *Co.* Procesar coca.
    VII. 1. tr. *Cu, Ve.* Cortar el pelo al rape.
    VIII. 1. tr. *Ve, Bo.* Despedir a *alguien* de su empleo. pop + cult → espon.
    IX. 1. tr. *Ve.* Obtener un premio, *especialmente en un concurso o en una* **competencia**. pop + cult → espon.
    X. 1. tr. *RD.* Practicar el coito. vulg. (**rapar**).
    XI. 1. tr. *ES.* Engañar a *alguien*.

    □
      a. ‖ ~ **el pecho.** loc. verb. *Ho.* Defender tajantemente a una persona. pop.
      b. ‖ ~ **la olla.** loc. verb. *Ve, Pe, Ch, Ar.* Utilizar y gastar la última cantidad de algo, *especialmente dinero*, de que se dispone. pop + cult → espon.
      c. ‖ **~se una de coquito.** loc. verb. *PR.* Masturbarse. tabú; pop + cult → espon.

    ◪
      a. ‖ **lo mismo raspa que pinta.**
        i. fr. prov. *PR.* Indica que una persona tiene muchas habilidades.
        ii. *PR.* Indica que una persona es bisexual.

raspaso.
    I. 1. *PR.* **raspazo**.

raspasombrero.
    I. 1. m. *Mx.* Planta trepadora y perenne, de tallo cilíndrico, hojas simples, opuestas, ásperas al tacto, inflorescencia en racimos axilares, flores de diferentes colores y frutos en forma de drupa total-

mente cerrada por el cáliz. (Verbenaceae; *Petrea arborea*). ♦ **choreque**; **solerillo**; **soltero**.

raspaviejo.
 I. 1. *Mx.* **chaparro**, árbol.

raspazo.
 I. 1. m. *PR.* Rasgadura de la piel o de la superficie de algún enlucido. (**raspaso**).

raspazón.
 I. 1. f. *Ve.* Abundancia de suspensos en un examen.

raspe.
 I. 1. m. *Ec, Ch.* Cartón o cédula que tiene un espacio removible para participar en un juego de azar.
  2. *Ch.* Espacio de un documento recubierto de una superficie removible, bajo la cual se encuentra alguna información.
  3. *Ch.* Juego de azar cuyos resultados se obtienen raspando la superficie removible de un cartón o cédula.
 II. 1. m. *Cu.* Comentario desagradable que sorprende a quien lo escucha.
  2. *Cu.* Respuesta desabrida o áspera.
 III. 1. m. *PR.* Sistema de recogida de café en forma de ordeño de la rama. rur.
  2. *PR.* Última recogida de la cosecha del café. rur.
 IV. 1. m. *PR.* Legrado, raspado.

raspear.
 I. 1. tr. *Ec.* Reprender con dureza a *alguien*. pop + cult → espon.

raspetón.
 I. 1. m. *Pe, Bo:O.* Rasguño. pop + cult → espon.
 □
  a. ‖ **de ~.** loc. adv. *Bo.* De pasada, de refilón. pop + cult → espon.

raspicuí.
 I. 1. m-f. *Ve.* Persona insignificante. pop + cult → espon ∧ desp.
  2. *Ve.* Persona que se presenta en todos los sitios, *especialmente en fiestas*, sin ser invitada. pop + cult → espon.

raspillar.
 I. 1. tr. *Ch.* Raspar, arañar ligeramente *algo*.

raspillón.
 I. 1. m. *Ch.* Rasguño, arañazo. pop.

raspita.
 I. 1. f. *Cu.* Cantidad pequeña de dinero que se da o se pide, como gratificación, por un servicio o para satisfacer un gasto.

raspón.
 I. 1. sust/adj. *Ve.* Cuchillo que no corta bien. pop + cult → espon.
 II. 1. m. *Ho.* Derrota contundente en una **competencia** deportiva.
 III. 1. m. *Ni.* Regaño, reprimenda.

rasponadura.
 I. 1. f. *Cu.* Lesión superficial causada por un roce violento.

rasponarse.
 I. 1. intr. prnl. *Cu.* Hacerse *alguien* un rasponazo.

rasponear.
 I. 1. tr. *Mx.* Reprender, regañar. pop + cult → espon.

rasposiento, -a.
 I. 1. adj/sust. *Ar.* p.u. *Referido a persona*, pobre y que se viste con ropas en mal estado. pop + cult → espon ∧ desp.

rasposo, -a.
 I. 1. adj. *Ar, Ur. Referido a un objeto, particularmente a una prenda de vestir*, pobre, de mala calidad o en mal estado. pop + cult → espon ∧ desp.
  2. *Ar, Ur. Referido a persona*, pobre y que viste prendas en mal estado. pop + cult → espon ∧ desp.

  3. *Ar, Ur. Referido a cosa*, miserable, de escaso o nulo valor. pop + cult → espon ∧ desp.
  4. *Ar, Ur. Referido a persona*, avara o tacaña. pop + cult → espon ∧ desp.
  5. *Ar, Ur. Referido a un lugar, especialmente un hotel o un restaurante*, de baja categoría o mala calidad. pop + cult → espon ∧ desp.

rasquear.
 I. 1. tr. *Ch.* Hacer vulgar u ordinario *algo* o a *alguien*. pop.

rasqueli.
 I. 1. adj. *Ch. Referido a cosa*, de calidad regular o vulgar. pop.

rasquera.
 I. 1. f. *Cu.* Sarna, afección cutánea producida por el ácaro parásito *Sarcoptes scabiei*.
  2. *Bo:O.* Prurito, picazón. pop.

rasquería.
 I. 1. f. *Ch.* Cosa vulgar u ordinaria. pop ∧ desp.
  2. *Ch.* Acto o hecho propio de una persona vulgar u ordinaria. pop ∧ desp.

rasquerío.
 I. 1. m. *Ch.* Conjunto de personas vulgares u ordinarias. pop ∧ desp.

rasqueta.
 I. 1. f. *Mx, Ni, CR, Cu, RD, Ve, Ec, Pe, Bo, Ch, Py, Ar, Ur; PR,* rur. Instrumento usado para limpiar las caballerías, compuesto de una chapa de hierro con cuatro a cinco filas de dientes menudos y romos, y de un mango o un asa.
 II. 1. f. *Pe.* Machete con el que se hacen hendiduras en la corteza de los árboles que tienen látex.
 III. 1. f. *PR.* Artefacto de madera con pernos de hierro que tirado por un tractor deshace los terrones y empareja el terreno. rur. ♦ **restrillo**.
 IV. 1. f. *PR.* Borrachera. pop + cult → espon.
 V. 1. m-f. *Ur.* Persona que se enoja con facilidad, de mal genio. pop + cult → espon.

rasquete.
 I. 1. m. *ES.* Automóvil de la policía. delinc.

rasqueteada.
 I. 1. f. *Pe, Ur, Bo, Py, Ar,* p.u. Pulido de una superficie para quitarle restos de pintura y otras sustancias.

rasqueteadora.
 I. 1. f. *Ec.* Instrumento de alambre que sirve para pulir los pisos antes de encerar.

rasquetear.
 I. 1. tr. *CR, Cu, Ve, Pe, Bo, Ch, Py, Ar, Ur; PR,* rur. Cepillar el pelo de un caballo con **rasqueta**.
  2. *Ve, Pe, Bo, Ch, Ar, Ur.* Raspar una superficie con un cepillo u otro utensilio similar, para quitar la pintura u otro material adherido.
  3. *Ec, Bo, Ch, Ur.* Limpiar un piso de madera con una madeja de alambre antes de encerarlo.
 II. 1. tr. *Ch, Ur.* Rasgar las cuerdas de una guitarra o de otro instrumento de cuerda. pop + cult → espon ∧ desp.

rasqueteo.
 I. 1. m. *Ve, Pe, Bo, Ch, Ar, Ur.* Raspado de una superficie con una espátula, un cepillo u otro utensilio similar, para quitar la pintura u otro material adherido.

rasquiento, -a.
 I. 1. adj. *Ch, Ar:NO. Referido a cosa*, vulgar, ordinaria, de mala calidad. pop.

rasquín.
 I. 1. m. *ES, Ni.* **rasquiña**, picazón.

rasquincho, -a.
 I. 1. sust/adj. *Bo, Ar:NO.* Persona que se irrita o enoja con facilidad. pop + cult → espon.

rasquiña.

   I. 1. f. *Mx, Gu, Ho, Ni, CR, Pa, RD, PR, Co, Ve, Ec, Bo, Ur*. Picazón fuerte. pop + cult → espon. (**raquiña**). ♦ **rasquín**.

   2. *CR*. Sarna, afección cutánea producida por el ácaro parásito *Sarcoptes scabiei*. pop + cult → espon.

   II. 1. f. *Ho*. Plaga del repollo provocada por la larva, pequeña y verde, de *Plutella xylostella*.

   ▶ **tener ~ de mono**.

rasquiñoso, -a.

   I. 1. adj/sust. *Referido a persona*, que tiene **rasquiña**. (**raquiñoso**).

   II. 1. adj. *RD*. *Referido a persona o cosa*, despreciable, con poco o ningún valor. (**raquiñoso**).

rasquita.

   I. 1. f. *ES*. Ganancia pequeña obtenida ingeniosamente o con fraude.

   2. *ES*. Soborno.

rasrás.

   ▶ **salir ~**.

rastacuerismo.

   I. 1. m. *Mx, Ur; Ve, Ec*, pop + cult → espon; *Ar*, cult; *Pe*, obsol. Comportamiento habitual del **rastacuero**.

rastacuero.

   I. 1. m-f. *Mx, Gu, Ni, Pa, Co, Ve, Ar; Pe, Ch*, p.u; *Ur*, obsol; sust/adj. *Bo*. Persona inculta, adinerada y jactanciosa. pop + cult → espon. (**rastacueros**).

   II. 1. sust/adj. *Ve*. Persona que atemoriza a otra, *especialmente con amenazas verbales*. pop + cult → espon.

   2. *Ve*. Persona despreciable. pop + cult → espon ∧ desp. (**rastacuero**).

   III. 1. adj/sust. *Ve; Ec*, p.u; m-f. *Bo*. *Referido a persona*, aduladora. pop + cult → espon ∧ desp.

   IV. 1. m-f. *Ec*. p.u. Arribista. pop + cult → espon ∧ desp.

rastacuero, -a.

   I. 1. sust/adj. *Ve, Bo*, pop + cult → espon; *Ar*, cult. Persona inculta, adinerada y jactanciosa.

   2. adj. *Ar*, cult; *Ve*, pop + cult → espon. *Referido especialmente a un grupo social*, pretencioso *y, por lo general, mediocre*.

rastacueros.

   I. 1. *Ar*. cult. **rastacuero**, persona inculta.

rastra.

   I. 1. f. *Ar, Ur*. Pieza, *generalmente de plata*, de la parte delantera del cinturón del **gaucho**, formada por una chapa central labrada y monedas o botones unidos a esta por medio de cadenas.

   II. 1. f. *Cu*. Camión de gran capacidad de carga.

   2. *Ho, Ni*. Remolque de carga de un camión.

   3. *Ho, Ni*. Camión de carga que comprende el **cabezal** y el remolque de carga.

   III. 1. f. *Cu*. Red hecha con la fibra de sacos de yute, usada para pescar **camarones**.

   IV. 1. f. *Cu*. Rama de árbol en forma de V sobre la que se pone carga para que tiren de ella los bueyes. rur.

   ▢

   a. ‖ en ~s. loc. adv. *Co*. Arrastrando o arrastrándose.

   ▶ **parquear la ~**.

rastracuero.

   I. 1. *Ve*. **rastacuero**, persona despreciable.

rastreada.

   I. 1. f. *Mx, CR, Pe, Ch, Py, Ar, Ur*. Rastreo.

   II. 1. f. *Ho, Ec, Ar, Ur*. Tarea agrícola que consiste en pasar la rastra por un campo arado o sembrado para igualar el terreno o cubrir las semillas. rur.

rastreadera.

   I. 1. f. *Mx, CR*. Rastreo reiterado.

rastrero.

   I. 1. m. *Mx*. Planta de tallos planos, ovalados y carnosos armados de espinas, flores amarillas y fruto rojizo. (Cactaceae; *Opuntia robusta*).

   II. 1. m. *Ec*. Cohete sin varilla que, encendido, se desplaza a ras de suelo y sin rumbo definido. ♦ **buscapiés**.

rastrero, -a.

   I. 1. m. y f. *Ho, Cu*. Persona que tiene por oficio conducir una **rastra** o camión.

rastrillada.

   I. 1. f. *Ar, Ur*. p.u. Surco o conjunto de huellas que dejan las tropas de animales en el suelo firme o sobre el pasto. rur.

rastrillado, -a.

   I. 1. adj. *Ec, Pe, Bo*. *Referido a un arma de fuego*, lista para disparar, que no tiene seguro y tiene el percutor bajado.

rastrillador, -ra.

   I. 1. sust/adj. *Bo:O*. Persona que rebusca en los bolsillos de un borracho mientras este duerme para quedarse con sus pertenencias. pop + cult → espon.

rastrillaje.

   I. 1. m. *Pe, Bo, Py, Ar, Ur*. Reconocimiento o registro, *generalmente policial o militar*, de una zona determinada.

rastrillar.

   I. 1. tr. *RD, Co, Ve, Ec, Pe, Bo:O, Ar*. Quitar el seguro de un arma de fuego dejándola lista para disparar. pop.

   2. *Cu, Ve, Ec, Bo:E*. Accionar un arma de fuego sin lograr que dispare el proyectil.

   3. *Cu*. Cargar un fusil abriendo y cerrando el cerrojo.

   II. 1. tr. *Mx, Pe, Bo:O, Py, Ar, Ur*. *En operaciones militares o policiales, o de rescate*, batir áreas urbanas o despobladas para reconocerlas o registrarlas.

   III. 1. tr. *Co:O*. Raspar un fósforo para encenderlo.

   IV. 1. tr. *Bo:O*. Robar a una persona borracha mientras está dormida. delinc.

   2. *Ur*. Robar en el barrio propio. pop + cult → espon.

   V. 1. tr. *Cu*. Censurar la conducta de alguien con indirectas.

   VI. 1. tr. *RD*. Reprochar *algo* a alguien, o recordarle *algo* con reproches.

rastrillazo.

   I. 1. m. *Mx*. **rasurada**, afeitado. pop.

   2. *PR*. Limpieza rápida con un rastrillo. rur.

   II. 1. m. *Cu*. Censura de la conducta de alguien mediante indirectas.

rastrillo.

   I. 1. m. *Mx*. Maquinilla de afeitar, aparato constituido por un mango con un dispositivo donde se aloja una cuchilla, y que sirve para rasurar.

   II. 1. m. *Ch*. Aparejo de pesca utilizado para arrastrar y arrancar del fondo marino algas y moluscos.

   III. 1. m. *Ch*. Rastreo o búsqueda minuciosa de algo o de alguien por un lugar.

   IV. 1. m. *ES*. Peine. carc.

   V. 1. m. *Ho*. Persona egoísta y avara.

   VI. 1. m. *Ho*. Aldaba para cerrar puertas, ventanas o cofres.

   VII. 1. m. *Ni*. juv. Tenedor.

   VIII. 1. m. *Ur*. Hombre que roba en su barrio. pop + cult → espon.

rastro.

   I. 1. m. *Cu*. Establecimiento dedicado a la venta de materiales de construcción a particulares.

   2. *Pa*. Descampado donde se venden piezas de mecánica automotriz usadas y chatarra en general. pop + cult → espon.

□

a. ‖ **a ~.** loc. adv. *RD*. De mal grado, obligado o forzado.

rastrojeado, -a.

I. 1. adj. *Bo:S. Referido a un campo de cultivo*, cosechado.

rastrojear.

I. 1. tr. *Mx, Cu; Ho, CR*, rur. Recoger los últimos frutos de un cultivo, *especialmente los del maíz*.

2. *Ch.* Arrancar el rastrojo con el fin de buscar **papas** y hortalizas. rur.

II. 1. intr. *CR, Ch*. Buscar, indagar en algo.

III. 1. intr. *Cu. En el proceso de la comercialización del tabaco*, separar los **matules** estropeados o de mala calidad.

rastrojera.

I. 1. f. *Ar, Ur*. **rastrojero**, vehículo.

rastrojero.

I. 1. m. *Mx*. Ave rapaz de hasta 50 cm de longitud, de plumaje marrón anaranjado en la parte superior y negro, café y crema en la superior. (Accipitridae; *Circus cyaneus*).

II. 1. m. *Ar, Ur*. Vehículo pequeño de carga que puede rodar por terrenos desiguales. (**rastrojera**).

rastrojero, -a.

I. 1. adj. *Ar, Ur*. Propio o característico de las tareas de la cosecha agrícola.

rastrojo.

I. 1. m. *Mx, Co, Bo, Ch, Ur*. Conjunto de hierbas y maleza que cubre un terreno abandonado o sin cultivar.

2. *CR, Pa, Ve, Ar:NO*. Terreno de cultivo de poca extensión abandonado y cubierto de maleza.

3. *CR, Ur*. Terreno de cultivo dejado temporalmente en descanso.

rasurada.

I. 1. f. *Mx, Ho, ES, Ni, CR, Pa, Ec, Pe, Bo, Ch, Py, Ar, Ur*. Afeitado del vello corporal. ♦ **rastrillazo**.

II. 1. *Ho, ES, Ni*. **puteada**, reprimenda.

rasuradora.

I. 1. f. *Ni, CR, Pa, Ec, Bo, Ch, Py*. Máquina de afeitar eléctrica.

2. *Pa*. Instrumento manual para afeitar. pop + cult → espon.

rasurar.

I. 1. tr. *Ho*. Regañar o llamar la atención a *alguien*.

rata.

I. 1. sust/adj. *Mx, Gu, RD, Ec*. Ladrón, persona que roba. pop + cult → espon.

2. m-f. *Mx*. juv. Confidente, soplón.

II. 1. f. *Pa, Co, Ve, Pe*. Porcentaje.

III. 1. f. *Pe*. Pene. vulg; pop.

IV. 1. f. *Ve*. Fuerte **ratón** o malestar por haber bebido en exceso. pop + cult → espon ^ fest.

V. 1. f. *Ur*. Falta injustificada de un alumno a clase. pop + cult → espon.

■

a. ‖ **~ arrocera.** f. *Ni, Pa*. Roedor de hasta 20 cm de longitud, con una cola de hasta 25 cm, pelaje largo, denso y brillante, dorso de color café rojizo oscuro, los costados café anaranjado y el vientre blanco o café amarillento, cuya cola es larga y bicolor. (Cricetidae; *Oryzomys albigularis*).

b. ‖ **~ canguro.** f. *Mx*. Roedor de hasta 40 cm de longitud, de color pardo claro en la parte anterior, oscuro en la posterior, y blanco en la parte inferior, orejas pequeñas y pegadas a la cabeza y patas traseras largas. (Heteromyidae; *Dipodomys ordii*). ♦ **rata jabalí**.

c. ‖ **~ conejo.** f. *Mx*. Roedor de hasta 30 cm de longitud, de color grisáceo con zonas negras en la parte superior y blanco en la inferior, y cola marronácea; en algunos sitios se emplea como alimento. (Muridae; *Neotoma mexicana*). ♦ **rata de maguey**.

d. ‖ **~ de maguey.** *Mx*. **rata conejo**.

e. ‖ **~ jabalí.** *Mx*. **rata canguro**.

□

a. ‖ **como ~ por tirante.** loc. adv. *Mx, Ar, Ur*. Sin dinero. pop + cult → espon.

b. ‖ **la misma ~ solo que revolcada.** loc. sust. *Ho*. Persona que se comporta igual que otra aunque ambas parezcan diferentes.

c. ‖ **~ canequera.** loc. sust. *Co*. Persona rastrera, despreciable. desp.

d. ‖ **~ de sacristía.** loc. sust. *Mx, CR*. Persona beata. desp.

e. ‖ **~ del mismo piñal.** loc. sust. *Ho, Ni*. Persona que se comporta igual que otra aunque ambas parezcan diferentes.

▶ **hacerse la ~; pelar ~.**

ratania.

I. 1. f. *Co, Pe*. Arbusto de hasta 80 cm de altura, pero que suele tener las hojas rastreras, de tallo cubierto por pelos sedosos, hojas ovaladas y alternas, de color verde brillante y con una pelusa blanquecina en el haz, flores axilares con pedúnculo corto y a veces arracimadas de color purpúreo; su raíz sirve como tinte. (Polygonaceae; *Krameria triandra*). (**ractaña**).

2. *Pe*. Raíz de la **ratania**. (**ractaña**).

rateado.

I. 1. m. *PR*. Delator, soplón, traidor. delinc. (**ratiado**).

ratear(se).

I. 1. intr. *Ar, Ur*. Funcionar un vehículo o un motor de explosión de manera discontinua por un defecto de encendido o de carburación.

II. 1. intr. prnl. *Ar, Ur*. Faltar un alumno injustificadamente a clase. pop + cult → espon.

III. 1. tr. *Ni*. Atar *algo* con cuerdas. (**ratiar**).

IV. 1. tr. *PR*. Denunciar un delito cometido por alguien cercano al grupo de delincuentes. delinc. (**ratiar**).

rateo.

I. 1. m. *PR*. Divulgación, chisme. delinc.

raterear.

I. 1. tr. *Ar:C,O, Ur*. Robar o hurtar, *generalmente cosas de poco valor*. pop + cult → espon.

rateril.

I. 1. adj. *Mx, RD, Ec*. Relativo al ratero o ladrón.

ratero, -a.

I. 1. adj/sust. *Ar, Ur. Referido a un alumno*, que falta injustificadamente a clase. est.

II. 1. m. y f. *PR*. Persona que delata a otra. delinc.

rati. (De *tira*, por inversión silábica).

I. 1. m-f. *Ch, Ar*. Agente de policía. delinc.

ratiado.

I. 1. *PR*. **rateado**.

ratiar.

I. 1. *Ni*. **ratear**, atar.

II. 1. *PR*. **ratear**, denunciar.

ratis.

I. 1. m. *Ar*. Rato, espacio corto de tiempo. pop + cult → espon ^ fest.

II. 1. m-f. *Ch*. Agente de policía. delinc.

rato.

□

a. ‖ **ahora ~.** loc. adv. *Co:N*. Hace poco.

b. ‖ **al ~.**

i. loc. adv. *Mx, Ni, Pa, RD, Ec:O, Pe, Bo*. Dentro de poco, en breve.

ii. *Ni, CR*. juv. Quizás. pop.

c. ‖ **de a ~s.** loc. adv. *Bo, Py, Ar, Ur*. A veces, de vez en cuando. pop + cult → espon.

d. ‖ **el ~ de los ~s.** loc. sust. *Ec.* La hora de la verdad, el momento decisivo. pop.

e. ‖ **en un chico ~.** loc. adv. *Mx.* En cualquier momento. pop.

f. ‖ **hasta cada ~.** loc. adv. *Ar:NO.* Hasta un próximo encuentro. pop.

g. ‖ **más ~.** loc. adv. *Pe, Bo:O; Ec, Ch,* p.u. Luego, después. pop + cult → espon. (**más un rato**).

h. ‖ **más un ~.** *Bo:O.* **más rato**.

i. ‖ **qué ~.** loc. adv. *Gu, Ni, Ch.* Hace mucho.

ratón.

I. 1. m. *Mx, Gu, Bo:E.* Lapso breve. fest.

II. 1. m. *Mx, RD.* Ladrón. pop + cult → espon.

III. 1. m. pl. *Ar.* Fantasías eróticas. pop + cult → espon.

IV. 1. m. *Ve.* Malestar que padece al despertar quien ha bebido alcohol en exceso.

V. 1. m. *Ni, CR, Bo.* Músculo bíceps, *especialmente el de los brazos, muslos y pantorrillas.* pop + cult → espon.

VI. 1. m. *Ec.* Cohete sin varilla que, encendido, se desplaza a ras de suelo y sin rumbo definido.

VII. 1. *PR.* **conejo**, pez.

2. m. *PR.* Árbol de tamaño mediano, de tronco color castaño oscuro, copa abultada, hojas ovaladas y flores en ramitas, que echa una cápsula achatada casi negra; su madera es muy dura por lo que es apreciada en ebanistería. (Sapindaceae; *Matayba domingensis*).

VIII. 1. *PR.* Policía o agente de rentas internas. delinc.

IX. 1. m. pl. *Ur.* Engreimiento, jactancia. pop + cult → espon.

◼

a. ‖ **~ de bolsa.** m. *Mx.* Roedor de hasta 13 cm de longitud, de pelaje marrón claro mezclado con pelos casi negros, y patas traseras y cola largas; posee una especie de bolsa en las mejillas en las que transporta las semillas que recoge. (Heteromyidae; *Perognathus flavus*).

b. ‖ **~ de monte.**

i. m. *Mx.* Roedor de tamaño medio, de pelo corto de color pardo castaño y blanquecino en la frente y mejillas, y cola delgada, velluda y de color marrón. (Didelphidae; *Didelphis dorsigera*). ◆ **ratón tlacuache.**

ii. *Co.* Pequeño mamífero insectívoro, semejante a un ratón, pero con el hocico largo y puntiagudo. (Soricidae; *Sorex* spp.).

c. ‖ **~ de pinceles.** m. *Mx.* Roedor de hasta 10 cm de longitud, de pelaje sedoso, cola larga y garras desarrolladas. (Heteromyidae; *Perognathus penicillatus*).

d. ‖ **~ lavandero.** *Mx.* **mapache**, mamífero omnívoro.

e. ‖ **~ tlacuache.** *Mx.* **ratón de monte.**

f. ‖ **~ viejo.** m. *Mx.* Murciélago.

☐

a. ‖ **a ~.** loc. adv. *Ho.* A pie. pop + cult → espon ^ fest.

b. ‖ **al ~.** loc. adv. *Mx; Ho, ES,* juv, fest; *Bo:O,* delinc, pop + cult → espon. Dentro de poco, en breve. espon.

c. ‖ **hace ~ con queso.** loc. adv. *Cu.* Hace mucho tiempo.

d. ‖ **~ de cola pelada.** loc. sust. *Ch.* Persona despreciable, miserable. pop + cult → espon.

e. ‖ **~ de una sola cueva.** loc. sust. *Ch.* Hombre fiel a su pareja. pop.

f. ‖ **~ moral.** loc. sust. *Ve.* Malestar espiritual que siente una persona al día siguiente de haber hecho algo indebido. pop + cult → espon.

g. ‖ **un ~.** loc. adv. *Bo:O, Ch; Mx, Pa,* pop + cult. Un momento, un rato. pop ^ fest.

▶ **mirar ratones en bicicleta**; **sacar el ~**; **sacarse el ~**; **tener ratones**; **ver ratones en bicicleta.**

ratón, -na.

I. 1. adj. *Ch, Ar. Referido especialmente a cosa,* de poca calidad. pop + cult → espon.

2. *Ar. Referido a persona,* que no dispone de muchos recursos económicos. pop + cult → espon.

3. *Ch. Referido a cosa,* despreciable, ínfima, de poca cuantía.

4. *Ch. Referido especialmente a cosa,* de pequeño tamaño. pop.

5. *Bo. Referido a persona,* de baja estatura. pop + cult → espon ^ fest.

II. 1. adj. *PR. Referido a persona,* que delata a un delincuente. delinc.

ratona.

I. 1. f. *Ar.* **cucarachero**, pájaro.

II. 1. f. *Pa.* juv. Prostituta. vulg.

ratoncito.

I. 1. m. *Pa.* Paso de baile de la farsa de los **grandiablos**. rur; pop → esm.

ratonear(se).

I. 1. intr. *Pe, Ch. En el futbol,* jugar un equipo de manera defensiva y conservadora. pop.

2. *Ch.* Actuar *alguien* de manera mezquina o poco generosa. pop + cult → espon.

3. tr. *Ch.* Minimizar, infravalorar *algo* o a *alguien.* pop + cult → espon ^ desp.

II. 1. intr. prnl. *Ar.* Tener fantasías eróticas. pop + cult → espon.

III. 1. intr. *Ch.* Indagar, echar un vistazo por curiosidad o diversión.

ratoneo.

I. 1. m. *Ar.* Fantasía erótica. pop + cult → espon.

ratonera.

I. 1. f. *Ar, Ur.* **cucarachero**, pájaro.

2. *Ho, ES, Ni, CR.* Serpiente de hasta 1,20 cm de longitud, con placa anal dividida, color verde oliva o verde grisáceo con o sin manchas oscuras, y escamas dorsales lisas. (Colubridae; *Senticolis triaspis*).

3. *Ch.* **paja ratonera.**

4. *Ho, ES.* Ave nocturna de hasta 35 cm de longitud, de disco facial blanco con forma de corazón, alas relativamente cortas y patas emplumadas blancas. (Tytonidae; *Tyto alba*). ◆ **lechuza de campanario.**

II. 1. f. *Ho, ES, Ni.* Cárcel.

2. *PR.* Institución de rehabilitación de delincuentes. delinc.

III. 1. f. *Cu.* Lugar pequeño y de difícil acceso.

2. *PR.* Lugar bien protegido, vigilado o con alarmas, difícil de robar. delinc.

IV. 1. f. *PR.* Tienda de una central azucarera o hacienda donde los obreros hacen sus compras. rur.

◼

a. ‖ **~ de cantazo.** f. *PR.* Cárcel de distrito o de pueblo. delinc; desp.

ratonero, -a.

I. 1. adj/sust. *Ar. Referido a persona,* que tiene fantasías eróticas frecuentemente. pop + cult → espon.

II. 1. adj/sust. *Ur. Referido a persona,* engreída, pretenciosa. pop + cult → espon.

ratonil.

I. 1. adj. *Ch, Ar. Referido a persona o cosa,* de poca importancia o categoría, insignificante. pop + cult → espon.

2. *Ch, Ar. Referido a persona,* de conducta cobarde o pusilánime. pop + cult → espon.

ratonudo, -a.

I. 1. adj. *Ni. Referido a persona,* musculosa.

II. 1. adj. *Ur. Referido a persona*, engreída, pretenciosa. pop + cult → espon.

raucana.

I. 1. f. *Pe*. Instrumento de labranza parecido a la azada de mango corto y una especie de punzón en el extremo. rur.

raulí. (Del mapuche *ryulin*).

I. 1. m. *Ch, Ar:S*. Árbol de hasta 50 m de altura con hojas caedizas, oblongas, doblemente aserradas y pálidas en su cara interna, y fruto muy erizado. (Fagaceae; *Nothofagus* spp.).

2. *Ar:S*. Madera del **raulí**, semidura, imputrescible y muy utilizada en carpintería.

raun. (Del ingl. *round*).

I. 1. m. *CR*. Cada uno de los encuentros de tres minutos de duración de las peleas de boxeo.

raviol.

I. 1. m. *Bo:E, Ar, Ur*. Paquete pequeño de papel que contiene cocaína para su venta al por menor. drog.

raviolada.

I. 1. f. *Bo, Ar, Ur*. Comida grupal cuyo plato principal son los ravioles. pop + cult → espon.

2. *Ar, Ur*. Plato con abundante cantidad de ravioles. pop + cult → espon.

raviolera.

I. 1. f. *Bo, Py, Ar, Ur*. Pequeña rueda dentada y con un mango de madera, que sirve para cortar en ravioles la masa rellena.

raviolón.

I. 1. m. *Ar, Ur*. Cuadrado grande de pasta alimenticia relleno de verdura, **ricota**, carne u otros ingredientes.

ray.

I. (Del ingl. *ride*, viaje).

1. *ES*. **raite**.

II. (Voz inglesa).

1. m. *PR*. Radio de rueda de bicicleta.

raya.

I. 1. f. *Mx, Gu*. Cantidad de dinero que se paga semanalmente.

2. *Mx*. Pago semanal de un obrero.

3. *ES*. Dinero.

II. 1. f. *Mx, Gu, Ch, Ar*. Hendidura entre las nalgas. vulg; pop.

2. *Ho, ES, Bo*. Vulva. tabú.

3. *ES*. Ano.

III. 1. f. *Mx:NE*. Canal de riego de pequeñas dimensiones. rur.

2. *Ec*. Canal principal de un terreno sembradío desde el que se distribuye el agua a cada surco. rur.

IV. 1. f. *Mx, Ni*. Muerte.

V. 1. f. *Mx:NO*. Surco en un campo de labranza. rur.

VI. 1. m. *Co*. Agente secreto. delinc.

2. m-f. *Pe*. obsol. Investigador de la policía, *que actúa generalmente infiltrado*. delinc.

3. m. *Bo:O*. Detective de la policía criminal. pop + cult → espon.

VII. 1. f. *Ho, RD*. Galón, distintivo militar.

VIII. 1. f. *Bo:O*. Juego infantil en el que, tirando monedas o tejos a una raya hecha en el suelo y a cierta distancia, gana quien la toca o más se acerca a ella.

IX. 1. f. *Py*. Medida variable entre 50 y 150 ml, utilizada para servir el *whisky*.

●

a. ‖ **detrás de la ~, que estoy trabajando.** fórm. *Mx*. Se usa para solicitar espacio durante la realización de una actividad. pop.

□

a. ‖ **en ~.** loc. adv. *CR. En relación con el modo de detener algo*, de manera brusca y definitiva. pop.

b. ‖ **~ de mula.** loc. sust. *Ve, Ar, Ur*. Franja longitudinal, estrecha y oscura en el lomo de una caballería.

c. ‖ **una ~ más al tigre.**

i. loc. sust. *Ec, Pe, Bo, Ur*. Cosa que se añade a otra sin que cambie el resultado final. pop + cult → espon.

ii. *Pe*. Insistencia en repetir acciones o conductas criticables.

► **abrir una ~; apuntarse una ~; estar en la ~; hacer la ~; hacer una ~ en el cielo; llegar a la ~; mandar ~; morir en la ~.**

rayado.

I. 1. m. *Ni, Bo:O, Ch*. Trazo de escritura o de dibujo, *especialmente el hecho sobre paredes, escaparates o lugares públicos*. pop + cult → espon.

II. 1. m. *Ve*. Conjunto de rayas pintadas sobre el piso de la calle, que según su color y disposición señalan diversas regulaciones de tránsito.

III. 1. m. *Ho*. Tigre, animal.

2. *PR*. **biajaiba**. (**arrayado**).

3. *PR*. Cerdo de la raza Hampshire que tiene una raya blanca alrededor del pecho.

■

a. ‖ **~ de hierba.** m. *PR*. Pez marino de hasta 40 cm de longitud, con aletas radiadas, cuerpo alargado y comprimido de color plateado en la región ventral, y gris verdoso en la parte superior y los costados. (Lutjanidae; *Lutjanus mahogoni*).

□

a. ‖ **~ de (la) cancha.** loc. sust. *Bo, Ch*. Conjunto de normas mínimas previas acordadas para la realización de algo. pop + cult → espon.

rayado, -a.

I. 1. adj/sust. *CR, Pa, Co, Py; Bo, Ch, Ar, Ur*, pop + cult → espon; *Ec*, juv. *Referido a persona*, que sufre desequilibrio psíquico.

2. *CR, Ec, Pe, Bo, Ch, Ar*. juv. *Referido a persona*, falto de sensatez y cordura.

3. adj. *Pa*. juv. *Referido a persona*, que, descontrolada por la ira, con razón o sin ella, se sobrepasa en violencia verbal contra otra. pop + cult → espon.

II. 1. adj. *Ve. Referido a persona*, que no es estimada.

2. *Ve. Referido a persona*, que no es considerada digna de confianza.

3. *Ve*. juv. *Referido a persona*, que ha quedado en ridículo.

4. sust/adj. *Bo:O*. Persona que viste de modo extravagante y ridículo. pop + cult → espon.

III. 1. adj/sust. *Gu. Referido a persona*, que sobresale o se distingue por sus cualidades positivas.

IV. 1. adj. *Ni. Referido a cosa*, muy usada.

rayador.

I. 1. m. *Co, Ar, Ur*. Ave palmípeda de dorso negro, pecho y zona ventral blancos, pico rojo y negro, largo y fuerte, y patas rojas. (Rynchopidae; *Rynchops niger*). ♦ **picotijera; rayador negro**.

II. 1. m. *Ec*. **chonta**. (Arecaceae; *Socratea exorrhiza*).

■

a. ‖ **~ negro.** m. *Ec*. Rayador, ave.

rayador, -ra.

I. 1. m. y f. *Mx*. p.u. Persona encargada de pagar los salarios semanales a los trabajadores.

rayadora.

I. 1. f. *ES*. Uña del dedo. carc.

rayadura.

I. 1. f. *Bo, Ch, Ar, Ur*. Extravagancia o manía. pop + cult → espon.

2. *Ar, Ur*. Estado de locura o enajenación. pop + cult → espon.

rayán.
  I. 1.   *Pe.* **layán.**
rayar(se).
  I. 1.   intr. prnl. *Mx, Gu.* Sobresalir o distinguirse *alguien* positivamente.
    2.   intr. *Mx.* Alcanzar un objetivo muy deseado. pop.
  II. 1.   tr. *Mx.* Pagar a un obrero un salario semanalmente. pop.
    2.   *Mx.* Cobrar un obrero su salario semanal. pop.
  III. 1.   tr. *Mx:NO, Ar:NO.* Trazar surcos en un terreno de labranza con el arado. rur.
    2.   *Bo, Ch.* metáf. Hacer pintadas o grafitis en paredes, escaparates o lugares públicos. pop + cult → espon.
  IV. 1.   intr. prnl. *Pe, Bo, Ar; Ec,* juv; *Ur,* p.u. Adoptar *alguien* repentinamente una conducta ajena al comportamiento normal o inapropiada a la situación. pop + cult → espon. ♦ **pirarse.**
    2.   *Pa, Bo, Ar.* Enojarse, enfadarse exageradamente. pop + cult → espon.
  V. 1.   tr. *Mx.* Detener bruscamente una caballería que va al galope.
  VI. 1.   intr. prnl. *CR, Ch; Bo, Ar, Ur,* pop + cult → espon; *Ec,* juv, pop. Enloquecer, perder el juicio. ♦ **pirarse.**
    2.   intr. *Ch.* Encantar o fascinar *algo* a alguien. pop.
  VII. 1.   tr. *Ve.* juv. Hacer quedar en ridículo a alguien. pop + cult → espon.
    2.   *Ec.* juv. Criticar a *alguien, especialmente en su ausencia.* pop.
  VIII. 1.   tr. *Ho, ES.* Herir a *alguien* con arma blanca. delinc.
  IX. 1.   tr. *Bo.* Hacer incisiones en el tronco de la **siringa** para que brote el látex. pop + cult → espon.
  X. 1.   intr. *Py.* Comprar o consumir comida y bebida al fiado. pop.
  XI. 1.   intr. prnl. *Ho.* Drogarse *alguien* con cocaína. drog.
  XII. 1.   tr. *CR.* Adelantar un vehículo a otro que se encuentra en circulación.
  ☐
    a.   ‖ **~ el cuadro.** loc. verb. *Ni.* Planificar *algo* con tiempo.
    b.   ‖ **~ el disco.** loc. verb. *RD.* Hacer que alguien fracase.
    c.   ‖ **~ el suelo.** loc. verb. *Ve.* juv. Bailar. pop.
    d.   ‖ **~ la cancha.** loc. verb. *Bo, Ch.* Delimitar y fijar las reglas y condiciones para alcanzar un entendimiento con alguien. pop + cult → espon.
    e.   ‖ **~ la papa.**
      i.   loc. verb. *Ch.* Tener una afición muy intensa por algo. pop + cult → espon.
      ii.   *Ch.* Perder el tiempo *alguien* con cosas sin importancia y sin hacer nada provechoso. pop + cult → espon.
    f.   ‖ **~ la pintura.** loc. verb. *Cu.* Serle infiel a la pareja. pop.
    g.   ‖ **~la.** loc. verb. *Ho.* Resultar *alguien* molesto o pesado por repetir o usar algo con reiteración.
    h.   ‖ **rayársela.** loc. verb. *Mx.* Injuriar u ofender a *alguien* con insultos contra su madre. vulg.
rayban. (De *Ray-Banner,* barrera contra los rayos).
  I. 1.   m. *Bo:O.* Detective de la policía criminal. pop + cult → espon ^ desp.
raye.
  I. 1.   m. *Pe, Bo, Ar, Ur.* Acción excéntrica o extravagante. pop + cult → espon.
    2.   *Ar, Ur; Bo, Ch,* p.u. Estado de locura o enajenación. pop + cult → espon.
rayé.
  I. 1.   adj. *RD. Referido a persona o cosa,* auténtica, con todas las características propias de la clase en la que se encuadra.

rayería.
  I. 1.   f. *Ho, ES, Ni, CR.* Gran cantidad de rayos y relámpagos en una tormenta.
rayero.
  I. 1.   m. *Ar. En carreras de caballos,* juez que falla sobre el orden de llegada de los participantes.
rayero, -a.
  I. 1.   m. y f. *ES.* Persona que practica el **raite** o autostop.
¡rayete!
  ☐
    a.   ‖ **¡ea, ~!** loc. interj. *PR.* Expresa sorpresa o confusión emocional. ♦ **¡ea, rayo!**
rayguana.
  I. 1.   f. *Pe.* obsol. Danza tradicional en la que un hombre vestido de mujer lleva una **papa** larga entre las manos y es acosado por otros danzantes y que simboliza los distintos períodos de fertilidad, hambruna y prosperidad de la tierra.
rayito.
  I. 1.   m. pl. *Mx, Ho, Ni, CR, Pa, Cu, PR, Co, Bo, Ch, Ar.* Mechones de pelo que se han teñido de un color diferente o una tonalidad más clara que el resto, o que alternan con otros de color natural.
rayo.
  I. 1.   m. pl. *Mx, Ho, Ni, Ch.* Mechones de pelo teñidos de un tono diferente al resto del cabello, *frecuentemente más claro.*
  ☐
    a.   ‖ **al ~.** loc. adv. *ES.* Rápidamente, al instante.
    b.   ‖ **al ~ del sol.** loc. adv. *Mx, Ar, Ur.* Bajo un sol muy fuerte. pop + cult → espon.
    c.   ‖ **como de ~.** loc. adv. *Mx.* Rápidamente.
    d.   ‖ **¡ea, ~!** *PR.* **¡ea, rayete!**
    e.   ‖ **¡qué ~!** loc. interj. *Pa.* Expresa que no se concede la menor importancia a un asunto determinado. pop + cult → espon.
  ▶ **abrir ~; echar con el ~; echarle con el ~; tirar con el ~; tirarle ~.**
rayobac. (De *Rayobac®*).
  ▶ **ponerse las ~.**
rayón.
  I. 1.   m. *Ho, ES, Ni, Co.* Herida superficial.
  II. 1.   m. *ES.* Surco hecho con el arado.
rayudo, -a.
  I. 1.   m. y f. *Co:N.* Persona que muestra gran interés por algo. pop.
rayuela.
  I. 1.   adj. *Ch. Referido a persona,* loca, desequilibrada. pop.
rayuelero, -a.
  I. 1.   adj/sust. *Bo, Ch. Referido a persona,* aficionada a jugar a la rayuela.
    2.   adj. *Bo, Ch.* Relativo al juego de la rayuela.
raza.
  I. 1.   f. *Mx, Gu, Ni.* Conjunto de familiares, de amigos o de gente allegada. pop.
    2.   *Ho, ES.* juv. Familia extensa. vulg.
    3.   *Ho.* Conjunto de jóvenes.
    4.   *Ho.* Gente, conjunto de personas.
  II. 1.   f. *Ho.* **achichincle,** amigo.
  ■
    a.   ‖ **~ de color.** f. *Ho, Ni, Bo.* Persona de raza negra. euf.
  ☐
    a.   ‖ **¡qué tal ~!** loc. interj. *Pe; Ec,* desp. Expresa protesta ante un acto de ingratitud, desvergüenza o abuso de confianza.
  ▶ **adelantar la ~.**

razao.

    I. 1. m. *PR. En las peleas de gallos,* gallo de raza que corta con la espuela.

razón.

    I. 1. f. *Ch.* Cada una de las intervenciones de un **payador** en un **contrapunto** en la que expone sus argumentos sobre el tema escogido.

    ☐

      a. ‖ **de ~.** loc. adv. *Co.* Justificadamente.

      b. ‖ **¿en ~ de qué?** loc. adv. *Co, Pe, Bo; Ur,* p.u. Por qué razón. pop + cult → espon.

razonero, -a.

    I. 1. sust/adj. *Ho, ES; Co,* pop. Persona que trae y lleva razones, *generalmente entre enamorados.*

    2. *Ni.* Persona chismosa.

rea.

    I. 1. f. *Ho:N. En la desembocadura de un río,* lugar de encuentro entre la corriente del río y la corriente del mar.

ready. (Voz inglesa).

    I. 1. adj/sust. *EU, Cu, PR Referido a persona o cosa,* terminada, lista para algo.

    ▶ **estar ~.**

reaje.

    I. 1. m. *Ar, Ur.* Conjunto de **reos**, personas de aspecto desaliñado. pop + cult → espon ^ desp.

    2. *Ur.* Conjunto de presidiarios. pop + cult → espon ^ desp.

reajuntar.

    I. 1. tr. *Ho, RD.* Rejuntar, volver a reunir a *personas* o *cosas.* rur.

real.

    I. 1. m. pl. *Gu, Ho, ES, Ni, Ve.* Dinero en general.

    2. *Ve, Bo:C.* Moneda corriente.

    ☐

      a. ‖ **de ~.** loc. adj. *Ve. Referido a persona,* adinerada. pop + cult → espon.

      b. ‖ **el ~ del bochorno.** loc. sust. *RD.* Poca cantidad de dinero que se tiene. pop + cult → espon.

      c. ‖ **ni un ~ partido por la mitad.** loc. adv. *Ni, Pa; Ur,* obsol. Nada. pop.

      d. ‖ **~ de hilo.** loc. sust. *Pa.* Persona muy delgada. rur; pop + cult → espon.

      e. ‖ **~ de minas.** loc. sust. *Mx.* Pueblo en cuyo distrito hay minas, *especialmente de plata.*

      f. ‖ **~ por delante.** loc. sust. *Ve.* Cantidad de dinero que se entrega por adelantado como pago por un bien o servicio que se va a recibir. pop + cult → espon.

    ▶ **hacérsele como ~ de tripa; nacer para medio y no llegar a ~; no sacarse ni el ~ del mandado; parecer ~ de tripa; sacarse el ~ del mandado; tener ~.**

realada.

    I. 1. f. *Mx.* Redada, batida que se da en una zona con la intención de incautar algo o capturar a alguien.

realar.

    I. 1. tr. *Mx.* Agrupar el ganado. rur.

realengo.

    I. 1. m. *Cu.* Sitio en el que hay mucho desorden. pop. ◆ **realengo 18.**

    2. *Cu.* Laxitud en el cumplimiento de las normas. pop. ◆ **realengo 18.**

    ■

      a. ‖ **~ 18.**

        i. m. *Cu.* **realengo**, sitio en el que hay mucho desorden. pop.

        ii. *Cu.* **realengo**, laxitud en el cumplimiento de las normas. pop.

realengo, -a.

    I. 1. adj. *RD, PR, Ve, Ur. Referido a animal,* que no tiene dueño.

    2. adj. *PR.* metáf. *Referido a persona,* que no tiene pareja. pop + cult → espon ^ fest.

    II. 1. adj. *Pe.* obsol. *Referido a un inmueble,* que no pesa ningún gravamen ni hipoteca.

    III. 1. adj. *Ve. Referido a persona,* vagabunda y ociosa, que no quiere trabajar.

realera.

    I. 1. f. *CR.* obsol. Cuchillo largo y angosto usado en labores del campo. rur.

    2. *CR.* Pene. rur; tabú; pop + cult → espon.

    II. 1. f. *Pa.* Monedero que lleva la **empollerada.** rur; pop + cult → esm.

realero.

    I. 1. m. *Gu; Ve,* pop + cult → espon. Cantidad grande de dinero.

    ▶ **gozar un ~.**

realito.

    I. 1. m. *Ho.* Animal miriápodo de color café rojizo con numerosas patas dispuestas por parejas en cada anillo. (Julidae; *Iulus londinensis*). ◆ **suntupié.**

realización.

    I. 1. f. *Mx, Co, Ec, Pe, Bo:O; Cu,* obsol. Venta de productos a precios más bajos, durante un tiempo determinado.

realizar. (Del ingl. *to realize*).

    I. 1. tr. *Mx, Co, Bo. En el comercio,* vender los productos a precios más bajos.

    2. *Mx, Ni, Cu, Bo. En un establecimiento comercial,* vender mercaderías rebajadas de precio por un tiempo determinado.

    3. intr. *Cu.* obsol. *En un establecimiento comercial,* vender mercancías.

    II. 1. tr. *EU, Pa.* p.u. Comprender, darse cuenta.

realtor. (Voz inglesa).

    I. 1. m. *EU, PR.* Corredor, persona que vende bienes raíces.

reamistarse.

    I. 1. intr. prnl. *Pe.* Volver a tener amistad con alguien. cult.

reamunicionar.

    I. 1. tr. *Ho.* Reabastecer de munición un ejército o parte de él.

reanimada.

    I. 1. f. *Mx, Ni, Bo.* Reanimación.

reata.

    I. 1. f. *Mx, Ho, Ni.* Látigo, *generalmente de cuerda.*

    2. *Cu.* Cuerda de **majagua** usada para atar fardos o manojos de tabaco.

    3. *Ni, CR.* obsol. Látigo hecho de la verga del toro. rur.

    II. 1. f. *Mx, Gu, ES, CR.* Pene. vulg. (**riata**).

    III. 1. f. *Mx.* Persona atrevida, osada, valiente.

    IV. 1. f. *Cu, Co.* Porción de tierra acotada, estrecha y pegada a la pared de un patio o jardín, que se destina a sembrar plantas ornamentales o flores.

    V. 1. f. *Co.* Tela que sirve para reforzar cinturones o el borde superior de las cortinas.

    VI. 1. f. *Gu, Ho, Ni.* Borrachera, estado de embriaguez. (**riata**).

    VII. 1. f. *Ho.* Paliza, serie de golpes. (**riata**).

    VIII. 1. adv. *Ho.* De verdad, con ganas.

    ■

      a. ‖ **tamaña ~.** f. *Ho.* Cosa o persona grande o alta. vulg.

    ☐

      a. ‖ **a dos ~s.** loc. adv. *Mx.* obsol. En exceso, en gran cantidad. pop + cult → espon.

b. ‖ **a ~**.
  i. loc. adj/adv. *Gu, Ho. Referido a persona*, borracha.
  ii. *Ho. Referido a persona*, que se encuentra en muy mala situación física, psicológica o económica.
c. ‖ **en la pura ~**. loc. adv. *Ni*. Sin un centavo.
d. ‖ **~ a ~**. loc. adv. *Ho*. De igual a igual, frente a frente, cara a cara.
▶ **agarrar a punta de ~**; **dar ~**; **echar ~**; **echarse ~**; **meter la ~**; **montar ~**; **rempujar ~**; **ser de lazo y ~**; **valer ~**; **volar ~**.

reatazo.
  I. 1. m. *Mx, Ho, ES, Ni, CR*. Golpe dado con la **reata** o con un objeto similar.

reatiza.
  I. 1. f. *Mx*. Azotaina. pop + cult → espon.

reavaluación.
  I. 1. f. *Ch; Ec*, p.u. **reavalúo**.

reavaluar.
  I. 1. tr. *Ec, Ch*. Volver a valorar o evaluar *algo*. cult.

reavalúo.
  I. 1. m. *Co, Ec, Ch, Ur*. Revaluación, evaluación nueva de algo. cult. ♦ **reavaluación**.

rebajar.
  I. 1. tr. *Ho, Bo*. Quitar los restos de carne y sebo que quedan adheridos al cuero de la **res**.
    2. intr. *Py*. Cortarse moderadamente el cabello un varón. pop.

rebaje.
  I. 1. m. *Ar, Ur*. Disminución de la marcha de un automóvil por medio de un cambio a una velocidad más corta.
  II. 1. m. *Ch*. Depilación del vello púbico.
    2. *Py*. Corte moderado del cabello en varones. pop.
  III. 1. *Py*. Corte de madera extraído del marco de una puerta o ventana, destinado a otros usos. pop.

rebajo.
  I. 1. m. *ES. En el ejército*, baja por enfermedad.

rebalsar(se).
  I. 1. intr. prnl. *Gu, ES, Ni, CR, Ec, Pe, Bo, Ch, Ar*. Derramarse un líquido por encima de los bordes del recipiente que lo contiene.
    2. intr. *Gu, Bo, Ar; Ur*, p.u. Exceder un líquido la capacidad del recipiente que lo contiene y derramarse.
    3. tr. *Ar. En una marcha, carrera o progresión*, dejar atrás.
    4. intr. prnl. *Ni, CR, Bo:E*. Desbordarse un río.
    5. *Bo*. Sobrepasar los pasajeros la capacidad de un vehículo.
    6. *ES*. Abundar *algo* en demasía.
  □
  a. ‖ **~ el gusto**. loc. verb. *Ni*. Tener *alguien* todas las comodidades, pero estar insatisfecho.
  b. ‖ **~ la paciencia**. loc. verb. *Gu, Ni, Ch, Ar*. Exasperar o enojar profundamente a *alguien*. pop + cult → espon.

rebalse.
  I. 1. m. *Pe, Bo, Ch*. Derramamiento de un líquido por encima de los bordes del recipiente que lo contiene.
    2. *Pe, Bo:E*. Desbordamiento de río. pop + cult → espon.
    3. *Bo*. Cantidad de un líquido que se derrama por encima de los bordes del recipiente que lo contienen.

rebambaramba.
  I. 1. f. *Mx, Cu*. Situación en la que imperan la confusión y el desorden. pop. ♦ **arroz con mango**; **choricera**; **despingue**; **ferretreque**; **grica**; **jelen-**gue; **recholata**; **remandingo**; **revolico**; **revolú**; **salpafuera**; **titingó**.
  II. 1. f. *Cu*. **pachanga**, fiesta bulliciosa. pop.

rebanada.
  I. 1. f. *ES*. Ingestión de alimentos. drog.
  II. 1. f. *Ho*. Broma o burla.
  III. 1. f. *Ho*. Besuqueo o toqueteo amoroso.

rebanador, -ra.
  I. 1. m. y f. *Ho*. Persona que se presta a aventuras amorosas.

rebanar.
  I. 1. tr. *Ho, Ni*. Tomar el pelo a alguien.
  II. 1. tr. *ES*. Comer *algo*. drog.
  III. 1. tr. *Ho*. Besuquear y acariciar a otra persona en un encuentro amoroso.

rebane.
  I. 1. m. *Ho*. juv. Aventura sexual.
    2. *Ho*. juv. Persona con quien se tiene un encuentro amoroso.
  II. 1. m. *ES*. Ingestión de alimentos. drog.
  III. 1. m. *Ni*. Burla, broma.

rebaneo.
  I. 1. *Ho*. **amontone**.

rebanón, -na.
  I. 1. adj. *Ni. Referido a persona*, bromista.

rebascada.
  I. 1. f. *PR*. Rabieta, acción o gesto de enfado. rur.

rebase.
  I. 1. m. *Mx, RD, Ch, Ur; Ec*, p.u. Adelantamiento, superación que un vehículo hace de otro que va más lentamente.

rebatible.
  I. 1. adj. *Ar, Ur. Referido a un asiento o un respaldo vertical*, que se puede inclinar o ponerse en posición horizontal.

rebatidor.
  I. 1. adj. *Cu. Referido a gallo de pelea*, que rebate bien en las peleas.

rebatinga.
  I. 1. f. *Mx*. Toma rápida de algo entre muchos que quieren tomarlo a la vez.

rebatiña.
  I. 1. f. *Mx, ES, Cu*. Confusión, alboroto.
  II. 1. f. *Ho*. Serie de robos constantes.

rebatir.
  I. 1. tr. *Cu, PR. En las peleas de gallos*, lanzarse golpes con las espuelas los dos gallos al unísono, tras la picada de uno de ellos a su rival.
    2. *PR*. Repetir salida el gallo de pelea para afirmar un golpe a su rival. rur.
  II. 1. tr. *Py*. Representar gráficamente los diferentes giros de una figura. cult.

rebeco, -a.
  I. 1. adj. *Mx*. juv. *Referido a persona*, rebelde.

rebejido, -a.
  I. 1. *Pa*. **revejido**, flaca.

rebejío, -a.
  I. 1. adj. *Cu, PR. Referido a persona*, enclenque, flaca. rur. (**rebijío**; **revejío**).

rebencazo.
  I. 1. m. *Mx, Pa, RD, Bo, Ur*. Golpe dado con el **rebenque**. rur; pop + cult → espon.
    2. *Cu*. Golpe dado a alguien con la intención de hacerle daño.
    3. *Cu*. Golpe que se recibe por accidente o descuido.
    4. *Pa*. Golpe seco, como latigazo, dado por cualquier objeto fino y largo que asemeje un látigo. pop + cult → espon.

rebencúo, -a.
   I. 1. sust/adj. *Cu.* Persona terca y que le gusta replicar de manera irrespetuosa. pop.

rebenque.
   I. 1. m. *Mx, Ho:N, Ni, Pe, RD, Ve, Ec, Pe, Bo:E, Ch, Py, Ar, Ur.* Látigo grueso usado por el jinete.
      2. *Cu.* Azote que consiste en un mango corto y una tira gruesa de cuero, *generalmente ancha y más o menos del mismo largo que el del mango.*

rebenqueada.
   I. 1. f. *Bo:S, Ar.* Serie de azotes que se da a alguien con un **rebenque**. rur.

rebenqueado, -a.
   I. 1. adj. *Pa, Bo, Ur. Referido a una caballería,* castigada con el **rebenque**.

rebenquear.
   I. 1. tr. *Pa, Bo:E, Ur,* pop + cult → espon; *Ar,* rur. Azotar con el **rebenque**.

rebiata.
   I. 1. f. *ES.* Recua de caballerías.

rebijío, -a.
   I. 1. *Cu.* **rebejío.** pop + cult → espon.

reblán. (Apóc. de *reblandecido*).
   I. 1. adj. *Ar, Ur. Referido a persona,* que tiene las facultades mentales deterioradas a causa de la edad. pop + cult → espon. ♦ **reblandecido.**

reblandecerse.
   I. 1. intr. prnl. *Ar, Ur.* Sufrir *una persona* un deterioro en sus facultades mentales a causa de la edad. pop + cult → espon.

reblandecido, -a.
   I. 1. *Ar, Ur.* **reblán.**

reble.
   I. 1. m. *RD.* Nalgas. pop.

reblujar.
   I. 1. tr. *Co:O.* Enredar o desordenar *algo.*

reblujo.
   I. 1. *Co:O.* **rebrujo.** pop.

rebocería.
   I. 1. f. *Mx.* Establecimiento en donde se venden **rebozos**.

rebocero, -a.
   I. 1. m. y f. *Mx.* Persona que fabrica o vende **rebozos**.

rebolichada.
   I. 1. f. *Mx:SE.* p.u. Buena suerte, golpe de fortuna. pop.

rebolincho.
   I. 1. m. *Pa.* juv. Alboroto, desorden. pop.

rebonistío, -a.
   I. 1. adj. *ES. Referido a persona o cosa,* muy bonita.

reboruja.
   I. 1. f. *Mx.* **reborujo.**

reborujadero.
   I. 1. m. *Mx.* Montón de cosas revueltas, desordenadas o enredadas. pop.

reborujar(se).
   I. 1. tr. *Mx, RD.* Enredar o desordenar *algo.* pop.
      2. intr. prnl. *Mx.* Enredarse o desordenarse *algo.* pop.
      3. tr. *Mx.* Confundir. pop.

reborujo.
   I. 1. m. *Mx, RD.* Lío, enredo o confusión. pop. (**reboruja**).

rebosado, -a.
   I. 1. adj. *Mx, Ni, Cu, Bo. Referido a un alimento,* cubierto de salsa o algún aderezo para cocinarlo.

rebotado, -a.
   I. 1. adj. *Co. Referido a persona,* que tiene indisposición estomacal. pop.

rebotar(se).
   I. 1. intr. *Mx, Ho, ES, Ni, CR, Pa, Py, PR, Ve, Ec, Bo, Ch, Ar, Ur,* pop + cult → espon. Ser devuelto un cheque por falta de fondos.
   II. 1. intr. *Py, Ar, Ur.* Recibir *alguien* una negativa a un requerimiento o propuesta. pop + cult → espon.
      2. tr. *Py, Ar, Ur.* Rechazar una propuesta, un documento o un valor. pop + cult → espon.
      3. *Bo:O, Ar.* Desestimar a *alguien* que trae una propuesta o un requerimiento. pop + cult → espon.
      4. intr. *Py.* Quedar eliminada *una persona,* por falta del **puntaje** mínimo exigido para el ingreso a una carrera. pop + cult → espon.
   III. 1. intr. prnl. *Co:C.* Sentir náuseas.
      2. *Co:C.* Sufrir una indisposición estomacal.
   IV. 1. intr. *Ho, ES, Ni.* Caer al suelo *alguien* que está borracho y levantarse después. pop + cult → espon ^ fest.
   V. 1. intr. *ES.* Abundar *algo.*
   VI. 1. intr. *ES.* Tener *alguien* muchos amoríos.
   VII. 1. intr. *Ho.* Vagar sin rumbo una persona o un animal doméstico.
   □
   a. ‖ **~ en la cara.** loc. verb. *Ho.* Volver *algo* al lugar de donde fue lanzado.
   b. ‖ **rebotársele el hígado.** loc. verb. *Co.* Alterársele el ánimo a alguien, irritarse. pop. ♦ **rebotársele la bilis.**
   c. ‖ **rebotársele la bilis.** *Co.* **rebotársele el hígado.**

rebote.
   I. 1. m. *Co.* Indisposición estomacal.
   □
   a. ‖ **a ~ de calcetín.** loc. adv. *Ho.* A pie. pop + cult → espon.

rebotero, -a.
   I. 1. sust/adj. *Ec, Pe, Bo, Ch, Ur. En el baloncesto,* jugador que coge muchos rebotes o rebota bien.
      2. adj. *Pe, Bo, Ch, Ur. En el baloncesto,* relativo a la labor de rebotar.

rebotón.
   I. 1. m. *ES.* Cheque sin fondos.

rebozo.
   I. 1. m. *Mx, Ho, Ni, Bo:O, Py; Ar, Ur,* rur; *Ch,* obsol. Prenda de vestir femenina en forma de banda ancha y larga, de diversos materiales y colores, que se usa para cubrir la espalda, el pecho y la cabeza.
   II. 1. m. *Ve.* **mar de fondo,** inmundicia.
      2. *PR.* Mar agitada.
   ■
   a. ‖ **~ de bolita.** m. *Mx.* Rebozo elaborado con hilo de muy buena calidad.

rebrujar.
   I. 1. tr. *Co:O.* Enredar o desordenar *algo.*

rebrujo.
   I. 1. m. *Co:O.* Conjunto de cosas desordenadas. (**reblujo**).

rebú.
   I. 1. *RD.* **rebulú.**

rebucero, -a.
   I. 1. adj/sust. *RD. Referido a persona,* que causa alboroto y desorden.

rebujo.
   I. 1. m. *Cu. En las fábricas de cigarros,* mezcla de distintas clases que se prepara para obtener cigarros de calidad superior.

rebulear.
   I. 1. intr. *PR.* Mugir el buey, *en especial si está embravecido.* rur.

2. *PR.* Bravuconear *una persona* gritando palabras ofensivas.

3. *PR.* Pelear a puñetazos.

rebulicio.
 I. 1. m. *RD, Ve; Mx:E*, pop. Bullicio grande.
 2. *Ve.* Confusión, reunión desordenada de objetos.

rebullir.
 I. 1. tr. *Co.* Mover *algo*, agitándolo o dándole vueltas, para que sus elementos se mezclen.

rebullo.
 I. 1. m. *Bo:E.* Remolino que forman las aguas de un río. pop + cult → espon.

rebulú.
 I. 1. m. *Ho:N, RD.* Lío, alboroto, confusión. ♦ **rebú**.

rebuluntear.
 I. 1. tr. *RD.* Causar lío, alboroto, confusión.

rebumbio.
 I. 1. m. *Gu, Cu.* Situación en la que imperan la confusión y el desorden.

reburujar.
 I. 1. tr. *Mx, RD.* Mezclar y confundir cosas dispares.

reburujiña.
 I. 1. f. *RD.* Caos, confusión, desorden.

rebusca.
 I. 1. f. *Ec.* Ratería, hurto de una pequeña cantidad de dinero, *especialmente al mentir respecto del precio de algo que se ha comprado o negociado*. pop.
 2. *Pa.* Dinero ganado de modo irregular, en trabajos ocasionales, con la venta de algún artículo de dudosa obtención o realizando algo no muy legal. pop + cult.
 II. 1. f. *ES.* Supervivencia.
 III. 1. f. *Ho.* Prostitución.
 IV. 1. f. *Ni.* Trabajo de poca importancia y eventual, *en ocasiones fuera de la legalidad*. pop.

rebuscador, -ra.
 I. 1. m. y f. *Co.* Persona que se las ingenia para satisfacer sus necesidades o para salvar las dificultades. pop.

rebuscar(se).
 I. 1. intr. prnl. *Ni, CR; Pa, Co, Ve, Ec, Py, Ar, Ur.* Procurarse *algo* de manera irregular, *especialmente dinero*. pop + cult → espon ^ desp.
 2. *Ni, Pa.* Conseguir dinero o ganancias extras, *en ocasiones de manera ilegal*. pop.
 II. 1. intr. prnl. *Py, Ur.* Ingeniárselas *alguien* para enfrentar y sortear dificultades. pop + cult → espon.
 III. 1. intr. prnl. *ES.* Buscar *alguien* con afán y sacrificio la solución de un problema.
 IV. 1. intr. *Ho.* Salir *alguien* en busca de otra persona para realizar el coito.
 □
  a. ‖ **rebuscársela.** loc. verb. *Gu, Ho, ES, Ni, Pa, Ch, Py; Ve, Ar, Ur*, pop + cult → espon. Ingeniárselas para enfrentar y sortear dificultades cotidianas. (**rebuscárselas**).
  b. ‖ **rebuscárselas.** *CR, Co; Ve, Ec, Ch, Ar, Ur*, pop + cult → espon. **rebuscársela**.

rebuscón, -na.
 I. 1. adj/sust. *Ni. Referido a persona*, que se procura con habilidad lo que necesita.
 2. *Pa. Referido a persona*, que vive de la **rebusca**. pop + cult → espon.

rebuscona.
 I. 1. f. *Ec.* Prostituta. pop + cult → espon ^ desp.

rebusque.
 I. 1. m. *Mx, Ni, Co, Ve, Ec, Bo, Py, Ar, Ur; Pa*, p.u. Actividad o conjunto de tareas, *generalmente ocasionales*, que permiten obtener alguna remuneración para poder subsistir. pop + cult → espon.

2. *Ni, Co, Ve, Py, Ar, Ur.* Solución ocasional e ingeniosa con que se resuelve una dificultad. pop + cult → espon.

II. 1. m. *Ar, Ur.* Relación amorosa pasajera. pop + cult → espon.
 2. *Ve.* Persona con la que se mantiene una relación amorosa. pop + cult → espon ^ fest.

III. 1. m. *Pe. En agricultura*, recolección de lo que no vieron o alzaron los cosechadores, *generalmente realizada por personas muy pobres*. rur.

IV. 1. m. *Bo:O.* Vendedor ambulante. pop + cult → espon ^ desp.

rebuttal. (Voz inglesa).
 I. 1. m. *EU, PR. En derecho*, refutación.

rebuznar.
 I. 1. intr. *Ni.* Cometer un error al hablar.

rebuzne.
 I. 1. m. *Ni.* Error grave al hablar.

reca. (Del ingl. *wrecker*).
 I. 1. f. *RD.* Vehículo provisto de grúa, que remolca a otro o lo lleva sobre una plataforma.

recacha.
 □
  a. ‖ **hasta las ~s.**
   i. loc. adv. *Ch.* Hasta el fondo, muy comprometido con algo. pop.
   ii. *Ch.* Totalmente. pop.
  b. ‖ **para más ~s.** loc. adv. *Ch.* Para colmo. pop.

recachante.
 I. 1. adj/sust. *Ch. Referido a un estudiante*, que repite curso o una asignatura. est.

recachar.
 I. 1. intr. *Ch.* Repetir un estudiante un curso académico. est.

recado.
 I. 1. m. *Mx, Ni, RD; PR*, esm. Mezcla de varias especias para sazonar las comidas. (**recao; recaíto**).
 2. *Mx:SE.* Tortita seca que se elabora con diversas especias y jugo de naranja.
 3. *Gu, Ho, ES, Ni, Pe, Ar:NO.* Picadillo de carne con que se rellenan algunos tipos de empanadas. (**recaudo**).
 4. *Co:C,N, Bo:O.* Conjunto de verduras y hortalizas con las que se aliñan *principalmente los frijoles y las sopas*.
 5. *Gu, Ho, ES, Ni.* Aderezo líquido y espeso usado para condimentar carnes. (**recaudo**).
 6. *Bo:O.* Guiso preparado con carne de **res**, cebolla, tomate picado, **arvejas**, **ají colorado** molido y otras especias, fritos y cocidos en agua hasta que esta se consuma.
 II. 1. m. *Bo, Py, Ar, Ur.* Conjunto de arreos con los que se ensilla un caballo. rur. ♦ **pilchaje**.
 ■
  a. ‖ **~ verde.** m. *Pa.* Porción de cilantro, perejil, cebollino y otros condimentos que se usan como sazón en las comidas. pop + cult → espon.

recagar.
 I. 1. tr. *Ar.* Pegar o golpear a *alguien*. pop + cult → espon.

recaíto.
 I. 1. *PR.* **recado**, mezcla de especias para sazonar.

recaladero.
 I. 1. m. *Cu.* Área en que recalan los buques.

recalcarse.
 I. 1. intr. prnl. *Ar, Ur.* Sufrir un hueso o un miembro del cuerpo una luxación. pop + cult → espon.
 2. *Ar, Ur.* Sufrir *alguien* la luxación de un hueso o un miembro del cuerpo. pop + cult → espon.

recalmón.
- **I. 1.** m. *Cu*, pop; *PR*, rur. *En un huracán*, tiempo breve en el que deja de llover. ♦ **la calma.**
- **2.** *Cu*. Espacio temporal entre dos acontecimientos. pop.

recámara.
- **I. 1.** f. *Mx*; *Ho, Ni, Co, Es, Bo, Ch*, p.u, esm; *Pa*, pop + cult → esm. Dormitorio.
- **2.** *Mx*. Juego de muebles del dormitorio.
- **II. 1.** f. *Ve*. Tubo de cualquier materia no muy resistente que se rellena de pólvora u otro explosivo y se liga y ataca convenientemente para que, al darle fuego, se produzca una detonación considerable.

recamarero, -a.
- **I. 1.** m. y f. *Mx, Ni*; *Pa*, p.u. Persona encargada de la limpieza de los cuartos de un hotel. ♦ **recamarista.**

recamarista.
- **I. 1.** m-f. *Mx*. **recamarero.**

recao.
- **I. 1.** *PR*. **recado**, mezcla de especias para sazonar.

recapado.
- **I. 1.** m. *Ar*. Reparación de una **llanta** o cubierta gastada cubriéndola con caucho.

recapado, -a.
- **I. 1.** sust/adj. *Ec, Py*. Cubierta o reparación realizada con asfalto o cemento en una vía. pop + cult → espon.

recapadora.
- **I. 1.** f. *Cu*. Taller en el que se recubre con caucho la parte externa de la rueda de un vehículo.

recapar.
- **I. 1.** tr. *Cu, Ar*; *Ec*, p.u. Cubrir con caucho las **llantas** o cubiertas gastadas de un vehículo.

recape.
- **I. 1.** m. *Cu, Ec*. Procedimiento que consiste en recubrir de caucho la parte externa de la rueda de un vehículo.
- **2.** *Cu*. Recubrimiento de caucho que se pone en la parte externa de la rueda de un vehículo.

recargado, -a.
- **I. 1.** adj. *Mx, Ni, CR, Pa, Cu. Referido a pie o pierna*, ligeramente inflamado. rur; pop + cult → espon.

recargarse.
- **I. 1.** intr. prnl. *Mx, Ni, Pa*. Apoyarse, cargarse, estribarse. pop.
- **2.** *Ni, Cu, Ch*. Sostenerse apoyado *algo* o *alguien* en una cosa.
- **II. 1.** intr. prnl. *Mx*. Solicitar y recibir apoyo.
- **III. 1.** tr. prnl. *Mx*. Tener demasiado lleno el estómago o intestino.

recargo.
- ■
- **a.** ‖ ~ **intestinal.** m. *Mx*. Indigestión.

recarpetear.
- **I. 1.** tr. *Mx, ES, CR, Ch*. Volver a cubrir con asfalto o **concreto** una carretera o una parte de ella.

recarpeteo.
- **I. 1.** m. *Mx, ES, CR, Ch*. Asfaltado nuevamente puesto o revestimiento del suelo de una carretera o parte de él.

recatafila.
- **I. 1.** f. *Pe*. Fila larga o serie excesiva de personas, animales o cosas que están o se mencionan en orden. pop + cult → espon.

recato.
- **I. 1.** m. *RD*. **la buena.**

recatón.
- **I. 1.** m. *Co:O*. Azada.

recauchada.
- **I. 1.** f. *CR, Ec, Ch*. Aplicación de una capa de caucho a la superficie de rodamiento desgastada de una rueda de vehículo.

recauchado, -a.
- **I. 1.** adj. *CR, Ec, Ch. Referido a rueda de vehículo desgastada*, que tiene la superficie de rodamiento recubierta con una capa de caucho.

recauchaje.
- **I. 1.** m. *Ec, Bo, Ch*. Recauchutado de un neumático.
- **2.** *Ch*. Remozamiento de algo. pop.

recauche.
- **I. 1.** m. *CR*. Capa de caucho que se le pone a una **llanta** desgastada para usarla nuevamente.

recauchutadora.
- **I. 1.** f. *Bo, Py, Ur*. Taller en el que se reparan los neumáticos desgastados.

recauchutaje.
- **I. 1.** m. *Ar*. Recomposición ligera de la apariencia o de la salud. pop + cult → espon ^ fest.

recauchutar.
- **I. 1.** tr. *Py, Ar, Ur*. Reparar o reacondicionar *algo* viejo o deteriorado. pop + cult → espon ^ fest.

recaudería.
- **I. 1.** f. *Mx*. Verdulería.

recaudero, -a.
- **I. 1.** m. y f. *Mx*. Persona que tiene una **recaudería.**

recaudo.
- **I. 1.** m. *Mx*. Verdura picada para preparar algún **platillo.**
- **2.** *Mx*. Aliño para condimentar alimentos.
- **3.** *ES*. **recado**, aderezo líquido y espeso.
- **4.** *ES*. **recado**, relleno de carne.
- **II. 1.** m. *Mx*. Compra de lo necesario para la comida.

recentina.
- **I. 1.** adj. *Cu*; *PR*, rur. *Referido a vaca*, recién parida.
- **2.** f. *PR*. Leche de los primeros días de parida una vaca. rur.

recentino, -a.
- **I. 1.** adj. *RD. Referido a cosa*, reciente.

recepa.
- **I. 1.** f. *Ho*. Amontonamiento de tierra alrededor del tronco de la mata del café. rur.

recepar.
- **I. 1.** tr. *Ho*. Remover y echar tierra alrededor del tronco de la mata del café. rur.

recepción.
- **I. 1.** f. *Mx*. Acto en el que una persona toma la investidura o el título conveniente para ejercer alguna facultad o profesión.

recepcionar.
- **I. 1.** tr. *Ni, Pe, Bo, Ar, Ur*; *Co*, p.u. Recibir un aparato de radio o televisión las ondas de transmisión.
- **II. 1.** tr. *Cu, Co, Ec, Bo, Ch. En una compañía*, dar entrada a algo, verificando que la cantidad, calidad y demás características se correspondan con lo que se pidió originalmente.

receptor, -ra.
- **I. 1.** m. y f. *CR, Pa, Cu, RD, Co, Ve*; m. *Ni, PR. En el **beisbol***, jugador que indica al **lanzador** por señas el tipo de lanzamiento que debe realizar y que recibe la pelota detrás del **bateador.** pop → esm.

receptoría.
- **I. 1.** f. *Ni, Cu, RD. En el **beisbol***, posición del **receptor** dentro del **diamante.**

recesar.

I. 1. intr. *Ni, CR, Pe, Bo.* Cesar temporalmente en sus actividades una cámara legislativa, una universidad u otra institución.

2. tr. *Pe, Bo.* Suspender temporalmente las actividades de una cámara legislativa, una universidad u otra institución.

3. *Cu.* Suspender temporalmente las actividades un centro docente.

receso.

I. 1. m. *Mx, Ho, Ni, CR, Pa, Cu, RD, Co, Ve, Ec, Pe, Bo, Ch, Py, Ar, Ur. En una institución, particularmente en una asamblea,* suspensión temporal de las actividades laborales. pop + cult → esm.

2. *Mx, Ho, Ni, CR, Pa, Cu, RD, Co, Ve, Ec, Pe, Bo, Ch, Py, Ar, Ur.* Tiempo que dura esta suspensión de actividades. pop + cult → esm.

3. *Mx, Ho, Ni, Pa, RD, Ve, Ec, Ar. En los colegios,* suspensión de clases para descansar o jugar. pop + cult → esm.

4. *Cu. En un centro docente,* espacio de tiempo entre clases.

receta.

■

a. ‖ ~ **cheque.** f. *Ch.* Volante expedido por un médico o persona autorizada en la que se prescribe la administración de una sustancia o droga cuya venta está prohibida al público.

recetador, -ra.

I. 1. adj. *PR. Referido a un médico de pueblo,* que receta sin haber examinado al paciente. rur.

recetar(se).

I. 1. tr. prnl. *Mx, Ni, CR, Pe.* Proporcionarse a uno mismo *algo* que se considera apetecible o beneficioso. pop.

2. *Ho, Ni, CR.* Tomarse *alguien* un incremento salarial u otro beneficio de manera no conforme a la ley.

II. 1. intr. prnl. *PR.* Consultar a un médico. rur.

□

a. ‖ **recetársela.** loc. verb. *Mx.* Realizar el coito. vulg.

◢

a. ‖ **así me la recetó el doctor.** fr. prov. *Mx, Ni, CR.* Indica admiración o deseo hacia una mujer físicamente atractiva. ♦ **como me la recetó el doctor; como me la recetó el médico; está como me la recetó el doctor.**

b. ‖ **como me lo recetó el doctor.** *PR.* **así me la recetó el doctor.**

c. ‖ **como me la recetó el médico.** *Cu.* **así me la recetó el doctor.**

d. ‖ **está como me la recetó el doctor.** *Co.* **así me la recetó el doctor.**

rechazo.

I. 1. m. *Ec.* Cantidad inservible de algo.

□

a. ‖ **de ~.** loc. adj. *Ar, Ur.* Veter. *Referido a un animal vacuno o equino,* de calidad inferior.

▶ **hacer ~.**

rechiflado, -a.

I. 1. adj/sust. *Bo, Ch, Ar, Ur. Referido a persona,* loca, perturbada. pop + cult → espon.

2. adj. *Ch, Ar, Ur. Referido a persona,* de comportamiento extravagante o extraño. pop + cult → espon.

rechiflarse.

I. 1. intr. prnl. *Ch, Ar, Ur.* Enloquecer, perder el juicio. pop + cult → espon.

2. *Ar, Ur.* Enojarse, enfadarse, *especialmente de modo inesperado.* pop + cult → espon.

rechifle.

I. 1. m. *Ar, Ur.* Estado de locura o enajenación. pop + cult → espon.

2. *Ar, Ur.* Acción excéntrica o extravagante. pop + cult → espon.

3. *Ar, Ur.* Enojo, enfado. pop + cult → espon.

II. 1. m. *Mx, Bo, Ur.* Abucheo, reprobación pública con silbidos o gritos. pop.

rechinada.

I. 1. f. *Mx, Ni, Pe, Ch.* Sonido desapacible y agudo producido por un objeto, *especialmente por una rueda al derrapar un vehículo.*

rechinador.

I. 1. m. *Mx:NO.* Arbusto de hasta 4 m de altura, de hojas alternas y ovadas, flores de color púrpura, y frutos cubiertos de pelillos. (Sterculiaceae; *Melochia adenodes*).

II. 1. m. *Mx:E.* Pájaro de hasta 21 cm de longitud, de cabeza grande, cara negra con el contorno de los ojos rojo, cuerpo blanquecino grisáceo, cola y parte exterior de las alas negras, y pico amarillento, ligeramente curvo y con la punta negra. (Tityridae; *Tityra semifasciata*).

rechinar(se).

I. 1. tr. *Ho, ES, Ni, CR.* Requemar o tostar un alimento al fuego.

2. intr. prnl. *Ho, ES, Ni.* Requemarse o tostarse un alimento al fuego.

II. 1. intr. *Ve, Bo:O.* Protestar enérgicamente por algo. pop + cult → espon.

□

a. ‖ ~ **el catre.** loc. verb. *Mx.* Realizar el coito. vulg.

rechinchap. (Del ingl. *rating chart*).

I. 1. m. *Pa.* Historial de la conducta, *generalmente delictiva,* de una persona durante un tiempo determinado. vulg; pop + cult → espon.

rechinón.

I. 1. m. *Ni.* Juego entre dos personas que consiste en tirar de canto una moneda contra una pared, ganando el jugador que deja su moneda a una distancia no mayor de una cuarta de la del contrario.

rechinoso, -a.

I. 1. adj. *Ve:O. Referido a persona,* que protesta, objeta o contradice a los demás. pop + cult → espon.

recho, -a.

I. 1. adj. *RD. Referido a persona,* que no mantiene relaciones sexuales, o que las mantiene con muy poca frecuencia.

rechola.

I. 1. f. *Mx:N.* Reunión de amigos para charlar y divertirse. pop.

recholata.

I. 1. *Cu.* **rebambaramba,** situación en que impera la confusión. pop.

2. *Cu.* **pachanga,** fiesta bulliciosa. pop.

recholatear.

I. 1. intr. *Cu.* Divertirse desordenadamente. pop.

recholateo.

I. 1. m. *Cu.* Situación en la que imperan la confusión y el desorden. pop.

2. *Cu.* Fiesta o reunión bulliciosa en la que la gente se divierte bebiendo o bailando. pop.

recibidor.

I. 1. m. *Ho.* Pesador del café, arroz o caña de azúcar en un **beneficio.**

II. 1. m. *PR.* Primera de las tres **pailas** de metal de figura de media naranja de un trapiche. rur.

recibimiento.
  I. 1. m. *Ho, Ni.* Ceremonia del encuentro de dos santos de pueblos vecinos realizada en la **guardarraya**.
    2. *Ni.* En la enseñanza media y superior, ceremonia en que se otorga el título correspondiente.

recibir(se).
  I. 1. intr. prnl. *Mx, Ho, Ni. CR, RD, Ec, Pe, Bo, Ch, Py, Ar, Ur; Pa,* est; *Cu,* obsol. Completar *una persona* sus estudios y obtener el título o grado correspondientes.

    □
    a. ‖ ~ **con cuatro piedras en la mano.** loc. verb. *Ni, Co, Ur.* Recibir a *alguien* con hostilidad. pop.
    ♦ **recibir con una piedra en cada mano.**
    b. ‖ ~ **con una piedra en cada mano.** *Pa.* **recibir con cuatro piedras en la mano.** pop.
    c. ‖ ~ **en filtro.** loc. verb. *Ho. En el **futbol** y otros deportes,* tomar un jugador el balón que le ha pasado un miembro de su equipo entre varios jugadores contrarios.
    d. ‖ ~ **su chanchita.** loc. verb. *Ni.* Percibir *alguien* parte de las ganancias obtenidas en algo. pop + cult → espon.

recibo.
  I. 1. m. *Ve.* Conjunto de muebles que se coloca en la sala de una vivienda, *generalmente un sofá, dos poltronas y una mesa de centro.*

reciclador, -ra.
  I. 1. m. y f. *Co, Py, Ur.* Persona que recoge la basura frente a las viviendas para clasificar y revender lo que se puede aprovechar.

recién.
  I. 1. adv. *Mx, Gu, Ho, ES, Ni, CR, Pa, RD, Co, Ec, Pe, Bo, Ch, Py, Ar, Ur.* Precediendo o siguiendo a verbos en forma personal, poco tiempo antes, hace muy poco.
    2. *Mx, Gu, Ho, ES, Ni, Pa, Ec, Pe, Ar; Py,* p.u. Tan pronto como, en cuanto.
    3. *Mx, Gu, Ho, ES, Ni, Pe, Ec, Pe, Py, Ur.* Combinado, por lo general, con adverbios o expresiones temporales, justamente.
    4. *Mx, Gu, Ho, ES, Ni, Py.* Solo, solamente.
    5. *Pe.* Precediendo a adverbios o expresiones temporales, por fin, al fin.

reciencito.
  I. 1. adv. *Ec, Bo, Ch, Py; RD, Pe, Ar,* afec. Hace muy poco. pop + cult → espon.

recinto.
  I. 1. m. *Ec:O. En la costa,* población rural que pertenece a una parroquia.

recio, -a.
  I. 1. adj. *Cu, RD. Referido especialmente a un cierre,* difícil de desbloquear.
  II. 1. adj. *Bo:O. Referido a cosa,* divertida. pop + cult → espon.
  ► **entrar ~; hacerse el ~; llevar ~.**

¡recio!
  I. 1. interj. *Bo:O.* Expresa acuerdo. pop + cult → espon.

reciprocar.
  I. 1. tr. *Cu, RD, PR, Co, Ve, Bo, Ch; Ec,* cult. Responder a una acción con otra semejante.

reclamación.
  I. 1. f. *Cu.* Solicitud que presenta un cubano que vive en el extranjero al órgano representativo de ese país en Cuba para que se autorice a un familiar suyo a emigrar a ese país.

reclamadera.
  I. 1. f. *Mx, CR, Co, Ve, Pe.* Reclamación o protesta continuada hecha por un conjunto de personas. pop + cult → espon.

reclamar.
  I. 1. tr. *Cu.* Solicitar un cubano que vive en el extranjero al órgano representativo de ese país en Cuba el permiso para que se autorice a un familiar suyo a emigrar a ese país.

reclame.
  I. 1. m. *Bo, Ur; Ar,* obsol. Propaganda comercial.
réclame.
  I. 1. m. *Pe. En un cine,* presentación de fragmentos de una película que se va a proyectar en fecha próxima con fines publicitarios.
    2. m. o f. *Ch; Ec,* p.u. Propaganda que se hace de algo que se ofrece para la venta al público.

reclamo.
  I. 1. m. *Mx, ES, CR, Co, Ve, Ec, Pe, Bo, Ch, Py, Ur.* Reclamación, petición o exigencia hecha con derecho o instancia.

reclamón, -na.
  I. 1. adj/sust. *Mx, CR, Ec:O, Pe, Bo:E,O, Ch. Referido a persona,* que reclama o protesta con frecuencia y por cualquier motivo. pop + cult → espon ^ desp.

reclusado, -a.
  I. 1. adj. *Ho:E. Referido a semilla,* propia del país.
recluta.
  I. 1. f. *Ve.* Conjunto de reclutas de un año.
    2. m. *Ve.* Encargado de reclutar o alistar reclutas.

reclutada.
  I. 1. f. *Ho.* Conjunto de reclutas de un batallón.
reclutón.
  I. 1. m. *Ho.* Soldado del ejército en sus primeros meses. pop + cult → espon ^ desp.

recobero, -a.
  I. 1. m. y f. *Bo.* Persona que tiene un puesto de venta en un mercado.
    2. sust/adj. *Bo.* Persona de maneras vulgares y ordinarias. pop + cult → espon ^ desp.

recobro.
  I. 1. m. *Pa. En un hospital,* sala en la que se mantiene durante un tiempo a los pacientes recién intervenidos quirúrgicamente, antes de pasarlos a sus respectivas habitaciones. pop + cult → espon.

recocha.
  I. 1. f. *Co.* Desorden, alboroto causado por varias personas. pop.
    2. *Co.* Diversión bulliciosa. pop.
  ► **hacer ~.**

recochar.
  I. 1. intr. *Co.* Armar desorden y alboroto varias personas. pop.
    2. tr. *Co.* Molestar, fastidiar a *alguien.* pop.
  II. 1. intr. *Co.* Divertirse bromeando. pop ^ fest.

recochero, -a.
  I. 1. adj. *Co. Referido a persona,* aficionada a la **recocha**.
recochinar.
  I. 1. tr. *Pa.* Empujar y acorralar a *alguien.* pop + cult → espon.
  II. 1. tr. *Pa.* Dejar a *alguien* apabullado y sin tener qué responder. pop + cult → espon.

recochinearse.
  I. 1. intr. prnl. *Pa.* Aislarse una pareja en un rincón, para hablar, acariciarse o discutir. vulg; pop + cult → espon.

recoge.
  I. 1. m. *PR.* Conjunto de sobras de comida que se guarda para alimentar a los cerdos. rur.
recogedor.
  I. 1. m. *PR.* Obrero que recolecta las hojas del tabaco o los granos del café. rur.
    2. *PR.* Obrero que recoge la caña que suelta la máquina de cortar caña. rur.

recogedor, -ra.
   I. 1. m. y f. *Ho.* Persona que se encarga de recoger los granos de café que han caído al suelo después de la **corta**.

recoger.
   I. 1. intr. *ES, Ni; Py,* vulg. Realizar el coito dos o más veces seguidas.
   II. 1. tr. *Py.* Adoptar a *una persona* en condición de crianza. pop.
   □
     a. ‖ ~ **cañuela.** loc. verb. *Ch.* Dejar de hacer algo que se esperaba que se hiciera. pop.
     b. ‖ ~ **la valla.** loc. verb. *PR. En las peleas de gallos,* apostar *alguien* con un gran número de personas a la vez una misma jugada. pop.
     c. ‖ ~ **los cheles.** loc. verb. *Cu.* Marcharse. euf.
     d. ‖ ~ **los pasos.**
       i. loc. verb. *Ec, Pe. En la creencia popular,* recorrer *una persona* recién fallecida los lugares por los que anduvo. pop.
       ii. *Ec.* metáf. Volver *alguien* a casa o a la patria, al cabo de mucho tiempo, cuando nadie imaginaba su regreso.
     e. ‖ ~ **pita.** loc. verb. *Cu. En la realización de alguna actividad,* comenzar a ser riguroso o precavido. pop.

¡recógete!
   I. 1. interj. *Pa, Cu, PR.* Expresa la orden de que alguien se ponga en su sitio, que modere sus palabras o su comportamiento. pop.

recogida.
   I. 1. f. *ES.* Grupo de personas que se reúnen para jugar al **futbol**.

recogiona.
   I. 1. f. *ES.* Mujer ninfómana.

recoja.
   I. 1. f. *Mx.* Recogida, recolección.

recojo.
   I. 1. m. *Pe, Bo.* Recogida de objetos o basura.

recolecta.
   I. 1. f. *Mx, Gu, Ho, Ni, CR, Cu, PR, Co, Ec, Bo.* Colecta, recaudación de donativos.
     2. *Mx, Gu, Ni.* Recolección, cosecha de los frutos.

recolector.
   ■
     a. ‖ ~ **de basura.** m. *Ni, Pa, Ve, Ec, Pe, Bo, Ch, Py, Ar, Ur.* Vehículo en el que se recoge la basura en las ciudades. ♦ **recolector de residuos.**
     b. ‖ ~ **de residuos.** *Ar, Ur.* **recolector de basura,** vehículo.

recolector, -ra.
   ■
     a. ‖ ~ **de basura.** m. y f. *Ni, Pa, Ve, Bo, Ch, Py, Ar, Ur.* Empleado municipal encargado de recoger la basura. ♦ **recolector de residuos.**
     b. ‖ ~ **de residuos.** *Bo, Ar, Ur.* **recolector de basura,** empleado municipal.

recoluta.
   I. 1. f. *Ar, Ur.* Recogida del ganado disperso en posesiones propias o ajenas. rur.

recomendadita.
   I. 1. f. *Ve, Bo, Ch.* Intercesión en favor de alguien, *especialmente para que le den un empleo.* pop + cult → espon.

recomendado, -a.
   I. 1. adj. *Pa, Co, Ur.* Referido a una carta o a un paquete, que se envía por correo mediante un pago adicional que conlleva la obtención de un resguardo que certifica su envío. pop + cult → espon.

recomendar.
   I. 1. tr. *Co.* Pedir a alguien que traiga o sirva algo. pop.

recomerse.
   □
     a. ‖ ~ **los hígados.** loc. verb. *Pa, Cu.* Ponerse de mal humor o encolerizarse *una persona.*

reconcentración.
   I. 1. f. *Ni, Ec.* Acaparamiento de un bien por parte de pocas personas.
     2. *Ni.* Reunión de varias personas para un mismo fin.

reconcentrarse.
   I. 1. intr. prnl. *Ni.* Reunirse varias personas para un mismo fin.

reconchabar.
   I. 1. tr. *Pa.* Reclamar *algo.* pop.
     2. *Pa.* Enfatizar, recalcar. pop.
     3. *Pa.* Rematar, terminar, arrinconar. pop.

reconclavar.
   □
     a. ‖ **para ~.** loc. adv. *Pa.* Para colmo. pop + cult → espon.

recondenación.
   I. 1. f. *Cu.* Enfado o malhumor. pop.

recondenado, -a.
   I. 1. adj. *Cu.* Enfadado o malhumorado. pop.

recondenar(se).
   I. 1. tr. *Cu.* Enfadar o poner de malhumor a *alguien.* pop.
     2. intr. prnl. *Cu.* Enfadarse o ponerse de malhumor *alguien.* pop.

recontra.
   I. 1. m-f. *Ni.* Miembro desmovilizado de la contrarrevolución que se arma nuevamente para reivindicar sus derechos.

recontrajurar.
   I. 1. tr. *Ho.* Jurar repetidamente.

recontrapijiar(se).
   I. 1. tr. *ES, Ni.* Golpear repetidamente a *alguien.*
   II. 1. intr. prnl. *ES, Ni.* Trabajar *alguien* arduamente.

récor. (Del ingl. *record*).
   I. 1. m. *RD; Ec,* polic. Archivo, expediente.

recorcoba.
   I. 1. f. *Pe.* obsol. Prolongación al día posterior de una fiesta.

record. (Voz inglesa).
   I. 1. m. *PR, Bo; Ec,* polic. Informe de los antecedentes penales de una persona. pop + cult → espon.
     2. *PR.* **record policivo,** conjunto de documentos.
   ▶ **quebrar** *record.*

récord. (Del ingl. *record*).
   I. 1. m. *EU, Mx, Ni, CR, Cu, RD, Co.* Historial, expediente, hoja de servicios que detalla una trayectoria profesional, académica, vital o de otro tipo. ♦ **récord policivo.**
   ■
     a. ‖ ~ **policial.** m. *Ec.* Certificado de antecedentes penales.
     b. ‖ ~ **policivo.**
       i. m. *PR.* Conjunto de documentos oficiales de tema diverso, clasificados y protegidos. ♦ ***record***.
       ii. *PR.* Archivo, expediente de un delincuente. delinc; pop.
       iii. *Pa.* **récord**.

recordación.
   I. 1. f. *Bo.* Misa de difuntos que se celebra después del segundo año de fallecimiento.

recordar(se).

   I. 1. intr. prnl. *Mx, Gu, ES, Ni, CR, RD, Ec:S, Ch, Ar:NO, Ur.* obsol. Despertarse, dejar *alguien* de dormir. rur; pop + cult → espon.

   2. tr. *Mx, Gu, CR, RD, Ec:S, Ar:NO, Ur.* obsol. Despertar a *alguien.* rur; pop + cult → espon.

   II. 1. intr. prnl. *Mx, Ho, Ni, CR, Pa, Cu, PR, Co, Ch, Py, Ur.* Acordarse de algo.

   2. tr. prnl. *Mx, PR, Bo, Ch, Py.* Recordar *algo.*

   □

   a. ‖ **recordársela.** loc. verb. *Mx.* Injuriar u ofender a alguien con insultos contra su madre. vulg.

recorderis.

   I. 1. m. *Co, Ec; Pa, Ch,* cult → esm. Recuerdo o aviso de algo pasado que se hace a alguien. pop.

   ▶ **dar ~.**

recordista.

   I. 1. m-f. *Cu, Ec.* Deportista que ha logrado un récord en su especialidad.

recorrer.

   □

   a. ‖ **~ la cortina.** loc. verb. *RD.* Caminar mucho por curiosidad o por ocio.

recorrida.

   I. 1. f. *Mx, Co, Bo, Ch, Py, Ar, Ur.* Recorrido que se hace por un lugar, *por lo general para inspeccionarlo o conocerlo.*

   2. *Ar, Ur.* Gira o viaje por distintos lugares.

   II. 1. m. *Ve.* Soldado que tenía la función de supervisar los puestos de vigilancia.

   2. f. *Py.* Pareja de policías encargados de patrullar en una zona determinada.

recorrido, -a.

   I. 1. adj. *Co, Pe. Referido a persona,* de mundo, experimentada y astuta. pop.

   2. *Pe. Referido a persona, generalmente a una mujer,* que ha tenido una intensa vida sexual. pop.

recortada.

   I. 1. f. *Mx, Bo, Ch.* Recortadura; recorte.

recortado, -a.

   I. 1. adj. *Cu. Referido a persona,* baja de estatura.

recortar(se).

   I. 1. tr. *Mx.* Hablar mal de *alguien.* pop.

   II. 1. tr. *Ni, CR, PR, Ve; Bo, Py,* pop + cult → espon. Cortar el pelo a alguien.

   2. intr. prnl. *PR, Py.* Hacerse cortar el pelo por alguien.

   III. 1. intr. prnl. *Ch.* Sacar una parte de dinero que no le pertenece o que ha sido destinado para otros fines.

recorte.

   I. 1. m. *Mx.* Conversación en perjuicio de un ausente.

   II. 1. m. *CR, RD, PR, Bo, Py, Ur.* Corte de pelo.

   III. 1. m. *Cu, PR. En las peleas de gallos,* corte al gallo de pelea de las plumas de los muslos, el lomo, la huevera y debajo de las alas.

   ■

   a. ‖ **~ de sombrilla.** m. *PR. En las peleas de gallos,* corte al gallo de pelea de las plumas más gruesas y ocultas en la golilla de alrededor del cuello, con intención de que el contrincante se las trague al atacar.

   ▶ **coger ~.**

recortería.

   I. 1. f. *Cu. En un taller de confecciones,* conjunto de trozos sobrantes de tela.

recortero, -a.

   I. 1. m. y f. *Cu.* Persona que copia o imita lo que otra ha hecho. pop.

recortín.

   I. 1. m. *Ch.* Recorte o comisión de una cantidad que ha de pagarse. pop.

   2. *Ch.* Cantidad de dinero con la que alguien se queda sin pertenecerle. pop.

recortón, -na.

   I. 1. adj/sust. *Mx. Referido a persona,* murmuradora, maledicente. pop.

recostada.

   I. 1. f. *Mx, Ni, CR, Pa, Cu, Ve, Pe, Bo, Py, Ar; Ur,* p.u. Descanso que se toma una persona acostándose durante un breve período de tiempo. pop + cult → espon.

recostado, -a.

   I. 1. adj. *Pa; PR,* pop + cult → espon; *Co:O,* desp. *Referido a persona,* que vive a expensas de otros.

recostarse.

   I. 1. intr. prnl. *Ni, Pa, Cu, Ve.* Endosar *alguien* sus responsabilidades a otra persona.

   II. 1. intr. prnl. *CR, Pa, PR, Py.* Vivir *alguien* al amparo de una persona sin su consentimiento, causándole incomodidades. (**arrecostarse**).

   2. *PR.* Dejar que otro pague lo consumido. pop + cult → espon.

   III. 1. intr. prnl. *Ch.* Acostarse por un breve espacio de tiempo con el propósito de descansar.

recostón, -na.

   I. 1. sust/adj. *Cu.* Persona que suele endosar sus responsabilidades a otra. pop.

recova.

   I. 1. f. *Pe:S, Bo, Ch; Ar,* obsol. Mercado de alimentación y objetos artesanales.

   2. *Ar.* Galería cubierta y con columnas que se encuentra en la fachada de los edificios.

recoveco.

   I. 1. m. *Mx.* Adorno recargado.

   II. 1. m. *RD.* Pensamiento oculto.

recovero, -a.

   I. 1. m. y f. *Pe:S, Bo:E,O, Ch.* Persona que tiene un puesto de venta en una **recova**.

   2. sust/adj. *Bo:O.* Persona de maneras vulgares y ordinarias. pop + cult → espon ^ desp.

recovery. (Voz inglesa).

   I. 1. m. *PR.* Sala hospitalaria de recuperación.

recreacionista.

   I. 1. sust/adj. *Co, Ec, Bo.* Persona que tiene por oficio divertir o distraer grupos con diferentes actividades.

recreo.

   I. 1. m. *Bo, Py.* Cantidad de dinero que los estudiantes reciben de sus padres para gastar durante la hora de descanso.

recría.

   I. 1. m. *Cu, PR. En las peleas de gallos,* cruce selectivo de los mejores gallos para lograr ejemplares superiores.

rectilinazo.

   I. 1. m. *ES.* Pastilla de droga. drog.

rectista.

   I. 1. m-f. *Ec, Ch.* Trabajador especializado en confeccionar costuras rectas de las prendas de vestir, *especialmente del pantalón.*

recto.

   □

   a. ‖ **~ que sí.** loc. adv. *Ni.* juv. Seguro, ciertamente.

recubridora.

   I. 1. f. *Ho, Co, Ec, Bo.* Máquina que se utiliza para coser las mangas y el cuello a una prenda de vestir.

recuerdo.

   I. 1. m. *Bo.* Estampa del Señor del Gran Poder que se pone en la solapa del **saco** de los hombres a cambio de una donación. (**arrecuerdo**).

II. 1. tr. *Bo:E.* Contratar peones para realizar trabajos temporales, *generalmente agrícolas*. pop + cult → espon.

reenganche.
I. 1. m. *Cu. En una fiesta*, petición de una ración adicional de un alimento que se ha servido.
2. *Bo:E.* Contratación de peones para realizar trabajos temporales, *generalmente agrícolas*. pop + cult → espon.

reenganchista.
I. 1. m. *Cu.* Soldado que después de haber cumplido el tiempo del Servicio Militar General, continúa sirviendo en el ejército.

reestatización.
I. 1. f. *Ec, Ch, Ur.* Conversión de una empresa o institución que anteriormente se había privatizado, en pública o estatal. cult.

reestatizar.
I. 1. tr. *Ec, Ch, Ar.* Volver a convertir pública o estatal una empresa o institución que previamente se había privatizado. cult.

refac. (Apóc. de *refacción*).
I. 1. f. *Gu.* Alimento moderado que se toma para reparar las fuerzas.

refacción.
I. 1. f. *Mx, Ho, Ni, Pa.* Pieza destinada a sustituir a otra igual de una máquina, aparato o instrumento, en caso necesario.
II. 1. f. *Cu; PR,* rur. Costo económico que implica mantener en operación un ingenio o una finca.
2. *PR.* Préstamo que se concede para paliar una necesidad o dificultad. rur.
3. *PR.* Dinero que se toma a préstamo para pagarse con los frutos de la cosecha o cuando esta se venda. rur.
□
a. ‖ **de ~.** loc. adj. *Mx. Referido a una pieza*, que sirve para sustituir a otra igual en caso necesario.

refaccionamiento.
I. 1. m. *Ec, Bo, Ch, Py, Ar, Ur.* Arreglo, reparación o restauración de algo, *especialmente un edificio o parte de él*. cult.

refaccionar.
I. 1. tr. *Mx, Gu, Ho, Ni, CR, Pa, RD, Co, Ve, Ec, Pe, Bo, Py, Ur; Ch,* cult. Reparar, componer los desperfectos de algo deteriorado.
2. *Mx, Ho, Ni, RD, Ve, Ec, Pe, Bo, Py, Ar, Ur; Ch,* cult. Reparar o restaurar un edificio o parte de él.
II. 1. intr. *Mx, Gu.* Tomar un alimento moderado entre las comidas principales.
III. 1. tr. *Gu.* Conceder un préstamo para paliar una necesidad o dificultad.

refaccionaria.
I. 1. f. *Mx.* Establecimiento donde se venden **refacciones** para automóviles.

refaccionista.
I. 1. m-f. *Mx.* Persona que trabaja en una **refaccionaria**.

refajo.
I. 1. f. *Mx, Gu.* Falda tradicional que llevan las mujeres indias, *generalmente colorida*.
2. m. *Cu.* Prenda de vestir interior de mujer, que tiene tirantes y llega hasta la altura de la falda.
II. 1. m. *Co.* Cerveza con gaseosa.
2. *Co.* Bebida compuesta de varios licores.

refala.
I. 1. f. *RD.* Lío, alboroto, confusión.

refalada.
I. 1. f. *Ch,* p.u; *Ar,* rur, pop + cult → espon; *Ur,* p.u, pop. Resbalón o deslizamiento por una superficie pulida o resbaladiza. ♦ **refalón**.

2. *Ch,* p.u.; metáf; *Ar,* rur. Desliz, desacierto, indiscreción. pop. ♦ **refalón**.

refaladero.
I. 1. *Ar:NO.* **resbaladero**, tobogán.

refalar(se).
I. 1. *Ch, Ar; Ur,* p.u. **resfalar**, desplazarse involuntariamente. pop + cult → espon.
2. *Ch, Ar; Ur,* p.u. **resfalarse**, desplazarse involuntariamente. pop + cult → espon.
II. 1. tr. *Ar.* Robar, quitar *algo*. pop + cult → espon ^ fest.

refalín.
I. 1. m. *Ch.* Tobogán, rampa deslizante, *generalmente con bordes*, por la que las personas, sentadas o tendidas, se dejan resbalar por diversión.

refalón.
I. 1. m. *Ch, Ur,* p.u; *Ar,* rur. **refalada**. pop.

refalosa.
I. 1. f. *Ch, Ar.* Danza folclórica de pareja suelta y carácter picaresco, que consta de partes rápidas y lentas y en la que los bailarines se mueven *principalmente desde las esquinas*.

referato.
I. 1. m. *Ec, Pe, Ch; Ur,* p.u. Conjunto de árbitros de **futbol** u otros deportes. cult.
2. *Ec, Pe, Ch; Ur,* p.u. Ejercicio o cargo de árbitro de **futbol** o de otro deporte. cult.
3. *Pe, Ch; Ur,* p.u. Arbitraje o actividad de juzgar algo. cult.

referee. (Voz inglesa).
I. 1. m-f. *EU, Mx, Ni, Cu, PR, Pe, Ar; Ur,* p.u. **réferi**, árbitro.

referí.
I. 1. m-f. *Cu, Pe, Bo, Ar, Ur.* **réferi**, árbitro.
2. *Ve.* **réferi**, moderador.

réferi.
I. 1. m. *Mx, Ho, ES, Pa, Co, Ve, Bo;* m-f. *CR, Cu, Ec, Pe, Ch, Ar;* m-f. *Ur,* p.u. Árbitro de un encuentro deportivo. (**referí**; *referee*).
2. m-f. *Cu, Ve.* Persona que actúa como moderadora en una discusión. pop + cult → espon ^ fest. (**referí**).

referido. (Del ingl. *referral*).
I. 1. m. *EU.* Recomendación de un servicio, *por lo general de orden médico*. ♦ **referimiento**.

referil.
I. 1. adj. *Ch, Ur.* Relativo al **réferi** o árbitro.

referimiento. (Del ingl. *referral*).
I. 1. *EU.* **referido**.

refichaje.
I. 1. m. *Ch.* Inscripción que se hace nuevamente de alguien en un registro.

refichar.
I. 1. tr. *Ch.* Inscribir de nuevo a *alguien* en un registro.

refil. (Del ingl. *refill*).
I. 1. m. *EU, Gu, PR, Ch, Ar.* Cartucho de tinta de algunos bolígrafos. (*refill*).
II. 1. m. *EU. En la farmacia*, receta médica que se solicita periódicamente.

refilado.
I. 1. m. *CR, Co, Ec, Pe, Bo, Ur.* Recorte de los excedentes en hojas de un material impreso.

refilar(se).
I. 1. tr. *CR, Co, Ec, Pe, Bo, Ur.* Recortar los excedentes de las hojas en un material impreso.
II. 1. tr. *Ec.* Extorsionar o chantajear. pop + cult → espon.
2. *Bo:O.* Sobornar un preso a un policía para huir de la cárcel. delinc.

III. (Del ingl. *to refill*, rellenar).
    1. tr. *Ec.* Recargar un depósito con el mismo tipo de líquido o sustancia que tenía. pop.
IV. 1. intr. prnl. *Bo.* Prepararse anímicamente para enfrentarse a alguien o para afrontar algo determinado. pop + cult → espon.

refill. (Voz inglesa).
    I. 1. *EU, PR.* **refil**.

refilo.
    I. 1. m. *Bo.* Soborno. pop + cult → espon ^ fest.

refilón.
    □
    a. ‖ **de ~.** loc. adv. *RD, Bo, Ch.* Por casualidad. pop.

refina.
    I. 1. f. *Ni.* juv. Palabrerío.

refinado, -a.
    I. 1. adj/sust. *Bo. Referido a persona*, de clase social baja que aparenta ser de una clase superior. pop + cult → espon ^ fest.

refinamiento.
    I. 1. m. *Bo:E, Ar, Ur.* Cruce de razas para conseguir una mejora genética.

refinar.
    I. 1. tr. *Mx; Pa*, vulg. Comer. pop + cult → espon.
    II. 1. tr. *Ar, Ur.* Cruzar animales de una determinada raza con otros de una de mayor calidad.
    □
    a. ‖ **refinársela.** loc. verb. *Mx.* Realizar el coito. vulg.

refine.
    I. 1. m. *Mx, Pa*, vulg, pop; *ES*, drog. Alimento, conjunto de cosas que se comen o beben para subsistir.
    II. 1. *Mx.* **refino.** pop.

refino.
    I. 1. m. *Mx.* Aguardiente de baja calidad. pop. (**refine**).

refistolería.
    I. 1. f. *Cu.* Afectación en la forma de hablar o en el comportamiento.

refistolero, -a.
    I. 1. adj. *Pa, Cu, RD, Ve. Referido a persona*, afectada, redicha u ostentosa.
    II. 1. adj. *Ve. Referido a persona*, amiga de novedades.

refistulero, -a.
    I. 1. *Pa.* **refistolero**, afectado. pop + cult → espon.

reflactómetro.
    I. 1. *PR.* **refractómetro**.

reflectómetro.
    I. 1. *PR.* **refractómetro**.

refogado, -a.
    I. 1. adj. *Ho. Referido a persona*, quemada por la acción de los rayos solares.

refogar.
    I. 1. tr. *Ho. En minería*, calentar la amalgama de plata u oro hasta lograr separar los materiales que la componen.

refolufia.
    I. 1. *Mx.* **revolufia**.

reforma.
    I. 1. f. *Ho.* Revólver, arma de fuego.

reforzo.
    I. 1. *ES.* **refuerzo**, alimento.

refractómetro.
    I. 1. m. *PR, Co, Ec, Bo. En la industria azucarera*, instrumento que analiza las muestras que se toman del **guarapo** de la caña. (**reflactómetro; reflectómetro**).

refrán.
    ▶ **no creer en refranes para ciegos**.

refrescada.
    I. 1. f. *Ni, Pa, Pe, Bo, Ch, Ar; Ur*, p.u. Baño o ducha cortos para refrescarse. pop + cult → espon.
    II. 1. f. *Ni, Bo, Ar.* Renovación o estímulo. pop + cult → espon.

refrescante.
    I. 1. adj. *Ni, Cu, Ec, Ch. Referido a cosa*, estimulante, que resulta atrayente. pop + cult → espon.

refrescar.
    □
    a. ‖ **~ el gañote.** loc. verb. *Ve; Ur*, pop. Ingerir bebidas, *generalmente alcohólicas*.

refresco.
    ■
    a. ‖ **~ de pelón.** m. *Bo:O.* Bebida que se prepara haciendo hervir **durazno** pelado y seco, canela y azúcar.
    b. ‖ **~ gaseado.** m. *Cu.* Bebida no alcohólica fría con gas que se expende a granel.
    c. ‖ **~ merengue.** m. *RD.* Bebida refrescante hecha con agua carbonatada, de color anaranjado.
    □
    a. ‖ **de ~.** loc. adv. *Ho, Ni.* Además, también.
    b. ‖ **para el ~.** loc. sust. *Mx, Ho, Ni, RD.* Cantidad pequeña de dinero que se da informalmente, ya sea como propina, limosna o soborno. (**para los refrescos**).
    c. ‖ **para los ~s.** *Ho, Ni.* **para el refresco**.
    d. ‖ **~ liso.** loc. sust. *RD.* Vaso de agua para beber.
    ▶ **darle para el ~**.

refrescón.
    I. 1. m. *Ch.* Actividad o movimiento con los que alguien consigue refrescarse momentáneamente. pop.

refresquera.
    I. 1. f. *Mx, Ho.* Industria dedicada a la fabricación de refrescos.
    2. *Cu.* Aparato empleado para expender bebida a granel, *especialmente refresco*.

refresquería.
    I. 1. f. *Mx, Gu, Ho, ES, Pa, Co:N, Ec, Bo:C.* Establecimiento donde se venden bebidas refrescantes, helados, dulces y comidas rápidas.

refresquero, -a.
    I. 1. m. y f. *Mx, Gu, Ec, Bo.* Persona que se dedica a la venta de bebidas refrescantes.
    2. adj. *Cu, Co, Ec, Bo.* Relativo a las bebidas refrescantes.

refri. (Apóc. de *refrigerador*).
    I. 1. m. *Mx, Gu, Ho, ES, Ni, Pa, Ec, Pe, Bo, Ch*; f. *Gu, Ni, CR.* Refrigerador, aparato electrodoméstico para conservar alimentos. pop + cult → espon.

refrigeradora.
    I. 1. f. *Gu, ES, Ni, CR, Pa, Ve, Ec.* Nevera, electrodoméstico.
    II. 1. f. *Ho.* Persona alta, fuerte y gruesa.

refrita.
    I. 1. m. pl. *Ve.* **Caraota** negra frita después de haber sido cocinada.

refucilar.
    I. 1. *Bo:E,S, Ar:NO,O, Ur.* **refusilar**.

refuego.
    I. 1. m. *Ho, ES.* Fuego cruzado entre dos bandos contrarios.
    2. *Ho.* Desorden, discusión o pelea entre dos o más personas.
    II. 1. m. *CR.* Lugar público de mala reputación, *especialmente en el que se baila, se ingieren bebidas alcohólicas y se ejerce la prostitución*. pop + cult → espon.

refuerzo.
    I. 1. m. *Ar, Ur.* Pan cortado longitudinalmente y relleno *generalmente con fiambre y queso*.
    2. *Ho, ES.* Alimento en pequeña cantidad para reponer fuerzas. (**reforzo**).

refugar(se).
    I. 1. tr. *Ar, Ur.* Apartar animales de poca calidad del resto de la cabaña, para lograr una mejora de esta.
    2. intr. prnl. *Ar, Ur.* Separarse un animal del resto del hato. rur.

refugio.
    I. 1. m. *Bo, Ch, Ar, Ur.* Techumbre de material ligero que se construye para cobijo de las personas que esperan un medio de transporte colectivo. ♦ **refugio peatonal**.
    II. 1. m. *PR.* Lugar donde curan a los adictos a drogas. drog.
    III. 1. m. *PR.* Penitenciaría Estatal. drog; pop + cult → espon ^ fest.

■
    a. ‖ ~ **peatonal.** *Ch, Ar, Ur.* **refugio**, techumbre.

refugo.
    I. 1. m. *Ar, Ur.* Lote de ganado formado por animales de baja calidad apartados del resto del hato o de la cabaña que se destina a la venta.

□
    a. ‖ **de ~.** loc. adj. *Ar, Ur.* Referido a *un animal vacuno o equino*, de calidad inferior.

refulero, -a.
    I. 1. adj. *Ar.* Extremadamente feo. pop + cult → espon.
    2. *Ar.* Desagradable o molesto. pop + cult → espon.

refundidero.
    I. 1. m. *CR.* Área geográfica muy apartada y de difícil acceso.

refundido, -a.
    I. 1. adj. *Ho, ES, Ni, Ec.* Referido a *un lugar*, muy alejado y feo.
    2. *ES, Ni, CR, Ec.* Referido a *cosa*, escondida.
    3. *Pe.* Referido a *cosa*, que es muy difícil de encontrar.
    II. 1. adj. *Bo, Ur.* Referido a *persona*, agobiada por grandes problemas. pop + cult → espon.

refundir(se).
    I. 1. tr. *Mx, Ho, ES, Ni, CR, Ec.* Encarcelar.
    2. intr. prnl. *Mx, Gu, Ec.* Recluirse *alguien*. pop.
    3. tr. *Mx, CR.* Dejar a *alguien* dentro de un lugar. pop.
    II. 1. tr. *Mx, Gu, ES, Ni, CR, Ec, Pe.* Guardar *algo* en un lugar oculto a la vista de modo que después resulta difícil de encontrar.
    2. intr. *Pe.* Perderse *algo* de modo que después resulta difícil de encontrar.
    III. 1. tr. *Mx, Ho, ES, Ni, Ar.* Perjudicar o arruinar económicamente *algo o a alguien*. pop + cult → espon.
    2. *Ar.* Estropear y dejar inservible *algo, especialmente un motor o un dispositivo eléctrico*. pop + cult → espon.
    IV. 1. tr. *Co; Pe,* p.u. Perder, extraviar *algo* por haberlo cambiado de sitio.
    2. intr. prnl. *Co; Pe,* p.u. Perderse *algo* por haberlo cambiado de sitio.
    3. *Ho.* Perderse o extraviarse *una persona* o un animal.
    V. 1. tr. *Ho, ES, CR.* Llevar *algo* muy lejos.
    2. intr. prnl. *Ho, ES, CR.* Irse *alguien* muy lejos.
    VI. 1. tr. *Ec.* **chantar**, asignar una tarea. desp.
    VII. 1. tr. *Ni.* Sumergir *algo* en el agua.

refusilar.
    I. 1. intr. *Ar:NO,O, Ur.* Relampaguear. (**refucilar**).

regada.
    I. 1. f. *Mx, Ho, ES.* Error o equivocación grave.
    II. 1. f. *Ho.* Exposición o conversación muy larga y reiterativa.
    III. 1. f. *Ho.* Enfado, cólera.

regadera.
    I. 1. f. *Mx, Ho, Ni, Pa, Cu, RD, Co, Ve, Bo:O, Ur; CR, Ec,* p.u. *En una ducha*, pieza con numerosos orificios muy finos por los que sale el agua en forma de lluvia.
    2. *Mx; Ec,* p.u. Habitación acondicionada con **regadera** para ducharse.
    3. *Ho, Ni, Pa, Co, Py.* Recipiente de loza u otra materia donde se recogen las aguas de la **regadera**.

regaderazo.
    I. 1. m. *Mx, Ni, Pa, Bo:O.* Ducha, acción de duchar.
    2. *Pa.* Ducha rápida. pop + cult → espon.

regadero.
    I. 1. m. *Ar.* Conjunto de objetos esparcidos.

regado, -a.
    I. 1. adj. *Cu, RD, PR, Ve.* Referido a *lugar*, desordenado. pop.
    2. sust/adj. *Cu, Ve.* Persona que no sigue las normas de conducta aceptadas por un grupo social determinado. pop.
    3. *Cu.* Persona indisciplinada e irresponsable. pop.
    4. *Cu.* Persona desordenada. pop.
    5. adj. *Cu.* Referido a *persona*, que anda sin rumbo fijo y sin hacer nada. pop.
    II. 1. adj. *Ho.* Referido a *persona*, que habla mucho.
    III. 1. adj. *RD.* Referido a *persona*, muy enojada o furiosa. pop.
    IV. 1. adj. *Pa.* Referido a *persona*, muy cansada, agotada o que se queda profundamente dormida por cansancio. pop + cult → espon.

▶ **dejar ~**.

regajero.
    I. 1. m. *Cu.* Conjunto numeroso de cosas esparcidas desordenadamente. pop.
    2. *Cu.* Dispersión de una colectividad que huye en diferentes direcciones. pop.

regalado.
□
    a. ‖ **de ~.** loc. adv. *Ho, Bo:E.* Gratuitamente, sin costo alguno.

Regalado. (De *Tomás Regalado*, militar y político salvadoreño, 1861-1906).
◪
    a. ‖ ~ **murió en el 80.** fr. prov. *Gu.* Indica que hay que pagar por el precio que algo tiene, que no se puede conseguir gratuitamente. ♦ **Regalado ya murió**.
    b. ‖ ~ **ya murió.** *Gu.* **Regalado murió en el 80**.

regalado, -a.
    I. 1. adj. *Ho, Ni, CR, Pa, Cu, PR, Co, Pe.* Referido a *prueba o examen*, fácil. est.
    II. 1. adj. *Ni, Co; Ec,* p.u, rur. Referido a *persona*, que se ofrece a hacer algo de forma gratuita y rápida para obtener algún privilegio. pop ^ desp.
    III. 1. adj. *Cu.* Referido a *persona o cosa*, expuesta a un peligro o un riesgo.

regalar(se).
    I. 1. intr. prnl. *Ni, Pe, Ar, Ur.* Manifestar sin disimulo una mujer la atracción que experimenta por alguien. pop + cult → espon.
    II. 1. tr. *Gu, Co:C.* Servir o traer *algo* que otra persona pide.
    III. 1. intr. prnl. *Cu, Ar, Ur.* Exponerse a un peligro o un riesgo. pop + cult → espon.
    IV. 1. tr. *Gu, Ho, ES.* Vender *algo* a alguien. pop + cult → espon.

●
    a. ‖ **le regalaron un bebé.** fórm. *Co:C.* Se usa para expresar que una mujer ha dado o va a dar a luz un hijo. pop.

regalería.
 I. 1. f. *Ar; Ur,* p.u. Comercio en el que se venden artículos de regalo, *especialmente perfumes u objetos de adorno personal.*

regalía.
 I. 1. f. *Mx, Ni, CR, Pa, PR, Co, Ec, Pe, Bo.* Cantidad de dinero que se paga a un autor o compositor por la venta de sus obras.
 2. *Co, Ec, Bo.* En los contratos de explotaciones petrolíferas o minerales, cantidad de dinero que se destina a la nación, departamento o municipio propietarios de las tierras.
 3. *RD, Ch.* Sueldo adicional que percibe un empleado a fin de año.
 4. *Ni.* Gratificación, *generalmente dinero,* usada como soborno para que un funcionario público acelere un trámite o resuelva favorablemente algo.
 II. 1. f. *Ho, Ni.* Regalo, obsequio.

regalina.
 I. 1. f. *ES.* Regalo que da un vendedor por una compra.

regalón, -na.
 I. 1. adj/sust. *Mx, Gu, Ho, Ni, Cu, Ec, Pe, Py, Ar, Ur.* Referido a persona, que hace muchos regalos o los hace con frecuencia. pop.
 2. *Ar.* Referido a persona, que mima o trata con cariño excesivo a otras.
 II. 1. m. y f. *Ch;* sust/adj. *Bo.* Mascota, persona o animal a la que se tiene en consideración por traer buena suerte o dar compañía. pop.
 2. adj/sust. *Ch.* Referido a persona o cosa, que recibe un trato especial por ser más querida o preferida.
 III. 1. adj/sust. *Ch.* Referido a un hijo, que es el más joven de la familia.

regaloneador, -ra.
 I. 1. adj/sust. *Ch.* Referido a persona, que mima o trata con cariño excesivo y regalos a otras personas.

regalonear.
 I. 1. tr. *Mx, Bo, Ch, Ar.* Dar cariño corporal, acariciar a *alguien* o juguetear con dulzura. pop.
 2. *Ch, Ar.* Consentir, mimar a *alguien.* pop.
 3. intr. *Ar.* Requerir *una persona* o un animal caricias y demostraciones de ternura. pop + cult → espon.

regaloneo.
 I. 1. m. *Ch.* **regalonería.**

regalonería.
 I. 1. f. *Ch.* Caricia, trato cariñoso dado a alguien. pop + cult → espon. ♦ **regaloneo.**
 2. *Ch.* Consentimiento, mimo excesivo. pop + cult → espon. ♦ **regaloneo.**
 3. *Ch.* Disfrute o goce de una persona que es mimada o consentida en exceso. pop + cult → espon. ♦ **regaloneo.**

regancina.
 I. 1. f. *Ho, Ni.* Desorden de cosas esparcidas.

regañada.
 I. 1. f. *Mx, Ho, ES, Ni, CR, Pa, Cu, Co, Ve, Ec, Pe, Bo, Ur.* Reprimenda o amonestación severa. pop + cult → espon. ♦ **regañón.**

regañamentazón.
 I. 1. f. *Ve.* Serie de regaños o reprimendas. pop + cult → espon.

regañón.
 I. 1. m. *Ni, Pa, Pe.* **regañada.**

regar(se).
 I. 1. tr. *Mx, Ho, ES, Ni, Pa, Cu, RD, PR, Co, Ve, Ec.* Difundir, divulgar noticias o chismes. pop + cult → espon.
 2. intr. prnl. *Mx, Ni, Cu, RD, Ve.* Extenderse en un espacio amplio un grupo de personas o animales. pop + cult → espon.

 II. 1. intr. prnl. *Ve.* Entregarse a placeres y diversiones. pop + cult → espon.
 2. *Cu.* Incumplir *alguien* con sus deberes y obligaciones.
 III. 1. tr. *Mx, Cu, Ve.* Dejar *alguien* objetos en desorden. pop.
 2. intr. *Cu, PR.* Desordenar *alguien* un lugar. pop.
 IV. 1. intr. prnl. *RD; Co:O,* pop. Enojarse mucho *alguien* o ponerse muy furioso.
 2. *Co.* Hablar con vehemencia desahogando la rabia que se tiene. pop.
 V. 1. intr. *Ho.* Hablar mucho de algo.
 2. intr. prnl. *Ho.* Extenderse mucho escribiendo o hablando de un tema o asunto.
 VI. 1. tr. *Ho.* Hacer mal *algo.*
 2. intr. prnl. *Ho.* Equivocarse o confundirse *alguien* en algo.
 VII. 1. intr. prnl. *CR.* Eyacular.
 □
 a. ‖ **~ el arbolito.** loc. verb. *Mx, Ni.* Orinar. euf.
 b. ‖ **~ el tapache.** loc. verb. *Mx.* Cometer un desatino. pop.
 c. ‖ **~ flores.** loc. verb. *Ho, Ni, Bo.* Orinar. pop ^ fest.
 d. ‖ **~ hijos.** loc. verb. *Mx, Ni, CR, Co, Pe, Bo.* Procrear un hombre hijos con diferentes mujeres y en diferentes lugares. pop + cult → espon ^ desp.
 e. ‖ **~ la bilis por la sangre.** loc. verb. *Ho, Ni.* Enojarse, encolerizarse *alguien.* hiperb.
 f. ‖ **~ la bola.** loc. verb. *CR, Pa.* Divulgar un chisme o cuento. pop.
 g. ‖ **~ la bomba.** loc. verb. *Ho, Ni.* Divulgar una noticia inesperada o falsa. pop.
 h. ‖ **~ la bulla.** loc. verb. *Ho, Ni.* Hacer pública una noticia, a veces falsa. pop.
 i. ‖ **~ la sangre.** loc. verb. *ES.* Tener muchos hijos.
 j. ‖ **~ maicillo.** loc. verb. *Ho.* Sobornar a alguien. pop + cult → espon.
 k. ‖ **~ maíz.** *Ho.* **regar maicillo.**
 l. ‖ **~ paja.** loc. verb. *Ho.* Difundir mentiras. pop + cult → espon.
 m. ‖ **~ veneno.** loc. verb. *CR.* **azotar,** atraer *alguien* con su apariencia.
 n. ‖ **~la.** loc. verb. *Mx, Ho, ES, Ni, Pa, Ec, Pe.* Cometer un error. euf.
 ñ. ‖ **~se como la verdolaga.**
 i. loc. verb. *PR.* Multiplicar los negocios. rur.
 ii. *PR.* Jactarse de algo. rur.
 o. ‖ **~se en paja.** loc. verb. *Ho.* Hablar mucho de cosas sin importancia. pop + cult → espon ^ fest.
 p. ‖ **~se las bilis.** loc. verb. *CR.* Experimentar mucho disgusto, enojo o malestar. pop + cult → espon.

regata.
 I. 1. f. *Pa.* Carrera clandestina de vehículos. pop + cult → espon.

regatear.
 I. 1. intr. *Cu.* En el último tramo de una carrera, luchar dos competidores por alcanzar la meta en primer lugar.
 2. *PR.* Pugnar en velocidad dos conductores en la carretera.

regateo.
 I. 1. m. *Cu.* En el último tramo de una carrera, lucha que mantienen dos competidores por alcanzar la meta en primer lugar.
 2. *PR.* Pugna en velocidad entre dos conductores en la carretera.

regatón, -na.
 I. 1. m. y f. *Pe:E.* Comerciante que navega por los ríos y los lagos vendiendo diversos tipos de artículos.
 2. *Bo:E.* Persona, *generalmente mujer,* que tiene un puesto de venta en un mercado. pop + cult → espon.

regazón.
 I. 1. f. *Mx, Ni.* Acción torpe o errada que tiene consecuencias negativas sobre algo o alguien. pop.
 II. 1. f. *Ho, ES, Ni, CR.* Desparrame de cosas por el suelo.
 2. *Ho, Ni, CR, Cu.* Conjunto de objetos esparcidos por el suelo.
 III. 1. f. *Ho, ES.* Propagación de una noticia o un chisme. pop + cult → espon.
 IV. 1. f. *Ho.* Modo de bailar mucho y con gran pericia. pop + cult → espon.

regente.
 I. 1. m-f. *Bo; Pe,* p.u. *En algunos centros educativos,* persona encargada de la disciplina.

regentear.
 I. 1. tr. *Mx.* Regentar, desempeñar temporalmente ciertos cargos o empleos, *generalmente en un hotel o burdel.* pop.

reggaetón.
 I. 1. *PR; Ec,* juv. **reguetón**.

reggaetonero, -a.
 I. 1. *Ec.* juv. **reguetonero**, persona que canta o baila.
 2. *Ec.* **reguetonero**, relativo al **reguetón**.

regiego, -a.
 I. 1. *Mx.* **rejiego**. pop + cult → espon.

régime.
 I. 1. m. *PR.* Cada una de las plumas mayores de las alas de un ave.

regimentar.
 I. 1. tr. *Pe, Ar, Ur.* Imponer un reglamento a algo para un mejor control y funcionamiento.

regimiento.
 ■
 a. ‖ **séptimo ~.** m. *Ar, Ur.* Bebida alcohólica elaborada *generalmente a base de vodka,* **whisky***, ron, ginebra, tequila, coñac y granadina.* pop + cult → espon.

regina. (De *Regina*®).
 I. 1. f. *ES.* Cerveza.

regio.
 I. 1. adv. *Mx:N, Pa, Ec, Pe, Bo, Ch, Py, Ar, Ur; Co:C,* cult. Muy bien, excelentemente. pop + cult → espon.

regio, -a.
 I. 1. adj. *Mx:N, Ni, Pa, Ec, Pe, Ch, Py, Ar, Ur; Co:C,* cult. Excepcional, excelente. pop + cult → espon.
 2. *Mx:N, Ni, PR, Ec, Pe, Bo, Ch, Py, Ar, Ur.* Muy hermoso o lindo. pop + cult → espon.

¡regio!
 I. 1. interj. *Mx:N, Ni, Pa, Co:C, Ec:S, Pe, Bo:C,O, Ch, Ar, Ur.* Expresa asentimiento ante una propuesta. pop + cult → espon.

región.
 I. 1. f. *Pe, Ch.* División político-administrativa del territorio inmediatamente inferior al país.

regionalización.
 I. 1. f. *Mx, Bo, Ch, Py.* Proceso de integración de diversos países en una zona o región continental. cult.
 2. *Ch.* Proceso de división político-administrativa del territorio nacional en un número determinado de **regiones**.

regionalizar(se).
 I. 1. tr. *Ar.* Proyectar o extender una práctica, una empresa o una asociación por una región.
 2. intr. prnl. *Ar.* Proyectarse o extenderse una práctica, una empresa o una asociación por una región.

regir.
 I. 1. tr. *Pe. En los juegos infantiles,* echar a suertes los turnos e integrantes. inf.

registrada.
 I. 1. f. *Mx, ES, Ni, CR, Ec.* Examen minucioso que se realiza a algo o a alguien para encontrar una cosa que pueda tener oculta.

registrarse.
 I. 1. intr. prnl. *Cu. En la santería,* visitar al **babalao** para que a través de un sistema adivinatorio prediga el destino.

registro.
 I. 1. m. *Py, Ar.* **licencia**, permiso para conducir.
 II. 1. m. *Cu, PR. En la santería,* consulta, predicción que hace el **babalao** mediante métodos adivinatorios.
 ■
 a. ‖ **~ de conducir.** m. *Ar.* **licencia**, permiso para conducir.
 b. ‖ **~ de conductor.** m. *Ar.* **licencia**, permiso para conducir.
 c. ‖ **~ de lidia.** m. *PR. En las peleas de gallos,* notificación que hace el juez de inscripción sobre cada uno de los gallos que se postulan para combatir un día determinado.

registrón.
 I. 1. m. *Pe.* p.u. Feria o reunión en la que se pretende informar de algo referente a un producto.

registrón, -na.
 I. 1. adj. *Ni, Ve. Referido a persona,* entrometida, fisgona. pop.

regla.
 ■
 a. ‖ **~ de ochá.** f. *Cu.* Culto afrocubano que se basa en el animismo y en la adoración de los **orishas** o deidades del panteón yoruba de Nigeria, sincretizados con atributos de los santos de la Iglesia católica.
 b. ‖ **~ de palo.** f. *Cu.* Culto afrocubano que se basa en el animismo y en la adoración de la naturaleza. ♦ **regla de palo monte**.
 c. ‖ **~ de palo monte.** *Cu.* **regla de palo**.
 ▶ **ser** *out* **por ~.**

reglaje.
 I. 1. m. *Pe.* Vigilancia atenta de un lugar o de los movimientos de alguien. delinc.

reglamento.
 ▶ **trabajar a ~.**

reglar.
 I. 1. tr. *Pe.* Hacer un **reglaje** a un lugar o a alguien. delinc.

regodear.
 I. 1. tr. *Mx, Bo, Ch.* p.u. Disfrutar *algo.*
 2. *Ch.* p.u. Hacer disfrutar a alguien de algo.

regodeón, -na.
 I. 1. adj/sust. *Ch. Referido a persona o a animal,* exigente, difícil de agradar o complacer. pop.

regola.
 I. 1. f. *RD.* Canal de riego. (**rigola**).

regollina.
 I. 1. f. *Ni.* Pene. tabú; pop + cult → espon.

regón, -na.
 I. 1. adj. *ES. Referido a persona,* indiscreta.

regordecido, -a.
 I. 1. adj. *PR. Referido a persona, a animal o alguna parte de su cuerpo,* inflamado, hinchado. rur.

regorgalla.
 I. 1. f. *Ve.* Comida de elaboración fina hecha con hígado y riñón.

regoso, -a.
 I. 1. adj. *RD. Referido a persona,* expuesta a un peligro, no protegida de él.

regresada.
 I. 1. f. *Mx, Ni, Co, Pe.* Regreso, vuelta al lugar de donde se salió. pop + cult → espon.

regresar(se).
 I. 1. intr. prnl. *Mx, Gu, Ho, ES, Ni, CR, Pa, RD, PR, Co, Ve, Ec, Pe, Ch, Ar.* Volver al lugar de donde se salió.
  2. tr. *Mx, Gu, Ho, ES, Ni, CR, Pa, PR, Co, Ve, Ec, Pe, Bo; Ch,* esm; *Py,* p.u. Devolver *algo* a alguien.
  3. *Mx, Ni, Pe, Ch.* Hacer que *alguien* o *algo* vuelva a donde estaba.
  4. *Pe.* Vomitar. pop.
  5. intr. prnl. *Ec.* Volverse, girar la cabeza, el torso, el cuerpo.
 ☐
  a. ‖ ~ **con el moco caído.** loc. verb. *Ni.* Volver triste y decaído.

regresón.
 I. 1. m. *Gu.* Retroceso, vuelta hacia atrás.

regué.
 I. 1. m. *Ho, Ni, CR, Pa, Cu; Ec,* p.u. Género musical popular de origen jamaicano caracterizado por un ritmo sencillo y repetitivo.

regueatonero, -a.
 I. 1. adj. *Ec.* Relativo al **reguetón.**
  2. *Ho.* Relativo al **regué.**

reguera.
 I. 1. f. *Ve.* Conjunto de objetos esparcidos desordenadamente en un lugar. pop.

reguerete.
 I. 1. m. *RD, PR.* Gran cantidad de objetos, retahíla. pop + cult → espon.
  2. *PR.* Desorden, confusión. pop + cult → espon.

regueretear.
 I. 1. tr. *RD, PR.* Esparcir desordenadamente cosas que estaban juntas. pop + cult → espon.

reguerito.
 I. 1. m. *PR.* Sitio donde se han regado las semillas para hacer un semillero pequeño. rur.

reguero.
 I. 1. m. *Mx, Ho, ES, Ni, CP, Pa, Cu, RD, PR, Co, Ve, Ec, Bo, Ar, Ur.* Conjunto de objetos esparcidos desordenadamente en un lugar. pop.
  2. *Mx, RD.* Desorden, confusión y alteración del orden. pop + cult → espon.
  3. *Cu, Ec.* Dispersión de una colectividad que huye en diferentes direcciones. pop.
  4. *CR, Ec.* Conjunto numeroso de cosas. pop.

reguesero, -a.
 I. 1. m. y f. *Pa.* juv. Persona que interpreta **regué.** pop.

reguetón.
 I. 1. m. *Mx, Ni, CR, Pa, Cu, RD, PR, Co, Ec, Pe, Bo, Ar, Ur.* Género musical bailable, de origen caribeño e influencia afroamericana, que se caracteriza por un estilo recitativo y un ritmo sincopado producido electrónicamente. (**reggaetón**).

reguetonear.
 I. 1. intr. *Cu.* Cantar o bailar al ritmo del **reguetón.**

reguetonero, -a.
 I. 1. m. y f. *Cu, Ec.* Persona que canta o baila **reguetón.** (**reggaetonero**).
  2. *Cu.* Persona amante del **reguetón.**
  3. adj. *Cu.* Relativo al **reguetón.** (**reggaetonero**).

reguilar.
 I. 1. tr. *RD.* Golpear a *alguien* y dejarlo sin equilibrio. pop + cult → espon.

reguilete.
 I. 1. *Mx, Gu, Ho, Cu.* **rehilete.**

reguindado.
 I. 1. sust/adj. *Cu.* Persona que suele endosar sus responsabilidades a otra. pop.
  2. *Cu.* Persona que se aprovecha de otras haciéndose invitar. pop.

reguindal.
 I. 1. m. *RD.* Adorno, cosa que se pone para mejorar el aspecto de algo.

reguindarse.
 I. 1. intr. prnl. *Cu.* Endosar *alguien* sus responsabilidades a otra persona. pop.
 II. 1. intr. prnl. *Cu.* Colgarse *alguien* de algo o de otra persona.

regulareque.
 I. 1. *Ch.* **reguleque,** mediocre.
  2. *Ch.* **reguleque,** de manera regular.

regularón.
 I. 1. adv. *Co, Ve, Ar; Ur,* p.u. Medianamente, no bien. pop + cult → espon.

regularón, -na.
 I. 1. adj. *Mx, Co, Ve, Ec, Pe, Ar; Ch,* p.u; *Ur,* p.u, cult → espon. *Referido a cosa,* mediocre en calidad o rendimiento. pop.

regularzón, -na.
 I. 1. adj. *CR, Ve.* Regular, mediano, no extraordinario. pop + cult → espon.
  2. *Pa.* Menos que bueno. pop + cult → espon ^ desp.

reguleque.
 I. 1. adj. *Ch. Referido a cosa,* mediocre en calidad o rendimiento. pop. ♦ **regulareque.**
  2. adv. *Ch.* De manera regular, mediocre. pop. ♦ **regulareque.**

reguliche.
 I. 1. adj. *Gu, Ho. Referido a persona o cosa,* regular, de tamaño o condición media o inferior a ella. pop + cult → espon.
  2. adv. *Gu, Ho.* Regular, no demasiado bien. pop + cult → espon.

regulifurris.
 I. 1. adj. *Ni; CR,* p.u. *Referido a cosa o evento,* mediocre. pop + cult → espon.

rehilete.
 I. 1. m. *Mx.* Juguete infantil que consiste en una varilla en cuya punta hay una cruz o una estrella de papel que gira movida por el viento. (**reguilete; rejilete**).

rehogado.
 I. 1. m. *Ec.* Refrito de aceite o manteca, cebolla, ajo y otros ingredientes.
  2. *Bo.* **ahogado,** salsa.

rehogo.
 I. 1. *Bo.* **ahogado,** salsa.

rehusarse.
 I. 1. intr. prnl. *Mx, Pa, Co, Pe, Ch.* Negarse a algo.

reída.
 I. 1. f. *RD.* Risa producida por algo que resulta muy gracioso.

reído, -a.
 I. 1. adj. *Ec. Referido a persona,* que tiene una expresión de regocijo.
  2. *Pa. Referido a persona,* despreocupada, indolente, aun siendo culpable de algo. pop + cult → espon.

reilón, -na.
 I. 1. adj. *Pa, Ve, Pe, Bo; Ec,* pop. *Referido a persona,* que se ríe mucho o lo hace con facilidad.
  2. *Ve. Referido al semblante, a la boca o a los ojos,* alegre, risueño.

reina.
 I. 1. f. *Mx, Ni.* Mujer de carácter engreído. pop ^ desp. (**reinita**).

2. *Mx.* Hombre homosexual.

3. *Ec.* Mujer. pop ^ desp.

II. 1. f. *PR.* Árbol caducifolio de hasta 10 m de altura, de copa amplia, hojas opuestas, inflorescencia terminal, numerosas flores y fruto redondo con semillas aladas. (Lythraceae; *Lagerstroemia speciosa*). ♦ **reina de las flores; reina de noche.**

2. *PR.* Flor de la reina, de gran tamaño, colores variados, púrpura, rosa y lila, con pétalos extendidos, redondeados y rizados.

III. 1. *PR.* **reinita.** (Coerebidae; *Coereba portorricensis*).

■

a. ‖ ~ **de auras.** f. *Cu.* **caricare.**

b. ‖ ~ **de la noche.**

i. f. *Mx.* Planta de tallos trepadores sin hojas, con grandes flores amarillas y fruto comestible. (Cactaceae; *Selenicereus megalanthus, Hylocereus* spp.).

ii. *Ho, CR.* **floripondio,** arbusto.

c. ‖ ~ **de las flores.** *RD, PR.* **reina,** árbol.

d. ‖ ~ **de noche.** *PR.* **reina,** árbol.

e. ‖ ~ **margarita.** f. *Mx.* Planta herbácea anual de hasta 25 cm de altura, con hojas alternas, cabezuela grande, solitaria, con disco de color amarillo y lígulas blancas dispuestas sobre una hilera. (Asteraceae; *Aster chinensis*). ♦ **estraña.**

f. ‖ ~ **mora.**

i. f. *Ar.* Ave de plumaje azul brillante, de melodioso canto y fácilmente domesticable. (Emberizidae; *Cyanocompsa brisonii*). (**reinamora**).

ii. *PR.* **reinamora,** ave de hasta 17 cm.

g. ‖ ~ **pepeada.** f. *Ve.* **Arepa** rellena con ensalada de gallina y aguacate.

reinado.

■

a. ‖ ~ **de belleza.** m. *CR, Pa, RD, Co, Ec.* Concurso en el que una mujer es elegida por un jurado como la más bella de entre las candidatas presentadas y le otorga el título de reina de la belleza por un tiempo determinado.

reinaldo.

I. 1. adj. *Ni.* juv. *Referido a persona,* tonta.

reinamora.

I. 1. *Ar.* **reina mora,** ave de plumaje azul brillante.

II. 1. f. *PR.* Ave de hasta 17 cm de longitud, de plumaje verde en la parte superior, cuello y pecho anaranjados, cabeza negra con bandas blancas, y cola y alas grises. (Thraupidae; *Spindalis portorricensis*). (**reina mora**). ♦ **reinona.**

réinchek. (Del ingl. *rain check*).

I. 1. m. *EU.* Vale para obtener en el futuro algún servicio no prestado o para asistir a un espectáculo pospuesto por causas mayores.

reineta.

I. 1. f. *Pe, Ch.* **hacha,** pez de cuerpo comprimido.

reingeniería.

I. 1. f. *Ho, CR, Ec, Pe, Bo, Ch.* Reestructuración de una institución, empresa o proyecto.

reingreso.

I. 1. m. *PR.* Reincidente. drog.

reinita.

I. 1. *Mx, Ni.* **reina,** mujer de carácter engreído. pop ^ desp.

2. f. *Mx.* Mujer remilgada. pop ^ desp.

3. *Mx.* Hombre homosexual remilgado. pop ^ desp.

II. 1. f. *Mx.* Pájaro de hasta 12 cm de longitud, con el pico largo, delgado y negro, plumaje negro y morado, con mucho brillo, el del macho, y verde con tonos oscuros el de la hembra. (Thraupidae; *Cyanerpes cyaneus*). ♦ **aparecido de San Diego; mielero.**

2. *PR.* Pájaro autóctono de pequeño tamaño, con el lomo del pico aquillado, cabeza de color negro con rayas blancas, el pecho y la rabadilla, amarillos, y la garganta gris. (Coerebidae; *Coereba portorricensis*). (**reina**). ♦ **pecho de oro.**

reinona.

I. 1. *PR.* **reinamora,** ave de hasta 17 cm.

reiquear. (Del ingl. *to rake*).

I. 1. tr. *EU.* Limpiar un terreno de hierba, hojas o paja con el rastrillo.

reír(se).

□

a. ‖ **el de ~ y llorar.** loc. sust. *ES.* Traje único de alguien, *generalmente pobre.* pop + cult → espon ^ fest.

b. ‖ ~**se a caquinos.** loc. verb. *Pe.* obsol. Reírse a carcajadas. cult.

c. ‖ ~**se con la muela de atrás.** loc. verb. *PR.* Reírse sin ganas, falsamente, con hipocresía. pop + cult → espon.

d. ‖ ~**se en la fila.**

i. loc. verb. *Ch.* Actuar *alguien* de manera incorrecta. pop + cult → espon.

ii. *Ch.* Comportarse de manera chistosa o bromista en una situación solemne o seria. pop + cult → espon.

reis.

I. 1. m. *PR.* Agente de policía. pop.

reitin. (Del ingl. *ratting*).

I. 1. m. *Ec.* Clasificación, puntuación.

reja.

I. 1. f. *Ho, Ni, Bo:O, Pe.* meton. Cárcel. pop + cult → espon.

II. 1. f. *Ar:NO.* Banda o cinta tejida donde nace el fleco o rapacejo del poncho. rur.

rejalgar.

I. 1. m. *Co.* **higuerilla,** arbusto.

rejambrío, -a.

I. 1. adj. *RD. Referido a persona,* hambrienta, que tiene muchas ganas de comer.

rejazo.

I. 1. m. *Ni, CR, Co; Pa,* rur. Golpe fuerte dado con el **rejo** a una persona o animal. pop + cult → espon.

rejeada.

I. 1. f. *Ho, Ni.* Encarcelamiento.

rejear.

I. 1. tr. *Ni.* p.u. Encarcelar a *alguien.*

rejega.

I. 1. f. *Mx:SE.* Vaca destinada al ordeño. rur.

rejego.

I. 1. m. *Ni.* Toro de poco tiempo, gordo y fuerte.

rejego, -a.

I. 1. adj. *Mx, CR. Referido a persona o animal,* que muestra oposición o resistencia. pop + cult → espon.

II. 1. adj. *Ni. Referido a adolescente,* fuerte.

rejeguería.

I. 1. f. *Mx:SE.* Centro de producción de leche ordeñada de vaca. rur.

rejeguero, -a.

I. 1. m. y f. *Mx:SE.* Persona que se dedica a ordeñar vacas. rur.

rején.

I. 1. m. pl. *PR.* Molestias, inconvenientes, problemas. rur.

rejender.

I. 1. tr. *PR.* Caminar una distancia larga. rur.

2. *PR.* Avanzar con paso forzado a través de una muchedumbre. rur.

rejera.
> **I. 1.** f. *Pa, Co.* Serie de golpes que se da con un **rejo** a una persona o a un animal, a manera de castigo. pop + cult → espon. ♦ **limpia**.
> ▶ **darse ~.**

rejero.
> **I. 1.** sust/adj. *Ho:O, ES.* Animal semental.
> **II. 1.** m. *Ho.* En el juego del trompo, peón que mejor baila.

rejiego, -a.
> **I. 1.** adj. *Mx. Referido a persona,* arisca, intratable, áspera. pop + cult → espon. (**regiego**).

rejilete.
> **I. 1.** *Ho.* **rehilete**.

rejilla.
> **I. 1.** f. *Ar, Ur.* Trapo de algodón absorbente, con tejido en forma de red, utilizado para limpiar.
> **II. 1.** f. *Ho·N.* Vagón de tren destinado al transporte de **banano** y piña, provisto de una malla metálica que rodea la plataforma para que no se caiga la fruta.

rejín.
> **I. 1.** m. *PR.* Jaula pequeña.

rejindidura.
> **I. 1.** f. *Gu.* Rendija, hendidura.

rejo.
> **I. 1.** m. *Mx, Gu, Ho, Cu, Ve.* Soga o pedazo de cuero que sirve para atar el becerro a la vaca o para maniatar reses.
> **2.** *Ni, CR, Pa, RD, Co, Ve.* Látigo rígido hecho de varias tiras de cuero.
> **3.** *Pa.* Castigo físico para personas o animales con cualquier instrumento delgado y flexible. pop + cult → espon.
> **II. 1.** m. *Mx, Ec.* Conjunto de vacas de ordeño.
> **III. 1.** m. *RD.* Músculo desarrollado de una persona.
> □
> **a.** ‖ **hasta los ~s.** loc. adv. *Pa.* Hasta arriba, a rebosar. vulg; pop + cult → espon.
> **b.** ‖ **~ seco.** loc. sust. *Ec.* Conjunto de vacas que no se hallan en el período de producción lechera.
> ▶ **dar ~; dormir a ~ pelado; no creer ni en los ~s de las campanas; volar ~.**

rejolina.
> **I. 1.** f. *Mx:NO.* Bulla, jaleo de personas que gritan o riñen. pop.

rejón.
> **I. 1.** m. *Cu, PR.* Jaula para gallos de pelea durante el período de entrenamiento o donde empluman, de alambre, cuadrada o redonda, y más grande que el **plumero**. rur.
> **2.** *Ho.* Caja grande de madera en la que se tiene encerrado al gallo antes de la pelea.
> **II. 1.** m. *Ni.* Estaca clavada al suelo y unida a otras con cuerdas unidas que sirve de base para paredes de barro o para cercar patios y corrales.
> □
> **a.** ‖ **a ~.** loc. adv. *ES.* A la fuerza. polic.

rejón, -na.
> **I. 1.** adj/sust. *Ho. Referido a niño o joven,* inquieto y molesto.

rejonada.
> **I. 1.** f. *Ni.* Cerca hecha con **rejones** o estacas.

rejondón.
> **I. 1.** m. *Cu.* Lugar alejado y de difícil acceso. rur.

rejonear.
> **I. 1.** tr. *Ni.* Pinchar al ganado o a una caballería con una vara.
> **II. 1.** tr. *Ni.* En fiestas populares, golpear el **gracejo** con una vara o látigo a los asistentes.
> **III. 1.** tr. *Ni.* Presionar a *alguien* para que haga algo.

rejoya.
> **I. 1.** f. *Mx, Gu; CR,* p.u. Hondonada, depresión en la que, a menudo, se estanca el agua. (**rejoyada**).

rejoyada.
> **I. 1.** *Mx:SE.* **rejoya**.

rejudo, -a.
> **I. 1.** adj. *Co. Referido a un alimento,* de consistencia dura y fibrosa.
> **2.** *Ve. Referido a una cosa o a un alimento,* que tiene la consistencia dura del cuero.

rejuego.
> **I. 1.** m. *Mx, Cu, RD.* Ardid o trampa que se utiliza para el logro de un fin.

rejugado, -a.
> **I. 1.** adj. *Ch.* p.u. *Referido a persona,* resabiada, experimentada en las cosas de la vida. pop.

rejuida.
> **I. 1.** f. *ES.* Esguince.

rejunar.
> **I. 1.** tr. *Ar.* Mirar u observar atentamente a *alguien.* pop + cult → espon.
> **2.** *Ar.* Conocer la índole o las intenciones de alguien. pop + cult → espon.

rejundido, -a.
> **I. 1.** adj. *Pa, Cu. Referido a cosa,* guardada en un lugar muy escondido o poco usual. rur.
> **2.** *Pa. Referido a un lugar,* apartado, difícil de encontrar. rur.

rejundir.
> **I. 1.** tr. *Pa, Cu.* Guardar *alguien algo* en un lugar en el que resulta difícil de encontrar. rur.
> **2.** *Pa.* Ocultar, arrinconar *algo.* rur; pop + cult → espon.

rejundón.
> **I. 1.** m. *Cu.* Lugar alejado y de difícil acceso. rur.

rejunta.
> **I. 1.** f. *ES.* Grupo de amigos que se reúnen para jugar al **futbol**.

rejuntado.
> **I. 1.** m. *CR, Py.* Mezcla desordenada de personas o cosas. pop + cult → espon.

rejuntarse.
> **I. 1.** intr. prnl. *Ho.* Verse con frecuencia dos personas.

rejunte.
> **I. 1.** m. *Ar, Ur.* Grupo o conjunto heterogéneo de personas, animales o cosas, reunidos al azar o sin un criterio preciso. pop + cult → espon ^ desp.

rejurar.
> **I. 1.** tr. *Ho.* Perjurar o jurar repetidamente.

rekortán. (De *Rekortan®*).
> **I. 1.** m. *Ch.* Material sintético usado para revestir las pistas de atletismo.

relación.
> **I. 1.** f. *Py, Ar, Ur. En ciertos bailes tradicionales,* copla que se dicen los integrantes de las parejas.
> **2.** *Ho:O.* Dicho o sentencia en forma de verso.
> ▶ **decir ~.**

relacionador, -ra.
> ■
> **a.** ‖ **~ público.** m. y f. *CR, RD, Ec, Bo, Ch.* **relacionista**.

relacionista.
> **I. 1.** m-f. *RD, Co, Pe, Py, Ar.* Persona que se dedica a las relaciones públicas. ♦ **relacionador público; relacionista público**.
> ■
> **a.** ‖ **~ público.** *CR, Ec.* **relacionista**.

reláfica.
> **I. 1.** f. *Ve.* Conversación o discurso largo o tedioso.

relai. (Del fr. *relais*, relevo).
I. 1. m. *ES, Bo.* Relé, dispositivo que gobierna la regulación y dirección de la corriente en un circuito eléctrico.

relajada.
I. 1. f. *Ur.* Insulto o serie de insultos. pop + cult → espon.

relajado, -a.
I. 1. adj. *Cu, RD, Pe; Pa,* pop + cult → espon. *Referido a persona,* propensa a tomar las cosas por su lado burlesco y chistoso.
2. *RD. Referido a persona,* que continuamente se burla o se mofa de otras.

relajadura.
I. 1. f. *Mx.* obsol. Hernia, salida de un órgano o parte del cuerpo de la estructura anatómica que normalmente la fija. pop.

relajante.
I. 1. adj. *Ch; Ar, Ur,* p.u; pop + cult → espon. *Referido a una bebida o a un alimento,* azucarado en exceso.
2. *Bo:E. Referido a una bebida o a un alimento,* que produce hartazgo. pop + cult → espon.

relajar(se).
I. 1. tr. *Ve.* Hacer varios cortes profundos a la carne o el pescado para salarlos y conservarlos.
2. *Ve.* Cortar la base de ciertas hojas de palma para que queden planas cuando se utilizan para techar una vivienda.
II. 1. tr. *RD, PR.* Hacer burla o mofa de algo o de alguien. pop + cult → espon.
III. 1. tr. *Bo:E.* Producir hartazgo un alimento o un líquido.
IV. 1. tr. *Ur.* Insultar a *alguien.* pop + cult → espon.
2. *Ur.* Criticar o reprender duramente a *alguien.* pop + cult → espon.
V. 1. intr. prnl. *Ur.* Armar escándalo, crear confusión. pop + cult → espon.
□
a. ‖ ~ **la carne.** loc. verb. *Co:N.* p.u. Abrir un trozo de carne con un cuchillo para que quede más fino.
b. ‖ ~ **la vena.** loc. verb. *Ch.* Tranquilizarse, relajarse o disfrutar de un rato de ocio. pop + cult → espon.

a. ‖ **de ~.** loc. adv. *Pa.* En broma, de burla. pop + cult → espon.
b. ‖ **por ~.** loc. adv. *PR.* En broma, de burla. pop + cult → espon.

relaje.
I. 1. m. *Py; Ar,* p.u. Corrupción, depravación. pop.

relajear(se).
I. 1. intr. *Gu, Ho, ES, Ni, Cu; Co,* rur. Divertirse desordenadamente.
2. *RD.* Burlarse de alguien diciéndole algo en broma. pop.
3. tr. *Pa.* Hacer o dar una broma a alguien. pop + cult → espon.
4. intr. *Pa.* Tomar de modo jocoso algo o a alguien; mostrar poca seriedad. pop + cult → espon.
II. 1. intr. *Gu, Ho, ES, Ni, Co.* Causar desorden y alboroto. pop.
2. intr. prnl. *Ho.* **amolotarse,** armar escándalo.

relajero, -a.
I. 1. adj/sust. *Gu, Ho, Ec; ES,* rur. *Referido a persona,* que causa alboroto, bullicio o desorden.

relajiento, -a.
I. 1. adj/sust. *Mx. Referido a persona,* aficionada al relajo y a las diversiones desordenadas. pop.

relajista.
I. 1. sust/adj. *Mx, Ec.* Persona a la que le gusta hacer bromas y divertirse. pop + cult → espon.

relajo.
I. 1. m. *Mx, Gu, Ho, Ni, Pa, Cu, RD, PR, Co, Ec.* Diversión desordenada. pop. ♦ **quiqueo.**
II. 1. m. *Mx, Gu, Cu, RD, PR.* Broma pesada. pop.
III. 1. m. *Mx.* Tarea, gestión o actividad difícil de realizar. pop.
IV. 1. m. *Bo:O,S.* Relación amorosa breve y circunstancial. pop + cult → espon.
2. *Bo.* Caricia íntima. vulg.
V. 1. m. *Ch.* Estado de relajación.
VI. 1. m. *PR; Ur,* p.u. Conversación, *especialmente la relativa a cuestiones sexuales.*

●
a. ‖ **el ~, con orden.** fórm. *Cu.* Se usa para indicar que todo desorden debe ser con mesura.
□
a. ‖ **de ~.**
i. loc. adv. *Mx, Pa, RD.* En son de broma. pop.
ii. loc. adj. *Cu. Referido a cosa,* pornográfica. pop.
▶ **dejar el ~; echar ~; hacer ~.**

relajón, -na.
I. 1. sust/adj. *Cu.* Persona que acostumbra bromear o burlarse de los demás. pop. ♦ **relajoso.**

relajoso, -a.
I. 1. adj/sust. *Cu.* **relajón.**

relambido, -a.
I. 1. sust/adj. *Cu, RD.* Persona que acostumbra tomarse excesiva confianza. pop. (**relambío**).

relambío, -a.
I. 1. *Cu.* **relambido.**

relamer.
□
a. ‖ **~se los bigotes.** loc. verb. *Bo, Ch, Ur.* Encontrar *alguien* mucho gusto o satisfacción en algo. pop.

a. ‖ **para ~se los bigotes.** loc. adj. *Bo, Ch, Ur. Referido a cosa, generalmente alimento,* muy bueno. pop.

relamido, -a.
I. 1. adj. *Gu, Ho, Ni, Pa, Bo. Referido a persona,* descarada, jactanciosa.

relampaciadera.
I. 1. f. *Gu.* Relampagueo, producción continua de relámpagos.

relámpago.
I. 1. m. *Ni, Pe.* Pastel pequeño y alargado, relleno con crema de **manjar blanco** y recubierto con almíbar o chocolate.

relampaguear.
I. 1. intr. *ES.* Sobresalirle a una mujer la combinación por debajo de la **nagua.**

relanceado, -a.
I. 1. adj. *ES. Referido a cosa o evento,* que ocurre con poca frecuencia. (**relanciado**).

relanciadamente.
I. 1. adv. *ES.* De vez en cuando.

relanciado, -a.
I. 1. *ES.* **relanceado.**

relancina.
I. 1. f. *Ec.* Golpe de suerte.
□
a. ‖ **de ~.** loc. adv. *Ec.* Con suerte.

relancino, -a.
I. 1. adj. *Ho, ES. Referido a un suceso,* raro, que ocurre en muy pocas ocasiones. pop + cult → espon.

relator, -ra.
   I. 1. m. y f. *Ec, Ch, Py, Ar, Ur*; sust/adj. *Bo. En radio o televisión,* persona que tiene a su cargo la narración de un espectáculo *generalmente deportivo.*

relave.
   I. 1. m. *Pa, Bo:O,S, Ch.* Residuo de mineral que arrastra el agua tras ser lavado.

relavero.
   I. 1. m. *Bo:O,S. En la mina,* minero que trabaja lavando el mineral.

relax. (Del ingl. *relax*).
   I. 1. adj/sust. *EU, PR, Ec, Bo. Referido a persona,* relajada, tranquila.

relay. (Del fr. *relais,* relevo).
   I. 1. m. *Ho, CR, Cu, Pe, Bo.* Relé, dispositivo que gobierna la regulación y dirección de la corriente en un circuito eléctrico.

relevamiento.
   I. 1. m. *Bo, Ch, Ar, Ur.* Estudio de un terreno para analizar sus características.

relevista.
   I. 1. m. *ES, Cu. En el **beisbol**, **pícher*** cuya función es sustituir a otro en el mismo juego.

relevo.
   I. 1. m. *PR, Bo.* Documento, *generalmente legal,* mediante el que se exonera o descarga a alguien de una responsabilidad judicial o pública. ♦ **relevo de responsabilidad.**
   II. 1. m. *Bo:E,O.* Conductor asalariado que conduce un vehículo de transporte público por días u horas. pop + cult → espon.
   ■
     a. ‖ ~ **de responsabilidad.** *PR.* **relevo.**

relicario.
   I. 1. m. *Ho, Ni, Bo, Ur; CR,* obsol. Medallón que suele colgarse al cuello.
   II. 1. m. *Ho.* Conjunto de delitos de un delincuente. pop + cult → espon ^ fest.

relievante.
   I. 1. adj. *Pe,* vulg, pop; *Co,* cult; *Ec,* pop. *Referido a cosa,* relevante, destacada.

relievar.
   I. 1. tr. *Co, Ec, Pe, Bo:O.* Exaltar o engrandecer *algo.*
   2. *Co, Ec, Pe, Bo:O.* Destacar un hecho o idea.

religión.
   ▶ **ser de la ~.**

religioso.
   □
     a. ‖ **por lo ~.** loc. adj. *Bo:O. Referido a una boda,* contraída con arreglo a los cánones de la Iglesia. pop + cult → espon.

relinchada.
   I. 1. f. *Mx, Ni, Bo, Ur.* Relincho, voz del caballo. pop.
   II. 1. f. *Ni.* Bullicio de niños.

relinchar.
   I. 1. intr. *Ho, ES, Bo.* Protestar por algo.
   2. *Ho, ES, Ni.* Hacer bulla los niños.
   3. *ES.* Emberrincharse, enrabietarse.

relincho.
   I. 1. m. *Ni.* Alboroto de niños cuando juegan.
   ▶ **quedarle solo el ~.**

relingado, -a.
   I. 1. adj. *Ni. Referido a alumno,* suspendido en un examen. est.

relingar.
   I. 1. tr. *Ni.* No aprobar un examen. est.
   II. 1. tr. *Ni.* Golpear a *alguien.*

relingo.
   I. 1. m. *Ho.* Remiendo.

reliquia.
   I. 1. f. *ES.* Padre.

rellena.
   I. 1. f. *Mx, Co, Pe:S.* Morcilla, embutido de cerdo.
   2. *Ho.* Helado de leche y vainilla, bañado de chocolate o de zumo de frutas y adherido a una paleta de madera.

rellenera.
   I. 1. f. *Bo:O.* Mujer que vende **rellenos.**

rellenito.
   I. 1. m. *Gu.* Plato preparado con masa de **plátano** con canela y rellena con **frijol** refrito o con crema.

relleno.
   I. 1. m. *Pe:O.* Morcilla, embutido de cerdo.
   2. *Bo:O.* **Papa** o **postre** molidos que se rellena de **jigote**, se reboza con huevo y harina y se fríe.
   3. *Bo:O.* Guiso de carne, cebollas, tomates picados, **ají colorado** molido y otras especias; se emplea para rellenar **empanadas.**
   II. 1. m. *Ch.* Aportación alimenticia extra que se da a un bebé cuando la leche materna es insuficiente.
   III. 1. *Ch.* **relleno sanitario.**
   □
     a. ‖ ~ **sanitario.** loc. sust. *Ec, Pe, Ch.* Lugar en el que se deposita la basura y que luego se cubre con tierra. ♦ **relleno.**
   ▶ **dar ~.**

rellollo, -a.
   I. 1. adj. *Cu. Referido a persona,* que es oriunda del lugar indicado por el gentilicio. (**reyoyo**).

reloj.
   I. 1. m. *Ho, Ni; CR,* fest. Corazón de una persona.
   II. 1. m. *Ho, Ni.* Roto del calcetín.
   III. 1. m. *Cu.* Instrumento para medir el consumo de energía eléctrica en un lugar.
   ■
     a. ‖ ~ **checador.** *Mx, Ch.* **checador.** ♦ **reloj chequeador.**
     b. ‖ ~ **chequeador.** *Ch.* **checador.**

relojeada.
   I. 1. f. *RD, Ar, Ur.* Mirada u ojeada disimulada. pop + cult → espon.
   2. *Ch.* p.u. Control del tiempo o duración de algo con un reloj.

relojear.
   I. 1. tr. *RD, Ar, Ur.* Mirar a *alguien* o *algo* con disimulo. pop + cult → espon.
   2. *Ch.* p.u. Controlar el tiempo o duración de algo con un reloj. pop.

relojeo.
   I. 1. m. *Ch.* p.u. Control del tiempo o duración de algo con un reloj.

relojero.
   I. 1. m. *Ar, Ur. En el hipódromo,* hombre que cronometra el tiempo de los caballos durante los entrenamientos para que esta información pueda ser publicada.

relojina.
   I. 1. f. *Ni.* Mala compañía. pop.
   II. 1. f. *Ni.* Alboroto, vocerío. pop.

reluciente.
   I. 1. adj/sust. *RD. Referido a un objeto,* bonito.

relujado, -a.
   I. 1. adj. *Mx. Referido a persona,* aseada y vestida con cuidado y esmero.

relujar.
   I. 1. tr. *Mx.* p.u. Dar lustre a los zapatos.

remolcador.
 I. 1. m. *Ni, Cu. En el beisbol*, jugador que da un **batazo** que le permite a otro hacer una **carrera**.

remolcar.
 I. 1. *Cu.* **empujar**, dar un **batazo**.
 II. 1. tr. *ES.* Raptar y violar a una mujer.

remoler.
 I. 1. tr. *Gu, ES.* Molestar, causar molestia.
 II. 1. intr. *Ch.* Divertirse, irse de parranda o jarana. pop. (**remolerla**).
 III. 1. tr. *Ch.* Revolver un jinete su cabalgadura. rur.
 □
   a. ‖ ~**la.** loc. verb. *Ch.* **remoler**, divertirse. pop.

remolienda.
 I. 1. f. *Ch.* Juerga, jarana, jolgorio. pop.

remolín.
 I. 1. m. *Ni.* Juego infantil que consiste en presionar la espalda de alguien con el codo mientras se repite una frase con la palabra «remolín».

remolineada.
 I. 1. f. *Mx, Ni.* Movimiento alrededor de algo en forma de remolino.

remolinear.
 I. 1. intr. *Cu, Ur.* Andar *alguien* de un lugar a otro sin saber qué hacer o dónde quedarse. pop.
 II. 1. intr. *Pa, Ur.* Pensar mucho en algo antes de tomar una decisión o cambiar varias veces de opinión. pop.

remolino.
 □
   a. ‖ ~ **del pellejo.** loc. sust. *Mx.* Ano. vulg.

remolón, -na.
 I. 1. adj. *Pa, Ve.* Referido a persona, cautelosa y precavida o que duda mucho antes de tomar una decisión. pop + cult → espon.
 II. 1. adj/sust. *Gu.* Referido a persona, molesta, que causa molestia.

remolque.
 I. 1. f. *ES.* Rapto y violación de una mujer.

remolquera.
 I. 1. f. *ES.* Prostituta que se acuesta a la vez con varios hombres. pop + cult → espon.

remón.
 I. 1. m. *ES.* Caminata.

remonta.
 I. 1. f. *Ve.* Animal que un jinete lleva de repuesto para cambiarlo por el que monta.
 □
   a. ‖ **de ~.** loc. adj. *Pa.* Referido a una prenda de ropa, recibida de alguien que la ha usado antes.

remontadora.
 I. 1. f. *Co.* p.u. Lugar en el que se reparan zapatos.

remontar(se).
 I. 1. tr. *Co.* Remendar el calzado poniendo una pieza de cuero en la suela.
 ◤
   a. ‖ **no te remontés que no sos barrilete.** fr. prov. *Ar.* Indica que alguien debe mantener una actitud menos altiva u orgullosa. pop + cult → espon. ♦ **no te remontés que no sos cometa.**
   b. ‖ **no te remontés que no sos cometa.** *Ur.* **no te remontés que no sos barrilete.**

remoñeje.
 I. 1. m. *Ho.* Revoltijo de comida.

remotidad.
 I. 1. f. *Gu; CR*, p.u. Lugar remoto, muy lejano. esm.

removedor.
 I. 1. m. *Co.* Sustancia líquida, compuesta de acetona, usada para quitar el esmalte de las uñas.

 2. *Cu, Ch, Ur.* Sustancia química usada para quitar una pintura o esmalte, o para diluirlos cuando están muy espesos.
 II. 1. m. *Cu.* Varilla de plástico que se usa para remover bebidas.

¡rempujá!
 I. 1. interj. *Ni.* Expresa un reto a alguien para pelearse.

rempujar(se).
 I. 1. tr. prnl. *Gu, Ho, Ni, RD; Pa,* rur; vulg. Comer o beber *algo* de forma desmedida.
 II. 1. tr. prnl. *RD.* Realizar el coito. tabú.
 ●
   a. ‖ **¡rempújala que está sin tranca!** fórm. *Ni.* Se usa para invitar a alguien a hacer algo.
 □
   a. ‖ ~ **bala.** loc. verb. *Gu.* Disparar un arma de fuego contra alguien. ♦ **rempujar plomo.**
   b. ‖ ~ **plomo.** *Gu.* rempujar bala.
   c. ‖ ~ **reata.** loc. verb. *Gu.* Pegarse o pelearse violentamente dos o más personas.

rempujón.
 I. 1. m. *Ni.* Autostop.

remúa.
 I. 1. f. *RD.* obsol. Traje o vestido completo que suelen llevar los campesinos.
 2. *RD.* meton. Ropa vieja y desgastada.

remuda.
 I. 1. f. *Mx.* Animal que releva en el trabajo a otro que está cansado. rur.

remudar.
 I. 1. tr. *Mx.* Sustituir un animal cansado por el trabajo por otro fresco. rur.

renacal.
 I. 1. m. *Pe.* Sitio poblado de **renacos** o de sus raíces.

renaco.
 I. 1. m. *Pe.* Árbol corpulento y frondoso, muy ramificado, con hojas pequeñas y duras, y frutos rojos y dulces. (Moraceae; *Ficus trigona*).

renacuajo.
 I. 1. m. *Ho, Bo; Pa,* pop + cult → espon. Persona insignificante. desp.

renaquilla.
 I. 1. f. *Pe.* **matapalo**, árbol.
 2. *Pe.* **copey.**

renato. (Acr. de *Resistencia Nacional*).
 I. 1. m-f. *ES.* p.u. Miembro del grupo armado Resistencia Nacional.

rencada.
 I. 1. f. *ES.* Cojera.

rencauchar.
 I. 1. *ES, Ni, Pa, Bo.* **reencauchar**, volver a cubrir de caucho.

renchido.
 I. 1. m. *Mx.* Cimentación, base sobre la que se asienta una construcción.

rencillista.
 I. 1. sust/adj. *Bo.* Persona inclinada a rencillas.

renco, -a.
 I. 1. *Mx, Gu, Ho, ES, CR, Pa, RD, Co, Bo.* **rengo**, cojo.
 □
   a. ‖ ~ **del morro.** loc. sust/adj. *Ho.* Persona tonta.

rencorista.
 I. 1. adj/sust. *Mx, ES, Cu.* Referido a persona, rencorosa. pop.

renculillo.
 I. 1. m. *Cu.* obsol. Impaciencia o ansiedad.
 II. 1. m. *Cu.* obsol. Actitud arbitraria y no razonada en que alguien se obstina contra algo o alguien.

rendar.
 I. 1. tr. *PR.* Pescar.

rendidura.
 I. 1. f. *Ar:NE.* Lesión muscular producida por un movimiento violento o forzado. rur.

rendir.
 I. 1. intr. *Mx, ES, Ni, CR, Pa, Cu, RD, PR, Ec:O, Pe, Ur.* Ser suficiente o bastante para algún fin.
 II. 1. tr. *CR, Ec, Pe, Bo, Ch, Py, Ar, Ur.* Realizar *alguien* una prueba o examen. est.
 2. intr. *RD, Py; Cu,* p.u. Someterse a un examen de aptitud o de conocimientos.
 III. 1. tr. *Ni, PR, Co.* Aumentar, agregar más cantidad de ingredientes a la elaboración de algo.
 2. intr. *Cu, Ar; Ur,* p.u. Aumentar de volumen un alimento al ser cocido, *especialmente el arroz.*
 □
 a. ‖ ~ **el charro.** loc. verb. *Ni.* Reconocer a alguien sus méritos.
 b. ‖ ~ **el sombrero.** loc. verb. *Ho.* Rendir pleitesía a alguien, reconocer sus méritos.

renegadera.
 I. 1. f. *Mx, Ho, ES, CR, Co, Pe.* Reniego, dicho continuado injurioso y maldicente con el que se expresa malestar o fastidio por algo.

renegrido.
 I. 1. *Ar:NO.* **golofo.**

renglón.
 I. 1. m. *Mx, Ho, ES, CR, Cu, Bo, Ur.* Cada una de las partes en que se considera dividida la actividad económica, industrial o comercial.
 2. *Pa.* Cada una de las partes en las que de manera supuesta podría dividirse un asunto, institución, empresa o actividad de la cual se habla.

rengo.
 ☑
 a. ‖ ~, ~, **pero vengo.** fr. prov. *Ar.* Indica que se cumple lo prometido pese a las dificultades. pop + cult → espon.

rengo, -a.
 I. 1. adj. *Mx, Cu, Co, Ec, Pe, Bo, Py, Ar, Ur;* adj/sust. *Ch,* p.u. *Referido a persona o animal,* cojo por lesión de un pie o una pata. (**renco**). ♦ **arrengado.**
 2. *Bo, Ar, Ur. Referido a un mueble,* que no se apoya con todas sus patas en el piso y se balancea. pop + cult → espon.
 3. *Ho. Referido a una organización, un partido político o una institución,* deficiente en su funcionamiento.

renguear.
 I. 1. intr. *Mx, Cu, Pe, Bo, Ch, Py, Ur.* Cojear una persona o un animal.

renguera.
 I. 1. f. *Cu, Ve, Bo:O, Py, Ar, Ur; Mx, Co, Ec, Pe, Ch,* pop. **renquera.**
 2. *Co.* Enfermedad del ganado caballar y vacuno que paraliza los cuartos traseros.
 3. *Cu.* Parálisis de los cuartos traseros que sufre un animal por enfermedad.
 □
 a. ‖ **como ~ de perro.** loc. adv/adj. *Ar.* Falsa o simuladamente. pop + cult → espon.

renguero, -a.
 I. 1. adj/sust. *Ch. Referido a persona,* que cojea. pop.

renguillo.
 I. 1. m. *Bo:O.* Lienzo que se pone entre la tela y el forro de una prenda de vestir.

reniego.
 I. 1. m. *Ho.* Bochinche, escándalo.

renoleta. (Der. de *Renault*®).
 I. 1. m. *Ar.* Automóvil de baja cilindrada con forma de furgoneta. pop.

renovadora.
 I. 1. *Pe.* **renovadora de calzado.**
 ■
 a. ‖ ~ **de calzado.** f. *Mx, Ec, Pe, Bo.* Taller en el que se arregla calzado. ♦ **renovadora.**

renquera.
 I. 1. f. *Mx, Gu, Ho, ES, Ni, CR, Pa, Co, Ve, Bo, Ch, Ar, Ur,* p.u. Cojera. pop. (**renguera**).

renta.
 I. 1. m. *PR.* Agente de policía que trabaja con narcóticos. polic.

rentacar. (Del ingl. *to rent a car*).
 I. 1. m. *Ho, ES; Cu,* pop. Oficina de alquiler de automóviles.
 2. *Ho, ES, Bo.* Arriendo de automóviles, por tiempo, por recorrido o en forma mixta.

rentado, -a.
 I. 1. adj. *Bo:O, Ar, Ur. Referido a un trabajo o a un cargo,* retribuido con un sueldo.
 2. adj/sust. *Ar, Ur. Referido a persona,* que recibe un sueldo por un trabajo o un cargo.

rentar. (Del ingl. *to rent,* alquilar).
 I. 1. tr. *EU, Mx, Gu, Ho, ES, Ni, Pa, Cu, RD, PR, Ec, Ch; CR,* p.u. Alquilar, dar o tomar algo en arriendo. pop + cult → espon.
 II. 1. tr. *Ho.* juv. Exigir dinero una **mara** al conductor de un vehículo para continuar su ruta. delinc.

rente.
 □
 a. ‖ **al ~.** loc. adv. *Cu.* Al ras. pop.

rentista.
 I. 1. sust/adj. *Bo, Ur.* Persona jubilada.

renuevo.
 I. 1. *PR.* **cogollo,** hojas rectas.

renunciar.
 I. 1. tr. *Mx.* Hacer dimitir a alguien.

reñir.
 I. 1. intr. *PR. En las peleas de gallos,* escarbar el gallo en el suelo durante la pelea.

reñoso, -a.
 I. 1. adj. *PR. Referido a persona,* de mal genio. rur.

reo, -a.
 I. 1. sust/adj. *Ar, Ur.* Persona de aspecto desaliñado y de modales groseros. pop + cult → espon ^ desp.
 2. adj. *Ar.* Relativo al reo o semejante a él. delinc.
 3. sust/adj. *Ar.* Persona de mal vivir, marginal. delinc.
 4. adj/sust. *Ar. Referido a un niño,* desfachatado. pop + cult → espon ^ afec.

repa. (Apóc. de *repartero*).
 I. 1. *Cu.* juv. **repartero,** joven que tiene preferencia por géneros musicales norteamericanos.

repajar.
 I. 1. tr. *Pe:S.* Reparar y renovar un techo de paja añadiendo una nueva capa encima de la ya existente. pop.

repajilar. (De *raspajilar*).
 I. 1. tr. *RD.* Hacer que alguien se marche de un lugar. (**respailar; respajilar**).

repanconqueso.
 □
 a. ‖ ¡**que la ~!** loc. interj. *Ar:NO, Ur.* Expresa gran enojo o molestia. euf; pop + cult → espon.

repañar.
 I. 1. intr. *Ec. En los ingenios azucareros,* recoger manualmente la caña cortada que no ha alzado la cargadora mecánica.

repañe.
    I. 1.   m. *Ec. En los ingenios azucareros*, recogida manual de la caña cortada que no ha alzado la cargadora mecánica.

reparación.
    I. 1.   f. *Ni, Ve.* Examen que, después de finalizado el curso, **rinde** un alumno sobre una asignatura que no aprobó.

reparador, -ra.
    I. 1.   adj. *Mx. Referido a una caballería*, que da a menudo saltos arqueando el lomo.

reparadora.
    I. 1.   f. *Cu, Ch.* Establecimiento dedicado a la reparación de determinados artículos.
    2.   *Bo, Ch.* Taller de reparación de zapatos.

reparar(se).
    I. 1.   tr. *Ni, Ve.* Escatimar el dinero que se gasta o se da a otros. pop + cult → espon.
    2.   *Ve.* Vigilar y controlar los gastos de alguien. pop + cult → espon.
    II. 1.   tr. *CR, Ve.* Conceder un favor o un bien un santo a alguien. pop + cult → espon.
    2.   *Ve.* Conseguir *algo* para dárselo a alguien. pop + cult → espon.
    III. 1.   intr. prnl. *Ar; Ur*, obsol. Ponerse bajo techo para protegerse de la intemperie.
    IV. 1.   tr. *Ar.* Imitar a *alguien* con la intención de ridiculizarlo. pop + cult → espon.
    V. 1.   tr. *Ni, Ve.* **Rendir** un examen un alumno, después de finalizado el curso, sobre una asignatura no aprobada.
    VI. 1.   intr. *Gu.* Dar saltos un animal encorvando el lomo.
    2.   *Ni.* Asustarse una caballería de montar. rur.
    VII. 1.   tr. *Ch.* Poner reparos o trabas a algo.

reparista.
    I. 1.   adj. *Ni. Referido a persona*, que escatima, *especialmente en cuanto a gastos necesarios*. pop + cult → espon.

reparisto, -a.
    I. 1.   adj. *Ho. Referido a una caballería*, asustadiza. rur.
    II. 1.   adj. *Ho. Referido a persona*, que a todo le pone reparos.

reparo.
    I. 1.   m. *Mx, Gu; Ni*, rur. Salto que da una caballería encorvando el lomo. ♦ **reparón**.
    II. 1.   m. *Ni, Ve.* Avaricia o tacañería. pop + cult → espon.
    III. 1.   m. *Ve.* Atención que se presta a lo que dice una persona o a un asunto. pop + cult → espon.

□
    a. ‖ **al ~.** loc. adv. *Ar, Ur.* En lugar resguardado y protegido de las inclemencias del tiempo.

reparón.
    I. 1.   *Ho.* **reparo**, salto que da una caballería.
    2.   m. *Ni.* Caballo asustadizo.

reparón, -na.
    I. 1.   adj. *Mx, Bo:O. Referido a persona*, que pone reparos o trabas continuamente. pop.
    II. 1.   m. y f. *Ar:NO.* Persona que imita a otra con la intención de ridiculizarla. pop + cult → espon.

reparterismo.
    I. 1.   m. *Cu.* Conducta propia de un **repartero**, joven que tiene preferencia por géneros musicales norteamericanos, como el rap.
    2.   *Cu.* Conducta que evidencia poca clase o comportamiento grosero. pop.

repartero, -a.
    I. 1.   sust/adj. *Cu.* juv. Joven que tiene preferencia por géneros musicales norteamericanos como el rap, el *rhythm and blues* o el *hip hop* y que suele vestirse con ropa muy ancha y grande, y gruesas cadenas. (**repa**). ♦ **moñero**.
    2.   *Cu.* Persona con poca clase o comportamiento grosero. pop.

repartición.
    I. 1.   f. *Pe, Bo, Ch, Py, Ar, Ur. En organizaciones institucionales*, cada una de las dependencias.

repartida.
    I. 1.   f. *Mx, Bo:O, Py*; *CR, Ar:NO*, rur. Repartición. pop.

repartidera.
    I. 1.   f. *Mx, Ho, ES, Ni, CR, Pa, Cu, RD, Co.* Repartición continua y reiterada de algo.

repartido.
    I. 1.   m. *Ur.* Material impreso o fotocopiado que se distribuye en una institución o en un evento.

repartija.
    I. 1.   f. *Bo, Ch, Py, Ar, Ur.* Reparto de algo que se considera muy valioso o abundante. pop.
    2.   *Bo, Ch, Py, Ar, Ur.* Reparto interesado de cargos públicos o políticos. pop + cult → espon ^ desp.
    3.   *Bo, Py, Ar, Ur.* Reparto del producto de un robo. pop + cult → espon.

repartir(se).
□
    a. ‖ **~ como pan bendito.** loc. verb. *Ar.* Distribuir *algo* en cantidades pequeñas. pop + cult → espon.
    b. ‖ **~ el pija.** loc. verb. *Ho.* Golpear, dar una paliza a alguien. ♦ **repartir el riata; repartir el verga**.
    c. ‖ **~ el queso.**
       i. loc. verb. *Ho.* Ser el mejor en su especialidad o trabajo.
       ii. *Ho.* Ser la persona más importante o tener mucho poder.
    d. ‖ **~ el riata.** *Ho.* **repartir el pija**.
    e. ‖ **~ el verga.** *Ho.* **repartir el pija**.
    f. ‖ **~ maicillo.** loc. verb. *Ho.* Sobornar a *alguien*, regalar dinero o dar prebendas *una persona* para obtener lo que desea. pop + cult → espon.
    g. ‖ **~se la marrana.** *Co.* **repartirse la torta**. pop.
    h. ‖ **~se la torta.** loc. verb. *Pe, Bo, Ch, Py, Ar, Ur.* pop. Dividirse entre varias personas lo ganado de manera ilícita. ♦ **repartirse la marrana**.

reparto.
    I. 1.   m. *Ni, Cu.* Barrio residencial.
    2.   *ES, Ni; Pa*, p.u. Terreno dividido en **lotes** para la construcción de nuevas viviendas.

repasada.
    I. 1.   f. *Mx, ES, CR, Cu, RD, Co, Ve, Ec, Pe, Bo, Ch, Ar, Ur.* Revisión rápida para corroborar que algo está en orden o para corregir errores. pop + cult → espon.
    2.   *Mx, Pe, Bo, Ar, Ur.* Barrido o limpieza ligera de algo. pop.

repasador.
    I. 1.   m. *Bo, Py, Ar, Ur.* Paño de lienzo *utilizado generalmente para secar la vajilla*.
    2.   *Py.* Paño que sirve para fregar los suelos.

repasador, -ra.
    I. 1.   m. y f. *Cu. En el cultivo del tabaco*, persona encargada de **repasar**.
    II. 1.   m. y f. *Cu.* Profesor particular que prepara a un estudiante para una materia o para presentarse a un examen.

repasadora.
    I. 1.   f. *Ni:C.* Vaca que en el ordeño expele leche constantemente. rur.

repasar.
    I. 1.   tr. *Mx.* Planchar la ropa. pop + cult → espon.
    II. 1.   tr. *Mx.* Moler por segunda vez el maíz en el **metate**. pop + cult → espon.

III. 1. tr. *Cu.* Cortar los hijos y yemas que le brotan a la planta de tabaco después de habérsele quitado los botones.

repaseada.

I. 1. f. *Ho, ES.* Rompimiento de algo.

II. 1. f. *Ho, ES.* Equivocación, error.

repasearse.

I. 1. intr. prnl. *Gu, Ho.* Maltratar o despreciar a alguien.

2. *Gu.* Reprender a alguien con dureza.

II. 1. intr. prnl. *Ho, ES.* Estropear *alguien* algo.

2. *Ho, ES.* Hacer mal algo, equivocarse.

repaso.

I. 1. m. *Cu.* Corte de los hijos y yemas que le brotan a la planta de tabaco después de habérsele quitado los botones.

II. 1. m. *Gu.* Fiesta, *generalmente de gente joven y que no suele alargarse hasta más tarde de la medianoche.*

repastado, -a.

I. 1. adj. *Mx. Referido al ganado,* bien alimentado. rur.

repastar.

I. 1. tr. *Ni.* Meter un novillo en un **potrero** para el engorde.

repasto.

I. 1. m. *Ni, CR, Ec.* Terreno cultivado de pasto especial para engordar ganado vacuno.

repe.

I. 1. m. *Ec:S.* Guiso de **plátano verde** o **guineo** con queso tierno sin salar, leche, cilantro y ajo. ♦ **repe blanco**.

■

a. ‖ ~ **blanco**. *Ec.* **repe**.

b. ‖ ~ **mestizo**. m. *Ec.* **Repe** al que se le añade **yuca** y **papa**.

repechada.

I. 1. f. *Ch.* Cuesta, repecho, pendiente no muy larga.

2. *Ch.* Subida de una cuesta o repecho.

repechado, -a.

I. 1. adj. *Ho. Referido a persona,* que saca el pecho.

repechaje.

I. 1. m. *Mx, Ho, ES, Ni, CR, Co, Ve, Ec, Pe, Bo, Ch, Py, Ar, Ur. En deportes,* última oportunidad de seguir en la **competencia** que se ofrece a los participantes que no se clasificaron.

II. 1. m. *Co:N.* Repetición de un plato de comida. pop.

repechar.

I. 1. intr. *Mx, Ec, Bo, Ch.* Participar en una **competencia** de **repechaje**.

2. *Ar, Ur.* Progresar *alguien,* continua aunque lentamente, en una actividad. pop + cult → espon.

3. *Ar, Ur.* Restablecerse, progresiva aunque lentamente, de una enfermedad. pop + cult → espon.

4. *Ar, Ur.* Recuperarse o salir adelante después de una situación difícil. pop + cult → espon.

5. tr. *Ch.* Superar una dificultad.

II. 1. intr. *Mx.* Hacer una parada de descanso en un viaje.

repela.

I. 1. f. *Mx.* Segunda pasada para apacentar un ganado en un mismo terreno. rur.

II. 1. f. *Ho, Ni, CR.* Última recolección del café en la que no se discriminan los granos verdes de los maduros.

repelada.

I. 1. f. *Mx, Pa.* Regañina. pop + cult → espon.

II. 1. f. *Cu.* Corte de cabello muy corto. pop + cult → espon.

repelar.

I. 1. tr. *Mx.* Rezongar. pop + cult → espon.

II. 1. tr. *Mx.* Apacentar por segunda vez el ganado en un mismo terreno. rur.

III. 1. intr. *Co:C.* Comer los restos de un alimento que queda en una olla. pop.

IV. 1. tr. *Ho, ES, Ni, CR. En la cosecha del café,* realizar la última recolección sin discriminar los granos verdes de los maduros. rur.

V. 1. tr. *Cu.* Dejarle el cabello muy corto a alguien.

VI. 1. tr. *Pa.* Regañar un superior a *alguien.* pop + cult → espon.

repele.

I. 1. m. *Ve.* Resto poco apreciado de algo. pop + cult → espon.

2. *Ve.* Persona u objeto sin valor. pop + cult → espon.

3. *Ve.* Dinero que sobra de un presupuesto. pop + cult → espon.

repelencia.

I. 1. f. *Pa, Co, Ve.* Molestia o impertinencia repetida. pop.

repelente.

I. 1. sust/adj. *Mx, RD, Co, Ve, Ar, Ur.* Persona antipática. pop ^ desp.

2. *Pa.* Persona de modales groseros y comportamiento vulgar. pop + cult → espon.

repelillo.

I. 1. m. *PR.* Repugnancia, asco. pop + cult → espon.

repelillos.

▶ **andar con ~.**

repellada.

I. 1. f. *Mx, Gu, Ho, ES, Ni, CR.* Repello, cubrimiento que se hace de una pared con yeso o cal.

II. 1. *Ho, Ni.* **repello**. desp.

III. 1. f. *Cu.* Roce lascivo.

repellar(se).

I. 1. tr. prnl. *Ho, ES, Ni.* Maquillarse la cara. desp.

II. 1. tr. *Cu.* Rozar con lascivia a *alguien.* vulg.

III. 1. intr. prnl. *Cu.* Rasparse la piel debido a una caída o roce fuerte.

IV. 1. tr. *CR, Pa.* Comer.

repelle.

I. 1. *ES.* **repello**.

repello.

I. 1. m. *Ho.* **Maquillamiento** de una mujer. fest. (**repelle**). ♦ **repellada**.

repelo.

I. 1. m. *Mx.* Ropa usada.

II. 1. m. *Ni.* Temor por algo que se presiente.

III. 1. m. *Ni.* Rechazo.

□

a. ‖ **de ~.** loc. adj. *Ec. Referido a vaca,* que no está en el período de producción de leche. rur.

repelón.

I. 1. m. *Pa; Cu,* p.u. Siesta o sueño de corta duración. pop.

II. 1. m. *Pa.* Represión, regaño. pop + cult → espon.

repelón, -na.

I. 1. adj/sust. *Mx. Referido a persona,* que rezonga con frecuencia.

repeluz.

□

a. ‖ **en un ~.** loc. adv. *Ar.* Rápidamente, en un instante. pop + cult → espon.

repente.

I. 1. adv. *ES, Ch.* Repentinamente, de manera inesperada o imprevista. pop.

□

a. ‖ **de ~.**

i. loc. adv. *Mx, ES, Ni, Pa, RD, Ve, Pe, Bo, Ur.* Posiblemente.

ii. *Mx, Ec, Ch.* En ocasiones, rara vez.

b. ‖ **de ~ y tal.** loc. adv. *Ve.* Posiblemente, a lo mejor. pop + cult → espon.

c. ‖ **de un de ~.** loc. adv. *Mx, Ch, Ar, Ur.* De manera inesperada. pop + cult → espon. ♦ **en un repente.**

d. ‖ **en un ~.** *Ar.* p.u. **de un de repente.**

repentismo.
I. 1. m. *Cu.* Canto de versos improvisados por un **decimista.**

repentizar.
I. 1. intr. *Cu.* Cantar un **decimero** versos improvisados en una **controversia.**

repepena.
I. 1. f. *Ho.* Recogida de los últimos granos de café que quedan en el suelo. rur.

repepenar.
I. 1. intr. *Ho, ES.* Cosechar los últimos granos de café que quedan en el suelo. rur.

reperpero.
I. 1. m. *RD, PR; Cu,* obsol. Situación en la que imperan la confusión y el desorden. pop.

reperperoso, -a.
I. 1. adj. *RD. Referido a persona,* que causa confusión y desorden.

repesar.
I. 1. tr. *PR. En las peleas de gallos,* pesar a los gallos por última vez dentro del redondel a la vista del público.

repete.
I. 1. m. *Bo. En la milicia,* recluta que acostumbra a pedir un segundo plato de comida. pop + cult → espon.
2. *Bo.* Repetición de un plato de comida.

repetidera.
I. 1. f. *Mx, Ho, ES, Ni, CR, Cu, RD, Co, Pe, Bo.* Repetición constante.

repetidor.
I. 1. adj. *Cu. Referido a gallo de pelea,* que repite en combate el mismo tipo de ataque.

repetir(se).
□
a. ‖ **~ el plato.** loc. verb. *Pe, Bo, Ch, Ur.* Volver a hacer algo que se había hecho anteriormente. pop + cult → espon.
b. ‖ **repetírsele.** loc. verb. *Ch.* Venir involuntariamente *algo* al pensamiento de forma recurrente y en ocasiones obsesiva.

repicadera.
I. 1. f. *Mx, Gu, CR.* Repique continuo y reiterado. pop.
II. 1. f. *Pa.* Repetición constante y molesta, de argumentos y palabrería, que sobre un tema o varios hace alguien. pop + cult → espon.

repicador.
I. 1. m. *PR. En la industria azucarera,* instrumento que corta en pedazos la caña de azúcar que se tira al surco.
II. 1. m. *Pa.* Tambor de sonido agudo, formado por un cilindro hueco, utilizado para acompañar el **tamborito** u otros ritmos típicos.

repicar.
I. 1. tr. *Pa.* Cortar las ramas bajas de los árboles y reducirlas a leña para que la quema sea más intensa.
II. 1. *Pa.* **cantaletear,** repetir las cosas.
□
a. ‖ **~ el fuete.** loc. verb. *PR.* Tener *alguien* el mando. rur.

a. ‖ **cuando repican fuerte.** loc. adv. *Ch.* p.u. En ocasiones especiales o señaladas. pop + cult → espon ^ fest.

repique.
I. 1. m. *Ar. En algunas danzas tradicionales,* zapateo en el que alternan el golpe en el piso con un pie y el del **taco** y la espuela del otro.
II. 1. m. *Ve.* juv. Llamada telefónica.

repiquete.
I. 1. m. *Pe:E.* Crecida fuerte, repentina y de corta duración de un río.

repisa.
I. 1. f. *Ni, CR.* Peana apoyada en una pared.
II. 1. f. *ES.* Seno de mujer. fest.

repisada.
I. 1. f. *Ho, ES.* Daño, acoso, ruina.
II. 1. f. *Ho, ES.* Coito repetido.

repisado, -a.
I. 1. adj. *Ho, ES. Referido a una mujer,* muy activa sexualmente. tabú.
II. 1. adj/sust. *ES. Referido a persona,* arruinada.
III. 1. sust/adj. *Ho.* Persona insignificante. desp.

repisar.
I. 1. tr. *Ho, ES.* Dañar, acosar, arruinar a *alguien.*
II. 1. intr. *Ho, ES.* Realizar repetidas veces el coito con la misma mujer.

repisón, -na.
I. 1. m. y f. *Ho, ES.* Persona insaciable en el sexo.

répite.
I. 1. m. *RD.* Reprensión corta, pero fuerte.

repitencia.
I. 1. f. *Ho, ES, Ni, Cu, Bo, Ch, Py, Ar, Ur; Ec,* p.u. *En educación,* repetición de curso.

repitente.
I. 1. adj/sust. *Ho, ES, Ni, CR, Cu, Co, Ve, Pe, Bo, Ch, Py, Ar. Referido a un alumno,* que cursa nuevamente una asignatura o un año escolar por no haber aprobado.

replana.
I. 1. f. *Pe.* Jerga de delincuentes.

replicar.
I. 1. tr. *Co.* Volver a realizar una actividad que ya se ha hecho en otra ocasión.

repocheta.
I. 1. f. *Ni.* **Tortilla** frita con **frijoles** y queso y aderezada con ensalada de repollo, cebolla, crema, salsa de tomate y vinagre.
2. *Ni.* **Tortilla** doblada en forma de empanada, rellena de queso y frita.

repollar.
I. 1. tr. *Ho, RD.* Retoñar una planta.

repollera.
I. 1. f. *Ho.* Terreno sembrado de repollo. rur.

repollero, -a.
I. 1. m. y f. *Ho. En el futbol,* persona que recoge los balones que salen del campo, *generalmente niños.*

repollita.
I. 1. f. *Co.* Col de Bruselas. (Brassicaceae; *Brassica oleracea*). ♦ **repollito de Bruselas.**
2. *Co.* Cogollo comestible que brota de esta planta.

repollito.
I. 1. m. *Ch.* Pastel pequeño hecho a base de harina, mantequilla y huevos, y relleno con alguna sustancia *generalmente dulce.*

■
a. ‖ **~ de Bruselas.** m. *Ar.* **repollita.**

reponerse.
I. 1. intr. prnl. *Mx, ES, Ni, CR, Co, Ec, Ch, Ur.* Engordar un poco *una persona* delgada. pop + cult → espon.

reportar(se).
  I. (Del ingl. *to report*).
    1. intr. prnl. *EU, Mx, Ho, ES, Ni, CR, Pa, Cu, RD, PR, Co, Ec, Bo:O, Ch, Py, Ar, Ur.* Comparecer, presentarse ante alguien, *especialmente un superior.*
    2. tr. *EU, Mx, Ho, ES, CR, Cu, RD, PR, Co, Ve, Ec, Pe, Py.* Transmitir una noticia por un medio de comunicación.
    3. *EU, Ho, ES, Ni, CR, Pa, RD, PR, Ve, Ec, Bo, Ch, Py, Ar, Ur.* Comunicar o dar noticia de algo a alguien.
    4. intr. prnl. *Ho, ES, Ni, RD, Co, Ve, Ec, Bo:O, Py.* Comunicarse con alguien, *especialmente el jefe o el cónyuge,* para informarle de la actividad que realiza, el lugar donde se está o la hora de regreso. pop + cult → espon.
    5. tr. *EU, PR.* Hacer un **reporte**, informe. est.
    6. *Cu.* Solicitarle a una entidad especializada la reparación de un electrodoméstico o del teléfono.
  II. **1.** intr. *Cu, Bo, Py.* Visitar el novio a la novia.

reportazgo.
  I. **1.** m. *Mx.* Información periodística.

reporte. (Del ingl. *to report*).
  I. **1.** m. *Mx, Ho, ES, Pa, Ec.* Presentación ante alguien.
    2. *EU, Ho, ES, Ni, CR, Cu, RD, PR, Ec, Bo, Ch, Py.* Informe escrito o verbal de algún asunto.
    3. *Ho, Ni, Pa.* Denuncia.

reporteada.
  I. **1.** f. *Ho, ES.* Trabajo de un periodista.

reportear.
  I. **1.** tr. *Mx, Ho, ES, CR, Pe, Bo, Ch, Ar; Py,* cult; *Ec,* p.u. Buscar noticias y difundirlas desde un medio de comunicación.
    2. *Mx, Ho, ES, Ni, Pa, Ve, Ec, Bo:O, Py, Ar, Ur.* Entrevistar un periodista a *alguien* para hacer un reportaje.
    3. *Co, Ch; Py,* p.u. Tomar fotografías para realizar un reportaje gráfico.
    4. *Co.* Interrogar a *alguien* minuciosamente. pop.

reporteo.
  I. **1.** m. *CR, Ec, Ch.* Actividad por medio de la que se realiza un reportaje o una investigación acerca de algo.
    2. *Bo, Ch.* Reportaje.

reporto.
  I. **1.** m. *Ni.* Título valor **transado** en bolsa.

repos.
  I. **1.** m. *Ch.* Sistema por el que un banco central proporciona liquidez a las operaciones financieras a cambio de pagarés que la banca privada se compromete a recomprar posteriormente.
    2. *Ch.* Cada uno de esos pagarés.

reposada.
  I. **1.** f. *Mx, Ni.* Reposo, descanso.

reposadera.
  I. **1.** f. *Gu.* Sumidero, conducto que sirve de desagüe.
    2. *Ho.* Laguna o estanque en el que se acumula el agua que, una vez evaporada, producirá la sal.

reposador, -ra.
  I. **1.** adj. *Ch.* p.u. *Referido a cosa,* que tranquiliza o produce sosiego. cult.

reposeer. (Del ingl. *to repossess*).
  I. **1.** tr. *EU, PR.* Retirar alguna mercancía vendida, voluntariamente o por orden judicial, por no haber cumplido el cliente con los términos del contrato.

reposera.
  I. **1.** f. *Ch, Py, Ar, Ur.* Silla, *generalmente plegable,* de respaldo largo y reclinable que suele usarse al aire libre, *particularmente en jardines, piscinas o playas.*

reposero, -a.
  I. **1.** sust/adj. *Ve.* Persona que con frecuencia disfruta de permisos, descansos o licencias para ausentarse del trabajo. pop + cult → espon.

reposición.
  I. **1.** m. *Ho, ES, PR.* Repetición de un examen de una asignatura, cuando se ha **reprobado**. est.

repostada.
  I. **1.** f. *ES, Co.* Contestación grosera.

repostado, -a.
  I. **1.** *ES.* **repostón**, contestón, malcriado.

repostar.
  I. **1.** tr. *Ho, ES, Ni, Pa, Cu, RD, PR, Co, Ve.* **ripostar**.

repostear.
  I. **1.** tr. *Ho, Ni.* Reponer los postes que hacen falta en un cerco. rur.

repostero.
  I. **1.** m. *Pe.* Mueble de cocina donde se guarda el servicio de mesa o alimentos que no precisan refrigeración.
    2. *Ch.* Habitación contigua a la cocina que se usa como despensa o comedor.

repostero, -a.
  I. **1.** *ES.* **repostón**, contestón, malcriado.

repostón, -na.
  I. **1.** adj. *ES. Referido a persona,* contestona, malcriada.
    ♦ **repostado**; **repostero**.

reprenderse.
  I. **1.** intr. prnl. *Cu.* Insistir mucho *alguien.* pop.

reprendido, -a.
  I. **1.** adj/sust. *Cu. Referido a persona,* insistente. pop.

representante.
  ■
    a. ‖ ~ **de corregimiento.** m-f. *Pa.* Persona elegida por votación directa para cumplir con las funciones asignadas por ley, representar a su comunidad y ser miembro del consejo municipal de su respectivo distrito.

representar.
  I. **1.** tr. *Ve.* Valer efectivamente un bien su precio.
    2. intr. *Ve.* Tener un objeto apariencia fina o costosa.
  II. **1.** tr. *Ve.* Dar un hombre a su familia respaldo frente a la sociedad.
    2. *Cu.* obsol. Apoyar social y económicamente un hombre a una mujer, *especialmente casándose con ella.*

representativo, -a.
  I. **1.** adj. *Ve, Py. Referido a un objeto, especialmente un regalo,* que luce fino y costoso. pop + cult → espon.

reprís. (Del fr. *reprise*).
  I. **1.** m. *ES, Ni, CR, Ec, Bo.* Repetición de un programa o evento de radio o televisión.

reprisar. (Del fr. *reprise,* repetición).
  I. **1.** tr. *Ec, Bo; Ur.* obsol. Volver a poner en escena una obra dramática, cinematográfica o musical ya estrenada en una temporada anterior. pop + cult → espon.

reprise. (Voz francesa).
  I. **1.** f. *Gu, Bo; Ec,* p.u; *Ur,* obsol. Reposición de una obra dramática, cinematográfica o musical ya estrenada.

reprobada.
  I. **1.** f. *Ho, ES, Ni, RD, Bo.* Suspenso en un examen, asignatura o curso.

reprobado, -a.
  I. **1.** adj/sust. *Mx, Ho, ES, Ni, CR, Pa, RD, Ec, Pe, Bo, Ch, Py, Ar, Ur. Referido a un estudiante de primaria o secundaria,* que no ha aprobado un examen, una materia o el curso lectivo.

reprobar.
I. 1.   tr. *Mx, Ho, ES, Ni, CR, Pa, RD, Co, Ve, Ec, Pe, Bo, Ch, Ar.* No aprobar un alumno o estudiante un examen, materia o curso. ♦ **volar.**

reptil.
I. 1.   *Ho.* **alabardero**, persona aduladora.

republicano, -a.
I. 1.   adj. *PR. Referido a persona*, estadista, partidaria de la anexión de Puerto Rico a los Estados Unidos en calidad de Estado federal.

repucheta.
I. 1.   f. *Ec.* Reprehensión moderada. pop + cult → espon.
2.   *Pa.* Respuesta atrevida e irrespetuosa.

repuesta.
I. 1.   f. *PR.* Llanta adicional que llevan los vehículos para uso de emergencia.

repuestera.
I. 1.   f. *Ve, Ar.* Establecimiento donde se venden repuestos de vehículos.

repuesto, -a.
I. 1.   adj. *Mx, CR, RD, Co. Referido a persona*, que ha aumentado más de peso de lo normal para su altura. euf; pop.
2.   *Ni, CR, Pa, Cu, Ve, Ch, Ur. Referido a persona delgada*, que ha ganado algo de peso. pop.
▶ **quedar para repuesto de loco.**

repulgada.
I. 1.   f. *Bo.* **repulgue.**

repulgado.
I. 1.   *Ec.* **repulgue.**

repulgue.
I. 1.   m. *Ec, Bo, Ar, Ur.* Repulgo o borde labrado de una empanada o pastel. ♦ **repulgada, repulgado.**

repunta.
I. 1.   f. *Ho, ES, Ni.* Crecida de un río.
2.   *Ho, Ni.* Pleamar.

repuntar.
I. 1.   intr. *Mx, Ho, CR, Co, Pe, Bo, Ch, Py, Ar, Ur.* Recuperar *alguien* una posición favorable.
2.   *Ve, Ar, Ur.* Restablecerse, progresiva aunque lentamente, de una enfermedad. pop + cult → espon.
II. 1.   intr. *Mx, Ho, Ni, RD, Ve, Py, Ar, Ur.* Volver a subir las aguas de un río.
III. 1.   tr. *Mx, Ch, Py, Ar, Ur.* Reunir los animales que están dispersos en un campo. rur.
2.   *Bo:E.* Alejar el ganado de los caminos para evitar que sufra o provoque accidentes.
IV. 1.   tr. *Ho, Ni.* Empezar a manifestarse algo.
2.   intr. *Py.* Aparecer *alguien* de improviso.

repunte.
I. 1.   m. *Mx, Ch, Ar, Ur.* Labor de reunir las reses dispersas. rur.
2.   *Ar, Ur.* Subida o aumento de las aguas de un río.
3.   *Ho.* Despunte del tallo de una planta.

repuntilla.
I. 1.   f. *Ho.* Marea pequeña.

reque. (Del ingl. *wreck*).
I. 1.   m. *RD.* Coche, tren o avión que queda inservible tras sufrir un gran daño, *normalmente a causa de un accidente.*

reque-reque.
I. 1.   m. *Bo:O.* Instrumento musical hecho de una calabaza seca o de una **cañahueca**, de 30 cm de longitud y 8 cm de diámetro aproximadamente, de forma arqueada o recta, más delgado en el extremo superior que en el inferior y con incisiones transversales en forma de canales; se toca raspándolo con una varilla de madera.

requear(se). (Del ingl. *to wreck*).
I. 1.   tr. *RD.* Destrozar *alguien* un coche, *normalmente a causa de un accidente.*
2.   intr. prnl. *RD.* Destrozarse un coche, *normalmente a causa de un accidente.*

requechar.
I. 1.   tr. *Ur.* Recoger objetos desechados por otros, *especialmente en la calle.* pop + cult → espon.
2.   *Ur.* Utilizar restos para elaborar una nueva comida. pop + cult → espon.

requeche.
I. 1.   m. *Ar.* p.u. Persona carente de cualidades o méritos. pop + cult → espon ^ desp.

requechero, -a.
I. 1.   m. y f. *Py, Ar; Ur,* p.u. Persona que vive de la mendicidad o de lo que recoge entre los desperdicios. pop + cult → espon ^ desp.

requecho.
I. 1.   m. *Ar,* pop + cult → espon; *Py,* pop. Resto de algo, *especialmente de comida.*
2.   *Ar,* metáf. Persona carente de cualidades o méritos. pop + cult → espon ^ desp.
II. 1.   m. *Py.* Botín obtenido en un saqueo o robo.

requedarse.
I. 1.   intr. prnl. *PR.* Rezagarse o quedarse remoloneando. pop + cult → espon.

requema.
I. 1.   f. *Ho. En el cultivo del café*, conjunto de manchas y escaso desarrollo de algunos granos de café por efecto del exceso de sol o la falta de nutrientes. rur.
2.   *Ho. En el cultivo del café*, corte de granos de café que tienen dañada la pulpa por efecto del exceso de sol o la falta de nutrientes.

requemada.
I. 1.   f. *PR.* Prostituta vieja y que cobra poco. prost.
♦ **requemo.**

requemado, -a.
I. 1.   adj. *Ar. Referido a una caballería o a su pelaje*, que presenta un matiz más intenso en el color en relación con el que le sería propio. rur.
II. 1.   adj. *Ho. Referido al grano de café*, secado parcialmente antes de madurar.

requemo.
I. 1.   m. *PR.* **requemada.** prost.

requeneto, -a.
I. 1.   adj. *Ni, Ve. Referido a persona*, gorda y de baja estatura. pop + cult → espon.
II. 1.   adj. *Ve. Referido a persona*, que cojea o se inclina hacia un lado al caminar. pop + cult → espon.

requerimiento.
I. 1.   m. *ES, Ni, RD, Co, Pe, Ch, Ur.* Requisito, condición necesaria para algo.

requerir.
I. 1.   intr. *ES, Ni, CR, Bo, Ch, Py.* Expresar la necesidad o exigencia de algo.
II. 1.   tr. *Cu.* Reprender a *alguien.*

requesón.
I. 1.   m. *Co.* Árbol de hasta 20 m de altura, con las hojas opuestas, ovaladas, de color verde oscuro, y flores rojas con la corola blanca o rosada y los lóbulos internamente amarillentos, agrupadas en espigas; de la corteza se extrae la quinina, que se emplea contra la malaria y el paludismo. (Rubiaceae; *Chinchona officinalis*).
II. 1.   m. *Ur.* Especie de queso fundido.

requetecontra.
I. 1.   adv. *Mx, Ni, Ch. Precediendo a adjetivos y a otros adverbios*, muy. pop.

requetén.
I. 1.   m. *RD.* Reprimenda, regaño.

requiebre.
    I. 1. m. *Ni.* Contoneo de caderas.
    II. 1. m. *Ni.* Cambio de dirección.

requintada.
    I. 1. f. *Pe.* Llamada de atención severa que se hace a alguien que ha hecho algo malo.

requintado, -a.
    I. 1. adj. *Gu, Cu. Referido a una prenda de vestir,* que está bien ajustada o encajada en alguna parte del cuerpo. pop.

requintar(se).
    I. 1. tr. *Mx, Gu, Pa; Co, Ar,* p.u; *CR,* obsol, rur. Poner tirante una cuerda. (**arrequintar**).
    II. 1. tr. *Ar; Ur,* p.u. Arreglar el sombrero de modo que quede ladeado y con el ala hacia abajo en la parte anterior.
    2. *Ar; Ur,* p.u. Levantar o doblar hacia arriba el ala del sombrero. rur.
    3. *Gu, Cu.* Ajustarse bien *algo una persona, especialmente una prenda de vestir.*
    III. 1. intr. *Pe, Bo:E,O.* Renegar de alguien o de algo.
    IV. 1. tr. *Pe, Bo:E,O.* Llamar seriamente la atención a alguien por algo que ha hecho mal.
    V. 1. intr. *Cu. En las peleas de gallos,* esquivar un gallo a su adversario.
    VI. 1. tr. *Ho.* Hacer *algo* con empeño y tesón.

requinteada.
    I. 1. f. *Ec.* Llamada de atención que se hace a alguien que ha hecho algo mal.

requintear.
    I. 1. intr. *Mx, Cu.* Tocar el **requinto**.
    II. 1. tr. *Ec, Bo:E,O.* Llamar la atención a *alguien* por algo que ha hecho mal. pop + cult → espon.
    III. 1. tr. *Ho, ES.* Robar cadenas o joyas. delinc.

requintero, -a.
    I. 1. m. y f. *Ho, ES.* Ladrón de cadenas, collares o pendientes. delinc.

requinto.
    I. 1. m. *Mx, Ni, Co, Ve, Ec, Bo.* Instrumento de cinco cuerdas parecido a una guitarra, pero más pequeño y de sonido más agudo.
    2. *Ar, Ur.* Pieza que, sujeta al mástil de la guitarra, presiona las cuerdas y eleva por igual el tono del instrumento.
    3. *Cu.* Instrumento de percusión, de sonido agudo y de forma similar a la **conga**, pero más pequeño que esta.
    4. *Bo:O.* Instrumento musical de viento, hecho de **cañahueca**, que tiene diez agujeros.

requisamiento.
    I. 1. m. *RD, Bo, Ch, Ur.* Registro que hace la policía o cualquier autoridad estatal en busca de algo ilegal o comprometedor.

requisar.
    I. 1. tr. *Mx, CR, Pa, RD, Co, Ve, Ec, Bo, Ch, Py, Ar, Ur.* Registrar una vivienda o un lugar en busca de algo oculto o ilegal.
    2. *Ni, CR, Pa, RD, Co, Ve, Ec, Bo, Ch, Ar, Ur.* Examinar a *alguien* con cuidado y atención para saber si oculta objetos prohibidos.

requisición. (Del ingl. *requisition*).
    I. 1. f. *Ho, ES, CR, Pa, Ec, Pe.* Solicitud, petición.
    2. *Pa.* Documento previo a una orden de compra, emitido en una oficina y en el que figuran datos sobre el artículo solicitado, como son el precio o la cantidad.

requisito.
    ▶ **llenar ~s.**

requisitorio, -a.
    I. 1. adj. *PR. Referido a un asunto,* que tiene muchos requisitos. rur.

rerruteo.
    I. 1. m. *Ch, Ar.* Cambio de la ruta asignada por otra alternativa que se da al servicio de transporte público o de mercancías.

res.
    I. 1. f. *Mx, Gu, Ho, ES, Ni, CR, Pa, Cu, RD, PR, Co, Ve, Ec, Pe, Bo, Ch, Py, Ur.* Animal vacuno, *en especial la vaca.*
    2. *Ni, CR, Cu, Ec, Pe.* Carne de res.
    3. *Ar.* Caballo que tiene el pelaje blanco en la mano y en la pata del mismo lado.
    II. 1. f. *Ho.* Persona tonta o bruta. pop + cult → espon ^ desp.

resabido, -a.
    I. 1. adj. *Ho. Referido a persona o animal,* resabiado, desconfiado.

resabioso, -a.
    I. 1. adj. *Mx. Referido a persona,* que por su experiencia vital se ha vuelto agresiva o desconfiada.
    2. sust/adj. *Cu, RD.* Persona que se irrita con facilidad. pop.
    3. adj. *RD, PR. Referido a animal, especialmente a un caballo o a una yegua,* que tiene resabios. rur.

resaca.
    I. 1. f. *Ve.* Aguardiente suave y de poco sabor obtenido de la última destilación de la caña.
    II. 1. f. *Ho.* Grano de café de mala calidad que solo se comercializa en el mercado nacional.
    2. *PR.* Recogida de los últimos frutos de una cosecha. rur.
    3. *PR.* Selección de frutos por su calidad. rur.
    III. 1. f. *Ho.* Conjunto de cosas o personas que sobran o que no ha querido alguien.
    IV. 1. f. *Ho.* Café aguado.

resacado.
    I. 1. m. *Bo:C,E,S.* Aguardiente redestilado de caña de azúcar que se elabora en alambiques caseros. (**resecado**).

resacar.
    I. 1. tr. *Bo:E,S.* Destilar por segunda vez un líquido para purificarlo.

resaltador.
    I. 1. m. *Mx, ES, Ni, Pa, Cu, RD, Co, Ve, Ec, Pe, Bo, Ch, Py, Ar, Ur.* **Marcador** de tinta fosforescente y color muy vivo que se usa para hacer notar partes de un texto.
    2. *Ec.* Rotulador, instrumento que escribe o dibuja mediante una escobilla o pincel de fieltro.

resalto.
    I. 1. m. *Ch.* Saliente de poca altura que se forma en el asfalto de una ruta por deficiencia del material, o que se construye para limitar la velocidad de los vehículos.

resanar.
    I. 1. tr. *Mx, Pa, Co, Ec.* Reparar los desperfectos o daños de una pared.
    2. *Mx, Cu, Ec.* Rellenar huecos o grietas de una pared o de un muro con una mezcla de cal, arena, agua y cemento.

resane.
    I. 1. m. *Mx, Pa, Co, Ec.* Reparación de los desperfectos o daños de una pared.

resano.
    I. 1. m. *Cu.* Argamasa de cal, arena y agua, mezclada con cemento, usada para rellenar huecos o grietas de una pared o de un muro.

resaque.
   I. 1. m. *Ec.* Persona notablemente parecida a otra. rur; pop.
   II. 1. m. *Cu. En la cosecha de la* **papa**, recogida de los tubérculos que no se habían extraído en la primera recolección.

■
   a. ‖ **~ de fondo.** m. *PR.* Cabeceo que hace una embarcación.

resbalada.
   I. 1. f. *Mx, ES, Ni, CR, Pa, RD, Co, Ve, Ec, Pe, Ch, Py, Ar, Ur.* Resbalón, deslizamiento. pop.
   2. *Ve, Ch.* metáf. Desliz, desacierto, indiscreción. pop.
   II. 1. f. *Ni.* Visita casual.

resbaladera.
   I. 1. f. *ES, RD, Pe.* metáf. Conjunto de **resbaladas** o deslices continuos.
   2. *Ec, Pe.* Tobogán.
   II. 1. f. *CR, Pa.* Bebida refrescante elaborada con arroz cocido, cebada, canela, clavos de olor, leche, vainilla y nuez moscada.

resbaladero.
   I. 1. m. *Ni, RD, Co:O,NE, Ve, Bo:O.* Tobogán, **deslizadero** artificial en declive por el que las personas, sentadas o tendidas, se dejan resbalar por diversión. (**refaladero; resfaladero**). ♦ **resbaladilla.**
   II. 1. m. *Ni.* Cantina en donde se vende y consume bebidas alcohólicas, *en especial aguardiente.*

resbaladilla.
   I. 1. f. *Mx.* **resbaladero**, tobogán.

resbalamono.
   I. 1. *Co.* **chacaj.**

resbalarse.
   I. 1. intr. prnl. *Ni.* juv. Irse, marcharse, alejarse.
   II. 1. intr. prnl. *Pa.* Insolentarse, faltar al respeto.
□
   a. ‖ **~se en una cascarita de banano.** loc. verb. *Ni.* Cometer el mismo error dos veces.
   b. ‖ **resbalársele las tejas.** loc. verb. *Ni.* Estar *alguien* loco.
◪
   a. ‖ **el que se resbala pierde.** fr. prov. *Ve.* Indica que una equivocación tiene sus consecuencias negativas. pop + cult → espon.

resbalín.
   I. 1. m. *Bo, Ch.* Rampa deslizante, *generalmente con bordes*, por la que las personas, sentadas o tendidas, se dejan resbalar por diversión.

resbalosa.
   I. 1. f. *Ar.* Danza folclórica de pareja suelta y carácter picaresco, que consta de partes rápidas y lentas y en la que los bailarines se mueven *principalmente desde las esquinas.*
   2. *Pe:NO.* Danza popular de ritmo alegre caracterizada por un leve zapateado que se baila como una parte de la **marinera** o al término de esta.
   3. *Ch.* Danza popular originaria de la época colonial, que se baila con pañuelo y en sus movimientos los bailarines deslizan los pies por el suelo.
   II. 1. f. *Ch.* Trozo pequeño y delgado de masa de harina que se echa al caldo para hacer una sopa. pop.

resbaloso.
   I. 1. m. *Pa.* Personaje carnavalesco, impregnado de una sustancia oscura y grasienta, que baila por las calles y asusta a los niños.

resbaloso, -a.
   I. 1. adj. *Mx, Ni, Ec, Ur. Referido a persona*, huidiza.

   2. *Pa, RD, Co, Ve*; sust/adj. *Bo:O. Referido a persona*, reacia a comprometerse, *especialmente en matrimonio.* pop.
   II. 1. adj. *Mx, Gu, Ni, RD, Co, Ec, Bo:O. Referido a persona*, que se insinúa amorosa o lascivamente. pop + cult → espon ∧ desp.
   III. 1. adj. *Ni. Referido a persona*, que abusa de la confianza de otra.
   2. *Ni. Referido a persona*, indiscreta.

rescabrajadura.
   I. 1. f. *Ho.* Resquebrajadura.

rescabuchador, -ra.
   I. 1. sust/adj. *Pa, Cu.* Persona que mira disimuladamente o a escondidas las partes pudendas de otras. pop + cult → espon. (**rascabucheador; rescabucheador**).

rescabuchar.
   I. 1. *Pa, Cu.* **rascabuchar**, mirar. pop.
   II. 1. *Pa.* **rascabuchar**, acariciar. pop.

rescabuche.
   I. 1. sust/adj. *Cu.* Persona que mira disimuladamente o a escondidas las partes pudendas de personas del sexo opuesto.

rescabucheador, -ra.
   I. 1. *Cu.* **rescabuchador.**

rescabuchear.
   I. 1. *Cu.* **rascabuchar**, mirar.
   II. 1. *Cu.* **rascabuchar**, acariciar.

rescabucheo.
   I. 1. *Cu.* **rascabucheo**, mirada.

rescabuchón, -na.
   I. 1. m. y f. *Pa.* Persona que disfruta contemplando a escondidas actitudes íntimas de otras personas.

rescatador, -ra.
   I. 1. m. y f. *Bo.* Persona que compra al agricultor sus productos y luego los revende.
   2. *Bo.* Persona que acapara mercaderías a bajo precio para luego revenderlas a un precio más alto. ♦ **rescatiri.**
   3. *Bo:O,S. En las minas*, persona que compra pequeñas cantidades de mineral que provienen de labores clandestinas o del robo. ♦ **rescatiri.**
   4. *Bo:O.* Persona que compra sulfato básico de cocaína a los pequeños productores para revenderlo en las ciudades. drog.

rescatar.
   I. 1. tr. *Bo.* Comprar al agricultor sus productos para luego revenderlos.
   2. *Bo.* Acaparar mercaderías a bajo precio para luego revenderlas a un precio más alto.
   3. *Bo:O,S. En las minas*, comprar pequeñas cantidades de mineral que provienen de labores clandestinas o del robo.
   4. *Bo:O.* Comprar sulfato básico de cocaína a pequeños productores para revenderlo en la ciudad. drog.
●
   a. ‖ **rescatate.** fórm. *Ar.* Se usa para manifestar rechazo hacia una persona o para ordenarle que se ocupe de sus asuntos.

rescatiri.
   I. 1. m-f. *Bo.* **rescatador.**

rescatista.
   I. 1. m-f. *Mx, Ho, ES, Ni, CR, Cu, PR, Ec, Pe, Bo, Ch, Ar, Ur.* Persona que se dedica a salvar vidas de víctimas de accidentes o catástrofes.
   2. *Pe, Bo.* Persona que actúa como intermediaria comprando productos y objetos a bajo precio para luego venderlos en el mercado. rur.

rescoldo.
   I. 1. m. *PR.* Asunto pendiente. rur.

□

a. ‖ **al ~.**
  i. loc. adv. *PR, Ar:O.* A temperatura baja, *en especial los alimentos.* rur.
  ii. *PR.* A la espera.
▶ **dejar al ~; poner al ~.**

resecado.
  I. 1. *Bo.* **resacado.**

reseco.
  I. 1. *Pa.* **alazano,** árbol.

resedá.
  I. 1. f. *Cu, PR.* **marango.**

resero, -a.
  I. 1. m. y f. *Gu, Bo:E,S, Py. Ar; Ur,* p.u. Arreador de reses, *especialmente de ganado vacuno.*

□

a. ‖ **a lo ~.** loc. adv. *Ar. En relación con la manera de tomar el **mate**,* pasándolo cada una de las personas de una rueda a la que está sentada a su lado y cebándolo después de haber bebido un compañero y antes de que lo haga el siguiente. rur.

reservación.
  I. 1. f. *Mx, Ho, ES, Ni, CR, Pa, Cu, RD, PR, Co, Ve, Ec, Pe, Bo, Ch, Py, Ar, Ur.* Reserva de algo para el uso exclusivo de alguien, *especialmente de una habitación de hotel, una mesa en un restaurante o una plaza para un viaje o un espectáculo.*
  II. 1. f. *Mx, Pa.* Territorio sujeto a un régimen especial en el que vive confinada una comunidad indígena.

reservado.
  I. 1. m. *Ar.* Caballo con una seña física particular o que posee alguna habilidad peculiar que lo distingue de otros. rur.
  II. 1. m. *Bo.* Servicio, cuarto de baño.
  III. 1. m. *Bo. En los talleres de costura o tiendas de ropa,* habitación en que los clientes se prueban las prendas de vestir.
  IV. 1. m. *Py.* Apartamento que se reserva para citas amorosas. pop.

■

a. ‖ **~ de gran campeón.** *Ar.* **reservado gran campeón.**
b. ‖ **~ gran campeón.** m. *Ar, Ur.* Animal bovino que ha obtenido el segundo premio en un concurso o un premio extra entre el primero y el segundo. (**reservado de gran campeón**).

reservado, -a.
  I. 1. adj/sust. *Ar, Ur. Referido a un animal equino,* destinado por su bravura a **competencias** o espectáculos de destreza en la monta o doma de caballerías cerriles. rur.

reservista.
  I. 1. sust/adj. *Pe. En ciertas **competencias** deportivas,* jugador reserva.
  2. adj. *Pe.* Relativo a los jugadores reservas de un equipo.

reservorio.
  I. 1. m. *ES, Ni, Pa, Ve, Ec, Pe, Bo, Py, Ar, Ur; RD, Co,* p.u. Embalse o depósito artificial donde se recogen aguas.

resfalada.
  I. 1. f. *Ur; Ar:NO,* p.u. Resbalón o deslizamiento por una superficie pulida o resbaladiza. pop.

resfaladero.
  I. 1. *Ar:NO.* **resbaladero,** tobogán.

resfalar(se).
  I. 1. intr. *Ch, Ar; Ur,* p.u, pop. Desplazarse involuntariamente sobre una superficie lisa o viscosa sin dejar de rozarla, *normalmente con alteración del equilibrio.* (**refalar**).

2. intr. prnl. *Ch, Ar; Ur,* p.u, pop. Desplazarse involuntariamente sobre una superficie lisa o viscosa sin dejar de rozarla, *normalmente con alteración del equilibrio.* (**refalarse**).
3. intr. *Ch, Ar.* Ser o estar resbaladizo.

□

a. ‖ **~le.** loc. verb. *Ch, Ar.* Dejar indiferente, no importarle *algo* a alguien. pop.

resfalín.
  I. 1. m. *Ch.* Tobogán para niños. pop.

resfalosa.
  I. 1. f. *Ch:SO.* Danza popular originaria de la época colonial, que se baila con pañuelo y en sus movimientos los bailarines deslizan los pies por el suelo.

resfregar.
  I. 1. tr. *Mx, Ur.* Restregar. pop + cult → espon.

resfriada.
  I. 1. f. *Ec, Pe.* p.u. Resfrío, catarro. pop.

resfriarse.
  I. 1. intr. prnl. *ES.* Desanimarse o perder el interés por algo.

resguardar(se).
  I. 1. tr. *Pa, Cu, RD.* Proteger a *alguien* de una desgracia mediante el uso de un **resguardo** o amuleto.
  2. intr. prnl. *Pa, Cu, RD.* Protegerse de una desgracia usando amuletos.

resguardo.
  I. 1. m. *Py; Ar, Ur,* p.u. Techumbre de material ligero que se construye para refugio de las personas que esperan un medio de transporte colectivo. ♦ **resguardo peatonal.**
  II. 1. m. *Pa, Cu, RD, PR.* Amuleto para alejar la mala suerte.
  III. 1. m. *Ho, ES, Ni.* p.u. Grupo de policías o de soldados de un pueblo o comunidad.

■

a. ‖ **~ peatonal.** *Ar, Ur.* p.u. **resguardo,** techumbre.

residencia.
  I. 1. f. *Co.* Establecimiento en el que se alquilan habitaciones a parejas para tener relaciones sexuales.

residenciado, -a.
  I. 1. sust/adj. *Bo.* Persona, *generalmente dirigente político,* desterrada por el Gobierno a un lugar alejado dentro del territorio nacional.

residencial.
  I. 1. f. *Ec, Bo, Ch, Ar, Ur;* m. *Ar.* Casa de huéspedes, pensión.

■

a. ‖ **~ público.** *PR.* **caserío.**

residenciamiento.
  I. 1. m. *Bo.* Destierro de una persona, *generalmente un dirigente político,* por mandato del Gobierno a un lugar alejado dentro del territorio nacional.

residenciar(se).
  I. 1. intr. prnl. *Cu, RD, Ve.* Fijar *alguien* su domicilio en un lugar determinado.
  II. 1. tr. *Bo.* Desterrar el Gobierno a *alguien, generalmente dirigente político,* a un lugar alejado dentro del territorio nacional.

residente.
  I. 1. m. *PR.* Reincidente. drog.

residual.
  I. 1. adj. *Ec, Ch. Referido a una figura jurídica,* que sustituye a otra por faltarle algún requisito que aquella sí tiene.

resiembro.
  I. 1. m. *PR.* **moña de la piña.**

resiliar.
  I. 1. tr. *Ch.* Hacer frente con firmeza a los contratiempos y problemas cotidianos. cult.

resingado, -a.
 I. 1. adj. *Cu. Referido a persona*, hastiada, molesta. vulg.

resingar.
 I. 1. tr. *Cu.* Molestar a *alguien*. vulg.

resiri.
 I. 1. m-f. *Bo:O.* Persona indígena que practica las artes adivinatorias, *principalmente a través de la lectura de las hojas de coca.*
 II. 1. m-f. *Bo:O.* Persona que a cambio de comida o dinero se dedica a rezar en los cementerios.

resisterio.
 I. 1. m. *Ho, ES.* Resistero, *tiempo después del mediodía en que aprieta más el calor.*
 2. *Cu.* Calor y luz producidos por la reverberación del sol.

resistol. (De *Resistol*®).
 I. 1. m. *Mx, Ho, ES, Ni, CR.* Pegamento líquido de color blanco.

resistoleado, -a.
 I. 1. adj. *Ho. Referido a persona*, drogada por la inhalación de **resistol**.

resistolear.
 I. 1. intr. *Ho.* Inhalar el gas que despide el **resistol**, *generalmente colocado en un bote o una bolsa.*

resistolero, -a.
 I. 1. adj/sust. *Ho. Referido a persona*, que inhala productos estupefacientes, *especialmente* **resistol**.

resmillar.
 I. 1. tr. *Mx.* Desportillar, quebrar parte del canto de algo. rur.

resmoler.
 I. 1. tr. *Gu.* Molestar con insistencia a *alguien*, hacer que se enoje.

resmolido, -a.
 I. 1. adj. *Gu; ES*, rur. *Referido a persona*, malhumorada o contrariada.

resobón.
 I. 1. m. *ES.* Regaño.

resoca.
 I. 1. f. *Mx.* Recolección de la caña de azúcar que se obtiene tras la cosecha de **soca**.

resolana.
 I. 1. f. *Mx, RD, PR, Co, Ve, Pe, Bo, Ch, Py, Ar, Ur.* Reverberación del sol.
 2. *Mx, RD, PR, Co, Ve, Pe, Ch, Ar, Ur.* Calor causado por la reverberación del sol.
 3. *Cu, RD, Py.* Calor y luz producidos por la reverberación del sol.

resolladero.
 I. 1. m. *Mx, CR, Pa, Bo:O.* Respiradero, abertura por donde entra y sale el aire.
 2. *Cu.* Sitio por el que brota un río subterráneo.

resolutiva.
 I. 1. f. *Ec, Bo, Ch. En documentos judiciales*, parte de un fallo o sentencia en la que aparece la resolución.
 2. sust/adj. *Ch.* Comisión o dependencia encargada de resolver conflictos en litigio. cult.

resolver(se).
 I. 1. intr. prnl. *RD, Ve, Py.* Solucionar *alguien* sus problemas económicos. pop.
 2. intr. *Ve.* Cubrir los gastos a alguien con quien se mantiene una relación amorosa. pop.
 II. 1. intr. prnl. *RD, Ve.* Establecer una relación amorosa, *especialmente de tipo erótico, pasajera o casual.* pop.

resondrada.
 I. 1. f. *Pe.* Reprensión, reprimenda.

resondrar.
 I. 1. tr. *RD, Pe.* Reprender a *alguien* por lo que ha dicho o hecho.

resondrón.
 I. 1. m. *Pe.* Reprensión severa.

resonga.
 I. 1. f. *Mx:SE.* Burla o broma fastidiosa y grosera. pop.

resongar.
 I. 1. intr. *Mx:SE.* Hacer burlas o bromas fastidiosas y groseras. pop.
 II. 1. intr. *Ni, Pa.* Rezongar.

resongón, -na.
 I. 1. adj. *Mx:SE. Referido a persona*, que hace burlas o bromas fastidiosas y groseras. pop.
 II. 1. adj/sust. *Pa. Referido a persona*, que gruñe y refunfuña a lo que se manda, ejecutándolo de mala gana.

resortaje.
 I. 1. m. *Ec.* Conjunto de resortes que forman un todo articulado.
 II. 1. m. *Ec.* Puesta en marcha de algo que se había suspendido. pop.

resorte.
 I. 1. m. *Mx, Gu, Ch, Ur.* Responsabilidad o área de competencia.
 II. 1. m. *Mx, Ec, Bo:E.* Tejido que tiene elasticidad por su estructura o por las materias que entran en su formación, y se pone en algunas prendas de vestir para que ajusten o den de sí.
 III. 1. m. *ES.* Ruido de un automóvil.
 ▶ **aguantarse como ~.**

resortear.
 I. 1. tr. *Ec.* Someter de nuevo *algo* a sorteo, *especialmente una demanda, la adjudicación de bienes, el otorgamiento de premios o el ejercicio de facultades o funciones.* pop.

resorteo.
 I. 1. m. *Ec.* Sometimiento de nuevo a sorteo de algo, *especialmente una demanda, la adjudicación de bienes, el otorgamiento de premios o el ejercicio de facultades o funciones.*
 II. 1. m. *Ho.* Flexibilidad de alguna parte del cuerpo.

resortera.
 I. 1. f. *Mx, Ec; CR*, p.u. Horquilla con mango a cuyos extremos se unen los de una goma para estirarla y disparar así piedrecillas o perdigones.

respailar. (De *raspahilar*).
 I. 1. *RD.* **repajilar**.

respajilar.
 I. 1. *RD.* **repajilar**.

respaldar.
 I. 1. m. *ES, CR, Ec, Bo:O; Ur*, p.u. Lado de la cama en el que se pone la almohada.

respaldo.
 I. 1. m. *CR, Ec, Bo, Ch, Ur.* Elemento o soporte informático que permite reproducir o rescatar un archivo que se había copiado previamente desde el ordenador.
 II. 1. m. *Bo, Ch.* Costra o capa de mineral que queda adherida a una roca metálica.

respetarse.
 I. 1. intr. prnl. *RD.* Oler *alguien* a sudor.

respetico.
 •
 a. ‖ **¡vaya jalándole al ~!** fórm. *Co.* Se usa para reprochar a alguien una falta de respeto o de consideración. pop.

respeto.
 □
 a. ‖ **de ~.**
  i. loc. adj. *Mx, Pa. Referido a persona o cosa*, que excede lo normal, en lo positivo o en lo negativo. pop + cult → espon.
  ii. *Pe, Bo, Ch, Ur. Referido a persona*, digna de consideración.

b. ‖ **¡que mis ~s!** loc. interj. *Ho.* Expresa admiración por alguien o algo.

c. ‖ **sin ~.**
  i. loc. sust/adj. *Ch.* Persona irrespetuosa o insolente. pop + cult → espon.
  ii. loc. sust. *Ch.* Falta de consideración a algo o a alguien. pop + cult → espon.

◪
a. ‖ **~s guardan ~s.** fr. prov. *Pe, Bo:O.* Indica que si alguien quiere ser tratado con consideración debe hacer lo propio.

▶ **campear por su ~.**

respingar.
  I. 1. tr. *Mx, RD, Ve, Ec.* Levantar la nariz o la oreja. pop + cult → espon.
  II. 1. tr. *Mx, Ho, Ni, RD.* Responder airadamente a *alguien* molesto.
  III. 1. intr. *ES.* Saltar *algo* que en su caída choca con un objeto.

◪
a. ‖ **macho que respinga, chimadura tiene.** fr. prov. *Ho.* Indica que la persona que se queja o protesta por algo es porque le afecta. pop + cult → espon.

respingo.
  I. 1. m. *Mx, Ec.* Arruga producida al fruncir el ceño.
  II. 1. m. *Ho.* Palabra, movimiento o gesto de desagrado con que se responde a alguien.

respingón, -na.
  I. 1. adj. *Mx, Ho, ES, RD. Referido a persona,* que protesta mucho y a menudo por cosas sin importancia. pop + cult → espon.
  2. *Ho, ES, Ar. Referido a persona,* respondona.

respiro.
  I. 1. m. *ES, PR; RD,* rur. Suspiro.

resplandor.
  I. 1. m. *Gu, ES, Ni, CR.* Aureola o corona de un santo.

respondedera.
  I. 1. f. *Mx, ES, Ni, CR, RD, Co.* Contestación continua y reiterada.

responsero, -a.
  I. 1. m. y f. *Pe.* Persona, *generalmente ciega,* que recita responsos en latín en un funeral. rur.

responsiva.
  I. 1. f. *Mx.* Fianza.
  2. *Mx.* Documento mediante el que un médico se compromete a encargarse del tratamiento de un paciente que está bajo vigilancia judicial.

resquicio.
  I. 1. m. *Mx, Pa, PR, Ve.* Rastro, seña, vestigio que deja alguien o algo.
  II. 1. m. *Pa, Ve.* Parte que queda de un todo.

restal.
  I. 1. m. *ES.* Montón o gran cantidad de cosas. ♦ **restasal.**

restante.
  I. 1. m. *PR.* Saldo pendiente de un pago.

restarse.
  I. 1. intr. prnl. *Ch.* Abstenerse en la participación de algo. pop + cult → espon.

restasal.
  I. 1. *ES.* **restal.**

restaurada.
  I. 1. f. *Mx.* Restauración, reparación o renovación de algo. pop.

restaurantero, -a.
  I. 1. m. y f. *Mx, Ni, Pe; Ec,* p.u, pop. Propietario o encargado de un restaurante.
  2. adj. *Mx, Ni, Ec.* Relativo al restaurante.

restearse.
  I. 1. intr. prnl. *Co, Ve; Ec,* p.u. *En ciertos juegos de azar, como las cartas o los dados,* apostar un jugador todo el dinero que le queda del total con el que empezó a jugar.
  2. *Ve.* Arriesgarse para alcanzar algún fin.

restinga.
  I. 1. f. *Pe:E.* Islote o superficie de terreno que en épocas de crecientes de los ríos no se inunda.

restirador.
  I. 1. m. *Mx.* Mesa o tablero para estirar el papel en que se dibuja.

resto.
  I. 1. m. *Mx, Ar, Ur.* Capacidad para seguir adelante con algo o para lograr algún objetivo. pop + cult → espon.
  II. 1. m. *Mx, Gu, Ho, ES.* Montón, gran cantidad de personas o cosas. pop + cult → espon.
  III. 1. m. *Ho.* juv. Cuchillo punzante para asaltos.
  □
  a. ‖ **de ~.** loc. adv. *Co; Ec,* pop. En lo relativo a otros aspectos.
  b. ‖ **un ~.**
    i. loc. adv. *Mx, Gu, Co.* Mucho. pop.
    ii. *Ch.* Poco. pop.
  ▶ **tener ~.**

restobar.
  I. 1. f. *Mx, Pe, Ch, Ar, Ur.* Establecimiento en el que hay servicio de bar y de restaurante.

restrallar.
  I. 1. tr. *Cu, PR.* Arrojar *algo* con violencia destructora, estrellar. pop + cult → espon.

restrepo.
  I. 1. m. *ES.* Retroceso.

restrillar.
  I. 1. intr. *Mx.* Crujir, restallar, hacer fuerte ruido.

restrillo.
  I. 1. m. *PR.* **rasqueta,** artefacto de madera. rur.

restrojear.
  I. 1. tr. *CR.* obsol. Registrar un lugar para buscar en él algo. rur.
  2. intr. *CR.* obsol. Realizar las indagaciones necesarias para buscar a alguien. rur.
  3. tr. *CR.* obsol. Recorrer una plantación para recolectar los últimos frutos de un cultivo, *especialmente maíz o frijol.* rur.

restrojo.
  I. 1. m. *Cu.* Tabaco que, por ser de calidad inferior, no se puede comercializar y se desecha en la plantación.

resuello.
  I. 1. m. *Pa, Cu, RD, Bo:E, Ar, Ur.* Pausa o descanso durante una actividad muy fatigosa. pop + cult → espon.
  □
  a. ‖ **con el ~ cortito.** loc. adv. *Bo:E.* Con mucha fatiga.
  ▶ **meter el ~.**

resuelve.
  I. 1. m. *Ve,* juv; *PR,* pop + cult → espon. Trabajo esporádico.
  II. 1. m-f. *Ve.* juv. Persona que cubre los gastos de alguien con quien mantiene una relación amorosa.
  2. *Ve.* juv. Amante ocasional.

resulta.
  I. 1. f. pl. *PR.* Consecuencia, resultado. rur.

resumidero.
  I. 1. m. *Mx, Gu, Ho, Pa, RD, PR, Co, Bo, Ch, Ar, Ur; Ec,* p.u. Alcantarilla, sumidero.
  2. *CR.* Terreno poroso que absorbe agua con facilidad.

3. *CR.* Parte de una superficie o suelo por donde se filtra agua.

resurar.
  I. 1. tr. *Ho, ES, Ni.* Rasurar.

reta.
  I. 1. f. *Bo:E.* Reprensión, reprimenda, amonestación. pop.

retablista.
  I. 1. m-f. *Pe.* Persona que fabrica **retablos**.

retablo.
  I. 1. m. *Pe, Ch.* Caja de madera que, a modo de díptico, tiene en su interior pequeñas imágenes que representan escenas religiosas u otros motivos.

retabusado, -a.
  I. 1. adj. *Mx. Referido a persona*, muy inteligente. pop + cult → espon.

retaca.
  I. 1. f. *Co.* Reprensión, rapapolvo. pop.

retacado.
  I. 1. m. *Co. En minería*, llenado y apisonado de los barrenos con materiales inertes para confinar los explosivos.

retacado, -a.
  I. 1. adj. *Mx. Referido a un espacio o lugar*, muy lleno. pop.
  II. 1. adj. *Mx. Referido a persona*, que tiene indigestión. pop.
  III. 1. adj. *Pa. Referido a un niño*, enojado, resentido.

retacar(se).
  I. 1. tr. *Mx.* Llenar mucho un espacio o lugar.
  2. intr. prnl. *Mx.* Llenarse mucho un espacio o lugar.
  3. *Mx.* Saciarse, hartarse, quedarse ahíto.
  II. 1. intr. prnl. *Ch.* Pararse un caballo en seco apoyándose sobre sus cuartos traseros.
  2. *Ch.* Detenerse *alguien* o negarse a seguir avanzando.
  3. *Ch.* metáf. Negarse *alguien* a cumplir una orden u obligación.
  4. *Pa.* Resistirse *alguien* con obcecación, no dejarse convencer. pop + cult → espon.
  III. 1. tr. *Co.* **vaciar**, regañar. pop.
  IV. 1. tr. *Ec.* Acelerar de repente un motor hasta su máxima potencia.
  V. 1. intr. prnl. *Pa.* Echarse atrás, desistir de algo a última hora. pop + cult → espon.

retaceado, -a.
  I. 1. adj. *ES. Referido a persona*, golpeada con el machete. pop + cult → espon.

retacear.
  I. 1. tr. *Gu, Bo, Py, Ar, Ur.* Escatimar.
  2. *Cu.* p.u. Entregar *algo* por partes.
  II. 1. tr. *ES.* Golpear con el machete a *alguien* o *algo*. pop + cult → espon.

retaceo.
  I. 1. m. *Cu, Ar, Ur.* Escasez o cortedad a la hora de proporcionar algo, *especialmente información o dinero*.
  II. 1. m. *Cu.* p.u. Entrega de algo por partes.

retacería.
  I. 1. f. *Ar.* Comercio en el que se venden retazos de tela.

retacerío.
  I. 1. m. *Ar.* p.u. Retacería, conjunto de retazos.

retacero, -a.
  I. 1. m. y f. *Ho.* Persona que se dedica a la compra y venta de retazos de telas.

retachado, -a.
  I. 1. adj. *Ho. Referido a persona*, deportada a su país.

retachar(se).
  I. 1. tr. *Mx, Ho, ES.* Devolver, restituir *algo*. pop.
  2. *Mx.* Rechazar *algo*. pop.

II. 1. intr. prnl. *Mx.* Volverse atrás.
  2. intr. *Gu.* Volver, regresar al punto de partida.
  3. *Gu.* Rebotar un cuerpo en movimiento por haber chocado con algo.
III. 1. tr. *ES.* Responder a alguien.

retache.
  I. 1. m. *Mx.* Devolución.
  2. *Gu, Ho, ES.* Retorno, regreso al punto de partida.
  II. 1. m. *ES.* Respuesta.
  □
  a. ‖ **de ~.** loc. adv. *Mx.* En devolución, de regreso. pop.

retachón.
  I. 1. m. *Gu.* Rebote.

retacón, -na.
  I. 1. sust/adj. *Bo, Ur*; adj. *Py, Ar.* Persona gruesa y de baja estatura.

retada.
  I. 1. f. *ES, Ch.* Reto, desafío. pop + cult → espon.
  II. 1. f. *Ec, Bo:C,E,O.* Reprimenda fuerte.

retafila.
  I. 1. f. *Mx.* Retahíla. pop.

retagila.
  I. 1. f. *Ho, ES.* Retahíla.

retail. (Voz inglesa).
  I. 1. m. *EU, Pe, Ch.* Comercio al por menor.

retajado.
  I. 1. adj. *Ni; Ho*, p.u. *Referido a caballo*, castrado. rur.

retajila.
  I. 1. f. *Mx, Gu, Ho, ES, Ni, CR, RD, Ve.* Retahíla. pop. (**retagila**).
  II. 1. f. *RD, Ve.* Canción popular en la que se repite la última palabra de cada verso en el siguiente.

retaliación.
  I. 1. f. *RD, Co, Ve; Ec, Ch, Ar, Ur*, esm. Represalia, respuesta de castigo o venganza por alguna agresión u ofensa.

retaliador, -ra.
  I. 1. adj/sust. *RD, Ve. Referido a persona*, que toma venganza o represalia.

retaliativo, -a.
  I. 1. adj. *RD, Ve.* Relativo a la **retaliación** o al **retaliador**.

retálica.
  I. 1. f. *ES.* Perorata.

retallones.
  I. 1. m. pl. *Ve.* Restos que quedan de la comida al levantar la mesa.

retama.
  I. 1. f. *Mx, Ur.* Árbol de hasta 5 m de altura, de corteza rugosa, hojas pinnadas con folíolos lanceolados, inflorescencia en racimos, flores amarillas, fragantes, de forma tubular, y fruto en cápsula linear; se utiliza en la medicina tradicional. (Bignoniaceae; *Tecoma stans*). ♦ **copete; escandol; guarán; guaranguay; guiebiche; huachácata; lluvia de oro; marangaya; miñona; nixtamalsóchil; pichiché; tostó; trompeta amarilla.**
  2. *Mx.* **huacáporo.**
  3. *PR.* Arbusto de hojas ovaladas y largas, inflorescencia en racimos, flores rojas en forma de campanas, y semillas en vainas cortas y planas con dos o tres granos. (Fabaceae; *Sabinea florida*). ♦ **fuerteventura.**
  II. 1. f. *RD.* Amargor, amargura.
  ■
  a. ‖ **~ de China.** f. *Mx.* Planta de hasta 4 m de altura, de tallos centrales, numerosos, de color gris ver-

doso y flores profusas, fragantes de color amarillo pálido. (Fabaceae; *Spartium junceum*). ♦ **retamo**; **rubacá**.

□

a. ‖ ~ **de guayacol.** loc. ad./sust. *Cu. Referido a persona*, rastrera, baja, despreciable.

▶ **ser ~ de guayacol.**

retamboreado, -a.
I. 1. adj/sust. *Ch. Referido a persona*, mala, despreciable. pop.

retamilla.
I. 1. *Mx.* **leña amarilla.** (Berberidaceae; *Odostemon fascicularis*).

retamo.
I. 1. m. *Ch.* **retama de China.**
2. *PR.* **napahuite.**

retar.
I. 1. tr. *Ec, Bo, Py, Ur*, pop + cult → espon; *Ch, Ar*, obsol. Reprender o regañar, *especialmente a un niño*.

retardado, -a.
I. 1. adj/sust. *Mx, Ho, ES, Ni, CR, Pa, Cu, RD, Co, Ve, Ec, Pe, Bo, Ch, Py, Ar, Ur*; adj. *PR. Referido a persona*, que no tiene un desarrollo intelectual acorde con su edad.
2. adj/sust. *Pa, RD, PR, Ch, Ar, Ur. Referido a persona*, de escasa inteligencia o agudeza. pop + cult → espon.

retardo.
I. 1. *Cu.* **retardo mental.**

■

a. ‖ ~ **mental.** m. *ES, Ni, CR, Pa, RD, PR, Co, Ve, Ec, Pe, Bo, Ch, Py, Ar, Ur.* Desarrollo intelectual inferior a lo normal que se manifiesta desde la infancia y está asociado a desajustes en el comportamiento. ♦ **retardo.**

retazo.
I. 1. m. *Mx, Ni, Ec.* Trozo de carne.

□

a. ‖ **a ~s.** loc. adv. *Ho, Bo.* Poco a poco, por partes.

reteada.
I. 1. f. *Bo:C,E,O.* Reprimenda fuerte.

retear.
I. 1. *Bo:C,E,O.* **retar.**

retechero, -a.
I. 1. adj. *Ho. Referido a persona*, huraña. rur.

retecontento, -a.
I. 1. adj. *Mx, Ho, ES, Bo. Referido a persona*, muy contenta, alegre.

retegordo, -a.
I. 1. adj. *Mx, Ho, Bo. Referido a persona o animal*, muy gordo.

reteloco, -a.
I. 1. adj. *Mx, Ho. Referido a persona*, muy loca.

retemplar.
I. 1. tr. *Pe, Ar, Ur.* Insuflar energía y firmeza al carácter.

retén.
I. 1. m. *Mx, Ho, ES, CR, Pa, Co, Bo, Ch, Py, Ur.* Puesto fijo o móvil, *generalmente de la policía*, situado en las carreteras que sirve para controlar, vigilar y evitar cualquier actividad ilícita.
2. *Mx, Ho, ES, Ec.* Destacamento de policías o soldados que tienen a su cargo este puesto fijo o móvil.
II. 1. m. *Ve, Bo.* Lugar donde se recluye a alguien en prisión preventiva.
2. *Pa, Ve.* Local en el que se aísla y cuida a los recién nacidos en las maternidades.
3. *Ve.* Institución del Estado en donde se recoge y cría a los niños abandonados o sin familia.

III. 1. m. *Ho.* Bolardo, pilar de hierro o cemento que se pone en la calle o aceras para protegerlas y evitar que los automóviles aparquen.

retención.
■

a. ‖ ~ **escolar.** m. *Ni, Cu, Ch.* Conjunto de disposiciones que se adoptan para evitar que los alumnos de enseñanza media y universitaria abandonen los estudios.

retenedor.
I. 1. m. *ES.* Ano.
II. 1. m. *ES.* Sostén de mujer.

retentado, -a.
I. 1. adj. *Ni. Referido a persona*, impetuosa e irascible. rur.
2. *Ni. Referido a animal*, agresivo.
II. 1. adj. *Ni. Referido a cosa*, pegada a otra.

retentar.
I. 1. tr. *ES.* Pegar dos cosas.

retigio.
I. 1. m. *ES.* Odio. pop.

retinto, -a.
I. 1. adj. *Mx, RD, Ve. Referido a persona*, de piel muy oscura aunque sin llegar a ser negra.
2. *Cu, RD, Ve, Ec, Bo, Ch, Ar, Ur. Referido al color negro*, muy intenso. pop + cult → espon.
3. *RD, Ve, Bo:O, Ar, Ur. Referido al cabello*, de color negro muy intenso. pop + cult → espon.
4. *RD, Ec, Bo, Ur. Referido a una persona de raza negra*, de color muy intenso. pop + cult → espon.
5. *RD, Ve. Referido al café*, muy cargado. pop + cult → espon.

retiro.
I. 1. m. *Ho:C,O.* Paraje montañoso fresco y húmedo donde pasta el ganado en tiempo de sequía.

□

a. ‖ **con ~.** loc. adj. *Py, Ar, Ur. Referido a una persona del servicio doméstico*, que no duerme en la casa donde trabaja.
b. ‖ **en ~.** loc. adj. *Mx, Bo, Ch, Py, Ur. Referido a un militar*, retirado del servicio.

retobado, -a.
I. 1. adj. *Mx, Ec, Ur; Cu*, obsol. *Referido a persona*, que replica de modo irrespetuoso.
2. *Ho, ES, Ni, Py, Ar, Ur. Referido a persona*, que se resiste a obedecer, indómita. pop + cult → espon. ♦ **retobón.**
3. *Ar. Referido a persona*, reservada en exceso. pop + cult → espon.
4. *Py, Ur. Referido a persona*, de mal carácter. pop + cult → espon.
II. 1. adj. *Mx, Gu, Ho, ES, Ni, Cu.* obsol. *Referido a animal*, que no se deja domar con facilidad, indómito, encabritado.
2. *Ec, Ur. Referido a animal*, que ha adquirido mañas o malos hábitos.
III. 1. adj. *Ho. Referido a hecho o a un pensamiento*, rebuscado o malintencionado.

retobar(se). (Metát. de *rebotar*).
I. 1. tr. *Mx, Gu.* Rezongar, responder.
2. intr. prnl. *Gu, Ni, RD, Py; Ar, Ur*, pop + cult → espon. Ponerse displicente y en actitud de reserva excesiva. (**retobearse**).
3. *Ni, Ec, Py, Ar, Ur.* Resistirse a obedecer. pop + cult → espon.
II. 1. tr. *Ve, Bo:O,S, Ch, Ar, Ur.* Forrar un objeto en cuero u otros materiales. rur.
2. *Bo:O.* Rellenar *algo* con lana o algodón para darle forma y consistencia.
III. 1. intr. prnl. *Ho.* Huir bruscamente una caballería al ser montada. rur.

retobearse.
  I. 1. *Gu.* **retobarse**, ponerse displicente.
retobo.
  I. 1. m. *Mx, Ve, Bo; Ar, Ur,* rur. Pedazo de cuero que se usa para forrar o cubrir algo.
  2. *Ch, Ar, Ur.* Operación de forrado en cuero u otro material de un objeto. rur.
  3. *Bo:O,S, Ch.* Arpillera, tela basta o encerado con que se **retoba**.
  II. 1. m. *Mx.* Contestación malhumorada.
  III. 1. m. *Ho.* Cosa vieja o inservible, *en especial ropa y calzado.* rur.
  2. m. pl. *Ni.* Sobras, desperdicios.
  IV. 1. m. *Ni.* Mujer que fue abandonada por un hombre y ya tiene otro.
retobón, -na.
  I. 1. adj. *Mx, Ar. Referido a persona*, respondona, rezongona. pop + cult → espon.
  2. *ES, Ar.* **retobado**, indómito. pop + cult → espon.
retoboso, -a.
  I. 1. adj. *RD. Referido a persona*, excesivamente desconfiada y de difícil trato.
retocada.
  I. 1. f. *Mx, RD, PR, Pe, Ur.* Retoque, retocado. pop + cult → espon.
retollar.
  I. 1. intr. *PR.* Retoñar, echar tallos nuevos una planta. (**retoyar**).
retollo.
  I. 1. m. *PR.* Retoño, tallo nuevo de una planta. (**retoyo**).
retopada.
  I. 1. f. *Gu.* Reacción violenta de alguien contra una persona que lo ha perjudicado o maltratado.
retorcida.
  I. 1. f. *Mx, ES, RD.* Retorcimiento. pop + cult → espon.
retorcijón.
  I. 1. m. *Gu, ES, Ni, CR, Pa, Cu, RD, PR, Ve, Ec, Bo, Ch, Ur.* Dolor pasajero e intenso en el vientre. pop.
retorno.
  I. 1. m. *Mx, ES, Ni, Pa, Co, Ve, Ch, Ur.* En una vía para *automóviles*, lugar por el que se puede hacer un cambio de sentido de circulación.
  2. *PR.* Canal de pequeño tamaño que lleva el **bagazo** al conductor general de las centrales azucareras.
  II. 1. m. *Ar.* Soborno, *por lo general el que se entrega a cambio de la obtención fraudulenta de un contrato o concesión.*
retortuño.
  I. 1. m. *Ar:C,NO.* Arbusto de base leñosa, raíces que engendran vástagos, flores amarillas y una vaina en espiral como fruto. (Fabaceae; *Prosopis strombulifera*).
retostada.
  □
  a. ‖ **de la ~.** loc. adj/adv. *Mx. Referido a cosa o situación*, muy difícil, complicada o problemática. euf; pop + cult → espon.
retoyar.
  I. 1. *PR.* **retollar**.
retoyo.
  I. 1. *PR.* **retollo**, tallo nuevo.
retozada.
  I. 1. f. *Mx.* Retozo. pop + cult → espon.
retozadera.
  I. 1. f. *Mx, Cu, RD.* Retozo continuo y reiterado. pop + cult → espon.
retozar.
  I. 1. intr. *Mx.* Hacer ejercicios ecuestres.

retraimiento.
  I. 1. m. *Py.* Acción política que consiste en no votar en una elección, a pesar de haber hecho campaña activa.
retrajila.
  I. 1. f. *Cu, PR.* Retahíla, grupo de personas o cosas. pop + cult → espon.
retranca.
  I. 1. f. *Cu, RD.* Freno de un tren o de un vehículo.
  2. *Cu, RD.* metáf. Obstáculo que se interpone a la realización de algo. pop.
  3. adj. *RD.* metáf. *Referido a persona*, mezquina, que intenta gastar lo menos posible. pop.
  □
  a. ‖ **a la ~.** loc. adv. *Ar, Ur.* Atrás o detrás. pop + cult → espon.
retranquero.
  I. 1. m. *Cu.* Guardafrenos.
  II. 1. m. *PR.* Obrero que controla la cantidad de caña que puede pasar al molino.
retratar(se).
  I. 1. intr. prnl. *Ve.* Cobrar una suma de dinero, *especialmente el sueldo o la ganancia obtenida por un juego de azar.* pop + cult → espon.
  II. 1. intr. *Ni, RD.* Sentarse una mujer de modo que enseñe sus partes pudendas. pop + cult → espon.
  III. 1. tr. *RD.* Mirar a *alguien* fija o continuamente.
retratera.
  I. 1. f. *Ho, Ni.* Marco en el que se coloca una fotografía.
retratería.
  I. 1. f. *Gu.* Taller del fotógrafo.
retrato.
  ■
  a. ‖ **~ hablado.** m. *Mx, Ho, ES, Ni, CR, Pa, Cu, RD, Co, Ve, Pe, Bo, Ch, Py, Ur.* Dibujo del rostro de un sospechoso, que se hace a partir de los rasgos ofrecidos por quien lo ha visto con el fin de facilitar la captura. ♦ **identikit**.
  ▶ parecer ~; quedar sin Beatriz y sin el ~; ser ~ pintado; verse como ~.
retrechería.
  I. 1. f. *Ve.* Actitud, hecho o dicho antipático, molesto o descortés. pop + cult → espon.
  II. 1. f. *Ve.* Avaricia o tacañería. pop + cult → espon.
  III. 1. f. *Ve.* Coquetería. pop + cult → espon.
retrechero, -a.
  I. 1. adj. *Ni, Co, Pe. Referido a persona*, recelosa. pop.
  2. *Ve. Referido a persona*, antipática, que responde de manera descortés. pop + cult → espon.
  3. *Ve. Referido a persona*, avariciosa o tacaña con el dinero. pop + cult → espon.
  4. *Ni. Referido a persona*, huraña.
  II. 1. adj. *Ni, Pa, Co. Referido a un caballo*, que no acepta las riendas.
  III. 1. adj. *RD, Ve. Referido a persona*, coqueta. pop + cult → espon.
retreta.
  I. 1. f. *Pa, Cu, RD, Co, Ve, Ec, Pe, Bo, Ch, Py, Ar, Ur.* Concierto que ofrece en las plazas públicas una banda militar o de cualquier otra institución.
  2. *Gu, Ni; CR, Bo; Cu, RD,* obsol. Concierto nocturno que ofrece una banda municipal al aire libre, *generalmente en parques y paseos.*
  II. 1. f. *Ho, Cu, RD.* Retahíla, serie de muchas cosas.
  ▶ confundir la ~ con la serenata.
retribuir.
  I. 1. tr. *Mx, Ho, ES, CR, Pa, Co, Ve, Ec, Pe, Bo, Ch, Py, Ar, Ur.* Corresponder al favor o al obsequio de alguien.

retrilla.
   I. 1. f. *Gu.* Procedimiento que consiste en descascarar los granos de café.

retrillar.
   I. 1. tr. *Gu.* Descascarar los granos de café.

retro.
   I. 1. m. *Ec, Pe, Bo. En un automóvil,* marcha atrás, posición motriz de la caja de cambios que permite retroceder.

retroactivo.
   I. 1. m. *Mx, Ni, RD, PR, Co, Ec, Bo, Ch, Py, Ar.* Cantidad de dinero que se paga o se recibe con retroactividad, *generalmente un incremento salarial correspondiente a meses anteriores.*

retroceso.
   I. 1. m. *Ho, ES, Ni, Ve, Cn, Py, Ur.* Mecanismo que permite que un vehículo retroceda.
   2. *Ni, Pe, Ch, Py, Ur.* Marcha atrás de un vehículo.
   ▶ **meter ~.**

retropróximo, -a.
   I. 1. adj. *Mx, Ho, RD. Referido a una fecha o período de tiempo,* inmediatamente anterior a la presente.

retrospecto. (Del ingl. *retrospect*).
   I. 1. m. *PR, Ec.* Consideración de las cosas del pasado. cult → esm.

retrucar.
   I. 1. tr. *Py.* Rechazar *algo* o a *alguien.*

retruque.
   ◻
   a. ‖ **de ~.** loc. adv. *Pe.* De rechazo, de resultas. pop + cult → espon.

reuma.
   I. 1. m. *Pa.* Rinitis crónica. rur.
   ▶ **tener ~ en el brazo.**

reumas.
   I. 1. f. pl. *Mx, Ec, Py.* Reumatismo. pop. ♦ **reumatís.**

reumatís.
   I. 1. m. *Gu, Ho, ES, Ni.* **reumas.**

reunadera.
   I. 1. f. *Ni:E.* Ruido de los intestinos de alguien.

reunión.
   ■
   a. ‖ **~ danzante.** f. *Ar.* Fiesta en la que se baila.
   b. ‖ **~ de concepto.** f. *Ar. En un centro de enseñanza media,* reunión de los profesores de las distintas asignaturas del curso para evaluar conjuntamente el rendimiento y el comportamiento de los alumnos.

reunionante.
   I. 1. m-f. *Bo:E.* Persona que participa en una reunión.

reunionismo.
   I. 1. m. *Cu.* Tendencia a celebrar muchas reuniones innecesarias.

reválida.
   I. 1. f. *Cu, RD, Ve, Ar, Ur.* Reconocimiento que hace una institución de estudios superiores realizados en el extranjero o en otra institución del país.

revalidar.
   I. 1. tr. *Mx, Ho, ES, Ni, Cu, RD, Ve, Ec, Bo, Ch, Py, Ar, Ur.* Dar validez académica una institución a estudios realizados en otra institución, *especialmente extranjera.*

revalorización.
   I. 1. f. *Cu.* Examen extraordinario que se le permite realizar a un estudiante que no ha aprobado una materia o que desea mejorar su calificación.

revalúo.
   I. 1. m. *Ve, Ec, Ar, Ur.* Elevación del valor de una moneda o de una propiedad. cult.

revegido, -a.
   I. 1. adj. *Cu, RD.* **revejido,** poco desarrollado.
   2. *Cu, RD.* **revejido,** raquítico.

revejido, -a.
   I. 1. adj. *CR, Pa, Cu, RD. Referido a persona o animal,* pequeño y flaco, de constitución débil. (**rebejido;** **revegido; revejío**).
   2. *CR, Cu, RD. Referido a planta o fruto,* poco desarrollado. (**revegido; revejío**).
   II. 1. adj/sust. *Pe. Referido a un niño,* que muestra un comportamiento de persona adulta.

revejío, -a.
   I. 1. *RD, PR.* **rebejío.**

revellín.
   I. 1. m. *Pa.* Cigarra.

reven. (Apóc. de *reventón*).
   I. 1. *Mx.* juv. **reventón,** fiesta.

revencúo, -a.
   I. 1. adj. *Cu. Referido a persona,* que no cede en lo que cree firmemente. pop.
   II. 1. adj. *Cu. Referido a persona,* que no acepta muestras de cariño o afecto.

revendedor, -ra.
   I. 1. m. y f. *Co, Py.* Vendedor modesto en el mercado público.
   ▶ **hablar como una revendedora.**

revendón, -na.
   I. 1. m. y f. *RD, Ec;* f. *Bo:E.* Vendedor ambulante de frutas, verduras, huevos y otros artículos comestibles similares.
   2. *Bo:S.* Persona que se dedica a revender mercancías.

reventada.
   I. 1. f. *Mx, CR, Py.* Reventón, desbaratamiento de algo estallando o aplastándolo con violencia. pop + cult → espon.
   2. *ES, Ni.* **golpiza,** paliza.

reventadera.
   I. 1. f. *Co.* **maíz de perro,** arbusto.

reventadero.
   I. 1. m. *Mx.* Lugar a orillas del mar donde rompen las olas.
   II. 1. m. *Bo:SO.* Lugar donde aflora el mineral en el interior de una mina.

reventado, -a.
   I. 1. adj/sust. *Mx, Ar. Referido a persona,* que lleva una vida de excesos. pop + cult → espon.
   2. *Bo:O, Ar. Referido a persona,* drogadicta. euf; pop + cult → espon.
   3. adj. *Pe, Ch. Referido a persona,* que está bajo los efectos del consumo excesivo de drogas o alcohol. drog; pop.
   4. *Ch.* Relativo al consumo excesivo de drogas o alcohol.
   II. 1. adj. *Mx, Ni, Py. Referido a persona,* que muere por golpe fuerte y hemorragia interna.
   III. 1. adj/sust. *Bo:O, Ar. Referido a persona,* de carácter sinuoso, malintencionado e intratable. pop + cult → espon.
   IV. 1. sust/adj. *Ar.* Hombre homosexual.
   V. 1. adj. *Ho, ES. Referido a persona,* descalificada en algo.
   2. *Ho, ES. Referido a persona,* que ha sido denunciada.
   3. *Ho, CR. Referido a un estudiante,* suspendido en un examen o en una asignatura. est.
   VI. 1. adj. *Ho, ES, Ur. Referido a persona,* que está arruinada económicamente.
   VII. 1. sust/adj. *Cu.* Persona que tiene buena suerte, *especialmente en el juego.*

VIII. 1. adj. *ES. Referido a una fiesta*, muy alegre y concurrida.

IX. 1. adj. *Ho. Referido a cosa*, inservible.

X. 1. adj. *Ni. Referido a un cadáver*, que está sin enterrar y en avanzado estado de descomposición.

reventar(se).

I. 1. intr. prnl. *Mx.* Divertirse cometiendo excesos. pop + cult → espon.

II. 1. tr. *Ho, Ni, Ur.* Vencer, derrotar a *alguien.* pop + cult → espon.

2. *Ho.* Matar *una persona* a *alguien.*

3. *CR.* Lanzar con violencia a *una persona* o cosa contra algo para causarle daño. pop.

III. 1. tr. *Ho, Ni, CR.* Suspender a un alumno en un examen o asignatura. est.

IV. 1. tr. *Ho, ES.* Denunciar a *alguien.*

V. 1. tr. *Ho, Ur.* Gastar *alguien* todo el dinero.

VI. 1. tr. *ES.* Vender mercancías en liquidación o rebajas.

VII. 1. tr. *Ho.* Echar a *alguien* del cargo o puesto de trabajo.

VIII. 1. tr. *Ho.* Estropear *algo.*

IX. 1. tr. *Ni.* Cobrar a alguien un precio excesivo por un artículo de consumo o por un servicio.

□

a. ‖ ~ **como chicharra.** loc. verb. *Mx.* Morir *alguien.* pop ∧ hiperb.

b. ‖ ~ **el clavo.** loc. verb. *Ho.* Surgir inesperadamente una denuncia o problema. pop + cult → espon.

c. ‖ ~ **el furruco.** loc. verb. *Ve.* Equivocarse en algo.

d. ‖ ~ **el puchichi.** loc. verb. *Bo:E.* Hacerse público *algo* que estaba oculto o reservado. pop + cult → espon.

e. ‖ ~ **la fuente.** loc. verb. *Mx, Ho, Ni, CR, Co.* Sufrir la rotura de la bolsa del líquido que envuelve al feto, lo que indica el inicio del parto.

f. ‖ ~ **la pita.** loc. verb. *Gu, RD.* Llegar una situación delicada o problemática al límite, a su momento más crítico.

g. ‖ ~ **la rana.** loc. verb. *Ch.* Emborracharse con exceso y sin moderación. pop ∧ fest.

h. ‖ ~ **la soga por lo más delgado.** loc. verb. *Pa, Bo:E.* Prevalecer el fuerte contra el débil o el poderoso contra el desvalido.

i. ‖ ~**se la hiel.** loc. verb. *Ch, Ar:NO.* Sufrir gran malestar por la vehemencia con que se desea algo. pop + cult → espon ∧ hiperb.

a. ‖ **a parir o ~.** loc. adj. *ES. Referido a persona*, decidida a hacer cualquier cosa.

reventazón.

I. 1. f. *Ar.* obsol. **reventón**, estribación.

II. 1. f.*Ho, ES, Ni, RD.* Lugar próximo a la orilla del mar donde rompen las olas.

2. *Bo:O.* Gradería natural de peñascos en la ladera de un cerro.

3. *Bo:SO.* **reventón**, lugar donde aflora el mineral.

III. 1. f. *Cu.* Brote de granos en la piel de alguien. rur.

IV. 1. f. *Cu. En un semillero*, salida de los primeros brotes. rur.

V. 1. f. *ES.* Estallido prolongado de fuegos artificiales.

VI. 1. f. *Ho.* Prueba física muy dura e intensa.

reventón.

I. 1. m. *Mx, Ho, ES, Ni, Bo:O, Ch.* Fiesta, jolgorio de copas y baile. pop + cult → espon. (**reven**).

2. *Ch.* Consumo excesivo de drogas o alcohol. drog; pop.

3. sust/adj. *Bo:SO.* Persona que habitualmente consume drogas. drog.

II. 1. m. *Ch, Ar:NO.* Afloramiento a la superficie del terreno de un filón o capa mineral.

2. *Bo:SO.* Lugar donde aflora el mineral en el interior de una mina. ♦ **reventazón.**

III. 1. m. *Ar:NO.* Estribación, contrafuerte de una sierra. ♦ **reventazón.**

IV. 1. m. *RD; CR*, p.u. Golpe fuerte, *especialmente el producido por una caída*. pop + cult → espon.

V. 1. m. *Ho.* Rebaja de precios en una tienda.

VI. 1. m. *Ho.* Despido del puesto de trabajo.

VII. 1. m. *Ho.* Derrota que sufre una persona.

VIII. 1. m. *Ho.* Noticia importante y sorpresiva.

IX. 1. m. *Ho.* Escándalo o incidencia en que alguien resulta perjudicado.

reventoso, -a.

I. 1. adj. *Ho, ES. Referido a cosa*, que fácilmente se revienta o se quiebra.

reverbero.

I. 1. m. *Ni, Pa, Cu, Co, Ve, Ec.* Aparato pequeño usado para calentar agua o cocinar alimentos, que funciona con electricidad, alcohol o gas.

II. 1. m. *Cu.* Persona que ingiere bebidas alcohólicas por vicio.

III. 1. m. *RD.* Alboroto, bulla. pop + cult → espon.

reverencia.

I. 1. f. *Ho.* **agradecimiento**.

reverenda.

I. 1. f. *ES.* Mujer embarazada.

□

a. ‖ **como las ~s.** *Ch.* **como el pico.** euf; pop + cult → espon ∧ fest.

b. ‖ **¡por las ~s!** loc. interj. *Ch.* Expresa sorpresa o admiración. pop.

▶ **dar la ~ gana.**

reverendo, -a.

I. 1. adj. *Mx, Ho, Cu, Co, Ve, Ec, Pe, Bo, Ch, Py, Ar, Ur.* Muy grande. pop + cult → espon ∧ hiperb.

revernirse.

I. 1. intr. prnl. *Bo:E.* Mojarse *una persona* por efecto de la transpiración. pop + cult → espon.

reversa. (Del ingl. *reverse*).

I. 1. f. *Mx, Ho, ES, Ni, RD, Co, Pe, Bo, Ch, Py; Pa*, p.u. Retroceso de un vehículo. (**reverso**; **riversa**). ♦ **reversada**; **revosh.**

2. *Mx, Gu, Ho, ES, CR, RD, Co, Bo, Ch, Py; Pa*, p.u. Mecanismo que permite que un vehículo retroceda. (**reverso**; **riversa**). ♦ **revosh.**

II. 1. f. *Ho, RD, Co, Ch.* Rectificación, arrepentimiento de una decisión o de un acto realizado.

□

a. ‖ **en ~.** loc. adv. *Mx, ES, CR, Pa, Ec, Ch, Py.* Hacia atrás.

reversada.

I. 1. *Co.* p.u. **reversa**, retroceso.

reversar.

I. 1. tr. *Co.* Anular o dejar *algo* sin efecto. pop.

2. intr. *Co:C.* Retroceder un vehículo de motor tras accionar la **reversa**.

reverso.

I. 1. m. *Co:C.* **reversa**, mecanismo y retroceso.

revés.

□

a. ‖ **al ~ de la milanesa.** loc. adv. *Py, Ar, Ur.* Al contrario, a la inversa. pop + cult → espon. ♦ **al revés de los cristianos.**

b. ‖ **al ~ de los cristianos.** *PR.* al revés de la milanesa.

revesero, -a.

I. 1. adj/sust. *Pe, Bo:O. Referido a persona*, que habla mal de otras cuando no están presentes. pop.

revesina.
- **I. 1.** f. *Pa.* Forma de hablar que consiste en cambiar el orden de las sílabas de las palabras.

revientacaballo.
- **I. 1.** m. *Ur; Ar,* p.u. Hierba de hasta 1 m de altura, de tallo leñoso, ramas pubescentes, hojas pecioladas, flores blancas o azules y una baya globosa de color rojo como fruto. (Solanaceae; *Solanum* spp.). ♦ **pocoto.**
- **2.** *Cu, PR.* Hierba perenne de hasta 60 cm de altura, pubescente, simple o poco ramificada, con tallo hojoso y hojas alternas de lanceoladas a oblongas, y flores blanco brillante. (Campanulaceae; *Hippobroma longiflora*). ♦ **guibey; tibey.**
  □
  - **a.** ‖ **a ~.** loc. adv. *Bo, Ur.* A galope ininterrumpido. pop + cult → espon.

revientacabra.
- **I. 1.** f. *Mx.* **negrito,** arbusto de hasta 6 m.

revientacinchas.
  □
  - **a.** ‖ **a ~.** loc. adv. *Mx.* obsol. Muy rápidamente.

revientamarullo.
- **I. 1.** m. *PR.* Golpe de mar.

revientamuelas.
- **I. 1.** *Mx.* **pelo de gato,** hierba.

revirada.
- **I. 1.** f. *Mx. En algunos juegos de azar como las cartas,* aumento de la apuesta que ha hecho otro.
- **II. 1.** f. *Co.* p.u. Contestación insolente. pop + cult → espon.
- **III. 1.** f. *Pe.* Giro en el que se tuerce hacia una dirección determinada.

revirado, -a.
- **I. 1.** adj/sust. *Py, Ar, Ur; Cu,* obsol. *Referido a persona,* de carácter difícil e imprevisible. pop + cult → espon.
- **2.** *Py, Ar, Ur. Referido a persona,* loca, perturbada.
- **3.** adj. *Cu. Referido a persona, especialmente un niño o adolescente,* que no acata las órdenes que se le dan.

revirar(se).
- **I. 1.** tr. *Mx, Co, Ec, Pe. En algunos juegos de azar como las cartas,* doblar o aumentar la apuesta que ha hecho otro.
- **II. 1.** intr. *Co; Ve,* pop + cult → espon. Contestar de forma insolente.
- **2.** tr. *Pe.* p.u. Rechazar con firmeza una propuesta.
- **3.** intr. prnl. *Cu.* Contestar de forma insolente. pop.
- **4.** *Cu.* No obedecer *alguien* a lo que se le ordena. pop.
- **III. 1.** intr. prnl. *Ec, Ar, Ur.* Disgustarse, enojarse. pop + cult → espon.
- **2.** *Ar, Ur.* Perder la razón. pop + cult → espon.
- **IV. 1.** intr. *Gu, ES.* Rebotar un cuerpo en movimiento por haber chocado con algo.
  □
  - **a.** ‖ **~ los ojos.** loc. verb. *Cu, Ur.* Mirar de soslayo a *una persona* o desviar la mirada para expresarle enfado o antipatía.

revire.
- **I. 1.** m. *Ar, Ur.* Alteración repentina de la conducta o del estado de ánimo. pop + cult → espon.

reviro.
- **I. 1.** m. *Ar:NE; Py,* rur. Masa hecha de harina de trigo, huevo, agua y sal, que se fríe y se come desmenuzada o cortada en pedazos.
- **II. 1.** m. *Ar.* Alteración repentina de la conducta o del estado de ánimo. pop + cult → espon.

revirón.
- **I. 1.** m. *Gu, ES.* Rebote que da un cuerpo al chocar con algo.
- **II. 1.** sust/adj. *Cu. Persona, especialmente un niño o un adolescente,* que no obedece fácilmente a lo que se le ordena.
  ■
  - **a.** ‖ **~ de ojos.** m. *Cu.* Mirada de soslayo que alguien lanza para manifestar disgusto o disconformidad. pop.

revisa.
- **I. 1.** f. *Ar:NO.* Revisión. pop + cult → espon. ♦ **revisación.**

revisación.
- **I. 1.** *Py.* **revisa.**

revisada.
- **I. 1.** f. *Mx, Ho, Ni, CR, Pa, Cu, RD, PR, Co, Ve, Ec, Pe, Bo, Ch, Ar, Ur.* Revisión rápida para corroborar que algo está en orden o para corregir errores.
- **II. 1.** f. *Bo.* Repaso de lo que se ha estudiado. pop + cult → espon.

revisar.
- **I. 1.** tr. *ES, Ec, Bo, Ur.* Repasar lo que ya se ha estudiado para afianzar conocimientos. pop + cult → espon.

revisorio.
- **I. 1.** m. *Ch:SO.* Especie de espejo empleado en las artes adivinatorias.

revista.
  ■
  - **a.** ‖ **~ de fondeo.** f. *Ch.* Inspección que realiza la autoridad marítima a una embarcación recién fondeada en el puerto con objeto de buscar alijos de contrabando.
  - **b.** ‖ **~ de gimnasia.** f. *Ch. En un centro escolar,* exhibición de ejercicios gimnásticos hechos por los alumnos en fechas señaladas.
  - **c.** ‖ **~ preparatoria.** f. *RD, Ch.* Inspección que un jefe militar realiza a las tropas en formación para comprobar el estado de instrucción anterior a un desfile o exhibición.

revistar.
- **I. 1.** intr. *Ar; Ur,* p.u. Prestar servicios en un organismo, *generalmente público.*

revistero, -a.
- **I. 1.** m. y f. *Bo, Ar; Ch, Py,* p.u. Persona que vende prensa escrita.

revivo.
- **I. 1.** m. *Mx:SE.* Limpieza periódica que se lleva a cabo en las plantaciones. rur.

revocarse.
- **I. 1.** tr. prnl. *Py, Ar, Ur.* Maquillarse el rostro, *generalmente en exceso.* pop + cult → espon ^ fest.

revocatoria.
- **I. 1.** f. *Ho, ES, Ni, PR, Ec, Bo, Ch, Ar, Ur.* Anulación de una ley, un decreto, edicto o resolución por un juez o por una autoridad competente.

revolar.
- **I. 1.** intr. *Co* Trabajar con rapidez.
- **II. 1.** tr. *Ec.* Obtener *algo* de modo extraordinario, no siguiendo el procedimiento usual o esperable. pop + cult → espon.
- **III. 1.** tr. *Ec:O* Pedir *algo* prestado. pop.

revolcada.
- **I. 1.** f. *Mx, ES, Ni, CR, Pa, RD, PR, Ec, Pe, Bo, Ar.* Revuelco. pop + cult → espon.

revolcadera.
- **I. 1.** f. *Mx, ES, CR, Pa, Cu, RD.* Revuelco continuo y reiterado.

revolcadero.
   I. 1. m. *Cu, RD, Ur.* Conjunto de objetos en desorden.
      pop.
   II. 1. m. *Ho. En las peleas de gallos*, **redondel** o **palenque** en que entrenan a los animales.

revolcado.
   I. 1. f. *Gu.* Guiso compuesto de pan tostado, **chile**, tomate y otros condimentos.

revolcar.
   □
   a. ‖ ~ **el avispero.** *PR.* **revolver el avispero.**
   b. ‖ ~ **el gallinero.** *PR.* **revolver el avispero.**

revolcón.
   I. 1. m. *Co.* Cambio radical de una situación personal, social o política. pop.
   II. 1. m. *Pa.* Grave alteración del orden.

revolear.
   I. 1. tr. *CR, RD, Ec, Py, Ar, Ur.* Hacer girar sobre la cabeza una correa, un lazo, o algún otro objeto impulsándolo con movimientos del brazo.
   II. 1. tr. *CR; Ar*, pop + cult → espon. Arrojar un objeto a *alguien*.
   □
   a. ‖ ~ **la pata.** loc. verb. *Ur.* Irse de juerga. pop + cult → espon ∧ fest.

revoletear.
   I. 1. intr. *Mx, Ch.* Moverse de manera reiterada alrededor de *algo* o de *alguien*.
   2. *ES, PR, Ch, Py.* Volar haciendo giros en poco espacio.

revolico.
   I. 1. m. *Cu.* Conjunto de cosas en desorden. pop.
   2. *Cu.* **rebambaramba**, situación de confusión y desorden. pop.

revolisco.
   I. 1. m. *Cu.* **rebambaramba**, situación de confusión y desorden. pop.

revoltijo.
   I. 1. m. *Mx, RD.* Guiso elaborado con tortitas de camarón, **chile**, **romeritos** y patatas.

revoltillo.
   I. 1. m. *Cu, RD, PR, Ve.* Huevos revueltos.

revoltón, -na.
   I. 1. adj. *ES. Referido a persona*, revoltosa.

revoltura.
   I. 1. f. *Mx, Bo.* Mezcla, argamasa.
   2. *Mx.* Conjunto de cosas en desorden.
   II. 1. f. *Cu.* Asco, impresión desagradable causada por algo que repugna.
   2. *Pa, RD.* Indisposición estomacal acompañada de náuseas.

revolú.
   I. 1. m. *Pa, RD, PR.* **rebambaramba**, situación de confusión y desorden. pop + cult → espon. (**revulú**).
   ■
   a. ‖ ~ **prendido.** m. *PR.* Situación de confusión o desorden en su máximo apogeo. rur.

revolución.
   □
   a. ‖ ~ **caliente.** loc. sust. *Pe.* Galleta crocante hecha con harina, huevos, azúcar, canela y otros ingredientes, que es anunciada por vendedores callejeros con un pregón.
   ▶ **pasarse de revoluciones.**

revolufia.
   I. 1. f. *Mx.* Revolución. pop. (**refolufia**). ♦ **revolutis.**

revolutis.
   I. 1. *Mx.* **revolugia.**

revoluto.
   I. 1. m. *ES.* Revoltijo, mezcla de cosas, desorden.

revolvedor.
   I. 1. m. *Mx, Cu, Ar.* Varilla, *generalmente de plástico*, usada para remover bebidas.
   II. 1. m. *Cu. En los ingenios azucareros*, recipiente en que se revuelve el **guarapo** para reducirlo a pasta.

revolvedora.
   I. 1. f. *Mx.* Hormigonera, aparato para hacer hormigón.
   2. *Ch.* Máquina para remover la harina y la masa del pan.
   3. *Ch.* p.u. Heladera, máquina para hacer helados.

revolvencia.
   I. 1. f. *Mx. En ámbitos financieros*, movimiento de dinero.

revolver(se).
   I. 1. tr. *Ho. En la caza*, enfrentar un perro a su presa una vez alcanzada.
   □
   a. ‖ ~ **el avispero.** loc. verb. *Ho, ES, Ni, CR, Cu, RD, Co, Ve, Ec, Bo, Ar, Ur.* Causar alteración y desorden en un grupo de personas. pop + cult → espon. ♦ **revolcar el avispero; revolcar el gallinero; revolver el gallinero.**
   b. ‖ ~ **el caldo con los frijoles.** loc. verb. *Ho, Ni, RD.* Mezclar una cosa con otra o un asunto con otro, cuando no es posible o no tienen ninguna relación. pop.
   c. ‖ ~ **el chingaste.**
     i. loc. verb. *Ho.* Sentir náuseas *una persona* por algo.
     ii. *Ho.* Enfadarse mucho *una persona* por algo o por alguien. pop.
   d. ‖ ~ **el gallinero.** *Ch.* **revolver el avispero.**
   e. ‖ ~ **el sebo con la manteca.** loc. verb. *Ho.* Mezclar una cosa con otra o confundir hechos o ideas diferentes. pop + cult → espon.
   f. ‖ ~ **la vida.** loc. verb. *Gu.* Provocar *alguien* o *algo* repugnancia a una persona.
   g. ‖ ~**la.** loc. verb. *Ch.* Divertirse o dedicarse a un pasatiempo. pop.
   h. ‖ **revolvérsele el almizcle.** loc. verb. *Ho.* Excitarse sexualmente. pop.
   i. ‖ **revolvérsele los frijoles.** loc. verb. *Ho.* Tener miedo.
   j. ‖ **revolvérsele los orines.** loc. verb. *Ho.* Encolerizarse.

revolvera.
   I. 1. f. *Ve; Bo:E*, pop + cult → espon; *Py*, pop. Funda para guardar el revólver.
   II. 1. f. *Bo:E.* Bolsillo trasero del pantalón. pop + cult → espon.

revoque.
   I. 1. m. *Bo, Py, Ar, Ur.* Maquillaje para el rostro, *generalmente excesivo*. pop + cult → espon ∧ fest.

revosh.
   I. 1. f. *Pa.* **reversa**, mecanismo y retroceso.

revuelo.
   I. 1. m. *Mx, Pa, Cu, RD, PR, Ec, Pe, Bo; Co*, rur. Salto que da un gallo de pelea para clavar el espolón al adversario.

revuelta.
   I. 1. f. *Ni.* **Tortilla** de harina de maíz con queso.

revuelto.
   I. 1. m. *Co:O.* Conjunto de verduras y hortalizas con las que se aliñan principalmente los **frijoles** y las sopas.
   ■
   a. ‖ **el norte** ~ **y brutal.** m. *Cu.* Estados Unidos de América. fest.

revuelto, -a.
 I. 1. adj. *Ho. Referido a persona,* furiosa, iracunda.
  2. *CR. Referido a persona* rebelde y desobediente. pop.
 II. 1. adj. *Bo. Referido a las pestañas,* arqueadas.

revulú.
 I. 1. m. *Pa, RD, PR.* **rebambaramba,** situación de confusión y desorden. pop + cult → espon.

rey.
 I. 1. m. *PR.* **pancha.**
 ■
  a. ‖ ~ **cute.** *Ho, ES.* **rey zopilote.**
  b. ‖ ~ **de los pájaros.** *Ar.* **caburé.**
  c. ‖ ~ **de zopilotes.** *Mx, CR* **rey zopilote.**
  d. ‖ ~ **del bosque.**
   i. m. *Ar:C,NO.* Ave de hasta 20 cm de longitud, de color general gris plomizo o negro, vientre amarillo y alas y cola con manchas blancas. (Emberizidae; *Pheucticus aureoventris*).
   ii. *Ur.* **pepitero.**
  e. ‖ ~ **del monstruo.** m. *PR.* Persona que distribuye heroína. delinc.
  f. ‖ ~ **gallinazo.** *Co, Ec, Bo.* **rey zopilote.**
  g. ‖ ~ **zamuro.** *Co, Ve.* **rey zopilote.**
  h. ‖ ~ **zope.** *Ho, ES.* **rey zopilote.**
  i. ‖ ~ **zopilote.** m. *Mx, Gu, Ho, ES, Ni, CR, Pa.* Ave carroñera de hasta 80 cm de longitud, de plumaje blanquecino, con el manto teñido de marrón claro, la rabadilla y las plumas de vuelo negras, un collar de plumas gris, la cabeza desnuda, vistosamente pintada de naranja, amarillo, azul y negro, y pico adusto naranja oscuro. (Cathartidae; *Sarcoramphus papa*). (**rey de zopilotes**). ♦ **gallinazo rey; guaraguao; rey cute; rey gallinazo; rey zamuro; rey zope; zoncho; zopilote rey.**
 □
  a. ‖ ~ **chiquito.** loc. sust. *Mx, Bo.* Persona que ejerce el poder en una región pequeña y secundaria. pop + cult → espon.
  b. ‖ ~ **del carnaval.** loc. sust. *Mx, Bo.* Personaje carnavalesco que ejerce el mando de la fiesta.
  c. ‖ ~ **moreno.** loc. sust. *Bo* Comparsa de danzantes disfrazados *que generalmente pertenecen a la raza negra.*
 ▶ **creerse de la pata del ~; echar el ~; ir a donde el ~ va solo.**

reyador, -ra.
 I. 1. m. y f. *PR.* Persona que participa en las **trullas** de las fiestas navideñas. rur.

reyar.
 I. 1. intr. *PR.* Salir de casa en casa a pedir aguinaldo en época navideña. rur.

reyecito.
 I. 1. m. *Mx.* Pájaro de hasta 20 cm de longitud, de plumaje azul grisáceo, cola larga, ojos rojos, pico negro y una pronunciada cresta de plumas sobre la cabeza. (Ptilogonatidae; *Phainopepla nitens*).

reyoyo, -a.
 I. 1. *Cu.* **rellollo.**

reyuno.
 I. 1. m. *Py.* Calzado de material resistente que usan los soldados. pop.

reza.
 I. 1. f. *Ve; Ar,* p.u. Rezo, oración. ♦ **rezada.**
 ■
  a. ‖ ~ **chicu.** m. *Bo:O.* Invitación a rezar en la celebración de Todos los Santos.

rezada.
 I. 1. *Ni, Pe, Bo:O, Ch.* **reza.** pop.

rezadera.
 I. 1. f. *Mx, ES, Ni, Pa, RD, Co, Ve,* desp; *Ch,* p.u. Rezo repetido y continuo.

rezado.
 I. 1. m. *Gu.* Procesión de carácter religioso formada por personas que portan imágenes de santos.

rezado, -a.
 I. 1. adj. *Co. Referido a persona,* que está hechizada o embrujada.

rezador.
 I. 1. m. *CR.* Paraguas de tela negra, *usado especialmente por hombres.* pop.

rezador, -ra.
 I. 1. m. y f. *Gu, Ho, ES, Ni, CR, Pe, Py, Ar:NO.* Persona que se contrata para rezar rosarios en determinadas ocasiones como novenarios y celebraciones en honor del Niño Dios.
  2. *Pe.* Curandero que para sanar a los enfermos reza oraciones al revés, entre otros ritos. rur.
  3. *Ec; Pa, Bo:O,* rur, pop + cult → espon. Persona que reza en los velorios. rur.
  4. *Bo:N.* Persona que sin tener título académico en medicina realiza curaciones con yerbas y otros productos naturales.
  5. *Bo:O.* Persona de etnia aymara que practica las artes adivinatorias, *principalmente a través de la lectura de las hojas de coca.*
  6. *Ho:C,N,S.* Persona de un pueblo del área **lenca** que conoce los rituales sincréticos católicos.
  7. *Bo:O.* Persona que a cambio de alimentos o dinero se dedica a rezar, *generalmente en los cementerios.*

rezaga.
 I. 1. f. *PR.* Frutos sin recolectar que quedan en los árboles. rur.

rezagado.
 I. 1. m. pl. *Mx.* Oficina o casillero donde se deposita la correspondencia no reclamada por su destinatario.
 II. 1. m. *Cu.* Selección, según tamaño, clase y color, de las hojas de tabaco que sirven para hacer la envoltura superior del cigarro puro.

rezagado, -a.
 I. 1. adj. *Mx, Pe, Ch. Referido a un envío postal,* que no ha sido reclamado por su destinatario.

rezagador.
 I. 1. m. *Cu* Persona encargada de seleccionar la hoja de tabaco que sirve para hacer la envoltura superior del cigarro puro.

rezagar.
 I. 1. tr. *ES, PR; Mx,* rur. Dejar aparte, separar *algo* o a *alguien.*
 II. 1. tr. *Cu.* Seleccionar nuevamente las hojas de tabaco que se habían escogido para hacer la envoltura superior del cigarro puro.

rezago.
 I. 1. m. *Mx, Ch.* Grupo de reses débiles que se apartan del rebaño para procurar mejorarlas. rur.
 II. 1. m. *Cu.* Selección, según tamaño, clase y color, de las hojas de tabaco que sirven para hacer la envoltura superior del cigarro puro.

rezandero, -a.
 I. 1. adj/sust. *Mx, Co. Referido a persona,* beata, que frecuenta mucho las iglesias y dedica excesivo tiempo a las prácticas religiosas. pop ^ desp.
  2. m. y f. *Mx, Pa, Ve.* Persona que tiene por oficio rezar por los muertos durante los rituales funerarios.

rezante.
 I. 1. m-f. *Bo:E.* Persona que reza *habitualmente en la festividad de Todos los Santos.*

rezar.
- **I. 1.** tr. *Pa, Co.* Someter a *alguien* a un encantamiento para librarlo de alguna enfermedad. rur; pop.
- **2.** *Co.* Someter a *alguien* para que realice alguna acción en contra de su voluntad.
- **II. 1.** *Ho.* **acampar**, hablar el ladrón. delinc; fest.
- ◨
    - **a.** ‖ **cada quien reza por su santo.** fr. prov. *Ho, ES.* Indica que una persona es egoísta, que solo se preocupa por lo suyo.

rezo.
- **I. 1.** m. *Mx:E.* Cuerda pequeña para atar animales. rur.
- **II. 1.** *Ho:O.* **agradecimiento**.

rezongadera.
- **I. 1.** f. *Ni, RD, Ve, Ur.* Serie de rezongos continuados o repetidos. pop + cult → espon.

rezongar.
- **I. 1.** tr. *PR, Py, Ar, Ur.* Reprender o amonestar con insistencia a *alguien*. pop + cult → espon.

rezongo.
- **I. 1.** m. *Ar, Ur.* Reprimenda o amonestación insistente. pop + cult → espon.

rezumbar.
- **I. 1.** intr. *ES, RD.* Zumbar fuertemente.

ri-ra. (De or. onomat.).
- **I. 1.** m. *RD.* Cremallera, cierre.

rialazo.
- **I. 1.** m. *ES.* Golpe fuerte.

riapiada.
- **I. 1.** f. *ES.* Conjunto de personas sin educación que son presas fáciles del consumismo.
- **II. 1.** f. *Ho.* Obstrucción de un conducto.

riata.
- **I. 1.** *Mx, Ni.* **reata**, pene. pop.
- **II. 1.** *Ho, ES.* **reata**, borrachera.
- **III. 1.** *Ho, ES.* **reata**, paliza.
- **IV. 1.** f. *Ho.* Persona importante y con poder.
- ◼
    - **a.** ‖ **la mera ~.** f. *Ho.* **altísimo**.
    - ▶ **andar a ~; valer ~.**

ribal. (Del ingl. *rib-band*, armazón que se utiliza en la navegación).
- **I. 1.** m. *Ho:N.* Tabla rectangular de madera que en el centro tiene una lámina de cinc acanalada y se utiliza para lavar y restregar la ropa.

riberano, -a.
- **I. 1.** sust/adj. *Ec; Mx, Ch*, p.u. Dueño o morador de un predio contiguo a un río.
- **2.** adj. *Ho, Ec; Ch*, p.u. Relativo a la ribera.

ribete.
- ☐
    - **a.** ‖ **de ~.** loc. adv. *Gu, Ho, ES.* Además, por añadidura, también, para colmo.

rica.
- ◼
    - **a.** ‖ **~~.** f. *Ar.* Arbusto aromático de hasta 50 cm de altura y flores de color violeta a las que se atribuyen diversas propiedades curativas. (Verbenaceae; *Acantholippia* spp.).

ricachico.
- **I. 1.** m. *Pe:C.* Regalo que ofrecen los miembros de una cofradía a los devotos durante la fiesta del santo patrón.

ricardito. (De *Ricardito*®).
- **I. 1.** m. *Ur.* Producto de pastelería con forma cónica y punta redondeada, relleno de merengue y bañado de chocolate.

riche.
- **I. 1.** m. *Co:C.* p.u. **Papa** pequeña y de inferior calidad.

ricino.
- **I. 1.** m. *Ho, Ni.* **higuerilla**, arbusto y semilla.

rico.
- **I. 1.** adv. *CR, Cu, RD, PR, Co.* Bien, fenomenal, estupendamente. ◆ **sentirse rico**.
- ☐
    - **a.** ‖ **¡qué ~!** loc. interj. *Ni, CR.* Expresa complacencia malsana ante el mal ajeno. pop ∧ sat.
    - ◨
        - **a.** ‖ **que ~ es todo y que malo es nada.** fr. prov. *Cu.* Indica que se está satisfecho con lo que se tiene.

rico, -a.
- **I. 1.** adj. *RD, Co, Bo. Referido a una situación*, agradable, grata.
- **II. 1.** adj. *CR, Ec, Pe, Bo. Referido a una mujer*, atractiva y de formas exuberantes. pop + cult → espon.

ricota. (Del it. *ricotta*).
- **I. 1.** f. *Mx, CR, Ve, Ec, Ch, Ar, Ur.* Producto lácteo mantecoso y de color blanco que se obtiene a base de leche cuajada sin suero. (**ricotta**).

ricote, -a.
- **I. 1.** m. y f. *Cu.* Persona rica, con mucho dinero. pop.

ricotón, -na.
- **I. 1.** adj/sust. *Pe. Referido a persona, especialmente una mujer*, muy atractiva físicamente. pop.

ricotta. (Voz italiana).
- **I. 1.** f. *CR, Ve, Ec, Ch, Ur; Ar*, p.u. **ricota**.

ride. (Voz inglesa).
- **I. 1.** m. *EU, CR, PR.* juv. Viaje.

ridiculez.
- **I. 1.** f. *Co.* **carrielito**.

ridículo, -a.
- **I. 1.** sust/adj. *Cu.* Persona tacaña o mezquina.
- ●
    - **a.** ‖ **~.** fórm. *Ch.* juv. Se usa para dirigirse a alguien afectuosamente. pop.
    - ▶ **ser ~.**

ridículum.
- **I. 1.** m. *Mx, Pa, Bo, Ch.* Currículum vítae. cult ∧ fest.

riel.
- **I. 1.** m. pl. *Mx, Gu, ES.* Zapatos. delinc.
- **II.** (Del ingl. *rail*).
- **1.** m. *EU, Ec.* Travesaño, pieza de madera o hierro que atraviesa de una parte a otra.
- **2.** *EU.* Antepecho compuesto de balaustres y barandales que los sujetan, común en escaleras y balcones.
- **III. 1.** m. *Pe. En el surf*, cada uno de los dos bordes laterales de la **tabla**.
- **IV. 1.** m. *Gu, ES, CR.* Pene. vulg.
- **V. 1.** m. *Ho.* Cadena gruesa de oro o plata. delinc.
- ☐
    - **a.** ‖ **en el ~.** loc. adv. *Ar.* obsol. En una situación de extrema pobreza. pop + cult → espon.
    - **b.** ‖ **sobre ~es.** loc. adv. *Mx, Gu, Ni, Ve, Ec, Bo, Ch, Py, Ar, Ur.* Muy bien o sin problemas.
    - ▶ **estar trozando ~es; pelar el ~; pelarle el ~; sentarse en el ~.**

rielero.
- **I. 1.** m. *ES.* Zapatero. pop.

rielero, -a.
- **I. 1.** m. y f. *Mx.* Persona que trabaja en los servicios de ferrocarril.

rienda.
- **I. 1.** f. *Mx*, delinc; *ES*, vulg. Pene.
- **II. 1.** f. *Ar, Ur.* Trozo de alambre sujeto por un cabo a un punto fijo y por el otro al extremo de un poste clavado en la tierra, para asegurar la posición vertical de este.
- **2.** *Ho, ES, Ni.* Collar o cadena gruesa de oro.

□
a. ‖ **a ~ corta.** loc. adj/adv. *Py, Ar, Ur. Referido especialmente a persona o a una situación*, totalmente dominada o bajo control. pop + cult → espon. ◆ **con la ~ corta; con las ~s cortas; con ~ corta; con ~ suelta.**
b. ‖ **con la ~ corta.** *Pa, Bo, Py, Ar, Ur.* a rienda corta.
c. ‖ **con las ~s cortas.** *Py, Ar.* a rienda corta.
d. ‖ **con ~ corta.** *Py, Ar, Ur.* a rienda corta.
e. ‖ **con ~ suelta.** *Bo, Ar, Ur.* a rienda corta.
f. ‖ **~ corta.** loc. sust. *Ni, Ch.* Rigurosidad en el trato o educación a alguien.

riendazo.
I. 1. m. *Gu, Ho, ES, Ni, CR.* Golpe dado con las riendas.
2. *Gu, Ho, Ni, CR.* metáf. Trago de bebida alcohólica.
3. *Gu, Ni, CR.* Golpe fuerte que se da o se recibe.
4. *CR. En el futbol*, disparo potente realizado con el pie por un jugador hacia la portería contraria. pop + cult → espon.

□
a. ‖ **de un ~.** loc. adv. *Gu, CR.* Súbitamente, de una vez.
▶ **pegar el ~.**

riesgo.
■
a. ‖ **~ país.**
i. m. *Ve, Ch, Ur.* Peligro existente en un país en algunas actividades o procesos económicos. cult.
ii. *Pe.* Riesgo adicional al cual se ve expuesta una inversión por efectuarse en una economía emergente.

riesgoso, -a.
I. 1. adj. *Mx, Ho, ES, Ni, CR, Pa, Cu, RD, Co, Ve, Ec, Pe, Bo, Ch, Py, Ar; Ur.* p.u. *Referido a cosa*, que implica riesgo.

rifa.
□
a. ‖ **~ de aguante.** f. *RD, Py.* Sorteo que se lleva a cabo de forma clandestina.
▶ **sacarse la ~ del guanajo.**

rifador, -ra.
I. 1. m. y f. *Pe, Bo:O. En el futbol*, jugador que no pasa el balón a otros jugadores, sino que lo lanza con fuerza sin dirección precisa.

rifar(se).
I. 1. intr. *Mx.* Sobresalir, destacar en algo. pop + cult → espon.
2. *Mx.* Dominar, imperar, mandar. pop + cult → espon.
II. 1. tr. *Ar.* Desprenderse de *alguien* o de *algo*, despreciando su valor. pop + cult → espon.
2. *Bo:O, Py.* Vender un objeto por un precio inferior al de su valor real.
III. 1. tr. *Ar. En algunos deportes colectivos con pelota*, desprenderse de esta en un pase o en un remate carentes de precisión u oportunidad. pop + cult → espon.
2. *Pe. En el futbol*, lanzar con fuerza el balón y sin dirección precisa.
IV. 1. intr. prnl. *Ho, Ni.* Pelearse con alguien.
V. 1. *ES.* juv. Hacer gestos.
●
a. ‖ **¿qué rifas?** fórm. *ES.* juv. Se usa para preguntar adónde alguien va.

□
a. ‖ **~la.**
i. loc. verb. *Mx, Bo:C.* Arriesgar *alguien* la vida. pop + cult → espon.
ii. *Bo:C.* Morir *una persona.* pop + cult → espon.

b. ‖ **~se el físico.** loc. verb. *Gu.* Arriesgar *alguien* la vida.
c. ‖ **rifársela.** loc. verb. *Mx, Pa, Cu, Ur.* Arriesgarlo todo *alguien.* pop + cult → espon.

rifari.
I. 1. *Pe.* manicillo.
2. m. *Pe.* Arbusto de hasta 15 m de altura, de hojas grandes y flores entre blancas y lilas. (Melastomataceae; *Miconia* spp.). ◆ **camasey; jusillo; rupiña.**

rififí.
I. 1. sust/adj. *Co.* obsol. Persona que viste, habla y actúa de manera afectada y característica de una clase social acomodada.

riflazo.
I. 1. m. *Gu, Ho, ES, Ni, CR.* Trago de bebida alcohólica. pop.
II. 1. m. *Ho, CR, Ec, Bo. En el futbol*, disparo potente. pop.
III. 1. m. *Ho.* Dicho o frase irónica o de denuncia.

rifle.
I. 1. m. *CR.* Botella de ron. pop.
II. 1. m. *Ni.* Pantalón ajustado en las perneras.
□
a. ‖ **como ~.**
i. loc. adj/adv. *Mx, Ni, Ur.* Muy preparado, bien dispuesto y provisto para hacer algo. pop + cult → espon.
ii. loc. adj. *Mx. Referido a persona*, atractiva físicamente. pop + cult → espon.
iii. loc. adv. *Ur.* En muy buenas condiciones. pop + cult → espon.

riflero.
I. 1. m. *Ar.* obsol. Sombrero.

riflero, -a.
I. 1. adj/sust. *Mx, Ho, Ni. Referido a persona*, hábil en el manejo del rifle.
2. *Ve, Bc; Ar,* obsol. *Referido a un soldado*, provisto de rifle.
II. 1. sust/adj. *Ch. En algunas profesiones y actividades rentables*, persona que las desempeña sin tener los requisitos legales para hacerlo.

right.
■
a. ‖ **~ fiela.** (Voz inglesa).
i. m. *EU, Mx, Ni, Cu, PR, Ve. En el beisbol*, campo que está detrás de la tercera **base** y contiguo al jardín central.
ii. *EU, Mx, Ni, Cu, PR, Ve. En el beisbol*, jugador que ocupa el **right field**.
b. ‖ **~ true.** (Voz inglesa). adj. *PR.* De acuerdo, verdaderamente cierto. pop + cult → espon.

rigola.
I. 1. *RD.* regola.

rigoreada.
I. 1. f. *Ar.* Reprensión severa, reprimenda. rur.

rigorear.
I. 1. tr. *Ar.* Reprender severamente o tratar con dureza a *alguien.* rur.

rigua.
I. 1. f. *Ho:C,O, ES.* **Tortilla** de **elote** tierno.
2. *Ho:C,O.* Harina gruesa de maíz tostado y molido.

rila.
I. 1. f. *Mx; Ho*, delinc. Bicicleta.
II. 1. f. *Co.* p.u. Carne blanca y fibrosa de un animal.

rilain.
I. 1. f. *PR.* Prostituta vieja. prost.

riles.
I. 1. m. pl. *Ch.* Residuos industriales líquidos. cult.

rima.
- **I. 1.** f. *Ho.* Herramienta en forma de lima redonda, usada para limpiar o ajustar agujeros en el metal.
- ▶ **seguir la ~.**

rimanacuy. (Del quech. *rimanakuy,* diálogo).
- **I. 1.** m. *Pe.* Reunión periódica que se celebra entre las autoridades y las poblaciones andinas para discutir la problemática de la zona.

rimar.
- **I. 1.** tr. *Ho.* Pulir o ajustar un agujero en el metal con una lima.

rimpolio.
- **I. 1.** m. *Bo.* Bebida elaborada con leche, huevo, licor y azúcar. (**rimpollo**).

rimpollo.
- **I. 1.** *Bo.* **rimpolio.**

rin. (Del ingl. *rim*).
- **I. 1.** m. *EU, Mx, Gu, Ho, ES, Ni, Pa, Co, Ve, Ec, Py, Ar.* Aro metálico de la rueda de un vehículo pesado, en el que va montado el neumático y la **llanta.**
- **II. 1.** m. *Pe.* obsol. Ficha para hablar en un teléfono público.
- **III. 1.** m. *ES.* Cigarrillo de marihuana.
- **IV. 1.** m. *Ni.* Barandilla metálica que rodea el corralito de un niño que todavía no anda.
  - □
  - **a.** ‖ **en ~es.** *Co.* **en la olla**, escaso de dinero.

rinahui.
- **I. 1.** *Pe.* **gallinazo**, ave rapaz.

rincón.
- **I. 1.** m. *Ho, Ar, Ur.* Porción de terreno, con límites naturales o artificiales, destinada a ciertos usos de la hacienda. ♦ **rinconada.**
- **2.** *Ch.* Quebrada abierta y amplia formada por la unión de dos cerros.
- **3.** *Ho, Py.* Terreno situado entre dos ríos o arroyos confluentes.

rinconada.
- **I. 1.** f. *Ar, Ur.* **rincón**, porción de terreno.
- **2.** *Bo, Ch.* Quebrada abierta y amplia formada por la unión de dos cerros.

rinde.
- **I. 1.** m. *Mx, Ar. En economía*, producto o utilidad que da una explotación o un negocio.
- **2.** *Py.* Rendimiento o producto de una actividad o de una tarea cualquiera.

rindente.
- **I. 1.** m-f. *Ec, Pe.* Funcionario que ofrece caución por el manejo de bienes y fondos públicos.

ring.
- **I.** (Voz inglesa).
  - **1.** m. *Ve.* Lugar en donde hay una pelea física o verbal.
  - **a.** ‖ **~ raja.** *Ch.* **ring raje.** pop.
  - **b.** ‖ **~ raje.** m. *Ar, Ur.* Broma consistente en tocar el timbre de una casa y salir corriendo antes de que alguien abra o atienda. pop + cult → espon. (**rinraje**). ♦ **ring raja.**
  - □
  - **a.** ‖ **~ de las cuatro perillas.** loc. sust. *Pe, Ch.* Cama. pop + cult → espon ^ fest.

ringlera.
- **I. 1.** f. *RD.* Montón, gran cantidad de personas o cosas.

ringlete.
- **I. 1.** m. *Co.* Juguete que consiste en una varilla en cuya punta hay una cruz o una estrella de papel que gira movida por el viento.

ringorrango.
- □
  - **a.** ‖ **de ~.**
    - **i.** loc. adj. *Cu, RD. Referido a persona*, adinerada y de la clase social alta.
    - **ii.** *Cu. Referido a cosa*, lujosa.

ringuear.
- **I. 1.** intr. *Ch.* p.u. Sonar un timbre, un teléfono u otro aparato. pop.

ringueo.
- **I. 1.** m. *Ch.* p.u. Sonido que emite un timbre o un aparato. pop.

rinoceronte.
- **I. 1.** m. *PR, Ec.* Escarabajo de hasta 5 cm de longitud, de color negro, con cuernos prominentes, curvados hacia arriba. (Scarabaeidae; *Strategus* spp.).

rinquichida.
- **I. 1.** f. *Bo:S.* Brujería.

rinquincalla.
- **I. 1.** adj. *Cu.* obsol. *Referido a mujer*, de modales poco refinados y sin escrúpulos. pop.
- **2.** *Cu.* obsol. *Referido a mujer*, muy dada a los placeres sexuales. pop.
- **II. 1.** sust/adj. *Cu.* obsol. Persona, *especialmente un niño*, muy vivaz, inquieta y traviesa.

rinquinillo.
- **I. 1.** m. *Mx:E.* p.u. Voltereta, pirueta.

rinraje.
- **I. 1.** *Ar, Ur.* **ring raje.**

rinso. (De *Rinso®*).
- **I. 1.** m. *ES.* Detergente en polvo para lavar la ropa.

riña.
- **I. 1.** f. *Cu, RD, PR, Ur; Bo,* pop + cult → espon. Pelea de gallos. ♦ **encuentro.**

riñero.
- **I. 1.** sust/adj. *Bo:C, Py.* Gallo de pelea. pop + cult → espon.

riñista.
- **I. 1.** m-f. *Mx.* p.u. Persona pendenciera. pop.

riñón.
- **I. 1.** m. *Mx, Ch, Ur. En medicina*, recipiente metálico o de plástico con forma de riñón que tiene diversos usos, como recoger las expectoraciones del paciente o depositar desechos quirúrgicos.
- **II. 1.** *Ve.* **anón**, árbol.
- **2.** *Ve.* **anón**, fruto.
- **III. 1.** m. pl. *Ve.* Descaro o desfachatez. pop + cult → espon.
- ▶ **tener riñones.**

riñón, -na.
- **I. 1.** m. y f. *ES, Ni.* Persona ladrona. delinc.
- **2.** *Ni.* Persona tramposa.

río.
- ■
  - **a.** ‖ **~ mar.** m. *Bo:C.* Río navegable. pop + cult → espon.
- □
  - **a.** ‖ **como ~ en conuco.** loc. adv. *Ve.* Sin pedir permiso y sin ninguna consideración. pop + cult → espon.
- ▶ **cruzar ~s de sangre.**

rioba. (De *barrio*, por inversión silábica).
- **I. 1.** m. *Pe, Ch, Ar, Ur.* Barrio, barriada. pop.

riorra.
- **I. 1.** f. *ES.* Pene. vulg.

ripeado, -a.
- **I. 1.** adj. *Cu, RD. Referido a prenda de vestir*, rota.
- **II. 1.** sust/adj. *Cu.* Persona insignificante.

ripear(se).
I. 1. intr. prnl. *Cu.* Malgastar bienes, *especialmente dinero.* pop.
2. tr. *Cu.* Gastar el dinero de alguien.
II. 1. tr. *Cu.* Golpear a *alguien* en una pelea.
III. 1. tr. *Cu.* Hacer pedazos *algo.*
IV. 1. intr. prnl. *Cu.* Sufrir agotamiento por exceso de baile. pop.
V. 1. tr. *PR.* Arrancar las hierbas perjudiciales al sembrado. rur.
VI. 1. tr. *PR.* Recoger los sobrantes de una cosecha o los sobrantes de una construcción. rur.

ripeo.
I. 1. m. *PR.* Hecho de arrancar las hierbas perjudiciales al sembrado. rur.

ripiado.
I. 1. m. *Bo, Ch, Py.* Colocación de una capa de grava o de piedra machacada sobre la superficie de una calle o carretera para vaciar sobre ella el asfalto.

ripiado, -a.
I. 1. adj. *Pa, Co:N. Referido a cosa,* rota, desmenuzada. pop.

ripial.
I. 1. m. *Ar:NO.* p.u. Sitio cubierto de **ripio**, piedra menuda. rur.

ripiar(se).
I. 1. tr. *Mx.* Recolectar los últimos granos de la cosecha. rur; pop.
II. 1. tr. *Bo, Ch, Py.* Extender una capa de grava o de piedra machacada sobre la superficie de una calle o carretera para vaciar sobre ella el asfalto.
III. 1. tr. *Ni, Cu, RD.* Hacer pedazos *algo.* pop.
IV. 1. tr. *Cu.* Gastar el dinero de alguien.
2. *Cu.* Malgastar bienes, *especialmente dinero.* pop.
V. 1. tr. *Ho.* Obstruir o atascar un conducto o paso.
2. intr. prnl. *Ho.* Obstruirse o atascarse un conducto o paso.
VI. 1. intr. prnl. *Cu.* Pelearse *una persona* con otra. pop.
VII. 1. intr. prnl. *Cu.* Sufrir agotamiento por exceso de baile. pop.
VIII. 1. tr. *Ni. En artes gráficas,* hacer la separación de colores de una página.
☐
a. ‖ **~se en un baile.** loc. verb. *RD.* Bailar mucho.
b. ‖ **~se un baile.** loc. verb. *RD.* Disfrutar de él desde el principio hasta el final.

ripierismo.
I. 1. m. *Cu.* Mezquindad. pop.

ripiero, -a.
I. 1. m. y f. *Bo:E, Ch.* Persona que trabaja transportando o vendiendo **ripio** o haciendo obras con él. pop.
2. adj. *Ch.* Relativo al **ripio**. pop.
3. sust/adj. *Cu.* Persona de muy baja categoría social.

ripio.
I. 1. m. *CR, Ec, Pe, Bo, Ch, Py, Ar, Ur.* Piedra menuda usada para pavimentar.
2. *Gu, ES, RD.* Escombro, desecho que queda de una obra de albañilería o de un edificio arruinado o derribado.
3. *Ch.* Residuo que queda en el fondo de un **cachucho** por una mala separación con disolvente de las partes solubles e insolubles de un mineral.
II. 1. m. *Ch.* Defecto o imperfección difíciles de corregir.
2. *Ch. En bailes y danzas tradicionales,* expresiones o frases que hacen la función de relleno, pero que no dicen ni añaden nada.
III. 1. m. *Pe.* Dinero en monedas de mínimo valor. pop + cult → espon.
IV. 1. m. pl. *Cu.* Hojas de tabaco que sirven solo para picadura por estar muy estropeadas.
V. 1. m. *RD.* Pene. vulg.

☐
a. ‖ **~ de peso.** loc. sust. *RD.* Dinero.

ripioso, -a.
I. 1. adj. *Bo, Ch, Ar, Ur. Referido a un camino o a una ruta,* abundante en **ripio**.

ripley. (Del ingl. *replay*).
I. 1. m. *Ho.* Repetición de una secuencia de imágenes o de sonidos en televisión o radio.
☐
a. ‖ **de ~.** loc. adj. *Ec. Referido a cosa, asunto o acontecimiento,* extraño, curioso, inesperado.
b. ‖ **digno de ~.**
i. adj. *Ni, Bo, Ur. Referido a cosa,* excelente, incomparable. pop + cult → espon.
ii. *Ch. Referido a cosa,* sorprendente. pop + cult → espon.

riposta.
I. 1. f. *Cu, PR. En el boxeo,* devolución de los golpes del adversario.
II. 1. f. *Cu.* Refutación de un argumento en una polémica.

ripostar. (Del ingl. *to riposte*).
I. 1. tr. *Pa, Cu, PR, Co, Ve; Ho, ES, Ni, Ec,* cult → esm. *En una polémica,* contestar a un argumento, rebatir, refutar. (**repostar**).
II. 1. intr. *Pa, Cu, PR, Ve. En el boxeo,* devolver un golpe. cult → esm.
2. tr. *Cu. En el boxeo,* contraatacar.

rique.
I. 1. m. *Cu.* obsol. Cremallera, cierre de ciertas prendas de vestir y de bolsos.

riquerío.
I. 1. m. *Ch.* Conjunto de gente rica. pop + cult → espon ^ desp.

riqui.
I. 1. m. *Cu.* obsol. Cremallera, cierre de ciertas prendas de vestir y de bolsos.

riquimiqui.
I. 1. adj. *Pa. Referido a persona,* que muestra delicadeza afectada y excesiva en sus palabras, acciones y gestos. pop + cult → espon ^ desp.

riquismo.
☐
a. ‖ **nuevo ~.** loc. sust. *Ch.* Clase o conjunto de los nuevos ricos. cult ^ desp.

risa.
☐
a. ‖ **para la ~.** loc. adj. *Ch, Ar, Ur. Referido a cosa,* grotesca, absurda. pop + cult → espon.
▶ **atacarse de la ~; atacarse de ~; cagarse de la ~; cajetearse de la ~; descoserse de la ~; descostillarse de ~; desguañangarse de la ~; desmollarse de la ~; desmondingarse de la ~; despanzarse de ~; doblarse de la ~; escocotarse de la ~; matarse de ~; tirarse de ~; totearse de la ~.**

riscadillo.
I. 1. m. *Bo:E.* Pañuelo para limpiarse la nariz. delinc.

risco.
I. 1. m. *PR.* Barranco.

risería.
I. 1. f. *Ho, Ni, PR.* Risa fuerte y excesiva de un grupo de personas. pop + cult → espon.

risionada.
I. 1. f. *Mx:N.* Risión, burla o irrisión que se hace a alguien. pop.

risipela.
I. 1. f. *PR.* Erisipela. rur; pop.

rispa.
> ▶ salir de ~.

rispado, -a.
   I. 1. adj. *Ho, ES*. Rápido.

rispar.
   I. 1. intr. *Ho, Ni*. Salir un animal o persona huyendo con rapidez. rur.

ritalín, -na.
   I. 1. m. y f. *Ch*. Niño muy inquieto e hiperactivo.

ritalínico, -a.
   I. 1. adj. *Ch. Referido a persona*, muy inquieta, hiperactiva. pop.

ritiplírico, -a.
   I. 1. adj. *RD. Referido a cosa*, insignificante, de poco valor o importancia.

ritmo.
> ▶ tirar ~.

riverplatense.
   I. 1. sust/adj. *Ar*. Jugador o simpatizante del club de **futbol** River Plate de Buenos Aires.
     2. adj. *Ar*. Relativo al club de **futbol** River Plate.

riversa. (Del ingl. *reverse*).
   I. 1. *RD, PR*. **reversa**, mecanismo.
     2. *RD, PR*. **reversa**, retroceso.

rizo.
   I. 1. m. *PR*. Escoria, viruta de metal.

roano, -a.
   I. 1. adj/sust. *Ar. Referido a caballo, particularmente si es bayo*, que tiene la cola y las crines blancas.

roatán. (De *Roatán*, isla de Honduras en el Atlántico).
   I. 1. *Mx*. **plátano roatán**.

roba.
> ■
>
> **a.** ‖ ~ **montón.** m. *Ar, Ur*. Juego de cartas en el que dos o más personas intentan poseer el mayor número de naipes, acumulando cada una un montón que puede ser robado por otro participante. ♦ **roba paquete.**
>
> **b.** ‖ ~ **paquete.** *PR*. **roba montón.**

robaburros.
   I. 1. m. *Ec*. Miembro de la Policía Municipal Metropolitana de Guayaquil. pop + cult → espon.

robacarros.
   I. 1. m-f. *Mx, Gu, Ho, ES, Ni, CR, Pa, Ec, Pe*. Ladrón de vehículos. pop + cult → espon ^ desp.
     2. adj. *Mx, Ho, CR. Referido a banda o grupo de gente armada*, que se dedica al robo de vehículos. pop.

robachicos.
   I. 1. m-f. *Mx, Ni, Bo*. Persona que secuestra menores de edad para traficar con ellos.

robacoches.
   I. 1. sust/adj. *Py*. Gavilla de delincuentes que se dedica al robo de vehículos.

robacorazón.
   I. 1. m. *Bo:E,O*; *Pe*, p.u; *Pa*, obsol. Rizo de pelo en forma de gancho que se deja caer o se fija sobre la frente o las sienes.

robacorriente.
   I. 1. m. *Bo*. Dispositivo que al ser enchufado en una toma de corriente permite conectar varios aparatos a la vez.

robacuna.
   I. 1. m-f. *Ni, Pa, Cu, Ec*. Persona que tiene una relación sentimental con otra mucho más joven. pop + cult → espon ^ fest.

robada.
   I. 1. f. *Mx, Ho, ES, CR*. Robo, hurto. pop.

robadera.
   I. 1. f. *Mx, Ho, ES, Ni, CR, Pa, Cu, Pe*. Robo frecuente y repetido. ♦ **robancina.**

robado, -a.
   I. 1. adj. *Pe, Bo, Py. Referido a un tornillo o a una pieza mecánica*, desgastado.

robador.
   I. 1. m. *Pa, Pe, Ar, Ur*. Aparejo de pesca con varios anzuelos. pop + cult.

robagallinas.
   I. 1. m-f. *CR*. p.u. Ladronzuelo.

robalear.
   I. 1. intr. *Ar:NO*. Pescar con **robador** o aparejo de varios anzuelos.

robalo.
   I. 1. *Mx, Ve, Pe*. **róbalo**, pez de hasta 1,17 m.
     2. *Ch:S*. **róbalo**, pez de hasta 90 cm.

róbalo.
   I. 1. m. *Mx, Ni, CR, Ve, Ec, Pe, Ur*. Pez de hasta 1,17 m de longitud, de cuerpo fusiforme, de color plateado con una línea lateral negruzca. (Centropomidae; *Centropomus nigrescens*). (**robalo**).
     2. *Ch:S*. Pez de hasta 90 cm de longitud, de cuerpo fusiforme, levemente comprimido, de color azul grisáceo en el dorso y gris plateado en el vientre. (Eleginidae; *Eleginops maclovinus*). (**robalo**).

robancina.
   I. 1. *Ho*. **robadera**.

robapelículas.
   I. 1. m-f. *Ch*. p.u. Persona que atrae la atención y admiración de todo el mundo, dejando a otros en un segundo lugar. pop.

robapelo.
   I. 1. m. *Ec*. **agshashúa**.

robar(se).
   I. 1. tr. *Ar, Ur*. Aventajar o derrotar con facilidad a un adversario. pop + cult → espon.
   II. 1. intr. prnl. *Pe, Bo*. Desgastarse un tornillo o una pieza mecánica.
   III. 1. intr. prnl. *Ch*. **robar cámara**.
> □
>
> **a.** ‖ ~ **bases.** loc. verb. *Cu. En el beisbol*, adelantar un corredor a la **base** siguiente mientras el lanzador efectúa el lanzamiento al bateador.
>
> **b.** ‖ ~ **cámara.**
>   **i.** loc. verb. *Mx, Ho, ES, Ni, CR, Pa, Cu, Ve, Bo, Ar, Ur. En un acto social o entre un colectivo*, ser *alguien* o *algo* el centro de atención, despertar poderosamente el interés general. pop + cult → espon. ♦ **robarse.**
>   **ii.** *CR, PR, Co, Pe. Entre un grupo de personas*, colocarse *alguien* en un lugar que le permita hacerse visible para acaparar la atención. pop.
>
> **c.** ‖ ~ **el libreto.** loc. verb. *Py, Ar, Ur*. Presentar como propias ideas o palabras de otra persona. pop + cult → espon.
>
> **d.** ‖ ~**le el mandado.**
>   **i.** loc. verb. *Ni, CR, Pa, Py*. Quitar a alguien su pareja. pop + cult → espon.
>   **ii.** *Pa*. Apropiarse de las ideas o del trabajo de alguien.
>
> **e.** ‖ ~**se el *show*.**
>   **i.** loc. verb. *Cu, Ve*. Robar cámara.
>   **ii.** *Ho, ES, Ni, PR, Ec*. Acaparar la atención de todos.
>
> **f.** ‖ ~**se la base.** loc. verb. *Mx, Ni, Pa, Cu, RD, PR, Ve. En el beisbol*, adelantar un jugador a la **base** siguiente mientras el lanzador efectúa el lanzamiento al **bateador**.

g. ‖ **~se la película.** loc. verb. *Ec, Ch, Ur. En un espec-táculo, evento o* **competencia,** acaparar la atención o el interés del público o crítica por encima de los demás, que quedan relegados a un segundo plano. pop + cult → espon.

robavacas.
I. 1. m-f. *Mx.* Persona que hurta ganado.

robin. (De *Rubbing*®).
I. 1. m. *Ho, ES.* Pasta de cera y otros productos quími-cos para pulir y limpiar la pintura de la carrocería de un vehículo.

robineada.
I. 1. f. *Ho, ES.* Abrillantamiento y pulido de una su-perficie metálica pintada con **robin.**

robinear.
I. 1. *Ho, ES.* **pastear,** abrillantar.

roblar.
I. 1. m. *Gu.* Sitio poblado de robles.

roble.
I. 1. *Mx, ES.* **matilisguate.**
2. m. *Pe, Ch.* Árbol de hasta 50 m de altura, con tronco de color café oscuro que se suele bifurcar en dos grandes ramas principales, hojas alternas con ondulaciones entre la nervadura y el borde aserrado, y flores poco vistosas. (Nothofagaceae; *Nothofagus obliqua*). ♦ **pellín; roble pellín.**
3. *Ho, ES, Ni.* **encino.**
4. *Bo:E.* **ishpingo.**
5. *RD.* **cenizo,** árbol.
6. *PR.* Árbol de hasta 20 m de altura, de hojas com-puestas, flores tubulares, *generalmente de color rosa pálido,* y vainas con semillas aladas. (Bignoniaceae; *Tabebuia heterophylla*).

■

a. ‖ **~ amarillo.** m. *PR.* Árbol de hasta 8 m de altura, de hojas compuestas, inflorescencia en panícula, flores de color amarillo brillante y fruto capsular. (Bignoniaceae; *Tabebuia aurea*). ♦ **ruibarba.**
b. ‖ **~ blanco.** *CR.* **nacaco.**
c. ‖ **~ colorado.** m. *PR.* Árbol de hasta 15 m de altu-ra, de hojas compuestas y flores tubulares de color rojo intenso. (Bignoniaceae; *Tabebuia schuman-niana*).
d. ‖ **~ coral.** *CR.* **naranjo de montaña.**
e. ‖ **~ de sabana.** m. *Ni, CR, Pa.* Árbol de clima seco y húmedo, de hasta 30 m de altura, de hojas digita-das y opuestas, flores blancas o rosadas y en forma de campana, frutos en cápsulas tubulares y cilíndricas, negros cuando están maduros. (Bignoniaceae; *Tabe-buia rosea*). ♦ **cababuia; macuelizo.**
f. ‖ **~ guayo.** m. *PR.* Árbol de hasta 10 m de altura, hojas simples, inflorescencia terminal, y flores tubulares. (Boraginaceae; *Bourreira virgata*).
g. ‖ **~ pellín.**
i. *Ch.* **roble.** (Nothofagaceae; *Nothofagus obliqua*).
ii. m. *Ch.* Madera del roble pellín.

robo.
□
a. ‖ **por ~.** loc. adv. *Ar, Ur. En relación con la manera de ganar o vencer,* holgadamente, con facilidad. pop + cult → espon.
b. ‖ **~ con arrastre.** loc. sust. *Ch.* Robo que se realiza desempotrando de la pared un cajero automático al que se ha atado una cuerda resistente sujeta a un vehículo automóvil. delinc.
c. ‖ **~ de base.** loc. sust. *Ni, Cu, RD, PR, Ve.* Jugada que consiste en alcanzar un corredor la **base** antes de que el *pitcher* realice el lanzamiento.
d. ‖ **~ de cachetada.** loc. sust. *Mx.* Robo que se realiza rompiendo una superficie lateral vertical. pop.

e. ‖ **~ de coscorrón.** loc. sust. *Mx.* Robo que se realiza horadando parte del techo de un lugar. pop.
f. ‖ **~ hormiga.** loc. sust. *Mx, Ch, Py.* Robo que se rea-liza en cantidades pequeñas, poco a poco. pop.

roca.
I. 1. m. *Pe.* **Carro,** automóvil. pop.
II. 1. f. *Pe.* Incoherencia que se hace o se dice. pop.
□
a. ‖ **en las ~s.** loc. adj. *Mx, CR, PR, Pe, Bo, Ch, Ur. Referido a una bebida, generalmente con alcohol,* acom-pañada de cubitos de hielo.
▶ **hablar ~s.**

rocambor.
I. 1. m. *Pe, Bo.* Juego de naipes parecido al tresillo.

rocamborear.
I. 1. intr. *Pe.* Jugar al **rocambor.**

rocanrolero, -a. (Del ingl. *rock and roll*).
I. 1. adj/sust. *EU, Mx, CR, Pe, Py, Ur. Referido a perso-na,* aficionada a la música *rock.*

rocapeña.
I. 1. adj. *Ec. Referido a persona,* tacaña. pop.

roce.
I. 1. m. *Mx, Ni, CR, Pa, Cu, Ec, Pe, Ch, Py, Ar, Ur.* Expe-riencia de la vida y del trato social. ♦ **roce social.**
II. 1. m. *Bo:E, Ch, Ar.* Limpieza de las matas y plantas inútiles de un terreno. rur.

■
a. ‖ **~ social.**
i. *Mx, CR, Co, Pe, Ch, Py, Ar, Ur.* **roce,** expe-riencia.
ii. m. *Mx, RD.* p.u. Trato con personas de más cultura y mejores modales.

rocería. (De *rozar*).
I. 1. f. *Co.* Limpia de un terreno cortando árboles y ar-bustos.

rochabús.
I. 1. m. *Pe.* Vehículo policial blindado de gran tamaño, usado para disolver manifestaciones arrojando potentes chorros de agua.

rochado, -a.
I. 1. *PR.* **pugilateado,** frustrado.

rochar(se).
I. 1. tr. *Ch.* Sorprender a *alguien* en algo ilícito.
2. *Ch.* Descubrir *algo* en lo que no se había reparado antes.
3. intr. *Bo:C.* Faltar a clase un estudiante sin consen-timiento de sus padres. pop + cult → espon.
II. (Del ingl. *to rush*).
1. tr. *Pa.* Rozar intencional y prolongadamente, en un baile, las partes pudendas de la pareja. vulg; pop ^ fest.
2. *Pa.* Tocarse y besarse una pareja, prolongadamen-te, sin consumar el acto sexual. pop ^ fest.
III. 1. intr. prnl. *PR.* Desanimarse, frustrarse, ponerse pesimista. pop + cult → espon. (**rochearse**).

roche.
I. 1. m. *Pe.* Hecho censurable excesivamente notorio. pop.
2. *Pe.* Vergüenza, o turbación del ánimo, ocasionada por alguna falta cometida o por alguna acción deshonro-sa y humillante, propia o ajena. pop.
3. *Pe.* Escándalo. pop.
4. *Pe.* Situación embarazosa o comprometedora. pop.
▶ **estar con ~; tirar ~.**

rochear(se).
I. 1. tr. *Bo:C.* Vigilar *algo* o a *alguien.* pop + cult → espon.
II. 1. *PR.* **rocharse,** desanimarse.

rochela.
- **I. 1.** f. *Ve.* Hábito de algunos animales de frecuentar un lugar.
  - **2.** *Ve.* Conjunto de ganado salvaje o **cimarrón**.
  - **3.** *Ve.* Lugar frecuentado por algunos animales, *generalmente por ser el sitio en el que se han criado*.
- **II. 1.** f. *Co, Ve.* Desorden y bullicio festivo que hace un grupo de personas. pop.

rochelear.
- **I. 1.** intr. *Co, Ve.* Formar o hacer **rochela**, alboroto o bullicio. pop.
- **II. 1.** intr. *Ve.* Andar una persona o un animal inquieto o revoltoso de una parte a otra.
- **III. 1.** intr. *Ve.* Bromear, tomar el pelo.

rochelero, -a.
- **I. 1.** adj. *Ve. Referido a persona*, aficionada a la **rochela**, desorden y bullicio festivo. pop + cult → espon.
  - **2.** *Ve. Referido a persona*, que gusta de gastar bromas. pop + cult → espon.
  - **3.** adj/sust. *Ve. Referido a persona*, alegre y parrandera. pop + cult → espon.

rochin.
- **I. 1.** m. *Pa.* Caricia apasionada de una pareja. vulg; pop + cult → espon ^ fest.

rochista.
- **I. 1.** sust/adj. *Bo:C.* Estudiante que falta a clase sin el consentimiento de sus padres. pop + cult → espon.

rocho, -a.
- **I. 1.** adj. *PR. Referido a persona*, borracha.

rochoso, -a.
- **I. 1.** adj. *Pe. Referido a un suceso, a una actividad, o una cosa*, que llama negativamente la atención. pop.
  - **2.** *Pe. Referido a persona*, que llama negativamente la atención con su comportamiento. pop.
- **II. 1.** adj. *Pe. Referido a persona*, que se avergüenza fácilmente. pop.
  - **2.** *Pe. Referido a cosa*, que provoca vergüenza o turbación. pop.

rochoy.
- **I. 1.** m. *Gu.* Corte de carne de **res** que se obtiene de la pierna del animal.

rocío.
- **I. 1.** m. *Mx.* Planta de tallos rastreros y hojas carnosas, cubiertas por papilas cristalinas prominentes semejantes al hielo, y flores blancas, de forma estrellada. (Aizoaceae; *Mesembryanthemum crystallinum*). ◆ **escarcha**.

■
- **a.** ‖ ~ **de gallo.** m. *Cu.* Café con ron o coñac.

rock.
■
- **a.** ‖ ~ **candy.** (Voz inglesa) m. *PR.* Cristal de azúcar de pequeño tamaño.

rockola. (De *Rockola*®).
- **I. 1.** *Mx, Ho, ES, Ni, CR, Ec, Bo.* **rocola**, gramófono.

roco.
- **I. 1.** m. *Ni.* juv. Padre de familia.

roco, -a.
- **I. 1.** adj. *Ar:NO. Referido a persona o animal*, muy robusto o grueso. rur; pop + cult → espon.
  - **2.** sust/adj. *Gu, ES, Ni, CR.* Persona de edad avanzada. pop + cult → espon ^ fest ^ desp.

rococo.
- **I. 1.** m. *Bo, Ar:NO.* Sapo de gran tamaño.
  - **2.** *Bo:E.* metáf. Persona fea y gorda. pop + cult → espon ^ fest.

rocola. (De *Rockola*®).
- **I. 1.** f. *Mx, Gu, ES, Ni, CR, Pa, Co, Ve, Ec, Bo; Pe, obsol.* Gramófono eléctrico, *instalado por lo general en esta-*

blecimientos públicos, que funciona con monedas. (**rockola**).
- **II. 1.** f. *Gu.* Mujer de edad avanzada. fest.

rocolera.
- **I. 1.** f. *Gu.* Mujer que baila en espectáculos que tienen lugar en locales provistos de una **rocola**, gramola.
  - **2.** *Gu.* Mujer empleada como **mesera** en un bar.

rocolo, -a.
- **I. 1.** sust/adj. *CR. obsol.* Persona de edad avanzada. pop.

rocorroco. (De or. onomat.).
- **I. 1.** m. *RD.* Tos y ruido al respirar característicos de un catarro.

rocotero, -a.
- **I. 1.** sust/adj. *Pe.* Persona que cultiva o vende **rocotos**.
  - **2.** *Pe.* Persona que gusta de comer **rocotos**.

rocoto. (Del quech. *ruqutu*).
- **I. 1.** m. *Ec, Pe, Ch.* Planta herbácea de hasta 2 m de altura, con tallos ramosos, hojas lanceoladas enteras, flores blancas o moradas, pequeñas y axilares; fruto comestible. (Solanaceae; *Capsicum pubescens*). (**locoto**).
  - **2.** *Ec, Pe, Ch.* Fruto del rocoto, de forma *generalmente cónica, pero con la punta roma*, superficie lisa, color rojo, anaranjado o amarillo y sabor relativamente picante; se emplea como condimento. (**locoto**).
- **II. 1.** m. *Ec.* Indígena o aborigen ecuatoriano, *especialmente el de complexión gruesa y estatura baja*. pop + cult → espon ^ desp.

■
- **a.** ‖ ~ **relleno.** m. *Pe.* Comida que se prepara con rocotos a los que se les quita la tapa, las venas y las **pepas** para luego hervirlos con el fin de disminuirles el picante; después cada rocoto se rellena con carne, queso, cebolla picados y otros ingredientes; por último este relleno se cubre con un pedazo de queso, se colocan las tapas quitadas al principio y se lleva al horno cubriendo los rocotos con una mezcla de huevo y leche.

rodachín.
- **I. 1.** m. *Co.* **rodachina**, rueda pequeña.

rodachina.
- **I. 1.** f. *Co.* Rueda pequeña y giratoria que se fija a las patas de los muebles para moverlos con facilidad. (**rodachín**).
- **II. 1.** f. *Co.* Rueda llena de cohetes que gira despidiéndolos.

rodada.
- **I. 1.** f. *Mx, CR, Co, Bo:S, Ch.* Desplazamiento que se le provoca a un cuerpo para hacerlo rodar.
  - **2.** *Ar, Ur.* Caída del caballo y el jinete cuando van a la carrera.
- **II. 1.** adj. *Cu.* **corrida**, que ha tenido relaciones sexuales con muchos hombres.

rodadera.
- **I. 1.** f. *Cu.* Instrumento consistente en un mango con una ruedecilla dentada en uno de sus extremos usada para marcar líneas de puntos sobre una superficie blanda o perforable.

rodadero.
- **I. 1.** m. *Co.* Juego infantil de los parques que consiste en una especie de rampa por la que se deslizan los niños. ◆ **deslizadero**; **lizadero**.

rodado.
- **I. 1.** m. *Bo:S, Ch, Py, Ar, Ur.* Vehículo de ruedas.
- **II. 1.** m. *Ar, Ur.* Tamaño de la rueda de un vehículo, *especialmente de una bicicleta*. ◆ **rodaje**.
- **III. 1.** m. *Ch.* Avalancha de piedras y de nieve.
- **IV. 1.** m. *Ch.* Gremio de los trabajadores que se dedican a transportar mercancías, *especialmente muebles*.

rodado, -a.
    I. 1. adj. *Ec. Referido a persona*, que posee un cúmulo de experiencia, *adquirida generalmente a partir de situaciones cotidianas.* pop.
    II. 1. adj. *CR. Referido a persona*, que le ha sido ganada la voluntad con halagos para conseguir de ella algo, *generalmente para engañarla.* pop.

rodadura.
    I. 1. f. *Mx.* p.u. *En una caballería*, mancha redondeada de color diferente al del resto del pelaje.

rodaje.
    I. 1. m. *Ch.* Conjunto de disposiciones y actividades que muestran el funcionamiento de una institución o de la Administración. cult.
    II. 1. m. *Ho.* Conjunto de mazas que muelen la caña de azúcar en el trapiche.
    III. 1. *Ho.* **rodado**, tamaño.

rodajear.
    I. 1. tr. *Gu, ES, Ni, Bo.* Partir o cortar *algo* en rodajas.
    II. 1. tr. *Ch.* p.u. Espolear a una cabalgadura. rur.

rodajillo.
    I. 1. f. *Ar:N.* **cuajilla**.

rodamonte.
    I. 1. *Co.* **chilco**. (Saxifragaceae; *Escallonia tubar*).

rodapié.
    I. 1. m. *Mx, Ec.* Alfombra que se pone en el lateral de la cama.

rodar.
    I. 1. intr. *Mx.* Caer un caballo hacia delante.
    II. 1. tr. *Ch.* Desgastar *algo o alguien* un tornillo, tuerca o una pieza similar.
    III. 1. tr. *CR.* Ganar la voluntad de *alguien* con halagos para conseguir de él algo *y, generalmente, para engañarlo.* pop.
    □
    a. ‖ **~ a patadas.** loc. verb. *Mx.* Derribar *algo o a alguien* a puntapiés. pop + cult → espon.
    b. ‖ **~ tierras.** loc. verb. *Mx.* Viajar, visitar otros lugares distintos al propio. pop + cult → espon.
    c. ‖ **~lo ponchado.** loc. verb. *Cu.* Estar *alguien* muy deteriorado físicamente para su edad.

rodea.
    I. 1. f. *Cu.* Operación que consiste en sacar el carbón vegetal del horno donde se produce. rur.

rodeador.
    I. 1. m. *Pe.* Operario que se encarga de vigilar a caballo el ganado y es responsable de su recuento. rur.
    ♦ **rodeante.**

rodeante.
    I. 1. *Pe.* **rodeador.**

rodear(se).
    I. 1. tr. *Mx, ES, Ni, Cu, Ve, Ec, Pe, Bo:E, Ch, Ar, Ur.* Reunir el ganado mayor en un sitio determinado, arreándolo desde donde pace. rur.
    II. 1. intr. prnl. *Ec.* Sufrir un mareo.
    III. 1. tr. *CR.* Eliminar a una planta la mala hierba o basura que está alrededor de ella. rur.

rodela.
    I. 1. f. *Mx.* Tajada circular o rueda de algunos alimentos.
    II. 1. f. *Pe.* Rodete que se pone sobre la cabeza para llevar cargas o bultos.
    III. 1. f. *ES.* Llanta de una rueda. polic.
    IV. 1. f. *Pa.* Garrapata grande. rur.

rodeo.
    I. 1. m. *Ve, Bo, Py, Ar, Ur.* Reunión del ganado para revisarlo y marcarlo. rur.
    2. *Ho, ES, Bo, Ch.* **Competencia** que consiste en montar un toro cinchado sujetándose el montador con una sola mano en la cincha; gana el participante que más tiempo se mantiene encima del animal.

3. *Ch.* Actividad deportiva en que una pareja de jinetes intenta detener una **res** que huye para lograr puntos.
    ■
    a. ‖ **~ criollo.** m. *Ec. En algunos pueblos de la Costa ecuatoriana*, fiesta popular en la que además de la música y los bailes típicos, tienen lugar concursos de habilidad en labores ganaderas, como la monta, la doma de caballos y el amarre de ganado con lazo; no tiene fecha fija de celebración. ♦ **rodeo montubio.**
    b. ‖ **~ montubio.** *Ec.* **rodeo criollo.**
    ▶ **parar ~.**

rodete.
    I. 1. m. *Ar.* Disco de metal, *generalmente labrado*, que se halla en el arco de la espuela, y de donde sale el **pihuelo.** rur.

rodilla.
    ■
    a. ‖ **~ de Cristo.** f. *Ec.* Bollo grueso de pan recubierto con una mezcla de **achiote** y queso rallado.
    b. ‖ **~ de pollo.** f. *Co.* Hierba de hasta 40 cm de alto, de hojas opuestas, con venas marcadas, florecitas rojas dispuestas en racimos y fruto pequeño, pubescente. (Nyctaginaceae; *Boerhaavia decumbens*).
    ▶ **echar ~ en tierra.**

rodillera.
    I. 1. f. *RD, Py.* Rosca de paño o lienzo para llevar pesos en la cabeza.

rodillijunto, -a.
    I. 1. adj. *Co. Referido a persona*, que tiene las piernas torcidas hacia afuera y las rodillas juntas.

rodillo.
    I. 1. m. *Ho, Py.* Pequeña rueda giratoria integrada a un par de largueros que se colocan debajo de aparatos pesados para poder moverlos fácilmente.

rodín.
    I. 1. m. *CR, Pa.* Una de las pequeñas ruedas que llevan adaptadas en la parte inferior ciertos muebles, por ejemplo, mesas de oficina y sillas para escritorio. pop + cult → esm.
    II. 1. m. *Ho.* Sargento supervisor de los que cuidan las **postas** de la unidad.

rodón.
    I. 1. m. *Ch.* Moldura en curva que aparece en vigas, columnas y otros elementos de la construcción.

rodoviario.
    I. 1. sust/adj. *Ch.* Estación terminal de autobuses regionales e internacionales.

rofeadera.
    I. 1. f. *Pa.* Ofensa o insulto. pop.

rofear. (Del ingl. *rough*, áspero, bruto).
    I. 1. tr. *Pa.* Provocar *una persona* a otra con palabras ofensivas y gestos agresivos para medir autoridad, valor o fuerza. pop. (**rofiar**).

rofiar.
    I. 1. tr. *Pa.* **rofear.**

rogación.
    I. 1. f. *Gu, RD.* Procesión religiosa que se hace para rogar algo a un santo o a Dios.

rogón, -na.
    I. 1. adj/sust. *Mx, ES, Ni, Bo:O. Referido a persona*, que ruega o suplica mucho. pop.
    II. 1. adj/sust. *Mx. Referido a mujer*, que gusta de seducir a los hombres. pop ^ desp.

roja.
    I. 1. f. *Ho, ES, Ni.* Sangre. delinc.
    ■
    a. ‖ **la ~.** f. *Cu, Bo.* obsol. Menstruación.

rojinegro, -a.
 I. 1.   adj. *CR.* Relativo al equipo de **futbol** Liga Depor-
         tiva Alajuelense. pop.
    2.   m. y f. *CR.* Seguidor del equipo de **futbol** Liga
         Deportiva Alajuelense. pop.
 II. 1. adj. *Ni.* Relativo al emblema sandinista.

rojo.
 I. 1.   *Co:C.* **gallardete**, arbusto. (**roso**).
 ∎
    a. ‖ ~ **colonial.** m. *Co.* Color de la rosa aterciopelada.

rojo, -a.
 I. 1.   sust/adj. *Co. En política*, que pertenece o es sim-
         patizante del Partido Liberal.
    2.   *Ho.* Miembro del Partido Liberal de Honduras.
 II. 1. adj. *Ni, Py, Ur. Referido al saldo*, negativo, que tiene
         déficit.
 III. 1. adj. *Ho, Ni. Referido a la nota de una asignatura*,
         reprobada.
 IV. 1. m. y f. *ES.* Simpatizante del partido Frente Fa-
         rabundo Martí. desp.

rol.
 I.   (Del ingl. *roll*, balanceo, movimiento).
    1.   m. *Gu, Ho.* Paseo, vuelta o caminata. (**role**).
 II. 1. m. *CR.* Pieza en que se apoya y gira el eje de un
         mecanismo.
 ▶ **tirar el ~.**

rola.
 I. 1.   f. *Mx, Gu, Ho, ES, Ni.* Canción, composición
         musical. pop.
 II. 1. f. *Ve.* Tronco grande cortado para llevarlo al aserra-
         dero.
 III. 1. f. pl. *Ho, ES.* Billetes, dinero.
 IV. 1. *ES.* Pene. vulg.
 V. 1.   *PR.* **rolita**, ave.
 VI. 1. f. *Pa.* Máquina que rueda sobre unos cilindros
         muy pesados, y que se emplea para allanar y apretar
         caminos y pavimentos. pop + cult → esm.

rolar(se).
 I. 1.   tr. *Mx.* Poner *algo* en circulación, difundirlo. pop
         + cult → espon.
 II. 1. intr. *ES.* Liar cigarrillos de marihuana. drog.
    2.   tr. prnl. *Ho.* Fumar marihuana. drog.
    3.   tr. *Ni.* Hacer cigarros puros, **tabacos**.
 III. 1. intr. *Ch. En Derecho*, estar una actuación o prueba
         reflejadas en un expediente con indicación de la
         hoja en que se encuentra.
 IV. 1. intr. *Gu.* Pasear, dar una vuelta o caminata.
 V. 1.   intr. prnl. *Bo:E,O.* Tener trato o amistad con al-
         guien. pop + cult → espon.
 VI. 1. tr. *ES.* Pasar *algo* de mano en mano.
 VII. 1. tr. *Pa.* Apretar o allanar tierra o grava, por medio
         de una **rola**.

rolazo.
 I. 1.   m. *Ve.* Golpe dado con un **rolo** o porra.

roldana.
 I. 1.   *Gu, ES, Ar.* **rondana**, rueda móvil.

role.
 I. 1.   *Gu.* **rol**, paseo.
 II. 1. m. *ES.* Hechura de un cigarro de marihuana.

rolear(se). (Del ingl. *to roll*, balancear, rodar).
 I. 1.   tr. *Pe.* Liar cigarrillos de marihuana. drog.
 II. 1. intr. *Ho.* Pasear *alguien* en **carro**.
    2.   *Ho.* Viajar *alguien*.
 III. 1. intr. prnl. *Ni.* Dormirse *alguien*.
 IV. 1. intr. *PR.* Participar en carreras de automóviles.

roletazo.
 I. 1.   m. *Cu, Ve, Ec. En el **beisbol**, **batazo** que desplaza
         la pelota a poca altura y la hace rebotar contra el
         suelo.

rolete.
 □
    a. ‖ **a ~.** loc. adv. *Ar, Ur.* En gran cantidad, en abun-
       dancia. pop + cult → espon.

roli.
 □
    a. ‖ **de ~.** loc. adv. *Cu.* Muy bien.

rolimplín.
 I. 1.   *Gu, Ho.* **pirulín**, dulce.

rolistranco.
 I. 1.   *Ve.* **rolitranco**.

rolita.
 I. 1.   *PR.* **biajaní**. (**rola**).
 II. 1. f. *PR.* Persona bajita y gorda. pop + cult → espon.

rolitranco.
 I. 1.   sust/adj. *Ve.* Persona muy alta y fuerte. pop + cult
         → espon. (**rolistranco**). ♦ **roliverio**.
    2.   *Ve.* Cosa muy grande. pop + cult → espon. (**rolis-
         tranco**). ♦ **roliverio**.
    3.   *Ve.* Hecho muy importante. pop + cult → espon.
         (**rolistranco**). ♦ **roliverio**.
    4.   m. *Ve.* Bastón muy grande. pop + cult → espon.
         (**rolistranco**). ♦ **roliverio**.

roliverio.
 I. 1.   *Ve.* **rolitranco**.

roll. (Voz inglesa).
 I. 1.   m. *Ch.* Bocado consistente en un rollo de pescado
         o de marisco.

rollano.
 I. 1.   m. *Bo:SO.* Flauta de hasta 49 cm de largo y de
         siete orificios, uno en la lengüeta y seis en la parte
         anterior, agrupados de tres en tres a lo largo del
         instrumento; se toca acompañada de instrumentos de
         percusión y en las fiestas de invierno.

rollete.
 I. 1.   m. *Mx, Ve.* Rosca o rueda de tela que se pone en la
         cabeza para cargar pesos.
 □
    a. ‖ **el ~.** loc. sust. *Py.* Grupo de personas. pop.

rollicero.
 I. 1.   m. *Ar:NE.* Peón de una explotación maderera en-
         cargado de despojar los troncos de las ramas y de-
         jarlos convertidos en rollizos.

rolling. (Voz inglesa).
 I. 1.   m. *Cu, RD, Ve, Ec. En el **beisbol**, **batazo** que des-
         plaza la pelota a poca altura y la hace rebotar con-
         tra el suelo.

rollito.
 I. 1.   m. *Mx, Ho, PR, Ec, Bo, Ch, Ar, Ur*, pop + cult
         → espon ^ afec; *Py*, pop. Pliegue que se forma por
         obesidad en alguna parte del cuerpo.
 II. 1. m. *Cu.* Dulce pequeño formado por una masa de
         harina enrollada, relleno de mermelada y polvo-
         reado con azúcar.

rollizo.
 I. 1.   m. *Pe:NE.* Pez de agua dulce de hasta 15 cm de
         longitud, de cuerpo cilíndrico con manchas ne-
         gras en la aleta caudal, cabeza pequeña y boca in-
         ferior en línea recta. (Paradontidae; *Parodon ca-
         liensis*).

rollo.
 I. 1.   m. *Co, Ve, Ec, Bo:O, Ch.* Embrollo, confusión.
         pop.
    2.   *Ho, ES, Ni, Cu, Bo, Ur.* Problema, asunto de difí-
         cil solución.
    3.   *Gu, Cu.* Discusión o debate agresivo y confuso.
 II. 1. m. *RD, Bo.* Montón, gran cantidad de personas o
         cosas.

2. *Py.* juv. Conjunto o totalidad de personas que forman parte de un grupo.

III. 1. m. *Ec.* En los ingenios azucareros, montón de caña de azúcar que se deja en el campo para que lo recoja una máquina.

IV. 1. m. *Ni, CR.* juv. Situación divertida o cómica. pop.

V. 1. m. *Bo.* Masa delgada de harina de trigo enrollada que lleva un relleno de clara de huevo batida a punto de nieve, queso picado y **ají colorado**.

VI. 1. m. *Pa.* **rolo**, pequeño cilindro hueco. pop + cult → espon.

☐

a. ‖ **~ de alambre.** loc. sust. *Cu.* Problema, complicación. pop + cult → espon.

▶ **meterse en un ~; pasarse ~s; ser más ~ que película.**

rollón.

I. 1. m. *Cu, PR.* Maíz triturado que se da como alimento a pollitos. rur.

rolo.

I. 1. m. *EU, Cu, RD, PR.* Pequeño cilindro hueco y perforado al que se arrolla el cabello para rizarlo. (**rollo**).

2. *RD.* Rizo del cabello.

II. 1. m. *Ve, Ur.* Trozo de madera, *especialmente de forma cilíndrica*.

2. *Ve.* Trozo de una cosa. pop + cult → espon.

III. 1. m. *RD, Ve.* Rodillo de imprenta.

2. *Pa, RD, PR.* Rodillo pequeño recubierto de material esponjoso que, insertado en un palo largo, sirve para pintar las paredes.

IV. 1. m. *Ve.* Arma alargada, de forma cilíndrica, usada como maza, *especialmente por algunos cuerpos encargados de vigilancia o de regulación del tráfico*.

2. *Ve.* Garrote.

V. 1. m. *Ve.* Parte adicional que se toma en el reparto de un botín. delinc.

VI. 1. m. *Ve.* Alimento hecho con harina de maíz tostado, leche y **panela**, azúcar.

VII. 1. m. *Ch.* juv. En deportes como el surf, voltereta o giro que se hace en el aire.

VIII. 1. m. *RD.* Máquina apisonadora.

☐

a. ‖ **como un ~.** loc. adv. *Ve.* Con buena salud.

b. ‖ **~ a ~.**

i. loc. adv. *Ve.* A golpes, a porrazos.

ii. *Ve.* De igual a igual.

c. ‖ **~ de vivo.** loc. sust. *Ve.* Persona que aprovecha todas las circunstancias en su beneficio. pop + cult → espon.

▶ **pasar de ~; seguir de ~.**

rolo, -a.

I. 1. adj. *Co.* Relativo a la ciudad de Bogotá.

roma.

I. 1. *PR.* **romatismo**.

romadizo.

I. 1. m. *Co.* Árbol de hasta 3 m de altura, de ramas delgadas y extendidas y flores blancas que salen de las axilas de las hojas, y fruto globoso y de color rojo. (Monimiaceae; *Siparuna steleandra*).

II. 1. m. *RD.* Reumatismo. pop.

romancear.

I. 1. intr. *Ho, ES, Ni, Bo:O, Ch, Py.* Tener una relación amorosa breve o circunstancial con alguien.

2. *Ch.* p.u. Tener un romance o relación amorosa con alguien.

3. *Pa.* Acariciarse y besarse prolongadamente una pareja. pop + cult → espon ^ fest.

II. 1. tr. *Ch.* p.u. Cantar, *generalmente en estado de ebriedad*.

2. *Ch.* p.u. Departir, hablar sobre temas sin importancia.

romanceo.

I. 1. m. *Ch.* p.u. Canto improvisado que suele realizarse cuando se está en juergas y, *generalmente, en estado de ebriedad*.

2. *Ch.* p.u. Romance o relación amorosa.

romaneada.

I. 1. f. *Mx.* **romaneaje**.

romaneaje.

I. 1. m. *Mx.* p.u. Romaneo, pesaje hecho con una romana. ♦ **romaneada**.

romanilla.

I. 1. f. *Ve.* obsol. **Cancel** corrido, a manera de celosía, que se usaba en las casas, *principalmente en el comedor*.

II. 1. f. *Bo:O.* Balanza que consta de un muelle que termina en un gancho del cual cuelga la carga y en el que hay un dispositivo que marca el peso en una escala grabada sobre el muelle.

romano, -a.

I. 1. adj. *Ni, Ec.* Referido a un gato, de pelaje manchado en gris y negro.

☐

a. ‖ **a la romana.** loc. adv. *Ar.* Pagando cada uno la parte que le corresponde en un gasto común. pop + cult → espon.

b. ‖ **la romana del diablo.** loc. sust. *Mx.* Persona mala, traviesa, díscola.

▶ **cargar la ~.**

romatismo.

I. 1. m. *PR.* Dolor e hinchazón de las articulaciones, artritis, reuma. rur. (**roma**).

romboi.

I. 1. m. *Co.* Plaza donde desembocan varias calles o paseos. pop.

romear.

I. 1. intr. *RD.* Beber **romo**, ron.

romelia.

I. 1. f. *ES.* Señora.

2. *ES.* Mujer vieja. polic.

romerante.

I. 1. m-f. *Bo:C.* Peregrino. rur.

romería.

I. 1. f. *Py.* Lugar en el que hay personas bulliciosas y que producen desorden. pop + cult → espon.

romeriante.

I. 1. m-f. *Ho, ES; Ec,* p.u. Persona que va de romería a un santuario. ♦ **romerista**.

2. adj. *Ec.* p.u. Relativo a los romeros o a las romerías.

romerillo.

I. 1. m. *Mx.* **mapipitza**.

2. *Ec, Pe, Ch, Ar:NO.* Arbusto de 1 m de altura, de hojas lineares y capítulos florales en los extremos de las ramas; es tóxico para el ganado. (Asteraceae; *Baccharis coridifolia*). ♦ **mío; nío**.

3. *Ni, Cu.* **saetilla**.

4. *Ch.* Árbol de hasta 10 m de altura, con hojas compuestas bipinnadas, opuestas y pecioladas, flores hermafroditas pediceladas, de 2 cm de longitud de color amarillo verdosas en capullo. (Proteaceae; *Lomatia ferruginea*).

■

a. ‖ **~ amarillo.** m. *Cu.* Hierba de hasta 1 m de altura, con tallos ramosos e hirsutos, y flores amarillas. (Asteraceae; *Wedelia reticulata*).

romerismo.

I. 1. m. *Ar.* Corriente política partidaria de los postulados peronistas de Roberto Romero, gobernador de Salta de 1983 a 1987.

romerista.
    I. 1. adj/sust. *Ar. Referido a persona*, partidaria del **romerismo**.
    2. adj. *Ar.* Relativo al **romerismo**.
    II. 1. m-f. *Ho, ES, Ni.* **romeriante**.

romerito.
    I. 1. m. pl. *Mx.* Planta herbácea de hojas carnosas y lineares, inflorescencia en panículas y fruto brillante de color rojizo oscuro; es comestible. (Amaranthaceae; *Dondia mexicana*).
    II. 1. m. pl. *Mx.* Guiso elaborado con **romeritos, chiles** y **camarones**.
    ■
        a. ‖ ~ **cimarrón**. m. *Mx.* Arbusto de hasta 2 m de altura, de hojas alternas, pequeñas y en grupos de tres, flores de color blanco crema, con cinco pétalos, y fruto delgado y marronáceo. (Rosaceae; *Cowania mexicana*). ♦ **romero cedro**.

romero.
    ■
        a. ‖ ~ **Castilla**. *Ch.* **romero de Castilla**.
        b. ‖ ~ **cedro**. *Mx.* **romerito cimarrón**.
        c. ‖ ~ **cimarrón**. m. *Cu.* Planta herbácea perenne, ramificada desde la base, con tallos delgados, hojas lineares y puntiagudas, inflorescencia en cabezuelas solitarias y flores de color amarillo; tiene propiedades medicinales. (Asteraceae; *Pectis ciliaris*). ♦ **tebenque**.
        d. ‖ ~ **de Castilla**. m. *Ch.* Romero. (Lamiaceae; *Rosmarinus officinalis*). (**romero Castilla**).
        e. ‖ ~ **pichi**. *Ar:O,S.* **palo piche**.

romo. (Del ingl. *rum*).
    I. 1. m. *RD; PR,* p.u. Ron, bebida alcohólica obtenida por fermentación de la caña de azúcar.

romo, -a.
    I. 1. adj. *Ho. Referido a persona*, lenta en aprender.

rompealdaba.
    I. 1. *PR.* **rompeculo**. rur.

rompebolas.
    I. 1. *Bo, Py, Ar, Ur.* **hinchapelotas**. vulg; pop.

rompecabeza.
    I. 1. m. *PR.* Marihuana. drog.

rompecantarito.
    I. 1. sust/adj. *Bo:E.* Persona que se irrita con facilidad. pop + cult → espon ^ fest.

rompecapa.
    I. 1. m. *Mx.* Arbusto de hasta 3 m de altura, de ramas cubiertas de espinas, hojas oblongo ovales, inflorescencias cimosas con hasta cinco flores, y frutos en drupas ovales de color naranja, rojo o amarillo. (Ulmaceae; *Celtis pallida*).

rompecatre.
    I. 1. *Pe, Ch.* **rompecatres**, prostituta.
    2. *Pe, Ch.* **rompecatres**, ninfómana.

rompecatres.
    I. 1. f. *Pe, Ch.* Prostituta. vulg; pop ^ fest. (**rompecatre**).
    2. *Pe, Ch.* Ninfómana. vulg; pop ^ fest. (**rompecatre**).
    3. m. *Ch.* Hombre con gran potencia sexual. vulg; pop ^ fest.

rompecercas.
    I. 1. *PR.* **guineo morado**. rur.

rompeclavo.
    I. 1. m. *Pa.* Pantalón vaquero. pop.

rompeculo.
    I. 1. m. *PR.* Variedad de **guineo**, corto y grueso, de color morado, que suele producir diarreas. vulg; pop + cult → espon. ♦ **rompealdaba**.

rompeculos.
    I. 1. sust/adj. *Bo:O.* Hombre que busca tener relaciones sexuales. vulg.

rompecuna.
    I. 1. *PR.* **asaltacunas**. pop + cult → espon.

rompecurva.
    I. 1. m-f. *PR.* Persona que saca la puntuación más alta en un examen a mucha distancia de las demás notas. est.

rompedera.
    ■
        a. ‖ ~ **de cabeza**. f. *Mx, Pe.* **rompedero de cabeza**.

rompedero.
    I. 1. m. *Mx, RD, Pe.* Rotura reiterada. pop + cult → espon.
    ■
        a. ‖ ~ **de cabeza**. m. *Mx, Ni, Cu, Pe; Bo, Ch, Ar, Ur,* pop + cult → espon; *Cu,* obsol. Preocupación excesiva, obsesión provocada por algo y que requiere mucho tiempo para encontrarle una solución. ♦ **rompedera de cabeza**.

rompedor, -ra.
    I. 1. adj/sust. *Ar, Ur. Referido a persona*, que suele molestar o incordiar. pop + cult → espon ^ desp.
    II. 1. sust/adj. *Ho.* En el *fútbol*, jugador que, por su habilidad u oportunismo, descoloca y supera con frecuencia la defensa del equipo contrario.

rompeesquemas.
    I. 1. m-f. *Ch.* Persona o cosa que se sale de lo comúnmente establecido. (**rompesquemas**).

rompefilas.
    I. 1. sust/adj. *Ch.* Tarjeta o autorización a título individual que da la autoridad para entrar a lugares acordonados por la policía.

rompehuelgas.
    I. 1. m-f. *Mx, Gu, Ho, ES, Ni, CR, Pa, PR, Ve, Bo, Ch, Ar, Ur; Ec,* p.u. Persona que no se adhiere a una huelga. desp.
    2. *Mx, RD, Ve, Pe, Ch, Ur.* Persona que se presta a ocupar el puesto de un huelguista. pop ^ desp.

rompehueso.
    I. 1. f. *Pa, RD, PR.* Resfriado fuerte, caracterizado por dolores de todo el cuerpo. pop.

rompehuevos.
    I. 1. *Bo, Py, Ar, Ur.* **hinchapelotas**. vulg; pop.

rompelaolla.
    I. 1. f. *PR.* Variedad de calabaza que se caracteriza por la dureza extrema de su cáscara. rur.

rompelón, -na.
    I. 1. adj. *Mx. Referido a persona, especialmente a niño*, que tiende a romper las cosas. pop.

rompemuelles.
    I. 1. m. *Pe, Bo:O.* Saliente de poca altura que se construye para limitar la velocidad de los vehículos. pop + cult → espon.

rompenueces.
    I. 1. m. *EU, Mx, Gu, Ho, ES, Ni, CR, Pa, Cu, RD, PR, Co, Ve, Pe, Bo, Ch, Py, Ar, Ur; Ec,* p.u. Utensilio para romper nueces.

rompeola.
    I. 1. m. *PR. En las actividades marítimas*, orilla del mar.

rompepavimento.
    I. 1. adj/sust. *Ec, Ch. Referido a una máquina*, que se utiliza para demoler y picar calzadas y suelos.

rompepecho.
    I. 1. m. *Co.* Cigarrillo de tabaco de calidad ordinaria. pop ^ desp.
    2. *Cu; PR,* pop + cult → espon ^ fest; *RD,* obsol. Tabaco muy fuerte.

II. 1. m. *PR.* Galleta grande y redonda.
III. 1. f. *Pa.* obsol. Botella de soda de la marca *Royal Crown Cola*, muy popular durante los años setenta. pop + cult → espon.

rompepelotas.
I. 1. *Ar, Ur.* **hinchapelotas**. vulg; pop.

rompepiedra.
I. 1. *Ur.* **quebrapedra**.

rompeplatos.
I. 1. m. *Mx.* Planta trepadora de hasta 50 cm de altura, lisa y de tallos flexibles, hojas lineares, flores solitarias, monopétalas, campanuladas, y fruto en cápsula subglobosa, dehiscentes; se cultiva como ornamental. (Amaryllidaceae; *Zephyranthes fosteri*).

rompeportones.
I. 1. m. *Ar.* Artificio pirotécnico consistente en un pequeño envoltorio de pólvora, que estalla al ser arrojado contra una superficie dura.

rompequijá.
I. 1. *Cu.* **rompequijada**.

rompequijada.
I. 1. f. *Cu.* Caramelo **amelcochado** y difícil de disolver, hecho de azúcar quemada o de **melado**. (**rompequijá**).

romper(se).
I. 1. intr. prnl. *Gu, Bo:O, Ch, Py, Ar, Ur; Pe,* p.u. Esforzarse para conseguir algo. pop + cult → espon. ♦ **romperse todo**.
II. 1. tr. *Gu, RD, Bo:S.* Golpear duramente a *alguien* hasta dejarlo maltrecho. pop + cult → espon.
   2. *Gu, ES, Bo:O.* Pelearse dos o más personas.
III. 1. intr. *Ar, Ur.* Molestar, fastidiar. euf; pop + cult → espon.
IV. 1. tr. *Cu.* Matar *una persona* a alguien. pop.
   2. intr. prnl. *Cu.* Morir *alguien.* pop.
V. 1. tr. *ES, Ni.* Desvirgar a una mujer. vulg.
VI. 1. tr. *PR.* Cambiar un billete de banco de alta denominación. rur.
VII. 1. intr. *Ur.* Sufrir una avería en el automóvil durante un viaje.

□
a. ‖ **no ~ ni un huevo.** loc. verb. *Ch; RD, Ec, Bo,* p.u. Comportarse *alguien* de manera apacible, no agresiva. pop + cult → espon.
b. ‖ **~ cabecera de surco.** loc. verb. *PR. En la industria azucarera,* sacar el exceso de agua de un terreno. rur.
c. ‖ **~ campaña.** loc. verb. *PR.* Salir de prisión. carc.
d. ‖ **~ capote.** loc. verb. *ES.* Hacer un tanto.
e. ‖ **~ corozos.** loc. verb. *RD.* Tener muchas dificultades.
f. ‖ **~ el chanchito.** loc. verb. *Ch, Ar.* Gastar los ahorros. pop + cult → espon.
g. ‖ **~ el cocote.** loc. verb. *RD.* Destituir a alguien, separarlo del cargo que ejerce.
h. ‖ **~ el corojo.** loc. verb. *Cu.* Iniciar una actividad o tarea.
i. ‖ **~ el culo.**
   i. loc. verb. *Pe, Bo, Ar, Ur.* Propinar a alguien una paliza. pop + cult → espon.
   ii. *Pe, Ar, Ur; Py,* vulg. Derrotar a un adversario. pop + cult → espon.
   iii. *Pe, Ur; Py,* vulg. Mantener relaciones sexuales con alguien. vulg; pop + cult → espon.
j. ‖ **~ el lomo.** loc. verb. *Bo.* Castigar a alguien con golpes.
k. ‖ **~ el pasodoble.** loc. verb. *Cu.* Frustrar los planes de alguien.
l. ‖ **~ el sello.** loc. verb. *Pa.* Quitar la virginidad a una mujer.

m. ‖ **~ el turrón.** loc. verb. *Mx.* Empezar a tutearse dos personas. pop + cult → espon.
n. ‖ **~ fuego.** loc. verb. *Ni.* Iniciar las fiestas. rur; pop.
ñ. ‖ **~ fuegos.**
   i. *Ch.* **romper los fuegos**.
   ii. loc. verb. *Pa.* Iniciar las fiestas.
o. ‖ **~ fuente.** *Pa, PR, Ch, Ur.* **romper la fuente**.
p. ‖ **~ la chanchita.** loc. verb. *Ni.* Gastar los ahorros. pop + cult → espon.
q. ‖ **~ la fuente.** loc. verb. *Co.* Sufrir la rotura de la bolsa del líquido que envuelve al feto, lo que indica el inicio del parto. ♦ **romper fuente**.
r. ‖ **~ la madre.** loc. verb. *Mx, Gu.* Golpear o matar a alguien.
s. ‖ **~ la mano.** loc. verb. *Pe.* Sobornar a alguien. pop + cult → espon.
t. ‖ **~ la noche.** loc. verb. *Ar, Ur.* Salir a divertirse en horario nocturno. pop + cult → espon.
u. ‖ **~ la puta.** loc. verb. *Bo.* Dar una paliza a alguien. vulg.
v. ‖ **~ lanzas.** loc. verb. *Mx.* Enemistarse o iniciar una riña dos o más personas.
w. ‖ **~ las bolas.** loc. verb. *Ar, Ur; Py,* pop. Molestar, fastidiar. vulg.
x. ‖ **~ las guindas.** loc. verb. *Ar, Ur.* Molestar, fastidiar. euf; pop.
y. ‖ **~ las pelotas.** loc. verb. *Py, Ar, Ur.* Molestar, fastidiar. vulg; pop.
z. ‖ **~ las tapas.** loc. verb. *Ho, ES, Ni.* Golpear a alguien en la boca.
a¹. ‖ **~ los fuegos.**
   i. loc. verb. *Ch.* Comenzar a disparar un arma de fuego. (**romper fuegos**).
   ii. *Ch.* Dar comienzo a algo, como una actividad o una discusión. pop + cult → espon. (**romper fuegos**).
b¹. ‖ **~ los güevos.** loc. verb. *Ho.* Esforzarse mucho, trabajar duro.
c¹. ‖ **~ los huevos.** loc. verb. *Ar, Ur; Py,* pop. Molestar, fastidiar. vulg.
d¹. ‖ **~ los kinotos.** *Ar, Ur.* **romper los quinotos**.
e¹. ‖ **~ los quinotos.** loc. verb. *Ar; Pa,* vulg, pop. Molestar, fastidiar. euf. (**romper los kinotos**).
f¹. ‖ **~ manta.** loc. verb. *ES.* Desvirgar a una mujer. vulg.
g¹. ‖ **~ palitos.** loc. verb. *Pa, Pe.* Romper *alguien* la relación con otra persona. pop + cult → espon.
h¹. ‖ **~ vicio.** loc. verb. *PR.* Dejar de drogarse. drog.
i¹. ‖ **~la.** loc. verb. *Pe.* Ser muy ducho en un deporte o una profesión.
j¹. ‖ **~le la cresta.** loc. verb. *Mx.* Herir o golpear a alguien en la cabeza.
k¹. ‖ **~se el galillo.** loc. verb. *Ho.* Gritar mucho, desgañitarse *alguien.* hiperb.
l¹. ‖ **~se la cresta.**
   i. loc. verb. *Mx, Ec, Bo.* Lastimarse *alguien* la cabeza a causa de una caída o de un golpe contra un objeto.
   ii. *Bo.* Hacer *alguien* un gran esfuerzo mental para realizar un trabajo o para desarrollar satisfactoriamente una actividad.
m¹. ‖ **~se la hebra.** loc. verb. *Mx.* Terminarse una relación de amistad entre dos personas. pop + cult → espon.
n¹. ‖ **~se todo.** *Ar, Ur.* **romperse**, esforzarse. pop + cult → espon.

▬
a. ‖ **a rompe y raja.** loc. adv. *Ch.* Sin reflexión. pop. ♦ **a rompe y rasga**.
b. ‖ **a rompe y rasga.** *Ch.* p.u. **a rompe y raja**.
c. ‖ **al rompe.** loc. adv. *Pa, Co, Ve.* Al momento, inmediatamente.

d. ‖ **de rompe y raja.**

   i. loc. adj. *Cu, Ve, Ec, Bo, Ch, Ar, Ur. Referido a persona*, de ánimo resuelto y gran desenfado. pop + cult → espon.

   ii. *RD, Pe, Bo. Referido a un evento o actuación*, magnífico, excelente, de gran algarabía. pop + cult → espon.

   iii. *Ar; Ur*, obsol. *Referido a un lugar de reunión*, frecuentado por personas que viven al margen de la ley. pop + cult → espon.

   iv. loc. adv. *Ar.* Inesperada y repentinamente. pop + cult → espon.

e. ‖ **rompe grupo.** loc. sust. *Cu.* Persona que frecuentemente desentona en un colectivo.

f. ‖ **rompe nubes.** loc. sust. *Cu. En el **beisbol**, fly* alto dentro del terreno.

rompesquemas.
I. 1. *Ch.* **rompeesquemas.**

rompeviento.
I. 1. *Mx, Ec, Py, Ar.* **rompevientos.**

2. *Ar, Ur.* Prenda de abrigo, *generalmente de lana*, que cubre el torso, cerrada, con mangas y cuello alto. (**rompevientos**).

rompevientos.
I. 1. m. *Mx, Ec, Bo, Py, Ar.* Parka de tela impermeable no acolchada en su interior. (**rompeviento**).

2. *Ar, Ur.* **rompeviento**, prenda *generalmente de lana*.

rompezaragüey.
I. 1. m. *Cu, RD.* Arbusto de hasta 5 m de altura, con hojas de color verde brillante e inflorescencia en cabezuelas de color blanco; en la medicina popular, las hojas y ramas, en decocción, *se usan especialmente contra las diarreas*. (Asteraceae; *Vernonia menthaefolia*).

rompida.
I. 1. f. *ES.* Obstáculo, dificultad.

2. *ES.* Fracaso, daño.

II. 1. f. *Gu.* Paliza, serie de golpes.

III. 1. f. *Py. En una carrera*, puesta en marcha de los competidores.

romplón.
□

a. ‖ **de ~.**

   i. loc. adv. *Mx, Gu, Ho, ES, Ni.* Súbitamente, de repente. pop + cult → espon.

   ii. *Ho.* De refilón.

romplona.
I. 1. f. *Ni.* Instrumento de madera o de hierro, de forma casi cuadrada, a manera de unas parrillas grandes, con el cual se desmenuza y allana la tierra después de arada, para sembrarla.

rompón.
I. 1. m. *Ch.* Licor casero hecho con aguardiente, leche, huevos, canela y azúcar.

romponche.
I. 1. m. *Pa.* Bebida propia de Navidad y Año Nuevo, de consistencia algo espesa, hecha de leche, huevos y harina de maíz batidos, a la que se le añade una pizca de nuez moscada y ron al gusto.

rompope. (Del ingl. *rum*, ron, y *pop*, bebida gaseosa).
I. 1. m. *Mx, Ho, ES, Ni, CR, Pa, Ec, Pe.* Bebida hecha de leche, miel, yema de huevo y canela en polvo batidos y hervidos, después se le añade el aguardiente. (**rompopo**).

rompopear.
I. 1. intr. *Ni.* Beber **rompope**.

rompopo.
I. 1. *Gu, Ho, ES, Ni, Bo:O.* **rompope.**

ron.
I. 1. m. *RD.* Círculo o circunferencia.

■

a. ‖ **~ caña.** m. *PR.* Variedad de ron de fabricación clandestina y de alta graduación, hecho con caña de azúcar en su fermentación. (**ron cañita**).

b. ‖ **~ cañita.** *PR.* **ron caña.**

c. ‖ **~ de quemar.** m. *Pe.* Alcohol desnaturalizado para usos industriales o como combustible doméstico.

d. ‖ **~ ponche.** m. *Pa.* Bebida que se prepara con leche, huevos, azúcar, canela y ron.

e. ‖ **~ ñeque.** m. *Co:N.* Ron de contrabando. pop.

ron ron.
I. 1. m. *RD.* Rumor, voz que corre entre el público.

ronca.
▶ **echar la ~.**

roncada.
I. 1. f. *ES, Bo, Py, Ar:NO.* Ronquido prolongado. pop + cult → espon.

2. *Bo, Ar:NO.* Rato breve de sueño. pop + cult → espon.

roncadera.
I. 1. f. *Mx, ES, Ni, CR, Pa, Cu, RD, Co, Ve, Bo:O, Ur.* Ronquido repetido. pop. (**roncaera**).

roncador.
I. 1. m. *Pe.* Pez de hasta 25 cm de longitud, de cuerpo de color plateado menos el dorso que es gris azulado con franjas oblicuas en el costado, aletas de color amarillento, hocico romo y boca oblicua. (Sciaenidae; *Elattarchus archidium*).

2. *Pa, PR.* **barbudo**, pez marino.

II. 1. m. *Pe.* Cohete grande.

III. 1. m. *Py.* Accesorio colocado en el **caño de escape** de los automóviles, con el fin de que produzca ruido al acelerar. pop + cult → espon.

roncadora.
I. 1. f. *Ec, Ar*; sust/adj. *Bo:E,S.* Espuela de rodaja muy grande.

roncaera.
I. 1. *PR.* **roncadera.**

roncar.
I. 1. intr. *Pa, PR, Pe, Ch, Py.* metáf. Mostrar autoridad, dominio o superioridad. pop + cult → espon.

2. tr. *Py.* metáf. Mandar, dirigir a *alguien*, someterlo. pop.

3. intr. *Pa.* metáf. Comportarse de modo agresivo y altanero *una persona* para mostrar dominio sobre otra y de una situación. pop.

II. 1. intr. *Ec.* Producir un trompo o peón un zumbido característico al bailar.

III. 1. tr. *Ho.* Hervir el agua de una olla.
□

a. ‖ **~ como cazo de tamales.** loc. verb. *Ho.* Roncar mucho y fuerte *alguien*. (**roncar como olla de tamales**).

b. ‖ **~ como olla de tamales.** *Ho.* **roncar como cazo de tamales.**

c. ‖ **~ del culo.** loc. verb. *Ho.* Hacer *alguien* lo que le da la gana. vulg.

d. ‖ **~ la manigueta.** loc. verb. *PR.* Estar *algo* o *alguien* en óptimas condiciones. pop + cult → espon.

e. ‖ **~ le la gana.** loc. verb. *Gu, Ho, ES, Ni.* Querer *alguien* hacer algo, con razón o sin ella. ♦ **roncársele la gana.**

f. ‖ **~ le las maracas.** loc. verb. *Pa.* Ser *algo* excelente. vulg; pop.

g. ‖ **roncársele la gana.** *Gu.* **roncarle la gana.**

■

a. ‖ **¡le ronca el nabo!** loc. interj. *EU, Cu.* Expresa asombro, molestia, incomodidad.

b. ‖ **¡le ronca los cojones!** loc. interj. *Cu.* Expresa asombro, sorpresa, contrariedad.

a. ‖ **a ver si como roncas duermes.** fr. prov. *Mx, Ho, Ni, Pa.* Indica lo deseable de que alguien actúe como habla. pop.

ronceada.
  I. 1. f. *Ch.* Derrape de un vehículo. pop.

roncear(se).
  I. 1. tr. *Ar.* obsol. Voltear, mover una cosa pesada ladeándola con las manos o por medio de palancas.
  2. intr. *Ar.* Rondar, dar vueltas. rur.
  3. *Bo, Ch.* Derrapar, patinar un vehículo.
  4. intr. prnl. *Ch.* Derrapar, patinar un vehículo.

ronceo.
  I. 1. m. *Ch.* Derrape de un vehículo. pop.

roncero, -a.
  I. 1. adj. *ES. Referido a persona,* tacaña.
  II. 1. adj. *Ho. Referido a persona,* que se hace rogar.

roncha.
  I. 1. f. *Ve.* Insistencia tenaz en la realización o en la obtención de alguna cosa. pop + cult → espon.
  2. *Ve.* Persona tenaz e insistente. pop + cult → espon.
  3. m-f. *ES.* Persona que no se separa de otra.

◼
  a. ‖ **~ caribe.** f. *Ni.* Mancha roja por efecto de una picadura.
  ▶ **hacer ~; levantar ~; levantar ~s; picar y hacer ~; sacar ~; sacar ~s; salirle ~s.**

ronchaje.
  I. 1. m. *Ar:NO.* Gran cantidad de ronchas o manchas rojizas en la piel. pop + cult → espon.

ronchero.
  I. 1. m. *Ho, ES, CR, Ve.* Abundancia de ronchas en la piel.

ronchoso, -a.
  I. 1. adj. *Ho, ES. Referido a una superficie,* áspera.

ronco.
  I. 1. m. *Ni, Cu, PR.* Pez marino de cuerpo alargado, que alcanza hasta 40 cm de longitud, de color gris perla, *por lo general con rayas amarillas oblicuas y reflejos azulados,* su carne es muy apreciada. (Haemulidae; *Haemulon* spp.).

◼
  a. ‖ **~ amarillo.** m. *PR.* Pez marino de hasta 46 cm de longitud, de aletas radiadas, cuerpo lateralmente comprimido, amarillo con rayas longitudinales estrechas de color azul, que se inician en la cabeza y recorren todo el cuerpo. (Haemulidae; *Haemulon sciurus*).
  b. ‖ **~ blanco.** *PR.* **jallao.**

roncola.
  I. 1. m-f. *Ch;* f. *Bo.* Combinado de ron y un refresco de cola. pop.

roncón, -na.
  I. 1. adj/sust. *Pa, PR. Referido a persona* fanfarrona, buscapleitos y bravucona. pop + cult → espon.
  ♦ **guillao; jaquetón.**
  2. adj. *PR. Referido a persona,* guapetona, valiente. pop + cult → espon.

ronda.
  I. 1. f. *Mx, Ho, ES, Ni, CR, Pa, Ec, Pe, Bo, Ch, Py, Ar, Ur.* Círculo que, en algunos juegos, forman los niños tomados de las manos. inf.
  II. 1. f. *Gu, Ho, ES, Ni, Pa.* Vereda ancha que se hace en los sembrados y montes para que no se propague el fuego de la quema.
  2. *Ho, CR.* Faja de terreno entre el límite de una propiedad rural y un camino público.
  III. 1. f. *Pe.* Organización social de autodefensa integrada por miembros de comunidades campesinas o étnicas.

IV. 1. m-f. *Ec.* Persona que se desempeña como vigilante nocturno.

V. 1. f. *Ec. En el cuarenta,* tres cartas del mismo valor.

◼
  a. ‖ **~ catonga.** f. *Ar, Ur.* **Corro** infantil en la que los niños giran al compás de unos versos o una canción en cuyo estribillo se repite la palabra que da nombre a la ronda.
  ▶ **hacer la ~.**

rondador.
  I. 1. m. *Co, Ec, Pe:N.* Zampoña, instrumento musical consistente en una serie de canutos de carrizo de varios tamaños.
  II. 1. m. *Ar.* Jinete encargado de dar vueltas alrededor de un animal *para atraparlo.* rur.

rondador, -ra.
  I. 1. m. y f. *Pe:S.* Persona encargada de vigilar el agua con que se riegan las chacras. rur.

rondana.
  I. 1. f. *ES, Ni, CR, Cu, PR, Bo:O, Py:O; Ur,* p.u. Rueda móvil con un acanalamiento en su circunferencia por el que se pasa una cuerda; se utiliza para levantar objetos mediante juego de fuerzas. (**roldana**).
  2. *Ho.* Gancho o soporte que se pone en el techo y por el que pasan los cables eléctricos a los que se van a conectar los aparatos de luz.
  3. *PR.* Instrumento para levantar pesos en las faenas del mar.
  II. 1. m. *Ni.* Ano.

rondar.
  I. 1. intr. *Ar, Ur. En el arreo de ganado,* dar vueltas los jinetes alrededor de la **tropa** para evitar que los animales se espanten. rur.
  II. 1. tr. *Ho, ES, Ni.* Limpiar las malezas de las orillas de una parcela o potrero para evitar el fuego. rur.

rondelecia.
  I. 1. f. *Cu.* **cordobancillo.**

rondero, -a.
  I. 1. m. y f. *Pe.* Integrante o miembro de una **ronda**, organización social. rur.

rondín.
  I. 1. m. *Bo:E, Ch.* Individuo que vigila o ronda de noche, *especialmente los potreros y sembrados.*
  2. *Bo, Ch.* Hombre que vigila de noche las empresas y grandes almacenes recorriendo su interior.
  II. 1. m. *Ec, Pe.* Armónica, instrumento de viento.
  III. 1. m. *Ho, Ni.* Policía que hace la ronda en las cárceles.
  IV. 1. m. *ES.* Salida o paseo breve con el objeto de divertirse o de descansar.
  V. 1. m. *Ho.* Corro de varias personas, *generalmente para jugar o ver algo.* inf.

rondinear.
  I. 1. intr. *Ho.* Dar un paseo, dar vueltas sin rumbo fijo.
  2. *Ho.* Hacer la ronda un policía.

rondón.
  I. (Del ingl. *run downhill,* ir cuesta abajo).
  1. m. *Ho:N.* Máquina del tren cuando va cuesta abajo.
  2. *Ho:N.* Tramo ferroviario que es inclinado.
  II. 1. m. *Ni, CR:NE; Pa,* pop. Guiso de pescado aderezado con coco y verduras.

rondpoint. (Del fr. *rond-point,* glorieta).
  I. 1. m. *Co.* Plaza donde desembocan varias calles o paseos.

ronera.
  I. 1. f. *Pe.* Infiernillo de hierro alimentado con **ron de quemar.**
  2. *Cu.* Fábrica de ron.

ronero, -a.
  I. 1. sust/adj. *Pe.* Persona aficionada al ron. pop.
  2. *Pe.* Persona que fabrica o vende ron. pop.

VII. 1. f. *Pa.* Joya con perlas que luce en el pecho la mujer que viste la **pollera**.

rosetillo.
    I. 1. *Pa.* **mostrenco**, árbol.

rosetón.
    I. 1. m. *Cu, Ve.* Hematoma producido por un golpe.

rosicler.
    I. 1. m. *Mx.* Planta herbácea perenne de hasta 1 m de altura, de hojas alternas lanceoladas y estrechamente aovadas, inflorescencia en brácteas y flores de color púrpura. (Onagraceae; *Oenothera rosea*). ♦ **sanguinaria**; **yahuarchunca**.

rosilla.
    I. 1. f. *Mx.* Arbusto de hasta 6 m de altura, de hojas alternas, compuestas, pinnadas, de folíolos elípticos, inflorescencias en racimos espigados, flor blanca, de cinco pétalos, y frutos en vaina curvada, con una sola semilla delgada cada una. (Fabaceae; *Eysenhardtia polystachya*). ♦ **urza**; **vara dulce**; **varaduz**.
    2. *Mx.* **chapuz**, planta.

rosispingo.
    I. 1. *Ho.* **puercoespín**.

rosita.
    I. 1. f. *Ch.* Pan especial en forma de media esfera achatada.
    II. 1. f. *PR.* Variedad de **mangó**.
    III. 1. f. *PR. En las peleas de gallos*, cresta del animal cuando se parece a un pequeño tomate.

    ■
    a. ‖ **~s de maíz.** f. pl. *Cu.* Palomitas, roseta de maíz tostado y reventado.

roso.
    I. 1. *Co:SO.* **rojo**, arbusto.

rosón.
    I. 1. m. *Bo.* Adorno o lazo en forma de flor que llevan las niñas y las mujeres en el pelo o en la vestimenta.

rosquear.
    I. 1. intr. *Ch, Ar.* p.u. Armar riñas o peleas. pop + cult → espon.
    II. 1. intr. *Bo:E; Ar:NO*, pop. Morir, *especialmente una persona*.
    III. 1. intr. *Ar.* Participar de acuerdos o negociaciones poco claros para obtener algún beneficio, *particularmente de una autoridad estatal*. pop + cult → espon.

rosquero, -a.
    I. 1. sust/adj. *Bo, Ar, Ur.* Persona que pertenece a una **rosca**, grupo de personas.
    II. 1. adj/sust. *Ch. Referido a persona o animal*, que provoca peleas o riñas. pop.

rosquete.
    I. 1. m. *Pe, Bo; Ho*, fest; adj/sust. *Pe*, pop. Hombre homosexual. desp.
    2. *CR.* Hombre de edad avanzada. pop ^ desp.
    II. 1. m. *Ni*, vulg; *Ar*, pop. Ano.
    III. 1. m. *Ho, ES, Ni.* Rosquilla grande hecha de harina, manteca y un poco de **panela**.
    2. *CR, Py.* Panecillo, *generalmente de forma rectangular*, hecho de harina gruesa de maíz y azúcar.
    ▶ **entregar el ~.**

rosquetería.
    I. 1. f. *Pe.* Acto o expresión propios de un **rosquete**, hombre homosexual.

rosquetita.
    ▶ **estar como ~.**

rosqueto.
    I. 1. m. *Co.* Hombre homosexual. pop ^ desp.

rosquetón, -na.
    I. 1. adj/sust. *Pe. Referido a un hombre*, homosexual. pop ^ desp.
    2. adj. *Pe.* Propio de un hombre homosexual o relativo a él. pop ^ desp.

rosquilla.
    I. 1. m. *Ho, ES.* Insecto lepidóptero, de color gris, con marcas negras en las alas anteriores, y alas posteriores de color blanco perla con un manchón gris o café. (Noctuidae; *Agrotis ipsilon*).
    II. 1. f. *Ni.* Ano. vulg.
    ▶ **descubrir el hoyo de la ~.**

rosquita.
    I. 1. f. *Cu, Ar; Pa*, pop. Pieza de repostería hecha con harina, leche y huevo, cubierta de azúcar y colorante rojo, en forma de rosquilla.

rosticería. (Del it. *rosticceria*).
    I. 1. f. *EU, Mx, Ni.* Restaurante donde se asan y venden pollos.
    2. *Ve, Bo, Ch.* **rotisería**, establecimiento.
    3. *Ch.* **rotisería**, género de alimentos.
    4. *Pa.* Restaurante cuya especialidad son las carnes **rostizadas**.

rotisería.
    I. 1. *Ve, Ch.* **rotisería**, establecimiento.
    2. *Ch.* **rotisería**, género de alimentos.

rostizar. (Del ingl. *to roast*, asar, tostar).
    I. 1. tr. *EU, Mx, Gu, Ho, ES, Ni, CR, Pa, Co, Ec, Py, Ar.* Asar carnes, *especialmente de pollo*.

rostro.
    I. 1. m. *Ho:O.* Catafalco de las exequias formales de la Iglesia católica.

    ■
    a. ‖ **~ asado.** m. *Bo:O.* Cabeza de cordero asada al horno con la piel; es el plato típico de Oruro.
    b. ‖ **~ de piedra.** m. *Ur.* Persona cínica y falta de vergüenza.
    ▶ **cortar el ~.**

rostrudo, -a.
    I. 1. adj/sust. *Ur. Referido a persona*, insolente, atrevida. pop + cult → espon.

rotada. (Del ingl. *ruptured*, roto).
    I. 1. f. *Ch.* Conjunto de **rotos**, personas maleducadas.
    2. *Ch.* Conjunto de **rotos**, personas de origen humilde.
    3. *Ch.* Dicho o acto vulgar, tosco o de mal gusto. pop + cult → espon.

rotaje.
    I. 1. m. *Bo, Ch.* p.u. Grupo de personas que conforman una clase social caracterizada por la escasez de recursos económicos y sociales. desp.

rotar.
    I. 1. intr. *Cu. En una cola*, dejar pasar a una o varias personas que están detrás mientras se espera algo o a alguien.
    II. 1. tr. *PR.* Romper, barrenar, taladrar. rur.

rotativo.
    I. 1. m. *Ch.* Sala de cine que exhibe películas en sesión continua.
    2. *Ch.* Exhibición de películas u otro tipo de programas en sesión continua.

rotear.
    I. 1. intr. *Ch.* Comportarse de forma vulgar, grosera, maleducada.
    2. tr. *Ch.* Tratar o vejar a *alguien* despectivamente con calificativos propios de Chile.

roteco, -a.
    I. 1. sust/adj. *Ch.* p.u. Persona **rota**, maleducada. pop ^ desp.

2. *Ch.* p.u. Persona **rota**, de clase social baja. pop ^ desp.

3. adj. *Ch.* Referido a *cosa*, rota, de mal gusto. pop ^ desp.

rotén.
   I. 1. m. *PR.* **Macana** de policía. rur; pop + cult → espon.

roteque.
   I. 1. sust/adj. *Ch.* Persona grosera, maleducada. pop ^ desp.

   2. *Ch.* Persona de clase social baja o de condición humilde. pop ^ desp.

rotería.
   I. 1. f. *Ch.* p.u. **roterío**, grupo de **rotos**. pop ^ desp.

roterío.
   I. 1. m. *Mx, Ch.* Grupo de **rotos**, personas maleducadas. pop ^ desp. (**rotería**).

   2. *Ch.* Dicho o acto vulgar, tosco o de mal gusto. pop ^ desp.

rotí.
   I. 1. m. *RD.* Carne de vaca.

roticería.
   I. 1. f. *Ve, Ch.* **rotisería**, establecimiento.

   2. *Ch.* **rotisería**, género de alimentos.

roticuajo, -a.
   I. 1. adj/sust. *Ch.* Referido a *persona*, maleducada y de modales groseros. pop + cult → espon.

   2. adj. *Ch.* Referido a *persona*, de clase social baja o de condición humilde. cult → espon ^ desp.

rotisería.
   I. 1. f. *Pa, Ve, Bo, Ch, Py, Ar, Ur.* Establecimiento donde se venden quesos, embutidos y otros alimentos. (**rosticería; rostisería; roticería**).

   2. *Ch.* Género de alimentos procedentes de animales procesados. (**rosticería; rostisería; roticería**).

rotisero, -a.
   I. 1. sust/adj. *Ch, Ar.* Persona que trabaja en una **rotisería**.

   2. adj. *Ch.* Relativo a la **rotisería** y a los embutidos que se venden en ella.

roto.
   I. 1. m. *Ch.* Hombre prototípico chileno.
   II. 1. m. *PR.* Agujero, boquete, hoyo.

   2. *PR.* metáf. Ano. pop + cult → espon ^ fest.

roto, -a.
   I. 1. sust/adj. *Mx, Ch.* Persona de clase social baja o de condición humilde. cult → espon ^ desp.

   2. *Pe, Ch.* Persona maleducada y de modales groseros. pop + cult → espon.

   3. adj. *Pe.* Relativo a Chile. pop ^ desp.

   4. adj/sust. *Mx.* Referido a *persona*, que viste y tiene maneras de una clase superior a la que pertenece.

rotómetro.
   I. 1. m. *Ch.* Medida imaginaria que calibra la cantidad de vulgaridad o mala educación en una persona o en una actividad. pop + cult → espon ^ fest.

rotoso, -a.
   I. 1. adj/sust. *Pe, Bo, Ch, Py; Ec, Ar,* pop + cult → espon. *Referido a persona*, que viste andrajos o que anda muy desaliñada.

   2. adj. *Pe, Ch, Ar, Ur; Ec, Bo,* pop + cult → espon. *Referido a una prenda de vestir*, rota o en muy mal estado.

rotular.
   I. 1. tr. *Ch, Py, Ar.* Catalogar, etiquetar negativamente *algo* o a *alguien*. cult.

rotulero, -a.
   I. 1. m. y f. *CR.* p.u. Rotulista.

rotura.
   I. 1. f. *Cu.* Labor que consiste en arar por primera vez la tierra para cultivarla.

roturero, -a.
   I. 1. m. y f. *Bo.* Persona que se dedica a roturar la tierra. rur.

round. (Voz inglesa).
   I. 1. f. *Ch.* Pelea física o dialéctica breve pero intensa. pop.

   2. m. *Cu; Pa,* p.u. *En carreras y* **competencias** *deportivas*, vuelta.

   3. *Pa. En juegos de mesa*, partida.
   II. 1. m. *PR.* Turno de invitación a beber que se hace a los asistentes a una reunión. pop + cult → espon.

■

   a. ‖ ~ *point* (Voz inglesa). m. *Co.* Plaza donde desembocan varias calles o paseos.

roya.
   I. 1. f. *Mx, Gu, Ho, ES, Ni.* **chahuiztle**, hongo.

   2. *Gu, Ho, ES, Ni, CR, Cu, Ec.* Enfermedad del café provocada por la **roya**, que produce lesiones circulares de color amarillo-anaranjado en el envés de las hojas.

   ▶ **caer la ~; no caer la ~.**

royal. (De *Royal*®).
   I. 1. m. *Mx, Ni, Cu, Ec, Pe, Py.* Preparado químico que contiene una sal ácida y bicarbonato sódico, usado en panadería para fermentar la masa. (**róyal**).

róyal. (De *Royal*®).
   I. 1. m. *CR, Pe, Bo, Py, Ur.* **royal**.

royón.
   I. 1. m. *Cu.* Maíz triturado que se da como alimento a pollitos.

roza.
   I. 1. f. *Ho, CR, Ve.* Operación que consiste en recoger, amontonar y quemar las ramas, malezas secas y hojas que quedaron del desmonte en una parcela. rur.

   2. *Pa.* Terreno cultivado de maíz o de arroz. rur.

rozada.
   I. 1. f. *Mx, Gu, ES.* Rozadura sobre la piel o una superficie. pop.

rozadera.
   I. 1. f. *Mx.* Refuerzo de cuero en forma circular situado al final de una **reata** para que esta corra al hacerse el lazo. rur.

   2. *Ho.* Pedazo de cuero o tela de fieltro que se coloca entre dos cuerpos que se rozan para evitar que se gasten o se dañen, *especialmente entre la caballería y la pierna del jinete.*

rozado.
   I. 1. m. *Ho, Ar:NE; Ec, Py,* rur. Terreno **rozado** y limpio de matas, listo para sembrar en él.

rozar.
   I. 1. tr. *Ho, CR, Ve, Ch.* Recoger, amontonar y quemar las ramas, malezas secas y hojas que quedaron del desmonte en una parcela. rur.

   2. *Ho.* Quemarse o tostarse *algo*.

ruana.
   I. 1. f. *Co, Ve, Ec, Pe, Ar, Ur.* Prenda de abrigo de lana o hilo, que consiste en una manta, cuadrada o rectangular, que tiene en el centro una abertura para pasar la cabeza, y cuelga de los hombros *generalmente hasta más abajo de la cintura.*

   ▶ **ponerse de ~; ser para los de ~.**

ruano, -a.
   I. 1. adj/sust. *Py, Ar, Ur.* Referido a *caballo, particularmente si es bayo*, que tiene la cola y las crines blancas.

ruba.
   I. 1. f. *Co.* **ulluco**, planta y tubérculo.

rubacá.
   I. 1.   *Co.* retama de China.

rubber.
   ■
     a. ‖ **~ band.** (Voz inglesa). m. *EU, PR.* Tira elástica circular para atar bultos pequeños.

rubí.
   I. 1.   m. *Mx.* Pájaro insectívoro de hasta 12 cm de longitud, de plumaje pardo en el dorso, vientre, cuello y parte de la cabeza de color rojo escarlata. (Tyrannidae; *Pyrocephalus rubinus*). ♦ **brasita de fuego**; **cardenal**; **churrinche**; **hijo del sol**; **pechirrojo**.

rubia.
   I. 1.   f. *ES, PR.* Marihuana o heroína, droga en general. drog.
   II. 1.   f. *PR.* **cotorro**, pez marino.
    2.   *PR.* **mapurito**, árbol.
   ■
     a. ‖ **~ con ojos verdes.** f. *Cu.* Plato elaborado con harina de maíz que se acompaña de **aguacate**. pop + cult → espon ^ fest.
   □
     a. ‖ **la ~ que nunca engaña.** loc. sust. *Bo.* Cerveza blanca. pop + cult → espon ^ fest.
     b. ‖ **~ vestida de novia.** loc. sust. *RD.* Cerveza.

rubial.
   I. 1.   *PR.* **mapurito**, árbol.

rubiera.
   I. 1.   f. *Ve.* Travesura, *especialmente la de un niño*.
   II. 1.   f. *Ve.* Desorden que llega a causar daños o destrozos.

rubio.
   I. 1.   m. *PR. En las peleas de gallos*, gallo de color rojizo, que varía desde el rojo quemado hasta el rojo claro.

rubiola.
   I. 1.   f. *Ni, Cu, Ve, Ec, Pe, Ar, Ur; Bo,* pop + cult → espon. Rubeola.

rubión, -na.
   I. 1.   adj. *PR, Ur. Referido a persona*, de pelo color castaño claro.

rubor.
   I. 1.   m. *Mx, Ni, CR, PR, Co, Ec, Pe, Bo, Ch, Py, Ar, Ur.* Cosmético de color que se aplica en las mejillas.

rubro.
   I. 1.   m. *Mx, Cu, Ve, Pe, Bo, Ch, Ar.* Título, rótulo.
   II. 1.   m. *Ni, Ve, Pe, Bo, Ch, Py, Ar, Ur.* Sector o sección dentro de la actividad económica.
    2.   *CR, Pa, Co, Bo, Py, Ur.* Cada uno de los apartados en que se divide un presupuesto estatal.
   III. 1.   m. *Cu, Pe, Ch. En contabilidad*, asiento.
    2.   *Ec, Ch, Py, Ur.* Tipo, clase de algo.
   IV. 1.   m. *Py.* Cargo público asignado por la categoría profesional, y que es obtenido por concurso de méritos y aptitudes. pop + cult → espon.

ruca.
   I. (Del map.).
    1.   f. *Ch, Ar.* Vivienda de los aborígenes pampeanos y patagónicos.
    2.   *Ch*; m. *Ch.* Vivienda rústica o provisional, de pequeñas dimensiones.
   II. 1.   f. *Pe.* Prostituta. euf; pop + cult → espon.
   III. 1.   f. *Ec.* Tiempo destinado para dormir o descansar después de comer. pop + cult → espon.
   IV. 1.   f. *Ho, ES, Ni.* juv. Madre, esposa o novia. pop + cult → espon ^ desp.
   V. 1.   f. *Cu.* Mano de una persona. pop.

rucada.
   I. 1.   f. *ES.* Grupo de viejos de una familia.

rucailo, -a.
   I. 1.   adj/sust. *Mx.* **ruco**, avejentado. pop + cult → espon ^ desp.

rúcalo.
   I. 1.   m. *Bo.* Billete de banco, dinero. pop + cult → espon.

rúcano.
   I. 1.   m. *Pa.* Dólar o balboa en una cantidad de dinero que se considera demasiado elevada. pop + cult → espon ^ fest.

rucha.
   I. 1.   f. *Pa. En las prendas femeninas*, adorno de encaje o de la misma tela que se recoge por uno de los bordes y se cose por ese lado a la prenda, dejando suelto el borde opuesto. pop.

ruchado, -a.
   I. 1.   adj. *Ve, Bo:E. Referido a una prenda de vestir*, adornada con pliegues o frunces.

ruchar.
   I. 1.   tr. *Ve.* Ganar todas las **metras** al otro participante en el juego.
    2.   *Ve.* Dejar a *alguien* sin dinero. pop + cult → espon.
   II. 1.   tr. *Ve, Bo.* Hacer frunces o pliegues en una tela o prenda de vestir.

ruche.
   I. 1.   m. *Cu, RD, Ve, Bo:E, Ar.* Pliegue o frunce que sirve de adorno en telas y prendas de vestir.

rúchica.
   I. 1.   f. *Co.* Arbusto de hasta 3 m de altura, de follaje denso, de color verde oscuro, brillante, y pequeñas flores azul violáceas dispuestas en racimos; sus hojas se emplean en la medicina popular para curar enfermedades del hígado y la diarrea. (Fabaceae; *Psoralea mexicana*).

ruchique.
   I. 1.   m. *ES.* Jeta del cerdo.
   II. 1.   m. *Ho.* Plato con una abrazadera circular en el centro, donde se coloca y sujeta la jícara en que se sirve el chocolate.

ruciar.
   I. 1.   tr. *RD.* Rociar, esparcir un líquido en gotas menudas.

rucio, -a.
   I. 1.   adj/sust. *Ec:N, Ch. Referido a persona*, rubia.
    2.   adj. *Ec:N, Ch. Referido al pelo*, rubio.

ruco, -a.
   I. 1.   m. y f. *Mx, Gu, Ho, ES, Ni, Bo.* Persona de edad avanzada. pop + cult → espon.
    2.   adj/sust. *Mx, Ho, ES, Ec. Referido a cosa*, fea, vieja o inservible. pop + cult → espon ^ desp. ♦ **rucailo**.
    3.   adj. *ES, Ni. Referido a persona*, desdentada.
    4.   *Ho. Referido al cuerno de un animal*, partido.
    5.   *Ho. Referido a persona*, inútil para hacer las cosas.
   II. 1.   adj. *Ec. Referido a persona*, dormida. pop + cult → espon.
   ▶ **echar el ~.**

rucu-rucu. (De or. onomat.).
   I. 1.   adv. *Ho, ES.* A medias, mitad y mitad.
   II. 1.   m. *Ho.* Coito. pop.

ruda.
   ■
     a. ‖ **~ de Castilla.** f. *Co.* Ruda. (Rutaceae; *Ruta graveolens*).

rueda.
   I. 1.   f. *Ar.* Corte vacuno que abarca los huesos y músculos de la pierna.
   II. 1.   f. *Pe.* Ronda, distribución de bebidas o tabaco a todos los integrantes de un grupo que están alternando en una reunión.

III. 1. f. *Es.* Artificio de pólvora consistente en una estructura circular de carrizo que al encenderse lanza petardos que desprenden luces de colores.

IV. 1. f. *Cu.* Paquete de veinticinco cajetillas de cigarros.

V. 1. *Py.* **rueda de la fortuna.** pop.

VI. 1. f. *Ho.* Rollo de barro para empezar a fabricar una vasija.

VII. 1. f. *Pa.* Círculo que forman los participantes en el baile del **tamborito.**

■

a. ‖ **la ~.** *Ho.* **la rueda rueda.**

b. ‖ **la ~~.** f. *Cu, PR, Ur.* Juego infantil en el que varios niños, tomados de la mano, forman un círculo y cantan dando vueltas alrededor. ♦ **la rueda.**

c. ‖ **~ de auxilio.** f. *Ve, Bo, Py, Ar, Ur.* Rueda de repuesto de un automóvil.

d. ‖ **~ de Chicago.** *Ho, Ni, CR, Pa, Py.* **rueda de la fortuna.**

e. ‖ **~ de la fortuna.** f. *Mx, Ni.* Noria, juego mecánico de festejos populares consistente en una rueda vertical y giratoria con cabinas. ♦ **rueda; rueda de Chicago.**

□

a. ‖ **en ~.** loc. adv. *Bo:O, Ur.* Formando círculos.

b. ‖ **media ~.**
  i. loc. sust. *Cu.* Período de cincuenta años.
  ii. *Cu.* Conjunto de cincuenta puros.

c. ‖ **~ chapaca.** loc. sust. *Bo:S.* Danza popular que se baila formando una rueda, girando en círculo y dando breves zapateos; es originaria del departamento de Tarija.

d. ‖ **~ de carro.** loc. sust. *Pa, Ur. En gimnasia,* voltereta lateral que se da apoyando las manos en el suelo.

e. ‖ **~ de pescado.** loc. sust. *Ve.* Grupo de curiosos. delinc.

f. ‖ **~ libre.** loc. adv/adj. *Ve.* Sin obligaciones y libre de impedimentos para hacer lo que se desea. pop + cult → espon.

g. ‖ **~ patona.** loc. sust. *Ch, Ar, Ur.* Rueda de automóvil muy ancha.

h. ‖ **~s cuadradas.** loc. sust. *Ch.* Boicot hecho por los transportistas, *sobre todo de la minería,* circulando a mayor lentitud.

▶ **coger la ~; comulgar con ~s de carreta; dar ~; morir en la ~.**

ruedo.
I. 1. m. *Ho, ES, Ni, CR, Pa, RD, PR, Co, Ve, Pe, Ch, Py, Ar, Ur.* Dobladillo de la parte inferior de la ropa.

▶ **aflojar el ~; pesarle el ~; pesarle los ~s de los pantalones; soltarse el ~.**

rufa.
I. 1. f. *Pe.* Instrumento de labranza para allanar la tierra.
II. 1. f. *Cu.* obsol. Autobús. pop.

rufear. (Del ingl. *to roof*).
I. 1. tr. *EU.* Construir o reconstruir el tejado de un edificio.

rufero, -a. (Del ingl. *roofer*).
I. 1. m. y f. *EU.* Persona que se dedica a construir o reconstruir el tejado de un edificio.

rufla.
I. 1. sust/adj. *Pe.* juv. Mujer de conducta sexual ligera. pop.

rufo. (Del ingl. *roof*).
I. 1. m. *EU.* Tejado de un edificio.

rugbista.
I. 1. m-f. *Ve, Ch, Ar, Ur.* Persona que juega al *rugby.*

rugir.
I. 1. intr. *ES.* Tener *alguien* mal aliento.
II. 1. intr. *ES.* Donar dinero a alguien.

●

a. ‖ **¡ya rugiste!** fórm. *Mx.* Se usa para indicar que el interlocutor de quien habla se ha comprometido a algo y que no se puede retractar. pop.

ruibarba.
I. 1. *PR.* **roble amarillo,** árbol.

ruidada.
I. 1. f. *Mx.* **ruidero.** pop.

ruidaje.
I. 1. m. *Ho, Ni, Cu, Co, Ur.* Ruido fuerte y desapacible. pop + cult → espon.

ruidajo.
I. 1. m. *Mx.* Ruido excesivo y desagradable. pop + cult → espon.

ruidal.
I. 1. m. *Gu, Ho, ES, Ni, CR.* Ruido continuo y ensordecedor.

ruidero.
I. 1. m. *Mx, Gu, Ni.* Ruido fuerte y repetido. ♦ **ruidada.**

ruido.
□

a. ‖ **al puro ~.** loc. adv. *CR.* juv. De repente y sin dar ninguna explicación. pop.

b. ‖ **en el ~.** loc. adv. *Ar, Ur.* Al corriente de las últimas tendencias. pop + cult → espon.

▶ **quedarse al ~.**

ruin.
I. 1. adj. *Mx, Ho, Ur.* Referido a *persona,* egoísta, desagradecida.
II. 1. adj. *Ho, ES.* Referido a *cosa,* estropeada, inservible.
  2. *Ho, ES.* Referido a una *comida,* que se ha echado a perder.
  3. *Ho.* Referido a una *planta o un fruto,* que han crecido poco.
III. 1. adj/sust. *Ni, RD, Ur.* Referido a *persona,* cobarde, falta de valor.
IV. 1. adj. *Ho.* Referido al precio *de algo,* muy bajo.
V. 1. adj. *Ho.* Referido a *persona,* que no tiene dinero.

ruinera.
I. 1. f. *Cu.* Excitación sexual muy intensa de un animal hembra.
  2. *Cu.* Estado de excitación sexual de una persona.

ruino, -a.
I. 1. adj. *Cu.* Referido a *hembra de mamífero, especialmente de un animal doméstico,* que está en celo.
  2. adj. *Cu.* Referido a *persona,* que tiene apetito sexual

rula.
I. 1. f. *Ni, CR, Pa, Co.* Cuchillo largo usado en labores agrícolas.
  2. *Pa.* obsol. **mocho,** machete. rur.
II. 1. f. *Ar, Ur.* Juego de la ruleta. pop + cult → espon.

■

a. ‖ **~ rusa.** f. *Ar.* Juego de la ruleta rusa. pop + cult → espon.

rulazo.
I. 1. m. *CR, Pa, Co.* Golpe dado con el filo de la **rula.**

ruleada.
I. 1. f. *CR.* Descanso que se toma durmiendo, *generalmente por tiempo prolongado.* pop + cult → espon.

rulear.
I. 1. intr. *Cu.* Bailar *alguien.* pop.
II. 1. intr. *CR.* Dormir. pop + cult → espon.
III. 1. tr. *Pa.* Liar un cigarrillo de marihuana. pop + cult → espon.

rulemán. (Del fr. *roulement*).
I. 1. m. *Py, Ar, Ur.* Cojinete formado por dos cilindros concéntricos, entre los que se intercala una corona de bolas o rodillos que pueden girar libremente. (**rúleman**).

rúleman.
  I. 1. *Py, Ur.* **rulemán**.

rulengo, -a.
  I. 1. adj. *Ch.* p.u. *Referido a persona*, enclenque, enfermiza.

ruler. (Voz inglesa).
  I. 1. f. *Pe, Ch.* juv. Menstruación, regla. pop + cult → espon ^ fest.

rúler. (Del ingl. *ruler*).
  I. 1. f. *Gu, CR.* **ruler**. pop + cult → espon.

rulero.
  I. 1. m. *Ec, Pe, Bo, Py, Ar, Ur.* Pequeño cilindro hueco y perforado al que se arrolla el cabello para rizarlo.

ruleta.
  I. 1. f. *CR, Pe, Bo.* Instrumento consistente en un mango con una ruedecilla dentada en uno de sus extremos usada para marcar líneas de puntos sobre una superficie blanda o perforable.

ruletear.
  I. 1. intr. *Mx, Ho, ES, CR.* Recorrer un conductor de taxi las calles en busca de pasaje. pop + cult → espon.
  2. *Ve.* Manejar un taxi no autorizado oficialmente.
  3. *Gu.* Conducir un **ruletero** para trasladar pasajeros de un sitio a otro.
  II. 1. tr. *Ve.* Trasladar o remitir innecesariamente a *alguien* o *algo* de un lugar a otro.
  2. intr. *Ve.* Circular en un vehículo sin destino concreto, *usualmente dando vueltas por los mismos sitios*.

ruleteo.
  I. 1. m. *Mx.* Recorrido hecho por un conductor de taxi en busca de pasaje. pop.
  II. 1. m. *Ve.* Acción de **ruletear**, trasladar o remitir a alguien de un lugar a otro.

ruletera.
  I. 1. f. *Ho, Ni.* Prostituta.

ruletero.
  I. 1. m. *Ho, Ni.* Taxi sin parada fija.
  2. *Gu.* Autobús de pequeño tamaño.

ruletero, -a.
  I. 1. m. y f. *Mx, Ho, Ni, Pe.* Persona que conduce un taxi que no tiene parada fija. pop.
  2. adj. *Ve. Referido a persona*, que **ruletea**, circula en un vehículo sin destino concreto. pop + cult → espon.
  3. m. y f. *Ve.* Conductor de automóviles de alquiler que trabaja ilegalmente. pop + cult → espon.
  4. *Gu.* Persona que conduce un **ruletero**.
  II. 1. adj. *Ch, Ar, Ur*; sust/adj. *Bo. Referido a persona*, aficionada al juego de la ruleta. pop + cult → espon.
  2. m. y f. *Pe.* p.u. Persona que explota el juego de la ruleta.
  III. 1. adj. *Ve. Referido a persona*, ordinaria o vulgar. pop + cult → espon.
  IV. 1. m. y f. *ES.* Persona holgazana.

rullir.
  I. 1. tr. *RD.* Roer. pop.

rulo.
  I. 1. m. *ES.* Ano. vulg.
  ☐
  a. ‖ **de ~.** loc. adj. *Ch. Referido a un terreno*, que no tiene medios artificiales de riego.
  ▶ **quedarse con los ~s hechos**.

rum-rum.
  I. 1. m. *Bo:S.* Árbol de hasta 20 m de altura, con hojas de folíolos asimétricos, cuyos frutos son legumbres grandes que contienen hasta seis semillas. (Fabaceae; *Caesalpinia pluviosa*).

ruma.
  I. 1. f. *Ho, Pa, Ve, Ec, Pe, Ch; Ar,* obsol. Montón, número considerable de cosas puestas unas encima de otras sin orden. pop + cult → espon.
  2. *Pe:E.* Medida de cantidad que se aplica a montones de leña que tienen entre cien y quinientas rajas o cortes.

rumazón.
  I. 1. f. *Ve.* Montón, número considerable de cosas puestas unas encima de otras sin orden. pop + cult → espon.

rumba.
  I. 1. f. *Ho, ES, Ni, Pa, Cu, RD, PR, Ve, Ec, Pe, Bo; Co, Py,* juv. p.u. Fiesta, parranda.
  II. 1. f. *Ve.* juv. Serie de golpes dados a una persona. pop + cult → espon.
  III. 1. f. *Cu.* Género musical de origen afrocubano en el que la música se interpreta cantando y bailando al compás de instrumentos de percusión.
  IV. 1. f. *RD:N.* Montón, gran cantidad de personas o cosas.
  ☐
  a. ‖ **¡qué ~!** loc. interj. *Co.* juv. Expresa alegría por una persona o situación divertida y agradable. pop. ♦ **¡una rumba!**
  b. ‖ **¡una ~!** *Co.* **¡qué rumba!**
  ▶ **ir de ~; ser la ~; ser una ~**.

rumbador.
  I. 1. m. *Co.* Pedazo de tabla delgada, en forma de rombo, con un agujero y una cuerda atada en él, que usan los muchachos como juguete.

rumbantela.
  I. 1. f. *Cu.* Reunión bulliciosa en la que la gente se divierte bebiendo o bailando.

rumbar(se).
  I. 1. intr. prnl. *Ho.* Abalanzarse *una persona* o animal sobre otro.
  2. tr. *Ho.* Golpear o atacar física o verbalmente a *alguien*.
  3. tr. prnl. *Ho.* Golpearse o pelearse dos o más personas.
  II. 1. intr. *Ho.* Ir *alguien* a un lugar. rur.
  III. 1. tr. *Ho.* Arrojar o tirar lejos *alguien algo*.
  ☐
  a. ‖ **~ macana.**
    i. loc. verb. *Ho.* Pegar, golpear a *alguien*.
    ii. *Ho.* Hablar contra alguien.
  b. ‖ **~ maceta.**
    i. loc. verb. *Ho.* Golpear a *alguien*, atacar verbalmente. pop. ♦ **rumbar mecha; rumbar riata; rumbar verga**.
    ii. *Ho.* Trabajar con ahínco. pop. ♦ **rumbar mecha; rumbar riata; rumbar verga**.
  c. ‖ **~ mecha.** *Ho.* **rumbar maceta**.
  d. ‖ **~ riata.** *Ho.* **rumbar maceta**.
  e. ‖ **~ verga.** *Ho.* **rumbar maceta**.
  f. ‖ **~se maceta.** loc. verb. *Ho.* Pelearse dos o más personas.

rumbeadero.
  I. 1. m. *Co.* Lugar o recinto público donde se va a bailar y divertirse.

rumbeador, -ra.
  I. 1. sust/adj. *Mx.* p.u. Aficionado a bailar la rumba, experto en este baile.
  II. 1. sust/adj. *Bo:E, Ar, Ur; Pe,* p.u. Persona que conoce los caminos y sabe qué ruta tomar para llegar a un lugar. rur.

rumbear(se).
  I. 1. intr. *Mx:SE, Pe, Bo, Ch, Py, Ar, Ur.* Orientarse, tomar o seguir el rumbo de algo.

2. *Bo, Ch, Py, Ar, Ur.* Encaminarse, dirigirse a un lugar. pop + cult → espon.

II. (De *rumba*).

1. intr. *Mx, Gu, Ho, ES, Ni. CR, Pa, Cu, PR, Co, Ve, Py.* Andar de parranda o de fiesta. pop + cult → espon.

2. tr. *ES. Ni, Ec, Py*; *Bo*, p.u. Salir *alguien* a bailar.

III. **1.** tr. *Co.* juv. Conquistar, seducir a *alguien*.

2. tr. prnl. *Co.* Tener una relación sexual esporádica con alguien.

IV. **1.** intr. *Ni.* Trabajar *alguien*.

V. **1.** tr. *Ni.* Hacer remiendos burdos a la ropa.

rumbera.

I. **1.** f. *ES.* Calzón para niñas con ciertos adornos de tela en la parte de atrás.

rumbero.

I. **1.** m. *Bo:C.* Persona que conoce los caminos y sabe qué ruta tomar para llegar a un lugar. pop + cult → espon.

□

a. ‖ ~ **mayor.** loc. sust. *Cu.* Persona que ocupa un cargo de jefe. pop.

rumbero, -a.

I. **1.** adj/sust. *Mx, ES, Pa, Cu. RD, PR, Co, Ec*; adj. *PR.* Referido a persona, que le gustan las fiestas y las diversiones.

rumbiar.

I. **1.** intr. *ES.* Ir *alguien* lejos.

rumbo.

I. **1.** m. *Mx:SE, Ec:O.* Reparación que se hace a una parte del casco de una embarcación.

II. **1.** m. *Gu. Ho, Py.* Parranda, fiesta bulliciosa.

III. **1.** m. *Ni.* Velorio de un niño.

IV. **1.** m. *Ni.* Trabajo diario.

V. **1.** m. *Ni.* Remiendo de ropa.

VI. **1.** *Pa.* **socavón.** pop + cult → espon.

rumbón.

I. **1.** m. *Cu:E.* Carnaval, fiesta popular. pop.

II. (De *rumba*).

1. m. *PR.* Conjunto de personas reunidas para bailar. pop + cult → espon.

2. *PR.* Grupo de jóvenes que se reúnen para tocar **congas** o timbales. pop + cult → espon.

■

a. ‖ ~ **de esquina.** m. *PR.* Conjunto de personas reunidas en una esquina para tomar alcohol, hablar y pasar un buen rato.

▶ **hacer un ~.**

rumen.

I. **1.** *Ho.* **mascón**, bola.

rumero.

I. **1.** m. *Pa, Ve.* Rimero, montón de cosas puestas unas sobre otras y sin mucho orden. pop + cult → espon.

rumiar.

I. **1.** tr. *Bo:C,SO.* Mascar hojas de coca para succionar poco a poco su jugo.

rumorar(se).

I. **1.** intr. prnl. *Mx, Gu, Ho, ES, Ni, CR, Cu, RD, PR, Ve, Ec, Bo, Py.* Difundirse *algo* falso o sin confirmar.

2. tr. *Gu, Ho, ES, Ni, Pa, Co, Py.* Difundir *algo* falso o sin confirmar.

rumpero.

I. **1.** m. *Bo:SO. En las minas,* encargado de la distribución de herramientas y otros materiales.

rumpiata.

I. **1.** f. *Ch:C.* Arbusto perenne de hasta 4 cm de longitud, de hojas oblongas incisas y un tanto aserradas, y flores de color púrpura en forma de cápsula;

su flor se usaba con fines medicinales. (Sapindaceae; *Bridgesia incisifolia*). (**rumpiato**).

2. *Ch:C.* Flor de la rumpiata.

rumpiato.

I. **1.** m. *Ch:C.* p.u. **rumpiata**, arbusto.

run. (Voz inglesa).

I. **1.** m. *Ho. En el* **beisbol, carrera.**

runa.

I. (Del quech. *runa*, ser humano, persona).

1. sust/adj. *Ec, Ar:NO*, obsol; *Pe*, rur. Persona de raza ind a.

2. m-f. *Bo:C,O.* Campesino indígena que emigra del campo a la ciudad. pop + cult → espon ^ desp.

3. m. *Bo:C,O.* Hombre de modales rudos y aspecto descuidado. pop + cult → espon ^ desp.

II. **1.** m. *Ar:NO.* Varón.

2. *Ar:NO.* Marido. rur.

3. *Bo:C,O.* Persona, ser humano.

III. **1.** f. *Bo, Ar:NO.* **Papa** pequeña que se cocina lentamente

IV. **1.** adj. *Ec.* Referido a animal, que no es de raza pura. pop.

2. *Ec.* Referido a cosa, de mala calidad o falsa. pop.

■

a. ‖ ~ **uturunco.** *Ar:NO.* **uturunco**, personaje con figura de tigre.

runachar.

I. **1.** intr. *Ar:NO.* Convalecer de una enfermedad. rur.

runallama.

I. **1.** f. *Ec:S.* **llamingo**.

runasimi. (Del quech. *runa*, persona, y de *simi*, boca, palabra).

I. **1.** m. *Pe.* Lengua quechua.

runazambo.

I. **1.** sust/adj. *Ec.* Hijo de indio y negra.

runchera.

I. **1.** f. *Co.* Cosa o lugar vulgar y de mal gusto. desp.

runchería.

I. **1.** f. *Pa.* Actitud o proceder de mal gusto o vulgar. pop + cult → espon.

runcho.

I. **1.** *Co:C.* **tacuacín**.

runcho, -a. (Del ingl. *raunchy*).

I. **1.** adj. *Co.* Referido a persona, inculta. desp.

II. **1.** adj/sust. *Pa.* Referido a cosa, de mala calidad. pop + cult → espon ^ desp ^ fest.

2. *Pa.* Referido a persona, que viste o se arregla con mal gusto y usa prendas de mala calidad. pop + cult → espon ^ desp.

3. *Pa.* Referido a un establecimiento o a una persona, que regala o vende artículos de mala calidad.

runcio, -a.

I. **1.** adj. *ES.* Referido a persona, anciana.

rundir(se).

I. **1.** tr. *Mx.* Guardar o esconder *algo* o a *alguien*.

2. intr. prnl. *Mx.* Esconderse o ponerse a resguardo *alguien*.

II. **1.** intr. prnl. *Mx.* p.u. Dormirse profundamente.

rundún.

I. **1.** *Ar:C,NO.* **dominico**, ave de pequeño tamaño.

II. **1.** m. *Ar:NO.* Juguete que se hace girar para producir un zumbido.

runfia.

I. **1.** *Gu.* **runfla**, montón. pop + cult → espon ^ desp.

II. **1.** *ES.* **runfla**, gente soez.

runfla.

I. **1.** f. *Mx, Gu, Ni, CR, Py.* Montón, gran cantidad de cosas o personas. pop + cult → espon ^ desp. (**runfia**).

II. 1. f. *Bo:E, Ar.* Gente soez o despreciable. pop + cult → espon ^ desp. (**runfia**).

runflada.
 I. 1. f. *Pa.* Gran cantidad de cosas o personas. pop + cult → espon ^ desp.

runga.
 I. 1. f. *Ho, Ni.* Lucha, pelea, combate armado.
 2. *Ho, Ni.* Reyerta, pleito.
 II. 1. f. *Ho.* Fiesta, diversión, baile.

rungunear.
 I. 1. intr. *ES.* Pescar en un río con **trasmallo**.

runrún.
 I. 1. m. *Pe, Ch, Ar:NO.* Juguete casero formado por un hilo y un botón ensartado en él que, al tensarlo y destensarlo, lo hace girar produciendo un zumbido.
 2. *Pa.* Trozo de papel colocado en la parte frontal de la cometa que con el accionar del viento provoca un sonido ronco y fuerte.
 II. 1. m. *Ch:C.* Pájaro de hasta 16 cm de longitud, de plumaje negro, alas primarias blancas con punta y base negras, patas negras, pico amarillo y ojo negro con un anillo amarillo a su alrededor. (Tyrannidae; *Hymenops perspicillata andina*).

runrunismo.
 I. 1. m. *Ch.* Movimiento literario de vanguardia que apareció en la segunda década del siglo xx y que consistía en dar importancia capital al juego repetitivo de palabras y motivos poéticos.

runrunista.
 I. 1. sust/adj. *Ch.* Persona que practica el **runrunismo**.
 2. adj. *Ch.* Relativo al **runrunismo**.

runto.
 I. 1. m. *Pe.* Testículo. vulg; pop.

runtu.
 I. 1. m. *Bo:C,O.* Huevo.
 2. m. pl. *Bo:C,E.* Testículos. pop + cult → espon ^ fest.

ruñido, -a.
 I. 1. adj. *Mx.* *Referido a persona*, picada de viruela.
 2. *Ve.* *Referido a cosa*, corroída o desgastada. pop + cult → espon. (**ruyido**).

ruñir.
 I. 1. tr. *Mx.* Agujerear *algo*. pop.
 2. *Ve.* Corroer o desgastar *algo*. pop + cult → espon ^ fest. (**ruyir**).

rupa rupa.
 I. 1. f. *Pe:E.* Zona de selva alta.

rupachico.
 I. 1. m. *Ar:NO.* **ortiguilla**, planta herbácea.

ruperto, -a.
 I. 1. sust/adj. *Pe, Py.* Persona tonta, necia. pop + cult → espon ^ fest.

rupiña.
 I. 1. f. *Pe.* **carapacho**.
 2. *Pe:NE.* **rifari**.

ruquear.
 I. 1. intr. *Ec.* Dormir, hallarse una persona o animal en un estado de reposo en el que no hay actividad consciente. pop + cult → espon.

ruquera.
 I. 1. f. *ES.* Achaque de salud por vejez.

rural.
 I. 1. m-f. *Ar;* f. *Ur.* Vehículo familiar con capacidad para pasajeros y carga.

ruralado.
 I. 1. m. *PR.* Campesinado, conjunto de campesinos. cult → esm.

rurrupata.
 I. 1. f. *Ch.* Canto para adormecer al niño.

rusa.
 I. 1. f. *Co.* Albañilería. pop + cult → espon.
 II. 1. f. *Ch.* Práctica sexual en la que el hombre desliza su pene por entre los senos de la mujer. tabú; pop + cult → espon.

rush.
 I. (Del fr. *rouge*).
 1. m. *ES, Bo, Ch.* Lápiz labial.
 II. (Del ingl. *rush*).
 1. m. *EU, PR.* Prisa, urgencia, apremio.

rusiado, -a.
 I. 1. adj. *Ni.* juv. *Referido a persona*, acobardada, miedosa.

ruso.
 I. 1. m. *Co.* Persona que se dedica a la albañilería. desp.
 II. 1. *PR, Pe.* **rusa**, práctica sexual.

ruso, -a.
 I. 1. sust/adj. *Ar; Ur,* obsol. Persona de religión judía. pop + cult → espon ^ fest.
 II. 1. m. y f. *Cu.* Persona mulata de piel y ojos claros y pelo rizado de color castaño claro o rubio.
 ▶ **hacerse el ~.**

rustiquear.
 I. 1. intr. *Ve.* Recorrer terrenos difíciles y pantanosos en automóviles rústicos.

rustir.
 I. 1. intr. *Ve.* Aguantar, soportar con paciencia trabajos y penas.

ruta.
 I. 1. f. *Cu.* Manera de expresarse y de vestir extravagante y vulgar.
 ▶ **pelear ~.**

rutacentro.
 I. 1. m. *Ch.* Estación de servicio que se encuentra aislada en una carretera, sin otras edificaciones alrededor.

ruteo.
 I. 1. m. *Bo:O.* Itinerario. pop + cult → espon.

rutera.
 I. 1. f. *Py.* Prostituta ubicada al costado de las carreteras. pop + cult → espon.

rutero.
 I. 1. m. *Cu.* Ómnibus urbano, pequeño, que realiza pocas paradas y cuyo servicio es más caro que el del resto de los ómnibus urbanos.

rutero, -a.
 I. 1. m. y f. *Ho, Ni.* Persona que conduce un taxi con una ruta fija.
 II. 1. adj. *Ho, Ni.* Relativo a una ruta predeterminada.

rutichico.
 I. 1. m. *Bo:S, Ar:NO.* En algunas comunidades rurales, ceremonia en la que los padrinos cortan por primera vez el cabello del niño, *generalmente para ofrecérselo a la Virgen.* rur.

rutina.
 I. 1. f. *Mx, Pa, Ec, Ch.* Actuación que un artista presenta habitualmente.
 II. 1. f. *Cu.* obsol. Manera de expresarse y de vestir extravagante y vulgar.
 III. 1. f. *Cu.* obsol. Bravuconería. pop.
 ▶ **aprender de ~.**

rutinero, -a.
 I. 1. adj. *Cu.* obsol. *Referido a persona*, que se hace notar por su forma extravagante de hablar o de vestir.

II. 1. m. y f. *Cu.* obsol. Persona a la que le gusta ocasionar pleitos o riñas. pop.

rutúburi.
    I. 1. m. *Mx.* Danza ritual de los indios tarahumaras.

rutucha.
    I. 1. f. *Bo:C,O. En algunas comunidades rurales*, ceremonia en la que los padrinos cortan por primera vez el cabello del niño. (**rutuchi**).

rutuche.
    I. 1. m. *Pe:S.* Fiesta de celebración del primer corte de pelo a un niño, en el que los vecinos y familiares le hacen regalos a él y a su familia.

rutuchi.
    I. 1. m. *Bo:S.* **rutucha**.

ruturi.
    I. 1. *Pe:E.* **platanillo**.

ruyas.
    I. 1. f. pl. *Co:C.* Rollitos de pasta de harina de maíz con los que se hace sopa. rur.

ruyido, -a.
    I. 1. *Ve.* **ruñido**, corroído.

ruyir.
    I. 1. *RD, Ve.* **ruñir**, corroer. pop.

¡sa!
- **I. 1.** interj. *RD*, pop; *Ch*, pop + cult → espon. | juv. Expresa rechazo o incredulidad ante lo afirmado por alguien.
- **II. 1.** interj. *Bo:E.* Expresa orden para que los animales de labranza se detengan. rur.

saba.
- **I. 1.** m. *Pa.* Árbol de clima húmedo, de hasta 25 m de altura, de hojas simples y alternas, flores amarillentas y aromáticas, y frutos en cápsulas de color marrón cuando están maduros. (Myristicaceae; *Otoba acuminata*). ♦ **sangrililло.**

sabacché. (Del maya)
- **I. 1.** m. *Mx:SE.* Árbol de hasta 8 m de altura, de corteza fina y lisa gris oscuro. ramas delgadas y espinosas, hojas pequeñas ovaladas y grandes flores de color blanco o amarillento; su madera, por arder con facilidad, se usa para antorchas y como leña para cocinar. (Rubiaceae; *Exostema caribaeum*). ♦ **albarillo; lirio santana; palo de quina.**

sabacuite.
- **I. 1.** *Mx:SE.* **sabanicté.**

sabadazo.
- **I. 1.** m. *Mx.* Maniobra para impedir que un inculpado apele al recurso de amparo en días no hábiles.

sábado.
■
- **a.** ‖ ~ **chico.** m. *ES, Ni, Pe.* Día viernes, *especialmente por la noche.* fest. (**sábado chiquito**).
- **b.** ‖ ~ **chiquito.** *Ho, ES.* **sábado chico.**
- **c.** ‖ ~ **corto.**
  - **i.** m. *Cu.* p.u. El no laborable. pop.
  - **ii.** *Cu.* Botella de ron de medio litro. pop.
- **d.** ‖ ~ **de tentación.** m. *Bo.* Primer sábado después de carnaval.
- **e.** ‖ ~ **inglés.** m. *Ec; Ur*, obsol. Día feriado.
- **f.** ‖ ~ **largo.** m. *Cu.* p.u. El laborable. pop.
▶ **dar el ~.**

sabajón.
- **I. 1.** m. *Co.* Bebida que se hace mezclando licor, yema de huevo y azúcar. (**zabajón**).

sabalaje.
- **I. 1.** m. *Ar; Ur*, p.u. Gente maleante. pop + cult → espon ^ desp.
- **2.** *Ar.* Gente soez o despreciable. pop + cult → espon ^ desp.

sabalear.
- **I. 1.** tr. *Mx.* Pescar **sábalos.**

sabaleta.
- **I. 1.** f. *Pa, Co.* Pez de río de hasta 43 cm de longitud, de cuerpo oblongo y escamoso, es plateado con el lomo oscuro y una mancha en la cola; su carne es muy apreciada. (Characidae; *Brycon* spp.).

sabalí.
- **I. 1.** *Mx:NO.* **matapalo**, árbol.

sábalo.
- **I. 1.** m. *Mx, Ho, Ni, CR, Pa, Cu, RD, PR, Co.* Pez de hasta 2,5 m de longitud, de color verde azulado en el lomo y plateado en los costados, escamas muy grandes, y aletas pequeñas, cenicientas y rayadas de azul. (Megalopidae; *Tarpons atlanticus*).
- **2.** *Ec, Pe, Bo, Ur.* Pez de hasta 60 cm de longitud, de cuerpo comprimido de color gris-verdoso, más claro en el vientre, con escamas amarillentas, y boca circular bordeada por labios gruesos. (Prochilodontidae; *Prochilodus lineatus*).
- **II. 1.** m. *Ho.* Parte convexa y exterior del horno del trapiche.

sabana.
▶ **estar en la ~.**

sábana.
- **I. 1.** f. *Mx.* Pieza de carne aplanada y muy delgada.
- **II. 1.** f. *Pa.* Hoja impresa con determinada cantidad de billetes de un mismo número emitida para los sorteos de la Lotería Nacional. pop + cult → espon.

■
- **a.** ‖ ~ **contour.** f. *Cu.* Sábana que se ajusta al colchón por medio de sus bordes elásticos.
- **b.** ‖ ~ **de cajón.** f. *Mx.* Sábana que tiene elástico en las esquinas para ajustarse al colchón.
- **c.** ‖ ~ **matrimonial.** f. *Mx, ES, CR, Ec, Py.* Sábana que se usa para cubrir una cama de matrimonio.
- **d.** ‖ ~**s cortas.** f. pl. *Pe, Ch.* Broma consistente en doblar la sábana hacia la cabecera como si fueran dos, de modo que al acostarse la persona no pueda estirar las piernas.
▶ **arropar hasta donde llegue la ~; tener la ~ agarrada por el canto**

sabanal.
- **I. 1.** adj. *Mx.* Relativo a la sabana.
- **2.** m. *PR.* Sabana de grandes dimensiones.

sabanazo.
- **I. 1.** m. *Cu.* Sabana de poca extensión.

sabanda.
- **I. 1.** sust/adj. *Ch.* p.u. Persona despreciable. pop.

sabandija.
- **I. 1.** adj/sust. *Ur. Referido a persona*, pícara, traviesa. pop + cult → espon.

sabanear.
- **I. 1.** intr. *Mx, Ho, ES, Ni, RD, PR, Co:E, Ve; Pe*, p.u. Recorrer la sabana donde se ha establecido un hato, para buscar y reunir el ganado, o para vigilarlo.
- **2.** tr. *RD, Ve.* Buscar insistentemente *algo* o a *alguien*.
- **II. 1.** tr. *Ho, ES, Ni.* Perseguir a *alguien* hasta conseguir de él lo que se desea.
- **2.** *Ho, ES.* Lograr que alguien, *generalmente deudor*, pague.

sabaneo.
- **I. 1.** m. *Ve.* Recorrido por la sabana para inspeccionarla o para buscar el ganado o reunirlo.

sabanera.
    I. 1. f. *Mx, Gu, Co:C, Ve.* Serpiente de hasta 40 cm de longitud, de cabeza pequeña, cuerpo cilíndrico y cola corta, de coloración variable en el lomo, que puede ser rojizo o negro con manchas amarillas y el vientre, amarillo con manchas negras. (Colubridae; *Atractus crassicaudatus*).
    2. *Cu, PR.* **chirlobirlo.**

sabanero.
    I. 1. m. *Co.* Ave de hasta 18 cm de longitud, de plumaje café en el lomo, con un listado negro parduzco, garganta y abdomen blancos, alas de color verde oliva, cola larga y pico bicolor. (Emberizidae; *Emberizoides herbicola*).
    II. 1. m. *Co:E.* Hombre encargado de **sabanear.**

sabanero, -a.
    I. 1. adj. *Ho, ES, Ni.* Referido a un animal o a una planta, que crece en las sabanas.
    2. *CR.* Referido a persona, que cuida el ganado en una sabana.

sabaneta.
    I. 1. f. *Ho, ES, Ni, Ve.* Sabana de poca extensión.

sabanicté. (Del may. yucateco).
    I. 1. *Mx:SE.* **cacalichuche. (sabacuite).**

sabanilla.
    I. 1. f. *Ch.* Sábana pequeña que cubre parte de la inferior y que impide que esta se ensucie; usada para niños y enfermos.
    2. *Pa, PR.* Sábana pequeña para los recién nacidos. pop + cult → espon.
    3. *Ho.* Pañal de bebé.
    II. 1. f. *PR.* Capa fina de grasa que cubre la barriga del cerdo. rur.

sabano.
    I. 1. *Mx.* **manchamancha.**

sabática.
    I. 1. f. *RD, PR.* Licencia con sueldo de que disfrutan los profesores universitarios para efectuar estudios avanzados o investigaciones. pop + cult → esm.

sabela.
    I. 1. adj/sust. *Ec.* p.u. Referido a un indígena, huaorani o auca.

sabelección.
    I. 1. *Cu.* **maltuerzo.**

saber(se).
    I. 1. intr. *Ho, ES, Ni, Ar,* pop; *Ec, Pe,* pop + cult → espon. Soler, acostumbrar.

    a. ‖ **cómo sabes.** fórm. *Bo.* Se usa para confirmar lo que acaba de insinuar el interlocutor. pop + cult → espon.
    b. ‖ **no sé cuantito.** fórm. *Ec, Ch.* Se usa para indicar que se desconoce o no se recuerda el nombre de alguien al que se está haciendo referencia. pop ^ fest.
    c. ‖ **qué sabe el chancho de caramelo.** fórm. *Bo.* Se usa cuando una persona no sabe apreciar la calidad de algo. pop + cult → espon ^ desp.
    d. ‖ **sabelo.** fórm. *Ni, Ar.* juv. Se usa para expresar seguridad con respecto a una afirmación hecha anteriormente.

    a. ‖ **no ~ cuántas son cinco.** loc. verb. *RD.* No tener *alguien* conocimiento, o tener muy poco, sobre temas de los que se sabe mucho o son muy comunes.
    b. ‖ **no ~ dónde está parado.** *ES, Cu, RD, PR, Ec, Pe, Bo, Ch, Ar, Ur.* **no saber ni dónde está parado.**
    c. ‖ **no ~ donde pararse.**
      i. loc. verb. *PR.* Quedarse *alguien* sin argumentos. pop + cult → espon.
      ii. *PR.* Quedarse *alguien* avergonzado. pop + cult → espon.

    d. ‖ **no ~ lo que cuesta un peine en cabello malo.** loc. verb. *RD.* No ser consciente de los grandes problemas que una determinada situación pueda implicar. pop + cult → espon. ♦ **no saber lo que es un peine en cabello malo.**
    e. ‖ **no ~ lo que es un peine en cabello malo.** *RD.* **no saber lo que cuesta un peine en cabello malo.**
    f. ‖ **no ~ nada del hilo.** loc. verb. *Ho.* Desconocer algo reciente.
    g. ‖ **no ~ ni dónde está parado.** loc. verb. *ES, Ni, CR, Pa, RD, PR, Co, Ve, Pe, Bo, Ar, Ur.* No saber *alguien* en qué situación se encuentra realmente o qué decisión debe tomar para actuar con acierto. pop + cult → espon ^ fest. ♦ **no saber dónde está parado.**
    h. ‖ **no ~ ni la o por lo redondo.** loc. verb. *Gu, Ni.* Ser muy ignorante.
    i. ‖ **no ~ ni pe.** loc. verb. *Ho, ES, Ni, Bo.* Desconocer completamente algo.
    j. ‖ **no ~ por dónde va tabla.** loc. verb. *Pa.* No darse cuenta *alguien* de lo que sucede a su alrededor. pop + cult → espon ^ sat.
    k. ‖ **no ~le a nada.** loc. verb. *RD.* Resultar *una persona* muy fácil de vencer.
    l. ‖ **~ a bolas.** loc. verb. *Ve.* No importarle a alguien una cosa. vulg.
    m. ‖ **~ a cacho.** loc. verb. *Co.* Estar cansado o aburrido de *algo* que se ha hecho durante mucho tiempo. pop + cult → espon.
    n. ‖ **~ a feo.** loc. verb. *Co.* Ser *algo* desagradable al gusto. pop.
    ñ. ‖ **~ bien el palo que trepa.** loc. verb. *PR.* Saber *alguien* con quién se mete. pop + cult → espon.
    o. ‖ **~ bordar y tejer.** loc. verb. *PR.* Saber *alguien* tomar las cosas calmadamente y superar los contratiempos. pop + cult → espon.
    p. ‖ **~ cómo se bate el cobre.**
      i. loc. verb. *RD, PR.* Conocer la vida. pop + cult → espon.
      ii. *RD, PR.* Conocer *alguien* las interioridades de un asunto o negocio. pop + cult → espon.
    q. ‖ **~ con cuántas papas se hace un guiso.** loc. verb. *Ni.* Saber mucho de algo, ser un experto en algo.
    r. ‖ **~ dar la hora.** loc. verb. *PR.* Saber decir las verdades en el momento oportuno. pop + cult → espon.
    s. ‖ **~ dar la pata.** loc. verb. *PR.* Ser hábil y discreto, actuar con prudencia. pop + cult → espon.
    t. ‖ **~ de la pata que cojea.** loc. verb. *Cu, RD, PR.* Conocer a fondo los defectos de alguien. pop + cult → espon.
    u. ‖ **~ de qué pata cojea.** loc. verb. *Pa.* Conocer muy bien defectos y partes vulnerables de alguien. vulg; pop + cult → espon.
    v. ‖ **~ de soga.** loc. verb. *PR.* Estar *alguien* acostumbrado a algo. rur.
    w. ‖ **~ del concón.** loc. verb. *RD.* Saber de buena tinta, de fuentes bien informadas.
    x. ‖ **~ del palo que uno se rasca.** loc. verb. *PR.* Conocer a la persona a la que se alude. rur; pop + cult → espon.
    y. ‖ **~ dónde anidan las huilotas.** loc. verb. *Mx.* Tener información sobre algo oculto, inaccesible o difícil de saber. pop + cult → espon.
    z. ‖ **~ dónde el grillo tiene la manteca.** loc. verb. *PR.* Saber *alguien* la falta que hace el dinero que se ha desperdiciado en tonterías. pop + cult → espon.
    a¹. ‖ **~ dónde el huevo tiene el pelo.** loc. verb. *PR.* Saber *alguien* identificar el secreto o la esencia de un asunto. pop + cult → espon.
    b¹. ‖ **~ dónde está parado.** loc. verb. *Pa, PR.* Saber bien *alguien* el parecer de la persona con la que se trata o el asunto que trae entre manos. pop + cult → espon.

c¹. ‖ ~ **dónde ponen las garzas.** loc. verb. *Co.* Tener experiencia y desenvoltura, ser muy astuto. pop.

d¹. ‖ ~ **dónde vive la langosta.** loc. verb. *Pa.* Poseer información valiosa sobre algo o alguien o conocer sus secretos y puntos vulnerables. pop + cult → espon ^ fest.

e¹. ‖ ~ **el chancho de frenos.** loc. verb. *Ho.* Desconocer completamente algo. pop ^ fest.

f¹. ‖ ~ **hasta donde el jején puso el huevo.** loc. verb. *Cu.* Saber *alguien* mucho.

g¹. ‖ ~ **la boca a medalla.**
  i. loc. verb. *Mx.* Estar callado mucho tiempo.
  ii. *Mx.* Tener resaca por haber bebido en exceso.

h¹. ‖ ~ **la letra colorada.** loc. verb. *Ec.* Conocer las trampas y artimañas que se esconden en aquello que, *aparentemente*, solo se hace en beneficio del comprador.

i¹. ‖ ~ **lo que es cajeta.** loc. verb. *Ni, CR.* obsol. Experimentar o enfrentar *alguien* situaciones difíciles.

j¹. ‖ ~ **lo que está en la olla.** loc. verb. *PR.* Saber *alguien* identificar el secreto o la esencia de un asunto.

k¹. ‖ ~ **mover los bolos.** loc. verb. *PR.* Actuar *alguien* con eficiencia. pop + cult → espon.

l¹. ‖ ~ **más que las arañas.** loc. verb. *PR.* Ser *alguien* listo, astuto. pop + cult → espon.

m¹. ‖ ~ **más que las bibijaguas.** loc. verb. *Cu.* Ser muy perspicaz.

n¹. ‖ ~ **más que tío conejo.** loc. verb. *Pa.* Saber mucho. pop + cult.

ñ¹. ‖ ~ **más que un lápiz.** loc. verb. *RD.* Saber mucho.

o¹. ‖ ~ **para dónde va la micro.** loc. verb. *Ch.* Tener *alguien* claro una posibilidad o un hecho que va a ocurrir en el futuro. pop + cult → espon.

p¹. ‖ ~ **por dónde le entra el agua al coco.** loc. verb. *RD, Ec.* Tener experiencia y desenvoltura, ser muy astuto.

q¹. ‖ ~ **qué pata puso el huevo.** loc. verb. *Pa, PR.* Conocer *alguien* bien a una persona y sus antecesores. pop + cult → espon.

r¹. ‖ ~ **solo la cuchara el mal de la olla.** loc. verb. *Ni.* Tener alguien problemas y no poder contárselos a nadie. ♦ **saber solo uno cuál es su dolor.**

s¹. ‖ ~ **solo uno cuál es su dolor.** *Ni.* **saber solo la cuchara el mal de la olla.**

t¹. ‖ ~ **un zafacón.** loc. verb. *PR.* Saber *alguien* mucho. pop.

u¹. ‖ ~**la.** loc. verb. *Cu.* Tener habilidad o destreza para algo.

v¹. ‖ ~**la hacer.** loc. verb. *CR, PR, Pe, Ch, Ar:O.* Tener gran experiencia o habilidad para superar cualquier contratiempo. pop + cult → espon.

w¹. ‖ ~**la lunga.**
  i. loc. verb. *Ar, Ur.* Tener *alguien* especial habilidad o astucia para desenvolverse en cualquier circunstancia. pop + cult → espon. ♦ **sabérsela lunga.**
  ii. *Ar.* Tener *alguien* amplio conocimiento o experiencia sobre algo determinado. pop + cult → espon. ♦ **sabérsela lunga.**

x¹. ‖ ~**le a melón.** loc. verb. *Mx.* Resultar *algo* insuficiente, decepcionante o insatisfactorio a alguien. pop + cult → espon.

y¹. ‖ ~**lo Juan, Pedro y Diego y no saberlo uno.** loc. verb. *Mx.* Ignorar *algo* que todo el mundo sabe.

z¹. ‖ ~**se al hilo.**
  i. loc. verb. *Ho; Ur,* p.u. Memorizar un texto.
  ii. *Py.* Haberse aprendido muy bien un texto. pop + cult → espon.

a². ‖ ~**se como agua.** loc. verb. *Ve.* Saberse *algo* muy bien.

b². ‖ ~**se los siete vicios del garrote.** loc. verb. *Ni.* Ser *alguien* muy vicioso.

c². ‖ **sabérsela lunga.**
  i. *Ar, Ur.* **saberla lunga,** tener especial habilidad.
  ii. *Ar, Ur.* **saberla lunga,** tener amplio conocimiento.

d². ‖ **sabérselas por libro.** loc. verb. *Ch.* Demostrar *alguien* que posee un gran conocimiento o experiencia sobre algo. pop + cult → espon.

a. ‖ **¡sepa!** loc. interj. *Mx.* Expresa desconocimiento sobre lo preguntado por el interlocutor. pop.

b. ‖ **¡sepa Dios!** loc. interj. *Pa.* Expresa desconocimiento.

c. ‖ **¡sepa Juárez!** loc. interj. *ES.* Expresa el desconocimiento de algo.

d. ‖ **¡sepa Judas!** loc. interj. *Ho, Ni, CR.* Expresa desconocimiento sobre lo preguntado por el interlocutor. pop + cult → espon.

e. ‖ **¡sepa la bola!** loc. interj. *Mx.* Expresa desconocimiento sobre lo preguntado por el interlocutor. pop.

f. ‖ **¡sepa la chingada!** loc. interj. *Mx.* Expresa desconocimiento sobre lo preguntado por el interlocutor. vulg.

g. ‖ **¡sepa la madre!** loc. interj. *Mx.* Expresa desconocimiento sobre lo preguntado por el interlocutor. vulg.

h. ‖ **¡sepa Pancha!** loc. interj. *Mx.* Expresa desconocimiento sobre lo preguntado por el interlocutor. pop.

i. ‖ **¡sepa putas!** loc. interj. *Ho.* Expresa el desconocimiento de algo.

j. ‖ **sin ~ leer ni escribir.** loc. adv. *Pa, Ec, Bo, Ch.* Por suerte, sin haber hecho nada para merecerlo. pop + cult → espon.

a. ‖ **nadie sabe para quién trabaja.**
  i. fr. prov. *Mx, Ni, CR, Cu, Ec, Pe, Bo, Ch.* Indica que siempre hay alguien que se aprovecha del trabajo de otra persona.
  ii. *ES, Ni, CR, Pa, Cu, PR, Co, Ve, Bo.* Indica que no siempre recibe el beneficio quien lo merece, sino quien menos esfuerzo realizó por ello. pop + cult → espon.

b. ‖ **sabe tanto que sabe a mierda.** fr. prov. *PR, Co.* Indica reprobación a quien presume de estar bien enterado de algo cuando no lo está. vulg.

c. ‖ **Sabino sabe tanto, que sabe sebo.** fr. prov. *Pa.* Indica burla de quien presume demasiado de conocimiento. pop + cult → espon ^ fest.

sabiá.
I. 1. m. *Ar.* Pájaro de hasta 25 cm de longitud, de cabeza gris, dorso pardo oliváceo y vientre acanelado. (Turdidae; *Turdus leucomelas*).
2. *Ur.* chalchalero.

sabichoso, -a.
I. 1. adj/sust. *Cu, RD.* Referido a persona, sabionda, que presume de saber. pop + cult → espon ^ desp. ♦ **sabichucho.**

sabichucho, -a.
I. 1. *Cu.* **sabichoso.** pop.

sabicú.
I. 1. m. *Cu, Ve.* Árbol de hasta 20 m de altura, con flores blancas o amarillas, pequeñas y olorosas, legumbre aplanada, oblonga y lampiña. (Fabaceae; *Lysiloma sabicu*). ♦ **jigüe; xiaxek.**

sabido, -a.
I. 1. adj. *Pa, Co, Pe;* sust/adj. *Bo:O,* pop + cult → espon. *Referido a persona,* despierta, viva. espon.
2. *Pa, Ec, Pe; Bo:O.* Referido a persona, astuta y disimulada. pop + cult → espon.

II. 1. adj/sust. *Ec. Referido a persona*, que le gusta hacer cosas divertidas y romper las reglas, pero sin preocuparse por el daño que pueda causar a las demás. pop + cult → espon.

sabieta.

I. 1. f. *Gu.* Mezcla de arena de río y cemento.

sabijondear.

I. 1. intr. *Ni.* Observar detalladamente.

sábila.

I. 1. f. *Mx, Gu, Ho, ES, Ni, CR, Pa, Cu, RD, PR, Co, Ve, Ec, Pe, Bo.* **zábila**, áloe.

sabín. (Del maya).

I. 1. m. *Mx:SE.* Mamífero carnicero de hasta 48 cm de longitud, de cola delgada y patas cortas, pelaje de la parte dorsal entre marrón oscuro y negro, vientre anaranjado pálido, cabeza negra con la mandíbula inferior de color blanco y una raya fina y blanca sobre la frente. (Mustelidae; *Mustela frenata*). ♦ **chucuri**; **comadreja andina**; **lince**.

sabinilla.

I. 1. f. *Ch.* Arbusto bajo, ramoso, espinoso, de hasta 30 cm de altura, hojas alternas, compuestas, de borde entero, brillantes, y flores solitarias, diminutas y sésiles cuyo fruto es una drupa carnosa de color blanco. (Rosaceae; *Margyricarpus pinnatus*).

sabino.

I. 1. *Mx.* **ahuehuete**.
2. *PR.* **laurel**. (Magnoliaceae; *Magnolia splendens*).

sabino, -a.

I. 1. adj/sust. *Ar. Referido a una caballería*, de pelaje blanco con pequeñas pintas rosadas.
2. adj. *PR. Referido a un equino*, de pelo color amarillo y piel negra.

sabiola.

I. 1. f. *Ar, Ur.* Cabeza de una persona. pop + cult → espon ∧ fest.
2. *Ar, Ur.* Inteligencia de una persona. pop + cult → espon ∧ fest.

sabiondo, -a.

I. 1. adj. *Ni, Pa, Cu, Co, Bo, Py, Ur. Referido a persona*, inteligente, estudiosa. pop ∧ desp.

sablazo.

I. 2. *Pa.* Recorte de un presupuesto. pop + cult → espon.

sable.

I. 1. m. *ES, Ni.* Pene. vulg; pop.
▶ **colgar el ~**; **guindar el ~**; **sacar un ~**.

sableada.

I. 1. f. *Bo:O.* Sablazo. pop + cult → espon.

sableadera.

I. 1. f. *Gu.* Solicitud constante de dinero, ya sea prestado o regalado.

sablero, -a.

I. 1. m. y f. *Bo; Ch,* pop + cult → espon. | p.u. Persona habilidosa para sacar dinero a otra.

saboga.

I. 1. f. *PR.* Pez marino de hasta 25 cm de longitud, de hocico corto, boca pequeña, ojos grandes, cuerpo plateado con bandas amarillas. (Haemulidae; *Haemulon chrysargerum*).

saborioco, -a.

I. 1. adj. *PR.* Bueno.

saboya.

I. 1. *Co:SO, Ec.* **guinea**, pasto.

sabrosearse.

I. 1. tr. prnl. *Mx, Cu, Co.* Saborear, deleitarse con algo sabroso. pop + cult → espon.
2. intr. prnl. *Ho, ES, Ni, CR, Cu, RD.* Saborear, deleitarse con algo sabroso. pop + cult → espon.

sabrosera.

I. 1. f. *Mx, Ho, ES, CR.* Cualidad de sabroso. pop.
2. *Mx, CR.* Cosa sabrosa, *especialmente un alimento*. pop.

sabrosita.

I. 1. f. *Co:N.* Picazón fuerte por todo el cuerpo.

sabroso.

I. 1. adv. *Cu, RD, Co, Ve.* De manera muy agradable. pop.

sabroso, -a.

I. 1. adj. *Mx, ES, Cu, RD, PR, Co, Ve.* Ameno, entretenido, divertido, agradable.
2. *Mx, ES, Ni, CR, Cu, RD, PR, Ve. Referido a música o a un ritmo*, rítmico, alegre, melodioso. pop.
3. adj/sust. *Mx, Cu. Referido a persona*, que trata de vivir sin molestias ni esfuerzos, *generalmente a costa del trabajo ajeno*. pop. ♦ **sabrosón**.

II. 1. adj. *Ni, Cu, RD. Referido a persona*, ligeramente borracha.

III. 1. adj. *RD, PR. Referido a persona*, habladora y simpática. pop + cult → espon.

IV. 1. adj. *ES, Ni. Referido a persona*, que tiene buen cuerpo.

V. 1. adj. *PR. Referido a persona*, lujuriosa. pop + cult → espon.

sabrosón, -na.

I. 1. adj. *Mx, Ni, CR, Pa, RD, Co, Pe:O. Referido a la música*, de ritmo alegre. pop.
2. *Mx, ES, Pa, RD, Ve, Bo. Referido especialmente a cosa*, muy agradable.
3. *Mx, RD, PR.* **sabroso**, que trata de vivir sin molestias. pop.
4. adj/sust. *RD, Pe:O. Referido a persona*, simpática y dicharachera. pop.
5. adj. *Cu;* adj/sust. *Ec. Referido a persona, especialmente a una mujer*, atractiva y sensual.
6. adj. *Ec. Referido a un alimento*, medianamente sabroso.

sabrosona.

I. 1. f. *RD.* Cerveza fría. pop.

sabrosuana.

I. 1. f. *RD.* Cerveza. pop + cult → espon.

sabrosura.

I. 1. f. *Mx, Gu, Ho, ES, Ni, CR, Pa, Cu, RD, PR, Co, Ve, Ec, Pe, Bo, Ch, Py, Ar, Ur,* p.u. Cualidad de sabroso, delicia, exquisitez.
2. *RD, PR.* metáf. Dulzura, deleite, fruición.

¡sabrosura!

I. 1. interj. *ES, Cu, RD.* Expresa halago ante la belleza o el atractivo de una mujer. pop.

sabucán.

I. 1. m. *Mx:SE.* Morral o bolsa elaborados con **henequén** u otra fibra vegetal. (**sebucán**).

saburete.

I. 1. m. *Pa.* Tela usada por las mujeres indígenas para confeccionar su vestido tradicional.

saca.

I. 1. f. *Mx.* Toma de agua para el riego. rur.

II. 1. f. *Co:E, Pe.* Traslado del ganado de un lugar a otro.
2. *Pa.* Lote de ganado destinado a la venta. rur.
3. f. *Pe.* Cacería o sacrificio de animales con el fin de evitar la sobrepoblación y mantener el equilibrio ecológico.
4. *Ni.* Selección de los mejores ejemplares de una ganadería.
5. f. *Cu, PR, Ch.* Conjunto de pollos que tiene una gallina en una puesta. rur. ♦ **sacada**.

III. 1. f. *Pe:C.* Destilación del **pisco** que se hace dos semanas después de haber pisado la uva.
2. f. *Ni, CR.* Fábrica clandestina de aguardiente, construida de manera rústica e improvisada en un

lugar oculto, *generalmente un peñasco*, pero cercano a una fuente de agua. pop.

IV. 1. f. *Ho, Ni. En las peleas de gallos*, porcentaje de cada apuesta que recibe el dueño del gallo ganador.

V. 1. f. *Ni.* Primer corte del café o del algodón.

VI. 1. f. *PR.* Funda de papel usada en los colmados para colocar la mercancía comprada. rur.

■

a. ‖ **~ tu real.** m. *Pe:S, Ch:N.* Ave de hasta 16 cm de longitud, con cabeza, cuello delantero, pecho y abdomen de color rojo vivo, nuca, espalda, alas, cola, subalares y pico negros. (Tyrannidae; *Pyrocephalus rubinus cocachacrae*).

sacabocado.

I. 1. m. *Cu.* Marca que se le hace al ganado vacuno en la oreja para identificarlo. rur.

2. *Pa.* Agujero o hueco que queda al hacer una excavación o al extraer un trozo de un todo. pop + cult → espon.

sacabuche.

I. 1. m. *Mx:S.* Cuchillo de punta. rur; pop.

II. 1. m. *Gu, Ho, ES, Ni.* Instrumento musical similar a una zambomba, hecho de una calabaza cuya boca está cubierta de una piel tensada, en la que se inserta un palito encerado o untado con resina que, al frotarse con la mano humedecida, produce un sonido fuerte y monótono.

III. 1. *PR.* **pacanil.**

sacabullas.

I. 1. m. *Mx.* Hombre fuerte, que intimida por su físico y que trabaja en discotecas o centros nocturnos. pop.

sacachiche.

I. 1. *Mx.* **zacatechichi.**

sacacuero.

I. 1. *Bo, Ar.* Persona que acostumbra a hablar mal de los demás. pop + cult → espon. ^ desp. (**sacacueros**).

sacacueros.

I. 1. *Ar.* **sacacuero.**

sacada.

I. 1. f. *Mz, Ho, ES, Ni, CR; Ur,* p.u; *Ec,* pop; *Ch,* pop + cult → espon. Extracción de una cosa.

2. *Ch, Ur.* En ciertos deportes, como el *futbol*, golpe o bloqueo al balón que hace *especialmente el portero*, para evitar que entre en la portería.

II. 1. f. *Ar:NO.* Trabajo efectuado de una vez o de una tacada.

III. 1. *RD, PR.* **saca,** conjunto de pollos. rur.

2. adj. *Cu. Referido a una gallina*, que tiene pollitos.

IV. 1. f. *Ni.* Salida, invento, dicho.

□

a. ‖ **~ de madre.** loc. sust. *Pa, Ch.* Insulto u ofensa grave en el que se mienta a la madre de alguien. pop + cult → espon.

b. ‖ **~ de pillo.** loc. sust. *Ch.* Evitación o liberación de problemas y dificultades. pop + cult → espon.

sacadera.

I. 1. f. *Mx, ES, Ni, CR, Cu, RD.* Sacamiento continuo y reiterado. (**sacadero**).

2. *Ho, ES.* **sacadera de plata.** pop.

II. 1. f. *ES.* p.u. Lugar donde se elabora clandestinamente aguardiente o **chaparro.**

■

a. ‖ **~ de plata.** f. *Pe, Bo.* Gasto reiterado y molesto de dinero. pop. ♦ **sacadera.**

sacadero.

I. 1. m. *Mx.* **sacadera,** sacamiento.

II. 1. *Ho:O.* **barrial,** lugar de extracción de arcilla.

sacado.

I. 1. m. *Ch.* Muesca o corte hechos en una cosa con un instrumento.

II. 1. *CR.* Cantidad que puede contener un saco.

sacado, -a.

□

a. ‖ **~ de onda.** loc. adj. *ES. Referido a persona*, que se ha quedado consternada por una noticia.

sacador.

I. 1. m. *Co.* Instrumento rudimentario para raspar la hoja del **fique** y sacar la fibra.

II. 1. m. *Ho. En las peleas de gallos*, dueño del animal y cuidador durante la pelea.

sacador, -ra.

I. 1. m. y f. *ES.* Abogado que aborda a un juez conocido para inclinar un juicio a su favor.

II. 1. m. y f. *Ho.* Fabricante clandestino de aguardiente.

□

a. ‖ **~ de vuelta.** loc. adj/sust. *Ch. Referido a persona*, que elude su trabajo o responsabilidad dedicándose a otra actividad o a su ocio personal. pop + cult → espon.

sacadora.

I. 1. f. *Ni.* Mujer que le saca dinero a los hombres con coqueterías. pop + cult → espon ^ desp.

sacadura.

I. 1. f. *Ch.* p.u. Extracción de una cosa que está dentro de un sitio.

sacafuego.

I. 1. sust/adj. *Ar:NO.* Niño revoltoso, travieso y pícaro. pop + cult → espon.

sacagrapas.

I. 1. m. *Ni, Pa, Ve, Ec, Pe.* **uña,** instrumento para quitar grapas. pop + cult.

sacaguacal.

I. 1. m. *Ni, CR:NO.* Fruto del **jícaro.** (**sacahuacal**).

sacagüil. (Del nahua).

I. 1. m. *Mx:C.* **Tamal** relleno de trozos de carne de **res** o de cerdo y salsa picante.

sacahuacal.

I. 1. *Ni.* **sacaguacal.**

sacajugo.

I. 1. *Ch.* **sacajugos.**

sacajugos.

I. 1. m. *Ch, Ar.* Electrodoméstico que sirve para hacer jugos de frutas. (**sacajugo**).

sacalacahuite. (Del nahua).

I. 1. *Mx.* **ayacahuite.**

sacalagua.

I. 1. sust/adj. *Pe.* Persona de raza negra con la piel más clara, cabello rubio y, en ocasiones, ojos claros. pop.

2. adj. *Pe.* Relativo a la persona de raza negra con la piel más clara. pop.

sacalajícara. (De *saca la jícara*).

I. 1. m-f. *Gu.* Persona arrastrada, servil. pop + cult → espon.

sácalas.

I. 1. sust/adj. *CR.* Persona que acostumbra a entrometerse en los asuntos de los demás.

sacalínea.

I. 1. m-f. *PR.* Persona que saca a relucir recuerdos desagradables para mortificar a alguien. ♦ **sacapuntas.**

sacaliñar.

I. 1. tr. *Pa.* Echar en cara a alguien favores que se le han hecho. pop.

sacamanteca.

I. 1. m. *Mx:NO.* **galantea.**

II. 1. m. *Ni*; *Pe*, p.u. Juego de muchachos consistente en sentarse en una banca e irse empujando entre sí hasta hacer caer a los demás por los extremos.
2. *Pe*. obsol. Aglomeración excesiva de gente.

sacamicas.
I. 1. sust/adj. *Co*. Persona aduladora. pop ^ desp.

sacamiel.
I. 1. m. *Mx*. Planta herbácea de hasta 1 m de altura, de tallo recto y ramificado, hojas lineares lanceoladas, inflorescencias en racimos con muchas flores, anaranjadas o amarillas, y frutos en cápsula ovoide. (Scrophulariaceae; *Castilleja tenuiflora*).

sacán, -na.
I. 1. m. y f. *Gu*. Persona que comienza a hacerse vieja.

sacancia.
I. 1. *Ar:C,O*. **jarilla sacancia. (sacanza).**

sacaniguas.
I. 1. m. *Co*. Cohete sin varilla que se lanza y estalla a ras de tierra. ♦ **rascaniguas.**

sacanza.
I. 1. *Ar:C,O*. **sacancia.**

sacaojo.
I. 1. *Co:O*. **palo santo.** (Verbenaceae; *Aegiphila* spp.).

sacaojos.
I. 1. *Ho*. **sangrón**, que cobra en exceso.

sacapedos.
I. 1. m. *Ho, ES*. Pene. tabú.

sacapica.
I. 1. adj/sust. *Pe*. Referido a persona, que molesta a otra para provocarle irritación o envidia. pop.
2. *Ch*. Referido a persona o cosa, que provoca enojo, ira o envidia. pop + cult → espon.

sacapín.
I. 1. m. *ES*. Trabajador de una hacienda.

sacapunta.
I. 1. m. *Cu*. Sacapuntas. pop.

sacapuntas.
I. 1. *Cu*. **sacalínea.**

sacar(se).
I. 1. tr. *Mx, ES*. Reiterar el mismo reproche. pop.
2. *Cu*. Reprochar *algo* a alguien.
II. 1. intr. prnl. *Mx*. Irse de un lugar.
III. 1. tr. prnl. *Mx*. Tenerle miedo a algo o a alguien. pop.
IV. 1. tr. *Ni, Cu, RD, PR. En el* **beisbol**, poner a un jugador fuera de juego.
2. *Ni, Cu, RD, PR. En el* **beisbol**, sustituir el ***manager*** a un jugador por otro *especialmente al lanzador*.
V. 1. tr. prnl. *Ni, Pe, Bo; Ch*, pop + cult → espon. Conseguir *algo* por suerte o azar. pop.
VI. 1. tr. *RD, PR*. Ayudar *alguien* a nacer a los pollitos. rur.
2. intr. *Cu*. Picar un ave, *especialmente una gallina*, los huevos ya empollados para que salgan los **pichones**.
VII. 1. tr. *CR, Ec*. Tomar determinado tiempo de las vacaciones reglamentarias. pop.
VIII. 1. tr. prnl. *Pa*, rur; *Ec*, pop. Llevarse un hombre a una muchacha de la casa de sus padres para vivir con ella como esposa. rur.

●

a. ‖ **¿sacás?** fórm. *Ur*. Se usa para pedir al interlocutor confirmación de que ha entendido el mensaje o está de acuerdo con él. pop + cult → espon.

□

a. ‖ **no ~ naranjas.** loc. verb. *Bo*. No obtener la policía la confesión de un delincuente. delinc.
b. ‖ **no ~ ni el real del mandado.** loc. verb. *Ho*. Conseguir fortuitamente *algo*, *generalmente malo o desagradable*.
c. ‖ **no ~ una burra de un pantano.** loc. verb. *Co*. p.u. No tener *alguien* aptitud para nada, ser torpe.

d. ‖ **no ~ una gata a mear.** loc. verb. *RD*. Ser *alguien* mediocre o insignificante. pop + cult → espon.
e. ‖ **no ~le el guante.** loc. verb. *RD*. No parar *alguien* de criticar, recriminar o presionar a otra persona. pop + cult → espon. ♦ **no sacarle el guante de la cara.**
f. ‖ **no ~le el guante de la cara.** *RD*. **no sacarle el guante.**
g. ‖ **~ a bailar.** loc. verb. *Gu, Ho, Ni, Ch*. Hablar de alguien o de algo, sacar a relucir. pop + cult → espon.
h. ‖ **~ agua y carbón.** loc. verb. *Cu*. p.u. Ganar para apenas vivir.
i. ‖ **~ al pizarrón.** loc. verb. *Ch*. Obligar a *alguien* a rendir cuentas o a declarar públicamente lo que ha hecho o sus intenciones futuras. pop + cult → espon.
j. ‖ **~ al trote.** *Ar*, p.u; *Ur*, pop + cult → espon. **sacar carpiendo.**
k. ‖ **~ banderita.** loc. verb. *PR*. Suspender, desaprobar a alguien en un examen. est.
l. ‖ **~ boleto.**
 i. loc. verb. *Mx*. Merecer *alguien* que otra persona quiera provocarle o desearle algún daño. pop.
 ii. *Mx*. No desear tratar más a alguien. pop.
m. ‖ **~ cachita.** loc. verb. *Pe*. Burlarse de algo o de alguien. pop + cult → espon.
n. ‖ **~ cagando.** *Bo, Ar, Ur*. **sacar carpiendo.** vulg.
ñ. ‖ **~ canas verdes.** loc. verb. *Mx, Gu, Ho, ES, Ni, CR, Pa, PR, Ec, Pe, Bo, Ch, Py, Ar, Ur*. Causar preocupación y disgusto permanentes a alguien. pop + cult → espon.
o. ‖ **~ capul a una calavera.** loc. verb. *Co*. p.u. Hacer chistes sobre cualquier tema tomándolo a broma.
p. ‖ **~ carpiendo.** loc. verb. *Bo:C,O, Ar, Ur; Py*, rur. Echar a *alguien* de un lugar con enojo o malos modos. pop + cult → espon. ♦ **sacar al trote; sacar cagando; sacar cortito; sacar rajando; sacar tostando; sacar vendiendo almanaques; sacar vendiendo boletines.**
q. ‖ **~ chapa.** loc. verb. *Ar*. Conseguir reconocimiento o consideración general con respecto a una cualidad.
r. ‖ **~ chaqueta.** loc. verb. *Cu*. Tener un altercado con alguien. pop.
s. ‖ **~ chispas.**
 i. loc. verb. *Ni, PR, Bo, Ar, Ur*. Pelear o discutir dos personas con igual posibilidad de vencer. pop + cult → espon.
 ii. *Ho, ES, Pe*. Lograr que alguien rinda al máximo. pop + cult → espon.
t. ‖ **~ chispas de la humedad.** loc. verb. *Cu*. p.u. Hacer *alguien* algo increíble.
u. ‖ **~ chocolate.** *Bo, Ch*. **sacar el chocolate.** pop + cult → espon.
v. ‖ **~ cobre.** loc. verb. *Ho*. Vanagloriarse, darse importancia *alguien*. pop + cult → espon.
w. ‖ **~ con cuchara.** loc. verb. *Ho, Ni, Pe, Bo*. Sonsacar *algo* a alguien.
x. ‖ **~ conejos.** *Pe*. **sacar mentiras.** pop ^ fest.
y. ‖ **~ cortito.** *Mx, Co, Ve, Ar, Ur*. **sacar carpiendo.** pop.
z. ‖ **~ cuerpo.** loc. verb. *Pe*. **sacar el cuerpo**, eludir un problema. pop + cult → espon.
a¹. ‖ **~ de abajo.** loc. verb. *RD*. Esforzarse *alguien* mucho y soportar *algo* desagradable para lograr algún fin.
b¹. ‖ **~ de la galera.**
 i. loc. verb. *Bo, Py, Ar, Ur*. Sorprender con algo imprevisto. pop + cult → espon.
 ii. *Ar, Ur*. Realizar oportunamente un aporte o proponer una idea adecuada a determinada situación. pop + cult → espon.
c¹. ‖ **~ de la lama.** loc. verb. *Pa*. Ayudar a *alguien* que pasa por una mala situación.

d¹. ‖ **~ de onda.** loc. verb. *Mx, ES, Ni, RD.* Confundir, desconcentrar, dejar perplejo. pop.

e¹. ‖ **~ de paso.**
   i. loc. verb. *Cu.* Exasperar a *alguien.* pop + cult → espon. (**sacar del paso**).
   ii. *Ni.* Sacar *una persona* a *alguien* de algún compromiso o dificultad. pop + cult → espon.

f¹. ‖ **~ del buche.** loc. verb. *PR.* Perder *alguien* una jugada cuando la creía ganada. pop + cult → espon.

g¹. ‖ **~ del paso.** *Cu.* (**sacar de paso**).

h¹. ‖ **~ el bofe.** loc. verb. *Ec.* Obligar a *alguien* para que realice con más empeño un trabajo. pop.

i¹. ‖ **~ el buey de la barranca.** loc. verb. *Mx.* Arreglar o componer lo que otro hizo mal. pop.

j¹. ‖ **~ el bulto.** loc. verb. *Ch.* Eludir un problema, un riesgo o un compromiso. pop + cult → espon.

k¹. ‖ **~ el caracho.** loc. verb. *Ch.* Responder *alguien* de actos propios o ajenos y afrontar sus consecuencias. pop + cult → espon ^ fest.

l¹. ‖ **~ el chocolate.** loc. verb. *Mx.* Hacer sangrar a alguien dándole un golpe. pop. (**sacar chocolate**). ♦ **sacar el mole.**

m¹. ‖ **~ el cobre.** loc. verb. *Mx, Gu.* Dejar ver *alguien* su poca calidad moral, honradez o valentía. pop.

n¹. ‖ **~ el cuero.** loc. verb. *Bo, Ch, Py, Ar, Ur.* Hablar mal de una persona. pop + cult → espon.

ñ¹. ‖ **~ el cuerpo.** loc. verb. *Mx, Pa, Cu, RD, PR, Co, Ve, Ec, Bo, Pe, Ch, Ar, Ur.* Eludir un problema, un riesgo o un compromiso. pop + cult → espon. (**sacar cuerpo**).

o¹. ‖ **~ el cupón.** loc. verb. *Ho.* Estar una mujer embarazada. fest.

p¹. ‖ **~ el dedo.** loc. verb. *Ni, Pa, PR, Ec.* Hacer un gesto obsceno con la mano, sacando el dedo central.

q¹. ‖ **~ el diablito.** loc. verb. *Ho.* Prender fuego al licor evaporado que sale de una botella vacía después de la frotación.

r¹. ‖ **~ el habla.** loc. verb. *Ch.* Disponerse a hablar o conseguirlo en una situación determinada.

s¹. ‖ **~ el machete.** loc. verb. *Ho.* Atacar verbalmente a alguien.

t¹. ‖ **~ el menudo.** loc. verb. *CR.* Causar admiración en alguien. pop + cult → espon.

u¹. ‖ **~ el mesón.** loc. verb. *ES.* Comportarse vulgarmente o decir palabras soeces.

v¹. ‖ **~ el mole.** *Mx.* **sacar el chocolate.** pop.

w¹. ‖ **~ el pan del horno.** loc. verb. *Ar, Pa, Ch, Ur,* fest; *PR,* vulg; pop + cult → espon. Introducirse *alguien* los dedos por los orificios nasales. ♦ **hornearse la nariz; sacarse el pan; sacarse pan.**

x¹. ‖ **~ el pie.** loc. verb. *Cu.* Abandonar algo o a alguien. pop.

y¹. ‖ **~ el ratón.** loc. verb. *PR, Ve.* Tomar alguna bebida alcohólica para aliviar el malestar que se siente al día siguiente de una fuerte embriaguez. pop + cult → espon.

z¹. ‖ **~ el sombrero.** loc. verb. *Pe, Py, Ar, Ur.* **sacarse el sombrero.**

a². ‖ **~ el tapón.** loc. verb. *Mx.* Alterar a alguien, hacerle perder la paciencia. pop + cult → espon.

b². ‖ **~ el unto.** loc. verb. *Ho, Ni.* Obtener el mayor provecho de algo o de alguien.

c². ‖ **~ el violín.** loc. verb. *CR.* Prorrumpir en llanto. pop ^ fest.

d². ‖ **~ el zanate.** loc. verb. *Ho.* Sacar un arma de fuego.

e². ‖ **~ en cara.** loc. verb. *Ni, CR, Cu, RD, PR, Ec, Pe, Bo, Ch, Py, Ar.* Reprender o censurar a alguien recordándole algo que ha hecho o dicho y que se juzga como malo. pop + cult → espon.

f². ‖ **~ fiado.** loc. verb. *Ni, CR, Ve, Bo; Ec,* pop. Comprar a crédito.

g². ‖ **~ fibra.**
   i. loc. verb. *Ho.* juv. Ufanarse por algo o por alguien. pop.
   ii. *Ho.* Esforzarse mucho, trabajar intensamente.

h². ‖ **~ la caja de lustrar.** loc. verb. *Ho, ES, Ni.* Insultar a alguien. pop ^ fest. ♦ **sacar la caja del lustre.**

i². ‖ **~ la caja del lustre.** *Ho, ES.* **sacar la caja de lustrar.**

j². ‖ **~ la chicha.** loc. verb. *Ve, Ar:NO.* Hacer trabajar demasiado a alguien. pop + cult → espon.

k². ‖ **~ la chispa.** loc. verb. *Co.* Poner de mal humor a alguien.

l². ‖ **~ la chochoca.** loc. verb. *Bo; Pe,* p.u. Golpear fuertemente a alguien.

m². ‖ **~ la chucha.**
   i. loc. verb. *Pa, Ec, Pe, Bo; Ch,* pop + cult → espon. Agredir o golpear a alguien dejándolo maltrecho. vulg; pop.
   ii. *Ch.* Ser derrotado o suspendido en una **competencia** o prueba. vulg; pop + cult → espon.

n². ‖ **~ la crema.** loc. verb. *Bo.* Agredir o golpear a alguien dejándolo maltrecho.

ñ². ‖ **~ la cresta.** loc. verb. *Bo; Ch,* vulg; pop + cult → espon. Pegar a alguien o darle una paliza.

o². ‖ **~ la culebra.** *Ch.* **hacer baja,** engañar, embaucar. pop + cult → espon.

p². ‖ **~ la entretela.** loc. verb. *Bo.* Agredir o golpear a alguien dejándolo maltrecho. pop + cult → espon ^ fest.

q². ‖ **~ la foto.** loc. verb. *Ch.* Descubrir *alguien* las intenciones de otra persona. pop + cult → espon.

r². ‖ **~ la gandinga.** loc. verb. *Cu.* Matar *una persona* a alguien. pop + cult → espon.

s². ‖ **~ la infundia.** loc. verb. *Bo.* Agredir o golpear a alguien dejándolo maltrecho.

t². ‖ **~ la jícara.**
   i. loc. verb. *Gu; Ho:S,* rur. | p.u. Adular a una persona para obtener algún beneficio.
   ii. *ES.* Mostrar un niño su viveza. pop.

u². ‖ **~ la leche.** loc. verb. *Ni, Co.* Obtener de alguien el mayor provecho posible. pop.

v². ‖ **~ la lotería.** loc. verb. *Py.* Hacer una buena elección de pareja. pop.

w². ‖ **~ la m.**
   i. loc. verb. *Pe, Bo.* **sacar la mugre,** dar una paliza. euf; pop.
   ii. *Pe, Bo.* **sacar la mugre,** derrotar. euf; pop.

x². ‖ **~ la madre.**
   i. loc. verb. *Bo, Ch.* Injuriar a alguien mencionando a su madre con términos obscenos. pop + cult → espon.
   ii. *Ec, Bo.* Dar una **golpiza** a alguien. pop + cult → espon.
   iii. *Pa.* Obligar a alguien a trabajar hasta la extenuación. pop + cult → espon.

y². ‖ **~ la mano.**
   i. loc. verb. *Co.* Morir *alguien.* pop.
   ii. *Co.* Dejar de funcionar *algo.* pop.

z². ‖ **~ la mierda.**
   i. loc. verb. *Ec, Pe; Bo,* tabú; *Ch,* vulg. Dejar a alguien malherido o maltrecho. pop + cult → espon.
   ii. *Bo, Ch. En una* **competencia,** derrotar ampliamente a alguien. pop + cult → espon.
   iii. *Ni.* Hacer que alguien se esfuerce mucho en una actividad. pop. ♦ **sacar los frijoles.**

a³. ‖ **~ la mostaza.** loc. verb. *Bo:O.* Golpear fuertemente a *una persona* hasta dejarla maltrecha. pop + cult → espon.

b³. ‖ **~ la mugre.**
   i. loc. verb. *Ec, Pe, Bo, Ch.* Dar una paliza a alguien. pop + cult → espon. ♦ **sacar la m.**

ii. *Pa, Pe, Bo, Ch.* Derrotar ampliamente a un adversario. pop + cult → espon. ♦ **sacar la m.**

iii. *Bo.* Hacer trabajar mucho a alguien. pop + cult → espon.

c³. ‖ ~ **la ñecs.** loc. verb. *Pa.* Dar una paliza a alguien.

d³. ‖ ~ **la ñex.** loc. verb. *Pa.* Hacer un daño físico o moral muy grave. vulg.

e³. ‖ ~ **la ñoña.**
i. loc. verb. *Pe,* pop; *Ch,* pop + cult → espon. Dar una paliza a alguien.
ii. *Pe,* pop; *Ch,* pop + cult → espon. Derrotar ampliamente a un adversario.

f³. ‖ ~ **la piedra.** loc. verb. *Co.* Hacer perder la paciencia a alguien. pop.

g³. ‖ ~ **la puta.** loc. verb. *Ec, Bo.* Dar una paliza *a alguien.* vulg.

h³. ‖ ~ **la quinta maña.** loc. verb. *Bo; Pe:S,SE,* p.u. Pegar a *alguien* o darle una paliza. pop + cult → espon.

i³. ‖ ~ **la voz.** loc. verb. *Ch.* Empezar a hablar *alguien* que ha mantenido silencio durante mucho tiempo.

j³. ‖ ~ **la vuelta.**
i. loc. verb. *Mx, RD, Ch.* Eludir *alguien* sus tareas u obligaciones. pop + cult → espon.
ii. *Pe.* Engañar a la pareja, especialmente en el matrimonio. pop.
iii. *Pe.* Ser *alguien* desleal o cambiar repentinamente de preferencia.
iv. *RD.* Eludir a una persona, evitar encontrarse con ella. pop + cult → espon.

k³. ‖ ~ **las espuelas.** loc. verb. *RD, PR.* Mostrar *alguien* una faceta negativa o desconocida en su comportamiento. pop.

l³. ‖ ~ **las patas del barro.**
i. loc. verb. *Ve.* Subsanar un error.
ii. *Ve.* Resolver un problema.

m³. ‖ ~ **lascas.** loc. verb. *Cu.* Sacar *alguien* provecho de una situación. pop.

n³. ‖ ~ **los choros del canasto.** loc. verb. *Ch.* Enfadar, exasperar a alguien. pop + cult → espon.

ñ³. ‖ ~ **los cueros al sol.** loc. verb. *Co, Ec, Ch.* Echar a alguien en cara sus faltas y hacerlas públicas. pop.

o³. ‖ ~ **los frijoles.**
i. loc. verb. *Ho.* Herir en el estómago a alguien.
ii. *Ni.* **sacar la mierda.**

p³. ‖ ~ **los trapitos al sol.** loc. verb. *Mx, ES, Ni, Cu, RD, Co, Pe, Bo, Ar, Ur.* Echar a alguien en cara sus faltas y hacerlas públicas. (**sacar los trapos al sol**).

q³. ‖ ~ **los trapos al sol.** *Mx, ES, Ni, Cu, RD, PR, Ec, Bo, Ur.* **sacar los trapitos al sol.** pop + cult → espon.

r³. ‖ ~ **manteca.**
i. loc. verb. *Ec; Pe,* p.u. Estrecharse una o varias personas que están en un espacio muy reducido para que otras puedan entrar en ese mismo sitio. pop + cult → espon.
ii. *Ni.* Empujar a alguien en un sitio repleto de personas. pop + cult → espon ^ fest.

s³. ‖ ~ **melga.** loc. verb. *Ho:C,O.* Salir corriendo *alguien,* huir. rur.

t³. ‖ ~ **mentiras.** loc. verb. *Mx, CR; Bo, Ar:NO, Ur,* pop + cult → espon. Hacer sonar las articulaciones de los dedos. (**sacarse las mentiras; sacarse mentiras**). ♦ **sacar conejos; sacar una yuca; sacarse las pulgas.**

u³. ‖ ~ **mollero.** loc. verb. *PR.* Ejercer la fuerza para lograr un propósito.

v³. ‖ ~ **montera.** loc. verb. *Pe:S.* Obtener pequeñas ganancias de manera ilícita. pop.

w³. ‖ ~ **paso.**
i. loc. verb. *Ho.* Lograr que alguien actúe con presteza y prontitud.

ii. *Ho.* Lograr que una caballería aprenda diferentes pasos cuando es domesticada o entrenada por el domador. rur.

x³. ‖ ~ **pechuga.**
i. loc. verb. *Ch.* Mostrarse *alguien* decidido o dispuesto a hacer algo. pop + cult → espon.
ii. *Ch.* Mostrarse *alguien* orgulloso, arrogante o engreído. pop + cult → espon.

y³. ‖ ~ **pica.** loc. verb. *Pe, Bo:O, Ch.* Provocar enojo o envidia. pop + cult → espon.

z³. ‖ ~ **punta y filo.** loc. verb. *Bo.* Atribuir malicia a algo que no la tiene.

a⁴. ‖ ~ **rajando.** *Ar, Ur; Bo:C,O,* pop + cult → espon. **sacar carpiendo.**

b⁴. ‖ ~ **roncha.**
i. loc. verb. *Ho, Pe, Bo.* Producir comezón *algo.*
ii. *Ho, Pe, Bo.* **sacar ronchas.** pop + cult → espon.

c⁴. ‖ ~ **ronchas.** loc. verb. *Ch; Pe,* p.u. Irritar o molestar a alguien, herir su dignidad haciendo público algo negativo o humillante. pop + cult → espon. (**sacar roncha**).

d⁴. ‖ ~ **tostando.** *Bo:C,O.* **sacar carpiendo.**

e⁴. ‖ ~ **un buey de la barranca.** loc. verb. *Mx; PR,* rur. Ejecutar *alguien* una tarea muy difícil. pop + cult → espon.

f⁴. ‖ ~ **un flete.** loc. verb. *Ho, ES.* Asustar a alguien, lograr que alguien se asuste y salga corriendo. pop.

g⁴. ‖ ~ **un lagarto.** loc. verb. *Pa.* Pellizcar el brazo de alguien para provocar que el músculo se mueva y produzca dolor.

h⁴. ‖ ~ **un pedo.** loc. verb. *Mx, Ho.* juv. Dar un susto a alguien. vulg.

i⁴. ‖ ~ **un sable.** loc. verb. *Cu.* Revelar *algo* sobre alguien para perjudicarlo. pop.

j⁴. ‖ ~ **una yuca.** *Co.* **sacar mentiras.**

k⁴. ‖ ~ **vendiendo almanaques.** *Bo, Ar.* **sacar carpiendo.**

l⁴. ‖ ~ **vendiendo boletines.** *Ur.* **sacar carpiendo.**

m⁴. ‖ ~**la barata.** loc. verb. *Bo, Ch, Ar, Ur.* Salir *alguien* indemne o con poco daño de una situación comprometida. pop + cult → espon.

n⁴. ‖ ~**le al bulto.** *Mx.* **sacarle el cuerpo.**

ñ⁴. ‖ ~**le al parche.** *Mx.* **sacarle el cuerpo.** pop.

o⁴. ‖ ~**le brillo al piso.** loc. verb. *Cu, Bo, Ur.* Bailar con entusiasmo.

p⁴. ‖ ~**le el ancho.**
i. loc. verb. *Pe.* Agredir física o emocionalmente a alguien.
ii. *Pe.* Actuar contra algo para romperlo o destruirlo.

q⁴. ‖ ~**le el cuerpo.** loc. verb. *Mx, RD, PR, Bo, Ar, Ur.* Esquivar algo o a alguien, evitarlo. **sacarle al bulto; sacarle al parche.**

r⁴. ‖ ~**le el culo a la jeringa.** loc. verb. *Ch, Ur.* Evitar, eludir *alguien* con habilidad una responsabilidad, molestia o algo desagradable. vulg; pop + cult → espon. ♦ **sacarle el poto a la jeringa; sacarle el tambembe de la jeringa.**

s⁴. ‖ ~**le el poto a la jeringa.** *Bo, Ch.* **sacarle el culo a la jeringa.** pop + cult → espon.

t⁴. ‖ ~**le el sí.** loc. verb. *RD.* Conseguir de una persona *algo* que se desea.

u⁴. ‖ ~**le el tambembe de la jeringa.** *Ch.* p.u. **sacarle el culo a la jeringa.** euf; pop + cult → espon.

v⁴. ‖ ~**le hasta la ciquitrilla.** loc. verb. *RD.* Quitarle a alguien todo.

w⁴. ‖ ~**le la contumelia.** loc. verb. *Bo; Ch,* euf. Golpear a alguien con rudeza. pop.

x⁴. ‖ ~**le los cantos.** loc. verb. *PR.* Infligir, causar daño físico a alguien, *especialmente en una pelea.*

y⁴. ‖ ~**le piquete.** loc. verb. *Pa.* Sentirse orgulloso de algo o de alguien.

z⁴. ‖ **~le punta al lápiz.** loc. verb. *Ho, ES.* Realizar el coito. fest.

a⁵. ‖ **~le un gato.** loc. verb. *Co.* Golpear a alguien con el puño en el bíceps o en el cuádriceps.

b⁵. ‖ **~le viruta al piso.** loc. verb. *Bo, Ar, Ur.* Bailar con pericia o con gran entusiasmo y energía, *especialmente el tango.* pop + cult → espon.

c⁵. ‖ **~se con peine fino.** loc. verb. *Ur.* Abandonar una idea por completo. pop + cult → espon.

d⁵. ‖ **~se el aire.** loc. verb. *Ec.* p.u. Poner mucho empeño en la realización de un trabajo. pop.

e⁵. ‖ **~se el ancho.** loc. verb. *Pe.* Esforzarse mucho en una actividad.

f⁵. ‖ **~se el bulto.** loc. verb. *Mx, Bo; Ur,* p.u. Eludir un problema, un riesgo o un compromiso. pop + cult → espon.

g⁵. ‖ **~se el gordo.** loc. verb. *Ni, Bo, Ar, Ur; Ch,* pop + cult → espon. Conseguir *alguien* el premio máximo de la lotería. pop.

h⁵. ‖ **~se el lazo.** loc. verb. *Ar, Ur.* Eludir un problema, un riesgo o un compromiso. pop + cult → espon.

i⁵. ‖ **~se el pan.** *RD.* sacar el pan del horno. pop + cult → espon.

j⁵. ‖ **~se el pillo.** loc. verb. *Ch.* Librarse *alguien* de un problema o dificultad con el que le intentan probar o sorprender. pop + cult → espon. (**sacarse los pillos**).

k⁵. ‖ **~se el ratón.** loc. verb. *Ve.* Quitarse *una persona* el malestar producido por haber tomado bebidas alcohólicas. pop + cult → espon.

l⁵. ‖ **~se el real del mandado.** loc. verb. *ES.* Pagar las consecuencias de algo que ha hecho otro.

m⁵. ‖ **~se el sombrero.** loc. verb. *Mx, Ec, Pe, Bo, Ch, Py, Ar, Ur.* Manifestar respeto y admiración por alguien o por algo. pop + cult → espon. (**sacar el sombrero**).

n⁵. ‖ **~se el sucio.** loc. verb. *Ec.* Poner mucho empeño en la realización de un trabajo. pop.

ñ⁵. ‖ **~se la caja de chaine.** loc. verb. *Ho.* Insultarse dos o más personas. pop.

o⁵. ‖ **~se la chochoca.** loc. verb. *Pe, Bo.* Golpearse *alguien* fuertemente.

p⁵. ‖ **~se la entretela.** loc. verb. *Bo.* Golpearse dos personas hasta quedar ambas maltrechas. pop + cult → espon ^ fest.

q⁵. ‖ **~se la gafera.** loc. verb. *Ho.* juv. Realizar el coito. euf.

r⁵. ‖ **~se la grande.**
  i. loc. verb. *Bo, Py, Ar, Ur.* Obtener un beneficio importante de manera inesperada. pop + cult → espon.
  ii. *Bo; Py,* p.u. Casarse una mujer con un hombre acomodado o con un hombre serio, responsable y cariñoso.

s⁵. ‖ **~se la lotería.**
  i. loc. verb. *Mx, ES, Ni, CR, RD, PR, Ve, Ec, Pe, Bo, Ch, Ar, Ur.* Obtener un beneficio *alguien* de manera inesperada. pop + cult → espon.
  ii. *Gu.* Tener suerte de cualquier índole.

t⁵. ‖ **~se la m.** loc. verb. *Pe, Bo.* **sacarse la mugre**, esforzarse. euf; pop.

u⁵. ‖ **~se la madre.** loc. verb. *Ec.* Poner mucho empeño en la realización de un trabajo. pop.

v⁵. ‖ **~se la mierda.**
  i. loc. verb. *Ni, Pa, Ch; Ec, Bo,* tabú; pop + cult → espon; *Pe,* pop. Esforzarse muchísimo en una actividad.
  ii. *Pa, Ch; Bo,* tabú; pop + cult → espon; *Pe,* pop. Sufrir *alguien* un accidente de gravedad.
  iii. *Ec, Pe, Bo.* Golpearse duramente dos o más personas. tabú; pop + cult → espon.

iv. *Pa, Pe, Ch.* Darse *alguien* un golpe fortísimo. tabú; pop + cult → espon.

w⁵. ‖ **~se la mugre.**
  i. loc. verb. *Pe, Bo; Ch,* pop. Lesionarse *alguien.*
  ii. *Pe, Bo; Ch,* pop. Esforzarse mucho en una actividad. ♦ **sacarse la m.**
  iii. *Pe.* Hacer mucho daño a alguien. pop.

x⁵. ‖ **~se la ñecs.** loc. verb. *Pa.* Tener *alguien* un accidente grave.

y⁵. ‖ **~se la polla.** loc. verb. *Pe.* Obtener el premio más importante de las apuestas de las carreras de caballos. pop.

z⁵. ‖ **~se la rifa del guanajo.** loc. verb. *Cu.* Tocarle en suerte a alguien algo desagradable o difícil.

a⁶. ‖ **~se la suerte.** loc. verb. *Pe.* Suceder algo bueno de manera inesperada. pop.

b⁶. ‖ **~se las ganas.** loc. verb. *Ec, Bo, Py, Ar, Ur.* Realizar con satisfacción el cumplimiento de un deseo. pop + cult → espon.

c⁶. ‖ **~se las mentiras.** *CR, Bo, Ar, Ur.* **sacar mentiras.**

d⁶. ‖ **~se las pulgas.** *Ni.* sacar mentiras.

e⁶. ‖ **~se los balazos.** loc. verb. *Ch.* Desquitarse logrando algo que no se había podido realizar con anterioridad. pop + cult → espon.

f⁶. ‖ **~se los pillos.** *Ch.* sacarse el pillo. pop + cult → espon.

g⁶. ‖ **~se los zapatos.** loc. verb. *Ch.* Actuar *alguien* de manera entusiasta y entregada en algo. pop + cult → espon.

h⁶. ‖ **~se mentiras.** *Bo, Ch,* inf; pop; *Ur,* pop + cult → espon. sacar mentiras.

i⁶. ‖ **~se pan.** *PR.* sacar el pan del horno. vulg; pop + cult → espon.

j⁶. ‖ **~se punta.** loc. verb. *Ho, ES.* Cortarse el pelo. fest.

k⁶. ‖ **~se un clavo de arriba.** loc. verb. *Ur.* Desvincularse de una persona o un asunto problemático. pop + cult → espon. ♦ **sacarse un clavo de encima.**

l⁶. ‖ **~se un clavo de encima.** loc. verb. *Ur.* sacarse un clavo de arriba.

m⁶. ‖ **sacárselas.** loc. verb. *Ch.* Librarse de algo que resulta gravoso o dificultoso. pop + cult → espon.

▪

a. ‖ **¡sácate las babuchas!** *Mx.* ¡sácatelas! pop.

b. ‖ **¡sácatelas!** loc. interj. *Mx.* Expresa sorpresa ante un hecho inusitado. pop. (**¡zácatelas!**). ♦ **¡sácate las babuchas!**

c. ‖ **¡sacó trago!** loc. interj. *Bo:O.* Expresa que lo que alguien ha hecho está muy bien y merece que se festeje.

sacarita.
  I. 1. f. *Pe.* Canal en el que los ríos desaguan los excedentes de agua de lluvia y que en ocasiones se unen a otros ríos, sirviendo de atajo a las embarcaciones.

sacarrocha.
  I. 1. adj. *Pe. Referido a un hecho o dicho,* polémico. pop.

sacarronchas.
  I. 1. sust/adj. *Pe.* Aguardiente muy fuerte y de poca calidad. pop.
  II. 1. m. *Pe.* obsol. Correa para azotar, *especialmente a un niño o a un estudiante.*

sacasebo.
  I. 1. *Ho.* anaconda. desp.
  II. 1. f. *PR.* Prostituta barata. prost.

sacasil. (Del nahua).
  I. 1. m. *Mx.* Planta cactácea carnosa, de tallos cilíndricos verdes y espinosos, y flores amarillas. (Cactaceae; *Opuntia chaffeyi*).

sacatamal.
  I. 1. *Mx.* nacatamal, tamal de carne.

sacatán.
   I. 1.   m. *Mx:SE.* Tambor pequeño que utilizan los mayas.

sacatascal.
   I. 1.   *Mx.* **zacapal**.

sacate.
   I. 1.   *Mx, ES.* **zacate**, pasto.

sacatín.
   I. 1.   m. *Co:C.* Lugar donde se destilan bebidas alcohólicas clandestinamente.

sacatinta.
   I. 1.   f. *Ho, ES, Ni, Pa.* Arbusto de hasta de 1,5 m de altura, de hojas opuestas de color verde oscuro, aovadas-oblongas y lanceoladas, flores desde anaranjadas hasta rojas en inflorescencias axilares y terminales; la hoja en agua produce un tinte azul para colorear el lino; tiene aplicación en la medicina tradicional. (Acanthaceae; *Justicia spicigera*). ♦ **cuajatinta**.

sacatón, -na.
   I. 1.   adj/sust. *Mx.* Referido a persona, miedosa, cobarde. pop + cult → espon. (**zacatón**).

sacatrapo.
   I. 1.   m. *Mx.* Arbusto de hasta 3 m de altura, de hojas alargadas y con margen aserrado, flores rojas y frutos enrollados en espiral; tiene diversas aplicaciones en la medicina tradicional. (Sterculiaceae; *Helicteres guazumaefolia*). ♦ **majagüillo**.

sacatrapos.
   I. 1.   m-f. *ES. En el* trapiche, persona que lava los moldes y bate la **miel**.

sacatuche. (Del nahua *zacatl*, zacate, y *tvchtli*, conejo).
   I. 1.   m. *Mx.* Mamífero de hasta 30 cm de longitud, de orejas pequeñas, pelo de color amarillo y negro con algunas partes ocres. (Leporidae; *Romerolagus diazi*). ♦ **teporingo**.

sacazón.
   I. 1.   f. *Mx.* Destilación, separación de una sustancia volátil de otras más fijas enfriando luego su vapor para reducirla nuevamente a líquido.

sacchacá. (Del maya).
   I. 1.   m. *Mx:SE.* **mulatilla**.

saccopté. (Del maya yucat.).
   I. 1.   m. *Mx:SE.* Árbol de hasta 10 m de altura, de hojas alternas, de tacto áspero, flores grandes y anaranjadas, y fruto en drupa ovoide, comestible; su madera es apreciada en carpintería. (Boraginaceae; *Cordia sebestena*). ♦ **vomitel**.

sacha. (Voz quechua).
   I. 1.   adj. *Ec.* Falso, que no cumple cierto grado de calidad o condición. rur; pop.
   ■
   a. ‖ ~ **allco.** m. *Pe.* Perro salvaje que habita en el monte. rur.
   b. ‖ ~ **anona.** m. *Pe.* **carahuasca**.
   c. ‖ ~ **col.** m. *Ar:NO.* Planta herbácea de flor morada cuyo fruto se utiliza en infusión para curar heridas **embichadas** de los animales. (Asteraceae; *Asterostigma vermitoxicum*). (**sachacol**).
   d. ‖ ~ **mango.**
     i. m. *Pe.* Árbol de hasta 25 m de altura, de tronco recto poco ramificado, hojas simples terminales y sésiles, flores bisexuales, fragantes, blancas o amarillentas, y fruto en forma de elipse, de color pardo claro y sabor agradable. (Lecythidaceae; *Grias neuberthii*).
     ii. *Pe.* Fruto del sacha mango.
   e. ‖ ~ **rosa.** f. *Bo:C, Ar:NO.* Cacto columnar de hasta 4 m de altura, cubierto de pelos y espinas duras, con flores solitarias o dispuestas en racimos y panículas o inflorescencias compuestas, cuyos frutos

son bayas que contienen pocas semillas. (Cactaceae; *Pereskia sacharosa*). (**sacharrosa**).
   f. ‖ ~ **sandía.** f. *Bo:C, Ar:NO.* Arbusto o árbol de hasta 7 m de altura, de hojas simples y alternas, muchas veces ciliadas, y flores de color amarillo reunidas en corimbos cuyos frutos son bayas globosas que contienen muchas semillas. (Capparidaceae; *Capparis* spp.).
   g. ‖ ~ **tijera.** f. *Ec.* **tijera**, cortapicos.

sachacabra.
   I. 1.   f. *Ar.* **venado colorado**.

sachacebil.
   I. 1.   *Ar:NO.* **curupay**, árbol.

sachachorro.
   I. 1.   m. *Pe.* Manantial, fuente de agua.

sachacol.
   I. 1.   *Ar:NO.* **sacha col**.

sachacuy.
   I. 1.   m. *Co:SO, Ec.* Pequeño mamífero roedor de pelaje largo, tupido y moteado. (Dasyproctidae; *Agouti taczanowski*). ♦ **pintadillo**.

sachaguasca.
   I. 1.   f. *Ar.* Planta enredadera de tallos largos que se enrollan a manera de cuerda, hojas lanceoladas y flores amarillas o rojizas. (Bignoniaceae; *Dolichandra cynanchoides*). (**sachahuasca**). ♦ **sachagusano**; **toca del monte**.

sachagusano.
   I. 1.   *Ar.* **sachaguasca**.

sachahuasca.
   I. 1.   *Ar.* **sachaguasca**.

sachalimón.
   I. 1.   *Ar.* **naranjillo**. (Rutaceae; *Fagara naranjillo*).

sachamama.
   I. 1.   f. *Pe:E. En la mitología de los pueblos de la Amazonía,* serpiente gigantesca que cuando no puede reptar atrae a sus víctimas al habitáculo que se ha hecho como nido. rur.
   II. 1.   f. *Pa.* Madre de la selva. rur.

sachamédico.
   I. 1.   m-f. *Ar:NO.* Persona que utiliza prácticas curativas no aceptadas por la ciencia médica. pop + cult → espon.

sachapapa.
   I. 1.   f. *Ec, Pe:E.* Planta herbácea, de hasta 4 m de longitud, con tallos endebles, volubles, hojas grandes y acorazonadas, flores pequeñas y verdosas en espigas axilares, y raíz tuberosa comestible. (Dioscoreaceae; *Dioscorea alata, D. sativa*).
   2.   *Ec, Pe:E.* Raíz de la **sachapapa**, de tamaño variable según la especie, cuya carne feculenta, una vez hervida o asada, es comestible.

sachapera.
   I. 1.   f. *Bo, Ar:NO.* Árbol espinoso ornamental de hojas lanceoladas y pequeñas flores verdosas. (Santalaceae; *Acanthosyris falcata*). ♦ **sombra de toro**.

sacharrosa.
   I. 1.   *Bo, Ar:NO.* **sacha rosa**.

sacharuna.
   I. 1.   m. *Ec, Pe:E. En la mitología de los pueblos indígenas,* hombre salvaje del bosque, de baja estatura, vientre pronunciado y extremidades muy delgadas.

sachasebil.
   I. 1.   *Ar:NO.* **curupay**.

sachavaca.
   I. 1.   *Ec, Pe.* **mboreví**.

sachayoj. (Del quech. *sácha*, bosque, y *yokk*, dueño).
   I. 1.   m. *Ar:NO. En la creencia popular,* personaje protector del monte, que suele castigar a las personas que hacen daño a la flora o a la fauna. rur.

saché. (Del fr. *sachet*, bolsita).
  I. 1. *Ar, Ur*, p.u. **sachet**.

sachero, -a.
  I. 1. m. y f. *Pe:E.* obsol. Brujo que realiza hechizos maléficos.

sachet. (Voz francesa).
  I. 1. m. *Ch, Py, Ar, Ur*. Envase de plástico flexible, *utilizado principalmente para sustancias líquidas*. (**saché**).

sacho.
  I. 1. m. *Ar:NO.* Colilla de cigarrillo o puro. pop + cult → espon.
  II. 1. m. *Ch. En una embarcación pequeña*, armazón de madera a modo de ancla con una piedra que actúa como lastre.
      2. *PR.* Ancla de fabricación doméstica, que consta de un tubo lleno de cemento en el que se insertan cuatro varillas de hierro a manera de ganchos. rur.
  III. 1. m. *CR.* Herramienta que consiste en un palo de madera, en uno de cuyos extremos lleva una pieza de hierro terminada en punta en un extremo y en lámina afilada en el otro, *que se utiliza especialmente para excavar*.
  IV. 1. m. *CR.* Cerdo que tiene el hocico alargado. rur.

sacho, -a.
  I. 1. adj. *CR*, pop + cult → espon; *Ec*, p.u, pop. *Referido a persona*, de modales groseros.

saco.
  I. 1. m. *Mx, Gu, Ho, ES, Ni, CR, Pa, Cu, RD, Co, Ve, Ec, Pe, Bo, Ch, Py, Ar, Ur, PR*, p.u. Parte superior del traje masculino con mangas largas que cubre hombros y torso hasta los muslos, abierta en la parte delantera, con solapa y botones.
      2. *Mx, RD, Co, Ec, Py, Ar, Ur.* Prenda de vestir de punto, abierta en la parte delantera, que cubre el torso y los brazos y se cierra con botones.
  II. 1. m. *RD, Ve. En un estadio de beisbol*, cojín que se emplea para señalar las bases en el terreno de juego.
      2. *RD, Ve. En un estadio de beisbol*, cada uno de los cuatro puntos de intersección que delimitan el diamante y en el que los jugadores están seguros.
  III. 1. m. *Ho, Ni, Pa.* Medida de capacidad de granos entre 87 y 102 kg.

  ■

  a. ‖ ~ **de arena.** *Ho.* **solimanché**.
  b. ‖ ~ **de sal.** m. *Cu.* Persona que tiene mala suerte. pop.
  c. ‖ ~ **sport.** m. *CR, Ec, Bo, Py, Ar, Ur, Ch*, p.u. Chaqueta que viste el hombre en combinación con diferentes pantalones.
  d. ‖ ~ **y corbata.** m. *Ni, Pa, Ar, Ur.* Conjunto formal de vestimenta masculina que incluye saco y pantalón, *generalmente de la misma tela*. pop + cult → esm.

  □

  a. ‖ **limpia ~.** loc. adj/sust. *RD. Referido a persona*, servil. pop.
  b. ‖ ~ **de cachas.** *Ch.* **saco de pelotas**.
  c. ‖ ~ **de cachos.** loc. adj/sust. *Ec. Referido a persona*, que ha sufrido constantes infidelidades de su pareja. pop + cult → espon ^ fest.
  d. ‖ ~ **de huevas.** *Ch.* **saco de pelotas**.
  e. ‖ ~ **de pelotas.** loc. adj/sust. *Ch. Referido a persona*, tonta, necia. tabú; pop + cult → espon. ♦ **saco de cachas; saco de huevas; saco de peras**.
  f. ‖ ~ **de peras.** *Ch.* **saco de pelotas**.
  g. ‖ ~ **de plomo.** loc. sust. *Ch.* Persona con fama de antipática o arisca en el trato. pop + cult → espon.

  ▶ **echar al ~; jugar al ~; llevarse en el ~; ponerse el ~.**

¡saco!
  I. 1. interj. *ES.* Expresa rechazo o disgusto a alguien.
  II. 1. interj. *ES.* Expresa que alguien se ha dado cuenta de que una persona se ha tirado un pedo.

sacobari.
  I. 1. m. *Mx:NO.* Sandía. (Cucurbitaceae; *Citrullus vulgaris*). ♦ **patilla**.

sacol.
  I. 1. m. *Co.* Pegamento que al ser inhalado produce alucinaciones. drog.

sacola.
  I. 1. f. *ES.* Camisa con forma de chaqueta.

sacolargo.
  I. 1. sust/adj. *Pe.* Hombre dominado por su esposa o pareja. pop ^ fest.

sacoleva.
  I. 1. m. *Co.* Prenda de vestir de hombre, a modo de chaqueta, que a partir de la cintura se abre hacia atrás formando dos faldones; se usa como traje de etiqueta con pantalón rayado. ♦ **sacolevita**.

sacolevita.
  I. 1. *Co.* **sacoleva**.

sacón.
  I. 1. m. *Co, Pe, Bo, Ar, Ur, Ec, Py*, pop + cult → espon. Prenda exterior de más abrigo y algo más larga que el **saco** o chaqueta.

sacón, -na.
  I. 1. adj/sust. *Mx. Referido a persona*, cobarde, temerosa. pop.
  II. 1. sust/adj. *Ho, ES, Ni.* Persona que trata de sonsacar algo.
      2. adj/sust. *Ho, ES, Ni. Referido a persona*, entrometida.
      3. *Ho, ES.* Persona chismosa.
      4. adj/sust. *ES. Referido a persona*, delatora.
  III. 1. sust/adj. *Gu, Ho, ES, Ni.* Persona servil y aduladora.
  IV. 1. m. y f. *ES.* Policía demasiado celoso y exigente.

saconear.
  I. 1. intr. *Ho, ES.* Curiosear para conocer asuntos de otra persona.
      2. tr. *Ho, ES.* Chismorrear de *algo* o de *alguien*.
      3. *ES.* Delatar a *alguien*.

saconería.
  I. 1. f. *Ho, ES, Ni.* Zalamería, servilismo.
      2. *Ho, Ni.* Curiosidad por algo o alguien.

sacqui. (Voz maya).
  I. 1. *Mx:SE.* **maguey**.

sacramento.
  I. 1. m. *Ar.* Bollo pequeño partido longitudinalmente en dos mitades entre las que se coloca algún relleno, *frecuentemente jamón y queso*.
      2. *Ar.* Bollo de forma más o menos rectangular, que se recubre con azúcar.

sacre.
  I. 1. m-f. *Bo.* Persona que obtiene dinero a través de engaños. pop + cult → espon.

sacreco, -a.
  I. 1. adj. *Pa.* obsol. *Referido a persona*, que es muy cariñosa. rur; pop + cult → espon.

sacrificarse.
  I. 1. intr. prnl. *Cu. En el beisbol*, batear suavemente la pelota un jugador para que avance un corredor que ya está en una **base**, aunque el **bateador** quede fuera de juego.

sacrificio.
  I. 1. m. *Ni, Pa, Cu, RD, PR. En el beisbol*, bateo suave de la pelota para que un jugador pueda alcanzar la próxima **base**, aunque el **bateador** quede fuera de juego.

sacristán.
I. 1. m. *PR.* Monaguillo.
■
a. ‖ **nadie se acuerda de cuando fue ~.** fr. prov. *Pa.* Indica que alguien critica conductas y actitudes de otros sin tener en cuenta que se comportó de igual manera en otro tiempo.

sacuara. (Del guar. *tacuara*).
I. 1. f. *Pe.* Pendón o vástago que echan algunas plantas, como el maíz, el **güin** o la caña de azúcar.

sacuchero. (Del maya *sakuch*).
I. 1. m. *Mx:SE.* Insecto coleóptero de hasta 2 cm de longitud y cuerpo aplanado dorsalmente, de color verde oscuro atornasolado. (Cetoniidae; *Cetonia aurata*).

sacudecolchón.
I. 1. *Ho.* **curruchiche**.

sacudica.
I. 1. f. *ES.* **curruchiche**. (**sacudico**).

sacudico.
I. 1. m. *ES.* **sacudica**.

sacudida.
I. 1. m. *Pa.* **sacudión**, estremecimiento.

sacudión.
I. 1. *Cu.* **sacudón**, sacudida. pop.
II. 1. m. *Pa.* Estremecimiento, conmoción violenta del ánimo o del cuerpo. pop + cult → espon. ♦ **sacudida**.

sacudir(se).
I. 1. tr. *Ho, ES, Ni, Pa, Cu, PR, Bo, Ch, Py, Ur.* Limpiar el polvo de un lugar.
2. tr. prnl. *Ho.* Echar del puesto o trabajo a *alguien*.
3. intr. prnl. *Pa.* Terminar, salir *alguien* de una situación molesta que le causa fastidio. pop + cult → espon.
II. 1. intr. prnl. *Ve.* juv. Irse de un lugar. pop.
III. 1. intr. prnl. *CR, Ec.* Espabilarse, hacerse *alguien* más listo o desenvuelto. pop.
□
a. ‖ **~ el saco.** loc. verb. *Ho.* Adular a alguien por interés.
b. ‖ **~ la mata.** loc. verb. *Cu.* Apartar o alejar a varias personas por indisciplina.
c. ‖ **~ las pulgas.** loc. verb. *Ho, ES, Ni.* Pegar a *alguien*.
d. ‖ **~ las tabas.** loc. verb. *Ur; Ar,* p.u. Bailar *una persona*. pop + cult → espon.
e. ‖ **~ manta.** loc. verb. *ES.* Haber terminado los estudios los hijos. vulg.
f. ‖ **~le el copete.** *Ni.* **sacudirle el polvo**.
g. ‖ **~le el polvo.** loc. verb. *Ho, ES, Ni, Bo.* Golpear, castigar a alguien. euf. ♦ **sacudirle el copete**.
h. ‖ **~se la polilla.** loc. verb. *Mx.* Emprender una tarea tras un período de inactividad. pop + cult → espon.

sacudón.
I. 1. m. *Mx, Ho, ES, Ni, CR, Cu, Co, Ec, Pe, Bo, Ch, Py; Ar, Ur,* pop + cult → espon. Sacudida rápida y violenta. (**sacudión**).
2. *ES, Ni, Pe, Ar.* Terremoto de corta duración.
3. *Ch, Ar:NO.* metáf. Suceso inesperado que conlleva cambios radicales.

sacuy.
I. 1. m. *Mx.* Planta herbácea de hasta 60 cm de altura, con tallos erguidos y ramosos, hojas dentadas, elípticas, casi redondas, festoneadas, rugosas, verdes por el haz, blancas y muy vellosas por el envés, flores pequeñas en espiga terminal, de corola blanca, rósea o violácea, y fruto seco, encerrado en el cáliz y con cuatro semillas; tiene fuerte olor aromático. (Lamiaceae; *Mentha rotundifolia*).

sacyab. (Del maya).
I. 1. *Mx:SE.* **matarratón**. (**xakyaab**).

sadista.
I. 1. sust/adj. *ES, Bo.* Persona sádica.

saetilla.
I. 1. f. *Mx.* Hierba de hasta 1 m de altura, con hojas divididas, de bordes aserrados, flores en cabezuelas, blancas y amarillas, fruto pequeño y de aristas prominentes que se adhieren a la ropa o al pelo de los animales. (Asteraceae; *Bidens pilosa*). ♦ **amor seco**; **cadillo; cerbulaca; masequía; moreseca; mozote; negrajorra; pacunga; peteque; romerillo**.

safacasa.
I. 1. f. *Pe.* Ceremonia en la que algunas comunidades ayudan a construir la casa de amigos o parientes, culminando la labor con la colocación de una cruz sobre el techado. rur.

safacoca.
I. 1. *Mx.* **zafacoca**, alboroto. pop.

safacón.
I. 1. m. *RD.* Cubo de basura.

safe. (Voz inglesa).
I. 1. m. *EU, Ni, Cu, PR. En el beisbol,* llegada legal de un jugador a una de las **bases** o al **plato**.

safornarse.
I. 1. *Ho, Ni.* **desafornarse**.

safrisco, -a.
I. 1. adj/sust. *Ve. Referido a persona,* entremetida, imprudente, atrevida. pop. (**zafrisco**).
II. 1. adj/sust. *Ve. Referido a persona,* zalamera. pop. (**zafrisco**).

saga.
I. 1. f. *PR.* Pez de agua dulce y marina, de pequeño tamaño, color castaño y boca muy grande. (Gobiidae; *Awaous tajasica*).

sagabichi. (Del zapoteco).
I. 1. *Mx:S.* **pichijumo**.

sagaz.
I. 1. f. *Ho.* Mano derecha de alguien. desp.

sagó.
I. 1. m. *Mx.* **coyol**, palma.

sagradamente.
I. 1. adv. *Co, Bo, Ch.* Con puntualidad y exactitud.

sagú. (De *sagú,* voz malaya).
I. 1. m. *Mx, Ho, CR, Pa, Cu:E, Co, Ve, Bo.* Planta herbácea perenne de hasta 1 m de altura, con tallos aéreos ramificados y subterráneos, hojas alternas, oblongas, aterciopeladas, y flor de color blanco en racimos; la raíz tiene aplicación en la medicina tradicional. (Marantaceae; *Maranta arundinacea*). ♦ **chaac**; **macús; maranta; solupe; yuquilla**.
2. *Ho, Bo.* Almidón de color amarillo extraído de la raíz del sagú; se utiliza para la ropa, como alimento y, en alfarería, como taco para el engobe amarillo. ♦ **yuquilla**.

saguaipé. (Del guar.).
I. 1. m. *Py, Ar, Ur.* Gusano de hasta 3 cm de longitud, cuerpo plano, no segmentado, con la parte delantera ancha y la posterior delgada. (Fasciolidae; *Fasciola hepatica*). ♦ **alicuya; pirigüín**.
2. *Ar:NE.* Sanguijuela.

saguaro.
I. 1. m. *Mx.* Planta cactácea de tallo columnar, de hasta 15 m de altura, con ramificaciones y subramificaciones, espinas agrupadas de color pardo, flores en la parte superior de los tallos, de pétalos cortos y color blanco, y fruto rojo y comestible. (Cactaceae; *Carnegiea gigantea*). (**sahuaro; suguaro**).

saguate.
    I. 1. m. *CR.* metáf. Hombre mujeriego.

saguate, -a.
    I. 1. m. y f. *CR.* Perro callejero. pop + cult → espon.

sagüés.
    I. 1. m. *EU:SE.* Zona de la ciudad de Miami donde se ha concentrado la población cubana. ♦ **sagüesera.**

sagüesera.
    I. 1. f. *EU:SE.* **sagüés.** pop + cult → espon ∧ desp.

sagüinto.
    I. 1. m. *Bo:E.* **pitanga,** arbusto.

sáhila. (Del kuna).
    I. 1. m. *Pa.* Cacique general de los indios kunas.

sahornarse.
    I. 1. tr. prnl. *Cu.* Pudrirse una hoja de tabaco a causa de una fuerte fermentación.

sahuaro.
    I. 1. *Mx.* **saguaro.**

sahumada.
    I. 1. f. *Ec, Bo:O.* **sahumerio.**

sahumadora.
    I. 1. f. *Co:SO, Pe.* En ciertas procesiones, mujer que va delante de los pasos sahumando las imágenes.

sahumerio.
    I. 1. m. *Ho, Pa, PR, Co, Ve, Ch.* Limpieza espiritual de una casa que consiste en lavarla con agua de plantas aromáticas o echarle humo aromático, quemando sustancias de olor muy fuerte como el incienso. pop + cult → espon. ♦ **sahumada.**

saice.
    I. 1. m. *Bo.* Guiso preparado con carne de vaca picada, habas, guisantes, cebollas, patatas picadas y **ají colorado**; se acompaña de arroz o **chuñoputi.** (**saici**).

saicera.
    I. 1. f. *Bo.* Mujer que cocina y vende **saice.**

saici.
    I. 1. *Bo.* **saice.**

saimiri.
    I. 1. m. *Pe.* Mono de cara sonrosada y pelos blancos, hocico redondeado y negro, pelaje amarillento, y cola de color castaño oscuro, con una longitud igual o mayor que el cuerpo y terminada en un haz de pelos negros. (Cebidae; *Saimiri boliviensis*).

sainete.
    I. 1. m. *Ar.* Variedad rioplatense del sainete español, caracterizada por reflejar humorísticamente las costumbres de la vida en los **conventillos.**
    II. 1. m. *Cu.* Recriminación violenta. pop + cult → espon.

saino, -a.
    I. 1. adj. *ES.* Referido a *persona*, pícara, taimada.

saíno.
    I. 1. *Mx, Ni, CR, Pa, Co, Ec.* **pecarí,** mamífero. ♦ **zaíno.**

saitazo.
    I. 1. m. *ES.* Punzada, picada de un insecto.

sajada.
    I. 1. f. *Pa.* Herida causada por un objeto cortante. rur; pop + cult → espon.

sajadura.
    I. 1. f. *Ch:SO.* Rasguño o corte largo hecho por un brujo en la piel de una víctima para transmitirle un maleficio.

sajar.
    I. 1. tr. *Ni.* Hacer *alguien* cortaduras en la carne para salarla.
    2. *Ni.* Herir *una persona* a *alguien*.

    II. 1. tr. *Pa.* p.u. Cortar *algo* por la mitad. rur; pop + cult → espon.

sajasta.
    I. 1. f. *Ar:NO.* Liquen con ramas colgantes de color ceniza, que se utiliza como forraje para el ganado. (Usneaceae; *Usnea* spp.).

sajazo.
    I. 1. m. *RD.* Herida grave de arma punzante.

sajiao, -jiá.
    I. 1. adj. *RD.* Referido a *persona*, herida gravemente con un arma punzante.

sajino. (Epént. de *saíno*).
    I. 1. *Ho:S, Ni, Pe.* **cerdo de monte.**
    II. 1. m. *Ni.* Mal olor del sobaco.

sajiro.
    I. 1. m. *Pe:O.* Momento oportuno para hacer algo. pop.
    ► **dar ~.**

sajorín. (De *zahorí*).
    I. 1. m. *Mx:SE.* p.u. Hechicero, curandero.
    II. 1. sust/adj. *PR.* Niño inquieto y travieso. pop + cult → espon.

sajra. (Del quech. *saqra*).
    I. 1. m. *Pe:C.* Diablo, demonio.
    ■
        a. ‖ **~ hora.** f. *Bo:C,O.* Comida de media mañana. pop + cult → espon. (**sajrahora**).

sajrahora.
    I. 1. *Bo:C,O.* **sajra hora.**

sajta.
    I. 1. f. *Ar:NO.* Guiso *preparado principalmente a base de* **charqui** *molido* que se fríe con cebolla y después se hierve. rur.
    2. m. *Pe:SE.* Guiso hecho a base de pollo o gallina y **maní.**
    3. f. *Bo.* Guiso preparado con pollo troceado, habas, guisantes, cebollas y **ají colorado.**

sajuriana.
    I. 1. f. *Ch, Ar, Pe, Ur,* p.u. Danza tradicional de pareja suelta y carácter cortesano, que alterna partes lentas con otras vivas de ritmo de vals; tuvo su origen en los minués y gavotas que llegaron de Europa en el siglo XVIII.

sajurín, -na.
    I. 1. adj. *ES.* Referido a un *niño*, inquieto, travieso.
    II. 1. m. y f. *Ni.* Persona que dice saberlo todo.
    2. *Ni.* Persona que adivina lo oculto.

sal.
    I. 1. f. *Mx, Gu, Ho, ES, Ni, CR, RD, Co, Ec, Pe.* Infortunio, desgracia, mala suerte.
    ■
        a. ‖ **~ bigua.** f. *Co.* Sal mineral en su estado natural, antes de ser tratada.
        b. ‖ **~ de gusano.** f. *Mx.* Sal molida con gusanos de **maguey** tostados que se toma antes de beber **mezcal.**
        c. ‖ **~ prieta.** f. *Ec:O.* Alimento preparado con sal, **maní** tostado y especias.
    □
        a. ‖ **~ ni la ~ ni el agua.** loc. adv. *Ch.* Nada de lo que se pide o se pretende. pop + cult → espon.
    ☑
        a. ‖ **~ quiere ese huevo.** fr. prov. *Pa.* Indica que alguien da señales de solicitar o desear algo. vulg; pop + cult → espon ∧ fest.
    ► **cargar un costal de ~; echar la ~; hacérsele ~ y agua; llevar un costal de ~; no dar ~ ni para un huevo; ser un costal de ~.**

sala.
    I. 1. f. *ES, Ar:NO.* Casa principal de una propiedad rural, *en la que generalmente vive el dueño o el administrador*. rur.

■

a. ‖ ~ **comedor.** f. *Cu.* Habitación en la que se encuentran la sala y el comedor sin separación alguna.

b. ‖ ~ **cuna.** f. *Ch.* Guardería en la que se cuidan niños que todavía no han aprendido a andar.

c. ‖ ~ **de clases.** f. *Ch, Py. En un recinto escolar*, aula donde se imparten las enseñanzas.

d. ‖ ~ **de té.** f. *ES.* Establecimiento de alquiler acondicionado para celebrar fiestas y reuniones.

salacate. (Del nahua *xalla*, arena, y *acatl*, caña).
I. 1. *Mx.* **negrito**, árbol de hasta 6 m.

salación.
I. 1. *Mx, Ho, RD, Bo.* **salazón**.
2. f. *Cu.* Calamidad, desgracia. pop.
3. *Cu.* Molestia o fastidio. pop + cult → espon.

saladera.
I. 1. f. *RD, PR, Pe.* Mala suerte continua o general. pop + cult → espon.

saladero.
I. 1. m. *CR.* Sitio cubierto donde se halla colocado un recipiente de madera dispuesto para que el ganado, *en especial el bovino*, consuma sal. rur.
2. *CR.* Cualquier sitio de un pastizal dispuesto para dar sal al ganado vacuno. rur.

saladito.
I. 1. m. *Cu, Bo:E,S, Ar, Ur.* Refrigerio salado que se sirve en fiestas y reuniones para acompañar bebidas.
2. *Pa.* Golosina de origen chino, preparada con sal y azúcar.

salado.
I. 1. m. *Co.* Lugar en el que se llevan a cabo las labores de extracción de la sal de los manantiales salinos.
II. 1. m. *Pa.* Mezcla de frutas secas preparadas con sal y azúcar.

salado, -a.
I. 1. adj. *Mx, Gu, Ho, ES, Ni, Pa, Cu, RD, PR, Bo; CR, Co, Ve, Ec, Pe, Ar:NO*, pop. *Referido a persona*, que tiene mala suerte. ♦ **basiliqueado; sapeado**.
2. *Cu, Ur. Referido a persona*, difícil de soportar. pop + cult → espon.
II. 1. adj. *Bo, Ch, Py, Ar, Ur. Referido especialmente a cosa*, cara, de precio elevado. pop + cult → espon.

□

a. ‖ **más ~ que el agua del mar.** loc. adj. *Ho. Referido a persona*, con muy mala suerte. hiperb.

¡salado!
I. 1. interj. *Ur.* Expresa que un problema es de difícil resolución o que una situación es embarazosa. pop + cult → espon.

salamanca.
I. 1. f. *Bo, Ur, Ar,* rur; *Ch*, p.u. Cueva natural que hay en algunos cerros.
2. *Ar. En la tradición popular*, salamandra con poderes maléficos que habita en las cuevas.

salamanqueja.
I. 1. f. *ES, Co.* Reptil de hasta 8 cm de longitud, con cuerpo ceniciento. (Teiidae; *Ameiva* spp.). ♦ **lobito**.
2. *Ec, Pe.* Salamanquesa. (Gekkonidae; *Tarentola mauritanica*).

salamanquina.
I. 1. f. *Cu; Ch,* p.u. Lagartija.

salame.
I. 1. m. *Pa, Co, Pe, Bo, Ch, Py, Ar, Ur.* Salami.
II. 1. sust/adj. *Ar, Ur.* Persona tonta, de escaso entendimiento. pop + cult → espon ∧ desp.

salamero, -a.
I. 1. m. y f. *Py.* Persona dedicada a la venta de **salame**. pop.

II. 1. sust/adj. *Py.* Persona que actúa con hipocresía para obtener cierto beneficio personal. pop.

salamín.
I. 1. m. *Ch, Py, Ar, Ur.* Variedad del **salame** preparada en forma de chorizo.
II. 1. m. *Ar, Ur.* Persona tonta, de escaso entendimiento. pop + cult → espon.

salamo.
I. 1. f. *Ho:S,O, ES, Ni, Pa.* Árbol de hasta 20 m de altura, de tronco recto de color rojo pálido, hojas aovadas, vistosas flores con grandes brácteas blancas y fruto capsular; su madera se utiliza en carpintería. (Rubiaceae; *Calycophyllum candidissimum*). ♦ **alazano; dagame; lluvia de plata; madroño; nevado; palo de huevo**.

salancachi.
I. 1. m. *Bo:S.* Arbusto de hasta 4 m de altura, de corteza amarilla y áspera, con hojas simples, opuestas, aserradas, y flores dispuestas en panículas terminales o axilares. (Euphorbiaceae; *Acalypha plicata*).

salaque.
I. 1. m. *Bo.* Danza que se caracteriza por el zapateo de los danzarines, quienes llevan las manos en la parte trasera del cuerpo a la altura de la cintura; es típica del **departamento** de Chuquisaca.
2. *Bo.* Composición musical de ritmo alegre a cuyo son se baila el salaque.

salar(se).
I. 1. tr. *Mx, Gu, Ho, ES, Ni, Pa, Cu, RD, Ec, Bo; CR, PR, Co, Pe, Ar:C,NO*, pop + cult → espon. Dar o causar mala suerte a *alguien* o *algo*.
2. intr. prnl. *Mx, Gu, Ho, ES, Ni, Pa, Cu; CR, PR, Co, Pe, Bo*, pop + cult → espon. Caerle la mala suerte a alguien o a algo.
II. 1. tr. *Ni, Pa, Cu, PR, Pe.* Desgraciar, echar a perder *algo*. pop + cult → espon.
2. intr. prnl. *Ni, Pa, Cu, PR, Pe.* Echarse a perder *algo*.
3. tr. *Pe.* Manchar, deshonrar a *alguien*.
4. intr. prnl. *Pe.* Caer *alguien* en la deshonra.
III. 1. tr. *CR, Co, Ec.* Dar de comer sal al ganado. rur.
2. intr. *Ec.* Comer sal el ganado. rur.
IV. 1. m. *Ar.* Salitral.

salario.
■

a. ‖ ~ **escolar.** m. *CR.* Ahorro obligatorio de los trabajadores, que se les devuelve en enero de cada año.

b. ‖ ~ **integral.** m. *Co.* Salario en el que ya está incluido dentro del valor total, además del trabajo ordinario, las prestaciones, recargos y beneficios.

c. ‖ ~ **mínimo nacional.** m. *Ur.* Remuneración mínima obligatoria que fija el Gobierno.

d. ‖ ~ **mínimo vital.** m. *Bo, Ar.* Suma mínima de dinero que gana una persona al mes, y que es impuesta por el Estado.

salazón.
I. 1. f. *Mx, Ho, ES, Ni, CR, Pa, Cu, RD, PR, Pe, Bo.* Mala suerte. pop + cult → espon. (**salación**).

salbecazo.
I. 1. m. *ES.* Fanfarronada. ♦ **salbeque**.

salbeque.
I. 1. m. *ES.* Bolsa alargada con trapos o algún peso en el fondo, que usan los muchachos en algunas fiestas para divertirse peleando.
2. *Ni.* Bolso con dos asas para llevar cosas.
II. 1. *ES.* **salbecazo**.

salbequear.
I. 1. tr. *ES.* Amenazar a *alguien* sin intención de cumplir las amenazas.

salbute. (Del maya *zaal,* ligero, y *but,* relleno).
I. 1.   m. *Mx.* **Chalupa** rellena de carne de cerdo, **jito-mate** y otros ingredientes. (**zalbute**).

salchichón.
I. 1.   m. *ES, Ni, CR, Ec.* Pene. vulg; pop + cult → espon.

salchichonería.
I. 1.   f. *Mx.* Tienda de embutidos o zona de una tienda departamental donde se venden.

salchipapa.
I. 1.   f. *Co, Ec, Pe, Bo:O, Ch.* Comida consistente en **papas** y salchichas fritas, servida con mayonesa o salsa de tomate, mostaza y **ají**.

salchipapero, -a.
I. 1.   m. y f. *Ec, Pe, Bo:O.* Persona que vende **salchipa-pas,** *generalmente en puestos ambulantes.*

salcochar.
I. 1.   *Cu.* **sancochar,** cocer.
2.   *Cu.* **sancochar,** cocinar mal.

salcochera.
I. 1.   *Cu.* **sancochera.**

salcocho.
I. 1.   *Cu.* **sancocho,** resto de comida.
2.   *Cu.* **sancocho,** comida mal preparada.
3.   *RD.* **sancocho,** guiso de legumbres y carnes.

sale. (Voz inglesa).
I. 1.   f. *Ar, Ur;* m. *EU, PR; Ch,* p.u. Venta de un bien o de un producto, *generalmente en liquidación.*

■

a. ‖ ~~. m-f. *Mx.* Persona que en la vía pública aca-para espacios de estacionamiento para negociar con ellos; indica a los conductores por medio de silbi-dos y señas dónde aparcar, y se dedica a limpiar los co-ches a cambio de unas monedas.

¡sale!
I. 1.   interj. *Ch.* juv. Expresa rechazo o incredulidad ante lo afirmado por alguien. pop + cult → espon.

saleo.
I. 1.   m. *RD.* Burro, animal solípedo.

salero.
I. 1.   *Co.* **zapotón.**
▶ **voltear el ~.**

saleya.
I. 1.   *Ho.* **arrocillo.** (Poaceae, *Blachiaria plantaginea*).

salibón.
I. 1.   m. *Ho.* Mascada de tabaco.

salibú.
I. 1.   m. *ES.* Trago de aguardiente.

salicolchón.
I. 1.   *Ho, ES, Ni.* **curruchiche.** (**saricolchón**).

salida.
I. 1.   f. *Ch.* Desbordamiento de una corriente de agua.
□
a. ‖ ~ **de baño.** loc. sust. *Ec, Pe, Bo, Ch, Py, Ar, Ur.* Prenda similar a una bata que se utiliza para cubrirse después del baño.
b. ‖ ~ **de cancha.** loc. sust. *Ch.* Chándal.
▶ **estar en la sin ~.**

salidera.
I. 1.   f. *Mx, ES, CR, Pa, Cu, Co.* Salida reiterada y sin propósito de algún sitio. pop + cult → espon. (**sa-lidero**).
II. 1.   f. *Ar.* Asalto a alguien que acaba de retirar dinero de un banco o de una entidad financiera.
III. 1.   f. *CR.* Diarrea. pop + cult → espon ^ fest.

salidero.
I. 1.   m. *Mx.* **salidera,** salida reiterada.
II. 1.   m. *Ho, Co.* Lugar por donde sale algún líquido, *en especial la boca de una manguera.*

III. 1.   m. *Cu.* Agujero, *especialmente el de un recipiente o una tubería.*

salideza.
I. 1.   f. *ES.* Salida, ocurrencia.

salido, -a.
I. 1.   adj. *Ho, ES, Ni, Ve.* Referido a persona, indiscreta, impertinente.

salidor.
I. 1.   m. *RD, Ve; Ar, Ur,* pop + cult → espon. *En los juegos de azar,* número premiado con gran fre-cuencia.
II. 1.   *PR.* **gallo de salida.**

salidor, -ra.
I. 1.   m. y f. *Mx.* Persona valiente, que no se amedrenta ante las adversidades. pop + cult → espon.
II. 1.   adj/sust. *ES, RD, Ch; Ar, Ur,* pop + cult → espon. *Referido a persona,* que gusta de salir con frecuen-cia o estar fuera de casa.
III. 1.   adj. *Ve.* Referido a un caballo, que empieza a andar en cuanto el jinete se monta.
2.   *Ho.* Referido a un gallo de pelea, agresivo con el contrario.
IV. 1.   adj. *Ve.* Referido a persona, que figura en una lista electoral en un puesto que tiene posibilidades de salir favorecida.

salidora.
I. 1.   f. *Mx.* Mujer casquivana. pop + cult → espon ^ desp.

saliente.
I. 1.   f. *Bo, Py, Ar, Ur.* Parte que sobresale de una cosa.
II. 1.   adj. *Py.* Referido a persona, que deja un cargo para ascender u ocupar otro puesto laboral en otra entidad o empresa. pop + cult → espon.

¡salifó!
I. 1.   interj. *RD.* Expresa orden de que alguien salga de un lugar.

salinear.
I. 1.   intr. *ES.* Trabajar en las salinas.

salinera.
I. 1.   f. *ES, CR, PR, Pe, Bo.* Salina, lugar donde se acumu-la la sal de las aguas del mar o de ciertos manan-tiales, cuando se ha evaporado el agua.

salir(se).
I. 1.   intr. *Ni, Co.* Combinar una cosa con otra o una prenda con otra. ◆ **cuadrar.**
II. 1.   intr. prnl. *Ni, Cu, Bo:O.* Decir o hacer *algo* ines-perado o inaceptable. pop.
●
a. ‖ **que salga pato o gallareta.** fórm. *Ec, Bo, Ar, Ur,* p.u. Se usa para expresar que algo se hará u ocurri-rá sin importar el resultado que se obtenga en de-terminado asunto. pop + cult → espon.
b. ‖ **sale.** fórm. *Mx, Ni, Bo:O.* Se usa para afirmar o expresar acuerdo enfático.
c. ‖ **¡salí!** fórm. *Ar, Ur.* Se utiliza para indicar al inter-locutor que no continúe con lo que está diciendo porque se está en absoluto desacuerdo con él. pop + cult → espon.
□
a. ‖ **no ~ de perico perro.** loc. verb. *Mx.* Permanecer en estado de precariedad o pobreza. pop + cult → espon.
b. ‖ **no ~ de una.**
i.   loc. verb. *RD, PR, Ve.* Encontrarse habitual-mente con problemas o con dificultades. pop.
ii.   *Cu.* No ser *algo* gratis o regalado.
c. ‖ **no ~ de una para entrar en cofio.** loc. verb. *Pa.* No ser *algo* gratis o regalado.
d. ‖ **no ~le ni la chula.** loc. verb. *Ho.* Tener mala suerte.

e. ‖ ~ **a bailar.** loc. verb. *Ho, Ni.* Ser *alguien* tema de conversación. pop + cult → espon.

f. ‖ ~ **a mano.** loc. verb. *Mx.* No haber perdido ni ganado al finalizar una partida de juego. pop + cult → espon.

g. ‖ ~ **al claro.** loc. verb. *RD.* Dejarse ver *alguien* que estaba escondido.

h. ‖ ~ **al éter.** loc. verb. *Bo. En radiodifusión,* emitirse algo.

i. ‖ ~ **al pizarrón.** loc. verb. *Ch.* Mostrarse *alguien* ante la opinión pública y rendir cuentas o contar sus acciones pasadas o futuras. pop + cult → espon.

j. ‖ ~ **al zoco.** loc. verb. *Co:O.* Caminar, correr o desplazarse de forma muy apresurada. pop.

k. ‖ ~ **arriado.** *Ho, Co:O.* **salir pitado.** pop.

l. ‖ ~ **billar.** loc. verb. *Ni.* juv. Estar de acuerdo, consentir algo.

m. ‖ ~ **botando.** loc. verb. *Mx.* Resultar perjudicado por un hecho o acontecimiento. pop + cult → espon.

n. ‖ ~ **brisiao.** loc. verb. *RD.* Salir deprisa de un lugar. pop.

ñ. ‖ ~ **cachinflín.** loc. verb. *Ho.* Decepcionar *una persona* a alguien por no satisfacer las expectativas que había depositado en ella. pop + cult → espon.

o. ‖ ~ **canas verdes.** loc. verb. *Ni, PR, Ec, Bo, Ch, Py, Ar, Ur.* Tener alguien preocupaciones y disgustos constantes a causa de algo o de alguien. pop + cult → espon.

p. ‖ ~ **chipusteado.** loc. verb. *ES.* Marcharse o huir a gran velocidad.

q. ‖ ~ **cochero.** *Cu.* **salir en coche.**

r. ‖ ~ **coheteado.** loc. verb. *Pe.* Salir de manera rápida y acelerada de un sitio. pop.

s. ‖ ~ **como bola por tronera.**
   i. loc. verb. *Cu.* Marcharse de un lugar con precipitación.
   ii. *Cu.* Salir de un sitio después de fracasar en una empresa o propósito.

t. ‖ ~ **como cachinflín.** loc. verb. *ES, Ni.* Irse precipitadamente *alguien,* con rapidez.

u. ‖ ~ **como culo quemado.** loc. verb. *Ni.* Irse velozmente o huir con rapidez. vulg; pop.

v. ‖ ~ **como el arpa de Judas.** loc. verb. *Ni.* Irse velozmente o huir con rapidez.

w. ‖ ~ **como moco de ñato.** loc. verb. *Ni.* Irse velozmente o huir con rapidez.

x. ‖ ~ **como pedo de achín.** loc. verb. *ES.* Huir *alguien* con rapidez.

y. ‖ ~ **como pedo de mula.** loc. verb. *Ni.* Irse velozmente o huir con rapidez.

z. ‖ ~ **como pepa de guama.** *Co:C.* **salir pitado.**

a¹. ‖ ~ **como pepita de guaba.** loc. verb. *Pa.* Marcharse rápidamente. pop + cult → espon.

b¹. ‖ ~ **con domingo siete.** *CR, Ec, Ur.* **salir con un domingo siete.**

c¹. ‖ ~ **con el guarizama desenvainado.** loc. verb. *Ho.* Amenazar a alguien de forma agresiva y violenta. pop.

d¹. ‖ ~ **con la empanada.** loc. verb. *Ch.* Decir un despropósito o algo inconveniente e inoportuno. pop.

e¹. ‖ ~ **con panza.** loc. verb. *ES, Ni, CR.* Quedar embarazada una mujer.

f¹. ‖ ~ **con premio.** loc. verb. *Mx.* Quedar embarazada una mujer sin desearlo. pop.

g¹. ‖ ~ **con su batea de baba.** loc. verb. *Mx, Ni.* Decir o hacer algo que denota simpleza o necedad. pop + cult → espon.

h¹. ‖ ~ **con su domingo siete.**
   i. loc. verb. *Mx, ES, Ni, Pa; Ch,* pop + cult → espon. Sorprenderse desfavorablemente una mujer soltera por quedarse embarazada. desp.
   ii. *Pe,* pop; *Ch,* pop + cult → espon. Quedarse embarazada una mujer.
   iii. *Pa, Pe.* Decir o hacer *alguien* algo inesperado. pop + cult → espon.

i¹. ‖ ~ **con su gusto.** loc. verb. *Pe, Bo.* Satisfacer *alguien* sus deseos o caprichos. pop + cult → espon.

j¹. ‖ ~ **con su media mecha.** loc. verb. *Ec.* Tratar *alguien* de justificar una cosa insostenible.

k¹. ‖ ~ **con su nacatamal.** loc. verb. *Ni.* Quedar embarazada una mujer. fest.

l¹. ‖ ~ **con su torta.** loc. verb. *Ni.* juv. Quedar embarazada una mujer.

m¹. ‖ ~ **con un chorro de babas.**
   i. loc. verb. *Ni, Co.* Decir *alguien* una simpleza. pop ∧ desp.
   ii. *Ni, Co.* Hacer *alguien* muy poco o nada de un trabajo al que se había comprometido. pop ∧ desp.

n¹. ‖ ~ **con un domingo.** loc. verb. *Ho, Ni.* Quedar embarazada una mujer. vulg.

ñ¹. ‖ ~ **con un domingo siete.** loc. verb. *Ho, CR, Pa, Ec, Bo, Ar, Ur.* Decir algo inoportuno. pop. (**salir con domingo siete**).

o¹. ‖ ~ **con viernes trece.** loc. verb. *Bo:C,O.* Sorprender con algo inesperado. pop + cult → espon.

p¹. ‖ ~ **corneta.** loc. verb. *Bo.* Defraudar o decepcionar a alguien.

q¹. ‖ ~ **de abajo.** loc. verb. *RD, Ve, Ec.* Mejorar de situación económica.

r¹. ‖ ~ **de atrás para adelante.**
   i. loc. verb. *RD.* Encararse a una persona.
   ii. *PR.* Responder a alguien bruscamente, sin delicadeza. pop + cult → espon.

s¹. ‖ ~ **de cuete.** loc. verb. *Ho.* Huir, salir velozmente.

t¹. ‖ ~ **de güida.** loc. verb. *Ho, ES.* Huir, salir velozmente.

u¹. ‖ ~ **de la olla.** loc. verb. *Co.* Resolver un problema, salir de una mala situación. pop.

v¹. ‖ ~ **de la pinga.** loc. verb. *Cu.* Dar la gana. pop.

w¹. ‖ ~ **de las mismas correas.** loc. verb. *Mx, Ho, Ni.* Pagar el coste, de manera directa o indirecta, de algo que se recibe como obsequio. pop + cult → espon.

x¹. ‖ ~ **de oro.** loc. verb. *PR.* Salir *alguien* beneficiado de una situación. pop + cult → espon.

y¹. ‖ ~ **de perdedor.** loc. verb. *Bo, Ar; Ur,* p.u. Obtener un triunfo o victoria después de haber sufrido una serie de fracasos o derrotas, *especialmente en un deporte.* pop + cult → espon.

z¹. ‖ ~ **de rispa.** loc. verb. *ES.* Irse deprisa.

a². ‖ ~ **del callejón.** loc. verb. *Pe.* Salir del aislamiento o atraso. pop + cult → espon.

b². ‖ ~ **del charco.** loc. verb. *PR.* Salvarse *alguien* de una situación difícil, de una mala racha. pop + cult → espon.

c². ‖ ~ **del clóset.** loc. verb. *ES, Ni, PR, Co, Ve, Ec, Pe, Ch, Py.* Reconocer *alguien* públicamente su condición homosexual.

d². ‖ ~ **del empacho.** loc. verb. *Ch.* Enterarse o recibir noticia *alguien* de algo que le tenía preocupado.

e². ‖ ~ **del maíz picado.** loc. verb. *Ho, ES, Ni.* Resolver algún problema o superar alguna adversidad.

f². ‖ ~ **del montón.** loc. verb. *ES, Pa, Ch.* Sobresalir o destacar de una clase social o cultural baja. pop + cult → espon.

g². ‖ ~ **destapado.** loc. verb. *Mx.* Abandonar un lugar muy rápidamente. pop + cult → espon.

h². ‖ ~ **disparando.** loc. verb. *Ch, Ar, Ur.* Marcharse apresurada y precipitadamente. pop + cult → espon.

i². ‖ **~ echando.** loc. verb. *Cu.* Marcharse *alguien* de un lugar a toda velocidad.

j². ‖ **~ el chirrión por el palito.** loc. verb. *Mx.* Frustrarse las esperanzas depositadas en algo. pop + cult → espon.

k². ‖ **~ en coche.** loc. verb. *Cu.* Terminar *alguien* un asunto mejor de lo que esperaba. pop + cult → espon. ♦ **salir cochero**

l². ‖ **~ en dos palitos.** loc. verb. *Ho, Ni.* Irse velozmente o huir con rapidez.

m². ‖ **~ en pela coche.** loc. verb. *Co:C,NE.* Terminar *alguien* un asunto mejor de lo que esperaba.

n². ‖ **~ fletado.** loc. verb. *Cu.* Marcharse precipitadamente. pop.

ñ². ‖ **~ guindado.** loc. verb. *Ho, Ni.* Ir *una persona* o vehículo a gran velocidad.

o². ‖ **~ hecho.** loc. verb. *Ar:NO.* Empatar con un contrincante. pop + cult → espon.

p². ‖ **~ hecho un culo.** loc. verb. *Ho.* Irse *alguien* rápidamente, huir velozmente. vulg; fest.

q². ‖ **~ hecho un pedo.** loc. verb. *Ho, ES, Ni.* juv. Irse *alguien* rápidamente, huir velozmente. vulg.

r². ‖ **~ junto con pegado.** loc. verb. *Mx.* Ser lo mismo, resultar igual. pop.

s². ‖ **~ la bigotera al revés.** loc. verb. *Ec.* p.u. Obtener *alguien* un resultado contrario al que esperaba. pop.

t². ‖ **~ la sucia.** loc. verb. *Ho.* Recibir una persona un susto por algo.

u². ‖ **~ la venada careta.** loc. verb. *Ho, Ni, CR.* Dar algo un resultado contrario al deseado. rur.

v². ‖ **~ la viuda.** loc. verb. *Ar.* Presentársele a alguien un problema o una dificultad inesperados. pop + cult → espon.

w². ‖ **~ liso.** loc. verb. *Ve.* Salir indemne de una actividad o dificultad. pop.

x². ‖ **~ macho el calzón.** loc. verb. *Ho.* Estar el pantalón metido entre las nalgas.

y². ‖ **~ más caro el caldo que los frijoles.** loc. verb. *Ho, Ni.* Gastarse mucho dinero en algo que no merece la pena. pop.

z². ‖ **~ mojado.** loc. verb. *Ni.* Salir perjudicado *alguien* en un asunto o negocio. pop + cult → espon.

a³. ‖ **~ mojado y sin pescado.** loc. verb. *PR.* No conseguir *alguien* lo que se perseguía después de haber hecho un gran esfuerzo o un desembolso económico importante. pop + cult → espon.

b³. ‖ **~ pajarilla.** loc. verb. *Co:N.* Quedar *alguien* mal, defraudar. pop.

c³. ‖ **~ para la avenida.** loc. verb. *PR.* Salir *alguien* en libertad de la cárcel. carc.

d³. ‖ **~ para pintura.** loc. verb. *Co.* Estar *algo* terminado. pop.

e³. ‖ **~ parado.** *Ar.* caer parado, tener suerte.

f³. ‖ **~ pepenada.** loc. verb. *Ni.* Quedar embarazada una mujer. pop.

g³. ‖ **~ perdidoso.** loc. verb. *PR.* Quedar *alguien* mal en un asunto o negocio y además perder la reputación. pop + cult → espon.

h³. ‖ **~ pitado.** loc. verb. *Ho, ES, Ni, Pa, Co, Ec.* Marcharse deprisa de un lugar. pop. ♦ **salir arriado; salir como pepa de guama.**

i³. ‖ **~ pitao.**
   i. loc. verb. *PR.* Salir *alguien* apresuradamente de un sitio, a gran velocidad y con malos modales. pop + cult → espon.
   ii. *PR.* Ser *alguien* expulsado de un lugar. pop + cult → espon.

j³. ‖ **~ por dentro.** loc. verb. *CR.* Resultar perjudicado en un negocio. pop.

k³. ‖ **~ por el techo.**
   i. loc. verb. *Cu.* Fracasar *alguien* rotundamente. pop + cult → espon.
   ii. *Cu.* Ser descubierto *alguien* que cometía un error o un acto ilegal. pop + cult → espon.

l³. ‖ **~ por la placa.** loc. verb. *Cu.* Ser descubierto *alguien* que comete un error o un acto ilegal en el centro de trabajo.

m³. ‖ **~ por los palos.**
   i. loc. verb. *Ch; Pa,* p.u., pop. Aparecer *alguien* de improviso.
   ii. *Pa.* En las carreras de caballos, sobrepasar un jinete a otro por la parte de afuera, inesperadamente y ganar la carrera. pop ^ fest.

n³. ‖ **~ profesional.** loc. verb. *Bo.* Finalizar la formación académica con la obtención de un título universitario o de nivel inferior.

ñ³. ‖ **~ quemado.** loc. verb. *PR.* Ser *alguien* castigado por la ley. delinc.

o³. ‖ **~ rajando.** loc. verb. *Bo:O,S, Ch, Ar, Ur.* Salir de manera apresurada. pop + cult → espon.

p³. ‖ **~ ras con chinche.** loc. verb. *Ho, Ni.* No ganar ni perder en algo.

q³. ‖ **~ raspando.** loc. verb. *Ve.* Salir apresuradamente. pop + cult → espon.

r³. ‖ **~ rasrás.** loc. verb. *Ho, Ch.* No ganar ni perder en un negocio o juego.

s³. ‖ **~ sapo.** loc. verb. *ES.* Resultar *algo* o *alguien* mal.

t³. ‖ **~ sobrando.** loc. verb. *Mx, ES, Pa, Ec.* Estar de más *algo*, ser innecesario. pop + cult → espon.

u³. ‖ **~ tendido.** loc. verb. *RD.* Marcharse deprisa de un lugar. pop.

v³. ‖ **~ un chancho con semilla.** loc. verb. *Ho.* Tener un cerdo la triquinosis.

w³. ‖ **~ venteado.** loc. verb. *Co.* Salir corriendo, huir. pop.

x³. ‖ **~ volado.** loc. verb. *Mx, ES, Ni, Ur.* Abandonar un lugar muy rápidamente. pop + cult → espon.

y³. ‖ **~ yesca.** loc. verb. *Bo:E.* Irse *una persona* de un lugar sin llevarse nada. pop.

z³. ‖ **~le a uno la criada respondona.** loc. verb. *Ho.* Sorprenderse *alguien* por la forma inesperada de actuar de una persona.

a⁴. ‖ **~le cola.** loc. verb. *Mx.* Obtener alguien un resultado contrario al que esperaba. pop + cult → espon.

b⁴. ‖ **~le con un detrás para a(de)lante.** loc. verb. *RD.* Responder a alguien bruscamente, sin delicadeza. pop + cult → espon.

c⁴. ‖ **~le la virgen.** loc. verb. *Ni.* Meterse alguien en problemas.

d⁴. ‖ **~le ronchas.** loc. verb. *Ho.* Tener alguien envidia de alguien.

e⁴. ‖ **~se de la vaina.**
   i. loc. verb. *Ar, Ur.* Estar deseoso de hacer o decir algo. pop + cult → espon.
   ii. *Ar.* Desbarrar, hablar u obrar fuera de razón. pop + cult → espon.

f⁴. ‖ **~se del cueco.** loc. verb. *RD.* Salirse de las normas.

g⁴. ‖ **~se del guacal.**
   i. loc. verb. *Mx, Gu.* Salirse de quicio, perder los estribos. pop + cult → espon. (**salirse del huacal**).
   ii. *Mx, Gu.* Dejar de cumplir o respetar ciertos límites impuestos por alguien o ciertas normas y reglas. pop + cult → espon. (**salirse del huacal**).
   iii. *Gu.* Abusar de la confianza de alguien. pop + cult → espon.

h⁴. ‖ **~se del huacal.** *Mx.* **salirse del guacal.**

i⁴. ‖ **~se lo de negro.**
   i. loc. verb. *Cu.* Comportarse de manera inadecuada. desp.

ii. *Cu.* Expresar de manera ordinaria y vulgar indignación, enfado o crítica contra algo o alguien. desp.

j⁴. ‖ **salírsele el callejón.**
  i. loc. verb. *Pe.* Sacar a relucir una persona una manera de comportarse o de hablar ordinarias o vulgares que pueden delatar su origen social. pop + cult → espon.
  ii. *Pe.* Perder la compostura y actuar de manera grosera y agresiva.

k⁴. ‖ **salírsele el cobre.** loc. verb. *Gu, Ni, Pa.* Poner de manifiesto alguien su verdadera naturaleza. pop + cult → espon ^ desp.

l⁴. ‖ **salírsele el gallo.** loc. verb. *Ni, Pa, Bo.* Rompérsele a alguien la voz al cantar y emitir un sonido agudo. pop + cult → espon ^ fest.

m⁴. ‖ **salírsele el indio.** loc. verb. *Ho, ES, Ni, Pa, Ec, Pe, Bo, Ch, Ar, Ur.* Enfurecerse o encolerizarse alguien. pop + cult → espon.

n⁴. ‖ **salírsele el maíz.** loc. verb. *CR.* Dejar alguien en evidencia su origen humilde o campesino con la forma de hablar o de actuar. pop + cult → espon.

ñ⁴. ‖ **salírsele el mesón.**
  i. loc. verb. *ES.* Comportarse vulgarmente o decir palabras soeces.
  ii. *ES.* Enfadarse momentáneamente.

o⁴. ‖ **salírsele la baba (o la babita).** loc. verb. *Cu, Ve.* Desear mucho algo.

p⁴. ‖ **salírsele la caja del lustre.** loc. verb. *ES.* Enfadarse, insultar. pop + cult → espon.

q⁴. ‖ **salírsele la piedra.** loc. verb. *Co.* Acabársele la paciencia a alguien. pop.

r⁴. ‖ **salírsele la punta del corvo.** loc. verb. *ES.* Enfadarse, insultar.

s⁴. ‖ **salírsele la saya.**
  i. loc. verb. *Ho.* Mostrar un hombre su homosexualidad.
  ii. *Ho.* Mostrar una persona sin quererlo sus ideas o sentimientos.

◪
  a. ‖ **el sol sale para que lo vean.** fr. prov. *Ve.* Indica el deseo de que se muestre el dinero que se está ofreciendo para algún negocio. fest.
  b. ‖ **que salga el ~ por donde salga.** fr. prov. *Cu.* Indica que no importan los riesgos que se tengan que correr.

salitrera.
  I. 1. f. *Bo, Ch.* Fábrica o lugar donde se procesa el salitre.

salitrón.
  I. 1. m. *Ch:N.* Fuego de artificio que se enciende con **salnatrón.**

saliva.
■
  a. ‖ **~ de la Virgen.** f. *Bo.* Arbusto de hasta 40 cm de altura, de tallos delgados muy ramificados y racimos de pequeñas flores blancas, *generalmente de cuatro pétalos.* (Verbenaceae; *Verbena microphylla*).
  ▶ **estar pegado con ~ de cotorra.**

salivada.
  I. 1. f. *Ve; Ur,* p.u. Salivazo.

salivadera.
  I. 1. f. *Bo, Ar, Ur.* Recipiente de cerámica o metal que sirve para escupir en él.

salivar.
  I. 1. intr. *Bo, Ar, Ur.* Arrojar saliva o flema por la boca.

salivazo.
  I. 1. *Pa.* **mión.**

salivero.
  I. 1. m. *Ho, ES, Ni, CR, RD.* Acumulación excesiva de saliva en la boca por hablar o pensar en manjares deliciosos. pop + cult → espon.

salivita.
  I. 1. f. *Co:C,E,N.* **mión.**

salmón.
  I. 1. m-f. *PR.* Persona tonta, torpe, estúpida. pop + cult → espon ^ desp.
■
  a. ‖ **~ del Paraná.** *Ar:NE, Ur.* **pirapitá.**

salmonero, -a.
  I. 1. m. y f. *Ch.* Persona que se dedica a la pesca del salmón o a su explotación y venta.

salmonete.
  I. 1. m. *RD.* Cheque, mandato escrito de pago.

salmonicultor, -ra.
  I. 1. m. y f. *Ch.* Persona dedicada a la cría del salmón en piscifactorías.

salmonicultura.
  I. 1. f. *Ch, Ar.* Cría del salmón en piscifactorías.

salmonífero, -a.
  I. 1. adj. *Ch.* Relativo a la industria y producción del salmón. cult.

salmuera.
□
  a. ‖ **en ~.**
    i. loc. adj/adv. *Cu. Referido a persona,* que está a punto de ocurrirle algo.
    ii. loc. adv. *RD.* Esperando la ocasión para causar un daño a alguien o vengarse de él.

salnatrón.
  I. 1. m. *Ch:N.* Mezcla de salitre y carbón o carbonato de sodio artificial.

salóbrego, -a.
  I. 1. adj. *Mx:SE.* p.u. *Referido a cosa,* salobre, de sabor salado. pop.

saloma.
  I. 1. f. *Pa.* Canto del campesino panameño para acompañar faenas y sus actividades en general, como el **embarre** de una casa. rur.
  2. *Pa.* Canto de los campesinos que se entona en los bailes para motivar la alegría de los participantes. rur.

salomador, -ra.
  I. 1. m. y f. *Pa.* Persona que entona cantos y gritos propios del folclore panameño, en prosa o verso.

salomar.
  I. 1. intr. *Pa.* Entonar gritos y cantos en prosa o en verso. rur. ◆ **bujear.**

salomónica.
  I. 1. f. *Pa.* Cadena de oro gruesa y retorcida que se lleva al cuello, como adorno.

salón.
  I. 1. m. *Mx, Pa, PR, Co, Pe, Bo:NE, Ch, Ar, Ur.* Lugar en el que se dan clases en los centros docentes. ◆ **salón de clases.**
  2. *Mx, Pa, Co.* Grupo de alumnos que están en el mismo curso. est.
  II. 1. m. *Pa, RD, Ar.* Peluquería.
  III. 1. m. *ES.* Corte de carne de **res** que corresponde a la parte posterior del muslo de la pata trasera.
  IV. (Del ingl. *saloon*).
    1. m. *Ho,* Bar, lugar donde se toman bebidas alcohólicas.
  V. 1. m. *Pa. En un hospital,* quirófano.
■
  a. ‖ **~ blanco.** m. *ES.* Corte de carne de **res** de los muslos de las patas traseras.

b. ‖ ~ **de actividades.** m. *PR.* Local que se alquila, con servicio o sin él, para realizar diversas celebraciones.

c. ‖ ~ **de clases.** *Mx, Pe, Ch, Ar, Ur.* **salón**, lugar donde se dan clases.

d. ‖ ~ **de fiestas.** m. *Mx, Pe, Ar, Ur.* Local que se alquila, con servicio o sin él, para realizar diversas celebraciones.

e. ‖ ~ **de onces.** m. *Co.* obsol. Establecimiento público en el que se sirven onces.

f. ‖ ~ **de té.** m. *Ch.* Establecimiento donde se sirve comida rápida, bebidas y helados.

▶ **dejar como ~ de baile.**

salonear.
I. 1. intr. *Mx.* Recorrer las aulas de una escuela durante las clases para informar a los estudiantes sobre aspectos de interés general o para invitar a sumarse a una actividad, *frecuentemente de carácter político.* est.

salonero, -a.
I. 1. m. y f. *CR, Pa, Ec.* Empleado que sirve los alimentos y bebidas en restaurantes, cafeterías u otros establecimientos similares.

salostre.
I. 1. m. *PR.* Primera leche después de parir la vaca. rur.

salpafuera.
I. 1. m. *Cu, PR.* **rebambaramba**, situación en que impera la confusión. pop + cult → espon.
II. 1. m. *Cu.* Discusión acalorada. pop + cult → espon.

salpicada.
I. 1. f. *Mx, ES, Ni, Pe.* Salpicadura.

salpicadera.
I. 1. f. *Mx, ES, Ni, Pe.* Salpicadura reiterada.
2. *Mx.* Cada una de las chapas que van sobre las ruedas de los vehículos y sirven para evitar las salpicaduras.

salpicar.
I. 1. intr. *Ch.* juv. Irse rápidamente de un lugar. pop.
II. 1. tr. *Pa, Cu.* Repartir dinero de manera generosa. pop.
III. 1. tr. *Pa.* Corromper a *alguien* con dádivas para conseguir de él algo. pop.

salpichín.
I. 1. m. *Ar:NO.* obsol. Salpicadura de líquido o grasa que mancha mucho la ropa.

salpicón.
I. 1. m. *Co.* Mezcla de trozos de diferentes frutas, en su propio jugo o en otro líquido, que se usa como bebida o refresco. ♦ **tutifruti.**
2. *Ch.* Entrada elaborada con lechuga u otras verduras y carne **molida** previamente dorada.
3. *Ec.* Bebida granizada hecha con el jugo de varias frutas.

■

a. ‖ ~ **de ave.** m. *Py, Ar, Ur.* Plato frío elaborado *principalmente con carne de pollo y papas* y aderezado con mayonesa.

b. ‖ ~ **de mariscos.** m. *Pa.* Plato elaborado con gran variedad de mariscos aderezada con salsa de tomate natural, cebolla, especias y otros ingredientes; *se sirve generalmente con arroz blanco.* pop + cult → espon.

salpicón, -na.
I. 1. sust/adj. *Cu.* Persona que coquetea.

salpique.
I. 1. m. *Pa.* Dinero o regalo con que se soborna. pop + cult → espon.
2. *Pa.* Ayuda de poca cuantía que alguien da a otro con problemas económicos. pop + cult.

▶ **dar su ~.**

salpiquear.
I. 1. tr. *ES.* Salpicar *algo* a *alguien.*

salpor.
I. 1. m. *Ho, ES, Ni.* Bollo de varias formas hecho de harina de maíz, arroz, **maicillo** o almidón con huevo batido, manteca y azúcar o **dulce de panela**, horneado que se deshace al comerse, como el polvorón. ♦ **alpora; salpora.**
II. 1. m. *Gu, ES.* Variedad de maíz de grano más grande y suave que el común que se utiliza en repostería.

salpora.
I. 1. f. *Ho:S.* **salpor**, bollo.

salporazo.
I. 1. m. *ES.* Pedrada.

salporoso, -a.
I. 1. adj. *ES. Referido a cosa*, porosa.
2. *ES. Referido a cosa*, quebradiza.

salpuria.
I. 1. f. *RD.* Tela de colores llamativos y hecha con materiales de poca calidad.

salsa.
I. 1. f. *Ur, Ch,* p.u, cult → espon; *PR,* juv. **Golpiza** violenta y repetida. pop.
2. *Ch.* Derrota amplia y contundente. pop + cult → espon.
II. 1. f. *Cu.* Desenvoltura y gracia que muestra alguien, *especialmente cuando intenta atraer a otra persona.*

■

a. ‖ ~ **blanca.**
　i. f. *Ni, Cu, Ec, Pe, Ch, Py, Ar, Ur.* Salsa espesa que se prepara con mantequilla, harina y leche.
　ii. *Pa.* Salsa algo espesa que se prepara con crema de leche, harina de maíz o cernida, jugo de vegetales o pollo concentrado y especias. pop + cult → esm.

b. ‖ ~ **borracha.** f. *Mx.* Salsa elaborada con **chile pasilla**, **pulque**, queso, cebolla y **chiles** en vinagre; se usa para aderezar barbacoas.

c. ‖ ~ **catre.** f. *Co:C,SO.* Tipo de salsa, género musical bailable, que tiene como tema principal la relación erótica. pop ^ desp.

d. ‖ ~ **china.** f. *Cu, Co, Pe, Py, Ar, Ur.* Salsa elaborada con mayonesa, extracto de tomate agridulce y soja.

e. ‖ ~ **golf.** f. *Cu, Ec, Pe, Bo, Ch.* Salsa que se prepara con mayonesa y extracto de tomate agridulce.

f. ‖ ~ **golf criolla.** f. *Co, Pe, Py, Ar, Ur.* Salsa que se elabora con mayonesa y extracto cebolla roja, **ají amarillo** en tiras, jugo de tomate agridulce, limón, sal y pimienta.

g. ‖ ~ **mexicana.** f. *Mx.* Salsa fría compuesta de **jitomate**, cebolla, **chile** verde y cilantro picados.

h. ‖ ~ **rusa.** f. *Cu.* Salsa que se prepara con mayonesa y extracto de tomate agridulce.

□

a. ‖ **bien ~.** *Mx.* muy salsa.
b. ‖ **en ~.**
　i. loc. adv. *Ve.* A la espera de conocer una decisión, *especialmente una sanción.*
　ii. *Pa.* En estado de ebriedad. pop.
c. ‖ **muy ~.** loc. adj. *Mx. Referido a persona*, hábil, experta, diestra. pop + cult → espon. ♦ **bien salsa.**

▶ **creerse muy ~; dar la ~; dar una ~; estar en ~; tener en ~; traer en ~.**

salsamentaria.
I. 1. f. *Co.* Establecimiento donde se venden embutidos y carnes frías.

salseo.
I. 1. m. *Cu.* Disfrute, beneficio. pop + cult → espon.
2. *Cu.* Fiesta gratis. pop + cult → espon.
3. *Cu.* Coqueteo. pop + cult → espon.

salsina.

 I. 1. f. *Ho.* Salsa de tomate frito que se vende en conserva.

salsómano, -a.

 I. 1. m. y f. *Co, Ec.* Persona aficionada a la música salsa y a su baile.

salsoso, -a.

 I. 1. adj/sust. *Cu. Referido a persona*, que le agrada coquetear. pop + cult → espon.

 II. 1. adj. *Pa.* metáf. *Referido a persona*, alegre, amiga de fiestas y diversión. pop + cult → espon ∧ fest.

salsoteca.

 I. 1. f. *Ec, Ch.* Discoteca donde se bailan preferentemente salsa y otros ritmos tropicales.

salsuda.

 I. 1. adj. *ES. Referido a una comida*, que tiene salsa en abundancia.

saltaburro.

 I. 1. m. *ES.* Juego de muchachos que consiste en saltar sobre uno o varios jugadores que se agachan hasta poner la espalda horizontal.

saltacharcos.

 I. 1. m. pl. *RD, Co, Ec.* Pantalones que quedan cortos en la parte inferior.

saltacocote.

 I. 1. m. *RD.* Lagartija que, según la creencia popular, se lanza al cuello de las personas para herirlas.

saltadera.

 I. 1. f. *Ho, ES, Ni, Cu.* Serie de saltos que da alguien, *generalmente como muestra de alegría.*

saltaditos.

 I. 1. m. pl. *Ar:NO.* p.u. *En algunos bailes típicos*, movimientos que se hacen levantando los pies del suelo y en forma sucesiva.

saltado, -a.

 I. 1. adj. *Ve, Ec, Pe, Ur. Referido a un alimento*, sofrito.

saltador, -ra.

 ■

  a. ‖ ~ **con garrocha.** *Cu, Pe, Ch, Ur.* p.u. **saltador de garrocha.**

  b. ‖ ~ **de garrocha.** m. y f. *Cu, Co; Pe, Ch, Ur,* p.u. Atleta que practica el **salto de garrocha.** (**saltador con garrocha**).

saltamontismo.

 I. 1. m. *Co.* Conducción de vehículos preparados para transitar por caminos escarpados y fuera de pista.

saltana.

 I. 1. f. *Ar:NO.* Piedra que se pone, *normalmente en hilera con otras*, en una corriente de agua para poder atravesarla.

saltanejoso, -a.

 I. 1. adj. *Cu. Referido a un terreno*, que tiene ligeras ondulaciones.

saltante.

 I. 1. adj. *Pe. Referido a un hecho o asunto*, que destaca por su notoriedad o relevancia. pop + cult → espon.

saltapalito.

 I. 1. m. *Pe:O.* Ave de hasta 10 cm de longitud, de color negro azulado o marrón con manchas negras y cabeza negra lustrosa, pico anaranjado y patas delgadas. (Emberizidae; *Volatinia jacarina*).

saltapalo.

 I. 1. m. *Mx.* Pájaro de hasta 14 cm de longitud, con cabeza grande, cola y alas cortas, con la parte superior gris oscuro casi negro y la parte inferior, así como los laterales de la cabeza, de color crema, con una zona parduzca alrededor de las patas. (Sittidae; *Sitta carolinensis*).

saltapared.

 I. 1. m. *Mx.* Pájaro de hasta 14 cm de longitud, marrón con diversas tonalidades, cuello y cabeza de color gris claro, casi blanco, que va oscureciéndose cerca de la coronilla, pico largo y fino, y ojos negros. (Troglodytidae; *Catherpes mexicanus*).

saltapatrás.

 I. 1. m. *Pe.* Bebida alcohólica fuerte y de poca calidad. pop ∧ fest.

 II. 1. adj. *RD. Referido a persona*, que pertenece a una clase social humilde.

saltaperico.

 I. 1. *Pe.* p.u. **cucharillo**, arbusto.

 II. 1. m. *Cu.* Persona inestable. pop.

saltar(se).

 I. 1. tr. *Ve, Bo, Ar, Ur.* Freír un alimento a fuego vivo moviéndolo para que no se tueste o queme.

  2. intr. prnl. *Bo, Ch.* Desprenderse de algo un trozo de materia o pintura que está pegado a su superficie.

 II. 1. intr. *Ho, Ni.* Cubrir el toro a la vaca.

 ●

  a. ‖ **salta para atrás.** fórm. *Cu.* Se usa para expresar sorpresa ante algo que desagrada.

 □

  a. ‖ ~ **al lazo.** loc. verb. *Co.* Saltar por encima de una cuerda que se hace pasar por debajo de los pies y sobre la cabeza de quien salta.

  b. ‖ ~ **en un pie.** *Ni, Pa, Pe, Bo, Ar.* **saltar en una pata.**

  c. ‖ ~ **en una pata.** loc. verb. *Ni, Cu, Ec, Bo:O, Ch, Ar, Ur.* Dar muestras de gran alegría o contento. pop + cult → espon. ♦ **saltar en una sola pata**; **saltar en un pie.**

  d. ‖ ~ **en una sola pata.** *Cu.* **saltar en una pata.**

  e. ‖ ~ **garrocha.**

   i. loc. verb. *Pa.* Abstenerse de una de las tres comidas diarias, *especialmente la del mediodía*. pop + cult → espon.

   ii. *Pa.* Pasar *alguien* todo el día sin ingerir alimento. pop + cult → espon.

  f. ‖ ~ **la soga.** loc. verb. *Pe, Bo, Ar.* Saltar por encima de una cuerda que se hace pasar por debajo de los pies y sobre la cabeza de quien salta. inf; pop + cult → espon.

  g. ‖ ~ **la talanquera.**

   i. loc. verb. *Ve.* Cambiar de bando o partido por conveniencia personal.

   ii. *Ve.* **brincar la talanquera.**

  h. ‖ ~ **matojos.** *Co.* p.u. **saltar matones.**

  i. ‖ ~ **matones.** loc. verb. *Co.* Encontrarse en apuros o dificultades. pop. ♦ **saltar matojos.**

  j. ‖ ~ **para atrás.** loc. verb. *Cu.* Retractarse. pop + cult → espon.

  k. ‖ ~ **soga.** loc. verb. *Pa, Pe.* Saltar por encima de una cuerda que se hace pasar por debajo de los pies y sobre la cabeza de quien salta.

  l. ‖ ~**se la barda.**

   i. *Mx.* **volarse la barda.**

   ii. loc. verb. *Ho, Ni, Pa.* Romper con las formas habituales de comportamiento. rur; pop.

  m. ‖ ~**se las trancas.**

   i. loc. verb. *Mx.* Transgredir una norma. pop + cult → espon.

   ii. *Mx.* Pasar por encima de una autoridad y acudir a la inmediata superior en un procedimiento burocrático. pop + cult → espon.

  n. ‖ **saltársele el automático.** loc. verb. *Co.* Enloquecerse *alguien*. pop.

  ñ. ‖ **saltársele la chispa.** loc. verb. *Co.* Ponerse *alguien* furioso, reaccionar de forma violenta a una provocación. pop.

saltarroca.
- **I. 1.** m. *Mx.* Pájaro de hasta 14 cm de longitud, de cola y pico largos, de plumaje café grisáceo con moteado en la parte superior, y color crema en la inferior, con manchas oscuras y poco definidas. (Troglodytidae; *Salpinctes obsoletus*).

salteado.
- **I. 1.** adv. *CR, Py, Ur.* Dejando un día entre medias. pop + cult → espon.

salteador.
- **I. 1.** m. *Ar.* **escúa**.

saltear.
- **I. 1.** tr. *Mx, ES, Py.* Saltar *algo*, omitirlo voluntariamente o por inadvertencia y pasar a lo siguiente. pop + cult → espon.

salteña.
- **I. 1.** f. *Pe:S, Bo.* Empanada de carne con forma de canoa.

salteñada.
- **I. 1.** f. *Bo.* Convite en el que se sirven **salteñas** para compartir y festejar algo.

salteñero, -a.
- **I. 1.** m. y f. *Pe:S.* p.u. Persona que hace o vende **salteñas**.

saltico.
- **I. 1.** m. *Ve.* Momento, instante. pop.

saltillo.
- **I. 1.** m. *PR.* Caída de agua en los ríos o **quebradas**.

saltimbanquear.
- **I. 1.** intr. *Pa, Bo.* Saltar y brincar. pop + cult → esm.

saltimbanqui.
- **I. 1.** m. *Pa, Cu.* Persona que cambia de trabajo, casa o actividad frecuentemente. pop + cult → espon.
  - **2.** *Pa.* obsol. Músico ambulante. pop + cult → espon.
- **II. 1.** m. *Pa, Cu.* Niño que no puede mantenerse quieto. pop + cult → espon.

saltimpanqui.
- **I. 1.** m. *RD.* Hombre joven que, por dinero, mantiene relaciones sexuales con una mujer.

saltina.
- **I. 1.** sust/adj. *Co, Ec.* Galleta salada, plana y crocante.

saltito.
- **I. 1.** m. *Pe.* Viaje o visita de corta duración.
- ▶ **dar ~**.

salto.
- **I. 1.** m. *Cu, Pe.* Viaje o visita de corta duración.
- **II. 1.** m. *Ch.* Acto osado y arriesgado para quien lo hace. pop + cult → espon.
- **III. 1.** m. *Cu.* Contracción pequeña y continua que se experimenta en el estómago, *producida generalmente por una alteración nerviosa.*
- ■
  - **a.** ‖ ~ **a la garrocha.** *Pe, Bo.* p.u. **salto de garrocha**.
  - **b.** ‖ ~ **con garrocha.** *CR, Pa, Co, Ec, Pe, Bo, Ar, Ur, Ch,* p.u. **salto de garrocha**.
  - **c.** ‖ ~ **de carnero.** m. *Pa, Bo, Ch.* Vuelta que se da apoyando las manos en el suelo y haciendo girar el cuerpo hacia adelante.
  - **d.** ‖ ~ **de garrocha.** m. *Ni, Cu, Co, Pe, Bo, Ch, Ar, Ur.* Prueba de atletismo que consiste en saltar una barra alta impulsándose con una vara larga de material flexible. (**salto a la garrocha; salto con garrocha**).
  - **e.** ‖ ~ **en alto.** m. *Ar.* Prueba de atletismo que consiste en saltar en sentido vertical arqueando el cuerpo por encima de un listón colocado a una altura determinada, sin ningún elemento de apoyo.
  - **f.** ‖ ~ **en largo.** m. *Ar.* Prueba de atletismo que consiste en saltar en horizontal la mayor distancia posible a partir de un punto para aterrizar en un foso de arena.
  - **g.** ‖ ~s **de cama.** m. pl. *Cu.* Pantuflas.

- □
  - **a.** ‖ **a los ~s.**
    - **i.** loc. adv. *Ar, Ur.* Con temor y angustia. pop + cult → espon.
    - **ii.** *Ar, Ur.* Muy deprisa, con precipitación. pop + cult → espon.
  - **b.** ‖ ~s **y pedos.** loc. sust. *Ch.* Esfuerzos vanos e inútiles. pop + cult → espon.
- ◪
  - **a.** ‖ **tanto ~ si el suelo está parejo.** fr. prov. *Pe.* Indica que ante una situación normal no debe provocarse reclamos o aspavientos. pop + cult → espon.

saltojo.
- **I. 1.** m. *Pe.* Lagartija de cuerpo transparente de color verde, con ojos grandes y negros. (Gekkonidae; *Phyllodactylus sentosus*).

saltón.
- **I. 1.** m. *Pe.* **piraiba**.

saltón, -na.
- **I. 1.** adj/sust. *Pe, Ch.* Referido a *persona*, recelosa, desconfiada. pop + cult → espon.
  - **2.** *Pe.* Referido a *persona*, inquieta o que se sobresalta con frecuencia. pop + cult → espon.

saltona.
- **I. 1.** f. *Ar.* Langosta que todavía no vuela.

salubridad.
- **I. 1.** f. *Mx, ES, Ch, Py, Ur.* Conjunto de los servicios relacionados con la protección y conservación de la salud pública.

salucita.
- ●
  - **a.** ‖ ~.
    - **i.** fórm. *Mx, Ni, Pe; Ec,* p.u; *Ch,* pop + cult → espon. Se usa para brindar.
    - **ii.** *Ch.* Se usa para saludar de manera cortés. pop.

salud.
- **I. 1.** f. pl. *Mx, ES, Ni, CR, Co, Ec.* Saludos, palabras o gestos usados para saludar.
- ▶ **mandar ~es; no haber ~ que aguante.**

saludar.
- □
  - **a.** ‖ ~ **con sombrero ajeno.** loc. verb. *Gu, Ni.* Atribuirse *alguien* los méritos de otra persona.

saludo.
- □
  - **a.** ‖ ~ **a la bandera.** loc. sust. *Ve, Ec, Bo, Ch.* Ejecución de algo que se realiza por pura formalidad a sabiendas de que no va a tener ningún éxito o repercusión. pop + cult → espon.

¡salute!
- **I. 1.** interj. *Ar.* Expresa asombro o admiración. pop + cult → espon.

salvacuatro.
- **I. 1.** m-f. *Pa.* Persona que pertenece a alguna Iglesia protestante. sat.

salvada.
- **I. 1.** f. *Mx, Ho, ES, Ni, CR, Pa, Cu, Bo, Ch, Py, Ar, Ur.* Situación afortunada que ayuda a salir de un apuro. pop + cult → espon.
  - **2.** *Ho, ES, Ec, Pe, Bo, Ch, Ur.* En el *futbol*, parada difícil de balón realizada por el portero.
  - **3.** *Ur.* Situación afortunada en la que alguien se libra de un apuro.

salvadera.
- **I. 1.** f. *Cu.* **solimanché**.

salvadora.
- **I. 1.** *Mx:NO.* **galantea**.

salvaje.

   I. 1. adj. *Ho, Ni; Ch*, cult → espon. *Referido a persona o cosa*, extraordinaria, estupenda. pop.

   II. 1. adj. *Ho, Ni. Referido a hecho o cosa*, muy grande, intenso, bonito.

   III. 1. adj. *Py. Referido a animal silvestre*, arisco, difícil de domesticar. pop + cult → espon.

   IV. 1. adj. *Py. Referido a persona*, tímida, escurridiza que evita el acercamiento a un lugar público. pop.

salvajemente.

   I. 1. adv. *Ch, Py.* De manera extraordinaria o estupenda. pop + cult → espon.

salvar(se).

   I. 1. tr. *Bo, Py, Ur.* Aprobar un curso o examen. pop + cult → espon.

   II. 1. intr. *Ch.* juv. Demostrar capacitación o competencia para algo. pop.

   □

   a. ‖ **no ~ a nadie.** loc. verb. *Ni; Ch,* pop + cult → espon. Ser *alguien* inútil o incompetente ante algo.

   b. ‖ **no ~ ni el médico brujo.** *PR.* **no salvar ni el médico chino.**

   c. ‖ **no ~ ni el médico chino.** loc. verb. *Pa, Cu, PR.* Resultar inevitable que alguien muera a causa de una enfermedad grave o de un accidente. pop + cult → espon. ♦ **no salvar ni el médico brujo.**

   d. ‖ **no salvarlo ni la burburaca.** loc. verb. *RD.* No tener salvación posible.

   e. ‖ **~ el conducto.** loc. verb. *Mx.* Pasar por encima de una autoridad y acudir a la inmediata superior en un procedimiento burocrático.

   f. ‖ **~ el voto.** loc. verb. *Ve.* Emitir un voto contrario al de una mayoría, *justificado razonadamente a menudo por escrito.*

   g. ‖ **~ la plata.**

     i. loc. verb. *Ch, Ar, Ur.* Conseguir conservar o recuperar el dinero hecho en una inversión. pop + cult → espon.

     ii. *Ch.* Evitar *alguien* o *algo* que lo que se lleva a cabo sea un fracaso. pop + cult → espon.

   h. ‖ **~se en el anca de un piojo.** loc. verb. *Ur.* Esquivar *alguien* un peligro o librarse de una desgracia por muy poco.

   i. ‖ **~se en tablitas.** loc. verb. *Cu.* Salir *alguien* airoso de una situación comprometida gracias al hallazgo de un recurso en el último momento. pop.

   j. ‖ **~se en una tablita.** loc. verb. *Mx.* Salir *alguien* airoso de una situación comprometida. pop + cult → espon.

   k. ‖ **~se en uña de gato.** loc. verb. *RD.* Esquivar *alguien* un peligro o librarse de una desgracia por muy poco.

   l. ‖ **~se por la uña del gato.** loc. verb. *Pa.* Librarse *alguien* de una calamidad o peligro por muy poco. pop + cult → espon ^ fest.

salvataje. (Del fr. *sauvetage*).

   I. 1. m. *ES, Pe, Bo, Ch, Py, Ar, Ur, Co,* esm. Salvamento, *especialmente en caso de siniestro.*

salvatrucho, -a.

   I. 1. sust/adj. *ES.* Miembro de la **mara** Salvatrucha.

salvavida.

   I. 1. m-f. *ES, Ni, Cu, Pe, Bo, Ch, Ar, Ur.* Persona encargada de la seguridad de los bañistas en un lugar público.

   II. 1. m. *Cu, Bo, Ar, Ur.* Pliegue de gordura que se forma en el cuerpo de una persona, *especialmente en el abdomen y la cintura.* pop + cult → espon.

salvavidas.

   I. 1. m-f. *ES, Pa, Cu, PR, Co, Ve, Ec, Pe, Bo, Ch, Ar, Ur.* Persona encargada de la seguridad de los bañistas en un lugar público.

   II. 1. m. *Cu, Bo, Ar, Ur, Py.* Pliegue de gordura que se forma en la cintura de una persona. pop + cult → espon. ♦ **flotadores.**

   III. 1. m. *RD.* Hombre que se casa con una mujer **jamona**, que tiene edad para estar casada. fest.

salve.

   I. 1. m. *Cu.* Ayuda que se presta a alguien.

   II. 1. m. *Pa.* Pago o comisión obtenidos por un trabajo informal o provisional. pop.

     2. *Pa.* Pequeña cantidad de dinero que se da a una persona que no tiene trabajo o que necesita ayuda temporalmente. pop + cult → espon.

   ▶ **tirar un ~.**

salveque.

   I. 1. m. *Ho, Ni.* Bolsa de cuerda de pita o de cuero para llevar los utensilios de pesca o de caza.

     2. *Ho.* metáf. Escroto.

     3. *CR.* Bolsa de material resistente y provista de correas, empleada para cargar útiles escolares, equipaje liviano o artículos personales.

   II. 1. m. *ES.* Amago, provocación.

   III. 1. m. *CR.* Vientre abultado de una persona. pop ^ fest.

salvia.

   I. 1. *Cu, Py, Ar, Ur.* **pitiona.**

     2. f. *Ho, ES, Ni.* Arbusto de hasta 3 m de altura, de hojas aovadas con pelos blancos en la parte inferior de la hoja, y flores terminales pequeñas de color entre verde y amarillo; toda la planta produce un olor agradable; tiene aplicación en la medicina tradicional. (Buddlejaceae; *Buddleja americana*).

   ■

   a. ‖ **~ chiquita.** f. *Co.* Hierba rastrera y trepadora de hojas pequeñas y opuestas, y florecitas de color rosado o lila que brotan agrupadas de las axilas de las hojas. (Lamiaceae; *Stachys bogotensis*).

salvialora.

   I. 1. f. *Ar:O.* p.u. Arbusto de hasta 1,50 m de altura, con hojas de 2 a 3 cm de longitud y flores amarillas o anaranjadas. (Loganiaceae; *Buddleja mendozensis*). (**salvilora**).

salvielugo.

   I. 1. m. *Co.* Hierba de hasta 1 m de altura, erecta y poco ramificada, con tallos cubiertos de pelos blancos, hojas opuestas y flores de color blanco, tubulares, dispuestas en espiga. (Labiatae; *Marrubium vulgare*).

salvilora.

   I. 1. *Ar:O.* **salvialora.**

sama.

   I. 1. f. *Bo.* Árbol de hasta 20 m de altura, con hojas compuestas y flores unisexuales, pentámeras, dispuestas en panículas terminales o axilares, cuyos frutos son cápsulas que contienen semillas cubiertas por un tejido carnoso azulado. (Sapindaceae; *Matayba scrobiculata*). ♦ **matillo.**

   II. 1. f. *Bo:C.* Comida a la que el dueño de una obra invita a los obreros que trabajan con él.

   ■

   a. ‖ **~ blanca.** f. *Bo:E.* **guacharaco**, árbol.

samadera.

   I. 1. f. *RD.* **samadero.**

samadero.

   I. 1. m. *RD.* Serie de caricias que se hacen con intenciones eróticas. (**samadera**).

samán.
>   I. 1.   m. *RD, PR, Co, Ve, Ec.* Árbol de hasta 25 m de altura, de tronco corto y grueso, copa muy extensa y frondosa en forma de amplia cúpula, sus flores, de color rosado rojizo, tienen numerosos y largos estambres; se cultiva como ornamental. (Fabaceae; *Samanea saman*). ♦ **algarrobo; campano; genízaro; guango; penoco.**

samandoca.
>   I. 1.   *Mx.* **palma samandoca.**

samanguear.
>   I. 1.   tr. *ES.* Sacudir con fuerza a *alguien.*

samani.
>   I. 1.   *Pe:C,S.* **carpincho.**

samaquear.
>   I. 1.   tr. *ES, Pe.* Sacudir con fuerza a *alguien.*

samaqueón.
>   I. 1.   m. *ES.* Sacudida violenta. pop + cult → espon.

samar(se).
>   I. 1.   tr. *RD.* Acariciar a *alguien* con intenciones eróticas.

samaritano.
>   I. 1.   *Mx:S.* **huje.**

samba.
>   □
>   a. ‖ ~ **canuta.** *Ch.* **zamba canuta.** pop + cult → espon.

sambahigo, -a.
>   I. 1.   m. y f. *Pe.* Persona que tiene ascendentes de raza negra e india. pop.

sambambé.
>   I. 1.   m. *RD.* Situación en la que imperan la confusión y el desorden.

sambapalo.
>   I. 1.   m. *Pa.* Lío, enredo, *generalmente con algarabía.* pop + cult → espon ^ fest.

sambar.
>   I. 1.   intr. *Py.* Bailar samba.

sambate.
>   I. 1.   m. *Ec:S.* Alimento elaborado con maíz tierno, huevos, mantequilla, manteca de cerdo, queso rallado, sal y polvo de hornear, que se cocina en agua caliente y envuelto en las hojas tiernas que cubren la mazorca del maíz.

sambayón. (Del it. *zabaione*).
>   I. 1.   m. *Ar, Ur.* Crema elaborada con yemas de huevo, vino y azúcar.

sambeque.
>   I. 1.   m. *Cu.* Alboroto, barullo. (**zambeque**).
>   II. 1.   sust/adj. *Cu.* Persona que hace o dice algo inoportuno por imprudencia o desconsideración. (**zambeque**).

sambesarambe.
>   I. 1.   m. *Mx:NO.* Planta herbácea de hasta 1 m de altura, de tallos ascendentes, hojas pecioladas, entre lanceoladas y aovadas, inflorescencias terminales o axilares, cimosas, y flores pequeñas de color morado o púrpura. (Nyctaginaceae; *Boerhavia coccinea*). ♦ **tostón.**

sambeta.
>   I. 1.   f. *RD.* Cuchillo con una hoja que se pliega dentro del mango.

sambito.
>   ■
>   a. ‖ **mal de** ~. *PR.* **mal de San Vito.**
>   ▶ **bailar el** ~.

sambo.
>   I. 1.   m. *Ec.* Variedad de calabaza.
>   II. 1.   adj. *Py. Referido a persona,* ágil para realizar cualquier actividad física. pop.

sambó.
>   I. 1.   adj. *Py.* Pasos pausados o alargados que realiza una persona al caminar. pop.

sambrote.
>   I. 1.   f. *CR.* p.u. Mezcla confusa de elementos de diversa naturaleza. pop + cult → espon.

sambumbear.
>   I. 1.   tr. *ES.* Sacudir a *alguien* o agitar *algo.*

sambumbia.
>   I. 1.   f. *Mx.* Bebida fermentada de cebada, agua y miel. (**zambumbia**).
>   2.   *Cu, PR.* Bebida o comida mal preparada, de poca calidad. pop + cult → espon ^ fest. (**zambumbia**).
>   3.   *RD, PR.* Guisado hecho con varias carnes, granos y viandas.
>   4.   *Cu.* Bebida desagradable y muy aguada. pop. (**zambumbia**).
>   II. 1.   f. *Ho, ES, Ni.* Instrumento musical de percusión que consiste en un arco de madera de unos 2 m, formado por la tensión de un alambre, ceñido al centro por una correa de cuero crudo que remata en una pequeña jícara en cuya boca pone la mano el músico para modular los sonidos que produce la cuerda al golpearla con una varilla. ♦ **caramba.**
>   III. 1.   f. *RD, PR; CR,* p.u. Mezcla confusa de elementos de diversa naturaleza. pop + cult → espon.

samilante.
>   I. 1.   m. *Ar:NO.* Hombre cubierto de plumas y colgantes que en las fiestas religiosas danza ante las imágenes en las procesiones.

samotana.
>   I. 1.   f. *Gu, Ho, ES, Ni.* Bulla, jaleo, desorden. pop. (**samotanga**).

samotanga.
>   I. 1.   *Ho.* **samotana.**

sampablera.
>   I. 1.   f. *Ve.* Disputa, riña o pendencia. pop.
>   2.   *Ve.* Alboroto, desorden, tumulto. pop.

sampaguabas.
>   I. 1.   m-f. *CR.* Persona tonta.

sampajagua.
>   I. 1.   adj. *Ni. Referido a persona,* que se mete en asuntos ajenos. pop.

sampedrito.
>   I. 1.   *PR.* **cheto,** ave.

sampedro.
>   I. 1.   *Ec, Pe, Bo.* **achuma.**
>   2.   m. *Ec, Pe.* Extracto de **achuma**; tiene propiedades alucinógenas y es utilizado por curanderos.

sampietri.
>   I. 1.   adj/sust. *Pe. Referido a persona,* borracha. pop.

samplegorio.
>   I. 1.   m. *Ve.* Alboroto, desorden. pop.

samporlino, -a.
>   I. 1.   sust/adj. *Ar.* Persona tonta o necia. pop + cult → espon.

samuel.
>   I. 1.   m. *CR.* p.u. Acto de **samuelear,** observar. pop + cult → espon.
>   ▶ **tirarse un** ~.

samueleador.
>   I. 1.   m. *CR.* p.u. Hombre que tiene por costumbre **samuelear,** observar. pop.

samuelear.
>   I. 1.   tr. *CR.* p.u. Observar un hombre en forma oculta o con disimulo las partes pudendas de una persona, *en especial las de una mujer.* pop + cult → espon. ♦ **echarse un samuel; tirarse un samuel.**

samuhú.
    I. 1. m. *Py, Ar.* **Palo borracho** rosado.

samuro.
    I. 1. *Co:E, Ve.* **zamuro**.

samuro, -a.
    I. 1. adj. *RD. Referido a persona*, tonta, boba o torpe. pop + cult → espon ^ desp.

san.
    I. 1. m. *RD.* Rifa de una cantidad de dinero que han puesto en común todos los participantes, y que toca una vez a cada uno por organizarse de forma sucesiva.

    ■
    a. ‖ ~ **Joaquín.** *Co.* **sanjoaquín**.
    b. ‖ ~ **Juan.** *Co.* **lirio de mayo**.
    c. ‖ ~ **Martín.** m. *Pe.* Azote de tiras de cuero trenzado con el que se aplica un castigo físico, *generalmente a niños*, por faltas consideradas graves. pop ^ fest.
    d. ‖ ~ **Pedro.**
      i. *Pe.* **huachuma**, cardón.
      ii. *Pa.* **maltuerzo**.

¡sanababich! (Del ingl. *son of a bich*, hijo de puta).
    I. 1. interj. *Ho.* Expresa insulto grave a alguien.
    2. *Ho.* Expresa enfado, disgusto o protesta grosera.

sanaco, -a.
    I. 1. sust/adj. *EU.* Persona que hace o dice algo inoportuno por imprudencia o desconsideración.
    2. adj/sust. *Cu, RD. Referido a persona*, boba, necia. pop. (**zanaco**).

sanacoche.
    I. 1. *Mx.* **chicoyote**.

sanada.
    I. 1. f. *Bo:S.* Sensación de alivio que se tiene al volver a beber tras el malestar físico ocasionado por haber ingerido alcohol en exceso.

sanalotodo.
    I. 1. m. *Mx.* Planta de tallo recto y nudoso, hojas simples, aovadas, lanceoladas o elípticas, inflorescencias en panículas, flores pequeñas y frutos en racimos, globosos y de color rojo; se emplea como emoliente en la medicina tradicional. (Vitaceae; *Vitis tiliifolia*).
    2. *Co.* **chilca**, arbusto de hasta 2 m.
    3. *Ar.* **mercurio**, planta.
    4. *Ar.* Hierba rizomatosa de hasta 1 m de altura, de hojas glabras en el haz y algo tomentosas en el envés, y flores violáceas o amarillentas. (Asteraceae; *Artemisia verlotorum*). ♦ **yuyo de San Vicente**.

sananada.
    I. 1. f. *PR.* Tontería. pop + cult → espon.

sanandresito.
    I. 1. m. *Co.* Mercado en el que se venden artículos de contrabando.

sanango.
    I. 1. m. *Pe.* Arbusto pequeño poco ramificado, de hojas decusas, inflorescencia interpeciolar y subterminal; se utiliza en la medicina popular. (Apocynaceae; *Tabernaemontana rimulosa*).

sanano.
    I. 1. m. *Bo:NE.* Árbol de hasta 7 m de altura, con hojas simples, muy grandes, y flores de color blanco dispuestas en racimos; produce un exudado lechoso y su fruto contiene semillas cubiertas por un tejido carnoso de color blanco. (Apocynaceae; *Bonafousia sananho*).

sanano, -a.
    I. 1. adj. *PR. Referido a persona*, tonta, bobalicona, estúpida. pop + cult → espon.
    II. 1. *PR.* **aplatanado**, desanimado.

sanaquería.
    I. 1. f. *EU, Cu.* Ingenuidad o falta de entendimiento y viveza.

sanar.
    □
    a. ‖ ~ **la cabeza.** loc. verb. *Bo.* Aliviar el malestar producido por haber bebido en exceso.

sanata.
    I. 1. f. *Ar, Ur,* p.u. Conversación, discurso o explicación larga y pesada. pop + cult → espon.
    2. *Ar.* Embuste, mentira. pop + cult → espon.

sanate.
    I. 1. *Mx, Ho, ES, Ni.* **zanate**, ave.

sanatear.
    I. 1. intr. *Ar, Ur.* Hablar mucho, *generalmente sin fundamento o sensatez*. pop + cult → espon.

sanatero, -a.
    I. 1. sust/adj. *Ar, Ur,* p.u. Persona que habla mucho, *generalmente sin fundamento o sensatez*. pop + cult → espon.

sancayo.
    I. 1. m. *Pe.* Planta de hasta 5 m de altura, de tallo carnoso con espinas, ramificado libremente desde la base, de color verde oscuro, y flores amarillas y fragantes. (Cactaceae; *Corryocactus brevistylus*).
    2. *Pe.* Fruto del sancayo en forma de baya verde-amarillenta, redonda y jugosa, de 12 cm de diámetro, con abundantes espinas, de sabor ácido y agradable; muy utilizado en jugos y bebidas calientes.

sanchac. (Del maya *dzam*, remojar, y *chac*, hervir).
    I. 1. m. *Mx:SE.* Guiso de carne de **res** preparado con verduras y sal, *típico del estado de Yucatán*. (**sanchaque**; **chanchac**).

sanchaque.
    I. 1. *Mx:SE.* **sanchac**.

sancho.
    I. 1. m. *Mx.* Amante de una mujer casada.

sancho, -a.
    I. 1. m. y f. *Mx.* Animal criado por una hembra que no es su madre.

sanco. (Del quech. *sankhu*).
    I. 1. *Ch, Ar:NO.* **sango**, guiso.

sancochado.
    I. 1. m. *Mx.* Guiso de carne con caldo y hortalizas.
    2. *Pe, Ar.* Revoltijo, conjunto de cosas desordenadas o heterogéneas. pop.
    3. *Pe, Bo:E.* Guiso parecido al **puchero**, preparado con carne de **res**, col, **choclo** y **yuca**.
    4. *Cu, Ur.* Comida mal preparada. pop ^ desp.

sancochado, -a.
    I. 1. adj. *Ho, ES, CR, Pa, Cu, RD, PR, Co, Ec, Pe, Bo, Ch, Py:E, Ur. Referido a un alimento*, cocido con agua y sal. pop.
    2. *Cu. Referido a un alimento*, mal preparado.
    II. 1. adj. *RD, PR, Pe, Ch. Referido a persona*, sofocada por el calor. pop + cult → espon.
    2. *RD. Referido a la ropa*, muy sudada. pop + cult → espon.

sancochar(se).
    I. 1. tr. *Gu, Ho, ES, Ni, CR, Pa, Cu, RD, PR, Co, Ve, Ec, Pe, Bo, Ch, Py, Ur.* Cocer, *especialmente verduras y carnes*, con sal en agua hirviendo. pop + cult. (**salcochar**).
    2. *Mx.* Sofreír un alimento.
    3. *Cu, RD; Ur,* p.u. Cocinar mal. pop ^ desp. (**salcochar**).
    4. *Ch.* metáf. Tostar el sol *algo* o a *alguien*. pop + cult → espon.

II. 1. intr. prnl. *ES, PR, Pe, Co.* Abrasarse *alguien* de calor. pop + cult → espon.

III. 1. tr. *Ar:NO.* Mezclar cosas o temas sin orden ni cuidado. pop + cult → espon.

IV. 1. tr. prnl. *Ho.* metáf. Preparar *algo* en secreto. desp.

2. tr. *PR.* Preparar *alguien* droga por procedimientos químicos. drog.

sancochera.
I. 1. f. *Cu.* Confusión, desorden. pop. (**salcochera**).

sancochería.
I. 1. f. *Co:C.* Establecimiento, *generalmente mal acondicionado*, en donde se sirven comidas a obreros y campesinos.

sancocho.
I. 1. m. *Mx:O.* Dulce hecho de **guayaba**, pera, manzana, membrillo y **durazno**, con miel de **piloncillo**.

2. *RD, PR, Co, Bo:E.* Guiso a manera de sopa algo espesa, preparado con carne de gallina, **yuca**, **ñame**, **plátano**, **culantro** y orégano.

3. *Cu, Ar:NO, Ur.* Comida mal preparada, insulsa, pobre en ingredientes. pop + cult → espon ^ desp. (**salcocho**).

4. *Co.* Comida en la que se sirve sancocho.

5. *Ho, ES, Ni, RD, PR.* Guiso hecho con distintos tipos de legumbres y carnes de **res**, cerdo o pollo. (**salcocho**)

6. *Ve.* Sopa preparada con pescado, gallina o carne de **res**, **yuca**, **ñame**, **plátano verde** y otros ingredientes.

7. *PR, Ec.* Guiso de **papas**, coles, **yuca**, carne y arroz y **plátano verde**. ♦ **guisado**.

8. *Cu.* Resto de comida que se da como alimento a los cerdos. (**salcocho**).

9. *Ni, CR.* Comida cocinada en agua hirviendo con sal y algún otro condimento.

10. *CR.* Mezcla de diversos alimentos cocinados que se da como comida a los cerdos. rur.

11. *Pa.* Sopa preparada con carne de gallina, **ñame**, cebolla, **ajíes** dulces y cilantro. pop + cult → espon.

II. 1. m. *CR, Pa, RD, PR, Ve, Ch.* Lío, enredo. pop + cult → espon.

2. *CR, Pa, PR, Co:C.* Conjunto de cosas dispuestas sin orden ni método. pop.

3. *Ho, PR, Bo.* metáf. Mezcolanza de varias cosas o ideas. desp.

4. *Ur.* p.u. Cosa mal hecha, *generalmente por prisa o desidia*. pop + cult → espon.

III. 1. m. *PR.* Enfermedad que ataca los semilleros del tabaco pudriendo primero el tallo y después toda la planta. rur.

■

a. ‖ ~ **costeño.** m. *Pa.* Sopa de pescado con coco, propia de la costa del Caribe.

b. ‖ ~ **de pescado.** m. *PR.* Pescado cocido.

sándalo.
I. 1. m. *CR.* **chirraca**, árbol.

sande.
I. 1. m. *Co, Ec.* Árbol de hasta 25 m de altura, con tronco cilíndrico y provisto de **gambas**, corteza grisácea con manchas blanquecinas, hojas simples, alternas y de ápice muy agudo, ramificación presente solo en la parte más alta, flores de color crema o amarillentas, y frutos globosos; produce una savia lechosa que los indígenas utilizan como leche vegetal. (Moraceae; *Brosimum utile*). ♦ **cocua**; **mastate**; **palo de vaca**; **árbol de leche**.

sandía.
I. 1. f. *Ch,* p.u, pop + cult → espon; *Ur,* pop ^ fest. Cabeza de una persona.

■

a. ‖ ~ **de culebra.** f. *Mx.* **pochil**.

□

a. ‖ ~ **calada.**
i. loc. sust/adj. *Ch.* Persona de probada solvencia y éxito en una actividad. pop + cult → espon.
ii. *Ch.* Cosa o negocio de éxito garantizado. pop + cult → espon.

sandialahuén.
I. 1. m. *Ch.* Hierba perenne de tallo tendido, hojas pinatífidas y flores pequeñas rosadas, en cabezuela; se usa como aperitivo y diurético. (Verbenaceae; *Glandularia laciniata*). ♦ **toronjilicillo**.

sandiego.
I. 1. m. *Mx.* **rosa de mayito**.

2. *Cu.* **siempreviva**. (Amaranthaceae; *Gomphrena globosa*).

sandiera.
I. 1. f. *Ho, ES.* Cultivo de sandías.

sandiero, -a.
I. 1. adj. *Mx.* Relativo a la sandía.

2. sust/adj. *Ho, ES.* Persona que cultiva o vende sandías.

sandilla.
I. 1. f. *ES, CR:NO.* Sandía.

sandillal.
I. 1. m. *CR.NO.* Terreno plantado de sandías.

sandillar.
I. 1. m. *Pe,* p.u; *Ch,* rur. Terreno plantado de sandías.

sandino. (De *Sandino*®).
I. 1. m. *Ho, ES.* Horquilla metálica para sujetar el pelo.
► montar ~.

sanduche.
I. 1. m. *Ve.* Sándwich, emparedado.

sánduche.
I. 1. m. *Co, Ve, Ec.* Sándwich, emparedado.

sánduich.
I. 1. m. *RD, Ch.* p.u. Sándwich, emparedado.

sandullo.
I. 1. m. *RD.* Embutido que se prepara con las tripas del cerdo.

sandunga.
I. 1. f. *Mx.* Música melodiosa y triste, acompañada de letras sentimentales, *típica del istmo de Tehuantepec*. (**zandunga**).

2. *Mx.* Baile que se hace al son de la sandunga. (**zandunga**).

II. 1. f. *PR, Ch.* Parranda, juerga bulliciosa que se realiza yendo de un sitio a otro. pop + cult → espon. (**zandunga**).

sandunguear.
I. 1. intr. *Cu, PR, Pe, Ch, Ar:NO.* Ir de parranda y de fiesta en fiesta. pop + cult → espon. (**zandunguear**).

2. *Ho, Ni.* Bailar con alguien.

sandungueo.
I. 1. m. *Ho:N, Ni, Cu, PR, Ch,* pop + cult → espon. Movimiento de caderas al andar o bailar. (**zandungueo**).

2. *Ho, Ni, Ch,* pop + cult → espon. Baile.

II. 1. m. *PR, Pe, Ch,* pop + cult → espon. Participación y diversión en una juerga o fiesta bulliciosa. pop.

sandunguero, -a.
I. 1. adj/sust. *Mx.* Referido *a persona*, que baila la **sandunga**.

2. adj/sust. *Pe, Bo;* adj. *PR; Ch,* pop + cult → espon. Referido *a persona*, aficionada a las juergas o fiestas bulliciosas. pop.

3. adj. *Pe,* pop; *Ch,* pop + cult → espon. Relativo a las juergas o fiestas bulliciosas.

4. *Ho, PR.* Referido *a persona*, que mueve las caderas al andar o bailar. (**zandunguero**).

3. sust/adj. *Ho, ES, Ni, CR.* Persona que maltrata, explota o se aprovecha de otras, *especialmente de las más débiles.* pop + cult → espon.
4. adj/sust. *Ho. Referido a persona,* que cobra en exceso por algo. ♦ **sacaojos.**
II. 1. adj. *ES. Referido a chiste,* grosero.

sangronada.
I. 1. f. *Mx, Cu.* Impertinencia. ♦ **sangronería.**

sangronería.
I. 1. *Mx.* **sangronada.**

sangrudo, -a.
I. 1. adj. *RD. Referido a persona,* antipática. pop + cult → espon.

sangualico.
I. 1. m. *Mx.* **zongolica,** árbol.

sanguanear.
I. 1. tr. *ES.* Lavar ligeramente la ropa.

sanguango, -a.
I. 1. *Cu.* **zanguango,** persona tonta.

sanguanguería.
I. 1. *Cu.* **zanguanguería,** tontería.

sanguaraña.
I. 1. f. *Pe.* obsol. Danza popular traída al Perú por los primeros mulatos y negros africanos.

sanguasa.
I. 1. f. *Ho, CR.* Sangre y agua.

sanguaza.
I. 1. f. *ES.* Navaja de afeitar.

sánguche.
I. 1. m. *Ni, CR, Ve, Ch, Ar, Ur.* Sándwich, emparedado. pop. (**sángüiche**).
2. *Ch, Ar, Ur.* metáf. Día entre dos festivos que se aprovecha para vacaciones. pop.
3. *Pe.* meton. Pan cortado longitudinalmente por la mitad en el se colocan diversos alimentos.

sanguchera.
I. 1. f. *CR, Pe, Ch, Ar, Ur.* Electrodoméstico pequeño para preparar **sánguches** calientes. pop.
II. 1. f. *Ch.* Boca de una persona o de un animal. pop ^ fest.

sanguchería.
I. 1. f. *Pe, Bo, Ch, Ur.* Establecimiento donde se hacen y venden **sánguches** o emparedados. pop.

sanguchero.
I. 1. m. *Pe.* Puesto ambulante, *generalmente con ruedas,* para vender **sánguches** y otras comidas.

sanguchero, -a.
I. 1. adj. *Ni, Pe, Bo, Ch, Ar, Ur.* Relativo a los **sánguches** o emparedados. pop.
2. m. y f. *Ni, Pe, Bo, Ar, Ur.* Persona que se dedica a hacer o vender **sánguches.**
3. *Bo, Ch, Ar.* Persona aficionada a comer **sánguches** o emparedados. pop.

sángüiche.
I. 1. *RD, Ur.* **sánguche,** emparedado. pop + cult → espon.

sanguinaria.
I. 1. f. *Mx.* **ponopinito.**
2. *Co.* Hierba de hasta 70 cm de altura, de hojas opuestas, de color verde claro brillante y flores blancas agrupadas en espigas. (Amaranthaceae; *Alternanthera lehmanii*).
3. *Co.* **carraquillo.** (Verbenaceae; *Lantana* spp.).
4. *Pe.* **lengua de pájaro.**
5. *Pe.* **rosicler.**

sanguíneo, -a.
I. 1. adj/sust. *Bo, Ar, Ur. Referido a persona,* que tiene la misma sangre o un grado de parentesco con otra.

sanguito.
I. 1. *Pe:SO.* **sango,** dulce hecho a base de trigo.

sangumbear.
I. 1. tr. *ES.* Sacudir o agitar a *alguien* o *algo.*

sanitaria.
I. 1. f. *Ch, Ur.* Empresa que se dedica a la instalación y mantenimiento de los servicios de canalización de agua potable y alcantarillado.

sanitario.
I. 1. m. *Mx, Ho, ES, Ni, CR, Co, Ve, Bo, Py, Ar, Ur, Pa, Ec,* p.u; *Ch,* esm. Retrete de uso público.
2. *Mx, CR.* Lugar destinado al retrete de uso público.
3. *CR, Py.* Pieza de una vivienda donde está el inodoro y el **lavamanos.**
II. 1. m. *Ur.* Hombre que trabaja realizando la instalación, mantenimiento y reparación de las conducciones de agua y otros fluidos.

sanjoaquín.
I. 1. *Co.* **gallardete,** arbusto. (**san Joaquín**).

sanjol.
I. 1. *Mx.* **zamhool.**

sanjorge.
I. 1. m. *Ar, Ur.* Avispa de hasta 4 cm de longitud, de cuerpo oscuro y alas rojizas. (Pompilidae; *Pepsis* spp.).

sanjuán.
I. 1. m. *Mx.* **pinicua.**
2. *Mx.* **güirambo.**

sanjuanazo.
I. 1. m. *Mx.* Choque, golpe o caída fuertes. pop + cult → espon.
II. 1. m. *Py.* Celebración de la festividad de San Juan.

sanjuanear.
I. 1. tr. *Mx.* Castigar, ejecutar algún castigo.
II. 1. intr. *Cu.* Ir de un lado a otro sin un destino determinado.
III. 1. tr. *Ho.* Podar un árbol frutal el día de San Juan. rur.

sanjuanera.
I. 1. *PR.* **ahogavaca.**
II. 1. f. *PR.* Cualquier fruta fuera de estación o que se dé en el mes de junio. rur.

sanjuanero.
I. 1. *Mx:S.* **jarro de oro.**
II. 1. m. *Co.* Baile que es una mezcla entre el **joropo** y el **bambuco**; es típico de la festividad de San Juan y San Pedro en los departamentos del Huila y del Tolima.
2. *Co.* Música con que se acompaña el sanjuanero.

sanjuaniada.
I. 1. m. *Ni.* Lavado superficial de ropa.

sanjuaniar.
I. 1. tr. *Ni.* Lavar la ropa rápido y mal.

sanjuanito.
I. 1. m. *Co, Ec.* Música con que se acompaña el sanjuanito.
2. *Co.* Baile derivado del **sanjuanero,** típico del departamento del Cauca, *especialmente en los límites con el Huila.*
3. *Ec.* Baile popular de la Sierra ecuatoriana.

sanjuliana.
I. 1. f. *Ni.* Ano. vulg.

sanlunero, -a. (De *san lunes*).
I. 1. adj/sust. *Mx, Bo. Referido a persona,* que suele ausentarse injustificadamente del trabajo o estudio después del fin de semana, *especialmente por tener resaca.* fest.

sanmarcos.
I. 1. m. *Pe.* Caja de madera que, a modo de díptico, tiene en su interior pequeñas imágenes que representan escenas religiosas u otros motivos.

sanmartiniano, -a.
   I. 1.   adj. *Ar.* Relativo a la personalidad o a la obra del general José de San Martín.

sanmiguel.
   I. 1.   m. *Mx.* **rosa de mayito.**

sannicolás.
   I. 1.   m. *Mx.* Arbusto pequeño de hasta 35 cm de altura, de tallos cilíndricos, *hojas principalmente alternas,* lineares a estrechamente lanceoladas, de margen entero, inflorescencias en cabezuelas y flores amarillas; posee aplicaciones en la medicina tradicional. (Asteraceae; *Chrysactinia mexicana*). ♦ **yeyepaxtle.**

sano.
   ■
      a. ‖ **sano sano.** *Pe.* **sarro.** (**sanosano**).

sano, -a.
   I. 1.   adj. *Pe, Bo; Pa, Py,* pop + cult → espon; *Ar,* p.u. *Referido a persona,* sobria.
   □
      a. ‖ **más ~ que un yogur.** loc. adj. *Ch. Referido a persona,* muy sana. pop + cult → espon ∧ fest.

sanosano.
   I. 1.   *Pe.* **sano sano.**

sansano, -a.
   I. 1.   sust/adj. *Ch.* Persona que pertenece o ha pertenecido a la Universidad Técnica Federico Santa María.
   2.   adj. *Ch.* Relativo a la Universidad Técnica Federico Santa María.

sánsara.
   ▶ **dar ~.**

sansibérico, -a.
   I. 1.   adj. *Cu. Referido a persona,* perturbada mentalmente. (**sansobérico**).

sansobérico, -a.
   I. 1.   *Cu.* **sansibérico.**

santaclara.
   I. 1.   f. *CR.* Parte de las piernas de una mujer visible a contraluz cuando no lleva combinación. pop.

santamaría.
   I. 1.   *Mx.* **hierba santa.** (Piperaceae; *Piper sanctum*).
   2.   f. *Mx.* **pericón,** planta.
   3.   *PR.* **caca de mico.**

santanazo.
   I. 1.   m. *Mx.* Hijo no esperado que nace varios años después del último. pop.

santanica.
   I. 1.   f. *Cu.* Hormiga pequeña que tiene la mitad inferior del cuerpo blanca y la mitad superior de color rojizo; su picada provoca gran ardentía. (Myrmicinae; *Wasmannia auropunctata*). (**santanilla**).

santanilla.
   I. 1.   *Cu.* **santanica.**

santanista.
   I.   (De *Antonio López de Santa Anna,* militar y político mexicano, 1794-1876).
   1.   adj. *Mx.* Relativo al político mexicano Antonio López de Santa Anna.
   2.   m-f. *Mx.* Partidario de Antonio López de Santa Anna.
   II.   (De *Pedro Santana,* político y militar dominicano, 1801-1864).
   1.   adj. *RD.* Relativo al político dominicano Pedro Santana.
   2.   m-f. *RD.* Partidario de Pedro Santana.

santarrita.
   I. 1.   f. *Bo, Ar, Ur.* Enredadera muy frondosa de tallos leñosos, hojas verde oscuro en ambas caras y flores violeta, rosado o rojo. (Nyctaginaceae; *Bougainvillea spectabilis*).

santarrosita.
   I. 1.   f. *Pe.* Golondrina.

santería.
   I. 1.   f. *RD, PR, Co, Ve, Ec.* Conjunto de creencias en los poderes de los santos y en el de su intermediario o **santero.**
   2.   *RD, Ec, Pe, Py, Ur.* Establecimiento dedicado a la venta de artículos usados en la práctica de la **santería** y en esoterismo.
   3.   *Ch, Ar.* Tienda donde se venden imágenes de santos y otros objetos religiosos.
   4.   *Pa, Cu, PR.* Sistema de cultos que tiene como elemento esencial la adoración de deidades surgidas del sincretismo entre creencias africanas y la religión católica. pop + cult → espon.
   II. 1.   f. *PR.* Artesanía de hacer imágenes de santos en madera.
   ▶ **tener la ~ en bandeja.**

santero, -a.
   I. 1.   m. y f. *Ho, ES, Pa, Co, Ve.* Persona que practica la **santería** utilizando imágenes de santos en sus rituales.
   2.   *Cu.* Sacerdote de la **santería,** sistema de cultos.
   3.   *Cu.* Persona que practica o cree en la **santería,** sistema de cultos.

santiaguismo.
   I. 1.   m. *Ch.* p.u. Posición ideológica favorable al centralismo de la capital chilena, Santiago, que intenta acaparar todas las funciones y atribuciones.

santiguado.
   I. 1.   m. *PR,* rur; pop; *Ur,* pop + cult → espon. Rezo de curandero de supuesto resultado terapéutico.
   II. 1.   adj. *Ni. Referido a frijol,* entero, cocido y frito.

santiguar.
   I. 1.   tr. *ES.* Sofreír levemente los alimentos, *en especial los frijoles.*
   II. 1.   tr. *PR,* rur; pop; *Ur,* pop + cult → espon. Tratar e intentar curar a *alguien* a base de sobos, hierbas, la señal de la cruz y algunas oraciones.

santigüe.
   I. 1.   m. *Bo.* Santiguada.

santigüero.
   I. 1.   m. *PR.* Curandero que, sin ser médico, se dedica a curar personas utilizando métodos empíricos. rur; pop.

santiguo.
   I. 1.   m. *Pa, PR.* Acto de hacer el curandero la señal de la cruz sobre la parte enferma de una persona o un animal mientras dice una oración. rur; pop.

santilla.
   ■
      a. ‖ **~ de comer.** *Mx.* **hierba santa.** (Piperaceae; *Piper sanctum*).

santito.
   I. 1.   m. *Ch.* Estampa con una imagen religiosa o de un santo.
   II. 1.   m. *Ni.* Saludo respetuoso con inclinación de cabeza. rur.

santo.
   I. 1.   m. *Ho.* Pretexto, mentira.
   II. 1.   m. *Ho.* Informante de un robo o asalto futuro. delinc.
   ■
      a. ‖ **~ cachón.** m. *Ni.* Amante de la esposa de alguien.
      b. ‖ **~ de palo.** m. *PR.* Imagen religiosa de madera vinculada al culto católico hecha por un artesano. rur.
      c. ‖ **~ remedio.** m. *Ni, Ec, Bo, Py.* Tratamiento o medicamento adecuado para una determinada enfermedad.

▶ armarse con el ~ y la limosna; quedarse con el ~ y con la limosna; subirse el ~; tener el ~ subido.

santo, -a.
  I. 1. sust/adj. *Ar.* Jugador o simpatizante del Club San Lorenzo de Almagro. pop + cult → espon.
    2. adj. *Ar.* Relativo al club de **futbol** San Lorenzo de Almagro. pop + cult → espon.
  ▶ cada quien reza por su ~; cambiar de ~; comer ~s y cagar diablos; darle el ~; darse de ~s; deber a cada ~ una vela; deber una misa a cada ~; no hallar qué ~ baja del cielo; subir y bajar ~s; tener ~s en la corte; traer el ~ volteado; voltearse el ~.

santocristo.
  ▶ dejar como un ~.

santolear.
  I. 1. tr. *Ni.* Administrar a alguien la extremaunción.

santoyo.
  I. 1. m. *Pe.* Cumpleaños, aniversario. pop ^ fest.

santulario, -a.
  I. 1. adj/sust. *RD, Py.* Referido a persona, santurrona. desp.

santulón, -na.
  I. 1. adj/sust. *Ho, ES, Ni, CR, Pe, Ar.* Referido a persona, que aparenta ser buena. pop.

santulonería.
  I. 1. f. *Ar.* p.u. Devoción religiosa afectada o exagerada. pop + cult → espon ^ desp.

sañu.
  I. 1. f. *Pe.* Arcilla, barro cocido. rur.

sao.
  I. 1. m. *Cu.* Sabana pequeña con algunos matorrales o grupos de árboles.
  II. 1. m. *Pa.* Plato de patas de puerco cocidas, con jugo de limón, cebolla, pepino y **ají** picante.

saó.
  I. 1. m. *Bo:E.* Palma de hasta 3 m de altura, con hojas palmadas y flores unisexuales reunidas en una inflorescencia que crece entre las hojas, su fruto es una drupa globosa que contiene una sola semilla. (Arecaceae; *Trithrinax schizophylla*).
    2. *Bo:E.* Sombrero hecho con la fibra que se extrae de esta palmera.

saoca.
  I. 1. f. *Pa.* Sensación de alegría y espontaneidad de quienes escuchan o bailan la música de salsa. pop + cult → espon ^ fest.

saoco.
  I. 1. m. *Cu.* Bebida preparada con agua de coco y ron.

saoco, -a.
  I. 1. adj. *Cu.* Referido a cosa, de mala calidad. pop ^ desp.
    2. *Cu.* Referido a persona, de baja categoría moral o social. pop ^ desp.

sapa.
  I. 1. f. *Ho.* Vulva. tabú; pop + cult → espon.
  II. 1. f. *Ni.* Persona que saca provecho de sus adulaciones. pop + cult → espon.

sapaguata.
  I. 1. *Co:SO.* **nauyaca**.

sapaimosi.
  I. 1. *Bo:E.* **pintillo**, árbol.

sapallo.
  I. 1. m. *Ec, Pe.* Fruto del **zapallo**. (Cucurbitaceae; *Cucurbita maxima*).

sapameco, -a.
  I. 1. adj. *ES.* **chapaneco**, grueso y bajo.

sapán.
  I. 1. *Ec.* **ixpepe**.

sapaneco, -a.
  I. 1. adj. *CR; Ho,* rur. **chapaneco**, grueso y bajo.

saparapanda.
  I. 1. *Ve.* **zaparapanda**.

saparruco, -a.
  I. 1. adj. *Ni.* Referido a persona, baja y gorda. rur.

sapayolo.
  I. 1. *Ho.* **zapayolo**.

sape.
  I. 1. m. *Mx.* Coscorrón. pop + cult → espon.

¡sape!
  I. 1. interj. *Py.* Expresión utilizada para espantar a los gatos. pop.

sapeada.
  I. 1. f. *Co; Ch,* delinc. Delación. pop ^ desp.
  II. 1. f. *Pe.* Observación o mirada indiscreta a algo o alguien.

sapeado.
  I. 1. adj. *Cu.* **salado**, persona con mala suerte.

sapear.
  I. 1. tr. *Ho, Ni, CR, Pa; Co, Ec, Bo,* desp; *Ve, Ch,* delinc. Acusar o delatar a *alguien*. pop + cult → espon.
    2. *Ec, Pe, Ch, Ar.* Mirar, observar *algo* o a *alguien*, *generalmente de manera indiscreta*. pop.
    3. *Pa, Ch, Ar.* Atisbar, vigilar. pop.
    4. intr. *Ch; Ve,* pop. Actuar *una persona* como un **sapo**, delator. delinc.
    5. tr. *Cu.* Acompañar a una pareja para vigilar su comportamiento.
  II. 1. tr. *Cu.* Dar mala suerte a alguien. pop.

sapecado.
  I. 1. m. *Ar:NE.* Proceso de secado y tostado de las hojas de **yerba mate** al calor del fuego.

sapecadora.
  I. 1. f. *Ar:NE.* Máquina para secar y tostar las hojas de **yerba mate**, que consiste en un cilindro que gira sobre un eje mientras se calienta al fuego.

sapecar.
  I. 1. tr. *Ar:NE; Py,* rur. Someter las hojas de **yerba mate** al calor del fuego para secarlas y tostarlas.

sapeco.
  I. 1. m. *Ar:NE.* Proceso de secado y tostado de las hojas de **yerba mate** al calor del fuego.

sapeo.
  I. 1. m. *Ch.* Mirada sobre algo o alguien hecha con cautela y disimulo. pop.
    2. *Ch.* Delación que se hace sobre alguien. delinc; pop.

sapera.
  I. 1. f. *Ho, Ni.* Lugar donde abundan los sapos.

sapería.
  I. 1. f. *Pe.* Conjunto de **sapos** o personas que observan sin discreción a los demás. pop.

saperío.
  I. 1. m. *Ni, CR.* Conjunto de sapos.
    2. *CR.* Lugar donde abundan los sapos.

saperoco.
  I. 1. *Ve; Co,* pop. **zaperoco**.

sapi.
  I. 1. m. *Bo:E.* Raíz de una planta. rur.

sapillo.
  I. 1. m. *Cu, Ve.* Especie de afta que padecen en la boca algunos niños de pecho.
  ▶ comer ~.

sapirangy.
  I. 1. m. *Ar:NE.* Árbol de hasta 7 m de altura, de follaje tupido, hojas enteras y alternas, flores blancas y fruto de tamaño muy pequeño. (Apocynaceae; *Tabernaemontana australis*).

sapiroco.
   I. 1. m. *Bo:E.* Vulva. vulg; pop + cult → espon.

sapito.
   I. 1. m. *Ch, Ar, Ur, Bo,* pop + cult → espon. Bote que dan las piedras lanzadas sobre la superficie del agua.
   II. 1. m. *Ar:NE, Ur.* Llaga en la lengua. pop + cult → espon.
   III. 1. m. *Ar.* Instrumento con un orificio en el centro que, insertado en uno de los extremos de una manguera, riega por aspersión.
   IV. 1. m. *Ar:NO.* Abultamiento en el antebrazo cuando se contrae el músculo bíceps. pop + cult → espon.
   V. 1. m. *Bo:E.* Árbol de hasta 30 m de altura con ramas que presentan cicatrices anulares y un látex blanco lechoso, hojas simples alternas, pubescentes en el envés, y flores unisexuales, las femeninas crecen solitarias en pequeños grupos y las masculinas se disponen en cabezuelas, cuyos frutos son falsas drupas cubiertas por escamas. (Moraceae; *Brosimum lactescens*).
   2. *PR.* **gallito,** árbol de pequeño tamaño.
   3. *Pa.* **algodoncillo,** árbol.
   VI. 1. m. *Ch.* En centros militares, carcelarios y educativos, salto en cuclillas extendiendo lateralmente las piernas con las manos sobre la nuca, *generalmente impuesto como castigo.*
   VII. 1. m. *Cu.* Golosina en forma de pequeña rana cubierta de chocolate.
   VIII. 1. m. *ES.* Señal reflectante de circulación rectangular y fijada en el asfalto para dividir carriles en una calle o carretera.
   IX. 1. m. *Ur.* Juguete consistente en un papel con diversos dobleces que llevan mensajes ocultos.
   2. *Ur.* Juego que consiste en abrir y cerrar este papel para leerle al destinatario el mensaje que le ha tocado en suerte.
   X. 1. m. *Ur.* p.u. Broche plano que se cierra a presión para sujetar el cabello.
   ▶ hacer ~.

sapo.
   I. 1. m. *Ec, Pe, Bo, Ch, Ar, Ur.* Juego que consiste en introducir desde cierta distancia un disco o moneda por un orificio que semeja la boca abierta de un sapo colocado sobre un soporte o por otras ranuras convenientemente dispuestas en este.
   2. *Bo, Ch.* Acierto al introducir un disco o moneda por la boca abierta del sapo de metal en el juego del sapo.
   3. *Ch.* En el juego del billar, chiripa.
   4. *Ho.* En el juego de billar americano, fallo que consiste en introducir en la buchaca una bola que no se debía meter.
   II. 1. m. *Ho, ES, CR, Ec, Bo, Ch.* Vulva. vulg; pop + cult → espon.
   III. 1. m. *Pa, Pe;* sust/adj. *Ch.* Mirón, persona que observa sin discreción. pop.
   IV. 1. m. *Ch.* Válvula que impide que entre el aire a los cañones de los pozos.
   2. *Ch.* Pieza de un mecanismo, herramienta o dispositivo, *especialmente la que lanza un chorro de agua sobre el parabrisas en los vehículos.*
   3. *Ho.* Cuña de madera que hay en los trapiches para impedir que el moledor meta la mano entre los cilindros que estrujan la caña.
   4. *Ho.* Filtro y válvula que se coloca al final de una manguera de absorción de agua que se extrae con una bomba.
   V. 1. *Co.* **guacharaco,** arbusto.
   VI. 1. m. *Ar, Ur,* p.u. Fallo o intento frustrado, *especialmente al cazar o pescar.* pop + cult → espon.

   VII. 1. m. *Ar:NO.* Abultamiento en el antebrazo cuando se contrae el músculo bíceps. pop + cult → espon.
   VIII. 1. m. *ES. Ec.* En el ejército, ejercicio que consiste en caminar saltando o en cuclillas.
   IX. 1. m. *Ch.* Trabajador encargado de indicar a los conductores de autobuses de servicio público los tiempos que les separan de otros que están haciendo el mismo recorrido.
   X. 1. m. *Gu.* Persona de baja estatura.
   XI. 1. m. *CR.* **tombo.**
   2. *Pa.* Agente de la policía secreta. pop.
   XII. 1. m. *PR.* En las peleas de gallos, variedad de viruela que ataca a las gallinas.
   2. m. *PR.* En las peleas de gallos, gallo de pata corta.

   ●
   a. ‖ ¡vaya a que lo lamba un ~! fórm. *Co:NE,O.* Se usa para despedir a alguien con aspereza, enojo o sin miramientos. pop.

   ■
   a. ‖ ~ arbóreo. m. *Ch.* Sapo pequeño de color verde con franjas rojas en la espalda y en las patas, dotadas de largos dedos, cabeza grande y deprimida, y ojos dorados. (Cycloramphidae; *Hylorina sylvatica*).
   b. ‖ ~ bocón. m. *Cu.* Pez marino de hasta 25 cm de longitud, de color amarillento salpicado de oscuro, cabeza ancha y carente de escamas; su carne es utilizada para hacer sopa. (Batrachoididae; *Opsanus beta*). ◆ **sapo de boca blanca.**
   c. ‖ ~ borracho. *CR.* **alma de vaca.**
   d. ‖ ~ buey. *Ar:E,NE.* **sapo cururú.**
   e. ‖ ~ cururú. m. *Py, Ar, Ur.* Batracio de hasta 20 cm de longitud, grueso, con ojos saltones, boca muy grande, patas cortas y piel de color verde parduzco. (Bufonidae; *Bufo paracnemis*). ◆ **cururú; sapo buey.**
   f. ‖ ~ de boca blanca. *Cu.* **sapo bocón.**
   g. ‖ ~ de cuatro ojos. *Ch.* **coicoy.**
   h. ‖ ~ grande. m. *Co.* Sapo muy grande, sin cola, de más de 20 cm de longitud, de piel seca y verrugosa, con protuberancias encima de los ojos y en el hocico, de color gris, marrón, rojo o verde oliva y vientre crema que puede tener manchas negras o marrones. (Bufonidae; *Rhinella marinus*).

   □
   a. ‖ ~ de otro pozo. loc. sust. *Ar, Ur.* Persona que pertenece a una clase, medio social o esfera de actividad diferente de aquella en la que está inmersa. pop + cult → espon.

   ◰
   a. ‖ como es de grande el ~, así es el salto. *Ho.* **como es el sapo, es la pedrada.**
   b. ‖ como es el ~ es la pedrada. fr. prov. *Gu, Ho, ES, Ni.* Indica que una acción tiene que ser proporcional a lo que con esta se consigue. ◆ **como es de grande el sapo, así es el salto.**
   c. ‖ el que nace para ~ desde chiquito es cabezón. fr. prov. *Ho.* Indica que alguien está condicionado por las circunstancias.
   ▶ estar como ~ toreado; estar empurrado como el ~; hacer ~; hacerse el ~; inflarse como un ~; pateando ~s; ponerse como ~ de letrina; salir ~.

sapo, -a.
   I. 1. sust/adj. *Ho, ES, Ni; CR, Pa, Co, Ec, Ch,* pop ∧ desp; m. y f. *Ve,* delinc; pop. Delator, soplón. ◆ **lambón.**
   2. sust/adj. *Ho, ES, Ni, CR, Co.* Persona aduladora, servil. pop ∧ desp. ◆ **lambeladrillos; lamberto; lameladrillos.**
   3. m. y f. *Ec, Pe, Bo.* Persona muy despierta, vivaz y astuta. pop.

II. 1. adj/sust. *Gu, Ho, ES, Ni. Referido a persona*, de baja estatura. desp.
2. *Ch. Referido a persona*, fea. pop + cult → espon.
3. adj/sust. *Py. Referido a persona*, carente de belleza física, con ojos saltones, piel oscura y pelo encrespado. pop + cult → espon ∧ desp.
III. 1. m. y f. *Cu.* Persona que importuna con su presencia a una pareja de enamorados. pop.

sapolio. (De *Sapolio*®).
I. 1. m. *Pe.* Detergente, jabón para lavar y fregar.

sapopeta.
I. 1. sust/adj. *Bo:E.* Persona de baja estatura y gruesa. pop + cult → espon ∧ desp.

saporreto, -a.
I. 1. adj. *Co:C,NE, Ve. Referido a persona*, gruesa y de poca altura. pop.

sapotazo.
I. 1. *Mx, ES.* **zapotazo**, golpe fuerte.

sapote.
I. 1. *Pa, Co.* **zapote**, árbol. (Malvaceae; *Quararibea cordata*).
2. *Pa, Co.* **zapote**, fruto.
3. *Co.* **zapote**, árbol. (Sapotaceae; *Pouteria sapota*).
4. *Co.* **zapote**, fruto.
5. *Ec, Pe.* Árbol de hasta 6 m de altura, de raíces fuertemente desarrolladas de tallo grueso, hojas alternas de color verde oscuro y brillante, inflorescencia en racimo y fruto ovoide y carnoso. (Capparidaceae; *Capparis angulata*).

sapotear.
I. 1. tr. *Co:O.* Tomar *una persona* comida en pequeñas cantidades.

sapotillo.
I. 1. *Mx.* **zapotillo**, arbusto ramificado.

sapotolongo.
I. 1. *Co.* **zapotón**.

sapoyol.
I. 1. *Mx, Ho.* **zapoyol**.

saprissista. (De *Deportivo Saprissa*, equipo de futbol de Costa Rica).
I. 1. adj. *CR.* **morado**, relativo al equipo Deportivo Saprissa.

sapucai. (Del guar. *sapukai* o *sapukay*).
I. 1. m. *Py, Ar:NE.* Grito que sirve de comunicación o para expresar algún sentimiento. (**sapucay**; *sapukai*; *sapukay*).
2. *Py, Ar:NE.* Grito alegre con que se acompaña el **chamamé**. (**sapucay**; *sapukai*; *sapukay*).

sapucay. (Del guar. *sapukai* o *sapukay*).
I. 1. *Py, Ar:NE.* **sapucai**.

sapukai. (Voz guar.).
I. 1. *Py.* **sapucai**.

sapukay. (Voz guar.).
I. 1. *Py.* **sapucai**.

sapurruco, -a.
I. 1. adj. *Ho, ES. Referido a persona*, de pequeña estatura y gorda.

sapuyulo.
I. 1. *Mx, Ho.* **zapoyol**.

saque.
I. 1. m. *Bo:E, Ch, Ar.* Inhalación de cocaína u otra droga en polvo. drog.
2. *Ch.* Dosis de cocaína. drog.
II. 1. m. *Py, Ar, Ur.* Golpe fuerte dado con la mano. pop + cult → espon.
III. 1. m. *Co:C.* Local o establecimiento en que se hacen destilaciones de aguardiente.
IV. 1. m. *Ec:S; PR,* rur. Recolección de la **papa**.
V. 1. f. *Ho:C, Ni:C,O.* **valona**, gamella. rur.

VI. 1. m. *Ho.* Cada uno de los dos arcos que tiene el yugo en donde se coloca la nuca o cerviz del buey.
■
a. ‖ ~ **de costado.** *CR, Ec, Bo, Ch, Py, Ur.* **saque lateral.**
b. ‖ ~ **lateral.** m. *Co, Ec, Pe, Bo, Ch, Py, Ar, Ur.* En el *futbol*, lanzamiento del balón que hace un jugador con los brazos desde uno de los laterales del campo de juego. ♦ **saque de costado.**
□
a. ‖ **de un ~.** loc. adv. *Bo:E, Py, Ar, Ur.* De una sola vez y por completo. pop + cult → espon. ♦ **de un solo saque.**
b. ‖ **de un solo ~.** *Bo, Ar, Ur.* **de un saque.**

saqueada.
I. 1. f. *Mx, ES, CR, Bo.* Saqueo. pop + cult → espon.

saquear.
I. 1. tr. *Ch.* En una *competencia*, actuar parcialmente un árbitro. pop + cult → espon.
II. 1. *Py.* Despojar a una persona de todas sus pertenencias, dejarle sin nada, *especialmente en la vía pública*. pop.

saqueo.
I. 1. m. *Ch.* En una *competencia*, actuación parcial de un árbitro. pop.

saquero, -a.
I. 1. sust/adj. *Ch.* En una *competencia*, árbitro que actúa de manera parcial y, por extensión, cualquier árbitro. pop + cult → espon ∧ desp.

saqueta.
I. 1. f. *RD.* Saco o bolsa de tamaño mediano que se lleva a la espalda.
2. *RD.* metáf. Escroto. vulg.

saquilla.
I. 1. f. *Ec:N, Bo.* Saco largo y estrecho, de lienzo basto o de lona.

sara. (Voz quechua).
I. 1. m. *Pe, Bo.* Maíz. rur.

saracutear. (Del port. *saracotear*, mover).
I. 1. intr. *Py.* Moverse *alguien* mucho. pop.

saraguaso.
I. 1. m. *PR.* Arbusto de hasta 3 m de altura, de hojas aovadas, inflorescencia axilar, flores blanquecinas y fruto en drupa de color rojizo. (Boraginaceae; *Cordia corymbosa*).

saraguate. (De or. ind. antillano).
I. 1. *Gu.* **saraguato**.

saraguato.
I. 1. *Mx.* **mono aullador**. (**saraguate**; **sarahuato**; **zaraguate**; **zaraguato**; **zarahuato**).

sarahuato.
I. 1. *Mx.* **saraguato**.

saramagullón.
I. 1. *Mx.* **ahuizote**, ave.

saramagullón, -na.
I. 1. adj/sust. *RD. Referido a persona*, astuta.

sarambí. (Voz guaraní).
I. 1. m. *Py.* Desorden, confusión. pop.

saramontón.
□
a. ‖ **en ~.** loc. adv. *Ec.* p.u. En masa o montón. pop + cult → espon.

sarampionado, -a.
I. 1. adj. *Cu. Referido a persona*, que defiende posiciones políticas extremistas.

saramullo.
I. 1. *Mx.* **saramuyo**.

saramullo, -a.
  I. 1. adj. *RD. Referido a persona*, cariñosa, afectuosa.

saramuya.
  I. 1. f. *Mx, Ho.* **saramuyo.**

saramuyo.
  I. 1. *Mx, Ho.* **anón**, árbol. (**saramullo; saramuya; za-ramullo; zaramuyo**).
    2. *Mx, Ho.* **anón**, fruto. (**saramullo; saramuya; za-ramullo; zaramuyo**).

saramuyo, -a.
  I. 1. adj. *Ho. Referido a persona*, coqueta.

sarán.
  I. 1. m. *Ho.* Red de nailon muy tupida que filtra la luz y los rayos de sol en un vivero.

saranana.
  I. 1. f. *RD.* Picazón fuerte.

sarandaja.
  I. 1. f. *Ec, Pe:NO.* **Frijol** blanco, de textura y sabor muy apreciados, muy usado en distintos platos.

sarandear.
  I. 1. tr. *Py.* Sacudir a *alguien* con actitud prepotente. pop.

sarandí. (Del guar.).
  ■
  a. ‖ **~ blanco.** m. *Ar, Ur.* Arbusto ramoso, con hojas lanceoladas, flores verdosas y fruto esferoidal de pequeño tamaño; a la infusión de sus hojas se le atribuyen diversas propiedades medicinales. (Euphorbiaceae; *Phyllantus sellowianus*).
  b. ‖ **~ colorado.** m. *Ar, Ur.* Arbusto de hojas simples, flores blancas suavemente perfumadas, agrupadas en cabezuelas esféricas y fruto de forma casi piramidal. (Rubiaceae; *Cephalanthus glabratus*).
  c. ‖ **~ negro.** m. *Ar, Ur.* Árbol de hojas lanceoladas con borde aserrado, flores pequeñas blanquecino amarillentas dispuestas en espigas axilares y fruto castaño. (Euphorbiaceae; *Sebastiania schottiana*).

sarandunga.
  I. 1. f. *RD.* Baile que se ejecuta al compás de la música de la **tambora** y el **güiro**; es típico de la provincia de Peravia. (**zarandunga**).

sarao.
  I. 1. m. *Bo:E.* Baile que consiste en trenzar doce cintas de colores que están sujetas por uno de sus extremos a un palo; seis mujeres y seis hombres bailan entrecruzándose y formando un vistoso tejido que luego destrenzan bailando en sentido contrario.

sarapa.
  I. 1. f. *Co:C.* Variedad de **arepa** que se envuelve en hojas de **plátano** y se asa sobre una piedra o tiesto de barro.
    2. *Pa.* Comida hecha a base de arroz con tubérculos y pescado, envuelta en hojas. rur.

sarapanga. (Del quech. *sara*, maíz y *panga*, hoja).
  I. 1. f. *Ec.* Caña del maíz seca y con sus hojas, usada como forraje.

sarape.
  I. 1. m. *Mx.* Especie de frazada de lana o colcha de algodón *generalmente de colores vivos*, con abertura o sin ella en el centro para la cabeza. (**zarape**).

sarapeto.
  I. 1. m. *ES. Entre abogados*, notario atrevido.

sarata.
  I. 1. f. *PR.* Harina de maíz **sancochada** con **guábaras**, **habichuelas** o alguna otra combinación. rur. ♦ **grincha**.

sarataco, -a.
  I. 1. adj/sust. *RD. Referido a persona*, inútil, que no tiene aptitudes para trabajar.

saratana.
  I. 1. adj. *Ec. Referido a ave gallinácea*, de plumaje combinado uniformemente en blanco y gris. rur.

saratauca. (Del quech. *sara*, maíz, y del aim. *tawqa*, apilamiento).
  I. 1. f. *Bo:C,O.* Juego de muchachos que consiste en tirar al suelo a uno de los del grupo para luego lanzarse sobre él.

sarato.
  I. 1. m. *Pe.* Morral de algodón o **tocuyo** en el que llevan los indígenas sus pertenencias.

saraveado, -a.
  I. 1. *Ve.* **saraviado.**

saraviado, -a.
  I. 1. adj. *Co. Referido a un ave*, que tiene pintas o manchas. (**saraveado**).

saraza.
  I. 1. f. *Ho, Ve; Ec*, obsol. Tela fina de algodón, de color blanquecino, que se utilizaba para vestidos y camisas. rur.
  II. 1. f. *PR.* Agua del coco maduro. rur.

sarazo.
  I. 1. m. *Mx, Pe, Bo.* Maíz que empieza a madurar. rur.
    2. *RD.* **Plátano** a medio cocer.

sarazo, -a.
  I. 1. adj. *Mx, Pe:NO, Bo. Referido a persona*, algo borracha. pop + cult → espon. ♦ **sarazón**.
  II. 1. adj. *Co, Ve; Cu, RD*, rur. **zarazo**, a medio madurar.

sarazón, -na.
  I. 1. *Mx.* **sarazo**, algo borracho. pop + cult → espon.

sarbelia.
  I. 1. f. *ES.* Cerveza.

sardina.
  I. 1. f. *Pe:E.* Pez de agua dulce de hasta 12 cm, más ancho en su parte anterior, de color verdoso en el lomo y azul o plateado en la parte inferior. (Characidae; *Triportheus angulatus*).
  II. 1. f. *Ho, ES.* Automóvil viejo y destartalado.
  III. 1. f. *Cu.* **fleco**, persona muy delgada.

sardinata.
  I. 1. f. *Co.* Pez de agua dulce de diferentes tamaños y especies. (Characidae; *Argopleura* spp., *Brycon* spp., *Thriportheus* spp.).

sardinear.
  I. 1. intr. *Co:C,SO.* Practicar la pedofilia. pop.

sardinel.
  I. 1. m. *Co, Ve, Pe.* Escalón que forma el borde exterior de la acera.
    2. *Co.* p.u. **banqueta**.

sardinita.
  I. 1. *Ho.* **chimbomba**, periodista.

sardino, -a.
  I. 1. *Co.* **pelado**, persona joven. pop.
  II. 1. sust/adj. *Cu.* Persona extremadamente delgada.

sardo.
  I. 1. m. *Mx.* Soldado raso.
    2. *Ar.* Sargento militar. pop.
  II. 1. m. *Ho.* **Frijol** de guía larga de grano de color rojo con pintas negras y blancas.
  III. 1. *PR.* **cotorro**, pez marino.

sardo, -a.
  I. 1. adj. *Ho, ES, Ni, PR. Referido a una res*, de pelaje negro, blanco y rojo.

sargento.
  I. 1. m. *Mx:SE, Ni, CR.* Pájaro de hasta 22 cm de longitud, de plumaje negro lustroso, con los hombros rojos, pico y patas negros. (Icteridae; *Angelaius phoenicus*). ♦ **alajuelense**.
    2. *Ho, ES, Ni.* Pájaro de hasta 16 cm de longitud, de cabeza gris café, región superior verde oliva con la rabadilla más pálida y brillante, alas y cola fuscas,

garganta crema grisáceo, resto del cuerpo de la parte inferior verde oliva y ocre, más brillante en el pecho, pico a menudo gris opaco. (Thraupidae; *Ramphocelus passerinii*).

3. *Pa.* **tucunaré**.

II. 1. m. *Mx, Cu.* Instrumento de carpintería que sirve para mantener fija una pieza.

sargo.
■
a. ‖ ~ **del norte**. m. *Pe.* **marotilla**, pez.

sariá.
I. 1. *Ar.* **chuña**, ave.

saricolchón.
I. 1. *Ho.* **salicolchón**.

saril. (De *sorell*, voz jamaicana).
I. 1. m. *Pa.* **flor de Jamaica**.
II. 1. m. *Pa.* Bebida refrescante preparada con saril, jengibre y clavo de olor.

sarimamble. (Del lenca).
I. 1. f. *Ho:O.* p.u. Legaña, líquido segregado por la mucosa de los párpados y que se cuaja en los bordes del ojo. rur.

sarna.
I. 1. f. *Bo.* Pan de forma circular, elaborado con harina de trigo y salpicado por encima con queso rallado.
II. 1. m. *Bo.* Soldado que empieza su servicio militar.
III. 1. f. *CR.* Virus que ataca a la **papa**. rur.
IV. 1. adj/sust. *CR. Referido a persona*, de malas intenciones. pop + cult → espon ^ desp. ♦ **sarnoso**.

sarniento, -a.
I. 1. adj. *Mx, Pa, Bo, Ch; Pe,* obsol; *Py,* pop. *Referido a persona o animal*, sarnoso, que tiene sarna. ♦ **sarnudo**.

sarnilla.
I. 1. f. *Ho.* **achiotillo**, arbusto.
I. 1. f. *Ho.* Piojillo de las aves.

sarno.
I. 1. *Co.* **caspi**.

sarnoso, -a.
I. 1. sust/adj. *Ni, Cu.* Persona de extracción social baja. pop ^ desp.
II. 1. *CR.* **sarna**, de malas intenciones.

sarnudo, -a.
I. 1. *Mx, Bo.* **sarniento**. pop + cult → espon ^ desp.

sarpoleta.
I. 1. f. *Co.* Hierba de 50 cm de altura, de hojas pequeñas y estrechas, florecitas blancas agrupadas en racimos y raíces de fuerte olor a mentol. (Polygalaceae; *Polygala paniculata*).

sarpullido.
I. 1. m. *Ni, RD, Py, Ur.* Picazón fuerte.

sarrapia.
I. 1. f. *Co.* Árbol de hasta 12 m de altura, muy ramificado, de hojas compuestas y flores rosadas, muy vistosas, aromáticas y agrupadas en racimos, con fruto ovalado y leñoso con una sola semilla. (Fabaceae; *Dypterix odorata*).

sarro.
I. 1. m. *Co.* Helecho arborescente de numerosas raíces fibrosas que nacen del tallo y hojas grandes y partidas; se le atribuyen propiedades hemostáticas y antiofídicas y los campesinos lo utilizan para construir sus casas. (Cyatheaceae; *Cyathea* spp.). (**zarro**). ♦ **sano**.

sarsa.
I. 1. f. *Pe:S.* Salsa hecha con cebolla, tomate, **ají**, aceite, vinagre y otros ingredientes; sirve como base para muchos platos típicos. (**sarza**).
2. *Bo.* Ensalada de cebolla picada, tomate y **locoto**, empleada como decoración de algunos platos.

sarsear.
I. 1. intr. *ES.* Temblar *alguien* o vibrar *algo*.

sarseo.
I. 1. m. *ES.* Temblor, vibración.

sarta.
I. 1. f. *Ec.* Serie de petardos dispuestos a lo largo de una calle y a cierta distancia uno de otro, que se hacen explotar durante los festejos populares.

sartal.
I. 1. m. *Ch.* p.u. Serie de cosas o seres sucesivos. ♦ **sartalada**.
2. *Ho.* Conjunto de frutos o animales colgados de una trenza o sarta.

sartalada.
I. 1. f. *Ch.* p.u. **sartal**, serie de cosas. pop + cult → espon.

sartén.
I. 1. m. *Ho, ES, Ni, CR, Cu, RD, PR, Co, Ve, Ec, Bo, Ch, Py, Ur.* Sartén, recipiente de cocina.
▶ **caer fuera de la ~**.

sartena.
I. 1. f. *ES.* Cacerola de barro grande y con asas para cocer alimentos.

sartenazo.
I. 1. m. *Ar.* p.u. Azar, casualidad. pop + cult → espon ^ fest.

sarteneja.
I. 1. f. *Mx.* Huella que deja el ganado en un terreno lodoso.
2. *Ve, Ec.* Grieta que se forma en algunos terrenos por acción de la sequía.
3. *Ec, Bo:E.* Hoyo o depresión que dejan las aguas al evaporarse en las marismas y vegas bajas.

sartenejal.
I. 1. m. *Ve, Ec, Bo:E.* Zona de una sabana en que la vegetación es escasa y se han formado numerosos hoyos por efecto de la evaporación de las aguas.

saruna.
I. 1. f. *Ar:NO. En un telar*, mecanismo de pedales consistente en dos maderas horizontales situadas a la altura de los pies, que permiten levantar los hilos de la trama alternadamente. rur.

sarza.
I. 1. *Pe:S.* **sarsa**, salsa.

sasacua.
I. 1. *Mx.* **mojina**. (**sasagua**).

sasafrás.
I. 1. *Cu, Co.* **xchite**.
2. m. *Ho.* Arbusto de hasta 8 m de altura, de hojas aromáticas con olor a anís, aovadas o triangulares, verdes en el haz y blancas en el envés, flores en racimos pequeñas y blancas, fruto verde, redondo y cubierto de tubérculos; sus hojas y su corteza tienen aplicación en la medicina tradicional. (Euphorbiaceae; *Croton reflexifolius*).

sasagua.
I. 1. *Mx.* **sasacua**.

sasal. (Del nahua *zazalic*, pegajoso).
I. 1. m. *Ho:E.* Comida hecha de **yuca** molida, fermentada y horneada en **tuzas** de maíz. (**zazal**).

sascab. (Del maya yucat.).
I. 1. m. *Mx:SE.* Tierra blanca de origen calizo que se emplea en construcción.

sascabera.
I. 1. f. *Mx:SE.* Cantera de la que se extrae el **sascab**.

sasta.
I. 1. f. *Ar:NO.* Guiso preparado principalmente a base de **charqui** molido que se fríe con cebolla y después se hierve. rur.

sastana.
I. 1. f. *Bo:E.* Piedra plana y lisa que se encuentra en la orilla de los ríos; se usa para restregar la ropa cuando se lava. rur.

sastar.
I. 1. tr. *Bo:E.* Restregar la ropa contra una **sastana**. rur.

sastre.
I. 1. m. *Mx.* Pájaro de hasta 10 cm de longitud, con la parte superior gris, partes inferiores claras, mejillas negras, pico truncado y cola larga. (Aegithalidae; *Psaltriparus minimus, P. melanotis*). (**sastrecillo**).
II. 1. m. *Ho.* En el juego de las canicas, el tercer hoyo, que es el más alejado de la línea de salida. inf.

sastrecillo.
I. 1. *Mx.* **sastre**.

sastro.
I. 1. *Pa.* **alazano**, árbol.

satear.
I. 1. intr. *Cu, PR.* Coquetear, flirtear. pop + cult → espon.

satelital.
I. 1. adj. *Mx, Ho, ES, Pa, Co, Ve, Bo, Ch, Py, Ar, Ur.* Relativo a los satélites artificiales.

satélite.
I. 1. m. *Cu.* Persona poco estable, inconstante.
II. 1. m. *ES.* Borrachera. pop.

satería.
I. 1. f. *Cu, RD, PR.* Coquetería, flirteo. pop + cult → espon ^ desp.

satinador.
I. 1. m. *Bo. En la milicia*, soldado entrenado para sobrevivir, *especialmente en la selva o en una zona inhóspita o poco poblada*.

satinaje.
I. 1. m. *Bo. En la milicia*, supervivencia en un terreno inhóspito.

satírico, -a.
I. 1. adj. *ES. Referido a persona*, atenta, nerviosa.

satiris.
I. 1. m. pl. *Pe:SE.* Danza folclórica en la que se rinde homenaje a la fertilidad de la madre tierra.

sátiro, -a.
I. 1. sust/adj. *Ni, CR, Pa, Pe.* Hombre seductor de menores. desp.
2. *CR.* Persona que tiene amoríos con otra mucho más joven que ella. espon ^ sat.
3. *Ur.* Delincuente violador de mujeres.

satisfacción.
◪
a. ‖ ~ **no pedida, acusación manifiesta.** fr. prov. *Mx.* Indica que quien da explicaciones por adelantado, tiene indicios de ser culpable.

sato, -a.
I. 1. adj. *Cu, RD, PR. Referido a persona*, zalamera y extremosa con las del sexo opuesto. pop + cult → espon ^ desp.
2. *Cu, PR. Referido a un hombre*, mujeriego, enamoradizo. pop + cult → espon.
II. 1. *Cu, PR.* **aguacatero**, que no es de raza. pop + cult → espon.
III. 1. *Cu.* **bobo**, abundante. pop.
IV. 1. adj. *RD. Referido a persona*, graciosa, agradable o simpática.

sau sau.
I. 1. m. *Ch.* Baile y canto típicos de la isla de Pascua.

saucle. (Del nahua *tzauctli*, metáf. de *tzacatli*, pegamento).
I. 1. m. *Mx.* Planta de hasta 60 cm de altura, con pseudobulbos subterráneos, hojas lineares a lanceola-

das, inflorescencia con tres a seis flores, y flores rosadas y blancas con venas verdes. (Orchidaceae; *Bletia campanulata*). (**sautle**).

saúco.
I. 1. m. *Mx, Ho, Ni, CR, PR.* Arbusto de hasta 10 m de altura, de tronco fino y copa abierta, con poco follaje, corteza gris y agrietada, hojas elípticas, inflorescencia en racimos y flores de color verde claro; tiene aplicación en la medicina tradicional. (Caprifoliaceae; *Sambucus mexicana*).
2. *Mx.* **inguande**.
3. *Bo:E,S.* Árbol de hasta 15 m de altura, de hojas compuestas con folíolos enteros o aserrados y flores dispuestas en panículas o racimos, sus frutos contienen semillas globosas, negras y lustrosas. (Rutaceae; *Zanthoxylum* spp.).

■
a. ‖ ~ **cimarrón.** *PR.* **guarapo**, árbol.
b. ‖ ~ **hediondo.**
i. *Mx.* **negrito**, árbol de hasta 6 m.
ii. *Ar:NO.* **cochucho**, árbol.

sauna.
I. 1. m. *CR, Ve, Ar, Ur.* Baño de calor a muy alta temperatura.
2. *Ch, Ar, Ur.* Local donde se toman **saunas**, baños de calor.
3. *Ar.* Prostíbulo.
4. f. *Ch.* Establecimiento de baños de vapor abierto al público que esconde un prostíbulo.

saurín, -na. (De *zahorí*).
I. 1. m. y f. *Mx.* Persona que tiene el poder de adivinación. pop.

saurina.
I. 1. f. *Ho.* Partera.

saus.
I. 1. m. *Pa.* Plato de patas de puerco cocidas, con jugo de limón, cebolla, pepino y **ají** picante.

sautle.
I. 1. *Mx.* **saucle**.

sauyán.
I. 1. m. *Mx:SE.* **mazacuata**, serpiente.

savarín. (Del it. *savarin*, y este del apellido del gastrónomo A. Brillat-Savarin).
I. 1. m. *Ar, Ur.* Masa hecha con huevo, harina y azúcar a la que se pueden añadir diversos ingredientes y que se presenta en forma de rosca.
2. *Ar, Ur.* Molde metálico con una parte saliente en el medio, *especial para hacer savarines*.

sávila.
I. 1. *Mx, Ho, ES, CR, Co, Ec, Pe, Bo.* **zábila**, áloe.
2. *Ho, CR, Pe.* **zábila**, látex.

saxo.
I. 1. m. *Pe.* Nalgas. delinc; euf; pop.
2. *Pe.* Ano. delinc; euf; pop.

saya.
I. 1. f. *Pe, Bo, Ch:N.* Baile folclórico de ritmo rápido, en el que las mujeres llevan faldas amplias y cortas.
2. *Bo.* Composición musical de ritmo rápido y alegre al compás de la que se baila la saya.
II. 1. f. *Ho, ES, Ni.* Enagua.
▶ **salírsele la ~.**

sayama.
I. 1. m. *Ec.* Serpiente. (Colubridae; *Spilotes pullatus*).

sayana.
I. 1. *Pe:SE.* **sayaña**. rur.

sayaña.
I. 1. f. *Pe:SE, Bo:O.* Terreno cedido para cultivo a cambio del pago de parte de los productos obtenidos. rur. (**sayana**).

sayañero, -a.
    I. 1. sust/adj. *Pe:SE*; m. y f. *Bo:O*. Persona que cultiva una **sayana** o **sayaña**. rur.

sayar.
    I. 1. m. *Ar:NO*. Ladera de un cerro cubierta de piedras menudas. rur.

sayolistle. (Del nahua *zayoliztle*, de *zayolin*, mosca).
    I. 1. m. *Mx*. **chaquira**, arbusto.

sayonara.
    I. 1. f. *Pe*. Sandalia que se sujeta al pie con dos tirantes que se unen entre los dedos mayor e índice del pie. ♦ **slap.**
    II. 1. m. *ES*. Hombre afeminado. fest.

sayubú.
    I. 1. *Bo:E*. **chogüí.**

sayuela.
    I. 1. f. *Cu*. Prenda de vestir, similar a una falda, que usan las mujeres por encima de la ropa interior y debajo del vestido.

sayunsay.
    I. 1. m. *Mx*. Planta herbácea silvestre de hasta 1,5 m de altura, de tallos finos y resistentes, hojas pequeñas, alternas, con semillas redondas y planas que se pegan a la ropa. (Loasaceae; *Mentzelia aspera*). ♦ **pegapega.**

sazón.
    I. 1. m. *Mx, Ni, Cu, RD, PR, Bo*. Habilidad de cocinar bien. pop.

sazón, -na.
    I. 1. adj. *Ho, ES, Ni, CR. Referido a una fruta*, que comienza a madurar.
    2. *Ho, ES, CR. Referido a persona*, cuarentona.

sazonada.
    I. 1. f. *Cu*. Reprimenda.
    2. *Cu*. **golpiza**, paliza.

sazonar.
    I. 1. tr. *Cu*. Reprender duramente a *alguien*.
    2. *Cu*. Dar una paliza a *alguien*.

schedule. (Voz inglesa).
    I. 1. m. *EU, PR*. Programa, agenda de trabajo, calendario de actividades.

schifrunista.
    I. 1. m. *Ar*. Ladrón que actúa en complicidad con una prostituta. delinc; pop + cult → espon.

schop. (Del al. *schoppen*, medio litro o cuarto de litro).
    I. 1. m. *Ch*. Cerveza rubia muy espumosa que se sirve directamente del barril.
    2. *Ch*. Jarra en la que suele servirse esta cerveza directamente del barril.

schopería.
    I. 1. f. *Ch*. Establecimiento donde se sirve cerveza y comida rápida.

scon. (Del ingl. *scone*, bollo).
    I. 1. *Py*. **escón.**

scone. (Voz inglesa).
    I. 1. *Ar, Ur*. **escón.**

score. (Voz inglesa).
    I. 1. m. *EU, Mx, PR, Bo, Ur*. Número que expresa los puntos ganados en un juego.
    2. *EU, Mx, Bo, Ur*. Total de puntos ganados en un juego.
    3. m. *EU, PR. En el **beisbol***, cantidad de carreras anotadas por cada equipo en un juego.

    ■
    a. ‖ **~ board.** (Voz inglesa). m. *EU*. p.u. *En el beisbol*, pizarra de anotaciones.

scotch. (De *Scotch®*).
    I. 1. m. *ES, CR, Pe, Bo:O, Ch*; f. *Ar, Ur, Py*, p.u. Cinta adhesiva transparente.
    2. adj. *Ur. Referido a una cinta transparente*, adhesiva.

    ■
    a. ‖ **~ tape.** m. *Cu*. Cinta de celulosa o plástico, adhesiva por uno de sus lados, que se emplea para pegar.

screen. (Voz inglesa).
    I. 1. m. *EU, PR*. Pantalla, *en especial la de la **computadora***.

    ■
    a. ‖ **~ saver.** (Voz inglesa). m. *EU, PR. En una computadora*, imagen fotográfica o animada que se muestra en la pantalla cuando no se desarrolla otro tipo de actividad en ella.

seat.
    ■
    a. ‖ **~ belt.** (Voz inglesa). m. *EU*. p.u. Cinturón de seguridad del automóvil.

sebaral.
    I. 1. m. *PR*. Elevación del terreno del fondo marino.

sebiche.
    I. 1. *Mx, Ho, ES, Cu, RD, PR, Pe, Ch; Ec*, p.u. **cebiche.**

sebiento.
    I. 1. adj/sust. *Ch. Referido especialmente a persona*, muy sucia, grasienta, como si estuviera untada en sebo. pop + cult → espon ^ desp.

sebingo.
    I. 1. m. *Cu*. **fana.** vulg.

sebiya.
    I. 1. f. *Cu*. Ave zancuda, de plumaje rosado, patas negras y pico ensanchado en forma de espátula. (Threskiornithidae; *Platalea ajaja*).

sebo.
    I. 1. m. *Ve*. juv. Relación amorosa. fest.
    2. adj. *ES. Referido a persona*, perezosa.

    ■
    a. ‖ **~ de burro.** *ES*. **algarrobo.** (Fabaceae; *Hymenaea courbaril*).
    b. ‖ **~ de cuba.** m. *Pa*. Grasa de **res** con la que, una vez hervida, se fabrican velas para quitar el mal de ojo.
    ▶ **hacer ~; poner ~; revolver el ~ con la manteca; valer ~.**

sebón, -na.
    I. 1. adj. *ES; Ur*, p.u. *Referido a persona*, haragana.

seboro.
    I. 1. m. *Bo:E*. Cangrejo de agua dulce. (Dromiidae; *Dromia lator*).

seborucal.
    I. 1. m. *Cu*. Terreno pedregoso en el que abundan los **seborucos.**

seboruco.
    I. 1. *Mx*. **ceboruco**, lugar rocoso.
    II. 1. m. *Cu*. Pedazo grande de piedra.
    2. *Cu*. Pedazo grande e informe de algo.
    3. *Cu*. **diente de perro**, piedra porosa.

seboruco, -a.
    I. 1. m y f. *Cu*. Persona que da muestra de poca inteligencia. pop. ♦ **semiñoco.**

seboruquillo.
    I. 1. *PR*. **ceboruquillo.**

sebosa.
    I. 1. f. *ES*. Pene. vulg.

sebucán. (De or. ind. antillano).
    I. 1. *Mx:SE*. **sabucán.**
    II. 1. m. *Co, Ve; Cu*. rur. Colador hecho de hojas de palma entretejidas, que se utiliza para exprimir la **yuca** rallada y eliminar el **yare**. (**cebucán**).
    III. 1. *PR*. **ocoró**, árbol.
    2. *PR*. **dildo.**

seca.

    I. 1. f. *Mx:SE, Ho, ES, Ni, CR, Pa, Cu, RD, Ve, Pe, Ar:NO.* Inflamación de los ganglios de la zona axilar o inguinal producida por una infección.

    II. 1. f. *Mx, Cu, RD, Ur.* Época del año en que llueve poco, que abarca desde noviembre hasta abril.

    2. *Ho, ES, CR.* Marea baja.

    3. *Ho:S,O, ES.* Desvío del agua de una **quebrada** para secar una poza y así poder pescar los peces.

    III. 1. f. *Ar.* Cruz, reverso de una moneda.

    IV. 1. *Ar.* **pitada**, chupada al cigarrillo. pop.

    V. 1. f. *Ho, Ni*; m. *CR. En el juego de trompos*, castigo infligido al trompo del perdedor que consiste en golpearlo con el rejón del trompo del ganador para rajarlo.

    □

    a. ‖ **a ~s.** loc. adv. *Ho, Ni, Pe, Bo, Ur.* Sin ninguna contemplación o miramiento. pop + cult → espon.

    ▶ **andar la ~ y la meca.**

secada.

    I. 1. f. *Mx, CR, Ch, Ar, Pe, Bo, Ur,* p.u. Secado. pop + cult → espon.

secadera.

    I. 1. f. *Mx, ES, Ni, RD.* Secado continuo y reiterado. pop.

secador.

    I. 1. m. *Ho, ES, CR, Co:C,O, Pe, Bo, Ur.* Paño para secar la vajilla.

    2. *Ar.* Utensilio de limpieza consistente en un brazo de goma con mango, que se desliza a ras del piso para enjugarlo.

secadora.

    I. 1. f. *CR, Co:O, Ec.* Máquina para secar los granos de café.

secagente.

    I. 1. *Ho, ES.* **chilincoco**, insecto.

secaleche.

    I. 1. m-f. *Gu, Ho, ES, Ni.* Último hijo.

secamano.

    I. 1. *Ho.* **chilincoco**, insecto.

secante.

    I. 1. sust/adj. *Ar, Ur.* Persona molesta y fastidiosa. pop + cult → espon ^ desp.

    2. *Ur.* Persona que supuestamente es portadora de mala suerte. pop + cult → espon.

secar(se).

    I. 1. tr. *Ar, Ur.* Dejar a *alguien* sin dinero, *especialmente por ganarle en un juego de azar*. pop + cult → espon.

    II. 1. intr. prnl. *Pa, Co.* Pasmarse por exceso de llanto o risa. pop.

    III. 1. *Pe.* Beber un líquido hasta agotarlo, *generalmente un vaso o una botella de licor*. pop + cult → espon.

    IV. 1. *Ur.* Causar o transmitir mala suerte. pop + cult → espon.

    □

    a. ‖ **~ en la cárcel.** loc. verb. *Ch, Ar.* Tener recluida durante mucho tiempo a *una persona* en prisión. pop + cult → espon.

    b. ‖ **~ un papayo.** loc. verb. *Co.* Ser *alguien* fastidioso y molesto. hiperb.

    c. ‖ **secársele el coco.** loc. verb. *Ho, Cu, Ch.* Agotársele las ideas a alguien. pop ^ hiperb.

    d. ‖ **secársele el cuajo.** loc. verb. *ES.* Dejar de engendrar una mujer.

sección.

    I. 1. f. *Ur, Ar,* obsol. Cada una de las funciones de cine o teatro que se celebran en una sala a distintas horas en un mismo día.

    II. 1. f. *ES, CR, Py. En una institución de enseñanza secundaria*, conjunto de estudiantes que asisten al mismo grado y aula de clase.

seccional.

    I. 1. f. *Co, Ar*; m. *Ar.* Dependencia administrativa, política o docente subordinada a una entidad superior.

    2. f. *Bo, Ar, Ur*; m. *Ar, Ur.* Dependencia policial que tiene jurisdicción en un sector determinado de una población o ciudad.

    3. f. *Ar, Ur.* Sección o sector de un gremio, sindicato o partido político.

    4. m. *Ch*; f. *Ch.* Reglamentación urbana a partir de una planificación, construcción y uso hechos para una sección de la ciudad.

secigrista.

    I. 1. sust/adj. *Pe.* Persona que trabaja un período en prácticas en una empresa tras haberse recién licenciado en la universidad.

seco.

    I. 1. m. *Co, Ec, Bo.* Plato del almuerzo o cena que contiene los alimentos principales, como arroz, carne o verduras.

    2. *Pe.* Guiso de **papas** con carne o pescado macerados en vinagre, con vegetales, que se sirve acompañado de arroz blanco.

    3. *Ec.* Guiso preparado, *generalmente con carne de chivo, cordero, gallina o pollo, que suele servirse como segundo plato y acompañado de* **arroz seco**.

    II. 1. m. *Co.* **premio seco**.

    III. 1. m. *Ar.* Golpe que se da con el puño. pop + cult → espon.

    IV. 1. m. *Bo.* Trago en el que se apura de un solo golpe una bebida alcohólica.

    2. *Pa.* Bebida alcohólica a base de caña de azúcar.

    V. 1. m. *Bo.* Aspiración del humo de un cigarrillo que llega hasta los pulmones, donde se retiene antes de expelerlo. pop + cult → espon.

    VI. 1. m. *ES:E.* Coito.

    ●

    a. ‖ **~ y volteado.** fórm. *Ec.* Se usa en los brindis para indicar que se apure hasta el máximo el contenido.

    ■

    a. ‖ **~ de chabelo.** m. *Pe:NO.* Guiso hecho con carne de **chancho** deshilachada o cecina y **plátano verde**, aderezado con vinagre de **chicha**.

    □

    a. ‖ **al ~.** loc. adv. *Bo; Ch*, pop + cult → espon. Hasta el final, hasta la última gota.

    ▶ **parar en ~; tomar ~.**

seco, -a.

    I. 1. adj. *Cu, Ve. Referido a persona*, que no consume o ha consumido bebidas alcohólicas. pop.

    2. *Ve. Referido a una fiesta*, que no cuenta con bebidas alcohólicas. pop.

    II. 1. adj. *Cu, Ar, Ur. Referido a persona*, harta o cansada de algo o de alguien. pop + cult → espon.

    III. 1. adj. *Pe, Ur. Referido a persona*, dormida profundamente. pop + cult → espon.

    IV. 1. adj. *Ch.* juv. *Referido a persona*, hábil o capacitada para una cosa.

    □

    a. ‖ **~ de vientre.** loc. adj. *Py, Ar, Ur. Referido a persona*, que tiene dificultades para evacuar el contenido intestinal. pop + cult → espon.

secollo.

    I. 1. m. *Pe. En algunos pueblos andinos*, enfrentamiento a latigazos durante las fiestas de carnaval.

secón, -na.

    I. 1. adj. *Mx*, pop; *Ch*, pop + cult → espon. | metáf. *Referido a persona*, algo o muy áspera en el trato.

II. 1. *Ho. Referido a* **quebrada**, *pozo o manantial*, que lleva muy poca agua.

secona.
I. 1. f. *Pe.* Sensación de tener la boca reseca, sobre todo tras el consumo de alcohol o drogas. pop.

secreta.
I. 1. m. *CR, Pa, Co:O, Pe.* Bolsillo pequeño del pantalón, colocado a la derecha y debajo del cinturón.
II. 1. f. *Ec. En un automóvil*, guantera.

secretaría.
I. 1. f. *Mx, Ho, ES, RD, Co, Ec, Bo, Ch, Ar, Pa,* p.u. Ministerio o uno de los varios departamentos en los que se divide el gobierno del país.
□
    a. ‖ **por ~.** loc. adv. *Bo, Ch, Py.* Por vía administrativa.

secretividad.
I. 1. f. *Ho, ES.* Guarda de un secreto.

secreto.
I. 1. m. *PR.* Confidente policial. polic.
∎
    a. ‖ **~ militar.** m. *Ni, Cu, PR, Bo, Py, Ur.* Asunto de gran confidencialidad. pop + cult → espon.

secse.
I. 1. m. *Pe.* Planta de hojas largas y delgadas, borde dentado y flores en panojas; sus hojas se usan para techar. (Poaceae; *Pennisetum intectum*).

secua.
I. 1. f. *Ve.* **Bejuco** de tallos rojizos y zarcillos axilares, hojas alternas, de aovadas a circulares, flores grandes, amarillas o anaranjadas, en racimos. (Cucurbitaceae; *Fevillea cordifolia*). ♦ **cabalonga**; **chichimora**; **jallamo**.

secundario.
I. 1. m. *Cu.* Segundero, manecilla que señala los segundos en el reloj.

securitizable.
I. 1. adj. *Ch. Referido a un crédito u otro título*, que se puede **securitizar.** cult → esm.

securitización.
I. 1. f. *Ch.* Conversión de un crédito u otro título financiero en un valor negociable. cult → esm.

securitizador, -ra.
I. 1. sust/adj. *Ch.* Institución o banco que **securitiza** créditos u otros títulos financieros. cult → esm.

securitizar.
I. 1. tr. *Ch.* Convertir un crédito u otro título financiero en un valor negociable. cult → esm.

sed.
I. 1. f. *ES.* Punto de reunión de una **mara.** delinc.

seda.
I. 1. f. *Ar.* Tira de papel delgado que se utiliza para liar o armar cigarrillos.
II. 1. m. *Ec.* Trompo o peón que baila sin dar saltos o sin desplazarse erráticamente. inf.
∎
    a. ‖ **~ blanca.** f. *RD.* **solimanché.**

sedalina.
I. 1. f. *ES, Ec, Ur.* Tela muy fina y suave.
    2. *ES, Ur.* Hilo de seda en madejas o carretes.

sedería.
I. 1. f. *Pa.* Establecimiento en el que se venden artículos para coser y tejer.
    2. *Pa.* Artículos para coser y tejer.

sedilla.
I. 1. f. *Mx.* Árbol de hasta 8 m de altura, de ramas erectas, hojas de lanceoladas a ovadas, flores color crema y fruto seco e indehiscente. (Celastraceae; *Wimmeria confusa*).

sedina.
I. 1. f. *Ni.* Hilo de algodón, envuelto en pequeños cilindros de cartón o plástico.

sedita.
I. 1. adj. *Pe, Bo, Ch,* m. *Ec, Ch. Referido a un trompo*, que gira suavemente.
    2. adj. *Pe. Referido a un artefacto o vehículo*, que funciona a la perfección y sin hacer mucho ruido.

sefolé.
I. 1. m. *RD.* Dulce hecho con leche y huevo.

segraña. (Del quech. *sagraña*).
I. 1. f. *Ar:NO.* Peine hecho con fibras o espinas vegetales o con púas animales. rur. (**sejrana; sejraña**).

segua.
I. 1. f. *Ho.* Personaje mítico mesoamericano en forma de bella mujer que atrae a los hombres por la noche para luego espantarlos con su cara de calavera.

seguetear.
I. 1. tr. *Ho.* Indisponer a *una persona* con alguien.

seguidilla.
I. 1. f. *CR, Pa, Ec, Pe, Bo, Ch, Py, Ar, Ur,* pop + cult → espon. Sucesión de hechos que se perciben próximos en el tiempo.
II. 1. f. *Mx, PR.* Diarrea. rur.
III. 1. f. *Mx. En el juego del póquer*, reunión de naipes de valor correlativo.
IV. 1. f. *Pa.* Uno de los pasos o movimientos de los bailes típicos panameños.

seguido.
I. 1. adv. *Mx, Ho, ES, Ni, CR, PR, Co, Ec, Pe, Ch, Py, Ur.* Frecuentemente.
□
    a. ‖ **más ~.** loc. adv. *Gu.* Con frecuencia. pop + cult → espon.

seguidor, -ra.
□
    a. ‖ **~ como perro de sulky.** loc. adj. *Ar. Referido a persona*, de una absoluta lealtad o fidelidad. pop + cult → espon ^ fest.

seguilla.
I. 1. *Ho.* **lágrima de San Pedro**, semilla.

seguimiento.
▶ **dar ~.**

seguir.
•
    a. ‖ **¡sigue durmiendo de ese lado!** fórm. *Cu, PR.* Se usa para advertir a alguien que debe cambiar su comportamiento o ideas para no salir perjudicado. pop.
    b. ‖ **¡síguelo que está verde!** fórm. *PR.* Se usa para indicar el deseo de que alguien se vaya de inmediato. pop + cult → espon.
□
    a. ‖ **~ ardiendo el rancho.** loc. verb. *Ni.* Continuar una pareja activa sexualmente.
    b. ‖ **~ de frente.** loc. verb. *Mx.* Continuar *alguien* en una dirección sin detenerse o prestar atención a lo que le rodea.
    c. ‖ **~ de rolo.** loc. verb. *PR.* Caminar *alguien* sin detenerse. pop + cult → espon.
    d. ‖ **~ el maíz a peso.** loc. verb. *Ho, ES.* Mantenerse igual un asunto o problema.
    e. ‖ **~ la cuerda.** loc. verb. *Co, Pe.* No contradecir a alguien aunque no se esté de acuerdo con lo que hace o dice. pop + cult → espon.
    f. ‖ **~ la rima.** loc. verb. *Cu.* No oponerse a lo que hace o dice alguien, aún sin estar de acuerdo.
    g. ‖ **~ las firmas.** loc. verb. *RD.* Continuar una actividad.

segunda.
   I. **1.** m. *Pe.* Cargo que sigue en importancia al de **vara-yoc** o alcalde. rur.
   2. m-f. *Pe.* Persona que desempeña el cargo de segunda. rur.
   II. **1.** f. *Ni, Ve.* juv. Intercesión en beneficio de alguien, favor, ayuda. pop.
   ▶ **hacer la ~.**

segundar.
   I. **1.** tr. *Mx.* Echar más tierra a un terreno ya sembrado para favorecer el crecimiento de las plantas. rur.

segundear.
   I. **1.** intr. *Ec.* En las labores agrícolas, desyerbar por segunda vez la sementera. rur.

segundera.
   I. **1.** f. *Ho.* Aguja del reloj que marca los segundos.

segundilla.
   I. **1.** f. *Co:SO.* Refrigerio que se toma por la tarde.
   II. **1.** f. *Pe.* p.u. Grupo de espectadores a los que se permite entrar gratuitamente a las tribunas de segunda clase para llenar un recinto antes de la conclusión del evento.

segura.
   □
   a. ‖ **a la ~.** loc. adv. *Mx, Ni, CR, RD, PR, Pe; Ch,* pop + cult → espon. Sobre seguro, sin riesgos. pop.

seguranza.
   I. **1.** f. *Ch.* Seguro, contrato por el que alguien se obliga mediante el cobro de una prima a indemnizar el daño producido a otra persona.
   2. *Ec.* p.u. Seguridad, confianza.

segureña.
   I. **1.** f. *RD.* Seguridad, certeza. pop.

seguro.
   I. **1.** m. *Mx.* Imperdible, alfiler que se abrocha quedando su punta dentro de un gancho para que no pueda abrirse fácilmente.
   ▶ **ir al ~.**

segurola.
   I. **1.** adv. *Ni, RD, Ec, Py, Ar.* juv. De manera segura. pop + cult → espon ∧ fest.
   □
   a. ‖ **a la ~.** loc. adv. *Mx.* A lo seguro, con la certeza de no errar. pop + cult → espon.

segurón, -na.
   I. **1.** adj. *Pe.* p.u. *Referido a persona,* muy precavida, que toma todas las medidas de seguridad posibles ante algo.
   2. adj/sust. *Cu. Referido a persona,* que trabaja para la seguridad del Estado cubano. pop. ♦ **seguroso.**

seguroso, -a.
   I. **1.** adj/sust. *Cu.* **segurón,** que trabaja para la seguridad del Estado cubano.

seiba.
   I. **1.** *PR.* **ceiba,** árbol.

seibal.
   I. **1.** m. *Ar.* Sitio poblado de **seibos** o **ceibos.**

seibo.
   I. **1.** m. *Py, Ar.* **ceiba.** (Fabaceae; *Erythrina cristagalli*).

seibó.
   I. **1.** m. *RD. Ve.* **ceibó.**

seis. (De *seis,* el número de parejas que lo bailan tradicionalmente).
   I. **1.** m. *Ve.* Tipo de **joropo llanero** de forma fija, de movimiento vivo y letra de contenido narrativo.
   2. m. pl. *PR.* Variedad de géneros musicales de tradición campesina que se utilizan para acompañar el canto o la improvisación de espinelas de un trovador.

   3. *PR.* Música del género de los seises.
   4. *PR.* Baile en pareja o individual que se ejecuta al compás de los seises.
   □
   a. ‖ **de a ~.** loc. adj. *Mx. Referido a persona,* sorprendida, asombrada. pop + cult → espon.
   ▶ **echar ~es.**

seisluces.
   I. **1.** m. *Ar.* Revólver. pop + cult → espon.

seisuna.
   I. **1.** f. *Pe.* Cedazo de tela para colar la **chicha.** rur.

seje.
   I. **1.** *Co.* **migucho.**
   II. **1.** m. *Pe.* Estera de **totora.** rur.

sejrana.
   I. **1.** *Ar:NO.* **segraña.**

sejraña.
   I. **1.** *Ar:NO.* **segraña.**

sejuela.
   I. **1.** f. *Co; Ch,* p.u. Edad de una persona que sigue a la madurez. pop ∧ fest.
   2. pl. *Ch.* p.u. Achaques propios de la vejez. pop + cult → espon ∧ fest.

seleccionado.
   I. **1.** m. *Ho, ES, Ni, CR, Pa, Cu, RD, Co, Ec, Pe, Bo, Ar, Ur; Py,* pop + cult → espon; *Ch,* esm. Selección, equipo representativo de un país que se forma con jugadores de distintos clubes para participar en **competencias** de carácter internacional.

seleco, -a.
   I. **1.** adj. *ES. Referido a persona,* flaca.

select. (Voz inglesa)
   I. **1.** m. *Ho.* Tienda o pequeño supermercado, anexo a una gasolinera, abierto las veinticuatro horas del día y donde se venden bebidas y comidas enlatadas.

selecta.
   I. **1.** f. *ES.* Selección nacional de **futbol.**

seleque.
   I. **1.** adj. *Ho, ES, Ni. Referido a persona o a animal,* flaco.

selknam.
   I. **1.** adj. *Ch, Ar.* Relativo al pueblo ona, que habita en la Tierra del Fuego.
   2. sust/adj. *Ch, Ar.* Individuo perteneciente al pueblo ona.

sellador, -ra.
   I. **1.** m. y f. *Ho:N. En el cultivo del* **plátano** *y de la piña,* persona encargada de escribir el número de cada caja para identificarlos.

sellar.
   I. **1.** tr. *Mx, Cu.* Sembrar un terreno de forma completa, aprovechando todo el espacio disponible. rur.

sello.
   I. **1.** m. *Co, Ve, Ec, Pe, Bo, Ch.* Reverso de la moneda.
   II. **1.** m. *Ho.* Parte o presencia física de un gallo de pelea.
   III. **1.** m. *Ho.* Ano. vulg.
   ■
   a. ‖ **~ clip.** m. *Ch.* Conjunto de sellos postales iguales que se venden como una unidad.
   b. ‖ **~ verde.** m. *Ho.* Certificado que se otorga a la madera de exportación según el cual por cada árbol cortado se ha plantado otro de la misma especie en el mismo lugar.
   □
   a. ‖ **el ~.** loc. sust. *Ho.* Hímen. vulg.
   ▶ **poner el ~; ponerle ~; tener el ~.**

selva.
   I. **1.** f. *Ho.* Pelo corto, suave y rizado que sale alrededor de la vulva.

sema.

    I. 1.   *Mx.* **cema**, pan de acemite.

semaforear.

    I. 1.   intr. *Ch.* p.u. Realizar diversas actividades, como vender, actuar o limpiar los parabrisas de los autos, en los cruces con semáforos con el fin de sacar alguna propina de los conductores.

semaforizar.

    I. 1.   tr. *Ch.* Dotar a una vía pública de semáforos.

semáforo.

    I. 1.   adj. *Ar, Ur.* *Referido a persona*, portadora de mala suerte. pop + cult → espon ^ fest.

    II. 1.   m. *Ch.* Juego que consiste en simular las luces del semáforo dando tres opciones en las que se sortean besos entre los participantes.

    III. 1.   m. pl. *ES.* Ojos.

    IV. 1.   m. *Ho.* Menstruación. vulg; fest.

    ☐

    a. ‖ **el ~ en rojo.** loc. sust. *Ho.* Menstruación. vulg; fest.

    ▶ **dejar como ~; parecer ~; quedarse como ~.**

semai. (Del ingl. *semi*).

    I. 1.   m. *EU.* Camión con remolque.

semana.

    ■

    a. ‖ **~ corrida.** f. *Co, Bo, Ch, Ar.* *En el pago de salarios a los obreros*, semana completa, aunque haya días **feriados** intermedios.

    b. ‖ **~ santa.** f. *Pa.* **ochmul.**

    c. ‖ **~ zángana.** f. *Ho.* Semana Santa, que se disfruta entera como de vacaciones. fest.

    ☐

    a. ‖ **en la ~ de arriba.** loc. adv. *RD.* En la semana posterior a la que sigue.

    b. ‖ **en la ~ de los tres jueves.** loc. adv. *RD.* Nunca. pop + cult → espon.

semanario.

    I. 1.   m. *Ni.* Paga semanal a los hijos para sus pequeños gastos.

semanear.

    ☐

    a. ‖ **de ~.** loc. adj. *Ni, CR.* obsol. *Referido a ropa*, no apropiada para ocasiones especiales por ser vieja o muy usada.

semanero, -a.

    I. 1.   sust/adj. *Pe.* Jornalero que cumple su turno de **pongaje** en casa del patrón. rur.

    II. 1.   m. y f. *Ch.* Persona que vende productos por cuotas semanales.

    III. 1.   m. y f. *Ch.* Alumno que cumple por una semana funciones de orden y limpieza en la **sala de clases.**

sembé.

    I. 1.   *Co.* **malagueto**, árbol.

semblantear.

    I. 1.   tr. *Mx, Gu, Ho, ES, Ni, CR, Pa, Ch, Py, Ar, Ur.* Mirar *a alguien* cara a cara para descubrir sus sentimientos o intenciones.

    2.   *Ar.* *En los juegos de cartas*, mirar atentamente al compañero o al contrario para descubrir, por algún gesto, si tiene juego o no. pop + cult → espon.

    3.   *Ho.* Hablar cara a cara, decir las verdades, sincerarse con otro. rur.

    II. 1.   tr. *Ar; CR,* obsol. Averiguar discretamente el estado de ánimo o la disposición de alguien con respecto a algún asunto.

    2.   *ES.* Considerar un asunto o situación.

semblanteo.

    I. 1.   m. *Mx, Ch, Ar.* Mirada que se hace a la cara de alguien para descubrir sus sentimientos o intenciones.

semboni.

    I. 1.   f. *Ni.* juv. Zona, área, lugar.

sembradera.

    I. 1.   f. *Mx, ES, Ni, Cu.* Siembra continua y reiterada. pop.

    II. 1.   f. *Pa.* Recipiente que se hace con un **totumo** hueco en el que se abren dos orificios pequeños para insertar un hilo y poder colocarlo en la cintura; se utiliza para llevar los granos cuando se siembra.

sembradero.

    I. 1.   m. *ES, Pe.* p.u. Terreno sembrado. rur.

    ▶ **dejar ~; tener ~.**

sembrado, -a.

    I. 1.   adj. *Ni, Cu.* *Referido a persona o cosa*, que permanece en un lugar con firmeza o mucho tiempo. pop + cult → espon.

    II. 1.   adj. *Gu.* *Referido a persona*, agotada por tanto trabajo.

    III. 1.   adj. *ES.* *Referido a persona*, sin dinero.

    IV. 1.   adj. *Ho.* *Referido a persona*, atónita, sorprendida.

sembrador.

    I. 1.   m. *Gu, Ho, CR.* Recipiente *hecho generalmente de cuero, de calabaza o de cáscara de coco* que, atado a la cintura, emplean los agricultores para depositar en él los granos que van a sembrar. rur.

sembrar(se).

    I. 1.   tr. *ES, CR, RD, PR, Co, Ve, Ec, Py.* Plantar, meter en tierra una planta, un vástago, un esqueje o tubérculo, para que arraigue.

    2.   *Ve.* Colocar droga u otra cosa comprometedora entre las pertenencias de una persona con el fin de comprometerla.

    3.   *Gu.* Introducir un arma cortante en alguien o algo.

    4.   *Ho.* Echar en un estanque o laguna larvas de camarón para su crecimiento, engorde y pesca.

    II. 1.   intr. prnl. *ES, Cu.* Establecerse *alguien* en un lugar, *generalmente por mucho tiempo*.

    2.   *RD, PR.* Sentarse *alguien* en un lugar por mucho tiempo. pop + cult → espon.

    ☐

    a. ‖ **~ a bordón.** loc. verb. *Ho, Ni.* Sembrar granos haciendo hoyos con **bordón** o **macana.** rur. ♦ **sembrar mateado.**

    b. ‖ **~ a chorro corrido.** *Ho.* **sembrar chorreado.**

    c. ‖ **~ a puyón.** loc. verb. *Ho.* Poner semillas con **macana.** rur.

    d. ‖ **~ chorreado.** loc. verb. *Ho.* Poner a mano sobre un surco una semilla cada 15 cm. rur. ♦ **sembrar a chorro corrido.**

    e. ‖ **~ el nabo.** loc. verb. *Gu.* Realizar el coito. vulg. ♦ **sembrar la yuca.**

    f. ‖ **~ en brazadas.** loc. verb. *Ho:E.* Poner a mano en línea recta hasta seis granos en cada **postura** a una distancia aproximada de 1 m y un **jeme**, medida de longitud para plantas. rur.

    g. ‖ **~ en tepetate.** loc. verb. *Mx.* Beneficiar o ayudar a alguien que no lo merece. pop + cult → espon.

    h. ‖ **~ la yuca.** *Gu.* **sembrar el nabo.** vulg.

    i. ‖ **~ libre.** loc. verb. *Ho.* Sembrar *algo* en monocultivo, cuando *por lo general se siembra junto con otro cultivo*. rur.

    j. ‖ **~ mateado.** *Ho.* **sembrar a bordón.** rur.

    k. ‖ **sembrársela.** loc. verb. *Ho.* Emborracharse. rur.

    l. ‖ **sembrárselo de un solo pijazo.** loc. verb. *Ni.* Matar a *alguien*. ♦ **sembrárselo de un solo vergazo.**

    m. ‖ **sembrárselo de un solo vergazo.** *Ni.* **sembrárselo de un solo pijazo.**

    ◤

    a. ‖ **el que siembra en tierra ajena ni la semilla pepena.** fr. prov. *Ho.* Indica que no hay que invertir o trabajar en lo que es ajeno. rur.

b. ‖ **el que siembra su maíz, que se coma su pinol.** fr. prov. *Cu.* Indica que cada cual tiene lo que se merece.

sembrío.
I. 1. m. *Pa, Ec, Pe.* Terreno sembrado.

semejante.
I. 1. adj. *Ho.* Grande, enorme.
II. 1. m. *Ho:O.* Animal en que, según la creencia popular, algunas personas pueden convertirse y que será su protector y su doble.
▶ **levantar al ~.**

semejo.
□
a. ‖ **al ~.** loc. adv. *ES.* Demasiado, al extremo.

semencontra.
I. 1. m. *Mx.* Arbusto de hasta 3 m de altura, de hojas opuestas, angostamente aovadas, inflorescencia en cabezuela, flores pequeñas, sésiles, de color amarillo y con pelillos, y fruto seco e indehiscente con una sola semilla. (Asteraceae; *Calea integrifolia*).

semerendo, -a.
I. 1. adj. *Ni, CR, Ar:O. Referido a cosa,* enorme, de grandes proporciones. pop + cult → espon.

semicama.
I. 1. adj/sust. *Ar. Referido al asiento de un autobús,* reclinable y con apoyo para las piernas.
2. f. *Ch, Py. En un medio de transporte de larga distancia,* servicio nocturno de asiento reclinable con apoyo para las piernas.

semifusa.
I. 1. f. *Ar.* Bastón que utilizan los policías. pop + cult → espon ^ fest.

semiguatana. (Del quech. *simi,* boca, y *watana,* ligadura).
I. 1. f. *Ar:NO.* Bocado de **tiento** o piola que se pone a una caballería para que se acostumbre antes de enfrenarla. rur. (**simiguatana**).

semilla.
I. 1. f. *Mx.* **Aguamiel** que se deja fermentar en el proceso de elaboración del **pulque.**
II. 1. f. *Mx.* Madre de la **cochinilla** que se pone en la penca del **nopal** para su reproducción.
III. 1. f. *Ar.* Tachuela fina y de cabeza pequeña utilizada por los zapateros para clavar la suela de los zapatos.
IV. 1. f. *PR. En la industria azucarera,* retoño de la caña de azúcar. ◆ **cepa; hijo.**
2. *PR. En la industria azucarera,* terminal de la caña. ◆ **guajana.**
3. *PR. En la industria azucarera,* grano fino de azúcar usado para el desarrollo comercial de este producto.
V. 1. f. *ES.* Cabeza de persona.
VI. 1. f. *Ho.* Triquina.
VII. 1. f. *Ho.* Vulva. vulg.
■
a. ‖ **~ de culebra.** *Mx.* **peonía,** planta.
b. ‖ **~ de la Virgen.** f. *Mx.* **ixtabentún.**
□
a. ‖ **como ~ de guaba.** loc. adv. *CR.* Rápidamente. pop ^ fest.
b. ‖ **~ de maldad.** loc. sust. *Ar.* Muchacho que actúa con malas intenciones o tiende a comportarse como un delincuente. pop.
▶ **nacer para ~; no tragarse la ~ de tajo.**

semillar.
I. 1. intr. *Mx, Ho, Ni, CR, Ar, Ur; Ch,* esm. Producir semillas una planta.
2. *Ho.* Sembrar, esparcir semillas.

semillazo.
I. 1. m. *ES, Ni.* Balazo.
2. *ES, CR.* Golpe fuerte y contundente. pop.

semillera.
I. 1. f. *PR. En la industria azucarera,* machete pequeño y ancho que se emplea para cortar la caña de azúcar.

semillería.
I. 1. f. *Bo, Ch, Ar, Ur,* p.u. Establecimiento donde se venden semillas.

semillero.
I. 1. m. *Co. En el medio universitario,* grupo de trabajo conformado por profesores, quienes forman a los alumnos en el campo de la investigación.

semillón.
I. 1. m. *Ar.* Variedad de vino blanco, de origen francés, que se obtiene de la **semillona.**
II. 1. m. *ES.* Vulva. vulg.
2. *Ni.* Testículo. vulg.

semillón, -na.
I. 1. adj/sust. *Mx:N. Referido a persona,* cobarde, asustadiza. pop + cult → espon.

semillona.
I. 1. f. *Ar.* Variedad de uva blanca.

semino.
I. 1. m. *RD.* Animal resultante del cruzamiento entre caballo y asna.
2. adj/sust. *RD.* metáf. *Referido a persona,* torpe y ruda.

semiñoco, -a.
I. 1. sust/adj. *Cu.* **seboruco,** persona. pop ^ desp.

semipiso.
I. 1. m. *Ar. En edificios de varias alturas,* apartamento que ocupa con otro análogo la totalidad de una planta.

semita.
I. 1. *Mx.* **cemita,** pan de acemite.
2. f. *Pe, Ar:NO.* Pan hecho a base de harina de trigo con afrecho, manteca y levadura.
3. *Gu, Ho, ES, Ni, Cu.* Bollo hecho con harina de trigo y yema de huevo, a veces relleno de dulce o mermelada de fruta y con una capa de harina de maíz o afrecho. (**cemita**).
4. *Ar:NO.* Harina de trigo con salvado o afrecho.
5. *Ni.* Torta de harina amasada con manteca, dulce de **rapadura** y cocida en el horno.
II. 1. f. *Ho.* Vulva. tabú; pop + cult → espon.

sémola.
I. 1. f. *Ec:S, Py.* Harina de trigo sin florear, pero libre del afrecho.

semolado, -a.
I. 1. adj. *Ar.* Hecho a base de sémola.

sempasúchil.
I. 1. *Mx.* **cempasúchil.**

sempiterna.
I. 1. *Mx.* **siempreviva.** (Amaranthaceae; *Gomphrena globosa*).

sen.
■
a. ‖ **~ del campo.** m. *Ar, Ur.* **rama negra.**

senaturía.
I. 1. f. *Co, Bo, Ch, Ur.* Cargo o dignidad de senador de la república. cult → esm.

sencilla.
I. 1. f. *Pe.* p.u. Sisa, cantidad de dinero que se obtiene hurtando de la compra diaria o de otras cosas.
II. 1. f. *Ho. En el juego de dados,* jugada en que ganan el cinco y el seis y pierden el uno y el dos.

sencillar.
I. 1. tr. *Pe, Py; Ar:NO,* rur. Convertir billetes o monedas grandes en dinero menudo equivalente. pop + cult → espon.

sencillera.
I. 1. f. *Pe.* Monedero para llevar dinero en metálico. (**sencillero**).

sencillero.
I. 1. m. *Pe.* **sencillera**.

sencillero, -a.
I. 1. m. y f. *Ec.* Vendedor ambulante que vende a plazos sus mercancías. pop.

sencillo.
I. 1. m. *Mx, Gu, Ho, ES, Ni, Pa, Co, Ve, Pe, Bo, Ch, Py, Ar; Ec:O, Ur,* p.u. Dinero en monedas, suelto. pop.
II. 1. m. *Mx.* Billete que ampara un viaje solo de ida o de regreso.
III. 1. m. *RD, PR.* **hit**, batazo.
2. m. *Cu. En el beisbol,* batazo que le permite al bateador llegar solo hasta la primera base.
IV. 1. m. *PR.* Emparedado de jamón y queso.

sencillo, -a.
I. 1. adj. *CR. Referido a un vehículo,* que no tiene **doble tracción**.
▶ hacer ~.

senda.
I. 1. f. *Cu, Ur. En una vía pública,* cada banda longitudinal destinada al tránsito de una sola fila de vehículos.
2. *Cu, Ur.* **carril**, franja por la que se desplaza el deportista.
3. *Cu.* Carril por el que se desliza un tren.
■
a. ‖ ~ **peatonal.** f. *Cu, Ar. En una calle,* zona por donde pueden cruzar los peatones, marcada con anchas franjas paralelas de color blanco.

sendechó.
I. 1. m. *Mx.* Bebida artesanal elaborada con maíz, agua y **piloncillo**. rur.

senderista.
I. 1. adj/sust. *Pe.* Relativo al grupo terrorista Sendero Luminoso.

sendo, -a.
I. 1. adj. *Mx, Ho, ES, Ni, CR, Cu, PR, Ve, Ec, Ar.* De grandes proporciones. pop + cult → espon.
2. *Mx, Ve, Ar.* Importante, valioso.

sénior. (Del ingl. *senior,* mayor, viejo).
I. 1. m. *Ho. En colegios bilingües de enseñanza secundaria,* el curso superior.
2. *Ho.* Estudiante de este curso que está próximo a abandonar el colegio.

seno.
I. 1. m. *Ho.* Axila, sobaco.

senona.
I. 1. adj. *Co:N. Referido a una mujer,* de senos grandes. pop.

senserenico.
I. 1. *Cu.* **tomeguín**.

sensitiva.
I. 1. *Gu, Ho.* **dormidera**, planta.

sensonte.
I. 1. *Ho, ES.* **cenzontle**.

sentada.
I. 1. f. *Ar, Ur.* Figura coreográfica del tango en la que el hombre flexiona la pierna derecha y hace que la mujer se siente brevemente sobre la misma.
II. 1. f. *Gu.* Comilona.
III. 1. f. *Gu.* Insultos reiterados.

sentadera.
I. 1. f. *Ho, ES, Ni.* Nalgas.

sentaderas.
I. 1. f. pl. *CR, RD, Ur; Ch,* p.u. Nalgas.

sentadero.
I. 1. m. *Co.* Nalgas. pop.
2. *Ho.* Lugar de la taza del servicio donde se sienta la persona que va a hacer sus necesidades.

sentadilla.
I. 1. f. *Mx, Ho, Ni, CR, PR, Ec, Pe.* Ejercicio físico que consiste en flexionar las rodillas, sin despegar los pies del suelo y manteniendo la columna recta.

sentado.
I. 1. m. *Mx, ES, Ni, CR.* Forma particular de sentarse una persona.

sentador, -ra.
I. 1. adj. *Pe, Bo, Ch. Referido especialmente a una prenda de vestir,* que sienta o cae bien.

sentaje.
I. 1. m. *Bo:C,E,O.* Impuesto que pagan al ayuntamiento los comerciantes que tienen puestos de venta callejeros.

sentar(se).
I. 1. tr. *Mx, Ec, Pe, Ch, Ar, Ur.* Sofrenar bruscamente un caballo, haciendo que levante las manos y se apoye sobre los cuartos traseros. rur.
II. 1. tr. prnl. *Gu.* Insultar a *alguien*.
2. tr. *Ni.* Reprimir *una persona* a *alguien*.
III. 1. tr. prnl. *Gu.* Matar *una persona* a *alguien*.
□
a. ‖ ~ **culantro.** loc. verb. *Ho.* juv. Permanecer *alguien* sentado largo tiempo. fest.
b. ‖ ~ **denuncia.** loc. verb. *Mx, Ni, Pe, Bo, Ur.* Hacer una denuncia formalmente.
c. ‖ ~ **el juicio.**
i. loc. verb. *Ec.* Comenzar *alguien* a actuar con sensatez y responsabilidad. pop + cult → espon.
ii. *Bo.* Aplicar un castigo severo a una persona que ha excedido los límites de lo regular o lo justo. pop.
iii. *Bo.* Dar una paliza a una persona. pop.
d. ‖ ~ **en el baúl.** loc. verb. *PR.* Controlar *alguien* a su pareja. pop + cult → espon.
e. ~ **juicio.** loc. verb. *Ni, Bo, Ur.* Asumir una actitud responsable y madura.
f. ‖ ~ **la denuncia.** loc. verb. *Ar.* Hacer una denuncia formalmente.
g. ‖ ~ **plaza.** loc. verb. *Ho.* Quedarse a vivir en un lugar.
h. ~**se en el riel.** loc. verb. *Gu.* Apoyarse *alguien* sobre el pene de otra persona. tabú.
i. ‖ ~**se en la galleta.** loc. verb. *CR.* Rehusar por pereza o desánimo continuar una labor. pop + cult → espon.
j. ‖ ~**se en la palabra.** loc. verb. *Co.* Monopolizar el uso de la palabra en una discusión y no dejar hablar a los demás. pop.
k. ‖ ~**se encima.** loc. verb. *PR.* Posponer *alguien* deliberadamente un asunto que no conviene resolver de inmediato. pop + cult → espon.

sentenciado, -a.
▶ tener ~.

sentenciar.
I. 1. tr. *Mx, PR, Bo, Ar; Ch,* p.u. Advertir, amenazar a *alguien* con vengarse.
2. *Ni, PR; CR,* rur; *Co,* pop. Hacer saber a una persona el castigo que recibirá si no obra como se le ha indicado.
3. *ES, Ni, CR.* Advertir a *una persona* sobre una situación. rur.

a. ‖ **sentenciársela.** loc. verb. *Mx.* Amenazar a alguien con vengarse. pop.

sentido.
I. 1. m. *Mx.* Oído, oreja. rur; pop.
2. *Gu, Ho, ES, Ni, CR, Cu.* Sien.
II. 1. m. pl. *Ho. En las gallináceas,* pareja de carnosidades colgantes, de color rojo vivo, que tienen debajo de la mandíbula inferior.
▶ **abrirle los ~s; costar un ~; tupirse el ~.**

sentido, -a.
I. 1. adj. *Mx, ES, Cu, PR, Py. Referido a persona,* resentida, enojada.
2. *Cu, Ve, Ec, Pe, Py, Ar, Ur. Referido a persona,* dolorida. pop + cult → espon.
3. *Cu, Ec, Pe, Bo, Ar, Ur. Referido a un miembro del cuerpo,* dolorido a causa de un golpe o una caída. pop + cult → espon.
4. *Ec. Referido a persona,* lesionada. pop + cult → espon.
5. *Gu. Referido a persona,* susceptible.
II. 1. adj. *Mx, Cu, Ec. Referido a cosa,* que ya tiene indicios de que con el tiempo sufrirá una rotura o deterioro. pop.

sentimentero, -a.
I. 1. adj. *Bo:S. Referido a persona,* sensiblera. pop + cult → espon.

sentimiento.
I. 1. m. *Mx, ES, RD, PR, Ch; Ec,* rur; pop. Resentimiento.

sentina.
I. 1. f. *Ch.* Conjunto de residuos de hidrocarburos almacenados en contenedores especiales.

sentir(se).
I. 1. intr. prnl. *Mx, Gu, ES, RD, PR, Co, Ve, Bo, Ch, Ar.* Ofenderse o disgustarse con alguien por haber recibido algún mal o perjuicio. pop.

a. ‖ **no ~ lo duro sino lo tupido.** loc. verb. *Mx.* Sufrir una adversidad tras otra. pop.
b. ‖ **~ como chompipe.** loc. verb. *Ni.* Moquear alguien. ♦ **sentir como mono lleno de aguacate.**
c. ‖ **~ como mono lleno de aguacate.** *Ni.* **sentir como chompipe.**
d. ‖ **~ con caites.** loc. verb. *Gu.* Creerse superior a los demás.
e. ‖ **~ feo.** loc. verb. *Mx, ES, Ni.* Sentir lástima, dolor u ofensa por algo.
f. ‖ **~ hueco.** loc. verb. *Gu.* Sentirse orgulloso, ufanarse de algo.
g. ‖ **~se como un billete de cien pesos.** loc. verb. *PR.* Tenerse alguien en mucha estima. pop + cult → espon.
h. ‖ **~se cool.** loc. verb. *PR.* Sentirse alguien quieto, tranquilo, **chévere.** pop + cult → espon.
i. ‖ **~se en falta.** loc. verb. *Pe, Py, Ar, Ur.* Sentirse alguien culpable o responsable por algo que se ha hecho o por no haber hecho lo suficiente. pop + cult → espon.
j. ‖ **~se happy.** loc. verb. *Ni, PR.* Sentirse alguien bien después de haber usado la droga. drog.
k. ‖ **~se la divina envuelta en huevo.** loc. verb. *Mx.* Considerarse alguien como el más importante o el único en algo. pop + cult → espon.
l. ‖ **~se la divina garza.** loc. verb. *Mx, ES, Ni, Ec.* Considerarse alguien como el más importante o el único en algo. pop + cult → espon.
m. ‖ **~se la gran cosa.** loc. verb. *Mx, Gu, ES, Ni, Py.* Considerarse alguien como el más importante o el único en algo. desp.

n. ‖ **~se mucho.** loc. verb. *Mx.* Considerarse alguien como el más importante o el único en algo.
ñ. ‖ **~se muy gallo.** loc. verb. *Mx, Py.* Considerarse alguien como el más importante, más valiente o el único en algo.
o. ‖ **~se sick.** loc. verb. *PR.* Sentirse alguien necesitado de droga. drog.

sentón.
I. 1. m. *Mx, ES, Ni, Ec, Pe.* Golpe dado con las asentaderas o cayendo sobre ellas.
2. *Pe.* Sentada de un grupo de personas en protesta por algo.
II. 1. m. *Mx.* Refrenada que se da a un caballo haciéndole sentar sobre los cuartos traseros. rur.

a. ‖ **de un ~.** loc. adv. *Mx, ES, Pe.* De una vez. pop.

sentonazo.
I. 1. m. *Mx, ES, CR.* Golpe violento que recibe alguien al caer de trasero.
2. *CR.* Caída violenta de trasero.

seña.
I. 1. f. *Mx.* Gesto grosero.
II. 1. f. *Gu, Bo:E, Ar, Ur, Py,* pop + cult → espon; *Pe,* obsol Cantidad o parte de precio que se adelanta en algunos contratos como garantía de su cumplimiento o en un establecimiento comercial como compromiso de compra.
III. 1. f. *EU.* Mojón, señal permanente que se coloca para fijar linderos, términos o fronteras.
2. *RD, Py.* Indirecta, dicho o hecho de que alguien se vale para no comunicar algo de forma clara o explícita y, sin embargo, darlo a entender.
3. *Bo.* Indicio, señal de un mal augurio.
IV. 1. f. pl. *En el beisbol,* conjunto de gestos con los que se comunican secretamente los miembros de un equipo.

■
a. ‖ **~ de ajuste.** f. *Bo, Ar, Ur. En los televisores,* gráfico fijo con líneas y colores para poder ajustar la imagen.
▶ **cambiar la ~; coger la ~.**

señalacuy.
I. 1. m. *Pe* Fiesta realizada con ocasión de marcar el ganado. rur.

señalada.
I. 1. f. *Bo, Ar:NO.* Colocación de una marca o señal identificatoria en el ganado. rur.
2. *Ar:NO.* Fiesta que se celebra con ocasión de la señalada. rur.

señalamiento.
I. 1. m. *Ho.* Planteamiento hablado o escrito sobre algo. cult.

señalar.
I. 1. tr. *Ur. En ciertos deportes y juegos,* marcar un gol.

señalero.
I. 1. m. *Ar.* Técnico responsable de una cabina de señalización ferroviaria.
II. 1. m. *Py, Ur. En un vehículo,* luz intermitente con que se indica un cambio de dirección en la marcha.

señalero, -a.
I. 1. m. y f. *Ch.* **banderero,** persona que regula el tráfico.
2. sust/adj. *Ch. En el ejército,* soldado encargado de transmitir mensajes con banderas.

señalética.
I. 1. f. *Cu, Pe, Ch.* Sistema o conjunto de señales, avisos o letreros que sirven para orientarse. cult.

señar.
I. 1. tr. *Py, Ar, Ur.* Pagar una determinada suma de dinero como adelanto al reservar o comprar algo.
II. 1. intr. *Co.* Hablar o comunicar algo a través de la lengua de señas de los sordos.

señear.
> **I. 1.** intr. *Py.* Hacer señas. pop + cult → espon.
> **2.** *Py.* Comunicarse por señas. pop + cult → espon.

señito.
> **I. 1.** f. *Mx, Ec, Pe, Bo.* Señora o señorita. pop.

seño. (Apóc. de *señora o señorita*).
> •
> **a.** ‖ ~. fórm. *Co:N, Ec, Bo.* Se usa como tratamiento de respeto, antepuesto al nombre de pila de mujer. afec.

señor.
> **I. 1.** m. *Mx, Pa, Py.* Marido o pareja. pop.
> ■
> **a.** ‖ **el Señor de arriba.** m. *RD, Co*; *Ch*, pop. Dios. pop.

señora.
> •
> **a.** ‖ **mi** ~. fórm. *RD, Co, Bo.* Se usa como tratamiento de respeto para dirigirse a una mujer casada.

señoraje.
> **I. 1.** m. *Ho.* Actividad económica lucrativa del Banco Central de emitir moneda y disponer de fondos de la banca privada en forma de reservas sin pagar intereses.

señorero, -a.
> **I. 1.** adj. *Co.* Relativo a las señoras o mujeres de cierta edad.
> **2.** *Co. Referido a chistes y cuentos*, que pueden ser contados delante de señoras y personas de respeto.

señorita.
> **I. 1.** f. *Pe.* **ostión.**
> **II. 1.** f. *Ec.* Mazorca de maíz en sus primeras etapas de formación. rur.
> **III. 1.** f. *Cu.* Dulce de hojaldre y crema de forma rectangular.
> **IV. 1.** adj/sust. *ES. Referido a una mujer*, virgen, que no ha tenido relaciones sexuales. pop.
> **V. 1.** f. *Ho.* **chalchuapa.**
> ■
> **a.** ‖ ~ **quedada.** f. *Mx, RD.* Mujer entrada en años y que no se ha casado.
> ☐
> **a.** ‖ **en** ~. loc. adv. *Ec. En relación con un maizal*, con la mazorca en sus primeras etapas de formación. rur.

señuelero.
> **I. 1.** sust/adj. *Bo, Ar:NO.* Buey que guía al ganado. rur.

señuelo.
> **I. 1.** m. *Mx, Bo, Py, Ar, Ur.* Animal o grupo de animales mansos que sirven de guía para conducir al resto del ganado. rur.

separador.
> **I. 1.** m. *Cu, Co. En una calle o en una autopista*, franja que sirve de separación entre los carriles de dirección contraria.

separar.
> **I. 1.** tr. *PR, Co.* Reservar, destinar un lugar o una cosa, de un modo exclusivo, para un uso o una persona determinados.

separo.
> **I. 1.** m. *Mx. En una cárcel*, celda para incomunicar a un recluso.

sepe.
> **I. 1.** *Bo.* **comején**, insecto.

sepeada.
> **I. 1.** f. *Bo:E.* Transporte de hojas de coca, a pie y por la selva, a los lugares donde se elabora la cocaína. drog.

sepear.
> **I. 1.** tr. *Bo:E.* Llevar *alguien*, a pie y a través de la selva, hojas de coca a los lugares donde se elabora la cocaína. drog.

sepetecientos, -as.
> **I. 1.** adj. *Pa, PR*; *Ur*, p.u. Muchos. pop + cult → espon ^ fest.

sepí.
> **I. 1.** *PR.* **cepí**, planta.

séptimo.
> **I. 1.** m. *ES.* Regalo que se da a la mujer embarazada en el *baby shower*.

sepulcro.
> ▶ **no creer ni en la paz de los ~s.**

sepultación.
> **I. 1.** m. *Mx, Bo*; *Ch*, esm. Inhumación de cadáveres.

sepultamiento.
> **I. 1.** m. *ES.* Enterramiento de algo o de un cadáver. rur.

sepultar.
> **I. 1.** tr. *Ho.* Enterrar granos de maíz o de **frijol** al momento de **sembrar**. rur.

seque.
> **I. 1.** m. *Bo:NE.* Árbol de hasta 30 m de altura, de hojas simples con dos glándulas en la base y flores dispuestas en panículas pequeñas y poco densas. (Chrysobalanaceae; *Licania britteniana*).

sequío.
> **I. 1.** m. *Mx.* Sed extremada. rur; pop.

ser.
> •
> **a.** ‖ **¡cómo es!** fórm. *Bo.* Se usa para saludar. pop.
> **b.** ‖ **¿cuál es el traqueteo?** fórm. *PR.* Se usa para preguntar qué ha sucedido.
> **c.** ‖ **lo que sea de cada quien.** fórm. *Mx.* Se usa para indicar que lo que se afirma se piensa con franqueza o con certeza. pop + cult → espon.
> **d.** ‖ **¡pa qué fue aquello!** fórm. *PR.* Se usa para indicar que se ha producido una gran discusión, lío o alboroto. (**¡pa qué fue eso!**).
> **e.** ‖ **¡pa qué fue eso!** *PR.* **¡pa qué fue aquello!**
> **f.** ‖ **¿qué es lo que es?** fórm. *Pa.* juv. Se usa para saludar.
> **g.** ‖ **¿qué es lo tuyo?** fórm. *Pa.* juv. Se usa para saludar. fest.
> **h.** ‖ **¿qué fue?** fórm. *Co*; *Ch*, obsol. Se usa para mostrar disgusto, oposición o protesta por algo. pop + cult → espon.
> **i.** ‖ **¡sería justicia!** fórm. *Ve. En una conversación*, se usa para mostrar alegría por algo que el interlocutor ha logrado después de una larga espera.
> ☐
> **a.** ‖ **no ~ agua ni pescado.** loc. verb. *Ec.* Ser *una persona* de carácter insulso.
> **b.** ‖ **no ~ ajustado con meados.** loc. verb. *Ho.* Ser valiente, valeroso. vulg; pop.
> **c.** ‖ **no ~ árbol sin sombra.** loc. verb. *Pa.* Ser *alguien* una persona protegida, amparada por otros con influencias.
> **d.** ‖ **no ~ ariente ni pariente.** loc. verb. *Cu, RD.* No tener que ver *una persona* con otra, ser extraña a ella.
> **e.** ‖ **no ~ arte ni parte, hato ni garabato.** loc. verb. *Ho.* No tener *alguien* nada que ver en un asunto o problema. hiperb.
> **f.** ‖ **no ~ baúl de nadie.** loc. verb. *Ho, Ni, RD.* No guardar secretos ajenos.
> **g.** ‖ **no ~ bocado de trompudos.** loc. verb. *Ho.* Ser un asunto, problema o actividad difícil de resolver o de hacer. pop + cult → espon.
> **h.** ‖ **no ~ cacha.** loc. verb. *Ho.* No convenir *algo*, no ser oportuno. pop.
> **i.** ‖ **no ~ cáscara de coco.** loc. verb. *RD.* No ser moco de pavo, no ser poca cosa.

j. ∥ **no ~ cata ni garrapata.** loc. verb. *RD.* No tener parientes ni lazos familiares.

k. ∥ **no ~ cigua este año.** loc. verb. *RD.* juv. No ser joven.

l. ∥ **no ~ comida de bembudo.** loc. verb. *Ho.* Ser *algo* difícil y problemático de realizar. pop.

m. ∥ **no ~ comida de trompudo.** loc. verb. *Ho, CR.* Ser *algo* muy difícil. pop + cult → espon.

n. ∥ **no ~ completo.** loc. verb. *Ho.* Estar *alguien* trastornado o medio loco. pop + cult → espon.

ñ. ∥ **no ~ cualquier lagaña de mico.**
  i. loc. verb. *Co.* No ser *algo* o *alguien* despreciable o de poca consideración. pop + cult → espon.
  ii. *Co.* No ser *algo* fácilmente realizable o ejecutable. pop + cult → espon.

o. ∥ **no ~ de la colada.** loc. verb. *Co.* p.u. No pertenecer *alguien* a un grupo o asociación de personas.

p. ∥ **no ~ de sus tripas.** loc. verb. *Bo:E.* No ser *algo* o *alguien* del agrado de una persona. pop.

q. ∥ **no ~ escaparate de nadie.** loc. verb. *Ve.* No prestarse a guardar secretos de otra persona, no ser cómplice.

r. ∥ **no ~ fácil.** loc. verb. *Cu.* Comportarse *alguien* de manera inadecuada o incorrecta.

s. ∥ **no ~ gracia.** loc. verb. *Ch.* Provocar *algo* molestia o desagrado.

t. ∥ **no ~ jamón.** loc. verb. *Cu.* Ser *alguien* difícil de intimidar.

u. ∥ **no ~ jícara de coco.**
  i. loc. verb. *RD.* No ser despreciable o de poca consideración *algo.* pop + cult → espon. ♦ **no ser paja de coco.**
  ii. *RD.* No ser *algo* fácilmente realizable o ejecutable. pop + cult → espon. ♦ **no ser paja de coco.**

v. ∥ **no ~ maíz.** loc. verb. *RD.* No ser un asunto fácil de abordar, o *una persona* fácil de tratar. pop + cult → espon.

w. ∥ **no ~ paja de coco.**
  i. *RD.* **no ser jícara de coco**, no ser despreciable.
  ii. *RD.* **no ser jícara de coco**, no ser fácilmente realizable.

x. ∥ **no ~ pellizco de ñoco.** loc. verb. *PR.* Ser *alguien* o *algo* fácil. pop + cult → espon.

y. ∥ **~ achiote de toda olla.** loc. verb. *Ho.* Ser *alguien* entrometido. desp.

z. ∥ **~ agua tibia.** loc. verb. *Co, Ec, Pe.* Ser *alguien* de carácter indeciso.

a¹. ∥ **~ al mazo.** loc. verb. *PR.* Ser *una persona* firme y asentada. rur.

b¹. ∥ **~ astilla del mismo palo.** loc. verb. *Ni, Bo, Ur.* Estar en el mismo estado, disposición o bando que otra persona. pop + cult → espon.

c¹. ∥ **~ bastante boludo.** loc. verb. *Ar.* Ser *una persona* lo suficientemente mayor como para actuar de un modo responsable. vulg; pop. ♦ **ser tremendo boludo; ser un boludo grande.**

d¹. ∥ **~ boca floja.** loc. verb. *Mx, Gu, Ho, ES, Ni, Pa, RD, Ve, Ec, Pe, Bo.* Ser *alguien* indiscreto, incapaz de guardar secretos.

e¹. ∥ **~ boleta.** loc. verb. *Ar.* Estar *alguien* amenazado de morir asesinado. pop.

f¹. ∥ **~ bozal.** loc. verb. *Ho.* Ser *alguien* holgazán, perezoso. rur.

g¹. ∥ **~ buen palo.** loc. verb. *Cr.* Tener un desenvolvimiento en el coito que es valorado positivamente. pop.

h¹. ∥ **~ buena nota.** loc. verb. *Gu, Ho, Ni, CR, Ec.* Comportarse *alguien* afablemente y con simpatía.

i¹. ∥ **~ buena perla.** loc. verb. *Cu.* En una conversación, poseer *alguien* los mismos rasgos negativos

que se le atribuyen a la persona de la cual se está hablando.

j¹. ∥ **~ bueno para los cates.** loc. verb. *Mx.* Ser *alguien* diestro para pelear con los puños.

k¹. ∥ **~ cabalón.** loc. verb. *Ho.* Mostrar pocos valores y educación al actuar. pop + cult → espon.

l¹. ∥ **~ cabeza de coco.** loc. verb. *PR.* Ser *alguien* persona testaruda. pop + cult → espon ^ desp.

m¹. ∥ **~ cabra.** loc. verb. *Ho, Ni, Bo.* Ser *una persona* inquieta, *en especial un niño.*

n¹. ∥ **~ cachas.** loc. verb. *Co.* Ser muy buenas amigas dos personas.

ñ¹. ∥ **~ camino.** loc. verb. *Cu.* Encontrarse *algo* dentro del itinerario que alguien tenía previsto.

o¹. ∥ **~ carreta.** loc. verb. *Gu, Ho.* Hacer lo que otro hace o dice. pop + cult → espon.

p¹. ∥ **~ cáscara de coco.** loc. verb. *PR.* Ser *algo* una cosa fácil. pop + cult → espon.

q¹. ∥ **~ cáscara del mismo palo.** loc. verb. *Ho, RD.* Ser de la misma calaña.

r¹. ∥ **~ chicha.** loc. verb. *Gu, Ho.* Ser *algo* fácil de realizar.

s¹. ∥ **~ chichicaste.** loc. verb. *Ho, Ni.* Ser *una persona* colérica de mal carácter. pop.

t¹. ∥ **~ chispa.** loc. verb. *ES, Ni, Pa.* Ser *alguien* listo.

u¹. ∥ **~ chiva.** loc. verb. *Mx.* Retractarse *alguien* en el último momento por temor. pop ^ desp.

v¹. ∥ **~ clase.**
  i. loc. verb. *Ho, Pa.* Ser *algo* de buena calidad, excelente. pop + cult → espon.
  ii. *Ho.* Ser *alguien* simpático, sociable, bueno. pop + cult → espon.

w¹. ∥ **~ cogido a lazo.** loc. verb. *Ve.* Ser lento o torpe en comprender algo.

x¹. ∥ **~ cola de Judas.** loc. verb. *ES.* Ser un muchacho travieso, pícaro.

y¹. ∥ **~ como darle un chonetazo a una lora.** loc. verb. *CR.* Resultar *algo* muy fácil de llevar a cabo. pop ^ fest.

z¹. ∥ **~ como echarle maíz a la pava.** loc. verb. *RD, PR.* Llevar a cabo *algo* con facilidad. pop + cult → espon.

a². ∥ **~ como el alcatraz, come por delante y come por detrás.** *PR.* ser como el alcatraz, todo buche.

b². ∥ **~ como el alcatraz, todo buche.** loc. verb. *PR.* Sacar *una persona* provecho al máximo de algo o de alguien. pop + cult → espon. ♦ **ser como el alcatraz, come por delante y come por detrás.**

c². ∥ **~ como el árnica.** loc. verb. *Mx.* Ser *alguien* diestro para pelear con los puños.

d². ∥ **~ como el arroz blanco.**
  i. loc. verb. *RD, PR.* Estar *alguien* en todas partes. pop + cult → espon.
  ii. *RD, PR.* Figurar *alguien* mucho en la vida social. pop + cult → espon ^ desp.

e². ∥ **~ como el bacalao.** loc. verb. *RD.* Tener *alguien* muy escasa inteligencia.

f². ∥ **~ como la gata de Flora, que si se lo meten, grita, y si se lo sacan, llora.** loc. verb. *PR.* No estar contento con nada y quejarse de todo. vulg; pop + cult → espon.

g². ∥ **~ como tocarle los güevos al tigre.** loc. verb. *Ho, ES, CR.* Conllevar *algo* mucho riesgo, ser peligroso.

h². ∥ **~ como todos en la volada.** loc. verb. *PR.* Ser *alguien* igual a todos en una misma bandada. rur.

i². ∥ **~ como una cabra.** loc. verb. *CR, RD, Co.* Ser *una persona* necia, alocada, de poco juicio. pop + cult → espon ^ desp.

j². ∥ **~ cortado.** *Ec.* ser la cara cortada.

k². ∥ **~ coyotes de la misma loma.** loc. verb. *Ho.* Aparentar dos personas o grupos que son diferentes, pero tener en realidad los mismos intereses y actuar de la misma forma.

l². ‖ **~ crema.** loc. verb. *Cu.* Ser muy bueno.

m². ‖ **~ cucaracha con mecha.** loc. verb. *RD.* Dar muestras de intranquilidad, moverse mucho.

n². ‖ **~ cuereta.** loc. verb. *Ho.* Ser *alguien* un sinvergüenza.

ñ². ‖ **~ cuete quemado.**
  i. loc. verb. *Ho.* Fracasar *alguien* en algo.
  ii. *Ho.* Perder una mujer su virginidad.

o². ‖ **~ culo y calzón.** loc. verb. *Ar, Ur.* Tener una amistad muy estrecha dos personas. vulg. ♦ **ser culo y camisa.**

p². ‖ **~ culo y camisa.** *Ar.* **ser culo y calzón.**

q². ‖ **~ de a folio.** loc. verb. *Ve.* Ser un asunto de gran importancia.

r². ‖ **~ de alcalde.** loc. verb. *Ho, Ni.* Invitar *una persona* a otras a beber y comer. pop + cult → espon.

s². ‖ **~ de ampanga.** loc. verb. *Cu.* Ser *alguien* de carácter muy fuerte.

t². ‖ **~ de buenos masangos.** loc. verb. *Ve:E.* Ser una mujer bella y de cuerpo robusto.

u². ‖ **~ de carrera larga.** loc. verb. *Mx.* Ser *alguien* muy resistente para soportar o llevar a cabo algo. pop + cult → espon.

v². ‖ **~ de chocolate.** loc. verb. *Mx. En un juego infantil,* participar un niño pequeño sin ser sometido por el resto del grupo a las reglas del juego, y sin tener conciencia de esta diferenciación. inf.

w². ‖ **~ de chupa y déjame el rabo.** loc. verb. *RD, PR.* Ser *algo* de excelente calidad. pop + cult → espon.

x². ‖ **~ de clavo pasado.**
  i. loc. verb. *PR.* Ser *alguien* honrado, probo. pop + cult → espon.
  ii. *PR.* Ser *alguien* firme en sus convicciones políticas.

y². ‖ **~ de corbata blanca.** loc. verb. *Ho.* Ser *una persona* intocable por su posición de poder.

z². ‖ **~ de estiércol.** loc. verb. *Ho.* Ser *una persona* malvada, no tener sentimientos. desp.

a³. ‖ **~ de la alta chancla.** loc. verb. *ES.* Pertenecer *alguien* a la alta sociedad.

b³. ‖ **~ de la banda de allá.** loc. verb. *PR.* Ser *una persona* homosexual o lesbiana. euf; pop + cult → espon.

c³. ‖ **~ de la isla.** loc. verb. *PR.* Ser *alguien* de un pueblo del interior de la isla o de otro que no sea la capital del país. pop + cult → espon.

d³. ‖ **~ de la izquierda.** loc. verb. *Ho, ES, Ni.* Ser *una persona* homosexual o lesbiana. euf; pop + cult → espon.

e³. ‖ **~ de la otra banqueta.** loc. verb. *Gu.* Ser homosexual.

f³. ‖ **~ de la religión.** loc. verb. *PR.* Pertenecer *alguien* a alguna de las religiones fundamentalistas. pop + cult → espon.

g³. ‖ **~ de lazo y reata.** loc. verb. *Ho, ES.* Tener mucho ánimo ante cualquier dificultad.

h³. ‖ **~ de lo último.** loc. verb. *Ni, Cu, Ve, Ec, Py, Ur.* Ser *una persona* ruin y despreciable. pop + cult → espon.

i³. ‖ **~ de mecate.** loc. verb. *Ni.* juv. Atenerse *alguien* a que otro hará lo que le corresponde a él.

j³. ‖ **~ de monte adentro.**
  i. loc. verb. *Cu, PR.* Ser *alguien* campesino. pop + cult → espon.
  ii. *PR.* Ser *alguien* rústico, poco elegante. pop + cult → espon ∧ desp.

k³. ‖ **~ de no criarse.** loc. verb. *PR.* Ser *alguien* muy travieso. pop + cult → espon.

l³. ‖ **~ de plan y ladera.** loc. verb. *ES.* Tener mucho ánimo ante cualquier dificultad.

m³. ‖ **~ de pocas pulgas.** loc. verb. *Ho.* Tener *una persona* mal carácter.

n³. ‖ **~ de puntería.** *Cu.* **ser hacha y machete.**

ñ³. ‖ **~ de quién quilete.**
  i. loc. verb. *Gu.* Poder conseguir *algo* gratuitamente, sin dar nada a cambio o sin esfuerzo.
  ii. *Gu.* No poner *alguien* obstáculos cada vez que se le pide algo.

o³. ‖ **~ de tener.** loc. verb. *Bo:O.* Tener *una persona* mucho dinero y bienes materiales.

p³. ‖ **~ de utilería.** loc. verb. *Ve.* Ser *algo* falso o de poco valor.

q³. ‖ **~ del centro.** loc. verb. *RD.* Pertenecer a la aristocracia.

r³. ‖ **~ del hilo.** loc. verb. *Pa.* Ser *una persona* fácil de trato.

s³. ‖ **~ del otro bando.** loc. verb. *Cu.* Ser homosexual. euf.

t³. ‖ **~ del otro cuadro.** loc. verb. *Ur.* Ser homosexual. euf; pop.

u³. ‖ **~ del otro equipo.** loc. verb. *Gu, ES, Ni, CR, Ec, Bo, Py, Co, Pe,* euf. Ser *una persona* homosexual. pop.

v³. ‖ **~ del otro lado.** loc. verb. *Ho, ES, Ni, RD, PR, Py, Ur.* Ser homosexual. euf.

w³. ‖ **~ del otro laredo.** loc. verb. *Gu, Ho, ES, Ni.* Ser homosexual.

x³. ‖ **~ dos veinte.**
  i. loc. verb. *Ho.* Ser *una persona* irascible.
  ii. *Ho.* Ser una mujer fácil de convencer para hacer el acto sexual.

y³. ‖ **~ duro de codo.** loc. verb. *Ni, RD, Ve, Bo.* Ser tacaño, mezquino.

z³. ‖ **~ el bobo del paseo.** loc. verb. *Co.* Ser *alguien* la persona a quien se achacan todas las culpas o sobre la que recae el trabajo más duro. pop.

a⁴. ‖ **~ el bojote de San Nicolás.** loc. verb. *Ho.* Ser muy pesada *una persona* o una carga.

b⁴. ‖ **~ el bravo de la película.** *Cu.* **ser el macho de la película.**

c⁴. ‖ **~ el bueno.** loc. verb. *Mx.* Tener la convicción de ostentar la supremacía ante otros o mostrar el reconocimiento de que alguien la ostenta.

d⁴. ‖ **~ el canchanchán.**
  i. loc. verb. *Cu, RD.* Ser amigo, compañero, cómplice, compinche de alguien.
  ii. *RD.* Ser muy allegado a alguien.
  iii. *RD.* Tener influencia sobre alguien.

e⁴. ‖ **~ el cheche.** loc. verb. *PR.* Ser *alguien* persona de influencia. pop + cult → espon.

f⁴. ‖ **~ el chinchín.** loc. verb. *Ho, ES.* Preferir, consentir, mimar a *alguien.* pop + cult → espon.

g⁴. ‖ **~ el chumpipe de la fiesta.** loc. verb. *Ho.* Ser la persona sobre la que caen las culpas, a pesar de no haber hecho nada malo.

h⁴. ‖ **~ el dueño de los caballitos.** *Cu.* **ser el que más dice.**

i⁴. ‖ **~ el dueño del bate, el guante y la pelota.** loc. verb. *RD, Ve.* Ser el jefe. pop.

j⁴. ‖ **~ el gallo.** loc. verb. *Mx.* Ser el candidato o el favorito de alguien para una empresa.

k⁴. ‖ **~ el hacha y el machete.** loc. verb. *Ho, RD.* Ser la profesión o el medio con el que se gana alguien el sustento diario.

l⁴. ‖ **~ el macho de la película.** loc. verb. *Cu.* Ser el héroe. ♦ **ser el bravo de la película.**

m⁴. ‖ **~ el mismo dulce con diferente palito.** loc. verb. *PR.* Presentar *alguien* la misma cosa, pero con distinta apariencia. pop + cult → espon.

n⁴. ‖ **~ el mismo musiú con diferente cachimbo.** loc. verb. *Ve.* Ser dos personas o dos acciones iguales aunque parezcan distintas. pop + cult → espon.

ñ⁴. ‖ ~ **el olote.** loc. verb. *Ho.* Padecer *alguien* las bromas, picardías o malas acciones de alguien. rur.

o⁴. ‖ ~ **el pato de la fiesta.** loc. verb. *Ho, CR, RD, Ve.* Ser *una persona* el centro de las burlas.

p⁴. ‖ ~ **el que más dice.** loc. verb. *Cu.* Ser el jefe. pop. ♦ **ser el dueño de los caballitos; ser el que más mea.**

q⁴. ‖ ~ **el que más mea.**
   i. *Cu.* ser el que más dice.
   ii. loc. verb. *PR.* Ser *alguien* el bravucón, el líder del barrio o del pueblo. vulg; pop + cult → espon.

r⁴. ‖ ~ **enfermo.** loc. verb. *Cu.* Ser muy aficionado a algo. pop + cult → espon.

s⁴. ‖ ~ **feria.** loc. verb. *Ho.* Ser *algo* un desorden, un alboroto.

t⁴. ‖ ~ **gallo de muchos alzos.** loc. verb. *Ni.* Haber conquistado un hombre a muchas mujeres.

u⁴. ‖ ~ **gente de orilla.** loc. verb. *RD, PR.* Ser *alguien* gente vulgar, zafia. pop + cult → espon ^ desp.

v⁴. ‖ ~ **gran largo.** loc. verb. *Ho.* Ser *alguien* hábil y listo para su interés. desp.

w⁴. ‖ ~ **guatuza.** loc. verb. *Ho.* Tener *alguien* los pelos tiesos.

x⁴. ‖ ~ **guillet.**
   i. loc. verb. *Ho.* Estar muy atento o vigilante a algo o a alguien. pop + cult → espon.
   ii. *Ho.* Ser experto en algo o saber mucho de un tema. pop + cult → espon.

y⁴. ‖ ~ **hacha y machete.**
   i. loc. verb. *Cu.* Destacar en algo, *especialmente en un oficio o deporte.* pop + cult → espon. ♦ **ser de puntería.**
   ii. *Cu.* Ser valiente y decidido. pop + cult → espon.

z⁴. ‖ ~ **hígado atravesado.** loc. verb. *Ho.* Ser *alguien* una persona malvada.

a⁵. ‖ ~ **hijo del maltrato.** loc. verb. *Cu.* Actuar *alguien* adecuadamente solo cuando se le castiga o apremia. pop.

b⁵. ‖ ~ **hijo del rigor.** loc. verb. *Ar, Ur.* Actuar *alguien* adecuadamente solo cuando se lo castiga, reprende o apremia. pop + cult → espon.

c⁵. ‖ ~ **hilacha.** loc. verb. *Ho.* Realizar muy bien *algo* malo o intrascendente. sat.

d⁵. ‖ ~ **huevos.** loc. verb. *Ec.* obsol. Resultar fácil de realizar. pop + cult → espon.

e⁵. ‖ ~ **in.** (Del ingl. *in*). loc. verb. *Ho.* juv. Estar a la moda.

f⁵. ‖ ~ **jamón.** loc. verb. *Cu.* Ser *algo* fácil de realizar.

g⁵. ‖ ~ **la arena en su zapato.** loc. verb. *Ho.* Molestar constantemente a *alguien.* ♦ **ser piedra en el zapato.**

h⁵. ‖ ~ **la bomba.** loc. verb. *Ho, Ni.* Ser una noticia, verdadera o falsa, escandalosa. pop.

i⁵. ‖ ~ **la candela.**
   i. loc. verb. *Cu, PR, Co.* Ser una mujer muy excitante y seductora. pop.
   ii. *PR, Co.* Ser un acontecimiento o un evento de mucha tensión, muy interesante.
   iii. *Cu, PR, Ve.* Ser una persona fuerte o agresiva.
   iv. *Cu, Ve.* Ser *una persona* ingeniosa y astuta, *especialmente un niño.*
   v. *Ve.* Ser un parlamento, un discurso o un artículo muy crítico y mordaz.
   vi. *Cu.* Ser *alguien* muy zalamero.
   vii. *Cu.* Ser *algo* muy peligroso.
   viii. *PR.* Ser *una persona* agobiante, agitada. pop + cult → espon.

j⁵. ‖ ~ **la cara cortada.** loc. verb. *Ec.* Parecerse mucho físicamente *una persona a* otra. ♦ **ser cortado; tener la cara cortada.**

k⁵. ‖ ~ **la changa maximina.** loc. verb. *PR.* Ser *alguien* el diablo. pop + cult → espon.

l⁵. ‖ ~ **la chochera.** loc. verb. *Mx.* Ser *alguien* o *algo* la debilidad de una persona. pop + cult → espon.

m⁵. ‖ ~ **la caja.** loc. verb. *Ho.* Ser *alguien* un haragán o inútil para hacer algo.

n⁵. ‖ ~ **la gota que colmó la copa.** *PR.* ser la gota que rebosó el vaso.

ñ⁵. ‖ ~ **la gota que derramó el vaso.** *Ni.* ser la gota que rebosó el vaso.

o⁵. ‖ ~ **la gota que rebosó el vaso.** loc. verb. *RD, Ve, Ec, Py Ur.* Ser lo que viene a colmar la paciencia. pop + cult → espon. ♦ **ser la gota que colmó la copa; ser la gota que derramó el vaso.**

p⁵. ‖ ~ **la ley.**
   i. loc. verb. *Mx, Ho, RD.* Comportarse *alguien* con rectitud.
   ii. *ES. Ni.* Demostrar *alguien* que es un experto en algo.

q⁵. ‖ ~ **la maceta.** loc. verb. *Ho.* Ser *alguien* un haragán. pop + cult → espon.

r⁵. ‖ ~ **la mamá de Tarzán.** loc. verb. *ES.* Tener *alguien* grandes cualidades o ser excelente en su oficio.

s⁵. ‖ ~ **la mamacita.** loc. verb. *Ni.* Tener *alguien* grandes cualidades o ser excelente en su oficio.

t⁵. ‖ ~ **la mera verga.** loc. verb. *Ho, ES.* Hacer bien algo o ser experto en algo. vulg.

u⁵. ‖ ~ **la misma chancha solo que revolcada.** loc. verb. *Ho.* Ser dos personas o dos acciones iguales aunque parezcan distintas. desp.

v⁵. ‖ ~ **la misma gata, nomás que revolcada.** loc. verb. *Mx.* Ser *algo* lo mismo que era antes, pese a haber experimentado modificaciones superficiales. pop + cult → espon.

w⁵. ‖ ~ **la misma mica con distinta cola.** loc. verb. *ES.* Parecer dos personas o cosas diferentes, aunque son iguales. ♦ **ser la misma mona con distinto rabo.**

x⁵. ‖ ~ **la misma mica en distinta rama.** loc. verb. *Ho.* Parecer dos personas o cosas diferentes, aunque son iguales.

y⁵. ‖ ~ **la misma mona con distinto rabo.** *Ni.* ser la misma mica con distinta cola.

z⁵. ‖ ~ **la nada.** loc. verb. *Ch.* Ser *alguien* poca cosa o no valer nada. pop + cult → espon.

a⁶. ‖ ~ **la fiera.** loc. verb. *Co:N.* Ser muy hábil o sobresaliente en algo. pop.

b⁶. ‖ ~ **la pata del diablo.**
   i. loc. verb. *Cu, Bo.* Ser muy travieso un niño.
   ii. *Cu.* Ser muy divertida y simpática *una persona.*

c⁶. ‖ ~ **la piel de judas.** loc. verb. *ES, Ur.* Ser *una persona* traviesa, pícara. pop + cult → espon.

d⁶. ‖ ~ **la pija.**
   i. loc. verb. *Ho, ES.* Ser *una persona* holgazana, perezosa. vulg.
   ii. *Ho, ES.* Ser *una persona* inepta en algo. vulg.

e⁶. ‖ ~ **la pitoreta.** loc. verb. *Ho.* Ser *alguien* el hazmerreír. pop + cult → espon.

f⁶. ‖ ~ **la playa.** loc. verb. *Ho.* Ser *algo* muy fácil.

g⁶. ‖ ~ **la pura iscarria.** loc. verb. *ES.* Ser *alguien* muy bueno.

h⁶. ‖ ~ **la pura penca.** loc. verb. *Ho, ES.* Ser muy bueno en su especialidad.

i⁶. ‖ ~ **la rumba.** loc. verb. *Ho.* Ser *alguien* irresponsable o haragán.

j⁶. ‖ ~ **la tapa.** loc. verb. *Co, Ec.* Sobresalir *alguien* notoriamente en méritos o en defectos.

k⁶. ‖ ~ **la tapa del frasco.** loc. verb. *Ve.* Ser el colmo. pop.

l⁶. ‖ ~ **la última.** loc. verb. *Ve.* Ser el colmo *algo.*

m⁶. ‖ ~ **la vaca que más caga.** loc. verb. *Co.* Ser *alguien* presuntuoso y aparentar más de lo que es o tiene. vulg; pop ^ desp.

n⁶. ‖ ~ **la verga.**
   i.   loc. verb. *Ho, Ni.* Holgazanear. vulg.
   ii. *Ho, Ni.* Hacer *alguien* mal todo. vulg.

ñ⁶. ‖ ~ **la verónica.** loc. verb. *Ho.* Ser *una persona* holgazana, informal o desorganizada.

o⁶. ‖ ~ **la voz.** loc. verb. *Pe.* Estar *algo* de moda o de plena actualidad. pop.

p⁶. ‖ ~ **leche frita.** loc. verb. *PR.* Ser *algo* mentira aunque sin graves consecuencias. pop + cult → espon.

q⁶. ‖ ~ **lo que hay.** loc. verb. *Ec.* Poseer las cualidades óptimas en su clase. pop + cult → espon.

r⁶. ‖ ~ **lo último.** loc. verb. *Cu.* Tener *alguien* una cualidad negativa en grado sumo.

s⁶. ‖ ~ **lobos de la misma camada.** loc. verb. *Ho, Ni, RD.* Encubrirse mutuamente dos o más personas.

t⁶. ‖ ~ **macho.** loc. verb. *PR.* Negarse *alguien* a algo con rotundidad. pop + cult → espon.

u⁶. ‖ ~ **macho de carga.** loc. verb. *Ho, Ni.* Ser *una persona* que trabaja mucho para beneficio de otros. pop.

v⁶. ‖ ~ **macho probado.** loc. verb. *Co.* Demostrar *alguien* que ha sido violado por otro hombre que no es homosexual.

w⁶. ‖ ~ **macho sin dueño.** loc. verb. *Ho, ES.* Comportarse *alguien* con libertinaje.

x⁶. ‖ ~ **mal palo.** loc. verb. *Cu.* Tener un desenvolvimiento en el coito que es valorado negativamente. pop. ♦ **ser palo bombo.**

y⁶. ‖ ~ **manilo.** loc. verb. *PR.* Ser *alguien* cobarde. pop + cult → espon.

z⁶. ‖ ~ **mantequilla.**
   i.   loc. verb. *Ni, Ve.* Ser *algo* fácil de realizar o conseguir.
   ii. *Ni, CR, Pa.* Ser excluido o no ser considerado importante en un juego o actividad.

a⁷. ‖ ~ **más bolo que el guaro.** loc. verb. *Ho, ES, Ni.* Ser *alguien* alcohólico. fest.

b⁷. ‖ ~ **más cerrado que el culo de un macho.** loc. verb. *Ho.* Ser *una persona* testaruda e intransigente. rur; vulg. ♦ **ser más cerrado que el hoyo de una mula.**

c⁷. ‖ ~ **más cerrado que el hoyo de una mula.** *Ni.* ser más cerrado que el culo de un macho.

d⁷. ‖ ~ **más cerrado que un tubo de radio.** loc. verb. *PR.* Ser *alguien* muy estúpido, bruto. pop + cult → espon ∧ desp.

e⁷. ‖ ~ **más hojas que almuerzo.** *Ho.* ser más hojas que nacatamal.

f⁷. ‖ ~ **más hojas que nacatamal.** loc. verb. *Ho, Ni.* Tener solo apariencia. ♦ **ser más hojas que almuerzo.**

g⁷. ‖ ~ **más la bulla que la cabuya.**
   i.   loc. verb. *Ve.* Parecer o aparentar más de lo que se es. pop.
   ii. *Ve.* No corresponder *algo* a las expectativas creadas. pop.

h⁷. ‖ ~ **más larga que Cuaresma.** loc. verb. *Gu.* Ser una mujer prostituta. euf.

i⁷. ‖ ~ **más peligroso que mono con hojilla.** loc. verb. *Ve.* Ser *alguien* agresivo e irresponsable.

j⁷. ‖ ~ **más peligroso que mono con metralleta.** loc. verb. *PR; Pe,* p.u. Ser *alguien* agresivo e irresponsable. fest.

k⁷. ‖ ~ **más peruano que el cebiche.** loc. verb. *Pe.* p.u. Mostrar una conducta y costumbres propias del peruano. pop + cult → espon.

l⁷. ‖ ~ **más resbaloso que la guabina.** loc. verb. *PR.* Ser *una persona* hábil para salir airosa de cualquier situación. pop + cult → espon.

m⁷. ‖ ~ **más rollo que película.** loc. verb. *Cu.* Aparentar *alguien* más de lo que es en realidad.

n⁷. ‖ ~ **más tico que el agua dulce.** loc. verb. *CR.* Mostrar una conducta y costumbres propias del costarricense. pop + cult → espon.

ñ⁷. ‖ ~ **más viejo que el Morro.** loc. verb. *Cu.* Ser muy viejo *alguien* o *algo.*

o⁷. ‖ ~ **más viejo que préstame medio.** loc. verb. *Ho.* Tener *alguien* muchos años.

p⁷. ‖ ~ **mecha corta.** loc. verb. *Ni, PR.* Perder *alguien* la paciencia o alterarse con facilidad.

q⁷. ‖ ~ **mucho camisón para Petra.** loc. verb. *Ve.* Estar *algo* muy por encima de la capacidad de una persona o de lo que merece. pop + cult → espon.

r⁷. ‖ ~ **mucho cuento.** loc. verb. *Ec.* Recibir u obtener *algo* aun en circunstancias desfavorables.

s⁷. ‖ ~ **mucho jamón para dos huevos.** loc. verb. *PR.* Ser *algo* desproporcionado físicamente, *en especial, un matrimonio en el que la mujer es grande y fuerte y el marido, pequeño y endeble.* vulg; pop + cult → espon.

t⁷. ‖ ~ **muchos los hijos del muerto.** loc. verb. *PR.* Compartir riesgos entre muchos. pop + cult → espon.

u⁷. ‖ ~ **mula sin freno.** loc. verb. *Ho, Ni, RD.* Actuar *alguien* con total libertad.

v⁷. ‖ ~ **música.**
   i.   loc. verb. *Mx.* Ser *alguien* incompetente. pop + cult → espon.
   ii. *Mx.* Comportarse *alguien* incorrectamente y con mala intención con otra persona. pop + cult → espon.

w⁷. ‖ ~ **muy pata.** loc. verb. *CR, Pe.* Tener una amistad entrañable con alguien.

x⁷. ‖ ~ **otro boleto.** loc. verb. *Mx.* Ser *algo* o *alguien* materia, asunto o tema que no está a discusión, por sus cualidades generalmente positivas o, menos usualmente, negativas. pop + cult → espon.

y⁷. ‖ ~ **otro pedo.** loc. verb. *Bo:O.* Ser otra cuestión. pop.

z⁷. ‖ ~ **otros cinco pesos.** loc. verb. *ES, Cu.* Ser otra cosa o un caso distinto. ♦ **ser otros veinte pesos.**

a⁸. ‖ ~ **otros veinte pesos.** *PR.* ser otros cinco pesos.

b⁸. ‖ ~ *out* **por regla.**
   i.   loc. verb. *Cu. En el beisbol,* decretar *out* porque la pelota toca al **bateador** luego de ser **bateada.**
   ii. *Cu.* Estar *alguien* destinado al fracaso.

c⁸. ‖ ~ **paja para la garza.** loc. verb. *RD.* Carecer *algo* de importancia o gravedad.

d⁸. ‖ ~ **pájaros de la misma pluma.**
   i.   loc. verb. *PR.* Ser iguales en modales y costumbres. pop + cult → espon.
   ii. *PR.* Ser compinches. pop + cult → espon.

e⁸. ‖ ~ **palo bombo.** *Cu.* ser mal palo.

f⁸. ‖ ~ **paloma.**
   i.   loc. verb. *ES.* Ser *algo* difícil, complicado. vulg.
   ii. *ES.* Ser *una persona* experta, diestra en algo. vulg.
   iii. *Ni.* Ser *una persona* lista, perspicaz.

g⁸. ‖ ~ **pan caliente.** loc. verb. *Cu.* Ser *algo* muy demandado. pop.

h⁸. ‖ ~ **panetela.** loc. verb. *Cu.* Ser *algo* fácil de lograr.

i⁸. ‖ ~ **papití nada más.** loc. verb. *Cu.* Aparentar *alguien* o *algo* más de lo que es. pop.

j⁸. ‖ ~ **para los de ruana.** loc. verb. *Co.* Aplicar una medida o una ley solo a determinadas personas, *generalmente a las menos privilegiadas.* sat.

k⁸. ‖ ~ **patada de burro.** loc. verb. *Ho.* Ser un producto de mala calidad, *generalmente bebidas o cigarros.* ♦ **ser patada de mula.**

l⁸. ‖ ~ **patada de mula.** *Ho, Ni.* ser patada de burro.

m⁸. ‖ ~ **payaso para comer.** loc. verb. *Cu.* Ser *alguien* muy selectivo con los alimentos que ingiere.

n⁸. ‖ ~ **pela jachas.** loc. verb. *Ho, ES.* Ser *alguien* risueño. vulg.

ñ⁸. ‖ ~ **pepa.** loc. verb. *Co.* Ser muy inteligente. pop.

o⁸. ‖ ~ **piedra en el zapato.** *PR.* ser la arena en su zapato.

p⁸. ‖ ~ **pipián sin sal.** loc. verb. *Ni.* Tener *alguien* poca gracia, ser simple.

q⁸. ‖ ~ **pisote.** loc. verb. *Ho.* Ser malicioso.

r⁸. ‖ ~ **pisto en mano.** loc. verb. *Ho.* Tener segura la venta de algo.

s⁸. ‖ ~ *pitcher y catcher.* loc. verb. *Mx, Ni, RD, PR.* Ser un hombre homosexual. pop.

t⁸. ‖ ~ **plástico.**
  i. loc. verb. *PR.* Ser *alguien* orgulloso. pop + cult → espon ^ desp.
  ii. *PR.* Ser *alguien* artificial, aparentar lo que no se es. pop + cult → espon ^ desp.

u⁸. ‖ ~ **pura baba.**
  i. loc. verb. *Cu.* Ser poco serio.
  ii. *Cu.* Prometer mucho *una persona* y no concretar nada.

v⁸. ‖ ~ **pura babosada.** loc. verb. *Ho, ES, Ni.* Ser *alguien* ruin o *algo* que no sirve o de poco valor. pop ^ desp.

w⁸. ‖ ~ **pura boca.** loc. verb. *Ec, Pe, Bo.* No respaldar con hechos lo que se dice. pop + cult → espon.

x⁸. ‖ ~ **pura bulla.**
  i. loc. verb. *Ni, CR, Ve,* pop; *Co,* espon. Ofrecer mucho sin cumplir lo ofrecido.
  ii. *Ni, Ve, Ur; Co,* espon. Aparentar *una persona* cualidades que no tiene. pop + cult → espon.

y⁸. ‖ ~ **pura caña.** loc. verb. *Ec; Co,* pop. Resultar falso o engañoso.

z⁸. ‖ ~ **pura choreta.** loc. verb. *Ho.* Ser *alguien* una persona poco seria. pop.

a⁹. ‖ ~ **pura fallazón.** loc. verb. *Ho.* Tener *alguien* un comportamiento alocado.

b⁹. ‖ ~ **pura fibra.** loc. verb. *Ho.* Ser *alguien* fuerte, musculoso y saludable.

c⁹. ‖ ~ **pura finta.** loc. verb. *Pe.* Aparentar *alguien* o *algo* ser más o mejor de lo que es.

d⁹. ‖ ~ **pura lata.** loc. verb. *Ho, Bo.* Carecer de valor *algo.*

e⁹. ‖ ~ **pura lengua.** loc. verb. *Mx.* Fanfarronear o prometer muchas cosas sin llegar a cumplirlas. pop + cult → espon.

f⁹. ‖ ~ **pura paja.** loc. verb. *Ho, ES, Ni, Cu, Co.* Ser *algo* mentira. pop + cult → espon.

g⁹. ‖ ~ **pura pantalla.** loc. verb. *Bo:O.* No tener *alguien* un papel importante que cumplir. pop.

h⁹. ‖ ~ **pura película.** loc. verb. *CR.* Tener *alguien* el hábito de mentir o decir falsedades, *generalmente con el propósito de engañar o intimidar.* pop.

i⁹. ‖ ~ **pura tapa.** loc. verb. *Ni.* No respaldar *alguien* con hechos lo que dice. pop.

j⁹. ‖ ~ **pura verga.** loc. verb. *Mx, Ho, Ni, Ec, Pe, Bo.* Hacer *alguien* algo mal hecho o ser una cosa de mala calidad. vulg.

k⁹. ‖ ~ **puro blablá.** loc. verb. *Ni, RD, Ve, Ec, Bo, Py, Ar, Ur; Co,* espon ^ desp. Ser *alguien* o *algo* inconsistente y poco serio. pop + cult → espon.

l⁹. ‖ ~ **puro cráneo.** loc. verb. *PR.* Ser *alguien* muy inteligente. pop + cult → espon.

m⁹. ‖ ~ **puro moco de jolote.** loc. verb. *Ho.* Estar en erección un hombre durante mucho tiempo.

n⁹. ‖ ~ **retama de guayacol.** loc. verb. *Cu.* Tener *alguien* actitudes bajas o reprobables.

ñ⁹. ‖ ~ **retrato pintado.** loc. verb. *Co, Ec, Bo.* Parecerse mucho *una persona* a otra. pop + cult → espon.

o⁹. ‖ ~ **ridículo.** loc. verb. *Cu.* Dar excesiva importancia a nimiedades, *especialmente a pequeñas cantidades de dinero.*

p⁹. ‖ ~ **sin abuela.** *Ar:NO.* no tener abuela. pop.

q⁹. ‖ ~ **solo la bulla.** loc. verb. *Gu, Ho, Ni.* Ser *una persona* o institución que dice o promete mucho y no cumple nada. pop.

r⁹. ‖ ~ **solo las ganas de vivir y el mosquero atrás.** loc. verb. *Ho.* Estar *alguien* a punto de morir. fest.

s⁹. ‖ ~ **solo pajarita.** loc. verb. *Ho.* Ser *una persona* solo pura apariencia.

t⁹. ‖ ~ **solo papalote.** loc. verb. *Ni.* Hablar mucho y no hacer nada.

u⁹. ‖ ~ **sope.** loc. verb. *Mx.* Ser *alguien* tonto. pop + cult → espon.

v⁹. ‖ ~ **tamaña verga.** loc. verb. *Ho.* Ser *algo* o *alguien* muy grande o alto. vulg.

w⁹. ‖ ~ **tamaño berraco.** loc. verb. *RD.* Ser muy valiente, culto, astuto o importante.

x⁹. ‖ ~ **tan calvo que se le ven los sesos.**
  i. loc. verb. *RD, Ve, Py, Ar, Ur.* Ser *alguien* o *algo* inconsistente y poco serio.
  ii. *PR.* Ser *alguien* demasiado tonto, muy torpe. pop + cult → espon.

y⁹. ‖ ~ **tana.** *Cu.* no tener madre.

z⁹. ‖ ~ **tapudo.**
  i. loc. verb. *Ho.* Decir palabras soeces.
  ii. loc. verb. *Ni.* Acusar a *alguien.*

a¹⁰. ‖ ~ **tarde para ablandar las habichuelas.** loc. verb. *RD, PR.* No haberse realizado algo a su debido tiempo, haber transcurrido más tiempo de lo debido para ello. pop + cult → espon.

b¹⁰. ‖ ~ **territorio apache.** loc. verb. *PR.* Ser un lugar muy peligroso. pop + cult → espon.

c¹⁰. ‖ ~ **todo boca.** loc. verb. *PR.* Ser *alguien* que habla mucho y hace poco. pop + cult → espon.

d¹⁰. ‖ ~ **todo música y pocas vergüenzas.** loc. verb. *PR.* Dar *alguien* pretextos y evasivas de mala ley. rur; pop + cult → espon.

e¹⁰. ‖ ~ **todo uva.** loc. verb. *Ho.* Tener malas intenciones con los demás.

f¹⁰. ‖ ~ **tremendo boludo.** *Py, Ar, Ur.* ser bastante boludo.

g¹⁰. ‖ ~ **del país.** loc. verb. *PR.* Ser un animal, *especialmente pollo o gallina,* criado suelto en el campo.

h¹⁰. ‖ ~ **un bagre.** loc. verb. *Ho.* Ser *una persona* lista y escurridiza.

i¹⁰. ‖ ~ **un banquete.** loc. verb. *Cu.* Ser *una persona* muy simpática o divertida.

j¹⁰. ‖ ~ **un baracutey.** loc. verb. *Cu.* No tener fundamento.

k¹⁰. ‖ ~ **un barril sin fondo.** loc. verb. *Ni, Cu, RD, PR, Co, Py.* Comer *alguien* sin mesura. pop + cult → espon.

l¹⁰. ‖ ~ **un batazo.** loc. verb. *Cu.* Ser *algo* de muy buena calidad. pop.

m¹⁰. ‖ ~ **un boca abierta.** loc. verb. *Ni, RD, Ur.* Ser un tonto.

n¹⁰. ‖ ~ **un bofe.** loc. verb. *Cu.* Ser *alguien* muy pesado o inoportuno.

ñ¹⁰. ‖ ~ **un boludo grande.** *Ar.* ser bastante boludo.

o¹⁰. ‖ ~ **un bonche.**
  i. loc. verb. *Cu, Ve.* Ser *alguien* muy ameno y divertido. pop.
  ii. *Ve.* No tener algún asunto orden o seriedad. pop.

p¹⁰. ‖ ~ **un cacharro con bigote y almidón.** loc. verb. *Cu.* Aparentar lo que no se es.

q[10]. ‖ ~ **un canchal.**
   i.   loc. verb. *Cu.* Estar bien preparado en algo.
   ii. *Cu.* Ser diestro y ágil en un asunto.
   iii. *Cu.* Ser buena persona.

r[10]. ‖ ~ **un candelita.** loc. verb. *RD.* Ser intrigante, promover chismes.

s[10]. ‖ ~ **un canto de carne con ojos.**
   i.   loc. verb. *PR.* Ser *alguien* incapaz de hacer mal a nadie. pop + cult → espon.
   ii. *PR.* Carecer *alguien* de iniciativa. pop + cult → espon.

t[10]. ‖ ~ **un cañonazo.** loc. verb. *Ni, Cu.* Ser muy bueno en algo.

u[10]. ‖ ~ **un caraira.**
   i.   loc. verb. *Cu.* No tener escrúpulos.
   ii. *Cu.* Ser muy feo.

v[10]. ‖ ~ **un carne de puerco.** loc. verb. *PR.* Ser *algo* un asunto que trae consecuencias y complicaciones.

w[10]. ‖ ~ **un chiste.** loc. verb. *Bo.* Presentarse una situación desordenada y caótica. pop + cult → espon ^ desp.

x[10]. ‖ ~ **un chivito harto de jobo.** loc. verb. *RD.* Ser un don nadie, no tener iniciativa.

y[10]. ‖ ~ **un chuzo.** loc. verb. *Ni.* Ser *una persona* necia e insistente.

z[10]. ‖ ~ **un coco.** loc. verb. *Ho, ES, Ve.* Ser sumamente inteligente. pop.

a[11]. ‖ ~ **un cocoroco.** loc. verb. *Cu, PR.* Ser un bravucón.

b[11]. ‖ ~ **un come batata.** loc. verb. *PR.* Ser *alguien* una persona sin prestigio y sin preparación alguna. pop + cult → espon ^ desp.

c[11]. ‖ ~ **un compúter.** loc. verb. *Cu.* Actuar automáticamente.

d[11]. ‖ ~ **un corcho.** loc. verb. *RD, Ur.* Amoldarse a las diferentes circunstancias que sea necesario para conseguir un beneficio, *especialmente político.*

e[11]. ‖ ~ **un costal de sal.** loc. verb. *Ho.* Ser *una persona* que transmite la mala suerte. pop + cult → espon.

f[11]. ‖ ~ **un cotoyo.** loc. verb. *Cu.* No valer nada.

g[11]. ‖ ~ **un creche.** loc. verb. *Cu.* Tener muchos hijos.

h[11]. ‖ ~ **un cuchillo.** loc. verb. *RD.* Ser un remedio muy eficaz.

i[11]. ‖ ~ **un culito.** loc. verb. *Ni.* Ser *una persona* inútil.

j[11]. ‖ ~ **un farol.** loc. verb. *Mx.* Ser *alguien* a quien le gusta ostentar, que es vanidoso y presumido. pop + cult → espon.

k[11]. ‖ ~ **un fierro.** loc. verb. *Ar.* Ser *algo* confiable o de gran calidad. pop.

l[11]. ‖ ~ **un flai al *catcher*.** loc. verb. *RD.* Ser sencillo, no presentar complicaciones.

m[11]. ‖ ~ **un *flash*.** loc. verb. *Ho, Ni, Ec.* Ser muy rápido, veloz para hacer algo. pop.

n[11]. ‖ ~ **un forro.** loc. verb. *Mx.* Ser *alguien* muy atractivo, sensual, de buen cuerpo. pop + cult → espon ^ fest.

ñ[11]. ‖ ~ **un guame.** loc. verb. *PR.* Ser *algo* de fácil ejecución.

o[11]. ‖ ~ **un hígado.** loc. verb. *Mx, PR.* Ser *alguien* pesado o difícil de soportar.

p[11]. ‖ ~ **un hijo de la gran yegua.** loc. verb. *PR.* Ser *alguien* un canalla. vulg; pop + cult → espon.

q[11]. ‖ ~ **un Juan Bobo.** loc. verb. *RD.* Ser un tonto consumado.

r[11]. ‖ ~ **un mango.** loc. verb. *Pe.* Ser *alguien* o *algo* muy bueno, extraordinario. pop + cult → espon.

s[11]. ‖ ~ **un miqueo.** loc. verb. *PR.* Ser *algo* fácil. est.

t[11]. ‖ ~ **un pan de Dios.** loc. verb. *ES, Ni, Cu, PR, Ec, Pe, Py, Ar, Ur.* Ser *alguien* muy bondadoso. ♦ **ser una panetela.**

u[11]. ‖ ~ **un parche.** loc. verb. *Co.* Desentonar *alguien* entre las personas que están a su alrededor o en un sitio. pop ^ desp.

v[11]. ‖ ~ **un paslote.** loc. verb. *PR.* Ser *alguien* atolondrado. pop + cult → espon.

w[11]. ‖ ~ **un petaca.** loc. verb. *PR.* Ser *alguien* vago, negligente, atolondrado. pop + cult → espon.

x[11]. ‖ ~ **un pie.** loc. verb. *Ho.* Ser una ayuda.

y[11]. ‖ ~ **un plástico.** loc. verb. *PR.* Ser *alguien* un estúpido. pop + cult → espon ^ desp.

z[11]. ‖ ~ **un plato.** loc. verb. *Co, Ch, Py.* Ser *una persona* o una situación divertida o graciosa. pop.

a[12]. ‖ ~ **un pujo en vendaval.** loc. verb. *Ni.* Ser *una persona* insistente.

b[12]. ‖ ~ **un templado.** loc. verb. *Co.* Ser *alguien* muy bueno en una determinada actividad.

c[12]. ‖ ~ **un tigre.** loc. verb. *Ho.* Ser muy lista *una persona.*

d[12]. ‖ ~ **un tiro.**
   i.   loc. verb. *Cu.* Ser *una persona* simpática y cordial.
   ii. *Cu.* Ser una cosa de excelente calidad.

e[12]. ‖ ~ **un tronco.** loc. verb. *PR.* Ser *alguien* o *algo* extraordinario. pop + cult → espon.

f[12]. ‖ ~ **un viejo Pedro para un cabrero.** loc. verb. *PR.* Ser muy tarde para emprender algunas empresas. pop + cult → espon.

g[12]. ‖ ~ **una bola.** loc. verb. *Co.* Actuar *alguien* torpemente. pop.

h[12]. ‖ ~ **una bolsa.** loc. verb. *PR.* Ser *una persona* tonta, idiota. pop + cult → espon ^ desp.

i[12]. ‖ ~ **una bomba atómica.**
   i.   loc. verb. *Cu.* Ser muy antipático.
   ii. *Cu.* Ser una tarea penosa.

j[12]. ‖ ~ **una callampa.** loc. verb. *Ch.* juv. Tener *alguien* o *algo* poca o ninguna calidad.

k[12]. ‖ ~ **una chavienda.** loc. verb. *PR.* Ser *alguien* muy hábil en algo. pop + cult → espon.

l[12]. ‖ ~ **una chirimoya.** loc. verb. *Cu.* No tener inteligencia.

m[12]. ‖ ~ **una compasión.** loc. verb. *Ch.* p.u. Ser una cosa o persona digna de lástima. pop + cult → espon.

n[12]. ‖ ~ **una cuna.** loc. verb. *Ch.* Resultar un vehículo estable y cómodo en el momento de desplazarse. pop + cult → espon.

ñ[12]. ‖ ~ **una dama.** loc. verb. *Co; Mx, Cu, RD, PR,* pop + cult → espon. Ser un hombre de modales refinados.

o[12]. ‖ ~ **una delia.** loc. verb. *RD.* Ser *una persona* muy educada.

p[12]. ‖ ~ **una fija.**
   i.   loc. verb. *Ve, Pe.* Suceder *algo* de una manera esperada.
   ii. *Ve.* Asistir *una persona* regularmente a un lugar.

q[12]. ‖ ~ **una foto.** loc. verb. *Ch.* Estar *una persona, especialmente un niño,* quieta durante un período de tiempo relativamente largo. pop + cult → espon.

r[12]. ‖ ~ **una gran siete.** loc. verb. *Bo:O.* Ser *alguien* malvado, perverso.

s[12]. ‖ ~ **una guara.** loc. verb. *Ho.* Ser *una persona* que habla mucho. pop + cult → espon.

t[12]. ‖ ~ **una guasimilla.** loc. verb. *PR.* Ser *una persona* tonta, idiota. pop + cult → espon ^ desp.

u[12]. ‖ ~ **una madre.** loc. verb. *Ve.* Ser *una persona* diligente y bondadosa.

v[12]. ‖ ~ **una maleta.** loc. verb. *Co.* Ser *alguien* torpe para realizar una acción. pop.

w[12]. ‖ ~ **una melaza.** loc. verb. *Ho.* Comportarse *una persona* de forma cariñosa y dulce.

x[12]. ‖ ~ **una múcura.** loc. verb. *PR.* Ser *alguien* una carga, un fastidio. pop + cult → espon.

y[12]. ‖ ~ **una mujer patriota.** loc. verb. *PR.* Tener una mujer senos muy grandes. vulg; pop + cult → espon.

z[12]. ‖ ~ **una nigua.** loc. verb. *Ho.* Insistir con terquedad en algo.

a[13]. ‖ ~ **una olla de nacatamales.** loc. verb. *Ho, Ni.* Roncar mucho *alguien.* fest.

b[13]. ‖ ~ **una panetela.** *Cu.* ser un pan de Dios.

c[13]. ‖ ~ **una papa.**
  i. loc. verb. *Mx.* Ser inepto. pop + cult → espon ∧ desp.
  ii. *Ar.* Ser una cosa o un asunto fácil de realizar o de comprender.

d[13]. ‖ ~ **una pascua.** loc. verb. *Ho.* Tener *alguien* un carácter apacible.

e[13]. ‖ ~ **una pasta.** loc. verb. *Pe.* Ser *una persona* agradable, tener buen carácter.

f[13]. ‖ ~ **una piña mal pelada.** loc. verb. *Ni.* juv. Ser *una persona* de ojos muy grandes.

g[13]. ‖ ~ **una potencia.** loc. verb. *PR.* Ser *alguien* persona de gran habilidad y conocimiento.

h[13]. ‖ ~ **una prenda.** loc. verb. *Pa.* Ser *una persona* indeseable o de dudosa reputación. sat.

i[13]. ‖ ~ **una rumba.** loc. verb. *Co.* Ser *alguien* divertido. pop.

j[13]. ‖ ~ **una tusa.** loc. verb. *Co:C.* p.u. Ser *alguien* poco hábil y no tener talento.

k[13]. ‖ ~ **una uña de juey.** loc. verb. *PR.* Ser *alguien* miserable, mezquino. pop + cult → espon.

l[13]. ‖ ~ **uñas escondidas.** loc. verb. *Ho.* Aparentar ser tranquilo y buena persona, sin serlo. pop + cult → espon.

m[13]. ‖ ~ **volátil.** loc. verb. *PR.* Ser *alguien* homosexual. vulg; pop + cult → espon.

n[13]. ‖ ~ **yuca.** loc. verb. *Ho.* Ser justo, equitativo, cumplidor. pop + cult → espon.

ñ[13]. ‖ ~ **zafado de las tapas.** loc. verb. *Ho.* Decir *alguien* cosas que debe mantener en secreto. desp.

o[13]. ‖ ~ **zorro del mismo piñal.** loc. verb. *Ni.* Protegerse dos personas que son de la misma calaña.

p[13]. ‖ ~ **zorro meón.** loc. verb. *Ni.* Orinar *alguien* con mucha frecuencia.

q[13]. ‖ ~ **zurrón.** loc. verb. *Ni.* Comportarse *alguien* con egoísmo.

a. ‖ **como ~.** loc. conj. *Bo, Ch, Ur.* Esto es, a saber. pop + cult → espon.

b. ‖ **¡cómo va a ~!** loc. interj. *ES, CR, RD, PR, Co, Ur.* Expresa admiración o sorpresa. pop + cult → espon.

c. ‖ **es de ahí.** loc. adv. *PR.* Exactamente, ciertamente. pop + cult → espon.

d. ‖ **¡es que le cuá!** loc. interj. *RD, PR.* Expresa semejanza o perfección. (**equelecuá**).

e. ‖ **por ~.** loc. conj. *Ch.* Esto es, a saber.

a. ‖ **ellos son blancos y se entienden.** fr. prov. *RD, Ve.* Indica que personas con iguales características se comprenden y es mejor no intervenir en sus asuntos.

b. ‖ **no es lo mismo jabón que hilo negro.** fr. prov. *PR.* Indica que no es lo mismo ver las cosas desde lejos que estar dentro de un asunto.

c. ‖ **no es lo mismo venir que platicar con ella.** fr. prov. *Ho, ES.* Indica que algo parece fácil, pero se torna difícil cuando lo hacemos.

d. ‖ **no soy escopeta.** fr. prov. *Mx.* Indica que quien habla no es tan rápido, especialmente cuando se le interrumpe en una conversación.

e. ‖ **será pato o gallareta.** fr. prov. *PR.* Indica la desconfianza de que una cosa sea tal cual se la presentan a uno.

f. ‖ **si no es Chana es Juana.** fr. prov. *Pa.* Indica que alguien está siempre buscando pretextos.

g. ‖ **una cosa es con violín y otra con guitarra.** fr. prov. *PR.* Indica que uno se jacta de ser capaz de hacer algo que llegado el momento no realizaría.

serafín.
  I. 1. *Ho.* oso hormiguero sedoso.
  a. ‖ ~ **del platanar.** *Pe.* oso hormiguero sedoso.

serafinista.
  I. 1. m-f. *Mx.* Persona que toca el armonio. pop + cult → espon.

serbulaca.
  I. 1. *Pa.* **cerbulaca.**

sereguete.
  I. 1. m. *Ho, ES, Ni.* Ano. vulg.
  2. *Gu, Ho.* Nalgas.
  II. 1. m. *ES.* Lugar lejano y escondido.

sereipo.
  I. 1. *Ve.* **cereipo.**

seremi. (Acr. de *Secretaría Regional Ministerial*).
  I. 1. m. *Ch.* Representación de una determinada cartera de gobierno en una **región**.
  2. m-f. *Ch.* Persona en quien el presidente de la nación delega la administración de una cartera de gobierno en una **región**.

seremía.
  I. 1. f. *Ch.* Cargo o dignidad de secretario regional ministerial. pop + cult → espon.
  2. *Ch.* Lugar o sede donde se ubica la Secretaría Regional Ministerial. pop + cult → espon.

seremil.
  I. 1. *Cu.* **ceremil.**

serén.
  I. 1. m. *Pa.* Plato preparado a base de **maíz nuevo**, acompañado con algún tipo de carne.

serenado, -a.
  I. 1. adj. *Ni, Bo. Referido a cosa*, humedecida por haber estado expuesta al sereno. pop + cult → espon.
  2. *Ho. Referido a alimento*, dejado al sereno durante la noche.
  II. 1. adj. *ES. Referido a persona*, muerta durante la noche.

serenar(se).
  I. 1. intr. prnl. *Mx, Ho, ES, Ni, CR, Pa, Cu, Co:C,O, Ve, Bo.* Exponerse al sereno.
  2. tr. *Ho, Ni, Pa; Bo,* pop + cult → espon; *Ar:NO,O,* rur. Exponer *algo* al sereno.
  II. 1. intr. impers. *Pa; Ni,* p.u. Llovizar.
  2. *Ho.* Comenzar a caer el rocío durante la noche.
  III. 1. tr. *ES.* Matar *una persona* a *alguien*.
  2. *ES.* Robar *algo* a alguien.

serenata.
  I. 1. f. *PR.* Plato frío hecho principalmente de viandas hervidas, aguacate, bacalao, huevo cocido, cebolla y pimiento, aderezado con aceite y vinagre. ♦ **serenata de viandas.**
  a. ‖ ~ **de viandas.** *PR.* **serenata.**
  ▶ confundir la retreta con la ~.

serenatear.
  I. 1. tr. *Mx, ES, Ni, CR, RD, Co, Bo; Pe:NO,* p.u. Dar serenata a *alguien*.

serenatero, -a.
  I. 1. m. y f. *Mx, Ni, CR, RD, Co, Ec, Bo.* Persona que da serenatas. pop.
  2. *Ni, CR, Ec, Bo.* Persona que gusta de participar en serenatas. pop.

serenazgo.
  I. 1. m. *Pe, Bo.* Servicio municipal de vigilancia y seguridad pública.

serenero.
  I. 1. m. *Ar.* Pañuelo que, *atado generalmente debajo de la barba*, usaba el gaucho bajo el sombrero para cubrirse la nuca y parte de la cara.

sereno.
> **I. 1.** m. *Mx.* Hierba de hasta de 70 cm de altura, de ramas rojizas y pilosas, hojas opuestas, inflorescencia cimosa, flores pequeñas de color que va del violáceo al blanco y fruto en aquenio. (Asteraceae; *Ageratum conyzoides*).
> **2.** *Ar.* Árbol de hoja perenne y fruto grisáceo en forma de pequeñas semillas arracimadas. (Oleaceae; *Ligustrum lucidum*).
> **II. 1.** m. *Co:N; PR*, rur. Lluvia menuda y de corta duración.
> **2.** *Ho.* Gotas muy menudas que se forman cuando el vapor de agua se condensa en la atmósfera con el frío de la noche.
> **III. 1.** m. *Ar.* Antigua danza folclórica que muestra un juego de galanteo similar al del **gato correntino**; se bailaba en Cuyo.
> **2.** *Ec.* Música que se ofrece a una persona, *generalmente a una mujer*, por la noche frente a su casa para homenajearla o como demostración de amor.
> **IV. 1.** m. *Pe, Bo.* Vigilante del **serenazgo**.
> ■
> **a.** ‖ **~ de invierno.** *RD.* **botisuelo.**
> □
> **a.** ‖ **¡~, moreno!** loc. interj. *ES.* Expresa orden a alguien para que se detenga o se tranquilice.

serensé.
> **I. 1.** m. *Cu:E.* Plato hecho con harina de maíz seca y cocinada en manteca con sal.

sereque.
> **I. 1.** *Mx:SE.* **cereque.**

serere.
> **I. 1.** *Bo:E.* **pirincho**, ave.

sereré.
> **I. 1.** m. *Ar.* Silbato de madera, de unos 13 cm de largo, 3 cm de ancho y 1,5 cm de alto, que produce solo dos sonidos, uno grave y otro agudo; es tradicional entre los **chiriguanos** y algunos otros indígenas del Gran Chaco.

seresche.
> **I. 1.** *Ar:NO.* **pirincho**, ave.

seresere.
> **I. 1.** m. *Ve.* Llovizna.
> **2.** *Ve.* Cosa menuda y fina.
> **3.** *Ve.* Calderilla, conjunto de monedas de poco valor.

sereta.
> **I. 1.** f. *PR.* Cabellera larga, revuelta y en desorden. pop + cult → espon.
> ▶ **volverse ~.**

serete.
> **I. 1.** *Mx:SE.* **cereque.**

seriar.
> **I. 1.** tr. *Ho, ES.* Registrar sin permiso las pertenencias de alguien.
> **II. 1.** tr. *Ho. En el ejército*, hacer la vida imposible a un subordinado.

serie.
> **I. 1.** f. *CR.* Uno de los golpes que repetidamente se le da con el pie a un balón para tratar de que no caiga al suelo.
> □
> **a.** ‖ **~ palito.** loc. adj. *RD. Referido a persona*, que vive en Santo Domingo o ha nacido allí. pop.

seringa.
> **I. 1.** *Bo.* p.u. **siringa.** (Euphorbiaceae; *Hevea brasiliensis*).

serio.
> □
> **a.** ‖ **a lo ~.** loc. adv. *Bo:O.* Con seriedad y con cuidado. pop + cult → espon.

sermón.
> ■
> **a.** ‖ **el ~ de la samaritana.** m. *Pe.* obsol. Amonestación o consejo que se rechaza de alguien que pretende darlo sin habérselo pedido.

sermoneada.
> **I. 1.** f. *ES, Ni, CR, Ec, Pe, Bo, Ch, Ar, Ur.* Represión que se da a alguien mediante un discurso largo e insistente. pop + cult → espon.

sermonero, -a.
> **I. 1.** adj. *Mx, Ec, Ar. Referido a persona*, proclive a regañar sin motivo suficiente. pop.

serón.
> **I. 1.** *Cu.* **ceremil.**

serpentina.
> **I. 1.** f. *Ni, Cu, RD. En el beisbol*, tipo de lanzamiento del **pícher**, caracterizado por un movimiento parecido al de las serpentinas.
> **II. 1.** f. *Gu, Ho, ES.* **amarga**, cerveza.
> **III. 1.** f. *Cu.* Cinta estrecha de tejido grueso, con bordes sinuosos en forma de zigzag.
> **IV. 1.** f. *Ho.* Tira larga de metal con púas incorporadas de forma de sierra que se utiliza encima de los muros para evitar la entrada de ladrones.

serpentinero.
> **I. 1.** m. *Ni, Cu, RD. En el beisbol*, lanzador, **pícher.**

serpiente.
> **I. 1.** f. *Ho.* Persona servil y aduladora por interés. desp.

serranita.
> **I. 1.** f. *Pe.* obsol. Baile típico parecido al **huaino.**
> **2.** *Pe.* obsol. Música que acompaña a este baile.

serrano, -a.
> **I. 1.** adj. *Pa. Referido a animal*, no domesticado.

serrasuela.
> **I. 1.** m. *PR.* Arbusto de hasta 5 m de altura, de corteza agrietada, flores pequeñas de color blanquecino en racimos, y fruto velloso y pequeño. (Sapindaceae; *Thouinia portoricensis*).
> **2.** *PR.* **ceboruquillo.**

serrasuelo.
> **I. 1.** m. *PR.* **serrasuela**, ceboruquillo.

serreta.
> **I. 1.** f. *PR.* Instrumento que se usa en los establos y que consiste en una hoz a la que se une un tronco fino en forma de cruz. rur.

serrote.
> **I. 1.** m. *Mx, PR.* Serrucho, sierra de hoja ancha *y regularmente con un solo mango*.

serrucha.
> **I. 1.** f. *Ho.* Ganzúa. delinc.

serruchada.
> **I. 1.** f. *Ni, CR, Ec, Bo, Ch, Ar, Ur.* Corte de algo hecho con serrucho.
> **II. 1.** f. *Co.* Acción deshonesta en la que se consigue dinero ilícito en una transacción o negocio. pop.
> □
> **a.** ‖ **~ de piso.** loc. sust. *Ni, Pa, RD, Ec.* Trabajo en secreto con el que se desprestigia a alguien. ♦ **serruchadera de piso.**

serruchadera.
> □
> **a.** ‖ **~ de piso.** *Pa, Ec.* **serruchada de piso.**

serruchar.
> **I. 1.** tr. *Ho, ES, Ni, Pa, Cu, RD, Ec, Pe; Bo:O, Py, Ar, Ur,* pop + cult → espon. Perjudicar a *alguien* trabajando secretamente en contra de su prestigio o posición. ♦ **serruchar el piso; serruchar las patas.**
> **2.** intr. *Co.* Repartir entre dos o más personas, ilícitamente, dinero de una transacción o negocio. pop.

3. tr. *Bo:O.* Provocar *una persona* la separación de una pareja amiga con el propósito de conquistar a uno de los miembros. pop + cult → espon.

4. *Bo:O.* No devolver un conductor o un cobrador de transporte público el cambio a un pasajero. pop + cult → espon.

II. 1. intr. *Ar, Ur.* Moverse el hombre durante el coito. vulg.

□

a. ‖ ~ **el palo.** *RD.* **serruchar el puesto.** pop.

b. ‖ ~ **el piso.**

    i. loc. verb. *Ho, ES, Ni, CR, Pa, Cu, Ec, Pe, Bo:O, Ch, Py, Ar, Ur.* **serruchar,** perjudicar a alguien. pop + cult → espon.

    ii. *Ho, Ni, Cu, Ec, Bo, Ar.* Tratar de quitar con malas artes el puesto o el trabajo a alguien.

    iii. *Bo:O.* **serruchar,** provocar la separación de una pareja.

c. ‖ ~ **el puesto.** loc. verb. *Ni, RD, Ve.* Trabajar secretamente en contra del prestigio de alguien, para ocupar luego su lugar. ♦ **serruchar el palo.**

d. ‖ ~ **las patas.**

    i. loc. verb. *Cu.* Detener a alguien que se comporta de una manera inconveniente. pop.

    ii. *Cu.* Arruinar moralmente a alguien. pop.

    iii. *Ur.* **serruchar,** perjudicar. pop + cult → espon.

serrucho.

I. 1. m. *ES, Co.* Ganancia obtenida en una transacción o negocio y que se reparte ilícitamente entre dos o más personas. pop.

2. *Ni, Pa, RD, PR, Pe.* Colecta. pop.

II. 1. m. *Ec, Pe.* Persona que perjudica a otra o a un grupo trabajando secretamente en contra de su prestigio o posición. pop + cult → espon.

III. 1. m. *Ar. En una carretera o calzada,* tramo corto con una superficie irregular, que hace vibrar el vehículo para advertir al conductor sobre algo.

IV. 1. sust/adj. *Pe.* Persona natural de la sierra o que habita allí. pop ^ desp.

V. 1. m. *Cu, PR.* **sierra,** pez marino.

VI. 1. m. *Bo:O.* Conductor o cobrador de transporte público hábil para no devolver el cambio a uno o más pasajeros. pop + cult → espon.

VII. 1. m. *ES.* Vigilante nocturno. delinc.

VIII. 1. m. *PR.* Tipo de cresta de algunos gallos con forma de serrucho. rur.

2. *PR.* Cerdo sumamente flaco al que se le notan los huesos del espinazo, que parecen dientes de un serrucho. rur.

■

a. ‖ ~ **zapallero.** m. *Ar.* Serrucho de lámina muy fina y puntiaguda.

▶ **hacer un ~; quebrársele el ~.**

sersia.

I. 1. *Ho.* **amarga,** cerveza.

servantina.

I. 1. *Ho.* **servatina.**

servatina.

I. 1. f. *Ho.* Cerveza. (**servatina**).

serventía.

I. 1. f. *Cu.* Camino que pasa por terrenos de propiedad particular, y que utilizan los habitantes de otras fincas para comunicarse con los públicos. rur.

servi. (Apóc. de *servicentro*).

I. 1. m. *Cu.* Establecimiento donde se vende gasolina, accesorios para autos y víveres; *generalmente cuenta con una cafetería.* ♦ **cupet.**

servicear.

I. 1. tr. *Cu.* Reparar un carro u otro vehículo en un taller de servicio.

servicentro.

I. 1. m. *Ni, CR, Cu, RD, Co, Ec, Pe, Bo, Ch, Py, Ur.* Estación de servicio para vehículos motorizados.

servicio.

□

a. ‖ ~ **sanitario.** loc. sust. *Co, Ar, Ch,* esm. Baño de uso público.

b. ‖ ~ **social.** loc. sust. *Cu.* Período de tiempo, *generalmente de entre dos y tres años,* en el que un recién graduado universitario debe prestar servicio como profesional en un lugar previamente acordado entre el Ministerio de Trabajo y el de Educación Superior.

▶ **llamar a calificar ~s.**

servilleta.

I. (De *servidor*).

1. m-f. *Mx.* Nombre que una persona se da para designarse a sí misma. pop ^ fest.

II. 1. f. *Pe.* Empleada doméstica, sirvienta. pop ^ fest.

□

a. ‖ ~ **de pobre.** loc. sust. *RD.* Esponja usada en el aseo personal o para fregar, elaborada con el fruto del **musú.**

▶ **vender ~s.**

servimóvil.

I. 1. m. *Cu.* Camión equipado con piezas de repuesto y herramientas que acude a la llamada de personas que han sufrido una avería con un vehículo automotor.

servinacuy.

I. 1. *Pe.* **sirvinacuy,** convivencia a prueba.

serviñaco.

I. 1. *Ar:NO.* **serviñakuy.**

serviñacu.

I. 1. *Ar:NO.* **serviñakuy.**

serviñakuy.

I. 1. m. *Ar:NO.* Costumbre ancestral por la que una pareja, después de una ceremonia y con el permiso de sus padres, comienza a convivir sin casarse. (**serviñaco; serviñacu; sirviñaco; sirviñacu**).

servir(se).

I. 1. tr. *Pe, Ar, Ur, Co,* rur. Fecundar el animal macho a la hembra.

□

a. ‖ **no ~ mejor.** loc. verb. *RD.* Ser muy buena una cosa o *una persona,* poseer cualidades positivas. pop.

b. ‖ **no ~ ni para el arranque.** loc. verb. *Mx, Ni.* Ser *algo o alguien* ineficiente o dejar de ser útil demasiado pronto. pop + cult → espon.

c. ‖ **no ~ ni para sacar los perros a mear.** loc. verb. *Cu.* Ser alguien completamente inútil. pop.

d. ‖ **no ~ para cuernos.** loc. verb. *Bo.* Carecer *algo* o *alguien* de utilidad. pop.

e. ‖ **no ~ para tacos.** loc. verb. *Co.* Ser *alguien* o *algo* ineficiente, inútil. pop.

f. ‖ ~ **de escalera.** loc. verb. *Bo.* Utilizar a una persona dándole falsas expectativas para que otra persona resulte beneficiada a expensas de la primera. pop + cult → espon.

g. ‖ ~ **de petate.** loc. verb. *Ho, ES.* Ayudar a alguien a alcanzar un puesto o un trabajo.

h. ‖ ~ **de tapón.** loc. verb. *ES.* Ser usado como cebo.

i. ‖ ~ **en charola de plata.** loc. verb. *Mx, Ni.* Dar grandes facilidades a alguien para que consiga algo. pop + cult → espon.

j. ‖ ~ **para lo que servía Benito.** loc. verb. *Pe.* obsol. Ser útil *alguien* para enfurecer a otro. pop.

k. ‖ ~**se con el cucharón.** *PR.* **servirse con la cuchara grande.**

l. ‖ ~**se con la cuchara grande.** loc. verb. *Mx, Ni, RD, PR.* Adjudicarse *alguien* la mejor parte cuando se distribuye algo entre varias personas. pop + cult → espon. ♦ **servirse con el cucharón.**

serviteca.
　I. 1.　f. *Co, Ec.* Lugar donde prestan servicios básicos de mantenimiento para vehículos automotores.

ses.
　I. 1.　*Ho.* **bledo,** planta herbácea.

sesear.
　I. 1.　intr. *ES.* Pensar, razonar, meditar. pop.

sesentismo.
　I. 1.　m. *Ch, Ar, Ur.* Postura ideológica que pretende recuperar el espíritu izquierdista de la década de 1960. cult → esm.

sesentista.
　I. 1.　adj/sust. *Ar, Ur; Ch,* cult → esm. *Referido a persona,* partidaria del **sesentismo.**
　　2.　adj. *Ar, Ur; Ch,* cult → esm. Relativo al **sesentismo.**

sesereque.
　I. 1.　adj. *Ni. Referido a persona,* borracha.
　II. 1.　adj. *Ni. Referido a persona o animal,* desmedrado.
　III. 1.　adj. *Ni. Referido a persona,* temblorosa.

sesgado, -a.
　I. 1.　adj. *Gu. Referido a persona,* disgustada con otra.

sesgarse.
　I. 1.　intr. prnl. *Gu.* Disgustarse con alguien, distanciarse de alguien.
　□
　　a. ‖ ¡**sésgate!** loc. interj. *Mx.* Expresa orden a alguien de que abandone un lugar. pop + cult → espon.

sesi.
　I. 1.　m. *Ni.* juv. Queso.

sesí.
　I. 1.　m. *Cu, PR.* Pez marino, de hasta 40 cm de longitud, de boca obtusa, cuerpo de color rosado con las aletas pectorales negras y la cola amarilla. (Lutjanidae; *Lutjanus buccanella*). ♦ **negra; ojinegro; pargo sesí; sesí de lo alto.**
　■
　　a. ‖ ~ **de lo alto.** *Cu.* **sesí.**

sesivana.
　I. 1.　adj. *PR. Referido a una muchacha,* casquivana. pop + cult → espon.

seso.
　■
　　a. ‖ ~ **hueco.** m. *Cu, Ch.* Persona que da muestras de escasa inteligencia o instrucción. pop ^ desp.
　　b. ‖ ~ **vegetal.** m. *Mx, CR, Ec.* Árbol de hasta 10 m de altura, de tronco corto, hojas alternas y pinnadas, flores pequeñas con cinco pétalos de color verde, de aroma intenso, y fruto en cápsula, rojo, con tres cavidades que albergan tres semillas negras. (Sapindaceae; *Blighia sapida*).
　▶ **devanarse los ~s; echar ~s; quitar el ~; volar ~.**

sesteada.
　I. 1.　m. *Mx, Ur.* Sesteo, siesta. pop.

sesudo, -a.
　I. 1.　adj. *Ho. Referido a un trabajo, escrito o reunión,* minucioso.

set.
　■
　　a. ‖ **red** ~. m. (Voz inglesa). *Ch.* Conjunto reducido y escogido de personas influyentes de ideología de izquierdas.

seteado, -a. (Del ingl. *to set*).
　I. 1.　adj. *PR. Referido a cosa,* lista, preparada.

setear. (Del ingl. *to set*).
　I. 1.　tr. *PR.* Preparar, arreglar *alguien algo.*
　II. 1.　tr. *Pa.* Poner **rollos** en el cabello.

séter.
　I. 1.　m. *Ni.* Chupada y absorción del humo de un cigarrillo de marihuana. drog.

setí.
　I. 1.　*PR.* **cetí.**

setico.
　I. 1.　*Pe.* **guarumo.** (**cetico**).

seto.
　I. 1.　m. *Mx:SE.* Pared de una construcción rústica elaborada con cañas y barro. rur.
　　2.　*RD.* Pared o tabique interior de una casa, hecho de madera.
　■
　　a. ‖ ~ **muerto.** m. *Ho. En los cultivos de ladera,* cerco de piedras, palos u otros materiales para evitar la erosión.
　　b. ‖ ~ **vivo.** m. *Ho. En los cultivos de ladera,* cerco hecho de plantas como el **izote,** el **motete** y ciertas variedades de **zacate** que evita la erosión de las terrazas.
　♦ **cerca.**
　▶ **llevarse un ~.**

setting. (Voz inglesa).
　I. 1.　m. *EU, PR.* Formato, base.

seven. (Voz inglesa).
　I. 1.　m. *Ch.* **seven** a *side.*
　■
　　a. ‖ ~ **a side.** (Voz inglesa). m. *Ch.* Rugby jugado en una cancha más pequeña por siete jugadores. ♦ **seven.**

severendo, -a. (De *reverendo*).
　I. 1.　adj. *ES, Ni; Ec,* juv. *Referido a cosa,* enorme, de grandes proporciones. pop + cult → espon ^ fest.

severo, -a.
　I. 1.　adj. *Co.* juv. Muy bueno, extraordinario. pop.

sevichada.
　I. 1.　*Pe.* p.u. **cebichada,** comida.

seviche.
　I. 1.　*Mx, Gu, Ho, ES, Ni, Pa, Cu, Ec, Bo, Ch; Pe,* p.u. **cebiche.**

sevichero, -a.
　I. 1.　m. y f. *Pe.* p.u. Persona que hace o vende **cebiche.**
　　2.　adj. *Pe.* p.u. Relativo al **cebiche.**
　　3.　adj/sust. *Pe.* p.u. *Referido a persona,* muy aficionada a comer **cebiche.**

sevillana.
　I. 1.　f. *Cu, RD, Ar, Ur.* Cuchillo con una hoja que se pliega dentro del mango.

sevoí.
　I. 1.　m. *Bo:E.* Pájaro de hasta 20 cm de longitud, de pico cónico y alargado y plumaje negro y lustroso. (Icteridae; *Lampropsar tanagrinus*).

sexapiloso, -a. (Del ingl. *sex appeal,* atractivo sexual).
　I. 1.　adj. *Co:C,N, Ec. Referido a persona,* que tiene atractivo sexual. pop.

sexar.
　I. 1.　intr. *Ho, Ch.* Realizar con cierta frecuencia el coito.

sexteador, -ra.
　I. 1.　m. y f. *Gu.* Persona que pasea con frecuencia por la Sexta Avenida de la ciudad de Guatemala.

sextear.
　I. 1.　intr. *Gu.* Pasear por la Sexta Avenida de la ciudad de Guatemala.

séxtuple.
　I. 1.　m-f. *Ec.* p.u. Sextillizo.

seyba.
　I. 1.　*PR.* **ceiba,** árbol de hasta 50 m.

shacador, -ra.
I. 1. m. y f. *Ar.* Persona que roba. delinc; pop + cult → espon.

shacamento.
I. 1. m. *Ar.* Robo, hurto. delinc; pop + cult → espon.

shacapa.
I. 1. f. *Pe:E.* Planta herbácea, de cañas delgadas, láminas foliares e inflorescencia cilíndrica. (Poaceae; *Pariana* spp.).
2. *Pe:E.* Atado de hojas de la shacapa que usan los brujos para espantar los malos espíritus.
3. *Pe:E.* Sonajero con semillas secas de shacapa que se ata al cuerpo y a los tobillos y que se hace sonar al bailar ciertas danzas folclóricas.

shacapero, -a.
I. 1. m. y f. *Pe:E.* Danzante que porta **shacapas** o sonajeros.

shacar. (Del lunfardo).
I. 1. tr. *Ar.* Robar, hurtar. delinc; pop + cult → espon.

shacteo.
I. 1. m. *Pe.* Aderezo hecho con **ají**, ajo, pimienta, **palillo**, cebolla y manteca de cerdo.

shafo.
I. 1. m. *Ar.* Vigilante o policía. delinc; pop + cult → espon.

shámbar.
I. 1. m. *Pe:N.* Sopa hecha con trigo, menestras previamente remojadas y costilla de cerdo cocidos en un aderezo de cebolla, **ají panca** y sal; se acompaña con pellejitos de cerdo fritos.

shambo.
I. 1. *Pe:E.* **achiote**, arbusto.
2. *Pe:E.* **achiote**, fruto.
3. *Pe:E.* Color bermejo.
4. *Pe:NE.* Fruto del **aguaje**, palmera.

shampuseado, -a.
I. 1. adj. *EU, Ho. Referido a cosa*, limpiada con champú.

shansho.
I. 1. *Pe:E.* **hoatzin**.

shapaja.
I. 1. f. *Pe.* Palma de tallos y tronco duros, de hojas grandes de color amarillo, frutos duros y ovoides que crecen en racimos con semillas en forma de almendra; se usa para techados, con fines medicinales y para hacer refrescos. (Arecaceae; *Attalea* spp.). ♦ **siamba**.

shapshico.
I. 1. m. *Pe:E.* Demonio o diablo que habita en la selva.

shapumba.
I. 1. f. *Pe:E.* **yogo**, helecho.

shapumbal.
I. 1. m. *Pe:E.* Sitio poblado de **shapumbas**.

shara.
I. 1. f. *Gu, ES.* Ave de hasta 33 cm de longitud, con plumaje azul intenso, más oscuro en la parte superior, pico corto y copete en el macho. (Corvidae; *Cyanocitta stelleri*). (**xara**).

shareto, -a.
I. 1. *Gu.* **xareto**.

sharuto.
I. 1. m. *Pe:E.* Cigarro puro.

shasha.
I. 1. f. *ES.* Bagazo deshecho.
II. 1. f. *ES.* Conversación de cosas intrascendentes.
III. 1. f. *ES.* Fanfarronada.

shashaco, -a.
I. 1. adj. *Gu, ES. Referido a persona*, que tiene el rostro picado por la viruela.
2. *ES. Referido a superficie*, áspera, rugosa.

II. 1. adj. *ES. Referido a persona*, que le faltan dientes.

shashu.
I. 1. m. *Pe:E.* Danza folclórica en que las mujeres bailan haciendo contorsiones de manera sensual.

shasta. (De *Shasta*®).
I. 1. adj/sust. *Ho. Referido a cosa*, de mala calidad.

¡she!
I. 1. interj. *ES.* Expresa la forma de espantar a las gallinas.

sheca.
I. 1. f. *Gu.* Cabeza de una persona.
2. *Gu.* meton. Inteligencia. pop.
II. 1. f. *Gu.* Pan dulce con anís y **panela** y rebozado en harina.
▶ tener ~.

shecudo, -a.
I. 1. adj. *Gu. Referido a persona*, inteligente.

sherete.
I. 1. m. *Pe:E.* Hombre enamorado que corteja a una mujer. rur.

sheta.
I. 1. f. *Gu.* Gargajo, mucosidad pegajosa.

shibe.
I. 1. m. *Pe:E.* Bebida hecha a base de **fariña** y azúcar.

shicay.
I. 1. *Gu.* **xicay**.

shicra. (Del quech. *shigra*, bolsa tejida con punto de red).
I. 1. *Ec*, p.u; *Pe*, rur. **shigra**.

shido, -a.
I. 1. *Mx.* **chido**. pop.

shigra. (Voz quech.)
I. 1. f. *Pe.* Bolsa o talega tejida a mano hecha de fibra vegetal. (**shicra**).

shihui.
I. 1. *Pe:E.* **oso melero**. (Myrmecophagidae; *Tamandua tetradactyla*).
2. *Pe:O.* **oso hormiguero**. (Myrmecophagidae; *Tamandua mexicana*).

shila.
I. 1. *Mx.* **xila**, flor.

shilango, -a.
I. 1. *Mx.* **chilango**, relativo al Distrito Federal de México.

shillinto.
I. 1. m. *Pe:E.* **ayahuasca**, liana.

shilote.
I. 1. *Gu.* **jilote**, fruto.

shimbillo.
I. 1. *Pe.* **machetón**, árbol.
2. m. *Pe.* Fruto del shimbillo.

shimilile.
I. 1. *ES.* **jimilile**.

shinaste.
I. 1. *ES.* **chinaste**, semilla.

shinde.
I. 1. m. *Pe:NO.* Guiso hecho con trigo y **alverjas** o habas.

shingaste.
I. 1. *Gu.* **chingaste**, sedimento.
2. *Gu.* **chingaste**, residuo.
3. *Gu.* **chingaste**, sobra.

shingo.
I. 1. *Pe.* **zopilote**. (Cathartidae; *Coragyps atratus*).

shinola. (De *Shinola*®).
I. 1. *Gu.* **chinola**, mezcla.

shiome.
   I. 1. sust/adj. *Ar.* Persona extremadamente pobre. pop + cult → espon.

shiomería.
   I. 1. f. *Ar.* Pobreza extrema. pop + cult → espon.

shipe. (De *cipe*).
   I. 1. adj. *ES. Referido a persona*, que no tiene pelo o está rapado.
     2. *ES. Referido a persona*, desnuda.
   II. 1. *ES.* **cipe**, hecho de maíz tierno.

shipear.
   I. 1. tr. *ES.* Cortar el pelo o desollar a un animal.

shirgo.
   I. 1. m. *Mx.* Capote elaborado con palma que emplean los indios tarahumaras.

shiri.
   I. 1. m. *Pe:C.* Variedad de **papa** especial para hacer un tipo de **chuño** de coloración oscura.

shiringa.
   I. 1. *Pe, Bo.* **siringa**, árbol. (Euphorbiaceae, *Hevea brasiliensis*).
     2. *Pe, Bo.* **siringa**, látex.

shiringal.
   I. 1. *Pe.* **siringal**.

shiringuero.
   I. 1. *Pe, Bo.* **siringuero**.

shiringuero, -a.
   I. 1. *Pe, Bo.* **siringuero**.

shirumbi.
   I. 1. m. *Pe:E.* Sopa hecha con **paiche**, **yuca**, **culantro** y otros ingredientes.

shishi. (Voz quechua).
   I. 1. f. *Ar:NO.* Hormiga. rur.

shishpolá.
   I. 1. m. *Mx:SE.* Guiso elaborado con carne y **chile**; es típico del estado de Chiapas.

shitari.
   I. 1. m. *Pe:E.* Pez de agua dulce que se caracteriza por tener ventosas bucales con las que se adhiere a las rocas. (Loricariidae; *Loricaria* spp.).

sho.
   I. 1. m. *Gu.* Silencio, abstención de hablar.

¡sho!
   I. 1. interj. *Gu, ES.* Expresa orden de guardar silencio.

shock.
   ■
   a. ‖ ~ *absorver.* (Voz inglesa). m. *EU, PR.* Dispositivo hidráulico que amortigua los movimientos en un vehículo de motor.

shockeante.
   I. 1. adj. *Bo, Py, Ar, Ur, Ch.* p.u. *Referido a un hecho*, que provoca un choque emocional a alguien.

shockear.
   I. 1. tr. *Ar, Ur, Ch.* p.u. Provocar algo un choque emocional *a alguien*.

shocomol. (Del nahua).
   I. 1. *Gu.* **xocomil**.

shocoyote. (Del nahua).
   I. 1. *Mx.* **xocoyote**.

shola.
   I. 1. f. *Gu, ES.* Cabeza de una persona. pop.

sholco, -a.
   I. 1. *Gu, ES.* **cholco**, que le faltan uno o varios dientes.

sholón, -na.
   I. 1. adj. *Gu, ES. Referido a persona*, de cabeza grande.

sholquera.
   I. 1. f. *Gu.* Falta de dientes en alguien.

shomería.
   I. 1. f. *Ar.* Pobreza extrema. pop + cult → espon.

shoot. (Voz inglesa).
   I. 1. m. *Ho.* En el **futbol**, chut, disparo fuerte con el balón.

shooting.
   ■
   a. ‖ ~ *gallery.* (Voz inglesa). m. *PR.* Cualquier lugar donde pueda inyectarse la droga. drog.

shopper. (Voz inglesa).
   I. 1. m. *EU, PR.* Separata de un periódico con anuncios publicitarios.

shopping.
   ■
   a. ‖ ~ *bag.* (Voz inglesa). m. *EU, PR.* Bolsa de compra.

shora.
   I. 1. f. *ES.* Boca de persona.

shoro.
   I. 1. m. *ES.* Gargajo. vulg.
   II. 1. *ES.* **choro**, huero.

short. (Voz inglesa).
   I. 1. m. *EU, Mx, Ho, ES, Ni, Cu.* En el **beisbol**, puesto del jugador que se sitúa entre la segunda y la tercera **base**, en el lugar más cercano al **lanzador** para atrapar la pelota si el **bateador** la lanza en esa dirección.
     ♦ *short stop.*
   ■
   a. ‖ ~ *stop.* (Voz inglesa).
     i. *EU, Cu, RD, PR.* **short**.
     ii. *EU, Cu, RD, PR.* En el **beisbol**, jugador que defiende esta posición.

shortstop. (Voz inglesa).
   I. 1. m. *Ho, Ni.* En el **beisbol**, pelotero que defiende el terreno de las paradas cortas.

shotcretera.
   I. 1. f. *Ch.* Máquina en la que se mezcla y tiene listo un depósito de **concreto** que echa gradualmente sobre una rampa.

shoteador.
   I. 1. m. *Ar; Ur,* obsol. Jugador que golpea la pelota con fuerza, *especialmente en el* **futbol**.

shotear.
   I. 1. intr. *Ar; Ur,* obsol. Golpear la pelota con fuerza, *especialmente en el* **futbol**.

show.
   ▶ gustar el ~; mandarse el ~; robarse el ~.

shuca.
   I. 1. f. *Ar.* Bolsillo exterior en una prenda de vestir. delinc; pop + cult → espon.

shuco, -a.
   I. 1. *Gu, ES.* **chuco**, sucio.
     2. *Gu, ES.* **chuco**, desaseado.
     3. *Gu, ES.* **chuco**, en mal estado.

shucuy.
   I. 1. m. *Pe:C.* Sandalia de cuero sin curtir con los bordes cosidos hacia arriba.
     2. m-f. *Pe.* Persona que calza shucuyes, a la que se considera rústica y de baja clase social. rur; desp.

shulca. (Del quech. *súllk'a*, menor).
   I. 1. m-f. *Ar:NO.* Hijo menor de una familia. rur.

shulco, -a. (Del quech. *súllk'a*, menor).
   I. 1. m. y f. *Ar:NO.* Hijo menor de una familia. rur.

shule.
   I. 1. m. *ES.* Tipo, persona.

shulis.
   I. 1. m. *ES.* Persona presente en la conversación. afec.

shumelo.
   I. 1. *Ho:O.* **chumelo**, abeja y panal.

shumo, -a.
  I. 1. adj. *Gu. Referido a persona*, vulgar.

shungo. (Del quech. *shungu*, corazón).
  I. 1. m. *Pe:N,E.* Corazón de la madera, *especialmente de la dura y resistente.* rur.
    2. *Pe:N,E.* Parte central del tallo de una planta. rur.
    3. *Ec.* Corazón. pop.

shunsho, -a.
  I. 1. adj./sust. *Ec. Referido a persona*, tonta, de poco entendimiento.

shunte.
  I. 1. *Ho:O.* **shute**, árbol.
    2. *Ho:O.* **shute**, fruto.
    3. *Ho.* metáf. Testículo.

shunto.
  I. 1. m. *Pe:E.* Fogata de leña.

shupihui.
  I. 1. m. *Pe:E.* Antorcha de hojas de palmera y resina.

shuquear(se).
  I. 1. *ES.* **chuquear**, ensuciar.
    2. *ES.* **chuquearse**, ensuciarse.

shuquencia.
  I. 1. *ES.* **shurquía**.
    2. *ES.* Acidez, agrura.

shuquía.
  I. 1. f. *Gu, ES.* Pudrición, hediondez, suciedad. ♦ **shuquencia**.

shusha.
  I. 1. f. *ES.* Vergüenza, miedo.
  II. 1. f. *ES.* Vulva.

shusheta.
  I. 1. sust./adj. *Ar, Ur.* obsol. Persona de elegancia o refinamiento afectados. pop + cult → espon.

shushupe.
  I. 1. f. *Pe.* Serpiente venenosa de gran tamaño, muy agresiva, de cabeza triangular y escamas con resaltes. (Viperidae; *Lacheris muta muta*). (**chuchupe**).

shushushar.
  I. 1. intr. *ES.* Susurrar.

shute.
  I. 1. m. *Gu.* Nalgas. vulg.
    2. *ES.* Pene. vulg.
  II. 1. adj. *Gu. Referido a persona*, entrometida.
  III. 1. m. *Gu.* Espina.
  IV. 1. m. *ES.* **chinín**, árbol y fruto. (**shunte**).

shutear.
  I. 1. intr. *ES.* Entrometerse.

¡shutín!
  I. 1. interj. *Gu.* Expresa orden a un niño para que deje de entrometerse en algo.

shutudo, -a.
  I. 1. adj. *Gu. Referido a persona*, descalza.

sí.
  •
    a. ‖ **¿~ o para qué?** fórm. *Co, Bo.* juv. Se usa para dar énfasis a la afirmación de algo o para buscar el asentimiento del interlocutor. pop. ♦ **¿sí o qué?**
    b. ‖ **¿~ o qué?** *Co.* **¿sí o para qué?**
  □
    a. ‖ **de por ~.** loc. adv. *Mx, ES, CR, PR, Bo, Ch, Ur.* De todos modos, en cualquier caso.
  ▶ **sacarle el ~.**

siamba.
  I. 1. *Pe.* **shapaja**.

sibal.
  I. 1. m. *Mx:SE.* Ciénaga cubierta de plantas acuáticas.

sibancos. (Del ind. antillano *siba*, piedra).
  I. 1. m. pl. *PR.* Terreno pedregoso e improductivo. rur.

sibaque.
  I. 1. m. *Gu.* Tira del tallo del **tule** para tejer **petates**.

siberiano.
  I. 1. m. *ES.* Helado cilíndrico hecho con fruta y leche.

sibí.
  I. 1. m. *PR.* **cojinúa**, pez.

sibilito, -a.
  I. 1. adj. *RD. Referido a persona*, débil, falta de energía o fuerza física.
    2. *RD. Referido a persona*, tímida, o que es poco habladora.

sica.
  I. 1. f. *RD.* Excremento. pop.
  II. 1. adj./sust. *RD. Referido a persona*, despreciable. pop ∧ desp.

sicá.
  I. 1. f. *PR.* Denominación de uno de los tipos del ritmo y del **baile de bomba**.

sicahuite.
  I. 1. *Ho, ES.* **cicahuite**.

sicaján.
  I. 1. *Mx:SE.* **profeta**.

sicaresca.
  I. 1. f. *Co:O.* Obra literaria, *especialmente una novela*, que narra sucesos enmarcados en el ámbito del **sicariato**, tomando como referencia los hechos acaecidos en la década de 1980 y principios de la de 1990 en la ciudad de Medellín.

sicariar.
  I. 1. intr. *Co.* Ejercer de sicario.

sicariato.
  I. 1. m. *CR, Co, Ec, Ar.* Actividad criminal llevada a cabo por los sicarios.
    2. *Co, Ar.* Conjunto de sicarios.

siche.
  I. 1. *Mx:SE.* **profeta**.

siciliana.
  I. 1. *PR.* **maravilla**, planta.

sick.
  ▶ **sentirse ~.**

siclío, -a.
  I. 1. adj. *ES. Referido a persona*, delgada.
    2. *ES. Referido a persona o animal*, desnutrido.

sicoseado, -a.
  I. 1. adj. *Pe. Referido a persona*, atormentada o angustiada. pop. (**sicosiado**).

sicosear(se).
  I. 1. intr. prnl. *Ni, Pe; Ec, desp; Ch, pop.* Atormentarse, deprimirse *alguien*.
    2. *Co.* Sugestionarse, creer que va a pasar algo malo.
    3. tr. *Pe.* Atormentar, provocar angustia a *alguien*. pop.

sicoseo.
  I. 1. m. *Ni; Ec, desp; Ch, pop.* Estado alterado de una persona tendente a la depresión.

sicosiado, -a.
  I. 1. adj. *Ni, CR, Co, Ch, Ec.* desp. *Referido a persona*, que está temerosa, con delirio de persecución. espon.
    2. *Pe.* **sicoseado**.

sicote.
  I. 1. m. *RD, PR.* Cochambre del cuerpo humano, *especialmente de los pies*, mezclada con el sudor. pop + cult → espon.
    2. *Cu.* Mal olor que desprenden los pies.

sicotera.
  I. 1. f. *Cu.* Suciedad y mal olor acumulados en los pies. rur.

sicotudo, -a.
  I. 1. adj. *Cu, RD. Referido a persona*, que le huelen mal los pies, que tiene **sicote**. rur.

sicte.
  I. 1. *Mx:SE*. **islaúl**. (**sictillo**).

sictillo.
  I. 1. *Mx:SE*. **sicte**.

sicu. (Del aim.).
  I. 1. m. *Pe, Bo, Ar*. Instrumento musical de viento compuesto por una doble hilera de tubos de longitud decreciente. (**sicus; siku; sikus**). ♦ **sicuri; sikuri**.

sicuri. (Del aim.).
  I. 1. m. *Pe, Bo, Ar:NO*. Hombre que toca el **sicu**, instrumento musical de viento.
  2. *Pe, Bo, Ar:NO*. **sicu**.
  3. m. *Pe, Bo*; m. pl. *Pe, Bo*. Danza ejecutada al ritmo del **sicu** en la que los bailarines forman una ronda que hace movimientos zigzagueando.
  4. m. *Pe, Bo*. Conjunto musical en el que se interpreta música con **sicus**.
  5. *Pe, Bo*. Música o melodía para **sicu** o tocada con él.

sicurí.
  I. 1. *Bo*. **boa de las vizcacheras**. (**cicurí**).

sicus.
  I. 1. *Ar*. **sicu**.

sidario.
  I. 1. m. *Ch*. Clínica o dependencia de un recinto carcelario destinada para atender a los enfermos de sida.

siembra.
  I. 1. f. *PR*. Plantación de marihuana. drog.
  ■
  a. ‖ ~ **de frío.** f. *Cu*. Siembra que se realiza de septiembre a febrero, cuando no llueve mucho y el tiempo es más fresco y húmedo.

siembro.
  I. 1. m. *Ho*. Siembra.
  2. *CR*. Planta ornamental de jardín.

siempre.
  I. 1. adv. *Mx, ES, Ni, CR, Pa, Co, Pe, Bo*. Por fin, finalmente. pop.
  2. *Cu, Co, Bo*. Decididamente.
  3. *Co, Bo*. Se emplea como respuesta afirmativa con matiz dubitativo o atenuante.
  4. *Ch; Pe, Bo*. pop. A pesar de todo.
  5. *ES, CR, Pe, Bo*. Todavía. pop.
  6. *Pe*. De todos modos. pop.
  □
  a. ‖ ~ **no.** loc. adv. *Mx, Ni, CR*. Decididamente no.
  b. ‖ ~ **sí.** loc. adv. *Mx, Ni*. Decididamente sí.

siempreverde.
  I. 1. f. *Ar:O*. Planta de raíz gruesa y carnosa, espinas largas y aplanadas, flores acampanadas y fruto globoso de color verde amarillento. (Cactaceae; *Maihuenia patagonica*).

siempreviva.
  I. 1. f. *Mx:SE, Gu, Ho, Cu*. Planta de hasta 1 m de altura, muy ramosa, de hojas opuestas, oblongas u ovaladas, flores moradas o blancas, en cabezuelas globosas; se cultiva como planta ornamental, tiene diversas aplicaciones en la medicina tradicional. (Amaranthaceae; *Gomphrena globosa*). ♦ **habana; inmortal; sandiego; sempiterna; suspiro morado**.
  2. *Co*. Hierba de tallo suculento, de hojas lanceoladas, sin pecíolo, y flores de color lila o rosa. (Commelinaceae; *Tradescantia multiflora*). ♦ **suelda con suelda; sueldaconsuelda**.
  3. *RD, PR, Bo, Ur*. Planta anual de hasta 1 m de altura, con hojas lineares y lanceoladas, inflorescencia

en forma de espiga compuesta y flores de colores variados y llamativos; se cultiva en los jardines como planta ornamental. (Amaranthaceae; *Celosia argentea*). ♦ **moco de pavo**.

siento.
  I. 1. m. *Pe:NO*. Noche dedicada a una sesión de brujería.

sierpa.
  I. 1. f. *Ho*. Serpiente, culebra.

sierpe.
  I. 1. adv. *Gu*. Sí, siempre. fest.

sierra.
  I. 1. f. *Mx, Co, Ve, Ec, Pe*. Pez marino de hasta 1 m de longitud, sin escamas, de cuerpo alargado, hocico largo, lomo gris oscuro azulado, vientre plateado, y a ambos lados del cuerpo dos líneas de color amarillento pardo y manchas ovaladas del mismo color; su carne es comestible. (Scombridae; *Scomberomorus maculatus*). ♦ **carite; peto; serrucho**.
  2. *Co*. **matacaimán**.
  3. *Ch*. Pez de hasta 1,30 m de longitud, de cuerpo alargado y comprimido de color gris azulado con reflejos metalizados y desprovisto de escamas, y cabeza en forma de huso, boca grande y dientes fuertes. (Gempylidae; *Thyrsites atun*).
  4. *PR*. **pelicán**.
  II. 1. f. *PR*. Hoz. rur.
  ■
  a. ‖ ~ **canal.** f. *PR*. **carite**, pez marino.
  b. ‖ ~ **sinfín.** f. *Pa, Ch, Ar*. Sierra mecánica movida por un motor eléctrico.
  ▶ **tragarse una ~.**

sieso.
  I. 1. m. *Pe*. Nalgas exuberantes de una mujer.

sieso, -a.
  I. 1. adj/sust. *Pe*. obsol. *Referido a persona*, desvergonzada, descarada. pop. ♦ **siesón**.

siesón, -na.
  I. 1. adj/sust. *Pe*. obsol. **sieso**.

siestear.
  I. 1. intr. *Bo:O, Ch, Py, Ar, Pe*, p.u. Dormir la siesta. pop + cult → espon.

siete.
  I. 1. m. *Ni, Cu; Gu, Ni, CR, Ar, Ur*, euf. Ano. vulg.
  ■
  a. ‖ ~ **bravo.** m. *Ar, Ur*. En el juego del *truco*, siete de espadas.
  b. ‖ ~ **de velo.** m. *Ar, Ur*. En algunos juegos de naipes, siete de oros.
  □
  a. ‖ **de la gran ~.** loc. adj. *Bo, Py, Ar, Ur*. De grandes dimensiones o de características extraordinarias. euf; pop + cult → espon.
  b. ‖ **¡la gran ~!** loc. interj. *Py, Ar, Ur*. Expresa enfado o asombro. euf; pop + cult → espon.
  c. ‖ **¡por la gran ~!** loc. interj. *Bo:O*. Expresa disgusto e indignación. euf.
  ▶ **ser una gran ~.**

sietecolores.
  I. 1. m. *Ec, Pe, Ch, Ar, Ur*. Pájaro con las patas y el pico negros, de plumaje manchado de rojo, amarillo, azul, verde y blanco, cola y alas negruzcas, y cabeza con un moño de color rojo vivo. (Tyrannidae; *Tachuris rubigastra*).

sietecueros.
  I. 1. m. *Ni, CR, Cu, RD, Ve, Ec, Pe*. Tumor o callosidad que se forma en los pies, *y en particular en los talones, de quien anda descalzo.*

2. *Ho, Ni, CR, Pa, Cu, P.D.* Inflamación aguda del tejido epitelial de la planta del pie. (**siete cueros**).

3. *Pe.* Panadizo de los dedos. pop + cult → espon.

II. 1. *Co.* **mayo**, arbusto.

2. *PR.* **esmillo**.

3. *CR.* Árbol de hasta 6 m de altura, de flores rojas y violáceas. (Fabaceae; *Lonchocarpus costaricensis*).

sieteculos.
I. 1. m-f. *Ho.* Persona con las nalgas muy voluminosas. desp.

sieteluchas.
I. 1. f. pl. *Co.* Enfermedad de la piel de las personas que produce un fuerte escozor. pop.

sietemachos.
I. 1. m. *ES.* Perfume barato

sietenegritos.
I. 1. *Gu.* **talcochote**. (**siete negritos**).

2. f. *Pa.* **lantana**.

sietepellejos.
I. 1. m. *Ho, ES.* Árbol de corteza fibrosa y rojiza, flores de color violeta, fruto en cápsula, hirsuta, truncada en el ápice y con una proyección; de la corteza se hacen cuerdas. (Tiliaceae; *Trichospermum greviifolium*). ♦ **burrilico**; **capulín colorado**; **cuturo**.

sietepresas.
I. 1. *Mx:SE.* **garzón**, ave zancuda.

sieteraíces.
I. 1. m. *Pe:E.* Licor hecho con varias raíces de plantas que tiene propiedades curativas y afrodisíacas. (**siete raíces**).

sietillo, -a.
I. 1. m. y f. *Ho, ES.* Niño que ha nacido prematuramente. (**sietío**).

2. *Ho.* metáf. Persona desmedrada. desp. (**sietío**).

sietío, -a. (Sínc. de *sietillo*).
I. 1. *Ho.* **sietillo**.

sifa.
I. 1. f. *Cu. En los fregaderos y lavabos*, tubo en forma de U que mantiene el fluido de los líquidos e impide la salida de los gases de la cañerías al exterior.

sifón.
I. 1. m. *Co.* Cerveza de barril.

II. 1. adv. *Ho.* Sí, de acuerdo. fest.

sifonero, -a.
I. 1. *Ar.* p.u. **sodero**.

sifrino, -a.
I. 1. adj/sust. *Ve. Referido a persona*, lechuguina, de gustos sofisticados o fatuos, y con cierto aire despectivo frente a lo que considera socialmente inferior. pop.

¡siga!
I. 1. interj. *Ni, Co, Ec, Bo.* Expresa permiso o invitación que se le da a alguien para que entre en un sitio.

2. *Co, Ec. En una comida* expresa que se puede comenzar a comer.

□

a. ‖ **¡~ nomás!** loc. interj. *Ec, Bo.* Expresa aprobación o consentimiento que se le da a alguien para que haga algo.

sigatoga.
I. 1. *Gu, Ho.* **sigatoka**.

sigatoka.
I. 1. f. *Gu, Ho, CR.* Enfermedad del **banano** producida por dos hongos patógenos que manchan las hojas y las secan y finalmente la planta. (**sigatota**; **sigatoga**). ♦ **sigatoka negra**.

■

a. ‖ **~ negra.** *Ec.* **sigatoka**.

sigatota.
I. 1. *Ho.* **sigatoka**.

sigilio.
I. 1. m. *Cu.* Sigilo. pop.

2. *Cu.* Preocupación obsesiva o idea fija. pop.

siglalón.
I. 1. m. *Ec.* **chamburo**, árbol. (Caricaceae; *Carica microcarpa*). (**siglolón**).

2. *Ec.* **chamburro**, fruto. (**siglolón**).

siglolón.
I. 1. *Ec.* **siglalón**.

signal.

■

a. ‖ **~ lights.** (Voz inglesa). m. pl. *EU, PR.* Luces direccionales del automóvil.

significancia.
I. 1. f. *Ho.* Importancia, relevancia.

sigogo.
I. 1. *Ho:C,S.* **curruchiche**.

sigua.
I. 1. *Cu.* **cigua**, árbol silvestre de hasta 10 m de altura.

2. m. *Pa;* f. *Pa.* Árbol de clima húmedo, de hasta 30 m de altura, de hojas simples y alternas, aromáticas al estrujarlas, flores verdes o amarillentas, aromáticas, y frutos en drupas negras cuando están maduros. (Lauraceae; *Cinnamomum triplinerve*). ♦ **sigua blanca**.

II. 1. f. *Ho.* Personaje mítico mesoamericano en forma de bella mujer que atrae a los hombres por la noche para luego espantarlos con su cara de calavera. ♦ **siguanábana**.

■

a. ‖ **~ blanca.**
i. *Ho.* **aguacatillo**, árbol.
ii. f. *Pa.* **sigua**, árbol de clima húmedo.

b. ‖ **~ negro.** m. *Pa.* Árbol de clima húmedo, de hasta 30 m de altura, de hojas simples y alternas, flores verdes o amarillentas y frutos en monocarpos negros cuando están maduros. (Annonaceae; *Guatteria dumetorum*).

c. ‖ **~ palmera.** *RD, PR.* **cigua palmera**.

siguabana.
I. 1. *Gu.* **ciguanaba**.

sigualepa. (Del nahua *cihuatl*, mujer, y del lenca *lepa*, tigre).
I. 1. *Ho.* **correcaminos**.

siguamonta. (Del nahua *cihuatl*, mujer).
I. 1. f. *Gu, Ho:E,O, ES.* **correcaminos**. (**ciguamonta**).

siguampera. (Del nahua *cihuatl*, mujer).
I. 1. f. *Ho:O.* Personaje mítico de la tradición popular mesoamericana que es una mujer madura que se aparece por las noches cerca de ríos y **quebradas** lamentando la muerte de sus hijos.

II. 1. f. *ES.* Barriga. pop.

siguampero. (Del nahua *cihuatl*, mujer).
I. 1. *Ho, ES.* **cuayote**, bejuco.

2. *Ho, ES.* **cuayote**, fruto.

siguán.
I. 1. m. *Gu.* Barranco profundo.

siguana.
I. 1. m. *PR.* **iguana**, lagarto.

siguanaba.
I. 1. f. *Gu, Ho, ES.* Personaje mítico mesoamericano en forma de bella mujer que atrae a los hombres por la noche para luego espantarlos con su cara de calavera. ♦ **sigua**, **siguanábana**.

siguanábana.
I. 1. f. *Ho, ES.* **siguanaba**.

siguapa.
 I. 1. *Cu.* **ciguapa**, ave rapaz nocturna.

siguapate.
 I. 1. *Mx, Gu, Ho, ES, Ni.* **ciguapate**.

siguaraya.
 I. 1. *Cu.* **ciguaraya**.

siguatera.
 I. 1. f. *Cu, PR.* **ciguatesa**.

siguato, -a.
 I. 1. *Cu; PR,* rur. **ciguato**, que padece ciguatera.
 2. *PR.* **ciguato**, atontado. rur.

sigüí.
 I. 1. adj/sust. *Ve. Referido a persona,* que sigue a alguien importante adulándolo con una actitud servil. pop.

siguivete.
 ▶ **coger un ~.**

sijú.
 I. 1. m. *Cu.* Ave rapaz nocturna, de hasta 16 cm de longitud, con lomo blanco manchado de puntos rojos, cabeza y vientre blancos con manchas pardas, cuello, pecho y muslos rojos con rayas oscuras, y ojos de color amarillo verdoso. (Strigidae; *Glaucidium siju*).
 II. 1. m. *Cu.* Persona muy fea. pop ^ desp.

sikas.
 I. 1. adv. *Co.* juv. Sí. pop.

sikilté. (Del maya).
 I. 1. *Mx:SE.* **najualá**.

sikín. (Del maya *tzikin*).
 I. 1. m. *Gu, Ho:O.* p.u. Período de treinta días a partir del 31 de octubre en que se realizan rituales en honor de los muertos.
 2. *Gu, Ho:O.* Ritual en honor de los muertos.

siku.
 I. 1. *Bo, Ar:NO.* **sicu**.

sikuri.
 I. 1. m. *Bo, Ar:NO.* Hombre que toca el **sicu**, instrumento musical de viento.
 2. *Bo, Ar:NO.* **sicu**.

sikus.
 I. 1. *Bo, Ar:NO.* **sicu**.

silampa.
 I. 1. f. *ES, Ni.* Lluvia menuda y persistente. (**cilampa**).
 2. *Pa.* Frío de la montaña.
 II. 1. f. *Pa.* Fantasma en forma de mujer.
 III. 1. f. *Pa.* Persona alta y delgada. pop.

silampear.
 I. 1. intr. impers. *ES, Ni.* Caer lluvia menuda y pasajera, lloviznar. (**cilampear**).

silbada.
 I. 1. f. *ES, CR, Bo; Co,* pop. Manifestación de desagrado y desaprobación que hace el público mediante silbidos u otras demostraciones ruidosas ante alguien o algo.
 2. *Ec.* p.u. Rechifla.

silbadera.
 I. 1. f. *Gu, Ho, ES, CR; Pe,* p.u. **Silbatina** fuerte y prolongada.

silbador.
 I. 1. m. *Gu, Ho.* Cohete de unos 10 cm de largo, redondo, de 1 cm de diámetro, al que se le enciende la mecha y va zigzagueando a ras del suelo.

silbadora.
 I. 1. *Ho.* **zumbadora**.

silbante.
 I. 1. m. *Ho.* p.u. Árbitro de algún deporte.

silbar.
 I. 1. intr. *Ho.* Despedir mal olor *alguien* o *algo*.

□
 a. ‖ **~ la balinera.** loc. verb. *Ho.* Despedir mal olor *alguien,* generalmente de los pies. pop ^ fest.
 b. ‖ **~ las tripas.** loc. verb. *Bo, Ar.* Experimentar una fuerte sensación de hambre. pop + cult → espon.

▨
 a. ‖ **silbando bajito.** loc. adv. *Ar, Ur.* Con discreción, sin llamar la atención. pop + cult → espon.
 b. ‖ **silbando en la loma.**
  i. loc. adv. *Ho, ES, Ni.* Esperando en vano o mucho tiempo la llegada de alguien a una cita.
  ii. *Ho.* Sin dinero o sin recursos.

silbatazo.
 I. 1. m. *Mx, Gu, Ho, Ni, CR, Ec, Bo.* Silbido producido por un silbato.

silbatina.
 I. 1. f. *Ho, CR, Ec, Pe, Bo, Py, Ar, Ur, Ch,* cult → esm. Expresión de desaprobación mediante pitos y silbidos.

silbín. (Del ingl. *sealed beam*).
 I. 1. m. *CR. En un vehículo,* una de las lámparas de luz potente situadas a cada lado de la parte delantera.

silbón.
 I. 1. m. *Ve.* Personaje mítico condenado a vagar por los llanos por haber matado a su padre, avisa de su presencia silbando y ataca a los hombres mujeriegos.

silenciamente.
 I. 1. adv. *ES.* Silenciosamente.

silencio.
 I. 1. adj. *Py. Referido especialmente a un lugar,* silencioso. rur; pop + cult → espon.

sileno.
 I. 1. m. *Mx.* Arbusto de tallo cuadrangular, hojas opuestas, gruesas, aovadas o lanceoladas, inflorescencia en las puntas de los tallos, flores amarillas y rojas, grandes, y frutos en baya carnosa, de forma ovoide y color negro. (Loranthaceae; *Psittacanthus schiedeanus*).

silgado, -a.
 I. 1. adj. *Ec.* p.u. *Referido a persona,* delgada, enjuta.

silián.
 I. 1. m. *Ni.* Refresco fermentado de maíz, clavo de olor, pimienta y frambuesa, más dulce que la **chicha**.

silla.
 ■
 a. ‖ **~ de extensión.** f. *Cu, Ve.* Silla con largo respaldo reclinable y de tijera que se cierra y transporta con facilidad.
 b. ‖ **de manos.** f. *CR, Ec, Pe, Ch, Ur; Co,* p.u. Asiento que se forman entre dos personas con las cuatro manos, asiendo cada una su propia muñeca y la de la otra. (**sillita de manos**). ♦ **sillita; sillita de oro.**
 c. ‖ **~ de Viena.** f. *Ec, Ar, Ur.* Silla con asiento de esterilla, cuyo respaldo está formado por dos o más arcos o presenta barrotes torneados. ♦ **silla vienesa.**
 d. ‖ **~ reclinomática.** f. *Co.* Silla con respaldo reclinable y reposapiés extensible.
 e. ‖ **~ vienesa.** *Ec, Ar; Ur,* p.u. **silla de Viena.**
 f. ‖ **~ voladora.** f. *ES.* **sillas voladoras.**
 g. ‖ **~s voladoras.** f. pl. *Mx, CR, Bo, Ch, Ur.* Atracción de feria consistente en un carrusel cuyas sillas están colgadas de la parte superior mediante largas cadenas. (**silla voladora**).

sillao.
 I. 1. m. *Pe.* Salsa de soja. (**sillau; siyao; siyau**).

sillar.
 I. 1. m. *Ec, Pe:SO, Bo.* Piedra porosa formada a partir de lava solidificada que aparece en grandes bloques de

color blanco o rosaco y que se talla en forma de paralelepípedos rectangulares para ser utilizados en las construcciones.

sillau.
    I. 1.   *Pe.* **sillao.**

sillero.
    I. 1.   m. *Mx, Ec. En una hacienda,* cuarto en el que se guardan sillas de montar y otros aperos de caballería. rur.
    2.   *Ve.* Banco para colocar las sillas de montar. rur.

sillero, -a.
    I. 1.   adj/sust. *Ar. Referido a una caballería,* de montar. rur.

silleta.
    I. 1.   f. *Ve, Ec; Co, Py,* p.u; *Pe,* obsol. Asiento *para una sola persona,* con respaldo *y generalmente de cuatro patas.*
    2.   *Ar.* Asiento individual colgante que se emplea para realizar en altura trabajos de pintura y albañilería.
    3.   *Bo:E,O.* Silla rústica, *generalmente de madera,* con asiento de cuero.
    II. 1.   f. *Co.* Armazón de maderos cruzados para transportar cosas en animales de carga.
    2.   *Co:O.* Armazón que se lleva a la espalda para transportar frutas o flores.

silletería.
    I. 1.   f. *Co, Ec.* Conjunto de sillas en un local de espectáculos.

silletero, -a.
    I. 1.   m. y f. *Co:O.* Persona que vende las flores que transporta en una **silleta.**
    2.   *Ar.* Persona que realiza trabajos en altura sobre una **silleta.**

sillita.
    I. 1.   *CR.* **silla de manos.**
    □
    a. ‖ ~ **de manos.** *Ur.* **silla de manos.**
    b. ‖ ~ **de oro.** *Ar.* **silla de manos.**

sillón.
    I. 1.   m. *Cu, PR, Py, Ur.* Mecedora, silla para mecerse.
    □
    a. ‖ ~ **de Carondelet.** loc. sust. *Ec.* Cargo de presidente de la República del Ecuador.
    b. ‖ ~ **de Pizarro.** loc. sust. *Pe.* Cargo de presidente de la República del Perú.
    ▶ **darse ~.**

sillón, -na.
    I. 1.   adj. *Ch. Referido a una caballería,* que tiene el lomo hundido por haber sido montada antes de tiempo. rur.

sillonería.
    I. 1.   f. *Ec.* Conjunto de sillones.

sillonero, -a.
    I. 1.   sust/adj. *Ar.* Caballería especial para ser montada y muy apreciada por ello. rur.
    2.   *Ar:NO.* Animal de una **tropilla** que el dueño elige para montar. rur.

silmo.
    I. 1.   m. *Mx.* Arbusto parásito de hojas opuestas, enteras y oboaovadas, de flores amarillas muy pequeñas, y fruto globoso de color blanquecino. (Santalaceae; *Phoradendron tomentosum*).

siló.
    I. 1.   m. *Cu.* Juego de azar que se practica con tres dados.

silosúchil. (Del nahua *xilotl,* jilote, y *xochitl,* flor).
    I. 1.   *Mx:SE.* **jilosúchil.**

silpanchería.
    I. 1.   f. *Bo:C,O.* Local donde se preparan y sirven **silpanchos.**

silpanchero, -a.
    I. 1.   m. y f. *Bo:C,O.* Persona que vende **silpanchos.**

silpancho.
    I. 1.   m. *Bo:C,O.* Filete de carne de vacuno condimentado con pimienta, comino, sal y perejil, **empanizado** y frito.
    2.   *Bo:C,O.* Plato preparado con silpancho frito acompañado de arroz, patata cocida, huevo frito y adorno de **sarsa.**

silvapén. (De *Sylvapen®*).
    I. 1.   m. *Ur, Ar,* obsol. Instrumento para escribir o dibujar provisto de una carga de tinta de color y una punta de fibra.

silverado, -a. (Del ingl. *silver,* plata).
    I. 1.   adj. *Ho. Referido a algún instrumento metálico,* cromado.

simarruba.
    I. 1.   *Mx, CR.* **simaruba.**

simaruba.
    I. 1.   f. *Mx, CR, Co, Ve, Ec, Ar.* Árbol de hasta 25 m de altura que produce un fruto globoso de color verde rojizo; su corteza tiene diversas aplicaciones en la medicina tradicional. (Simaroubaceae; *Simaruba officinalis*). (**simarruba**).

simasito.
    I. 1.   adv. *Ho, ES.* Casi, por poco. rur.

simba.
    I. 1.   f. *Bo:E,S, Ar:NO.* Trenza hecha con cualquier material, *especialmente con el cabello.*
    2.   f. *Ar:NO.* Repulgo o borde labrado de una empanada o pastel.

simbado, -a.
    I. 1.   adj. *Bo:C,E, Ar. Referido al pelo,* trenzado.
    2.   adj/sust. *Bo:E,S. Referido a un látigo,* de tiras de cuero o cuerdas trenzadas. rur.

símbalo.
    I. 1.   m. *Ec.* Fruto aéreo de la **papa**; no es comestible.

simbar.
    I. 1.   tr. *Bo:C,E, Ar:NO.* Trenzar el cabello.
    2.   *Ar:NO.* Hacer un repulgo o borde labrado a una empanada o pastel.

simbol.
    I. 1.   m. *Ar:N.* Planta perenne de hasta 2 m de altura, de cañas duras, hojas alternas e inflorescencias en espigas terminales. (Poaceae; *Pennisetum frutescens*).

simbolar.
    I. 1.   m. *Ar:N.* Sitio poblado de **simboles.**

simbombazo.
    I. 1.   m. *Cu.* Golpe fuerte que se propina a una persona. pop. (**zimbombazo**).

simbombo.
    I. 1.   adj/sust. *Cu. Referido a persona,* tonta, de poco entendimiento. desp.

simbra.
    I. 1.   f. *Ho.* Tamaño grande.
    2.   *Ho:S.* **cimbra,** persona de gran estatura.

simeón.
    I. 1.   adv. *Ho.* Sí, de acuerdo. fest.

simiguatana.
    I. 1.   *Ar:NO.* **semiguatana.**

similar.
    I. 1.   adv. *ES, Bo.* De manera similar o semejante.

similñoca.
    I. 1.   f. *Cu.* Intríngulis de un asunto. pop + cult → espon.

similñoco.
    I. 1.   m. *Cu.* Cualquier objeto al que no se le denomina por su nombre específico. pop + cult → espon.

simón.
    I. 1.   adv. *Mx, Gu, Ho, ES, Ni, Ec, Bo.* juv. Sí.
    ▶ hacerle ~, ~.

simoncho.
    I. 1.   adv. *Gu.* Sí, de acuerdo. fest.

simondor.
    I. 1.   *ES.* **simoncho**.

simonillo.
    I. 1.   m. *Mx.* Arbusto de hasta 1,5 m de altura, muy ramificado, de tallos rectos y leñosos, hojas opuestas, ovaladas, serradas y pubescentes, y flores de color blanco; posee diversos alcaloides, y la infusión de sus hojas produce somnolencia e intensifica las imágenes oníricas. (Asteraceae; *Calea zacatechichi*). ♦ **zacatechichi**.

simoniz. (De *Simoniz*®).
    I. 1.   f. *Ec, Pe.* Cera para pulir la pintura de los automóviles.

simonizar.
    I. 1.   tr. *Pa, Ec, Pe.* Dar cera al automóvil.

simpa.
    I. 1.   f. *Ar:NO,O; Pe,* p.u; rur. Trenza hecha con cualquier material, *especialmente con el cabello.*

simpático, -a.
    I. 1.   adj. *Ni, Cu, Co, Ve, Ec; ES, Pe, Bo, Py,* pop; *Pa,* obsol; rur. *Referido a persona,* atractiva, agraciada.

simple.
    I. 1.   adj. *Ni, CR, Co, Ec, Py. Referido a un alimento,* que tiene poca sal.
    2.   *Ch. Referido a una infusión,* que no está cargada o fuerte.
    3.   *ES. Referido a una bebida dulce,* que le falta azúcar.
    II. 1.   sust/adj. *Ar.* Emparedado hecho con dos rodajas de pan de molde.

simplear.
    I. 1.   intr. *Mx, Gu.* Decir o hacer tonterías por diversión. pop.

simplonería.
    I. 1.   f. *Cu.* Necedad, falta de entendimiento y viveza.

simulcop. (De *Simulcop*®).
    I. 1.   m. *Ar.* obsol. Cuadernillo escolar con ilustraciones, dibujos y mapas para calcar.

sina.
    I. 1.   f. *Mx.* Planta de hasta 4 m de altura, ramificada desde la base en tallos verde azulados, con escasas espinas dispuestas radialmente, flores pequeñas de color blanco y fruto globoso y azulado. (Cactaceae; *Cereus geometrizans*). (**sinita**).

sinaiste.
    I. 1.   m. *Mx:NE.* Resto de alimento que queda en la olla tras la elaboración del **jocoque**.

sinajuste.
    I. 1.   adj. *RD. Referido a persona,* incorregible, que no quiere enmendar sus errores.

sinami.
    I. 1.   m. *Pe.* Palma de tamaño mediano, de hojas pinnadas con pinnas glaucas, inflorescencia infrafoliar y fruto pequeño, subgloboso con forma ovoide y de color negro violáceo. (Arecaceae; *Oenocarpus minor*).

síncama.
    I. 1.   *PR.* **jícama**. (Fabaceae; *Calopogonium orthocarpum*).

sinceramiento.
    I. 1.   m. *Ec, Pe, Ch, Ar.* Adopción de medidas con el fin de corregir cierto estado de cosas que se consideraba perjudicial y se mantenía oculto. cult.
    2.   *Ec, Ch, Py, Ar, Ur.* Manifestación en la que se da a conocer algo que se ha mantenido en reserva. cult.

sincerar(se).
    I. 1.   tr. *Mx, RD, Ec, Py, Ar, Ur.* Mostrar abiertamente un tema por muy espinoso que sea.
    II. 1.   intr. prnl. *RD, Pe, Ar.* Adoptar una serie de medidas con el fin de enmendar cosas consideradas perjudiciales y que se mantenían ocultas. cult.

sinchi. (Del quechua *sinchi*, fuerte).
    I. 1.   m. *Pe.* Cuerpo de policía de fuerzas especiales y antidisturbios. pop + cult → espon.
    2.   adj. *Pe.* Relativo al cuerpo de policía de fuerzas especiales y antidisturbios. pop + cult → espon.
    3.   m. *Pe.* Integrante del cuerpo de policía de fuerzas especiales y antidisturbios. pop + cult → espon.

sinchina.
    I. 1.   f. *Pe:E.* Poste fijado verticalmente al suelo que sirve para sostener cercas.

sincolearse.
    I. 1.   intr. prnl. *Ar:O.* Faltar un alumno injustificadamente a clase.

sincolero, -a.
    I. 1.   adj/sust. *Ar:O. Referido a un alumno,* que falta injustificadamente a clase. est.

sincolote. (Del nahua *cintli*, maíz, y *colotli*, canasto cónico).
    I. 1.   m. *Mx.* Construcción de forma cilíndrica donde se almacena el maíz.

sincotel. (Del nahua *tzintli*, trasero, y *tetl*, piedra).
    I. 1.   m. *Mx.* p.u. Sillar, piedra labrada en forma de paralelepípedo rectángulo que forma parte de una construcción.

sincronizada.
    I. 1.   f. *Mx.* **Tortilla** de maíz o de trigo rellena de jamón y queso fundido.

sincuate.
    I. 1.   *Mx.* **cencuate**.

sincuyo.
    I. 1.   *Gu, Ho, ES.* **suncuyo**, árbol.
    2.   m. *Gu, Ho, ES.* **suncuya**, fruto.

sindi. (Apóc. de *sin dientes*).
    I. 1.   m-f. *CR, Pa, Bo.* Persona a la que le faltan uno o varios dientes. pop ^ fest.

sindicación.
    I. 1.   f. *Co, Ec, Bo.* Acusación de un delito.

sindicado, -a.
    I. 1.   adj/sust. *Ho, CR, Pa, Co, Ve, Ec, Pe, Bo, Ar, Ur,* cult. *Referido a persona,* acusada de infracción de las leyes penales.

sindicalizar.
    I. 1.   tr. *Ho.* Afiliar a *alguien* a un sindicato.

sindicar.
    I. 1.   tr. *Co, Ec, Pe, Bo, Ar, Ur,* cult; *Ch,* esm. Acusar a *alguien* de un delito.

sindicato.
    ■
    a. ‖ ~ **blanco.** *Mx.* Organización sindical que no vela por los intereses de los trabajadores. ♦ **sindicato charro**.
    b. ‖ ~ **charro.** *Mx.* **sindicato blanco**.

sinfín.
    I. 1.   m. *Cu;* f. *Ar.* Sierra mecánica.

sinfonola.
    I. 1.   f. *Mx, Ni.* Gramola, gramófono que funciona con monedas.

singado.
    I. 1.   m. *Cu.* Coito. tabú.

singado, -a.
    I. 1.   m. y f. *Cu.* Persona de baja condición moral. tabú.

singani. (Del aim. *siwinqani*).
    I. 1.   m. *Bo.* Aguardiente de uva que se obtiene mediante un proceso de doble destilación.

singapur.
  I. 1. m. *Bo.* Trago de **singani** puro. pop + cult → espon.
singar.
  I. 1. intr. *Cu, RD, Ve, Pe.* Realizar el coito. tabú; pop + cult → espon.
  II. 1. tr. *Cu, Ve.* Molestar, fastidiar. tabú.
  III. 1. intr. *Pe. En ciertas ceremonias rituales,* inhalar una mezcla de hierbas, tabaco y, en ocasiones, alcohol.
singerista. (Der. de *Singer®*).
  I. 1. m-f. *Ch.* Operario experto en coser a máquina.
singlista. (Der. de *single*).
  I. 1. sust/adj. *Ec, Ch, Ur. En ciertas **competencias** como el tenis,* jugador que disputa uno de los encuentros de manera individual.
singo.
  I. 1. *ES.* **arrocero**, pájaro de hasta 15 cm.
singueta.
  I. 1. f. *Cu.* Coito. pop.
  II. 1. f. *Cu.* Sentimiento de molestia o de fastidio.
sinhueso.
  ▶ **vivir de la ~.**
sinicuiche. (Del nahua *xocotl*, pie, y *necuiltl*, torcido).
  I. 1. m. *Mx.* Arbusto de hasta 1,5 m de altura, de hojas opuestas, muy angostas, flores solitarias, axilares, amarillas, y fruto en cápsula globosa con numerosas semillas; en la medicina tradicional, la cocción de sus hojas se emplea como digestivo. (Lythraceae; *Heimia salicifolia*). (**sinicuil**; **sinicuilche**).
sinicuil.
  I. 1. *Mx.* **sinicuiche**.
sinicuilche.
  I. 1. *Mx.* **sinicuiche**.
siniestrar(se).
  I. 1. tr. *RD, Ec, Bo, Ch.* Provocar un siniestro o daño en algo. cult.
  2. intr. prnl. *Ec, Bo, Ch, Ur.* Provocarse un siniestro o daño en algo. cult.
sinini.
  I. 1. *Bo:E.* **guanábano**.
  2. *Bo:E.* Fruto del sinini, acorazonado, de corteza verdosa, con púas débiles, pulpa blanca de sabor acídulo y semillas negras; se consume fresco y en refrescos y helados.
sinita.
  I. 1. *Mx.* **sina**.
sink. (Voz inglesa).
  I. 1. m. *EU.* Pila de fregar, fregadero.
  2. f. *EU.* Palangana, jofaina.
sinmaspena.
  I. 1. adj. *Ar:NE. Referido a persona,* indolente y despreocupada. pop + cult → espon.
sino.
  □
  a. ‖ **~ que.** loc. conj. *Ni, Bo, Ur.* Sino, por el contrario.
sinodal.
  I. 1. m-f. *Mx, Bo.* Miembro de un jurado de tesis.
sinqui.
  I. 1. m. *Ar:NO.* Arbusto exigente en humedad y de flor muy fragante, que se utiliza como forraje. (Fabaceae; *Mimosa farinosa*).
sinquial.
  I. 1. m. *Ar:NO.* Sitio poblado de **sinquis**.
sinservir.
  I. 1. m-f. *RD.* Persona inútil o sinvergüenza. desp.
sinsilico, -a.
  I. 1. adj. *Mx. Referido a persona,* tonta, simple. pop ^ desp.

sinsonte.
  I. 1. *Mx, Ho, Ni, Cu, RD, Co.* **cenzontle**. ♦ **cenzonte**.
sínsoras.
  I. 1. f. pl. *PR.* Lugar muy lejano, a mucha distancia de donde se está. ♦ **ínsulas**.
sinsuan.
  I. 1. m. *Pa.* Columpio. (**sinsuán**).
sinsuán.
  I. 1. *Pa.* **sinsuan**.
sintonía.
  I. 1. f. *Ni, RD, Ec, Bo, Ch.* Audiencia, público que atiende los programas de radio o de televisión.
sintul.
  I. 1. m. *Mx.* Planta herbácea bulbosa, de hojas lineares y planas, flor solitaria compuesta por seis pétalos separados, curvos, de color rojo muy vivo, y fruto en cápsula dehiscente; tiene uso ornamental. (Amaryllidaceae; *Sprekelia formosissima*).
sinvergüencear.
  I. 1. intr. *Cu.* Obrar de un modo descarado e insolente.
sinvergüencía.
  I. 1. f. *Py.* Sinvergonzonería. pop + cult → espon.
sinvergüenza.
  I. 1. f. *Mx.* Planta perenne de hasta 1,20 m de altura, de ramas espinosas y flores rosadas, dispuestas en cabezuelas, y cuyo fruto es una legumbre seca de color castaño rojizo, con abundantes cerdas que se separan entre sí al secarse. (Fabaceae; *Mimosa pigra*). ♦ **abritecomadre**.
  2. *Mx.* Hierba de 1 m de altura, de tallo y hojas carnosos, y flores tubulares de color morado verdoso; se usa en la medicina popular contra la jaqueca. (Crassulaceae; *Bryophyllum pinnatum*). ♦ **hojasanta**.
  II. 1. f. *RD.* Desfachatez, falta de vergüenza.
sinvergüenzada.
  I. 1. f. *Mx, Gu, ES, Ni, CR, Cu, RD, Co, Ec, Pe, Bo, Py, Ur.* Descaro, falta de vergüenza. pop.
sinvergüenzón, -na.
  I. 1. adj/sust. *Mx, ES, Pa, Cu, RD, PR, Co, Ve, Ec, Pe; CR, fest. Referido a persona,* sinvergonzona, sinvergüenza.
sinvergüenzura.
  I. 1. f. *Mx, ES, Pa, Cu, RD, PR, Co, Ve, Ec, Pe, Bo, Ch.* Sinvergonzonería.
¡sio!
  I. 1. interj. *Cu.* Expresa orden o solicitud para guardar silencio.
  2. *RD.* Expresa orden para espantar a los animales.
siol.
  I. 1. m. *Cu. En el **beisbol**,* puesto del jugador que se sitúa entre la segunda y la tercera **base**, en el lugar más cercano al **lanzador** para atrapar la pelota si el **bateador** la lanza en esa dirección. (**sior**).
  2. *Cu. En el **beisbol**,* jugador que defiende esta posición. ♦ **sior**.
sión. (De *bendición*).
  ●
  a. ‖ **~.** form. *RD.* Se usa para dirigirse a una persona por la que se tiene respeto.
sior.
  I. 1. *Cu.* **siol**, puesto de un jugador.
  2. *Cu.* **siol**, jugador que defiende su posición.
sip. (Voz inglesa).
  ▶ **dar un ~.**
sipché. (Del maya yucat.).
  I. 1. m. *Mx:SE.* Planta de hojas opuestas, aromáticas, flores amarillas y fruto en drupa globosa de color anaranjado; posee diversas aplicaciones en la medicina tradicional. (Malpighiaceae; *Bunchosia glandulosa*).

síper. (Del ingl. *zipper*).
　I. 1.　*EU, Gu, Ho, ES, CR, Pa, Cu, RD, Bo.* **zíper**, cremallera.

sipingui.
　I. 1.　m. *Ar:NO.* **Zapallito** de cáscara dura.

sipiritado, -a.
　I. 1.　adj. *Ni. Referido a persona*, que actúa de forma impetuosa.

sipitío.
　I. 1.　m. *Gu.* Desmayo, soponcio.

sipón.
　I. 1.　m. *RD.* obsol. Enagua, prenda interior femenina.

sipote. (Del nahua, afér. de *xixipochtic*, hinchado).
　I. 1.　m. *Mx.* Hinchazón de forma redondeada en cualquier parte del cuerpo, *particularmente en la cabeza*. pop.
　▶ irse al ~.

sipote, -a.
　I. 1.　*Ve.* **cipote**, persona poco digna de estima.

sipoy.
　I. 1.　m. *Bo.* Planta de tallo débil, semejante a un **bejuco**, de raíz tuberculosa, enorme y esponjosa, que retiene agua. (Caricaceae; *Jacaratia* spp.).

sippy. (Del ingl. *sip*, sorbo).
　I. 1.　m. *PR.* Sorbo de bebida.

sipultura.
　I. 1.　f. *Ho.* Sepultura. rur.

sique.
　I. 1.　*Mx:SE.* **profeta**.
　II. 1.　m. *Ho.* Baile folclórico que se toca con guitarra o marimba y se baila en pareja.

siqueté. (Del maya).
　I. 1.　*Mx:SE.* **profeta**.

siqui. (Del quechua *siki*, orificio, ano).
　I. 1.　m. *Ec, Pe, Bo; Ar:NO.* rur. Ano. rur; euf; pop.
　2.　*Ec, Pe, Bo, Ar:NO.* rur. Nalgas. rur; euf; pop.

siquiera.
　I. 1.　adv. *Co.* Afortunadamente.

¡siquiera!
　I. 1.　interj. *ES.* Ojalá. pop.

siquiesnoquis.
　I. 1.　adj. *Ni. Referido a una situación*, que no termina de solucionarse.

siquisapa. (Del quechua *siki*, ano, y *sapa*, part. aum.).
　I. 1.　*Pe:N.* **hormiga culona**.
　2.　*Pe.* Mujer de nalgas abultadas y prominentes. rur.

siquisnoquis.
　I. 1.　f. *Ni.* Situación indecisa.

siquitraque.
　I. 1.　m. *Mx:SE, Cu, PR.* Triquitraque, ruido como de golpes repetidos y desordenados. pop + cult → espon.
　2.　*Cu.* Papel con un doblez en el centro que, al ser agitado con fuerza, se abre y suena como un cohete.

siquitrilla.
　I. 1.　f. *Cu.* Clavícula de ave.
　▶ partir la ~.

siquitrillar.
　I. 1.　tr. *Pa, RD, Ve.* Derrotar o eliminar a *alguien* en enfrentamientos cotidianos. pop.
　2.　*RD, Ve.* Matar *una persona* a *alguien*. pop.
　3.　*Ve.* Destruir moralmente a *una persona*. pop.

sirajo.
　I. 1.　*PR.* **cetí**.

sirari.
　I. 1.　m. *Bo.* Árbol de hasta 40 m de altura, de corteza gris y áspera, de hojas compuestas, con pocos fo-

líolos, y flores de color amarillo, púrpura o lila, dispuestas en espigas o racimos axilares, sus frutos son legumbres leñosas y comprimidas y contienen pocas semillas, separadas por láminas rojo oscuras. (Fabaceae; *Ormosia* spp.).

sirarí.
　I. 1.　*Mx:SE.* **sirasil**.

siraricillo.
　I. 1.　m. *Bo.* Árbol de hasta 4 m de altura, de hojas compuestas, con glándulas en el pecíolo y en cada inserción de las pinnas, cuyo fruto es una legumbre de color rojo que contiene semillas negras y brillantes. (Fabaceae; *Phitecellobium angustifolium*).

sirasil.
　I. 1.　*Mx:SE.* **güitumbillo**. (**sirarí**).

sirete.
　I. 1.　*PR.* **cipote**, lugar imaginario.

sirga.
　I. 1.　f. *PR.* Pesca con alambre o cuerda que se realiza mientras navega la embarcación.

sirgado, -a.
　I. 1.　adj. *PR. En las peleas de gallos*, gallina o gallo que tiene dos o tres colores: pinto, negro y cenizo.
　2.　*PR. En las peleas de gallos*, gallina o gallo renegrido.

siriaco.
　I. 1.　m. *Ni.* p.u. Persona de la que no se conoce el nombre propio. pop + cult → espon.

siriar.
　I. 1.　tr. *Pe.* p.u. Cortejar, enamorar a una mujer.
　2.　intr. *Ni.* juv. Realizar el coito.

siricolsonchinchina.
　I. 1.　f. *ES.* **curruchiche**.
　2.　*ES.* metáf. Persona muy habladora.

siricote.
　I. 1.　m. *Mx, Gu, Ho, ES.* Árbol de tronco grueso, de hasta 5 m de altura, de ramaje abundante, con hojas pequeñas de color verde claro; se utiliza en la medicina tradicional. (Buraginaceae; *Cordia boissierii*). ♦ **anacahuite; trompillo**.
　2.　*Hx, Gu, Ho, ES.* Fruto del siricote con el que se elaboran jarabes y bálsamos medicinales. ♦ **anacahuite**.

siricua.
　I. 1.　f. *Mx:SO.* Espacio limitado por tabiques para guardar cereales. rur.

sirifico, -a.
　I. 1.　adj. *Ho:N. Referido a persona*, mentirosa.

sirifique.
　I. 1.　m. *ES.* Hombre cualquiera.

sirifique, -a.
　I. 1.　adj. *Ho. Referido a persona*, mentirosa.

sirimba.
　I. 1.　f. *Cu, RD.* Desvanecimiento, desmayo. pop + cult → espon.

sirimo.
　I. 1.　m. *Mx.* Árbol de tamaño medio, de corteza gris o marrón, hojas grandes, acorazonadas, aserradas, con ápice puntiagudo, flores axilares de color blanquecino, y fruto seco, redondo, indehiscente, globoso, cubierto por vellosidades de color gris o marrón. (Malvaceae; *Tilia mexicana*). ♦ **yaco**.

sirín.
　I. 1.　m. *Ho, ES.* Arbusto, a veces árbol, de flores blancas en panículas, que surgen de las axilas o de los nudos sin hojas, fruto globoso, jugoso, con varias semillas de color rojo o azulado. (Melastomataceae; *Conostegia* spp., *Miconia* spp., *Clidemia* spp., *Lenadra* spp.). (**cirín**). ♦ **capirote; petatillo; zarcil**.
　2.　*Ho, ES.* Fruto comestible de este árbol. (**cirín**).

sirindanga.
  I. **1.** f. *Ho, ES, Ni.* Borrachera. rur.
  II. **1.** f. *ES.* Pene. vulg.

sirindango.
  I. **1.** m. *Mx.* Ano. vulg; pop.

siringa.
  I. **1.** f. *Pe, Bo, Ar:N.* Árbol de hasta 40 m de altura, de cuyo tronco, mediante incisiones, se extrae un jugo lechoso que produce la goma elástica. (Euphorbiaceae; *Hevea brasiliensis*). (**seringa**; **shiringa**).
    ♦ **siringa morada.**
  2. *Co, Pe.* Látex producido por varias moráceas y euforbiáceas intertropicales, que, después de coagulado, es una masa impermeable muy elástica con muchas aplicaciones en la industria. (**shiringa**).
  3. *Co.* Árbol de hasta 30 m de altura, de hojas alternas, compuestas de tres hojitas, flores pequeñas, amarillas, agrupadas en inflorescencias, y frutos grandes y leñosos; produce un látex blanco y espeso al hacerle una incisión. (Euphorbiaceae; *Hevea benthamiana*).
  4. *Ar.* Arbusto ornamental de flores blancas y follaje caedizo. (Saxifragaceae; *Philadelphus grandiflorus*).
  5. *Bo:E.* Proceso de extraer el látex de la siringa haciendo incisiones en la corteza del tronco de donde fluye un líquido lechoso que se recoge en recipientes.

  ■
    a. ‖ ~ **morada.** *Bo:N.* **siringa**. (Euphorbiaceae; *Hevea brasiliensis*).

siringal.
  I. **1.** m. *Pe, Bo:N.* Sitio poblado de **siringas**. (**shiringal**).

siringuero.
  I. **1.** m. *Co:E,S, Pe, Bo.* Trabajador que se ocupa en la extracción del caucho. (**shiringuero**).

siringuero, -a.
  I. **1.** adj. *Pe, Bo.* Relativo al comercio del caucho. (**shiringuero**).

siringuilla.
  I. **1.** f. *Bo:N.* Árbol de hasta 20 m de altura, de hojas simples y elípticas o lanceoladas y flores unisexuales, reunidas en racimos axilares o terminales. (Euphorbiaceae; *Mabea occidentalis*).

siripa.
  I. **1.** f. *RD.* Desmayo o fuerte impresión.

siripi.
  I. **1.** m. *Bo:E.* Sedimento de la **chicha**, bebida alcohólica. pop + cult → espon.

siriquisiaca.
  □
    a. ‖ **la ~.** loc. sust. *Mx.* La muerte. pop.

sirirí.
  I. **1.** *Co.* **pecho amarillo**, ave.
  2. m. *Ar, Ur.* Pato de hasta 40 cm de longitud, de plumaje general listado de negro y gris, con el vientre, la rabadilla y las alas negras y algunas zonas castañas. (Anatidae; *Dendrocygna* spp.).
  II. **1.** m. *Co:C.* Molestia o fastidio que se causa a alguien de manera insistente. pop.

sirisecua.
  I. **1.** f. *Mx:O.* **mezquite**.

sirlochi.
  I. **1.** m. *Mx:NO.* Planta epífita de hasta 40 cm de longitud, de hojas en forma de roseta, inflorescencia erecta, y numerosas flores de color violeta. (Bromeliaceae; *Tillandsia polystachia*). ♦ **piñón**.

sirop. (Del fr. *sirop*).
  I. **1.** m. *RD, PR.* Jarabe almibarado para endulzar bebidas refrescantes.

sirre.
  I. **1.** m. *Mx:NO.* Estiércol, excremento de animal. rur.

sirte.
  I. **1.** m. *Ho. En la costa*, bajo de arena.

sirundanicua. (Del tarasco).
  I. **1.** *Mx:O.* **acacia**. (Fabaceae; *Caesalpinia pulcherrima*).

sirvientero.
  I. **1.** m. *Co.* p.u. Hombre que mantiene relaciones sexuales con la empleada del servicio doméstico. pop \ desp.

sirvinacu.
  I. **1.** *Bo.* **sirwiñacu**.

sirvinacuy.
  I. **1.** m. *Pe, Bo. Entre las poblaciones indígenas*, convivencia a prueba realizada entre la pareja, previa al matrimonio. rur. (**servinacuy**).
  2. *Pe, Bo.* Convivencia motivada por intereses personales o comunes. rur.

sirviñaco.
  I. **1.** *Bo, Ar:NO.* **serviñakuy**.

sirviñacu.
  I. **1.** *Bo, Ar:NO.* **serviñakuy**.

sirwiñacu. (Voz quechua).
  I. **1.** m. *Bo:O,C.* Relación marital que mantienen un hombre y una mujer antes del matrimonio, para ver si es posible la convivencia entre ambos. pop + cult → espon. (**sirvinacu**).

sisado.
  I. **1.** m. *CR.* **sisadura**.

sisado, -a.
  I. **1.** adj. *CR.* Referido a un piso o una pared, que tiene los espacios entre las lozas o los azulejos rellenos con cemento hidráulico.

sisadura.
  I. **1.** f. *Ec.* Relleno que se hace con cemento hidráulico en los espacios que quedan entre las lozas o los azulejos de un piso o una pared.

sisal.
  I. **1.** m. *Mx, Ve.* Planta vivaz de hasta 3 m de altura, con hojas o pencas radicales, carnosas, en pirámide triangular, con espinas en el margen y en la punta, de color verde claro, y flores amarillentas en ramilletes. (Amaryllidaceae; *Agave sisalana*).
  2. *Mx.* Fibra vegetal producida por el sisal con la que se elaboran cuerdas.

sisalero, -a.
  I. **1.** adj/sust. *Ve.* Referido a persona, que se dedica al cultivo o a la explotación del sisal.
  2. adj. *Ve.* Relativo al sisal y a su explotación.

sisar.
  I. **1.** tr. *Ec, Bo.* Pegar las piezas rotas de un objeto de loza, vidrio, cerámica o cristal.
  II. **1.** tr. *CR, Ec.* p.u. Rellenar con cemento hidráulico los espacios que quedan entre las lozas o los azulejos de un piso o una pared.

sisas.
  I. **1.** adv. *Co.* juv. Sí. pop.

sisguá.
  I. **1.** *Mx:SE.* **ixguá**.

sisiflís.
  I. **1.** m. *He, ES.* Ano. vulg.

sisifús.
  ▶ **ponerse ~.**

sisimico.
  I. **1.** *Ni.* **sisimite**, personaje mítico.

sisimita. (Del náhua *tzitzimitl*, el demonio o habitante del aire).
  I. **1.** f. *Gu, Ho, ES.* Mujer del **sisimite**.

sisimite. (Del nahua *tzitzimitl,* el demonio o habitante del aire).
    I. 1. m. *Gu, Ho, ES.* Personaje mítico que, según la creencia popular, tiene forma de mono, camina con los pies hacia atrás, rapta mujeres, se alimenta de frutas silvestres y ceniza de las cocinas y vive en las montañas. (**sisimico; zizimite**).

sisiote. (Del nahua *xixiotqui,* leproso).
    I. 1. m. *Mx.* Árbol resinoso de hasta 8 m de altura, con corteza de color rojo oscuro, fruto bivalvo y subgloboso; la extracción de la resina se hace por exudaciones espontáneas o por medio de incisiones en el tronco. (Burseraceae; *Bursera* spp.).

sisique. (Del nahua *xixi* o *xixic,* jugo urticante).
    I. 1. m. *Mx.* Alcohol de **aguamiel** de **maguey** destilada.

sisirico, -a.
    I. 1. adj. *ES. Referido a persona,* medio borracha.

sisirisco.
    I. 1. m. *Mx.* Ano. vulg; pop.

sispaque. (Del nahua).
    I. 1. m. *Gu, ES.* **Tortilla** hecha de **elote**.

sisterna. (Del ingl. *sister*).
    I. 1. f. *Mx.* Hermana. fest.

sitaracuy.
    I. 1. m. *Pe.* **tambocha.**
    2. *Pe.* Danza folclórica en la que se imita la picadura de la hormiga sitaracuy intercambiando los bailarines pellizcos y simulando el fuerte dolor que produce su picadura.

sitiaje.
    I. 1. m. *Ec.* Cantidad de dinero que se paga periódicamente por la alimentación del ganado que se mantiene en un **potrero** ajeno. rur.

sitiería.
    I. 1. f. *Mx:SE, Cu.* Zona rural en la que abundan los **sitios**, estancias pequeñas.

sitiero, -a.
    I. 1. m. y f. *Mx:SE, Cu.* Persona que posee o lleva en arriendo un **sitio**, estancia pequeña.

sitio.
    I. 1. m. *Mx:SE, Gu, Cu.* **Estancia** pequeña dedicada a la cría de animales domésticos y al cultivo.
    2. *ES.* Lugar de ordeño de las vacas.
    3. *Ho.* Lugar alto y húmedo de uso comunal donde pasta el ganado en la época seca. rur.
    II. 1. m. *Mx.* Parada de taxis autorizada.
    III. 1. m. *Gu, Ch, Ar. En una ciudad,* terreno sin edificar ni infraestructuras.
    2. *Ch. En un muelle o puerto,* espacio numerado destinado al atraque de las embarcaciones.
    ■
    a. ‖ ~ **caliente.** m. *RD, PR.* Lugar donde se consume droga. drog.
    b. ‖ ~ **de partida.** m. *RD, PR.* Lugar donde se planifica un robo. delinc.
    c. ‖ ~ **donde el diablo tiró tres voces.** loc. adv. *RD.* p.u. Lugar muy distante o extraviado. pop + cult → espon.
    ▶ **clavar ~.**

sitting. (Voz inglesa).
    I. 1. m. *Ch.* Manifestación de protesta pasiva en la que un grupo de personas permanece sentada en un lugar durante un determinado período de tiempo.

situación.
    I. 1. f. *Cu.* Cuestión problemática y difícil de resolver.
    ■
    a. ‖ ~ **de calle.** f. *Ec, Ur; Ch,* euf; cult → esm. Condición de la persona que vive en estado de mendicidad en las vías públicas. cult.

siuticaje.
    I. 1. *Ch.* p.u. **siutiquerío.**

siútico, -a.
    I. 1. adj/sust. *Bo; Ch,* pop + cult → espon ^ desp. *Referido a persona,* cursi, que presume de fina y elegante adoptando actitudes que cree que corresponden a las clases sociales más altas.
    2. adj. *Ch.* Relativo a las personas que presumen de finas y elegantes. pop + cult → espon ^ desp.

siuticón, -na.
    I. 1. adj. *Ch. Referido a persona o cosa,* algo o muy **siútico.** pop + cult → espon ^ desp.

siutiquería.
    I. 1. f. *Ch,* pop + cult → espon ^ desp; *Bo,* pop. Expresión o acto propios de una persona **siútica.**
    ♦ **siutiquez.**
    2. *Bo,* pop; *Ch,* pop + cult → espon ^ desp. Calidad de la persona **siútica.**

siutiquerío.
    I. 1. m. *Ch.* Conjunto de personas **siúticas.** pop + cult → espon ^ desp. ♦ **siuticaje.**

siutiquez.
    I. 1. *Ch.* **siutiquería,** expresión o acto. pop + cult → espon ^ desp.

siutiquismo.
    I. 1. m. *Ch.* p.u. Actitud propia de la persona **siútica.** pop + cult → espon ^ desp.

sivinche.
    I. 1. m. *Pe:SO.* Plato hecho con **camarones** de río pequeños, crudos y sin pelar, preparados con bastante vinagre, limón, pimienta molida, **rocoto,** acompañados de **papa** hervida y maíz tostado.

siyao.
    I. 1. *Pe.* **sillao.**

siyau.
    I. 1. *Pe.* **sillao.**

size. (Voz inglesa).
    I. 1. f. *EU, RD, PR.* Talla de ropa.

skúa.
    I. 1. f. *Ar.* **escúa.**

slack. (Del ingl. *slack,* flojo).
    I. 1. m. *EU, Cu.* Pantalón largo femenino.

slap. (Voz inglesa).
    I. 1. m. *Ni, Pe.* **sayonara,** sandalia.

sleeping. (Voz inglesa).
    I. 1. m. *Ni, CR, RD, Ec, Pe, Bo.* Bolsa de dormir.
    ■
    a. ‖ ~ ***bag.*** (Voz inglesa). m. *EU, Ho.* Saco fabricado con diferentes materiales que se utiliza para dormir, *generalmente a la intemperie.*

slender. (Voz inglesa).
    I. 1. adj. *EU, PR. Referido a persona,* delgada.

slice. (Voz inglesa).
    I. 1. f. *EU, Ni, PR.* Rebanada, lasca, *especialmente la de queso.*

slide. (Voz inglesa).
    I. 1. m. *EU, Cu, RD, PR. En el **beisbol**,* deslizamiento realizado por un corredor al llegar a una de las bases tratando de evitar ser puesto fuera de juego.
    II. 1. m. *Ho.* Diapositiva.

slugger. (Voz inglesa).
    I. 1. m. *EU, Cu, PR. En el **beisbol**,* jugador que conecta con gran frecuencia **batazos** de larga distancia.

slump. (Voz inglesa).
    I. 1. m. *EU, Cu, PR. En el **beisbol**,* caída del rendimiento ofensivo de un jugador durante un período relativamente largo.

small. (Voz inglesa).
I. 1. *EU, Ho, Ni, CR, PR, Ec, Pe, Bo, Ch.* **esmol**, de talla pequeña.

smoke. (Voz inglesa).
I. 1. intr. *Ni, PR.* Fumar *alguien* marihuana. drog.

sneakers. (Voz inglesa).
I. 1. f. pl. *EU, Bo; Ec,* p.u. Calzado ligero que se usa para hacer deporte.

snorkel. (Voz inglesa).
I. 1. *EU, Ho, ES, PR, Ec.* **esnórkel**, tubo.

snorkelear. (Del ingl. *snorkel*).
I. 1. *Ho, Ec.* **esnorkelear**.

so.
I. 1. m. *Ch.* Juego infantil en el que uno de los participantes persigue a los demás y cuando toca a uno dice la palabra *so* y, sin dejar de pronunciarla, los demás participantes dan patadas en las nalgas al tocado.

¡so!
I. 1. interj. *Mx, PR; Ni, Pa,* vulg. Expresa orden de silencio.

sobabolas.
I. 1. m-f. *Bo:N.* Persona aduladora y servil. pop + cult → espon ^ desp.

sobachetos.
I. 1. *Ho.* **alabardero**.
II. 1. m. *Ho.* Hombre que gusta de acariciar mujeres.

sobaco.
▶ **estar en el ~ de confianza.**

sobada.
I. 1. f. *Mx, ES, Ni, RD, Co, Ec, Pe.* Masaje, operación consistente en presionar o frotar con intensidad adecuada determinadas regiones del cuerpo.
2. *ES, Ni, CR, Co.* Manipulación para poner en su sitio los huesos dislocados.
II. 1. f. *Pe.* Adulación.
III. 1. *Ho.* **amasijada**, caricia amorosa.
IV. 1. f. *Ho.* Masturbación. vulg.
□
a. ‖ **~ de lomo.** loc. sust. *Ch, Ar; Ur,* p.u. Adulación, coba. pop + cult → espon.

sobadera.
I. 1. f. *ES, Pa, RD, Pe.* Manoseo.

sobadero.
I. 1. m. *Ho.* Cualquiera de las tres mantas pequeñas que se pone a la cabalgadura debajo de la silla o aparejo, *en especial la que roza el pelo.*
II. 1. *Ho.* Sitio destinado a sobar las pieles en las fábricas de curtir.

sobadita.
I. 1. f. *Ho.* Masturbación.

sobado.
I. 1. m. *CR.* Miel que se saca de la **paila** antes de que haya alcanzado el punto óptimo para convertirla en **panela**, y que se bate en la **canoa** hasta solidificarse.

sobado, -a.
I. 1. adj/sust. *Ho, ES, Ni.* Referido a persona, loca.
2. adj. *ES.* Referido a persona, que actúa de manera extraña.
II. 1. adj. *Ho.* Referido a persona, servil y aduladora.
III. 1. adj. *Ni.* Referido a persona, que ha adelgazado.

sobador.
I. 1. m. *Ar, Ur.* Utensilio cilíndrico de madera con una hendidura a través de la cual pasa un **tiento** o tira de cuero para ser ablandado. rur.

sobador, -ra.
I. 1. m. y f. *Mx, Gu, Ho, ES, Ni, CR, Pa, Ec, Pe.* Persona que, de modo empírico, trata dislocaciones de huesos y realiza masajes para aliviar determinados problemas musculares. ♦ **sobandero**.

sobadora.
I. 1. f. *Ch, Ar, Ur. En una panadería,* máquina para sobar la masa con que se hace el pan y otros alimentos.

sobadura.
I. 1. f. *Bo:C,E.* Serie de golpes dados a una persona hasta dejarla maltrecha. pop + cult → espon.

sobajar.
I. 1. tr. *Mx, Ni.* Humillar a *alguien.*

sobajear.
I. 1. tr. *Cu.* Manosear *algo.*

sobalevas.
I. 1. *Gu, Ho, ES.* Persona aduladora.

sobalevismo.
I. 1. m. *Gu, Ho, ES.* Arte de adular a alguien por interés. cult ^ desp.

sobandero, -a.
I. 1. *Co, Ve.* **sobador**.

sobaqueado.
I. 1. m. *Ni.* Baile popular en que se agitan rítmicamente los brazos.

sobaquera.
I. 1. f. *Cu, RD, Ec.* Sudor de los sobacos, de olor característico y desagradable. pop + cult → espon.
2. *Cu.* Sobaco. pop.

sobar(se).
I. 1. tr. *Mx, Ho, ES, Ni, CR, Pa, Cu, RD, PR, Co, Ve, Ec, Pe, Ar, Bo,* pop + cult → espon. Dar un masaje a una persona o a una parte del cuerpo, *generalmente con fines terapéuticos.*
2. *Mx, Ho, Ni, CR, Co.* Colocar los huesos dislocados.
II. 1. tr. *Mx, Ar.* Fatigar a una cabalgadura, exigiéndole un gran esfuerzo. rur.
III. 1. tr. *Mx.* Frotar con sebo un cuero sin curtir.
IV. 1. tr. *Pe, Bo:O,N.* Adular servilmente a *alguien.* pop + cult → espon.
V. 1. intr. prnl. *Ni.* juv. Esconderse. delinc.
□
a. ‖ **~ la leva.** loc. verb. *Ho, ES.* Adular a alguien por interés.
b. ‖ **~se el lomo.** loc. verb. *Mx.* Trabajar *alguien* duramente. pop.
c. ‖ **~se la balinera.** loc. verb. *Ho.* Ser un hombre homosexual. pop ^ fest.
d. ‖ **sobársele el balín.** loc. verb. *Ho.* Ser un hombre homosexual. fest.
e. ‖ **sobársele el closh.** loc. verb. *Gu, ES.* juv. Alocarse, volverse loco. fest.

sobazón.
I. 1. m. *Ho.* Sobadas continuas.

sobe.
I. 1. m. *Pe.* Adulación servil a alguien. pop + cult → espon.
II. 1. m. *Bo:E.* Beso. pop + cult → espon.
III. 1. m. *Bo:N.* Serie de golpes dados a una persona hasta dejarla maltrecha. pop.

soberado.
I. 1. m. *RD, Ec:S; Co:SO.* obsol. Parte más alta de la casa situada inmediatamente debajo del tejado y carente de falso techo, *que se destina especialmente a guardar objetos en desuso.*

soberbiar.
I. 1. intr. *Ec.* Rechazar *una persona* con terquedad y soberbia lo que se le ofrece.

sobijada.
I. 1. f. *Ho.* **sobijeo**.

sobijado, -a.
I. 1. adj. *Ho. Referido a persona*, manoseada. desp.

II. 1. adj. *Ho. Referido a persona*, engreída. rur.

sobijar.
I. 1. tr. *Ho.* Mover y oprimir *algo* repetidamente para que se ablande o suavice. (**sobijear**).

2. *Pa.* Frotar un ungüento sobre la piel.

II. 1. tr. *Ho.* Besar y acariciar con pasión a otra persona, recostándose en ella. (**sobijear**).

sobijear.
I. 1. *Gu, ES.* **sobijar**, mover.

II. 1. *Gu, ES.* **sobijar**, besar.

sobijeo.
I. 1. m. *Gu, Ho.* Manoseo con intenciones sexuales. ◆ **sobijada**.

sobijo.
I. 1. m. *Pa, Co:C,N.* Masaje de una parte del cuerpo con una sustancia o ungüento.

2. *Pa.* Ungüento.

sobijón, -na.
I. 1. adj. *Gu, Ho. Referido a persona*, que manosea a otra.

2. *Ho. Referido a persona*, experta en **sobar** a otra con fines curativos.

sobiquearse.
I. 1. intr. prnl. *Ho.* Acariciarse, manosearse amorosamente dos personas.

sobo.
I. 1. m. *CR.* Masturbación. vulg; pop + cult → espon.

sobón, -na.
I. 1. adj. *Ar, Ur. Referido a una caballería*, lenta y poco trabajadora. rur.

sobonear.
I. 1. tr. *Pe.* Adular servilmente a *alguien*. pop + cult → espon.

sobonería.
I. 1. f. *Pe.* Actitud aduladora y servil. pop + cult → espon.

sobornal.
I. 1. m. *Gu, Ho.* Contrapeso de carga.

2. *Gu.* metáf. Molestia, engorro.

soborno.
I. 1. m. *Ar:NO.* Cosa que se añade a la carga regular, *especialmente de una caballería*. rur.

sobradera.
I. 1. f. *Pe.* Actitud petulante y engreída hacia los demás.

2. *Pe.* **sobradez**.

sobradez.
I. 1. f. *Co, Ec, Pe; Ch*, p.u. Calidad de sobrado, petulante y engreído. ◆ **sobradera**.

sobrado.
I. 1. m. pl. *Co.* Restos que quedan de la comida al levantar la mesa.

2. m. *Ch.* p.u. Resto que queda de algo o ha sido desechado por otros.

sobrado, -a.
I. 1. adj. *Mx. Referido a animal*, gordo, bien alimentado. pop.

II. 1. adj. *Ec. Referido a persona*, que hace ostentación de valentía. pop.

2. *Ni, PR. Referido a persona*, que se toma excesiva confianza con el sexo opuesto. pop + cult → espon.

□
a. ‖ ~ **de lote.** loc. adj. *Co. Referido a persona*, que tiene grandes ventajas frente a sus adversarios y triunfa sobre ellos.

sobrador, -ra.
I. 1. adj. *Pe, Py*; adj/sust. *Co, Ar, Ur*, desp; adj/sust. *Bo:O.* cult → espon. *Referido a persona*, que trata a los demás con petulancia o despectivamente, dándose aires de superioridad. pop.

2. adj. *Pe, Py; Bo:O, Ar, Ur*, pop + cult → espon. Propio de la persona petulante que se da aires de superioridad.

sobrancero, -a.
I. 1. adj. *Ve.* Que sobra o excede en tamaño, cantidad o peso.

sobrar(se).
I. 1. tr. *Py, Ar, Ur.* Burlarse de alguien dando muestras de superioridad o suficiencia. pop + cult → espon.

2. intr. prnl. *Ec, Pe.* Envanecerse *alguien*.

3. tr. *Ar.* Superar a *alguien* en alguna actividad.

4. *Bo:O.* Tratar con desprecio a *alguien*. pop + cult → espon.

□
a. ‖ ~ **paño.** loc. verb. *Ar, Ur.* Tener *alguien* mucha capacidad o energía *para algo*. pop + cult → espon.

sobre.
I. 1. m. *Cu, Ar, Ur.* Bolso de mujer, de forma rectangular y pequeño tamaño, que se lleva como complemento de ropa de fiesta.

II. 1. m. *Pa.* Superficie plana de metal o madera sobre un armazón.

■
a. ‖ ~ **azul.** f. *Ch.* Notificación de despido.

b. ‖ ~ **blanco.** m. *Ho.* Notificación de despido.

c. ‖ ~ **de manila.** m. *Ec.* Sobre, *generalmente amarillo y del tamaño de una hoja de papel*, que sirve para guardar documentos.

□
a. ‖ **por ~.** loc. prep. *Pe, Bo, Ch, Py, Ar.* Por encima de.

b. ‖ **¡~s!**
i. loc. interj. *Mx.* Expresa sorpresa o asombro. pop.

ii. *Mx.* Expresa acuerdo o afirmación. pop.

sobreaguar.
I. 1. tr. *Co.* Vencer obstáculos y dificultades.

sobrebarriga.
I. 1. f. *Co.* Carne de la parte abdominal de la **res** o del cerdo.

sobrebota.
I. 1. f. *Ho, Pa.* Polaina de cuero curtido.

sobrecama.
I. 1. f. *Mx, Ni, CR, Cu, Bo, Ch.* Colcha, edredón.

sobrecostilla.
I. 1. f. *Bo:E, Ch.* Corte de carne de **res**, delgado, que se saca a la altura de la costilla.

sobrecostura.
I. 1. f. *Ho, Cu, Co, Bo, Ch, Py.* Costura adicional que se hace al lado de otra para que queden tapados los bordes.

sobrecumplir.
I. 1. intr. *Cu.* Sobrepasar *alguien* las metas de una tarea.

sobrecupo.
I. 1. m. *Co, Ec, Bo.* Exceso de pasajeros o carga en un medio de transporte o en un lugar.

sobreestante.
I. 1. m. *Ni. En una hacienda*, trabajador que se encarga de medir la superficie de cada **tarea**.

sobrefunda.
I. 1. f. *Mx, Ho.* Funda de una almohada.

sobremesa.

　I. **1.** f. *Ni, RD, Co, Py.* Bebida o postre que se toma al final de una comida.

　□

　　a. ‖ **de ~.** loc. adv. *Co, Bo.* Además.

sobremesear.

　I. **1.** intr. *Co:O.* Tomar la **sobremesa**. pop.

sobrepalo.

　I. **1.** m. *Ho, ES.* Arbusto siempre verde de hojas alternas, con frecuencia grandes o muy grandes, flores en espigas, fruto en aquenio triangulado, envuelto por un carnoso y brillante perianto, comestible en algunas especies, aunque por lo general astringente. (Polygonaceae; *Coccoloba acuminata*; *C. caracasana*; *C. venosa*).

　　2. *Ho.* Musgos y líquenes que crecen sobre la corteza de troncos y ramas húmedos.

sobreparar(se).

　I. **1.** tr. *Pe.* Detener la marcha de un vehículo, *especialmente por un corto período de tiempo*, sin apagar el motor. pop + cult → espon.

　　2. intr. prnl. *Pe.* Detenerse en su marcha una persona, un animal o un vehículo, *especialmente por un corto período de tiempo*. pop + cult → espon.

sobrepasar(se).

　I. **1.** intr. prnl. *Mx, Ni, RD, Ec, Pe, Bo, Py.* Excederse *alguien* abusando de la fuerza o del poder.

　　2. tr. *Bo, Py.* Pasar por encima de alguien o de algo abusando de la fuerza o el poder.

sobrepaso.

　I. **1.** m. *Pe, Ar.* Maniobra de adelantamiento de un vehículo.

sobrepellón.

　I. **1.** m. *Mx, Ar.* Pieza de la montura, de cuero fino, que se coloca sobre el **cojinillo** o el **pellón**. rur.

sobrepelo.

　I. **1.** m. *Ar.* Manta pequeña que se pone a las cabalgaduras debajo de la silla o aparejo. rur.

　　2. *Bo:S,E.* Manta gruesa de lana. rur.

sobrepoblado, -a.

　I. **1.** adj. *Mx, ES, Ni, CR, Pa, Cu, RD, PR, Co, Ve, Ec, Pe, Bo, Ch, Ar, Ur.* Referido a *lugar*, poblado en exceso.

sobrepuesto.

　I. **1.** m. *Mx.* Pedazo de tela, o piel, que se pega sobre una cosa, *generalmente para tapar un agujero*.

　II. **1.** m. *Py, Ar, Ur.* Pieza de la montura, de cuero fino, que se coloca sobre el **cojinillo** o el **pellón**. rur.

sobrerrienda.

　I. **1.** f. *Ch, Ur.* Conjunto de dos correas unidas por el extremo que lleva el jinete en la mano, y fijas por el otro en el bocado o en el filete, para poder contener al caballo en el caso de que fallen las riendas, y para alternar con estas cuando calientan el asiento.

sobresábana.

　I. **1.** f. *Co.* Sábana de arriba.

sobretiempo.

　I. **1.** m. *Pa, Ve, Ec, Bo:SO.* Tiempo extra que se trabaja fuera del horario establecido.

sobretiro.

　I. **1.** m. *Mx.* Separata, impresión por separado de un artículo o capítulo publicado en una revista o un libro. esm.

sobretodo.

　I. **1.** m. *Cu, RD, Co, Ec, Pe, Bo, Py, Ar, Ur, Pa, Ch,* obsol. Prenda de vestir de manga larga y que llega hasta más abajo de la rodilla, usada como abrigo.

　　2. *ES.* Prenda de vestir sin mangas y abierta a los costados que suele ponerse encima de la camisa.

sobrevivencia.

　I. **1.** f. *Ec.* Supervivencia.

sobrina.

　I. **1.** f. *Gu, ES, Ni, RD.* Restos que quedan de la comida al terminar el almuerzo o la cena. euf.

　II. **1.** f. *Bo:O.* Paquete pequeño de papel que contiene cocaína para su venta al por menor. drog.

sobros.

　I. **1.** m. pl. *CR.* Conjunto de cosas sobrantes, *especialmente alimentos*.

soca.

　I. **1.** f. *Mx, Gu, Ho, ES, Cu, Co, Ec; Bo:NE,* rur. Último retoño de la caña de azúcar. (**zoca**).

　　2. *Co.* Retoño que echa el tabaco después de florecer.

　　3. *Pe.* Cosecha segunda que se hace de la caña de azúcar o del algodón recolectando los últimos retoños. rur.

　　4. *Bo:S.* Retoño que echa la planta del arroz después de la cosecha. rur.

　II. **1.** *Gu, Ho, ES.* **zoca**, borrachera.

　III. **1.** *ES.* **zoca**, pelea.

socabón.

　I. **1.** m. *Pe.* obsol. Canto y ritmo monótono sin palabras procedente de los esclavos negros y que en ocasiones se acompaña con guitarra y con una composición en décimas.

　　2. *Pe.* obsol. Baile que acompaña al socabón peruano.

　　3. *Pa.* Guitarra pequeña de cuatro cuerdas.

　　4. *Pa.* Canto que se acompaña con el socabón.

　　5. *Pa.* Baile que se ejecuta al son del socabón.

socado, -a.

　I. **1.** *Gu, Ho, ES, Ni, CR.* **zocado**, borracho.

socairos.

　I. **1.** *Cu.* **faroles**, ojos. pop.

socala.

　I. **1.** *Co:SO.* **socola**, desbroce. rur.

socalar.

　I. **1.** *Ho, Co:SO, Ve.* **socolar**.

socaliña.

　I. **1.** f. *Ho.* Riña, pelea. rur.

socapador, -ra.

　I. **1.** adj/sust. *Ec, Pe,* p.u; *Bo,* pop + cult → espon. *Referido a persona*, que encubre o justifica las malas acciones o errores de otro, *generalmente para librarlo de un castigo*.

socapar.

　I. **1.** tr. *Mx, Ec, Pe,* p.u; *Bo,* pop + cult → espon. Encubrir faltas ajenas.

socar(se).

　I. **1.** intr. *Gu, Ho, ES, Ni, CR.* **zocar**, tener miedo.

　　2. *Gu, Ho, Es, Ni, CR.* **zocar**, desear que ocurra algo.

　II. **1.** intr. *Gu, Ho, ES, Ni, CR.* **zocar**, intensificar el esfuerzo.

　III. **1.** tr. *Gu, Ho, ES, Ni, CR.* **zocar**, cercar a alguien.

　□

　　a. ‖ **~ a leña.** loc. verb. *Ho.* Golpear con un palo *a una persona* o *animal*. rur.

　　b. ‖ **~se la faja.** *Ho.* **socarse la fajada**.

　　c. ‖ **~se la fajada.** loc. verb. *Ho, CR.* Reducir los gastos por escasez de medios. ♦ **socarse la faja**.

sócate.

　I. **1.** m. *Ve.* Portalámpara, parte metálica destinada a recibir el casquillo y asegurar la conexión de la lámpara con el circuito eléctrico.

socato.

　I. **1.** m. *Mx:S.* Pulpa de coco que se pone a secar al sol. rur.

solacra.
    I. 1. *Pa.* **llave**, arbusto de hasta 7 m.
solano.
    I. 1. m. *CR, Cu.* Sol intenso. pop + cult → espon ^ fest.
solano, -a.
    I. 1. adj. *Cu, Ec, Pe. Referido a persona*, sola. pop.
solapa.
    I. 1. adj/sust. *Pe. Referido a persona*, discreta.
       2. adv. *Pe.* De manera discreta.
    II. 1. f. *RD.* Zona de costa llana y cubierta de musgo.
    □
       a. ‖ **de a ~.** loc. adv/adj. *Mx.* Sin compañía, en soledad. pop.
solapeado, -a.
    I. 1. adj. *Cu. Referido a persona*, que está solo, *especialmente sin pareja amorosa.* pop.
solapear.
    I. 1. tr. *Ar:NO, Ur.* Asir agresivamente a *alguien* de la solapa o de una prenda de vestir a la altura del pecho y sacudirlo. pop + cult → espon.
    II. 1. tr. *Ar.* Adular a *alguien.* pop + cult → espon.
solapín.
    I. 1. m. *Cu, Ch.* Insignia o pequeña banda que se pone en la solapa.
solar.
    I. 1. m. *Mx:SE, Ho, CR, Co, Ve, Bo.* Terreno libre situado en la parte posterior de las casas, utilizado como huerto o para la cría de animales, y a veces también como lugar de recreo.
       2. *Cu.* Casa de vecindad.
       3. *PR.* Lugar donde se planea un robo. polic.
       4. *CR.* **cerco**, terreno cercado.
    ▶ **botarse para el ~.**
solari.
    I. 1. adj. *Ar, Ur; Pe*, p.u. *Referido a persona*, sola o sin compañía. pop + cult → espon ^ fest.
solariego, -a.
    I. 1. sust/adj. *Cu.* Persona grosera y vulgar. pop ^ desp.
    II. 1. adj. *Ho. Referido a cosa*, del lugar, ciudad o país. cult.
solate.
    I. 1. m. *Mx: NE.* Árbol de hasta 20 m de altura, de corteza amarillenta y escamosa, hojas alternas, coriáceas, de cordadas a aovadas, y frutos pedunculados, dispuestos en pares. (Moraceae; *Ficus palmeri*).
¡solavaya!
    I. 1. interj. *Cu.* Expresa la intención de espantar la mala suerte. pop.
solcuate.
    I. 1. *Mx.* **zolcuate**.
soldadera.
    I. 1. f. *Mx.* Mujer del soldado que lo acompañaba durante el desplazamiento del ejército.
soldadillo.
    I. 1. *Mx.* **cordoncillo**. (Piperaceae; *Piper angustifolium*).
soldadito.
    I. 1. m. *Gu.* Planta del café desde que brota hasta unos cuarenta y cinco días. rur.
    II. 1. m. *Ho.* **tero real**.
soldado.
    I. 1. m. *Ni, Pa.* Grano de arroz con cáscara que queda después de pilado. rur.
    II. 1. m. *Ho.* Pequeño crustáceo decápodo, de abdomen muy blando y enroscado, que se protege alojándose en conchas vacías de caracoles marinos. (Paguroidea; *Pagurus arrosor*).

soleada. (Afér. de *asoleada*).
    I. 1. f. *Ho.* Asoleada.
soleador.
    I. 1. m. *Cu, PR. En las peleas de gallos*, jaula grande, alta y ancha para emplumar o cuidar a los gallos para la pelea.
solear.
    I. 1. tr. *Cu, PR. En las peleas de gallos*, poner los gallos en **soleadores** pequeños a tomar el sol durante las primeras horas del día.
       2. *Ho.* Asolear *algo.* rur.
soledad.
    I. 1. f. *Co.* **quetzal**. (Trogonidae; *Pharomacrus* spp.).
solera.
    I. 1. f. *Mx, Ch.* Bordillo de una acera.
       2. *Mx.* Baldosa, ladrillo plano que cubre el suelo.
       3. *Ni, Pa, Ve.* Viga del techo.
    II. 1. f. *Bo, Ch, Py, Ar, Ur.* Vestido femenino de una pieza, sin mangas y escotado. (**solero**).
    III. 1. f. *Co.* Árbol de hasta 12 m de altura, de hojas simples, elípticas u oblongas, flores grandes, solitarias o en pares, de color amarillo verdoso y frutos carnosos de color púrpura. (Annonaceae; *Guatteria amplifolia*).
    IV. 1. sust/adj. *Pe.* Sábana pequeña e impermeable que se pone sobre la sábana bajera para aquellos enfermos que tienen problemas de incontinencia.
solerillo.
    I. 1. *Mx.* **raspasombrero**.
solero.
    I. 1. m. *Ar; Ur*, p.u. **solera**, vestido.
soleta.
    I. 1. *RD.* **zoleta**.
solfa.
    I. 1. f. *Ni, RD.* Palabrería o mentiras. pop + cult → espon.
    ▶ **tomar en ~.**
solfear.
    I. 1. tr. *Ar.* Hurtar, robar. pop + cult → espon.
    II. 1. intr. *ES. En el **futbol***, fallar al tratar de darle al balón.
solfeo.
    I. 1. m. *Ar, Ur.* Hurto, robo. pop + cult → espon.
solibio.
    I. 1. *Cu.* **solivio**.
solicitada.
    I. 1. f. *Bo, Ar, Ur.* Información que se publica en un periódico mediante pago por parte de una entidad pública, privada o de una o varias personas, y cuyo contenido es responsabilidad exclusiva de los firmantes.
sólido, -a.
    I. 1. adj. *CR, Ec.* p.u. *Referido a un lugar*, desamparado, desierto. pop + cult → espon.
    II. 1. adj. *Pa.* obsol. *Referido a cosa*, muy buena, de calidad.
solimán.
    I. 1. m. *Mx.* **rama de caballo**.
       2. *Mx.* **mapipitza**.
solimanché. (Del maya yucat.).
    I. 1. m. *Mx:SE.* Árbol de hasta 20 m de altura, de tronco cubierto de espinas, hojas acorazonadas y fruto en cápsula leñosa en forma de calabaza; tiene una savia lechosa que es venenosa y su semilla tiene aplicación en la medicina tradicional. (Euphorbiaceae; *Hura crepitans*). ◆ **árbol del diablo; catahua; ceibilla; ceibote; habillo; jagua-tai; jaibillo; jarilla; kanló; nuno; ochoó; palo del brujo; saco de arena; salvadera; seda blanca; tronador**.

solíngrimo, -a. (De *solo* e *íngrimo*).
   I. 1. adj. *Gu. Referido a persona*, absolutamente solo, sin compañía.

solitario.
   I. 1. m. *Mx.* Pájaro de color grisáceo, con el pecho amarillento y manchado, y con un aro alrededor de los ojos. (Turdidae; *Turdus audubonii*).
   2. *Mx.* **mapache**, mamífero omnívoro.

solitillo, -a.
   I. 1. adj. *Ho. Referido a persona o animal*, solo, sin compañía.

solito.
   I. 1. m. *Ho, Ni*; m. pl. *Ni, RD, Co*. Primeros pasos que da un niño cuando empieza a caminar.

soliviar.
   I. 1. tr. *Ar.* Hurtar o robar *algo*. pop + cult → espon.

solivio.
   I. 1. m. *Cu.* Pájaro de hasta 20 cm de longitud, de plumaje negro, con manchas amarillas en las alas y las partes laterales del cuerpo. (Icteridae; *Icterus dominicensis*). (**solibio**).
   II. 1. m. *Cu.* Sol. pop. (**solibio**).

sollado, -a.
   I. 1. adj. *Co:C,N, Ve.* juv. *Referido a persona*, que no está en su sano juicio o tiene un comportamiento extravagante. pop.
   2. *Ve. Referido a persona*, que está bajo los efectos de la droga.
   II. 1. adj. *Co.* juv. *Referido a cosa*, muy buena y fuera de lo común. pop.

sollamar(se).
   I. 1. tr. *Mx, Ho.* Quemar *algo, en especial hojas y frutos*.
   2. intr. prnl. *Mx.* Secarse o abrasarse una planta por el exceso de sol. rur.
   II. 1. intr. prnl. *Ho, Ni.* Irritarse la piel de una persona o caballería por rozadura.
   2. tr. *Ni.* Irritar la piel con el roce.

sollarse.
   I. 1. intr. prnl. *Co.* juv. Volverse loco.
   2. *Co.* juv. Ponerse bajo los efectos de sustancias alucinógenas.
   II. 1. tr. prnl. *Co.* juv. Disfrutarse *algo* al máximo. pop.
   III. 1. intr. prnl. *Pa.* Irritarse o escoriarse la piel por roce intenso. pop.

sollate.
   I. 1. *Mx.* **zoyate**.

sollón.
   I. 1. m. *Mx.* p.u. Desolladura, irritación o escoriación de la piel por roce intenso. pop.

solmáforo.
   I. 1. m. *Ch.* p.u. Instrumento similar al semáforo que mide la intensidad de los rayos ultravioleta del Sol y que por medio de luces de colores marca el nivel de riesgo en la exposición del cuerpo a ellos.

solo.
   □
   a. ‖ **al ~.** loc. adv. *Ho.* Nada más, al momento, en cuanto.
   b. ‖ **de un ~.** loc. adv. *Ho.* De una vez por todas.
   ▶ **asolear de ~; estar que baila ~.**

solo, -a.
   □
   a. ‖ **sola su alma.** loc. adj. *Ch, Ar. Referido a persona*, completamente sola. pcp + cult → espon. ♦ **~ en grima; ~ y su alma.**
   b. ‖ **~ en grima.** *Cu.* p.u. **sola su alma**. pop + cult → espon.
   c. ‖ **~ y su alma.** *Ur.* **sola su alma**.

solomito.
   I. 1. m. *Co:O.* Solomillo.

solomo.
   I. 1. m. *Co.* Carne de la parte del lomo de un animal.

soloncontrón.
   I. 1. m. *Gu.* Encuentro brusco, sacudida fuerte.

soloncontroneada.
   I. 1. f. *Gu.* Encuentro brusco, sacudida fuerte, *en especial de un vehículo en marcha*.

soloncontronear.
   I. 1. tr. *Gu.* Producir encuentros bruscos, sacudidas fuertes.

solsazo.
   I. 1. m. *Pe, Bo.* p.u. Calor del sol muy intenso. pop.

soltá.
   □
   a. ‖ **a la ~.**
     i. loc. adv. *PR.* De repente, inesperadamente, al momento. pop + cult → espon. (**a la soltada**).
     ii. *PR.* Desde el primer momento. pop + cult → espon.

soltada.
   ■
   a. ‖ **~ de trenzas.**
     i. f. *Ch.* Desinhibición, relajación moral y psicológica ante una imposición. pop + cult → espon.
     ii. *Ch.* p.u. Proceder del hombre que adopta actitudes y comportamientos propios de un homosexual. pop + cult → espon.
   □
   a. ‖ **a la ~.** loc. adv. *PR.* **a la soltá**, al momento. pop + cult → espon.

soltadera.
   I. 1. f. *Ho.* Diarrea.

soltadero.
   I. 1. m. *Mx.* Terreno cercado con pastos para alimentar y guardar el ganado. rur.
   2. *PR. En las peleas de gallos*, solar donde se sueltan los gallos de pelea para que descansen mientras cambian la pluma.
   3. *PR. En las peleas de gallos*, espacio donde se puede soltar a los pollos cuando todavía no pelean entre sí.

soltador.
   I. 1. m. *Ho. En las peleas de gallos*, persona experta que prepara y echa el gallo a pelear.

soltar(se).
   I. 1. tr. *Cu. En el beisbol*, dejar en libertad el *coach* a los corredores **embasados** para comenzar la carrera hacia la **base** siguiente.
   □
   a. ‖ **no ~ la guitarra.** loc. verb. *ES, Ni.* No dejar de hablar *alguien*.
   b. ‖ **no ~ la mamadera.** loc. verb. *Pe, Bo.* Negarse a renunciar *alguien* a un beneficio, *especialmente de tipo económico o político*. pop + cult → espon.
   c. ‖ **~ el arpa.** loc. verb. *Mx.* Abandonar repentinamente una actividad, darse por vencido. pop.
   d. ‖ **~ el gallo.** loc. verb. *Cu, PR. En las peleas de gallos*, lanzar los gallos a la valla para que empiece la pelea.
   e. ‖ **~ el hervor.** loc. verb. *Mx, Ec, Ch, Ur.* Empezar a hervir o cocer.
   f. ‖ **~ el tapón.** loc. verb. *Ho.* Revelar algo secreto.
   g. ‖ **~ el tigre.** loc. verb. *Pe.* Decir algo de manera brusca o violenta. pop + cult → espon.
   h. ‖ **~ el trapo.** loc. verb. *Bo.* Contar algo a alguien para indisponerlo con otra persona.

i. ‖ ~ **la gata.** loc. verb. *Ho.* Robar dinero u objetos personales a alguien en un descampado. fest.

j. ‖ ~ **la guayaba.** loc. verb. *Gu, Ho.* Dejar el poder, perder el puesto.

k. ‖ ~ **la mano.** loc. verb. *Cu.* Disminuir las exigencias que se le imponían a alguien.

l. ‖ ~ **la mascada.** loc. verb. *Ni.* Decir todo lo que se sabe de algo.

m. ‖ ~ **la pepa.** loc. verb. *Bo:O, Ch.* Hablar *alguien* más de la cuenta o delatar a alguien. pop.

n. ‖ ~ **la perra.** loc. verb. *Ho, Ni.* Actuar *alguien* sin inhibiciones.

ñ. ‖ ~ **la sopa.** loc. verb. *Mx, Ho.* Confesar algo, *especialmente un delito.* pop.

o. ‖ ~ **línea.** loc. verb. *Mx.* Convencer a alguien para que actúe como se le dice. pop + cult → espon.

p. ‖ ~ **los chuchos.** loc. verb. *Gu.* Enamorar a alguien.

q. ‖ ~ **los perros.** loc. verb. *Ni, Ec:O,* juv. Intentar con cierta agresividad conseguir el amor de una persona. pop + cult → espon ^ fest.

r. ‖ ~ **los topos.** loc. verb. *PR.* Callarse, dejar *alguien* hablar a otras personas. pop + cult → espon.

s. ‖ ~ **mecate.** loc. verb. *Ho.* Darle a una persona mayor libertad de acción que la que tenía. pop + cult → espon.

t. ‖ ~ **taba.** loc. verb. *Bo:E.* Dejar de hablar o ceder la palabra *alguien.*

u. ‖ ~ **un borrego.** loc. verb. *Mx.* Esparcir una noticia falsa. pop + cult → espon.

v. ‖ **~se el chongo.** loc. verb. *Mx.* Desinhibirse *alguien, especialmente en su comportamiento o en su manera de vestir.* pop.

w. ‖ **~se el ruedo.** loc. verb. *CR.* obsol. Tener *alguien* diarrea. euf; fest. ♦ **aflojarse el ruedo.**

x. ‖ **~se las trenzas.** loc. verb. *Pe,* pop; *Ch,* pop + cult → espon. Desinhibirse *alguien,* relajarse ante una imposición sin ninguna preocupación o conciencia de culpa.

y. ‖ **soltársele las trenzas.** loc. verb. *Pe,* pop ^ fest; *Ch,* pop + cult → espon. | p.u. Adoptar un hombre actitudes y comportamientos propias de un homosexual.

soltera.
  I. 1. adj. *Ch.* Referido *a una hembra, especialmente a una gallina,* que no ha sido apareada. rur.

solteraje.
  I. 1. m. *Ch.* Conjunto de solteros.

solterito.
  I. 1. *Pe.* **soltero,** ensalada.

soltero.
  I. 1. *Mx::S.* **raspasombrero.**
  II. 1. m. *Pe, Bo.* Ensalada hecha con **rocoto,** cebolla, queso, tomate, habas y aceitunas. ♦ **solterito.**

solterón.
  I. 1. m. *Co.* Mueble de alcoba que consta de una pata delgada y larga de madera en cuya parte superior tiene un gancho o percha y una vara horizontal usado para colgar la ropa de hombre.

soltura.
  I. 1. *Ho, Co, Ve.* **churria.** pop.
  2. *ES.* Hemorragia vaginal.

solución.
  ■
  a. ‖ ~ **de parche.** f. *Ec, Ch, Ar.* Arreglo provisional, *por lo general insuficiente.* ♦ **solución parche.**
  b. ‖ ~ **parche.** *Ch, Ar.* **solución de parche.**

solucionática.
  I. 1. f. *Ch.* p.u. Conjunto de soluciones propuestas para la resolución de algo. cult → esm.

solupe.
  I. 1. m. *Ar.* Arbusto de hasta 1 m de altura, con ramas jóvenes erectas y gruesas, y hojas coriáceas con el ápice agudo. (Ephedraceae; *Ephedra ochreata*).
  2. *PR.* **sagú,** planta.

somatada.
  I. 1. f. *Mx, Gu, Ho, ES, Pa.* Caída violenta. pop. ♦ **somatón.**
  2. *Mx, Gu, Ho, ES.* Golpe fuerte. pop. ♦ **somatón.**
  3. *Gu, Ho, ES.* Paliza, serie de golpes. pop.

somatar(se).
  I. 1. intr. prnl. *Mx, Gu, Ho, ES, Ni, Pa.* Caerse con un gran golpe. pop.
  2. tr. *Mx, Gu, Ho, ES.* Golpear *algo* o a *alguien.* pop.
  II. 1. tr. *Gu, Ho, Ni.* Vender lo último que queda de una mercancía a precio más bajo.

somatón.
  I. 1. m. *Mx, Gu, Ho, ES, Ni.* **somatada,** caída y golpe. pop.
  II. 1. m. *Cu.* Aparato para realizar resonancias magnéticas a personas.
  III. 1. m. *Cu.* Revisión que hace un organismo del Estado a un auto para determinar si está apto para circular.

sombra.
  I. 1. f. *Mx.* Toldo o techo ligero que protege del sol. pop.
  II. 1. f. *Gu, Ho.* Tenderete improvisado.
  III. 1. f. *Ho.* Falsilla, hoja de papel con líneas muy señaladas, que se pone debajo de otra para que sirva de guía.
  IV. 1. f. *Ho.* Cárcel. euf.
  V. 1. f. *PR.* Árboles que se siembran o que crecen junto a los cafetos para protegerlos del sol intenso.
  ■
  a. ‖ **mala ~.**
    i. f. *Pa.* Hierba de hojas dentadas gruesas con pelos suaves, nervaduras hundidas, flores amarillas, aromáticas, dispuestas en ramilletes junto a las hojas, fruto capsular, de una semilla; se usa en la medicina tradicional contra varias enfermedades. (Sterculiaceae; *Waltheria americana*).
    ii. *Pa.* **malvecino.**
  b. ‖ ~ **de quequeo.** *Ho:C.* **limoncillo.** (Monimiaceae; *Siparuna nicaraguensis*).
  c. ‖ ~ **de toro.**
    i. m. *Ar, Ur;* f. *Ar, Ur.* Árbol de hasta 5 m de altura, de follaje perenne y abundante, hojas de forma romboidal con el ápice punzante y una espina en cada ángulo lateral, flores de color amarillento y fruto globoso de color rojizo. (Santalaceae; *Jodina rhombifolia*). ♦ **peje.**
    ii. *Bo:S; Bo:S.* **sachapera.**
  ▶ **andar con ~s; echar ~s; jugarle ~; ver ~s.**

sombrear(se).
  I. 1. intr. *Mx, Bo.* Ponerse a la sombra para resguardarse del sol.
  2. intr. prnl. *Ni, Bo, Ar:NO.* Ponerse a la sombra.
  II. 1. tr. *Ec, Pe.* En el *futbol,* bombear el balón por encima de un adversario para volver a recogerlo o para marcar un gol.
  III. 1. tr. *Ec.* Dañar la imagen de *alguien* con acusaciones falsas.

sombrerazo.
  I. 1. m. *Ho, ES.* Amenaza o intimidación grave que no se cumplirá.
  ▶ **dar un ~.**

sombrerear.
  I. 1. tr. *Ho, ES.* Tratar de asustar a alguien con amenazas.
  II. 1. tr. *Ho.* Tratar de igual a igual un superior a *alguien.*

sombrerero, -a.
  I. 1. m. y f. *Bo:O.* Ladrón que se dedica a robar sombreros de **chola,** arrebatándoselos de la cabeza al menor descuido. delinc.

sombrerito.

I. 1. m. *Ar.* Danza folclórica de galanteo, pareja suelta y ritmo vivo, cuya coreografía incluye saludos y otras figuras con el sombrero; se baila en Córdoba, Mendoza, Santiago del Estero y Tucumán.
II. 1. m. *Ec. En el futbol*, hecho de pasar la pelota sobre la cabeza de un rival para recogerla enseguida.
III. 1. m. *Gu.* Preservativo. pop.
IV. 1. *Pa.* **ajicillo**, árbol.

sombrero.

I. 1. m. *Ch, Ar.* Tejadillo que se pone en el cañón de una chimenea o en un conducto para protegerlo de la lluvia y de otros fenómenos atmosféricos.
II. 1. m. *Gu, Bo.* Preservativo. pop + cult → espon ^ fest.
III. 1. m. *Gu.* Glande. pop.
IV. 1. m. *Py.* Amante de una mujer casada. pop + cult → espon.
V. 1. m. *Ho. En el billar americano*, fallo que consiste en introducir en la **buchaca** una bola equivocada.
VI. 1. m. *Ho.* Puesto, trabajc.
2. *Ho.* Sueldo, remuneración.

■

a. ‖ ~ **abarquillado.** m. *Ho.* Sombrero que tiene levantadas las dos mitades laterales de su ala. rur.
b. ‖ ~ **aguadeño.** m. *Co.* Sombrero de paja blanca.
c. ‖ ~ **alón.** m. *Cu, Co, Ar; Ch,* obsol; *Bo:S,NE,* rur. Sombrero de ala ancha.
d. ‖ ~ **coya.** m. *Ar.* Sombrero de alas pequeñas y copa baja.
e. ‖ ~ **de cogollo.** m. *Ve.* Sombrero de ala ancha tejido con las hojas tiernas de algunas palmeras; *lo usan generalmente los campesinos para protegerse del sol.*
f. ‖ ~ **de guano.** m. *Cu.* Sombrero tejido de hoja de palma que se usa para protegerse del sol.
g. ‖ ~ **de junco.** m. *Ho.* Sombrero hecho de la hoja flexible del junco. rur.
h. ‖ ~ **de pajilla.** m. *Cu.* Sombrero de paja fina y dura, ala corta y copa baja y cilíndrica.
i. ‖ ~ **de palma.** m. *Ho.* Sombrero hecho de hoja de palma. rur. ♦ **sombrero empalmado.**
j. ‖ ~ **de pelo.**
  i. m. *Ar:NO.* Sombrero de tejido *generalmente de algodón*, que tiene pelo por el haz. rur.
  ii. *Ch.* obsol. Sombrero de copa.
k. ‖ ~ **empalmado.** *Ho.* **sombrero de palma.**
l. ‖ ~ **jarano.** m. *Mx.* Sombrero de fieltro, duro, de copa baja y ala ancha y plana. ♦ **jarano.**
m. ‖ ~ **jíbaro.** m. *PR.* Sombrero campesino hecho de hoja de palma, de ala ancha *y generalmente levantada por el frente.*
n. ‖ ~ **ovejón.** m. *Ar:NO.* Sombrero de color claro hecho de lana de oveja o de llama. ♦ **sombrero ovejuno.**
ñ. ‖ ~ **ovejuno.** *Ar:NO.* **sombrero ovejón.**
o. ‖ ~ **pintado.** m. *Pa.* Sombrero tejido con hilos blancos y negros sacados de los tallos del junco.
p. ‖ ~ **pirí.** m. *Py.* Sombrero tejido con fibras de pirí, con ala grande de borde rematado, que se usa en zonas rurales.
q. ‖ ~ **vueltiao.** m. *Co.* Sombrero de ala que se elabora con unas fibras blancas y negras que se trenzan.

□

a. ‖ **con ~ ajeno.** loc. adv. *Mx, Ni.* Mediante el trabajo o esfuerzo de otra persona sin que esta sea reconocida. pop + cult → espon.
b. ‖ **de a ~.** loc. adj/adv. *Gu, ES.* Muy bueno, magnífico. pop.
c. ‖ **¡mi ~!** loc. interj. *Gu.* Expresa rechazo rotundo de una propuesta. pop.
► **lucir con ~ ajeno; meterle el ~; rendir el ~; sacar el ~; sacarse el ~; saludar con ~ ajeno; valer ~; volar ~.**

sombrerón.

I. 1. m. *Gu.* Personaje de la mitología popular, representado por un individuo de poca estatura que lleva un gran sombrero que le cubre el rostro y se dedica a encantar o asustar caminantes que sorprende por la noche en su camino.

sombrerudo.

I. 1. m. *Ar:NO. En la tradición popular*, personaje fantástico travieso y burlón, de baja estatura, con un gran sombrero, y una mano de lana y otra de hierro.

sombrerudo, -a.

I. 1. adj/sust. *Mx, Ho, ES, Ni; Ar,* pop + cult → espon. *Referido a persona*, que lleva sombrero grande.
II. 1. *Mx, Ho.* **amontunado.** desp.
2. *Ho. Referido a persona*, de bajo estrato social, pobre.

sombrial.

I. 1. m. *ES.* Lugar de mucha sombra.

sombrilla.

I. 1. f. *Mx, ES, Cu, PR, Co, Bo, Py.* Paraguas.
2. *Ni, CR, RD, PR.* Paraguas de mujer.

■

a. ‖ ~ **japonesa.** f. *Co.* **pastora,** arbusto de hasta 3 m.
► **valerle ~.**

sombrita.

□

a. ‖ **por la ~.**
  i. loc. adv. *Mx, Co, Ch.* Con prudencia y cuidado. pop + cult → espon.
  ii. *Ec.* En silencio, calladamente.
► **coger por la ~.**

sometido, -a.

I. 1. adj/sust. *Gu. Referido a persona,* servil.

somier.

► **estirar el ~; hacerser el ~.**

somo. (Del lenca *zomo*).

I. 1. *ES.* **zomo.**

somó.

I. 1. m. *Bo:E.* Bebida refrescante hecha de maíz blanco.

somocista. (De *Anastasio Somoza García*, 1896-1956).

I. 1. m-f. *Ni.* Partidario del dictador Anastasio Somoza.

sompancle.

I. 1. *Mx.* **zompancle.**

sompantle.

I. 1. *Mx.* **zompancle.**

sompopera.

I. 1. *Ni.* **zompopera,** hormiguero.
2. *Ni.* **zomporera,** gran cantidad de zompopos.

sompopo.

I. 1. *Ho, Ni.* **zompopo,** hormiga.
II. 1. m. *Ho.* Comida hecha de pedazos de carne cocida y sofrita en manteca o aceite con pedazos de **chile** verde, cebolla, sal y pimienta.

son.

I. 1. m. *Mx:SE, Cu, PR.* Baile y música de origen afroantillano que mezcla ritmos españoles de origen árabe con ritmos amerindios y percusiones africanas.
2. *Ni, Co.* Música popular bailable de cadencia lenta y monótona.
3. *Ho.* Pieza musical. rur.
4. *Pa.* Danza que ejecutan los **diablicos sucios.**
► **llevar a ~ de fiesta.**

sonada.

I. 1. f. *Ho, ES, Cu.* **golpiza,** paliza.

□

a. ‖ ~ **de mocos.** loc. sust. *Ho.* Humillación o derrota abultada que sufre alguien.

sonadera.
    I. 1. f. *Ho.* Sonido reiterado de algo.

sonado, -a.
    I. 1. adj. *Bo, Ch, Ar, Ur. Referido a persona*, que se encuentra en una situación complicada o muy desfavorable. pop + cult → espon.
    II. 1. adj. *ES. Referido a persona*, borracha.
    III. 1. adj. *Ho. Referido a vehículo*, que va a gran velocidad.

sonador.
    I. 1. m. *Pa.* Hombre que toca los tambores cuando se baila el **tamborito**.

sonadora.
    I. 1. f. *Mx.* Hierba de hasta 50 cm de altura, de tallo cubierto de pelos, hojas trifoliadas, con folíolos aovados u aovado-oblongos, inflorescencia en racimos de pocas flores amarillas y rojas, fruto en legumbre oblonga, y semilla verde oscuro o amarillento. (Fabaceae; *Crotalaria pumila*).

sonaja.
    I. 1. f. *Mx, Ho.* Pájaro de hasta 16 cm de longitud, con coronilla en tonos oscuros, parte posterior del cuello negra, con un listado blanco: parte superior, alas, cola, barbilla, garganta y pecho de color blanco, con abundantes manchas negras, parte inferior parduzca con manchas negras en el costado y muslos. (Troglodytidae; *Campylorhynchus zonatus*). ♦ **matraca**.
    II. 1. f. *Ho, Ni.* Maraca, instrumento musical de percusión para el acompañamiento rítmico.

sonajera.
    I. 1. f. *Ch.* Serie prolongada de ruidos, *generalmente desapacibles y molestos*. pop + cult → espon.
    II. 1. f. *Bo:O.* Sonajero.
      2. *Ho.* Instrumento musical que consiste en una pequeña horqueta de madera en forma de Y, en la que se colocan dos alambres con chapas metálicas insertadas que al moverse producen un sonido similar al de las sonajas o maracas.
    III. 1. *PR.* **papa de la reina**.
    ■
    a. ‖ ~ **de tripas.** f. *Ch.* Ruido intestinal.

sonar(se).
    I. 1. tr. prnl. *Mx, ES, Ni, RD, Ec.* Golpear a *alguien*. pop + cult → espon.
      2. tr. *Gu, Ho, ES, Ni, Pa, Cu, Ve, Pe, Bo.* Golpear a *alguien*.
      3. *Ni, PR, Bo.* Pegar *una persona* a *alguien* con la mano abierta, abofetear. pop + cult → espon.
    II. 1. intr. *Pe, Bo, Ch, Py, Ar, Ur.* Fracasar o tener mal fin un asunto o negocio. pop + cult → espon. ♦ **sonar como arpa vieja; sonar como tarro.**
      2. *Pe, Bo, Ch, Py, Ar, Ur.* Quedar en situación desfavorable. pop + cult → espon.
      3. *CR, Bo.* Obtener un resultado deficiente en una prueba académica. pop.
    III. 1. intr. *Pe, Bo, Ar, Ur.* Morir o padecer una enfermedad mortal. pop + cult → espon.
      2. tr. prnl. *Gu, Ho, ES, Ni.* Matar *una persona* a *alguien*.
    IV. 1. tr. prnl. *Cu.* Comerse o beber *algo alguien*.
    V. 1. tr. prnl. *Ho.* Despedir a *alguien* de su puesto.
    ●
    a. ‖ **sonamos.** fórm. *Bo, Ar, Ur.* Se usa para expresar rechazo ante algo que se acaba de oír. pop + cult → espon.
    □
    a. ‖ ~ **como árganas vacías.** loc. verb. *Ho.* Sonar *algo* hueco o vacío.

b. ‖ ~ **como arpa vieja.**
    i. loc. verb. *Ch, Ar, Ur.* **sonar**, fracasar. pop + cult → espon.
    ii. *Ar, Ur.* Morir *una persona*. pop + cult → espon.
c. ‖ ~ **como guatapique.** loc. verb. *Ch.* Fracasar, estropearse o frustrarse algo. pop + cult → espon.
d. ‖ ~ **como tarro.** loc. verb. *Ch.* **sonar**, fracasar. pop + cult → espon.
e. ‖ ~ **el cántaro.** loc. verb. *ES.* Dar un aviso a alguien.
f. ‖ ~ **el lomo.** loc. verb. *Ho, Cu.* Golpear a alguien.
g. ‖ ~ **el pico.** loc. verb. *Ho.* Golpear o dar una paliza a alguien. fest. ♦ **sonar la jeta; sonar los mocos.**
h. ‖ ~ **la jeta.** *Ho.* **sonar el pico.** fest.
i. ‖ ~ **las canillas.** loc. verb. *Ho, Ni.* Golpear con una vara las piernas de alguien. pop.
j. ‖ ~ **las maracas.** loc. verb. *ES.* Golpear o dar una paliza a alguien. fest.
k. ‖ ~ **las tapas.** loc. verb. *Ho.* Oler mal la boca a alguien. fest.
l. ‖ ~ **los mocos.** *Ho.* **sonar el pico.** fest.
m. ‖ ~ **tusas donde hay ganado flaco.** loc. verb. *Gu.* Alardear de algo de lo que carecen los presentes.
n. ‖ ~**le.** loc. verb. *Mx, Ho, ES, Cu, RD, Bo.* Pegar, castigar o maltratar a *alguien*. pop.

sonayote. (Del nahua *tzontli*, cabello, y *ayotl*, calabaza).
    I. 1. m. *Mx.* Planta rastrera y trepadora de hasta 10 m de altura, de tallo piloso y ahuecado en su centro, hojas verdes, flores amarillas y fruto alargado. (Cucurbitaceae; *Luffa cylindrica*). ♦ **jaboncillo; musú; paste; paste de castilla.**

sonchiche.
    I. 1. *Ho, ES.* **zonchiche, guala**, ave rapaz.

soncho.
    I. 1. *Ho, Ni.* **zoncho, guala**, ave rapaz.

soncle.
    I. 1. *Mx.* **zonte.**

sonco. (Del quech. *sunqu*, corazón).
    I. 1. m. *Ar:NO.* Entraña de un animal vacuno, *en particular el corazón*. rur.

sonconeto, -a.
    I. 1. adj. *Ho. Referido a persona*, tonta. rur.
    II. 1. adj. *Ni. Referido a comida o fruta*, que está más hecha o madura por una parte que por otra.

sondaleza.
    I. 1. f. *Ni.* Cordel, cuerda fina.

sondy. (Del ingl. *sundae*).
    I. 1. m. *Cu.* Postre helado hecho con **altea** y sirope espeso.

sonear.
    I. 1. intr. *PR.* Cantar o vocalizar *alguien* al ritmo de la música de salsa.
      2. *PR.* Improvisar *alguien* al ritmo de la salsa.

soneo.
    I. 1. m. *PR.* Parte cantada de la música de salsa de tema y letra improvisadas.

sonero, -a.
    I. 1. m. y f. *Cu, PR.* Músico que interpreta **sones**, bailes y músicas de origen afroantillano.

sonetario.
    I. 1. m. *Ni.* Conjunto de sonetos.

songo.
    □
    a. ‖ ~ **sorongo.**
      i. loc. adv. *Co:C,O.* Calladamente, con disimulo. pop.
      ii. *Co:C,O.* Con tranquilidad, sin alterarse. pop.

songuear.
    I. 1. intr. *Mx.* p.u. Hacer burla con intención festiva. pop.

soniche.
  I. 1.   m. *ES*. Silencio.

sonidista.
  I. 1.   m-f. *ES, Ni, CR, Cu, RD, PR, Co, Ec, Bo, Ch, Py, Ar, Ur*. Persona experta en producción, transmisión o emisión electrónica de sonido.

sonitonto, -a.
  I. 1.   adj. *PR. Referido a persona*, aturdida, atontada, abobada.

sonora.
  I. 1.   *Mx*. **pitiona**.

sonoreca.
  I. 1.   f. *ES*. Semilla de **marañón** sin granar bien.

sonorita.
  I. 1.   f. *Mx:NO*. Planta herbácea de hasta 2 m de altura, con hojas opuestas, inflorescencia en umbela y flores blancas. (Nyctaginaceae; *Commicarpus scandens*). ◆ **pegapollo**.

sonreír.
  □
    a. ‖ ~ **a plazos.** loc. verb. *Ho* Sonreír a medias. fest.

sonrisa.
  ■
    a. ‖ ~ **de burro.** f. *Ho*. Sonrisa en la que se enseñan los dientes. desp.

sonrisal.
  I. 1.   adj/sust. *Ch, Ar*. p.u. *Referido a persona*, que sonríe en exceso o es propensa a ello. pop + cult → espon.

sonrisoso, -a.
  I. 1.   adj. *ES. Referido a persona*, sonriente.

sonrojada.
  I. 1.   f. *Ho*. Sonrojo.

sonsaje.
  I. 1.   m. *Ar*. Grupo de gente tonta o boba. pop + cult → espon.

sonsaquear.
  I. 1.   tr. *RD, Bo:O*. Engañar a *alguien* para obtener dinero u otro beneficio. pop + cult → espon.

sonsear(se).
  I. 1.   intr. *Cu; Pe, Bo, Ar*, pop – cult → espon. **zoncear**, hacer o decir cosas sin importancia.
    2.   *Cu*. **zoncear**, comportarse con ingenuidad.
  II. 1.   intr. prnl. *Bo*. Equivocarse o confundirse *alguien* en algo.

sonsera.
  I. 1.   *Mx, ES, Ni, Cu, Ve, Pe, Bo, Py, Ar*. **zoncera**.

sonso.
  I. 1.   m. *Bo*. Producto de repostería de forma circular, hecho con harina de **mandioca** y queso rallado.

sonso, -a.
  I. 1.   adj/sust. *Mx, Gu, Ho, ES, Ni, Cu, RD, Ve, Ec, Pe, Ur, Bo*, p.u. **zonzo**, tonto ◆ **aguabinado**.

sonsobélico, -a.
  I. 1.   adj/sust. *Cu. Referido a persona*, tonta. pop + cult → espon.

sonsocuite.
  I. 1.   m. *Ni*. Tierra arcillosa de color rojo.

sonsón, -na.
  I. 1.   sust/adj. *Bo:O; Pe, Ar*, p.u. Persona tonta, simple. pop + cult → espon ^ desp.

sonsonete.
  I. 1.   m. *PR*. Regañina reiterada.

sonte.
  I. 1.   m. *Gu*. Medida de cuatrocientos leños o cuatrocientas mazorcas de maíz

sontear.
  I. 1.   *Gu, Ho, Ni*. **zontear**.

sontín.
  I. 1.   m. *Ho, Ni*. Magia, brujería, poderes psíquicos extraordinarios.
    2.   *Ho, Ni*. Maleficio.
  □
    a. ‖ ~ **de la burra choca.** m. *Ho*. Maleficio de un jugador de cartas o dados contra otro.

sontle.
  I. 1.   *Mx*. **zonte**.

sonto, -a.
  I. 1.   adj. *Gu, Ho, ES, Ni, CR. Referido a persona o animal*, que le falta una o las dos orejas. pop.
    2.   *Gu, Ni*. metáf. *Referido a cosa*, desparejada, que no tiene pareja o está mal emparejada. pop.
    3.   *CR*. metáf. *Referido a un objeto*, que le falta una o las dos asas. pop.
    4.   *CR*. metáf. *Referido a algo, especialmente un escrito*, sin unidad ni coherencia por faltarle uno o más elementos fundamentales. pop.

sonzapote.
  I. 1.   *Mx, Gu, Ho, ES, Ni*. **zonzapote**. (Rosaceae; *Licania platypus*).

soñado, -a.
  I. 1.   adj. *Mx, Ni, CR, Ec, Py, Ur. Referido a cosa*, fantástica, de ensueño.
  II. 1.   adj. *Ec. Pe. Referido a persona*, sin sentido, desmayada, inconsciente. pop.

soñar.
  I. 1.   intr. *Pe* Quedar *una persona* inconsciente después de haber recibido un golpe. pop.
    2.   tr. *Ec*. Dejar a *alguien* inconsciente después de golpearlo.

soocui.
  I. 1.   m. *Ar:NE*. Comida preparada a base de **charqui** y arroz.

sopa.
  I. 1.   adj. *Pe. Referido a cosa, especialmente un vehículo*, lleno, repleto. urb; pop.
  II. 1.   f. *Pe*. Acto sexual en el que el hombre lame la vulva de la mujer. vulg; pop.
  III. 1.   m. *Ec*, p.u; juv. Hombre homosexual. pop ^ desp.
  IV. 1.   f. *Ho*. Problema, desgracia.
  ●
    a. ‖ **¡otra vez ~!** fórm. *Ar, Ur*, p.u. Se usa para resaltar que algo vuelve a repetirse. pop + cult → espon.
  ■
    a. ‖ ~ **borracha.** f. *Ni, Pa*. Dulce elaborado con bizcocho, azúcar, frutos secos y ron, que es típico de las bodas.
    b. ‖ ~ **de cardán.** f. *Ho:N*. Caldo de **frijoles** con **chicharrón**, piel de cerdo.
    c. ‖ ~ **de gloria.** f. *Pa*. Dulce elaborado con bizcocho, licor y salsa de almendras.
    d. ‖ ~ **de hombre.** f. *Ho*. Caldo hecho con toda clase de mariscos.
    e. ‖ ~ **de letras.** f. *PR*. Confusión de términos en clase. est.
    f. ‖ ~ **de olla.** f. *Ho*. Caldo hecho con hueso blanco de res, verduras como repollo, patatas, **plátano verde, yuca**, cebolla y especias.
    g. ‖ ~ **de paquete.** f. *CR, Cu, Co, Ch*. Alimento deshidratado que se vende en un sobre cerrado y se cocina en agua hirviendo para hacer una sopa.
    h. ‖ ~ **huachana.** f. *Pe*. Sopa hecha con fideos, carne de **res**, cebolla, tomate, **ají** y ajos.
    i. ‖ ~ **negra.** f. *CR*. Caldo de **frijoles** negros sazonado con ciertos condimentos como cebolla, pimiento y cilantro, *que se acompaña generalmente con huevo duro*.
    j. ‖ ~ **paraguaya.** f. *Py, Ar*. Masa hecha con maíz rallado, huevo leche, manteca y cebolla, y cocida al horno.

k. ‖ ~ **seca.** f. *Ho.* Plato de macarrones, pasta.

l. ‖ ~ **teóloga.** f. *Pe.* Sopa hecha a base de gallina, **papas**, queso, leche, pan y **huacatay**.

□

a. ‖ **ni** ~. loc. adv. *Gu, Ec.* Nada, ninguna cosa. pop + cult → espon.

b. ‖ **¡~s, perico!** loc. interj. *Mx.* Expresa admiración o sorpresa. pop.

c. ‖ **una ~ de su propio chocolate.** loc. sust. *Mx, Py.* Venganza consistente en infligir el mismo daño que se recibió.

▶ **calentar la ~ y no tomársela; dar ~ y seco; darle su ~ de muñeca; hacer la ~; soltar la ~.**

sopá.
●

a. ‖ **¿qué ~?** fórm. *Pa.* juv. **qué pasó**.

sopaborracha.
I. 1. f. *Ni.* **Marquesote** bañado con un licor, postre típico de Navidad.

sopadingo, -a.
I. 1. adj. *Bo:E.* Referido a persona, empapada, mojada.

sopaipilla.
I. 1. f. *Pe, Bo, Ch, Ar:NO,O.* Sopaipa, masa que, bien batida, frita y enmelada, forma una especie de hojuela gruesa.

■

a. ‖ ~ **pasada.** f. *Ch.* Sopaipilla bañada en una mezcla de **chancaca** y harina de maíz que se puede aderezar con canela, naranja, *y que se consume generalmente caliente.*

sopangazo.
I. 1. m. *ES.* Caída, golpe.

sopapa.
I. 1. f. *Bo, Ch, Py, Ar, Ur.* Ventosa de goma provista de un palo largo para asirla, que sirve para desatascar las cañerías. (**sopapo**).

2. *Bo, Ch.* Válvula que regula la descarga del agua en la cisterna del inodoro.

sopapeada.
I. 1. f. *Mx, Gu, Ni, Bo, Ar, Ur.* Golpes continuos que se le dan a alguien con la mano en la cara. pop + cult → espon.

sopapear.
I. 1. tr. *Cu.* Violentar a *alguien.* pop.

sopapo.
I. 1. m. *Ch.* **sopapa**, ventosa de goma.

II. 1. m. *Ho:C.* Bola de **maicillo** reventado con dulce de **panela**, trozo de azúcar.

III. 1. m. *Py.* Golpe de puño fuerte que se da en una situación conflictiva. pop.

□

a. ‖ **al** ~. loc. adv. *Ho.* De repente.

b. ‖ **de** ~. loc. adv. *Gu, ES, CR.* obsol. De repente.

sopardos.
I. 1. m. pl. *Ar.* Dinero. pop + cult → espon.

sope.
I. 1. *Mx, Gu, Ho, ES, Ni.* **zope**. (Cathartidae; *Coragyps atratus*).

□

a. ‖ ~ **renco.** loc. sust. *Ho.* Hombre que está muy enamorado de una mujer. rur.

▶ **ser ~.**

sopear.
I. 1. tr. *Mx; Ch,* pop + cult → espon. Ensopar pan u otro alimento en un líquido.

2. intr. *Mx.* Comer usando un pedazo de **tortilla** de maíz como cuchara.

3. tr. *Pe.* metáf. Realizar el sexo oral en la vagina de una mujer. vulg; pop.

sopera.
I. 1. f. *Py.* Persona que se dedica a preparar sopa. pop.

2. *Py.* Recipiente utilizado para colocar la masa de la sopa. pop.

soperear.
I. 1. intr. *Co:O.* Inmiscuirse en los asuntos de los demás. pop.

sopermi. (De *permiso,* por inversión silábica).
●

a. ‖ ~ **fórm.** *Bo; Ar,* fest; *Ur,* p.u. Se usa para pedir autorización o disculpas por algo que se va a hacer. pop + cult → espon.

sopete, -a.
I. 1. adj. *Ho:N,E,O.* Referido a persona, tonta. desp.

sopeteado, -a.
I. 1. adj. *Pa.* Referido a cosa, muy repetida por lo que ha perdido valor o interés.

sopetear.
I. 1. tr. *Co:O.* Tomar *una persona* comida en pequeñas cantidades.

II. 1. tr. *RD, Ve.* Probar la comida antes de ser servida o tomar algo en pequeña cantidad de un plato ajeno.

2. *Pa.* Manosear o probar alimentos y no comerlos.

III. 1. tr. *Pa.* Tratar a *alguien* con mucha circunspección y respeto.

IV. 1. tr. *Pa.* Insistir, repetir un tema.

sopilote.
I. 1. *Mx, ES.* **zopilote**. (Cathartidae; *Coragyps atratus*).

sopino.
I. 1. m. *Pe:E.* p.u. Ano. vulg; pop.

2. *Pe:E.* p.u. Nalgas. vulg; pop.

soplada.
I. 1. f. *Mx, Ni, Bo.* Soplido.

II. 1. f. *Ec.* Método de curación empleado por los brujos, consistente en lanzar con la boca un líquido, *por lo general aguardiente,* sobre una parte del cuerpo del enfermo. pop + cult → espon.

sopladera.
I. 1. f. *Co:C.* Utensilio similar a un abanico, hecho de paja, **totora** u otro material semejante, usado para avivar el fuego en los fogones de las casas.

soplado.
I. 1. m. *Gu, Ho.* Pedo, ventosidad. vulg.

II. 1. m. *Ch.* Resto de marihuana que se mezcla con fragmentos secos de otras plantas y se vende como si fuera de buena calidad. drog.

III. 1. m. *Ec.* Enfermedad física o psíquica producida por medio de magia o brujería. pop + cult → espon.

soplado, -a.
I. 1. adj. *Ho, Ni, CR, Pa, Cu, Co:C, Ve, Ec, Ch.* Referido *a persona o cosa,* que se mueve o actúa a gran velocidad. pop. ◆ **aventado**.

2. sust/adj. *Cu.* Persona que actúa desorganizada y precipitadamente, *en general por excitación y ansiedad.*

II. 1. adj. *Ho, Pe.* Referido a una cosa, hinchada, inflada.

2. adj/sust. *Ho, Ve.* metáf. **alzado**, engreído.

3. adj. *ES.* Referido a persona, que tiene la sensación de tener hinchado el estómago.

III. 1. adj. *Cu.* Referido a cosa, de buena calidad. pop.

2. sust/adj. *Cu.* Persona muy inteligente. pop.

IV. 1. adj. *Ni, Ec.* Referido a persona, gorda, pasada de peso. pop + cult → espon.

V. 1. adj. *ES.* Referido a persona, enfadada.

soplador.
I. 1. m. *Gu, Ec.* Estera pequeña y redonda, comúnmente de esparto, con mango o sin él, usada para avivar el fuego. ◆ **abanico**.

II. 1. m. *Ec.* Brujo o hechicero. pop + cult → espon.

soplador, -ra.
  I. 1. m. y f. *Ho.* Apuntador de un teatro.

soplafuego.
  I. 1. m. *Bo:O.* Instrumento tejido del cogollo de algunas palmas, usado para avivar el fuego de leña. pop + cult → espon.

soplamoco.
  I. 1. m. *Pa, Ar, Cu, PR,* p.u. Bofetada. pop + cult → espon.

soplamocos.
  I. 1. m. *PR, Pe.* Figura de papel doblado varias veces que, al meter los dedos entre los pliegues y tirar de ellos, produce un sonido fuerte y áspero.
  II. 1. m-f. *Bo:O.* Niño de corta edad. pop + cult → espon ^ fest.

soplanucas.
  I. 1. m. *Mx, Ec, Ar, Ch,* cult → espon. Varón homosexual que en sus relaciones adopta un papel activo. ♦ **soplapescuezos**. tabú; pop.

soplapescuezos.
  I. 1. *Mx.* **soplanucas**. pop.

soplapolvo.
  I. 1. m-f. *Ni.* Persona de baja estatura.

soplapote.
  I. 1. adj. *PR. Referido a persona,* que ayuda en oficios menores. pop + cult → espon.
    2. *PR. Referido a persona,* mensajera de confianza. pop + cult → espon.
  II. 1. adj. *PR. Referido a persona,* alcahueta. pop + cult → espon.

soplar(se).
  I. 1. tr. prnl. *Mx, Pe.* Realizar *algo* para desembarazarse de ello, terminarlo cuanto antes.
    2. *Mx.* Soportar *algo* desagradable, aburrido o molesto.
  II. 1. intr. *Mx, Ho, CR, Co:C, Ve, Ec, Bo:O, Ch.* Disponer *alguien* aún de energía suficiente para completar determinada acción. pop.
    2. *Ho.* Esforzarse *alguien* mucho en algo, trabajar mucho.
  III. 1. tr. *Ni, Pa, Cu, RD, PR, Pe, Bo:O, Ur.* pop + cult → espon. Sonarse la nariz.
  IV. 1. intr. prnl. *CR, Cu.* Apresurarse. pop.
    2. intr. *Ho.* Caminar con rapidez.
    3. *Ho.* Salir o ir deprisa *una persona* o un vehículo.
  V. 1. intr. *Ve.* Realizar el coito. pop.
    2. intr. prnl. *Cu.* Excitarse sexualmente *alguien*.
  VI. 1. tr. prnl. *Gu, Ho.* Matar *una persona* a *alguien*.
  VII. 1. tr. *Ch.* Limpiar *algo* en profundidad. pop + cult → espon.

●
  a. ‖ **¡sopla Bairoa!** fórm. *PR.* Se usa para exhortar al ánimo o el esfuerzo de alguien. pop + cult → espon.

□
  a. ‖ **~ aire.** loc. verb. *Py.* Sufrir dolor muscular en la parte superior del cuerpo. pop.
  b. ‖ **~ candela.** loc. verb. *Co:O.* obsol. Encender la lumbre.
  c. ‖ **~ el ojo.** loc. verb. *Gu.* Echar el aliento sobre el rostro de alguien para comprobar si ha tomado bebidas alcohólicas.
  d. ‖ **~ la pluma.** loc. verb. *Pe.* Eludir una responsabilidad o acusación atribuyéndosela a otros. pop + cult → espon.
  e. ‖ **~ vientos de fronda.** loc. verb. *Gu.* Comenzar las dificultades en algo.
  f. ‖ **~le brisa.** loc. verb. *RD.* Mejorar su fortuna.

  g. ‖ **~se la pija.**
    i. loc. verb. *Ho.* Masturbarse. vulg.
    ii. *Ho.* Holgazanear *alguien*. vulg.
  h. ‖ **~se los breques.** loc. verb. *Ho, Ni.* Estropearse el freno de un vehículo por pérdida de presión del circuito de frenado.
  i. ‖ **~se los frenos.** loc. verb. *Ho, ES.* Estropearse el sistema de frenado por aire de un vehículo.

◨
  a. ‖ **~ y hacer bomba.** fr. prov. *Ho, Ni.* Indica que algo es fácil de hacer. pop + cult → espon. ♦ **soplar y hacer botella**.
  b. ‖ **~ y hacer botella.** fr. prov. *Ni.* **soplar y hacer bomba**. pop + cult → espon.

soplas.
  I. 1. m. *CR.* Persona que acusa o delata a alguien. pop.

soplazón.
  I. 1. m. *Ho, ES.* Meteorismo, abultamiento del vientre por gases acumulados en el tubo digestivo.
  II. 1. m. *Ho.* Engreimiento.
  III. 1. m. *Ho.* Locura.

soplete.
  I. 1. m. *Pe, Bo:O, Py, Ar, Ur.* Utensilio que se utiliza para proyectar pintura pulverizada o pulverizar un producto de limpieza. pop + cult → espon.
  II. 1. m. *Co:C.* Trozo de papel en el que un estudiante anota fórmulas y otros datos para usarlos a escondidas en un examen. est.
    2. sust/adj. *Bo.* Persona que delata a alguien por conveniencia o malicia. pop + cult → espon.

sopletear.
  I. 1. tr. *Ec, Pe, Bo:O, Py, Ar, Ur.* Pintar *algo* con el **soplete**. pop + cult → espon.

soplido.
□
  a. ‖ **en un ~.** loc. adv. *Ho, ES.* Rápidamente, en un momento.

soplillo.
  I. 1. m. *Ch.* Trigo aún no maduro que se come tostado. rur.
  II. 1. *Cu.* **abey**.

soplo.
  I. 1. m. *Ec.* Noticia, verdadera o falsa, con la que se pretende criticar o desprestigiar a alguien.

soplón, -na.
  I. 1. m. y f. *Py.* Persona imprudente que cuenta a otras personas las decisiones asumidas en un puesto laboral antes de una publicación formal. pop.
    2. *CR. En las representaciones teatrales,* persona que disimuladamente transmite a los actores lo que tienen que decir o hacer.

soplonaje.
  I. 1. m. *Ch.* Soplo o delación que se hace sobre alguien. desp.

sopón.
  I. 1. m. *Cu.* Sopa muy espesa hecha con **habichuelas** u otros granos.

sopongazo.
  I. 1. m. *ES.* Golpe. pop + cult → espon.

sopotocientos, -as.
  I. 1. *Pa.* **zopotocientos**. pop + cult → espon ^ fest.

sopresata.
  I. 1. f. *Ar, Ur.* Embutido de carne de cerdo muy triturada y sazonada con sal y abundante pimentón.

soquear.
  I. 1. tr. *Py, Ar:NE.* Golpear a *alguien*. pop + cult → espon.

sóquet. (Del ingl. *socket*).
    I. 1. m. *Mx, Bo.* Parte metálica fijada en la bombilla de una lámpara eléctrica, que permite conectar esta con el circuito.

soquete. (Del fr. *socquette*).
    I. 1. m. *Ch, Py, Ar, Ur; Bo,* p.u. Calcetín corto que cubre el pie hasta el tobillo.
    II. 1. m. *Gu, ES, Pe, Ch.* Pieza metálica o de cerámica que sirve para conectar la bombilla al sistema eléctrico.

sóquete. (Del ingl. *socket*, enchufe, toma de corriente).
    I. 1. m. *Ve, Pe.* Pieza metálica o de cerámica que sirve para conectar la bombilla al sistema eléctrico.

sora.
    I. 1. *Pe:N.* p.u. **jora.** rur.
    II. 1. *PR.* **gallinita**, ave.

sorbete.
    I. 1. m. *Ec, Pe, Ar, Ur.* Pajilla para sorber líquidos, *especialmente refrescos.* (**sorbeto**).
    ▶ **valer ~.**

sorbetear.
    I. 1. tr. *Ch.* Sorber algún líquido haciendo ruido. pop.
    2. intr. *Ch.* Sorber la mucosidad nasal. pop + cult → espon.

sorbeto.
    I. 1. m. *Cu.* Galleta cuadrada o rectangular, formada por varias capas de masa muy fina unidas entre sí por crema.
    II. 1. *PR.* **sorbete.**

sorbida.
    I. 1. f. *Ho.* Sorbo intenso.

sorda.
    I. 1. *Mx.* **nauyaca.**

sordeli.
    I. 1. adj/sust. *Ar, Ur; Ch,* pop ^ fest. *Referido a persona,* sorda. pop + cult → espon ^ fest.

sordo.
    ▶ **pasarle las del ~.**

sordópilas.
    I. 1. m-f. *Bo:O.* Persona que no oye bien, *generalmente por distracción.* pop + cult → espon ^ fest.

soreco, -a.
    I. 1. adj. *Mx, ES. Referido a persona,* tonta, simple. pop.

sorejo, -a.
    I. 1. *PR.* **gacho**, que tiene una o ambas orejas mutiladas. rur.

soreque.
    I. 1. adj. *Gu. Referido a persona,* sorda.

sorete.
    I. 1. *Py, Ar, Ur.* **cerote**, porción de excremento. vulg; pop + cult → espon.
    II. 1. m. *Ar.* Persona, cosa o situación desagradable. vulg.
    □
    a. ‖ **un ~.** loc. pron/adv. *Ar, Ur.* Nada. vulg.

sorgeteadora.
    I. 1. f. *Ho.* Máquina que se utiliza para coser las mangas, el cuello y los rodillos a una prenda de vestir.

sorgo.
    I. 1. *Gu, Ho, Ni.* **maicillo.**

sorguicultor, -ra. (De *sorgo* y *cultivador*).
    I. 1. sust/adj. *Co.* Persona que cultiva **sorgo** o negocia con él.

sori. (Del ingl. *sorry*).
    ●
    a. ‖ **~.** form. *EU.* Se usa para pedir disculpas.

soricua.
    I. 1. f. *Mx:O.* Morcilla, embutido de cerdo.

sorimbo, -a.
    I. 1. adj. *Mx. Referido a persona,* borracha. (**surimbo**).

sorioco.
    I. 1. *Bo:O,NE.* **ishpingo.**

sornaguear. (De etim. desc.).
    I. 1. tr. *CR.* p.u. Sacudir con violencia, *especialmente a alguien.* rur.

sornajear.
    I. 1. intr. *Bo:E.* Emitir un animal equino los sonidos característicos de su especie.

sorneado, -a.
    I. 1. adj. *Ho, ES, Ni. Referido a persona,* dormida. (**zorniado**).

sornearse.
    I. 1. intr. prnl. *Mx.* Lastimarse el lomo un animal de carga o de cabalgadura a causa del roce. rur.
    II. 1. intr. prnl. *Ho, ES, Ni.* Dormirse. (**zorniarse**).

sornijear.
    I. 1. tr. *ES.* Sacudir, zarandear a *alguien.*

soroche. (Del quech. *suruchiq*).
    I. 1. m. *Co, Ve, Ec, Pe, Bo, Ar:NO; Ch,* p.u. **puna**, mal de montaña.
    II. 1. adj. *Ar:NO.* De color gris, plomizo.
    III. 1. m. *Ch.* Galena, mineral compuesto de azufre y plomo, de color gris y lustre intenso.

sorochi. (Del quech. *suruchiq*).
    I. 1. m. *Bo, Ar:NO.* **puna**, mal de montaña.

sorocho. (Del quech. *suruchiq*).
    I. 1. m. *Ar:NO.* **puna**, mal de montaña.

sorocho, -a.
    I. 1. adj. *Ve. Referido a un fruto,* que no ha madurado completamente. (**zorocho**).

soroco, -a.
    I. 1. sust/adj. *Gu, ES, Co:C.* Persona tonta. pop.
    II. 1. adj. *PR. Referido a persona,* mutilada, *en especial si le faltan las dos manos.* rur.
    2. *PR. Referido a un animal bovino,* que le falta uno o ambos cuernos. rur.

sorococo.
    I. 1. *Ho.* **caburé.**

soroilo, -a.
    I. 1. adj. *ES. Referido a persona,* tonta. rur.

sorojche. (Del quech. *suruchiq*).
    I. 1. *Bo.* **sorojchi.**

sorojchi. (Del quech. *suruchiq*).
    I. 1. m. *Bo.* **puna**, mal de montaña. pop + cult → espon. (**sorojche**).

sorolfo, -a.
    I. 1. adj. *ES. Referido a persona,* borracha.

sorolpa.
    I. 1. f. *Ni.* **guacal**, cabeza.

sorolpudo, -a.
    I. 1. adj. *Ni. Referido a persona,* de cabeza grande.

sorombático, -a.
    I. 1. adj. *Co. Referido a persona,* confundida o trastornada por una impresión fuerte. pop ^ desp.

sorompo, -a.
    I. 1. adj. *Ho. Referido a persona,* tonta. rur.

sorongo.
    I. 1. m. *Ar:NO; Mx, Ur,* obsol. Rosca que se hacen las mujeres en la nuca con el cabello trenzado. rur; pop + cult → espon.
    II. 1. *Ar, Ur.* **cerote**, porción de excremento.
    □
    a. ‖ **hasta el ~.**
      i. loc. adj. *Ar:NO. Referido a un lugar o un recipiente,* completamente lleno. rur; pop + cult → espon.

ii. *Ar:NO. Referido a persona*, harta o cansada de algo. rur; pop + cult → espon.

b. ‖ **un ~.** *Ar, Ur*, p.u. **un zorongo**. vulg; pop.

sorongo, -a.
  I. 1. adj. *Pa. Referido a persona*, perezosa.

soropeta.
  I. 1. f. *Ni.* Pene. vulg.

soropete.
  I. 1. adj. *Ho. Referido a persona*, borracha. rur.

soropeto, -a.
  I. 1. adj. *Ho. Referido a persona*, tonta.

sororidad. (Del ingl. *sorority*).
  I. 1. f. *PR.* Agrupación que se forma por la amistad y reciprocidad entre mujeres que comparten el mismo ideal y trabajan por alcanzar un mismo objetivo.

sorprender.
  I. 1. tr. *Pe, Bo, Ur, Py*, pop + cult → espon. Engañar a *alguien* aprovechando su buena fe.

sorpresa.
  I. 1. f. *Ec.* Caja pequeña, *generalmente con golosinas y algún juguete*, que se entrega al final de las fiestas infantiles.
  II. 1. f. *ES.* Escena representada en barro de tamaño minúsculo, *generalmente un belén o una escena grotesca*.

sorra.
  I. 1. f. *PR.* **orizahá**.

sorrajar.
  I. 1. tr. *Mx.* Propinar, dar un golpe. pop + cult → espon.

sorrentino.
  I. 1. m. *Ar, Ur.* Variedad de pasta con forma redondeada y rellena de **ricota**, jamón y nueces.

sorri.
  •
  a. ‖ **~.** (Del ingl. *sorry*). fórm. *Ni.* Se usa para pedir disculpas.

sorrostrar.
  I. 1. tr. *Mx.* Aguantar, tolerar o soportar a *alguien*. pop.

sorrostricar.
  I. 1. tr. *Co:C.* Decir a alguien *algo* que le ofende o molesta muchas veces o con insistencia. pop.

sortario, -a.
  I. 1. adj. *Ve. Referido a persona*, afortunada, que tiene buena suerte. pop.
  2. *Ve.* Que da buena suerte. pop.

sortear. (Del ingl. *to sort*).
  I. 1. tr. *EU.* Clasificar o poner *algo* en orden.

sortejerito.
  I. 1. m. *Ec.* p.u. **sortijerito**. inf.

sortija.
  I. 1. f. *Mx, Co, Ec, Ur*, p.u. Anillo de compromiso o de matrimonio.

sortijerito.
  I. 1. m. *Ec.* Dedo anular. inf; pop. (**sortejerito**).

sortudo, -a.
  I. 1. sust/adj. *Bo.* Persona que tiene mucha suerte, *generalmente en juegos de azar*. pop + cult → espon.

sorullo.
  I. 1. m. *Cu.* Celdilla donde las abejas depositan la miel dentro del panal. (**zorullo**).
  II. 1. m. *Cu.* Tabaco mal **torcido**. pop. (**zorullo**).
  III. 1. m. *PR.* Masa de harina de maíz de forma alargada y cilíndrica, asada o frita.

  •
  a. ‖ ¡**~, suelta lo que no es tuyo!** fórm. *Cu.* Se usa para burlarse de una persona que utiliza una cosa prestada, *especialmente una prenda de vestir*. pop + cult → espon.

sorumpio.
  I. 1. m. *Ar:NO.* Irritación de los ojos producida por la visión del resplandor del sol sobre la nieve.

sosa.
  I. 1. m. *Mx.* Arbusto de hasta 4 m de altura, de hojas anchamente aovadas, flores blancas y fruto en baya amarilla o naranja. (Solanaceae; *Solanum hispidum*).
  2. f. *Mx.* Arbusto de hasta 4 m de altura, de tallos cubiertos de pelos, hojas alternas, aovadas, cubiertas de pelos blancos en el envés, flores moradas acampanuladas y fruto seco en cápsula con numerosas semillas; posee diversas aplicaciones en la medicina tradicional. (Hydrophyllaceae; *Wigandia urens*).
  ♦ **chichicastón**; **tabaco cimarrón**.

sosegate.
  I. 1. m. *Py, Ar, Ur, Bo*, p.u. Reprimenda, de palabra o de obra, con que se corrige a alguien para que no continúe en lo que estaba haciendo o no lo repita. pop + cult → espon.

soso, -a.
  I. 1. adj. *Ni, Cu, RD, PR. Referido a una bebida, especialmente el café*, que no tiene azúcar.
  ▶ **quedarse ~.**

sosote.
  I. 1. *Mx.* **zozote**.

sospó.
  I. 1. *Mx:SE.* **chicocuchi**.

sosquil. (Del maya yucateco *susqui*, fibra de henequén).
  I. 1. m. *Mx:SE.* Fibra vegetal de **henequén** que se emplea para hacer estropajos. (**zosquil**).

sosquilar.
  I. 1. *Mx:SE.* **sosquilear**.

sosquileada.
  I. 1. f. *Mx:SE.* Azotaina. ♦ **sosquín**.

sosquilear.
  I. 1. tr. *Mx:SE.* Azotar. (**sosquilar**).

sosquín.
  I. 1. m. *Mx:SE.* **sosquileada**.

sostén-senos. (Calco del fr. *soutien-gorge*).
  I. 1. m. *Pe.* Sostén, sujetador.

sostenedor, -ra.
  I. 1. *Ch.* **sostenedor de Educación**.
  ■
  a. ‖ **~ de Educación.** m. y f. *Ch.* Propietario de un centro privado de enseñanza básica o media que recibe subvención del Estado. ♦ **sostenedor**.

sostener.
  □
  a. ‖ **~ la peña.** loc. verb. *Ho, ES, Ni.* Quedarse *alguien* solo soportando una situación molesta o problemática.

sota.
  I. 1. sust/adj. *Ur, Ar*, p.u. Persona tonta, ingenua o poco perspicaz. pop + cult → espon ^ desp.
  2. *Pe.* p.u. Persona astuta, que actúa con picardía. pop.
  II. 1. f. *Ch, Ar.* Década, diez años. pop + cult → espon.
  III. 1. f. *Ec, Pe.* Árbol de copa redondeada, ancha y densa, con tronco ligeramente tortuoso, corto y con aletas en la base, ramas espinosas y madera amarillenta. (Moraceae; *Maclura tinctoria*).
  IV. 1. m. *Ch.* Capataz de una cuadrilla. rur.
  ▶ **hacerse el ~.**

sotabanco.
  I. 1. m. *Ec. En los fuegos artificiales*, armazón usada como plataforma para lanzar cohetes.

sotacaballo.
  I. 1. m. *Mx, Ho.* Arbusto de 1,5 m de altura, de hojas verde oscuro, ovaladas, con márgenes aserrados, y flores blancas, pequeñas y muy olorosas. (Asteraceae; *Eupartoitum laevigatum*). ♦ **azotacaballo**.

2. *Ar.* **Francisco Álvarez.**
3. *PR.* **maíz tostado**, arbusto.

sotacura.
I. 1. m. *Ch.* obsol. Sacerdote que ayuda al cura párroco.

sotanero, -a.
I. 1. adj. *ES. Referido a persona o equipo*, que ocupa los últimos puestos de la clasificación.

sótano.
I. 1. m. *Ho, Ni, Cu, PR.* Posición más baja en la clasificación de una **competencia** deportiva.
II. 1. m. *Ho. En el ejército*, cárcel.

sotanudo.
I. 1. m. *Ec; Ni, CR,* p.u. Cura, sacerdote católico. pop + cult → espon ^ desp.

sote.
I. 1. m. *Ur.* Sobresaliente, calificación máxima en educación primaria. pop + cult → espon.

soto.
I. 1. *Bo:E,S.* **quebracho**, árbol.

■
a. ‖ ~ **negro.** m. *Bo:S.* Árbol de hasta 10 m de altura, tiene hojas simples y flores de color verde. (Anacardiaceae; *Schinopsis cornuta*).

sotol. (Del nahua *zotolin,* palma).
I. 1. m. *Mx.* Planta de hasta 1,8 m de altura, de tallos cortos o alargados, hojas numerosas, formando rosetas, largas y angostas con espinas en sus bordes y una púa terminal, inflorescencias en panículas estrechas y flores pequeñas; el tronco se emplea en la construcción y como combustible. (Ruscaceae; *Dasylirion* spp.). (**xotol**; **zotol**).
2. *Mx.* Licor que se obtiene del sotol. (**zotol**).

sotole.
I. 1. m. *Mx:S.* Palma gruesa empleada para techar chozas. rur.

sotolito.
I. 1. *Mx.* **espadín**, planta.

sotolo, -a.
I. 1. adj. *Ec:S. Referido a persona*, pequeña, de poca estatura.

sotoubú.
I. 1. *Bo:E.* **jaboncillo**, árbol.

sotreta.
I. 1. adj/sust. *Bo:S, Ar, Ur. Referido a persona*, que actúa con mala fe. rur.
2. *Bo:S, Ar. Referido a persona*, holgazana o poco hábil para algo. rur.
3. *Ar, Ur. Referido a animal*, inútil o de malos hábitos. rur.

soutien. (Voz francesa).
I. 1. m. *Ar, Ur.* Prenda interior femenina para sujetar el pecho y darle forma.

soviético, -a.
I. 1. adj. *ES. Referido a persona*, loca.
2. *ES. Referido a persona*, drogada.
II. 1. adj. *Ho.* juv. *Referido a persona*, muy enojada. fest.

soya.
I. 1. f. *Gu, Ho, Ni.* Soja.
2. *Gu, Ho, Ni.* Fruto de la soya, legumbre redondeada, de color amarillo, negra o verde, según la variedad; es comestible y muy nutritivo.
3. *Ho.* Salsa hecha con la soya.

soyacal. (Del nahua *zoyatl,* palma, y *calli,* casa).
I. 1. m. *Mx.* Planta herbácea perenne, de hojas grandes, palmeadas, en forma de abanico, con un largo pecíolo que nace a ras del suelo, e inflorescencia de flores diminutas y fragantes, de color amarillo;

de las hojas se extrae una fibra empleada para hacer escobas y sombreros. (Cyclanthaceae; *Carludovica palmata*). (**zoyacal**). ♦ **hiraca; jipijapa; junco; lucaica; lucua; murrapo; nacuma; napa; palma de jipijapa; palmicha; toquilla; xaan**.
II. 1. m. *Gu.* **suyacal**.

soyacapulín. (Del nahua *zoyatl,* palma, y *capullin,* capulín).
I. 1. m. *Mx.* Árbol de hasta 30 m de altura, de estípite recto y sin ramificar, hojas largas, tiesas, pinnadas glaucas o de color verde azuloso, inflorescencias como espadas abiertas desde las axilas de las hojas, y fruto oblongo ovoide y liso. (Arecaceae; *Phoenix dactylifera*).

soyado, -a.
I. 1. adj. *Ho. Referido a persona*, que no tiene dinero.

soyamiche. (Del nahua *zoyatl,* palma, y *michin,* pescado).
I. 1. m. *Mx.* **palma de escoba**.

soyate.
I. 1. *Mx.* **zoyate**.
2. *Ni.* **suyate**, fibra.
3. *Ni.* **suyate**, cordel.

soyo.
I. 1. m. *Ar:NE; Py,* pop. Sopa hecha con carne picada.

spam. (De *Spam*®).
I. 1. m. *Cu.* Carne triturada y prensada que se comercializa en conserva.

speaker. (Voz inglesa).
I. 1. m. *EU.* Presidente de la Cámara de Representantes.

special.
■
a. ‖ ~ **delivery.** (Voz inglesa). m. *EU, PR. En el servicio de correos*, correo extraordinario, entrega especial.

spiedo. (Voz italiana).
I. 1. *Ar, Ur.* **espiedo**, varilla.
2. *Ar, Ur.* **espiedo**, dispositivo.

spike. (Voz inglesa).
I. 1. m. *EU, Ni, Cu, PR, Ve. En el beisbol*, cada uno de los tacos que llevan en la suela los zapatos de los jugadores.
2. *EU, Ni, Cu, PR, Ve. En el beisbol*, zapato que tiene estos tacos.
II. 1. m. pl. *PR.* Conjunto de instrumentos usados por adictos a drogas. drog.

sport. (Voz inglesa).
I. 1. m. *Ch, Ar, Ur. En las carreras de caballos*, dividendo que alcanza cada uno de los ganadores.
■
a. ‖ ~ **shirt.** (Voz inglesa). f. *EU.* Camisa cómoda y sencilla.

sportivo, -a. (Del ingl. *sportive,* deportivo).
I. 1. adj. *Py.* Relativo al deporte. esm.

spring. (Voz inglesa).
I. 1. *EU,* **esprín**, resorte.
II. 1. m. *PR.* Base donde descansa el colchón de muelles.

square. (Voz inglesa).
I. 1. m. *EU.* Persona que mantiene sus pautas conservadoras.
II. 1. m. *PR.* Persona que no es adicta a drogas. drog.
2. *PR.* Persona que no se deja convencer para consumir drogas. drog.

staff. (Voz inglesa).
I. 1. *PR, Ec. En el beisbol*, conjunto de **lanzadores** de un equipo.

stand.
■
a. ‖ ~ **by.** (Voz inglesa). m. *EU, RD, PR. En los aeropuertos*, lista de espera de pasajeros.

☐

    a. ‖ ~ **by.** loc. adj. *Ho. juv. Referido a persona*, serena, tranquila de carácter.

standard. (Voz inglesa).
    I. 1. *Mx, PR.* Automóvil de cambio manual de velocidades.

☐

    a. ‖ **doble ~.** loc. sust. *Ch.* Doblez, hipocresía. pop + cult → espon.

standing. (Voz inglesa).
    I. 1. m. *EU, Ni, RD, PR. En el beisbol*, posición de los equipos en el campeonato según el número de derrotas y de victorias.

starving. (Voz inglesa).
    I. 1. m-f. *PR.* Adicto que necesita droga apremiantemente. drog.

station. (Voz inglesa).
    I. 1. m. *Ch.* **station wagon.**

■

    a. ‖ ~ **wagon.** (Voz inglesa). m. *EU, Ho, Ni, RD, PR, Ch.* Automóvil cuyos asientos traseros se pueden desmontar y permitir mayor espacio de carga. ♦ **station.**

status. (Voz inglesa).
    I. 1. m. *PR.* Estatus, condición política de Puerto Rico, de Estado Libre Asociado.

sticker. (Voz inglesa).
    I. 1. *EU, Ho, Ni, CR, RD, PR, Ec, Pe, Bo, Py, Ar, Ur.* **estíquer.**

stickfix. (De *Stick Fix*®).
    I. 1. m. *Ch.* Pegamento en barra.

stillson. (De *Stillson*®).
    I. 1. f. *Ho.* Llave de fontanería.

stock.

■

    a. ‖ ~ **item.** (Voz inglesa). m. *EU, PR.* Artículo comercial disponible.
    b. ‖ ~ **room.** (Voz inglesa). m. *EU, PR.* Almacén de mercancías.

stool. (Voz inglesa).
    I. 1. f. *EU, PR.* Banqueta alta y sin brazos *usada fundamentalmente en algunos bares.*

stop. (Voz inglesa).
    I. 1. *Ho, ES, Ni, RD, Co, Ar, Ur.* **estop,** luz.
    II. 1. m. *Co, Bo:O, Ch.* Juego en que los participantes deben escribir, en un tiempo limitado, palabras que empiecen con una letra determinada, a partir de una serie de categorías convenidas de antemano.

■

    a. ‖ ~ **payment.** (Voz inglesa). m. *EU, PR.* Suspensión de pagos.

stopper. (Voz inglesa).
    I. 1. m. *Ho. En un equipo de futbol*, el jugador que está detrás del defensa central y que tiene como función evitar que penetre cualquiera de los jugadores contrarios que ya desbordó al resto del equipo.

straight. (Voz inglesa).
    I. 1. m. *EU, PR.* Persona heterosexual.
    II. 1. m. *EU, PR.* Bebida alcohólica sin aditivos.

☐

    a. ‖ **en ~.** loc. adv. *Cu. En relación con la forma de preparar una bebida alcohólica*, sin mezclarla con otros ingredientes.

strapless. (Voz inglesa).
    I. 1. adj/sust. *EU, Mx, Ni, Cu, RD, PR, Co, Ve, Ec, Py, Ar, Ur. Referido a una prenda de vestir femenina*, que deja los hombros al descubierto y se ajusta elásticamente de las axilas a la cintura.

strike. (Voz inglesa).
    I. 1. m. *EU, Mx, Ho, ES, Ni, Cu, RD, PR, Ve. En el beisbol*, pelotazo lanzado de forma reglamentaria y que el **bateador** no llega a alcanzar.
    2. *Ho. En el juego de bolos*, derribo de todos los bolos en un solo tiro.

■

    a. ‖ ~ **out.** (Voz inglesa). m. *EU, Mx, Ni. En el beisbol*, salida del juego de un **bateador** que acumula tres *strikes.*

striptisero, -a.
    I. 1. adj. *Pe, Bo, Ch.* Relativo al *striptease* o espectáculo en el que una persona se desnuda lenta y sugerentemente.
    2. sust/adj. *Pe, Bo, Ch.* Persona, *especialmente una mujer*, que practica el *striptease.*

stud. (Voz inglesa).
    I. 1. m. *Ch, Py, Ar, Ur.* Conjunto de caballos de carreras que se adiestran y preparan en el mismo lugar donde se crían.

■

    a. ‖ ~ **pigeon.** (Voz inglesa). m-f. *PR.* Persona que delata a los adictos. drog.

¡suábana!
    I. 1. *Cu.* **¡suávana!**

suaca.
    I. 1. f. *Mx.* obsol. Paliza, serie de golpes. pop.

¡suácate!
    I. 1. interj. *Co, Pe; Ch,* pop + cult → espon. Expresa la ejecución de una acción violenta o de un golpe de manera inmediata. pop.

suadero.
    I. 1. m. *Mx.* Carne maciza que cubre los costillares de la **res.** ♦ **suaperro.**

suaje.
    I. 1. m. *Mx.* Instrumento con bordes cortantes para recortar o dar forma con precisión a planchas, cartones, cueros y otros materiales.

suale. (Del nahua *tzoalli*).
    I. 1. m. *Mx, ES.* **alegría,** dulce.

suampal.
    I. 1. *Gu, Ho:N, Ni, CR, Pa.* Lugar inundado permanentemente de agua. (**zuampal**).

suampo. (Del ingl. *swamp*).
    I. 1. m. *Gu, Ho:N, Ni, CR, Pa.* Terreno pantanoso, inundado permanentemente de agua. (**zuampo**).
    2. *Ho:N.* Riachuelo, río de poco caudal.

suamposo, -a.
    I. 1. adj. *Ho:N, Ni. Referido a tierras bajas y costeras*, inundadas permanentemente de agua.

suan.
    I. 1. *Co.* **matapalo,** árbol.

suapatli.
    I. 1. *Mx.* **ciguapate.**

suape.
    I. 1. m. *RD.* Utensilio para limpiar el suelo formado por un mango largo con un manojo de tiras hechas de un tejido absorbente.
    II. 1. m. *RD.* Borrachera.

suapear.
    I. 1. tr. *RD.* Limpiar el suelo utilizando un **suape.**

suaperro.
    I. 1. *Mx.* **suadero.**

¡suas!
    I. 1. interj. *Co, Ec, Pe.* Expresa la brusquedad o lo repentino de algo.
    2. *Pa, Ec.* Expresa la rapidez y facilidad con que se hace algo.

suasar(se).
    I. **1.**   intr. prnl. *Ho, Ni.* Quemarse las hojas de plantas por enfermedad, falta de agua o aplicación de herbicidas.
    II. **1.** tr. *Ho, Ni.* Cocinar ligeramente un alimento al fuego.

suaso.
    I. **1.**   m. *Ho:E.* Enfermedad de algunas plantas como **frijol** y maíz, que se caracteriza por el arrugamiento, decoloración y marchitamiento de las hojas causadas por fenómenos meteorológicos.

¡suávana!
    I. **1.**   interj. *Cu.* Imita el ruido de un golpe o caída. pop. (**¡suábana!**).
        2.   *Cu.* Expresa asombro, sorpresa o contrariedad. pop. (**¡suábana!**).

suave.
    I. **1.**   adj. *Mx, ES, Bo, Py. Referido a cosa o situación,* muy agradable o muy satisfactoria. pop + cult → espon.
    II. **1.** adv. *Mx:N.* De acuerdo. pop + cult → espon.
    III. **1.** adj. *Ho. Referido al precio de algo,* bajo.
    □
      a. ‖ **al ~.**
        i.   loc. adv. *Ho, ES.* Poco a poco, progresivamente. ♦ **al suavetón.**
        ii. *Ho.* Silenciosamente, con sigilo. ♦ **al suavetón.**
      b. ‖ **al ~ y al llegue.** loc. adv. *Ho.* Poco a poco.
    ◪
      a. ‖ **~ que es bolero.** fr. prov. *Ni, CR, Pa.* Indica que hay que tranquilizarse y hacer las cosas con calma.
    ▶ **cogerlo ~; ir al ~.**

¡suave!
    I. **1.**   interj. *Ni, Cu, Pe.* Expresa advertencia a alguien para que se comporte con serenidad y sosiego. pop + cult → espon.
        2.   *Pe.* Expresa advertencia a alguien de un peligro. pop + cult → espon.
        3.   *Ni, CR, Pa.* Expresa solicitud de más tiempo para realizar una actividad, o la petición de que se realice más despacio. pop + cult → espon.

suavena.
    I. **1.**   f. *Ni, RD, Co.* juv. Tranquilidad, lentitud. pop.

suavetón.
    □
      a. ‖ **al ~.**
        i.   *Ho.* **al suave,** silenciosamente.
        ii. *Ho.* **al suave,** poco a poco.

suavizador.
    I. **1.**   m. *Cu.* Acondicionador, cosmético para facilitar el peinado del cabello después del lavado.

suba.
    I. **1.**   f. *Pe, Py, Ar, Ur, Ec,* p.u; *Ch,* p.u; esm. Alza o subida, *especialmente de precios.*
    II. **1.** f. *Co:N.* Época del año en que ciertos peces suben río arriba para desovar.

subalterno, -a.
    I. **1.**   adj. *Pe.* p.u. *Referido a una acción,* que esconde una doble intencionalidad o una baja catadura moral. pop + cult → espon.

subcontralor, -ra.
    I. **1.**   m. y f. *Ho, CR, Ec, Ch.* Funcionario que hace las veces del **contralor.**

subdelegación.
    I. **1.**   f. *Mx.* División política y administrativa del Distrito Federal, que forma parte de una **delegación.**
        2.   *Mx.* Oficina de gobierno y administración de justicia de una subdelegación.

sube.
    ■
      a. ‖ **~ y baja.** m. *ES, Ni, Pa, RD, PR, Ec, Bo, Ch, Py, Ar, Ur.* **subibaja.**

subeibaja.
    I. **1.**   *Mx, Ar.* **subibaja.**

subentendido.
    I. **1.**   m. *Ch.* Sobrentendido, idea que se entiende aunque no se exprese. cult → esm.

subibaja.
    I. **1.**   m. *Mx, Ni, CR, Pa, RD, PR, Ec, Pe, Bo, Ar, Ur.* Pieza alargada puesta en equilibrio en un punto de apoyo, sobre la cual se balancean dos personas sentadas cada una en un extremo. (**sube y baja; subeibaja**).

subida.
    I. **1.**   f. *Co.* Ejercicio de una dignidad o empleo.
    II. **1.** f. *Ho.* Hecho de estar drogado.

subidera.
    I. **1.**   f. *Ni, RD, Pe.* Alza constante de precios. pop.
    II. **1.** f. *Pe.* p.u. Subida a un vehículo. pop.

subido.
    I. **1.**   m. *Co:NE, O.* Dulce esponjoso de **panela.**
        2.   *Co:C.* **Bollo** de forma cónica, elaborado a base de **maíz pelado** y **panela.**
    II. **1.** m. *Cu.* Sentimiento de irritación, malhumor o cólera.
    III. **1.** m. *Ni.* Baja temporal que se otorga a un trabajador en caso de enfermedad, sin que deje de percibir un sueldo.

subido,-a.
    I. **1.**   adj/sust. *Ho.* **alzado,** engreído.

subienda.
    I. **1.**   f. *Co, Ec.* Época del año en que ciertos peces suben río arriba para desovar.

subín. (Del maya).
    I. **1.**   *Mx:SE, Ho.* **ixcanal.** (**zubín**).
        2.   *Ho.* **aromo.**

subinché. (Del maya).
    I. **1.**   *Mx:SE.* **zubinché.**

subir(se).
    I. **1.**   intr. prnl. *RD.* Irritarse, enfadarse. pop.
    □
      a. ‖ **no ~le el agua al tinaco.** loc. verb. *Mx.* Ser alguien duro de entendimiento.
      b. ‖ **~ al columpio.** loc. verb. *Ch.* Hacer a *alguien* víctima de bromas. pop + cult → espon.
      c. ‖ **~ como la espuma del mabí.** loc. verb. *PR.* Encarecerse los precios de víveres y mercancías.
      d. ‖ **~ de color.** loc. verb. *Mx, Ni, RD.* Intensificarse una discusión o una riña.
      e. ‖ **~ el cantazo.** loc. verb. *PR.* Producir la droga un buen efecto a alguien al inyectarse. drog.
      f. ‖ **~ el pelo.** loc. verb. *Ch.* Mejorar *grandemente* la calidad o apariencia de algo. pop + cult → espon.
      g. ‖ **~ la escalera.** loc. verb. *PR.* Pasar las prostitutas de una habitación a otra más cómoda como premio a sus buenos oficios. prost.
      h. ‖ **~ la parada.** loc. verb. *Cu.* Afrontar algo con determinación. pop.
      i. ‖ **~ la tabla.** loc. verb. *PR.* Haber cumplido *alguien* la sentencia mínima y aspirar a salir de la cárcel bajo palabra. carc.
      j. ‖ **~ los vidrios.** loc. verb. *RD.* Ignorar a alguien o dejar de tener contacto con él. pop + cult → espon.
      k. ‖ **~ una nota *heavy.*** loc. verb. *PR.* Estar *alguien* drogado. drog.
      l. ‖ **~ y bajar.** loc. verb. *Ch.* Tratar a *alguien* con dureza. pop + cult → espon.
      m. ‖ **~ y bajar santos.** loc. verb. *PR.* Blasfemar *alguien.* pop + cult → espon.
      n. ‖ **~se al chorro.** *Ch.* **subirse por el chorro,** incorporarse a una actividad.

ñ. ‖ **~se al piano.** loc. verb. *Ch.* Ponerse *alguien* pesado o insolente. pop + cult → espon.

o. ‖ **~se al tutumo.**
   i. loc. verb. *Bo:E.* Encolerizarse *alguien.*
   ii. *Bo:E.* Alcanzar *alguien* el poder político.

p. ‖ **~se el cacahuate a la cabeza.** loc. verb. *Ho.* Creerse una persona más de lo que vale. desp.

q. ‖ **~se el indio a la cabeza.** loc. verb. *Ho.* Enfadarse.

r. ‖ **~se el santo.** loc. verb. *Cu.* Irritarse, enfadarse alguien.

s. ‖ **~se en la burra.** loc. verb. *Ho, Ni.* Alcanzar el poder político, *en especial la presidencia de la República.* pop + cult → espon.

t. ‖ **~se la gata a la batea.** loc. verb. *Ve.* Llegar una situación al límite de lo tolerable.

u. ‖ **~se la pulga.** loc. verb. *PR.* Enfermarse una mujer debido a desarreglos posparto. rur.

v. ‖ **~se por el chorro.**
   i. loc. verb. *Ch.* Incorporarse *alguien* a una actividad o a un negocio que reportan beneficios. pop + cult → espon. (**subirse al chorro**).
   ii. *Ch.* Actuar con atrevimiento o intentando aprovecharse de lo que disfrutan otros. pop + cult → espon.

w. ‖ **subírsele el apellido.** loc. verb. *Mx, Ni, CR, Co.* Hartarse o enfadarse. pop.

x. ‖ **subírsele el color.** loc. verb. *Mx, Ni.* Sonrojarse alguien.

y. ‖ **subírsele el indio.** loc. verb. *Mx, Ho, Ni, Pa, Cu, Co, Ch, Py, Ar.* Encolerizarse alguien. pop ^ desp.

z. ‖ **subírsele el negro.**
   i. loc. verb. *Cu.* Encolerizarse alguien. pop + cult → espon. ♦ **subírsele el negro a la cabeza.**
   ii. *Cu.* Caer en trance una persona por haber sido poseída por uno de los dioses de la **santería.** ♦ **subírsele el negro a la cabeza.**

a¹. ‖ **subírsele el negro a la cabeza.** *Cu.* **subírsele el negro.**

b¹. ‖ **subírsele la bilirrubina.** loc. verb. *RD, Py.* Excitarse alguien sexualmente. pop ^ fest.

c¹. ‖ **subírsele la guinea a la cabeza.** loc. verb. *RD.* Irritarse, enfadarse alguien mucho.

d¹. ‖ **subírsele la mostaza.** loc. verb. *Ch, Ar, Ur,* p.u. Sentir alguien una profunda irritación. pop + cult → espon.

e¹. ‖ **subírsele las copas.** loc. verb. *Mx.* Disminuir las facultades mentales de alguien por haber tomado bebidas alcohólicas. pop + cult → espon.

submarinear.
   I. 1. tr. *Ch.* p.u. Ocultar o hacer ocultarse a *alguien* que está siendo perseguido. pop + cult → espon.

submarino.
   I. 1. m. *Mx, Ho, Co:C,N,SO, Bo:O.* Cerveza con una copa de aguardiente.
   2. *Pe.* juv. Sorbo de licor que se toma conteniendo el humo del cigarro inhalado previamente.
   3. *Ho.* Cóctel de bebidas alcohólicas como ron, **guaro,** ginebra y güisqui.
   II. 1. m. *Ec, Bo, Ch, Ar, Ur.* Tortura consistente en sumergir en agua sucesivamente la cabeza de la víctima.
   III. 1. m. *Ar, Ur.* Vaso de leche caliente con una barra de chocolate dentro.
   IV. 1. m. *PR.* Agente de Rentas Internas, inspector de Hacienda. delinc. ♦ **hombre rana.**
   2. *PR.* Policía encubierto. crog. ♦ **hombre rana.**

■

a. ‖ **~ seco.** m. *Ch, Ar, Ur.* Tortura consistente en introducir la cabeza de la víctima en una bolsa de plástico cerrada sobre el cuello para irla asfixiando poco a poco.

subprefecto, -a.
   I. 1. m. y f. *Ch.* Subjefe de policía.

subprefectura.
   I. 1. f. *Bo, Ch.* Cargo o dignidad de **subprefecto.**
   2. *Bo, Ch.* Oficina o dependencia dirigida por el **subprefecto.**
   3. *Ch.* Zona de jurisdicción del **subprefecto.**

subrogancia.
   I. 1. f. *Ch.* Subrogación. cult → esm.

subsiguiente.
   I. 1. m. *PR.* Reincidente. carc.

subte. (Apóc. de *subterráneo*).
   I. 1. m. *Ar, Ur.* Tren **subterráneo.**

subterráneo.
   I. 1. sust/adj. *Ar, Ur.* Tren que circula por las ciudades bajo la superficie.
   2. m. *Ar.* Conjunto de instalaciones que posibilitan el funcionamiento del ferrocarril o tranvía subterráneos.

¡subuso!
   I. 1. interj. *Cu.* obsol. Expresa que no debe revelarse algo o que debe hacerse algo con disimulo y en silencio. pop.

subversivo, -a.
   I. 1. m. y f. *ES.* p.u. Guerrillero.

succionacalcetines.
   I. 1. sust/adj. *Ar.* Persona aduladora y servil. pop + cult → espon ^ desp.

sucedencia.
   I. 1. f. *Mx.* obsol. Suceso, cosa que sucede.

sucedido, -a.
   I. 1. adj. *RD, Pe.* Referido a *persona,* que aparenta sufrir algún padecimiento. pop.

sucha.
   I. 1. *Bo.* **guala,** ave rapaz.

suche. (Del nahua *xochitl,* flor).
   I. 1. adj. *Mx:SE, Ve.* Referido a *fruto,* agrio, duro, sin madurar.
   II. 1. m. *Bo, Ar:C,NO.* Espinilla o barro del rostro. pop + cult → espon.
   III. 1. *Ec, Pe.* **cacalichuche.** (**suchi; súchel**).
   IV. (Del aim. *such'i,* pez de río).
   1. m. *Pe, Bo.* Pez de agua dulce de hasta 30 cm de longitud, de color negruzco, piel viscosa y boca con barbilla; su carne es muy apreciada. (Trichomycteridae; *Trichomycterus dispar*). (**suchi**).
   V. 1. m-f. *Ni, Ch.* Empleado de última categoría, subalterno. desp.
   2. *Ch.* Persona subordinada a otra. desp.

■

a. ‖ **~ plumero.** *Ec.* **cacalichuche.**

súchel.
   I. 1. *Cu.* **suche,** cacalichuche.

suchera.
   I. 1. f. *Ar:NO.* Pérdida de movimiento en un miembro o en parte del cuerpo. rur; pop + cult → espon.

suchi.
   I. 1. *Bo.* **suche,** pez.
   II. 1. *Bo.* **suche,** cacalichuche.
   III. 1. m. *Bo. En la jerga militar,* soldado que inicia su servicio.

suchicahue. (Del nahua *xochitl,* flor, y *cahuitl,* árbol).
   I. 1. m. *Mx.* Árbol de hasta 30 m de altura, con la corteza del tronco que va del gris al café claro, hojas grandes y flor blanca en panículas densas; su madera, dura y resistente, se utiliza en ebanistería. (Boraginaceae; *Cordia alliodora*). ♦ **canalete; capá prieto; guacimilla; laurel; laurel blanco;**

laurel macho; laurel negro; muñeco; nigüita; nogal; picana negra.

suchicopal. (Del nahua *xochitl*, flor, y *copalli*, incienso).
  I. 1. *Mx:SE.* **chacaj.**

súchil. (Del nahuca *xochitl*, flor).
  I. 1. m. *Mx.* Flor. rur. (**xóchil**; **xúchil**).
    2. *Mx.* **yolosóchil.**

sucho. (Del quechua *suchi*).
  I. 1. m. *Ar:C,NO.* Espinilla o barro del rostro. pop.

sucho, -a.
  I. 1. adj/sust. *Ec, Bo, Ar:NO. Referido a persona*, contrahecha, mutilada o tullida. pop.

suchudo, -a.
  I. 1. adj. *Ar:NO. Referido a persona*, que tiene muchas espinillas en el rostro. pop + cult → espon.

sucia.
  ■
    a. ‖ la Sucia. f. *Ho.* Personaje mítico mesoamericano en forma de mujer, con grandes senos, que atrae a los hombres por la noche para luego espantarlos con su cara de calavera.
  ▶ **salir la ~ .**

suciera.
  I. 1. f. *Ve, Ar:NE, Ur.* Abundancia de suciedad. pop + cult → espon.

sucio.
  I. 1. m. *Ho, Ni, Cu, PR, Co, Bo.* Mancha, señal de suciedad.
  II. 1. m. *Ho.* Legaña.
  □
    a. ‖ ~ en el ojo. loc. sust/adj. *Ho.* Persona que molesta o incomoda mucho a otra.
  ▶ **comerse el ~ de las uñas.**

sucio, -a.
  I. 1. adj. *PR, Py. Referido a persona*, que gasta bromas pesadas o hace malas jugadas. pop + cult → espon ^ desp.

sucito.
  I. 1. m. *Ho:C.* Color grisáceo del ganado. rur.

suco.
  I. 1. *Pe.* **coco**, pez.

suco, -a.
  I. 1. adj. *Mx:SE.* p.u. *Referido a persona*, pobre, que carece de dinero. pop.
  II. 1. adj. *Ec. Referido a persona*, de pelo rubio. pop + cult → espon.

sucte. (Var. de *chucte*).
  I. 1. *Mx, Ho.* **chucte.**

sucuchar.
  I. 1. tr. *Ur.* Ocultar o esconder. pop + cult → espon.

sucucho. (Del quech. *cuchu*, rincón).
  I. 1. m. *Mx, Co, Ve, Ec, Pe, Ar; Ch, Ur,* pop + cult → espon ^ desp. Rincón, tabuco, cuchitril. (**socucho**).
    2. *Ch, Ar.* Local en que se venden bebidas y alimentos. pop + cult → espon ^ desp.

sucumbé.
  I. 1. m. *Bo, Ar:NO.* **ambrosía**, bebida alcohólica.

sucunal.
  I. 1. *Ho.* **sucunán.**

sucunán.
  I. 1. *Ho.* **suquinay.** (**sucunal**).

sucunango.
  I. 1. *Ho.* **suquinay.**

sucupira.
  I. 1. f. *Bo:E.* Árbol de hasta 4 m de altura, de hojas compuestas, con folíolos pequeños y flores de color púrpura dispuestas en panículas terminales vistosas cuyo fruto es una sámara que contiene una o varias semillas. (Fabaceae; *Bowdichia virgilioides*).

sucursal.
  I. 1. f. *Mx, Ho, Ni, Co:C,O, Pe, Bo, Ch.* Mujer que mantiene una relación sentimental con un hombre casado. pop ^ fest.

sud.
  I. 1. m. *Ni, Bo, Py.* p.u. Sur.

sudadera.
  I. 1. f. *Ho, ES, RD, Co, Bo, Py, Ur.* Traje que se usa para hacer deporte.
    2. *Ni, Pa, Bo.* Camiseta confeccionada con un material que no se humedece con el sudor.
    3. *Pa, Cu.* **Vincha** o pulsera de material de toalla usada para hacer deporte.
    4. *PR.* Camiseta o pantalón, *usados principalmente por los atletas*, con los que se suda mucho y se pierde peso.

sudado.
  I. 1. m. *Mx, Ec, Pe.* Guiso hecho con pescados o mariscos, tomates y otros ingredientes.
    2. *Co, Pe.* Guiso de carne de **res**, cerdo o pollo, cocida en agua, con **papas** y aliños.
    3. adj. *Ni, Pa, Ec. Referido a la carne, especialmente la blanca*, cocida en su propio jugo.
  II. 1. adj. *Ni, Pa. Referido al dinero*, logrado con mucho esfuerzo y trabajo.
  ■
    a. ‖ ~ de machas. m. *Pe.* Guiso con **machas**, cebolla, tomate, **ají** y vinagre.

sudapisco.
  I. 1. m-f. *Pe.* Persona bebedora habitual de **pisco** que tiene una sudoración excesiva y de olor desagradable. pop ^ desp.

sudar(se).
  I. 1. tr. *RD.* Tomar en brazos a un recién nacido para que reciba calor corporal, de forma que, según la creencia popular, se le transmitan las cualidades positivas de la persona que lo sostiene.
  □
    a. ‖ ~ albóndigas. loc. verb. *RD.* Sudar en exceso, sentir mucho calor. ♦ **sudar municiones.**
    b. ‖ ~ calenturas ajenas. loc. verb. *Mx, Ni.* Padecer por las desgracias que atañen a otros.
    c. ‖ ~ la cotona. loc. verb. *Pa.* Trabajar mucho, esforzarse. rur.
    d. ‖ ~ municiones. *RD.* **sudar albóndigas.**
    e. ‖ ~ petróleo.
      i. loc. verb. *Co.* Tener grandes dificultades, *especialmente económicas*. pop.
      ii. *Co.* Trabajar mucho, esforzarse. pop.
    f. ‖ ~ tacacos. loc. verb. *CR.* Pasar grandes apuros, *especialmente en una situación bochornosa*. pop.
    g. ‖ ~se la chaqueta. loc. verb. *CR.* Trabajar arduamente para conseguir algo. pop.

sudestada.
  I. 1. f. *Ch, Ar, Ur.* Viento fuerte que proviene del sudeste, *generalmente acompañado por un temporal de lluvia*. (**surestada**).

sudón, -na.
  I. 1. adj. *Mx. Referido a persona*, que suda mucho. pop.

sudor.
  I. 1. m. *Co:C.* Bebida caliente que hace sudar y sirve de remedio para algunas enfermedades.

sueco.
  I. 1. m. *ES, Ch.* Zueco, calzado, *generalmente de una sola pieza*, sin la parte del talón.

suegrear.
  I. 1. intr. *Ar:NO.* Acompañar *una persona* a una pareja de novios en una salida o encuentro. pop + cult → espon.

suela.
I. 1. f. *Ch.* Pieza circular o junta de cuero o caucho con un agujero en el centro que se pone en un grifo para evitar el paso del agua.

II. 1. m. *Pa.* **sangre de drago**, árbol.

□

a. ‖ **media ~.** loc. sust. *Ch.* Cincuenta años, medio siglo. pop + cult → espon.

suelazo.
I. 1. m. *Co:C,N, Ve, Ec, Pe, Ch.* Caída que sufre una persona y golpe que se da al caer. pop + cult → espon.

2. *Pe.* Dormida en el suelo o en la calle. pop + cult → espon.

II. 1. m. *Ch.* Fracaso inesperado. pop + cult → espon.

suelda.
I. 1. f. *Co.* Planta parásita que se ancla sobre las ramas de los árboles de los cuales se alimenta. (Loranthaceae; *Oryctanthus occidentalis*).

2. f. *Gu, Ho, ES.* **matapalo**, planta epifita.

II. 1. f. *Ec.* Soldadura, unión de dos piezas metálicas mediante fusión.

2. *Ec.* Material usado para hacer soldaduras.

III. 1. f. *Ho.* Collera de las caballerías. rur.

2. *Ho.* Correa de cuero con que se ata de la pata y del cuerno al ganado vacuno que salta cercos. rur.

■

a. ‖ **~ con suelda.**
i. f. *Mx.* **jarro de oro.**
ii. *Co.* **siempreviva**, hierba. (**sueldaconsuelda**).
iii. *Pe, Bo.* **pupa**, arbusto.
iv. *Pe.* **chilca**, arbusto de hasta 2 m.

b. ‖ **~ que suelda.** *Pe.* **pupa**, arbusto.

sueldaconsuelda.
I. 1. *Co.* **suelda con suelda**, hierba.

2. f. *Ni, PR, Ur.* Planta rastrera, con tubérculos y hojas en forma de corazón; los tubérculos y las hojas tienen propiedades medicinales. (Basellaceae; *Boussingaultia leptostachys*).

sueldo.
□

a. ‖ **el ~ de Chile.** loc. sust. *Ch.* Cobre chileno, riqueza fundamental del país. esm.

b. ‖ **~ fantasma.** loc. sust. *Ni, Bo.* Cantidad de dinero consignada en una planilla de pagos de una empresa, *generalmente estatal*, que no corresponde a un trabajador, y que es cobrada por algunos de los ejecutivos o jefes de esa empresa de manera ilícita.

suelería.
I. 1. f. *Ch.* Establecimiento donde se venden materiales para confeccionar y reparar el calzado.

suelo.
□

a. ‖ **en el ~.** loc. adj. *Ni, Pe, Bo, Ur.* Referido a persona, abatida, deprimida. pop.

◪

a. ‖ **mejor en el ~ que guindando.** fr. prov. *Pa.* Indica la conveniencia de renunciar a algo por el esfuerzo que cuesta lograrlo.

▶ **irse al ~; tirarse al ~; tirarse en el ~; trapear el ~.**

suelta.
I. 1. f. *Ch.* Mujer de conducta sexual desinhibida. pop ^ desp.

sueltecito, -a.
I. 1. *PR.* **desgranado.**

suelto, -a.
□

a. ‖ **~ de cuerpo.** loc. adj. *Ec, Bo, Ar, Ur; Ch,* pop + cult → espon. *Referido a persona*, que actúa sin miramientos, de manera desembarazada. pop.

b. ‖ **~ de huesos.** loc. adj/adv. *Ec, Pe.* Referido a persona, que actúa de manera desembarazada. pop + cult → espon.

c. ‖ **~ de trenzas.** loc. adj/sust. *Ch.* Referido a un hombre, homosexual. pop + cult → espon ^ fest.

d. ‖ **~ y sin evacuar.** loc. adv. *Cu.* En relación con la manera de comportarse una persona, de forma desinhibida, con total libertad, *especialmente en cuestiones sexuales*. pop + cult → espon.

sueñera.
I. 1. f. *Ur, Ar,* p.u. Modorra, somnolencia.

sueño.
□

a. ‖ **el ~ del pibe.** loc. sust. *Ch.* Proyecto que se considera imposible de realizar o que tiene pocas probabilidades de éxito. pop + cult → espon ^ fest.

b. ‖ **~ del pibe.** loc. sust. *Ar, Ur.* Ilusión o esperanza de obtener algo, que se alberga desde muchacho o joven. pop.

c. ‖ **~ guajiro.** loc. sust. *Mx.* Fantasía imposible de realizar porque no existen las condiciones necesarias para ello. pop + cult → espon.

d. ‖ **~s de opio.** loc. sust. *CR, Pa, Pe.* Aspiración irrealizable.

▶ **dormir el ~ eterno.**

suera. (Del ingl. *sweater*, jersey).
I. 1. f. *EU, Mx, PR.* Suéter, jersey. pop. (**suerita**).

suerita.
I. 1. *EU, PR.* **suera.**

suero.
■

a. ‖ **~ de brea.** loc. sust. *PR.* Persona lenta e inaguantable.

suerte.
I. 1. f. *Pe.* Lotería.

2. *Pe.* Billete de lotería.

II. 1. f. *Co; Py,* p.u. Manchita blanca que suele aparecer en las uñas.

III. 1. f. *Ar, Bo, Ur,* obsol. *En el juego de la taba,* parte que esta tiene algo cóncava, y que forma una figura como de S, contraria a la parte lisa.

IV. 1. f. *Ho, Ni.* Unidad de medida de tierra para la caña de azúcar equivalente a poco más de una **manzana**.

V. 1. f. *RD.* Lazo o cuerda que se fija a la pata de un animal para impedir que este ande libremente.

●

a. ‖ **~ o muerte.** fórm. *Ec.* Se usa para indicar que se está dispuesto a correr el máximo riesgo para conseguir algo. pop.

■

a. ‖ **~ chaparra.** f. *Mx.* Mala suerte. pop + cult → espon.

b. ‖ **~ reculativa.** f. *Ar.* Mala suerte. pop + cult → espon.

□

a. ‖ **a la ~ de olla.** loc. adv. *Ch.* Al azar, sin una elección previa. pop + cult → espon.

b. ‖ **la ~ gitanos.** loc. sust. *Ch.* Intento de engaño o crítica mutuo entre un grupo de personas que se conocen muy bien entre sí, *especialmente las trampas y artimañas que utiliza cada uno.*

▶ **pasearse en la ~; sacarse la ~; tener ~ de cuzco.**

suertero, -a.
I. 1. adj. *Mx, Ho, Ni, CR, Py, Ar.* Referido a persona, que tiene buena suerte. pop + cult → espon. ◆ **lechero; lechoso.**

II. 1. m. y f. *Ec, Pe.* Vendedor de billetes de lotería.

suestazo.
I. 1. m. *Mx.* Viento fuerte que sopla desde el sudeste. pop + cult → espon.

suéter. (Del ingl. *sweater*).
 I. 1.　m-f. *Mx, Gu.* Suegro. fest.
 II. 1.　m. *Ni, Pa.* Camiseta, prenda interior o deportiva, con manga corta o larga, *generalmente sin cuello.*

suflito.
 I. 1.　m. *Ch.* Copo de sémola de maíz inflada y saborizada, de contextura esponjosa y crujiente.

sufragante.
 I. 1.　m-f. *ES, Ec, Bo, Ar, Ch, Ur,* esm. Persona que vota en una elección.

sufragar.
 I. 1.　intr. *CR, Pa, RD, Co, Ve, Ec, Pe, Bo, Py; Mx, Ch, Ar, Ur,* esm. Emitir un voto en unas elecciones.

sufricago.
 I. 1.　m. *Mx:E.* Árbol de hasta 6 m de altura, de tronco grueso, hojas delgadas y largas, inflorescencia en racimo, flores rosas o blancas, y fruto de color oscuro; la infusión de sus hojas se emplea en la medicina tradicional. (Lauraceae; *Litsea glaucescens*). ♦ **sufricaya.**

sufricaya.
 I. 1.　*Mx:E.* **sufricago.**

sufrida.
 I. 1.　f. *Ho.* Sufrimiento.

sufridera.
 I. 1.　f. *Mx, ES, Ni, Co; Pe,* p.u. Sufrimiento continuo o repetido.

sufrido, -a.
 I. 1.　adj. *Co, Ec, Bo. Referido a cosa,* que cuesta mucho trabajo y esfuerzo.

sufridor.
 I. 1.　m. *Ec.* Trompo o peón tosco utilizado exclusivamente para que reciba los golpes de la púa de otros trompos.

sufrir.
 □
 a. ‖ **no ~ calenturas ajenas.** loc. verb. *PR.* No inmiscuirse en los problemas de alguien.
 b. ‖ **~ las del perro.** loc. verb. *Ho.* Pasar hambre y necesidad *alguien.*
 c. ‖ **~la.** loc. verb. *Mx.* pop; *Ch,* pop + cult → espon. Aguantar estoicamente un trabajo o sufrimiento. (**sufrírselo**).
 d. ‖ **sufrírselo.** *Ch.* **sufrirla.** pop.

sugestión.
 I. 1.　m. *Ho:S.* Tentación. rur.

suguaro.
 I. 1.　*Mx.* **saguaro.**

sui.
 ∎
 a. ‖ **~~.** *Pe:N,E.* **suisui.**

suich. (Del ingl. *switch,* interruptor).
 I. 1.　m. *EU, Gu, Co, Ec.* Interruptor de la corriente eléctrica de un aparato o circuito.

suichar. (Del ingl. *to switch*).
 I. 1.　tr. *PR.* Conseguir drogas por medio de trampas. drog. (**swichar**).

suiche. (Del ingl. *switch,* interruptor).
 I. 1.　m. *Ho, ES, Ni, Pa, RD, PR, Co, Ve, Ec.* Interruptor de la corriente eléctrica de un aparato o circuito.
 2.　*Ho:N.* Punto de empalme ferroviario de dos líneas o ramales.
 II. 1.　m. *Ho. En el ejército,* persona que tiene el grado de teniente.
 □
 a. ‖ **hasta el ~.** loc. adj. *Pa. Referido a persona,* muy borracha.

suicidar.
 I. 1.　tr. *Ch.* p.u. Asesinar a *alguien* simulando un suicidio. pop + cult → espon ^ fest.

suico.
 I. 1.　m. *Bo, Ar:C,N.* Hierba anual de hasta 1 m de altura, de hojas compuestas y flores amarillas; a la infusión de sus hojas se le atribuyen propiedades medicinales. (Asteraceae; *Tagetes* spp.). ♦ **suico vaca.**
 ∎
 a. ‖ **~ vaca.** *Ar:NO.* **suico.**

suindá.
 I. 1.　m. *Py, Ar:NE.* Lechuza de hasta 40 cm de longitud y plumaje pardo jaspeado. (Strigidae; *Asio flammeus*). (**zuindá**). ♦ **lechuzón de los campos; nuco.**

suipiar. (Del ingl. *sweep,* barrer).
 I. 1.　tr. *RD.* Dar a *alguien* una paliza, atacarlo con contundencia.

suirirí.
 I. 1.　m. *Ar.* Pájaro de pequeño tamaño, dorso gris pardusco, pecho grisáceo, cabeza y cuello grises, y pico negro. (Tyrannidae; *Suiriri suiriri*).

suisui.
 I. 1.　m. *Pe:N,E.* Ave canora de hasta 18 cm de longitud, de color gris azulado claro en la parte inferior, y más oscuro en la superior, y pico corto y grueso. (Thraupidae; *Thraupis episcopus*). (**sui sui**).

suit. (Del ingl. *suite,* habitación).
 I. 1.　m. *Ec.* Departamento pequeño, *generalmente con un solo dormitorio o de un solo ambiente.*

suiza.
 I. 1.　f. *CR, Cu.* Comba, juego infantil.

sujeto.
 I. 1.　m. *RD, Pe, Bo, Py, Ar.* Persona despreciable, gente de poca monta. desp.
 2.　*Pe, Py.* Persona peligrosa o de cuidado. polic; desp.

¡sujeto!
 I. 1.　interj. *RD.* Expresa negación rotunda.

sujo.
 I. 1.　*Bo:NE.* **guitarrero.**

sukia. (Del misq. *súkia*).
 I. 1.　m. *Ho, Ni.* Chamán misquito. (**suquia; zukia**).

sula.
 I. 1.　*ES.* **nigua.**

sulché. (Del maya yucat.).
 I. 1.　m. *Mx:SE.* Hierba muy ramificada, con hojas alternas, compuestas, inflorescencia en racimos largos, flores de cinco pétalos desiguales, de color que va de blanco a morado, y frutos leguminosos, cubiertos de pelillos y con varias semillas en su interior. (Fabaceae; *Tephrosia cinerea*).

suledaconsuelda.
 I. 1.　*Co.* **siempreviva.**

sulfatillo.
 I. 1.　m. *Gu, Ho, ES.* Hierba anual de hasta 15 cm de altura, de hojas compuestas, sésiles, liniales o lanceoladas de 1,5 cm de longitud, flores rosadas o amarillas solitarias en las axilas de las hojas, cuyo fruto es una cápsula; la cocción de toda la planta se utiliza contra el paludismo y la calentura. (Gentianaceae; *Schultesia guianensis*). ♦ **conchalagua.**

sulfatón.
 I. 1.　m. *Ho.* Hierba anual de 15 cm de altura, de hojas compuestas, sésiles, liniales o lanceoladas, flores rosadas o amarillas solitarias en las axilas de las hojas, cuyo fruto es una cápsula; la cocción de toda la planta se utiliza contra el paludismo y la calentura.

sulfura.
 I. 1.　f. *Ho.* Enfado de alguien. pop.

sulfúrico, -a.
 I. 1.　adj. *Ec;* sust/adj. *Bo. Referido a persona,* irascible.

suli.
    I. 1.   m. *Ar:NO.* Comida a base de algarroba y maíz hervidos. rur.

suliveyarse.
    I. 1.   intr. prnl. *Ni.* Levantarse o salir a flote *alguien* o *algo.*

suliviar.
    I. 1.   tr. *Ho:C.* p.u. *En alfarería,* modelar, fabricar una vasija de barro.

sulky. (Voz inglesa).
    I. 1.   m. *Py, Ar, Ur.* Antiguo carruaje de dos ruedas, tirado por un caballo, con un asiento para una o dos personas y empleado para viajes cortos.

sullo.
    I. 1.   m. *Pe, Ar:NO.* Feto. rur.

sultana.
    I. 1.   f. *Bo.* Bebida hecha con la cáscara del café.

sumalagua.
    I. 1.   f. *Ar:NO.* Arbusto de ramas punzantes, hojas escasas y tempranamente caedizas, flores amarillas y una legumbre de color castaño rojizo como fruto. (Fabaceae; *Senna crassiramea*).

sumatoria.
    I. 1.   f. *Mx, Gu, Ho, ES, Ni, CR, Cu, Ec, Bo; Pe, Ch, Py, Ar, Ur,* cult. Resultado de una suma de cantidades de la misma especie.

sumbambico.
    I. 1.   m. *Co.* Persona despreciable. pop ∧ desp.

sumbo.
    I. 1.   m. *Co:C,SO.* Vasija rústica, semiesférica, que se obtiene del fruto del **totumo** o de una calabaza, cortado por la mitad y vaciado, de manera que solo queda el epicarpio seco.
    II. 1.   *Ar.* **zumbo**, suboficial.

sumercé. (De *su merced*).
    •
    a. ‖ ~. fórm. *Co:C.* Forma de tratamiento que expresa afecto o respeto. rur; pop + cult → espon ∧ afec.

sumida.
    I. 1.   f. *Mx, Co.* Abolladura, depresión en una superficie causada por un golpe.
    2.   *Mx.* Hundimiento, ahondamiento.

sumidero.
    I. 1.   m. *Pe:E.* p.u. Remolino que forman las aguas de un río.
    2.   *RD, PR.* Pozo negro, tremedal.

sumilla.
    I. 1.   f. *Pe.* Resumen de un curso o conferencia.
    2.   *Pe.* Anotación resumida que se hace al margen de la página de una publicación escrita.
    II. 1.   f. *Ec.* Instrucción para un subalterno o resolución para dar trámite a un asunto, escrita por el jefe de una oficina, *generalmente gubernamental.*

sumillado.
    I. 1.   m. *Pe.* Anotación resumida.
    II. 1.   m. *Ec.* Resolución escrita de una autoridad.

sumillar.
    I. 1.   tr. *Pe.* Hacer anotaciones resumidas al margen de la página de una publicación escrita.
    II. 1.   tr. *Ec.* Disponer una autoridad una resolución escrita para actuar o para conocimiento de la parte interesada.

sumir.
    I. 1.   tr. *Mx.* Abollar, producir una depresión en una superficie con un golpe.

sumuqué.
    I. 1.   m. *Bo:E.* Palma de hasta 21 m de altura, de hojas compuestas con pinnas irregularmente dispues-

tas, flores unisexuales agrupadas en una espiga solitaria, y fruto en forma de drupa esférica, de color verde, marrón, amarillo o rojo y con pocas semillas. (Arecaceae; *Syagrus sancona*).

sumurucu.
    I. 1.   *Bo:S.* **coscongo**.

sumurucuco.
    I. 1.   *Ar:NO.* **caburé**.

sun.
    ■
    a. ‖ ~ **tan.** (Voz inglesa). m. *PR.* Bronceado de la piel por la exposición al sol.

sunchado.
    I. 1.   m. *Py, Ar.* Aseguramiento con un suncho de una bala de mercancía u otro bulto grande.

sunchadora.
    I. 1.   f. *Ch, Py, Ar, Ur.* Máquina para **sunchar**.

sunchal.
    I. 1.   m. *Ar:NO.* Sitio poblado de **suncho**.

sunchar.
    I. 1.   tr. *Ch, Py, Ar, Ur.* Asegurar con un **suncho** una bala de mercancía u otro bulto grande.
    II. 1.   tr. *Bo:O.* Cortar a *alguien* con un objeto cortante. pop.

sunchillo.
    I. 1.   m. *Ar:C,NO.* Hierba perenne, rizomatosa y de tallos erectos, con hojas lanceoladas y flores amarillas. (Asteraceae; *Wedelia glauca*).

suncho.
    I. 1.   m. *Bo, Ar.* Arbusto de hasta 2 m de altura, ramoso, con hojas lanceoladas y fruto rojizo. (Asteraceae; *Baccharis salicifolia*). ♦ **cibinga; jaboncillo.**
    II. 1.   *Ni.* **cincho**, utensilio.

sunchu.
    I. 1.   m. *Pe, Bo.* Arbusto erecto de hojas opuestas, pecioladas de forma aovada a lanceolada, inflorescencia en corismbos y panículas, flores de forma triangular y aquenio en forma de prisma. (Asteraceae; *Asplundianthus stuebelii*).

sunco, -a.
    I. 1.   sust/adj. *Ch.* Manco. pop ∧ desp.

suncuán.
    I. 1.   *Ho.* **zuncuán**, abeja y panal.

suncuya.
    I. 1.   f. *Ho, ES.* Fruto del **suncuyo**, de color verde rojizo o café rojizo, pulpa amarillenta y dulce y semillas negras; es comestible. (**cincuya; sincuyo**). ♦ **mamón.**

suncuyo.
    I. 1.   m. *Ho, ES.* Árbol de hasta 10 m de altura de hojas simples y alternas, flores amarillentas y fruto globoso; se utiliza en la medicina tradicional. (Annonaceae; *Annona reticulata*). (**cincuyo; sincuyo**). ♦ **anona cimarrona; anona colorada; anona de monte; anona de redecilla; mamón.**

sunfiate.
    I. 1.   m. *ES.* Ano. vulg.

súngaro.
    I. 1.   *Pe:E.* **zúngaro**.

sungo.
    I. 1.   m. *Co:SO.* Conjunto de vísceras de un animal.
    II. 1.   m. *Co.* Cerdo o perro sin pelo.

sungo, -a.
    I. 1.   adj. *Co.* Referido a un cerdo o a un perro, que no tiene pelo.

suni.
    I. 1.   m. *Pe.* Región situada en los declives oriental y occidental de la cordillera andina.

sunicho.
    I. 1.   m. *Bo:C,O.* Caballo de pequeña alzada y porte humilde, *generalmente lanudo*, que los campesinos utilizan para las labores agrícolas.

sunicho, -a.
    I. 1.   m. y f. *Bo:C,O.* Campesino que se traslada del campo a la ciudad. pop + cult → espon ^ desp.

sunsudo, -a.
    I. 1.   adj. *ES. Referido a persona*, borracha.

sunsún.
    I. 1.   m. *Ni.* Inquietud, nerviosismo.
      2.   *Ni.* Temor a que ocurra lo contrario de lo que se desea.
    II. 1.   f. *Ho.* Abeja silvestre de color negro, pequeña, que hace su nido, en forma de bola, colgado de las hojas. (Apidae; *Trigona nigerrima*). ♦ **zunteco**.

sunsuniar.
    I. 1.   tr. *Mx.* p.u. Golpear a *alguien*, darle una paliza. pop.

sunté. (Del maya *quiché*).
    I. 1.   m. *Mx:SE.* Planta de hasta 4 m de altura, de tallo cilíndrico, erecto y robusto, hojas alternas, aovadas y con margen aserrado, inflorescencia en cabezuelas, flores amarillas o anaranjadas y fruto en aquenio. (Asteraceae; *Tithonia tubiformis*).

suntul.
    I. 1.   *Ho, ES.* **orozul**. (**zuntul**; **zuntule**).

suntupié.
    I. 1.   *Ho.* **realito**.

sunzapote. (Del nahua *tzontli*, cabeza, y *tzapotl*, zapote).
    I. 1.   m. *Mx, Gu, Ho, ES, Ni.* **zonzapote**. (Rosaceae; *Licania platypus*).

sunzudo, -a.
    I. 1.   adj. *ES. Referido a persona*, borracha.

suño.
    I. 1.   *Pe:NO.* **tiburón gato**.

supay.
    I. 1.   m. *Bo:O*; *Ec, Pe*, rur. Diablo, demonio.
      2.   *Ar:NO.* Genio maléfico que se representa como un personaje de baja estatura, gordo y de vientre abultado. rur.

supaypaguagua. (Del quech. *supay wawa*).
    I. 1.   m-f. *Pe.* Persona malnacida. rur; pop.

supe.
    I. 1.   adj. *Mx. Referido a fruta*, que no ha madurado del todo. rur.

supercarretera.
    I. 1.   f. *Ch.* p.u. Autovía, carretera espaciosa con calzadas de dos direcciones separadas y con amplios carriles.

superespinosa.
    I. 1.   f. *Bo:S.* Árbol de hasta 10 m de altura, con troncos y ramas espinosas, hojas simples y aserradas y flores dispuestas en capítulos; sus frutos son bayas secas. (Flacourtiaceae; *Xylosma pubescens*).

superfecta.
    I. 1.   f. *Ch. En las carreras de caballos*, apuesta en la que se acierta el orden de llegada de los cuatro primeros.

supermercadismo.
    I. 1.   m. *Pe, Ar, Ur*; *Ch*, p.u. Actividad comercial de los supermercados.

supermercadista.
    I. 1.   adj. *Pe, Bo, Ch, Ar, Ur*; *Ch, Py*, p.u. Relativo a los supermercados.
      2.   m-f. *Ar.* Propietario de un supermercado.
      3.   *Ch.* p.u. Persona que trabaja en un supermercado o es aficionada a comprar en ellos.

supervigilancia.
    I. 1.   f. *Mx, Co, Ec.* Supervisión.

supervigilar.
    I. 1.   tr. *Mx, Co, Ec.* Supervisar.

supia.
    I. 1.   f. *Co:E,NE, Ve.* Sedimento que se deposita en el recipiente donde fermentan el **guarapo** o la **chicha**.
    II. 1.   f. *RD.* Sopa de consistencia espesa hecha con arroz y carne.

supicucu.
    I. 1.   *Pa.* **supicucú**. pop.

supicucú.
    I. 1.   adj. *Pa.* **chévere**. pop. (**supicucu**).
    II. 1.   adj. *Pa. Referido a comestible*, de buen sabor. pop. (**supicucu**).

supiritado, -a.
    I. 1.   adj. *Ni. Referido a persona*, impetuosa, vehemente.

supiritar.
    I. 1.   tr. *RD.* Ganar o aventajar a *alguien* en una cualidad determinada.

súpito, -a.
    I. 1.   adj. *Mx. Referido a persona*, profundamente dormida.
      2.   *Co:C, Ve. Referido a persona*, confusa o llena de dudas, *frecuentemente por efecto del asombro*.

suple.
    I. 1.   m. *Ch*; *Pe*, pop. Trozo o pieza que se pega o acopla a un objeto para repararlo o dejarlo mejor.
      2.   *Ch.* Cantidad de dinero que se recibe como suplemento, anticipo o gratificación. pop + cult → espon.

suplefaltas.
    I. 1.   m-f. *Mx, Gu, Ni.* Persona que sustituye ocasionalmente a otra. pop + cult → espon.

suplemento.
    I. 1.   m. *Ni, Ve.* Historieta compuesta por viñetas o dibujos gráficos que publica un periódico.

suplemetero, -a.
    I. 1.   sust/adj. *Ch.* Vendedor ambulante de periódicos.

suplentear.
    I. 1.   tr. *RD.* Sustituir *una persona* a otra.

supletorio.
    I. 1.   adj/sust. *Ec. Referido a un examen*, que debe ser rendido por el estudiante de secundaria reprobado en el examen de fin de curso correspondiente a esa materia.

suplicado, -a.
    I. 1.   m. y f. *Ch:SO.* Persona que es requerida por su capacidad y disposición al trabajo para participar en una tarea colectiva. rur.

suplicar.
    I. 1.   tr. *Ch:SO.* p.u. Requerir a una serie de personas en una tarea común para que ayuden sin más compensación que la alimentación y la promesa de una posible ayuda en el futuro. rur.

suplidor, -ra.
    I. 1.   m. y f. *Ho, ES, PR, Ec, Ch.* Abastecedor, almacenista.

suplir. (Del ingl. *to supply*).
    I. 1.   tr. *Ho, ES, Ni, PR, Ec.* Abastecer de algo a alguien.

supplies. (Voz inglesa).
    I. 1.   m. pl. *EU, PR.* Mercancías, surtido, existencias.
      2.   *EU, PR.* Material de oficina y de escuela.

suprema.
    I. 1.   f. *Pe, Py, Ar.* Filete de pollo de pechuga **apanado**.
    II. 1.   f. *Ec, Bo, Ch.* Corte Suprema de Justicia.

III. 1. f. *Ch:SO*. Mujer que es considerada como la principal integrante de la congregación de vecinos que por comisión del cura se encarga de las funciones y festejos religiosos.

supremazo.
   I. 1. m. *Ch*. Resolución o sentencia de la Corte Suprema de Justicia que tiene una gran resonancia.

supremo.
   I. 1. m. *Ch:SO*. Jefe del tribunal de los brujos.

supremo, -a.
   I. 1. m. y f. *Ch:SO*. Persona que encabeza una congregación de vecinos y que por comisión del cura ejerce como encargado de las funciones y festejos religiosos.

suque. (Del muisca *achisuquezona*, cosa escondida).
   I. 1. m. *Co:C*. Mazorca incipiente. rur.

suquia.
   I. 1. *Ho, Ni.* **sukia**.

suquinay.
   I. 1. m. *Gu, Ho*. Arbusto de hasta 7 m de altura, de tallo pubescente, de médulas blancas, hojas alternas, oblongas, flores tubulares blancas o rosadas, dispuestas en una panícula grande, y fruta amarilla; el polen de sus flores es la principal fuente de miel de las altitudes medias. (Asteraceae; *Vernonia patens*). ♦ **paichané**; **sucunán**; **sucunango**; **zucunango**; **zuncunango**.

sur.
   I. 1. m. *Bo:E*. Ola de frío húmedo que sopla del sur y hace descender las temperaturas; *habitualmente al chocar con vientos calientes del norte produce precipitaciones pluviales*. ♦ **surazo**.

surada.
   I. 1. f. *Mx*. **surazo**.

surazo.
   I. 1. m. *Mx, Ch*. Viento fuerte que viene del sur. ♦ **surada**.
   2. *Bo:E*. **sur**.

súrbana.
   I. 1. f. *Cu*. Planta herbácea con flores violáceas, que sirve para alimento del ganado. (Poaceae; *Panicum coloratum*).

surcada.
   I. 1. f. *Mx, Ec, Ar:NO*. Trazado de surcos en un campo de labranza.
   II. 1. f. *Pe*. Trayecto que se hace a lo largo del curso de un río, *especialmente contra la corriente y en dirección a su nacimiento*.
   2. *Pe*. Surco dejado en el agua por una embarcación o por una corriente fuerte.

surcado.
   I. 1. m. *Ho*. Conjunto de surcos en un terreno. rur.

surco.
   I. 1. m. *Mx, Co*. Lomo de tierra que queda a los lados de la hendidura que se hace con el arado. rur.

sure.
   I. 1. m. *Ch*. Sur. pop.
   II. (Voz inglesa)
   1. adv. *PR*. juv. Seguro.

surestada.
   I. 1. *Ar, Ur.* **sudestada**.

surfilado.
   I. 1. m. *Bo:O, Py, Ar, Ur*. Costura de puntadas largas en la orilla de una tela para que no se deshilache.

surfilar.
   I. 1. tr. *Bo:O, Py, Ar, Ur*. Dar puntadas sobre el borde de una tela cortada, para que no se deshilache.

surfo, -a.
   I. 1. m. y f. *Mx, CR*. juv. Persona aficionada a practicar surf. pop.

surgencia.
   I. 1. f. *Ch*. Surgimiento o brote de un líquido o gas. cult → esm.

surgete.
   I. 1. m. *Ar:NO*. Hilván o costura hechos rápidamente, con puntadas grandes y sueltas. pop + cult → espon.

suri. (Del quechua y del aim. *suri*, avestruz).
   I. 1. *Pe, Bo, Ch:N, Ar:NO*. **ñandú**.
   II. 1. m. *Ar:NO*. Hombre cubierto de plumas y colgantes que en las fiestas religiosas danza ante las imágenes en las procesiones.
   III. 1. adj. *Ar:NO*. *Referido a persona*, que no tiene dinero. pop + cult → espon.
   IV. 1. f. *Pe*. **Alpaca** de lana larga, lacia y sedosa.
   V. 1. m. *Pe:E*. **casanga**, escarabajo.

suribio.
   I. 1. m. *Co*. Árbol de hasta 10 m de altura, de hojas compuestas, alternas y bipinnadas florecitas en espiga a lo largo de las ramas, de color blanco, con numerosos estambres rosados, cuyo fruto es una vaina alargada verde amarillento. (Fabaceae; *Pithecellobium longifolium*).

surimba.
   I. 1. f. *Pa*. Líquido espumoso que se recoge en la superficie del **guarapo** mientras hierve.
   II. 1. f. *Pa*. Café colado por segunda vez.

surimbo, -a.
   I. 1. *Mx*. **sorimbo**.

suripico.
   I. 1. m. *Pa*. Dulce que se hace con leche cortada, **raspadura**, canela y clavo de olor.

surna.
   I. 1. f. *Cu*. Sueño, acto de dormir. pop.

surnar.
   I. 1. intr. *Cu*. Dormir. pop.

suro.
   I. 1. *Ec*. **zuro**, kurcur.

surqueado, -a.
   I. 1. adj. *Gu, ES*. *Referido a terreno*, que tiene surcos.

surquear.
   I. 1. tr. *Mx, Pa*. Limpiar de hierbas los surcos de un campo de cultivo. rur.
   2. *Gu, Ho, ES; Co, Pe*, p.u. Hacer surcos en la tierra. rur.

surqueo.
   I. 1. m. *Pe*. Trazado de surcos en la tierra. rur.

surquerío.
   I. 1. m. *Mx*. Conjunto de los surcos de un terreno agrícola. rur.

surrado, -a.
   I. 1. adj. *Ho, ES*. **zurrado**, defecado.
   2. *Ho, ES*. metáf. **zurrado**, con mucho miedo.

surrapa.
   I. 1. f. *RD*. Resto de comida que queda adherido al fondo de las ollas.

surrar(se).
   I. 1. *Ho, ES*. **zurrar**, defecar. vulg.
   2. *Ho, ES*. **zurrarse**, defecarse. vulg.

surrasurra.
   I. 1. m. *Pa*. Rampa deslizadiza con bordes, por la que los niños se dejan resbalar por recreación.

surrucucú.
   I. 1. m. *Co*. **verrugosa**.

surrumbo.
   I. 1. *Co*. **ixpepe**.

surrupio, -a.
  I. 1. adj. *Pa. Referido a persona*, de bajo estrato social. pop ^ desp. (**zurrupio**).

surtir(se).
  I. 1. tr. prnl. *Mx.* Golpear a *alguien*, darle una paliza. pop.
    2. *Mx.* Realizar el coito. vulg.
    3. tr. *Ar.* Darle una paliza a *alguien*. pop + cult → espon.

súrtuba.
  I. 1. f. *CR, Co.* Palma cuyo cogollo terminal, blanco y amargo, es comestible. (Arecaceae; *Geonoma* spp.).

surubí. (Voz guaraní).
  I. 1. m. *Bo, Py, Ar, Ur.* Pez siluriforme de hasta 1,50 m de longitud, de cuerpo redondeado y cabeza muy grande y deprimida. (Pimelodidae; *Pseudoplatystoma* spp.). (**suruví**; **zurubí**).

suruca.
  I. 1. f. *PR.* Bulla, reyerta, bronca. rur; pop + cult → espon.

surucuá. (Voz guaraní).
  I. 1. m. *Ar:N.* Pájaro de plumaje gris con el vientre rosado en la hembra, y en el macho, verde oscuro en el dorso, rojo en pecho y vientre, y azul verdoso en cabeza y garganta. (Trogonidae; *Trogon surrucura*).

surullo.
  I. 1. m. *RD, Ar:O; Ch*, pop + cult → espon. Porción compacta de excremento humano o animal.

surumangué.
  I. 1. m. *Co:C.* Baile popular en el que se hacen algunas figuras al mismo tiempo que se porta un huso para hilar lana.

surumba.
  I. 1. *Co:C,SO.* **agua de panela.**

surumbo, -a.
  I. 1. *Gu, Ho, ES, Ni.* **zurumbo**, aturdido.
    2. *Gu, Ho, ES, Ni.* **zurumbo**, mareado.

surumpe. (Del quech. *surump'i*).
  I. 1. m. *Pe, Bo.* Inflamación de los ojos que sobreviene a quienes atraviesan los Andes nevados, causada por la reverberación del sol en la nieve.

surumuná.
  I. 1. f. *RD.* Puré que se hace con **ahuyama**, verduras y mantequilla.

surundeco, -a.
  I. 1. adj. *ES. Referido a persona*, despistada, distraída.

surupa.
  I. 1. f. *PR.* Reyerta, zafarrancho. rur; pop + cult → espon.

surupeto, -a.
  I. 1. adj. *ES. Referido a persona*, ingenua, boba.

surupi. (Voz guaraní).
  I. 1. m. *Bo:E.* Inflamación de los ojos causada por la reverberación del sol en la nieve.

suruví.
  I. 1. *Bo, Py, Ar.* **surubí**.

survey. (Voz inglesa).
  I. 1. m. *EU.* Encuesta.

suscitarse.
  I. 1. intr. prnl. *ES, Ni, CR, PR, Ec, Bo, Ar, Ur, Py*, cult; *Ch*, cult → esm. Ocurrir un suceso.

susi.
  I. 1. m-f. *PR.* Drogadicto reincidente en la cárcel. drog.

susirio.
  I. 1. m. *Mx, ES, Ni.* Inquietud, zozobra.

suspender.
  I. 1. tr. *ES, Ni, PR, Ec, Pe, Bo, Ch, Py, Ar, Ur.* Expulsar temporalmente a un alumno de un centro educativo.
  II. 1. tr. *Ho.* Robar *algo*.

suspendida.
  I. 1. f. *Ho.* Regaño, represión.

suspensión.
  I. 1. f. *Mx, ES, Ni, PR, Ec, Ch, Py, Ar, Ur.* Expulsión temporal de un alumno.

suspenso.
  I. 1. m. *Mx, ES, Ni, CR, Pa, Cu, RD, PR, Co, Ec, Pe, Bo, Ch, Py, Ar, Ur.* Expectación impaciente o ansiosa causada por el desarrollo de una acción o suceso, *especialmente en una película cinematográfica, una obra teatral o un relato.*
    2. *Mx, ES, Ni, CR, Cu, Co, Ec, Pe, Ch, Py, Ar, Ur.* Género literario o cinematográfico cuya característica principal es el misterio, la tensión o la intriga.
    3. *Ch.* Espacio de tiempo en el que se suspende una actividad.

suspensor.
  I. 1. m. *Co:SO, Bo, Ch, Ar, Py*, pop + cult → espon. Tirante, *generalmente elástico*, para sujetar un pantalón u otra prenda.

suspiro.
  I. 1. m. *Ni, CR, RD, Co, Ve, Ec, Pe, Bo.* Golosina hecha con claras de huevo batidas a punto de nieve con azúcar y cocida al horno.
    2. *ES.* Pan dulce de forma rectangular u ovalada espolvoreado con azúcar granulada.
    3. *Pa.* Dulce en forma de rosquilla hecho con harina de maíz, azúcar y leche.
  II. 1. *Ch, Py, Ar.* **manto de la Virgen.**
    2. *Ch.* Planta rastrera de ramas delgadas, hojas carnosas y flores de diversos colores, *especialmente azuladas con el centro blanco o amarillo.* (Solanaceae; *Nolana* spp.).
    3. *Pa.* Árbol o arbusto de hasta 5 m de altura, de tronco ramificado a baja altura con ramitas terminales verdes y ligeramente aplanadas y hojas simples y opuestas, con ápice acuminado y bordes enteros, flores blancas y frutos globosos. (Apocynaceae; *Tabernaemontana panamensis*).
  III. 1. m. *Co.* Sollozo.
  IV. 1. m. *ES.* Pedo, ventosidad. fest.
  V. 1. m. *PR.* Fumada de una colilla de marihuana. drog.
  ■
    a. ‖ ~ **de limeña.** m. *Pe.* Dulce hecho con **manjar blanco** de yemas, merengue, vainilla y canela. (**suspiro limeño**).
    b. ‖ ~ **de monja.** m. *Ch, Ar:NO, Ur.* Buñuelo esponjoso hecho a base de harina, levadura, huevos y azúcar.
    c. ‖ ~ **limeño.** *Pe, Ch.* **suspiro de limeña.**
    d. ‖ ~ **morado.** m. *Pa.* **siempreviva.** (Amaranthaceae; *Gomphrena globosa*).

sustancia.
  I. 1. m. *Ch.* Golosina preparada con claras de huevo batidas, azúcar y gelatina, de consistencia esponjosa y forma de bloque pequeño rectangular, cubierto con azúcar flor.
    2. *Ni.* Consomé, caldo de carne concentrado.

sustanciador.
  I. 1. m. *Pa.* Hueso de **res** que se utiliza para hacer sopa después de haber comido su carne.

sustantivadamente.
  I. 1. adv. *Ho.* Sustancialmente. cult.

sustarpiar.

I. 1.   tr. *Ar:NO.* p.u. Asustar, atemorizar. rur.

susto.

I. 1.   m. *Mx, Ho, ES, Pe, Bo. Según la creencia popular,* afección o enfermedad nerviosa provocada por la visión de algo sobrenatural y que se manifiesta por la pérdida del habla o tartamudeo, temblores y desarreglos estomacales. pop.

II. 1.   m. *Pa.* Tramo inferior de la **pollera**.

▶ **pasar el ~ de la vaca; tener ~ en el estómago.**

susucho.

I. 1.   m. *Ur.* Vivienda miserable. pop + cult → espon ∧ desp.

susunga.

I. 1.   f. *Co:C,SO.* **Totumo** agujereado que se usa como colador. rur.

susurrear.

I. 1.   intr. *CR.* p.u. Hablar en susurros. pop.

susurreo.

I. 1.   m. *Ar.* p.u. Susurro que se emite o resulta de hablar en voz baja. pop.

sut. (Del ingl. *suit*).

I. 1.   m. *EU.* Vestido completo de una persona, traje.

sutanejo, -a.

I. 1.   *Ve.* **zutanejo**.

sute.

I. 1.   adj/sust. *Ve; Co:C,E,* rur, pop. *Referido a persona,* débil y enfermiza.

2.   *Ve; Co:C,* rur. *Referido a persona,* de baja estatura. pop. (**zute**).

3.   m-f. *Co:C.* Niño. rur; pop.

4.   *Ve.* Niño de corta edad. pop. (**zute**).

II. (Del maya quiché *sut,* manta).

1.   m. *Gu, ES.* Manto que cubre la cabeza de la mujer indígena *y, a veces, la del hombre.*

sutepista.

I. 1.   sust/adj. *Pe.* Persona que pertenece al Sindicato Único de Trabajadores en la Educación del Perú.

2.   adj. *Pe.* Relativo al Sindicato Único de Trabajadores en la Educación del Perú.

sutián.

I. 1.   *Co:C.* obsol. **sutién**.

sutién. (Del fr. *soutien-gorge*).

I. 1.   m. *Ar.* Prenda interior femenina para sujetar el pecho y darle forma.

sutro.

I. 1.   *Pe.* **pato barcino**.

sutuche. (Del quechua *zut'uchi,* bagazo del *guiñapo*).

I. 1.   m. *Pe.* Salvado de la cebada que queda como residuo en la elaboración de la cerveza.

sutuma.

I. 1.   f. *Pe.* Hierba de hasta 10 cm de altura, de hojas lobulares y flores de color morado, rojo o blanco;

usada con fines medicinales. (Asteraceae; *Perezia coerulescens*).

suyacal.

I. 1.   m. *Gu.* Manto hecho con hojas de palmera usado para resguardarse de la lluvia. (**soyacal**; **zoyacal**).

suyatal.

I. 1.   m. *Ho.* Terreno poblado de **suyate**.

suyate. (Del nahua *zoyatl,* palma).

I. 1.   m. *Gu, Ho.* Palma de hasta 8 m de altura, tronco largo, grueso y pecíolo con espinas en el borde, hojas palmadas grandes en forma de abanico, frutos en racimos, redondos y de color blanco; la hoja se utiliza para tejer sombreros o esteras y para techar casas de palos o de **bahareque**. (Aracaceae; *Paurotis wrightii*).

2.   *Gu.* Esterilla hecha con la fibra extraída de esta palma.

3.   *Ho.* Fibra extraída del tronco y de las hojas de esta palma. (**soyate**).

4.   *Ho.* Cordel hecho con la fibra extraída de esta palma. (**soyate**).

▶ **plearse el ~.**

suyo.

I. 1.   m. *Ar:NO.* Ternero nonato que ha sido extraído del vientre de la madre al tiempo de sacrificarla. rur.

swancito. (De *Swancito*®).

I. 1.   m. *Ch.* Salchicha pequeña para cóctel.

sweater. (Voz inglesa).

I. 1.   m. *EU, Ho, PR, Ec, Bo, Ch.* Prenda de abrigo *hecha generalmente de lana.*

sweet. (Voz inglesa).

I. 1.   adj. *EU, PR. Referido al carácter de una persona,* dulce, cariñoso.

swichar. (Del ingl. *to switch*).

I. 1.   *PR.* **suichar**. delinc.

swing. (Voz inglesa).

I. 1.   m. *Ni, RD, PR,* juv; *Cu,* pop. Estilo de una persona al hablar o al moverse.

II. 1.   m. *Ni, Cu, RD, PR. En el beisbol,* movimiento coordinado realizado con los brazos por un **pelotero** al intentar **batear** la pelota lanzada por el **pícher**.

▶ **hacer ~.**

switch. (Voz inglesa).

I. 1.   m. *EU, Mx, Gu, Ho, Ni, CR, RD, PR, Ec, Pe, Bo, Ch.* Interruptor eléctrico.

2.   *Ch.* metáf. Reacción repentina en la que una persona cambia su comportamiento o forma de pensar.

syllabus. (Voz inglesa).

I. 1.   m. *Ho.* Plan de estudios de una carrera o posgrado. cult → esm.

sylvapén. (De *Sylvapen*®).

I. 1.   m. *Ur; Ar,* p.u. Instrumento para escribir o dibujar provisto de una carga de tinta de color y una punta de fibra.

T.

I. 1. f. *Gu, Co, Ec, Bo, Ch.* **t de cobre**.

■

a. ‖ ~ **de cobre**. f. *Mx, Gu, Ni, CR, Cu, Co, Ec, Pe, Bo, Ch, Py.* Dispositivo en forma de letra «T» alargada que se colocan las mujeres en el útero para evitar el embarazo. ♦ **T**.

taba.

I. 1. f. *Ho, ES, Ni, Bo.* Rodilla. pop + cult → espon.
2. *Ho, Ur.* Pierna de persona. pop + cult → espon.
3. *Ur.* Pie. pop.
II. 1. m. *Pe.* Zapato. pop.
III. 1. adj/sust. *Pe. Referido a persona,* torpe. pop.
▶ **hacer la ~; mover las ~s; parir a la ~; sacudir las ~s; soltar ~; tirar la ~; tirar ~.**

tababé.

I. 1. adj. *Bo:E. Referido a un objeto,* curvado o torcido con respecto a la vertical. pop.
2. *Bo:E. Referido a persona* que tiene las piernas torcidas. pop.

tabacachi.

I. 1. m. *Bo:E.* Planta herbácea o arbusto de hasta 4 m de altura, de madera blanca, hojas simples, flores acampanadas y frutos en forma de cápsula que contienen numerosas semillas diminutas; sus hojas se utilizan a veces como sustituto del tabaco. (Solanaceae; *Nicotiana otophora*). ♦ **tabaquilla**.

tabacazo.

I. 1. m. *Pe, Ch.* Cigarrillo de tabaco al que se le añade cocaína u otra droga en polvo. drog.
2. *Ch.* Combinación de alcohol con tabaco o con cocaína. drog.
II. 1. m. *Ec.* Hechizo o trabajo de brujería hecho con aguardiente y tabaco, usado para enamorar a alguien o causarle trastornos mentales. pop + cult → espon.

tabachín.

I. 1. *Mx.* **flamboyán. (tabuchín).**
2. *Mx.* **acacia.** (Fabaceae; *Caesalpinia pulcherrima*).
II. 1. m. *Mx.* juv. Cigarrillo de tabaco.

tabaco.

I. 1. m. *Ho, Ni, Ec, Co,* p.u. Cigarrillo. pop.
2. *PR.* Marihuana. drog. ♦ **tabaco de moña**.
3. *PR.* Cigarrillo de marihuana. drog.
II. 1. m. *Mx.* Puñetazo. pop.

■

a. ‖ **falso ~.** *Ec.* **donjuán.**
b. ‖ ~ **campeche.** m. *Cu.* Pene. fest.
c. ‖ ~ **cimarrón.** m. *Mx.* **sosa.** (Hydrophyllaceae; *Wigandia urens*).
d. ‖ ~ **crudo.** m. *Ni, Cu, RD.* Hoja de tabaco que no ha sido sometida al proceso de curación.
e. ‖ ~ **curado.** m. *Ni, Cu, RD.* Hoja de tabaco preparada para su elaboración industrial.
f. ‖ ~ **de moña.** *PR.* **tabaco,** marihuana. drog.
g. ‖ ~ **de regalía.** m. *Cu.* Tabaco de calidad de superior.
h. ‖ ~ **de sol.** m. *Cu.* Tabaco que se cultiva en vegas no protegidas por toldo.

i. ‖ ~ **del diablo.** m. *Ch.* Planta perenne de hasta 4 m de altura, de tallos erectos, huecos, llenos de látex blanco, hojas simples, sésiles, de borde finamente aserrado, flores hermafroditas de color púrpura, cuyo fruto es una cápsula bivalva con numerosas semillas en su interior. (Campanulaceae; *Lobelia tupa*). ♦ **tupa**.
j. ‖ ~ **en rama.** m. *Cu.* Conjunto de hojas de tabaco curadas y arrolladas que no han sido sometidas al proceso industrial.
k. ‖ ~ **injuriado.** m. *Cu.* Tabaco en rama de mala calidad.
l. ‖ ~ **tapado.** m. *Cu.* Tabaco que se cultiva bajo toldo para que sus hojas sean de colores más claros.

□

a. ‖ **de ~ en la vejiga.** loc. adj. *RD, Ve. Referido a persona,* valiente y decidida. pop + cult → espon.
▶ **meterse un ~; pasar a ~; tener ~ en la vejiga.**

tabacón.

I. 1. *Ho, ES.* **chichicaste de burro.**
2. *PR.* **cepí,** árbol.

tabaiba.

I. 1. f. *PR.* Árbol de hasta 60 m de altura, de corteza lisa de color castaño claro, flores pequeñas verdes amarillentas y fruto capsular con tres semillas; su madera sirve para leña y para construir cercas. (Euphorbiaceae; *Sapium laurocerasus*).
2. *PR.* Árbol de hasta 10 m de altura, de tronco recto, inflorescencia terminal, flores pequeñas blanquecinas y corteza gris, rugosa y gruesa. (Apocynaceae; *Plumeria alba*).

tabajuntas.

I. 1. m-f. *Bo:E.* Persona que tiene las rodillas juntas y las piernas separadas. pop.

tabaná.

I. 1. f. *RD.* Bofetada, golpe que se da con la mano abierta. pop + cult → espon.

tabanco. (Del nahua *taplantli,* azotea o techo, y *co,* en).

I. 1. m. *Ho, ES, Ni, CR, Pa.* **Tapanco,** desván. rur.

tabanear(se).

I. 1. intr. prnl. *Mx.* p.u. Trabajar mucho para conseguir algo. pop.
II. 1. tr. *Ho.* Fastidiar o molestar a *alguien.* rur.

tábano.

I. 1. m. *Co:N.* Especie de varilla electrizada que se emplea en el transporte de ganado para forzar a los animales a entrar en el buque.
II. 1. m. *Ni.* Cobrador impertinente.

tabanque.

I. 1. m. *Ec.* Repisa *diseñada especialmente* para colocar macetas.

tabanuco.

I. 1. *PR.* **tabonuco.**

tabaqueada.

I. 1. f. *Mx.* Pelea a puñetazos. pop.

tabaquear.
  I. 1. tr. *Bo:O.* Echar una pequeña cantidad de tabaco macerado en alcohol de caña de azúcar en una bebida alcohólica para embriagar a alguien más rápidamente. pop.

tabaquera.
  I. 1. f. *Ni.* Insulto, amenaza.

tabaquería.
  I. 1. f. *Mx, Cu, RD, PR.* Fábrica donde se elaboran tabacos.

tabaquilla.
  I. 1. f. *Bo:E.* **tabacachi.**

tabaquillo.
  I. 1. m. *Co, Bo:C, Ar:NO.* **galantea.**
    2. *Ec.* **donjuán.**
    3. *Ho.* **clavelillo.**
  II. 1. m. *CR.* Movimiento lateral y oscilatorio de las ruedas de un vehículo, *en especial de las delanteras*, causado por un desperfecto en el sistema de dirección o en los cojinetes.
    2. *CR.* Temblor leve y continuo del cuerpo que experimenta una persona a causa del miedo. fest.

tabaquito.
  I. 1. m. *Cu.* Suciedad que se forma en la piel del cuello y en las articulaciones. pop.
  II. 1. m. *PR.* Cigarrillo de marihuana. drog.

tabardillo.
  I. 1. m. *Mx.* Hierba de hasta 70 cm de altura, de tallo ramificado, hojas opuestas, lanceoladas o angostamente aovadas, de margen aserrado, inflorescencia en cabezuela, flores pequeñas y tubulares de color blanco y manchas rojizas, y fruto en aquenio con forma de prisma. (Asteraceae; *Piqueria trinervia*).
    2. *Mx.* **huitote.**

tabarete.
  I. 1. m. *Mx:N.* Caseta o puesto callejero donde se despachan bebidas y comidas.

tabarrón, -na.
  I. 1. adj/sust. *RD. Referido a persona*, pendenciera.

tabasco.
  I. 1. m. *Mx.* Fruto de una planta musácea de origen indo-malayo, llamada higuera de Adán; es comestible.

tabasqueña.
  I. 1. *Mx.* **cacalichuche.**

tabché. (Del maya).
  I. 1. *Mx:SE.* **mangle**, árbol de hasta 4 m.

tabeada.
  I. 1. f. *Bo:S, Ar.* Partida del juego de la taba.
    2. *Bo, Ar.* Reunión en la que se juega a la taba.

tabeado, -a.
  I. 1. sust/adj. *Bo.* Persona perjudicada o relegada por la influencia o las artimañas de otra. pop + cult →

tabeador, -ra.
  I. 1. m. y f. *Bo, Ar.* Persona que juega a la taba.

tabear.
  I. 1. intr. *Mx, Bo, Ar.* Jugar a la taba. pop + cult → espon.
  II. 1. tr. *Pe.* Patear a *alguien*. pop.
  III. 1. tr. *Bo.* Perjudicar mediante influencias y artimañas a *alguien*.
  IV. 1. intr. *ES.* Estar preso.

tabena.
  I. 1. f. *Co.* Planta herbácea, con tallos endebles, volubles, de hasta 4 m de longitud, de hojas grandes y acorazonadas, flores pequeñas y verdosas en espigas axilares; la raíz tuberculosa es comestible. (Dioscoreaceae; *Dioscorea alata*).

taberna.
  I. 1. f. *Mx.* Bebida alcohólica elaborada con la savia del **guacoyol.**
  II. 1. f. *Ho.* Corte vertical en la corteza del tronco del pino y hoyito donde se recoge la resina. rur.

tabero.
  I. 1. m. *Gu.* Cultivo de ciclo vegetativo corto.

tabicazo.
  I. 1. m. *RD.* Golpe fuerte que se da o se recibe.

tabilla.
  I. 1. *RD.* **habilla.**

tabique.
  I. 1. m. *Mx.* Ladrillo, masa rectangular de barro para construir muros.
    2. *Ec.* Mezcla de barro y paja usada en la construcción de paredes o tapias.
    3. *Gu.* Especie de tarima de cañas de maíz, que se utiliza como aporreador.
    4. *Bo.* Pared hecha de cañas o varas rellenas de barro, puestas una junto a otra y sujetas, a las que van colocadas horizontalmente mediante cuerdas. pop.
  II. 1. m. *Pe:NO.* Puerta. pop.
  III. 1. m. *ES, Ni.* Cárcel.
  IV. 1. m. *Ni.* juv. Ropero.

tabla.
  I. 1. f. pl. *Mx, Ec.* Igualdad en las cuentas cuando se paga enteramente el alcance o deuda. pop + cult → espon.
  II. 1. f. *Mx, Cu.* Terreno de labranza de pequeña extensión. rur.
    2. f. pl. *ES.* Dinero.
  III. 1. f. *Pe.* Surf, deporte náutico consistente en mantenerse en equilibrio encima de una tabla especial que se desplaza sobre la cresta de las olas. ♦ **tabla hawaiana.**
  IV. 1. f. pl. *Cu.* Tabla de multiplicar.
  V. 1. f. *Cu.* obsol. Mostrador.
  VI. 1. f. *Ho.* Instrumento musical de sacudimiento hecho de una tabla rectangular en cuyos extremos se hallan dos argollas móviles que producen un sonido seco.
  VII. 1. f. *Ho.* Instrumento de madera dura, de hasta 30 cm de largo y 15 cm de ancho, que se utiliza como base para cortar el borde de las hojas de tabaco y picar y estrujar este.

  ■

  a. ‖ **cuatro ~s.** f. pl. *Ho.* Ataúd.
  b. ‖ **~ a vela.** f. *Pe. Windsurf*, deporte que consiste en deslizarse por el agua sobre una tabla especial provista de una vela.
  c. ‖ **~ de capellada.** f. *PR.* Tabla que se coloca a los lados del andamio para proteger al obrero.
  d. ‖ **~ de costa.** f. *PR.* Tabla de poco valor que se saca de la **palma de costa**; se usa en la construcción de viviendas campesinas. ♦ **tabla de palma.**
  e. ‖ **~ de gallos.** f. *Ho. En las peleas de gallos*, tabla con dos agujeros por donde los dos animales que han empatado una pelea realizan la prueba del pico a pico para declarar al vencedor.
  f. ‖ **~ de morey.** (De *Morey*®). f. *Ur.* Tabla de surf. ♦ **tabla de morley.**
  g. ‖ **~ de morley.** (De *Morley*®). *Ur.* **tabla de morey.**
  h. ‖ **~ de orilla.** f. *Ho.* Tabla que por uno de los lados es curva, debido a que aprovecha la parte externa del tronco.
  i. ‖ **~ de palma.** *PR.* **tabla de costa.**
  j. ‖ **~ de posiciones.** f. *CR, Cu, Ec, Bo, Ch, Ar, Ur. En un campeonato*, relación de los participantes ordenada según la puntuación obtenida.

k. ‖ ~ **del pecho.** f. *Cu.* Tórax. pop.

l. ‖ ~ **hawaiana.**

  i. f. *Pe.* **tabla**, deporte náutico.

  ii. *Ni.* Tabla de surf.

☐

a. ‖ **entre ~s de pino.** loc. adj/adv. *Ho. Referido a persona*, muerta y enterrada. pop + cult → espon ^ fest.

b. ‖ **hasta la ~.** loc. adv. *Cu.* En una situación en la que no se tiene otra alternativa que acceder a lo que se pide o exige.

▶ **bailar la ~; cantar la ~; correr ~; no saber por dónde va ~; perder la ~; quedarse en las ~s; subir la ~.**

tablacho, -a.

I. 1. adj. *Pe:E. Referido a cosa*, que tiene o adquiere forma aplanada. rur.

tablada.

I. 1. f. *Bo:S, Py, Ur, Ar*, obscl. Lugar donde se reúne e inspecciona el ganado destinado al matadero.

2. *Pe, Bo:S.* Terreno llano con forma de plano no muy extenso.

tabladillo.

I. 1. m. *Ec, Pe.* Tablado, suelo de tablas formado en alto sobre una armazón.

2. *Pe.* Pavimento del escenario de un teatro.

tablado.

I. 1. m. *Pe:S.* Burladero.

II. 1. m. *RD.* Pared o tabique interior de una casa, hecho de madera.

tablar.

I. 1. tr. *PR. En las actividades marítimas*, construir *alguien* una embarcación.

tablazo.

I. 1. m. *Pe.* Llanura sin vegetación.

II. 1. *Cu.* **jonrón**, **batazo** que lanza la pelota fuera del campo.

2. *Cu. En el beisbol*, **batazo** que permite al **bateador** alcanzar al menos una **base**.

III. 1. m. *PR.* Charco de agua en una vía pública o en un patio.

tablear.

I. 1. tr. *Ho.* Exponer en el tablón de un juzgado notificaciones judiciales.

tablelojeca.

I. 1. m. *Mx.* Arbusto de hasta 4 m de altura, con hojas simples, alternas, de oblongas a obovadas, flores terminales, blancas, vistosas y fragantes, y frutos alargados, de color verde amarillento y numerosas semillas. (Capparidaceae; *Capparis flexuosa*). ♦ **xbayumac; xpayumac.**

tablerista.

I. 1. m. *Ec, Ch. En una central hidroeléctrica*, persona encargada de controlar el funcionamiento del sistema en los tableros electrónicos.

II. 1. m-f. *Ec.* Jugador de ajedrez.

tablero.

I. 1. m. *Co.* Círculo en que giran las manecillas del reloj.

II. 1. m. *Co.* Tablero con la superficie acondicionada para escribir y borrar sobre ella con tiza o **marcador**, *usado generalmente en las aulas.*

III. 1. m. *Ch.* **paloma del cabo.**

■

a. ‖ ~ **de damas.** m. *Ch.* **paloma del cabo.**

☐

a. ‖ **a ~ vuelto.** loc. adv. *Ch.* Con gran concurrencia de público, con todas las localidades vendidas. pop + cult → espon.

b. ‖ ~ **de agua.** loc. sust. *Pa.* Tablero cubierto de fórmica para escribir con un utensilio de tinta borrable.

c. ‖ ~ **de pica.** loc. sust. *Gu.* Zona del tallo de las plantas lactíferas cuya corteza va retirándose paulatinamente para obtener el látex.

▶ **patear el ~.**

tablesca.

I. 1. f. *Ho. En construcción*, estaca ancha para marcar o sujetar la tierra.

tableta.

I. 1. f. *Ar:NO,O.* Golosina formada por dos tapas de masa unidas por una capa de dulce o de mermelada.

2. *Ar:NO.* Golosina de miel de caña o dulce de leche solidificados en forma de prisma cuadrado o rectangular.

3. *Ho.* Dulce de consistencia sólida hecho con frutas, leche y **rapadura**.

II. 1. f. *PR.* Plisado de la tela *usado especialmente en la confección de faldas.*

tableteo.

I. 1. m. *Ho.* Canto de las ranas.

tabletero, -a.

I. 1. m. y f. *Ch. En una industria farmacéutica o alimentaria*, persona encargada de la fabricación de tabletas.

tablilla.

I. 1. f. *Mx, Ho, ES, RD.* Tableta de chocolate.

2. *Bo:E,S.* Dulce de leche o de pulpa de algunas frutas con azúcar, de consistencia dura, forma rectangular o cuadrada y tamaño diverso.

II. 1. f. *RD, PR.* Chapa de metal que muestra la matrícula del vehículo.

2. *PR.* Matrícula de vehículo.

III. 1. f. *Pa.* Tabla puesta horizontalmente en una pared con el fin de colocar objetos sobre ella, anaquel.

tablita.

I. 1. f. *Pe.* Instrumento de percusión de madera.

☐

a. ‖ **de ~.** loc. adv. *RD, Ve.* Por casualidad. pop.

▶ **salvarse en ~s; salvarse en una ~; sin tentar ~; sin tocar ~.**

tablón.

I. 1. m. *CoːC,SO, Ve, Py, Ar:NO; Mx, Gu, RD, Ec, Pe:E, Bo:E, Ch, Ur*, rur. Terreno de labranza de pequeña extensión.

2. *Gu, Pe:S.* Terreno de labranza que se encuentra en la falda de los montes.

3. *Gu.* Parte de un terreno aplanado para sembrar flores o verduras.

II. 1. m. *Pe.* Disciplina del deporte del surf consistente en deslizarse sobre las olas con tablas de mayor tamaño.

tabloncillo.

I. 1. m. *Mx, RD, PR.* Árbol de hasta 25 m de altura, con hojas alternas, elípticas, inflorescencia en racimos, flores blancas o rosadas y fruto en forma de baya de color anaranjado. (Sapotaceae; *Sideroxylon portoricense*). ♦ **varital.**

2. *Mx, RD, PR.* Madera del tabloncillo, *especialmente usada para la construcción de pisos.*

II. 1. m. *Cu.* Instalación deportiva techada y con suelo de madera.

2. *Cu.* Suelo de madera de una instalación deportiva techada.

tablonear.

I. 1. tr. *Mx.* Dividir un terreno agrícola en **tablones.** rur.

tablote.

I. 1. *Mx.* **guásimo**, árbol.

tabluda.

I. 1. f. *Co:NE.* Mujer de senos poco desarrollados. pop.

tabo.

I. 1. m. *Ho, ES, Ni.* juv. Cárcel, prisión. delinc.

2. *Gu.* Cuerpo de detención.

tabolango.
    I. 1.   *Ch.* **chinchemolle**.
tabonucal.
    I. 1.   m. *PR.* Terreno plantado de árboles de **tabonuco**.
tabonuco.
    I. 1.   m. *PR.* Árbol de hasta 30 m de altura, con hojas pinnadas, flores verdosas y frutilla de color castaño; su madera es usada en ebanistería. (Burseraceae; *Dacryodes excelsa*). (**tabanuco**).
tabuchín.
    I. 1.   *Mx.* **tabachín**, árbol.
tabudo.
    I. 1.   m. *ES.* Diablo.
tabulado.
    I. 1.   m. *Ni, Ec, Py.* Cuadro estadístico.
    2.   *Py.* **Conteo** de los resultados conseguidos de un test o encuesta, a fin de obtener datos estadísticos.
tabular.
    I. 1.   tr. *Py.* Contar los resultados conseguidos a partir de un test o encuesta a fin de obtener datos estadísticos.
taburete.
    I. 1.   m. *Ni, Co, Ec.* Silla sin brazos y con el respaldo y el asiento forrados de cuero.
    2.   *Cu.* Silla rústica de patas grandes y fuertes y con asiento y respaldo *generalmente de piel de chivo sin curtir*.
    ▶ **pasar el mar en un ~**.
taca.
    I. 1.   f. *Ch.* Almeja de forma oval redondeada, con estrías concéntricas y radiales de color crema con rayas color café y dibujos lineales o geométricos. (Veneridae; *Protothaca thaca*).
    II. 1.   f. *Bo:O.* Bebida alcohólica elaborada con un poco de alcohol en agua de **sultana** caliente. delinc.
    ■
    a. ‖ **~~**.
      i.   m. *Bo:C,O,S, Py; Ar*, obsol. Juguete formado por dos bolas pesadas de plástico unidas por una cuerda delgada de aproximadamente 50 cm de largo; se juega haciéndolas chocar entre sí.
      ii.   *Ch.* **tacataca**, juego.
      iii.   *Ch.* **tacataca**, mesa.
    □
    a. ‖ **~~**. loc. adv. *Py, Ar, Ur.* En relación con el modo de pagar algo, en efectivo e inmediatamente. pop + cult → espon.
tacabobos.
    I. 1.   m. *Bo:O.* Delincuente especializado en robar relojes, pulseras y collares arrebatándoselos de un tirón a sus víctimas. delinc.
tacacazo.
    □
    a. ‖ **en dos ~s**. loc. adv. *CR.* p.u. Rápidamente. pop + cult → espon.
tacacho.
    I. 1.   m. *Pe.* Comida hecha con **plátanos verdes** asados, y posteriormente machacados y amasados en bolas con manteca y trozos de cecina.
tacacillo.
    I. 1.   m. *Cu:C.* Calzoncillo. pop.
tacaco.
    I. 1.   m. *Ec:S.* Persona de baja estatura. pop + cult → espon ^ desp.
    II. (Quizás del huetar).
    1.   m. *CR.* Planta trepadora cuyo fruto, que tiene forma ovoide, consistencia dura y color verde, se come cocido al igual que una verdura. (Cucurbitaceae; *Cyclanthera pittieri*).
    2.   *CR.* Fruto del tacaco.

    III. 1.   m. *CR.* Persona de edad avanzada, *en especial la que tiene el rostro enjuto y arrugado*. desp.
    ▶ **sudar ~s**.
tacalear.
    I. 1.   tr. *ES. En el futbol*, parar a un adversario por un costado.
tacalo, -a.
    I. 1.   sust/adj. *Bo:C,O.* Persona ingenua y de escaso entendimiento. pop.
tacalote. (Del nahua).
    I. 1.   m. *Mx.* Planta trepadora de tronco y ramas planos, rugosos y espiralados, hojas pinnadas, con folíolos elípticos, inflorescencias en espigas axilares, flores pequeñas y fruto leguminoso con grandes semillas acorazonadas, color café oscuro, muy lustrosas; las semillas se emplean en artesanía. (Fabaceae; *Entada scandens*). (**tacolote**).
tacamachín. (Del nahua *tlacatl*, hombre, y *michin*, pescado).
    I. 1.   m. *Mx.* Pez de hasta 80 cm de longitud, de cuerpo oblongo, cabeza apuntada, boca grande, dientes pequeños y agudos, dorso azul negruzco, vientre blanco, dos aletas en el lomo y cola recta. (Centropomidae; *Centropomus parallelus*).
tacamahaca.
    I. 1.   *Ve.* **tacamajaca**.
tacamajaca. (Del nahua *tlacatl*, hombre; *maitl*, mano, y *yacatl*, nariz).
    I. 1.   f. *Ve.* Árbol de hojas compuestas y flores verdosas cuyo fruto es una drupa oviforme; su madera se utiliza para construir canoas; tiene aplicación en la medicina tradicional. (Burseraceae; *Protium* spp.). (**tacamahaca**).
    II. 1.   f. *Ve.* Persona fuerte y valiente. (**tacamahaca**).
tacán.
    I. 1.   m. *Co:N.* Cada una de las piedras entre las que se enciende el fuego y sobre las que se ponen los recipientes para preparar comidas. rur.
tacana.
    I. 1.   f. *Ar:NO.* Mano del mortero.
    II. 1.   f. *Bo:O.* Sitio en el que se ponen productos agrícolas temporalmente, *especialmente para que se sequen*.
    2.   *Bo.* Terraza que se construye en la ladera de una montaña para el cultivo. pop.
    III. 1.   f. *Bo:SO. En la mina*, mineral de plata de alta ley. (**takana**).
tacanear. (Del quech. *takay*, golpear).
    I. 1.   tr. *Bo:O.* Golpear *algo* con un objeto. pop.
tacañún, -na.
    I. 1.   adj/sust. *Ar.* obsol. *Referido a persona*, tacaña, avara. pop + cult → espon.
tacar.
    I. 1.   tr. *Mx.* Meter o colocar excesivo número de personas o cosas en un lugar. pop + cult → espon.
    II. 1.   tr. *Co, Bo. En el billar*, golpear la bola con el taco.
    □
    a. ‖ **~ burro**. loc. verb. *Co.* Fallar en el intento de hacer algo. pop.
tacarcaya.
    I. 1.   f. *Bo:O.* **motomoto**.
tacari.
    I. 1.   *Mx:O.* **paste**, planta.
tacarpo.
    I. 1.   m. *Pe:E.* Apero de labranza formado por un palo largo de madera y una punta metálica al final. rur.
tacarquea.
    I. 1.   f. *Bo:O.* Arbusto o árbol de hasta 3 m de altura, con flores de color amarillo dorado y frutos en forma de legumbre. (Fabaceae; *Senna versicolor*).

tacasonte.
    I. 1.   m. *ES.* Larva del mosquito.

tacata.
    I. 1.   f. *PR.* Heroína. drog.

¡tácata!
    I. 1.   interj. *Pa.* Expresa que algo ha ocurrido repentinamente.

tacataca.
    I. 1.   m. *Pe, Ch.* juv. Juego en que unas figuras pequeñas accionadas mecánicamente remedan un partido de **futbol**. pop. (**taca taca**).
       2.   *Pe.* juv. Mesa en la que unas figuras pequeñas accionadas mecánicamente remedan un partido de **futbol**. pop. (**taca taca**).
    II. 1.   adv. *Py, Ar, Ur.* En relación con el modo de pagar algo, en efectivo e inmediatamente. pop + cult → espon.
    III. 1.   m. *PR.* Cantaleta, sonsonete. pop + cult → espon.

tacatás. (De or. onomat.).
    I. 1.   adv. *RD.* Al contado.

¡tacatás! (De or. onomat.).
    I. 1.   interj. *RD.* Expresa el sonido de un golpe o una caída. pop + cult → espon.

tacayote. (Del nahua, *iztac*, blanco, y *ayotli*, ayote).
    I. 1.   m. *ES.* Piojo.

tacazo.
    I. 1.   m. *Pe, Ch, Ur.* Taconazo, golpe dado con el **taco** del calzado a algo, *especialmente en el **futbol***.
       2.   *RD; Ur,* p.u, pop. Golpe fuerte que se da o se recibe.
    II. 1.   m. *Bo:C.* Bebida alcohólica elaborada con un poco de alcohol en agua de **sultana** caliente. delinc.
    III. 1.   m. *Ni.* Robo, asalto.
    □
       a. ‖ **de un ~.** loc. adv. *RD, Co.* De una vez. pop + cult → espon.

tacazota. (Del nahua).
    I. 1.   f. *Mx:C.* **Tortilla** de maíz tierno. (**tacazotla**).

tacazotla.
    I. 1.   *Mx:C.* **tacazota**.

tacha.
    I. 1.   f. *Mx, Ho.* Pastilla de droga de diseño. pop.
    II. 1.   f. *Ar, Ur.* Señal con rayas que se hace sobre algo escrito para suprimirlo. pop + cult → espon.
    III. 1.   f. *Ve.* **tacho**, recipiente para el melado.
    IV. 1.   f. *Cu.* Ficha grande de metal que se emplea en el juego del **pon**.

tachacá.
    I. 1.   m. *Bo:E.* Pez de agua dulce de hasta 50 cm de longitud, con cabeza y partes laterales cubiertas de placas dérmicas, boca orientada hacia abajo y provista de barbillones sensoriales, aletas pectorales y dorsal con bordes aserrados y aleta caudal bifurcada. (Doradidae; *Megalodoras irwini, Pterodoras granulosus*).

tachacual. (Del nahua, *tazacualli*, cerca de estacas).
    I. 1.   m. *Mx:C.* Casa pequeña y pobre. pop.

tachada.
    I. 1.   f. *Bo, Ch.* Tachón.

tachalote. (Del nahua *techalotl*, especie de ardilla).
    I. 1.   m. *Mx.* Ardilla de hasta 50 cm de longitud, con la parte superior gris pardusco, y la inferior blanco crema, de cuerpo alargado, orejas pequeñas, y cola larga y tupida con manchas blancas. (Sciuridae; *Spermophilus variegatus*). (**techalote**).

tache. (Del nahua *tazzin*, diminutivo de *tauli*, padre).
    I. 1.   m. *Mx.* Señal, *generalmente compuesta por rayas*, que se hace sobre lo escrito para borrarlo.
    II. 1.   m. *Co.* Árbol de hasta 30 m de altura, de copa amplia y denso follaje, hojas compuestas y lustrosas,

flores blancas pequeñas dispuestas en racimos y fruto leguminoso con una sola semilla; tiene propiedades medicinales. (Fabaceae; *Myroxylum balsamum*). ♦ **bálsamo; nabá**.
    III. 1.   m. *Co.* Cada una de las piezas cónicas o puntiagudas que tienen en la suela algunos zapatos deportivos para dar firmeza al paso.
    IV. 1.   m. *Ni.* Llave para abrir algo.

tachero, -a.
    I. 1.   m. y f. *Cu, Co, Bo.* Persona que maneja los **tachos** en la fabricación del azúcar.
    II. 1.   m. y f. *Bo:C,O,S, Ar, Ur.* Persona que conduce un taxi. pop + cult → espon.

tachicón.
    I. 1.   m. *Mx.* **Bejuco** grande de corteza quebradiza y flores blanco amarillentas; su hoja tiene aplicación medicinal. (Dilleniaceae; *Tetracera volubilis*). ♦ **carey**.

tachiga.
    I. 1.   f. *ES.* Mandíbula. pop.

tachigual. (Del nahua *tlachihualli*, hechura de mano).
    I. 1.   m. *Mx.* Labor de encaje en una tela de algodón.

tachino.
    I. 1.   *Cu.* **chatino**. pop.

tachiste. (Del nahua *tlaxintli*, madera o piedra labrada).
    I. 1.   m. *Mx.* Árbol de 6 m de altura, de tallo pubescente, hojas alternas y oblongas, flores tubulares blancas o rosadas, dispuestas en una panícula grande, y fruta amarilla; sus hojas sirven como abono orgánico. (Asteraceae; *Vernonia deppeana*). ♦ **barrehorno**.

tacho. (Del port. *tacho*).
    I. 1.   m. *He, Ec, Pe, Bo, Ch, Ar, Ur, Py,* pop + cult → espon. Recipiente para depositar basura.
       2.   *Gu, Ho, ES, Ni, Pa, Cu, RD, Co, Bo, Py.* Recipiente en el que se hierve el **melado** para la elaboración del azúcar. ♦ **ayudante; tacha**.
       3.   *Pe, Bo.C,O,S, Ch, Ar, Ur, Py,* pop + cult → espon. Recipiente de diversos materiales, formas y usos.
       4.   *Pa, Ec Bo; Pe:N.* obsol. Recipiente de metal, con pico, tapa y asa, usado para hervir agua.
       5.   *Ec.* Recipiente metálico de forma parabólica, con la boca muy ancha y pared alta, *usado principalmente en los trapiches para cocer el **caldo***.
       6.   *Py.* Vasija de metal, de fondo redondeado, con asas, parecida a la **paila**.
       7.   *Ho.* Depósito metálico de líquidos.
       8.   *Pa.* Cafetera.
    II. 1.   m. *Bo:C,O,S, Ar, Ur.* Taxi. pop + cult → espon.
    III. 1.   m. *Ar, Ur.* obsol. Reloj de pulsera o de bolsillo, *particularmente el grande y ostentoso*. pop + cult → espon.
    IV. 1.   m. *Ar.* Buena suerte. pop + cult → espon.
    V. 1.   m. *Cu.* Pelo de la cabeza. pop.
    ■
       a. ‖ **~ de basura.** m. *Pe, Ch; Ec,* p.u. Papelera. (**tacho de la basura**).
       b. ‖ **~ de la basura.** *Pe, Ch.* **tacho de basura**.
    □
       a. ‖ **¡al ~!** loc. interj. *Bo, Py.* Expresa desaprobación o rechazo. pop.
       b. ‖ **~ colorado.** loc. sust. *Bo:E.* Infierno.
    ▶ **echar un ~; irse al ~; mandar al ~.**

tachogobi.
    I. 1.   m. *Mx.* Guiso que se elabora con pescado, típico de Veracruz.

tachómetro.
    I. 1.   m. *Ar, Ur.* Tacómetro. pop + cult → espon.
       2.   *Ur.* Reloj. pop + cult → espon.

tachón.
    I. 1.   m. *Cu.* Tabla, doble pliegue ancho y plano que se hace en una tela.

tachuela.

   I. 1. m-f. *Cu; Mx, Gu, Ho, ES, Ch, Ur*, p.u.; fest; *Ni, Bo*, pop + cult → espon ∧ desp; *Ec*, p.u. Persona de baja estatura.

   2. adj/sust. *Pa. Referido a objeto*, de tamaño pequeño.

  II. 1. f. *Co:C.* Vasija honda, semiesférica y con asas, usada como fuente.

   2. *Ve.* Taza de metal, *generalmente de plata y con asas*, que se usaba para beber agua.

 III. 1. f. *Ch.* Planta de hasta 60 cm de altura, de tallos ascendentes, hojas escasas pinnadas y flores en umbelas pedunculadas de color rosa o violeta. (Gerianaceae; *Erodium* spp.).

  ▶ **dejar ~; escupir ~s.**

tachuelear.

   I. 1. tr. *Mx, Ni.* Sujetar *algo* con clavos.

tachuelo.

   I. 1. m. *Co.* Árbol de hasta 20 m de altura, con el tronco lleno de pinchos, follaje siempre verde, copa globosa, flores blanquecinas y frutos de color marrón. (Rutaceae; *Fagara rhoifolia*).

   2. *Co.* Arbusto que tiene hojas con espinas, flores vistosas de color rojo y amarillo y un fruto en baya de color rojo azulado. (Berberidaceae; *Berberis glauca*).

   3. *Co.* **lulo**, árbol de hasta 12 m.

   4. *PR.* Árbol de hasta 8 m de altura, de tronco mediano, ramas espinosas, hojas en ristras y semillas en vainas cilíndricas; su madera, muy dura y resistente a la humedad, es usada en construcciones y **espeques**. (Polygonaceae; *Coccoloba pubescens*).

   5. *Pa.* **arcabú**, árbol.

tacifiro.

   I. 1. m. *Gu.* Puñal.

tacín.

   I. 1. m. *Ec:N.* Nido de las aves.

  II. 1. m. *Ec:N.* Base en forma de aro para apoyar el **pondo**.

   2. *Ec:N.* Rosca de lienzo, paño u otra materia para cargar un peso sobre la cabeza.

taciste. (Del nahua).

   I. 1. *Mx:SE.* **isuate**.

tacita.

   I. 1. f. pl. *Ch.* Juego infantil en el que se simula una reunión social o una comida con juguetes que reproducen una vajilla en miniatura.

tack. (Voz inglesa).

   I. 1. f. *PR.* Tachuela.

tacklear.

   I. 1. tr. *Ch. En deportes como el **futbol** o el rugby*, derribar a un adversario trabándole las piernas.

taclla. (Del quechua *taclla*, arado).

   I. 1. f. *Ec, Pe, Bo.* Arado de pie formado por un palo con una punta de hierro o piedra que sirve para allanar y preparar el terreno que se va a cultivar. rur. (**tajlla**).

tacllanazo.

   I. 1. m. *Pe.* p.u. Cachete, palmada que se da a alguien. rur.

taco.

   I. 1. m. *Ni, RD, PR, Co:N, Ec, Pe, Bo, Ch, Py, Ar, Ur.* Tacón de un zapato.

   2. *Mx, Ho, ES, Ni, CR, Pa, Cu.* Zapato especial para la práctica de **futbol**.

   3. *Mx.* obsol. Polaina de cuero.

   4. *Pe, Ch.* Golpe dado con el tacón, *especialmente en el **futbol***.

   5. *Cu.* Zapato. pop.

  II. 1. m. *Mx, Gu, Ho, ES, Ni, CR, Bo.* **Tortilla** de maíz enrollada con algún alimento dentro.

   2. *Mx.* meton. Comida ligera.

   3. *Ve.* Alimento ligero que se toma antes de las comidas principales.

   4. *Gu.* **Tortilla** enrollada, rellena de carne picada, atada con una tira de **doblador** y puesta a freír.

 III. 1. m. *Pe, Bo.* Billar. pop.

   2. *Ve, Ec.* Jugador de billar, *especialmente el muy diestro*. pop + cult → espon.

   3. m. *Ve*; sust/adj. *Bo:O.* Persona muy competente, experta o hábil en alguna materia. pop + cult → espon.

   4. m. *Pe.* Establecimiento donde se juega al billar. pop.

 IV. 1. adj/sust. *Mx. Referido a persona*, de estatura baja. pop.

   2. m-f. *Ho, Ni.* Persona pequeña de estatura y regordeta.

  V. 1. *Mx:NO.* **mambetari**.

 VI. 1. m. *Co:O, Ch.* Congestión, *especialmente de vehículos* que circulan por una calle. pop.

   2. *Ch.* Atasco de una tubería o de un conducto.

 VII. 1. m. *Co.* Cilindro que contiene una carga explosiva y a veces munición, y que se emplea en armas de fuego o para voladuras.

 VIII. 1. m. *Co.* Cigarrillo de marihuana. drog.

  IX. 1. m. *Ar, Ur.* Maza que se usa en el juego del polo para golpear la pelota.

   X. 1. m. *Cu, RD.* Hombre elegante, que viste a la última moda. pop.

  XI. 1. sust/adj. *Bo.* Persona que puede consumir bebidas alcohólicas en gran cantidad sin embriagarse. pop.

   2. m. *Bo.* p.u. Trago tomado de una vez. pop.

  XII. 1. *Gu, Ho.* **pando**, machete.

   2. m. *Ho, ES.* Machete cuya hoja es curva al final.

 XIII. 1. adj. *Ch:SO. Referido a persona*, testaruda, porfiada. pop.

 XIV. 1. m. *Ec.* Émulo. pop + cult → espon.

  XV. 1. m. pl. *Bo.* Dinero en papel moneda.

 XVI. 1. m. *PR. En las peleas de gallos*, carnosidad dura que se le forma a un gallo en el lugar en el que ha recibido un puntazo de la espuela de un contrincante.

   2. *PR. En las peleas de gallos*, absceso que se le forma al gallo en la comisura del pico.

 XVII. 1. m. *ES.* Engreimiento, petulancia, vanidad.

 XVIII. 1. m. *Ho.* **placa**, tatuaje.

 XIX. 1. m. *Ho.* Cajón sin fondo y con unos agujeros a los lados para que salga el suero de la cuajada al moldear el queso.

  XX. 1. m. *Ni.* Batería de una linterna.

  XXI. 1. m. *PR.* Rigidez en la garganta causada por nerviosidad.

 XXII. 1. *PR.* **pitre**.

 XXIII. 1. m. *CR.* Miedo, temor. pop + cult → espon.

 XXIV. 1. m. *Pa.* Pieza del engranaje de las ruedas de un automóvil.

  ■

  a. ‖ **~ aguja.** m. *Ec, Pe, Bo:O, Ch, Ur.* Tacón alto y fino. ◆ **taco de alfiler.**

  b. ‖ **~ alfiler.** *Bo:O, Ur.* **taco de aguja.**

  c. ‖ **~ compuesto.** m. *Mx.* Taco que no lleva **chile**.

  d. ‖ **~ de barro.** m. *Bo:SO. En la mina*, masa de tierra con forma cilíndrica que se introduce en el taladro después de haber puesto una carga de dinamita, con el fin de completar el espacio vacío y lograr una buena explosión.

  e. ‖ **~ de canasta.** m. *Mx.* Taco envuelto en un trapo y metido en una cesta con un asa en la mitad. ◆ **taco sudado.**

  f. ‖ **~ de reina.** *Ar, Ur.* **pelonchile**.

  g. ‖ **~ negro.** *Bo:S.* **algarrobo**. (Fabaceae; *Prosopis nigra*).

  h. ‖ **~ placero.** m. *Mx.* Taco con **chicharrón**, **chile verde**, cilantro, **aguacate** y otros ingredientes.

  i. ‖ **~ sudado.** *Mx.* **taco de canasta.**

□

a. ‖ **a todo ~.**
  i. loc. adv. *Co.* Sin reparar en gastos ni faltar detalles. pop.
  ii. *Co:O.* A todo volumen. pop.
b. ‖ **al ~.** loc. adv. *CR.* En *un intercambio directo de bienes*, considerando del mismo valor las cosas que se intercambian. pop.
c. ‖ **como ~ de pipa.** loc. adv. *Ho.* Rápida o inmediatamente.
d. ‖ **~ a ~.** loc. adv. *Ho, ES, Ni.* De igual a igual.
e. ‖ **~ de cáncer.** loc. sust. *Mx.* juv. Cigarrillo de tabaco.
▶ **colgar los ~s; darse el ~; darse su ~; darse un ~ de ojo; echar ~s; echarse un ~; echarse un ~ de ojo; echárselas de ~; no servir ni para ~s; pasar el ~; ponerse ~ a ~.**

tacó.
  I. 1. m. *RD.* Ave de hasta 45 cm de longitud, de plumaje gris, con la garganta y la parte inferior del vientre y de las alas naranja, la cola blanca y negra y un anillo rojo alrededor de los ojos. (Cuculidae; *Saurothera longirostris*).

tacolote.
  I. 1. *Mx.* **tacalote.**

tacón.
  I. 1. m. *Bo.* **alverjilla,** planta.
  II. 1. m. *ES.* Trago de licor.
■
  a. ‖ **~ alto.** m. *Ni.* Trago grande de aguardiente.
▶ **echar un ~.**

taconear.
  I. 1. tr. *Bo, Ch, Ar:NO.* Cerrar o tapar un hueco, *especialmente con un taco o pieza de madera u otro material.* pop + cult → espon.

tacoso, -a.
  I. 1. adj. *Mx:N. Referido a persona,* derrochadora, que gasta mucho dinero o lo entrega con facilidad. pop + cult → espon.

tacotal.
  I. 1. m. *Ni, CR,* rur. Sitio poblado de un matorral espeso.
  2. *Ho.* Lodazal.

tacote. (Del nahua *tlacotl,* jara).
  I. 1. *Mx.* **donjuán.**

tacotillo.
  I. 1. m. *Mx.* Árbol de mediano tamaño, poco ramificado, con hojas alternas, elípticas, flores blanquecinas y fruto en drupa de color rojo. (Boraginaceae; *Cordia cylindrostachya*). ♦ **xcopché.**

tactar.
  I. 1. tr. *Gu.* Tocar.
  II. 1. tr. *Gu.* Presentir.

tactaracho, -a.
  I. 1. adj/sust. *Pe:E. Referido a un trompo,* que baila de una manera desigual, dando saltos.
  2. *Pe:E. Referido a persona,* tartamuda.

tacu.
■
  a. ‖ **~-~.** *Pe, Ch.* **tacutacu.**

tacú.
  I. 1. m. *Bo:E.* Mortero grande de madera.

tacuacha.
  I. 1. f. *Mx.* p.u. Mentira, embuste. pop.

tacuachar.
  I. 1. tr. *ES.* Robar *algo a alguien.*

tacuache. (Del nahua *tlacuatzin,* bocadillo).
  I. 1. m. *Mx, Gu, ES.* Traje masculino.
  II. 1. *Mx, ES.* **tacuacín,** zarigüeya.
  III. 1. m. *ES.* Ladrón.

tacuacín. (Del nahua *tlacuatzin,* bocado sabroso, y este de *tlacua,* comer).
  I. 1. m. *Mx, Gu, Ho, ES, Ni, CR, Pa.* Zarigüeya, mamífero marsupial. (Didelphidae; *Didelphis marsupialis*). (**tacuache; tacuazín; tlacoache; tlacuache**).
  ♦ **camuquengue; carachupa; chiguare; chucha; fara; guanchaca; guazalo; intuto; manicú; muca; múcura; rabipelada; rabipelado; rabopelado; raposa; runcho; yaguare; zorra; zorro; zorro pelón.**
  II. 1. m-f. *Ho.* Ladronzuelo. delinc.
▶ **estar más pelado que la cola de un ~.**

tacuacina.
  I. 1. f. *Gu.* Remolque para transportar vehículos.

tacuaco, -a.
  I. 1. adj/sust. *Ch. Referido a persona,* de baja estatura. desp.
  2. *Ch. Referido a animal, especialmente a un caballo,* de corta alzada o patas cortas.

tacualero, -a.
  I. 1. *Mx.* **tlacualero.**

tacualón.
  I. 1. m. *Mx.* Mortero de piedra o de barro cocido, semiesférico, con tres pies cortos y resistentes, que se usa para moler alimentos con el fin de preparar salsas.

tacualtuste.
  I. 1. *Ho.* **talcultuste.**

tacuapí.
  I. 1. m. *Py, Ar:NE.* Planta de hasta 10 m de altura, con cañas huecas, muy frágiles y sin espinas. (Poaceae; *Merostachys clausseni*).

tacuara.
  I. 1. f. *Bo:E, Ch, Py, Ar, Ur.* Planta de hasta 12 m de altura, con cañas huecas, leñosas y resistentes. (Poaceae; *Guadua* spp.).

tacuaral.
  I. 1. m. *Bo:E, Ar, Ur.* Sitio poblado de **tacuaras.**

tacuarembó. (Del guaraní).
  I. 1. m. *Bo:E, Py, Ar:NE, Ur.* Planta de hasta 10 m de altura, de cañas con abundantes ramificaciones en los nudos y follaje muy denso. (Poaceae; *Chusquea ramosissima*).

tacuarilla.
  I. 1. f. *Bo:E.* Hierba que se eleva a gran altura al abrigo de los árboles. (Poaceae; *Panicum tricholaenoides*).

tacuarín.
  I. 1. m. *Mx:NO.* Pequeña galleta dulce, hecha de harina de trigo.

tacuarinero, -a.
  I. 1. m. y f. *Mx:NO.* Persona que hace o vende **tacuarines.**

tacuarita.
  I. 1. f. *Ar.* **cucarachero,** pájaro.

tacuazín.
  I. 1. *Gu.* **tacuacín,** zarigüeya.
  2. adj. *Gu.* Ladrón.

tacuchar.
  I. 1. tr. *Ar:NO.* Rellenar un hueco o llenar completamente un recipiente. rur; pop + cult → espon.

tacuche. (Del taras.).
  I. 1. m. *Mx, Gu, Pe.* Traje masculino de etiqueta. pop + cult → espon.
  2. *Ho, ES.* Chaqueta.

tacueludo, -a.
  I. 1. adj. *ES. Referido a persona,* necia.

tacuil. (Del nahua).
  I. 1. m. *Mx:C.* Fardo o envoltorio grande y mal hecho. pop.

tacurú. (Del guar.).
    I. 1. m. *Bo, Py, Ar:NE, Ur.* Montículo de tierra de hasta 2 m de altura, sólido y resistente, que construyen los tacurús; su proliferación inutiliza un campo de cultivo o un pastizal.
    2. *Bo, Ar:NE, Ur.* Hormiga de color negro y tórax en forma de arco convexo. (Formicidae; *Camponotus punctulatus*).
    II. 1. m. *Ar:NE.* Piedra basáltica, dura, porosa y con gran abundancia de óxido de hierro en su composición.

tacurusal.
    I. 1. m. *Py.* p.u. Lugar donde se encuentra gran cantidad de **tacurúes**, montículos. pop.

tacuruzal.
    I. 1. m. *Ar:NE, Ur.* Sitio cubierto de **tacurúes**, montículos.

tacutaco.
    I. 1. *Pe.* p.u. **tacutacu**.

tacutacu.
    I. 1. m. *Pe, Ch.* Plato de arroz, **frijoles** y otros ingredientes que se mezclan y prensan como si fuera un **tamal** y que se acompañan con carne **apanada**, huevo frito y salsa criolla. (**tacutaco; tacu-tacu**).

tafeta.
    I. 1. f. *Mx, PR, Ec, Bo, Py, Ar, Ur.* Tafetán.

tafia.
    I. 1. f. *Pa, Ec.* Líquido que sale de la caña de azúcar pasada por el **trapiche**.
    ▶ **dar ~**.

tafiste.
    I. 1. m. *Ni.* Pierna larga y delgada.

tagada.
    I. 1. f. *Ho.* Aparato de diversión de una feria, consistente en una plataforma circular y giratoria, en cuyo perímetro se sientan las personas, que se eleva y desciende mediante un brazo mecánico situado debajo.

tagarnina.
    I. 1. m. *Mx.* obsol. Tabaquera, recipiente para llevar o guardar el tabaco.

tagarotada.
    I. 1. f. *Gu.* Acción de quien para conseguir algo no tiene reparos en hacer lo que sea.

tagarote, -a.
    I. 1. sust/adj. *Pe.* Persona adinerada y muy relacionada social y políticamente, que suele adoptar una actitud avasalladora con los demás. pop + cult → espon ^ desp.
    2. *Gu, Ho, Ni, CR.* Persona que procura obtener las mayores ventajas para sí a costa de los demás. pop + cult → espon ^ desp.

tagua.
    I. 1. f. *Pa, Co, Ec, Pe.* Palma de tallo muy corto y corona muy frondosa. (Arecaceae; *Phytelephas macrocarpa, P. tenuicaulis, P. aequatorialis*). (**tahua**). ♦ **cade; corozo; marfil vegetal; mococha; palma de marfil; yarina**.
    2. *Pa, Co, Ec, Pe.* Semilla de la tagua, de color blanco, aspecto óseo y muy dura, que se emplea en la fabricación de botones, dijes y juguetes. (**tahua**). ♦ **cade; corozo; marfil vegetal; mococha; palma de marfil; yarina**.
    3. *Ch, Ar:NO.* Ave de plumaje gris oscuro o negro, con el pico y la carúncula de color amarillo. (Rallidae; *Fulica* spp.). ♦ **gallareta**.
    □
    a. ‖ **como ~**. loc. adj. *Ch.* p.u. *Referido a persona*, borracha. pop.
    b. ‖ **~~**. loc. sust. *Bo.* Producto de repostería hecho de harina, agua, sal, azúcar, manteca y otros ingredientes, cortado en forma rectangular y frito en aceite; se sirve con miel de caña de azúcar. (**tahua-tahua**).

taguacolla.
    I. 1. f. *Bo:O.* Mujer joven de entre quince y veinte años. rur.

tagual.
    I. 1. m. *Co, Ec.* Terreno plantado o sitio poblado de **taguas**.

taguapillo.
    I. 1. *Mx.* **pambotano**.

taguar.
    I. 1. intr. *Ec.* Recolectar el fruto de la **tagua**.

taguara.
    I. 1. f. *Ve.* Establecimiento rústico y modesto en el que se venden víveres y se sirve, *en ocasiones*, comida y bebida.
    2. *Ve.* Tienda modesta, fija o ambulante. desp.

taguato.
    I. 1. m. *Bo.* Ave rapaz de hasta 90 cm de longitud, de dorso negro, vientre blanco, patas amarillas, robustas y muy fuertes, y con un penacho de plumas en la nuca; el pecho, la cabeza y la cola son de color gris. (Accipitridae; *Harpia harpyja*). (**tahuato**).

taguató.
    I. 1. *Py, Ar.* **chapulinero**, gavilán.

tagüe.
    I. 1. *Ho:S, Ni.* **tagüiite**.

tagüero, -a.
    I. 1. m. y f. *Ec:O.* Persona que se dedica a la recolección del fruto de la **tagua**.
    2. *Ec:O.* Persona que se dedica a la cultivo de la **tagua**.

tagüiite. (Del nahua *tlahuitl*).
    I. 1. m. *Ho, Ni.* Tierra de color rojo. (**tagüe**).
    2. *Ho, Ni.* Engobe rojo para recubrir las vasijas de barro. (**tagüe**).

tah. (Del maya).
    I. 1. *Mx.* **chimalacate**.

tahua.
    I. 1. *Bo:N.* **tagua**, palma.
    2. *Bo:N.* **tagua**, semilla.
    □
    a. ‖ **~~**. *Bo.* **tagua-tagua**.

tahuampa.
    I. 1. f. *Pe:E.* Terreno bajo que se inunda con facilidad y en el que crece rápidamente la vegetación.
    II. 1. f. *Pe:E.* Grupo de personas que se reúnen para bailar. pop.

tahuari.
    I. 1. m. *Pe.* Árbol de hasta 10 m de altura de hojas compuestas y trifoliadas, flores, grandes y amarillas y fruto con semillas aladas de color blanco. (Bignoniaceae; *Tabebuia serratifolia*). ♦ **acapro**.
    2. *Pe.* Madera del tahuari.

tahuato.
    I. 1. *Bo.* **taguato**.

tahuichi.
    I. 1. m. *Bo. En la cultura callawaya*, dios de los víveres. rur.

tahuitol.
    I. 1. m. *Mx.* Instrumento de música tradicional compuesto por un arco de una sola cuerda y el fruto del **jícaro** hueco.

tailleur. (Voz francesa).
    I. 1. m. *Ch, Ar, Ur.* Traje femenino hecho a medida.

taima.
    I. 1. f. *Ve. En juegos infantiles*, lugar que sirve de refugio a los jugadores. inf. (**taime**).
    2. *Ve. En juegos infantiles*, señal que detiene el juego momentáneamente. inf. (**taime**).
    3. *Ve.* Pausa que solicita una persona. pop. (**taime**).

II. 1. f. *Ch.* Obstinación, empecinamiento, acompañado de silencio y enojo.

taimado, -a.
I. 1. sust/adj. *Ar:NO.* Persona displicente, desdeñosa. rur.
2. *Bo:O; Pe:S,* rur. Persona perezosa y holgazana. pop.
3. *Ch.* Persona que adopta una actitud de enojo y ensimismamiento, negándose a colaborar con los demás.
4. adj. *Ho. Referido a persona,* lenta, pasmada.

taimame.
I. 1. m. *Mx.* Tortuga de hasta 20 cm de longitud, con caparazón de color marrón oscuro, plastrón reducido y de color crema, patas robustas con aletas desarrolladas, cabeza grande y mandíbula amarilla con manchas negras y con unas protuberancias que parecen colmillos. (Kinosternidae; *Claudius angustatus*). (**talmame**).

taimarse.
I. 1. intr. prnl. *Bo; Ar:NO,* rur, pop + cult → espon. Hacerse el **taimado**, el perezoso.
2. *Bo, Ch.* Amorrarse, bajar la cabeza obstinándose en no hablar.
3. *Ch.* Negarse obstinadamente *una persona* a colaborar o tratar con alguien por estar resentido con él.

taime.
I. 1. *Ve.* **taima**.

taipa.
I. 1. f. *Ar:NE, Ur.* Muro de tierra que se utiliza para dirigir el riego en los cultivos de arroz. rur.

taipá.
I. 1. *Pe.* **taypá**.

taipeada.
I. 1. f. *Ho.* Escritura a máquina.

taipear. (Del ingl. *to type,* escribir utilizando un teclado).
I. 1. intr. *EU, PR; CR,* p.u. Teclear, escribir con un teclado de máquina o de computadora.
2. tr. *Ho, CR, Bo:C,O,S; Ec,* p.u. Introducir datos en la computadora utilizando el teclado. (**taipiar**).

taipeo.
I. 1. m. *Ho.* Escritura a máquina.

taipera.
I. 1. f. *Ho. En la confección de ropa,* máquina que se utiliza para colocar y pegar dobladillos y **ruedos** en la ropa.

taipero.
I. 1. m. *Ar:NE, Ur.* Persona encargada de construir **taipas**. rur.

taipiar.
I. 1. *ES, Ni.* **taipear**, introducir datos.

taira.
I. 1. f. *Ho, ES.* **zamhool**.

taita.
I. 1. m. *Ho, ES, Co:C,NE,SO, Bo:E,S; RD, Ve, Ec, Pe, Ch, Ar, Ur,* rur, pop. Papá.
2. m. pl. *Co:C,NE,SO, Ec, Bo:S.* Padres.
3. m. *Ec.* p.u. Persona respetable y de edad avanzada. rur; pop.
4. *Ec.* p.u. Cura, sacerdote. rur; pop.
5. *Ec.* Dios.
6. *Bo.* Autoridad de una comunidad, *generalmente anciano.* rur.
II. 1. m. *Ar, Ur.* p.u. Hombre prepotente y pendenciero.
III. 1. m. *Pe.* Recluso que hace las veces de jefe o líder de un pabellón en una cárcel. carc.
IV. 1. m. *Bo, Ch.* Hombre experto en una determinada actividad. pop ^ fest.
V. 1. m. *Bo:E.* Personaje de la **danza de los macheteros** que lleva vistosas plumas.

•
a. ‖ ~.
i. fórm. *Ho, Ni, Cu, RD, Ve, Bo, Ch.* obsol. Se usa para dirigirse o aludir al padre. rur.
ii. *Pe.* Se usa para dirigirse respetuosamente a un hombre. rur.
iii. *Be:E.* Se usa para dirigirse de forma cariñosa a un anciano. rur.
iv. *Be:E.* Se usa para dirigirse de forma respetuosa a un sacerdote. rur.
v. *Ho.* Se usa como tratamiento de respeto a Dios.
vi. *Ho.* Se usa como tratamiento al cacique.

taitetú.
I. 1. *Bo.* **pecarí de collar**.
■
a. ‖ ~ **de collar.** *Bo.* **pecarí de collar**.

taiticu. (Voz quechua).
•
a. ‖ ~. fórm. *Ec.* Se usa para dirigirse a Dios o a un patrón bondadoso. rur.

taitito.
•
a. ‖ ~. fórm. *Ec, Bo.* Se usa para dirigirse a Dios y a los santos.

tajada.
I. 1. f. *Mx, CR, Pa, Bo, Ur.* Dinero obtenido a través de una transacción de dudosa procedencia. pop.
II. 1. f. *Ho, ES, Ni, Pa, Co, Ve.* Rebanada frita de **plátano**, cortada transversalmente. ♦ **tajada de maduro**.
■
a. ‖ ~ **de maduro.** *Ve.* **tajada**, rebanada.
□
a. ‖ ~ **de aire.** loc. sust. *Cu.* Ninguna comida.
► **comer ~s de aire**.

tajadón.
I. 1. m. *Pe:NO.* Producto de confitería que consiste en una esfera pequeña de yema con azúcar cocida y embebida en almíbar o coñac.

tajador.
I. 1. m. *Ni, CR, Pe, Bo.* Instrumento para sacar punta a los lápices.

tajalán, -na.
I. 1. *RD.* **tajalón**.

tajalápiz.
I. 1. m. *Co:C,O.* Sacapuntas, instrumento empleado para afilar la punta de los lápices.

tajalí.
I. 1. m. *Ve.* Pez marino de hasta 1,5 m de longitud, de cuerpo plateado y la parte dorsal de color gris amarillento con borde oscuro. (Trichiuridae; *Trichiurus lepturus*). ♦ **machete sable**.
II. 1. m. *Ch.* Ojal o abertura de una manga que permite abrochar el puño. esm.

tajalón, -na.
I. 1. sust/adj. *RD.* Niño o muchacho de gran corpulencia o altura en relación con lo que se considera propio de su edad. pop + cult → espon. (**tajalán**).

tajamanil.
I. 1. *Mx.* **tejamanil**.

tajamar.
I. 1. m. *Mx, CR, Co, Pe, Ch.* Murallón o terraplén que se hace para defenderse de las aguas.
2. *Pe, Bo:E, Ar.* Zanjón abierto para amenguar los efectos de las crecidas.
3. *Ec:S, Bo:O, Py, Ar, Ur.* Represa o dique pequeño.

tajar.
I. 1. tr. *Pe, Bo:O.* Sacar punta a un lápiz.

tajarazo.
I. 1. *ES.* **tajarrazo**.

tajarrazo.
    I. 1. m. *Mx, Ho, Ni.* Herida larga y recta hecha con un arma blanca. rur. (**tajarazo**).
    2. *Ho, Ni.* Cicatriz de esta herida. (**tajarazo**).

tajasú. (Del guaraní).
    I. 1. *Bo:E.* **chancho de monte**.

tajazo.
    I. 1. m. *Cu.* Herida grave hecha con arma blanca.

tajé.
    I. 1. *Mx.* **borrego cimarrón**.

tajeado, -a.
    I. 1. adj. *Bo, Ch, Ur. Referido a animal o persona*, herido o con cortes hechos por un instrumento cortante. pop.
    2. *Bo, Ch, Ur. Referido a una prenda de vestir*, que lleva cortes o aberturas.

tajear(se).
    I. 1. tr. *Mx, ES, Bo; Cu, RD, PR, Ch, Ar, Ur,* pop + cult → espon. Cortar, hacer un tajo.
    2. intr. prnl. *PR, Bo; Ch, Ar, Ur,* pop + cult → espon. Herirse con un instrumento cortante.
    3. tr. *PR, Pe, Ch, Ur.* Herir a *una persona* o animal con un instrumento cortante.
    4. *Pe.* Sacar mineral de un tajo.
    5. *Bo, Ch, Ur.* Rayar, hacer cortes superficiales sobre una superficie dejando marcas.
    6. intr. prnl. *Ch; Ur,* pop + cult → espon. Desgarrarse una tela, un cuero u otro material.
    7. tr. *Bo:E,N.* Hacer incisiones en la corteza de la **siringa** para que fluya el látex.

tajibal.
    I. 1. m. *Bo:E.* Campo poblado de **tajibos**.

tajibillo.
    I. 1. m. *Bo:E.* **llangua**.

tajibo.
    I. 1. *Bo:E.* **guayacán**. (Bignoniaceae; *Tabebuia* spp.).
    ■
    a. ‖ ~ **amarillo.** m. *Bo:E.* **flor amarilla**, árbol.
    b. ‖ ~ **blanco.** m. *Bo:E.* **llangua**.
    c. ‖ ~ **morado.** *Bo:E,N.* **cortés**, árbol caducifolio.

tajlla.
    I. 1. *Bo.* **taclla**.

tajllazo.
    I. 1. *Bo.* **tajlle**.

tajlle.
    I. 1. m. *Bo.* Golpe fuerte dado con la mano abierta. pop. ♦ **tajllazo**.

tajo.
    I. 1. m. *RD, Co:C.* Cada una de las partes en que está naturalmente dividido el interior de algunos frutos, como la naranja.
    II. 1. m. *Ch.* Abertura del ano. euf; pop.
    III. 1. m. *PR. En el mundo de la hípica*, caballo de calidad inferior que gana una carrera por casualidad.
    2. *PR.* metáf. Persona que obtiene algo inesperadamente, *especialmente una ganancia de dinero*.
    IV. 1. m. *Ho.* Corte grueso de carne de paletilla de **res** o de cerdo, sin hueso.
    V. 1. m. *CR.* Sitio de donde se saca piedra para machacarla y obtener arena y otras materias utilizadas en construcción.

tajona.
    I. 1. f. *Ni, CR; Pa,* p.u, rur. Látigo.
    II. 1. f. *Ni.* Pene. vulg.

tajonear.
    I. 1. tr. *Ni.* Azotar a *alguien* con un látigo.

tajonero.
    I. 1. adj. *PR. Referido a un gallo de pelea*, que tiene movimientos ágiles.

tajti.
    I. 1. m. *Bo:C,O. En la elaboración de la* **chicha**, *bebida alcohólica*, mazamorra blanquecina que se obtiene haciendo cocer la harina de maíz fermentado.

tajuilla.
    I. 1. f. *ES.* Ataujía.

tajureador, -ra.
    I. 1. adj. *PR. Referido a persona*, buscona, que vive a base de engaños. pop + cult → espon.
    2. *PR. Referido a persona*, calculadora, intrigante, chanchullera. pop + cult → espon.

tajuy.
    I. 1. *Mx.* **guachapurillo**.

takana.
    I. 1. *Bo:SO.* **tacana**, mineral de plata de alta ley.
    II. 1. f. *Bo:O.* Martillo, herramienta. pop.

takat.
    I. 1. *Bo.* **chajá**, ave.

take.
    □
    a. ‖ ~ *it easy.* (Voz inglesa). loc. interj. *PR.* Expresa el consejo de que se tomen las cosas con calma.

¡takeirisi! (Del ingl. *take it easy*).
    I. 1. interj. *Ho.* juv. Expresa orden de que alguien se tranquilice.

taki.
    I. (Del quech. *taki*, canto).
    1. m. *Bo:C,O,S.* Composición romántica y sentimental, en verso, para cantar. pop.
    II. (Del aim. *taki*, medida de peso).
    1. m. *Bo:O.* Atado, conjunto de cosas atadas.

tal.
    □
    a. ‖ ¿**qué** ~? loc. interj. *Co.* Expresa la posibilidad, manifestada por otro, de que ocurra algún suceso adverso o desagradable.
    b. ‖ ~ **por cual.**
    i. loc. sust. *Mx, Gu, ES, Ni, Pe, Bo:O, Ch; Ur,* p.u. Persona despreciable. euf; desp.
    ii. *Mx, Ho, ES, Ni, CR.* Hijo de puta. euf.
    c. ‖ ~ **y cual.** loc. sust. *Ec.* Persona insignificante. euf; desp.
    ◪
    a. ‖ **quien** ~ **hace que** ~ **pague.** fr. prov. *Bo.* Indica que hay que asumir las consecuencias de lo que se hace.

tala. (Del quech. *tára*).
    I. 1. m. *Bo:S, Ar, Ur.* Árbol de hasta 10 m de altura, de corteza delgada y copa relativamente densa, hojas simples, alternas y lanceoladas y de bordes aserrados, cuyo fruto es una drupa lisa, de color amarillo anaranjado al madurar, poco carnosa; es de madera blanca y fuerte, su raíz sirve para teñir, y sus hojas, en infusión, tienen propiedades medicinales. (Ulmaceae; *Celtis spinosa*).
    II. 1. f. *RD, PR, Bo, Py, Ur.* Desmonte o limpieza de la tierra, quitando árboles, arbustos y hierbas inútiles. rur.
    2. *PR.* Terreno preparado para la siembra *generalmente de verduras o de frutos menores, dentro de una finca de mayor tamaño*. rur.
    3. *PR.* Huerta, huerto *especialmente casero*. rur.
    III. 1. f. *Ch.* Comida que hace el ganado del pasto que no se ha cortado aún. rur.
    ▶ **echar una** ~.

talacha. (Del nahua *tlalli*, tierra, y del español *hacha*).
    I. 1. f. *Mx, Gu. En la cárcel*, limpieza de los excusados por un preso, como castigo. carc.
    2. *Mx.* Trabajo mecánico largo y fatigoso. pop.

II. 1. f. *Gu.* Colecta de dinero en las calles, que los estudiantes de la Universidad de San Carlos de Guatemala realizan para las festividades de la Huelga de Dolores.
2. *Gu.* Colecta entre familiares, amigos y compañeros de trabajo.

talache.
I. 1. *Mx.* **talacho**.

talachero, -a.
I. 1. sust./adj. *Mx.* Persona que trabaja con constancia, aunque sin mucha inteligencia o iniciativa propia. pop.
II. 1. adj. *Gu. Referido a un estudiante*, que en las vísperas de la Huelga de Dolores pide contribución económica para las festividades.

talachi.
I. 1. m. *Bo:C,O,S.* Instrumento musical, tipo de **charango**.

talacho.
I. 1. m. *Mx.* Azada para labrar la tierra. (**talache**).

talacua.
I. 1. f. *Pe:NE.* **ñacurutú**.

talado.
I. 1. m. *PR.* Corte del pasto con el **mocho**. rur.

talado, -a.
I. 1. adj. *PR.* juv. *Referido a cosa*, bien hecha, correcta.
II. 1. adj. *PR.* juv. *Referido a cosa*, fácil de realizar.

taladrillo.
I. 1. *Bo:S.* **taladro**, insecto.

taladro.
I. 1. m. *Bo:E, Ar, Ur.* Insecto coleóptero de antenas muy largas y curvadas hacia atrás, mandíbulas fuertes y colores brillantes. (Cerambycidae; *Hylotrupes bajulus*). ◆ **taladrillo**.
II. 1. m. *Bo. En la mina*, agujero relleno de pólvora u otra materia explosiva que se hace en una roca para volarla.

talaguashtazo.
I. 1. m. *ES.* Golpe fuerte que se da alguien al caer. (**talaguastazo**).
II. 1. m. *ES.* Trago de licor. rur.

talaguashte.
I. 1. m. *ES.* **amasada**, caricia amorosa.
2. *ES.* Abrazo.

talaguastazo.
I. 1. *Gu.* **talaguashtazo**.

talaje.
I. 1. m. *Mx, Ch.* Comida que hace o ha hecho el ganado de la hierba de los **potreros**. rur. (**talajeo**).
2. *Mx, Ch.* Precio que se paga al dueño de los terrenos por dejar que el ganado coma en sus **potreros**. rur.
3. *Ch.* Pasto para el ganado. rur.
II. (Del nahua *tlalaxi* o *tlalaxin*, chinche pequeño).
1. m. *Mx, Ho, ES, Ni.* Insecto ácaro de color rojizo y consistencia coriácea, parecido al piojo; es parásito chupador del ser humano y le deja bajo la epidermis un punto rojo de sangre coagulada. (Argasidae; *Ornithodorus talaje*). ◆ **telepate**.

talajeo.
I. 1. *Ch.* p.u. **talaje**, comida. rur.

talamoco, -a.
I. 1. adj. *Ec. Referido a animal*, albino. rur.

talán.
I. 1. m. *Pe.* Dato, noticia de algo. urb; pop.

talanganazo.
I. 1. m. *ES.* Trago de licor.

talanquera.
I. 1. f. *Mx, Gu, Cu, RD, Co, Ve.* Portón rústico hecho con dos postes verticales separados a cierta distancia uno del otro, que tienen una serie de agujeros por los cuales se deslizan horizontalmente unos palos con los que se abre o cierra el paso. rur.
2. *Pa.* p.u. Cerco que impide la salida del ganado. rur.

II. 1. f. *Pa.* Despensa suspendida sobre los fogones, *en la que generalmente se pone a secar carne o se guardan algunos alimentos y utensilios de cocina*. rur.
▶ **brincar la ~; saltar la ~.**

talanqueta.
I. 1. f. *PR. En las peleas de gallos*, banqueta de las jaulas de los gallos de pelea para que estos se suban a ella.

talantuyo.
I. 1. m. *Mx.* p.u. Testículo. vulg.

talapo.
I. 1. m-f. *ES.* Persona de pequeña estatura.

talar.
I. 1. m. *Ar, Ur.* Sitio poblado de **talas**.
II. 1. tr. *PR, Py.* Desyerbar. rur.
2. *PR.* Dedicar *alguien* un pedazo de tierra a la siembra y cultivo de frutos menores y hortalizas. rur.
III. 1. tr. *PR.* Dominar o vencer aplastantemente *una persona* a *alguien*.

talashca.
I. 1. f. *ES.* Piedra.

talashcazo.
I. 1. m. *ES.* Pedrada.

talata.
I. 1. f. *Mx:O.* **zompopo**, hormiga.

talay.
I. 1. m. *Bo:O.* Manojo de un producto, *especialmente de coca*. pop.

talchacote.
I. 1. *Ho.* **talcochote**.

talchín. (Del nahua *tlalli*, tierra, y *chichinoa*, quemar o tostar).
I. 1. m. *Ho, ES.* Camino y nido del **comején** al roer la madera.

talchinaste.
I. 1. m. *Ho.* Testículos del ganado vacuno.

talchinol.
I. 1. m. *Ho, ES.* Camino y nido del **comején** al roer la madera.

talchocote.
I. 1. *Ho, Ni.* **talcochote**.

talclote.
I. 1. m. *Mx.* Planta de hasta 70 cm de altura, de hojas alternas, sésiles y con margen puntiagudo, flores de corola tubular de color azul con varias perforaciones y frutos secos en cápsula; tiene uso ornamental. (Lobeliaceae; *Lobelia fenestralis*).

talco.
I. 1. m. *Mx, ES, Pe.* Cocaína. drog.
II. 1. *Ho, ES.* Coito. vulg.
III. 1. m. *Pa.* Labor de costura en la que se sobreponen dibujos decorativos de una tela sobre otra de distinto color.
■
a. ‖ **~ al sol.** m. *Pa.* Talco en el que se cosen dibujos recortados en tela de color sobre tela blanca.
b. ‖ **~ en sombra.** m. *Pa.* Talco en el que se cosen dibujos recortados en tela blanca bajo otra tela de distinto color.
▶ **hacer ~.**

talcochote. (Del nahua *tlalli*, tierra, y *xocotl*, ácida).
I. 1. m. *Mx.* Árbol de hasta 25 m de altura, de hojas compuestas, flores amarillo verdosas en panículas y fruto en forma de drupa negra similar a la aceituna; tiene diversas aplicaciones en la medicina tradicional. (Simaroubaceae; *Simarouba glauca*). (**tal-**

chacote; talchocote). ♦ **aceituno**; **jeto**; **jeto macho**; **laguilla**; **naraco**; **negrito**; **pasac**; **sietenegritos**.

talconete. (Del nahua *tlalli*, tierra, y *conetl*, hijo).
   I. 1. m. *Gu, Ho, ES*. Lagartija de piel escamosa y de color marrón muy oscuro. (Iguanidae; *Sceloporus squamosus*). ♦ **niño dormido**.

talcultuste.
   I. 1. *Ho*. **orizahá**. (**tacualtuste**).

talega.
   I. 1. f. *Gu, ES*. Pene. vulg.
   2. *Gu*. Órganos genitales masculinos.
   3. *ES*. Escroto. pop + cult → espon.
   II. 1. f. *Gu, ES*. Borrachera. pop + cult → espon.

talegaceada.
   I. 1. *Gu*. **trompaceada**.

talegado.
   I. 1. m. *Co*. Cantidad que cabe en una talega.

talegazo.
   I. 1. m. *Gu, ES*. Paliza, serie de golpes. pop.
   II. 1. m. *Ho, ES*. Trago de licor. pop + cult → espon.
   III. 1. m. *Gu*. Trifulca.
   IV. 1. m. *Gu*. Rapidez.

talego.
   I. 1. m. *RD, Co, Ur, Ec*, p.u. Bolsa, *generalmente de papel*, que sirve para guardar o llevar cosas.
   II. 1. m. *ES*. Montón, gran cantidad de cosas. pop + cult → espon.

talegón, -na.
   I. 1. adj. *Mx. Referido a persona*, haragana, que hace las cosas con indolencia y tardanza. pop.
   2. adj/sust. *Pe:E. Referido a persona*, tonta. pop.
   II. 1. adj. *ES. Referido a cosa*, muy buena, de gran calidad.
   2. *ES. Referido a persona*, valiente, trabajadora.

talegudo, -a.
   I. 1. *Pe:E*. Tonto.

talegueada.
   I. 1. *ES*. **golpiza**.

taleguear(se).
   I. 1. tr. *Gu, ES*. Golpear a *alguien* con los puños.
   II. 1. intr. prnl. *ES*. Esforzarse, sacrificarse.

taleguilla.
   I. 1. f. *Bo:E*. Talego pequeño.

talento.
   I. 1. m. *Ch*. Unidad monetaria convencional usada en los puntos de trueque. pop.

talepate.
   I. 1. *ES*. **telepate**.

talerazo.
   I. 1. m. *Bo, Ch, Ar, Ur*. Golpe dado con el **talero**. pop.

talero.
   I. 1. m. *Bo, Ch, Py, Ar, Ur*. Rebenque corto y grueso, con cabo de **tala** u otra madera dura y lonja corta. rur.

talete. (Del nahua *tlalli*, tierra, y *etl*, frijol).
   I. 1. m. *Ho:C,O, ES*. **Frijol** tipo enredadera que se siembra junto con el maíz, con grano de color negro o morado y un poco plano por los lados.

talguate. (Del nahua *tlalhuatl*, nervio o pellejo).
   I. 1. m. *Mx:SE*. Piel de las personas que, después de haber sido tersa y firme, queda flácida y arrugada. pop + cult → espon.
   2. sust/adj. *Ho, ES*. Seno caído o músculo flácido.
   3. m. *Gu*. Piel que cuelga en el cuello del ganado vacuno.
   4. sust/adj. *Gu*. Órganos genitales masculinos.

talguatoso, -a.
   I. 1. *Mx:SE, Ho*. **talguatudo**.

talguatudo, -a.
   I. 1. adj/sust. *Mx:SE, Ho. Referido a persona o a parte del cuerpo*, que tiene una piel que, después de haber sido tersa y firme, queda flácida y arrugada. pop + cult → espon. ♦ **talguatoso**.

talín.
   I. 1. m. *Ho*. Funda de cuero para guardar el revólver o la pistola.

talingo.
   I. 1. *Pa*. **pijuy**. (**tilingo**).

talisayo.
   I. 1. m. *RD, Ve*. Gallo oscuro o negro con plumas blancas o amarillas en las alas y en la cola.

talishte. (Del nahua *tla*, cosa, e *ichtic* o *ixtle*, fibroso, duro).
   I. 1. *Gu, ES*. **taliste**.
   2. adj. *Gu, ES. Referido a cosa, especialmente un alimento*, tiesa, dura.
   3. *Gu. Referido al maíz o al grano*, que no se cuecen pronto.
   II. 1. adj. *Gu. Referido a persona*, que resiste calquier esfuerzo físico.
   2. *Gu*. metáf. *Referido a persona*, que se mantiene con vigor a pesar de su edad avanzada.
   3. m-f. *ES*. Persona enjuta de carnes.
   III. 1. adj. *Gu*. metáf. *Referido a persona*, necia, terca.
   2. *ES. Referido a persona*, tacaña.

taliste. (Del nahua *tla*, cosa, e *ichtic* o *ixtle*, fibroso, duro).
   I. 1. adj. *Mx, Gu, ES. Referido a comida como frutas o verduras*, fibrosa o correosa. (**talishte**).

talita.
   I. 1. f. *PR*. Vulva. tabú; pop + cult → espon.

talla.
   I. 1. f. *Mx, Pa:NO*. Fábula, cuento fantástico.
   2. *Ch, Py*. Dicho ingenioso y espontáneo que provoca risa. pop + cult → espon.
   3. *Ch, Py*. Chanza o burla hecha a costa de alguien. pop + cult → espon.
   4. *Ch*. Episodio o anécdota que producen cierto malestar. pop + cult → espon.
   5. *Cu*. Frase, comentario, *especialmente el que pretende impresionar*.
   II. 1. f. *Mx*. p.u. Cada una de las traviesas de una línea férrea.
   III. 1. f. *Mx:SE*. Raspadura de **henequén** de la que se extrae la fibra. rur.
   IV. 1. f. *Ch:N*. **helado de palito**.
   V. 1. f. *Cu*. Asunto, negocio. pop.
   VI. 1. f. *RD*. Charla, conversación. pop + cult → espon.
   ▶ **asimilar la ~**; **echar la ~**; **echar ~s**; **quedar en ~**.

tallada.
   I. 1. f. *Mx*. Hecho de tallar.

tallado, -a.
   I. 1. adj. *Ho, ES. Referido a ropa de vestir*, ajustada al cuerpo.
   II. 1. adj. *ES. Referido a cosa*, bonita, agradable, excelente, de buena calidad.
   ☐
   a. ‖ **bien ~.** loc. adj. *ES. Referido a la ropa*, que sienta muy bien.
   b. ‖ **mal ~.** loc. adj. *RD. Referido a persona*, que carece de cualidades para resultar físicamente atractiva. (**mal tallao**).
   c. ‖ **¡qué ~!** loc. interj. *ES*. Expresa admiración.
   d. ‖ **~ a la antigua.** loc. adj. *Ho. Referido a persona*, de una forma de ser que no concuerda con la de las personas de menor edad.

tallador.
   I. 1. *CR*. **brasier**. pop.

tallador, -ra.
  I. 1.   m. y f. *Mx:SE.* Persona cuyo trabajo consiste en raspar el **henequén** para extraer la fibra. rur.
  II. 1.   m. y f. *Py.* Persona burlona, bromista. pop.

talladura.
  I. 1.   f. *Co.* Escoriación producida en las manos, *especialmente por una cuerda.*

tallao, -llá.
  □
    a. ‖ **mal ~.** *RD.* **mal tallaco.**

tallar(se).
  I. 1.   tr. *Mx, Ni.* Restregar.
    2.   *Mx.* Pasar la mano haciendo presión.
  II. 1.   intr. *Mx, Pa:NO.* Contar cuentos o **tallas.**
  III. 1.   intr. prnl. *Mx.* Trabajar mucho.
  IV. 1.   tr. *Mx:SE.* Raspar el **henequén** para extraer la fibra. rur.
  V. 1.   tr. *CR, Co.* Apretar una prenda, *generalmente el zapato.*
  VI. 1.   tr. *Co.* Producir escoriación, *principalmente en la mano.*
  VII. 1.   tr. *Cu, RD.* Hablar, conversar. pop.
    2.   *Cu.* Intentar enamorar a *alguien.* pop.
    3.   intr. *Cu.* Tratar de convencer a *alguien* para obtener un determinado favor.
  VIII. 1.   intr. *Py.* Burlarse de alguien. pop.
  □
    a. ‖ **~se el lomo.** loc. verb. *Mx.* Trabajar mucho. pop.

tallarín.
  I. 1.   m. *Pe.* Galón de un uniforme. pop.

tallarinada.
  I. 1.   f. *Pe, Bo, Ch, Py, Ar, Ur.* Comida o reunión en la que el plato principal son los tallarines. ♦ **tallarinata.**

tallarinata.
  I. 1.   *Ch.* p.u. **tallarinada.**

tallazo.
  I. 1.   m. *RD.* Fuerte golpe que se recibe a consecuencia de una caída.

talle.
  I. 1.   m. *Mx.* Prenda interior sin mangas, que ciñe el cuerpo y no baja de la cintura.
  II. 1.   m. *Cu.* Acto de tallar. pop.
  III. 1.   m. *Py, Ur.* Talla, medica convencional de las prendas de vestir.

taller.
  ▶ **dar ~.**

tallerista.
  I. 1.   m-f. *RD, Co, Ec, Ch, Ur.* Persona especialista en dirigir actividades prácticas de aprendizaje.
    2.   *Ur, Py,* pop. Persona que es dueña o está a cargo de un taller.

tallero, -a.
  I. 1.   adj/sust. *Ch. Referido a persona*, que suele lanzar dichos graciosos oportunamente. pop + cult → espon.
    2.   adj. *Ch. Referido a tema o asunto*, que tiene exceso de **tallas** o chascarrillos. pop + cult → espon.
    3.   m. y f. *Pa.* Persona aficionada a contar **tallas.**

tallo.
  I. 1.   m. *Co:C.* Variedad de col ordinaria. (Brassicaceae; *Brassica oleuracea*).
    2.   *Pa.* **mata**, planta del **banano.**
    3.   *Pa.* **mínimo**, planta herbácea.
  II. 1.   m. *Cu, RD.* Pene. vulg.
  III. 1.   m. *Ho.* Cuerpo o parte alargada de un puro o cigarro.
  ▶ **dar ~s; virar ~s.**

tallón.
  I. 1.   m. *Mx, Co:O.* Fricción excesiva.

talludo, -a.
  I. 1.   adj. *Mx:SE. Referido a cosa*, correosa, que se doblega y extiende fácilmente sin romperse.
    2.   *Ho, ES. Referido a alimento*, duro, fibroso.
    3.   *ES, Ni. Referido a persona o animal*, viejo.
  II. 1.   adj. *Ho. Referido a cosa*, difícil de hacer. rur.

tallullo.
  I. 1.   m. *Gu.* **Tamal** relleno con **frijoles.** (**tayuyo**).
    2.   *Cu.* Masa de maíz tierno molido envuelta en hojas de la mazorca del maíz. (**tayuyo**).
  II. 1.   m. *Cu.* Enredo, embrollo. (**tayuyo**).

talmame.
  I. 1.   *Mx.* **taimame.**

talmate.
  I. 1.   m. *ES.* Parte de la colmena donde está la miel.

talmeca. (Del nahua *tlalli*, tierra, y *mecatl*, cuerda, soga).
  I. 1.   f. *Ni, CR:NO.* Tipo de freno que se pone a las caballerías muy difíciles de sujetar o gobernar.

talnete. (Del nahua *tlalli*, tierra, y afér. de *conetl*, hijo).
  I. 1.   m. *Ho, ES, Ni.* Abeja que fabrica su panal bajo tierra, pero no en termiteros. (Apidae; *Partamona bilineata*). ♦ **culo de señora.**
    2.   *Ho, ES, Ni.* Panal del talnete. (*Partamona bilineata*). ♦ **talnique.**
    3.   *Ho, ES, Ni.* Miel del talnete (*Partamona bilineata*), usada en medicina tradicional por sus propiedades curativas.
    4.   *Gu, Ni.* Abeja que anida en el suelo, a cierta profundidad, y que produce una miel con propiedades medicinales. (Apidae; *Geotrigona acapulconis*).
  II. 1.   m. *Ho.* Variedad de **frijol** muy pequeño.

talnique.
  I. 1.   *ES, Ni.* **talnete**, panal.

talniquera.
  I. 1.   f. *ES, Ni.* Terreno donde hay muchos **talniques.**

talo.
  I. 1.   m. *Ez.* Recipiente similar a un vaso, hecho de carrizo.

talolinga.
  I. 1.   f. *Ni.* Lodazal.

talón.
  I. 1.   m. *Gu.* Multa de tráfico.
  □
    a. ‖ **las del ~.** loc. sust. *Mx.* Mujeres que se prostituyen en la calle.
    b. ‖ **~ de Judas.**
      i.   loc. sust. *Bo:S.* Niño muy travieso. pop + cult → espon ^ fest.
      ii.   *Bo.* Trozo de carne asada muy dura. pop.
  ▶ **estar como ~ de lavandera; estar más limpio que ~ de lavandera.**

taloneada.
  I. 1.   f. *Mx, Ho, ES, Ni, Bo.* Caminata. pop + cult → espon.
  II. 1.   f. *Mx.* Espera de clientes en la calle por parte de una prostituta. vulg; pop + cult → espon.

talonear.
  I. 1.   tr. *Mx, CR, Pa, Ec, Bo:E, Ch, Ar, Ur.* Incitar el jinete a caballería, picándola con los talones.
  II. 1.   intr. *Mx, Gu, Ho, ES, Ni.* Caminar, *especialmente un largo trecho.* pop + cult → espon.
  III. 1.   intr. *Mx, Ec.* Practicar la prostitución en las calles. vulg; pop + cult → espon.
  IV. 1.   intr. *Mx.* Trabajar.
  V. 1.   tr. *Gu, Ho, ES.* Seguir con insistencia a *alguien* para conseguir algo o convencerlo de algo.
  VI. 1.   intr. *Bo, Ch.* Saludar golpeando los talones entre sí.
  VII. 1.   tr. *Gu.* Robar.

talonera.
- **I. 1.** f. *Mx, Gu, Ho, Ni, CR, Ec, Pe, Bo, Ch, Py.* Pieza de cuero que se pone en el contrafuerte de los zapatos para evitar que se salgan al caminar.
- **2.** *Pe, Ch.* Pieza de cuero que se pone en la parte exterior del talón de las botas para fijar mejor las espuelas.
- **II. 1.** f. *Mx.* Prostituta callejera. vulg; pop + cult → espon.

talpetatal.
- **I. 1.** m. *Ho, ES, Ni.* Tierra de **talpetate**.

talpetate. (Del nahua *tlalli*, tierra, y *petatl*, estera).
- **I. 1.** m. *Gu, Ho, ES, Ni.* Tierra caliza y arenosa que se encuentra en el subsuelo, y que se emplea para pavimentos de carreteras y para construir cimientos.

talpetatoso, -a.
- **I. 1.** adj. *Ho, ES, Ni. Referido a tierra*, caliza y porosa.

talpuja. (Del nahua *tlalli*, tierra, y *puxani*, blando).
- **I. 1.** f. *Ho, ES, Ni.* Tierra caliza de color blanquecino para encalar.

talpujazo.
- **I. 1.** m. *ES.* Trago de aguardiente.

talqueado, -a.
- **I. 1.** adj. *ES. Referido a persona*, esmerada en su arreglo personal.

talquear(se).
- **I. 1.** tr. *Ec, Pe, Bo, Py.* Echar polvos de talco por el cuerpo o una parte de él.
- **II. 1.** intr. prnl. *ES.* Eyacular. vulg.

talquezal. (Del nahua *tlalli*, tierra, y *quequetzalli*, plumaje).
- **I. 1.** m. *Ho.* Planta herbácea y rizomatosa de hasta 50 cm de altura, con flores diminutas que se juntan en capítulos con cinco lígulas; en la medicina tradicional la infusión se usa contra la tos, la indigestión y las hemorragias. (Asteraceae; *Achillea millefolium*).

talquina.
  □
- **a.** ‖ **a la ~.** loc. adv. *Ch.* A la ligera. pop.

taltuza. (Del nahua *tlalli*, tierra, y *tozan*, topo).
- **I. 1.** *Gu, Ho, ES, Ni, CR.* **tuza**, mamífero.

taltuzal.
- **I. 1.** m. *ES.* Lugar donde abundan las **taltuzas**.

talud.
- **I. 1.** m. *Ur. En un estadio de futbol*, sitio para el público situado entre el campo de juego y la tribuna, en el que se puede observar el partido de pie. pop + cult → espon.

talvez.
- **I. 1.** adv. *Gu, Ho, ES, Ni, CR, Pa, RD, Co, Ec, Pe, Bo, Ch, Py, Ar, Ur.* p.u. Quizás, acaso.

talvia.
- **I. 1.** f. *RD.* Asfalto.

tamacia. (De or. ind. antillano).
- **I. 1.** f. *PR.* Ave trepadora, de pico curvo, duro y puntiagudo, doblado hacia abajo, patas cortas y uñas fuertes. (Bucconidae; *Bucco cayenensis*).

tamafac.
- **I. 1.** *Mx.* **tamafat**.

tamafat.
- **I. 1.** m. *Mx.* Episodio de histeria, que puede llegar al desmayo. pop. (**tamafac**; **tramafac**; **trabafat**; **tramafat**).

tamagás.
- **I. 1.** *Gu, Ho, ES, Ni.* **cabeza de candado**.
- **II. 1.** adj/sust. *Gu, Ho. Referido a un escrito o un discurso*, largo y tedioso.
- **2.** sust/adj. *Gu.* Objeto grueso o de gran tamaño.
- **III. 1.** m. *ES.* Persona ladrona.
- **IV. 1.** m. *Ho.* Hombre iracundo y propenso a la ira.

□
- **a.** ‖ **como ~ toriado.** loc. adj/adv. *Ho. Referido a persona*, enfadada, colérica.

tamagasero, -a.
- **I. 1.** sust/adj. *Ho.* Persona que escribe o pronuncia discursos o intervenciones muy largos.

tamagua.
- **I. 1.** f. *Mx:C.* Tierra que se cultiva con el azadón. rur.
- **2.** *ES.* Aporcadura. rur.

tamajagua.
- **I. 1.** *Ec.* **damajagua**, árbol.
- **2.** f. *Ec.* **damajagua**, corteza.

tamal. (Del nahua *tamalli*).
- **I. 1.** m. *Mx, Gu, Ho, ES, Ni, CR, Pa, Cu, Co, Ec, Pe, Bo:C,E,S, Ar:NO.* Alimento típico, hecho con masa de maíz adobada con diversas carnes y otros ingredientes, según la zona, que se envuelve en hojas de mazorca o de **plátano**, y se cocina en agua, al vapor o al horno. ♦ **guardia**; **hallaca**.
- **2.** *Mx, Gu, Ho, ES, Ni, Pa, Cu, Co:SO.* metáf. Lío, embrollo, intriga.
- **3.** adj. *Gu.* metáf. *Referido a persona*, gorda, de abundantes carnes.
- **II. 1.** m. *ES, Ni.* Ladrón.
- **III. 1.** m. *Ho.* Vulva. vulg.

■

- **a.** ‖ **~ a la olla.** m. *Bo.* Tamal envuelto en **chalas** y cocido al baño maría.
- **b.** ‖ **~ costeño.** m. *Mx.* Tamal envuelto en hojas de **plátano**.
- **c.** ‖ **~ curtido.** m. *Bo:E.* Tamal a cuya masa se agregan **urucú**, condimentos y carne de cerdo picada, se forman bolas, se envuelven en **chalas** y se cuecen.
- **d.** ‖ **~ de cambray.** m. *Ho, ES.* Tamal hecho con masa cocida de **nixtamal** a la que se añaden un picadillo de carne de cerdo, garbanzos, **papas**, **pataste**, pasas, canela, azúcar y sal. ♦ **tamal de picadillo**.
- **e.** ‖ **~ de cazuela.** m. *Mx, Ni.* Guiso elaborado con carne, salsa de tomate y masa de maíz. (**tamal en cazuela**).
- **f.** ‖ **~ de chipilín.** *ES.* **tamal pisque**.
- **g.** ‖ **~ de elote.** m. *Ho, ES.* Tamal hecho con harina de maíz tierno y envuelto en hojas de **plátano** o de mazorca, *generalmente dulce y sin carne*.
- **h.** ‖ **~ de frijoles.** m. *Ho.* Tamal hecho con harina de maíz, un poco de manteca, sal y **frijoles** machacados, todo hervido y envuelto en hoja de **plátano**.
- **i.** ‖ **~ de loroco.** m. *ES.* Tamal a cuyos ingredientes se añade **loroco**, flor.
- **j.** ‖ **~ de olla.** m. *Pa.* Tamal cocido en una olla sin envolver en hojas de **plátano**.
- **k.** ‖ **~ de picadillo.** *Ho.* **tamal de cambray**.
- **l.** ‖ **~ de viaje.** m. *Ho, ES.* Tamal hecho con harina de maíz, un poco de manteca, sal y semillas de **chinapopo**; se hierve envuelto en hoja de **plátano**.
- **m.** ‖ **~ en cazuela.** *Cu.* **tamal de cazuela**.
- **n.** ‖ **~ mudo.** m. *Ho, ES.* Tamal hecho solamente con masa de harina de maíz.
- **ñ.** ‖ **~ pisque.** m. *Ho, ES.* Tamal hecho solo con harina de maíz, un poco de manteca y sal, en el centro lleva **frijoles** y se hierve envuelto en **tusa** u hoja de **plátano**. (**tamal de chipilín**; **tamal pizque**; **tamalpisque**). ♦ **pishque**; **tulunco**.
- **o.** ‖ **~ pizque.** m. *Ho.* **tamal pisque**.
- **p.** ‖ **~ sipe.** m. *Ho.* Tamal hecho de masa de maíz **camagüe** que se envuelve en hoja de **plátano** y se hierve.

□
- **a.** ‖ **~ de votos.** *Mx.* Práctica fraudulenta que consiste en la introducción en una urna electoral de un fajo de votos a favor de un partido o candidato. pop.

b. ‖ ~ **mal envuelto.** loc. sust. *Cu, Pe.* Persona algo gorda y rechoncha, a quien la ropa no le luce bien.

c. ‖ ~ **mal fajado.** loc. sust. *Bo:E.* Persona desgarbada.

▶ **arreglar el ~; destapar el ~; destaparse el ~; echar el ~; irse a freír ~es; medir el agua a los ~es; meterse en un ~; roncar como cazo de ~es.**

tamalada.
I. 1. f. *Mx, ES, CR, Pa, Ec.* Reunión en la que se sirven **tamales** como plato principal. (**tamaleada**).
II. 1. f. *CR, Pa, Cu.* Elaboración de una gran cantidad de **tamales**.

tamalayota.
I. 1. f. *Mx.* **tamalayote.**

tamalayote. (Del nahua *tamalli*, tamal, y *ayotli*, calabaza).
I. 1. *Mx, Ni.* **zapallo**, planta. (**tamalayota**).

tamaleada.
I. 1. *Mx, ES, Ni, CR, Bo:E.* **tamalada**, reunión para comer tamales.
2. *Mx, Ho.* Elaboración de gran cantidad de **tamales** o **nacatamales**.
3. *Ho, ES, Ni.* Comida abundante de **tamales** o **nacatamales**.

tamaleado, -a.
I. 1. adj. *Ni. Referido a cosa*, robada.

tamalear(se).
I. 1. intr. *Mx, Ho, ES, Ni, CR, Co.* Comer **tamales** o **nacatamales**.
2. *Mx, Ho, ES, Ni.* Cocinar **tamales** o **nacatamales**.
II. 1. tr. *ES, Ni.* Robar *algo*.
2. tr. pral. *ES, Ni.* Robar *algo*.
III. 1. tr. *Ho.* Planificar en secreto *algo* que perjudica a alguien. pop + cult → espon ^ fest.

tamalera.
I. 1. sust/adj. *Ho;* f. *Ec.* Olla grande, de paredes casi rectas, con cuatro asas semicónicas en la boca, que se utiliza para cocer **tamales** o **nacatamales**.
II. 1. f. *CR.* Fábrica de **tamales**.

tamalería.
I. 1. f. *Mx, ES.* Lugar donde se fabrican o venden **tamales**.

tamalero.
I. 1. m. *Ho.* Gran cantidad de **tamales**.

tamalero, -a.
I. 1. m. y f. *Mx, Gu, Ho, ES, Ni, CR, Pa, Co, Ec, Pe, Bo, Ar:NO.* Persona que se dedica a la elaboración y venta de **tamales**.
2. adj. *Ni, CR, Ec.* Relativo al **tamal**.
3. *ES. Referido a persona*, que gusta de comer **tamales**.

tamalito.
I. 1. m. *Ho.* **Tamal** pequeño hecho de harina de maíz blanco de **elote** tierno.

■

a. ‖ ~ **de cambray.** m. *Gu, Ho.* **Tamal** pequeño, dulce, de maíz blanco, anís y pasas. ♦ **cambray.**
b. ‖ ~ **de elote.** m. *Gu, Ni.* Masa de **elote** con azúcar, mantequilla y queso, envuelto en hoja de maíz y cocido.
c. ‖ ~ **verde.** m. *Pe.* **Tamal** en cuya preparación se usa como ingrediente el **culantro** molido o licuado.

támalo.
I. 1. m. *ES.* **Ayote** de corteza blanda.

tamalpisque. (Del nahua *tamalli*, tamal, y *pizque*, conservar).
I. 1. *Ho, ES.* **tamal pisque.**

tamaludo, -a.
I. 1. adj. *ES. Referido a parte del cuerpo humano*, hinchada, abultada.
2. *Ni. Referido a persona*, de pie largo y ancho.

tamamosi.
I. 1. m. *Bo:E.* Árbol de hasta 12 m altura, de corteza fisurada, hojas compuestas y flores color amarillo, cuyos frutos contienen una sola semilla. (Fabaceae; *Platymiscium fragans*).

taman.
I. 1. m. *Mx.* Algodón. (Malvaceae; *Gossypium*).

tamanco.
I. 1. m. *Pe.* Calzado rústico parecido a una sandalia. rur.
2. *Pe.* Sandalia. rur.

tamanduá. (De guaraní).
I. 1. *Py, Ur.* **oso melero.** (Myrmecophagidae; *Tamandua tetradactyla*).

tamandúa. (De guaraní).
I. 1. *Bo:E, Ar:NE.* **oso palmero.** (Myrmecophagidae; *Tamandua tetradactyla*).

tamango.
I. 1. m. *Py, Ur, Ar,* p.u. Calzado viejo y deformado. pop + cult → espon.
2. *Ar, Ur.* Zapato o calzado en general. pop + cult → espon.

tamaña.

■

a. ‖ ~ **magaña.** f. *Ho.* Persona o cosa muy alta, larga o grande.

tamaño.
I. 1. m. pl. *Mx.* Valor. euf.

●

a. ‖ **ya está de buen ~.** fórm. *Bo.* Se usa cuando alguien considera que una actitud o una situación molesta debe acabar.

□

a. ‖ ~ **baño.** loc. adj. *Bo, Ar, Ur,* p.u. *Referido a cosa*, muy grande.
b. ‖ ~ **caguama.** loc. sust. *Mx.* Cosa de gran magnitud.
▶ **dejar de ese ~; quedarse de ese ~.**

tamaño, -a.
I. 1. adj. *Ho, ES.* Grande, alto.

tamarillo.
I. 1. *Ec.* **tomate de árbol.**

tamarindada.
I. 1. f. *Mx, Ni.* Refresco de tamarindo.
II. 1. f. *ES.* Robo. delinc.

tamarindazo.
I. 1. m. *Ni.* Robo. delinc.

tamarindear.
I. 1. tr. *Ho, ES, Ni.* Robar *algo*. delinc.

tamarindillo.
I. 1. *PR.* **cojoba**, árbol.

tamarindo.
I. 1. m. *Mx.* Policía vial, cuyo uniforme consta de camisa de color castaño claro y pantalones y gorra café. pop.
II. 1. m. *Ho, ES, Ni.* Ladrón. delinc.
III. 1. m. *Gu.* Hombre homosexual. pop.

■

a. ‖ ~ **de montaña.** *Ho.* **uapaké.**
b. ‖ ~ **prieto.** *Ho.* **uapaké.**

tamarino.
I. 1. m. *Pe.* Mono de hasta 40 cm de longitud, de color negro y boca rodeada de pelos blanquecinos. (Cebidae; *Saguinus niger*).

■

a. ‖ ~ **león dorado.** m. *Pe.* Mono de hasta 40 cm de longitud, de pelaje abundante y sedoso de color dorado uniforme, como su melena. (Cebidae; *Leontopithecus rosalia*).

tamarugal.
I. 1. m. *Ch:N.* Sitio poblado de **tamarugos**.

tamarugo.
    I. 1.   m. *Ch.* Árbol caducifolio de hasta 12 m de altura, de tronco alto y torcido, ramillas angulosas caídas, con espinas de hasta 3 cm de longitud, hojas bipinnadas e inflorescencia en forma de espiga; se utiliza como combustible. (Fabaceae; *Prosopis tamarugo*).

tamaulipa. (Del huasteco).
    I. 1.   f. *Mx.* **ponopinito**.

tamazuca.
    I. 1.   f. *Mx.* Puesto de una feria popular en donde se venden comidas típicas o regionales.

tamba. (Del quech. *tampu*).
    I. 1.   f. *Ec.* Banda de paño que usa el tejedor de los telares autóctonos para apoyar la cintura durante su trabajo.

tambache. (Del taras. *tambache*, cesto).
    I. 1.   m. *Mx, ES.* Fardo, bulto. (**tambachi**; **tambacho**).
    2.   *Mx.* Conjunto de cosas colocadas unas encima de otras. (**tambachi**; **tambacho**).
    II. 1.   m. *ES.* Nalgas.

tambachero.
    I. 1.   m. *ES.* Montón de **tambaches** o fardos.

tambachi.
    I. 1.   *Mx.* **tambache**.

tambacho.
    I. 1.   *Mx.* **tambache**, conjunto de cosas.

tambachudo, -a.
    I. 1.   adj. *ES. Referido a persona*, gorda.

tambalisa.
    I. 1.   f. *Cu.* Planta leguminosa, de hojas tomentosas y flores amarillas. (Fabaceae; *Sophora tomentosa*).

tambaquí.
    I. 1.   m. *Bo:E.* Pez de agua dulce de aproximadamente 50 cm de largo, parecido al pacú pero de cuerpo más claro, más alto y más comprimido, con aleta caudal bifurcada; su carne es muy apreciada y se comercializa. (Serrasalmidae; *Colossoma brachypomum*).

tambarria.
    I. 1.   f. *Ho, Ni, Ec.* Diversión bulliciosa. pop + cult → espon.
    II. 1.   f. *Ni.* Mala crianza de los niños.
    III. 1.   f. *Pa.* Malestar o enfermedad en el sistema digestivo. pop + cult → espon.

tambembe.
    I. 1.   m. *Ch.* Ano. pop ^ fest.
    2.   m. *Ch.* Nalgas. pop ^ fest.
    □
    a. ‖ **como ~ y calzón.** loc. adj. *Ch.* p.u. *Referido a dos personas*, que son amigas o compañeras inseparables. pop ^ fest.
    ▶ **quitarle el ~ a la jeringa**; **sacar el ~ de la jeringa**.

tambera.
    I. 1.   f. *Bo:S, Ar, Ur.* Vaca lechera.

tambero, -a.
    I. 1.   m. y f. *Co, Ve, Ec, Bo; Pe,* rur. Persona que tiene a su cargo un **tambo** o posada.
    2.   adj. *Co, Ve, Ec, Bo; Pe,* rur. Relativo al **tambo** o posada.
    3.   m. y f. *Ar, Ur; Py,* rur. Dueño o encargado de un **tambo** o establecimiento ganadero.
    4.   adj. *Ar, Ur; Py,* rur. Relativo al **tambo** o establecimiento ganadero.
    5.   adj/sust. *Ar, Ur. Referido al ganado y especialmente a las vacas lecheras*, manso, acostumbrado al trato humano. rur.

tambo.
    I. (Del quech. *tampu*, casa, posada).
    1.   m. *Ec, Pe, Bo:O.* Venta o posada.

    2.   *Py, Ar, Ur.* Establecimiento ganadero destinado al ordeño de vacas y a la venta, *generalmente al por mayor*, de su leche.
    3.   *Py, Ar.* Corral donde se ordeña.
    4.   *Co:O,SO.* p.u. Establecimiento modesto, en las afueras de las poblaciones, destinado al albergue de viajeros.
    5.   *Pe.* Tienda rural pequeña.
    6.   *Pa.* Casa levantada sobre pilares. rur.
    7.   *Pa.* Sótano de los apartamentos empleado para guardar automóviles.
    II. 1.   m. *Mx, ES.* Tonel.
    2.   *Gu, Ho, ES.* Vasija cerrada a presión que se usa para transportar líquidos, *generalmente leche*.
    3.   *ES.* Bombona de gas para la cocina.
    III. 1.   m. *Mx, Gu, Ho, Ni.* Cárcel. pop.
    IV. 1.   m. *Ec.* Cuchillo de trabajos agrícolas sin filo o muy desgastado. rur.
    V. 1.   m. *Ho.* Persona obesa.
    VI. 1.   m. *Ni.* Piso de madera.
    ▶ **andar del timbo al ~**; **armar un ~**; **menear el ~**.

tambocha.
    I. 1.   f. *Co:C.* Hormiga de cabeza roja y cuerpo cetrino. (Formicidae; *Eciton* spp.). ♦ **sitaracuy**.

tambocho, -a.
    I. 1.   sust/adj. *Ho.* Persona obesa. pop + cult → espon ^ desp.

tambor.
    I. 1.   m. *Mx.* Armazón de una cama sobre la que se coloca el colchón.
    II. 1.   m. *Ar, Ur.* Recipiente de metal cilíndrico y de poca altura, en el que se guardan gasas y algodones, *por lo común esterilizados*.
    2.   *Ni, Py; Cu,* obsol. Envase para transportar líquidos.
    III. 1.   m. *Bo; Pe,* rur. Fardo de hojas de coca, previamente prensadas, que se embalan en hojas de **plátano** y se sujetan con cuerdas de fibra vegetal. pop.
    IV. 1.   *Ho, ES.* **gatillo**, árbol.
    2.   *Cu.* Pez marino plectognato, de hasta 18 cm de longitud, de color castaño en el dorso y abdomen blanquecino con lugares negros, que puede inflar el cuerpo introduciendo aire en una dilatación del esófago. (Tetraodontidae; *Sphoeroides spengleri*).
    V. 1.   m. *ES, Ni.* Pechuga de **chompipe**, ave.
    VI. 1.   m. *Cu.* Tela gruesa parecida al yute.
    VII. 1.   m. *Pa.* Baile típico nacional en el que un círculo formado por diferentes parejas rodea a otra que baila en el centro.
    ■
    a. ‖ **~ de batá.** m. *Cu.* Tambor utilizado en las ceremonias religiosas de la **yoruba** y en conjuntos musicales como las charangas.
    b. ‖ **~ de montaña.** m. *Ho, ES.* **jacaranda**, árbol gigantesco.
    c. ‖ **~ de papas.** m. *Cu.* Plato que se prepara con **papas** cortadas en rebanadas que se colocan en un molde y se hornean con mantequilla y queso.
    □
    a. ‖ **a ~ batiente.** loc. adv. *Pa, Ur.* Rápido y sin consultar.

tambora.
    I. 1.   f. *Mx.* Conjunto musical popular, típico del estado de Sinaloa.
    II. 1.   f. *Co:O.* Armazón de madera que sirve de soporte a una tela para bordarla.
    2.   *Ar:NE.* Cilindro de alambre tejido en el que se ponen a secar las hojas de **yerba mate**.
    III. 1.   f. *Ve.* Tambor de madera que se apoya en el cuerpo del intérprete y que se toca con baquetas o con las manos.
    IV. 1.   f. *Cu.* Tapacubos.

V. 1. f. *Cu.* Mentira, embuste.

VI. 1. f. *Py.* Recipiente cilíndrico, de tamaño mediano o grande, usado como contenedor de líquidos, *especialmente agua* y a veces, granos u otros productos.

□

a. ‖ **a la ~.** loc. adv. *Ho.* En las rodillas.

b. ‖ **hasta la ~.**

i. loc. adv. *Ho:N, RD.* Totalmente, por completo.

ii. loc. adj. *RD. Referido a persona*, auténtica, que posee todas las características propias de la clase en la que se encuadra.

tamborazo.
I. 1. m. *ES.* Golpe.

tamboreada.
I. 1. *ES.* Paliza, serie de golpes.

tamborear.
I. 1. tr. *ES.* Golpear a *alguien*.

tamboreo.
I. 1. m. *Mx.* Golpeteo.

□

a. ‖ **~ y huifa.** loc. sust. *Ch.* Acompañamiento de palmas, zapateado y gritos que se hace a una danza como la **cueca**, baile tradicional que simboliza las etapas de un idilio.

tamborera.
I. 1. f. *Pa.* Género musical panameño.

2. *Pa.* Caja del tambor.

tamborista.
I. 1. m-f. *Ho.* Persona que toca el tambor.

tamborito.
I. 1. m. *Pa.* Baile típico nacional en el que un círculo formado por diferentes parejas rodea a otra que baila en el centro.

2. *Pa.* Melodía que acompaña al baile del tamborito.

▶ **formarse un ~.**

tamborón.
I. 1. m. *Gu.* Tambor muy grande que se toca en algunas ceremonias.

tamborudo, -a.
I. 1. adj. *ES. Referido a persona*, gorda.

tambuche.
I. 1. *Cu.* **tambucho.**

tambucho.
I. 1. m. *Pa, Cu.* Recipiente que se emplea para guardar cualquier cosa. (**tambuche**).

tambura.
I. 1. m. *Ho.* Juego que consiste en colocarse dos niños con las espaldas pegadas y agarrados de los brazos para tratar de levantar y cargar sobre sus espaldas al contrario.

tameme. (Del nahua *ta*, algo indefinido sobre lo que recae la acción del verbo, y *meme*, llevar algo a cuestas).
I. 1. m-f. *Mx.* Cargador, persona que transporta cargas. pop.

tamishi.
I. 1. m. *Pe:E.* Planta trepadora de tallo grueso y leñoso con entrenudos alargados y yemas axilares con forma de espina y de hojas coriáceas y angostas. (Araceae; *Heteropsis flexuosa*). (**tamshi**).

2. *Pe:E.* Fibra sacada del tamishi que sirve para hacer sogas con las que se sujeta el armazón de las cabañas. (**tamshi**).

tamo.
I. 1. m. *Ve, Ec.* Hoja seca de un cereal, *especialmente del trigo.* rur.

2. *Ve.* Conjunto de hojas secas de caña de azúcar para techar o construir cabañas. rur.

tampicirán.
I. 1. m. *Mx.* Árbol de hasta 8 m de altura, de tronco y ramas tortuosos con aguijones rectos, hojas ovales,

flores axilares amarillas y fruto en vaina; su madera se emplea en obras de ebanistería. (Fabaceae; *Brya ebenus*).

tampico.
I. 1. adv. *ES.* Tampoco. pop + cult → espon ∧ fest.

tampida.
I. 1. f. *Ho.* En el *futbol*, zancadilla.

tampulli. (Del aim. *t'ampulli*, melenudo).
I. 1. m. *Bo.* Animal, *generalmente un perro*, que tiene el pelo largo y enmarañado. pop.

tamshi.
I. 1. *Pe:E.* **tamishi.**

tamuga.
I. 1. f. *Ve.* Bebida indígena elaborada a base de maíz.

2. *CR; Ho*, rur. Conjunto de dos pares de **tapas de dulce.**

3. *Ni.* **Nacatamal** hecho con harina de arroz.

II. 1. f. *Ec.* Envoltorio con droga destinado al contrabando.

2. *Ni.* Envoltorio para llevar la comida.

3. *Pa.* Envoltorio de ropa. rur.

III. 1. m-f. *Ni.* juv. Persona gorda.

2. f. *CR.* Persona de contextura gruesa y de baja estatura. pop ∧ desp.

tamulador.
I. 1. m. *Mx.* Mano del **molcajete.**

tamular.
I. 1. tr. *Mx.* Machacar **chile** y otros ingredientes similares con el **tamulador.**

tamulear.
I. 1. tr. *ES.* Masticar *algo* con las encías.

tamunangue.
I. 1. m. *Ve.* Baile folclórico de origen africano que se celebra en honor de san Antonio de Padua.

tan.
I. 1. adv. *Ec.* También.

II. 1. m. *ES.* Primer paso de un niño.

□

a. ‖ **~~ como ~~.** loc. adj. *PR. Referido a dos personas*, iguales, muy semejantes. pop + cult → espon.

▶ **llevar un ~~.**

tana.
I. 1. f. *Pe.* Pelo enmarañado y sucio. rur.

II. 1. sust/adj. *Cu.* Persona despreciable.

▶ **estar ~ catana.**

tanada.
I. 1. f. *Ar, Ur.* Actitud o carácter que se consideran propios de los **tanos** o italianos. pop + cult → espon.

2. *Ar, Ur.* Conjunto de personas de origen o ascendencia italianos. pop + cult → espon.

tananini. (Del otomí).
I. 1. *Mx.* **guayule.**

tanatada.
I. 1. f. *Ho, ES, Ni.* Cantidad de cosas que caben en un **tanate**, morral.

2. *Ho, ES.* Gran cantidad de algo.

tanatal.
I. 1. m. *Gu, ES.* Montón, gran cantidad de personas o cosas. vulg; pop + cult → espon.

tanate. (Del nahua *tanatli*, espuerta de palma).
I. 1. m. *Mx, Gu, Ho, ES, Ni.* Morral o mochila *para llevar objetos personales.*

2. *Mx.* Canasta de palma. (**tenate**).

II. 1. m. pl. *Mx, Gu, Ho, ES, Ni.* Testículos.

2. *Gu, Ni.* Escroto.

III. 1. *Gu, ES, CR.* **cachimbazo**, gran cantidad.

IV. 1. m. pl. *Gu, ES.* Objetos personales.

V. 1. m. *CR.* Situación conflictiva o problemática de la cual no se sabe cómo salir. pop.

2. *CR.* Enfrentamiento entre dos o más personas o grupos, *a veces en forma violenta.* pop.

VI. 1. m. *ES.* **charamusca**, helado.

tanateada.
I. 1. f. *Ho, ES.* juv. Toqueteo con fines sexuales.
II. 1. f. *Ho.* Paliza, serie de golpes.
2. *Ho.* Derrota contundente.
III. 1. f. *ES.* Montón, gran cantidad de personas o cosas. pop + cult → espon.

tanatear.
I. 1. tr. *Ho, ES.* Golpear a *alguien*.
2. *Ho.* Derrotar o vencer a un adversario con contundencia.
II. 1. tr. *Ho, ES.* Manosear a *alguien* con intención sexual.
III. 1. tr. *ES.* Preparar los enseres personales.
IV. 1. tr. *Ni.* Acarrear *algo* en **tanates**, morrales.

tanatero.
I. 1. m. *Gu, ES.* Montón, gran cantidad de personas o cosas. pop.

tanatudo.
I. 1. sust/adj. *Ho.* Hombre valiente.
II. 1. sust/adj. *Ho.* Hombre que tiene testículos grandes.

tanatudo, -a.
I. 1. sust/adj. *ES.* Persona gorda.
2. *ES.* Persona **nalgona**.

tánax.
▶ echarse ~.

tanca-tanca. (Del quech. *tanqay*, empujar).
I. 1. *Bo:C,S.* **pancataya**.

tancar.
I. 1. tr. *Ho, ES, Ni.* Detener la salida de un líquido, *especialmente la sangre de una herida.*
2. *Ec.* Cerrar la llave que regula la salida de un depósito o tanque para permitir que este recupere su nivel máximo. rur.
3. *Ho.* Cortar la respiración de alguien.

tancasangre.
I. 1. m. *Ho.* Machete largo con tres hendiduras en la hoja, que evita el sangrado inmediato por el aire que introduce en la herida.

tanche.
I. 1. m. *ES.* Cama. delinc.

tanchearse.
I. 1. intr. prnl. *ES.* Acostarse *alguien*. delinc.

tanchiche.
I. 1. m. *Mx.* Planta herbácea de hasta 4 m de altura, de tallo erecto, hojas alternas y pecioladas, flores amarillas y fruto oblongo cubierto de pelillos; es ornamental y la decocción de las hojas amargas tiene aplicación en la medicina tradicional. (Asteraceae; *Tithonia diversifolia*). ◆ **chilicate**.

tanchukúa.
I. 1. m. *Mx.* Bebida espesa elaborada con chocolate negro, masa de maíz, pimienta de tabasco y anís.

tanda.
I. 1. f. *Mx.* Exhibición múltiple de películas por el costo de una sola.
2. *Mx.* Función de teatro que consiste en una parodia con crítica social o política, acompañada de distintos espectáculos.
3. *Gu, Ho, Ni, CR, Pa, Cu, RD, PR, Bo.* Representación de una obra teatral o proyección de una película que tiene lugar a una hora determinada.
4. *Ve, Bo.* Cada una de las piezas teatrales breves que se representan de manera consecutiva en un teatro y para las que se puede comprar entrada independiente.

II. 1. f. *Mx.* Sistema colectivo de ahorro que consiste en la entrega periódica de una determinada cantidad de dinero a un encargado; una vez que se ha recaudado la cantidad total correspondiente al período, se entrega el monto, al azar, a uno de los participantes.
III. 1. f. *RD, Pe, Ch.* Castigo corporal que recibe una persona.
IV. 1. f. *Pe, Ch.* Derrota abultada en una **competencia**.
V. 1. f. *Co.* Invitación a beber que a su costa hace uno de los participantes en una reunión.
VI. 1. f. *Ch.* Broma, burla, chanza. pop.
VII. 1. f. *ES, Ni.* Ración de comida.
VIII. 1. f. *Bo.* Grupo generacional.
IX. 1. f. *PR.* Grupo de aves terrestres o volátiles.
X. 1. f. *CR.* Borrachera de varios días seguidos. pop.
XI. 1. f. *Ur.* Conjunto de avisos publicitarios, **radiales** o televisivos, que se emiten sin interrupción.

■
a. ‖ ~ **corrida.** f. *RD, PR. En el cine,* sesión continua.
□
a. ‖ **de ~.** loc. adv. *CR.* De borrachera por varios días seguidos. pop.
▶ alzarse de ~.

tandeada.
I. 1. f. *CR. En una* **competencia**, derrota por amplio margen. pop.

tandear.
I. 1. tr. *Ch.* Hacer chanzas y bromas continuas a *alguien*. pop + cult → espon.
II. 1. tr. *CR.* Derrotar ampliamente al adversario en una **competencia** deportiva.

tandeo.
I. 1. m. *Ch.* Burla continuada y abusiva que se realiza sobre alguien. pop + cult → espon.
2. *Ch.* Abuso que se hace a alguien por medio de burlas o maltrato. pop + cult → espon.

tandero, -a.
I. 1. adj/sust. *Ch. Referido a persona,* aficionada a las bromas y chacotas. pop + cult → espon.
II. 1. sust/adj. *CR.* Persona que con frecuencia se emborracha durante varios días. pop.

tando.
I. 1. m. *ES.* Sombrero.

tanela.
I. 1. f. *ES.* **Tortilla** con queso.
2. *ES.* **Tamal** con queso molido, aderezado con dulce de **raspadura**.

tanes.
□
a. ‖ **primeros ~.**
i. loc. sust. *Gu.* Pasos iniciales que da un niño cuando está aprendiendo a caminar.
ii. *Gu.* metáf. Comienzo de una actividad, *especialmente un arte o un oficio,* o progresión inicial en ella que alguien realiza.

tanga.
I. 1. f. *Ec, Bo, Ch, Ar.* Traje de baño de mujer de dos piezas y de dimensiones más reducidas que un bikini.
2. *Ur.* **Bombacha** femenina de tamaño muy reducido.
II. 1. f. *Co.* Ave zancuda de pico largo, fino y curvo, de diferentes tonalidades según su especie. (Threskiornithidae; *Eudocimus* spp., *Plegadis* spp.).
III. 1. f. *Ur.* Engaño, mentira, enredo. pop + cult → espon.

tangán.
I. 1. m. *Ec:N.* Tablero cuadrado para colocar comestibles, que se suspende del techo con una cuerda por medio de la cual se sube y se baja.

tangana.
I. 1. f. *Ec:E, Pe:E.* Palanca de madera usada para impulsar las canoas cuando llegan a los bajos de los ríos.

tángana.
  I. 1. f. *Cu, RD, PR, Ve.* Discusión acalorada sobre un tema. pop + cult → espon.
  2. *PR.* Problema. pop + cult → espon.
  ▶ **dar la ~.**

¡tángana!
  I. 1. interj. *RD, PR.* Imita el sonido de un golpe o una caída. pop + cult → espon.

tanganada.
  I. 1. f. *ES.* Gran cantidad de cosas.

tanganazo.
  I. 1. m. *ES, Pa, Co, Ve, Mx, Cu,* pop. Golpe fuerte.
  II. 1. *Cu.* **fotutazo,** trago.
  III. 1. m. *PR.* Hechizo.

tanganear(se).
  I. 1. tr. *Ve.* Mover *algo* o a *alguien* de un lado a otro. pop.
  2. intr. prnl. *Ve.* Moverse *algo* o *alguien* de un lado a otro. pop.
  II. 1. intr. *Co:NE.* Mover una mujer afectadamente los hombros y las caderas al andar. pop.
  III. 1. intr. *Pe:E.* Usar la **tangana** en una canoa al llegar a los bajos de un río.

tanganero, -a.
  I. 1. m. y f. *Pe:E.* Balsero que utiliza la **tangana** para impulsar su embarcación por los ríos.

tangarana.
  I. 1. f. *Pe:E.* Árbol de hasta 20 m de altura, de corteza lisa y grisácea, hojas alternas entre aovadas y oblongas, margen entero, de color verde oscuro y glabras, inflorescencias en espigas, flores de color rojizo, y fruto en aquenio de color castaño amarillento. (Polygonaceae; *Triplaris americana*).
  II. 1. f. *Pe:E.* Hormiga de color rojizo que vive en la tangarana. (Formicidae; *Myrmica triplaris*).
  III. 1. f. *Pe:NE.* Danza folclórica que mezcla motivos de la cumbia, la samba y el **sanjuanito** ecuatoriano.

tangaré.
  I. 1. *Pa.* **bateo,** árbol.

tangencial.
  □
  a. ‖ **por la ~.** loc. adv. *Ch.* p.u. Por la tangente, sin involucrarse en algo.

tango.
  I. 1. m. *Mx, Ni, RD.* Berrinche. pop.
  II. 1. m. *Co.* Planta trepadora de hojas verdes, opuestas, con zarcillos de tres ramificaciones y flores de color rojo anaranjado en ramilletes que cuelgan. (Bignoniaceae; *Pyrostegia venusta*).
  III. 1. m. *Bo.* Noticia o hecho que se anuncia como posible pero que nunca llega a producirse. pop + cult → espon.
  2. *Ni.* juv. Mentira.
  IV. 1. m. *ES. En el ejército,* teniente.
  ▶ **hacer un ~; olvidarse del ~.**

tangón.
  I. 1. m. *Ch.* Puesto situado en la proa de la embarcación desde donde dispara el arponero.

tanguarnís.
  I. 1. m. *Mx.* Trago de bebida alcohólica. pop.
  2. *ES.* Trago de aguardiente.

tanguear(se).
  I. 1. intr. *Cu, Ec, Pe, Bo, Ar, Ur.* Bailar o cantar tangos. pop + cult → espon.
  II. 1. intr. prnl. *Py.* Simular *alguien* que desconoce un asunto. pop.

tanguería.
  I. 1. f. *Ar, Ur.* Local nocturno en el que se ofrecen espectáculos de tango.
  2. *Ch.* Recinto donde se baila tango.

tanguero, -a.
  I. 1. m. y f. *Py.* Persona que finge desconocer algo. pop.
  2. adj. *Ni.* juv. *Referido a persona,* mentirosa.
  II. 1. m. y f. *Bo.* Cómplice de un **paspaco.** delinc.
  □
  a. ‖ **a lo ~.** loc. adv. *Bo:O.* A la moda de los cantantes de tango.

tanguiño.
  I. 1. m. *Pe:NE.* Danza folclórica mestiza que mezcla aires de la cumbia y de danzas brasileñas.

tangüis.
  I. 1. m. *Pe, Ec,* p.u. Algodón de fibra larga.

tanibata.
  I. 1. *Mx.* **espantalobos.**

tanimbo.
  I. 1. m. *Be.* Ceniza que se emplea en el **acullico.** pop.

tanjarina.
  I. 1. f. *Ar, Ur.* Naranja mandarina.

tano, -a.
  I. 1. adj/sust. *Bo, Ch, Ar, Ur. Referido a persona,* de origen o ascendencia italianos. pop + cult → espon.
  2. adj. *Ch, Ar.* Relativo a Italia. pop + cult → espon.

tanoso, -a.
  I. 1. adj/sust. *Pe. Referido a persona,* que tiene el pelo enmarañado y sucio. rur.

tanque.
  I. 1. m. *Mx, Ho, ES, Ni, CR, Pa, Cu, RD, PR, Co, Ec, Pe, Bo, Py, Ar, Ur.* Depósito de combustible de un automóvil. ♦ **tanque de nafta.**
  2. *Gu, ES, Ni, CR, Pa, Cu, RD, PR, Ec, Pe, Bo, Py, Ar, Ur.* Depósito *utilizado generalmente para almacenar agua.*
  II. 1. m. *Mx, Ni, Cu.* pop. Cárcel, presidio. carc.
  III. 1. m. *N, RD, Bo, Ar, Ur, Ec,* sat. Persona muy corpulenta. pop + cult → espon.
  IV. 1. m. *PR.* Vivero. rur.
  V. 1. m. *CR.* p.u. **gaveta,** era para sembrar cebolla.
  ■
  a. ‖ **medio ~.** m. *Ur.* Artefacto para asar carnes hecho con la mitad de un tanque cilíndrico sostenida por patas a la que se le adosa una parrilla. pop + cult → espon.
  b. ‖ **~ de nafta.** *Py, Ar, Ur.* **tanque,** depósito de combustible.
  □
  a. ‖ **~ australiano.**
    i. loc. sust. *Ar, Ur.* Depósito, *generalmente de gran capacidad* y construido de cemento o chapas de cinc galvanizado, que se utiliza para almacenar agua.
    ii. *Ar, Ur.* Persona muy gorda. pop + cult → espon.
  b. ‖ **~ ruso.** loc. sust. *Ni, CR, Py.* Persona muy gorda. pop + cult → espon ^ fest.
  ▶ **llenar el ~.**

tanquear.
  I. 1. intr. *Co, Ec.* Abastecer de gasolina un vehículo automotor.
  2. *Co.* Comer, alimentarse. pop ^ fest.
  3. tr. *Pe.* Llenar de combustible el depósito de un vehículo. pop + cult → espon.

tanquero.
  I. 1. m. *Ho, RD, PR, Ve, Ec, Ch.* Barco cisterna que se emplea para el transporte de petróleo y otras sustancias.

tanquero, -a.
  I. 1. m. y f. *Ho, Ec.* Persona que tiene por oficio transportar agua hasta sectores suburbanos para su empleo en usos domésticos.
  II. 1. adj. *Ch.* Relativo al transporte de mercancías en barco cisterna.

tanrilla.
  I. 1. *Pe.* **tigana.**

tanta.
  I. 1. f. *Pe. Pan, especialmente el de harina de maíz.*

II. (Del quech. *thanta*, viejo, gastado).

  1. adj. *Bo:C,O,S. Referido a cosa*, vieja, gastada.

■

  a. ‖ ~ **wawa.** f. *Bo:C,O,S.* **tantawawa.**

□

  a. ‖ ~ **galán.** loc. sust. *Bo:C,O,S.* Hombre viejo que galantea a una mujer.

▶ **hacerse** ~.

tantacatero, -a.

  I. 1. m. y f. *Bo.* Persona que compra y vende cosas usadas o robadas en un **tantacato.** pop.

tantacato.

  I. 1. m. *Bo.* Mercado popular al aire libre en el que se venden ropas y objetos usados, *generalmente robados.* pop + cult → espon.

  2. *Bo:S.* Puesto de venta callejero. pop.

  3. *Bo.* Conjunto de cosas diversas. pop.

tantachawi.

  I. 1. m. *Bo:O.* Reunión en la que se otorgan distinciones comunitarias. rur.

tantaguagua.

  I. 1. *Bo:C,O,S.* **tantawawa.**

tantán.

  I. 1. m. *Ch.* Golpe dado con la palma de la mano en las nalgas. inf.

  2. *PR.* Tunda, zurra, *especialmente dada a un niño travieso.*

tantanacu.

  I. 1. m. *Bo:C,O,S.* Relación marital que mantienen un hombre y una mujer sin estar casados. pop.

tantawawa.

  I. 1. f. *Bo:C,O,S.* Pan que se elabora para la fiesta de Todos los Santos y tiene muy variadas formas, de personas, animales y objetos. (**tanta wawa**; **tantaguagua**).

tanteada.

  I. 1. f. *Mx, Ho, ES, Ni; Bo,* pop. Hecho de **tantear** o engañar.

  II. 1. f. *Ni, Bo:S, Ar; Pe, Ch,* p.u. Intento de averiguar algo con disimulo y precaución. pop.

tantear(se).

  I. 1. tr. *Mx.* Engañar a *alguien.* pop.

  2. tr. prnl. *Mx.* Burlarse de alguien. pop.

  II. 1. intr. prnl. *Ho.* Sentirse capaz de algo.

  III. 1. tr. *Ho.* Vigilar con disimulo a *alguien.*

  IV. 1. tr. *Py.* p.u. Probar, degustar *algo.* rur.

□

  a. ‖ ~**les el agua a los camotes.** *Mx.* medirles el agua a los camotes. pop.

¡tanteás!

  I. 1. interj. *ES.* Expresa incredulidad. pop + cult → espon.

tanteo.

  I. 1. m. *Bo; Ec,* p.u. Caricia erótica.

  II. 1. m. *Py.* Degustación que se hace a fin de percibir el sabor de algo. pop.

tantito.

  I. 1. m. *Mx, ES, Pe, Bo.* Cantidad pequeña de algo. pop.

  II. 1. adv. *Mx, Ho, ES, Ni.* Un momento, un rato. pop.

  2. *Ho, ES, Ni.* Un poco. pop.

tanto.

  I. 1. m. *PR.* Abrazo que se da uniendo las mejillas. pop + cult → espon.

●

  a. ‖ **no sé qué** ~**s.** fórm. *Bo.* Se usa para referirse a una persona cuyo nombre se desconoce.

  b. ‖ **¿qué** ~ **es tantito?** fórm. *Mx.* Se emplea para expresar que una determinada cantidad es insignificante e inocua. pop.

□

  a. ‖ **al** ~. loc. adv. *Ar.* por tanto.

  b. ‖ **ni** ~. loc. adv. *Mx, ES, PR, Co, Ec, Bo, Ch, Ur.* No tanto como cabría suponer. pop + cult → espon. ♦ **nunca tanto.**

  c. ‖ **nunca** ~. loc. adv. *Ch.* ni tanto.

  d. ‖ **por** ~. loc. adv. *Ar. En relación con el modo de pagar a un trabajador*, por trabajo realizado. ♦ **al tanto.**

  e. ‖ **¿qué** ~? loc. adj. *Mx, Ho, Ni, CR, Co, Ec, Pe, Bo, Ch.* ¿Cuánto?

tanuna.

  I. 1. f. *Ho, ES.* **correcaminos**, cuclillo.

taona.

  I. 1. f. *Ec:E.* Palanca de madera usada para impulsar las canoas cuando llegan a los bajos de los ríos.

tapa.

  I. 1. f. *Ni, CR, Co, Bo, Ch, Py.* Pieza, *generalmente metálica*, que cierra herméticamente las botellas.

  2. pl. *Bo.* Juego infantil en el que se utilizan **tapas** de botellas en las que se colocan fotografías recortadas de los jugadores de un equipo de **futbol.**

  II. 1. f. *Gu, Ho, ES, Ni.* Trozo de azúcar sólido y moreno de distintas formas hecho de jugo de caña de azúcar.

  2. *Pe.* Porción de **chancaca**, azúcar de caña sin refinar.

  3. *Ho, Ni.* Unidad de volumen de azúcar negro y sólido hecho de caña de azúcar de forma cuadrada o circular de aproximadamente medio kilo de peso; dos tapas forman un **atado.**

  4. *Gu.* Cuarta parte de un **atado**, unidad de medida.

  III. 1. f. *Py, Ar, Ur.* Masa plana que se utiliza para hacer empanadas, **pascualinas** o tartas.

  IV. 1. f. *Pe:S.* Nido de ave.

  2. *Bo:C,O,S.* Colmena de avispas. pop.

  V. 1. f. pl. *ES, CR; Cu, Ec:O,* tabú; pop + cult → espon. Nalgas. pop + cult → espon.

  VI. 1. f. *Ch.* Gesto de desaprobación en el que se hace chocar la palma de una de las manos con el puño de la otra.

  2. *Ch.* meton. Rechazo o negativa a algo.

  VII. 1. f. *Ho, ES, Ni.* Boca de persona.

  2. *ES.* Mandíbula inferior de una persona.

  3. *Ni.* Morro o trompa de un animal.

  VIII. 1. f. *Bo, Ch.* Ropa de cama de lana o de algodón que se pone encima de las sábanas.

  IX. 1. f. *Gu, Ch.* Palabra vulgar, malsonante u ofensiva.

  X. (Del nahua, apóc. de *tlapatl*).

    1. f. *Ho, ES.* **chamico**, arbusto.

  XI. 1. adj. *Ec. Referido a persona*, tonta, torpe. desp.

  XII. 1. adj. *Gu. Referido a persona*, insolente, desvergonzada o falta de escrúpulos.

  XIII. 1. f. *CR. En las carboneras*, leña gruesa que se pone sobre la que se va a convertir en carbón para evitar que la tierra se introduzca entre ella.

■

  a. ‖ ~ **cuadril.** f. *Py.* Corte de carne del cuarto trasero de los vacunos, extraído de la parte interior y posterior que rodea el fémur.

  b. ‖ ~ **de cuadril.** f. *Ur.* Corte de carne que recubre el cuadril y que se come asada.

  c. ‖ ~ **de nalga.** f. *Ar.* Corte de carne del cuarto trasero de los vacunos, extraído de la parte interior y posterior que rodea el fémur.

  d. ‖ ~ **de paleta.** f. *Ar.* Capa de carne que recubre la paleta y que suele comerse asada al horno o a la parrilla.

□

  a. ‖ **a puras** ~**s.** loc. adv. *Ho.* De palabra.

  b. ‖ **con las** ~**s abiertas.** loc. adv. *Ho.* Divulgando secretos, chismorreando.

c. ‖ **la ~.**
    i. loc. sust. *Co, Ec.* Persona o cosa que han alcanzado el máximo grado en algún aspecto, *especialmente si es negativo*. pop.
    ii. *CR.* **la tapa del perol.**
d. ‖ **la ~ del coco.** loc. sust. *Pa.* El colmo, persona o cosa que han alcanzado el máximo grado en algún aspecto. pop + cult → espon ^ fest.
e. ‖ **la ~ del perol.** loc. sust. *CR.* p.u. Cosa o persona excelente. pop. ♦ **la tapa.**
f. ‖ **ni por las ~s.** loc. adv. *Ar, Ur.* De ninguna manera. pop + cult → espon
g. ‖ **~ de dulce.** loc. sust. *CR.* **Panela** en forma de cono truncado.
h. ‖ **~ de submarino.** loc. sust/adj. *Ch.* Persona tacaña, cicatera. pop + cult → espon ^ fest.
▶ **cagarse en la ~ del órgano; estar en la ~ del libro; hablar hasta por la ~ de la barriga; poner la ~ al frasco; romper las ~s; ser la ~ del frasco; ser pura ~; ser zafado de las ~s; sonar las ~s; tener grandes ~s; volar ~.**

tapá.
▶ **jugar a la ~.**

tapabalazo.
    I. 1. m. *Pa.* Pieza interior de la camisa del traje típico de **pollera** que sostiene las **arandelas.**

tapabarriga.
    I. 1. f. *Ch.* Corte alargado de carne de **res**, de mediano espesor, que se obtiene de la parte posterior del animal.

tapabarro.
    I. 1. m. *Pe, Ch.* Pieza de cuero o algún otro material flexible que se cuelga tras las ruedas de un vehículo para evitar que salpique barro.
    2. *Pe, Ch.* Guardabarros, parte de la carrocería de los vehículos que va encima de las ruedas para evitar las salpicaduras.

tapaboca.
    I. 1. m. *Mx, CR, Cu, RD, Py, Ur*; m. pl. *Cu.* Mascarilla profiláctica que cubre nariz y boca.

tapabocas.
    I. 1. m. *Bo, Ch.* Respuesta contundente que deja callado al interlocutor. pop.

tapabocina.
    I. 1. m. *PR.* Disco de metal que cubre el exterior de la **piña** de una rueda.

tapacamino.
    I. 1. m. *Mx.* Ave de hasta 28 cm de longitud, con plumaje de color leonado por encima y grisáceo en el resto del cuerpo, patas y pico fuscos, cola y alas largas, estas últimas redondeadas, y ojos que, al reflejar una luz en la noche, adoptan un color rubí. (Caprimulgidae; *Nyctidromus albicolis*). (**tapacaminos**). ♦ **cucuyo; cuyeo.**

tapacaminos.
    I. 1. m. *Mx, ES, Bo:E.* Ave de hasta 31 cm de longitud, con plumaje de color café y una lista negra en la coronilla, la nuca y la espalda, cara y región inferior ocre con pintas negras, una faja blanquecina en la parte baja de la garganta, y pico y patas negruzcos. (Caprimulgidae; *Caprimulgus carolinensis, C. vociferus*). ♦ **curcuris; chotacabras.**
    2. *Ho.* **tapacamino.**

tapacán.
    I. 1. m. *Ch.* En ciertas casas, listón estrecho de madera que se coloca a modo de protección bajo el alero.

tapacaño.
    I. 1. m. *Ec.* Pieza metálica redonda que tapa la entrada a una alcantarilla.

tapacara.
    I. 1. *Pa.* **dormilón**, mamífero.

tapacaré.
    I. 1. *Bo:E.* **chajá**. (**tapacarí**).
    ■
    a. ‖ **~ cornudo.** *Bo:E.* **camungo.**

tapacargas.
    I. 1. m. *Bo:E.* Toldo especial para cubrir cargamentos.

tapacarí.
    I. 1. *Bo:E.* **tapacaré.**

tapacete.
    I. 1. m. *RD.* Capota de un vehículo.

tapache.
    ▶ **regar el ~**

tapachiche.
    I. 1. m. *Ni.* Sostén, sujetador.

tapachol. (Del nahua).
    I. 1. m. *Mx.* Maizal que se cultiva en invierno. (**tapachole**).

tapachole. (Del nahua).
    I. 1. *Mx.* **tapachol.**

tapacorona.
    I. 1. f. *Ec, Bo, Ch.* Tapón metálico de las botellas.

tapacú.
    I. 1. *Co.* **chilhuacán**, árbol y fruto.

tapacucas.
    I. 1. f. *Ho.* Prenda interior femenina que cubre desde la cintura hasta el arranque de las piernas, con aberturas para el paso de estas. pop + cult → espon ^ fest.

tapaculo.
    I. 1. *Co.* **chilhuacán**, árbol.
    2. *Co.* **chilhuacán**, fruto.
    3. *Gu, Ho, ES, Ni.* **guásimo**, árbol y fruto.
    II. 1. m. *Ch.* Ave de hasta 19 cm de longitud, de color café con tintes rojizos, aunque de la garganta hasta la parte superior del abdomen es blanco cremoso con rayas transversales negras. (Rhinocryptidae; *Scelorchilus albicollis*).
    2. *Cu.* **acedía reticulada.**
    3. *Ur.* **lengüita**, pez.
    III. 1. m. *Gu.* Lombriz que, según la creencia popular, se puede introducir en el ano de una persona cuando defeca. rur. ♦ **tapalcúa.**
    IV. 1. m. *PR.* Pulpa semillosa de la **guayaba**, que posee propiedades astringentes.

tapacuru.
    I. 1. *Bo:S.* **tutachi.**

tapada.
    I. 1. f. *CR, Ec, Bo, Py, Ur.* En el *futbol*, detención o desvío de la pelota por intervención del portero.
    II. 1. f. *Gu.* Hecho o dicho grosero o desvergonzado.
    III. 1. f. *Bo.* Empaste de un diente o de una muela.
    IV. 1. f. *Ho.* Trampa para cazar.
    □
    a. ‖ **a la ~.** loc. adv. *Co:C,SO, Bo:E.* A escondidas o con disimulo.
    b. ‖ **de ~.** loc. adv. *Ec.* A escondidas o con disimulo. pop.

tapadera.
    I. 1. f. pl. *Ho, Ni.* Boca de persona. pop + cult → espon ^ fest.
    2. f. *Ho.* Maxilar inferior. pop + cult → espon ^ fest.
    II. 1. f. *Cu.* Forma de vestir alguien cubriendo excesivamente el cuerpo.

tapadita.
    I. 1. f. *Ar, Ur.* Juego infantil consistente en dejar caer una **figurita** desde cierta altura tratando de cubrir otra que está en el suelo para ganar.
    2. *Ur.* Juego infantil consistente en intentar dar la vuelta, golpeándola con la palma de la mano, a una **figurita** que se encuentra boca abajo en el suelo.

tapado.

  I. 1. m. *Py, Ar, Ur, Bo,* pop; *Pe,* p.u. Abrigo de señora o de niño, largo, cerrado y con mangas.

  2. *Gu, Ni.* Manta que se utiliza para cubrir la cabeza y el torso.

  II. 1. m. *Bo, Ar:N; Pe,* p.u. Tesoro enterrado.

  III. 1. m. *Gu, Ho, Co:SO.* Guiso hecho con leche de coco, **plátano, yuca, batata** y carne seca.

  2. *Ec.* Guiso hecho con **plátano** y carne, o pescado.

  IV. 1. m. *Co.* Engaño, mentira. pop.

  V. 1. m. *Bo:O.* Botella de aguardiente, *especialmente de singani.* pop.

  VI. 1. m. *Bo:O. En la mina,* galería que sirve de comunicación entre dos niveles.

  □

  a. ‖ ~ **en plata.** loc. adj. *Co, Ur. Referido a persona,* muy rica. pop.

tapado, -a.

  I. 1. adj. *Mx, Pa, RD, PR, Bo, Ar, Ur. Referido a persona,* estreñida. pop + cult → espon.

  II. 1. adj. *Co, Ve, Ec, Bo. Referido a persona,* torpe, que tiene dificultades para aprender o comprender algo. pop ^ desp.

  III. 1. adj/sust. *Bo, Ar, Ur. Referido a persona,* que mantiene oculta su verdadera valía.

  2. *PR. Referido a un policía,* encubierto. polic.

  3. *PR. Referido a persona,* informante de la policía. polic.

  IV. 1. adj/sust. *Ch, Ar, Ur. Referido a un caballo o a una res,* que tiene pelaje de color uniforme. rur.

  V. 1. adj/sust. *Co, Ec. Referido a persona,* que oculta maliciosamente sus opiniones e intenciones. pop ^ desp.

  VI. 1. adj/sust. *Bo, Py, Ar, Ur. Referido a caballo de carreras,* que tiene muy buenas condiciones sin parecerlo.

  VII. 1. adj. *Co. Referido a persona,* muy rica. pop.

  VIII. 1. adj. *PR. Referido a persona,* que tiene congestión nasal. pop + cult → espon.

  IX. 1. adj. *PR. Referido a un gallo de pelea,* que se juega sin **posta.**

tapador.

  I. 1. m. *Bo.* Tapete. pop.

tapador, -ra.

  I. 1. m. y f. *Bo. En el cultivo de la caña,* persona que cubre de tierra los surcos que contienen los trozos que se han sembrado. pop.

tapadura.

  I. 1. f. *Pe, Bo, Ch, Ar:O.* Empaste de una pieza dental.

tapagallo.

  I. 1. m. *Ho.* Prenda interior femenina que cubre desde la cintura hasta el arranque de las piernas, con aberturas para el paso de estas. vulg.

tapagoteras.

  I. 1. m. *Gu, ES, Ni, CR.* Material que se utiliza para cubrir una filtración de agua en el techo.

tapahuecos.

  I. 1. m. *Co.* Persona a quien se acude en caso de necesidad para sustituir a otra. pop.

tapahueso.

  I. 1. m. *Pa.* Cruz, medalla o monedita, que, colgando de una cinta negra y fina, lleva al cuello la mujer que viste el traje típico de la **pollera.**

tapaje.

  I. 1. m. *Pe:E.* Estera tejida hecha de cañas delgadas, empleada por los pescadores para atrapar peces en las caídas de los ríos.

tapalayote. (Del nahua *tlapalli,* color, y *ayotli,* calabaza).

  I. 1. *Ho, ES.* **cabrayuyo.**

tapalcate. (Del nahua *tapalcatl,* trasto de barro).

  I. 1. *Gu.* **tepalcate,** mueble.

tapalcúa.

  I. 1. f. *Gu.* **tapaculo,** lombriz.

tapaleche.

  I. 1. m. *ES.* Prenda interior femenina que cubre desde la cintura hasta el arranque de las piernas, con aberturas para el paso de estas. vulg.

tápalo.

  I. 1. m. *Mx.* Chal o mantón.

tapalodo.

  I. 1. m. *PR.* Guardabarros, alero del automóvil.

tapamarco.

  I. 1. m. *Ec. En los vanos de las puertas,* una de las reglas verticales que se colocan entre el piso y el dintel.

tapanco. (Del nahua *tapantli,* azotea o techo, y *co,* en).

  I. 1. m. *Mx, Gu.* Desván *que se usa generalmente para guardar objetos viejos o para almacenar semillas.* (**tabanco**).

tapandepe.

  I. 1. sust/adj. *Bo:E.* Persona que encubre y justifica las malas acciones o errores de otra, *generalmente para evitar que reciba un castigo.* pop.

tapao.

  I. 1. m. *Ec:NO.* Plato preparado con tomate, cebolla, **plátano verde** y carne, *generalmente de vaca o cerdo,* adobada con ajos, sal, pimienta y comino, y secada al sol; es un plato típico de la costa ecuatoriana, en particular de Costa Esmeraldas.

tapaojo.

  I. 1. m. *Pe.* Adorno, *generalmente de lana de colores y con borlas,* que suele ponerse en la testera de las cabezadas del ganado mular y de carga. rur.

tapaojos.

  I. 1. m. *Ho, Ni, Co, Ve, Pe.* Cada una de las piezas de cuero que sirven para cubrir lateralmente los ojos de los caballos.

tapaondas.

  I. 1. m. *ES.* juv. Anteojos.

tapaoreja.

  I. 1. m. *Pa.* **Tembleque** que cubre las orejas de la **empollerada.**

tapapecho.

  I. 1. m. *Ch.* Corte alargado de carne de **res,** de color rojo oscuro, de grosor variable hacia el extremo, que se obtiene del pecho del animal.

tapaquiahue. (Del nahua *tlapaquiahui,* llover menudo y sin cesar).

  I. 1. m. *Mx.* Tiempo de lluvia persistente.

tapar(se).

  I. 1. tr. *Pe, Bo, Ch, Py, Ar:O.* Empastar una pieza dental.

  II. 1. intr. prnl. *Co:O.* Enriquecerse. pop.

  2. tr. *Ch.* Llenar, colmar a *alguien* de algo, *especialmente de insultos.*

  III. 1. intr. *Ec, Pe, Bo. En el futbol y otros deportes,* **atajar,** jugar de portero.

  IV. 1. intr. prnl. *Cu.* Excluirse *una persona* de una alusión hecha por alguien. pop + cult → espon.

  V. 1. tr. *Bo.* Recoger y cubrir un vendedor su puesto de venta. pop.

  VI. 1. tr. *PR. En las peleas de gallos,* asegurar *alguien* el dinero de una apuesta.

  2. *PR. En las peleas de gallos,* apostar *alguien* en contra del gallo que uno ha jugado.

  VII. 1. intr. prnl. *PR, Ur.* Estreñirse *alguien.* vulg; pop + cult → espon.

  □

  a. ‖ ~ **el pico.** loc. verb. *Ho, Bo, Py.* Callar a alguien.

  b. ‖ ~ **el sol con un dedo.**

    i. loc. verb. *Mx, Ni, CR, RD, Co, Pe, Bo, Ch, Py.* Negar un hecho irrefutable.

ii. *Mx, Ni, Cu, Co, Ec, Ch, Ur.* Utilizar un medio insuficiente para alcanzar lo que se pretende.

iii. *Py.* Intentar ocultar lo acontecido.

c. ‖ ~ **hoyos.** loc. verb. *Ni, Ch.* Corregir, subsanar errores o yerros. pop + cult → espon.

d. ‖ ~ **la letra.** loc. verb. *Cu.* Evadir *alguien* comentarios en torno a su orientación sexual, estableciendo una relación heterosexual.

e. ‖ ~**le el ojo al macho.**

i. loc. verb. *Mx, Ho.* Cubrir, ocultar o disimular *alguien* el mal o daño que ha hecho. pop + cult → espon.

ii. *Gu, Ho.* Querer tapar algo que no se puede ocultar. rur.

f. ‖ ~**se con la misma chamarra.** *Gu.* protegerse con misma cobija.

g. ‖ ~**se con la misma cobija.** loc. verb. *Ho, ES, Ni, CR, Co.* Protegerse mutuamente los miembros de una colectividad para encubrir una conducta que, por lo general, es deshonesta. pop. ♦ **protegerse con la misma chamarra.**

h. ‖ ~**se de plata.** loc. verb. *Co:O.* Enriquecerse. pop.

tapara.
I. 1. f. *Ve.* Fruto del **taparo**
2. *Ve.* Recipiente hecho con el fruto del **taparo** o **jícaro**, cuando tiene forma de pera, de manera que permite dejarle un pequeño orificio y taparlo; se usa para guardar líquidos.
II. 1. adj. *Ve:O.* Referido a *persona*, torpe, poco inteligente. pop.
2. *Ve:O.* Referido a *persona*, inteligente. pop.
► **vaciarse como una ~.**

tápara.
I. 1. f. *Co:E.* Artificio para la pesca en agua dulce.

taparaco.
I. 1. *Bo.* **fraile**, mariposa. (**taparacu**).

taparacu.
I. 1. *Bo.* **taparaco.**

taparazo.
I. 1. m. *Ve.* Golpe fuerte. pop.

taparear.
I. 1. tr. *Ve.* Ocultar o encubrir un asunto.

tapareo.
I. 1. m. *Ve.* Ocultamiento o encubrimiento de un asunto. pop.

taparo.
I. 1. *Co.* **migucho.**
2. *Ve.* **jícaro.** (Bignoniaceae, *Crescentia cujete*).

taparo, -a.
I. 1. adj. *Ve:O.* Referido a *persona*, torpe, poco inteligente. pop.
2. *Ve:O.* Referido a *persona*, inteligente. pop.

táparo.
I. 1. m. *Co:C,O.* Caballo flaco y desgarbado. desp.
II. 1. sust/adj. *Co.* Persona testaruda y torpe. pop ^ desp.
III. 1. m. *Co:C,E.* Árbol de hasta 8 m de altura, sus hojas tienen forma de espátula y las flores, de color verdoso, nacen sobre las ramas y el tronco, sus frutos, globosos y de color verde, son empleados para hacer vasijas. (Bignoniaceae; *Crescentia cujete*).

taparrosca.
I. 1. f. *Mx, Ni, Co, Ec.* Tapón de plástico que se enrosca para cerrar una botella.

taparrotos.
I. 1. m. *PR.* Subalterno que se presta a efectuar servicios desagradables o ilícitos encomendados por su superior.

tapasilla.
I. 1. f. *Pa.* Tela impermeabilizada que protege de la lluvia la montura y los enseres de viaje.

tapasol.
I. 1. m. *Ho.* Sombrilla grande usada en playas y terrazas.

tapate. (Del nahua *tlapatl*, planta medicinal).
I. 1. *Mx, CR.* **chamico**, arbusto. (**tepate**).

tapayagua.
I. 1. f. *Mx.* Llovizna.

tapazancudo.
I. 1. m. *PR.* Mosquitero.

tapazo.
I. 1. m. *Ho, Ni.* Chisme, chismorreo.
2. *Ho.* Noticia desconocida y sorprendente.
3. *Ho.* Insulto.
II. 1. m. *Ho.* Trago de licor.
2. *Ho.* Bocado o mordisco grande.
III. 1. m. *ES.* Golpe en la boca.

tapazón.
I. 1. f. *ES.* Obstrucción de un conducto, *en especial de la nariz.*

tape.
I. 1. m. *Ar, Ur.* Hombre de rasgos aindiados, robusto y de baja estatura. rur.
2. sust/adj. *Bo:E.* Hombre al que no le crece la barba. pop.

tape. (Voz inglesa).
I. 1. m. *EU, Ho, Ni, Pa, Cu, PR.* Cinta adhesiva.
II. 1. m. *EU, PR.* Cinta magnetofónica.

tapeada.
I. 1. *Ho.* **ajada**, reprensión severa.
2. *Ho.* **aguaje**, regaño.

tapeado, -a.
I. 1. adj. *Ho, ES.* Referido a un *conducto*, obstruido.
2. *ES.* Referido a *persona*, con la nariz obstruida por congestión.

tapear(se).
I. 1. intr. prnl. *ES.* Constiparse.
II. 1. tr. *Ho.* Hablar mucho para tratar de convencer a alguien.
III. 1. tr. *Ho.* Insultar a *alguien.*

tapeite.
I. 1. m. *Mx.* Emparrado o armazón de varas o palos.

tapeque.
I. 1. m. *Bo:E.* Refrigerio o provisiones que lleva el viajero para el camino. pop + cult → espon. (**tapequi**).

tapequi.
I. 1. *Bo:E.* **tapeque.**

tapera.
I. 1. f. *Bo:E,N, Py, Ar, Ur.* Conjunto de ruinas de uno o varios edificios, *especialmente en el medio rural.*
2. *Bo:E,N, Py, Ar, Ur.* Vivienda ruinosa y abandonada.
3. *Bo, Ar, Ur.* Vivienda muy pobre y mal construida. pop + cult → espon ^ desp.

tapesco. (Del nahua *tapechtli*).
I. 1. m. *Mx, Gu, Ho, ES, Ni, Bo.* Estera hecha de tiras de cañas flexible que sirve de cama y, otras veces, colocada en alto, de vasar. (**tapeshco; tapexco**).
2. *Ho, ES.* Mesa hecha de palos atados con **bejucos.**
II. 1. m. *ES.* Padre. afec.

tapeshco.
I. 1. *Gu.* **tapesco**, estera.

tapesqueada.
I. 1. f. *ES.* Paliza, **golpiza.**

tapesquear(se).
I. 1. tr. *ES.* Pegar o golpear a *alguien.*
II. 1. intr. prnl. *Ni.* Tumbarse en el **tapesco**, estera.

tapesquillo.
> I. 1. m. *Ho.* Corte de carne del lomo de una **res**.

tapete.
> I. 1. m. *Mx, Co, Ch, Py.* Alfombra gruesa *y generalmente pequeña* que se pone en la entrada de un lugar para limpiarse la suela de los zapatos.
> 2. *Mx, Ni, Co, Bo.* **alfombra**, tela fuerte de lana.
> 3. *ES.* Cubierta lisa, *generalmente de tiras de bambú*, que se pone sobre la cama como colchón.
> II. 1. m. *PR.* Encubrimiento de una persona o algo.
> □
> a. ‖ **bajo el ~.** loc. adv/adj. *Ni, Pe, Bo, Ch, Ur.* De manera escondida, sin ser notado. pop + cult → espon.
> b. ‖ **por debajo del ~.** loc. adv. *Cu.* De manera escondida, sin ser notado. pop + cult → espon.
> ▶ **dejar sobre el ~; menear el ~; mover el ~; ponerse de ~.**

tapetí.
> I. 1. m. *Bo, Ar:N.* Roedor silvestre de hasta 30 cm de longitud, de dorso gris, vientre blanco, nuca y patas de color pardo rojizo, orejas largas y ovaladas y cola pequeña. (Leporidae; *Sylvilagus brasiliensis*). ♦ **conejo muleto; tapití.**

tapetusa.
> I. 1. f. *Co.* Aguardiente de contrabando o de fabricación casera, de mala calidad.

tapexco.
> I. 1. *Gu, Ho, ES, Ni.* **tapesco**.

tapi.
> I. 1. m-f. *ES, Ni.* Persona borracha.

tapiado, -a.
> I. 1. adj/sust. *Pe:NO. Referido a persona*, atontada o trastornada a causa de un hechizo. pop.
> II. 1. adj. *Ve. Referido a persona*, sepultada bajo una cantidad de tierra o por una construcción o parte de ella.

tapialera.
> I. 1. f. *Bo*; *Ec:C.* rur. Molde de madera compuesto por dos tableros sujetos a cierta distancia por dos barras de madera o de hierro que se utiliza para hacer tapias.

tapichí.
> I. 1. m. *Ur*, p.u; *Ar:NE.* obsol. Animal nonato.
> 2. *Ar:NE.* Bolsa hecha de piel de un animal nonato, que se utiliza para guardar y transportar **yerba mate**.

tapilla.
> I. 1. f. *Bo, Ch.* Tapa, pieza que remata el tacón de los zapatos y los protege del roce contra el suelo.

tapinear.
> I. 1. intr. *Ni.* juv. Tomar bebidas alcohólicas.

tapiña.
> I. 1. f. *ES.* Objeto que sirve para tapar lo robado. delinc.

tapiñar.
> I. 1. tr. *Cu.* Encubrir o disimular *algo*.
> 2. *ES.* Tapar *algo* que se ha robado. delinc.

tapiosí.
> I. 1. m. *Bo:E.* Insecto de hasta 2 cm de longitud, de color negro a rojo parduzco que presenta en el abdomen un área con brillo intermitente que sirve para buscar a su pareja durante el vuelo nocturno. (Lampiridae; *Pyrophorus phosphorescens*).

tapir.
> I. 1. m. *Ni.* Grupo especial de la policía.

tapirulazo.
> I. 1. m. *Ho, ES.* Trago de aguardiente. ♦ **tapirulo.**

tapirulero, -a.
> I. 1. sust/adj. *ES.* Persona que roba a los borrachos.

tapirulo.
> I. 1. *Ho.* **tapirulazo.**

tapirulo, -a.
> I. 1. sust/adj. *Ni.* Persona permanentemente borracha.

tapis.
> I. 1. m. *Ho, ES.* Trago de bebida alcohólica.
> 2. *Ho, ES.* Bebida alcohólica.

tapisca. (Del nahua *tlapixca*, y este de *tla*, pronombre indefinido de cosa, y *pixca*, guardar, cosechar).
> I. 1. f. *Mx, Gu, Ho, ES, Ni, CR:NO.* Recolección de las mazorcas de maíz. rur.

tapiscar.
> I. 1. tr. *Mx, Gu, Ho, ES, Ni.* Cosechar o recolectar el maíz. (**tapizcar**).
> 2. *Gu.* Desgranar mazorcas de maíz recolectado.
> II. 1. intr. *ES.* Realizar el coito.
> III. 1. tr. *Ho.* Robar *algo*.

tapisqueado, -a.
> I. 1. adj. *ES. Referido a cosa*, tocada, manoseada.

tapisquear.
> I. 1. tr. *ES.* Tocar o manosear *algo*.

tapita.
> I. 1. f. *Cu, Pe.* Pieza que remata el tacón de los zapatos como protección del roce contra el suelo.
> 2. *ES.* Tacón o suela del zapato.
> 3. *Ho.* **anchor.**
> II. 1. f. *Gu, Ni, Bo, Py, Ur.* Tapa de latón recubierta en su interior de corcho o plástico y colocada a presión en botellas de vidrio de refresco o cerveza.
> 2. *Gu.* Himen.
> III. 1. f. *Ni.* juv. Nalgas.
> IV. 1. f. *PR.* Chapa en la que el adicto prepara la droga. drog.

tapití.
> I. 1. *Bo, Py.* **tapetí.**

tapiz.
> I. 1. m. *PR.* Funda de asiento o respaldar.

tapizador, -ra.
> I. 1. m. y f. *Mx, Ec, Bo.* Tapicero.

tapizcar.
> I. 1. *Ho, ES, Ni.* **tapiscar**, cosechar.

tapizón.
> I. 1. m. *Pe, Bo*; *Ec*, p.u. Alfombra con la que se cubre el suelo de pared a pared.

tapo.
> I. 1. m. *ES.* Envoltorio de papel higiénico para ocultar marihuana. drog.

tapojazo.
> I. 1. m. *Gu.* Golpe dado con un **tapojo**.
> 2. *ES.* Chaparrón, tormenta.
> II. 1. m. *Gu.* Trago de aguardiente.

tapojiada.
> I. 1. f. *ES.* Paliza, **golpiza**.

tapojiado.
> I. 1. m. *ES.* Hombre enmascarado que participa en el baile típico de Cacaopera.

tapojiar.
> I. 1. tr. *ES.* Dar una paliza a alguien.

tapojo.
> I. 1. m. *Gu*; *ES, Ni*, rur. Faja de cuero con que se cubren los ojos de una caballería mientras el arriero le pone la silla.

tapón.
> I. 1. m. *Bo, Ar, Ur.* Cada una de las piezas cónicas o puntiagudas que tienen en la suela algunos zapatos deportivos para dar firmeza al paso.
> II. 1. m. *Ho:S, ES, Ni.* Hombre homosexual. pop + cult → espon ^ desp.

III. 1. m. *ES.* Novio.
IV. 1. m. *Ho.* Himen. vulg.
V. 1. m. *Pa.* Trampa para cazar palomas, en forma de jaula.
□
    a. ‖ **con los ~es de punta.** loc. adv/adj. *Ar, Ur.* Con agresividad y energía. pop + cult → espon.
    b. ‖ **~ de bañadera.** loc. sust. *Cu.* Persona gruesa y de baja estatura.
    c. ‖ **~ de chilero.** loc. sust. *CR.* **chapaneco.** desp.
▶ **botar el ~; írsele los tapones; sacar el ~; servir de ~; soltar el ~.**

taponamiento.
I. 1. m. *Bo.* Embotellamiento, congestión de vehículos. pop.

taponazo.
I. 1. m. *Py; Bo, Ch, Ar, Ur.* pop + cult → espon. En el **futbol**, tiro potente.
2. *Ur.* p.u. Golpe que se da con el puño. pop + cult → espon.
□
    a. ‖ **como ~.** loc. adv. *Ar, Ur.* Muy rápidamente. pop + cult → espon.

taponeado, -a.
I. 1. adj. *Ni, CR, Bo, Ur.* Referido a un orificio, cubierto por un tapón.
2. *Ho.* Referido a cosa, taponada, obstruida.

taponear(se).
I. 1. tr. *Mx, Ho, Ni, CR, Ca, Pe, Bo, Ch, Ur.* Obstruir un conducto.
2. intr. prnl. *Mx, CR, Bo, Ch, Ar, Ur.* Obstruirse, atascarse un conducto.
3. tr. *Bo:O.* En el **futbol**, cubrir los espacios para que la defensa no sea rebasada por el adversario.
4. *Ni.* Estreñirse *alguien.* vulg; pop + cult → espon.
II. 1. intr. *ES.* Realizar el coito con un homosexual.

taponeo.
I. 1. m. *Bo, Ur.* Obstrucción.

taponudo, -a.
I. 1. adj. *Gu.* Referido a *persona*, que tiene obstruidas las fosas nasales.

tapota.
I. 1. f. *Gu.* Palabra muy vulgar o malsonante.

tapudo, -a.
I. 1. adj. *Ho, ES, Ni.* Referido a *persona*, indiscreta.
2. *Ho, ES, Ni.* Referido a *persona*, fanfarrona, petulante.
3. *Ho, ES.* Referido a *persona*, que dice palabras soeces y groseras. pop + cult → espon ^ desp.
▶ **ser ~.**

tapujar.
I. 1. tr. *Py.* Quitar *algo* a alguien valiéndose de engaños o de astucia. pop + cult → espon.

tapujero, -a.
I. 1. adj/sust. *ES.* Referido a *persona*, que se dedica al contrabando.

tapuru.
I. 1. m. *Bo:E.* **lecherón.** (Euphorbiaceae; *Sebastiania brasiliensis*).

tapuso, -a.
I. 1. adj. *PR.* Referido a un *ave*, que no tiene cola. pop + cult → espon.

¡taque!
I. 1. interj. *Co.* Imita el sonido de un golpe.

taqueada.
I. 1. f. *Co.* Represión severa. pop.
II. 1. f. *Ho.* Comida hecha a base de **tacos** o **tortillas** de maíz.

taqueado.
I. 1. m. *Pe.* Trituración de las vainas de taya u otras semillas con un bastón de madera o de hierro dentro de un envase.

taqueado, -a.
I. 1. adj. *CR, Pa; Ho, ES, Co, Pe, Bo, Ar:NO,* pop. Referido a persona o cosa, llena hasta el exceso, atiborrada.
2. *Ho, ES.* Referido a un conducto, obstruido.
II. 1. adj. *Ho.* Referido a un miembro de una **mara**, que tiene el cuerpo tatuado. delinc.

taqueador.
I. 1. m. *Bo:SO.* En la mina, pieza de madera, cilíndrica, larga y delgada, que se utiliza para comprimir la dinamita y el **taco de barro** introducidos en el taladro.

taquear(se).
I. 1. intr. *Ho, Es, Ni, PR, Ec, Ar, Pe, Bo,* pop; *Ur,* p.u. En los juegos del billar y del polo, golpear la bola con el taco.
2. *Ec, Pe, Bo, Ar.* Jugar al billar. pop.
3. *Pe, Ar.* Ejercitarse en el uso del taco de polo.
II. 1. tr. *Ho, ES, Ni, CR, Pa; Co:C,N, Ve, Bo, Ar:NO,* pop. Llenar, atiborrar.
2. intr. prnl. *Ni, Co:C,N, Bo.* Llenarse, atiborrarse un recipiente o un espacio. pop.
3. tr. *Bo, Ch.* En la mina, comprimir con el **taqueador** la dinamita introducida en un agujero hecho con un taladro. pop.
4. *Ec, Bo.* Llenar con pólvora y perdigones el cañón de una escopeta y comprimirlos luego con una baqueta. pop.
5. *Ec.* Hacer presión sobre algo, golpeándolo con una vara o palo.
6. intr. prnl. *Ho.* Saciarse *alguien* de comida. pop + cult → espon.
III. 1. intr. prnl. *Ho, ES, Ni, Co; CR, Bo,* pop. Obstruirse un conducto con algo, *especialmente con residuos*.
2. tr. *Co; CR, Bo,* pop. Obstruir *algo* un conducto, *especialmente residuos*.
IV. 1. intr. *Mx, Ho, ES.* Comer **tacos**, **tortillas** de maíz.
V. 1. intr. *Ar.* Hacer ruido con los tacones al caminar. pop – cult → espon.
VI. 1. tr. *Pe.* Triturar vainas o semillas de una planta, *especialmente de la taya.*
VII. 1. tr. *ES.* Liar cigarrillos de marihuana. drog.
VIII. 1. intr. prnl. *Ho.* juv. Tatuarse *alguien* el cuerpo. delinc.
IX. 1. tr. *PR.* Apoyar o proteger *alguien* a un amigo en un asunto o negocio. pop + cult → espon.
X. 1. tr. *PR.* Cambiar *alguien* la dirección de un velero moviendo el timón y la botavara.

taqueo.
I. 1. m. *Ar.* En el juego del polo, dominio del taco.
II. 1. m. *Bo.* En la mina, compresión de la dinamita con el **taqueador.** pop.
2. *Ho.* Obstrucción de un conducto de agua u otro líquido.

taquería.
I. 1. f. *Mx, Ho, CR.* Lugar donde se venden y consumen **tacos**, **tortillas** de maíz enrolladas.

taquero, -a.
I. 1. m. y f. *Mx.* Persona que hace y vende **tacos**, **tortillas** de maíz.

taquetazo.
I. 1. m. *PR.* Golpe fuerte. pop + cult → espon.

taquete.
I. 1. m. *Mx.* Trozo cilíndrico de madera, plástico o metal, que se introduce en un hueco hecho en una pared para fijar a él clavos o tornillos de los que se pueda colgar algo.

taquezal. (Del náhua).
I. 1. m. *Ni.* Sistema de construcción de paredes con un armazón de reglas y varas relleno con piedras, lodo y **zacate.**

taquia.
    I. 1.   f. *Pe, Bo.* Excremento seco de algunos animales que se utiliza como combustible.

taquiara.
    I. 1.   f. *Co:N.* **Cintillo** que llevan los indios guajiros en la cabeza como adorno.

taquicari.
    I. 1.   m. *Ch:N.* Baile tradicional que se celebra en carnavales y fiestas religiosas. rur.

taquichuela.
    I. 1.   f. *Py.* Juego de los cantillos.

taquígrafa.
    I. 1.   f. *PR.* Mujer de costumbres libertinas. pop + cult → espon.

taquilla.
    I. 1.   adj. *Ch.* juv. *Referido a persona o cosa,* que tiene mucha aceptación o está de moda. pop.
    II. 1.   f. *Ch.* Almeja con valvas de forma triangular oval, de color blanco opaco con los bordes anaranjados. (Mactridae; *Mulinia* spp.).
    III. 1. f. *PR, Bo.* Billete o entrada para algún espectáculo.
    IV. 1. f. *Py.* Calzado deportivo provisto de varios tacos pequeños en la planta, usado por los jugadores de **futbol**. pop + cult → espon.
    V. 1.   f. *PR.* Aislador eléctrico en forma de pequeña barra de porcelana.

taquillar.
    I. 1.   intr. *Ch.* juv. Buscar el lucimiento y popularidad, *especialmente una persona joven.* pop.

taquillazo.
    I. 1.   m. *RD.* Trago de una bebida alcohólica fuerte.
    II. 1.   m. *Py. En un partido de futbol,* golpe que da un jugador a otro con la **taquilla.** pop + cult → espon.

taquilleo.
    I. 1.   f. *Ch.* juv. Concurrencia a un lugar buscando el reconocimiento o el lucimiento personal.

taquillero, -a.
    I. 1.   sust/adj. *Ch.* juv. Persona que adopta una conducta juvenil y que consigue fácilmente popularidad. pop.

taquillo.
    I. 1.   m. *Bo:S.* Arbusto espinoso de hasta 4 m de altura, de flores dispuestas en racimos y frutos en forma de legumbre carnosa. (Fabaceae; *Prosopis alpataco*).

taquipayanacu.
    I. 1.   m. *Bo:C,O,S.* **Competencia** musical entre personas de ambos sexos, solistas o grupos, que consiste en ridiculizar al adversario cantando coplas con música típica de las distintas regiones.

taquirari.
    I. 1.   m. *Pe, Bo.* Baile de ritmo alegre.
    2.   *Pe, Bo.* Música que acompaña el taquirari.

taquitaqui.
    I. 1.   m. *PR.* Sonido del reloj o de los latidos del corazón. pop + cult → espon.
    2.   m. *PR.* Sonido de los nudillos al tocar a una puerta. pop + cult → espon.
    3.   m. *PR.* Sonido monorrítmico cualquiera. pop + cult → espon.
    II. 1.   m. *PR.* Cantaleta, insistencia. pop + cult → espon.
    III. 1. m. *PR.* Majadería. pop + cult → espon.

taquito.
    I. 1.   m. *CR, Co, Ec, Bo, Ch, Py, Ar, Ur. En el futbol,* golpe que se da al balón con la parte posterior del pie.
    □
    a. ‖ de ~.
      i.   loc. adv. *Bo, Py, Ar, Ur.* Con facilidad o sin esfuerzo. pop + cult → espon.
      ii. *Pe.* De manera sutil, indirecta.

taquiza.
    I. 1.   f. *Mx.* Reunión de personas para comer **tacos, tortillas** de maíz.
    2.   *Mx.* Atracón de **tacos, tortillas** de maíz.
    II. 1.   f. *Bo:O.* Azadón para deshierbar. pop.

tara.
    I. (Del quech. *tara*).
    1.   f. *Pe, Bo.* Arbusto o árbol de hasta 5 m de altura, con hojas compuestas y flores de color amarillo con manchas rojas, dispuestas en racimos; sus frutos son legumbres que se usan como tinte y en medicina tradicional para aliviar diversas enfermedades. (Fabaceae; *Caesalpinia spinosa*). ♦ **guatapanare; taya.**
    2.   *Ve.* **matacaballos,** insecto.
    3.   *Ve.* Mariposa, *especialmente la oscura y nocturna.*
    II. 1.   m-f. *Bo:C,O,S.* Persona de clase social baja y de modales vulgares. pop ^ desp.

taraba.
    I. 1.   f. *Co:C,O,SO, Ve.* Instrumento de madera para torcer las fibras con las que se hacen las cuerdas. rur. (**tarabita**).
    II. 1.   f. *Ve.* Aspa o hélice de un molino, un ventilador o un motor.

tarabilla.
    I. 1.   f. *PR; Ar,* obsol. Juguete consistente en una tablilla que, atravesada por una cuerda que se estira y distiende, se hace girar rápidamente en el aire y produce un ruido similar al del viento.
    II. 1.   f. *PR.* Torniquete.

tarabiscoteado, -a.
    I. 1.   adj. *Ho:N.* *Referido a un vehículo,* con muchos adornos.

tarabita.
    I. 1.   f. *Co, Ve, Ec, Pe, Bo.* Cable con una especie de cesta deslizable, suspendida de él, que se tiende entre las dos orillas de un río u hondonada para facilitar el paso de personas y ciertos animales.
    II. 1.   f. *Co:O, Ve.* **taraba.**
    III. 1. f. *Ve.* Piquete en los bordes de las orejas con que se marca el ganado.

tarabundí.
    I. 1.   m. *Mx.* **mafafa,** planta ornamental.

tarachi.
    I. 1.   m. *Ec.* Vestimenta tradicional de la mujer shuar, consistente en una túnica amarrada en un hombro y sujeta a la cintura con un cordón.

taracoé.
    I. 1.   *Bo:E.* **popoxcal.**

taradelli.
    I. 1.   sust/adj. *Ur; Ar,* obsol. Persona tonta, ingenua o poco perspicaz. pop + cult → espon.

taradez.
    I. 1.   f. *Ch, Ar, Ur.* Tontería, hecho o dicho propios de un tonto. pop + cult → espon.
    2.   *Ar, Ur.* Asunto o situación de poca importancia. pop + cult → espon.
    3.   *Ar, Ur.* Asunto o problema de fácil resolución o comprensión. pop + cult → espon.

tarado, -a.
    I. 1.   adj/sust. *Mx, ES, Ni, RD, Ec, Pe, Bo, Ch, Ur. Referido a persona,* torpe.

taragón.
    I. 1.   *Ho.* **ataragón.**

tarailo, -a.
    I. 1.   adj. *Ho, ES. Referido a persona,* tonta.
    2.   *Ni. Referido a persona,* loca.

tarajallo, -a.
    I. 1.   m. y f. *Ve.* Adolescente muy crecido y corpulento para su edad. pop.

tarajalludo, -a.
    I. 1. adj/sust. *Cu. Referido a persona, generalmente joven,* que se comporta como si tuviera menos edad. pop + cult → espon.

tarajchi. (Voz aimara).
    I. 1. m. *Bo:S.* Ave de hasta 13 cm de longitud, de cabeza y zona dorsal gris parduzco y remeras color rufo; entre el pico y el ojo tiene color negro, y la cola es negruzca. (Icteridae; *Molothrus badius*).
    II. 1. m-f. *Bo.* Persona que abusa de la hospitalidad ajena y se apropia de los bienes de su benefactor.

taraje.
    I. 1. m. *PR.* Peso que comprende la tara de un vehículo de carga.

taraleco, -a.
    I. 1. adj. *Ni. Referido a persona,* tonta.

taralete.
    I. 1. m. *ES.* Cosa vieja u objeto personal de poco valor.

taraletero.
    I. 1. m. *ES.* Conjunto de cosas viejas u objetos personales de poco valor. pop.

taralla. (Del quech. *taralla*).
    I. 1. f. *Ec.* Parte de la caña del maíz que queda prendida en el suelo después de la siega. rur.

tarama.
    I. 1. m-f. *Ho.* Persona de gran estatura.
    2. *Ho:C,N.* Persona importante y con poder.
    3. f. *Ho:O.* Machete grande y recto de hasta 80 cm de largo.

tarambanería.
    I. 1. f. *Bo.* Comportamiento alocado y de poco juicio. pop.

taran.
    I. 1. m. *Bo:E.* p.u. Instrumento musical hecho de un coco de palma con un agujero en sus dos extremos por donde traspasa una flecha construida de **chonta** que en la parte superior termina en una pluma de **paraba** y en la inferior en una base de triángulo invertido donde descansa el coco.

¡tarán!
    I. 1. interj. *ES.* Expresa asombro ante algo o alguien que aparece repentinamente. pop + cult → espon.

taranta.
    I. 1. f. *ES, CR, Cu, Ec, Py, Ar.* Impulso en el ánimo de una persona que la lleva a realizar una acción de modo repentino o no habitual en su forma de proceder. pop. ♦ **tarántula.**
    ▶ coger la ~.

tarantera.
    I. 1. f. *Ve.* Aturdimiento, vértigo, perturbación de los sentidos por efecto de un golpe, de un ruido extraordinario o una desgracia. pop.

tarantín.
    I. 1. m. *ES, Ni, Cu, RD.* Trasto, objeto inservible. pop ^ desp.
    2. *PR, Ve.* Tienda provisional, pequeña y pobre, en la que se expenden comidas, bebidas y algunos objetos. pop.
    3. m. pl. *ES.* Utensilios de cocina.
    4. *CR.* obsol. Objetos de diversa naturaleza, *generalmente utensilios o herramientas.* pop.

tarantinear.
    I. 1. intr. *Ho, ES.* Revolver o hacer sonar los utensilios de cocina.

tarantinero.
    I. 1. m. *ES.* Conjunto de utensilios de cocina.

tarántula.
    I. 1. *Cu.* **taranta.**
    II. 1. f. *RD.* Desmayo o fuerte impresión.

taraquear.
    I. 1. tr. *RD.* Agarrar a *alguien* por los hombros o los brazos moviéndolo con violencia.

tarara.
    I. 1. f. *Bo:E.* Árbol de hasta 30 m de altura, de corteza fisurada de color gris claro, hojas compuestas con folíolos de color verde oscuro en el haz y verde claro en el envés, cuyos frutos son sámaras que contienen pocas semillas. (Fabaceae; *Centrolobium microchaete*). ♦ **tarara amarilla.**
    ■
    a. ‖ ~ **amarilla.** *Bo:E.* **tarara.**
    b. ‖ ~ **negra.** *Bo:E.* Árbol de hasta 30 m de altura, cuya madera se utiliza como material de construcción y para la fabricación de muebles. (Myristicaceae; *Virola peruviana*).

tararán.
    □
    a. ‖ ¡~ **tararín!** loc. interj. *PR.* Expresa la poca importancia que se concede a algo o a alguien. pop + cult → espon.

tararaqui.
    I. 1. *Bo:E.* **cazahuate.**

tararaquizal.
    I. 1. m. *Bo:E.* Sitio poblado de **tararaquis.**

tararira.
    I. 1. f. *Ar, Ur.* **moncholo.**

tararse.
    I. 1. intr. prnl. *Cu, Ch, Ar, Ur.* Dejar de razonar cabalmente. pop + cult → espon.
    2. *Ar, Ur.* Dejar de funcionar bien una máquina o un dispositivo. pop + cult → espon.

tarasca.
    I. 1. f. *Ch; CR,* p.u.; pop. Boca muy grande.

tarascazo.
    I. 1. m. *Co, Ur.* Mordedura, dentellada.

tarascón.
    I. 1. m. *Pa, Bo; Ch, Ar, Ur,* pop + cult → espon; *Pe,* p.u. Mordedura.

tarasquear.
    I. 1. tr. *Mx, Ni; CR,* p.u. Dar mordiscos a algo. pop.
    2. intr. *Bo:E, Ur.* Morder los alimentos. pop.

tarasquismo.
    I. 1. m. *Mx.* Voz tarasca empleada en español.

tarca.
    I. 1. *Pe, Bo, Ch, Ar:NO.* **tarka.**

tarco.
    I. 1. m. *Ar:NO.* **jacarandá.**
    2. *Bo:C,S.* Árbol de hasta 20 m de altura, de corteza rugosa, hojas compuestas, flores de color azul violáceo, reunidas en racimos, y fruto capsular leñoso, marrón oscuro con numerosas semillas de color rosa. (Podocarpaceae; *Podocarpus ingensis*).

tardanza.
    ◪
    a. ‖ **en la ~ está el peligro.** fr. prov. *Bo.* Indica que cuanto más se pospone una acción menos posibilidades tiene de llegar a efectuarse. pop + cult → espon.

tarde.
    □
    a. ‖ **más ~ que temprano.** loc. adv. *Bo.* Necesariamente, alguna vez. pop.
    b. ‖ **medias ~s.** loc. sust. *Co:N,NE,SO.* Refrigerio que se toma en las horas de la tarde.

c. ‖ **~ que temprano.** loc. adv. *Co.* Necesariamente, alguna vez.

tardeada.
  I. 1. f. *Mx.* Diversión o fiesta que se hace por la tarde.
    2. *Ho.* Tarde entera. pop + cult → espon.

tardear.
  I. 1. intr. *Co:O.* Salir por la tarde y dedicarse al ocio con amigos y familiares. pop + cult → espon.

tardecita.
  I. 1. f. *ES, Ni, RD, PR, Pe, Bo, Py, Ar, Ur.* Momento del día entre la tarde y la noche, cuando empieza a oscurecer. pop + cult → espon.

tardecito.
  I. 1. adv. *ES, PR.* Al anochecer, bastante tarde. pop + cult → espon.

tardión.
  I. 1. adv. *Bo:S.* Tarde, a hora avanzada del día o de la noche. pop ^ fest.

tardista.
  I. 1. adj/sust. *ES.* Tardón. pop + cult → espon.

tardón.
  I. 1. m. *Ec:N.* Bebida que se prepara con aguardiente y zumo de naranja.

tarea.
  I. 1. f. *Co.* Ejercicio que, como complemento de lo aprendido en clase, se encarga, para hacerlo fuera de ella, al alumno.
  II. 1. f. *Ec.* Trabajo agrícola que se realiza a destajo. rur.
    2. *Bo:E.* Parcela de un sembradío. rur.
  III. 1. f. *Ni.* Cantidad de treinta piezas de ropa para lavar o planchar.
  □
  a. ‖ **de ~.** loc. adj. *Mx. Referido a las nalgas*, planas. fest.

tarechi.
  I. 1. *Bo:E.* **cala**, loro.

tareco.
  I. 1. m. *Cu.* Trasto, objeto inservible. pop ^ desp.

tareco, -a.
  I. 1. adj. *Ni. Referido a persona*, tonta.

tarecua. (Del tarasco *tarehcua*).
  I. 1. f. *Mx.* Instrumento de labranza con el mango de madera y la pala de hierro, *que se usa para hacer hoyos*.

tarefa.
  I. 1. f. *Ar:NE.* Cosecha o recogida de las hojas de la **yerba mate**.

tarefear.
  I. 1. tr. *Ar:NE.* Cosechar o recoger las hojas de la **yerba mate**.
    2. intr. *Ar:NE.* Trabajar en la cosecha o recogida de las hojas de la **yerba mate**.

tarefero, -a.
  I. 1. m. y f. *Ar:NE.* Persona que trabaja en la cosecha de las hojas de la **yerba mate**.

targuá. (Voz huetar).
  I. 1. m. *CR.* Árbol de hojas grandes y redondas que toman un color anaranjado, y cuya savia se emplea para curar problemas bucodentales. (Euphorbiaceae; *Croton argenteus*).

tarhui. (Del quech. *tarwi*).
  I. 1. *Pe, Bo.* **chocho**, planta.
    2. *Pe, Bo.* **chocho**, semilla.

tari.
  I. 1. m. *Bo:C,O,S.* Pequeño **aguayo**, cuadrado, de 50 cm, propio de la mujer, que se utiliza para llevar cosas. pop.
  II. 1. *Bo:E.* Calabaza hueca que se usa para guardar líquidos o algunos productos alimenticios. pop.

taricaya.
  I. 1. f. *Co, Ec, Pe.* Tortuga de hasta 45 cm de longitud, de caparazón ovalado marrón o negruzco, con pequeñas quillas sobre el segundo y tercer escudete, y puntos amarillos al lado de su cabeza; sus huevos son muy apreciados como alimento. (Podocnemididae; *Podocnemis unifilis*). ♦ **capitari; terecay**.

taricolchón.
  I. 1. *ES.* **curruchiche**, ave.

tarifado.
  I. 1. m. *Ch.* Lista de precios, honorarios o impuestos que hay que pagar por un producto o unos servicios. ♦ **tarifario**.

tarifario.
  I. 1. *Ch.* **tarifado**.

tarijeñismo.
  I. 1. m. *Bo.* Apego a las cosas propias del **departamento** boliviano de Tarija.
    2. *Bo.* Posición de algunas instituciones y de algunas personas del **departamento** boliviano de Tarija, que tienden a la unidad regional de sus pueblos frente a otras unidades regionales, como la de los **collas** o los **cambas**.
    3. *Bo.* Voz, frase o giro propios de los habitantes del **departamento** boliviano de Tarija.

tarilla.
  I. 1. f. *Bo:O.* Servilleta tejida de pequeñas dimensiones donde se suele llevar coca. pop.

tarima.
  I. 1. f. *Pe.* Cama rústica hecha con palos o tablas. rur.
    2. *ES, Bo:E, Py. En el teatro*, escenario.
    3. *Cu, Bo:O.* Mesa larga, angosta y de poca altura que utilizan los vendedores callejeros para exponer sus mercancías.
    4. *PR.* Podio.
    5. *PR.* Templete o tribuna sin barandal.

tarja.
  I. 1. f. *Cu. Entre agrimensores*, medida de diez unidades.
  II. 1. f. *Cu.* Pieza, *generalmente de bronce*, que se coloca en ciertos lugares para indicar algo de importancia que tuvo lugar en ese sitio.
    2. *PR.* Lápida conmemorativa. cult → esm.

tarjada.
  I. 1. f. *Bo.* Tachadura. pop + cult → espon.
    2. *Bo.* Tachón, señal que se hace sobre lo escrito para borrarlo. pop.

tarjador.
  I. 1. m. *Ni.* Afilalápices.

tarjadura.
  I. 1. f. *Pe, Bo, Ch.* Tachadura.

tarjar.
  I. 1. tr. *Pe, Bo.* Tachar, borrar lo escrito haciendo unos trazos encima.
    2. *Bo.* Puntear, compulsar una cuenta o una lista señalando o cotejando con puntos u otras marcas gráficas.

tarjeta.
  I. 1. f. *Mx, ES.* Cartulina pequeña donde aparece cada uno de los días laborables en que un empleado debe presentarse a trabajar.
  ■
  a. ‖ **~ de identidad.**
    i. f. *Co.* Documento nacional de identidad para personas menores de edad.
    ii. *Ec.* **cédula de identidad**.
  b. ‖ **~ de presentación.** f. *Mx, Ni, CR, PR, Co, Ec, Bo, Ur.* Tarjeta que contiene el nombre y otros datos de una persona o entidad.

c. ‖ ~ **de recomendación. f.** *PR, Bo.* Documento que certifica el buen perfil de una persona.

☐

a. ‖ **por ~.** loc. adv. *Bo.* Por recomendación de alguien.

▶ **checar ~; chequear ~; marcar ~.**

tarjetahabiente.
I. 1.   m. *ES, CR, Pa*; m-f. *Mx, Gu, Ni, Co, Ve, Ec, Pe.* Titular de una tarjeta de crédito.

tarjetazo.
I. 1.   m. *EU, Mx, Gu, CR, RD, Ec, Ur.* Compra, *generalmente compulsiva*, que se paga mediante una tarjeta de crédito. pop.
II. 1.   m. *Pe.* Nota o carta de recomendación. pop + cult → espon.

▶ **dar un ~.**

tarjetera.
I. 1.   f. *Gu, CR, Co, Pe, Ch.* Cartera de bolsillo para guardar las tarjetas de visita.
2.   *Co, Bo, Ch.* Carpeta, recipiente o mueble donde se guardan o exponen tarjetas de visita, fotografías o correspondencia.

tarjetería.
I. 1.   f. *Bo, Ur.* Establecimiento donde se hacen y venden tarjetas.

tarjetero.
I. 1.   m. *RD, PR.* Fichero.

tarjetero, -a.
I. 1.   m. y f. *Ar.* Persona que reparte tarjetas con las que se obtiene un descuento en las entradas para discotecas.
2.   *Ch.* Persona que trabaja haciendo o vendiendo tarjetas de una empresa o controlando los datos que aparecen en ellas.

tarjetón.
I. 1.   m. *Co.* Papeleta electoral con lista de nombres y fotos de los candidatos.
II. 1.   m. *Cu.* Tarjeta de cartulina plegable que portan los pacientes de alguna enfermedad crónica y que les permite comprar en la farmacia aquellos medicamentos que deben tomar periódicamente.

tarjo.
I. 1.   m. *Pe:NO.* Canto con que el brujo invoca a los espíritus de los cerros y lagunas y a los santos para que le ayuden e intercedan en su magia.

tarka. (Voz aimara).
I. 1.   f. *Pe, Bo, Ch, Ar:NO.* Instrumento musical indígena en forma de flauta pequeña de caña o madera, con boquilla; emite un sonido más agudo que la quena. (**tarca**).

taro.
I. 1.   m. *Co, Pe.* Planta herbácea de hasta 4 m de altura, con tallos endebles, volubles, hojas grandes y acorazonadas, flores pequeñas verdosas en espigas axilares y raíz grande, tuberosa, de corteza casi negra; su carne, cocida o asada, es comestible. (Araceae; *Colocasia esculenta*). ♦ **bore; chonque; mairina; michucsi; pituca.**

tarodo, -a.
I. 1.   adj. *Ni.* juv. *Referido a persona*, tonta.

tarolas.
I. 1.   sust/adj. *Mx.* Persona tonta. pop.

taropal.
I. 1.   m. *Bo:E.* Sitio poblado de **taropes.**

tarope.
I. 1.   m. *Bo:E.* **violeta de agua**, planta acuática.

tarpala.
I. 1.   f. *Mx.* Pala, utensilio formado por una plancha metálica unida a un mango. rur.

tarpu.
I. 1.   m. *Pe:S.* Danza folclórica en la que se rinde homenaje a la fertilidad de la madre tierra.

tarqueada.
I. 1.   f. *Pe, Bo.* Danza típica de la región andina en la que las parejas, cogidas de las manos, bailan alrededor de un grupo de músicos que tocan **tarcas**, un bombo y platillos.
2.   *Pe, Bo.* Composición musical al compás de la que se baila la tarqueada.

tarrada.
I. 1.   f. *ES.* **tarrado.**

tarrado.
I. 1.   m. *Co.* Cantidad que cabe en un tarro. pop. (**tarrada**).

tarrado, -a.
I. 1.   adj/sust. *Co. Referido a persona*, físicamente muy atractiva. pop.

tarrafa.
I. 1.   f. *Pe:NE,E, Py.* Red para pescar. rur.

tarraja.
I. 1.   f. *Cu, Bo, Py.* Herramienta que consta de una barra de acero y una caja rectangular en el centro con un agujero en el que se ajustan las piezas que sirven para labrar las roscas en una tubería.

tarrajar.
I. 1.   tr. *Bo, Py.* Labrar las roscas en una tubería con la **tarraja.**

tarrajazo.
I. 1.   m. *Ho, ES, RD, PR.* Herida, raja. pop + cult → espon.
2.   *Ho, ES.* Cicatriz, señal que queda.
II. 1.   m. *PR.* Desgracia inesperada. pop + cult → espon.
III. 1.   m. *PR.* Estafa, robo, timo. pop + cult → espon.

tarrajear(se).
I. 1.   tr. *Pe.* Enlucir con cemento una pared.
2.   tr. prnl. *Pe.* metáf. Maquillarse excesivamente y con mal gusto. pop + cult → espon.
II. 1.   tr. *Bo, Py.* Labrar las roscas en una tubería con la **tarraja.**

tarrajeo.
I. 1.   m. *Pe.* Enlucido de una pared con cemento.
2.   *Pe.* metáf. Maquillaje excesivo del rostro. pop + cult → espon.

tarralí.
I. 1.   m. *Co.* Planta trepadora silvestre de hojas ásperas y lobuladas y flores pequeñas que nacen de las axilas de las hojas, fruto de forma alargada y de color café, que se emplea como recipiente. (Cucurbitaceae; *Posadaea sphaerocarpa*).

tarrantán.
I. 1.   m. *Pa.* Cantidad excesiva. pop. ♦ **tarrantantán.**

tarrantantán.
I. 1.   *Pa.* **tarrantán.**

tarrayada.
I. 1.   f. *Mx.* Tirada de la **atarraya.**

tarrayazo.
I. 1.   m. *Cu, PR.* Golpe fuerte. pop + cult → espon.
II. 1.   m. *PR.* Redada grande de delincuentes hecha por la policía. polic.
2.   *PR.* Robo o estafa de grandes dimensiones. pop + cult → espon.

tarrayeo.
I. 1.   m. *Mx.* Pesca con una **atarraya.**

tarrayero, -a.
I. 1.   m. y f. *Mx.* Persona que pesca con **atarraya.**
2.   *Mx.* Persona que se dedica a la venta o fabricación de **atarrayas.**

tarrazo.
    I. 1.   m. *Ch.* Golpe fuerte, *especialmente el dado con un recipiente o un objeto cualquiera.* pop.

tarrear(se).
    I. 1.   intr. *Ch.* Sonar *algo* mal mientras funciona. pop.
    II. 1.   intr. prnl. *Ch.* Vanagloriarse, jactarse *alguien.* pop.
    III. 1.   intr. *Ch.* juv. Juntarse a otras personas en un lugar o participar con ellas por Internet para realizar actividades comunes vía informática. pop.
    IV. 1.   tr. *Cu.* Engañar *alguien* a su pareja. pop.
    V. 1.   tr. *Bo.* Estropear, echar a perder *algo.* pop + cult → espon.

tarreo.
    I. 1.   m. *Ch.* Ruido que sale de una máquina o artefacto que delata una posible avería o mal funcionamiento. pop.
    II. 1.   m. *Ch.* Vanagloria o jactancia de alguien. pop.
    III. 1.   m. *Ch.* juv. Reunión de personas que participan en actividades comunes vía informática con sus ordenadores personales por Internet. pop.

tarrero, -a.
    I. 1.   adj/sust. *Ch. Referido a persona,* jactanciosa. pop.
    II. 1.   sust/adj. *Ch.* juv. Persona que participa en un **tarreo.** pop.

tarro.
    I. 1.   m. *ES, Pe, Bo, Ch, Ur.* Nalgas. pop ^ fest.
    2.   *ES, Pe, Bo, Ch, Ur.* Ano. pop ^ fest.
    II. 1.   m. *Ar, Ur.* Suerte favorable. pop + cult → espon.
    III. 1.   m. pl. *Ar, Ur.* Zapatos. pop + cult → espon.
    IV. 1.   m. *Ec, Bo:E,O,S.* Sombrero de copa. pop.
    V. 1.   m. *Ch.* Boca de una persona. pop ^ fest.
    2.   *CR.* Rostro, cara de una persona. pop + cult → espon ^ fest.
    VI. 1.   m. *Cu, PR.* Cuerno.
    VII. 1.   m. *Ch.* Automóvil viejo y destartalado. pop.
    VIII. 1.   m. *Ch.* juv. Ordenador personal. pop.
    IX. 1.   m. *Ch.* Tambor, instrumento de percusión.
    X. 1.   m. *Ec.* Cárcel. pop + cult → espon.
    XI. 1.   m. *Ni.* Hombre borracho.
    ■
    a. ‖ ~ **alto.** m. *Bo.* Sombrero de copa.
    b. ‖ ~ **de basura.** *Ec, Bo, Ch, Ar, Ur.* **tarro de la basura.**
    c. ‖ ~ **de la basura.** m. *CR, RD, Co, Ch, Ar, Ur.* Recipiente para depositar basura. ♦ **tarro de basura.**
    □
    a. ‖ **como ~.** loc. adv. *Ch.* De manera intensa. pop.
    ▶ **arrancarse con los ~s; cagarse fuera del ~; dar como ~; levantarse el ~; mear fuera del ~; patear el ~; patear los ~s; pegar los ~s; sonar como ~.**

tarrudo, -a.
    I. 1.   adj/sust. *Ur, Ar,* p.u. *Referido a persona,* que tiene buena suerte. pop + cult → espon.
    II. 1.   adj/sust. *Cu. Referido a persona,* cornudo, que sufre infidelidad. pop ^ desp.

tarsana. (Del quech. *taqsana,* para lavar).
    I. 1.   f. *Pe.* Corteza del **quillay** que se usa para lavar. rur.

tartacho, -a.
    I. 1.   adj/sust. *Pe. Referido a persona,* tartamuda, que se traba al hablar. pop ^ fest.

tártago.
    I. 1.   *Co.* **ocumo.** (Araceae; *Xanthosoma mafaffa*).
    2.   m. *PR, Ve, Py.* **higuerilla,** arbusto.

tartaja.
    I. 1.   f. *Mx, Gu, ES.* Arma de fuego automática y de gran velocidad de disparo. pop + cult → espon ^ fest.

tartajo, -a.
    I. 1.   adj. *Mx, Ho, ES, Co:NE. Referido a persona,* tartamuda. pop + cult → espon.

tartamuda.
    I. 1.   f. *Mx, Ni, CR, Bo, Ur, Ar,* p.u. Metralleta. pop + cult → espon ^ fest.
    2.   *Ho, Ve. En el ejército,* fusil ametrallador. desp.

tartanchar.
    I. 1.   intr. *Ar:N.* Tartamudear. pop + cult → espon.

tartancho, -a.
    I. 1.   adj/sust. *Ar:N. Referido a persona,* que tartamudea. pop + cult → espon.

tártara.
    I. 1.   f. *Cu.* Bandeja de metal *que se emplea especialmente para hornear alimentos.*

tartarita.
    I. 1.   f. *Gu, ES.* Pan dulce hecho de masa de trigo rellena con dulce de leche.

tártaro, -a.
    I. 1.   adj. *PR.* Grandioso, excelente.
    II. 1.   adj. *PR. Referido a persona,* inteligente, lista, experta en algo.

tartaruga.
    I. 1.   f. *Ec, Bo:E.* Tortuga de río de hasta 40 cm de longitud, de *caparazón ligeramente aplanado,* de color gris verdoso, y piel gris amarillenta; su carne se consume y con su grasa se elaboran cremas cosméticas. (Pelomedusidae; *Podocnemis expansa*). ♦ **tortuga de agua.**

tartoso, -a.
    I. 1.   adj. *Ec. Referido a persona,* que tiene dificultades al articular o pronunciar las palabras. pop + cult → espon ^ desp.

taruca.
    I. 1.   f. *Ec, Pe, Bo:C,O,S, Ar.* Venado de hasta 1 m de altura, con pelaje de color grisáceo; el macho tiene astas ramificadas en dos puntas o, a veces, en cuatro. (Cervidae; *Hippocamelus antisiensis*). (**taruga; taruja**).

tarucha.
    I. 1.   f. *Ar.* **moncholo.**

tarudo, -a.
    I. 1.   adj. *ES. Referido a persona,* tonta. pop + cult → espon ^ desp.

taruga.
    I. 1.   *Ec, Pe.* **taruca.**

tarugada.
    I. 1.   f. *Mx, ES, Ni, Ec.* Tontería.

tarugar.
    I. 1.   tr. *Mx, Py.* Taponar un orificio con un tarugo.

tarugo.
    I. 1.   m. *Ni, Ec, Bo, Ch, Py, Ur.* Pedazo de madera, trapo u otro material que sirve para tapar un agujero.
    II. 1.   m. *Cu.* obsol. Persona que en los circos ayuda en diversas tareas.
    III. 1.   adj. *RD. Referido a persona,* aduladora, servil.

taruja.
    I. 1.   *Bo:C,O,S.* **taruca.**

tarumá.
    I. 1.   m. *Bo:E, Py, Ar:N, Ur.* Árbol de hasta 6 m de altura, de hojas caducas, flores de color morado claro y fruto globoso y negruzco. (Verbenaceae; *Vitex megapotamica*). ♦ **tarumán sin espinas.**
    2.   *Bo:E, Py, Ar:N, Ur.* Árbol de hasta 8 m de altura, de copa globosa, follaje persistente, hojas opuestas, flores amarillentas y fruto ovoide de color rojo. (Verbenaceae; *Citharexylum montevidense*). ♦ **tarumán.**
    3.   *Bo:E, Ar:N.* Árbol de hasta 20 m de altura, de follaje caduco con hojas compuestas, flores moradas

y una drupa globosa como fruto. (Verbenaceae; *Vitex cymosa*).

tarumán. (Del guar. *tarumá*, árbol frutal).
 I. 1. *Ar, Ur.* **tarumá.** (Verbenaceae; *Citharexylum montevidense*).

■

 a. ‖ ~ **sin espinas.** m. *Ar, Ur.* **tarumá.** (Verbenaceae; *Vitex megapotamica*).

tarúpido, -a. (De *tarado* y *estúpido*).
 I. 1. adj/sust. *Ec, Ch, Ur, Ar,* p.u. *Referido a persona*, que tiene pocas luces o actúa como tal. pop + cult → espon.
 2. *Gu, Ho, ES, Ni. Referido a persona*, bruta y tonta. pop + cult → espon ^ desp.

taruya.
 I. 1. f. *Co.* Hierba acuática que tiene vástagos rastreros que nacen de la base del tallo, hojas en roseta y flores de color violeta o lila agrupadas en espigas. (Pontederiaceae; *Eichornia* spp.).

tarwi. (Voz quechua).
 I. 1. *Ec, Bo:C,O,S.* **chocho,** planta.
 2. *Bo:C,O,S.* **chocho,** semilla.

tas.
 □
 a. ‖ ~ **con ~.**
 i. loc. adv. *PR, Ec, Pe Bo.* En un intercambio directo de bienes, considerando del mismo valor las cosas que se intercambian. pop + cult → espon. (**taz con taz**). ♦ **tis con tas.**
 ii. loc. adj. *PR. Referido a cosas*, casi iguales en la medida. pop + cult → espon.
 iii. loc. sust. *PR.* Impuesto sobre la renta. pop + cult → espon.
 b. ‖ ~~. loc. adv. *PR.* Al contado. pop + cult → espon.

tasaá.
 I. 1. *Bo:E.* **tengue,** árbol.

tasajear(se).
 I. 1. tr. *Mx, Gu, Ho, ES, Ni, Pa, RD, Co, Ve, Bo:E; CR, PR,* pop + cult → espon; *Pe, Ur,* p.u. Hacer tasajos *algo, especialmente carne.*
 2. *Mx, Gu, Ho, ES, Ni, Cu, RD, PR, Ve, Pe.* Herir o cortar a *alguien* con arma blanca. pop + cult → espon.
 3. *Gu, ES, Ni, Pa.* metáf. Criticar duramente a *alguien.* pop + cult → espon ^ sat.
 4. intr. prnl. *Cu.* Cortarse o herirse *alguien* accidentalmente con un instrumento cortante.

tasajeo.
 I. 1. m. *Mx.* Hecho de **tasajear.**

tasajera.
 I. 1. f. *Mx, Pa,* rur. Vara o cuerda en la cual se colocan tasajos para secarlos al sol.

tasajero, -a.
 I. 1. m. y f. *Mx.* Persona que prepara o vende tasajos, pedazos de carne secos y salados.

tasajo.
 I. 1. m. *Mx.* Planta de hasta 2 m de altura, con tallo ascendente y ramas cilíndricas laterales, cubiertas de grupos de tres espinas largas, flores rojo púrpura y frutos ovoides de color amarillento. (Cactaceae; *Opuntia imbricata*). ♦ **vela de coyote.**
 II. 1. m. *Ho, ES.* Pene. vulg.
 III. 1. m. *ES.* Persona larguirucha y desgarbada.

■

 a. ‖ ~ **negro.** m. *ES.* Plato hecho con carne salada, secada al sol y asada, que se come con **chilmol** y especias.

tasar.
 I. 1. tr. *PR.* Mirar un hombre a una mujer de arriba abajo con detenimiento y eróticamente. vulg; pop + cult → espon.

tascalate. (Del nahua, *tlaxcalli*, tortilla, y *atolli*, atol).
 I. 1. m. *Mx.* Bebida que se prepara con maíz tostado molido, cacao, **achiote,** piñones y canela.

tascar.
 I. 1. tr. *Ec.* Quebrantar con los dientes un alimento duro, *especialmente una galleta.*
 II. 1. intr. *Ho.* Bromear entre dos personas.

tascul. (Del nahua *tlazacutli*, cosa encerrada).
 I. 1. m. *Mx.* Esparavel, red para pescar.

tasele.
 I. 1. adj. *ES. Referido a persona*, lista, que se aprovecha de los demás.

tashtulear.
 I. 1. tr. *Gu.* Manosear a *alguien* con intención erótica.

tasi.
 I. 1. m. *Ar.* **doca,** planta de hasta 3 m.

taso.
 I. 1. m. *Ec.* **moradilla.** (Nyctaginaceae; *Mirabilis expansa*).

taspo.
 I. 1. m. *Ni.* Lugar u objeto con poca profundidad.

tasquero.
 I. 1. m. *Pe.* obsol. Hombre que trabajaba ayudando a desembarcar personas y mercancías a puerto.

tasta.
 I. 1. f. *Pe:C,S.* **chachacomo.**

tastaceada.
 I. 1. f. *ES.* **Golpiza,** paliza.
 II. 1. f. *ES.* Regaño, reprimenda.

tastaceado, -a.
 I. 1. adj. *ES. Referido a persona o animal*, herido.

tastacear.
 I. 1. intr. *Gu, ES.* Chocar con temblor los dientes de una mandíbula con los de la otra.
 II. 1. tr. *ES.* Regañar a *alguien.*
 III. 1. tr. *ES.* Golpear, herir a *alguien.*

tastás.
 □
 a. ‖ **en un ~.** loc. adv. *Ec:S, Bo.* Muy rápidamente. pop.

tastaseo.
 I. 1. m. *Co.* Ruido que producen los disparos de un arma de fuego. delinc.

tastazo.
 I. 1. m. *Gu, ES.* Golpe que se da haciendo resbalar la uña de un dedo con fuerza sobre la yema del pulgar.
 2. *ES.* Nalgada, golpe que se da o se recibe en las nalgas.

tasteco.
 I. 1. m. *ES.* Ruido que producen golpes continuos.
 2. *ES.* Ruido de los dientes al tiritar o tener miedo.

tata. (De etim. controv.).
 I. 1. m. *Mx, Gu, Ho, ES, Ni, CR, Ve, Pa, Cu, Pe, Bo:C,S,O, Ar, Ur,* rur; *Ec,* p.u. Padre, varón que ha engendrado a otra persona. pop.
 2. *Mx, Gu, Ho, ES, Ni, Pe, Bo, Ch, Ar, Ur.* Abuelo. pop + cult → espon.
 3. *Ho, Bo:C,O,S.* Dios, ser supremo.
 4. *Ho, Ni.* Anciano que conoce las tradiciones de la comunidad. afec.
 5. *Bo:C,O,S.* Sacerdote de la Iglesia católica. rur.
 6. *Bo.* Campesino indígena que emigra a la ciudad. pop.
 7. m. pl. *ES.* Padres.

- **a.** ‖ ~.
  - **i.** fórm. *Mx, Gu.* Se usa para dirigirse a una persona que infunde respeto.
  - **ii.** *Ho, Ni, Pe, Bo.* Se usa para dirigirse a los varones adultos o entre varones. rur.
  - **iii.** *ES.* Se usa para dirigirse a los niños. afec.
- ∎
  - **a.** ‖ ~ **cura.** m. *Gu, Pe, Bo.* Sacerdote de la Iglesia católica. rur.
  - **b.** ‖ ~ **dios.** m. *Ar, Ur.* **mamboretá.**
  - **c.** ‖ ~ **Dios.** m. *Mx, Gu, ES, Ni, Bo, Ch, Ar:NO, Ur.* Dios, ser supremo. rur.
  - **d.** ‖ ~ **espíritu.** m. *Bo:S.* Espíritu que se cree que acude a la llamada de los curanderos para ayudar en las curaciones. rur.
  - **e.** ‖ ~ **Inti.** m. *Bo:O*; *Ec,* p.u. Padre Sol.
  - **f.** ‖ ~ **mayor.** m. *Bo:C,O,S.* Jefe de una comunidad.
  - **g.** ‖ ~ **viejo.** m. *Ar,* rur; *Ur,* pop + cult → espon. Abuelo.

tatabra.
  I. 1. f. *Co:O,SO, Ec.* **pecarí,** mamífero. (**tatabro**).

tatabro.
  I. 1. m. *Co:O,SO.* **tatabra.**

tatachín. (De or. onomat.).
  I. 1. f. *ES.* Banda de música con tambores y platillos.

tatacho, -a.
  I. 1. m. y f. *Py.* Persona, *especialmente hombre,* borracha. pop.

tataco, -a.
  I. 1. adj/sust. *Pe:E. Referido a persona,* de baja estatura.

tatacoa.
  I. 1. *Co.* **culebra de dos cabezas.**
  II. 1. f. *Co.* Persona que fácilmente se enoja o se disgusta. pop.

tatacuá.
  I. 1. m. *Py, Ar:NE.* Horno rústico de barro y ladrillo. rur.

tatacura.
  I. 1. m. *Pe, Bo.* Sacerdote, cura. rur.

tatadiós.
  I. 1. m. *Ar, Ur.* Insecto muy voraz de color verde o parduzco, cuerpo alargado y miembros anteriores muy fuertes. (Mantidae; *Coptopteryx,* spp., *Stagmatoptera* spp.).

tatagua.
  I. 1. f. *Cu:E.* Mariposa nocturna, de color oscuro y de gran tamaño. (Noctuidae; *Erebus odorata*).

tatahuila.
  I. 1. f. *Mx:NO. En los estados mexicanos de Sonora y Sinaloa,* vuelta ligera dada en el aire.

tatai.
-
  - **a.** ‖ ~. fórm. *Pa.* Se usa para despedirse.

tataibá.
  I. 1. *Ar:N.* **palo amarillo.** (Moraceae; *Chlorophora tinctoria*).

tataku.
  I. 1. m. *Bo:O.* Anciano de una comunidad indígena andina. pop.
-
  - **a.** ‖ ~. fórm. *Bo:O.* Se usa para dirigirse de forma cariñosa y respetuosa al progenitor. rur.

tatala.
  I. (Del aim. y del quech. *tata*).
  1. m. *Bo:C,O,S.* Campesino indígena que emigra del campo a la ciudad y realiza los trabajos más pesados. pop ^ desp.
  II. 1. adj/sust. *Bo:O. Referido a persona,* tonta. pop.

tatané. (Del guar.).
  I. 1. m. *Ar:N.* Árbol de hasta 15 m de altura, de corteza grisácea, hojas compuestas, inflorescencia en capítulos de color blanco amarillento y una vaina en forma de espiral como fruto. (Fabaceae; *Pithecellobium scalare*). (**tataré**).

tatanini.
  I. 1. *Mx.* **guayule.**

¡tatao!
  I. 1. interj. *Pe.* p.u. Expresa asco. rur; pop.

tatarata.
  I. 1. adj. *Mx, Ni. Referido a persona o cosa,* que no tiene equilibrio o se mueve erráticamente. pop.
  II. 1. adj. *Mx. Referido a persona,* tartamuda. pop.

tataratear.
  I. 1. intr. *Gu, Ho, ES, Ni, Ve.* Girar un trompo irregularmente o dando saltos. pop.
  2. *Gu, Ni.* Andar *alguien* con paso inseguro, o dando la sensación de que puede caerse en cualquier momento. pop.
  II. 1. tr. *ES.* Obligar a *alguien* a trabajar con rapidez.

tataratero, -a.
  I. 1. adj. *Mx. Referido a trompo,* que **tataratea.** pop.

tatare.
  I. 1. adj. *Py. Referido a persona,* borracha. pop.

tataré.
  I. 1. *Py, Ar:NE.* **tatané.**

tataretas.
  I. 1. adj/sust. *CR.* p.u. *Referido a persona,* que tartamudea. pop ^ desp.
  II. 1. adj. *CR.* obsol. *Referido a trompo o peón,* que al bailar salta y se mueve de manera errática.

tatareto, -a.
  I. 1. adj. *Co:C. Referido a persona,* tartamuda. pop ^ desp.
  II. 1. adj. *Ve. Referido a trompo,* que **tataratea.** pop.
  2. *Ve. Referido a persona,* que se tambalea o camina con dificultad. pop.

tatarita.
  I. 1. adj/sust. *Ch. Referido a persona,* que tartamudea o se traba al hablar. pop ^ fest.

tatascame. (Quizás del nahua *tlatlacámatl;* y este de *tlatlauqui* y *camatl,* boca colorada).
  I. 1. m. *ES, Ni.* Árbol de hasta 12 m de altura, ramas pilosas, hojas con el haz glabro y envés piloso, con margen aserrado, inflorescencias en pedúnculos que simulan cabezuelas, con numerosas flores, y fruto muy pequeño con un cáliz persistente de amarillo a rosado o lila. (Verbenaceae; *Lippia myriocephala*).

tatascán.
  I. 1. m. *Ho.* **chilchaca.**
  II. 1. m. *Ho.* Persona importante y con poder.

tataupá.
  I. 1. m. *Bo:E, Ar:N.* Ave de color plomizo con el dorso morado y pico y patas rojos. (Tinamidae; *Crypturellus tataupa*).

tatay. (Del quech. *tatay,* padre mío).
-
  - **a.** ‖ ~. fórm. *Bo:C,S,O.* Se usa para dirigirse al padre, progenitor. rur.
  - **b.** ‖ ~. fórm. *Bo:C,S,O.* Se usa para dirigirse al sacerdote. rur.
  - **c.** ‖ ~. fórm. *Bo:C,S,O.* Se usa para dirigirse a Dios. rur.
  - **d.** ‖ ~. fórm. *Bo:C,S,O.* Se usa para dirigirse de forma respetuosa a un varón que se considera pertenece a un nivel socioeconómico alto. rur.
  - **e.** ‖ ~. fórm. *Bo:C,S,O.* Se usa para dirigirse a un varón, *generalmente, del campo.* rur; desp.

¡tatay!
  I. 1. *Co:SO, Ec.* ¡atatay!

tatema.
  I. 1. f. *Mx.* Cabeza. pop.
  II. 1. f. *Mx.* Quema que se hace de algo. ♦ **tatemada.**

tatemada.
  I. 1. *Mx.* **tatema**, quema.

tatemar(se). (Del nahua *tlatlemati*, poner al fuego).
  I. 1. tr. *Mx.* Quemar *algo* involuntariamente.
    2. intr. prnl. *Mx.* Quemarse *algo o alguien.* pop.
  II. 1. intr. prnl. *Mx.* Ponerse *alguien* en ridículo o exhibirse. pop.

tatequieto.
  I. 1. m. *CR, Pa, Cu, Co, Ec, Ur, Ar,* p.u. Acto con el que se pone freno a una persona o situación para que se modere o mejore. pop.
    2. *Ni, CR, Pa, Ve, Ch, Ur.* Golpe dado a una persona, *especialmente a los niños.*

tatetí.
  I. 1. m. *Py, Ar, Ur.* Tres en raya, juego consistente en colocar tres piedrecillas o tantos propios en determinada línea de las trazadas en un cuadro.

tatín.
  I. 1. m. *Bo:O.* Maletín oscuro de estructura rígida con bordes metálicos, cerradura y un asa que se emplea para llevar dinero y documentos. delinc.

tatita.
  •
  a. ‖ **~.**
    i. fórm. *Gu, Ni; Bo, Ch,* rur. Se usa para dirigirse al padre o jefe de familia.
    ii. *Gu; Bo,* rur. Se usa para dirigirse a una persona que merece respeto.

tatito.
  I. 1. m. *Pe.* Dios Padre. rur; inf; pop.
  •
  a. ‖ **~.** fórm. *Bo:C,S,O.* Se usa para dirigirse al padre, progenitor. rur.
  b. ‖ **~.** fórm. *Bo:C,S,O.* Se usa para dirigirse a Dios. rur.
  c. ‖ **~.** fórm. *Bo:C,S,O.* Se usa para dirigirse de forma respetuosa a un varón que se considera que pertenece a un nivel socioeconómico alto. rur.
  ■
  a. ‖ **~ lindo.** m. *Pe, Bo.* Jesucristo. rur; inf; pop.

tatitoy.
  I. 1. m. *Pe.* Dios Padre. rur.
  •
  a. ‖ **~.** fórm. *Pe.* Se usa para dirigirse a un hombre mayor al que se respeta. rur.

tato.
  I. 1. m. *Ch.* Zapato. inf.

tatú. (Del guar.).
  I. 1. *Bo, Py, Ar, Ur.* **cusuco**, armadillo. (**tatuejo**).
  II. 1. m. *Py, Ar:NE.* Vulva. vulg.
  III. 1. m. *ES.* Cueva de guerrilleros.
  IV. (Del ingl. *tattoo*).
    1. m. *Pa.* Calcomanía que se pega sobre la piel.
  ■
  a. ‖ **~ bola.** m. *Bo:E, Py, Ar:NE.* Armadillo de hasta 30 cm de longitud cuyo caparazón tiene tres bandas móviles que le permiten enrollarse como una bola, el hocico es delgado y prolongado, la cola pequeña y los dedos acaban en poderosas garras cavadoras. (Dasypodidae; *Tolypeutes matacus*). ♦ **mulita.**
  b. ‖ **~ carreta.** m. *Bo:E, Py, Ar:NE.* Armadillo de hasta 1 m de longitud, de color pardo pajizo y con una cola de aproximadamente 50 cm. (Dasypodidae; *Priodontes maximus*). ♦ **cachicamo gigante; cuspón.**

c. ‖ **~ gigante.** *Bo, Py.* **tatú guazú.**
d. ‖ **~ guazú.** m. *Bo, Py, Ar.* Armadillo de hasta 1 m de longitud, de color pardo pajizo y con una cola de aproximadamente 50 cm. (Dasypodidae; *Priodontes maximus giganteus*). ♦ **pejiche; tatú gigante.**
e. ‖ **~ mulita.** *Bo, Py, Ar, Ur.* **cusuco**, armadillo.
f. ‖ **~ peludo.** m. *Py, Ar, Ur.* Armadillo con el cuerpo protegido por un caparazón que cuenta con seis placas móviles. (Dasypodidae; *Euphractus sexcinctus*). ♦ **gualacate.**
□
a. ‖ **~ capataz.** loc. sust. *Py.* Hombre que acompaña a una mujer a todas partes, a fin de evitar que tenga relaciones amorosas o sexuales.

tatúa.
  I. 1. *RD, PR.* **tuatúa.**

tatuaje.
  I. 1. m. *PR. En las peleas de gallos,* una de las formas de marcar al gallo de pelea.

tatuco.
  I. 1. m. *Ve.* Cualquier tipo de recipiente o vasija. pop.

tatuejo.
  I. 1. *Ho.* **tatú**, armadillo.

tatula.
  I. 1. f. *Py.* Mujer que tiene la vulva grande. vulg.

tatulo.
  I. 1. m. *Py.* Hombre que se comporta como una mujer. vulg; desp.

tauca.
  I. 1. f. *Ec; Bo:C,S,O,E,* pop + cult → espon. Conjunto de cosas colocadas unas encima de otras, *por lo general en desorden.*
    2. *Bo.* Conjunto grande de personas. pop.

taucar.
  I. 1. tr. *Ec; Bo,* pop; *Ar:NO,* rur. Disponer *algo* en forma de montón. (**ataucar**).

taure.
  I. 1. m-f. *Ni.* Tahúr, persona que apuesta en juegos de azar.

tavo.
  I. 1. m. *ES.* Cárcel.

tawaco.
  I. 1. f. *Bo.* Mujer joven, adolescente. rur.

tawri. (Del quech. *tarwi*).
  I. 1. *Bo.* **chocho**, planta.
    2. *Bo.* **chocho**, semilla.

tax. (Voz inglesa).
  I. 1. m. *EU.* Impuesto.
  II. 1. m. *Pa.* juv. Pedazo pequeño de cartón de colores que se fija en la camisa de las personas como constancia de que se ha pagado la entrada a un lugar.

taxada.
  I. 1. f. *Ec.* Bebida refrescante elaborada con el jugo del **taxo.**

taxear.
  I. 1. intr. *EU, Ho, ES, Ni, CR, Ec, Ch.* Trabajar como taxista. pop. (**taxiar**).

taxero, -a.
  I. 1. m. y f. *Ni, Pa.* Persona que conduce un taxi. pop.
  II. 1. m. y f. *Pa.* Individuo contratado para grapar el *tax* en las camisas de las personas.

taxi.
  I. 1. m. *Bo:O.* Preso que, a cambio de una propina, se encarga de llamar a algún compañero cuando este tiene una visita. delinc.
  ■
  a. ‖ **~ básico.** m. *Ch.* Taxi.

b. ‖ ~ **boy.** m. *Py, Ar, Ur.* Hombre que mantiene relaciones sexuales a cambio de dinero.

c. ‖ ~ **brujo.** m. *Ho.* Taxi que circula sin licencia.

d. ‖ ~ **carga.** m. *Py.* Camión utilizado para el transporte de cargas pesadas, *especialmente en mudanzas*. pop + cult → espon.

e. ‖ ~ **colectivo.** m. *Ho, Ch.* Taxi que hace un recorrido fijo con un grupo de personas que desean ocuparlo como pasajeros. ♦ **taxi de punto.**

f. ‖ ~ **de punto.** *Ho.* **taxi colectivo.**

g. ‖ ~ **de sitio.** m. *Mx.* El que tiene un punto fijo de parada en plaza o calle.

h. ‖ ~**-partido.** m. *Bo.* Partido político cuya militancia es muy reducida. pop + cult → espon.

taxiar.
　　I. 1.　*ES.* **taxear.**

taxibús.
　　I. 1.　m. *Ch.* Vehículo colectivo más pequeño que el microbús.

taxibusero, -a.
　　I. 1.　m. y f. *Ch.* Empresario o conductor de **taxibús.**
　　　2.　adj. *Ch.* Relativo al **taxibús.**

taxiflet. (De *taxi* y *flete*).
　　I. 1.　m. *Ar, Ur.* Camioneta o camión para transporte o reparto de bultos o muebles que se alquila con **chofer** por horas.

taximetrero, -a.
　　I. 1.　m. y f. *Ar, Ur.* p.u. Persona que conduce un taxi. pop + cult → espon.
　　　2.　adj. *Ar, Ur.* p.u. Relativo a los taximetreros o a su trabajo. pop + cult → espon.

taximetrista.
　　I. 1.　m-f. *Ar, Ur.* Persona que conduce un taxi. pop + cult → espon.
　　　2.　adj. *Ar, Ur.* Relativo a los taximetristas o a su trabajo.

taxo.
　　I. 1.　*Ec:C,S.* **tumbo,** planta.
　　　2.　*Ec:C,S.* **tumbo,** fruto.

taya.
　　I. 1.　*Co.* **nauyaca.**
　　II. 1.　*Pe.* **tara,** arbusto.
　　III. 1.　f. *Pe:E.* Amuleto de piedra, diente, uña o tubérculo usado para pescar. rur.
　　IV. 1.　f. *Bo:O.* Cerveza. pop.
　　V. 1.　adj. *Bo:O. Referido a un producto agrícola*, como la **oca** o la **papa**, congelado.
　　　　■
　　　　a. ‖ ~ **equis.** *Co.* **nauyaca.**

tayacán, -na. (Del nahua *teyacanqui*, guía, conductor).
　　I. 1.　m. y f. *Ho, Ni.* Persona que guía la yunta de bueyes.
　　　2.　*Ho, Ni.* metáf. Persona que sirve de guía o tutor a otra.
　　　3.　*Ni.* metáf. Líder de un grupo de personas.
　　　4.　*Ni.* Candidato político.

tayacha. (Del aim. *thayachaña*).
　　I. 1.　f. *Pe:S.* Guiso hecho con el tubérculo del **isaño sancochado** o cocido y otros ingredientes que se maceran en leche la noche anterior.
　　　2.　*Bo:O.* Tubérculo del **isaño** que se come con miel de caña.

tayacharse.
　　I. 1.　intr. prnl. *Bo:O.* Helarse *alguien* o *algo*. pop.

tayara.
　　I. 1.　f. *Mx.* **manto,** planta.

tayca. (Del aim. *tayka*, madre).
　　I. 1.　f. *Bo:O.* Tamaño que corresponde a los instrumentos grandes de viento según su familia y clasificación.

tayo.
　　I. 1.　*Ec, Pe.* **guácharo.**

tayón. (De or. ind. antillano).
　　I. 1.　*Cu.* **güisquil,** planta.
　　　2.　*Cu.* **güisquil,** fruto.

tayota.
　　I. 1.　f. *RD.* **güisquil,** planta. (**tayote**).
　　　2.　f. *RD.* **güisquil,** fruto.
　　II. 1.　m-f. *RD.* Persona llorona.
　　III. 1.　adj. *RD. Referido a una mujer*, falta de gracia y atractivo físico.

tayote.
　　I. 1.　m. *PR.* **tayota,** planta.

taypá.
　　I. 1.　adj. *Pe. Referido generalmente a una comida*, abundante, en grandes cantidades o tamaño. pop. (**taipá**).

taypi. (Del aim. *taypi*, centro).
　　I. 1.　m. *Bo:O.* Lugar central. pop.

tayta. (Del quech. *tatáy*, padre mío).
　　　　●
　　　　a. ‖ ~. fórm. *Bo.* Se usa para dirigirse a un hombre, generalmente, del campo. rur.

tayuya.
　　I. 1.　f. *Ni.* **Tortilla** hecha de harina de maíz sin **nixtamalizar.**

tayuyo.
　　I. 1.　adj. *Gu, RD. Referido a cosa*, recia, dura, resistente.
　　　2.　m. *Gu.* Ladrillo muy recio o robusto.
　　II. 1.　*Gu.* **tallullo, tamal** relleno con **frijoles.**
　　　2.　*Cu.* **tallullo,** masa de maíz.

taz.
　　　　▢
　　　　a. ‖ ~ **con** ~. loc. adv. *Pe, Bo.* **tas con tas.**

taza.
　　I. 1.　f. *Ni, Co.* Recipiente semejante a un pocillo grande, sin asa, que se usa para tomar líquidos.
　　　2.　*Ch.* Molde de tierra en el que se apoyan y sustentan las raíces de un árbol.
　　　3.　*Ec:S.* Cierto cesto o canasto en forma de taza grande.
　　　4.　*Bo:N.* Excavación u hoyo que se hace al pie de un árbol para recoger el agua de lluvia.
　　II. 1.　f. *Py, Ar, Ur.* Tapa de forma circular *y generalmente metálica* que cubre la parte central de la rueda de un vehículo, donde se encuentran el extremo del eje y los tornillos de sujeción.
　　III. 1.　f. *ES.* Cosa muy buena.
　　　　●
　　　　a. ‖ **blanca, migada y en** ~. fórm. *Pe.* Se usa para referirse a lo que es obvio y no hace falta nombrar.
　　　　▢
　　　　a. ‖ **hasta la** ~.
　　　　　i. loc. adv. *RD.* Totalmente, por completo.
　　　　　ii. loc. adj. *RD. Referido a persona*, auténtica, con todas las características propias de la clase en la que se encuadra.
　　　　b. ‖ ~ **de leche.** loc. sust. *Bo, Ch.* Situación o estado en el que hay una calma completa. pop + cult → espon.

tazacual. (Del nahua *tlazacualli*, cerca de estacas).
　　I. 1.　m. *Ho.* Técnica de hacer paredes con ramas y hojas.

tazada.
　　I. 1.　f. *Co.* Cantidad que cabe en una **taza.**

tazol.
　　I. 1.　*Gu.* **tlazol,** punta de la caña de maíz.

tazudo, -a.
　　I. 1.　adj. *ES. Referido a cosa*, muy buena.

¡te!
　　I. 1.　interj. *Co:O.* Expresa orden de llamada a las vacas. rur.

té.

I. 1. m. *Mx, Ni, CR, Pa, RD, PR, Co, Ec, Ch, Py, Ar, Ur.* Infusión de cualquier tipo, que se obtiene introduciendo hierbas aromáticas o frutos en agua hirviendo.

■

a. ‖ ~ **amargo.** *Pe.* **hercampuri.**
b. ‖ ~ **criollo.** m. *RD.* **balsamina.** (Scrophulariaceae; *Capraria biflora*).
c. ‖ ~ **de Chavín.** *Pe.* **hercampuri.**
d. ‖ ~ **de monte.** *Mx.* **nurite.**
e. ‖ ~ **de Santa María.** m. *RD.* **balsamina.** (Scrophulariaceae; *Capraria biflora*).
f. ‖ ~ **del inca.** *Ar:NO.* **incayuyo.**
g. ‖ ~ **del país.** m. *RD.* **balsamina.** (Scrophulariaceae; *Capraria biflora*).
h. ‖ ~ **pampa.** m. *Ar.* Arbusto ramoso y rastrero de hasta 15 cm de altura, de hojas muy pequeñas y flores de color violeta rosado. (Labiatae; *Satureja darwinii*).

□

a. ‖ ~ **bingo.** loc. sust. *Ch.* Reunión social en la que se sirven meriendas y se juega al bingo.
b. ‖ ~ **con ~.** loc. sust. *Bo:O,S,O.* Bebida preparada con agua caliente, té y alcohol.
c. ‖ ~ **lluvia.** loc. sust. *Ur.* Reunión vespertina que tiene lugar en casa de algún conocido y que organizan los asistentes, a veces por sorpresa, llevando algo de comer.

tea.

I. 1. *PR.* **cuabilla**, arbusto.

□

a. ‖ **en la ~.** loc. adj. *Cu. Referido a persona*, muy delgada y físicamente deteriorada.
▶ **estar en la ~.**

teacher. (Voz inglesa).

●

a. ‖ ~. *EU, Gu, Ho, ES.* Se usa como tratamiento para maestros de enseñanza primaria y secundaria.

teal.

I. 1. m. *Ar:NE.* Terreno plantado de té.

tealero, -a.

I. 1. adj. *Ar.* Relativo al té o a su industria.

team. (Voz inglesa).

I. 1. m. *EU, RD, PR, Bo; Cu,* p.u. Equipo, conjunto deportivo.

teasing. (Voz inglesa).

I. 1. m. *PR.* Arreglo que consiste en abultar o cardar el cabello para darle volumen.

teatín.

I. 1. m. *Ar:N.* **uña de gato.** (Fabaceae; *Acacia* spp.).

teatina.

I. 1. f. *Pe.* Ventanilla situada en el techo.
II. 1. f. *Ch.* Planta herbácea erecta, de hojas planas verdes y brillantes con lígula membranosa, inflorescencia en panícula, espiguillas con dos o tres flores hermafroditas fértiles. (Poaceae; *Avena barbata*).

teatrero, -a.

I. 1. sust/adj. *Py.* Persona que se dedica a actuar en el teatro. pop.

teatrista.

I. 1. m-f. *RD, PR, Ec, Ch.* Persona que pertenece al mundo del teatro o está relacionada con él.
2. adj. *Ec. Referido a persona*, que finge, simula o aparenta con fines de diversa índole.

teatro.

I. 1. m. *Pa, Ch; CR, RD, Co,* p.u. Local o sala donde se exhiben al público películas de cine.

tebenque.

I. 1. *Cu:C.* **romero cimarrón.**

tebo.

I. 1. *Ch.* **gusano de tebo.**

teboté.

▶ **dar el ~.**

tebujo.

I. 1. m. *Pa.* Panal de avispas.

teca.

I. 1. m-f. *PR.* Persona adicta a las drogas. drog.
II. 1. f. *PR.* Heroína. drog.

tecali. (De *Tecali*, población del estado mexicano de Puebla).

I. 1. m. *Mx.* Mármol de colores muy vivos.

tecata.

I. 1. f. *Mx. En el Estado mexicano de Guerrero*, laceración de la piel, en forma de escamas.
II. 1. f. *PR.* Droga adictiva obtenida de la morfina, en forma de polvo blanco y amargo, con propiedades sedantes y narcóticas. drog.

tecato, -a.

I. 1. adj/sust. *Mx; PR,* cult → espon. *Referido a persona*, adicta a la heroína. pop.
2. sust/adj. *ES, RD, PR, Ve.* Persona drogadicta. drog;.

tecesito.

I. 1. *RD, PR.* **guarapillo**, infusión.

techalote.

I. 1. *Mx.* **tachalote.**

techero, -a.

I. 1. adj. *Pe. Referido a un gato*, callejero, que suele deambular por los tejados de las casas. pop + cult → espon.
II. 1. m. y f. *Bo.* Persona que se dedica a reparar techos *especialmente sus filtraciones.*

techo.

I. 1. m. *Cu.* Cabellera, pelo de la cabeza. pop. ♦ **teja**; **tejado**

□

a. ‖ **hasta el ~.** loc. adj/adv. *Ch, Ar. Referido a un recinto para espectáculos públicos*, repleto.
b. ‖ ~ **de vidrio.** loc. sust. *Cu, Ch.* Pasado oscuro de una persona que le inhabilita para censurar a otros.
c. ‖ **tocado del ~.** adj. *Mx, CR. Referido a persona*, que está un poco trastornada mentalmente. pop ^ fest.
▶ **salir por el ~.**

tecito.

I. 1. m. *Bo, Ch, Py.* Té, infusión.
2. *Bo, Ch.* Reunión social en la que se toma té o una merienda.

tecla.

I. 1. f. *Ec:O.* Suegra. pop + cult → espon.
II. 1. f. pl. *PR.* juv. Senos de una mujer.
III. 1. *Pa.* **mayo**, árbol.

tecladista.

I. 1. m-f. *Mx, ES, CR, Co, Ec, Ch, Py, Ar, Ur.* Músico que toca un instrumento electrónico de teclado, *generalmente en un conjunto musical.*

tecles. (Del ingl. *tackle*, aparejo, polea).

I. 1. m. *Ni.* Polea para levantar carga pesada.

teclilla.

I. 1. adj. *RD. Referido a persona*, muy delgada, poco corpulenta.

teclo, -a.

I. 1. m. y f. *Pe, Ch.* Anciano, persona de mucha edad. desp.

técnica.

I. 1. f. pl. *Bo.* Juego que consiste en mantener el balón en el aire haciéndolo rebotar sobre la parte superior del zapato, los hombros y los muslos sin que caiga al suelo.

tecnicatura.
  I. 1. f. *Ar, Ur.* Grado universitario que se obtiene tras realizar determinados estudios de menor duración que la licenciatura.
  2. *Ar, Ur.* Estudios necesarios para obtener la tecnicatura.

tecnopor. (De *Tecnopor®*).
  I. 1. m. *Pe, Bo:O.* Poliestireno expandido, material plástico poroso en planchas blancas muy ligeras usado en las construcciones como aislante, en los embalajes y en trabajos manuales.

teco, -a.
  I. 1. adj. *Ch.* Relativo a México. pop ^ fest.
  II. (Apóc. de *tecolote*).
  1. adj/sust. *Gu. Referido a persona*, borracha. pop.

tecolilla.
  I. 1. f. *Ho, Ni.* Entumecimiento en las piernas *por cansancio.*

tecolote. (Del nahua *tecolotl*).
  I. 1. m. *Mx, Gu, Ho, ES, Ni.* Búho, ave rapaz.
  II. 1. m. *Mx.* Policía vial mexicano, cuyo uniforme consta de camisa castaño claro y pantalones y gorra color café.
  ▶ **cantarle el ~.**

tecolote, -a. (Del nahua *tecolotl*).
  I. 1. adj/sust. *Gu, ES. Referido a persona*, borracha. pop.

tecoloteado, -a.
  I. 1. adj. *ES. Referido a persona*, desvelada.

tecolotearse.
  I. 1. intr. prnl. *ES. En el ejército*, desvelarse vigilando.

tecolotudo, -a.
  I. 1. adj. *ES. Referido a persona*, medio borracha.

tecomajuche. (Del nahua *tecómatl*, tecomate, y *xóchitl*, flor).
  I. 1. m. *Mx, Ho, Ni.* Árbol de hasta 12 m de altura, con hojas palmeadas, flores amarillas en grupos terminales y frutos de color verde, en forma de vaina, con numerosas semillas; se utiliza en la medicina tradicional. (Cochlospermaceae; *Cochlospermum vitifolium*). (**tecomasuche; tecomasúchil**). ♦ **berbería; bombón; botija; bototo; carnestolendo; emperatriz de la selva; filinsuche; flechero; palo bobo; poroporo; rosa china; rosa de Maximiliano; rosa imperial.**
  2. *Mx, Ho, Ni.* Sustancia tintórea de color amarillo extraída de este árbol.

tecomasuche.
  I. 1. *ES.* **tecomajuche**, árbol.

tecomasúchil.
  I. 1. *ES.* **tecomajuche**, árbol.

tecomatada.
  I. 1. f. *ES.* Cantidad de cosas que caben en un **tecomate**, vasija.

tecomate. (Del nahua *tecomatl*, vasija, y *atl*, agua).
  I. 1. *Mx, Gu, Ho, ES, Ni.* **güiro**, planta.
  2. *Mx, Gu, Ho, ES, Ni.* **güiro**, fruto.
  3. m. *Mx, Gu, Ho, ES, Ni.* meton. Vasija hecha del fruto de **güiro**, calabaza ahuecada en forma de ocho que se utiliza para llevar agua.
  4. *Gu, ES.* metáf. Cada uno de los senos de la mujer.
  5. *ES.* metáf. Cabeza de persona.
  ▶ **no necesitar de ~s para nadar.**

tecopalcalhuite. (Del nahua *te*, partícula indicativa de silvestre, *copalli*, copal, y *cuahuitl*, árbol).
  I. 1. m. *Mx.* Árbol de hasta 20 m de altura, de tronco poco ramificado, hojas pinnadas, flores blancas en racimos terminales y fruto leguminoso con una sola semilla; de su tronco se extrae un aceite que tiene propiedades medicinales. (Fabaceae; *Copaifera officinalis*). ♦ **árbol de aceite; cabimbo; masa; palo de aceite.**

tecte.
  I. 1. m. *Pe.* Guiso hecho con habas, **yuyos** o algas, **arvejas**, queso, leche, huevos, ajos y **ají.**

tecuán. (Del nahua *tecuani*, y este de *te*, alguno, y *cua-ni*, el que come).
  I. 1. *Ni.* **tigre**, jaguar.

tecuche.
  I. 1. adj. *ES. Referido a persona*, tuberculosa.

tecuco.
  I. 1. *Ho, ES.* **ticuco**, tamal.

tecue.
  I. 1. m. *ES.* Pistola, revólver.

tecuín. (Del nahua *tecuini*, palpitar el corazón).
  I. 1. m. *Mx.* Bebida fermentada hecha de maíz, agua y **piloncillo. (tecuino; tejuino). ♦ tesgüino.**

tecuino.
  I. 1. *Mx.* **tecuín.**

tegua.
  I. 1. sust/adj. *Co.* Persona que, sin ser médico, ejerce prácticas curativas, *generalmente con procedimientos basados en la medicina natural.* pop.
  II. 1. sust/adj. *Co.* Persona inepta para un trabajo por falta de conocimientos. pop ^ desp.

tegüe.
  I. 1. m. *Ve.* Planta tuberosa, de jugo lechoso y raíz comestible. (Araceae; *Caladium arboreum*).

tehuacán. (De *Tehuacán*, municipio del estado mexicano de Puebla).
  I. 1. m. *Mx.* Agua mineral con gas.

tehuacanazo.
  I. 1. m. *Mx.* Método de tortura consistente en agitar una botella de agua con gas e introducir el gas por la nariz a la víctima.

teip. (Del ingl. *tape*).
  I. 1. *Gu, Ho, Ni.* **teipe.**

teipe. (Del ingl. *tape*).
  I. 1. m. *Ni, Ve.* Cinta de celulosa o plástico, adhesiva por uno de sus lados, que se emplea para pegar.
  2. *Cu.* **teipe eléctrico.** pop. (**teip**).
  ■
  a. ‖ ~ **eléctrico.** m. *Ve.* Cinta adhesiva para aislar cables eléctricos. ♦ **teipe.**

teipear.
  I. (Del ingl. *to tape*).
  1. tr. *Ni.* Pegar *algo* con **teipe.**
  II. (Del ingl. *to type*).
  1. *Ni.* **tipear.**

teja.
  I. 1. *Mx:SE.* **abanico**, parte superior del fuste.
  II. 1. f. *ES, Ni.* Sombrero.
  2. *Cu.* **techo**, cabellera. pop.
  3. *Ho.* Cabeza de una persona.
  III. 1. f. *Pe.* Dulce hecho con frutas secas cubiertas con **manjar blanco** y recubierto todo con chocolate o con caramelo de azúcar.
  ☐
  a. ‖ **media ~.** f. *CR.* Cincuenta años de edad. pop ^ fest.
  ▶ **barrérsele la ~; botar las ~s; caer la ~; caérsele las ~s; corrérsele las ~s; darse ~; resbalársele las ~s.**

tejado.
  I. 1. *Cu.* **techo**, cabellera. pop.
  ☐
  a. ‖ ~ **de vidrio.** loc. sust. *Cu, Ch.* Pasado oscuro de una persona que la inhabilita para censurar a otros.

tejamanil. (Del nahua *tlaxamanilli*, tabla menuda).
  I. 1. m. *Mx, Gu, Ni.* Tabla delgada y cortada en listones que se colocan como tejas en los techos de las casas. (**tajamanil**).

teje.
 I. 1. m. *RD.* Asunto que se mantiene en secreto, que no se quiere hacer público.

tejemeneje.
 I. 1. m. *Pa, PR, Bo.* Tejemaneje.

tejer.
 □
  a. ‖ **tejérsela.** loc. verb. *Pa.* juv. Practicar la masturbación.

tejeta.
 I. 1. f. *Bo.* Pelota, *generalmente pequeña*, hecha con trapos embutidos en una media que los niños utilizan para jugar al **futbol**. pop.
 II. 1. sust/adj. *Bo.* Persona de vientre muy abultado.

tejido.
 I. 1. m. *Ur, Py,* pop + cult → espon. Entramado de alambre fino que se utiliza en cercos y para impedir la entrada de insectos por ventanas y puertas.

tejo.
 I. 1. m. *Co.* Deporte nacional, de origen indígena, que consiste en lanzar un tejo con el fin de introducirlo en un **bocín** o explosionar las mechas o petardos que se ubican en él. ♦ **turmequé**.
  2. *Co.* Implemento metálico, de diferentes pesos y tamaños, usado en el tejo.
 II. 1. m. *ES.* Sombrero.
 □
  a. ‖ **a lo que dé el ~.** loc. adv. *Co:C.* Al máximo, con gran rapidez. pop.
  b. ‖ **como ~.** loc. adv. *Ar:NO,O, Ur.* Muy deprisa, a toda velocidad. pop + cult → espon.
  c. ‖ **~ pasado.** loc. sust. *Ch.* Exceso a la hora de pedir o calcular algo. pop.
  d. ‖ **~ quedado.** loc. sust. *Ch.* Escasez a la hora de pedir o calcular algo. pop.
  ▶ **pasársele el ~.**

tejocotal.
 I. 1. m. *Mx.* Terreno plantado de **tecojotes**.

tejocote. (Del náhuatl *tetl*, piedra, y *xocotl*, fruta agria).
 I. 1. m. *Mx, Ni.* Árbol de hasta 5 m de altura, de ramas espinosas y hojas pequeñas y aserradas. (Rosaceae; *Crataegus mexicana*). ♦ **manzanilla**.
  2. *Mx.* Fruto del tejocote.

tejolote. (Del náhuatl *tetl*, piedra, y *xolotl*, cualquier objeto redondo).
 I. 1. m. *Mx.* Mano del **molcajete**.

tejón.
 I. 1. *Ec, Bo.* **coatí**.

tejti.
 I. 1. m. *Bo:C,O,S.* Bebida refrescante *hecha principalmente de maní y azúcar*, tiene color café y la superficie es aceitosa. pop.

tejuelero.
 I. 1. m. *Ch.* Albañil especializado en colocar tejas en los tejados.

tejuelo.
 I. 1. m. *Ho, Ni.* Tejuela, argolla resistente de cuero crudo, asida firmemente a la cabeza delantera de la albarda, en donde se sujeta la cuerda para sostener la lazada.

tejuino.
 I. 1. *Mx.* **tecuín**.

tela.
 I. 1. adj. *Pe.* Referido a *asunto o trabajo*, aburrido, que resulta pesado. pop.
  2. *Pe.* Referido a *cosa*, que no cubre las expectativas, que resulta insuficiente.
 II. 1. adj. *Pe.* Referido a *persona o animal*, débil, en malas condiciones físicas. pop.

III. 1. f. *Co:O.* **arepa** delgada, a veces con sal, que acompaña bebidas como la leche, el café o el chocolate.
IV. 1. adj. *Pe.* Referido a *la ropa*, deteriorada por el uso. pop.
 ■
  a. ‖ **~ adhesiva.** f. *Mx, Ni, Bo, Ch, Ar, Ur.* Tira de tela, una de cuyas caras está cubierta de un emplasto adherente y que se usa para sujetar vendajes. ♦ **tela emplástica**.
  b. ‖ **~ corrugada.** f. *Cu.* Tejido de algodón que forma relieves.
  c. ‖ **~ emplástica.** *Ar, Ur, Ch.* obsol. **tela adhesiva**.
 □
  a. ‖ **a la ~.** loc. adv. *Pe.* De manera elegante. pop.
  b. ‖ **buena ~.** loc. adj/sust. *Ch.* Referido especialmente a *persona*, solidaria, bien intencionada. pop + cult → espon.
  c. ‖ **mala ~.** loc. adj/sust. *Ch.* Referido a *persona*, apática, mal intencionada. pop + cult → espon.
  d. ‖ **~ de cebolla.** loc. sust. *Mx, Ni, Ec, Ch, Ur.* Tela o capa muy delgada de algo. pop.
 ◨
  a. ‖ **de dónde ~, si no hay araña.** fr. prov. *Gu, Pa.* Indica que no hay recursos para lo propuesto. pop + cult → espon.
  ▶ **coger el batán a una ~; ponerse en ~ de medir; tirar la ~.**

telado.
 I. 1. m. *Bo:O.* Extendido de los hilos en el telar para empezar el tramado.

telaraña.
 ▶ **no tener ~s en las narices.**

telarista.
 I. 1. m. *Pe.* Obrero que hace planchas de los bloques de mármol y otras rocas.

teleaudiencia.
 I. 1. f. *Mx, ES, Ni, CR, Cu, RD, PR, Co, Bo, Ch, Py, Ur.* Audiencia que ve un programa por televisión.

telecebolla.
 I. 1. f. *Ch.* Teleserie notoriamente sensiblera. pop ^ fest.

telediscado.
 I. 1. m. *Ch, Ur.* Sistema telefónico de larga distancia.

teléfono.
 I. 1. m. *Ch.* obsol. Método de tortura consistente en dar palmadas simultáneas sobre el oído con el fin de provocar dolor y pérdida de equilibrio.
 ■
  a. ‖ **~ de alcancía.** m. *Cu.* Teléfono público que funciona con monedas.
  b. ‖ **~ de pulso.** m. *Co.* p.u. Teléfono con marcación de disco.
  c. ‖ **~ de tonos.** m. *Co.* Teléfono con marcación de teclado.
 □
  a. ‖ **~ con patas.** loc. sust. *Ch.* Persona, *generalmente un delincuente*, encargada de transmitir y recibir mensajes. delinc.
  b. ‖ **~ cortado.** *Py.* **juego descompuesto**. pop + cult → espon.
  c. ‖ **~ descompuesto.** loc. sust. *Mx, Ar, Ur.* Juego en el que los participantes, situados uno al lado de otro, se van comunicando al oído un mensaje formulado por el primero de la fila hasta que el último lo dice en voz alta para compararlo con el original. ♦ **juego cortado; juego roto**.
  d. ‖ **~ roto.** *Co.* **juego descompuesto**.

telegrafista.
 I. 1. m-f. *PR.* Persona que lleva y trae cuentos y chismes. pop + cult → espon.

telegrama.

■

    a. ‖ ~ **colacionado.** m. *Py, Ar, Ur.* Telegrama que garantiza al remitente la entrega personal al destinatario del texto íntegro que ha escrito.

▶ **poner un ~.**

telele.

    I. 1. m. *CR.* p.u. Dicho o hecho necio, imprudente o molesto. pop.

    □

    a. ‖ **al ~.** loc. adv. *RD.* Sin conseguir lo que se esperaba.

telemarketista.

    I. 1. m-f. *Ch.* Persona que trabaja haciendo promociones, venta y publicidad por teléfono.

    2. adj. *Ch.* Relativo a las promociones, venta y publicidad por teléfono.

telenguazudo, -a.

    I. 1. adj. *ES. Referido a persona*, alta y con joroba.

telengue.

    I. 1. m. pl. *ES.* Cosas viejas.

    II. 1. adj. *ES. Referido a persona*, temblorosa.

    III. 1. adj. *ES. Referido a cosa*, torcida.

telenque.

    I. 1. adj/sust. *Gu, Ch. Referido a persona*, débil, enfermiza. pop.

    II. 1. m. *Gu.* Mueble, utensilio o pertenencia, *especialmente si están desordenados*. desp.

telepate. (Del nahua, tal vez de *tletl*, fuego, o *talli*, tierra, y *patli*, medicina).

    I. 1. *Ho, ES.* **talaje.** (**talepate; jelepate**).

teleplatea.

    I. 1. f. *Ch, Py.* Público que presencia en directo un programa televisivo o lo ve por televisión.

telepostal.

    I. 1. adj. *Ar.* Relativo al correo o transporte de correspondencia.

telepregón.

    I. 1. m. *Ch. En la bolsa*, comunicación audiovisual en la que ofrecen negocios y transacciones comerciales.

teleque.

    I. 1. adj. *ES. Referido a persona*, enferma, débil.

telera.

    I. 1. f. *Mx.* Pan de sal, de harina de trigo, semicircular, dividido en dos o tres partes paralelas al eje más largo.

    2. *Cu.* Pan blanco de forma alargada.

    3. *RD.* Pan grande y ovalado que se consume tradicionalmente en Navidad.

    II. 1. f. *Mx.* Nalga. pop.

    III. 1. f. *Mx.* Televisión. pop.

    IV. 1. f. *Ho, ES, Ni.* **matabuey**, en la carreta, madero delantero.

    V. 1. m-f. *ES.* Persona de estatura alta.

    VI. 1. f. *Ur.* Caja de cartón para guardar los huevos. rur.

telero, -a.

    I. 1. adj. *Cu.* obsol. *Referido a cosa*, muy abundante. pop.

telescopio.

    I. 1. m. *Bo. En la mina*, máquina perforadora neumática para barrenación vertical en **rajos** y chimeneas.

teletimer. (Voz inglesa).

    I. 1. m. *PR.* Cronómetro *especial para medir el tiempo que dura una carrera*.

teletón.

    I. 1. m. *EU, Mx, Ho, ES, CR, Pa, Co, Ec, Pe, Bo, Ch, Py, Ur.* Campaña benéfica que consiste en recoger dinero entre la población utilizando la televisión, conjuntos musicales y otros espectáculos.

teletrack. (Voz inglesa).

    I. 1. m. *Ch.* Establecimiento en el que el público puede escoger, adquirir o ver programas de televisión por cable o en **video**.

televidencia.

    I. 1. f. *ES, Ni; Ec*, p.u. Conjunto de televidentes.

televisación.

    I. 1. f. *Bo, Ch, Ar, Ur, Py*, pop + cult → espon. Transmisión de un evento o programa por televisión.

    2. *Ch.* Visionado de un evento o programa por televisión.

televisión.

■

    a. ‖ ~ **abierta.** f. *Mx, ES, Co, Ec, Pe, Ch, Ur.* Conjunto de canales y cadenas de televisión que emiten por vía directa y no por cable internacionales.

televisora.

    I. 1. f. *Mx, Ho, ES, Ni, CR, Pa, Cu, RD, Ec, Pe, Bo, Ch, Ar, Ur.* Empresa o canal de televisión.

telita.

    I. 1. f. *Pe, Bo.* Himen. pop.

tella.

    I. 1. f. *Ec, Pe*, juv, pop; *Bo*, delinc. Botella, *en especial la que contiene una bebida alcohólica*.

tellebi.

    I. 1. m. *Ch.* p.u. Billete, dinero. pop.

teller. (Voz inglesa).

    I. 1. m-f. *EU, PR.* Oficial bancario en mostrador o ventanilla.

telo.

    I. (De *hotel*, por inversión silábica).

    1. m. *Pe, Ar, Ur; Bo*, delinc. Establecimiento público en el que se alquilan habitaciones por horas para tener relaciones sexuales. pop + cult → espon ^ fest.

    2. *Pe.* Hotel. pop + cult → espon ^ fest.

    3. *Ch.* Visita que realiza la esposa a un preso en la cárcel, incluyendo relaciones sexuales. carc.

    II. 1. m. *Ho.* **ronrón**, escarabajo.

tema.

▶ **cogerle ~; ponerle ~; tener ~.**

temacuil.

    I. 1. m. *Mx.* Lagarto venenoso con nódulos de brillantes colores, similares a cuentas, que le cubren el torso.

temar.

    I. 1. intr. *Bo; Ar*, pop + cult → espon. Insistir u obstinarse en algo.

temascal. (Del nahua *tema*, bañarse, y *calli*, casa).

    I. 1. m. *Mx, Gu.* Casa baja de adobe donde se toman baños de vapor. (**temaxcal; temazcal**).

    2. *Ec.* Baño de vapor que se toma en un temascal, que constituye cierta especie de rito. rur.

temaxcal.

    I. 1. *Gu.* **temascal**, casa.

temazcal.

    I. 1. *Mx.* **paguay**.

    II. 1. *Mx.* **temascal**, casa.

temba.

    I. 1. m-f. *Cu.* Persona de mediana edad.

tembe.

    I. 1. m. *Bo:C,O.* **chonta.** (Arecaceae; *Bactris gasipaes*).

    2. *Bo:C,O.* Fruto del tembe, de color rojo, anaranjado o amarillo al madurar, y de forma elipsoidal u ovoide, ligeramente picuda.

tembelecoso, -a.

    I. 1. adj. *ES. Referido a persona*, temblorosa.

tembeleque.
  I. 1. adj. *Mx, Gu, ES, Ni, CR, RD. Referido a persona*, débil o que sufre temblores continuos. pop.
    2. m. *ES.* Tembleque.

tembelequear.
  I. 1. intr. *Gu, ES, Ni, RD.* Sufrir *una persona* temblores continuos.

tembeta. (Del guar. *tembe*, labio, e *ita*, piedra).
  I. 1. f. *Bo. Entre los chiriguanos*, especie de botón que se lleva en el reborde del labio inferior y que varía de acuerdo a cada comunidad.

tembetá. (Del guar. *itambe'ta*).
  I. 1. m. *Py, Ar, Ur.* Adorno de material duro que los indígenas de ciertas tribus se ponían en el labio inferior.

tembladera.
  I. 1. f. *ES, RD, Co.* Temblor continuado del cuerpo.
  II. 1. f. *Bo; Ar*, rur. Enfermedad del caballo que se caracteriza por el temblor y la falta de dominio de los movimientos.
  III. 1. f. *Cu, PR, Ec.* Terreno pantanoso.
  IV. 1. f. *Ch.* Planta de hasta 50 cm de altura con espiguillas en forma de corazón; constituye un pasto de buena calidad. (Poaceae; *Briza* spp.).
    2. *Bo.* **hierba del platero**. (Equisetaceae; *Equisetum bogotense*).

tembladeral.
  I. 1. m. *Ch, Py, Ar, Ur.* Terreno pantanoso y anegadizo.
  II. 1. m. *Ch, Ar, Ur.* Situación o asunto confuso o complicado.

tembladerani.
  I. 1. m. *Bo:O.* Temblor provocado por frío o miedo. delinc.

tembladerilla.
  I. 1. f. *Ch.* Arbusto de tallo erecto con estrías u ondulado, con flores de color rojizo, azul celeste o amarillento. (Fabaceae; *Astragalus* spp.).
    2. *Ch.* Helecho flotante de hasta 10 cm de longitud, de forma poligonal o triangular, el lóbulo inferior de las hojas *es usualmente más grande que el superior*, de color verde oscuro a rojizas, flotan individualmente o en matas, alcanzando un espesor de 20 cm. (Azollaceae; *Azolla japonica*).
    3. *Ch.* Hierba rizomatosa perenne, glabra, con hojas de borde ondeado de pecíolos largos, y flores verdosas, pequeñas, dispuestas en umbelas dobles. (Apiaceae; *Hydrocotile bonahensis*).

tembladero.
  I. 1. m. *Ar.* Espasmos que sobrevienen al **yeguarizo** a consecuencia de un enfriamiento, cansancio excesivo o por haber comido alguna hierba dañina. rur.

temblador.
  I. 1. *Co:S, Ve.* **temblón**.

temblar.
  I. 1. intr. impers. *Gu, ES.* Haber terremotos.

tembleco, -a.
  I. 1. adj. *Mx.* Tembloroso.

temblecón, -na.
  I. 1. adj. *Pe. Referido a persona, animal o cosa*, que tiembla.

temblecoso, -a.
  I. 1. adj. *Ho, Ni. Referido a persona*, temblorosa.

tembleque.
  I. 1. adj/sust. *Ve, Pe; Ec, Bo, Cn, Py, Ar, Ur*, pop + cult → espon. *Referido a persona*, débil, enclenque o enfermiza.
    2. sust/adj. *Bo.* Persona pusilánime. pop.

II. 1. m. *Pe.* Hierba perenne de hasta 60 cm de altura; usada como forraje para el ganado. (Poaceae; *Briza monandra*).
III. 1. m. *PR.* Dulce de consistencia blanda preparado con coco, leche, maicena, azúcar, clavo de especias, y polvoreado de canela.
IV. 1. m. *Pa.* Flor artificial que se coloca detrás de cada oreja de la **empollerada**, hecha con gusanillos de metal, cuentas de colores, tela, y que al moverse tiembla con facilidad.

temblequeo.
  I. 1. m. *Pa, Cu, PR, Ve, Ch, Ar, Ur.* Temblor. pop.
    2. *PR.* Temblor continuado del cuerpo. pop + cult → espon.

temblón.
  I. 1. m. *Co, Pe:NE,E.* Pez de hasta 2 m de longitud, de color blanquecino en el lado ventral y más oscuro en el dorso, en donde lleva, debajo de la piel, un par de órganos musculosos que producen corrientes eléctricas bastante intensas, con la cola más carnosa y menos larga que la de la raya, y a los lados del cuerpo lleva dos pares de aletas. (Gymnotidae; *Electrophorus electricus*). ♦ **temblador**.

temblorera.
  I. 1. f. *Gu.* Construcción pequeña, *hecha generalmente de madera* y situada en el exterior de una vivienda, que sirve de refugio cuando se produce un terremoto.

temblorero, -a.
  I. 1. adj. *Gu.* Relativo al terremoto.

temblorina.
  I. 1. f. *Mx, CR.* **tembladera**, temblor.

¡tembó! (Del guaraní *tembó*).
  I. 1. interj. *Py.* Expresa insulto o enojo. vulg.

tembo, -a.
  I. 1. adj. *Co:SO. Referido a persona*, ligeramente tonta. pop ^ desp.

témbol.
  I. 1. m. *Pa. En los juegos infantiles*, pausa breve.

tempate. (Del nahua *tentli*, labio, y *patli*, medicina).
  I. 1. m. *Ho, ES, Ni, CR.* Arbusto de hasta 5 m de altura, de hojas acorazonadas y pecioladas, flores en cima y fruto carnoso con semillas crasas; de las raíces se extrae un tinte de color violeta. (Euphorbiaceae; *Jathropa curcas*). ♦ **árbol santo**.
    2. *Ho, ES, Ni, CR.* Semilla del tempate; la ingestión de estas semillas altera la respiración y la circulación sanguínea, y puede llegar a producir la muerte.

temperadero.
  I. 1. m. *Co.* Lugar cuyo clima es adecuado para **temperar**.

temperamento.
  I. 1. m. *Ec, Pe.* Clima, estado de la atmósfera o de un lugar determinado.
    2. *Pe.* metáf. Opinión generalizada que se da en un lugar, *generalmente en una reunión o asamblea*.
  II. 1. m. *Ve.* Estancia en un lugar de buen clima, *especialmente cerca de la playa*, por razones de ocio o de salud. pop.

temperante.
  I. 1. adj/sust. *Ni, Bo. Referido a persona*, abstemia. cult → esm.

temperanza.
  I. 1. f. *Bo.* Moderación, templanza.

temperar.
  I. 1. intr. *Ni, Pa, Co; Ve*, obsol. Cambiar temporalmente de clima por vacaciones o por razones de salud.

tempestad.
  I. 1. f. *Mx.* **okototol**.

tempisque. (Del nahua *tetl*, piedra y *pitztli*, cuesco de fruto).
I. 1. m. *Gu, Ho, ES, Ni, CR, Pa.* Árbol de los lugares cálidos, de hasta 30 m de altura, cuya corteza es de color gris oscuro, con flores de color blanco crema, y fruto en forma de bayas globosas ovoides, puntiagudas, de color amarillento; es comestible. (Sapotaceae; *Mastichodendron capiri*). ◆ **ocotillo**; **pacencén**; **parecén**.

templa.
I. 1. f. *Cu. En pastelería*, porción de masa que se prepara de una vez para ser horneada.
2. *Bo:E. En la fabricación del azúcar*, cantidad de melaza contenida en una **paila** que ha alcanzado el punto requerido para pasar a la fase de cristalización.
II. 1. f. *Cu. En albañilería*, cantidad de hormigón que se prepara de una vez en la hormigonera.

templadera.
I. 1. f. *Pe.* Enamoramiento. pop + cult → espon.
I. 1. f. *Cu.* Coito. pop.

templado, -a.
I. 1. adj. *Pa, Cu, Co, Ve. Referido a persona*, de carácter recio, riguroso.
II. 1. adj/sust. *Pe*; adj. *Bo*, pop. *Referido a persona*, muy enamorada de otra. pop + cult → espon.
2. adj. *Ni, CR, Ch. Referido a persona*, excitada, que tiene apetito sexual. vulg; pop + cult → espon.
III. 1. adj. *Ve, Bo:E,O. Referido a persona*, que está borracha. pop + cult → espon.
IV. 1. adj. *Ho, ES. Referido a persona*, enérgica.
V. 1. adj. *Ec:O. juv. Referido a cosa*, que reúne características óptimas.
VI. 1. adj. *ES. Referido a persona*, que no tiene dinero.
▶ **ser un ~.**

templador.
I. 1. m. *Co, Ve. En los trapiches*, persona encargada de atender todos los procesos relacionados con el jugo de la caña que se cuece en las **pailas**.
II. 1. m. *Ar:NO. En un telar*, palanca que mantiene tensa la urdimbre. rur.

templar(se).
I. 1. intr. prnl. *Pe, Bo.* Enamorarse intensamente. pop.
2. *Ch.* Sentirse atraída eróticamente *una persona* por otra.
3. tr. prnl. *Cu.* Realizar el coito. pop.
4. intr. *Cu.* Realizar el coito. pop.
5. prnl. *Ni, CR.* Excitarse sexualmente *una persona*, especialmente *un hombre*. tabú; pop + cult → espon.
II. 1. tr. *Ec.* Tirar *alguien* al suelo, de manera violenta, a otra persona.
2. *Bo.* Matar a *alguien* con un arma de fuego. pop.
3. intr. prnl. *ES.* Morirse *alguien*.
III. 1. intr. *Ve.* Procesar el jugo de la caña de azúcar hasta convertirlo en **papelón** o **panela**.

templazón.
I. 1. m. *CR.* Excitación sexual. tabú.

temple.
□
a. ‖ **~ diablo.** loc. sust. *Pe, Bo.* Afinación de las cuerdas de una guitarra con la escala re, fa, si, do, mi, sol.
b. ‖ **~ natural.** *Bo.* **temple diablo.**

templero.
I. 1. adj. *PR. Referido a un gallo de pelea*, que no enfrenta el combate y huye. ◆ **juyía.**

templete.
I. 1. m. *Ve.* Pista de baile improvisada en la calle durante las fiestas públicas.

templón.
I. 1. m. *Ec.* Contracción muscular. pop + cult → espon.
II. 1. sust/adj. *Cu.* Hombre que hace alarde de su potencia sexual. pop.
III. 1. m. *Pa.* Tirón violento de algo o de alguien.

templón, -na.
I. 1. sust/adj. *Cu.* Persona excesivamente inclinada a la realización del coito. pop.
2. adj. *CR. Referido a persona*, que se excita sexualmente con facilidad. tabú; pop + cult → espon.

tempranear.
I. 1. intr. *Ni.* Hacer *algo* con antelación.
II. 1. tr. *Ni.* Matar a *alguien*.

tempranillo.
I. 1. sust/adj. *Bo.* Niño que tiene hábitos y conductas propios de personas mayores. pop.

temu. (Voz mapuche).
I. 1. *Ch.* **palo colorado.** (Myrtaceae; *Blepharocalyx cruckshanksii*). (**temú**).
2. *Ch.* **palo colorado.** (Myrtaceae; *Luma apiculata*).

temú.
I. 1. *Ch.* **temu.** (Myrtaceae; *Blepharocalyx cruckshanksii*).

tenacear.
I. 1. tr. *RD.* Agarrar a *alguien* fuertemente de alguna parte de su cuerpo.

tenamastazo.
I. 1. m. *Gu.* Golpe dado con un **tenamaste**, piedra.
2. *Gu.* metáf. Disgusto o desgracia repentinas.

tenamaste. (Del nahua *tenamactin*, piedras sobre las que se pone la olla al fuego).
I. 1. m. *Mx, Gu, Ho, ES, Ni.* Piedra del fogón sobre la que se coloca la olla para cocinar.
2. *Gu, ES.* Piedra de gran tamaño.
II. 1. *Ho, ES, Ni.* metáf. **guacal**, cabeza.
III. 1. adj/sust. *Gu.* metáf. *Referido a persona*, grande, corpulenta y desaliñada.
IV. 1. m. *Ni.* juv. Vulva. vulg.

tenampa.
I. 1. f. *Ni.* Establecimiento de carácter popular, en que se sirven y expenden bebidas alcohólicas y a veces, también comidas.

tenate.
I. 1. m. *Mx.* **tanate**, canasta.

tenaz.
I. 1. adj. *Co, Ec. Referido a situación o cosa*, difícil o complicada. pop.
II. 1. adj. *Co. Referido a situación cosa*, increíble. pop.

tenca.
I. 1. *Ch, Ar.* **paraulata**, ave.
□
a. ‖ **como ~.** loc. adj/adv. *Ch. Referido a persona*, borracha. pop.
b. ‖ **~s muertas.** loc. sust. *Ch.* p.u. Pretextos o excusas con los que se pretende confundir o evitar una responsabilidad. pop + cult → espon. ◆ **tencas tencas.**
c. ‖ **~s ~s.** *Ch.* **tencas muertas.**

tencha.
I. 1. f. *Gu.* Cárcel, prisión.

tendal.
I. 1. m. *Gu, Co, Bo, Ch, Py, Ar, Ur.* Gran cantidad de cuerpos o cosas que por causa violenta han quedado tendidos.
II. 1. m. *Ho, ES. En el secado del tabaco*, conjunto variable de manojos de hojas verdes que se colocan sobre una vara de 3 m de largo en el horno.
2. *Ec:O. En las haciendas de la costa ecuatoriana*, lugar destinado a asolear las semillas del cacao.

3. *Bo:C,O.* Espacio al aire libre, cercado, con suelo de pizarra, donde se pone a secar la coca. rur.

4. *Ni.* Lugar donde se fabrican y queman las tejas y el ladrillo cuarterón.

III. 1. m. *Ec.* Plataforma de carrizo y palos, pegada a la pared de una casa rural, que se usa para guardar maíz. rur.

2. *Gu.* Viga de un muro o pared colocada en posición horizontal.

3. *Bo.* Tablado tosco en lo alto de las casas, donde se guardan granos y frutos

IV. 1. m. *Cu.* Cantidad grande de personas, animales o cosas acumulas en un sitio.

V. 1. m. *Ur.* Gran cantidad de ropa para planchar. pop + cult → espon.

tendalada.
I. 1. f. *Gu, Ho, ES, Ni, Bo:E, Ch, Ar.* Gran cantidad de cuerpos o cosas, *especialmente los que por causa violenta han quedado tendidos.*

II. 1. f. *Ec:O.* Cantidad de semillas de cacao que se ponen a asolear en un **tendal** o secadero.

□

a. ‖ **la ~.** loc. sust. *Ch.* Desbarajuste, caos, desorden absoluto. pop.

tendalero.
I. 1. m. *Ec:O.* Hombre que tiene a su cargo un **tendal**.

tendedera.
I. 1. f. *Mx, Gu, ES, Cu, RD, Bo.* Cuerda para tender la ropa.

2. *Ni, Pe.* Tendido de ropa abundante y continuado que se hace en un cordel o en un tendedero.

3. *Cu.* Conjunto de ropa que se tiende en una **tendedera.** pop.

4. *Cu.* Instalación eléctrica ilegal. pop.

tender.
I. 1. tr. *Mx, ES, Ni, RD, PR, Co, Ve, Ec, Pe, Bo, Py, Ar, Ur.* Disponer en orden los implementos de una cama, como las sábanas, las **cobijas** o las colchas.

II. 1. tr. *Cu.* Preparar a un difunto para dejarlo expuesto en el lugar donde se va a velar.

III. 1. tr. *Bo.* Matar a *alguien.* pop.

□

a. ‖ **~ la cama.** loc. verb. *CR, Cu.* Disponer en orden la ropa de cama.

b. ‖ **~ la mesa.** loc. verb. *Bo, Ch, Ar, Ur, Pe,* p.u. Disponer, preparar una mesa con lo necesario para comer.

c. ‖ **~ una cama.** loc. verb. *Gu, CR, Ur.* Urdir secreta y maliciosamente un plan contra alguien.

tendereta.
I. 1. f. *Pa.* Tenderete, conjunto de cosas que se dejan tendidas. pop + cult → espon.

tendero, -a.
I. 1. m. y f. *Pe, Ch.* Ladrón que hurta en una tienda de telas a los clientes. delinc.

2. sust/adj. *Ch, Ur, Ec,* p.u. Persona que es dueña de una tienda de telas y ropa o trabaja en ella.

3. adj. *Ch, Ur.* Relativo a una tienda de telas.

tendido.
I. 1. m. *Co.* Conjunto de ropa de cama.

II. 1. m. *Bo:E,SO.* Tejido pequeño y rectangular, *generalmente grueso y de lana,* que se pone sobre un asiento para hacerlo más cómodo.

2. *Bo:O.* Pieza de tela que se pone sobre el suelo a manera de alfombra.

III. 1. m. *Cu.* Conjunto de preparativos funerales que se hacen al difunto.

■

a. ‖ **~ de cama.** m. *Co.* Conjunto de ropa de cama.

▶ **correr ~s.**

tendido, -a.
I. 1. adj. *ES. Referido a persona,* muerta y en posición horizontal.

tenedor.
I. 1. m. *EU.* Bifurcación del camino.

□

a. ‖ **~ libre.** loc. sust. *Ch, Py, Ar, Ur.* En un restaurante, con sumición libre de los platos del menú, por un único pago.

tenedora.
I. 1. f. *Ho, ES, Ni.* Baticola, correa que va sujeta al fuste trasero de la silla de montar que termina en una especie de gran ojal, en el que se introduce la cola de la caballería para evitar que la montura se mueva hacia delante. rur.

tenencia.
I. 1. f. *Ch.* Dependencia policial de **carabineros,** *generalmente a cargo de un teniente.*

■

a. ‖ **~ política.** f. *Ec.* Oficina del **teniente político.**

tener.
I. 1. tr. *PR.* Poseer mucho dinero.

●

a. ‖ **¡ahí tienes!** fórm. *Ve.* Se usa para indicar a alguien que tiene razón en lo que dice. pop.

b. ‖ **¡qué tiene!** fórm. *Mx, Ch.* Se usa para demostrar la falta de importancia de un hecho.

c. ‖ **tiene timba.** fórm. *Cu.* Se usa para expresar sorpresa o contrariedad.

□

a. ‖ **no ~ abuela.** loc. verb. *Mx, ES, Ni, Ar.* Mantener *alguien* una conducta o costumbres incorregibles. pop + cult → espon. ♦ **ser sin abuela.**

b. ‖ **no ~ arregladero.** loc. verb. *Co.* No tener solución una cosa. pop.

c. ‖ **no ~ boca con que hablar.** loc. verb. *Gu, Ho, ES, Ni.* No tener motivos para hablar de algo.

d. ‖ **no ~ caña.** loc. verb. *Ho.* Carecer de valor *una persona* para decir algo a otra. pop.

e. ‖ **no ~ chapuz.** loc. verb. *Gu.* Ser incorregible *alguien* c *algo.*

f. ‖ **no ~ cogedero.** loc. verb. *Pa.* No tener o no vérsele solución a *algo.* pop.

g. ‖ **no ~ cola que majar.** loc. verb. *CR.* No figurar en los antecedentes de alguien ninguna acción reprochable. pop.

h. ‖ **no ~ componte.**

i. loc. verb. *Ve, Ec.* No cambiar de forma de ser o de comportarse *una persona.*

ii. *Ve.* No tener solución un conflicto o problema.

i. ‖ **no ~ cuate.** loc. verb. *Mx.* No tener *algo* o *alguien* comparación, ser muy singular o resultar insólito.

j. ‖ **no ~ gandinga.** loc. verb. *Cu.* Ser *alguien* muy bromista o divertido. pop + cult → espon.

k. ‖ **no ~ gollete.** loc. verb. *Ar, Ur.* Carecer una situación o idea de sensatez o buen sentido. pop + cult → espon.

l. ‖ **no ~ hechura.**

i. loc. verb. *Ar:NO,* p.u. Ser *alguien* irresponsable e incorregible. pop + cult → espon.

ii. *Ar:NO,* p.u. No tener *algo* arreglo o solución. pop + cult → espon.

m. ‖ **no ~ hiel.** loc. verb. *RD.* Carecer *una persona* de escrúpulos, no importarle que sus acciones puedan resultar dañinas para otros.

n. ‖ **no ~ llenadero.** loc. verb. *Mx.* Ser *alguien* insaciable, *especialmente con la comida.* pop. ♦ **no tener número aborrecido.**

ñ. ‖ **no ~ madre.** loc. verb. *Mx, ES, Cu, RD, PR.* Ser un sinvergüenza, tener una conducta censurable. ♦ **ser tana.**

o. ‖ **no ~ miaja.** loc. verb. *Cu.* Ser infértil un hombre.

p. ‖ **no ~ ni donde amarrar la chiva.** loc. verb. *Cu.* Tener *alguien* mala situación económica.

q. ‖ **no ~ ni medio.** loc. verb. *Ni, Co, Ec, Pe, Bo, Ch, Py, Ar, Ur.* No tener dinero. pop.

r. ‖ **no ~ ni segundo calzón.** loc. verb. *ES.* Ser *alguien* muy pobre.

s. ‖ **no ~ ni un centavo partido por la mitad.** loc. verb. *Ho, ES, Ni, Ec, Ar, Ur.* Estar *alguien* sin dinero. pop.

t. ‖ **no ~ ni un centésimo por la mitad.** loc. verb. *Ur.* Estar *alguien* sin dinero. pop + cult → espon.

u. ‖ **no ~ ni un kilo (prieto partido por la mitad).** loc. verb. *Cu.* Estar *alguien* sin dinero. pop + cult → espon.

v. ‖ **no ~ ni un maíz que asar.** loc. verb. *RD.* Encontrarse *alguien* en una situación de gran pobreza o falta de recursos. pop + cult → espon.

w. ‖ **no ~ ni un medio.** loc. verb. *Cu.* No tener dinero. pop + cult → espon.

x. ‖ **no ~ ni un peso partido por la mitad.** loc. verb. *Ur.* Estar *alguien* sin dinero.

y. ‖ **no ~ número aborrecido.** *Mx.* **no tener llenadero.**

z. ‖ **no ~ para cuándo.** loc. verb. *Ch.* Demorarse *algo* o tardar mucho en llevarlo a cabo. pop + cult → espon.

a¹. ‖ **no ~ para cuándo acabar.** loc. verb. *Cu.* Demorarse mucho *algo* o *alguien.*

b¹. ‖ **no ~ para la yuca.** loc. verb. *Co.* No disponer de dinero para hacer el mercado.

c¹. ‖ **no ~ pepita en la lengua.** loc. verb. *Pa.* Decir *alguien* lo que piensa de manera directa y sin tapujos.

d¹. ‖ **no ~ pepitas en la lengua.** loc. verb. *PR, Ve.* Decir *alguien* lo que piensa de manera directa y sin tapujos.

e¹. ‖ **no ~ pierde.**
　i. loc. verb. *Mx, Co, Pe.* Tener *algo* el éxito asegurado. pop + cult → espon.
　ii. *Mx, Gu, CR, Co.* Ser fácil de hallar *algo.* pop + cult → espon.

f¹. ‖ **no ~ pito que tocar.** loc. verb. *Gu, Ni, Ch.* No corresponderle a alguien ninguna parte en un asunto o negocio. pop + cult → espon.

g¹. ‖ **no ~ presa mala.**
　i. loc. verb. *Co.* Ser *algo* en conjunto muy bueno. pop.
　ii. *Co.* Ser *una persona* muy atractiva físicamente. pop.

h¹. ‖ **no ~ telarañas en las narices.** loc. verb. *Bo:O.* Percibir claramente una situación o realidad. pop.

i¹. ‖ **no ~ un cristo.** loc. verb. *Bo:O,C.* Estar *alguien* sin dinero. pop.

j¹. ‖ **no ~ un pelo de bobo.** loc. verb. *Cu.* Ser *una persona* muy lista y despierta. pop + cult → espon. ◆ **no tener un pelo de leso**).

k¹. ‖ **no ~ un pelo de leso.** *Ch.* **no tener un pelo de bobo.**

l¹. ‖ **no ~ un pelo de zonzo.** loc. verb. *Cu, Bo, Ar, Ur.* Ser *una persona* lista y despierta.

m¹. ‖ **no ~ uñas de guitarrero.** loc. verb. *Py, Ar, Ur.* Carecer de las cualidades o la preparación necesarias para llevar a cabo una tarea. pop + cult → espon. (**no tener uñas para guitarrero**).

n¹. ‖ **no ~ uñas para guitarrero.** *Py, Ar, Ur.* **no tener uñas de guitarrero.**

ñ¹. ‖ **~ a boquita qué querés.** loc. verb. *Ho, ES.* Mimar en exceso, complacer en todo a *alguien.* pop + cult → espon.

o¹. ‖ **~ a Dios agarrado por la chiva.** loc. verb. *Ve.* Creer *alguien* que es dueño de una situación.

p¹. ‖ **~ a Dios cogido por el rabo.** loc. verb. *RD, PR.* Creerse *una persona* que es muy importante, envanecerse. ◆ **tener a Dios cogido por la cota.**

q¹. ‖ **~ a Dios cogido por la cota.** loc. verb. *PR.* **tener a Dios cogido por el rabo.**

r¹. ‖ **~ a escuela.** loc. verb. *RD.* Superar a *alguien* continuamente y no consentirle nada.

s¹. ‖ **~ a mecate corto.** loc. verb. *Ho, Ni, Co.* Controlar mucho a *alguien,* darle poca libertad de acción. pop + cult → espon.

t¹. ‖ **~ a monte.**
　i. loc. verb. *Ve.* Fastidiar, importunar a *alguien* de forma reiterada. pop + cult → espon.
　ii. *CR.* obsol. Reprender o atormentar continuamente a *alguien* a quien se le tiene mala voluntad. rur. ◆ **andar a monte; traer a monte.**

u¹. ‖ **~ a pichinga.** loc. verb. *Ho.* Hastiarse de *alguien* o de *algo.*

v¹. ‖ **~ a piquito que querés.** loc. verb. *Ho.* Mimar en exceso, complacer en todo a *alguien.*

w¹. ‖ **~ a uno cabezón.** loc. verb. *Ec.* Porfiar, insistir, importunar a *una persona* con algún asunto. pop + cult → espon.

x¹. ‖ **~ a uno curcuncho.** loc. verb. *Ec, Ch.* Jorobar, molestar, mortificar a *una persona.*

y¹. ‖ **~ a zumba.** loc. verb. *Ho.* Tener aturdido a *alguien* por ruido u otra causa.

z¹. ‖ **~ abajo.** loc. verb. *RD.* Someter a *alguien* a una gran presión, no permitirle actuar con libertad.

a². ‖ **~ acomodo.** loc. verb. *Ar.* Gozar *una persona* de la influencia de alguien para conseguir un trabajo o una situación de privilegio.

b². ‖ **~ agua en la bóveda.** loc. verb. *Ur.* p.u. Tener poca inteligencia o talento. pop + cult → espon.

c². ‖ **~ aliento de níspero.** loc. verb. *Ni.* Estar con resaca.

d². ‖ **~ alma de capataz.** loc. verb. *Pa.* metáf. Mostrar *alguien* gusto por mandar a otros en exceso y sin que haya necesidad. pop + cult → espon.

e². ‖ **~ alzao de un lao.** loc. verb. *RD.* Incomodar a *alguien* continuamente, molestarlo.

f². ‖ **~ arrancadas de perro chingo.** loc. verb. *Ni.* Mostrar sorpresivamente un rasgo de ingenio.

g². ‖ **~ atole en las venas.**
　i. loc. verb. *Mx.* Ser *alguien* pusilánime, irresoluto, pobre de espíritu. pop + cult → espon. ◆ **tener sangre de atole.**
　ii. *Mx.* Tener *alguien* sangre fría, mostrarse inconmovible en situaciones críticas o fuertemente emocionales. pop + cult → espon. ◆ **tener sangre de atole.**

h². ‖ **~ banca.** loc. verb. *Py, Ar, Ur.* Ser influyente o poderoso. pop + cult → espon. ◆ **tener la manija.**

i². ‖ **~ barra.** loc. verb. *Bo, Ch.* Ser *alguien* popular. pop.

j². ‖ **~ barriga de músico.** loc. verb. *Mx, Ni.* Comer cualquier cosa y a cualquier hora sin enfermarse. pop + cult → espon.

k². ‖ **~ bien amarrados los pantalones.** loc. verb. *Ho, Ni, CR, Co, Bo.* Imponer *alguien* su autoridad.

l². ‖ **~ billete.** loc. verb. *Mx, Ni, Cu, RD, PR, Co, Ve, Ec, Ch.* Tener mucho dinero. pop + cult → espon.

m². ‖ **~ boca de carretonero.** loc. verb. *Mx, Ch.* Hablar *alguien* empleando un sinnúmero de insultos y palabras altisonantes. pop.

n². ‖ **~ boca de chivo.** loc. verb. *RD.* Predecir desgracias que terminan por cumplirse.

ñ². ‖ **~ boca de letrina.** loc. verb. *Ho, Ni, Ur.* Decir palabras soeces.

o². ‖ **~ boca de santo.** loc. verb. *Ni.* No comer *alguien.*

p². ‖ ~ **boca de servicio.** loc. verb. *Ho.* Decir palabras soeces. desp.

q². ‖ ~ **bolas.** loc. verb. *Gu, Ho, ES, Ni, Pa, Ve, Bo, Ar, Ur.* Tener *alguien* valentía. pop + cult → espon.

r². ‖ ~ **boliche.** loc. verb. *Ur.* Tener mucha experiencia o práctica en algo. pop – cult → espon.

s². ‖ ~ **bronca.**
   i. loc. verb. *Co, Ec, Pe, Bo, Ch, Ar, Ur.* Sentir fuerte antipatía hacia alguien. pop + cult → espon.
   ii. *Py.* Sentir aversión hacia alguien o algo.

t². ‖ ~ **buen declive.** loc. verb. *Ch.* Beber alcohol con facilidad sin embriagarse. pop.

u². ‖ ~ **buen lejos.** loc. verb. *Ch, Ur.* Dar una buena impresión *una persona* o *una cosa* en la distancia, pero no de cerca.

v². ‖ ~ **buena barra.** loc. verb. *Ch.* Tener buena voluntad a alguien. pop.

w². ‖ ~ **buena cuchara.** loc. verb. *CR.* Ser *alguien* muy hábil para la cocina, *en especial para sazonar los alimentos.*

x². ‖ ~ **buena cura.** loc. verb. *Ch.* Comportarse de manera correcta o adecuada durante una borrachera. pop.

y². ‖ ~ **buenos cimientos.** loc. verb. *Cu.* Tener una mujer buenas piernas.

z². ‖ ~ **cabeza de gallina.** loc. verb. *Ho, Ni.* Ser tonto, de poca inteligencia. pop ∧ hiperb.

a³. ‖ ~ **cabezón.** loc. verb. *Pe.* Tener preocupado a alguien. pop + cult → espon.

b³. ‖ ~ **cabida.**
   i. loc. verb. *Ho, ES, Cr, Py.* Ser *alguien* aceptado en un grupo. pop.
   ii. *Ni, Pa.* Estar *alguien* sosegado.

c³. ‖ ~ **cacao.**
   i. loc. verb. *Ho.* p.u. Tener talento, ser inteligente.
   ii. *PR.* Tener dinero.

d³. ‖ ~ **cachaza.** loc. verb. *Pa, RD, Co:N, Ec:S.* Ser *alguien* soberbio y prepotente. pop + cult.

e³. ‖ ~ **cachos.** loc. verb. *Mx, Ho, ES, Ni, CR, Pa, RD.* Padecer la infidelidad sexual de alguien con quien se tiene relaciones amorosas. pop.

f³. ‖ ~ **caché.** loc. verb. *PR.* Tener carisma. pop + cult → espon.

g³. ‖ ~ **cagando.** loc. verb. *Eo:O, Ar.* vulg. Fastidiar a *alguien* imponiéndole una disciplina muy estricta. pop.

h³. ‖ ~ **cajeta, cuchillo y guaro.** loc. verb. *Ho.* Ser hombre que tiene dinero, mujeres y bebida.

i³. ‖ ~ **calentura de pollo.** loc. verb. *Mx, Gu, Ho, ES, Ni, CR.* Fingir *alguien* que tiene calentura. fest.

j³. ‖ ~ **calle.** loc. verb. *Cu; Ar, Ur.* pop + cult → espon. Tener *alguien* mucha experiencia en algo y desenvolverse con habilidad en ello.

k³. ‖ ~ **cancha.**
   i. loc. verb. *Ho, ES, Ni, CR, Pa, Bo; Co, Ch, Py, Ar, Ur,* cult → espon. Poseer experiencia en algún oficio o actividad. pop.
   ii. *Ec, Pe, Bo, Ch, Ur.* Tener desenvoltura. pop + cult → espon.
   iii. *Ve, Ec, Ur.* Saber manejar o dominar una situación.

l³. ‖ ~ **caña.** loc. verb. *Cu.* Tener fuerzas.

m³. ‖ ~ **cañera.** loc. verb. *RD.* Tener diarrea.

n³. ‖ ~ **cara de ratón.** loc. verb. *PR.* No ser confiable. pop + cult → espon.

ñ³. ‖ ~ **careta.** loc. verb. *PR.* Hacerse pasar *alguien* por rehabilitado de la drogadicción. drog.

o³. ‖ ~ **cementerio.** loc. verb. *Ho.* Haber matado *alguien* a muchas personas.

p³. ‖ ~ **cheles.**
   i. loc. verb. *Gu.* Desconfiar. pop + cult → espon.
   ii. *Gu.* Sentir miedo de hacer algo.

q³. ‖ ~ **chincual.** loc. verb. *Mx.* Estar *alguien* muy inquieto por algo.

r³. ‖ ~ **chipota.** loc. verb. *Ni.* Ser *alguien* inteligente.

s³. ‖ ~ **chiste.** *Mx, Ni, Py.* tener su chiste.

t³. ‖ ~ **clavo.** loc. verb. *Ho, Ni.* Padecer *alguien* una denuncia o problema judicial o administrativo. pop + cult → espon.

u³. ‖ ~ **cogido por el narigón.** loc. verb. *Cu.* Dominar a *alguien.*

v³. ‖ ~ **cola.**
   i. loc. verb. *Mx, Gu, Ho, Ni, Bo.* Tener *alguien* antecedentes negativos. pop + cult → espon.
   ii. *Co, Pe, Py.* Estar *alguien* acompañado de otras personas. pop.
   iii. *Ec.* Tener un asunto consecuencias inesperadas, *generalmente negativas.*

w³. ‖ ~ **cola de paja.** loc. verb. *Co, Pe, Bo, Py, Ur.* Tener *alguien* un pasado oscuro u oculto. pop + cult → espon.

x³. ‖ ~ **cola que le pisen.** loc. verb. *Mx, Ho, Ni, RD, Ec, Bo.* Haber realizado *alguien* acciones en el pasado que se le pueden reprochar o por las que se le puede acusar.

y³. ‖ ~ **colmillo.** loc. verb. *Mx, CR.* Ser astuta y difícil de engañar *una persona* debido a su gran experiencia. pop.

z³. ‖ ~ **comején en la azotea.** loc. verb. *Cu.* Tener alteradas las facultades mentales.

a⁴. ‖ ~ **comiendo en la mano.** loc. verb. *Mx, Ho, Ni, PR, Ee.* Dominar completamente a *alguien.* pop.

b⁴. ‖ ~ **como chingolingo y querendón.** loc. verb. *Ho.* Mimar en exceso a *una persona.*

c⁴. ‖ ~ **como escopeta de mañoso.** loc. verb. *Ho.* Estar embarazada una mujer con frecuencia. rur.

d⁴. ‖ ~ **comprado.** loc. verb. *Ec, Ch.* Tener asegurado *algo* para el futuro.

e⁴. ‖ ~ **concha.** loc. verb. *Co:N; Ho, ES, Ni, Pa,* pop + cult → espon. Comportarse *alguien* de forma desvergonzada o sin consideración.

f⁴. ‖ ~ **concón.** loc. verb. *RD.* Ser sospechosa una cosa.

g⁴. ‖ ~ **conque.** loc. verb. *ES, Ar, Ur.* Tener dinero suficiente para comprar o para emprender algo. pop + cult → espon ∧ fest.

h⁴. ‖ ~ **corona.**
   i. loc. verb. *Gu, Ni, Pa, Co, Ec, Pe.* Disfrutar *alguien* de privilegios o prerrogativas. pop + cult → espon.
   ii. *Ho, Ni.* Ser persona de poder e influencia.

i⁴. ‖ ~ **coronita.** loc. verb. *Ar, Ur.* Disfrutar *alguien* de privilegios o prerrogativas. pop + cult → espon.

j⁴. ‖ ~ **correas.** loc. verb. *Ec.* Ser *una persona* de carácter sereno y paciente. pop.

k⁴. ‖ ~ **corto.** loc. verb. *Bo, Ch, Ar, Ur.* Controlar de manera severa y rigurosa a *alguien.* pop + cult → espon.

l⁴. ‖ ~ **costra.** loc. verb. *Ho.* Ser persona de edad avanzada o con mucha experiencia.

m⁴. ‖ ~ **credenciales.** loc. verb. *Mx, Ur.* Poseer *alguien* la influencia suficiente para alcanzar un objetivo. pop.

n⁴. ‖ ~ **cuche.** loc. verb. *Ho.* Impedir la salida de algo, *especialmente de un vehículo.* pop + cult → espon.
   ◆ **estar cuche.**

ñ⁴. ‖ ~ **cuero.**
   i. loc. verb. *Gu, Ho, ES, Ni, Bo.* Aguantar *alguien* las críticas. pop + cult → espon ∧ desp.
   ii. *Ho.* Tener miedo a alguien o a algo.

o⁴. ‖ ~ **culo de araña bomba.** loc. verb. *PR.* Ser culigordo. vulg; pop + cult → espon.

p⁴. ‖ ~ **curado.** loc. verb. *Ho.* Lograr el amor de *alguien* por brujería.

q⁴. ‖ ~ **cuzco.** loc. verb. *Ho.* Cansar, hastiar a *alguien.* pop + cult → espon.

r⁴. ‖ ~ **de baja.** loc. verb. *RD.* Burlarse o abusar de alguien.

s⁴. ‖ ~ **de bola.** *Cu.* **coger de bola.**

t⁴. ‖ ~ **de cacheo.** loc. verb. *RD.* Causar frecuentemente molestias y perjuicios a *alguien.*

u⁴. ‖ ~ **de casero, -a.**
   i. loc. verb. *Pe, Ch.* Hacer a *una persona* objeto de continuas peticiones o de molestias.
   ii. *Ch.* Ser *una persona* víctima de contratiempos o de agresiones hechos por otros.

v⁴. ‖ ~ **de correr.** loc. verb. *Ho.* Tener *alguien* nerviosa a otra persona. pop + cult → espon.

w⁴. ‖ ~ **de encargo.** loc. verb. *Ni, CR.* Sobrecargar a *alguien* de tareas. pop.

x⁴. ‖ ~ **de esa cabuya un rollo.** loc. verb. *Ve.* Saber o conocer mucho *alguien* de un asunto o de una situación.

y⁴. ‖ ~ **de hijo.** loc. verb. *PR, Pe.* Ganar reiteradamente a un mismo adversario en **competencias** deportivas.

z⁴. ‖ ~ **de la corbata.** loc. verb. *Ho.* Dominar a *alguien,* hacer con él lo que se quiere.

a⁵. ‖ ~ **de punto.** loc. verb. *Ar, Ur.* Hacer a *alguien* objeto de bromas y burlas permanentes. pop + cult → espon.

b⁵. ‖ ~ **de un cacho.** loc. verb. *Co.* Tener casi logrado un propósito. pop + cult → espon.

c⁵. ‖ ~ **de un coco.** loc. verb. *Ch.* Tener a *alguien* sujeto a extorsión, amenaza o intimidación. vulg.

d⁵. ‖ ~ **de un huevo.** loc. verb. *CR.* Tener harto a *alguien* por las molestias constantes que se le provocan. pop + cult → espon.

e⁵. ‖ ~ **dedos para el piano.** loc. verb. *Ch.* Tener aptitudes para realizar una actividad. pop + cult → espon.

f⁵. ‖ ~ **dedos verdes.** loc. verb. *Ch.* Tener habilidad para cuidar y hacer crecer las plantas. pop + cult → espon.

g⁵. ‖ ~ **del ala.** loc. verb. *Mx, Gu, Ho, ES, Ni, Bo.* Dominar a *alguien, generalmente por amor.* pop + cult → espon ^ fest.

h⁵. ‖ ~ **del culantro.** loc. verb. *Ho.* Estar *alguien* nervioso. euf.

i⁵. ‖ ~ **del culo.** loc. verb. *Ho.* Poner nervioso a *alguien.* vulg.

j⁵. ‖ ~ **del pico.**
   i. loc. verb. *Ho.* Depender totalmente de alguien. pop.
   ii. *Ho.* Tener a *alguien* en aprietos o nervioso.

k⁵. ‖ ~ **dembow.** loc. verb. *PR.* juv. Dominar *alguien* el ritmo del **reguetón.**

l⁵. ‖ ~ **donde meter la cabeza.** loc. verb. *ES, Co.* Tener *alguien* un sitio donde vivir.

m⁵. ‖ ~ **el banco virao.** loc. verb. *PR.* Tener *alguien* muchísimo dinero. pop + cult → espon.

n⁵. ‖ ~ **el bonito subido.** loc. verb. *Cu, Ve.* Tener *una persona* un aspecto mejor que el habitual.

ñ⁵. ‖ ~ **el colmillo ahumado.** loc. verb. *Ve.* Tener *alguien* mucha experiencia de la vida.

o⁵. ‖ ~ **el coludo adentro.** loc. verb. *Ho.* Poseer *alguien* malos sentimientos. pop + cult → espon.

p⁵. ‖ ~ **el corazón de alambre de púas.** loc. verb. *PR.* Actuar *alguien* de manera egoísta, cruel, inhumana. pop + cult → espon.

q⁵. ‖ ~ **el dedo metido en el culo.** loc. verb. *Ni, RD.* Estar *alguien* en apuros, con falta de recursos o en una situación difícil. vulg; pop.

r⁵. ‖ ~ **el diente largo.** loc. verb. *Ch.* Tener mucho apetito. pop + cult → espon.

s⁵. ‖ ~ **el genio volado.** loc. verb. *PR.* Ser *alguien* irascible.

t⁵. ‖ ~ **el hambre pareja.** loc. verb. *Ve.* Tener mucha hambre.

u⁵. ‖ ~ **el honor en los calcañales.** loc. verb. *Ho.* Carecer *alguien* de honor, ser desleal. desp.

v⁵. ‖ ~ **el moco caído.** *PR.* **vivir con el moco caído.** vulg.

w⁵. ‖ ~ **el mono trepao en la espalda.** loc. verb. *PR.* Sentir *alguien* los primeros síntomas que causa en el organismo la falta de droga. drog. ♦ **tener un mono que no se apea.**

x⁵. ‖ ~ **el moño virado.** loc. verb. *Cu.* Estar *alguien* irritado o de mal humor.

y⁵. ‖ ~ **el negro cerca.** loc. verb. *Cu.* Tener *alguien* ascendentes de raza negra.

z⁵. ‖ ~ **el oído cuadrado.** loc. verb. *Cu.* Carecer de aptitud para percibir y entonar una melodía. pop.

a⁶. ‖ ~ **el ojete roto.** loc. verb. *Pe.* Ser un hombre homosexual. vulg.

b⁶. ‖ ~ **el ojo largo.** loc. verb. *Pa.* Parecer *alguien* cansado o enfermo.

c⁶. ‖ ~ **el ojo más grande que la barriga.** loc. verb. *Co:C.* Servirse o hacerse servir más ración de comida de la que se puede comer.

d⁶. ‖ ~ **el ojo puesto.** loc. verb. *Pa.* Odiar a alguien.

e⁶. ‖ ~ **el pesebre alto.** loc. verb. *Ve.* Encontrarse *alguien* en situación de escasez económica.

f⁶. ‖ ~ **el pico caliente.** loc. verb. *RD, Bo.* Tener ganas de beber alcohol. pop + cult → espon.

g⁶. ‖ ~ **el pico como un tirapiedras.** loc. verb. *RD.* Tener *una persona* mucha sed o ganas de beber. pop + cult → espon.

h⁶. ‖ ~ **el santo subido.** loc. verb. *Cu.* Estar *alguien* malhumorado.

i⁶. ‖ ~ **el sello.** loc. verb. *PR.* Estar *alguien* considerado como homosexual. pop + cult → espon.

j⁶. ‖ ~ **en el jamo.** loc. verb. *Cu.* Tener dominado a *alguien* o bajo control.

k⁶. ‖ ~ **en jabón.** loc. verb. *ES.* Amenazar a *alguien.*

l⁶. ‖ ~ **en la batea.** loc. verb. *Ch.* Tener *alguien* a otra persona a su disposición y antojo. pop.

m⁶. ‖ ~ **en la bolsa.** loc. verb. *Mx, Ho, Ni.* Tener a *alguien* completamente convencido.

n⁶. ‖ ~ **en la mirilla.** loc. verb. *Cu, RD, PR.* Vigilar a *alguien* con un objetivo determinado.

ñ⁶. ‖ ~ **en salsa.** loc. verb. *Ve.* Querer hacerle daño a *una persona* o castigarla.

o⁶. ‖ ~ **en un patín.** loc. verb. *PR.* Hacer trabajar a *alguien* bajo una gran presión. pop + cult → espon.

p⁶. ‖ ~ **espuelas.** loc. verb. *PR.* Actuar *alguien* con astucia. pop + cult → espon.

q⁶. ‖ ~ **espuelas de este tamaño.**
   i. loc. verb. *Ve.* Ser *alguien* muy ágil en ciertos asuntos. pop.
   ii. *Ve.* Ser *alguien* de temer o desconfiar. pop.

r⁶. ‖ ~ **esquina.** loc. verb. *Pe.* Conocer los usos y costumbres de la gente que frecuenta las calles de la ciudad.

s⁶. ‖ ~ *feeling.* (Voz inglesa). loc. verb. *Cu.* Cantar con gran expresión.

t⁶. ‖ ~ **fogareté.** loc. verb. *RD.* Estar inquieto y eufórico.

u⁶. ‖ ~ **fósforo.** loc. verb. *Ni.* Ser inteligente.

v⁶. ‖ ~ **fregado.** loc. verb. *Ho.* Molestar a *alguien.*

w⁶. ‖ ~ **fuerza de cara.** loc. verb. *Cu, PR.* Ser un sinvergüenza.

x⁶. ‖ ~ **gandinga.**
   i. loc. verb. *Cu.* Ser capaz de realizar algo que resulta repulsivo.

ii. *Cu.* Ser muy tranquilo e impasible. pop.

iii. *Cu.* Ser muy atrevido y descarado. pop.

y⁶. ‖ ~ **garganta de pirata.** loc. verb. *Mx.* Ser capaz de consumir cualquier bebida alcohólica, incluso, y sobre todo, aquella con un alto grado de alcohol o de mala calidad. pop.

z⁶. ‖ ~ **gato metido dentro de un saco.** loc. verb. *PR.* Actuar *alguien* ocultamente, por trasmano. pop + cult → espon.

a⁷. ‖ ~ **giro.** loc. verb. *Cu.* Acosigar a alguien con exigencias y peticiones.

b⁷. ‖ ~ **grandes teneres.** loc. verb. *Ho.* Ser indiscreto. pop + cult → espon ∧ desp.

c⁷. ‖ ~ **guagua.** loc. verb. *Ec, Bo, Ch.* Dar a luz, parir. pop + cult → espon.

d⁷. ‖ ~ **guara.** loc. verb. *Cu.* Tener *una persona* el amparo o el respaldo de otra. pop.

e⁷. ‖ ~ **guararey.** loc. verb. *Cu, RD.* obsol. Estar enamorado. pop.

f⁷. ‖ ~ **guasabara.** loc. verb. *RD.* Estar inquieto. pop.

g⁷. ‖ ~ **guatón.** loc. verb. *Ch.* Hacer que alguien llegue a estar harto o desesperado. pop.

h⁷. ‖ ~ **guayabitos en la azotea.** loc. verb. *Cu.* Tener alteradas las facultades mentales. pop.

i⁷. ‖ ~ **güecho.** loc. verb. *CR.* obsol. Ser crédulo o ingenuo. pop + cult → espon.

j⁷. ‖ ~ **gusto de rico y bolsillo de pobre.** loc. verb. *PR.* Tener *alguien* gustos finos, pero muy alejados de sus posibilidades materiales. pop + cult → espon.

k⁷. ‖ ~ **habitantes en la azotea.** loc. verb. *Cu.* Tener piojos *una persona.*

l⁷. ‖ ~ **hacha, calabaza y miel.** loc. verb. *Ho.* Poseer muchas cosas, vivir bien.

m⁷. ‖ ~ **hasta el último pelo.** loc. verb. *Cu.* Tener *algo* o *alguien* harta, cansada o molesta a *una persona.*

n⁷. ‖ ~ **hormigas en el culo.** loc. verb. *PR, Ar, Ur.* Ser o estar muy nervioso o inquieto. pop + cult → espon.

ñ⁷. ‖ ~ **hormigas en el fondillo.** loc. verb. *Ho, PR.* Estar muy nervioso o inquieto por algo. ♦ **tener hormigas en el fondillo.**

o⁷. ‖ ~ **hormigas en el fondillo.** loc. verb. *PR.* **tener hormigas en el fondillo.** pop + cult → espon.

p⁷. ‖ ~ **huevo.**

i. loc. verb. *Co:C.* Querer *alguien* algo imposible o muy difícil. pop.

ii. *Co.* Ser descarado, aprovechado. vulg; desp.

q⁷. ‖ ~ **hule.** loc. verb. *Ho.* Derrotar, dominar, vencer una persona a otra. pop + cult → espon.

r⁷. ‖ ~ **idea.** loc. verb. *CR, Ve, Ar, Ur.* Sentir rechazo o mala voluntad hacia alguien. pop.

s⁷. ‖ ~ **jalón.** loc. verb. *Mx, Ho.* Poseer *alguien* arrastre sobre los demás.

t⁷. ‖ ~ **jiña.** loc. verb. *Cu.* Sentir aversión hacia alguien. pop.

u⁷. ‖ ~ **jiribilla.** loc. verb. *Mx, Cu.* Ser muy activa *una persona.*

v⁷. ‖ ~ **la arepa segura.** loc. verb. *Ve.* Tener *alguien* las necesidades básicas cubiertas.

w⁷. ‖ ~ **la barriga pegada al espinazo.** loc. verb. *Ni, Cu, Ve.* Tener mucha hambre.

x⁷. ‖ ~ **la baticola floja.** loc. verb. *Ec.* Ser una mujer de moral sexual relajada. vulg.

y⁷. ‖ ~ **la boca lucia.** loc. verb. *RD.* Tener hambre.

z⁷. ‖ ~ **la boca salada.** loc. verb. *Cu, RD, Pe.* Cumplirse los malos augurios de una persona.

a⁸. ‖ ~ **la cabeza llena de musarañas.** loc. verb. *Cu.* Carecer *alguien* de sentido común.

b⁸. ‖ ~ **la cajetilla abierta.** loc. verb. *Cu.* Reírse *alguien.*

c⁸. ‖ ~ **la cara como la pitahaya.** loc. verb. *RD.* Tener la cara arrebolada, encendida en rojo.

d⁸. ‖ ~ **la cara cortada.** *Ec.* ser la cara cortada.

e⁸. ‖ ~ **la cárcel de garaje.** loc. verb. *PR.* Reincidir en pena de cárcel. pop + cult → espon.

f⁸. ‖ ~ **la chispa atrasada.** loc. verb. *Cu, Co:C, Ve, Ec, Bo.* Ser lenta *una persona* para reaccionar ante determinada situación o para comprender algo. pop.

g⁸. ‖ ~ **la chispa encendida.**

i. loc. verb. *Co, Ur.* Tener ingenio, humor. pop.

ii. *Cu.* Captar con rapidez el sentido de algo.

iii. adj. *Cu.* Actuar oportunamente y con rapidez.

h⁸. ‖ ~ **la chiva amarrada.** loc. verb. *Mx.* Conservar *alguien* permanentemente un puesto de trabajo. pop.

i⁸. ‖ ~ **la farmacia abierta.** *PR.* **tener la farmacia abierta y el doctor dormido.** pop + cult → espon.

j⁸. ‖ ~ **la farmacia abierta y el doctor dormido.** loc. verb. *Gu, Ho, ES, Ni, Ec.* Tener *alguien* la bragueta abierta. fest. ♦ **tener la farmacia abierta.**

k⁸. ‖ ~ **la fridera por el mango.** loc. verb. *Ho.* Tener el poder, dominar la situación.

l⁸. ‖ ~ **la lengua sucia.** loc. verb. *Ni, RD, Ve.* Decir palabras groseras.

m⁸. ‖ ~ **la llanta desinflada.** loc. verb. *Ho.* Estar *alguien* deprimido. pop.

n⁸. ‖ ~ **la llorona.** loc. verb. *Co.* Ponerse *alguien* a llorar cuando ha bebido alcohol y se encuentra bastante borracho. pop.

ñ⁸. ‖ ~ **la manija.** *Py, Ar, Ur,* pop + cult → espon. **tener banca.**

o⁸. ‖ ~ **la marea alta.** loc. verb. *Pa.* Estar *alguien* disgustado o demasiado sensible.

p⁸. ‖ ~ **la papa.** loc. verb. *Ar.* Disponer de una información fiable y exacta. pop + cult → espon.

q⁸. ‖ ~ **la pata alzada.** loc. verb. *PR.* Estar siempre dispuesto a salir, a pasear. pop + cult → espon.

r⁸. ‖ ~ **la piel finita.** loc. verb. *PR.* Comportarse de manera muy susceptible. pop + cult → espon.

s⁸. ‖ ~ **la precisa.** loc. verb. *Ar.* Disponer de una información fiable y exacta. pop + cult → espon.

t⁸. ‖ ~ **la sábana agarrada por el canto.** loc. verb. *RD.* Tener *alguien* una situación bajo control. pop + cult → espon.

u⁸. ‖ ~ **la santería en bandeja.** loc. verb. *Cu.* Presumir mucho una mujer.

v⁸. ‖ ~ **la vaca atada.** loc. verb. *Ar.* Disfrutar de una situación ventajosa y estable, *particularmente en lo económico.* pop + cult → espon.

w⁸. ‖ ~ **la vía.** loc. verb. *Co.* Tener un automovilista prioridad de paso en un cruce.

x⁸. ‖ ~ **la zapatilla floja.** loc. verb. *Cu.* Orinar con mucha frecuencia.

y⁸. ‖ ~ **laca.** loc. verb. *Pa.* Ser muy elocuente. pop.

z⁸. ‖ ~ **ladilla.** loc. verb. *Ve.* Tener pereza o flojera. vulg.

a⁹. ‖ ~ **las espuelas largas.** loc. verb. *PR.* Caracterizarse *alguien* por ser listo, astuto, ladino. pop + cult → espon.

b⁹. ‖ ~ **las orejas paradas.** loc. verb. *PR.* Escuchar *alguien* con disimulo.

c⁹. ‖ ~ **las pelotas llenas.** loc. verb. *Ar.* Estar harto, molesto. vulg; pop.

d⁹. ‖ ~ **lengua de billetera.** loc. verb. *Pa.* Hablar en exceso. pop.

e⁹. ‖ ~ **ley.** loc. verb. *CR, Ec.* Sentir aversión o rechazo por una persona.

f⁹. ‖ ~ **los alambres cambiados.**

i. loc. verb. *Ho, ES, Ni.* Estar de mal humor, enfadado. pop + cult → espon.

ii. *Ho.* Alterarse *alguien*, estar nervioso. pop + cult → espon.

g⁹. ‖ ~ **los cables pelados.**

 i. loc. verb. *Pe, Bo, Ch, Py, Ar, Ur.* Tener *alguien* las facultades mentales alteradas. pop. ♦ **estar con los cables pelados.**

 ii. *Ho.* Estar *alguien* enojado sin razón. pop + cult → espon.

 iii. *Ur.* Estar *alguien* de mal humor. pop + cult → espon. (**estar con los cables pelados**).

h⁹. ‖ ~ **los coyolos bien rayados.** loc. verb. *Ho.* Ser *alguien* valiente.

i⁹. ‖ ~ **los hilos cambiados.** loc. verb. *PR.* Ser un hombre afeminado. pop + cult → espon.

j⁹. ‖ ~ **los huevos en la garganta.** loc. verb. *Ar, Ur.* Sentir mucho miedo. pop + cult → espon ^ fest.

k⁹. ‖ ~ **los huevos rayados.** loc. verb. *CR.* Ser *alguien* muy valiente. vulg; pop + cult → espon.

l⁹. ‖ ~ **los muelles flojos.** loc. verb. *Pa.* Ventosearse.

m⁹. ‖ ~ **los ojos como caballito de machina.** loc. verb. *PR.* Tener *alguien* los ojos desorbitados, con la mirada fija. pop + cult → espon.

n⁹. ‖ ~ **los ojos como mosquito que chupa fli.** loc. verb. *PR.* Tener *alguien* la mirada lánguida, por borrachera o enfermedad.

ñ⁹. ‖ ~ **los palos encima.** loc. verb. *Pa.* Ser *una persona* inculta o ignorante.

o⁹. ‖ ~ **los pantalones.** loc. verb. *Ec, Bo.* Ejercer *una persona* la primera autoridad en el hogar.

p⁹. ‖ ~ **luz larga.** loc. verb. *Cu.* Ser *alguien* previsor.

q⁹. ‖ ~ **mal trago.** loc. verb. *Gu, Ho, ES, Ni, Ur.* Comportarse *alguien* de forma violenta cuando toma alcohol en exceso.

r⁹. ‖ ~ **mala barra.** loc. verb. *Ch.* Tener mala voluntad o manía a alguien.

s⁹. ‖ ~ **mala espalda.** loc. verb. *Co.* Ser *alguien* portador de mala suerte.

t⁹. ‖ ~ **malo el casete.** loc. verb. *Ho.* Estar trastornada *una persona* temporalmente. pop.

u⁹. ‖ ~ **malo el escape.** loc. verb. *Ho.* Ser un hombre homosexual. vulg; fest.

v⁹. ‖ ~ **malos cascos.** loc. verb. *PR.* Ser de mal genio, cascarrabias. pop + cult → espon.

w⁹. ‖ ~ **más fe que san Roque.** loc. verb. *CR.* Creer que algo realmente ocurrirá como se espera, aunque existan en realidad muy pocas probabilidades de que ocurra.

x⁹. ‖ ~ **más güevos que una iguana.** loc. verb. *Ho.* Ser muy valiente *alguien*.

y⁹. ‖ ~ **más huevos que una iguana.** loc. verb. *Gu.* Ser *una persona* muy valiente. pop + cult → espon.

z⁹. ‖ ~ **más leche que un palo de pana.** *PR.* **tener más leche que un papayo macho.**

a¹⁰. ‖ ~ **más leche que un papayo macho.** loc. verb. *PR.* Tener *alguien* suerte. ♦ **tener más leche que un palo de pana.**

b¹⁰. ‖ ~ **más pelo que un empacho de coco.** loc. verb. *PR.* Ser *alguien* muy peludo. pop + cult → espon ^ fest.

c¹⁰. ‖ ~ **más puestos que un bus.** loc. verb. *Co.* Tener *alguien* muchos puestos estatales, *sobre todo si implican poco trabajo y mucho beneficio.* fest.

d¹⁰. ‖ ~ **más puntas que un cabestro de cerdas.** loc. verb. *Ve.* Ser *alguien* muy dado a lanzar indirectas.

e¹⁰. ‖ ~ **más ramazón que un venado en abril.** loc. verb. *Ho.* Padecer *alguien* la infidelidad de su pareja.

f¹⁰. ‖ ~ **mejengue.** loc. verb. *PR.* Ser *algo* muy difícil. pop + cult → espon.

g¹⁰. ‖ ~ **muchos cueros.** loc. verb. *Ho.* Poseer *alguien* mucha experiencia. pop + cult → espon.

h¹⁰. ‖ ~ **muñeca.**

 i. loc. verb. *Ec, Pe, Bo:E, Py, Ar, Ur.* Poseer habilidad y astucia para resolver situaciones difíciles. pop.

 ii. *RD.* Ser severo en el trato con la gente.

i¹⁰. ‖ ~ **nacatamal escondido.** loc. verb. *Ho, Ni.* Guardar un secreto, tener una sorpresa.

j¹⁰. ‖ ~ **oído de tuberculoso.** loc. verb. *Cu.* Tener *alguien* gran agudeza auditiva.

k¹⁰. ‖ ~ **oídos de mercader.** loc. verb. *Ho, Ur.* Ignorar que se ha oído algo, no querer oír algo.

l¹⁰. ‖ ~ **ojo de cacalote.** loc. verb. *Ho.* Poseer *una persona* muy buena vista. rur.

m¹⁰. ‖ ~ **ojo de gargajo.** loc. verb. *Ho:O.* Tener un ojo con una nube. rur.

n¹⁰. ‖ ~ **ojo de piche.** loc. verb. *Ni.* Poseer buena vista.

ñ¹⁰. ‖ ~ **ojos de gato.** loc. verb. *PR.* Tener facultad para ver en la oscuridad. pop + cult → espon.

o¹⁰. ‖ ~ **olor a gorra de policía.** loc. verb. *PR.* Despedir *alguien* mal olor, apestar. vulg; pop + cult → espon.

p¹⁰. ‖ ~ **onda.**

 i. loc. verb. *Mx.* Mantener relaciones amorosas. pop.

 ii. *Ch.* Tener impulso o resistencia. pop + cult → espon.

q¹⁰. ‖ ~ **pala.** loc. verb. *PR.* Tener *alguien* influencia. pop + cult → espon.

r¹⁰. ‖ ~ **palanca.** loc. verb. *Pa, RD, Co, Ve, Ec, Ur; Bo:O,* pop + cult → espon. Tener *alguien* influencia ante una autoridad para conseguir de ella algún favor.

s¹⁰. ‖ ~ **palito.** loc. verb. *Co.* Tener habilidad para conseguir algo. pop.

t¹⁰. ‖ ~ **pantalones.** loc. verb. *Ec, Ch.* Ser *alguien* muy valiente, tener coraje. pop.

u¹⁰. ‖ ~ **para la patada y el combo.** loc. verb. *Ch.* Maltratar físicamente a *alguien* de manera continuada. pop.

v¹⁰. ‖ ~ **pararrayo.** loc. verb. *Ho.* Estar protegido por la policía. polic.

w¹⁰. ‖ ~ **parqueado.** *Cu.* **estar parqueado.**

x¹⁰. ‖ ~ **patio.** loc. verb. *ES, Ni.* Ser querido, aceptado en una casa.

y¹⁰. ‖ ~ **pegue.** loc. verb. *Ho, ES.* Poseer influencia sobre alguien.

z¹⁰. ‖ ~ **pericos en la cara.** loc. verb. *Ho.* Reprochar a alguien que se quede mirando fijamente. pop.

a¹¹. ‖ ~ **peso en la cola.** loc. verb. *Co.* p.u. Ser sensata *una persona.*

b¹¹. ‖ ~ **pica.** loc. verb. *Ec.* Tener hacia alguien mala voluntad. pop + cult → espon.

c¹¹. ‖ ~ **picado el cheje.** loc. verb. *Ho, ES.* Haber perdido la virginidad una mujer. rur; vulg.

d¹¹. ‖ ~ **piedra.** loc. verb. *Co.* Estar de mal humor. pop.

e¹¹. ‖ ~ **pija atrás.** loc. verb. *Ho.* Estar *alguien* en una situación difícil y complicada. vulg.

f¹¹. ‖ ~ **poco fundillo.** loc. verb. *RD.* Ser *alguien* pusilánime.

g¹¹. ‖ ~ **poco pelo.** loc. verb. *PR.* No ser idóneo para un determinado asunto. pop + cult → espon.

h¹¹. ‖ ~ **punch.** loc. verb. *Cu.* Tener *alguien* poder o influencia.

i¹¹. ‖ ~ **que enganchar los guantes.** loc. verb. *PR.* Recibir *alguien* una larga sentencia judicial. delinc.

j¹¹. ‖ ~ **rabia.** loc. verb. *PR.* Ser *algo* de excelente calidad. pop + cult → espon.

k¹¹. ‖ ~ **raja de negro.** loc. verb. *PR.* Tener *alguien* ascendencia negra. pop + cult → espon.

l¹¹. ‖ ~ **rasquiña de mono.** loc. verb. *PR.* Tener *alguien* la manía de rascarse. pop + cult → espon.

m¹¹. ‖ ~ **ratones.** loc. verb. *Ur.* Creerse superior a los demás. pop + cult → espon.

n[11]. ‖ ~ **real.** loc. verb. *Ve.* Tener gran cantidad de dinero. pop + cult → espon.

ñ[11]. ‖ ~ **resto.** loc. verb. *Py, Ar, Ur.* Conservar el vigor y la capacidad para continuar con una actividad o emprender una nueva. pop + cult → espon.

o[11]. ‖ ~ **reuma en el brazo.** loc. verb. *Cu.* Ser tacaño o cicatero.

p[11]. ‖ ~ **riñones.** loc. verb. *Ve.* Comportarse con descaro o desfachatez. pop + cult → espon.

q[11]. ‖ ~ **rochado.** loc. verb. *Ch.* Haber descubierto en *alguien* sus intenciones y propósitos. pop + cult → espon.

r[11]. ‖ ~ **rojas las orejas.** loc. verb. *Co, Ec, Ch, Ur.* Ser *alguien* objeto de crítica o comentarios sin estar presente. pop.

s[11]. ‖ ~ **sangre.** loc. verb. *Pa.* Ser hábil o diestro para tratar a ciertos grupos de personas.

t[11]. ‖ ~ **sangre de atole.** *Mx.* **tener atole en las venas.** pop.

u[11]. ‖ ~ **sangre en la cara.** loc. verb. *Ec.* Tener vergüenza.

v[11]. ‖ ~ **santos en la corte.** loc. verb. *Ch.* Tener apoyos o amigos influyentes. pop + cult → espon.

w[11]. ‖ ~ **seco.** loc. verb. *Ve, Ur.* Acosar, apremiar, importunar a *alguien* con molestias o requerimientos. pop.

x[11]. ‖ ~ **sembrado.** loc. verb. *Cu.* Tener a *alguien* de visita.

y[11]. ‖ ~ **sentado en el baúl.** loc. verb. *PR.* Dominar una esposa a su marido. pop + cult → espon.

z[11]. ‖ ~ **sentenciado.** loc. verb. *Cu.* Advertir a *alguien* sobre el castigo que recibirá si no obra como se le ha indicado.

a[12]. ‖ ~ **su batatita.** loc. verb. *Pa.* Tener un buen sueldo. pop + cult → espon.

b[12]. ‖ ~ **su chiste.** loc. verb. *Mx.* Encerrar alguna dificultad. (**tener chiste**).

c[12]. ‖ ~ **su tucutucu.** loc. verb. *PR.* Presentir *alguien* algo. pop + cult → espon.

d[12]. ‖ ~ **suerte de cuzco.** loc. verb. *Ho.* Tener mala suerte.

e[12]. ‖ ~ **susto en el estómago.** loc. verb. *Ve.* Sentir malestar en el abdomen por nervios o ansiedad. pop.

f[12]. ‖ ~ **tabaco en la vejiga.** loc. verb. *RD.* Ser muy valiente o atrevido. pop + cult → espon.

g[12]. ‖ ~ **tema.** loc. verb. *Ni.* Tener inquina a alguien.

h[12]. ‖ ~ **todavía abierta la mollera.** loc. verb. *PR.* Ser alguien muy joven para emprender ciertas tareas y asumir responsabilidades.

i[12]. ‖ ~ **todos los hierros.** loc. verb. *PR.* Estar *alguien* estupendamente.

j[12]. ‖ ~ **trajinado.** loc. verb. *Bo.* Hartar a *alguien* con un asunto, problema o situación. pop.

k[12]. ‖ ~ **tres varas de hambre.** loc. verb. *Cu.* Encontrarse *alguien* en una mala situación económica.

l[12]. ‖ ~ **tumbado.** loc. verb. *PR.* Tener *una persona* enamorada a otra. pop + cult → espon.

m[12]. ‖ ~ **un agrande.** loc. verb. *Ar.* Sentirse superior *alguien* tras haber conseguido algún éxito. pop + cult → espon.

n[12]. ‖ ~ **un atorado.** loc. verb. *Co.* Estar *alguien* molesto por no poder expresar algo, *generalmente negativo*. pop.

ñ[12]. ‖ ~ **un baile.** loc. verb. *Ar, Ur.* Tener *alguien* mucho trabajo. pop + cult → espon.

o[12]. ‖ ~ **un boniato en la boca.** loc. verb. *Cu.* Hablar con una pronunciación que no se entiende.

p[12]. ‖ ~ **un cable a tierra.** loc. verb. *Cu.* Tener *alguien* alteradas las facultades mentales.

q[12]. ‖ ~ **un cansito jodón.**
　　i. loc. verb. *RD.* Tener una manía que molesta a alguien.
　　ii. *RD.* Actuar de una manera absurda ante determinadas situaciones.

r[12]. ‖ ~ **un cerebro duro.** loc. verb. *PR.* Ser *alguien* difícil de convencer para que consuma drogas. drog.

s[12]. ‖ ~ **un chino atrás.** loc. verb. *Cu.* Estar pasando una racha de calamidades.

t[12]. ‖ ~ **un coco.** loc. verb. *Pa.* Tener *alguien* una obsesión amorosa con una persona.

u[12]. ‖ ~ **un corso a contramano.**
　　i. loc. verb. *Ar, Ur.* Tener *alguien* las facultades mentales alteradas. pop + cult → espon. ♦ **tener un corso de contramano.**
　　ii. *Ar.* Comportarse o reaccionar de manera extraña o inesperada. pop + cult → espon. ♦ **tener un corso de contramano.**

v[12]. ‖ ~ **un corso de contramano.** *Ar.* **tener un corso a contramano.**

w[12]. ‖ ~ **un currú.** loc. verb. *RD.* Tener interés especial por *algo*.

x[12]. ‖ ~ **un dios aparte.** loc. verb. *Bo, Py, Ar, Ur.* Ser afortunado *alguien, especialmente cuando sale indemne de situaciones de riesgo o de peligro*. pop + cult → espon.

y[12]. ‖ ~ **un flu de lengua.** loc. verb. *RD.* Hablar excesivamente e impidiendo hacerlo a otras personas. pop + cult → espon.

z[12]. ‖ ~ **un guille de playboy.** loc. verb. *PR.* Tener suerte con las mujeres.

a[13]. ‖ ~ **un huevo hinchado y el otro a punto de lanceta.** loc. verb. *PR.* Estar sumamente enfadado. vulg; pop + cult → espon.

b[13]. ‖ ~ **un jujú.** loc. verb. *Ve.* Mantener una relación amorosa con alguien.

c[13]. ‖ ~ **un mate.** loc. verb. *PR.* Encontrarse *alguien* bajo los efectos de una droga.

d[13]. ‖ ~ **un mojón atravesado.** loc. verb. *Cu.* Tener *alguien* un gran problema. pop.

e[13]. ‖ ~ **un mono que no se apea.** *PR.* **tener el mono trepao en la espalda.**

f[13]. ‖ ~ **un mosquero.** loc. verb. *PR.* Tener un vicio de droga muy agudo.

g[13]. ‖ ~ **un ojo fumando y el otro esperando el cabo.** loc. verb. *Cu.* Ser bizco. fest.

h[13]. ‖ ~ **un palo donde arrimarse.** loc. verb. *Bo:O.* Contar *una persona* que tiene problemas con el apoyo y protección de otra. pop.

i[13]. ‖ ~ **un pase.** loc. verb. *Cu.* Tener alteradas las facultades mentales.

j[13]. ‖ ~ **un peo atravesado.** loc. verb. *Cu.* Tener un problema.

k[13]. ‖ ~ **un perno suelto.** loc. verb. *Ch.* Estar loco o tener las facultades mentales mermadas. pop + cult → espon.

l[13]. ‖ ~ **un toscano en la oreja.** loc. verb. *Ar, Ur.* Tener *alguien* dificultades de audición. pop + cult → espon.

m[13]. ‖ ~ **un vellón pegao.** loc. verb. *PR.* Tener mala suerte. pop + cult → espon.

n[13]. ‖ ~ **una boa en el estómago.** loc. verb. *Cu.* Tener mucha hambre.

ñ[13]. ‖ ~ **una bocota.** loc. verb. *Bo.* Tener *una persona* desenvoltura para discutir utilizando un lenguaje franco, duro y hasta grosero.

o[13]. ‖ ~ **una brisita.** loc. verb. *Cu.* Tener apetito.

p[13]. ‖ ~ **una calentura pegada.** loc. verb. *Ho, Ni.* Padecer *alguien* fiebre durante varios días. pop.

q[13]. ‖ ~ **una guanaja echada.** loc. verb. *Cu.* Tener ahorros guardados en casa.

r[13]. ‖ ~ **una izquierda.** loc. verb. *PR.* Tener un amante. pop + cult → espon.

s[13]. ‖ ~ **una lengua que se la pisa.** loc. verb. *Cu.* Ser alguien muy dado a hablar y a contar chismes.

t[13]. ‖ ~ **una moña.** loc. verb. *Pa.* Tener ojeriza a alguien.

u[13]. ‖ ~ **una mujer pluma(s).** loc. verb. *Ho, PR.* Ser lesbiana. pop + cult → espon.

v[13]. ‖ ~ **una nota heavy.** loc. verb. *PR.* Estar *alguien* drogado. drog.

w[13]. ‖ ~ **una papa en la boca.** loc. verb. *PR, Ec, Ch, Ar, Ur.* Hablar o pronunciar de manera que no se entiende. pop + cult → espon.

x[13]. ‖ ~ **unas bolas de oro.** loc. verb. *Ar, Ur.* Tener *alguien* mucha paciencia. pop + cult → espon.

y[13]. ‖ ~ **vara.** loc. verb. *Ho.* Poseer *alguien* mucha influencia o poder, *especialmente en la política.*

z[13]. ‖ ~ **vida de garrobo.** loc. verb. *Ho.* Vivir *alguien* a pesar de sufrir accidentes mortales.

a[14]. ‖ ~ **vista de múcaro.** loc. verb. *PR.* Poder ver *alguien* en la oscuridad.

b[14]. ‖ ~**las todas.** loc. verb. *Ch.* Disponer de recursos para cualquier situación. pop + cult → espon.

c[14]. ‖ ~**los más grandes que el caballo de Maceo.** *Cu.* **tenerlos más grandes que Maceo.** pop.

d[14]. ‖ ~**los más grandes que Maceo.** loc. verb. *Cu.* Ser un hombre muy valiente. pop. ♦ **tenerlos más grandes que el caballo de Maceo.**

e[14]. ‖ ~**los rayados.** loc. verb. *Ho, Ni.* Ser un hombre valiente y atrevido.

f[14]. ‖ **tenérsela cantada.** loc. verb. *Mx, Gu, Ho, ES, Ni, Pa.* Asegurar a alguien que se realizará una acción, *generalmente de venganza.* pop.

g[14]. ‖ **tenérsela dedicada.** loc. verb. *RD, Ve, Ec.* Molestar *una persona* a otra de forma insistente.

h[14]. ‖ **tenérsela pelada.** loc. verb. *Cu.* Molestar a alguien con insistencia.

i[14]. ‖ **tenérsela velada.** loc. verb. *Pa, Co.* Molestar *una persona* a otra de forma insistente. pop.

a. ‖ **de ~.** loc. adj. *Bo:O.* Referido *a persona*, adinerada. pop + cult → espon.

a. ‖ **quien tiene más galillo, traga más pinol.** fr. prov. *Ni.* **quien tiene más saliva, traga más pinol.**

b. ‖ **quien tiene más saliva, traga más pinol.** fr. prov. *Mx, Gu, Ho, ES.* Indica que la persona más lista o viva es más aprovechada. ♦ **quien tiene más galillo, traga más pinol.**

c. ‖ **ten fe y come berro.** fr. prov. *PR.* Indica que, además de tener fe, es necesario esforzarse por conseguir lo que se desea.

teneres.
I. 1. m. pl. *ES, Pa, RD, Ec.* Riqueza, abundancia de bienes materiales. pop + cult → espon.

tengue.
I. 1. m. *Cu.* Árbol silvestre de follaje fino y flores amarillas, cuya madera es dura y se usa en carpintería; a su corteza se le atribuyen propiedades medicinales. (Fabaceae; *Poeppigia procera*). ♦ **guaje; tasaá.**
2. *Cu.* Madera del tengue.
II. 1. m. *PR.* Mimo. rur.
2. *PR.* Estado de susceptibilidad infantil, con lloriqueo caprichoso. rur.

tenguereche.
I. 1. *ES.* **pichete**, lagartija.

tenida.
I. 1. f. *ES, Ec, Bo:O, Ur.* Tertulia o reunión de amigos de larga duración. pop.
2. *Ec, Bo:O.* Diversión bulliciosa. pop.
II. 1. f. *Pe, Bo, Ch.* Traje, vestido completo de una persona.
III. 1. f. *Ni.* Recepción en honor de una persona.

a. ‖ ~ **casual.** f. *Ch.* Traje informal que viste alguien en un **evento** cualquiera.
b. ‖ ~ **formal.** f. *Ch.* Traje que viste alguien en ocasiones especiales y siguiendo un protocolo.

tenido, -a.
I. 1. adj. *Co:C,NE.* Referido *a persona*, tacaña. pop ^ desp.

teniente.

a. ‖ ~ **gobernador.** m-f. *Pe.* Persona que hace las funciones de gobernador en las **parcialidades** o secciones de distrito.
b. ‖ ~ **político.** m. *Ec.* Primera autoridad civil de una **parroquia.** ♦ **político.**

a. ‖ **más perdido que el ~ Bello.** fr. prov. *Ch.* Indica que alguien está muy desorientado. pop + cult → espon.

tenimesista.
I. 1. m-f. *Co, Bo, Ch.* Jugador de tenis de mesa.

tenimesístico, -a.
I. 1. adj. *Ch.* Relativo al tenis de mesa.

tenío.
I. 1. *Ch.* **palo santo.**
2. m. *Ch.* Madera del tenío.

tenis.
▶ **colgar las ~; colgar los ~; colgarse los ~; entregar los ~; estirar los ~; guindar los ~; parar los ~; ponerse los ~; tirarse con todo y ~.**

tenismesista.
I. 1. m-f. *Co.* Jugador de tenis de mesa.

tenmeacá.

a. ‖ ~. fórm. *Mx.* Se usa para incitar a alguien a dejar de entrometerse en un asunto que no es de su incumbencia.

tenoriar.
I. 1. tr. *Gu.* Enamorar a una mujer.
2. *Gu.* Intentar convencer a *alguien.*

tensional.
I. 1. adj. *ES, Ec, Pe, Ch, Py, Ur.* Relativo a la tensión nerviosa o emocional. cult.

tensionar(se).
I. 1. tr. *Ni, Co, Pe, Bo, Py, Ar, Ur.* Hacer que *alguien* se ponga tenso o nervioso.
2. intr. prnl. *Bo, Py, Ar, Ur.* Ponerse tenso *alguien.*

tenso, -a.
▶ **llevar tenso.**

tenta.
I. 1. f. *Gu.* Juego de niños en que uno persigue a los demás hasta que logra tocar a otro, después de lo cual, este niño debe asumir la función de quien lo ha tocado, y así sucesivamente.
II. 1. f. *Bo.* Conjunto de familias que constituyen una comunidad. pop.

tentado, -a.
I. 1. sust/adj. *Ni.* Persona con permanente mal humor.

tentar(se).
I. 1. intr. prnl. *ES, Ch, Py, Ur.* Sentir vivos deseos de algo e intentar conseguirlo. pop + cult → espon.

a. ‖ **no ~se el corazón.** loc. verb. *Mx, ES, Ni.* Actuar *alguien* con decisión, sin vacilar.
b. ‖ ~ **a Dios con las manos sucias.**
  i. loc. verb. *Gu.* Tratar frívolamente asuntos relacionados con Dios o la religión.
  ii. *Gu.* Decidirse a hacer algo que implica riesgo.
c. ‖ ~ **aguado.** loc. verb. *ES.* No estar seguro o fallar en la búsqueda de algo.

a. ‖ **sin ~ tablita.** loc. adv. *ES.* Rápidamente.

tente.
- **I. 1.** m. *Co.* Ave silvestre de hasta 80 cm de longitud, de patas grandes y robustas, pico corto y fuerte, de color negro, y dos espolones sobre el borde anterior de cada ala. (Anhimidae; *Chauna chavarria*).

tenteallá.
- ► **dar ~.**

tentón.
- **I. 1.** adj/sust. *Mx, Gu.* Referido a un hombre, que toca a una mujer con intención erótica y de forma desvergonzada.

tentón, -na.
- **I. 1.** adj/sust. *Referido a persona*, ladrona.

teñido, -a.
- **I. 1.** adj. *PR. Referido a persona*, de raza negra. rur; euf.

teocinte. (Del nahua *téotl*, dios, y *cintli*, mazorca de maíz).
- **I. 1.** m. *Mx, Gu, Ho.* Planta con el tallo *generalmente subterráneo*, fruto en pequeños granos y hojas compuestas de hojuelas rígidas terminadas en espinas; su raíz es muy venenosa, pero cocida es comestible. (Cicadaceae; *Zamia loddigesii, Euchlaena mexicana*).
- **2.** *Ho, ES, Ni.* Grano de esta planta, oscuro y puntiagudo, de forma parecida al maíz, pero mucho más pequeño; comestible una vez hecho harina.

teología.
- **I. 1.** f. *Co.* Hierba rastrera muy ramificada y de flores diminutas de color blanco; se emplea en medicina popular para remediar diversas enfermedades. (Euphorbiaceae; *Euphorbia orbiculata*).

tepa.
- **I. 1.** f. *Ch.* Árbol de hasta 30 m de altura, con corteza de color gris claro, hojas simples, opuestas, decusas, de color verde brillante, inflorescencia en racimos axilares, flores de color verde y fruto en forma de óvulo. (Monimiaceae; *Laureliopsis philipiana*).

tepache. (Del nahua *tepiatl*, bebida de maíz crudo).
- **I. 1.** m. *Mx.* Bebida fermentada hecha de piña y azúcar.

tepachera.
- **I. 1.** f. *Mx.* Vasija en que se prepara el **tepache**.

tepachería.
- **I. 1.** f. *Mx.* Lugar donde se vende **tepache**.

tepalcate. (Del nahua *tlapalcatl*, casco de vasija de barro quebrada).
- **I. 1.** m. *Mx.* Pedazo de cualquier vasija de barro.
- **2.** *Gu.* Mueble, utensilio o pertenencia, *especialmente si están desordenados*. desp. (**tapalcate**).

tepate.
- **I. 1.** *ES.* **tapate**.

tepeguaje.
- **I. 1.** *Mx.* **machao**. (**tepehuaje**).

tepehuaje. (Del nahua *tepetl*, cerro, y *huaxin*, guaje).
- **I. 1.** *Mx.* **tepeguaje**.

tepelcúa. (Del nahua).
- **I. 1.** f. *ES.* Serpiente fantástica que tiene dos cabezas, una en cada extremo, y que, según la creencia popular, se introduce en el ano mientras se defeca en el campo.

tepemechín. (Del nahua *tepetl*, cerro, y de *mechín*, pez).
- **I. 1.** *Ho, ES, Ni, CR.* **besote**. (Mugilidae; *Agonostomus monticola*).

tepesa.
- **I. 1.** *Pa.* **llorona**, personaje mítico.

tepescohuite. (Del nahua *tepetl*, cerro, y *cuahitl*, árbol).
- **I. 1.** *Mx.* **tepezcohuite**.

tepescuinte.
- **I. 1.** *Gu, Ho, ES, Ni.* **tepezcuintle**.

tepescuintle. (Del nahua *tepetl*, cerro, e *itzcuintli*, perro).
- **I. 1.** *Mx, Gu, Ho, ES, Ni.* **tepezcuintle**.

tepetate. (Del nahua *tepetlatl*; de *tetl*, piedra, y *petlatl*, petate, estera).
- **I. 1.** m. *Mx, Ho, Ni.* Capa terrestre caliza y dura, de color amarillento, que se emplea en revestimientos de carreteras y para la fabricación de bloques para paredes.
- ► **sembrar en ~.**

tepetepe.
- **I. 1.** adv. *PR.* Completamente lleno, repleto. pop + cult → espon.

tepetoso, -a.
- **I. 1.** adj. *Ho, Ni. Referido a tierra*, arcillosa.

tepezcohuite. (Del nahua *tepetl*, cerro, y *cuahitl*, árbol).
- **I. 1.** m. *Mx.* Planta medicinal cuya corteza se emplea como analgésico, reparador y estimulante de la dermis. (Fabaceae; *Mimosa tenuiflora*). (**tepescohuite**).

tepezcuinte.
- **I. 1.** *CR.* **tepezcuintle**.

tepezcuintle. (Del nahua *tepetl*, cerro, y *itzcuintli*, perro).
- **I. 1.** m. *Mx, Gu, Ho, ES, Ni, CR.* Mamífero roedor herbívoro, de hasta 50 cm de longitud, con pelaje espeso y lacio, pardo con manchas blancas por el lomo y rojizo por el cuello, vientre y costados, cola y pies muy cortos, hocico agudo y orejas pequeñas y redondas; su carne es comestible. (Dasyproctidae; *Agouti paca*). (**tepescuinte**; **tepezcuintle**; **tepezcuinte**). ♦ **borugo**; **conejo pintado**; **guartinaja**; **jaleb**; **lapa**; **majás**; **paca**; **paca común**; **tinajo**.

tepinte.
- **I. 1.** m. *ES.* Corriente pequeña de agua turbia.

tepocate.
- **I. 1.** *Gu, ES.* **atepocate**.

teponastle. (Del nahua *teponaztli*, palo hueco que tañen los indios).
- **I. 1.** m. *Mx, Gu.* Instrumento musical indígena, parecido a un tambor pequeño.

tepopote. (Del nahua *te*, silvestre, y *popotl*, caña, popote).
- **I. 1.** m. *Mx.* **escoba de monte**.

teporingo.
- **I. 1.** *Mx.* **sacatuche**.

tepozán.
- **I. 1.** *Mx.* **mispacle**.

tepú.
- **I. 1.** m. *Ch.* Árbol de hasta 7 m de altura, de tronco retorcido, corteza de color rojizo, follaje denso, hojas opuestas, coriáceas, *generalmente de forma lanceolada*, flores hermafroditas de color blanco y frutos leñosos. (Myrtaceae; *Tepualia stipularis*).

tepuy.
- **I. 1.** m. *Ve.* Formación rocosa muy grande y elevada, aislada de pendiente vertical y cima plana, propia del macizo guayanés.

teque.
- **I. 1.** m-f. *Ar:NO* rur; *Bo:S*, pop. Niño pequeño.
- **II. 1.** m. *Cu.* Conversación frívola.
- **2.** *Cu.* Conversación larga y aburrida que pretende persuadir a alguien para que haga algo.
- ■
- **a.** ‖ **~ que ~.** m. *PR.* Conversación incesante e insustancial.
- ► **dar ~.**

tequeño.
- **I. 1.** m. *Ve.* Rollito frito de masa de harina relleno de queso.

tequesquital.
- **I. 1.** m. *Mx.* Terreno donde abunda el **tequesquite**.

tequesquite. (Del nahua *tequizquitl*, piedra eflorescente).
- **I. 1.** m. *Mx.* Salitre de tierras lacustres que se emplea para cocinar. (**tequezquite**).

tequeteque.
I. 1.   *Ve.* **morrocoy**, tortuga terrestre.

□

a. ‖ **hasta los ~s.**
i.   loc. adv. *Ve.* En estado de hartazgo.
ii. loc. adj. *Ve. Referido a persona*, cansada y harta.
iii. *Ve. Referido a un lugar*, lleno hasta el límite de su capacidad.
iv. loc. adv. *Ve.* En grado o intensidad muy altos.

tequezquite.
I. 1.   *Mx.* **tequesquite**.

tequi.
I. 1.   m-f. *Ar:NO.* Niño pequeño. rur.

tequichazo.
I. 1.   m. *Ve.* Golpe contundente. pop.

tequiche.
I. 1.   m. *Ve.* Comida compuesta de harina de maíz tostado, leche de coco, **papelón**, mantequilla y canela.

tequilazo.
I. 1.   m. *Mx, Ho, ES, Ni, Bo.* Trago de tequila.

tequilería.
I. 1.   f. *Mx.* Destilería de tequila.
2.   *Mx.* Establecimiento donde se vende tequila.

tequilero, -a.
I. 1.   adj. *Mx, Bo.* Relativo al tequila.

tequio.   (Del nahua *tequitl*, tributo, trabajo).
I. 1.   m. *Mx.* Tarea o faena colectiva que se realiza para pagar un tributo.
2.   *Ni.* Tarea ingrata que debe cumplirse con esmero.
3.   *Ni.* Molestia o dificultad cotidiana.

tequioso, -a.
I. 1.   adj. *Ni. Referido a persona, generalmente niño*, molesta.
2.   adj/sust. *CR.* p.u; obsol. *Referido a un niño*, travieso y de conducta hiperactiva.

tera.
I. 1.   f. *Ar:NO. En el juego de las canicas*, bolita de mayor tamaño.

terapear.
I. 1.   *Ho.* **terapiar**.

terapeuta.
I. 1.   m-f. *Mx, Ni, Bo, Ch, Py, Ar, Ur.* Psiquiatra o psicólogo.

terapia.
I. 1.   f. *ES, Ni.* juv. Conversación con propósito de convencer a alguien de algo. ◆ **terapiada**.

■

a. ‖ **~ intensiva.** f. *Mx, ES, Ni, CR, Cu, PR, Ec, Bo, Py, Ar, Ur.* Unidad de cuidados intensivos de un centro de salud. ◆ **terapia intermedia**.
b. ‖ **~ intermedia.** f. *Cu.* **terapia intensiva**.
▶ **dar ~.**

terapiada.
I. 1.   *Ho.* **terapia**. pop + cult → espon.

terapiado, -a.
I. 1.   adj. *Ho. Referido a persona*, convencida de algo por otra. pop + cult → espon.

terapiar.
I. 1.   tr. *Ho.* Convencer a *alguien* de algo mediante una conversación. pop + cult → espon. (**terapear**).

terapista.
I. 1.   m-f. *ES, PR, Pe, Bo, Ar.* Persona que se dedica a la terapéutica.
2.   *Bo, Ar.* Psiquiatra o psicólogo.

tercena.
I. 1.   f. *Co:SO; Ec*, obsol. Establecimiento dedicado a la venta de carne.

tercenista.
I. 1.   m-f. *Ec.* Persona que se dedica a la venta de carne.

tercerista.
I. 1.   m-f. *Ch.* p.u. Persona que pertenece a la tercera edad. pop + cult → espon.

tercerización.
I. 1.   f. *Ec.* Subcontratación.

tercerizar.
I. 1.   tr. *Py, Ar, Ur.* Subcontratar, otorgar una empresa a terceros determinados servicios. cult.

terciado.
I. 1.   m. *Ec.* Tablero compuesto por tres planchas de madera, superpuestas y unidas con pegamento.

terciado, -a.
I. 1.   adj. *Ho. Referido a fusil o morral*, que se lleva cruzado al hombro.
II. 1.   adj. *Ec. Referido a animal*, que no es de raza pura.

terciador.
I. 1.   m. *Co.* Hombre que tiene por oficio llevar cosas pesadas de un sitio a otro.
II. 1.   m. *PR.* Gallo de pelea que se cruza frente a su contrincante, convirtiéndose en blanco fácil de sus golpes. rur.

tercianiento, -a.
I. 1.   adj/sust. *Bo. Referido a persona*, que padece fiebres tercianas o de otro tipo.

terciar.
I. 1.   tr. *Mx, Gu, Pe.* Mezclar líquidos, *especialmente con el vino y la leche*, para adulterarlos.
II. 1.   tr. *Mx, CR, Cu.* Cargar *algo* a la espalda. pop.

terciario, -a.
I. 1.   adj. *Ch, Py, Ar, Ur. Referido a estudios o enseñanza*, de nivel superior al secundario y de conocimientos especiales para cada profesión.

terciarse.
I. 1.   tr. prnl. *Co.* Cargarse *algo* a la espalda.

terciazo.
I. 1.   m. *Ho, ES.* Golpe dado con un fusil o pistola.

terciazo, -a.
I. 1.   m. y f. *Ve.* Persona extraordinaria. pop.

tercio.
I. 1.   m. *Ve.* Sujeto, individuo, persona innominada.
2.   *Gu, RD.* Compañero de viaje o de cualquier otra actividad.
II. 1.   m. *Ho, ES.* Manojo de algo. rur.
2.   *Ho, ES.* Unidad variable de leña de entre cuarenta y cincuenta maderos; equivale a media **carga**. rur.
3.   *Cu.* Fajo trenzado que contiene varios manojos de tabaco.
4.   *Ho.* Unidad de carga de maíz equivalente a doscientas mazorcas. rur.
IV. 1.   m. *Gu.* Favor, ayuda.
V. 1.   m. *RD.* Yunta de bueyes que va entre la guía y el tronco.
VI. 1.   m. *RD.* Rezo del rosario en familia.
VII. 1. m. *PR. En las peleas de gallos*, gallo más favorecido que otros en la pelea.
VIII. 1. m. *Pa.* Canal principal de una salina.

■

a. ‖ **buen ~.**
i.   m. *RD, PR.* Buen jugador, que apuesta grandes cantidades.
ii. *PR. En las peleas de gallos*, gallo aventajado, más favorecidos que otros.
b. ‖ **viejos ~s.** m. pl. *Ch.* Conjunto de personas que en el pasado desempeñaron una actividad y que cada cierto tiempo vuelven a desempeñarla de manera festiva.
▶ **hacerse el ~.**

terciopelo.
  I. 1. m. *Co.* **mano de león**, planta.
    2. f. *Pe.* Serpiente de hasta 2,5 m de longitud, con rayas diagonales en forma de diamante de tonalidades marrones y la parte inferior de la cabeza amarilla. (Viperidae; *Bothrops asper*). ♦ **devanadora**.
    3. *CR, Ve.* Serpiente de hasta 2 m de longitud, de color pardo negruzco, gris claro o amarillo con manchas oscuras en forma de triángulo con la cabeza cubierta de escamillas. (Viperidae; *Bothrops colombiensis*). ♦ **guayacán**; **macagua**.
    4. m. *Ch.* Hierba perenne de tallo rastrero de hasta 1 m de longitud, hojas radialmente digitadas, flores de 4 a 5 cm y frutos en cápsulas alargadas; tiene usos medicinales. (Bignoniaceae; *Agylia adscendens*).
    5. *ES, Ni.* **timbo**, serpiente.
    6. *Ni, Pa.* **nauyaca**.
    7. m. *Pa.* Arbusto de los lugares húmedos, de hasta 7 m de altura, de hojas simples y alternas, flores blancas y frutos globosos, cubiertos de pelos espinosos en la superficie exterior. (Flacourtiaceae; *Mayna odorata*).
  II. 1. *CR.* Esposa. pop ^ fest.

terebeco, -a.
  I. 1. adj. *Ho. Referido a persona*, temblorosa, nerviosa.
    2. *Ho. Referido a persona*, que por vejez, enfermedad o defecto físico camina con dificultad.

terebeje.
  I. 1. m. *ES.* Trasto viejo.

terecay.
  I. 1. *Co, Ve.* **taricaya**.

terencio, -a.
  I. 1. adj. *ES. Referido a persona*, tonta.

terengada.
  I. 1. f. *ES.* Tontería, estupidez.

terengo, -a.
  I. 1. adj. *Ho, ES. Referido a persona*, tonta.

terepe.
  I. 1. m. *Cu.* Desmayo de una persona a causa de un impacto emocional.

tereque. (De or. ind. antillano).
  I. 1. m. *Ni, RD, Ve, Ec.* Utensilio o instrumento. pop + cult → espon.
    2. *PR.* juv. Cartera escolar, **bulto**.
    3. m. pl. *PR.* Objetos de cualquier tipo.

tereré. (Del guar.).
  I. 1. m. *Py, Ar, Ur; Bo:N,E,* pop + cult → espon. Bebida preparada con **yerba mate** y agua fría, que en algunos lugares se mezcla con hierbas medicinales.

teresina.
  I. 1. *PR.* **patineta**, tabla con manillar.

teresita.
  I. 1. f. *Co.* Hierba de hasta 50 cm de altura cubierta de un fino vello, de hojas simples, alternas y ovaladas, flores tubulares, de color lila con un punto blanco, cuyo fruto es una capsulita de color café con numerosas semillas negras. (Solanaceae; *Browallia americana*). ♦ **pensamiento de pobre**; **zulia**.

tereso.
  I. 1. adj/sust. *Ch, Ur.* juv. *Referido a un hombre joven*, afeminado. pop.

terina.
  I. 1. f. *RD.* Vasija en forma de taza, de gran diámetro y poca profundidad, que sirve principalmente para lavarse la cara y las manos.

term. (Voz inglesa).
  I. 1. m. *EU.* Pago a plazo por una compra.

terma. (De *Therma*®).
  I. 1. f. *Pe.* Calentador eléctrico de agua.

terminación.
  I. 1. f. pl. *Ch, Py, Ur.* Remates o acabados que quedan para concluir una construcción.

terminado, -a.
  I. 1. adj. *CR, Bo; Ec,* hiperb. **acabado**, deteriorado físicamente.

terminal.
  I. 1. m. *Pe.* Acierto del último número de la lotería, con lo que se recupera el importe gastado.

terminar.
  I. 1. intr. *Ho, ES, Ni.* Eyacular. vulg.
    •
    a. ‖ **terminala**. fórm. *Ch, Ar, Ur.* Se usa para pedir a alguien que ponga fin a una conversación o un comportamiento molesto. pop + cult → espon.

término.
  I. 1. m. *Pe. En equitación*, manera en que los caballos impulsan sus patas hacia delante o hacia los lados.
    □
    a. ‖ a ~.
      i. loc. adj. *Mx, Pe, Ur. Referido a una mujer*, que está muy próxima a dar a luz.
      ii. loc. adv. *Ur. En relación con el modo de pagar o entregar algo*, dentro del plazo previsto o acordado.

termo.
  I. 1. adj/sust. *Pe. Referido a persona*, que excita sexualmente a otra u otras.
    ■
    a. ‖ ~ **tanque**. m. *Ar, Ur.* Depósito de relativa capacidad donde se calienta y mantiene a temperatura estable el agua destinada al uso doméstico. (**termotanque**).

termocalefón.
  I. 1. m. *Py.* Aparato a través de cuyo serpentín circula agua que se calienta y que luego es distribuida por medio de tuberías a los lavabos, baños y pilas de una casa. ♦ **termofón**.

termocéfalo, -a.
  I. 1. m. y f. *Pe, Ch.* Persona que defiende la violencia y los extremismos como únicos métodos en la lucha política. pop + cult → espon ^ desp.
    2. adj. *Ho. Referido a persona*, que tiene ideas o posiciones muy conservadoras o pasadas de moda. pop + cult → espon ^ desp.

termofón. (De *Termofón*®).
  I. 1. *Ur.* **termocalefón**.

termósfera.
  I. 1. f. *Pe, Ch.* Termosfera, capa de la atmósfera situada por encima de los 85 km de altura y sin límite superior definido, que se caracteriza por un incremento continuo de la temperatura.

termotanque.
  I. 1. *Ar.* **termo tanque**.

terna.
  I. 1. f. *Bo, Ch. En un sorteo de lotería*, premio por haber coincidido las tres últimas cifras de un número o haber acertado tres números.

ternada.
  I. 1. f. *Ch; Bo,* p.u; pop. Conjunto de pantalón, chaleco y chaqueta, u otra prenda semejante, hechos de una misma tela.

ternearse.
  I. 1. tr. prnl. *Ch.* Vestirse con elegancia.

ternejo, -a.
  I. 1. adj. *Ec.* p.u. *Referido a persona*, corajuda, valiente. pop + cult → espon.
  II. 1. adj. *Ec.* p.u. *Referido a persona*, áspera o desagradable en el trato. pop + cult → espon.

ternera.
  □
    a. ‖ ~ **a la llanera.** loc. sust. *Co.* Carne de ternera cortada en trozos que se ensartan en una varilla y se asan.

ternerada.
  I. 1. f. *CR, Ec, Ar, Ur.* Conjunto de terneros y terneras.

terneraje.
  I. 1. m. *Bo:E, Ar, Ur,* p.u. Conjunto de terneros.

ternilla.
  I. 1. f. *Pe.* Nariz de una **res** o de un caballo.

terno.
  I. 1. m. *Pe.* Arnés, conjunto de tres piezas que lleva el caballo en la cabeza. pop.
  II. 1. m. *Cu.* obsol. Adorno de joyas compuesto de collar, pendientes y alfiler.

tero.
  I. 1. *Pe, Bo:E, Ch, Py, Ar, Ur.* **teruteru. (tero-tero).**
    ■
    a. ‖ ~ **real.** m. *Ec, Ar, Ur.* Ave de hasta 40 cm de altura, de cuerpo muy esbelto, pico negro, largo y recto, larguísimas patas rosadas, zona dorsal negra, frente, corona, región ventral y cola blancas. (Recurvirostridae; *Himantopus mexicanus*). ♦ **gallito de agua; gallito de costa; gallito de mar; loquilla; soldadito; viuda.**
    b. ‖ ~-~. *Pe, Bo:E, Ch, Py, Ar, Ur.* **tero.**
  □
    a. ‖ **ni el ~.** loc. pron. *Ar.* Nadie. pop + cult → espon.

terocal.
  I. 1. *Pe.* **terokal.**

terocalero, -a.
  I. 1. m. y f. *Pe.* Persona que inhala **terokal.** drog.

terokal. (De *Terokal®*).
  I. 1. m. *Pe.* Pegamento tóxico que se evapora rápidamente en contacto con el aire. (**terocal**).

terquera.
  I. 1. f. *Bo.* Terquedad. pop.

terracería.
  I. 1. f. *Mx.* Camino sin pavimentar.
  □
    a. ‖ **de ~.** loc. adj. *Mx. Referido a un camino,* que está sin pavimentar.

terraja.
  I. 1. sust/adj. *Ur.* juv. Persona de baja condición social. desp.
  2. *Ur.* juv. Persona mal vestida. desp.
  II. 1. sust/adj. *Ur.* Objeto de mala calidad. pop + cult → espon ^ desp.

terraje.
  I. 1. m. *Ho.* Entierro.
  II. 1. m. *Pa.* Interés que se paga por el uso de un terreno.

terral.
  I. 1. m. *Pe.* Polvareda.

terramoza.
  I. 1. f. *Ho.* Mujer que sirve y atiende a los viajeros en un autobús de lujo.

terregal.
  I. 1. *Mx.* **tierral,** polvareda.

terremoteado, -a.
  I. 1. adj/sust. *Ni, Ch; Ho,* pop. *Referido especialmente a persona o a una casa,* que ha sufrido un terremoto.

terremotear(se).
  I. 1. intr. *Ch.* Temblar la tierra con fuerza devastadora.
  2. intr. prnl. *Ch.* metáf. Experimentar *alguien* fuertes impactos emocionales o cambios en su vida.

terremoto.
  I. 1. adj. *Co. Referido a un niño,* muy necio. pop.

  II. 1. adj/sust. *Ch. Referido a un color,* gris parduzco muy intenso. pop ^ fest.
  2. adj. *Ch. Referido a cosa,* de color gris parduzco muy intenso. pop ^ fest.
  □
    a. ‖ ~ **blanco.** loc. sust. *Ch.* Nevada muy intensa que provoca cuantiosas pérdidas en la agricultura y en la ganadería.
    b. ‖ ~ **seco.** loc. sust. *Ch.* Sequía de efectos devastadores.

terreno.
  I. 1. m. *Cu.* Visita hecha por el médico y la enfermera de un consultorio médico a las familias que están bajo su atención, para indagar sobre su estado de salud.
  □
    a. ‖ **todo ~.**
      i. adj. *CR, Co, Ec. Referido a persona,* arrojada y desenvuelta. pop. (**todoterreno**).
      ii. *Ec. Referido a persona,* de modales rústicos. pop. (**todoterreno**).
    ▶ **caspear el ~; chaspear el ~; comprar ~.**

terrera.
  I. 1. adj/sust. *PR. Referido a una casa,* de un solo piso.

terrero.
  I. 1. *Mx.* **tierral,** polvareda.
  II. 1. *Ho:O.* **barrial,** lugar de extracción de arcilla.

terrible.
  I. 1. adj. *Ch, Ur.* Espectacular, muy bueno. pop + cult → espon.
  2. *Bo. Referido a una mujer,* muy exuberante y atractiva. pop.
  □
    a. ‖ ~ **de.** loc. adv. *Ch.* juv. Muy.

terrícola.
  I. 1. m-f. *ES.* Terrorista. euf.

terrífico, -a. (Del ingl. *terrific*).
  I. 1. adj. *PR.* juv. Estupendo, magnífico.

territorio.
  ▶ **ser un lugar ~ apache.**

terronera.
  I. 1. f. *Co.* Miedo grande, pavor. pop.

terror.
  □
    a. ‖ **de ~.** loc. adj. *Ve, Bo, Py, Ar, Ur; Ec,* cult. *Referido a cosa,* muy mala, difícil o de escasa calidad. pop.

terrucho.
  I. 1. m. *Mx.* Choza o casa humilde construida con adobe y carrizo.

terruco, -a.
  I. 1. sust/adj. *Pe, Bo.* Terrorista. pop.
  2. adj. *Pe, Bo.* Relativo al terrorismo. pop.

tertilla.
  I. 1. *Pa.* **bemba de chucha.**

tertulear.
  I. 1. intr. *Ni, Ec, Bo.* Conversar o charlar. pop.

tertulia.
  I. 1. f. *Ar, Ur.* Platea alta en un local de espectáculos cercana a los palcos.
  2. *Cu.* Conjunto de localidades situadas en el piso alto de un cine o teatro.

tertuliar.
  I. 1. intr. *Ni.* Realizar una tertulia en la que se habla de temas culturales. esm.

teruteru. (De or. onomat.).
  I. 1. m. *Co, Ve, Ec, Pe, Bo, Ch, Py, Ar, Ur.* Ave de hasta 33 cm de longitud, de coloración no uniforme, lomo verdoso-bronceado, pecho negro, vientre blanco, patas y pico rojos, cresta larga y delgada de color

negro. (Charadriidae; *Vanellus chilensis*). ♦ **alcara-ván**; **pellar**; **tero**; **tetéu**.

tesal.
  I. 1. m. *Ar:NE*. Terreno plantado de té.

tesar.
  I. 1. tr. *Bo:O*. Matar a *alguien*. pop. (**atesar**).

tesgüino. (Quizás del nahua *tecuini*).
  I. 1. *Mx*. **tecuín**.

teshcal.
  I. 1. m. *ES*. Piedra.

¡tésia!
  I. 1. interj. *Cu*. Expresa una orden que se da a los bueyes para que retrocedan. rur.

tésico, -a.
  I. 1. adj. *RD*. Referido a *persona*, tísica. pop.

tesista.
  I. 1. m-f. *Mx, Bo, Ch, Pe*, cult; *Ec*, p.u. Estudiante universitario que elabora una tesis de grado.

teso, -a.
  I. 1. sust/adj. *Co*. Persona muy hábil para resolver o realizar una actividad o tarea. pop.
  II. 1. adj. *Co*. Referido a una *situación o tarea*, difícil de resolver o realizar. pop.
  III. 1. adj. *RD*. Referido a una *actividad*, continua, intensa.
  IV. 1. adj. *Pa*. Referido a *persona*, testaruda, terca.

tesoro.
  ☐
  a. ‖ ~ **escondido.** loc. sust. *Cu*. Juego que se realiza en fiestas infantiles y consiste en encontrar un pequeño papel con una identificación, para ser premiado con un regalo.

tésota.
  I. 1. *Mx*. **desota**.

test.
  ■
  a. ‖ ~ **de blancura.** m. *Ch*. Prueba con la que se pretende demostrar la calidad o validez sin defectos de algo.

testaferro.
  I. 1. m-f. *PR*. Persona aduladora, servil, incondicional, *especialmente un líder político*.

testarruco.
  I. 1. *Ho*. **carajón**.

teste.
  I. 1. m. *Ar:NO*. Verruga que sale en los dedos de las manos.

testear.
  I. 1. tr. *Bo:C,O,S, Ch, Py, Ar, Ur; Ec*, p.u. Someter *algo* a un control o prueba.

testeo.
  I. 1. m. *Bo, Ch, Py, Ar, Ur*. Prueba o control.

testera.
  I. 1. f. *Bo, Ch*. Estrado o lugar más elevado desde donde se dirige una reunión o se habla al público.

testerilla.
  I. 1. f. *Ar, Ur*. Conjunto de pequeñas manchas blancas que tienen algunas caballerías en la frente.
  2. adj. *Ar, Ur*. Referido a una *caballería*, que presenta en la frente una testerilla o una mancha horizontal blanca o más clara que el resto del pelaje.

testigo.
  I. 1. *Bo*. **cristofué**.

testigos.
  I. 1. m. pl. *Ho, ES*. **aguacates**, testículos.

testudo, -a.
  I. 1. adj. *Bo:E*. Referido a *persona*, testaruda. pop + cult → espon.

teta.
  I. 1. f. *CR, Ec*. Situación privilegiada.
  2. *Ho, ES*. **ubre**, cargo del Estado bien remunerado.
  3. *CR, Bo*. Puesto, persona o fuente de ingresos considerada provechosa o lucrativa. pop + cult → espon ^ desp.
  4. *CR, RD*. Empleo, *generalmente político en el Gobierno*, con buen sueldo y poco trabajo. vulg; pop + cult → espon.
  II. 1. adj. *Ho, Ni*. Referido a *cosa*, fácil.
  2. *Ho*. Referido a *cosa*, muy grande o abundante.
  III. 1. f. *Ec*. Biberón. pop.
  IV. 1. adj/sust. *CR*. Referido a *persona*, poco habilidosa, *especialmente para la práctica de un deporte*. vulg; fest.
  ■
  a. ‖ ~ **de burra.** f. *PR*. **caimito morado**.
  b. ‖ ~ **de monja.** f. *Bo:O*. Golosina de consistencia esponjosa.
  c. ‖ ~ **de vaca.** *Pa*. **chichigua**, arbusto de 1,5 m.
  ☐
  a. ‖ **como** ~ **de monja.** loc. adv/adj. *Ch*. Con total limpieza o tersura. pop ^ fest.
  b. ‖ **hasta las** ~**s.**
    i. loc. adj. *Co*. Referido a *cosa*, muy llena, repleta. pop + cult → espon.
    ii. *ES, CR, PR*. **hasta el culo**.
  c. ‖ **hasta las** ~**s de Ofelia.** loc. adv. *CR*. En estado total de ebriedad. vulg; pop + cult → espon.
  d. ‖ **¡por una** ~ **no fue vaca!** loc. adv. *Ar, Ur*. Casi casi, por poco. pop + cult → espon.
  ► criar a toda ~; mamar a dos ~s; quitarle la ~.

tetaje.
  I. 1. m. *PR*. Conjunto de los pechos de una mujer. vulg; pop + cult → espon.

tete.
  I. 1. m. *Ch*. Lío, problema. pop + cult → espon.
  II. 1. *Ch*. Tetilla del biberón. inf.

teté.
  I. 1. m. *Py*. Desayuno o merienda. pop.

tetear.
  I. 1. intr. *Ec:O*. p.u. Pulular, abundar. pop + cult → espon.

tetelememe.
  I. 1. adj/sust. *Pe*. p.u. Referido a *persona*, que no tiene carácter, lela. pop. (**tetelemeque**).

tetelemeque.
  I. 1. *Pe*. **tetelememe**. rur; pop.

tetelque. (De nahua *tetelquic*, cosa áspera al gusto).
  I. 1. adj. *Gu, Ho, ES, Ni*. Referido a un *alimento*, *especialmente fruta*, de sabor ácido o amargo por no estar aún maduro. (**tetolquez**).
  II. 1. adj. *Ho, ES*. Referido a *persona*, débil o enfermiza. rur.
  III. 1. m. *ES*. Coito. vulg.

tetera.
  I. 1. f. pl. *Pe, Bo*. Senos de una mujer. pop.
  2. f. *Ho, Cu, RD*. Tetina del biberón. ♦ **teto**.
  3. *Bo*. Biberón o **mamadera**. pop.
  II. 1. f. *Ho*. **agüero**, vasija para hervir.

tetero.
  I. 1. m. *Co, Ve; Ec*, p.u. Biberón.
  II. 1. m. *Co*. **Agua de panela** con leche que se toma caliente.

tetéu.
  I. 1. *Py*. **teruteru**.

tetiado, -a.
  I. 1. adj. *Co:C*. Referido a un *espacio*, muy lleno.
  II. 1. adj. *Co:C*. Referido a la *forma de conducir*, rápida. pop.

tetilla.
- I. 1. f. *Pe.* **huitatobe**.
  - 2. *Ch.* Hierba anual de hasta 35 cm de altura, de tallo cilíndrico de color rojizo, hojas subradicales de forma dentada, inflorescencia en racimos laxos, flores de color amarillo rosadas o púrpuras. (Saxifragaceae; *Tetilla hydrocotylaefolia*).
  - 3. *Pa.* **bemba de chucha**.

tetillera.
- I. 1. f. *Ec:O.* Puñal. pop + cult → espon.

teto.
- I. 1. m. *Cu.* **tetera**, tetina del biberón.

tetolquez.
- I. 1. adj. *Ho.* **tetelque**, ácido.

tetón.
- I. 1. m. *Ni.* Pedazo de tela que se pone en el asa de una plancha manual para no quemarse.
  - 2. *Ni.* Rodete de fibra natural o tela que se pone encima de la cabeza para transportar una vasija u otro objeto.

tetona.
- ■
  - a. ‖ **la tetona**. f. *Ho.* Personaje mítico mesoamericano en forma de bella mujer que atrae a los hombres por la noche para luego espantarlos con su cara de calavera.

tetónica.
- I. 1. adj. *PR. Relativo a una mujer,* que tiene los senos muy grandes. vulg; pop + cult → espon ^ fest.

tetudo, -a.
- I. 1. adj/sust. *Pe. Referido a persona,* tonta, necia. pop + cult → espon ^ desp.

tetunta. (Del nahua *tetl,* piedra, y *tzontli,* cabellera).
- I. 1. f. *Ho, ES.* **tetunte**, cabeza.

tetuntazo.
- I. 1. m. *Gu, ES.* Golpe dado con un **tetunte**.
  - 2. *Gu.* metáf. Disgusto o desgracia repentinas.

tetunte. (Del nahua *tetl,* piedra, y *tzontli,* cabellera).
- I. 1. m. *Gu, Ho, ES.* Piedra, ladrillo o pedazo de adobe.
- II. 1. sust/adj. *Gu, ES.* metáf. Persona cuyo trato resulta desagradable, *especialmente por ser demasiado insistente.*
- III. 1. m-f. *Ho, ES.* Cabeza de una persona. desp. (**tetunta**).

tetuntear.
- I. 1. tr. *ES.* Apedrear *algo* o a *alguien.*

tetuntoso, -a.
- I. 1. adj. *ES. Referido a terreno,* pedregoso.

teve.
- I. 1. *Pe, Bo.* **tevé**.

tevé. (De la sigla T.V.).
- I. 1. f. *EU, Ni, CR, Cu, RD, PR, Bo, Ch, Ar, Ur.* Televisión. pop + cult → espon. (**teve**).

tevecable.
- I. 1. f. *Ec, Bo, Ch, Ur.* Televisión por cable.

tevena.
- I. 1. f. *Bo:O.* Dinero en billetes. delinc.

tevito, -a.
- I. 1. m. y f. *Ch.* Persona aficionada a ver en exceso la televisión. pop ^ fest.

texao.
- I. 1. *Pe:S.* **pelonchile**.

textil.
- I. 1. m-f. *Pe, Bo, Ch.* Persona que trabaja en la industria textil.

textilera.
- I. 1. f. *CR, Ec, Bo.* Fábrica de tejidos.

textilería.
- I. 1. f. *CR, Ec, Pe, Bo, Py.* Industria textil.

textilero, -a.
- I. 1. adj. *CR, Co, Ec, Bo.* Relativo al textil.
  - 2. m. y f. *Ec, Bo.* Persona que trabaja en una fábrica de tejidos.

teyú. (De or. guar.).
- I. 1. m. *Py, Ar.* **iguana** (Iguanidae; *Iguana iguana*).

tezontle. (Del nahua *tetl,* piedra, y *tzontli,* cabellera).
- I. 1. m. *Mx, Ec.* Piedra volcánica porosa, muy ligera, de color rojo oscuro, usada en la construcción.

thiner. (Del ingl. *thinner,* disolvente).
- I. 1. m. *Ho, CR, Co, Ec, Bo, Py, Ur.* **thinner**.

thinner. (Voz inglesa).
- I. 1. m. *EU, Mx, Ho, ES, PR, Co, Ec, Pe, Bo, Ur.* Diluyente o disolvente de pintura, que en estratos sociales bajos se usa como estupefaciente. (**thiner**; **tíner**; **tíñer**). ♦ **zéner**.

thriller. (Voz inglesa).
- □
  - a. ‖ **de ~**. loc. adj/adv. *Ch. juv. Referido a una novela, una película o un evento,* de miedo, impresionante. pop. (**de tríler**).

tía.
- I. 1. f. *Ch.* Profesora de jardín infantil y de educación primaria.
- II. 1. f. *PR.* Administradora de un prostíbulo. prost.
- □
  - a. ‖ **~ Betty**. loc. sust. *Ch.* Diabetes. pop ^ fest.
  - b. ‖ **~ rica**. loc. sust. *Ch.* Casa de empeños autorizada legalmente para dar préstamos. euf; pop.
  - ▶ **hacerse de ~**.

tiamo.
- I. 1. m. *Ve.* Árbol de hasta 35 m de altura, muy ramificado y espinoso, de flores blancas muy olorosas; su madera se emplea como leña. (Fabaceae; *Acacia glomerosa*). ♦ **cagalero**; **llorasangre**; **palgüishte**.

tiangue. (Del nahua *tianquiztli,* plaza o mercado).
- I. 1. m. *Ho:C,E,S, ES, Ni.* Mercado al aire libre.

tianguez.
- I. 1. m. *Ec.* obsol. Plaza de mercado de los aborígenes.

tianguis. (Del nahua *tianquiztli,* plaza o mercado).
- I. 1. m. *Mx.* **parietaria**.
  - 2. *Mx.* **dominguilla**.
- II. 1. m. *Mx.* Mercado provisional *que generalmente se instala en determinado lugar un día fijo de la semana,* donde se venden o se intercambian mercancías de muy diversa índole.

tianguispepetla. (Del nahua *tianquiztli,* mercado, y *pepetla,* plural de *petlatl,* petate).
- I. 1. m. *Mx.* **parietaria**.

tibar.
- I. 1. *Co.* **chilco**, arbusto de tronco recio.

tibay.
- I. 1. f. *Ni. juv.* Botella de licor.

tibe.
- I. 1. m. *Co.* Piedra de color negro azulado, que se usa para afilar instrumentos.

tibey.
- I. 1. *RD, PR.* **reventacaballo**, hierba perenne.

tibi.
- I. 1. *Bo:E.* **tibí**. pop.

tibí.
- I. 1. m. *Bo.* Gemelo, accesorio usado para cerrar el puño de una camisa. (**tibi**).

tibibi.
- I. 1. m. *Bo.* Ave del tamaño del gorrión, de patas largas. (Charadriidae; *Charadius collaris*).

tibiera.
  I. 1. f. *Ve.* Molestia, fastidio. pop.

tibio, -a.
  I. 1. adj/sust. *Pe. Referido a persona*, herida de gravedad. pop.
  II. 1. adj. *ES. Referido a persona*, un poco enfadada.
  ▶ **no estar ni tibio.**

tibión, -na.
  I. 1. adj. *Pe, Ch. Referido a persona o cosa*, **tibia** o muy **tibia**. pop.

tibiris.
  I. 1. m. *ES.* Marihuana. drog.

tibisí.
  I. 1. m. *Cu, Ve.* Carrizo silvestre, de tallos de hasta 3 m y flores en panojas terminales. (Poaceae; *Arthrostylidium capillifolium* spp.).

tibón. (Del ingl. *T-bone steak*).
  I. 1. m. *Ho.* Corte grande y fino de carne de **res**, que en el centro tiene un hueso en forma de T.

tibor.
  I. 1. m. *Cu.* Orinal. pop.
  ▶ **cagarse fuera del ~; mearse fuera del ~.**

tíbora.
  I. 1. adj. *RD. Referido a persona*, mezquina, que intenta gastar lo menos posible.

tiburcio, -a.
  I. 1. adj. *ES. Referido a persona*, tuberculosa. euf.

tiburón.
  I. 1. m. *Ho, ES, Ch.* Ejercicio físico en el que el cuerpo se pone de la misma manera que al hacer flexiones, pero elevándose el tronco con el impulso de los brazos y dando una palmada con las manos antes de volver a apoyarlas en el suelo.
  II. 1. m. *Ni.* Hombre guapo y mujeriego.
    2. *PR.* Hombre enamoradizo. pop + cult → espon.
  III. 1. m. *PR.* Patrono exigente y mezquino con sus empleados. pop + cult → espon.
  ■
    a. ‖ **~ galano.** m. *Cu.* Tiburón de hasta 2 m de longitud, de color gris claro con el vientre blanco sucio, cuerpo robusto, hocico corto y redondeado y aletas pectorales muy largas. (Carcharhinidae; *Carcharhinus longimanus*).
    b. ‖ **~ gata.** m. *Cu.* Escualo de hasta 3 m de longitud, de color castaño, con dos cirros que aparecen en las aberturas nasales. (Orectolobidae; *Ginglymostoma cirratum*).
    c. ‖ **~ gato.** m. *Ec, Pe.* Tiburón de ojos rasgados de hasta 60 cm de longitud, de color gris con manchas más oscuras en el dorso y blancas en el vientre. (Scyliorhinidae; *Heterodontus quoyi*). ♦ **suño.**
  □
    a. ‖ **como el ~.**
      i. loc. adj. *PR. Referido a persona*, malhumorada. pop + cult → espon.
      ii. *PR. Referido a persona*, que está en actitud de riña. pop + cult → espon.

tic.
  I. 1. m. *Ch.* **ticket.**

tic-tac.
  □
    a. ‖ **al ~.** loc. adv. *Bo.* Al contado.

tica.
  I. 1. adj. *Pe:S. Referido a la sopa*, que tiene mucha grasa coagulada por haberse enfriado. rur.

tichela.
  I. 1. f. *Bo:E.* Recipiente de metal en que se recoge el látex que fluye de la **siringa.**

tícher. (Del ingl. *teacher*).
  I. 1. m-f. *Ho, ES, CR, Co.* Maestro o profesor. est.

tichibó.
  I. 1. m. *Bo:E.* p.u. Vasija de barro que se usaba en el campo para guardar bebidas refrescantes.

ticholo. (Del port. *tijolo*, ladrillo).
  I. 1. m. *Ar:NE, Ur.* Dulce de **guayaba** o de **banana**, que se vende en forma de tableta rectangular.
    2. *Ur.* Ladrillo de construcción, *hueco y generalmente con líneas acanaladas en dos de sus caras.*

ticinco.
  I. 1. adj. *Ho. Referido a persona*, que tiene muchos años más de veinticinco.

ticket. (Voz inglesa).
  I. 1. m. *Ch.* Marca que se pone al margen de una lista o de un documento con la que se indica que se ha verificado algo o se ha dado el visto bueno. ♦ **tic.**

tico, -a.
  I. 1. adj. *Ho, ES, Ni.* Relativo a Costa Rica.

tictacazo.
  I. 1. m. *ES.* Trago de licor.

ticte. (Del aimara *tijti* y del quechua *ticti*).
  I. 1. m. *Pe; Bo:O*, rur. Verruga. pop.

tictiento, -a.
  I. 1. adj/sust. *Pe.* obsol. *Referido a persona*, que tiene muchas verrugas. rur; pop.

ticuara.
  I. 1. f. *Bo:E.* Ave de hasta 10 cm de longitud, con el cuerpo de color café y el vientre *generalmente más claro que el dorso*, las plumas de sus alas y de su cola tienen franjas transversales de color café oscuro y las patas y el pico son de color marfil. (Troglodytidae; *Troglodytes* spp.).

ticuca.
  I. 1. f. *ES.* **Tortilla** cocida o frita hecha de harina de maíz o arroz, rellena de **chicharrón** molido, queso o flor de **loroco.**
  II. 1. f. *ES.* Vulva. tabú.

ticuco. (Del nahua *tecuia*, envolver).
  I. 1. m. *Ho, ES.* **Tamal** hecho con harina de maíz recocida, sal, manteca y dentro **frijoles** cocidos enteros o machacados, hervido y envuelto en hojas de **plátano.** (**tecuco; ticucu**).
    2. *Ho.* metáf. Persona panzona.

ticucu.
  I. 1. *Ho, ES.* **ticuco**, tamal.

ticuicear.
  I. 1. tr. *Ho.* Aceptar o exigir un soborno.

ticuicero, -a.
  I. 1. adj. *Ho. Referido a persona*, sobornadora.

ticuiche.
  I. 1. adj. *ES. Referido a persona*, tacaña.

ticuiriche.
  I. 1. *ES.* **ticuriche.**

ticuiza.
  I. 1. adj/sust. *Ho. Referido a animal doméstico*, recién nacido.
  II. 1. f. *Ho.* Soborno, dinero o prendas ilegales.

ticuriche.
  I. 1. adj/sust. *Ho, ES. Referido a persona*, tuberculosa. (**ticuiriche; ticurriche**).

ticurriche.
  I. 1. *ES.* **ticuriche.**

ticuso, -a.
  I. 1. adj. *ES. Referido a persona*, tacaña.

tiempal.
  I. 1. m. *Ho, ES, Ni, CR*; m. pl. *Pa.* Mucho tiempo, *especialmente muchos años.* pop.

tiempo.

I. 1. m. *Ho.* Cada una de las tres comidas diarias.

●

a. ‖ **a los ~s que te veo.** fórm. *Ec.* Se emplea para encarecer el saludo a quien se le tiene mucho afecto. pop.

■

a. ‖ **~ de adición.** m. *Co, Ec, Bo.* En el **futbol**, prolongación de un partido que dispone el árbitro para compensar las pérdidas de tiempo a lo largo del desarrollo del mismo.

b. ‖ **~ fuera.** (Calco del ingl. *time out*). m. *Ho.* Período de tiempo fuera del establecido.

c. ‖ **~ muerto.** m. *Cu, RD, PR.* Período de inactividad en la industria azucarera.

□

a. ‖ **a los ~s.** loc. adv. *Ec.* Al cabo de mucho tiempo.

b. ‖ **con el ~ y un ganchito.** loc. adv. *Ni, Cu, RD.* Poco a poco.

c. ‖ **con el ~ y un palito.** loc. adv. *Co.* Con paciencia y tenacidad. pop.

d. ‖ **de los ~s de España.** *PR.* del tiempo de España.

e. ‖ **de ~s del andavete.** loc. adj. *Ec.* obsol. *Referido a cosa*, pasada de moda o muy antigua.

f. ‖ **del ~ de España.** loc. adj. *Cu. Referido a cosa*, pasada de moda o muy antigua. pop. ♦ **de los tiempos de España.**

g. ‖ **del ~ de upa.** *CR.* del tiempo del fusil de chispa.

h. ‖ **del ~ del fusil de chispa.** loc. adj. *Ni, CR. Referido a cosa*, pasada de moda o muy antigua. pop. ♦ **del tiempo de upa.**

i. ‖ **del ~ del ruido.** loc. adj. *Co. Referido a cosa*, muy antigua, de hace mucho tiempo. hiperb.

j. ‖ **en los ~s de la perica.** *Ho.* en los tiempos del polvo.

k. ‖ **en los ~s del curuncuncún.** *Ho.* en los tiempos del polvo.

l. ‖ **en los ~s del polvo.** loc. adv. *Ho.* En tiempos muy remotos. ♦ **en los tiempos de la perica; en los tiempos del curuncuncún.**

m. ‖ **por ~ y materia.** loc. adv. *Bo.* Hasta concluir lo que se está tratando.

n. ‖ **~ compartido.**

　i. loc. sust. *Mx, CR, Ch, Ar, Ur.* Condominio de un inmueble, cuyo disfrute está restringido a períodos determinados.

　ii. *Mx, Ar.* Inmueble sometido a régimen de tiempo compartido.

ñ. ‖ **~ de aguas.** loc. sust. *Bo.* Época del año en que llueve mucho y con frecuencia. pop.

o. ‖ **~ de la(s) carreta(s).** *Ar, Ur.* tiempo de ñaupa.

p. ‖ **~ de ñaupa.** loc. sust. *Bo, Ar, Ur.* Época lejana, muy remota. pop + espon. ♦ **tiempo de la(s) carreta(s); tiempo del jopo; tiempo del tufo; tiempos de la chispa.**

q. ‖ **del jopo.** *Ar, Ur.* tiempo de ñaupa.

r. ‖ **del tufo.** *Ho.* tiempo de ñaupa.

s. ‖ **~s de la chispa.** *Ec.* tiempo de ñaupa.

t. ‖ **~s de mamá Camota.** loc. sust. *Gu.* Época lejana e inmemorable. ♦ **tiempos de ña Coneja; tiempos de ña Upa.**

u. ‖ **~s de ña Coneja.** *Gu.* tiempos de mamá Camota.

v. ‖ **~s de ña Upa.** *Pa.* tiempos de mamá Camota.

▶ **caer en ~; comprar al ~; haber ~ de agua; hacer ~; hacer ~ bueno; pasar un buen ~; ponerse el ~; tomar el ~; ubicarse en ~ y espacio.**

tienda.

I. 1. f. *Ni, CR, Cu:C,O, RD, Ve, Pe, Bo, Ch, Py, Ar, Ur.* Establecimiento comercial en el que se venden al por menor tejidos, telas, prendas de vestir y otros artículos de esta misma naturaleza.

2. f. *Bo, Ch*; pl. *Ur.* Facción o partido político. pop + cult → espon ^ desp.

■

a. ‖ **~ de abarrotes.** f. *Mx, Pe, Bo.* Establecimiento que vende artículos para el abasto, *especialmente comestibles y bebidas.*

b. ‖ **~ de agachón.** f. *Ho.* Tienda de ropa usada.

c. ‖ **~ de conveniencia.** f. *Ho.* Pequeño supermercado anexo a una gasolinera, donde se venden bebidas y comidas enlatadas las 24 horas del día.

d. ‖ **~ de departamentos.** f. *RD, Ve.* Gran establecimiento dividido en departamentos, donde se venden productos de todo género. (**tienda por departamentos**). ♦ **tienda departamental.**

e. ‖ **~ departamental.** f. *Mx.* tienda de departamentos.

f. ‖ **~ por departamentos.** f. *Cu, PR.* tienda de departamentos.

□

a. ‖ **~ política.** loc. sust. *Ec, Pe, Bo, Ch.* Partido político.

tiendero, -a.

I. 1. m. y f. *Bo; Ec:O,* p.u, pop. Dueño o dependiente de una tienda.

tiento.

I. 1. m. *Ve, Pe, Ch, Ur, Py, Ar,* rur; *Bo:C,S,* pop. Tira delgada de cuero sin curtir que sirve para atar o para trenzar.

□

a. ‖ **a los ~s.** loc. adv. *Bo:S* pop; *Ur,* rur. Sobre la parte posterior del lomo del caballo.

tierno, -a.

I. 1. adj. *Gu, ES, Ni, CR, Pa, Cu, RD, Co, Ec, Pe, Bo, Py. Referido a un fruto,* que aún no ha madurado.

II. 1. m. y f. *Gu, Ho, ES, Ni, CR:NO, Pa, RD, Py.* Niño de corta edad, *especialmente si es lactante o no camina todavía.*

III. 1. adj. *Ho, ES, Ni. Referido a la luna,* que está en su fase nueva.

tierra.

I. 1. f. *Bo:O. Según la creencia popular,* estado de decaimiento físico y anímico que tiene una persona después de sufrir un accidente o una caída en un lugar habitado por los espíritus de la naturaleza, ya que estos retienen el alma de la persona.

II. 1. f. *PR.* Droga de mala calidad. drog.

III. 1. m-f. *PR.* Persona sucia, desaseada. pop + cult → espon ^ desp.

■

a. ‖ **~ espina.** *Mx.* guamúchil.

b. ‖ **~ firme.** f. *Pe.* Terreno de la comarca andina, *generalmente seco* por su alto contenido de hierro y arcilla.

c. ‖ **~ flaca.** f. *Pe.* Tierra o terreno que se ha trabajado en exceso y que no produce.

□

a. ‖ **de la ~.** loc. adj. *Ec, Pe.* obsol. *Referido a un producto,* que no procede de España, sino de América.

b. ‖ **de ~ adentro.**

　i. loc. adj. *Ni, Cu, RD, PR, Bo, Ur.* Propio del campo o de una zona alejada de lugares poblados.

　ii. *Ho.* De la zona rural.

c. ‖ **de ~ afuera.** loc. adj. *Bo.* Propio del extranjero.

d. ‖ **~ adentro.** loc. adv. *Ni, Pe, Bo, Ur.* En el campo, lejos de lugares poblados.

e. ‖ **~ caliente.** loc. sust. *Co, Ve.* Zona climática situada a menos de 1300 m de altura sobre el nivel del mar y con una temperatura de más de 24 grados centígrados.

f. ‖ ~ **derecha.**
  i. loc. sust. *Ch. En una pista de carreras*, recta final.
  ii. *Ch.* Período o fase que precede al final o a la consecución de algo.
g. ‖ ~ **fría.** loc. sust. *Co, Ve* Zona climática situada a más de 1800 m de altura sobre el nivel del mar y con una temperatura entre los 10 y 17 grados centígrados.
h. ‖ ~ **templada.** loc. sust. *Co, Ve.* Zona climática situada entre los 1300 y 1700 m de altura sobre el nivel del mar y con una temperatura entre los 17 y 23 grados centígrados.
▶ **caer** ~; **cargar** ~; **echar** ~; **echarle** ~ **y darle pisón; estar hecho** ~; **hacer** ~; **llamar la** ~; **no tentar** ~; **pagar a la** ~.

tierral.
  I. 1. m. *Mx, Gu, Ho, ES, Ni, Bo:E, Ch, Ar.* Polvareda, polvo que se levanta de la tierra. ♦ **terregal; terrero.**
  2. *Ch.* Lugar en el que se levantan polvaredas con facilidad.
  II. 1. m. *Gu.* Montón de tierra, material de que se compone el suelo.

tierrerío.
  I. 1. *ES.* **tierral.**

tierrerita.
  I. 1. f. *Pa.* Persona pequeña que se mueve con agilidad.

tierrero.
  I. 1. m. *ES, CR, Cu, PR, Co, Ve, Ec.* Cantidad grande de tierra suelta.
  2. *Gu, Ho, ES, Cu, Ve, Ec.* Gran cantidad de polvo.
  3. *CR, Ve, Ec.* Terreno seco del que se desprende fácilmente tierra o polvo.
  4. *PR.* Suciedad.
  II. 1. *Co:NE.* **bonche,** disputa. pop.
▶ **armar el** ~.

tierrita.
  I. 1. f. *Cu.* Pequeña cantidad de dinero. pop.
  II. 1. f. *RD.* Mujer flaca y poco atractiva.

tierroso, -a.
  I. 1. adj. *Mx, ES, Ch. Referido a un lugar,* que tiene mucha tierra suelta.

tierruca.
  I. 1. f. *Gu.* Lugar donde ha nacido una persona.

tieso, -a.
  I. 1. adj/sust. *Pe.* p.u. *Referido a persona,* muy borracha. pop.
  II. 1. adj. *Ec. Referido a persona,* que se jacta de valiente. pop + cult → espon.
  2. *Ho. Referido a persona,* valiente, decidida.
  III. 1. adj. *Ch. Referido a persona,* muy diestra o hábil para algo. pop.
  IV. 1. adj. *Ni.* juv. *Referido a persona,* tacaña.
  ■
  a. ‖ ~ **de mechas.** adj/sust. *Ch. Referido a persona,* de actitud terca, obstinada, que suele imponer su criterio. pop ^ fest.
  □
  a. ‖ ~ **y parejo.** *CR.* **duro y parejo.**
▶ **botarse a** ~.

tiestazo.
  I. 1. m. *Co.* Golpe que se recibe por una caída, o por topar con un cuerpo duro. pop + cult → espon.

tiesto.
  I. 1. m. *Co, Pe, Bo:E.* Vasija de barro cocido, para usos diversos como asar **arepas** o tostar granos de café y cereales.
  2. *Ch.* Vasija de cualquier tamaño y de material poco delicado.

3. *Ho, ES.* Vasija de barro de boca grande, *generalmente con tres patas.*
  II. 1. m. *Co:C,SO.* Automóvil viejo y destartalado. pop.
  2. *RD.* metáf. Persona muy deteriorada físicamente.
  III. 1. m. *Ho.* Mancha azulada o de color café que tienen la mayoría de niños mestizos al nacer en la nalga, en la cintura o en la espalda a la altura del riñón.
▶ **orinar fuera del** ~; **salir del** ~.

tifa. (Sigla de Tarjeta de Identificación de las Fuerzas Armadas).
  I. 1. f. *Ch.* Tarjeta de identificación para el personal perteneciente a las Fuerzas Armadas.

tifitear.
  I. 1. tr. *Pa, Cu.* p.u, juv. Robar, hurtar.

tigana.
  I. 1. f. *Ve, Bo:E.* Ave galliforme, de hasta 25 cm de longitud, de color pardo rayado de negro, las patas, amarillas, y el cuello, largo. (Eurypygidae; *Eurypiga helias*). ♦ **tanrilla.**

tigra.
  I. 1. f. *Ho, ES, Ni, CR, RD, Ve, Ec, Bo; Pa, Co:C,O,* rur, vulg; *Ar,* rur. Hembra del **tigre,** jaguar.
  II. 1. f. *ES.* Mujer temible.
  III. 1. f. *ES.* Policía, cuerpo encargado de velar por el mantenimiento del orden público.
  IV. 1. f. *CR.* Pereza. pop.
  ■
  a. ~ **mariposa.** f. *Ve.* Serpiente muy agresiva, de cabeza oscura con alguna raya negra y manchas pardas o negruzcas en el dorso. (Viperidae; *Bothrops venezuelensis*).

tigre.
  I. 1. m. *Mx, Ho, ES, Ni, CR, Cu, Co, Ve, Pe, Bo, Ar.* Jaguar. (Felidae; *Panthera onca*). ♦ **capiango; chacbolay; chacmool; champoltrín; otorongo; poncho overo; tecuán; tigre americano; tigre overo; uturunco.**
  II. 1. m-f. *Cu, RD, Co, Ve, Ec, Bo, Py, Ar, Ur,* p.u. Persona muy hábil en alguna actividad.
  III. 1. m-f. *RD.* **tíguere,** persona golfa.
  2. *RD.* **tíguere,** persona cuya identidad se desconoce.
  IV. 1. m. *Ho, Ni.* **achichincle,** amigo.
  V. 1. m. *ES.* **tamal** de **elote** con **frijoles** enteros.
  VI. 1. m. *Ho.* Miembro del ejército.
  VI. 1. m-f. *PR.* Persona astuta y hábil en los negocios. pop + cult → espon.
  VIII. 1. m. *PR.* Hombre mujeriego, enamoradizo. pop + cult → espon.
  IX. 1. m. *PR.* Niño de mal comportamiento. pop + cult → espon.
  X. 1. *Pa.* **berraca de chucha.**
  ●
  a. ‖ ~. fórm. *Cu.* Se usa para dirigirse a un amigo. pop.
  ■
  a. ‖ ~ **americano.** *Bo, Ur.* **tigre,** jaguar.
  b. ‖ ~ **lebergala.** m. *PR.* Asesino. pop + cult → espon ^ desp.
  c. ‖ ~ **overo.** *Ar.* **tigre,** jaguar.
  d. ‖ ~ **zúngaro.** *Pe.* **manguruyú.** (Pimelodidae; *Zungaro zungaro*).
  □
  a. ‖ **de** ~ **suelto con burro amarrado.** *CR.* **de tigre suelto contra burro amarrado.**
  b. ‖ **de** ~ **suelto contra burro amarrado.** loc. adj. *CR, Co:N. Referido a pelea, confrontación o enfrentamiento* con ventaja excesiva de uno sobre el otro. pop ^ fest. ♦ **de tigre suelto con burro amarrado.**
  c. ‖ **el** ~. loc. sust. *Bo.* Equipo de **futbol** The Strongest.
▶ **comer el** ~; **estar** ~; **estar con el** ~ **adentro; estar matando** ~**s a sombrerazos; estar para el** ~; **matar un** ~

a **sombrerazos**; **rascar el** ~; **soltar el** ~; **venir con el**
~ **dentro**.

tigrecillo.
> **I. 1.** *Bo.* **oscollo**.

tigrero, -a.
> **I. 1.** sust/adj. *Bo.* Perro de caza, de gran tamaño, amaes-
> trado para la caza del **tigre** u otros animales salvajes.

tigrillo.
> **I. 1.** *Mx, Gu, Ho, ES, Ni, Co, Bo:E.* **ocelote**.
> **2.** *Ho, ES, Ni, CR, Ec, Pe.* Felino de tamaño media-
> no, esbelto, con el hocico corto, ojos grandes, pa-
> tas largas y anchas, cola espesa, dorso café parduz-
> co pálido con un patrón de rosetas de bordes
> negros y gruesos, y grandes óvalos con el centro
> de color café leonado. (Felidae; *Leopardus wiedi*).
> ♦ **caucel**; **tigrito**.
> **3.** *Co.* **jaguarondo**.
> **4.** *Pa.* **cucaracho**.
> ■
> **a.** ‖ ~ **congo**. *Pa.* **jaguarondo**.

tigrito.
> **I. 1.** *Ve.* **tigrillo**, felino.

tiguacal. (Del nahua *tlitic*, negro, y *huacalli*, guacal).
> **I. 1.** m. *Ho:S, ES.* Crustáceo decápodo de color negro
> azulado o verdoso en la parte superior y blanco en
> la inferior. (Gecarcinidae; *Gecarcinus quadratus*).
> (**tihuacal**).

tigüeleado, -a.
> **I. 1.** adj. *ES.* *Referido a un automóvil*, tuneado.

tigüelear.
> **I. 1.** tr. *ES.* Tunear un automóvil.

tíguere.
> **I. 1.** m. *PR.* Tigre.
> ■
> **a.** ‖ **pelea de** ~ **y burro**. f. *PR.* Discusión, pelea con
> ventaja excesiva de uno sobre el otro.

tíguere, -a.
> **I. 1.** sust/adj. *RD.* Persona golfa, descarada o atrevida,
> *generalmente joven*. ♦ **tigre**.
> **2.** m. y f. *RD.* Persona cuya identidad se desconoce o
> no se quiere decir. ♦ **tigre**.

tigüilote. (Del nahua *tlitic*, negro, y *huilotl*, paloma).
> **I. 1.** *Ho, ES, Ni, CR.* **baboso**.

tihuacal.
> **I. 1.** *Ho:S, ES.* **tiguacal**.

tihuilote.
> **I. 1.** *Ho, ES.* **baboso**.

tihula.
> **I. 1.** *Bo:O.* **tiula**.

tijcha.
> **I. 1.** f. *Bo.* Juego de las canicas.
> **2.** *Bo.* Cada una de las canicas.

tijchar. (Del aimara).
> **I. 1.** intr. *Bo:C,O,S.* Jugar a las cartas. pop.
> **2.** tr. *Bo:C,O,S.* Golpear una canica con el dedo ín-
> dice para hacerla chocar contra otra o para cambiarla de
> posición. pop.

tijchazo.
> **I. 1.** m. *Bo.* *En el juego de las canicas*, golpe que da una
> canica a otra, después de haberla impulsado con
> la uña del dedo índice. ♦ **tijcho**.

tijche. (Del aimara).
> **I. 1.** m. *Bo:C,O,S.* **tijcha**, juego. pop.

tijcho.
> **I. 1.** *Bo:C,O,S.* **tijchazo**. pop.
> **2.** m. *Bo:C,O,S.* Golpe o capirotazo que se da a algo
> o a alguien. pop.

tijera.
> **I. 1.** f. pl. *Ni, Bo:E, Ar, Ur.* Palos o maderos que sostie-
> nen el armazón de la cubierta de un techo de dos
> aguas, *especialmente en las casas rústicas*.
> **II. 1.** f. *Ho, ES, Ni.* Cama de madera con dos tijeras en
> cada extremo y dos palos de tijera a tijera con una
> lona de palo a palo.
> **III. 1.** f. *Ec.* Tijereta o cortapicos. ♦ **sacha tijera**.
> **IV. 1.** sust/adj. *Bo:O,S.* Persona que destroza o envejece
> rápidamente sus prendas de vestir, *especialmente el
> calzado*. pop.
> **V. 1.** m-f. *ES.* Persona chismosa.
> ■
> **a.** ‖ ~ **reina**. f. *Ec.* Viga principal de una cubierta.
> ► **aplicar la** ~; **dar** ~; **echar** ~; **meter** ~s; **volar** ~.

tijerachupa.
> **I. 1.** *Pe.* **halcón tijereta**.

tijerada.
> **I. 1.** f. *Bo.* Corte hecho de un golpe con las tijeras.

tijeral.
> **I. 1.** m. *Pe, Bo, Ch.* Conjunto de tablas que sobre los
> maderos de construcción sostienen la cubierta de
> un edificio.
> **2.** pl. *Ch.* Fiesta que ofrecen los constructores a los
> obreros cuando se terminan de colocar los tijerales.
> **II. 1.** m. *Ch.* **siete colas**.

tijeras.
> ► **dar** ~.

tijerazo.
> **I. 1.** m. *CR, Co, Bo:S, Ch, Py; Ec,* pop. Corte con la ti-
> jera, *especialmente el rápido y enérgico*.

tijereada.
> **I. 1.** f. *Ho.* Corte con tijeras.
> **II. 1.** f. *Ho.* Recorte de un texto o de un presupuesto.

tijerear.
> **I. 1.** tr. *Mx, Gu, Ho, ES; Bo,* pop + cult → espon. Mur-
> murar, criticar.

tijereta.
> **I. 1.** f. *Ho, ES, Ni, Ec, Bo:C,E,S, Ar, Ur.* Ave palmípeda
> de hasta 40 cm de longitud, de cola larga en forma
> de horquilla, cabeza negra, dorso gris, alas pardas y
> vientre blanco. (Tyrannidae; *Tyrannus savana*).
> **2.** *Co.* Ave de 17 cm de longitud, de cola larga y
> ahorquillada, parte superior y cabeza negras, par-
> te inferior y pecho de color blanco grisáceo, cola,
> pico y patas negros. (Tyrannidae; *Muscivora tyran-
> nus*).
> **3.** *Ch.* **siete colas**.
> **4.** *PR.* **fragata**, ave marina. (**tijerilla**).
> **II. 1.** f. *CR, Pa.* Cama plegable.
> **III. 1.** f. *Ni.* Juego de niños que consiste en caminar apoyan-
> do las manos en el suelo, mientras alguien le sostiene los
> pies.
> ■
> **a.** ‖ ~ **de mar**. *Pa, Ec.* **fragata**, ave marina.

tijeretear.
> **I. 1.** tr. *Mx, Ho, ES, Ni, Pa, Bo, Ar:NO; Pe,* p.u. Mur-
> murar, criticar.

tijereteo.
> **I. 1.** m. *Ur; Pe,* p.u; pop. Murmuración.

tijeretero.
> **I. 1.** *Pe.* **halcón tijereta**.

tijerilla.
> **I. 1.** f. *Ho, ES, Bo:E.* Insecto de hasta 5 cm de longi-
> tud, de color negro, cabeza rojiza, antenas filifor-
> mes, élitros cortos, y a veces sin alas ni élitros, y
> abdomen terminado por dos piezas córneas, mó-
> viles, que forman una especie de alicates. (Forfi-
> culidae; *Forficula auriculata*).
> **2.** *PR.* **tijereta**, ave marina.

tijo.
 I. 1. *Ho, CR.* **pijuy**.

tijtincha.
 I. 1. f. *Ar:NO.* Comida tradicional elaborada a base de carne de vaca, **choclo**, habas y **papas**, que se prepara durante la noche anterior a la fiesta del apóstol Santiago, el 25 de julio, o al homenaje a la **Pachamama**, el 1 de agosto. rur. (**tistincha**).

tijul. (De or. onomat.).
 I. 1. *Ho, ES.* **pijuy**.
 II. 1. m. *Ho.* Querido, amante.

tila.
 I. 1. f. *Ni.* Cigarrillo de marihuana. drog.

tilapia. (Del swahili).
 I. 1. f. *Mx, Gu, Ho, ES, Ni, CR, Pa, RD, PR, Co, Ec, Py.* Pez de agua dulce cultivado, de hasta 40 cm de longitud, con cabeza pequeña, cuerpo resistente de color plateado y aletas puntiagudas; su carne es comestible. (Cichlidae; *Oreochromis niloticus, O. aureus*).

tilchada.
 I. 1. f. *ES.* Gran cantidad de cosas viejas.

tilde.
 □
  a. ‖ **sin perder una ~.** loc. adv. *Bo.* Con mucha atención. pop + cult → espon.
  ▶ **no perder ~.**

tildeado, -a.
 I. 1. adj. *Pa.* Referido a *persona*, loca, de poco juicio.

tildearse. (Del ingl. *tilt*, inclinarse).
 I. 1. intr. prnl. *Pa.* Dejar de funcionar *algo* normalmente. pop + cult → espon.
 II. 1. intr. prnl. *Pa.* Volverse loca *una persona.* pop + cult → espon.

tile. (Del nahua *tlilli*, tizne).
 I. 1. m. *Ho, ES, Ni.* Hollín.
 II. 1. adj. *Ho.* Referido a *cosa o asunto*, difícil de realizar o solucionar.
 III. 1. m. *Ho.* Oscuridad. cult.
  ▶ **vérselas ~.**

tili. (Del aim. *t'ili*, pequeño).
 I. 1. m-f. *Bo:O.* Niño de corta edad. pop + cult → espon.
 2. sust/adj. *Bo:O.* Persona de baja estatura. pop + cult → espon.

tilica.
 I. 1. f. *Mx.* Figura del esqueleto humano como símbolo de la muerte. pop.

tilichal.
 I. 1. m. *ES.* Gran cantidad de cosas viejas.

tiliche.
 I. 1. m. pl. *Mx, Gu, Ho, ES, Ni, Pa, Bo:E.* Enseres personales de escaso valor. (**tilinche**).
 2. m. *Mx, Gu.* Objeto inútil, de poco valor. pop ^ desp.
 3. *CR, Pa.* Baratija, cachivache.

tilichera.
 I. 1. f. *Gu.* Lugar donde se guardan **tiliches**, baratijas.

tilichero.
 I. 1. m. *Mx, Gu, Ho, ES, Ni, CR.* Conjunto de objetos de poco valor y utilidad. pop.
 2. *Mx.* Desorden.
 3. m. pl. *Gu, Ho, ES, Ni.* **maritates**, enseres personales.

tilichero, -a.
 I. 1. adj. *Mx, Ni. Referido a persona*, muy afecta a guardar **tiliches**, objeto de poco valor.
 2. sust/adj. *Mx.* Persona que compra y vende **tiliches**, objetos de poco valor.

tilico, -a.
 I. 1. adj. *Mx.* Escuálido. pop. ◆ **tilique**.

tilicuy. (Voz aimara).
 I. 1. m. *Bo.* Ceremonia social en la que los padres del pretendiente van al domicilio de la pretendida a solicitar de sus padres el permiso correspondiente para que sus hijos convivan en concubinato o se casen. rur. (**tilucuy**).

tilila.
 I. 1. f. *Ho, Ni.* Barriga prominente, *en especial de mujer embarazada.*

tilín.
 I. 1. m. *Bo.* Local público donde se juega con máquinas de videojuegos que funcionan automáticamente al introducir una moneda o ficha.
 □
  a. ‖ **en un ~.**
   i. loc. adv. *Cu, Ve.* En un instante. pop.
   ii. *Ve.* En peligro inminente.
  b. ‖ **por un ~.** loc. adv. *Cu.* A punto de, faltando poco para que suceda algo determinado.
 ◨
  a. ‖ **puro ~ y nada de paleta(s).** fr. prov. *Pa; Co,* pop. Indica que algo aparentemente importante es en realidad insignificante.

tilinche.
 I. 1. *Pa.* **tiliche**, enseres personales.

tilingada.
 I. 1. f. *Ar, Ur.* Tontería, necedad. pop + cult → espon.
 2. *Ar.* p.u. Conjunto o grupo de **tilingos**, personas que hacen o dicen tonterías. pop + cult → espon.

tilingo.
 I. 1. *Pa.* **talingo**.
 ▶ **cazar ~s.**

tilingo, -a.
 I. 1. adj/sust. *Py, Ar, Ur. Referido a persona*, que dice y hace tonterías y suele comportarse con afectación. pop + cult → espon ^ desp.
 2. sust/adj. *Py, Ur.* Persona que tiene las facultades mentales alteradas. pop + cult → espon.
 3. adj/sust. *Ur. Referido a persona*, carente de buen gusto o de refinamiento. pop + cult → espon ^ desp.

tilingueada.
 I. 1. f. *Py.* Hecho o dicho tonto o necio. pop.

tilinguear.
 I. 1. intr. *Ar,* pop + cult → espon; *Py,* pop. Hacer o decir tonterías o necedades.
 II. 1. intr. *ES.* Tocar y usar varios utensilios.

tilinguería.
 I. 1. f. *Py, Ur,* pop; *Ar,* pop + cult → espon. Acto o dicho tonto o necio.

tilinguines.
 I. 1. m. pl. *ES.* Trastos, utensilios, herramientas.

tilinque. (Del nahua *tilinqui*, tirante, tieso).
 I. 1. *Mx, Gu.* **tilinte**, tirante.
 2. *Gu.* **tilinte**, no relajado.

tilinte. (De *tilinque*).
 I. 1. adj. *Gu, Ho, ES, Ni, CR. Referido a persona*, tensa, no relajada. (**tilinque**).
 2. *Ho, ES. Referido a persona*, seria, estirada.
 II. 1. adj. *Gu, Ho, ES, Ni, CR. Referido a cosa*, tensa, tirante. (**tilinque**).
 III. 1. adj. *Ho, ES, Ni. Referido a persona o animal*, muerto.
 IV. 1. m. *ES.* Juego de niños en el que los participantes se colocan por parejas, uno frente a otro, se agarran las manos y giran velozmente hasta que uno de ellos se suelta, y pierde.
 V. 1. adj. *Ho. Referido a persona*, harta de comer.

tilintear(se).

I. 1. tr. *Ho, ES, Ni.* Tensar *algo, generalmente una cuerda o un cable.*

II. 1. intr. prnl. *Ho, ES, Ni.* Morirse *alguien.*

tilique.

I. 1. *Mx.* **tilico.** pop.

tilisito.

I. 1. m. *Bo:C,SO.* Instrumento musical rústico de cuerda perteneciente a la familia del **charango**.

tillo. (Afér. de *platillo*).

I. 1. m. *Ec.* Tapón metálico de las botellas. pop.

tillos.

I. 1. adj. *Ec. Referido a cosa,* fácil de realizar. pop.

tilo.

I. 1. m. *CR, Cu, Bo, Ch, Py, Ar, Ur.* Bebida que se hace con flores de tilo en infusión; tiene propiedades sedantes y antiespasmódicas.

II. 1. m. *ES.* Hijo caprichoso y consentido.

tiloso, -a.

I. 1. adj. *Ho, ES. Referido a persona o cosa,* tiznada, manchada de hollín.

tilsa.

I. 1. f. *Ni.* juv. Bolsillo donde se lleva el dinero.

tiluchi.

I. 1. *Bo.* **hornero,** pájaro.

tiluchí.

I. 1. m. *Ar.* Pájaro de pequeño tamaño, con el pecho y la zona ventral de color castaño rojizo o dorado, plumas grisáceas, cabeza con estrías negras y blancas, ojos negros y pico fuerte. (Formicariidae; *Drymophila* spp.).

tilucuy.

I. 1. *Bo.* **tilicuy.**

tim. (Del ingl. *team*).

I. 1. m. *Cu. En una* **competencia** *deportiva,* equipo, cada uno de los grupos que se disputan el triunfo.

timacle.

I. 1. m-f. *RD.* Persona que, en una jerarquía, está por encima del resto por tener una serie de cualidades en máximo grado.

II. 1. m. *RD:N.* Trago de una bebida alcohólica.

timba.

I. 1. f. *Mx, Gu, Ho, ES, Ni, CR, Cu, RD, Ve.* Barriga, panza. pop.

II. 1. f. *Co:N.* Timbal muy grande.

III. 1. f. *Cu.* Barra de dulce de **guayaba**. pop.

IV. 1. f. *Cu.* Estilo musical y baile variante de la salsa.

V. 1. *PR.* **tumba,** tambor.

●

a. ‖ **la ~ está tremenda.** fórm. *Cu.* Se usa para referirse a una situación complicada o muy mala.

timbal.

I. 1. m. pl. *Cu, RD, PR.* Testículos. pop + cult → espon.

2. *Cu, RD.* Valentía, coraje. pop + cult → espon.

II. 1. m. *Cu.* Gran cantidad de algo. pop + cult → espon.

▶ **tocar los ~es.**

timbaludo, -a.

I. 1. sust/adj. *Cu.* Persona valiente. pop.

timbe.

I. 1. *Mx.* **piche,** árbol.

timbear.

I. 1. intr. *Py; Pe, Bo, Ar, Ur,* pop. Participar en juegos de azar o de cartas.

timberiche.

I. 1. *Cu, RD, PR.* **cuchitril,** pequeña tienda.

2. *PR.* **cuchitril,** casucha.

timbero.

I. 1. m. *Bo.* Hombre que mediante engaños gana a sus contrincantes en los juegos de azar.

timbero, -a.

I. 1. sust/adj. *Pe, Bo, Py, Ar, Ur.* Persona aficionada a los juegos de azar o de cartas. pop + cult → espon.

II. 1. m. y f. *Cu.* Persona amante de la **timba,** estilo musical.

timbí.

I. 1. adj. *RD. Referido a persona,* saciada por haber comido abundantemente. (**timbo**).

2. *RD. Referido a un lugar,* repleto de gente. (**timbo**).

timbiriche.

I. 1. m. *Mx, Ho, Ni.* Planta de hasta 2 m de altura, con penca y hojas en roseta, espinosas, vainas grandes, cubiertas de escamas de color café oscuro, flores rosadas, con la base y los márgenes blancos. (Bromeliaceae; *Bromelia karatas, B. pinguin*). ◆ **chilmotate; jocuiste; mexocote; motete; xococuiste.**

2. *Ho, Ni.* Fruto del timbiriche, de cuerpo ovoide y sabor agridulce. ◆ **chilmotate.**

II. 1. m. *Cu, PR.* Local comercial muy pequeño y de poca importancia. pop + cult → espon.

III. 1. m. *Ho.* Herpes que se manifiesta en manchas moradas y rugosas de la piel.

timbito.

I. 1. adv. *RD.* Pronto, con rapidez.

timbo.

I. 1. m. pl. *Ar.* Zapatos. pop + cult → espon.

II. 1. m. *Ho, ES, Ni.* Serpiente de hasta 85 cm de longitud, de cuerpo muy grueso y fuerte, recubierto de escamas muy ásperas; las dorsales en forma de quilla, agrupadas y rugosas, con una coloración que varía desde la ceniza oscuro hasta un ocre con manchas dorsales en forma romboidal. (Viperidae; *Bothrops ummifera*). ◆ **mano de piedra; terciopelo.**

2. *Ho.* **cusuco,** armadillo.

☐

a. ‖ **del ~ al tambo.** loc. adv. *Ho, ES, Ni, Pa, Co, Ve.* De una parte a otra, de aquí para allá. pop. ◆ **del tingo al tango.**

timbo, -a.

I. 1. *RD.* **timbí.**

II. 1. sust/adj. *Pa.* Persona de piel negra muy oscura.

timbó. (Del guar.).

I. 1. m. *Bo:S, Py, Ar, Ur.* Árbol de hasta 30 m de altura, de copa extendida, corteza gris y lisa, hojas compuestas por cinco pares de pinnas, flores de color blanco verdoso, en racimos, cuyo fruto es una legumbre leñosa de color negro. (Fabaceae; *Enterolobium contortisiliquum*). (**timboy**). ◆ **cambá nambí; oreja de mono; oreja de negro; pacará; toco.**

2. *Bo, Py, Ar, Ur.* Madera del timbó, blanda y con múltiples aplicaciones en carpintería. ◆ **pacará.**

timbola.

I. 1. f. *RD.* Capirotazo. inf.

timbón, -na.

I. 1. adj. *Mx, Gu, Ho, ES, Ni. Referido a persona,* que tiene una gran barriga. pop.

timbona.

I. 1. f. *Ho, ES, Ni.* Mujer embarazada.

timboy.

I. 1. *Bo:C,S.* **timbó,** árbol.

timbrada.

I. 1. f. *Pe.* Timbrazo.

timbrar(se).

I. 1. intr. *Mx, Ho, Ni, Co, Ec, Pe, Bo, Ch, Ar, Ur.* Sonar el timbre.

II. 1. intr. prnl. *Co.* Ponerse nervioso o avergonzarse por algo o alguien. pop.

III. 1. intr. *RD, Ec.* Llamar por teléfono.

timbrazo.
    I. 1. m. *Ni, Cu, RD, PR, Ec.* Llamada telefónica. pop + cult → espon.

timbre.
    I. 1. m. *Mx, Ni, Pa, RD, Ec, Bo, Ur.* Sello postal.
    ■
    a. ‖ ~ **de transacción.** m. *Bo.* Sello que valida un documento.

timbrero.
    I. 1. m. *Bo. En la mina,* ascensorista del interior de la mina.

timbuche.
    I. 1. m. *Pe:E.* Sopa preparada con pescado, huevos batidos y **culantro**; se acompaña de **plátano** cocinado y **yuca sancochada**. (**timbuchi**).
    II. 1. *ES.* **timbuco**.

timbuchi.
    I. 1. *Pe:E.* **timbuche**, sopa.

timbuco, -a.
    I. 1. adj. *Ho, ES, Ni. Referido a persona,* panzona.
    ♦ **timbuche; timbudo; timburriaco.**

timbudo, -a.
    I. 1. *ES.* **timbuco**.

timburriaco, -a.
    I. 1. *Ho.* **timbuco**. desp.

timbusca.
    I. 1. f. *Ec.* Guiso elaborado con carne de **res**, **papas**, cebolla colorada, zanahoria, tomate, hojas de col, apio, perejil, pimiento verde, tomates, cubitos de carne o de pollo y pimienta.

timelo.
    I. 1. m. *Pe:E.* Ave zancuda de pequeño tamaño. (Charadriidae; *Hoploxipterus cayanus*).

timón.
    I. 1. m. *Ho, ES, Pa, Cu, RD: Co, Pe, Bo.* Volante o manillar de un vehículo. ♦ **cabrilla.**
    II. 1. m. *Ho.* Palo largo de contrapeso que usan los equilibristas.

timonear.
    I. 1. tr. *Cu.* Esquivar una situación difícil.
    II. 1. tr. *RD.* Aumentar el volumen de un líquido agregándole otra sustancia.

tímpano.
    I. 1. *PR.* **maslote.**

timpiriche.
    I. 1. *ES.* **perleche.**

timpo.
    I. 1. m. *Pe:S.* Puchero que se prepara con carne de **res**, cabeza de cordero, tocino y patas, garbanzos, col, arroz y **papas**. (**timpu**).

timpu.
    I. 1. *Pe:S.* **timpo.**
    2. m. *Bo:O.* Plato preparado con carne de cordero cocida, arroz blanco, **chuño** y **papa imilla**; se adereza con **ahogado** de **ají amarillo**.

timpusca.
    I. 1. f. *Pe:S.* Guiso preparado con carne de **res**, cecina, verduras, **papas**, **cochayuyo**, **chuño**, maíz hervido y peras pequeñas.

tin. (Del ingl. *tiny*, pequeño, minúsculo).
    I. 1. m. *Mx.* Calcetín que cubre el pie sin rebasar el tobillo.
    2. *Mx.* Calcetín. pop.
    II. 1. m. *Cu.* Pequeña cantidad de algo. pop + cult → espon.

tina.
    I. 1. f. *Co:O.* Calentador de agua.
    II. 1. f. *Ho.* Recipiente grande y cilíndrico de material metálico o plástico que se utiliza para lavar ropa.

    III. 1. f. *Ni.* Parte trasera y descubierta de un vehículo de motor para trasportar carga.

tinacal. (De *tinaco*).
    I. 1. m. *Mx.* Lugar donde se procesa el **tlachique.**

tinacalero, -a.
    I. 1. m. y f. *Mx.* Persona que se dedica a la obtención del **tlachique.**

tinacio.
    I. 1. *PR.* **napahuite.**

tinaco.
    I. (De *Tin and Co.*®).
    1. m. *Mx, Ho, Ni, RD, Ec.* Depósito de gran capacidad usado para almacenar agua en las casas, *generalmente situado en el techo o azotea de un edificio.*
    2. *Ni.* Tinaja de barro para almacenar líquidos.
    3. *Pa, Co:N.* Recipiente para la basura.
    II. 1. m. *Ec:S.* Olor penetrante de la orina, *especialmente el de la que ha quedado por un tiempo absorbida en una prenda.* pop + cult → espon.
    III. 1. *Ho.* **achiotillo**, arcilla roja.

tinaja.
    I. 1. f. *Pe:S.* Vasija igual de ancha por la boca que por el medio en la que se cuela y se enfría la **chicha.**
    II. 1. f. *Ni.* Roedor. ♦ **guardiola.**

tinajera.
    I. 1. f. *Pa.* Mueble donde se ponen las tinajas.

tinajero.
    I. 1. m. *Ni, Cu, RD, Ve.* Mueble de madera en cuya parte superior se ponía una piedra *para filtrar el agua* y en la parte inferior una tinaja *que recogía el agua gota a gota.*
    2. *Ve.* Piedra porosa que servía para filtrar el agua.
    II. 1. m. *Bo:E.* Árbol de hasta 10 m de altura, de corteza rugosa y látex de sabor amargo, hojas simples, flores de color blanco a manera de embudo y frutos en forma de drupa que contienen pocas semillas. (Apocynaceae; *Rauvolfia sellowii*).

tinajo.
    I. 1. *Co:C,NE.* **tepescuintle.**

tinaljuco.
    I. 1. *Ho.* **jocote**, árbol.
    2. **jocote**, fruto.

tinamaste. (De *tenamaste*).
    I. 1. m. *CR.* Cada una de las tres piedras que forman parte de una cocina rústica de campesinos sobre las que se coloca el recipiente para cocinar alimentos. rur.

tinamú.
    I. 1. m. *Bo:S, Ar.* Ave gallinácea caminadora de hasta 40 cm de longitud, de color pardo ocráceo con manchas negras y blancas. (Tinamidae; *Nothoprocta* spp., *Nothura* spp., *Tinamus* spp.).
    ■
    a. ‖ ~ **grande.** *CR.* **gallina de monte**, ave.

tinaquero, -a. (De *tinaco,* recipiente para la basura).
    I. 1. adj/sust. *Pa. Referido a un perro,* callejero, que busca comida en los **tinacos** de la basura.

tinca.
    I. 1. f. *Pe, Bo, Ch.* Presentimiento, corazonada. (**tincada; tincazo; tinka; tinkazo**).
    II. 1. f. *Pe.* Ceremonia en la que se bendice un sembrado, un animal o una construcción. rur.
    III. 1. f. *Ch.* Empeño, dedicación.
    IV. (Del aim. *t'inkha*, propina).
    1. f. *Bo:C,S.* Obsequio que una persona recibe de otra como retribución de favores. pop. (**tinka**).

tincada.
    I. 1. *Pe, Bo, Ch.* **tinca**, presentimiento.

tincado, -a.
   I. 1. adj. *Ch. Referido a persona*, que tiene intuiciones o presentimientos y suele servirse de ellos. pop + cult → espon.

tincanazo.
   I. 1. *Pe:S, Bo:C,O,S.* **tincazo**, golpe. pop + cult → espon.

tincar(se).
   I. 1. tr. *Ec, Pe, Bo, Ar:NO.* Golpear *algo* con la uña del dedo medio haciéndolo resbalar con violencia sobre la yema del pulgar. (**tingar**).
      2. *Ec, Pe, Bo, Ar:NO. En el juego de las canicas,* impulsar las bolas con la uña del dedo pulgar. (**tingar**).
   II. 1. intr. *Ec, Pe, Bo, Ch.* Intuir, presentir. (**tinkar**).
   III. 1. intr. *Ch.* Producir una buena impresión a alguien.
   IV. 1. intr. *Ch.* Apetecer *algo* a alguien.
   V. 1. tr. *Bo:O.* Dar un obsequio a alguien por su colaboración o ayuda. pop.
   □
     a. ‖ **~se el coto.** loc. verb. *Ar:NO.* Estar ocioso y sin hacer nada de provecho. pop + cult → espon.

tincazo.
   I. 1. m. *Ec, Pe, Bo; Ar:NO.* pop + cult → espon. Golpe que se da haciendo resbalar con violencia, sobre la yema del pulgar, el envés de la última falange de otro dedo de la misma mano. ♦ **tincanazo; tingada; tinguetazo; tinguete.**
   II. 1. m. *Bo.* **tinca**, presentimiento. pop + cult → espon.

tincazoo.
   I. 1. m. *Ch.* Juego consistente en acertar diez números en una serie del uno al quince para ganar el premio principal.

tincola.
   I. 1. f. *Ch.* Bebida alcohólica compuesta de vino tinto y refresco de cola.

tincómetro.
   I. 1. m. *Ch.* Cálculo que se hace a partir de intuiciones o corazonadas. pop ^ fest.

tincu.
   I. 1. m. *Bo.* Danza folclórica en la que los bailarines, vestidos con la ropa típica, simulan una pelea. (**tinku**).
      2. *Bo.* Composición musical de carácter alegre y ritmo rápido al compás de la que se baila el tincu.

tincucho, -a.
   I. 1. *Ar:NO.* **tincudo**, patizambo.

tincudo, -a.
   I. 1. adj/sust. *Ar:NO. Referido a persona*, patizamba. pop + cult → espon. ♦ **tincucho.**
   II. 1. adj/sust. *Ch. Referido a persona*, de buena figura y atractiva sexualmente.

tincunaco. (Del quech. *tinkunákuy*, encontrarse).
   I. 1. m. *Ar:NO.* Ceremonia que se celebra unos días antes del carnaval, en la que varios hombres y mujeres que fingen encontrarse y hacerse recriminaciones se consagran públicamente como amigos. (**tincunacu**) ♦ **topamiento.**
      2. *Ar:O.* Fiesta religiosa en la que se encuentran dos procesiones que transportan las imágenes del Niño Jesús y de san Nicolás de Bari, respectivamente (**tincunacu**). ♦ **topamiento.**

tincunacu. (Del quech. *tinkunákuy*, encontrarse).
   I. 1. *Ar:NO.* **tincunaco**, ceremonia.
      2. *Ar:O.* **tincunaco**, fiesta.

tincunacuspa.
   I. 1. f. *Bo:C,O,S. Entre las poblaciones indígenas*, convivencia a prueba realizada entre la pareja, previa al matrimonio. pop.

tindío.
   I. 1. m. *Pe.* Ave acuática semejante a la gaviota. (Laridae; *Larus* spp.).

tinecú.
   I. 1. *Pa.* **pachaco.**

tinenti.
   I. 1. f. *Ar.* Juego infantil en el que se usan cinco piedras pequeñas y que consiste en recoger rápidamente las más posibles de cuatro colocadas en el suelo antes de agarrar una que se ha arrojado al aire.

tineo.
   I. 1. *Ch.* **palo santo** (Cunoniaceae; *Weinmannia trichosperma*).
      2. m. *Ch.* Madera del tineo.

tíner. (Del ingl. *thinner*, diluyente).
   I. 1. *Mx, Ho, Co, Pe, Bo, Py, Ar, Ur.* **thinner.**

tinga.
   I. 1. f. *Mx.* Guiso de carne de **res** o pollo con tomate, cebolla **chipotle** y especias.
   II. 1. f. *Gu.* Riña, discusión.

tingada.
   I. 1. f. *Ec.* **tincazo**, golpe.

tingar. (Del quech. *tincana*, arrojar algo a papirotazos).
   I. 1. *Ec.* **tincar**, golpear con la uña.
      2. *Ec.* **tincar**, impulsar las bolas.

tingazú.
   I. 1. m. *Bo:S, Ar.* Ave silvestre de hasta 40 cm de longitud, de plumaje general acanelado, con la zona ventral gris y la cola castaña y negra. (Cuculidae; *Piaya cayana*). ♦ **arditero; piscua; pixcoy.**

tinglado.
   I. 1. m. *RD, Ch.* Andamio u otra estructura para construcciones.
   II. 1. m. *Cu.* Tablado en ligero declive donde cae la miel que purgan los panes de azúcar.
   III. 1. m. *Cu.* **laúd.**
   IV. 1. m. *RD.* Conjunto de manejos para fabricar un caso judicial.
   V. 1. m. *Pa.* Espacio limitado por cuerdas y con suelo de lona donde tienen lugar combates de boxeo.

tingo.
   □
     a. ‖ **del ~ al tango.** *Ho, PR.* **del timbo al tambo.**
     ▶ **ir del ~ al tango; ir del ~ al tango y del tango al ~.**

tingo-tingo.
   I. 1. *Pa.* **pijuy.**

tingua.
   ■
     a. ‖ **~ azul.** f. *Co:C.* Ave de hasta 35 cm de longitud, de cabeza, cuello y vientre de color azulado o violeta, alas verdes en su parte dorsal, pico rojo en su origen y amarillo en la punta, patas delgadas, de color amarillo, con dedos muy largos. (Rallidae; *Porphyrula martinica*). ♦ **gallareta azul; gallareta inglesa; gallina de agua; gallineta; gallipato.**

tinguetazo.
   I. 1. *Ec.* **tincazo**, golpe.

tinguete.
   I. 1. *Ec.* **tincazo**, golpe.

tinieblo.
   I. 1. m. *Co.* Hombre que mantiene relaciones secretas con una mujer. pop.

tinka.
   I. (Del quech. *t'inka*, presentimiento).
      1. *Bo.* **tinca**, presentimiento.
   II. (Del aim. *t'inkha*, regalo, propina).
      1. *Bo.* **tinca**, obsequio.

tinkar. (Del quech. *t'inka*, presentimiento)
   I. 1. intr. *Bo.* **tincar**, intuir.

tinkazo.
   I. 1. m. *Bo.* **tinca**, presentimiento.

tinku.
    I. 1.   *Bo.* **tincu**, danza.

tinmarín.
    □
        a. ‖ **al ~.** loc. adv. *ES.* Al azar.

tinoso, -a.
    I. 1.   adj. *Ve, Ec. Referido a persona*, que tiene puntería o tino.
      2.   *Ec. Referido a cosa*, atinada.

tinquera.
    I. 1.   f. *Ar:NO. En el juego de las canicas*, bola que por su calidad y tamaño se considera la mejor para efectuar los tiros.

tinta.
    I. 1.   adj/sust. *PR. Referido al café*, negro y muy cargado.

tintacho.
    I. 1.   m. *Ar.* Vino tinto. pop.

tintaya.
    I. 1.   f. *Bo:O.* Bombo pequeño hecho de madera y cuero de chivo que se lleva colgado al cuello y se toca con dos baquetas. rur.

tinte.
    ▶ **darse ~.**

tinteadero.
    I. 1.   m. *Co.* Establecimiento en el que se sirve **tinto**.

tintear.
    I. 1.   tr. *Ch.* Teñir, aplicar un tinte a *algo*.

tinterillada.
    I. 1.   f. *Mx, Pa, Co, Ec, Pe, Bo, Ch.* Procedimiento o negocio ilícito, *especialmente el que realiza un abogado*.
      ♦ **tinterillaje**.

tinterillaje.
    I. 1.   m. *Pe, Bo.* **tinterillada**.

tinterillesco, -a.
    I. 1.   adj. *Pe. Referido a un procedimiento*, propio de un **tinterillo**. (**tinterillezco**).

tinterillezco, -a.
    I. 1.   *Pe.* **tinterillesco**.

tinterillo, -a.
    I. 1.   m. y f. *Mx, Ho, ES, Ni, CR, Pa, Ec; Co*, desp. **abogacho**.
      2.   m. y f. *CR, Co, Pe, Ch;* sust/adj. *Bo*, pop + cult → espon; *Ur*, p.u. Persona que ejerce de abogado sin tener aún titulación para ello. desp.

tintibajo.
    I. 1.   m. *Pa, Co.* **machín machón**.

tintilla.
    I. 1.   f. *Ho.* **achiotillo**, arbusto.

tintillo.
    I. 1.   *PR.* **maíz tostado**.

tintín.
    I. 1.   m. *Pa.* Pasionaria. (Passifloraceae; *Passiflora pinnatistipula*).

tintinaco. (De *tinaco*).
    I. 1.   m. *Pa.* Recipiente que sirve para echar los papeles inútiles u otros desperdicios, papelera.

tintingó.
    I. 1.   m. *PR.* Alboroto, escándalo.

tintirellada.
    I. 1.   *Pe.* **leguleyada**.

tinto.
    I. 1.   m. *Co.* **hediondilla**, arbusto.
      2.   *Co.* **naranjillo**. (Capparidaceae; *Capparis odoratissima*).
    II. 1.   m. *Co, Ve, Ec.* Café puro, sin leche.
    III. 1.   *Ho.* **achiotillo**, arcilla roja.

tinto, -a.
    I. 1.   adj. *Ho, ES, Ni.* De color negro.

tintoco.
    I. 1.   *Ch.* **tintolio**.

tintolio.
    I. 1.   m. *Ch.* Vino tinto. pop ^ fest. ♦ **tintoco**.

tintorear.
    I. 1.   tr. *Ho.* Teñir de color una tela.

tinturar.
    I. 1.   tr. *Co, Ec, Bo.* Aplicar a algo una sustancia colorante para que cambie de color.

tinya.
    I. 1.   f. *Pe.* Pequeño tambor hecho de cuero.

tíñer. (Del ingl. *thinner*, disolvente).
    I. 1.   *Ec.* **thinner**.

tiñosa.
    I. 1.   f. *Cu.* Asunto difícil o molesto. pop.

tiñoso, -a.
    I. 1.   adj/sust. *RD. Referido a persona*, tacaña, cicatera. pop ^ desp.

tío.
    I. 1.   m. *Ar:NO,* rur; *Bo,* pop + cult → espon. *En la creencia popular*, diablo que habita en las minas. ♦ **el tío de la mina; tío demonio**.
      2.   *Bo. En las minas*, deidad que protege las riquezas de la mina. pop + cult → espon.
    •
        a. ‖ **mi ~.** fórm. *Cu.* **tío**, para referirse a una persona adulta en tono de confianza.
        b. ‖ **~.**
          i. fórm. *Ni, Ch.* Se usa para referirse a una persona adulta respecto de un menor del que se hace cargo como tutor o como educador. inf.
          ii. *Cu.* Se usa para referirse a una persona adulta en tono de confianza. pop. ♦ **mi tío**.
    ■
        a. ‖ **el ~ de la mina.** *Bo.* **tío**, diablo.
        b. ‖ **~ demonio.** *Bo.* **tío**, diablo.
    □
        a. ‖ **~ conejo.**
          i. loc. sust. *Gu, Ni, CR, Pa. En los cuentos tradicionales*, personaje que simboliza el ingenio, la prontitud para inventar nuevas salidas ante personajes más fuertes y grandes.
          ii. *Pa.* Persona hábil y astuta.

tip. (Voz inglesa).
    I. 1.   m. *EU, Mx, Ho:N, ES, Ni, CR, Pa, Cu, Ec, Pe, Ch, Ar.* Información puntual práctica y valiosa.
    II. 1.   m. pl. *PR, Ec.* Mechas, decoloración o tinte que se da a ciertas porciones de pelo.
    ■
        a. ‖ **~ top.** m. *Ch.* Instrumento para cortar papel provisto de una cuchilla extensible.
    ▶ **dar un ~.**

tipa. (Del quech.).
    I. 1.   f. *Bo:S,E, Py, Ar, Ur.* Árbol de hasta 40 m de altura, de tronco grueso con la corteza oscura y **fisurada**, copa amplia, hojas compuestas, flores amarillas, y fruto seco e indehiscente con pocas semillas. (Fabaceae; *Tipuana tipu*).
      2.   *Bo:S,E, Ar, Ur.* Madera de la tipa, semidura y muy usada en carpintería y ebanistería.
    II. 1.   f. *Ar:NO.* Cesto de varillas o de mimbre sin tapa.

tipacha.
    I. 1.   f. *Gu.* Disco convexo hecho de cera que los niños lanzan al aire por diversión.

tipache.
    I. 1.   adj. *Gu. Referido a persona*, de baja estatura.

tipacho, -a.
    I. 1.   sust/adj. *Gu.* metáf. Persona de baja estatura. pop.

tipal.
 I. 1. m. *Ar:NO.* Lugar poblado de **tipas**, árboles.

tipazo, -a.
 I. 1. sust/adj. *Gu, ES, Co, Ec, Bo:C,S,O, Py, Ur.* Persona amable y buena. pop + cult → espon.
    2. *Gu, Ec, Py.* Persona muy hábil, competente o diestra en algo. pop + cult → espon.

tipeador, -ra.
 I. 1. m. y f. *Ho, Ni, Ec, Bo, Ch, Py, Ur.* Mecanógrafo.

tipear(se).
 I. (Del ingl. *to type up*).
    1. tr. *Ho, Ni, Ve, Ec, Pe, Bo, Ch, Ar, Ur, Py,* pop + cult → espon. Introducir datos con una máquina de escribir o en la computadora utilizando el teclado. (**teipear**).
 II. (De *tipo,* bien vestido).
    1. tr. *ES.* Vestir bien a *alguien.*
    2. tr. prnl. *ES.* Vestirse bien *alguien.*

tipeo.
 I. 1. m. *Ho, Ni, Ec, Pe, Ch, Ar, Py, Ur,* pop + cult → espon. Escritura de un documento con una máquina de escribir o introducción de datos en la computadora utilizando el teclado.

tipería.
 I. 1. f. *Ho, ES.* Elegancia en el vestir.
    2. *Ho.* Persona alta y guapa.

tipiaje.
 I. 1. m. *Ho.* Clasificación del tipo de sangre.

tipiar. (Del ingl. *to type*).
 I. 1. tr. *Ho.* Clasificar el tipo de sangre de alguien.

típica.
 I. 1. *Ec, Ar, Ur.* **orquesta típica**.

típico.
 I. 1. m. *Co:O.* Plato típico antioqueño que consta de arroz, **fríjoles**, **tajadas** de **plátano** frito, carne molida, chorizo, **arepa**, huevo frito y **aguacate**.

típico, -a.
 I. 1. adj. *Pa. Referido a un género musical,* popular y bailable, ejecutado con acordeón y con el acompañamiento de un solista y una **salomadora**.

tipidor. (Del quech. *tipana,* deshojar las mazorcas del maíz).
 I. 1. m. *Ec.* **tipina**.

tipidor, -ra.
 I. 1. m. y f. *Bo:C,S.* Ladrón que roba **aretes** arrancándolos de las orejas de sus víctimas. delinc.

tipilla.
 I. 1. f. *Bo:S.* **viraró**, árbol y madera. (Fabaceae; *Pterogyne nitens*).

tipina. (Del quech. *tipina*).
 I. 1. f. *Ec, Pe,* rur; *Bo:C,S,O,E,* pop. Utensilio plano, puntiagudo *y generalmente de madera dura,* usado para quitar las hojas que cubren la mazorca del maíz. ◆ **tipidor**.

tipiquero, -a.
 I. 1. m. y f. *Pa.* Cantante de música **típica**. pop.
    2. *Pa.* Persona que gusta de escuchar o bailar música **típica**. pop + cult → espon ^ desp.

tipir. (Del quech. *t'ipiy,* arrancar).
 I. 1. tr. *Bo.* Robar un ladrón **aretes** arrancándoselos de las orejas a sus víctimas.

tipiri.
 I. 1. m-f. *Bo:C,O,S.* Persona, *especialmente mujer,* que se dedica a desgranar **choclos**. pop.

tipishca.
 I. 1. f. *Pe.* Laguna que forman los ríos de la selva cuando quedan bloqueados por los sedimentos de otro río principal.

tipiti.
 I. 1. m. *Pe:E.* Recipiente en el que se guarda la **yuca** para la elaboración del **masato**.

tipití.
 I. 1. m. *Co:S.* Colador hecho de hojas de palma entretejidas, que se utiliza para exprimir la **yuca** rallada y eliminar el **yare**.

tiplito.
 I. 1. m. *PR.* Instrumento musical compuesto de tres cuerdas.

tipo, -a.
 I. 1. adv. *ES, CR, Co, Ec, Bo, Ch, Py, Ar, Ur. Seguido de una expresión de tiempo,* aproximadamente a esa hora o tiempo indicados. pop.
 II. 1. *ES.* **achivado**, persona bien vestida.
 □
    a. ‖ **el ~ de la película**. loc. sust. *Bo:O.* Hombre que por su destreza y habilidad en diversos oficios y actividades es el líder entre un grupo de personas.

tipoi. (Del guar.).
 I. 1. *Bo:E.* **tipói**, túnica.

tipói. (Voz guaraní).
 I. 1. m. *Py, Ar:NE.* Túnica larga, *generalmente de lienzo o algodón,* con escote cuadrado y mangas muy cortas. (**tipoi**, **tipoy**).
    2. *Py.* Blusa de cuello redondeado, de lienzo o algodón, con encaje en el cuello y en las mangas.

tiposo, -a.
 I. 1. adj. *Cu. Referido a persona,* alta y de buena figura. pop.

tipoy. (Del guar.).
 I. 1. m. *Bo:E, Ar:NE.* **tipói**, túnica.

tiptiri.
 I. 1. m. *Bo.* **lechucita de las vizcacheras**.

tipuco, -a.
 I. 1. adj. *ES. Referido a cosa o lugar,* lleno, repleto.

tipujarse.
 I. 1. *Ho, ES.* **atipujarse**.

tipujo, -a.
 I. 1. adj. *ES. Referido a persona,* harta de comida.

tipunco, -a.
 I. 1. adj. *Gu. Referido a persona,* gruesa y de baja estatura.

tipunte.
 I. 1. *ES.* **tibujo**.

tique.
 I. 1. m. *Ch.* Árbol de hasta 20 m de altura, de follaje oscuro y corteza lisa con tonalidades opacas claras, hojas ovaladas, flores blancas con forma de estrellas y fruto en forma de aceituna pequeña. (Aextoxicaceae; *Aextoxicon punctatum*).
 II. 1. m. *Bo:C,O,S.* Colmena en forma de horno que construye la **lachiguana** bajo los aleros de las casas o entre el follaje de los árboles. pop.
 III. 1. m. *PR.* Manía nerviosa que produce una determinada gesticulación con la boca, los ojos, el cuello u otro órgano.

tiquear.
 I. 1. tr. *Bo, Ch.* Marcar parte de un documento con un **tic** para indicar que se ha revisado y controlado.

tiquete. (Del ingl. *ticket*).
 I. 1. m. *Gu, Ho, ES, Ni, CR, Pa, Co, Ec, Bo:E.* Tarjeta o papel impreso que da derecho a entrar a un lugar o a utilizar un medio de transporte.

tíquete. (Del ingl. *ticket*).
 I. 1. m. *EU.* Multa de tránsito.

tiquetera.
 I. 1. f. *Ec.* p.u. Conjunto de **tiquetes** dispuesto en una tira o un talón.

tiquetería.
 I. 1. f. *Co.* Conjunto de **tiquetes**, o la totalidad de ellos, que son vendidos o se tienen disponibles para un determinado evento o servicio.

tiquetero, -a.
I. 1. m. y f. *Pa.* Persona que vende **tiquetes**.

tiqui.
■
a. ‖ ~-~. m. *Bo:O.* **minero**.
□
a. ‖ ~-taca. loc. adv. *Ar.* **tiqui taca**. pop + cult → espon.
b. ‖ ~ **taca**. loc. adv. *Py, Ar, Ur. En relación con el modo de pagar algo*, en efectivo e inmediatamente. pop + cult → espon. (**tiqui-taca; tiquitaca**).
c. ‖ ~-~. loc. sust. *Cu.* Repetición molesta de algún pedido o conversación insistente.
d. ‖ ~~. loc. sust. *Ni.* Chisme, murmuración.

tiquí.
I. 1. m. *CR.* Recipiente que consiste en un fruto de **jícaro** agujereado en uno de sus polos, usado por los campesinos para transportar agua al lugar de trabajo. rur.

tiquichuela.
I. 1. f. *Py.* obsol. Juego de niños que se hace con bolas pequeñas de barro, vidrio u otra materia dura.

tiquil-tiquil.
I. 1. *Pe.* **cidrón**.

tiquiminiqui.
I. 1. m. *Bo.* Burla o engaño. pop.
II. 1. m. *Bo.* Cosa de poca importancia. pop.

¡tiquiminiqui!
I. 1. interj. *Bo.* Expresa negación a realizar algo. pop.

tiquirines.
I. 1. m. pl. *ES.* Tragos de licor.

tiquismo.
I. 1. m. *Ho, CR.* Palabra o rasgo idiomático propios de la variedad del español costarricense.

tiquisque.
I. 1. m. *CR.* **mafafa**, planta.

tiquitaca.
I. 1. adv. *Py, Ar.* **tiqui taca**, en efectivo. pop + cult → espon.
II. 1. adv/adj. *Ch.* En perfectas condiciones. pop.
□
a. ‖ **al ~**. loc. adv. *Bo:E. En relación con el modo de hacer algo*, en el acto. pop.

tiquitiqui.
I. 1. m. *Cu.* Polémica, discusión acalorada. pop.

tira.
I. 1. m-f. *Mx, Gu, Bo, Ch, Ar, Ur, Pe*, obsol. Agente de policía. delinc.
2. f. *Mx, Gu, ES, Ni.* Cuerpo de policía. delinc.
3. m-f. *Co:C, Bo; Ur.* Hombre que pertenece a la policía secreta. delinc.
II. 1. f. *Ar, Ur.* Obra televisiva que se emite por capítulos.
III. 1. f. *Ch.* Paquete hermético en el que se presentan varias píldoras o pastillas de manera individualizada.
IV. 1. f. *Ec.* Alfarjía, madero aserrado. rur.
V. 1. f. *Ec.* Caterva de personas. pop + cult → espon ^ desp.
■
a. ‖ ~ **de asado**. f. *Py, Ar, Ur.* **asado**, corte de carne para asar.
b. ‖ ~ **emplástica**. f. *Bo:O, Ar, Ur.* Cinta engomada por uno de sus lados que se emplea para fijar gasas o directamente sobre la piel para cerrar heridas.
□
a. ‖ ~ **y afloje**. loc. sust. *Co.* Forcejo para lograr algo.
▶ **arrancar la ~ del pellejo; hacerse ~; irse en la ~**.

tiracha.
I. 1. m-f. *ES.* Persona antipática.

tiracho.
I. 1. m. *Bo:S.* Dicho o expresión, *generalmente ofensiva*, que una persona dirige a otra u otras de manera indirecta. pop.

tiracocachos.
I. 1. m. *Bo:O.* pop. Dedo medio de la mano, corazón.

tirada.
I. 1. f. *Pa.* Mala pasada, acción indigna.
□
a. ‖ **mal ~**. loc. adj/sust. *Ch. Referido a una mujer*, de mal genio por encontrarse insatisfecha sexualmente. vulg; pop.
b. ‖ ~ **de cuartos**. loc. sust. *Bo:S. En fiestas populares*, **competencia** que consiste en tirar cuatro personas de las extremidades de un animal ovino o caprino muerto hasta descuartizarlo. rur.
c. ‖ ~ **de manga**. loc. sust. *Ar.* Petición insistente de algo, *especialmente dinero*. pop + cult → espon.
d. ‖ ¡**qué ~**! loc. interj. *CR, Pa.* Expresa disgusto o contrariedad. pop.
▶ **dar una ~**.

tiradera.
I. 1. f. *Cu.* Tirachinas.
2. *Pa.* Tiro, lanzamiento repetido.
II. 1. f. *Pa, Co; PR*, juv. Burla con la que se mortifica a alguien. pop.
III. 1. f. *Ec.* Asa de un mueble o de una puerta.
IV. 1. f. *Cu.* Costumbre de ingerir bebidas alcohólicas en exceso.

tiradero.
I. 1. m. *Mx, Bo; Ec*, p.u. Lugar donde se tira la basura.
2. *Mx, Gu.* Lugar desordenado y desarreglado. pop + cult → espon.
3. *Mx, Ni.* Conjunto de objetos esparcidos desordenadamente en un lugar.

tiradito.
I. 1. m. *Pe.* **Cebiche** preparado con pescado cortado en láminas muy finas.

tirado, -a.
I. 1. adj. *Py, Ar, Ur. Referido a persona*, que está mal de salud o de ánimo. pop + cult → espon.
II. 1. adj/sust. *Ho:O.* **alindongado**. fest.
2. adj. *PR. Referido a persona*, mal vestida. pop + cult → espon.
III. 1. adj. *Ho. Referido a persona*, detenida o presa. delinc.
●
a. ‖ **bien tirado**. fórm. *Bo.* Se usa para responder al comentario de otra persona y manifestar que algo es consecuencia esperada de una actitud o un comportamiento. pop.
□
a. ‖ ~ **a la milonga**. loc. adj. *ES. Referido a persona*, sin dinero.
b. ‖ ~ **como el perejil**. loc. adv/adj. *Ar.* En situación de extrema pobreza. pop + cult → espon. (**tirado como un perejil**).
c. ‖ ~ **como un perejil**. loc. adv/adj. *Ar.* **tirado como el perejil**.
d. ‖ ~ **de las mechas**. loc. adj/adv. *Ch, Ur. Referido a cosa o dicho*, que no viene a propósito o es inoportuno. pop + cult → espon.
e. ‖ ~ **de panza**. loc. adj. *Bo. Referido a persona*, ociosa.
▶ **pasársela ~**.

tirador.
I. 1. m. *Bo, Py, Ar*; pl. *Ur.* Cinta o tira de piel o tela, *comúnmente con elásticos*, que sostiene de los hombros el pantalón u otras prendas de vestir.
II. 1. m. *Ar, Ur.* Cinturón de cuero curtido, propio de la vestimenta del gaucho, provisto de bolsillos y adornado con una pieza, *generalmente de plata labrada*, llamada **rastra**. rur.

III. 1. m. *Cu.* Hombre que acostumbra a masturbarse. pop.

2. sust/adj. *Bo.* Hombre que mantiene con frecuencia relaciones sexuales con una o más mujeres. pop.

IV. 1. m. *Ho.* Gallo de pelea que hace lances con la cuchilla al contrario.

tirador, -ra.

I. 1. m. *Cu.* Persona que puede beber mucho alcohol sin que se le note.

II. 1. adj. *ES.* Referido a persona, engañadora, tramposa.

III. 1. m. y f. *PR.* Persona que vende drogas en pequeña escala. drog.

■

a. ‖ ~ **para abajo.** adj/sust. *Ch.* Referido a persona, que se niega a participar en una actividad o actúa de manera desganada. pop.

b. ‖ ~ **para arriba.** adj/sust. *Ch.* Referido a persona, que actúa de manera entusiasta en una actividad o contagia su entusiasmo. pop.

tiraflechas.

I. 1. *Cu.* **tirapiedras,** tirachinas.

tiraje.

I. 1. m. *Co, Bo, Ch, Ar, Ur.* Tiro de la chimenea o de un brasero.

2. *Ch.* metáf. Intensidad que se pone a la hora de hacer algo.

□

a. ‖ ~ **a la chimenea.** *Ch.* **tiraje de la chimenea.**

b. ‖ ~ **de la chimenea.** loc. sust. *Ch.* Posibilidad de ascenso de una persona en una empresa a partir del retiro o jubilación de otra de más jerarquía. (**tiraje a la chimenea**).

tiraleche.

I. 1. m. *Mx.* Sacaleches, aparato que sirve para extraer la leche del pecho de una mujer.

tiranta.

I. 1. f. *Co.* En una prenda de vestir, tira que sirve para sostenerla de los hombros.

2. f. pl. *Co.* Par de tiras elásticas que sostienen de los hombros el pantalón u otra prenda.

tirante.

I. 1. m. *Cu.* En una cama, generalmente de enfermo, pieza de tela que se coloca sobre la sábana para evitar que se manche.

II. 1. m. *Ho.* Juego que consiste en colocarse dos niños con las espaldas pegadas y agarrados de los brazos para tratar de levantar y cargar sobre sus espaldas al contrario.

□

a. ‖ **al ~.** loc. adv. *Ch.* Ahora mismo. pop.

tirantear(se).

I. 1. tr. *Ho, Ni.* Atirantar, poner tensa una cuerda.

2. intr. prnl. *Ho.* metáf. Ponerse tensa una situación.

tirapalos.

I. 1. sust/adj. *Pe.* p.u. Agente de policía. delinc.

tirapiedras.

I. 1. m. *Cu, RD.* Tirachinas. ♦ **tiraflechas.**

2. sust/adj. *Ec.* metáf. Candidato que en una campaña política se dedica a denostar e insultar a sus contrarios.

II. 1. m-f. *PR.* Estudiante de la Facultad de Ciencias Sociales de la Universidad de Puerto Rico. est.

tirar(se).

I. 1. intr. *Gu, Ni, RD, PR, Co, Ve, Ec, Pe, Bo, Ch, Ur.* Mantener relaciones sexuales con alguien. vulg; pop.

II. 1. tr. prnl. *Co.* Estropear *algo.* pop.

2. *Co.* Malcriar a *una persona,* echarla a perder.

III. 1. tr. prnl. *Ho, ES, Cu, Ec, Bo.* No superar una prueba académica. pop.

2. *Pe.* Suspender un examinador a *una persona* en un examen o en una prueba. est.

IV. 1. tr. *Ho, Ni, Pa, Cu, PR, Ve, Bo.* Cerrar con fuerza *algo, especialmente una puerta.*

V. 1. intr. prnl. *Bo.* Criticar con dureza el comportamiento de alguien. pop.

VI. 1. tr. prnl. *Ni, CR, RD, Ec, Bo:O.* Ingerir un alimento o bebida. pop + cult → espon.

2. tr. *Bo.* Tomar una bebida alcohólica. pop.

VII. 1. tr. *Co:N.* Dar *algo.* pop.

VIII. 1. tr. prnl. *Gu, ES, Ni, RD.* Matar a *alguien.* pop + cult → espon.

IX. 1. aux. *Ch.* Intentar hacer aquello que se menciona a continuación o hacerlo a medias.

2. tr. *Ch.* Realizar, llevar a cabo *algo, especialmente un sorteo o juego de azar.*

X. 1. tr. *Cu, RD.* Conducir, transportar, acarrear.

XI. 1. tr. *Bo.* Robar *algo.* pop.

2. tr. prnl. *CR, Pa.* Perjudicar o engañar a *alguien, especialmente en un negocio o transacción.* pop.

XII. 1. intr. prnl. *Ch.* Verse *alguien* afectado por un mal físico o mental. pop.

XIII. 1. intr. *Ch.* Condenar o sentenciar a un preso. carc; pop.

XIV. 1. tr. *Ho.* Gustar *algo,* tener afición por ello.

XV. 1. intr. prnl. *Ho.* Lanzarse *alguien* de candidato a algún puesto.

XVI. 1. tr. *PR.* Vender drogas. drog.

XVII. 1. tr. *PR.* Dejar *una persona* a *alguien* en un lugar determinado. pop + cult → espon.

XVIII. 1. intr. prnl. *PR.* Decidirse a actuar con firmeza. pop + cult → espon.

XIX. 1. intr. prnl. *PR.* Cabecear una embarcación.

□

a. ‖ **no ~ un chícharo.** loc. verb. *Cu.* No trabajar *una persona* lo suficiente por ocio o pereza.

b. ‖ ~ **a bagazo.** loc. verb. *Cu.* No prestar atención.

c. ‖ ~ **a la chuña.** loc. verb. *Ch.* Tirar para arriba y recoger algo de manera apresurada.

d. ‖ ~ **a la manchancha.** loc. verb. *Ar.* Malgastar o desperdiciar *algo, especialmente dinero.* pop + cult → espon.

e. ‖ ~ **a la montonera.** loc. verb. *Co.* Repartir *algo, generalmente varias cosas de la misma especie, como dulces,* arrojándolo al aire para que otros concurran a cogerlo. pop.

f. ‖ ~ **a mondongo.** loc. verb. *Cu.* Despreciar *una persona* a *alguien.* pop + cult → espon.

g. ‖ ~ **al abandono.**

i. loc. verb. *Cu.* Interrumpir o abandonar una actividad que se venía realizando habitualmente.

ii. *Cu.* Dejar de ayudar a una persona.

h. ‖ ~ **al bombo.**

i. loc. verb. *Ar, Ur.* Hacer fracasar a *alguien* o *algo.* pop + cult → espon.

ii. *Ar, Ur.* Desanimar o desalentar a *alguien* en lo referente a sus ilusiones y proyectos, *especialmente no brindándole apoyo.* pop + cult → espon.

i. ‖ ~ **al choque.** loc. verb. *Ch.* Inducir o instigar a *alguien* a pelear o discutir. pop.

j. ‖ ~ **al desvío.** loc. verb. *Pa.* Abandonar a *alguien* o *algo.*

k. ‖ ~ **al petate.** loc. verb. *Ho, Ni.* Desperdiciar una oportunidad.

l. ‖ ~ **arroz.** loc. verb. *Pe.* Ignorar, no hacer caso a alguien. pop.

m. ‖ ~ **bomba.**

i. loc. verb. *PR.* Dar droga mezclada. drog.

ii. *PR.* Dejar plantado a alguien. pop + cult → espon.

iii. *PR.* Prometer algo y no hacerlo. pop + cult → espon.

n. ‖ ~ **bomba de humo.** *PR.* **volverse humo.**

ñ. ‖ ~ **buena onda.** loc. verb. *Py, Ur, Ar,* juv. Ejercer una influencia positiva en el ánimo de alguien. (**tirar buenas ondas**).

o. ‖ ~ **buenas ondas.** *Py, Ur, Ar,* juv. **tirar buena onda.**

p. ‖ ~ **cabeza.** loc. verb. *Pe.* No devolver a alguien lo prestado.

q. ‖ ~ **cana.** loc. verb. *Bo:O.* Encarcelar a alguien. delinc.

r. ‖ ~ **candela.** loc. verb. *Ho.* Caminar en línea recta una persona. rur.

s. ‖ ~ **caña.** loc. verb. *Pe.* Conducir un vehículo, *generalmente de forma hábil.*

t. ‖ ~ **cañona.**

    i. loc. verb. *PR.* Asaltar o robar *alguien* para conseguir drogas. drog.

    ii. *PR.* No cumplir *alguien* con una persona o con un compromiso. pop + cult → espon.

u. ‖ ~ **carrilla.** loc. verb. *Mx.* Hacer objeto a alguien de bromas y burlas insistentes sobre un asunto al que es sensible y que pueden llegar a causarle fastidio. pop + cult → espon.

v. ‖ ~ **chinitas.** loc. verb. *Gu, Ho, Ni, CR.* Atacar verbal e indirectamente a alguien.

w. ‖ ~ **cinta.** loc. verb. *Pa.* juv. Hablar, charlar con los amigos.

x. ‖ ~ **cintura.**

    i. loc. verb. *Pe.* Bailar. pop.

    ii. *Pe.* metáf. Esquivar problemas, evitar responsabilidades. pop + cult → espon.

y. ‖ ~ **como costal de guano.** loc. verb. *Ho.* Maltratar a *alguien* o *algo.* rur.

z. ‖ ~ **con el rayo.** *Cu.* **echar con el rayo.**

a¹. ‖ ~ **con mampuesta.** loc. verb. *Gu.* Decir indirectas a alguien.

b¹. ‖ ~ **con toda la caballería.** loc. verb. *Pa.* Cortejar a *alguien.* pop.

c¹. ‖ ~ **contra.** loc. verb. *Pe.* Escaparse de un centro educativo en horario lectivo de manera injustificada. est.

d¹. ‖ ~ **corriente.** loc. verb. *Ho, ES.* Coquetear con alguien, insinuarse.

e¹. ‖ ~ **cuadras.** loc. verb. *Pe.* Tratar de vencer ante las dificultades de un asunto.

f¹. ‖ ~ **de a león.** *Mx.* No prestar atención a *alguien*, ningunearlo, no hacerle caso.

g¹. ‖ ~ **de a loca.** *Mx.* No prestar atención a *alguien.* pop. (**tirar de a loco**). ♦ **tirar de a lurias.**

h¹. ‖ ~ **de a loco.** *Mx.* **tirar de a loca.** pop.

i¹. ‖ ~ **de a lucas.** *Mx.* No prestar atención a *alguien*, ningunearlo, no hacerle caso.

j¹. ‖ ~ **de a lurias.** *Mx.* **tirar de a loca.**

k¹. ‖ ~ **de la chaqueta.** loc. verb. *PR.* Reprender, regañar, desautorizar a un subalterno. pop + cult → espon.

l¹. ‖ ~ **de la cobija.** loc. verb. *Ho, Ni.* Asustar a *alguien.* pop.

m¹. ‖ ~ **dedo.**

    i. loc. verb. *Pe.* Delatar o acusar a alguien. pop.

    ii. *Pe.* Hacer autoestop. pop + cult → espon.

n¹. ‖ ~ **el arpa.** loc. verb. *Mx.* Abandonar repentinamente una actividad, darse por vencido. pop.

ñ¹. ‖ ~ **el cabo.** loc. verb. *Cu, RD.* Prestar ayuda a alguien.

o¹. ‖ ~ **el chirolazo.** loc. verb. *Ch.* Insinuar, proponer o afirmar algo de manera indirecta. pop + cult → espon.

p¹. ‖ ~ **el cuento.** loc. verb. *Ho, ES, Ni.* Enamorar o galantear a alguien. pop + cult → espon.

q¹. ‖ ~ **el mantel.** loc. verb. *Ch.* Dar por concluido un asunto o reunión de manera violenta. pop + cult → espon.

r¹. ‖ ~ **el poto para las moras.** *Ch.* **tirar para las moras.** pop.

s¹. ‖ ~ **el rol.** loc. verb. *Mx.* Pasear, dar una vuelta. pop.

t¹. ‖ ~ **el verbo.** loc. verb. *Ho.* Enamorar con palabras a *alguien.*

u¹. ‖ ~ **fuerte.** loc. verb. *PR.* Dar contestaciones inesperadas, sorpresivas. pop + cult → espon.

v¹. ‖ ~ **gancho.** loc. verb. *Pa.* Tratar de convencer a alguien.

w¹. ‖ ~ **jato.** loc. verb. *Pe.* Dormir. pop.

x¹. ‖ ~ **la bronca.** loc. verb. *Ar, Ur.* Sentir enojo *una persona* y manifestarlo con quejas y reproches. pop + cult → espon.

y¹. ‖ ~ **la cantada.** loc. verb. *Ho, ES.* Adelantar a alguien algo que se le va a pedir después.

z¹. ‖ ~ **la chancleta.**

    i. loc. verb. *Ar, Ur.* Abandonar una mujer las pautas de comportamiento tradicional. pop + cult → espon.

    ii. *Ar, Ur.* Darse súbita e inesperadamente *una persona* a una conducta más liberada. pop + cult → espon.

a². ‖ ~ **la chirola.** loc. verb. *Ch.* p.u. Pedir dinero a alguien. pop.

b². ‖ ~ **la esponja.**

    i. loc. verb. *Pe, Ch, Ar, Ur.* Desistir de un empeño, claudicar. pop + cult → espon.

    ii. *Ch, Ar, Ur.* En una contienda deportiva, rendirse uno de los participantes. pop + cult → espon.

c². ‖ ~ **la manga.** loc. verb. *Ch, Py, Ar, Ur.* Pedir algo prestado, *especialmente dinero.* pop.

d². ‖ ~ **la mano.** loc. verb. *Pa.* Boxear.

e². ‖ ~ **la onda.** loc. verb. *Mx.* Insinuarse, dar a entender a alguien un deseo amoroso o sexual. (**tirar onda**). pop.

f². ‖ ~ **la parada.** loc. verb. *Ve.* Tomar una decisión arriesgada.

g². ‖ ~ **la pelota.** loc. verb. *Ec, Pe, Ch, Py, Ur.* Eludir una responsabilidad u obligación pasándosela a otro. pop + cult → espon.

h². ‖ ~ **la puerta por la ventana.** loc. verb. *RD, PR, Co, Ur.* Gastar con generosidad en un convite o por cualquier otro motivo. pop.

i². ‖ ~ **la taba.** loc. verb. *Ar:NO.* Decir cosas que no son verdad. pop + cult → espon.

j². ‖ ~ **la toalla.**

    i. loc. verb. *Cu, PR.* Interceder a favor de alguien, encubrirlo. pop.

    ii. *Pa.* Ayudar a alguien.

k². ‖ ~ **lampa.** loc. verb. *Pe.* Labrar la tierra con la **lampa.** rur.

l². ‖ ~ **lámpara.** loc. verb. *Ec:O.* Presumir o mostrarse orgulloso de algo. pop + cult → espon.

m². ‖ ~ **las barajas.** loc. verb. *Pa.* Hacer combinaciones de cartas de la baraja para adivinar cosas ocultas o venideras.

n². ‖ ~ **las cartas.** loc. verb. *Mx, Cu, Ec, Pe, Bo, Ch, Ur.* Predecir el futuro a través de las cartas.

ñ². ‖ ~ **lata.** loc. verb. *Pe.* Caminar, andar determinada distancia. pop.

o². ‖ ~ **lenteja.** loc. verb. *Pe.* Observar. pop ^ fest.

p². ‖ ~ **línea.**

    i. loc. verb. *Mx, Ho, ES, Ur.* Convencer a *alguien* para que actúe como otro le dice. pop + cult → espon.

    ii. *Pa, Ch.* Pensar, reflexionar, analizar un asunto.

q². ‖ ~ **lírica.** loc. verb. *Pa.* Pronunciar *alguien* frases persuasivas para convencer a una persona.

r². ‖ ~ **los calzones.** loc. verb. *Mx, Gu, Ch.* Insinuarse una mujer a otra persona de manera sexual o amorosa. pop.

s². ‖ ~ **los caracoles.** loc. verb. *Cu, PR. En la santería*, predecir el futuro según la posición de los caracoles al caer.

t². ‖ ~ **los guantes.** loc. verb. *PR.* Rendirse. pop + cult → espon.

u². ‖ ~ **los perros.** loc. verb. *Mx, Gu, Pa, Ec.* Cortejar a alguien. pop.

v². ‖ ~ **maceta.**
   i. loc. verb. *Ho.* Pelear contra alguien.
   ii. *Ho.* Criticar a alguien.

w². ‖ ~ **maicillo.** loc. verb. *Ho.* Sobornar a alguien, regalar dinero o repartir prebendas *alguien* para obtener lo que desea. pop + cult → espon.

x². ‖ ~ **maicitos.** loc. verb. *Ar:NO.* Intentar convencer o enamorar a *alguien* con halagos. pop.

y². ‖ ~ **mala(s) onda(s).** loc. verb. *Ur, Py, Ar*, juv. Ejercer una mala influencia en el ánimo de una persona.

z². ‖ ~ **manteca al techo.**
   i. loc. verb. *Ar, Ur.* Despilfarrar o malgastar, *generalmente con ostentación de lo que se posee.* pop + cult → espon.
   ii. *Ur.* Celebrar algo en exceso y, *generalmente, sin que esté justificado todavía.* pop + cult → espon.

a³. ‖ ~ **más de un pelo de crica.** loc. verb. *PR.* Ser *algo* muy influyente, de mucho poder. vulg; pop + cult → espon.

b³. ‖ ~ **números.** loc. verb. *Pa, Ec, Ur.* Hacer cálculos, *especialmente con respecto al dinero.*

c³. ‖ ~ **onda.** *Py, Ar, Ur.* **tirar la onda.** pop + cult → espon.

d³. ‖ ~ **paja.**
   i. loc. verb. *Ho.* Enamorar a alguien. pop + cult → espon.
   ii. *Ho.* Mentir a alguien.

e³. ‖ ~ **pala.** loc. verb. *Pe.* Trabajar con la pala.

f³. ‖ ~ **pálidas.** loc. verb. *Ur, Ar*, juv. Dar noticias malas o desalentadoras.

g³. ‖ ~ **palos.** loc. verb. *Ch.* Insinuar, sugerir *algo* sutil e intencionadamente. pop.

h³. ‖ ~ **pana.** loc. verb. *Pe.* Presumir, vanagloriarse de algo.

i³. ‖ ~ **para abajo.** loc. verb. *Ch.* Negarse a participar en una actividad o hacerlo desganadamente.

j³. ‖ ~ **para la cola.**
   i. loc. verb. *Ch.* juv. Amedrentarse, negarse a hacer algo. pop.
   ii. *Ch.* Desestimar *algo* o a *alguien* y postergarlo. pop.

k³. ‖ ~ **para las moras.** loc. verb. *Ch.* Desistir de una actividad o de un proceso por temor, cansancio o aburrimiento. pop + cult → espon. ♦ **tirar el poto para las moras.**

l³. ‖ ~ **paso.** loc. verb. *Pa, Co.* Bailar ágilmente. pop.

m³. ‖ ~ **pata.** loc. verb. *Pe.* Caminar. pop.

n³. ‖ ~ **pele.** loc. verb. *Bo.* Fracasar, obtener un resultado insatisfactorio. pop.

ñ³. ‖ ~ **pelota.**
   i. loc. verb. *CR, Bo.* Mantener un juego amoroso con alguien, coquetear. pop.
   ii. *Bo:C,O,S.* Considerar o dar importancia a alguien o a algo. pop + cult → espon.

o³. ‖ ~ **percha.** loc. verb. *Co.* Ir muy bien vestido y arreglado. pop.

p³. ‖ ~ **perdidas.** loc. verb. *Pa.* Marcar *alguien* un número telefónico y colgar antes de que contesten.

q³. ‖ ~ **perro muerto.** loc. verb. *Pe.* Estafar.

r³. ‖ ~ **pestaña.** loc. verb. *Pe.* p.u. Dormir. pop.

s³. ‖ ~ **pichana.** loc. verb. *Pe.* Barrer. pop.

t³. ‖ ~ **piedras.** loc. verb. *Cu.* Intentar acertar por casualidad.

u³. ‖ ~ **pinta.**
   i. loc. verb. *Co, Pe, Ch.* Ir muy bien vestido y arreglado. pop.
   ii. *Ho.* Presumir de algo ante alguien.

v³. ‖ ~ **piquete.** loc. verb. *Ho.* Presumir de algo, *en especial de ropa de vestir.*

w³. ‖ ~ **plancha.** loc. verb. *Mx.* Dar un plantón a alguien.

x³. ‖ ~ **pluma.** loc. verb. *Pe.* Hacer cálculos, *especialmente con respecto al dinero de que se dispone.*

y³. ‖ ~ **prosa.** loc. verb. *Ec, Ch.* obsol. Darse importancia *alguien*, adoptar actitudes de superioridad.

z³. ‖ ~ **pupila.** loc. verb. *Ho.* Ver algo o a alguien, vigilar. fest.

a⁴. ‖ ~ **ritmo.** loc. verb. *Pe.* Bailar.

b⁴. ‖ ~ **roche.** loc. verb. *Pe.* **arrochar**, despreciar.

c⁴. ‖ ~ **su gatazo.** loc. verb. *Pe.* Impresionar, actuar de manera presuntuosa, por medio de algo que aparenta más valor del real. pop.

d⁴. ‖ ~ **taba.** loc. verb. *Pe.* Caminar. pop.

e⁴. ‖ ~ **un cable.** loc. verb. *EU, Cu.* Ayudar a *alguien.* ♦ **tirar un cabo.**

f⁴. ‖ ~ **un cabo.** *Cu.* **tirar un cable.** pop + cult → espon.

g⁴. ‖ ~ **un carro.** loc. verb. *Ve.* Pedir dinero prestado.

h⁴. ‖ ~ **un cinquito.** loc. verb. *Pa.* **Agarrarse** a puños.

i⁴. ‖ ~ **un fajón.** loc. verb. *Cu.* obsol. Tratar de seducir a una mujer en el momento de conocerla o de verla.

j⁴. ‖ ~ **un pestañazo.** loc. verb. *Pa, Cu.* Dormir un sueño corto.

k⁴. ‖ ~ **un salve.** loc. verb. *Cu.* Ayudar económicamente a alguien.

l⁴. ‖ ~ **un venado.** loc. verb. *CR.* obsol. **cantar**, expeler excrementos por el ano.

m⁴. ‖ ~ **una luqueada.** loc. verb. *Pe.* Echar un vistazo a algo. pop.

n⁴. ‖ ~ **una plancha.** loc. verb. *Mx.* Dar un plantón a alguien.

ñ⁴. ‖ ~ **una punta.** loc. verb. *Ar.* Prestar ayuda a alguien, *especialmente dándole alguna información.* pop + cult → espon.

o⁴. ‖ ~ **vicio.** loc. verb. *Co.* Consumir drogas. drog.

p⁴. ‖ ~**le el canto.** loc. verb. *Ni.* Enamorar a *alguien.*

q⁴. ‖ ~**le el ojo.** loc. verb. *ES, Cu.* Desear y procurar algo.

r⁴. ‖ ~**le los lentes.** loc. verb. *ES.* Enamorarse de alguien.

s⁴. ‖ ~**le ojo.** loc. verb. *CR.* Mirar algo o a alguien con atención, *especialmente sin ser visto.* pop + cult → espon.

t⁴. ‖ ~**le rayo.** loc. verb. *Co.* Tratar a *alguien* desconsideradamente, sin respeto. pop.

u⁴. ‖ ~**se a chanta.** loc. verb. *Ar.* Abandonar o descuidar *una persona* sus obligaciones. pop.

v⁴. ‖ ~**se a la candelada.** loc. verb. *Pa.* Empezar una acción de riesgo.

w⁴. ‖ ~**se a la marchanta.** loc. verb. *Ar, Ur.* Abandonarse, holgazanear. pop.

x⁴. ‖ ~**se a la pileta.** loc. verb. *Ar, Ur.* Acometer una empresa de resultado incierto, arriesgarse. pop + cult → espon.

y⁴. ‖ ~**se a morir.** *Cu.* **tirarse al abandono.**

z⁴. ‖ ~**se a muerto.**
   i. loc. verb. *Ar, Ur.* Abandonarse, holgazanear. pop.
   ii. *RD.* Fingir un problema o un malestar físico para eludir un trabajo.

a⁵. ‖ ~se al abandono. loc. verb. *Cu.* Desatender *alguien* sus obligaciones, su trabajo o su cuidado personal. ♦ tirarse a morir.

b⁵. ‖ ~se al agua. loc. verb. *Ni, Ve.* Contraer matrimonio. pop.

c⁵. ‖ ~se al charco. loc. verb. *Pa.* Empezar una acción de riesgo.

d⁵. ‖ ~se al charral. loc. verb. *Ho.* Dedicarse una mujer a la prostitución. pop.

e⁵. ‖ ~se al desgüello. loc. verb. *PR.* Acometer una acción a sabiendas de que se va a fracasar. pop + cult → espon.

f⁵. ‖ ~se al desperdicio. loc. verb. *PR.* Prostituirse. pop + cult → espon.

g⁵. ‖ ~se al dulce. loc. verb. *Ch.* Intentar *alguien* hacer un negocio o realizar algo arriesgado. pop + cult → espon.

h⁵. ‖ ~se al estricote. loc. verb. *Ve.* Abandonarse o darse al mal vivir.

i⁵. ‖ ~se al plato. loc. verb. *Gu.* Vencer.

j⁵. ‖ ~se al suelo. loc. verb. *Ch.* Infravalorarse *alguien*, valorarse negativamente uno mismo. pop + cult → espon.

k⁵. ‖ ~se al cuerpo. loc. verb. *PR.* Darse *alguien* gusto con algo. pop + cult → espon.

l⁵. ‖ ~se con la guagua andando. loc. verb. *Cu.* Hacer o decir *algo* desacertado o inconveniente. pop.

m⁵. ‖ ~se con todo y tenis. loc. verb. *Ni, PR.* No medir *alguien* las consecuencias de una acción que se realiza espontáneamente.

n⁵. ‖ ~se de las mechas. loc. verb. *Ni, Pa, Ec, Bo, Ch, Ur.* Pelearse dos personas. pop.

ñ⁵. ‖ ~se de panza. loc. verb. *Ho, Ni.* Hacer algo sin pensarlo mucho. pop.

o⁵. ‖ ~se de risa. loc. verb. *Mx.* Reírse mucho y sin control, desternillarse. pop.

p⁵. ‖ ~se el año. loc. verb. *Ec, Co, Bo, Ur.* pop. **Reprobar** un estudiante de primaria o secundaria el curso lectivo.

q⁵. ‖ ~se el once. loc. verb. *ES.* Perder en algo, fallar en algo.

r⁵. ‖ ~se el tute. loc. verb. *Ar, Ur.* Intentar algo aunque las perspectivas de éxito sean inciertas o escasas. pop + cult → espon.

s⁵. ‖ ~se en el suelo. loc. verb. *Cu.* Negarse *alguien* a cooperar en algo. pop.

t⁵. ‖ ~se en plancha.
   i. loc. verb. *Cu.* Rebajarse ante alguien.
   ii. *Cu.* Negarse rotundamente a algo.

u⁵. ‖ ~se la fiesta. loc. verb. *Co.* Echar a perder *alguien* una situación grata o algo que se daba por hecho con su mala actitud.

v⁵. ‖ ~se la pera. loc. verb. *Ch:N.* Estar ocioso sin hacer nada de provecho. pop + cult → espon.

w⁵. ‖ ~se la percha. loc. verb. *PR.* Vestir con lujo y ostentación.

x⁵. ‖ ~se la propia tusa. loc. verb. *Ve.* juv. Darse besos de manera muy exagerada.

y⁵. ‖ ~se la tela. loc. verb. *RD, PR.* Vestirse *alguien* elegantemente. pop + cult → espon.

z⁵. ‖ ~se la vaca. loc. verb. *Pe.* Dejar de asistir a las clases. est.

a⁶. ‖ ~se (por) la calle de en medio. loc. verb. *Ho, Ni, Cu.* Perder la vergüenza, actuar sin recato ni decoro. pop ^ fest.

b⁶. ‖ ~se un baldeo. loc. verb. *Cu.* Bañarse *una persona*. pop.

c⁶. ‖ ~se un directo al hígado. loc. verb. *RD.* Tomar un trago de una bebida alcohólica fuerte.

d⁶. ‖ ~se un lance.
   i. loc. verb. *Bo, Ch, Ar, Ur.* Intentar algo, aunque las probabilidades de éxito sean escasas. pop.
   ii. *Ho, Bo, Ch, Ur.* Intentar una conquista amorosa.

e⁶. ‖ ~se un pedo más alto que el culo. loc. verb. *Cu, Py.* Aparentar *alguien* lo que no es. vulg; pop + cult → espon.

f⁶. ‖ ~se un samuel. loc. verb. *CR.* samuelear.

g⁶. ‖ ~se una coba. loc. verb. *Cu.* Vestirse. pop.

h⁶. ‖ ~se una parada. loc. verb. *Co.* Hacer un favor. pop.

i⁶. ‖ tirársela buena. loc. verb. *Cu.* Vestirse con ropa de calidad. pop.

j⁶. ‖ tirársela de gran vaina. loc. verb. *Pa.* Considerarse *alguien* como el más importante o el único en algo.

k⁶. ‖ tirárselas. loc. verb. *CR, Pa, Co, Ur.* Presumir de algo. pop + cult → espon ^ desp.

l⁶. ‖ tirárselas de café con leche. loc. verb. *Pa, Co, Ec:O.* Creerse mejor de lo que se es. pop + cult ^ desp.

m⁶. ‖ tirársele. loc. verb. *Ar.* juv. Hacer una declaración amorosa a una persona.

a. ‖ hasta para ~ para arriba. loc. adv. *Gu, Ho, ES, Ni, CR; Ur,* pop + cult → espon. En abundancia. pop.

b. ‖ para ~ a la chuña. loc. adv. *Ch.* En gran cantidad, en exceso. pop + cult → espon.

c. ‖ para ~ para arriba. loc. adv. *Ch, Ar, Ur.* En abundancia. pop.

d. ‖ ¡que lo tiró de las patas! loc. interj. *Ar, Ur.* Expresa enojo, desilusión o contrariedad. pop + cult → espon.

e. ‖ tira cocacho. loc. sust. *Bo:O.* Dedo medio de la mano. pop.

f. ‖ tira para abajo. loc. adj/sust. *Ch.* Referido a *persona*, que se niega a participar en una actividad o actúa de manera desganada. pop.

g. ‖ tira para arriba. loc. adj/sust. *Ch.* Referido a *persona*, que actúa de manera entusiasta en una actividad o contagia su entusiasmo. pop.

h. ‖ tira y jala.
   i. loc. sust. *Pa.* Discusión interminable.
   ii. *Pa.* Forcejeo para lograr algo.

i. ‖ ¡tira y tápate!
   i. loc. sust. *PR.* tiritápate.
   ii. loc. interj. *PR.* Expresa el anuncio de un chisme que se va a contar de alguien. pop + cult → espon.

tirasaco.
   I. 1. sust/adj. *Bo.* Persona que adula a otras para obtener beneficios. pop + cult → espon.

tirazón.
   I. 1. f. *Ho.* Tiroteo intenso.

tire.
   I. 1. m. *Pe.* Coito. vulg; pop.
   II. 1. m. *RD.* Elegancia o buen gusto en la forma de vestir.

tiricia.
   I. 1. *Gu, Bo:S.* Tristeza enfermiza que sufren algunas personas, *generalmente por la nostalgia de su tierra o de un ser querido.* pop.
   2. *Ho, ES, Ni.* Mal humor, carácter agrio.
   3. *Ho, ES.* Debilidad física, pereza.
   II. 1. f. *Pa.* Sueño pertinaz.

tiriciado, -a.
   I. 1. adj. *Ec.* Referido a *persona*, que padece ictericia. rur; pop.
   2. *Ec.* Referido a *persona*, escuálida, muy flaca. rur; pop.

tiriciento, -a.
    I. 1. adj. *Ho:E, ES, Ni. Referido a persona*, de carácter agrio, malhumorado.
    II. 1. adj. *Ec. Referido a persona*, que padece ictericia. rur; pop ^ desp.

tiricioso, -a.
    I. 1. adj. *ES. Referido a persona*, de carácter agrio, malhumorado.

tirifilo, -a.
    I. 1. sust/adj. *Pe.* Persona muy delgada.

tirigüibe. (De or. ind. antillano).
    I. 1. m. *PR.* Espata que cubre el racimo de flores de algunas palmas. rur.

tirigüillo.
    I. 1. m. *RD.* Rama de una palma tras desprenderse los frutos.

tirigüillo, -a.
    I. 1. sust/adj. *RD.* Persona muy delgada.

tirijala.
    I. 1. m. *RD.* Tira y afloja, negociación en la que se cede y se concede.
    II. 1. m. *PR.* **Melcocha** con azúcar de caña en forma elástica.
    III. 1. m. *PR.* Momento de gran confusión. pop + cult → espon.

tirillento, -a.
    I. 1. adj/sust. *Ch. Referido a persona*, andrajosa, que viste con harapos. pop ^ desp.

tirillero, -a.
    I. 1. m. y f. *Bo:O.* Persona que acostumbra a ingerir bebidas alcohólicas de mala calidad. pop.
    2. adj. *Bo:O.* Propio del tirillero. pop.

tirillo.
    I. 1. m. *Bo:C,O,S.* Bebida alcohólica de baja calidad. pop.

tiriquito.
    I. 1. m. *RD.* Escalofrío.

tirirú. (Del guaraní).
    I. 1. m. *Bo:E.* obsol. **Totuma** grande y de base aplanada que servía de orinal. pop.

tiritadera.
    I. 1. f. *Co.* Temblor intenso, *producido especialmente por frío o fiebre.* pop.

tiritápate.
    I. 1. m. *PR.* Juego de niños. (¡tira y tápate!).

tiritar.
    □
    a. ‖ ~ **la barbilla.** *Ch.* **tiritar la pera.**
    b. ‖ ~ **la mano.** loc. verb. *Ch.* Dudar, vacilar ante un problema o situación embarazosa.
    c. ‖ ~ **la pera.** loc. verb. *Ch.* Acobardarse *alguien.*
    ♦ **tiritar la barbilla.**

tirititito.
    I. 1. m. *Mx. En el futbol*, disparo que se realiza con suma destreza pero que no llega a ser gol.

tiritón.
    □
    a. ‖ **siete tiritones.** *Ch.* p.u. **tres tiritones.** pop ^ fest.
    b. ‖ **tres tiritones.** loc. sust. *Ch.* Vino de mala calidad. pop ^ fest. ♦ **siete tiritones.**

tiro.
    I. 1. m. *Bo, Ch. En la mina*, carga de explosivos colocada dentro del taladro para facilitar la extracción del mineral.
    2. *Ho.* **pique,** pozo de una mina.
    II. 1. m. *Bo, Py.* Coito. pop.
    III. 1. m. *Cu.* Transporte, acarreo.
    IV. 1. m. *Bo.* Asunto o tema. pop.

V. 1. m. *Bo.* Intención de una persona. pop.
VI. 1. m. *RD.* Persona o cosa muy eficaces, que responden a las expectativas.
VII. 1. m. *ES.* Atraco.
VIII. 1. m. *Ho. En el corte de madera*, senda recta, hecha en una pendiente, por donde se tiran los troncos para ser transportados posteriormente en camiones.
IX. 1. m. *Ho:N. En el cultivo de la piña*, conjunto de cinco remolques tirados por un tractor.
X. 1. m. *Ni.* Madero central y delantero de la carreta que se amarra al yugo de donde tiran los bueyes.
XI. 1. m. *PR.* Inyección de droga. drog.

    ●
    a. ‖ **ese es el ~.** fórm. *Gu, Ni.* Se usa para destacar la esencia o el propósito de lo que se dice.

    ■
    a. ‖ ~ **de hoya.** m. *PR. En las peleas de gallos*, **espolazo** que perfora la vena central del gallo contrincante. ♦ **venazo.**

    □
    a. ‖ **a ~ de as.** loc. adv. *Co. En un campeonato o negociación*, muy cerca, a punto de. pop.
    b. ‖ **a ~ de calcetín.** loc. adv. *Mx.* A poca distancia. pop.
    c. ‖ **a ~ de cañón.** loc. adv. *Ch.* Muy cerca. pop + cult → espon.
    d. ‖ **a ~ de leño.** loc. adv. *Ho.* Muy cerca. rur.
    e. ‖ **a todo ~.** loc. adv. *Co.* Por encima de todo. pop.
    f. ‖ **al ~.** loc. adv. *Mx, Gu, Ho, ES, Ni, Pa, Cu, Ec, Bo, Ch; Ar, Ur*, pop + cult → espon. **ahoritita,** ahora mismo.
    g. ‖ **de a ~.**
      i. loc. adv. *Mx.* Verdaderamente. pop. (**de al tiro; dealtiro; deatiro; dialtiro; diatiro**).
      ii. loc. adv/adj. *Mx.* Sin remedio. pop. (**de al tiro; dealtiro; deatiro; dialtiro; diatiro**).
      iii. loc. adj. *Mx.* Descuidado, maltratado. pop.
    h. ‖ **de a ~ por viaje.** loc. adv. *Mx.* Frecuentemente, a cada rato. pop.
    i. ‖ **de al ~.**
      i. *Mx.* **de a tiro,** verdaderamente.
      ii. *Mx.* **de a tiro,** sin remedio.
    j. ‖ **de ~.** loc. adj. *CR.* obsol. *Referido a persona*, receptiva, tolerante y dispuesta a prestar ayuda. rur.
    k. ‖ **de ~ corto.** loc. adv. *Ch, Ur.* De corto alcance o importancia. pop + cult → espon.
    l. ‖ **de ~ largo.**
      i. loc. adj. *Co. Referido a una fiesta o reunión*, que se prolonga hasta altas horas de la noche. pop ^ fest.
      ii. *Co. Referido a persona*, que resiste estar de juerga por mucho tiempo. pop ^ fest.
    m. ‖ **de un ~.**
      i. loc. adv. *ES, Ni, Pa, Cu, PR, Ch, Py.* De una vez, de un solo golpe. pop.
      ii. *Pa, Cu, Ec.* Enseguida. pop.
    n. ‖ **del ~.**
      i. loc. adv. *Pa, Cu, Ve.* En consecuencia.
      ii. *Ve.* Casi, por poco.
    ñ. ‖ **en un ~.** loc. adv. *Co.* Rápidamente. pop.
    o. ‖ ~ **al aire.**
      i. loc. sust. *CR, Ec, Ch.* Propuesta improvisada o inútil. pop + cult → espon.
      ii. *Ch, Py, Ur.* Persona de poca importancia, inútil y sin proyectos, o que actúa en forma alocada e irresponsable. pop.
      iii. *Ho.* Hijo ilegítimo. fest.
    p. ‖ ~ **de munición.** loc. sust. *Ch.* **corineo.** pop.
    q. ‖ ~ **loco.**
      i. loc. sust/adj. *Ch.* Persona que porta un arma y tiene propensión a disparar sin motivo justificado. pop.

ii. *Ch.* Persona que adopta decisiones absurdas e inverosímiles. pop.

r. ‖ **~ seguro.** loc. sust. *ES.* Hombre fecundo sexualmente.

s. ‖ **~ y ~.** loc. adv. *Pa.* Sin descanso.

t. ‖ **un ~, un volteo.** loc. sust. *Bo. En el juego de dados,* modalidad que consiste en lanzar los dados mencionando antes de hacerlo si se volteará uno de ellos o no. pop.

▶ **barajar el ~; coger el ~; dar ~; embarajar el ~; estar a ~ de; ponerse a ~; quitarse el ~; ser un ~; trabajar el ~; volar ~s.**

tirón.
□

a. ‖ **a los tirones.** loc. adv. *Ar, Ur.* Con constantes discusiones y enfrentamientos. pop + cult → espon.

b. ‖ **~ de bolas.** loc. sust. *Ar, Ur.* Reprimenda, regañina. vulg; pop + cult → espon. ♦ **tirón de huevos.**

c. ‖ **~ de huevos.** *Ar, Ur.* **tirón de bolas.**

▶ **ganar el ~.**

tironcijo.
I. 1. m. *Bo:E.* Distancia que existe entre dos puntos.

tironeado, -a.
I. 1. adj. *Ch, Ur. Referido a persona,* que se siente presionada por otros para actuar de una manera determinada.

tironear(se).
I. 1. tr. *Ch, Ur.* Presionar de manera insistente a *alguien* para que actúe de una manera determinada. pop.

II. 1. intr. prnl. *Bo:O, Ur.* Echarse, tumbarse sobre algo. pop.

tironeo.
I. 1. m. *Pe, Bo:O, Ch.* Tirón brusco que se da de algo o de alguien.

2. *Bo, Ch.* Tirón sufrido por alguien.

3. *Ch.* Tirón continuado que se da sobre algo.

II. 1. m. *Ch.* Presión psicológica de dos personas o entidades antagónicas sobre una tercera.

tirotear(se).
I. 1. tr. *Bo:O.* Realizar el coito. vulg.

II. 1. tr. prnl. *RD.* Ingerir un alimento o bebida.

tiroteo.
I. 1. m. *Cu.* **bebedera,** hábito de tomar alcohol.

tirrioso, -a.
I. 1. adj. *CR.* p.u. *Referido a persona,* que odia a alguien o le tiene mala voluntad. pop.

tirro.
I. 1. m. *ES, Ve.* Cinta adhesiva de gran resistencia, *especialmente la que se emplea para embalar.*

tirulo.
I. 1. m. *Ho, Cu, RD. En la industria del tabaco,* conjunto de hojas apretadas a lo largo que forman la **tripa** de un puro.

tiruru.
I. 1. m. *Bo:O.* **Totuma** grande y de base aplanada que servía de orinal. pop.

tis.
□

a. ‖ **~ con tas.** *Ec.* **tas con tas.**

tisera.
I. 1. f. *RD.* Tijera, instrumento.

tisha.
I. 1. f. *Gu.* Pie de una persona.

tishela.
I. 1. f. *Pe:S.* Recipiente en el que se recoge el látex que el **caucho** destila.

tishte.
I. 1. *ES.* **tiste,** bebida.

tishudo, -a.
I. 1. adj. *Gu. Referido a persona,* que está despeinada, o que le han cortado mal el pelo.

tisi.
I. 1. m. *Bo:C,O.* Líquido espeso y pegajoso que se ha secado en las fosas nasales. pop.

□

a. ‖ **~~.** loc. sust/adj. *Bo:E.* Persona molesta. pop.

tisiquearse.
I. 1. intr. prnl. *Ho, ES, Ni.* Contraer la enfermedad de la tuberculosis.

tisnu. (Del aim. *t'su,* cordón de las polleras).
I. 1. m. *Bo.* Tira tejida, larga y ancha, que utilizan los hombres para sujetar en bandolera su morral. pop.

2. *Bo:C,O,S.* Cinta ancha que sirve para sujetar la **pollera** a la cintura. pop.

tispo.
I. 1. m. *Ec:S.* Persona de aspecto descuidado y con el pelo hirsuto. pop.

tistapi. (Del aim. *thisthapi*).
I. 1. m. *Bo.* Dolencia caracterizada por temblor y falta de dominio de los movimientos, adormecimiento y contracciones musculares y estado depresivo y nervioso, causada por haber consumido bebidas alcohólicas en exceso y durante varios días. pop.

tiste. (Del nahua *textli, tiztli,* cosa molida).
I. 1. m. *Mx:SE, Gu, Ho, ES, Ni, CR:NO.* Bebida refrescante, similar al chocolate, que se prepara con harina de maíz tostado, cacao, **achiote** y azúcar cocidos y batidos. (**tishte**).

II. 1. adj. *ES, Ni. Referido a persona,* muerta.

tistear(se).
I. 1. *Ho, Ni.* **acabar,** matar.

2. *Ho, Ni.* **acabarse,** morirse.

II. 1. intr. prnl. *Ni.* Beber **tiste.**

tistincha.
I. 1. *Bo:SO, Ar:NO.* **tijtincha.**

tisuqui. (Del aim. *tisu,* tieso).
I. 1. adj. *Bo:O. Referido a persona,* entumecida por el frío o por una enfermedad. pop.

titanca.
I. 1. *Ch.* **puya raimondi.**

titear.
I. 1. tr. *Bo:E; Ar,* p.u. Burlarse o mofarse de alguien. pop + cult → espon.

2. intr. *Ar.* p.u. Bromear, hacer chanza. pop + cult → espon.

titeo.
I. 1. m. *Bo:E; Ar,* obsol. Burla, mofa. pop + cult → espon.

▶ **tomar para el ~.**

títere.
I. 1. m-f. *PR.* Golfo, pilluelo, delincuente. pop + cult → espon.

2. *PR.* Muchacho callejero. pop + cult → espon.

titerear.
I. 1. tr. *PR.* Vagabundear *alguien.* pop + cult → espon.

II. 1. tr. *PR.* Cometer *alguien* fechorías. pop + cult → espon.

titi.
I. 1. m-f. *Cu.* Persona joven y agraciada. pop.

II. 1. m. *Bo:O.* **Tigrecillo** de hasta 70 cm de longitud. (Felidae; *Felis jacobita*).

III. 1. m. *PR.* Cría del **cetí.**

tití.
I. 1. m. *Py.* Mama de la mujer. pop.

2. *Py.* Mama de un mamífero. pop.

II. 1. f. *PR.* Tía. pop + cult → espon ^ afec.

■

a. ‖ ~ **prin.** (Abrev. de *principal*). m-f. *PR.* Director de escuela. est.

□

a. ‖ **como un ~.** loc. adj. *Co. Referido a persona*, muy irritada.

▶ **estar como un ~; tomar ~.**

titibúa.
   I. 1. f. *Pa.* **yerutí.**

titil. (Del nahua).
   I. 1. m. *Ni.* Molleja.

titilgüite. (Del nahua).
   I. 1. m. *ES.* Estiércol de gallina. (**titilhuite**).

titilhuite.
   I. 1. *ES.* **titilgüite.**

titilo.
   I. 1. m. *Bo:C,O,S.* **maría**, ave. pop.

titimanía.
   I. 1. f. *Cu.* Inclinación sexual por personas más jóvenes. pop.

titimaníaco, -a.
   I. 1. sust/adj. *Cu.* Persona que tiene inclinación sexual por otra más joven. pop.

titingó.
   I. 1. m. *Cu, PR.* **rebambaramba**, situación en que impera la confusión.
   2. *Cu.* **zarceo.**

titino, -a.
   I. 1. *Co:O.* **pintoso**, elegante.

titipuchal. (Del nahua *tliltic*, cosa negra, y *potzalli*, montón de tierra).
   I. 1. m. *Mx, Gu, ES.* Número considerable de algo. pop.

titira.
   I. 1. f. *Pe.* Insecto de hasta 3 mm de longitud, con el cuerpo y alas cubiertos de pelos; es el transmisor de la **verruga peruana**. (Psychodidae; *Lutzomyia verrucarum*).

titiritear.
   I. 1. intr. *Ho, Ni.* Titiritar.
   II. 1. tr. *Ho.* Dominar y manipular a *alguien.*

titís.
   I. 1. m. *Ho.* Bolsita de almizcle que tienen las aves debajo de la cola, sobre la rabadilla.

tito, -a.
   ●
   a. ‖ ~.
    i. fórm. *Ho.* Se usa como tratamiento de confianza entre dos personas. afec.
    ii. *Ho.* Se usa como tratamiento de cariño a un niño. afec.

titulado, -a.
   I. 1. sust/adj. *Pe.* Persona que posee el título que legaliza la propiedad de un terreno.

titulando.
   I. 1. m. *Ch.* Estudiante que finaliza sus estudios y está a punto de obtener su titulación. cult.

titular.
   I. 1. tr. *Ch.* Hacer digeribles la bilis y los jugos gástricos aquellas sustancias que puedan resultar pesadas al estómago e intestinos.

título.
   □
   a. ‖ **a ~ de escopeta.** loc. adv. *Ch.* A propósito, por cierto. pop + cult → espon ^ fest.

tituy.
   ●
   a. ‖ ~. fórm. *Bo:S.* Se usa para dirigirse de forma cariñosa a un tío.

tiula.
   I. 1. *Bo:O.* **pámpano**, mamífero. (**tihula**).

tiuque. (Del mapache).
   I. 1. *Ch.* **chimango.**
   II. 1. sust/adj. *Ch.* Persona de poca importancia, insignificante. pop.
   III. 1. m. *Ch.* Bebida compuesta por refresco, *generalmente de naranja*, y vino blanco. pop.

tivi. (De la sigla T.V.).
   I. 1. f. *EU.* Televisión.

tiví. (De la sigla T.V.).
   I. 1. m. *PR.* Televisión.

tividinner. (Del ingl. *TV dinner*).
   I. 1. m. *EU, PR.* Comida congelada de fácil y rápida preparación que suele comerse mientras se ve televisión.

tiviri.
   ▶ **estar en el ~.**

tiyay.
   ●
   a. ‖ ~. fórm. *Bo:C,O,S.* Se usa para dirigirse de manera respetuosa, *especialmente los niños y jóvenes*, a una mujer. pop.

tiyuy.
   ●
   a. ‖ ~. fórm. *Bo:C,O,S.* Se usa para dirigirse de manera respetuosa, *especialmente los niños y jóvenes*, a un hombre.

tiza. (Del nahua *tizatl*, tierra blanca).
   I. 1. adj/sust. *Pe. Referido a persona*, elegante, pulcra en su apariencia y en el vestir. pop.
   II. 1. m. *Py.* Cigarrillo. pop.
   ▶ **dar ~ directa; ponerle ~.**

tizado.
   I. 1. m. *Ec. En sastrería*, marca que se hace con una tiza en una prenda de vestir, para indicar por dónde se debe cortar.
   2. *Ec.* Marca que se dibuja en una cancha, con pintura o cal.

tizador, -ra.
   I. 1. m. y f. *Ec.* Persona que marca con cal o pintura una cancha deportiva.

tizar(se).
   I. 1. tr. *Ar:NO.* Limpiar y desenredar la lana.
   II. 1. tr. *Ec.* Marcar con cal o pintura una cancha deportiva.
   III. 1. intr. prnl. *ES.* Drogarse con marihuana.

tizate. (Del nahua *tizatl*, tiza, tierra blanca).
   I. 1. m. *Gu, Ho, ES.* Tiza.
   II. 1. m. *Ho, ES, Ni.* Arbusto de hasta 6 m de altura, con tronco y ramas muy blancos, hojas ovadas, lanceoladas, de bordes dentados y flores amarillas en cabezuelas; se utiliza en la medicina tradicional. (Asteraceae; *Lasianthaea fructicosa, Perymenium grandis*). ♦ **vara blanca.**
   III. 1. m. *Ho, ES.* Tipo de maíz de grano blanco.

tiznada.
   I. 1. f. *Gu.* Mala suerte. pop + cult → espon.
   II. 1. f. *ES.* Prostituta. vulg.

tiznado, -a.
   I. 1. *Mx.* **chingado**, persona que ha sufrido daño.
   II. 1. sust/adj. *Pe:S, Ch.* p.u. Persona que trabaja en el ferrocarril o en una industria con calderas y hornos.

tiznador, -ra.
   I. 1. adj. *PR. Referido a persona*, que saca provecho de la amistad. pop + cult → espon.

tiznarse.
   I. 1. intr. prnl. *RD.* Mancillarse *alguien* por cometer un robo.

tiznero, -a.
  I. 1. adj. *PR. Referido a persona*, de piel morena. pop
      + cult → espon.
tiznu.
  I. 1. m. *Bo:C,O,S.* Cinta ancha que sirve para sujetar la
      pollera a la cintura.
tizón.
  I. 1. m-f. *PR.* Persona drogadicta. drog.
  ■
      a. ‖ **falso ~.** m. *Ec.* Enfermedad producida por un
      hongo, caracterizada por la aparición de man-
      chas o de pequeñas pústulas marrones en las ho-
      jas de ciertos vegetales, *especialmente de las palmeras
      y el arroz.*
      b. ‖ **~ tardío.** m. *CR.* **alternaria.**
tlachar. (Del nahua *tlachia*, mirar).
  I. 1. *Mx.* **clachar.**
tlachique. (Del nahua *tlachiqui*, el que raspa).
  I. 1. *Mx.* **aguamiel**, jugo del maguey .
tlachiquero, -a.
  I. 1. m. y f. *Mx.* Persona que se dedica a la obtención
      del **tlachique.**
tlaco. (Del nahua *tlaco*, mitad).
  I. 1. m. *Mx.* Dinero, moneda corriente. pop.
      2. *Mx.* Mitad del valor de algo. pop.
  ▶ **no valer un ~.**
tlacoache.
  I. 1. *Mx.* **tacuacín**, zarigüeya.
tlaconete. (Del nahua *tlalli*, tierra, y *conetl*, hijo).
  I. 1. m. *Mx.* Babosa, molusco gasterópodo pulmona-
      do, terrestre, sin concha, que cuando se arrastra
      deja como huella de su paso una abundante baba.
      2. *Mx.* Especie de lagartija de color café oscuro que
      puede llegar a ser ponzoñosa.
  ▶ **moverse como ~ con sal; moverse como ~ en sal.**
tlaconete, -a. (Del nahua *tlalli*, tierra, y *conetl*, hijo).
  I. 1. m. y f. *Mx.* Niño. afec.
  II. 1. m. y f. *Mx.* Persona que adula exageradamente a
      otra para obtener algún beneficio de ella. desp.
tlacote. (Del nahua *tlacoton*, nacido pequeño).
  I. 1. m. *Mx.* Tumorcillo o divieso.
tlacoyo. (Del nahua *tlatlaolli*, maíz molido).
  I. 1. m. *Mx.* **Tortilla** gruesa de maíz rellena de **frijoles**
      u otro alimento.
tlacuache. (Del nahua *tlacuatzin*, bocado sabroso).
  I. 1. *Mx, Ho, ES.* **tacuacín**, zarigüeya.
tlacualero, -a. (Del nahua *tlacualli*, alimento).
  I. 1. m. y f. *Mx.* Persona que lleva la comida a los peo-
      nes que trabajan en el campo. (**tacualero**).
tlalcoyote. (Del nahua *tlalli*, tierra, y *coyotl*, coyote).
  I. 1. *Mx.* **puerco juín.**
tlamapa. (Del nahua *tlamapan*, en las laderas de la sierra).
  I. 1. m. *Mx.* Tipo de **pulque.**
tlapalería. (Del nahua *tlapalli*, color para pintar).
  I. 1. f. *Mx.* Tienda donde se venden utensilios para traba-
      jos de electricidad, albañilería, plomería, carpintería, etc.
tlapalero, -a.
  I. 1. m. y f. *Mx.* Dueño o empleado de una **tlapalería.**
tlaxcal. (Del nahua *tlaxcalli*).
  I. 1. m. *Mx.* **Tortilla** de maíz.
tlayuda.
  I. 1. f. *Mx.* En Oaxaca, **tortilla** grande, tostada y del-
      gada.
tlazol. (Del nahua *tlazolli*, basura que echan en el muladar).
  I. 1. m. *Mx, Gu.* Punta de la caña de maíz o de azúcar
      que sirve para forraje. (**tazol**; **tlazole**).
      2. *Mx.* Basura, conjunto residuos desechados. (**clazol**;
      tlazole).

tlazole.
  I. 1. *Mx, Gu.* **tlazol.**
tlazolera.
  I. 1. f. *Mx.* Lugar lleno de residuos o desechos.
tlecuil. (Del nahua *tletl*, fuego, y *cuitzilli*, torcido).
  I. 1. *Mx.* Fogón, brasero. (**tlecuile**).
tlecuile.
  I. 1. *Mx.* **tlecuil.**
to. (Voz inglesa).
  I. 1. m. *PR.* Destinatario.
  II. 1. m. *PR.* Dirección de quien va a recibir por correo
      una carta, un paquete, etc.
¡to!
  ●
      a. ‖ **~.** fórm. *Ni.* Se usa para arrear el ganado vacuno.
      rur.
toa.
  I. 1. f. *Pe:E.* Pez de agua dulce que tiene a cada lado de
      la cara una especie de barbas. (Pimelodidae; *He-
      misorubim platyrhynchos*).
toalla.
  I. 1. m-f. *ES.* Persona muy buena, excelente.
  II. 1. f. *PR.* Tejido esponjoso del estómago de la **res** que
      constituye el ingrediente principal del plato llamado
      mondongo.
  ■
      a. ‖ **~ femenina.** *Mx, ES, RD, Ec, Bo, Py, Ar, Ur.* **toa-
      lla sanitaria.**
      b. ‖ **~ higiénica.** *Mx, ES, RD, Co, Ec, Pe, Bo, Ch, Py,
      Ar, Ur.* **toalla sanitaria.**
      c. ‖ **~ nova.** f. *Ch.* Papel secante empleado en cocina.
      d. ‖ **~ sanitaria.** f. *Mx, Gu, Ho, ES, Ni, CR, Pa, RD, PR,
      Co, Ve, Ec, Pe, Py, Ur.* Tira desechable de celulosa u
      otra materia similar que sirve para absorber el flujo
      menstrual de la mujer. ◆ **adherente; kótex; modess;
      siempre libre; toalla femenina; toalla higiénica.**
  ▶ **tirar la ~.**
toallera.
  I. 1. f. *Ec, Ch.* Toallero.
toba.
  I. 1. m. *Ec.* obsol. Sedimento de orina acumulado en
      una **bacinilla.** rur; pop.
  II. 1. f. pl. *Bo.* Danza folclórica de actitudes guerreras
      en la que los bailarines llevan camiseta y pantalón cor-
      to, bordados y cubiertos de plumas, en la cabeza llevan
      un arco de cartón cubierto también de plumas y en las
      manos sostienen un arco y flechas que mueven al compás
      de la música, mientras saltan y dan vueltas con agilidad.
      2. *Bo.* Composición musical de ritmo ágil y melo-
      dioso al compás de la que se bailan las tobas.
tobiano, -a.
  I. 1. adj/sust. *Ec, Bo:E,S, Ar, Ur, Py,* rur. *Referido a una
      caballería*, que presenta grandes manchas blancas,
      especialmente en la parte superior. (**tubiano**).
tobillera.
  I. 1. f. *Mx, Ni, Co, Ec.* Calcetín corto.
tobo.
  I. 1. m. *Ve.* Cubo, balde. pop.
toboa.
  I. 1. f. *Ho.* Serpiente de hasta 90 cm de longitud, con
      una mancha vertebral ondulada que marca algo
      así como triángulos invertidos unidos en su base,
      el fondo es gris café, los bloques de manchas son
      negruzcos o café oscuros. (Viperidae; *Cerrophi-
      dion gozmani*). (**toboba**).
      2. *Ho:N.* metáf. Pene.
toboba.
  I. 1. f. *Ho, Ni, CR.* Nombre de varias especies de víbo-
      ras venenosas; su veneno se emplea para producir suero

antiofídico. (Viperidae; *Bothrops asper, Cerrophidion godmani, Porthidium volcanicum* y otras).

2. *Ho, Ni.* **toboa**, serpiente.

3. *Pa.* **patoco**.

II. 1. *Ho.* Pene.

toborochi.

I. 1. m. *Bo:E,S.* Árbol de hasta 15 m de altura, de follaje caduco, tronco abultado en su parte media, corteza de color gris verdoso con numerosos aguijones cónicos, flores crema o rosadas, según la especie, y fruto en forma de cápsula oblonga, y con numerosas semillas recubiertas por abundantes pelos sedosos. (Bombaceae; *Chorisia* spp.).

toboso, -a.

I. 1. adj. *PR. Referido a persona*, mugrienta. pop + cult → espon ^ desp.

tobul.

(De *bulto,* por inversión silábica).

I. 1. m. *Ar.* Pene. pop + cult → espon.

toca.

I. 1. f. *Py, Ar; Ec,* obsol. Moldeado que se hace enroscando el cabello alrededor de la cabeza para que quede liso.

II. 1. f. *Py.* Especie de gorro del cual pende una borla, usado por los graduados como complemento de la toga. pop + cult → espon.

a. ‖ ~ **del monte.** *Ar.* **sachaguasca.**

tocacinta.

I. 1. *Ni, Bo, Ch, Py.* **tocacintas**.

tocacintas.

I. 1. m. *Ec, Bo, Ch; Mx, ES, Co, Py,* p.u. Magnetófono. (**tocacinta**).

tocación.

I. 1. f. *Ec, Ch.* Tocamiento de la zona genital considerado como abuso deshonesto.

II. 1. f. *Ec, Ch.* Aplicación de un medicamento o disolución sobre heridas o úlceras, tocándolas una o varias veces con algo empapado en dicha disolución.

III. 1. f. *Ch.* Toque que se hace sobre algo.

tocada.

I. 1. m. *Mx, Ec.* juv. Concierto informal de rock o de otro tipo de música.

2. f. *Mx, ES.* Reunión en que se toca música popular.

tocadera.

I. 1. f. *Ho, ES, Ni, CR, RD, Co, Ch.* Tocación reiterada del cuerpo de una persona o de una parte de él.

tocadito, -a.

I. 1. adj/sust. *PR, Ch. Referido a persona*, borracha. euf; pop.

tocado, -a.

I. 1. adj. *Cu, RD, Co. Referido a persona*, que está bajo los efectos del alcohol o de alguna droga. pop.

II. 1. adj. *Co.* juv. *Referido a persona*, molesta, enfadada. pop.

III. 1. adj. *Cu. Referido a cosa*, de buena calidad. pop.

IV. 1. adj. *Cu. Referido a persona*, vestida con elegancia. pop.

tocador.

I. 1. m. *PR.* Planta de hojas elegantes algo velludas, de diversos colores, *generalmente rojas y verdes*; es ornamental. (Araceae; *Caladium argyrites*).

2. *PR.* **mantel**.

tocancina.

I. 1. f. *Ho.* Toqueteo con intención amorosa o sexual.

tocapito.

I. 1. m. *Ho.* Árbitro de un encuentro deportivo. fest.

tocar(se).

I. 1. tr. *Cu, Ar, Ur.* Sobornar a *alguien*. pop.

II. 1. intr. prnl. *Co.* juv. Molestarse, enfadarse. pop.

III. 1. intr. prnl. *Ho, ES, Pa, Cu, Bo.* Volverse loco.

IV. 1. intr. *Bo.* Permanecer en un lugar solo de paso. pop.

2. *Ur.* Irse. pop + cult → espon.

V. 1. intr. prnl. *Cu.* Ingerir bebidas alcohólicas o drogas. pop.

●

a. ‖ **no me toquen ese vals.** fórm. *Ve, Pe.* Se usa para indicar que no se desea hablar sobre determinado tema, generalmente por resultar delicado. pop + cult → espon ^ fest.

□

a. ‖ **no ~ ni pito.** loc. verb. *Pa.* No tener *alguien* nada que ver en un asunto.

b. ‖ **no ~se la panza.** loc. verb. *Ho.* Actuar *una persona* sin escrúpulos. pop.

c. ‖ **~ a Dios con las manos sucias.**
  i. loc. verb. *Gu.* Tratar frívolamente asuntos relacionados con Dios o la religión.
  ii. *Gu.* Decidirse a hacer algo que implica riesgo.

d. ‖ **~ con limón.** loc. verb. *Cu.* Sobornar, gratificar ilícitamente a *una persona* para lograr algo de ella.

e. ‖ **~ de oído.** loc. verb. *Pe, Ar, Ur.* Hacer *alguien algo* para lo que no está capacitado suficientemente o hablar de un tema del que tiene una información o un conocimiento muy escaso. pop + cult → espon.

f. ‖ **~ el arpa.**
  i. loc. verb. *Mx.* Hacerse el distraído o el desentendido. pop.
  ii. *Ec.* **tocar el violín.**

g. ‖ **~ el piano.** loc. verb. *Co.* Lavar la loza. pop ^ fest.

h. ‖ **~ el violín.** loc. verb. *Ni, Ec, Bo, Ch.* Molestar *alguien* con su presencia a una pareja de enamorados. pop + cult → espon. ♦ **tocar el arpa.**

i. ‖ **~ fibra.** loc. verb. *Ho.* Producir efecto en alguien, afectarle.

j. ‖ **~ la flauta.** loc. verb. *Ho, Ni.* Practicar sexo oral a un hombre. vulg.

k. ‖ **~ la polca del espiante.** loc. verb. *Ar, Ur.* Irse *una persona* de una reunión o de un lugar. pop + cult → espon ^ fest.

l. ‖ **~ piano.** loc. verb. *ES, Ni.* Robar. fest.

m. ‖ **~ violín.** loc. verb. *Ni, Pa, Pe, Bo, Ch.* Acompañar *alguien* a una pareja de enamorados.

n. ‖ **~ yuca.** loc. verb. *Ho.* Ser *algo* difícil y trabajoso de hacer.

ñ. ‖ **~ el mono.** loc. verb. *PR.* Tener que encargarse alguien de una persona, *generalmente de un amigo que se ha emborrachado*. pop + cult → espon.

o. ‖ **~ la cara.** loc. verb. *PR.* Enojarse *una persona* con alguien. pop + cult → espon.

p. ‖ **~ los timbales.** loc. verb. *PR.* No importarle nada a alguien. vulg; pop + cult → espon.

q. ‖ **~se un poco.** loc. verb. *PR.* Tomar *alguien* varias copas de alguna bebida alcohólica. pop + cult → espon.

▨

a. ‖ **medio tocame un gato.**
  i. *Ar:NO.* **medio tocame un tango**, que tiene las facultades mentales alteradas.
  ii. *Ar:NO.* **medio tocame un tango**, de comportamiento extraño.

b. ‖ **medio tocame un tango.**
  i. loc. adj. *Ar. Referido a persona*, que tiene las facultades mentales alteradas. pop + cult → espon. ♦ **medio tocame un gato.**
  ii. *Ar. Referido a persona*, de comportamiento extraño o inesperado. pop + cult → espon. ♦ **medio tocame un gato.**

c. ‖ **sin ~ tablita.**
  i. loc. adv. *Ho.* Rápidamente.
  ii. *Ho.* Sin dificultad.
  iii. *Ho.* Sin decir nada.

tocata.
  I. 1. m. *PR, Ec, Ch.* Concierto en un local pequeño en el que se presentan una o más bandas de música juvenil, *en especial de rock.*

toche.
  I. 1. adj/sust. *Co:NE, Ve. Referido a persona*, tonta. pop.
  2. *Ve. Referido a persona*, vil, despreciable. pop.
  II. 1. m. *Co, Ve.* Pájaro de hasta 23 cm de longitud, con lomo, vientre y parte superior de la cabeza de color amarillo dorado, y cola, alas y cara de color negro. (Icteridae; *Icterus chrysater*). ♦ **chicao; turpial**.
  III. 1. m. pl. *Pe.* Miembros del cuerpo de la policía. delinc.

tocho, -a.
  I. 1. adj/sust. *Ec. Referido a persona*, de baja estatura y regordeta. pop ^ desp.
  II. 1. adj. *ES. Referido a persona*, de malas intenciones.
  III. 1. adj. *ES. Referido a persona*, mal vestida.
  □
  a. ‖ ~ **morocho**.
    i. loc. sust. *Mx, Ho.* Cualquier cosa. pop.
    ii. *Mx.* Una porción de cada una de las cosas existentes en un determinado conjunto. pop.

tocineta.
  I. 1. f. *Ni, CR, Pa, Cu, RD, PR, Co, Ve, Ec, Bo, Ur.* Tira delgada de tocino con vetas de carne magra.

tocinillo.
  I. 1. m. *Bo.* Bloque de helado de forma rectangular, preparado con jugo de fruta azucarado, leche o con esencias de distintos sabores, sujeto a un palito plano y delgado que permite sostenerlo con la mano.

tocino.
  I. 1. m. *Cu.* Arbusto trepador silvestre, con ramas cubiertas de espinas, hojas muy finas de color verde claro y flores en cabezuela. (Fabaceae; *Acacia paniculata*).
  ► **oler el ~**.

toco.
  I. 1. m. *Cu, Ar, Ur.* Cantidad grande de algo. pop + cult → espon.
  2. *Ar, Ur.* Conjunto de piezas de papel dispuestas en bloque, *especialmente figuritas o billetes de papel moneda.* pop + cult → espon.
  II. 1. m. *Pe, Ch.* Nicho u hornacina rectangular muy usado en la arquitectura incaica.
  III. 1. m. *Bo, Py.* Pequeña cantidad de marihuana que cabe en un toco. drog.
  2. *Bo.* Utensilio en forma de pipa pequeña hecho de papel de estaño que se emplea para fumar marihuana. drog.
  IV. 1. m. *Bo, Ur.* Parte del tronco de un árbol que queda unida a la raíz cuando ha sido cortado por el pie.
  2. *Bo.* Taburete.
  V. 1. *Bo:O, Py.* Porcentaje que recibe el cómplice de un delito. delinc.
  VI. 1. *Bo.* **timbó**, árbol.
  VII. 1. m. *Bo:C,O.* Pan elaborado con harina integral mezclada con **borra** de **chicha**.
  VIII. 1. m. pl. *Bo:O.* Zapatos, *generalmente de hombre.* delinc.
  ■
  a. ‖ ~ **colorado**. m. *Bo.* Árbol de hasta 18 m de altura, de hojas compuestas, con glándulas nectarinas en el pecíolo y sobre el eje central de la hoja, y flores dispuestas en cabezuelas globosas, cuyos frutos son legumbres endurecidas. (Fabaceae; *Parkia pendula*).
  □
  a. ‖ ~ **cabal**. loc. adv. *Bo:E.* A partes iguales. pop.

tococo.
  I. 1. m. *Ve.* Pelícano.

tococó.
  I. 1. m. *Bo:E.* Baile popular semejante a la **chobena** en el que los bailarines hacen ronda sin cantar.
  2. *Bo:E.* Composición musical de ritmo cadencioso al compás de la que se baila el tococó.

tocola.
  I. 1. f. *Pe.* Pinza de las patas de los camarones, cangrejos y otros crustáceos.
  II. 1. f. *Ni, CR.* Colilla de un cigarro de marihuana. pop + espon.

tocolo. (Del quech. *t'uqu*, hoyo).
  I. 1. m. *Bo:E.* Juego de niños en el que los participantes procuran introducir sus canicas en pequeños hoyos de poca profundidad, hechos previamente en el suelo.

tocoloro.
  I. 1. m. *Cu.* Tocororo. (Trogonidae; *Priotelus temnurus*).

tocomocho.
  I. 1. m. *Ch.* juv. Automóvil. pop.

tocón.
  I. 1. m. *RD, Ve.* Machete o cuchillo recortados.
  II. 1. m. *Pe:E.* Mono de hasta 30 cm de altura, de cuerpo redondeado y compacto, y cola larga y ancha, de un color marrón grisáceo o rojizo. (Cebidae; *Calliceibus* spp.).
  III. 1. m. *RD, PR.* Cañón de la barba.
  2. *PR.* Retoño de la caña de azúcar que ya había sido cortada. rur.
  3. *PR.* Retoño de la piña. rur.

toconazo.
  I. 1. m. *Bo.* Puntapié. pop.

toconear.
  I. 1. tr. *Bo:C,O. En el fútbol*, dar un jugador un puntapié en la canilla del adversario para derribarlo. pop + cult → espon.

tocoquera.
  I. 1. f. *Ve.* Locura o conducta extravagante. pop.
  2. *Ve.* Reunión o fiesta escandalosa. pop.
  3. *Ve.* Garito de muy baja categoría. pop.

tocoro.
  I. 1. m. *Pe, Bo:C,O,S.* Flauta de la que existen varios tipos que se diferencian por sus dimensiones, tesituras y orificios; se interpreta en época de siembra y cosecha, en los carnavales y en las fiestas patronales. rur.
  II. 1. m. *Bo:O.* Parte del telar rústico andino que consiste en una **cañahueca** de aproximadamente 1,5 m de largo y 6 cm de diámetro, que sirve para abrir la trama. pop.
  III. 1. m. *Bo:O.* Tallo de la cebolla, *especialmente cuando es duro.* pop + cult → espon.

tocosh.
  I. 1. m. *Pe.* **Papa** que ha sido sometida a un proceso de fermentación y secado solar, de consistencia gelatinosa cuando se **sancocha**. (**togosh**).
  2. *Pe.* Proceso de fermentación y secado solar, *especialmente de tubérculos y maíz.*

tocoyal.
  I. 1. m. *Gu.* Cinta de lana que usan las indígenas para adornar el cabello.

tocte.
  I. 1. *Ec, Pe.* nogal, árbol de hasta 40 m.
  2. *Ec, Pe.* Madera del tocte.
  3. *Ec, Pe.* Fruto del tocte.

tocto.
  I. 1. m. *Pe:E.* Piel de cerdo sin la grasa adherida, oreada, untada con limón y frita.

tocuar.
  I. 1. m. *Bo:O.* Habitación de una persona, *generalmente de un hombre joven.* pop.

tocuyo.
    I. 1. m. *Pe, Bo, Ar:NO*; *Ch*, p.u. | obsol. Tela o lienzo de tejido burdo. rur.

toda.
    •
      a. ‖ ¿~? fórm. *CR*. Se usa para saludar. pop + cult → espon. ♦ **toda o la mitad.**
      b. ‖ ~ **o la mitad.** *CR.* ¿**toda?**
    □
      a. ‖ **a** ~. loc. adv. *Co, Ec.* Con rapidez. pop.
      b. ‖ **en** ~**s.**
        i. loc. adj. *CR. Referido a cosa,* en muy buen estado. pop + cult → espon.
        ii. *CR. Referido a persona,* muy atenta. pop + cult → espon.
    ▶ **estar en** ~**s; hacerla** ~.

todavía.
    I. 1. adv. *Bo, Py.* No.
    □
      a. ‖ ~ **que.** loc. conj. *Mx, Ar, Ur.* Además que, encima que.

toddy. (De *Toddy®*).
    I. 1. m. *Py; Bo, Ar, Ur,* obsol. Cacao industrializado en polvo que se sirve, *generalmente en el desayuno,* disuelto en agua o leche.

todero, -a.
    I. 1. sust/adj. *Co, Ve.* Persona que desempeña varias actividades, *especialmente si se trata de oficios manuales.* pop.

todingo, -a.
    I. 1. sust/adj. *Bo:E.* Todo. pop.

todo.
    •
      a. ‖ **o** ~**s coludos o** ~**s rabones.** fórm. *Mx, Ni.* Se usa para exigir igualdad ante un comportamiento discriminatorio. pop.
    ■
      a. ‖ ~ **pájaro.** m. *PR.* Todas las personas sin distinción. pop + cult → espon.
      b. ‖ ~ **pipe.** m. *PR.* Plebe, gentuza. pop + cult → espon ^ desp.
    □
      a. ‖ **con** ~.
        i. loc. adv. *Ni, Cu, Ec, Pe, Bo, Ch, Py, Ar, Ur.* Con mucha dedicación e interés. pop + cult → espon.
        ii. *Ni, Cu, Pe, Bo, Ch, Py, Ar, Ur.* Con mucha fuerza física. pop + cult → espon.
    ▶ **a** ~ **fregar; comer zapatos y** ~; **valerle** ~.

todólogo, -a.
    I. 1. m. y f. *Ho.* Persona que cree saber y dominar varias especialidades. fest.

todosantos.
    I. 1. m. *Pe, Bo:C,S.* Fiesta de Todos los Santos.

todoterreno.
    I. 1. *CR, Ec, Py.* **todo terreno.**

toé.
    I. 1. m. *Pe.* Árbol pequeño de hojas asimétricas en la base y agudas en el ápice, que tiene flores colgantes de color blanco a rojo claro. (Solanaceae; *Brugmansia suaveolens*).

tofe. (Del ingl. *tough,* fuerte).
    I. 1. adj/sust. *PR. Referido a un hombre,* corpulento, fornido, vigoroso físicamente. pop + cult → espon.

tofete.
    I. 1. m-f. *PR.* Persona extraordinaria por alguna cualidad. pop + cult → espon.
    II. 1. m-f. *PR.* Persona bravucona. pop + cult → espon.

tofi.
    I. 1. m. *ES, Ec, Pe, Bo, Ch.* Caramelo, *generalmente cremoso,* de diversos sabores.

tofo.
    I. 1. m. *Ch.* Arcilla blanca refractaria que se usa para hacer ladrillos muy resistente al calor directo de cocinas y fogones.
    II. 1. m. *Ni.* Nódulo de ácido úrico que se forma en las articulaciones de una persona.

toga.
    I. 1. f. *Pa.* Traje para los días de fiesta.

togado, -a.
    I. 1. adj. *Pa. Referido a persona,* vestida elegantemente.

togarse.
    I. 1. tr. prnl. *Pa.* Vestirse elegantemente, con ropa de fiesta.

togosh.
    I. 1. m. *Pe.* **tocosh,** papa que ha sido sometida a un proceso de fermentación.

togro.
    I. 1. m. *Ec.* Plato preparado con patas de cerdo, **cuchicara,** cebolla, ajo, mostaza, pimienta, **ajíes** colorados y perejil.

toilet. (Del fr. *toilette*).
    I. 1. m. *Ch, Py, Ur.* Mueble de tocador con espejo para el arreglo personal. (**toilette**).

toilette. (Voz francesa).
    I. 1. *Bo, Ch, Ur.* p.u. **toilet.**

tojear.
    I. 1. tr. *Bo. En las minas,* desprender **tojos** usando una **espadilla** para eliminarlos.

tojentar.
    I. 1. tr. *Bo:O.* Abollar una cosa. pop.

tojeo.
    I. 1. m. *Bo:SO. En la mina,* desprendimiento de los **tojos** con una **espadilla.**

tojlo. (Del quechua *t'uxlu,* cráneo).
    I. 1. m. *Bo:O.* Cráneo, calavera. pop.

tojo.
    I. 1. m. *Bo.* Trozo de roca que se desprende de la parte superior de un pozo minero.
    II. 1. *Bo.* **yapú.**

tojorí.
    I. 1. m. *Bo:C,S,O.* Comida elaborada con maíz blanco triturado y cocido al que, una vez frío, *generalmente se añaden leche y azúcar.*

tojosa.
    I. 1. *Cu, PR.* **biajaní.**

tojpa. (Del aim. y del quech. *t'uxpa,* grupo de personas).
    I. 1. f. *Bo:O.* Grupo de amigos que suele realizar diversas actividades, *especialmente sociales y deportivas.* pop.
      2. *Bo:O.* Grupo que suele darse a provocaciones, desmanes y abusos en lugares públicos.

tojpero.
    I. 1. m. *Bo:C,S,O.* Hombre que acostumbra a pelear con ayuda de otras personas. pop.

tojpi. (Del aim. *t'uxpi* y del quech. *t'uqpi,* loco).
    I. 1. sust/adj. *Bo:C,S,O.* Persona que se comporta de un modo insólito porque padece algún tipo de perturbación mental. pop.

tojpirata.
    I. 1. sust/adj. *Bo:O.* Persona que tiene alteradas sus facultades mentales. pop.

tojra.
    I. 1. f. *Pe.* Terrón de ceniza que se utiliza para endulzar la coca y obtener una mayor liberación de la cocaína. rur.

tol. (Del maya).
    I. 1. m. *Gu.* Vasija hecha con la corteza de media calabaza.

☐

a. ‖ **hasta los ~es.**
  i. loc. adj. *Gu. Referido a persona o cosa*, repleta. pop + cult → espon.
  ii. *Gu. Referido a persona*, muy borracha. pop.

tola. (Del quech. y del aim. *t'ula*).
  I. 1. *Pe, Bo, Ch.* **chilca**, arbusto de hasta 2 m.
  II. 1. f. *Ch:N.* Trozo o apéndice alargado de una cosa o de una sustancia.
  III. 1. f. *RD, PR.* Plancha fina y ancha de acero o de otro metal.
  IV. 1. f. *Ec.* Montículo funerario de la época precolombina que señalaba el lugar donde se hallaban enterrados restos humanos y ciertos objetos, como adornos, utensilios domésticos diversos y armas.
  V. 1. f. *RD.* Botella, *especialmente si contiene ron.*
  VI. 1. f. pl. *CR.* Testículos. vulg; pop ^ fest.

tolaca.
  I. 1. adj. *Pe. Referido a persona*, desnuda. pop.

tolán.
  I. 1. m. *Bo:O.* Prenda de vestir que se sujeta a la cintura y que cubre las piernas por separado. delinc.

tolar.
  I. 1. m. *Pe, Bo:O.* Lugar poblado de **tolas**.
  II. 1. tr. *Ec.* Desherbar un plantío con la azada. rur.
  2. *Ec.* Aflojar tierra con la azada, *especialmente en un terreno de cultivo.* rur.

tolda.
  I. 1. f. *Ni, Pa, Co.* Cubierta de tela, *especialmente de lona*, que se instala para dar sombra.

toldado.
  I. 1. adj. *Co:SO; Co:C*, p.u. *Referido al cielo*, cubierto de nubes oscuras que amenazan tormenta.

toldarse.
  I. 1. intr. prnl. *Co:SO; Co:C*, p.u. Cubrirse el cielo de nubes oscuras que amenazan tormenta.

toldear(se).
  I. 1. intr. *Ho.* Dormir *alguien.*
  2. intr. prnl. *Ho.* Dormirse *alguien.*

toldería.
  I. 1. f. *Ch, Ar, Ur.* Conjunto de viviendas precarias. (**tolderío**).
  2. *Bo.* **tolderío**, lugar.

tolderío.
  I. 1. m. *Ch.* **toldería**, conjunto de viviendas.
  2. *Bo.* Lugar, *generalmente un mercado al aire libre*, donde los puestos de venta están cubiertos por toldos. pop. (**toldería**).

toldeta.
  I. 1. f. *Bo.* Vivienda precaria hecha de ramas y cueros de animales. pop.

toldillo.
  I. 1. *Co.* **toldo**, mosquitero.

toldo.
  I. 1. *Bo:E.* Cubierta hecha con cueros y ramas de palmera sobre una estructura de madera que se coloca encima de los carretones de las embarcaciones para proteger a las personas o la carga que se transporta.
  II. 1. m. *CR, Co:N, Ec.* Mosquitero, tela que se cuelga sobre la cama para impedir el paso de los mosquitos. (**toldillo**).
  III. 1. m. *Pa.* Lugar en el que se celebran diversiones populares, *especialmente bailes.*

toletazo.
  I. 1. m. *Mx, Ho, Ni, Pa, Cu, Co:N, Ve, Ec, Bo.* Golpe dado con un garrote o **tolete**.
  2. *Ni, Pa, RD, PR. En el* **beisbol**, **batazo** fuerte.
  3. *Cu.* **jonrón**, batazo.

tolete.
  I. 1. m. *Mx, Ni, Pa, Cu, RD, Ve, Ec.* Garrote corto.
  2. *Ho, ES, Ni, Ec, Bo.* Porra policial, *generalmente de madera, pero también metálica,* provista de un dispositivo que produce descargas eléctricas.
  3. *Pe.* metáf. Pieza de pan de forma alargada.
  4. *Cu, RD.* metáf. Pene. tabú; pop + cult → espon.
  5. *Ni.* Puño de la mano.
  II. 1. m. *Cu, Co:C.* Persona torpe y de corto entendimiento. pop ^ desp.
  III. 1. adj. *Co:C. Referido a persona*, corpulenta.
  IV. 1. m. *Ho.* Cárcel.

toleteada.
  I. 1. f. *Ho.* **Golpiza** dada con un **tolete**.
  II. 1. f. *Ho.* Encarcelamiento.

toletear.
  I. 1. tr. *Ho, PR.* Golpear a *alguien* con un **tolete**.
  2. *Ho.* metáf. Derrotar a *alguien* con contundencia.
  3. *PR. En el* **beisbol**, dar a la pelota con el **bate**, **batear** una línea fuerte.
  II. 1. tr. *RD.* Practicar el coito. vulg.
  III. 1. tr. *Ho.* Encarcelar.

toletera.
  I. 1. f. *PR.* Pieza de madera que se coloca al borde de las embarcaciones de remo en la que se encaja el **tolete**.

toletero, -a.
  I. 1. *Ho, Ni, Pa, RD, Ve. En el* **beisbol**, **bateador**.
  2. adj/sust. *RD. Referido a persona*, camorrista o pendenciera.

toletón.
  I. 1. m. *Pa.* Danza que ejecutan los **diablicos sucios**.

toletudo, -a.
  I. 1. adj. *Ni. Referido a persona*, musculosa.

tolido. (Quizás del fr. *toilette*).
  I. 1. m. *Mx:N.* Escusado.

tolín.
  I. 1. m. *Ch.* Golosina pequeña, esponjosa, hecha con almíbar, gelatina y recubierta con azúcar flor.

tolina.
  I. 1. f. *Pe.* **chanque**.

tolinga.
  I. 1. f. *Mx.* Personificación de la muerte. pop.

toll. (Voz inglesa).
  I. 1. m. *EU.* Peaje.

tollento, -a.
  I. 1. adj/sust. *Ch. Referido a persona*, que tiene la boca grande. pop.
  2. *Ch. Referido a persona*, muy parlanchina o que habla más de lo que debe. pop ^ desp.
  3. *Ch. Referido a persona*, mentirosa. pop ^ desp.

tollero, -a.
  I. 1. adj/sust. *Ch. Referido a persona*, que suele hablar mucho o más de la cuenta. pop + cult → espon.
  2. *Ch. Referido a persona*, mentirosa. pop + cult → espon.

tollo.
  I. 1. m. *Ec, Pe, Ch.* Tiburón de cuerpo alargado y cola comprimida, con dos aletas dorsales en la zona ventral y anal. (Triakidae; *Mustelus mento*).
  2. *Co:N.* Pez que tiene la cabeza prolongada a los lados con dos protuberancias en forma de cuernos, donde se encuentran los ojos. (Sphyrnidae; *Sphyrna* spp.).
  II. 1. *Ch.* **blablá**, discurso largo. pop + cult → espon.
  2. *Ch.* Capacidad de convencimiento o sugestión mediante la palabra. pop + cult → espon.
  3. *Ch.* Mentira que se dice para impresionar o justificar algo. pop + cult → espon.
  4. *Ch.* juv. Boca. pop.

III. 1. m. *RD.* Lío, enredo.
IV. 1. m. *RD.* Trabajo hecho malamente o sin cuidado.
V. 1. *CR:C.* **palote**, pseudotallo.

tolloso, -a.
I. 1. adj. *RD. Referido a persona*, que trabaja malamente y sin cuidado.

toloache. (Del nahua *toloatzin*, de *toloa*, cabecear, por efecto del sueño, y *tzin*, desinencia reverencial).
I. 1. m. *Mx.* Nombre genérico de varias plantas con propiedades medicinales, del mismo género que el estramonio.

tololo. (Del nahua *tololontic*, cosa redonda).
I. 1. m. *ES.* Tapón.
2. *ES.* Bola.

tololoche. (Del nahua *tololontic*, cosa redonda).
I. 1. m. *Mx, ES.* Contrabajo, instrumento musical.

tololoncón, -na.
I. 1. adj. *Ni. Referido a persona*, alta y robusta.

tololudo, -a.
I. 1. adj. *ES. Referido a persona*, gordinflona.

tolomuco. (Quizás del huetar).
I. 1. *CR.* **zamhool.** (**tulumuco**).

tolonca.
I. 1. f. *Ni.* Mazorca pequeña de maíz.

tolongo, -a.
I. 1. adj/sust. *Py, Ar:NE. Referido a persona*, tonta, ingenua o poco perspicaz. pop + cult → espon.
2. *Py, Ar:NE. Referido a persona*, loca, perturbada. pop + cult → espon.
3. *Py, Ar:NE. Referido a persona*, de comportamiento extravagante o extraño. pop + cult → espon.

tolongonear.
I. 1. intr. *ES.* Hacer ruido un objeto que está dentro de otro.

tolongoneo.
I. 1. m. *ES.* Ruido de un objeto que está dentro de otro al moverse.

tolva.
I. 1. f. *Mx, Ec, Pe, Bo, Ch.* Caja del camión que va en la parte trasera.
2. *Pe, Bo, Ch.* Camión provisto en su parte trasera de una caja móvil que permite descargar automáticamente su contenido.
II. 1. f. *ES.* Vulva. tabú.

tom.
•
a. ‖ ~. fórm. *ES.* Se usa para llamar al ganado vacuno. rur.

toma.
I. 1. f. *ES, RD, Co, Ec, Ch.* Canal por donde corre el agua que se usa para regar o para otros fines.
II. 1. f. *RD, Ch.* Ingestión de una bebida alcohólica. pop + cult → espon.
2. *Bo:E.* Reunión de amigos en la que se bebe en exceso.
•
a. ‖ ~. fórm. *ES.* Se usa para llamar al ganado vacuno.
▶ **darle un ~ que lleva.**

tomacorriente.
I. 1. m. *Mx, Ho, ES, Ni, CR, Pa, Cu, RD, PR, Co, Ec, Pe, Bo, Ch, Py, Ar, Ur. En una instalación eléctrica*, placa con una o más ranuras en las que se introducen las patillas de un enchufe para establecer una conexión eléctrica.

tomada.
I. 1. f. *Bo:S.* Reunión en la que se ingiere demasiado alcohol. pop.
2. *Bo:S.* Ingesta de demasiado alcohol. pop.

□
a. ‖ ~ **de pelo.** loc. sust. *Mx, RD, Ec, Bo, Ch, Py, Ar, Ur.* Burla, mofa. pop + cult → espon.

tomadera.
I. 1. *ES, Ni, CR, Pa, Cu, RD, Co, Ec, Pe.* **bebedera**, hábito de beber alcohol. pop + cult → espon.
□
a. ‖ ~ **de pelo.** loc. sust. *Co, Ve, Ec.* Burla repetida. pop.

tomado, -a.
I. 1. adj. *Mx, Gu, Ho, ES, Ni, CR, Pa, Cu, RD, Ve, Ec, Pe, Bo, Py, Ar, Ur, PR, Co*, pop + cult → espon. *Referido a persona*, borracha. ♦ **aguardentoso; ajumado; cañado; chichipate; embolado; enguarapetado; jalado; maiceado.**

tomador, -ra.
I. 1. adj. *Mx, Ho, ES, Ni, CR, Pa, Cu, Co, Ve, Ec, Pe, Ch, Py, Ur;* sust/adj. *Bo, Ar. Referido a persona*, dada a la bebida.

tomaína.
I. 1. f. *Bo.* Infusión de hierbas medicinales.

tomaolla.
I. 1. *Ch.* **tomaollas.**

tomaollas.
I. 1. m. *Ch.* Guante de tela acolchada que protege la mano del calor al agarrar utensilios de cocina calientes. (**tomaolla**).

tomar(se).
I. 1. intr. *Ho, ES, Ni, CR, Pa, Cu, RD, PR, Co, Ve, Ec, Pe, Bo, Ch, Py, Ar, Ur.* Ingerir bebidas alcohólicas, *especialmente en exceso y por vicio*.
2. tr. prnl. *Ni, Ch.* Gastarse todo lo que se tiene en emborracharse.
II. 1. intr. prnl. *Ec, Ch, Py, Ur.* Invadir, ocupar una cosa un sitio ampliamente o en su totalidad. pop + cult → espon.
III. 1. tr. prnl. *Ch.* Sujetarse *algo*, especialmente el pelo, para que no se caiga o desparrame.
•
a. ‖ **tomo y obligo.** fórm. *Ar, Ur.* Se usa para invitar o instar a un compañero a tomar. pop + cult → espon.
b. ‖ **tomá de acá.** fórm. *Ar, Ur.* Se usa para ponderar el rechazo de una afirmación, una propuesta o una petición. vulg; pop + cult → espon.
c. ‖ **tomá mate.** fórm. *Ar, Ur.* Se usa para enfatizar algo que se ha dicho o contado. pop + cult → espon.
d. ‖ **tomá para vos.** fórm. *Ar, Ur.* Se usa para rechazar lo que alguien dice o propone. pop + cult → espon.
e. ‖ **tomá tu yuca.** fórm. *ES, Ni.* Se usa para insultar gravemente a alguien. vulg.
□
a. ‖ ~ **a la chacota.** loc. verb. *Bo, Ch, Ar, Ur.* Tomar en broma. pop + cult → espon.
b. ‖ ~ **a pitoreta.** loc. verb. *Ho.* Reírse de *algo* o de *alguien*, no tomarlo en serio. pop + cult → espon.
c. ‖ ~ **caldo de mico.** loc. verb. *Co.* Estar *alguien* demasiado animado o alborotado. pop ^ fest.
d. ‖ ~ **caldo de pollo.** loc. verb. *PR.* Inyectarse *alguien* una dosis de heroína. drog.
e. ‖ ~ **ceniza.** loc. verb. *Mx, Ni. En la religión católica*, recibir la ceniza en la frente de manos del sacerdote el primer día de Cuaresma.
f. ‖ ~ **chocolate.** loc. verb. *Bo.* Sangrar profusamente *una persona* por la nariz. pop + cult → espon ^ fest.
g. ‖ ~ **de chapupo.**
i. loc. verb. *Ho.* Hacer objeto de burlas frecuentes a *alguien*.
ii. *Ho.* Molestar a *alguien* con insistencia.

h. ‖ ~ **de ojo de gallo.** *Ho.* **agarrar de ojo de gallo.**

i. ‖ ~ **de ojo de piche.** loc. verb. *Ho.* Culpar a *alguien* de todo lo malo.

j. ‖ ~ **de punto.** loc. verb. *Ar, Ur.* Hacer a *alguien* objeto de bromas y burlas permanentes. pop + cult → espon.

k. ‖ ~ **del pelo.** loc. verb. *Ni, Co, Py.* Burlarse de *alguien* con bromas y engaños.

l. ‖ ~ **efecto.** (Calco del ingl. *to take effect*). loc. verb. *EU.* Surtir *algo* efecto, comenzar a producir resultados.

m. ‖ ~ **el estado.** loc. verb. *Ch.* Anotar o informarse un funcionario de una empresa del consumo de un servicio público registrado en un contador.

n. ‖ ~ **el tiempo.** loc. verb. *Pa.* Gastar una broma a alguien.

ñ. ‖ ~ **el toro por las astas.** loc. verb. *Pe, Bo, Ch, Py, Ur.* Enfrentar *alguien* una dificultad con decisión.

o. ‖ ~ **el toro por las guampas.** loc. verb. *Ur.* Enfrentar *alguien* una dificultad con decisión.

p. ‖ ~ **en solfa.** loc. verb. *Py, Ar, Ur,* pop + cult → espon. No tomar en serio a *alguien* o *algo*. ♦ **tomarse en joda.**

q. ‖ ~ **fiado.** loc. verb. *PR.* Comprar a crédito. pop + cult → espon.

r. ‖ ~ **fondo blanco.** loc. verb. *Ve, Py.* Tomar una bebida alcohólica de una sola vez sin que quede nada en el vaso.

s. ‖ ~ **idea.** loc. verb. *Ar, Ur.* Desarrollar *alguien* un sentimiento de rechazo o mala voluntad hacia alguien o algo. pop + cult → espon.

t. ‖ ~ **la borla.** loc. verb. *Mx.* Graduarse *una persona, en especial con el grado de doctor.*

u. ‖ ~ **la película.** loc. verb. *Gu.* Observar, oír.

v. ‖ ~ **memoria.** loc. verb. *Pa.* Tomar nota. rur.

w. ‖ ~ **palco.** loc. verb. *Ch.* Observar los acontecimientos sin comprometerse con ellos. pop.

x. ‖ ~ **para el churrete.**
  i. *Ar, Ur.* **tomar para la farra.**
  ii. loc. verb. *Ar, Ur.* No tomar en serio a *alguien*, sea ignorándolo o no prestando atención a sus opiniones o palabras. pop + cult → espon.

y. ‖ ~ **para el titeo.** *Ar.* obsol. **tomar para la farra.**

z. ‖ ~ **para la chacota.** loc. verb. *Ch, Ar, Ur.* Tomar a broma. pop + cult → espon.

a¹. ‖ ~ **para la farra.** loc. verb. *Py, Ar, Ur.* Tomar el pelo a *alguien* continuamente. pop. ♦ **tomar para el churrete; tomar para el titeo.**

b¹. ‖ ~ **para la joda.** *Py, Ar, Ur.* **agarrar para la joda,** hacer objeto de burlas.

c¹. ‖ ~ **punto.** loc. verb. *Pe, Bo.* Adquirir un alimento su grado de elaboración adecuado al ser cocinado. pop + cult → espon.

d¹. ‖ ~ **seco.** loc. verb. *Bo.* Ingerir *alguien* una bebida alcohólica de una sola vez.

e¹. ‖ ~ **tití.**
  i. loc. verb. *Py.* Mamar, chupar el bebé la leche de la mama. pop + cult → espon.
  ii. *Py.* Acudir un hombre a su madre, de quien depende en demasía. pop.

f¹. ‖ ~ **tupido.** loc. verb. *Bo:O.* Ingerir gran cantidad de bebidas alcohólicas en poco tiempo.

g¹. ‖ ~ **un camote.** loc. verb. *Gu.* Tomar afecto o cariño a alguien, *generalmente del otro sexo.* pop.

h¹. ‖ ~ **viento de cola.** loc. verb. *Ch.* Adquirir fuerza, interés o entusiasmo progresivo en una actividad.

i¹. ‖ ~**se con andina.** loc. verb. *Ch.* No dar *alguien* demasiada importancia a un problema. pop ^ fest.

j¹. ‖ ~**se con soda.** loc. verb. *Py, Ar, Ur.* Preocuparse poco por algo o tomárselo con tranquilidad. pop + cult → espon.

k¹. ‖ ~**se el buque.** loc. verb. *Ar.* Irse, marcharse de un lugar. pop + cult → espon. ♦ **tomarse el piróscafo.**

l¹. ‖ ~**se el piróscafo.** *Ar.* **tomarse el buque.**

m¹. ‖ ~**se el raje.** loc. verb. *Py, Ar, Ur.* Irse de un lugar, *especialmente para eludir algo.* pop + cult → espon.

n¹. ‖ ~**se en joda.** *Py, Ar, Ur.* **tomar en solfa.** pop + cult → espon.

ñ¹. ‖ ~**se los olivos.** loc. verb. *Ur.* Irse, alejarse. pop + cult → espon.

o¹. ‖ **tomárselas.**
  i. loc. verb. *Ar, Ur.* Marcharse, irse de un lugar. pop + cult → espon.
  ii. *Bo.* **agarrar,** manifestar una actitud hostil.

■

a. ‖ **¡tómala!** loc. interj. *Mx.* Expresar sorpresa ante un hecho inusitado. pop. ♦ **¡tómala, barbón!; ¡tómala, muñeco!**

b. ‖ **¡tómala, barbón!** *Mx.* **¡tómala!**

c. ‖ **¡tómala, muñeco!** *Mx.* **¡tómala!**

tomasito, -a.

I. 1. *Py.* **chaperón,** persona que acompaña a una pareja.

tomata.

I. 1. f. *Co:C.* Reunión donde se ingiere en exceso bebidas alcohólicas. pop.

tomate. (Del nahua *tomatl*)

I. 1. *Ec, Bo.* **tomate de árbol,** arbusto.
  2. *Ec, Bo.* **tomate de árbol,** fruto.
  3. *Pa.* **miltomate,** planta.
  4. *Pa.* **miltomate,** fruto.
II. 1. m. *Ch.* Moño en el que se recoge el cabello.
III. 1. m. *ES.* Nariz.
  2. *ES.* Yema de los dedos.
  3. m. *Ur.* Cabeza humana. pop + cult → espon ^ fest.
IV. 1. m. *Gu.* Autobús de servicio público. pop + cult → espon.

■

a. ‖ ~ **de árbol.**
  i. m. *CR, PR, Co, Ec, Bo:C.* Arbusto de hasta 4 m de altura, de hojas simples, aovadas, flores pequeñas de color blanco rosado dispuestas en pequeños racimos terminales y fruto comestible. (Solanaceae; *Cyphomandra betacea*). ♦ **pepino de monte; tamarillo; tomate.**
  ii. *CR, Co, Ec, Bo:C.* Fruto del tomate de árbol, de color rojizo, piel lisa, turgente y brillante, pulpa anaranjada y gelatinosa con numerosas semillas de color granate intenso; su sabor es agridulce y puede comerse crudo, en jugos o cocinado. ♦ **pepino de monte; tamarillo; tomate.**

b. ‖ ~ **verde.**
  i. m. *Mx.* Planta herbácea de hasta 50 cm de altura, de hojas alternas, flores amarillentas y fruto comestible. (Solanaceae; *Physalis ixocarpa*). ♦ **tomatillo.**
  ii. *Mx.* Fruto del tomate verde, de color verdoso, cubierto de una envoltura muy delgada, acuoso y ligeramente ácido.

▶ **no creer ni en la madre de los ~s.**

tomatera.

I. 1. f. *Ch.* Ingestión de alcohol hasta quedar borracho. pop.
  2. *Ch.* juv. Reunión de personas para beber alcohol. pop.

tomaticán.

I. 1. m. *Ch, Ar:NO,O.* Salsa elaborada *principalmente con tomate frito, huevo y cebolla.*

tomatillo.

I. 1. *Bo, Ch, Ar:NO.* **tomate verde,** planta.

tomatina.
    I. 1.   f. *ES.* Salsa de tomate procesada y envasada.

tomatrago.
    I. 1.   adj. *Co. Referido a persona*, que se emborracha habitualmente. pop.

tomba.
    I. 1.   f. *CR, Co.* Policía, cuerpo encargado de velar por el mantenimiento del orden público y la seguridad de los ciudadanos. delinc. ◆ **tombería.**

tombería.
    I. 1.   *Pe.* **tomba.** pop.

tombo.
    I. 1.   m. *CR, Co, Ve, Bo, Ur.* Miembro del cuerpo de la policía. pop. ◆ **sapo.**
    2.   *Ec:O.* Policía de **tránsito**, *en especial el de la Comisión de Tránsito del Guayas, que usa casco.* pop ^ desp.

tombo, -a.
    I. 1.   m. y f. *Pe.* Miembro del cuerpo de la policía. pop.

tómbola.
    I. 1.   f. *Ar:NO.* Juego de azar semejante a la lotería, que sortea dinero mediante la selección de veinte números.
    2.   *Ur.* Juego de azar que consiste en acertar una determinada cantidad de números del cero al noventa y nueve.
    II. 1.   f. *Ho:N. En el cultivo de la piña*, barril metálico en el que se combinan distintos productos químicos que se utilizan como pesticidas.

tomear.
    I. 1.   tr. *ES.* Llamar al ganado vacuno. rur.

tomeca.
    I. 1.   f. *PR.* Cuchilla.

tomeguín.
    I. 1.   m. *Cu.* Pájaro pequeño de hasta 10 cm de longitud, de pico corto cónico y plumaje verdoso con una mancha amarilla en la garganta y el pecho. (Emberizidae; *Tiaris canora*). ◆ **senserenico.**

tomero.
    I. 1.   m. *Pe, Ar:NO.* Hombre que se encarga de abrir y cerrar las compuertas de una **toma** de agua.

tominejo, -a.
    I. 1.   m. y f. *Co:C.* Colibrí.

tomisa.
    I. 1.   f. *RD.* Cigarro hecho con muy poca elaboración.

tompeate.
    I. 1.   *Mx.* **tompiate.**

tompiate. (Del nahua *tompiatli*, esportilla hecha de palma).
    I. 1.   m. *Mx.* Recipiente de palma trenzada que sirve para conservar el calor de los alimentos, *generalmente tortillas.* (**tompeate**).
    2.   *Mx.* Recipiente. (**tompeate**).
    II. 1.   m. pl. *Mx, ES.* Testículos. tabú. (**tompeate**).
    III. 1.   adj. *Mx. Referido a persona*, tonta. pop ^ fest. (**tompeate**).

ton.
    I. 1.   *Mx.* **aventón**, viaje. pop.

tonaca. (Apóc. de *Tonacatepeque*, pueblo donde se fabrica ropa).
    I. 1.   f. *ES.* Prenda interior femenina e infantil, que cubre desde la parte inferior del tronco y tiene dos aberturas en las piernas.

tonada.
    I. 1.   f. *Mx, RD, Pe, Bo:C,S, Py, Ar.* Entonación, modo de hablar.

tonadear.
    I. 1.   tr. *Bo.* Entonar *alguien* una canción de carácter popular. pop.

tonce. (Af ér. de *entonces*).
    I. 1.   adv. *Ec.* Entonces, en tal ocasión. pop.
    2.   *Ec.* En tal caso. pop.

tonces.
    I. 1.   adv. *Ni, Bo:S; Co, Ec,* pop. Entonces. rur.

toncorear. (Del aim. *tunquru* y del quech. *tunquri*, garganta, faringe).
    I. 1.   intr. *Bo:S.* Tocar un instrumento musical de viento.

toncori. (Del quech. *tunquri*, garganta).
    I. 1.   m. *Pe,* rur; *Bo,* pop. Garganta de una persona. (**toncorí**).

toncorí.
    I. 1.   *Ar:NO.* **toncori.** rur.

tondero.
    I. 1.   m. *Pe.* Baile popular, propio de la costa norte, que se ejecuta descalzo y por parejas sueltas.

tonear.
    I. 1.   intr. *Pe.* juv. Estar o ir de fiesta.

tonel.
    I. 1.   m. *ES.* Casa.

tonelete.
    ▶ **darse ~.**

tonero, -a.
    I. 1.   adj. *Pe. Referido a persona*, que gusta de ir a fiestas y bailar. pop.
    II. 1.   adj. *Pe.* juv. *Referido a música*, bailable.

tonga.
    I. 1.   f. *Cu.* Pila de cosas colocadas en orden.
    2.   *Cu.* Gran cantidad de algo.
    II. 1.   f. *Ec:O.* Alimento que el trabajador del campo toma al mediodía, consistente en arroz, carne o pescado, envueltos en hojas de alguna musácea, como **plátano** o **banano**. rur.

tongada.
    I. 1.   f. *Bo:O.* Grupo de delincuentes que ha sido detenido. delinc.
    2.   *Bo:O.* Conjunto de policías que forman una patrulla. delinc.
    3.   f. *Bo:E,O,S.* Conjunto de cosas. pop.

tongo.
    I. 1.   m. *Ec.* obsol. Sombrero hongo. pop + cult → espon.
    II. 1.   m. *Py.* Golpe que se da a alguien en la cabeza con los nudillos. pop + cult → espon.
    ▶ **verla con ~.**

tongo, -a.
    I. 1.   m. y f. *Pa.* Agente de policía. delinc.

tongolele. (Nombre artístico de la bailarina Yolanda Montez en la película *Tongolele*, de 1949).
    I. 1.   m-f. *Ni.* Persona gordinflona.

tongonear(se).
    I. 1.   intr. prnl. *Mx, Ni, Cu, RD, Co:SO, Ve.* Contonearse, hacer movimientos afectados con los hombros y las caderas al andar. pop + cult → espon.
    II. 1.   tr. *PR.* Mimar, halagar *una persona* a *alguien*, especialmente a niños de corta edad. pop + cult → espon.

tongoneo.
    I. 1.   f. *Mx, Ni, Cu, RD, Co:SO, Ve.* Contoneo, movimiento afectado de caderas y hombros al andar. pop + cult → espon.

Tongoy.
    □
    a. ‖ **entre ~ y Los Vilos.** loc. adv. *Ch.* A medias, más mal que bien. pop.

tonguear.
    I. 1.   tr. *Ar.* Engañar o estafar a *alguien*. pop + cult → espon.
    2.   *Py.* Dar a *alguien* un golpe en la cabeza con los nudillos. pop + cult → espon.

tonguero, -a.
    I. 1.   m. y f. *Ar.* Estafador. pop + cult → espon.

toni.
    I. 1.   m-f. *Ch.* Payaso circense.

tónico.
  I. 1. m. *Bo.* Aguardiente. pcp.

tonina.
  I. 1. f. *Ho, Ch, Ar, Ur.* Delfín de hasta 3,50 m de longitud, de color negro en el dorso, gris en los flancos y blanquecino en el vientre. (Delphinidae; *Tursiops truncatus*). (**tunina**).
  II. 1. f. *Cu, Ur.* Persona muy gorda. pop ^ desp.
■
    a. ‖ **~ overa.** f. *Ch, Ar.* Mamífero marino de 1,45 m de cabeza roma, aletas pectorales, zona genital y el dorso de la inserción de la aleta dorsal hasta la aleta caudal incluida de color negro, mientras que el resto del animal, incluyendo la garganta, es de color blanco. (Delphinidae; *Cephalorhynchus commersonii*). (**tunina overa**).

tono.
  I. 1. m. *Pe.* juv. Fiesta.
□
    a. ‖ **sin ~.** loc. adv. *Bo:C.* Recitando.
    b. ‖ **~ de Niño.** loc. sust. *Ec:S.* Música de villancico que se toca desde diciembre hasta el carnaval, en ritos ofrecidos al Niño Jesús. rur; pop.

tonó.
  I. 1. m. *Ho.* Capó, parte de la carrocería que cubre el motor de un automóvil.

tonta.
□
    a. ‖ **a ~s y a ciegas.** loc. adv. *CR, Ec, Bo, Ch, Py.* Alocada y desordenadamente. pop.

tontear.
  I. 1. intr. *ES, CR, Pe, Bo.* Andar *alguien* por un lugar sin dirección ni propósito definidos. pop.

tontiaco, -a.
  I. 1. adj/sust. *Ch. Referido a persona*, tonta, necia. pop.

tonticia.
  I. 1. f. *Ch.* Noticia tonta o absurda. cult ^ desp.

tontificado, -a.
  I. 1. adj. *Ec. Referido a persona*, atontada, perpleja. euf; pop.

tontificarse.
  I. 1. intr. prnl. *Ec.* Volverse tonto, perturbarse. euf; pop.

tontiloco.
  I. 1. *Ni.* **tontobellaco.**

tontina.
  I. 1. f. *Co:C,NE,SO.* Pesadez de cabeza.

tontito.
  I. 1. m. *Ch:E.* Ave de hasta 21 cm de longitud, con la frente y centro de la corona de color negro, partes superiores gris ceniciento, lomo negruzco, garganta, pecho y abdomen blanco sucio, subcaudales blancas, alas y cola negras, pico negruzco, largo y algo encorvado en la punta. (Tyrannidae; *Muscisaxicola frontalis*).

tonto.
  I. 1. m. *Ec, Pe, Bo:O.* Pequeña barra de acero que usa un delincuente para romper o forzar cerraduras y candados. delinc.
  II. 1. *CR, Pe.* **tonto cotudo**
    2. *Bo. En el juego del cacho*, lado del dado que señala el número dos. pop + cult → espon.
■
    a. ‖ **~ cotudo.** m. *Co.* Juego de naipes en que se reparten entre todos los jugadores las cartas de la baraja, menos una que queda oculta; cambiando sus cartas mutuamente, los jugadores van deshaciéndose de las que forman pareja, y el que se queda al final con la compañera de la que está escondida pierde el juego. ♦ **tonto.**

□
    a. ‖ **ni ~ ni perezoso.** loc. adv. *Mx, Cu, PR, Ec, Pe, Bo, Ch, Py.* Con decisión, sin timidez.
  ▶ **quedarse con el ~.**

tonto, -a.
□
    a. ‖ **~ grave.** loc. sust. *Ch.* Persona que adopta una postura de superioridad o de excesiva formalidad por tomarse todo demasiado en serio. pop ^ desp.
    b. ‖ **~ leso.** loc. sust. *Ch.* Persona excesivamente tonta, sin inteligencia. pop ^ desp.
□
    a. ‖ **como ~ para.** loc. adj. *Ch. Referido a persona*, muy aficionada a algo. pop.

tontobellaco.
  I. 1. m. *Ec.* Dedo corazón. inf. ♦ **tontiloco.**

tontochi.
  I. 1. m. *Bo:E.* Corona hecha de cartón y adornada con plumas en el borde superior que usan los indios de la región de Moxos cuando participan en la **danza de los macheteros.**

tontol.
  I. 1. *Gu, Ho.* **kerosén.**

tontón.
  I. 1. m. *Pa.* Vulva. tabú; pop + cult → espon.

tontulo, -a.
  I. 1. sust/adj. *Ec.* Persona que se comporta con ingenuidad o de forma poco inteligente. pop + cult → espon.

tony.
  I. 1. m. *Ch, Ar; Ur,* p.u. Payaso.

toñeco, -a.
  I. 1. adj/sust. *Ve. Referido a persona, especialmente a un niño*, consentido y malacostumbrado por el exceso de mimos. pop.
    2. m. y f. *Ve.* Hijo menor.

toñequear.
  I. 1. tr. *Ve.* Mimar, consentir, *en especial a los niños*. pop.

toñuz.
  I. 1. m. *Pe.* Arbusto de hasta 2 m de altura, de tallos frondosos, hojas rugosas y flores pequeñas, coloradas y agrupadas en cabezuelas. (Asteraceae; *Pluchea chingoyo*).

top. (Voz inglesa).
  I. 1. adj/sust. *Ch. Referido a persona o cosa*, excelente. cult → espon.
    2. adv. *Ch.* De manera excelente o espléndida. cult → espon.

topa.
  I. 1. *Pe.* **balsa,** árbol.
  II. 1. f. *ES.* Encuentro de dos cortadores de café que vienen por distinto lado del mismo surco. rur.
  III. 1. f. *Ni.* Inflamación de las glándulas parótidas.
□
    a. ‖ **a la ~ tolondra.** loc. adv. *Co.* Sin reflexión, de manera atolondrada. pop.

topada.
  I. 1. f. *Ho.* Detención, apresamiento.

topadero.
  I. 1. m. *Bo:O.* Pieza u objeto que impide que algo pase de un cierto punto.

topado, -a.
  I. 1. adj. *Gu. Referido a persona*, astuta, hábil o competente.
    2. *ES. Referido a persona*, poco inteligente. pop + cult → espon ^ desp.
  II. 1. adj. *Ho, ES. Referido a persona*, loca.
  III. 1. *Ho.* **mafufeado.**

IV. 1. adj. *Ni. Referido a persona*, agotada físicamente.

V. 1. adj. *Ni. Referido a calzado*, muy ajustado.

topadora.

I. 1. f. *Ec, Bo, Ar, Ur, Py*, pop + cult → espon. Pala mecánica, acoplada frontalmente a un tractor, que se emplea en tareas de desmonte y nivelación de terrenos.

2. *Ec, Bo, Ar, Ur.* Tractor.

topamiento.

I. 1. *Ar:NO.* **tincunaco**, ceremonia.

2. *Ar:O.* **tincunaco**, fiesta.

topao.

■

a. ‖ ~ **paralizao.** m. *RD.* Juego infantil donde los niños corren persiguiéndose unos a otros.

topar(se).

I. 1. tr. *Ni, PR, CR, Pa, Cu, RD, Ec, Pe.* Poner a pelear dos gallos como ensayo.

II. 1. intr. *Ar.* Llegar a su fin una calle o una senda.

III. 1. tr. *Ho, ES.* Denunciar a *alguien*.

2. *Ho, Ni.* Castigar a *alguien*.

3. *Ho.* **zocar**, multar o detener.

4. *Ho.* Suspender a *alguien* un examen. est.

IV. 1. intr. *Pe:E.* Llamar a la puerta.

V. 1. tr. *Ec:C,N.* Tomar prestado *algo*. pop.

2. *Ec:C,N.* Hacerse dueño de *algo* que pertenece a otra persona. pop.

VI. 1. tr. *Ho, ES.* Querer o apreciar a *alguien*.

2. *Ho.* Besar a *alguien* con intensidad.

VII. 1. intr. *Ec.* Citarse. pop.

VIII. 1. tr. *Gu.* Consentir, permitir.

IX. 1. intr. prnl. *Ho.* Enloquecerse *alguien*, perder la razón.

X. 1. tr. *Ni.* Llevar al límite de la capacidad o la fuerza.

XI. 1. intr. prnl. *Ni.* Agotarse una bestia.

□

a. ‖ ~ **con cerca.** loc. verb. *CR.* Enfrentar *alguien* una dificultad que le impide avanzar con lo que estaba realizando.

b. ‖ ~ **fondo.** loc. verb. *RD, Ch, Ar.* Tocar fondo, llegar al límite de una situación desfavorable. pop + cult → espon.

c. ‖ ~ **la mona.** loc. verb. *Ni.* Enfrentarse a alguien o algo con valentía.

d. ‖ ~**se la piedra con el coyol.**

i. loc. verb. *Gu, Ni.* Enfrentarse o discutir dos personas tercas y que no admiten otra argumentación que no sea la suya propia.

ii. *Ho.* Juntarse dos personas iguales. pop.

topatolondros.

□

a. ‖ **a** ~. loc. adv. *Bo:O.* Sin reflexión, atolondradamente. pop.

topatopa.

I. 1. f. *Pe, Ch, Ar.* Planta herbácea de hasta 40 cm de altura con flores solitarias de un intenso color amarillo anaranjado. (Scrophulariaceae; *Calceolaria uniflora*). ♦ **zapatito de la Virgen.**

topazón.

I. 1. f. *ES.* Congestión vehicular.

2. *ES.* Amontonamiento, estrechez de personas o cosas.

II. 1. f. *ES.* Detención masiva de personas por la policía.

III. 1. f. *Ho.* Locura, pérdida de la razón.

tope.

I. 1. m. *Mx.* Golpe que se da con o en la cabeza. pop.

2. *Co.* p.u. Golpe que se da alguien contra algo.

II. 1. m. *Mx.* Obstáculo bajo y redondeado que se pone en el asfalto para que los vehículos reduzcan la velocidad.

III. 1. m-f. *Ho, Ni.* Comprador de objetos robados. delinc.

2. m. *Ho.* Tienda en donde se venden objetos robados. delinc.

3. *Ho.* Objeto robado. polic.

IV. 1. m. *Ni, CR.* Desfile de personas a caballo que se realiza como parte de las actividades de una festividad popular.

2. *Ni.* Desfile de jinetes que suele celebrarse el primer día de las fiestas populares.

V. 1. m. *Ho, Ni.* Encuentro y reverencias entre dos imágenes de santos. rur.

VI. 1. m. *Cu.* Pelea de gallos a modo de entrenamiento.

VII. (Del ingl. *top*).

1. m. *PR.* Superficie de algo, *especialmente de una mesa*.

VIII. 1. m. *PR.* Cima de una montaña.

●

a. ‖ ¡~, **borrego!** fórm. *Mx.* Se usa para anunciar un golpe que alguien recibe en la cabeza o que se da a alguien en la cabeza. pop.

□

a. ‖ **de** ~. loc. adv. *Ho.* De repente, de improviso. rur.

b. ‖ ~**s.** fórm. *Ec.* juv. Se usa para saludar o para despedirse. pop.

▶ **darse de** ~**s.**

topeado, -a.

I. 1. adj. *Mx. Referido a un gallo*, que ha sido entrenado para dar golpes con la cabeza, pero no ha peleado.

topeador.

I. 1. m. *Mx.* Entrenador de gallos.

topeadura.

I. 1. f. *Ch. Entre los huasos*, empujón que da un jinete con su cabalgadura a otro a para desalojarlo de su puesto por diversión. rur.

topear.

I. 1. tr. *Mx.* Incitar a un gallo a dar golpes con la cabeza. (**topetar**; **topetear**).

II. 1. tr. *Ho, ES, Ni.* Vender o comprar objetos robados.

III. 1. tr. *Ch.* Empujar un jinete con su cabalgadura a otro para desalojarlo de su puesto. rur.

topeco.

I. 1. m. *Bo:E.* Carnero al que empiezan a salirle los cuernos.

toperol. (Afér. de *estoperol*).

I. 1. m. *Pe.* Cada una de las piezas cónicas o puntiagudas que tienen en la suela algunos zapatos deportivos para dar firmeza al paso.

2. *Bo, Ch.* Pieza cónica de cuero o de otro material antideslizante que se pone en la suela del calzado deportivo para afirmar mejor el pie en el terreno de juego. (**estoperol**).

3. *Ch.* Puntera metálica que se pone en la punta desgastada para evitar su posterior deterioro.

4. *Ch.* Elevaciones de la calzada o de las carreteras con las que se delimitan pistas de circulación o pasos de peatones.

5. *Ch.* metáf. Espinilla o grano de gran tamaño. pop.

topetar.

I. 1. *Mx.* **topear**, incitar a un gallo.

topetear(se).

I. 1. *Mx.* **topear**, incitar a un gallo.

II. 1. tr. *Ec, Bo:E.* Topar, chocar. pop.

2. intr. prnl. *Gu.* Toparse, chocarse.

III. 1. tr. *Gu.* Cornear un animal.

topetero, -a.

I. 1. m. y f. *Ho.* Persona que compra o vende objetos robados. polic.

topetón.
   I. 1. adj. *PR. Referido a un gallo de pelea*, que da un topetazo al adversario y corre por el redondel huyendo.

topetorope.
   I. 1. m. *Co.* **uchuva.**

topia.
   I. 1. f. *Ve.* Cada una de las tres piedras que forman el fogón, sobre las que se coloca la olla cuando se cocina con leña.
   II. 1. f. *Ve.* Cabeza humana. fest.
   III. 1. adj. *Ve. Referido a persona*, testaruda o de escasa inteligencia.

tópico.
   I. 1. m. *EU, Mx, Ni, Cu, RD, Pe, Bo:E; Ur,* p.u. Tema que se trata en una conversación, en una conferencia o en un trabajo de investigación.
   II. 1. m. *Pe. En un centro hospitalario*, lugar en el que se atiende a los heridos.

topil. (Del nahua *topile*, alguacil).
   I. 1. m. *Mx.* p.u. Alguacil, oficial inferior de justicia. rur.

topillo.
   I. 1. m. *Mx.* Estafa, engaño, timo. pop + cult → espon.

toplero, -a.
   I. 1. sust./adj. *Ch.* Persona, *especialmente de sexo femenino*, que trabaja exhibiendo su cuerpo en un *topless*. pop.

topo.
   I. 1. m. *Ec, Pe, Bo, Ch, Ar:NO.* Prendedor tradicional indígena, en forma de alfiler grande, rematado en una cuchara o disco con grabados regionales. (**tupo**).
   2. *Co.* Pendiente en forma de aro.
   II. 1. m. *Ec, Ch.* Máquina que excava bajo tierra formando túneles.
   III. 1. m. *Pe:S.* Medida agraria que equivale a 3493,64 m².
   ▶ echar el ~; soltar los ~s.

topocho.
   I. 1. m. *Co:C,E, Ve.* Fruto de la planta del **plátano**, grueso y pequeño, que se come frito o cocido. (Musaceae; *Musa balbisiana*). ♦ **barraganete; maqueño; postre.**

topocho, -a.
   I. 1. adj/sust. *Ve. Referido a persona*, desfigurada y deforme. pop.
   2. *Ve. Referido a persona o a animal*, rechoncho.

topogigio. (De *Topo Gigio®*, personaje animado de televisión creado por María Perego, en Italia en 1950).
   I. 1. m. *Ho:N, ES.* p.u. **charamusca**, helado casero.

topón.
   I. 1. m. *Gu, Ni, Ch.* Golpe o choque contra alguien o algo.
   II. 1. m. *Ch.* Daño que queda en un vehículo u otro objeto luego de un impacto.
   III. 1. m. *Ni, Pa.* Violenta discusión verbal.
   IV. 1. m. *ES.* Manera de vender toda la mercadería junta a un solo comprador.
   V. 1. m. *ES.* Sorpresa desagradable. pop + cult → espon.
   VI. 1. m. *Pa.* Ceremonia religiosa en la que las imágenes de Jesús y la Virgen se encuentran después de haber recorrido separadamente las calles de una localidad.
   □
   a. ‖ **al ~.** loc. adv. *Ho.* A bajo precio.
   b. ‖ **de ~.**
     i. loc. adv. *Ho, ES.* A ojo, sin diferencias individuales.
     ii. *Ho, ES. En relación con la venta de una mercadería*, por completo, en su totalidad. pop + cult → espon.

topón, -na.
   I. 1. adj/sust. *Bo:E. Referido a persona*, que ha perdido todo su dinero en las apuestas. pop.

toponear.
   I. 1. tr. *Ho:S, ES.* Comprar o vender *algo* **al topón**.

toponero, -a.
   I. 1. m. y f. *ES.* Persona que compra o vende objetos robados.

toque.
   I. 1. m. *Mx, Ho, ES, Ni, RD, Co, Pe, Bo, Py.* Aspiración que se hace a un cigarrillo de marihuana. drog.
   2. *Mx, Ho, Ni, RD, Ch, Py.* Inhalación de cocaína por la nariz. drog.
   3. *Ch.* Ingestión o consumo de una dosis de droga o alcohol. drog.
   4. *PR, Py.* Cigarrillo de marihuana. drog; euf.
   II. 1. m. *Mx, Ni.* Descarga eléctrica pequeña que produce estremecimiento.
   III. 1. m. *CR, Bo, Ar.* Poca cantidad de algo. pop.
   2. *CR, Pe.* Momento, espacio temporal breve. pop.
   3. *Cu.* Trago, porción de licor que se bebe de una vez. pop.
   IV. 1. m. *Ni, Pa, Co; Ur,* p.u. Concierto musical en vivo. pop.
   2. *Pa, Bo.* Interpretación de música en un concierto o en una fiesta.
   V. 1. m. *Cu. En la santería*, fiesta religiosa en la que se tocan tambores consagrados.
   VI. 1. m. *ES.* Parte medular de un asunto.
   VII. 1. m. *ES.* Herida. delinc.
   VIII. 1. m. *Ni. En el beisbol*, contacto muy suave que el **bateador** hace con la pelota para lograr que los **corredores** avancen.
   ●
   a. ‖ **qué ~.** fórm. *CR, Cu.* Se usa para expresar agrado o admiración. pop.
   ■
   a. ‖ **~ cristal.** m. *Bo.* Clorhidrato de cocaína cristalizado. drog.
   b. ‖ **~ de bola.** m. *Cu. En el beisbol*, golpe suave intencional que el **bateador** da a la pelota con el **bate**, empujándola hacia dentro del **cuadro**.
   c. ‖ **~ de santo.** m. *Cu. En la santería*, fiesta religiosa en la que se tocan tambores consagrados.
   □
   a. ‖ **al ~.** loc. adv. *Ec, Pe, Ar, Ur.* Rápidamente, al instante. pop + cult → espon.
   b. ‖ **de ese ~.** loc. adj. *Ch. Referido a persona o cosa*, de la misma catadura o mala clase que otra. pop ^ desp.
   c. ‖ **en dos ~s.** loc. adv. *CR.* Rápidamente. pop.
   ▶ aguantar el ~; darse un ~.

toquear.
   I. 1. tr. *Pe.* Engañar a *alguien*. pop.

toquero, -a.
   I. 1. adj. *Pe. Referido a persona*, mentirosa, embustera. pop.

toquete.
   I. 1. *Ar.* **toquetón.**

toquetón, -na.
   I. 1. adj/sust. *ES, Py, Ar, Ur. Referido a persona*, que manosea a personas o cosas. pop + cult → espon. ♦ **toquete.**

toquido.
   I. 1. m. *Mx, Gu, ES, Pe.* Golpe que se da en una puerta para llamar a ella.
   2. *Mx, Pe.* Tañido.

toquila.
   I. 1. f. *Bo:O.* Cinta de satén que se cose en el borde de los sombreros como refuerzo o como adorno.

toquilla.
   I. 1. f. *Pa, Ec, Pe.* **soyacal**, planta.
   II. 1. f. *Bo:O.* Cinta de satén que se cose en el borde de los sombreros como refuerzo o como adorno.

2. *Bo:S.* Cinta de cuero delgado que se cose en la parte interior de los sombreros para proteger el fieltro de la transpiración.

toquillal.
I. 1. m. *Pe.* Sitio poblado de **toquillas**.

toquillero, -a.
I. 1. sust/adj. *Ec.* Persona dedicada a comercializar la fibra de la **paja toquilla**.
II. 1. adj. *Ec.* Relativo a la **paja toquilla**.

tora.
I. 1. f. *Ho, Ni.* **laúd**.

toral.
I. 1. adj. *Ho. Referido a un problema o asunto,* importante, fundamental. cult → esm.

toranzo.
I. 1. m. *Bo:E.* Mono de aproximadamente 40 cm de altura, de color gris, con una larga cola prensil de aproximadamente 40 cm de largo, con nuca de color café oscuro y cara blanca. (Cebidae; *Cebus albifrons*).

torazo.
I. 1. m. *RD, Bo:E.* Persona muy hábil en realizar una actividad, oficio, arte o deporte. pop.

torbellino.
I. 1. m. *Co.* Baile popular parecido al **bambuco**.
2. *Co.* Música que acompaña al torbellino.

torcacita.
I. 1. f. *Co, Bo.* Pequeña tórtola de hasta 16 cm de longitud, parecida a la paloma, pero de color castaño rojizo y con la punta de la cola negra. (Columbidae; *Columbina passerina, Columbina talpacoti*).
2. *Ar, Ur.* **cuculí**.

torcaza.
I. 1. *Co.* **cuncuna**, paloma.
2. f. *Pe, Ch.* Paloma de hasta 38 cm de longitud, de color castaño vinoso con tonos grises, nuca con una marca blanca y tonalidades verdes en su base, pico negro y patas rojo púrpura. (Columbidae; *Patagioenas araucana*).
3. *CR, Pa.* **paloma volcanera**.

torcedor, -ra.
I. 1. m. y f. *Cu.* Persona que hace **tabacos**, cigarros puros.

torcejón.
I. 1. m. *Ar:NO.* Torcijón, dolor breve y agudo en el vientre. pop + cult → espon.

torcer(se).
I. 1. tr. *Mx.* Sorprender a *alguien* haciendo algo indebido o ilegal. pop.
II. 1. tr. *Cu.* Hacer **tabacos**, cigarros puros.
III. 1. intr. prnl. *Bo.* Emborracharse *alguien*. pop.
IV. 1. tr. *ES.* Violar a una mujer.
□
a. ‖ ~ **el brazo.** loc. verb. *Mx, Pa, Ec, Bo, Ch, Py, Ur.* Obligar a alguien a hacer algo. pop + cult → espon.
b. ‖ ~ **el cuello.** loc. verb. *Ho.* Doblegar a alguien, lograr que alguien decline de sus pretensiones.
c. ‖ ~ **la nariz.** loc. verb. *Ch.* Cambiar o alterar el desarrollo, proceso o circunstancias normales de un acontecimiento o resultado. pop + cult → espon.
d. ‖ ~ **la puerca el rabo.** loc. verb. *RD; Cu,* rur. Empeorar una situación.
e. ‖ ~ **los ojos.** loc. verb. *Gu, Ni, CR, Ve, Ec, Bo, Ur.* Mirar de soslayo a una persona o desviar la mirada para expresarle enfado o antipatía. pop.

torcida.
I. 1. f. *Ho, ES.* Mala suerte.
II. 1. f. *Ho, ES.* juv. Detención, estadía en la cárcel. delinc.

torcido.
I. 1. m. *Cu.* Proceso de liar el tabaco.
II. 1. m. *Bo:E,N.* Látigo de cuero crudo y trenzado que se usa para sujetar el yugo o para arrear el ganado. pop.

torcido, -a.
I. 1. adj/sust. *Co; Ec, Bo,* delinc. *Referido a un trabajo, acto o negocio,* ilícito.
2. *Co, Ec, Bo. Referido a persona,* corrupta, que se deja sobornar. pop ^ desp.
II. 1. adj. *Gu, Ho, ES, Ni; CR,* obsol, rur, pop + cult → espon. *Referido a persona,* que tiene mala suerte.
▶ **hacer un ~.**

torcidura.
I. 1. f. *Gu.* Desgracia.

torcimiento.
I. 1. m. *Ho, ES.* Racha de mala suerte. ♦ **torcisión**.

torción.
I. 1. m. *Ho.* Torcedura. rur.

torcisión.
I. 1. f. *Ho.* **torcimiento**.

torcómetro.
I. 1. m. *Bo:O.* Herramienta de precisión que se emplea para ajustar los pernos de un motor.

tordo.
I. 1. m. *Gu, Ho, ES, Ni, CR, Pa, Ve, Ec, Bo, Py, Ar, Ur.* Pájaro de pico cónico, recto y robusto en la base, con alas alargadas y plumaje eréctil, negro brillante en el macho y negro grisáceo en la hembra. (Icteridae; *Molothrus* spp.).
2. *Ch.* Ave de hasta 28 cm de longitud, de plumaje negro brillante tanto en el macho como en la hembra, con pico y patas negros. (Icteridae; *Curaeus curaeus*).
II. (De *doctor,* por inversión silábica).
1. m. *Ar.* Médico o abogado. pop + cult → espon.
■
a. ‖ ~ **de matorral.** *Pe.* **tordo negro fino**.
b. ‖ ~ **negro fino.** m. *Pe.* Pájaro de hasta 28 cm de longitud, de color negro con visos de azul, aterciopelado, y de cuerpo muy airoso. (Icteridae; *Dives warszewiczi*). ♦ **tordo de matorral**.

toreada.
I. 1. f. *Ec, Bo:S.* Lidia de toros en una plaza cerrada. pop.

toreador.
I. 1. *Co.* **pecho amarillo**, ave.

torear.
I. 1. tr. *Ni, CR, Bo, Ch, Ar, Ur.* metáf. Provocar a *alguien* para que pelee. pop + cult → espon.
2. *Ni, Co, Ur.* Irritar o molestar a *alguien* con palabras u obras para que se enoje. pop.
3. intr. *Bo, Ar.* Ladrar un perro. pop + cult → espon.
4. tr. *Ar.* Ladrar un perro dirigiéndose a *alguien* o *algo*. pop + cult → espon.
5. *Bo:S, Ch.* Mover o estimular a *alguien* para que ejecute algo.
6. *Ni, CR.* Molestar a un animal para enojarlo o enfurecerlo. pop.
7. *Bo:S.* Lisonjear un hombre a una mujer con las coplas de una canción incitándola a responder con otra copla.
II. 1. tr. *Bo:O,S.* Ser *una persona* infiel a su pareja. pop.
□
a. ‖ ~ **un chile.** loc. verb. *Mx.* Frotarlo sobre un **comal** o una sartén para que sus semillas suelten su jugo y tenga un sabor más picante.
■
a. ‖ ~ **la danta.** loc. sust. *Ho:E.* Juego comunal que consiste en disfrazarse de danta una persona y que la to-

reen hombres a caballo, mientras ella les puede quitar el sombrero con una pértiga.

toreo.
I. 1. m. *Ho. En las peleas de gallos*, persecución del gallo que entrena al de pelea.

torería.
I. 1. f. pl. *Gu, ES, CR, Bo:S,O.* Agravios que se cometen contra alguien empleando la violencia o abusando de la fuerza o el poder. pop + cult → espon.
2. f. *Gu, Ec.* Travesura que hace un niño.
3. f. pl. *Bo.* Calaveradas.

torero.
□
a. ‖ ~ **de cuy.** loc. sust. *Pe.* p.u. Persona de baja estatura. pop + cult → espon ^ fest.

toreta.
I. 1. f. *Pa.* **anonillo**, árbol.

torete.
I. 1. m. *Ec, Bo:E,S.* Vacuno macho en edad de ser marcado con el hierro. rur.

toribio.
I. 1. m. *ES.* Piojo común.

torido.
I. 1. m. *Ar.* p.u. Ladrido de un perro.

toril.
I. 1. m. *Ni.* Mosquitero. rur.

torillada.
I. 1. f. *Bo:E.* Grupo de toros jóvenes. pop.

torillo.
I. 1. m. *Ec, Bo:E.* Vacuno macho que aún no tiene la edad requerida para ser marcado con el hierro. rur.

torinera.
I. 1. sust/adj. *Ec:S.* obsol. Botella de un litro de capacidad.

torinero.
I. 1. adj/sust. *Ec:S.* obsol. *Referido a un vino*, de la clase de los vinos dulces italianos o con sus características.

torito.
I. 1. m. *Ec, Pe, Bo:E, Ar, Ur.* Insecto coleóptero de hasta 2 cm de longitud y color muy oscuro; el macho presenta un cuerno cefálico y otro torácico que se cierran a modo de candado o pinza. (Scarabaeidae; *Diloboderus abderus*). ♦ **bicho candado.**
2. *Pe, Bo, Ch, Ar.* Pájaro de hasta 11 cm de longitud, con copete corto muy prominente y plumaje marrón claro amarillento con estrías pectorales de color oscuro y abdomen amarillo. (Tyrannidae; *Anairetes* spp.). ♦ **cachudito.**
3. *Bo:E, Ch.* Pez de hasta 10 cm, con boca protuberante, cuerpo cubierto de diversas filas de espinas y aletas. (Bovichthyidae; *Bovichtus chilensis*).
4. *Ch.* **cuculí.**
5. *Ho.* Piojo común.
II. 1. m. *Mx. En una reunión*, pregunta que se formula para comprobar los conocimientos de alguien. pop.
III. 1. m. *Mx. En el estado de Veracruz*, bebida alcohólica preparada con jugo de caña fermentado y alguna fruta licuada.
IV. 1. m. *Ni, CR, Co, Ec.* Orquídea de flores aromáticas amarillas con pintas oscuras, dispuestas en racimos. (Orchidaceae; *Stanhopea* spp.).
V. 1. m. *Gu, Pe.* Aparato pirotécnico con la figura de un toro que es portado por alguien que embiste a la gente.
VI. 1. m. *Pe.* Motocicleta de tres ruedas, con carrocería y una puerta a cada lado.
VII. 1. m. *Bo, Ch:N.* Danza popular en la que una mujer finge embestir a un hombre que se defiende con un pañuelo.

VIII. 1. m. pl. *Bo.* Danza típica del **departamento** boliviano del Beni en la que los participantes, disfrazados de toros, recorren las calles de la ciudad, bailando y asustando a los espectadores.
2. m. *Bo:E.* Personaje de algunas danzas tradicionales que se disfraza con una máscara de toro e imita sus ademanes.
IX. 1. m. *Ch.* Cepillo corto para madera de mango curvado.
X. 1. m. *Ch. En las minas y explotaciones*, pequeña construcción hecha para guarecerse.
XI. 1. m. *Ch.* Jarro pequeño con asa para vino o cerveza.
XII. 1. m. *Ch.* Cajón de 17 kg para transportar tomates.
XIII. 1. m. *Ch.* Juego de cartas similar al monte.
XIV. 1. m. *ES.* Postura sexual en que la mujer se coloca arrodillada y sostenida con sus manos.
XV. 1. m. *Ni.* Impulso hacia arriba que hacen los infantes cuando alguien los sostiene.

■
a. ‖ ~ **guapo.** m. *Pa.* Armazón de cañas, forrado de tela o cuero, con forma de cabeza de toro decorada con muchos adornos y espejos; es el protagonista de una fiesta popular.

tornachile. (Del nahua *tonalli*, calor del sol, y *chili*, chile).
I. 1. *Mx.* **ají**, fruto.

tornafiesta.
I. 1. f. *Mx.* Tornaboda, *fiesta que se celebra inmediatamente después de la recepción de una boda, como prolongación del festejo.*

tornajuma.
I. 1. f. *RD.* Resaca, malestar por haber bebido en exceso.

tornamesa.
I. 1. f. *Mx, Ec, Pe, Bo:O; ES, Ni,* p.u. Tocadiscos. pop.
II. 1. f. *Pe, Ch.* Plataforma circular giratoria con rieles que se usa para cambiar vagones y locomotoras de vía.

tornavuelta.
I. 1. f. *Bo:S. En comunidades aimaras o quechuas*, trabajo agrícola o de construcción de viviendas por el que no se recibe dinero, sino el vínculo de ayuda mutua.

tornear.
I. 1. tr. *Pe.* Hacer dar vueltas a un caballo durante su doma.

torneo.
I. 1. m. *PR.* Reunión de los gallos de pelea más famosos de los vecinos de un pueblo.

■
a. ‖ ~ **estatal.** m. *PR.* Torneo de gallos auspiciado por el Gobierno.
b. ‖ ~ **libre.** m. *PR.* Torneo de gallos auspiciado por una **gallera** sin intervención estatal.

tornillar.
I. 1. tr. *Bo, Py, Ur, Ec,* pop. Introducir un tornillo haciéndolo girar alrededor de su eje.

tornillo.
I. 1. m. *Mx.* Vaso de vidrio con espirales o estrías exteriores que se utiliza como medida de pulque o cerveza y con capacidad de un litro aproximadamente.
II. 1. m. *Ar, Ur.* Frío intenso. pop + cult → espon.
III. 1. m. *Ec, Pe.* Árbol de hasta 50 m de altura, de fuste recto, corteza agrietada y con grandes aletas y raíces superficiales, hojas alternas y bipinnadas, inflorescencia terminal, flores de color blanco y hermafroditas, y frutos en legumbres muy largas y aplanadas. (Fabaceae; *Cedrelinga catenaeformis*). ♦ **mara macho.**

■
a. ‖ ~ **de encarne.** m. *Bo.* Tornillo de cabeza plana.
▶ **aflojársele un ~; zafársele un ~.**

tornisquete.
I. 1. m. *Bo:S. En gimnasia de aparatos*, vuelta que da una persona alrededor de la barra fija agarrándose a ella con las dos manos o con una.
II. 1. m. *Bo:S.* Pellizco retorcido. pop.

torno.
I. 1. m. *Pe.* Área circular en la que se hace dar vueltas al caballo durante su doma.

toro.
I. 1. m. *Ch.* Jarro pequeño con asa para vino o cerveza.
II. 1. m. *Bo:E. En el juego de las canicas*, la bola más grande.
III. 1. m. *Bo. En la construcción del techo*, eje principal.
IV. 1. m. *ES.* Piojo grande.
■
  a. ‖ ~ **alzado.** m. *Bo.* Toro montaraz que ha sido domado.
  b. ‖ ~ **de jocheo.** m. *Bo:E.* Toro que es utilizado para torear.
  c. ‖ ~ **huaso.** m. *Bo:O.* Vaso de madera.
  d. ‖ ~**s coleados.** m. *Ve.* **Competencia** entre jinetes que consiste en tirar de la cola a las reses para derribarlas en la carrera.
☑
  a. ‖ **al ~ se le capa una sola vez.** fr. prov. *Pe, Bo.* Indica que a una persona solo se la engaña una vez.
  ▶ **agarrar al ~ por los cachos**; **bailar un ~**; **irse el ~ con la veta**; **matar su ~**; **tomar el ~ por las astas**; **tomar el ~ por las guampas.**

toro, -a.
I. 1. sust/adj. *RD, Ch.* Persona de valía, digna de admiración.

toroco, -a.
I. 1. adj. *ES. Referido a persona*, alocada.

toroencuetado.
I. 1. *Ho.* **torofuego.**

torofuego.
I. 1. m. *Ho.* Armazón de madera recubierta de cuero de **res** que semeja un toro con todo tipo de artefactos pirotécnicos que se enfunda alguien corriendo por la plaza. ♦ **toroencuetado.**
2. *Ho.* metáf. Persona de mal carácter, impulsiva y nerviosa.
3. adj/sust. *Ho.* metáf. *Referido a un escrito*, agresivo y violento.

torogoz. (De or. onomat.).
I. 1. *Ho, ES.* **guardabarranco.**

torohuaco.
I. 1. m. *Ni.* Baile folclórico que consiste en sortear los cuernos de un toro o vaca que lleva una persona en la cabeza.

toromata.
I. 1. m. *Pe:O.* Baile afroperuano de la costa de Perú.
2. *Pe:O.* Composición musical al son de la que se baila el toromata.

toromiro.
I. 1. m. *Ch.* Arbusto de la isla de Pascua, de hasta 3 m de altura, con hojas alternas de pecíolo corto, imparipinnadas, flores de color amarillo y fruto en legumbre con de una a seis semillas de forma elipsoidal. (Fabaceae; *Sophora toromiro*).
2. *Ch.* Figura humana de aspecto esquelético tallada por los pascuenses con madera del toromiro.

toronja.
I. 1. f. *Mx, Ho, ES, Ni, CR, RD, PR, Co, Ve, Ec, Bo, Py, Ur.* Pomelo, fruta comestible de la toronja, de cáscara gruesa, carnoso, de color amarillento o rosado, muy aromático, y del que se extrae un jugo un poco amargo.
2. *Mx, Ho, ES, Ni, PR, Ve, Ec, Bo.* Árbol de hasta 6 m de altura con ramas espinosas, hojas simples, alternas, flores blancas o rosadas y fruto globoso. (Rutaceae; *Citrus paradisi*). ♦ **greifrut; naranjela.**
3. f. pl. *Ho.* metáf. Senos grandes de una mujer. vulg.

toronjal.
I. 1. m. *Ho, ES.* Terreno plantado de **toronjas**, árboles.

toronjil.
■
  a. ‖ ~ **cuyano.** m. *Ch.* Planta herbácea de hasta 5 cm de altura, de tallos cuadrados, hojas grisáceas de textura pilosa en la parte inferior y flores blancas agrupadas en la parte superior del tallo principal. (Lamiaceae; *Marrubium vulgare*).
  b. ‖ ~ **de olor.** m. *Ch.* Toronjil.
  c. ‖ ~ **para la pena.** m. *Ch.* Toronjil.

toronjilicillo.
I. 1. *Ch.* **sandialahuén.**

tororrabón.
I. 1. m. *Ni.* Ruleta rústica.

torozón.
I. 1. m. *Ni.* Nudo en la garganta a causa de una emoción fuerte que dificulta el habla.

torpedo.
I. 1. *Ch.* **acordeón**, papel con anotaciones que un estudiante se lleva a una prueba para usarlo a escondidas. est.
2. *Ch.* Nota con apuntes que sirve como recordatorio o guion en una conferencia, discurso o programa televisivo.

torque.
I. 1. m. *Bo:O.* Herramienta de precisión que se emplea para ajustar los pernos de un motor.

torrante, -a.
I. 1. *Ch.* **atorrante**, vagabundo. pop ∧ desp.

torrantear.
I. 1. *Ch.* **atorrantear**, andar de un sitio a otro. pop ∧ desp.

torrarse.
I. 1. intr. prnl. *Bo*, delinc; *Ur*, pop ∧ fest. Dormirse *alguien*. pop.

torre.
I. 1. f. *Ho, ES.* Cabeza de una persona.
2. *Ni.* juv. Cuerpo de una mujer.
II. 1. f. *Pa.* Paso de baile del **gran diablo**.
☐
  a. ‖ **¡en la ~!** loc. interj. *Mx, Gu.* Expresa angustia o desesperación por algo que ha salido mal o se ha arruinado. euf.
  ▶ **dar en la ~.**

torrefacción.
I. 1. f. *Ho.* Fábrica en la que se tuesta el café.

torreja.
I. 1. f. *Mx, Gu, ES, Cu, Ar, Ur.* Rebanada de pan empapada en leche y rebozada con huevo, frita y endulzada con miel o azúcar.
2. *CR, Cu, Co, Ve.* Dulce hecho de láminas irregulares de masa de harina con huevos, mantequilla y sal que se fríe y se espolvorea con azúcar.
3. *RD, Ec, Pe, Bo.* **Tortilla** frita de una masa de harina, huevos y cualquier otro alimento.
4. *Ch.* Rebanada o rodaja de cualquier alimento.
5. *Pa.* Fritura hecha con cualquier grano, fruta o legumbre.
II. 1. adj. *Pe; Ch*, p.u., juv. *Referido a persona, cosa o a un evento*, poco atractivo.
III. 1. m-f. *Ch.* Vagabundo sin domicilio fijo.
IV. 1. adj. *Pe. Referido a persona*, tonta y lenta.

torrente.
I. 1. m. *Pa.* Cada uno de los compases en que se toca la **mejorana**, instrumento musical.

torrentoso, -a.
I. 1. *Ho, ES, Ni, Pa, Co, Ec, Pe, Bo, Ch, Py, Ar, Ur; PR*, obsol. **correntoso.**

torreón.

   I. 1. m. *ES.* Cantidad grande de marihuana. drog.

torrijismo.

   I. 1. m. *Pa.* Doctrina política que tiene como postulado la ideología de Omar Torrijos Herrera.

torrijista. (De *Omar Torrijos Herrera*, presidente del Panamá, 1929-1981).

   I. 1. m-f. *Pa.* Partidario o simpatizante del **torrijismo**.

   2. adj. *Pa.* Relativo al **torrijismo**.

torroploco, -a.

   I. 1. adj. *ES. Referido a persona,* de poca estatura y gorda. ♦ **torroplón**: **torroplonudo**.

torroplón, -na.

   I. 1. *ES.* **torroploco**.

torroplonudo, -a.

   I. 1. *ES.* **torroploco**.

tórsalo.

   I. 1. m. *ES, Pa.* Larva de una mosca que causa una enfermedad parasitaria externa que afecta principalmente al hombre y en menor medida a los animales domésticos, produciéndoles una lesión ulcerosa en los tejidos. (Calliphoridae; *Cochliomyia hominivorax*).

torta.

   I. 1. f. *Ni, Pa, Co, Ve, Ec, Pe, Bo, Ch, Py, Ar, Ur.* Pastel grande de bizcocho o de alguna otra masa homogénea, *de forma generalmente redonda,* relleno de frutas, crema, o alguna otra confitura. ♦ **bizcocho**; **pudín**.

   2. *Mx.* Pan blanco partido longitudinalmente, que se rellena con diversos alimentos.

   3. *Ch.* metáf. Explosivo de forma chata y cilíndrica.

   4. *Cu.* Torta delgada hecha a base de harina de trigo, leche, azúcar y vainilla, frita en aceite, manteca o mantequilla, *y que se come, generalmente, acompañada de almíbar o sirope.*

   5. *Bo:E.* Emparedado que se prepara con pan abizcochado, hecho de harina de maíz, trozos de carne y **ají**; se lleva como **tapeque**.

   6. *Bo:S.* Pan de harina blanca y forma circular, decorado con semillas de ajonjolí, que se prepara en Semana Santa.

  II. 1. f. *Mx.* Novia. vulg.

   2. *Mx.* metáf. Mujer joven, muchacha. vulg; pop.

  III. 1. f. *Mx.* Nalga. vulg.

  IV. 1. f. *Pe, Bo:E,N, Ar:NO,O.* Mezcla de barro, paja y a veces lana, usada para hacer techos o revocar paredes de casas rústicas. rur.

  V. 1. f. *Ch.* **Golpiza** dada a alguien entre varios. pop.

   2. *Ch.* Derrota muy abultada. pop.

  VI. 1. f. *Ch; PR.* juv. Cantidad grande de dinero. pop.

  VII. 1. f. *Ch. En minería,* conjunto de desechos que se depositan fuera de la mina.

  VIII. 1. f. *Ho, ES.* Vulva. vulg.

  IX. 1. f. *Ho.* Escándalo, desorden.

   2. *Ni.* Error, equivocación grave.

  X. 1. f. *PR.* Placa de hormigón armado que constituye el techo de una construcción.

  XI. 1. f. *PR.* Cosa o asunto difícil. pop + cult → espon.

■

   a. ‖ ~ **bejarana.** f. *Ve.* Postre preparado con pan de horno rallado, **plátanos** horneados, queso blanco y bizcochos de manteca, mezclado todo con **melado** de **papelón** y aliñado con semillas de ajonjolí y especias.

   b. ‖ ~ **burrera.** f. *Ve.* Torta hecha con pan, leche huevos, azúcar, uvas pasas y harina.

   c. ‖ ~ **de novia.** f. *Co, Bo, Ch.* Pastel de varios pisos que se prepara para el festejo nupcial.

   d. ‖ ~ **frita.** f. *Ar, Ur.* Plancha de masa frita en grasa, de forma redondeada o cuadrangular, que se hace con harina, grasa, sal y agua. (**tortafrita**).

   e. ‖ ~ **pascualina.** f. *Bo:E, Ch, Py, Ar, Ur.* Pastel relleno de espinacas o acelgas condimentadas y huevos enteros.

   f. ‖ ~ **seca.** f. *ES.* Torta de pan dulce del que se hacen las torrijas.

□

   a. ‖ **¡qué ~!** loc. interj. *Ni, CR, Pa.* Expresa preocupación o pesar por un error cometido. pop + cult → espon.

▶ comer ~; comerse la ~ antes del recreo; estar hecho ~; hacer ~; hacer la ~; hacerse ~; poner la ~; repartirse la ~; salir con su ~.

tortafrita.

   I. 1. *Ar, Ur.* **torta frita**.

tortazo.

□

   a. ‖ **manso ~.** loc. sust. *Ch.* Choque violento de vehículos de graves consecuencias. pop + cult → espon.

torteado.

   I. 1. m. *Pe, Ar:NO.* Revestimiento de barro mezclado con otros materiales, con que se revocan paredes o techos de casas rústicas.

tortear.

   I. 1. tr. *Mx, Gu, Ho, ES.* Hacer **tortillas** de maíz estirando la masa.

   2. *Ch:C.* Dar forma de **torta** o tarta a una masa de harina y huevos.

  II. 1. tr. *Mx.* Magrear las nalgas de alguien. tabú.

   2. intr. *Gu, Pe.* Tener relaciones homosexuales dos mujeres.

  III. 1. tr. *Pe, Ar:NO.* Revocar con una mezcla de barro y otros materiales las paredes o techos de una casa rústica.

   2. *Ar:NO.* Tapar con barro un agujero o cavidad. rur.

  IV. 1. tr. *Gu, Pe, Ar, Ur.* Dar un golpe a *alguien* o a *algo.* pop + cult → espon.

  V. 1. tr. *Ch.* Pagar a *alguien* con una cantidad grande de dinero. pop + cult → espon.

torteletti. (Voz italiana).

   I. 1. m. *Ar.* Pasta en forma de pequeñas empanadas rellenas que se cocinan en agua hirviendo.

tortera.

   I. 1. f. *ES, Pe.* Lesbiana, mujer homosexual. vulg; pop + cult → espon.

  II. 1. f. *ES.* Pene. vulg.

  III. 1. f. *PR.* **picapica**, planta trepadora.

  IV. 1. f. *PR.* Conjunto de huevos de una **nigua**. rur.

tortería.

   I. 1. f. *Mx.* Lugar donde se preparan, venden y consumen **tortas**.

torteza.

   I. 1. *RD.* **petena**.

tortica.

▶ hacer la ~.

tortilla.

   I. 1. f. *EU, Mx, Gu, Ho, ES, Ni, CR, Pa, RD, Pe, Bo:C,O,S, Ch, Ar:C,NO; PR,* rur. Alimento en forma de torta circular y aplanada, elaborado con masa de maíz o trigo, que se cuece generalmente sobre un **comal** o rescoldo.

   2. *Ec.* Torta elaborada con puré de **papa**, rellena de queso y frita en aceite mezclado con **achiote**.

   3. *Bo:E.* Pan amasado con abundante manteca, hecho de masas sobrepuestas a manera de hojas, que una vez horneado resulta crocante.

   4. f. pl. *Ho.* meton. Sustento, comida en general.

■

   a. ‖ ~ **changa.** f. *Pa.* Tortilla de maíz nuevo y de masa gruesa, que se asa en el horno.

b. ‖ ~ **chirriada.** f. *Bo.* Tortilla untada con manteca de cerdo que se consume enrollada con miel.

c. ‖ ~ **de harina.** f. *Mx, Py.* Torta circular y aplanada hecha con harina de trigo.

d. ‖ ~ **de manteca.** f. *Mx.* Tortilla gruesa, hecha de harina de trigo, de consistencia rígida y cocida.

e. ‖ ~ **de naiboa.** f. *PR.* Almidón fino que se extrae de la **yuca**.

□

a. ‖ **de la ~.** loc. adj/adv. *Mx.* En pésimas condiciones. pop.

▶ **puyar con ~ tiesa; ver ~s volando; virarse la ~; volcar la ~.**

tortillear.
  I. 1. intr. *Ni, RD, Ch, Py, Ur, Ar,* p.u. Tener dos mujeres una relación homosexual. vulg; pop.
  II. 1. intr. *Ho.* Hacer **tortillas** con harina de maíz o de trigo. rur.

tortillera.
  I. 1. f. *Ho, ES.* Molde de madera o metal para hacer **tortillas** de maíz.

tortillería.
  I. 1. f. *Mx, ES, Ni.* Establecimiento donde se hacen o venden **tortillas**.

tortillero, -a.
  I. 1. m. y f. *Mx, Gu, Ec, Ch.* Persona que se dedica a la elaboración o venta de **tortillas**.
  2. adj. *Mx, Gu, ES, Ni, Ch.* Relativo a la **tortilla**.

tortita.
  ■
  a. ‖ ~ **de calabaza.** f. *PR.* Fritura hecha de calabaza.
  b. ‖ ~ **de yuca.** f. *PR.* **cazabe**, torta grande.

tortol.
  I. 1. m. *Mx, Gu, Ho, Ni.* Tortor, palo corto unido a los dos extremos de una cuerda con que se cierra, dándole vueltas, un **matate** o un saco. rur. (**tortolo**).
  2. *Gu, Ho, Ni.* Instrumento que consta de una anilla o cuerda con el que se retuerce el labio superior de una caballería mientras se hierra, cura o trasquila.
  3. *Gu. En el acarreo de madera,* palo corto que se pasa por el eslabón de una cadena para asegurar las trozas.
  II. 1. m. *ES.* Enredo o lío.
  ▶ **dar ~; hacerse un ~; ponerse ~.**

tórtola.
  I. 1. f. *Co, Ec, Pe, Bo, Ch, Py.* Paloma silvestre de hasta 25 cm de longitud, de color gris rosáceo con manchas negras en las alas y en las mejillas, brillos dorados en los laterales del cuello y cola plomiza con faja negra y ápice blanco. (Columbidae; *Zenaida auriculata*). ♦ **madrugadora; paloma de monte; paloma madrugadora; pichona.**
  2. *Ar, Ur.* **cuculí.**
  ■
  a. ‖ ~ **cordillerana.** f. *Pe, Ch.* Ave de hasta 24 cm de longitud, con la cabeza, el cuello y el dorso de color gris algo parduzco, alas primarias y secundarias negras y las alas cobertoras mayores gris claro, y pico y patas negros. (Columbidae; *Metriopelia melanoptera*). ♦ **culluca.**

tortolear.
  I. 1. tr. *Ho.* Encarcelar.

tortolero, -a.
  I. 1. m. y f. *Py.* Persona que se dedica a romper las lunas de un vehículo, a fin de robar lo que hay en el interior. pop.

tortolita.
  I. 1. f. *Pa, RD, Co, Ve, Ec, Pe, Bo.* Pequeña tórtola de hasta 16 cm de longitud, de color castaño rojizo y con la punta de la cola negra. (Columbidae; *Columbina* spp.). (**tortolito**). ♦ **totaqui; urpi; urpila.**

■
  a. ‖ ~ **de la puna.** *Ch.* **culcuta.**

tortolito.
  I. 1. m. *Bo.* **tortolita.**

tortolo. (Parag. de *tortol*).
  I. 1. *Ho, ES.* **tortol,** palocorto.

tórtolo.
  I. 1. m. *Co.* Pene. tabú; pop + cult → espon.

torton. (De *Torton*®).
  I. 1. m. *Mx, Ec.* Camión que lleva un remolque, *generalmente cubierto,* para transportar carga pesada.

tortón.
  □
  a. ‖ **¡qué ~!** loc. interj. *CR.* Expresa preocupación o pesar por un error cometido. pop + cult → espon.

tortuda.
  I. 1. f. *ES.* Mujer de vulva abultada. desp.

tortudo.
  I. 1. m. *ES.* Hombre que se inmiscuye en asuntos de mujeres. desp.

tortuga.
  I. 1. *Ho, Ni.* **mancha,** círculo pequeño.
  II. 1. f. *ES.* Vulva. tabú.
  ■
  a. ‖ ~ **arrau.** *Co, Ec.* **charapa,** tortuga de agua dulce.
  b. ‖ ~ **baula.** *Ho, Ni, CR, Ec.* **laúd.**
  c. ‖ ~ **camagua.** *Ho, Ni.* **caguama,** tortuga marina.
  d. ‖ ~ **carey.** *Ho, Ni.* **carey,** tortuga marina.
  e. ‖ ~ **de agua.** *Bo:E.* **tartaruga.**
  f. ‖ ~ **de tierra.** *Bo:E.* **peta,** tortuga terrestre.
  g. ‖ ~ **mordedora.** f. *Ec.* Tortuga de hasta 40 cm de longitud, de caparazón marrón grisáceo, o completamente negro, y cabeza y extremidades marrones. (Chelydridae; *Chelydra acutirostris*).
  h. ‖ ~ **sabanera.** *Co.* **charapa,** tortuga de agua dulce.
  i. ‖ ~ **verde.** f. *Ho, PR, Ec.* **jaco.**
  □
  a. ‖ ~ **ninja.** loc. sust. *Ch.* Policía del cuerpo de Antidisturbios. fest.
  ▶ **estar como las ~s.**

tortugo.
  I. 1. m. *PR.* Árbol de hasta 18 m de altura, tronco con copa poco densa, savia lechosa, y flores y semillas brillantes de color amarillo; su madera se usa en la fabricación de muebles. (Sapotaceae; *Bumelia pallidum*).

tortuguear.
  I. 1. intr. *ES.* Vigilar tortugas para quitarles los huevos de una puesta.

tortuguilla.
  I. 1. f. *Ho, Ni.* Escarabajo de color verde o amarillo, larvas delgadas, de color blanco, excepto la cabeza y el último segmento del abdomen, que son de color café, y antenas filiformes. (Chrysomelidae; *Diabrotica balteata*). ♦ **vaquita.**

tortuguismo.
  I. 1. m. *Mx, Ho, Pa, Ec.* Lentitud en la prestación de un servicio, *especialmente en la burocracia.*

tortuguita.
  I. 1. f. *Ar.* Capa de carne que se extrae de la zona situada sobre la **pulpa cuadrada**.

torturada.
  I. 1. f. *Ho.* Tortura intensa.

toruno.
  I. 1. m. *Bo, Ch, Ar, Ur.* Toro que ha sido castrado después de tres o más años. rur.
  2. sust/adj. *Py, Ar, Ur.* Animal castrado que conserva un testículo.
  3. adj. *Bo.* Propio de un toro. pop.

torzal.
    I. 1.   m. *Ni, CR, Ec, Ar.* Lazo de cuero retorcido. rur.
    II. 1.   m. *CR.* obsol. Trozo de palo usado para tensar por torsión dos cuerdas que atan una cosa. rur.

torzón.
    I. 1.   m. *Mx.* Espasmo muscular, *particularmente estomacal.* pop.

tos.
    ■
    a. ‖ ~ **brava.** *PR.* **tos de ahogo.** rur.
    b. ‖ ~ **chacha.** m. *ES.* Tos acompañada de un pedo. vulg.
    c. ‖ ~ **chifladora.** *ES.* **tos de ahogo.**
    d. ‖ ~ **de ahogo.** f. *Bo.* Tos ferina. ♦ **tos brava; tos chifladora; tos de ahogo.**
    e. ‖ ~ **de rico.** f. *ES.* Tos ficticia de un niño.
    f. ‖ ~ **de vejiga.** f. *PR.* Tos profunda y ronca que, según creencia popular, se produce cuando se ha comido vejiga. rur.
    g. ‖ ~ **quintosa.** *ES.* **tos de ahogo.**
    ▶ **armarla de ~; hacerla de ~.**

toscano.
    I. 1.   m. *Ar, Ur.* Cigarro grueso hecho con una hoja de tabaco enrollada.
    ▶ **tener un ~ en la oreja.**

tosedera.
    I. 1.   f. *Mx, Ho, ES, Ni, CR, Pa, Cu, RD, Co, Pe, Bo, Ur.* Tos continua.

tosida.
    I. 1.   f. *Mx, Ho, ES, Ni, CR, RD, Pe.* Hecho de toser.

tosiento, -a.
    I. 1.   adj. *Mx, ES. Referido a persona,* que padece tos, fatiga y opresión en el pecho.

tosijoso, -a.
    I. 1.   adj. *Ho. Referido a persona,* tosigoso, que tiene tos, fatiga y opresión en el pecho.
    II. 1.   adj. *Ho. Referido al motor de un vehículo,* que no se produce la chispa y la combustión en cada uno de los dos o cuatro tiempos en que está programado.

tostada.
    I. 1.   f. *Mx, Gu.* **Tortilla** de maíz frita cubierta de salsa de tomate, **aguacate** o **frijol.**
    2.   *Mx.* **Tortilla** desecada que se adereza con crema, queso rallado, salsa y lechuga, entre otros alimentos.
    3.   *Ve.* **Arepa** rellena de algún alimento.
    4.   f. pl. *Bo.* Palomitas de maíz. (**tostado**).
    5.   f. *Bo.* Refresco de maíz tostado.
    II. 1.   f. *Ec:O.* Sombrero de paja dura.
    ▶ **estar de la ~; llevarse la ~; ¡me lleva la ~!**

tostadera.
    I. 1.   f. *Bo.* Tiroteo. pop.
    2.   *Bo.* Ruido producido por un tiroteo.
    II. 1.   f. *Cu, PR.* juv. Locura.

tostado.
    I. 1.   m. *Ec, Pe, Bo.* Maíz tostado.
    2.   *Bo:C,O,S.* Cereal seco y tostado, *generalmente en olla de barro.*
    3.   *Bo.* **tostada,** palomitas de maíz.
    II. 1.   m. *Ar.* Sándwich de **pan de miga** tostado, con jamón y queso.
    III. 1.   m. *PR.* **guajanilla.**
    2.   *PR.* Fruto del tostado, comestible, carnoso, y dulce.

tostado, -a.
    I. 1.   adj/sust. *Pa, Cu, RD, Ve*; adj. *PR. Referido a persona,* loca, de poco juicio, imprudente.
    II. 1.   adj/sust. *Ve, Ec*; adj. *ES, PR. Referido a persona,* que está bajo los efectos de las drogas. drog.

    III. 1.   adj/sust. *Ho, Ve.* juv. *Referido a persona,* muerta, *en especial por asesinato o en enfrentamiento con la policía.* pop.
    IV. 1.   adj. *Ho. Referido a persona,* de raza negra o piel muy oscura.
    V. 1.   adj. *Ho. Referido a persona,* flaca y con arrugas en la piel.
    VI. 1.   adj. *Ho. Referido a un alumno,* que ha suspendido un examen. est.
    ▶ **ponerse ~.**

tostahorno.
    I. 1.   m. *Pa.* Horno eléctrico de pequeñas dimensiones para calentar o tostar el pan u otros alimentos.

tostar(se).
    I. 1.   tr. *Ho, Co.* Matar a *alguien.* pop + cult → espon.
    2.   intr. prnl. *Ho.* Morirse *alguien.*
    II. 1.   tr. *Bo:O, Ch.* Enojar, enfadar a *alguien.*
    2.   intr. prnl. *Bo:O, Ch.* Enojarse *alguien* por algo o con alguien.
    III. 1.   intr. prnl. *Cu, PR, Ec.* Enloquecer *alguien.* pop + cult → espon.
    2.   tr. *Cu.* Provocar *algo* la pérdida de las facultades mentales. pop.
    IV. 1.   tr. prnl. *Ho, Ni.* Arrugarse *algo* por el sol, *en especial hojas y frutos.*
    2.   intr. prnl. *Ho.* Enflaquecerse mucho *alguien.*
    V. 1.   intr. prnl. *ES, PR.* Drogarse *alguien.* drog.
    2.   intr. *ES.* Fumar marihuana. drog.
    VI. 1.   tr. *Bo:O.* Dar un golpe o un pellizco a alguien. pop.
    2.   *PR.* Zurrar, azotar, vapulear *una persona* a *alguien.* pop + cult → espon.
    VII. 1.   tr. *Ho.* Suspender a un alumno un examen o asignatura.

tostificación.
    I. 1.   f. *Bo.* Tiroteo. pop.

tostó.
    I. 1.   m. *Ar:NO.* **retama,** árbol.

tostón.
    I. 1.   m. *Ho, Ni, Pa, RD, PR, Co:SO, Ve.* Rodaja grande de **plátano verde,** machacada y frita, que suele acompañar a otros alimentos.
    II. 1.   *Cu.* **sambesarambe.**
    III. 1.   m. *RD.* Sacudida que se le da al **papalote.**
    IV. 1.   m. *PR.* Vulva. tabú; pop + cult → espon.
    V. 1.   m. *PR.* Cosa difícil e inoportuna. pop + cult → espon.
    ▶ **faltar el veinte para el ~.**

tostonada.
    I. 1.   f. *PR.* Conjunto grande de **tostones.**

tostoncillo.
    I. 1.   *Ho.* **chamol,** bejuco leñoso.

tostonear.
    I. 1.   tr. *Ec.* Trasquilar, cortar el pelo a un animal. pop + cult → espon.
    2.   *PR.* Cortar *alguien* el cabello a una persona con descuido. pop + cult → espon.
    3.   *PR.* Golpear o reprender a *alguien.* pop + cult → espon.

tostonera.
    I. 1.   f. *Cu, PR.* Utensilio de cocina con dos planchas de maderas unidas entre sí que se utiliza para aplastar el **plátano** y hacer **tostones.**

tostonero, -a.
    I. 1.   m. y f. *Ni.* Persona que trasporta carga en una carreta.

tota.
    I. 1.   f. *Co.* Pez de hasta 10 cm de longitud, de cuerpo plateado con las aletas de color naranja en la punta. (Characidae; *Creagrutus magdalenae*).

II. 1. f. *Cu, RD, PR.* Vulva, *especialmente la de las niñas.* tabú; pop + cult → espon. (**toto**).

totachi.
I. 1. *Bo:E.* **tutachi.**

totaí.
I. 1. m. *Bo:E.* **coroza**, palma.

total.
☐
    a. ‖ **en ~.** loc. adv. *Bo, Ch.* En conclusión, en suma. pop + cult → espon.

totaqui.
I. 1. *Bo:E,O.* **tortolito.**

totazo.
I. 1. m. *Co, Ve.* Golpe fuerte que recibe una persona al caerse o chocarse con algo, o el que se da con la mano. pop + cult → espon. ♦ **guarapazo; tramacazo.**

tote.
I. 1. m. *Co.* Artificio de pólvora que al golpearlo estalla y salta por el suelo.
II. 1. m. *Co.* Arma de fuego. delinc.
☐
    a. ‖ **como un ~.** loc. adj. *Co:C. Referido a persona*, de mal humor. pop.

totearse.
I. 1. intr. prnl. *Co.* Abrirse o romperse *algo* por exceso de presión en el interior.
☐
    a. ‖ **~se de la risa.** loc. verb. *Co.* Reírse mucho y con ganas. pop.

tótem.
I. 1. m. *Bo, Ch.* Columna o panel que se encuentra en las vías públicas en cuya parte inferior se hace publicidad de algo y en la superior se dan indicaciones turísticas.
    2. *Ec.* Columna publicitaria que contiene varios anuncios.

totí.
I. 1. m. *Cu.* Pájaro de plumaje muy negro, pico encorvado y cola plana, que se alimenta de semillas e insectos. (Icteridae; *Dives atroviolaceus*).

totilimundi.
I. 1. *PR.* **tutilimundi.**

toto.
I. 1. m. *Cu, RD, PR.* **tota**, vulva. pop.
▶ **coger ~.**

totoca.
I. 1. f. *Ho, ES.* Cabeza de una persona. pop.

totol. (Del nahua *totolin*, gallina).
I. 1. m. *Mx.* Cría de pavo o **guajolote.**

totola. (Del nahua *totolin*, gallina).
I. 1. f. *Mx.* Hembra del pavo.

totolate. (Del nahua).
I. 1. m. *Ho, Ni, CR.* Piojillo que se anida en el plumaje de las aves, *principalmente en el de las gallináceas.*

totoleco, -a.
I. 1. adj. *ES. Referido a persona*, boba, atontada.

totomochtle. (Del nahua *totomochtli*, hoja seca de la mazorca de maíz).
I. 1. m. *Mx.* Conjunto de hojas secas de la mazorca del maíz; se usan como forraje, para envolver tamales y para hacer artesanías. (**totomostle; totomoxtle**).

totomostle.
I. 1. *Mx.* **totomochtle.**

totomoxtle.
I. 1. *Mx.* **totomochtle.**

totomoyo, -a.
I. 1. adj/sust. *Cu. Referido a persona*, de muy limitada inteligencia y cultura.

totopo.
I. 1. m. *Mx.* Trozo o fracción de **tortilla** de maíz tostada. ♦ **totoposte.**

totoposte. (Del nahua *totopochtic*, cosa muy tostada).
I. 1. *Mx, Gu, Ho, ES, Ni.* **totopo.**
    2. m-f. *Ni.* metáf. Persona muy gorda.
II. 1. m. *ES.* Bulto pegado a algo que molesta o afea.
    2. *Ni.* Cosa mal hecha.
III. 1. m-f. *Gu.* Persona cuyo trato resulta desagradable.

totora. (Del quech. y del aim. *tutura*).
I. 1. f. *Co:E,SO, Ec, Pe, Bo:O, Ch, Py, Ar, Ur.* Planta perenne con tallo erecto de hasta 3 m de altura, hojas con forma de cinta e inflorescencia en espiga cilíndrica de color pardo rojizo, situada en el ápice del tallo; se usa en la construcción de techos, paredes para cobertizos de ranchos y embarcaciones. (Typhaceae; *Thypha* spp.). ♦ **batro.**

totoral.
I. 1. m. *Co:E,SO, Ec, Pe, Bo:O, Ch, Py, Ar, Ur.* Sitio poblado de **totoras.**

totoreco, -a.
I. 1. adj. *Gu, ES. Referido a persona*, tonta, falta de entendimiento o de razón.
    2. *Ho, ES. Referido a persona*, un poco borracha.

totorero.
I. 1. m. *Pe, Ch.* Ave de hasta 33 cm de longitud, de color marrón claro arenoso en la parte de arriba, con una línea que baja por el centro de la corona, listas negras a lo largo del lomo y blanco que tiende a marrón claro rayado en la parte de abajo. (Ardeidae; *Ixobrychus involucris*). ♦ **garza enana amarilla.**

totorrón.
I. 1. m. *Pa:NO.* Cigarra.

totuma.
I. 1. f. *Ni, Ve, Ec, Bo; Ch*, obsol. Recipiente hecho con el fruto seco del **jícaro.** (**tutuma**).
    2. *CR:S, Pa, Co, Bo.* Vasija fabricada con la corteza seca del fruto del **totumo.**
II. 1. f. *Co, Ve, Ec.* **totumo**, fruto.
    2. *Ni, Ve.* **totumo**, jícaro.
III. 1. f. *Ch:SO.* Saco a modo de alforja. rur.
IV. 1. f. *RD.* Bulto, protuberancia.

totumada.
I. 1. f. *Co, Ve.* Cantidad que cabe en una **totuma.**
    2. *Bo:E.* Vasija de forma ovoide hecha del fruto del **tutumo.**

totumal.
I. 1. m. *Ve.* Sitio poblado de **totumos** o **jícaros.**

totumear.
I. 1. tr. *Ve.* Pensar, meditar, reflexionar sobre un asunto. pop. (**tutumear**).

totumo.
I. 1. *Pa, PR, Co, Ve, Ec, Pe, Bo.* **jícaro**, árbol perenne. (**totuma; tutuma; tutumo**).
    2. m. *Pa, Co, Ve, Pe, Bo.* Fruto del totumo con el que se hacen vasijas. (**totuma; tutuma; tutumo**). ♦ **calabazo.**

■
    a. ‖ **~ de monte.** *Co.* **palo santo**, arbusto.

totumpote.
I. 1. m-f. *RD.* Persona influyente, poderosa y rica.

touchy. (Voz inglesa).
I. 1. adj. *EU. Referido a persona o cosa*, delicada.

tóxico.
I. 1. m. *Ni.* juv. Cigarrillo.

tóxico, -a.
I. 1. adj. *Ch.* juv. *Referido a cosa*, mala, desagradable respecto de otras similares.

toyo.
    I. 1.   m. *Bo:O.* Zampoña de tono bajo que se toca en Semana Santa.

traba.
    I. 1.   f. *Co.* Estado de euforia tras el consumo de algún estimulante. drog.
    II. 1. f. *Ni, Bo, Ch.* Gancho, *generalmente adornado con flores o cintas*, que las mujeres usan para sujetarse el cabello.
    III. 1. f. *RD; PR,* rur. Conjunto de gallos de pelea.
    2.   *PR.* Lugar donde están los gallos de pelea de un gallero.

    ■
    a. ‖ ~ **de gallos.** *PR.* **banca de gallos.**

trabada.
    I. 1.   f. *Ho, ES.* Problema, contratiempo, molestia.
    II. 1. f. *ES.* Engaño.

trabado.
    I. 1.   adj. *Mx. Referido a un hombre,* musculoso.

trabado, -a.
    I. 1.   adj. *Mx. Referido a persona,* muy enojada.
    II. 1. adj. *Ho, Co. Referido a persona,* que se halla bajo los efectos de una droga. drog.
    III. 1. adj. *Ho, ES, Ni. Referido a persona,* tartamuda.
    IV. 1. adj. *Gu, Ho. Referido a persona,* alocada, alterada u obsesiva.
    V. 1. adj. *CR, Ec. Referido a instrumento cortante de filo aserrado,* con los dientes torcidos alternativamente a uno y otro lado para favorecer el deslizamiento.

trabador.
    I. 1.   m. *CR, Ec.* Instrumento utilizado para torcer alternativamente y a uno y otro lado los dientes de la sierra para que se deslice más fácilmente.

trabafat.
    I. 1.   *Mx.* **tamafat.** pop.

trabajadera.
    I. 1.   f. *ES, Ni, Cu; Pe,* p.u. Trabajo abundante y muy intenso.

trabajadero.
    I. 1.   m. *Co:E.* Planta en la que se hace el primer procesamiento de la coca transformándola en una masa de la que se obtendrá el producto final en otra parte. drog.
    II. 1. m. *Ho, ES.* Tierra de cultivo. rur.
    2.   *CR.* Terreno listo para ser cultivado. rur.
    3.   *Pa.* Lugar en el que los campesinos siembran arroz, **frijoles,** maíz y otros cultivos.

trabajador.
    I. 1.   m. *Ch.* Ave de hasta 14 cm de longitud, de cabeza parda oscura con una gran línea superciliar blanca, dorso negruzco con manchas grises, garganta, pecho y abdomen blanquecinos, cola negruzca y pico fino puntiagudo. (Furnariidae; *Phleocryptes melanops).*

trabajador, -ra.
    ■
    a. ‖ ~ **del riel.** m. y f. *Ur.* p.u. Empleado de los ferrocarriles.

trabajadora.
    ■
    a. ‖ ~ **de adentro.** f. *Ho.* Empleada doméstica que duerme en la casa en que trabaja.
    b. ‖ ~ **de afuera.** f. *Ho.* Empleada doméstica que no duerme en la casa en que trabaja.

trabajal.
    I. 1.   m. *Ho, ES.* Cantidad grande de trabajo.

trabajar.
    I. 1.   tr. *CR, Co, Ve, Bo.* Hacer brujería a alguien. pop.
    2.   *Cu.* Tratar, con astucia, de convencer a alguien de que haga algo que se le propone. pop + cult → espon.

□
    a. ‖ ~ **a los gallos.** loc. verb. *PR. En las peleas de gallos,* entrenar a los gallos.
    b. ‖ ~ **a reglamento.** loc. verb. *Ar, Ur.* Disminuir los trabajadores el ritmo de actividad mediante el cumplimiento meticuloso de las normas laborales, *con el objeto de reivindicar algo o expresar una protesta.*
    c. ‖ ~ **al cansancio.** loc. verb. *Pe.* Lograr *algo* mediante una insistencia continua.
    d. ‖ ~ **al pirquén.** loc. verb. *Ch. En el lenguaje de las minas,* trabajar sin condiciones ni sistema determinados, sino en la forma que el minero quiera, pagando lo convenido al dueño de la mina.
    e. ‖ ~ **el tiro.** loc. verb. *PR. En las peleas de gallos,* entrenar un gallo enfrentándolo al **chato** durante quince minutos diarios para que practique el tiro con la **espuela.**
    f. ‖ ~ **en la vaguin** *company.* loc. verb. *PR.* Estar *alguien* desempleado. pop + cult → espon.
    g. ‖ ~ **para el cura.** loc. verb. *ES.* Trabajar para alguien sin recibir provecho alguno.
    h. ‖ ~ **para el inglés.** loc. verb. *Pa, Cu, RD, PR.* Esforzarse *una persona* en algo, sin recibir a cambio suficiente remuneración o reconocimiento. pop + cult → espon.
    i. ‖ ~**le.** loc. verb. *Ch.* Llevar a cabo o experimentar *algo* que se menciona. pop + cult → espon.

trabajito.
    I. 1.   m. *Mx, ES, Bo.* Embrujo, hechizo.
    ► **hacer un ~.**

trabajo.
    I. 1.   m. *Mx, ES, CR, Pa, Cu, RD, PR, Co, Ve, Bo, Py, Ar, Ur.* Conjuro con el que se pretende proteger o perjudicar a una persona mediante prácticas supersticiosas. pop.

    ■
    a. ‖ ~ **a reglamento.** loc. sust. *Ar, Ur.* Disminución del ritmo de actividad de los trabajadores mediante el cumplimiento meticuloso de las normas laborales, con fines reivindicativos o de protesta.
    b. ‖ ~ **de joyería.** m. *Ch.* Labor minuciosa y concienzuda.
    c. ‖ ~ **de relojero.** m. *Bo, Ur.* Labor minuciosa.
    ► **pasar ~.**

trabajólico, -a.
    I. 1.   adj. *Gu, Ec, Ch. Referido a persona,* que trabaja compulsivamente. fest.
    2.   *Ch. Referido a persona,* con muchos trabajos, obligaciones o responsabilidades. pop ^ fest.

trabanuca.
    I. 1.   m. *ES.* **Acemita** gruesa y alta.

trabar(se).
    I. 1.   tr. prnl. *Co,* drog; *Ec,* pop + cult → espon. Ponerse bajo los efectos de una droga alucinógena.
    II. 1. tr. *Gu, Ho, ES.* Implicar a *alguien* en un asunto difícil o molesto.
    2.   *Ho, ES.* Dañar o perjudicar a *alguien.*
    3.   *ES.* Herir a *alguien* con puñal.
    III. 1. intr. prnl. *Gu, Ho, ES, Ni, Bo.* Tartamudear.
    IV. 1. tr. *CR, Ec.* Torcer alternativamente y a uno y otro lado los dientes de la sierra para que se deslice más fácilmente.
    V. 1. tr. *RD.* Contraer el **trabo.**
    VI. 1. tr. *ES.* Realizar el coito.
    VII. 1. intr. prnl. *Ho.* Volverse loco *alguien,* perder la razón.

□
    a. ‖ ~**se el paraguas.** loc. verb. *Cu.* Tener problemas para explicar algo o responder a una pregunta.

b. ‖ **trabársele la catalina.**
    i. loc. verb. *Cu.* Avanzar hasta cierto punto *alguien* y no poder seguir adelante.
    ii. *Cu.* No funcionar *algo* en sus comienzos, no empezar a andar.
    iii. *Cu.* No entender algo.

trabavolante.
    I. 1. m. *Ch.* Mecanismo de seguridad que se fija al volante e impide que este pueda moverse en caso de robo.

trabazón.
    I. 1. f. *ES.* Congestión de tránsito. pop + cult →
espon.

trabelazo.
    I. 1. m. *ES.* Estruendo.

trabero, -a.
    I. 1. m. y f. *RD, PR. En las peleas de gallos,* persona que cuida de una **traba**, conjunto de gallos.

trabilla.
    I. 1. f. *Ar:NO. En un alambrado,* varilla de madera suspendida entre postes fijados a la tierra, con perforaciones por donde pasan los alambres.

trabo.
    I. 1. m. *RD.* Tétanos, enfermedad.

trabón.
    I. 1. m. *Ho, ES.* Herida hecha con puñal.

trabonear.
    I. 1. tr. *ES.* Herir a *alguien* a puñaladas.
    2. *ES.* Rasgar una tela.

trabuco.
    I. 1. m. *Co, Bo.* Arma de fuego de fabricación artesanal.
    II. 1. m. *Ar.* Travesti. vulg.
    III. 1. m. *Bo.* Hombre que trabaja en los mercados cargando y descargando bultos y mercancías con ayuda de una cuerda y de una tela resistente. pop.
    IV. 1. m. *RD.* Gallo de pelea.
    V. 1. sust/adj. *Ni.* Equipo de **futbol** formado por jugadores excelentes.
    VI. 1. m. *Ni.* Engaño.

trabuscar.
    I. 1. tr. *Ar:NE.* Buscar insistentemente *algo* que se resiste a aparecer. pop + cult → espon.
    2. *Bo.* Revisar los bolsillos de una prenda de vestir ajena para quedarse con los objetos de valor que se encuentren. pop.

trabusque.
    I. 1. m. *Bo.* Revisión de los bolsillos de una persona para quedarse con los objetos de valor que se encuentren. pop.

trácala.
    I. 1. f. *Mx, Pa, Ve.* Trampa, maña, ardid, engaño. pop + cult → espon.
    2. adj. *Mx, Gu.* **tracalero.**

tracalada.
    I. 1. f. *ES, Co:C,N, Ve, Pe, Bo:O,S, Ch, Ar, Ec,* p.u. Multitud. pop.
    ☐
    a. ‖ **a ~s.** loc. adv. *Bo.* En gran cantidad, en abundancia. pop + cult → espon.

tracalear.
    I. 1. tr. *Pa, Ve.* Engañar a *alguien* abusando de su confianza o mediante algún ardid.

tracalera.
    I. 1. f. *Ve.* Gran cantidad de personas o de cosas. pop.

tracalería.
    I. 1. f. *Pa, Ve.* Engaño, estafa.

tracalero, -a.
    I. 1. adj/sust. *Mx, Pa, Ve. Referido a persona,* tramposa, estafadora. pop. ♦ **trácala.**

tracalión.
    I. 1. m. *ES. En futbol,* encontronazo de dos jugadores en el que el balón está entre sus piernas.

tracamanada.
    I. 1. f. *Co:O.* Grupo de personas o cosas despreciables.

tracamandada.
    I. 1. f. *Co:O.* Multitud. pop.

tracatán, -na.
    I. 1. adj/sust. *Cu. Referido a persona,* servil y aduladora. pop ^ desp. (**tracatrán**).

tracatear.
    I. 1. intr. *Ho.* Hacer mucho ruido las piezas de un aparato, instrumento o motor al funcionar.
    2. *Ho.* metáf. Hablar mucho de un tema en un medio de comunicación.

tracateo.
    I. 1. m. *Ho.* Estruendo de las piezas de un aparato, instrumento o motor al funcionar, *en especial de un arma de fuego.*
    II. 1. m. *Ho.* Pelea, discusión, desorden.
    III. 1. m. *Ho.* Actividad frenética para resolver algo.

tracatrán, -na.
    I. 1. *Cu.* **tracatán.** pop ^ desp.

tracción.
    ■
    a. ‖ **doble ~.**
      i. f. *CR, Cu, Co, Ec, Bo, Py, Ur.* Sistema que permite en algunos vehículos activar o desactivar la tracción en todas sus ruedas. ♦ **chancha; doble.**
      ii. m. *CR, Ec, Bo.* Vehículo automotor provisto de **doble tracción.**

tractar.
    I. 1. tr. *Ch.* Tirar de algo para moverlo o arrastrarlo con un vehículo, grúa u otro medio.

tractomula.
    I. 1. f. *Co, Ec, Ur.* Camión de gran capacidad, *generalmente con remolques* usado para carga pesada.

trade.
    ■
    a. ‖ **~ in.** (Voz inglesa).
      i. m. *PR.* Transacción comercial donde se obtienen rebajas entregando a cambio un producto de menor calidad o de una calidad parecida.
      ii. *PR.* Anticipo de pago por la compra de algo.

traer.
    ☐
    a. ‖ **~ a monte.** *CR.* obsol. **tener a monte.** rur.
    b. ‖ **~ bajo el poncho.** loc. verb. *Ch, Ar, Ur.* Llevar *algo* oculto. pop + cult → espon.
    c. ‖ **~ chicoteado.** loc. verb. *Mx.* Apurar a *alguien,* ajetrearlo con mucho trabajo. pop + cult → espon.
    d. ‖ **~ cortita.** *Mx.* **traer cortito.** pop.
    e. ‖ **~ cortito.** loc. verb. *Mx, ES, Ur.* Hacer que alguien esté en constante trajín o movimiento y con miedo. pop + cult → espon. (**traer cortita**).
    f. ‖ **~ de encargo.** loc. verb. *Mx.* Hacer a *alguien* objeto de constantes agresiones o incomodidades. pop. ♦ **traer de su güey; traer de su pendejo.**
    g. ‖ **~ de los cabellos.** loc. verb. *Bo, Ur.* Aducir o traer a una argumentación una materia que no guarda relación con ella.
    h. ‖ **~ de su güey.** *Mx.* **traer de encargo.** vulg.
    i. ‖ **~ de su pendejo.** *Mx.* **traer de encargo.** vulg.
    j. ‖ **~ de un ala.**
      i. loc. verb. *Mx, Ni.* Tener *alguien* sometida y enajenada a *una persona* merced a una fuerte atracción o a la acción de un poder despótico. pop + cult → espon. (**traer del ala**).

ii. *Mx*. Acosar, atormentar, asediar, constituir motivo de obsesiva preocupación. pop + cult → espon. (**traer del ala**).

k. ‖ ~ **del ala.**
i. loc. verb. *Mx, Gu, Ho, ES, Ni*. Dominar a *alguien, generalmente por amor*. pop + cult → espon ^ fest.
ii. *Mx, ES*. Tener poder e influencia sobre alguien. pop.
iii. *Mx*. **traer de un ala** pop + cult → espon.

l. ‖ ~ **el santo volteado.** loc. verb. *Mx*. Estar de mal humor y poco complaciente. pop + cult → espon.

m. ‖ ~ **en salsa.** loc. verb. *Mx*. Apurar a *alguien*, ajetrearlo con mucho trabajo. pop + cult → espon.

n. ‖ ~ **entre ojos.** loc. verb. *Mx, Ni*. Tener animadversión o mala voluntad a alguien.

ñ. ‖ ~ **finto.** loc. verb. *Mx*. Tener a *alguien* bajo control al mantenerlo con incertidumbre. pop + cult → espon.

o. ‖ ~ **ganas.**
i. loc. verb. *Mx, ES*. Tener el deseo de reñir o enfrentarse con alguien. pop + cult → espon.
ii. *Mx, Ni*. Desear *algo* y buscar la oportunidad de obtenerlo. pop + cult → espon.
iii. *Mx, Ni*. Tener el deseo de poseer sexualmente a alguien. tabú; pop + cult → espon.
iv. *Mx*. Tener *alguien* el deseo de perjudicar a una persona. pop.

p. ‖ ~ **para atrás.** (Calco del ingl. *bring back*). loc. verb. *EU*. Llevar *algo* a alguien al regresar de algún lugar.

q. ‖ ~**lo Colón.** loc. verb. *Ni, CR*. Ser *algo* muy antiguo.

r. ‖ **traérselo corto.** loc. verb. *Mx*. Vigilar a *alguien* constantemente y presionarlo. pop + cult → espon.

a. ‖ **las traes.** loc. sust. *Mx*. Juego infantil que consiste en que uno de los integrantes persigue a los demás hasta tocar a uno y convertirlo en el nuevo perseguidor.

b. ‖ ~ **piñas a milagro.** loc. sust. *Ec*. Invertir tiempo en una tarea inútil. pop + cult → espon.

a. ‖ **de lo que traes llevas.** fr. prov. *Pa*. Indica que alguien se comporta de la misma manera que se han comportado con él.

b. ‖ **hasta aquí nos trajo el río.** fr. prov. *Ve*. Indica que algo ha terminado. pop + cult → espon.

c. ‖ **lo que trajo el barco.** fr. prov. *Ni, RD, PR*. Indica que es lo único que hay. pop + cult → espon.

trafa.
I. 1. f. *Pe*. Estafa o engaño. pop + cult → espon.

tráfala.
I. 1. sust/adj. *PR, Bo*. Persona que actúa sin escrúpulos ni vergüenza. pop + cult → espon.
2. adj. *PR*. Referido especialmente a persona, vulgar, de poca valía o estima.

trafero, -a.
I. 1. sust/adj. *Pe*. Persona que comete fraudes y estafas. pop.

trafica.
I. 1. m-f. *Ch*. Traficante de drogas. pop ^ desp.

traficar.
I. 1. tr. *ES*. Robar *algo* a alguien. delinc.

tráfico.
I. 1. m. *PR*. Dirección.

trafique.
I. 1. m. *Mx*. Maniobra poco limpia en un negocio.
2. *ES*. Robo. delinc.

trafucar.
I. 1. tr. *Cu*. Confundir a *alguien*. pop + cult → espon.

tráfuga.
I. 1. sust/adj. *Co*. Persona traidora y desleal. pop ^ desp.

traga.
I. 1. f. *Co*. Enamoramiento intenso que se siente hacia otra persona. pop.
2. m-f. *Co*. Novio o novia, pretendiente.
II. 1. adj/sust. *Ar, Ur*. Referido a un estudiante, que prepara mucho sus lecciones. est; pop + cult → espon ^ desp.
□
a. ‖ ~~. adj/sust. *Ch*. Referido a persona, que come mucho o de manera rápida y desordenada. pop.

tragaaños.
I. 1. *Ec*. **tragaños**. pop.

tragabalas.
I. 1. m. *Ho*. Vulva. tabú; pop + cult → espon.

tragada.
I. 1. f. *Ar*. Estafa que consiste en apropiarse ilícitamente de un dinero quien tiene competencia en la administración de este. pop + cult → espon.

tragadebalde.
I. 1. sust/adj. *Bo*. Persona ociosa que vive a costa de los demás.

tragadera.
I. 1. f. *ES, Co, Pe*. Comida excesiva y voraz. pop + cult → espon.

tragadero.
I. 1. m. *Pe*. Lugar en el que un río desaparece por infiltración de sus aguas y deja lodazales.

tragado, -a.
I. 1. adj. *Co; Ec, juv; hiperb*. Referido a persona, muy enamorada. pop.

tragahostias.
I. 1. m-f. *Ec; Pe, p.u.; pop + cult → espon ^ desp*. Persona que comulga pero no se arrepiente de sus malos actos ni cambia su comportamiento.

tragahumos.
I. 1. m-f. *Ho*. Bombero. pop ^ fest.

tragaldaba.
I. 1. m-f. *Ni*. Persona codiciosa.
2. f. *Ni*. Mujer insaciable sexualmente.

tragaluz.
I. 1. m. *ES*. Trago de licor. fest.

tragamonedas.
I. 1. f. *Mx, Ho, ES, PR, Ar, Ur*; sust/adj. *Ni, Bo, Ch, Py*, pop + cult → espon; adj/sust. *Co, Ec*. Máquina de juegos de azar que funciona introduciendo monedas.

traganíquel.
I. 1. m. *Pa; Ec, p.u*; pl *PR*. Máquina de juegos que funciona automáticamente introduciendo en ella monedas.
2. m. pl. *Pa, Cu* p.u. Gramófono eléctrico que funciona con monedas.
3. m. *Cu* obsol. Aparato automático que funciona cuando se le inserta una moneda.

tragantazo.
I. 1. m. *Ho:N*. Trago de bebida alcohólica.

tragante.
I. 1. m. *Ho, Ni; Cu, vulg*. Alcantarilla, sumidero.
2. *ES*. Boca de alcantarilla.

tragaños.
I. 1. sust/adj. *Mx, ES, CR, Ec*. Persona que aparenta menos edad de la que tiene. pop. (**tragaaños**).

tragar(se).
I. 1. tr. prnl. *Ar*. Apropiarse ilícitamente de un dinero público cuando se tiene competencia en su administración. pop + cult → espon.

2. *Ec.* Dejar en la ruina a *alguien* haciendo fraude en un negocio. pop + cult → espon.

II. 1. intr. prnl. *Co.* Enamorarse *una persona* de otra. pop.

III. 1. intr. *Ar.* Estudiar mucho. est.

IV. 1. tr. *ES.* Creer *algo* ingenuamente.

□

a. ‖ **no ~ ni con aceite.** loc. verb. *Bo.* No soportar a *alguien.* pop.

b. ‖ **no ~se la semilla de tajo.** loc. verb. *Ho. Entre ladrones*, no creerse la información que alguien le da.

c. ‖ **~ cable.** loc. verb. *CR.* obsol. **tragar grueso**.

d. ‖ **~ camote.**
  i. loc. verb. *Mx.* Verse *alguien* obligado a aceptar o soportar un hecho o una situación contra la propia voluntad y con gran fastidio. pop + cult → espon.
  ii. *Mx.* Resignarse *alguien* servilmente a soportar un abuso o injusticia. pop + cult → espon.
  iii. *Mx.* Pasar *alguien* rubor, bochorno y gran apuro ante una situación sumamente desairada, incómoda y vergonzante, que lo deja en evidencia. pop + cult → espon.
  iv. *Mx.* Permanecer *alguien* pasivo, inactivo, o desentenderse, inhibirse ante la responsabilidad que le corresponde afrontar. pop + cult → espon.

e. ‖ **~ camotillo.** loc. verb. *Mx, Ho, Ni.* Aguantar, resignarse a algo. pop.

f. ‖ **~ en seco.** loc. verb. *PR.* Oír *alguien* sin chistar un regaño o un insulto. pop + cult → espon.

g. ‖ **~ gordo.** loc. verb. *Ho, Ni, PR.* Aguantar *algo una persona*, contenerse. pop + cult → espon.

h. ‖ **~ grueso.** loc. verb. *CR, Pa.* Quedarse una persona soportando un disgusto y sin poder decir nada para desahogarse. ♦ **tragar cable**.

i. ‖ **~ más pinol.** loc. verb. *Mx:SE, Ho.* Aguantar a alguien dichos o hechos. pop + cult → espon.

j. ‖ **~ píldoras cuadradas.** loc. verb. *Bo.* Creer lo más inverosímil o los mayores disparates. pop.

k. ‖ **~se con concha y todo.** loc. verb. *Ve.* Creerse una mentira. pop.

l. ‖ **~se con los ojos.**
  i. loc. verb. *Bo:O.* Mirar *una persona* a *otra* con odio. pop.
  ii. *Ni.* Mirar *una persona* a *otra* con amor o deseo.

m. ‖ **~se el hueso.** loc. verb. *Ho, Ni, RD.* Creerse una mentira. pop + cult → espon.

n. ‖ **~se la lengua.** loc. verb. *Ni, Cu, RD, PR, Co, Py, Ur.* No expresar la opinión que se tiene sobre un asunto por miedo o conveniencia.

ñ. ‖ **~se la paja.** loc. verb. *Ho.* Creerse una mentira. pop + cult → espon.

o. ‖ **~se la vara.** loc. verb. *Ho.* No ejercer la autoridad en aquello que se esta obligado a hacer.

p. ‖ **~se un cable.** loc. verb. *Cu, RD.* Pasarlo mal por carecer de recursos o trabajo remunerado.

q. ‖ **~se un ladrillo.** loc. verb. *Bo:O.* Creerse una mentira. pop + cult → espon.

r. ‖ **~se una sierra.** loc. verb. *RD.* Ser *alguien* capaz de hacer cualquier cosa sin temor ni aprensión.

■

a. ‖ **traga pisto.** loc. sust. *ES.* Máquina de juegos de azar que funciona con monedas.

tragavenado.
  I. 1. m. *Co, Ve.* **mazacuata**, boa.

tragavenados.
  I. 1. *Ho.* **mazacuata**, boa.

trago.
  I. 1. m. *EU, Mx, Gu, ES, Ni, CR, Pa, Cu, RD, PR, Co, Ve, Ec, Pe, Bo, Ch, Py, Ar, Ur.* Bebida alcohólica.

2. pl. *Co:O.* Porción de café, chocolate o **aguapanela** que se suele tomar por la mañana, antes del desayuno.

3. m. *Ch.* Tipo o clase de bebida alcohólica.

■

a. ‖ **~ corto.** m. *Pe, Bo, Ch, Ur.* Bebida alcohólica que se sirve en vaso pequeño. pop.

b. ‖ **~ de carretonero.** m. *ES.* Trago muy grande de licor.

c. ‖ **~ de oajaca.** m. *ES.* Trago de aguardiente muy grande.

d. ‖ **~ del estribo.** m. *Ni, Bo, Ch.* Última copa o **trago** de una bebida que se toma antes de irse de una reunión. pop + cult → espon.

e. ‖ **~ largo.** m. *Bo, Ar, Ur.* Cóctel que se sirve en vasos altos.

□

a. ‖ **a ~s y rempujones.** loc. adv. *Gu, ES, RD.* A la fuerza, obligadamente.

b. ‖ **con ~.** loc. adv. *Ec, Pe, Bo, Ch, Ur.* En estado de ebriedad. pop.

c. ‖ **en ~s.** loc. adj. *Pa, Ec, Bo.* Referido a persona, borracha.

d. ‖ **~ puya.** loc. adj. *PR. Referido al café*, solo, sin azúcar ni leche.

▶ **aflojarse un ~; caer en el ~; meterle al ~; tener mal ~.**

tragón, -na.
  I. 1. adj. *ES, Ni, CR, Ec, Bo; Ur*, p.u. *Referido a vehículo*, que consume mucho combustible. pop + cult → espon.

tragueado, -a.
  I. 1. adj. *Ho, ES, Ni, Co:C,O,SO. Referido a persona*, ligeramente borracha. pop.
  2. *CR, Ve, Bo:O. Referido a persona*, muy borracha.

traguear(se).
  I. 1. intr. *CR, RD, Ec, Bo:C,O,S.* Ingerir bebidas alcohólicas. pop. (**traguetear**).
  2. prnl. *Ho, ES, Ni.* Ingerir bebidas alcohólicas. pop.

traguerío.
  I. 1. m. *Bo:O,S.* Taberna de baja categoría. pop.

traguetear.
  I. 1. *RD.* **traguear**.

traguilla.
  I. 1. adj/sust. *Ch. Referido a animal o persona*, que tiene un apetito desmedido. pop.
  2. *Ch. Referido a persona*, que come y bebe atropelladamente.
  3. sust/adj. *Ch.* metáf. *En deportes de equipo*, jugador muy individualista. pop.

tragulín.
  I. 1. m. *Bo:O.* Bebida alcohólica de mala calidad. delinc.

tragullo.
  I. 1. m. *Bo, Ch.* Trago de bebida alcohólica. pop ^ fest.
  2. *Ch.* Tipo o clase de bebida alcohólica. pop.
  3. *Bo:S.* Bebida alcohólica de mala calidad. pop.

traidero, -a.
  I. 1. adj. *Gu. Referido a persona*, que tiene distintas relaciones de noviazgo con frecuencia.

traído.
  I. 1. m. *Co.* p.u. Regalo que se entrega el 24 de diciembre como aguinaldo.
  II. 1. m. *Ni.* Querella o venganza familiar.
  2. *Ni.* juv. Enemistad entre dos personas o pandillas.
  III. 1. m. *ES. En juegos de azar*, jugador perdedor.

traído, -a.
  I. 1. m. y f. *Gu.* Novio, persona con la que se mantiene una relación sentimental. pop.

traidor, -ra.
  I. 1. m. y f. *Mx, Py.* Mensajero. pop ^ desp.

traila. (Del ingl. *house trailer*, caravana).

I. 1. f. *EU:SO.* Vivienda fabricada con metal que se puede llevar de un sitio a otro usando un vehículo.

trailada.

I. 1. f. *ES.* Cantidad de cosas que caben en un tráiler.

2. *ES.* Cantidad grande de cosas.

trailera.

I. 1. f. *Ho.* Mujer que acompaña a los camioneros por dinero.

trailero, -a.

I. 1. m. y f. *Ho, ES.* Persona que conduce un camión grande de carga.

trailista.

I. 1. m-f. *PR. En la industria azucarera*, persona que conduce un camión grande de carga.

trainer. (Voz inglesa).

I. 1. m. *EU, PR, Ec, Bo.* Entrenador, *especialmente en el deporte.*

traje.

■

a. ‖ **~ de buri.** m. *Bo:E.* Vestimenta tropical que consta de pantalón blanco y chaqueta negra.

b. ‖ **~ de calle.** m. *Pa, Bo.* Vestimenta que se compone de **saco** y corbata.

c. ‖ **~ de carácter.** m. *Ec.* Vestimenta usada en actos solemnes por los hombres, por ejemplo el frac o el chaqué.

d. ‖ **~ de parada.** m. *Bo. En la milicia*, uniforme de gala que visten los miembros del ejército en actos públicos solemnes.

e. ‖ **~ formal.** m. *Ni, Pa, RD, Co, Pe, Bo, Py.* El que se compone de **saco** y pantalón de color oscuro.

▶ **vestirse el ~ de madera.**

trajeado, -a.

I. 1. adj. *Bo. Referido a un escrito*, elegante en la forma.

trajebaño.

I. 1. m. *Ch.* Traje de baño.

trajeo.

I. 1. m. *Bo:O.* Vestimenta. pop.

trajín.

▶ **coger para el ~; echar al ~.**

trajinado, -a.

I. 1. adj. *Co, Bo:S. Referido al aspecto de una persona*, fatigado, agobiado. pop.

II. 1. adj. *Bo:S, Ur. Referido a un lugar*, concurrido de gente. pop.

▶ **tener ~.**

trajinar.

I. 1. tr. *Ch.* Examinar el interior de algo con el fin de encontrar lo que está escondido, perdido o guardado.

II. 1. tr. *Ch.* p.u. Engañar, estafar a *alguien.* delinc; pop.

III. 1. tr. *Cu.* Hacer bromas a alguien sin intención de ofenderlo. pop.

trajinera.

I. 1. f. *Mx. En los canales de Xochimilco*, embarcación desde la que se vende comida, flores y recuerdos a los pasajeros de otras embarcaciones.

2. *Mx.* Embarcación para pasajeros o carga.

tralalaila.

I. 1. m. *Pa.* Hombre homosexual.

tralhuén.

I. 1. m. *Ch.* Arbusto muy espinoso de hasta 3 m de altura, de ramas erectas, hojas caedizas fasciculadas, con pelitos, oblongas y de borde entero, y flores blancas; su madera se utiliza para hacer carbón. (Rhamnaceae; *Talguenea quinquinervia*).

tralla.

I. 1. *Cu.* **furrumalla.** pop ^ desp.

trama.

I. 1. f. *ES.* Comida. pop.

tramacazo.

I. 1. *Co:C,SO.* **totazo.** pop + cult → espon.

tramado, -a.

I. 1. adj. *Co. Referido a persona*, asombrada, impresionada. pop.

II. 1. adj. *ES. Referido a asunto*, difícil.

2. *ES. Referido a persona*, severa.

III. 1. adj. *Ho. Referido a bosque o plantación*, espeso. rur.

□

a. ‖ **mal ~.** loc. adj. *RD. Referido a persona*, mal vestida, desarreglada.

▶ **ponerse ~.**

tramafac.

I. 1. *Mx.* **tamafat.** pop.

tramafás.

I. 1. m. *ES.* Truco, engaño.

tramafasero, -a.

I. 1. adj. *ES. Referido a persona*, tramposa.

tramafat.

I. 1. *Mx.* **tamafat.** pop.

tramar.

I. 1. tr. *Co, Py.* Engañar a *alguien* con astucia. pop.

II. 1. tr. *Co.* juv. Asombrar, impresionar *una persona* o *cosa* a *alguien.* pop.

III. 1. tr. *Cu.* Ajustar la dirección de un vehículo para dar a los neumáticos el ángulo de convergencia adecuada y así evitar que se gasten en forma desigual.

IV. 1. intr. *ES.* Comer. pop.

tramayo.

I. 1. m. *Pe.* Red de pesca con rombos de diferentes tamaños.

tramboyo.

I. 1. m. *Pe.* Pez marino de cuerpo alargado y ligeramente comprimido, con aletas radiadas y variados colores que van desde el salmón pálido al verde oliváceo, con manchas y franjas distribuidas por todo el cuerpo. (Labrisomidae; *Labrisomus philippii*).

trambucar.

I. 1. intr. *Co:E.* Naufragar.

trameya.

I. 1. f. *Ho.* Persona importante y con poder.

tramitocracia.

I. 1. f. *Ch.* p.u. Burocracia exagerada que existe en un determinado lugar. cult.

tramitología.

I. 1. f. *CR, Co.* Conjunto de normativas relacionadas con los trámites que deben hacerse para llevar a cabo una gestión administrativa o de otro tipo.

2. *CR, Co.* Empleo exagerado de trámites para realizar una gestión administrativa o de otro tipo. pop ^ desp.

♦ **tramitomanía.**

tramitomanía.

I. 1. *Co.* **tramitología**, empleo exagerado de trámites. pop ^ desp.

tramo.

I. 1. m. *RD, Ve.* Anaquel o entrepaño de un armario o estantería.

II. 1. m. *ES.* Comida. pop.

III. 1. m. *Ni.* Espacio pequeño en un mercado para poner un puesto de venta.

tramojo.

I. 1. m. *Ec, Ni, Pa, Co, Ve, Bo:E, Ar*, rur; *Pe*, p.u. Estorbo de madera que se pone a los animales para evitar que se cuelen a través de las cercas de alambre.

▶ **manejar del ~ al cagadero.**

tramoya.
  I. 1. m-f. *Ch.* Persona que se encarga de la construcción, funcionamiento y cambio de las tramoyas en un espectáculo.
     ■
     a. ‖ **la gran ~.** f. *Ho.* altísimo.

tramoyar.
  I. 1. intr. *Ve.* Hacer trampas o engaños. pop + cult → espon.

tramoyero, -a.
  I. 1. adj/sust. *Ve, Ur,* pop + cult → espon; *Ch, Ur,* p.u.; desp. *Referido a persona,* que hace o urde trampas, engaños.

trampa.
  I. 1. f. *Pe.* Persona con la que alguien le es infiel a su pareja.
  II. 1. m-f. *EU.* Mendigo, persona que pide limosna.
  III. 1. f. *Ch. En un canal o acequia,* compartimento para retener ramas, hojas y otros restos.
  IV. 1. f. *Gu.* Negocio o tienda humilde.
     ■
     a. ‖ **el ~.** m. *Bo.* El diablo. pop.
     b. ‖ **la ~.** f. *ES.* El diablo. pop.
     □
     a. ‖ **de ~.** loc. adv. *Ar.* En compañía de alguien con quien se es infiel a la pareja propia. pop + cult → espon.
     ▶ **cargar la ~; llevarle la ~; llevarse la ~.**

trampar.
  I. 1. tr. *Ho.* Ponerse *alguien* ropa o calzado.
  II. 1. tr. *Ho.* Poner un apodo a alguien.
  III. 1. tr. *Ho.* Beber *alguien algo.*
  IV. 1. tr. *Ho.* Golpear a *alguien,* darle una paliza.
     □
     a. ‖ **~ pija.** loc. verb. *Ho.* Pegar, golpear a alguien. vulg. ♦ **trampar verga.**
     b. ‖ **~ verga.** *Ho.* **trampar pija.** vulg.

trampeada.
  I. 1. f. *Bo:S.* Engaño, mentira. pop.

trampeado, -a.
  I. 1. adj. *PR, Bo:S. Referido a cosa,* obtenida con engaños o ilegalmente. pop.

trampear.
  I. 1. intr. *Pe, Bo.* Ser *una persona* infiel a su pareja. pop.

trampeato.
  I. 1. m. *Ch.* p.u. *En el juego de la rayuela,* compás con el que se mide en caso de duda la distancia que ha quedado entre el tejo y la **lienza** o línea.

trampera.
  I. 1. f. *Ec, Bo, Ch, Ar, Ur.* Trampa para cazar animales pequeños, *especialmente pájaros o ratones.* (**trampero**).

trampería.
  I. 1. f. *Bo:O.* Engaño, burla. pop.

trampero.
  I. 1. m. *Ch, Ur.* **trampera.**

trampero, -a.
  I. 1. adj. *ES, Bo, Py. Referido a persona,* tramposa, estafadora. pop.

trampolinear.
  I. 1. tr. *Ni.* Trasladar, remitir a otra persona.
  II. 1. tr. *Pa.* Engañar a *alguien* pidiéndole un objeto de valor, *especialmente dinero,* sin intención de devolverlo.

tramposería.
  I. 1. f. *RD, PR, Ec, Pe, Ch.* Trampería, acción propia de un tramposo.

trampoyín.
  ▶ **hacer un ~.**

trampucheta.
  I. 1. sust/adj. *Ho, ES.* Persona que está borracha.
  II. 1. f. *ES.* Trampa.
     ▶ **llevárselo la ~.**

trampuliña.
  I. 1. f. *RD.* Trampa, engaño.

tramuyero, -a.
  I. 1. adj/sust. *Co:N. Referido a persona,* tramposa.

tramuyo.
  I. 1. m. *Co:N.* Engaño, trampa.

tranca.
  I. 1. f. *Ho, ES, Ni, Bo:E.* Puerta rústica, hecha de palos, que impide el paso de personas o de animales en un corral, en una cerca o en el patio de una casa de campo.
  2. *Bo.* Madera levadiza que se coloca a lo ancho de un camino para impedir que los vehículos pasen sin someterse al control policial o militar.
  3. *Bo.* Dependencia policial situada en una frontera para revisar los documentos de las personas que entran o salen del país. pop.
  4. *Bo.* Dependencia policial ubicada en los caminos para controlar el tránsito de personas y vehículos. pop.
  II. 1. adj. *Pe.* juv. *Referido a cosa o asunto,* difícil. pop + cult → espon.
  2. f. *Ch.* Preocupación, frustración o angustia provocadas por algo negativo o que se considera como tal.
  III. 1. f. *Bo, Ch. En ciertos deportes como el **fútbol**,* bloqueo o zancadilla que se hace a un adversario colocándole con fuerza el pie para hacerlo caer. ♦ **trancada.**
  IV. 1. f. *Ve.* Congestión de vehículos. pop.
  V. 1. f. *ES.* Ayuda que se presta en un robo.
  2. *ES.* meton. Cómplice en un robo.
  VI. 1. f. *Ec:N.* Desembocadura de un río en el mar.
  VII. 1. f. pl. *ES, Ni.* Piernas largas.
  VIII. 1. m. *Cu.* Paliza que se da a una persona, *generalmente como castigo.* pop + cult → espon.
  IX. 1. adj. *RD. Referido a persona,* muy competente o talentosa. pop.
  X. 1. f. *Ni.* Mentira.
  XI. 1. m-f. *Ur.* Persona excesivamente puntillosa y meticulosa. esm ^ desp.
     ▶ **andar a ~; poner una ~; saltarse las ~s; volar ~.**

trancabola.
  I. 1. *Ur.* **tranca,** persona puntillosa. pop + cult → espon ^ desp.

trancaculo.
  I. 1. m. *Pe.* Producto de repostería de mala calidad. pop.

trancada.
  I. 1. f. *Co.* Freno que se pone a una persona o situación para que se modere o mejore. pop + cult → espon.
  2. *Bo:O, Ch.* **tranca,** bloqueo o zancadilla.

trancadera.
  I. 1. f. *Bo, Ur.* Embotellamiento de tránsito. pop + cult → espon.

trancado, -a.
  I. 1. adj. *Pa, Cu, Bo:E,SO, Ch, Py, Ar:NO,O. Referido a persona,* con estreñimiento.
  2. *Ni. Referido a un conducto, en especial la nariz,* congestionado, atascado.
  II. 1. adj. *Co:C,N,O. Referido a una comida,* buena y abundante.
  III. 1. adj. *Cu. Referido a persona,* ofuscada, que no piensa con claridad.
  2. *PR. Referido a persona,* desorientada, despistada, perdida. pop + cult → espon.

trancajilo.
  I. 1. m. *RD.* Cuerda con que se cierra y amarra un serón.
  2. adj. *RD.* metáf. *Referido a persona,* muy delgada.

trancapecho.
   I. 1. m. *Bo:C,O,S.* Emparedado de **silpancho**, huevo estrellado, arroz, **papa** y **llajua**.

trancapuertas.
   I. 1. m. *Bo:E.* Palo grueso con el que se asegura una puerta por detrás.

trancar(se).
   I. 1. intr. prnl. *Pe, Bo:O, Ch, Py, Ar:NO,O.* Sufrir *alguien* estreñimiento. pop.
   2. tr. *Pa, Cu, Ve, Ec, Bo, Ur.* Obstruir el paso al tránsito de vehículos.
   3. *Ec, Bo:E, Ch, Ur.* Detener la actividad o funcionamiento de algo.
   4. *Cu, Bo, Ch.* Provocar *algo* estreñimiento. pop.
   5. *Ho, Ni, Ec, RD, Bo,* pop + cult → espon. Atascar *algo.*
   6. intr. prnl. *Ho, Ni, RD, PR, Bo.* Atascarse *algo.* pop + cult → espon.
   II. 1. intr. prnl. *PR, Ch.* Sufrir *alguien* una preocupación, frustración o angustia provocada por algo negativo o considerado como tal. pop + cult → espon.
   2. tr. *Ch.* Provocar *algo* negativo o considerado como tal un estado de preocupación, frustración o angustia. pop.
   III. 1. tr. *Bo, Ch, Ar:NO, Ur. En ciertos deportes como el* **futbol,** bloquear o zancadillear a un adversario colocándole con fuerza el pie para hacerle caer.
   IV. 1. tr. prnl. *Ve, Bo:C,O,S.* Emborracharse con bebidas alcohólicas. pop.
   2. intr. *Bo:C,O,S.* Ingerir *alguien* bebidas alcohólicas hasta emborracharse. pop.
   V. 1. intr. prnl. *Pa, Pe, Bo.* Detenerse a causa de un fallo el funcionamiento de un aparato o máquina, *especialmente un vehículo.*
   2. *PR.* Acabarse un juego porque no hay jugada posible. pop + cult → espon.
   VI. 1. tr. *Cu, RD.* Capturar a una persona o un animal.

trancasear.
   I. 1. tr. *Gu.* Dar a alguien una paliza, una serie de golpes.

trancazo.
   I. 1. m. *Mx, Gu, ES, Ni, CR, Cu, Ve, Pe, Bo.* Golpe violento y ruidoso. pop + cult → espon.
   2. *Mx, Gu, Pa, Co.* Puñetazo. pop + cult → espon.
   3. *Bo.* Zancadilla. pop + cult → espon.
   II. 1. m. *Gu, Ho, ES, CR, Cu, PR, Ve.* Trago de bebida alcohólica. pop + cult → espon.
   III. 1. m. *Ho, ES.* **paquetazo,** medidas económicas.
   ☐
   a. ‖ **a los ~s.** loc. adv. *Co, Bo.* De forma precipitada, descuidada o brusca. pop.
   b. ‖ **ni a ~s.** loc. adv. *Mx, Ni, Bo, Ch,* p.u. De ninguna manera. pop + cult → espon.
   c. ‖ **para ~s.** loc. adj. *Gu. Referido a persona,* muy enojada. pop + cult → espon.
   ▶ **poner un ~.**

trancazón.
   I. 1. m. *ES.* Atasco muy grande.

trance.
   I. 1. m. *ES.* Negocio que raya la ilegalidad.

tranco.
   ☐
   a. ‖ **al ~.** loc. adv/adj. *Bo, Ch, Py, Ar, Ur.* Referido al *modo de andar de una caballería y por extensión de las personas,* con paso largo y pausado.

trancón.
   I. 1. m. *Co, Ec, Ur.* Congestión de vehículos que circulan en una calle.

trancón, -na.
   I. 1. adj. *Ni. Referido a persona,* de piernas muy largas.

trancuache.
   I. 1. adj. *Ni. Referido a persona,* tranquila. fest.

trancudo, -a.
   I. 1. adj. *ES.* **Trancón,** de piernas muy largas.

tranfor.
   I. 1. *Ve.* **transfor.** pop.

tránfuga.
   I. 1. adj/sust. *PR.* juv. *Referido a persona,* mal vestida.
   II. 1. adj/sust. *PR.* juv. *Referido a persona,* vaga.

tranque.
   I. 1. m. *Pa, Cu.* Congestión de tránsito.
   2. *Ni, RD.* Impedimento u obstáculo que entorpece el paso en un lugar, *generalmente una vía pública.*
   3. *RD, PR.* metáf. Situación problemática cuya solución no se vislumbra. pop + cult → espon.
   4. *PR.* metáf. Paralización de unas negociaciones. pop + cult → espon.
   II. 1. m. *Bo, Ch.* Laguna pequeña que se forma artificialmente haciendo un malecón en el extremo menos elevado de un terreno.
   III. 1. m. *Cu.* Paliza que se da a una persona, *generalmente como castigo.*
   IV. 1. m. *Cu.* Beso y abrazo que se da una pareja con efusividad. pop.
   V. 1. m. *Bo:O.* Ardid del cómplice de un robo que consiste en entretener a la víctima. delinc.
   VI. 1. m. *Ni, Pa.* Cierre de calles.

tranquear(se).
   I. 1. tr. *Pe.* Hacer complicado o difícil un examen. est; pop.
   2. intr. *Pe.* Ser superado *alguien* por la dificultad de un examen. est; pop.
   3. prnl. *Pe.* Resultar difícil un examen. est; pop.
   II. 1. intr. *Ni.* Acelerarse y pararse constantemente un vehículo por causas eléctricas o por el paso de la gasolina al carburador.
   III. 1. intr. *Ni.* Cojear *alguien.*

tranquera.
   I. 1. f. *Ni, CR, Pa, Co:O, Ve, Ec, Pe, Bo:E, Ch, Py, Ar, Ur.* Portón rústico hecho con dos postes verticales separados a cierta distancia uno del otro, que tienen una serie de agujeros por los cuales se deslizan horizontalmente unos palos con los que se abre o cierra el paso. rur. (**tranquero; tronquera**).

tranquerero.
   I. 1. m. *Ar:NE.* p.u. *En una* **estancia,** encargado de vigilar y mantener en buen estado una **tranquera.**

tranquero.
   I. 1. m. *Co:C,E,SO.* **tranquera.** rur.

tranquero, -a.
   I. 1. m. y f. *Bo, Py.* Persona que en los caminos controla el tránsito de personas y vehículos. pop.

tranquil.
   I. 1. f. *ES.* Tranquilidad.

tranquiléin.
   I. 1. adj. *PR, Ch. Referido a persona,* tranquila. pop + cult → espon ^ fest.

tranquilino.
   I. 1. m. *ES.* Trago de licor. pop + cult → espon ^ fest.

tranquilino, -a.
   I. 1. adj/sust. *Ni, RD, Bo, Ch, Py, Ar. Referido especialmente a persona,* tranquila. pop ^ fest.
   II. 1. adj/sust. *Ve. Referido a persona,* que se encuentra en estado de ebriedad. pop.

tranquilla.
   I. 1. f. *Bo.* Listón pequeño que sujeta las vigas del cielo raso.

tranquillar.
  I. 1. tr. *Bo.* En albañilería, sujetar con listones las vigas del cielo raso antes de enlucirlo con yeso.

tranquilo, -a.
  I. 1. adj. *Ve.* Referido a persona, que se encuentra en estado de ebriedad. pop.
  □
    a. ‖ **más ~ que agua de pozo.** loc. adj. *Py, Ur.* Referido a persona, muy calmada y serena. pop + cult → espon.
    b. ‖ **más ~ que una foto.** loc. adj. *Cu, Ch.* Referido a persona, tranquila en exceso. pop + cult → espon.
    c. ‖ **~ como agua de pozo.** loc. adj. *Ur.* Referido a persona, muy calmada y serena. pop + cult → espon.
    d. ‖ **~ nervioso.** loc. adj/sust. *Ch.* Referido a persona, que aparenta tranquilidad sin tenerla. pop.
  ◪
    a. ‖ **tranquilo como Camilo.** fr. prov. *Ho, ES.* Indica orden para que alguien se tranquilice.

tranquiza.
  I. 1. f. *Mx, Ec.* Serie de golpes dados a una persona o a un animal. pop + cult → espon.

transa.
  I. 1. f. *Mx, Ec, Py, Ar, Ur.* Contravención disimulada a una ley, convenio o regla, o manera de eludirla, con miras al provecho propio. pop + cult → espon.
  2. adj. *Mx.* Referido a persona, tramposa, embustera. pop + cult → espon ^ desp.
  3. f. *Ur.* Dificultad debido a la concurrencia de cosas diversas.
  II. 1. f. *Ho, ES.* Intercambio de algo.
  2. m-f. *ES.* Persona que trafica con todo.
  ●
    a. ‖ **¿qué ~?** fórm. *Mx.* Se usa para saludar. pop.

transable.
  I. 1. adj. *PR, Ec, Bo, Ch, Ur.* Referido a una operación *financiera*, que se puede ajustar o realizar.
  2. *Bo, Ch, Ur.* Referido a unos *derechos y obligaciones en un pleito*, que se pueden conciliar y conseguir un acuerdo por las partes.

transaca.
  I. 1. f. *Ch.* Transacción de resultados negativos o ilícita. pop ^ desp.

transar.
  I. 1. tr. *Mx, Ho, ES, Ni, Pa, PR, Co, Ec, Bo:O, Ch, Py, Ar, Ur.* Llegar a un acuerdo o a un arreglo dos partes en conflicto.
  2. intr. *Cu, PR, Pe, Ch, Py, Ar, Ur.* Transigir, ceder *alguien* a los requerimientos y opiniones de otro, relegando los propios.
  3. tr. *ES, Ni, Ec, Bo:O, Ch.* Llevar a cabo una transacción comercial.
  4. *Ho, ES, Ni, PR.* Transigir, avenirse *alguien* a algo.
  5. *ES.* Dar *algo* a alguien.
  6. *Py.* Conseguir *algo*, de común acuerdo entre las partes, eludiendo las normas legales. pop.
  II. 1. tr. *Mx.* Engañar para medrar u obtener un beneficio. pop.
  III. 1. intr. *Ar, Ur.* juv. Mantener relaciones sexuales.
  IV. 1. tr. *ES.* Traficar con algo.
  2. *Pa.* juv. Robar, timar a *alguien*. delinc; pop + cult → espon.
  V. 1. tr. *Ni, CR.* Tener aprecio y estimación a alguien. pop.
  ◪
    a. ‖ **el que no transa no avanza.** fr. prov. *Mx.* Indica que quien no engaña no alcanza los objetivos que desea. pop.

transero, -a.
  I. 1. sust/adj. *ES.* Persona que vende droga. drog.

transfor.
  II. 1. sust/adj. *Py.* Persona que consigue algo, de común acuerdo con otra, eludiendo las normas legales. pop.

transfor.
  I. 1. m. *Ve.* Travestista. pop. (**tranfor**).

transfórmer. (Del ingl. *transformer*).
  I. 1. sust/adj. *Bo.* Vehículo automotor al que se le ha cambiado la posición del mecanismo de dirección de la parte derecha hacia la izquierda para ajustarlo a las normas de tránsito.
  2. m. *Bo:O.* Aparato que transforma el voltaje de una corriente eléctrica. pop.

tránsfuga.
  I. 1. sust/adj. *Cu, Py, Ur, Ec,* p.u. Persona ruin, despreciable.
  2. *Cu.* Persona mentirosa y tramposa.

transfugio.
  I. 1. m. *Bo.* Transfuguismo.

transfugueada.
  I. 1. f. *Py.* Vileza, ruindad, mezquindad.

transición.
  I. 1. f. *Pe.* obsol. Etapa escolar anterior a la enseñanza primaria.

transistor.
  I. 1. f. *Ni, Bo, Ch, Pe,* p.u. Aparato de radio. (**transístor**).

transístor.
  I. 1. m. *Ec, Ch.* p.u. **transístor**. pop.

transitar.
  ●
    a. ‖ **¿qué transita por tus venas?** fórm. *Mx.* Se usa para saludar. pop.

tránsito.
  I. 1. m. *Mx, Ho, Cu, Co, Ar, Ur.* Circulación de vehículos automotores.
  II. 1. m. *Ho.* Policía que regula el tránsito vehicular.

transmitir.
  I. 1. intr. *Ch.* Hablar de manera excesiva e irracional. pop.

transnacional.
  I. 1. f. *ES, CR, RD, Co, Ec, Bo, Ur.* **empresa transnacional**.

transo. (Del ingl. *transom*, montante).
  I. 1. m. *PR.* Parte fija, de cristal o rejilla, en lo alto de las puertas.

transparente.
  I. 1. m. *Ar.* Tablero protegido por un vidrio, en el que se coloca información varia.

transparentoso, -a.
  I. 1. adj. *ES, Ch.* Referido a cosa, semitransparente. pop.

transporte.
  I. 1. m. *Bo, Ar, Ur.* Pieza que, sujeta al mástil de la guitarra, presiona las cuerdas y eleva de manera uniforme el tono del instrumento.

transtornar.
  I. 1. intr. *Bo.* Rodear un lugar. pop.

transvesti.
  I. 1. sust/adj. *ES.* Travesti. pop.

tranvía.
  ▶ **vender un ~.**

tranza.
  I. 1. f. *Py.* Coito. vulg.

tranzar(se).
  I. 1. intr. prnl. *RD, Co.* Llegar a un acuerdo, avenirse con alguien. pop.
  II. 1. intr. *Py.* Realizar el coito. vulg.

trapajal.
  I. 1. m. *ES.* Montón de trapos.

trapazo.

I. 1. m. *RD.* Golpe dado con un trapo.

trapeada.

I. 1. f. *Mx, Gu, Ho, ES, Ni, Pa, RD, Ec, Pe, Bo, Ar, Ur,* p.u. Limpieza rápida del suelo con un trapo o estropajo.

II. 1. *Gu, Ho, ES, Ni, CR, Bo.* **puteada**, reprimenda. pop + cult → espon.

2. *Ho, ES, Pa, RD.* **arreada**, represión severa.

3. *Ho.* Derrota contundente.

▶ **dar una ~.**

trapeador.

I. 1. m. *Mx, Gu, Ho, Ni, CR, Pa, Cu, RD, Co, Ec, Pe, Bo, Ar.* Utensilio doméstico para limpiar pisos, consistente en un palo largo, con otro cruzado, en forma de T, al que se coloca un trozo de tela. ♦ **bayeta; trapero.**

trapeadora.

I. 1. f. *Co:O.* **trapeador.**

trapear.

I. 1. tr. *Mx, Gu, Ho, ES, Ni, Pa, Cu, RD, Co, Ec, Pe, Bo, Ch, Ur.* Fregar el suelo con trapo o estropajo. ♦ **bayetear.**

2. *Py.* Pasar el trapo por los muebles. pop + cult → espon.

II. 1. tr. *Ho, ES, Ni, Pa, Ch; Bo:O, Ar:NO,* pop. Insultar a *alguien.*

2. *Gu, Ho, ES, Ni, CR; Bo.O,* pop. Regañar a *alguien.*

III. 1. tr. *Ho.* Derrotar con contundencia a *alguien.*

□

a. ‖ ~ **el piso.** loc. verb. *Ni, Bo, Ch.* Tratar a alguien de manera humillante y vergonzosa. pop + cult → espon. ♦ **trapear el suelo.**

b. ‖ ~ **el suelo.** *Bo, Ch.* **trapear el piso.**

trapelacucha.

I. 1. f. *Ch.* Collar mapuche de cuentas de plata, que lleva delante una cruz o medallón, también de plata.

traperío.

I. 1. m. *Ni, RD.* Conjunto de ropa en mal estado, vieja, pasada de moda.

trapero.

I. 1. *Ch.* Paño para fregar.

II. 1. m. *Ni.* Montón de trapos.

trapero, -a.

I. 1. adj/sust. *Ch, Ar. Referido a persona, especialmente mujer,* aficionada a la ropa, *sobre todo a la que está de moda.* pop.

2. m. y f. *Ch.* Persona, *especialmente mujer,* que roba en las tiendas de ropa. delinc.

trapi.

I. 1. *Ch:C,S.* **ají,** fruto. rur.

trapicarse.

I. 1. intr. prnl. *Ch.* Atragantarse *alguien* con su propia saliva o con otra cosa.

trapiche.

I. 1. m. *Mx, Gu, ES, Ni, CR, RD, PR, Co, Ve, Ec, Pe, Py.* Conjunto de instalaciones y máquinas donde se procesa la caña de azúcar para fabricar **panela.**

2. *Mx, Co.* Finca de caña de azúcar.

II. 1. m. *Bo, Ch, Ar.* Molino formado por dos grandes ruedas de piedra que al girar en torno a un eje van aplastando los minerales.

III. 1. m. *PR.* Agente de rentas internas. delinc.

■

a. ‖ ~ **panelero.** m. *Mx.* Molino donde se elabora **piloncillo.** ♦ **trapiche panochero.**

b. ‖ ~ **panochero.** *Mx.* **trapiche panelero.**

trapichero.

I. 1. m. *Ho.* Olla muy grande de pared vertical, base plana y borde saliente con dos asas que se utiliza para cocer el jugo de la caña que se convierte en miel. rur.

trapito.

▶ **sacar los ~s al sol.**

trapo.

I. 1. m. pl. *Bo:O.* Telas con las que se confeccionan vestidos.

□

a. ‖ **como ~ de piso.**

i. loc. adv. *Bo, Ar, Ur. En relación con la manera de tratar a alguien,* con desprecio y de forma humillante. pop + cult → espon.

ii. loc. adj. *Ar, Ur. Referido a persona,* abatida o muy decaída. pop + cult → espon.

▶ **estar en sus mismos ~s; sacar los ~s al sol; soltar el ~; verse en ~s de cucaracha.**

traposo, -a.

I. 1. adj. *Ec, Ch. Referido especialmente a una persona y a su lengua,* trapajosa, que pronuncia las palabras de una manera confusa por enfermedad, defecto o borrachera.

2. *Ch. Referido a un objeto o a una tela,* que tiene la textura o consistencia de un trapo.

II. 1. sust/adj. *Bo.* Persona que lleva el traje raído y harapiento. pop.

traqueadero.

I. 1. m. *PR.* Lugar destinado al **traqueo** o entrenamiento de gallos de pelea.

traqueado, -a.

I. 1. adj. *Co:C,SO. Referido a persona,* envejecida y achacosa. pop.

II. 1. adj. *Co:C,SO. Referido a un asunto o tema,* común y sabido. pop.

III. 1. adj. *Pa. Referido a persona,* que tiene mucha experiencia en los negocios. pop.

IV. 1. adj. *Pa. Referido a persona,* borracha. pop.

traqueador.

I. 1. m. *PR.* Entrenador de gallos de pelea.

traquear.

I. 1. tr. *Ho, Cu; Ur,* p.u. Hacer crujir las articulaciones, *generalmente las de los dedos.*

2. intr. *Ho, ES, Ni.* Producir *algo* un ruido seco.

II. 1. tr. *PR.* Entrenar *alguien* a un animal, *especialmente a gallos y a caballos* para competir.

traqueo.

I. 1. m. *PR.* Entrenamiento de gallos o caballos para competir.

traquetazo.

I. 1. m. *Pa.* Golpe fuerte. pop.

traqueteada.

I. 1. f. *Ho, ES.* Ruido, estruendo.

II. 1. *Cu.* **corrida**, que ha tenido relaciones sexuales con muchos hombres.

traqueteado, -a.

I. 1. adj. *Mx, Ni, CR, Bo, Ch, Ur. Referido a persona o cosa,* maltratada. pop + cult → espon.

II. 1. adj. *Mx, Ni, CR, Bo, Ch. Referido a persona,* cansada. pop + cult → espon.

III. 1. adj. *Pa, RD. Referido a persona,* borracha. pop.

IV. 1. adj. *Cu. Referido a persona,* que posee mucha experiencia en la vida.

traquetear.

I. 1. intr. *Mx, Ni.* Mostrar indicios de agotamiento o enfermedad.

II. 1. intr. *Pe.* Comerciar con droga. drog.

III. 1. intr. *Ch.* Ir de un lado a otro, *especialmente con un encargo.* pop + cult → espon.

2. *ES, Ni.* Trabajar *alguien* mucho.

IV. 1. intr. *PR.* Realizar *alguien* manejos turbios. pop + cult → espon.

2. *PR.* Negociar *alguien* ilegalmente. pop + cult → espon.

V. 1. intr. *PR.* Revolver, rebuscar *alguien* en trastos amontonados. pop + cult → espon.

traqueteo.
I. 1. m. *Mx, PR; Pe,* p.u. Negocio turbio e ilegal. pop + cult → espon.
2. *PR.* Manipulación, chanchullo. pop + cult → espon.
▶ **dejar el ~.**

traquetero, -a.
I. 1. adj/sust. *PR. Referido a persona,* que está envuelta en negocios turbios e ilegales.

traqueto, -a.
I. 1. sust/adj. *Pa, Co.* Persona mafiosa, malhechora.

traquitraqui.
I. 1. m-f. *RD.* Jugador o competidor que queda en cuarta posición.

trarilonco.
I. 1. m. *Ch.* Especie de cintillo mapuche de monedas de plata para ceñir la frente.

traro.
I. 1. *Ch.* **caracara.**

trasado.
I. 1. m. *Bo:E.* Machete. pop.

trasatlántico.
I. 1. m. *Ho.* Profesor que aprueba a todos los alumnos. est.

trasbocador, -ra.
I. 1. m. y f. *Bo.* Persona que vomita. pop.

trasbocar.
I. 1. tr. *Co; Pe,* p.u; *Bo,* pop. Vomitar.

trasbotica.
I. 1. f. *Mx.* Rebotica, habitación que está detrás de la principal de la botica.

trascartón.
I. 1. adv. *Ar.* Inmediatamente después.

trascavador.
I. 1. m. *Ho.* Tractor para hacer zanjas.

trascazo.
I. 1. m. *Co.* Golpe muy fuerte.

trascendido.
I. 1. m. *Bo, Ch, Py, Ar, Ur; Ec,* p.u. Noticia que por vía no oficial adquiere carácter público.

trascendido, -a.
I. 1. adj/sust. *RD. Referido a persona,* descarada, desvergonzada.

trasera.
■
a. ‖ **~ de cecina.** f. *Ni.* Corte de carne de la falda de una **res.**
b. ‖ **~ de lomo.** f. *Ni.* Corte de carne de la parte final del lomo de una **res.**

trasijado, -a.
I. 1. adj. *Gu, Ar; Ur,* p.u. *Referido a persona,* muy cansado. pop + cult → espon.
II. 1. adj. *Gu. Referido a persona,* que está excesivamente delgada.

trasimodo.
I. 1. m. *ES.* Modo, manera.

trasladista.
I. 1. sust/adj. *Ch.* Persona que se dedica al transporte de uvas desde su lugar de cultivo a bodegas que se encargarán de elaborar el vino.

traslado.
▶ **correr ~.**

traslapar.
I. 1. tr. *Mx, Ch.* Extraviar un papel o documento entre otros muchos.
II. 1. tr. *ES.* Matar a *alguien.*
III. 1. intr. *ES.* Realizar el coito.

traslape.
I. 1. m. *Mx, Ni, CR, Pa, Ve, Pe, Bo, Ch; Ec,* p.u. Disposición de dos cosas de manera que una cubra total o parcialmente otra.
II. 1. m. *Mx, Ch.* Extravío de un papel o documento.

traslomar.
I. 1. tr. *Ar:NO.* Pasar un cerro de un lado a otro. rur.

trasluz.
I. 1. m. *RD.* Parecido, semejanza.

trasmallo.
I. 1. m. *Pa, PR, Ur.* Técnica de pesca con malla en la que los peces quedan apresados por las agallas.
2. *PR.* **chinchorro,** red de pesca montada en pita.

trasmano.
□
a. ‖ **por ~.** loc. adv. *Mx.* Oculta, secretamente.

trasmanos.
□
a. ‖ **por ~.** loc. adv. *RD. En relación con la manera de enterarse de algo,* mediante personas indirectas.

trasnar.
I. 1. tr. *ES.* Cortar, despuntar o limar los cuernos del ganado. rur.

trasnocharse.
I. 1. intr. prnl. *Ni, RD, PR, Co, Ec, Pe, Bo:S, Py:S, Ur.* Pasarse *alguien* la noche o parte de ella sin dormir.

trasnoche.
I. 1. f. *Pe, Bo, Py, Ar, Ur.* Sesión de espectáculos cinematográficos, televisivos o de revista que se ofrece después de la medianoche.
□
a. ‖ **de ~.** loc. adj/adv. *Pe, Bo, Ch, Ar, Ur. Referido a un espectáculo,* que se ofrece después de medianoche.

trasnocheo.
I. 1. m. *ES, PR.* **trasnoche.**

traspatio.
I. 1. m. *Mx, Ho, ES, Ni, Pa, Cu, RD, Co:N, Ec, Pe, Bo, Ch; Py,* p.u. Patio situado en la parte posterior de una casa.
II. 1. m. *Ec.* Ano. euf; fest.
2. *Ec.* Nalgas. euf; fest.
□
a. ‖ **de ~.** loc. adj. *Ch. Referido a una huerta o a la crianza de animales,* de tipo familiar, hecha en la parte trasera de la vivienda.

trasplantado, -a.
I. 1. sust/adj. *Bo, Ch.* Persona que por diversas razones vive en un lugar o país diferente al de su origen. pop.

trasportón.
I. 1. m. *Co.* p.u. Puerta interior que separa el zaguán del resto de la casa.

trasquilar.
I. 1. tr. *Gu, CR.* Criticar o hablar mal de alguien que no está presente.

trasroscado, -a.
I. 1. adj. *Gu. Referido a persona,* aturdida o fuera de la realidad.

trastajo.
I. 1. m. *Ve.* obsol. Persona despreciable. pop.

trastamenta.
I. 1. f. *Ho, Ni.* Conjunto de todos los utensilios de cocina. (**trastamental**).

trastamental.
- **I. 1.** m. *Ni.* **trastamenta**.

traste.
- **I. 1.** m. *Mx, ES, Ni, RD, Co, Bo.* Trasto, utensilio doméstico.
- **2.** m. pl. *Gu, Ho, ES, Ni, CR, Pa, RD, PR, Ec, Pe, Bo.* Conjunto de utensilios de cocina, *en especial la vajilla y las ollas.* pop + cult → espon.
- **3.** *CR.* Utensilio de cocina hondo, como las ollas o los jarrones.
- **II. 1.** m. *Ch.* Parte inferior de una cosa. pop.
- **III. 1.** m. *Ni,* juv. Vulva. tabú.
- **IV. 1.** m. *Ni.* Automóvil viejo y destartalado.
- □
  - **a.** ‖ **como el ~.** loc. adv/adj. *Py, Ar, Ur.* Sumamente mal. vulg.
  - **b.** ‖ **para el ~.** loc. adv/adj. *Py, Ar, Ur.* Sumamente mal. vulg.
- ▶ **limpiarse el ~; pasarse por el ~; quebrar el ~.**

trastear(se).
- **I. 1.** intr. prnl. *Co, Ec, Bo:O.* Cambiarse de casa, oficina o local.
- **2.** tr. *Co, Bo:O.* Llevar la oficina o negocio que se tiene en un lugar a otro sitio diferente.
- **II. 1.** tr. *Ho, ES.* Toquetear a *alguien* con fines sexuales.
- **2.** *ES.* Realizar el coito con una mujer virgen.

trastecito.
- **I. 1.** m. *Mx.* Trasto de juguete.

trasteo.
- **I. 1.** m. *Co, Ec, Bo.* Mudanza, acción de cambiar de vivienda, llevando los muebles y enseres a la nueva residencia.

trastera.
- **I. 1.** f. *PR.* Montón de trastos viejos, trastería.
- **II. 1.** f. *PR.* Conjunto de vasijas y utensilios que se emplean en la cocina para preparación y servicio de las comidas.

trastienda.
- **I. 1.** f. *Mx, Cu.* Trasero, nalgas. fest.

trasto.
- **I. 1.** m. pl. *CR, Pa, Ec, Ch.* Conjunto de utensilios de cocina, *en especial la vajilla y las ollas.*

trastón, -na.
- **I. 1.** adj/sust. *Ar:C,N. Referido a persona,* de nalgas abultadas. pop + cult → espon.

trastornar.
- **I. 1.** tr. *Ar:NO.* Pasar un cerro de un lado a otro. rur.
- **2.** *Ar:NO.* Dar vueltas alrededor de un cerro. rur.
- **3.** *Ar:NO.* Subir un cerro o una pendiente. rur.
- **4.** *Bo:E,O.* Trasponer, pasar al otro lado de algo. pop.
- **II. 1.** tr. *Py.* Distraer la atención de alguien con alguna interrupción. pop.

trastudo, -a.
- **I. 1.** adj/sust. *Ar:C,N. Referido a persona,* de nalgas abultadas. pop + cult → espon.

trastumbar.
- **I. 1.** intr. *Gu.* Andar *alguien* tambaleándose y tropezándose.

trastupije.
- **I. 1.** m-f. *Mx.* Persona que no articula bien y a la que no se entiende cuando habla. pop. (**trastupijis**).
- **II. 1.** m-f. *Mx.* Trampa con dolo. pop. (**trastupijis**).

trastupijis.
- **I. 1.** *Mx.* **trastupije**.

trasturcado, -a.
- **I. 1.** adj. *Ni,* juv. *Referido a persona,* alocada, inquieta.

trasturcar.
- **I. 1.** tr. *Ni,* juv. Desarreglar o desordenar *algo.*

trasuntarse.
- **I. 1.** intr. prnl. *RD, PR.* Parecerse físicamente dos personas.

trasunto.
- **I. 1.** m. *Cu, RD, PR.* Parecido, semejanza.
- **II. 1.** m. *RD.* Presentimiento o vaga idea.
- ▶ **darse un ~.**

trasvasijador, -ra.
- **I. 1.** adj/sust. *Ch. Referido especialmente a una máquina,* que cambia una sustancia o gas de un recipiente a otro.

trasvasijar.
- **I. 1.** tr. *Bo:O, Ch.* Cambiar una sustancia o gas de un recipiente a otro.
- **2.** *Ch.* Traspasar un objeto o elemento único de una parte a otra.

trasvasije.
- **I. 1.** m. *Bo, Ch.* Cambio de un sustancia o gas de un recipiente a otro. (**trasvasijo**).
- **2.** *Bo, Ch.* Transferencia que se hace de un objeto o de un elemento de una parte a otra. (**trasvasijo**).

trasvasijo.
- **I. 1.** *Ch.* **trasvasije**.

trasvesti.
- **I. 1.** sust/adj. *ES, Cu, RD, PR, Ec, Bo, Ch.* Travesti. pop.

trasvestista.
- **I. 1.** sust/adj. *ES, Bo, Ch, Ur.* Travesti. pop.

trasvirado, -a.
- **I. 1.** adj. *RD. Referido a cosas,* fuera del orden acostumbrado.

tratada.
- **I. 1.** f. *ES, Ni, Bo:E, Ar:NO.* Reprimenda, regañina. pop + cult → espon.

tratante.
- **I. 1.** m. *Ec, Ch.* Médico que se especializa en tratar determinados pacientes o enfermedades.
- ■
  - **a.** ‖ **~ de blancas.** m-f. *Mx, Ni, Ec, Pe, Bo, Ur.* Persona que obtiene beneficios de la prostitución de mujeres. prost.

tratar(se).
- **I. 1.** intr. prnl. *ES, Ni, CR, Cu, PR, Ec, Ur.* Ponerse en tratamiento con un médico.
- **II. 1.** tr. *Ho, ES, Ni.* Ofender o insultar a *alguien.*
- **2.** *Ni, Bo:E.* Reprender con dureza a *alguien, generalmente una persona mayor o de más rango a otra menor o de rango inferior.* pop.
- □
  - **a.** ‖ **~ a la barata.** loc. verb. *Ec.* Tratar a *alguien* con menosprecio y severidad.
  - **b.** ‖ **~ como calcetín.** loc. verb. *Ho, Ni.* Despreciar, tratar con desprecio a *alguien.* pop.
  - **c.** ‖ **~ como chancleta vieja.** loc. verb. *Ho, Ni.* Maltratar o menospreciar a *alguien.* pop + cult → espon.
  - **d.** ‖ **~ como violín prestado.** loc. verb. *Co.* Tratar muy mal una cosa o a *una persona.* pop + cult → espon.
  - **e.** ‖ **~ como yagual viejo.** loc. verb. *Ho.* Despreciar a *alguien* en el trato, no darle las atenciones que merece.
  - **f.** ‖ **~ con la punta del pie.** loc. verb. *Mx, Ni, Ec, Pe, Ch.* Despreciar, tratar con desprecio y desconsideración a *alguien.* pop + cult → espon. ♦ **tratar de lejitos.**
  - **g.** ‖ **~ con las patas.** loc. verb. *Ho; Mx,* p.u. Ultrajar, maltratar o no ser cortés con alguien. pop.
  - **h.** ‖ **~ de lejitos.** *PR.* **tratar con la punta del pie**.
  - **i.** ‖ **~ de orillita.** loc. verb. *PR.* Marginar a *alguien.*

j. ‖ **~ de usted y tenga.** loc. verb. *RD, PR.* Requerir *alguien* un trato protocolar y distante. pop + cult → espon.

tratativa.
I. 1. f. *CR, Co, Ec, Ch, Py, Ar, Ur.* Negociación en la que se busca llegar a un acuerdo, *especialmente sobre temas laborales, económicos o políticos.*
2. *Ec, Pe, Bo; Py, Ar,* cult. Etapa preliminar de una negociación *en la que comúnmente se discuten problemas laborales, políticos o económicos.*

tratear.
I. 1. tr. *Py.* Solicitar a alguien *algo* para comprar o hacer un negocio. pop.
2. *Py.* Pedir a una mujer realizar el coito a cambio de dinero. vulg.

trato.
▢
a. ‖ **~ pampa.** loc. sust. *Ar.* p.u. Trato o negocio beneficioso solamente para una de las partes.
▶ **llegar a ~.**

trauco.
I. 1. m. *Ch. En la mitología popular de Chiloé,* ser dotado de un poder cautivador, que atrae a las mujeres vírgenes y las deshonra.

traumante.
I. 1. adj. *ES, CR, Cu, Bo, Ch, Ar; Ec,* cult. *Referido a cosa,* que provoca un trauma a alguien.

traumar.
I. 1. tr. *Mx, ES, Ni, CR, Cu, RD, Ec, Bo, Ch, Ar, Ur.* Traumatizar *a alguien.*

travel.
I. 1. m. *ES.* Ajetreo, bullicio.

travesaño.
I. 1. m. *Cu, RD, Ec.* Traviesa de la vía férrea.

travesear.
I. 1. tr. *ES, Ni, CR.* Tocar, revolver o juguetear con algo ajeno.
2. *ES.* Manosear *algo.*

travesía.
I. 1. f. *Ar.* Región vasta, desierta y sin agua.

traviesa.
I. 1. f. *Co:C,O.* Cosecha intermedia, *especialmente de café.* rur.
II. 1. f. *Ar.* Travesti. vulg.

travieso.
I. 1. m. *ES.* Trago de licor. fest.

traza.
I. 1. f. *Ch, Ur.* Trazado o delineación de un mapa, plano o gráfico.

trazado.
I. 1. m. *Bo:E.* Machete. pop.

trazo.
▶ **comerse el ~.**

trebe.
I. 1. m. *Gu, ES, Py, Ar, Ur.* Trébede para poner al fuego un recipiente.

trebillo.
I. 1. m. *Ch.* Planta de hasta 50 cm de altura, de tallo ascendente, hojas alternas, compuestas, oblongo lanceoladas, con el borde serrado, inflorescencia en racimo y flores de color amarillo. (Fabaceae; *Melilotus indicus*). ◆ **trebolillo.**

trebo.
I. 1. m. *Ch.* Arbusto caducifolio de hasta 3 m de altura, de tallo verdoso, muy espinoso, y flores blancas; su corteza se utiliza en la medicina popular. (Rhamnaceae; *Trevoa trinervis*).

trébol.
■
a. ‖ **~ rosado.** m. *Ch.* Planta herbácea perenne de hasta 80 cm de altura, de hojas trifoliadas verdes con un tono pálido creciente en la parte exterior, inflorescencia muy densa y flores rosa oscuro. (Fabaceae; *Trifolium pratense* spp.).

trebolillo.
I. 1. *Ch.* **trebillo.**

trecho.
I. 1. m. *Bo:E.* Lugar del que una persona es oriunda. pop.

treiniar. (Del ingl. *to train*).
I. 1. intr. *PR.* Entrenar.

treinta.
■
a. ‖ **~ y uno.** m. *Ec.* Guiso elaborado a base de intestinos de vacuno. (**treintiuno**).
▢
a. ‖ **~ y cinco.** m-f. *CR.* juv. Persona que manifiesta comportamientos propios de un loco. pop + cult → espon.

treintaiúnico, -a.
I. 1. adj. *Ar.* Único. pop + cult → espon ^ fest.

treintiuno.
I. 1. *Ec.* **treinta y uno.**

trejo, -a.
I. 1. adj. *Pe.* p.u. *Referido a persona,* audaz, valiente.

tremendidad.
I. 1. adj. *RD. Referido a persona,* muy valiente o arrojada.

tren.
I. 1. m. *Mx.* Tranvía.
II. 1. m. *Bo. En el juego del cacho,* conjunto de los tres puntos de una de las caras de un dado.
■
a. ‖ **~ carguero.** m. *Ec, Bo:E.* Tren destinado al transporte de mercancías en general.
b. ‖ **~ de aseo.**
i. m. *Ho.* Impuesto municipal por recolección de basura.
ii. *Ho.* Camión que recoge la basura.
c. ‖ **~ de los curados.** m. *Ch.* obsol. Tren último, *generalmente de un día festivo,* en el que viajaban las personas que debían trabajar a primera hora del día siguiente. pop.
d. ‖ **~ de pelea.** m. *PR. En las peleas de gallos,* estilo o modalidad particular de un gallo en el modo de pelear.
e. ‖ **~ delantero.** m. *RD, PR, Ec, Bo:O, Py. En mecánica,* parte delantera de un automóvil donde está el motor y la barra de dirección.
▢
a. ‖ **en otro ~.** loc. adj. *Bo:O. Referido a persona,* distraída. pop + cult → espon.
b. ‖ **en ~ de.** loc. adv. *Ch, Ur.* En proceso de.
c. ‖ **en ~ de joda.** loc. adv. *Bo; Ur,* vulg. Con ganas de molestar o burlarse de alguien. pop.
▶ **dejar el ~; hacer el ~; irse el ~; llevarse el ~.**

trenada.
I. 1. f. *Ch.* Hilera larga de vagones de mercancías impulsados por una locomotora.
II. 1. f. *Ni.* Cantidad abundante.

trencero, -a.
I. 1. sust/adj. *Ar.* Persona que actúa con engaños y de manera hipócrita, *generalmente en beneficio propio.* pop + cult → espon.

trencilla.
I. 1. f. *Ec.* Tira fina, flexible y muy fuerte, que se extrae de las hojas de la planta **paja toquilla.**
II. 1. f. *Pa.* Encaje que adorna la blusa de la pollera.

trencito.

I. 1. m. *Bo, Ar, Ur.* Juego infantil en el que los participantes se toman de la mano y simulan un tren que pasa bajo un puente formado por dos niños; el último de la fila ha de responder una pregunta a los niños del puente y según la respuesta se van formando sendos equipos; gana el grupo que, tirando en sentido contrario, logra arrastrar al otro.

II. 1. m. *Py.* p.u. Relación homosexual. vulg.

III. 1. *Ur.* **acordeón**, papel.

trenista.

I. 1. m-f. *Mx.* Ferroviario, empleado de ferrocarriles.

trenza.

I. 1. f. *Ar, Ur.* Grupo de personas unidas para determinados fines, *generalmente en busca del propio beneficio*. pop + cult → espon.

II. 1. f. *Ve; Bo:E*, pop. Cordón de los zapatos.

   a. ‖ ~s sueltas.

     i. loc. sust. *Ch.* Comportamiento en que un hombre adopta actitudes y modos propios de un homosexual. pop ^ fest.

     ii. loc. sust/adj. *Ch.* Hombre que adopta actitudes y modos propios de un homosexual. pop ^ fest.

  ▶ soltarse las ~s; soltarse las ~s.

trenzada.

I. 1. f. *Ar, Ur.* Intercambio vehemente de ideas u opiniones encontradas. pop + cult → espon.

II. 1. f. *Pe.* Pelea en la que los contendientes se agarran. pop.

III. 1. f. *Bo:S. En una danza popular*, urdimbre tejida por los danzantes con cintas de diversos colores sujetas por un extremo a un palo.

trenzadera.

I. 1. f. *Pe.* Pelea masiva y desordenada. pop.

trenzador, -ra.

I. 1. m. y f. *Bo:S. En una danza popular*, persona que mientras danza teje una urdimbre con cintas de diversos colores sujetas por uno de sus extremos a un palo.

trenzarse.

I. 1. intr. prnl. *Mx, Ni, Cu, Ec, Pe, Bo:O, Ch, Py, Ar, Ur.* Involucrarse dos o más personas en una pelea o discusión.

II. 1. intr. prnl. *Ch.* Abrazarse, entrelazarse intensamente con otra persona. pop.

trenzuda.

I. 1. f. *ES.* Aguardiente nacional.

trepada.

I. 1. f. *Co, Pe, Bo, Ur.* Subida a un lugar poco accesible valiéndose de pies y manos. pop.

2. *Ec.* Subida a un lugar alto.

3. *Ec.* Ascenso en un empleo o trabajo que se obtiene por **palancas** y sin mérito para ello.

trepaderas.

I. 1. f. pl. *Cu.* Par de cuerdas que usan los **desmochadores** para subir a las palmas.

trepadero.

   a. ‖ ~ de mapache(s). m. *Mx.* Persona muy arañada en diversas partes del cuerpo. pop.

trepador.

I. 1. m. *Ec, Ar, Ur.* Pájaro de pico largo y curvo, con las plumas de la cola rígidas, que le sirven de apoyo para trepar a los árboles. (Dendrocolaptidae; *Lepidocolaptes* spp.).

trepador, -ra.

I. 1. adj. *Pe, Bo. Referido a una bebida alcohólica*, que embriaga con rapidez.

trepaquesube. (De *trepar* y *subir*).

I. 1. m. *Pa.* Tumulto, alboroto en el que participan varias personas. pop. (**trepa que sube**).

trepar(se).

I. 1. intr. prnl. *Pe.* Subirse a la cabeza una bebida alcohólica.

II. 1. intr. prnl. *Ec.* Empeñarse *una persona* en fastidiar a *otra*. pop + cult → espon.

2. *Ec.* Ejercer *una persona* dominio o control sobre otra. pop + cult → espon.

III. 1. intr. *Ho, Ni.* Aumentar el precio de un producto. pop.

  □

   a. ‖ **trepa que sube.** loc. sust. *Pa.* **trepaquesube.**

   b. ‖ ~se un mono. loc. verb. *PR.* Fumar. pop + cult → espon.

trepidar.

I. 1. intr. *Co, Ec, Bo*, pop; *Py*, esm; *Pe*, p.u. Dudar, titubear.

trepón.

I. 1. m. *ES.* Subida exagerada del precio de algo.

II. 1. m. *CR.* Cuesta muy empinada. pop + cult → espon.

treponazo.

I. 1. m. *CR.* Subida abrupta de algo. pop + cult → espon.

treque.

I. 1. adj/sust. *Ve. Referido a persona*, simpática, chistosa. pop.

2. *Ve. Referido a persona*, entremetida, impertinente.

tres.

I. 1. m. *Co.* Baile popular en el que tres personas se entrecruzan formando la figura de una trenza.

2. *Cu, Ec.* Guitarra de tres cuerdas dobles que se toca con una púa de carey.

3. *PR.* Instrumento musical popular de tres cuerdas de voces agudísimas.

  ■

   a. ‖ **las ~.** f. *CR.* obsol. Colilla de cigarrillo. pop + cult → espon.

   b. ‖ ~ **en uno.**

     i. m. *Ve.* Bebida que se prepara con zumo de naranja, zanahoria y remolacha.

     ii. *Cu, Bo.* Aparato eléctrico compuesto por un receptor de radio, un tocadiscos y una grabadora.

   c. ‖ ~ **por ocho.** m. *Ve.* Discusión o riña muy escandalosa. pop.

  □

   a. ‖ **al ~ y al cuatro.**

     i. loc. adv/adj. *Ch.* En apuros económicos. pop.

     ii. *Ch.* En una situación difícil. pop.

  ▶ darse las ~; estar en ~ y dos.

tres-quince.

I. 1. adj. *Co:N. Referido a persona*, medio borracha.

tresañero, -a.

I. 1. adj/sust. *Ch. Referido a animal*, de tres años.

treschavos.

I. 1. *PR.* **julián chiví.**

tresero, -a.

I. 1. sust/adj. *Cu.* Persona que toca el **tres.**

trespatás.

I. 1. m. *Cu.* Automóvil viejo. pop ^ desp.

trespuños.

I. 1. m. *Ve.* Embarcación pequeña, con motor central y provista de cubierta, cabina, un solo mástil y dos velas triangulares, que sirve para la pesca.

trestrés.

I. 1. *Co.* **barranquillo.**

trevo.
    I. 1.   *Ch.* **palo santo**. (Asteraceae; *Dasyphyllum diacanthoides*).

triangulación.
    I. 1.   f. *Ec.* Transferencia de dinero o mercancías de una persona o entidad a terceros.

triangular.
    I. 1.   tr. *Ec, Ar. En comercio*, valerse dos partes de un tercero para concretar operaciones que, por razones de hecho o de derecho, evitan realizar en forma directa.

triángulo.
    I. 1.   m. *ES.* Vulva. euf.
    II. 2.   *PR.* Homosexual masculino. prost.

trianual.
    I. 1.   adj. *Ec, Bo, Ch. Referido a cosa*, que tiene lugar tres veces al año.

triate.
    I. 1.   adj/sust. *Mx. Referido a persona*, trillizo.

tribilín. (De *Tribilín*, personaje de ficción creado por Art Babbitt en los estudios Walt Disney).
    I. 1.   sust/adj. *Bo:O.* Hombre ingenuo y de escaso entendimiento. pop ∧ fest.

tribuna.
    ▶ **montar ~.**

tribunada.
    I. 1.   f. *PR.* Golpe de viento.

tribunal.
    ■
    a. ‖ **~ de honor.** m. *PR. En las peleas de gallos*, el que se constituye para dilucidar cuestiones no previstas por la ley o la reglamentación.

tribuno.
    I. 1.   m-f. *PR.* Persona que habla mucho. delinc.

tributo.
    I. 1.   *Ho.* **agradecimiento**.

trica.
    I. 1.   f. *Pe.* Suspenso de un curso o de una asignatura por tercera vez. est.
    II. 1.   f. *Bo.* Conjunto de tres cartas del mismo número.
    2.   *Bo. En el juego del cacho*, conjunto de los tres puntos de una cara de un dado.
    III. 1.   f. *RD.* Burla, mofa.

tricahue.
    I. 1.   *Ch.* **loro barranquero**.

trichot.
    I. 1.   m. *ES.* Venta de baratijas en la calle.

triciclero, -a.
    I. 1.   m. y f. *Pe, Bo.* Persona que transporta las mercancías que vende en un triciclo.
    2.   *Ec.* Persona que conduce un triciclo en el que transporta personas o productos.

trico. (De *Trico*®).
    I. 1.   m. *ES, Ni.* Parabrisas de un vehículo.

tricolor.
    I. 1.   adj/sust. *Ur.* Simpatizante del Club Nacional de Futbol.

tricota.
    I. 1.   f. *Ch, Py; Ec, Ar, Ur*, p.u; *Bo*, pop. Prenda de vestir de punto, cerrada y con mangas, que cubre desde el cuello hasta la cintura, *generalmente de cuello alto*.

triestamental.
    I. 1.   adj. *Ch. Referido a un órgano universitario de gobierno*, compuesto por representantes de tres estamentos. cult.

trifecta.
    I. 1.   f. *PR, Ch, Ar. En las carreras de caballos*, apuesta en la que se acierta el orden de llegada de los tres primeros.

trifolio.
    I. 1.   m. *Ho, ES.* Folleto informativo o de publicidad constituido por una hoja doblada en tres partes.

trigueño, -a.
    I. 1.   sust/adj. *Ho, ES, Pa, Cu, RD, PR, Co, Ve, Pe, Bo.* Persona que tiene la piel morena.
    2.   adj/sust. *PR, Ve. Referido a persona*, de raza negra.

triguillo.
    I. 1.   m. *Co.* Gramínea de hasta 1 m de altura, de follaje verde claro, tallos erectos, hojas con vaina cerrada, pilosa, lámina plana y ancha y espigas altas y laxas. (Poaceae; *Bromus unioloides*).

trilce.
    I. 1.   f. *Ni.* juv. Tres de la tarde.

trile.
    I. 1.   *Ch.* **alférez**, pájaro.

tríler.
    □
    a. ‖ **de ~.** loc. adj. *Ch.* juv. **de *thriller***. pop.

trililí.
    I. 1.   adj/sust. *PR. Referido a cosa*, de mala calidad. pop + cult → espon.

trilla.
    I. 1.   f. *PR; Co:C, Ve, Ch*, p.u. Tunda o castigo que alguien recibe, *especialmente con azotes o golpes*. pop + cult → espon.
    II. 1.   f. pl. *Ch.* Andrajos. pop.
    III. 1.   f. *Bo:E.* Señal que deja el pie de una persona, la pata de un animal o la rueda de un vehículo sobre el terreno. pop.
    IV. 1.   f. *PR.* Paseo corto a caballo o en vehículo.
    ▶ **dar una ~.**

trillado, -a.
    I. 1.   adj. *Co. Referido a los granos de café o maíz*, que no tienen cáscara.

trillar.
    I. 1.   tr. *Ni, CR, Cu, RD.* Descascarar, clasificar y seleccionar los granos de café.
    II. 1.   tr. *Ni.* Abrir vereda por el paso continuo de personas o animales sobre terreno enyerbado. rur.

trillita.
    I. 1.   f. *PR.* Paseo de corta duración. pop + cult → espon.

trillo.
    I. 1.   m. *CR, Pa, Cu, RD, Ar:NE, Ur.* Camino estrecho, atajo.
    II. 1.   m. *Bo:E,N.* Carril de la vía férrea. pop.

trilón, -na.
    I. 1.   adj. *Ni. Referido a persona*, pícara.

trinca.
    I. 1.   f. *Co.* Grupo de personas con aspiraciones comunes que se valen de medios no siempre lícitos para conseguirlas.
    2.   *Ec.* Conjunto de personas que monopolizan el gobierno, las decisiones o el dominio en una institución, empresa o en cualquier otro tipo de agrupación. desp.
    3.   *Ec.* Agrupación de personas que se alían para obtener provecho, a costa de los demás. desp.

trincado, -a.
    I. 1.   adj. *Ar:NE. Referido a un objeto de vidrio o cerámica*, resquebrajado. pop + cult → espon.
    II. 1.   adj. *PR. Referido a persona*, que tiene la mandíbula trabada sin poder abrir la boca, *debido a una afección o a un accidente*. rur.

trincador, -ra.
    I. 1.   m. y f. *ES.* Persona que participa en negocios ilícitos.
    2.   *Ho.* **abogacho**.

trincar(se).
  I. 1. tr. *Pa, Cu, PR.* Apretar, oprimir.
  II. 1. *Gu.* Besar y tocar efusivamente a otra persona. pop.
  III. 1. intr. prnl. *PR.* No poder abrir la boca a causa de algún accidente o afección. rur.

trincha.
  I. 1. f. *Ar.* Tira de varias piezas unidas de pan.
  2. *Py.* Conjunto de seis bollos de pan de estilo francés de corteza dura, tostada, y de miga blanca muy esponjosa.

trinchador.
  I. 1. m. *Ho, Ni. En el ejército,* tenedor.
  2. *PR.* **grinche,** utensilio. rur.

trinche.
  I. 1. m. *Mx, Ho, ES, Co:N, Bo; Ec, Ur,* p.u; *Pa,* fest. Tenedor, instrumento de mesa que sirve para comer alimentos sólidos.
  2. *Co.* Especie de tenedor pequeño, con mango *generalmente de madera,* que se usa para coger la mazorca y comerla.
  3. *Pe.* metáf. **trinchudo,** hirsuto.
  4. m. *Ch.* Tenedor de gran tamaño de dos puntas utilizado en cocina para coger y cocinar piezas de carne y otros alimentos.

trinchera.
  I. 1. f. *PR.* Mujer que practica el lesbianismo. prost.

trincheta.
  I. 1. f. *Ar, Ur.* Cuchilla con una hoja recambiable que se guarda dentro del mango.

trinchete.
  I. 1. *PR.* **grinche,** utensilio. rur.

trinchudo, -a.
  I. 1. adj. *Pe. Referido al cabello,* hirsuto. ♦ **trinche.**
  2. adj/sust. *Pe. Referido a persona,* que tiene el cabello hirsuto. ♦ **trinche.**

trinco, -a.
  I. 1. adj. *Co.* juv. *Referido a una actividad o tarea,* difícil de realizar. pop.
  II. 1. adj. *PR. Referido a persona,* que se halla en tensión. pop + cult → espon.
  2. *PR. Referido a persona,* tiesa, rígida. pop + cult → espon.
  ▶ **ponerse ~.**

trinitaria.
  I. 1. f. *Ni, RD, PR, Co, Ve, Ec.* **Bejuco** leñoso, trepador, de hasta 10 m de altura, con espinas, hojas alternas ovadas, flores en grandes grupos terminales de color blanco, y fruto capsular; se utiliza en la medicina tradicional. (Nyctaginaceae; *Bougainvillea* spp.). ♦ **buganvil; buganvila; clavellina; napoleón; veranera.**

trinque.
  I. 1. m. *Ho.* Besuqueo apasionado y prolongado.
  II. (Apóc. de *trinquete*).
  1. *Ho.* **trinquete,** timo.

trinqueta.
  I. 1. f. *Ni.* Pleito, pelea callejera.

trinquete.
  I. 1. m. *Mx, Gu, Ho, ES, Ni.* Timo, estafa. ♦ **trinque.**
  2. *Mx.* Soborno a un funcionario público. pop.
  II. 1. m. *Cu, RD, Ve; Ec, Bo:O, Ur,* pop. Persona de gran fortaleza física.
  III. 1. m. *Ec.* Aldabilla con que se aseguran las puertas.
  IV. 1. m-f. *ES.* Niño muy gordo.
  V. 1. m. *ES.* Trabajo bien hecho.
  VI. 1. m. *ES.* Pene. vulg.
  VII. 1. m. *Ho.* Estaca vertical insertada en el lateral de una **carreta,** que sirve para sujetar la carga.

trinquetear.
  I. 1. tr. *Ho, ES.* Engañar, timar o estafar *a alguien.*

trinquetero, -a.
  I. 1. m. y f. *Mx.* **abogacho.**
  2. adj. *Mx. Referido a persona,* que recurre a menudo a los **trinquetes** o medra a base de estos sobornos.
  II. 1. adj. *Gu, Ho, ES. Referido a persona,* estafadora, timadora.

trinquiado, -a.
  I. 1. adj. *ES. Referido a persona,* enferma.

trinquiarse.
  I. 1. intr. prnl. *ES.* Enfermarse *alguien.*

trinquilinato.
  I. 1. m. *ES.* Juzgado del inquilinato. fest.

trip. (Voz inglesa).
  I. 1. m. *Pa, PR, Pe.* Viaje.
  2. *Pe.* juv; metáf. Experiencia sensorial que se tiene tras el consumo de alucinógenos.

tripa.
  I. 1. f. *Pe Bo, Ar.* Pene. vulg; pop + cult → espon.
  II. 1. f. *Co:NE, Ve.* Anillo tubular de goma, que forma parte de los neumáticos y está provisto de una válvula para inyectar aire a presión. pop.
  III. 1. f. *Ho, Ni, Cu, RD. En el tabaco,* mezcla de hojas apretadas a lo largo que forman el interior de un puro.
  2. *RD, PR.* Hojas secas de tabaco que solo sirven para el cuerpo del cigarro. rur.
  3. m. *Ni.* Tabaco que se cultiva en vegas no protegidas por toldo.
  IV. 1. f. *ES.* Juego de canicas.
  ■
  a. ‖ **~ amarga.** f. *Ar.* Intestino delgado de los animales vacunos, de sabor amargo.
  b. ‖ **~ dulce.** f. *Ar.* Parte del intestino delgado de los animales vacunos situada entre la tripa amarga y la tripa gorda, que se come asada.
  c. ‖ **~ gorda.** f. *Py, Ar, Ur.* Intestino grueso de los animales vacunos, que se come asado o hervido.
  d. ‖ **~ mishqui.** f. *Ec.* Intestino grueso de los animales vacunos, que se come asado.
  ◪
  a. ‖ **~s tiene el ayote.** fr. prov. *Ho.* Indica que hay alguna información que no se da a conocer.
  ▶ **amarrarse la ~; baldear las ~s; cortar la ~ del ombligo; hacer de ~s chorizo; llorar las ~s; no ser de sus ~s; parecer real de ~; silbar las ~s.**

tripaje.
  I. 1. *Ec.* **triperío.**

tripeado, -a. (Del ingl. *trip,* viaje).
  I. 1. adj. *PR, Pe. Referido a persona,* arrebatada, confundida, perdida, por efecto de la droga. drog.

tripear(se). (Del ingl. *trip,* viaje).
  I. 1. intr. prnl. *Ho, PR.* Drogarse. drog.
  II. 1. intr. *Pa, PR.* juv. Pasar un buen rato, divertirse.

tripeo. (Del ingl. *trip,* Estado de quien se encuentra bajo los efectos de la droga).
  I. 1. m. *PR.* drog.
  2. *PR.* Fumada de marihuana. drog.
  II. 1. m. *PR.* juv. Buen rato, diversión.

triperío.
  I. 1. m. *Mx, Gu, Ho, ES, Ch, Ur.* Conjunto de tripas o intestinos. pop. ♦ **tripaje.**

tripero.
  I. 1. *Ar.* **basurero.**

tripiar.
  I. 1. intr. *Ve.* Estar bajo los efectos del LSD. drog.

tripicario.
  I. 1. m. *Ho, Ni.* Conjunto de intestinos de una persona. rur.

tripié.
    I. 1.   m. *Mx.* Armazón de tres pies, para sostener instrumentos geodésicos o fotográficos.

tripilla.
    I. 1.   m-f. *Bo:E.* Persona desconocida e insignificante. pop ^ desp.

tripioso, -a. (Del ingl. *trip,* viaje).
    I. 1.   adj. *PR. Referido a persona,* que acostumbra a consumir drogas. drog.
    II. 1. adj. *PR.* juv. *Referido a cosa,* fenomenal.

triplay. (Del ingl. *three-ply*).
    I. 1.   adj. *Mx. Referido a un material, generalmente madera,* compuesto de tres capas o láminas.

tripocho, -a.
    I. 1.   adj/sust. *Ve.* Trillizo. pop.

trípode.
    I. 1.   m. *Ho. En el ejército,* castigo que consiste en poner las manos y la cabeza apoyadas en el suelo, manteniendo recto y erguido el resto del cuerpo.
    □
    a. ‖ **al ~.** loc. adv. *Bo.* Con la cabeza y la punta de los pies apoyados en el suelo y las manos juntas en la espalda.

tripón, -na.
    I. 1.   m. y f. *Ve.* Niño, muchacho pequeño. pop.

tripulina.
    I. 1.   f. *Ar.* obsol. Desorden, confusión, alboroto. pop + cult → espon.

trique.
    I. 1.   m. pl. *Mx.* Trastos, trebejos. desp.
      2.   *Mx.* Pertenencias, cosas que son propiedad de alguien. desp.
    II. 1. m. *Pa, Ve.* Tres en raya, juego que consiste en colocar tres fichas en línea recta en las nueve casillas que hay en un tablero.

triqueado, -a.
    I. 1.   adj. *Ec. Referido a persona,* que está bajo los efectos de la droga. drog; pop + cult → espon.
    II. 1. adj. *Ec. Referido a persona,* atemorizada. delinc; pop + cult → espon.

triquear(se).
    I. 1.   intr. *Pe.* Cursar una misma asignatura por tercera vez. est.
    II. 1. intr. prnl. *Ec.* Ingerir drogas o sustancias estimulantes. drog; pop + cult → espon.
    III. 1. intr. prnl. *Ec.* Atemorizarse *alguien.*

triqui.
    I. 1.   m. *Co, Ec.* Juego que consiste en colocar tres fichas en línea recta en las nueve casillas que hay en un tablero. (**triquis**).
      2.   *Py.* p.u. Número tres, *especialmente en los juegos.* pop.
    II. 1. m. *ES.* Gato, instrumento que sirve para levantar grandes pesos, *en especial vehículos.*
    III. 1. m. *Ho.* juv. Colilla de cigarro o puro.

triquis.
    I. 1.   *Ec.* **triqui,** juego.
    II. 1. m. *ES.* Trago de licor.

triquitraca.
    I. 1.   f. *ES.* Paquete de petardos en hilera unidos por una misma mecha.
      2.   *Ni.* Bomba diminuta de pólvora que explota al chocar contra algo.
      3.   m. *Ni.* Triquitraque, fuego artificial o rollo delgado de papel con pólvora del que resulta una pequeña detonación al prender su mecha.
    II. 1. f. pl. *ES.* Testículos.

triquitraque.
    □
    a. ‖ **en un ~.** loc. adv. *Bo*; *Ur*, p.u. En un momento. pop.

triquitraqui.
    I. 1.   m. *Ve.* Triquitraque, fuego artificial o rollo delgado de papel con pólvora del que resulta una pequeña detonación al prender su mecha.

trisado, -a.
    I. 1.   *Ec.* **trizado,** rajado o fracturado.

trisar.
    I. 1.   *Ec.* **trizar,** producir una rajadura.

triste.
    I. 1.   m. *Bo:C,O,S, Ar, Ur.* Canción criolla de temática sentimental, *compuesta preferentemente sobre pies ternarios,* que se acompaña con guitarra.

tristón, -na.
    I. 1.   adj. *Ve. Referido a persona,* muy borracha.

tristoso, -a.
    I. 1.   adj. *ES. Referido a persona,* triste.

tritlón.
    I. 1.   m. *Ch.* **Competencia** de atletismo, *generalmente infantil y juvenil,* que consta de tres pruebas.

triturador.
    I. 1.   *PR.* **molinillo,** parte de cala mecánica.
    II. 1. *CR.* **quebradora,** trituradora.

triunfo.
    I. 1.   m. *Bo, Ar.* Danza folclórica, de pareja suelta y ritmo vivo, en la que los ejecutantes avanzan y evolucionan por la zona de baile partiendo de las esquinas.
      2.   *Bo, Ar.* Música y letra de esta danza.

trizado.
    I. 1.   m. *Ec*; *Ar,* p.u. Rajadura o fractura. pop.

trizado, -a.
    I. 1.   adj. *Ec, Bo, Ch. Referido a cosa,* rajada o fracturada. pop. (**trisado**).

trizadura.
    I. 1.   f. *Ec, Pe, Ch, Ar, Ur.* Rajadura o fractura leves. pop + cult → espon.

trizar(se).
    I. 1.   tr. *Ec, Pe, Bo, Ch, Ar, Ur.* Producir una rajadura o fractura en algo. (**trisar**).
      2.   intr. prnl. *Ec, Pe, Ar, Ur.* Rajarse o fracturarse *algo.*
      3.   tr. *Ch.* Infligir un daño moral o afectivo a algo o a alguien.

trobo.
    I. 1.   m. *Ec.* juv. Problema o situación difícil de resolver. pop.

trobo, -a.
    I. 1.   adj. *ES. Referido a persona,* borracha.

troca.
    I. (Del ingl. *truck*).
      1.   f. *EU:SO, Mx:N, Ni.* Camión de carga. (**troque**).
      2.   *ES.* **pick-up,** camioneta.
    II. 1. f. *Pe.* Prostíbulo. tabú; pop + cult → espon.

trocatinta.
    I. 1.   f. *Pe.* p.u. Pelea colectiva y bulliciosa.

trocera.
    I. 1.   f. *Bo:SO. En la mina,* roca grande que queda disponible para la extracción después de la explosión de un **taladro.**

trocha.
    I. 1.   f. *Co, Ve, Ec, Pe, Bo:E, Ch, Ar, Ur, Py,* obsol. Ancho de las vías férreas.
      2.   *Ar, Ur. En un vehículo,* distancia entre las ruedas de un mismo eje.
      3.   *Ho.* Carril marcado en una vía pública.
    II. 1. f. *Ve.* obsol. Caminata o marcha.
      2.   *Ve.* obsol. Adiestramiento o ejercicio que consiste en caminar durante mucho tiempo.
    III. 1. f. *Ec.* Brazo de mar.

IV. 1. f. *Ni. En el* **beisbol**, guante grande y grueso que usa el **receptor**.

trochador, -ra.
   I. 1. adj. *Co, Ec. Referido a una caballería*, que anda con paso largo y sosegado.

trochar.
   I. 1. intr. *Ve.* obsol. Caminar o marchar sin interrupción.

trochero, -a.
   I. 1. m. y f. *Pe.* Persona que abre trochas por la selva.

trocita.
   I. 1. adj. *Co:O. Referido a una mujer*, gorda.

troco. (Del ingl. *truck,* camión).
   I. 1. m. *Ho.* Carretón rectangular grande de madera con cuatro ruedecillas y un volante unido por cuerdas a las ruedas traseras, que funciona por tracción del propio conductor y se utiliza para el transporte dentro de un mercado.

troesma. (De *maestro,* por inversión silábica).
   I. 1. m. *Ar, Ur,* p.u. Maestro. pop + cult → espon.

trofeo. (De *trompudo y feo*).
   I. 1. m. *Ho, Ni.* Persona fea y de labios gruesos y salientes.

troika. (Voz rusa).
   I. 1. f. *Ho.* Grupo de tres personas.

troilo, -a.
   I. 1. adj. *Co. Referido a persona*, boba. pop ^ desp.

troja.
   I. 1. f. *Ho, ES, Ni, Ve.* Construcción de madera, palos o cañas *utilizada especialmente para poner utensilios o guardar frutos.*
   2. *Ni, Pa, Ve.* Camastro sobre pilares muy juntos para guardar frutos y *especialmente cereales.* rur.

troje.
   I. 1. m. *Mx, Ec, Bo:O.* Granero.

trola.
   I. 1. f. *Pe.* metáf. Pene. tabú; pop + cult → espon.
   2. *Ch.* Parte alargada o apéndice de una sustancia o cosa.
   II. 1. f. *Bo:E.* Canica. pop.
   2. pl. *Bo.* metáf. Testículos. tabú; pop + cult → espon.

trole.
   I. 1. m. *Ec.* Autobús con capacidad para 174 pasajeros, de tres ejes y unos 17 m de largo, que realiza solo trayectos urbanos.
   2. *Ho:N, Ni.* Vehículo que consta de una plataforma con cuatro ruedas, que se mueve sobre la línea férrea accionado por una persona mediante una palanca en doble T, conectada al cigüeñal del eje, y que se utiliza para transportar a unas cinco personas.
   II. 1. m. *Ho. En el ejército*, ejercicio físico prolongado y extenuante.
   ☐
   a. ‖ **al ~.** loc. adv. *CR.* A pie. pop.

troleada.
   I. 1. f. *Ho, CR.* Paseo o recorrido largo a pie. pop + cult → espon.
   2. *Ho. En el ejército*, castigo a un subordinado que consiste en ejercicios físicos prolongados y agotadores.
   II. 1. f. *Ho.* Comilona.

trolear.
   I. 1. tr. *Ho. En el ejército*, castigar a *alguien* con ejercicios físicos extenuantes.
   2. intr. *CR.* Realizar un paseo o recorrido largo a pie. pop + cult → espon.
   II. 1. tr. *Ho. En los deportes*, derrotar con contundencia al oponente.

trolero, -a.
   I. 1. sust/adj. *Ho. En la policía*, persona que tortura a los detenidos.

troley.
   I. 1. m. *Ch; Ar, Ur,* obsol. Trolebús.
   ■
   a. ‖ **~ bus.** m. *Ch.* Trolebús.

troli.
   I. 1. m. *Co, Ch.* obsol. Vehículo de transporte público, de tracción eléctrica, sin carriles, que toma la corriente de un cable aéreo por medio de un trole doble.

trolla.
   I. 1. *Ar.* troya, juego infantil.
   2. *Ar.* troya, círculo.

trolo.
   I. 1. m. *Ec, Bo, Py, Ar, Ur.* Hombre homosexual. pop + cult → espon ^ desp.

troludo, -a.
   I. 1. sust/adj. *Bo.* Persona que tiene pocas luces o que obra como tal. pop + cult → espon.

trome.
   I. 1. m. *Pe.* Persona competente en una actividad.
   II. 1. f. *Ch.* Planta herbácea de escaso porte, de raíces fibrosas e inflorescencia en espiguillas. (Cyperaceae; *Scirpus* spp.).

trompa.
   I. 1. f. *Mx, Ho, ES, Ni, CR, RD, Co, Bo, Ar, Ur, Ec.* fest. Boca de una persona. pop.
   2. *Mx, Ho, ES, Ni, RD, PR, Ar, Ur.* Hocico del cerdo. rur.
   3. *ES, Ni, CR, Cu, RD, Bo, Ar, Ur.* Labios de una persona, *especialmente cuando son prominentes.* pop.
   4. *Ni, Co.* Hocico de los mamíferos.
   5. *ES, Ar, Ur.* Gesto de malhumor o de enojo, *especialmente en los niños pequeños.* pop + cult → espon.
   II. 1. f. *Ho, CR, Ec, Ar.* Parte anterior de un vehículo que sobresale desde el parabrisas.
   2. *Ch.* Plancha de hierro que llevan las locomotoras en la parte delantera para apartar los estorbos de la vía.
   ☐
   a. ‖ **a la ~ talega.** loc. adv. *Mx.* Sin esmero, descuidadamente.
   b. ‖ **~ de lechón de a peso.** loc. sust. *RD.* Gesto o expresión de enojo en una persona.
   ▶ estirar ~; estirar la ~; hacer ~s; jalar ~; meter la ~.

trompabulario. (De *trompa* y *vocabulario*).
   I. 1. m. *Mx Gu, Ho, ES, Ec.* Vocabulario de palabras vulgares o tabúes. pop ^ fest.

trompaceada.
   I. 1. *Gu.* golpiza. ◆ **talegaceada.**

trompada.
   ☐
   a. ‖ **a ~ de loco.** loc. adv. *CR.* De manera atropellada. pop + cult → espon.

trompe.
   I. 1. m. *Ch.* Instrumento musical en forma de llave con una lengüeta que vibra con la ayuda de la lengua y los dedos, haciendo de caja de resonancia la boca.

trompeada.
   I. 1. f. *ES.* Besuqueo.
   II. 1. f. *Ho.* Golpiza de puñetazos.

trompeadera.
   I. 1. f. *Ni, Pe.* Pelea en la que los que intervienen se golpean con los puños. pop + cult → espon.

trompeador, -ra.
   I. 1. sust/adj. *Ec, Pe, Bo.* Persona, *generalmente hombre*, que suele pelear con los puños hábilmente. pop.

trompeadura.
> I. 1. f. *Pe, Bo, Ur, Ar*, p.u. Serie de golpes que se da a alguien. pop + cult → espon.

trompear.
> I. 1. tr. *Mx, Gu, Ni, Cu, Co, Ec, Pe; Bo, Py, Ar, Ur*, pop + cult → espon. Dar a *alguien* puñetazos en la cara.
> 2. *Ho. En deportes*, derrotar con contundencia al oponente.
> II. 1. tr. *ES*. Besuquear.

trompeta.
> I. 1. sust/adj. *Bo:O; Ur*, p.u. Persona, *generalmente niño*, maleducada, que replica con malos modos. pop.
> II. 1. adj/sust. *Cu. Referido a persona*, delatora.
> III. 1. f. *Bo:E*. Bozal de cuero para destetar terneros o para impedir que los caballos coman antes de una carrera. rur.

> ■
> a. ‖ ~ **amarilla**. *Pa*. **retama**, árbol.
> ▶ **volar con las ~s destempladas**.

trompetero.
> I. 1. m. *Pe*. Ave de cuello largo y piernas fuertes, negra y con la punta de las alas blanca. (Psophiidae; *Psophia leucoptera*). ♦ **yacami**.

trompetilla.
> I. 1. f. *Cu, PR*. Sonido hecho con los labios imitando un pedo, que manifiesta desagrado. pop + cult → espon.

trompeto.
> I. 1. *Co*. **mestizo**, árbol.
> 2. *Co*. **guachichil**.

trompezar(se).
> I. 1. intr. prnl. *ES, Ni, CR, Ch*. Tropezarse con algo. pop.
> 2. intr. *ES, Ni, Ch*. Tropezar con algo. pop.
> 3. intr. prnl. *Ni, Ch*. Encontrarse por casualidad con algo o alguien. pop.

trompezón.
> I. 1. m. *ES, CR, RD, Ch*. Tropezón que se da al chocar con los pies contra algo. pop.
> 2. *RD, Ch*. metáf. Falta, error o dificultad que se encuentra alguien durante la realización o el transcurso de algo. pop.

trompicón.
> I. 1. m. *PR*. Golpe dado en la cara con el puño. rur.

trompilla.
> I. 1. f. *Ho, Ni*. Argolla de hierro que se coloca a los cerdos en el hocico para que no escarben.

trompillo.
> I. 1. m. *Mx, Ho*. **anacahuite**, árbol.
> 2. *Co*. **mestizo**, árbol.
> 3. *Bo:C,E*. **latapi**.

trompita.
> ▶ **dar una ~**.

trompito.
> I. 1. m. *Pe*. Máquina mezcladora de **concreto**.
> II. 1. m. *Pe*. Pieza de metal en forma de trompo que regula la salida de agua de la **llave**.
> III. 1. *Pa*. **alazano**, árbol.

trompiza.
> I. 1. f. *Mx, Ec*. Riña a puñetazos. pop + cult → espon.

trompo.
> I. 1. m. *Pe, Ch*. Instrumento de madera o de metal, de forma cónica, que se usa para limpiar cañerías o ensanchar su boca.
> II. 1. m. pl. *CR, Bo; Ur*, obsol. Juego de niños que se practica con peonzas.
> III. 1. m. *Cu*. Ómnibus que hace un recorrido corto. pop.

> ■
> a. ‖ ~ **de ñeque**. m. *Ho*. Trompo que recibe los golpes del trompo del ganador.
> b. ‖ ~ **tarate**. m. *Ho*. Trompo que tiene torcido el eje de hierro sobre el que gira.

> □
> a. ‖ ~ **de ñeque**. loc. sust. *Ho*. Persona a la que se culpabiliza de algo que no ha hecho. rur.
> b. ‖ ~ **de poner**. loc. sust. *Co*. Persona a quien se achacan todas las culpas para eximir a otras. pop.
> c. ‖ ~ **embullado**. *RD*. **trompo enrollado**.
> d. ‖ ~ **enrollado**. loc. sust. *Ve*. Asunto secreto, reservado o disimulado.
> e. ‖ ~ **puchador**. loc. sust. *Co*. Persona a la que se hace pagar las culpas de otros o de todos.
> ▶ **¡báilame ese ~ en la uña!; bailar un ~ en la uña; dar ~; échate ese ~ a la uña**.

trompón.
> I. 1. m. *Ho, ES, Ni, Pa, Cu, RD, Ec, Pe*. Puñetazo.
> II. 1. adj. *Co. Referido a persona*, de labios prominentes. pop.
> III. 1. m. *Ec*. Hombre que se jacta de valiente. pop + cult → espon.
> ▶ **ponerse ~**.

trompucheta.
> I. 1. f. *ES*. Boca.

trompudo, -a.
> I. 1. adj/sust. *Mx, Gu, Ho, ES, Ni, CR, Co, Ve, Ec, Pe, Bo, Ch, Ar, Ur. Referido a persona*, de labios gruesos y prominentes. pop.
> 2. adj. *Ho, ES. Referido a coches o camiones*, cuya parte delantera es muy saliente.
> II. 1. adj. *Mx, Gu, Ho, ES, Ni, Ec, Bo, Ar, Ur. Referido a persona*, enfadada o de mal humor. pop + cult → espon.
> III. 1. adj. *Gu. Referido a una situación o una tarea*, difícil, complicada.
> ▶ **creer que es comida de ~s; estar ~; no ser comida de ~; ponerse ~**.

trona.
> I. 1. f. *Ve*. Estado del que se encuentra bajo los efectos de la droga. drog; pop.
> 2. *Ve*. Borrachera. pop ^ fest.

tronada.
> I. 1. f. *Bo*. Aspiración por la nariz de cocaína en polvo. drog.

tronadera.
> I. 1. *ES, CR, Ch*. **tronadura**.
> 2. *Bo*. Tiroteo. pop.
> II. 1. f. *Ho*. Masacre.
> ▶ **hacer ~**.

tronado, -a.
> I. 1. adj. *Mx, Gu, Ho, ES, Ni. Referido a persona*, que está sin dinero o tiene muy poco.
> II. 1. adj. *ES, Ni, Co, Ve, Pe, Bo:O; Ec*, pop. *Referido a persona*, que está bajo los efectos de la droga. drog.
> 2. *Ho. Referido a persona*, borracha.
> III. 1. adj. *ES. Referido a persona*, asesinada.
> IV. 1. adj. *Ho. Referido a alumno*, que ha suspendido un examen. est.

> □
> a. ‖ **más ~ que un cuete**. loc. adj. *Gu. Referido a persona*, que está sin dinero o tiene muy poco. hiperb.

tronador.
> I. 1. m. *Pe*. Látigo trenzado, con la punta de crin torcida, que produce un fuerte chasquido al ser restallado. rur.
> II. 1. *Pa*. **solimanché**, árbol.

tronador, -ra.
 I. 1. m. y f. *Ho.* Profesor que reprueba a muchos alumnos.

tronadora.
 I. 1. f. *Ho, ES, Ni.* Fruto del **jocote**.
 2. *Ho.* **amole**, planta trepadora.

tronadura.
 I. 1. f. *Bo:SO, Ch.* Explosión o voladura hecha con dinamita. ♦ **tronadera**.
 2. *Ch.* Sonido del trueno en un tormenta. ♦ **tronadera**.

tronancina.
 I. 1. f. *Ho.* Serie de truenos en una tormenta.
 2. *Ho.* Estruendo, ruido.
 II. 1. f. *Ho.* Reprobación masiva de estudiantes. est.

tronapeón.
 I. 1. m. *Pe.* Prestación de ayuda mutua en las tareas agrícolas que hacen los campesinos. rur.

tronar(se).
 I. 1. tr. *Mx, Gu, Ho, ES, Ni, CR.* Matar *una persona* a *alguien*. pop.
 2. intr. *Ec.* Morir *alguien*. pop.
 II. 1. tr. *Mx, Gu, Ho, ES, Ni, Cu.* Suspender a *alguien* en un examen. pop.
 III. 1. tr. *Ho, Ni, Cu, Bo.* Destituir o despedir a *alguien* de su cargo o empleo. pop.
 IV. 1. tr. prnl. *Gu, Ho, ES, Ni.* Realizar el coito. vulg.
 V. 1. tr. *Ni, Ch.* Chasquear los dedos y nudillos entumecidos de la mano.
 VI. 1. tr. *Ch.* juv. Hacer desaparecer *algo*. pop.
 VII. 1. intr. prnl. *ES, Ni.* Drogarse *alguien*.
 VIII. 1. intr. prnl. *Bo.* Concertar una cita. pop.
 IX. 1. intr. *ES.* juv. Terminarse una relación amorosa.
 □
  a. ‖ ~ **como chicharra.** loc. verb. *Mx.* Morir. pop ^ hiperb.
  b. ‖ **~la verga.** loc. verb. *Ni.* Ser excelente. vulg.
  c. ‖ ~ **los chicharrones.** loc. verb. *Mx.* Imponer *alguien* su voluntad u opinión sobre otras personas.
  d. ‖ **tronárselas.** loc. verb. *Mx.* Fumar marihuana. pop.
  ▦
  a. ‖ **tronando y lloviendo.** loc. adv. *ES.* Al instante, rápidamente.

tronazón.
 I. 1. f. *Gu, Ho, ES, Ni.* Serie de truenos en una tormenta.
 2. *Ho.* Estruendo, ruido grande.
 II. 1. f. *Ho, ES.* Reprobación masiva de estudiantes. est.
 III. 1. f. *Gu.* Matanza, multitud de muertes. pop.

troncal.
 I. 1. f. *Co, Ec, Bo, Ch.* Vía o carretera principal.
 ■
  a. ‖ ~ **telefónica.** f. *CR, Ec.* Central telefónica.

tronce.
 I. 1. m. *Ve.* Marca que se hace al ganado cortándole la punta de las orejas.

troncha.
 I. 1. f. *Ni; Pe,* p.u. Pedazo o porción de alimento, *especialmente de carne*.
 2. *Cu.* Trozo de pescado en conserva.
 3. *Bo.* Trozo de carne gorda y cocida. pop.
 II. 1. f. *Pe.* Prebenda, beneficio.
 III. 1. f. *Ec.* Cuota de poder que acapara un grupo político. pop.

tronchado, -a.
 I. 1. adj. *ES, Ni.* juv. *Referido a persona*, que no tiene dinero.

tronchar(se).
 I. 1. tr. prnl. *Co, Ec, Ch; Pe,* p.u. Torcerse o dislocarse *alguien* una coyuntura o articulación.
 2. intr. prnl. *Ni, Co, Ec; Pe,* p.u. Dislocarse una coyuntura o articulación.
 3. tr. *Co.* Torcer o dislocar una coyuntura o articulación.
 II. 1. tr. prnl. *ES.* Matar a *alguien*.

tronchido.
 I. 1. m. *ES.* Crujido de la madera.

tronchismo.
 I. 1. m. *Ec. Entre políticos*, concesión de cargos u otras prebendas a los adversarios para debilitar su oposición. pop.

tronchista.
 I. 1. m. *Ec, Pe.* Político que se beneficia de una situación de **tronchismo**. pop.

troncho.
 I. 1. m. *Ch, Ar.* juv. Cigarrillo de marihuana. drog.
 2. *Pe.* Marihuana.
 II. 1. m. *Ni, CR, Ec.* Pedazo o porción de alimento, especialmente de carne. pop.
 2. *Cu.* Trozo de pescado en conserva.

tronco.
 I. 1. m. *Co, Ar, Ur.* Persona que no es hábil realizando una actividad. pop + cult → espon.
 II. 1. m. *PR, Co, Py.* Parte del tronco de un árbol que queda unida a la raíz cuando lo cortan por el pie.
 III. 1. m. *Ho, Ni.* Cosa u objeto grande.
 IV. 1. adj. *Ho, Ni.* juv. **berraco**, extraordinario.
 V. 1. m. *Bo.* Pene. tabú; pop + cult → espon.
 ■
  a. ‖ ~ **de broma.**
   i. m. *Ve.* Daño o perjuicio grave. pop.
   ii. *Ve.* Inconveniente o problema grave. pop.
  b. ‖ ~ **de yuca.** m. *Cu.* Persona bruta, de escasa inteligencia o instrucción. pop ^ desp.
 □
  a. ‖ ~ **de.** loc. adj. *Ni, Pa, Cu, Co:N, Ve.* Muy bueno. pop ^ hiperb.
  b. ‖ ~ **de muca.** loc. sust. *Ni.* Borrachera.
 ▶ **andar hasta el ~; ser un ~.**

troncomóvil.
 I. 1. m. *Ho.* Automóvil de lujo. pop ^ fest.

tronconal.
 I. 1. m. *ES.* Conjunto de **troncones** de árboles.

tronera.
 I. 1. f. *ES, Ni, Cu, RD, Ve, Ur.* Hueco o agujero muy grande. pop.
 2. *Ec:S. En una construcción*, hueco hecho en el piso para drenar aguas a través de un sumidero. pop.
 3. *RD.* Herida grande.
 4. *RD.* Agujero en la ropa o el calzado a causa del desgaste.
 5. *Ho.* Orificio hecho por el impacto de una bala.
 II. 1. f. *ES.* Boca. desp.
 2. *ES.* Persona que habla muy fuerte.
 III. 1. f. *ES.* Ano. vulg.
 IV. 1. f. *PR.* Jaula enrejillada donde se coloca a cada gallo de pelea para que no se ataquen entre ellos.
 V. 1. f. *Pa.* Pieza que se pone al tubo de escape de un vehículo de motor para que suene ruidosamente.

trono.
 I. 1. m. *Bo:O.* Establecimiento estatal para recluir y rehabilitar a menores de edad que han cometido un delito. delinc.

trono, -a.
 I. 1. adj. *Ve. Referido a persona*, bajo los efectos de la droga. drog.

tronquera.
    I. 1. *Ar:NE.* **tranquera**.
tronquero.
    I. 1. *Bo:E.* **camión tronquero**.
tronquista.
    I. 1. m-f. *PR.* Miembro del sindicato que representa a los trabajadores de la industria puertorriqueña del transporte.
troñuño, -a.
    I. 1. adj. *Co. Referido a persona,* tacaña, mezquina.
tropa.
    I. 1. f. *Mx, Pe, Bo, Ch, Py, Ar.* Conjunto de animales de carga. rur.
    2. *Bo:S,E, Py, Ar, Ur.* Ganado que se conduce de un punto a otro. rur.
    II. 1. f. *Bo:O.* Grupo de músicos que tocan un determinado instrumento.
    2. *Bo:O.* Grupo de instrumentos de la misma familia o clase.
tropear.
    I. 1. tr. *Bo, Ar, Ur.* Conducir el ganado de un lugar a otro. pop.
tropel.
    I. 1. m. *Co:C,SO,O.* Alboroto acalorado, disturbio ocasionado por personas que se pelean o discuten de forma airada.
    II. 1. m. *ES.* Trote del caballo.
tropelaje.
    I. 1. m. *Cu.* Alboroto, enredo, lío, desorganización. pop + cult → espon.
tropelero, -a.
    I. 1. adj/sust. *Co. Referido a persona,* inclinada a intervenir en peleas y pleitos.
    II. 1. adj/sust. *ES. Referido a caballería,* de paso ligero.
tropero.
    I. 1. m. *Ch, Py, Ar, Ur,* rur; *Bo:E,* pop. Conductor de carretas o de tropas de ganado, especialmente vacuno.
    II. 1. *Bo.* **chancho de monte**.
tropezado, -a.
    I. 1. adj. *Pa. Referido a persona,* sobrecargada de trabajo. pop.
    II. 1. adj. *Pa. Referido a persona,* que pasa por una mala situación anímica o económica.
    ▶ **andar ~.**
tropezar.
    □
    a. ‖ **~ en lo parejo.** loc. verb. *ES, Ni.* Ser *alguien* muy torpe o tonto. sat.
tropical.
    I. 1. m. *Py, Ar, Ur.* Tela ligera de lana y poliéster que se emplea para confeccionar prendas de entretiempo o de verano.
tropicalísimo, -a.
    I. 1. adj. *PR.* juv. *Referido a persona o cosa,* muy de Puerto Rico, intensamente autóctona.
tropicalismo.
    I. 1. m. *Ch.* Tendencia a la exageración o al apasionamiento al captar, interpretar o vivir la realidad. cult.
tropicalización.
    I. 1. m. *Ch.* Exageración o apasionamiento al captar, interpretar o vivir la realidad. cult.
tropicalizar.
    I. 1. tr. *Ch.* Hacer que se adopten modos exagerados o apasionados al captar, interpretar o vivir la realidad. cult.
tropicaloide.
    I. 1. adj. *Ch. Referido a cosa,* que tiene rasgos exagerados o muy apasionados. cult ^ desp.

tropiezo.
    I. 1. m. *PR.* Escollo en el mar.
tropilla. (De *tropa*).
    I. 1. f. *Bo:S,E, Ar, Ur.* Conjunto de **yeguarizos** guiados por una **yegua madrina**. rur.
    2. *Ar, Ur.* Conjunto de caballos de montar que se tienen juntos por un tiempo. rur.
    3. *Ch.* Manada reducida de **reses** y caballos.
    4. *Bo:N,E.* Conjunto de animales de carga o vacunos.
    ■
    a. ‖ **~ de un pelo.** f. *Ar, Ur.* Tropilla de caballos del mismo pelaje. rur.
    b. ‖ **~ entablada.** f. *Ar, Ur.* Tropilla formada por caballos bien adiestrados para seguir a la madrina. rur.
tropillero.
    I. 1. m. *Ar, Ur.* Hombre encargado de cuidar o conducir una **tropilla** de **yeguarizos**. rur.
tropósfera.
    I. 1. f. *Ec, Pe, Bo, Ch, Ur.* Troposfera, zona inferior de la atmósfera, hasta la altura de doce kilómetros, donde se desarrollan los meteoros aéreos, acuosos y algunos eléctricos.
troque. (Del ingl. *truck*).
    I. 1. m. *EU:NE, PR.* **troca**, camión. (*truck*).
troquera.
    I. 1. f. *PR.* Lesbiana con modales y apariencia masculinos.
troquero, -a. (Del ingl. *truck*).
    I. 1. m. y f. *EU:NE, PR.* Dueño y conductor de un camión que transporta carga y personas particulares.
    2. *Ho.* Persona que conduce un **troco**.
troquista.
    I. 1. m-f. *PR.* Persona que trata de convencer a otra para que consuma drogas. drog.
trosca.
    I. 1. f. *Bo. En las minas,* recodo de una galería. pop.
trostear. (Del ingl. *to trust,* confiar).
    I. 1. tr. *PR.* Convencer a *alguien.*
trotada.
    I. 1. f. *Ni, Co.* Trote de las caballerías.
trotadicto, -a.
    I. 1. m. y f. *Ch.* Persona aficionada a hacer ejercicio al aire libre, *especialmente correr.* fest.
trotador, -ra.
    I. 1. adj/sust. *ES, Ni, RD, Co, Pe, Bo. Referido a persona,* que practica el **trote**.
trotar.
    I. 1. intr. *ES, Ni, CR, RD, PR, Co, Pe, Bo, Py, Ur.* Correr largas distancias con paso corto y regulado.
trote.
    I. 1. m. *ES, Ni, RD, Co, Pe, Bo, Ch, Py.* Deporte al aire libre que consiste en correr largas distancias con paso corto y regulado.
    □
    a. ‖ **al ~.** loc. adj/adv. *Ni, Ar. Referido especialmente a persona o a una situación,* totalmente dominada o bajo control. pop + cult → espon.
    ▶ **aguantar el ~; echar el ~; sacar al ~.**
trotear.
    I. 1. tr. *ES, Ni.* Perseguir a *alguien* con mucho afán.
trotón, -na.
    I. 1. adj. *PR. Referido a un trompo,* que no baila serenamente. pop + cult → espon ^ fest.
    2. *PR. Referido a persona,* que baila mal. pop + cult → espon ^ fest.
trova.
    I. 1. f. *Cu.* Mentira, embuste. pop.
    II. 1. *Cu.* **muela**, conversación aburrida. pop.
    ▶ **bajar una ~; dar ~.**

trovero, -a.
  I. 1. sust/adj. *Cu.* Persona que deforma o exagera la realidad. pop.
  II. 1. sust/adj. *Cu.* Persona que tiende a hablar mucho. pop.

troya.
  I. 1. f. *Ch, Ar:N, Ur.* Juego infantil en el que se echan y sacan diversos objetos de un redondel hecho en el suelo. (**trolla**).
  2. *Ar:N, Ur.* Círculo que se traza para jugar a la troya. (**trolla**).
  3. *Ch.* Redondel amplio hecho en un terreno. rur.
  II. 1. f. *Pe:S.* Disposición de cohetes sobre una línea extendida de pólvora que al encenderse los va activando sucesivamente.

troza.
  I. 1. f. *ES.* Lancha.
  II. 1. f. *ES.* Pene. tabú.

trozada.
  I. 1. f. *Ho, ES.* Herida o rajadura hecha con un machete. rur.

trozado, -a.
  I. 1. adj. *Ho. Referido a cosa,* troceada, cortada en trozos.

trozadora.
  I. 1. f. *PR.* Machete.

trozar(se).
  I. 1. tr. *Gu, ES, Ni, CR, RD, Ve, Ec, Pe, Bo, Ch, Ar, Ur.* Cortar en trozos.
  2. *Ho, ES.* Herir a *alguien*.
  3. intr. prnl. *Gu.* Hacerse un corte, herirse.
  4. tr. *Cu.* Causar rozadura una prenda de vestir.

trozo.
  I. 1. m. *Cu.* Pene. pop.

trucar(se).
  I. 1. intr. prnl. *RD.* Huir, fugarse.
  II. 1. tr. *PR. En el **beisbol**,* lanzar el **pícher** tres bolas al **bateador** sin que este logre **batear**.

trucha.
  I. 1. f. *Ar, Ur.* Boca de una persona. pop + cult → espon.
  2. *Ar, Ur.* Cara de una persona. pop + cult → espon.
  II. 1. sust/adj. *Ar,* pop + cult → espon; *Bo:O,* delinc. Persona astuta y pícara.
  III. (Del ingl. *trust,* depósito).
  1. f. *Ho:N, ES.* Tienda pequeña en donde se venden productos de primera necesidad. delinc.

truchada.
  I. 1. f. *Ch.* Excursión para pescar truchas.

truchar.
  I. 1. tr. *Bo, Ar, Ur.* Falsificar *algo.* pop + cult → espon.

truchazo.
  I. 1. m. *Ar.* Beso, *especialmente si es apasionado.* pop + cult → espon.

truchero, -a.
  I. 1. m. y f. *Ho:N.* Persona que es dueña de una **trucha** o tienda pequeña.

trucho, -a.
  I. 1. adj. *Ec, Bo, Ar, Ur. Referido a persona,* que actúa con falsedad e hipocresía. pop.
  2. *Ec, Bo, Py, Ar, Ur. Referido a un producto,* que no es de la marca comercial bajo la cual se quiere vender o que ha sido introducido al país de contrabando. pop + cult → espon.
  3. *Bo, Ar, Ur. Referido a objeto,* falso, que no es lo que aparenta ser. pop + cult → espon.
  4. *Bo, Ar. Referido a persona,* que no tiene la suficiente capacitación para ejercer el cargo que ostenta o para realizar las tareas que tiene encomendadas. pop.
  5. *Bo, Ar. Referido a objeto,* de mala calidad. pop.

  6. sust/adj. *Pe. En publicidad,* pieza publicitaria creada libremente sin que haya sido solicitada expresamente por un cliente.
  II. 1. adj. *Mx, ES. Referido a persona,* lista, hábil.
  III. 1. adj. *Pa. Referido a animal,* rabón.

truchudo, -a.
  I. 1. adj. *Ar:C,NO. Referido a persona,* que tiene la boca grande o los labios gruesos. pop + cult → espon ∧ desp.

truck. (Voz inglesa).
  I. 1. *EU, PR.* **troque.**

truco.
  I. 1. m. *Ve, Bo, Ch, Ar, Ur, Py,* pop. Juego de naipes tradicional con baraja española, *en el que generalmente participan dos o cuatro jugadores.*
  II. 1. m. *Ar:NO.* Golpe que se da con el puño. pop + cult → espon.
  III. 1. m. *RD.* Trozo, pedazo.

■
  a. ‖ **~ de gallo.** m. *Ar, Ur.* Variante del juego del **truco** en la que intervienen tres jugadores. (**truco gallo**).
    ♦ **truco pata de gallo.**
  b. ‖ **~ gallo.** *Ar, Ur.* **truco de gallo.**
  c. ‖ **~ pata de gallo.** *Ar.* **truco de gallo.**
□
  a. ‖ **de ~.**
    i. loc. adj. *Cu. Referido a una situación,* muy difícil de abordar o resolver. pop.
    ii. *Cu. Referido a persona,* muy fea, que carece de atractivo. pop ∧ desp.
    iii. *Cu. Referido a un producto,* de mala calidad. pop ∧ desp.

trucutú.
  I. 1. m. *Ec.* Vehículo cisterna, blindado y acondicionado con mangueras de alta presión, que usa la policía para dispersar manifestaciones lanzando chorros de agua. pop.
  II. 1. m. *Ho.* Coito.

truecar.
  I. 1. tr. *Ch.* Hacer un trueque. pop.

trueno.
  I. 1. m. *Pa, Ec.* Pistola, arma de fuego. pop.

trufi. (Acr. de *taxi de ruta fija*).
  I. 1. m. *Bo.* Automóvil de transporte público para cuatro pasajeros que sigue una determinada ruta.

truismo. (Del ingl. *true*).
  I. 1. m. *PR.* Verdad innegable, evidente.

truján, -na.
  I. 1. m. y f. *RD.* Truhán.

trujano, -a.
  I. 1. adj. *Pa. Referido a persona,* truhana, que vive de engaños y estafas.

truje.
◪
  a. ‖ **a lo que te ~, Chencha.** fr. prov. *Mx.* Se usa para animar a alguien a abocarse a un trabajo sin perder el tiempo y sin dar rodeos.

trujía.
  I. 1. f. *PR.* Desagüe por donde se vacía el agua de las **yolas.**

trujillano.
  I. 1. m. *Pe:S.* Pastel que consiste en capas de bizcocho y mermelada con la parte superior dorada y espolvoreada de ajonjolí.

trukcito. (Del ingl. *truck*).
  I. 1. m. *PR.* Camioneta.

trulla.
  I. 1. f. *Bo:E.* Grupo de adolescentes y niños que se divierte causando daños materiales y molestando. pop.

2. *PR.* Grupo de amigos que va de casa en casa cantando canciones navideñas durante las fiestas de Navidad. ◆ **corrinche**.

3. *PR.* Fiesta por sorpresa que se hace en casa de un amigo llevando música de Navidad.

trullero, -a.
  I. 1. sust/adj. *Bo:E.* Integrante de una **trulla**. pop.

trumao.
  I. 1. m. *Ch.* Tierra arenisca muy fina de rocas volcánicas.

trun.
  I. 1. m. *Ch.* p.u. Fruto espinoso de algunas plantas que se adhiere al pelo o a la lana.

trunchado, -a.
  I. 1. adj. *ES. Referido a persona*, **reprobada** en un examen. est.

  2. *PR.* juv. *Referido a persona*, atrapada.

trunchar.
  I. 1. tr. *Ni.* **Reprobar** a *alguien* en un examen. est.

truncho, -a.
  I. 1. adj. *Pa. Referido a un animal*, que no tiene cola o rabo. rur.

truncia.
  I. 1. f. *Ho, ES.* Engaño o acto ilegal realizado secretamente.

trunciero, -a.
  I. 1. adj. *ES. Referido a persona*, tramposa.

trunquero. (Del ingl. *strucker*).
  I. 1. m. *PR. En el beisbol*, jugador que rara vez acierta a **batear**.

truño.
  I. 1. m. *RD.* Expresión o gesto de mal humor.

truñuño, -a.
  I. 1. adj/sust. *Pa. Referido a persona*, tacaña. pop + cult → espon ^ desp.

trupa.
  I. 1. f. *Pa.* **maquenqué**.

trupillo.
  I. 1. *Co.* **mezquite**.

truqueada.
  I. 1. f. *Py, Ar, Ur.* Reunión en la que se juega al **truco**. pop + cult → espon.

  2. *Py, Ar, Ur.* Partida de **truco**.

truqueador, -ra.
  I. 1. m. y f. *Ar, Ur.* Persona aficionada al juego del **truco**. pop + cult → espon.

truquear.
  I. 1. tr. *ES, Ni, PR, Ec, Pe.* Hacer trampas o trucos.

  II. 1. intr. *Ar, Ur*, pop + cult → espon; *Py*, pop. Jugar al **truco**.

truquero, -a.
  I. 1. adj/sust. *ES, Ni, PR, Pe. Referido a persona*, falsa, embaucadora.

  2. adj. *ES. Referido a persona*, que hace trampa en el juego.

  II. 1. m. y f. *Py, Ar, Ur.* Persona aficionada al juego del **truco**. pop + cult → espon.

  III. 1. m. y f. *Bo. En un billar*, persona encargada de atender a los clientes. pop.

trusa.
  I. 1. f. *Mx, Pe.* Calzoncillo. pop.

  2. *Mx, Cu; Ec*, p.u. Bañador de hombre o de mujer.

  3. *Ur; Ec, Ar*, p.u; *Pe*, pop. Prenda interior femenina que cubre desde la parte inferior del tronco y tiene dos aberturas en las piernas.

trusco.
  I. 1. m. *PR.* Pedazo grande de leña.

truto.
  I. 1. *Ch.* **trutro**.

trutro.
  I. 1. m. *Ch.* Muslo de las aves de corral. (**truto**; **tuto**; **tutro**).

  2. *Ch.* metáf. Muslo de una persona. fest. (**truto**; **tuto**; **tutro**).

trutrú. (Del ingl. *thru-thru*, a través)
  I. 1. m. *PR.* Tipo de tejido que se hace en una tela agrupando hilos en un espacio deshilachado al propósito.

trutruca.
  I. 1. f. *Ch.* Instrumento de viento, largo y de sonido profundo, usado por los mapuches en sus ceremonias.

tu.
  ■

  a. ‖ ~ **güeis.** (Del ingl. *two ways*). m. *PR. En las señales de tránsito*, ambas direcciones, dos direcciones. (***two ways***).

  b. ‖ ~ **moch.** (Del ingl. *too much*). adv. *PR.* juv. Demasiado.

tú.
  ■

  a. ‖ ~ **a** ~. m. *PR.* Pelea de gallos pactada entre dos dueños.

túa-túa.
  I. 1. f. *Co:N.* **frailecillo**, planta.

tuanis.
  I. 1. adj. *Gu, Ho, ES, Ni, CR.* Muy bueno, excelente. pop.

  2. *Ho, ES, Ni. Referido a cosa*, bonita.

  3. *Ho, ES, Ni.* juv. *Referido a cosa*, que está de moda.

  4. *Ho. Referido a cosa*, muy grande.

  II. 1. adv. *Ho, ES, Ni.* Bien.

tuatúa.
  I. 1. f. *Cu, PR.* Árbol de hasta 3 m de altura, de hojas alternas, inflorescencias terminales en racimos paniculares, flores con pétalos rojos y estigma amarillo y fruto pequeño; sus raíces tienen propiedades diuréticas y sus hojas y semillas se usan como purgante. (Euphorbiaceae; *Jatropha gossypiifolia*). (**tatúa**). ◆ **higuereta cimarrona**.

túbano.
  I. 1. m. *RD.* Puro, cigarro hecho de hojas de tabaco enrolladas y liado sin papel.

tubazo.
  I. 1. m. *Ar; Ur*, p.u. Llamada telefónica de corta duración. pop + cult → espon.

  II. 1. m. *Ve. En el periodismo*, primicia o información que da un medio de comunicación anticipándose a los demás.

tubera.
  I. 1. f. *ES.* Inyector de un motor de automóvil.

tubero, -a.
  I. 1. sust/adj. *Co, Pe. En la industria mecánica*, obrero que fabrica y coloca tubos.

  II. 1. sust/adj. *Pe. En el surf*, surfista *especialmente hábil en deslizarse dentro del tubo*.

tubey. (Del ingl. *two bases*, dos bases).
  I. 1. m. *Ni, Cu, Ve. En el beisbol*, jugada en la que el **bateador** consigue llegar a la segunda **base**.

tubi-tubi.
  I. 1. m. *Pa.* Moldeado que se hace colocando el pelo alrededor de la cabeza para alisarlo.

tubiano, -a.
  I. 1. *Py, Ur.* **tobiano**. rur.

tubicha.
  I. 1. m. *Bo. En la cultura chiriguana*, cacique o jefe menor de un clan.

a. ‖ ~ **guasu.** m. *Bo. En la cultura* **chiriguana**, capitán o jefe mayor de un clan.

b. ‖ ~ **rubicha.** m. *Bo. En la cultura* **chiriguana**, jefe de una parcialidad o pueblo.

tubino. (De *Tubino*®).

I. 1. m. *Co, Pe, Ur.* Cilindro de madera, metal o plástico en el que se enrolla hilo para coser. ♦ **carretón.**

tubista.

I. 1. adj. *Ni. Referido a estudiante*, memorista.

tubitubi.

I. 1. *Pa.* **dubi.**

tubo.

I. 1. m. *Mx, Ch.* Rulo, pequeño cilindro hueco y perforado al que se enrolla el cabello para rizarlo.

II. 1. m. *Bo:O, Ch, Ar, Ur.* Auricular del teléfono.

III. 1. m. *Pe. En el surf*, túnel que se forma bajo la cresta de la ola.

    2. *Pe. En el surf*, maniobra que consiste en deslizarse por el túnel que se forma bajo la cresta de la ola.

IV. 1. m. pl. *Ar.* Bíceps. pop + cult → espon.

V. 1. m. *Ar.* Botella de vino. pop + cult → espon.

VI. 1. m. *Ho, ES, Pa, PR, Ec. En una rueda de vehículo*, cámara de caucho inflada que va en el interior de la llanta.

VII. 1. m. *Cu, PR.* Pene erecto. pop + cult → espon.

    2. *ES.* Pene. vulg.

VIII. 1. m. *Ho, ES, Ni.* Cárcel, local destinado a reclusión de presos. pop.

IX. 1. m. *Ho, ES.* Camiseta femenina muy ceñida en forma de tubo y de material elástico, que cubre de los senos hasta el ombligo.

X. 1. m. *PR.* Caña del ancla.

    ■

a. ‖ ~ **de abasto.** m. *Ho.* Tubería principal de una casa desde la que se distribuye el agua.

b. ‖ ~ **de aire.** m. *PR.* Cámara de aire.

c. ‖ ~ **de luz fría.** m. *Cu.* Tubo fluorescente. ♦ **tubo luz.**

d. ‖ ~ **de radio.** m. *PR.* Bujía de radio.

e. ‖ ~ **luz.** *Ur.* tubo de luz fría.

    □

a. ‖ **al ~.** loc. adv. *Ni.* De memoria. pop + cult → espon.

b. ‖ **como por entre un ~.** *Co.* como por un tubo. pop.

c. ‖ **como por un ~.** loc. adv. *Pe, Bo, Ch, Ar, Ur.* Rápida y fácilmente. pop. ♦ **como por entre un tubo; por un tubo.**

d. ‖ **¡le ronca el ~!** loc. interj. *Cu.* Expresa malestar y sorpresa.

e. ‖ **por un ~.** *Ch, Py.* como por un tubo.

▶ **mandar por un ~; pegar con ~; ser más cerrado que un ~ de radio.**

¡tuc!

I. 1. interj. *Ec, Bo.* Expresa la voz de llamado a las gallinas. rur.

tuca.

I. 1. f. *Ni, CR, Pa.* Tronco de árbol listo para ser aserrado.

    2. f. pl. *CR.* metáf. Piernas, *especialmente cuando son robustas y bien formadas.*

tucada.

I. 1. f. *Ch.* Cantidad grande de dinero, *generalmente en billetes*. pop.

tucán. (Voz indígena de Brasil).

I. 1. m. *Mx, Gu, Ho, Ni, CR, Ec, Bo, Py.* Ave trepadora de hasta 66 cm de longitud, de pico muy largo, arqueado y grueso, plumaje general oscuro con manchas de colores muy vivos y patas verde oliva brillante. (Ramphastidae; *Ramphastos* spp.). ♦ **diostedé;**

guazalé; navajón; paletón; pico de frasco; picofeo; raco; raque; tuco; yátaro; zurruaca.

tucancillo.

I. 1. m. *CR, Bo:E.* Ave de hasta 43 cm de largo, de pico grande de color negro en la parte inferior y naranja intenso, rojo y verde en la superior, patas verde oliva brillante, plumaje oscuro en el dorso con una mancha de color negro en el pecho y una faja roja en el abdomen. (Ramphastidae; *Pteroglossus frantzii*). (tucanillo). ♦ **cusingo; filí; tucancillo piquianaranjado.**

    ■

a. ‖ ~ **piquianaranjado.** *CR.* tucancillo.

tucandera.

I. 1. *Bo.* **conga**, hormiga negra.

tucanillo.

I. 1. *Bo.* **tucancillo.**

tucazo.

I. 1. m. *Pa.* Golpe.

tuche.

    □

a. ‖ **a ~.** loc. adv. *Co:NE.* A cuestas, sobre la espalda. pop.

tuchi.

I. 1. adj. *PR.* juv. Elegante, refinado.

tuchina.

I. 1. f. *PR.* **carruzo**, planta.

tucho, -a. (Del maya *xtuch*, mona).

I. 1. m. y f. *Mx:SE.* Mono, mico.

tuchpa.

I. 1. f. *Pe:E.* Piedra que junto con otras se coloca alrededor de la lumbre para formar el fogón. rur.

tuco.

I. (Del quech. *tuku*, brillante).

    1. m. *Co:S, Ar:N.* Insecto coleóptero de hasta 50 mm de largo dotado de luminiscencia. (Elateridae; *Pyrophorus* spp.).

    2. *Pe, Bo:S.* **ñacurutú.**

    3. *Bo:E.* **tucán,** ave.

II. 1. m. *Pe, Bo, Ar, Ur, Py.* urb. Salsa de tomate frito con cebolla, orégano, perejil, **ají,** y otras especias, con la que se acompañan o condimentan diversos platos como pastas, polenta, arroz, entre otros.

III. 1. m. *Ho, ES, Ni, CR, Pa, Ec.* Trozo, *generalmente grande*, de madera, de hierro o de otras materias.

    2. *Ec.* Trozo de madera cilíndrico o en rollo.

IV. 1. *PR, Ve.* **tuquito**, muñón.

V. 1. m. *CR, Ec.* Pene. tabú; pop + cult → espon.

VI. 1. m. *ES.* Dinero.

    □

a. ‖ ~ **de bola.** loc. adj. *Ec. Referido a cosa*, de grandes proporciones. pop.

tuco, -a.

I. 1. adj/sust. *PR, Ve, Bo. Referido a persona*, que carece de alguna extremidad.

    2. adj. *Ni, PR. Referido a persona*, que ha perdido un brazo o una mano, o el uso de cualquiera de estos miembros.

II. 1. m. y f. *Pe.* Persona que pertenece a una organización terrorista. pop.

III. 1. adj/sust. *Ec.* juv. *Referido a persona*, de complexión robusta. pop.

IV. 1. m. y f. *ES.* Tocayo, persona que tiene el mismo nombre que otra.

V. 1. adj/sust. *Ni. Referido a persona*, amiga.

tucotuco.

I. 1. *Pe, Ch.* **tucu-tuco.**

tucsa.

I. 1. adj. *Bo:O.* Hediondo, de mal olor. pop.

tucsillo.
  I. 1. m. *Bo:O.* Bebida alcohólica de mala calidad. pop.

tucu.
  I. 1. *Bo:O.* **tucumana.**
  ■
    a. ‖ ~**-tuco.** m. *Pe, Ch, Ar:NO, Ur.* Animal roedor de pelaje castaño o negruzco, cola muy larga, orejas pequeñas, patas cortas y fuertes incisivos. (Ctenomyidae; *Ctenomys* spp.). (**tucotuco; tucu-tucu; tucutuco; tucutucu**). ♦ **oculto; tunduque; ultutuco.**
    b. ‖ ~~.
      i. *Bo:O,SO, Ar:NO, Ur.* **tucu-tuco.**
      ii. *Bo.* **curucusí.**

tucuimas. (Del quech. *tukuy ima,* de todo).
  •
    a. ‖ **y ~.** fórm. *Bo.* Se usa al final de una enumeración.

tucumán.
  I. 1. m. *Pe.* Gorro con orejeras, tejido en lana, con dibujos multicolores, usado en las regiones andinas para protegerse del frío.
    2. *Ec.* Tejido hecho con tiras de cuero delgadas.

tucumana.
  I. 1. f. *Bo.* Empanada rellena de **jigote,** huevo duro y una aceituna, que se repulga y se fríe. ♦ **tucu.**

tucumano.
  I. 1. m. pl. *Pe.* Danza exclusivamente de hombres que en sus movimientos imitan la doma del caballo.
    2. m. *Bo. Entre los callawayas,* baile tradicional que se caracteriza por los saltos repetidos y las vueltas.

tucún.
  I. 1. m. *Ho, ES.* Trago.
    □
    a. ‖ **a ~.** loc. adv. *Ho.* De un solo trago, de una sola vez.

tucunaré.
  I. 1. m. *PR, Co:E, Ec, Pe:E, Bo:E,N.* Pez de agua dulce de hasta 1 m de longitud, de coloración iridiscente. (Cichlidae; *Cichla ocellaris*). ♦ **mamito; marichapa; pavón; sargento.**

tucunear.
  I. 1. tr. *ES.* Golpear *algo* con la cabeza.

tucúquere.
  I. 1. m. *Ch.* Ave de hasta 50 cm de longitud, de color pardo oscuro, negro y ocre, pecho y abdomen pardo claro con muchas barras finas transversales oscuras, un penacho en cada zona auricular semejando orejas, ojos grandes, amarillos, colocados frontalmente, collar blanco en la garganta y pico encorvado hacia abajo. (Strigidae; *Bubo magellanicus*).

tucura. (Voz portuguesa).
  I. 1. m. *Bo:E,NE, Ar, Ur.* Langosta, insecto ortóptero.

tucusito.
  I. 1. *Ve.* **colibrí.**

tucutú.
  I. 1. *PR.* **tucutucu,** nerviosismo.
    2. *PR.* **tucutucu,** latido.

tucutuco.
  I. 1. *Pe.* **tucu-tuco.**

tucutucu.
  I. 1. *Ch.* **tucu-tuco.**
  II. 1. m. *PR.* Nerviosismo por presentir algo malo. pop + cult → espon. (**tucutú**).
    2. *PR.* Latido fuerte del corazón. pop + cult → espon. (**tucutú**).
  ▶ **dar un ~; tener su ~.**

tucuymas. (Del quech. *tukuy ima,* de todo).
  •
    a. ‖ **y demás ~.** fórm. *Bo:C,O,S.* Se usa al final de una enumeración.

tue.
  ■
    a. ‖ ~ **tué.**
      i. m. *Ch. Según la tradición popular mapuche,* ave rapaz nocturna de mal agüero que puede adquirir diversas formas y es la encarnación de los brujos.
      ii. *Ch.* Grito del tue tué.

tuerca.
  I. 1. adj. *Ec, Ch, Ar, Ur.* Relativo al automovilismo y a los autos en general. pop.
    2. adj/sust. *Ar, Ur,* pop + cult → espon; *Ch, Py,* pop. *Referido a persona,* que tiene pasión por el automovilismo y por los autos en general.
  II. 1. sust/adj. *Cu.* Mujer homosexual. pop.
  III. 1. f. *ES.* Anillo. delinc.
  IV. 1. f. *ES.* Ano. vulg.
  V. 1. adj/sust. *Py.* p.u. *Referido a persona,* alocada. pop.
  VI. 1. f. *PR.* Borrachera. pop + cult → espon.
  VII. 1. sust/adj. *CR.* Persona poco habilidosa, *especialmente en la práctica de un deporte.* pop ^ fest.
    □
    a. ‖ **de ~ y tornillo.** loc. adj. *Ec. Referido a persona,* recalcitrante. pop.
  ▶ **aflojarse la ~; barrerse la ~.**

tuerce.
  I. 1. m. *Gu, Ho, Ni; CR,* obsol; pop + cult → espon. Mala suerte, infortunio, desdicha.

tuero.
  I. 1. m. *Gu.* Escondite, juego infantil en el que unos se esconden y otro busca a los escondidos.

tuerta.
  ▶ **comer como jolota ~; comprar a precio de mula ~.**

tuerto.
    □
    a. ‖ ~ **o derecho.** loc. adv. *Bo.* Voluntariamente o a la fuerza.
  ▶ **caer como pedrada en ojo ~; zapatearle el ~.**

tuerto, -a.
  I. 1. adj. *Ch. Referido a persona,* perpleja, estupefacta por una impresión negativa. pop.

tuesca.
  I. 1. f. *PR.* Borrachera.
  II. 1. f. *PR.* Tunda, **golpiza.**

tuesta.
  I. 1. f. *RD.* Borrachera.

tueste.
  I. 1. m. *Cu.* Alteración de las facultades mentales. pop.
  ▶ **pasarse de ~.**

tufal.
  I. 1. m. *Ho.* **tufazón.**

tufalera.
  I. 1. *Ni.* **tufazón.**

tufancina.
  I. 1. *Ni.* **tufazón.**

tufaranga.
  I. 1. *Ho.* **tufazón.**

tufazón.
  I. 1. f. *Ho, ES.* Mal olor. ♦ **tufal; tufalera; tufancina; tufaranga.**

tufeado, -a.
  I. 1. adj. *Ho, ES.* Maloliente.
    2. *Ho. Referido a persona,* que dice algo de alguien por simple sospecha.

tufear.
  I. 1. intr. *Ho, ES.* Despedir *algo* o *alguien* mal olor.
     2. *Ho.* Sospechar intuitivamente de algo o alguien.

tufoso, -a.
  I. 1. adj. *Ho, ES, Ni.* Maloliente.
     2. *PR. Referido a persona,* que tiene aliento de borracha. pop + cult → espon.
  II. 1. adj/sust. *Ho, ES. Referido a persona,* engreída. fest.

tuga.
  I. 1. f. *Ec.* Tórtola. (Columbidae; *Streptopelia turtur*).

tugar.
  I. 1. tr. *Ec.* Arrullar una **tuga** o tórtola. rur.
  ●
     a. ‖ ~~: **¡salir a buscar!** fórm. *Ch.* Se usa para exhortar a buscar algo o a alguien; tiene su origen en un juego infantil, en el que uno de los participantes escondía un objeto y ordenaba a los demás que lo buscasen. pop.

tugurial.
  I. 1. adj. *Co. Referido a una zona o a una vivienda,* muy pobre.

tugurizar(se).
  I. 1. tr. *CR, Ec, Pe, Ur.* Transformar un barrio o una edificación en un tugurio.
     2. intr. prnl. *Pe.* Transformarse un barrio o una edificación en un tugurio.

tui.
  I. 1. *Bo.* **caracara**.

tuichi.
  I. 1. *Bo:E.* **halcón garrapatero**.

tuinbeds. (Del ingl. *twin beds*).
  I. 1. f. pl. *PR.* Camas gemelas. (***twinbeds***).

tuíter.
  I. 1. m. *Bo:O.* Pequeño **parlante** que emite sonidos agudos.

tuiti.
  I. 1. m. *ES.* Marihuana. drog.

tuja.
  I. 1. f. *Gu.* Manta que se echa sobre la cama.
  II. 1. f. *Gu.* Mentira, falsedad.
  III. 1. f. *Bo:E.* Escondite, juego infantil. ♦ **tuja de esconderse**.
  ▪
     a. ‖ ~ **de esconderse.** *Bo:E.* **tuja**, escondite.

tujchi. (Del quech. *tujchi*, cabello lacio y recio).
  I. 1. sust/adj. *Bo.* Persona de pelo hirsuto y difícil de manejar.

tujsillo. (Del aim. *thujsa*, apestoso).
  I. 1. m. *Bo:O.* Bebida alcohólica de mala calidad preparada con aguardiente de caña de azúcar mezclado con agua o con algún refresco. delinc.

tujuré.
  I. 1. m. *Bo:E.* **Mazamorra** preparada con maíz, **chancaca**, canela, clavo de olor y, *ocasionalmente también leche*; se toma con pasteles y buñuelos.

tula.
  I. 1. f. *Co.* Bolsa de viaje alargada y de material resistente, con un asa en la parte superior.
  II. 1. f. *Ch.* Pene. tabú; pop + cult → espon.
  III. 1. f. *Ec:S.* Palo en forma de estaca con una punta biselada, empleado para cavar la tierra. rur.
  IV. 1. f. *Pa.* **camazo**.
     2. *Pa.* Fruto de la tula, empleado para transportar agua cuando está seco.
  V. 1. f. *Ni.* Persona chismosa.
  VI. 1. f. *Pa.* Cabeza, parte superior del cuerpo. desp.

tular.
  I. 1. tr. *Ec:S.* Cavar con **tula**. rur.
     2. *Ec:S.* Empujar una herramienta para cavar. rur.
  II. 1. m. *Ho, ES.* Terreno plantado de **tule**.

tule. (Del nahua *tullín, tillín* o *tolín*, espadaña).
  I. 1. m. *Mx, Gu, Ho, ES, Ni, CR.* Planta herbácea, de rizoma grueso y fuerte y cálamos con hojas rectas de 50 cm hasta 2 m de altura. (Ciperaceae; *Cyperus canus, C. articulatus, Scirpus californicus, Eleocharis filiculmis*).
     2. *Ho, ES, Ni.* Hoja flexible de esta planta, que se utiliza en cestería, sillería y sombrerería.

tulenco, -a.
  I. 1. adj. *ES, Ni. Referido a persona,* torpe para caminar.
     2. *ES. Referido a persona,* tonta.
     3. *ES. Referido a persona,* enfermiza, achacosa.

tulevieja.
  I. 1. f. *CR. En la tradición popular,* fantasma en forma de mujer de cabello enmarañado, que habita en los bosques, visita las casas por la noche y se alimenta de la ceniza que queda en las cocinas de leña.

tuli-tuli.
  I. 1. adj. *PR. juv. Referido a persona,* gorda.

tulín, -na.
  I. 1. adj. *Ho, ES. Referido a persona,* delgada, desnutrida.
     2. *Ho, ES. Referido a persona o animal,* desmedrado, de escaso crecimiento.
  II. 1. *ES. Referido a persona,* que se dedica a mirar a las personas mientras comen.

tulipa.
  I. 1. f. *Ec.* Conjunto de tres piedras puestas sobre el suelo, entre las cuales se enciende fuego y sobre las que se colocan utensilios domésticos para preparar alimentos. rur.

tulipán.
  I. 1. *RD, Co.* **jagüije**.
     2. *Co.* Hierba de hasta 60 cm de altura, de flores múltiples, grandes y aromáticas, que nacen al final de un largo y fuerte pedúnculo. (Amaryllidaceae; *Brunsvigia josephiniae*).
  ▪
     a. ‖ ~ **africano.** m. *Pa, PR, Co, Ec.* Árbol de hasta 20 m de altura, de follaje denso y copa redondeada, hojas compuestas de folíolos ásperos al tacto, inflorescencia en racimos y flores grandes de color rojo anaranjado con el borde amarillento. (Bignoniaceae; *Spathodea campanulata*). ♦ **amapola**; **llama del bosque**; **meaíto**; **miona**.

tulisio.
  I. 1. *Co:N.* **yacaré**, caimán.

tulivieja.
  I. 1. f. *ES.* Personaje mítico mesoamericano en forma de bella mujer que atrae a los hombres por la noche para luego espantarlos con su cara de calavera.
     2. *Pa.* **llorón**.

tuliviejo.
  I. 1. *Pa.* **borojó**, árbol.

tullcu. (Del quechua *t'ullku*, hilo retorcido).
  I. 1. adj. *Bo:C,O,S. Referido al hilo de lana,* muy torcido.

tullido, -a.
  I. 1. adj. *ES. Referido a persona,* inepta.
     2. *Ho. Referido a persona,* que actúa de mala fe.
  II. 1. adj. *Ho. Referido a persona,* pequeña y delgada. rur.
     2. *Ho. Referido a fruta,* de poco tamaño. rur.
  III. 1. *PR.* **quebrado**, corcovado.
  IV. 1. adj. *PR.* juv. Amontonado.

tullidura.
  I. 1. f. *PR.* Tullidez, tullimiento.

tullma. (Voz quechua).
  I. 1. f. *Bo:C,O,S.* Cordel de lana que sirve para sujetar la trenza. pop.

tullu. (Del quech. *tullu*, hueso).
  I. 1. sust/adj. *Bo:C,O,S.* Persona de constitución delgada. pop.

tulpa. (Del quech. *tullpa*, hogar, fogón).
  I. 1. f. *Co:SO, Ve, Ec:N, Pe*; f. pl. *Bo:E.* Cada una de las tres piedras puestas en el suelo, entre las que se enciende fuego y sobre las que se colocan utensilios domésticos para preparar alimentos. rur.
  II. 1. f. *Co:SO.* Cabeza, *especialmente si es grande.*

tulpo.
  I. 1. m. *Ar:NO.* Sopa elaborada con harina de maíz y, *generalmente, con* **ají**, *tomate, cebolla y* **charqui**.

tulúluces.
  I. 1. m. pl. *RD.* Dinero.

tuluma.
  I. 1. f. *ES.* Pene. vulg.

tulumuco.
  I. 1. *CR.* **tolomuco.**

tulunca.
  I. 1. f. *Ho, ES, Ni.* Mazorca gruesa y pequeña.

tulunco.
  I. 1. m. *ES.* Niño.
  II. 1. *ES.* **tamal pisque.**

tulunco, -a.
  I. 1. adj. *ES. Referido a mazorca o grano de maíz,* que tiene los granos disparejos y dispersos. rur.

tuluncón, -na.
  I. 1. adj. *Ho, ES, Ni. Referido a persona,* gorda.

tulupa.
  I. 1. f. *ES.* Sirvienta.

¡tumay!
  I. 1. *Pe.* **¡concha tu madre!** pop.

tumba.
  I. 1. f. *Pa, Cu, RD, Co, Ve, Ec.* Tala.
  II. 1. f. *Cu:E, RD.* Tambor de origen africano que se usa para acompañar la música popular de las Antillas. ◆ **conga; timba; tumbadora.**
  III. 1. f. *Ch.* p.u. Tajada de carne cocida o solo cocinada. rur.
  IV. 1. f. *Bo:O. En la fiesta de Todos los Santos,* ofrenda que se dedica al fallecido, que consiste en una mesa con mantel negro con todo aquello que le gustaba al difunto. pop.

¡tumba!
  I. 1. interj. *PR.* Expresa aviso de que conviene guardar silencio y ser discreto. delinc.

tumbaburros.
  I. 1. m. *Mx, Pe.* Diccionario. fest.
  II. 1. *Ec, Pe.* **mataburros,** accesorio de metal que se coloca en los vehículos.

tumbacabeza.
  I. 1. f. *Ar.* Vuelta que se da apoyando las manos en el suelo y haciendo girar el cuerpo hacia delante.

tumbacero.
  I. 1. m. *Bo:E.* Bebida alcohólica preparada con alcohol y agua. pop.

tumbada.
  I. 1. f. *Cu, Co, Bo:E.* Engaño con el que se pretende robar dinero a alguien. pop. ◆ **tumbe.**
  II. 1. f. *Pe, Bo.* Tala de árboles para limpiar y sembrar el terreno.

tumbadero.
  I. 1. m. *Ar.* Establecimiento dedicado al alquiler de habitaciones por horas para tener relaciones sexuales. pop + cult → espon ^ fest. ◆ **albergue; posada.**
  2. *Ch.* Burdel, casa de citas. pop.

tumbadillo.
  I. 1. m. *Pe, Bo:E. En el interior de los edificios,* techo de superficie plana y lisa *que sirve generalmente para reducir la altura de una habitación u ocultar instalaciones.*

tumbado.
  I. 1. m. *Ec, Bo. En el interior de los edificios,* techo de superficie plana y lisa *que sirve generalmente para reducir la altura de una habitación u ocultar instalaciones.*
  ▶ **cogerle el ~.**

tumbado, -a.
  I. 1. adj. *Ni, Pa, Cu, RD, PR, Bo, Py. Referido a persona,* que está en cama por enfermedad.
  II. 1. adj. *PR. Referido a un gallo,* que al caer en medio de la pelea queda invalidado y es declarado vencido.

tumbador, -ra.
  I. 1. m. y f. *Co.* Persona ladrona y estafadora. pop.
  II. 1. sust/adj. *Bo:SO.* Bebida que se prepara con mucho alcohol y poco refresco. pop.

tumbadora.
  I. 1. f. *PR.* **tumba,** tambor.

tumbagobierno.
  I. 1. adj. *Ve. Referido a persona o cosa,* que excede en tamaño, belleza o intensidad a las demás personas o cosas de su línea o especialidad. pop.

tumbahombre.
  I. 1. m. *Pa.* Sombrero folclórico que lleva pintas negras en la plantilla, en la copa y en el ala.
  II. 1. m. *Pa.* **Pollerón** típico, con rayas verticales de diversos colores.

tumbaíto.
  I. 1. m. *PR.* Tipo de baile popular.
  2. *PR.* Música de este baile.

tumbalocas.
  I. 1. sust/adj. *Co.* Hombre que se considera muy atractivo y capaz de conquistar a cualquier mujer. pop.

tumbalolla.
  I. 1. f. *Ar:NO.* **tumbaloya.**

tumbaloya.
  I. 1. f. *Ar:NO.* Vuelta que se da apoyando las manos en el suelo y haciendo girar el cuerpo hacia delante. (**tumbalolla**).

tumbamonte.
  I. 1. m. *Pe.* Fiesta popular celebrada durante el carnaval que consiste en trasplantar un árbol y adornarlo con cintas y regalos para derribarlo posteriormente a hachazos entre música y bailes.

tumbao.
  I. 1. m. *Pa, Cu, PR, Ve.* Modo de caminar de una persona. pop.
  ■
  a. ‖ ~ **plenero.** m. *PR.* Movimiento ladeado que se hace al bailar la **plena.**

tumbar(se).
  I. 1. tr. *Mx, Cu, Ve, Bo.* Desmontar un terreno. pop.
  II. 1. tr. *Pa, Cu, RD, PR, Co, Bo:C,S.* Robar a *alguien* aprovechando su ingenuidad o descuido. pop.
  III. 1. tr. *Cu, Ve.* Alejar a *alguien* de otra persona en el plano afectivo.
  2. *Ho, Ec, Bo.* Despedir o destituir a *alguien* del puesto o del trabajo.
  IV. 1. *Ho, Bo.* **agarrar,** tener relaciones sexuales.
  V. 1. *Ho.* **acabar,** matar.
  2. *Ho.* **acabarse,** matarse.
  VI. 1. intr. *Cu.* Tomar *alguien* una dirección determinada. pop.
  VII. 1. intr. prnl. *PR.* juv. Callarse, dejar de hablar de algún tema.
  VIII. 1. tr. *PR.* Suspender *algo.* pop + cult → espon.

a. ‖ ~ **el Gobierno.** loc. verb. *RD, Ve, Ec, Bo.* Derrocar un Gobierno dando un golpe de Estado.

b. ‖ ~ **el japi.** (Del ingl. *happy*). loc. verb. *PR.* Turbar, interrumpir, frustrar algo halagüeño o alegre. pop + cult → espon.

c. ‖ ~ **el kiosko.** loc. verb. *Ec:O.* Dejar la competencia fuera del mercado a uno o varios negocios. pop + cult → espon.

d. ‖ ~ **el pendón.** loc. verb. *Bo:C,S.* Comprar *alguien* toda la **chicha** de una **chichería.** pop.

e. ‖ ~ **la pajita.** loc. verb. *PR.* Desafiar a *alguien* por la provocación de un tercero. pop + cult → espon.

f. ‖ ~ **las patas.** loc. verb. *PR.* Vengarse duramente de un enemigo. pop + cult → espon.

g. ‖ ~**se del palo temprano.** loc. verb. *PR.* juv. Levantarse temprano.

◪

a. ‖ **tumba y tala.** fr. prov. *PR.* Indica arrasar con todo, especialmente cuestiones inmateriales.

tumbarrancho.
I. 1. m. *Ve.* Explosivo pirotécnico de sonido muy fuerte.

tumbazón.
I. 1. f. *Ho, ES.* Maremoto.
2. *Ho, ES, Ni.* Lugar cercano a la playa donde revientan las olas.

tumbe.
I. 1. m. *Co:C, Bo:S.* **tumbada.** pop.
2. *Pa, RD. Entre traficantes de drogas,* acción engañosa y desleal. drog.
3. *Pa.* Decomiso de droga. drog.
II. 1. m. *PR.* Tala de los frutos de los árboles.
III. 1. m. *PR.* Atraco, robo.
IV. 1. m. *PR.* Caída de uno de los gallos contendientes por un ataque lanzado por su oponente.
V. 1. m. *PR.* Juego de niños.
VI. 1. m. *Pa.* Trabajo ocasional. pop. ♦ **venado.**
▶ **dar un ~; hacer un ~.**

túmbilis.
I. 1. *Co.* **tumbis.** pop.

tumbilla.
I. 1. f. *Ho, ES.* Canasta redonda y pequeña de mimbre, **bejuco** o junco para guardar las **tortillas.**
2. *Ho, ES.* Canasto muy grande y con tapadera, cilíndrico y abultado por el centro para guardar la ropa para lavar.

tumbilludo, -a.
I. 1. adj. *ES. Referido a persona,* panzona.

tumbis.
I. 1. m. *Co.* Engaño con el que se pretende robar dinero a alguien. pop. ♦ **túmbilis.**

tumbo.
I. 1. m. *Pe:S, Bo.* Planta trepadora, de tallo cilíndrico y pubescente, hojas ovadas y aserradas en los márgenes, flor péndula con una bráctea cilíndrica de color verde y pétalos oblongos de color blanco, rosado pálido o intenso y fruto comestible; sus hojas y flores tienen aplicación en la medicina tradicional. (Passifloraceae; *Passiflora mollissima*). ♦ **curuba; gullán; taxo.**
2. *Pe:S, Bo.* Fruto comestible del tumbo, con forma de baya oblonga u ovoide, pericarpio de color amarillo al madurar y semillas aovadas con envoltura carnosa, anaranjada y suculenta. ♦ **curuba; gullán; taxo.**
II. 1. m. *ES.* Montón de cosas.
III. 1. m. *Ni.* Onda marina que revienta cerca de la playa.
IV. 1. m. *Pa.* Lugar en el que los campesinos siembran arroz, **frijoles,** maíz y otros cultivos para su sustento. rur.

□

a. ‖ **a los ~s.**
i. loc. adv. *Bo, Ch, Ar, Ur.* Con dificultades o contratiempos. pop + cult → espon.
ii. *Bo, Ar, Ur.* Dando tropiezos al desplazarse. pop + cult → espon.

b. ‖ **de ~ en ~.**
i. loc. adv. *Ec, Bo, Ch, Ur.* De fracaso en fracaso. pop + cult → espon.
ii. *Pa.* Sin objetivo o sin criterio claro.

tumbón, -na.
I. 1. adj. *PR. Referido a persona, especialmente a una mujer, atractiva tras acicalarse, vestirse y maquillarse.*

¡tumbum!
I. 1. interj. *Ho.* Imita el ruido producido por la caída de un cuerpo al suelo.

tume.
I. 1. m. *Co:C,NE.* Bocadillo de **arequipe.**

tumi.
I. 1. m. *Pe.* Cuchillo ceremonial usado en el antiguo Perú, *generalmente formado de una sola pieza metálica,* de mando rectangular y hoja en forma de media luna.
II. 1. *Bo:E,N,O.* **ishpingo.**

tumiñico.
I. 1. *Ar:NO.* **dominico,** ave.

tumor.
I. 1. m. *PR.* Ántrax.
II. 1. m. pl. *PR.* Brotes de agua constantes en terrenos muy húmedos.

tumorito.
I. 1. m. *Ni.* juv. Comida, alimento. fest.

tumpaísmo.
I. 1. m. *Bo. En la cultura* **chiriguana,** doctrina de los que creen en Tumpa, dios de los antepasados.

tumpaísta.
I. 1. adj. *Bo.* Relativo al **tumpaísmo.**

tumparopea.
I. 1. f. *Bo:E,S.* Arbusto o árbol de hasta 15 m de altura, de hojas simples, flores de color rojo y frutos en forma de cápsula; su corteza se usa contra el paludismo. (Rubiaceae; *Pogonopus tubulosus*).

tumulle.
I. 1. *Ec.* **cusuco,** armadillo.

túmulo.
I. 1. m. *Ho, ES.* Especie de caballón hecho de cemento o asfalto de lado a lado de una vía pública, que sirve para reducir la velocidad de los vehículos.

tumusa.
I. 1. *Ve.* **tumuza.**

tumushte.
I. 1. m. *ES.* Cantidad.

tumuso, -a.
I. 1. adj. *ES. Referido a persona,* que tiene el pelo rizado.

tumuza.
I. 1. f. *Ve.* Cabellera greñuda y abundante. pop. (**tumusa**).

tun. (De or. onomat.).
I. 1. m. *Gu, Ho.* Tambor de madera formado con el tronco hueco de un árbol.

■

a. ‖ ~~. m. *PR.* Golpes para llamar a una puerta. pop + cult → espon.

tuna.
I. (De or. ind. antillano).
1. f. *Mx, Gu, Ho, ES, Ni, CR, RD, PR, Co, Ec, Bo, Ch, Py.* Planta de hasta 5 m de altura, de tallos carnosos planos y ovados, *normalmente con espinas,*

flores grandes amarillas o rojas y fruto en racimo; el fruto y los tallos aplastados son comestibles; se usa en la medicina tradicional. (Cactaceae; *Opuntia* spp.). ♦ **nabo**; **nopal**; **vinca**.

2. *Mx, Gu, Ho, ES, Ni, Ec, Bo*. Fruto comestible de la tuna, con forma de baya de color amarillo o púrpura.

3. *Co*. Espina o pincho que tienen algunas plantas.

II. (Del ingl. *tuna*).

1. f. *EU, Ho, Pa, PR*. Atún, pez teleósteo. (Thunnidae; *Thunnus thynnus*).

III. 1. f. *Gu, Ec*. Borrachera, estado de la persona que ha bebido en exceso. pop + cult → espon.

IV. 1. f. *Ec*, pop + cult → espon; *Bo*, pop. Fiesta bulliciosa.

V. 1. m. *Ch*. Hombre homosexual. pop.

VI. 1. f. *Ch*. juv. Pistola, arma de fuego.

VII. 1. f. *Pa*. Desfile carnavalesco y callejero en que se toca música folclórica y se baila.

■

a. ‖ **~ congona.** f. *Pe*. Planta de tallo grueso, hojas carnosas y flores muy pequeñas. (Piperaceae; *Peperomia galioides*).

□

a. ‖ **como ~.** loc. adj. *Ch*. Referido a *persona*, que se mantiene en buen estado de forma y de salud. pop.

tunal.
I. 1. m. *PR, Bo, Ch*. Terreno plantado de **tunas**.

tunalmil. (Del nahua *tonalli*, calor del sol, y *milli*, campo cultivado).
I. 1. m. *Ho, ES*. **Milpa** de verano. rur.

tunantada.
I. 1. f. *Pe:C*. Danza característica de la sierra central en la que la gente baila disfrazada de diferentes personajes y clases sociales.

tunante.
I. 1. adj/m. *Ho, ES, Ni; RD*, p.u. *Referido a un hombre*, que galantea constantemente a las mujeres. pop.
II. 1. adj. *Ec*; sust/adj. *Bo. Referido a persona*, aficionado a las **tunas** o fiestas bulliciosas. pop. ♦ **tuno**.

tunanteada.
I. 1. f. *Ho*. Conquista de mujeres.

tunantear.
I. 1. intr. *Ho, Ni*. Conquistar mujeres.

tunar.
I. 1. intr. *Ec*. Ir a fiestas y beber en exceso, para divertirse. pop.
2. *Bo:E*. Trasnochar, andar de un sitio a otro para divertirse. pop.

tunato.
I. 1. m. *Co*. Marsupial de hasta 16 cm de longitud, de pelaje que varía del pardo al gris en el dorso, y es más claro en el vientre, orejas grandes y desnudas, ojos saltones perfilados por manchas negras que llegan hasta el hocico, y cola larga, desnuda y prensil. (Didelphidae; *Marmosops* spp.).

tunazo.
I. 1. m. *Ch*. Balazo, disparo. pop.

tunca.
I. 1. f. *Ho, ES, Ni*. Machete a cuya hoja le falta un pedazo. rur.
II. 1. f. *Ho, ES*. Hembra del cerdo.

tunche.
I. 1. m. *Pe:E*. Ser mítico de la selva peruana que atrae a sus víctimas adoptando la forma de alguien querido por ellas. (**tunchi**).

tunchi.
I. 1. *Pe:E*. **tunche**.

tunco.
I. 1. m. *Gu, Ho, ES*. Cerdo, animal doméstico.

tunco, -a.
I. 1. adj. *Gu, Ho, ES, Ni. Referido a persona o animal*, mutilado de algún miembro.
2. *Ho, ES. Referido a prenda de vestir*, que queda corta.
3. *Ho, ES. Referido a cosa*, que carece de un pedazo.
4. *Gu. Referido a cosa*, corta, que tiene menos longitud de la necesaria.

tuncuna.
I. 1. *Bo:C,S,O*. **tuncuña**.

tuncuña. (Del aim. *thunkhuña* y del quech. *thunkuy*, saltar sobre un pie).
I. 1. f. *Bo:C,S,O*. Juego infantil en el que se empuja con el pie una piedra o una moneda a través de una cuadrícula pintada en el suelo. (**tuncuna**).

tunda.
■
a. ‖ **la ~.** f. *Ec. En la tradición popular*, fantasma vestido de negro y con aspecto de mujer que se lleva a los niños desobedientes o mal educados.

tundete.
I. 1. m. *Pe*. Tocado de guitarra repetitivo que acompaña a pieza musicales simples.

tundique.
I. 1. m. *Pe*. Danza que representa la vida de los esclavos negros y se baila al son de pequeños bombos.

tundiqui.
I. 1. m. *Bo:NO*. Danza folclórica en la que se representa el trabajo forzado al que fueron sometidos los esclavos negros durante la época colonial; típica de la región de los Yungas.
2. *Bo:NO*. Composición musical, *generalmente cantada*, de ritmo alegre y rápido al compás de la cual se baila el tundiqui.
II. 1. sust/adj. *Bo:O*. Persona de raza negra o con sus rasgos característicos. pop.

tundir.
I. 1. tr. *Bo:C,S*. Restregar o frotar la ropa para lavarla.

tunduli.
I. 1. m. *Ec*. Instrumento de percusión hecho de un tronco ahuecado; era usado por los jíbaros para convocar la guerra.

tunduque.
I. 1. *Ar:O,S*. **tucu-tuco**.

tune.
I. 1. m. *ES. Según la creencia popular*, espíritu o fuerza con la que nace un niño.
■
a. ‖ **~ up.** (Voz inglesa). *PR*. **tunop**.

tuneado, -a.
I. 1. adj/sust. *Ec*, juv; *Py*, pop + cult → espon. *Referido a persona*, que ha mejorado físicamente con cirugía estética o maquillaje.

tunear(se).
I. 1. intr. prnl. *Ec*, juv; *Py*, pop + cult → espon. Embellecerse *una persona* mediante la cirugía estética o el maquillaje.
II. 1. intr. *Pa*. Participar en la **tuna**, desfile carnavalesco.

tunero, -a.
I. 1. adj/sust. *PR*. Buscador de **tunas**, plantas.
2. *PR*. Vendedor de **tunas**, plantas.

túngara.
I. 1. f. *ES*. Croar de ranas y sapos.

tungo.
I. 1. adj. *Co:O. Referido a persona o animal*, sin una o ambas orejas. pop.
II. 1. m. *Ch*. Cerviz de ciertos animales, *en especial caballares y vacunos*. rur.
2. *Ch*. Nuca de una persona, *particularmente cuando es gruesa*. pop.

tuni.
    I. 1.   sust/adj. *Ar:NO.* **papa**, planta. rur.
    II. 2. *AR:NO.* **papa**, tubérculo. rur.

túnico.
    I. 1.   m. *RD.* Túnica que usan las mujeres.

tunina.
    I. 1.   *Ch.* **tonina**, delfín.
    ■
       a. ‖ ~ **overa.** f. *Ch.* **tonina overa.**

tunjo.
    I. 1.   m. *Co.* Figura antropomorfa, de la época preco-lombina, que representa a alguna divinidad chib-cha.
    2. *Co.* Colgante con esta forma.

tunkul. (Del maya).
    I. 1.   m. *Gu, Ho.* Instrumento musical de percusión he-cho con un canuto de bambú cerrado por ambos extremos, con unas incisiones en forma de H, una más gruesa que otra; al ser golpeado con un bolillo emite dos tipos de sonido, uno más agudo que otro.

tuno.
    I. 1.   m. *Ho, Ni.* Árbol tropical de hasta 25 m de altura, de tronco grueso, corteza color café, ramas con aguijones y fruto comestible. (Maraceae; *Poulsenia armata*).
    2. *Ho, Ni.* Fibra de la corteza de este árbol, de la que, una vez extraído el látex, se hace un tejido resistente utili-zado para hamacas, sábanas, ropa, bolsas y artesanías.
    II. 1. adj/sust. *Ec.* **tunante**, aficionado a las fiestas bulli-ciosas.

tunop. (Del ingl. *tune up*).
    I. 1.   m. *PR.* Revisión general hecha a un automóvil. (***tune up***).

tunquero, -a.
    I. 1.   m. y f. *ES.* Persona que cría o vende **tuncos** o cerdos.

tunqui.
    I. 1.   m. *Bo:S.* Ave de hasta 40 cm de longitud, de color rojo, con la parte de las alas y la cola negras, pico corto y de color negro; el macho tiene un copete de color rojo. (Contingidae; *Rupicola peruviana*).

tunta.
    I. 1.   f. *Pe, Bo.* **chuño**, fécula de la **papa**. rur.

tunteco, -a.
    I. 1.   adj. *Ho, Ni.* Referido a *persona*, tonta.

tuntún.
    I. 1.   *Ni.* **pasito tuntún**, persona coja.
    □
       a. ‖ **a ~.** loc. adv. *Co.* A cuestas, sobre la espalda. (**al tuntún**).
       b. ‖ **al ~.** *Co.* **a tuntún.**

tuntuna.
    I. 1.   f. *Bo:NO.* Danza típica de la región de los Yungas cuyos saltos y contorsiones representan los traba-jos forzados a los que fueron sometidos los escla-vos negros durante la época colonial.
    2. *Bo:NO.* Composición musical, *generalmente canta-da*, de carácter alegre y rápido, al compás de la que se baila la tuntuna.

tuntunear.
    I. 1.   intr. *Ni.* Caminar de aquí para allá.

tuntuneca.
    ▶ **andar la seca y la meca y la ~.**

tuntuneco, -a.
    I. 1.   *Ho, Ni.* **dundo**, tonto.
    II. 1. adj. *PR.* Referido a *persona*, que está semiconscien-te, a causa de un golpe recibido o de un desvanecimiento.

tuntuneo.
    I. 1.   m. *Ec.* Serie de golpes que se dan al hacer sonar una marimba o un tambor.
    2. *Ec.* Ruido producido por golpeteo.

tuntunequear.
    I. 1.   intr. *Ni.* Caminar de aquí para allá.

tununa.
    I. 1.   f. *Ho.* **correcaminos.**

tuñeco, -a.
    I. 1.   adj/sust. *RD*; adj. *PR.* Referido a *persona*, inválida, tullida.

tup. (Del maya *t'up*, dedo meñique).
    I. 1.   m-f. *Mx:S,SE.* Hijo menor. pop.

tupa.
    I. 1.   f. *Ch.* **tabaco del diablo.**

tupá.
    I. 1.   m. *Bo:S.* Diablo.
    II. 1. m. *Py. Entre los indios guaraníes*, Dios.

tupe.
    I. 1.   m. *Ar.* Planta perenne de grandes rizomas que se enroscan, cañas fuertes y glabras y largas hojas cubiertas de pelos ganchosos. (Poaceae; *Panicum urvilleanum*).
    II. 1. m. *Cu.* Mentira, engaño. pop.

tupí.
    I. 1.   sust/adj. *Bo:O, Ch, Ar.* Máquina con una plata-forma con un eje giratorio en el centro en el que se insertan distintos tipos de hojas para hacer mol-duras y cortes en la madera.

tupicho.
    I. 1.   m. *Bo.* Maleficio, hechizo. pop.

tupición.
    I. 1.   f. *Bo, Ch.* Gran cantidad de personas, animales o cosas. pop.
    2. *RD, Ch.* Obstrucción o atasco de algo. pop.
    3. *Bo:E.* Espesura de un bosque. pop.

tupidera.
    I. 1.   f. *Bo:E.* Gran cantidad de cosas. pop.

tupido.
    I. 1.   adv. *Ch, Ar, Ur.* **tupido y parejo.** pop.
    □
       a. ‖ **~ y parejo.** loc. adv. *Mx, Ch, Ar.* Con frecuencia y asiduidad. pop. ◆ **tupido.**
    ▶ **echarle ~.**

tupido, -a.
    I. 1.   adj. *PR, Co, Pe.* Referido a la nariz, congestio-nada.
    2. *PR.* metáf. Referido a persona, torpe, congestiona-da. pop + cult → espon ^ desp.
    II. 1. adj. *Ho, ES.* Referido a *hecho o evento*, repetido con mucha frecuencia.
    2. *Ho, ES.* Referido a *hecho*, fuerte o intenso.
    III. 1. adj. *ES.* Referido a *persona*, terca.
    ▶ **darle ~; tomar ~.**

tupina.
    I. 1.   f. *Ec.* Utensilio plano, puntiagudo *y generalmente de madera dura*, usado para quitar las hojas que cubren la mazorca del maíz. rur.

tupir(se).
    I. 1.   intr. prnl. *Co:O, Ch.* Quedarse *alguien* momentá-neamente incapacitado, con pérdida de los senti-dos y del movimiento a causa de algún golpe o de al-guna impresión. pop.
    2. *Co:O.* Experimentar un sentimiento de vergüenza o turbación ante algo o alguien. pop.
    3. *Cu, Bo:E*; *Ec*, p.u. Confundirse, ofuscarse *una per-sona* perdiendo la noción de lo que estaba hacien-do o diciendo. pop.

4. tr. *Cu.* Confundir, engañar a *alguien.* pop.

5. intr. prnl. *Ho.* No entender bien *algo una persona.*

II. 1. tr. prnl. *Cu, Co, Ve, Ec.* Obturarse una tubería.

III. 1. intr. impers. *ES.* Oscurecer.

2. *ES.* Arreciar la lluvia.

IV. 1. tr. prnl. *PR.* Obstruirse los conductos nasales.

2. *PR.* metáf. Actuar torpemente, sin entender nada. pop + cult → espon.

V. 1. intr. prnl. *ES.* Perder *alguien* el control.

□

a. ‖ ~**le al miriñaque.** loc. verb. *Co.* Realizar el coito. euf; pop.

b. ‖ ~**se el sentido.** loc. verb. *Ho.* Confundirse *una persona,* perturbarse.

tupo.

I. 1. *Ec, Pe, Ar:NO.* **topo,** prendedor. (**tupu**).

tupu.

I. 1. *Ec, Pe, Bo, Ch.* **tupo.**

tupullina.

I. 1. m. *Ec.* Manta para cubrir la espalda de una mujer, *generalmente anudada al pecho o asegurada con un* **tupo** *y usada por indígenas.*

tuque.

I. 1. m. *Py.* Golpe dado en la cabeza de una persona, con el dedo medio enroscado y ligeramente sobresaliente del puño cerrado. pop.

2. *PR.* Golpe dado en la corva a una persona que está de pie, para que doble la rodilla y se caiga.

II. 1. m. *Ho, ES.* Tocayo.

■

a. ‖ ~~.

i. m. *PR.* Nerviosismo por presentir algo malo. pop + cult → espon.

ii. *PR.* Latido fuerte del corazón. pop + cult → espon.

tuquear.

I. 1. tr. *CR, Ec.* Partir un tronco en trozos.

2. *Ho, ES.* Trocear, hacer pedazos *algo.*

II. 1. tr. *Py.* Dar un golpe en la cabeza de una persona, con el dedo medio enroscado y ligeramente sobresaliente del puño cerrado. pop.

tuqueque.

I. 1. m. *Ve.* Lagartija insectívora de color pardo. (Iguanidae; *Tropidurus torquatus*).

2. *Ve.* Lagartija insectívora pequeña. (Gekkonidae; *Thecadactylus rapicaudus*).

tuquito.

I. 1. m. *PR.* Parte restante de un miembro del cuerpo que ha sido amputado, muñón. pop + cult → espon. (**tuco**).

2. *PR.* Pedazo pequeño de algo, *principalmente de pan.* pop + cult → espon.

3. *PR.* Colilla de un cigarrillo. pop + cult → espon.

□

a. ‖ **en el** ~. loc. adj. *Pa.* Referido a *persona,* controlada para que no se permita ciertas libertades.

tura.

I. 1. f. *Bo.* Niña de corta edad.

turbamonte.

I. 1. m. *Ch.* Baile típico en el que las parejas se mueven alrededor de un árbol al que se van dando hachazos hasta derribarlo.

turbante.

I. 1. m-f. *Ch.* Persona que pertenece a una cofradía de danzantes populares que llevan en la cabeza ceñido un pañuelo y que bailan delante de las imágenes religiosas en ciertas festividades.

II. 1. m. *RD, PR.* Cinta o pañuelo para el pelo.

turbarse.

I. 1. intr. prnl. *ES.* Equivocarse.

turbero, -a.

I. 1. adj. *RD. Referido a persona,* agitadora, alborotadora.

turbio, -a.

I. 1. adj/sust. *Ho, ES. Referido a persona,* malintencionada.

2. *Ho, ES. Referido a persona,* de mal carácter y de difícil trato.

II. 1. adj. *Ho.* juv. *Referido a persona,* experta o hábil en algo.

turbión.

I. 1. m. *Bo.* Riada.

□

a. ‖ **en** ~. loc. adv. *Bo.* Ininterrumpidamente. pop.

turbojet. (Voz inglesa).

I. 1. *PR.* **turboyet.**

turbot.

I. 1. m. *Ch.* Rodaballo.

turboyet. (Del ingl. *turbojet*).

I. 1. m. *PR.* Turbo-avión. (***turbojet***).

turca.

I. 1. f. *Ch.* Ave de hasta 24 cm de longitud; de color **café** ahumado, menos el lomo que es pardo, y la garganta y abdomen que son de color blanco, con pico y patas negros. (Rhinocryptidae; *Pteroptochos megapodius*). (**turco**).

II. 1. f. *ES, Ni.* Pene. tabú; pop + cult → espon.

III. 1. f. *Cu.* Mentira, engaño. pop.

IV. 1. f. *Pa.* Furia, rabia.

turcazal.

I. 1. m. *Ni.* Montón de cosas.

turcazo.

I. 1. m. *Ni.* Golpe, puñetazo.

turco.

I. 1. m. pl. *Pe.* Danza de movimientos gimnásticos en la que se blanden espadas.

II. 1. m. *Ch.* **turca,** ave.

2. *PR.* Pez marino de hasta 65 cm de longitud, de cuerpo marrón y aletas anal y dorsal muy pronunciadas. (Balistidae; *Canthidermis sufflamen*).

turco, -a.

I. 1. m. y f. *Gu, Ho, ES, Ni, CR, Cu, RD, Co, Ve, Ec, Pe, Bo:C,S, Ch, Ar, Ur;* adj/sust. *Py.* Persona de origen árabe, *generalmente palestino, sirio, libanés o egipcio,* que emigró a América con pasaporte turco del Imperio Otomano, o sus descendientes. ♦ **palestino.**

2. adj. *RD, Ch.* Relativo al mundo árabe.

II. 1. m. y f. *Co, Ve.* Persona que en una operación de compraventa siempre saca ventaja. desp. ♦ **árabe.**

2. sust/adj. *Ni, Pa, Ve.* Persona mezquina, tacaña. desp. ♦ **maceta.**

III. 1. adj/sust. *Ch,* p.u; pop ^ fest; *Bo:O,* delinc. *Referido a persona,* borracha.

□

a. ‖ **como** ~ **en la neblina.** loc. adj/adv. *Ar; Ur,* p.u. *Referido a persona,* muy desorientada, sin saber qué hacer. pop + cult → espon ^ fest.

turcocircuito.

I. 1. m. *Ho.* Incendio de una fábrica, bodega o tienda provocado intencionalmente por el dueño para cobrar la póliza del seguro.

ture.

I. 1. m. *Ve.* Asiento bajo con el respaldo reclinado hacia atrás, construido toscamente de madera o de cuero. rur. ♦ **criadero de vagos; dure.**

tureca.

I. 1. f. *ES, Ni.* Trampa para cazar aves.

II. 1. f. *Ni.* Hombre homosexual.

III. 1. adj. *PR. Referido a una mujer*, tonta y alocada. pop + cult → espon ^ desp.

turelo, -a.
I. 1. adj. *ES. Referido a persona*, tonta.

turenco, -a.
I. 1. adj. *Ho, ES. Referido a persona*, tonta.
II. 1. m. y f. *ES.* Niño.

turere.
I. 1. m. *Bo.E.* Árbol de hasta 5 m de altura, de hojas simples y frutos comestibles de color negro, en forma de drupa, que contienen pocas semillas. (Rhamnaceae; *Rhamnidium glabrum*).

turiferario, -a.
I. 1. m. y f. *Ho.* Persona aduladora.

turiro.
I. 1. m. *Bo.E.* Insecto isóptero de hasta 6 mm de longitud, de color blanco, que roe toda clase de sustancias, *especialmente madera y papel*. (Termitidae; *Termes belicosus, Nasutitermes* spp.).

turismo.
☐
a. ‖ ~ **de carretera.** loc. sust. *Ar.* Modalidad de **competencia** automovilística que inicialmente se disputaba en ruta abierta y en la que participaban vehículos de diversa cilindrada.

turista.
I. 1. m-f. *PR.* Estudiante que va a clases sin preparar las lecciones ni hacer sus tareas, y pierde su tiempo conversando aquí y allá. est.

turistear.
I. 1. intr. *Mx, ES, Ni, CR, RD, PR, Ec, Pe, Bo, Ch; Py.* pop + cult → espon. Viajar por placer, visitando varios lugares en poco tiempo.
2. *ES, Ni, CR, PR, Ch.* Pasear, deambular sin rumbo o plazo fijo. fest.
3. tr. *Ni, Ch.* Recorrer lugares sin un destino o un plazo fijo. fest.
4. intr. *ES, Py.* Vagar por distintos lugares sin hacer nada. fest.

turisteo.
I. 1. m. *Ch; Ec*, p.u. Viaje o paseo que se hace a uno o varios lugares por distracción o recreo.

turkey. (Voz inglesa).
I. 1. adj. *EU, PR.* juv. *Referido a persona*, tonta.
II. 1. adj. *PR.* juv. *Referido a persona*, falta de carácter, voluble.

turma.
I. 1. *Co:C, Ve.* **papa**, tubérculo.
II. 1. f. *Ho.* **cauciril.**
■
a. ‖ ~ **de perro.** f. *Co.* **guacharaco**, arbusto.

turmequé. (De *Turmequé*, población colombiana donde se originó este deporte.).
I. 1. *Co:C.* **tejo**, deporte.
☐
a. ‖ **de alto ~.** loc. adj. *Co:C. Referido a un evento*, de elevada categoría social. pop ^ fest.

turnar(se).
I. 1. tr. *Mx. En uso jurídico y administrativo*, remitir una comunicación, expediente o actuación a otro departamento, juzgado, sala de tribunales, funcionario, etcétera.
II. 1. intr. prnl. *PR.* Volverse **turnio**. pop + cult → espon.

turnicidad.
I. 1. f. *Ho.* Conjunto de turnos en un trabajo, *especialmente en hospitales*.

turnio, -a.
I. 1. adj. *PR, Ch. Referido a persona*, que mira con deseo o ansiedad. pop + cult → espon.

turno.
I. 1. m. *ES, CR.* Fiesta popular para recaudar fondos, *generalmente a beneficio de una parroquia o de alguna obra de beneficencia, que se suele celebrar durante un fin de semana y que, en ocasiones, coincide con la fiesta patronal del lugar.*
II. 1. m. *Bo:C,O,S.* Invitación a comer o a beber que a su costa hace uno de los participantes en una reunión. pop.
■
a. ‖ **segundo ~.** m. *Bo.* Segundo examen al que se somete un estudiante universitario después de haber **reprobado** una materia en el período regular de exámenes.
▶ **volar el ~.**

turo.
I. 1. m. *Bo.* Caracol común. pop.

turpa.
I. 1. f. *Pe.* Planta herbácea de raíz fuerte y hojas cubiertas de una pilosidad gris, sus flores son grandes y de color violeta. (Malvaceae; *Notrotriche mandoniana*).

turpén, -na.
I. 1. m. y f. *RD.* Persona que, en una jerarquía, está por encima del resto por tener una serie de cualidades en máximo grado.

turpial.
I. 1. *Co.* **toche**, pájaro.
2. m. *PR, Ve.* **calandria.** (Icteridae; *Icterus icterus*). (**turupial**).

turpuna.
I. 1. f. *Ec.* Lanza hecha con la palma **chonta**.

turquear.
I. 1. tr. *Ni.* Pegar, golpear a *alguien*.
2. *Ni.* Insultar a *alguien*.
II. 1. intr. *Bo:O.* Ingerir gran cantidad de bebidas alcohólicas. delinc.

turquita.
I. 1. f. *Ho, ES.* Ave de hasta 21,5 cm de longitud, de plumaje de color blanquecino, con bandas anchas negras en las alas, iris anaranjado, pico negro y patas rosadas. (Columbidae; *Claravis mondetoura*).
♦ **paloma de san Antonio; paloma de san Nicolás; paloma turca**

turra.
I. 1. adj/sust. *Ve, Ar, Ur. Referido a mujer*, promiscua. pop + cult → espon ^ desp.
2. f. *Ni, CR.* Prostituta.
II. 1. *Co:C.* p.u. **pirinola**, juguete.
2. *Co:C.* p.u. Juego de azar en el que se emplea una **pirinola.**
III. 1. f. *Pe.* **turrón**, olor desagradable. pop.
IV. 1. f. *PR.* Castigo corporal, azotaina.

turrar(se).
I. 1. tr. *PR.* Asustar.
2. intr. prnl. *PR.* Asustarse.
II. 1. tr. *PR.* Castigar, pegar.

turril.
I. 1. m. *Bo.* Recipiente cilíndrico metálico usado para depósito y transporte de líquidos.

turro.
I. 1. m. *Ch.* Cantidad considerable de algo, *especialmente de dinero*. pop + cult → espon.
II. 1. m. *ES.* Zapato viejo.
III. 1. m. *CR.* Prostituta.

turro, -a.
I. 1. adj. *Ec. Referido a producto alimentario*, de sabor desagradable por haber sido adulterado. pop + cult → espon.
2. *Ec. Referido a cosa*, mal hecha, con desperfectos. pop + cult → espon.

3. *Ec. Referido a cosa*, de mala calidad. pop + cult → espon.

4. *Ec. Referido a cosa*, fea, de apariencia desagradable. pop + cult → espon.

5. *Ec. Referido a cosa*, que no es apropiada para realizar determinada acción.

II. 1. adj/sust. *Pa, Ar, Ur. Referido a persona*, tonta, de pocas luces. pop + cult → espon.

III. 1. adj/sust. *Ar, Ur. Referido a persona*, que actúa con maldad y con mala intención. pop + cult → espon ∧ desp.

IV. 1. adj/sust. *Ec. Referido a persona*, ordinaria, vulgar. pop ∧ desp.

V. 1. adj. *Ec. Referido a persona o cosa*, que provoca aburrimiento. pop + cult → espon.

turrón.
I. 1. m. *Pe, Ch.* Olor desagradable del aliento debido al consumo de alguna bebida alcohólica. pop.

II. 1. sust/adj. *Ch.* Persona muy atractiva físicamente. pop.

III. 1. m. *ES.* Dulce hecho con claras de huevo y azúcar que se pone encima de los pasteles de cumpleaños.

■

a. ‖ **~ de doña Pepa.** m. *Pe.* Dulce preparado con una masa de harina, huevos y anís que se corta en palitos y se hornea; después se baña en miel.

▶ **romper el ~.**

turrumote.
I. 1. m. *Pa, RD.* Elevación del terreno, protuberancia.

turtle.
■

a. ‖ **~ neck.** (Voz inglesa). m. *PR.* Suéter de cuello alto.

turú.
I. 1. m. *Py.* obsol. Corneta hecha de cuerno de animal vacuno.

turucuto.
I. 1. adv. *Ar:NO.* **a turucutu.**
☐

a. ‖ **a ~.** loc. adv. *Ar:NO.* **a turucutu.**

turucutu.
☐

a. ‖ **a ~.** loc. adv. *Ar.* Sobre los hombros o la espalda de alguien. pop. (**a turucuto, turucuto**).

turul.
I. 1. m. *Ni.* Recipiente.
II. 1. adj. *Ni.* juv. *Referido a persona*, borracha.

turula.
I. 1. f. *Ch.* Pene. vulg; pop.

turulaca.
I. 1. f. *ES.* Especie de **tamal** hecho con harina de maíz, dulce de **panela** y requesón, envuelto en hoja de **plátano**.

turulato, -a.
I. 1. adj/sust. *RD, Ve. Referido a persona*, borracha. pop.

turuleco, -a.
I. 1. adj. *Ch. Referido a persona*, débil, enfermiza. pop.
2. *ES, PR. Referido a persona*, atontada.
3. *Ho. Referido a persona*, tonta.
4. *Ho. Referido a persona*, mareada, borracha.

turulete.
I. 1. m. *PR.* Labiosidad, elocuencia, *en especial la usada para convencer a alguien de que acepte un negocio.*

turuleto, -a.
I. 1. adj. *Co, Ur. Referido a persona*, atontada por un golpe o ligeramente mareada. pop.
2. adj/sust. *ES, PR, Ve. Referido a persona*, atontada o idiotizada. pop.

turulo.
I. 1. m. *Ni.* Cosa, bártulo.

turulo, -a.
I. 1. adj/sust. *ES, Ar, Ur. Referido a persona*, tonta, ingenua o poco perspicaz. pop + cult → espon. ♦ **turululo.**
2. *Py, Ar, Ur. Referido a persona*, loca, perturbada. pop + cult → espon. ♦ **turululo.**
3. *Ar. Referido a persona*, de comportamiento extravagante o extraño. pop + cult → espon. ♦ **turululo.**

turululo, -a.
I. 1. **turulo.**

turumba.
I. 1. adj. *Ar.* p.u. *Referido a persona*, que tiene algo perturbada la razón. pop + cult → espon.
2. *Bo; Pe*, p.u. *Referido a persona*, atolondrada, confundida. pop.
3. f. *Ni, Bo.* Situación caracterizada por el desorden y la confusión. pop.

II. 1. f. *Gu.* Vasija de tamaño considerable, con forma parecida a la de un tazón.

▶ **hacer ~; hacerse ~s por algo.**

turunca.
I. 1. f. *Ho, ES.* Piedra grande. (**curunca**).

turuncal.
I. 1. m. *Ho, ES.* Terreno con muchas piedras grandes. (**curuncal**).
2. *Ho, ES.* Gran cantidad de piedras grandes. (**curuncal**).

turuncazo.
I. 1. m. *Ho, ES.* Golpe dado con una piedra. (**curuncazo**).

turunquero.
I. 1. m. *Ho.* Lugar con muchas piedras.
2. *Ho.* Gran cantidad de piedras grandes.

turupe.
I. 1. m. *Co.* Bulto que se forma en la cabeza a causa de un golpe.
II. 1. m. *Co.* Persona estúpida, tonta. pop + cult → espon.

turupial.
I. 1. **turpial.** (Icteridae; *Icterus icterus*).

tururu.
I. 1. adj/sust. *Ch. Referido a persona*, loca o que actúa de manera irracional. pop ∧ fest.

turuto.
I. 1. m. *ES.* Confusión.

tusa. (Apóc. del nahua *tocizuatl*, hojas de maíz verde).
I. 1. f. *Mx, Gu, Ho, ES, Ni, CR, Pa; Co:C*, p.u. Conjunto de hojas que envuelven la mazorca del maíz. (**tuza**).
2. *Pa, Cu, RD, Co, Ve, Ec, Pe:N; Bo:E*, pop. Corazón o raspa de la mazorca de maíz después de desgranada.

II. 1. f. *Ch, Ar.* Crin del caballo. rur. (**tuse; tuso**).
2. *Ar.* **tuse**, operación de **tusar** las crines. rur.
3. *ES, Ni, Ch.* metáf. Cabello, pelo de una persona. pop.

III. 1. f. *Co:O.* Tristeza o despecho, causados por un fracaso o desengaño amoroso. pop ∧ fest.

IV. 1. m-f. *Cu, PR.* Persona despreciable y de poca dignidad. pop + cult → espon.
2. f. *Gu.* Mujer muy alegre y pizpireta.
3. m-f. *PR.* Cosa de escaso valor. pop + cult → espon.

V. 1. f. *Ve.* juv. Beso prolongado y efusivo.

VI. 1. f. *Ho, ES.* Zapato viejo.

VII. 1. f. *Ec.* obsol. Pene. rur; tabú; pop + cult → espon.

■

a. ‖ **~ de coco.** f. *Ho.* Redecilla de nervios que envuelve el fruto del coco.

☐

a. ‖ **hasta la ~.**
i. loc. adv/adj. *Ch.* En estado de cansancio o fastidio ante algo. pop + cult → espon.

ii. loc. adj. *Pa. Referido a persona*, borracha.

iii. *Pa. Referido a lugar o a cosa*, lleno, sin espacio.

b. ‖ **pura ~.** loc. adj. *CR.* p.u. *Referido a persona*, que no cumple con lo que dice o promete. pop.

▶ **dejar como una ~; dejar en la ~; hallar la ~ del culo; irse a freír ~s; mandar a freír ~s; pelar la ~; ser una ~; sonar ~s donde hay ganado flaco; tirarse la propia ~.**

tusada.

I. 1. f. *Mx, Co, Ur.* Corte de pelo mal hecho y desigual. pop.

2. *Ch.* p.u. Corte o arreglo del cabello. pop.

II. 1. f. *ES.* Picadillo hecho con cebolla, tomate y verduras y envuelto en una **tusa**.

2. *ES.* Comida de pobre.

III. 1. f. *ES.* Paga, sueldo.

IV. 1. f. *ES.* Cosa de poco valor o inservible.

V. 1. f. *ES. En los cines*, función de tarde.

tusado.

I. 1. m. *PR.* Corte de pluma de un gallo, de acuerdo al reglamento oficial de la lidia.

tusado, -a.

I. 1. adj/sust. *PR, Ch. Referido a persona*, que le han cortado o arreglado el pelo con tijera. pop.

tusal.

I. 1. m. *Ho, ES.* Lugar donde se echa la **tusa**, conjunto de hojas de la mazorca.

tusar(se).

I. 1. tr. *Mx, Gu, ES, Ni, Cu, Bo, Ch, Ar, Pa, Ur,* obsol; *Ec,* rur. Cortar el pelo o rapar a *alguien*. pop + cult → espon.

2. *Mx, Ni, CR:NO, Ve, Bo, Ch, Ar, Ur, Pa,* obsol. Cortar las crines de las caballerías según un modelo determinado.

3. tr. prnl. *Co, Ve, Ch; Ec,* rur. Cortarse o raparse *alguien* el pelo. pop.

4. tr. *PR.* Cortar las plumas al gallo de pelea, de acuerdo al reglamento oficial de la lidia.

tusca.

I. 1. f. *Bo, Ar:N,O.* Arbusto de hasta 7 m de altura, de largas espinas geminadas, flores de color amarillo anaranjado y una vaina con numerosas semillas como fruto. (Fabaceae; *Acacia aroma*).

tuscal.

I. 1. m. *Bo.* Sitio poblado de **tuscas**.

tuse.

I. 1. m. *Ar, Ur.* Operación consistente en **tusar** las crines de un caballo. rur. (**tusa; tuso**).

2. *Ar, Ur.* **tusa**, crin del caballo. rur.

tusear.

I. 1. intr. *Ho.* Comenzar a salir el **jilote** a una mata de maíz. rur.

tusequi.

I. 1. m. *Bo:E.* Árbol espinoso de hasta 9 m de altura, de corteza áspera, hojas compuestas y flores de color violeta, con frutos que son sámaras comprimidas con pocas semillas. (Fabaceae; *Machaerium hirtum*).

tusero.

I. 1. m. *Ve.* Conjunto de **tusas**, corazones de mazorca.

II. 1. m. *Ve.* Dificultad, problema, peligro.

III. 1. adj. *ES. Referido al ganado vacuno*, que come mucha **tusa**, conjunto de hojas.

▶ **bailar en un ~.**

tusha.

▶ **hacerle ~.**

tushpo.

I. 1. m. *Ar:NO.* Sopa hecha con pescado y harina de maíz. rur.

tushte.

I. 1. m. *ES.* Pliegue de gordura que se forma en el cuerpo de una persona, *especialmente en el abdomen*.

tuso.

I. 1. *Ar.* **tuse**, operación de tusar. rur.

2. m. *Ar.* **tusa**, crin del caballo. rur.

tuso, -a.

I. 1. adj. *PR. Referido a un animal*, que carece de rabo o tiene el rabo corto.

tusquia.

I. 1. f. *ES.* Juego de niños que consiste en arrebatarse de las manos tarjetas, golosinas o juguetes, una vez que se dice «tusquia».

tusquiar.

I. 1. intr. *ES.* Jugar a **tusquia**.

II. 1. tr. *ES.* Arrebatar o robar *algo* a alguien.

tustaca.

I. 1. f. *Ho, ES.* **Tortilla** dulce y dura, hecha de harina de maíz maduro, manteca y sal y cubierta con dulce de caramelo o miel.

II. 1. f. *Ho.* Vulva. vulg.

tuste.

I. 1. m. *Co.* obsol. Cabeza humana. rur.

II. 1. m. *Ho.* Nalgas voluminosas, *en especial las de mujer*.

III. 1. m. *Ho.* Embrollo, problema.

tustuma.

I. 1. f. *Ho.* Borrachera. rur.

tusunco, -a.

I. 1. adj. *ES. Referido a cosa*, corta o recortada.

tusunquear.

I. 1. tr. *ES.* Recortar *algo, en especial el pelo o una planta*.

tuta.

I. 1. f. *Pe, Bo.* Insecto lepidóptero muy pequeño de color gris claro con algunas manchas de gris oscuro. (Gelechiidae; *Tuta absoluta*).

□

a. ‖ **a ~.** loc. adv. *Co.* A cuestas, sobre la espalda. pop.

b. ‖ **~ misa.** loc. sust. *Bo:C,S,O.* Oficio religioso que se celebra la madrugada del día de Navidad. pop.

tutachi.

I. 1. m. *Bo.* Ave de aproximadamente 60 cm de longitud, de dorso gris ceniciento, cabeza, cuello y pecho amarillentos, vientre negro y patas rojizas. (Threskiornithidae; *Theristicus caudatus*). (**totachi**) ◆ **tapacuru**.

tutado, -a.

I. 1. adj. *Bo:S,O,E. Referido a persona*, que tiene huellas o cicatrices de la varicela o de la viruela. pop.

tutazo.

I. 1. m. *PR.* Golpe fuerte, *generalmente dado con un tubo*. pop + cult → espon.

tute.

I. 1. m. *Ec.* Golpe dado a alguien, *generalmente en la cabeza*. pop.

2. *PR.* Golpe de suerte que da un gallo que está perdiendo la pelea y que decide la lidia a su favor. pop + cult → espon.

□

a. ‖ **a ~.** *Ho, ES.* **a tuto**.

tuti.

I. 1. adj. *Py. Referido a persona*, distinguida por su elegancia. pop.

▶ **hacer ~.**

tutías.

I. 1. f. pl. *Pe, Bo; Ec,* p.u. Consideraciones, miramientos.

tutifruti.

I. 1. m. *RD, Co:N, Ch; Ec,* p.u. **salpicón**, ensalada de frutas.

II. 1. m. *Pa, Bo.* Hombre homosexual.

tutilimundache.
    I. 1. *Ve.* **tutilimundachi**.

tutilimundachi.
    I. 1. m. *RD, Ve.* **tutilimundi.** (**tutilimundache**). pop.

tutilimundi.
    I. 1. m. *Mx, RD, PR, Ec, Pe, Bo.* Todo el mundo, la generalidad de las personas. (**totilimundi**). ♦ **tutilimundachi**.

tutis.
    •
    a. ‖ ¡ay ~!
      i. form. *Ho.* Se usa como saludo. sat.
      ii. *Ho.* Se usa como expresión de asombro. sat.

tuto.
    I. 1. m. *Ch.* Sensación de sueño. inf.
      2. *Ch.* Almohadilla de dormir para niño de corta edad.
    II. 1. *Ch.* **trutro**.
    III. 1. m. *ES.* Pene. tabú.
    □
    a. ‖ **a ~.** loc. adv. *Gu, Ho, ES, Ni.* A cuestas, sobre las espaldas. pop. (**a tute**).
    ▶ **hacer ~.**

tutro.
    I. 1. *Ch.* **trutro**.

tutú.
    I. 1. m. *RD.* Cabeza de una persona.
      2. *RD.* meton. Juicio, capacidad de razonamiento.
    II. 1. m. *Ur.* Vehículo motorizado, *especialmente un automóvil.* inf.
      2. *Ur.* Juguete que reproduce un automóvil. inf.
    III. 1. f. *Py.* Vulva. inf; pop.

tutuca.
    I. (Del aim. *tutuka*).
      1. f. *Bo:O.* Viento que sopla con mucha fuerza. pop.
    II. 1. f. *ES.* Vulva. tabú.
    III. 1. f. *Ni.* Inflamación de una parte del cuerpo.

tutuma.
    I. 1. f. *Ve, Pe, Bo; Ch,* obsol. **totumo**, fruto.
      2. *Ve, Bo.* **totumo**, jícaro.
    II. 1. *RD, PR, Ve, Pe, Bo; Ch,* obsol. **totuma**, vasija y recipiente.
      2. f. *RD, PR, Ve, Pe, Bo; Ch,* obsol. Vasija fabricada con la corteza seca del fruto del **totumo**.
    III. 1. f. *Pe, Bo:C,S.* Cabeza de una persona. pop.
      2. *Pe.* Inteligencia de una persona.
      3. *Bo.* Calva de una persona. pop ^ fest.

tutumada. (Del quech. *tutuma*).
    I. 1. f. *Bo:E.* Cantidad de líquido que cabe en una **tutuma**, vasija. pop.

tutumazo.
    I. 1. m. *Bo.* Vasija grande, hecha con el fruto de la **tutuma**, que se usa para beber.

tutumear.
    I. 1. *Ve.* **totumear**.

tutumelas.
    I. 1. f. pl. *ES.* Genitales de niño. afec.

tutumillo. (Del quech. *tutuma*).
    I. 1. m. *Bo:E.* Árbol de hasta 12 m de altura, de hojas simples, flores de color crema oscuro y frutos en forma de baya carnosa que contienen muchas semillas. (Rubiaceae; *Alibertia tutumilla*).
      2. *Bo.* Árbol de hasta 4 m de altura, de hojas opuestas, flores aromáticas de color amarillo, blanco o crema y frutos jugosos y sabrosos en forma de baya. (Rubiaceae; *Tocoyena formosa*).

tutumilpate. (Del nahua *tototl*, pájaro, *milli*, campo cultivado, y *patli*, medicina).
    I. 1. m. *Ho.* **rama de caballo**.

tutumo.
    I. 1. *Ve, Ec, Pe, Bo.* **totumo**, jícaro.
      2. *Bo.* **totumo**, fruto.
    ▶ **subirse al ~.**

tutumpote.
    I. 1. m. *RD.* Persona que desempeña una función de mando y tiene una buena posición económica. sat.

tutumushte. (Del nahua *totomochtli*, hojas secas de la mazorca).
    I. 1. *ES.* **cazahuate**.

tutumuste. (Del nahua *totomochtli*, hojas secas de la mazorca).
    I. 1. m. *Ho, Ni.* **tusa**, conjunto de hojas secas.
    II. 1. m. *Ho.* Gran cantidad de algo, *generalmente desordenado.*
      2. *Ni.* Envoltorio grande hecho con descuido.
    III. 1. m-f. *Ho.* Persona tonta.

tutumustear.
    I. 1. tr. *Ho, Ni.* Recoger o amontonar **tutumuste** del maíz. rur.

tutupiche. (Del maya yacateco *chuchup*, inflamado, e *ich*, ojo).
    I. 1. m. *Mx.* Orzuelo.

tuturuco.
    I. 1. m. *ES.* Grano grande de maíz.

tuturunto, -a.
    I. 1. adj. *ES.* *Referido a persona*, tonta.

tuturusa.
    I. 1. f. *Pa.* Pene. tabú; pop + cult → espon.

tutururoto, -a.
    I. 1. adj. *Ve; Ar:NO,* rur; pop + cult → espon. *Referido a persona*, alelada, estupefacta.
      2. *Ve. Referido a persona*, borracha.

¡tuy!
    I. 1. interj. *Ar:NO.* Expresa sensación de calor o de dolor por quemadura. pop + cult → espon.

tuya.
    •
    a. ‖ **a la ~.** fórm. *RD, Ec.* Se usa para insultar o para responder a un insulto. pop + cult → espon.

tuyango.
    I. 1. *Ar.* **mbaguarí**.

tuyío, -a.
    I. 1. pron. *PR.* Tuyo. inf.

tuyo, -a.
    I. 1. m. y f. *Ec.* p.u.; juv. Persona con la que se mantiene una relación de noviazgo.

tuytuy.
    I. 1. *Pe.* Danza de movimientos lentos y graves, ejecutada por hombres con máscaras negras que llevan cascabeles en las piernas y un látigo en la mano.

tuyuyo.
    I. 1. *Pe.* **jabirú**.
    II. 1. m. *Ve.* Abultamiento o prominencia en el cuerpo de una persona, de un animal o en una cosa. pop.

tuyuyú.
    I. 1. *Pe, Bo:E, Py, Ar.* **jabirú**.
    ■
    a. ‖ **~ coral.** *Ar.* **jabirú**.

tuza.
    I. 1. *Mx, Gu, Ho, ES, Ni, CR.* **tusa**, conjunto de hojas.
    II. (Del nahua *tozan*, topo, clase de rata).
      1. f. *Mx, ES.* Mamífero roedor de hasta 18 cm de longitud, de pelaje rojizo oscuro, que vive bajo tierra en túneles que excava. (Geomyidae; *Macrogeomys heterodus*). ♦ **taltuza**.

twinbeds. (Voz inglesa).
    I. 1. *PR.* **tuinbeds**.

two.
    ■
    a. ‖ **~ ways.** (Voz inglesa). *PR.* **tu güeis**.

u. (Abrev. de *Universidad*).
   I. 1. f. *EU, Gu, Ho, ES, Ni, CR, Pa, Ec; Co, Pe, Bo, Ch,* pop. Universidad. est.
   II. 1. f. *Bo.O.* Cárcel. delinc.
■
   a. ‖ **doble ~.** f. *Ni, CR, PR, Co.* Uve doble. pop.
   ▶ **devolverse en ~; doblar en ~; virar en ~.**

uachi.
   I. 1. *Mx:SE.* **cascahuite.**

¡uaj!
   I. 1. interj. *Ch.* p.u. Expresa desagrado.
   2. *Bo.* Expresa reproche.

uantú. (Del ingl. *cne two,* uno, dos).
   I. 1. m. *Ni. En el boxeo,* golpe de derecha y después de izquierda.
   II. 1. m. *Ni.* metáf. Alianza o confabulación entre dos personas para algo.

uapaké. (Del maya).
   I. 1. m. *Gu.* Árbol de hasta 35 m de altura, de hojas imparipinnadas y alternas, flores verdes o amarillentas y frutos globosos de pulpa pastosa cuando están maduros. (Fabaceae; *Dialium guianense*).
   ♦ **canillo; paleto; pericote; tamarindo de montaña; tamarindo prieto.**

uas. (Del maya).
   I. 1. *Mx:SE.* **jícaro,** árbol perenne.

uayuc. (Voz maya).
   I. 1. *Mx:SE.* **cacomistle.**

ubajay. (Del guar. *ibahai*).
   I. 1. m. *Py, Ar, Ur.* Árbol de hasta 15 m de altura, muy ramificado, de hojas caducas, simples, elípticolanceoladas y veces oscuras, y de flores blancas y pequeñas. (Myrtaceae; *Eugenia myrcianthes*).
   2. *Py, Ar, Ur.* Fruto del ubajay, esférico, de 3 a 5 cm y de color amarillo; es comestible.

ubicación.
   I. 1. f. *Bo, Ch, Ar.* Manera de actuar adecuada en la que alguien se comporta de acuerdo a lo que le corresponde hacer o según su criterio y saber estar.
   II. 1. f. *Cu.* Asignación de una persona a determinado empleo.

ubicada.
   I. 1. f. *Cu, Ch.* Actuación adecuada en la que alguien se comporta según lo que le corresponde hacer o conforme a su criterio y saber estar. pop.

ubicado, -a.
   I. 1. adj. *Mx, Gu, Ho, ES, Ni, CR, Pa, Cu, RD, Pe, Ch, Py, Ar, Ur; Bo,* pop + cult → espon. *Referido a persona,* que sabe comportarse adecuadamente en cada situación.
   2. *Ni, Pa, Ch; RD, Ve, Bo.* pop + cult → espon. *Referido a persona,* que tiene un buen empleo o cargo.

ubicaína.
   I. 1. f. *Pe.* Reconocimiento y aceptación de la realidad o de lo que ocurre alrededor usando el sentido común. pop ^ fest.

   2. *Pe.* Medicina imaginaria que se prescribe a quien no es consciente de su verdadera situación en un contexto social cualquiera. pop ^ fest.

ubicar(se).
   I. 1. tr. *Mx, Ho, ES, Ni, CR, Cu, RD, Co, Ve, Ec, Pe, Bo:C, Ch, Py, Ar, Ur.* Encontrar lo que se buscaba.
   2. *Mx, Ho, ES, Ni, Pa, Cu, RD, Ve, Ec, Bo:C, Ch, Py, Ar, Ur.* Recordar o reconocer *algo* o a *alguien.*
   3. *Mx, Ho, ES, Ni, Cu, RD, Ec, Pe, Bo:C, Ch, Ar.* Hallar, localizar a *alguien.*
   4. *Mx, Ni, Ec, Bo:C.* Buscar, hacer *algo* para encontrar.
   II. 1. tr. *Ho, ES, Ni, CR, Pa, Cu, RD, PR, Ve, Ec, Pe, Bo, Ch, Py, Ar, Ur.* Colocar a *alguien* en un empleo, cargo o posición en una clasificación.
   2. intr. prnl. *Ho, ES, Ni, RD, Ve, Bo, Ch, Ar, Ur.* Conseguirse *alguien* un puesto de trabajo, cargo, o posición en una clasificación.
   3. *ES, Ni, Pa, Cu, RD, PR, Ve.* Centrarse, colocarse en su sitio.
   4. tr. *Ho, ES, Ni, PR, Ec, Bo.* Colocar a *alguien* o *algo* en un lugar o puesto.
   5. intr. prnl. *ES, Ni, RD.* Centrarse en un tema, concretar *algo.*
   III. 1. intr. prnl. *Mx, ES, Ni, CR, Cu, RD, Bo, Ch.* Ser realista, no ser exagerado.
   IV. 1. tr. *ES, Cu, RD, Bo:C, Ar, Ur.* Dar a *alguien* las informaciones o indicaciones necesarias para que sepa actuar en alguna actividad o situación.
   2. intr. prnl. *ES, Ch, Ar, Ur.* Saber *alguien* cómo actuar en alguna actividad o situación.
   V. 1. tr. *Ho, ES, Ni, RD, Bo.* Recordar el sitio donde se encuentra algo o alguien o la forma de llegar a un determinado lugar.
   2. *Ho, ES, Ni, RD, Bo.* Recordar o identificar a *alguien* o *algo, especialmente por asociarlo con determinadas situaciones.*
   VI. 1. tr. *Bo:C.* Robar *algo* a alguien. pop + cult → espon.
   □
   a. ‖ **~se en tiempo y espacio.** loc. verb. *Cu.* Centrarse, colocarse en su sitio. pop ^ fest.

ubícatex.
   I. 1. m. *Ch.* Capacidad o criterio de saber ponerse alguien donde le corresponde o de saber comportarse en el momento adecuado. pop + cult → espon ^ fest.

ubo.
   I. 1. *Pe.* **jobo.**

ubre.
   I. 1. f. *Ho.* Cargo del Estado bien remunerado. ♦ **teta.**
   ▶ **quebrar la ~.**

ucamari.
   I. 1. *Pe.* p.u. **oso de anteojos.**

úcar.
   I. 1. *PR.* **húcar,** árbol.

ucate.
   I. 1.   m. *Pe, Ar:NO.* Hurón de pelaje oscuro en la cara y el cuello, con una raya de color crema en la cabeza. (Mustelidae; *Galictis cuja*).

¡uch!
   I. 1.   interj. *Ho, Ni.* Expresa rechazo a algo o alguien.

¡ucha!
   I. 1.   interj. *RD, Co.* Expresa incitación a los perros para que peleen.
   2.   *Bo.* Expresa desagrado, enfado o pesimismo. pop + cult → espon.
   3.   *Bo.* Expresa admiración o sorpresa. pop + cult → espon.

¡úchale!
   I. 1.   *Mx.* **¡újule!** pop + cult → espon.

uchar.
   I. 1.   tr. *Ni, Co; RD, Ve,* rur. Estimular con voces a un perro.

uchepa.
   I. 1.   adj. *Ar:NO. Referido a persona,* muy vieja. rur; pop.

uchepo.
   I. 1.   m. *Mx.* **Tamal** de **elote** tierno, tradicional de la gastronomía del estado de Michoacán.

uchi.
   I. 1.   m. *Bo:E.* **yapú.**

uchu. (Voz quechua).
   I. 1.   *Ec, Bo:C; Pe,* rur. **ají,** fruto.
   2.   *Ar:NO.* **cumbarí,** planta.
   3.   *Ar:NO.* **cumbarí,** fruto.
   4.   *Bo:C.* **ají,** planta.
   II. 1.   adj. *Bo:C. Referido a una comida,* picante. pop + cult → espon.

¡uchú!
   I. 1.   interj. *Ho, Ni.* Expresa el hecho de azuzar a un perro contra alguien.
   2.   *Ho.* Expresa incitación para que una persona haga algo. desp.

uchucutana. (Del quech. *uchu,* ají, y *kutana,* que muele).
   I. 1.   f. *Bo:C,O.* Piedra pequeña con forma de media luna que sirve para moler el **ají** sobre el **batán.**

uchullachua. (Del quech.).
   I. 1.   f. *Pe:C,S.* Salsa picante hecha con **rocoto, huacatay** y queso fresco molidos o licuados, *usada generalmente para acompañar* **papas** *y huevos* **sancochados.** rur.

uchumullaca. (Del quech.).
   I. 1.   f. *Pe, Bo.* Árbol dioico o polígamo de hojas compuestas glabras con tres o más folíolos, flores unisexuadas, y fruto en cápsula con dos o tres valvas. (Meliaceae; *Trichilia* spp.).

uchura. (Del quech. *uchu,* ají).
   I. 1.   f. *Bo:S.* Mujer que se dedica a la elaboración de comidas y a la venta de estas en sitios públicos.

uchuva.
   I. 1.   f. *Co, Ec,* p.u. Planta silvestre de hasta 1 m de altura de flores amarillas y fruto comestible agridulce, de color amarillo oscuro. (Solanaceae; *Physalis peruviana*). ♦ **topetorope; uvilla.**

uclatave.
   I. 1.   *Mx.* **huitatobe.**

ucle. (Del quech.).
   I. 1.   m. *Ar:NO.* Cactus arborescente de largos tallos articulados, color verde azulado y flores de un tono blanco rosáceo. (Cactaceae; *Cereus forbesii*).
   2.   *Ar:NO.* Fruto del ucle, de corteza roja, *es comestible.*

uco. (Del maya yucateco *uc*).
   I. 1.   m. *Mx::SE.* **guatusa,** roedor.

ucucha. (Del quech. *ukucha*).
   I. 1.   f. *Ar:NO; Pe,* rur. Ratón pequeño.

ucuchita.
   I. 1.   *Ar:NO.* **cumbarí,** planta.
   2.   *Ar:NO.* **cumbarí,** fruto.

ucuco.
   I. 1.   *Pe.* **oso de anteojos.**

ucumari. (Del quech. *ukumri*).
   I. 1.   *Pe, Bo:E, Ch:N.* **oso de anteojos.**
   II. 1.   m. *Ar:N. En la tradición popular andina,* ser fantástico que es hijo de una joven y un oso y presenta el cuerpo cubierto de pelo.

ucunchi. (Del quech. *ucu,* en lo interior, adentro).
   I. 1.   f. *Ec.* Falda o saya interior de las indias de la Sierra. rur.

ucusuco.
   I. 1.   m. *Ar:NO.* Ansia o anhelo de saber, ver o hacer algo. rur; pop.

udeísta.
   I. 1.   m-f. *Ho.* Miembro del partido de Unificación Democrática.

udepista.
   I. 1.   sust/adj. *Bo.* Militante o simpatizante de Unidad Democrática Popular (UDP), partido político que gobernó de 1982 a 1985.
   2.   adj. *Bo.* Relativo a Unión Democrática Popular (UDP).

udi.
   I. 1.   adj/sust. *Ch.* Partidario de la Unión Demócrata Independiente, partido político.
   2.   adj. *Ch.* Relativo a este partido político.

uduri.
   I. 1.   m. *Bo:O.* **llangua.**

uech. (Del maya yucateco).
   I. 1.   *Mx::SE.* **cusuco.**

¡ufa!
   I. 1.   interj. *Ho, ES, CR; Pa, Bo, Ar, Ur,* pop + cult → espon. Expresa fastidio, fatiga o desagrado.
   2.   *Ho, ES; Ni, CR,* pop. Expresa desagrado por un mal olor.

¡úfale!
   I. 1.   interj. *ES, Pa.* Expresa cansancio o desagrado.

ufanoso.
   I. 1.   adj. *ES. Referido a persona,* engreída, petulante.

uguate.
   I. 1.   *Mx:S.* **aguate.**

uitío.
   I. 1.   m. *ES.* **colibrí.**

uixar. (Del maya yucateco *uix,* orina).
   I. 1.   intr. *Mx::SE.* Orinar. pop.

uju. (Del maya yucateco *ushu*).
   I. 1.   *Mx::SE.* **mujú.**

¡ujú!
   I. 1.   interj. *Ni, Cu, RD, PR, Ve.* Expresa acuerdo y aprobación de lo que afirma el interlocutor. (**njú; ¡ujujú!; ¡unjú!**).
   2.   *Ho, ES, PR.* Expresa asombro y alegría por algo. (**njú**).
   3.   *RD, PR.* Expresa ironía. pop + cult → espon. (**njú**).

¡ujujú!
   I. 1.   *Gu.* **¡ujú!**

¡ujujuy!
   I. 1.   interj. *Bo.* Expresa asombro o sorpresa. rur; pop.

¡újule!
   I. 1.   interj. *Mx, Gu.* Expresa decepción o desaliento ante algo que se ha dicho.
   2.   *Mx, ES.* Expresa admiración, sorpresa o dificultad. pop. (**¡hújule!; ¡úchale!**).

□

a. ‖ ¡~ **julita!** loc. interj. *Mz.* Expresa burla, sorpresa, decepción o desaliento. pop.

ujushtero, -a.
I. 1.   adj. *ES. Referido a persona*, golpeada, con moraduras.

ukako.
I. 1.   m. *Ar:NO. En la creencia popular*, diablo que habita en las minas. rur.

ukupacha. (Del quech. *ukhu*, interior, y *pacha*, tierra, mundo).
I. 1.   f. *Ec, Pe:SE, Bo. En la tradición popular*, lugar de castigo eterno que se halla en los abismos de la Tierra.

ula.

■

a. ‖ ~~. m. *Pa, Cu, Ec.* **ula-ula.**

ula-ula.
I. 1.   m. *Mx, ES, Ni, Cu, Pe, Bo, Ch; Ar*, obsol. Juego infantil que se hace con un aro, consistente en sostenerlo moviendo el torso para evitar que caiga al suelo. (**ula-ula**). ♦ **julajú.**
2.   *Mx, ES, Ni, CR, Cu, Pe, Bo, Ch; Ur*, p.u. Aro de plástico que se usa para juegos y ejercicios artísticos o gimnásticos. (**ula-ula**).

ulaka. (Del aim. *ulaqa*, congreso de principales autoridades).
I. 1.   f. *Bo.* Consejo representativo de los **aillus.**

ulala.
I. 1.   f. *Bo.* **floricuerno.**

ulamá.
I. 1.   *Co.* **jaguarondo.**

ulan. (Del miskito).
I. 1.   m. *Ho:N,E.* Bebida no alcohólica obtenida de la **yuca.**

úlcera.
I. 1.   m-f. *ES.* Persona enfadada y agresiva. pop.

ulcumano.
I. 1.   *Pe.* **diablo fuerte.**

¡ulero!
I. 1.   interj. *Mx.* Expresa desprecio colectivo y unánime a un adversario. vulg.

ulezapote. (Del nahua *ulli*, hule, y *tzápotl*, zapote).
I. 1.   *ES.* **guayabito.** (**ulozapote**; **uluzapote**).
2.   *ES.* Fruto del ulezapote, que es comestible. (**ulozapote**; **uluzapote**).

uliche. (Del maya *chontal*).
I. 1.   m. *Mx:SE.* Guiso elaborado con carne de **guajolote** acompañada de una masa de diversas hortalizas y especias.

ulincate.
I. 1.   m. *Bo.* Melocotón de color rosado, olor fragante y exquisito sabor.

ulincha.
I. 1.   f. *Bo:S, Ar:NO.* **cuculí.** (**urlincha**).

ulincho. (Del quech. *ullinchu*).
I. 1.   m. *Bo:O.* Colibrí de hasta 10 cm de longitud, de color verde metálico, con el cuello, el penacho y parte del vientre de color azul. (Trochilidae; *Colibri coruscans*).
2.   *Bo:C.* **dorado.** (*Sicalis* spp.).

ulla. (Del quech. *ulla*, papa bien cocida).
I. 1.   f. *Bo:O.* **Papa** cocida.

ulloco.
I. 1.   m. *Co, Ec.* **ulluco**, planta.
2.   *Co, Ec.* **ulluco**, tubérculo.

ullpada.
I. 1.   *Ar:NO.* **ulpada.**

ulluco. (Del quech. *ulluku*).
I. 1.   m. *Ec, Pe, Bo:O, Ar:NO.* Planta herbácea de hasta 50 cm de altura, de tallos cortos y compactos, hojas pecioladas, alternas, de colores variables, flores pequeñas de color amarillo agrupadas en racimos y tubérculo comestible; tiene numerosas aplicaciones en la medicina tradicional. (Basellaceae; *Ullucus tuberosus*). (**olloco**; **olluco**; **ulloco**; **ullucu**). ♦ **chugua**; **hibia**; **lisa**; **melloco**; **milloco**; **papalisa**; **ruba**.
2.   *Ec, Pe, Bo:O.* Tubérculo del ulluco, alargado o esférico, con superficie arrugada de colores variados; es rico en fécula. (**olloco**; **olluco**; **ulloco**; **ullucu**).

ullucu. (Del quech. *ulluku*).
I. 1.   *Ec, Pe, Bo, Ar:NO.* **ulluco**, planta.
2.   *Ec, Pe, Bo, Ar:NO.* **ulluco**, tubérculo.

ulmo. (Del mapuche).
I. 1.   m. *Ch.* Árbol corpulento de copa redondeada y tronco recto, de hasta 40 m de altura, corteza lisa de color gris pardo, hojas opuestas, con el borde suavemente dentado, de forma aovada a oblonga, flores hermafroditas, solitarias, blancas, cuyo fruto es una cápsula oblonga de color café pardo cuando maduro. (Eucryphiaceae; *Eucryphia cordifolia*).

ulozapote.
I. 1.   *ES.* **ulezapote**, árbol y fruto.

ulpada.
I. 1.   f. *Ar:NO.* Alimento preparado con harina tostada, agua fría y azúcar, que suele tomarse como refresco. (**ullpada**).

ulpear.
I. 1.   intr. *Ar:NO.* Hacer o tomar **ulpada** o **ulpo.**

ulpo. (Del mapuche *ulpu*).
I. 1.   m. *Ar:NO.* Bebida refrescante hecha de agua endulzada con miel, que solía espesarse con harina de algarroba.
2.   *Ch.* Papilla o puré hecho con harina tostada y agua fría.

última.

■

a. ‖ **la ~.**
i.   f. *Cu, Ch.* Noticia más reciente o novedosa.
ii.   *Ch.* Chisme reciente.

□

a. ‖ **de ~.**
i.   loc. adj. *Ec, Bo, Ar. Referido a un objeto*, de mala calidad o que está en mal estado. pop + cult → espon ^ desp.
ii.   loc. adv. *Ec, Ar, Ur.* En última instancia, como último recurso. pop + cult → espon.
iii.   *Ar.* En malas condiciones físicas, *generalmente por cansancio*. pop.
iv.   loc. adj/adv. *RD.* De máxima calidad y a la moda.

ultimadamente.
I. 1.   adv. *Mx, Gu, Ho, ES, Ni, CR, Cu, RD, Ve, Bo.* Al fin y al cabo.
2.   *Ho, ES, PR, Bo.* Finalmente, por fin, en último extremo.

ultimado, -a.
I. 1.   adj. *Mx, Ho, ES, Ni, CR, Pa, Cu, RD, PR, Ec, Pe, Bo, Ur. Referido a persona*, asesinada. esm.

ultimador, -ra.
I. 1.   m. y f. *Mx, Ni, Bo, Ar, Ur, Ch*, p.u. | Persona que asesina a otra.

ultimar.
I. 1.   tr. *Mx, Ho, ES, Ni, CR, Pa, Cu, RD, PR, Ec, Pe, Bo:E, Ch, Py, Ar, Ur.* Matar *una persona* a *alguien*. cult → esm.

último.
I. 1.   m. *Cu.* Lugar que a alguien le corresponde cuando varias personas han de actuar por turno.

•

a. ‖ **lo ~ de los muñequitos.** fórm. *Cu.* Se usa para expresar desagrado, molestia, desaprobación.

□

a. ‖ **al ~.** loc. adv. *Mx, Ec, Pe, Bo, Ch.* Al final de todo.

b. ‖ **de lo ~.** loc. adj. *Ni, Ve, Ec, Pe, Bo, Ch, Py, Ar:NO, Ur.* Referido especialmente a persona, de poca clase o calidad. pop + cult → espon ^ desp.

c. ‖ **del ~.** loc. adv. *Ni.* En última instancia, como último recurso. pop + cult → espon.

▶ **creerse lo ~; ser de lo último; ser lo ~.**

último, -a.
   I. 1.   adj. *Ch.* Referido a cosa, pésima, muy mala. cult → espon.

ultrismo.
   I. 1.   m. *Ec, Bo.* p.u. Agrupación política que defiende posiciones radicales o extremas.
      2.   *Ec, Bo.* p.u. Idea o posición radical o extrema.

ultutuco.
   I. 1.   *Ar:NO.* **tucu-tuco.**

ulúa.
   I. 1.   f. *Ar:N.* Planta de tallos gruesos de cuatro caras, con espinas blancas agrupadas en diferentes puntos, flores blancas y fruto comestible, rojo por fuera y blanco por dentro, con semillas negras. (Cactaceae; *Harrisia* spp.).

ulumina.
   I. 1.   f. *Gu, ES.* **olomina.**

ulupica.
   I. 1.   m. *Bo:O, Ar:NO.* Variedad de ají. (Solanaceae; *Capsicum eximium*).
      2.   *Bo:O, Ar:NO.* Fruto del ulupica, redondo, de color oscuro y muy picante.
   II. 1.   sust/adj. *Bo:O,C.* Persona de baja estatura y de carácter irritable. pop + cult → espon.

ulushno, -a.
   I. 1.   adj. *ES.* Referido a cosa o lugar, lleno de algo.

uluzapote.
   I. 1.   *ES.* **ulezapote**, árbol.
      2.   *ES.* **ulezapote**, fruto.

umacaya.
   I. 1.   f. *Pe; Bo:O.* pop + cult → espon. **Chuño** o fécula deshidratada de **oca.**

umajampico. (Del quech. *uma*, cabeza, y *jampiku*, curación).
   I. 1.   m. *Bo:O.* Bebida alcohólica que se toma para combatir el dolor de cabeza producido por la resaca.

umallina. (Del quech.).
   I. 1.   f. *Pe:E.* Trapo enrollado que se ponen las mujeres en la cabeza para llevar cántaros sobre ella.

umanana. (Del quech. *uma*, cabeza, y *nana*, dolor).
   I. 1.   m. *Bo:SO,C.* Dolor de cabeza. pop + cult → espon.

umanda.
   I. 1.   f. *Ni.* **bicho.** (*Cassia biflora*).

umanto.
   I. 1.   m. *Pe:SE, Bo:O.* Pez del lago Titicaca, de hasta 27 cm de longitud, con dientes pequeños, cónicos y fuertes; su carne es muy apreciada. (Cyprinodontidae; *Orestias cuvieri*).

umareo.
   I. 1.   m. *Pe.* Riego primero que se hace después de la siembra, indispensable para remojar el terreno y preparar el **aporque.** rur.

umarí.
   I. 1.   m. *Co, Pe:E.* Árbol de hasta 40 m de altura, aunque cultivado su crecimiento es menor, de hojas simples, alternas y sin estípulasm cuyo fruto es una drupa comestible de cáscara delgada, lisa, lustrosa y general-

mente de color amarillo, de textura grasa semejante a la mantequilla, de color amarillo y sabor agradable. (Icacinaceae; *Poraqueiba sericea*).
      2.   *Pe.* Fruto del umarí.

umarutuco. (Del quech. *uma*, cabeza, y *rutukhu*, corte de cabello).
   I. 1.   m. *Bo:O,C. En algunas comunidades rurales*, ceremonia en la que los padrinos cortan por primera vez el cabello del niño, *generalmente en una fiesta organizada por sus padres para ofrecérselo a la Virgen.*

umita. (Del quech. *úma*, cabeza).
   I. 1.   f. *Ar:NO. En la creencia popular*, cabeza con larga cabellera y ojos desorbitados, que se presenta gimiendo y llorando ante los viajeros solitarios.

umopar.
   I. 1.   m. *Bo.* Miembro de la unidad móvil de patrullaje rural de la Policía Nacional, que se encarga del control de tráfico de estupefacientes.

umpire. (Voz inglesa).
   I. 1.   m. *EU, Ho, Ni, Cu.* obsol. *En el* **beisbol**, árbitro.

umpu.
   I. 1.   adj. *Bo:O,C; Pe:C,S*, rur. Referido a persona, endeble, con enfermedades y achaques continuos.

umucuti.
   I. 1.   m. *Ar:NO.* Reptil parecido al lagarto, pero de tamaño muy pequeño. (Scincidae; *Mabuya frenata*).
      2.   *Ar:NO.* Lagarto o lagartija. pop + cult → espon.

una.
   □
      a. ‖ **de ~.** loc. adv. *Co, Ve, Ec, Py.* Al punto, sin dilación. pop. ♦ **en una.**
      b. ‖ **en ~.** loc. adv. *Pe.* **de una.**
      c. ‖ **en ~ de esas.** loc. adv. *Mx, Ho, ES, Pa, Ec, Pe, Py.* Quizás, tal vez, a lo mejor.

unalbo, -a.
   I. 1.   adj. *Mx.* Referido a caballería, que tiene un pie blanco.

unca.
   I. 1.   f. *Ar:NO.* Lombriz de tierra, *especialmente la que se usa para pescar.*

-unca.
   I. 1.   suf. *Ho.* Indica magnitud grande de una cosa.

uncaca.
   I. 1.   f. *Ar:NO.* Lombriz de tierra, *especialmente la que se usa para pescar.*

unche. (Del muisca *uze*, paja de hacer cabuya).
   I. 1.   m. *Co:C.* Polvo o paja muy menuda de varias semillas trilladas, como el trigo o el lino. rur.

-unco.
   I. 1.   suf. *Ho, ES.* Indica defecto físico de personas y animales o psicológico o moral de personas. desp.

uncu. (Del quech. *unkhu*).
   I. 1.   m. *Pe, Bo:SO.* rur. Vestimenta tradicional masculina, *generalmente sin mangas*, hasta la altura de las rodillas y rematada con flecos.
      2.   *Bo:S.* Poncho pequeño.

uncucha.
   I. 1.   f. *Pe.* **ocumo**, planta herbácea.

uncumano.
   I. 1.   *Pe.* **diablofuerte.**

uncuña. (Del aim. *unkhuña*).
   I. 1.   f. *Pe.* Manta mediana de vistosos colores en la que se guardan o llevan objetos apreciados o de valor. rur.
      2.   *Bo.* Pieza rectangular de lana de colores, usada por las mujeres como complemento de su vestidura y para llevar algunas cosas.

ungido, -a.
   I. 1.   adj/sust. *Mx, Ho, ES, Ni, Bo, Ch; Ec*, p.u. *Referido a persona*, elegida o seleccionada para un cargo. cult → esm.

ungir.

I. 1. tr. *Gu, Ho, Co, Ar:NO; Ec.* p.u. Elegir, seleccionar a *alguien* para un puesto o para un cargo, cult → esm.

unidad.

I. 1. f. *Ar, Ur.* Apartamento en un edificio. ♦ **unidad funcional.**

■

a. ‖ **Unidad de Salud.** f. *ES.* Clínica estatal con servicios médicos básicos.

b. ‖ ~ **educativa.** f. *Co, Ec, Bo, Py.* Establecimiento educativo estatal o privado de enseñanza para niños y jóvenes.

c. ‖ ~ **escolar.** f. *Pe.* Establecimiento educativo estatal de enseñanza primaria y secundaria.

d. ‖ ~ **funcional.** *Ar.* **unidad**, apartamento.

unidocente.

I. 1. adj/sust. *CR, Ec, Pe, Bo, Ch, Py, Ur. Referido a un centro educativo*, que tiene un único maestro para impartir todos los cursos y asignaturas.

uniformado, -a.

I. 1. sust/adj. *Mx, Ho, ES, Ni, PR, Co, Ec, Pe, Bo, Ch, Ar, Ur; CR, Pa, RD, Ve*, pop → espon; *Py*, pop. Miembro de la policía o del ejército.

uniforme.

■

a. ‖ ~ **de campaña.** *Cu.* vestimenta de fatiga.

b. ‖ ~ **de fajina.** m. *Ec, Ar, Ur.* Vestimenta de diario de policías o militares.

c. ‖ ~ **de fatiga.** m. *Pa, Ce, Ec.* En el ejército, vestimenta usada en las prácticas y en el trabajo diario (**vestimenta de campaña**).

unila.

I. 1. m. *Ch.* Uno, número que expresa unidad. carc.

uninesthe.

I. 1. m. *ES.* Árbol de hasta 14 m de altura, de tallo erecto, hojas elípticas, coriáceas, inflorescencia axilar, flores de color verde amarillento y fruto en drupa, carnoso, con una semilla ovoide. (Menispermaceae; *Hyperbaena mexicana*).

uninominal.

I. 1. adj/sust. *Bo. Referido a un diputado*, que es elegido por un departamento gracias al voto ciudadano sin pertenecer a un partido político.

unión.

I. 1. m. *EU.* Traje de faena de una pieza, mono.

II. 1. f. *EU.* Sindicato.

III. 1. f. *Ch.* p.u. Entredós de bordado o encaje.

■

a. ‖ **bella** ~. f. *Bo:E.* Arbusto de hasta 5 m de altura, de hojas simples, flores tubulares de color violeta o blanco y frutos en forma de baya que contienen varias semillas. (Solanaceae; *Brunfelsia grandiflora, B. uniflora*).

□

a. ‖ ~ **libre.** loc. sust. *Ec.* Acuerdo voluntario concertado entre hombre y mujer para vivir juntos sin vínculo legal de matrimonio.

unionado, -a.

I. 1. adj/sust. *RD, PR. Referido a persona*, que pertenece a un sindicato.

unionista.

I. 1. sust/adj. *Ho, ES.* Persona que lucha por la unión de los países centroamericanos.

unipersonal.

I. 1. sust/adj. *Cu, Pe, Ar, Ur.* Función teatral o musical en la que actúa un solo artista.

2. m. *Pa.* Vehículo con asiento para un solo pasajero, como los de carreras.

universal.

I. 1. sust/adj. *ES.* Homosexual que puede ejercer un papel activo y pasivo dentro de una relación de pareja.

universidad.

□

a. ‖ ~ **de la calle.** loc. sust. *Cu.* Práctica cotidiana que le permite a alguien ganar experiencia para afrontar problemas.

universitariado.

I. 1. m. *Ni, Bo.* Conjunto de universitarios.

¡unjú!

I. 1. interj. *Ni, Cu, RD, PR, Co:N, Ve.* **¡ujú!**, expresa acuerdo.

II. 1. interj. *PR, Ve.* Expresa duda o incredulidad.

uno.

□

a. ‖ **allá donde** ~. loc. adj/adv. *Pa.* De una provincia del interior del país.

b. ‖ **del** ~.

　i. loc. adj. *Ch. Referido a cosa*, de primera categoría en su línea. pop + cult → espon.

c. ‖ **del** ~ **pirulo.** loc. adv. *Ch.* Muy bien, estupendamente. pop + cult → espon ^ fest.

d. ‖ **el** ~. loc. sust. *Pe, Bo.* Orina. urb; inf; pop.

e. ‖ **ni** ~. loc. sust. *Ch.* Nada de dinero. pop + cult → espon.

f. ‖ **sin ni** ~. loc. adv. *Ch.* Sin dinero, sin nada. pop + cult → espon.

◪

a. ‖ ~ **no es ninguno.** fr. prov. *Mx, Ni.* Indica una invitación a alguien presente para continuar tomando bebidas alcohólicas. ♦ **uno sin otro no vale.**

b. ‖ ~ **sin otro no vale.** prov. *Gu.* **uno no es ninguno.**

► **hacer del** ~; **hacer el** ~.

unsha.

I. 1. f. *Pe:NO.* Fiesta de carnaval similar a la **yunsa.**

untada.

I. 1. f. *Mx, Gu, Ni, CR, Cu, Co, Ve, Ec, Bo, Ch, Ar, Ur.* Aplicación a una superficie de una sustancia, *generalmente grasa o espesa*. pop.

II. 1. f. *Mx, Gu, Ho, ES, Ni, CR, Cu, RD, Co, Bo, Ch, Ar, Ur*, p.u. Soborno, dádiva con que se soborna. pop + cult → espon.

2. f. *Ho, ES.* Cantidad de dinero del soborno. pop + cult → espon.

III. 1. f. *Ho.* Pequeña cantidad de pegamento que compran los niños y jóvenes para drogarse. drog.

untar.

I. 1. tr. *Mx, Ho, ES, Ni, CR, Co, Bo:E.* Implicar *a alguien* en un asunto delictivo. pop + cult → espon.

□

a. ‖ ~ **el camarón.** loc. verb. *Mx.* Frotar un hombre el pene sobre el cuerpo de una mujer. vulg.

b. ‖ ~ **la mano.** loc. verb. *Gu, Ni, CR, Ar; Co*, pop. Sobornar a *alguien*.

untisal. (De *Untisal*®).

I. 1. m. *Ur; Ar*, obsol. Preparado de aceites y bálsamos que se aplica sobre el cuerpo en masajes o fricciones.

unto.

I. 1. m. *Mx, Ho, ES, Ni, Cu.* Soborno.

2. *Mx, Ho, ES, Ni.* Cantidad de dinero de un soborno. pop + cult → espon.

II. 1. m. *Bo.* Pomada medicinal.

■

a. ‖ ~ **sin sal.** m. *Ho.* Ungüento graso.

► **sacar el** ~.

untón, -na.
  I. 1.   m. y f. *ES.* Sobornador.
untu.
  I. 1.   m. *Bo.* En la cultura **callahuaya**, grasa o sebo, *generalmente de cerdo o llama*, usado como ofrenda o como medicina.
untual.
  I. 1.   *Ho.* **utual**.
untualito. (De *en un tantito*).
  I. 1.   *Ho.* **ahoritita**, ahora mismo. rur.
untucuru.
  I. 1.   *Bo.* **cuculí**.
untura.
  I. 1.   f. *RD.* Fricción, rozadura.
  II. 1.   f. *Ho.* Cantidad de dinero del soborno.
uña.
  I. 1.   f. *Mx, Gu, Ho, ES, CR, Pa, PR, Co, Ar, Ur.* Instrumento con un mecanismo de pinzas que se utiliza para quitar las grapas. ♦ **sacagrapas**.
  II. 1.   f. *Mx, Ni, CR, Pa, PR, Co, Bo, Ur.* Chapa triangular u ovalada de carey, marfil o material plástico, que se emplea para tocar ciertos instrumentos musicales de cuerda.
  III. 1.   f. *Ar, Ur.* Pieza de metal o goma que sirve de protección al parachoques de un vehículo.
  IV. 1.   f. *Gu, Ur.* Barra gruesa de acero, recta en un extremo y curvada en el otro con dos puntas, ambas planas y cortantes, que se utiliza como cuña o palanca en la separación de piezas o en la extracción de clavos de gran tamaño.
  V. 1.   m-f. *Gu.* Ladrón.
  VI. 1.   f. pl. *CR.* Raíces aéreas que brotan a la planta de maíz. rur.

■
  a. ‖ ~ **de danta**. f. *Ve.* Planta de tallo corto, hojas lobuladas, coriáceas y aovadas de hasta 80 cm de longitud, de color verde oscuro, brillantes en la cara superior y opacas en el envés; se cultiva con fines ornamentales. (Araceae; *Philodendron pinnatifidum*).
  b. ‖ ~ **de gato**.
    i.   f. *Mx, Py, Ar, Ur.* Arbusto con espinas en forma de garfio, flores amarillentas y una vaina como fruto. (Fabaceae; *Acacia* spp.). ♦ **espino; garabato; ñapindá; teatín; yuquerí**.
    ii.   *Pa, Co, Ec, Pe, Ch.* Arbusto espinoso de tronco leñoso, flores en espigas, de color amarillo claro, y frutos en vainas delgadas; de uso muy extendido por sus propiedades medicinales, *especialmente como desinflamante y fortalecedor del sistema inmunológico*. (Fabaceae; *Uncaria tormentosa*).
    iii.   *Co.* Arbusto que tiene hojas con espinas, agrupadas en número de 9 a 10 en una misma yema, y flores de color amarillo dorado o amarillo rojizo. (Berberidaceae; *Berberis goudotii*).
    iv.   *Ho, ES, Ni.* Planta trepadora, con aguijones cortos y ganchudos en las ramas y raquis de las hojas, que le sirven para trepar, hojas alternas, compuestas, con folíolos lineares, flores en espigas, fruto en vaina. (Fabaceae; *Acacia bonariensis*). ♦ **karikari**.
    v.   *Bo.* Arbusto de hasta 3 m de altura, de hojas compuestas por dos lóbulos y flores de color blanco, cuyo fruto es una legumbre que contiene muchas semillas. (Fabaceae; *Bauhinia aculeata*).
  c. ‖ ~ **de gavilán**. f. *Mx.* Planta de hasta 3 m de altura, de tallo ramificado, hojas ampliamente aovadas y con margen anguloso, inflorescencias en racimo, flores de color variable, desde blanco hasta rojizo

o morado, y fruto ovoide, algo comprimido. (Martyniaceae; *Martynia diandra*).
  d. ‖ ~ **de vaca**. f. *Bo:E.* Arbusto o árbol de hasta 5 m de altura y hojas compuestas, cuyos frutos son legumbres planas en forma de hoz. (Fabaceae; *Bauhinia ungulata*).
  e. ‖ ~ **del diablo**. f. *Mx.* Planta herbácea de hojas pequeñas, olorosas, de agradable sabor y de color verde, flores amarillas y fruto en vaina, lleno de semillas. (Fabaceae; *Crotalaria vitellina*).
  f. ‖ ~ **pequén**. f. *Ch:C,S.* Planta lampiña, de 50 cm de altura, con hojas pequeñas agrupadas en la base y flores blancas o azuladas de cinco pétalos. (Campanulaceae; *Wahlenbergia linarioides*). ♦ **uñoperquén**.

□
  a. ‖ a ~ **de caballo**. loc. adv/adj. *Mx.* Montado en una caballería. rur.
  b. ‖ **de ~ en el rabo**. loc. adj. *Ve.* *Referido a persona*, seguidora incondicional de un partido o tendencia política. pop + cult → espon ^ fest.
  c. ‖ ~ **larga**.
    i.   loc. sust/adj. *Mx, RD, Pe; Ec*, p.u. Persona que hurta o roba. pop.
    ii.   loc. sust. *Mx, Pe.* Propensión a robar. pop.
  d. ‖ ~ **y curruña**. *Ve.* **uña y mugre**.
  e. ‖ ~ **y mugre**. loc. sust. *Mx, Ni, Pa, Co, Ve, Ec, Bo, Ch, Py.* Personas inseparables y con afinidades. pop + cult → espon. ♦ **mugre y uña; uña y curruña; uña y sucio**.
  f. ‖ ~ **y sucio**. *Ve; Ec*, p.u. **uña y mugre**.
  g. ‖ ~**s escondidas**. loc. sust. *Ho, ES, Ni.* Persona hipócrita. pop + cult → espon.
  h. ‖ ~**s largas**. loc. sust/adj. *Mx, Bo, Ar; Ec*, p.u. Persona que hurta o roba.
  ▶ **¡bailame ese trompo en la ~!; bailar un trompo en la ~; brincar encima con ~s y dientes; comerse las ~s; cortar las ~s; dar una ~; dar una ~ y cogerse hasta el codo; darse ~; estar comiéndose las ~s; meter las ~s; no tener ~s de guitarrero; no tener ~s para guitarrero; rascarse con las propias ~s; salvarse en ~ de gato; salvarse por la ~ del gato; ser ~s escondidas; voltear a la ~.**

uñada.
  I. 1.   f. *Mx*, p.u. Robo, sustracción o adquisición para sí de lo ajeno con violencia o con fuerza.
uñado, -a.
  I. 1.   adj. *Ho.* *Referido a persona*, de uñas largas.
uñadura.
  I. 1.   f. *Mx.* Herida o marca en la piel producida por una uña.
uñapiar.
  I. 1.   tr. *Ar:NO.* Robar, hurtar. rur.
uñar.
  I. 1.   tr. *Mx*, p.u. Robar. pop + cult → espon.
    2.   *Bo:O.* Robar carteras de bolsillo y otros objetos personales en vehículos de transporte público. delinc.
  II. 1.   tr. *Ar:NO; Ch*, p.u. Hacer un arañazo con las uñas a algo o a alguien. pop + cult → espon.
  III. 1.   intr. *CR.* Brotarle raíces aéreas a una planta de maíz. rur.
uñazo.
  I. 1.   m. *Gu, ES, Ni, CR, Cu.* Uñada, arañazo hecho con la uña.
  II. 1.   m. *Gu.* Robo, apropiación de algo ajeno. pop + cult → espon.
  III. 1.   m. *ES.* Golpe dado al balón de **futbol** con el pie descalzo.
uñero.
  I. 1.   m. *Ho, Ni, CR, Pa, PR, Co, Ve.* Padrastro, pedacito de pellejo que se levanta e infecta cerca de la uña.

II. 1. m. *Co:N.* Patada que se le da a un balón con la punta del dedo gordo del pie. pop.

III. 1. m. *ES.* Marido. sat.

IV. 2. m-f. *ES.* Persona enemiga.

V. 1. m. *Ec.* Corte semicircular pequeño que tienen las hojas de ciertos libros, sobre todo de referencia, para ubicar fácilmente una letra o tema.

uñeta.

I. 1. f. *Mx, Bo, Ch.* Especie de plectro o dedal de carey que usan los tocadores de instrumentos de cuerda.

II. 1. f. *Bo:E.* Fiebre aftosa del ganado.

uñi.

I. 1. m. *Ch:C,S.* p.u. **murtilla**, arbusto.

uñilargo, -a.

I. 1. m. y f. *Mx;* adj. *Co,* obsol. Ladrón.

uñón, -na.

I. 1. adj. *Mx.* p.u. *Referido a persona,* que tiene largas las uñas.

uñoperquén.

I. 1. m. *Ch:C,S.* **uña pequén.**

uñuda.

I. 1. f. *Ho.* La muerte.

uñudo.

I. 1. m. *Ho, Ni.* El demonio.

uñudo, -a.

I. 1. adj. *Ho, ES, Ni. Referido a persona o animal,* que tiene las uñas largas.

2. sust/adj. *Ho.* metáf. Ladrón.

upa.

I. 1. m. *Ch.* Orden recibida o compromiso aceptado para iniciar una actividad. pop.

II. 1. adv. *Gu.* A cuestas. inf.

□

   a. ‖ **de ~.** loc. adv. *Ar; Ur,* p.u. Sin esfuerzo o merecimiento. pop + cult → espon.

▶ **hacer ~; hacer la ~; hacerle ~s.**

¡upa!

I. 1. interj. *Ho, ES, Ni, Ve, Ch, Py.* Expresa sorpresa o admiración. ♦ **¡úpale!**

II. 1. interj. *Co.* Expresa orden a una caballería para que avive el paso.

●

   a. ‖ **¡upa!** fórm. *Ve, Bo.* Se usa para estimular o dar ánimo a alguien para que realice una acción.

□

   a. ‖ **¡~, chalupa!** loc. interj. *Ch.* Expresa aceptación para iniciar una acción. pop + cult → espon.

   b. ‖ **¡~ cachete!** loc. interj. *Ve.* Expresa sorpresa o admiración.

upacón.

I. 1. *Co.* **arboloco.**

¡upalalá!

I. 1. interj. *Ar.* Expresa la incitación que se hace cuando se va a levantar en brazos a un niño.

¡úpale!

I. 1. interj. *Ho, ES, Ni, Co:C, Ch, Py.* Expresa asombro o disgusto. pop.

2. *ES, Ni, Ve, Ec.* **¡upa!,** expresa sorpresa.

3. *Co.* Expresa ánimo para ejecutar una acción. pop.

upallero, -a.

I. 1. adj. *Ar:NO. Referido a persona,* que ataca o golpea a los demás a traición. rur.

upaquización.

I. 1. f. *Co.* obsol. Reajuste de precios, salarios e impuestos de acuerdo con el índice oficial del costo de la vida.

upaquizar.

I. 1. tr. *Co:C.* Convertir una deuda en unidades de UPAC, unidad de poder adquisitivo constante.

upas.

I. 1. m. pl. *Gu.* Aliento, estímulo.

upay. (Del maya).

I. 1. *Gu.* **masú.**

¡upe!

I. 1. interj. *CR.* Expresa el llamado que se hace a la puerta de un lugar para saber si hay alguien en él.

upear.

I. 1. tr. *Ni.* Ayudar a *alguien* a subir.

2. *Ni.* metáf. Ayudar a *alguien* en algo.

upeliento, -a.

I. 1. adj/sust. *Ch.* obsol. Partidario de las ideas políticas, sociales y económicas de la Unidad Popular, coalición de partidos políticos de izquierda que gobernó Chile entre 1970 y 1973. pop + cult → espon ^ desp. (**upiento**).

2. adj. *Ch.* obsol. Relativo a esta coalición de partidos políticos. pop + cult → espon ^ desp. (**upiento**).

upi. (Del quech. *upiñaqi,* chicha antes de fermentar).

I. 1. m. *Bo:C,S; Pe,* rur. **Chicha** que no ha acabado de fermentar.

upiento, -a.

I. 1. adj/sust. *Ch.* obsol. **upeliento,** persona. pop + cult → espon.

upilarse.

I. 1. intr. prnl. *Ar:NO.* rur. Beber *alguien* agua u otro líquido hasta hartarse. pop + cult → espon.

upite. (Del quechua *upiti*).

I. 1. m. *Bo:E, Ar.* Ano de los animales, en especial de las aves. (**upiti**). vulg.

□

   a. ‖ **como el ~.** loc. adv. *Ar.* Sumamente mal. vulg.

     ♦ **para el upite.**

   b. ‖ **para el ~.** *Ar.* **como el upite.**

upitero.

I. 1. *Ar:NO.* **jején,** insecto. rur.

II. 1. m. *Ar:NO.* Persona molesta. rur; pop.

upiti. (Voz quechua).

I. 1. *Ar:NO.* **upite.**

□

   a. ‖ **como el ~.** loc. adv. *Ar:NO.* Sumamente mal. vulg.

uppercut. (Voz inglesa).

I. 1. m. *EU, Ho, ES, Ni, CR, Cu, Bo, Ch, Ur.* p.u. *En el boxeo,* golpe dado de abajo a arriba con el brazo arqueado.

ura.

I. 1. f. *Py, Ar:NE.* Díptero de hasta 10 mm de longitud cuya larva penetra bajo la piel y ocasiona graves molestias en humanos y animales. (Cuterebridae; *Dermatobia hominis*).

2. *Ho, Ni.* **chorcha,** ave.

II. 1. f. *Ar:NO.* Vulva. tabú; pop + cult → espon.

uraco. (Del port. *furaco, buraco*).

I. 1. *Ho, ES, Ni.* **juraco,** agujero grande. pop.

urcututo.

I. 1. *Pe:E.* **coscongo.**

urdimal.

I. 1. m. *Bo:S. En la creencia popular,* espíritu representado por la figura de un anciano o de un niño que asusta a las personas.

ure.

I. 1. m. *Co.* Vasija de barro utilizada para fermentar bebidas alcohólicas.

urgido, -a.

I. 1. adj. *Mx, Ho, ES, Ni, Co, Ve, Ec, Pe, Bo, Ch, Ar. Referido a persona,* que necesita algo con urgencia. pop + cult → espon.

2. *Ho, ES, Ni, CR, Co, Ec.* Referido a persona, que tiene prisa.

3. *Ve:O.* Referido a persona, que necesita ir a un baño con urgencia. pop.

4. *Ch.* Referido a persona, que se preocupa por todo o cualquier cosa le afecta. pop + cult → espon.

urgimiento.
  I. 1. m. *Ch.* Preocupación excesiva. pop + cult → espon.

urgirse.
  I. 1. intr. prnl. *Bo, Ch.* Preocuparse en exceso. pop + cult → espon.

urguetear.
  I. 1. *Bo.* **hurguetear**, hurgar. pop.

urija.
  I. 1. f. *Bo:O.* Enfermedad producida, según creencias populares, por aspirar los malos olores que despiden los cuerpos en descomposición.

urina.
  I. 1. f. *Bo:E.* **venado colorado**.

urlincha.
  I. 1. *Ar:NO.* **ulincha**.

urna.
  I. 1. f. *Mx, Pa, PR, Ur.* Esfera transparente y giratoria que sirve para contener bolas numeradas, papeletas escritas u otros objetos que han de sacarse a la suerte.
  II. 1. f. *Ni, Ve, Ch.* Ataúd, caja de madera donde se pone un cadáver para llevarlo a enterrar.

  ■
    a. ‖ ~ **embarazada.** f. *Mx.* Recipiente electoral al que se agregan votos ilegítimos. pop + cult → espon.

urpi. (Del quech. *urpi*, paloma).
  I. 1. f. *Ec, Pe, Bo:C,O.* **tortolito**.
  2. m. *Pe.* Plato decorado con dos pares de aves frente a frente.
  II. 1. m. *Bo:O.* Conjunto de panecillos que en el día de los difuntos se pone sobre una mesa acompañando otras ofrendas.

¡urpia!
  I. 1. interj. *Ve.* Expresa alegría, entusiasmo. pop + cult → espon.

  □
    a. ‖ ¡~, **Dolores!** loc. interj. *Ve.* Expresa alegría, entusiasmo. pop + cult → espon.

urpila.
  I. 1. *Ar:NO.* **urpilla**.
  2. f. *Bo:C,O.* **tortolito**.

  ●
    a. ‖ ~. fórm. *Bo:C,O.* Se usa para dirigirse a la novia o enamorada.

urpilla.
  I. 1. f. *Ar:NO.* **cuculí**. (**urpila**).

urpu.
  I. (Del aim. y del quech. *urpu*, cántaro de barro).
  1. m. *Pe.* Vasija grande de cuello estrecho.
  II. (Del aim. y del quech. *urpu*, muñeco con figura humana).
  1. m. *Bo:O.* Pan de diversas formas que se elabora para la fiesta de Todos los Santos con objeto de retribuir a los que rezan por el alma de los difuntos.

urraca.
  I. 1. f. *Mx.* **zanate**.
  2. *Ve, Ec, Pe, Py, Ur.* Pájaro de hasta 30 cm de longitud, que presenta garganta, cabeza y dorso negros, nuca y ceja de color celeste liláceo, y la parte ventral de la cola y el vientre amarillos. (Corvidae; *Cyanocorax chrysops*).
  3. *Gu, Ho, ES, Ni, CR.* **alguacil**, pájaro.
  4. *Bo.* Pájaro de hasta 50 cm de longitud, de plumaje negro violáceo y pico robusto y ligeramente curvo. (Corvidae; *Cyanocorax* spp.).
  II. 1. f. *ES.* Persona que puede delatar a otra.

  ■
    a. ‖ ~ **azul.**
      i. f. *Ho, Ni.* **alguacil**, pájaro.
      ii. *Ur.* Pájaro córvido de hasta 38 cm de longitud, de plumaje general azul, con la cabeza, el cuello anterior y la parte superior del pecho negros, y alas y cola negras y azules. (Corvidae; *Cyanocorax caeruleus*).
    b. ‖ ~ **copetona.** f. *Mx, Gu, Ho, Ni.* **alguacil**, pájaro.
    c. ‖ ~ **morada.** f. *Bo:O, Ur.* Pájaro córvido de hasta 40 cm de longitud, de color negro con brillo violáceo, de pico robusto y ligeramente curvo, con cerdas alrededor de las aperturas nasales y cola larga azul violácea. (Corvidae; *Cyanocorax cyanomelas*).
    d. ‖ ~ **parda.** f. *Ho.* Pájaro de hasta 71 cm de longitud, con unas plumas erectas y rígidas al frente, volteadas hacia el pico, y una bolsa inflable en la región del pecho, cuyo color dominante es café oscuro. (Corvidae; *Cyanocorax morio*).
    e. ‖ ~ **pechinegra.** *Pa.* **urraca púrpura**.
    f. ‖ ~ **púrpura.** f. *Pe.* Pájaro que tiene la cabeza, el cuello y el pecho de color negros y manchas azules debajo de los ojos. (Corvidae; *Cyanocorax affinis*).
    ◆ **urraca pechinegra**.

urrú.
  I. 1. adj. *CR.* obsol. *Referido a madera, especialmente sin aserrar*, podrida. rur.

ursa.
  I. 1. *Mx:NO.* **urza**.

ursero.
  I. 1. m. *Ho.* Ojeador, hombre que ojea o espanta con voces la caza.

urso, -a.
  I. 1. m. y f. *Ar, Ur.* p.u. Persona alta y robusta. pop + cult → espon.

úrsula.
  I. 1. f. *RD.* Úlcera. pop.

úrsulo, -a.
  I. 1. adj. *ES.* *Referido a persona*, bruta.

uru. (Del aim. *uru*, día).
  I. 1. m. *Bo:O.* Día, desde el amanecer hasta el ocaso.

  ■
    a. ‖ **jacha** ~. m. *Bo:O.* *Entre los aimaras*, gran día en el que llegará la redención de su pueblo.

urubú. (Del guar. *yryvu*, cuervo).
  I. 1. *Bo:E, Py, Ar:NE.* **gallinazo**, ave rapaz.

urucú. (Del guar. *uruku*).
  I. 1. m. *Bo, Py, Ar:NE.* **achiote**, arbusto.
  2. *Bo, Py, Ar:NE.* **achiote**, fruto.
  3. *Bo, Py, Ar:NE.* **achiote**, semilla.

urucurero.
  I. 1. m. *Bo:E.* Vasija en la que se guarda o disuelve el **achiote**.

urucusillo.
  I. 1. m. *Bo:E.* Árbol de hasta 30 m de altura, de hojas simples, flores de color verde, sin pétalos, y frutos en forma de cápsula leñosa, *generalmente con espinas* que contienen semillas envueltas por un tejido carnoso. (Elaeocarpaceae; *Sloanea guianensis*).
  2. *Bo:E.* Arbusto de hasta 8 m de altura y frutos de color rojo o café con semillas incoloras. (Bixaceae; *Bixa urucurana*).

urumpe. (Del quech.).
  I. 1. m. *Ar:NO.* Cedazo para cribar o cerner.

urunday. (Voz guaraní).
  I. 1. m. *Ar.* **urundey**, árbol.
  2. *Ar.* **urundey**, madera.

urundel.
I. 1. m. *Bo, Ar:NO.* Árbol de hasta 20 m de altura, de tronco grueso ramificado a gran altura, hojas caducas y flores de color amarillo verdoso dispuestas en panoja. (Anacardiaceae; *Astronium urundeuva*). ◆ **cuchi**.

urundey. (Del guar. *urundey*).
I. 1. m. *Py, Ar:NE.* Árbol de hasta 20 m de altura, de hojas caducas, pequeñas y de color amarillo verdoso, y una drupa pequeña, esférica y negruzca como fruto. (Anacardiaceae; *Astronium balansae*). (**urunday**).
  2. *Py, Ar:NE.* Madera del urundey, dura y con múltiples aplicaciones en carpintería. (**urunday**).

urupa.
I. 1. *Ho:O.* **chorcha**, ave.

urupé.
I. 1. m. *Bo:E, Py.* Criba circular tejida con tiras de hojas de palmera que sirve para cerner algunas semillas.
  2. *Bo:E.* Cesto plano para guardar algunas cosas, como la fruta.

urupi.
I. 1. *Bo:C.* **moral bobo**.

ururó.
I. 1. m. *Bo:E.* Mono común. (Cebidae; *Calliceibus moloch*).

urutaú. (Del guar. *urutaú*).
I. 1. m. *Bo, Py, Ar:NE, Ur.* Ave de hasta 30 cm de longitud, de color pardo plomizo manchado de negro, pico corto y ojos negros con los párpados ribeteados de amarillo. (Nyctibiidae; *Nyctibius griseus*). ◆ **cacuy**; **chochí**; **crispín**; **pacuí**; **piojito**.

uruzul.
I. 1. m. *Ho.* Hierba perenne, leñosa en la base, a veces postrada, de hasta 60 cm de altura, de hojas opuestas, oblongo-aovadas, con margen dentado, más o menos hirsuto, flores blancas, en cabezuelas densas; tiene diversas aplicaciones en la medicina tradicional. (Verbenaceae; *Lipia dulcis*). (**orozuz**).

urza.
I. 1. *Mx:NO.* **rosilla**, arbusto. (**ursa**).

urzuelo.
I. 1. m. *ES, Ni, Bo; Ec*, rur; pop. Orzuelo.

usa.
I. 1. f. *RD.* Cubierta que se pone sobre el lomo de una caballería.

usado, -a.
I. 1. adj/sust. *Mx, Ni, Cu, PR, Bo, Ch.* Referido a persona, *especialmente a mujer*, que ha tenido múltiples relaciones amorosas, *especialmente sexuales*. vulg; pop + cult → espon ^ desp.
II. 1. adj. *Cu.* Referido a mujer, que ya no es virgen. pop ^ desp.

usamericano, -a.
I. 1. adj. *Ec.* p.u. Relativo a los Estados Unidos de América.

usamico.
I. 1. m. *Ar.* **mamboretá**.

usapuca.
I. 1. f. *Ar:NO.* **polvorín**, ácaro.

usar.
  □
  a. ‖ **~ calcetines de pellejillo**. loc. verb. *Gu.* No usar calcetines. fest.
  b. ‖ **~ jaranas**. loc. verb. *Cu.* Burlarse de alguien.
  c. ‖ **~ la izquierda**. loc. verb. *RD.* Llevar *algo* a cabo de forma alternativa, o de una manera que no es la habitual.
  d. ‖ **~ zapatos de pellejillo**. loc. verb. *Gu.* Andar descalzo. fest.

úscale.
  ●
  a. ‖ ~. fórm. *CR.* Se usa para azuzar a un perro.

usha.
I. 1. adj/sust. *Ar:NO.* Referido a persona, avara, tacaña. pop + cult → espon.

¡usha!
I. 1. interj. *ES; Ec*, rur. Expresa el deseo de espantar a las aves domésticas.

ushate.
I. 1. m. *Pe:E.* Cuchillo corvo, pequeño y de acero.

ushero. (Del ingl. *usher*, acomodador).
I. 1. m. *Ho.* *En los trenes*, persona que acomoda a las personas y revisa los **tiquetes**.

ushi.
I. 1. *Mx:S.* **huje**.

¡ushica!
I. 1. *ES.* **¡púchica!**

ushuta. (Del quech.).
I. 1. *Ar:NO.* **ojota**, calzado a manera de sandalia. ► **parar la ~**.

usina. (Del fr. *usine*).
I. 1. f. *Co, Ec, Pe, Bo, Ch, Py, Ar, Ur.* Instalación industrial importante, *en especial la destinada a producción de gas o energía eléctrica*.
  □
  a. ‖ **~ de rumores**. loc. sust. *Bo, Py, Ar, Ur.* Ambiente o medio donde se generan y desde donde se difunden noticias o informaciones no confirmadas, malintencionadas o tendenciosas. pop + cult → espon.

usis. (De *U. Z. I.*®).
I. 1. f. *Gu, Ho, ES, Ni, RD.* Metralleta pequeña y ligera fabricada por Israel.

uslerear. (De *uslero*, rodillo).
I. 1. tr. *Bo, Ch.* Extender la masa de harina sobre una superficie lisa con el **uslero**.
  2. intr. *Bo.* Usar el **uslero** para extender una masa.

uslereo.
I. 1. m. *Bo, Ch.* En cocina, estiramiento y aplanamiento de una masa de harina sobre una superficie lisa con el **uslero**.

uslero.
I. 1. m. *Bo, Ch, Ar:NO.* p.u. Rodillo, cilindro de madera con dos mangos que sirve para estirar la masa sobre una superficie lisa.

uso.
  ► **dar ~ al cerebro**.

uspí.
I. 1. *Mx:SE.* **uspib**.

uspib. (Del maya yucateco).
I. 1. *Mx:SE.* **guayabito**. (Chrysobalanaceae; *Conepia polyandra*). (**uspí**; **uxpí**).

¡uste!
I. 1. interj. *Co.* Expresa asombro o sorpresa. rur; pop.

ustear.
I. 1. tr. *Bo.* Utilizar el pronombre usted para dirigirse a alguien.

usted.
  ●
  a. ‖ ~.
    i. fórm. *Gu, Ho, ES, Ni.* Se usa como forma de tratamiento de respeto de una persona a un niño.
    ii. *Ho, ES.* Se usa como forma de tratamiento de cariño y amor entre los esposos.

¡ústele!
I. 1. interj. *Co:C.* Expresa asombro o sorpresa. rur; pop.

usteo.
    I. 1. m. *Bo:O.* Tratamiento de usted.

usurpero, -a.
    I. 1. adj/sust. *ES. Referido a persona*, usurera.

usuta. (Del quech. *usuta*).
    I. 1. f. *Bo, Ar:NO; Pe*, rur. **ojota**, calzado a manera de sandalia.

uta.
    I. 1. f. *Pe.* Enfermedad ulcerosa transmitida por insectos que invade sobre todo la cara y que afecta *especialmente a niños y jóvenes*.
    II. 1. adj. *Pe.* metáf. *Referido a persona*, astuta. pop.
    2. *Pe.* metáf. *Referido a persona*, muy activa, que no para hasta conseguir algo. pop.

¡uta! (Afér. de *puta*).
    I. 1. interj. *Mx, Ho; ES*, p.u. **¡puta!**
    □
      a. ‖ **¡~ madre!** loc. interj. *Mx.* Expresa admiración, dificultad o hartazgo. vulg.
      b. ‖ **¡~ mano!** loc. interj. *Mx.* Expresa enfado. vulg.

uté.
    I. 1. pron. *RD.* Usted.

uti.
    I. 1. m. *Ar:NO.* Excremento humano. rur.
    II. 1. f. *Ch.* Unidad de tratamiento intensivo o sección de un hospital donde se trata a enfermos o heridos graves.

utilaje.
    I. 1. m. *Ni.* Conjunto de materiales deportivos necesarios para la practica de un juego.

utilería.
    □
      a. ‖ **de ~.** loc. adj. *Ch, Ar. Referido a persona o cosa*, que no es auténtica. pop + cult → espon.
      ▶ **ser de ~.**

utilero, -a.
    I. 1. m. y f. *ES, CR, Cu, Co, Ec, Pe, Bo, Py, Ar, Ur.* Persona que se ocupa del transporte, cuidado y distribución de los implementos necesarios para un equipo deportivo, *especialmente de futbol*.
    II. 1. m. y f. *Cu.* Persona que se ocupa del traslado, cuidado y distribución de los instrumentos y equipos necesarios para una orquesta o agrupación musical.

útiles.
    I. 1. m. pl. *Ho, ES, Pa, Co, Ec, Pe, Bo, Py.* Materiales escolares.

utilidades.
    I. 1. f. pl. *Cu, Ve, Ec, Pe, Bo, Py.* Parte de los beneficios que una empresa reparte entre sus trabajadores a final de año fiscal.

utilitario.
    I. 1. m. *Ec, Ch, Ar, Ur.* Furgoneta de amplia capacidad *destinada principalmente al transporte de personas y objetos*.

utiliti. (Del ingl. *utility*).
    I. 1. m-f. *RD, Ve.* Persona que desempeña diferentes funciones en su trabajo, según las necesidades del momento.
    2. *RD, Ve.* **utility**, jugador que ocupa distintas posiciones.

utility. (Voz inglesa).
    I. 1. m. *Ho, Ni. En el beisbol*, el jugador suplente o sustituto.
    2. *Cu. En el beisbol*, jugador que puede ocupar distintas posiciones en el **cuadro** y los **jardines**. (**utiliti**).

utiquiar. (Del quechua).
    I. 1. tr. *Ar:NO.* Golpear con el dedo índice. rur; pop.

utoso, -a.
    I. 1. adj/sust. *Pe.* p.u. *Referido a persona*, que padece **uta**. pop.
    2. adj. *Pe.* p.u. Relativo a la **uta**. pop.

utual.
    I. 1. adv. *ES.* Hoy, actual, en este momento, ahora mismo. (**untual**).

utualito.
    I. 1. *Ho, ES.* **ahoritita**, ahora mismo.

uturunco. (Del quechua *uturuncu*).
    I. 1. *Bo:S, Ar:NO.* **tigre**, jaguar.
    2. *Ar:NO.* En la creencia popular, personaje con figura de tigre feroz bicéfalo. rur. (**otoronco**). ♦ **runa uturunco.**

ututear.
    I. 1. intr. *Ar:NO.* Curiosear, hurgar. pop + cult → espon.
    II. 1. intr. *Ar:NO.* Hacer travesuras. pop + cult → espon.

ututo. (Del quech. *ututu*, culebra muy venenosa).
    I. 1. m. *Ar:NO.* Lagartija de hasta 15 cm de longitud, de cabeza grande, cuerpo robusto, cola delgada y dorso de color amarronado con manchas. (Tropiduridae; *Tropidurus etheridgei*). ♦ **matuasto.**

ututo, -a. (Del quech. *ututu*, culebra muy venenosa).
    I. 1. adj/sust. *Ar:NO. Referido a persona*, inquieta, que se mueve mucho. pop + cult → espon.

¡ututuy!
    I. 1. interj. *Co; Bo:O.* pop + cult → espon. Expresa asombro o sorpresa por algo o alguien llamativo.

utzupec. (Del maya yucateco).
    I. 1. m. *Mx:SE.* Árbol de hasta 8 m de altura, de hojas membranosas, oblongolanceoladas, inflorescencias axilares terminales, muy ramificadas, y fruto verde claro, ovoide elipsoidal. (Apocynaceae; *Tabernaemontana amygdalifolia*). ♦ **cojón de puerco.**

uva.
    I. 1. f. *Gu, Ho, ES, Ni.* **cereza**, grano de café maduro.
    II. 1. adj. *RD. Referido a persona*, alegre como consecuencia de tomar alcohol.
    III. 1. f. *Ho.* Pendiente. euf.
    ●
      a. ‖ **¿qué ~s?** fórm. *Ho, ES.* juv. Se usa como saludo entre jóvenes amigos. ♦ **¿qué onzas?**
    ■
      a. ‖ **~ brasilera.**
        i. *Ur.* **uva chinche**, planta.
        ii. *Ur.* **uva chinche**, fruto.
      b. ‖ **~ caleta.**
        i. *Cu, RD.* **uva de playa.**
        ii. *Cu.* Fruto de la uva caleta, de color morado cuando está maduro, y que se agrupa en racimos parecidos a los de la vid.
      c. ‖ **~ camarona.** f. *Co.* Arbusto de hasta 3 m de altura, de hojas simples, alternas y coriáceas, flores rojas y frutos redondos, pequeños y de color negro, que son comestibles. (Ericaceae; *Gaultheria sclerophylla*).
      d. ‖ **~ chinche.**
        i. f. *Ar, Ur.* Planta trepadora provista de zarcillos en todos los nudos, con hojas acorazonadas y flores amarillentas dispuestas en panojas y racimos compactos. (Vitaceae; *Vitis* spp.). ♦ **uva brasilera; uva frutilla; uva napolitana.**
        ii. *Ar, Ur.* Fruto de la uva chinche, globoso, negro, de piel gruesa que se desprende fácilmente de la pulpa; *se emplea para elaborar vino*. ♦ **uva brasilera; uva frutilla; uva napolitana.**
      e. ‖ **~ cimarrona.** f. *RD.* **guayabón**, árbol.

f. ‖ **~ de mar.** *Mx.* **uva de playa.**
g. ‖ **~ de montaña.** f. *Ho.* **achiotillo**, arbusto.
h. ‖ **~ de playa.** f. *Mx, Ho, ES, Ni, Pa, Cu, RD, PR, Co, Ec.* Arbusto de hasta 8 m de altura, de copa redondeada, hojas grandes y carnosas con nervios de color rosa, flores en racimos, poco vistosas, de color blanco, y fruto pequeño, morado cuando está maduro, que se agrupa en racimos parecidos a los de la vid. (Polygonaceae; *Coccoloba uvifera*). ♦ **cocoloba; papalón; paparrón; papaturro; uva caleta; uva de mar; uvero; uvilla; uvita.**
i. ‖ **~ de sierra.** f. *RD.* **guayabón**, árbol.
j. ‖ **uva frutilla.**
   i. *Ur.* **uva chinche**, planta.
   ii. *Ur.* **uva chinche**, fruto.
k. ‖ **uva napolitana.**
   i. *Ur.* **uva chinche**, planta.
   ii. *Ur.* **uva chinche**, fruto.

☐
a. ‖ **como una ~.**
   i. loc. adj. *Pe, Ch, Ar:O.* p.u. *Referido a persona*, muy borracha. pop ^ fest.
   ii. loc. adv. *Co; RD, Ve*, pop + cult → espon. Muy bien.
   iii. loc. adj. *RD, Ve. Referido a persona o cosa*, que tiene buen aspecto. pop + cult → espon.
b. ‖ **como ~.** loc. adj. *Ch. Referido a persona*, borracha. pop + cult → espon ^ fest.
c. ‖ **de pura ~.** loc. adj. *Mx. Referido a cosa*, excelente en su clase. ♦ **la pura uva.**
d. ‖ **la pura ~.** *Mx.* **de pura uva.**
▶ **estar ~; pellizcar la ~; ser todo ~.**

uvalama.
  I. 1. f. *Mx:NO.* Árbol de hasta 20 m de altura, de hojas compuestas en grupos de 3 a 5 folíolos, flores con corola azul o blanca y frutos negros, casi esféricos; el fruto es comestible. (Verbenaceae; *Vitex mollis*).

uvate.
  I. 1. m. *Mx.* Bebida dulce sin alcohol, elaborada con uva, canela y azúcar.

uveral.
  I. 1. m. *Mx, Ho, Co.* Terreno plantado de **uveros.**

uverillo.
  I. 1. *PR.* **uvero.**

uvero.
  I. 1. m. *Mx, Ho, Pa, Cu, RD, PR, Co, Ve.* **uva de playa.** (**uverillo**).
■
a. ‖ **~ de playa.** *Ve, Ec.* **uvero.**

uvilla.
  I. 1. *Mx.* **uva de playa.**
    2. *Co:SO, Ec.* **uchuva.**
    3. *Co:O.* **hediondilla**, arbusto.
    4. f. *Ec:C.N.* Variedad de **papa** temprana.
    5. *Bo:C,E.* **ixpepe.**
    6. *Ho.* Árbol de hasta 12 m de altura, de corteza delgada y escamosa, con coloración de gris claro a blan-

ca, flores olorosas blancas o rosadas. (Mirsinaceae; *Ardisia escallonioides, Parathesis vulgata*). ♦ **zarcil.**
    7. *Ho.* Fruto de la uvilla, redondo y de color blanco o rosado o negro azulado y comestible. ♦ **zarcil.**
■
a. ‖ **~ de sierra.** f. *RD.* **guayabón**, árbol.

uvillo.
  I. 1. m. *Ch:N.* Arbusto trepador de hojas coriáceas aovadas, flores blancas o rosadas en racimos, y frutos anaranjados. (Scrophulariaceae; *Monttea chilensis*).
    2. *Bo:E.* **majagüillo.** (Muntingiaceae; *Mutingia calabura*).

uvita.
  I. 1. *Co.* p.u. **uva de playa.**
  II. 1. adj. *Ar:NO. Referido a persona*, ansiosa o deseosa por hacer algo. rur; pop.
  III. 1. f. *ES.* Beso.
■
a. ‖ **~ del campo.** f. *Ar.* **huevito de gallo**, hierba y fruto.

uvito.
  I. 1. *Co.* **masú.**
    2. m. *Co:O.* **hediondilla**, arbusto.
    3. *Ho.* **baboso**, árbol.
    4. *Pa.* **uvita, uva de playa.**
    5. *Pa.* **mangabé.** (Cecropiaceae; *Pouroma* spp.).

uvo.
  I. 1. *Co:SE.* **caimarón.**
    2. *Co:SE.* Fruto del uvo que crece en racimos colgantes, drupa ovoide que cuando madura es de color morado, la pulpa es blanquecina, dulce y jugosa y envuelve una semilla; con este fruto se prepara una bebida alcohólica y de su semilla se sacan tintes.

uxpí.
  I. 1. *Mx:SE.* **uspib.**

uyama.
  I. 1. *Pa; RD*, rur. **ahuyama**, planta.
    2. *Pa; RD*, rur. **ahuyama**, fruto.

uyampuca.
  I. 1. m. *Ar:NO.* **caraguay**, reptil.

uyanzas.
  I. 1. f. pl. *Co.* p.u. Cumplido que se le hace a una persona que estrena algo.

uyay.
  I. 1. m. *Pe.* Servicio que presta una persona a otra gratuitamente a cambio de una reciprocidad semejante en el futuro. rur.

uyo. (Del maya *uayuc*).
  I. 1. *Ho:C,O, ES.* **cacomistle.**

uysu. (Del aim.).
  I. 1. m. *Bo:O.* Arado de pie formado por un palo con una punta de hierro o piedra que sirve para allanar y preparar el terreno que se va a cultivar.

¡uyuyuy!
  I. 1. interj. *Ni.* Expresa que alguien no siente ningún temor o miedo de algo o alguien.

va. (Sínc. de *verdad*).

- **a.** ‖ ~. fórm. *Gu.* Se usa como muletilla, dicha en forma rápida e insistentemente en la conversación.

vaca.

I. 1. f. *Mx, Gu, Ho, ES, Ni, Pa, Cu, RD, Ve, Bo, Ch; CR, Co, Ec, Ar, Ur,* pop. Dinero que se reúne entre varias personas para compartir un gasto determinado. (**vaquita**).

2. *Mx, Bo.* Cantidad de dinero acumulada en un juego de azar, procedente de premios no adjudicados, que se agrega a los fondos de un sorteo posterior.

II. 1. f. *Mx.* Pan en forma de **quesadilla** relleno de carne de cerdo guisada.

2. *Ho.* Postre hecho de helado revuelto con coca-cola u otro refresco.

III. 1. f. *Co:N.* Persona sin aptitudes para jugar al **futbol**. pop.

2. sust/adj. *Gu, Ho.* Persona torpe, inepta. pop ^ desp.

3. f. *Gu, Ho.* Persona tonta e inculta. desp.

4. adj. *Ch. Referido a persona,* ruin, desgraciada. pop + cult → espon ^ desp.

5. adj/sust. *CR. Referido a persona,* poco habilidosa, *especialmente para la práctica de un deporte.*

IV. 1. f. *ES.* Cúpula de mando del Gobierno.

2. *Ni.* Confabulación de varias personas para dañar a alguien.

3. *Ni.* Grupo de personas que tienen un fin común.

V. (Apóc. de *vacaciones*).

1. f. *Gu.* Vacaciones. est.

- **a.** ‖ ~ **dé agua.** m. *Mx, Ec.* Manatí. (Trichechidae; *Trichechus* spp.).
- **b.** ‖ ~ **frita.** f. *EU:E,SE, Cu.* obsol. Plato elaborado con carne de **res** frita en hilachas.
- **c.** ‖ ~ **muerta.** f. *RD.* Objeto que tiene un precio muy inferior al normal. pop.
- **d.** ‖ ~ **negra.** f. *Ni.* Combinado de helado revuelto con refresco de cola o de otro sabor.

- **a.** ‖ **carne de** ~. loc. adj. *Ni. Referido a cosa,* que se vende bien.
- **b.** ‖ **como las** ~**s.** loc. adv. *CR.* Sin entender nada. pop ^ fest.
- **c.** ‖ **de a** ~. loc. adv. *Ec.* Fácilmente, sin mucho esfuerzo. pop + cult → espon.
- **d.** ‖ **en** ~.
  - **i.** loc. adv. *Gu, RD.* En conjunto, en cooperación.
  - **ii.** *Gu, Ho.* En grupo, multitudinariamente.
- **e.** ‖ ~ **echada.** loc. sust. *Gu.* Persona inútil. desp.
- **f.** ‖ ~ **patas arriba.** loc. sust *ES.* Persona muy tonta.

▶ **caer en** ~; **creerse la** ~ **que más caga; dar el pago de la** ~ **atollada; echar la** ~; **estar como** ~ **en guamil; hacer una** ~; **hacer** ~; **hacerse la** ~; **ser la** ~ **que más caga; tener la** ~ **atada; tirarse la** ~; **venderse como carne de** ~; **volverse la** ~ **toro.**

vacacionar.

I. 1. intr. *Mx, Ho, ES, Ni, CR, Cu, RD, PR, Co, Ve, Ec, Pe, Bo, Ar, Ur; Ch,* cult. Disfrutar de las vacaciones en un lugar diferente del domicilio habitual.

vacacionista.

I. 1. m-f. *Mx, Gu, Ho, ES, CR, Cu, RD, Ve, Ec, Bo, Ar, Ur; Ch,* cult. Persona que está de vacaciones.

2. *Gu.* Estudiante que trabaja durante su período de vacaciones.

vacaje.

I. 1. m. *Bo:E; Mx, Ar, Ur,* rur. Conjunto o manada de ganado vacuno.

vacaloca.

I. 1. f. *Mx, Co, Ec.* Diversión que consiste en perseguir a otras personas con una vacaloca.

2. *Co, Ec.* Armazón en forma de cabeza de vaca cuyos cuernos se revisten de trapos impregnados en una sustancia inflamable que sirve de diversión en fiestas populares.

II. 1. f. *Co.* Situación difícil de manejar.

▶ **meterse en la** ~.

vacamuchacho.

I. 1. m. *Pe:E.* **garrapatero,** ave.

vacancia.

I. 1. f. *Ec, Bo, Ch, Py, Ar. En la administración,* cargo o puesto de trabajo sin asignar.

2. *Ec. En una institución pública,* suspensión temporal de las actividades laborales.

vacanería.

I. 1. f. *RD.* Presunción e insolencia propias de quien pretende resultar atractivo para otras personas y seguir las modas, especialmente de vestir.

vacano, -a.

I. 1. adj. *RD; Co,* pop. *Referido a cosa,* de última moda.

2. sust/adj. *RD.* Persona presumida, que pretende resultar atractiva para otras y que sigue modas, especialmente de vestir.

vacanyol.

I. 1. adj. *RD.* juv. *Referido a persona,* simpática, que resulta muy agradable en el trato. pop.

vacaraí.

I. 1. *Ar:NE.* **vacaray,** ternero.

vacaray.

I. 1. m. *Py, Ar:NE, Ur.* Ternero neonato que ha sido extraído del vientre de la madre al tiempo de sacrificarla. rur. (**vacaraí**).

II. 1. m. *Ar:NE.* Hombre que se aprovecha de los demás mediante engaños. pop + cult → espon ^ desp.

vachácata.

I. 1. *Mx.* **huachácata,** árbol.

vachaché. (De *vas a hacer*).

- **a.** ‖ **que le** ~. *Ar; Ur.* qué vachaché.
- **b.** ‖ **qué** ~. fórm. *Ar; Ur,* p.u. Se usa para recomendar resignación o paciencia. pop ^ fest. (**qué le vachaché**).

vaciada.
  - **I. 1.** f. *Co.* Reprensión severa. pop.
  - **II. 1.** f. *Ar:NO.* Esfuerzo frustrado, decepción.
  - **III. 1.** f. *Ho, Ni.* Diarrea. rur.
  - **2.** *Ni.* metáf. Cúmulo de errores de una persona en una exposición.

vaciado, -a.
  - **I. 1.** adj. *Mx. Referido a persona o cosa*, simpática, divertida. pop + cult → espon.
  - **II. 1.** adj. *ES; Co*, pop. *Referido a persona*, que no tiene dinero.
  - **III. 1.** adj. *Ni.* juv. *Referido a persona*, cobarde, con miedo.

vaciador.
  - **I. 1.** m. *Bo:O. En un prostíbulo*, hombre que se encarga de vigilar y cuidar el orden, desalojando a las personas que provocan riñas o escándalos.

vaciante.
  - **I. 1.** f. *Mx, CR; Ec:O*, p.u. Movimiento de descenso de la marea.
  - **2.** *Pe:E. Entre los meses de mayo y septiembre*, descenso del caudal de los ríos.

vaciar(se).
  - **I. 1.** intr. prnl. *Mx, Ho.* Desangrarse *alguien*.
  - **II. 1.** intr. prnl. *Mx.* Dedicarse enteramente a *algo*, emplearse en ello.
  - **III. 1.** intr. prnl. *Ho, Ve, Ar; Pe*, p.u. Eyacular. vulg.
  - **IV. 1.** tr. *Gu, Pa, Co.* Reprender a *alguien*. pop. ♦ **retacar**.
  - **V. 1.** intr. prnl. *Co.* Perder su forma una prenda como consecuencia del uso.
  - **VI. 1.** intr. prnl. *Ho, Ni.* Acobardarse *alguien*.
  - **VII. 1.** intr. prnl. *Ho, PR.* Defecar.
  - **VIII. 1.** intr. prnl. *RD.* Quedarse *una persona* muy delgada y débil.
  - **IX. 1.** intr. prnl. *PR.* Pincharse un neumático.
  - □
    - **a.** ‖ ~ **el agua a las aceitunas.** loc. verb. *PR.* Orinar. pop + cult → espon ^ fest.
    - **b.** ‖ ~ **el mocho.** loc. verb. *PR.* Rebajar el metal de la hoja del machete nuevo para obtener mejor filo. rur.
    - **c.** ‖ ~ **los porongos.** loc. verb. *Pe.* p.u. Realizar un hombre el coito. pop.
    - **d.** ‖ ~**se como una tapara.** loc. verb. *Ve.* Decir *alguien* todo lo que quiere.

¡vacié!
  - **I. 1.** interj. *Ve.* Expresa oposición ante una idea o una acción enunciada. vulg; pop.

vaciero, -a.
  - **I. 1.** m. y f. *Mx.* Pastor que se encarga de vigilar las ovejas que no están preñadas. rur.

vacil.
  - **I. 1.** m. *ES.* Engaño, mentira.
  - **II. 1.** m. *ES.* Diversión, paseo agradable, vagancia.

vacilada.
  - **I. 1.** f. *Mx, Gu, Ho, ES, Ni, CR, Pa, Cu; Co, Ec, Pe*, pop. Broma, mentira o tomadura de pelo.
  - **II. 1.** f. *Mx, Gu, Ho, ES, Pa, Cu, RD*, pop + cult → espon ^ fest; *CR*, espon. Diversión, goce intenso. ♦ **vacile; vacilón**.
  - **2.** *Gu.* Baile en una fiesta.
  - **3.** *CR.* Situación divertida. pop.
  - **III. 1.** f. *Cu.* Mirada lasciva e insistente dirigida a una persona.

vaciladera.
  - **I. 1.** f. *ES, Ni, CR, Pa, RD, Ve.* juv. Serie prolongada de bromas o engaños. pop + cult → espon.
  - **2.** *Pa, Cu, RD, PR.* Broma que se hace a una persona con la intención de burlarse de ella.
  - **II. 1.** f. *Cu.* Vacilada, mirada lasciva.

vacilador, -ra.
  - **I. 1.** sust/adj. *Mx, ES, Ni, CR, Pa, Cu; RD, Ve, Bo*, juv; pop + cult → espon. Persona a la que le gusta burlarse de los demás.
  - **2.** adj/sust. *Cu. Referido a persona*, divertida, alegre.
  - **3.** sust/adj. *ES.* Persona a la que le gusta mentir o engañar. pop + cult → espon.
  - **II. 1.** adj/sust. *Cu. Referido a persona*, que acostumbra a mirar con lascivia a alguien.

vacilar.
  - **I. 1.** intr. *Gu; RD, Ch*, juv; pop. Bailar, moverse siguiendo un ritmo.
  - **2.** *Ch.* juv. Participar en un **evento** de diversión, como una fiesta, *usualmente bailando*. pop + cult → espon.
  - **II. 1.** intr. *Pe.* juv. Gustar *algo*.
  - **III. 1.** intr. *Gu, ES.* Pasear.
  - **IV. 1.** intr. *Gu, ES.* Perder el tiempo.
  - **2.** *Pa.* Decir piropos a alguien. pop + cult → espon ^ fest.
  - **V. 1.** tr. *Gu, ES, Ni, Pa.* Engañar a *alguien* intencionalmente con un comentario exagerado.
  - **VI. 1.** intr. *Ec.* juv. Tener un amorío con alguien.
  - **2.** tr. *Cu.* Mirar insistentemente con lascivia a *alguien*.

vacile.
  - **I. 1.** m. *Ec.* juv. Amorío.
  - **2.** *Ec.* juv. Persona con la que se tiene un amorío.
  - **II. 1.** m. *Gu.* Paseo, parranda.
  - **III. 1.** m. *ES.* Engaño, fraude.

vacilón.
  - **I. 1.** m. *Mx, ES, CR, Cu, RD, PR, Pe, Bo; Ec:O*, p.u. **vacilada**, diversión. pop + cult → espon.
  - **2.** *Gu, RD; Bo, Ch*, juv. Fiesta en la que se baila.
  - **3.** *PR.* **chachareo**, alboroto. pop + cult → espon.
  - **II. 1.** m. *Ni, Pa, Cu, RD, Co:N; Ve, Ec*, juv. Tomadura de pelo. pop + cult → espon.
  - **2.** *Ve.* juv. Engaño. pop + cult → espon.
  - **3.** *ES, Ni, Pa.* Broma, mentira. pop + cult → espon ^ fest.
  - **III. 1.** m. *Ve, Pe.* Reunión en la que se consumen drogas. pop + cult → espon.
  - **2.** *ES, Ve.* Reunión o paseo agradable. pop + cult → espon.
  - **IV. 1.** m. *Co:O, Pe, Bo.* juv. Relación amorosa pasajera.
  - **V. 1.** m. *Cu.* Cosa fácil de hacer o de resolver.
  - ▶ **dejar el ~.**

vacío.
  - ▶ **comer ~.**

vacío, -a.
  - **I. 1.** adj. *Ho, ES, Ni, RD. Referido a un alimento*, que se toma sin **tortilla** ni guarnición.
  - **2.** *Ho, ES, Ni. Referido a la **tortilla***, que se come sola, sin otro alimento.
  - **3.** *CR. Referido al café*, que se bebe solo, sin otro alimento.

vacudo, -a.
  - **I. 1.** sust/adj. *ES, Ar:NO.* Persona que posee ganado vacuno en abundancia. pop + cult → espon.
  - **2.** *Ar:NO.* Persona que se halla en muy buena posición económica. pop + cult → espon.

vacuencia.
  - **I. 1.** *RD.* **vascuencia**.

vacuente.
  - **I. 1.** adj. *RD. Referido a persona*, que dice cosas disparatadas, irrelevantes o faltas de interés.

vacuna.
  - **I. 1.** f. *Co.* Extorsión de una organización delictiva realizada a comerciantes a cambio de permitirles trabajar. pop.
  - **2.** *Ch.* Estafa, fraude. pop + cult → espon.

3. adj/sust. *Ch.* meton. *Referido a persona*, que se dedica a estafar o perpetrar fraudes. pop + cult → espon.

II. 1. f. *Ar:N.* Bebida alcohólica que durante las fiestas de carnaval se toma al entrar a un local. rur.

▶ **pedir la ~; prender la ~.**

vacunada.
I. 1. f. *Mx, Ni; Ar:NO,* rur. Vacunación.

vacunado, -a.
I. 1. adj/sust. *Ch, Py.* *Referido a persona*, que ha sido estafada o es víctima de un fraude. pop.
2. adj. *Pa. Referido a persona*, que tiene o ha adquirido recientemente una gran riqueza. pop + cult → espon ^ fest.

vacunadura.
I. 1. f. *Ar:NO.* Cicatriz que deja una vacuna en la piel. rur.

vacunar.
I. 1. tr. *Pe, Ur.* Dejar embarazada a una mujer. euf; pop + cult → espon.
II. 1. tr. *EU.* Limpiar el polvo con un aparato aspirador.
III. 1. tr. *Ch, Py.* Estafar, engañar a *alguien* prometiéndole algo que luego no va a recibir a cambio de un dinero o algo de valor. pop + cult → espon.

vacunatorio.
I. 1. m. *Ec:O, Ch, Ar.* Lugar donde se administran vacunas.

vacunatorio, -a.
I. 1. adj. *Ch.* p.u. Relativo a la vacunación.

vacuum.
■
a. ‖ **~ cleaner.** (Voz inglesa). m. *EU, PR.* Aparato eléctrico para aspirar el polvo de una superficie.

vade.
I. 1. m. *Co.* p.u. Pieza de forma rectangular, *generalmente de cartón o plástico*, que se coloca encima del escritorio para guardar papeles y escribir sobre ella.

vadeada.
I. 1. f. *Mx, Bo, Ar:NO.* Paso de un río u otra corriente de agua profunda por el vado o por cualquier otro sitio donde se pueda hacer pie. ♦ **vadeo.**

vadeo.
I. 1. m. *Bo, Ch, Ar, Ur.* **vadeada.**

vadero.
I. 1. m-f. *Bo:E.* Persona diestra en cruzar los ríos.

vagabundería.
I. 1. f. *Pa, Ve.* Corrupción o tráfico de influencias.
II. 1. f. *RD.* Desvergüenza, insolencia. (**vagamundería**).

vagabundo, -a.
I. 1. adj/sust. *Pa, RD, Ve. Referido a persona*, sinvergüenza y descarada. pop + cult → espon ^ fest. (**vagamundo**).

vagabundón, -na.
I. 1. adj/sust. *RD, Ve. Referido a persona*, sinvergüenza, descarada y astuta.

vagaciones.
I. 1. f. pl. *Mx, Bo.* Vacaciones. fest.

vagamunda.
I. 1. f. *Co.* Prostituta. pop ^ desp.

vagamundería.
I. 1. f. *Co.* Entrega a la vagancia y a la juerga. pop ^ desp.
II. 1. *Pa, RD.* **vagabundería,** desvergüenza.

vagamundo.
I. 1. m. *Co.* Hombre aficionado a la juerga. pop.
2. *Co.* Hombre aficionado a la conquista amorosa. pop.

vagamundo, -a.
I. 1. adj/sust. *RD.* **vagabundo.**

vágido.
I. 1. m. *Mx, Ho, ES.* Vahído, desmayo.

vagón.
I. 1. m. *Ar, Ur.* Gran número o cantidad de cosas. pop + cult → espon.
■
a. ‖ **~ de cola.** m. *Cu.* Vagón de un tren, *especialmente de uno destinado al transporte de la caña de azúcar*, que se coloca detrás de la locomotora y en el que se lleva el agua y el carbón o la leña que esta necesita.

vagoneta.
I. 1. adj/sust. *Ch. Referido a persona*, que tiene un día o más de permiso de su puesto de trabajo. pop.
II. 1. f. *CR.* Vehículo de carga que dispone de un mecanismo hidráulico que le permite volcar la caja para vaciar lo contenido en ella.

vagonetero, -a.
I. 1. m. y f. *CR.* Persona que conduce una **vagoneta.**

vaguada.
I. 1. f. *Ho, PR, Ve, Ec, Bo.* Depresión atmosférica que suele provocar lluvias.
■
a. ‖ **~ costera.** f. *Ch.* Depresión barométrica que en forma de valle penetra entre dos zonas de alta presión y que va desde la costa al interior.

vagüer.
I. 1. f. *ES.* Vagancia. pop ^ fest.

váguido.
I. 1. m. *Mx, Gu, Ni; Ve:O, Bo,* pop + cult → espon. Desvanecimiento, vahído.

vaguinsón, -na.
I. 1. sust/adj. *Bo.* Persona holgazana. pop + cult → espon ^ fest.

vaguncia.
I. 1. f. *ES.* Vagancia. pop.

vaho.
I. 1. m. *Bo, Ar; Ur,* p.u. Olor, *generalmente malo o fuerte.*
II. 1. m. *Ni, CR:NO.* meton. Guiso de carne de **res** que se prepara al vapor con verduras y plátano verde y maduro, envuelto en hoja de plátano y cocido al vapor.

vaiburín.
I. 1. m. *Mx.* Planta herbácea de hasta 1 m de altura, de hojas compuestas, opuestas, y flores solitarias de color amarillo. (Zygophyllaceae; *Tribulus grandiflorus*).

vaina.
I. 1. f. *Ho, ES, Ni, Pa, Cu:E, RD, Ec, Pe, Bo, Ch; CR, Co, Ve*; vulg. Cosa o asunto cuyo nombre se desconoce, no se recuerda o no se quiere mencionar.
II. 1. m-f. *Gu.* Persona molesta, fastidiosa.
2. *Gu.* Persona demasiado exigente.
III. 1. f. *Ch.* Bebida alcohólica mezclada con vino, canela y yema de huevo.
IV. 1. f. *ES.* Pene. vulg.
■
a. ‖ **la gran ~.** f. *Pa.* Persona o cosa asombrosas por sus buenas o malas cualidades.
□
a. ‖ **¡ah ~!** loc. interj. *Ve.* Expresa disgusto o contrariedad. vulg. ♦ **¡ah baile!**
b. ‖ **de a ~.** *Pa.* de vaina, por casualidad.
c. ‖ **de ~.**
  i. loc. adv. *RD, Ve.* Por casualidad, de forma inesperada. vulg; pop + cult → espon. (**de a vaina**).
  ii. *Ve.* Apenas. pop + cult → espon.
d. ‖ **ni de a ~.** *Pa.* **ni de vaina(s).**

e. ‖ **ni de ~(s).** loc. adv. *Pa, Co, Pe; Ve, Ec*, vulg. De ninguna manera. pop. (**ni de a vaina**).

f. ‖ **toda ~.** loc. pron. *Ve.* juv. Todo.

▶ **dar una ~; dejar esa ~; dejarse de ~s; echar ~s; echarle una ~; estallar la ~; hacer la ~; pasarle las mil y una ~s; salirse de la ~; tirársela de gran ~.**

vainazo.
I. 1. m. *ES, Pa, Co.* Contestación grosera, rechazo.
2. *Co.* Dicho o medio de que alguien se vale para no significar explícita o claramente algo y darlo, sin embargo, a entender.
3. *Pa.* Regaño, llamada de atención a alguien con gestos y palabras ásperas para demostrar disgusto por algo que ha hecho mal. pop + cult → espon ∧ fest.
II. 1. m. *Ho.* Golpe con la parte plana del machete. rur.
2. *Pa.* Golpe muy fuerte. pop.

vainero.
I. 1. m. *Ve.* Gran cantidad de cosas. vulg; pop + cult → espon.
2. *Ve.* Gran cantidad de molestias y contratiempos. vulg; pop + cult → espon.
II. 1. m. *Ve.* Pelea fuerte, alboroto, tumulto. vulg; pop + cult → espon.

vainilla.
I. 1. f. *Py, Ar; Ur*, p.u. Bizcocho esponjoso, de color amarillo, de forma chata y alargada y espolvoreado con azúcar.
II. 1. f. *Ch, Py; Ec*, p.u. Casquillo de bala o proyectil.

vainillar.
I. 1. tr. *Ar, Ur.* Hacer vainillas o vainicas en una tela.

vainillín.
I. 1. m. *Ar.* Esencia de vainilla que se emplea para aromatizar postres y dulces. (**vainillina**).

vainillina.
I. 1. f. *Ur.* **vainillín**.

vainillón.
I. 1. m. *Mx.* Variedad de vainilla. (Orchidaceae; *Vanilla pompona*).

vainita.
I. 1. f. *RD, Ve, Ec, Pe, Bo.* Judía verde.

vainoro.
I. 1. m. *Mx:NO.* Árbol pequeño de hasta 6 m de altura, con ramas espinosas, hojas de borde liso, aovadas, inflorescencias en espiga, flores pequeñas y sin pétalos y frutos estrechamente elipsoidales. (Nyctaginaceae; *Pisonia capitata*).

vainoso, -a.
I. 1. adj. *Ve. Referido a persona*, quisquillosa, irascible. vulg.

vaivén.
I. 1. m. *Ar.* Cuchillo para cortar. pop + cult → espon.

vajear.
I. 1. tr. *Cu.* p.u. Acosar a *alguien* sutilmente con el fin de alcanzar algún beneficio.
II. 1. intr. *CR:NO.* Soplar moderadamente el viento. (**bajear**).

vajilla.
▶ **dar ~.**

vajillería.
I. 1. f. *Bo, Ch, Py.* Vajilla, conjunto de platos, vasos y enseres destinados al servicio de mesa.

valde.
I. 1. m. *Gu, ES.* **valdemar**.

valdemar.
I. 1. m. *Gu.* Cuchillo, navaja. delinc. ♦ **valde**.

valdivia.
I. 1. f. *Ec.* Ave rapaz *de cuello relativamente largo*, de cabeza pequeña con cresta desnuda, pico amarillento algo ganchudo y con la cera gris azulado, cara y gargan-

ta desnudas de color rojo, cola larga y amplia, patas entre rojo y naranja, y plumaje negro lustroso, con excepción del abdomen, los muslos y el área debajo de las alas, que son blancos. (Falconidae; *Ibycter americanus*).

valdiviano.
I. 1. m. *Ch.* Guiso hecho de varias maneras a base de **charqui**, cebolla frita y **papas** fritas al cual se añade de huevos escalfados, agua hirviendo y zumo de limón.

vale.
I. 1. m. *Co:N;* m-f. *Ve,* pop + cult → espon. Amigo, compañero.
II. 1. sust/adj. *RD.* Campesino, persona que vive y trabaja en el campo.
●
a. ‖ **mi ~.** fórm. *Ve.* Se usa para dirigirse a un amigo de confianza. pop + cult → espon.
b. ‖ **~.** fórm. *Co:N.* Se usa para dirigirse a un amigo de forma afectuosa.
■
a. ‖ **~ corrido.** *Ve.* **valecito**.
b. ‖ **~ viejo.** sust/adj. *RD.* Persona campesina y rústica. desp.
□
a. ‖ **¡no se ~!** loc. interj. *ES.* Expresa reproche.
b. ‖ **~ en caja.** loc. sust. *Ch.* Embarazo fuera o antes del matrimonio. fest.

valecito, -a.
I. 1. m. y f. *Ve.* Amigo íntimo, compañero inseparable. pop + cult → espon ∧ fest. ♦ **vale corrido**.

valedero, -a.
I. 1. adj. *Ve. Referido a cosa*, que tiene validez.

valedor, -ra.
I. 1. m. y f. *Mx.* Amigo que se solidariza incluso en las circunstancias más adversas. pop + cult → espon.

valedura.
I. 1. f. *Mx.* Ayuda o protección que se brinda a alguien.

valemadrismo.
I. 1. m. *Mx.* Actitud de indiferencia ante todo.

valemadrista.
I. 1. adj/sust. *Mx. Referido a persona*, que mantiene una actitud de indiferencia ante todo lo que le rodea.

valenciana.
I. 1. f. *Mx.* Doblez en la parte baja del pantalón vuelto hacia fuera y hacia arriba.
2. *Ch, Ar, Ur.* Puntilla de trama muy fina que se aplica a prendas de vestir o de lencería.

valenteada.
I. 1. f. *Mx.* p.u. Ayuda o protección que se brinda a alguien.

valentón.
I. 1. m. *Mx.* Tira de cuero que se emplea para atar dos reses por los cuernos, de modo que anden juntas. rur.
II. 1. m. *Ve.* **piraiba**.

valer.
I. 1. intr. *Mx, Gu, Ho, Ni, CR, Bo.* No importar a *alguien algo* que le afecta.
II. 1. intr. *Mx.* Dejar de funcionar un aparato.
III. 1. tr. *Gu.* Vencer a *alguien*.
□
a. ‖ **no ~ ni aca.**
i. loc. verb. *Bo:O, Ar:NO.* Carecer *una persona* de buenas cualidades o méritos. pop ∧ desp.
ii. *Bo:O, Ar:NO.* Tener *algo* escaso o ningún valor, o carecer de calidad. pop ∧ desp.
b. ‖ **no ~ un centavo.**
i. loc. verb. *Mx, Ni, RD, Pe, Ur.* Tener *algo* muy poco valor material.

ii. *Mx*, *RD*; *Ho*, pop + cult → espon. No merecer *alguien* consideración o importancia por parte de otros.

c. ‖ **no ~ un pucho.** loc. verb. *Pe*, *Bo*, *Py*, *Ar*; *Ch*, pop + cult → espon. Ser de poco o ningún valor *alguien* o *algo*.

d. ‖ **no ~ un tlaco.** loc. verb. *Mx*. Ser de poco o ningún valor *alguien* o *algo*. pop + cult → espon.

e. ‖ **~ callampa.** loc. verb. *Pe*; *Ch*, vulg. No valer nada. pop. ♦ **valer champiñón.**

f. ‖ **~ champiñón.** loc. verb. *Ch*. juv. **valer callampa.** pop.

g. ‖ **~ chancleta.** loc. verb. *Ho*. No importar *algo*, carecer de valor o importancia. pop.

h. ‖ **~ changüira.** *Ho*. **valer galillo.** pop.

i. ‖ **~ chapeta.** *Ho*. **valer galillo.** pop.

j. ‖ **~ charra.**
  i. loc. verb. *Ho*. Carecer de valor o interés *algo*.
  ii. *Ho*. No importar *algo* que le compete a alguien. pop + cult → espon.

k. ‖ **~ chonga.** loc. verb. *ES*. No importar *algo* a alguien. pop.

l. ‖ **~ como chiches de gallina.** loc. verb. *Mx*. Valer muy poco.

m. ‖ **~ como chichis de gallina.** loc. verb. *Mx*. Valer muy poco.

n. ‖ **~ galillo.** loc. verb. *Ho*. No importar nada *algo* que concierne a alguien. ♦ **valer changüira; valer chapeta; valer gorra; valer maceta; valer madre; valer moronga; valer pedo.**

ñ. ‖ **~ gorra.** loc. verb. *Ho*, *CR*. juv. No importar nada *algo* que concierne a alguien.

o. ‖ **~ hongo.** loc. verb. *Ch*. No valer nada. pop + cult → espon.

p. ‖ **~ huevo.**
  i. loc. verb. *Co*, *Ec*. Importar *algo* muy poco o nada a alguien. vulg.
  ii. *Ec*, *Ch*. No valer nada. pop + cult → espon.

q. ‖ **~ maceta.** loc. verb. *Ho*. **valer galillo.**

r. ‖ **~ madre.** loc. verb. *Mx*, *Ho*. No importar nada *algo* que concierne a alguien. pop.

s. ‖ **~ merengue.** loc. verb. *Ni*. No importar *algo* a alguien. pop.

t. ‖ **~ moronga.** loc. verb. *Ho*. juv. No importar nada *algo* que concierne a alguien.

u. ‖ **~ pedo.** loc. verb. *Ho*, *Ni*. juv. No importar nada *algo* que concierne a alguien. vulg.

v. ‖ **~ penca.** loc. verb. *ES*. No importar *algo* a alguien. pop.

w. ‖ **~ pepa.** loc. verb. *ES*. No importar nada, despreocuparse de algo.

x. ‖ **~ pija.** loc. verb. *Ho*. No importar *algo* que afecta a alguien. vulg.

y. ‖ **~ puercas.** loc. verb. *Ho*. Carecer de valor o importancia *algo* que afecta a alguien. desp.

z. ‖ **~ puro bolillo.** loc. verb. *Mx*. Ser de poco o ningún valor *alguien* o *algo*.

a¹. ‖ **~ puro bonete.** loc. verb. *Mx*. Ser de poco o ningún valor *alguien* o *algo*.

b¹. ‖ **~ reata.** loc. verb. *Ho*. No importar *algo* a alguien. vulg; pop.

c¹. ‖ **~ riata.** loc. verb. *Ho*, *ES*. No importar *algo* a alguien. vulg; pop.

d¹. ‖ **~ sebo.** loc. verb. *Pa*. No valer nada *algo* o *alguien*.

e¹. ‖ **~ sombrero.** loc. verb. *Ho*, *ES*. Decidir *algo* *alguien* sin importar los efectos.

f¹. ‖ **~ sorbete.** loc. verb. *Mx*, *ES*. Carecer de importancia *alguien* o *algo*.

g¹. ‖ **~ tres lochas.** loc. verb. *Ve*. Costar *algo* muy barato.

h¹. ‖ **~ un cacahuate.** loc. verb. *Mx*, *Ho*. Carecer de valor o importancia *alguien* o *algo*. pop + cult → espon.

i¹. ‖ **~ un cacao.** loc. verb. *Ho*. No importar *algo*, carecer de valor o importancia.

j¹. ‖ **~ un cachinflín.** loc. verb. *Ho*, *Ni*. Carecer de valor o importancia *algo*.

k¹. ‖ **~ un culo.** loc. verb. *Bo*. Carecer de importancia *alguien* o *algo*.

l¹. ‖ **~ un veinte.** loc. verb. *ES*. No importarle a alguien *algo*.

m¹. ‖ **~ verga.** loc. verb. *Mx*, *Ho*, *ES*, *Ni*, *CR*, *Bo*. No importar *algo* a alguien que le afecta. vulg.

n¹. ‖ **~le gorro.** loc. verb. *Mx*, *Ho*, *Bo*. No importarle a alguien *algo*. pop + cult → espon.

ñ¹. ‖ **~le madre.** loc. verb. *Mx*, *Gu*, *ES*, *Pa*, *Bo*. No importarle a alguien *algo*. tabú.

o¹. ‖ **~le miércoles.** loc. verb. *Mx*, *Ni*. No importarle a alguien *algo*. euf; pop + cult → espon.

p¹. ‖ **~le pito.** loc. verb. *Gu*. No importar *algo* a alguien. pop.

q¹. ‖ **~le sombrilla.** loc. verb. *Mx*, *ES*. No importarle a alguien *algo*. pop + cult → espon.

r¹. ‖ **~le todo.** loc. verb. *Gu*, *ES*. No importar *algo* a alguien. pop.

s¹. ‖ **~le un perejil.** loc. verb. *Bo*. No importarle a alguien *algo*. pop.

t¹. ‖ **~le veinte.** loc. verb. *Gu*. No importarle a alguien *algo*. pop.

u¹. ‖ **~le verga.** loc. verb. *Mx*, *Gu*, *Ho*, *ES*, *Ni*, *CR*, *Ec*, *Bo*; *Pa*, tabú No importarle ni afectarle en absoluto a alguien *algo*. vulg.

v¹. ‖ **~le Wilson.** loc. verb. *Mx*. No importarle a alguien *algo*. vulg; pop + cult → espon.

■

a. ‖ **vale decir.** loc. conj. *RD*, *Ve*, *Pe*, *Ar*, *Ur*. Esto es, es decir.

valerudo, -a.
  I. 1. adj. *ES*. Valiente, corajudo. pop.

vales.
  I. 1. m. pl. *ES*. Dinero, billetes. delinc.

valet. (Voz francesa).
  I. 1. m-f. *Mx*, *Pe*, *Ch*, *Py*. Persona encargada de acomodar coches. ♦ *valet parking.*

■

a. ‖ **~ parking.**
  i. m. *EU*, *Mx*, *Ni*, *PR*, *Pe*, *Ch*, *Py*, *Ar*; *Ve*, cult; *Ec*, p.u. Servicio oficial y público de acomodo de coches.
  ii. m-f. *Mx*, *Co*, *Pe*, *Ch*, *Py*. valet.

valeta.
  I. 1. f. *Ar:NE*. Zanja a cada lado de un camino o carretera para recoger el agua de lluvia.

valevergoso, -a.
  I. 1. adj/sust. *Pa*. Referido a persona, tan exigente que molesta, necia, desagradable. vulg; pop + cult → espon.

valeverguismo.
  I. 1. m. *Ho*, *ES*, *Ni*. Actitud de irresponsabilidad, negligencia.
  2. *Ni*, *CR*. Actitud de indiferencia y apatía. vulg; pop + cult → espon.

valeverguista. (De *valerle la verga*).
  I. 1. adj. *Gu*, *Ni*, *CR*. Referido a persona, que muestra indiferencia y apatía por todo aquello que la rodea. vulg.
  2. adj/sust. *Ho*, *ES*, *Ni*. Referido a persona, irresponsable, negligente.

valevista.
  I. 1. m. *Ch*. Documento mercantil que acredita una obligación de pago a su presentación ante la institución financiera individualizada en él.

valezón.

I. 1. m. *Ve.* Amigo íntimo, compañero inseparable. pop + cult → espon ^ fest.

valiente.

I. 1. adj. *Gu. Referido a planta*, que resiste las sequías.

□

a. ‖ ~ **en cocina.** loc. adj. *ES. Referido a hombre*, cobarde.

b. ‖ ~ **en cocina y** ~ **en sabana.** loc. adj. *ES. Referido a hombre*, cobarde.

valija.

I. 1. f. *Mx, Gu, Ho, ES, Ni, CR, Bo, Py, Ar.* Maleta o bolso grande para llevar el equipaje en un viaje.

2. *Bo, Ur. En los vehículos*, lugar destinado para maletas o equipaje.

II. 1. sust/adj. *Co.* juv. Persona poco refinada. pop.

III. 1. m-f. *Ho.* juv. Persona tonta.

▶ **entregar la** ~; **estar en** ~.

valijera.

I. 1. f. *Py.* Maletero de un automóvil. pop + cult → espon.

valijería.

I. 1. f. *Ar.* Comercio o sección de un comercio donde se venden valijas o maletas u otros artículos de viaje.

2. *Ar.* Conjunto o surtido de valijas o maletas u otros artículos de viaje.

valijero.

I. 1. m. *Ho, Ni. En el automóvil*, lugar donde se coloca el equipaje. rur.

¡valiste!

●

a. ‖ **¡valiste!** fórm. *Gu.* Se usa para decir que no se ha valorado a alguien.

valla.

I. 1. f. *Mx:SE.* Lugar público donde se llevan a cabo peleas de gallos.

2. *Ni, Cu, RD, PR. En la gallera*, patio o lugar donde pelean los gallos.

II. 1. f. *Co, Ec, Ch, Py, Ar, Ur. En algunos deportes, especialmente el futbol*, portería.

▶ **abrir** ~; **recoger la** ~.

vallado.

I. 1. m. *Mx.* Zanja profunda a cuyos lados se amontona la tierra extraída de ella. rur.

2. *Co.* Zanja, *generalmente llena de agua*, que divide un terreno.

II. 1. m. *PR.* Montón de paja, ramas y otros objetos que arrastra un río en su crecida. rur.

2. *PR.* Desbrozo o ramaje que producen los árboles. rur.

valle.

I. 1. m. *Py.* Región o pueblo de un país, sea o no en zona montañosa. pop.

2. m-f. *Py.* Persona que es del mismo lugar que otra. pop.

■

a. ‖ ~ **de los calvos.** m. *Ho.* Cementerio. fest.

vallenato.

I. 1. m. *Co, Ve, Ec.* Canción popular que se canta al son del acordeón y acompaña al baile del vallenato.

2. *Co.* Baile popular típico de Valledupar.

vallenato, -a.

I. 1. adj. *Co.* Relativo a Valledupar.

vallenatología.

I. 1. f. *Co.* Estudio académico del **vallenato**. cult.

vallino, -a.

I. 1. sust/adj. *Pe.* p.u. Persona natural o procedente de un valle.

vallisto, -a.

I. 1. adj. *Ar:NO.* Relativo a esta región.

2. sust/adj. *Ar:NO.* Persona que habita en un valle o proviene de él.

valluco.

I. 1. m. *Ho.* Valle pequeño. rur.

valluno, -a.

I. 1. adj/sust. *Pe, Bo.* Natural de un valle.

2. adj. *Pe, Bo.* Relativo a los valles.

valo.

I. 1. m. *Ho.* juv. Persona que no pertenece a una **mara**. ♦ **paisa; parco.**

II. 1. m. *Py.* **canaleta**, canal de poca profundidad. pop.

valona.

I. 1. f. *Mx.* Favor. pop.

II. 1. f. *Co, Ve, Ec.* Crin, *en especial la de una caballería*, convenientemente recortada.

III. 1. f. *Ho, Ni, CR.* Gamella, uno de los dos arcos del yugo. rur. ♦ **saque.**

2. *Ho.* Tira larga de cuero que utilizan terciada algunas personas para cargar a la espalda la caña de azúcar.

▶ **hacer la** ~.

valonar.

I. 1. tr. *Ve.* Recortar e igualar la crin de una caballería.

valonearse.

I. 1. intr. prnl. *Mx.* Inclinarse o ladearse un jinete en la montura.

valor.

●

a. ‖ ~.

i. fórm. *Ch.* Se usa especialmente entre mujeres para ponderar lo desagradable de una situación o hecho.

ii. *Ur.* Se usa para saludar o llamar la atención de alguien.

■

a. ‖ ~ **agregado.** m. *Mx, Gu, Ni, CR, Pa, Cu, RD, Co, Ve, Ec, Pe, Bo, Ch, Py, Ar, Ur.* Valor añadido a una mercadería o servicio por incluir alguna característica adicional.

valórico, -a.

I. 1. adj. *Ch.* Relativo al conjunto de valores e ideales de una persona. cult.

valorudo, -a.

I. 1. adj. *Ho. Referido a persona*, valiente.

valpino, -a.

I. 1. adj. *Ch.* p.u. Relativo a la ciudad de Valparaíso. cult.

vals.

■

a. ‖ ~ **chilote.** m. *Ch:C.* Danza tradicional de ritmo rápido que se baila en parejas yendo el hombre un tanto agachado.

b. ‖ ~ **peruano.** m. *Ec, Pe, Bo.* Danza de pareja, propia de la costa, que se realiza al compás de una música de ritmo ternario rápido con acompañamiento de canto y guitarras.

▶ **no me toquen ese** ~.

valse.

□

a. ‖ **¡ah** ~! loc. interj. *Ve.* Expresa contrariedad, molestia o disgusto. euf; pop + cult → espon.

valseaguado, -a.

I. 1. adj. *Ve. Referido a persona*, apocada, pusilánime. pop + cult → espon.

valsear.

I. 1. intr. *Mx, Ni, PR, Ve, Bo, Ch, Py.* Valsar, bailar vals o **seis.**

valuador, -ra. (De *valuar*).
I. 1. m. y f. *Mx, Bo.* Persona que tiene por oficio determinar el precio o valor de algo.

valumoso, -a.
I. 1. adj. *Mx. Referido a objeto o cosa*, que abulta mucho, de gran volumen.

válvula.
■
a. ‖ ~ **check.** (Voz inglesa). f. *Ve.* **Válvula** de líquidos que solo permite su paso en una dirección, cerrándose en caso contrario. (**válvula de cheque**).
b. ‖ ~ **de cheque.** *Ho, Cu.* **válvula** *check.*

valvulero.
I. 1. m. *Ho.* Hombre encargado de regular la distribución del agua potable. pop.

vamos.
I. 1. m. *Bo, Ar.* Inicio oficial de una actividad de interés general. pop + cult → espon.
▶ **dar el ~.**

vampiro.
I. 1. m. *Mx.* Bebida preparada con tequila, **sangrita** y agua mineral.
2. *Mx.* Zumo natural de remolacha, zanahoria y naranja.
II. 1. m. *Ni, Co, Bo, Py.* Murciélago hematófago de hasta 10 cm de longitud, de color castaño rojizo con el vientre gris, dentadura, de veinticuatro piezas, que tiene dos incisivos muy grandes que clava en la piel de sus víctimas, mamíferos de gran tamaño. (Phyllostomidae; *Desmodus rotundus*).
▶ **gustar el pozole de ~.**

van. (Voz inglesa).
I. 1. f. *EU, Mx, Gu, Ni, CR, RD, PR, Ec, Bo, Ch*; m-f. *Cu.* Furgoneta con puertas laterales, de pasajeros o para transportar mercancías.

vandalaje.
I. 1. m. *EU, Ho, ES, Ni, Pa, Cu, RD, Co, Ve, Ec, Pe, Bo, Py, Ar, Ur; Ch*, obsol; *CR*, p.u; obsol. Vandalismo, bandidaje.

vanear.
I. 1. tr. *Gu, Ho, Ni, Co.* Quedar un fruto sin granar. rur.
2. *Ho.* Cortar los hijuelos a una mata de **banano**.
II. 1. tr. *Ho:O.* Bañar una vasija con engobe rojo antes de cocerla. ♦ **lustrar.**

vanero.
I. 1. m. *Ho:N.* Hombre que se encarga de deshijar la mata de **banano**.

vanidad.
I. 1. f. *Gu, ES, Ni.* Estuche pequeño con espejo y polvo que utiliza la mujer para maquillarse. pop. ♦ **vániti;** *vanity.*

vanita.
I. 1. f. *Mx.* **esquisúchil.**

vániti. (Del ingl. *vanity*).
I. 1. m. *Cu.* **vanidad.**

vanitorio. (Del ingl. *vanitory*).
I. 1. m. *Ch, Ar.* Mueble de baño constituido por un lavatorio alojado en una **mesada** con cajones y estantes, *y por lo común puertas.*

vanity. (Voz inglesa).
I. 1. m. *Cu.* **vanidad.**

vano.
I. 1. m. *Ho.* Cada uno de los vástagos o hijuelos de una mata de **bananos.**

vano, -a.
I. 1. adj. *RD. Referido a persona*, débil, sin fuerzas o con sensación de mareo.

vapor.
I. 1. m. *Cu.* Malestar, irritación.
□
a. ‖ **a todo ~.** loc. adv. *Mx, Gu, Ni, Co, Bo, Ch, Py, Ar, Ur.* Con gran intensidad, a toda marcha.

vaporcito.
I. 1. m. *Mx:SE.* Rollo de carne de pollo, de cerdo o de cazón.

vaporino.
I. 1. m. *Ec:O, Pe*, obsol; *Pa*, p.u. Marinero.

vaporizo.
I. 1. m. *Mx:SE.* Vaho, vapor con propiedades curativas.
2. *PR.* Calor, *especialmente el fuerte que produce la evaporación.* pop.
▶ **hacer un ~.**

vaporón.
I. 1. m. *ES, Ve.* Calor pegajoso. pop.

vapués. (De *vaya pues*).
I. 1. adv. *Gu, Ho, ES, Ni.* Sí, de acuerdo; *generalmente expresa una conformidad forzada.*

vapuleada.
I. 1. f. *Mx, CR, Cu, Bo, Py, Ar, Ur; Co*, esm. Serie de golpes que se da a alguien como castigo. pop + cult → espon.
2. *Mx, Pa, Cu, Bo, Ar, Ur; Co*, esm. Represión, reprimenda, amonestación severa. pop + cult → espon.
3. *Ho, CR, Cu, Pe, Bo, Py, Ar, Ur; Co*, esm. Derrota amplia que un competidor inflige o padece en un enfrentamiento deportivo. pop + cult → espon.
4. *Pe.* Crítica severa y contundente.

vaquea.
I. 1. f. *Bo:E.* **Arreo** del ganado vacuno para llevarlo a pastar o guardarlo en los corrales. rur. ♦ **vaqueada.**

vaqueada.
I. 1. f. *Mx, Ec.* Reunión de ganado, *generalmente para contarlo, venderlo, herrarlo o curarlo.*
2. *Ni, CR:NO.* Vacada.
3. *Bo:E.* **vaquea.**

vaqueano, -a.
I. 1. m. y f. *Ho, ES, Ni, CR, RD, Bo, Ch, Py, Ur.* Persona conocedora del campo y sus caminos.

vaquear.
I. 1. tr. *Mx, Pa, Bo:E.* Reunir el ganado disperso por el campo.
2. *Ar.* Cazar ganado salvaje, práctica propia de los primeros tiempos de la ganadería argentina.
3. intr. *Ni, Bo.* Llevar a pastar al ganado vacuno. rur.
II. 1. intr. *Ni.* Recoger frutos silvestres. rur.

vaquera.
I. 1. f. *Ve.* Establo donde se recogen las vacas.
2. *Ec.* Ordeñadora. rur.

vaquerada.
I. 1. f. *Mx.* Conjunto de vaqueros.

vaquería.
I. 1. f. *Mx:SE.* Baile popular campesino, típico de Yucatán.
II. 1. f. *Co.* Oficio del vaquero.
III. 1. f. *Ar.* p.u. Tienda especializada en la venta de ropa confeccionada con tela vaquera.
IV. 1. f. *RD, PR.* Ordeñadero.

vaquerillo.
I. 1. m. *Mx.* Parte ancha de cuero que cuelga de la silla de montar, con dos bolsillos que caen a los lados.

vaquerío.
I. 1. m. *Gu.* Abundancia de vacas.

vaquero.
I. 1. m. *Mx.* Ave rapaz de hasta 53 cm de longitud, de cuerpo grueso y cabeza grande, alas cortas y re-

dondeadas, cola larga también redondeada, cabeza, cuello y región inferior de color blanco, máscara ancha, negra, desde las mejillas hasta por detrás de la nuca, región superior café oscuro, cola bandeada con negro y crema pálido. (Falconidae; *Herpetotheres cachinnans*). ◆ **guaco**; **guaz**; **güis**; **halcón reidor**; **huancahui**.

2. *Pa.* **xup**.

II. 1. m. *Ar:NO,O*; *Py.* rur. Capa de carne que se saca de entre el cuero y el costillar de vacunos y porcinos.

2. *Py.* Fiambre hecho *por lo común* con carne de vacuno, de porcino o de pollo, rellena, adobada y envuelta. rur.

□
a. ‖ ~ **brilloso**. loc. sust. *Ec.* Alfombra pequeña de tela resistente o de caucho que se coloca en el piso de los automóviles o en las entradas de las casas.

◪
a. ‖ **mejor contame una de ~s**. fr. prov. *Ho, PR, Bo.* Indica que es mentira lo que alguien dice. pop.

vaquero, -a.
I. 1. m. y f. *Pe.* p.u. Estudiante que falta a clase sin motivo. est.
II. 1. sust/adj. *Gu.* Persona que está sin trabajo.
III. 1. adj. *PR. Referido a un conductor*, que no respeta las señales de tránsito. pop + cult → espon.

vaqueta.
I. 1. f. *Ni, RD.* Tira de piel curtida y suave, que se usaba en las barberías para asentar o afilar la navaja de afeitar.
2. *RD, PR.* Funda, *generalmente de cuero*, para llevar un revólver o un cuchillo.
▶ **disparar de la ~**.

vaquetón, -na.
I. 1. adj/sust. *Mx. Referido a persona*, lenta, pachorruda, pesada. pop + cult → espon. ◆ **vaquetudo**.
II. 1. *Mx. Referido a persona*, osada, insolente, descarada. pop + cult → espon. ◆ **vaquetudo**.

vaquetudo, -a.
I. 1. *Mx.* **vaquetón**. pop + cult → espon.

vaquilla.
I. 1. f. *Gu, Ho, Ni, CR, Pa, Pe, Bo, Ch, Py, Ar.* Ternera de un año y medio a dos años sin cubrir. rur.
2. *Ec.* Ternera que aún no está en edad para ser marcada con el hierro. rur.
3. *Py.* Ternera que aún no ha estado preñada. rur.

vaquillón, -na.
I. 1. sust/adj. *Ar*, pop + cult → espon. *Ur*, vulg; desp. Persona muy corpulenta.

vaquillona.
I. 1. f. *Gu, Ni, Co, Ec, Pe, Bo, Py, Ar, Ur.* Vaca de uno a dos años que aún no ha sido fecundada por un toro.
2. *Ch.* Vaca de entre dos y tres años. rur.

vaquilloncita.
I. 1. f. *Ar, Ur. Entre personas vinculadas al agro*, vaca. rur.

váquira.
I. 1. f. *Ve.* **báquiro**.

váquiro.
I. 1. *Ve.* **báquiro**.

vaquita.
I. 1. f. *Mx, Bo, Ar, Ur.* **vaca**, dinero reunido entre varios.
II. 1. f. *Co, Ar, Ur.* Insecto coleóptero de cuerpo casi circular, convexo y negro que arroja un líquido maloliente al tocarlo. (Coccinellidae; *Coccinella* spp.). ◆ **cotorrita azul**.
2. *Ch:C,N.* Insecto coleóptero de cuerpo convexo y dorso grisáceo. (Tenebrionidae; *Gyriosomus elongatus*).

3. *Ho.* **tortuguilla**.
4. *PR.* Insecto coleóptero de hasta 2 cm de longitud, con cabeza y patas oscuras, y élitros rayados donde predominan el color negro y el pardo. (Curculionidae; *Diaprepes spengleri*).

■
a. ‖ ~ **de los melones**. f. *Ar.* Insecto coleóptero de color castaño amarillento con manchas oscuras. (Coccinellidae; *Epilachna paenulata*).
b. ‖ ~ **de san Antonio**. f. *Ar*; *Ur*, p.u. **alfilerillo**, insecto.
c. ‖ ~ **de san José**. f. *Ar.* Insecto coleóptero de forma casi circular, de cuerpo curvo por arriba y plano por abajo y alas duras de color rojo sin manchas. (Coccinellidae; *Cycloneda sanguinea*).

vara.
I. 1. f. *Co, Ve:O.* Vara delgada que lleva en uno de sus extremos un látigo flexible y estrecho de cuero o cordel.
2. *Gu.* Pértiga que usa el lanchero para impeler la embarcación.
3. *Gu.* Madera o caña larga y delgada, que sirve para cortar frutos.
4. *Gu.* Caña o tallo de maíz que sirve para cercar.
5. *Ho.* Variedad de cohete pegado a una vara o caña que sube en vertical cuando se enciende.
6. *Ho.* Par de cujes unidos para secar veinticinco pares de hojas de tabaco de tres hojas cada uno.
II. 1. adj. *Mx.* juv. *Referido a cosa*, barata, de bajo precio. pop.
III. 1. f. *Gu, Ho, RD.* Medida de longitud equivalente a 835,9 mm.
2. *Ho, RD.* Medida de superficie para un terreno que equivale a 835,9 mm².
IV. 1. f. pl. *Gu, ES.* Billetes, dinero.
V. 1. f. *Pe.* Autoridad, influencia, ascendiente.
VI. 1. f. *Ni.* juv. Asunto, cuestión.
2. *Ni.* juv. Pretexto, excusa.
VII. 1. f. *ES.* Mentira.
VIII. 1. f. *Ni.* Pene. vulg.
IX. 1. f. *PR.* **espiga**, extremo.
X. 1. f. *CR.* Objeto cuyo nombre se desconoce o no se quiere mencionar.

●
a. ‖ **fuera de ~**. fórm. *CR.* Se usa para reafirmar la veracidad de lo que se ha dicho.

■
a. ‖ ~ **alta**.
  i. f. *RD.* Persona que tiene influencia ante la autoridad.
  ii. *Ho:O.* Vara muy larga, símbolo de autoridad del alcalde de un pueblo **lenca**.
b. ‖ ~ **blanca**. f. *Gu, Ho:N.* **tizate**. (Asteraceae; *Lasianthaea fructicosa*, *Perymenium grandis*).
c. ‖ ~ **de canasto**. f. *Gu.* **carrizo**.
d. ‖ ~ **de premio**. m. *Co.* Juego que consiste en desplazarse por un palo largo, untado de una sustancia grasa y fijado generalmente en posición vertical, hasta alcanzar un premio colocado en uno de sus extremos.
e. ‖ ~ **de san José**.
  i. f. *Mx.* Planta herbácea de hasta 3 m de altura, de tallos erectos y pilosos, hojas acorazonadas con lóbulos poco pronunciados, flores solitarias, rosadas o púrpuras; tiene uso ornamental. (Malvaceae; *Althaea rosea*).
  ii. *Ar:NO.* **polillera**.
f. ‖ ~ **de tender**. f. *Gu.* Sección de caña que se emplea para sostener alto el **lazo**, de manera que la ropa no se revuelque.
g. ‖ ~ **dulce**. *Mx.* **rosilla**.

h. ‖ **~ en tierra.**
  i. f. *Cu.* Pequeña casa de **guano** con techo de dos aguas y una sola entrada que se construye en el campo y se utiliza para guardar herramientas o productos agrícolas.
  ii. *Ho.* Construcción cuyas paredes son palos, varas o bambú hincados en la tierra.
i. ‖ **~ ensebada.** f. *Ho.* Cucaña.
j. ‖ **~ prieta.** f. *Mx.* **largoncillo.**

□
a. ‖ **baila la ~.**
  i. loc. sust/adj. *Pa.* Oportunista.
  ii. *Pa.* Persona que cambia constantemente de manera de pensar.
b. ‖ **cortando ~s.** loc. adv *Gu.* De forma distraída.
c. ‖ **~ de cohete.** loc. sust. *Ni.* Persona alta y delgada. pop.
d. ‖ **~ de tumbar gatos.** loc. sust. *Cu.* Persona muy alta y delgada.
e. ‖ **~ del alcalde.** loc. sust. *ES.* Diarrea.
f. ‖ **~ parada.** loc. sust. *Ho.* Pared hecha con palos verticales y palitos horizontales entretejidos con cañas, todo rellenado con barro y piedras.
▸ **agarrar la ~; aguantar ~; andar cortando ~s; bailar la ~; coger la ~; cortando ~s; cortar ~s; dar ~; dejar la ~ alta; estacar con la ~; estar con la ~ de alcalde; hacer la ~; írsele la ~; medir con la misma ~ y una cuarta más; parecer ~ de bajar aguacates; parecer ~ de hurgar aviones; tener tres ~s de hambre; tener ~; tragarse la.**

varada.
  I. 1. f. *CR, RD, Co.* Interrupción de la marcha de un vehículo por avería. pop.
varadera.
  I. 1. f. *Co.* Interrupción continua de la marcha de un vehículo por avería. pop.
  II. 1. f. *Co.* Situación económica difícil. pop.
varadero.
  I. 1. m. *Pe:E, Bo:E. En la selva amazónica,* senda de tierra entre dos ríos que facilita la comunicación y traslado de los habitantes de la zona.
varado, -a.
  I. 1. adj. *Mx, Ho, ES, Ni, CR, Pa, RD, Co, Ve, Ec, Pe, Bo, Ch, Py, Ar; Ur,* p.u. *Referido a un vehículo,* que ha interrumpido su marcha por avería o por atasco en la carretera. pop.
  2. *Pe, Bo, Ch, Py, Ar. Referido a un vehículo,* atascado, *especialmente a causa del barro o la nieve.* pop + cult → espon.
  3. *Ho, ES, Ni, Cu, Ve. Referido a persona,* que alguien o algo le impide continuar.
  4. *Pe, Ch. Referido a persona,* abandonada, desarraigada, fuera de su ámbito. pop + cult → espon.
  5. *Ni, CR, Cu.* metáf. *Referido a asunto o trabajo,* que ha interrumpido su desarrollo normal debido a un obstáculo. pop.
  II. 1. adj/sust. *EU, Ho, ES, Ni, Pa, RD, Ec, Pe, Bo, Ch, Py; Co,* pop. *Referido a persona,* que no tiene recursos económicos.
varaduz.
  I. 1. *Mx.* **rosilla,** arbusto.
varalito.
  I. 1. m. *Gu.* Cafetal envejecido. rur.
varar(se).
  I. 1. intr. prnl. *Mx, Gu, Ho, ES, Ni, CR, Pa, Co, Ve, Bo; Ec, Pe, Ch,* p.u. Quedarse detenido un vehículo por avería o atasco en la carretera. pop.
  2. *Ho, Ve.* Quedarse *alguien* detenido en un lugar, por circunstancias extremas.

  3. *Ho, CR.* metáf. Interrumpirse el desarrollo normal de un asunto, trámite o proceso. pop.
  4. tr. *Bo.* Detener un vehículo en un lugar.
  II. 1. intr. prnl. *Co.* No saber qué hacer o cómo continuar lo que se está realizando. pop.
varasanta.
  I. 1. f. *Co.* Árbol de hasta 25 m de altura, de copa cónica, hojas de 30 cm de largo, florecitas en espigas, y fruto de color rojo amarillento. (Polygonaceae; *Triplaris duquei*).
varayoc.
  I. 1. m. *Pe.* Alcalde tradicional de una comunidad indígena. rur. (**varáyoc; varayok; varáyok**).
  2. *Pe.* Vara de mando que simboliza el poder o gobierno de una comunidad indígena. rur. (**varáyoc; varayok; varáyok**).
varáyoc.
  I. 1. *Pe.* **varayoc.**
varayok.
  I. 1. *Pe.* **varayoc.**
varáyok.
  I. 1. *Pe.* **varayoc.**
varazón.
  I. 1. m. *Mx::SE, Pa.* Armazón de cañas o varas para hacer una construcción.
  2. f. *PR.* Conjunto de varillas que constituyen la estructura de los techos.
  II. 1. f. *Ve, Ch.* Cantidad grande de peces u otros animales que aparecen muertos en la playa.
  2. *Ch.* Encalladura de una embarcación en una playa.
varbasco.
  I. 1. *Mx, Gu.* **barbasco,** bejuco.
  2. m. *ES, Bo.* **Bejuco** empleado por los indios para atontar los peces, con el fin de obtener una buena pesca. (Sapindaceae; *Serjania inebrians*).
vareador, -ra. (De *varear*)
  I. 1. m. y f. *Pe, Ch, Ar, Ur.* Peón encargado de ejercitar a los caballos de competición.
varear.
  I. 1. tr. *Bo, Ch, Py, Ar, Ur.* Ejercitar a un caballo de competición para conservar su buen estado físico. (**varillar**).
varejón, -na.
  I. 1. m. *Gu, Ho, ES, Ni, CR.* Vara larga, delgada y flexible que puede usarse como látigo.
  2. adj/sust. *Gu, Ho, ES, Ni, CR.* metáf. *Referido a persona,* muy alta, de mucha estatura.
  3. m. *Ni.* metáf. Pene. tabú; pop + cult → espon.
  II. 1. m. *Ve. En las peleas de gallos,* herida que deja inmovilizado el cuello del animal que la recibe.
varejonazo.
  I. 1. m. *Gu, Ni.* Golpe dado con un **varejón,** vara larga.
varejoneada.
  I. 1. f. *Gu.* Serie de golpes dados con un **varejón,** vara larga.
varejonear.
  I. 1. tr. *Gu, ES, Ni.* Azotar a *alguien* con un **varejón,** vara larga.
varejonudo, -a.
  I. 1. adj. *Gu. Referido a persona,* alta y delgada.
vareo. (De *varear*)
  I. 1. m. *Py, Ar, Ur; Ec,* p.u. Entrenamiento del galope de un caballo de **competencia.**
varero, -a.
  I. 1. adj/sust. *Ar; Ch,* p.u. *Referido a una caballería,* que tira del carro colocada entre las varas del mismo. rur.
  II. 1. m. *Ho. En el cultivo del **banano**,* hombre encargado de colocar las varas o mástiles donde se sujetan las **mariposas** de riego.

vareta.
- I. 1. f. *Co.* **vareto**. drog.
- II. 1. f. *Gu, Ec.* Tallo delgado de donde se cortan las yemas para injertar. rur.
- III. 1. f. *ES.* Franja de un color distinto a otras iguales.
- IV. 1. f. *PR.* Moldura.
- ▶ andar de ~; pasar ~.

vareteado, -a.
- I. 1. adj. *Ho. Referido a animal,* que tiene pelaje o piel con franjas blancas y negras. rur.

varetear.
- I. 1. tr. *ES.* Pintar *algo* con franjas de distinto color.

vareto.
- I. 1. m. *Co.* Cigarrillo de marihuana. drog. (**vareta**).

vari.
- I. 1. m. *Ch, Ar.* Ave de hasta 50 cm de longitud, de cabeza, cuello, dorso y zona superior del pecho gris ceniza azulado y un fino collar blanquecino en el cuello, zona inferior del pecho, abdomen y flancos de color blanco y rojizo acanelado, patas y ojos amarillos. (Accipitridae; *Circus cinereus*). (**varí**). ◆ **peuco**.

varí.
- I. 1. *Mx:SE.* **masú**.
- 2. *Pe, Ch.* **vari**.

variante.
- I. 1. f. *Co, Ch.* Carretera secundaria que se toma para evitar el exceso de tráfico de una vía principal.

varicela.
- ■
  - a. ‖ ~ **de mar.** f. *Ho.* Marea roja en cuya superficie aparecen un sinnúmero de burbujitas de aire.

varicosa.
- I. 1. f. *ES.* Pene. euf.

varilla.
- I. 1. f. *Mx, ES, CR, Pa, RD, PR, Co, Ec, Pe.* Barra de hierro que se usa en la construcción para el proceso de **colado**.
- II. 1. f. *Mx.* p.u. Conjunto de mercancía menuda y barata, *generalmente de mercería*.
- III. 1. f. *Ve.* Asunto o situación. euf; pop + cult → espon.
- 2. *Ve.* Contrariedad, problema, molestia. euf; pop + cult → espon.
- 3. *Ve.* Persona problemática o molesta. euf; pop + cult → espon.
- IV. 1. f. *Pe.* p.u. Lámina de metal que se coloca en la parte delantera de la montura o en los laterales de los estribos.
- ■
  - a. ‖ ~ **brava.** f. *Ch.* Arbusto perenne de hasta 1,5 m de altura, de ramas terminadas en espinas, hojas compuestas, alternas y flores hermafroditas amarillas. (Fabaceae; *Adesmia confusa*).
- □
  - a. ‖ **¡ah ~!** *Ve.* **¡qué varilla!** euf; pop + cult → espon.
  - b. ‖ **ni de** ~. loc. adv. *Ve.* De ninguna manera, en absoluto. pop + cult → espon.
  - c. ‖ **¡qué ~!** loc. interj. *RD, Ve.* Expresa contrariedad, molestia o disgusto. euf. (**ah varilla**).
- ▶ pintar la ~.

varillar.
- I. 1. *Ve.* **varear**, ejercitar a un caballo.
- II. 1. tr. *Ch.* Utilizar una varilla para desatascar algo.

varillazo.
- I. 1. *CR, Py, Ar.* Golpe dado con una vara.
- II. 1. m. *Co:O.* Crítica mordaz. pop.

varillero, -a.
- I. 1. m. y f. *Mx.* p.u. Persona que vende mercancía menuda y barata, *generalmente de mercería*.

varillo.
- I. 1. m. *Co:C.* Cigarrillo de marihuana.
- II. 1. *Ho.* **barillo**.

variqueque.
- I. 1. m. *ES.* Pene. euf.

varita.
- I. 1. m-f. *Bo, Ar; Ur,* obsol. Agente de policía urbano encargado de regular el tránsito. pop + cult → espon.
- □
  - a. ‖ ~ **de san José.**
    - i. loc. sust. *Gu, RD, Bo, Ch.* Planta herbácea de hasta 2 m de altura, de tallo erecto y pubescente, hojas también pubescentes, alternas, de borde dentado, flores grandes y vistosas de distintos colores. (Malvaceae; *Alcea rosea*).
    - ii. *RD, Ch.* Flor de la varita de san José.

varital.
- I. 1. m. *PR.* **tabloncillo**, árbol.

varo.
- I. 1. m. *ES.* Pene. euf.

varón.
- I. 1. m. *Mx.* Viga gruesa y larga de madera. pop.
- 2. *Ho, Ni. En el trapiche,* la maza más grande que sirve para estrujar la caña de azúcar.
- II. 1. sust/adj. *Pa, Co.* Hombre valiente. pop.
- ●
  - a. ‖ ~.
    - i. fórm. *Ho, ES, Ni; CR,* p.u. Se usa como tratamiento entre iguales, generalmente amigos o muy conocidos.
    - ii. *Ho, Ni.* Se usa como tratamiento de cortesía que da un vendedor a un hombre que va a comprar algo.
    - iii. *Pa.* Se usa como tratamiento de respeto entre los hombres pertenecientes a una misma iglesia evangélica.

varonazo.
- I. 1. m. *CR.* Interrupción de la marcha de un vehículo por avería. pop + cult → espon.

varonera.
- I. 1. f. *Ho,* rur; *Ar,* p.u. Niña que juega más con los niños que con las niñas.

varonila.
- I. 1. f. *Gu, Ho.* Mujer hombruna.
- 2. *ES.* Muchacha aficionada a los juegos de niños.

varonilo, -a.
- I. 1. adj. *ES. Referido a persona,* que engendra solo varones.

varudo, -a.
- I. 1. adj. *Mx, Gu. Referido a persona,* adinerada. pop.

vasado.
- I. 1. m. *CR, Co.* Cantidad de líquido que puede ser contenida en un vaso.

vasadura.
- I. 1. f. *Ho.* Casco de las caballerías.

vasallo.
- I. 1. *Gu.* **banano**, fruto.

vascolet. (De *Vascolet*®).
- I. 1. m. *Ar, Ur.* Bebida preparada con cacao en polvo y leche.

vascoso, -a.
- I. 1. adj. *Mx:N.* Demasiado grande. pop.

vascuencia.
- I. 1. f. *RD.* Dicho disparatado, irrelevante o falto de interés. (**vacuencia**).

vaselina.
- ▶ dar ~.

vasera.
    I. 1. f. *Ho.* Posavasos.
vaserán.
    I. 1. m. *Mx:NO.* Cauce seco de un río. rur.
vasito.
    I. 1. m. *Ch, Ar, Ur.* Helado de leche que se vende servido en un vasito.
       2. *Ar.* Vaso pequeño hecho en barquillo o de otra materia no comestible.
vaso.
    I. 1. m. *RD.* Parcela de un **potrero**, terreno cercado y con pastos.
    □
    a. ‖ **~ de cama.** *Ve.* **vaso de noche.**
    b. ‖ **~ de noche.** loc. sust. *Ve, Pe; Co,* p.u. Recipiente que se usa para recoger los excrementos humanos. ♦ **vaso de cama.**
vaspa.
    I. 1. f. *Gu.* Mariconera, bolso de mano para hombres.
vastagazo.
    I. 1. m. *CR.* Caída estrepitosa de alguien que cae de espaldas o de costado. pop + cult → espon.
    II. 1. m. *CR.* Golpe fuerte. pop + cult → espon.
vástago.
    I. 1. m. *Gu, Ho, ES, Ni, CR, Co, Ve, Ec, Bo.* Pseudotallo de una planta musácea, como el **plátano** o el **banano**.
vata.
    I. 1. f. *Gu, Ho, ES.* Novia o mujer de un **marero**. delinc.
vate.
    I. 1. m. *Cu.* Amigo, compañero. pop + cult → espon.
vato.
    I. 1. m. *Mx:N, Gu, Ho, ES.* Muchacho, individuo, hombre.
       2. *Ho, ES.* **bato**, miembro de una pandilla. delinc.
vatro.
    I. 1. m. *Ch.* **estoquillo**, *Scirpus riparia.*
váucher. (De *voucher,* justificante, vale).
    I. 1. m. *Mx, Gu, Ho, ES, Ni, CR, RD, Ve, Ec, Pe, Bo.* Comprobante de un cargo a una tarjeta de crédito.
       2. *Ho, ES, Ni, CR, Bo, Ur; Ar,* p.u. Vale que da derecho al que lo posee a adquirir determinados artículos o el disfrute de un servicio.
       3. *Gu.* Comprobante de pago por remuneración laboral, que sirve de registro contable a las empresas.

¡vay!
    •
    a. ‖ **~.** fórm. *Gu, Bo.* Se usa como despedida cariñosa. pop + cult → espon.

¡vaya!
    I. 1. interj. *Gu, Ec, Bo.* Expresa la satisfacción de que algo haya concluido.
       2. *Gu, Ho, ES, PR.* Expresa aceptación de algo.
       3. *Ho, ES, Bo.* Expresa advertencia o amenaza.
       4. *ES.* Expresa que algo o alguien está listo o preparado para algo.
    •
    a. ‖ **~.** fórm. *ES.* Se usa para iniciar el anuncio u ofrecimiento de la venta de artículos en la calle o el mercado.
    b. ‖ **¡~ pues!** fórm. *ES.* Se usa para despedirse.
    □
    a. ‖ **¡~ a bañarse!** loc. interj. *Gu.* Expresa rechazo, desdén.
    b. ‖ **¡~ huevo!** loc. interj. *Ho.* Expresa rechazo o desaprobación de algo.
    c. ‖ **¡~ pues!** loc. interj. *Gu, Ho, ES, Ni, Ec:C,S, Bo.* Expresa afirmación de algo, aunque con alguna duda.

ve.
    ■
    a. ‖ **doble ~.** f. *Ni, Cu, Ve, Ec, Bo, Ch, Ar, Ur; Cu,* obsol. Letra uve doble.
    b. ‖ **~ chica.** *Mx, Ho, ES, Ni, Ec, Pe, Bo.* **ve de vaca**.
    c. ‖ **~ chiquita.** *Cu, Ve, Ec, Bo.* **ve de vaca**.
    d. ‖ **~ corta.** *CR, Cu, Co, Ve, Bo, Ch, Py, Ar, Ur; Cu,* obsol; *Pa,* p.u. **ve de vaca**.
    e. ‖ **~ de chivo.** *Ve:O.* **ve de vaca**. fest.
    f. ‖ **~ de vaca.** f. *Mx, Gu, Ho, ES, Ni, CR, Cu, Ve, Ec, Bo; Cu, Ur,* obsol; *Co,* pop. Letra uve. ♦ **ve chica; ve chiquita; ve corta; ve de chivo; ve pequeña**.
    g. ‖ **~ pequeña.** *Ve.* **ve de vaca**.

¡ve!
    I. 1. interj. *Gu, Ho, ES, Ni.* Expresa sorpresa.
    II. 1. interj. *Ho, Ni.* Expresa burla.

vea.
    •
    a. ‖ **~.** *Gu, Ho.* **veá**.

veá.
    •
    a. ‖ **~.** fórm. *Gu, Ho, ES.* Se usa al principio de una frase para buscar la aquiescencia del interlocutor. (**vea**).

vecha.
    I. 1. f. *Gu.* Cerveza. pop.

veda.
    I. 1. f. *Ur.* Período de tiempo durante el que no se sacrifican animales vacunos ni se vende carne de vaca, *generalmente por disposición gubernativa y para regular el consumo con vistas a poder responder a las necesidades de exportación.*

vedeto.
    I. 1. *Ch.* **vedetto**.

vedette. (Voz francesa).
    □
    a. ‖ **de ~.** loc. adv. *Ur.* p.u. Intentando hacerse notar. pop + cult → espon. ♦ **en *vedette***.
    b. ‖ **en ~.** *Ur.* p.u. **de *vedette***.

vedetto.
    I. 1. m. *Ch.* Hombre joven que actúa en espectáculos eróticos. (**vedeto**).

veedor, -ra.
    I. 1. m. y f. *Bo, Ch, Py, Ar, Ur.* Persona encargada de inspeccionar el correcto desarrollo de una carrera hípica o deportiva.

vega.
    I. 1. f. *Ve, Ch.* Terreno húmedo cubierto de hierba cerca del cual, *generalmente, corre un riachuelo.*
       2. *Ar:NO.* Terreno que por excesiva humedad no resulta apto para el cultivo.
       3. *Cu, Ve.* Terreno plantado de tabaco. ♦ **pasto**.
       4. *Pe:E.* Terreno que se inunda en verano y se seca en invierno.
    II. 1. f. *Ch:C.* Mercado de frutas y verduras.
    ▶ **comer en ~.**

vegada.
    I. 1. m. *Ho.* Vega grande. rur.

vegigante.
    I. 1. *PR.* **vejigante**.

vegoso.
    I. 1. adj. *Ch. Referido a un terreno,* que tiene las características de una **vega**.

veguino, -a.
    I. 1. m. y f. *Ch.* Persona que trabaja en un mercado de frutas y verduras.
    II. 1. m. y f. *Ch.* Persona de modales y lenguaje rudos y poco delicados. desp.

veinte.

•

    a. ‖ **¡a ~!** fórm. *Mx.* Se usa para responder a un insulto. vulg.

    ▶ **caer el ~; caer un ~ de mayo; caerle los ~; dar los ~; echar los ~; faltar el ~ para el tostón; valer un ~; valerle ~.**

veinticinco.

•

    a. ‖ **~ y un quemado.** fórm. *Ar, Ur.* Se usa al dar la edad de una persona para expresar, sin especificarlo, que es más de la indicada. pop + cult → espon ^ fest.

veinticuatrino, -a.

    I. 1. *Pe:C.* p.u. **venticuatrino.** pop.

veinticuatro.

    I. 1. f. *Ve.* **conga,** hormiga negra.

veintidós.

    I. 1. adj. *Ni. Referido a un hecho,* que debe realizarse con rapidez.

veintitrés.

    I. 1. f. *ES.* Prostituta. euf.

veintiuna.

■

    a. ‖ **~ real.** f. *Ch.* Juego de la veintiuna.

veintiúnico, -a.

    I. 1. adj/sust. *Mx, Gu, Ho, Ni, CR, Pa, Cu, RD, PR, Ve, Ec, Pe, Bo, Ch, Py, Ar, Ur; Co,* pop. *Referido a cosa,* única, una sola, de la que solo existe un ejemplar, aunque se preferiría mayor cantidad. fest.

vejaminoso, -a.

    I. 1. adj. *RD.* Vejatorio, que puede vejar.

vejanco, -a.

    I. 1. adj. *Bo, Ar, Ur; Ec.* obsol. *Referido a persona,* vieja, de mucha edad. pop + cult → espon. **(vejanco).**

vejancón, -na.

    I. 1. *Ec.* obsol. **vejanco.** pop + cult → espon.

vejarano, -a.

    I. 1. adj/sust. *Mx,* desp; *Ve,* pop + cult → espon ^ fest. *Referido a persona,* vieja. **(vejerano).**

vejentud.

    I. 1. f. *Gu, Ho, ES, Ni, CR, Cu, Py, Ur; Pa,* p.u. Vejez. fest.

vejera.

    I. 1. f. *Ho.* Vejez, edad muy avanzada de una persona, senectud.

vejerano, -a.

    I. 1. *Mx.* **vejarano.** desp.

vejestorio.

    I. 1. m. *Cu.* Conjunto de personas de edad avanzada.

vejiga.

    I. 1. f. *Gu, ES, RD, Ve, Bo:E,S.* Globo lleno de aire.

    2. *Bo:O, Ch.* Cámara interior de goma de un balón. pop + cult → espon.

    3. *RD.* Globo hecho con la vejiga de una vaca que, en fiestas de carnaval, se utiliza para golpear por diversión a la gente.

    II. 1. sust/adj. *Gu, Ve:O, Ar, Ur.* Persona tonta, torpe, mediocre. pop + cult → espon.

    III. 1. adj/sust. *Gu. Referido a persona,* mala, desagradecida.

    IV. 1. sust/adj. *RD.* Persona que está en la niñez o la juventud y tiene poca experiencia. pop + cult → espon.

    ▶ **dar ~.**

vejigante. (De *vejiga*).

    I. 1. m-f. *PR.* Persona disfrazada de diablo o de cualquier otra figura que acompaña a la procesión de Santiago apóstol, y que armada de una vejiga, a manera de globo, golpea y asusta a los niños que la siguen. **(vegigante).**

vejigazo.

    I. 1. m. *Gu, Ho, ES, Ni; CR,* p.u. Golpe fuerte.

    2. *RD; CR,* p.u. Golpe que se da con una **vejiga,** globo que se utiliza para golpear por diversión.

    3. *RD.* Golpe que alguien da a otro con intención de hacerle daño.

    4. *RD.* Golpe recibido al caer o chocar contra algo.

    II. 1. m. *ES.* Trago de licor.

    III. 1. m. *ES.* Gran cantidad de algo.

□

    a. ‖ **de un solo ~.** loc. adv. *Ho.* De una sola vez, rápidamente.

vejigo, -a.

    I. 1. m. y f. *Co:E; Cu,* rur. Niño de corta edad. pop.

vejigón.

    I. 1. adj. *ES. Referido a persona,* excelente, de buen trato.

    2. *ES. Referido a persona,* audaz.

vejuco, -a.

    I. 1. sust/adj. *Gu, ES, Cu, Ve, Ch,* desp; *Ec,* afec. Persona entrada en años, vieja.

vela.

    I. 1. f. *Ar. En una estufa de* **querosén,** columna de material refractario que envuelve la llama.

    2. *Ar. En una estufa eléctrica,* tubo que transmite el calor que proviene de la resistencia.

    II. 1. f. *Pa.* Noche de la víspera de la **balsería.** rur; pop + cult → espon.

■

    a. ‖ **~ misionera.** f. *Pe.* Vela corta y de base ancha, *usada generalmente para iluminar imágenes religiosas.*

□

    a. ‖ **hasta que las ~s no ardan.**

        i. loc. adv. *Bo, Ch, Ar, Ur.* Hasta altas horas de la noche o primera hora del amanecer. pop + cult → espon.

        ii. *Ar.* Por mucho tiempo.

    b. ‖ **~ de coyote.** loc. sust. *Mx.* **tasajo.**

    ▶ **amanecer en ~; decir hasta ~ verde; decirle la ~ verde; decirle ~s verdes; hacer ~; participar en la ~ y en el entierro; prender una ~ a cada santo.**

velacho.

    I. 1. m. *ES.* Lona o tela grande para protegerse del sol al vender en una plaza pública.

velada.

    I. 1. f. *Mx:NO.* Reunión periódica de vaqueros para recoger el ganado que anda suelto en el campo.

    II. 1. f. *ES.* Hecho de mendigar.

    ▶ **tenérsela velada.**

veladero.

    I. 1. m. *Ve.* Lugar donde se espera a las presas para cazarlas. rur.

velador.

    I. 1. m. *Mx, PR, EC, Pe, Bo, Ch, AR:N.* Mesa de noche. **(veladora).**

velador, ra.

    I. 1. m. y f. *Mx, Ni, Pa, Bo.* Vigilante nocturno.

veladora.

    I. 1. f. *Mx, Gu, Ho, ES, Ni, Pa, Co; Ec,* p.u. Vela de parafina en forma de cono truncado para iluminar los santos.

    2. f. *Mx, Pa, Bo, Ur;* m. *Py, Ar; Ec,* p.u. Lámpara o luz portátil que suele colocarse en la mesa de noche.

    3. f. *Mx, Gu, Ho, ES; Ec,* obsol. Pequeña lámpara portátil que consta de una vasija en la que se puede poner aceite o una vela de parafina.

    4. *Mx, Gu, Ho, Ni.* Vela de cera con mecha para encenderla y dar luz.

    II. 1. f. *CR.* obsol. **velador.**

velamuerto.
I. 1. m. *PR.* Arbusto de hasta 4 m de altura, de hojas pinnadas, inflorescencia axilar y flores amarillas. (Fabaceae; *Adipera stablii*).

velante.
I. 1. m-f. *Bo.* Persona que asiste al velatorio de un difunto. pop + cult → espon.

velar.
I. 1. tr. *Ho, Ni, Pa, Cu, RD, PR, Co; Ve,* pop + cult → espon. Ver comer a otra u otras personas con envidia o con la esperanza de ser invitado.
II. 1. tr. *Ve.* Vigilar y cuidar por la noche los rebaños de ganado vacuno durante sus desplazamientos. rur.
III. 1. intr. *Ho.* Pedir dinero o comida, mendigar.
□
a. ‖ **velársela.** loc. verb. *Pa, Co.* Molestar insistentemente *alguien* a otra persona. pop.

velatacú.
I. 1. m-f. *Bo:E.* Hijo de corta edad. pop + cult → espon.

velatón.
I. 1. f. *Ch.* Manifestación popular en homenaje a algún difunto en la que se encienden velas en su recuerdo.

¡velay!
I. 1. interj. *Pe:NO, Bo:E,S; Ch, Ar, Ur,* rur. Expresa asombro, sorpresa. pop.

velerismo.
I. 1. m. *Co, Ve, Bo; Pa, Ec, Pe, Ch, Ar,* p.u. Deporte, afición o práctica de la navegación a vela.

velerista.
I. 1. m-f. *Cu, Co, Ve, Ec, Pe, Bo, Ch, Ar; Pa,* p.u. Persona que practica la navegación a vela.
2. adj. *Cu, Pe, Bo, Ch.* Relativo a la navegación a vela.

veleta.
I. 1. adj/sust. *Ni. Referido a persona,* desocupada, vagabunda.
► **coger ~; jugar a la ~.**

veletear.
I. 1. intr. *Ho, Ni.* Pasear, vagar, perder el tiempo.

velís.
I. 1. *Mx.* **veliz.**

veliz.
I. 1. m. *EU, Mx.* Objeto de diversas formas, tamaños y materiales para llevar ropa en los viajes. (**velís**).

vellón.
► **¡dale ~!; echar un ~; echar ~; pegar vellones; tener un ~ pegao.**

vellonera. (De *vellón*).
I. 1. f. *RD, PR.* Máquina tocadiscos de lugares públicos que funciona con monedas.

velluga.
I. 1. f. *RD.* Canica, bola pequeña y de material duro que usan los niños para jugar.

velo.
■
a. ‖ **~ de novia.**
i. m. *Gu, PR, Bo.* **espuma de mar.**
ii. *Ho, ES.* Planta de jardín, con raíz en cepa rastrera, tallo herbáceo, muy ramoso, hojas aciculares y en hacecillos, flores de color blanco verdoso y fruto en bayas verdes, que luego se tornan negras, del tamaño de un guisante. (Liliaceae; *Asparagus tenuifolius*).

velodra.
I. 1. f. *Ni.* Bebida gaseosa.

velón, -na.
I. 1. sust/adj. *Ho, ES, Ni, Pa, RD, PR, Ve; Co,* espon. Persona que insinúa a alguien con la mirada que la convide a participar de su comida. pop.

2. adj. *Ho, ES, Ni. Referido a persona,* que pide dinero, comida o favores.
II. 1. adj. *Ho. Referido a persona,* lisonjera, aduladora.

velonero, -a.
I. 1. m. y f. *ES.* Mendigo.

velorio.
■
a. ‖ **~ de angelito.**
i. m. *Ve, Ch.* Fiesta con bailes y cantos que se celebra ante el cadáver de un niño.
ii. *Ec.* Velatorio indígena o afroecuatoriano del cadáver de un niño que se celebra con comida, canto y baile alrededor del difunto. rur.
b. ‖ **~ de cruz.** m. *Ve.* Fiesta popular que se celebra en el mes de mayo con oraciones, cantos y bailes tradicionales en honor de la cruz.
► **creer en ~s.**

vena.
I. 1. f. *Ho.* Pene. vulg.
► **coger la ~ del gusto; relajar la ~.**

venada.
■
a. ‖ **~ careta.** f. *Ho.* Animal mítico con forma de **venado** al que desde lejos no se le ven el cuello y la cabeza, pues son de color negro; asusta a los cazadores y los tiros la dejan ilesa.
► **parir las ~s; salir la ~ careta.**

venadazo.
I. 1. m. *Mx.* obsol. Disparo efectuado al acecho sobre una persona con la intención de asesinarla.

venadeado, -a.
I. 1. adj. *Mx, Gu, Ho. Referido a persona,* tiroteada.
2. *Gu, ES. Referido a persona,* perseguida, vigilada.

venadeante.
I. 1. m.-f. *ES.* Cazador de venados.

venadear.
I. 1. tr. *Mx, Gu, Ho, ES, Ni.* Perseguir y disparar a *alguien* como se caza un venado, al acecho.
2. *Gu, Ho, ES, Ni.* Herir o matar con bala *una persona a alguien.*
3. intr. *Ho, ES, Ni.* Cazar venados.
4. tr. *ES, Ni.* Perseguir o vigilar a *alguien.*
5. *Gu.* metáf. Emboscar a *alguien.*

venadeo.
I. 1. m. *Mx, Gu.* Persecución al acecho, como se hace con un venado, que se lleva a cabo contra alguien con el fin de dispararle.
2. *Gu.* Muerte.
3. *ES.* Persecución, vigilancia.

venadero, -a.
I. 1. adj. *Mx, Gu, Ho, Ni, CR, Ec. Referido a un perro,* adiestrado para la caza de venados.
II. 1. m. y f. *Ni.* Periodista que hace cobros ilegales.

venadillo.
I. 1. m. *Mx:NO.* Árbol de hasta 20 m de altura, de tronco recto y grueso, hojas compuestas, flores pequeñas y blancas en panojas colgantes, fruto en cápsula ovoide y semillas de color **café** claro; su madera es muy apreciada para la fabricación de muebles y puertas. (Meliaceae; *Swietenia humilis*). ♦ **caobilla; cóbano; zopilocahuite; zopilote.**
II. 1. m. *Co.* Hierba de hasta 2 m de altura, de tallos erguidos, ramificados, hojas alternas, flores de color blanco amarillento con inflorescencia en racimo. (Asteraceae; *Conyza bonariensis*). ♦ **matanegra.**

venado.
I. 1. m. *RD, PR, Ch, Ar.* Hombre al que le ha sido infiel su pareja.
II. 1. m. *Cu.* Mujer que accede fácilmente a tener relaciones sexuales con hombres.

III. 1. m. *ES.* Enfado.
IV. 1. m. *Ni.* Cobro ilegal de un periodista.
V. 1. *Pa.* **tumbe**, trabajo ocasional. pop.
VI. 1. m. *Pa.* Cosa adquirida más barata que lo usual, *por motivos generalmente ilícitos.* pop + cult → espon.

venado, -a.
I. 1. m. y f. *Mx, Gu, Ho, ES, Ni, Ve, Ec, Bo, Py.* Mamífero rumiante de hasta 50 cm de altura, de pelaje castaño pardo y, en los ejemplares machos, cuernos rectos, pequeños y simples. (Cervidae; *Pudu pudu*). ♦ **pudu; pudú.**
II. 1. adj. *Gu.* Relativo al municipio de Mazatenango, capital del departamento de Suchitepéquez.
III. 1. m. y f. *Ho, Ni.* Persona muy veloz cuando corre.
IV. 1. m. y f. *Gu.* Pasajero recogido en carretera y cuyo pago del pasaje se oculta al propietario del vehículo.

■

a. ‖ ~ **caramerudo.** *Ve.* **venado cola blanca.**
b. ‖ ~ **cola blanca.** m. y f. *Mx, Gu, Ho, Ni, CR, Pa, Co, Ec.* Mamífero rumiante de hasta 1,10 m de altura, de pelaje rojizo en verano y gris en invierno con una mancha blanca bajo la cola; cornamenta del macho ramificada e inclinada hacia atrás. (Cervidae; *Odocoileus virginianus*). ♦ **cachudo; venado caramerudo; venado coliblanco.**
c. ‖ ~ **coliblanco.** *Pa, Co.* **venado cola blanca.**
d. ‖ ~ **colorado.** m. y f. *Ho, Ni, Co, Ec.* Ciervo de hasta 80 cm de altura, de cornamenta corta y no ramificada, pelaje castaño rojizo, con parte de la cara y las extremidades negruzcas. (Cervidae; *Mazama* spp.). ♦ **corzuela; guazubirá; guazuncho; jurina; sachacabra; soche; urina; venado matacán.**
e. ‖ ~ **de campo.** *Ur.* **venado de las pampas.**
f. ‖ ~ **de las pampas.** m. y f. *Ar.* Mamífero rumiante de hasta 70 cm de altura, de pelaje de color bayo o bayo rojizo y vientre blanco; cornamenta del macho con astas ramificadas, *generalmente en tres puntas*; según la creencia popular con su baba rodea a las víboras venenosas, que mueren al no poder traspasarla. (Cervidae; *Ozotoceros bezoarticus*). ♦ **venado de campo.**
g. ‖ ~ **matacán.** *Ve.* **venado colorado.**
▶ **tirar un ~.**

venadril. (De *Benadryl*®).
I. 1. m. *Gu.* Ron. pop.

venancio.
I. 1. adj. *ES. Referido a persona*, vieja. fest.
II. 1. adj. *ES. Referido a persona*, tonta. fest.

Venancio.
•
a. ‖ **tranquilo, ~.** fórm. *Ar.* Se usa para calmar a una persona que está enojada, preocupada o muy nerviosa. pop + cult → espon ^ fest.

venazo.
I. 1. *PR.* **tiro de hoya.**

vencedura.
I. 1. f. *Ar:NE, Ur.* Cura basada en procedimientos de la medicina popular o de la superstición no aceptados por la ciencia médica. rur.

vencejo.
■
a. ‖ ~ **chiquito.** m. *RD.* Pájaro de 10 cm de longitud, de plumaje negro en el dorso con una mancha blanca en la rabadilla y blanco en el vientre con una franja negra, con el pico corvo y las alas largas en relación con su cuerpo. (Apodidae; *Tachornis phoenicobia*).
b. ‖ ~ **de collar.** m. *Gu, RD, Co, Ur.* Pájaro de 22 cm de longitud, de plumaje negro con destellos azulados, con un collar blanco, con cola ligeramente ahorquillada y alas muy largas en relación con su cuerpo. (Apodidae; *Streptoprocne zonaris*).

vencerse.
I. 1. intr. prnl. *Mx, Gu, Ho, Cu, Bo, Ch.* Caducar un producto alimenticio.
2. *Mx, Gu, Ho, Bo, Ch.* Perder la elasticidad y flexibilidad *algo.*
3. *Cu.* Caducar un producto alimenticio.
II. 1. intr. prnl. *Ec.* Zafarse o soltarse de las manos *algo* que alguien tenía asido o llevaba consigo.

vencidas.
I. 1. f. pl. *Mx, Gu, Ec, Bo.* **Competencia** donde dos personas, cogiéndose las manos y apoyando el codo en lugar firme, prueban quién tiene más fuerza en el brazo y logra abatir el brazo del contrario.
▶ **jugar ~.**

vencido, -a.
I. 1. adj. *Mx, Gu, Ho, ES, Ni, CR, Pa, Cu, RD, Co, Ec, Bo, Ch, Ur. Referido a un producto alimenticio o a una medicina*, que ha caducado la fecha de vencimiento para su consumo.
2. *Ho. Referido a una vasija de barro*, que se ha rajado al calentarse al fuego.
II. 1. adj. *ES.* metáf. *Referido a persona*, vieja.

vendaje. (De *venta*).
I. 1. m. *Ec, Pe:S, Bo; Co,* rur; pop. Porcentaje de pan que se da de más al pequeño vendedor para que este obtenga ganancias al revenderlo.
2. *ES, Ni, Ec; CR, Ar:NO,* obsol. Cosa de más que el vendedor regala o da en especie al comprador, generalmente en las tiendas de comestibles. ♦ **feria.**

vendaval.
I. 1. m. *ES, Ni, Pa, Cu, Bo, Ch, Py, Ur; PR,* rur. Temporal de lluvia.

vendecositas.
I. 1. m-f. *Bo.* Persona que vende trastos viejos. pop + cult → espon.
2. *Bo.* Persona que vende sus pertenencias. pop + cult → espon.

vendedera.
I. 1. f. *Ni, Pe; Co,* pop. Venta de productos abundante y continuada.

vendedor, -ra.
■
a. ‖ ~ **de chueco.** m. y f. *Mx.* Persona que vende cosas robadas. pop.
□
a. ‖ ~ **de pomada(s).** loc. adj/sust. *Ch. Referido a persona*, que engaña o intenta atraer a alguien hacia un negocio o actividad atractivos, pero engañosos y que no suelen reportar beneficios. pop + cult → espon.

vendepatria.
I. 1. sust/adj. *RD, Bo.* Persona que delata o acusa. pop + cult → espon.

vendepomada.
I. 1. *Ch.* **vendepomadas.**

vendepomadas.
I. 1. m-f. *Ch.* Persona que engaña o estafa a otros con asuntos y negocios falsamente lucrativos. (**vendepomada**).

vender(se).
□
a. ‖ ~ **a precio de guate mojado.** loc. verb. *Ho, Ni.* Vender a bajo precio. ♦ **vender a precio de mula tuerta.**
b. ‖ ~ **a precio de mula tuerta.** *Ni.* **vender a precio de guate mojado.**
c. ‖ ~ **achote.** loc. verb. *Gu.* Ruborizarse *alguien.* fest.
d. ‖ ~ **caro el cuero.** loc. verb. *Gu.* Padecer una derrota, pero causando graves daños al contrario.

e. ‖ **~ como pan caliente.** loc. verb. *Mx, Gu, Ho, ES, Ni, CR, Pa, Cu, PR, Co, Ve, Ec, Pe, Bo:O, Ch, Ar, Ur.* Vender *algo* con gran rapidez. pop + cult → espon.

f. ‖ **el cajetín.** loc. verb. *Cu.* Desentenderse *alguien* de un compromiso o una responsabilidad que tenía haciéndola recaer en otra persona.

g. ‖ **~ el chancho con todo y charco.** loc. verb. *Ho.* Ser capaz *alguien* de traicionar a cualquiera por dinero o interés personal. rur.

h. ‖ **~ el charque.** loc. verb. *Bo.* Persuadir a *alguien* con un argumento.

i. ‖ **~ el cuero antes de matar el venado.** loc. verb. *Gu, Ho, ES, Ni.* Precipitarse en hacer algo que no está seguro.

j. ‖ **~ el sofá de don Otto.** loc. verb. *Ch.* Intentar evitar un mal eliminando todo menos las causas que lo provocan. pop + cult → espon ^ fest.

k. ‖ **~ en aguas.** loc. verb. *Ho, ES.* Dar como seguro *algo* antes de haberlo hecho. rur.

l. ‖ **~ la pomada.** loc. verb. *Ch.* Engañar o intentar atraer a *alguien* hacia un negocio o actividad atractivos, pero engañosos y que no suelen reportar beneficios. pop + cult → espon.

m. ‖ **~ servilletas.** loc. verb. *Gu.* Llevar *alguien*, por descuido, la camisa por fuera del pantalón o de la falda. fest.

n. ‖ **~ su charque.** loc. verb. *Bo.* Persuadir a *alguien* con un argumento.

ñ. ‖ **~ un buzón.** loc. verb. *Ar, Ur.* Engañar a *alguien*, especialmente mediante un fraude. pop. ♦ **vender un tranvía.**

o. ‖ **~ un tranvía.** *Ar, Ur.* **vender un buzón.** pop + cult → espon.

p. ‖ **~se como carne de vaca.** *Ni.* **venderse con bulla.**

q. ‖ **~se con bulla.** loc. verb. *RD.* Venderse *algo* con gran rapidez por tener mucha demanda. pop + cult → espon. ♦ **venderse como carne de vaca.**

■

a. ‖ **a ~ almanaques.** loc. adv. *Bo, Ar.* Al diablo, a paseo. pop + cult → espon ^ fest.

vendimia.
I. 1. f. *Mx.* Venta. pop + cult → espon.

venduta.
I. 1. f. *Pa, RD, Ve, Ar.* Subasta.
II. 1. f. *Cu.* p.u. Local comercial muy pequeño y de poca importancia.

vendutero, -a.
I. 1. m. y f. *RD, Ve.* Subastador.

veneco, -a.
I. 1. adj. *Pe; Ec,* desp. Relativo a Venezuela. pop.

venenazo.
I. 1. m. *Gu.* Dicho hiriente, ofensivo o mentiroso.

venenero.
I. 1. m. *ES.* Encargado municipal de envenenar y recoger los perros callejeros.
2. *Ho.* Hombre encargado de fumigar cultivos.

venenillo.
I. 1. m. *Mx.* **mapipitza.**
2. *Pa.* **cojón de caballo.**

veneno.
I. 1. adj. *Ec.* juv. *Referido a cosa*, estupenda o muy buena.
□
a. ‖ **~ del diablo.** loc. sust. *Mx.* Planta de hojas aovadas, elípticas o lanceoladas, inflorescencias terminales, cimosas, flores blancas o crema, aromáticas, fruto globoso y liso, y numerosas semillas. (Loganiaceae; *Strychnos tabascana*).
▶ **quitar el ~.**

venérea.
I. 1. f. *RD:N, Py.* Blenorragia.

venero.
I. 1. m. *Ho.* meton. Gran cantidad de sangre.

venesta.
I. 1. f. *Ec, Bo.* Madera elaborada con tres láminas muy delgadas colocadas en entramado.

venezolano, -a.
□
a. ‖ **más ~ que la arepa.** loc. adj. *Ve. Referido a persona*, que tiene todos los comportamientos y hábitos propios de un venezolano. pop + cult → espon.
♦ **más venezolano que la reina pepeada.**

b. ‖ **más ~ que la reina pepeada.** *Ve.* **más venezolano que la arepa.**

venganza.
□
a. ‖ **~ de Moctezuma.** loc. sust. *Mx.* Indigestión estomacal que provoca la comida mexicana a los extranjeros, por picante y muy condimentada. pop + cult → espon ^ fest.

◨

a. ‖ **la ~ es chamuña.** fr. prov. *Bo:E,O.* Indica que la venganza proporciona placer a quien la ejecuta. pop + cult → espon.

venia.
I. 1. f. *Ar, Ur.* Saludo militar consistente en tocar ligeramente con la punta de los dedos de la mano derecha la sien del mismo lado.

venir(se).
I. 1. intr. prnl. *Mx, Gu, Ho, ES, Ni, CR, Pa, Cu, RD, PR, Co, Ec, Pe, Py.* Eyacular o alcanzar *alguien* el orgasmo. vulg; pop + cult → espon.

II. 1. intr. *Bo.* Ocurrir finalmente *algo* que se esperaba o deseaba. cult.

■

a. ‖ **venga venga.**
i. m. *ES.* Simpatía, atracción.
ii. *Ho.* Pócima o embrujo para conseguir el amor.

b. ‖ **viene viene.** m-f. *Mx.* Persona que en la vía pública concentra espacios de estacionamiento para negociar con ellos; orienta a los conductores al momento de estacionarse con silbidos y un trapo de franela, *que generalmente emplea también para lavar vehículos.* urb.

□

a. ‖ **~ a bailar a la casa del trompo.**
i. loc. verb. *Cu.* Dárselas de entendido en una materia entre los que son expertos en ella.
ii. *Cu.* Hacer algo en el sitio de donde es propia la acción.

b. ‖ **~ bajando de la montaña.** loc. verb. *Ho.* Tener *una persona* comportamientos y actitudes rústicos.

c. ‖ **~ candelita.** loc. verb. *Ho, Ni.* Acudir rápidamente, directamente. pop.

d. ‖ **~ con el sol en la cabeza.** *Ni.* **venir con la luna.**

e. ‖ **~ con el tigre dentro.** loc. verb. *Ni.* Tener *alguien* mucha hambre.

f. ‖ **~ con la luna.** loc. verb. *Ho, Ni.* Estar *alguien* muy enfadado. ♦ **venir con el sol en la cabeza.**

g. ‖ **~ con unas largas y otras cortas.** loc. verb. *Ni, Pa.* Justificar algo con vaguedades y mentiras.

h. ‖ **~ de arrear pijijes.** loc. verb. *Gu.* Ser *alguien* excesivamente ingenuo, o poder ser fácilmente engañado. pop + cult → espon.

i. ‖ **~ forrado.** loc. verb. *Ni, Bo.* Estar saciado de comida.

j. ‖ **~ hasta el olote.** loc. verb. *Ni.* Estar muy borracho.

k. ‖ **~ la que se bebe.** loc. verb. *Pa.* Estar a punto de llover. pop ^ fest.

l. ‖ **~le arriba.** loc. verb. *ES, PR.* **írsele encima.**

m. ‖ **~le con ganas.** loc. verb. *Mx.* Querer hacer alguien *algo* con razón o sin ella. pop + cult → espon.

n. ‖ **~le flojo.** loc. verb. *Mx, Gu, CR.* **venirle guango.** pop + cult → espon.

ñ. ‖ **~le flores.** loc. verb. *Gu.* No importarle *algo* a una persona. euf.

o. ‖ **~le guango.** loc. verb. *Mx, Gu.* Mostrar alguien indiferencia por un asunto, no resultarle importante. pop + cult → espon. ♦ **venirle flojo.**

p. ‖ **~le valiendo.** loc. verb. *Mx, Gu.* No importarle a alguien *algo*.

q. ‖ **~se a pique.** loc. verb. *Ho, ES, Ni, CR, Co, Ur.* Desplomarse *algo*. pop + cult → espon.

r. ‖ **~se al humo.** loc. verb. *Ar, Ur.* Dirigirse rápida y decididamente a una persona, *generalmente para agredirla*. pop + cult → espon.

s. ‖ **~se las de san Pedro.** loc. verb. *Gu.* Saltársele las lágrimas a alguien.

a. ‖ **¡se viene la maroma!** loc. interj. *Ar.* Expresa advertencia sobre posibles problemas o complicaciones. pop + cult → espon.

b. ‖ **vení acá.** loc. sust. *Gu.* Cualidad difícil de explicar o definir que hace atractiva a una persona.

venosa.
I. 1. *Ho.* Pene.

venta.
I. 1. f. *Mx:NO, Ni.* Marca hecha al ganado para indicar que el animal ha sido vendido. rur.
II. 1. f. *ES, Bo.* Negocio callejero.
2. *Ni, RD.* Tienda donde se venden productos de alimentación.

a. ‖ **~ de carpa.** f. *Ho.* Venta temporal de artículos diversos, *en especial de la casa*, que se realiza bajo un gran toldo.

b. ‖ **~ de garaje.** (Calco del ingl. *garage sale*). f. *Ho, Ni, CR, Ec, Bo, Ch*; *Ur*, p.u. Venta de productos de segunda mano en el garaje de una casa.

c. ‖ **~ de patio.** f. *Pa.* Comercio ocasional de objetos de segunda mano. pop + cult → espon.

d. ‖ **~ informal.** f. *Co, Ec, Pe, Bo, Ar, Ur.* Actividad de vendedores, *generalmente ambulantes*, que no cumplen los requisitos legales.

▶ **irse para las ~s del carajo.**

ventación.
I. 1. f. *RD.* Flatulencia, molestia que produce la acumulación de gases en el tubo digestivo.

ventaja.
I. 1. f. *Cu, Ar.* Ganancia que deja la venta de un producto o una determinada actividad comercial.

ventajear.
I. 1. tr. *Gu, Ur; Bo, Py, Ar*, pop. Sacar ventaja de alguien mediante procedimientos reprobables o abusivos. desp.
II. 1. tr. *Gu, ES, Py, Ar, Ur.* Aventajar, obtener una mejor posición o situación con respecto a otros. pop.

ventajero, -a.
I. 1. adj/sust. *Mx, RD, Ve, Bo, Ch, Ar, Ur. Referido a persona*, que sin miramientos procura obtener ventaja en los tratos, en el juego o en las relaciones personales. pop + cult → espon. (**ventajita**). ♦ **apechado.**

ventajismo.
I. 1. m. *Ho, Co, Ve, Bo.* Conjunto de acciones poco claras o limpias para estar en ventaja sobre alguna persona, equipo o partido político.

ventajita.
I. 1. *Ar, Ur.* p.u. **ventajero.**

ventajoso, -a.
I. 1. adj. *Mx, Ho, Ni, Co, Ve, Py. Referido a persona*, que sin miramientos procura obtener ventaja en los tratos, en el juego o en las relaciones personales. pop.

ventana.
I. 1. f. *Gu, Bo.* Ojo.
II. 1. f. *Ch. En las guarniciones de las caballerías*, abertura alargada en la parte inferior de bocado o freno en la que se sujeta la **gamarrilla.**
III. 1. f. *Ch.* Hueco, período de tiempo que se tiene en un horario de trabajo o clases en el que no se desempeña la actividad laboral o de estudio.
IV. 1. f. *PR.* Espacio entre hoyo y hoyo que se deja en las operaciones de siembra. rur.

▶ **tirar la casa por la ~.**

ventanear.
I. 1. intr. *Mx, Ni, Bo.* Espiar desde una ventana.
2. *Gu.* Conversar los novios en una ventana.
II. 1. intr. *Ho.* Procurar averiguar lo que otra persona hace o dice.

ventaneo.
I. 1. m. *Gu.* Conversación de dos novios en una ventana.

ventanero, -a.
I. 1. m. y f. *Ch.* p.u. Persona que ingresa en una institución sin cumplir las normas u oposiciones reglamentarias. pop + cult → espon ^ desp.

ventanita.
I. 1. f. *RD, Bo.* Hueco que deja un diente en el lugar que ocupaba en la encía. inf.

ventanudo, -a.
I. 1. adj. *Ho. Referido a persona*, de fosas nasales muy anchas.

venteador.
I. 1. m. *Bo:E.* Cogollo de la palma que por su forma similar al abanico se emplea para avivar el fuego o para dar aire. pop + cult → espon.

ventear(se).
I. 1. intr. prnl. *CR, Co, Bo, Ar.* Salir *una persona* al aire libre para refrescarse o respirar mejor. pop + cult → espon.
2. tr. *Bo, Ch.* Exponer o sacar *algo* o a *alguien* a la intemperie para que se ventile o respire.
II. 1. tr. *Mx:NO, Ni.* Marcar el ganado para indicar que el animal ha sido vendido.
III. 1. tr. *Bo:E.* Malgastar el dinero. pop + cult → espon.
□

a. ‖ **~ el hocico.** loc. verb. *CR.* Hablar de manera descomedida sobre cosas insustanciales o sin fundamento. vulg; pop + cult → espon.

venteconmigo.
I. 1. m. *Pa.* Perfume penetrante, *por lo general de baja calidad* y al que se le atribuyen propiedades afrodisíacas. pop + cult → espon ^ fest.

ventero, -a.
I. 1. m. y f. *Ch.* obsol. Persona que tiene un puesto callejero o se dedica a vender sus mercancías de forma ambulante por lugares públicos o por las carreteras.

ventetú.
I. 1. m. *PR.* Invitación o reunión informal. pop + cult → espon.

ventiado, -a.
I. 1. adj. *Co. Referido al sustantivo precedente*, abundante. pop.
2. *Co:O. Referido a un vehículo*, rápido, veloz. pop.
II. 1. adj. *Co:O. Referido a persona*, borracha. pop.

venticuatrino, -a.
I. 1. adj/sust. *Pe:C.* p.u. *Referido a persona*, que bebe en exceso y está continuamente de jarana. pop. (**veinticuatrino**).

ventila.

    I. 1.   f. *Mx.* Abertura pequeña para ventilar un recipiente o una máquina.

    2.   *Mx.* Ventana pequeña de una habitación para permitir la renovación del aire.

ventiladora.

    I. 1.   f. *Ho.* **abanico**, ventilador del radiador.

ventilete.

    I. 1.   m. *Ar, Ur. En un vehículo*, pequeña ventana giratoria de forma triangular situada entre la ventanilla y el parabrisas.

ventiluz.

    I. 1.   m. *Ar.* Abertura, por lo común pequeña y de figura apaisada, que se abre por rotación del eje superior y se halla destinada a airear y ventilar cocinas, sótanos, **galpones** o ambientes semejantes.

ventisho.

    I. 1.   m. *Pe:E.* Jugo de la caña de azúcar fermentado.

vento.

    I. 1.   m. *Pe, Ar, Ur,* obsol; *Bo, Ch,* delinc, pop. Dinero.

ventolada.

    I. 1.   f. *PR, Bo.* Viento fuerte y prolongado.

ventolero.

    I. 1.   m. *CR.* Ventolera, golpe de viento fuerte y pasajero.

ventolín.

    I. 1.   m. *Ar, Ur.* Dinero. pop + cult → espon. (**ventolina**).

ventolina.

    I. 1.   f. *Pa, Bo:N, Ch, Ar; Ur,* obsol. Racha de viento más o menos fuerte. pop + cult → espon.

    II. 1.   f. *Ar.* **ventolín**.

ventorral.

    I. 1.   m. *CR.* Ventolera. pop.

ventorrillero, -a.

    I. 1.   m. y f. *RD.* Dueña o encargada de un **ventorrillo**, tienda donde se venden productos de alimentación.

ventorrillo.

    I. 1.   m. *Co:O, Ve.* p.u. Puesto de venta instalado al aire libre.

    2.   *RD, PR.* Negocio o institución que goza de poco o ningún prestigio. pop + cult → espon ^ desp.

    3.   *RD, PR.* Tienda pobre, tenducho. pop + cult → espon ^ desp.

    4.   *RD.* Tienda pequeña donde se venden principalmente alimentos frescos.

ventoso.

    I. 1.   m. *Gu, Ho, ES.* Pedo, ventosidad expulsada por el ano. euf.

ventudo, -a.

    I. 1.   adj/sust. *Ar. Referido a persona*, rica, adinerada. pop + cult → espon.

ventura.

    I. 1.   f. *Mx.* **olototol**.

    II. 1.   f. *PR.* Árbol caducifolio de hasta 20 m de altura, de copa densa, hojas aovadas, inflorescencia en panículas, flores de color rosa o morado ligeramente perfumadas, y fruto en forma de vaina con alas de color café. (Fabaceae; *Piscidia piscipula*).

venturosa.

    I. 1.   f. *Co.* **cariaquito**.

venuda.

    I. 1.   f. *ES.* Pene. vulg.

venusterio.

    I. 1.   m. *Pe, Ch. En las cárceles*, habitación especial en que las personas presas tienen relaciones sexuales con la pareja visitante.

ver(se).

•

    a. ‖ **a ~.** fórm. *Co.* **aló**.

    b. ‖ **¿dónde la/lo viste?** fórm. *Ch, Ar.* Se usa para expresar incredulidad o rechazo a lo que se ha escuchado. pop + cult → espon.

    c. ‖ **hasta ~ a Dios.**

      i.   fórm. *Gu.* Se usa como brindis.

      ii.   *Gu.* Se usa como invitación a beber alcohol hasta estar completamente borracho.

    d. ‖ **hasta ~te, Cristo mío.** fórm. *Bo, Ch.* Se usa como brindis e invitación a beber hasta el final de la copa.

    e. ‖ **nos vemos en el espejo.** fórm. *Ve.* Se usa para despedirse de una persona a la que se espera ver después de que esta consiga un triunfo en algo que va a realizar.

    f. ‖ **¡vea usted eso!** fórm. *Pe.* p.u. Se usa para expresar admiración, extrañeza o enfado ante algo o alguien.

    g. ‖ **¿viste?** fórm. *PR, Ar, Ur.* Se usa como muletilla en el discurso hablado, sin un significado especial. pop + cult → espon.

    h. ‖ **vos veis.** fórm. *Ve:O.* Se usa para indicar al interlocutor que reflexione sobre algo y que solo de él depende una decisión. pop + cult → espon.

□

    a. ‖ **no ~ el sol.** loc. verb. *Ve.* Encontrarse muy borracho. fest.

    b. ‖ **no ~ ni la punta del zapato.** loc. verb. *Bo:O.* Dejar de ver *una persona* a otra durante mucho tiempo o indefinidamente. pop + cult → espon.

    c. ‖ **no ~ sol.** loc. verb. *Ve.* Estar continuamente borracho. pop.

    d. ‖ **no ~la ni cuadrada.** loc. verb. *Ch, Ar.* Mostrar *una persona* incapacidad para hacer o lograr algo. pop.

    e. ‖ **no vérsele el cacho.**

      i.   loc. verb. *Ho, ES, Ni.* Estar ausente alguien de algo. pop.

      ii.   *Gu, Ho.* No saber nada de una persona desde hace tiempo. pop + cult → espon.

      iii.   *Ho.* Salir alguien muy deprisa de un lugar. pop + cult → espon.

    f. ‖ **~ a Judas calato.** loc. verb. *Pe.* Sentir un dolor muy fuerte y vivo. pop. ♦ **ver al diablo calato**.

    g. ‖ **~ a Linda.**

      i.   loc. verb. *RD.* Comer, tomar alimento. pop.

      ii.   *RD.* Realizar el coito. euf; pop.

    h. ‖ **~ al diablo calato.** *Pe.* **ver a Judas calato**.

    i. ‖ **~ al diablo en calzoncillos.** loc. verb. *Ho, Ni.* Encontrarse *alguien* en situación de grave riesgo. fest.

    j. ‖ **~ animitas.** loc. verb. *RD.* Sentir un dolor muy fuerte y vivo.

    k. ‖ **~ burros negros.** loc. verb. *Ch.* Sentir un dolor físico muy intenso. pop ^ fest.

    l. ‖ **~ chivos.** loc. verb. *Bo.* Sentir un dolor físico muy intenso. pop + cult → espon.

    m. ‖ **~ cocuyitos.** loc. verb. *Pa.* Sentir un dolor muy fuerte o vivo a causa de un golpe.

    n. ‖ **~ color de hormiga.** loc. verb. *Mx, Gu, Ho, Ni, Bo.* Encontrarse en aprietos o dificultades.

    ñ. ‖ **~ como a chucho.** loc. verb. *Gu.* Ver con indiferencia.

    o. ‖ **~ como a Nacho Cajón.** loc. verb. *Gu, Ni.* Mirar a *alguien* con indiferencia.

    p. ‖ **~ como un moco.** loc. verb. *Co.* Tener en menos a *alguien*, desdeñarlo. pop.

    q. ‖ **~ de jerga.** loc. verb. *Gu.* Menospreciar a *alguien*.

r. ‖ **~ debajo del agua.** loc. verb. *Ch, Ar.* Prever lo que puede suceder o la evolución de algo. pop. ♦ **ver debajo del alquitrán.**

s. ‖ **~ debajo del alquitrán.** *Ch.* ver debajo del agua.

t. ‖ **~ diablos azules.** loc. verb. *Ni, Bo.* Alucinar, tener visiones.

u. ‖ **~ el derecho de su nariz.** loc. verb. *Gu.* Preocuparse *alguien* solo por lo que le afecta, *especialmente si es para obtener un beneficio.*

v. ‖ **~ el sol a cuadros.** loc. verb. *Ho.* Estar en la cárcel. fest.

w. ‖ **~ en coca.** loc. verb. *Bo.* Vaticinar un adivino la suerte de una persona utilizando un puñado de hojas de coca.

x. ‖ **~ feo.** loc. verb. *Mx, Gu, Ho, Ni, Bo.* Mirar a *una persona* con odio o desprecio. pop.

y. ‖ **~ gatos aparejados.** *Gu.* ver micos aparejados.

z. ‖ **~ la cosa peluda.** loc. verb. *Gu, Ho, ES, Ni, Ch.* Volverse algo muy complicado y difícil.

a¹. ‖ **~ la gloria abierta.** loc. verb. *Gu.* Presentársele a *alguien* una situación favorable para salir de un apuro o conseguir lo que deseaba.

b¹. ‖ **~ la luz a cuadros.** loc. verb. *Gu.* Estar en la cárcel. fest.

c¹. ‖ **~ las huevas.**
   i. loc. verb. *Ec, Bo, Ch.* Tratar de engañar a alguien. pop + cult → espon.
   ii. *Ec.* Molestar a *alguien* con insistencia. pop + cult → espon.

d¹. ‖ **~ menos que gato de yeso.** loc. verb. *Ch.* No ver nada o casi nada. pop + cult → espon.

e¹. ‖ **~ micos aparejados.**
   i. loc. verb. *Gu, Ni.* Pensar o juzgar *algo* con negatividad y pesimismo cuando no hay motivos claros para ello. ♦ **ver gatos aparejados.**
   ii. *Gu.* Suponer cosas que no son.

f¹. ‖ **~ moros con tranchete(s).** loc. verb. *Mx.* Percibir peligros y amenazas donde no los hay.

g¹. ‖ **~ panuda.** loc. verb. *Gu.* Hallarse en aprietos.

h¹. ‖ **~ para el icaco.** loc. verb. *Ni.* Estar *alguien* distraído. ♦ **quedar mirando al icaco.**

i¹. ‖ **~ ratones en bicicleta.** *Ho.* ver tortillas volando.

j¹. ‖ **~ sombras.** loc. verb. *Gu.* Suponer cosas que no son.

k¹. ‖ **~ tortillas volando.** loc. verb. *Ho.* Tener mucha hambre. ♦ **ver ratones en bicicleta.**

l¹. ‖ **~ verde.** loc. verb. *Bo, Ar.* Considerar un asunto o negocio de difícil realización o solución. pop + cult → espon.

m¹. ‖ **~la con tongo.** loc. verb. *Ch.* Pasar *alguien* por un momento malo o muy apurado. pop.

n¹. ‖ **~la fea.** loc. verb. *Mx, Gu, Ni, CR, RD, Co, Bo, Ur.* Pasar grandes apuros, *especialmente en una situación peligrosa o complicada.*

ñ¹. ‖ **~la negra.** loc. verb. *Gu, ES, Pe, Bo, Ur.* Hallarse *alguien* en serias dificultades.

o¹. ‖ **~la peluda.** loc. verb. *CR, Bo.* Pasar grandes apuros, *especialmente en una situación peligrosa.* vulg; pop + cult → espon.

p¹. ‖ **~la prieta.** loc. verb. *Gu, ES.* Estar en una situación difícil o peligrosa.

q¹. ‖ **~la verde.** loc. verb. *Ec, Ch.* Pasar grandes apuros. pop + cult → espon. (**verlas verdes**).

r¹. ‖ **~las negras.** loc. verb. *Pe.* Atravesar dificultades y sufrimientos.

s¹. ‖ **~las verdes.** *Bo, Ch.* **verla verde.** pop + cult → espon.

t¹. ‖ **~le el ojo a la papa.**
   i. loc. verb. *Ar.* Realizar el coito. pop + cult → espon ^ fest.
   ii. *Ch.* Tener *alguien* su primera relación sexual. pop + cult → espon ^ fest.

u¹. ‖ **~le la cara.** loc. verb. *Mx, Gu, PR, Ec, Pe, Bo.* Tratar de engañar a alguien. vulg; pop + cult → espon.

v¹. ‖ **~le la puerta.** loc. verb. *Mx.* Adivinar las intenciones de alguien. pop + cult → espon.

w². ‖ **~le las patas a la sota.** loc. verb. *Ar, Ur.* Sospechar o empezar a darse cuenta de la verdad acerca de una situación o de una persona. pop.

x¹. ‖ **~le patas a la culebra.** *Ni.* verle patas a la sota.

y¹. ‖ **~le patas a la sota.** loc. verb. *Ni.* Tener alucinaciones, ver lo que no hay. ♦ **verle patas a la culebra.**

z¹. ‖ **~se a cuadritos.** loc. verb. *Gu, Ho, ES, Ni, CR, Bo.* Encontrarse en aprietos o dificultades.

a². ‖ **~se a gatas.** loc. verb. *Co.* Hallarse en peligro, apuros, dificultades. pop.

b². ‖ **~se a palitos.** *Gu, Ho, ES, CR.* obsol. **vérselas a palitos,** pasar dificultades.

c². ‖ **~se bajito.** loc. verb. *RD.* Estar en peligro o a punto de morir.

d². ‖ **~se como retrato.** loc. verb. *Gu.* Llevar siempre puesta la misma ropa. fest.

e². ‖ **~se con llerena.** loc. verb. *Pe.* Dejar embarazada a una mujer. delinc; pop.

f². ‖ **~se en alas de cucaracha.** loc. verb. *Gu, Ho, ES, Ni, CR.* Encontrarse en una situación muy difícil. pop + cult → espon ^ fest.

g². ‖ **~se en crujidas.** loc. verb. *Gu.* Tener muchas dificultades, estar angustiado.

h². ‖ **~se en figurillas.** loc. verb. *Ar, Ur.* Pasar muchas dificultades para resolver o hacer algo. pop. ♦ **vérselas en figurillas.**

i². ‖ **~se en las cuatro esquinas.** loc. verb. *Gu, Ho.* Encontrarse en la miseria.

j². ‖ **~se en trapos de cucaracha.** loc. verb. *Gu, Ho.* Encontrarse *alguien* en aprietos o dificultades.

k². ‖ **vérsela fea.** loc. verb. *Ar.* Pasar grandes apuros, *especialmente en una situación peligrosa o complicada.*

l². ‖ **vérselas a gatas.** loc. verb. *Pa.* Hallarse en peligro, apuros, dificultades. pop + cult → espon.

m². ‖ **vérselas a palillos.** loc. verb. *Ho.* **vérselas a palitos.**

n². ‖ **vérselas a palitos.**
   i. loc. verb. *Gu, Ho, ES.* Encontrarse en una situación difícil. ♦ **vérselas tile.**
   ii. *CR.* obsol. Pasar grandes dificultades y apuros al tratar de obtener algo. pop. ♦ **verse a palitos; vérselas a palillos.**

ñ². ‖ **vérselas en figurillas.** *Bo, Ar, Ur.* verse en figurillas. pop.

o². ‖ **vérselas tile.** *Ho.* vérselas a palitos.

▪

a. ‖ **a ~ si puso huevos la cocha.** loc. adv. *Gu.* Al diablo, a paseo. pop + cult → espon.

b. ‖ **en veremos.**
   i. loc. adv. *Mx, ES, Ni, CR, Cu, RD, Co, Ve, Py.* En situación incierta. pop.
   ii. *ES, Ni, CR, RD, Pe, Bo, Ch, Ar, Ur.* En estado de espera o incertidumbre ante algo. pop + cult → espon.

c. ‖ **¡velo, no!** loc. interj. *Pa.* Expresa asombro por la actitud contradictoria de una persona.

◪

a. ‖ **~ si como ronca, duerme.** fr. prov. *Mx, Gu, Ho, ES, Ni.* Indica que hay que comprobar si alguien hace lo que ha dicho. pop + cult → espon.

vera.

I. **1.** f. *Ve.* Árbol frondoso, con flores amarillas y grandes agrupadas en racimos y madera de gran dureza. (Zygophyllaceae; *Bulnesia arborea*).
   2. *Ve.* Garrote hecho con madera de vera.

▶ **achantarse a la ~.**

verada.
    I. 1. f. *Ve*. Varilla delgada y liviana que se obtiene de la **caña brava**.

veragua.
    I. 1. f. *CR, Pa, Co:N*. Puntos negros que se forman en la ropa húmeda, por no tenderse o ventilarse. pop + cult → espon.

veranada.
    I. 1. f. *Ch, Ar*. Lugar que proporciona pasto para el ganado en verano.
    2. *Ch, Ar*. Traslado del ganado a la veranada para que pase en ella el estío.
    3. *Ar*. Actividad ganadera de crecimiento y engorde de ganado que se efectúa en los pastos de verano.

veraneadero.
    I. 1. m. *Co*. Lugar de vacaciones, *generalmente de buen clima*.

veraneado.
    I. 1. adj. *Ve*. *Referido a un hombre*, que lleva un período largo de abstinencia sexual. fest.

veranera.
    I. 1. *Pa, Co*. **trinitaria**.
    2. *Gu, Ho, ES, Ni, CR*. **buganvilia**.

veranero, -a.
    I. 1. adj. *Ni, CR, Ve*. Relativo a la estación seca o no lluviosa.

veranillo.
    I. 1. m. *Ho, Ni*. **veranillo de San Juan**.

    a. ‖ **~ de las almas**. m. *Ec*. Período breve de calor y de interrupción de las lluvias a comienzos de noviembre.
    b. ‖ **~ de San Juan**. m. *Mx, Ho, Ni, CR, Pa, Co, Py, Ar, Ur*. Tiempo breve de calor o de sequía que, suele presentarse por dos semanas aproximadamente a fines de junio. ♦ **canícula; veranillo; veranito de San Juan**.
    c. ‖ **~ de San Martín**.
      i. m. *Co:O,SO*. p.u. Período breve, entre octubre y noviembre, en el que no suele llover en ciertos países de América del Sur.
      ii. *Co:O,SO*. p.u.; metáf. Período breve de bienestar.
    d. ‖ **~ del Niño**. m. *Ec*. Período breve de calor y de interrupción de las lluvias durante la época de Navidad.

veranito.

    a. ‖ **~ de San Juan**.
      i. *Pa, Ve, Ch, Ar*. **veranillo de San Juan**. pop + cult → espon.
      ii. *Ch, Ar*. Período corto de bienestar.

verano.
    I. 1. m. *Gu, Ho, ES, Ni, CR, Pa, Co, Ve*. Estación seca que, en el trópico, va de diciembre hasta finales de abril.
    2. *Ve*. metáf. Período largo en que no se tienen relaciones sexuales.
    ▶ **pasar un ~**.

veranoso, -a.
    I. 1. adj. *Ve*. *Referido al tiempo*, seco, sin lluvias. pop + cult → espon.

veras.
    □
    a. ‖ **de de ~**. loc. adv. *Mx, Ec:S, Bo*. De veras, con verdad. pop.

verazo.
    I. 1. m. *Ve*. Golpe dado con una **vera**, garrote hecho de esa madera.

verbachina.
    I. 1. *Mx*. **mazorquilla**, planta herbácea.

verbear.
    I. 1. intr. *Mx:N*. Hablar mucho, ser muy parlanchín. pop + cult → espon.

verbena.
    ■
    a. ‖ **~ negra**. f. *Co*. Arbusto de hasta 1,5 m de altura, con tallos erectos, divididos en dos y cuadrangulares, hojas simples, opuestas y rugosas, y flores azules o moradas agrupadas en espigas terminales, fruto pequeño de color negro. (Verbenaceae; *Stachytarpheta cayennensis*).

verberear.
    I. 1. intr. *Ni*. Reverberar.

verbo.
    ▶ **echar el ~; tirar el ~**.

verdad.
    ■
    a. ‖ **la ~ de la milanesa**. f. *Pe, Bo, Ch, Ar, Ur*. La pura verdad. pop + cult → espon.
    □
    a. ‖ **pa qué más que la ~**. loc. adv. *Mx*. Por supuesto, ciertamente. pop.

verde.
    I. 1. f. *Mx, Ni, Ch*. juv. Marihuana.
    II. 1. adj. *Pe:S, Bo*. *Referido a una parte del cuerpo*, que tiende a estar amoratada por un hematoma o golpe. pop.
    2. m. *Bo*, pop + cult → espon; *Ec*, pop. Moratón.
    3. adj. *Ec*. *Referido a persona*, pálida por enfermedad, susto o cólera.
    III. 1. m. *Co, Ec*. Fruto del **plátano** cuando aún tiene la cáscara verde y la pulpa dura.
    IV. 1. m. *Ar*. **mate**, infusión de **yerba mate**.
    V. 1. m. *Bo, Ch*. Miembro de la policía. pop + cult → espon ∧ fest.
    2. *Ur*. obsol. Miembro del ejército. pop + cult → espon.
    VI. 1. m-f. *Ec*. Indígena. pop ∧ desp.
    VII. 1. m. *ES*. Cerveza.

    a. ‖ **~ limón**. f. *ES*. Marihuana de mala calidad. drog.
    □
    a. ‖ **en ~**.
      i. loc. adj. *Ch*. *Referido a un fruto o vegetal*, que no está maduro todavía.
      ii. loc. adj/adv. *Ch*. *Referido especialmente a una venta o a una compra de un departamento*, que no se ha terminado aún o está incompleta y no se han adquirido todavía todos los derechos. pop + cult → espon.
      iii. loc. adj. *ES*. *Referido a documento o asunto*, que está en regla, hecho correctamente.
    b. ‖ **~ biche**. loc. sust/adj. *Co*. Verde claro. pop + cult → espon.
    c. ‖ **~ cata**. loc. sust/adj. *Ch, Ar:O*. Color verde estridente, similar al del plumaje de la **cata**, ave. pop + cult → espon.
    d. ‖ **~ chatré**. *PR*. **color loro**.
    e. ‖ **~ colonial**. loc. sust/adj. *Ar, Ur*. Color verde oscuro, *usado especialmente para pintar puertas y ventanas*.
    f. ‖ **~ cotorra**. *Ar, Ur*. **color loro**.
    g. ‖ **~ loro**. loc. sust/adj. *Pe, Bo, Ch, Ar, Ur*. Color verde estridente. pop + cult → espon. ♦ **color chartré; color cotorra**.
    h. ‖ **~ olivo**. loc. adj. *Ho, Ni*. Relativo a los militares.

▶ **arrancar ~; darse un ~; decirle la vela ~; decirle ve-las ~s; fumar ~; fumársela ~; pasar las ~s y las maduras; pelar el ~.**

verdeado, -a.

I. 1. adj. *Pe. Referido a una zona o a un terreno*, de color verde.

II. 1. adj. *Bo:O. Referido a la piel*, que tiene hematomas.

verdear.

I. 1. intr. *Ar, Ur.* Tomar infusión de **yerba mate**. pop + cult → espon.

II. 1. intr. *Ar.* Pastar el ganado. rur.

III. 1. tr. *Pe.* Plantar **pasto** o césped y árboles, *especialmente en la vía pública*.

verdeo.

I. 1. m. *Ch, Ar, Ur.* Pastura para el ganado.

verdeón, -na.

I. 1. adj. *Gu, ES. Referido a fruta*, que comienza a madurar.

verdín.

I. 1. m. *Mx:SE.* Licor que adquiere un tono verde al prepararse con diversas hierbas.

verdino.

■

a. ‖ **~ de corona celeste.** m. *Gu.* Pájaro de hasta 14 cm de longitud, de color verde brillante, amarillento en el vientre, con algunas plumas turquesas en la cabeza y a ambos lados del cuello, el pico, los ojos y las patas negruzcas. (Thraupidae; *Chlorophonia occipitalis*).

verdioso, -a.

I. 1. adj. *Mx.* Verdoso, que tira a verde. pop.

verdolaga.

I. 1. adj. *Bo, Ar, Ur. Referido a cosa*, de color verde o verdoso. pop + cult → espon ^ fest.

2. *Bo, Ar, Ur. Referido a una situación o a un asunto*, que está todavía en los inicios y le queda mucho por evolucionar. pop + cult → espon ^ fest.

3. *Ar, Ur.* **verdón**.

4. *Ar. Referido a persona*, que carece de experiencia. pop + cult → espon.

■

a. ‖ **~ blanca.** f. *Mx.* Planta de hasta 1 m de largo, de tallo cilíndrico, hojas anchas, opuestas y carnosas, de láminas obovadas, elípticas, flores individuales, moradas o rojizas, y frutos en cápsulas algo curvas. (Aizoaceae; *Trianthema portulacastrum*).

b. ‖ **~ de agua.** f. *Mx.* Planta acuática de hasta 80 cm de altura, hojas alternas, flores solitarias, tubulares, de cinco pétalos amarillos, y fruto en cápsulas alargadas. (Onagraceae; *Ludwigia peploides*).

c. ‖ **~ de puerco.** f. *Mx.* Planta herbácea de hasta 50 cm de alto, tallo muy ramificado, hojas opuestas, de forma variable, inflorescencias en espigas, flores cubiertas de pelillo y frutos secos, de una sola semilla. (Amaranthaceae; *Alternanthera caracasana*).

□

a. ‖ **como la ~.** loc. adv. *Mx, RD, Ve.* Rápidamente y en gran cantidad.

▶ **coger la ~; extenderse como la ~; regarse como la ~.**

verdolaguilla.

I. 1. *RD.* **bella**.

verdón, -na.

I. 1. adj. *Bo, Ar, Ur. Referido a un fruto*, que no ha alcanzado la sazón o madurez. pop + cult → espon.

♦ **verdolaga**.

II. 1. m. *Pa, Ar, Ur.* Pájaro de cabeza gris, dorso oliváceo, zona ventral grisácea, alas y cola de color amarillo oliváceo y pico anaranjado y negro. (Emberizidae; *Embernagra platensis*).

verdoso.

I. 1. m. *PR.* **llorosa**.

verdugo.

I. 1. adj. *Mx. Referido a ganado*, que tiene pelo rojizo con vetas negras.

2. *Cu. Referido a animal, especialmente vacuno*, de dos o más colores entremezclados, generalmente blanco y negro, o blanco y **carmelita** oscuro.

II. 1. m. *RD, Ec.* Persona que engaña o estafa. pop ^ desp.

III. 1. m. *Ch.* Carcelero, funcionario de prisiones. carc.

IV. 1. m. *Ec.* Indígena. pop ^ desp.

▶ **ir de ~.**

verdugón.

I. 1. m. *Gu, Ho, Ni, CR, Pa, Cu, PR.* Moratón.

verduguear(se).

I. 1. tr. *Ar, Ur.* Decirle *algo* a alguien con el propósito de humillarlo o de mortificarlo. pop + cult → espon.

2. intr. prnl. *Ar, Ur.* Mortificarse o atormentarse moralmente. pop + cult → espon.

3. tr. *Ch.* p.u. Tratar a *alguien* de forma humillante o abusiva. pop + cult → espon.

verdulear.

I. 1. intr. *ES.* Sembrar, cosechar o vender *alguien* verduras.

verdulera.

I. 1. f. *Ar:NE, Ur.* Acordeón de tamaño pequeño.

verdura.

I. 1. f. *Ni, Pa, Ve.* Raíz comestible, como la **yuca**, el **ñame** o la **malanga**.

2. pl. *PR.* Tubérculos, como el **ñame**, la **yautía**, la **yuca**, y frutas, como el **plátano**.

II. 1. f. *Pe.* p.u. Pene. vulg; pop.

III. 1. f. *Ve.* Verdad. pop + cult → espon ^ fest.

□

a. ‖ **de ~.** loc. adv. *ES, Cu.* De verdad. pop + cult → espon ^ fest.

verdural.

I. 1. m. *Ho.* Gran cantidad de verduras.

verdurera.

I. 1. f. *Ho.* Recipiente en forma de rejilla en que se guarda la verdura.

verdurero.

I. 1. m. *Ch.* Mueble o cajón para guardar las verduras. pop.

verdurero, -a.

I. 1. m. y f. *Gu, Ho, CR, Bo, Ch.* Persona que vende verduras. pop.

2. adj. *Ch.* Relativo a las verduras. pop.

verdurita.

I. 1. f. *Bo, Ar, Ur.* Hecho o asunto de poca importancia. pop + cult → espon.

2. *Bo, Ar, Ur.* Cosa fácil de hacer. pop + cult → espon.

3. *Ar, Ur.* Cosa de poco valor. pop + cult → espon.

II. 1. f. *Ar, Ur*; f. pl. *Bo.* Manojo de perejil, con un apio, un puerro, una zanahoria y otras verduras, que se compra en la verdulería y se usa especialmente para hacer caldo.

vereco, -a.

I. 1. adj/sust. *Gu, Ve.* **vireco**, con estrabismo. pop + cult → espon

2. adj. *Gu, Ve. Referido a los ojos*, que presentan estrabismo. pop + cult → espon.

3. *Ho, ES. Referido a persona*, de piernas corvas. rur.

4. *Ho, ES. Referido a persona*, tonta.

vereda.
    I. 1. f. *Pa, Ec, Pe, Bo, Ch, Py, Ar, Ur.* Acera, orilla de la calle destinada al uso de los peatones.
    II. 1. f. *Mx::SE.* Raya que divide el cabello en dos partes.
    III. 1. f. *Co.* División administrativa de un municipio.
    ■
        a. ‖ **la ~ de enfrente.** f. *Pe, Ch, Ar, Ur.* Postura ideológica que está en las antípodas de otra. pop + cult → espon.

veredazo.
    I. 1. m. *Ec, Bo.* Golpe muy fuerte de la rueda de un vehículo contra el bordillo de una acera. pop.

verga.
    I. 1. f. *Mx, Ve.* Hombre de grandes cualidades y valor. vulg.
    II. 1. f. *Ho, ES, Ve.* Golpe físico o moral. vulg.
       2. *Ni, Ve.* Objeto, asunto. vulg.
    III. 1. f. *Gu, Ho, ES, Bo.* Borrachera. vulg; pop.
       2. adj. *Bo. Referido a persona*, borracha, ebria.
    IV. 1. f. *Ni, Ve, Bo; Pa,* p.u.; rur. Látigo hecho con el nervio del miembro viril del toro. vulg.
       2. f. pl. *ES.* Dinero, billetes.
    □
        a. ‖ **a punta de ~.** loc. adv. *Gu, Ho, Ni.* Con golpes y violentamente. vulg; pop.
        b. ‖ **a pura ~.** loc. adv. *Ho, Ni.* Sin ayuda. vulg.
        c. ‖ **a toda ~.** loc. adv. *Ho, ES, Ni.* A gran velocidad, rápidamente, deprisa. vulg.
        d. ‖ **a ~.** loc. adj. *Gu, ES. Referido a persona*, borracha. vulg; pop.
        e. ‖ **de a ~.**
           i. loc. adj. *Ho, ES, Ni. Referido a persona o cosa*, excelente, de buena calidad. vulg.
           ii. *Ni. Referido a persona*, irresponsable. vulg.
        f. ‖ **en la ~ grande.** loc. adv. *Ho, Ni.* Lejos. vulg.
        g. ‖ **en ~.**
           i. loc. adj. *Ho, ES. Referido a persona*, desnuda. vulg.
           ii. *Ho, ES. Referido a persona*, que no tiene dinero. vulg.
        h. ‖ **hasta la ~.** loc. adj. *Mx, Ho, ES, Ni, CR. Referido a lugar o cosa*, lleno. vulg.
        i. ‖ **la gran ~.** *Ho.* **la mera verga.**
        j. ‖ **la mera ~.** loc. sust. *Ho.* La persona más importante, la más poderosa. vulg. ♦ **la gran verga.**
        k. ‖ **la ~.** loc. sust. *Co:O.* Persona o cosa excelente.
        l. ‖ **ni de ~.** loc. adv. *Ve:O.* De ningún modo.
        m. ‖ **ni ~.** loc. adv. *Ho, ES, Ni, CR, Bo.* Nada.
        n. ‖ **por la ~.** loc. adv. *Ho, Ni.* Lejos.
        ñ. ‖ **~ a ~.** loc. adv. *Ho, Ni.* Cuerpo a cuerpo, cara a cara. de igual a igual. vulg.
    ▶ **creerse la divina ~; creerse la gran ~; creerse la ~ de Nerón; dar ~; dejar hecho ~; estar de a ~; estar hecho ~; hacer ~; irse a la ~; lloverle ~; mandar a la ~; meter la ~; montar ~; pelar la ~; pelarle la ~; pelarse la ~; pescocearle la ~; ponerse a ~; rumbar ~; ser la mera ~; ser la ~; ser pura ~; ser tamaña ~; trampar ~; tronarle la ~; valer ~; valerle ~; vivir en la ~ grande; volar ~.**

¡verga!
    I. 1. interj. *Ho, Ni, Ve, Bo.* Expresa sorpresa o asombro. vulg.
       2. *Ho, ES, Ni, Ve.* Expresa contrariedad o rechazo. vulg.

vergacear.
    I. 1. tr. *ES, Ni.* Golpear a alguien, castigar.

vergaceo. (De *verga*).
    I. 1. m. *Gu, Ho, ES, Ni.* Pelea, reyerta. pop + cult → espon.

       2. *Ho, ES.* Tiroteo.
       3. *Ho.* Alboroto, desorden. pop + cult → espon.

¡vergación!
    I. 1. interj. *Ve:O.* Expresa sorpresa y rechazo ante un hecho negativo.

vergajada.
    I. 1. f. *Co:N.* Bellaquería.

vergajo, -a.
    I. 1. m. y f. *Pa, Ve,* pop ∧ desp; *Co,* pop + cult → espon. Persona desvergonzada que engaña para obtener beneficio propio.

vergatario, -a.
    I. 1. sust/adj. *Ve.* Persona que se destaca o sobresale por alguna cualidad.
       2. adj. *Ve. Referido a cosa*, óptima.

vergazal.
    I. 1. m. *Gu, Ho, ES, Ni, CR.* Cantidad grande de algo. pop.

vergazo.
    I. 1. m. *Mx, Gu, Ho, ES, Ni, CR, Pa, Bo.* Gran cantidad de algo. vulg; pop + cult → espon.
    II. 1. m. *CR, Pa; Gu, Ho, ES, Ni, Ve,* vulg. Golpe fuerte. pop.
       2. *Gu, Ho, ES, Ni.* Choque.
       3. *Gu, Ho, ES.* Caída fuerte.
    III. 1. m. *Gu, Ho, Ni.* Aguacero torrencial.
    IV. 1. m. *Ho, Ni.* Cobro. vulg.
       2. *Ho.* Robo de algo, acción ilegal. vulg.
    V. 1. m. *Ho, Ni.* Trago de bebida alcohólica. vulg.
    VI. 1. m. *Ho.* Disparo de un arma de fuego. vulg.
       2. Impacto que produce un disparo. vulg.
    □
        a. ‖ **a puros ~s.** loc. adv. *Ho, ES.* A golpes, a puñetazos. vulg.
        b. ‖ **al ~.** loc. adv. *Ho, Ni.* Improvisadamente, desordenadamente. vulg.
        c. ‖ **en dos ~s.** loc. adv. *Gu, Ho, Ni.* De forma rápida y brusca. vulg; pop.
        d. ‖ **para ~s.** loc. adj. *Gu. Referido a persona*, muy enojada. vulg; pop.
    ▶ **dar el ~; sembrárselo de un solo ~.**

vergo.
    I. 1. m. *Gu, ES.* Montón, gran cantidad de algo. vulg; pop.

vergoloteo.
    I. 1. m. *Gu, Ho.* Desorden, perturbación del orden. pop + cult → espon.

vergón.
    I. 1. adv. *Ho, ES.* Sí, de acuerdo.

vergón, -na.
    I. 1. adj/sust. *Ho, ES. Referido a persona*, de carácter y trato amable. pop + cult → espon.
       2. *Ho, ES.* Excelente, magnífico o extraordinario. pop + cult → espon.
       3. adj. *Ho. Referido a persona*, efectiva en su trabajo. pop + cult → espon.

vergonada.
    I. 1. f. *ES.* Valentía y temeridad.

vergonzosa.
    I. 1. f. *Mx, Cu.* **dormidera**, planta.

vergoña.
    I. 1. f. *RD.* Vergüenza.

vergueada.
    I. 1. f. *Mx, Gu, Ho, ES, Ni, CR.* Paliza, serie de golpes. vulg; pop. (**verguiada**).
       2. *Mx, Gu, Ho, ES, Ni, CR.* Derrota contundente. vulg.
       3. *Ho, ES.* Cansancio, agotamiento.

vergueado, -a.
I. 1. adj. *Ho, ES, Ni, CR. Referido a persona*, agotada físicamente. (**verguiado**).
  2. *Ho, ES, Ni. Referido a cosa o asunto*, difícil de solucionar o comprender. vulg; pop. (**verguiado**).

vergueador, -ra.
I. 1. adj/sust. *Gu, Ho, ES, CR. Referido a persona*, que golpea frecuentemente a los demás. pop + cult → espon.

verguear(se).
I. 1. tr. *Gu, Ho, ES, Ni, CR.* Golpear a *alguien*, darle una paliza. vulg; pop. (**verguiar**).
II. 1. tr. *Gu, Ho, ES, Ni, CR.* Derrotar a *alguien* con contundencia. vulg. (**verguiar**).
III. 1. intr. prnl. *Ho, ES, Ni, CR.* Trabajar mucho, esforzarse en algo. vulg. (**verguiarse**).

vergüenza.
I. 1. f. *PR.* **mantel**.

vergueo.
I. 1. m. *Gu, Ho, ES, Ni.* Pelea, reyerta. vulg; pop + cult → espon.
  2. *Gu, Ho, ES, Ni.* Desorden, alboroto, escándalo. vulg; pop + cult → espon.
  3. *Ho.* Guerra. vulg; pop + cult → espon.
  4. *Ho.* Acción reprobable que causa escándalo. pop + cult → espon.
II. 1. m. *Ni.* Trabajo arduo.

verguera.
I. 1. f. *ES.* Borrachera. pop.

verguería.
I. 1. f. *ES.* Calidad excelente.

verguero.
I. 1. m. *Pa, Co:N, Ve:O.* Disturbio, desorden. rur; vulg; pop.
  2. *Ve:O.* juv. Lugar desarreglado y revuelto. pop + cult → espon.

vergueta.
I. 1. f. *ES.* Borrachera. pop.

¡vergueta!
I. 1. interj. *ES.* Expresa negación total.
  2. *ES.* Expresa insolencia o engreimiento.

verguiada.
I. 1. *Gu, Ho, ES, Ni.* **vergueada**, paliza. vulg.

verguiado, -a.
I. 1. *Gu, Ho, ES, Ni.* **vergueado**. vulg.

verguiar(se).
I. 1. *Gu, Ho, ES, Ni.* **verguear**.
  2. *Ho, Es, Ni.* **verguearse**.

verguita.
I. 1. f. *Ni, Ve.* Cantidad muy pequeña de algo. pop + cult → espon.
  2. *Ni, Ve.* Cosa de tamaño pequeño. pop + cult → espon.

  □
  a. ‖ **de ~.** loc. adv. *Ve.* Por poco, por los pelos. pop + cult → espon.

verguiza.
I. 1. f. *Mx, ES, Ec.* Paliza, serie de golpes dados a una persona. vulg; pop + cult → espon.
  2. *Mx, Ec.* metáf. Derrota por amplio margen. vulg; pop + cult → espon.
  3. *Ec.* metáf. Coito. vulg; pop + cult → espon.

verífico.
I. 1. adj. *Ho. Referido a cosa*, verídica, cierta.

veriguación. (Afér. de *averiguación*).
I. 1. f. *Ho.* Averiguación. rur.

verija.
I. 1. f. *Mx, Gu, Ni, CR, Bo, Ar, Ur; Cu, Ch*, p.u, rur; *Ve, Py*, rur. Ijada del ganado equino.
  2. *Ar, Ur.* Corte de carne vacuna extraído del cuarto trasero del animal *y que corresponde especialmente a los músculos glúteos.*

  □
  a. ‖ **hasta la ~.** loc. adv. *Py, Ar, Ur.* En relación con la intensidad con la que se siente o realiza algo, total y profundamente. pop + cult → espon. (**hasta las verijas**).
  b. ‖ **hasta las ~s.**
    i. loc. adj. *Ar; Ur*, p.u. *Referido a un lugar*, muy lleno. pop + cult → espon.
    ii. *Ar, Ur.* **hasta la verija.**

verijón, -na.
I. 1. adj. *Mx, Bo. Referido a persona*, perezosa, vaga. pop + cult → espon.

verijudo, -a.
I. 1. adj. *Ho, Ni. Referido a persona*, que tiene abultadas las verijas.

veringo.
I. 1. *Co:C.* **caloche**.

vermouth. (Voz francesa).
I. 1. f. *Pe, Bo, Ch, Ur.* p.u. Función de un espectáculo que comienza tras la hora del crepúsculo. (**vermut**).
  2. m. *Ec.* Función dominical de cine a las diez de la mañana.

vermut.
I. 1. *Pe, Bo, Ch.* p.u. *vermouth*, función tras la hora del crepúsculo.

vernífugo.
I. 1. m. *ES.* Trago de licor.

verolís.
I. 1. m. *CR.* Flor de la caña de azúcar. ♦ **virulí.**

verónica.
I. 1. f. *Ec.* Mujer cubierta con mantilla que participa en las procesiones del Viernes Santo. pop.
  2. *Bo.* Mantón negro con el que las mujeres se cubren la cabeza cuando van a la iglesia.
  ▶ **ser la ~.**

verra.
I. 1. f. *ES.* Cerveza.

verraca.
I. 1. f. *Pe:N.* Mujer de ojos azules y cabellos rubios. rur.

  □
  a. ‖ **en pura ~.** loc. adv. *Co.* Muy rápidamente. pop.

verraco, -a.
I. 1. sust/adj. *RD, Co, Ve:O, Ec:S.* Persona valiente y audaz. pop.
  2. *Pa, Co.* **berraco**, persona que se desempeña muy bien. pop + cult → espon.
  3. adj. *Ve:O. Referido a cosa*, fuerte, sólida, firme. pop + cult → espon.
  4. *Pa. Referido a persona*, que logra con trampa o triquiñuelas obtener sus fines. pop + cult → espon.
II. 1. adj/sust. *Mx:SE, Ve, Ec:S. Referido a hombre*, mujeriego. pop + cult → espon ∧ desp.
III. 1. *Pa, Co.* **berraco**, difícil de resolver. pop.
IV. 1. *Co.* **berraco**, disgustado. pop.
V. 1. *Co.* **berraco**, extraordinario, magnífico. pop.
VI. 1. *Co.* **berraco**, que está excitado sexualmente. vulg.
VII. 1. adj/sust. *Cu, Pe. Referido a persona*, grosera, soez. pop.
VIII. 1. *Cu.* **berraco**, tonto.

verraquear.
I. 1. intr. *Cu.* Comportarse con ingenuidad o falta de viveza.

verraquera.
  I. **1.** *Pa, Co.* **berraquera**, energía, entusiasmo.
      2. *Pa, Co.* **berraquera**, ira, mal genio.
      3. *Co.* **berraquera**, excitación sexual.
  II. **1.** *Pa.* **berraquera**, persona o cosa excelente.
  □
      a. ‖ ¡**qué ~!** *Pa, Co.* ¡**qué berraquera!** pop + cult →
      espon.

verriondera.
  I. **1.** f. *Co:NE.* Sentimiento de disgusto o mal humor.
      pop + cult → espon.
      2. *Co:NE.* Cosa muy buena. pop + cult → espon.
  □
      a. ‖ ¡**qué ~!** loc. interj. *Co.* Expresa emociones inten-
      sas y variadas dependiendo del contexto.

verriondo, -a.
  I. **1.** *Mx.* **birriondo**, que manifiesta deseo sexual. pop.
  II. **1.** adj/sust. *Co. Referido a persona,* que desempeña
      muy bien una actividad u oficio. pop.
  III. **1.** adj/sust. *Co. Referido a persona,* valiente, audaz. pop.
  IV. **1.** adj. *Co. Referido a persona,* que está enojada, de
      mal humor. pop.
  V. **1.** adj. *Co. Referido a una actividad o tarea,* complica-
      da, difícil de resolver. pop.
  VI. **1.** m. y f. *Co.* Persona innominada. desp.

verrucosis.
  I. **1.** f. *Gu.* Enfermedad del durazno.

verrucoso, -a.
  I. **1.** adj/sust. *Pe.* p.u. *Referido a persona,* que padece la
      enfermedad de la **verruga peruana**.
      2. adj. *Pe.* p.u. Relativo a la enfermedad de la **verru-**
      ga peruana.

verruga.
  I. **1.** *Pe.* **verruga peruana**.
      2. *Gu.* Enfermedad que ataca al ganado bovino.
  II. **1.** f. *ES.* Dinero ahorrado.
  ■
      a. ‖ **~ peruana**. f. *Pe.* Enfermedad infecciosa caracte-
      rizada por la aparición de tumoraciones en la piel.
      ♦ **verruga**.

verrugato.
  I. **1.** *PR.* **corvino**, pez.

verrugosa.
  I. **1.** f. *Pa, Co, Ve, Ec.* Serpiente de hasta 4 m de longi-
      tud, de cabeza acorazonada y cubierta de escamas,
      cuerpo grueso triangular, con escamas dorsales
      abultadas y rugosas, cola que termina en un esti-
      lete afilado, color rosa anaranjado con manchas
      negras en el dorso; es ponzoñosa, nocturna y terrícola.
      (Viperidae; *Lachesis muta*). ♦ **cuaima; daya; ma-**
      pana; pucarara; surrucucú.

verruguera.
  I. **1.** f. *ES.* Bolsillo muy pequeño del pantalón en la
      parte delantera y pegado al cinto.

verruguiento, -a.
  I. **1.** adj/sust. *Pe. Referido a persona,* que padece la en-
      fermedad de la **verruga peruana**.
      2. adj. *Pe.* Relativo a la enfermedad de la **verruga pe-**
      ruana.

verruguilla.
  I. **1.** f. *Ni.* Punzón largo y delgado que se usa como arma.
      delinc.

versación.
  I. **1.** f. *Mx, Ec, Pe, Bo, Ch, Ar, Ur; Ve,* pop. Conoci-
      miento o dominio profundo de una materia o
      disciplina. esm.

versar.
  I. **1.** intr. *Ec, Bo, Ch.* Versificar, componer versos. pop.
      2. tr. *Bo.* Poner *algo* en verso, *generalmente para acompa-*
      ñarlo con música criolla.

versátil.
  I. **1.** adj. *Ho, Bo, Ch, Py. Referido a persona,* polifacética.
  II. **1.** adj/sust. *Ur. Referido a persona,* pancista, acomo-
      daticia. pop + cult → espon.

verseada.
  I. **1.** f. *Mx, Ch.* Composición de versos o poemas. pop.

verseador, -ra.
  I. **1.** sust/adj. *Bo, Ar.* Persona mentirosa. pop + cult
      → espon.

versear.
  1. **1.** intr. *Bo, Py, Ar, Ur.* Decir mentiras. pop + cult
      → espon.
      2. tr. *Py, Ar, Ur.* Engañar a *alguien, especialmente para*
      obtener algo. pop + cult → espon.

versero, -a.
  I. **1.** sust/adj. *Py, Ar, Ur.* Persona que dice mentiras.
      pop – cult → espon.
      2. *Py, Ar, Ur.* Persona que habla sin conocimiento o
      sin discreción. pop + cult → espon.

verso.
  I. **1.** m. *Bo, Py, Ar, Ur.* Mentira, embuste. pop + cult
      → espon.
      2. *Bo, Ar, Ur.* Charla o tema reiterativo. pop + cult
      → espon.
  ▶ **hacer el ~.**

verteolas.
  I. **1.** adj/sust. *Ch. Referido a un muro o a una pared,* que
      impide la expansión de las olas tierra adentro.

vertical.
  I. **1.** m. *CR, Ec, Pe, Ch. En deportes como el **futbol**,* cada
      uno de los postes laterales de una portería.

verticalazo.
  I. **1.** m. *Ur.* Mandato o disposición administrativa im-
      puestos de manera abusiva o imprevista por un
      superior.

vertiente.
  I. **1.** f. *ES, Ec, Bo, Ch, Py, Ar, Ur; Mx:SE,* p.u. Manan-
      tial, fuente natural de agua.

vespasiana.
  I. **1.** f. *Ch.* obsol. Urinario público.

vesperal.
  I. **1.** adj. *Mx, Bo.* Vespertino, relativo a la tarde. cult.

vespertina.
  I. **1.** f. *Co* p.u; *Ch,* obsol. Función de cine o teatro que se
      realiza en la tarde o poco después del crepúsculo.

vesre. (De *revés,* por inversión silábica).
  I. **1.** m. *Bo, Ar, Ur.* Mecanismo de formación de pala-
      bras consistente en una alteración del orden de las
      sílabas. pop + cult → espon ^ fest.
  □
      a. ‖ **al ~.** loc. adv. *Bo, Ar, Ur.* Al revés. pop + cult
      → espon ^ fest.

vésrico, -a.
  I. **1.** adj. *Ur; Ar,* p.u. Relativo al **vesre**, mecanismo de
      formación de palabras que invierte el orden de las
      sílabas. cult → esm.

vestida.
  □
      a. ‖ **~ de novia**. loc. adj. *RD, PR. Referido a una bote-*
      lla de cerveza, helada.

vestido.
  I. **1.** *Pa, Co.* **vestido de hombre**.
      2. m. *Pa.* Conjunto femenino de chaqueta, falda o
      pantalón de la misma tela o combinados de modo
      que formen una unidad.
  ■
      a. ‖ **~ de baño**. m. *Ni, CR, Pa, Co, Ec.* **malla**, bañador.
      b. ‖ **~ de franco**. m. *Gu, Ho.* Soldado que viste de pai-
      sano. ♦ **franco de servicio**.

c. ‖ **~ de gala.** m. *Ni, RD, Co, Pe, Py.* Vestido formal que usan los estudiantes de colegio en ocasiones especiales.

d. ‖ **~ de hombre.** m. *Pa, Co.* Conjunto de chaqueta, pantalón y a veces también chaleco hechos de una misma tela. ◆ **vestido.**

e. ‖ **~ sastre.** m. *Co.* Conjunto femenino de chaqueta y falda, que hace juego, y de corte recto.

▶ **dejar ~ y alborotado.**

vestidor, -ra.
 I. 1. adj. *Mx, Ni, Ch. Referido a una prenda de vestir,* que sienta o cae bien. cult.
 2. m. *ES, Ni, CR, Pa, RD, Ec, Bo, Py. En algunos lugares públicos,* habitación en que las personas se prueban o cambian las prendas de vestir.

vestier.
 I. 1. m. *Co, Ve.* Habitación de una casa, provista de armarios y utilizada para guardar la ropa y vestirse.
 2. *Co. En algunos lugares públicos,* habitación en que las personas se prueban o cambian las prendas de vestir.

vestir(se).
 □
 a. ‖ **~se con ropa ajena.** loc. verb. *ES, Ch, Ar; Ur,* p.u. Apropiarse *alguien* de las ideas o trabajo de otro. pop + cult → espon.
 b. ‖ **~se de campana grande.** loc. verb. *RD.* Ir vestido elegante y lujosamente.
 c. ‖ **~se de viejo pascuero.** loc. verb. *Ch.* p.u. Actuar generosamente de manera ocasional. pop + cult → espon.
 d. ‖ **~se el traje de madera.** loc. verb. *Ho.* Morir *alguien.*
 ◪
 a. ‖ **no te vistas, que no vas.** fr. prov. *Pa, PR, Ve, Ar, Ur.* Indica que el interlocutor no tiene derecho a intervenir o que no participa de lo que se está tratando. pop + cult → espon.

vestón.
 I. 1. m. *Bo, Ch.* Chaqueta de vestir formal.

vestuarista.
 I. 1. m-f. *CR, PR, Ec, Pe, Ch, Ar, Ur. En cine, teatro o televisión,* persona encargada del vestuario.

veta.
 I. 1. f. *Ec.* Correa de una sola pieza obtenida de la piel de una res vacuna, retorcida y curada, que se usa como cuerda en labores ganaderas.
 ▶ **irse el toro con la ~.**

vetamax. (De *Betamax*®).
 I. 1. m-f. *Ho.* Persona de edad avanzada, vieja. fest.

vetanco, -a.
 I. 1. adj. *Ho. Referido a persona,* vieja.

vetarro, -a.
 I. 1. adj/sust. *Mx, Gu, Ho, ES, Ni. Referido a persona,* vieja. desp. ◆ **viejurgo.**

vetazo.
 I. 1. m. *Ec.* Golpe dado con un látigo.

veteco, -a.
 I. 1. sust/adj. *Bo.* Persona de edad avanzada. pop + cult → espon.

veterano.
 I. 1. m. *PR.* bengalí.
 II. 1. m. *Pa.* Combatiente panameño que luchó en la Guerra de los Mil Días contra Colombia.

veterano, -a.
 I. 1. adj/sust. *Mx, ES, Ni, CR, Pa, Cu, Co, Ec, Bo, Py, Ar, Ur. Referido a persona,* de edad madura. pop ^ fest.
 2. adj. *Gu, Co, Ec:O, Bo, Ch, Py; Pe,* euf. *Referido a persona,* anciana, de mucha edad. pop.

3. m. y f. *Co.* Persona de edad con atractivo físico.
 4. m. y f. *Ec:O.* Padre o madre, persona que ha engendrado a otra. pop → cult → espon.
 ■
 a. ‖ **~ de la guerra.** m. y f. *Cu.* Persona de edad madura. pop + cult → espon ^ fest.

véteris.
 I. 1. adj. *Gu. Referido a persona,* vieja.

vétero, -a. (Apóc. de *veterano*).
 I. 1. adj/sust. *Gu, Pa. Referido a persona,* veterana, anciana.

vetisco.
 I. 1. adj. *ES. Referido a persona,* vieja.

vetuco, -a.
 I. 1. m. y f. *Ec.* Persona vieja. pop ^ afec.

vez.
 □
 a. ‖ **de cuando en ~.** loc. adv. *Ho, Ni, RD, Bo, Ur.* En alguna ocasión, con poca frecuencia. pop + cult → espon ^ fest.
 b. ‖ **de ~ en cuanto.** loc. adv. *Ho, ES, RD.* En alguna ocasión, con poca frecuencia.
 c. ‖ **en veces.** loc. adv. *ES, Ni, CR, Ec, Ch.* En algunas ocasiones. pop + cult → espon.
 d. ‖ **hasta la ~.** loc. adv. *Ho, ES, Ni.* Hasta ahora, hasta este momento. rur.
 e. ‖ **media ~.** loc. conj. *Gu, ES.* Una vez que, con tal de que.
 f. ‖ **por veces.** loc. adv. *Ho, ES.* A veces.

veza.
 I. 1. f. *Mx.* Haba común, planta. (Fabaceae; *Vicia faba*).
 2. *Mx.* Fruto y semilla de la veza.

vía.
 I. 1. f. *Ho, ES. En un vehículo,* luz lateral intermitente para indicar un cambio de dirección.
 2. *Ho.* Cada una de las piezas que lleva un vehículo en los laterales de su parte trasera para alojar la bombilla intermitente.
 ■
 a. ‖ **doble ~.** f. *ES, CR, Pa, Cu, RD, Co, Ec, Pe, Bo, Ch, Py, Ar, Ur.* Calle, carretera o vía de ferrocarril en la que los vehículos circulan en ambos sentidos.
 b. ‖ **una ~.** (Calco del ingl. *one way*). f. *EU, ES, Cu, RD, Bo, Ch, Py, Ur.* Sentido único, orientación de la dirección de circulación de los automóviles.
 c. ‖ **~ arteria.** f. *Co.* Calle principal, la de mayor importancia y circulación vehicular.
 d. ‖ **~ con prelación.** f. *Co.* Calle en la que los automóviles tienen prioridad de paso sobre los que lo hacen por calles laterales.
 e. ‖ **~s de hecho.** f. *Mx, RD, Bo.* Disputa que desemboca en violencia física. cult.
 □
 a. ‖ **en la ~.** loc. adv. *Bo, Ur.* En situación de pobreza extrema. pop + cult → espon.
 b. ‖ **por la ~ rápida del uno, dos, tres.** loc. adv. *Ve.* Rápida y eficazmente. pop + cult → espon.
 ▶ **pedir ~; tener la ~.**

viada.
 I. 1. f. *Pe.* Velocidad que se alcanza en una carrera o en un proceso.
 2. *Ec.* Impulso que se da o se toma aprovechando el declive de un terreno. (**aviada**).
 3. *Ec.* Toma de impulso en una dirección determinada. (**aviada**).
 4. *Ec.* metáf. Impulso que se da a alguien para que continúe con algo en lo que se destaca o tiene habilidad. (**aviada**).
 ▶ **dar ~.**

viagra.
    I. 1. adj/sust. *Pe. Referido a un hombre*, que ha perdido su potencia sexual.

viajaca.
    I. 1. m. *Cu, PR.* Pez de agua dulce de hasta 15 cm de longitud, de color castaño o pardo oscuro; es comestible. (Cichlidae; *Cichlasoma tetracanthus*). ♦ **dihaca.**

viajadera.
    I. 1. f. *Mx, Gu, Ho, ES, Ni, CR, Pa, Cu, RD, Co, Ve.* Traslado que realiza alguien de manera reiterada de un lugar a otro en un medio de locomoción. pop + cult → espon.

viajado.
    □
    a. ‖ **de un (solo) ~.** loc. adv. *Co.* De una vez, de un golpe, en un solo acto. pop.
    ▶ **hacer el ~.**

viajatario, -a.
    I. 1. adj/sust. *Ch. Referido a persona*, aficionada a viajar, especialmente por turismo o negocios. pop + cult → espon ^ fest.

viajazón.
    I. 1. f. *ES.* Viajes constantes.

viaje.
    I. 1. m. *RD; Ve,* juv. Cantidad grande de algo. pop + cult → espon.
    II. 1. m. *Cu.* Golpe que se da a alguien con la intención de hacerle daño.
    III. 1. m. *Ur.* Cosa extraordinaria. pop + cult → espon.
    2. *Ur.* Cosa difícil de realizar. pop + cult → espon.
    □
    a. ‖ **(de) a ~.** loc. adv. *Cu.* Por completo. pop + cult → espon.
    b. ‖ **de un solo ~.** loc. adv. *Ho, ES, Ni, CR, Pa, RD, Ve, Pe, Bo, Ar.* De una vez, de un golpe, en un solo acto.
    c. ‖ **de ~.** loc. adv. *Ni, CR, Ec.* obsol. Por completo. pop + cult → espon.
    d. ‖ **para todo el ~.** loc. adv. *Ar:NO.* Para siempre. pop + cult → espon.
    e. ‖ **~ a la China.** loc. sust. *Pe.* Gestión o trámite que se realiza sin éxito.
    f. ‖ **~ chino.** *RD.* **viaje a la China.**
    g. ‖ **~ de agua.** loc. sust. *ES.* Mujer fácil para realizar el coito.
    h. ‖ **~ de arena gruesa.** loc. sust. *Ur.* Tarea o asunto muy molesto, desagradable o difícil de hacer. pop + cult → espon.
    ▶ **agarrar ~; dar ~; inventar ~; irse de un ~; parar de un solo ~.**

viajero, -a.
    I. 1. m. y f. *Pe, Ur; Ar,* p.u. Persona que trabaja viajando en representación de una firma comercial para concretar ventas en distintos pueblos o ciudades.
    ▶ **cantar viajera.**

vianda.
    I. 1. f. *Ho, Ve, Bo, Ch, Py, Ar.* Recipiente para transportar el almuerzo o la merienda que se lleva al lugar de estudio o trabajo. ♦ **viandera.**
    2. *Ho, Ec, Bo, Py, Ar, Ur.* Comida que se lleva al lugar de trabajo o estudio para almorzar o merendar.
    3. *Ch, Py, Ar, Ur.* Comida que se reparte a domicilio.
    4. *Cu, RD, PR.* Tubérculos y frutos comestibles puestos a la mesa cocidos o frutos.

viandazo.
    I. 1. m. *Ch.* Protesta laboral en la que los trabajadores se niegan a entrar en los comedores de las empresas y solo comen lo que llevan en sus **viandas**, recipiente.

viandera.
    I. 1. *Ve, Ar.* **vianda**, recipiente.

viandero.
    I. 1. m. *Cu.* Mueble para colocar **viandas**, tubérculos y frutos comestibles. pop + cult → espon.

viandero, -a.
    I. 1. m. y f. *Bo.* Persona que vende comida en las calles en un puesto ambulante. pop + cult → espon.

viarada.
    I. 1. *Ar.* **viaraza**, enojo.
    2. *Ar.* **viaraza**, decisión.

viaraza.
    I. 1. f. *Ho, ES, Ar, Ur.* Arranque de enojo o malhumor. pop + cult → espon. ♦ **viarada.**
    2. *Ar, Ur.* Decisión repentina y extrema. pop + cult → espon. ♦ **viarada.**

viaticar.
    I. 1. intr. *Co.* Viajar un empleado por motivo de trabajo a cuenta de la entidad que lo envía.

viático.
    I. 1. m. *Mx, ES, Ni, CR, Pa, RD, Ve, Pe, Ch, Py, Ar, Ur.* Subvención de dinero para sufragar gastos ocasionados por la realización de un trabajo específico *que, generalmente, implica transportarse fuera del lugar acostumbrado.*

víbora.
    I. 1. f. *Mx, Py.* Serpiente, reptil ofidio sin patas. pop.
    II. 1. m-f. *Gu.* Persona intrigante, chismosa.
    2. *ES.* Persona servil y aduladora. desp.
    III. 1. f. *PR.* **gongolí**, árbol.
    2. *PR.* **angelón.**
    ■
    a. ‖ **~ ciega.** *Ar.* **víbora de dos cabezas.**
    b. ‖ **~ de coral.** f. *Bo, Ar, Ur.* **coral.**
    c. ‖ **~ de dos cabezas.** f. *Ar, Ur.* Lagarto ápodo de cuerpo cilíndrico, cabeza poco destacada y color rosado a bayo amarillento, cuyos ojos, atrofiados, son dos simples manchas oculares; habita en cuevas. (Amphisbaenidae; *Amphisbaena alba*). ♦ **víbora ciega.**
    d. ‖ **~ de la cruz.** *Bo, Ar, Ur.* **equis**, serpiente.
    e. ‖ **~ verde.** f. *Ar, Ur.* **culebra verde.**
    ▶ **hacer la viborita.**

viborachado, -a.
    I. 1. adj/sust. *Pe:E. Referido a un licor o aguardiente*, hecho a base de una víbora u otra serpiente macerada en el alcohol.

viborán.
    I. 1. m. *Ho.* **viborana.**

viborana.
    I. 1. f. *Gu, Ho, ES, Ni, CR, Pa.* **pelo de gato**, hierba. (**viborán**).

viboreante.
    I. 1. adj. *Bo, Ar, Ur. Referido especialmente a un camino, un río o el movimiento de algo*, que forma ondulaciones.

viborear.
    I. 1. intr. *Mx, Bo, Py.* Criticar frecuente y malintencionadamente a los demás. pop.
    II. 1. intr. *Bo, Py, Ar, Ur.* Moverse o desplazarse en zigzag.
    2. *Bo, Ar, Ur.* Tener muchas curvas una calle, una senda o un camino.

viborero, -a.
    I. 1. m. y f. *Pe:E.* obsol. Persona que amansa o adormece a las serpientes.

viborina.
    I. 1. f. *Gu.* Mordedura de serpiente.

viborón.
    I. 1. m. *Ar:NO.* **boa de las vizcacheras.**

vibra.
    I. 1. f. *Mx, Gu, Ho, ES, Ni, CR, Pa, RD, PR, Pe, Ch, Ar.* Sensación o sentimiento instintivo y subjetivo

que emana de algo o de alguien percibidos por una persona.

□

a. ‖ **buena ~.** loc. adj. *Gu, RD, Co, Pe.* Referido a persona, simpática, agradable y buena gente. pop.

vibre.
 I. 1. m. *ES.* Capacidad de vibrar, emocionar.

vibropisón.
 I. 1. m. *Pe, Ch.* Máquina manual que sirve para apisonar el pavimento mediante un golpeteo continuo sobre la superficie.

vicaria.
 I. 1. *Mx, Cu.* **chula**, hierba.

vicario, -a.
 I. 1. m. y f. *Co.* juv. Persona muy vieja. pop + cult → espon ^ desp.

vicecampeón, -na.
 I. 1. sust/adj. *Ec, Bo, Ch, Py, Ur; Ar,* p.u. Persona o equipo que ha quedado subcampeón en una **competencia**.

vicecampeonato.
 I. 1. m. *Ec, Bo, Ch, Py, Ur; Ar,* p.u. Título o calidad de **vicecampeón**.

vicentear.
 I. 1. tr. *Mx, Ho, ES, Bo.* Ver, mirar, observar a *alguien.* fest.

vicha.
 I. 1. f. *Ni.* juv. Cerveza.

vichada.
 I. 1. f. *Ar, Ur.* Mirada superficial, rápida o ligera. pop + cult → espon.

vichadero.
 I. 1. m. *Ar.* Lugar, *generalmente oculto,* desde donde se puede observar algo o a alguien sin ser visto. pop + cult → espon.

vichador, -ra.
 I. 1. m. y f. *Bo, Ar.* Persona que vigila u observa. pop + cult → espon.
 2. m. pl. *Ar.* Ojos. pop + cult → espon.

vichar.
 I. 1. tr. *Bo, Ar, Ur.* Observar furtivamente o vigilar. pop + cult → espon.
 II. 1. intr. *Ur.* Revolver o rebuscar entre los artículos que están a la venta en un establecimiento comercial. pop + cult → espon.

viche.
 I. 1. adj. *Co; Ec:O,* rur. *Referido a fruto,* que aún no ha madurado.
 2. *Co.* metáf. *Referido a persona,* que no ha alcanzado la madurez en su comportamiento. pop.
 3. *Ec:O.* Referido a planta, que no ha alcanzado su completo desarrollo. rur.

vichear.
 I. 1. tr. *Bo, Py.* Observar furtivamente o vigilar. pop + cult → espon.

vichenzo, -a.
 I. 1. adj/sust. *Ar.* Referido a persona, boba, tonta. pop + cult → espon.

vichi.
 I. 1. m. *Pe.* obsol. Vaso de barro cocido de boca ancha y con un pico para beber. rur.

víchiro.
 I. 1. m. *Co.* Pene. tabú; pop + cult → espon.

vichishovo.
 I. 1. *Mx:S.* **garambullo**.

vicho.
 ▶ **dar el ~.**

vichón, -na.
 I. 1. sust/adj. *Ar.* Persona que mira fijamente y con indiscreción o curiosidad. pop + cult → espon.

vichucha.
 I. 1. f. *Ni.* Reputación.

viciarse.
 I. 1. intr. prnl. *Gu.* Desarrollarse mucho el follaje de un cultivo y no producir frutos. rur.

vicio.
 I. 1. m. *Pe.* Desorden, bullicio.
 II. 1. m. *Gu, Ho, ES.* Follaje excesivo de una planta.
 III. 1. m. *ES.* Espuma excesiva en la miel al hacer la **panela**. rur.
 IV. 1. m. *ES.* Grano grande de maíz y un poco fofo. rur.

□

a. ‖ **al ~.** loc. adv. *Ar:NO, Ur.* Sin necesidad ni motivo. pop + cult → espon.
b. ‖ **de ~.** loc. adv. *RD, PR, Py.* En gran cantidad. pop + cult → espon.

▶ **irse en ~; jugar ~; meter ~; romper ~; tirar ~.**

vicioso, -a.
 I. 1. adj/sust. *Pe.* p.u. *Referido a persona, especialmente a un estudiante,* que organiza desorden, bullicio o jaleo.
 II. 1. adj. *Gu. Referido al follaje de una planta,* frondoso en exceso.

vicks. (De *Vicks®*).
 ▶ **echarle ~.**

vicksear.
 I. 1. tr. *Gu.* Fastidiar a *alguien.*

vico.
 I. 1. m. *Gu.* Alergia.

victimar.
 I. 1. tr. *Mx, Ho, ES, Ni, RD, Ec, Bo, Ch; Ve, Pe, Ar, Ur, Co,* p.u. Matar *una persona* a *alguien.*

víctor.
 I. 1. m. *Ho. En el ejército,* vehículo.

victoria.
 ■
 a. ‖ **~ regia.** f. *Ec, Pe:E, Bo, Py.* Planta acuática flotante, de flores blancas con centro rojo y hojas en forma de disco, de color verde, carnosas, con los bordes algo elevados y de 2 m de diámetro; crece en aguas tranquilas. (Ninfeaceae; *Victoria cruziana*).

victrola. (De *Victrola®*).
 I. 1. f. *Ho, ES, Ni, Pa, Cu, RD, PR, Ec.* obsol. Fonógrafo eléctrico integrado en una estructura con forma de mueble y provisto de caja de resonancia. (**vitrola**).

vicuña.
 I. 1. f. *Co, Ec, Pe, Bo, Ch.* Mamífero rumiante de hasta 80 cm de longitud que se asemeja al macho cabrío pero con el cuello más largo y erguido y la cabeza más redonda y sin cuernos, orejas puntiagudas y piernas muy largas; tiene un pelo largo y finísimo de color amarillento rojizo en el lomo y blanco en el vientre y las patas. (Camelidae; *Vicugna vicugna*). (**wicuña**).
 2. *Pe, Bo, Ch.* Lana de vicuña y tejido hecho con ella.

vida.
 ●
 a. ‖ **por ~ suya.** fórm. *Gu, ES; RD,* rur. Se usa para formular con cortesía una petición.
 b. ‖ **pura ~.** fórm. *CR.* Se usa para saludar o como respuesta a un saludo.
 c. ‖ **¡~ para que fuera eterna!** fórm. *Ho, Ni.* Indica reproche a alguien por su comportamiento irresponsable.

 ■
 a. ‖ **mala ~.** m-f. *RD, Bo, Py.* Persona de conducta relajada y de malas costumbres. pop + cult → espon.

b. ‖ **misky ~.** f. *Bo:C.* Buena vida. pop + cult → espon.

c. ‖ **~ capulina.** f. *Mx.* Buena vida, la que se disfruta con sosiego y comodidad.

d. ‖ **~ de anaquel.** f. *Ho. En el comercio,* tiempo que puede exhibirse legalmente para su venta un producto perecedero.

e. ‖ **~ del oso.** f. *Ch.* Vida tranquila, sin preocupaciones ni necesidades. pop + cult → espon.

☐

a. ‖ **en qué ~.**
　i. loc. adv. *Gu, Ni, Bo.* Cuándo, en qué momento.
　ii. *Gu.* Nunca.

b. ‖ **pura ~.**
　i. loc. adj. *Mx, CR.* Referido a cosa, magnífica, excelente. pop.
　ii. loc. adv. *CR, Bo.* Muy bien o magníficamente. pop.
　iii. loc. adj. *Ec.* Referido a persona, de aspecto juvenil, llena de gracia y encanto.

▶ **creer que la ~ es moronga; hacerle la ~ a cuadritos; hacerle la ~ a palitos; revolver la ~; tener ~ de garrobo.**

vidajena.
I. 1. adj/sust. *Pa. Referido a persona,* fisgona, entrometida y chismosa. pop.

vidajenear.
I. 1. tr. *Pa.* Fisgonear. pop.

vidal. (Calco del ingl. *lifer,* presidiario a cadena perpetua).
I. 1. m. *EU:SO.* Prisionero condenado a cadena perpetua. carc.

vidala.
I. 1. f. *Bo, Ar.* Composición musical de ritmo lento y carácter melancólico que se canta a dos voces y con acompañamiento de caja o guitarra; los versos del texto cantado son octosílabos.

vidalita.
I. 1. f. *Bo, Ar, Ur.* Canción popular, por lo general amorosa y de carácter triste, que se acompaña con la guitarra; los versos del texto cantado son hexasílabos y en ellos se repite la palabra **vidalitá**; es típica del noroeste argentino.

vidalitá.
●
a. ‖ **~.** fórm. *Ar, Ur.* Se usa, especialmente en canciones folclóricas, para dirigirse a la persona amada. (**vidalitay; viday**).

vidalitay.
●
a. ‖ **~.** fórm. *Bo, Ar, Ur.* **vidalitá**.

viday.
●
a. ‖ **~.** fórm. *Bo, Ar, Ur.* **vidalitá**.

videísta.
I. 1. sust/adj. *Ch.* Persona aficionada a hacer grabaciones en **video** o experta en él.

vidente.
■
a. ‖ **no ~.** sust/adj. *Ni, CR, Cu, RD, PR, Ec, Bo, Ar, Ur.* Ciego, invidente.

video.
I. 1. m. *EU, Mx, Ho, ES, Ni, CR, Pa, Cu, RD, PR, Co, Ve, Ec, Pe, Bo, Ch, Ar, Ur.* Casete que contiene una cinta magnética que reproduce o graba imágenes y sonidos en un aparato de video.

2. *EU, Mx, Ho, Ni, CR, Pa, Cu, RD, PR, Co, Ve, Ec, Bo, Ch, Ar, Ur.* Aparato que graba y reproduce imágenes y sonidos en cinta magnética.

3. *EU, Mx, Ho, ES, Ni, CR, Pa, Cu, RD, PR, Ve, Ec, Pe, Bo, Ch, Py, Ur.* Sistema de grabación y reproducción de imágenes mediante cinta magnética.

4. *EU, ES, Ni, CR, Cu, RD, PR, Ve, Ec, Pe, Bo, Ch, Ar.* Videoclip.

5. *EU, Ni, CR, Pa, PR, Ec, Bo, Ar, Ur.* Establecimiento comercial donde se alquilan películas grabadas con video.

II. 1. m. *Co.* juv. Historia exagerada. pop.

■
a. ‖ **~ beam.** (Voz inglesa). m. *CR, Cu, Co, Ve.* Aparato electrónico que, conectado a una computadora, sirve para proyectar datos e imágenes sobre una pantalla. (**video bin**).

b. ‖ **~ bin.** (Del ingl. *Video Beam*). *CR, Cu.* **video beam**.

▶ **hacerse un ~; montarse un ~.**

videocasetera.
I. 1. f. *Mx, ES, Ni, CR, Cu, Ec, Pe, Ch, Py, Ar, Ur.* Aparato que graba y reproduce mediante cintas magnéticas imágenes y sonidos procedentes de la televisión o de otro dispositivo similar. (**videocasetero**).

videocasetero.
I. 1. m. *Ur.* **videocasetera**.

videograbar.
I. 1. tr. *Mx, ES, Ec, Ch.* Grabar en **video**.

viditay.
I. 1. f. *Bo:C.* Buena vida.

●
a. ‖ **~.** fórm. *Pe:S, Bo, Ar.* Se usa para interpelar a alguien de manera cariñosa, especialmente al cónyuge.

vidón.
I. 1. m. *Ve.* Vida fácil, holgada, cómoda. pop + cult → espon.

vidorria.
I. 1. f. *Mx, RD, Ve, Ar.* Vida alegre y despreocupada. pop + cult → espon ^ sat.

2. *RD, Ve.* Vida arrastrada y triste. pop + cult → espon ^ desp.

vidota.
I. 1. m. *CR, Ve.* Vida alegre y despreocupada. pop + cult → espon.

vidriado, -a.
I. 1. adj. *Ch.* p.u. *Referido a un ojo,* vidrioso.

vidriante.
I. 1. m. *Mx, Ve.* Diamante de imitación. pop + cult → espon ^ fest.

vidriera.
I. 1. f. *Ni, Cu, Ve, Ch, Ar, Ur.* Escaparate de un comercio.

☐
a. ‖ **en la ~.**
　i. loc. adv. *Ar, Ur.* En situación de prestigio o fama. pop + cult → espon.
　ii. *Ar, Ur.* En un lugar o cargo expuesto a la opinión pública. pop + cult → espon.

▶ **volar ~.**

vidriería.
I. 1. f. *Bo.* Espacio exterior de las tiendas, cerrado con cristales, donde se exponen las mercancías a la vista del público.

vidrierista.
I. 1. m-f. *Ar, Ur; Ec,* p.u. Persona encargada de disponer artísticamente los objetos que se muestran en las vidrieras o escaparates.

vidriero.
I. 1. m. *Bo:O.* Ladrón que roba cortando los vidrios de los escaparates con un diamante. delinc.

vidrio.
I. 1. m. *Mx, Ho, RD, Bo, Py.* Cristal de las puertas de un coche.

2. *Ho, Ni.* Vitrina de un escaparate.

3. *Pa.* Lente de los anteojos.

II. 1. m. *Gu.* Envase con licor o para licor.

III. 1. adj. *Gu. Referido a persona*, susceptible.

IV. 1. *RD.* **espinito.**

●

  a. ‖ **ahí nos ~s.** fórm. *Mx, Gu, Ho, Ni, CR, Co, Ec, Pe, Bo.* juv. Se usa como despedida. fest. (**nos vidrios**).

  b. ‖ **nos ~s.** *Ni, CR, Ec, Pe, Bo.* juv. **ahí nos vidrios.**

■

  a. ‖ **~ catedral.** m. *Ec, Pe, Bo, Ch.* Vidrio de superficie labrada, no transparente, y por lo general coloreada, empleado en vitrales y puertas.

  b. ‖ **~ inglés.** m. *Cu, RD.* Excremento de animal en la vía pública donde puede ser pisado por las personas.

◪

  a. ‖ **creerse que comió ~.** fr. prov. *Ho, Ni.* Indica llamada indirecta de atención a una persona que está delante y no deja ver algo. sat.

  ▶ **comer ~; cortarse con ~ inglés; dar duro al ~; subir los ~s; volar ~.**

vidriola.

I. 1. f. *Ch.* p.u. **perico,** pez.

vidrioso, -a.

I. 1. adj. *Co. Referido a una planta, un fruto o un tubérculo*, fibroso, duro, sin jugo.

II. 1. adj. *Gu. Referido a persona*, excesivamente sensible o susceptible.

vidurria.

I. 1. f. *RD, Ve, Ar, Ur.* Vida alegre y despreocupada. pop + cult → espon ∧ sat.

vieja.

I. 1. f. *Mx, Ho, CR, Bo.* Mujer de cualquier edad. desp.

  2. *Ar.* Madre. afec.

II. 1. *Ve.* **cupaneca.**

  2. f. *Ch:C,N.* Pez de hasta 60 cm de longitud, de cuerpo robusto con puntos más o menos negros que forman líneas a lo largo del cuerpo, aleta dorsal larga con dieciséis espinas, hocico romo y labio superior grueso. (Kyphosidae; *Graus nigra*).

  3. *PR.* Pez marino de hasta 76 cm de longitud, de cuerpo aplanado, lateralmente comprimido, plateado, con la parte anterior más brillante que la posterior, aleta caudal bifurcada y boca pequeña con labios gruesos. (Haemulidae; *Anisotremus surinamensis*).

  4. *Pa.* Pez de hasta 50 cm, color que va desde el gris al azul verdoso con una franja negra que le atraviesa el costado a modo de cinturón. (Cichlidae; *Vieja maculicauda*).

III. 1. f. *Ch.* Cohete sin varilla que, encendido, corre por el suelo entre los pies de la gente.

●

  a. ‖ **la ~ Inés.** fórm. *Mx, Ni, Pa, Ve.* Se usa, entre conocidos, para responder cuando alguien pregunta quién es otra persona. fest.

■

  a. ‖ **~ de agua.** *Ar:NE.* **vieja del agua.**

  b. ‖ **~ del agua.** f. *Ar:E,N, Ur.* Pez de agua dulce de hasta 50 cm de largo y cuerpo de sección triangular recubierto con una fuerte coraza de placas óseas. (Loricariidae; *Paraloricaria* spp.). ◆ **vieja de agua.**

  c. ‖ **~ del monte.** *Pa.* **llorona,** personaje mítico.

  ▶ **pasar la ~.**

viejada.

I. 1. f. *Mx, Gu.* Conjunto de personas viejas. pop.

  2. *Gu.* Cosa antigua y pasada de moda. desp.

  3. *ES.* Hecho propio de viejos.

viejal.

I. 1. m. *ES.* Conjunto numeroso de viejos.

viejardo, -a.

I. 1. sust/adj. *Ar, Ur.* Persona de edad avanzada. pop + cult → espon ∧ desp.

viejarunco, -a.

I. 1. adj. *ES. Referido a persona*, vieja. desp.

viejazo.

I. 1. m. *Mx, Bo, Ch, Ar, Ur.* Envejecimiento físico o mental muy rápido. pop + cult → espon.

▶ **dar el ~.**

viejera.

I. 1. f. *CR, Ve.* Achaque senil.

  2. *Ho.* Vejez, actitud de viejo.

  3. *PR.* Cosa vieja e inservible. pop + cult → espon ∧ desp.

viejerío.

I. 1. m. *Mx, Gu, CR, Co, Bo.* Conjunto de mujeres. pop.

  2. *Bo, Ch, Ur.* Conjunto de personas de edad avanzada. pop + cult → espon ∧ desp.

viejevo, -a.

I. 1. sust/adj. *RD.* Persona de edad avanzada que quiere comportarse como un joven y parecerse a él.

viejita.

I. 1. f. *Co.* Pez de agua dulce de 20 cm de longitud; vive en la ciénagas y su carne es muy apreciada. (Curimatidae; *Curimata magdalenae*).

II. 1. f. *Ve.* Serpiente muy venenosa de hasta 1,80 m de longitud y color pardusco, gris claro o amarillento con dibujos triangulares. (Viperidae; *Bothrops medusa*).

III. 1. f. *Ho, ES.* Cigarro hecho a mano. rur.

  2. *ES.* Colilla de cigarro.

IV. 1. f. *ES.* Torta porosa y oscura de harina con dulce de rapadura por encima.

  2. *ES.* **Tortilla** de harina que envuelve un relleno de huevo.

  3. *ES.* Mango muy maduro con la cáscara arrugada.

  4. *Ni.* Empanada pequeña con dulce y queso.

V. 1. f. *CR.* Uno de los botes que dan las piedras lanzadas sobre la superficie del agua.

▶ **hacer una ~.**

viejito.

■

  a. ‖ **~ pascuero.** *Ch.* **viejo pascuero.**

viejo.

I. 1. *Gu, RD.* **viejo de la bolsa.**

■

  a. ‖ **~ de la bolsa.** m. *Ar, Ur.* Hombre imaginario con que se asusta a los niños para que obedezcan. inf. ◆ **viejo; viejo del saco.**

  b. ‖ **~ de Pascua.** *Ch.* **viejo pascuero.**

  c. ‖ **~ del saco.** *Ni, CR, Ch.* **viejo de la bolsa.**

  d. ‖ **~ pascuero.** m. *Bo, Ch.* Santa Claus, personaje legendario propio de la Navidad, caracterizado como un anciano gordo, de largos cabellos y barbas blancos, de carácter jovial y bonachón y vestido con una casaca y capuchón rojos; que entrega regalos a los niños. ◆ **pascuero; viejito pascuero; viejo de Pascua.**

  e. ‖ **~ rabo verde.** m. *Mx, Gu, Ni, RD, Bo.* Hombre entrado en años que busca trato sexual impropio de su edad. pop + cult → espon ∧ fest. ◆ **viejo verdolaga.**

  f. ‖ **~ verdolaga.** *Ar, Ur.* **viejo rabo verde.**

▶ **vestirse de ~ pascuero.**

viejo, -a.

I. 1. m. y f. *Mx, Gu, ES, Pe, Bo, Ch; Co,* desp. Hombre o mujer en general, incluso joven. pop + cult → espon.

2. *Mx, Gu, Ho, ES, Ni, CR, Ec, Bo, Ch, Ar, Ur.* Marido o mujer. afec.

3. *Mx, Ho, ES, Ni, Cu, Bo, Ch.* Amigo íntimo, compañero inseparable. afec.

4. *Cu.* Marido o mujer de edad avanzada. afec.

II. 1. m. y f. *Bo, Ar, Ur; Ch,* pop + cult → espon ^ desp. Profesor de una asignatura. est.

III. 1. sust/adj. *Gu.* Patrono o jefe. pop + cult → espon ^ desp.

●

a. ‖ ~. fórm. *Mx, Gu, Ho, ES, Ni, CR, Cu, Co, Ve, Ec, Pe, Bo, Ch, Py, Ar, Ur.* Se usa para dirigirse o referirse afectuosamente a alguien, *especialmente al padre, la madre, la pareja o los amigos.* pop + cult → espon.

□

a. ‖ **más ~ que andar a pie.** loc. adj. *Cu, Co. Referido a persona o cosa,* muy vieja. pop + cult → espon ^ hiperb. ♦ **más viejo que el Morro; más viejo que la injusticia; más viejo que la moda de andar a pie.**

b. ‖ **más ~ que el frío.** loc. adj. *PR.* Muy viejo. pop + cult → espon ^ hiperb.

c. ‖ **más ~ que el Morro.** *Cu.* **más viejo que andar a pie.**

d. ‖ **más ~ que la injusticia.** *Ar, Ur.* **más viejo que andar a pie.**

e. ‖ **más ~ que la moda de andar a pie.** *Cu.* **más viejo que andar a pie.**

viejolo, -a.
I. 1. sust/adj. *RD, PR.* Persona que parece de mayor edad de la que tiene, avejentada. pop + cult → espon.

viejón, -na.
I. 1. adj. *Mx, Ni, Co. Referido a persona,* muy vieja. pop.
2. adj/sust. *Gu, Ni, Ar, Ur. Referido a persona,* de edad bastante avanzada pop + cult → espon.
3. adj. *Gu, Ni, Ar. Referido a cosa,* que tiene ya muchos años de uso. pop + cult → espon.
4. adj/sust. *Pe, Ch.* Muy viejo o algo viejo. pop + cult → espon.

□

a. ‖ **gran ~.** loc. sust/adj. *Gu.* Persona importante y respetada.

viejonazo, -a.
I. 1. adj/sust. *Pe. Referido a persona,* que se comporta de forma inmadura, como si tuviera menos años de los que tiene. pop.

viejuco, -a.
I. 1. adj/sust. *Ho, Ni, Pa, Cu. RD, Bo. Referido a persona,* vieja. pop + cult → espon.

viejujo, -a.
I. 1. adj/sust. *Ch. Referido a persona,* de edad avanzada. pop + cult → espon ^ desp.

viejurgo, -a.
I. 1. *Ho.* **vetarro.** pop + cult → espon ^ desp.

viela.
I. 1. f. *Ho, Bo.* Cerveza. fest.

vienesa.
I. 1. f. *Pe, Bo, Ch.* Salchicha, embutido en tripa delgada de carne de cerdo.

viento.
I. 1. m. *RD; Pa,* rur. Dolor muscular. pop.

■

a. ‖ **~ blanco.** m. *Ch, Ar.* Borrasca de viento y nieve.

b. ‖ **~ de Cuaresma.** m. *Cu.* Viento fuerte del sur que sopla en Cuba entre los meses de febrero y marzo, a inicios de la Cuaresma.

c. ‖ **~ platanero.** m. *Cu.* Viento de intensidad suficiente como para derribar una **mata** de **plátano.** rur.

▶ **agarrar ~ en la camiseta; beberse el ~; beberse los ~s; darle ~; soplar ~s de fronda; tomar ~ de cola.**

vientos.
I. 1. adv. *Mx, Co:O.* Bien. pop.

¡vientos!
I. 1. interj. *Mx.* Expresa aprobación o euforia por algo que se ha hecho bien. pop.

vientre.
I. 1. m. *Ec, Ur.* Animal preñado. rur.

¡vieras!
I. 1. interj. *Pa, Bo.* Expresa una llamada del hablante a su interlocutor para mantener la ilación del discurso o captar su atención.

viernes.
I. 1. adj. *Mx, Gu. Referido a persona,* vieja. pop + cult → espon ^ fest.

■

a. ‖ **~ chiquito.** m. *Co, Ec.* Celebración o festejo que se realiza un jueves. pop.

b. ‖ **~ cultural.** m. *Pa, Co.* Reunión de compañeros y amigos para salir a divertirse o celebrar algo el viernes después del trabajo. ♦ **viernes de colorete; viernes del soltero.**

c. ‖ **~ de colores.** m. *RD.* Día en que niños y jóvenes no tienen la obligación de llevar uniforme en el colegio.

d. ‖ **~ de colorete.** *Pa.* **viernes cultural.**

e. ‖ **~ del soltero.** *Bo.* **viernes cultural.** pop + cult → espon.

f. ‖ **~ social.** m. *PR.* Reunión de compañeros y amigos para salir a divertirse o celebrar algo el viernes después del trabajo.

▶ **hacerse del otro ~; salir con ~ trece.**

vietnam.
I. 1. m. *ES. En el estadio de **futbol**,* zona donde da el sol, *generalmente por la tarde.*

vietnamita.
I. 1. adj. *Ch. Referido a una mujer,* que accede fácilmente a los requerimientos sexuales de otra persona. pop.

viga.
I. 1. f. *ES.* Persona difícil en el trato.
2. *ES.* Situación complicada, de difícil solución.
II. 1. f. *RD.* **Postalita** o estampa que, por su exclusividad, es difícil de conseguir.

vigear.
I. 1. *Ho, ES; Ve,* rur. **vigiar,** observar, vigilar.

vigésimo.
I. 1. m. *Mx, Ni, Ch, Ur.* Fracción de billete de lotería cuyo valor es el de una vigésima parte del billete entero.

vigiada.
I. 1. f. *Ho, ES, Ni, CR.* Mirada u observación atenta, *especialmente cuando se dirige a alguien.* ♦ **vigiadera.**

vigiadera.
I. 1. *ES, CR.* **vigiada.** pop.

vigiar. (Epént. de *vigilar*).
I. 1. tr. *Gu, Ho, ES, Ni, CR.* Observar, vigilar *algo* o a *alguien* cuidadosamente, espiar. (**vigear**).
2. *Ho.* Ver a *alguien* sorpresivamente.

vigiazón.
I. 1. f. *ES.* Observación, vigilancia constante de alguien. pop.

vigil.
I. 1. m. *Ar.* Guardián, vigilante. pop + cult → espon.

vigilador, -ra.
I. 1. m. y f. *Ar, Ur; Bo,* p.u. Persona encargada de vigilar algo.

vigilante.
 I. 1. m-f. *Ar.* Agente de la Policía.
  2. *Ec:O.* Policía de tránsito.
 II. 1. *Ar, Ur.* **postre vigilante.**
 III. 1. m. *Ar.* Dispositivo de seguridad instalado en una puerta, consistente en un brazo metálico o una cadena corta que permiten abrir unos centímetros para ver quién ha llamado.

vigión, -na.
 I. 1. m. y f. *Ho, ES, Ni.* Persona mirona.
  2. adj/sust. *Ho, ES. Referido a persona,* que vigila a alguien o algo.
  3. m. y f. *ES.* Soplón de la policía.

vigiona.
 I. 1. f. *ES.* Jugador que se sitúa cerca del área pequeña del contrario para meter goles.
 □
  a. ‖ **a la ~.** loc. adv. *Ho.* Atentamente, en guardia.

vigornia.
 I. 1. f. *ES.* Pene. euf.

vigorón. (De *Vigorón*®).
 I. 1. m. *Ni, CR.* Plato elaborado con **yuca** cocida, ensalada de repollo, vinagre y **chicharrones.**

viguá.
 I. 1. m. *Ar; Ur,* p.u. **mbiguá.**

vigueta.
 I. 1. adj/sust. *Cu.* Precedido de un sustantivo, se usa para ponderar la magnitud de lo expresado por ese sustantivo.

vihuela.
 I. 1. f. *Ho.* Guitarra grande o guitarrón. rur.

vijao.
 I. 1. *RD, PR, Ec.* **bijao,** planta ornamental.

viki. (Apóc. de *Victoria*®).
 I. 1. f. *Ni.* Cerveza. pop.

vilancha.
 I. 1. f. *Ch.* Ceremonia tradicional en la que se sacrifica una llama o alpaca y se esparce su sangre por la tierra y se entierra su corazón, con el fin de asegurar la cosecha. rur.

villa.
 I. 1. *Py, Ar, Ur.* **villa miseria.**
  2. f. *Bo.* Barrio alejado del centro de la ciudad.
 ■
  a. ‖ **~ cariño.** f. *Py.* Lugar oscuro y poco frecuentado, *generalmente en las afueras de la ciudad,* adonde acuden parejas para mantener relaciones amorosas. pop + cult → espon.
  b. ‖ **~ de emergencia.** *Ar.* **villa miseria.** euf.
  c. ‖ **~ miseria.** f. *RD, Py, Ar.* Barrio de viviendas precarias, con grandes carencias de infraestructura. ♦ **villa; villa de emergencia.**
  d. ‖ **~s y castillas.** f. *Cu.* Cosas muy deseables pero difíciles de alcanzar.

villamarquín.
 I. 1. m. *Co.* Herramienta para taladrar, consistente en un manubrio en forma de doble codo, con una empuñadura en un extremo y una punta en espiral en el otro.

villamelón, -na.
 I. 1. sust/adj. *Mx.* Persona que aparenta saber mucho de un tema en el que realmente es profano. pop + cult → espon.

villegas.
 I. 1. m. *Mx, Co, Pe.* Dinero en general.

villero, -a.
 I. 1. m. y f. *Py, Ar.* Persona que vive en una **villa miseria.**
  2. adj. *Ar.* Relativo a **villa miseria.**

  3. adj/sust. *Ar. Referido a persona,* de extracción social baja. afec.
 II. 1. m. y f. *Ar:NE, Ur.* Persona que efectúa contrabando a pequeña escala. pop + cult → espon.

villista.
 I. 1. adj. *Mx.* Relativo al revolucionario mexicano Francisco Villa.
  2. m-f. *Mx.* Partidario de Francisco Villa.

vilordo, -a.
 ▶ **estar ~.**

vilque.
 I. 1. *Ar:NO.* **virque.**

vinacho.
 I. 1. m. *CR, Bo, Ch, Ar, Ur.* Vino. pop.

vinagrera.
 I. 1. f. *Ec, Pe, Bo, Ar.* Acidez estomacal. pop + cult → espon.
 II. 1. f. *Ec; Py,* p.u. Pereza, falta de ganas para realizar algo.
 III. 1. f. *Ec; Py,* p.u. Tristeza.

vinagreta.
 □
  a. ‖ **a la ~.** loc. adj. *Ec; Ur,* p.u. *Referido a un ojo,* amoratado como consecuencia de un golpe. pop.

vinagrillo.
 I. 1. m. *Cu, PR, Ec, Pe, Ch, Ar, Ur.* Planta herbácea con tallos de hasta 25 cm de longitud, hojas con folíolos, flores rosadas o violáceas y fruto capsular cilíndrico. (Oxalidaceae; *Oxalis* spp.). ♦ **macachín.**
  2. *Mx.* Arácnido de forma y tamaño similar al alacrán, pero con un apéndice estrecho y alargado al final del abdomen, desprovisto de aguijón. (Cheliferidae; *Thelyphonus giganteus*).
  3. *Ar.* **sangre de toro.** (Polygonaceae; *Rumex acetosella*).
  4. *RD.* **flor de Jamaica.**
 II. 1. m. *Ar.* Vino tinto de baja calidad. pop + cult → espon.
 III. 1. adj/sust. *Pe:S. Referido a persona,* que tiene mal carácter.
 ■
  a. ‖ **~ morado.** m. *RD.* Planta de hojas amplias y con forma de corazón, y flores de color rosáceo muy vivo. (Oxalidaceae; *Oxalis debilis*).

vinal.
 I. 1. m. *Ec, Ar.* Árbol de hasta 7 m de altura, con espinas de hasta 30 cm de longitud, cuya madera es muy usada en carpintería. (Fabaceae; *Prosopis ruscifolia*). (**visnal**).

vinazo.
 I. 1. m. *CR.* Chisme, noticia sobre alguien a quien por lo general se desea criticar. pop + cult → espon.

vinca.
 I. 1. f. *Mx.* **tuna,** planta.

vincha. (Del quech. *wincha*).
 I. 1. f. *Ho, ES, CR, Pa, Co:N, Ec, Pe, Bo, Ch, Py, Ar, Ur.* Cinta, por lo común elástica, usada para ceñir la cabeza y sujetar el cabello. (**bincha**). ♦ **güincha.**
  2. *Ec.* Utensilio similar a una pinza, usado por las mujeres como adorno *y, en especial, para evitar que el cabello caiga sobre la frente.*

vinchuca.
 I. 1. f. *Ec, Pe, Bo, Ch, Py, Ar, Ur.* Insecto hemíptero de hasta 3 cm de longitud, cabeza afilada, ojos protuberantes y cuerpo chato, de color pardo con un reborde de bandas transversales que se alternan en colores pardos y claros; tiene hábitos hematófagos, vive en los tejados y paredes rústicas de las viviendas preca-

rias, *especialmente de adobe*, y es transmisor del mal de Chagas. (Reduviidae; *Triatoma infestans*). ◆ **chinchorro; pepa de zambo.**

■

a. ‖ ~ **colorada.** f. *Ur.* Insecto hemíptero de 15 mm de longitud, de color negro con detalles rojos en diferentes sectores dorsales y un destacado reborde abdominal donde alternan fajas negras y rojas; es exclusivamente hematófago. (Reduviidae; *Triatoma rubrovaria*). ◆ **vinchuca de las piedras.**

b. ‖ ~ **de las piedras.** *Ur.* **vinchuca colorada.**

vineada.
I. 1. f. *CR.* Fisgoneo. pop + cult → espon.

vinear.
I. 1. tr. *CR.* Fisgonear. pop + cult → espon. ◆ **chepear.**

vinería.
I. 1. f. *Pe, Ch, Ar, Ur.* Establecimiento donde se vende vino y otras bebidas alcohólicas.

vinero, -a.
I. 1. adj/sust. *Pe, Bo, Ch, Ur.* Referido a persona, aficionada a beber vino. pop.
2. sust/adj. *Pe, Bo, Ch.* Persona que se dedica a la fabricación y comercio de vino. pop.

vinillo.
I. 1. m. *Ec.* Último aguardiente que sale del alambique, característico por su bajo grado alcohólico. rur.

vino.
■

a. ‖ ~ **arreglado.** m. *Ch.* Vino con una bebida gaseosa que se acompaña a veces con aguardiente y frutas. pop.
b. ‖ ~ **chinche.** m. *Ar.* Vino elaborado con **uva chinche.**
c. ‖ ~ **de campanilla.** m. *Mx.* Bebida alcohólica elaborada con **maguey,** preparada en alambiques.
d. ‖ ~ **de coyol.** m. *Ho, Ni, CR.* Bebida alcohólica elaborada con la savia del tronco de la palmera de **coyol.**
e. ‖ ~ **de palma.** m. *Pa.* Bebida alcohólica elaborada con la savia de la **palma real.**
f. ‖ ~ **patero.** m. *Bo, Ar.* Vino de producción casera o artesanal elaborado con uvas trituradas con los pies.
g. ‖ ~ **rojo.** m. *Ec; Co,* obsol. Vino tinto.

vino, -a.
I. 1. adj. *CR. Referido a persona,* que husmea e indaga con disimulo lo que hacen los demás. pop.

vinorama.
I. 1. f. *Mx:NO.* **aromo.**

vinoso, -a.
I. 1. adj. *Ch. Referido al nombre, apellidos o ancestros de una persona,* de ascendencia aristocrática criolla.

vintén.
I. 1. m. pl. *Ur.* Ínfima cantidad de dinero. pop + cult → espon.

□

a. ‖ **ni un ~.** loc. sust. *Ur.* Nada de dinero. pop + cult → espon.
b. ‖ **sin un ~.** loc. adv. *Ur.* Sin dinero. pop + cult → espon.

vintenero, -a. (De *vintén*).
I. 1. adj/sust. *Ur. Referido a persona,* que escatima el dinero o busca obtener ganancias hasta en la más pequeña transacción. pop + cult → espon.

vínter.
■

a. ‖ ~ **ya.** f. *Ch.* p.u. Inteligencia, perspicacia. pop.

viña.
I. 1. f. *Mx.* obsol. Basurero, sitio en donde se arroja y amontona la basura. urb; pop.

viñatero, -a.
I. 1. m. y f. *Mx, Ec, Pe, Bo, Ch, Ar; Ur,* p.u. Persona que se dedica a la viticultura.
2. *Mx, Pe, Bo, Ch, Ar; Ur,* p.u. Propietario de viñas.
3. adj. *Ec, Pe, Bo, Ch, Ar.* Relativo a la viticultura.

viola.
I. 1. f. *Ar, Ur.* Guitarra, instrumento musical. pop + cult → espon.
II. 1. f. *Ho, ES.* Barriga, estómago prominente de alguien.
2. *Ho.* Vientre de mujer embarazada.
III. 1. f. *Ho.* Canica nueva o muy bien cuidada.
▶ **echar la ~.**

violación.
■

a. ‖ ~ **de domicilio.** f. *Mx, CR, RD, Co, Ve, Ec, Pe, Bo, Ch, Ar, Ur.* Entrada ilegal en la vivienda de una persona.

violatorio, -a.
I. 1. adj. *Mx, ES, Ni, CR, Cu, RD, Ve, Ec, Pe, Bo, Py, Ar; Ch, Ur,* cult → esm. *Referido a cosa,* que viola una ley, tratado, precepto o promesa.

violencia.
I. 1. f. *Co.* Período comprendido entre 1948 y 1953 que fue testigo de los enfrentamientos en Colombia entre el partido liberal y el conservador por el control del poder político.

violentista.
I. 1. adj/sust. *Pe, Ch; Ec,* p.u. *Referido principalmente a persona,* partidaria del uso de la fuerza para imponer sus ideas sociopolíticas.

violento, -a.
I. 1. adj. *Pa, PR, Co.* juv. *Referido a cosa,* muy buena, atractiva. pop.
II. 1. adj. *Co. Referido a cosa,* muy grande, excesiva. pop.

violero, -a.
I. 1. m. y f. *Ar.* Guitarrista. pop + cult → espon.

violeta.
I. 1. f. *Mx, Ni, Py.* Planta de hasta 1 m de altura, de tallo cubierto de pelos, hojas ovadas, lanceoladas, a menudo con una mancha púrpura en el centro, flores de color lila o morado, y frutos pubescentes con espinas radiales. (Malvaceae; *Anoda cristata*).

■

a. ‖ ~ **cimarrona.**
i. f. *Mx.* Hierba de hasta 30 cm de altura, de tallo delgado y erecto, hojas en forma de roseta, flores solitarias en la punta de un tallo cubierto de pelillos, acampanadas o tubulares, de color morado, rojo o púrpura, frutos en cápsula globosa, y semillas pequeñas y abundantes; es insectívora y atrapa a sus presas con una sustancia pegajosa de las hojas. (Lentibulariaceae; *Pinguicula moranensis*).
ii. *RD.* **guarapo,** árbol.
b. ‖ ~ **de agua.** f. *Mx.* Planta acuática flotante de hojas en rosetas, con inflorescencia en espiga y flores blancas de estrías lilas; forma colonias en lagos, canales y ríos, donde puede provocar obstrucciones. (Pontederiaceae; *Eichhornia crassipes*). ◆ **bora; jacinto de agua; lirio de agua; tarope.**
c. ‖ ~ **de los Alpes.** f. *Mx, Co, Ec, Bo, Ch, Ar, Ur.* Planta ornamental con hojas acorazonadas, carnosas y pilosas, flores de color blanco, rosado, granate o púrpura, según la variedad. (Primulaceae; *Cyclamen europaeum*).

violetina.
I. 1.   *Mx.* **celosa**.

violín.
I. 1.   m. *Mx.* Violador. carc.
II. 1.   m. *Ve.* Olor fuerte y desagradable procedente del sudor de los sobacos. pop + cult → espon.
III. 1.   m. *Gu, Ho.* Roce del pene en la vulva, pero sin penetrarla.
IV. 1.   m. *Ho, ES.* Mesa de madera o de metal, con patas plegables y alargadas, que se utiliza para planchar.
V. 1.   m. *Gu.* Animal flaco y de aspecto enfermizo. pop + cult → espon ^ fest.
VI. 1.   m. *Ur.* Botella de forma especial que se usa para recoger la orina de la persona que guarda cama.
► **dar como a ~ prestado; dar ~; hacer ~es; meter ~ en bolsa; pintar un ~; pintar ~es; sacar el ~; tocar el ~.**

violina.
I. 1.   *Gu, Co.* **dulzaina**.

violineta.
I. 1.   *Gu.* **dulzaina**.

violinista.
I. 1.   m-f. *Ni, Pa, Ec:O, Bo; Pe, Ch,* p.u; *Co,* pop. Persona fastidiosa que no deja estar a solas a una pareja de enamorados. espon ^ desp. ♦ **cortanota**.

vira-vira. (Del quech. y del aim. *wirawira*).
I. 1.   f. *Co, Bo.* Hierba de hasta 1,5 m de altura, con tallo recto, bien ramificado, hojas pubescentes y flores amarillas en inflorescencia; se emplea para diversos usos en la medicina tradicional. (Asteraceae; *Achyrocline bogotensis*).
2.   *Co, Bo.* Hierba de hasta 50 cm de altura, con el tallo cubierto de una pelusa blanca y flores agrupadas en cabezuelas; se emplea para diversos usos en la medicina tradicional. (Asteraceae; *Gnaphalium elegans*).
3.   *Ur.* **marcela macho**.

virabarquín.
I. 1.   m. *Ar:NO.* Berbiquí.

viracambota.
I. 1.   f. *Ar:NE.* Vuelta que se da apoyando las manos en el suelo y haciendo girar el cuerpo hacia delante.
2.   *Ar:NE.* Cambio, *especialmente en una decisión o una postura ante un asunto.*

viracocha.
I. 1.   sust/adj. *Pe:S.* Persona de raza blanca. rur; pop.

a. ‖ ~. fórm. *Bo.* Se usa para dirigirse de forma respetuosa a un hombre.

virado, -a.
I. 1.   adj. *Ho, ES. Referido a persona o a un vehículo,* veloz, rápido.
II. 1.   adj. *Ec. Referido a persona,* que se ha pasado al campo contrario o que ha adoptado una opinión opuesta a la que antes tuvo.
III. 1.   adj. *Ec.* p.u. *Referido a un traje viejo,* que ha sido enteramente volteado para hacerlo más presentable.
IV. 1.   adj. *Pa, RD. Referido a un hombre,* afeminado u homosexual. pop + cult → espon ^ desp.

virador.
I. 1.   m. *PR. En la industria azucarera,* aparato que sirve para ayudar a virar a los camiones cargados de caña.

viraguarse.
I. 1.   intr. prnl. *CR.* obsol. Llenarse de puntos negros o manchas la ropa húmeda por haberse dejado varios días sin tender o sin ventilar.

viralata.
I. 1.   adj/sust. *RD. Referido a un perro,* callejero, que no tiene dueño.

viraperé.
I. 1.   m. *Ar:NE.* **grapia**, árbol y madera.

virar(se).
I. 1.   intr. prnl. *Ch.* Retirarse inesperadamente de un lugar o de un compromiso.
2.   *Ch.* juv. Marcharse de un lugar a otro.
3.   intr. *Cu.* Regresar, volver al lugar del que se ha partido.
4.   *Cu.* Cambiar *alguien* la dirección que llevaba.
5.   tr. *Cu.* Volver el cuerpo, o una parte de él, hacia una dirección determinada.
6.   intr. prnl. *Cu.* Darse la vuelta *una persona* hacia un lugar determinado.
II. 1.   intr. prnl. *Pa, Cu.* Ponerse en contra de alguien o de algo, cambiar de opinión.
2.   tr. *Cu.* Enemistar a una persona contra otra.
III. 1.   tr. *Cu.* Derramar el líquido contenido en un recipiente.
2.   intr. prnl. *Cu.* Derramarse el líquido contenido en un recipiente.
IV. 1.   tr. *Cu.* Matar *una persona* a *alguien*.
V. 1.   tr. *Cu.* Rechazar *algo* y devolverlo a quien lo ha dado o enviado.
VI. 1.   tr. *Cu.* Rehacer una prenda de vestir de modo que el lado de la tela que estaba hacia dentro quede hacia afuera.
VII. 1.   tr. *Cu.* Dar la vuelta a un alimento que se está cocinando.

□

a. ‖ **~ en u.** loc. verb. *PR.* Dar la vuelta, volver en dirección contraria a la que se llevaba.
b. ‖ **~ la boca.** loc. verb. *Pa, PR.* Torcer la boca en señal de disgusto.
c. ‖ **~ la página.** loc. verb. *Ec.* Dar por terminado un asunto.
d. ‖ **~ las cutarras.**
    i.   loc. verb. *Pa.* Tropezar y caer.
    ii.   *Pa.* Morirse *alguien*.
e. ‖ **~ los cañones.** loc. verb. *Cu.* Comenzar a manifestarle a alguien una postura hostil.
f. ‖ **~ los ojos.** loc. verb. *Cu.* Torcer los ojos en señal de disgusto.
g. ‖ **~ tallos.** *Pa.* **dar tallos.** pop.
h. ‖ **~se la tortilla.** loc. verb. *Cu.* Volverse desfavorable una situación que se presentaba favorable o viceversa.

viraró. (Voz guaraní).
I. 1.   m. *Py, Ar:N.* Árbol de hasta 20 m de altura, de tronco corto y copa amplia, hojas compuestas, flores de color castaño rojizo, fruto brillante con una sola semilla; la madera se utiliza en ebanistería. (Fabaceae; *Pterogyne nitens*). (**biraró**). ♦ **palo mortero; tipilla.**
2.   *Py, Ar:N.* Madera dura y resistente, con múltiples aplicaciones, del viraró. (Fabaceae; *Pterogyne nitens*). ♦ **tipilla.**
3.   *Py, Ur.* Árbol grande, de corteza gris oscura, follaje semipersistente verde oscuro y flores de color rojizo amarillento. (Polygonaceae; *Ruprechtia* spp.).

viravira. (Del quech. *wirawira*).
I. 1.   f. *Ve, Ec, Pe, Bo, Ch, Ar; Ur,* p.u. Planta herbácea con hojas lanceoladas, flores en cabezuela e involucro de escamas blancas; está cubierta de una pelusa blanca y se emplea en infusión como pectoral. (Asteraceae; *Gnaphalium* spp.).
2.   *Ar, Ur.* p.u. Hierba pequeña con tallos ascendentes y hojas abundantes. (Asteraceae; *Gamochaeta filaginea*).
II. 1.   m. *PR.* Sucesión continua de actos rápidos.

virazón.
I. 1.   m. *Ho, PR.* Vuelta, giro de un vehículo o de los ojos.

II. 1. m. *ES.* Carrera, velocidad.

III. 1. m. *Pa.* Viento marino del norte.

vireco.

I. 1. adj. *Ho, Ni, Ve. Referido a persona,* que padece estrabismo (**vereco; virengo; vireto**).

virengo, -a.

I. 1. adj/sust. *Ve.* **vireco.** pop + cult → espon.

2. adj. *Ve. Referido a los ojos,* que presentan estrabismo. pop + cult → espon.

vireto, -a.

I. 1. adj/sust. *Ve.* **vireco.** pop + cult → espon. (**bireto**).

2. adj. *Ve.* metáf. *Referido a una forma,* tortuosa, zigzagueante. pop + cult → espon.

virgada.

I. 1. f. *ES.* Tontería, falta de experiencia. desp.

Virgen.

■

a. ‖ **día de la ~.** m. *ES.* Día de pago.

b. ‖ **la ~ amarrada en un trapito.** f. *Ch.* Beneficio que se consigue de manera inesperada. pop + cult → espon ^ fest.

□

a. ‖ **¡~ del agarradero!** loc. interj. *Co.* Expresa miedo ante un peligro o ante una dificultad.

▶ **deberles a las once mil vírgenes; hacerse que la ~ le habla; salirle la ~.**

virgencita.

I. 1. f. *Bo:O.* Golondrina. (Hirundinidae; *Hirundo* spp.). pop + cult → espon.

virgílica.

I. 1. f. *ES.* Mujer virgen. fest.

virgilio, -a.

I. 1. adj/sust. *ES, Bo. Referido a persona,* virgen. fest.

virginia.

I. 1. f. *Mx. ES.* Mujer virgen. fest.

II. 1. f. *Mx.* **mal de ojo.**

virginiano, -a.

I. 1. adj/sust. *ES, Ni, Bo, Py, Ar, Ur. Referido a persona,* que ha nacido bajo el signo zodiacal de Virgo.

virginio.

I. 1. *Mx.* **donjuán.**

virginita.

I. 1. *Co.* **angelita.**

virgo, -a.

I. 1. adj. *Ho, ES. Referido a cosa,* nueva, sin estrenar.

2. sust/adj. *Ho.* Persona joven que no ha probado droga. rur.

II. 1. adj. *Gu.* Bueno.

viril.

I. 1. m. *Ho.* metáf. Pene. vulg.

2. *Pa.* Pan alargado y convexo en uno de sus extremos. pop + cult.

viringo.

I. 1. m. *Co.* Larva de algunos escarabajos.

II. 1. *Pe.* **perro calato.**

viringo, -a.

I. 1. adj. *Co, Ec. Referido a persona,* desnuda, sin vestido. pop + cult → espon.

virola.

I. 1. f. *Bo:S, Ar.* Anillo de plata con el que se adornan las riendas, el bozal y otras piezas de la montura. rur.

2. *Ar, Ur.* Aro de metal que adorna y refuerza la boca del **mate,** recipiente.

II. 1. sust/adj. *Bo, Ar.* Persona que tiene estrabismo. pop + cult → espon ^ fest.

2. m. pl. *Ho.* Ojos, *especialmente si son grandes.*

III. 1. adj/sust. *Ar. Referido a persona,* loca, chiflada. pop + cult → espon.

IV. 1. f. *ES.* Pene. vulg.

virolear.

I. 1. intr. *Gu.* Salir a divertirse.

virolo, -a.

I. 1. adj. *Ve, Ec, Bo, Ar. Referido a los ojos o a la mirada,* estrábicos. pop + cult → espon.

vironay.

I. 1. m. *RD.* Juego que consiste en apostar una cantidad de dinero que, en función de los números que salen al lanzar tres dados, se puede duplicar o triplicar en ganancias.

vironcha.

I. 1. f. *Co:O.* Hombre homosexual. vulg; desp.

2. adj. *Co:O. Referido a persona,* indeseada en un grupo. pop.

virósico, -a.

I. 1. adj. *Bo, Py, Ar, Ur.* Viral.

virosis.

I. 1. f. *Gu.* Enfermedad de la **papa.**

virotada.

I. 1. f. *Ve.* Hecho o dicho tonto o extremadamente ingenuo. pop + cult → espon.

virote.

I. 1. *Mx.* **birote,** pan.

II. 1. m. *Pe:E.* Dardo que se dispara con la cerbatana.

2. *Pe.* **virote zancudo.**

3. *Pe:E.* p.u.; metáf. Maleficio o hechizo hecho por medio de un soplo con el fin de dañar a alguien.

III. 1. adj. *Ve. Referido a persona,* tonta. pop.

2. adj/sust. *Ve. Referido a persona,* ingenua, sin malicia. pop + cult → espon ^ desp.

IV. 1. m. *Ho:O, Ni.* Pene. vulg.

2. *Ho.* Punta alargada de algo.

V. 1. m. *Ho.* Parte reproductiva de la mata de plátano.

2. *Ho.* Tallo delgado, verde y largo que conecta el racimo del plátano con la **pichota.**

VI. 1. m. *Ni.* Ano. euf.

VII. 1. m. *PR.* **estaca,** palo lateral. rur.

■

a. ‖ **~ zancudo.** m. *Pe.* Mosquito de mayor tamaño que el normal, con manchas blancas, transmisor del virus del dengue y de la fiebre amarilla. (Culicidae; *Aedes aegypti*). ◆ **nao nao; virote.**

viroteado, -a.

I. 1. adj. *Cu, PR. Referido a cosa,* mal colocada, que no está derecha. pop + cult → espon.

2. *Cu. Referido a persona,* que tiene las extremidades o el tronco torcidos. desp.

virotear.

I. 1. tr. *Cu.* Inclinar o dar vuelta a *algo* hasta conseguir otra posición.

virque. (Del quech. *wirki*).

I. 1. m. *Bo, Ar:NO.* Tinaja de barro, con boca ancha y base pequeña. (**vilque; virqui**).

virqui.

I. 1. *Bo, Ar:NO.* **virque.**

2. *Bo:S.* Cántaro grande al que se traslada la **chicha** después de haber hervido durante dos o tres días para terminar el proceso de fermentación. rur.

virquina.

I. 1. f. *Bo.* Tinaja grande de barro cocido, de base pequeña y boca ancha. rur.

virreina.

I. 1. *Mx.* **mercadela.**

virreondo.

I. 1. m. *Gu.* Hombre que tiene hijos con muchas mujeres. desp.

virriondo.
    I. 1.   adj. *ES, N. Referido a un hombre*, lujurioso. pop.
virriondo, -a.
    I. 1.   *Gu.* **birriondo**, que tiene deseo sexual. pop.
virsúchil.
    I. 1.   *Mx:E.* **cacalichuche**.
virtiente.
    I. 1.   m. *ES.* Fuente, manantial. rur.
virtud.
    I. 1.   f. *Ho, RD.* Poder mágico de lugares, plantas o animales.
virueco, -a.
    I. 1.   adj. *Pa. Referido a objeto*, torcido, con curvas. pop.
viruela.
    I. 1.   f. *Gu, Ho, Ni, Ur; Pa*, rur; pop. Enfermedad de las aves causada por un virus que provoca nódulos grisáceos, amarillos y costras en la barbilla, la cresta y las patas.
    2.   *RD.* Varicela.
    ■
    a. ‖ **~ de la lechuga.** f. *Gu.* Enfermedad de la lechuga.
virulana. (De *Virulana*®).
    I. 1.   f. *Bo, Py, Ar, Ur.* Utensilio de limpieza hecho con hilos de aluminio enmarañados, *usado especialmente para raspar la suciedad de recipientes de cocina metálicos*.
virulí.
    I. 1.   *Pa.* **verolís**.
    2.   m. *Pa.* Parte alta de la caña de azúcar de donde sale la flor.
    3.   *Pa.* metáf. Persona alta y muy delgada. pop + cult → espon ^ fest.
    4.   *Pa.* Varita de bambú, muy delgada y hueca por dentro, que utilizan los niños campesinos para construir cometas. rur; pop.
    □
    a. ‖ **a la ~.** loc. adj/adv. *Ch. Referido a cosa*, hecha de cualquier manera, sin cuidado. pop.
virulilla.
    I. 1.   f. *Cu.* Mujer que accede fácilmente a tener relaciones sexuales con hombres.
    II. 1.   f. *Cu.* Poca cantidad de dinero que se solicita o se entrega por un servicio. ◆ **viruta**.
virundela.
    I. 1.   f. *Ur.* Copa de bebida alcohólica. pop + cult → espon ^ fest.
virusa.
    I. 1.   f. *Ec.* p.u. Viruta de madera.
virusco, -a.
    I. 1.   adj. *Ho. Referido a persona*, vivaracha.
virusquiar.
    I. 1.   intr. *ES.* Coquetear con alguien.
viruta.
    I. 1.   f. *Co, Ec, Bo, Ar, Ur. En carpintería*, estropajo metálico usado para cepillar la madera.
    II. 1.   *Cu.* **virulilla**, poca cantidad de dinero.
    ▶ **sacarle ~ al piso**.
virutear.
    I. 1.   tr. *Co, Ar.* p.u. Cepillar los suelos de madera con **viruta**.
virutilla.
    I. 1.   f. *Bo, Ch.* Estropajo de alambre fino que sirve para pulir los pisos y para limpiar las ollas y otros utensilios de cocina.
virutillado.
    I. 1.   m. *Bo, Ch.* Limpiado y fregado de una superficie con **virutilla**.
virutillar.
    I. 1.   tr. *Bo, Ch.* Frotar o fregar una superficie con **virutilla** para extraer la suciedad. pop. (**virutillear**).

virutillear.
    I. 1.   *Bo.* **virutillar**. pop.
viruza.
    I. 1.   f. *Ho.* Vara delgada, *generalmente para golpear*.
visa.
    I. 1.   f. *EU, Mx, Ho, ES, Ni, CR, Pa, Cu, RD, PR, Co, Ve, Ec, Pe, Bo, Ch, Py, Ar, Ur.* Visado.
    2.   *Ch.* Validación oficial de un documento para un determinado uso.
    •
    a. ‖ **¡~!** fórm. *ES.* Se usa para pedir a una persona que espere un momento.
visacara.
    I. 1.   f. *Ar:NO.* Capa de carne que se saca de entre el cuero y el costillar de vacunos y porcinos.
visación.
    I. 1.   f. *Ch, Ur.* Visado o permiso para entrar o permanecer en un país.
visaje.
    I. 1.   m. *Mx, Co:O,SO,C.* juv. Gusto o inclinación por exhibirse y sobresalir. pop.
    II. 1.   m. *Ve.* Visión fugaz.
    ▶ **dar ~**.
visajear.
    I. 1.   intr. *Co:O,SO,C.* Mostrarse, querer figurar o sobresalir, *generalmente por cosas externas*. pop.
visajoso, -a.
    I. 1.   adj. *Co:O,SO,C. Referido a persona*, presumida, que le gusta exhibirse y ser admirada. pop ^ desp.
viscacha.
    I. 1.   *Bo, Ch, Ar, Ur.* **vizcacha**, mamífero.
viscachazo.
    I. 1.   *Bo.* **vizcachazo**.
viscachear.
    I. 1.   *Bo, Ar.* **vizcachear**.
viscachera.
    I. 1.   *Bo, Ar, Ur.* **vizcachera**.
viscarro, -a.
    I. 1.   adj/sust. *Gu. Referido a persona*, vieja, de edad avanzada.
visco.
    I. 1.   m. *Ar.* Árbol de hasta 15 m de altura, copa muy amplia y flores de color amarillo; se cultiva como ornamental y su madera es muy apreciada. (Fabaceae; *Acacia visco*). ◆ **viscote**; **yapán**.
visconversa.
    □
    a. ‖ **a la ~.** loc. adv. *Mx, Gu, Ho, CR, Ve.* Al contrario, por lo contrario; cambiadas dos cosas recíprocamente. fest.
viscote.
    I. 1.   *Ar.* **visco**.
viscoyol.
    I. 1.   *CR.* **jahuacte**.
    2.   m. *CR.* Cogollo comestible del viscoyol.
visera.
    I. 1.   m. pl. *Mx, Ch.* Piezas de vaqueta que caen junto a los ojos del animal para que no vea por los lados, sino de frente.
    2.   f. *Cu.* Anteojera del caballo. rur.
viserazo.
    I. 1.   m. *Ec.* Orden arbitraria que da alguien a otro para que se cumpla inmediatamente.
visgüis.
    I. 1.   m. *Ho.* **chimichaca**, hierba.
visión.
    ▶ **hacer visiones**.

visionar.
I. 1. tr. *Ho, ES, Ni, RD.* Imaginar lo que puede suceder en el futuro.
2. *Ho, ES, Ni.* Trazar metas futuras.

visionista.
I. 1. sust/adj. *Cu.* Persona que elabora fantasías en su mente. pop + cult → espon.

visionudo, -a.
I. 1. adj. *Mx. Referido a persona,* ridícula y grotesca, *especialmente en el atuendo.* pop + cult → espon.

visita.
I. 1. f. *Gu, Ho, Pa, RD; Cu, Bo:O* obsol; *Py,* obsol; rur. Menstruación. euf.

a. ‖ ~ **de almas.** f. *Bo.* Día en que las familias esperan la llegada de las almas de los difuntos con una mesa en la que ofrecen comida y bebida.
b. ‖ ~ **de doctor.** *Gu, Ni, RD, Ec, Bo, Ur.* Visita de corta duración. pop. ◆ **visita de médico.**
c. ‖ ~ **de médico.** *Gu, Ni, RD, Ec, Bo, Ur.* **visita de doctor.**

visitado, -a.
I. 1. adj. *Ho. Referido a persona o lugar,* que ha sido robado.

visitadora.
I. 1. f. *Pe.* Prostituta que frecuenta los alrededores de los cuarteles. pop.
II. 1. f. *RD.* Medicamento líquido que se introduce en el cuerpo por el ano con un instrumento adecuado para impelerlo, y sirve por lo común para limpiar y descargar el vientre.
2. *RD.* Utensilio con que se introduce.

visitaflor.
I. 1. m. *Pa.* Ave de hasta 3 cm de longitud, de plumaje brillante e iridiscente de color verde dorado con cambiantes bermejos en la cabeza, cuello y cuerpo, gris claro en el pecho y vientre, y negro rojizo en las alas y cola. (Trochilidae; *Therenetes* spp.).

visitar.
I. 1. tr. *Ho.* Robar *alguien algo.*

visnaga.
I. 1. *Mx.* **biznaga.**

visnal.
I. 1. *Ar.* **vinal.**

viso.
I. 1. m. *Mx, Py, Ur.* Prenda de vestir que usan las mujeres por encima de la ropa interior y debajo del vestido.
II. 1. m. *Ch.* Teñido del pelo en franjas finas.

visor.
I. 1. m. *Ho, ES, Ec, Pe, Bo, Ch, Py.* Mirilla o pequeña abertura en una puerta, que permite mirar al otro lado.

vista.
I. 1. f. pl. *Ho; Co, Ec, Pe:NO,* pop. Ojos, *especialmente si son grandes.* rur.
II. 1. f. pl. *Ec.* obsol. Película de cine.
III. 1. f. *Ho.* Reproducción de pequeño tamaño, en papel o cartón, de un dibujo, pintura o fotografía destinada a juegos y colecciones infantiles.

a. ‖ ~ **de pato macho.** f. *Ve:NO.* Muy buena vista o visión. pop + cult → espon.
b. ‖ ~ **fija.** f. *RD, Bo.* Diapositiva.
c. ‖ ~ **fuerte.** f. *Gu, Ho, Ni, Ur.* Mirada de una persona que provoca en niños o en animales domésticos jóvenes el mal de ojo. pop. ◆ **fuerte.**

a. ‖ **a ~ y paciencia.**
i. loc. adv. *CR, Ec, Pe, Bo, Ch.* Bajo la vigilancia de alguien que no ejerce esa labor ni sanciona las infracciones que se cometen. pop + cult → espon.
ii. *Bo.* Delante de todos.
▶ **hacerse de la ~ gorda; jugar a la ~; pegarle calor de ~.**

vistada.
I. 1. f. *Ho.* Mirada rápida a algo.
2. *CR.* Vista panorámica. rur; pop + cult → espon.

visteador.
I. 1. sust/adj. *Ar.* Hombre diestro en peleas a cuchillo simuladas o de exhibición. rur.

vistear.
I. 1. tr. *Ve.* Mirar, observar *algo* o a *alguien.* pop + cult → espon.
2. *Ve.* Escoger o seleccionar mentalmente. pop + cult → espon.
II. 1. intr. *Ar.* Simular, como muestra de habilidad y destreza, una pelea a cuchillo. rur.

vistilla.
I. 1. f. *Cu.* Visión perfecta.
2. *RD.* **vitilla,** tapón.
3. *RD.* meton. **vitilla,** juego.

visual.
I. 1. f. *Ho; EU, Ur,* p.u. Vista.
▶ **echar la ~.**

vitamina.
I. 1. f. *Ho.* Marihuana. drog; euf.
II. 1. *Ho.* **cabadura,** semen. euf; pop + cult → espon ^ fest.

vitiligo.
I. 1. m. *Mx, Ho, CR, Cu, RD, Ve, Ec, Bo, Ur.* Afección de la piel que se caracteriza por la falta de pigmentación en amplias zonas del cuerpo.

vitilla.
I. 1. f. *RD.* Tapón de plástico de una botella o vasija similar. (**vistilla**).
2. *RD.* meton. Juego que simula al **beisbol,** en el que se usa un tapón y un palo cualquiera a la manera de un **bate** y una bola. (**vistilla**).

vitoco.
I. 1. m. *Ve.* Hombre elegante y presumido. pop + cult → espon.

vitola.
I. 1. f. *Ho.* Anillo metálico que sirve para calibrar el grosor de un puro.

vitoqueado, -a.
I. 1. adj. *Ve. Referido a persona,* orgullosa o presumida. pop + cult → espon.

vitoquismo.
I. 1. m. *Ve.* Presunción, engreimiento. pop + cult → espon.

vitraux. (Voz francesa).
I. 1. m. *Ch, Ar, Ur.* Vitral.

vitreo.
I. 1. m. *ES.* Cerebro de persona. drog.

vitrina.
I. 1. f. *Ho, ES, Ni, CR, Pa, RD, PR, Co, Ec, Bo, Ch, Py.* Espacio exterior de una tienda, cerrado con cristales, donde se exponen los artículos a la vista del público.
2. *Ec, Ch.* Exhibición de algo o alguien ante el público.
II. 1. f. *Ve.* juv. Aire de superioridad. pop + cult → espon.

vitrineador, -ra.
I. 1. m. y f. *Ch.* p.u. Persona aficionada a mirar **vitrinas** o escaparates por las calles.

vitrinear(se).
I. 1. intr. *Gu, ES, Ni, Co, Ec, Bo, Ch.* Salir a mirar **vitrinas** de locales comerciales para pasar el tiempo. pop. (**vitriniar**).

2. intr. prnl. *Ch*; *Ec*, p.u. Exhibirse *alguien*, mostrarse con el fin de conseguir algo. pop.

3. intr. *Ch*. Buscar con afán. pop.

vitrineo.
 I. 1. m. *Ec*, *Ch*. Paseo ocioso por las calles o centros comerciales mirando **vitrinas** sin ánimo de compra. pop + cult → espon. ◆ *window shopping*.
 2. *Ch*. Búsqueda afanosa que se hace de algo. pop + cult → espon.

vitrinero, -a.
 I. 1. adj. *Co*. p.u. *Referido a persona*, presumida, que le gusta exhibirse y ser admirada. pop ^ desp.
 2. adj/sust. *Ch*. *Referido a persona*, que le gusta **vitrinear** o mirar vidrieras o escaparates. pop + cult → espon.

vitriniar.
 I. 1. *Co*. **vitrinear**, salir a mirar. pop.

vitrinismo.
 I. 1. m. *Ec*, *Ch*. Arte u oficio de montar y decorar **vitrinas** de comercios.

vitrinista.
 I. 1. m-f. *Ch*. Persona encargada de montar o decorar la **vitrina** de un comercio.

vitró. (Del fr. *vitreaux*).
 I. 1. m. *Ch*; *Ar*, p.u. Vitral.

vitrola. (De *Victrola*®).
 I. 1. f. *Mx*, *Ni*, *Pe*, *EU*, *Bo*, *Ch*, *Py*, *Ar*, *Ur*. Gramófono.
 2. *Cu*; *EU*, *Pa*, *Ec*. *Ho*, *ES*, p.u. **victrola**.
 3. *Cu*. Máquina que cuando se le introduce una moneda toca la música escogida.

vitrovén. (De *Vitrovent*®).
 I. 1. m. *Pe*. Vidrio plano angosto y movible usado en ventanas.

vitualla.
 I. 1. f. *Co:N*, *Ve:E*. Ración abundante de verdura, **plátano**, **yuca**, **papas** y otros similares con que se preparan las comidas.
 2. pl. *Bo*, *Ch*, *Ar*. Conjunto de elementos necesarios para realizar una actividad.

vituperio.
 I. 1. m. *Ch*. juv. Reunión o cóctel donde se sirven comidas y bebidas. pop + cult → espon ^ fest.
 2. *Ch*. juv. Bebida alcohólica servida en una reunión social o cóctel. pop + cult → espon ^ fest.

viuda.
 I. 1. f. *Mx*. **gallardete**, arbusto.
 2. *Mx*. Pájaro de hasta 50 cm de longitud, de cara pálida, ojos oscuros y pico negro con la punta anaranjada, cabeza, cuello y pecho negros y el resto del cuerpo marrón castaño, con algunas manchas negras en muslos y abdomen, alas remeras castañas con la punta negruzca y timoneras amarillas, excepto el par central, que es negro. (Icteridae; *Psarocolius montezuma*). ◆ **oropéndola mayor**; **zacua**.
 3. *Mx*. **gallito de agua**, ave zancuda. (**viudita**).
 4. *Ar*. **carau**.
 5. *Gu*, *Ho*. Pájaro de hasta 23 cm de longitud, de plumaje de color negro, cuello y pecho azul violáceo, alas con listas blancas y negras uniformes, anillo ocular amarillo, pico gris claro y patas gris oscuro. (Trogonidae; *Trogon rufus*). (**viudita**).
 6. *Gu*. **zopilote**, *Coragypsatratus*.
 7. *PR*. **tero real**.
 II. 1. f. *Pe*. Figura del carnaval que representa a la esposa vestida de negro del **carnavalón** después de que este ha sido quemado.
 2. *Ec*. Personaje de Nochevieja, *generalmente hombre disfrazado de mujer*, que baila y pide monedas en la calle antes de medianoche, para quemar al **año viejo** de quien enviudará en breve. ◆ **viuda loca**.
 III. 1. f. *Ar*. Billetera, cartera. pop + cult → espon.
 IV. 1. f. *Gu*. Corte de carne que se obtiene del trasero del novillo.

 ■
 a. ‖ **la ~.** f. *Bo*, *Ch*, *Ar:NO*. *En la creencia popular*, fantasma con aspecto de mujer vestida de negro que se aparece a los viajeros, *especialmente a los jinetes*.
 b. ‖ **~ alegre.** *Ho*. **gallardete**, arbusto.
 c. ‖ **~ de pescado.** f. *Co:E,N,NE*. Plato cuyos principales ingredientes son **plátano**, **yuca** y **papa** cocidos al vapor. (**viudo de pescado**).
 d. ‖ **~ loca.** *Ec*. **viuda**, personaje.
 ▶ **salir la ~.**

viudita.
 I. 1. *Mx:SE*. **viuda**. (*Jacana spinosa*).
 2. f. *Ch*, *Ar*. Pájaro de hasta 20 cm de longitud, de plumaje blanco con borde negro en las alas y en la punta de la cola. (Tyrannidae; *Xolmis* spp.). ◆ **monjita**.
 3. *Ho*. **viuda**. (*Trogon rufus*).
 4. *Ur*. Pájaro de hasta 15 cm de longitud, con plumaje pardo en el dorso y grisáceo o amarillento en la zona ventral; algunas especies tienen copete. (Tyrannidae; *Elaenia* spp.).

 ■
 a. ‖ **~ blanca.** f. *Ar*, *Ur*. Pájaro de hasta 16 cm de longitud, de color blanco, con el extremo de las alas y de la cola negro. (Tyrannidae; *Xolmis irupero*). ◆ **monjita blanca**; **nievecita**.
 b. ‖ **~ blanca grande.** f. *Ur*. Pájaro de hasta 20 cm de longitud y plumaje general blanco con alas y cola negras; la hembra presenta corona y espalda grisáceas. (Tyrannidae; *Heteroxolmis dominicanus*).
 c. ‖ **~ copetona.** f. *Ar*, *Ur*. Pájaro de hasta 20 cm de longitud, con plumaje negro y una característica cresta también negra. (Tyrannidae; *Knipolegus lophotes*).

viudo.
 ■
 a. ‖ **~ de pescado.** m. *Co:C*. **viuda de pescado**.

viudo, -a.
 I. 1. m. y f. *Mx*, *Ch*. Persona que se ha quedado sola por ausencia temporal de la persona con la que convive o trabaja.

 ■
 a. ‖ **~ de verano.** m. y f. *Ch*. Persona casada que se queda trabajando mientras su familia está fuera, *normalmente de veraneo*.

viva.
 I. 1. f. *Mx*, *Ho*, *Bo*, *Py*. Grito, aplauso.
 II. 1. f. *Ho*. Mano derecha de alguien.
 III. 1. adj. *CR*. *Referido a piedra*, de gran dureza. pop.
 □
 a. ‖ **a la ~.** loc. adj/adv. *Cu*. *Referido a persona*, atenta a lo que se dice, se hace u ocurre a su alrededor. ◆ **en la viva**.
 b. ‖ **en la ~.** *Cu*. **a la viva**.

vivaceta.
 I. 1. adj/sust. *Ch*. *Referido especialmente a persona*, hábil para actuar en provecho propio. pop ^ fest. ◆ **vivaldi**.

vivalapepa.
 I. 1. sust/adj. *Gu*, *Ve*, *Bo*. Persona despreocupada. pop + cult → espon.

vivaldi.
 I. 1. adj/sust. *Ch*. p.u. **vivaceta**. pop ^ fest.

vivanco, -a.
 I. 1. adj/sust. *Ar*, *Ur*; *Ch*, p.u.; pop ^ fest. *Referido a persona*, astuta, espabilada. pop + cult → espon.

vivandero, -a.

   I. 1. m. y f. *Ho, Ni,* rur; *Ec, Bo,* pop; *Co,* cult; *Pe,* p.u. *En un mercado,* persona dedicada a la venta de víveres.

   2. *Gu. En el ejército,* cocinero.

vivar.

   I. 1. tr. *Gu, Ho, ES, Ni, Pa, RD, Co, Ec, Pe, Bo, Ch, Py, Ar, Ur.* Dar vivas a alguien o algo, vitorear.

vivaracho, -a.

   I. 1. adj. *CR, Pa, RD, Ch, Py, Ar. Referido a persona,* que actúa en beneficio propio con astucia. pop + cult → espon ^ fest.

vivazo, -a.

   I. 1. sust/adj. *CR, Pa, Ve, Pe, Bo.* Persona extremadamente hábil para sacar provecho o ventaja en cualquier circunstancia, *generalmente con medios censurables.* pop + cult → espon ^ desp.

vive.

   I. 1. m. *Ho.* Modo de vivir sin trabajar o engañando.

   2. *Ho.* juv. Disfrute, diversión.

vivenciar.

   I. 1. tr. *Ni, CR, Cu, RD, Ec, Bo, Ch, Py, Ar, Ur.* Hacer que algo se transforme en una experiencia vital. cult.

   II. 1. tr. *Ni, Cu, Ur.* Recordar emotivamente un hecho vivido. cult.

viveza.

   □

   a. ‖ ~ **criolla.** loc. sust. *Ve, Ec, Pe, Bo, Ar, Ur.* Picardía para obtener provecho sin ningún esfuerzo o a expensas de los demás. pop + cult → espon.

vivián, -na.

   I. 1. sust/adj. *Gu, Ho, ES, Ni, Ve.* Persona aprovechada, que saca beneficio sin escrúpulos. pop + cult → espon. (**viviani**) ♦ **vivón.**

   2. adj/sust. *Gu, Ho. Referido a persona,* lista, vivaz.

   3. m. *Ho.* Animal que se aprovecha de la comida o del nido de otros.

   II. 1. adj. *Ho, Ni. Referido a persona,* que se atiene al trabajo ajeno.

vivianear.

   I. 1. intr. *ES.* Aprovecharse de alguien, vivir a sus costillas.

viviani.

   I. 1. sust/adj. *Ve.* **vivián,** persona aprovechada. pop + cult → espon.

vivida.

   I. 1. f. *Ho.* Engaño, timo.

   2. *Ho.* Burla o mala pasada.

vividor.

   I. 1. *Ho.* **aludo,** sombrero.

vivijagua.

   I. 1. f. *Pa, PR.* **zompopo,** hormiga.

vivir(se).

   I. 1. intr. prnl. *RD, Pe, Bo.* Convivir, vivir en compañía. pop + cult → espon.

   2. intr. *Gu.* Convivir maridablemente.

   II. 1. intr. prnl. *Ho.* Aprovecharse de alguien.

   2. *Ho.* Reírse o burlarse de alguien.

   III. 1. tr. *Cu.* Mirar lascivamente una persona a otra.

   □

   a. ‖ ~ **a la pura quien vive.** loc. verb. *Gu.* Gorronear, ser mantenido por alguien. ♦ **vivir de rancho y gancho.**

   b. ‖ ~ **como chivo sin ley.** loc. verb. *RD.* Vivir sin sujetarse a normas o leyes.

   c. ‖ ~ **como escopeta de hacienda.** loc. verb. *Ni.* Estar embarazada una mujer con frecuencia. rur.

   d. ‖ ~ **como un bacán.** loc. verb. *Ar, Ur; Co,* espon. Vivir opulentamente. pop + cult → espon.

   e. ‖ ~ **con el moco caído.** loc. verb. *Ni.* Estar triste o decaído. ♦ **estar con el moco caído.**

   f. ‖ ~ **coyol quebrado, coyol comido.** loc. verb. *Ho, Ni.* Tener solo lo necesario para subsistir.

   g. ‖ ~ **de choña.** *Ni.* vivir de choto.

   h. ‖ ~ **de choto.** loc. verb. *Gu, Ho, ES.* Gorronear, ser mantenido por alguien. ♦ **vivir de choña; vivir de grolis; vivir de guagua; vivir de hache.**

   i. ‖ ~ **de grolis.** *Gu.* vivir de choto.

   j. ‖ ~ **de guagua.** *Gu.* vivir de choto.

   k. ‖ ~ **de hache.** *Gu.* vivir de choto.

   l. ‖ ~ **de la caza.** loc. verb. *Gu.* Vivir como se pueda y de lo que se pueda.

   m. ‖ ~ **de la manga.** loc. verb. *Bo, Ar.* Sacar *alguien* provecho de los demás con astucia y abuso para obtener favores o beneficios sin que le cueste dinero o esfuerzo físico. pop + cult → espon.

   n. ‖ ~ **de la pera.** loc. verb. *Bo.* Obtener todo tipo de prebendas una persona o un grupo político que ejerce el poder. pop.

   ñ. ‖ ~ **de la sinhueso.** loc. verb. *Ho.* Dedicarse a los chismes y las habladurías. pop + cult → espon ^ desp.

   o. ‖ ~ **de rancho y gancho.** *Ni.* vivir a la pura quien vive.

   p. ‖ ~ **de viva la flor.** loc. verb. *Gu.* Vivir de gracia, gorronear.

   q. ‖ ~ **del invento.** loc. verb. *Cu.* Emplear *una persona* todos los medios posibles para obtener el sustento diario.

   r. ‖ ~ **en la verga grande.** loc. verb. *Ho.* Permanecer *alguien* o estar *algo* en un lejano lugar, muy distante. vulg.

   s. ‖ ~ **las del perro.** loc. verb. *Ho.* Pasar hambre y necesidades *alguien.*

   t. ‖ ~ **lejos.** loc. verb. *Gu.* Tener un hombre el pene grande. pop ^ fest.

   u. ‖ ~ **mal.** loc. verb. *Ec.* Estar amancebado.

   v. ‖ ~ **por la chindada grande.** loc. verb. *Gu, Ho, ES, Ni.* Vivir muy lejos.

   w. ‖ ~**la grueso.** loc. verb. *Ho.* Disfrutar, gozar, aprovechar mucho *algo.*

   x. ‖ **vivírselo.** loc. verb. *Ho.* Engañar a *alguien,* burlarse de él.

vivo.

   □

   a. ‖ **de ~.** loc. adj. *Bo, Ar, Ur. Referido a persona,* que tiene actitud atrevida o burlona. pop + cult → espon.

   b. ‖ **¡qué ~!** loc. interj. *Ni, CR, Pa, Bo, Ar.* Expresa desacuerdo. pop + cult → espon.

   c. ‖ **todo el ~.** loc. sust. *RD.* Todo el mundo, todas las personas.

   ▶ **jugar ~.**

vivo, -a.

   I. 1. adj. *ES, Cu, Ve, Bo, Ch, Py. Referido a un programa de radio o televisión o a una actuación,* que se realiza en directo ante el público.

   ▶ **jugar de ~; ponerse ~.**

vivón, -na.

   I. 1. sust/adj. *Ho.* **vivián,** persona aprovechada. pop + cult → espon.

   II. 1. adj/sust. *Ho.* **alagartado,** que vive a costa de los demás.

vivonada.

   I. 1. f. *Ho, CR.* Viveza.

viyaya.

   I. 1. adj/sust. *Cu. Referido a persona, especialmente a un niño,* inquieto, travieso.

viyuya.
 I. 1.   f. *Bo:S, Ar*, obsol; *Ur*, p.u. Dinero.

viyuyera.
 I. 1.   f. *Ar.* obsol. Billetera, cartera.

vizcacha.
 I. 1.   f. *Pe, Bo, Ch, Ar, Ur.* Mamífero roedor de hasta 80 cm de longitud, color gris oscuro, vientre blanco, cabeza grande y patas cortas. (Chinchillidae; *Lagostomus maximus*). (**viscacha**).
  2.   sust/adj. *Ur.* metáf. Persona que acostumbra guardar cosas inservibles. pop.
 II. 1.   sust/adj. *Ar:NO, Ur.* Persona que padece estrabismo. pop + cult → espon ^ fest.

■

   a. ‖ ~ **de la sierra.** f. *Ar:NO,O,S.* **chinchillón**.

vizcachazo.
 I. 1.   m. *Bo.* Ojeada, mirada. pop + cult → espon. (**viscachazo**).

vizcachear.
 I. 1.   tr. *Bo:E, Py, Ar.* Observar o mirar disimuladamente. pop + cult → espon. (**viscachear**).

vizcachera.
 I. 1.   f. *Pe, Bo, Ch, Ar, Ur.* Madriguera de la **vizcacha**, mamífero. (**viscachera**).

vizcacheral.
 I. 1.   m. *Ar.* Terreno en el que abundan las **vizcacheras**.

vizcachero, -a.
 I. 1.   m. y f. *Py.* Ratero, ladrón de poca monta. pop.

vizcachón.
 I. 1.   m. *Ar.* Macho de la **vizcacha**, de mayor tamaño que ella.

vizcailo, -a.
 I. 1.   adj. *Gu. Referido a persona*, vieja.

vizcoyol.
 I. 1.   *CR.* **huiscoyol**, palmera.
  2.   *CR.* **huiscoyol**, cogollo.

viznaga.
 I. 1.   *Mx.* **biznaga**.

voceador, -ra.
 I. 1.   m. y f. *Mx, Gu, ES, Ni, Co, Ec, Bo.* Persona que vende periódicos o loterías en la calle.

vocear.
 I. 1.   tr. *Mx, Ni, Ec, Bo.* Pregonar la venta de un periódico.
 II. 1.   tr. *Ni.* Levantar la voz a un superior.

voceo.
 I. 1.   m. *Ho, Bo.* Anuncio de algo a voces.

vocerón.
 I. 1.   m. *Gu, Ho, CR.* Voz muy fuerte y grave.

vocerrón.
 I. 1.   m. *Gu, Ho, ES, Ni, Pa, Ve, Ch.* Voz muy fuerte y gruesa.

vociferamentoso, -a.
 I. 1.   adj/sust. *Mx. Referido a persona*, que vocifera, *especialmente si dice sandeces*. desp.

volada.
 I. 1.   f. *Ec, Pe, Bo, Ch, Ar.* Estirada elevada que realiza un portero para atajar o despejar el balón.
  2.   *Bo, Ch.* Vuelo de un ave o de un avión.
  3.   *Ho, ES, Bo.* Vuelo de un gallo de pelea.
 II. 1.   f. *Ve, Ar, Ur.* Ocasión, oportunidad. pop + cult → espon.
 III. 1.   f. *Co:C, Bo.* Acción malintencionada con que se perjudica a alguien.
 IV. 1.   f. *Bo, Ch.* juv. Ocurrencia ingeniosa o extravagante.
 V. 1.   f. *Ch.* Estado de pérdida de conciencia por el consumo de drogas o alcohol. drog; pop.
 VI. 1.   f. *Gu.* **volado**, favor.

   a. ‖ **a la ~.** loc. adv. *Pe, Bo.* Rápidamente, al vuelo, sin cuidado. pop.
   b. ‖ **de ~.** loc. adv. *Mx, Ec, Bo.* Rápidamente. pop.
  ▶ **hacerle una ~.**

voladear(se).
 I. 1.   intr. *ES.* Estar haciendo un **volado**, cualquier cosa.
 II. 1.   intr. prnl. *ES.* juv. Arruinarse o fastidiarse *algo*.

voladeque.
 I. 1.   *ES.* **volado**, cualquier cosa.

voladera.
 I. 1.   f. *Gu.* Reprobación de muchos alumnos en un examen. est.
  2.   *Gu.* Destitución masiva de empleados.
 II. 1.   f. *Ch.* **voladero**, vuelo de muchas aves o de muchas cosas.
 III. 1.   f. *Ho.* Salto del gallo de pelea.

voladero.
 I. 1.   m. *Co:O.* Despeñadero, sitio alto, peñascoso y escarpado.
 II. 1.   m. *Ch.* Vuelo de muchas aves a la vez. (**voladera**).
  2.   *Ch.* Vuelo de muchas cosas a la vez por causas naturales o por ser lanzadas. (**voladera**).
 III. 1.   m. *Ho.* Mesa **acolchonada** para entrenar al gallo de pelea.
  2.   *Ho.* Lugar de entrenamiento del gallo de pelea.
  ▶ **poner del ~.**

volado.
 I. 1.   m. *Mx, Bo.* Lanzamiento de una moneda al aire para tomar una decisión en función del resultado aleatorio.
 II. 1.   m. *Ve, Ec, Bo, Py, Ar, Ur.* Tira de tela rizada, plegada o fruncida, con que se adornan prendas de vestir o de tapicería.
 III. 1.   m. *Co.* Balcón o tribuna que sobresale en una construcción.
  2.   *Bo, Ch.* Saliente de una pared natural o de un edificio.
 IV. 1.   m. *Gu, Ho, ES, Ni.* Favor, ayuda. (**volada**).
 V. 1.   m. *Ho, ES, Ni.* Mujer bonita o fácil para el sexo.
 VI. 1.   m. *ES, Ni.* Mandado, diligencia.
 VII. 1.   m. *Ho, Ni.* Coito.
 VIII. 1.   m. *ES.* Cualquier cosa u objeto. ◆ **volancheje**; **volancheque**; **volanchete**.
 IX. 1.   m. *ES.* Asunto, tema, cuestión. pop + cult → espon. ◆ **voladeque.**
 X. 1.   m. *Ni.* Negocio oculto o de dudosa legalidad.
 XI. 1.   m. *PR.* **Chicharrón** de cerdo sin grasa y bien tostado.

□
   a. ‖ **de ~.** loc. adv. *ES.* Rápidamente, de pasada.
  ▶ **cantar el ~.**

volado, -a.
 I. 1.   adj. *Mx, Pa, Cu, Co, Ve*; sust/adj. *PR. Referido a persona*, irritada, de mal humor. pop + cult → espon. ◆ **chivateado; farruco.**
  2.   adj. *CR, Co, Ve, Pe, Bo, Ch. Referido a persona*, que actúa sin reflexión. pop + cult → espon.
  3.   *Gu, ES. Referido a persona*, irascible, violenta.
  4.   *PR. Referido a persona*, que reacciona con rapidez. pop + cult → espon.
 II. 1.   adj. *Cu, Ec, Bo, Ch, Py, Ur. Referido a persona*, que está bajo los efectos de la droga. pop + cult → espon.
  2.   *Cu. Referido a persona*, que está bajo los efectos del alcohol. pop + cult → espon.
 III. 1.   adj. *Gu, Ho, ES. Referido a persona*, rápida, veloz.
  2.   *Ho, Bo. Referido a persona*, despistada, olvidadiza.
 IV. 1.   adj. *Cu. Referido a persona*, muy hambrienta.
 V. 1.   sust/adj. *Bo.* Cocaína que pierde mucho peso al secar y tiene aspecto de masa de harina de trigo. drog.

VI. 1. adj. *Ho. Referido a persona*, echada o despedida de su puesto de trabajo.

□

a. ‖ **~ de genio.** loc. adj. *ES. Referido a persona*, irascible y precipitada en sus acciones.

▶ **coger el ~; echar un ~; irse en la volada; salir ~.**

volador.

I. 1. *Mx.* **jutamo.**
   2. *Mx.* **cuachalalate.**
   3. m. *Co.* Arbusto de ramas arqueadas y flores pequeñas, blancas, agrupadas en racimos con forma de parasol; es ornamental. (Rosaceae; *Spiraea argentea*).
   4. *Pa.* **alcarreto**, árbol de hasta 35 m.
II. 1. m. *Mx.* Persona que, junto a otras, da vueltas alrededor de un árbol o poste suspendida boca abajo mediante una cuerda atada a los tobillos.
III. 1. m. *Pa, Co, Ve, Ec.* Tubo lleno de pólvora, unido a una varilla, que cuando se prende sale propulsado y estalla en el aire.
IV. 1. m. *Ve:C, Bo:O.* Cometa, juguete hecho con una armazón ligera recubierta de papel y provisto de una cuerda por medio de la cual se lo hace remontar en el aire aprovechando el impulso del viento.
V. 1. m. *Pe.* Pastel pequeño con dos capas cuadradas con los bordes hacia arriba de masa de harina y yemas de huevo rellenas de **manjar blanco** o leche condensada.
VI. 1. m. *RD.* Hombre homosexual.
VII. 1. m. *ES.* Bolígrafo.
VIII. 1. *PR.* **escribano.**

■

a. ‖ **~ de luces.**
   i. m. *Ch.* Cohete que estalla en el aire en luces multicolores.
   ii. *Ch.* metáf. Bulo, noticia falsa y exagerada. pop + cult → espon.

□

a. ‖ **como un ~ de a peso.** loc. adv. *Cu. En relación con el modo de desplazarse o salir de un lugar*, muy rápidamente.

volador, -a.

I. 1. adj/sust. *Bo, Ch. Referido a persona*, que consume alguna droga habitualmente. drog; pop.
   2. adj. *Ch. Referido a una droga*, que provoca rápidamente efectos alucinógenos en quien la consume. drog; pop.

voladora.

I. 1. f. *Co, Ve.* Lancha rápida, con motor de propulsión, que se usa en ríos y lagos.
II. 1. f. *Ho, Ni, Ec, Bo.* Patada que se da a alguien o algo con el pie, levantando la pierna en semicírculo a la altura de la cintura.
   2. *Gu.* Bofetada, golpe que se da con la mano abierta.
III. 1. f. *Ec.* Cohete, fuego de artificio.
IV. 1. f. *RD.* Pequeño autobús que se conduce de forma temeraria.
V. 1. f. *ES.* Pluma estilográfica.
VI. 1. f. *Ho. En el trapiche*, rueda dentada con un palo prolongado del que tiran los bueyes, cuya función es transmitir el movimiento a las **mazas**. rur.
VII. 1. f. *Ho.* Ataque verbal.
VIII. 1. f. *Ho.* Tabaco de mala calidad.
IX. 1. f. *Ch:SO.* Bruja que según la creencia popular se puede transformar en pájaro y a la que se considera la mensajera de los brujos.

voladura.

I. 1. f. *Ch; Ur*, juv. Enajenación mental.

volán.

I. 1. m. *Mx:SE.* Vehículo de tracción animal formado por una armazón de madera o hierro montada sobre ruedas. rur. ♦ **volancoché.**

volancheje.

I. 1. *ES.* **volado**, cualquier cosa.

volancheque.

I. 1. *ES.* **volado**, cualquier cosa.

volanchete.

I. 1. *ES.* **volado**, cualquier cosa.

volanchín.

I. 1. m. *ES.* Pequeño servicio o colaboración.

volancoché.

I. 1. *Mx:SE.* **volán.** rur.

volanda.

I. 1. f. *Pe, Bo.* Arandela para fijar tuercas y otras piezas.
II. 1. f. *Ch.* Vehículo, con motor o sin él, tirado por mulas que se desplazaba por rieles y servía para llevar a los operarios de reparación de las vías. (**volanta**).

□

a. ‖ **a las ~s.** loc. adv. *Ec, Bo.* Rápidamente. pop + cult → espon.

volanta.

I. 1. f. *Mx.* Vehículo de la policía que vigila las carreteras.
   2. *Ar, Ur.* Antiguo carruaje de cuatro ruedas, con capota, pescante y dos asientos enfrentados.
   3. *Ch.* **volanda.**
II. 1. f. *ES.* Pluma estilográfica.

volante.

I. 1. m. *Mx, Gu, Ho, ES, Ni, CR, Pa, Cu, RD, Co, Ve, Ec, Pe, Bo, Ch, Py, Ar, Ur.* Hoja impresa, de carácter político o publicitario, que se reparte en lugares públicos. ♦ **flyer.**
   2. *Mx, Gu, Ho, ES, Ve, Ch, Py, Ar, Ur.* Hoja impresa que se reparte, como apoyo de una conferencia o de una clase, a los asistentes.
II. 1. m. *Cu, Ar, Ur.* Persona que tiene habilidad para conducir automóviles. pop + cult → espon.
   2. m-f. *Ch.* Conductor experto *y especialmente el profesional de automóviles de carreras.*
III. 1. m. *Ar.* Jugador de **futbol**, tanto de defensa como de ataque.
IV. 1. m. *Ho.* Amigo íntimo, compañero inseparable. pop + cult → espon ^ fest.

volanteada.

I. 1. f. *Mx, Ho, ES, Pe, Bo, Ar, Ur.* Reparto de **volantes.** pop + cult → espon.
II. 1. f. *Ho.* Grupo de amigos.

volantear.

I. (Der. de *volante*, octavilla).
   1. intr. *Mx, ES, Pe, Bo, Ch, Py, Ar, Ur.* Repartir **volantes** de propaganda, *por lo común en lugares públicos.* pop + cult → espon.
II. 1. intr. *CR, Pe, Ar.* Jugar un futbolista en un puesto de la mitad del campo.

volanteo.

I. 1. m. *Ho, ES, Pe, Bo, Ch, Ar; Pa*, juv. Reparto de **volantes.**

volantero, -a. (Der. de *volante*, octavilla).

I. 1. m. y f. *Mx, Bo.* Persona que trabaja repartiendo **volantes** con información publicitaria.

volantín.

I. 1. m. *Mx, Ho, Ni, CR, Co, Ve, Ec, Pe, Bo.* Vuelta completa que da una persona sobre sí misma, en el aire, invirtiendo la cabeza hacia el suelo y cayendo de pie.
   2. *Gu, Ho, Ni.* **maromero**, trapecista.
II. 1. m. *Mx, Cu:E, PR, Ve:O, Ch, Ar:O,NO; Bo*, p.u. Juguete que consiste en una armazón ligera recubierta de papel o plástico, provista de una cuerda mediante la cual se puede lanzar al aire y conse-

guir que se remonte y se mantenga a flote aprovechando el impulso del viento. ♦ **paloma**.

III. 1. m. *PR.* Planta herbácea anual de hasta 1,5 m de altura, con hojas compuestas, inflorescencia en racimos, flores rosadas y fruto simple con semillas negras. (Cleomaceae; *Cleome pentaphylla*).

■
    a. ‖ ~ **chupete.** *Ch.* Volantín o cometa más pequeño y sin cola.

□
    a. ‖ ~ **de cuero.** loc. sust/adj. *Ch.* Persona tacaña, avara. pop + cult → espon ∧ fest.

▶ **enredarse el ~**.

volantinada.
I. 1. f. *Ch.* **Competencia** o diversión con **volantines** o cometas.

volantinear.
I. 1. intr. *Ho, Ni.* Dar volteretas en el aire.

volantinero.
I. 1. adj/sust. *Ch. Referido a persona*, que fabrica y vende **volantines** o cometas.
  2. adj. *Ch.* Relativo a los **volantines** o cometas.
  3. sust/adj. *Ch.* Persona que se entretiene haciendo volar **volantines** o cometas.
II. 1. m. *Ho, Bo.* p.u. Persona que con habilidad y arte anda y voltea por el aire sobre una cuerda o alambre, y hace otros ejercicios semejantes.

volantinesco, -a.
I. 1. adj. *Ch.* p.u. Relativo a los **volantines** o cometas.

volantinismo.
I. 1. m. *Ch.* Arte de fabricar **volantines** o de hacerlos volar.

volantón, -na.
I. 1. sust/adj. *Co:N,C,NE, Ve; Mx*, p.u. Persona joven, muchacho. pop.
II. 1. adj. *Co:N,SO. Referido a una joven*, informal o frívola en sus relaciones sexuales. pop.

volantusa.
I. 1. f. *Ec, Pe, Bo.* p.u. Mujer de conducta sexual desinhibida. pop + cult → espon ∧ desp.

volantuso, -a.
I. 1. m. y f. *Pe.* obsol. Persona distraída o descuidada en el vestir y en sus formas.

volar(se).
I. 1. intr. prnl. *Mx, ES, Cu; Ve, Ar:NO*, pop + cult → espon. Encolerizarse.
  2. *Mx, CR.* Actuar sin reflexión.
II. 1. tr. *Mx, Bo.* Robar. pop.
  2. tr. prnl. *Ho, ES, Ni, Co, Bo.* Robar. pop.
III. 1. tr. *Gu, Ho, ES, Ni, Ec, Bo.* Cortar un miembro a alguien. rur.
  2. prnl. *Gu, Ho, ES, Ni, CR.* Matar *una persona* a *alguien*. pop + cult → espon.
  3. tr. *Ho, ES.* Golpear a *alguien* con algo.
  4. intr. *Gu.* Agotar.
  5. tr. *Ho.* **acabar**, matar.
  6. intr. prnl. *Ho.* **acabarse**, morirse *alguien*.
IV. 1. tr. *Gu, Ho, Ni, CR, RD, Pe, Bo, Ar, Ur.* Despedir a *alguien* del trabajo o destituirlo de su cargo. pop + cult → espon.
  2. intr. prnl. *Ho.* Perder *alguien* el cargo o puesto de trabajo.
V. 1. tr. prnl. *Gu, Ho, ES, Ni, CR, Bo.* Cortarse *alguien* el pelo.
  2. *Gu, Ho, ES.* Quitarse *alguien algo* que lleva puesto. pop.
VI. 1. intr. *Pe, Bo.* Estar bajo los efectos de una droga.
  2. prnl. *Pa, Cu, Bo.* Consumir cocaína o cualquier otra droga. drog.
VII. 1. intr. prnl. *Ni, Co, Bo.* Fugarse, escaparse. pop.

VIII. 1. tr. prnl. *Gu, Ho, ES, Ni, CR.* Comerse o beberse *algo* completamente. ♦ **jampiarse**.
  2. intr. prnl. *Gu.* Terminarse o agotarse *algo*.
IX. 1. tr. *Ho, Ni, Bo.* Suspender a *una persona* en un examen o en una prueba. est.
  2. intr. *Gu.* **reprobar**.
X. 1. intr. prnl. *Ho, ES, Ni.* Realizar el coito. vulg.
  2. tr. prnl. *Cu.* Excitarse sexualmente *una persona*.
XI. 1. tr. *Ho, Bo.* Tirar *alguien algo*.
XII. 1. intr. prnl. *Ho, Ni.* Permanecer *alguien* de principio a fin en un evento o reunión.
XIII. 1. intr. *RD.* Malograrse *algo*.
XIV. 1. intr. *CR. Seguido de un sustantivo que designa una herramienta*, trabajar con ella. pop.
  2. *CR. Seguido de un sustantivo que designa un látigo u otro objeto*, golpear con él.
XV. 1. intr. *Ni.* Engañar, mentir.

□
  a. ‖ **no ~ ni con cohete.**
    i. loc. verb. *Cu.* No perder la calma.
    ii. *Cu.* No servir para nada.
  b. ‖ ~ **a las andadas.** loc. verb. *Gu.* Reincidir, observar nuevamente actitudes o formas de conducta, que se creían olvidadas.
  c. ‖ ~ **antena.** loc. verb. *Gu.* Oír.
  d. ‖ ~ **anteojo.** loc. verb. *Ho.* Estar vigilante o atento a alguien o algo. pop + cult → espon.
  e. ‖ ~ **atrás.** loc. verb. *Gu.* Retractarse de algo.
  f. ‖ ~ **bacalao.**
    i. loc. verb. *Ho.* Hablar mucho. pop.
    ii. *Ho.* Atacar verbalmente a *alguien*. esm.
  g. ‖ ~ **bajito.** loc. verb. *RD.* Ir o moverse a gran velocidad.
  h. ‖ ~ **bajo.** loc. verb. *Ho, Ni, Ec, Bo.* Pasar por malos momentos.
  i. ‖ ~ **banca.** loc. verb. *Gu.* Esperar sentado a *alguien* que no llega.
  j. ‖ ~ **cachucha.** loc. verb. *Gu, ES.* Realizar el coito. tabú. ♦ **volar huevo**; **volar sombrero**; **volar verga**.
  k. ‖ ~ **caite.** loc. verb. *Gu, Ho, Ni, CR.* Caminar mucho o con rapidez. rur. ♦ **volar canilla**.
  l. ‖ ~ **candela.** loc. verb. *Ho.* Hablar mal de alguien o contra algo. pop.
  m. ‖ ~ **canilla.** *Gu.* **volar caite**.
  n. ‖ ~ **capirucho.** loc. verb. *ES.* Realizar el coito.
  ñ. ‖ ~ **cometa.** loc. verb. *Pa, Pe.* Masturbarse el hombre. vulg.
  o. ‖ ~ **como Matías Pérez.** loc. verb. *Cu.* No saber el paradero de una persona.
  p. ‖ ~ **con las trompetas destempladas.** loc. verb. *Gu.* Retornar fracasado o desalentado.
  q. ‖ ~ **con sus laureles.** loc. verb. *Gu.* Dar explicaciones por su buen nombre, después de haberse creído desacreditado.
  r. ‖ ~ **copo.** loc. verb. *Ho.* Agotarse *algo* con rapidez, *generalmente un producto*.
  s. ‖ ~ **cuero.** loc. verb. *Ho.* Azotar o golpear a *alguien*.
  t. ‖ ~ **cumbo.**
    i. loc. verb. *Ho, ES.* Adular a *alguien*.
    ii. *ES.* Enamorar a *alguien*.
  u. ‖ ~ **diente.** loc. verb. *Gu, Ni.* Comer.
  v. ‖ ~ **el cartucho.** loc. verb. *Cu.* Hacer perder la virginidad a una mujer.
  w. ‖ ~ **el turno.** loc. verb. *Cu.* Dejar de bañarse *alguien*.
  x. ‖ ~ **en fiebre.** loc. verb. *Gu, Ve, Ec, Pe.* Tener *alguien* una fiebre muy alta. (**volarse en fiebre**).
  y. ‖ ~ **espalda.** loc. verb. *Gu, Ho, CR.* Yacer *alguien* en la sepultura. pop ∧ fest.
  z. ‖ ~ **fajina.** loc. verb. *CR.* Realizar trabajos agrícolas con un cuchillo o machete. rur.

a¹. ‖ ~ **fuego.**
 i. loc. verb. *CR.* Encender una materia combustible. pop.
 ii. *CR.* Cocinar un alimento. pop.
b¹. ‖ ~ **hacha.**
 i. loc. verb. *Ho.* Golpear al contrario en cualquier deporte.
 ii. *CR.* En el *fútbol*, jugar de manera brusca. pop + cult → espon.
c¹. ‖ ~ **huevo.** *Gu.* **volar cachucha.**
d¹. ‖ ~ **la cabeza.**
 i. loc. verb. *Ho, Ni, RD, Ec, Bo.* Destituir a *alguien* de su puesto. pop ^ hiperb.
 ii. *Ho, RD, PR, Bo.* Matar *una persona* a *alguien.* pop + cult → espon.
e¹. ‖ ~ **la gallina.**
 i. loc. verb. *Ho, Ni.* Despedir de un empleo a *alguien.*
 ii. *Ho.* Robar a alguien. pop.
f¹. ‖ ~ **lata.** loc. verb. *Ho.* Hablar mucho de cosas intrascendentes o decir tonterías. pop + cult → espon.
g¹. ‖ ~ **lengua.** loc. verb. *Gu, Ho, Ni, CR.* Hablar mucho con alguien. pop.
h¹. ‖ ~ **lente.** loc. verb. *Gu, CR.* Mirar, observar. pop. ♦ **volar vidriera; volar vidrio.**
i¹. ‖ ~ **leña.** loc. verb. *Ho, ES. En el *fútbol*, golpear al contrario.
j¹. ‖ ~ **leño.** loc. verb. *Gu.* Golpear a *alguien.*
k¹. ‖ ~ **lima.** loc. verb. *CR. En el *fútbol*, jugar de manera brusca. pop + cult → espon.
l¹. ‖ ~ **lujo.** loc. verb. *Ho.* juv. Vestir con ropa fina y joyas caras.
m¹. ‖ ~ **maceta.**
 i. loc. verb. *Ho.* Criticar a *alguien.*
 ii. *Ho.* Golpear a *alguien.*
n¹. ‖ ~ **machetazo.** loc. verb *Ho.* Herir o matar a *alguien* con un machete.
ñ¹. ‖ ~ **machete.** loc. verb. *Gu.* Machetear a *alguien* o *algo.*
o¹. ‖ ~ **máquina.**
 i. loc. verb. *Gu.* Escribir con máquina, coser a máquina.
 ii. *Gu.* Oír.
p¹. ‖ ~ **mejenga.** loc. verb. *Ni.* Golpear a *alguien.*
q¹. ‖ ~ **mierda al zarzo.** loc. verb. *Co:O,SO.* Estallar un escándalo que salpica a mucha gente. vulg.
r¹. ‖ ~ **ojo.** loc. verb. *Gu, Ho ES, CR.* Vigilar *algo* o a *alguien* o revisar *algo* minuciosamente. hiperb.
s¹. ‖ ~ **paloma.** loc. verb. *Gu.* Realizar el coito. fest.
t¹. ‖ ~ **pata.** loc. verb. *Gu, ES, Ni, CR.* Recorrer a pie una distancia, *especialmente cuando es larga.* pop.
u¹. ‖ ~ **penca.** loc. verb. *Gu, Ho, ES, Ni.* Golpear a *alguien*, dar una paliza. pop + cult → espon. ♦ **volar reata.**
v¹. ‖ ~ **pico.** loc. verb. *Ho, CR* Hablar mucho de cosas intrascendentes. pop + cult → espon.
w¹. ‖ ~ **piedra.** loc. verb. *Gu.* Apedrear.
x¹. ‖ ~ **pija.**
 i. loc. verb. *Gu, Ho, Ni.* Agredir verbal o físicamente a *alguien.* vulg.
 ii. *Gu.* Pegarse dos personas mutuamente en cualquier forma.
 iii. *Gu.* Dispararse dos personas mutuamente.
y¹. ‖ ~ **plomo.** loc. verb. *Gu, Ho, CR.* Disparar un arma de fuego contra alguien. pop.
z¹. ‖ ~ **pluma.** loc. verb. *Gu, Ho, ES, Ni.* Escribir.
a². ‖ ~ **plumas.** loc. verb. *Ch.* Producirse una situación de perjuicio para mucha gente. pop + cult → espon.
b². ‖ ~ **pupila.** loc. verb. *Ho.* Vigilar o estar atento a *alguien* o *algo.* fest.

c². ‖ ~ **raja.** loc. verb. *Ch.* Derrotar a *alguien* o llegar a matarlo. pop.
d². ‖ ~ **reata.**
 i. loc. verb. *Gu, Ho, Ni.* **volar penca.**
 ii. *Ho, Ni.* Trabajar arduamente.
e². ‖ ~ **rejo.** loc. verb. *CR.* Realizar el coito. vulg.
f². ‖ ~ **seso.** loc. verb. *Ho.* Pensar mucho en algo. pop + cult → espon.
g². ‖ ~ **sombrero.** loc. verb. *Gu.* **volar cachucha.** pop + cult → espon.
h². ‖ ~ **tapa.** loc. verb. *Ni.* Conversar largamente. pop + cult → espon.
i². ‖ ~ **tijera.**
 i. loc. verb. *Gu, Ho, Ni.* Criticar a *alguien* con dureza. pop.
 ii. *Gu.* Cortar tela los sastres y costureras.
j². ‖ ~ **tiros.** loc. verb. *Ho.* Disparar balas a *alguien.* pop + cult → espon.
k². ‖ ~ **tranca.**
 i. loc. verb. *Gu.* Pelear con alguien. pop + cult → espon.
 ii. *Ni.* No respetar las normas o instancias de algo.
l². ‖ ~ **verga.**
 i. loc. verb. *Gu, Ho, ES.* Pelear con valentía contra alguien. pop + cult → espon.
 ii. *Ho, ES, Ni.* Trabajar mucho, pelear con fuerza. vulg.
 iii. *Gu.* **volar cachucha.** vulg; pop.
 iv. *Ho.* Atacar verbalmente a *alguien.* vulg; pop.
m². ‖ ~ **vidriera.** *Gu.* **volar lente.**
n². ‖ ~ **vidrio.** *Gu.* **volar lente.**
ñ². ‖ ~**se en fiebre.** *Cu.* **volar en fiebre.**
o². ‖ ~**se filo.** loc. verb. *CR.* Lanzarse indirectas. pop.
p². ‖ ~**se la barda.**
 i. loc. verb. *Mx, Ho, Ni.* Tener un éxito inesperado, conseguir un buen resultado. rur. ♦ **brincarse la barda; saltarse la barda.**
 ii. *Ni.* Exceder los límites, pasarse de la raya. ♦ **volarse la cerca.**
q². ‖ ~**se la cerca.** *Ni.* **volarse la barda,** exceder los límites.
r². ‖ ~**se la chaqueta.** *ES.* **volarse la paja.**
s². ‖ ~**se la paja.** loc. verb. *Gu; ES,* vulg. Masturbarse. (**volarse paja**). ♦ **volarse la chaqueta; volarse la puñeta; volársela.**
t². ‖ ~**se la puñeta.** *Gu.* **volarse la paja.**
u². ‖ ~**se la ropa.** loc. verb. *Gu.* Quitarse prendas de vestir.
v². ‖ ~**se las chapas.** loc. verb. *Ar, Ur.* Perder el cabello. pop.
w². ‖ ~**se paja.** *ES.* **volarse la paja.**
x². ‖ **volársela.**
 i. loc. verb. *Mx.* Dejar pasar una oportunidad. pop.
 ii. *ES.* **volarse la paja.** pop.
y². ‖ **volársele los pájaros.** loc. verb. *Ar, Ur.* Sentir *alguien* una profunda irritación. pop + cult → espon. ♦ **volársele los patos.**
z². ‖ **volársele los patos.** *Ar.* **volársele los pájaros.**

 ■

 a. ‖ **volando bajo.** loc. adv. *Ch.* Sin cuidado, sin precaución ni cautela. pop + cult → espon.

 ◪

 a. ‖ **a ~, que el sol cambea.** fr. prov. *PR.* Indica que alguien se va de un lugar porque la situación se ha puesto difícil.

volástica.

 □

 a. ‖ **a la ~.** loc. adv. *Pe.* obsol. De manera rápida o descuidada.

volate. (De *volar*).
    I. 1. m. *Co.* Asunto o situación en la que hay mucha confusión, afán, desorden. pop. (**bolate**).

volatería.
    I. 1. f. *Ve.* Paso del caballo más rápido que el trote y más lento que la carrera.
    II. 1. f. *Ec.* Conjunto de artefactos pirotécnicos como **camaretas** o **voladores**, usados en los fuegos artificiales.

volatín, -na.
    I. 1. adj. *Gu. Referido a persona*, borracha.
    II. 1. m-f. *Gu.* Acróbata, artista de circo.

volazón.
    I. 1. f. *Gu, Ho.* Despido masivo de empleados.
    2. *Ho.* Reprobación masiva de alumnos.
    3. *Ho.* Derrota contundente.
    II. 1. f. *Ho.* Despiste.

volcada.
    I. 1. f. *Ec, Ar. En baloncesto,* enceste realizado con una o dos manos impulsando el balón con fuerza sobre el aro.

volcador.
    I. 1. *Ar, Ur.* **camión volcador.** (**volcadora**).

volcadora.
    I. 1. f. *Ur.* **volcador.**

volcadura.
    I. 1. f. *Ec, Pe, Bo.* Movimiento brusco en el que un cuerpo, *especialmente un vehículo,* pierde su posición normal y queda invertido o de lado.

volcameria.
    I. 1. f. *Mx.* Planta de tallo erecto, hojas opuestas, acorazonadas, con margen aserrado, flores terminales con cuatro estambres muy largos y fruto en baya; se usa como planta ornamental. (Verbenaceae; *Clerodendron fragans*).

volcamiento.
    I. 1. m. *Ec.* Vuelco accidental y violento que da un vehículo automotor.

volcán.
    I. 1. m. *Ar:NO.* Flujo impetuoso de agua, piedras y barro que baja desde la cumbre de una montaña.
    II. 1. m. *Ho, ES, CR, Pa, Ur.* Fuego artificial de pólvora en forma de cono, que al ser encendido semeja un volcán en actividad.
    III. 1. m. *Ho, ES, Ni.* Montón, conjunto de cosas puestas sin orden unas encima de otras.
    IV. 1. m. *Ni, PR.* Espinilla, grano en la cara.
    V. 1. m. *ES.* Seno de mujer.

volcar(se).
    I. 1. intr. prnl. *ES, Ni, Ec, Pe, Bo, Ch, Ur.* Acudir gran número de individuos a un lugar determinado. pop.
    □
    a. ‖ **~ la tortilla.** loc. verb. *Bo.* Cambiar las circunstancias de un hecho. pop + cult → espon.

volco.
    I. 1. m. *Co:O.* Parte trasera de una camioneta o **volqueta**, que va destapada, en donde se lleva la carga.

volconada.
    I. 1. f. *Gu, Ho, ES.* Gran cantidad de cosas. rur.

voleado, -a.
    I. 1. adj. *ES, Bo. Referido a tabla o mueble,* que tiene esquinas redondeadas.

volear(se).
    I. 1. tr. *Mx, Co, Ch.* Arrojar *algo* impulsándolo con movimientos circulares del brazo.
    II. 1. intr. *Co.* Trabajar, ocuparse en una actividad que requiere un esfuerzo físico o intelectual.
    III. 1. intr. prnl. *Ar, Ur.* Volcarse de lomos un caballo después de encabritarse. rur.

□
    a. ‖ **~ pata.** loc. verb. *Co.* Recorrer un largo trayecto caminando. pop.

vóleibol.
    I. 1. m. *Mx, Pe, Bo, Ch, Ur.* Voleibol.

voleo.
    I. 1. m. *Co.* Trabajo, ocupación. pop.
    II. 1. m. *Co.* Desorden y bullicio festivo que hace un grupo de personas. pop.
    III. 1. m. *Ar, Ur.* Puntapié. pop + cult → espon.

volera.
□
    a. ‖ **¡qué ~!** loc. interj. *Co:NE.* Expresa contrariedad, fastidio. pop.

voli.
    I. 1. m. *Pe.* Voleibol.

volido.
    I. 1. m. *Gu, ES, Ar.* Vuelo. pop + cult → espon ^ fest.

volío.
    I. 1. m. *RD.* p.u. Brinco, salto repentino.

volón.
    I. 1. m. *Ch.* Efecto intenso producido por el consumo de drogas, caracterizado por alteraciones en la percepción sensorial o en el ánimo. pop + cult → espon.
    II. 1. m. *Ni.* Empujón.

volque.
    I. 1. m. *Ec.* Vuelco accidental de un vehículo.

volqueta.
    I. 1. f. *Ho, Co, Ec, Bo, Ch.* Vehículo de carga que dispone de un mecanismo que le permite volcar la caja para vaciar lo contenido en ella.
    2. *Ur.* Recipiente metálico donde se acumulan residuos que luego transporta un camión provisto de un dispositivo para ello.

volquetada.
    I. 1. f. *Ho, Co, Ec, Bo.* Cantidad de material de construcción que cabe en una **volqueta**.

voltaje.
    I. 1. m. *Cu.* Nivel de vida alto. pop + cult → espon.

voltario, -a.
    I. 1. adj. *Mx. Referido a persona o cosa*, inconstante, caprichosa, voluble. pop + cult → espon.

volteada.
    I. 1. f. *Mx, Ho, Bo.* Vuelta, movimiento de una cosa que gira sobre sí misma hasta invertir su posición primera.
    II. 1. f. *Bo, Ar. En faenas rurales,* operación que consiste en derribar un animal para manearlo.
    III. 1. f. *ES.* Cambio de ideología, partido político, sexo o religión.
    ▶ caer en la ~.

volteadero.
    I. 1. m. *Ch, Ar.* Establecimiento dedicado al alquiler de habitaciones por horas para tener relaciones sexuales. pop + cult → espon ^ fest.

volteado.
    I. 1. m. *ES, Pa, Co, Pe.* Hombre homosexual. pop ^ desp.
    2. *ES, Co.* Hombre afeminado. pop ^ desp.

volteado, -a.
    I. 1. m. y f. *Mx, Ni.* Persona homosexual.
    II. 1. adj. *Co. Referido a un político*, oportunista, que cambia de bando según su conveniencia. pop ^ desp.
    III. 1. adj. *PR, Pe, Bo. Referido a persona*, que está vuelto de espaldas.
    IV. 1. adj. *Gu, Ho. Referido a **frijol***, machacado y refrito en sartén.

volteador.

I. 1. m. *Ch, Ar:NE.* Peón que se encarga de abatir los árboles en la selva, despojarlos de las ramas inservibles y dejarlos convertidos en rollizos.

2. *Bo, Ch.* Peón encargado de derribar reses del ganado. rur.

volteador, -ra.

I. 1. m. y f. *Ch.* Persona, *especialmente hombre*, aficionada a las relaciones sexuales frecuentes. pop.

2. adj/sust. *Ch. Referido a persona*, que enamora o seduce con facilidad. pop.

volteadora.

I. 1. f. *Gu.* Campana que da vueltas sobre su eje horizontal.

II. 1. f. *Gu.* Bofetón.

voltear(se).

I. 1. intr. *Mx, Gu, Ho, ES, Ni, CR, Pa, RD, PR, Co, Ve, Ec, Pe, Bo, Ch, Py, Ar, Ur; Cu,* esm. Girar la cabeza o el cuerpo hacia atrás.

2. intr. prnl. *Mx, Gu, Ho, CR, Pa, RD, PR, Co, Ve, Ec, Pe, Bo, Ch, Py, Ar, Ur; Cu,* esm. Girar la cabeza o el cuerpo hacia atrás.

3. *Mx, Ho, ES, Ni, CR, Pa, RD, PR, Co, Ve, Ec, Pe, Bo.* metáf. Cambiar de ideología o partido político.

4. intr. *Mx, Gu, Ho, Ni, Pa. Co, Ve, Pe, Bo.* Volcar un vehículo.

5. intr. prnl. *Mx, Ho, ES Ni, Co, Pe, Bo.* metáf. Cambiarse de sexo o de preferencia sexual. pop.

6. *Ve, Pe.* Volcarse un vehículo.

7. *Gu, Ni, CR, Bo, Ch, Py.* Ponerse *alguien* boca abajo.

II. 1. tr. *Mx, Ni, Co, Ve, Pe, Bo.* Doblar la esquina, pasar de una calle a otra transversal.

2. intr. *Ni, Co, Ve, Ec, Pe, Bo.* Cambiar *una persona* o un vehículo la dirección que lleva, girando a la izquierda o a la derecha.

3. *Co.* Ir de un lado a otro, haciendo diligencias de diversa índole. pop.

4. intr. prnl. *Ho.* Regresar, volver al lugar del que se salió.

III. 1. tr. *Mx, Bo, Ch, Ar, Ur.* Derribar. pop.

2. *CR, Bo, Ch.* Talar árboles. rur.

3. *Ch.* metáf. Enamorar a *alguien*. pop.

IV. 1. tr. prnl. *Mx, Ni.* Traicionar a *alguien*.

2. tr. *Ve.* Ser *alguien* infiel a su cónyuge. pop + cult → espon.

3. intr. prnl. *Pa.* Abandonar *alguien* sin explicaciones la amistad de una persona.

V. 1. tr. prnl. *Bo, Ar, Ur.* Poseer sexualmente a *alguien*. vulg.

2. tr. *Ch.* Poseer sexualmente a *alguien*. vulg.

VI. 1. tr. *Ni, Co, Ec.* Pasar las hojas de un periódico.

VII. 1. *Ar. Ur.* Resultar un olor extremadamente desagradable a alguien. pop + cult → espon.

VIII. 1. tr. *Ch.* Marear *algo* a *alguien*. pop.

IX. 1. tr. *Bo.* Robar *una persona, generalmente un policía,* con engaños o por la fuerza, haciendo uso de su autoridad. drog.

X. 1. tr. *Ho.* Descargar la caña de un vagón o de la caja de un camión.

☐

a. ‖ ~ **a la uña.** loc. verb. *Ar.* Derribar y sujetar a un animal, *especialmente un novillo,* agarrándolo por la cola mientras se corre a la par que él. rur.

b. ‖ ~ **el salero.** loc. verb. *Gu.* Morirse *alguien*.

c. ‖ ~ **la cara.** loc. verb. *Mx, Ho, Pa, PR, Co, Bo, Ch.* Ignorar a *alguien* como muestra de desprecio. pop + cult → espon.

d. ‖ ~ **la página.**

i. loc. verb. *Mx, Ni, Bo, Ch, Py.* Cambiar de tema en una conversación. pop + cult → espon ^ fest.

ii. *Pe.* Olvidar lo que fue perjudicial en el pasado.

iii. *Ec.* Empezar *algo* desde cero luego de un fracaso.

e. ‖ ~ **los caites.** loc. verb. *Ho.* obsol. Sufrir una derrota en el campo de batalla.

f. ‖ ~ **los ojos.** loc. verb. *Ho.* Alcanzar *alguien* el orgasmo. pop + cult → espon.

g. ‖ ~**se el chirrión por el palito.** loc. verb. *Mx.* Frustrarse las esperanzas depositadas en algo. pop + cult → espon.

h. ‖ ~**se el santo.** loc. verb. *Gu, Ho.* Ocurrir lo contrario de lo esperado. pop + cult → espon.

i. ‖ ~**se la chaqueta.** loc. verb. *ES.* Cambiar de bando.

voltearepas.

I. 1. sust/adj. *Co.* Persona, *especialmente del medio político,* que cambia de opinión o partido según las conveniencias. pop ^ desp.

volteo.

I. 1. m. *Mx, Cu, RD, Ve.* Camión con un dispositivo mecánico que le permite levantar la caja y volcar la carga transportada.

II. 1. m. *Mx, Bo.* Vuelta, movimiento de una cosa girando sobre sí misma hasta invertir su posición primera.

III. 1. m. *RD.* Cantidad muy grande de comida que se sirve. pop + cult → espon ^ hiperb.

volteón.

I. 1. m. *Mx.* Vuelta, paseo o visita a un lugar. pop.

voltereta.

I. 1. f. *Ch, Ur.* Cambio de opinión brusco o inesperado por conveniencia. pop + cult → espon ^ desp.

♦ **voltereta en el aire.**

■

a. ‖ ~ **en el aire.** *Ch.* **voltereta.** pop + cult → espon ^ desp.

voltijo.

I. 1. m. *Pe.* obsol. Envoltorio, paquete. rur.

voltura.

I. 1. f. *Gu.* Vómito.

volvedor, -ra.

I. 1. adj. *Ar, Ur. Referido a un animal, particularmente a un caballo,* que aunque se aleje vuelve al lugar en donde se ha criado. rur.

volver(se).

☐

a. ‖ ~ **a foja(s) cero.** loc. verb. *Ec, Pe, Bo, Ch, Ar; Ur,* cult. Volver al comienzo o empezar de nuevo. (**volver a fojas cero**)

b. ‖ ~ **a la picada.** loc. verb. *RD.* Intentar nuevamente llevar algo a cabo. pop + cult → espon.

c. ‖ ~ **chicha.** loc. verb. *Ve.* Dañar, estropear *algo*.

d. ‖ ~ **chicuca.** *Co:C.* **volver mierda.**

e. ‖ ~ **mierda.** loc. verb. *Pa, Co, Ve, Bo.* Destrozar completamente algo material o inmaterial. vulg.
♦ **volver chicuca.**

f. ‖ ~ **por los laureles.** loc. verb. *Gu, Pa.* Hacer por recuperar el prestigio.

g. ‖ ~**se boronas.** loc. verb. *Ve.* Romperse *algo* en trozos muy pequeños. pop + cult → espon.

h. ‖ ~**se breco.** loc. verb. *Ho.* Tornarse una situación o problema difícil y tenso.

i. ‖ ~**se chacalinada.** loc. verb. *ES.* Masturbarse. vulg; pop + cult → espon.

j. ‖ ~**se chicha.** loc. verb. *Ve.* Dañarse o estropearse *algo*.

k. ‖ ~**se etcétera.** loc. verb. *RD.* Deteriorarse físicamente *una persona*.

l. ‖ ~**se humo.** loc. verb. *Co.* Desaparecer, desvanecerse *alguien* o *algo* sin ser notado. ♦ **tirar bomba de humo.**

m. ‖ ~**se la vaca toro.** loc. verb. *Ar.* Comportarse de manera rebelde o desafiante *una persona* que se

había mostrado dócil y sumisa. pop + cult →
espon.

n. ‖ **~se mono.**
   i. loc. verb. *Py, Ar, Ur.* Esforzarse mucho o poner gran empeño en hacer o lograr algo. pop + cult → espon.
   ii. *Ch.* Irritarse o perder la calma y la compostura *alguien* ante algo imprevisto. pop + cult → espon.
   iii. *Ho.* Cansarse de buscar mucho algo sin encontrarlo.
ñ. ‖ **~se ojo de hormiga.** loc. verb. *Mx.* Desaparecer *alguien* mañosa e intencionadamente. pop + cult → espon.
o. ‖ **~se pura lengua.** loc. verb. *Mx.* Fanfarronear o prometer muchas cosas sin llegar a cumplirlas. pop + cult → espon.
p. ‖ **~se puro cuento.** loc. verb. *CR.* Incumplir lo prometido. pop.
q. ‖ **~se sereta.** loc. verb. *Ve.* Romperse completamente *algo.* pop.
r. ‖ **~se un etcétera.** loc. verb. *PR, Ve.* volverse un ocho. fest.
s. ‖ **~se un ocho.** loc. verb. *Pa, PR, Co, Ve, Bo.* Enredarse, confundirse al hacer algo. ♦ **volverse un etcétera.**
t. ‖ **~se una mantequilla.** loc. verb. *Pa, Ch.* Mostrarse sumiso.
u. ‖ **~se una mogolla.** loc. verb. *PR.* Confundirse, turbarse.

vomitada.
   I. 1. f. *Mx, ES, Ni, CR, Pa, RD, Ec, Pe, Bo, Ch; Ur,* p.u. Vómito. pop + cult → espon.

vomitadera.
   I. 1. f. *Mx, Gu, Ho, ES, Ni, CR, Pa, Cu, RD, PR, Ve, Ec, Pe.* Vómito continuo y reiterado.

vomitarse.
   I. 1. intr. prnl. *Mx, Ni, CR, Ve, Bo.* Expulsar por la boca lo contenido en el estómago.

vomitel.
   I. 1. *Mx:SE.* **saccopté.**
   2. *PR.* Arbusto de hojas pilosas y hermosas y fragantes flores anaranjadas. (Boraginaceae; *Cordia* spp.).

vómito.
   I. 1. m. *Ni, PR, Ar, Ur.* Persona muy fea. pop + cult → espon ^ desp.
   ◼
   a. ‖ **~ de perro.** *Cu.* **hígado,** persona antipática.

voracear.
   I. 1. intr. *Bo, Ar:N.* Hablar a gritos. pop + cult → espon.
   2. tr. *Bo, Ar:N.* Desafiar o amenazar a *alguien.* pop + cult → espon.
   3. intr. *Bo, Ar:NO.* Alardear o fanfarronear. pop + cult → espon.

voracero, -a.
   I. 1. sust/adj. *Ar.* Persona pendenciera. pop + cult → espon.

vos.
   I. 1. pron. *Mx:SE, Gu, Ho, ES, Ni, CR, Co:O,SO, Ve:O, Ec, Bo, Py, Ar, Ur; Ch,* pop. Tú.
   ●
   a. ‖ **~.**
     i. fórm. *Mx:SE, Gu, Ho, ES, Ni, CR, Ve, Bo:O, Py, Ur.* Se usa como forma de tratamiento solo entre personas de mucha confianza y amistad.
     ii. *Mx:SE, Gu, Ho, ES, Ni, Bo:O, Py, Ec,* rur. Se usa como forma de tratamiento a un inferior o a un niño cuando se le reprende.
     iii. *Mx:SE, Ho, ES, Bo:O.* Se usa como forma de tratamiento de una persona de mayor mando, edad o conocimiento a otra. desp.

     iv. *ES, Ni, Bo:E, Py, Ar, Ur.* Se usa como forma de tratamiento entre personas de edad similar y sin conocerse.

vosalón, -na.
   I. 1. m. y f. *Ec.* Indígena. pop ^ desp.

votada.
   I. 1. f. *Ho.* Votación. pop + cult → espon.

votado, -a.
   I. 1. adj/sust. *Pe.* juv. *Referido a persona,* orgullosa, vanidosa, engreída. pop.

votar.
   ▢
   a. ‖ **~ en plancha.** loc. verb. *Pa, Ec, Bo.* Dar el voto a la lista electoral completa de un partido político. pop + cult.

voto.
   ◼
   a. ‖ **~ cantado.** m. *Bo, Ar, Ur.* Voto no secreto, emitido en público a mano alzada o en voz alta.
   b. ‖ **~castigo.** m. *Ni, Pa, Ve, Bo, Py, Ur.* Sufragio que emite un sector numeroso de votantes para castigar a un partido político.
   c. ‖ **~premio.** m. *Bo.* Sufragio que emite un sector numeroso de votantes para favorecer a determinados políticos.
   d. ‖ **~ salvado.** m. *CR, Ve.* Voto contrario al de una mayoría, que se justifica razonadamente *a menudo por escrito.*
   ▶ **salvar el ~.**

voucher. (Voz inglesa).
   I. 1. m. *EU, Mx, Ho, ES, CR, Cu, PR, Ec, Bo, Ch, Ar.* Vale que da derecho a quien lo posee a adquirir determinados artículos o al disfrute de un servicio.
   2. *EU, Gu, Ho, ES, Ni, CR, RD, PR, Ve, Ec, Pe.* Comprobante que se emite al realizar una transacción con tarjeta de crédito o de débito.

vovi. (Metát. de *vivo*).
   I. 1. adj. *Ho.* juv. *Referido a persona,* viva, lista, astuta.

¡vóytelas!
   I. 1. interj. *Mx.* Expresa asombro o admiración. pop + cult → espon.

voz.
   ◼
   a. ‖ **~ de tarro.** f. *Ec, Ch.* Voz estridente y desagradable de una persona. pop + cult → espon.
   b. ‖ **~ microfónica.** f. *Ch.* Voz que por su tono y timbre es apta para la locución por micrófono. pop + cult → espon.
   ▶ **sacar la ~; ser la ~.**

vozalón, -na.
   I. 1. m. y f. *Ec.* Indígena. pop ^ desp.

vuelacerca.
   I. 1. *Ho, Cu.* **jonrón,** batazo.

vuelacumbo.
   I. 1. m-f. *ES.* Persona aduladora.

vuele.
   I. 1. m. *Cu.* Borrachera. pop + cult → espon.
   2. *Cu.* Estado de enajenación provocado por los efectos de la droga. pop + cult → espon.
   3. *Cu.* Enfado, molestia, enojo. pop + cult → espon.

vuelear.
   I. 1. tr. *Ho. En alfarería,* hacer la panza o parte más sobresaliente de una vasija redonda.

vuelo.
   I. 1. m. *Cu, Ec, Ch.* Vuelillo, adorno de encaje u otro tejido ligero que se pone en los bordes de algunas prendas o piezas confeccionadas.
   II. 1. m. *Ni.* juv. Recado, encargo.
   2. *Ni.* juv. Paseo corto.

■

a. ‖ ~ **de cabotaje.** m. *Ar, Ur.* Vuelo entre dos puntos del mismo país.

□

a. ‖ **a ~ de pájaro.** loc. adv. *Mx, Ni, Pa, Cu, RD, PR, Co, Ec, Pe, Bo, Ch, Ar, Ur.* En relación con el modo de exponer o explicar algo, de manera general, somera, rápida, sin entrar en pormenores o detalles. pop + cult → espon.

▶ **agarrar ~; darle ~ a la hilacha; darse ~.**

vuelta.

I. 1. f. *Py, Ar.* Momento, tiempo, ocasión. pop + cult → espon.
  2. *Ch.* Año que se pasa en un presidio. carc; pop.
II. 1. f. *Co, Py.* Diligencia o tarea pendiente de realizar.
  2. *CR.* Acción que se realiza para obtener o resolver algo.
III. 1. adv. *Ec.* p.u. Otra vez, nuevamente. pop.
IV. 1. f. *ES.* Ano. vulg.

●

a. ‖ **¿qué ~?** *Cu.* **¿qué hubo?**

a. ‖ ~ **al mundo.** f. *Ar.* Entretenimiento de feria consistente en una gran rueda que gira verticalmente de la que cuelgan los asientos ocupados por el público.
b. ‖ ~ **carnera.** *CR, Ar.* **vuelta carnero,** vuelta.
c. ‖ ~ **carnero.**
  i. f. *Cu, Bo, Py, Ar, Ur.* Vuelta que se da apoyando las manos en el suelo y haciendo girar el cuerpo hacia delante. (**vuelta carnera**). ♦ **vuelta de carnera.**
  ii. *Ar, Ur.* Cambio, *especialmente en una decisión o una postura ante un asunto.*
d. ‖ ~ **de bandido.** f. *Ho. En una carretera,* curva muy cerrada que se toma a gran velocidad.
e. ‖ ~ **de carnera.** *Cu.* **vuelta carnero,** vuelta.
f. ‖ ~ **de gato.** f. *Gu, Ho, ES.* Vuelta que se da apoyando la cabeza en el suelo y haciendo girar el cuerpo hacia delante.
g. ‖ ~ **del cacho.** f. *Ve.* Cornada de un toro. pop + cult → espon.
h. ‖ ~ **del músico.** f. *Ec.* Situación de desamparo en la que alguien se encuentra.
i. ‖ ~ **del perro.**
  i. f. *Ar, Ur.* Vuelta o paseo, *especialmente alrededor de una plaza.* pop + cult → espon.
  ii. *Ch.* Vuelta o rodeo innecesarios para llegar a un punto. pop + cult → espon.
j. ‖ ~ **en u.** f. *Mx, Ni, CR, Cu, PR, Ve, Pe, Bo, Ch. En una vía,* giro en sentido contrario al que se llevaba.
k. ‖ ~ **olímpica.** f. *Ar. En algunos establecimientos escolares,* festejo que realizan los alumnos al terminar el ciclo lectivo.

□

a. ‖ **a ~ de la rueda.** *Ch.* a **vuelta de rueda.** pop + cult → espon.
b. ‖ **a ~ de rueda.** loc. adv. *Mx, Ho, ES.* Despacio, lentamente. (**a vuelta de la rueda**).
c. ‖ **de ~.** loc. adv. *Mx, ES, CR, Bo, Py, Ar, Ur.* De nuevo, otra vez.
d. ‖ **sin ~ de ojo.** loc. adv. *ES, RD.* Indudablemente. pop + cult → espon.
e. ‖ ~ **y ~.**
  i. loc. adj. *Ar. Referido a un hombre,* homosexual. euf; pop + cult → espon ^ fest.
  ii. loc. sust. *Ch.* Coito realizado por dos hombres. euf; pop ^ fest.

▶ **buscar la ~; ¡da la ~!; dar más ~s que una chiva; dar media ~ española; dar ~; dar ~ el codo; darle la ~; darle su ~; darse ~ la chaqueta; darse ~ la vianda; darse ~ y ~; dársele ~ el paraguas; encontrarle la ~; hacer la ~; irse de ~ y ~; jugar la ~; sacar la ~.**

vueltacanela.

I. 1. f. *Co:O.* Vuelta completa que da una persona sobre sí misma, en el aire, invirtiendo la cabeza hacia el suelo y volviendo a caer de pie.

vueltear.

I. 1. intr. *Bo.* Pasear *alguien* por un mismo lugar. pop + cult → espon.
  2. tr. *Bo.* Rondar un hombre a una mujer con el propósito de enamorarla. pop + cult → espon.
  3. intr. *Bo.* Hablar mucho y divagando. pop + cult → espon.

vueltegato.

I. 1. m. *Gu, ES.* Vuelta que se da apoyando la cabeza en el suelo y haciendo girar el cuerpo hacia delante.

vueltero, -a.

I. 1. adj. *Py, Ar. Referido a persona,* indecisa. pop.
  2. *Bo, Py. Referido a persona,* que complica o enreda un asunto por conveniencia, para ganar tiempo o para engañar. pop.
  3. *Bo.* pop + cult → espon. *Referido a persona,* inconstante, que rehúye sus compromisos.

vueltín.

I. 1. m. *ES, CR.* Pequeño paseo.
  2. *ES.* Ronda de vigilancia.

vuelto.

I. 1. m. *Mx, Gu, Ho, ES, Ni, CR, Pa, Cu, RD, Co:O, Ve, Ec, Pe, Bo, Ch, Py, Ar, Ur;* m. pl. *Co:O.* Cambio, dinero que se devuelve a quien hace un pago con monedas o billetes de valor superior al del importe debido.

▶ **dar el medio ~.**

vueltón.

I. 1. m. *PR, Co:O,SO.* Paseo.

vuelvepiedras.

I. 1. m. *Ec, Pe, Ch.* Ave de hasta 25 cm de longitud, de cuerpo compacto y patas, cuello y pico cortos, plumaje marrón o blanco y negro, con el vientre negro y la zona dorsal rojiza. (Scolopacidae; *Arenaria interpres*).

vuelveteloco.

I. 1. *Gu, ES, Ni.* **chamico,** arbusto.

vulca.

I. 1. *Ch.* **vulcanización,** taller.

vulcanización.

I. 1. f. *Mx, Ni, CR, Pa, Cu, Ec, Bo, Ch.* Reparación de las **llantas** de un vehículo mediante el proceso de vulcanización. pop + cult.
  2. *Ni, Ch.* Taller en que se reparan neumáticos y se prestan otros servicios de arreglo para vehículos. (**vulca**).

vulcanizadora.

I. 1. f. *Mx, Ni, CR, Cu, Co:SO, Ec, Pe, Bo.* Establecimiento dedicado a la reparación de **llantas** o ruedas de vehículo.

vulcanizar.

I. 1. tr. *Mx, Ni, CR, Pa, Cu, Ec, Pe, Bo.* Reparar las **llantas** de un vehículo mediante el proceso de vulcanización. pop + cult.

vulgar.

□

a. ‖ ~ **y silvestre.** loc. adj. *Ve, Ec, Bo, Ch, Ar, Ur. Referido a cosa o persona,* común y corriente, igual a otros seres o cosas de su misma especie. pop + cult → espon.

vulgarear(se).

I. 1. tr. *ES, Ni.* Faltar al respeto a *alguien.* (**vulgariar**).
  2. intr. prnl. *Ni.* Burlarse de alguien. (**vulgariarse**).

vulgariar(se).

I. 1. tr. *ES, Ni.* **vulgarear.**
  2. intr. prnl. *Ni.* **vulgarearse.**

¡wa!
  I. 1. interj. *Pa, Ve.* **¡wao!**

wabul. (Voz misquita).
  I. 1. m. *Ho, Ni.* Bebida de los misquitos elaborada con agua y puré de **majoncho**, más otros ingredientes. (**guabul**).

wabulero. (Del misquito *wabul*).
  I. 1. m. *Ho.* Mortero hecho del tronco ahuecado de un árbol que se utiliza para machacar el plátano o mover el **wabul.** (**guabulero**). ◆ **molinillo**.

waca. (Voz aimara).
  I. 1. f. *Bo.* Mineral de baja ley.

¡wácala!
  I. 1. interj. *Ho, Ni, Pa, RD, PR, Ec, Py; ES.* juv.; *Pe.* p.u. Expresa asco, repugnancia o desagrado. (**¡guácala!**; **wakala**). ◆ **guacatela**; **guacatelas**; **wácatela**.

wacamayu.
  I. 1. *Ar.* p.u. **guacamayo**, ave.

wacatay.
  I. 1. f. *Bo.* **wacataya**.

wacataya.
  I. 1. f. *Bo.* **huacatay.** (**wacatay**; **watacay**).

¡wácatela!
  I. 1. *PR.* **¡wácala!**

wacha.
  I. 1. f. *Pe.* Arco que se forma con las piernas.
    2. *Ho, Pa.* **guacha**, arandela.
  II. 1. *Pe.* p.u. **huachafo**, cursi.

¡wacha!
  I. 1. *Ho, ES.* juv. **¡wáchale!**

wachacarros. (De *to watch*, vigilar, y *carros*).
  I. 1. m. *Mx:N.* Cuidador de automóviles.

¡wáchale! (Del ingl. *to watch*, mirar).
  I. 1. interj. *EU:SO, Mx:N.* Expresa advertencia ante un peligro. (**¡wacha!**).
    2. *Ho.* juv. Expresa atención, observación o cuidado de alguien o de algo. (**¡wacha!**).

wachar. (Del ingl. *to watch*, mirar).
  I. 1. tr. *EU:NE,SO, Mx; ES, Ni.* juv. Ver, vigilar, fijarse, estar *una persona* al tanto de alguien o de algo. (**guachar**; **guachear**; **wachear**).

wachear. (Del ingl. *to watch*, mirar).
  I. 1. tr. *EU:NE, Ho, PR.* **wachar**.

wachi. (Apóc. de *watchman*).
  I. 1. *Pa; Ho.* juv. **guachimán**, vigilante.

wachiman.
  I. 1. *Ni, CR; Ec, Pe.* p.u. **wachimán**, vigilante.

wachimán. (Del ingl. *to watch*, mirar, y *man*, hombre).
  I. 1. *Ho, Pa; Ec.* p.u; *Ch.* espon ^ fest. **guachimán**, vigilante. (**wachiman**; **wáchiman**).
    2. *Ch.* Persona que cuida las embarcaciones en un puerto.

wáchiman.
  I. 1. *Gu.* **wachimán**, vigilante.

wacho.
  I. 1. m. *Ch.* Juego de niños que consiste en clavar en el lodo palillos puntiagudos.
  II. 1. m. *Ni, CR, Pa.* Reloj, *generalmente de pulsera.* (**washa**).
  III. 1. adj. *Pa.* Referido a tema o asunto, que no se entiende.
    2. *Pa.* Referido a un lugar, desordenado.
  IV. 1. m. *Ni.* metáf. Corazón.
  V. 1. m. *Pa.* Plato de arroz cocido con carne o pollo y algunas verduras, con la apariencia de una sopa espesa. (**guacho**).

wacson. (De *Watson*, socio de Sherlock Holmes, de las novelas de Arthur Conan Doyle).
  I. 1. adv. *Ni.* juv. De acuerdo, correcto.

wacuco, -a.
  I. 1. sust/adj. *Pa.* Persona de raza negra. (**guacuco**).

waffle. (Voz inglesa).
  I. 1. *EU, Pe, Bo, Ch, Ar, Ur, Ve.* p.u. **wafle**.

wafflera.
  I. 1. *Ho.* **guaflera**, aparato eléctrico.

wafle. (Del ingl. *waffle*).
  I. 1. m. *EU, Ho, Ni, Pa, PR, Co, Ve, Ec, Pe, Ch, Ur.* Galleta cuadrada o rectangular de harina, huevo y leche con superficie en relieve en forma de cuadritos, que puede estar compuesta por varias capas de masa unidas entre sí por crema dulce o ingredientes salados; se prepara en una **waflera.** (**guafle**; **waffle**).

waflera. (Del ingl. *waffle*).
  I. 1. f. *Ho, ES, Ni, CR, Pa, PR, Co, Pe, Bo, Ch, Ar, Ur.* Utensilio doméstico, eléctrico o no, en forma de plancha para hacer **wafles.** (**guaflera**; **waflero**).

waflero. (Del ingl. *waffle*).
  I. 1. m. *Ch.* **waflera**.

wagón.
  I. 1. m. *Ni.* p.u. Vagón.

wahoo.
  I. 1. m. *Pa.* obsol. Bingo que se jugaba en los cines.

waipe.
  I. 1. *Bo; Ec.* p.u. **guaipe**, estopa.

waiper.
  I. (Del ingl. *wiper*).
    1. m. *PR.* Limpiaparabrisas.
  □
    a. ‖ ~ *autopart.* (Voz inglesa). m. *Mx.* Tienda de accesorios para automóviles.

waiter. (Voz inglesa).
  I. 1. m. *EU, Pa, PR.* Camarero, **mesero**.

waitress. (Voz inglesa).
  I. 1. f. *EU, PR.* Camarera, **mesera**.

waiver. (Voz inglesa).
  I. 1. m. *Ve.* Cantidad que debe pagar un equipo deportivo a un jugador por haberlo despedido.
  II. 1. m. *PR, Ec.* Exención, *especialmente en las normas de navegación.*
  III. 1. *PR.* **relevo**, documento.

IV. 1. m. *PR. En el deporte profesional*, estado temporal en que un jugador se coloca a disposición de otros equipos para ser contratado bajo los mismos términos.

wajaping. (Del ingl. *what's happening?, ¿qué sucede?*).

 a. ‖ ~. fórm. *Pa.* Se usa como saludo a un amigo, mayoritariamente entre personas de raza negra: ¿Qué pasa? ¿Qué hay? ¿Cómo estás?

¡wakala!
 I. 1. *Pe, Py.* **¡wácala!**

walaca. (Voz aimara).
 I. 1. f. *Bo.* Pedazo de cuero que protege al minero del agua que cae al manejar el taladro.

walagallo.
 I. 1. m. *Ni.* Rito mágico-religioso de los **garífunas** de la costa norte de Nicaragua con el que se pide salud.

walantataya. (De *Ballatines*®, nombre de un whisky).
 I. 1. m. *Bo.* Alcohol hecho de caña que se vende en latas.

walk.

 a. ‖ ~ over. (Voz inglesa).
 i. m *Ec, Pe, Bo, Ch.* Victoria obtenida por alguien porque el adversario no se presentó a tiempo a la contienda.
 ii. *Ec, Pe, Bo, Ch.* Fallo del árbitro que otorga el premio a alguien o a un equipo porque su contrincante no se presentó.

walk-in.

 a. ‖ ~ closet. (Voz inglesa). m. *EU, Ho, Ni, Pa, PR, Ec; Pe.* p.u. Vestidor contiguo al dormitorio, con amplios armarios. (**walking closet**).

walking.

 a. ‖ ~ closet. (Voz inglesa). m. *Ch.* **walk-in closet**.

wall.

 a. ‖ ~ to wall. (Voz inglesa). adj. *PR.* Referido a una alfombra o a un armario, que se extiende de pared a pared.

wallet. (Voz inglesa).
 I. 1. m. *EU, Pa, PR.* Monedero, billetero, cartera.

wallpaper. (Voz inglesa).
 I. 1. *EU, Ni, Pa, PR.* Papel decorado para paredes.

wallyball. (Del ingl. *wall*, pared, y *ball*, balón).
 I. 1. m. *Bo.* Juego de voleibol en cancha cerrada, *generalmente de ráquetbol*, en cuyas paredes laterales los jugadores pueden rebotar la pelota.

walpa.

 a. ‖ ~ chaqui. m-f. *Bo:SO,C.* Persona que tiene piernas delgadas. pop + cult → espon ^ fest.

wálter.
 I. 1. m. *Bo.* Servicio destinado a las necesidades fisiológicas y al aseo. fest.

wambra. (Del quechua *warmi*, mujer).
 I. 1. f. *Pe.* Niña o adolescente. rur.
 2. *Bo.* Mujer adulta.

wampa. (Del ingl. *swamp*, pantano).
 I. 1. f. *Mx:N.* **suampo**.

wanabi. (Del ingl. *want to be*, querer ser o aspirar).
 I. 1. adj/sust. *PR.* juv. *Referido a persona*, que gusta de aparentar. (**wannabi**).

wanabí. (Del ingl. *want to be*, querer ser o aspirar).
 I. 1. adj. *PR.* juv. *Referido a un objeto*, que imita un producto de mejor calidad o de una marca de prestigio.

wanderino, -a.
 I. 1. adj. *Ch.* Relativo al Club Santiago Wanders de Valparaíso.

 2. sust/adj. *Ch.* Jugador, socio o simpatizante del Club Santiago Wanders.

wanderista.
 I. 1. adj. *Ur.* Relativo al Club Montevideo Wanders.
 2. sust/adj. *Ur.* Jugador, socio y simpatizante del Club Montevideo Wanders.

wannabi.
 I. 1. *PR.* **wanabi**.

wantán. (Del chino).
 I. 1. m. *ES, Ni, Ec, Pe, Ch.* Empanada cuadrada de masa frita delgada que suele llevar uno o más trozos pequeños de carne en su interior; es típica de la comida cantonesa. (**wanton**).

wanton.
 I. 1. *Pa.* **wantán**.

wantón.
 I. 1. m. *Pa.* Masa de trigo cortada en trozos que se fríe o se sirve con la sopa.

¡wao! (Del ingl. *wow!*).
 I. 1. interj. *RD, EU, PR, ES, Pa, Cu, Ve, Ec, Pe.* Expresa sorpresa, asombro o admiración. (**¡wa!; ¡wau!**).

wapin.

 a. ‖ ¡wapin! (Del ingl. *what's happening*). fórm. *Pa.* juv. Se usa para saludar. delinc. (**¡wapping!**).

wapping.

 a. ‖ (Del ingl. *what's happening*). fórm. *Pa.* juv. **¡wapin!** delinc.

waraca.
 I. 1. f. *Bo.* Honda, banda de cuero, esparto u otro material semejante que se usa para arrojar piedras.

warandol.
 I. 1. m. *Cu.* **guarandol**.

warfarina. (De *Warfarin*®).
 I. 1. f. *Ni, Cu, PR; Ec.* p.u. Medicamento anticoagulante. (**guarfarina**).
 II. 2. f. *Cu.* p.u. Veneno para ratones. (**guarfarina**).
 2. *Cu.* metáf. Ron muy fuerte de baja calidad, destilado en alambiques particulares. (**guarfarina**).

wari.

 a. ‖ ~~. m. *Pa.* Habla de los afroantillanos de la provincia de Bocas del Toro, con elementos del inglés, español y francés.

waripola.
 I. 1. f. *Pe, Bo.* **guaripula**, bastón. (**waripola**).

waripolero, -a.
 I. 1. m. y f. *Pe, Bo.* Persona que maneja la **waripola**.

warneckei.
 I. 1. m. *Gu.* Arbusto de tronco corto, tallo erecto, con numerosas hojas de color verde oscuro y abrillantado, atravesadas longitudinalmente por franjas blancas o verde claras, y flores reunidas en inflorescencias; es ornamental. (Agavaceae; *Dracaena deremensis*).

warrant. (Voz inglesa).
 I. 1. *Ch. En el ámbito aduanero*, almacén en el que se depositan mercancías.
 2. *Ch.* Operación mercantil realizada mediante un certificado endosable o transferible de depósito de ciertas mercancías.
 3. *PR, Bo.* Cédula comercial, certificación de depósito.
 4. *PR.* Recurso legal que emite un juez para autorizar un arresto, efectuar un **cateo**, confiscación u otra orden judicial.

warrior. (Voz inglesa).
 I. 1. f. *Ch.* juv. Mujer que no vacila en tener relaciones sexuales cuando se le presenta la oportunidad.

wasa.
   I. 1. f. *PR.* juv. Mentira. pop + cult → espon.
   2. *PR.* juv. Habladuría insustancial. pop + cult → espon.

wasca. (De or. quech.).
   I. 1. adj. *Pe.* **huasca**, borracho.

wash.
■
   a. ‖ ~ *and wear.* (Voz inglesa). m. *EU, Cu, PR, Ve, Pe.* Prenda de vestir que no necesita plancha.

washa. (Del ingl. *watch*, mira).
   I. 1. m. *Mx:N, Gu.* p.u. **wacho**, reloj.

washado, -a. (Del ingl. *watched*, mirada, vista).
   I. 1. adj. *Gu, ES. Referido a cosa*, marcada.
   2. *Gu. Referido a persona o cosa*, vista, conocida. pop.

washar. (Del ingl. *to watch*).
   I. 1. tr. *Gu, Ho.* Mirar, observar, controlar *una persona algo o a alguien.*

washatería. (Del ingl. *to wash*, lavar).
   I. 1. f. *EU.* Establecimiento donde se lava ropa.

washingtones. (Del ingl. *Washington*, capital de Estados Unidos).
   I. 1. m. *PR.* Dinero en dólares. pop + cult → espon.

washo.
   I. 1. f. *Gu.* **guasho**.

waskiri. (Voz aimara).
   I. 1. adj. *Bo. Referido a persona*, que aprende todo de memoria, repasando los libros intensamente.

wata. (Del ingl. *water*).
   I. 1. f. *CR.* Agua.

watacay.
   I. 1. *Pe.* **wacataya**.

watage.
   I. 1. *PR.* **wataje**.

wataje. (Del ingl. *watt*).
   I. 1. m. *Ch.* Cantidad de **watios** que actúa en un aparato o sistema. (**watage**; **wattage**).

watch. (Voz inglesa).
   I. 1. tr. *PR; RD.* p.u. Velar, vigilar.

watchman. (Voz inglesa).
   I. 1. m. *EU, Gu, Ni, Pa, PR.* **guachimán**, vigilante.

watermelon. (Voz inglesa).
   I. 1. m. *PR.* Melón de agua, sandía.

watio. (Del ingl. *watt*).
   I. 1. m. *Ni, Co, Ec, Ch; Pe.* p u. Vatio, unidad de potencia eléctrica.

wattage.
   I. 1. *PR.* **watage**.

wáttmetro. (Del ingl. *watt*).
   I. 1. m. *Ni, Ch.* Dispositivo para medir **watios**.

wauchaceta.
   I. 1. f. *PR.* Zona, estancia.
   2. *PR.* Ciénaga pastosa.
   3. *PR.* Arroyo.

wawa. (Voz quechua).
   I. 1. f. *Pe, Bo.* **guagua**, niño de pecho.
   2. *Bo.* Criatura en el vientre materno.

wawawasi. (Del quech. *wawa*, niño pequeño, y *wasi*, casa).
   I. 1. m. *Pe.* Guardería infantil.

way. (Del ingl. *one way*, una sola vía).
   I. 1. m. *EU:SE.* Hombre homosexual.

wayño.
   I. 1. m. *Pe, Bo.* Baile popular en que cada pareja efectúa giros y movimientos al compás de un trote rápido y ligero. (**huaiño**).

weather.
■
   a. ‖ ~ *bureau.* (Voz inglesa). m. *PR.* Centro meteorológico.

web.
■
   a. ‖ ~ *check in.* (Voz inglesa). m. *Bo.* Servicio de Internet que ofrecen las líneas aéreas para obtener las tarjetas de embarque.
   b. ‖ ~ *hosting.* (Voz inglesa). m. *Bo.* Sistema comercial informático que proporciona almacenamiento de datos, conexiones con páginas de la red y otros servicios para albergar los archivos de un sitio electrónico.

webear. (Del ingl. *web*).
   I. 1. intr. *Bo, Ar; Pe, Ch.* p.u; *Ec.* juv. Navegar *una persona* por Internet sin objetivo fijo, solo por ocio. fest.

webeo. (Del ingl. *web*).
   I. 1. m. *Ch, Ar; Pe.* p.u; *Ec.* juv. Uso de la red electrónica mundial. fest.

welcome. (Voz inglesa).
   I. 1. f. *PR, Py.* Bienvenida.

welfare. (Voz inglesa).
   I. 1. m. *EU, PR.* Sistema de ayuda económica que ofrece el Gobierno de los Estados Unidos.

well.
■
   a. ‖ ~ *done.* (Voz inglesa). adj. *EU, PR. Referido a la carne*, bien hecha, bien cocida.

wendy.
   ▶ ponerle ~.

wepa.
●
   a. ‖ ~. fórm. *Ni, Pa, PR, Ve; RD.* p.u. Se usa para saludar amistosamente.

¡wepa!
   I. 1. interj. *Ni, Pa, RD, PR, Ve.* Expresa admiración, ánimo o algarabía.

wet.
■
   a. ‖ ~ *look.* (Voz inglesa).
     i. m. *EU, PR.* Tipo de peinado que da la impresión de llevar el pelo mojado.
     ii. *Ni.* Maquillaje de estilo mojado, fresco y que da brillo al rostro.

whatever! (Voz inglesa)
   I. 1. interj. *PR.* juv. Expresa indiferencia o desinterés.

whiscacho.
   I. 1. *Bo.* **whiskacho**.

whiskacho.
   I. 1. m. *Pe, Ar. Whisky.* (**whiscacho**; **wiskacho**).

whiskero, -a.
   I. 1. *Ch.* **whisquero**.

whisquero, -a.
   I. 1. m. y f. *Ec.* Objeto que contiene *whisky* o que sirve para almacenarlo. (**whiskero**).

white. (Voz inglesa).
   I. 1. adj. *Ni.* juv; meton. *Referido a persona*, drogada.
■
   a. ‖ ~ *horse.* (Voz inglesa). m. *PR.* Heroína. drog.

wicuña. (Voz quechua).
   I. 1. *Ar.* **vicuña**.

wicwerwork.
   I. 1. m. *Ar. En cestería*, técnica que ejecutan los mimbreros para tejer sus obras, muy utilizada por los indígenas.

¡wiflas!
   I. 1. interj. *Bo.* Expresa asombro por algo o alguien.

wikén. (Del ingl. *weekend*).
   I. 1. m. *PR, Ch.* Fin de semana.

wikenear. (Del ingl. *weekend*).
   I. 1. intr. *Ch.* p.u. Pasar un fin de semana, *generalmente vacacional o de descanso.*

wikineo. (Del ingl. *weekend*).
I. 1. m. *Ch.* p.u. Vacación de fin de semana.

wil.
□
a. ‖ **a la ~.** loc. adv. *ES.* **a wilbur.**

wila.
I. 1. f. *Ho.* juv. *En la cárcel*, mensaje entre un **marero** y una persona que está en libertad. (**guila**).

wilancha. (Voz aimara).
I. 1. m. *Pe.* Sacrificio ritual, *generalmente de una oveja o una llama*, que se ofrece a los **mallkus** para obtener beneficios en las siembras, las cosechas, los nacimientos, etc.

wilber.
□
a. ‖ **a la ~.** loc. adv. *ES.* **a wilbur.**

wilbur.
□
a. ‖ **a ~.** loc. adv. A la fuerza. (**a la wil; a la wilber**).
♦ **a wilson.**

wild. (Voz inglesa).
I. 1. m. *Cu, RD, Ve. En el beisbol*, **pícher** que no consigue hacer buenos lanzamientos.
a. ‖ **~ pitch.** (Voz inglesa). m. *Ni, Cu, RD, Ve.* Lanzamiento errado del **pícher** que no puede ser atrapado por el receptor.

wiliwiste.
I. 1. *Ni.* **güiligüiste**, árbol.

williwaw.
I. 1. m. *Ch.* Viento helado, repentino y violento, que sopla desde las montañas hacia la costa en el sur de Chile.

wilson. (Voz inglesa).
I. 1. f. *Ve.* Pelota de **beisbol**.
II. 1. adj. *PR. Referido a persona o cosa*, excelente. pop.
□
a. ‖ **a ~.** loc. adv. *ES, Ve.* **a wilbur.**

win.
I. 1. m. *Pa. En el futbol*, jugador que juega en la delantera, por los lados o las puntas.

winch. (Voz inglesa).
I. 1. m. *EU, Ni, CR, PR, Ve, Bo, Ur.* Grúa giratoria para levantar cargas pesadas. (**güinche; huinche; wincha; winche; wincher**).

wincha.
I. 1. f. *Ec, Pe, Bo, Ar.* Cinta larga para medir, usada por los topógrafos.
2. *Ec, Bo, Ar.* **vincha**, cinta.
II. (Del ingl. *winch*, grúa).
1. f. *Ec.* **winch**, grúa.
2. *Ec.* Máquina similar a un cabrestante que llevan adaptado algunos vehículos en la parte frontal.
3. *PR.* Camioneta grande y destartalada. pop + cult → espon.

winchage. (De *Windcharger®*).
I. 1. m. *Ur.* Cargador aéreo de corriente continua.

winche. (Del ingl. *winch*).
I. 1. *Ni, Cu, PR.* **winch**, grúa.

wincher. (Del ingl. *winch*).
I. 1. *CR.* **winch**, grúa.

winchil. (Del ingl. *windshield*, parabrisas).
I. 1. *Pa.* **windshield**.

wind.
■
a. ‖ **~ up.** (Voz inglesa). m. *RD, PR, Ve.* obsol. *En el beisbol*, movimientos coordinados reglamentarios que hace el **pícher** antes de lanzar la pelota.

window.
■
a. ‖ **~ shopping.** (Voz inglesa). m. *PR.* **vitrineo**, paseo para mirar vitrinas.

windshield. (Voz inglesa).
I. 1. m. *RD, PR.* Parabrisas. guinshil (**winchil**).
■
a. ‖ **~ wiper.** (Voz inglesa). m. *RD, PR.* Limpiaparabrisas. pop + cult → espon.

wing. (Voz inglesa).
I. 1. m. *Bo, Ar. En el futbol y otros juegos de pelota*, cada uno de los jugadores situados en los extremos de la línea delantera.
2. *Ar.* Lugar ocupado por este jugador.

winger. (Voz inglesa).
I. 1. m. *Ch. En el rugby*, jugador que ocupa el exterior de la tercera línea.

winner. (Voz inglesa).
I. 1. m-f. *EU, PR, Ve.* Individuo ganador.
2. *Ch.* Persona que tiene una actitud optimista y avasalladora, y que por ello logra obtener muchos beneficios.
II. 1. m. *PR. En el tenis*, tiro extraordinario que el oponente no puede devolver.

wiñapu.
I. 1. f. *Pe, Bo.* Harina de maíz germinado y secado al sol, empleada para elaborar **chicha**.

wipe. (Del ingl. *wiper*, limpiador).
I. 1. f. *Gu, Ec, Pe.* **guaipe**, estopa.
2. m. *PR.* Toallita húmeda desechable. ♦ **baby wipe; chubs.**

wiper. (Voz inglesa).
I. 1. m. *Ho, PR.* Limpiaparabrisas. (**guaiper**).
2. *ES.* Paño, trapo. (**guaiper**).
II. 1. m. y f. *PR.* juv. Persona aduladora.

wircho.
I. 1. adj/sust. *Ve. Referido a persona*, maleducada, grosera.

wishful.
■
a. ‖ **~ thinking.** (Voz inglesa). f. *EU, PR.* Deseo de que lo que se quiere se convierta en realidad.

wishiwaiper. (Del ingl. *windshield wiper*).
I. 1. f. *Pa.* Limpiaparabrisas.

wishy-washe. (Del ingl. *wishy-washy*).
I. 1. adj. *PR.* **wishy-washy**, débil.
II. 1. *PR.* **wishy-washy**, limpieza.

wishy-washy. (Voz inglesa).
I. 1. m. *PR.* Limpieza superficial y rápida. (**wishy-washe**).
2. *PR.* Baño corporal superficial y rápido. ♦ **baño polaco.**
II. 1. adj. *PR. Referido a un argumento*, débil, flojo. (**wishy-washe**).

wiskacho.
I. 1. *Ec, Pe, Ch.* **whiskacho.**

wiskero, -a.
I. 1. adj/sust. *Ch. Referido a persona*, bebedora de *whisky*.
2. *Ch.* Relativo al *whisky*.

wiskilata.
I. 1. m. *Bo.* Alcohol puro de caña envasado en lata.

wislulo. (Del quech. *wislulo*, durazno cocido).
I. 1. m. *Bo.* Pene. tabú; pop + cult → espon.

wisqueada.
I. 1. f. *CR.* Ingestión abundante de *whisky*. (**wisquiada**).

wisquearse.
I. 1. intr. prnl. *CR.* Tomarse *alguien* unos *whiskies*. (**wisquiarse**).

wisquecillo.
    I. 1.   m. *CR, RD. Whisky* en pequeña cantidad.

wisquer.
    I. 1.   m. *CR. Whisky*. desp.

wisquiada.
    I. 1.   *CR.* **wisqueada**.

wisquiarse.
    I. 1.   *CR.* **wisquearse**.

wist. (Del ingl. *whist*).
    I. 1.   m. *EU.* Juego de naipes.

wistu. (Del quechua y del aimara).
    I. 1.   adj/sust. *Bo. Referido a persona o cosa*, torcida, chueca.
        2.   *Bo. Referido a persona*, que padece estrabismo.

wity. (Del ingl. *witty*, agudo, ingenioso).
    I. 1.   m. *Pa.* Amigo de mucha confianza. ♦ **pasiero**; **pelao**.

wokowi.
    I. 1.   *Mx.* **peyote**, planta.

wolpoch.
    I. 1.   f. *Mx.* Serpiente venenosa de tamaño reducido, grisácea, cuya picadura es mortal.

worchop.
    I. 1.   *EU.* **workshop**.

work-out. (Voz inglesa).
    I. 1.   *PR.* **workout**.

workbook. (Voz inglesa).
    I. 1.   m. *EU, PR.* p.u. Cuaderno de ejercicios. est.

workers. (Voz inglesa).
    I. 1.   m. pl. *PR.* Instrumentos usados por los adictos para inyectarse droga. drog.

workout. (Voz inglesa).
    I. 1.   m. *EU, PR.* Rutina de ejercicios. (**work-out**).

workshop. (Voz inglesa).
    I. 1.   m. *Ni, PR, Ch.* Taller o seminario. (**worchop**).

wow! (Voz inglesa).
    I. 1.   interj. *EU, Ni, RD, PR, Ve; Ec.* juv. Expresa sorpresa, asombro o admiración.
        2.   *PR.* Expresa que algo es sorprendente o espectacular.

wuata.
    I. 1.   *Ec, Ch.* **guata**, barriga.

wurlitzer.
    I. 1.   m. *Pe, Ch.* Aparato de música que funciona con monedas o con fichas. (**burlitzer**).

xaan. (Voz maya yucat.).
    I. 1. *Mx:SE.* p.u. **soyacal**. rur.
xac-chum. (Voz maya).
    I. 1. *Mx:SE.* p.u. **cuyá**, árbol. rur. (***xacchum***).
xaca. (Del maya *xac*).
    I. 1. f. *Mx:SE.* p.u. Canasta, cesta. rur.
    2. *Mx.* metáf. Vulva. rur; vulg.
xacal. (Del nahua *xalli*, arena, y *calli*, casa).
    I. 1. *Gu.* **jacal**.
xacchum. (Voz maya).
    I. 1. *Mx:SE.* **xac-chum**.
xachipale.
    I. 1. *Mx.* p.u. ***xochipalli***.
xagua.
    I. 1. *RD.* **jagua**, árbol y fruto.
xahuique.
    I. 1. *Mx.* p.u. **cacomite**. rur.
xakyaab. (Del maya).
    I. 1. *Gu.* **matarratón**.
xalache.
    I. 1. m. *Mx.* p.u. Planta herbácea perenne, de hasta 20 cm de altura, con hojas ovadas, gruesas, flores blancas a veces teñidas de rojo y fruto rojizo con semillas oscuras; es ornamental. (Crassulaceae; *Sedum moranense*). rur.
xalama. (Del nahua *xalli*, arena, y *amatl*, amate).
    I. 1. *Mx.* **amate**, árbol.
xalate. (Del nahua *xalli*, arena, y *atl*, agua).
    I. 1. m. *Mx.* p.u. Caballo penco, rocín. rur.
xalcanautle. (Del nahua *xalli*, arena, y *canautli*, pato).
    I. 1. m. *Mx.* Ave migratoria de hasta 60 cm de longitud, cuya coloración oscila entre el gris de la parte superior, el blanco en la inferior y el verde de la región lateral por encima de los ojos. (Anatidae; *Anas americana*). ♦ **labanco**; **mareca**; **pato calvo**.
xales. (Del nahua *xalli*, arena).
    I. 1. m. pl. *Mx.* Residuos de carne y manteca frita.
    2. *Mx.* Zurrapas que quedan en el cazo de los **chicharrones** de cerdo que parecen arenillas desmenuzadas.
xalnene. (Del nahua).
    I. 1. f. *Mx.* p.u. Arena volcánica negra. rur.
xampoh.
    I. 1. m. *Mx.* p.u. Ropa lavada y seca. rur.
xanabmucuy. (Voz maya).
    I. 1. m. *Mx:SE.* p.u. Planta herbácea anual de hasta 50 cm de altura, de hojas opuestas, inflorescencia en umbela, flores blanquecinas y fruto capsular con semillas ovoides; tiene diversas aplicaciones en la medicina tradicional. (Euphorbiaceae; *Euphorbia hirta*). rur.
xara.
    I. 1. *Gu, ES.* **shara**.
xareto, -a.
    I. 1. adj. *Gu. Referido a cosa*, defectuosa, deforme. (**shareto**). ♦ **xuro**.

xaté. (Voz tarasca).
    I. 1. *Mx.* p.u. **chicalote**. rur.
xauxa.
    I. 1. *Mx.* **jauja**.
xaxaco, -a.
    I. 1. adj. *Gu.* p.u. *Referido a cosa*, agujereada.
    II. 1. adj. *Gu.* p.u. *Referido a persona*, que habla con lentitud.
xaxacuachtle. (Del nahua *xaxacuahtic*, fruta magullada).
    I. 1. f. *Mx.* p.u. Masa áspera de maíz. rur.
xaxim. (Voz maya).
    I. 1. m. *Mx:SE.* p.u. Arbusto de hasta 8 m de altura, de hojas bipinnadas, inflorescencia en capítulos, flores blanquecinas y fruto dehiscente. (Fabaceae; *Leucaena glauca*). rur.
xaxoc. (Voz maya yucateca).
    I. 1. *Mx:SE.* **gordolobo**.
xaxtle. (Del nahua *achtli*, semilla).
    I. 1. m. *Mx.* p.u. Sedimento que deja el pulque en una vasija. rur.
xay.
    I. 1. m. *Mx.* p.u. Suelo bien drenado, profundo y desarrollado sobre flujo lodoso pedregoso. rur. (**xayá**).
xayá.
    I. 1. m. *Gu.* **xay**.
xaybé.
    I. 1. m. *Mx.* p.u. Camino que se bifurca. rur.
xbayumac. (Voz maya).
    I. 1. *Mx:SE.* p.u. **tablelojeca**. rur.
xcacalché. (Voz maya yucat.).
    I. 1. *Mx:SE.* **piñón**, arbusto.
xcaché. (Voz maya).
    I. 1. m. *Mx:SE.* p.u. Arbusto de hasta 9 m de altura, de hojas simples, alternas, inflorescencia en panícula, flores verdosas y fruto en cápsula globosa. (Euphorbiaceae; *Manihot carthaginensis*). rur.
xcambahau. (Voz maya).
    I. 1. m. *Mx:SE.* p.u. **contrahierba**. rur.
xcantirish. (Voz maya).
    I. 1. *Mx:SE.* **aromo**. (**xkantiriz**).
xcatic.
    I. 1. m. *Mx.* p.u. Variedad de **chile** de pequeño tamaño. rur. (**xkatik**).
xchite.
    I. 1. m. *Mx.* p.u. Árbol de hasta 10 m de altura, de hojas palmeadas con márgenes aserrados, de color verde grisáceo, inflorescencia en racimos, flores pequeñas de color crema, frutos rosados, carnosos y pequeños. (Burseraceae; *Bursera graveolens*). rur. ♦ **caraña**; **oloroso**; **sasafrás**.
xchup. (Voz maya).
    I. 1. m. *Mx:SE.* p.u. Algodón. rur.
xcoché. (Voz maya).
    I. 1. m. *Mx:SE.* p.u. Planta leñosa, con hojas pecioladas, flores pequeñas de color púrpura y fruto en baya negra. (Smilacaceae; *Smilax mexicana*). rur.

xcolak. (Voz maya).
I. 1. m. *Mx:SE.* p.u. Planta leñosa, con hojas opuestas, flores tubulares de color púrpura con el centro blanco y fruto alargado. (Bignoniaceae; *Cydista diversifolia*). rur.

xconclé. (Voz maya).
I. 1. *Mx:SE.* **yagrumo**, árbol.

xcopché. (Voz maya).
I. 1. *Mx:SE.* **tacotillo**.

xcunché. (Voz maya).
I. 1. *Mx:SE.* **pochote**, árbol de tronco cubierto de espinas.

xeca.
I. 1. f. *Gu.* Pan integral.
II. 1. f. *Gu.* Cabeza de una persona.

xecudo, -a.
I. 1. adj. *Gu. Referido a persona*, lista, inteligente.

xegua. (Voz tarasca).
I. 1. f. *Mx.* **capulín**, árbol de copa ancha.

xeneise.
I. 1. sust/adj. *Ar.* Simpatizante del equipo de **futbol** Boca Juniors. (**xeneize**).
2. adj. *Ar.* Relativo a este equipo. (**xeneize**).

xeneize.
I. 1. sust/adj. *Ar.* **xeneise**.

xera.
I. 1. f. *Gu.* Lagarto arborícola de hasta 70 cm de longitud, de cuerpo delgado y comprimido, cola larga y doble creta craneal, de color verde con manchas azules y blancas. (Corytophanidae; *Basiliscus plumifrons*). ♦ **charancaco monterudo**.

xere.
I. 1. m. *Gu.* Árbol perenne de gran tamaño, con hojas coriáceas, lanceoladas y muy verdes por el haz, inflorescencia en espigas, flores masculinas que cuelgan en amentos amarillos y fruto en forma de bellota alargada y cubierta por una cúpula; tiene numerosas aplicaciones en la medicina tradicional. (Fabaceae; *Quercus* spp.).

xerófilo.
I. 1. adj. *Ch. Referido a persona*, que prefiere la sequedad del ambiente o se acostumbra mejor a lugares secos.

xeroscopia.
I. 1. f. *Ec.* Copia xerox.

xerox. (De *Xerox*®).
I. 1. f. *EU, Pa, RD, Ec.* Copia de un escrito o dibujo por el sistema eléctrico propio de las máquinas xerox.

xeto, -a.
I. 1. adj. *Mx.* p.u. *Referido a persona*, que tiene el labio leporino. rur.

xholac. (Voz maya).
I. 1. m. *Mx:SE.* p.u. Planta herbácea de hasta 30 cm de altura, de hojas aovadas, inflorescencia en racimos, flores de color blanquecino y fruto leguminoso. (Fabaceae; *Cracca greenmanii*). rur.

xhubulha.
I. 1. m. *Mx.* p.u. Planta herbácea de hasta 1 m de altura, de hojas lanceoladas, flores con pétalos blancos y azules y fruto capsular; es ornamental. (Commelinaceae; *Commelina erecta*). rur.

xiat. (Voz maya).
I. 1. f. *Mx:SE.* p.u. Palma de hasta 5 m de altura, de hojas pinnadas con numerosos folíolos de color verde brillante y fruto en drupa. (Arecaceae; *Chamaedorea graminifolia*). rur.

xiaxek.
I. 1. *Mx.* **sabicú**.

xiaxiu. (Voz maya).
I. 1. m. *Mx:SE.* p.u. Planta herbácea de hasta 50 cm de altura, de hojas simples, lanceoladas, inflorescencia en cimas, flores blancas, azules o celestes y fruto capsular; es ornamental. (Convolvulaceae; *Evolvulus alsinoides*). rur. ♦ **ilusión haitiana**.

xibuyché.
I. 1. m. *Gu.* Árbol de tamaño mediano, de hojas alternas, flores en racimo y fruto globoso; su madera es muy usada en carpintería y en ebanistería. (Sapotaceae; *Lucuma belizensis*).

xic-ché. (Voz maya).
I. 1. m. *Mx:SE.* p.u. Arbusto de hojas imparipinnadas, inflorescencia en panícula axilar, flores blanquecinas y fruto subgloboso oscuro; tiene aplicación en la medicina tradicional. (Rutaceae; *Zanthoxylum fagara*). rur.

xícal. (Del nahua *xicalli*, jícara).
I. 1. m. *Mx.* p.u. Cestilla de pequeño tamaño, en la que se van depositando las **tortillas** al ser sacadas del **comal**. rur.

xicalpeztle. (Del nahua *xicalli*, jícara, y *petztli*, batea).
I. 1. m. *Mx.* p.u. **Jícara** hecha con la cáscara de una planta cucurbitácea que sirve de bandeja. rur.

xicay.
I. 1. *Gu.* **chiribisco**, ramaje seco. rur. (**shicay**).

xich. (Voz maya).
I. 1. m. *Mx:SE.* p.u. Tendón, nervio. rur.

xicozotz.
I. 1. m. *Mx.* p.u. Planta herbácea de tallo cilíndrico, hojas elípticas, con inflorescencia en cima axilar, flor sin pétalos de color amarillo verdoso con la corona blanquecina y fruto globoso; es ornamental. (Passifloraceae; *Passiflora coriacea*). rur.

xik. (Voz maya).
I. 1. f. *Mx:SE.* p.u. Axila. rur.

xila.
I. 1. f. *Mx.* p.u. Flor del **quilinchuche**. rur. ♦ **chila**; **jila**. (**shila**).
II. 1. f. *Gu.* Señorita.

xilhuachtle. (Del nahua).
I. 1. m. *Mx.* p.u. Manojo de cerdas que lleva el **guajolote** en el pecho. rur.

xilote.
I. 1. m. *Gu.* **jilote**, fruto. ♦ **xitotl**.

xilotecnia.
I. 1. f. *Ch.* Técnica de la construcción en madera.

xilotécnico, -a.
I. 1. adj. *Ch.* Relativo a la **xilotecnia**.

xilotila.
I. 1. f. *Ec.* Xilotilo, silicato natural de magnesio y hierro que tiene aspecto de madera. (**xilotilla**).

xilotilla.
I. 1. *Ec.* **xilotila**.

xilxihuite.
I. 1. m. *Mx.* p.u. Canasta usada como almáciga de ciertas plantas. rur.

xinene.
I. 1. *Mx.* **chinín**, árbol.
2. *Mx.* **chinín**, fruto.

xiote. (Del nahua *xiotl*).
I. 1. *Mx.* **jiote**, árbol.
II. 1. *Mx.* **jiote**, enfermedad.

xiquilite. (Del nahua *xiuhuitl*, color azul, y *quilitl*, hierba comestible).
I. 1. m. *Mx.* p.u. **añil**, planta herbácea. rur. ♦ **hojas azules**.

xirgo, -a.
> I. 1.   adj. *Mx.* p.u. *Referido a persona*, desaseada. rur; desp.
> 2.   *Mx.* p.u. Hirsuto, erizado. rur.

xirul.
> I. 1.   adj. *Mx.* p.u. *Referido a cosa*, notablemente pequeña, desmedrada. rur.

xirulada.
> I. 1.   f. *Mx.* p.u. Conjunto de cosas muy pequeñas, *especialmente peces como sardinas, mojarretas*, etc. rur.

xitotl.
> I. 1.   *Gu.* p.u. **xilote**.

xix. (Voz maya).
> I. 1.   m. *Mx:SE.* p.u. Residuo o sedimento líquido, especialmente de la bebida del **pozol**. rur.
>
> □
> **a.** ‖ **hasta el ~.** loc. adv. *Mx* p.u. Totalmente, íntegramente. rur.

xixcal. (Del maya *shishal*, pozo, asiento).
> I. 1.   m. pl. *Mx:SE.* p.u. Fragmentos pequeños de algo roto. rur.

xixi. (Del nahua *xixioti*, tener sarna).
> I. 1.   f. *Mx.* p.u. Planta arborescente con hojas lineares, coriáceas, con inflorescencia en panículas, flores verdosas y fruto en cápsula subglobosa con semillas negras. (Agavaceae; *Furcrarea* spp.). rur.

xkaná.
> I. 1.   m. *Mx.* Arbusto de hasta 4 m de altura, de hojas elípticas con nervaduras rojas, flores tubulares rojas y fruto en drupa de color rojo o negro al madurar; tiene numerosas aplicaciones en la medicina tradicional. (Rubiaceae; *Hamelia patens*). (**xkanán**). ◆ **cerva conuco; chichipince; coralillo; desyerba conuco; zorrillo real**.

xkanán.
> I. 1.   *Mx.* **xkaná**.

xkanché. (Voz maya).
> I. 1.   m. *Mx:SE.* p.u. Árbol de manglar, de hasta 20 m de altura, con tronco de color oscuro y muy ramificado, hojas grandes, lanceoladas y de color verde, flores en racimos y frutos con varias semillas. (Combretaceae; *Conocarpus erecta*). ◆ **botoncillo; mangle botoncillo; mangle botón; yana**).

xkanpocolcum. (Voz maya).
> I. 1.   m. *Mx:SE.* p.u. Arbusto de hojas bipinnadas, inflorescencia en panículas, flores amarillentas de gran tamaño y fruto leguminoso. (Fabaceae; *Caesalpinia yucatanensis*). rur.

xkantiriz.
> I. 1.   f. *Gu.* p.u. *xcantirish*. rur.

xkantumbul. (Voz maya).
> I. 1.   f. *Mx:SE.* p.u. **ojo de pescado**, planta. rur.

xkatik.
> I. 1.   *Mx.* **xcatic**.

xkok. (Voz maya).
> I. 1.   m. *Mx:SE.* p.u. Ruiseñor. rur.
> II. 1.   m. *Mx:SE.* p.u. **Frijol** de vara o **milpero**, que se siembra en la pulpa ya doblada y próxima a cosechar para que se enrede en la caña de maíz. rur.

xkunlinché.
> I. 1.   *Gu.* **napahuite**.

xmacolán. (Voz maya).
> I. 1.   m. *Mx:SE.* p.u. **hierba santa**. (Piperaceae; *Píper sanctum*). rur. (**xmaculán**).

xmaculán.
> I. 1.   *Mx.* **xmacolán**.

xobaroba.
> I. 1.   *Mx.* p.u. **lantana**. rur.

xochichuy. (Del maya *xochí*, cortado, y *chuy*, costura).
> I. 1.   m. *Mx:SE.* p.u. Patrón de corte y confección. rur.

xóchil.
> I. 1.   m. *Mx.* p.u. **súchil**, flor.

xochilchuy. (Del maya).
> I. 1.   m. *Mx:SE.* Tiras bordadas con hilos de colores que figuran perros, pájaros, gatos, etc.

xochiozol.
> I. 1.   *Mx.* p.u. **liquidámbar**, árbol. rur.

xochipalli. (Del nahua *xochitl*, flor, y *palli*, color).
> I. 1.   m. *Mx.* p.u. Planta herbácea anual o bianual de hasta 2 m de altura, con flores de color amarillo o naranja. (Asteraceae; *Cosmos sulfureus*). rur. (**xachipale**).

xochisle.
> I. 1.   *Mx.* **xochistle**.

xochistle. (Del nahua).
> I. 1.   m. *Mx.* p.u. Bebida refrescante preparada con cacao, azúcar y **achiote**. rur. (**xochisle**).

xochitencuate. (Del nahua).
> I. 1.   m. *Mx.* p.u. **tucán**, ave trepadora. rur.

xóchitl.
> I. 1.   m. *Mx.* p.u. Vigésimo día del mes azteca.

xoco.
> I. 1.   m. *Mx.* p.u. **Tamal** de sal. rur.

xocoatole. (Del nahua *xococ*, agrio y *atole*).
> I. 1.   *Mx.* **atol agrio**, bebida. (**jocoatole**).

xococo.
> I. 1.   *Mx.* **agracejo**, árbol.

xococuiste. (Del nahua *xococ*, agrio, y *huiztli*, espina).
> I. 1.   *Mx.* **timbiriche**, planta. (**xococuistle**).

xococuistle.
> I. 1.   *Mx.* **xococuiste**.

xocomil. (Del nahua, tal vez de *xococ*, agrio, y *milli*, sementera).
> I. 1.   m. *Gu.* Viento fuerte que sopla en la laguna de Atitlán; en ocasiones hace zozobrar las embarcaciones. (**chocomil; shocomol**).

xoconochtle.
> I. 1.   *Mx.* **xoconoschtle**.

xoconoschtle. (Del nahua *xococ*, agrio, y *nochtli*, tuna).
> I. 1.   m. *Mx.* p.u. Variedad de **tuna** muy agria; se come cocida en almíbar como fruta cubierta. rur. (**xoconochtle; xoconoscie; xoconostle; xoconoxtle**).

xoconoscie.
> I. 1.   *Mx.* **xoconoschtle**.

xoconostle.
> I. 1.   m. *Mx.* **Tuna**, fruto del **nopal**, de sabor agrio, que se emplea para hacer dulces en almíbar. (**joconostle; soconoscle; soconostle**).

xoconoxtle.
> I. 1.   *Mx.* **xoconoschtle**.

xocopedo.
> I. 1.   m. *Mx.* p.u. **Pulque** agrio. rur.

xocot.
> I. 1.   *Mx.* p.u. **jocote**, árbol.

xocota.
> I. 1.   m-f. *Mx.* p.u. **jocote**, fruto.

xocoteta. (Del nahua *xocotec*, fruta muy verde y dura).
> I. 1.   *Mx.* p.u. **guayaba agria**. rur.

xocotihuetzi.
> I. 1.   m. *Mx.* p.u. Décimo mes del calendario azteca.

xocoyol.
> I. 1.   m. *Mx.* p.u. Planta anual o perenne, con hojas lanceoladas divididas en varias partes, flores de color amarillo, rosa o lila, y fruto capsular con numerosas semillas. (Oxalidaceae; *Oxalis* spp.). rur.

xocoyote. (Del nahua *xocoyotl*, hijo o hija menor).
  I. 1. m. *Mx.* p.u. Último de los hijos de un matrimo-
      nio, benjamín. rur. (**jocoyote; shocoyote; soco-**
      yote).

xocuaxpatolin. (Del nahua *xocuechtla*, el tobillo, y *patolli*, juego).
  I. 1. m. *Mx.* Juego en el que un hombre acostado en el suelo
      hace girar una viga con los pies. rur.

xocuichtle. (Del nahua *xococ*, fruto ácido e *ichtli*, la fibra del maguey).
  I. 1. f. *Mx.* p.u. **xola**. rur. (**xocuiste**).

xocuiste.
  I. 1. f. *Mx.* **xocuichtle**.

xola.
  I. 1. f. *Mx.* Hembra del **pavo**. ♦ **xocuichtle**.
  II. 1. f. *Gu.* Cabeza de una persona. (**chola**).

xolate. (Del nahua *xolochtic*, cosa arrugada).
  I. 1. m. *Mx.* p.u. Mazorca de maíz que no ha granado,
      que se ha quedado pequeña. rur.

xolco.
  I. 1. *Gu.* **cholco**, que le falta uno o varios dientes.

xolo. (Del nahua *xolotl*, pavo).
  I. 1. m. *Mx.* p.u. **pava**, orinal. rur.

xolo, -a. (Del nahua *xolotl*, pavo).
  I. 1. *Mx.* **chompipe**, pavo.

xolochtle. (Del nahua *xolochtic*, cosa arrugada).
  I. 1. m. *Mx.* p.u. Corteza de un fruto. rur.

xoloton.
  I. 1. m. *Mx.* p.u. Tipo de **rebozo** usado por las indias de
      Jalisco.

xomac. (Del maya yucateco).
  I. 1. *Mx.* **rabo de chango**, helecho.

xomote. (Del nahua *xomotl*, una especie de pato).
  I. 1. m. *Mx.* p.u. Pato de hasta 55 cm de longitud, de
      cuerpo de color café grisáceo, pico amarillento y
      patas anaranjadas. (Anatidae; *Anas diazi*). rur.

xonequelite. (Del nahua *xonacac*, cebolla, y *quilitl*, verdura).
  I. 1. m. *Mx.* Planta herbácea de hasta 1 m de altura, de ta-
      llo leñoso, hojas alternas y flores dispuestas en ca-
      bezuelas de color amarillo. (Asteraceae; *Selloa*
      glutinosa).

xongo, -a.
  I. 1. adj. *Mx.* p.u. *Referido a persona*, desaseada, sucia.
      rur.

xopepe. (Del nahua *xotl*, pie, y *pepetotl*, trompo).
  I. 1. f. *Mx.* p.u. Cucaracha. rur.

xoquiaque.
  I. 1. adj. *Mx.* p.u. De mal olor, hediondo, apestoso. rur.

xorgo, -a.
  I. 1. adj. *Mx.* p.u. *Referido a cosa*, áspera, tosca, sin pu-
      lir. rur.

xotol. (Del nahua *zotolin*, palma).
  I. 1. *Mx.* **sotol**, planta.

xox. (Voz maya).
  I. 1. m. *Mx:SE.* p.u. **higuerilla**, arbusto. rur.

xoxalero, -a. (Del nahua *xoxalli*, tumor, y del español *-ero*).
  I. 1. m. y f. *Mx.* Brujo, hechicero, que hace mal de
      ojo.

xoxoac.
  I. 1. m. *Mx.* **peonía**, planta trepadora.

xoxoco. (Del nahua, reduplicación de *xoco*, cosa muy agria).
  I. 1. m. *Mx.* p.u. **leña amarilla**. rur.

xoxopacle. (Del nahua *xococ*, cosa agria, y *patli*, medicina).
  I. 1. *Mx.* **xoxopascle**.

xoxopascle.
  I. 1. *Mx.* **zozopaste**, palo. (**xoxopacle; xoxopaste**).

xoxopaste.
  I. 1. *Mx.* **xoxopascle**.

xoy. (Del maya yucateco).
  I. 1. m. *Mx.* p.u. Orzuelo. rur. ♦ **tutupiche**.

xpayumac. (Voz maya).
  I. 1. *Mx:SE.* **tablelojeca**.

xpelón.
  I. 1. m. *Mx.* p.u. **Frijol** nuevo y tierno. rur.

xtabay.
  I. 1. m. *Mx.* p.u. *En la creencia popular*, fantasma que se
      aparece a los enamorados cuando están en lugares
      oscuros y apartados. rur.

xtabentún. (Voz maya).
  I. 1. *Mx:SE.* **ixtabentún**.

xuascle.
  I. 1. m. *Mx.* p.u. Emboscada, trampa. rur.

xube.
  I. 1. adj. *Mx.* p.u. *Referido al chile*, descolorido, pinto.
      rur.

xuc. (De or. onomat.).
  I. 1. m. *ES.* Baile. rur.
     2. *ES.* Música típica. rur.

xúchil.
  I. 1. *Mx.* **súchil**, flor.

xucúpara.
  I. 1. m. *Mx.* p.u. Tomate. rur.

xulkin. (Del maya yucateco).
  I. 1. m. *Mx.* Planta trepadora de hojas alternas, inflo-
      rescencia axilar y fruto en drupa. (Boraginaceae;
      Tournefortia volubilis).

xumetl. (Del nahua *xómitl* o *xumitl*, saúco).
  I. 1. m. *Mx.* p.u. Saúco. rur.

xumil. (Del nahua *xómitl* o *xumitl*, saúco).
  I. 1. *Mx.* p.u. **jumil**. rur.

xuncu. (Del zapoteca).
  I. 1. m. *Mx.* p.u. Adolescente, joven. rur.
     2. *Mx.* p.u. Último hijo de una familia. rur.

xunde.
  I. 1. m. *Mx.* p.u. Cesto de carrizo de gran tamaño; se
      usa para el acarreo del maíz. rur.

xup.
  I. 1. m. *Gu.* p.u. Árbol de hasta 30 m de altura, de hojas
      simples y alternas, flores verdes o amarillentas y fru-
      tos en bayas globosas, de color púrpura cuando es-
      tán maduros; su madera tiene diversos usos en carpintería.
      (Araliaceae; *Dendropanax arboreus*). rur. ♦ **jamai-**
      co; muñequito; pacobillo; palomo; vaquero.

xuricu. (Del tarasco).
  I. 1. m. *Mx.* p.u. Curandero, yerbatero, médico sin tí-
      tulo. rur.

xuro.
  I. 1. m. *Mx.* p.u. **Chile** de baja calidad. rur.

xuro, -a.
  I. 1. *Gu.* **xareto**.

xute.
  I. 1. adj. *Gu.* *Referido a persona*, entrometida.

xuxa.
  I. 1. *Pa.* **chucha**.

xuxac. (Voz maya).
  I. 1. adj. *Mx:SE.* p.u. *Referido a persona*, flaca, esquelé-
      tica. rur.

y.

I. 1. conj. *Mx, Ch, Py.* Se usa para enfatizar en construcciones que expresan deseo o mandato.

2. *Py, Ar.* Se usa repetidamente en el discurso hablado introduciendo la respuesta a una pregunta o a una argumentación. pop + cult → espon.

● **a.** ‖ **¿~ qué?** fórm. *Cu, RD, PR.* Se usa para saludar a una persona de confianza.

□ **a.** ‖ **~ de ahí.** loc. conj. *Mx, Ni, RD, Ec, Ch, Py, Ur.* Entonces. pop.

Y.

I. 1. f. *CR, PR.* ye.

ya.

I. 1. adv. *Ni, RD, Ec, Bo:O, Py, Ch,* pop + cult → espon. Sí, de acuerdo. pop. ♦ **¡ya pues!**

□ **a.** ‖ **~ no ~.** loc. adv. *Pe, Bo; Ch,* pop + cult → espon. No en la actualidad.

b. ‖ **~ no más.** loc. adv. *Bo.* En este momento o en el inmediatamente posterior al presente. pop.

¡ya!

I. 1. interj. *Mx, Pa, Bo:O; Ch,* pop + cult → espon. Expresa burla e incredulidad por algo que alguien dice. pop.

2. *Mx, Ni, Bo.* Expresa sorpresa, asombro o fastidio. pop + cult → espon.

3. *Mx, Pa, Bo:O.* Expresa duda sobre lo que alguien dice. pop.

□ **a.** ‖ **¡desde ~!** loc. interj. *Mx, Bo, Py.* Por supuesto, sin duda alguna. pop.

b. ‖ **¡~ la!** (De *ya la chingaste*). loc. interj. *Mx, Ni.* Expresa que un hecho u objeto ha quedado estropeado. euf.

c. ‖ **¡~ poh!** *Ch.* ¡ya pues!.

d. ‖ **¡~ pues!**
  i. loc. interj. *Bo:O; Ch,* pop + cult → espon. Expresa ruego al interlocutor para que haga alguna cosa o para que acepte alguna proposición. pop. ♦ **¡ya poh!.**
  ii. *Ec, Bo:O.* ya.

¿ya?

I. 1. interj. *Bo:O; Ch,* pop + cult → espon. Expresa ruego al interlocutor para que haga alguna cosa o para que acepte alguna proposición. pop.

□ **a.** ‖ **¿~ ve?** loc. interj. *Ni, Pa, Cu, RD, Bo:O.* Expresa represión por no seguir un consejo. pop. (**¿ya ves?**).

b. ‖ **¿~ ves?** *Ni, Pa, Cu, RD, Bo:O.* ¿ya ve?

¡yaaa!

I. 1. interj. *Mx.* Expresa sorpresa, asombro o fastidio. pop + cult → espon.

yaba. (De or. ind. antillano).

I. 1. f. *Mx, Cu, RD.* Árbol de hasta 25 m de altura, de copa extendida, hojas alternas, flores perfumadas, de color rosado con una mancha blanca hacia el cuello rodeada de una banda morada, y frutos ovoides encerrados en vainas; la madera se usa en ebanistería y tiene diversas aplicaciones en medicina tradicional. (Fabaceae; *Andira inermis*). ♦ **almendro de montaña; carne asada; chaperno; corotú de montaña; harino; juajunesco; macayo; moca; pacay; palo de burro; quira.**

yabear.

I. 1. tr. *Cu.* En el boxeo, asestar una serie de golpes cortos al contrario.

yabirú. (Voz guaraní).

I. 1. *Bo, Py, Ar; Ur,* p.u. **jabirú**, cigüeña.

yabo.

I. 1. *Ve.* **palo verde.**

yaboa.

I. 1. f. *PR.* Ave de hasta 50 cm de longitud, de plumaje azul grisáceo con manchas más claras, pico negro con punta amarilla y patas verdes. (Ardeidae; *Nyctanassa violacea bancrofti*). (**llaboa**). ♦ **guanabá.**

yac. (Del ingl. *jack*).

I. 1. m. *Ho, ES, Ni, Pa.* Figura de plástico en forma de cruz o estrellita para jugar a los yacs. ♦ **jacks; jase.**

2. m. pl. *Ho, ES, Ni, Pa.* **yax.**

yaca.

I. 1. f. *Mx:O.* Árbol de hasta 20 m de altura, con tronco recto y grueso, de corteza lisa algo cenicienta, ramas fuertes, copa amplia, hojas acorazonadas, puntiagudas y serradas por los bordes, y flores de cinco pétalos, blanquecinas, olorosas y medicinales; tiene uso ornamental y su madera se emplea en carpintería. (Malvaceae; *Tilia* spp.). (**yaka**).

2. *Mx:O.* Fruto de la yaca, pulposo, muy dulce, ovalado o esférico, de gran tamaño, de cáscara delgada, rugosa y verde. (**yaka**).

yacama.

I. 1. m. *Pa.* Máquina que rompe el pavimento por medio de un cincel de acero martillado por un compresor.

yacami.

I. 1. *Bo:E.* **trompetero.** (**yacamí**).

yacamí. (Del guar.).

I. 1. *Bo:E.* **yacami.**

yacaniná. (Voz guaraní).

I. 1. f. *Ar:NE; Py,* p.u. Serpiente de hasta 2 m de longitud y color pardusco con manchas oscuras redondeadas. (Colubridae; *Hydrodynastes gigas*).

yacaré. (Del guar.).

I. 1. m. *Cu, Co, Ec, Pe, Bo:E, Py, Ar, Ur.* Caimán. (Alligatoridae; *Caiman* spp.). ♦ **tulisio.**

■ **a.** ‖ **~ overo.** m. *Bo:E,S, Ar, Ur.* Reptil de hasta 3 m de longitud, de color pardo amarillento, mandíbulas cortas y robustas, tan anchas como la cabeza y grandes placas protectoras en el cuello. (Alligatoridae; *Caiman latirostris*). ♦ **caimán; lagarto ñato.**

□

a. ‖ **a lo ~.** loc. adv. *Py.* A escondidas, furtivamente. pop.

yacayaca.
I. 1. m-f. *Bo.* **gargacha.** (**yaka-yaka**).

yachac. (Del quech. *yachaq,* sabio).
I. 1. *Ec, Bo:C,O.* **yatiri.**
2. m-f. *Bo:O.* Persona que tiene el don de predecir algún acontecimiento a través de la lectura de la coca.

yachaysapa. (Del quech. *yachay,* saber, aprender, y *sapa,* solitario).
I. 1. sust/adj. *Bo:C,O.* Persona, *generalmente mujer,* que presume de saber más que los demás. pop.

yachiri. (Voz aimara).
I. 1. *Bo:S,O.* **yatichiri.**

yacitara.
I. 1. *Co.* **matamba.**

yaco.
I. 1. *Mx:S.* **sirimo.**
2. m. *Pa.* **biajaca.** (Lobotidae; *Lobotes surinamensis*).

■

a. ‖ **~ de cuero.** *Mx.* **ixpepe.**
b. ‖ **~ granadillo.** *Mx:S.* **guásimo,** árbol.

yacolla. (Del quech. *yaqolla*).
I. 1. f. *Ar:NO.* Manta, poncho u otra pieza de abrigo tejida en telar. rur.
2. *Pe.* Manto de bayeta negra que llevan las mujeres indígenas sobre la cabeza en señal de luto. rur.
3. *Bo.* En la cultura andina, bufanda tejida de lana de alpaca o vicuña que es símbolo de mando.

yacón. (Del quech. *yacun o llaqhun*).
I. 1. m. *Ec, Pe, Bo, Ar:NO.* Tubérculo comestible del yacón, algo mayor que la **papa,** acuoso, de sabor dulce y refrescante, que se come crudo.
2. *Pe, Bo, Ar:NO.* Planta de hasta 2 m de altura, de tallo herbáceo de color verde, hojas alternas y lanceoladas y flores pequeñas de color amarillo. (Asteraceae; *Smallanthus sonchifolius*). ◆ **llacón.**

yacs. (Del ingl. *jacks*).
I. 1. m. *Gu.* Juego de niñas que se practica arrojando al aire piedrecillas o huesecillos de fruta.

yacse.
I. 1. m. pl. *CR.* **yax.**
2. m. *CR.* Pieza con que se juega yacses.

yacuchupe.
I. 1. m. *Pe:C.* Sopa hecha con **papas,** queso, huevos, **ají,** cilantro y otras hierbas.

yacujergón.
I. 1. m. *Pe:E.* Serpiente de hasta 2 m de longitud, de coloración parda o grisácea con bandas oscuras transversales en el dorso. (Colubridae; *Xenodon severus*).

yacuma.
I. 1. f. *Bo:E.* Red corta, angosta y cerrada en uno de sus extremos, *hecha generalmente de cerdas* y que se utiliza para cazar conejos.

yacumama.
I. 1. f. *Pe:E.* Anaconda.

yacumeño, -a.
1. adj. *Bo.* Relativo a la provincia de Yacuma, del departamento del Beni.

yacumín.
I. 1. m. *Ar.* obsol. Frac. pop + cult → espon.

yacuruna. (Del quech.).
I. 1. m. *Ec, Pe:E.* En la creencia popular, ser fabuloso que habita en el fondo de los ríos y que provoca oleajes y remolinos repentinos. pop.

yacushapana. (Del quechua *yacú,* agua, y *shapana,* forma).
I. 1. f. *Pe.* Árbol de hasta 30 m de altura, de tronco cónico, follaje grande, tierno, hojas de color entre violáceo y verde claro. (Combretaceae; *Terminalia amazonica*). ◆ **chunchu.**
2. f. *Pe.* Madera de la yacushapana.

yacutoro. (Del guar. *yacú,* agua, y del español *toro*).
I. 1. m. *Ar:NO.* Ave de plumaje negro o pardusco, con una mancha roja en pecho y garganta. (Cotingidae; *Pyroderus scutatus*).

yacuú.
I. 1. m. *Bo:E.* **Yuca** cocida que se sirve como acompañamiento de alguna carne asada o un plato de comida.

yadra. (Del ingl. *yard*).
I. 1. *EU.* **yarda.**

yagahuil.
I. 1. *Mx:S.* **palo amarillo.** (Moraceae; *Chlorophora tinctoria*).

yagalán.
I. 1. m. *Mx:S.* Árbol de hasta 8 m de altura, con flores blancas y frutas en racimo, pequeñas y comestibles, parecidas a la **guayaba.** (Myrtaceae; *Eugenia capuli*). ◆ **guacuco.**

yage.
I. 1. m. *Gu.* Árbol de las tierras cálidas, de hoja compuesta y frutos en vaina, que se emplean como forraje. (Fabaceae; *Leucaenae* spp.).

yagé.
I. 1. m. *Co, Ec.* **Bejuco** de tallos largos y sarmentosos, con entrenudos bastante distanciados, hojas opuestas y lanceoladas, y flores rosadas en umbela. (Malpighiaceae; *Banisteriopsis* spp.). ◆ **yajé.**
2. *Co, Ec.* Brebaje de propiedades psicotrópicas preparado con las hojas de la **ayahuasca** o yagé.

yagruma.
■

a. ‖ **~ hembra.** f. *Cu.* **guarumo.**

yagrumo.
I. 1. *RD, PR, Ve.* **guarumo.** (**llagrumo**). ◆ **jagrumo; xconclé.**

yagua. (De or. ind. antillano).
I. 1. f. *Co, Ve.* Palma de hasta 13 m de altura, de tronco grueso, hojas erguidas, flores de color blanco y fruto ovoidal de color púrpura cuando madura; proporciona aceite y fibras para tejer cestos y sombreros. (Arecaceae; *Attalea humboldtiana*).
2. *Ho, Cu, RD, PR.* **palmacté.**
3. *Cu, RD, PR.* Base de la hoja de esta palma, de hasta 1 m de longitud, que una vez desprendida del tronco y seca adquiere mucha resistencia.
4. *RD.* **hojancha.**

□

a. ‖ **~s del mismo paquete.** loc. adj/sust. *RD.* Referido a dos o más personas, iguales en su forma de actuar y comportarse, aunque sean distintas exteriormente. sat.

◪

a. ‖ **de cualquier ~ vieja sale un alacrán.** fr. prov. *RD.* Indica que en cualquier momento puede ocurrir algo inesperado o improbable y que, por tanto, resulta sorprendente.

► **cortar ~; dar como en ~; esculcar ~s viejas; poner la ~ antes de que caiga la gotera.**

yaguá.
I. 1. f. *Gu.* **irayol,** árbol.

yaguací.
I. 1. *RD.* **yaguacil.**

yaguacil.
I. 1. m. *RD.* Espata o envoltura de las flores de la **palma real**; se usa como recipiente. (**yaguací; yaguasí**).

2. *RD.* meton. Espata o envoltura de las flores de una palmera. (**yaguací**; **yaguasí**).

yagual. (Del nahua *yahualli,* asentadero de olla o tinaja).
I. 1. m. *Mx, Gu, Ho, ES, Ni, CR:NO.* Rodete de fibra natural o tela que se pone encima de la cabeza para transportar una vasija u otro objeto.
II. 1. m. *Gu, Ho.* meton. Trapo viejo, ropa harapienta. desp.
III. 1. m. *ES.* Enredo de cosas, nudo.
IV. 1. m. *Ho:E,O.* Estante colgante en forma circular para mantener alimentos fuera del alcance de los animales.
▶ **tratar como ~ viejo.**

yagualero, -a.
I. 1. m. y f. *ES.* Persona que hace o vende **yaguales**, rodetes.

yaguana.
I. 1. f. *Ar:NO.* Recipiente de barro que se usa para hervir líquidos. rur.

yaguané. (Del guar. *jaguane,* zorrino, por la coloración del pelaje).
I. 1. *Bo, Py, Ar:NE; Ur.* p.u. **zorrino**, mofeta.
II. 1. adj/sust. *Py, Ar, Ur.* Referido a un animal vacuno o *caballar,* que tiene el pescuezo y los costillares de color diferente al del lomo, barriga y parte de las ancas. rur.
III. 1. m. *Ar.* Piojo. rur.

yaguaraha.
I. 1. *Ve.* **iguaraya.**

yaguarai.
I. 1. *Ve.* **iguaraya.**

yaguare.
I. 1. *Ve:E.* **tacuacín**, zarigüeya.

yaguareté. (Del guar. *yaguar,* jaguar, y *eté,* verdadero).
I. 1. *Bo, Py, Ar; Ur,* obsol. **jaguareté.**

yaguarlocro.
I. 1. *Ec.* **yahuarlocro.**

yaguarundi. (Del guaraní *yaguarundí*).
I. 1. m. *Ho, Ec, Py, Ar.* Felino del tamaño de un gato, pero más largo, de orejas cortas y ovaladas, ojos grandes, nariz desnuda, tronco alargado, extremidades relativamente cortas, pies anteriores pentadáctilos y tetradáctilos los posteriores y pelaje sin manchas, uniforme, corto y abundante, de color café rojizo o negro opaco. (Felidae; *Puma yagouaroundi*).

yaguasa.
I. 1. f. *Ho, Cu, RD.* Ave palmípeda americana de hasta 51 cm de longitud, de cuello y patas largas, con plumaje de color canela y manto negro, ampliamente escamado. (Anatidae; *Dendrocygna bicolor*). ♦ **yaguasín**; **yaguaso colorado.**
2. *RD.* **hoja ancha.**

yaguasí.
I. 1. *RD.* **yaguacil.**

yaguasín.
I. 1. m. *RD.* **yaguasa**, ave.

yaguaso.
a. ‖ ~ **cariblanco.** m. *Ve.* Ave palmípeda de hasta 53 cm de longitud, de lomo pardo rojizo, cara y parte anterior del cuello blancos, rabadilla, cola y centro del vientre negros, cresta castaño rufo y costados rayados de negro y blanco. (Anatidae; *Dendrocygna viduata*).
b. ‖ ~ **colorado.** m. *Ve.* **yaguasa**, ave.

yaguatirica.
I. 1. m-f. *Ur.* p.u. **ocelote.**

yaguazo.
I. 1. m. *RD.* Golpe dado con la base de la hoja de una **yagua**, palma de hasta 20 m de altura.

2. *RD.* Golpe que una persona da a otra con intención de hacerle daño.

yaguela.
I. 1. f. *Mx:S.* **lináloe.**

yagüita.
I. 1. f. *RD.* **palo salvaje.**
▪
a. ‖ ~ **grande.** f. *RD.* **palo de yaqui.**

yahuar.
▪
a. ‖ ~ **fiesta.** m. *Pe.* Fiesta popular en la que se ata un cóndor a un toro para enfrentarlos y que concluye con la muerte del ave.

yahuarchunca.
I. 1. f. *Pe.* **rosicler.**

yahuarlocro.
I. 1. m. *Ec.* Guiso preparado con **papa**, leche, cebolla, **manteca de color**, **culantro**, ajo y panza, tripas y sangre de borrego; se sirve con aguacate. (**yaguarlocro**).

yaicuaje.
I. 1. m. *Mx, Cu.* Árbol de hasta 10 m de altura, de hojas compuestas, de color verde brillante, y flores pequeñas y amarillentas dispuestas en panícula; su madera, dura y de color rojizo, se emplea para postes y traviesas de ferrocarril. (Sapindaceae; *Exothea paniculata*). ♦ **nisperillo.**

yaité. (Del maya).
I. 1. *Mx:SE.* **matarratón.**

yaití.
I. 1. m. *Cu, RD, PR.* Árbol de hasta 10 m de altura, de hojas alternas, lanceoladas y lampiñas, flores pequeñas, amarillas, y frutos anaranjados; su madera se emplea para hacer horcones y postes de cercas. (Euphorbiaceae; *Gymnanthes lucida*). ♦ **greadilla**; **huevo de chivo**; **jabacón**; **juan prieto**; **ramón.**

yaje.
I. 1. *Gu.* **acacia**, arbusto lampiño.

yajé.
I. 1. *Co, Ec.* **yagé.**
2. m. *Co, Ec.* Brebaje de propiedades psicotrópicas preparado con las hojas de la **ayahuasca** o yajé.

yaka.
I. 1. *Mx:O.* **yaca.**

yaka-yaka. (De quech. *yakayaka*).
I. 1. m-f. *Bo:O.* **yacayaca.**

yal.
I. 1. m. *Ch.* Ave de hasta 19 cm de longitud, de color gris oscuro apizarrado, abdomen gris claro a blanco, alas negras con dos pequeñas bandas blancas, pico amarillo y patas amarillo oscuro. (Emberizidae; *Phrygillus fruticeti*).
▪
a. ‖ ~ **austral.** m. *Ch:S.* Ave de hasta 14 cm de longitud, de cabeza de color gris azulado, garganta negra bordeada enteramente de blanco, dorso con plumas gris azuladas anchamente bordeadas de amarillento, pecho y abdomen blanco amarillento. (Emberizidae; *Melanodera princetoniana*).
b. ‖ ~ **cordillerano austral.** m. *Ch:S.* Ave de hasta 15 cm de longitud, de color gris azulado en la nuca, mientras que la frente es de color amarillo pardusco, garganta y cuello negros, pecho y abdomen gris azulado manchado de amarillento. (Emberizidae; *Melanodera xanthogramma*).

yalatel. (Del ingl. *yellowtail*).
I. 1. m. *Ho:N.* **rabirrubia.**

yale. (De *Yale*®).
I. 1. m. *Cu.* Cerradura con uno o más pestillos que se abren con una sola llave.

yamagua.
    I. 1. f. *Cu.* Árbol de hasta 20 m de altura, de hojas con folíolos oblongos y flores pequeñas, de color blanco, dispuestas en panículas axilares; sus hojas se emplean en medicina popular como purgante. (Meliaceae; *Guarea guidonia*). ◆ **yamao**.

yamala.
    I. 1. f. *Ec.* **yuco**, mamífero.

yamamoto, -a.
    I. 1. adj/sust. *Ho.* Natural del Japón. pop ^ fest.

yamao.
    I. 1. m. *Cu.* **yamagua**.

yamaquey.
    I. 1. m. *Cu.* Árbol de follaje oscuro y tupido, hojas pequeñas y espinosas, terminadas en punta, flores pequeñas de color amarillo y fruto en vaina comprimida; proporciona una madera muy dura que se utiliza para hacer postes. (Fabaceae; *Belairia* spp.).

yambú.
    I. 1. m. *Ni, Cu, PR.* Modalidad de la rumba, de ritmo lento, en el que predomina la percusión y se inicia con un canto breve; el baile que lo acompaña se hace en pareja y simula las dificultades con la que se mueven los ancianos.

yambuy.
    I. 1. m. *Bo:S.* Vasija decorada que fabrican las mujeres **chiriguanas**.
    2. *Bo:S.* Vasija de boca ancha para almacenar o servir **chicha**.

yame.
    I. 1. *ES, RD.* **ñame**, planta.
    2. *ES.* **ñame**, tubérculo.
    II. 1. *RD.* **ñame**, pie grande.

yamete.
    I. 1. m. *Mx:NO.* **mapipitza**.

yamichi.
    I. 1. m. *Bo:E.* Bolsa de cuero, con dos correas para cargar y compartimentos interiores que utilizan los estudiantes para llevar sus cuadernos, libros y lápices. pop.

yamole. (Variante de **amole**).
    I. 1. *Mx.* **jaboncillo**, árbol. (**iyamole**).

yamor.
    I. 1. m. *Ec.* Fiesta costumbrista mestiza que se celebra en Otavalo en honor a la Virgen de Montserrat. pop + cult → espon.

yampara.
    I. 1. sust/adj. *Bo.* Grupo étnico prehispánico, situado en el departamento de Chuquisaca.
    2. adj. *Bo:C,O.* Relativo a la provincia Yamparáez, del departamento de Chuquisaca. pop.

yámper. (Del ingl. *jumper*).
    I. 1. m. *Pe, Bo.* Prenda femenina sin cuello ni mangas que, a modo de vestido, cubre el cuerpo hasta poco más arriba de las rodillas y se usa sobre la blusa.

yan ken po.
    I. 1. m. *Pe.* Juego en el que dos personas van sacando las manos que tienen escondidas a su espalda y las disponen de tres maneras determinadas representando cada vez un objeto distinto y que al enfrentarse al sacado por el oponente pierde o gana según su categoría. (**jankenpon**).

yana.
    I. (Del quech. *yana*, negro).
    1. adj. *Bo:C,O, Ar:N.* Referido al color, negro. pop.
    2. sust/adj. *Bo:C,O.* Persona de tez morena. pop.
    II. 1. *Ar:NO.* **llana**.
    III. 1. f. *Cu.* **xkanché**.
    □
      a. ‖ ~ **llacho.** f. *Pe.* **llacho**.

yana-maqui. (Del quech. *yana*, negro, y *maki*, mano).
    I. 1. m. *Bo:O,C. En la cultura quechua*, espíritu maligno representado por un muñeco gigante que tiene una mano negra, con la que asusta a los niños que no quieren dormir. pop.

yana-yana.
    I. 1. m. *Bo:E.* Árbol de hasta 10 m de altura, de tronco espinoso y tortuoso, hojas alternas, *a menudo asimétricas* y flores pentámeras dispuestas en cimas, cuyo fruto es una drupa comestible de una sola semilla; su madera se utiliza para la elaboración de bebidas dulces y aguardientes. (Rhamnaceae; *Ziziphus elegans*).
    2. *Bo:C,E.* Fruto del yana-yana, pequeño, de color morado oscuro y de sabor dulce. (Rhamnaceae; *Ziziphus elegans*).
    3. *Bo:S.* **laurel de cera**. (Myricaceae; *Myrica pubescens*).

yanacón.
    I. 1. m. *Pe.* **yanacona**.

yanacona. (Del quech. *yanakuna*, criado).
    I. 1. m-f. *Pe*; sust/adj. *Ec, Bo, Ar.* Indio que es aparcero en el cultivo de una tierra. ◆ **yanacón**.

yanaconaje.
    I. 1. m. *Pe, Ar.* Relación de trabajo entre un propietario y un **yanacona**.
    2. *Pe; Ec.* obsol. Sistema de explotación de la tierra por medio del empleo de **yanaconas**.
    3. *Pe.* Conjunto de **yanaconas**.

yanaconizante.
    I. 1. m-f. *Pe.* Propietario que emplea **yanaconas**.

yanaconizar.
    I. 1. tr. *Pe.* Parcelar una extensión de tierra para distribuirla entre varios **yanaconas**.

yanapa. (Del aim. *yanapaña*, ayudar).
    I. 1. f. *Ec, Bo. En comunidades andinas*, ayuda obligatoria que se presta a favor de la comunidad sin remuneración alguna. rur.

yanapacu. (Del aim. *yanapaña*, ayudar).
    I. 1. f. *Bo:O.* Sistema de ayuda comunal.
    2. *Bo:O.* Persona que realiza trabajos en una comunidad sin recibir remuneración.

yanapaña. (Del aim. *yanapaña*, ayudar).
    I. 1. f. *Bo:O.* obsol. *En la cultura aimara*, costumbre que consistía en provocar la muerte a una persona para que no sufra a causa de alguna enfermedad, *generalmente incurable*.

yanarca.
    I. 1. m-f. *Ar:NO.* **llanarca**.

yanasonco. (Del aim. *yana*, negro, y *sunqu*, corazón).
    I. 1. sust/adj. *Bo:C.* Persona despiadada, de mal corazón. pop.

yanavico.
    I. 1. m. *Pe.* Ave de hasta 60 cm de longitud, de color negro con tonalidades verdes metalizadas, cuello largo, pico curvo y cola corta. (Threskiornithidae; *Plegadis ridgwayi*).

yanchama.
    I. 1. f. *Co.* Lienzo que se obtiene de la corteza de ciertos árboles y que los indígenas del Amazonas pintan con colorantes vegetales.
    2. *Ec, Pe.* Árbol de hasta 30 m de altura, de tronco recto con la corteza exterior gris claro, copa redonda o irregular, poco densa, hojas simples, alternas, de borde enteros, flores amarillas, frutos globosos, con el extremo apical en forma de estrella, de color verde, tornándose amarillos al madurar. (Moraceae; *Poulsenia armata*). (**llachama**). ◆ **cucuá**; **ñumi**.
    3. *Pe.* Material o fibra sacados de la corteza de la yanchama. (**llanchama**).
    4. *Pe.* Madera de la yanchama. (**llanchama**).

■

a. ‖ ~ **ojé.** f. *Co.* Árbol de hasta 30 m de altura, de corteza exterior blanca o grisácea, hojas simples y alternas, de bordes enteros y frutos globosos; de su corteza se obtiene la tela para hacer la yanchama. (Moraceae; *Ficus glabrata*). ◆ **ojé.**

yancófilo, -a. (Del ingl. *yanki*, y de *filos*, amante).
I. 1. sust/adj. *RD; Ur.* desp. Simpatizante de todo lo norteamericano.

yanga.
I. 1. adj. *Ar:NO. Referido a persona,* tonta, de escaso entendimiento. rur; pop.

yanilla.
I. 1. f. *Cu.* Árbol de hasta 7 m de altura, de hojas compuestas, oblongas y pecioladas, y flores pedunculadas de color anaranjado proporciona una madera muy dura y negra que se emplea en construcciones navales. (Picrodendraceae; *Picrodendron macrocarpum*).

yaniqueque. (Del ingl. *Johnny cake*).
I. 1. m. *RD.* Torta hecha con masa de harina, mantequilla, sal y bicarbonato de sodio, de apariencia espesa y algo granulosa.

yankunú. (Del garíf.).
I. 1. m. *Gu.* Danza garífuna donde predomina la percusión y también se canta; es tradicional en el departamento de Izabal.

yanque.
I. 1. m. *Pe:NE.* Sandalia que se sujeta al pie con un tirante entre los dedos mayor y contiguo.

yanqui-llocalla.
I. 1. m-f. *Bo:O.* Persona, *generalmente joven,* que adopta las costumbres y hábitos de un estadounidense. desp.

yantar.
I. 1. m. *Bo.* Alimento preparado para el almuerzo o para la cena. pop.

yantén.
I. 1. m. *ES, Ni, RD.* Llantén, planta herbácea común.

yanti. (Del aim. *yant'aña*).
I. 1. m. *Bo:O. En la cultura andina,* vida marital, de dos o tres años, que mantienen un hombre y una mujer antes de casarse.

yaoyín.
I. 1. m. *Ar.* Arbusto de hasta 2 m de altura, de tallo amarillo, grisáceo o ceniciento, ramas flexibles y flores blancas o de color violáceo claro. (Solanaceae; *Lycium chilense*). ◆ **coralillo.**

yapa. (Del quech. *yapa*, ayuda, aumento).
I. 1. f. *Ni, RD, Ec, Pe, Ch, Py, Ar* pop + cult → espon; *Co:SO, Ur* p.u.; *Bo.* pop. Obsequio de poca cuantía que, *especialmente un vendedor,* da a un cliente por la compra hecha. ◆ **ñada.**
2. *Bo, Ch, Py, Ar:NO, Ur.* Cantidad o cosa que se añade o agrega a algo. pop + cult → espon.
II. 1. f. *Ar:NO.* Parte extrema del lazo rematada por una argolla. rur.
III. 1. f. *Ec, Bo:O,C,SO.* Último hijo dentro de una familia numerosa. pop ^ fest.
IV. 1. adv. *ES.* p.u. Sí, ya. rur.
□
a. ‖ **con** ~. loc. adv. *Bo, Co.* En exceso, más de la cuenta. pop.
b. ‖ **de** ~.
i. loc. adv. *Ec, Pe, Bo, Py, Ar, Ur.* Gratis. pop + cult → espon.
ii. *Pe, Ch, Py, Ur; Bo.* pop. Además. pop + cult → espon.
iii. *RD, Py, Ar, Ur.* Por añadidura. pop + cult → espon. ◆ **para más yapa.**
iv. *Ec.* Arbitrariamente. pop + cult → espon.
c. ‖ **para más** ~. loc. adv. *Pe.* De yapa, por añadidura.

yapada.
I. 1. f. *Pe, Bo.* p.u. Cantidad de algo que se da o añade como **yapa.** pop.

yapado.
I. 1. adv. *Bo.* Además, adicionalmente. pop.
II. 1. adv. *Bo.* Con más peso del justo. pop.

yapadura.
I. 1. f. *Ar:NO.* Cantidad o cosa que se añade o agrega a algo.

yapán.
I. 1. *Ar:NO.* **visco.**

yapar.
I. 1. tr. *Pe, Ar:C,O,NO; Bo:O.* pop. Agregar a un objeto otro de la misma materia o que sirve para el mismo uso. rur. (**llapar**).
II. 1. tr. *Py; Bo:O.* pop. Aumentar, añadir *algo* a una cosa.
2. *Ec.* Dar una **yapa** u obsequio.

yape.
I. 1. m. *Ve.* Árbol de hasta 20 m de altura, de hojas aovadas y flores rojizas agrupadas en panículas cuyo fruto es una legumbre ovoidea de hasta 5 cm de longitud con una sola semilla. (Fabaceae; *Dipteryx punctata*).

yapla.
I. 1. f. *Pe.* Playa, ribera del mar o de un río grande. pop.

yapú. (Del guar. *japu*, embustero).
I. 1. m. *Py, Ar:N.* Pájaro de hasta 30 cm de longitud, de cuerpo y cabeza color castaño oscuro, espalda, alas y timoneras centrales, negras, cola amarilla, pico claro, largo y recto, patas negras. (Icteridae; *Psarocolius decumanus*). ◆ **chacarero; conoto; paucar; páucar; tojo; uchi.**

yaque.
I. 1. *Ve:E.* **mezquite.**

yáquet. (Del ingl. *jacket*).
I. 1. m. *Ni, RD.* Prenda de vestir, con mangas, que se lleva puesta sobre la ropa como abrigo y llega sólo hasta la cintura.

yaqui.
I. 1. adj. *Mx.* Relativo al pueblo yaqui.
II. 1. m. *Ni, Cu, Ve.* Cada una de las piezas en forma de asterisco que se usa en el juego del **yaquis.**
III. 1. adv. *Ni.* juv. Ya, en este momento, sí.

yaquirana.
I. 1. f. *Ve.* Insecto hemíptero de hasta 9 cm de longitud, de alas grandes y membranosas, de color verde amarillento punteadas de blanco y negro, con una mancha amarilla grande rodeada de negro en forma de ojo. (Fulgoridae; *Fulgora laternaria*).

yaquis.
I. 1. m. pl. *Ni, Cu, Ve.* **yax.**

yara.
I. 1. f. *Ar, Ur.* **yarará.**
II. 1. m. *Pe.* Dato, información. delinc; pop.
III. 1. f. *Pe:E.* Ser fabuloso acuático con forma de mujer bellísima que atrae a los hombres al fondo de los lagos y de los ríos.

¡yara!
I. 1. interj. *Pe.* Expresa llamada de atención ante un peligro. pop.

yaragua.
I. 1. f. *Ec.* **jaragua.**

yaraguá.
I. 1. f. *Co, Ec.* Hierba perenne de tallos erectos de hasta 1,5 m de altura, con hojas cubiertas por pequeños pelos blancos, e inflorescencia de color purpúreo o rojizo; es muy apreciada como forraje. (Poaceae;

Melinis minutiflora). ♦ **calinguero**; **capín melao**; **jediondo**; **melao**; **zacate calinguero**; **zacate castor**; **zacate gordura**.

2. PR. **jaragua**.

yaramme.
I. 1. f. *Bo.* Piedra de consistencia blanda y de color rojo que arrastran los ríos de la cordillera y que se emplea como tiza.

yaraque.
I. 1. m. *Ve:S.* Bebida alcohólica preparada con **yuca** amarga fermentada. rur.

yarará.
I. 1. f. *Bo, Py, Ar, Ur.* **equis**. (**yara**).

yarata.
I. 1. f. *Mx:O.* Hueva de algunos pescados, bolsa que contiene los huevecillos.

yaraví. (Del quech. *yaráwi*).
I. 1. m. *Ec, Bo:O,C,S, Ar:NO.* Canción melancólica de origen quechua y música pentatónica, que *generalmente se acompaña con la* **quena**.

2. *Bo.* Poema quechua. (**yarawí**).

yaravisca.
I. 1. *Pe.* **jacarandá**.

yarawí.
I. 1. *Bo.* **yaraví**.

yarda. (Del ingl. *yard*).
I. 1. f. *EU:SO, Ho:N, Pa.* Patio de un edificio, *generalmente ajardinado*. (**yadra**).

yardear.
I. 1. intr. *Ho:N.* Cuidar un jardín.

yardero.
I. 1. m. *Ho:N, Pa.* Hombre que se encarga de cortar el césped en los jardines y campos de las zonas urbanas.

yare.
I. 1. m. *PR, Co:E,S, Ve.* Jugo venenoso que se extrae de la **yuca** amarga, antes de prepararla para consumo.

yareta. (Del quech. *yarita*).
I. 1. *Pe, Bo, Ch, Ar.* **llareta**.

yaretal.
I. 1. m. *Pe, Bo, Ch, Ar.* Sitio poblado de **yaretas**.

yarey.
I. 1. m. *Cu, RD.* **palma blanca**.

2. *RD.* meton. Sombrero que se hace con las hojas de esta palma.

II. 1. m. *RD.* Cabello ensortijado de una persona.

yarima. (De or. ind. antillano).
I. 1. f. *RD.* Ano. euf; pop.

yarina.
I. 1. *Ec, Pe.* **tagua**, palma.

2. *Ec, Pe.* **tagua**, semilla.

yaripa.
I. 1. *Co:S, Ec:E.* **guadua**.

yarúa.

■
a. ‖ ~ **de costa**. f. *Cu.* Árbol de hasta 7 m de altura y corteza granulosa; proporciona una madera dura y rojiza que se utiliza en construcciones. (Erythroxylaceae; *Erythroxylum rotundifolium*).

yarumo.
I. 1. *Pa, Co, Ec.* **guarumo**.

yas.
I. 1. m. *Pe:S.* **yax**.

yatagán. (Del fr. *yatagan*).
I. 1. m. *Ho, Ni, Ec.* Bayoneta, cuchillo grande que se adapta al fusil.

II. 1. m. *Ho.* juv. Hombre homosexual. desp.

yátago.
I. 1. *Co:NE.* **nacedero**, árbol.

yataí. (Del guar. *jataí*).
I. 1. *Py, Ar:NE.* **yatay**.

yátaro.
I. 1. *Ni, Co.* **tucán**, ave.

yatay. (Del guar. *jataí*).
I. 1. m. *Py, Ar:NE*; f. *Ur.* Palma de hasta 12 m de altura, restos de pecíolos persistentes, hojas cenicientas pinnadas, arqueadas, flores amarillas en racimos con espata y fruto ovoide piriforme amarillo anaranjado; la fibra de las hojas se emplea para tejer sombreros. (Arecaceae; *Butia yatay*). (**yataí**).

■
a. ‖ ~ **poñi**. f. *Ur.* Palma de hasta 2 m de altura, a veces con hábito rastrero, hojas cenicientas pinnadas y compuestas, flores amarillas en inflorescencia con espata glabra y fruto ovoide amarillo anaranjado. (Arecaceae; *Butia paraguayensis*).

yatemodelismo.
I. 1. m. *Ch.* Afición consistente en la construcción y prueba de pequeños modelos de yates.

yatichiri. (Voz aimara).
I. 1. m-f. *Bo:S,O.* Persona que tiene por oficio la enseñanza. pop. (**yachiri**).

yatiri. (Voz aimara).
I. 1. m. *Pe, Bo, Ch:N*; *Ec.* p.u. *Entre los campesinos*, hombre de edad avanzada, *generalmente considerado como sabio o hechicero*. ♦ **colliri**; **yachac**.

yatismo.
I. 1. m. *Pa, Cu, Ch.* Deporte, práctica o afición a la navegación o **competencia** en yates o en embarcaciones de vela.

yatista.
I. 1. m-f. *Pa, Cu, Ch.* Persona que practica el **yatismo**.

yatorana.
I. 1. f. *Bo:NE.* Pez parecido a la sardina de tamaño medio, con dos filas de dientes grandes en la mandíbula exterior y muy pequeños en la interior; su carne es muy apreciada. (Characidae; *Brycon pesu*).

yauri. (Del aim. y del quech. *yawrilla*).
I. 1. f. *Pe:C,N.* Aguja gruesa con la que se perforan las orejas del ganado. rur.

2. m. *Bo:O.* Aguja grande de metal que se utiliza para coser telas gruesas, *generalmente costales de yute*. (**yawri**).

yautía.
I. 1. f. *RD, PR, Ec.* **ocumo**, tubérculo.

2. *RD, PR.* **ocumo**, planta.

yautle. (Del nahua *iyautli*, flor de ofrenda).
I. 1. m. *Mx.* **pericón**, planta.

yawarchada. (Del quech. *yawarchay*, ensangrentar, manchar con sangre).
I. 1. m. *Bo:O.* Ofrenda ceremonial en la que se rocían las paredes de una casa con la sangre de una llama o un cordero para proteger a los moradores de cualquier peligro.

yawri. (Voz aimara).
I. 1. *Bo:O.* **yauri**, aguja grande para telas.

yax.
I. 1. m. *Co.* Juego infantil en el que se usan diez piezas similares a un asterisco, y una pelota pequeña y que consiste en recoger rápidamente una o más piezas colocadas en el suelo antes de agarrar la pelota que se ha arrojado al aire. (**jacs**; **yacs**; **yacse**; **yas**; **yax**). ♦ **yaquis**.

yaxché. (Del maya).
I. 1. m. *Gu.* **ceiba**, **ceiba pentandra**.

yaxmic.
I. 1. m. *Gu.* **yaxnix**.

yaxmujín.
 I. 1. m. *Gu.* Árbol de hasta 10 m de altura, de hojas lanceoladas y de color verde oscuro en el haz, flores en panículas, de color morado claro, y fruto indehiscente y de forma aplanada. (Fabaceae; *Lonchocarpus guatemalensis*).

yaxnic.
 I. 1. *Gu.* **yaxnix**.

yaxnix.
 I. 1. *Gu.* **rajatebién**. (**yaxmic**; **yaxnic**).

yaya.
 I. 1. f. *Cu, Pe, Ch.* Herida cutánea. inf. (**yayai**).
   2. *Pe.* Tara o defecto pequeño en el acabado de un producto, que determina su venta a bajo precio.
   3. *Ch.* Defecto, físico o moral, que puede ocasionar molestias o perjuicios a quien lo sufre. pop + cult → espon.
 II. 1. f. *Co:SO, Pe.* Ácaro muy pequeño, de color rojo, que se adhiere a la piel de las personas y de los mamíferos, causando mucho escozor en todo el cuerpo. (Trombidiidae; *Trombidium americanum*). ♦ **cuítiba**; **cuítiva**; **mostacilla**; **naibí**.
 III. 1. f. *Cu, RD.* Árbol de hasta 15 m de altura, de tronco y ramas delgadas de color grisáceo, hojas simples, alternas, lanceoladas y lampiñas, flores blanquecinas, solitarias o amontonadas, y fruto en baya de color rojo oscuro; su madera dura se utiliza en construcciones. (Annonaceae; *Oxandra lanceolata*).
   2. *Pa.* Árbol de hasta 20 m de altura, de hojas simples y alternas, flores cremas o amarillentas y frutos en grupos, negros cuando están maduros. (Annonaceae; *Unonopsis pittieri*).

 ■
 a. ‖ ~ **dura**. f. *RD.* Árbol de hasta 8 m de altura, de hojas aovadas, flores de color amarillo apagado y fruto oblongo. (Celastraceae; *Maytenus domingensis*).
 □
 a. ‖ **en la ~**. loc. adv. *Pa.* En mala situación.
 ▶ **estar con ~**.

yaya. (Voz quechua).
 I. 1. m. *Bo.* Padre, progenitor.
   2. *Bo.* Sacerdote de la Iglesia católica.

yayai.
 I. 1. f. *Cu.* **yaya**, herida.

yayal. (De or. ind. antillano).
 I. 1. m. *RD.* Ladera de una montaña o una colina.

yayama.
 I. 1. f. *PR.* **ananás**.
   2. *PR.* Fruto de la yayama, muy fragante, grande y de forma ovoide, con cáscara dura y espinosa, compuesta por muchas secciones octogonales; la pulpa amarillenta, dulce y ácida, se consume como producto fresco y en conserva.

yaycupacu.
 I. 1. m. *Pe:C,S.* Petición de mano. rur.

yayita. (De *Yayita*, nombre de un personaje de historietas).
 I. 1. f. *Ch.* p.u. Mujer joven y atractiva. pop + cult → espon.

¡ydiay! (De *y de ahí*).
 •
 a. ‖ **~**. fórm. *Ni.* Se usa como saludo entre personas de confianza.

ye.
 I. 1. f. *Co, Ec.* Bifurcación de caminos. (**Y**).

yeah. (Voz inglesa).
 •
 a. ‖ **~**. fórm. *EU*; *PR.* juv. Se usa para afirmar algo.

yecapixtla. (Del nahua *yacatl*, nariz, y *pitztli*, hueso de la fruta).
 I. 1. f. *Mx.* Planta parásita de hasta 1 m de altura, erecta, de tallos anguloso-aplanados o tetrangulares, ho-

jas oblongo-lanceoladas a elíptico-lanceoladas, inflorescencias cimoso-corimbosas, flores dispuestas en tríadas, de color rojo vivo y fruto pequeño y carnoso, de color morado. (Loranthaceae; *Psittacanthus calyculatus*). (**yecapixtle**).

yecapixtle.
 I. 1. m. o f. *Mx.* **yecapixtla**.

yeco.
 I. 1. *Ch.* **cuervo de mar**.

yegua.
 I. 1. f. *Mx:NO, Ho, ES, Ni.* **pucho**, colilla de cigarrillo.
 II. 1. f. *Mx:NO.* Prostituta.
   2. sust/adj. *Ch, Py.* Mujer de conducta sexual ligera o considerada como amoral. pop ^ desp.
   3. f. *Cu.* Hombre homosexual. pop ^ desp.
 III. 1. f. *Mx.* Planta herbácea de varios metros de longitud, de hojas trifoliadas, ovado-deltoideas o elíptico ovadas y de borde entero, flores de cáliz campanulado y de color escarlata o naranja, y fruto leguminoso en forma de hoz, comprimido, grande y de color rojo; el fruto es un **frijol** comestible. (Fabaceae; *Phaseolus coccineus*).
 IV. 1. sust/adj. *Gu, Ho, ES, Ni, PR; RD, Co:C,NE.* pop ^ desp. Persona estúpida, tonta.
   2. *Pa, Ch, Ar.* Mujer agresiva, desconsiderada, que actúa de manera ruin, perversa o miserable. pop + cult → espon ^ desp.
   3. f. *CR, Cu.* Persona brusca, de poco cuidado.
   4. sust/adj. *Pa.* Mujer estúpida, tonta. pop + cult → espon ^ desp.
 V. 1. *Ni, Ar, Ur.* fest. Mujer hermosa, sexualmente atractiva.
 VI. 1. *Ch.* **fardela negra**.
 VII. 1. sust/adj. *Ch.* Carro de mano con dos ruedas, con forma de una L.

 •
 a. ‖ **~**.
   i. fórm. *Cu.* Se usa para insultar a un hombre o referirse a él con desprecio.
   ii. *Cu.* Se usa para insultar a una mujer o referirse a ella con desprecio por sus modales bruscos y poco cuidados.
 ■
 a. ‖ **~ loca**. f. *Ch.* Hombre homosexual afeminado. pop + cult → espon ^ fest. ♦ **yegua suelta**.
 b. ‖ **~ madrina**. f. *Ur.* Yegua que sirve de guía a otros animales.
 c. ‖ **~ suelta**. *Ch.* **yegua loca**. pop + cult → espon ^ fest.
 □
 a. ‖ **con la ~ echada**. loc. adv. *Ch.* Con aburrimiento o cansancio. pop + cult → espon.
 ▶ **correr como ~ esnúa**; **echarse la ~**; **irse la ~**; **jincar la ~**; **montar en la ~ cólera**; **parecer ~ panda**; **sin zacatear la ~**.

yeguada.
 I. 1. f. *EU, Gu, Ho, ES, Ni, CR, Pa, Cu, RD, PR, Co:E,NE, Ec, Pe, Bo, Py; Ar.* p.u. Disparate, dicho o hecho necio.
   2. *Cu, PR.* Torpeza, brutalidad.
   3. *Ho.* Dicho tosco o soez.

yeguarizo.
 I. 1. m. *Pe.* Conjunto de yeguas destinado para reproducción. rur.
   2. *Ch.* Animal equino.

yeguarizo, -a.
 I. 1. adj. *Ch, Ar, Ur;* adj/sust. *Py.* rur. Relativo al animal equino.
   2. m. y f. *Ar, Ur.* Animal equino.
   3. *Ec.* Persona que cuida de la manada de caballos o de yeguas en los páramos.

yegue.
  I. 1. *ES.* **llegue**, aspiración del humo de un cigarrillo de marihuana. drog.

yegüerío.
  I. 1. m. *Gu, Ho, ES, Ni, Pa, RD.* Conjunto de ganado caballar.

yegüita.
  ► **no escapear la ~.**

yelera.
  I. 1. m. *Mx.* Hierba de hasta 1 m de altura, de hojas opuestas, angostas a anchamente ovadas, de margen entero, flores de color malva, tubulares y acampanadas, terminadas en lóbulos elípticos, ovados a casi circulares, frutos en cápsula algo comprimida, más o menos del mismo largo que la corola, y semillas aladas; tiene uso ornamental. (Gentianaceae; *Gentiana spathacea*).
  II. 1. f. *Ho, Ni.* **hielera**, recipiente para cubitos de hielo.

yelito.
  I. 1. m. *Ve:O.* Temperatura fresca.

yelo.
  ► **hacer ~.**

yelura.
  I. 1. f. *RD.* p.u. Escalofrío, sensación de frío.

yema.
  I. 1. f. *Mx.* Árbol de hasta 6 m de altura, de hojas grandes, pinnadas, inflorescencias en racimo, flores amarillas y fruto en baya, la madera es de color amarillo, y el fruto, comestible. (Berberidaceae; *Mahonia berriozabalensis*).
  II. 1. f. *Gu.* Testículo. pop.
  2. m. *Bo.* Pene. vulg.
  3. f. *RD.* Glande. pop.
  III. 1. f. pl. *Gu.* Valor, atrevimiento. pop.
  ► **dar en la ~ del gusto; hacer ~s.**

yemita.
  I. 1. f. *Bo:O.* Dulce de forma circular y con la parte central ligeramente elevada, elaborado con azúcar, leche, mantequilla, harina y yemas de huevo.

yen.
  I. 1. f. *Cu.* Dulce de forma esférica elaborado con vainilla, azúcar y yema de huevo.
  II. (De *Gem*®).
  1. f. *PR.* Navajita de afeitar.

yepazote. (De *epazote*).
  I. 1. *Mx.* **pasote.**

yerba.
  I. 1. f. *Ch, Py, Ar, Ur.* Hojas deshidratadas y trituradas del árbol **yerba mate** que se utilizan para preparar el **mate**, infusión.
  2. *Py, Ar.* **yerba mate.**
  3. *Gu.* Tarántula de hasta 30 cm de longitud, con el cuerpo cubierto de pelos de color **café** y anillos blancos en sus patas. (Theraphosidae; *Theraphosa blondii*).
  ●
  a. ‖ **y otras ~s.** fórm. *Ho, ES, Cu, RD, Co, Ve, Ec, Bo, Ch, Py.* Se usa al final de una enumeración para indicar que hay otras cosas relacionadas con lo que se acaba de decir.
  ■
  a. ‖ **~ blanca.** f. *RD.* Arbusto de hasta 1 m de altura, de hojas aovadas y flores solitarias, de color amarillo anaranjado con una mancha roja oscura en el centro de la corola. (Malvaceae; *Abutilon hirtum*).
  b. ‖ **~ de ajo.** *Pa.* **anamú.**
  c. ‖ **~ de la golondrina.** *Ar, Ur.* **yerba meona.**
  d. ‖ **~ del guanaco.** f. *Ar:S.* Planta de raíz gruesa y carnosa, con espinas largas y aplanadas, flores acam-

panadas y fruto globoso de color verde amarillento. (Cactaceae; *Maihuenia patagonica*).
  e. ‖ **~ del lucero.** *Py, Ar:C,NO,O.* **yerba lucera.**
  f. ‖ **~ del platero.** *Ch, Ar, Ur.* **hierba del platero.**
  g. ‖ **~ del pollo.** f. *Ar, Ur.* Planta herbácea anual de tallo rastrero, de hojas ovoides u orbiculares, flores en espiga y fruto de aristas punzantes; se utiliza en la medicina tradicional. (Amaranthaceae; *Alternanthera repens*).
  h. ‖ **~ lucera.** f. *Py, Ar:C,O.* Planta herbácea de hasta 2 m de altura, de capítulos globosos muy suaves al tacto; es muy aromática y se utiliza en la medicina tradicional. (Asteraceae; *Pluchea sagittalis*). (**yerba lucero**). ♦ **lucera; lucero; yerba del lucero.**
  i. ‖ **~ lucero.** *Ar:C,O.* **yerba lucera.**
  j. ‖ **~ mala.**
    i. *Gu, ES, Ni, Ec, Bo.* **yerbamala.**
    ii. *Pa.* Hierba que crece espontáneamente dificultando el buen desarrollo de la que se planta de ornato.
  k. ‖ **~ mate.**
    i. f. *Co, Bo, Ch, Py, Ar, Ur.* Hojas deshidratadas y trituradas del árbol yerba mate que se utilizan para preparar el **mate**, infusión. (**yerbamate**).
    ii. *Bo, Py, Ar, Ur.* Árbol de hasta 14 m de altura, copa densa y ramosa con hojas lanceoladas de color verde oscuro; con sus hojas se prepara el **mate**, infusión. (Aquifoliaceae; *Ilex paraguaiensis*). (**yerbamate**). ♦ **oro verde; yerba.**
  l. ‖ **~ meona.** f. *Ar, Ur.* Planta herbácea anual, rastrera, con ramas de hasta 30 cm de longitud, de hojas ovales, flores axilares y frutos en forma de cápsula; se utiliza en la medicina tradicional. (Euphorbiaceae; *Chamaesyce serpens*). ♦ **yerba de la golondrina.**
  m. ‖ **~ mora.** f. *Gu, Co, Ec.* Planta herbácea de hasta 1,5 m de altura, hojas alternas, flores de color blanco o morado y fruto en baya con numerosas semillas, que cuando maduran son consideradas venenosas; se utiliza en la medicina tradicional. (Solanaceae; *Solanum americanum*). (**hierba mora**; **yerbamora**). ♦ **güistomate; huevo de gato.**
  n. ‖ **~ santa.** f. *Ec, Bo:E.* Árbol de hasta 30 m de altura, con ramas de color naranja y hojas compuestas con muchos folíolos, flores blancas en inflorescencias compuestas y frutos en drupa aplanada; su madera se emplea en la fabricación de muebles. (Solanaceae; *Cestrum lorentzianum*). (**yerbasanta**). ♦ **hediondilla.**

yerbajal.
  I. 1. m. *Mx.* **yerbazal.**

yerbaje.
  I. 1. m. *Ar:NO.* Pago o canon por el uso de un campo ajeno para que paste el ganado.

yerbajo.
  I. 1. f. *PR; RD.* obsol. Cocimiento de diversas hierbas usado como lavado vaginal o para propósitos abortivos.

yerbal.
  I. 1. m. *Py, Ar, Ur.* Terreno donde abunda la **yerba mate.** (**yerbatal**).
  2. *Ho, Ec; Bo, Ch; PR, rur; pop.* Sitio poblado de hierba.

yerbamala.
  I. 1. f. *Gu, ES, Bo.* Planta herbácea cualquiera que es nociva o perjudicial como alimento para los animales. (**yerba mala**).

yerbamate.
  I. 1. *Co, Bo, Ch.* **yerba mate.**

yerbamora.
  I. 1. *Gu, Co.* **yerba mora.**

yerbasanta.
  I. 1. *Mx.* **hierba santa.**
    2. *Bo.* **yerba santa**, árbol.

yerbatal.
  I. 1. *Ar, Ur.* **yerbal**, terreno
    2. *Pa, PR.* **yerbal**, sitio. rur; pop.

yerbatero, -a.
  I. 1. sust/adj. *Ho, Co, Ve, Ec, Bo, Ch; Pe* obsol; *PR* rur; *Mx.* p.u. Persona que, sin ser médico, se dedica a curar, *especialmente con hierbas medicinales.* (**yerbero**; **yerbetera**).
    2. m. y f. *Pe, Bo, Ch.* Vendedor ambulante de hierbas medicinales.
    3. *Py, Ar, Ur.* Persona que se dedica al cultivo, industrialización o venta de la **yerba mate**.
    4. adj. *Ar, Ur.* Relativo a la **yerba mate** o a su industria.
    5. *Ch.* Relativo a las hierbas medicinales.
  II. 1. m. y f. *Ec, Ch.* Persona que se dedica a vender forraje, *especialmente alfalfa* rur. (**hierbatero**).

yerbazal.
  I. 1. m. *Mx, Pa, RD.* Terreno cubierto de hierbas. (**yerbajal**).

yerbeado.
  I. 1. *Ar:C,O.* **mate cocido.**

yerbear.
  I. 1. intr. *Ar, Ur.* Tomar infusión de **yerba mate**. rur.

yerbera.
  I. 1. f. *Pe, Ar, Ur.* Recipiente en el que se guarda la **yerba mate**, a veces es un conjunto de dos recipientes unidos, uno para el azúcar y otro para la **yerba**. (**yerbero**).

yerbería.
  I. 1. *Mx, Ch.* **hierbería.**

yerbero.
  I. 1. m. *Ar:NO, Ur.* **yerbera.**

yerbero, -a.
  I. 1. *Mx, Pa, Cu, Bo; PR* rur; *Ch.* p.u. **hierbero**, persona que cultiva o vende hierbas.
    2. *Mx, Ho, ES, Ni, Pa.* **yerbatero**, persona que cura con hierbas.
    3. m. y f. *Ar:NE.* Persona que se dedica al cultivo, industrialización o venta de la **yerba mate**.
  II. 1. m. y f. *Ho.* Persona que trafica con marihuana. drog.

yerbetera.
  I. 1. f. *PR.* **yerbatero**. rur.

yerbilla.
  I. 1. f. *Gu.* Tela hecha con hilo o algodón, de cuadros y colores vivos.

yerce.
  I. 1. *Pa.* **mauro**, árbol.

yerén.
  I. 1. *Cu, RD, PR.* **llerén.**

yerete.
  I. 1. m. *Ar:NO.* Ano. pop + cult → espon.

yermis.
  I. 1. m. *Co.* Juego infantil en e que participan dos equipos que se juega con bates o palos, una bola de tenis y tapas de gaseosas; un grupo está a la ofensiva y debe derribar la torre que se hace con las tapas y volverla a armar pero sin dejarse golpear con la bola de tenis que tiene el equipo contrario para defenderse.

yerna.
  I. 1. f. *PR, Co, Ve, Bo, Ch, Ar:NO; Pa.* p.u. Nuera. rur; pop.

yerno.
  I. 1. m. *Pe. En las comunidades indígenas,* forastero que contrae matrimonio con una mujer del lugar. rur.

yerra.
  I. 1. f. *Mx, Bo, Ch:S, Py, Ar, Ur.* Colocación de una marca con el hierro en los ganados. rur.
    2. *Ch:S, Py, Ar, Ur.* Fiesta que se celebra con motivo de marcar el ganado. rur.
    3. *Ch:S, Py, Ar.* Temporada en que se marca el ganado. rur.

yerré.
  I. 1. *Pa.* **mono araña.**

yérsey. (Del ingl. *jersey*).
  I. 1. m. *CR, Ec, Py; Ch.* p.u. Tejido fino de punto. (**jérsey**; **yersi**).
    2. *Bo; Ch.* p.u. Prenda de vestir de punto, no muy gruesa, cerrada y con mangas, que cubre desde el cuello hasta la cintura, *generalmente de mujer.* (**jérsey**).
    3. *Py, Ur.* Tela que se utiliza para la confección de prendas livianas, como **remeras** o vestidos.

yersi. (Del ingl. *jersey*).
  I. 1. m. *He, ES.* **jersey**, tela elástica.
  II. 1. m. *CR.* **yérsey**, tejido fino.

yerto, -a.
  I. 1. adj. *PR. Referido a persona o casa*, que está muy fría. rur.

yerutí. (Voz guaraní).
  I. 1. f. *Py, Ar:NE.* Paloma silvestre de hasta 30 cm de longitud, con alas color canela rojizo, pecho crema, cola negra con puntos blancos, iris anaranjado, anillo ocular desnudo y de color azul, pico negruzco y patas carmín. (Columbidae; *Leptotila verreauxi*). ♦ **bumbuna**; **coliblanca**; **rabiblanca**; **tit-búa**; **yuré**.

yesca.
  I. 1. f. *Gu, ES.* Marihuana. drog.
  II. 1. adj. *Bo:E. Referido a persona*, que tiene poco dinero o bienes. pop.
  III. 1. *PR.* **gafofia**, corteza.
  ▶ **caer ~**; **salir ~**.

yeso.
  I. 1. m. *Gu, Ho, ES.* Tiza, barrita de arcilla terrosa que se utiliza para escribir en una pizarra o encerado.
  II. 1. m. *RD.* Arbusto de hasta 9 m de altura, de ramas densamente pubescentes, hojas aovadas, flores de color blanco y dispuestas en corimbos. (Boraginaceae; *Bourreria tomentosa*).
  III. 1. *PR.* **colmillo.**

yeta.
  I. 1. f. *Bo:S, Ch, Ar, Ur, Py.* pop. Mala suerte. pop + cult → espon. ♦ **yetazo**.
    2. sust/adj. *Bo, Ch, Py, Ar, Ur.* Persona que supuestamente es portadora de mala suerte. pop + cult → espon. ♦ **yetatore**, **yetudo**.
    3. *Ch, Py, Ar, Ur.* Cosa o lugar al que se atribuye que da o que tiene mala suerte. pop + cult → espon.

yetatore.
  I. 1. sust/adj. *Bo, Py, Ar, Ur.* **yeta**, persona. pop + cult → espon.

yetazo.
  I. 1. m. *Ch.* **yeta**, mala suerte. pop + cult → espon.

yetudo, -a.
  I. 1. sust/adj. *Py, Ar, Ur.* p.u. **yeta**, persona. pop + cult → espon.

yeyé.
  I. 1. adj/sust *Pa.* juv. *Referido a persona*, que en su vestuario, modales y lenguaje manifiesta afectadamente gustos de una clase social adinerada. ♦ **yeyesón**.

yeyepaxtle. (Del náhua *yey* o *yeye*, tres, y *pachtli*, paste).
  I. 1. *Mx.* **sannicolás.**

yeyesada.
I. 1.   f. *Pa.* juv. Actitud afectada que adoptan algunas personas que intentan demostrar modales que consideran propios de las clase social adinerada. pop + cult → espon ∧ fest.

yeyeseado, -a.
I. 1.   adj. *Pa.* juv. *Referido a persona*, que tiene gustos refinados y a la moda.

yeyesón, -na.
I. 1.   *Pa.* yeyé, que manifiesta gustos de una clase adinerada.

yeyo.
I. 1.   m. *CR, RD, PR, Co, Ve, Ec; Pa.* pop + cult → espon ∧ fest. Desmayo, patatús. espon.
2.   *Pa, Ve; Ec.* p.u.; fest. Susto, impresión.
3.   *CR, RD, PR.* Ataque de ansiedad. pop.
4.   *Pa.* Malestar repentino con diversos y variables síntomas, *generalmente por causas desconocidas.* pop + cult → espon ∧ fest.
II. 1.   m. *RD, Co:C.* Enfado o rabieta. pop.
III. 1.   m. *ES.* Hombre homosexual.

yeyo, -a.
I. 1.   m. y f. *ES.* Persona tonta.

yica.
I. 1.   f. *Ar:NO.* Tejido hecho con **chaguar**, fibra.
2.   *Ar:NO.* Bolsa pequeña hecha con este tejido.

yico, -a.
I. 1.   adj/sust. *RD.* obsol. *Referido a persona*, rústica y huraña.

yicta.
I. 1.   f. *Ar:NO.* Masa algo blanda hecha a base de **papas** hervidas, de sabor salado y coloración gris oscura por la ceniza de algunas plantas de que se compone; acompaña las hojas de coca del acullico.

yigualtí.
I. 1.   *Ni.* **gigualtí.**

yigüirro.
I. 1.   m. *CR.* Ave de plumaje pardo, pico amarillento e iris **café** rojizo. (Turdidae; *Turdus grayi*). ♦ **capisucia; cascás; choroteca.**

yijta.
I. 1.   f. *Ar:NO.* Masa algo blanda hecha a base de **papas** hervidas, de sabor salado y coloración gris oscura por la ceniza de algunas plantas de que se compone.

yilé. (De *Gillette*®).
I. 1.   f. *Ni, RD, Ec, Pe, Py, Ar, Ur.* Hoja de afeitar. pop. (**yilet**).

yilet. (De *Gillette*®).
I. 1.   f. *Ho, ES, Ec.* **yilé.**
▶ **ponerse ~.**

yin. (Del ingl. *jeans*).
I. 1.   *Ho, ES, RD, PR, Co, Ve, Ec.* **yins.**

yina.
I. 1.   f. *ES.* Tipo de sandalia hecha de una suela que se sostiene al pie por medio de una tira en forma de V, que separa el pulgar de los dedos restantes.
II. 1.   f. *Ho.* Material extraído del **hule** semejante a la goma elástica *y que se utiliza especialmente para fabricar boyas.*

yingle. (Del ingl. *jingle*, ‚eslogan).
I. 1.   f. *ES, Bo.* Anuncio comercial cantado. (**jingle**).

yins. (Del ingl. *jeans*).
I. 1.   m. pl. *EU, ES, CR, Co; Ec, Py*, p.u. Pantalón de tela resistente de algodón, *generalmente azul*, usado originariamente por los vaqueros norteamericanos. (**yin**).

yip. (De *Jeep*®).
I. 1.   m. *EU, Gu, Ho, ES, Ni, RD, Co, Ve, Py.* Jeep o vehículo todoterreno. (**yipi**).

yipao.
I. 1.   m. *Co.* Vehículo pequeño, carpado, utilizado para transportar personas, animales y bultos de poco tamaño.

yipear.
I. 1.   intr. *Ch.* p.u. Conducir un *jeep* o vehículo todoterreno.

yipeo.
I. 1.   m. *Ch.* p.u. Conducción de un *jeep* o vehículo todoterreno.

yipero, -a.
I. 1.   m. y f. *Ch.* p.u. Persona aficionada a conducir o tener un *jeep* o vehículo todoterreno.
2.   adj. *Ch.* p.u. Relativo a *jeep* o vehículo todoterreno.

yipeta. (De *Jeep*®).
I. 1.   f. *RD.* Vehículo ligero, de cuatro ruedas motrices, que sirve para circular por zonas escarpadas e irregulares, todoterreno.

yipi. (De *Jeep*®).
I. 1.   *ES, Cu.* **yip.**

yipiar.
I. 1.   tr. *Pa.* Robar con malicia y engaño a *alguien*. pop + cult → espon.

yipón.
I. 1.   m. *Ni.* Vehículo militar de doble tracción.

yira.
I. (De *yiro*).
1.   f. *Ar, Ur.* Prostituta callejera. pop + cult → espon.
II. 1.   f. *Cu.* obsol. Dinero, moneda corriente. pop.

yiranta.
I. 1.   f. *Ar; Ur*, p.u. Prostituta callejera. vulg; desp.

yirar. (Del it. *girare*).
I. 1.   intr. *Ar; Ur*, p.u. Deambular, callejear. pop + cult → espon.
2.   *Ar, Ur.* Ejercer la prostitución buscando los clientes en la calle. pop + cult → espon.

yiro. (Del it. *giro*).
I. 1.   m. *Ar.* Prostituta callejera. pop + cult → espon.
2.   *Ur.* Prostitución, oficio de la prostituta. pop.
II. 1.   m. *Ar.* Vuelta o paseo corto. pop + cult → espon.

yisca.
I. 1.   f. *Ar.* p.u. Tejido hecho con **chaguar**, fibra.
2.   *Ar:NO.* p.u. Bolsa pequeña hecha con este tejido.

yisero.
I. 1.   m. *Ve.* Persona que tiene como oficio conducir un *jeep* o vehículo todoterreno como vehículo público.

yista.
I. 1.   f. *Ar:NO.* Masa algo blanda hecha a base de **papas** hervidas, de sabor salado y coloración gris oscura por la ceniza de algunas plantas de que se compone.

yiti.
I. 1.   m. *Cu.* Golpe que se da a alguien en la cabeza con los nudillos de la mano cerrada. pop.

yiyimbré. (Del ingl. *ginger bread*, pan de jengibre).
I. 1.   m. *Pa.* Pan elaborado con jengibre. (**chichimbré**).

yiyo.
I. 1.   m. *Ch.* Cigarrillo de marihuana. drog.

yiyo, -a.
I. 1.   adj. *ES. Referido a persona*, tonta. pop.

yo.
I. 1.   pron. *Ho, ES, Ni.* p.u. Mí, conmigo. rur.

yocalla.
I. 1.   *Bo.* **llocalla**, niño de corta edad. pop.
2.   *Bo:O.* **llocalla**, adolescente. pop ∧ desp.

yodador.
I. 1.   m. *Ch.* Dosificador de yodo usado para desinfectar las instalaciones y entornos de las granjas y criaderos de aves y reses.

yodizar.
I. 1. tr. *Mx, Ho, Ni, Ec, Ch.* Agregar yodo a un producto, *generalmente a la sal.*

yodo.
I. 1. m. *CR.* juv. Café, infusión. pop + cult → espon.

yodóforo. (De *Yodóforo®*).
I. 1. m. *Ch.* Solución de yodo utilizada para desinfectar las instalaciones y entornos de granjas y criaderos de aves y de reses.

yoen. (Del ingl. *joint*).
I. 1. *Ni.* **yoin.**

yogo.
I. 1. m. *Mx:S.* Helecho común. (Dennstaedtiaceae; *Pteridium aquilinum*). ♦ **calimete; shapumba.**
II. 1. m. *Ho.* Recipiente grande con cierre hermético para transportar líquido.

yoguear. (Del ingl. *to jog*).
I. 1. intr. *EU, PR.* Correr por ejercicio, trotar.

yogur.
■
a. ‖ ~ **aireado.** m. *Ar.* Crema esponjosa preparada a base de claras de huevo batidas y chocolate.
► **hade la vida un ~.**

yohualcuachil.
I. 1. *Mx.* **gallito de agua,** ave zancuda.

yoin. (Del ingl. *joint*).
I. 1. m. *Gu, ES, Ni, Ch.* Cigarrillo de marihuana. drog. (**yoen; yoing**).

yoing. (Del ingl. *joint*).
I. 1. m. *Ho.* **yoin.**

yola. (Del ingl. *yawl*).
I. 1. f. *RD, PR, Ec.* Embarcación ligera, sin quilla y movida a remo. ♦ **gabarra.**
2. *PR.* metáf. Zapato muy grande. pop + cult → espon ∧ fest.

yolanda.
I. 1. pron. *ES.* juv. Yo.

yole.
I. 1. m. *Ar:NO.* Recipiente de cuero o madera que se coloca en los costados de los animales de carga para transportar frutas, cereales u otras mercaderías.

yoli. (Del ingl. *jolly*, agradable).
I. 1. adj. *Mx:NO. Referido a persona o cosa,* muy buena, excelente. pop.

yolilla.
I. 1. f. *Ni.* Palmera arborescente de hasta de 12 m de altura, de tallo erecto, láminas foliares pinnado-compuestas, sumamente largas con pinnas angostas dispuestas en diversos planos, inflorescencias péndulas y elongadas con flores unisexuales, principalmente solitarias y frutos estrechos, duros, de color café rojizo, que son comestibles. (Arecaceae; *Raphia taedigera*). (**yolillo**).

yolillo.
I. 1. m. *CR.* **yolilla.**

yolochichi. (Del nahua *yolotl*, corazón, y *chichic*, amargo).
I. 1. m. *Mx.* **hierba del ángel.** (**yolochichitl**).

yolochichitl.
I. 1. *Mx.* **yolochichi.**

yolombo.
I. 1. m. *Co.* Árbol de hasta 12 m de altura, de hojas gruesas, de bordes enteros y de color rojizo por el envés, tiene abundantes flores blancas, en espigas largas, y un fruto globoso de color café. (Proteaceae; *Panopsis yolombo*).

yolosóchil. (Del nahua *yolotl*, corazón, y *xochitl*, flor).
I. 1. m. *Mx.* Árbol de hasta 30 m de altura, de copa redondeada y compacta, corteza lisa y grisácea, hojas simples, oblongas o elípticas, coriáceas y de margen entero, flores solitarias, terminales, de color rosado, muy aromáticas, y frutos ovoides, de color pardo verdoso; en medicina tradicional, la infusión de corteza, hojas y flores posee propiedades terapéuticas. (Magnoliaceae; *Talauma mexicana*). (**yolosúchil; yoloxóchitl**). ♦ **palo de peña; súchil.**

yolosúchil.
I. 1. *Mx.* **yolosóchil.**

yoloxóchitl.
I. 1. *Mx.* **yolosóchil.**

yoltamal. (Del nahua *yolotl*, corazón, y *tamalli*).
I. 1. m. *Ni.* **Tamal** hecho de masa de maíz tierno.

yoltasca. (Del nahua *yolotl*, corazón, y *elotl*, elote).
I. 1. f. *Ni.* **Tortilla** hecha con harina de maíz tierno.

yoma.
I. 1. f. *Ch.* Bomba de succión utilizada por las empresas pesqueras para la captura masiva de peces de los fondos marinos.

yombina.
I. 1. f. *Mx, PR, Pe, Ch.* Droga de efectos afrodisíacos obtenida de la corteza del **quebracho** y de otros árboles. (**yumbina**).

yomomal.
I. 1. m. *Bo:E.* Lugar donde abundan los **yomomos.**

yomomo.
I. 1. m. *Bo:E.* Terreno pantanoso cubierto de grama y hierbas y de escasa consistencia.

yompa.
I. 1. f. *Mx, Py.* Cazadora, prenda de vestir.

yompear. (Del ingl. *to jump*).
I. 1. *Pa, RD.* **yumpear.**

yómper.
I. 1. *Mx, Ni.* **jumper.**

yompi-yompi. (Del ingl. *to jump*, saltar).
I. 1. m. *Pa.* Grupo de negros de ascendencia jamaicana que realizan bailes rituales en los que dan saltos al compás de tambores y se mueven convulsivamente hasta el paroxismo. pop + cult → espon.
2. sust/adj. *Pa.* Persona que participa en esos rituales de tradición jamaicana. pop + cult → espon.

yóndiro.
I. 1. *Mx:O.* **aromo.**

yoni.
I. 1. m-f. *Ar, Ur.* Estadounidense. pop + cult → espon ∧ desp.

yónker. (Del ingl. *junker*, chatarra, máquina o aparato viejo).
I. 1. *EU:NE, Ho, PR.* **yónquer.**

yonque. (Del ingl. *junker*, chatarra, máquina o aparato viejo).
I. 1. m. *EU:SO, Mx.* Lugar donde se abandonan coches inservibles, para ser desmantelados y recuperar las piezas reutilizables.

yonqueado, -a.
I. 1. adj. *PR. Referido a un automóvil,* inutilizado por estar averiado o inservible. pop + cult → espon.
2. *PR. Referido a persona,* extenuada, agotada. pop + cult → espon.

yónquer. (Del ingl. *junker*, chatarra, máquina o aparato viejo).
I. 1. m. *EU:NE, Ho, PR.* Casa, puesto o lugar donde se venden repuestos usados para vehículos.

yonson. (Del ingl. *junction*).
I. 1. m. *ES.* Calada que se da a un cigarrillo de marihuana. drog.

yonyón.
I. 1. m. *RD.* Hongo o seta.
2. *RD.* meton. Plato hecho a base de arroz y **yonyón** hervido.

yopará.

I. 1.   m. o f. *Py, Ar:NE.* Comida elaborada principalmente con maíz, batata, **charqui**, **porotos** y cebolla.

II. 1.   m. *Py.* Lengua española con abundancia de términos de la lengua guaraní. pop.

yope.

I. 1.   f. *Bo.* **yoperojobobo.**

yopear.

I. 1.   tr. *Pa.* Robar, estafar. pop + cult → espon ^ fest.

yoperojobobo.

I. 1.   *Bo:E.* Serpiente de hasta 1 m de longitud, de aspecto general agrisado, con un característico diseño dorsoventral de manchas oscuras en forma de trapecio. (Viperidae; *Bothrops neuwiedi*). (**jope-rojobobo**; **yoporojobobo**). ♦ **yope.**

yopo.

I. 1.   m. *Co, Ve.* Árbol perenne, de hasta 20 m de altura, ramitas y follaje lampiños, flores de color blanquecino y fruto leguminoso; tiene propiedades medicinales. (Fabaceae; *Piptadenia peregrina*). ♦ **cojoba**; **ñopo.**

yoporojobobo.

I. 1.   *Bo:E.* **yoperojobobo.**

yoqueperdismo.

I. 1.   m. *Ni.* Actitud de irresponsabilidad.

yoqueperdista.

I. 1.   adj/sust. *Ni. Referido a persona*, irresponsable.

yoqui.

I. 1.   m. *Ar:NO.* Hilo o cordón hecho de dos colores, *generalmente blanco y negro*, que se utiliza como amuleto.

II. 1.   m. *Py.* Especie de gorra con visera. pop.

yoquis.

I. 1.   m. *ES.* Calada que se da a un cigarrillo de marihuana. drog.

yorgo, -a.

I. 1.   m. y f. *Ch.* Persona joven, *generalmente hombre*, de la isla de Pascua que vive en un sistema de vida libre y natural contrario a la presencia y visitas de extranjeros y que suele ir montado a caballo o en viejas motos vigilando los monumentos de la isla.

yori.

I. 1.   m-f. *Mx. Entre los indígenas yaquis*, persona que no es de su raza.

yorimuni.

I. 1.   *Mx:NO.* **Frijol** pinto.

yoroconte.

I. 1.   m. *Ho.* Árbol de hasta 40 m de altura, de fuste recto, hojas simples, alternas, enteras, elíptico oblanceoladas y glabras, flores solitarias muy olorosas y blancas, hermafroditas y terminales, y frutos en forma de piña, de color verdoso con folículos rojos o marrones; la madera se utiliza para la fabricación de armarios y baúles por su fragancia. (Magnoliaceae; *Magnolia yoroconte*).

yorta.

I. 1.   f. *ES.* Juego de las canicas. (**ñorta**).

  2.   *ES.* Hoyito del juego de las canicas. (**ñorta**).

yoruba.

I. 1.   f. *Cu, RD, PR, Ur.* Religión procedente del África meridional.

  2.   sust/adj. *RD, PR, Ur.* Persona que profesa esa religión.

yos. (Del huetar).

I. 1.   m. *CR.* Árbol de hasta 20 m de altura, de hojas simples, alternas, de elípticas a aovadas, inflorescencias en espigas simples y terminales, flores masculinas y femeninas y frutos en cápsulas triloculares

y dehiscentes; la planta segrega un látex venenoso y cáustico que se usa para atrapar aves canoras. (Euphorbiaceae; *Sapium glandulosum*). ♦ **olivo.**

yoyazo, -a.

I. 1.   m. y f. *ES.* Persona aduladora y servil.

yoyega. (De *gallego*, por inversión silábica y ligera modificación fonética).

I. 1.   m-f. *Ar, Ur,* p.u. Persona nacida en España o que tiene ascendencia española. pop + cult → espon ^ fest.

yoyo.

I. 1.   m. *Mx, Ho, ES, Ni, Pa, Cu, RD, PR, Co, Ve, Bo, Py.* Juguete que consiste en dos discos de madera, metal o plástico, unidos por un eje al que se ata una cuerda, que se utiliza agarrando el otro extremo de la cuerda, con los dedos, para sujetarlo, mientras se lanza al aire intentando que se enrolle y se desenrolle sucesivamente.

  2.   *Cu.* metáf. Producto de pastelería formado por dos discos de masa unidos entre sí con una capa de confitura o de dulce de leche. (**yoyó**).

II. 1.   m-f. *ES.* Persona aduladora y servil.

III. 1.   m. *ES.* Comida de presos.

yoyó.

I. 1.   adj/sust. *Ch, Py, Ur. Referido a persona*, que habla solo de sí misma y piensa que todo gira alrededor de ella. pop + cult → espon.

II. 1.   *Ur.* **yoyo**, producto de pastelería.

yoyoísmo.

I. 1.   m. *Ch.* Afición desmedida a hablar de uno mismo y a pensar que todo gira a su alrededor. pop + cult → espon.

yoyoísta.

I. 1.   m-f. *Ch.* Persona que habla solo de sí misma y piensa que todo gira alrededor de ella. pop + cult → espon ^ desp.

yoyote. (Del nahua *yoyotli*, cascabel de árbol).

I. 1.   *Mx.* **joyote.**

yuca. (De etim. controv.).

I. 1.   f. *Mx, Gu, Ho, ES, Ni, Pa, Cu, RD, PR, Co, Ve, Ec, Pe, Bo.* Planta perenne de hasta 3 m de altura, con hojas palmeadas y profundamente divididas, inflorescencia en racimos, flores pequeñas, poco vistosas y tubérculo grande y carnoso. (Euphorbiaceae; *Manihot esculenta*). ♦ **mandioca**; **yuca brava**; **yuca dulce.**

  2.   *Mx, Ho, ES, Ni, Pa, Cu, RD, PR, Co, Ve, Ec, Pe, Bo.* Tubérculo de la yuca, comestible tras ser cocido, asado o frito. ♦ **mandioca.**

II. 1.   f. *Co.* Pie. pop.

  2.   *Pe.* Pierna. pop.

  3.   pl. *CR, Ec.* Piernas gruesas y blancas. pop.

III. 1.   f. *Gu, Ho, ES, Ni, Cu, PR, Bo.* Pene. vulg; pop.

IV. 1.   f. *Ec, Pe.* Gesto obsceno que consiste en levantar un brazo con el puño cerrado y el dedo corazón extendido, golpeando simultáneamente el antebrazo con la otra mano.

V. 1.   sust/adj. *Gu, Ho, ES.* Cosa muy difícil de hacer o entender. pop.

  2.   adj. *Pe. Referido a cosa o asunto*, difícil. pop.

  3.   f. *ES.* Deuda, obligación de pagar.

VI. 1.   adj. *Gu; Ho, ES.* juv; vulg. *Referido a persona*, recta, estricta o exigente con los demás. pop.

  2.   f. *Ho.* Persona importante y con poder en una comunidad. vulg.

VII. 1.   f. *Ni, CR, Bo:E.* p.u. Mentira. pop.

VIII. 1.   adj. *Bo. Referido a persona*, borracha. pop.

■

a. ‖ **pastel de ~.** m. *Ho.* Comida de yuca machacada, rebozada con azúcar y frita en sartén en forma de tortita.

b. ‖ ~ **brava.** f. *RD*. yuca, planta.

c. ‖ ~ **con chicharrón.** f. *Ho, ES, Ni*. Plato de comida hecho de trozos de yuca cocida, repollo picado, **chicharrones**, unas gotas de **chile** picante, sal y especias.

d. ‖ ~ **dulce.** f. *RD*. yuca, planta.

□

a. ‖ **de ~.** adj. *RD*. *Referido a persona*, que no viste de uniforme.

b. ‖ **de ~ y ñame.**

i. loc. adj. *Cu. Referido a persona*, severa, estricta. pop.

ii. *Cu. Referido a un asunto*, de gran magnitud, difícil de resolver o de tratar. pop.

▶ **andar de ~; dar ~; dormir como ~; estar el condumio de picadillo y ~; guayar la ~; guayar ~; hacer ~; meter la ~; no tener para la ~; pelar la ~; rallar ~; rallarse la ~; sacar una ~; sembrar la ~; tocar ~.**

yucada.
I. 1. f. *ES*. Comida hecha de **yuca**.
2. *ES*. Reunión donde se sirve **yuca** para comer.

yucal.
I. 1. m. *Mx, Gu, Ho, ES, Ni, Pa, RD, PR, Co, Ec, Pe, Bo*. Terreno plantado de **yuca**.
2. *Ho, ES*. Gran cantidad de **yuca**.

yucateca.
I. 1. f. *Mx*. Hamaca hecha de **henequén**.

yucateco.
I. 1. m. *Ho:N*. Aguardiente de caña de azúcar. fest.

yucazo.
I. 1. m. *ES*. Persona importante y con poder en una comunidad.
2. m. y f. *ES*. Persona lista, hábil, experta en algo.
II. 1. m. *Ec*. Gesto obsceno que consiste en levantar un brazo con el puño cerrado y el dedo corazón extendido, golpeando simultáneamente el antebrazo con la otra mano. pop + cult → espon.
III. 1. m. *ES, Ni*. Golpe.
IV. 1. m. *Bo:O*. Borrachera.

yuchán.
I. 1. m. *Ar*. Árbol de hasta 15 m de altura, de follaje caduco, tronco abultado en su parte media, corteza de color gris verdoso con numerosos aguijones cónicos, y fruto en forma de cápsula oblonga. (Bombacaceae; *Chorisia insignis*).

yuco.
I. 1. m. *Mx, Co*. Árbol de hasta 15 m de altura, con tronco tortuoso, muy ramificado, hojas opuestas, simples, inflorescencia en racimos terminales alargados, flores de color amarillo y fruto comestible en drupa globosa de sabor acidulado. (Malpighiaceae; *Byrsonima crassifolia*). ♦ **bejuco de paralelo; changuго; chi; indano; mantequero; maricao cimarrón; nananche; nance; nancerol.**
II. 1. m. *Mx*. Mamífero artiodáctilo de hasta 1,5 m de longitud, con dos pequeñas cornamentas sin ramificar en los ejemplares machos, y pelaje de color castaño rojizo con parte de la cara y de las extremidades de color negruzco. (Cervidae; *Mazama rufina*). ♦ **candelillo; chivicabra; yamala.**

yucsa.
I. 1. *Pe:S, Bo*. **pato puna.**

yucucaca.
I. 1. f. *Mx:S*. **joyote.**

yucucaya.
I. 1. m. *Mx:S*. Arbusto de hasta 3 m de altura, de tallos leñosos, hojas compuestas de hojuelas ovales, dentadas y vellosas, flores en panoja, primero blan-

quecinas y después encarnadas, y fruto drupáceo, redondo y rojizo. (Anacardiaceae; *Rhus mollis*).

yucún.
I. 1. m. *Pe*. p.u. Terreno baldío y seco.

yucundatura.
I. 1. m. *Mx:S*. **ahuehuete.**

yucuta.
I. 1. f. *Ve:S*. Bebida preparada con masa de harina de maíz remojada en agua.

yugalán.
I. 1. m. *Ho*. **zumbadora.** (Colubridae; *Drymarchon corais*).

yugar.
I. 1. intr. *Ar; Ur*. p.u. Trabajar esforzadamente y sin descanso. pop + cult → espon. (**yuguear**).

yugo.
I. 1. m. *ES*. Corte de carne de **res** extraída del cuello a partir de la nuca.
II. 1. *Ho*. Armazón de madera de un semicírculo que se pone en las bóvedas de los túneles de una mina para evitar derrumbes.
III. 1. m. *Pa*. **Mancuerna** que se coloca en los ojales de los puños de las camisas de mangas largas para cerrarlos.

yugona.
I. 1. f. *Ar:NO*. Parte del pescuezo del buey donde se asienta el yugo. rur.

yuguaste. (De *aiguaste*).
I. 1. *Ni*. **aiguaste**, semilla de ayote.

yuguear.
I. 1. *Ar:NO*. p.u. **yugar.**

yuguna.
I. 1. f. *Ar:NO*. Parte del pescuezo del buey donde se asienta el yugo. rur.

¡yuju!
a. ‖ ~. fórm. *ES, Pa, Bo*. Se usa como saludo entre personas de confianza. fest.

yuki. (Del ingl. *yoke*, en costura, hombrillo de la camisa).
I. 1. m. *Ho*. Máquina que se utiliza para coser las mangas, el cuello y el ruedo a una prenda de vestir.

yule. (Del nahua *yolotl*, corazón).
I. 1. m. *ES:E*. Grano de maíz de un **elote**. rur.

yulo.
I. 1. *Ar*. **mbaguarí.**
2. *Ar:NO*. Ave zancuda de 1 m de altura, de plumaje rosado, patas palmeadas y pico grande y curvo. (Phoenicopteridae; *Phoenicopterus* spp.).

yuma.
I. 1. adj/sust. *Cu*. Natural de los Estados Unidos de América. pop.
2. *Cu. Referido a persona*, extranjera.

yumbina.
I. 1. *Mx, Ec, Bo, Ch*. **yombina.**

yumbo, -a.
I. 1. *Ho, PR*. **jumbo**, cosa o animal de gran tamaño.

yumeca.
I. 1. sust/adj. *Co:N; Pa*, obsol. Persona de raza negra procedente de Jamaica.

yumeco, -a.
I. 1. adj/sust. *Ho*. Natural de la República de Jamaica.

yumpear. (Del ingl. *to jump*).
I. 1. tr. *RD*. Conectar la batería descargada de un coche, para que arranque, a la de otro que la tiene. (**yompear**).

yun.
■

a. ‖ ~~. *RD*. **yunyún.**

yunaits. (Del ingl. *United States*).
    I. 1. m. pl. *Bo.* Estados Unidos de América. pop + cult → espon.

yunce.
    I. 1. *Pe:NO.* **yunsa.**

yunfa.
    I. 1. m. *ES.* Actividad que una persona realiza con normalidad.

yunga.
    I. 1. m. *Pe, Bo, Ar:NO.* Selva subtropical propia de las estribaciones orientales de la cordillera de los Andes.
    II. 1. m. *Ec.* Nudo no corredizo para asegurar un amarre, que se hace en el extremo de la cuerda que sujeta a un animal por los cuernos o por el cuello. rur.

yungueño.
    I. 1. m. *Bo:O.* Bebida preparada con jugo de naranja y **singani.**

yunque.
    I. 1. m. *RD.* Parte del cuerpo animal o humano desde la nuca hasta el tronco. pop + cult → espon.
    ▶ **dar en el ~.**

yunsa.
    I. 1. f. *Pe.* Fiesta popular celebrada durante el carnaval que consiste en trasplantar un árbol y adornarlo con cintas y regalos para derribarlo posteriormente a hachazos entre música y bailes. (**yunce; yunza**).

yunta.
    I. 1. f. *Ni, Cu, Bo:E, Ch, Py, Ar, Ur.* Pareja de personas unidas por una gran amistad. pop + cult → espon.
    2. m-f. *Cu, Pe, Bo, Ch, Py; Ec.* p.u. | juv. Amigo íntimo, inseparable.
    3. f. *Bo, Ch, Py, Ar, Ur.* Par de personas, de aves o de otras cosas. pop.
    4. m-f. *Bo.* **aparcero.**
    II. 1. f. *Co:C.* Sarta de pescados.
    III. 1. f. *Ve;* f. pl. *PR.* Pasador formado por dos piezas que se usa para abotonar el puño de una camisa.
    2. f. pl. *PR, Py.* Pareja de dos cosas iguales.
    ●
    a. ‖ **~.** fórm. *Cu.* Se usa como forma de tratamiento entre personas de confianza.
    ■
    a. ‖ **~ de guía.** f. *Cu.* Yunta de bueyes que dirige a las otras en una carreta. rur.
    □
    a. ‖ **ni con ~ de bueyes.** loc. adv. *Ch.* De ninguna manera. pop + cult → espon.

yuntero. (Del ingl. *jointer*).
    I. 1. m. *Ho:N.* Persona encargada de cambiar las agujas en el ferrocarril.

yunyún.
    I. 1. m. *RD.* Bebida refrescante hecha con hielo triturado, esencias y un jugo de fruta cualquiera. (**yun yun**).
    ▶ **hacer un ~.**

yunyunero, -a.
    I. 1. m. y f. *RD.* Persona que prepara y vende **yunyunes.**

yunza.
    I. 1. *Pe.* **yunsa.**

yupisín.
    I. 1. m. *Pe:NO.* p.u. Mazamorra o papilla de algarroba.

yupur.
    I. 1. *Ho, ES.* **najualá.**

yuquear.
    I. 1. tr. *Ho.* Derrotar ampliamente al contrario en una **competencia** deportiva.

yuquerí.
    I. 1. m. *Py, Ar:NE.* **uña de gato.** (Fabaceae; **Acacia** spp.).

yuquero, -a.
    I. 1. m. y f. *Ho, ES, Ni, Co, Ec, Bo; RD, Pe,* p.u. Persona que cultiva **yuca** o negocia con ella.
    2. adj. *Ni, Pa, RD, Co, Ec; Pe,* p.u. Relativo a la **yuca.**

yuquilla.
    I. 1. f. *Mx, Gu, Ho, Cu.* **sagú**, planta.
    2. *Gu.* **sagú**, almidón.
    3. *Ni, CR.* **cúrcuma**, hierba.

yuquillo.
    I. 1. *PR.* **esmillo**, árbol.

yuquísimo, -a.
    I. 1. adj. *ES. Referido a cosa*, muy difícil.

yuquita.
    I. 1. f. *Pe.* Fruta de sartén similar al churro hecha con harina de **yuca.**
    II. 1. *ES.* **calaguala**, helecho epifito.

yura.
    I. 1. f. *Bo:O,C.* Mata, planta de tallo bajo. rur; pop.

yuraguano.
    I. 1. m. *Cu, RD.* Palma de tronco delgado y recto, con hojas verdosas, sin espinas, en forma de abanico; de sus hojas se extrae un material que se usa para rellenar almohadas y colchones. (Arecaceae; *Coccothrinax* spp.).

yurajllantu. (Del quech. *yurax*, blanco, y *llanthu*, sombra).
    I. 1. f. *Bo.* Sombrilla rústica.

yuré.
    I. 1. *CR.* **yerutí.**

yúrex. (De *Yurex*®).
    I. 1. m. *Bo.* Cinta con adhesivo por uno de sus lados, *generalmente transparente.*

yuro. (Del quech. *yuru*).
    I. 1. m. *Bo:C,E, Ar:NO.* Vasija de cuello largo. rur.

yuruma.
    I. 1. f. *Ve:S.* Médula harinosa extraída del **moriche** con la que se fabrica una especie de pan.

yururichústata.
    I. 1. f. *Mx:O.* p.u. **Tortilla** gruesa. pop.

yusca.
    I. 1. f. *Ar:NO.* Pez pequeño de agua dulce. (Trichomycteridae; *Trichomycterus* spp.). ♦ **bagrecillo.**

yuscarán. (De *Yuscarán*®).
    I. 1. m. *Ho.* Aguardiente.
    2. *Ho.* Trago de aguardiente.

yuscatonic. (De *yuscarán* y *tonic*).
    I. 1. m. *Ho.* Trago compuesto de aguardiente **yuscarán**, jugo de limón y agua tónica.

yuta.
    I. 1. f. *Pe, Ch, Ar; Ur,* juv. Policía, cuerpo de seguridad del Estado. pop.
    2. *Ch; Ur,* juv. Vehículo de la policía. delinc; pop.
    3. m-f. *Ch.* Persona que pertenece al cuerpo de policía. pop.
    II. (Del quech. *yuthu*).
    1. f. *Bo:O,C.* Perdiz. rur.
    ▶ **hacerse la ~.**

yutear.
    I. 1. intr. *Ar:NO.* Faltar un alumno injustificadamente a clase. est.
    2. *Ar:NO.* Faltar *alguien* frecuentemente al trabajo o a sus obligaciones. pop + cult → espon.

yutero, -a.
    I. 1. adj/sust. *Ar:NO. Referido a un alumno*, que falta injustificadamente a clase. est.
    2. sust/adj. *Ar:NO.* Persona que falta frecuentemente al trabajo o a sus obligaciones. pop + cult → espon.

yuto, -a.
    I. 1. adj. *Ar:NO. Referido a animal*, que carece de cola o la tiene más corta de lo normal en su especie. pop.

yutu.

I. 1. m. *Pe.* Ave de hasta 32 cm, de color marrón grisáceo en su parte superior, cabeza y cuello prominente manchado con negro y patas de color amarillento o grisáceo (Tinamidae; *Nothoprocta ornata*). ♦ **perdiz cordillerana.**

yuya.

I. 1. f. *Mx:SE.* **Zanate** hembra. pop + cult → espon.

yuyal.

I. 1. m. *Ch, Py, Ar, Ur.* Sitio poblado de maleza.

II. 1. f. *Ur, Py, Ar,* p.u. Tienda donde se venden hierbas medicinales. ♦ **yuyería.**

yuyería.

I. 1. *Ar, Ur.* **yuyal.**

yuyero, -a.

I. 1. m. y f. *Py, Ar, Pe, Ur,* p.u. Curandero que receta principalmente hierbas.

2. *Py, Ar, Ur.* Persona que vende hierbas medicinales.

3. adj/sust. *Py, Ar, Ur.* Referido a persona, aficionada a tomar hierbas medicinales.

yuyo.

I. (Del quech. *yuyu,* hortaliza).

1. m. *Ec, Bo, Ch, Py, Ar, Ur.* Vegetación herbácea que crece espontáneamente; no es apta para alimentar al ganado *y generalmente resulta perjudicial para los sembradíos.* (**yuyu**).

2. *Ec, Py, Ar, Ur.* Hierba medicinal. (**yuyu**).

3. *Pe.* Alga roja comestible. (Gigartinaceae; *Chondracanthus chamissoi*).

4. m. pl. *Pe.* Hierbas tiernas comestibles.

5. *Ec:N.* Hierbas que se emplean como condimento.

6. m. *Pa.* Cigarrillo de marihuana. drog.

II. 1. m. *CR.* Hongo que ataca los pies y causa comezón.

2. *CR.* metáf. Persona que fastidia mucho. pop.

■

a. ‖ ~ **colorado.** *Ar.* Planta herbácea de hojas anchas y flores moradas, rojas o doradas. (Amaranthaceae; *Amaranthus quitensis*).

b. ‖ ~ **de San Vicente.** *Ar.* **sanalotodo,** hierba.

c. ‖ ~ **quemado.** m. *Co.* **chisacá.**

□

a. ‖ **a los ~s.** loc. adv. *Ar.* Abandonando o descuidando una obligación o responsabilidad. pop.

yuyo, -a.

I. 1. adj. *Ho. Referido a persona,* tonta.

yuyón.

I. 1. adj. *Pe.* obsol. *Referido al pan,* correoso. pop.

yuyu. (Voz quechua).

I. 1. m. *Bo:E,S.* **yuyo,** hierba que crece espontáneamente.

2. *Bo:O.* **yuyo,** hierba medicinal. pop.

yuyuga.

I. 1. f. *Ho.* Fruto redondo y comestible del **yuyugo,** de color verde amarillo y de sabor agridulce.

yuyugo.

I. 1. m. *Ho.* Árbol cultivado de hasta 30 m de altura, con ramas abiertas, hojas pequeñas acorazonadas, muy verdes en el haz y blanquecinas por el envés, y ramas con espinas cortas y fuertes. (Rhamnaceae; *Zizyphus mauritiana*).

¡zaa!
  I. 1. interj. *Bo:N.* Se utiliza con el propósito de detener la marcha de los bueyes. pop.

zabajón.
  I. 1. *Co.* **sabajón.**

zabeca. (De *cabeza*).
  I. 1. f. *Pa, Bo, Ar, Ch,* pop; *Ur,* p.u. Cabeza de una persona. pop + cult → espon ^ fest.
    2. *Ar; Ch,* pop. Inteligencia de una persona. pop + cult → espon ^ fest

zábila.
  I. 1. f. *EU, Mx, Gu, Ho, ES, Ni, CR, Pa, Cu, RD, PR, Ve, Ec, Pe, Bo; Co,* p.u. Á oe, planta perenne de hasta 60 cm de altura, hojas lanceoladas, carnosas y márgenes espino-dentadas. flores tubulares rojas o blancas en racimos nudosos. (Asphodelaceae; *Aloe barbadensis*). (**sábila; sávila; závila**). ♦ **penca sábila.**
    2. *Mx, Gu, Ho, Ni, Ve,* meton. Látex ligoso que contiene la hoja de esta planta; tiene múltiples usos medicinales y cosméticos. (**sávila**).

zabiola.
  I. 1. f. *Ch, Ar; Ur,* p.u. Cabeza de una persona. pop + cult → espon ^ fest.
    2. *Ch; Ur,* p.u. Inteligencia de una persona. pop + cult → espon ^ fest.

zacachichi. (Del nahua *zacatl,* zacate, y apóc. de *chichihualli,* feta).
  I. 1. m. *Mx.* **zacatechichi.**

zacahuil. (Del nahua).
  I. 1. m. *Mx.* **Tamal** de gran tamaño relleno de una mezcla de diferentes carnes, como cerdo o **guajolote,** y otros ingredientes, que se untan con manteca, se envuelven en hojas de plátano y se asan en el horno; es típico de la región de la Huasteca.

zacapal. (Del nahua *zacatl,* zacate, y *palli,* afér. de *tlapalli,* tintura negra).
  I. 1. m. *Mx.* Planta parásita, sin clorofila, con ramas de color amarillo enroscadas entre sí, con muy pocas hojas de tamaño minúsculo, flores blancas y fruto en cápsula. (Convolvulaceae; *Cuscuta umbellata*). (**zacapale**). ♦ **sacatascal; zacatlascal.**

zacapale.
  I. 1. *Mx.* **zacapal.**

zacatal.
  I. 1. m. *Mx, Gu, Ho, ES, Ni, CR, Pa.* Terreno donde abunda el **zacate.**
    2. *Mx, Gu, Ho, ES, Ni.* Gran cantidad de **zacate.**

zacataloso, -a.
  I. 1. adj. *Ho.* Referido a terreno, cubierto de **zacate.**

zacate. (Del nahua *zacatl,* hierba).
  I. 1. m. *Mx, Gu, Ho, ES, Ni, CR, Pa.* Pasto, hierba usada como forraje. (**sacate**).
    2. *Mx.* Estropajo de fibras vegetales que se usa para fregar.
    3. *Ho, ES, Ni, CR.* Césped, hierba menuda.
  II. 1. m. *ES, Ni.* Comida. ru.; fest.
  III. 1. m. *ES.* Marihuana adulterada. drog.
    2. *Ni.* juv. Marihuana. drog.

a. ‖ ~ **amargo.** *Ho.* **pasto amargo.**
b. ‖ ~ **blanco.** *Ho.* **pasto de milpa.**
c. ‖ ~ **burro.** m. *Ho.* Hierba de hasta 150 cm de altura con espigas que crecen juntas en un eje terminal largo. (Poaceae; *Sporo bolus*).
d. ‖ ~ **calinguero.** m. *Ho, Ni.* **yaraguá.**
e. ‖ ~ **camalote.** m. *Ho.* Hierba perenne y forrajera, de hasta 2 m de altura, con espiguillas marrón oscuro y hojas con vainas más grandes que los entrenudos. (Poaceae; *Panicum fasciculatum, Paspalum paniculatum, Setaria paniculifera*).
f. ‖ ~ **cascabel.** m. *Ho.* Hierba perenne y forrajera, espiguillas colgantes muy anchas y planas, de textura membranosa. (Poaceae; *Briza maxima*).
g. ‖ ~ **castor.** m. *Ho.* **yaraguá.**
h. ‖ ~ **conejo.** m. *Ho, ES, Ni.* Hierba perenne y forrajera, de hasta 50 cm de altura, flores en panículas bien desarrolladas, con numerosas semillas. (Poaceae; *Oplismenus burmanni*). ♦ **zacate gusano.**
i. ‖ ~ **de agua.** m. *Mx.* Arbusto de hasta 4 m de altura, con abundantes hojas ovales, inflorescencias en racimos, flores grandes de color amarillo y fruto en vaina alargada. (Fabaceae; *Sesbania macrocarpa*).
j. ‖ ~ **de barco.** m. *ES.* Hierba perenne y forrajera, de hasta 2 m de altura, con espiguillas marrón oscuro y hojas con vainas más grandes que los entrenudos. (Poaceae; *Panicum fasciculatum, Paspalum paniculatum, Setaria paniculifera*). ♦ **zacate de cabro.**
k. ‖ ~ **de cabro.** *ES.* **zacate de barco.**
l. ‖ ~ **de limón.** *Gu, Ho, ES, Ni, CR.* **zacate limón.**
m. ‖ ~ **de muela.** m. *Mx.* Planta de raíces delgadas y carnosas, hojas planas, verticales y agudas, flores en vainas multifloras y fruto en cápsula globosa; tiene aplicación en la medicina tradicional. (Iridaceae; *Sisyrinchium schaffneri*).
n. ‖ ~ **de playa.** *Ho, ES.* **zacate estrella.**
ñ. ‖ ~ **estrella.** m. *Ho, ES, Ni, CR.* Hierba perenne y forrajera, de hasta 40 cm de altura, con raíces en nudos, y una inflorescencia muy llamativa de cuatro brazos pilosos. (Poaceae; *Dactyloctenium aegyptium*). ♦ **zacate de playa.**
o. ‖ ~ **gallina.** m. *Ho, Ni.* **pata de gallina,** planta herbácea.
p. ‖ ~ **gordura.** m. *Gu, Ho, ES.* **yaraguá.**
q. ‖ ~ **Guatemala.** m. *Gu.* Hierba perenne de hasta 3 m de altura, de tallos erectos y robustos, flores agrupadas en inflorescencias terminales, y hojas muy largas, agrupadas cerca de la base y acuminadas. (Poaceae; *Tripsacum laxum*). ♦ **pasto Guatemala.**
r. ‖ ~ **guinea.** m. *Ho, ES, CR.* Hierba perenne rizomatosa y forrajera, que crece en macollas aisladas de hasta 3 m de altura, con inflorescencia en espiga abierta con ramificaciones laterales. (Poaceae; *Panicum maximun*). ♦ **makueni; pajarita; pasto Guinea.**

s. ‖ ~ **gusano.** *Ho, ES, Ni.* **zacate conejo.**

t. ‖ ~ **jaraguá.** *Gu, Ho, ES, Ni.* **faragua.**

u. ‖ ~ **jaral.** m. *Ho.* **faragua.**

v. ‖ ~ **limón.** m. *Mx.* Planta herbácea de hasta 1 m de altura, con hojas agrupadas cerca de la base, lineares, con el borde cortante, flores en espiguilla formando racimos; tiene aplicación en la medicina tradicional. (Poaceae; *Cymbopogon citratus*). ♦ **limoncillo; malojillo; zacate de limón.**

w. ‖ ~ **pará.** m. *Ho, Ni, CR.* **pará.**

¡zácate!

I. 1. interj. *Bo, Ar, Ur.* Expresa impresión ante algo brusco o inesperado, *generalmente desagradable.* pop + cult → espon.

zacateada.

I. 1. f. *Mx.* Acto de cobardía. pop + cult → espon.

II. 1. f. *Mx.* Paliza, serie de golpes. pop + cult → espon.

zacatear(se).

I. 1. tr. *Mx.* Azotar o castigar a *alguien.*

☐

a. ‖ ~**le.** loc. verb. *Mx.* Acobardarse, recular. pop + cult → espon.

a. ‖ **sin ~ la yegua.** loc. adv. *ES.* Sin sacar el pene. vulg.

zacatechichi. (Del nahua *zacatl,* zacate, y *chichic,* amargo).

I. 1. *Mx.* **simonillo.** (**sacachiche; zacachichi**).

zacatecomate. (Del nahua *zacatl,* zacate, y *tecomatl,* vasija, vaso).

I. 1. m. *Mx.* Vaso o recipiente pequeño hecho con una calabaza seca. rur.

¡zacátelas!

I. 1. interj. *Ho.* Expresa sorpresa o falta de previsión.

¡zácatelas!

I. 1. interj. *Mx.* **¡sácatelas!** pop + cult → espon.

zacateo.

I. 1. m. *Mx.* Faena agrícola en la que se recolecta el **zacate.** rur.

zacatera.

I. 1. f. *Gu, Ho, ES, Ni.* Terreno donde abunda el **zacate.**

II. 1. f. *Ho, ES.* Planta que crece sumergida en agua dulce, con hojas basales, lineales, y flores diminutas sostenidas por un largo pedúnculo filiforme. (Hydrocharitaceae; *Vallisneria americana*).

zacatero.

I. 1. m. *Ni.* Hombre que corta **zacate.**

2. *Ni.* Hombre que vende **zacate.**

zacatero, -a.

I. 1. adj. *Mx, Gu, Ni.* Relativo al **zacate.**

zacatlascal. (Del nahua *zacatl,* zacate, y *tlaxcalli,* pan).

I. 1. *Mx.* **zacapal.**

zacatón.

I. 1. m. *Mx, Gu, Ho, ES, Ni, CR, Pa.* Planta herbácea perenne, de hasta 3 m de altura, con hojas dentadas, largas y aplanadas, de borde muy afilado, inflorescencia panicular y flores blancas; su tallo se usa para tejer cuerdas y hacer sombreros, escobetas y cepillos. (Poaceae; *Cortaderia selloana, Paspalum virgatum*). ♦ **cortadera.**

2. *Mx.* Pasto alto.

II. 1. m. *Mx:SE, ES.* Insecto ortóptero, de cuerpo alargado en forma de palo y de color café que se confunde con el de las ramas. (Fasmidae; *Bacteriam azteca*).

zacatón, -na.

I. 1. *Mx.* **sacatón.** pop + cult → espon.

II. 1. adj/sust. *Ho, ES.* Referido a persona, de gran estatura.

zacatonal.

I. 1. m. *Gu.* Sitio poblado de **zacatón,** planta herbácea.

zacatuste. (Del nahua *zacatl,* zacate, y *tochtli,* conejo).

I. 1. *Ho.* **orizahá.** (**zacatustle**).

zacatustle. (Epént. de *zacatuste*).

I. 1. *Ho.* **zacatuste,** planta herbácea.

zacua.

I. 1. m. *Mx.* **viuda,** pájaro de hasta 50 cm.

zacualtipana. (De *Zacualtipán de Ángeles,* municipio del Estado de Hidalgo).

I. 1. m. *Mx.* p.u. Felonía, traición, deslealtad.

¡zafa!

I. 1. interj. *Pa, RD, Pe.* Expresa rechazo hacia alguien y deseo de que se mantenga alejado. pop + cult → espon ^ desp.

•

a. ‖~. fórm. *CR, RD.* Se usa, en una **competencia,** para desear que la buena suerte no favorezca al contrario.

zafacasa.

I. 1. f. *Pe.* Ceremonia en la que algunas comunidades ayudan a construir la casa de amigos o parientes, culminando la labor con la colocación de una cruz sobre el techado. rur.

zafacoca.

I. 1. f. *Mx, Ni, Co; Pe,* p.u; *Ch.* obsol. Alboroto, desorden, confusión o pendencia. pop. (**safacoca**).

II. 1. f. *ES, Ni.* Angustia, sofoco.

2. *Ni.* Inquietud, excitación.

zafacón.

I. 1. m. *EU:E, Pa, RD, PR.* Recipiente para la basura.

▶ **saber un ~.**

zafada.

I. 1. f. *Gu, Ho; ES, CR,* p.u; *Ar, Ur,* p.u, pop. Excusa, pretexto para eludir algo.

II. 1. f. *Ni, CR, Pa, PR, Ar:NO.* Dislocación de algo, *especialmente de una coyuntura.* pop.

III. 1. f. *Cu.* Liberación de alguien o algo molesto. pop.

IV. 1. f. *ES.* Gesto de la cara para mostrar ligereza y despreocupación.

V. 1. f. *Ho.* Indiscreción.

zafado, -a.

I. 1. adj. *Mx, Gu, ES, Ni, Pa, Co, Pe, Bo; Ch,* pop + cult → espon. *Referido a persona,* que tiene algo perturbada la razón.

2. adj/sust. *Gu, Pe, Bo, Ch, Ar, Ur. Referido a persona,* que no se comporta según lo establecido o de una manera normal. pop + cult → espon.

II. 1. adj. *Mx, Ho, Ni, CR, Cu, PR, Ec, Pe. Referido a cosa, en especial a una coyuntura,* dislocada. pop.

2. *Mx, Ho, Ni, PR, Bo. Referido a cosa,* que se ha aflojado y desprendido del todo.

3. *Cu. Referido a una costura,* descosida.

III. 1. adj. *Ni;* adj/sust. *CR, PR, Bo, Py, Ur; Cu,* pop; *Ve,* desp. *Referido a persona,* descarada, atrevida en su conducta o lenguaje. pop + cult → espon.

2. adj. *PR, Co, Py. Referido a persona,* imprudente, osada.

3. *Ho, Ni. Referido a persona,* indiscreta, que revela secretos.

▶ **ser ~ de las tapas.**

zafadura.

I. 1. f. *Mx, Ho, Ni, Bo, Ch, Ar; Pe,* p.u. Luxación, dislocación de un miembro o de una articulación. pop + cult → espon.

II. 1. f. *Ch, Ar.* Dicho o hecho que excede lo normal o razonable. pop + cult → espon.

zafaduría.

I. 1. f. *Py, Ar, Ur.* Conducta o lenguaje descarado. pop + cult → espon.

zafalomos.
  I. 1. adj/sust. *CR. Referido a persona*, que rehúye las responsabilidades. pop + cult → espon.

zafanarse.
  I. 1. intr. prnl. *ES.* Irse, escaparse *alguien*.

¡zafanelas!
  I. 1. interj. *ES.* Expresa orden para que se vaya alguien. pop. ♦ ¡**zafanuco!**

zafante.
  I. 1. prep. *RD.* Excepto, salvo.

¡zafanuco!
  I. 1. *ES.* ¡**zafanelas!**

zafar(se).
  I. 1. tr. prnl. *Mx, Ho, ES, Ni, CR, Pa, Cu, RD, PR, Co, Ec, Pe, Bo, Ch, Ar.* Dislocarse una coyuntura o articulación.
  2. tr. *Mx, CR, Pa, Cu, RD, PR, Ec, Pe, Bo.* Dislocar algo, *especialmente una coyuntura o articulación.*
  3. intr. prnl. *Ho.* metáf. Volverse loco, perder la razón.
  II. 1. intr. prnl. *Mx, Ni, Pa, Cu, RD, PR, Py, Ur.* Desentenderse *alguien* de una situación o compromiso. pop + cult → espon.
  2. intr. *PR, Pe, Bo:E, Py, Ar.* Salir de una situación desfavorable o comprometida sin daño ni perjuicio. pop.
  3. *Gu, Ho, ES, Ni, Py, Ur; Pe*, pop; *Cu*, pop + cult → espon. Marcharse de un lugar, salir corriendo, escaparse.
  4. tr. *Gu, Ho, Bo; ES*, pop + cult → espon. Evitar *algo*, no participar en algo.
  5. tr. prnl. *PR, Bo, Ur.* Librarse de algo.
  III. 1. intr. prnl. *Mx, Gu, Ho, Ni, CR, Pa, Cu, RD, PR, Pe, Bo, Ur.* Soltarse una cosa, dejar de estar sujeta.
  2. tr. prnl. *Ho, Ni, Cu, RD, PR.* Soltar *alguien algo*, liberarlo. pop + cult → espon.
  3. intr. prnl. *Ni, RD, PR, Ur.* Escapársele a alguien una cosa.
  4. *Ch.* Soltarse *alguien*, comenzar a hacer algo de manera brusca y sin parar.
  5. tr. *Ho, Pa, PR.* Quitar o aflojar *alguien algo, en especial tornillo y tuercas.*
  IV. 1. tr. prnl. *Ho, Ni, Pa, RD, PR, Ur; Co:C,O*, pop. Hacer o decir *algo* inoportuno, indiscreto o equivocado.
  2. *Ho, Pa.* Decir palabras vulgares o soeces.
  3. *PR.* Faltar el respeto a *alguien* de palabra o de obra. pop + cult → espon.
  V. 1. intr. *Ar.* Obtener aprobado en una materia o en un examen. est.
  VI. 1. tr. prnl. *Ni, CR.* Quitarse una prenda de vestir. pop.
  2. tr. *CR.* Quitar a *alguien* una prenda de vestir que lleva puesta. pop.

  □
  a. ‖ ~ **el bulto.** loc. verb. *Ur, Gu, Ni*, p.u. Eludir un problema o responsabilidad.
  b. ‖ ~ **el pin.** loc. verb. *Ho.* Quitar la ayuda económica a *alguien*. pop.
  c. ‖ **zafársele el caite.** loc. verb. *ES.* Enfadarse, ponerse muy nervioso. pop + cult → espon ∧ fest.
  d. ‖ **zafársele el pin.** loc. verb. *Ho.* Enloquecer.
  e. ‖ **zafársele un tornillo.** loc. verb. *Mx, Gu, Ni, Pa, RD, Bo, Ur.* Perder el juicio, volverse loco. pop + cult → espon.

zafarrancho.
  I. 1. m. *Pe, Bo, Py, Ar, Ur.* Cosa hecha sin cuidado ni habilidad. pop + cult → espon.
  II. 1. m. *Ch.* Reunión de camaradería entre marinos o exmarinos.
  III. 1. m. *PR.* Trampa, conspiración para engañar. pop + cult → espon.

  □
  a. ‖ **en** ~. loc. adv. *Bo.* En conjunto y desordenadamente. pop.

zafe.
  I. 1. m. *Gu, ES.* Excusa que alguien pone para disculparse por algo o eludir un compromiso.

zafio, -a.
  I. 1. adj. *Pe. Referido a persona*, desalmada.
  2. *Pe. Referido a persona*, contestataria, respondona. cult.

zafis.
  I. 1. m. *CR.* Error, desacierto cometido por falta de cuidado. pop.

zafo.
  I. 1. prep. *Ec.* Salvo, a excepción de.

zafo, -a.
  I. 1. adj. *Co:C. Referido a un objeto*, suelto, desprendido. pop.

¡zafo!
  I. 1. interj. *Mx.* Expresa negativa a responsabilizarse de una situación o compromiso. pop + cult → espon.

zafón.
  I. 1. m. *Gu, Ni, Cu.* Movimiento brusco que permite a una persona liberarse de alguien o algo que lo sujetaba. pop.
  II. 1. m. *ES, Ni.* Dislocación.
  2. *ES.* Error, equivocación.

zafonazo.
  I. 1. m. *CR.* Dislocación de algo de manera violenta.
  2. *CR.* Aflojamiento o desprendimiento de manera repentina de algo que estaba fijo.

zafra.
  I. 1. f. *Ar.* Tiempo de la esquila.
  2. *Ur.* Período exclusivo durante el año en el que se realiza una actividad, *especialmente la agrícola-ganadera.* rur.
  II. 1. f. *ES, Ni.* Borrachera.
  ▶ **agarrar** ~; **coger** ~; **hacer** ~; **pararse para toda la** ~.

zafral.
  I. 1. adj. *Ur; Ar*, p.u. Relativo a la **zafra**.
  2. sust/adj. *Ur.* Trabajador durante una **zafra**.

zafrar.
  I. 1. tr. *Ec, Ar:N,NE.* Cosechar la caña de azúcar.

zafrero.
  I. 1. m. *Ec, Bo. En la industria productora de azúcar*, trabajador encargado de cortar la caña.

zafrero, -a.
  I. 1. m. y f. *Cu, Ar:N. En la industria productora de azúcar*, trabajador encargado de cortar la caña.
  2. *Ar.* Trabajador que participa en la cosecha de la **yerba mate**. rur.
  3. adj. *Bo.* Relativo al cultivo y cosecha del azúcar.

zafriña.
  I. 1. f. *Ar:NE.* Tiempo entre dos **zafras** o cosechas. rur.
  2. *Ar:NE.* Cosecha obtenida en este espacio de tiempo. rur.

zafrisco, -a.
  I. 1. adj. *Ve.* **safrisco**.

zafrita.
  I. 1. f. *Py.* Maíz que se planta en la **zafra**.

¡zafuca!
  I. 1. interj. *Ho.* Expresa huida o salida veloz de un lugar. pop + cult → espon.

  □
  a. ‖ **¡~ piluca!** loc. interj. *Ho.* Expresa orden de que alguien se vaya o huya. pop + cult → espon.

zafuquearse.
  I. 1. intr. prnl. *Ho, Ni.* Irse *alguien* de un lugar, escabullirse.

zagaletón, -na.
 I. 1. m. y f. *Cu, Ve.* Adolescente muy crecido. (**zagaletón**).

zagaño.
 I. 1. m. *Pa.* Abeja de color negro, que construye grandes panales. (Apidae; *Trígona ruficus*). rur. (**zañago**).

zaguán.
 ▶ cerrar el ~.

zaguate.
 I. (Del nahua *zahuatl*, sarna).
  1. m. *Ni; CR*, pop ^ desp. Perro, *especialmente el callejero*.
  2. *Ni, CR.* Perro que no es de raza pura.
 II. 1. m. *RD.* Terraza, construcción adjunta o separada de la vivienda de campo *generalmente usada para pasatiempo*.
  2. *CR. En ciertas casas*, pasillo central que conduce a las habitaciones y demás partes.
  3. *CR:NO.* Cobertizo donde se guardan los utensilios de caballería.
 III. 1. m. *CR.* Hombre mujeriego. pop + cult → espon ^ desp.

zahorí.
 I. 1. adj/sust. *PR. Referido a un niño*, inquieto, hiperactivo. (**zajorí**).

zahorín, -na.
 I. 1. m. y f. *Gu.* Hechicero que adivina el futuro o cura enfermos. (**zajorín**).

zaíno.
 I. 1. *Ni, CR, Pa.* **saíno.**
 ▶ oler a ~.

zaitazo.
 I. 1. m. *ES.* **Espinada** múltiple.

zaite.
 I. 1. m. *ES.* Espina.
  2. *ES.* Aguijón.
 II. 1. m. *ES.* Planta trepadora, de tallos alargados, *comúnmente triangulares*, verdes articulados, con raíces adventicias y espinas, flores axilares en forma de trompeta, blancas, amarillas o rosadas, fruto en baya de forma ovoide. (Cactaceae; *Cactus grandiflorus*).
 III. 1. m. *ES.* Mujer coqueta.

zajorí.
 I. 1. *PR.* **zahorí.**

zajorín, -na.
 I. 1. *Gu.* **zahorín.**

zalagarda.
 I. 1. f. *Ch.* Desorden, tumulto, bullicio. pop + cult → espon.

zalamerear.
 I. 1. intr. *Mx, Ni; Bo:E,N, Py*, pop; *Ur*, pop + cult → espon. Demostrar cariño con adulaciones y en forma empalagosa.

zalapastroso.
 I. 1. *RD.* **zarapastroso.**

zalate. (Del nahua *xallo*, arenoso, y *amatl*, amate).
 I. 1. *Mx.* **matapalo**, árbol.

zalbute. (Del nahua *zaal*, ligero, y *but*, relleno, embutido).
 I. 1. *Mx.* **salbute.**

zalea.
 I. 1. f. *Ar, Ur.* Sábana de tela doble o de material sintético, que se coloca transversalmente debajo de los pacientes para moverlos y proteger la ropa de cama.

zamacón.
 I. 1. *Pe.* **zamaqueó**, zarandeo.
  2. m. *Pe.* Temblor de tierra. pop.
  3. *Pe.* **zamaqueo**, aflicción.

zamaqueada.
 I. 1. f. *Pe.* Zarandeo, sacudida. pop.

zamaqueado, -a.
 I. 1. adj. *RD, Pe. Referido a persona o cosa*, zarandeada, dañada, afectada por algo. pop + cult → espon.

zamaquear.
 I. 1. tr. *RD, Pe.* Zarandear, sacudir a *alguien* bruscamente de un lado a otro. pop.
  2. *Pe.* metáf. Hacer sufrir o preocupar a *alguien* con trabajos, dificultades o privaciones. pop.

zamaqueo.
 I. 1. m. *RD, Pe.* Zarandeo, sacudida. ♦ **zamacón.**
  2. *Pe.* metáf. Aflicción o quebradero producido por las circunstancias de la vida, *y especialmente por una desgracia*. pop. ♦ **zamacón.**

zamaragullón.
 I. 1. *Ar.* **mbiguá.**

zamarrada.
 I. 1. f. *Gu, Ho, Ni.* Picardía, bribonada.

zamarreada.
 I. 1. f. *Mx, Pe; Bo, Ch, Ar, Ur*, pop + cult → espon. Zarandeo, sacudida. ♦ **zamarreo; zamarrón.**

zamarreo.
 I. 1. m. *Pe, Ch, Ur.* **zamarreada.** pop + cult → espon.

zamarro.
 I. 1. m. *Pa, Ve*; m. pl. *Co.* Pantalón de cuero, con una parte abierta, que se usa para montar a caballo.
  2. m. *Ec.* Pantalón de piel y lana de borrego o de cabra, usado por los jinetes en los páramos para protegerse del frío.

zamarro, -a.
 I. 1. sust/adj. *Ni, CR, Ve.* Persona astuta e hipócrita.
  2. adj/sust. *Pe.* p.u. *Referido a persona*, que no tiene vergüenza ni honestidad y solo busca su propio beneficio. pop + cult → espon.
  3. *Pe.* p.u. *Referido a un niño*, malcriado o que actúa con picardía. pop.
  4. adj. *Ho, ES, Ni. Referido a persona*, despreciable.
 II. 1. adj. *Gu. Referido a una caballería*, no domesticada.
 III. 1. adj. *Pa.* Muy grande. hiperb.

zamarrón.
 I. 1. m. *Ch; Bo, Ar*, pop + cult → espon. **zamarreada.**

zamarrudo, -a.
 I. 1. adj. *Ec. Referido a persona*, que lleva puesto un **zamarro.**

zamba.
 I. 1. f. *Pe:SE, Bo, Ar, Ur.* Composición musical de tempo moderado, acompañada también de canto.
  2. *Ar, Ur.* Danza de pareja que se baila al compás de la zamba.
 II. 1. f. *Ur.* Mentira, embuste. pop + cult → espon.
 ■
  a. ‖ ~ **canuta.** f. *Ch.* Suceso fuera de lo normal o comprensible que produce caos o efectos negativos. pop. (**samba canuta**).
 ▶ decir la ~ canuta.

zambacanuta.
 I. 1. f. *Pa, Bo.* Insulto grave.
 II. 1. f. *Pa.* p.u. Alboroto, confusión, lío. pop + cult → espon.

zambada.
 I. 1. f. *Pe.* obsol. Conjunto de **zambos**, hijos de indios y negros. pop.

zambal.
 I. 1. m. *Ec.* Terreno plantado de **zambos** o **hilacayotes.**

zambambé.
 I. 1. m. *RD.* Conflicto o situación de crisis que genera una alteración del orden público.

zambapalo.
  I. 1. m. *Pa.* Lío, enredo.
zambear.
  I. 1. intr. *Ar:NO, Ur.* Bailar la **zamba**.
  II. 1. tr. *Pe.* obsol. Insultar o zaherir a *alguien* por tener algún rasgo característico de los **zambos** o mestizos. pop.
zambeque.
  I. 1. adj. *Mx:SE.* p.u. *Referido a persona*, tonta, simple. pop + cult → espon.
  II. 1. *Cu.* **sambeque**.
zambequería.
  I. 1. f. *Cu.* Tontería, estupidez. pop + cult → espon.
zambería.
  I. 1. f. *Pe.* Conjunto de **zambos**, hijos de indios y negros.
  2. *Ec.* Conjunto de características sociales y culturales atribuidas a las personas hijas de indio y negra o de india y negro.
zamberío.
  I. 1. m. *Pe.* Conjunto de **zambos**, hijos de indios y negros.
zambio, -a.
  I. 1. m. y f. *Pe.* obsol. Persona india, **chola** o **zamba**. pop ∧ desp.
zambito.
  I. 1. m. *Pe.* Helado de crema, en forma cónica, bañado con chocolate en su base.
zambito, -a.
  I. 1. m. y f. *Pa.* Niño. rur.
zambo.
  I. 1. m. *Ve.* Gallo de plumaje rojo oscuro.
  II. 1. m. pl. *Ho, Bo.* **misquito**, grupo étnico.
  III. 1. *Ec.* **chilacayote**, planta y fruto.
  IV. 1. m. *Ec.* Cabello crespo o ensortijado. pop.
zambo, -a.
  I. 1. adj/sust. *EU, Mx, Gu, Ho, Ni, CR, RD, PR, Co, Ve, Ec, Pe, Bo, Ch, Ar, Ur.* *Referido a persona*, que es hija de indio y negra o de india y negro, o descendiente de familia negra e india.
  2. *Gu, Ho, Bo, Ch; Ur.* p.u. *Referido a persona*, que tiene algún rasgo físico negroide. pop + cult → espon.
  3. *Ho, Bo.* **misquito**, relativo a esta etnia.
  II. 1. adj. *Mx:S.* *Referido a persona*, rechoncha y de baja estatura. desp.
  III. 1. adj/sust. *Ec, Pe; Bo,* pop. *Referido a persona*, de cabello crespo o ensortijado. espon.
  2. adj. *Ec, Pe.* *Referido a cabello*, crespo o ensortijado. pop.
  IV. 1. sust/adj. *Ve:O.* Persona colérica e irascible. rur.
zambón, -na.
  I. 1. adj/sust. *Pe.* *Referido a persona*, que tiene algún rasgo **zambo**. pop.
zambrán.
  I. 1. m. *Cu.* Cinturón ancho que forma parte del uniforme militar de campaña y al cual se sujetan determinados utensilios.
zambrano, -a.
  I. 1. *Ho.* **barajo**, arbusto.
zambrote.
  I. 1. m. *CR.* Mezcla desordenada de cosas diferentes. pop + cult → espon.
  II. 1. m. *CR.* Situación confusa y ruidosa. pop + cult → espon.
  III. 1. m. *CR.* Comida revuelta y mal presentada. pop + cult → espon.

zambuco.
  I. 1. m. *Cu.* Vestido ancho, sin entallar.
zambullida.
  I. 1. f. *Co, Bo, Ch, Ar; Ur,* p.u. *En el **futbol***, estirada que realiza un jugador en pos del balón, *especialmente el portero*. pop + cult → espon.
zambullido.
  I. 1. f. *Mx.* Zambullida.
zambullidor.
  I. 1. m. *Mx, Gu.* Ave acuática de hasta 33 cm de longitud, achaparrada, de cuello corto, pico también corto y no tan aplanado como los otros patos, de color pardo con el cuello canela. (Podicipedidae; *Podilymbus podiceps*). ♦ **pato buzo**; **pato zambullidor**; **zaramagullón**.
  2. *Pe, Ch.* Ave acuática de diversos tamaños, de color *generalmente pardo*, que habita en lagos. (Podicipedidae; *Podiceps* spp.). ♦ **zambullidor de pico grueso**.

  ■

  a. ‖ **~ de pico grueso.** *Pe.* **zambullidor**. (Podicipedidae; *Podilymbus podiceps*).
  b. ‖ **~ piquipinto.** m. *Pa.* **macá**. (Podicipedidae, *Podilymbus* spp.).
zambullirse.
  I. 1. intr. prnl. *Co, Bo, Ch, Ar; Ur,* p.u. *En el **futbol***, estirarse o lanzarse un jugador para golpear el balón, *y especialmente el portero para despejarlo o atraparlo*. pop + cult → espon.
zambullo.
  •
  a. ‖ **¡~, suelta lo que no es tuyo!** fórm. *Cu.* Se usa para burlarse de una persona que utiliza una cosa prestada, especialmente una prenda de vestir. pop + cult → espon.
zambullón.
  I. 1. m. *Ec, Bo, Ar, Ur; Mx, Pe, Ch,* p.u. Zambullida, inmersión impetuosa de un cuerpo en el agua. pop + cult → espon.
zambumbia.
  I. 1. *Mx.* p.u. **sambumbia**, bebida fermentada.
  2. *Cu.* **sambumbia**, bebida refrescante.
  3. *Cu.* **sambumbia**, bebida o comida mal preparada.
  4. f. *Ni.* Agua endulzada con miel.
  II. 1. f. *Ve.* **Hervido** hecho con pocos ingredientes.
  2. *CR, Pa:SE.* Revoltillo, *especialmente de comida*.
  3. *PR.* Guisado hecho de varias carnes, granos y **viandas**.
  4. *PR.* meton. Desorden, confusión, enredo. pop + cult → espon ∧ fest.
  III. 1. f. *Ve:O.* Mujer descuidada en el aseo y apariencia personal.
  IV. 1. f. *Ho, ES.* Especie de zambomba hecha con una calabaza hueca.
  2. *Pa.* Instrumento musical parecido a una maraca.
zambundango.
  I. 1. m. *Gu.* Tortuga cuyo caparazón mide hasta 50 cm de longitud y es de color verde oliva, con cabeza voluminosa y cubierta de protuberancias que parecen espinas, hocico picudo con las mandíbulas gruesas, patas robustas y con garras, y cola gruesa, muy larga y con escamas que sobresalen. (Chelydridae; *Chelydra serpentina*).
zambutir(se).
  I. 1. tr. *Mx, Gu, ES.* Hundir, sumir, meter *algo* en lo hondo.
  2. intr. prnl. *Mx, Gu, ES.* Hundirse, sumirse, meterse *algo* en lo hondo.
  3. tr. prnl. *Mx, Gu.* metáf. Tragarse *algo*.

4. tr. *Mx.* Encarcelar.
5. *Gu.* metáf. Tragar *algo.*
6. *ES.* Esconder *algo.*
II. 1. tr. *Mx.* Saturar un espacio.

zamhool. (Voz maya yucateca).
I. 1. m. *Mx: SE.* Mamífero carnívoro, de cabeza ancha y aplanada, hocico chato, cuello alargado, tronco flexible, estrecho y alargado, extremidades cortas armadas de uñas fuertes y pelaje corto, negro en el tronco, las patas y la cola, y gris leonado en la cabeza. (Mustelidae; *Eira barbara*). (**sanjol**). ♦ **cadejo**; **gato motete; gato negro; lepasil; melero; motete; oso melero; perezosito; taira; tolomuco; zonistac.**

zamotana.
I. 1. f. *Mx, Ni.* p.u. Lío, barullo, jaleo. pop + cult → espon.

zampa.
I. 1. f. *Ar.* Arbusto muy ramoso de hasta 1,50 m de altura, de hojas alternas ligeramente dentadas y flores dispuestas en densos glomérulos. (Chenopodiaceae; *Atriplex* spp.).

zampadera.
I. 1. f. *Pe.* p.u. Entrada masiva de gente en un sitio sin tener permiso o invitación. pop.

zampado, -a.
I. 1. adj. *Ho, ES, Ni, CR. Referido a persona,* metido en un lugar durante mucho tiempo.
2. *Ho. Referido a persona,* entremetida.
3. *Ni. Referido a persona,* enterrada.
II. 1. adj/sust. *Pe. Referido a persona,* borracha. pop.

zampaguabas.
I. 1. adj/sust. *CR. Referido a persona,* poco inteligente y simplona. pop + cult → espon.

zampalimones.
I. 1. m-f. *Ho.* Persona entremetida.
II. 1. m-f. *Ni.* Persona mentirosa.

zampapalo.
I. 1. m. *Pa.* Lío, enredo.

zampar(se).
I. 1. tr. *Gu, Ho, ES, Ni, Pa, Cu, Co, Ar, Ur; Ec, Bo, Ch,* p.u; *PR,* fest. Arrojar o impeler con violencia a *alguien* o *algo.* pop + cult → espon.
2. *PR, Bo, Ch, Ar, Ur.* Espetar, decirle *algo* a alguien de forma brusca. pop + cult → espon.
II. 1. tr. *Bo, Ch, Ar, Ur,* pop + cult → espon; tr. prnl. *Ho, Ni.* Colocar a *alguien* una prenda de vestir o un adorno de manera rápida y *generalmente con descuido.*
2. intr. prnl. *Gu, Ni; Pe,* pop. Meterse o entrar en algún sitio sin permiso o invitación. pop + cult → espon.
3. tr. *Gu.* Meter, introducir *algo* o a *alguien* en algún sitio. pop + cult → espon.
III. 1. intr. prnl. *Pe, Bo.* Emborracharse. pop.
IV. 1. intr. prnl. *Cu.* Marcharse *alguien* de un lugar.
V. 1. tr. *Ho.* Poner un apodo a *alguien.*
□
a. ‖ ~ **al bote.** loc. verb. *Gu, Ho.* Encarcelar. pop.
b. ‖ ~ **la galleta.** loc. verb. *Ho.* Acelerar mucho un vehículo. pop.
c. ‖ ~**se maceta.** loc. verb. *Ho.* Golpearse o pelearse dos o más personas.

zampón, -na.
I. 1. adj/sust. *Ho, Pe. Referido a persona,* intrusa, que se introduce en algún lugar sin permiso ni invitación.

zampoñero, -a.
I. 1. m. y f. *Bo, Ch:N.* Persona que toca la zampoña.

zampotear.
I. 1. tr. *Ve.* Encajar una cosa dentro de otra. rur.

zamueco, -a.
I. 1. adj. *Ve.* obsol. *Referido a cosa,* agradable o placentera.

zamura.
I. 1. f. *Ve.* Juguete formado por una armazón plana y muy ligera que sostiene una lámina de papel o tela con una cola de cintas o trozos de papel, que, sujeto con una cuerda, se arroja al aire para que el viento lo eleve.

zamurada.
I. 1. f. *Ve.* Bandada de **zamuros.**

zamurear.
I. 1. tr. *Ve.* juv. Rondar, intentar seducir a *alguien.*

zamurera.
I. 1. f. *Ve.* Bandada de **zamuros.** pop.

zamuro.
I. 1. *Ni, Co:E,C,NE, Ve.* **zopilote,** ave carroñera de hasta 60 cm. (**samuro**).

zamuro, -a.
I. 1. m. y f. *Ve.* Persona aprovechada y oportunista.
II. 1. adj/sust. *RD. Referido a persona,* tonta, necia. desp.

zanaco, -a.
I. 1. *Cu.* **sanaco,** bobo.

zanahoria.
I. 1. adj/sust. *Pe, Ar, Ur. Referido a persona,* ingenua, sin malicia. pop + cult → espon.
2. *Ar, Ur. Referido a persona,* tonta, de escasa inteligencia. pop + cult → espon.
II. 1. adj/sust. *Ve, juv; Ec,* p.u. *Referido a persona,* que tiene hábitos saludables.
2. adj. *Ve; ES,* drog. ‖ juv. *Referido a persona,* que no consume drogas.
III. 1. adj/sust. *Pa. Referido a persona,* pelirroja.
■
a. ‖ ~ **blanca.** f. *Ec.* **apio.**

zanahorio, -a.
I. 1. adj. *Co. Referido a persona,* que respeta y sigue las costumbres del pasado. pop.
2. *Co. Referido a persona,* que se escandaliza fácilmente de lo que no se ajusta a la moral convencional. pop.
II. 1. sust/adj. *Co:C.* Persona que no gusta de fiestas, reuniones o situaciones sociales divertidas para los demás. pop. ♦ **aguacatado.**

zanata.
I. 1. f. *ES, Ni.* Pistola o revólver. pop.

zanatada.
I. 1. f. *Mx.* Bandada de **zanates.**

zanatal.
I. 1. m. *Ho, Ni.* Cantidad grande de **zanates.**

zanate. (Del nahua *tzanatl*).
I. 1. m. *Mx, Gu, Ho, ES, Ni, CR.* Ave de hasta 43 cm de longitud, de pico largo y robusto, cola también larga y patas de dedos grandes, todo ello de color negro; el plumaje presenta una coloración que oscila entre el negro con lustre iridiscente de los machos y el marrón con cejas grisáceas de las hembras. (Icteridae; *Quiscalus mexicanus*). ♦ **mariamulata; negrillo; oropéndola; papate; pájaro del diablo; pájaro prieto; sanate; urraca.**
▶ **gastar pólvora en ~s; parecer ~ remojado; quebrar ~; sacar el ~.**

zanatear.
I. 1. intr. *Mx, Gu, Ho, Ni.* Cuidar las **milpas** recién sembradas, o ya crecidas, para que el **zanate** no se coma los granos de maíz. rur.

zanatera.
    I. 1.   f. *Ho.* Bandada de **zanates**. ♦ **zanatería**.
zanatería.
    I. 1.   *Ho.* **zanatera**.
zanatero, -a.
    I. 1.   m. y f. *Ho, ES, Ni, CR.* Gran cantidad de **za-nates**.
    2.   *Ho, ES.* Persona que tiene por oficio espantar los **zanates** de las milpas y frijolares.
zanatillo.
    I. 1.   m. *Ni.* Canción popular nicaragüense.
zanca.
    I. 1.   m. *Mx:O.* Amigo íntimo, compañero inseparable.
zancada.
    ▶ **dar ~s de araña viuda**.
zancajear.
    I. 1.   tr. *Cu, RD.* Intentar con mucha insistencia conseguir *algo*.
zancalejo, -a.
    I. 1.   m. y f. *Pa.* Potrillo.
zancazo.
    I. 1.   m. *RD.* Zancada, paso largo.
zanco, -a.
    I. 1.   adj. *Gu. Referido a persona*, coja o que cojea.
zancón, -na.
    I. 1.   adj. *Mx, Co, Ve.* pop. *Referido a traje*, demasiado corto.
    II. 1.   adj. *Ni. Referido a persona*, de piernas largas.
zancuda.
    I. 1.   f. *Ho.* **curruchiche**.
zancudal.
    I. 1.   m. *Ho, ES, Ni.* Lugar donde hay muchos **zancudos**.
    2.   *Ho, Ni.* Gran cantidad de **zancudos**.
zancudear.
    I. 1.   intr. *Ho.* Aguantar la picada de los **zancudos**.
zancudero.
    I. 1.   m. *Gu, Ho, ES, Ni, CR, Co, Ve.* Grupo numeroso de **zancudos**.
    2.   *Ho, ES, CR, Co.* Lugar donde hay muchos **zancudos**.
zancudo.
    I. 1.   m. *EU, Mx, Gu, Ho, ES, Ni, CR, Pa, Cu, RD, PR, Co, Ve, Ec, Pe, Bo, Ch, Ar, Ur,* p.u. Mosquito, insecto díptero de hasta 10 mm de longitud, de color negro, a veces con manchas blancas; la hembra se alimenta de sangre y el macho de néctar. (Culicidae; *Culex* spp.). ♦ **chuspi; puguilla**.
    2.   *Ho.* metáf. Taburete de madera con cuatro patas muy altas.
    II. 1.   m. *RD.* Ave zancuda de hasta 40 cm de longitud, de pico largo y fino, de color negro, patas rosadas largas y plumaje negro en el dorso y la cabeza, blanco en la zona ventral y con dos manchas negras cercanas a los ojos. (Recurvirostridae; *Himantopus himantopus*).
zancudo, -a.
    I. 1.   m. y f. *Bo.* Persona de constitución delgada. pop ^ fest.
    II. 1.   sust/adj. *Bo.* Persona que da muestras de ingenuidad, escaso entendimiento y falta de viveza. pop.
zandunga.
    I. 1.   *Mx.* **sandunga**, música.
    2.   *Mx.* **sandunga**, baile.
    II. 1.   *Ch.* **sandunga**, jolgorio. pop + cult → espon.
    III. 1.   m-f. *Bo:O.* Persona de raza negra. pop.
zandunguear.
    I. 1.   *Mx; Ch,* pop + cult → espon. **sandunguear**. pop.

zandungueo.
    I. 1.   *Ni.* **sandungueo**, movimiento de caderas. pop + cult → espon.
zandunguero, -a.
    I. 1.   adj. *Mx, Ve. Referido a persona*, alegre, divertida.
    2.   *Ho.* **sandunguero**, que mueve las caderas.
zangaletón, -na.
    I. 1.   adj/sust. *Cu, Ch. Referido a persona, generalmente joven*, que se comporta como si fuera un niño. pop + cult → espon. (**sangaletón**). ♦ **zangandongo**.
    2.   m. y f. *RD.* **zagaletón**. pop + cult → espon ^ desp.
zángana.
    I. 1.   f. *Ni.* Prostituta. desp.
zanganada.
    I. 1.   f. *Ho ES, Ni, CR.* Acción ilícita o malvada.
    2.   *PR.* Tontería, frivolidad. pop + cult → espon.
    II. 1.   f. *Ni.* Conjunto de rencillas y desórdenes familiares o sociales.
zangandongo, -a.
    I. 1.   adj. *Cu. Referido a cosa*, grande. pop + cult → espon. (**sangandongo**).
    2.   sust/adj. *Cu.* Persona joven grande y fuerte.
    II. 1.   *Cu.* **zangaletón**. (**sangandongo**; **zangandungo**).
zangandungo, -a.
    I. 1.   *Cu.* **zangandongo**.
    2.   adj. *Ho. Referido a persona*, haragana.
zanganear.
    I. 1.   intr. *Ni.* Realizar acciones ilegales o malvadas contra alguien.
zanganería.
    I. 1.   *PR.* Tontería, frivolidad. pop + cult → espon.
zángano, -a.
    I. 1.   sust/adj. *Ho, ES, Ni.* Persona que roba o realiza actos ilegales.
    2.   *Ho, ES, Ni.* Persona pícara.
zangarreada.
    I. 1.   f. *ES.* **Golpiza** ligera con zarandeo.
zangarrear.
    I. 1.   tr. *ES.* Zarandear, golpear a *alguien*.
    II. 1.   tr. *Ni.* Agitar un líquido.
zangarro.
    I. 1.   m. *Ho, Ni.* Trapiche manual que consta de dos rodillos de madera y una manivela para extraer el jugo de la caña de azúcar. ♦ **mordedor**.
zango.
    I. 1.   *Pe.* **zanguito**.
zangolotazo.
    I. 1.   m. *ES.* Trago de alcohol mezclado con agua. pop.
zangolote.
    I. 1.   m. *ES.* Trago preparado con alcohol casi puro mezclado con agua.
zangolotear(se).
    I. 1.   tr. *Mx, ES, RD; Gu, Ho, Ni, Co, Ch, Ur,* pop + cult → espon; *CR,* rur. Mover *algo* o a *alguien* de un lado a otro, sacudirlo.
    2.   intr. prnl. *RD, Co, Ur.* Balancearse de un lado a otro al caminar. pop + cult → espon.
    3.   *RD, Ch, Ur.* Bailotear *alguien*. pop + cult → espon.
    II. 1.   tr. *Co.* Golpear a *alguien*. pop + cult → espon.
    III. 1.   intr. *ES.* Beber **zangolotes**.
zangoloteo.
    I. 1.   m. *Ch, Ur.* Bailoteo. pop + cult → espon.
    II. 1.   *ES.* **charamilazo**.
    III. 1.   m. *ES.* Revoltijo, desorden.
zangolotero, -a.
    I. 1.   adj/sust. *ES. Referido a persona*, que bebe muchos **zangolotes**.
    2.   *ES. Referido a persona*, borracha consuetudinaria.

zanguango, -a.
  I. 1. sust/adj. *Cu, Ar, Ur; Ch*, p.u. Persona tonta. pop + cult → espon ^ desp. (**sanguango**).
  2. adj/sust. *Ar, Ur.* p.u. *Referido a persona*, desmañada, torpe. pop + cult → espon.

zanguanguería.
  I. 1. f. *Cu.* Tontería, estupidez. desp. (**sanguanguería**).
  2. *Ur.* Atolondramiento.

zanguito.
  I. 1. m. *Pe.* Dulce hecho a base de con maíz, **chancaca**, manteca, canela y harina de maíz. (**zango**).

zanja.
  I. 1. f. *Mx, ES, Ni, CR, Cu, PR, Ve, Ec, Bo, Ch, Py, Ar:NO, Ur.* Surco o hendidura en la tierra producida por la erosión de una corriente de agua o por la acción del hombre. (**zanjo**; **zanjón**).
  II. 1. f. *Cu, PR, Co, Ur.* metáf. Surco o hendidura que se marca en la piel por el roce de un asa o tirante.
  III. 1. f. *Ni, Ch, Ur.* p.u. Hendidura que separa los glúteos. pop.
  2. *Ho, Ni, Ur.* Vulva. tabú.
  3. *ES.* Ano. vulg.

  ◼
  a. ‖ ~ **abierta.** f. *Ch. En labores de excavación*, hendidura de grandes dimensiones hecha en el terreno.
  □
  a. ‖ **a ~ abierta.** loc. adv. *Ch. En labores de excavación*, abriendo hendiduras de grandes dimensiones en el terreno.

zanjear.
  I. 1. tr. *Ho, ES, Ni, CR, Cu, Ur; PR, Co, Ar*, rur. Abrir zanjas en un terreno.
  II. 1. tr. *Cu.* Zanjar, resolver los inconvenientes para lograr algo. pop.
  2. *Cu.* Poner fin a una discordia. pop.

zanjo.
  I. 1. m. *Ho, ES, CR.* Zanja, excavación larga y estrecha que se hace en la tierra.
  2. *CR.* **zanja**, surco producido por la erosión. rur.

zanjón.
  I. 1. m. *Pe.* Autopista urbana construida por debajo del nivel normal.
  2. *Ch; Bo:S*, pop. **zanja**, surco producido por la erosión.
  3. *CR, Ch, Ur.* Carril o surco más o menos profundo que se forma en los caminos o en un terreno por la acción del agua de lluvia.
  4. *Bo:E,N.* Cañón profundo entre cerros. pop.

zanora.
  I. 1. f. *Pe:NO.* Torrente pequeño formado por la caída de un chaparrón.

zanquear.
  I. 1. tr. *Ni, RD, Ve.* Buscar *algo* o a *alguien* por todas partes.

zanquilargo.
  I. 1. adj. *Cu, RD. Referido a persona*, que tiene las piernas largas y delgadas. pop + cult → espon.

zañago.
  I. 1. *Pa.* **zagaño.** rur.

zapa. (Del nahua *tzapatl*, enano).
  I. 1. adj. *Ho. Referido a gallina*, pequeña y de cuerpo grueso.

zapal.
  I. 1. m. *Co.* Lugar o terreno húmedo y pantanoso.

zapallada.
  I. 1. f. *Ar.* obsol; *Ur*, p.u. Tontería, necedad. pop + cult → espon.
  II. 1. f. *Ar.* obsol. Golpe de suerte inesperado. pop + cult → espon.

zapallal.
  I. 1. m. *Pe, Ur; Ar*, p.u. **zapallar**.

zapallar. (Del quech. *sapallu*, calabaza).
  I. 1. m. *Pe, Bo, Ch, Ar, Ur.* Terreno plantado de **zapallos**, *Cucurbita maxima*. (**zapallal**).

zapallazo.
  I. 1. m. *Ch, Ar:NO.* Golpe de suerte inesperado. pop + cult → espon.
  2. *Ar, Ur.* p.u. *En algunos deportes como el tenis o el futbol*, golpe o disparo hecho con mucha potencia. pop.

zapallear.
  I. 1. intr. *Py.* Lograr *alguien* un éxito por casualidad o de forma inesperada. pop.

zapallito. (Dim. de *zapallo*).
  I. 1. m. *Py, Ar, Ur.* **zapallo**, fruto.
  2. *Ar.* **zapallo**, planta.
  3. *Pe.* **zapallito largo**, planta.
  4. *Pe.* Fruto del zapallito, de forma cilíndrica alargada, de hasta 12 cm de longitud, de color verde oscuro con un leve reticulado y estrías de color verde más claro. ◆ **güicoy.**
  II. 1. adj/sust. *Ar.* Tonto, bobo. inf; afec.

  ◼
  a. ‖ ~ **amargo.**
    i. m. *Ar:C,O.* **cháncara.**
    ii. *Ar:C,O.* Fruto del zapallito amargo, redondo, tóxico y de sabor desagradable.
  b. ‖ ~ **italiano.** m. *Ch.* **zapallito largo**, planta y fruto.
  c. ‖ ~ **largo.**
    i. m. *Ar.* Planta de hasta 10 m de longitud, con tallos vigorosos, hojas lobuladas, de tamaño mediano, de color verde oscuro con áreas muy marcadas de color blanco grisáceo, bordes aserrados y flores de color amarillo intenso. (Cucurbitaceae; *Cucurbita pepo*). ◆ **güicoy; zapallito; zapallito italiano; zapallo italiano.**
    ii. *Ar.* obsol. Fruto del zapallito largo, oblongo, de corteza verde y estriada, y carne blanca.

zapallo. (Del quech. *sapallu*, calabaza).
  I. 1. m. *Ho, CR, Pa, Co:SO, Ve:O, Ec, Pe, Bo, Ch, Ar, Ur.* Fruto del zapallo, *de forma generalmente oblonga*, piel lisa y dura, de color verde con pintas claras y carne amarilla; es comestible. ◆ **auyama; pipián; zapallito.**
  2. *Ho, CR, Pa, Co:SO, Ve:O, Ec, Bo, Ch, Py, Ar, Ur.* Planta herbácea rastrera, de fruto comestible, con tallos huecos, rugosos y provistos de zarcillos, hojas grandes, enteras y lobuladas, y flores amarillas. (Cucurbitaceae; *Cucurbita maxima*). ◆ **auyama; pipián; tamalayote; zapallito.**
  3. *Ho, CR, Pa, Bo.* **ayote**, planta. (Cucurbitaceae; *Cucurbita moschata*). (**zapayo**).
  4. *Ho, CR, Pa, Bo.* **ayote**, fruto. (Cucurbitaceae; *Cucurbita moschata*).
  5. *Ec.* **jícaro**, árbol perenne.
  II. 1. m. *Bo, Ch, Ar, Ur.* Cabeza de una persona. pop + cult → espon ^ fest.
  2. *Ur.* Inteligencia de una persona. pop + cult → espon ^ fest.
  III. 1. m. *Ar:NO.* Éxito inesperado logrado por casualidad. pop + cult → espon.
  IV. 1. m. *Bo.* Vulva. tabú.
  V. 1. m. *Ur.* p.u. *En el futbol*, gol. pop + cult → espon ^ fest.

  ◼
  a. ‖ ~ **caspi.** m. *Ar:NO.* Árbol de tronco grueso, madera fibrosa y blanda y fruto pentagonal de color castaño; sus raíces se usan en medicina popular por sus propiedades eméticas y antivenéreas. (Nyctaginaceae; *Pisonia zapallo*).

b. ‖ **~ italiano.**
   i. m. *Ch.* **zapallito largo.**
   ii. *Ch.* Fruto del zapallo italiano, de forma cilíndrica alargada, de hasta 12 cm de longitud, de color verde oscuro con un leve reticulado y estrías de color verde más claro. ♦ **zucchini.**
c. ‖ **~ loche.** m. *Pe.* Zapallo de piel de color verde y rugosa, muy usada para hacer escudillas para comer.
d. ‖ **~ macre.** m. *Pe.* Zapallo más feculento que el ordinario, muy apreciado en cocina.

zapallo, -a.
I. 1. adj. *CR, Ar, Ur*; adj/sust. *Bo. Referido a persona,* que da muestras de ingenuidad, escaso entendimiento y falta de viveza. pop + cult → espon.

zapallón, -na.
I. 1. adj/sust. *Pe.* obsol. *Referido a persona,* gruesa, de vientre abultado. pop.

zapalote. (Del nahua *tzápalotl,* quizás de *tzapatl,* zapote, y *papálotl,* mariposa).
I. 1. adj/sust. *Mx:SE, Ho, ES. Referido a una mazorca de maíz,* que tiene granos de varios colores.
   2. *Ho. Referido a ganado* que tiene pelaje de varios colores.

zapán. (De *panza* por inversión silábica).
I. 1. m. *Ar.* Vientre de una persona, *especialmente cuando es abultado.* pop + cult → espon.

zapaneco, -a. (Del nahua *zapatl,* enano).
I. 1. *Ho.* **chapaneco,** grueso y bajo.

zaparapanda.
I. 1. f. *Ve.* Pelea callejera. pcp. (**saparapanda**).
   2. *Ve.* Serie de golpes que se dan con las manos. pop. (**saparapanda**).

zaparruco, -a.
I. 1. adj. *Ni. Referido a persona,* de baja estatura.

zapata.
I. 1. f. *Mx, Ho, Ni.* Pieza de madera sobre una columna o pilar para sostener una viga, doblero o tablón de la solera.
   2. *Cu, PR, Co:N, Ve, Bo.* Cimiento, zócalo de fábrica en que se apoya una pared o tabique.
   3. *Ho.* Madero que cubre el vano de una puerta o ventana.
II. 1. f. *Ch.* p.u. Telera del arado. rur.
III. 1. f. *Gu.* **corcovado.** (Haemulidae; *Orthopristis chalceus*).
IV. 1. f. *Ho.* Mango cuyo fruto es grande, alargado y un poco aplanado.

zapatacón. (De *zapato* y *tacón*).
I. 1. m. *RD, PR.* Zapato con una suela muy gruesa que le da mayor altura.

zapateada.
I. 1. f. *Pe, Bo:S, Py.* Zapateo de una persona, con zapatos o con los pies calzados, en el suelo, siguiendo el ritmo de la música de un baile.

zapatear(se).
I. 1. intr. *Pe, Bo, Py, Ur.* Patear el suelo para mostrar disconformidad ante algo.
   2. *Pe, Bo:E,N, Py.* Protestar enérgicamente. pop + cult → espon.
II. 1. intr. *Pe, Bo, Ch.* Producir un motor, una pieza o una máquina un ruido intermitente y molesto. pop.
III. 1. intr. prnl. *RD, PR.* Librarse de un compromiso con evasivas. pop + cult → espon ^ fest.
IV. 1. intr. *Cu.* Hacer toda clase de gestiones para conseguir algo determinado. poɔ.
V. 1. intr. *Bo:O.* Sufrir desgracias y padecimientos. pop.
VI. 1. tr. *Bo.* Despilfarrar *alguien* recursos materiales. pop.
VII. 1. tr. *RD.* Producir malestar en alguien una comida que ha tomado.

□
   a. ‖ **~ en dos fondas.** loc. verb. *Ch.* Tener un hombre una esposa y una amante. pop ^ fest.
   b. ‖ **~ en la nuca.** loc. verb. *Ch.* p.u. Ser infiel al cónyuge. fest.
   c. ‖ **~le el tuerto.** loc. verb. *Pe.* p.u. Ser homosexual. pop ^ fest.

zapateo.
I. 1. m. *Pe, Bo, Ch.* Ruido intermitente y molesto de un motor o de una máquina. pop + cult → espon.
II. 1. m. *RD, Bo, Py.* Zapateado, baile.

zapatera.
I. 1. f. *Ni, CR, Cu, RD, PR, Ve, Py.* Mueble que sirve para guardar zapatos.
II. 1. f. *Ch.* Arma larga y afilada hecha con los flejes de las camas. carc.

zapatería.
I. 1. f. *Gu. En una* **competencia** *deportiva,* situación que se da por no haber anotado un solo tanto alguno de los contrincantes o equipos enfrentados.

zapatero.
I. 1. *Co.* **cucho,** pez.
II. 1. m. *Cu, Ve, Ur. En el dominó,* partida en la que una pareja de jugadores no logra hacer ningún punto. pop.
III. 1. m. *Pa.* Aire de **mejorana** para acompañamiento de canto y de baile, de movimientos vivos y rápidos.
IV. 1. *Pa.* **palo curtidor.**

zapatero, -a.
I. 1. m. y f. *Ec. En el juego del* **cuarenta,** jugador que no logra obtener un mínimo de diez puntos.

zapatico.
I. 1. *RD.* **chinchín,** planta herbácea.

zapatilla.
I. 1. f. *Mx, RD.* Zapato femenino de tacón alto, *generalmente escotado por el empeine.*
   2. *Py.* Sandalia, *generalmente de goma,* que se sujeta entre los dedos.
II. 1. f. *Ch, Py, Ar, Ur.* Regleta de dos o más enchufes.
III. 1. f. *Ch.* Vehículo policial de tamaño mediano que cuenta con una cabina posterior, de mayor altura que aquella donde se aloja el conductor, destinada al transporte de detenidos. pop.
IV. 1. f. *ES.* Trago pequeño de licor.
■
   a. ‖ **~ de clavo.**
   i. f. *Ch.* Calzado deportivo provisto de puntas de acero en la suela. ♦ **zapato de clavo.**
   ii. m-f. *Ch,* metáf. Trabajador que abandona su puesto puntualmente a la hora establecida. pop.
□
   a. ‖ **hasta la ~.**
   i. loc. adj. *Pa, RD. Referido a persona,* saciada de comida.
   ii. *Pa. Referido a persona,* borracha.
► **tener la ~ floja.**

zapatito.
I. 1. *Mx.* **farolito,** planta trepadora.
   2. *Ar.* **conejito,** planta.
   3. *Pe.* Planta terrestre con rizomas en el que hay varias yemas de las que brotan grupos de hojas de color verde ligero, con flores muy vistosas y de colores muy vivos. (Orchidaceae; *Phragmipedium* spp.). ♦ **zapatito de la reina.**
■
   a. ‖ **~ de charol.** m. *Ar, Ur.* Juego infantil en el que uno de los participantes pasa delante de los demás recitando unos versos y golpeándoles ligeramente los zapatos con el

pie; quien recibe el golpe cuando se pronuncia la última palabra del último verso pasa a ser el recitador.

b. ‖ ~ **de la reina.** *Pe.* **zapatito.** (Orchidaceae; *Phragmipedium* spp.).

c. ‖ ~ **de la Virgen.** m. *Ar.* **topatopa.**

zapatiza.

I. 1. f. *Mx. En una* **competencia** *deportiva*, situación que se da por no haber anotado un solo tanto alguno de los contrincantes o equipos enfrentados.

zapato.

I. 1. m. *Mx. En el juego de dominó*, conjunto de partidas consecutivas en que una pareja le gana a otra por haber alcanzado cien puntos, mientras que esta no ha logrado conseguir ninguno. pop.

■

a. ‖ ~ **burro.** m. *Ho, Ni.* Zapato de cuero grueso y suela de goma.

b. ‖ ~ **chino.**

i. m. *Ch.* Conjunto de condiciones o circunstancias que limitan la capacidad de actuación.

ii. *Ch.* Situación problemática de la que es extremadamente difícil salir. pop + cult → espon.

c. ‖ ~ **de balatá.** m. *Ve.* Calzado cuya suela está hecha de **balatá.**

d. ‖ ~ **de clavo.** m. *Ch.* **zapatilla de clavo**, calzado.

e. ‖ ~ **de mico.** *ES.* **chalagüite.**

f. ‖ ~ **del diablo.** m. *Mx.* Planta de hasta 1,5 m, ramificada desde la base, de tallos carnosos y cilíndricos, hojas espatuladas u obovadas, inflorescencia terminal, y flores y fruto rojos. (Euphorbiaceae; *Pedilanthus macrocarpus*).

g. ‖ ~ **reina.** m. *Ch.* Calzado femenino con forma redondeada en la punta.

► **comer ~s y todo; comerse con ~s; pasar de ~ a caite; sacarse los ~s; ser piedra en el ~; usar ~s de pellejillo.**

zapatón.

I. 1. m. *Mx, RD; Cu, Ve,* rur. **Espuela** postiza que se le pone a un gallo de pelea.

2. *Mx.* Zueco que se pone en las pezuñas de las caballerías para protegerlas. rur.

II. 1. m. *Bo, Py.* Zapato que llega hasta el tobillo, con forro polar cómodo para abrigar los pies. pop.

zapatón, -na.

I. 1. adj. *ES. Referido a persona*, medio borracha.

zapatudo, -a.

I. 1. adj. *Cu. Referido a un pan o una galleta*, correoso. pop + cult → espon.

2. *Cu. Referido a un fruto*, que está soso por no estar en sazón. pop + cult → espon.

II. 1. adj. *ES. Referido a persona*, medio borracha.

zapayo.

I. 1. *Ho, Ni, Co:SO.* **zapallo**, planta y fruto. (Cucurbitaceae; *Cucurbita moschata*).

zapayol.

I. 1. *Ho, Ni.* **zapayolo.**

zapayolo. (Del nahua *tzápatl*, enano, y *yolotli*, corazón).

I. 1. m. *Ho.* Ave trepadora, variedad de loro de hasta 22,5 cm de longitud, de cola larga, plumaje de color verde en el cuerpo, azul en las alas y naranja en la frente. (Psittacidae; *Aratinga canicularis*). (**sapayolo; zapayol**).

zape.

I. 1. m. *Mx.* Coscorrón.

■

a. ‖ ~ **mirringo.** m. *Ho.* Juego infantil que consiste en un círculo de niñas en cuyo centro hay un niño que hace de gato que debe adivinar el nombre de la fruta que el grupo de niñas ha elegido en secreto.

¡zape!

I. 1. interj. *Ho, Ni, Ve, Ur.* Expresa orden de que se vaya alguien de un lugar.

2. *Ho, RD, Ve.* Expresa rechazo o desagrado a algo o a alguien.

zapear.

I. 1. tr. *Bo.* Mirar u observar con atención. pop + cult → espon.

zapecado.

I. 1. *Ar:NE.* **zapeco.**

zapecar.

I. 1. tr. *Ar:NE.* Someter las hojas de **yerba mate** al calor del fuego para secarlas y tostarlas.

zapeco.

I. 1. m. *Ar:NE.* Proceso de secado y tostado de las hojas de **yerba mate** al calor del fuego. ♦ **zapecado.**

zaperoco.

I. 1. m. *Ho, Ni, Pa, Co, Ve.* Alboroto, barullo, desorden. pop + cult → espon. (**saperoco**).

2. *Ve.* Revoltijo, conjunto de cosas en desorden. pop + cult → espon. (**saperoco**).

zapo.

I. 1. m. *Ch.* p.u. Zapato.

zapotal.

I. 1. m. *Mx, Gu, Ho, ES, Ni, CR.* Terreno poblado de **zapotes.**

zapotazo.

I. 1. m. *Mx, Gu, Ho, Ni.* Golpe fuerte. (**sapotazo**).

2. *Mx, Ho, ES.* Caída fuerte y ruidosa.

3. *Ho, Ni.* Golpe que la panza de un trompo da contra otro. inf.

zapote. (Del nahua *tzapotl*, fruto de sabor dulce).

I. 1. m. *Gu, Ho, ES, Ni, Cu, RD, Co, Ve.* Árbol de hasta 30 m de altura, de corteza rugosa marrón rojiza, hojas grandes lanceoladas, flores axilares blanquecinas y fruto grande; se utiliza en la medicina tradicional. (Sapotaceae; *Pouteria sapota*). (**sapote**). ♦ **mamey; mamey colorado.**

2. *Gu, ES, Ni, Cu, Co, Ve.* Fruto del zapote, globoso, de corteza dura, rugosa, de color café claro, y pulpa amarilla, comestible, de sabor dulce; su semilla se considera tóxica. (**sapote**). ♦ **mamey; mamey colorado.**

3. *Co, Pe.* Árbol de hasta 15 m de altura, de tronco liso y redondo, copa cónica y hojas acorazonadas, flores, de color blanco amarillento, que nacen del tronco y de las ramas gruesas. (Malvaceae; *Quararibea cordata*). (**sapote**).

4. *Co.* Fruto del zapote, de hasta 18 cm de diámetro, ovalado, de cáscara gruesa y color café-rojizo, su pulpa, de color anaranjado o amarillento, es muy suave y dulce, y contiene dos semillas alargadas y negras. (**sapote**).

5. *Cu:E, Pe.* Árbol de hasta 20 m de altura, de follaje denso, hojas alternas, lanceoladas, y flores pequeñas de color blanco o rosáceo; su madera es dura, pesada y de color pardo rojizo. (Sapotaceae; *Manilkara zapota*).

6. *Cu:E.* Fruto del zapote, globoso, de color pardo y corteza áspera; su pulpa amarilla es comestible.

7. *Cu:E.* Árbol de hasta 15 m de altura, de hojas grandes lanceoladas y flores de color blanco amarillento, agrupadas en las axilas de las hojas. (Sapotaceae; *Calocarpum sapota*).

8. *Cu:E.* Fruto del zapote, de forma oblonga, grande y de color pardo; su pulpa rojiza es comestible y de sabor agradable.

9. *CR.* Árbol de hasta 10 m de altura, con el tronco recto, liso, de corteza oscura y madera blanca poco resistente, copa redonda y espesa, hojas alternas, flores rojizas en racimos axilares y fruto comestible. (Sapotaceae; *Achras sapota*).

10. *CR.* Fruto del zapote, casi redondo, de pulpa anaranjada, aguanosa y de sabor dulce y con una semilla gruesa, negra y lustrosa.

II. 1. sust/adj. *Ho, Co.* Color anaranjado muy claro con mezcla de amarillo.

■

a. ‖ ~ **amarillo.** *Ho, ES, Ni.* **atzapote.**
b. ‖ ~ **blanco.** *Mx, ES.* **matasano.**
c. ‖ ~ **bobo.** *Gu.* **zapotón.**
d. ‖ ~ **bolo.** *ES.* **atzapote.**
e. ‖ ~ **calenturiento.** *Ho, ES.* **atzapote.**
f. ‖ ~ **chico.** *Mx.* **níspero,** árbol y fruto.
g. ‖ ~ **de agua.**
　i. m. *Mx.* Árbol de hasta 20 m de altura, de hojas grandes y lustrosas, palmadas, flores grandes con muchos pétalos largos de color blanco y fruto capsular marrón, leñoso, que encierra semillas comestibles rodeadas de pulpa. (Bombacaceae; *Pachira macrocarpa*).
　ii. *Gu,* **zapotón.**
h. ‖ ~ **macho.** *Gu.* **níspero.**
i. ‖ ~ **negro.** m. *Mx.* Arbusto grande o árbol frondoso de hasta 15 m de altura, con corteza negruzca e irregular, flores, pequeñas, de cinco pétalos amarillentos, blancos o verdosos, cuyo fruto es una baya subglobosa que contiene una pulpa suave, dulce y comestible, de color moreno o negro; su madera es de buena calidad. (Ebenaceae; *Diospyros digyna*).

▶ ¡anda pa'l ~!

zapoteado, -a.
I. 1. adj. *Ho. Referido a objetos, frutos o animales,* de color anaranjado claro como el **zapote.**

zapotecuate. (Del nahua *zapotl,* zapote, y *coatl,* gemelo).
I. 1. *Mx.* **islaúl.**

zapotillo.
I. 1. m. *Mx.* Arbusto ramificado de corteza pardo rojiza, con olor desagradable, hojas elípticas o lanceoladas de color verde oscuro, inflorescencias densas y compactas, y fruto ovoide con semillas de color negro; se utiliza en la medicina tradicional. (Garryaceae; *Garrya laurifolia*). (**sapotillo**). ♦ **guachichi; ovitano.**
2. *Gu.* Árbol de hasta 20 m de altura, de tronco grueso, ramas vellosas, hojas de nervadura muy marcada y márgenes aserrados, y flores diminutas, dispuestas en racimos; su madera se emplea en la construcción o en la carpintería. (Clethraceae; *Clethra mexicana*).

■

a. ‖ ~ **calenturiento.** *Ho, ES.* **atzapote.**

zapotolongo.
I. 1. *Co.* **zapotón.**

zapotón.
I. 1. m. *Gu, Ho.* Árbol de hasta 12 m de altura, de copa piramidal, hojas palmadas, flores largas, grandes y vistosas, de color rosado, y frutos de semillas comestibles. (Malvaceae; *Pachira aquatica*). ♦ **pumpujuche; salero; sapotolongo; zapote bobo; zapote de agua; zapotolongo.**

zapoyol. (Del nahua *tzapotl,* zapote, y *yelotli,* corazón).
I. 1. m. *Mx, Gu, Ho, Ni, CR.* Semilla del fruto del **zapote,** de la que se extrae aceite vegetal para la elaboración de jabón; tiene uso en la medicina tradicional. (**sapoyol; sapuyulo; zapoyolo; zapuyul; zapuyulo**).

zapoyolito.
I. 1. m. *Gu, Ho, ES, Ni, Pa.* Variedad de loro, de hasta 22 cm de longitud, de plumaje verde más amari-

llo y claro por debajo, con tinte oliva en el pecho, con azul en la punta de las alas y la cola y frente anaranjada. (Psittacidae; *Aratinga canicularis, Brotolaris jugularis*).

zapoyolo.
I. 1. *Ho.* **zapoyol.**

zapuara.
I. 1. f. *Ve.* Pez de agua dulce de hasta 50 cm de longitud, de color plateado en el lomo con franjas anaranjadas y negruzcas en las aletas, cuerpo fusiforme redondeado y labios grandes con placas óseas. (Prochilodontidae; *Semaprochilodus laticeps*).

zapupe.
I. 1. m. *Mx.* **maguey.**

zapuyul.
I. 1. *Gu,* **zapoyol.**

zapuyulo.
I. 1. *ES.* **zapoyol.**

zarabanda.
I. 1. f. *Mx.* Paliza, serie de golpes. pop + cult → espon.
II. 1. f. *Ve, Ur.* Alboroto, ambiente de confusión y desorden. pop.
2. *Gu, Ho, Ur.* Jolgorio o baile popular.
III. 1. f. *Ho.* Intriga.

zarabandero, -a.
I. 1. adj/sust. *Gu. Referido a persona,* aficionada a las **zarabandas,** jolgorios.

zaracundé.
I. 1. m. *Pa.* Danza perteneciente a la cultura afropanameña.

zaragate.
I. 1. m. *Mx,* p.u. Muchacho travieso, inquieto.
2. m-f. *Ho, ES, Ni, Pa.* Persona despreciable.

zaragoza.
I. 1. f. *Co.* **farolito,** planta trepadora.

zaraguate.
I. 1. *Gu,* **saraguate.**

zaraguato.
I. 1. *Mx.* **saraguato.**

zaraguteado, -a.
I. 1. adj. *ES. Referido a cosa,* revuelta, manoseada.

zaragutear.
I. 1. intr. *ES.* Revolver y hurgar en busca de algo.

zarahuato.
I. 1. *Mx.* **saraguato.**

zaramagullón.
I. 1. m. *RD.* **zambullidor.**

zaramullo.
I. 1. m. *Mx.* **saramuyo,** árbol.
II. 1. m. *Ho, Ve.* Hombre despreciable, ligero y enredador.

zaramuyo.
I. 1. *Mx.* **saramuyo,** árbol.

zaranda.
I. 1. f. *Ar.* Serie de golpes que se da a alguien como castigo. pop + cult → espon.
II. 1. f. *Ve.* Trompo grande, metálico y hueco que zumba al girar.
III. 1. f. *Ho, Ni.* Tela metálica que se pone en las ventanas y contrapuertas para evitar la entrada de insectos.
2. *Ho. En las peleas de gallos,* tabla con dos agujeros por donde los gallos que han empatado la pelea realizan la prueba del pico a pico para determinar cuál es el vencedor.

▶ hacer ~.

zarandago.
I. 1. m. *Ec.* Trompo o peón que al bailar salta y se mueve de manera errática.

zarandaja.
 I. 1. f. *Pe:NO.* **Frijol** de forma elipsoidal de color blanco cremoso de suave textura y agradable sabor; es rico en proteínas, carbohidratos y minerales.

zarandajo.
 I. 1. m. *Ho:S, ES.* Espantajo, pedazo de trapo o plástico colgado para espantar a los pájaros de un cultivo.
 2. *Ni.* Vestido estrafalario. desp.
 3. *CR.* Vestido viejo, o harapo.
 II. 1. m. *CR.* Persona despreciable. pop + cult → espon ^ desp.

zarandajo, -a.
 I. 1. sust/adj. *Ve.* Persona indeseable que no merece aprecio. desp.
 2. m. y f. *Ho.* Persona sucia y con ropas viejas.
 3. adj. *Ho.* Referido a persona, que molesta mucho.

zarandango.
 I. 1. m. *Ec.* Trompo o peón que al bailar salta y se mueve de manera errática.

zarandeada.
 I. 1. f. *Mx, Gu, CR, Co, Pe, Bo, Py, Ur.* Sacudida violenta que se le da a alguien tomándolo de los brazos. pop + cult → espon.
 2. *Ho, ES, Py.* **golpiza.**
 3. *Ho, ES,* metáf. Derrota abultada.

zarandeado, -a.
 I. 1. adj. *Mx. Referido a pescado,* relleno de verduras y asado a la parrilla.

zarandear(se).
 I. 1. tr. *Ni, Ch, Py.* Reprender a *alguien* con severidad.
 2. *Ho, ES, Ni.* Sacudir a *alguien* para que se avive.
 3. *Ho, ES.* Golpear a *alguien*. hiperb.
 II. 1. intr. prnl. *Pa, PR, Ve, Py.* Contonearse al andar. pop.
 III. 1. tr. *Ho, Bo.* Derrotar a *alguien* en una **competencia.**
 2. *Ni, CR.* Cribar algunos áridos como la arena.

zarandeo.
 I. 1. m. *Ar, Ur.* Figura de algunos bailes folclóricos, en la que la mujer se agarra la falda y da un giro contoneándose.

zarandunga.
 I. 1. *RD.* **sarandunga.**

zarangamusinga.
 I. 1. f. *Ve:O.* Alboroto, ambiente de confusión y desorden. pop.

zarapastroso, -a.
 I. 1. adj/sust. *Py; Cu, Pe,* p.u. *Referido especialmente a persona,* zarrapastrosa, mal vestida, sucia, desaseada. pop. (**zalapastroso**).

zarapatera.
 I. 1. f. *Pe:E.* Guiso hecho con las vísceras de la **charapa,** harina y plátano; se cocina en el caparazón de la **charapa.**

zarape.
 I. 1. *Mx.* **sarape.**

zarataco, -a.
 I. 1. sust/adj. *Ve.* Persona borracha.
 II. 1. adj. *Ve. Referido a persona,* inmadura e insensata.

zaratán.
 I. 1. m. *Ho.* Gusano parásito cuya larva se enquista en los músculos de algunos mamíferos y causa la enfermedad de la triquinosis. (Trichinellidae; *Trichinella* spp.).

zaratana.
 I. 1. f. *Ho.* Triquinosis, enfermedad parasitaria.

zarate. (Var. de *calate*).
 I. 1. m. *Ho.* Sarna, enfermedad contagiosa que se manifiesta en multitud de vesículas y pústulas diseminadas por el cuerpo y provocada por el ácaro *Sar-*

coptes scabiei, común al hombre y a varios animales domésticos como el perro.

zaratoso, -a. (Var. de *calatoso*).
 I. 1. adj. *Ho. Referido a persona o animal,* sarnosa.
 2. *Ho.* metáf. *Referido a persona o cosa,* despreciable, de escaso valor.

zaraza.
 I. 1. f. *Mx, Ho, Pa, Co, Ve, Ec.* Tela de algodón estampada.
 2. *Bo:S.* Tela burda de algodón.
 3. *Ho:E.* Retazo de tela.

zarazo, -a.
 I. 1. adj. *Gu, RD, Co, Ec; Cu, Ve,* rur. *Referido a un fruto,* que está a medio madurar. (**sarazo**).
 II. 1. adj. *Gu, Ni. Referido a persona,* borracha. pop.

zarcear.
 I. 1. intr. *Ho.* Extraer la raíz de la zarzaparrilla.

zarceo.
 I. 1. m. *Cu.* Discusión o debate agresivo y confuso. pop. ♦ **dime que te diré**; **escarceo**; **jelengue**; **rollo**; **titingó**.

zarcero.
 I. 1. m. *Gu.* Pájaro de hasta 22 cm de longitud, con los costados de color naranja llamativo; el macho tiene la cabeza y la parte superior del vientre y las alas de color negro, la hembra color café oscuro. (Emberizidae; *Pipilo erythrophthalmus*).

zarcetero, -a.
 I. 1. sust/adj. *Ni.* Persona que caza zarcetas, ánades.

zarcil.
 I. 1. m. *Ho.* **uvilla.** (Mirsinaceae; *Ardisia escallonioides, Parathesis vulgata*).
 2. *Ho.* **sirín.**

zarcillejo.
 I. 1. m. *Co.* Planta trepadora cubierta de pelos rojizos, con hojas de color verde brillante y márgenes aserrados, flores tubulares, de color púrpura, crema, amarillento o verdoso y dispuestas en racimos. (Campanulaceae; *Syphocampylus* spp.).

zarcillo.
 I. 1. *Mx.* **acasúchil.**
 II. 1. m. *Pe.* Ave marina de color gris oscuro, de plumas blancas características rizadas a modo de rayas hacia fuera en forma de bigote, patas y pico rojos y una carnosidad amarilla debajo de este. (Sternidae; *Larosterna inca*).

zarco, -a.
 I. 1. adj. *Ho, ES, Ni, Co, Py; Mx,* p.u; *CR,* obsol. *Referido a persona,* que tiene los ojos azules o verdes.
 2. *Ho; CR,* obsol. *Referido al agua,* de color azulado.

zardo, -a.
 I. 1. adj/sust. *Ni, RD. Referido a una vaca,* que tiene numerosas manchas pequeñas en la piel.

zarpado, -a.
 I. 1. sust/adj. *Ch; Ar, Ur,* cult → espon. Persona que tiene un comportamiento atrevido y fuera de lugar. pop.

zarpar.
 I. 1. intr. *Ch; Ar, Ur,* cult → espon. Comportarse de un modo atrevido y fuera de lugar. pop.
 II. 1. intr. *Bo.* Partir *alguien* de un lugar. pop.

zarpe.
 I. 1. m. *Ni, CR, Co, Ch.* Salida de una embarcación del lugar donde está anclada.
 2. *Ch.* Autorización oficial dada a una embarcación para que pueda salir de un puerto.
 II. 1. m. *CR.* Última ronda o trago que se toma antes de abandonar un bar. pop.

zarpeado, -a.
 I. **1.** adj. *Ho. Referido al banano*, de color amarillo con muchas pintas café oscuro.
  2. *Ho. Referido a un animal*, de pelaje de un color y con pintas de otro.
  3. *Ho. Referido a cosa*, salpicada de barro o agua.

zarpear.
 I. **1.** tr. *Ho, Ni.* Salpicar a *alguien* o llenar *algo* de lodo.

zarro.
 I. **1.** *Co.* **sarro**.

zarza.
 I. **1.** f. *RD.* Planta trepadora de hasta 3 m de altura, leñosa, con espinas, hojas ovadas y flores de color blanco. (Malvaceae; *Byttneria microphylla*).
  2. *PR.* Arbusto de hasta 10 m de altura, de ramitas cilíndricas con espinas pequeñas, dispersas y en forma de gancho, hojas bipinnadas y alternas con pinnas lineares, flor blanca o amarillenta en panículas terminales, cuyo fruto es una legumbre aplanada y linear de color pardo. (Fabaceae; *Acacia riparia*).
 II. **1.** f. *Bo.* Ensalada preparada de cebollas finamente picadas a la juliana, tomate, **locoto** y **quilquiña** picada, sazonada con sal, aceite y vinagre, que se sirve como aderezo de algunos platos típicos.
 III. **1.** f. *CR.* Bebida gaseosa elaborada con esencia de zarzaparrilla.
  ▶ **pasar la ~ y el guayacán.**

zarzabacoa.
 I. **1.** f. *Mx.* Planta cuyos frutos son unas vainas segmentadas y glandulosas que se adhieren a la ropa o a la piel. (Fabaceae; *Desmodium* spp.). ♦ **alacrán; pega-pega.**

zarzaganeta.
 I. **1.** f. *Pe.* Lluvia menuda y blanquecina que cae sobre la **puna**. rur.

zarzo.
 I. **1.** m. *Co.* Desván, parte más alta de la casa, inmediatamente debajo del tejado, que suele destinarse a guardar objetos inútiles o en desuso.
 II. **1.** m. *ES, Py.* Tejido plano y circular que se cuelga del techo para guardar alimentos.
  2. *Ho:E.* Vara de laurel que se coloca en el techo y de la que salen de cinco a siete ramitas auxiliares que se utilizan para colgar **guacales**, jícaras u otros pequeños recipientes de cocina.
 III. **1.** m. *Pa.* Puente rústico sobre un río.

zas.
 I. **1.** m. *Ch.* p.u. Varón homosexual muy amanerado o que se traviste. pop + cult → espon. ♦ **zas pirulín; zas pirulín guau guau.**
  ■
  a. ‖ **~ pirulín.** m. *Ch.* p.u. **zas.** pop + cult → espon ^ fest.
  b. ‖ **~ pirulín guau guau.** m. *Ch.* p.u. **zas.** pop + cult → espon ^ fest.

¡zas!
 I. **1.** interj. *Bo, Ch; Pe,* p.u; *Mx,* pop. Expresa intención de destacar un momento importante, culminante o imprevisto de un relato o discurso.

zataco, -a.
 I. **1.** adj. *Mx.* p.u. *Referido a persona,* de baja estatura.

závila.
 I. **1.** *Ho, Py.* **zábila**, áloe.

zayoliscán. (Del nahua).
 I. **1.** *Mx.* **zayolizcán.**

zayolizán.
 I. **1.** *Mx.* **zayolizcán.**

zayolizcán.
 I. **1.** *Mx.* **mispacle.** (**zayoliscán; zayolizán**).

zayul. (Del nahua *zayolin,* mosca).
 I. **1.** m. *Mx, Ni.* Insecto díptero, diminuto y volador, con alas de color verde; se encierra en un capullo o pupa que nada hacia el fondo para protegerse de los peces y un poco antes de que reviente nada hacia la superficie. (Chironomidae; *Chironomus plumosus*). ♦ **chayul.**

zayulpacle. (Del nahua *zayolin,* mosca, y *patli,* medicamento).
 I. **1.** *Mx.* **mispacle.**

zazal. (Del nahua *zazalic,* pegajoso).
 I. **1.** *Mx.* **zazale.**
 II. **1.** m. *Ho:E.* **sasal**, comida.

zazale. (Del nahua *zazalic,* pegajoso).
 I. **1.** m. *Mx.* Hierba de hasta 1,5 m de altura, de tallo ramificado desde la base, hojas alternas, triangulares, puntiagudas, con dientes irregulares en los márgenes, rasposas y adherentes, flores de pétalos amarillo claro o anaranjados, fruto en cápsula cónica y semillas aplanadas; posee diversas aplicaciones en la medicina tradicional, *especialmente como diurético.* (Losaceae; *Mentzelia hispida*). (**zazal**).

zazamil. (Del nahua *zazalic,* pegajoso, y *milli,* sementera).
 I. **1.** *Mx:S.* **masú.** (**zazanil**).

zazanil.
 I. **1.** *Mx.* **zazamil.**

zempasúchil. (Del nahua *zempoalli,* veinte o muchas, y *xochill,* flor).
 I. **1.** *Mx.* **cempasúchil.**

zenate.
  ▶ **doler las de ~.**

zencolote. (Del nahua *centli,* mazorca, y *colotl,* cesto hondo).
 I. **1.** m. *Mx.* Recipiente hondo en forma de cono truncado en el que se almacenan las mazorcas de maíz. rur.

zendechó.
 I. **1.** m. *Mx:O.* Bebida alcohólica casera elaborada a base de maíz fermentado. rur.

zéner. (Del ingl. *thinner,* disolvente).
 I. **1.** *Ni.* **thinner**.

zenzonte.
 I. **1.** *ES.* **cenzontle**.

zenzontle.
 I. **1.** *Mx, Gu, Ho, ES, Ni, Co.* **cenzontle**.

zepelín.
 I. **1.** m. *Gu, Ar.* Pan dulce de forma alargada y cuadrangular con mantequilla.
 II. **1.** m. *Ch.* Cigarrillo de marihuana más grueso de lo normal y más abultado por el centro. drog. (**zépelin**).
 III. **1.** m. pl. *Ch.* obsol. **Calzón** femenino. pop.

zépelin.
 I. **1.** *Ch.* **zepelín**. drog.

zepol. (De *Zepol*®).
 I. **1.** m. *Ni.* Ungüento balsámico contra afecciones respiratorias.

zeta.
 I. **1.** f. *Ch.* Cabezada, sueño ligero. pop ^ fest.
  ■
  a. ‖ **~ o.** (De *Z-O*®). m. *RD.* Esparadrapo.
  ▶ **hacer ~s.**

zetazo.
 I. **1.** m. *Ch.* p.u. Sueño profundo y prolongado. pop ^ fest.

zetear.
 I. **1.** intr. *Ch.* juv. Dormir. pop.

zicote.
 I. **1.** m. *Cu. RD, PR.* Mal olor de pies.

ziguapate.
 I. **1.** *Mx.* **ciguapate**.

zik.

■

    a. ‖ **~ de venado. m.** *Mx:SE.* Plato elaborado con carne desmenuzada de venado, naranja y otros condimentos.

zimbombazo.

    I. 1. *Cu.* **simbombazo.** pop.

zinc.

    I. 1. m. *Ni, CR, Py.* Techo de **latas de zinc.** pop.

zincuate.

    I. 1. *Mx.* **cencuate.**

zinnia.

    I. 1. f. *Gu, Ch.* **mal de ojo.**

zinzontle.

    I. 1. *Mx.* **cenzontle.**

zinzontli.

    I. 1. *Mx.* **cenzontle.**

zipe.

    I. (Del nahua *tzipitl,* niño desmedrado).

    1. m. *Ho, ES:E.* Duende con aspecto de niño barrigón, sombrero de copa alta, larga y puntiaguda que se le aparece a las jovencitas para cortejarlas. ◆ **zipitín; zipitío.**

    II. (Del ingl. *zipper,* cremallera).

    1. *RD.* **zíper,** cremallera.

zíper. (Del ingl. *zipper,* cremallera).

    I. 1. m. *EU, Mx, Gu, Ho, ES, Ni, CR, Pa, Cu, RD, PR, Co:N, Ec, Bo.* Cremallera. (**cíper; riqui; síper; zipe;** *zipper*).

    2. *Ho.* Himen. euf.

    3. *PR,* meton. Bragueta.

    ▶ **poner un ~.**

zipitín.

    I. 1. *ES.* **zipe,** duende.

zipitío.

    I. 1. *Ho, ES.* **zipe,** duende.

zipote, -a.

    I. 1. *Ni, Ve.* **cipote.**

zipper. (Voz inglesa).

    I. 1. *EU, Mx, Ho, ES, Ni, Pa, PR, Co:N, Bo.* **zíper.**

zizimite. (Del nahua *tzitzimitl,* el demonio o habitante del aire).

    I. 1. *ES.* **sisimite,** personaje mítico.

zoapacle.

    I. 1. *Mx.* **ciguapate.**

zoca.

    I. 1. *Mx, Co, Ve.* **soca.**

    II. 1. f. *Gu, Ho, CR.* Borrachera. (**soca**).

    III. 1. *ES.* Pelea. (**soca**).

zocada.

    I. 1. f. *ES.* Mujer de edad activa sexualmente y con buen cuerpo.

    II. 1. f. *Ho.* Nerviosismo, temor.

zocado.

    I. 1. m. *ES.* Ano. vulg.

zocado, -a.

    I. 1. adj. *Ho, ES, Ni. Referido a objeto,* apretado con fuerza.

    2. *Ho, Ni, CR. Referido a prenda de vestir,* muy ajustada o estrecha. pop.

    II. 1. adj. *Gu, Ho, ES, Ni, CR. Referido a persona,* borracha.

    III. 1. adj. *Ho, Ni, CR.* juv. *Referido a persona,* estricta, intolerante. pop ^ desp.

    2. *Ho, Ni.* juv. **alzado,** engreído. desp.

    IV. 1. adj. *ES, CR. Referido a persona,* que tiene poco dinero.

    2. *ES. Referido a persona,* tacaña.

    V. 1. adj. *ES, CR. Referido a un problema o una actividad,* difícil de realizar o solucionar. pop.

zocadón, -na.

    I. 1. adj. *ES. Referido a persona,* borracha.

zocador.

    I. 1. m. *CR.* Herramienta hechiza, consistente en una horqueta con dos grapas clavadas en uno de sus extremos, que se usa para tensar el alambre en la construcción de cercados. rur.

zocalar.

    I. 1. tr. *Ho.* Limpiar por primera vez un terreno no cultivado que está en desnivel.

    2. *Ho.* Cortar y limpiar los tallos nuevos de la caña de azúcar, del café o de otras plantas.

zócalo.

    I. 1. m. *Mx.* Plaza principal de una ciudad o de un pueblo.

zocar(se).

    I. 1. tr. *Gu, Ho, Ni, CR.* Apretar *algo* con fuerza.

    2. tr. prnl. *Ho, ES, Ni.* Apretarse *algo* con fuerza.

    3. tr. *Ec.* En la elaboración del sombrero de jipijapa, apretar las pajas sobresalientes del remate del ala.

    II. 1. intr. *Ho, ES, Ni.* metáf. Tener *alguien* miedo. (**socar**).

    2. *ES, Ni.* Apretar *alguien* el esfínter.

    3. *Ho.* metáf. Desear con nerviosismo que ocurra *algo* que se desea. (**socar**).

    III. 1. intr. prnl. *Gu, ES, Ni, CR.* Emborracharse. pop + cult → espon.

    2. *ES.* Dormirse *alguien* profundamente.

    IV. 1. intr. *Ho, Ni, CR.* Intensificar el esfuerzo, trabajar con intensidad. (**socar**).

    2. *CR, Pa.* Acelerar el ritmo con el que se está llevando a cabo una acción.

    3. tr. *Ho.* Acelerar al máximo un vehículo.

    V. 1. tr. *Gu.* Hacer que alguien quede en una situación económica que le resulta comprometida o difícil.

    2. *Ho.* Multar o detener a *alguien.* ◆ **topar.**

    3. *CR.* Ejercer control sobre alguien para que modere su comportamiento o cumpla determinada tarea.

    VI. 1. tr. *Ho.* Cercar o atacar a *alguien.* (**socar**).

    □

    a. ‖ **~ la línea.** loc. verb. *CR.* obsol. Acelerar el ritmo con el que se está llevando a cabo una acción. pop.

    b. ‖ **~se la faja.** loc. verb. *Ho, ES, Ni, CR.* Reducir los gastos por escasez de medios. pop + cult → espon.

zocato.

    I. 1. m. *PR.* **curuba,** planta trepadora.

    2. *PR.* **curuba,** fruto.

zocato, -a.

    I. 1. adj. *Ve:E.* obsol. *Referido a alimento,* que está un poco crudo.

    2. *Cu. Referido a galleta o a pan,* correosos. pop. (**socato**).

zocazón.

    I. 1. f. *Ho, ES.* Nerviosismo, miedo, espera impaciente. (**socazón**).

    2. *Ho.* Actitud de quien se cree de clase social alta. (**socazón**).

zoclo. (Sinc. de *zócalo*).

    I. 1. m. *Mx.* Zócalo, friso de azulejos o losetas que se pone en la parte inferior de las paredes en una habitación interior.

zoco.

    I. 1. m. *Co.* Cantidad grande. pop. ◆ **ñoco.**

    □

    a. ‖ **al ~.** loc. adv. *Co.* Mucho, gran cantidad.

    ▶ **ir al ~; salir al ~.**

zoco, -a.
  I. 1. adj/sust. *Pa.* Referido a persona, que tiene uno o los dos brazos amputados.

zoconuca.
  I. 1. f. *ES.* **Cemita** grande y muy gruesa.

zocotroco.
  I. 1. m. *Cu, Ar, Ur.* Trozo u objeto grande. pop + cult → espon. (**socotroco**).
    2. sust/adj. *Cu, Ar.* Persona poco inteligente. desp. (**socotroco**).
    3. m. *Ur.* Persona robusta y torpe. pop + cult → espon ^ desp. (**socotroco**).
  II. 1. m. *Ar, Ur.* Golpe que se da con el puño. pop + cult → espon.

zocuco.
  I. 1. m. *Mx:SE.* **Tamal** elaborado con la masa que sobra al hacer **tamales** comunes, al que se añade carne. ♦ **zumuque.**

zoilo, -a.
  I. 1. adj. *Co:O.* juv. Referido a persona, tonta o torpe. pop.

zolcuate. (Del nahua *zolin*, codorniz, y *coatl*, culebra).
  I. 1. *Mx.* **cantil.** (**solcuate**).

zoleta.
  I. 1. f. *RD.* Chancla cuya suela es un trozo de neumático. (**soleta**).

zollenco, -a.
  I. 1. adj. *Mx.* Referido a persona, robusta o gruesa.

zombia.
  I. 1. f. *RD.* **guaney.**

zomo.
  I. 1. *Ho:O, ES:E.* **gallito**, planta epífita. (**somo**).

zompacle.
  I. 1. *Mx.* **zompancle.**

zompancle. (Del nahua *tzontli*, cabellera, y *pantli*, bandera).
  I. 1. *Mx.* **iquimite.** (**sompantle**; **sompancle**; **zompacle**; **zompantle**; **zumpantle**).

zompantle.
  I. 1. *Mx.* **zompancle.**

zompopa.
  I. 1. f. *Mx, CR.* **zompopo**, hormiga.

zompopear.
  I. 1. intr. *Gu, ES, Ni.* Buscar *alguien* hormigueros de **zompopos** para exterminarlos.

zompopera.
  I. 1. f. *Mx, Ho, ES, Ni.* Hormiguero de los **zompopos**. (**sompopera**).
    2. *Gu, Ho, ES, Ni.* Gran cantidad de **zompopos**. (**sompopera**).
  II. 1. f. *ES.* Ano. vulg; fest.

zompopero, -a.
  I. 1. m. *Gu, Ho, ES, CR.* Gran cantidad de **zompopas** o **zompopos**.
    2. *Gu, Ho, ES.* Hormiguero de **zompopos**, construido en el suelo en forma de volcán con varias entradas y un laberinto de túneles.
  ▶ **alborotar el ~.**

zompopina.
  I. 1. m. *Ho.* Veneno industrial en polvo para matar **zompopos** y otras variedades de hormigas.

zompopo. (Del maya *zonm*, hormiga, y *popo*, grande).
  I. 1. m. *Mx, Gu, Ho, ES, Ni, CR:NO, Pa.* Hormiga de gran tamaño, de color café o rojizo, con cabeza lisa y brillante, mandíbulas desarrolladas y tórax bien separado del abdomen. (Formicidae; *Atta* spp.). (**sompopo; zompopa**). ♦ **bachaco; chicatana; coquis; curuhuinsi; hormiga arriera; jibioa; jibilla; nacasmá; nucú; talata; vivijagua.**

    2. m-f. *Ho.* metáf. Persona andariega.
  II. 1. m. *ES.* Soldado.
  III. 1. m. *Ni.* Baile folclórico de Ometepe.
  ▢
    a. ‖ **de a ~.** loc. adj/adv. *Gu.* Muy bueno, magnífico. pop.
  ▶ **comer ~s.**

zona.
  I. 1. f. *Co.* obsol. Circunscripción administrativa del Distrito Especial de Bogotá.
  II. 1. f. *Ni.* juv. Prostíbulo.
  III. 1. f. *Ni.* juv. Cantina, **expendio** de licor.
  IV. 1. f. *CR.* Gran extensión de tierra del litoral atlántico o pacífico costarricense donde las compañías bananeras tienen sus plantaciones.
  ■
    a. ‖ **la ~.** f. *Pa.* Lugar del Canal de Panamá.
    b. ‖ **~ de exclusión.** f. *Ur.* Lugar en el cual se prohíbe circular con vehículos o a pie debido a la realización de un evento.
    c. ‖ **~ de silencio.** f. *Cu.* Lugar en el que no se captan las señales de radio y televisión.
    d. ‖ **~ de tolerancia.** f. *Mx, Co, Ve, Pe.* Zona de ciertas ciudades donde se concentran locales públicos dedicados a la prostitución.
    e. ‖ **~ libre.** f. *Pa, Py.* Zona franca.
    f. ‖ **~ roja.**
      i. f. *Mx, Ho, Ni, CR, Ve, Ec, Bo, Py, Ar, Ur.* Zona de ciertas ciudades donde se concentran locales públicos dedicados a la prostitución.
      ii. *Ur.* Barrio de una ciudad donde existe mayor índice de delincuencia.
    g. ‖ **~ rosa.** f. *Ho, ES, Ni.* Barrio, manzana o calle con abundantes locales de diversión.
  ▶ **cantar la ~; hacer ~.**

zoncear(se).
  I. 1. intr. *Mx, Gu, Cu, Pe; Bo, Py, Ar, Ur,* pop + cult → espon. Hacer o decir cosas sin importancia. (**sonsear**).
  II. 1. intr. *Cu, Bo.* Comportarse con ingenuidad o simpleza. pop. (**sonsear**).
    2. intr. prnl. *Bo.* Bobear.
  III. 1. intr. *Cu.* Hacer intentos de establecer una relación amorosa con alguien.
  IV. 1. intr. *Ur.* Disimular las intenciones.

zoncera.
  I. 1. f. *Ho, ES, Ni; Gu, CR, Cu, Co, Ec, Pe, Ch,* p.u; *Mx, Bo, Ar, Ur,* pop + cult → espon. Tontería, estupidez. (**sonsera**).
    2. *Ni, Cu, Py; Bo, Ar, Ur,* pop + cult → espon. Dicho, hecho u objeto de poco o ningún valor. (**sonsera**).
  ▢
    a. ‖ **¡qué ~!** loc. interj. *Bo.* Se utiliza para expresar contrariedad, molestia, disgusto.

zoncería.
  I. 1. f. *Ar, Ur.* Cosa de escaso valor o importancia. pop + cult → espon.

zoncha.
  I. 1. f. *CR.* p.u. Marihuana. pop + cult → espon.
  II. 1. f. *CR.* p.u. Cabeza de una persona. pop + cult → espon ^ fest.

zonchiche. (Del nahua *tzontli chichíltic*, cabeza colorada).
  I. 1. m. *Mx, Ho, ES, Ni.* **zopilote**, ave carroñera de hasta 60 cm. (Cathartidae; *Coragyps atratus*). (**zunchiche**).
    2. *Ho, Ni.* **guala**, ave rapaz. (**sonchiche**).

zoncho.
  I. 1. m. *Ho, Ni.* **guala**, ave carroñera, **zopilote**.
    2. *CR.* **zopilote rey.**

zonco.
    I. 1.   m. *Ar:NO.* Entraña de un animal vacuno, *en particular el corazón.* rur.

zonconeto, -a. (Del nahua *tzontli,* cabeza, y *conetl,* niño).
    I. 1.   adj. *Ho.* Referido a persona, tonta. rur; pop.

zoncuán.
    I. 1.   *CR.* **zuncuán,** abeja y panal.

zonda. (De *Zonda,* nombre de un valle de la provincia de San Juan).
    I. 1.   m. *Ar.* Viento fuerte, cálido y de extrema sequedad, que proviene de la precordillera cuyana y sopla en la zona de Cuyo y del noroeste argentino; produce cierta inquietud y desazón en personas y animales.

zoneíta. (Der. de *zona*).
    I. 1.   sust/adj. *Pa.* Persona norteamericana que habita en la zona del Canal de Panamá. ◆ **zonian.**

zonero.
    I. 1.   sust/adj. *CR.* Hombre que trabaja en la **zona.**

zongo, -a.
    I. 1.   adj. *Mx.* p.u. *Referido a persona,* huraña, esquiva.

zongolica. (De nahua *tzontli,* cabellera, y *coliuhqui,* retorcida).
    I. 1.   f. *Mx:S.* Árbol de hasta de 36 m de altura, de tronco recto, cilíndrico, hojas alternas, compuestas y flores pequeñas de color amarillo verdoso dispuestas en panículas, cuyo fruto es una drupa pequeña en forma de elipse con una sola semilla; su madera, de gran dureza, se utiliza en construcciones y ebanistería. (Anacardiaceae; *Astronium graveolens*). (**sangolica; sangualico**). ◆ **diomate; quebracho.**
    2.   *Mx.* **cuajiote.** (Burseraceae; *Bursera excelsa, B. graveolens, B. simaruba*).

zongón.
    I. 1.   *Mx:E.* **picuaremo.**

zonian.
    I. 1.   *Pa.* **zoneíta.**
    2.   adj. *Pa.* Relativo a la zona del Canal de Panamá.

zonistac.
    I. 1.   *Mx.* **zamhool.**

zonte. (Del nahua *centzontli,* veinte veces veinte).
    I. 1.   m. *Mx, Gu.* Unidad de medida para productos agrícolas que equivale a cuatrocientas piezas del conjunto de la mercancía. rur. (**soncle; sontle; zontle**).

zontear.
    I. 1.   tr. *Gu, Ho, Ni.* Quitar las orejas a una persona o animal. (**sontear**).
    2.   *Ho.* Quitar las asas a un objeto. (**sontear**).

zontle. (Del nahua *centzontli,* veinte veces veinte).
    I. 1.   *Mx.* **zonte.** rur.

zonto, -a. (Del nahua, afér. de *cuatezóntic,* cabeza rapada).
    I. 1.   adj. *Ho, ES, Ni; Gu, CR,* pop. *Referido a persona o animal,* que tiene cortadas una o dos orejas.
    2.   *Ho, ES, Ni; CR,* pop. | metáf. *Referido a una vasija,* que le faltan una o las dos asas.
    3.   *Gu, Ho, CR.* metáf. *Referido a persona,* que va sin su acompañante habitual.
    4.   *Ho, ES. Referido a animal,* que le falta un cuerno.
    5.   *CR.* metáf. *Referido a cosa, especialmente un escrito,* que no tiene unidad ni coherencia por faltarle uno o más elementos fundamentales. pop.

zonzapote. (Del nahua *tzontli,* cabeza, y *tzapotl,* zapote).
    I. 1.   m. *Mx, Gu, Ho, ES, Ni.* Árbol de hasta 30 m de altura, de hojas simples, alternas, flores fragantes en panículas terminales, de color pardo verdoso y fruto comestible en drupa, con pulpa amarilla y semilla cubierta de pelos. (Rosaceae; *Licania platypus*). (**sonzapote; sunzapote; zunzapote**). ◆ **mezonzapote.**
    2.   *CR.* **mamey,** árbol y fruto.

zonzo, -a.
    I. 1.   adj. *Mx, Gu, Ho, ES, Ni, Cu, RD, PR, Ve, Pe, Bo, Py, Ar, Ur. Referido a persona,* tonta. (**sonso**).

zonzón, -na.
    I. 1.   adj/sust. *Py; Pe, Bo,* p.u. *Referido a persona,* muy tonta.

zonzoneco, -a.
    I. 1.   adj. *CR.* obsol. **zonzoreco.** pop + cult → espon.

zonzoreco, -a.
    I. 1.   adj. *Ho, Ni; CR,* pop + cult → espon. *Referido a persona,* tonta. (**zonzoneco**).

zope. (Apóc. de *zopilote*).
    I. 1.   m. *Mx, Gu, Ho, ES, Ni.* **zopilote,** ave carroñera de hasta 60 cm.
    2.   *Ho, ES, Ni.* **zopilote,** ave carroñera de hasta 1,5 m.
    3.   *Ho, ES, Ni.* **guala,** ave rapaz.
    II. 1.   adj. *Mx. Referido a persona,* tonta. pop + cult → espon.
    III. 1.   m. *Gu, ES.* Vómito.
    IV. 1.   m. *ES.* metáf. Árbitro, *generalmente de futbol.* fest.
    V. 1.   m. *ES.* metáf. Sacerdote. fest.
    ■
    a. ‖ **baño de ~.** m. *Ho.* Limpieza del cuerpo rápida, deficiente y con poca agua.
    ► **amarrar el ~; andar con el ~ al anca; caer como ~; comer de lo que come el ~; comer las del ~; estar cagado por los ~s; pasar de ~ a gavilán.**

¡zope!
    I. 1.   interj. *ES.* Expresa el deseo de dar mala suerte a alguien.

zopeado, -a.
    I. 1.   adj. *ES. Referido a persona,* que ha vomitado.

zopear.
    I. 1.   intr. *ES.* Vomitar.

zopetas.
    I. 1.   adj/sust. *CR. Referido a persona,* que cecea habitualmente. pop + cult → espon ^ desp.
    II. 1.   adj/sust. *CR. Referido a persona,* poco inteligente y simplona. pop + cult → espon ^ desp.

zopeti. (De *petizo,* por inversión silábica).
    I. 1.   adj/sust. *Ar, Ur. Referido a persona,* de baja estatura. pop + cult → espon.

zopico, -a.
    I. 1.   adj. *ES. Referido a persona,* que ha vomitado o quiere vomitar.

zópilo, -a.
    I. 1.   adj. *Mx.* p.u. *Referido a persona,* tonta, simple. pop + cult → espon.

zopilocahuite. (Del nahua *zopilotl,* zopilote, y *cuahuitl,* árbol).
    I. 1.   m. *Mx.* **venadillo,** árbol.

zopilocuano.
    I. 1.   *ES.* **zopilocuao.**

zopilocuao. (Del nahua *tzopílotl,* zopilote, y *cuahuitl,* árbol).
    I. 1.   m. *Ho, ES, Ni.* Árbol de hasta 15 m de altura, de flores blancas y rosadas, cuyo fruto es una legumbre provista de alas; la madera se usa como veneno para peces, para leña y para traviesas de ferrocarril. (Fabaceae; *Piscidia grandifolia*). (**zopilocuano**).

zopilotada.
    I. 1.   f. *Mx. Gu, Ho, ES, Ni, CR.* Grupo numeroso de **zopilotes.**
    2.   *Ho, Ni.* metáf. Grupo de personas que actúa sin escrúpulos. desp.

zopilotal.
    I. 1.   m. *Ho, ES.* Bandada o grupo numeroso de **zopilotes.**

zopilote. (Del nahua *tzopilotl*, y este ce *tzotl*, suciedad, y *pilotl*, colgante)
- **I. 1.** m. *Mx, Gu, Ho, ES, Ni, CR, Pa.* Ave carroñera de hasta 60 cm de longitud, de plumaje negro, cabeza y cuello desnudos, arrugados y de color gris pizarra, cola corta y redondeada y patas grisáceas. (Cathartidae; *Coragyps atratus*). (**sopilote**). ♦ **aura tiñosa; carbonero; chicora; chulo; cuervo de cabeza negra; cute; galembo; gallinazo; gallote; golero; guaraguao; gus; gusma; laura; limpiamundo; nopo; shingo; sope; viuda; zamuro; zonchiche; zope.**
  - **2.** *Mx, Gu, Ho, ES, Ni, Pa.* Ave carroñera de hasta 1,5 m de longitud, de plumaje negro, cabeza de color anaranjado y una corona azul violácea. (Cathartidae; *Cathartes burrovianus*). ♦ **carbonero; cute; limpiamundo; peroquí cabeza amarilla; zope.**
  - **3.** *Mx.* **venadillo**, árbol.
  - **4.** *Pa.* Árbol de hasta 25 m de altura, de hojas simples y alternas, flores verdes o amarillentas y frutos en drupas negras cuando están maduros; su corteza tiene aplicación en la medicina tradicional. (Hernandiaceae; *Hernandia didymantha*).
- **II. 1.** m-f. *Mx.* Médico forense o patólogo. sat.
- **III. 1.** m. *ES.* Mujer fea.
  - **2.** m-f. *Ho.* Persona mestiza de piel oscura, casi negra. desp.
- **IV. 1.** m. *Ho.* Danza campesina criolla en que los bailadores imitan los brincos y la forma de andar del **zopilote.**
  - **2.** *Ni.* Canción folclórica nicaragüense.
- **V. 1.** m. *Ho.* Juego de niños que consiste en que cada jugador elige y dice en voz alta el nombre de un ave; el jugador que hace de **zopilote** debe repetir en el mismo orden el nombre del ave que eligió cada jugador, si se confunde debe dejar una prenda; el jefe del juego, al final, manda que se queme cada una de las prendas, pero otro jugador sugiere que, en su lugar, se le dé otro castigo como correr o bailar y, si no lo hace, pierde la prenda. inf.
  - **2.** *CR.* obsol. Diversión en la que dos personas suspenden a otra, *generalmente a un niño*, tomándola por los brazos y llevándola en carrera un corto trecho.
- **VI. 1.** m. *Ho.* Dulce de miel elaborado con harina, manteca, bicarbonato, anís, huevos y sal y horneado.

∎
- **a.** ‖ **~ de mar.** m. *Ho.* **fragata**, ave marina.
- **b.** ‖ **~ rey.** m. *Mx, Gu, Ho, Ni, CR.* **rey zopilote.**
- ► **caer como ~; estar como ~ apaleado; gastar pólvora en ~s.**

zopilotear.
- **I. 1.** intr. *Mx.* Esperar un médico forense que llegue un cadáver para analizarlo. sat.
  - **2.** *Gu.* Rondar a un moribundo o a un cadáver.

zopilotera.
- **I. 1.** f. *Mx, Gu, Ho, ES, Ni, CR.* Grupo numeroso de **zopilotes.** (**zopilotero**). ♦ **zopiloterío.**
  - **2.** *Ni.* metáf. Concurso de acreedores. pop + cult → espon.
  - **3.** *Ni.* metáf. Grupo de parientes ambiciosos dispuestos a repartirse una herencia. pop + cult → espon.
- **II. 1.** f. *Ho.* Hedor.
- **III. 1.** f. *Ho.* Gran cantidad de personas muertas.
- ► **caerle la ~.**

zopiloterío.
- **I. 1.** m. *Gu.* **zopilotera**, grupo de zopilotes.

zopilotero.
- **I. 1.** m. *Gu, Ho.* **zopilotera**, grupo de zopilotes.

zopilotillo.
- **I. 1.** *Mx:SE.* **pijuy.**

zopotocientos, -as.
- **I. 1.** adj. *Pa.* Muchos. pop ^ fest. (**sopotocientos**).

zoquetada.
- **I. 1.** f. *Mx, Pa, Cu, RD, Co, Ve, Ec.* Tontería. pop.
- **II. 1.** f. *Cu.* Altanería, insolencia. pop. ♦ **cachorrada; zoquetería.**

zoquetazo.
- **I. 1.** m. *Mx, Bo, Py, Ar:N.* Golpe, guantazo, sopapo.

zoquete.
- **I. 1.** m. *Ch, Py, Ar, Ur.* Calcetín.
- **II. 1.** m. *Ch.* Parte metálica en que se atornilla una ampolleta o bombilla eléctrica, asegurando su alimentación eléctrica.
- **III. 1.** m. *Gu.* Cuello, parte del cuerpo que une la cabeza con el tronco. pop.
- **IV. 1.** m. *Ho.* Pedazo de madera cortado en forma de zeta que se coloca sobre las paredes niveladas, como soporte de las soleras donde descansan los tirantes.

□
- **a.** ‖ **¡cho ~!** loc. interj. *Ho.* Indica que alguien es torpe, de tardo entendimiento.
- ► **estar hasta el ~.**

zoquete, -a.
- **I. 1.** sust/adj. *RD, PR.* Persona que permite que abusen de ella.
- **II. 1.** *Cu.* **hocicudo**, soberbio y arrogante. pop + cult → espon.

zoquetear.
- **I. 1.** intr. *RD, Co, Ec.* Hacer o decir tonterías. pop.
- **II. 1.** tr. *Ho, Bo, Py.* Golpear, pegar a *alguien.*

zoquetería.
- **I. 1.** *Cu.* **zoquetada**, altanería. pop + cult → espon.

zoquital. (De *zoquite*).
- **I. 1.** m. *Mx.* Lodazal, barrizal. rur. ♦ **zoquitera.**

zoquite. (Del nahua *zoquitl*).
- **I. 1.** m. *Mx.* Lodo, fango. rur.

zoquitera.
- **I. 1.** f. *Mx.* **zoquital.** rur.

zorailón, -na. (De *Zoraila*, nombre propio).
- **I. 1.** adj. *Ho. Referido a persona*, tonta. desp.

zoreco, -a.
- **I. 1.** adj. *Ni. Referido a persona*, torpe. desp.

zorenco, -a.
- **I. 1.** adj. *Gu, Ho, ES. Referido a persona*, tonta.

zorete.
- **I. 1.** *Ar.* **cerote**, porción de excremento.

□
- **a.** ‖ **un ~.** loc. pron/adv. *Ar.* Nada. vulg; pop + cult → espon.

zorimbo, -a.
- **I. 1.** adj. *Mx. Referido a persona*, tonta.

zorniado, -a.
- **I. 1.** *Ni.* **sorneado**, dormido.

zorniarse.
- **I. 1.** intr. prnl. *Ni.* **sornearse**, dormirse.

zorocho, -a.
- **I. 1.** adj. *Ve:O. Referido a alimento*, que está a medio cocinar.
  - **2.** *Ve.* **sorocho.**
- **II. 1.** adj. *Ve. Referido a persona*, que no tiene experiencia en su trabajo.

zorongo.
- **I. 1.** *Ar.* **cerote**, porción de excremento.

II. 1. m. *Ar:NO*, obsol. Rosca que se hacen las mujeres en la nuca con el cabello trenzado. rur; pop + cult → espon.

□

a. ‖ ~ **un ~.** loc. pron/adv. *Ar.* Nada. vulg; pop + cult → espon. (**un sorongo**).

zoropeta.
I. 1. m-f. *Ni.* Persona de labios gruesos y salientes. desp.

zoropeto, -a.
I. 1. adj. *Ho. Referido a persona*, atontada.
2. *Ho. Referido a persona*, tonta.

zorra.
I. 1. f. *Ch, Ar, Ur.* Vehículo pequeño formado por una plataforma y cuatro ruedas, accionado por medio de palancas, que emplean los obreros ferroviarios para desplazarse por las vías con rapidez.
2. *Co.* Medio de transporte urbano rústico, de carga ligera que consta de una plancha de madera con ruedas, tirada por un caballo.
3. *Cu. En las bibliotecas*, remolque para trasladar libros, revistas, periódicos y otros documentos.
4. *Ur.* Remolque de carga con cuatro ruedas de goma o más.
II. 1. f. *Pe, Bo, Ch, Ar.* Vulva. tabú; pop + cult → espon.
III. 1. f. *Pa, Co.* **tacuacín**, zarigüeya.
IV. 1. f. *Bo, Ch.* p.u. Suerte. vulg; pop.
V. 1. f. *Ec.* Antipatía o mala voluntad.
▶ **pasarse por la ~.**

zorreada.
I. 1. f. *Ch.* p.u. Cacería de zorros hecha con jaurías de perros, *especialmente del zorro chilla y del zorro culpeo*. rur. ♦ **zorreadura**.

zorreadura.
I. 1. *Ch.* p.u. **zorreada**.

zorrear(se).
I. 1. intr. *Mx.* juv. Mirar, espiar o vigilar con la mirada. pop + cult → espon.
II. 1. intr. *Ch*, p.u. Realizar cacerías de zorros con jaurías, en particular del **zorro chilla** y del **zorro culpeo**. rur.
2. *CR, Cu.* Cazar **zorros**. rur.
III. 1. tr. prnl. *EU.* No cumplir *alguien* su obligación de estar presente en un lugar concreto o realizar un trabajo determinado. pop + cult → espon.

zorrera.
I. 1. f. *Ho.* Temblor de piernas originado por miedo.
II. 1. f. *Ho.* Chorro de humo de algunos vehículos o trenes.

zorrero, -a.
I. 1. m. y f. *Co.* Conductor de una **zorra**, transporte urbano.
II. 1. sust/adj. *EU.* Persona que incumple frecuentemente sus compromisos u obligaciones. pop + cult → espon.

zorrillo.
I. 1. m. *Mx, Gu, Ho, ES, Ni, CR, Pa, RD, Co, Ve, Ec, Pe, Bo, Ch, Ur.* Mofeta de hasta 68 cm de longitud, de cabeza pequeña y muy aguzada, orejas redondas y cortas, nariz desnuda y gruesa, extremidades cortas, pies grandes, uñas fuertes y curvadas, pelaje largo y lacio de color negro o negro amarronado con dos franjas blancas que parten de la cabeza y se extienden paralelas a lo largo del lomo. (Mephitidae; *Conepatus, Mephitis* spp.). (**zorrino**).
♦ **añas; chingue; chiñe; yaguané**.
2. *Ch.* metáf. Vehículo policial antidisturbios provisto de dispositivos para lanzar gases contra manifestantes. pop.
II. 1. m. *ES.* Polvo de semillas de **pipián** o de **ayote** tostados.
2. *Ho.* Comestible hecho de **ayote** y **chile**.

a. ‖ ~ **real.** *Ho, ES.* **xkaná**.

zorrino.
I. 1. *Pe, Bo, Py, Ar, Ur.* **zorrillo**, mofeta.

zorro.
I. 1. *Mx:SE, CR, Ec.* **tacuacín**, zarigüeya.
2. m. *Co.* Mamífero carnívoro con pelaje gris oscuro o plateado, rojizo en los flancos y las patas, hocico corto y agudo, orejas desarrolladas, patas cortas y cola larga y espesa. (Canidae; *Urocyon* spp.).
3. *Pa.* **cucaracho**.
II. 1. m. *Ni.* Vulva. vulg.

■

a. ‖ ~ **chilla.** *Ch.* **zorro gris**. (Canidae; *Pseudalopex griseus*).
b. ‖ ~ **colorado.** *Ar:NO,O,S.* **zorro culpeo**.
c. ‖ ~ **culpeo.** m. *Ch.* Mamífero carnívoro de hasta 1 m de longitud, de dorso gris y patas, cabeza y cuello de color rojizo. (Canidae; *Pseudalopex culpaeus*). ♦ **culpeo; zorro colorado**.
d. ‖ ~ **de agua.** *Ar:NO.* **guaco**, ave.
e. ‖ ~ **de monte.** m. *Ar, Ur.* Mamífero carnívoro de hasta 1 m de longitud, cola incluida, de pelaje tupido de color amarillento rojizo, con una franja gris oscura en el dorso y el extremo de las patas negras, cabeza pequeña con hocico fino y cola larga y espesa. (Canidae; *Cerdocyon thous*).
f. ‖ ~ **gatuno.** m. *Co.* Mamífero carnívoro, con pelaje gris oscuro o plateado en el dorso, rojizo en los flancos y las patas, y blanco en el vientre, hocico corto y agudo, orejas desarrolladas, patas cortas y cola larga y espesa. (Canidae; *Urocyon cinereoargenteus*). ♦ **micho de cerro**.
g. ‖ ~ **gris.**
i. m. *Py, Ar, Ur.* Agente municipal encargado de controlar el cumplimiento de las normas de tránsito. pop + cult → espon.
ii. *Ar, Ur.* Mamífero carnívoro de más de 1 m de longitud, cola incluida, de pelaje de color gris plateado con una franja negra en el lomo y en las patas, hocico agudo, orejas cortas, tronco esbelto y fornido, y cola espesa. (Canidae; *Pseudalopex gymnocercus*).
iii. *Ar:NO,O,S.* Mamífero carnívoro de hasta 90 cm de longitud, cola incluida, con pelaje de color grisáceo. (Canidae; *Pseudalopex griseus*). ♦ **chilla; zorro chilla**.
h. ‖ ~ **guache.** *Co.* **coatí**.
i. ‖ ~ **pelón.** *CR.* **tacuacín**, zarigüeya.
▶ **ser ~ del mismo piñal; ser ~ meón**.

zorro, -a.
I. 1. adj/sust. *ES, Ni, CR. Referido a hombre*, muy aficionado a las mujeres. pop + cult → espon.

zorrongo, -a.
I. 1. adj/sust. *Co. Referido a persona*, astuta, que engaña para lograr sus fines. pop ^ desp.

zorrudo, -a.
I. 1. sust/adj. *Ar.* **conchudo**, mala persona. vulg.
II. 1. adj/sust. *Ch. Referido a persona*, que tiene mucha suerte. pop.

zorullo.
I. 1. *Cu.* **sorullo**. pop.

zorzal.
I. 1. m-f. *Ch.* p.u. Persona ingenua, cándida, que no se sitúa en la realidad. pop.
II. 1. m. *Ho, Ni.* Ave de hasta 33 cm de longitud según la especie, de pico delgado con colores que van del negro al anaranjado, amarillo o café rojizo, plumaje de color café en diferentes tonos con una media luna blanca en el pecho que distingue

a algunas especies. (Turdidae; *Turdus* spp., *Catharus* spp.).

■

a. ‖ **~ colorado.** m. *Py.* Ave de hasta 25 cm de longitud, con el dorso pardo y la zona ventral de color rojizo anaranjado. (Turdidae; *Turdus rufiventris*).

b. ‖ **~ de la Selle.** m. *RD.* Ave de hasta 25 cm de longitud, con pico naranja brillante, plumaje negro azulado en el dorso y la cabeza, y naranja y blanco en la zona ventral. (Turdidae; *Turdus swalesi*).

c. ‖ **~ pinto.** m. *Gu.* Ave de plumaje negro en la cabeza, café verdoso en las alas y el dorso, y amarillo con motas oscuras en el vientre, el borde de la cuenca de los ojos, el pico y las patas son de color naranja. (Turdidae; *Catharus dryas*).

zosquil.
 I. 1. *Mx:SE.* **sosquil**.

zotaco, -a.
 I. 1. adj/sust. *Mx.* Referido a persona, retaca, de baja estatura y, en general, rechoncha. desp.

zotehuela.
 I. 1. *Mx.* **azotehuela**. pop.

zotol. (Del nahua *zotolín*, palma).
 I. 1. *Mx.* **sotol**.

zoyacal. (Del nahua *zoyatl*, palma, y *calli*, casa).
 I. 1. *Mx.* **soyacal**, planta.
 II. 1. *Gu.* **suyacal**.

zoyatanate. (Del nahua *zoyatl*, palma, y *tanatli*, tomate).
 I. 1. m. *Mx.* Bolsa rústica elaborada con **zoyate**. rur.

zoyate. (Del nahua *zoyatl*, palma).
 I. 1. *Mx.* **isuate**. (**sollate**; **soyate**).
 2. m. *Mx.* Fibra vegetal del zoyate con la que se elaboran cuerdas y cordeles. (**sollate**; **soyate**).

zozopaste. (Del nahua *tzotzona*, golpear, y *patzoa*, apretar).
 I. 1. m. *Mx.* Palo ancho para tupir una tela que se está tejiendo. (**xoxopascle**).

zozote. (Del nahua *zozotl*, muy sucio).
 I. 1. m. *Mx.* Árbol de hasta 12 m de altura, de hojas oblongo-lanceoladas, acuminadas, con la base obtusa, flores de color blanco, y fruto en cápsula globosa de color rojizo oscuro; la madera se emplea como leña, y la corteza se usa en la medicina tradicional. (Convolvulaceae; *Ipomoea intrapilosa*). (**sosote**).

zuácate.
 I. 1. m. *Ch.* obsol. Golpe, **combo**.
 □
 a. ‖ **de un ~.** loc. adv. *Ch.* De golpe, de improviso, rápidamente. pop + cult → espon.

¡zuácate!
 I. 1. interj. *Pe, Ch.* p.u; *Co,* pop. Expresa sorpresa o susto.

zuampal.
 I. 1. *Ho, Ni.* **suampal**.

zuampo.
 I. 1. *Ho, Ni.* **suampo**.

zuapatle.
 I. 1. *Mx.* **ciguapate**.

¡zuas!
 I. 1. *Co.* **¡zuácate!**

zuato, -a.
 I. 1. adj/sust. *Mx.* Referido a persona, tonta, simple. pop + cult → espon.

zubil.
 I. 1. *Mx:SE.* **jaboncillo**, árbol.

zubín.
 I. 1. *Mx:SE.* **subín**, ixcanal.

zubinché.
 I. 1. *Mx:SE.* **ixcanal**.

zucaritas. (De *Zucaritas*®).
 I. 1. m-f. *Mx, Ni, PR, Bo, Ar.* Cereal de maíz en **hojuelas** cubiertas de azúcar.

zucchini. (Voz italiana).
 I. 1. m. *EU, PR, Py; Ch,* p.u. **zapallo italiano**, fruto.

zuco, -a.
 I. 1. adj. *Ec.* Referido a persona, de cabello rubio. pop.
 2. *Ec.* Referido a cabello, rubio. pop.

zucunán. (Apóc. de *zucunango*).
 I. 1. *Ho.* **sucunán**.

zucunango.
 I. 1. *Ho.* **sucunango**.

zuindá.
 I. 1. *Py.* **suindá**.

zukia.
 I. 1. *Ho, Ni.* **sukia**.

zulia.
 I. 1. f. *Co.* Hierba de hasta 50 cm de altura, de tallos aéreos, flores en racimos de color rojo, azul o rosado; se cultiva como ornamental, y es empleada en medicina popular. (Campanulaceae; *Lobelia* spp.).
 2. *Co.* **teresita**.

zulú.
 □
 a. ‖ **¡bravo ~!** loc. interj. *Ch.* Expresa alegría y regocijo ante un logro o éxito alcanzado.

zumba.
 I. 1. f. *EU, Mx, Ho, ES, Ni, Pa, Cu, RD, Co, Ve, Ec, Pe, Bo, Ch, Py, Ar.* Paliza, serie de golpes. pop + cult → espon ^ fest.
 2. *Bo, Ch.* Derrota sobre un rival, generalmente aplastante. pop.
 II. 1. f. *Gu, Ho, ES, Bo.* Borrachera continuada o intensa.
 III. 1. f. *Pe.* Látigo. rur.
 IV. 1. f. *Ho, ES.* Pedazos de hule que se colocan en los laterales de las cometas o **papalotes** y que producen en contacto con el viento fuerte una especie de zumbido. inf.
 □
 a. ‖ **a la ~ marumba.** loc. adv. *Ho, ES.* Sin cuidado ni esmero, improvisadamente.
 ► **tener a ~.**

zumbaburro.
 I. 1. m. *Ec.* Estructura metálica que se coloca en la parte delantera de los vehículos para protegerlos de los golpes.

zumbaburros.
 I. 1. *Ec.* **zumbaburro**.

zumbado, -a.
 I. 1. adj. *Ve.* Referido a persona, agresiva, pendenciera.
 II. 1. adj. *Ve.* juv. Referido a persona, audaz y arriesgada. pop.
 III. 1. adj. *Ho, ES.* Referido a persona o vehículo, rápido, a gran velocidad.

zumbador.
 I. 1. *Mx, PR.* **chupaflor**, colibrí. ♦ **joya del jardín.**
 II. 1. m. *Co.* Tabla delgada, en forma de rombo, con un agujero y una cuerda atada en ella, que usan los niños como juguete.
 III. 1. m. *RD.* Ave de hasta 10 cm de longitud, de plumaje verde esmeralda y azulado, con una mancha negra en el vientre, cola ahorquillada y pico largo y delgado. (Trochilidae; *Chlorostilbon swainsonii*).

zumbador, -ra.
I. 1. m. y f. *Ho*. Persona servil y aduladora con otra por interés. desp.

zumbadora.
I. 1. f. *Ho, ES*. Serpiente de hasta 2 m de longitud, de color negro plateado en el dorso y gris en el vientre, con la cabeza pequeña y obtusa y los ojos saltones. (Colubridae; *Clelia clelia*). ♦ **mica; musurana; silbadora**.
2. *Gu*. Serpiente de hasta 3 m de longitud, con escamas de color café en el dorso, negro en la cola y blanco en los costados. (Colubridae; *Drymarchon corais*). ♦ **yugalán**.
II. 1. f. *Ho*. Prostituta. pop + cult → espon.

zumbadorcito.
I. 1. m. *RD*. Ave de hasta 6 cm de longitud, tan pequeña que se puede confundir con un insecto, de plumaje verde brillante, con reflejos dorados en el dorso y la cabeza, y blanco en la zona ventral y la garganta, pico y cola de color negro. (Trochilidae; *Mellisuga minima*).

zumbambico.
I. 1. m. *Co:O,SO, Ec*. Juguete consistente en una cuerda con un botón ensartado en ella, la cual se retuerce y luego se libera para que haga girar rápidamente el botón y produzca un zumbido.

zumbanacuy.
I. 1. m. *Pe:C*. Tradición celebrada el último domingo de enero en el que se enfrentan con una **zumba** o látigo los representantes de los ricos contra los de los pobres.

zumbar(se).
I. 1. tr. *Pa, RD, Co, Ve; PR*, pop + cult → espon ^ fest; *Pe*, p.u; *Cu*, pop + cult → espon. Lanzar, arrojar *algo*.
2. *Ni, Co*. Empujar *algo* o a *alguien*.
3. tr. prnl. *RD, PR, Ve*. Arrojarse desde una gran altura. pop + cult → espon ^ fest.
4. intr. *Ur*. Pasar casi rozando a *alguien* un objeto que va por el aire.
II. 1. tr. *Co*. Molestar a *alguien*.
III. 1. intr. *Ho; Cu*, espon. Marcharse *alguien* de un lugar rápidamente. pop + cult → espon.
2. intr. prnl. *Cu*. Ir a un lugar rápidamente. pop + cult → espon.
3. intr. *Gu*. Apresurarse *alguien*.
IV. 1. intr. *Ho, ES*. Despedir mal olor *alguien* o *algo*. pop.
V. 1. tr. *Cu*. Echar a *alguien* de un lugar. pop.
VI. 1. intr. prnl. *ES*. Realizar el coito. vulg.
□
a. ‖ ~ **el mango.**
i. loc. verb. *Cu*. Sorprender a *alguien* un hecho o situación. pop.
ii. *Cu*. Reprobar una conducta o situación. pop.
b. ‖ ~ **el merequetén.**
i. loc. verb. *Cu*. Sorprender a *alguien* en un hecho o situación. pop.
ii. *Cu*. Reprobar una conducta o situación. pop.
c. ‖ ~**le.** loc. verb. *Ho, Ni*. Ser *algo* difícil de realizar.
d. ‖ ~**le el mango.**
i. loc. verb. *Pa*. Ser *alguien* muy atractivo físicamente.
ii. *Pa*. Ser *algo* muy bueno.
e. ‖ ~**le las maracas.** loc. verb. *Pa*. Ser *alguien* muy atractivo físicamente.

zumbático, -a.
I. 1. adj. *Pe*. obsol. *Referido a persona*, burlona.

zumbequear.
I. 1. tr. *Mx*. p.u. Derribar o tirar al suelo a *alguien*.

zumbero, -a.
I. 1. adj. *ES*. *Referido a persona*, borracha consuetudinaria.

zumbeta.
I. 1. f. *ES*. Borrachera prolongada. fest.

zumbetero, -a.
I. 1. adj. *ES*. *Referido a persona*, borracha consuetudinaria. fest.

zumbido.
I. 1. m. *Mx*. p.u. Juerga, parranda. pop.
II. 1. m. *ES*. Carne de una res muerta por un accidente.

zumbo.
I. 1. m. *Ar*. Suboficial de policía o del ejército. polic. (**sumbo**).
II. 1. m. *Gu, Ho, ES, Ni, Pa*. Vasija hecha con la corteza del fruto de la calabaza.

zumbo, -a.
I. 1. adj. *Mx*. p.u. *Referido a persona*, borracha.

zumbón, -na.
I. 1. adj. *ES*. *Referido a persona*, tonta.
II. 1. adj. *ES*. *Referido a persona, animal o cosa*, maloliente.

zumo.
I. 1. m. *Mx, Gu, Ni, CR, PR, Py*. Sustancia aceitosa contenida en la cáscara de algunos cítricos como la naranja o la mandarina.

zumpantle.
I. 1. *Mx*. **zompancle**.

zumuque.
I. 1. *Mx:SE*. **zocuco**.

zunchiche.
I. 1. *Gu, ES*. **zonchiche**, zopilote.

zuncho.
I. 1. m. *Co*. Cinta metálica que se usa para atar cajas de madera.
2. *Bo:C,O; Ch*, obsol. Cinta metálica que forma parte de la estructura de un catre metálico que, entrecruzada con otras, forma la base sobre la que descansa el colchón. pop + cult → espon.
II. 1. m. *Cu*. Liga para sujetar la media de mujer a la faja.
III. 1. m. *Cu*. Anillo de goma que rodea las ruedas de los vehículos.

zunco, -a.
I. 1. sust/adj. *Ch*. Manco. pop.

zuncuán. (Del nahua *tzontli*, cabellera, y *cuani*, el que come).
I. 1. m. *Ho*. **magua**, abeja y panal. (**suncuán; zoncuán**).
2. *Ho*. Persona tonta. rur; pop + cult → espon.

zuncunango.
I. 1. *Ho*. **sucunango**.

zunga.
I. 1. sust/adj. *Co*. Mujer sexualmente desinhibida. vulg; desp.
II. 1. sust/adj. *Ch*. Calzoncillo o traje de baño masculino, ceñido y sin perneras.

zúngaro.
I. 1. *Pe:NE*. **manguruyú**. (Pimelodidae; *Zungaro zungaro*). (**súngaro**).

zunteco. (Del nahua *tzontli*, cabellera, y *ecatl*, aire).
I. 1. *Ho*. **sunsún**, abeja.
2. *Ho*. Panal redondo que elabora el zunteco.
3. *Ho*. Miel producida por el zunteco.

zuntul.
I. 1. *Ho, ES*. **suntul**.

zuntule.
I. 1. *Ho, ES*. **suntul**.

zunzapote.
    I. 1. *Gu, Ho, ES.* **zonzapote.**
zunzudo, -a.
    I. 1. adj. *ES. Referido a persona*, medio borracha.
zunzún.
    I. 1. *Cu.* **colibrí.**
zupay.
    I. 1. m. *Ar-NO.* Genio maléfico que se representa como un personaje de baja estatura, gordo y de vientre abultado. rur.
zural.
    I. 1. m. *Co-E.* Red de acequias naturales que se extienden en los terrenos de los Llanos Orientales y las selvas del trópico.
zurcida.
    I. 1. f. *Mx, Pe, Bo, Py, Ar.* Unión o costura de las cosas zurcidas.
zurcidera.
    I. 1. f. *Ni.* Labor continua de zurcir.
zurcido.
    ■
    a. ‖ **~ japonés.** m. *Ch.* Arreglo o costura pequeña y minuciosa de una rotura en la ropa.
zurcidor.
    ■
    a. ‖ **~ japonés.** m. *Ch.* obsol. Persona que zurce o arregla cualquier tipo de desperfecto en la ropa. pop ^ fest.
zurda.
    ► **batear de ~; batear por la ~; patear con la ~.**
zurdazo.
    ► **dar un ~.**
zurdear.
    I. 1. intr. *Mx, Ni.* Hacer con la mano izquierda *lo que generalmente se hace con la derecha.*
    II. 1. tr *Bo.* Engañar *alguien* a su pareja en una relación amorosa. pop.
zurdida.
    I. 1. f. *Gu.* Zambullida.
zurdido, -a.
    I. 1. adj. *ES. Referido a persona*, arrinconada.
    2. *ES. Referido a persona*, que vive en un lugar alejado y mal comunicado.
zurdir(se).
    I. 1. intr. prnl. *Gu.* Zambullirse *alguien*, meterse debajo del agua.
    II. 1. tr. *ES.* Arrinconar a *alguien.*
zurdo.
    I. 1. m. *Bo; Ur,* p.u. Corazón de un ser humano. pop + cult → espon ^ fest.
zurdo, -a.
    I. 1. sust/adj. *Gu, Ni, RD, Bo, Ch, Py, Ar; Ur,* desp. Persona que tiene ideas de izquierda. pop + cult → espon.
    II. 1. adj/sust. *Ni, Pa, RD. Referido a un hombre*, homosexual.
    III. 1. sust/adj. *Cu.* Persona que baila mal. pop + cult → espon ^ fest. ♦ **patón.**
zuripanta.
    I. 1. f. *Co:O.* Mujer de moral sexual relajada. vulg.
zuro.
    I. 1. m. *Co.* Paloma doméstica. (Columbidae; *Columba livia*). ♦ **paloma de Castilla; paloma real.**
    II. 1. *Ec.* **kurcur.** (**suro**).
zurra.
    I. 1. f. *Ve.* Excremento. vulg.

zurrada.
    I. 1. f. *Mx, Ho, ES, Ni.* Defecación.
    2. *Mx, Ho, ES.* metáf. Error, metida de pata.
zurradero.
    I. 1. m. *Pa.* Aparato recreativo que consiste en una rampa deslizante, tobogán.
zurrado, -a.
    I. 1. adj/sust. *Mx, Ho, Ni. Referido a persona*, defecada. (**surrado**).
    2. adj. *Ho.* metáf. *Referido a persona*, que tiene mucho miedo. (**surrado**).
zurrapa.
    I. 1. f. *Pa; Cu, RD,* pop + cult → espon. Resto de comida que queda adherido al fondo de las ollas.
    2. f. *ES.* **Asiento** de manteca de cerdo para hacer tamales.
zurrapear.
    I. 1. tr. *Pa.* Recoger la **zurrapa**, resto de comida.
zurrar(se).
    I. 1. intr. *Mx, Ho, ES, Ni.* Defecar. (**surrar; zurriar**).
    2. intr. prnl. *Ho, ES, Ni; Mx,* pop. Defecarse. (**surrarse; zurriarse**).
    3. *Ho, ES, Ni.* metáf. **aflatarse**, sentir miedo.
    II. 1. intr. prnl. *Pe:S.* p.u. Ignorar o despreciar *alguien* una ley o una orden, haciendo caso omiso de ellas.
    III. 1. tr. *Ho.* Estropear *algo* o dañar a *alguien.* (**zurriar**).
    2. intr. *Ho.* metáf. Fallar en algo, equivocarse.
    IV. 1. intr. prnl. *Pa.* Trabajar mucho y con denuedo.
    V. 1. intr. prnl. *Pa.* Deslizarse, resbalarse.
zurraspa.
    I. 1. f. *RD.* metáf. Hijo de menos edad en una familia. pop.
zurraspita. (Dim. de *zurraspa*).
    I. 1. f. *RD.* Ironía, tono burlón.
zurria.
    I. 1. f. *Ho, ES, Ni, Pa.* Paliza, serie de golpes.
zurriar(se).
    I. 1. intr. prnl. *Ho, Ni, CR.* **zurrarse**, defecarse.
    2. intr. *Ho, Ni.* **zurrar**, defecar.
    II. 1. tr. *Ho, ES.* **zurrar**, estropear.
zurro.
    I. 1. m. *Pa.* Acumulación de tierra y sudor sobre la piel.
zurrón.
    I. 1. m. *Ni.* Remiendo mal hecho.
    II. 1. m. *Ni.* Empujón.
    ► **ser ~.**
zurrón, -na.
    I. 1. sust/adj. *Bo.* Persona que expele ventosidades.
zurruaca.
    I. 1. f. *Pa.* **tucán**, ave.
zurrullo.
    I. 1. m. *ES.* Excremento humano.
zurrumbo.
    I. 1. *Co.* **ixpepe.**
zurrupio, -a.
    I. 1. sust/adj. *Cu.* Persona insignificante. desp.
    II. 1. *Pa.* **surrupio.** pop ^ desp.
zurubí.
    I. 1. *Bo, Py, Ar.* **surubí.**
zuruma.
    I. 1. adj/sust. *PR. Referido a persona*, tonta, pazguata, bobalicona, zopenca. pop + cult → espon ^ desp.
zurumba.
    I. 1. f. *Gu.* Borrachera.

zurumbático, -a.

   I. 1. adj. *Mx, Co. Referido a persona*, confundido o trastornado por una impresión fuerte. pop.

zurumbo, -a.

   I. 1. adj. *Gu, Ho, ES, Ni. Referido a persona*, aturdida por un golpe. (**surumbo**).

   2. *Ho, ES, Ni. Referido a persona*, mareada. (**surumbo**).

   3. *Ho, ES. Referido a persona*, desmayada.

   4. *ES, Ni. Referido a persona*, tonta.

   5. *ES. Referido a persona*, que tiene taponados los oídos.

   II. 1. adj. *ES, Ni. Referido a persona*, drogada.

   2. *ES, Ni. Referido a persona*, borracha.

zurungo.

   I. 1. m. *Ch.* p.u. Porción o masa, *especialmente de un alimento*. pop.

zutanejo, -a.

   I. 1. m. y f. *Ni, Ve; Cu*, pop + cult → espon. Persona indeterminada. pop ^ desp. (**sutanejo**).

zute.

   I. 1. m-f. *Ve.* **sute**. pop.

|Índice sinonímico|

| Índice sinonímico |

abandonar

amurar, botar(se), chantar(se), cuitear, desabandonar, desmanchar(se), desteñir(se), destripar, dropear(se), dropiar(se), encuetar(se), espantar(se), espichar(se), kitarse, mariconear(se), patear(se), voltear(se).

acobardarse

acalambrar(se), achatar(se), achicar(se), achicopalar(se), achiquitar(se), aconcharse, acriollar(se), acuilmarse, aculantrillar(se), aculerarse, acundangar(se), aflojar(se), agallinarse, aguambar(se), amariconarse, amarillear(se), amojonarse, amojonearse, amonguillarse, amusgarse, apachar(se), apajuilarse, apencarse, apendejar(se), apendejearse, apichinarse, apichonar(se), apretar(se), apulismarse, arratonar(se), avergonzarse, cabrear(se), canturrear(se), chorrear(se), churretear(se), churriarse, correr(se), cuartear(se), culatear(se), culear(se), culicunquearse, culipandearse, culitranquear, desmamonar(se), encasquillar(se), erizarse, esguabinar(se), esguañangar(se), esmamonar(se), mariconear(se), ñangotar(se), papelonear(se), vaciar(se).

adular

afilar(se), barbear(se), botonear(se), cepillar(se), chicharronear(se), cobear, copalear, corchearse, culebrear, enrollar(se), escobillar, franelear, guataquear, halar(se), incensariar, inciensar, lamber(se), lambisconear, lambonear, lamer, lustrar, maderear, olfear, orejear, perrear, sobar(se), sobonear, solapear.

aguardiente

agua de sapo, agua loca, alambre de púa, bacanora, balarrasa, barranco, bingarrote, cachaza, caladito, caña, caña blanca, caña quemada, cañazo, caraguasca, chachacaste, chacta, chaparro, chapulín, charanda, charral, charro, chebrón, chimichaca, chimiscol, chimo, chínguere, chinguirito, chirrico, chirrinche, chirrite, chivato, cimarrón, clan, clandestino, clerén, coronilla, cuatro plumas, cuchara-

da, cusha, cususa, drac, duraznillo, fuerte, gato de monte, grapa, guachacay, guachucho, guaipe, guaral, guarapo, guaripirol, guaripola, guaro, guaro de lija, guaro de monte, guaro lija, guarón, guaspete, lavagallo, lija, llonque, mallorca, mataburro, matapechos, mescal, mexcal, miche, motocachi, néctar de la caña, ojo de sapo, olla, paico, pipo, pisco, pisqueli, pixoy, plus, punta, puro, quitagoma, quitapesares, rascabuche, raspalalma, refino, resaca, resacado, sacarronchas, singani, tapetusa, tónico, trenzuda, yucateco, yuscarán.

alboroto

aguaje, alguito, areite, arrepinche, atajaperros, balumba, batifondo, batucada, batuque, bayoya, boche, bolina, bololó, borbollón, bululú

amigo íntimo, compañero inseparable

acere, acoy, adú, alegador, alero, alicate, amigazo, amigo, amigocho, amigui, amigo, amigucho, amistad, arete, arito, báciga, bagallo, básiga, bellaco, *blod*, bonzo, *boy*, brobin, brocha, broco, broda, bróder/*brother*, bron, broqui, *buddy*, buey, caballete, caballo, cabrón, canijo, carnal, carreta, causa, chamo, chencha, chero, chif, choche, chochera, chómpiras, cobio, cofani, compa, compae, compio, consorte, cónsul, cousín, cuaderno, cuadro, cuape, cuarta, cuate, cuma, cúmbila, cumpa, curruña, dúo, ecobio, éntimo, fren, frix, gallada, gancho, garra, gomía, gran caballo, güey, hermano, inchipinchi, *jilata*, jomi, lanza, llave, llavería, lucas, maestro, mancorna, mancuerna, maneque, manín, manito, mano, mingo, mompa, nagüe, niero, nito, ñaño, ñato, ñejo, ñeris, ñero, ñía, nito, paisa, pana, pana burda, panadería, pana fuerte, panaful, panita, paña, pañía, parcero, paria, paro, *partner*, pasiero, pata, pelao, peñi, pipe, pofi, primo, prixón, pizarrín, rancho, raza, salsoso, sendo pana, sociate, tigre, tuco, vale, valecito, valedor, valezón, vate, viejo, volante, wity, yunta, zanca, zanja.

ano

agarraderas, agujero, agujero de farrear, alcancía, aniceto, anillo, anís, argolla, asterisco, aturrado, basai, botacaca, botaguiso, botamaíz, busiete, butute, bututo, cagón, calcetín, camanance, cereguete, cerete, cheto, chico, chiquinday, chiquirín, chiquito, chiquitón, chispero, chumacera, chunchaca, chunche, chunchucuyo, chunte, cortachurro, cubano, cucú, cucufate, cueva, cuiscuís, culantro, culisnay, cupertino, cutete, cutinay, el aturrado, escape, estafiate, estite, estribillo, fiributillo, frusco, fui, fuiche, fundillo, funene, fuste, gaza, hongo, hoyo, huraco, inán, jopo, joyete, joyo, juile, juite, juraco, jute, marrón, morado, mufle, nai, nance, nancito, negro, neshno, niple, numerito, occipucio, ocho, ocote, ojal, ojo de buey, ojo de coco, ojo de pollo, ojo de queque, ojo de zope, ortega, ortegón, orto, pedorro, periquito, popi, popin, popín, poto, raya, remolino del pellejo, retenedor, rondana, rosquete, rosquilla, roto, rulo, sanjuliana, saxo, sello, sereguete, siete, siqui, sirindango, sisiflís, sisirisco, sopino, sunfiate, tajo, tambembe, tarro, traspatio, traste, tronera, tuerca, upite, upiti, virote, vuelta, yarima, yerete, zanja, zocado, zompopera.

boca

asna shimi, atarraya, bemba, boca chula, boca de buzón, boca de guabina, boca de guasa, buceta, buchaca, busa, busarda, buzarda, buzón, cajetilla, canasto, chancleta, chira, choreta, chupamangos, comemote, gaveta, guayaba, hule, jaba, jaiba, jertrudis, jeta, mascadero, morete, nasa, pocillo, roseta, sanguchera, shora, tapa, tapadera, tarasca, tarro, tollo, trompa, trompucheta, tronera, trucha.

borrachera

agua, alegrura, alza, amanecida, aparato, arrebato, avión, barbasco, bebendurria, bebezona, bolenca, bolencia, bolina, bomba, bufa, cachimba, cagona, camándula, caña, carga, changuería, chonguenga, chuma, chunga, chupa, chupadera, chupaleta, chupeta, cirindanga, cochecho, cohete, contentura, cucuruca, cuete, cura, curadera, duraznera, en azul, en negro, en pedo, embolada, emboladera, embolle, enfuegada, esbornia, farra, fondeada, fuerza, gira, gorgoleta, guarada, guarapeta, guasca, hartera, huarapeta, huasca, jala, jaladera, jáquima, jartera, jendía, jienda, juerga, juma, jumadera, jumeta, llorona, macana, macha, macha mala, mama, mamada, mamadera, mamúa, mareación, marimonda, más borracho que un metro de piedra, más jalao que un timbre de guagua, matraca, mica, michera, molonga reculona, montera, moronga, mostaza, pachanga, papalina, pata, patín, pea, peda, pedera, pedernal, peludo, penca, pen-

dejera, piche, pichinga, pija, pijín, pinta, pintonera, piruquiadera, plutera, prende, rasca, rasquete/rasqueta, reculona, reata/riata, satélite, sirindanga, soca, suape, talega, tanda, trancazo, trona, troco de muca, tuerca, tuesca, tuesta, tuna, tustuma, verga, verguera, vergueta, vuele, yucazo, zafra, zoca, zumba/zumbo, zumbeta, zurrumba/zurrumbo.

borracho

a moronga, a palo entero, a pichinga, a reata, a verga, abombado, abotagado, acelerado, achichado, adobado, aguarapado, aguardentoso/aguradientoso, ahogado, ajumado, alcobiche, arrebatado, andar a media asta, andar arrastrando el mecate, andar arriando chanchos, andar cortando caña, andar hasta atrás, andar hasta el trono, andar por el cañaveral, arrastrado, arrebatado, arrechabala, hasta atrás, atrincado, bambeado, barbasco, barajado, barco a la dertiva, bebendurria, bebentina, bebeta, bebetina, bebetoria, bebezón, bebiata, bebiana, beso negro, bolatín, boleco, bolencia, bolina, bolivariano, boliviano, bolo, bomba, briago, borrachales, buche, bufo/bufa, cachuco, calado, caña, cañado, caramboleado, carbilio, chachalaco, chambreado, chicho, chispado/chispeado, chispo, chispín, chumado, chupado, chupista, chupógrafo, cochecho, como rana, como una uva, como tagua, como tenca, como uva, conchitoreado, con el gorila al hombro, copeteado, crudo, cuete, cufifo, curado, curagüilla, curdeli, curdo, cureña, cureque, descompuesto, doblado, durazno, duro, electrizado, elevadis, embetunado, embollado, emparafinado, empedado, en bomba, en tragos, en peo, encalambucado, encañado, enchichado, endieciochado, enfiestado, enguarado, enguarapetado, enjumado, enlicorado, ennotado, ensurucarse, entre Pisco y Nazca, entufado, escabiado, escabio, espiritado, estar al pedo, estar alumbrado, estar arrancado, estar cóndor, estar en gira, estar gomas, estar listo para la pelea, estar zocado, estoqueado, etilizado, farreado, fufurufo, *full*, fumigado, fundido, girado, guaino, guarapeado, guarapero, guaroso, guaruso, guasca, guasqueado, guayacol, hasta el moco, hasta el queque, hasta el suiche, hasta la madre, hasta la huacha, hasta la pata, hasta la tusa, hasta las manos, hasta las tetas de Ofelia, hasta las zapatillas, hebreo, hecho, hecho caca, hecho leña, hecho trapo, huasca/huasco, ido, improsulto, indio de reculón, jalado, jalisco, jarra, juma/jumas, jumado, jumo, libón, machado, machasca, machashca, maduro, manudo, metido en palos, michera, molonqueado, muerto de borracho, mula, no ver el sol, noqueado, olor a níspero, pachanguero, parqueado, pasado, pasar a bomba, patudo, peado, pedernal, pelado, pendejo, peo, picha, piche, piruca, pluto, prendido, quedado, raja, rascado, rocho, sampietri, samuhú, sesereque, socado, sonado, sorimbo, sorolfo, soropete, sunsudo/sunzudo, tapi, tapirul, tapirulo, tarro, tatacho, tatare, teco, tecolote, tieso, tocadito, tol, tomado, tragueado, traqueado, traqueteado, tranquilino, tristón, trobo, tronado, tulenco, tunteco, turco, tureca, *turkey*, turro, turul, turulato, turuleco, turulo, turupe, tutomuste, tutururuto, verga, volatín, wasca, yuca, zampado, zangolotero, zarataco, zarazo, zocado, zocadón, zumbero, zumbetero, zumbo, zurumbo.

broma

bachata, bachateo, bacilada, bacile, bayoya, bayoyismo, bayuya, bonche, bufeo, cabuleo, cachada, canana, cargada, carrera de micos, cháchara, chacotería, chafa, chalanada, changoneta, changorria, changuería, changulla, chanza pachuna, chapilla, charada, charla, charleo, chayada, chercha, chicaneada, chichoneo, chistería, chucanada, chuleteo, chuscada, chusma, cuchufleta, cuerda, figureo, galleta, gufeo, guigueo, indagación, indague, jaiba, joda, jodedera, jodienda, maldad, mamón, mangueo, miqueo, palomillada, palomillaje, parranda, pega, pendejada, picarada, pizpizigaña, primiparada, puntillazo, raga, rebanada, rebane, relajo, *ring* raje, sábanas cortas, tanda, vacilada, vaciladera, vacilón.

cabeza

anona, ayote, balero, bemba, bocha, bocho, bolansho, cabeza de tuna, cabeza de zepelín, cachola, cachucha, caco, caco duro, calabaza, caldero, caletre, catrueca, cepa, cetácea, chabeta, chapeta, charapeta, chiluca, chimba, chipe, chipota, chirimoya, chocolatera, chocoya, cholera, cholla, chompeta, chonchón, chonta, chontoca, chorola, chorontoca, choropa, choya, chunteca, cincuya, cocorioco, cocoroca, cocote, cresta, croqueta, cucusa, cucuza, cuesco, cumba, cutarra, gallina, guacal, guataca, güica, güiro, güisayote, güisquil, gullivera, jícara, jolón, jone, jupa, lonco, maceta, madre, mamerria, mamey, marote, marulo, mare, mema, mema chocolatera, mitra, molonca, moropo, morra, morro, mosorola, moyola, moyota, múcura, nambira, ñola, pajarera, papaya, pelona, pensadera, pensadora, pepa, piojera, porra, sabiola, sandía, semilla, sheca, shola, sorolpa, tarro, tatema, tecomate, teja, tenamaste, tetunta, tetunte, tomate, topia, torre, totoca, tula, tulpa, tuste, tutú, tutuma, xeca, xola, zabeca, zabiola, zapallo, zoncha.

café

agua chacha, aguachacha, agua chirria, agua de cangrejo, barredura, bellota, boligoma, bolón, buche de puerco, cacota, café bellota, café blanco, café buche de puerco, café caracolillo, café caritoso, café cereza, café colao, café con gotas, café de cáscara blanca, café de chuspa, café de leche, café de olla, café de palo, café despuntado, café en chibola, café negro, café oro, café pergamino, café pilao, café prieto y pulla, café puro, café tinto, café uva, café verde, caracolillo, caritoso, cereza, chirria, chorote, chumico, *coffee break*, collor, color, coñito, coyor, elefante, feco, fósforo, graneada, granita, guacuco, harina de café, mantequilla, marrón, nance, negrito, oro verde, pasilla, pepa, pergamino, pergamino húmedo, pergamino oro, pergamino seco, perico, piligüe, pimientilla, pintada, pintado, pintón, pocillo, polvo amargo, poma, puro, pusungo, resaca, rocío de gallo, surimba, tinto, uva, yodo.

caída

apeada, arrolada, azotón, barquinazo, caída de concha, caída de pámpana, challpazo, chorrerón, concha, contramatada, contrasuelazo, cuartazo, cuerazo, culazo, derribada, desbarrancada, desbarrancamiento, descachimbada, desganche, desguinde, desplomada, guamazo, guatazo, güevazo, huevazo, K.D., *knock-down*, *knock-out*, malmatada, malmate, malmatón, mamellazo, mameyazo, matada, matambazo, morongazo, nalgazo, pámpana, pancada, pato, pencazo, planazo, plenguén, polongón, pum, rodada, sentonazo, somatada, sopangazo, suelazo, tumbe, vastagazo, vergazo, zapotazo.

campesino, a

bajado, bale, buchí, cabecilla, calzonudo, camba, campeche, campeño, campiñero, campisto, chagra, chapaco, charralero, chaso, chavelo, cholito, cholo, ejidatario, encaitado, fuerano, gañán, gil, gritador, guacho, guajiro ñongo, *gueishpo*, güiyo, indiaco, jíbaro, jincho, julunche, larama, lari, llama, maizudo, manudo, manuto, mapache, mediante, monterolo, montubio, patarrajada, patrullero, penco, pinganillo, piñico, pisante, poblano, polo, poloncho, runa, sunicho, tata, tatala.

cárcel

acapulco, alcancía, beca, bertolda, bote, botella, buchaca, cafúa, caldera del diablo, cana, cana grande, canasta, canela, carcelona, castillo de la gente en peña, cepillo, chelfa, chepa, chercha, chero, chincha, chinchero, chinchorro, chiri, chirola, chironda, cholpa, chorpa, chucho, corralón, cubo, cufa, cumbo, cupo, encanadero, ergástula, feria, granja, guandoca, güincha, *home*, hueco, jaula de encerrar pichones, jedionda, jerusa, mamo, matadero, nevera, panóptico, pavón, peni, península, pesca, piquiwasi, pote, presidencia, pulgueral, pulguero, ratonera, ratonera de canta-zo, reja, sombra, sótano, tabique, tabo, tambo, tanque, tarro, tavo, tencha, tolete, tubo.

castigar

caer(se), caranchar, caranchear, casquear(se), cin-chonear, cuerear, encargar, fuetear, latigar, lati-guear, penquear(se), petatear(se), pijear(se), to-par(se), trolear.

cerveza

amarga, amargo, *beer*, bica, bicervecina, bicha, biela, bir, bironga, birra, birrea, birria, bruta, bu-rra, catira, cebada, ceniza, cerbatana, cerbelia, cercha, cerva, cervatana, cervelia, checha, chela, chele, cheva, cheve, chevis, criolla oscura, cristal, cuzqueña, espumosa, fría, helada, juca, lagarto, láguer, morena, oscura, oswaldiña, oswaldita, pe-queña, perga, pescuezuda, pilsen, pilsoca, pinta, pochola, polarcita, presidente, quilmes, refajo, regina, sabrosona, sabrosuana, sarbelia, schop, serpentina, sersia, servantina, servatina, sifón, submarino, taya, vecha, verde, verra, vicha, viela, viki.

cigarro, cigarrillo

aldaba, armado, balín, balita, bambán, basuco, bazuco, billa, bocadito, burro, cachetero, cayuba-ba, cetaci, chala, chalita, chancuaco, charoto, cha-ruto, chéster, chilombiana, chilombiano, chiribo-ga, chuto, cilindro, cilindro nicotinoso, ciprés, cirio, cohete, cohetillo, descalzo, emponchado, enchalado, fallo, faso, frajo, garet, garro, mapa-cho, mono, nicotinoso, pachuché, patada de bu-rro, patecabra, picante, piloto, piragua, pistola, piticlín, pitillo, pucho, puro de picadura, puro de primera, puro de segunda, puro de tripa corta, puro de tripa larga, rompepecho, sangre, sharuto, tabacazo, tabachín, tabaco, tiza, tomisa, toscano, tóxico, túbano, viejita.

cigarro, cigarrillo de marihuana

aguja, ambrosoli, aparato, arasco, atontaguayo, ba-callo, bacha, bareto, bastón, basuco, bate, cacho, calillo, cambumbo, caño, cañón, carruco, carrufo, carrujo, cartucho, chala, chancho, charuto, chicha, chubi, churro, cohete, cuete, *dime*, dub, dulce, es-tril, faisán, faso, fasola, flautín, frago, fragua, galía, gallito, gallo, garrufo, grullo, guillo, güiro, huato, hucamayo, huiro, join, joint, leña, lirio, macoña, maduro con queso, mafú, marciano, mazo, mixto, moto, nevado, palillo, pichón, piña, pirulín, pisto-lo, piticlín, pitillo, pito, pituca, pocho, pucho, puro, rin, tabaco, tabaquito, taco, tila, toque, tron-cho, vareta, vareto, varillo, yiyo, yoen, yoin, yoing, yuyo, zepelín, zépelin.

cobarde

acañamado, achunchado, aculado, aguacatado, agüevao, amariconado, amarillo, anidado, arroce-ro, arruinado, baeta, batido, búlico, caguila, ca-quexico, castrado, chancleta, chiguate, chivo, cho-collo, cholo, chorompo, choto, chuchón, chupado, chusmón, correlón, coyón, cucarachón, cuculme-que, cuilmas, culeco, culicacho, culicagado, culi-cunco, culicunque, culiflojo, culilludo, culo, cu-lón, cundango, enculado, espichado, flojonazo, fustanudo, gallino, gurrumino, huelenaguas, hue-lenalgas, huevilargo, joto, juilón, juyidor, juyón, mamitay, manilo, maricueca, meón, mulita, naco, nagüilón, neneque, ñemo, pataruco, pendango, pendejo, puñal, queusa, rajón, sacatón, sacón, se-millón, vaciado.

coito

acto, brochazo, cacha, cache, cachirulo, catrenol, cepillada, chaca-chaca/chacachaca, chichadera, chicotazo, chingoteo, chigüi, chimada, chingade-ra, chucuchucu, chuculún, clavada, cosa, cuchún, cuerazo, culeada, culeo, empierne, enhebrada, fie-rrazo, fierro, fliqui-fliqui, frunce, fruncida, gatea-da, güichigüiche, jaleo, jodedera, limada, limbo, lime, linga, machucada, malacatonche, mañane-ro, metida, molida, montada, ñacañaca, palito, palo, palomazo, pandeada, pasada de violín, pato, pisada, polaco, puyón, repisada, rucu-rucu, seco, singado, singueta, talco, templadera, tetelque, tire, tiro, tranza, trucutú, verguiza, volado, vuelta y vuelta.

colilla

bacha, bachicha, bachita, cabito, cabo, cabuya, cachimba, cadete, changa, chilinga, chilmuya, chirca, chiva, corta, cuecho, fianza, goleta, grilla, jafa, las tres, magalla, magaya, mayagua, melenca, pochota, potranca, pucha, pucho, rana, sacho, to-cola, triqui, tuquito, viejita, yegua.

comer

achuchar(se), aflojar(se), ajustar(se), amarrar(se), apugarse, apulparse, arrempujar, arriar(se), atapu-zar(se), atiforrarse, atipucarse, atorar(se), atosigar-se, atracar(se), batear, boquear, botanear, brincar(se), canchir, caranchar, caranchear, carpear, castigar(se), causear, chaflear, chicharronear(se), chojinear, con-colonear, cruzar(se), cucharear(se), deflecar(se), des-pachar(se), dominguear, echar(se), embuchacar(se), emburrar(se), embutir, empacar(se), empujar(se), enchufar(se), ensacarse, espantar(se), fajar(se), fi-liar, fiusar, frijolear(se), fulear(se), galguear, gorri-near, granear, guzguear, huesear, jamear, jaropearse, jartar(se), lampear, langarear, lanzar(se), largar(se), lastrar, locrear, lonchar, lonchear, machacar(se), malanfiar, mandar(se), manduquear, matiguar, matizar, mecatear(se), merolear, monchar, mondonguear(se), montear(se), mordisquear, munchar, palear, papear(se), papiar, pipirinear, pupusear, quechar, ramajear, ramear, ranchear, rebanar, refinar, repelar, repellar(se), salar(se), sopear, tamalear, tanquear, taquear(se), tramar.

criticar

charquear(se), charquiar, chimentar, chusmear, comer(se), cortar(se), descuerar, descuerear, desguazar, despepitar(se), desplumar, destazar, espepitar, hartar(se), machetear(se), maletear, mollejonear, palanquear(se), petardear, rajar(se), rayar(se), relajar, tasajear(se), tijerear, tijeretear, tirar(se), trasquilar, viborear.

cuchilla

cangreja, chaveta, cortadora, cuchillo, desfibradora, espuela, laja, luneta, marucha, navaja, tomeca, trincheta.

cuchillo

belduque, bisturí, cachetero, cachiblanco, callado, chafalote, chágara, chuzo, corvo, cotacha, coto, cruceta, cubierto, cuchuna, cuervo, cutacha, desvasador, facón, filero, fillingo, filomena, flamenco, gillette, guaba, guarrusca, kiruza, lembé, lengua de mime, matavaca, naifa, naife, pelapapas, pilancho, punta, raspón, realera, resto, rula, sacabuche, sambeta, sevillana, tambo, tumi, ushate, vaivén, valdemar.

desorden

ajiaco, alguito, amascote, arrepinche, balalú, batifondo, bayú, bochinche, bololó, bolondrón, bolonqui, borlote, boroló, bororó, botadero, brete, bullaranga, burbaque, bureo, burileo, burrundanga, buruca, burujina, burujullo, burumbumbún, burunda, burundanga, buyú, cachimbeo, cagadal, cambalache, chafandonga, chamuchina, chapandongo, charanga, chenco, chimirimico, chingoloteo, chojín, chonguear, chonguengue, chuchoca, chuchoqueo, cogeculo, cogedera, crical, cuchún, degenere, desbarrancamiento, desbole, descachimbada, descachimbe, descarrilamiento, deschave, deschongue, desconche, descoque, descuarranchamiento, descuarranche, descule, desgorre, desguañangue, desnargue, despapaye, desparpajo, desparramo, despatarro, despatife, despeluque, despiole, despipe, desquicio, destelengue, destorlongo, destorrento, desvergue, embochinchar(se), empelotamiento, entrevero, espolvorín, fajina, fanfarria, gazapera, guachafita, guaguancó, guararey, julepe, kilombo, la tendalada, laberinto, loquera, macaneo, marimbeo, maroma, mascón, merengue, milonga, molotal, pachamanca, papasal, pasticho, pijeo, quilombo,

rebolincho, reburujiña, recocha, refuego, regancina, reguerete, reguero, revoluto, rochela, rubiera, salcochera, samotana, samplegorio, sancochera, sarambí, tilichero, torta, tracateo, tripulina, vergaceo, vergoloteo, verguero, verguero, vicio, volate, voleo, zalagarda, zambumbia, zangoloteo, zaperoco.

diarrea

banderita, bicicleta, bobo de mayo, cacarela, cagadera, cagantina, cagarreta, cagatina, cagazón, cagueta, chiflido, chirindingüi, chorrera, chorrillo, chorro, churra, churras, churreadera, churreta, churrete, churreteada, churretera, churria, churrundanga, churrutá, churrutaca, coladera, cólera, colerín, correcorre, correncia, correquetealcanzo, currumbamba, currutaca, cursería, curso, daño de estómago, diarrial, flojazón, flojera, lipiria, mal de camioneta, mal de mayo, mal de pato, obrada, obradera, obrantina, pasadera, pelillo, peste de la flor del día, pitanga, pito, pitoreta, piturría, piturriaca, pringapié, quechera, quicha, salidera, seguidilla, soltadera, vaciada.

dinero

aceite, algo, algodón, alpiste, astilla, baro, baros, beeje, bica, billegas, billetal, billete, billetiza, billiquines, billís, billullo, billuso, bisnaga, bisne, bisnes, biyís, biyuya, bollo, bono, borona, brea, calavera, caña, candela, cañón, carbón, cas moni, cascajo, case, *cash*, castaña, catarro, centavo, chala, chamba, chambulines, chancha, chaúcha, chavo, chele, chen chen, chenchén, chenchito, chibilín, chiche, chichi, chichigua, chilca, chilín, chimbilín, chinchilín, chipe, chirca, chirilica, chochosca, chórchola, chuchurucos, chumino, churupo, chusqui, chuya, cifra, circulante, clavo, cobre, coco, cohete, coima, colateral, cometa, conquibus, copago, cuarto, cuises, cullín, cumiche, *cushqui*, deuda política, devuelta, dinero menudo, embute, empuñe, engrase, fafa, feble, feria, ficha, fierro, gallo, gel, grasa, guaca, guanajo, guaniquiqui, guano, güita, gurbia, harina, huaca, huacabolas, huevo, jola, lana, lilita, lleve, luca, lumbre, lupias, luz, macaco, macaquilla, maceada, macolla, magua, mamushaca, manchancha, manchancho, manejo, mango, manguá, maní, manteca, maraca, marmaja, masa, masari, mashushaca, matraca, melón, menega, menuda, menudo, mergolla, mergollina, merme, mermejo, mermelada, merusa, moco, moje, mony, mordida, morlaco, mosqueta, movida, movilidad, movilización, mullapa, muna, níquel, ñeréñere, pachocha, papa, pastilla, patacón, perro, pesares, peso, pistacho, pisto, piticlín, plante, plata, plata chica, plata dulce, ponina, pozol, prediario, prestaciones, principio, quinto, quivano, quivo, raya, real, rebusca, refacción, repele, ripio, rola, rúcalo, sablazo, salpique, sencillo, serese-re, sopardo, tabla, taco, tajada, tanto, tellebi, tevena, ticuiza, tlaco, tuco, tulúluce, tusa, vaca, vales, vaquita, vara, varo, vento, ventolín, verga, verruga, villegas, viyuya, vuelto, washingtones, yira, yuca.

divertirse

bacanear(se), bachatear, bochinchear, bufear(se), calampear, canear, carnavalear, charanguear, chingar(se), chirotear, chojinear, chonguear, conguear, corrinchear, cumbanchar, cumbanchear, curar(se), embullar(se), enfiestar(se), fandanguear, fiestear, guarachear, janguear, joder, jolgorearse, lebrejear, pachanguear, pachuquear, patinar(se), playar, recholatear, recochar, relajear, remoler, reventar(se), tripear(se), vacilar.

dormir

apolar, atorrar, carapampear, chisir, empiernar(se), fondear(se), foquear(se), jatear, karapampear, loriar, mancornar(se), marmotear, ñisir, pescar, pestañear, podrir, rulear, ruquear, siestear, sornear(se), surnar, toldear(se), zetear, zorniar(se).

emborrachar(se)

abombar(se), acelerar(se), achicharse, achonarse, adobarse, agarrar cancha, agarrar la jarra, agarrar patín, agarrar un jalao, agarrar una juma, agarrarse una rasca, ahogar(se), ahumarse/ajumar(se), alzar(se), amarrar(se), amarrarse una perra, andar candela, andar en el cañal, apichingarse, arar(se), arrancar(se), arrastrar(se), arrastrarse por las cunetas, atarantar(se), atrincar(se), avión, caerse a la botella, caerse al frasco, cañar(se), cañonear(se), caracterizarse, carambolearse, chimiscolear(se), chumarse, chumbar(se), chupar el rabo a la jutía, chuparse, clavar(se), clavársela, coger fuego, coger fuerza, coger zafra, cogerse un guayo, copearse, curar(se), curdar(se), curdearse, desbundar(se), doblar(se), electrizarse, embetunar(se), embolar(se), embolecer(se), embollar(se), embotellarse, empatinar(se), empedar(se), empijecer(se), emponchar(se), encañar(se), enchivar(se), encuetar(se), encurdelar(se), enfarolarse, enfiestarse, enfollinarse, enfuegarse, engorilar(se), enguarapar(se), enguarecer(se), enjumarse, enmonarse, ensurucarse, entequilar(se), entrancarse, enverguecer(se), escabiarse, estar bien encalichado, farrear(se), farruquear(se), fumigar(se), fundir(se), gargarear(se), guacalear(se), guarapear(se), guarear(se), guasquear(se), huasquear(se), hinchar(se), jalar(se), jalar(se) una mona, jartar(se), jenderse, jumar(se), machar(se), maicear(se), manguear(se), meterse en el cañal, monear(se), palotearse, pasarse las copas, pasársele las cucharadas, patear el alambre, patear el cable, pegarse la del oso, pegársela, picar(se), ponerse lucas,

ponérsela, ponérselas de nevero, prender(se), rascarse, reventar la rana, sembrársela, torcer(se), zampar(se), zocar(se).

enamorar(se)

alebrestar(se), alebretarse, atacar(se), cantinear(se), canturrear(se), casaquear(se), chagüitear(se), chavalear(se), chopear(se), chorretear(se), chulear(se), celebrar(se), clavar(se), colear(se), conseguir, cuentear, cuzquear, desmameyar(se), despapayar(se), embarbascar(se), embarracarse, embelequear, emberranar(se), emberrenar(se), emberrenchinarse, embramar(se), embulismar(se), embullar(se), emburujar(se), empapayarse, empelotar(se), empeparse, emperrarse, encamotar(se), encampanar(se), encanchinarse, enchular(se), encojonar(se), encularse, enganchar(se), engazarse, enlunarse, enrancharse, enredar(se), entrotarse, envarbascar(se), envarracarse, fajar(se), grubear, hilacharse, junetear, metejonear(se), meter(se), morrear, pajear(se), palabrear(se), pepiarse, picar(se), prender(se), rapear, siriar, templar(se), tenoriar, tragar(se), voltear(se).

enfadado, enojado

ajizado, arrancado, arrecho, asado, bejuco, berreado, braco, braque, braulio, bravo, bronqueado, cachilo, caliente, cara de paña, cara parada, carón, chinche, chinchudo, chirudo, chivado, cruzado, descalentado, disgustado, embembado, emberrenchinado, embragado, embromado, embroncado, empatacado, empelotado, emperrado, empetacado, empingado, emplumado, empunchado, empurrado, emputecido, encachilado, encachinflado, encachorrado, encalabrinado, encamotado, encandilado, encanijado, encapachado, encendido, enchanchado, enchaquetado, enchichado, enchinchado, enchismado, enchompipado, encojonado, endiablado, enflautado, enfletado, enfocado, enfunchado, engorilado, engurruñao, enjetado, enlunado, enroñado, entorchado, entorunado, entrompado, enturcado, envergado, envervecido, estabado, estrilado, flamenco, fumón, gorrudo, indelgue, insolado, jetón, jocho, juco, maleado, malencarado, malinche, maluco, marlene, mascado, mordido, muino, obstinado, picudo, piedro, podrido, prendido, rascado, recondenado, regado, sentido, soplado, soviético, tocado, trabado, trompudo.

enfadar, enojar

achochar(se), arrechar(se), asar(se), bestializar(se), coquear, descalentar(se), emberranar(se), empingar(se), emputecer(se), encachorrar(se), encalabrinar(se), encanijar, encaramar(se), encojonar(se), enfunchar(se), ensillar(se), purgar(se), recondenar, tostar(se).

enfadarse, enojarse

abrir(se), achisparse, aculillar(se), agallarse, agitar(se), ajizar(se), ajumar(se), alebrestar(se), amostazarse, amotasarse, amuinar(se), apelotonarse, arrabiarse, arrebiatar(se), arrechar(se), asar(se), asolear(se), atusarse, azarear(se), berrear(se), berrinchar, bronquear(se), calentar(se), caracterizarse, chanarse, chipiar(se), chivar(se), chupar(se), descalentar(se), embejucar(se), embembarse, embromar(se), embroncar(se), embuchar(se), emburrar(se), empatacarse, emperrarse, empijarse, empincharse, empingar(se), empurrar(se), encachilarse, encachimblar(se), encachorrar(se), encalabrinar(se), encandilar(se), encaribarse, encarlangarse, encasquillar(se), enchaquetar(se), enchinchar(se), enchismar(se), enchompipar(se), enchufar(se), encobarse, encojonar(se), encularse, enculillarse, enflecarse, enfogonarse, enfullinarse, enfuñarse, enfunchar(se), enfurruscarse, engarruñar(se), engorilar(se), engranar(se), engrifarse, engrincharse, enguarecer(se), enjetarse, enlebrestarse, enmuinarse, enroñarse, ensillar(se), ensuichar, entorchar(se), entorunarse, entrompar(se), entufarse, enturcarse, entusar(se), envergarse, esponjarse, estrilar, insultarse, juquear(se), mascar(se), morder(se), mufar(se), ortibar(se), ortivar(se), pichar(se), poder(se), prender(se), purgar(se), quisquillar(se), rayar(se), rechiflarse, recondenar, regar(se), revirar(se), subir(se), tocar(se), tostar(se).

engañar

achacar(se), acomodar(se), alambrear, alburear(se), allantar(se), amague, atrinquiñar, babosear(se), bailar(se), barajar(se), batear, blofear, cabulear, cagar(se), caimanear, camandulear, caminar(se), caramelear, caretear, caribear, carnear, carrear, cauquear, chamarrear(se), chipear, chivatear, chivear(se), cojudear(se), coronar, cotorrear(se), cubear, cubicar, cuentear, cuentiar, culebrear, domar, dormir(se), embarajar, embarcar(se), embelequear, embolatar(se), embolichar(se), embollar(se), embolsar(se), embrocar(se), embusacar, empaquetar, emparular, engasar(se), engrillar(se), enjergar(se), enroscar(se), entongar(se), entucar(se), entuturutar, enyucar(se), forrear, fumar(se), guampear, joder, llullampear, macanear(se), maderear, magiar, majear, mamar(se), marear(se), marranear(se), marufiar, matizar, matufiar, mecer, mojonear, mulear, naipear, papear(se), paquear, paquetear(se), pelar(se), piñar, pitar(se), plantillar, ponguear, prender(se), pringar(se), quemar(se), raspar, sonsaquear, sorprender, tantear(se), tarrear, tonguear, toquear, tracalear, trajinar, tramar, trampolinear, transar, trinquetear(se), tupir(se), vacilar, vacunar, versear, volar(se), zurdear.

engaño

afeitada, amague, bacilada, bacile, bacilón, baje, batazo, bicicleta, blof, blofe, *bluff*, bolada, cábula, calote, camunina, caña, cañazo, capote, carameleo, chamarreada, chamarro, chanchullo, chancuco, changüí, chapucería, chapuza, chauqueada, chile, choro, cogida, criollada, cubo, cucamona, cuenteada, cuenteo, cují, doma, domada, domi, embaucada, embeleque, emborujo, emburujina, emburujo, emparulada, engañada, engañamuchachos, enganchada, enganche, engañe, engañifla, engoe, ensartada, ensarte, entuturutada, entuturutamiento, enyucada, faramaña, farusca, feca, forro, fulería, fumada, furulla, gorreada, gorreo, grupo, kikirigüiki, lámpara, lanada, macalusia, mafia, mambo, mangada, manganeta, mejicana, mocho, moña, mordida, mula, nucazo, ñanga, paco, pala, palo, palucha, pamba, parapeto, pegón, pereque, pescao, pillullo, pisisigaña, plomo, prendida, quemada, tanga, tapado, topillo, trabada, trabuco, trácala, tracalería, tramafás, trampeada, trampería, trampuliña, tramuyo, truncia, tumbada, túmbilis, tumbis, tupe, turca, vacil, vacile, vacilón, vivida.

estudiante

adscripto, agregado, aguilucho, balco, barco, cachimbo, cachorro, capeador, cerebrito, chachón, chanchullero, chivatero, chuñeador, comejobos, comelibros, cra, cuatrero, cuchilla, egresado, estijeras, fósil, fresco, gallo, gama, gardel, insertado, institutero, internista, lapa, leguleyo, machetero, magistrando, memorista, parásito, pasante, paviola, paviolo, perro, pingüino, plagiador, practicante, prepa, preparatoriano, preuniversitario, quitado, raspado, rochista, sénior, tesista, tirapiedras, titulando, turista, vacacionista, vaquero.

excremento

aca, bojote, bullida, buñiga, burril, burucha, cacarela, cacona, cacuca, canica, cañiña, carca, cerotada, chacualole, chichilgüite, chichina, chicuca, chilila, chipuste, chirola, churrete, cica, cuacha, cuita, excretas, feca, fete, fruta, fula, gracia, gurucha, huacacara, hucha, jumbacá, jumbarayú, meca, miéchica, miércole, ¡miércole!, miesca, mina, miscua, moñinga/muñiga, *ñaña*, ñecs, ñeñe, ñex, ñinga, ñisca, ñola, ñoña, ñungo, ñusa, pastel, pila, piña, pistero, pocha, poneca, popis, popó, porra, puche, puchi, puf, pupú, raja, rala, ralada, sica, sirre, taquia, uti, vidrio inglés, zurra, zurrullo.

expresa asombro, admiración o sorpresa

¡abuelito!, ¡abuén!, ¡achalay!, ¡áchis!, ¡achís!, ¡achuma!, ¡adentro!, ¡adió!, ¿¡adios?!, ¡aguaita!, ¡ahá!, ¡ahihuelhacha!, ¡ahijuelita!, ¡ahijuna!, ¡aína!, ¡ajá!,

¡ájale!, ¡ajo!, ¡alabá!, ¡alabado!, ¡alabate!, ¡alalá!, ¡alarila!, ¡alita!, ¡aliticas!, ¡amalaya!, ¡amba!, ¡ananay!, ¡ándale!, ¡andel diablo!, ¡andel diañe!, ¡anjá!, ¡aque!, ¡araca!, ¡arajo!, ¡aste!, ¡asunto!, ¡avión!, ¡áxcale!, ¡áyala!, ¡ázcale!, ¡barajo!, ¡barbarazo!, ¡bárbaro!, ¡benaiga!, ¡bersia!, ¡bestia!, ¡bolas!, ¡cámara!, ¡canejo!, ¡caracha!, ¡carachas!, ¡caracho!, ¡carácter!, ¡caracteres!, ¡carácteres!, ¡carancho!, ¡caraspa!, ¡caraspas!, ¡caráspita!, ¡caráspitas!, ¡carrizo!, ¡cate!, ¡cha!, ¡chalay!, ¡chale!, ¡chanfle!, ¡chaque!, ¡charros!, ¡che!, ¡chihuahua!, ¡chin!, ¡chirrión!, ¡chisa!, ¡chita!, ¡chivas!, ¡cho!, ¡chocho!, ¡choco!, ¡chófiro!, ¡chorro!, ¡chu!, ¡chuata!, ¡chucha!, ¡chuchi!, ¡chuipi!, ¡chupalla!, ¡chusa!, ¡chuta!, ¡chutas!, ¡chutri!, ¡chuzo!, ¡cógelo!, ¡cónchale!, ¡cónchole!, ¡cónfiro!, ¡contra!, ¡cóntrale!, ¡corotos!, ¡cuánto!, ¡diache!, ¡diañe!, ¡diastre!, ¡diay!, ¡dizqué!, ¡eco!, ¡écuale!, ¡éjele!, ¡elay!, ¡ele!, ¡elé!, ¡epa!, ¡épale!, ¡fíjate!, ¡fock!, ¡foquin!, ¡gua!, ¡guao!, ¡guau!, ¡halita!, ¡helay!, ¡heya!, ¡híjole!, ¡hijuelamadre!, ¡hijuemadre!, ¡hijuemama!, ¡hijuemialma!, ¡hijuemíchica!, ¡hijuepucha!, ¡hijueputa!, ¡hopa!, ¡ideay!, ¡idiay!, ¡ira!, ¡jijos!, ¡jobero!, ¡jodo!, ¡jorobar!, ¡ju!, ¡juácata!, ¡juácate!, ¡jue!, ¡juela!, ¡juelule!, ¡juemíchica!, ¡juepucha!, ¡juepúchica!, ¡juepuerca!, ¡juepuña!, ¡jueputa!, ¡jueputis!, ¡juepuya!, ¡juerriula!, ¡juí!, ¡juna!, ¡juyuyui!, ¡lakaj!, ¡madres!, ¡mami!, ¡mamía!, ¡manya!, ¡mare!, ¡meh!, ¡melaza!, ¡meto!, ¡miércole!, ¡miércoles!, ¡moles!, ¡muchacho!, ¡náquete!, ¡ñerda!, ¡nombre!, ¡ñoo!, ¡ombe!, ¡opa!, ¡ópale!, ¡órale!, ¡pácatelas!, ¡pasque!, ¡pasumadre!, ¡perro!, ¡picó!, ¡pipeta!, ¡pipo!, ¡plop!, ¡pucha!, ¡puchacay!, ¡puchamadre!, ¡puches!, ¡púchica!, ¡púchicas!, ¡puchis!, ¡puta!, ¡putas!, ¡putri!, ¡puya!, ¡quitzes!, ¡salute!, ¡santa cachucha!, ¡señor!, ¡suávana!, ¡tarán!, ¡ucha!, ¡ujú!, ¡ujujuy!, ¡újule!, ¡upa!, ¡úpale!, ¡uste!, ¡ústele!, ¡ututuy!, ¡ve!, ¡velay!, ¡verga!, ¡vergación!, ¡wao!, ¡wepa!, ¡wiflas!, *wow!*, ¡ya!, ¡yaaa!, ¡zacátelas!, ¡zuácate!, ¡zuas!

expresa contrariedad, rechazo, disgusto o negación

¡acá!, ¡adió!, ¡adonde!, ¡adversidad!, ¡ajo!, ¡arrancá!, ¡atatay!, ¡bachaco!, ¡bacirruque!, ¡bajú!, ¡bala!, ¡barajo!, ¡barascho!, ¡baraste!, ¡basilio!, ¡basirruque!, ¡bola!, ¡boliche!, ¡cará!, ¡caracho!, ¡caraj!, ¡carajazo!, ¡carancho!, ¡caráspita!, ¡caráspitas!, ¡carimba!, ¡carrizo!, ¡cha!, ¡chancho!, ¡chesu!, ¡chet!, ¡chis!, ¡chucha!, ¡chupalla!, ¡cojollo!, ¡comonié!, ¡cónchale!, ¡cónfiro!, ¡contrale!, ¡contrallación!, ¡crestas!, ¡cuernos!, ¡eche!, ¡ele!, ¡elé!, ¡epa!, ¡epria!, ¡erco!, ¡fácata!, ¡filo!, ¡fo!, ¡fock!, ¡foquin!, ¡fuchi!, ¡fúchila!, ¡fuera!, ¡guácala!, ¡guácale!, ¡guácata!, ¡güechos!, ¡güepiles!, ¡güeveta!, ¡guillo!, ¡huechos!, ¡húepiles!, ¡hueveta!, ¡huevo!, ¡huevos!, ¡huisquiles!, ¡ijí!, ¡ish!, ¡isho!, ¡ja-

jái!, ¡jante!, ¡jobero!, ¡júrgote!, ¡latas!, ¡lero!, ¡lerolero!, ¡ma!, ¡maca!, ¡macana!, ¡maimente!, ¡malajos!, ¡malaya!, ¡mangos!, ¡mecha!, ¡mí!, ¡michi!, ¡miéchica!, ¡miélquina!, ¡miércale!, ¡miércole!, ¡miércoles!, ¡miérquina!, ¡minga!, ¡míquiti!, ¡mira!, ¡moronga!, ¡nacarile!, ¡nacarile del Oriente!, ¡nelly!, nereida, ¡ni pa'!, ¡niguas!, ¡nombre!, ¡ñecs!, ¡ñeñe!, ¡ñeque!, ¡ñifla!, ¡ñinga!, ¡ojó!, ¡pailas!, ¡papada!, ¡pelotas!, ¡pereré!, ¡perica!, ¡pichota!, ¡pistola!, ¡pucha!, ¡púyote!, ¡quiá!, ¡sa!, ¡saco!, ¡sale!, ¡sujeto!, ¡tiquiminiqui!, ¡uch!, ¡verga!, ¡vergación!, ¡vergueta!, ¡zafa!, ¡zape!

grano de maíz

avatí pororó, cabrita, cacalote, cotufa, gallito, maíz amarillo, maíz chuspillo, maíz pisingallo, maíz pizque, maíz postrero, maíz rojo, perla, perlita, pishinga, pisingallo, pisque, poporopo, tuturuco, vicio, yule.

grupo de amigos

barra, bola, cherada, cheral, collera, *combo*, corrinche, cuerda, fierrada, gallada, ganga, garulilla, jorga, lechigada, mara, parche antena, pata, patota, pelota, rejunta, tojpa, trulla, volanteada.

hablar mal

acabar(se), aljamiar, chamucar, chamullar, cuerear, cuinear, deschabar(se), descoser(se), embostar, enchastrar, esmechar(se), machacar(se), recortar(se).

hablar mucho

babosear(se), bembetear, cacarear, chamullar, garlar, gorgüerear, guaguarear, güirigüiriar, hociconear, lengüetear, pecorear, periquear(se), regar(se), sanatear, tapear, tracatear, verbear, vueltear.

hombre afeminado

achorongao, aculerado, acundangado, afrancesado, aguacatón, aguanoso, alfeñique, amamado, ambidiestro, amujerado, apajarado, apaleado, apelado, aplayado, argolla, atayotao, avarín, aviador, bacán, badea, bagasho, balín, bámbaro, bambo, bellota, bimbín, biólogo, biscotelo, bizcocho, bizcotela, boliche, bollo, brinchi, brisco, brito, bubarrón, bugarrón, bujarrón, cabrilla, cabritilla, cabro, cacanero, cachacueco, cachagranizo, cachero, cacorro, caérsele la mano, calceta, camote, canelo, cantimplora, caquero, cechín, chabelita, champe, cherna, chernita, chernobil, chernona, chimbombo, chiso, chisote, chivato, chivo, chuleta, chuletón, cichón, cigarrón, cliro, cocheche, cochón, cocopiña, coifa, cola, coliflor, colipato, coliza, colizón, cuchumbo, cuequiviris, culantro, culebra, culeco, culero, culey, culintrín, culiolo, culiscunque, culiscuquis, culispipian, culispipis, culpable, culuco, cumbo, cundango, damo, delicado, emplumado, fifí, fresco, fufis, galleta, galletón, ganso, gatorade, gaviota, gaytorade, güico, güicoy, güicoyón, guineo, hueco, izquierdo, joácata, joto, julieta, juraco, lariailo, lari, leila, león, lere, lilica, lilo, limón, lulú, machín, machomeno, machomenos, machona, magallón, mamador, mamasán, mamayita, mamey, mami, mamita/mamitas, mamplor, mamplora, mamplusa, mampo, manflinfla, manflor, manflora, manfloro, manflorón, mano caída, mano cuica, mano volteada, maraca, maraco, marico, mariconeado, maricuando, maricuate, maricueca, mariflor, marinero, mariol, mariolo, mariposo, mariquetas, marsopla, marulo, mayate, meco, miéchica, mireya, mofrado, mcrete, morfón, mostacero, muerdealmohadas, mujerengue, muñeca, naco, nagüilón, nalguero, neutro, ninfo, nuco, ñaño, ñañero, ñiclero, ñoco, ñorro, orquídeo, pacaya, pailero, pajarazo, pajareado, pájaro, pajarraco, panqueque, parcha, pargo, pargolete, parguela, partido, pato, patuleco, pichel, pichinga, piña, piñaje, piñata, pipián, pirobo, platanazo, playero, playo, pliro, plumífero, pollerón, ponión, poronga, porrón, poto, potomártir, puchungo, púgil, pulmón, puñal, purrunguero, putón, quebrada, *queen*, rafaila, rarófilo, rarón, reina, reinita, reventado, roquetero, rosco, rosco izquierdo, roscón, rosquete, rosqueto, rosquetón, sayonara, sopa, tamarindo, tapón, tener los hilos cambiados, tereso, tralalaila, triángulo, trolo, tuna, tureca, tutifruti, virado, vironcha, volador, vclteado, vuelta y vuelta, *way*, yatagán, yegua, yegua loca, yegua suelta, yeyo, zurdo.

hombre homosexual

achorongado, acundangado, afrancesado, aguacatón, amamplorado, ambidiestro, apagarse el cálefont, apuntar y baquear, argolla, arroz con chancho, atayotao, avarín, aviador, bacán, bajito de sal, balín, bámbaro, bambo, barréresele la rosca, batear de zurda, batear para el otro equipo, batear para las dos bandas, bellta, biólogo, bizcocho, bollo, botar aceite, brichi, brisco, brito, cabrilla, cabritilla, cacanero, cachacueco, cachagranizo, cachero, cacorro, caérsele la mano, calceta, canoa mojada, cantimplora, caquero, cechín, champe, chavelita, cherna, chernita, chernobil, chernona, chimbombo, chiso, chisote, chivato, chivo, chuleta, chuletón, cichón, cigarrón, cliro, cocheche, cocopiña, coifa, cola, coliflor, colipato, coliza, correr por el carril exclusivo, cueco, cuequiviris, cuititrín, culantro, cueleco, culero, culey, culiolo, culiscuinque, culpable, culuo, cumbo, cundango, dársele vuelta al paraguas, del otro equipo, delicado, derretírsele el helado, dcblar la muñeca, fifí, flanflinfla, fleto, flojo, flor, floripón, floripondia,

fresco galleta, galletón, gallo gallina, gatorade/gaytorade, gaviota, güico, guineo, gustar el arroz con popote, gustar el arroz con tunco, gustar el consomé de garroto, hacérsele agua la cama, hueco, izquierdo, joácata, joto, jugar a los dos bandos, jugar en las dos novenas, jugar para el otro equipo, lado, lari, larilo, leila, lere, lilica, lilo, machín, machomenos, magallón, mamayita, mamey, mami, mamita, mamplusa, mampo, manfinfla, manflor/manflora/manfloro, manflorón, mano quebrada, mano volteada, maraca/maraco, maricuando, maricueca, mariglor, marinero, mariposo, mariquetas, mariol/mariolo, marsopla, maruto, mayate, meco, metérsele al agua en la cama, miéchica, mireya, mofrado, morfón, mostacero, muerde almohadas, muñeca, naco, nalguero, ñiclero, ñoco, ñorro, rafaifa, rarón, reina, reinita, reventado, roquetero, rosca izquierda/rosco izquierdo, roscón, rosqueto, rosquetón, ser de la banda de allá, ser de la izquierda, ser de la otra banqueta, ser del otro bando, ser del otro cuadro, ser del otro equipo, ser del otro lado, ser del otro laredo, ser pitcher y catcher, ser volátil, sobarse el balín, sobarse la balinera, sopa, soplanucas, tamarindo, tapón, tener el ojete roto, tener malo el escape, tralalaila, triángulo, trolo, tuna, tureca, tutifruti, universal, virado, vironcha, volador, volteado, vuelta y vuelta, way, yatagán, yegua, yegua loca, yegua suelta, yeyo, zas, zurdo.

huir

abanicar(se), abrir(se), alzar(se), apretar(se), chancletear, chaquetear(se), chinampear, chivear(se), correr(se), degaritar(se), descabullarse, desgaritar(se), despentrocar(se), despezuñarse, embalar(se), embollar(se), embruscar(se), emplumar(se), envelar, espiantar(se), gabanearse, guillar(se), guindear(se), mandar(se), manguear(se), olivar(se), pasar aceite a la bujías, pelar(se), pendonearse, pintar(se), plumear(se), patear con la zurda, rajar(se), raspar, retobar(se), trucar(se).

imita el ruido o el sonido

¡achij!, ¡belenguén!, ¡bum!, ¡bumbulum!, ¡caj!, ¡chacás!, ¡chapulín!, ¡chaquechaque!, ¡chaz!, ¡chija!, ¡chiplungún!, ¡chocoplós!, ¡chuculún!, ¡chucuplún!, ¡chucús!, chumbluj, ¡chumblún!, ¡chumbulún!, ¡chuplún!, ¡chuplús!, ¡chupulún!, ¡chupunglús!, churchur, ¡chururuy!, ¡cuaz!, ¡cucurucú!, ¡cuy!, ¡dindán!, ¡dong!, ¡esplash!, ¡fuácata!, ¡jua!, ¡juácata!, ñacañaca, ¡ñácata!, ¡ñácate!, ¡pacatán!, ¡pacatás!, ¡palangán!, ¡pao!, ¡pao-pao!, ¡paupau!, ¡pelengüen!, ¡penguén!, ¡pen-pén!, ¡petequén!, ¡plocois!, ¡plungún!, ¡polongón!, ¡pongón!, ¡prangán!, ¡pucutún!, ¡pundumbum!, ¡pungulún!, ¡pungún!, ¡purrudún!, ¡putucún!, quiquiriquí, ¡tángana!, ¡taque!, ¡tumbum!

ingerir

amojonarse, apretar(se), atacar(se), atascar(se), aterrar(se), atipar(se), aturusar(se), bajar(se), bajonear(se), bullonear, calzar(se), cañar(se), chumar(se), chunguear, chupaletear, chupar(se), curar(se), curdar(se), empiparse, encapillar(se), enfiestar(se), enyantar, enzacatar(se), enzaguanar(se), escabiar(se), farrear(se), guarapear(se), guarasiar, jalar(se), lastrar, ligar(se), machar(se), manyar, morfar(se), pegar(se), pepear(se), pistear(se), tirar(se), tirotear(se), tocar(se), tomar(se), traguear(se), trancar(se), triquear(se), turquear.

insultar

acarajear, bandear(se), bardear, carajear, chuchear, contraputear, decir, garabatear, gramputear, intratar, jartar(se), joropear, jupiar, longuear, madrear, negrear(se), palabrear(se), putear, relajar, sentar(se), tapear, trapear, turquear, zambear.

joven

bebeleche, bebesaurio, boay, cagaleche, calincho, camaján, cerillo, chano, chavalo, chibolo, chícharo, cholo, chorchita, colérico, desechable, esquinero, gebo, gevito, guagua, huehuete, indizuelo, jebo, jomboy, jovenzón, kan, kur, lobo, mataperro, mataperros, mayamiboy, mikis, moñero, nuevón, pachuco, patojón, peseta, peseteado, pibe, pichón, pichuercho, repa, repartero, xuncu.

lesbiana, mujer homosexual

arepa, arepera, bombera, bucha, cachapa, cachapera, camionera, chancla, chava, chito, cuero, fem, ganchona, levis, macha, manflora, marimacha/marimacho, pájara, pata, patuleca, ser de la banda de allá, ser de la izquierda, tortera, trinchera, troquera, tuerca.

listo, a

abusado, abusivo, agujón, aguzado, ajuate, almendrón, bicho, bucso, buscón, buso, buzo, canijo, chango, chicho, chispudo, chuzo, cribora, descobijado, espiritado, ficha, gambuso, ganso, garbuso, gaucho, gaznápiro, gurrumino, jobero, jodido, limado, limao, listéilor, listoco, pelis, pijindrín, piola, seteado, tártaro, tasele, trucho, vivián, vovi, xecudo.

lluvia

agua Dios, agua Dios misericordioso, aguacerazo, aguacerito blanco, aguacero blanco, aguaje, alfanjazo, baldazo, brisa, brizna, cachetiza, cerecere, cerrazón, chagüite, chirapa, chischís, chubasca, chubasquina, cilampa, cordonazo, equipata, espantabobos, espantaflojos, invernada, invierno, ja-

rina, lapalada, llovedera, llovezón, llovida, lloviznazo, lluviarada, matapajaritos, mojabobos, norte, paramada, pasada de nube, pelo de gato, pencazo, sereno, zarzaganeta.

loco, a

achusemado, atarantado, bicoldo, bisorioco, canasto, choreto, *crazy*, cufifo, dementado, descalabrado, desconectado, desmarimbado, directo, endrogado, esconi, espiantado, estillado, fallazón, fallo, fallofo, fallundo, fallute, falluto, flay, flechado, friqueado, fumado, gufi, güilo, guindado, huilo, ideático, leco, locadio, locatario, locateli, locayo, locuaz, locumbeta, loreno, lorenzo, loreto, lucio, lurias, mafufo, ñampeado, orático, pelacables, piantadino, piantado, ponchi, rayuela, rechiflado, reteloco, revirado, sobado, soviético, tarailo, tildeado, tolongo, topado, tostado, turulo, turululo, tururu, virola, volado.

mala suerte

basiliqueo, cagada, cimbronazo, currú, fucú, jetta, jodida, mabita, macacoa, malacue, malaria, mavita, mufa, pandeada, pandura, pandurria, pava, piña, quiñazo, sal, saladera, salazón, tiznada, torcida, tuerce, yeta, yetazo.

malo

aconchamadrado, bambolea, cadejo, cajetudo, callampero, cayuco, churrupiento, conchudo, condenado, culeado, hijuna, hojaldre, kandanga, malena, malenco, natre, pelis, pelo de cuca, pinchurriento, piribo, retamboreado, vejiga, zorrudo.

marcharse

alzar(se), aventar(se), barajar(se), cortar(se), destorrentar(se), emplumar(se), empolvarse, fletar(se), jalar(se), marchitarse, pitar(se), virar(se), zafar(se), zampar(se), zumbar(se).

marihuana

aldaba, alegría, bagazo, bayer, bayó, cachimba, canyac, chala, chamisa, chanchada, charbasca, chuleta, cogollo, colombiana, coña, dulce, enfori, faso, felpa, flor roja, golden, grama, gras, hierba mala, hierba maldita, juana, juanita, lechuga, livin, machanga, maconga, maconia, macoña, mafafa, mafú, mafufa, maligna, maloja, manteca, mantecado, mantequilla, maracachafa, maribela, maricucha, marifinga, marijane, marilucha, marimba, matojo, matufa, mecha, meriyéin, mona, monte, mota, mujer blanca, moña, moño, moño rojo, orégano, *pad*, papa, pasto, pat, pegariza, puro, rompecabeza, rubia, segundo frente, tabaco, tibiris, troncho, tuiti, verde, verde limón, vitamina, yerba santa, yesca, zacate, zoncha.

masturbación

chaqueta, changueteo, changueterismo, chinchunte, galipota, macaca, manfinfla, manuela, manuelada, pajarería, pajazo, pajeada, palma, pascuala, pastora, rallarse una yuca, rasparse una de coquito, sobada, sobadita, sobo.

masturbarse

chaquetearse, chichuntearse/chinchuntearse, correr la paja, deslecharse, hacer la casqueta, hacerse la paila, hacerse la rosca, jalar el hule, jalársela, macoquearse, manfinflarse, manuelearse, palmearse, pastorelearse, puñetear, soplarse la pija, volar cometa, volarse la paja, volverse chacalinada.

matar (una persona a alguien)

abalear, aboyar, acabar, acostar, acurrucar, afeitar, africochar, afrijolar, ajusticiar, aliñar, alivianar, amasijar, amolar, anortar, apear, apiar, aployar, arrancársela, arreglar, atarar, bailar, bajar, beneficiar, birar, boletear, bruñir, carnear, chapear, chicharronear, chifar, chimbear, choniar, clavar, comer, comerse una corvina, convertir en chanfaina, dar camotillo, dar chapeta, dar chicharrón, dar cran, dar cuello, dar el vire, dar guiso, dar Juan, dar lo mismo Juana que Chana, dar matacán, dar matica de café, dar mecha, dar merengue, dar pan, dar volantín, dar vuelta, darle el agua, darle el bajo, dejar el pegao, darle su pasaporte, desaparecer, descalar, descocotar, descoñetar, desgraciarse, despalillar, destazar, difuntear, doblar, doblar el petate, echar(se), enfriar, engabinar, espalillar, estirar, faenear, fregar, fumigar, guisar, hacer bostas, hacer el mandado, hacer la boleta, hacer moco, hacer pomada, hacer torta, jamar, joder, lamber, largar, limpiar el pico, llevarse en la golilla, madrugar, mamar, mandar al cajón, mandar al papayo, mandar al plato, mandar al otro potrero, mandar para el otro lado, merenguear, morir el cacho, morir los codos, ñampiar, palmar, parquear, partir, patir el capacho, partir la madre, pasar a tabaco, pasar al papayo, pasar la cuenta, pasar por la chágara, pasconear, pepenar(se), petatear, piliar, pipiniar, pitear, quebrar, quebrarle el culo, quebrárselo, raspar, reventar, rompequijadas, romper, sacar la gandinga, sembrárselo de un solo vergazo, sentar(se), serenar, siquitrillar, sonar, soplar, templar, tempranear, tender, tesar, tirar, tistear, tostar, traslapar, tronar, tronchar, tumbar, ultimar, victimar, virar, volar.

mentir

bolear(se), boletear(se), bulchitear, camelear, embusterear, empaquetar, milonguear, mojonear, pajear(se), pajuelear, volar(se).

mentira

aguaje, barajo, barreta, batatazo, batazo, bate, bolada, boleto, bulto, buste, calavera, camote, caña, cañazo, cara, caramona, carburo, carreta, casaca, casandra, cáshpira, cauca, caula, cauqueada, chafa, chaira, chamullo, chana, charada, chauca, chendo, chercha, chiva, choro, chuleta, coba, copucha, cotorra, cuasimonga, cuenteada, cuenteraile, cuenterete, cuentón, cuina, cuta, dedo, echada, engañada, engrupimiento, espetera, falso, feca, forro, globo, grupete, grupo, guaca, guáfira, guaira, guama, guaraba, guaragua, guasa, guashca, guáshpira, guáspira, guatuza, guayola, güiri-güiri, güirigüiri, huaca, jabladuría, jalada, jarusca, kauka, lámpara, lata, macana, macanazo, macaneo, mamada, mambo, mécora, memela, mentira cerdosa, mentol, mentolina, mocho, mojón, moña, muela, mula, ñanga, ñeapu, paco, paja, pajarilla, pajarita, pajazo, palo, pamba, papa, papo, paquete, paro, pastilla, pedo, perra, pescao, píldora, pistola, pluma, sanata, santo, tacuacha, tambora, tango, tapado, tollo, trampeada, tranca, trova, tuja, tupe, turca, vacil, vacilón, vara, verso, *wasa*, yuca, zamba.

mentiroso, a

aguajero, aguacero, allantoso, anabolero, bachero, bateón, bolacero, buche, buchitero, bulchitero, cachirulo, cachista, cantador, cañero, carpero, carretudo, casaquero, cauca, caulero, caulista, chafero, chagüitero, chamullero, chamuyero, charchelero, chiviento, cutero, embelequero, empaquetador, engrupidor, falseto, faruco, faruscas, fequero, fulero, globero, golillero, grupiento, guayolero, hablador, hablamierda, karisisi, lamparoso, latero, llulla, marañero, moquero, pajerazo, pajero, pajista, pajudo, palero, paquetero, rollero, sirifico, sirifique, tanguero, tollento, tollero, toquero.

molestar

achintar, afrijolar, ajorar(se), albardear, aplicar, arder(se), argelar(se), argollar, arrugar(se), asolear(se), batanear, batir(se), bruñir(se), cachimbear(se), cachorrear, camotear(se), cargosear, carpetiar, catetear, chavar(se), chichonear, chicotear, chilatear, chinchear, chinchosear, chipiar(se), chivar(se), chocolear, chucear(se), chungar, cohetear, cucar(se), emberranar(se), emberrenar(se), emplumar(se), emputar(se), encamorrar(se), enchinar(se), enchinchar(se), engorrar, engranar(se), entamuciar, envainar(se), enzorrar(se), escorchar, estoltusar, fletar(se), fregar(se), fregonear, friquear(se), fundir(se), fuñir(se), futrir, galletear, grubear, hinchar(se), jabonar, jelenguear, jeringuear, jincar, jocotear(se), joñar, joropear, jumetrar, jumetrear, ladillar(se), ladillear, latear(se), macarear(se), machaquear, majaderear, mariquear, moler, monear(se), necear, plegar(se), puncetear, quisquillar(se), recochar, remoler, resingar, romper(se), singar, torear, zumbar(se).

molestia

ampolleta, aplique, berrinche, bijorria, bolera, bruñidera, cachimbeo, cachorreo, cajeta, calilla, cargoseada, carlanca, carpeta, cateteo, catey, chavienda, chavonería, chimada, chimadera, chinana, chingadera, chivada, chivadera, chiveta, cócora, criperfía, derriengue, doma, encocoramiento, fregadera, fregandería, fregazón, friega, friqueo, función, fuñenda, fuñidera, grilla, güeveadera, gurrumina, hueveadera, huevo, jarana, jareta, jocheo, joda, jodarria, jodedera, jodicio, jodiembre, jodientina, julepe, ligosera, lipiria, molesta, molestadera, muina, pacaya, payasería, pena, penita, pereque, perete, pernicia, petaca, plegada, puyón, repelencia, salación, sirirí, sobornal, tequio, tibiera, trabada, vaina, varilla, ventación, vuele.

molesto, a

agitado, ajito, ajizado, aperreado, arruinado, asoleado, atacante, baciliquiado, baciquiado, balín, bomba, bregón, brejetero, cabrón, calagogo, carpetoso, chicloso, chicludo, chivón, choreado, chueco, clavado, cogollo, cosijoso, curcuncho, desagradado, desmañanado, empollón, enchichado, enchismado, encimoso, enémico, envervecido, espeso, filtrado, gacho, hígado, higadoso, hincha, hinchador, hinchón, hinchún, hostigoso, improsulto, jarto, jediondo, jeringa, jervío, jetón, jocho, joñón, joyado, latigudo, machacante, malinche, mamón, molestoso, molón, necio, obstinado, ofuscado, pelmas, plomoso, remolón, resingado, roñoso, tequioso, tocado.

moneda

bamba, bambalina, baro, bomba, brillo, cachete, cambio chico, cáncamo, centavo, centenario, chagolla, chanchero, chapilla, chaucha, chavito, chavito prieto, chavo, chavón, checa, chele, chelín, cheta, chimbimba, china, chipe, chirola, choca, choco, ciega, cocoroco, cora, cristo, cuara, cuartillo, cuatro, cumiche, cuora, daim, daime, dayme, diego, *dime*, disco, dolor, dolores, fisco, fuerte, guaña, lempira, locha, morrocota, níquel, palo, patacón, perrita, peso macho, queca, real, toleco, toleque, toscano, toscho, tostón, vellón, verde, zagaletona.

morir (una persona)

aboyar(se), acabar(se), ahorrarse, ajilar(se), aletear, apagar(se), arrastrar(se), arriscar(se), aventar(se), bailar(se), bajerearse, brincarse la talanquera/saltarse la talanquera, cafetear(se), cagar(se), cantar para el carnero, cargar la trampa, chasparriar(se), chupar daros, chupar gladiolo, chupárselo la bruja, clavar el pico, clavar los cachos, clotear, colgar los caites, colgar los tenis, cortar(se), crepar, dar el baquinazo, dar el changazo, dar el chimbombazo, dar el mameyazo, dar el planazo, dar el vergazo, dar la clé, decesar, dejar el cacaste, dejar el chinaste, dejar la osamenta, dejar el pegao, derretir(se), descansar, descoñetar(se), despintar(se), desteñir(se), doblar los nacos, echar(se), enliar(se), entregar el cacaste, entregar el chinaste, entregar el equipo, entregar el rosquete, entregar la rosca, entregar las herramientas, entregar los caites, entregar los fierros, entregar los guantes, entregar los tenis, estar cabal, estirar, felpar(se), fregar(la), fregar(se), fuñir(se), fututear(se), guardar el carro, hacer chiras pelas, hacer cruces, hacerse acá, hacerse bolsa, hacerse bostas, hacerse concha, hacerse moco, hacerse pelota, hacerse pomada, hacerse torta, jetear(se), irse al tacho, irse con Pancho, irse de cajón, irse en la tira, irse para el otro potrero, jugarle el abono, largar el piojo, llegar a la raya, mamar(se), mancar(se), marcar calavera, morder el garrote, morder la llanta, ñampiar(se), palmar(se), panquear(se)/panquiar(se), parar(se) la cola, parar(se) la ushuta, parar(se) las chalas, parar(se) los caites, parar(se) los nacos, parar(se) los tenis, parársele la ojota, parquear(se), partir(se), pasar al barrio de los calvos, pasarle las del chompipe, patear la cubeta, pegar los botones, pegar el baquinazo, pegar el marimbazo, pegar el vergazo, peinar(se), pelar(se), pelar el verde, pelar gajo, pelar rata, pelarla, pepenar(se), petaquear(se), petatear(se), piantar(se), pichar(se), pilear, quedar cabal, quedar en la página 2, quedar viendo pasar aviones, rascar el metate, raspar(se), reventar como chicharra, rifarla, romper(se), rompequijadas, rosquear, sacar la mano, sonar(se), templarse, tilintearse, tistearse, tostarse, tronarse, tronar como chicharra, salero.

movimiento político o social

ambientalismo, banzerismo, bola, calderonismo, contra, cristero, fujimorismo, gaitanismo, katarismo, liberacionismo, morazanismo, sapismo.

muchacho, a

alquitrán, ara, bacalao, bambú, bandera, bastonera, bato, batutera, becerra, becerrero, bisté, boay, bolañero, botija, *boy*, buay, cabro, cachifo, cadi, chacalina, chama, chamaquita, chamba, changuita, charabón, chavo, chibolo, chiquilingo, chiquiningo, chugi, chulillo, cica cica, ciguata, cipote, cola, coltro, comecemento, cotisuelto, cuadrúpedo, cuartero, cuero malo, desperdicio, *display*, fiñe, florista, gardel, gevito, griseta, guailón, guanimo, guaripolera, guasiruca, guay, güilla, guillú de parcelas, güilo, huaripolera, huisa, imilla, ishtío, jaladora, jaña, jeba, jeva, jurgandillo, kur, laope, lico,

lilincha, llamadora, loera, maje, malle, mamasota, mandulete, marucho, mensaje, mico, mojón,
morrita, morro, muru imilla, navaja, negra, ne-
norra, paica, pajarón, paje, palillona, palomilla, palomo, papayasta, pateta, pay, pelado, pelón, péndex, peneca, pibe, pilguaje, pistarro, piva, plazuela,
pomponera, potranca, potrancota, quinceañera,
títere, torta, varonila, vato, volantón, zaragate.

muy bien

bienazo, biensísimo, bonifacio, caché, cachetón,
cachimbonamente, cheque, chévere, chiva, *cool*,
deaverga, joya, lindo, macanudamente, padre, raja,
regio.

muy bueno, a

astral, avanti, bacán, barbarazo, bravo, buenón,
cachilupi, cagante, carga, chalita, chepo, chido,
chilero, chiro, chivo, chori, choriflai, choro, *cool*,
delis, divis, efectivo, excedido, fatal, fino, ful,
heavy, heavytón, jebi, la verga, legal, loquísimo,
maldito, mecatón, mecatudo, medio, mollejudo,
mortal, penco, pepeado, perrón, petatudo, picho,
picudo, pifioso, pijudo, planchado, pleno, polenta, severo, sólido, sollado, talegón, tazudo, terrible, tuanis, violento, vista de pato macho, yoli.

nada

jiña, naiboa, nainitas, naipe, naíta, nananina, naranjas, nelfin, nonines, ñisca.

nalga(s)

agarradera, algarabía, almohada, almohadón, amascote, amenjesús, bacsai, basa, batán, batea, batí,
bola, bombo/bomba, bómper/*bumper*, botamáis,
bote, cacha, carruaje, cazuela, cerete, chasís, cheto, chintamal, chumacera, cola, coliflor, cuajo,
cucú, culata, culeco, defensa, derrier, desafío, fambeco, fandango, fardo, follelle/foyeye, fondillo/
fundillo, foquis, fote, fotingo, fuas, fui, fuiche, fullín, fundamento, fundeque, fundis, funeme, funene, fusil, fuste, fután, ganapán, ganaplata, gebo/
jebo, gelatina, guante, jopo, junene, juniche, *keri*,
mámaro, nacha, nachas, nailon, nájera, nalga de
batea, nalgas de aspirina, nalgas de burro, nalgas
de tesoro, nápiras, násica, naso, nelfis, ñango, ojo
de pollo, ortega/ortegón, ortencio, pan, pandeiro,
pandereta, parrilla, periquito, petaca, pompa, ponedera, popa, popi, popin, popín, poto, queque,
rabadilla, rabispís, rabo, raja, ramón, ras, reble, saxo,
sentadera/sentaderas/sentadero, sereguete, shute,
sieso, siqui, sopino, tambache, tambembe, tapa,
tapita, tarro, telera, torta, trasero, traspatio, traste,
trastienda, tuste.

niño, a

agregado, albayalde, arrebiate, *baby*, bandido, bandolero, barrigón, bebe, bebé, bebeleche, bebezón,
bebo, beibi, bicha, bichín, bichito, bicho, bodoque, bojote, bojotillo, bola de humo, borrego, botija, *boy*, brocacochi, burusa, cabro, cacacho, cachirulo, cagaleche, cagón, caguetas, cala, calato,
calincho, carajillo, carajito, carambillas, carasucia,
carricito, carute, cebollita, centella, chacuatete,
chama, chamaco, chamaquito, chambrita, chamo,
chango, chaparro, charabón, charango, chatel,
chibolo, chichí, chichito, chicoco, chicuís, chigüín, chilpayate, chimbilín, chinvarón, chipe,
chipilingo, chipilo, chipuste, chiquilín, chiquiningo, chiquirín, chiquito, chirete, chirís, chirizo,
chirre, chisguete, chiti, chupamocos, churre, cimbilín, cipe, cipote, ciprés, ciruja, cobito, cohetillo,
colera, colono, coltro, corrotoco, criado, criaturo,
cuico, culicagado, culimbo, culisucio, cunumí, cursiento, cututuy, encargo, engreído, escolino, escucha, escuelero, escuincle, feto, fichita, fiñe, flechita,
gamín, gardel, giribilla, gorgojo, guagua, guagua
atómica, guagua de pecho, guagua tierno, guaguacha, guagüita, guaguo, guámbito, guambra, güipa, güirro, güiso, gurí, gurrumín, huahua, huahuita, huerco, huihuacho, huis, imilla, indizuelo,
ischoco, ishchoco, ishqueque, ishtío, ishto, ixcoroco, ixto, jardinera, jedeque, jiribilla, kindergarterino, kita, *kuña i*, lipón, llocalla, lloretas, localla,
maldito, malle, menudo, mico, mitá, mitaí, mojón, mono, morocho, morrita, motroco, muleque,
natimuerto, nené, niño de brazos, niño topo,
ñaño, orontoco, pajarito, pajuelilla, paloma, palomillo, parejero, parvulito, pateta, patojo, paye,
pebete, pegoste, peladingo, peladito, pelado, pelón, pelusa, pendejo, péndex, peneca, pepe, pepenado, pepenco, pergenio, pericote, perilla, petacón, petiso, petizo, pichurro, pilcate, pilguanejo,
pilín, pilinjoyo, piltoncle, pinacate, pingo, pinguín, piojo, pipe, pipito, piquillo, piquinini, pirañita, pirinjoyo, pirinola, pirujo, piscoiro, pistarro,
pitufo, pixote, plaga, polilla, poroto, portaaros,
potrancona, potro, puchungo, purrete, rabuja, risa,
ritalín, sacafuego, sajorín, saltimbanqui, sietillo,
soplamocos, sute, tajalón, tempranillo, teque, tequi, tierno, tigre, tili, tlaconete, trinquete, tripón,
tulunco, tura, turenco, varonera, vejigo, wambra,
wawa, yocalla, zambito.

observar

balconear, barruntar, bichar, bigotear, bombear(se),
cachar(se), campanear(se), campear, carpetear, chequear, colorear(se), cubicar, encapillar(se), fichar,
fildear, guachar, guachear, güeitear, junar, len-
tear(se), licar, manyar, mironear, ñahuinchear, orejear, ortibar(se), ortivar(se), pastorear, patear(se),
pishpar, pispar, pispear, sabijondear, samuelear, vicentear, vichar, vichear, vigear, vigiar, vizcachear.

pagar

aguantar(se), azotar(se), bajar(se), bancar(se), bolsear(se), bonificar, caer(se), cantear(se), cashquear, chequear, chipear, copagar, costichar, cotizar(se), descorchar, desembolsillar, disparar(se), echar(se), enchiquerar, enterar, exhibir, garpar, gastar(se), gatillar, manifestar(se), oblar, palmar(se), pesetear, pichar(se), pisar(se), pistear(se), pitar(se), postear, rayar(se), señar, tortear.

pala

garlancha, gualmo, pala carrilera, palana, paleta, palín, poruña, tarpala, topadora.

paliza

aguaicada, amasijo, apaleadura, bejuqueada, boxeada, *cajcheadura*, calentadilla, cuera, domada, estrolada, fueteada, garroteada, garrotiza, golpiá, huasca, huasqueada, huasqueadura, leñada, macaneada, maceteada, machuque, majada, mecateada, movida, penca, petaqueada, petateada, pija, pijiada, riata, tamboreada, tanateada, tapesqueada, tapojiada, tranca, tranque, verguiada.

palo

agalla, amansaguapo, astabandera, *bat*, batidor, bauprés, bolillo, brochet, *brochette*, cachina, calón, cañuela, carbonilla, carlanca, chope, chuza, chuzo, coa, cochoso, enrolladora, espeque, espiga, estaca, gancho, garabato, garrote, guacalero, güisote, güisute, horcón, horizontal, horqueta, huizute, kahuis, laque, lizo, macana, maceta, machimba, madrino, manduco, mazo, mechuda, mismidor, morillo, muchacho, pabalate, palencón, paleta, palo de trenzar, palo pique, paral, picana, poste, timón, tortol, tortolo, trancapuertas, tula, virote, xoxopascle, zozopaste.

pasto

chiji, coclillo, estrella africana, guinea, guineo, jachu, sacate, talaje, zacate, zacatón.

pelea

agarradera, agarrón, berrinche, bochinche, bonche, bululú, burileo, buya, cachetiza, cachimbaceo, cachimbeo, cato, chamusca, chanchullo, chasqueadura, chuña, chuñadura, clinche, cocoteo, coñamentazón, coñaza, despelote, despije, emburujamiento, encontrón, engarre, entrevero, entrompe, escarceo, fajatiña, fajazón, fajotera, garata, garrotera, julepe, luchada, macaneo, macheteadera, marimonda, mecha, mechadera, melé, merequetengue, mierdero, mocha, muñequera, nuwasi, ñequiza, pegada, pelea armada, peleada, peleadera, pelea de tíguere y burro, peleadora, pelito, pellejería, penqueo, picho, pijaceo, pijeo, pijín, piña, piñacera, ranfla, rosca, *round*, runga, soca, socali-

ña, tabaqueada, tracateo, trenzada, trenzadera, trinqueta, trocatinta, trompeadera, vainero, vergaceo, vergueo, zaparapanda, zoca.

pene

abrelatas, acial, afrecho, ahorcado, animal, animalito, aparato, arma, arrancapapas, badajo, banana/banano, barra, bastón, batata, bate, bato, bejuco, biáncamo, bicha/bicho, bimbín, bimbolo, birote, biscotelo, boa, bojote, bollo, bruta, cabeza, cabeza de bombero, cabezón, cabilla, cable, cachinflín, calibre treinta y ocho, calibre treinta y ocho explosivo, callampa, calva, calvosa, camote, canario, caña, cañón, caoba, cara de caballo, caramaño, catorce, catorce pulgadas, chafalote, chaira, chaucha, chic, chichí, chile, chilillo, chilindrín, chilpotle, chino, chino tuerto, chintalala, chirril, chirrión, chiti, chola, chompe, chompipe, chorizo, chota/choto, chuchereque, chufle, chula, chuna, chuncha/chunche, churula, churumbita, churute, chuto, clavija, cohete, colloma, coloma, compañero, cono, corneta, coronta, cortico, corto, cotorra, coyoma, coyunda, cuarta, cuca, cucú, cuenterete, cuento, cuero, cuete, culebra, cureña, curruncha, daga, dedo sin uña, deshuesada/deshuesado, dilín, diuca, dunda, ejote, el chico, espantapedos, espátula, espolón, estaca, explosivo, fenómeno, fierro, filiporte, filorte, flauta, fuete, ganso, garcha, garmaño, garrote, gáver, guachalomo, guarén, guarifái, guarizama, guasamaya, guasamayeta, guasamayete, guasca, güéibor, güevo, güilí, guindalejo, guineo, hierro, hilacha, horma, huachalomo, huasamachete, huasamandrapa, huasca, huevo, iguana, jierro, jiotosa, joyona, jute, *kallampa*, kengue, kile, la cuello de tortuga, la dunda, la sin hueso, lamechupas, leño, leva, lleni, localla, macana, macanudo, maceta, machete, mafián, magazín, malanga, mandado, mandarria, mandurria, mangual, manguana, manguera, manicito, marlo, masmelo/mashmelo, mazacuata, mazo, mazorca, mecasala, mecate, medidor de aceite, mendó, menega, meneíto, meón, mípalo, mitra, moco, moco de guajolote, mocongó, momoroca, mona, mondá, morada, moronga, morronga, mortero, mosorola, muñeco, narizona, naturaleza, nene, nepe, nervio, niño, nutria, ñame, ñango, ñeca, ñoñoroca, ñoqui, ñorra, ñuñu, ñuñuco, pacaya, pajarilla, palanca, palo, palo de tombo, paloma, palomilla, palomita, papa, parte, peal, pellejosa, pelón, penca, perico, perilla, perinola, perno, piche, pichi, pichila/pichilo, pichinga/pichingo, picho, pichón, pichula, pichulín, pico, pijoreta, pilín, pilinche, pinchilla, pincho, pindonga, pinga, pinganillo, pingo, pipe, pipi, pipí, pipilí, pipilín, pipiriche, pipito, pirinola, piripicho, pirrín, pirulí, pirulín, pisajo, pishilín, pispirrín, pitiado, piunga, plátano, pliro, pollo, pomo, poronga, prieta, puchunga, purrunga, pusunga, puya, rata, realera, reata, regollina, riata, riel, rienda, riorra, ripio, rola, sable, sacapedos, salchichón, sebosa, shute, sipote, sirindanga, soropeta, tabaco, tabaco campeche, tajona, talega, tallo, tasajo, toboa, toboba tobul, tolete, tortera, tórtolo, trinquete, tripa, trola, tronco, troza/trozo, tubo, tuco, tula, tuluma, turco, turula, tusa, tuto, tuturusa, vaina, vara, varejón, varicosa, variqueque, varo, vena, venosa, venuda, verdura, víchiro, vigornia, viril, virola, virote, waldo, walt disney, wislulo, yema, yuca.

pequeña cantidad

buche, chiquito, cirigaña, colmo, estril, fisco, mirringa, ñinga, pirracha, tin.

pequeño, a

abatatado, bojotico, buchón, chapato, chapuco, chiche, chicón, chimilingo, chimirringo, chiquindorrio, chiquiningo, chiquirin, chiquirringuingo, chiquirristico, chiquiturri, chirringo, chirriquitico, chulungo, cigüirillin, congo, culuco, cutucito, entrevejido, gurrumino, mirringo, mirrungo, ñirringa, papujo, pishirico, pliqui, pululo, quinicho, rebijío, revejido, sotolo, tullido, zapa.

período

ablande, agú, agüirón, alumbrón, año calendario, año rural, apante, aspirantura, brega, cachito, canícula, cipotada, coloniaje, culequera, decanatura, dieta, entretiempo, entreverde, feria, hora feliz, hora judicial, hora pico, horario pico, incanato, inocentes, intendencia, interregno, invernazo, invierno boliviano, jaripeo, mes de María, noviciado, oncena, paleoindio, preparatoria, preparatorio, primanoche, sikín, tiempo fuera, tiempo muerto, veda, ventana, veranillo de las almas, veranillo de San Martín, veranillo del Niño, violencia, zafra.

persona aduladora

adulante, adulio, alabardero, anaconda, boa, borriguero, canchanchán, cepillero, cepillo, chupacalcetines, chupahuevos, chupalimón, chupamedia/chupamedias, chupapico, chupapinga, chupaplatos, chupe, cobero, corchete, corcho, cumbista, fastrén, franelero, guatacón, jaeti, lambe, lambechorcha, lambefondillo, lambeojo, lambestaca, lambetorta, lambiche, lambiscón, lambisquero, lamebotas, lamechetos, lamehuevos, lameladrillos, lamenalgas, lameojo, lamepatas, lameplatos, lamepoto/lamepotos, lacaracas, limpiapotos, llunco, lustrabotas, lustrachancletas, mandadero, melcochero, metido, olfa, olfachón, oreja, orejero, pajero, pasalengua, perro, pitón, ponerse el tapete, sacamicas, sapo, serpiente, sobabolas, succionacalcetines,

testaferro, tracatán, turiferario, vuelacumbo, yoyazo, yoyo, zumbador.

persona de baja estatura

batato, borona, chamorro, chapo, chichuizo, chicorio, choto, corrotoco, currutaco, daña ropa, elmo, figurita, garrapata, gurrumina, mediomoco, mojón, morrocoyo, nigua, omoto, pegoste, peo, pineo, piojo, remache, sapo, sapopeta, soplapolvo, tacaco, tachuela, talapo, tamuga, tili, tipacho, ulupica.

persona de edad avanzada

adulto joven, antigüeño, awicho, bejuco, betamax, caivo, cáncamo, carajito, chipilín, chullpa, don, galleta con gorbojo, goma, güilo, güiro, hechón, joevi, jovato, *jurasik park*, kaivo, katuwaleada, kisa, mamando, mediotiempo, nazareno, ñaupa, pavo, pedacito de gente, pollón, puro, roco, rocolera, rocolo, roquemis, rosquete, ruco, tacaco, teclo, temba, vejiga, vetamax, veteco, veterano, veterano de la guerra, viejardo, viejevo.

persona débil

acabado, achatado, acholencado, achongado, ajilado, amellado, berrejo, cailón, cancaruño, cañengo, cañengue, chincurriento, culillo, decaecido, decaicido, descaecido, descaicido, deslechado, enguañangado, enjuto, enmonguillado, entumido, enyemado, eslechado, fuñingue, güilo, gulembo, huilo, irqui, macuenco, malembe, mangú, mongo, muermo, neneco, neneque, ñecla, ñecle, pilishte, sute, tela, telenque, teleque, tembeleque, tembleque, tetelque, turuleco, vano, wishy-washe, *wishy-washy*.

persona despreciable

bagazo, basura, borra, caite viejo, carajete, cascarria, chaya, chinchurria, chingado, chingaste, cuacha, hijeputa, hijo de la cherna, hijo de la chingada, hijo de su mera madre, hijuemadre, hijuemama, hijuemíchica, hijuepucha, hijueputa, indilgue, jediondo, jijuna, jijunagrandísima, juelagranputa, maje, mangajo, muérgano, mugre, niguatoso, pasada de años, puercada, rastacuero, rastracuero, redrojo, sabanda, sica, sujeto, sumbambico, tana, trastajo, tusa, zaragate, zarandajo.

persona fea

babilla, babillo, bacalao, bagarto, becerra, bicharraco, bofe, bute, federico, fea con efe de fundillo, feisito, feo con velocidad, feón, feroztico, fetunio, feuchento, feucón, feúra, fiero, fierucho, fierura, fulero.

persona insignificante

arrapiezo, arrastrapanza, babosada, cacatúa, cagaíto, cherrecle, chilín, chirriburri, clavayegua, comerrulo, cosiaca, culichiche, gorgojo, guarisnaque, hijo de cura, lambe plato, miquillo, misiñami, ñagaza, patepuerco, pelado, pelafustán, pendejito a la vela, pichirruchi, pichiruche, pichiruchi, pijirigua, plasta, pobre gato, poligrillo, raspicuí, renacuajo, repisado, ripeado, zurrupio.

persona joven
baby face, bicho, cachorro, chango, chascón, chavo, chino, chiqui, chiquito, cipotón, gevo, guacho, guagüi, guaina, guaino, guambra, huambra, laope, mamasán, meneco, mina, mino, mópero, ñato, pai, pelado, pelusón, péndex, pepillo, pichocho, polla, rana, titi, virgo, volantón, yorgo, zangandongo.

persona que habla mucho
blablá, bocacho, bocachón, bocatán, bocina, buzón, cacatúa, casaqueador, chachalaquero, chachalaquiento, chirimía, cocinero, conversador, corneto, cotorro, gallareta, guacharaca, hablachento, hocicólogo, jetón, lengüeta, loro barranquero, mamagallista, merolico, muelero, palabreador, perico, sanatero, tribuno, versero.

policía (agente y cuerpo)
acabotó, agente de tránsito, agente sin chapa, alcahuete, arenque, boletero, *boy scout*, buitre, buzo, caballito, cabo cantonal, cagris, cajeta, camarón, cerdo, chachero, chapilla, chapol, chepo, chichera, chontudo, chulavita, chupa, cobra, conejo, confidencial, cuico, cuiló, fantasma, fenómeno, fiana, fuerzas represivas, gandul, gárfil, gendarme, gendarmen, gobierno, gorila, guardia de palito, hombre rana, jaiba, jara, jarón, jodicial, juda, judicial, jura, jurumba, ley, lince, macaco, macanero, mieluda, milico, mordelón, munición, narco, narcótico, paco de la esquina, pacomio, pálida, palmolive, pareja, pasmo, patrullero, perjudicial, perro, pesca, pesquisa, pitufo, polar, policía de pito y tolete, policleto, poliladrón, polis, punto fijo, rati, ratis, ratón, reis, renta, rondín, sacón, sapo, submarino, tamarindo, tecolote, tigra, tira, tirapalos, tomba, tombo, tongo, tránsito, varita, vigilante.

presumir
apantallar(se), bufar, carburar, cartelearse, chicaneo, chilerear, chuquear(se), compadrear, cusquear, empantalonarse, fachosear, frontear, guapear, jamonear(se), jullerear, panudear(se), pintear(se), piquetear, privar(se).

problema
agite, arropaje, atado, bemol, bololó, boroló, bororó, bregeta, brejeta, cague, camarón, candinga, cangrejo, chavienda, chicharrón, choquera, cohete, compendio, contumeria, crujida, cuaba, cua-

dro, cuete, cusuco, deschongue, driblear, embone, encartada, encarte, *fish*, friqui, gallina, güevo, güirila, *issue*, merequetén, mierdero, mojón, parche, pedo, pegón, peo, perno, pex, pez, pugilateo, rámpano, rollo, sopa, tángana, tete, trabada, trobo, tusero, tuste, vaina.

prostíbulo
casa de huifa, centro de tolerancia, chongo/chonguito, firulo, matadero, metedero, pagadero, peperechero, pesadero, putal, puteadero, puterío, potero, puticio, troca.

prostituta
alka, alternadora, amiga, amiga de hacer favores, amiga de los ricos, anona, atorranta, aviadora, bagasa, bagasha, bagayo, bandera, bataclana, bicha, bolera, bollera, bolloloco, brusca, burdelera, buscadora, callejera, calzonesflojos, camona, cantonera, carne fresca, carpintera, carretillera, chaborra, chango, chascona, chepa, chicabíper, chilena, chimbiroca, china, chinga, chingada, chintatlahua, chintlatlahua, chinvarón, cholera, chuchumeca, chupa chupa/chupa-chupa, chupachupa, chupapinga, cobo, cochofle, cogiona, cohete, cohete explotado, cohete quemado, cola, colgona, colocha, compañera de la noche, corbeja/corbejo, corre, corre costa, cuarenta, cuaricha, cuatrera, cuera, cuerazo, cuerín, cuerito, cuero, cuero de cortina, culo alegre, culo loco, dama de compañía, dama de la noche, de a tres por peso, de ambiente, enchivada, entregadora, esquilera, estropajo, exprimidora, fardo, fichera, flauta, flechuda, fleje, fletera, floja, fufa, fufurufa, gancho alegre, garrolilla, gato, geba/jeba, gira, giro, grilla/grillo, grofa, guaracha, guarandinga, guaricha, guerrillera, güila, güisa, gumarra, horizontal, huera, huila, horizontal, jalona, jeba, jeva, joseadora, joyona, leandra, lechuza, leona, leperuza, loba, loca, lola, mabilera, macha, magalla/magaya, magusi, mamasanta, mancornadora, máquina IBM, maraca, mariñaque, mariposa, mariposa de la noche, material nuevo, matona, meca, mecona, meregilda, mina, minuca, monora, moscardona, mujer de cortina, mujer de la carrera, mujer de la vieja guardia, mujer que josea, muñeca, patín, patinadora, patrullera, pe, pebeta, pellejía, pellejo, peperecha, percanta, perendenga, pesetera, pila, pilla, pisca, piscapocha, placera, playa, playera, pluma, plumífera, pochota, polaca, polaina, polilla, ponchera, ponedora, pro, pro del sesenta, puerca, pulga, pupis, puta de borolín, puta de caché, puta de sesenta, putona, rabona, ratona, rebuscona, remolquera, requemada, rilain, rompecatres, ruca, ruletera, rutera, sacasebo, talonera, tiznada, turra/turro, vagamunda, veintitrés, visitadora, yegua, yira, yiranta, yiro, zángana, zumbadora.

puesto (lugar y empleo)

achinería, aduanilla, alcabala, botella, cabeza, cachivachería, caramanchel, carrito, carro de chorizos, carro sanguchero, casilla, catu, cebolla, champa, chinamo, chinchal, chinchel, colmena, covacha, curul, enchiladuría, fonda, friquitín, fritanga, fritanguería, fritolera, isla, lustrín, paletera, papa, paquinero, paracorto, picalonga, pilastra, ponchería, quincalla, ramada, retén, sanguchero, sior, sombrero, tamazuca, tangón, tantacato, ventorrillo.

rápidamente

breve, chumpeo, como honda, despetacado, disparado, luego, rapidol.

realizar el coito

abrochar, acaballar, afilar, afinar, afinar el piano, agarrar, ajetreo, arepear, arrizar(se), atorar(se), atornillar, beneficiar(se), brincar(se), burrear(se), cachapear, cachar(se), cachetear(se), calzar(se), chiclar, chicotear, chifarse, chiflar(se), chimar(se), chingastear(se), chucear(se), chumelear, churar, clavar(se), coger(se), comer(se), comer pescado, componer, cuepearse, cuevear, culear/culiar, curtir(se), dar barra, dar bimba, dar bolsa, dar cabilla, dar el nace, dar etilla, dar guiso, dar leña, dar linga, dar mantenimiento, dar marrón, dar mongo, dar nabo, dar negra, dar punta, dar verga, donquear(se), embrocar(se), empacayar, encajar(se), encaramar(se), encebollar, enchufar(se), enchutar(se), enclochar(se), encuevarse, enhebrar, enroscar(se), entierro, entollar, fajar(se), fifar, funcar, fuslar, garnachar, gateada, golosear, golpear, gozar la papeleta, gritar viva Chile, gustarle el dulce, hacer la vaina, hacer zaranda, hacerse un levante, intimar, jalar, jamar(se), jincar, jinetear, jolotear, librar, limar, liquear, llevarse en la golilla, machucar(se), majar, mandar(se), marcar, matar el oso a puñaladas, meter la yuca, mojarse el payaso, mojarse la brocha, mojarse la hilada, mojarse la sardina, moler, nalguear, ñequear, ñorrear, paletazo, palomear, papear(se), pasar(se), pauchar(se), pegar daga, peinar(se), pendejear, pepenar(se), pesar, pichar(se), pinchar(se), pingar, pipiniar(se), pirobar(se), pisar(se), pitear, planchar(se), polaquear, polvear(se), ponchear, poner(se), pringar(se), pupusear, puyar(se), quebrantar(se), rapar, rascar, raspar, recetársela, rechinar el catre, recoger, refinársela, remolar el bizcocho, remojar el cochayuyo, remojar el payaso, rempujar(se), sacarle la punta al lápiz, sacarse la gafera, sembrar el nabo, singar, siriar, soplar(se), surtir(se), tapiscar, taponear(se), templar, tirotear, trabar, tranzar, traspalar, trastear, tronar, tupirle el miriñaqui, vaciar los porongos, verle el ojo a la papa, volar(se), volar cacha, volar paloma, volar rojo, quebramuciar, quebrantar, quebrar, quebrarse un culo, zumbar(se).

rechazar

arrochar(se), batear, bolear(se), bolsear(se), chotear(se), descualificar, planchar(se), rebotar(se), retachar(se), retrucar, revirar(se), soberbiar, virar(se).

regañar

bandear(se), bochear(se), chamarrear(se), chapiar(se), chipiar(se), fotutear, hablar, mangar(se), maquear, potrear, putear, tastacear, trapear.

relación (entre personas)

acople, acostón, *affair*, afile, afinque, agarre, agasajo, alce, alebreste, amaño, amarre, amasiato, amores de medio brazo, bacilón, bisne, brega, cacheteo, choque y fuga, compadrerío, compinchería, descartuchamiento, embullito, entretención, entretensión, fato, filo, guara, jalencia, juntamenta, juntiña, lance, levante, liñada, pise, plancito, pololeo, potoleo, programa, rebusque, relajo, sebo, *sirwiñacu*, tantanacu, trencito, vacilón, yanaconaje.

reprender

acachir, acepillar(se), aplanchar(se), baquetear, bochar, cafetear(se), cagar(se), caranchar, caranchear, chorejear, copetear(se), descargar, emparejar(se), felpear, fregar(se), gritonear, guapear, jabonear(se), joder, joropear, loguiar, madrear, pasear(se), pendejear, raspar, raspear, rasponear, repasearse, requerir, requintar(se), resondrar, retar, retear, rezongar, rigorear, sazonar, tratar(se), vaciar(se), zarandear(se).

reprimenda

aguaje, ajustón, atornillada, baculazo, baño, boche, café, cafeteada, cagada, carajazo, carajeada, cepillada, chanclazo, chaparrón, chiquimangue, cuadrada, emparejada, enjabonada, estatequieto, felpeada, fletada, fregada, frenada, friega, hablada, jabón, jabonada, levante, limpiada, loga, loguiada, lotería, madreada, maltratada, movida, palazo, pela cantada, peluca, peluqueada, penqueada, petateada, picante, putazo, puteada, puteadas de a leguas, raspada, raspón, rasurada, regañada, requetén, resondrada, reta, retada, reteada, rezongo, rigoreada, sazonada, sosegate, tastaceada, trapeada, tratada, vapuleada.

reunión

abanderamiento, activo, acuerdo, acullico, ampliado, asado, asado de vidrio, asamblea de balance, bacilón, batuque, bayuya, bebelata, bebendurria, bebetina, berejeta, bichera, bochinche, bola, bombazo, bonche, bregeta, brejeta, *briefing*, buruca, cabildo, cafeteada, cahuín, can, *cantarola*, capada, carne asada, *caucus*, cebichada, chamuchina, changüí, cheleada, chercha, chichada, chimuchina, chorcha, choripanada, chupa, chupadera, chupeta, churrasqueada, comida, completada, concejillo, congrí, consejillo, conteo de regalos, conversatorio, convite, coqueada, crao, *dancing*, deit, despacho, despiole, elotada, encerrona, escogida, escoleta, festichola, fogón, guachafita, guatia, guatiada, guitarreada, interconsulta, jale, julka, juntucha, locreada, mamona, mateada, milonga, milongueada, minga, mingaco, mingar, miri, mitín, mollejón, mujerazo, pachamanqueada, parquin, pellejada, picaronada, pindín, piño, popada, porfía, previa, purrún, rebulicio, rechola, reconcentración, rimanacuy, rodeo, rumbantela, seguidilla, tabeada, tamalada, tamaleada, tantachawi, taquiza, tarreo, tecito, tocada, tocoquera, toma, tomada, tomata, tomatera, torneo, truqueada, vacilón, vaqueada, velada, viernes cultural, viernes social, vituperio, yucada, zafarrancho.

robar

abigeatear, acepillar(se), afanar(se), agandallar, alivianar(se), apanar, apercollar(se), armar(se), arrear(se), arreglar, bailar(se), bajar(se), bambolear, batear, bolsear(se), bolsiquear(se), bombear(se), bretear, brincar(se), brujear, cachar(se), caer(se), cajonear, calatear(se), camotear(se), cangallar, canibalear, cañonear(se), capar, caquear, carrancear, carterear, catusear, chalar(se), chalequear, chapiar(se), chifiliar, chingar(se), chipar(se), chipear, chopear, chorear(se), chulear(se), chupar(se), clavar(se), cruzar(se), cuatrerear, cumear, cuquear, cutarrear(se), deschalar, destusar(se), destuzar(se), duraznear, embalsamar, embolsar(se), embriscar(se), embruscar(se), enchivar(se), escalar, escapear, escruchar, espiantar(se), estafar, fachar, ganar(se), garrotear, gavetear, golear, grapear, guachipear, guaraquear, güebiernar, güevear(se), güeviar(se), huevear(se), jalar(se), jolopiar, juquear(se), ladronear, lancear, lavar, levantar(se), madrugar(se), manganear, maquinear(se), melear, monrear, mordisquear, nagualear, ñafitiar, ñampear(se), ñampiar(se), ñapar, ñapear, ñarpear, palanquear(se), palear, patear(se), pegar(se), peinar(se), pelar(se), pepear(se), pepenar(se), pericotear, pescar, picar(se), pijear(se), pinchar(se), piscuñar(se), pocear(se), policear, prensar, pungar, punguear, raponear, rascar(se), rastrillar, raterear, recursearse, refalar, requintear, saquear, serenar(se), shacar, solfear, suspender, tacuachar, talonear, tamalear, tamarindear, tapiscar, tifitear, tipir, tirar(se), traficar, transar, tumbar(se), ubicar(se), uñapiar, uñar, visitar, volar(se), voltear(se), yipiar, yopear.

robo

abigeateo, abigeato, afano, alce, alzado, alzamiento, alzo, apercolle, arranchón, arreada, arrebatón, arriada, aruñe, atraco, autoasalto, bailada, baje, barrida, bolseada, bolseo, brinco, brujeo, burusca, cachada, cache, cadenazo, canibalismo, carterazo, chalequeada, chopeo, choreada, choreo, cirugía, cogioca, coyotada, cristalazo, cuatrería, cuatrerismo, dañineada, desplume, destusada, destuzada, dorremí, escapazo, escruche, facho, filtración, gavetazo, gaveteada, güeveada, güeveadera, güeveancina, güeveazón, güeveo, güeveyo, güeviada, hueveo, jolope, joseo, laceo, lanzazo, lavada, macanazo, madrugón, manganía, maquinazo, matatusa, maturranga, monra, monrazo, nucazo, ñafiteo, ñapa, ñáquete, ñauñau, palitroque, peinada, peine, pelada, pericoteo, pillería, piñatazo, prieta, punga, pungueada, raponazo, rascada, recurseo, robada, robadera, robancina, shacamento, solfeo, tacazo, tamarindada, tamarindazo, tarrajazo, tarrayazo, trafique, tumbe, uñada, uñazo, vergazo.

romper

bandear(se), botar(se), cagar(se), caquear, chilpir, crebar, curubicar(se), curuvicar(se), decañangar(se), deflecar(se), descarajar(se), descojonar(se), desconflautar(se), descuajar, desfloronar, desguañingar(se), desguazar, desmameyar(se), desorejar, despanzar(se), despatarrar(se), despentrocar(se), despijar(se), despingar(se), despostillar(se), destasajar, destimbalar(se), destoletar(se), destutanar(se), escrachar(se), esfondar, esñocar, estasajar, estrallar(se), fregar(se), gradear, planchar(se), ponchar(se), quebrar(se), rotar.

serie de golpes

biaba, cacheteada, cacheteo, calvacera, capotera, capotón, cascada, cascareada, chanca, chinga, coñamentazón, cuesquiza, felpa, felpeada, fleta, fueteada, fuetera, garrotera, golpeadura, golpiza, guasca, huevaceada, laceada, leñaceada, limpia, maceteada, maceteo, madriza, malmatada, matada, mecida, metateada, molonqueada, morongueada, nalgueada, palera, pamba, pambaceada, pambiza, pateada, patiza, pela, pencaceada, penqueada, pescozada, pijaceada, pijiza, puñera, puñeteadura, putiza, reata, rejera, rompida, rumba, sobadura, sobe, somatada, suaca, talegazo, trancasear, tranquiza, trompeadura, tuntuneo, vapuleada, varejoneada, vergueada, verguiza, zacateada, zaparapanda, zarabanda, zaranda, zumba, zurria.

suspender (un examen)

atortar(se), balotear, blanquiar, chotear(se), coger(se), colgar(se), desaprobar, doblar(se), dropear(se), espetarse, flonquear, flonquiar, hachar(se), mamar(se), partir(se), pepenar(se), pisar(se), planchar(se), ponchar(se), puyar(se), remangar, reventar(se), tirar(se), topar(se), tostar(se), tronar(se), volar(se).

tacaño, a

acamalador, amarrado, cagado, cagón, caguila, centavero, chichipato, chucho, codina, codo, coñete, coñudo, coyor, cují, culo, cuña, cutarrero, cutarro, durango, duro, empacador, fierrobolsa, hambriento, jacoibo, lechero, lépero, marrajo, marro, michicato, miquingo, moishe, muco, pelotero, perecido, piche, pichicata, pichicatero, pichicato, pichinche, pichiriche, pichirre, piedra, pilinque, pilinqui, pinche, piojo, pisirico, poquitero, quechali, rabinche, rocapeña, roncero, tacañún, talishte, tenido, ticuiche, ticuso, tieso, tiñoso, troñuño, truñuño, turco, usha, zocado.

testículo(s)

aceituna, aguacates, alforja, alverja, amigo, berocos, blanquillos, bojote, boliviana, bolsa, cachas, cachinas, chácara, chachos, chibola, chiclán, chigüiza, chimbos, churumbitas, coco, compadrón, compañero, compañeros, compañón, copitos, coquimbano, corota, coyol, coyoles, cristalería, gandumbas, gemelo, grano, guacal, guaretos, güeva/güevo, güiles, guinda/guindo, haches, higos, huevas, kinoto, kisa, kiwis, mancuerno, maracas, matatada, matate, maule, menudo, naranjas, pepa, porongo, quimbo, quinotos, runto, runtu, semillón, shunte, talantuyo, talchinaste, tanate, testigos, timbales, tolas, tompiates, triquitracas, trolas, yemas.

tontería

ahuevazón, alelazón, arracachada, babiecada, babosada, babosería, bagazo, berecada, berracada, berraquería, boloña, boloñería, bolsería, bueyada, caballada, cabeza de ayote, chebada, chochada, chontalada, comedera de mierda, comeduría de mierda, comemierda, debilidad, despapucho, dundería, embelequería, fainada, fainera, fainería, fifí, gilada, gilazo, gilinche/gilincho, guilún, guajolotada, guanajada, güevonada, güiyada, huecada, huemulada, hueveo, huevonada, jalada, lesera, lesura, manguareo, mariguanada, mariquera, micada/micadas, moguería, mudencada, musaraña, niño envuelto, ñáñara, ñanguería, ñe-ñe-ñé/ñeñeñe/ñeñeñé, ñoñez, pajeada, pajuatada, pampirolada, panganada, papada, papita, patanada, pavera, pelotudez, pendejá, pendejada, pendejera, pendejez, pendejismo, penitentada, pichichuela, pinacatada, pingada, pistolada, pipirichada, pizpizigaña, playada, porronada, sananada, sanguanería, taradez, tarugada, terengada, tilingada, tilinguería, tontada, virgada, zambequería, zanganada, zanganería, zanguanguería, zapallada, zoncera, zoquetada, zuato.

tonto, bobo

abismado, abodocado, abombado, aboyado, acéfalo, achontado, aciguambado, aciguatado, aco-

paibado, agambado, agilado, agua de masa, aguabinado, aguacatado, aguacates, aguacatón, aguacatoso, aguaitado, aguambado, aguampado, aguanabado, aguaymado, agüevado, ahuevado, ahuevonado, ajolotado, ajilotado, alberja, alcaucil, alforja, alverja, alunado, añeplado, aopado, apajuilado, apangado, aplatanado, arveja, asnúpido, asoleado, atarailado, atascado, aterengado, atrabancado, ayote, ayotón, azoquetado, babaco, babasfrías, babieco, babiloneo/babilonio, babosota, babucha, babusón, bacalo, bachichín, balín, balurdo, bamburrete, banano, baquiro, barbeta, barco, bartolo, bastardo, batata, bato, bayunco, belembe, belinún, bereco, bernardo, berraco, bicoldo, bobeta, bobolongo, boborote, boca de humo, bocabierta, bolas, bolonio, boloñés, bolonio, bolsa de caca, bolsón, boncha, boquepuerco, brea, brevo, bruto, buey, buchón, cabeceburro, cabeceduro, cabezón, cachirulo, caído de la hamaca, caitudo, calletano, calzonazo, camote, candelejón, canuto, cantimpla, cara de gata, carreta, cartolazo, cartón, cénico, chabela, chalungoso, chambón, changuango, chanta, chauchón, chayota/chayote, chayotón, chebo, chencho, cherenco, chernita, chipi, chitrulo, chorizo, chorombo, chorompo, chumelo, chumplaco, chupapinga, ciguato, cínico, cochuso/cochuzo, coco, cocoliso, cocoyoco, cojudo, comebasura, comebola, comegofio, conejo, corneto, cotudo, croto, crudo, cucufato, culelé, culicagado, desajustado, desmañado, desorejado, dundeco, dundo, dundón, dundulario, dunduneco, enguañangado, enquimbado, estazo, estupinián, falluco, fanega, faltar veinte para el tostón, fanega, farabute, fatulo, frilo, gafedad, gandumbas, gilazo, gilberto, gilinche/gilincho, gilún, golpeado, gonorriento, grencho, guacarnaco, guachinango, guaje, guanajo, guanajote, guandajón, guango, guarín, guaripola, guarisnaque, guasmeco, güegüecho, guelebicho/huelebicho, güelepega, güelesijaya, güevero, güicho, güelío, güeón, güevero, güeveta, güevón, güey, güey corneta, güilo, guicho, güillo, güilo, guiso, gulembo, haibo, hijo de la pavota, huaje, huamán, huanaco, huehuecho, huelebicho, huelepega, huelepolla, huelestaca, huemul, hueva, hueverto, hueveta, huevinche, huevón, imbombo, jaibo, jambado, jetón, jilote, jilotón, jiquerón, jolote, jolotón, jorjón, Juan vendémela, julunche, lalo, lambestaca, lele, lencho, lentejo, leño, lerendo, letongo, llevarse las hormigas, lolo, lonyi, lonyipietro, lulo, lumbo, mae, magallanes, majano, maje, majiolo, majiriulo, mamabolas, mamado, mamón, mamposta, mangungo, marinillo, mata de arrayán florido, mata de huevas, mata de pelotas, matute, maule, mediomudo, memento, menso, mente de pollo, mequetrefe, merelete, mermelada, mingo, mogo, monse, movido, mudo, muelón, mula, muspa, nabo, naboncio, nayo, noneco, nonti, novato, ñango, ñangué, ñeñe, ñero, ñoco, ñongo, ñoñeco, opa, oparrón, orejón, otario, pacualillo, pailón, pajarón, pajero, pajuil, pajuilado, palangana/palanganas, pamplín, pancho, pandundo, paninato, pangola, papafrita, paparulo, papayón, pariguayo, parto alumbrado con tusa, pasmique, pasta flora/pastaflora, pastenaca, pastuso, patastón, payute, pavo, pavote, peje, pelandrún, pellejo, pelópidas, pelota/pelotas, penco, pendango, pendiolo, penitente, pensador, pensanco, pendejerete, pendejo, pichiruchi, pichiruli, pichorcha, pingada, pingo, pipistrelo, pistola, pistolada, playada, porronada, quenepo, raimundo, ramón, reinaldo, renco del morro, res, ruperto, saco de cachas, saco de huevas, saco de pelotas, saco de peras, salame, salamín, salmón, sampaguadas, samporlino, samuro, sanaco, sanano, sanguango, shunsho, simbombo, sinsilico, sofero, sonconeto, sonso, sonsón, sonsobélico, sope, sopete, soreco, soroco, soroilo, sorompo, soropeto, sota, superto, talegón, talegudo, tapa, tarailo, taradelli, tarailo, taraleco, tareco, tarodo, tarolas, tarudo, tarúpido, tatala, tembo, terencio, terengo, tetudo, toche, totoleco, tolongo, tompiate, tontiaco, tonto leso, torreja, totoreco, troilo, tulenco, tunteco, tuntuneco, tureca, turelo, turenco, *turkey*, turro, turuleco, turulo, turululo, turupe, tutumuste, tuturunto, vaca, vaca patas arriba, valija, vegiga, venancio, vereco, verraco, vichenzo, virote, yanga, yegua, yeyo, yiyo, yuyo, xapatillo, zambeque, zamuro, zanahoria, zanguango, zapallito, zoilo, zonconeto, zonzo, zonzón, zonzoneco, zonzoreco, zope, zópilo, zorailón, zorenco, zorimbo, zoropeto, zuato, zumbón, zuncán, zuruma, zurumbo.

torpe

agilado, aguanacado, ajambado, asoleado, atarantado, atorado, atronado, bambo, blindado, bruteque, brutón, buey, burraco, cabezón, carajo, cartón, cebollín, cebollón, chambeco, choncho, coquiseco, corcho, cripe, crotal, crudo, desmañado, difícil, dureli, esmeril, feíto, ignorantón, lanudo, macho, malango, malsacado, mancarrón, manganzón, maniado, mapleto, mascalana, mongo, ñame, ñango, ñemo, ñurdeli, ñurdo, pañuso, pato, patudo, perno, semino, taba, tapa, tapado, tapara, taparo, tarado, tulenco, tupido, zanguango, zoreco.

trabajar

amolar(se), atagallar(se), barajar(se), barretonear, boletear(se), bretear, burrear(se), buscar(se), cachuelear(se), camellar, chambonear, chancear, chancletear, chavear, chejear, cinchar(se), chingar(se),

conuquiar, curralar, descrestar(se), empunchar(se), escrambear, escrambiar, extrear, fajinear, guacalear(se), güinchar, josiar, laburar, lechucear, lomear, macanear(se), machetear(se), mamonear(se), mangonear, marronear, marroniar, moler, monear(se), motorizar(se), mulear, muñequear(se), negrear(se), pegar(se), peguear, penquear(se), periquear(se), pijear(se), pinchar(se), pirquinear, pisar(se), recontrapijiar(se), revolar, rumbear(se), tabanear(se), tallar, talonear, tarefear, traquetear, verguear(se), volear(se), yugar, yuguear, zocar(se), zurrar(se).

trabajo

amarre, arrope, asadura, atareo, balín, batalladera, boleo, boleteo, bolito, bosta, botella, brete, breteada, busca, cacha, cachuelo, camarón, camello, cancheo, chamba, chambonada, *chance*, changa, cheje, chiripa, chivo, conchabo, costo, curralo, curro, enchastre, faena, fagina, friega, gallo, guame, guille, guisito, *hot*, hueso, jale, karma, laboreo, laborio, laburo, macaneada, macaneo, manchancho, marroneo, mataburro, matarile, mecha, media media, minca, negra papa, negreada, obligación, pacaya, paja, palea, partai, *part time*, pegue, penqueada, penqueo, picoteo, pijeo, pincha, pituteo, pituto, pololo, rebusca, resuelve, rumbo, sacada, talacha, tollo, tornavuelta, trabajadera, trinquete, tumbe, venado, verguero, voleo.

trago

alcoholazo, alipús, alquitranazo, batazo, bombazo, buchada, buchazo, cachimbazo, cachirulazo, calaguastazo, calazo, canelazo, cantazo, cañaguastazo, cañangazo, cañazo, capirolazo, capirulazo, cenero, cerotazo, charamilazo, chatazo, chaupinchada, chichazo, chicotazo, chilgüitazo, chinchorrazo, chispín, circuitazo, cocotazo, copetín, coriloxis, coyolazo, cuetazo, doblete, *drink*, drinque, dundún, estrai, fijador, fogonazo, fondo blanco, fotutazo, fuetazo, gallito, golpe, golpeado, guacalazo, guamazo, guaracazo, guarapazo, guaripolazo, güergüerazo, güevazo, güisquetazo, hidalgo, huaracazo, jalón, janazo, juanetazo, kaj, lagañazo, lamparazo, lavagallo, leñazo, llegue, macanazo, mameyazo, mecatazo, metrallazo, minifalda, misil, pajuelazo, palito, palitroque, pasante, patada de mula, pencazo, pepo, pericón, petacazo, pichirilazo, pijazo, pijuashtazo, piquinyuqui, pirolazo, planazo, plosh, pulmón, puscafé, riendazo, riflazo, seco, singapur, taco, tacón, talaguashtazo, talanganazo, talegazo, tanganazo, tanguarnís, tapazo, tapis, taquillazo, tequilazo, tictacazo, timacle, tragaluz, tragantazo, trago de carretonero, tragullo, trancazo, tranquilino, travieso, triquis, tucún, vejigazo, vergazo, vernífugo, zangolotazo, zangolote, zapatilla.

trago de aguardiente

almuercero, bojazo, bolillazo, bujillazo, candelazo, caspirolazo, chimiscolazo, chiriflís, chirolazo, cuarterón, cuatro plumas, cucharada, cute, guapirolazo, guarilaco, guaro, lijazo, lijón, morongazo, morterazo, *popsicle*, puro, puyón, salibú, tacón alto, talpujazo, tanguarnís, tapirulazo, tapirulo, tapojazo, yuscarán, yuscatonic.

valiente

achón, agalludo, amargoso, apechado, arrechá, arrecho, atrincado, barraco, berriondo, bragado, cartucho, castado, castuzo, chango, chuchas, cojudo, comebalas, conchudo, coyoludo, desengañado, embraguetado, enrazado, entabacado, entrañudo, fachinero, faite, fajado, faroludo, gallazo, galluda, giro, guapetón, güevón, güevudo, la pura pija, macha, machazo, machura, matatudo, mecatón, mecatudo, metatudo, pencón, petatudo, pijón, pijudo, reata, roncón, talegón, ternejo, tieso, trejo, tremendidad, valerudo, valorudo, verriondo.

vasija

achiotera, agüero, agüero, apaste, apaxte, aríbalo, baché, bangaña, barco, beriquén, bimbina, birqui, bocal, botija, bule, bulera, calabazo, calambuco, callana, cambuchí, canarí, canario, caneca, cantarilla, carracho, carrizo, castellana, cayana, chichapal, chirigua, chochocol, chomba, chorote, cilindro, coco, cocuyera, contén, cosho, cucuyera, cumbo, damajuana, dita, estiladera, gallina, guaca, guacal, guaje, higuera, higüera, horma, huaca, huacal, huaco, hueja, latón, lebrillo, leque, litro, lluro, mate, mediano, meladora, mocahua, moya, mucahua, mulo, olleta, paleta, pana, pasada de fuego, pate, pato, pichinga, pilche, pipa, pipeta, pisquito, pistela, ponchera, pondo, porongo, porro, porrón, poto, puñu, purrón, raqui, tacho, tachuela, tambo, tecomate, tepachera, terina, tetera, tichibó, tiesto, tinaja, tol, totuma, totumada, turumba, tutuma, tutumazo, ure, urpu, urucurero, yambuy, yuro, zumbo.

viejo

anticuco, apelechado, aturrado, biscarro, boyé, cacareco, cacarico, cacarro, cacatúa, cacreco, carca, carranclón, carruco, cataro, charcheroso, charchoso, chiraposo, chirril, choclón, chucho, cocho, cuaco, cucarachoso, cucho, cuelelé, duro, extraviado, fututo, hilachento, juco, karkancho, lekaja, lepiju, maceta, mamotreto, momis, ñampío, ñusco, *old fashion*, pachichi, pepeshteado, pipiripago, pure, rosco, ruco, talludo, tanta, uchepa, vejanco, vejancón, vejarano, vejuco, venancio, vencido, vetamax, vetanco, vetarro, véteris, vetisco, viejarunco, viejón, viejuco, viernes, viscarro, vizcailo.

vomitar

amarrar el zope, arrojarse, bajar, botar el reancho, brisar, buitrear, butrear, cantar Oaxaca, chonquear, chuñarse, chuñiar, darse vuelta a la vianda, deponer, descomer, devolver atenciones, gomitar, guasquear, hacer guácala, irse de coles, irse en pálida, largar los chanchos, llamar a Guajarro, ranchar, trasbocar.

vómito

abocación, buitreada, buitreo, chuñada, gato, gavilán, guácala, guajardo, guasqueada, pasmo, voltura, zupe.

vulva

abertura, alcancía, animal, anona, apasanca, araña, araña peluda, arenca, arepa, argolla, arma, armella, bacalao, batata, bellota, bemba, bistec con bigote, bizcocho, boca de mono, boca negra, bojote, bolsillo de payaso, cacerola, cacharpa, cachetona, cachimba, cachita, cachucha, cachula, cachuncha, caja, caja de sardina, cajeta, canecha, capacho, capirucho, carne, carne de perro, cashpeta, casiana, casita de paja, catacuya, catasuela, cazuela, cebolla, cemita, chaca, chan, chanchaca, chapa, chapilla, charcha, charchil, chascona, chepa, chinchulín, chirimingo, chobi, chocha, chorcha, choro, chucha, chunchaca, chunche, chupila, chuspa, clica, cocho, cocora, cocoya, colocha, conserva, cotorra, creta, crica, cuca, cucaracha, cucharón, cuchuflaca, cuchufleta, cucú, cuereta, cueva, culo, cushuna, cusuca, elsa, embalsamada, empanada, faifa, finca, frutota, gaja, gancho, gelatina, gira, guapote, hoyo, hule de amarrar la cebolla, ijar, jaiba, kachi, la cosa, lacho, licuadora, machetazo, mamey, mangomechudo, manopla, manzana, máquina, marquesote, matabuey, maturranga, medalla, mercadería, micha, mico, miquenfer, mono, moñoñón, motete, musaraña, nacatamal, nance, ñato, paipa, pajarilla, pajarita, paloma, palomita, pan, panadería, panal, panana, pancho, pancito, pancracio, pandonga, pandorca, panocha, panucha/panucho, papada, papaya, papo, paquete, parte, pashpa, pashpala, pastel, pelota, peluche, peluda, pelusada, pelusanga, penca, pepa, pepita, pichi, pimpín, pipa, pipi, pipo, pishura, pita, popola, poshpa, pozo, pucha, pucuya, punche, pupa, popusa/pupusa, pupuya, pusa, raja, rajadura, raspadura, raya, salva sea la parte, sapa, sapiroco, sapo, semilla, semillón, semita, shusha, talita, tamal, tatú, tenamaste, ticuca, tolva, tontón, torta, tortuga, tostón, tota/toto, tragabalas, traste, triángulo, tustaca, tutú, tutuca, ura, xaca, zanja, zapallo, zorra/zorro.

|Apéndices|

Apendices

Etnias indígenas vivas de Hispanoamérica

A

abálicos (abáticos)	Colombia y Ecuador
abas	Argentina
abicetavas	Costa Rica
abigiras (abiquiras, apiquiras)	Brasil, Colombia, Ecuador y Perú
abijias	Brasil, Colombia, Ecuador y Perú
abilicas	Bolivia, Ecuador y Perú
abipones	Argentina (Chaco) y Paraguay
abiscas	Perú
acacos	Ecuador y Perú
acaguas	Frontera de Brasil con Venezuela
achaguas	Colombia (río Meta)
achuales (achuares)	Ecuador y Perú (departamento de Loreto)
acolhuas (acolguas, acol-huacas, aculhuas, aculibas, colguas)	México
agaces	Paraguay
aguarunas	Ecuador y Perú (departamentos de Amazonas, Cajamarca, Loreto y San Martín)
aimaras	Bolivia y Perú
airicos	Colombia
akawayos	Brasil, Guyana y Venezuela
alacalufes	Argentina (Patagonia) y Chile
alaques	Ecuador
amajes	Perú
amahuacas	Perú
amaracaeris	Perú (Amazonia)
amorúas	Colombia
amueshas (yaneshas)	Perú (selva amazónica)
amuzgos	México
andaquís	Colombia y Perú (departamento de Loreto)
andoas	Ecuador y Perú
andoques	Colombia y Perú
anecoches	Argentina
angaites	Argentina (provincia de El Chaco) y Paraguay
angoteros	Perú
anguteros	Ecuador
añús (paraujanos)	Colombia
apiagas	Ecuador
apolsitas	Bolivia
apones	Colombia
arabelas	Perú (departamento de Loreto)
arahuacos	Antillas, Brasil, Caribe, Guyana, Jamaica y Venezuela
arahunas	Bolivia
araonas	Bolivia
arasaeris	Perú
ardas	Perú
aretines	México (Tamaulipas)
arhuacos	Caribe, Colombia (Sierra Nevada de Santa Marta)
ariparis	Perú
aruporecas	Perú
asháninkas	Perú
ashéninkas	Perú
atacamas	Argentina, Bolivia y Chile
atacames	Ecuador
atalalas	Argentina, Bolivia, Brasil y Paraguay
atlacachichimecas	México
atuncollas	Perú
atunlacamas	Perú
aucas	Ecuador
aullacas	Bolivia
auyapemes	México
avequidichés	Argentina
awás	A ambos lados de la frontera de Colombia con Ecuador
awás guaraní	Paraguay
awás katu ete	Paraguay
ayaguas	México
ayarichis	Bolivia
ayas	México
ayulis	Ecuador y Perú
aztecas (mexicas, nahuas)	México

B

babispes	México (Sinaloa)
bachajones	Guatemala
balsapuertinos	Perú (departamento de Loreto)
banivas	Venezuela
baras	Brasil y Colombia
barasanas	Brasil y Colombia
barés	Frontera de Colombia con Venezuela
barís (motilones bravos)	Frontera de Colombia con Venezuela
batucos	México y Perú
baurés	Bolivia (Amazonas)
bayanos	Panamá
bazorocas	Paraguay (región del curso superior del río Paraguay)
becahuas	Perú
betas	Colombia
betoyes	Oriente de Colombia
bintukuas	(ver arhuacos)
boamainan	Ecuador
boaminas	Perú
bocarauas	Argentina, Bolivia y Paraguay
bohanes	Uruguay
boocas	Paraguay
boras	Colombia y Perú (departamento de Loreto)
bororoses	Bolivia
borucas	Costa Rica
bracamoros	Perú
bribris	Costa Rica y Panamá

C

cabécares	Costa Rica
caberres	Colombia
cabinas	Perú
cabiores	Nicaragua
cabiyaris	Colombia
cacabúes	Chile
cacaoperas	El Salvador
cacaris	México
cachibos	Perú (departamento de Loreto)
cachinauas	Brasil y Perú
cactchíes	Guatemala
caduveos	Bolivia, Brasil y Paraguay
caguarunos	Perú (departamento de Loreto)
cahítas	México (Sinaloa y Sonora)
cahuachos	Perú (departamento de Loreto)
cakchiqueles	Guatemala
calchaquis (diaguitas)	Argentina
calchines	(ver guaraníes)

caldas	Colombia
camahuas	Perú
cambas (chiriguanos)	Argentina
cambis	Colombia
campas	Perú
camsás	Colombia
canamaris	Perú (departamento de Loreto)
canas	Perú
candoshis	Perú (departamento de Loreto)
canelos	Ecuador
canichanas	Bolivia
caniris	Bolivia
canotaques	Argentina, Bolivia y Paraguay
cañaris	Ecuador
capachos	Colombia
capahenis	Perú
capahuaris	Perú
capanahuas	Perú
capechenas	Tierras bajas de Bolivia
capichenis	Perú
capironas	Ecuador
capishtos	Perú (departamento de Loreto)
capomos	México
caquetás	Colombia
caquintes	Perú
carabecas	Bolivia
caracarás	Argentina
carangues	Ecuador
carapanas	Colombia
carares	Colombia
caraves	Bolivia
carcas	Nicaragua
cariacos	Antillas
caribes	Antillas
caribes negros (garífunas)	Honduras, Nicaragua, Guatemala, Belice y EE.UU.
carijonas	Colombia
cariñas	Venezuela
casavindos	Argentina
cashibos cacataibos	Perú
catíos	Colombia
catongos	Ecuador y Perú
caucaes	Argentina y Chile
caucayas	Colombia
cauines	Perú
cauquios	Chile
cauquis	Perú
cavineños	Bolivia
cayambes	Ecuador
cayapas	Ecuador
cayubabas	Bolivia
cazcanes	México
chachis	Costas de Ecuador
chacobos	Bolivia
chamacocos	Bolivia y Paraguay

chamicuros	Perú (departamento de Loreto)
chamíes (embera-chamí)	Colombia
chamulas (tzotziles)	México (Chiapas)
chanaes	Argentina y Uruguay
chancas	Perú
chancay	Perú
chanés	Argentina
chaninaguas	Perú
chapras	Perú (departamento de Loreto)
chaques	Colombia
charcas	Bolivia y Perú
charrúas	Argentina y Uruguay
chatinos	México (Oaxaca)
chavín	Perú y Bolivia
chayahuitas	Perú (departamento de Loreto)
chechehets (chechaets)	Argentina (La Pampa)
chehuelches (tehuelches)	Argentina (Patagonia)
chiapanecos	México (Chiapas)
chibchas	Colombia
chibuleos	Ecuador
chichas	Argentina
chichimecas	México
chicoides	Antillas
chimanes	Bolivia
chimbos	Ecuador
chimilas	Colombia
chimúes	Perú
chinantecos	México
chipayas	Bolivia
chiquillames	Argentina
chiquitos	Bolivia
chiricoas	Colombia
chiriguanos	Argentina (provincias Chaco, Jujuy y Salta)
chiripas	Paraguay
chochos	México
chocoes	Panamá
choles	México (Campeche, Chiapas y Tabasco)
cholones	Perú (departamento de Loreto)
cholos	Bolivia y Perú
chonos	Argentina y Chile (Patagonia)
chontales	México (Tabasco)
chontaquiros	Ecuador y Perú
chorotegas	Costa Rica, Nicaragua, Honduras
chorotes	Argentina, Bolivia y Paraguay
chortís	Guatemala y Honduras
chotos	Venezuela
chucunas	Colombia y Perú
chuchones	México
chujes	Fronetra de Guatemala con México
chukunaques	Panamá
chulupís	Argentina y Paraguay
chupachos	Perú
churumatas	Argentina
cibambis	Ecuador
ciboneyes	Cuba
ciguayos	Antillas
cocamas	Amazonia de Colombia y Perú
cocamillas	Perú
cochimíes	México
cochinocas	Argentina
cocinas	Colombia
coconucos	Colombia
cocopas	México
cofanes	Frontera de Colombia con Ecuador
collas	Argentina, Bolivia y Perú
colorados	Ecuador
comabos	Ecuador y Perú
comagres	Panamá
comechingones	Argentina
comejones	Perú
conanbos	Ecuador
condesuyos	Perú (comarca de Cuzco)
conejoris	Perú
conomamas	Bolivia
coras	México
coreguajes	Colombia
cores	Colombia
coretús	Argentina, Bolivia y Paraguay
coromonas	Colombia
corondas	Bolivia y Uruguay
costinos	Chile
cotangos	Perú
cotos	Perú (departamento de Loreto)
coyaimas	Colombia
cuacas	Colombia
cuaiqueres	Colombia
cubeos	Brasil y Colombia
cucapas	México
cucatepos	México
cuchiguaras	Perú
cucicas	Bolivia
cuellas	Perú
cuibas	Colombia y Venezuela
cuicatecos	México (Oaxaca)
culinas	Brasil y Perú
cunas	Colombia y Panamá
curicamayos	Colombia
curripacos	Venezuela
curuminacas	Bolivia
cusines	Ecuador
cuyacus	Ecuador
cuyubabas	Bolivia
cuyubas	Perú

D

darienes (cunas)	Panamá y Colombia
desanos	Brasil y Colombia
diaguitas	Argentina, Chile y Paraguay
diuhets	Argentina (Patagonia)

E

ekechekíes	Guatemala
emberas	Occidente de Colombia y oriente de Panamá
emokes	Paraguay
enimayas	Paraguay
épera	Costa de Ecuador
ese' ejjas	Bolivia y Perú
espinos	Bolivia
etenanos	(ver mochicas)

F

fititas	Región del Amazonas (Brasil, Colombia y Perú)
fueguinos	Argentina (Tierra de Fuego) y Chile

G

galibis (kariñas)	Caribe, Guyana y Surinam
gandules	Argentina
garífunas	Belice, EE.UU., Guatemala, Honduras y Nicaragua
guahiros (goajiros)	Colombia y Venezuela (península de La Guajira)
guaicurúes (abipones, mocovíes)	Argentina y Paraguay
guaigures	Venezuela
guaimíes (guaymíes)	Panamá y frontera de Costa Rica
guajaribos	Bolivia y frontera de Brasil
guajibos	Colombia y Venezuela
guambianos	Colombia
guanacas	Colombia
guananos	Brasil y Colombia
guanas	Paraguay
guanes	Colombia
guaraníes	Argentina, Brasil, Bolivia, Paraguay y Uruguay
guaraúnos	Venezuela
guarayos	Bolivia
guarequenas	Amazonas y frontera de Colombia con Venezuela
guarijíos	México
guatusos	Costa Rica

guayaberos	Colombia (riberas del río Guaviare)
guaymíes	Frontera de Costa Rica y Panamá
guayanas	Argentina
guayaquís	Paraguay
guayas	Ecuador
guenoas	Uruguay

H

hitnus	Colombia (departamento de Arauca)
hotis	Colombia
huachipaeris	Perú
huambisas	Ecuador y Perú
huancas	Perú
huancavilca	Ecuador
huaoranis	Ecuador
huarpes	Argentina
huastecos	México
huaves	México
huétares	Costa Rica
huicholes	México
huitotos	Brasil, Colombia y Perú (departamento de Loreto)

I

igneris	Puerto Rico
incas	Bolivia, Ecuador y Perú
ingas	Colombia y Ecuador
iñaparis	Perú
iquitos	Perú
iskobakebus	Perú
itonamas	Bolivia
itzaes	Guatemala y México
ixcatecos	México
ixiles	Guatemala

J

jalaltecos	México
japrerias	Venezuela
jeberos	Perú (departamento de Loreto)
jíbaros	Ecuador y Perú (departamento de Loreto)
joaquinianos	Bolivia
jotis	Venezuela
jumanos	México
jupdas	Brasil y Colombia (departamento de Vaupés)
juríes	Argentina

K

kaggabas (kogis)	Colombia
kallawayas	Bolivia
kamias	México
kankuamos	Colombia
kañaris	Ecuador
karapanas	Brasil y Colombia (departamento de Vaupés)
kariñas	Caribe, Guyana
kayovas	Paraguay
kichwa kitu karas	Ecuador
kichwarunas	Perú
kichwas	Colombia, Ecuador y Perú
kikapus	México
kiliwas	México
kisambaeris	Perú
kugapakoris	Perú
kurripacos	Brasil, Colombia
kwaikeres	Ecuador

L

lacandones	México (Chiapas)
lamas	Perú
lambayeques	Perú
lencas	El Salvador y Honduras
lenguas	Paraguay
letuamas	Colombia
loretanos	Bolivia (Amazonas)
lules	Argentina
lupaqas	Bolivia y Perú
luyacos	Antillas

M

macás	Paraguay
machiguengas	Perú
machutacas	Ecuador
macoitas	Venezuela (estado de Zulia)
macúes	Brasil y Colombia
macunas	Colombia (departamento de Vaupés)
mai hunas	Perú
makushi	Venezuela
malabas	Ecuador
mames	Guatemala y México
manasicas	Perú
manteña	Ecuador
mapoyos	Venezuela (estado de Amazonas)
mapuches (araucanos)	Argentina y Chile
mapudungunes	Argentina
marunos	Perú
mascos (harakmbets)	Amazonia, Perú

masiguares	Colombia
mastanahuas (sharanahuas)	Perú
matacos	Argentina y Bolivia
matagalpas	Nicaragua
matapis	Colombia
matlatzincas	México
matsés (mayorunas)	Perú (departamento de Loreto)
matsiguengas	Perú
maxus	Ecuador
mayangnas	Nicaragua
mayas	El Salvador, Guatemala, Honduras y México
mayo pisahuas	Perú (departamento de Loreto)
mayorunas	Brasil y Perú
mayos	México (Sinaloa y Sonora)
mazahuas	México
mazatecos	México
mbyas	Brasil y Paraguay
menekas	Perú (departamento de Loreto)
milagro-quevedo	Ecuador
mirañas	Colombia
misquitos	Honduras y Nicaragua
mixes	México (Oaxaca)
mixtecas	México
mochicas	Perú
mocovís	Argentina
mojos	Bolivia
monimboseños	Nicaragua
moro ayoreos	Bolivia
morochucanos	Perú
moroes	Bolivia y Paraguay
morunahuas	Perú
mosetenes	Bolivia
motilones (barís)	Frontera de Colombia y Venezuela
motozintlecos	Guatemala y México
movimas	Amazonas de Colombia
muinanes (huitotos)	Colombia y Perú (departamento de Loreto)
muniches	Perú (departamento de Loreto)

N

nahuas (aztecas)	México
nasas (páez)	Colombia (departamento del Cauca)
nazca	Perú
nicaraos	Costa Rica y Nicaragua
nivacles	Argentina y Paraguay

nomatsiguenga · Perú
(campas)
nonuyas · Colombia

O

ocainas · Colombia y Perú
(departamento de Loreto)
ocloyas · Argentina
olmecas · México
omaguas · Brasil, Ecuador y Perú
onas (fueguinos) · Argentina y Chile
orejones · Perú
otavalos · Ecuador
otomíes · México

P

páez · Colombia
pai pais · México
pajonalinos · Perú
paltas · Perú
pames · México
pampas · Argentina (provincia
de Buenos Aires)
panares · Venezuela
panzaleo · Ecuador
papagos · México (Sonora y sur de Arizona)
parias · Bolivia
pastos · Colombia
patagones · Argentina y Chile
(tehuelches)
patamonas · Venezuela
patarabueyes · México
payaguas · Paraguay
pechs (payas) · Honduras
pehuenches · Argentina
pemones · Venezuela
piapocos · Frontera de Colombia
y Venezuela
piaroas · Colombia y Venezuela
pichis (campas) · Perú
picunches · Chile
pijaos · Colombia
pilagas · Argentina (provincia de Formosa)
pimas · México
pipiles · El Salvador
piratapuyos · Frontera de Brasil con Colombia
piros · Perú
pisabos · Perú (departamento de Loreto)
pisamiras · Colombia (departamento
de Vaupés)
pokomanes · Guatemala
popolocas · México
puelches · Argentina

puinaves · Frontera de Colombia con Brasil
y Venezuela
pukirieris · Perú
pumés (yaruros) · Venezuela (estado de Apure)
puneños · Argentina
puruhás · Ecuador

Q

quechuas · Argentina, Bolivia, Chile,
Ecuador y Perú (Cordillera
de los Andes)
quichés · Guatemala
(mayas quiché)
quijos · Ecuador
quimbayas · Colombia y Ecuador

R

ramas · Nicaragua
ranqueles · Argentina y Chile
remos · Perú
resígaros · Perú (departamento de Loreto)
reyesanos · Bolivia (Amazonas)
runas · Ecuador

S

salasacas · Ecuador
salibas (salivas) · Colombia
sapés · Venezuela (estado Bolívar)
sapiteris · Perú (región Madre de Dios)
saraguros · Ecuador
sechuras · Perú
secoyas · Ecuador y Perú (departamento
de Loreto)
sepahuas · Amazonia peruana
seris · México (desierto de Sonora)
shapras · Perú (departamento de Loreto)
sharanahuas · Brasil y Perú (región Madre de
Dios)
shetebos · Perú (departamento de Ucayali)
shiliveris · Perú (región Madre de Dios)
shipibos-conibos · Perú
shiwiares · Ecuador (provincia de Pastaza)
y Perú (departamento
de Loreto)
shuares · Brasil y selva amazónica
ecuatoriana
sicuanes · Colombia y Venezuela
sionas · Colombia y Ecuador
sirianos · Brasil y Colombia (departamento
de Vaupés)
sirionos · Bolivia (Amazonas)

siripus — Colombia (departamento de Casanare)
sonapanas — Paraguay
subtiavas — Nicaragua (departamento de León)
sumos — Honduras y Nicaragua
suweris — Perú (región Madre de Dios)

T

tacanas — Bolivia
tagaeris — Ecuador (provincia de Pastaza)
taínos — Antillas
taironas — Colombia (Sierra Nevada de Santa Marta)
taiwanos — Colombia
talamaqueños — Costa Rica y Panamá
tanimukas — Colombia
tapacaris — Bolivia
tapietes — Bolivia y Paraguay
tarahumaras — México
tarascos — México (Michoacán)
tarianos — Colombia (departamento de Vaupés)
tatuyos — Colombia
taushiros — Perú (departamento de Loreto)
tawahkas (sumos) — Honduras
tecos — México
tehuelches (patagones) — Argentina y Chile
teotihuacanos — México
tepehuanos — México
teques — Venezuela
tequistlatcos (chontales) — México
teribes (terrabas) — Costa Rica y Panamá
tetetes — Ecuador
tiahuanacos — Bolivia y Perú
tiaones — Ecuador
ticunas — Brasil, Colombia y Perú
tlahuicas — México
tlaxcaltecas — México
tobas — Argentina, Bolivia y Paraguay
tobas maskoy — Paraguay
tojolabales — México (Chiapas)
toldos — Argentina
toltecas — México
tolupanes (jicaques, xicaques) — Honduras
tomaraxos — Paraguay
tomatas — Argentina
tonocotes — Argentina
totonacas — México
totoros — Colombia
toyeris — Perú (región Madre de Dios)

triques — México
tsáchilas — Ecuador
tucanos — Brasil, Colombia y Perú
tucunas — Brasil, Colombia y Perú
tumaco-tolitas — Colombia y Ecuador
tunebos — Colombia y Venezuela
tupí-guaraníes — Bolivia, Brasil y Paraguay
tuyucas — Colombia
tzeltales — México (Chiapas)
tzotziles — México (Chiapas)
tzutulíes — Guatemala

U

ufainas — Colombia
u'was (tunebos) — Colombia (Andes nororientales)
uitotos (huitoto) — Colombia y Perú
umbrás — Colombia
unis — Perú
urarinas — Perú (Amazonia)
uru muratos — Bolivia
uruak — Venezuela

V

valdivia — Ecuador
viakshis — Venezuela (estado de Zulia)
vicús — Perú
vilelas — Argentina
virús — Perú

W

wachipaeris — Perú
wamanis — Perú
wananos — Colombia
waraos (guaraníes) — Guyana
waunanas — Colombia y Panamá
wayúus (guajiros) — Noreste de Colombia
weenhayeques — Bolivia
wenaiwiras — Colombia
wichis — Argentina (provincias de El Chaco, Formosa y Salta)
witotos muinane — Perú
witotos murui — Perú
wiwas — Colombia

X

xicaques (tolupanes) — Honduras
xuikinas-wó (chorotes) — Perú

Y

yabaranas — Venezuela (estado Amazonas)
yacunas — Colombia (región Amazonas)

yaguas	Colombia y Perú (departamento de Loreto)	yucunas	Colombia
yahunas	Colombia	yukís	Bolivia
yámanas (fueguinos)	Argentina y Chile	yukos	Colombia
		yukpas (rionegrinos)	Frontera de Colombia con Venezuela (estado Zulia)
yaminahuas	Brasil y Perú	yumbos	Ecuador
yanaconas	Colombia (departamento del Cauca)	yungas	Perú
		yuracares	Bolivia (región del Amazonas)
yanames	Venezuela (estado Bolívar)	yuris	Colombia
yaneshas	Perú	yurutis	Colombia (departamento de Vaupés)
yanomamis	Brasil y Venezuela (a ambos lados de la frontera)		

Z

yaquis	México (Sonora)	zacatecas	México
yaruros	Venezuela (estado Apure)	záparos	Ecuador y Perú (departamento de Loreto)
yekuanás	Venezuela (estado Amazonas)	zapotecas	México (Oaxaca)
yeral	Venezuela	zenús	Colombia
yowúxuas	Paraguay	zoques	México (Chiapas)
yoxwahas	Paraguay		
yucatecos	México		

| Gentilicios americanos |

C: capital
Ca: cantón
Ci: ciudad
Cb: cabecera
D: departamento
E: estado
M: municipio
P: provincia

ARGENTINA

Argentina: **argentino, argento, che**
Buenos Aires: **porteño**

PROVINCIAS Y CAPITALES

Buenos Aires: **bonaerense**
La Plata: **platense**

Catamarca: **catamarqueño**
San Fernando del Valle de Catamarca: **catamarqueño**

Chaco: **chaqueño**
Resistencia: **resistenciano**

Chubut: **chubutense**
Rawson: **rausense**

Córdoba (P): **cordobés**
Córdoba (C): **cordobés**

Corrientes: **correntino, yacaré**
San Juan de Vera de las Siete Corrientes: **correntino**

Entre Ríos: **entrerriano**
Paraná: **paranaense**

Formosa (P): **formoseño**
Formosa (C): **formoseño**

Jujuy: **jujeño**
San Salvador de Jujuy: **jujeño**

La Pampa: **pampeano**
Santa Rosa: **santarroseño**

La Rioja (P): **riojano**
La Rioja (C): **riojano**

Mendoza (P): **mendocino**
Mendoza (C): **mendocino, menduco**

Misiones: **misionero**
Posadas: **posadeño**

Neuquén (P): **neuquino**
Neuquén (C): **neuquino**

Río Negro: **rionegrino**
Viedma: **viedmense**

Salta (P): **salteño**
Salta (C): **salteño**

San Juan: **sanjuanino**
San Juan de la Frontera: **sanjuanino**

San Luis (P): **puntano, sanluiseño**
San Luis (C): **puntano, sanluiseño**

Santa Cruz: **santacruceño**
Río Gallegos: **galleguense**

Santa Fe (P): **santafecino**
Santa Fe (C): **santafecino**

Santiago del Estero (P): **santiagueño**
Santiago del Estero (C): **santiagueño**

Tierra del Fuego, Antártida e Islas del Atlántico Sur: **fueguino**
Ushuaia: **ushuaiense**

Tucumán: **tucumano**
San Miguel de Tucumán: **tucumano**

CIUDADES IMPORTANTES

Adrogué: **adroguense**
Avellaneda: **avellanedense**
Azul: **azuleño**
Bahía Blanca: **bahiense**
Banda del Río Salí: **bandeño**
Banfield: **banfileño**
Barranqueras: **barranquero, portuario**
Béccar: **beccarense**
Belén de Escobar: **escobarense**
Berazategui: **berazateguense**
Berisso: **berissense**
Bernal: **bernalense, bernalés**
Campana: **campanense**
Caseros: **caserino**
Castelar: **castelarense**
Chimbas: **chimbero**
Chivilcoy: **chivilcoyano**
Cipolletti: **cipoleño**
Ciudad Evita: **evitense**
Ciudad Madero: **maderense**
Ciudadela: **ciudadelense**
Comodoro Rivadavia: **comodorense**
Concepción del Uruguay: **uruguayense**
Concordia: **concordiense**
Córdoba: **cordobés**
Corrientes: **correntino, yacaré**
El Palomar: **palomarense**
Ezpeleta: **ezpeletense**
Florencio Varela: **varelense**
Formosa: **formoseño**
General Pico: **piquense**
General Roca: **roquense**
General Rodríguez: **rodriguense**
General San Martín: **sanmartinense**
Godoy Cruz: **godoycruceño**
González Catán: **catanense**
Goya: **goyano**
Gregorio de Laferrere: **laferrerense**
Gualeguaychú: **gualeguaychense**
Guernica: **guerniquense**
Hurlingham: **hurlinguense**
Isidro Casanova: **casanovense**
Ituzaingó: **ituzainguense**
José C. Paz: **paceño**
José María Ezeiza: **ezeizense**
Junín: **juninense**
La Banda: **bandeño**
Lanús: **lanusense**
La Plata: **platense**
La Rioja: **riojano**

Las Heras: **lasherino**
La Tablada: **tabladense**
Libertad: **libertense, liberteño**
Lomas de Zamora: **lomense**
Los Polvorines: **polvorinense**
Luján: **lujanense**
Luján de Cuyo: **lujanino**
Maipú: **maipucino**
Mar del Plata: **marplatense**
Mariano Acosta: **mariancuse**
Martínez: **martinense**
Mendoza: **mendocino**
Mercedes: **mercedino**
Merlo: **merlense**
Monte Chingolo: **chingolense, chingolero**
Monte Grande: **montegrandense**
Moreno: **morenense**
Morón: **moronense**
Necochea: **necochense**
Neuquén: **neuquino**
Oberá: **obereño**
Olavarría: **olavarriense**
Paraná: **paranaense**
Pergamino: **pergaminense**
Pilar: **pilarense**
Posadas: **posadeño**
Presidencia Roque Sáenz Peña: **saenzpeñense**
Puerto Madryn: **madrynense**
Punta Alta: **puntaltense**
Quilmes: **quilmeño**
Rafael Castillo: s/gent.
Rafaela: **rafaelino**
Ramos Mejía: **ramense, ramosmejiense**
Reconquista: **reconquistense**
Remedios de Escalada: **escaladense**
Resistencia: **resistenciano**
Río Cuarto: **riocuartense**
Río Gallegos: **galleguense**
Río Grande: **neograndense**
Rivadavia: **rivadaviense**
Rosario: **rosarino**
Salta: **salteño**
San Carlos de Bariloche: **barilochense**
San Fernando: **sanfernandino**
San Fernando del Valle de Catamarca: **catamar-
queño**
San Francisco: **sanfrancisqueño**
San Francisco Solano: **solanense**
San Isidro: **sanisidrense**
San Juan: **sanjuanino**
San Justo: **sanjustense**
San Luis: **puntano, sanluiseño**
San Martín: **sanmartiniano**
San Miguel: **sanmiguelense**

San Miguel de Tucumán: **tucumano**
San Nicolás de los Arroyos: **nicoleño**
San Pedro del Jujuy: **sampedreño**
San Rafael: **sanrafaelino**
San Ramón de la Nueva Orán: **oranense**
San Salvador de Jujuy: **jujeño**
Santa Fe: **santafesino**
Santa Rosa: **santarroseño**
Santiago del Estero: **santiagueño**
Santo Tomé: **santotomesino**
Sarandí: **sarandiense**
Tandil: **tandilense, tandilero**
Tartagal: **tartagalense, tartagaleño**
Temperley: **temperleño**
Trelew: **trelewense**
Venado Tuerto: **venadense**
Vicente López: **vicentelopense**
Villa Carlos Paz: **carlospacense**
Villa Dominico: s/gent.
Villa Gobernador Gálvez: **galvense**
Villa Krause: s/gent.
Villa Luzuriaga: s/gent.
Villa María: **villamariense**
Villa Mercedes: **mercedino**
Wilde: **wildense**
Zárate: **zarateño**

GENTILICIOS REGIONALES Y SUPRARREGIONALES

Chaco: **chaqueño**
Cuyo, Mendoza, parte de San Luis y San Juan: **cuyano**
Entre Ríos, Corrientes y Misiones: **mesopotámico**
Islas Malvinas: **kelper**
Jujuy, Salta, Catamarca, La Rioja y Formosa: **norteño**
La Pampa (Buenos Aires, parte de Córdoba, de Santa Fe y de San Luis): **pampeano, pampero**
Neuquén, Río Negro, Chubut, Santa Cruz y Tierra del Fuego: **sureño, patagónico, patagón**

GENTILICIOS PARA EXTRANJEROS

Natural de Brasil: **brasuco**
Natural de Chile, especialmente de la Patagonia (*Ar:S*): **chilote**
Natural de España: **gallego**
Natural de Italia: **gringo**
Natural de Japón: **ponja**
Natural de Uruguay: **charrúa**

BOLIVIA

Bolivia: **boli, boliche, boliviano**
La Paz: **ch'ucuta, paceño, pazuco, pico verde**

DEPARTAMENTOS Y CAPITALES

Beni (D): **beniano**
Trinidad: **trinitario**
Yacuma: **yacumeño**

Chuquisaca: **cara panza, chuquisaqueño**
Sucre: **cara panza, loco, sucrense**

Cochabamba (D): **cochabambino, cochala, cochalo, llajta**
Cochabamba (C): **cochabambino, cochala, cochalo**

La Paz (D): **ch'ucuta, paceño, pazuco, pico verde, suri sucuri (grupo andino)**
La Paz (C): **ch'ucuta, paceño, pazuco, pico verde**

Oruro (D): **orureño, quiquincho**
Oruro (C): **orureño, quirquincho**

Pando: **pandino**
Cobija: **cobijano, cobijeño**

Potosí (D): **potoco, potolo, potosino**
Potosí (C): **potoco, potolo, potosino**

Santa Cruz: **cruceño**
Santa Cruz de la Sierra: **cruceño**

Tarija (D): **tarijeño, chapaco**
Tarija (C): **tarijeño, chapaco**

Zacatecoluca (cabecera del departamento de La Paz): **viroleño**

GENTILICIOS REGIONALES Y SUPRARREGIONALES

Región altiplánica y valluna: **colla**
Región de los llanos, especialmente Santa Cruz y Beni: **camba**
Región de los valles: **valluno**
Región del Chaco: **chaqueño**
Natural del cantón Apolo, provincia Franz Tamayo (La Paz): **leco**

GENTILICIOS PARA EXTRANJEROS

Natural de la Argentina: **gaucho**
Natural de Brasil: **brasiquiño, brazuco, macaco** (*Bo:E*)
Natural de los Estados Unidos: **gringo**
Natural de España: **gachupín, gallego**
Natural de Uruguay: **charrúa**

CHILE

Chile: **chilenito, chileno, chilensis, huinca, jaguar, roto**
Santiago: **capitalino, santiaguino**

PROVINCIAS Y CAPITALES

Aisén: **aisenino, aysenino**
Puerto Aisén: **aisenino, aysenino**

Antártica Chilena: **antártico**
Puerto Williams: **williense**

Antofagasta (P): **antofagastino**
Antofagasta (C): **antofagastino**

Arauco: **arauquino**
Lebu: **lebunense**

Arica (P): **ariqueño**
Arica (C): **ariqueño**

Biobío: s/gent.
Los Ángeles: **angelino**

Cachapoal: **cachapoalino**
Rancagua: **rancagüino**

Capitán Prat: s/gent.
Cochrane: **cochranino**

Cardenal Caro: s/gent.
Pichilemu: **pichilemino**

Cauquenes (P): **cauquenino**
Cauquenes (C): **cauquenino**

Cautín: **cautense, cautinense**
Temuco: **temucano, temuquense**

Chacabuco: **chacabucano**
Colina: **colinano, colinense**

Chañaral (P): **chañaralino**
Chañaral (C): **chañaralino**

Chiloé: **chilote**
Castro: **castreño**

Choapa: **choapino**
Illapel: **illapelino**

Coyhaique (P): **coihaiquino, coyhaiquino**
Coyhaique (C): **coihaiquino, coyhaiquino**

Colchagua: **colchaguino**
San Fernando: **sanfernandino**

Concepción (P): **penquista**
Concepción (C): **penquista**

Copiapó (P): **copiapino**
Copiapó (C): **copiapino**

Cordillera: s/gent.
Puente Alto: **puentealtino**

Curicó (P): **curicano**
Curicó (C): **curicano**

El Loa: **loíno**
Calama: **calameño**

Elqui: **elquino**
Coquimbo: **coquimbano**

General Carrera: s/gent.
Chile Chico: **chilechiquense**

Huasco: **huasquino**
Vallenar: **vallenarino**

Iquique (P): **iquiqueño**
Iquique (C): **iquiqueño**

Isla de Pascua: **pascuense**
Hanga Roa: **pascuense, rapanui**

Limarí: **limarino**
Ovalle: **ovallino**

Linares (P): **linarense**
Linares (C): **linarense**

Llanquihue: **llanquihuano**
Puerto Montt: **melipullense, puertomontino**

Los Andes (P): **andino**
Los Andes (C): **andino**

Magallanes: **magallánico**
Punta Arenas: **puntarenense**

Maipo: **maipino**
San Bernardo: **bernardino, sambernardino**

Malleco: **mallequino**
Angol: **angolino**

Melipilla (P): **melipillano**
Melipilla (C): **melipillano**

Ñuble: **ñublense**
Chillán: **chillanejo, chillanense**

Osorno (P): **osornino**
Osorno (C): **osornino**

Palena: **palenense, palenino**
Chaitén: **chaitenino**

Parinacota: **parinacoteño**
Putre: **putreño**

Petorca: **petorquino**
La Ligua: **liguano**

Quillota (P): **quillotano**
Quillota (C): **quillotano**

Ranco: s/gent.
La Unión: **unionino**

San Antonio (P): **sanantonino**
San Antonio (C): **sanantonino**

San Felipe de Aconcagua: **aconcagüino, sanfelipeño**
San Felipe: **sanfelipeño, sanfeca**

Santiago (P): **santiaguino**
Santiago (C): **santiaguino**

Talagante (P): **talagantino**
Talagante (C): **talagantino**

Talca (P): **talquino**
Talca (C): **talquino**

Tamarugal: s/gent.
Pozo Almonte: **pocino, pozoalmontino**

Tierra del Fuego: **fueguino**
Porvenir: **porvenireño**

Tocopilla (P): **tocopillano**
Tocopilla (C): **tocopillano**

Última Esperanza: s/gent.
Puerto Natales: **natalino**

Valdivia (P): **valdiviano**
Valdivia: **valdiviano**

Valparaíso (P): **porteño**
Valparaíso (C): **porteño**

CIUDADES IMPORTANTES

Ancud: **ancuditano**
Angol: **angolino**
Buin: **buinense**
Cerrillos: **cerrillano**
Cerro Navia: **cerronavino**
Chiguayante: **chiguayantino**
Conchalí: **conchalino**
Constitución: **constitutano**
Coronel: **coronelino**
Curicó: **curicano**
El Bosque: **bosquense**
Estación Central: **centralino**
Huechuraba: **huechurabense**
La Calera: **calerano**
La Cisterna: **cisternino**
La Florida: **floridano**
La Granja: **granjino**
La Pintana: **pintanense, pintanino**
La Reina: **reinino**
La Serena: **serenense**
Lampa: **lampino**
Las Condes: **condino**
Lo Barnechea: **barnecheano**
Lo Espejo: **espejino**
Lo Prado: **pradino**
Lota: **lotino**
Macul: **maculense**
Maipú: **maipusino**
Melipilla: **melipillano**
Ñuñoa: **ñuñoíno**
Padre Las Casas: **padrelascasino**
Paine: **painino**
Pedro Aguirre Cerca: **aguirrense, aguirrino**
Peñaflor: **peñaflorino**
Peñalolén: **peñalolense**
Providencia: **providenciano**
Pudahuel: **pudahuelino**
Quilicura: **quilicurano**
Quilpué: **quilpueíno**
Quinta Normal: **quintanormalino**
Recoleta: **recoletano**
Renca: **renquino**
Rengo: **renguino**
San Carlos: **sancarlino**
San Fernando: **sanfernandino**
San Joaquín: **sanjoaquinense**
San Miguel: **sanmiguelino**
San Pedro de la Paz: **sampedrino**
San Ramón: **sanramonense**
Talcahuano: **talcahueños, porteños**
Tomé: **tomecino**
Villa Alemana: **villalemanino**
Viña del Mar: **villamarino**
Vitacura: **vitacurano**

GENTILICIOS REGIONALES Y SUPRARREGIONALES

Punta Arenas (Magallanes y Antártida Chilena: **puntarenense**
Región de Atacama: **atacameño**
Región de Coquimbo: **coquimbano**
Región de Tarapacá: **tarapaqueño**
Región de Valparaíso: **porteño**
Regiones septentrionales: **nortino**

GENTILICIOS PARA EXTRANJEROS

Natural de Alemania: **otto**
Natural de la Argentina: **che, gaucho**
Natural de España: **gallego, godo**
Natural de los Estados Unidos: **gringo**
Natural de México: **charro**
Natural de Uruguay: **charrúa**

COLOMBIA

Colombia: **caliche, chibchombiano, colombiano**
Bogotá, C.D.: **bogotano, rolo**

DEPARTAMENTOS Y CAPITALES

Amazonas: **amazonense**
Leticia: **leticiano**

Antioquia: **antioqueño, maicero, paisa**
Medellín: **medellinense, paisa**

Arauca (D): **araucano**
Arauca (C): **araucano**

Atlántico: **atlanticense, atlantiquense**
Barranquilla: **barranquillero, ñero**

Bolívar: **bolivarense**
Cartagena: **cartagenero**

Boyacá: **boyacaense, boyaco**
Tunja: **tunjano**

Caldas: **caldense, paisa**
Manizales: **malizalita, manizaleño**

Caquetá: **caquetense, caqueteño**
Florencia: **florenciano, florentino**

Casanare: **casanañero, casanare**
Yopal: **yopaleño**

Cauca: **caucano**
Popayán: **payanés, popayanejo, popayanés**

Cesar: **cesarense**
Valledupar: **valduparense, vallenato**

Córdoba: **cordobense, cordobés**
Montería: **monteriano, monteriense**

Cundinamarca: **cundinamarqués**
Bogotá, D.C.: **bogotano, cachaco**

Chocó: **chocoano**
Quibdo: **quibdoseño**

Guainía: **guainarense, guainiano**
Puerto Inírida: **iniridense**

Guaviare: **guaviarense**
San José del Guaviare: **guaviarense**

Huila (D): **huilense, opita**
Neiva: **neivano, opita**

La Guajira: **guajiro**
Riohacha: **riohachero**

Magdalena: **magdalenense**
Santa Marta: **samario**

Meta: **metense**
Villavicencio: **villavicense, villavo**

Nariño (D): **nariñense**
Pasto: **pastense, pastuso**

Norte de Santander: **nortesantandereano**
Cúcuta: **cucuteño**

Putumayo: **putumayense**
Mocoa: **mocoano**

Quindío: **paisa, quindiano**
Armenia: **armenio**

Risaralda: **paisa, risaraldense**
Pereira: **pereirano**

San Andrés y Providencia: **providenciano**
San Andrés: **insular, raizal, sanandresano**

Santander: **santandereano**
Bucaramanga: **bucaro, bumangués**

Sucre: **sucrense, sucreño**
Sincelejo: **sincelejano**

Tolima: **tolimense**
Ibagué: **ibaguense**

Valle del Cauca: **valluno**
Cali: **caleño**

Vaupés: **vaupense, vaupesino**
Mitú: **mituano, mituense, mituseño**

Vichada: **vichadense**
Puerto Carreño: **carreñense**

CIUDADES IMPORTANTES

Cali: **caleño**
Cartago: **cartaginés**
Caucasia: **caucasiano**
Sevilla: **sevillano**

GENTILICIOS REGIONALES Y SUPRARREGIONALES

Boyacá y Cundinamarca: **cundibotacense**
Región de la Orinoquia (Arauca, Casanare, Meta
y Vichada): **llanero**
Región del Caribe (Atlántico, Bolívar, Córdoba, El
Cesar, La Guajira, Magdalena y Sucre): **costeño**

GENTILICIOS PARA EXTRANJEROS

Natural de los Estados Unidos: **gringo**

COSTA RICA

Costa Rica: **costarricense, tico**
San José: **josefino**

CANTONES Y CAPITALES

Alajuela (Ca): **alajuelense, liguista, manudo**
Alajuela (C): **alajuelense, manudo**
Alajuela, San Ramón (C): **poeta**

Cartago (Ca): **cartaginés**
Cartago (C): **cartaginés**

Guanacaste (Ca): **guanacasteco, guanaco, pampero**
Guanacaste (C): **guanacasteco**

Heredia (Ca): **herediano**
Heredia (C): **florense, herediano**

Limón (Ca): **limonense**
Limón (C): **limonense**

Puntarenas (Ca): **porteño, puntarenense**
Puntarenas (C): **puntarenense**

San José (Ca): **josefino**
San José (C): **josefino**

GENTILICIOS PARA EXTRANJEROS

Natural de los Estados Unidos: **gringo**
Natural de Guatemala: **chapín**
Natural de las Islas Canarias: **isleño**

CUBA

Cuba: **cubaniche, cubano, cubiche**
La Habana: **habanero**

PROVINCIAS Y CAPITALES

Camagüey (P): **camagüeyano**
Camagüey (C): **agramontino, camagüeyano**

Ciego de Ávila (P): **avileño**
Ciego de Ávila (C): **avileño**

Cienfuegos (P): **cienfueguero**
Cienfuegos (C): **cienfueguero**

Granma: **granmense**

Guantánamo (P): **guantanamero**
Guantánamo (C): **guantanamero**

Habana: **habanero**
La Habana: **de la poma, habanero**

Holguín (P): **holguinero**
Holguín (C): **holguinero**

Matanzas (P): **matancero**
Matanzas (C): **matancero**

Isla de la Juventud: **pinero**

Las Tunas (P): **tunero**
Las Tunas (C): **tunero**

Pinar del Río (P): **pinareño**
Pinar del Río (C): **pinareño**

Sancti Spiritus (P): **espirituano**
Sancti Spiritus (C): **espirituano**

Santiago de Cuba (P): **santiaguero**
Santiago de Cuba (C): **santiaguero**

Villa Clara: **villaclareño**

CIUDADES IMPORTANTES

Bayamo: **bayamés**
Cárdenas: **cardenense**

Florida: **floridano**
Manzanillo: **manzanillero**
Matanzas: **matancero**
Morón: **moronense**, **moronero**
Palma Soriano: **palmero**
Trinidad: **trinitario**

GENTILICIOS REGIONALES Y SUPRARREGIONALES

Región oriental (Guantánamo, Granma, Holguín y Santiago de Cuba): **nagüe**, **oriental**, **palestino**
Natural de Cuba que reside en los Estados Unidos: **yuca**

GENTILICIOS PARA EXTRANJEROS

Natural de España: **gaito**, **gallego**
Natural de los Estados Unidos: **gringo**

ECUADOR

Ecuador: **ecuatoriano**
Quito: **quiteño**

PROVINCIAS Y CAPITALES

Azuay: **azuayo**
Cuenca: **cuencano**, **morlaco**

Bolívar: **bolivarense**
Guaranda: **guarandeño**

Cañar: **cañajero**, **cañarejo**, **cañarense**
Azogues: **azoguense**, **azogueño**

Carchi: **carchense**, **pupo**
Tulcán: **pastuzo**, **pupo**, **tulcaneño**

Chimborazo: **chimboracense**
Riobamba: **riobambeño**

Cotopaxi: **cotopaxense**
Latacunga: **latacungueño**, **mascha**

El Oro: **orense**
Machala: **machaleño**

Esmeraldas (P): **esmeraldeño**
Esmeraldas (C): **esmeraldeño**

Galápagos: **galapaguense**, **galapagueño**
Puerto Baquerizo Moreno: **baquericense**

Guayas: **guayasense**
Guayaquil: **guayaco**, **guayaquileño**

Imbabura: **imbabureño**
Ibarra: **ibarreño**

Loja (P): **lojano**
Loja (C): **lojano**

Los Ríos: **fluminense**, **riosense**
Babahoyo: **babahoyense**, **fluminense**

Manabí: **manaba**, **manabita**
Portoviejo: **portovejense**

Morona Santiago: **santiaguense**, **santiagueño**
Macas: **maquense**, **maqueño**

Napo: **napense**, **napeño**
Tena: **tenense**, **teneño**

Orellana: **orellanense**
Puerto Francisco de Orellana: **franciscorellanense**

Pastaza: **pastaceno**, **pastacense**, **pastano**
Puyo: **puyareño**, **puyense**

Pichincha: **pichinchano**
Quito: **quiteño**

Santa Elena (P): **eleneños**, **peninsular**
Santa Elena (C): **eleneños**, **peninsular**

Santo Domingo de los Tsáchilas (P): **chachis**, **santodominguense**
Santo Domingo de los Tsáchilas (C): **chachis**, **santodominguense**

Sucumbíos: **sucumbeño**
Nueva Loja: **nuevalojano**

Tungurahua: **tungurahuense**
Ambato: **ambateño**, **guaitambo**, **guaytambo**, **quitambo**

Zamora Chinchipe: **chinchipense**
Zamora: **zamorano**, **zamoreño**

GENTILICIOS REGIONALES Y SUPRARREGIONALES

Región de la Amazonia: **orientano**
Región de la costa: **costeño**, **montubio**, **montuvio**
Región de la sierra: **longo** (entre los costeños), **serrano**

Natural de la Argentina: **che**
Natural de los Estados Unidos: **gringo**
Natural de Uruguay: **charrúa**

EL SALVADOR

El Salvador: **cuscatleco, guanaco, salvadoreño, salvatruche, salvatrucho, salvatruco**
San Salvador: **sansalvadoreño**

DEPARTAMENTOS Y CAPITALES/CABECERAS

Ahuachapán (D): **ahuachapaneco, ausolero, yuquero**
Ahuachapán (C): **ahuachapaneco, ausolero, yuquero**

Cabañas (D): **cabañero, cabañés**
Cabañas (C): **sensuntepecano, sensuntepeque**

Cuscatlán (D): **cuscatleco**
Cuscatlán (C): **cojutepecano, cojutepeque**

Chalatenango (D): **alemán, chalateco**
Chalatenango (C): **chalateco**

La Libertad (D): **libertadense, libertense, liberteño**
La Libertad (C): **libertense, liberteño**

La Paz: **pacense, paceño, pacino**
Zacatecoluca: **viroleño, zacatecoluquense**

La Unión (D): **unioneño**
La Unión (C): **unioneño**

San Francisco Morazán: **morazaneco**
San Francisco Morazán Gotera: **chibolengo, franciscano, francisqueño, goterense, gotereño**

San Miguel (D): **migueleño**
San Miguel (C): **migueleño**

San Salvador (D): **sansalvadoreño**
San Salvador (C): **sansalvadoreño**

San Vicente (D): **chentino, vicentino**
San Vicente (C): **vicentino**

Santa Ana (D): **cafetero, coludo, creído, cuchillero, dulcero, fasista, fufurufo, moreno, santaneco, tigrillo**
Santa Ana (C): **santaneco**

San Julián de Sonsonate (D): **sonsonateco**
San Julián de Sonsonate (C): **balsamero, sonsonateco**

Usulután (D): **chutleco, manudo, usuluteco**
Usulután (C): **usuluteco**

GENTILICIOS REGIONALES Y SUPRARREGIONALES

Grupo étnico del oriente del país: **lenca**.
Natural de Conchagua, departamento de la Unión: **chagüiteño**
Salvadoreño que vive en los Estados Unidos: **chacharrón**

GENTILICIOS PARA EXTRANJEROS

Natural de Guatemala: **cháfiro, chapín**
Natural de Estados Unidos: **gringo**
Natural de México: **charro**

ESTADOS UNIDOS

Estados Unidos: **americano, estadounidense, estadunidense, gaba, gabacho, grencho, gringo, norteamericano, yanqui**
Washington: **washingtoniano**

ESTADOS Y CAPITALES

Alabama (E): **alabamés**

Alaska (E): **alasquense, alasqueño, alasquiano**

Arizona (E): **arizoniano, arizónico**
Tucson: **tucsonense**

California (E) : **califa, californiano, californio**
Sacramento(C): **sacramentino**

North Carolina (E): **norcarolino**

South Carolina (E): **surcarolinense, surcarolino**
Columbia (C): **colombiano, columbiense**

Colorado (E): **coloradense**
Denver (C): **denvereño**

Nuevo México: **nuevomexicano**
Santa Fe (C): **santafesino**

North Dakota (E): **nordakotano**

South Dakota (E): **surdakotano**

Delaware (E): **delawarense**
Dover (C): **dovereño**

Florida (E) **floridano**
Cayo Hueso (Key West): **cayohuesero**

Miami: **miamense**
Tampa: **tampeño**

Georgia (E): **georgiano**
Atlanta (C): **atlanteño**

Hawaii (E): **hawaiano**
Honolulu (C): **honoluluense**

Indiana (E): **indianense**

Kansas (E): **kansino**
Topeka (C): **topecano**

Kentucky (E): **quentuqueño, quentuquiano**

Louisiana (E): **lusianense**

Maine (E): **maineño**
Augusta (C): **augustano**

Maryland (E): **marilandés, marilandiano**
Annapolis (C): **anapolitano**

Massachussetts (E): **masachusiano**
Boston (C): **bostoniano**

Michigan (E): **michiganiano, michigano**

Minnesota (E): **minesotano, minesoteño**

Mississippi (E): **misisipí, misisipiano**

Missouri (E): **misurí, misuriano**
Jefferson City (C): **jefersoniano**
San Luis: **sanluisino**

Montana (E): **montanés, montañés**
Helena (C): **heleno**

Nebraska (E): **nebraskano, nebrasquino**
Lincoln (C): **lincolniano**

Nevada (E): **nevadiano, nevadiense**

Nueva Jersey (E): **neojerseyano, neojersiano, neo-jersino**

Trenton (C): **trentonense**
Nueva York (E): **neoyorquino**
Puertorriqueño, en particular, de la zona de la ciu-dad de Nueva York: **niuyorican, niuyorri-queño, nuyorican**
Albany (C): **albaniense**

Concord (C): **concordano**

Nuevo México (E): **neomejicano, neomexicano**
Santa Fe (C): **santafecino, santafesino**

Oklahoma City (E): **oklahomense, oklahomeño**

Oregon (E): **oregoniano, orejoniense**

Pennsylvania (E): **pensilvano**

Providence (C): **providenciano, providenceño**

Tennessee (E): **tenesiano**

Texas (E): **tejano, texano**
Austin (C): **austiniano**
Houston: **hustoniano**

Utah (E): **utahno**

Vermont (E): **vermontano, vermontés**

Virginia (E): **virginiano**

Washington D.C.: **washingtoniano**
Olympia: **olimpiano**

West Virginia (E): **virginiano**

Wisconsin (E): **wisconsiniano**
Madison (C): **madisoniense**

GENTILICIOS REGIONALES Y SUPRARREGIONALES

Nueva Inglaterra: **neoinglés, yanqui**
Suroeste: **chicano, chichecano, chichicano, in-dohispano, mexicoamericano, novohispa-no, nuevohispano, pocho**
Persona hispana que vive en Estados Unidos: **his-panounidense**.
Persona hispana que vive en una zona específica del suroeste (South West) de la ciudad de Miami: **sagüesero, sauecero**
Natural de Cuba que reside en Estados Unidos: **yuca**

GUATEMALA

Guatemala: **guatemalteco**
Guatemala (C): **guatemalteco**

DEPARTAMENTOS Y CAPITALES

Alta Verapaz: **altaverapacense**
Cobán: **cobanero**

Baja Verapaz: **bajaverapacense, chomeño**
Salamá: **salamateco**

Chimaltenango (D): **chimalteco**
Chimaltenango (C): **chimalteco**

Chiquimula (D): **chiquimulteco, mutero**
Chiquimula (C): **chiquimulteco**

El Progreso: **progresano**
Guastatoya: **guastatoyano, papayero**

El Quiché: **quichelense**
Santa Cruz de Quiché: **quichelense, santacruceño**

Escuintla (D): **escuintleco**
Escuintla (C): **escuintleco**

Guatemala (D): **guatemalteco**
Guatemala (C): **capitalino**

Huehuetenango (D): **chamarrudo** (tierras altas),
huehueteco
Huehuetenango (C): **huehueteco**

Izabal: **izabalense**
Puerto Barrios: **porteño, portobarrense, porto-
barreño**

Jalapa (D): **jalapaneco**
Jalapa (C): **jalapaneco**

Jutiapa (D): **jutiapaneco**
Jutiapa (C): **jutiapaneco**

Petén: **petenero**
Flores: **florense, floreño, isleño**

Quetzaltenango (D): **quezalteco**
Quetzaltenango (C): **quezalteco, toro**

Retalhuleu (D): **retalteco**
Retalhuleu (C): **algodonero, retalteco**

Sacatepéquez: **sacatepequense**
Antigua Guatemala: **antigüeño, panza verde**

San Marcos (D): **sanmarquense, sanmarqueño**
San Marcos (C): **marquense, sanmarquense, sanmarqueño,**

Santa Rosa: **santarroseño**
Cuilapa: **cuilapense, cuilapeño**

Sololá (D): **sololateco**
Sololá (C): **sololateco**

Suchitepéquez: **suchitepequense**
Mazatenango: **mazateco**

Totonicapán (D): **totonicapense**
Totonicapán (C): **totonicapense**

Zacapa (D): **zacapaneco**
Zacapa (C): **zacapaneco**

GENTILICIOS PARA EXTRANJEROS

Natural de México: **azteca**
Natural de los Estados Unidos: **grencho, gringo**

HONDURAS

Honduras: **catracho, hibuerense, hondureño**
Tegucigalpa: **capitalino, tegucigalpense**

DEPARTAMENTOS Y CAPITALES

Atlántida: **atlantidense**
La Ceiba: **ceibeño**

Choluteca (D): **cholutecano**
Choluteca (C): **cholutecano**

Colón: **coloneño**
Trujillo: **trujillano**

Comayagua (D): **comayagüense**
Comayagua (C): **comayagüense**

Copán: **copaneco**
Santa Rosa de Copán: **copaneco**

Cortés: **cortesense**
San Pedro Sula: **sampedrano, sampedrícola**

El Paraíso: **paraiseño**
Yuscarán: **yuscareño**

Francisco Morazán: **morazanense**
Tegucigalpa: **capitalino, tegucigalpense**

Intibucá: **intibucano**
La Esperanza: **esperanzano**

Islas de la Bahía: **isleño**
Roatán: **roataneño**

La Paz (D): **paceño**
La Paz (C): **paceño**

Lempira: **lempirense**
Gracias: **graciano**

Ocotepeque: **ocotepecano**
Ocotepeque: **ocotepecano**

Olancho: **olanchano**
Juticalpa: **juticalpense**

Santa Bárbara (D): **patepluma, santabarbarense**
Santa Bárbara (C): **patepluma, santabarbarense**

Valle: **vallense**
Nacaome: **nacaomense**

Yoro (D): **yoreño**
Yoro (C): **yoreño**

Grupo étnico del sur, centro y occidente del país:
lenca

GENTILICIOS PARA EXTRANJEROS

Natural de la Argentina: **che**
Natural de España: **gallego, gachupín**
Natural de los Estados Unidos: **grencho, gringo**
Natural de México: **azteca, charro**
Natural de Uruguay: **charrúa**
Natural de Venezuela: **chamo**

MÉXICO

México: **mexicano, mexiqueño**
México (C): **capitalino, chilango, guacho, huacho**
Distrito Federal, Chilangolandia: **chilango, defecal, defeño, mexiquillo**

ESTADOS Y CAPITALES

Aguascalientes (E): **aguascalentense, hidrocálido**
Aguascalientes (C): **aguascalentense, hidrocálido**

Baja California: **bajacaliforniano**
Mexicali: **mexicalense**

Baja California Sur: **surbajacaliforniano**
La Paz: **paceño**

Campeche (E): **campechano**
Campeche (C): **campechano**

Chiapas: **chiapaneco**
Tuxtla Gutiérrez: **tuxtleco**

Chihuahua (E): **chihuahuense**
Chihuahua (C): **chihuahuense**

Coahuila de Zaragoza: **coahuilense**
Saltillo: **saltillense**

Colima (E): **colimense, colimeño, colimote**
Colima (C): **colimense, colimeño, colimote**

Durango (E): **duranguense**
Durango (C): **duranguense**

México (E): **mexiquense**
Toluca: **toluqueño**

Guanajuato (E): **guanajuatense**
Guanajuato (C): **guanajuatense**

Guerrero: **guerrerense, suriano**
Chilpancingo: **chilpancingueño**

Hidalgo: **hidalguense**
Pachuca de Soto: **pachuqueño**

Jalisco: **jalisciense**
Guadalajara: **guadalajarense, guadalajareño, tapatío**

Michoacán de Ocampo: **michoacano**
Morelia: **moreliano**

Morelos: **morelense**
Cuernavaca: **cuernavaquense**

Nayarit: **nayarita**
Tepic: **tepiqueño**

Nuevo León: **neoleonés, nuevoleonense**
Monterrey: **codomontano, monterreyense, regiomontano**

Oaxaca (E): **oaxaqueño**
Oaxaca (C): **oaxaqueño**

Puebla: **poblano**
Puebla de los Ángeles: **angelopolitano, poblano**

Querétaro de Arteaga: **queretano**
Querétaro: **queretano**

Quintana Roo: **quintanarroense**
Chetumal: **chetumalense**, **chetumaleño**

San Luis Potosí (E): **potosino**
San Luis Potosí (C): **potosino**

Sinaloa: **sinaloense**
Culiacán: **culiacanense**

Sonora: **sonorense**
Hermosillo: **hermosillense**

Tabasco: **tabasqueño**
Villahermosa: **villahermosino**

Tamaulipas: **tamaulipeco**
Ciudad Victoria: **victorense**

Tlaxcala (E): **tlaxcalteca**
Tlaxcala (C): **tlaxcalteca**

Veracruz: **veracruzano**, **jorocho**
Jalapa: **jalapeño**

Yucatán: **yucateco**
Mérida: **meridano**

Zacatecas (E): **zacatecano**
Zacatecas (C): **zacatecano**

CIUDADES IMPORTANTES

Cancún: **cancunense**
Chetumal: **chetumaleño**
Ciudad Juárez: **juarense**
Nezahualcóyotl: **nezahualcoyense**
Tijuana: **tijuanense**

GENTILICIOS REGIONALES Y SUPRAPROVINCIALES

Costa de la República Mexicana: **costeño**
Istmo de Tehuantepec: **istmeño**
Norte de la República Mexicana: **norteño**
Región de El Bajío (estados de Guanajuato y Michoacán): **abajeño**
Región de Los Altos, estado de Jalisco: **alteño**
Sur de la República Mexicana: **sureño**
Sur de México, especialmente del estado de Guerrero: **suriano**
Natural de México: **azteca**

GENTILICIOS PARA EXTRANJEROS

Natural de los Estados Unidos: **gabacho**, **gringo**
Natural de España: **gachupa**, **gachupín**
Natural de Guatemala: **chapín**

NICARAGUA

Nicaragua: **muco**, **nica**, **nicaragüense**, **pinolero**
Managua: **capitalino**, **managüense**, **managüeño**

DEPARTAMENTOS Y CABECERAS DE DEPARTAMENTOS

Bluefields: **blufileño**

Boaco: **boaqueño**
Boaco: **boaqueño**

Carazo: **caraceño**
Jinotepe: **jinotepeño**

Chinandega (D): **chinandegano**
Chinandega (Cb): **chinandegano**

Chontales: **chontaleño**
Juigalpa: **juigalpeño**

Granada (D): **granadino**
Granada (Cb): **granadino**

Estelí (D): **esteliano**
Estelí (Cb): **esteliano**

Jinotega (D): **jinotegano**
Jinotega (Cb): **jinotegano**

León (D): **leonense**
León (Cb): **leonense**

Madriz: **madriceño**
Somoto: **somoteño**

Masaya (D): **masaya**, **masayense**
Masaya (Cb): **masaya**, **masayense**

Matagalpa (D): **cafetalero**, **cafetero**, **matagalpino**, **norteño**
Matagalpa (Cb): **cafetalero**, **cafetero**, **matagalpino**, **norteño**

Nueva Segovia: **segoviano**
Ocotal: **ocotense**

Rivas (D): **rivense**
Rivas (Cb): **rivense**

GENTILICIOS PARA EXTRANJEROS

Natural de los Estados Unidos: **yanki**
Natural de Guatemala: **chapín**
Natural de México: **azteca**

PANAMÁ

Panamá: **pana, panameño**
Panameño de origen indígena: **machigua, panameño**

PROVINCIAS Y CAPITALES

Bocas del Toro (P): **bocatoreño**
Bocas del Toro (C): **bocatoreño**

Coclé: **coclesano**
Penonomé: **penonomeño**

Colón (P): **colonense**
Colón (C): **colonense**

Chiriquí: **chiricano**
David: **davideño**

Darién: **darienita**

Herrera: **herrerano**
Chitré: **chitreano**

Los Santos: **santeño, santiagueño**
Las Tablas: **tableño**

Panamá (P): **panameño**
Panamá (C): **capitalino, panameño**

Veraguas: **veragüense**
Santiago de Veraguas: **santiagueño**

GENTILICIOS REGIONALES Y SUPRARREGIONALES

Región de Azuero: **azuerense**
Región del Barú: **baruense**

GENTILICIOS PARA EXTRANJEROS

Natural de los Estados Unidos: **gringo, yanki**
Natural de México: **azteca**

PARAGUAY

Paraguay: **paraguayo**
Asunción: **asunceno, asunceño**

DEPARTAMENTOS Y CAPITALES

Alto Paraguay: s/gent.
Fuente Olimpo: s/gent.

Alto Paraná: **altoparanaense**
Ciudad del Este: **esteño**

Amambay: **amambayense**
Pedro Juan Caballero: **pedrojuanino**

Boquerón: **boqueronense**
Filadelfia: s/gent.

Caaguazú: **caaguaceño**
Coronel Oviedo: **ovetense**

Caazapá (D): **caazapeño**
Caazapá (C): **caazapeño**

Canindeyú: **caninduyuense**
Salto de Guairá: **guaireño**

Central: **centralense**
Areguá: **areguense**

Concepción (D): **concepcionero**
Concepción (C): **concepcionero**

Cordillera: **cordillerano**
Caacupé: **caacupeño**

Guairá: **guaireño, guaí**
Villarrica: **villarricense**

Itapúa: **itapuense**
Encarnación: **encarnaceno**

Misiones: **misionero**
San Juan Bautista: **sanjuanino**

Ñeembucú: **ñeembuqueño**
Pilar: **pilarense**

Paraguari (D): **paraguariense**
Paraguari (C): **paraguariense**

Presidente Hayes: **hayense**
Villa Hayes: **villahayense**

San Pedro (D): **sampedrano**
San Pedro (C): **sampedrano**

GENTILICIOS PARA EXTRANJEROS

Natural de España: **gallego**
Natural de Italia y de Estados Unidos: **gringo**

PERÚ

Perú: **lorcho, peruano**
Lima: **limeño**

DEPARTAMENTOS Y CAPITALES

Amazonas: **amazonense**
Chachapoyas: **chachapoano**

Áncash: **ancashino**
Huaraz: **huaracino**

Apurímac: **apurimeño**
Abancay: **abanquino**

Arequipa (D): **arequipeño, chacarato, mistiano**
Arequipa (C): **arequipeño**

Ayacucho (D): **ayacuchano**
Ayacucho (C): **ayacuchano**

Cajamarca (D): **cajamarquino**
Cajamarca (C): **cajamarquino**

Cusco (D): **cusqueño**
Cusco (C): **cusqueño**

Huancavelica (D): **huancavelicano**
Huancavelica (C): **huancavelicano**

Huánuco (D): **huanuqueño**
Huánuco (C): **huanuqueño**

Ica (D): **iqueño**
Ica (C): **iqueño**

Junín: **juninense**
Huancayo: **huancaíno**

La Libertad: **liberteño**
Trujillo: **trujillano**

Lambayeque: **lambayecano**
Chiclayo: **chiclayano**

Lima (D): **limeño**
Lima (C): **limeño**

Loreto: **loretano**
Iquitos: **iquiteño**

Madre de Dios: **madredino**
Puerto Maldonado: **maternitano**

Moquegua (D): **moqueguano**
Moquegua (C): **moqueguano**

Pasco: **pasqueño**
Cerro de Pasco: **cerreño**

Piura (D): **piurano**
Piura (C): **piurano**

Puno (D): **puneño**
Puno (E): **puneño**

San Martín: **sanmartinense, sanmartiniano**
Moyobamba: **moyobambino**

Tacna (D): **tacneño**
Tacna (C): **tacneño**

Tumbes (D): **tumbesino**
Tumbes (C): **tumbesino**

Ucayali: **ucayalino**
Pucallpa: **pucallpino**

CIUDADES IMPORTANTES

Barranca: **barranqueño**
Catacao: **cataquense**
Chimbote: **chimbotano**
Chincha: **chinchano**
Chulucanas: **chulucanense, chulucano**
El Callao: **chalaco**
Huacho: **huachano**
Huancayo: **huancaíno**
Huánuco: **huanuqueño**
Huaral: **huaralino**
Ilo: **ileño**
Juanjui: **juanjuino**
Juliaca: **juliaqueño**
Lambayeque: **lambayecano**
Pisco: **pisqueño**
Pucallpa: **pucallpino**
Sullana: **sullanense, sullanero**
Tarma: **tarmeño**

GENTILICIOS PARA EXTRANJEROS

Natural de la Argentina: **che**
Natural de Estados Unidos: **gringo**
Natural de Japón: **ponja**
Natural de México: **charro**
Natural de Uruguay: **charrúa**

PUERTO RICO

Puerto Rico: **boricua, borincano, borinqueño, portorriqueño, portorro, puertorriqueño, puertorro**
San Juan: **capitalino, capitaleño, de la losa, sanjuarero**

MUNICIPIOS Y CAPITALES O CABECERAS

Adjuntas (M): **adjunteño**
Adjuntas (C): **adjunteño**

Aguada (M): **aguadeño**
Aguada (C): **aguadeño**

Aguadilla (M): **aguadillano**
Aguadilla (C): **aguadillano**

Aguas Buenas (M): **aguasbonense**
Aguas Buenas (C): **aguasbonense**

Aibonito (M): **aiboniteño**
Aibonito (C): **aiboniteño**

Añasco (M): **añasqueño**
Añasco (C): **añasqueño**

Arecibo (M): **arecibeño**
Arecibo (C): **arecibeño**

Arroyo (M): **arroyano**
Arroyo (C): **arroyano**

Barceloneta (M): **barcelonetense**
Barceloneta (C): **barcelonetense**

Barranquitas (M): **barranquiteño**
Barranquitas (C): **barranquiteño**

Bayamón (M): **bayamonés**
Bayamón (C): **bayamonés**

Cabo Rojo (M): **caborrojeño**
Cabo Rojo (C): **caborrojeño**

Camuy (M): **camuyano**
Camuy (C): **camuyano**

Cánovas (M): **canovanense**
Cánovas (C): **canovanense**

Carolina (M): **carolinense**
Caronila (C): **carolinense**

Cataño (M): **catañense, catañés**
Cataño (C): **catañense, catañés**

Cayey (M): **cayeyano**
Cayey (C): **cayeyano**

Ceiba (M): **ceibeño**
Caiba (C): **ceibeño**

Ciales (M): **cialeño**
Ciales (C): **cialeño**

Cidra (M): **cidreño**
Cidra (C): **cifreño**

Coamo (M): **coameño**
Coamo (C): **coameño**

Comerío (M): **comerieño**
Comerío (C): **comerieño**

Corozal (M): **corozaleño**
Corozal (C): **corozaleño**

Culebra (M): **culebrense, culebreño**
Culebra (C): **culebrense, culebreño**

Dorado (M): **doradeño**
Dorado (C): **doradeño**

Fajardo (M): **fajardeño**
Fajardo (C): **fajardeño**

Guánica (M): **guaniqueño**
Guánica (C): **guaniqueño**

Guayama (M): **guayamés**
Guayama (C): **guayamés**

Guayanilla (M): **guayanillense**
Guayanilla (C): **guayanillense**

Guaynabo (M): **guaynabeño**
Guaynabo (C): **guaynabeño**

Gurabo (M): **gurabeño**
Gurabo (C): **gurabeño**

Hormigueros (M): **hormiguereño**
Hormigueros (C): **hormiguereño**

Humacao (M): **humacaeño**
Humacao (C): **humacaeño**

Isabela (M): **isabelino**
Isabela (C): **isabelino**

Jayuya (M): **jayuyano**
Jayuya (C): **jayuyano**

Juana Díaz (M): **juanadino**
Juana Díaz (C): **juanadino**

Juncos (M): **junqueño**
Juncos (C): **junqueño**

Lajas (M): **lajeño**
Lajas (C): **lajeño**

Lares (M): **lareño**
Lares (C): **lareño**

Loíza (M): **loiceño**
Loísa (C): **loiceño**

Luquillo (M): **luquillano, luquillense**
Luquillo (C): **luquillano, luquillense**

Manatí (M): **manatieño**
Manatí (C): **manatieño**

Maricao (M): **maricaeño**
Maricao (C): **maricaeño**

Las Marías (M): **marieño**
Las Marías (C): **marieño**

Maunabo (M): **maunabeño**
Maunabo (C): **maunabeño**

Mayagüez (M): **mayagüezano**
Mayagüez (C): **mayagüezano**

Morovis (M): **moroveño**
Morovis (C): **moroveño**

Naguabo (M): **naguabeño**
Naguabo (C): **naguabeño**

Naranjito (M): **naranjiteño**
Naranjito (C): **naranjiteño**

Orocovis (M): **orocoveño**
Orocovis (C): **orocoveño**

Las Piedras (M): **pedreño**
Las Piedras (C): **pedreño**

Peñuelas (M): **peñolano**
Peñuelas (C): **peñolano**

San Sebastián (M): **pepiniano**
San Sebastián (C): **pepiniano**

Ponce (M): **ponceño**
Ponce (C): **ponceño**

Quebradillas (M): **quebradillano**
Quebradillas (C): **quebradillano**

Río Grande (M): **riograndeño**
Río Grande (C): **riograndeño**

Sabana Grande (M): **sabaneño**
Sabana Grande (C): **sabaneño**

Salinas (M): **salinense**
Salinas (C): **salinense**

San Germán (M): **sangermeño**
San Germán (C): **sangermeño**

San Juan (M): **sanjuanero**
San Juan (C): **sanjuanero**

San Lorenzo (M): **sanlorenceño**
San Lorenzo (C): **sanlorenceño**

Santa Isabel (M): **santaisabelino**
Santa Isabel (C): **santaisabelino**

Toa Baja (M): **toabajeño**
Toa Baja (C): **toabajeño**

Toa Alta (M): **toalteño**
Toa Alta (C): **toalteño**

Trujillo Alto (M): **trujillano**
Trujillo Alto (C): **trujillano**

Utuado (M): **utuadeño**
Utuado (C): **utuadeño**

Vega Baja (M): **vegabajeño**
Vega Baja (C): **vegabajeño**

Vega Alta (M): **vegalteño**
Veha Alta (C): **vegalteño**

Vieques (M): **viequense**

Villalba (M): **villalbeño**
Villalba (C): **villalbeño**

Yabucoa (M): **yabucoeño**
Yabucoa (C): **yabucoeño**

Yauco (M): **yaucano**
Yauco (C): **yaucano**

GENTILICIOS PARA EXTRANJEROS

Natural de los Estados Unidos: **gringo**
Natural de las Islas Canarias: **isleño**

REPÚBLICA DOMINICANA

República Dominicana: **dominicano, quisqueyano**

PROVINCIAS Y CAPITALES

Azua (P): **padrecasende, tirapiedras**
Azua de Compostela: **azuano**

Neiba: **neibero**

Barahona: **barahonero**

Dajabón (P): **dajabonense**
Dajabón (C): **dajabonense**

Distrito Nacional: **capitaleño**
Santo Domingo de Guzmán: **dominicano**

Duarte: **francorisano**

Ceibo: **seibense**
Santa Cruz del Seibo: **seibano**

Elías Piña: **eliaspiñero**

Moca: **mocano**

Hato Mayor: **hatomayorense**

La Altagracia: **higüeyano**
Salvación de Higüey: **higüeyano**

La Romana (P): **romanense**
La Romana (C): **romanense**

La Vega: **vegano**
Concepción de la Vega: **vegano**

María Trinidad Sánchez: **nagüero**
Nagua: **nagüero**

Monseñor Nouel: **bonaense**
Bonao: **bonaense**

Montecristi: **montecristeño**

Monte Plata (P): **monteplateño**
Monte Plata (C): **monteplateño**

Pedernales (P): **pedernalense**
Pedernales (C): **pedernalense**

Peravia: **banillejo**
Bani: **banillejo**

Puerto Plata: **puertoplateño**
San Felipe de Puerto Plata: **puertoplateño**

Samaná: **samanés**

San Cristóbal (P): **sancristobalense**
San Cristóbal (C): **sancristobalense**

San José de Ocoa (P): **ocoeño**
San José de Ocoa (C): **ocoeño**

San Juan: **sanjuanero**
San Juan de la Maguana: **sanjuanero**

San Pedro de Macorís (P): **petromacorisano**
San Pedro de Macorís (C): **petromacorisano**

Sánchez Ramírez: **cotuisano**
Cotuí: **cotuisano**

Santiago: **santiagués, santiaguero**

Santiago Rodríguez: **santiagorrodriguense**

Valverde: **maeño**
Mao: **maeño**

GENTILICIOS PARA EXTRANJEROS

Natural de España: **gallego**
Natural de Estados Unidos: **gringo**
Natural de las Islas Canarias: **isleño**

URUGUAY

Uruguay: **oriental, uruguayo, yorugua**
Montevideo: **montevideano**

DEPARTAMENTOS Y CAPITALES

Artigas (D): **artiguense**
Artigas (C): **artiguense**

Canelones (D): **canario**
Canelones (C): **canario**

Cerro Largo: **cerrolarguense**
Melo: **melense**

Colonia (D): **coloniense**
Colonia del Sacramento (C): **coloniense**

Durazno (D): **duraznense**
Durazno (C): **duraznense**

Flores (D): **poronguero**
Trinidad: **trinitario**

Florida (D): **floridense**
Florida (C): **floridense**

Lavalleja: **serrano**
Minas: **minuano**

Maldonado (D): **fernandino**
Maldonado (C): **fernandino**

Montevideo (D): **montevideano**
Montevideo (C): **montevideano**

Paysandú (D): **sanducero**
Paysandú (C): **sanducero**

Río Negro: **rionegrense**
Fray Bentos: **fraybentino**

Rivera (D): **riverense**
Rivera (C): **riverense**

Rocha (D): **rochense**
Rocha (C): **rochense**

Salto (D): **salteño**
Salto (C): **salteño**

San José (D): **josefino, maragato**
San José de Mayo (C): **josefino, maragato**

Soriano: **sorianense**
Mercedes: **mercedario**

Tacuarembó (D): **tacuaremboense**
Tacuarembó (C): **tacuaremboense**

Treinta y Tres (D): **trentaitesino**
Treinta y Tres (C): **olimareño**

Gentilicios regionales y suprarregionales

Departamentos que tienen costa sobre el río Uruguay: **litoraleño**

Persona originaria de la frontera de Uruguay con Brasil: **bayano**

Gentilicios para extranjeros

Natural de Brasil: **macaco**
Natural de España: **gallego**

VENEZUELA

Venezuela: **llanero** (en la prensa deportiva), **veneco**, **venezolano**
Caracas: **caraqueño**

Estados y capitales

Amazonas: **amazonense**
Puerto Ayacucho: **ayacuchano**

Anzoátegui: **anzoatiguense**
Barcelona: **barcelonés**

Apure: **apureño**
San Fernando de Apure: **sanfernandino**

Aragua: **aragüeño**
Maracay: **maracayero**

Barinas (E): **barinés**
Barinas (C): **barinés**

Bolívar: **bolivarense, guayanés**
Ciudad Bolívar: **bolivarense**

Carabobo: **carabobeño**
Valencia: **valenciano**

Cojedes: **cojedeño**
San Carlos: **sancarleño**

Delta Amacuro: **deltano**
Tucupita: **tucupitense**

Falcón: **falconiano**
Coro: **coriano**

Guárico: **guariqueño**
San Juan de los Morros: **sanjuanero**

Lara: **guaro, larense**
Barquisimeto: **barquisimetano**

Mérida (E): **merideño**
Mérida (C): **merideño**

Miranda: **mirandino**
Los Teques: **tequense, tequeño**

Monagas: **monaguense**
Maturín: **maturinés**

Nueva Esparta: **neoespartano**
La Asunción: **asuntino**

Portuguesa: **portugueseño**
Guanare: **guanareño**

Sucre: **sucrense**
Cumaná: **cumanés**

Táchira: **tachirense**
San Cristóbal: **sancristobalense**

Trujillo (E): **trujillano**
Trujillo (C): **trujillano**

Yaracuy: **yaracuyano**
San Felipe: **sanfelipeño**

Vargas: **varguense**
La Guaira: **guaireño**

Zulia: **zuliano**
Maracaibo: **marabino, maracaibero, maracucho**

Ciudades importantes

Acarigua: **acarigüeño**
Boconó: **boconés**
Cabimas: **cabimense**
Cabudare: **cabudareño**
Calabozo: **calaboceño**
Carora: **caroreño**
Carúpano: **carupanero**
Ciudad Ojeda: **citojense**
Ciudad Upata: **upatense**
El Tigre: **tigrense**

La Victoria: **victoriano**
Porlamar: **porlamarense**
Punto Fijo: **puntofijense**
Puerto Cabello: **puertocabellano**
Puerto La Cruz: **portocruzano**
Rubio: **rubiense**
Turmero: **turmereño**
Valera: **valerano**
Valle de la Pascua: **vallepascuense**

Gentilicios regionales y suprarregionales

Barlovento: **barloventeño**
Cubagua, isla del Estado de Nueva Esparta: **cubagüense**
Coche, isla del estado de Nueva Esparta: **cochense**
Los Andes: **andino, gocho**
Los Llanos: **llanero**
Los Roques: **roquero**
Margarita, isla del estado de Nueva Esparta: **margariteño, ñero**
Zona oriental (incluye los estados de Anzoátegui, Nueva Esparta, Monagas y Sucre): **orientales**
Natural del estado de Lara: **guaro**

Gentilicios para extranjeros

Natural de España: **gallego**
Natural de Estados Unidos: **gringo**
Natural de las Islas Canarias: **isleño**

A

Aber: Alberto. *Bo.*
Abico: Abelardo. *Bo.*
Abo: Ángel. *Bo.*
Ada: Adalgisa. *RD, PR.*
Addie: Adela, Adelina. *EU, PR*
Addy: Adela, Adelina. *EU, PR.*
Ade: Adela. *ES, Ch*; Adelaida. *ES.*
Adela: Adelaida. *Co.*
Ado: Adolfo. *Bo.*
Adolf: Adolfo. *Bo.*
Adri: Adriana. *Mx, Ni, Co, Ec, Bo, Ar.*
Adrianita: Adriana. *Bo.*
Ady: Adela, Adelina. *EU.*
Ago: Santiago. *Co.*
Agu: Agustín. *Bo, Ve, Ur.*
Agucho: Agustín. *Ec.*
Agus: Agustín. *Mx, Ve, Ur*; Augusto. *PR, Ar.*
Agustino: Agustín. *Bo.*
Agusto: Agustín. *Bo.*
Aida: Adelaida. *Bo*; Zenaida. *Bo*; Zoraida. *Bo.*
Aidita: Adelaida. *Bo*; Zoraida. *Bo.*
Al: Alejandro. *Bo*; Alfredo. *Bo*; Álvaro. *Bo.*
Ala: Adela. *Ve.*
Albar: Alberto. *Bo.*
Alber: Alberto. *Ve, Bo.*
Álber: Alberto. *Ch.*
Albert: Alberto. *Bo.*
Ale: Alejandro, Alejandra. *Mx, Gu, Ni, Pa, RD, PR, Co, Ve, Ec, Bo, Ch, Ar, Ur.*
Aleja: Alejandra, Alejandrina. *RD, PR, Co, Ve, Ec, Bo, Ch, Ar.*
Alejandrinchis: Alejandro. *Bo.*
Alejo: Alejandro. *Pa, RD Ec, Bo.*
Álex: Alejandro, Alejandra. *Mx, ES, Ni, Pa, Cu, RD, Co, Ve, Ec, Bo, Ch, Ar*; Alexander *ES*; Alexandra. *Co.*
Alexa: Alexandra. *Co.*
Alexei: Alejandro. *Bo.*
Alexiño: Alejandro. *Bo.*
Alfe: Alfredo. *Bo.*

Alfi: Alfredo. *Ch.*
Alfo: Alfonsina. *Bo.*
Alfonsino: Alfonso. *Bo.*
Alfre: Alfredo. *ES, RD, Ec.*
Alfred: Alfredo. *EU, RD, Co, Ec.*
Alia: Alicia. *Bo.*
Alis: Alicia. *Gu, Bo.*
Allie: Alicia. *EU.*
Alvarucho: Álvaro. *Bo.*
Alvarus: Álvaro. *Bo.*
Alvi: Álvaro. *Bo.*
An: Ana. *Bo.*
Anais: Ana Isabel. *Bo.*
Anamar: Ana María. *Bo.*
Anane: Miguel Ángel. *Ve.*
Anaté: Ana Teresa. *Pa, Ve.*
Anatere: Ana Teresa. *Co.*
Andi: Andrea. *Ec, Bo, Ch*; Andrés. *Gu, Ec, Bo, Ch.*
Andita: Andrea. *Gu, Ec.*
Andito: Andrés. *Ec.*
Andre: Andrea. *Gu, Ar.*
Andreo: Alejandro. *Bo.*
Andresiano: Andrés. *Bo.*
Andresucho: Andrés. *Bo.*
Andréu: Andrés. *Bo.*
Andri: Andrés. *Bo.*
Andru: Alejandro. *Bo.*
Andy: Andrea. *Gu, Ec, Bo, Ch*; Andrés. *Pa, Cu, RD, PR, Ec, Bo, Ch, Ar.*
Ange: Angélica. *Pa, Ar.*
Ángel: Angélica. *Bo.*
Angelo: Ángel. *Bo.*
Angi: Ángela, Angélica. *Bo, Ar.*
Angicha: Angélica. *Bo.*
Angicho: Ángel. *Bo.*
Angie: Ángela. *EU, Mx, Ni, Co, Ec, Cu, RD, Bo*; Angélica. *Mx, Pa, PR, Ar.*
Angy: Angélica. *Bo.*
Anitere: Ana Teresa. *Pa.*
Anjito: Ángel. *Ve.*
Anjuncho: Ángel. *Ve.*

Annie: Ana, Ann. *EU, Mx, PR.*
Anto: Antonia. *Ch, Ar*; Antonio. *Bo.*
Antoni: Antonio. *Bo.*
Antoñuelo: Antonio. *Ve.*
Antuca: Antonia. *Ec, Bo.*
Antuco: Antonio. *Ec, Bo, Ch.*
Antuquita: Antonia. *Bo.*
Antuquito: Antonio. *Bo.*
Anyi: Ángela. *Ni, Pa, Cu, RD.*
Apo: Apolinar. *Pa.*
Ara: Araceli. *Mx, Pa, Cu, Co, Ve, Bo.*
Ardo: Gerardo. *Bo.*
Arie: Araceli. *PR.*
Ario: Darío. *Bo.*
Aristo: Evaristo. *Bo.*
Aro: Darío. *Bo.*
Arti: Arturo. *Bo.*
Artu: Arturo. *Ec, Bo.*
Ártur: Arturo. *Ec, Bo.*
Ashuca: Asunción. *Ec.*
Ashuquita: Asunción. *Ec.*
Asunsa: Asunción. *Ve.*
Asunta: Asunción. *Cu, Bo.*
Atato: Augusto. *Ec.*
Augus: Agustín, Augusto. *Bo, Ar.*
Aure: Aurelia. *Bo*; Aurelio. *Bo.*
Aureliano: Aurelio. *Bo.*
Avo: Gustavo. *Bo.*

B

Babana: Fabiana. *Ve.*
Bacha: Beatriz. *Ec.*
Bachán: Sebastián. *Ve.*
Bachi: Beatriz. *Bo*
Bachita: Beatriz. *Ec.*
Badó: Salvador. *RD.*
Bámbaro: Álvaro. *Bo.*
Banito: Urbano. *Ve.*
Bano: Urbano. *Ve.*
Bart: Bartolomé. *Bo.*
Barto: Bartolomé. *Bo.*
Bartolín: Bartolomé. *Bo.*
Bastian: Sebastián. *Bo.*
Bayo: Braulio. *Gu, Ve.*
Beatri: Beatriz. *Bo.*
Beba: Gabriela. *Bo*; Genoveva. *Mx, Gu, Cu, RD, PR, Ve, Ec, Bo, Ur.*
Bebita: Genoveva. *Mx, Gu, Cu, RD, PR, Ve, Ec, Bo, Ur.*
Beca: Rebeca. *Pa, Ch.*
Becca: Rebeca. *EU.*
Becha: Beatriz. *Ve, Ar.*
Becki: Rebeca. *Bo.*
Becky: Rebeca. *EU, PR, Bo, Ch.*
Bela: Isabel. *Ec.*
Beli: Belisario. *Ec, Ve, Bo, Ch.*

Beliche: Belisario. *Bo.*
Bélico: Belisario. *Bo.*
Belis: Belisario. *Bo.*
Belita: Isabel. *Ec.*
Belo: Belisario. *Ec.*
Ben: Benjamín. *EU, Ni, Pa.*
Bene: Benancia. *ES*; Benencia. *RD, PR.*
Bengie: Benjamín. *PR.*
Beni: Benigno. *Bo*; Benito. *ES*; Bernardo. *Pa.*
Benita: Bernarda. *Pa.*
Benitín: Bernardo. *Pa.*
Benji: Benjamín. *EU, Mx, Pa, Bo.*
Benjo: Benjamín. *Bo.*
Bennie: Benjamín. *EU.*
Benny: Benjamín. *PR.*
Beno: Benito. *ES, Pa, PR, Ch*; Benjamín. *Pa.*
Beña: Bernarda. *Ch.*
Beño: Benito. *Ch*; Bernardo. *Ch.*
Bera: Berenice. *Ec.*
Bere: Berenice. *Mx, ES, Ni, Pa, Ec, Bo.*
Berene: Berenice. *Bo, Ve.*
Berita: Berenice. *Ec.*
Berna: Bernabé. *Bo*; Bernarda. *Bo.*
Bernardino: Bernardo. *Bo.*
Bernardita: Bernarda. *Ch.*
Bernarol: Bernardo. *Bo.*
Berni: Bernarda. *Ec, Bo, Ch*; Bernardo. *Ni, Ec, Bo, Ar, Ch.*
Bernito: Bernardo. *Ec.*
Berno: Bernardo. *Bo.*
Berny: Bernarda. *ES, Bo, Ch, Ar*; Bernardo. *Ar.*
Berti: Gilberto. *PR.*
Berto: Alberto. *PR, Bo*; Edilberto. *PR, Co, Bo, Ar*; Humberto. *Bo*; Norberto. *PR, Bo.*
Besy: Elizabeth. *Bo.*
Beta: Beatriz. *Bo.*
Beth: Elizabeth. *EU.*
Beti: Elizabeth. *Ni.*
Betico: Alberto. *Bo.*
Betina: Albertina. *Cu, Ve*; Beatriz. *Bo.*
Betita: Elizabeth. *Bo.*
Betito: Adalberto. *Bo.*
Beto: Adalberto. *ES, Ni, Pa, PR*; Alberto. *Mx, Gu, Ho, Es, Ni, CR, Pa, Cu, RD, PR, Co, Ve, Ec, Bo, Ch, Ar, Ur*; Edilberto. *Mx, ES, PR, Co, Ar*; Gilberto. *Mx, ES, Ni, Pa, Co, Ve, Ch*; Humberto. *Mx, ES, Ni, Cu, PR, Co, Bo, Ve, Ch, Ar, Ur*; Norberto. *Mx, ES, Ni, Ec, Bo, Ar*; Roberto. *Mx, Gu, Ni, Ve, Ch, Ar.*
Betsy: Beatriz. *EU, Bo*; Elizabeth. *Bo.*
Betty: Beatriz. *EU, Mx, Ho, Ni, Pa, Cu, RD, PR, Co, Ve, Ec, Bo, Ch, Ar.*
Bety: Elizabeth. *Bo.*
Biachi: Beatriz. *Bo.*
Biana: Fabiana. *ES.*
Biata: Beatriz. *Bo.*

Biatriz: Beatriz. *Bo.*
Bibi: Beatriz. *Bo;* Bibiana. *Mx, ES, Pa, PR, Co, Ec, Ur;* Viviana. *PR.*
Bibí: Bibiana. *Ec, Bo.*
Bibiam: Bibiana. *Bo.*
Bienva: Bienvenida. *RD, PR.*
Bienve: Bienvenida. *Ho, Pa, PR.*
Bienvo: Bienvenido. *RD.*
Bili: Guillermo. *Bo.*
Bill: William. *Pa, Bo.*
Billy: Guillermo. *Pa, Co, Bo.*
Biye: Guillermo. *Bo.*
Blanqui: Blanca. *ES, Gu, PR.*
Bobbie: Roberto. *EU, Pa, PR.*
Bobby: Roberto. *EU, PR.*
Bobeto: Roberto. *Bo.*
Bobi: Roberto. *Pa.*
Boby: Roberto. *Pa, Bo.*
Bocho: Ambrosio. *Ve, Ch.*
Boni: Bonifacia. *ES, Pa, Bo.*
Brancho: Abrahán. *Ho.*
Branchy: Abrahán. *Ho.*
Breo: Braulio. *Bo.*

C

Cacá: Óscar. *Ve.*
Cacaya: Candelaria. *Ve.*
Cacha: Caridad. *Cu, RD.*
Cáchala: Carmen. *Ve.*
Cachita: Caridad. *Cu, RD.*
Cachito: Concepción. *Ve.*
Cacho: Carlos. *Ec, Ar;* Jorge. *Ar;* Óscar. *Bo.*
Cachón: Concepción. *Ve;* Encarnación. *RD, PR, Bo, Ve.*
Caco: Carlos. *Ch;* Claudio. *Ch.*
Caela: Micaela. *Ve.*
Calica: Carlos. *Bo.*
Caliche: Carlos. *Co, Bo.*
Calila: Carlos. *Bo.*
Calín: Carlos. *ES.*
Calú: Carmen Luz. *Ch.*
Camacho: Encarnación. *Ve.*
Cambucha: Carmen. *PR.*
Camencha: Carmen. *ES.*
Cami: Camila. *EU, Co, Ch, Ur.*
Cammie: Camila. *EU.*
Camo: Camilo. *PR, Co.*
Camucha: Carmen. *Pe, Ve.*
Canacho: Encarnación. *Ho.*
Cananga: Cándida. *Ve.*
Canco: Carmen. *Ve.*
Canda: Candelaria. *Ho;* Cándida. *Ho, PR.*
Cande: Candelaria. *ES, Pa, Ec, Bo, Ur.*
Candeli: Candelaria. *Ec.*

Candelita: Candelaria. *Co, Ve, Bo.*
Candi: Candelaria. *Ni, Ec, Bo;* Cándida. *Ni, Pa, PR, RD.*
Canducha: Candelaria. *Co, Ve.*
Candy: Candelaria. *Pa, PR, Bo.*
Cano: Alejandro. *Ch.*
Caqui: Óscar. *Bo*
Cari: Carolina. *Ch.*
Carito: Carolina. *Mx, Co, Ec, Bo.*
Carla: Carolina. *Bo.*
Carlanga: Carlos. *Bo, Ch.*
Carletín: Carlos. *Bo.*
Carli: Carlos. *Bo.*
Carlincho: Carlos. *Bo.*
Carlingas: Carlos. *Bo.*
Carlis: Carlos. *Bo.*
Carloncho: Carlos. *Co, Bo, Ch, Ar.*
Carlucho: Carlos. *Bo.*
Carmelina: Carmen. *Ve.*
Carmelita: Carmen. *Co.*
Carmencha: Carmen. *ES, Ch.*
Carmencho: Carmen. *Ve.*
Carmenchú: Carmen. *Pa.*
Carmenza: Carmen. *Ve, Ch.*
Carmín: Carmen. *PR.*
Carnita: Encarnación. *Bo.*
Caro: Carolina. *Mx, Gu, ES, Pa, PR, Co, Ve, Ec, Bo, Ch, Ar, Ur.*
Carol: Carolina. *EU, Ni, RD, Bo, Ur.*
Carola: Carolina. *RD, Co, Ve, Ch, Ur.*
Carolaine: Carolina. *Bo.*
Carolín: Carolina. *Bo.*
Carpio: Policarpio. *Bo.*
Carpito: Policarpio. *Ve.*
Carri: Carolina. *EU.*
Carrie: Carolina. *EU.*
Casi: Casandra. *EU, Pa;* Casimiro. *Ni, PR, Ve.*
Cass: Casandra. *EU.*
Cassie: Casandra. *EU.*
Cassy: Casandra. *EU.*
Cat: Catalina. *EU.*
Cata: Catalina. *Mx, Gu, ES, Ni, Pa, PR, Co, Ec, Ve, Bo, Ch, Ur.*
Catala: Catalina. *Co, Bo, Ve.*
Catana: Catalina. *Co, Bo, Ve.*
Cate: Catalina. *EU.*
Catica: Catalina. *Bo.*
Catita: Catalina. *Mx, Bo.*
Catocha: Catalina. *Gu.*
Catoña: Carmen Antonia. *Ve.*
Catuca: Catalina. *Bo.*
Catucha: Catalina. *Gu.*
Caya: Arcadia. *PR, Ve;* Clara. *Ec;* Claudia. *Co;* Leocadia. *Ve;* Macaria. *Ho, ES.*
Cayaya: Candelaria. *Ve.*

Cayita: Arcadia. *PR, Ve*; Clara. *Ec.*

Cayo: Arcadio. *ES, Pa, PR, Ve*; Claudio. *ES*; Macario. *Ho, ES.*

Cechí: Cecilia. *Bo.*

Ceci: Cecilio. *Bo.*

Cecil: Cecilia. *Co, Bo, Ur.*

Cecita: Cecilia. *Ec, Bo.*

Celi: Araceli. *Bo*; Celina. *ES, Bo.*

Celita: Cecilia. *Bo.*

Cely: Araceli. *Bo.*

Cencio: Inocencio. *Bo.*

Censo: Inocencio. *Bo.*

Cente: Vicente. *Bo, Ar.*

Chaba: Elizabeth. *Bo*; Isabel. *Co, Ve*; Sebastián. *Ec.*

Chabaco: Sebastián. *Ec.*

Chabalo: Isabel. *Ve.*

Chabas: Isabel. *Bo.*

Chabe: Isabel. *Gu, Ve, Bo, Ch.*

Chabé: Isabel. *Ve.*

Chabel: Isabel. *Ve.*

Chabela: Elizabeth. *Bo*; Isabel. *Mx, Gu, Ho, Ni, Co, RD, PR, Ve, Bo, Ch, Ar.*

Chabele: Isabel. *Bo*

Chabeli: Isabel. *Pa, Bo.*

Chabelín: Isabel. *Bo.*

Chabelo: Isabel. *Ni, RD, Bo.*

Chabelona: Isabel. *Ve.*

Chabelonga: Isabel, *Ve.*

Chabely: Isabel. *Bo*

Chabi: Isabel. *Ec, Ve, Bo.*

Chabica: Isabel. *Ec, Ve.*

Chabuca: Isabel. *Pe, Ec.*

Chacame: Rosa del Carmen. *Ve.*

Chacha: Alsacia. *Ve*; Bonifacia. *Bo.*

Chachi: Francis. *Ho.*

Chachito: Mario, Mario Ernesto. *Cu.*

Chacho: Carlos. *Ar*; Ernesto. *Bo.*

Chaco: Isaac. *Pa.*

Chago: Santiago. *Ni, Co, Pa, RD, PR, Ve, Ch.*

Chagua: Ysaura. *Ni, Ve.*

Chaíto: José. *Ve.*

Chala: Gonzala. *ES, Ve.*

Chale: Carlos. *Ni.*

Chalía: Rosalía. *Gu, ES, Pa, Ve, Ec.*

Chalinga: Rosalía. *Ve.*

Chalío: Rosalío. *Gu, ES.*

Challa: Rosario. *Bo.*

Chalo: Carlos. *Bo*; Gonzalo. *Ho, ES, Ni, Pa, Co, Ve, Ec, Ch, Bo*; Rosario. *Bo.*

Chamba: Salvador. *ES.*

Chan: Sebastián. *ES, Ni, Pa.*

Chana: Alejandra. *Gu*; Cristiana. *RD*; Feliciana. *ES, Ni, PR, Ve*; Juana. *Gu, Ec*; Luciana. *ES, Ni, Ve*; Roxana, *ES, Ch*; Susana. *Bo, Ch.*

Chanchango: Santiago. *Ve.*

Chángel: José Ángel. *Ho.*

Changuito: Santiago. *Ve.*

Chani: Roxana. *ES, Ch.*

Chano: Epifanio. *Ve*; Feliciano. *ES, Ni, PR, Bo, Ve*; Lisandro. *Ve*; Luciano. *Gu, ES, Ni, Cu, Ve.*

Chanta: Crisanta. *Ho.*

Chanti: Santiago. *ES.*

Chao: Simón. *Ve.*

Chapa: José Ramón. *Ve.*

Chapael: José Ramón. *Ve.*

Chapalengo: Raquel. *Ve.*

Chapelo: Raquel. *Ve.*

Charitos: Rosario. *Mx, Pa, Cu, Co, Bo, Ec, Ur.*

Charles: Carlos. *Bo.*

Charli: Carlos. *EU, Gu, Ni, Pa, Bo.*

Charlie: Carlos. *EU, Mx, Gu, Ho, ES, Pa, PR, Ec, Bo.*

Charly: Carlos. *Mx, Ho, ES, Ec, Bo, Ch.*

Chava: Salvador. *Mx, Ar.*

Chavaroco: Jesús Salvador. *Ve.*

Chavo: Gustavo. *Bo.*

Chaya: Nazaria. *Ho, ES, Ni*; Rosario. *Ve.*

Chayito: Rosario. *Gu, Bo.*

Chayo: Belisario. *Ve*; Nazario. *Ho, ES, Ni*; Rosario. *Gu, Mx, ES, Ni, Co, Pa, Bo, Ch, Ve.*

Che: José. *Ve.*

Cheba: Eusebia. *Gu, Ho, ES, Ni, Pa, Ve.*

Chebo: Eusebio. *Gu, ES, Ho, Ni, Pa, Ve, Bo.*

Checha: César. *Gu, Ec*; Clemencia. *Bo.*

Cheché: José, Juan José. *Ve*; Mercedes. *Cu, Ve.*

Chechi: Cecilia. *Co, Ve, Ch.*

Checho: Sergio. *Gu, ES, Ch, Ar.*

Chede: Mercedes. *Ve.*

Chefa: Josefa. *Gu, Ho, ES, Ni, Ve.*

Chefina: Josefina. *ES, Ve.*

Chefino: Ceferino. *Ho.*

Chefona: Josefina. *Ve.*

Chejo: José. *Bo.*

Chela: Isabel. *PR*; Adela. *Cu, Co*; Adelaida. *Cu*; Araceli. *Ec, Bo*; Cecilia. *Bo*; Celia. *Ho, Ur*; Gabriela. *Mx, Ho, Pa, Cu, Co, Ve, Pe, Ec, Bo, Ch*; Graciela. *Mx, Ho, Es, Ni, Pa, Cu, PR, Co, Ve, Ec, Pe, Bo, Ch*; Lucrecia. *Ve*; Marcela. *Ho, ES, PR, Bo, Ch*; Micaela. *PR.*

Chele: Mercedes. *PR*; Zoila. *Bo.*

Cheli: Araceli. *Gu, ES, Ni, Pa, Cu, Co, Ec, Ve, Bo*; Gabriela. *Mx, Ho, Pa, Cu, Co, Ve, Pe, Ec, Bo*; Graciela: *Mx, Ho, Pa, Cu, PR, Co, Ve, Pe, Ec, Bo, Ch*; Marcela. *Ch.*

Chelique: José Enrique. *Ve.*

Chelita: Gabriela. *Mx, Ho, Pa, Cu, Co, Ve, Pe, Ec, Bo*; Lucelia. *Ve.*

Chello: Marcelo. *Pa.*

Chelo: Graciela. *Bo*; José. *Bo*; Lucelia. *Ve*; Marcelo. *ES, PR, Bo, Ch, Ar.*

Chely: Araceli. *Gu, ES, Ho.*

Chemané: José Manuel. *Ni, Ve.*

Chemaría: José María. *Ve*.

Chemiguel: José Miguel. *Ve*.

Chemo: José Ramón. *PR*.

Chemón: José Ramón. *PR, Ve*.

Chencha: Clemencia. *Bo*; Inocencia. *Cu, PR*.

Chencho: Fulgencio. *Mx, Pa, Cu, RD*; Inocencio. *ES, Ni, Pa, Cu, PR, Bo*.

Chenda: Rosenda. *ES, Ni, Ve, Bo*.

Chendo: Rosendo. *ES, Ni, Ve, Bo*.

Chenta: Vicenta. *Gu, Ni, Pa, PR, Ve, Bo*.

Chente: Inocente. *ES, Ni, Pa, Ve*; Vicente. *Mx, PR, Co, Bo, Ar*.

Chenti: Vicente. *PR*.

Chentuco: Vicente. *Mx*.

Cheo: José. *Cu, PR, RD, Ve*.

Chepa: Josefa. *Mx, Gu, Ho, ES, Ni, PR, Co, Ec, Bo, Ch*; María José. *Gu*.

Chepe: Carlos. *Bo*; José. *Gu, Mx, Ho, Ni, Pa, RD, Co, Bo*; José María. *Co, Bo*.

Chepetoño: José Antonio. *ES*.

Chepín: José. *Ve, Bo*.

Chepino: José. *Ve*.

Chepita: Josefa. *Mx, Gu, Ho, ES, Ni, PR, Co, Ec, Bo, Ch*; Josefina. *Mx, Co, Ec, Bo*.

Chepo: José. *Mx, Ve*.

Chequel: Ezequiel. *ES, Ve*.

Chéquele: Ezequiel. *Pa*.

Cherico: José Federico. *Ve*.

Chero: Gerardo. *Bo*.

Cherramón: José Ramón. *Ve*.

Chesco: Francisco. *Gu*.

Chesu: Jesús. *Pe*.

Chevas: Sebastián. *Bo*.

Chía: Lucía. *Ve*; Lucila. *Bo*.

Chica: Francisca. *ES, Ni*.

Chicha: Francisca. *Ve*.

Chiché: Francisco José. *Ve*.

Chichi: Cecilia. *Ch*; Juan José. *Gu*.

Chichía: Cecilia. *Ve*.

Chichila: Cecilia. *Ve, Bo*.

Chichilo: Cecilio. *Ve*.

Chichío: Cecilio. *Ve*.

Chichita: Carmencita. *Ve*.

Chicho: Álvaro. *Bo*; Francisco. *Co, Ve, Bo, Ar*; Mauricio. *Ni*; Rafael Ramón. *Ve*.

Chico: Francisco. *ES, Ni, CR, Pa, Ve, Py, Bo*.

Chicoché: Francisco José. *Ni*.

Chicochico: Francisco. *Ve*.

Chila: Basilia. *Ho*; Cecilia. *Gu, Ho, Ni, Pa, Co, Ve, Bo*; Ercilia. *ES, Ni, Bo, Ve*; Hercilia. *Ni, Pa*; Lucila. *ES, Ni, PR, Ve*.

Chilo: Basilio. *Ho*; Cecilio. *Ho, ES, Ni*.

Chimino: Maximino. *Gu, Ni*.

Chimiro: Casimiro. *Ve*.

Chimo: Lisímaco. *Ve*.

Chin: Celedonia. *Ve*.

Chindo: Gumersindo. *ES*; Jacinto. *ES, Ve*; Rudesindo. *Ve, Ch*.

Chinto: Jacinto. *Gu, Ni, Pa, Ec*.

Chío: Cecilio. *Ve*; Rocío. *Mx, ES, Pe, Bo, Ec*.

Chita: Cecilia. *Bo*; Felicita. *ES*; Rosa. *ES*; Rosita. *ES, Ve*; Teresa. *Bo*.

Chocha: Ana Rosa. *Ho*; Graciosa. *Ve*; Rosario. *Ec*.

Choche: Jorge. *Ch*; José. *Bo*.

Chochi: Rosa. *Gu*.

Chochita: Rosario. *Ec*.

Chochó: Victoria. *Ve*.

Chocuelo: Consuelo. *Bo*.

Chofa: Sofía. *Gu*.

Chofo: Adolfo. *Gu*.

Chol: Soledad. *Ch*.

Chola: Soledad. *Ni*; Zoila. *Co*.

Chole: Sofía. *ES, Ch*; Soledad. *Mx, ES, Ni, Ch*; Zoila. *Co*.

Choli: Consuelo. *Ch*; Sofía. *ES, Ch*; Soledad. *ES, Ch*.

Cholita: Soledad. *Mx*.

Chon: Ascensión. *ES, Ve*; Asunción. *Ni, Pa, Cu*; Concepción. *Ni, Ve*; Encarnación. *Ni, Pa, ES*.

Chona: Ascensión. *Mx*; Asunción. *Ni, Cu*; Concepción. *Ho, Ni*; Encarnación. *ES*; Sonia. *Co*.

Choncha: Encarnación. *Bo*.

Chonchón: Asunción. *Ve*.

Choni: Sonia. *Ch*.

Chonita: Ascensión. *Mx*.

Chu: Jesús. *Ni, Pa, PR*.

Chúa: Jesusa, María (de) Jesús. *PR, Ve*.

Chubala: Rafaela. *Ve*.

Chucha: Jesusa. *Mx, RD, Ve, Bo*; María (de) Jesús. *Ve*.

Chuchago: Jesús Santiago. *Ve*.

Chuché: Jesús José. *Ni, Ve*.

Chuchi: Jesús. *Cu*.

Chuchín: Jesús. *Mx, Ve, Bo*; Luis. *Bo*.

Chuchita: Jesusa. *Mx*.

Chuchito: Jesús. *Mx, RD, Ve*.

Chucho: Jesús. *Mx, Cu, Co, PR, Ve, Bo*; José. *Bo*.

Chuchú: Jesús. *Ni, Cu, RD, PR, Ve*.

Chufao: Jesús Rafael. *Ve*.

Chufel: Jesús Rafael. *Ve*.

Chuíta: Jesusa, María (de) Jesús. *Ve*.

Chuíto: Jesús. *PR, Ve*.

Chula: Úrsula. *Ve*.

Chulita: Úrsula. *Ve*.

Chuma: Domingo. *Ch*.

Chumingo: Domingo. *Ch*.

Chundo: Segundo. *Ch*.

Chúo: Jesús. *Ve*.

Chusa: Jesusa. *ES*.

Chusito: Jesús. *Ve*.

Chuy: Jesús. *Mx, Ho, PR, Ve*.

Ciano: Feliciano. *Bo.*
Cico: Francisco. *Ve.*
Cila: Lucila. *Bo.*
Cilia: Hercilia. *Bo.*
Clara: Claribel. *Bo.*
Clari: Clara. *ES, Cu, Ec*; Claribel. *ES, Ec.*
Clarín: Clara. *Bo.*
Claris: Clara. *Bo.*
Clau: Claudio. *Mx, Ar.*
Clema: Clemencia. *Bo.*
Cleme: Clemencia. *Mx, Ec, Ve, Bo, Ch*; Clemente. *Mx, Ni, Pa, PR, Ve, Bo, Ch.*
Clemen: Clemencia. *ES, Ni, Co, Pa, Ec, Bo.*
Clena: Clementina: *Bo.*
Cleo: Clotilde. *ES, Ni, RD, Bo.*
Cleta: Clemencia. *Bo.*
Cloro: Clodomiro. *Ch.*
Clota: Clotilde. *Bo, Ch.*
Coca: Óscar. *Gu*; Victoria. *Ec.*
Coco: Jorge. *Mx, ES, Ni, Ec, Pe, Bo*; Socorro. *Gu, Ni.*
Cocó: Socorro. *RD, Ve.*
Coke: Jorge. *Ch.*
Colacha: Nicolasa. *Ni, Ve.*
Colacho: Nicolás. *Ni, Co, Ve, Bo.*
Colaco: Nicolás. *Pa.*
Concha: Constanza: *Bo*; Consuelo. *PR.*
Conchan: Constanza. *Bo.*
Conchi: Consuelo. *Ch.*
Concho: Concepción. *Ni, Ve*; Consuelo. *Pe*; Juan. *Bo.*
Condicha: Candelaria. *Bo.*
Coni: Concepción. *Mx*; Constanza. *Cu, RD, Bo, Ch*; Consuelo. *Ni, Bo*; Cornelia. *Cu, RD.*
Conne: Constanza. *Bo.*
Connie: Constanza. *Bo*; Consuelo. *Ec*; Cornelia. *EU.*
Conny: Constanza. *Ch.*
Consta: Constantino. *Bo.*
Constancio: Constantino. *Bo.*
Constans: Constastino. *Bo.*
Consti: Constanza. *Bo.*
Consu: Consuelo. *Co, Ec, Bo, Ch, Ar.*
Consue: Consuelo. *ES.*
Cony: Concepción. *Mx*; Consuelo. *Ec, Ve.*
Coque: Jorge. *Mx, Gu, Bo, Ch.*
Coqui: Clotilde. *Ec*; Jorge. *Gu, ES, Pe, Bo*; Óscar. *ES, Bo.*
Coquin: Jorge. *Bo.*
Coquita: Clotilde. *Ec.*
Coquito: Jorge. *Mx, Ec, Bo.*
Corne: Cornelia, Cornelio. *ES.*
Cos: Constanza. *Bo.*
Costo: Constantino. *Bo.*
Coston: Constanza. *Bo.*
Cosue: Consuelo. *Bo.*
Cote: María José. *Ch*; José. *Ch.*
Coté: María José. *Ch.*
Coti: Clotilde. *Ch*; Constanza. *Ch*; María José. *Ve.*

Coyo: Socorro. *Mx, ES, Ho, Pa.*
Cris: Cristian, Cristián. *Ch.*
Crisa: Cristina. *Bo.*
Criso: Crisóstomo. *Ve, Bo.*
Crist: Cristina. *Bo.*
Cristín: Cristina. *Bo.*
Cruci: Cruz. *Ve, Ec, Bo.*
Crucita: Cruz. *Mx, PR, Ve, Ec.*
Crucito: Cruz. *PR, Ve.*
Cuasi: Casimiro. *Bo.*
Cuca: Candelaria. *Bo*; Carmen. *PR, Ch*; Refugio. *Mx, PR*; Victoria. *CR.*
Cucha: Cruz. *PR, Ve.*
Cuchi: Cruz. *PR.*
Cucho: Agustín. *Ch*; Cruz. *PR, Ve*; José. *Bo.*
Cucis: Refugio. *Mx.*
Cuco: José. *Bo*; Justo. *Cu*; Leoncio. *PR.*
Cunchi: Concepción. *Bo.*
Cuncia: Concepción. *Bo.*
Cundo: Facundo. *Cu.*
Cuni: Cornelio. *Ec.*
Cunina: Saturnina. *Ve.*
Cuquis: Refugio. *Mx.*

D

Dado: Eduardo. *Bo.*
Dago: Dagoberto. *Co, Ch.*
Dan: Daniel. *EU, Ur.*
Dani: Daniela. *Co, Bo, Ch.*
Danicito: Daniel. *Bo.*
Danielo: Daniel. *Bo.*
Danielucho: Daniel. *Bo.*
Danilo: Daniel. *Bo.*
Danilucho: Daniel. *Bo.*
Danis: Daniel. *Bo.*
Danita: Deidania. *Ve.*
Danny: Daniel. *EU, Mx, Gu, RD, PR, Ch.*
Dano: Daniel. *Bo.*
Dardo: Eduardo. *Bo.*
Dari: Darío. *ES, Cu, Bo.*
Daro: Darío. *RD.*
Dave: David. *EU.*
Davi: David. *Bo.*
Davichito: David. *Bo.*
Davicho: David. *Bo.*
Davo: David. *Bo.*
Deivy: David. *EU, Gu, RD.*
Dela: Adela. *Ch.*
Delf: Delfina. *Bo.*
Delfi: Delfina. *Ni, Ar.*
Delhi: Delfina. *Bo.*
Deme: Demetrio. *Mx, Gu, Bo.*
Derico: Federico. *Bo.*
Deya: Deyanira. *Co.*

Diber: Edilberto. *Bo.*
Dicky: Ricardo. *Pa.*
Dilber: Edilberto. *Bo.*
Dino: Bernardino. *Bo*; Daniel. *Bo.*
Dita: Glenda. *ES.*
Dola: Dolores. *Bo.*
Dolfi: Adolfo. *Bo.*
Dolfo: Adolfo. *Bo.*
Doli: Dorotea. *Ec.*
Dolly: Dolores. *Bo.*
Dolo: Dolores. *Ec, Bo.*
Doly: Dolores. *Bo, Ar*; Dorotea. *Co, Ec, Bo, Ve.*
Domi: Domitila. *Gu, Ch.*
Domin: Domingo. *Bo.*
Dominguín: Domingo. *Bo.*
Domo: Domingo. *Bo.*
Dora: Dorotea. *Mx, Gu, Cu, RD, Co, Bo.*
Dorio: Dorotea. *Bo.*
Doris: Dorotea. *PR.*
Dorita: Dorotea. *Mx, Gu, Cu, RD, Co, Bo.*
Doro: Dorotea. *ES, Ec, Bo, Ve*; Teodoro. *Pa, Bo.*
Doroteo: Teodoro. *Bo.*
Dory: Dorotea. *PR.*
Dulu: Dolores. *Ec.*

E

Eberto: Alberto. *Bo.*
Eddie: Eduardo. *Mx, Pa.*
Eddy: Edgardo. *Mx*; Edmundo. *Ec, Bo*; Eduardo. *Mx, Cu.*
Edgar: Edgardo. *Gu, ES, RD, PR, Ar.*
Édgar: Edgardo. *Ch.*
Edi: Edgardo. *Mx*; Edilberto. *Ni, Pa, Co, Bo*; Edmundo. *Mx, Ec*; Eduardo. *Mx, Bo*; Gilberto. *Bo.*
Edil: Edilberto. *Bo.*
Edo: Eduardo. *Bo.*
Edu: Edmundo. *Bo.*
Edua: Eduardo. *Bo.*
Eduar: Eduardo. *Bo.*
Éduar: Eduardo. *Co.*
Eduard: Eduardo. *Co.*
Educo: Eduardo. *Bo.*
Edwerd: Eduardo. *Bo.*
Edy: Edgardo. *Mx, Pa, Bo, Ar*; Edmundo. *Mx, Bo*; Eduardo. *Mx, Bo.*
Egar: Edgardo. *RD.*
Eggy: Edgardo. *PR.*
Ele: Elena. *PR.*
Elen: Elena. *Ec, Bo.*
Eli: Eliana. *ES, Bo, Ch*; Elías. *EU*; Elisa. *ES, Ni, Cu, RD, PR, Co, Ec, Bo, Ch*; Elizabeth. *Mx, ES, Ni, Pa, RD, Ec, Bo, Ch, Ar.*
Elisa: Elizabeth. *Gu, Ni, Cu, Co, Ve, Bo*; Eloísa. *Bo.*
Eliza: Elizabeth. *ES, Ur.*

Elo: Eloísa. *Pa, Cu, RD, PR, Co, Bo, Ch, Ur*; Elsa. *ES.*
Eloa: Eloísa. *RD.*
Elosiba: Eloísa. *Bo.*
Ely: Eliana. *Bo.*
Ema: Emilia. *Bo.*
Emi: Emilia. *Pa, Co, Ec, Bo, Ur*; Emilio. *Mx, Pa, Co, Ec, Ar, Ur.*
Emili: Emelina. *ES.*
Emily: Emilia. *EU, Mx, Ec, Bo.*
Emma: Erminia. *EU.*
Empe: Emperatriz. *ES.*
Empera: Emperatriz. *Gu, Ni, Ve, Ec, Bo.*
Emperita: Emperatriz. *Gu, Ni, Ve, Ec, Bo.*
Emy: Emilia. *Gu, Bo*; Emilio. *Ec, Bo.*
Ena: Elena. *Bo.*
Enzo: Lorenzo. *PR.*
Epi: Epifania. *ES, Bo*; Epifanio. *Gu, ES, PR, Bo, Ve.*
Erci: Hercilia. *ES*; Ercilia. *Ve, Bo.*
Ercia: Ercilia. *Bo.*
Erneo: Ernesto. *Bo.*
Ernest: Ernesto. *Bo.*
Erni: Ernesto. *EU, Pa, Bo, Ch.*
Ernie: Ernesto. *EU, Pa.*
Esa: Esaú. *ES.*
Esta: Estanislao. *Bo.*
Estani: Estanislao. *Bo.*
Estefa: Estefanía. *Bo, Ur.*
Estefan: Estefanía. *ES, Co, Bo.*
Estefán: Estefanía. *Ec.*
Estéfani: Esteban. *Bo.*
Estefi: Esteban. *Eo.*
Estefita: Esteban. *Bo.*
Estib: Esteban. *Bo.*
Eto: Norberto. *Bo.*
Eu: Eugenia, Eugenio. *ES, Ec, Bo*; Eusebio. *Bo.*
Euge: Eugenia. *Ec, Bo, Ar*; Eugenio. *Bo.*
Eugi: Eugenia. *Ar.*
Eunie: Eugenia. *EU.*
Eva: Evaristo. *ES, Bo.*
Evar: Evaristo. *Bo.*
Ever: Evaristo. *Bo.*
Evo: Evaristo. *Bo.*
Eze: Ezequiel. *Mx, Bo.*
Ezequi: Ezequiel. *Bo.*
Ezi: Ezequiel. *Bo.*

F

Fabi: Fabián. *Co*; Fabiana. *Mx, PR, Bo*; Fabiola. *Mx, Gu, PR, Ec, Bo, Ch.*
Fabia: Fabiana. *ES.*
Fabica: Fabiola. *Bo.*
Fabicita: Fabiola. *Bo.*
Fabio: Fabiola. *Bo.*
Fabita: Fabiola. *Gu, Ec, Bo.*

Facha: Bonifacia. *Ve*.
Facho: Bonifacio. *Ve*.
Facio: Bonifacio, *Bo*.
Facu: Facundo. *Ur*.
Fani: Estefanía. *Mx, Pa, Ec, Bo*.
Fanía: Estefanía. *Pa, Ec, Bo*.
Fanny: Epifanía. *EU, PR*.
Fany: Estefanía. *Mx, RD, PR, Ec*.
Faña: Epifanía. *Ve*.
Faño: Epifanio. *Ve*.
Fati: Fátima. *ES*.
Favicha: Fabiana. *Bo*
Fede: Federico. *Mx, Gu, Pa, RD, Ve, Ec, Bo, Ar, Ch, Ur*.
Feder: Federico. *Bo*.
Fedo: Alfredo. *Gu, Ve*.
Fefona: Josefina. *Ch, Ve*.
Fefy: Estefanía. *PR*.
Fela: Ofelia. *Mx, Bo*; Rafaela. *Pa, Cu, PR*.
Feli: Feliciano. *Bo*; Felipe. *Ve, Bo, Ch*.
Felia: Ofelia. *Bo*.
Felicio: Feliciano. *Bo*.
Felipín: Felipe. *Bo*.
Félix: Federico. *Bo*.
Fella: Ofelia. *Pa*.
Felle: Rafael. *RD*.
Fello: Alfredo. *Mx, Pa*; Rafael. *RD*.
Felo: Alfredo. *Gu, Cu, Ve*; Felipe. *Bo*; Rafael. *Pa*.
Feña: Fernando. *Ch*.
Fer: Fernando. *Mx, ES, Ni, Pa, Co, Ec, Bo, Ch, Ar, Ur*.
Fercho: Fernando. *Mx, Co, Bo*.
Ferchu: Fernando. *Ve, Ar*.
Ferdi: Fernando. *Bo*.
Ferna: Fernando. *PR, Bo*.
Fernán: Fernando. *Bo*.
Ferni: Fernando. *Mx, Ec*.
Fico: Federico. *Bo, Cu, PR, Ec, Bo, Ch*; Francisco. *Ec, Bo*; Rafael. *Cu, Ec*.
Fide: Fidelia. *Bo*.
Fifa: Josefina. *Ch*.
Fifina: Josefina. *Ec, Ch*.
Fila: Filadelfo. *ES, Ve*; Filomena. *Ec*.
Filán: Froilán. *Ve*.
Fili: Felipe. *Bo*; Fidelia. *Bo*; Filipa. *ES*.
Filica: Filomena. *Bo*.
Filipo: Felipe. *Bo*.
Filita: Filomena. *Ec*.
Fina: Delfina. *Mx, Gu, Pa, Cu, RD, PR, Ve, Ec, Bo, Ch, Ar*; Josefa. *Cu*; Josefina. *Mx, Gu, ES, Ni, Pa, Cu, PR, Ec, Bo, Ur*.
Fingi: Angelina. *Bo*.
Finita: Josefina. *Mx, Gu, ES, Ni, Pa, Cu, PR, Ec, Bo, Ur*.
Fipe: Felipe. *Ho, PR*.
Fiquito: Francisco. *Bo*.
Fita: Josefa. *Pa*.

Fito: Adolfo. *Gu, Ho, ES, Ni, Pa, Cu, PR, Bo, Ch, Ar, Ur*; Alfredo. *Ch, Ar*; Rafael. *Bo*; Rodolfo. *ES, Ni, Pa, Ar, Ur*.
Flopi: Florencia. *Ch, Ar, Ur*.
Flor: Florencia. *Cu, RD, Bo, Ch, Ar, Ur*.
Flora: Florencia. *Cu, Bo, Ch*.
Flore: Florencia. *Pa*.
Flori: Floridalma. *Gu*.
Fofo: Adolfo. *Ni*.
Fonchi: Alfonso. *Pa, RD*.
Foncho: Alfonso. *Ho, ES, Pa, Ch*.
Fonsi: Alfonso. *PR, Ch*.
Fonso: Alfonso. *RD, PR, Bo*.
Forita: Telésfora. *Ve*.
Fortu: Fortunato. *ES*.
Fortuna: Fortunato. *Ve*.
Fran: Francis. *Ni*; Francisca. *Ni, Ch*; Francisco. *Ec, Ve, Ar*.
Francis: Francisca. *Gu, Ni, Pa, Co, Ec, Bo, Ch, Ar*; Francisco. *Ec, Bo, Ch*.
Frank: Francisco. *Bo*.
Franz: Francisco. *Bo*.
Frasco: Francisco. *Ec*.
Frasquito: Francisco. *Ec*.
Freddie: Alfredo. *PR*.
Freddy: Alfredo. *Bo*.
Frederic: Federico. *Bo*.
Fredi: Alfredo. *Gu, Ni, RD, Ve, Ec, Ch*.
Fredo: Alfredo. *PR, Bo, Ch*; Wilfredo. *ES, PR*.
Fredy: Alfredo. *Mx, Gu, ES, Cu, RD, Ec, Ch, Ar*.
Freyo: Alfredo. *Bo*.
Froi: Froilán. *Mx, PR*.
Froila: Froilán. *ES*.
Fucho: Rafael. *Ve*.
Ful: Fulgencio. *Ni*.

G

Gaba: Gabriela. *Mx*.
Gabi: Gabriela. *Pa, Ve, Ch, Ar, Ur*.
Gabicha: Gabriela. *Bo*.
Gabicho: Gabriel. *Ec, Bo*.
Gabino: Gabriel. *Ve*.
Gabita: Gabriela. *Mx*.
Gabo: Gabriel. *Mx, Gu, Ni, Pa, Cu, PR, Co, Ve, Ec, Bo, Ch, Ur*.
Gaby: Gabriela. *Gu, Mx, ES, Ni, Pa, Cu, PR, Co, Ve, Ec, Bo, Ch, Ar*.
Gacha: Altagracia. *Ve*.
Gache: Graciela. *Bo*.
Galdy: Edgardo. *PR*.
Galo: Edgardo. *Ch*.
Gardo: Edgardo. *PR*.
Gavo: Gustavo. *Bo*.
Gela: Ángela. *Gu, Co, Bo*.

Gelita: Ángela. *Ve.*
Gelo: Ángel. *Bo.*
Gemo: Guillermo. *Bo.*
Gencho: Fulgencio. *ES.*
Geni: Eugenia. *Mx.*
Genie: Eugenia. *EU.*
Genio: Eugenio. *Bo.*
Geno: Genoveva. *ES.*
Genocha: Genoveva. *Bo.*
Geña: Eugenia. *Ho, ES, Pa, RD, PR, Ve, Bo.*
Geñi: Eugenia. *Bo.*
Geñia: Eugenia. *Bo.*
Geñita: Eugenia. *RD, Ve.*
Geñito: Eugenio. *Ve.*
Geño: Eugenio. *Ho, ES, Pa, RD, PR, Ve, Bo.*
Geo: Georgina. *Mx.*
George: Jorge. *Mx, Gu, Bo.*
Georgi: Georgina. *Ni, Bo.*
Georgia: Georgina. *Bo.*
Georgie: Georgina. *PR*; Jorge. *PR.*
Georgis: Georgina. *Bo.*
Ger: Gerardo. *Bo.*
Gerald: Gerardo. *Bo.*
Gérar: Gerardo. *ES.*
Gerito: Gerardo. *Ec.*
Gero: Gerardo. *Ec.*
Gerry: Gerardo. *Mx.*
Gertru: Gertrudis. *Bo.*
Gery: Gerardo. *Bo.*
Getru: Gertrudis. *Bo.*
Gichu: Gertrudis. *Ec.*
Gil: Gilberto. *ES, Bo.*
Gilbe: Gilberto. *Bo.*
Gilber: Gilberto. *ES, Pa.*
Gilbert: Gilberto. *PR.*
Gili: Gilberto. *Bo.*
Gina: Eugenia. *PR*; Georgina. *Mx, Ni, Bo.*
Gingí: Angelina. *Bo.*
Ginnie: Eugenia. *EU, PR*; Virginia. *PR.*
Giña: Iginia. *ES, Ve*; Virginia. *ES, Ve.*
Giño: Iginio. *ES, Ve.*
Gior: Georgina. *Bo.*
Glori: Gloria. *ES, Bo.*
Glorieta: Gloria. *Bo.*
Glorietica: Gloria. *Bo.*
Glorín: Gloria. *Bo.*
Gloris: Gloria. *Bo.*
Glory: Gloria. *EU, PR.*
Gonchi: Gonzalo. *Ur.*
Goncho: Gonzalo. *Ur.*
Gonci: Gonzalo. *PR, Bo, Ar.*
Goni: Gonzalo. *Bo.*
Gonza: Gonzalo. *Ec, Ar, Ch, Ur.*
Gonzo: Gonzalo. *PR, Bo.*
Goñi: Gonzalo. *Bo.*
Gotiyo: Gregorio. *Mx.*

Goya: Gloria. *Mx, Bo*; Gregoria. *Mx, ES, Ni, Pa, PR, Ve, Bo.*
Goyín: Gregoria. *PR*; Gregorio. *PR.*
Goyita: Gregoria. *Mx, PR.*
Gra: Graciela. *Ar.*
Grace: Graciela. *Bo, Ar.*
Gracia: Altagracia. *Ve*; Graciela. *Bo.*
Grego: Gregoria. *Bo*; Gregorio. *Bo.*
Gregor: Gregorio. *Bo.*
Grégor: Gregorio. *PR.*
Grégori: Gregorio. *Ec, Bo.*
Greta: Graciela. *Bo.*
Gualy: Guadalupe. *Bo.*
Guaro: Eduardo. *Ve.*
Guayo: Eduardo. *Gu, ES, Ni, Ch.*
Gubi: Gabriela. *Bo.*
Güicha: Luisa. *Ni, Ve.*
Guichi: Guillermo. *Bo.*
Güichichí: Luis, Luisa. *Ve.*
Güichichita: Luisa. *Ve.*
Güichichito: Luis. *Ve.*
Güichita: Luisa. *Gu.*
Güichito: Luis. *Gu.*
Güicho: Luis. *Mx, Gu, Ni, Pa*; Mauricio. *ES.*
Guillo: Guillermo. *PR, Ec, Bo, Ar.*
Guilly: Guillermo. *Bo.*
Gume: Gumersindo. *ES, Bo.*
Gúmer: Gumersindo. *Mx, Gu, Ni, Pa, PR, Co, Ve, Bo.*
Gumy: Gumersindo. *Bo.*
Gundo: Segundo. *Ve.*
Gus: Agustín. *Bo*; Gustavo. *Mx, Co, Bo, Ar, Ch.*
Gusa: Gustavo. *Bo.*
Gusi: Agustín. *Bo*; Gustavo. *Bo.*
Guso: Gustavo. *Bo.*
Gusti: Agustín. *Bo.*
Gusto: Augusto. *Bo.*
Guti: Augusto. *PR*; Gustavo. *Bo.*
Guto: Augusto. *PR.*

H

Hecky: Héctor. *PR.*
Heco: Héctor. *Ho.*
Helen: Elena. *RD, Ec, Bo.*
Henri: Enrique. *Ec, Ve.*
Henry: Enrique. *EU, Pa, Ec, Ch.*
Herci: Hercilia. *Bo.*
Hernán: Hernando. *Bo.*
Herni: Hernán. *Pa, Ar, Ch.*
Herny: Hernando. *Bo.*
Hetico: Héctor. *Bo.*
Hipo: Hipólita. *ES*; Hipólito. *ES, Bo.*
Horta: Hortensia. *Bo.*
Horti: Hortensia. *Bo, Ch.*
Huachán: Sebastián. *Ni.*
Huancho: Joaquín. *Bo.*

Humbe: Humberto. *Cu, Ve, Bo.*
Húmber: Humberto. *Cu, Bo.*
Humbert: Humberto. *PR.*

I

Ibel: Claribel. *Bo.*
Ibio: Eusebio. *Bo.*
Ico: Francisco. *Bo.*
Ifanio: Epifanio. *Bo.*
Illapa: Santiago. *Bo.*
Ime: Imelda. *Co.*
Ina: Alejandrina. *RD, Ve*; Catalina. *Bo*; Hercilia. *Ve*; Isolina. *Pa, Bo.*
Incola: Nicolás. *Bo.*
Ino: Inocencio. *ES, Ni, Pa, Co, Bo*; Inocente. *ES, Ve*; Inodina. *ES.*
Ipe: Felipe. *Ve.*
Isa: Ana Isabel. *Bo*; Elisa. *Bo*; Ysaura. *ES.*
Isabel: Elizabeth. *Bo.*
Isaco: Isaac. *Bo.*
Isaquito: Isaac. *Bo.*
Isi: Isabel. *Bo.*
Isis: Isolina. *Bo.*
Isma: Ismael. *Mx, ES, Ni, Pa, PR, Co.*
Iso: Isolina. *ES, Pa, Cu, Bo.*
Ita: Isabel. *Bo.*

J

Jana: Alejandra. *Ch.*
Janda: Alejandra. *Ho.*
Jando: Alejandro. *Gu, Ho.*
Jandra: Alejandra. *ES.*
Jandro: Alejandro. *ES.*
Jane: Jeannette. *Pa.*
Jani: Jeannette. *Bo, Ar.*
Jano: Alejandro. *Ec, Ch.*
Jaso: Jacinto. *PR.*
Javi: Javiera. *Ch.*
Javicho: Javier. *Bo.*
Javico: Javier. *Bo.*
Javito: Javier. *Mx.*
Javo: Javier. *Mx, PR, Ec, Bo, Ch.*
Jay: Gerardo. *PR.*
Jea: Jeannette. *Ur.*
Jeannie: Eugenia. *EU.*
Jecho: Jesús. *Ch*; María (de) Jesús. *Ch.*
Jechu: Jesús. *Ch*; María (de) Jesús. *Ch.*
Jenny: Jeannette. *EU, ES, PR*; Juana. *PR.*
Jerry: Gerardo. *PR.*
Jessi: Jéssica. *Mx.*
Jessie: Jéssica. *PR.*
Jesu: Jesús. *Ec, Bo*; Jesusa. *Bo.*
Jesuca: Jesusa. *Bo.*
Jesuco: Jesús. *Bo.*

Jesusín: Jesús. *Bo.*
Jesuso: Jesús. *Ve.*
Jime: Jimena. *Co, Ch.*
Jimmy: Jaime. *Co.*
Joaca: Joaquina. *Bo.*
Joachas: José. *Bo.*
Joaco: Joaquín. *Mx, Gu, Pa, PR, Co, Ec, Bo, Ch, Ar, Ur.*
Joche: José. *Ho.*
John: Juan. *RD, RD, Bo.*
Johnny: *Gu, Mx, Ni, Pa, Ve, Ch, Ar.*
Johny: Juan. *PR.*
Joki: Joaquín, *Ar.*
Jona: Jonathan. *Ur.*
Josefo: José. *Bo.*
Joselo: José. *Bo.*
Josema: José Manuel. *PR.*
Josemi: José Miguel. *PR.*
Joserra: José Ramón. *Mx.*
Josucho: José. *Ve.*
Jota: José. *Bo*; Juan. *Bo.*
Jota-Jota: Juan José. *Bo.*
Juaca: Joaquina. *Pa, Bo.*
Juaco: Joaquín. *Mx, Gu, Pa, Co, Ec, Bo, Ch.*
Juampa: Juan Pablo. *Gu, ES, Ni, Pa, Co, Ec, Ar, Ur.*
Juampi: Juan Pablo. *PR, Bo, Ch, Ar.*
Juanacha: Juana. *Bo.*
Juanca: Juan Carlos. *Co.*
Juanchi: Juan. *Mx, Ni, Pa, Ve, Bo, Ch, Ar, Ur.*
Juancho: Juan. *Mx, Gu, ES, Ni, Pa, Co, Ec, Bo, Ve, Ch, Ur*; Juan José. *Bo.*
Juanete: Juan. *Bo.*
Juani: Juan. *Bo.*
Juanjo: Juan. *ES, Bo, Ar.*
Juanma: Juan Manuel. *PR, Co.*
Juano: Juan. *Ec, Bo.*
Juanqui: Joaquín. *Bo.*
Juaqui: Joaquín, Joaquina. *Mx, Bo.*
Juaquinillo: Joaquín. *Bo.*
Juaquino: Joaquín. *Bo.*
Julica: Julia. *Bo.*
Julie: Julia. *EU, Gu, Ni, PR, Pa.*
Julieta: Julia. *Bo.*
Junito: Juan. *PR.*
Justo: Augusto. *Bo.*

K

Kaquín: Joaquín. *Ve.*
Kate: Catalina. *EU.*
Kathy: Catalina. *EU.*
Katy: Catalina. *RD.*
Keka: Angélica. *Ch, Ar.*
Keko: Sergio. *Ch.*
Kena: Eugenia. *Ch.*

Kencho: Fulgencio. *Py.*
Keta: Enriqueta. *Ch.*
Ketty: Enriqueta. *PR.*
Kety: Enriqueta. *RD, Ch, Ar.*
Kika: Francisca. *Ch.*
Kike: Enrique. *Mx, Gu, Ho, ES, Pa, PR, Ve, Bo, Ch, Ar.*
Kiki: Cristina. *Bo.*
Kiko: Federico. *Ni, Pa, PR, Ve Ch.*
Kitty: Cristina. *Ve.*
Kity: Cristina. *Ve, Py.*
Koka: Óscar. *Gu.*

L

Lacho: Horacio. *Gu.*
Laga: Ludgarda. *Cu.*
Lala: Adelaida. *Gu, Ho, Ni, Ar, Pa, PR, RD, Ch*; Laura. *ES, Ni, Pa, PR, Co, Ch, Ar, Ur.*
Lalai: Gladys. *Pa.*
Lalala: Adelaida. *Ve.*
Lali: Gladys. *Cu*; Laura. *Pa, Bo, Ch, Ar.*
Lalita: Gladys. *Cu*; Laura. *Pa, Ch, Ar.*
Lalito: Darío. *Bo.*
Lalo: Álvaro. *Bo*; Bernardo. *Bo*; Eduardo. *Gu, Mx, ES, Ni, Pa, RD, PR, Ve, Ec, Pe, Bo, Ch, Ur*; Gonzalo. *Gu, Ec, Bo, Ur*; Orlando. *Eo, Ch*; Rafael. *RD.*
Landi: Orlando. *PR.*
Lando: Orlando. *ES, Ni, Pa, PR*; Rolando. *ES.*
Lau: Laura. *Mx, Ar, Ur.*
Lauren: Laurentina. *ES.*
Layo: Eladio. *Gu, PR, Pa.*
Lee: Elías. *EU, PR.*
Leíto: Leonor. *Co, Ec, Bo, Ar.*
Lela: Adela. *Ch*; Magdalena. *Bo.*
Lelo: Aurelio. *Bo.*
Lena: Elena. *Mx, Gu, Bo*; Magdalena. *Ni, PR, Bo.*
Lencha: Lorenza. *Mx, Gu, ES, Ni, Pa, Ar.*
Lencho: Leoncio. *Ni*; Lorenzo. *Mx, Gu, Ar, ES, Ni, Pa, PR.*
Lenita: Leonor. *Bo.*
Leo: Aurelio. *Bo*; Leocadia. *ES, Bo*; Leonardo. *Mx, Gu, Ni, Pa, Cu, RD, PR, Co, Ec, Bo, Ch, Ar, Ur*; Leoncio. *Cu, RD, PR, Co, Bo*; Leonel. *ES, Gu, Cu*; Leonor. *Mx, Gu, PR, Co, Ec, Ch, Ar*; Leopoldo. *Gu, ES, Ni, PR, Bo, Ch, Ar.*
León: Leonardo. *Bo*; Leoncio. *Bo*; Leonel. *Bo.*
Leona: Leonor. *Bo.*
Leonar: Leonardo. *Bo.*
Leoni: Leonel. *Bo*; Leonor. *PR, Bo.*
Leto: Loreto. *ES.*
Leute: Eleuterio. *Gu.*
Li: Eliana. *Ec, Ar.*
Lía: Emilia. *Bo*; Ofelia. *Bo*; Rosalía. *Bo.*
Lias: Elías. *EU, Gu.*

Lías: Elías. *EU, Gu.*
Licha: Alicia. *Mx, ES, Gu, Ho, Ni, Pa, Ch*; Angélica. *Bo*; Elisa. *Mx, ES, Bo*; Elizabeth. *Bo*; Leticia. *Ni.*
Lichu: Alicia. *Bo.*
Licia: Leticia. *Bo.*
Lico: Federico. *Gu.*
Lila: Lidia. *Ch.*
Lili: Liliana. *Co, Ch.*
Lily: Liliana. *Co.*
Lina: Adelina. *Gu. ES, Pa, Cu, RD, PR, Bo,Ch*; Angelina. *ES, Pa, Bo*; Carolina. *Bo*; Celina. *RD*; Isolina. *Bo.*
Lío: Leonel. *Bo.*
Lipe: Felipe. *ES, Gu, Bo.*
Lis: Elizabeth. *EU, RD*; Lissette. *ES.*
Lisa: Elisa. *Mx, Gu, RD, PR, Ec, Bo*; Elizabeth. *Bo*; Luisa. *Bo.*
Lisario: Belisario. *Bo.*
Lisbet: Elizabeth. *Co, Ec, Bo.*
Lisbeth: Elizabeth. *Mx, RD.*
Lisi: Elizabeth. *Bo*; Lisímaco. *ES.*
Liso: Lisandro. *Bo.*
Lita: Alicia. *ES, Bo*; Margarita. *Gu.*
Lito: Carlos. *Bo*; Evaristo. *ES, PR*; Hipólito. *Bo*; Leonel. *Bo*; Miguel. *Ni*; Rafael. *ES.*
Livi: Olivia. *Pa.*
Liz: Elizabeth. *PR, Bo*; Lizeth. *ES.*
Liza: Alicia. *Bo*; Elizabeth. *PR.*
Lizbe: Elizabeth. *Pa.*
Lizbeth: Elizabeth. *Bo.*
Locha: Eloísa. *Bo.*
Lola: Lorena. *Bo.*
Lolín: Dolores. *PR, Bo*; Manuela. *PR.*
Lolo: Teodoro. *Ch.*
Loló: Dolores. *Cu, Ec, Bo, Ur.*
Loncho: Leoncio. *ES.*
Lore: Lorena. *Gu, ES, Ni, Pa, PR, Ec, Bo, Ch, Ar, Ur*; Loreto. *Ch.*
Loren: Lorena. *Gu*; Lorenza. *Pa.*
Lorenza: Lorena. *Bo.*
Lori: Laura. *EU.*
Lorna: Jaura. *Bo*; Lorena. *Bo.*
Loro: Lorenzo. *Bo.*
Lota: Carlota. *Gu.*
Lu: Lucía. *Mx, Ec, Ar, Ur*; Luciana. *Ar.*
Luca: Lucrecia. *Ec, Bo*; Luisa. *Bo.*
Luce: Lucelia. *ES.*
Lucha: Lucía. *Mx, Bo*; Lucila. *Bo*; Luisa. *Mx, Pa, Ec, Bo, Ch.*
Luchi: Lucía. *Bo.*
Luchía: Lucía. *Bo.*
Luchin: Luis. *Bo, Ch.*
Luchita: Lucía. *Mx, Bo.*
Lucho: Luciano. *PR, Ar*; Luis. *Pa, Ec Pe, Bo, Ch, Ar, Ur.*

Luci: Lucía. *Mx, ES, Ec, Bo, Ch, Ur*; Lucila. *ES, Bo*; Lucrecia. *Bo*.

Lucio: Luciano. *Co*.

Lucito: Luciano. *Co*.

Lucky: Lucrecia. *Gu*.

Lucre: Lucrecia. *ES, Pa, Bo, Ch*; Luisa. *Bo*.

Lucy: Lucía. *Mx, Gu, Ni, Pa, Cu, PR, Ec, Bo, Ch, Ar*; Luciana. *Bo*; Lucila. *PR, Bo*.

Luisa: Eloísa. *Bo*; Lucía. *Bo*.

Luiyi: Luis. *ES*.

Lul: Raúl. *Pa*.

Lula: Lourdes. *Gu, Ni, Cu, Bo*; Lucila. *PR*; Luisa. *Ch, Ur*.

Lule: Lourdes. *Pa*.

Luli: Lourdes. *PR, Bo, Ur*.

Lulo: Raúl. *Cu*.

Lulu: Lourdes. *Gu, Cu, PR*.

Lulú: Dolores. *Bo*; Lourdes. *ES, Ni, Cu, PR, Ec, Bo, Ur*; Lucía. *Ec, PR*; Lucrecia. *Bo*.

Lupe: Lourdes. *Bo*.

Luquita: Luisa. *Bo*.

Luz: Lucía. *RD*.

M

Mabicho: Mauricio. *Ni*.

Maché: María José. *Ni*.

Machio: Maurico. *Bo*.

Machú: María (de) Jesús. *Ni*.

Maco: Marcos. *Gu*.

Mada: Magdalena. *Ec*.

Madita: Magdalena. *Ec*.

Mael: Ismael. *Pa, Co*.

Maelo: Ismael. *PR*.

Mafe: María Fernanda. *Cu, Co*.

Maga: Magali. *Gu*; Magdalena. *Bo*; Margarita. *Mx, Bo*.

Magala: Magdalena. *Bo*.

Magda: Magdalena. *Mx, Gu. Gu, ES, Ni, Pa, PR, Co, Ec, Bo, Ch, Ar, Ur*.

Magdia: Magdalena. *Bo*.

Magdy: Magdalena. *Gu*.

Maggi: Margarita. *Bo, Ch*.

Maggie: Margarita. *EU, Mx, ES, Ni, Pa, Bo*.

Magguie: Magdalena. *PR*; Margarita. *PR*.

Maggy: Magdalena. *EU, Bo, Ec, Ar*.

Magna: Magnolia. *Bo*.

Mago: Magdalena. *Bo*; Magnolia. *Bo*.

Magola: Magdalena. *Bo*.

Magolo: Magdalena. *Bo*.

Magui: Magdalena. *Ec, Bo, Ar, Ur*; Margarita. *Ec, Bo, Ur*.

Maité: María Teresa. *Mx, Pa, Ec, Bo, Ar, Ur*.

Majo: Margarita. *Mx*; María José. *Mx, Gu, Bo, Ar, Ur*.

Male: María Elena. *Mx*.

Malén: Magdalena. *PR*.

Malena: Magdalena. *Ni, Ch*; María Elena. *Mx, Ho, ES, Pa, PR, Ch, Ar, Ur*.

Malola: María Dolores. *ES*.

Malú: María Dolores. *Ec*; María Luisa. *Ni, Pa*.

Malucha: María Luisa. *Ch*.

Mamón: Ramón. *Bo*.

Mancha: Amanda. *Ho*.

Mandi: Armando. *Cu, PR, Bo*.

Mandita: Amanda. *Ho*.

Mando: Armando. *ES, Cu, PR*.

Mané: María Elena. *Ch*; María Inés. *Pa, Cu, Ch*.

Manena: María Elena. *Ch*.

Manny: Manuel. *PR*.

Mano: Magnolia. *Bo*; Manuel. *Bo*.

Manola: Manuela. *PR, Ch*.

Manolín: Manuel. *RD*.

Manolo: Manuela. *PR*.

Manrique: Manuel Enrique. *CR*.

Manu: Manuela. *Ni, Ch, Ur*.

Manuco: Manuel. *Ec, Bo*.

Manungo: Manuel. *Ec*.

Mañe: Manuel. *Bo*.

Maño: Manuel. *Bo*.

Mañungo: Manuel. *Ch*.

Mao: Mauricio. *Co, Bo*.

Mape: María José. *Bo*.

Maqueña: María. *Bo*; María Eugenia. *Bo*.

Marar: Merardo. *ES*.

Marce: Marcela. *Mx, Gu, Ni, Pa, Co, Ec, Bo, Ch, Ar, Ur*; Marcelo. *Gu, ES, Bo, Ch, Ar, Ur*.

Marcia: Marcela. *Bo*.

Marga: Margarita. *Mx, Gu, Ni, Pa, PR, Co, Ec, Bo, Ec, Ch, Ur*.

Margacha: Margarita. *Bo*.

Márgara: Margarita. *Mx, Gu, Ni, Pa, Cu, Co, Ec, Bo, Ur*.

Margarola: Margarita. *Bo*.

Margie: Margarita. *PR*.

Margo: Margarita. *Gu, Cu, Co*.

Margot: Margarita. *Gu, Ho, Ni, Pa, Cu, RD, Ec, Bo, Ch, Ar, Ur*.

Margui: Margarita. *Bo*.

Marguie: Margarita. *Ec, Bo*.

Mari: María (de) Jesús. *Bo*.

Mariajo: María José. *Co, Bo*.

Mariate: María Teresa. *Co*.

Mariaté: María Teresa. *Co*.

Mariatere: María Teresa. *Co*.

Marica: María. *Ec, Bo*.

Marichú: Ana María. *Bo*; María. *Bo*.

Maricristy: María Cristina. *PR*.

Maricucha: María. *Bo*.

Marie: María. *EU*; María Elena. *Gu*.

Mariejo: María José. *PR*.

Mariela: María Elena. *Cu, Bo, Ar*.

Marifer: María Fernanda. *Gu.*

Marijós: María José. *Gu, Pa.*

Marijose: María José. *PR.*

Marilicha: María Luisa. *ES.*

Marilú: María (de) Lourdes. *PR*; María Luisa. *Mx, Cu, Ec, Bo, Ar*; María Luz. *Ch.*

Marinés: María Inés. *ES, PR, Eo.*

Mariona: María. *Bo.*

Marisa: María Isabel. *Cu, PR, Ch*; María Isadora. *PR.*

Marisi: María Isadora. *Ch.*

Marita: María Teresa. *ES, Cu, PR.*

Marité: María Teresa. *Ch, Ar.*

Maritere: María Teresa. *Mx, ES, Ni, Cu, PR, RD.*

Marito: Mario. *Bo.*

Mariú: María. *Bo*; María Eugenia. *Bo.*

Maro: Aldemaro. *ES*; Mauricio. *Bo.*

Martuca: Marta. *Ch.*

Martucha: Marta. *Co.*

Maru: María Eugenia. *Mx, PR, Ve*; María. *Gu, Ec, Bo.*

Maruca: María *Gu, Ch*; María Enriqueta. *Ch, Ar*; María Eugenia. *Ni, Ar*; María (de) Jesús. *Bo.*

Marucha: María Isabel, *Co.*

Maruchita: María. *Ur.*

Marucho: Mario. *Bo.*

Maruja: María Eugenia. *Cu, Co, Ar, Ur.*

Maryi: Margarita. *Ec.*

Mashe: Marcela. *Ec.*

Mashi: Marcela. *Ec.*

Mati: Matías. *Ch, Ur.*

Mau: Mauricio. *Mx, Bo, Ch.*

Mauge: Margarita. *Bo*; María Eugenia. *Bo.*

Mauri: Mauricio. *Gu, ES, Pa, Co, Ec, Ve, Ch, Ar, Ur.*

Mauro: Mauricio. *Co, Bo, Ch.*

Max: Maximiliano. *Mx, ES, PR, Ch*; Máximo. *Gu, ES, Ni, Pa, PR, Bo, Ch.*

Maxi: Maximiliano. *Ch, Ur*; Máximo. *Bo, Ur.*

Maxicho: Máximo. *Bo.*

Maya: Magdalena. *Bo.*

Mayita: Magdalena. *Bo.*

Mayito: Mario. *Mx, Ho, ES, Pa, Cu, Bo.*

Mayo: María. *Co*; Mario. *Mx, Ho, ES, Pa, Cu, Bo.*

Meca: Demetria. *Ho.*

Mecha: Demetria. *Ho*; Mercedes *Ni, RD, Ar, Ur.*

Mechas: Mercedes. *Co, Bo.*

Meche: Mercedes. *Mx, Ho, Ni, Pa, Cu, RD, PR, Ec, Bo, Ch, Ar, Ur.*

Mechele: Mercedes. *Bo.*

Meches: Mercedes. *ES, Gu.*

Mechi: Mercedes. *RD, Ar.*

Mechitas: Mercedes. *Bo.*

Mechites: Mercedes. *Bo.*

Mecho: Demetrio. *Ho.*

Mechosa: Mercedes. *Bo.*

Mechula: Mercedes. *Bo.*

Meco: Demetrio. *Ho.*

Mela: Amelia. *Ho*; Carmela. *Gu*; Carmen. *Bo*; Emelina. *ES.*

Meliá: Merardo. *Py.*

Mema: Manuela. *Gu.*

Meme: Manuel. *Gu, ES*; Mercedes. *Bo.*

Memé: Mercedes. *Bo.*

Memo: Guillermo. *Mx, Ho, ES, Ni, CR, Pa, PR, Bo, Ch.*

Mena: Filomena. *Gu, Ni, Ch, Ur*; Jimena, Ximena. *ES.*

Menas: Filomena. *Bo.*

Mencha: Carmen. *Gu, Bo*; Clemencia. *Gu, Bo*; Mercedes. *ES.*

Menche: Mercedes. *Ch.*

Menchi: Mercedes. *Ar.*

Mencho: Mercedes. *ES, Bo*; Ramón. *Ch.*

Mene: Mercedes. *Bo.*

Menitas: Filomena. *Bo.*

Meno: Filomeno. *Gu.*

Meña: Demetria. *Ni*; Eugenia, María Eugenia. *Bo.*

Meño: Demetrio. *Ni.*

Merce: Mercedes. *Mx, Ho, Pa, RD, Ch, Ar, Ur.*

Mercha: Mercedes. *Ni.*

Merchi: Mercedes. *Cu.*

Mercho: Mercedes. *Ni.*

Merci: Mercedes. *Cu, Bo.*

Meri: María. *EU.*

Mery: María. *EU, Gu, Ni, Cu, Ec, Bo.*

Mica: América. *Ec*; Micaela. *Mx, Ni, Pa, PR, Ec, Bo, Ar, Ur.*

Miche: Mercedes. *Ec, Bo*; Miguel. *ES, Bo.*

Michel: Miguel. *Ni.*

Micheline: Mercedes. *Bo.*

Michi: Mercedes. *Ec.*

Micho: Mauricio. *Bo.*

Mickey: Miguel. *ES, PR.*

Micky: Miguel. *Gu, Pa, PR, Bo.*

Migue: Miguel. *ES, Ni, Cu, PR, Co, RD, Bo.*

Mike: Miguel. *EU, Mx, Gu, Pa, Bo.*

Miki: Miguel. *Bo.*

Mila: Emilia. *Gu, Ho, ES, Ni, RD, Ec, Ch*; Milagros. *Gu, ES, Pa, Cu, Ec.*

Mili: Emilia. *RD, Ec, Ch*; Milagros. *Ni.*

Milí: Emilia. *Bo.*

Milio: Emilio. *Bo.*

Milla: Emilia. *Pa, PR.*

Millie: Milagros. *PR.*

Millín: Emilia. *Pa*

Millita: Emilia. *PR.*

Millo: Emilio. *Pa, Cu, PR.*

Milly: Emilia. *PR.*

Milo: Camilo. *Ch*; Emilio. *Gu, Ni, RD, Ec, Bo, Ch.*

Milonga: Emilia. *Ni.*

Milú: María Luisa. *Ec.*

Mily: Emilia. *RD, Ec.*

Mima: Vilma. *Gu.*
Mimi: Miriam. *EU, Gu*; Noemí. *Gu.*
Mimí: Emilia. *Ni.*
Min: Benjamín. *Gu, Bo.*
Mina: Erminia. *ES*; Herminia: *Ho*; Marina. *Gu.*
Mincho: Benjamín. *Ni, Co, Bo*; Mauricio. *Bo.*
Minda: Aminda. *Ho.*
Minguín: Domingo. *Bo.*
Mini: Erminia. *Cu.*
Minita: Erminia. *Cu*; Herminia. *Ho.*
Mino: Maximino. *ES.*
Mipa: Fátima. *RD.*
Miquelo: Miguel. *Ec.*
Miqui: Miguel. *Mx, ES, Ni, Cu, RD, Ec, Ch.*
Miquincho: Miguel. *Bo.*
Mire: Mireya. *ES, Bo.*
Miro: Casimiro. *Ni.*
Misa: Ismael. *ES.*
Misario: Belisario. *Bo.*
Mito: Miguel. *ES.*
Miya: Mireya. *Bo.*
Miyo: Emilio. *Cu, Bo.*
Moi: Moisés. *Mx.*
Mon: Ramón. *PR*; Simón. *ES.*
Mona: Mónica. *Gu, PR, Ve, Bo, Ch.*
Monchi: Ramón. *Pa, RD, PR, Ec, Bo.*
Monchito: Ramón. *Bo.*
Moncho: Alfonso. *Cu*; Gonzalo. *Bo*; Manuel. *Bo*; Ramón. *ES, PR, Ec, Bo, Ch.*
Monchón: Ramón. *Co.*
Mongo: Ramón. *Cu.*
Moni: Mónica. *Mx, Pa, Bo, Ch, Ar, Ur.*
Monina: Mónica. *Ec.*
Monona: Mónica. *Cu, Ch.*
Monse: Monserrat. *Mx, ES, PR, Ec, Ch.*
Monsete: Ramón. *Bo.*
Monsita: Monserrat. *Mx, ES, PR, Ec, Ch.*
Mony: Mónica. *Bo.*
Morris: Mauricio. *Bo.*
Moy: Moisés. *Mx.*
Mundi: Edmundo. *Ho, Pa, PR, Ar.*
Mundito: Edmundo. *Ni, Cu, RD, Ec.*
Mundo: Edmundo. *Mx, Gu, Ho, ES, Ni, Cu, RD, PR, Ec, Ch.*

N

Nacha: Bonifacia. *ES.*
Nachín: Ignacio. *Ch.*
Nacho: Atanasio. *Ho*; Bonifacia. *ES*; Hernando. *Bo.*
Nan: Hernán. *Gu, ES, RD*; Nancy. *Bo.*
Nana: Adriana. *Co, Bo, Ch*; Ana. *Bo, Ch*; Bernarda. *Co, Bo*; Eliana. *Bo, Ch*; Juana. *Ch*; Margarita. *Bo*; Nancy. *Bo*; Susana. *Bo.*
Nanacho: Hernando. *Bo.*

Nanado: Hernando. *Bo.*
Nanchita: Nancy. *Bo.*
Nancho: Hernán. *Ch*; Hernando. *Bo*; Venancio. *Gu.*
Nanda: Fernanda. *Gu.*
Nandito: Fernando. *Bo.*
Nando: Hernando. *Mx, ES, RD, Co, Ec, Bo.*
Nani: Adriana. *Ch*; Eliana. *Bo*; Nancy. *PR, Bo.*
Nanito: Fernando. *Bo.*
Nano: Fernando. *PR, Ch, Bo, Ch, Ar, Ur*; Hernán. *Ch*; Hernando. *Bo*; Mariano. *Cu.*
Napo: Napoleón. *Mx, ES, Ni, Pa, Ec, Bo.*
Narda: Bernarda. *Gu, Ni, PR, Ec, Bo.*
Nardex: Leonardo. *Bo.*
Nardi: Bernarda. *Ec.*
Nardita: Bernarda. *Ec.*
Nardito: Leonardo. *Ec.*
Nardo: Bernardo. *Gu, PR, Bo*; Leonardo. *Ni, Pa, Ec.*
Nata: Natalia. *Mx, Gu, Pa, Cu, Bo.*
Natacha: Natalia. *Mx.*
Nati: Natalia. *Gu Ni, Cu, Co, Ve, Ec, Bo, Ch, Ar, Ur.*
Natty: Natalia. *Ec, Ve, Ch.*
Naty: Natalia. *Mx, Gu, Ni, Cu, PR, Co, Ve. Ec, Bo, Ch, Ar.*
Naya: Adelaida. *Gu*; Bernarda. *Ho, Ni.*
Nayo: Bernardo. *Ho, ES, Ni.*
Naza: Nazaria, Nazario. *Pa, Bo.*
Nela: Manuela. *RD.*
Nena: Elena. *Ho, ES, Ni, Bo, Ch*; Eliana. *Ch*; Eugenia. *Bo*; Magdalena. *Ni, Ch.*
Nené: Inés. *Ch*; María Inés. *Cu, Ch.*
Není: Elena. *RD.*
Nenín: Elena. *RD.*
Nesh: Inés. *Gu.*
Nesto: Ernesto. *Bo.*
Netito: Ernesto. *Mx.*
Neto: Ernesto. *Mx, Gu, ES, Ni, Ec, Bo.*
Neya: Eneida. *ES, Ni, Pa.*
Nica: Nicasio. *ES, Bo.*
Nice: Berenice. *Bo.*
Nicho: Dionisio. *Co*; Vinicio. *Gu.*
Nicky: Nicolás. *Pa.*
Nico: Nicolás. *Mx, Gu, ES, Ni, Cu, PR, Co, Ec, Bo, Ch, Ar, Ur*; Nicolasa. *ES.*
Nicol: Nicolás. *Bo.*
Nifacio: Bonifacio. *Bo.*
Nik: Nicolás. *Bo.*
Nila: Petronila. *ES, Ni, Bo.*
Nina: Angelina. *Bo*; Catalina. *Ni*; Cristina. *Bo*; Saturnina. *ES, Bo.*
Nino: Benigno. *Cu*; Saturnino. *ES.*
Niña: Angelina. *Bo.*
Niqui: Nicasio. *Cu*; Nicolás. *Ec, Bo, Ch.*
Nita: Ana. *Bo*; Elena. *Bo.*
Nito: Bruno. *ES.*
Noco: Nicolás. *Bo.*

Nolia: Magnolia. *Bo.*
Nona: Dolores. *Mx*; Leonor. *Bo*; Magnolia. *RD.*
Nono: Leonor. *Pa*; Rodolfo. *Bo.*
Nonó: Dolores. *Mx*; Leonor. *Bo.*
Nonocha: Leonor. *Ec.*
Nonor: Leonor. *Bo.*
Nonosha: Leonor. *Ec.*
Nonoy: Leonor. *Ni.*
Nor: Norberto. *Bo.*
Nora: Dinora. *ES.*
Norber: Norberto. *Ar.*
Noy: Leonor. *ES.*

Ñ

Ñeco: Ernesto. *PR*; René. *Ho.*
Ñeña: Eugenia. *Pa.*
Ñico: Benito. *Cu.*
Ñito: Antonio. *Bo.*
Ñoto: Antonio. *Bo.*

O

Ocha: Rosa. *Co, Bo.*
Octa: Octavio. *Bo.*
Ofe: Ofelia. *Mx, Gu, ES, Pa, Cu, PR, Co, Bo, Ur.*
Ofi: Ofelia. *Pa, Cu, Bo.*
Ofo: Adolfo. *Pa.*
Oli: Olivia. *Mx, Ni, Pa, Cu, Bo.*
Ollie: Olivia. *EU.*
Or: Orlando. *Bo.*
Orli: Orlando. *EU, PR.*
Orlin: Orlando. *Bo.*
Orly: Orlando. *EU.*
Oro: Teodoro. *Bo.*
Os: Osvaldo. *Bo.*
Osqui: Óscar. *Bo.*
Osva: Osvaldo. *Ar.*
Osvi: Osvaldo. *Bo.*
Ova: Osvaldo. *Ar.*

P

Pacesa: Paz. *Bo.*
Pacha: Francisca. *Co, Bo.*
Pachi: Paciencia. *Mx*; Patricia. *Ec*; Paz. *Pa, Ec, Ch.*
Pachita: Paciencia. *Mx*; Patricia. *Ec.*
Pacho: Francisco. *Co, Bo.*
Pacita: Paz. *Ho, ES, Ni, Ec, Ur.*
Paco: José Joaquín. *Bo.*
Palí: Paulino. *Py.*
Pancha: Francisca. *Gu, Pa, Cu, RD, Ec, Bo, Ch, Ar, Ur.*
Panchi: Francisca. *Ch.*
Panchita: Francisca. *Gu, Pa, Cu, RD, Ec, Bo, Ch, Ar, Ur.*
Panchito: Francisco. *Ho, Cu.*

Pancho: Alfonso. *ES, Bo*; Francisco. *Mx, Gu, Ho, Ni, Pa, Cu, RD, PR, Ec, Bo, Ch, Ar, Ur.*
Pao: Paola. *Mx, Gu, ES, Ni, Pa, RD, PR, Ec, Bo, Ch, Ar, Ur*; Paulina. *Pa, PR, Ec.*
Paquin: José Joaquín. *Bo.*
Pat: Patricia. *EU, Ve, Bo, Ar.*
Pata: Patricia. *Bo, Ch, Ar.*
Patica: Patricia. *Bo.*
Patita: Patricia. *Mx, Bo.*
Pato: Patricia. *Mx, ES, Ho, Co, Ec, Bo, Ur*; Patricio: *Mx, Ec, Bo, Ch, Ar, Ur.*
Patri: Patricio. *ES, Cu, Co, Bo.*
Patrick: Patricio. *Bo.*
Patty: Patricia. *EU, Ho, Pa, Ve, Ch.*
Patuca: Patricia. *Bo.*
Paty: Patricia. *Mx, Gu, ES, Ve, Ec, Bo, Ch.*
Pau: Paula, Paulita. *Mx, ES, Pa, PR, Ec, Bo, Ch, Ar, Ur*; Paulina. *Mx, Pa, PR, Co, Bo, Ch.*
Pauli: Paula. *Bo, Ch*; Paulina. *Co, Ch.*
Pauluca: Paula. *Bo.*
Paya: Rafaela. *Ni.*
Pedri: Pedro. *PR*
Pedrinchi: Pedro. *Bo.*
Pedrorías: Pedro. *Bo.*
Pedroski: Pedro. *Bo.*
Pedrucho: Pedro. *Co.*
Pello: Pedro. *Ch.*
Pelluco: Pedro. *Ch.*
Pema: Filomena. *Ho.*
Pepe: Pedro. *PR, Bo*; Porfirio. *Ho.*
Pepenuel: José Manuel. *Bo.*
Pepina: Josefina. *Bo.*
Pepino: José. *Ec.*
Pepitilla: Josefa. *Bo.*
Pepo: José. *Pa, PR, Ec.*
Perico: Federico. *Ch*; Pedro. *Cu, Ec, Bo, Ur.*
Perucho: Pedro. *Cu, Co, Ur.*
Peta: Petronila. *Ch, Ar.*
Pete: Pedro. *Pa, Bo.*
Petente: Vicente. *Bo.*
Peter: Pedro. *Gu, ES, Ni, RD, PR, Co, Ec, Ch, Ar.*
Petete: Epifanio. *Bo.*
Petra: Petrona. *Ni, PR, Bo*; Petronila. *Cu.*
Petri: Petrona. *PR.*
Petro: Petronila. *Gu, ES, Cu, Bo.*
Pety: Petronila. *Ar.*
Peyo: Pedro. *Bo.*
Pía: Piedad. *Ec, Bo, Ar*; Porfiria. *ES*; Sofía. *Gu.*
Pichila: Porfiria. *Ho.*
Pichilo: Porfirio. *Ho.*
Pidi: Piedad. *Bo.*
Pie: Piedad. *Bo.*
Pié: Piedad. *Bo.*
Pier: Pedro. *Bo.*

Pierín: Pedro. *Bo*.
Pietro: Pedro. *Bo*.
Pifanio: Epifanio. *Bo*.
Pilo: Pilar. *Ec*, *Bo*.
Pilucha: Pilar. *Bo*.
Pina: Delfina. *Bo*, *Ch*; Josefina. *Ni*, *Ch*.
Pío: Porfirio. *ES*.
Pipe: Felipe. *Pa*, *RD*, *Ho*, *PR*, *Bo*, *Ch*.
Pipo: Felipe. *Bo*; José. *Ec*.
Piquín: José Joaquín. *CR*.
Pirie: Pedro. *Bo*.
Pitato: Epifanio. *Bo*.
Píter: Pedro. *Ec*, *Bo*, *Ar*.
Piti: Piedad. *Bo*.
Pito: Roberto. *PR*.
Pituro: Arturo. *Ho*.
Piya: Porfiria, Porfirio. *Ni*.
Pocha: Gloria. *Bo*.
Pochi: Gloria. *Bo*.
Pochita: Gloria. *Bo*.
Pocho: Alfonso. *Gu*, *Ho*, *Co*, *Bo*, *Ch*; Francisco. *Bo*; Ramón. *Bo*.
Pola: Apolonia, Apolinaria. *Ho*, *Ni*, *Pa*; Hipólita. *Ho*, *ES*, *Ni*, *PR*; Paola. *Gu*, *Ch*, *Bo*; Paula. *Ch*; Paulina. *Cu*, *Bo*, *Ch*.
Poli: Apolinar. *Bo*; Hipólito. *Bo*; Paola. *Co*, *Ch*; Paula. *Ch*; Paulina. *Cu*, *Ch*; Policarpio. *Mx*, *ES*, *Bo*.
Polico: Policarpio. *Bo*.
Polín: Hipólito. *RD*; Leopoldo. *RD*; Paula. *Bo*.
Polita: Apolonia, Apolinaria. *Ho*, *Ni*, *Pa*; Paulina. *Cu*.
Polito: Apolonio. *ES*, *Gu*, *Ni*, *Pa*, *Cu*; Hipólito. *Bo*.
Polly: Paula. *EU*.
Polo: Apolonio. *ES*, *Gu*, *Ni*, *Pa*, *Cu*; Apolinar. *Mx*, *Ho*, *ES*, *Ni*, *PR*; Hipólito. *Mx*, *ES*, *Ho*, *Ni*, *PR*, *Ec*, *Bo*; Leopoldo. *Mx*, *Gu*, *Ho*, *Ni*, *Ec*, *Ch*; Policarpio. *Bo*.
Pololo: Policarpio. *Bo*.
Poly: Hipólito. *Bo*.
Popo: Adolfo. *Ni*; Leopoldo. *Pa*; Rodolfo. *Ni*.
Popocho: Alfonso. *Bo*.
Porfi: Porfirio. *Pa*.
Pucho: José. *PR*.
Pul: Paúl. *Gu*.
Pula: Paulina. *Bo*.
Puli: Paulina. *Bo*.

Q

Queca: Angélica. *Co*, *Bo*; Rebeca. *PR*.
Quecha: Lucrecia. *Ni*.
Quel: Raquel. *Ch*.
Quela: Micaela. *ES*; Raquel. *ES*, *Pa*, *Ec*, *Bo*, *Ch*, *Ur*.
Quelita: Raquel. *ES*, *Pa*, *Ec*, *Bo*, *Ch*, *Ur*.
Quelo: Exequiel. *Ch*; Ezequiel. *ES*.
Quena: Eugenia. *Ch*.

Queno: Eugenio. *Ch*.
Queta: Enriqueta. *Mx*, *Gu*. *ES*, *Ni*, *Pa*, *Cu*, *PR*, *Ec*, *Bo*, *Ur*; Henrietta. *Cu*.
Queti: Enriqueta. *Mx*, *Ec*, *Bo*.
Quetita: Enriqueta. *Mx*, *Ec*, *Bo*.
Quety: Catalina. *Bo*; Enriqueta. *Bo*.
Quica: Francisca. *Pa*, *Cu*, *RD*, *Ch*.
Quico: Enrique. *Ni*, *Co*, *Ec*, *Bo*, *Ch*; Federico. *Ni*, *Pa*, *PR*, *Ec*, *Ve*, *Bo*, *Ch*; Rafael. *Co*.
Quiel: Ezequiel. *Bo*.
Quin: Joaquín. *Bo*.
Quina: Joaquín. *ES*.
Quincho: Joaquín. *Gu*, *ES*, *Ni*; José Joaquín. *CR*.
Quino: Joaquín. *Gu*, *PR*, *Ec*, *Bo*.
Quiqueta: Enriqueta. *Bo*.
Quiqui: Cristina. *Bo*.
Quiquín: Enrique. *Mx*, *Bo*.
Quiti: Cristina. *Bo*.

R

Ra: Raquel. *Bo*.
Raca: Raquel. *Co*, *PR*, *Bo*, *Ch*.
Rafa: Rafaela. *ES*, *Ec*, *Bo*.
Ráfagas: Rafael. *Bo*.
Rafi: Rafael. *Ni*, *Cu*, *RD*, *PR*, *Co*
Rafica: Rafaela. *Ec*.
Rafico: Rafael. *Ec*, *Bo*.
Rafín: Rafael. *PR*.
Rafiquita: Rafaela. *Ec*.
Rafita: Rafael. *Mx*, *Gu*; Rafaela. *Ec*.
Rafito: Rafael. *PR*, *Bo*.
Rafo: Rafael. *PR*, *Ec*, *Bo*.
Rafucho: Rafael. *Ve*.
Rafy: Rafael. *PR*.
Ramas: Ramón. *Bo*.
Raque: Raquel. *Pa*, *Co*, *Bo*, *Ch*.
Raquela: Raquel. *Bo*.
Raquelucha: Raquel. *Co*.
Raqueta: Enriqueta. *Bo*; Raquel. *Bo*.
Rau: Raúl. *ES*.
Raulillo: Raúl. *PR*.
Rebe: Rebeca. *Mx*, *Gu*, *ES*, *Bo*.
Rebi: Rebeca. *Bo*.
Reimon: Ramón. *Bo*.
Renzo: Lorenzo. *Bo*.
Ric: Ricardo. *Ar*.
Ricar: Ricardo. *Co*.
Ricardi: Ricardo. *Bo*.
Richa: Ricardo. *Bo*.
Richar: Ricardo. *Gu*, *ES*, *Ni*, *Ec*, *Bo*.
Richard: Ricardo. *EU*, *Cu*, *RD*, *Co*, *Bo*, *Ch*, *Ar*.
Richi: Ricardo. *Gu*, *Co*, *Ec*, *Bo*, *Ch*, *Ar*; Roberto. *Bo*.
Ricky: Ricardo. *EU*, *Mx*, *Ni*, *Pa*, *Cu*, *PR*, *Bo*.
Rico: Ricardo. *Bo*.

Rigo: Rigoberto. *Gu, ES.*
Rin: Álvaro. *Bo.*
Ringo: Ricardo. *Bo*
Riqui: Ricardo. *Gu, Ni, Pa, Cu, PR, Co, Bo, Ch, Ar, Ur.*
Risto: Evaristo. *Bo.*
Rita: Margarita. *PR.*
Róbel: Roberto. *Bo.*
Róber: Roberto. *Mx, Gu, ES, Ni, Co, Ec, Bo, Ch, Ar.*
Robert: Roberto. *Co, RD, PR, Bo.*
Robet: Roberto. *Bo.*
Robi: Roberto. *Bo.*
Roby: Roberto. *Pa, Bo.*
Roches: Rocío. *Bo.*
Rochi: Rosa. *Co, Bo;* Rosalía. *Bo.*
Roci: Rocío. *Co, Bo.*
Rocki: Roxana. *Bo.*
Roco: Roxana. *Bo.*
Rodito: Rodolfo. *Bo.*
Rodo: Rodrigo. *Bo.*
Rodri: Rodrigo. *Mx, Gu, ES, Ni, Co, Ec, Bo, Ch, Ar, Ur.*
Rodro: Rodrigo. *Bo.*
Roki: Roxana. *Bo.*
Rokis: Roxana. *Bo.*
Rolan: Rolando. *Gu, ES.*
Roli: Rolando. *Bo.*
Rolin: Rolando. *Gu.*
Rolo: Rodolfo. *Mx;* Rolando. *Pa, Cu, PR, Ec, Bo, Ch, Ar.*
Roly: Rolando. *Bo.*
Roque: Rodrigo. *Bo.*
Roqueta: Enriqueta. *Bo.*
Roqui: Roxana. *Bo.*
Roquita: Roxana. *Bo.*
Roro: Rodrigo. *Bo.*
Rorro: Rodrigo. *Ch.*
Rosa: Rosario. *Bo.*
Rose: Rosa. *PR.*
Rosi: Rocío. *Ec, Bo;* Rosalía. *Co.*
Ross: Rocío. *Bo;* Rosa. *Bo.*
Rosy: Rosario. *Bo.*
Rox: Roxana. *Mx.*
Roxi: Roxana. *Mx, ES, Ni, Pa, PR, Bo, Ch, Ar.*
Roxy: Roxana. *Bo.*
Ruca: Rosa. *Bo.*
Rucho: Álvaro. *Bo.*
Rude: Rudesindo. *ES, Pa.*
Rudolf: Rodolfo. *Bo.*
Rulo: Raúl. *PR, Bo.*

S

Saimon: Simón. *Bo.*
Sal: Salomón. *EU, Pa.*

Salo: Roxana. *Bo;* Salomón. *ES, Pa.*
Salvo: Salvador. *Bo.*
Sam: Samuel. *EU, Pa, Cu, RD, PR, Ec, Ch, Ar.*
Sami: Samuel. *Ni, Pa, Cu, RD, PR, Ec, Bo, Ch.*
Sammy: Samuel. *EU, PR.*
Samu: Samuel. *ES.*
Samuco: Samuel. *Bo.*
Samy: Samuel. *Mx, Pa, Cu, RD, PR, Co, Ec, Ch.*
San: Samuel. *Bo.*
Sana: Susana. *Bo.*
Sandi: Sandra. *Pa, Ec, Bo.*
Sandra: Alejandra. *Cu;* Casandra. *Bo.*
Sandrex: Lisandro. *Bo.*
Sandri: Sandra. *Pa, Ec, Bo.*
Sandrucha: Sandra. *Bo.*
Sandy: Sandra. *Mx, ES, Ni, Pa, Co, Ec, Bo, Ch.*
Santi: Santiago. *Mx, Gu, Pa, Cu, Co, Ve, Ec, Bo, Ch, Ar, Ur.*
Santito: Santiago. *Ec.*
Santo: Santiago. *Bo.*
Santos: Santiago. *Bo.*
Saqui: Isaac. *Ar.*
Sario: Rosario. *Bo.*
Saro: Rosario. *Bo.*
Sasá: Saturnina. *Bo.*
Satu: Saturnina. *Bo.*
Satuca: Saturnina. *Bo.*
Satur: Saturnina. *Bo.*
Sebi: Sebastián. *Ar.*
Seco: Ezequiel. *Bo.*
Segu: Segundo. *ES, Bo.*
Según: Segundo. *Bo.*
Shalva: Salvador. *Ec.*
Shanta: Santiago. *Ec.*
Sheny: Eugenia, María Eugenia. *Gu.*
Siago: Santiago. *Bo.*
Sica: Francisca. *PR.*
Sico: Francisco. *PR.*
Simiro: Casimiro. *Bo.*
Sindo: Gumersindo. *Cu, PR, Bo.*
Sinto: Jacinto. *PR.*
Siqueta: Enriqueta. *Bo.*
Siro: Casimiro. *Bo.*
Sis: Cecilia. *EU.*
Sisca: Francisca. *Bo.*
Sisi: Cecilia. *Bo.*
Sissy: Cecilia. *EU.*
Soco: Socorro. *Bo.*
Sofi: Sofía. *Gu, ES, Cu, Co, Ur.*
Sol: Soledad. *Gu, Pa, PR, Ec, Bo, Ch, Ar.*
Solecita: Soledad. *Bo.*
Solina: Isolina. *PR, Ve.*
Solis: Soledad. *Bo.*
Solita: Soledad. *Co, Bo.*
Son: Sonia. *Bo.*

Soni: Sonia. *Bo, Ch.*
Sony: Sonia. *Ve, Bo.*
Sonyi: Sonia. *PR.*
Soqui: Socorro. *PR.*
Sorber: Norberto. *Bo.*
Sos: Socorro. *Bo.*
Stef: Esteban. *Bo.*
Stefy: Esteban. *Bo.*
Su: Susana. *Ar.*
Sue: Susana. *EU.*
Suelito: Consuelo. *Bo.*
Susa: Jesusa. *PR, Bo.*
Susan: Susana. *EU, Gu, Bo.*
Susi: Susana. *Mx, Gu, ES, RD, PR, Co, Ec, Bo, Ch, Ar, Ur.*
Susita: Susana. *Bo.*
Susó: Susana. *Ec.*
Sussie: *EU.*
Sussy: Susana. *EU, Gu.*
Susy: Susana. *EU, Mx, Bo, Ch, Ar.*

T

Tali: Natalia. *Bo.*
Talia: Natalia. *Bo.*
Talie: Natalia. *PR.*
Tallo: Octavio. *Ar.*
Tana: Estanislá. *Ho, ES, Ni*; Estebana. *ES.*
Tancho: Tránsito. *ES.*
Tani: Estanislao. *Bo.*
Tano: Cayetano. *Ho*; Estanislao. *Ho, ES, Ni, Cu, PR*; Sebastián. *ES, Bo.*
Tata: Altagracia. *Pa*; Cristina. *PR.*
Tatán: Sebastián. *Ch.*
Tatao: Santiago. *Bo.*
Tati: Altagracia. *ES, RD*; Tatiana. *Ch.*
Tatica: Altagracia. *ES, RD.*
Tatis: Beatriz. *Bo*; Gladys. *Ec.*
Tatita: Clara. *Bo.*
Tato: Bernardo. *Bo*; Eduardo. *Bo*; Estuardo. *Gu*; Gustavo. *Bo*; Humberto. *PR*; Ricardo. *Ch*; Tatiana. *Ch.*
Tavín: Octavio. *Ni.*
Tavito: Gustavo. *Mx, Gu, ES, Ni, Pa, Cu, PR, Co, RD, Ec, Bo, Ch, Ur*; Octavio. *Mx, Gu, ES, Ni, Pa, Cu, PR, Ec, Ch, Bo, Ar.*
Tavo: Gustavo. *Mx, Gu, ES, Ni, Pa, Cu, PR, Co, RD, Ec, Bo, Ch, Ur*; Octavio. *Mx, Gu, ES, Ni, Pa, Cu, PR, Ec, Ch, Bo, Ar.*
Tayo: Gustavo. *Bo.*
Teban: Esteban. *ES, Gu.*
Techi: Teresa. *Pa, Pe, Bo.*
Teddy: Teodoro. *EU, PR, Bo.*
Tedi: Teodoro. *Ec.*
Tedy: Teodoro. *Gu, Ec.*
Tefan: Estefanía. *Gu.*

Tefi: Esteban. *Bo.*
Tefita: Esteban. *Bo*; Estefanía. *Gu.*
Teles: Telésfora. *ES.*
Tencha: Florencia. *ES, Ni*; Hortensia. *Mx, Gu, ES, Ho, Ni, Pa, Bo, Ch*; Teresa. *Ch.*
Tente: Vicente. *Bo.*
Tera: Teresa. *Bo.*
Terela: Teresa. *Bo.*
Tereso: Teresa. *Bo*
Terry: Teresa. *EU, Bo.*
Teruca: Teresa. *Bo, Ch.*
Tesh: Ester. *Gu.*
Tesoro: Teresa. *Bo.*
Tess: Teresa. *EU.*
Teté: Teresa. *Mx, Ni, Cu, RD, PR, Bo, Ch.*
Teteya: Teresa. *Bo.*
Tetica: Teresa. *Bo.*
Teto: Héctor. *ES.*
Teya: Eleuteria. *Ho, ES, Ni.*
Tiago: Santiago. *Gu, Bo, Ch, Ar.*
Tián: Sebastián. *Gu.*
Tibi: Beatriz. *Bo.*
Tica: Margarita. *Bo.*
Ticha: Beatriz. *Ho*; Leticia. *ES, Ho, Ni, Pa*; Patricia. *Ni.*
Tichy: Beatriz. *Pa.*
Tico: Alberto. *Bo*; Roberto. *Bo*; Víctor. *Bo.*
Tila: Bertila. *ES*; Domitila. *Gu, Ch.*
Tilde: Clotilde. *Bo.*
Tima: Fátima. *Bo.*
Timo: Timotea, Timoteo. *Gu.*
Tin: Agustín. *Gu, ES, Ni, Pa, Cu, Bo*; Constantino. *Pa, Cu, PR.*
Tina: Albertina. *Mx, Gu, Ni, PR, Ch*; Argentina. *Gu, Ni, Pa, PR, Ec, Bo*; Clementina. *EU, Ni, Pa, Cu, RD, Ec, Ch*; Cristina. *Ni, Bo, Ch*; Ernestina. *Mx, Gu, Ho, ES, Ni, Pa, Cu, PR, Bo, Ch*; Georgina: *Bo*; Trinidad. *Cu, Bo.*
Tinita: Ernestina. *Mx.*
Tino: Agustín. *Cu, Bo*; Constantino. *Ni, Pa, Cu, PR, Bo.*
Tish: Beatriz. *Gu.*
Tishi: Teresa. *Ec.*
Tita: Altagracia. *PR*; Ana María. *Bo*; Juana. *Pa*; Margarita. *Bo*; Marta. *Gu, ES*; Rosa. *Cu, Bo, Ch.*
Titico: Víctor. *Bo.*
Titina: Argentina. *RD*; Clementina. *Bo*; Cristina. *Ni, Bo*; Ernestina.*Cu, Ec, Ch.*
Tito: Alberto. *Gu, Ni, Cu, Ec, Bo, Ch, Ar*; Andrés. *Ho*; Arturo. *Bo*; Augusto. *Ni, Pa, Cu, Ch*; Ernesto. *Cu, PR, Ch*; Héctor. *Gu, ES, Cu, PR, Ch, Ar*; Humberto. *Ch*; Roberto. *Mx, Ni, Pa, Ec, Ch, Ar*; Víctor. *Bo.*
Tiz: Beatriz. *Bo.*
Toby: Tobías. *ES.*

Tom: Tomás. *EU, Gu.*
Tomy: Tomás, *EU, Gu.*
Tona: Antonia. *Gu, Ur*; Petrona. *Gu, ES, Ni.*
Tonin: Antonio. *Bo.*
Tono: Antonio. *Gu, Ur.*
Tonsa: Encarnación. *Bo.*
Toña: Antonia. *Mx, Gu, Ho, ES, Ni, Pa, Cu, RD, Co, Ve, Ec, Bo, Ch.*
Toñi: Antonia. *Mx, Gu, Ho, ES, Ni, Pa, Cu, RD, Co, Ve, Ec, Bo, Ch.*
Toñin: Antonio, José Antonio. *Bo.*
Toñita: Antonia. *Mx, Gu, Ho, ES, Ni, Pa, Cu, RD, Co, Ve, Ec, Bo, Ch.*
Toño: José Antonio. *Co.*
Tor: Víctor. *Pa.*
Tota: Antonia. *Bo*; Carlota. *Ho*; María Teresa. *Bo.*
Totín: Agustín. *Bo.*
Totis: Roberto. *Bo.*
Toto: Antonio. *Bo*; Roberto. *Bo*; Venancio. *Ar.*
Toya: Antonia. *Bo*; Victoria. *Gu, ES, Ni, Pa, Co, Ec, Bo, Ch.*
Toyo: Teodoro. *Ec.*
Trencha: Hortensia. *Ch.*
Trina: Trinidad. *Ni, RD, Co, Bo.*
Trinis: Trinidad. *Gu.*
Trinita: Trinidad. *Ni, RD, Co, Bo.*
Triz: Beatriz. *Ec, Bo.*
Trizbea: Beatriz. *Bo.*
Trudi: Gertrudis. *Mx, Ec, Bo.*
Trudy: Gertrudis. *Mx, Ec.*
Tuca: Antonia. *Ec, Bo.*
Tuco: Antonio. *Ec, Ch*; José Antonio. *Bo.*
Tula: Gertrudis. *Gu, Ni, Cu, Ec.*
Tulita: Gertrudis. *Gu, Ni, Cu, Ec.*
Tulo: Arturo. *Bo.*
Tuquita: Antonia. *Ec, Bo.*
Turín: Arturo. *PR, Bo.*
Turo: Arturo. *Ho, Pa, RD, PR, Bo.*
Tutis: Arturo. *Bo.*
Tuto: Arturo. *Pa, PR, Bo.*
Tutú: Gertrudis. *Bo.*
Tuturo: Arturo. *Pa, RD.*
Tuyo: Arturo. *Ni.*

U

Ubi: Ubaldo. *Cu.*
Uge: Eugenia. *Ch, Ar.*
Ugenio: Eugenio. *Bo.*
Ula: Úrsula. *Bo.*
Urba: Urbano. *ES. Bo.*
Urbita: Urbano. *Bo.*
Ursu: Úrsula. *ES, Bo.*
Usebio: Eusebio. *Bo.*

V

Valdo: Osvaldo. *ES, Bo.*
Vale: Valentina. *Co*; Valeria. *Co.*
Valo: Osvaldo. *Gu, Pa.*
Vany: Geovany. *Gu.*
Varisto: Evaristo. *Bo.*
Varo: Álvaro. *CR, Bo.*
Venan: Venancio. *ES.*
Vero: Verónica. *Gu, ES, Co, Ch.*
Veva: Genoveva. *Ni, Pa, Ec, Bo, Ch.*
Vevita: Genoveva. *Ni, Pa, Ec.*
Vi: Víctor. *Bo.*
Vic: Víctor. *Mx, Bo.*
Vice: Vicente. *Ar.*
Vicen: Vicente. *RD, PR, Co.*
Viche: Vicente. *Ec.*
Vichi: Vicente. *Ec.*
Vicho: Vicente. *Ch*; Víctor. *Bo, Ch.*
Vicio: Mauricio. *Bo.*
Vicky: Vicenta. *Ch*; Virginia. *Mx, Bo, Ch.*
Vico: Víctor. *Gu.*
Victi: Víctor. *Bo.*
Victoriño: Víctor. *Bo.*
Viki: Virginia. *Ve, Bo, Ar.*
Viky: Virginia. *Ve, Bo, Ar.*
Vincent: Vicente. *Bo.*
Vinny: Vicente. *PR.*
Viña: Virginia. *Pa.*
Viola: Violeta. *Ch.*
Viole: Violeta. *Ch.*
Vique: Victoria. *Bo.*
Viqui: Victoria. *Ec, Bo, Ur.*
Viquicha: Virginia. *Bo.*
Viquita: Victoria. *Bo.*
Virgi: Virginia. *Ve, Bo, Ar.*
Virgie: Virginia. *PR.*
Virgo: Virginia. *Bo.*
Vitín: Víctor. *PR.*
Vitito: Víctor. *PR.*
Vito: Víctor. *ES, Pa, Ec, Bo, Ch.*
Vitoco: Víctor. *Ch.*
Vitor: Víctor. *Bo.*
Vitorio: Víctor. *Ec, Ar.*
Vituca: Victoria. *Ec.*
Vitucho: Víctor. *Ni.*
Vituco: Víctor. *Ec.*
Vitulo: Víctor. *Ec.*
Vivi: Viviana. *Co, Ch.*
Viví: David. *Bo*; Viviana. *Ch.*
Vivicha: Bibiana. *Bo.*
Vizo: Vicente. *Bo.*
Vladis: Vladimir. *ES.*

W

Waldo: Osvaldo. *Cu, PR, Bo, Ar.*
Wally: Osvaldo. *Gu.*
Walo: Osvaldo. *Ch.*
Washo: Eduardo. *Ec*; Washington. *Ec.*
Wil: William. *Bo.*
Wilfre: Wilfredo. *Bo.*
Wilfred: Wilfredo. *Bo.*
Wili: William. *Pa, Co, Cu, RD, Ve, Bo.*
Wilico: William. *Bo.*
Wilito: William. *PR.*
Will: William. *ES.*
Willie: William. *EU.*
Willy: Guillermo. *Mx, Pa, Cu, Bo, Ch, Ar*; Wilfredo. *PR, Ve, Bo, Ch*; William. *ES, Ni, PR, Co, Bo, Ch, Ur.*
Wilo: William. *PR.*
Wisha: Luisa. *PR.*
Wisho: Luis. *PR.*

X

Xi: Ximena. *Ch.*
Xime: Ximena. *Co, Ch.*

Y

Yaco: Ciriaco. *Ho.*
Yane: Jeannette. *Bo.*
Yanetcita: Jeannette. *Bo.*
Yani: Jeannette. *Ch*; Yanira. *ES.*
Yánis: Jeannette. *Gu.*
Yaya: Adelaida. *Pa*; Mireya. *PR*; Zoraida. *Co.*
Yayo: Claudio. *Ch*; Eduardo. *Ni, Bo*; Eladio. *Pa, Cu, RD, PR*; Gerardo. *Ec, Bo, Ve.*
Yemo: Guillermo. *Gu.*
Yeni: Eugenia. *EU*; Jeannette. *EU, ES.*
Yesi: Jéssica. *ES, Ni, Pa, RD, Cu, Bo. Ch.*

Yeya: Aurelia. *Ho, Ni, Pa, RD, PR*; Mireya. *ES, Ni, Pa, Cu, RD, Bo.*
Yeyo: Aurelio. *Ni, Pa, RD, PR.*
Yin: Efraín. *ES.*
Yini: Eugenia. *EU.*
Yita: Margarita. *ES, Ho.*
Yiya: Cecilia. *Bo.*
Yola: Yolanda. *Mx, Ni, Pa, Ec, Bo, Ur.*
Yolan: Yolanda. *ES.*
Yolis: Yolanda. *Bo.*
Yolita: Yolanda. *Bo.*
Yoly: Yolanda. *Mx, Gu, ES, Pa, Cu, RD, PR, Co, Ec, Bo, Ch, Ar.*
Yor: Jorge. *Bo.*
Yoryi: Georgina. *ES.*
Yosed: José. *Bo.*
Yoya: Aurora. *Ho*; Gloria. *Gu, Ho, Ni, RD, PR, Bo, Ch*; Mireya. *Bo.*
Yoyi: Georgina. *Pa, Cu*; Gloria. *Pa.*
Yoyo: Gregorio. *Bo*; Jorge. *Pa*; Rodrigo. *Ch.*
Yudi: Yolanda. *Bo.*
Yuli: Julia. *ES, Ch.*
Yuyo: Gertrudis. *ES*; Refugio. *ES.*

Z

Zario: Nazario. *Bo.*
Zena: Zenaida. *ES.*
Zeni: Zenaida. *ES, Bo.*
Zeque: Ezequiel. *EU, Ni.*
Zoili: Zoila. *Gu, ES, Bo.*
Zoli: Zoila. *Bo.*
Zora: Zoila. *Cu*; Zoraida. *Ni, Co, Bo.*
Zore: Zoraida. *Bo.*
Zori: Zoraida. *Cu, PR.*
Zoyli: Zoila. *Gu.*
Zule: Zuleika. *ES, Pa.*
Zuli: Zuleika. *Pa.*
Zuly: Zuleika. *Pa.*

Lenguas indígenas vivas de Hispanoamérica

A

Acateco (fami-
(lia Maya) Guatemala y México

Acawayo (fami-
(lia Caribe) Brasil, Guyana, Venezuela

Achagua (fami-
(lia Arawak) Llanos Orientales de Colombia

Achí, Achí
Cubulco, Achí
Rabinal (familia
Maya) Guatemala

Achuar (familia
Jíbaro) Norte de Perú, en la frontera con
Ecuador

Aguacateco,
Balamiha,
Chalchiteco,
Coyotín (familia
Maya) Guatemala

Aguaruna (familia
Jíbaro) Amazonas peruano

Aimara (familia
Jaqui) Bolivia y Perú

Akateko (familia
Maya) Guatemala y México

Amahuaca (familia
Pano) Perú

Amarakaeri (familia
Harambut) Perú

Ambo-Pasco (familia
Quechua) Perú

Amuesha Perú

Amuzgo (familia
Oto-mangue) México

Andoque Amazonas, Colombia

Aonikaish Chile

Arabela (familia
Záparo) Perú

Araona (familia
Tacana) Bolivia

Arawak (familia
Arawak) Bolivia

Arhuaco (fami-
(lia Chibcha) Sierra Nevada de Santa Marta,
Colombia

Arutani-Sape Brasil y Venezuela

Asháninca (familia
Arahuaco) Perú

Awá (familia
Barbacoa) Frontera de Colombia y Ecuador

Awá o Awapit Ecuador

Awakateko (familia
Maya) México

Ayapaneco (familia
Mixe-zoque) México

Aymara (familia
Aymara) Chile

Ayoreo o Zamuco
(familia Zamuco) Bolivia

Azteca
(familia Uto-
azteca) Honduras, Nicaragua
y los estados mexicanos
de San Luis de Potosí, Hidalgo,
Veracruz, Puebla y Morelos

B

Baniva (familia
Arawak) Amazonía septentrional,
Colombia

Bará (familia Tuca-
no oriental) Zona del Vaupés, Colombia

Barasana (familia
Tucano orien-
tal-sur) Zona del Vaupés, Colombia

Barí (familia
Chibcha) Serranía del Perijá, Motilones,
Colombia y Venezuela

Baure (familia
Arawak) Bolivia

Betoy (familia
Chibcha) Llanos Orientales de Colombia

Bocotá Costa Rica y Panamá

Bora (familia
Bora) Zona del Vaupés, Colombia y Perú

Bora-miraña
(familia Bora) Zona del Vaupés, Colombia

Bororó (familia Bororó) — Bolivia

Bribri (familia Chibcha) — Costa Rica y Panamá

Buglere (familia Chibcha) — Costa Rica y Panamá

C

Cabécar (familia Chibcha) — Costa Rica

Cabiyarí (familia Arawak) — Zona del Vaupés, Colombia

Cacaopera (familia Misumalpa) — El Salvador

Cacua — Zona del Vaupés, Colombia

Caguarana (familia Záparo) — Perú

Cakchiquel (familia Maya) — Guatemala y México

Campa — Perú

Candoshi — Perú

Canichana — Bolivia

Cañari — Ecuador

Capanahua (familia Pano) — Perú

Caquinte (familia Arahuaca) — Perú

Carapana (familia Tucano oriental) — Zona del Vaupés, Colombia

Caribe — Sur de Belice y norte de Honduras

Carijona (familia Caribe) — Amazonia meridional, Colombia

Cashibo-Cacataibo (familia Pano) — Perú

Casinahua (familia Pano) — Perú

Cavina, Cavineña, Cavineño o Caviña (familia Tacana) — Bolivia

Cayapa (grupo Barbacoa) — Ecuador

Cayubaba (familia Cayubaba) — Bolivia

Chacobo (familia Pano) — Bolivia

Chaima (familia Caribe) — Venezuela

Chalchiteco (familia Maya) — Guatemala

Chapacura (familia Chapacura) — Bolivia

Cha'palaa o Cha'pallachi (familia Barbacoa) — Ecuador

Chatino (familia Otomangue) — Oaxaca, México

Chayahuita (familia Cahuapana) — Perú

Chibcha — Tronco lingüístico y zona cultural extendida desde Colombia hasta el sur de Honduras

Chichimeco jonaz (familia Oto-mangue) — México

Chimán, Chimane — Bolivia

Chimila (familia Chibcha) — Sierra Nevada de Santa Marta, Colombia, y Venezuela

Chinanteco (familia Oto-mangue) — México

Chipaya (familia Uru-Chipaya) — Bolivia

Chiquitano, Chiquita o Bésiro (familia Chiquitana) — Bolivia

Chiriguano (familia Guaraní) — Noreste de Jujuy y Salta, Argentina

Chiripá (familia Tupí-Guaraní) — Argentina

Chocholteco (familia Oto-mangue) — México

Chol (familia Maya) — México

Chontal (familia Maya) — Tabasco, México

Chorote iyo'jwa' (familia Mataco-Guaycurú) — Argentina

Chorote iyo'wujwa (familia Mataco-Guaycurú) — Argentina y Paraguay

Chorotega (familia Oto-mangue) — El Salvador

Chortí (familia Maya) — Guatemala y Honduras

Chuj (familia Maya) — Guatemala y México

Cocama-Cocamilla (familia Tupí-Guaraní) — Colombia y Perú

Cofán o A'ingae — Colombia y Ecuador

Cogui, Kogi, Kogui — Sierra Nevada de Santa Marta, Colombia

Cora (familia Yuto-nahua) — EE.UU. y México

Coreguaje (familia Tucano occidental) — Caquetá, Colombia

Cuaiquer (familia Barbacoa) — Colombia

Cubeo (familia Tucano oriental) — Amazonia septentrional, Colombia

Cubeo (familia Tucano-medio) — Zona del Vaupés, Colombia

Cucapá (familia Cochimí-yumana) — EE.UU. y México

Cuiba (familia Guahibo) — Frontera de Colombia y Venezuela

Cuicateco (familia Oto-mangue) — México

Curripaco (familia Arawak) — Márgenes del Orinoco, Colombia y Venezuela

D

Damana (familia Chibcha) — Sierra Nevada de Santa Marta, Colombia

Desana (familia Tucano oriental-central) — Zona del Vaupés, Colombia

Dole Gaya o Kuna (familia Chibcha) — Panamá, Colombia

E

Embera (familia Chocó) — Panamá y oeste y costa pacífica de Colombia

Eñepa (familia Caribe) — Venezuela

Epena Saija (familia Chocó) — Valle, Cauca y Nariño, Colombia

Epera Pedede — Esmeraldas, al noroeste del Ecuador

Ese Eja (familia Tacana) — Bolivia

G

Guahibo (familia Guahibo) — Colombia y Venezuela

Guaicurú (familia de lenguas) — Paraguay y Argentina

Guambiano (grupo Barbacoa) — Cauca, Colombia

Guanano (familia Tucano oriental) — Zona del Vaupés, Colombia

Guaraní (familia Tupí-Guaraní) — Bolivia, Paraguay y en zonas de Corrientes, Chaco, Formosa y Misiones, Argentina

Guarasugwe o Pauserna (familia Tupí Guaraní) — Bolivia

Guarayo o Guarayú (familia Tupí-Guaraní) — Bolivia

Guarekena (familia Arahuaco) — Costas del Orinoco, Colombia y Venezuela

Guarijío (familia Yuto-nahua) — México

Guayabero (familia Guahibo) — Costas del río Guaviare, Colombia

Guaymí (familia Chibcha) — Costa Rica y Panamá

H

Hitnü (familia Guajiro) — Llanos Orientales de Colombia

Huachipaeri (familia Harambut) — Perú amazónico

Huambisa (familia Jíbaro) — Estribaciones de los Andes, Perú

Huaorani, Waorani o Wuaorani — Ecuador

Huasteco (familia Maya) — México

Huave (familia Oto-mangue) — México

Huichol (familia Uto-Azteca) — México

Huitoto, Uitoto o Witoto — Amazonas, Colombia y Perú

I

Ica o Ika (familia Chibcha) — Sierra Nevada de Santa Marta, Colombia

Ignaciano (familia Arawak) — Bolivia

Inga (familia Quechua) — Colombia

Iquito (familia Záparo) — Perú

Isconahua (familia Pano) — Perú

Itonama (familia Itonama) — Bolivia

Itzá (familia Maya) — Guatemala

Ixcateco (familia Oto-mangue) — México

Ixil (familia Maya) — Guatemala y México

J

Jakalteko (familia Maya)	Guatemala y México
Japreria (familia Caribe)	Estado de Zulia, Venezuela
Jaqaru (familia Aimara)	Perú
Jebero (familia Cahuapana)	Alto Amazonas, Perú
Jíbaro	Selva amazónica del norte de Perú
Jicaque	Honduras
Jirara (familia Chibcha)	Llanos Orientales de Colombia
Jupda (familia Puinave Macú)	Zona del Vaupés, Colombia

K

Kabiyari (familia Arahuaco)	Colombia
Kakua (familia Puinave Macú)	Amazonia septentrional, Colombia
Kamsá (familia Chibcha)	Putumayo, Colombia
Kanjobal (familia Maya)	Guatemala y México
Kankuamo (familia Chibcha)	Región Caribe de Colombia
Kaqchikel (familia Maya)	Guatemala y México
Karapaná (familia Tucano oriental-central)	Zona del Vaupés, Colombia
Kariña (familia Caribe)	Venezuela
Kayapi (familia Záparo)	Zona norte de la provincia de Pastaza, Ecuador
Kawésqar (familia Alacalufe)	Chile
Kekchí (familia Maya)	Belice, El Salvador, Guatemala y México
Kiché (familia Maya)	México
Kickapoo (familia Álgica)	EE.UU. y México
Kiliwa (familia Cochimíyumana)	Baja California, México
Kogui (familia Chibcha)	Sierra Nevada de Santa Marta, Colombia
Korewahe (familia Tucano)	Brasil, Ecuador y Perú
Kuahl (familia Cochimíyumana)	México

Kubewa (familia Tucano central-norte)	Colombia
Kumiai (familia Cochimíyumana)	EE.UU. y México
Kuna o Cuna (familia Chibcha)	Colombia y Panamá

L

Lacandón (familia Maya)	Chiapas, México
Leco (familia Lapa-Lapa o Leco)	Bolivia
Lenca	El Salvador
Lokono (familia Arahuaca)	Venezuela

M

Macaguán (familia Guahibo)	Arauca, Colombia
Machajuyai-Kallawaya	Bolivia
Machiguenga (familia Maipureana)	Perú
Machineri (familia Arawak)	Bolivia
Macuna (familia Tucano oriental)	Zona del Vaupés, Colombia
Maihuna (familia Tucano)	Brasil y Perú
Maká (familia Mataco-Guay-curú)	Paraguay
Makú o Macú (familia Puinave)	Zona del río Guaviare, Colombia
Maleku (familia Chibcha)	Provincia de Alajuela, Costa Rica
Mam (familia Maya)	Guatemala y México
Mama	Colombia
Mame (familia Maya)	México
Mapoyo (familia Caribe)	Venezuela
Mapuche	Chile y Argentina
Mapudungu	Chile y Argentina
Maropa o Reyesano (familia Tacana)	Bolivia
Mashco-piro	Perú
Matlatzinca (familia Oto-mangue)	México

Matsés (familia Pano) — Perú en la frontera con Brasil

Maya (familia familia Maya) — Belice, Guatemala, Honduras México

Mayo (familia Yuto-nahua) — México

Mayoruna — Perú

Mazahua (familia Oto-mangue) — México

Mazateco (familia Oto-mangue) — México

Mbyá (familia Guaraní) — Argentina y Paraguay

Minica (familia Witoto) — Perú

Miraña — Amazonas, Colombia

Misquito (familia misulmalpa) — Honduras y Nicaragua

Mixe (familia Mixe-Zoque) — Oaxaca, México

Mixteco (familia Oto-mangue) — México

Mocoví (familia Mataco-Guaycurú) — Argentina

Mopan Maya — Guatemala

Moré (familia Chapacura) — Bolivia

Mosetén (familia Mosetén) — Bolivia

Motocintleco — México

Movima — Bolivia

Moxeño (familia Arawak) — Bolivia

Muinane (familia Bora) — Amazonas, Colombia

Murui (familia Witoto) — Colombia y Perú

N

Nahua (familia Oto-mangue) — El Salvador y México

Nanti — Perú

Nasa yuwe — Colombia

Ngäbere (familia Chibcha) — Panamá

Nipode (familia Witoto) — Perú

Nivaclé (familia Mataco-Guaycurú) — Argentina

Nomatsiguenga — Perú

Nonuya de Bora (familia Bora) — Amazonas, Colombia

Nukak — Colombia

O

Ocaina (familia Uitoto) — Colombia y Perú

Oluteco (familia Mixe-zoque) — México

Omagua (familia Tupí-Guaraní) — Perú

Orejón (familia Tucana) — Perú

Otomí (familia Otomangue) — México

P

Pacawara (familia Pano) — Bolivia

Páez — Cordillera Central, Colombia

Paicoca — Provincia de Sucumbíos, Ecuador

Paipai (familia Cochimí-Yumana) — EE.UU. y México

Palikur — Colombia

Pano (familia Pano) — Bolivia

Papiwa (familia Tucano oriental-central) — Zona del Vaupés, Colombia

Parecis-Saraveca — Colombia

Pápago (familia Yuto-nahua) — México y Arizona, EE.UU.

Pame (familia Otomangue) — México

Payawá (familia Tucano occidental-sur) — Colombia

Peba-Yagua (familia Peba-yagua) — Colombia y Perú

Pech (familia Chibcha) — Honduras

Pemón (familia Caribe) — Brasil, Guyana y Venezuela

Piapoco (familia Arawuak) — Llanos Orientales de Colombia y Venezuela

Piaroa (familia Sábila Piaroa) — Zona del Orinoco, Venezuela y Colombia

Pilagá (familia Mataco-Guaycurú) — Zonas de Formosa y Chaco, Argentina

Pima (familia Yuto-nahua) — Arizona, EE.UU., y México

Pipil (familia Uto-Azteca) — El Salvador

Pirá-Tapuyo (familia Tucano oriental-norte) — Zona del Vaupés, Colombia

Piro — Perú

Piro-Apuriná	Colombia
Pisabo (familia Pano)	Perú
Pisamira (familia Tucano oriental)	Zona del Vaupés, Colombia
Pocomam (familia Maya)	Guatemala, El Salvador
Pocomchi (familia Maya)	Alta Verapaz y Baja Verapaz, Guatemala
Popoloca (familia Oto-mangue)	México
Popoluca (familia Mixe-zoque)	México
Puinave (familia Puinave)	Costas de los ríos Inírida y Guaviare, Colombia
Puquina (familia Puquina)	Bolivia
Purépecha (familia Tarasca)	Tarasco, México

Q

Qatok (familia Maya)	México
Qanjobal (familia Maya)	México
Qeqchí (familia Maya)	México
Quechua (familia Quechua)	Argentina, Bolivia, Brasil, Chile y Perú
Quiché (familia Maya)	Guatemala y México
Quichua o Kichwa	Sierra del Ecuador

R

Rama (familia Chibcha)	Nicaragua
Rapa Nui	Isla de Pascua, Chile

S

Sacapulteco (familia Maya)	Guatemala
Sáliba (familia Sáliba-piaróa)	Costas del río Meta, Colombia
Sayulteco (familia Mixe-zoque)	México
Secoya (familia Tucano occidental)	Colombia y Ecuador
Selknam	Chile
Seri Sonora (familia Seri)	México
Sharanahua (familia Pano)	Perú

Shebayo	Colombia
Shipilbo-Conibo (familia Pano)	Perú
Shuar-achuar chicham (jíbara)	Provincias de Zamora Chinchipe, Morona Santiago y Pastaza, Ecuador
Sikuani (familia Guahibo)	Llanos Orientales de Colombia y Venezuela
Siona (familia Tucan occidental)	Colombia, Ecuador
Sipacapense	Guatemala
Siriana (familia Tucano oriental-central)	Zona del Vaupés, Colombia
Sirionó (familia Tupí-Guaraní)	Bolivia
Sumo-Mayangua (familia Misumalpa)	Nicaragua
Sumo Tawahka (familia Misumalpa)	Honduras

T

Tacana (familia Tacana)	Bolivia
Tacuate (familia Oto-mangue)	México
Tanimuca (familia Tucano oriental)	Colombia
Tapieté o Tapiete (familia Tupí-Guaraní)	Salta, Argentina
Tarahumara (familia Yuto-nahua)	México
Tarasco (familia Tarasca)	México
Tariana (familia Arawak)	Zona del Vaupés, Colombia
Tatuyo (familia Tucano oriental-central)	Zona del Vaupés, Colombia, y Argentina
Tehuelche (familia Chon)	Zonas central y sur, Argentina
Teko (familia Maya)	México
Tepehua (familia Totonaco-tepehua)	México
Tepehuano (familia Yuto-nahua)	México
Téribe (familia Chibcha)	Costa Rica y Panamá
Texistepequeño (familia Mixe-zoque)	México

Ticuna	Amazonas meridional, Colombia, y Perú
Tinigua (familia Tinigua-Pamigua)	Sierra de la Macarena, Colombia
Tlahuica (familia Otomangue)	México
Tlapaneco (familia Otomangue)	México
Toba (familia Mataco-Guaycurú)	Argentina, Bolivia y Paraguay
Tojolabal (familia Maya)	Chiapas, México
Tolupán	Honduras
Toromona	Bolivia
Tororó (familia Barbacoa)	Cauca, suroccidente de Colombia
Totonaca (familia Maya)	México
Totonaco (familia Totonaco-tepehua)	México
Triqui (familia Otomangue)	EE.UU. y México
Tsafiqui (familia Barbacoa, pueblo Tsáchila o Colorado)	Ecuador
Tseltal (familia Maya)	México
Tsimane o Chaimán	Bolivia
Tsotsil (familia Maya)	Chiapas, México
Tucano (familia Tucano oriental)	Zona del Vaupés, Colombia
Tunebo (familia Chibcha)	Frontera de Colombia y Venezuela
Tupí-Guaraní (familia Tupí-Guaraní)	Bolivia
Tuyuca (familia Tucano oriental)	Zona del Vaupés, Colombia
Tzutujil	Guatemala

U

Uitoto (famila Uitoto)	Amazonas, Colombia
Urarina	Perú
Uru (familia Uru-Chipaya)	Bolivia
Uspanteko (familia Maya)	Guatemala

U'wa (familia Chibcha)	Sierra Nevada del Cocuy de Colombia

W

Waímaja (familia Tucano oriental)	Zona del Vaupés, Colombia
Wanano (familia Tucano oriental)	Zona del Vaupés, Colombia
Waotededo	Provincias de Napo y Pastaza, Ecuador
Wapishana	Colombia
Waunana (familia Chocó)	Colombia y Panamá
Wayuu o Guajiro (familia Arawuak)	Península de La Guajira, Colombia
Wayuunaiki (familia Arawuak)	Península de La Guajira, Colombia, y Venezuela
Weenhayek	Bolivia
Wichí (familia Mataco-Guaycurú)	Argentina y Bolivia
Wounmeo (familia Chibcha)	Panamá y Colombia
Wuaorani, Waorani o Huaorani	Tribu amazónica del mismo nombre

X

Xinca	Guatemala

Y

Yacuna (familia Arahuaco)	Colombia
Yagán	Puerto Williams, Chile
Yagua (familia Peba-Yagua)	Perú
Yamán (familia Peba)	Puerto Williams, Chile
Yaminahua o Yaminawa (familia Pano)	Perú y Bolivia
Yaqui (familia Yuto-nahua)	México
Yaruro (familia Chibcha)	Sur del río Apure, Venezuela
Yekuana (familia Caribe)	Venezuela
Yina (familia Arahuaco)	Perú
Yora (familia Pano)	Perú
Yucateca (familia Maya)	Belice y México

Yucuna (familia Arawak)   Amazonia meridional, Colombia

Yuki (familia Tupí-Guaraní)   Bolivia

Yukpa (familia Caribe)   Serranía del Perijá, Colombia, y en el estado de Zulia, Venezuela

Yuruti (familia Tucano oriental)   Zona del Vaupés, Colombia

Z

Zapoteco (familia Oto-mangue)   EE.UU. y México

Zoque (familia Mixe-Zoque)   México

Zutujil (familia Maya)   Guatemala

Nomenclatura gubernamental hispanoamericana

PODER EJECUTIVO

Am. [menos *PR*]. **Poder ejecutivo**
PR. **Rama ejecutiva**

PRESIDENCIA (DE LA REPÚBLICA)

Ar. **Consejo de la Nación**
Ve. **Consejo de Estado**

Am. [menos *PR*]. **Presidente**
Cu. **Primer ministro**
PR. **Gobernado**

Am. [menos *PR*]. **Vicepresidente**
Cu. **Primer vicepresidente**
Ho. **Designados Presidenciales**

Ur. **Secretario de la Presidencia**
Ur. **Protosecretario de la Presidencia**

GABINETE DE MINISTROS

Ar, Bo, Co, Ec, Gu, Mx, Ni, Pa, Pe, Py. **Gabinete de Ministros**
Co, Cu, ES, Gu, Ho, Pe, Ur, Ve. **Consejo de Ministros**
CR. **Consejo de Gobierno**
Pa. **Consejo del Gabinete de Ministros**
PR. **Gabinete de Secretarios**
RD. **Gabinete Presidencial**
Ur. **Gabinete Ministerial**

DEPARTAMENTOS/MINISTERIOS/SECRETARÍAS

Ar. **Ministerio de Ciencia, Tecnología e Innovación Productiva**
Ar, Bo, Ec, Ni, Pe. **Ministerio de Defensa**
Ar. **Ministerio de Desarrollo Social**
Ar. **Ministerio de Economía y Finanzas Públicas**

Ar, Ch, Ec, ES, Ni, Pa, Pe. **Ministerio de Educación**
Ar. **Ministerio de Justicia, Seguridad y Derechos Humanos**
Ar, Ch. **Ministerio de Obras Públicas**
Ar. **Ministerio de Planificación Federal, Inversión Pública y Servicios**
Ar. **Ministerio de Producción**
Ar. **Ministerio de Relaciones Exteriores, Comercio Internacional y Culto**
Ar, Ch, Co, CR, Ec, Ni, Pa, Pe. **Ministerio de Salud**
Ar. **Ministerio de Trabajo, Empleo y Seguridad Social**
Ar, Ch, Pe, Py, Ur. **Ministerio del Interior**
Ar, Bo, Ch, CR, Pe, Py, Ve. **Ministerio Público**
Bo. **Ministerio de Desarrollo Productivo y Economía Plural**
Bo. **Ministerio de Desarrollo Rural, Agropecuario y Medio Ambiente**
Bo, Py, Ur. **Ministerio de Educación y Cultura**
Bo. **Ministerio de Gobierno**
Bo, Ch, CR, ES, Py. **Ministerio de Hacienda**
Bo. **Ministerio de Hidrocarburos**
Bo, Ch, Cu, Pe. **Ministerio de Justicia**
Bo. **Ministerio de la Presidencia**
Bo. **Ministerio de Minería y Metalurgia**
Bo. **Ministerio de Obras Públicas, Servicios y Viviendas**
Bo. **Ministerio de Planificación del Desarrollo**
Bo, CR. **Ministerio de Relaciones Exteriores y Culto**
Bo. **Ministerio de Salud y Previsión Social**
Bo, Ni. **Ministerio de Trabajo**
Bo. **Ministerio de Transparencia Institucional y Lucha contra la Corrupción**
Ch, Cu, Pe. **Ministerio de Agricultura**
Ch. **Ministerio de Bienes Nacionales**
Ch. **Ministerio de Cultura y las Artes**
Ch, ES, Py, Ur. **Ministerio de Defensa Nacional**

Ch. Ministerio de Economía, Fomento y Reconstrucción

Ch. Ministerio de Justicia

Ch. Ministerio de la Secretaría General de Gobierno

Ch. Ministerio de la Secretaría General de la Presidencia

Ch. Ministerio de Minería y Energía

Ch. Ministerio de Planificación y Cooperación

Ch, Co, Cu, Ec, ES, Gu, Ho, Ni, Pa, Pe, Py, Ur. Ministerio de Relaciones Exteriores

Ch. Ministerio de Servicio Nacional de la Mujer

Ch, ES, Gu. Ministerio de Trabajo y Previsión Social

Ch. Ministerio de Transportes y Telecomunicaciones

Ch. Ministerio de Vivienda y Urbanismo

Ch, Cu. Ministerio del Interior

Co. Ministerio de Agricultura y Desarrollo Rural

Co. Ministerio de Ambiente, Vivienda y Desarrollo Territorial

Co. Ministerio de Comercio, Industria y Turismo

Co. Ministerio de Comunicaciones

Co, Cu, Ec. Ministerio de Cultura

Co. Ministerio de Defensa y Seguridad Nacional

Co. Ministerio de Desarrollo Económico

Co. Ministerio de Educación Nacional

Co, Ni. Ministerio de Hacienda y Crédito Público

Co. Ministerio de Minas y Energía

Co. Ministerio de Protección Social

Co, Ur. Ministerio de Trabajo y Seguridad Social

Co. Ministerio de Transporte y Obras Públicas

Co. Ministerio del Interior y de Justicia

CR, ES, Py. Ministerio de Agricultura y Ganadería

CR. Ministerio de Ambiente, Energía y Telecomunicaciones

CR. Ministerio de Ciencia y Tecnología

CR. Ministerio de Comercio Exterior

CR. Ministerio de Competividad

CR. Ministerio de Cultura, Juventud y Deportes

CR. Ministerio de Economía, Industria y Comercio

CR, Gu. Ministerio de Educación Pública

CR. Ministerio de Justicia y Gracia

CR. Ministerio de Obras Públicas y Transportes

CR. Ministerio de Planificación Nacional y Política Económica

CR. Ministerio de Seguridad Pública

CR, Cu. Ministerio de Trabajo y Seguridad Social

CR. Ministerio de Turismo

CR. Ministerio de Vivienda y Asentamientos Humanos

Cu. Ministerio de Auditoría y Control

Cu. Ministerio de Comercio Exterior e Inversión Extranjera

Cu. Ministerio de Comercio Interior

Cu. Ministerio de Cultura

Cu. Ministerio de Economía y Planificación

Cu. Ministerio de Educación

Cu. Ministerio de Educación Superior

Cu. Ministerio de Finanzas y Precios

Cu. Ministerio de la Industria Alimenticia

Cu. Ministerio de la Industria Ligera

Cu. Ministerio de la Industria Pesquera

Cu. Ministerio de la Industria Sideromecánica

Cu. Ministerio de la Informática y las Comunicaciones

Cu. Ministerio de las Fuerzas Armadas Revolucionarias

Cu, Ur. Ministerio de Salud Pública

Cu. Ministerio de Transporte

Cu, Ec, ES, Ur. Ministerio de Turismo

Cu. Ministerio del Azúcar

Ec. Ministerio de Agricultura, Ganadería, Acuacultura y Pesca

Ec. Ministerio de Ambiente

Ec. Ministerio de Bienestar Social

Ec. Ministerio de Coordinación del Desarrollo Social

Ec. Ministerio de Coordinación del Patrimonio Cultural y Natural

Ec. Ministerio de Coordinación de la Política Económica

Ec. Ministerio de Coordinación de la Producción, Competitividad y Comercialización

Ec. Ministerio de Coordinación de la Seguridad Interna y Externa

Ec. Ministerio de Coordinación de los Sectores Estratégicos

Ec. Ministerio de Deporte

Ec. Ministerio de Desarrollo Urbano y Vivienda

Ec. Ministerio de Electricidad y Energía Renovable

Ec, Py. Ministerio de Finanzas

Ec. Ministerio de Gobierno, Cultos, Policía y Municipalidades

Ec. Ministerio de Industria y Competitividad

Ec. Ministerio de Justicia y Derechos Humanos

ES, Gu. Ministerio de la Gobernación

Ec. Ministerio de Minas y Petróleo

Ec. Ministerio de Trabajo y Empleo

Ec, Ur. Ministerio de Transporte y Obras Pública

Ec. Ministerio del Litoral

ES, Gu. Ministerio de Economía

ES. Ministerio de Medio Ambiente y Recursos Naturales

ES, Gu. Ministerio de Salud Pública y Asistencia Social

Gu. Ministerio de Agricultura, Ganadería y Alimentación

Gu. Ministerio de Ambiente y Recursos Naturales

Gu. Ministerio de Comunicaciones, Infraestructura y Vivienda

Gu. Ministerio de Cultura y Deporte

Gu., Pe. Ministerio de Energía y Minas

Gu. Ministerio de Finanzas Públicas

Gu. Ministerio de la Defensa Nacional

Ho. Secretaría de Agricultura y Ganadería

Ho. Secretaría de Cooperación Internacional

Ho. Secretaría de Cultura, Artes y Deportes

Ho. Secretaría de Defensa Nacional y Seguridad Pública

Ho. Secretaría de Educación

Ho. Secretaría de Energía

Ho. Secretaría de Finanzas

Ho. Secretaría de Gobernación y Justicia

Ho. Secretaría de Industria y Comercio

Ho. Secretaría de la Presidencia

Ho. Secretaría de Obras Públicas, Vivienda y Transportes

Ho. Secretaría de Planificación, Coordinación y Presupuesto

Ho. Secretaría de Recursos Naturales y Ambiente

Ho. Secretaría de Relaciones Exteriores

Ho. Secretaría de Salud Pública

Ho. Secretaría de Trabajo y Seguridad Social

Ho. Secretaría de Turismo

Ho. Secretaría del Fondo Hondureño de Inversión Social

Ho. Secretaría del Instituto Nacional Agrario

Ho. Secretaría para la Promoción de Inversiones

Mx. Secretaría de Agricultura, Ganadería, Desarrollo Rural, Pesca y Alimentación

Mx. Secretaría de Comunicaciones y Transporte

Mx. Secretaría de Desarrollo Social

Mx. Secretaría de Economía

Mx. Secretaría de Educación Pública

Mx. Secretaría de Energía

Mx. Secretaría de Gobernación

Mx. Secretaría de Hacienda y Crédito Público

Mx. Secretaría de la Defensa Nacional

Mx. Secretaría de la Función Pública

Mx. Secretaría de la Reforma Agraria

Mx. Secretaría de Marina

Mx. Secretaría de Medio Ambiente y Recursos Naturales

Mx. Secretaría de Relaciones Exteriores

Mx. Secretaría de Salud

Mx. Secretaría de Seguridad Pública

Mx. Secretaría de Turismo

Mx. Secretaría del Trabajo y Previsión Social

Ni. Ministerio Agropecuario y Forestal

Ni. Ministerio de Fomento, Industria y Comercio

Ni. Ministerio de Gobernación

Ni. Ministerio de Transporte e Infraestructura

Ni. Ministerio del Ambiente y de los Recursos Naturales

Ni. Secretaría de la Presidencia

Pa. Ministerio de Comercio e Industria

Pa. Ministerio de Desarrollo Agropecuario

Pa, Pe. Ministerio de Economía y Finanzas

Pa. Ministerio de Gobierno y Justicia

Pe. Ministerio de la Mujer y del Desarrollo Social

Pa. Ministerio de Obras Públicas

Pa. Ministerio de Vivienda

Pe. Ministerio de Comercio Exterior y Turismo

Pe. Ministerio de Producción

Pe. Ministerio de Trabajo y Promoción del Empleo

Pe. Ministerio de Transporte y Comunicaciones

Pe. Ministerio de Vivienda, Construcción y Saneamiento

PR. Departamento de Agricultura

PR. Departamento de Educación

PR. Departamento de Hacienda

PR. Departamento de la Vivienda

Py. Ministerio de Industria y Comercio

Py. Ministerio de Justicia y Trabajo

Py. Ministerio de Obras Públicas y Comunicaciones

Py. Ministerio de Salud Pública y Bienestar Social

RD. Secretaría de Estado de Administración Pública

RD. Secretaría de Estado de Agricultura

RD. Secretaría de Estado de Cultura

RD. Secretaría de Estado de Deportes y Recreación

RD. Secretaría de Estado de Economía, Planificación y Desarrollo

RD. Secretaría de Estado de Educación

RD. Secretaría de Estado de Educación Superior, Ciencia y Tecnología

RD. Secretaría de Estado de Hacienda

RD. Secretaría de Estado de Industria y Comercio

Ur. Ministerio de Defensa Nacional

Ur. **Ministerio de Desarrollo Social**
Ur. **Ministerio de Economía y Finanzas**
Ur. **Ministerio de Ganadería, Agricultura y Pesca**
Ur. **Ministerio de Industria, Energía y Minería**
Ur. **Ministerio de Relaciones Exteriores**
Ur. **Ministerio de Turismo y Deporte**
Ur. **Ministerio de Vivienda, Ordenamiento Territorial y Medio Ambiente**
Ur. **Ministerio del Interior**
Ve. **Ministerio del Poder Popular de Energía y Petróleo**
Ve. **Ministerio del Poder Popular del Ambiente**
Ve. **Ministerio del Poder Popular del Trabajo y Seguridad Social**
Ve. **Ministerio del Poder Popular para el Comercio**
Ve. **Ministerio del Poder Popular para el Deporte**
Ve. **Ministerio del Poder Popular para el Despacho de la Presidencia**
Ve. **Ministerio del Poder Popular para el Turismo**
Ve. **Ministerio del Poder Popular para la Agricultura y Tierras**
Ve. **Ministerio del Poder Popular para la Alimentación**
Ve. **Ministerio del Poder Popular para la Ciencia, Tecnología e Industria Intermedia**
Ve. **Ministerio del Poder Popular para la Comunicación e Información**
Ve. **Ministerio del Poder Popular para la Cultura**
Ve. **Ministerio del Poder Popular para la Defensa**
Ve. **Ministerio del Poder Popular para la Educación**
Ve. **Ministerio del Poder Popular para la Educación Superior**
Ve. **Ministerio del Poder Popular para la Planificación y Desarrollo**
Ve. **Ministerio del Poder Popular para la Salud y Protección Social**
Ve. **Ministerio del Poder Popular para las Comunas**
Ve. **Ministerio del Poder Popular para las Finanzas**
Ve. **Ministerio del Poder Popular para las Industrias Básicas y la Minería**
Ve. **Ministerio del Poder Popular para las Obras Públicas y Vivienda**
Ve. **Ministerio del Poder Popular para las Relaciones Exteriores**
Ve. **Ministerio del Poder Popular para las Relaciones Interiores y Justicia**

Ve. **Ministerio del Poder Popular para las Telecomunicaciones e Informática**
Ve. **Ministerio del Poder Popular para los Asuntos de la Mujer**
Ve. **Ministerio del Poder Popular para los Pueblos Indígenas**

Am. **[menos *Ho, Mx, PR, RD*]. Ministro**
Cu. **Primer Ministro**
Ho, Mx, PR. **Secretario**
Pa, RD, Ur. **Secretario de Estado**

Am. **[menos *Ho, Mx, PR, RD*]. Viceministro**
Ch, Mx, PR. **Subsecretario**
Ho. **Secretario**
Ar, Ho, Mx, Ni, Py, Ur. **Secretario de Estado**
RD, Ur. **Subsecretario de Estado**
RD. **Secretario administrativo**

Ar. **Jefe de Gabinete**
Ar. Co, Ho, Ni, Pa, Py. **Director general**
Pe. **Presidente del Consejo de Ministros**
RD. **Asesores**

DEPARTAMENTOS, ESTADOS, PROVINCIAS, REGIONES

Ar, Ch, Co, Ec, Gu, Mx, Ni, Pa, Pe, PR, Py, Ve. **Gobernador**
Bo. **Prefecto de Departamento**
Ho. **Gobernador político**
Pe. **Gobernador regional**
RD. **Gobernador provincial**

Bo. **Subprefecto de provincia**

MUNICIPALIDADES

Bo, Ch, Co, CR, Ec, Gu, Ho, Mx, Ni, Pa, Pe, PR, Py, RD, Ve. **Alcalde**
Mx. **Presidente municipal**
Ar, Ni, Py, Ur. **Intendente**
Ec. **Teniente político**
Gu, Ho, Pa. **Vicealcalde**
Ar, Bo, Ch, Co, Gu, Ni, Pa, Pe, Py, Ve. **Concejales**
Co, Mx, Ni, Pe, Ur. **Ediles**
Ho, CR, Ve. **Regidores**
CR. **Síndicos**
Pa. **Corregidores**
Ar. **Subsecretario**

PODER LEGISLATIVO

Am. **[menos *PR*]. Poder legislativo**
Ar. **Congreso de la Nación**

Ch, Co, Ho. **Congreso Nacional**
Pa. **Asamblea Nacional de Diputados**
Pe. **Congreso de la República**
PR. **Rama legislativa**
Ve. **Asamblea Nacional**
CR. **Asamblea Legislativa**

SISTEMA BICAMERAL

Ur. **Asamblea General** (reunión de ambas cámaras)
Ur. **Vicepresidente de la Asamblea General** (es el vicepresidente de la República)
Ur. **Comisión Permanente**
Ur. **Presidente de la Comisión Permanente**

CÁMARA BAJA

Ar, Bo, Ch, Mx, Py, RD, Ve. **Cámara de Diputados**
Co, PR, Ur. **Cámara de Representantes**

Mx. **Presidente de los diputados**
Ar, Co, PR, Py, Ur, Ve. **Presidente de la Cámara**

Ar. Bo, Co, CR, Cu, Ec, Gu, Ho, Mx, Ni, Py, RD, Ur, Ve. **Diputados**
Ec, Mx, Pa. **Legisladores**
Ni. **Diputados suplentes**

Ar. **Presidente del bloque oficialista**
Gu, Ni. **Portavoz**
PR. **Portavoz de la mayoría**
PR. **Portavoz de la minoría**

CR. **Comisiones con potestad legislativa plena**
CR. **Comisiones permanentes**

CÁMARA ALTA

Ar, Ch, Co, Gu, Mx, PR, Py, RD. **Senado**
Bo, Mx, Py, Ur. **Cámara de Senadores**

Ar, Bo, Co, Gu, Mx, PR, Py, RD, Ur. **Senadores**
Pe. **Parlamentarios**

Ar. **Presidente del bloque oficialista**
Bo, Co, Mx, Pe, PR, Py, RD. **Presidente del Senado**
Gu. **Vicepresidente de la República**
RD. **Vicepresidente del Senado**
Ar. **Presidente de bloque**
Ho, Pa. **Presidente de bancada**

Mx. **Coordinador de la fracción**
PR. **Portavoz de la mayoría / Portavoz de la minoría**

SISTEMA UNICAMERAL

CR, ES, Pa. **Asamblea Legislativa**
Cu. **Asamblea Nacional del Poder Popular**
Ec, Ho. **Congreso Nacional**
Gu. **Congreso de la República**
Ni, Ve. **Asamblea Nacional**
Ni. **Poder Electoral**
Pe. **Congreso**

CR, Ni, **Presidente de la Asamblea Legislativa**
Cu. **Presidente del Consejo de Estado**
Ec, Ho, Pe, Ve. **Presidente del Congreso**
Ec. **Vicepresidente del Congreso Nacional**
Ni. **Secretario general de la Asamblea**
Pa. **Presidente de la Cámara Legislativa y Consejo de Gabinete**
Pe. **Presidente del Parlamento**
Pe. **Vicepresidente del Congreso**

PODER LEGISLATIVO PROVINCIAL Y MUNICIPAL

Co. **Asamblea departamental**
Co, Gu. **Concejos municipales**
Cu. **Presidente del Poder Popular (Provincia)**
Cu. **Delegado del Poder Popular (Municipio)**

AUDITORÍA NACIONAL

Ar. **Auditoría General de la Nación**
Co, Py, Ur. **Tribunal de Cuentas**
CR, Pe, Ve. **Contraloría General de la República**
Ec. **Contraloría General del Estado**
PR. **Oficina del Contralor**

PODER JUDICIAL

Am. **[menos *Pa, PR*]. Poder judicial**
PR. **Rama judicial**

ÓRGANOS DE ADMINISTRACIÓN DE LA JUSTICIA

Ar. **Suprema Corte de Justicia de la Nación**
Bo, CR, Ec, ES, Gu, Ho, Ni, Pa, Pe. **Corte Suprema de Justicia**
Ch. **Corte Suprema**
Co. **Corte Constitucional, Corte Suprema de Justicia, Consejo de Estado, Consejo Superior de la Judicatura**
Cu. **Tribunal Supremo Popular**
Gu. **Corte Suprema de Justicia**
Mx, Ni, Pe, PR, Py. **Tribunal Supremo**
Ni. **Consejo Supremo de Justicia**

RD, Ur. **Suprema Corte de Justicia**
Ve. **Tribunal Supremo de Justicia**

Co. **Corte Constitucional**
Bo, Mx, Ni, Pe, Py. **Tribunal Constitucional**

CR. **Consejo Superior** (Término utilizado para muchas instituciones pero con variados referentes)

Gu. **Corte de Apelaciones**
Pa, Ur. **Tribunal de Apelaciones**
PR. **Tribunal del Circuito de Apelaciones**

Co. **Procuraduría General de la Nación**
Co. **Fiscalía General de la Nación**
CR, Cu. **Fiscal General de la República**
Ec, Pa. **Procuraduría General del Estado**
Mx, CR, RD. **Procuraduría General de la República**
Ur. **Fiscal de Corte y Procuraduría General de la Nación**

Ar. **Cámara electoral**

Ec. **Comisión de Control Cívico de la Corrupción**

Ar. **Tribunales de Segunda Instancia:** Cámara en lo civil, Cámara en lo comercial
Bo. **Corte Superior de Distrito**
Co. **Tribunales supremos del Distrito Judicial**
Ec. **Superintendencias**
PR. **Tribunal de Primera Instancia**

Ec, Ar, Ur. **Juzgado**

Ar. **Secretaría**

Funcionarios

Mx. **Presidente de la Corte**
Ec, Ho, CR, Pa. **Presidente de la Corte Suprema de Justicia**
Ur. **Presidente de la Suprema Corte de Justicia**
Mx. **Ministro de la Suprema Corte de Justicia**

Ec. **Procurador General del Estado**
Pa. **Procurador**

Ar. **Defensor del Pueblo**
CR. **Defensoría de los Habitantes**
Mx, Pe, Ve. **Defensoría del Pueblo**
Pa. **Defensor del Pueblo,** *Ombudsman*

Ar, Bo, Co, CR, Ec, Gu, Ho, Mx, Ni, Pa, Pe, Py, Ur, Ve. **Magistrados**

ENTES AUTÓNOMOS Y SERVICIOS DESCENTRALIZADOS

Entes autónomos

Cu. **Instituto Nacional de Deportes, Educación Física y Recreación**
Pa. **Ente Regulador de los Servicios Públicos**
Ur. **Administración Nacional de Educación Pública**

Servicios descentralizados

Ch. **Servicio Nacional de la Mujer**
Ni. **Instituto Nacional de Seguridad Social**
PR. **Instituto de Cultura Puertorriqueña**
Ur. **Instituto del Niño y del Adolescente**
CR. **Instituto Costarricense de Acueductos y Alcantarillados**
CR. **Instituto Costarricense de Electricidad**
CR. **Instituto Costarricense de Investigación y Enseñanza en Nutrición y Salud**
CR. **Instituto Costarricense de Turismo**
CR. **Instituto Geográfico Nacional**
CR. **Instituto Meteorológico Nacional**
CR. **Instituto Nacional de Aprendizaje**
CR. **Instituto Nacional de Biodiversidad**
CR. **Instituto Nacional de Estadística y Censos de Costa Rica**
CR. **Instituto Nacional de las Mujeres**
CR. **Instituto Nacional de Seguros**
CR. **Instituto Nacional de Vivienda y Urbanismo**
CR. **Instituto sobre Alcoholismo y Farmacodependencia**

Nomenclatura militar hispanoamericana

EJÉRCITO

TROPA

Mx, Gu, Ho, Ni, Cu, Co, Bo, Py, Ec, Ch. **Soldado**
Co. **Soldado bachiller.**
Co. **Soldado profesional.**
RD. **Raso primera clase**
Gu, Ni, Bo, Ur, Ch. **Soldado de primera**
Ur. **Soldado de segunda**
Ve, Pe, Bo, Ch. **Soldado raso**
Py, Ec, Mx, Ch. **Conscripto**
Ve. **Distinguido**
Ar. **Voluntario primero**
ES, Co, Bo, Ch. **Dragoneante**
RD, Pe, Ch. **Cadete** (En *Ch* no es parte de la tropa)
Mx, Gu, ES, Ho, Cu, RD, Ve, Pe, Bo, Py, Ar, Ur, Ch. **Cabo**
Ve, Bo, Ec, Py, Ch, Ar, Ur. **Cabo primero**
Ch, Ur. **Cabo segundo**
Ho, Bo. **Cabo mayor**

SUBOFICIALES

Mx, Ho, ES, Cu, RD, Pe, Bo, Py, Ar, Ur, Ch. **Sargento**
Ho, ES, Ec, Ni, Mx, Gu, Co, Ve, Pe, Bo, Py, Ar, Ur, Ch. **Sargento primero**
Ni, Ch. **Sargento segundo**
Ni. **Sargento tercero**
Ve, Py. **Vicesargento**
Ve. **Sargento ayudante**
RD. **Sargento de Administración y Contabilidad**
Cu. **Sargento de primera**
Co. **Sargento viceprimero**
Gu, RD, ES. **Sargento mayor**
Gu. **Sargento técnico**
Mx, Bo, Ch, Py. **Brigada**
Ve. **Brigadiere**
Pe, Ch. **Brigadier**
Cu, Ch, Ni. **Suboficial**

Bo. **Suboficial maestre**
Ho, Ec, Bo, Py, Ar, Ch, Ur. **Suboficial mayor**
Cu. **Primer suboficial**
Py, Ar. **Suboficial principal**
Co. **Cabo primero**
Co. **Cabo segundo**
Co. **Cabo tercero**

OFICIALES

Co, Ch, Ec, Py. **Cadete**
Ni, ES, Co, Bo, Ch, Pe, Py, Ur. **Alférez**
Mx, Gu, Ho, Ni, ES, Ec, Cu, Co, Ve, Pe, Bo, Py, Ar, Ur, Ch. **Teniente** (En *Co*, oficial subalterno)
Cu, Mx, Gu, Ho, ES, Ec, Ve, Ch, Pe, Co, Py. **Subteniente** (En *Co*, oficial subalterno)
RD, Cu. **Primer teniente**
Py, Ar, Ur, Ni, Ch. **Teniente primero**
Mx, Gu, Ho, Ni, ES, Cu, RD, Ec, Co, Ve, Pe, Bo, Py, Ar, Ur, Ch. **Capitán** (En *Co*, oficial subalterno)
Gu. **Capitán primero**
Cu, RD, Ve, Co, Pe, Py, Ar, Ur, Ch, Ec, Ho, Ni, ES, Mx, Gu. **Mayor** (En *Co*, oficial subalterno)
Mx, Ho, Cu, Ve, Pe, Bo, Py, Ch. **Comandante**
Bo, Py. **Comandante de Compañía**
Bo, Py. **Comandante de Batallón**
Cu, Py, Ch, RD, Ho, Ni. **Comandante en jefe**
Mx, Gu, Ho, ES, Ec, Ni, Cu, RD, Co, Ve, Pe, Bo, Ar, Py, Ur, Ch. **Coronel** (En *Co*, oficial superior)
Mx, Ho, Ni, ES, Cu, RD, Co, Ve, Pe, Bo, Py, Ur, Ch. **Teniente coronel** (En *Co*, oficial superior)
Ar. **Coronel mayor**

OFICIALES GENERALES

Co, Py, Ur, Ch. **General**
Ch. **General de Ejército**
Mx, Gu, Ho, Ni, ES, Ec, Cu, RD, Ve, Pe, Bo, Py, Ar, Ch. **General de Brigada**
Co. **Brigadier general**

Mx, Gu, Ho, Ec, ES, Cu, Ve, Pe, Bo, Py, Ar, Ch. **General de división**

RD, Bo, Ar, Ur. **Teniente general**

Ur. **Teniente coronel mayor**

Ur. **Coronel**

Mx, Ni, Cu, Ec, Pe, Bo, Py, Ur. **General del Ejército**

RD, Ve, Co, Bo, Ni. **Mayor general**

Mx, Ho, Ni, Bo, Ur. **Capitán general**

Ve. **General en jefe**

Ec. **General de Ejército y comandante general**

Ni. **General de Ejército**

Ni. **General de Brigada y contraalmireante**

MARINA (Para Co Armada)

MARINERÍA (Para Co Naval)

RD. **Marinero especialista**

Mx, Ni, Ec, Cu, Co, Pe, Bo, Ar, Ch, Py, Ur. **Marinero, marino, infante de Marina**

Ve. **Marinero raso**

Ve. **Marinero distinguido**

Co, Ar. **Marinero primero**

Co. **Marinero segundo**

Gu, Ni, Ur. **Marinero de primera**

Ur. **Marinero de segunda**

Ur. **Aprendiz**

Pe. **Cadete**

Pe, Ch. **Grumete**

RD, Ec, Py, Ar, Ur, Ch. **Guardiamarina**

RD. **Guardiamarina brigadier mayor**

Ch, Py. **Conscripto**

Mx, Gu, Ho, Ni, Cu, RD, Pe, Bo, Ur, Ch. **Cabo**

Ho, Ec, Ve, Pe, Bo, Py, Ar, Ur, Ch. **Cabo primero**

Ur. **Cabo segundo**

Ho, Bo, Ur. **Cabo mayor**

Ar. **Cabo principal**

SUBOFICIALES

Mx, Ho, Ni, Cu, RD, Bo, Py, Ur. **Sargento**

Gu, Ho, Ni, Pa, Ec, Ve, Bo, Py, Ur, Ch. **Sargento primero**

Ch. **Sargento segundo**

Cu. **Sargento de primera**

Gu, RD. **Sargento mayor**

Ve. **Sargento mayor de primera**

ES. **Sargento primero maestro**

ES. **Sargento maestro**

RD. **Sargento de Administración y Contabilidad**

Ve. **Sargento Técnico de Primera**

Mx, Py, Ur. **Brigada**

Cu, Ch. **Suboficial**

Ur. **Suboficial de cargo**

Ho, Bo, Py, Ar, Ur, Ch. **Suboficial mayor**

Cu. **Primer suboficial**

Py, Ar. **Suboficial principal**

Ec, Co, Ar. Ur. **Suboficial primero**

Ur. **Suboficial de segunda**

Co. **Suboficial jefe técnico**

Co. **Suboficial técnico**

Co. **Suboficial segundo**

Co. **Suboficial tercero**

Bo, Ch. **Teniente**

Pe, Ch. **Teniente de primera**

Mx, Ho, Bo, Py, Ur, Ch. **Subteniente**

OFICIALES

Ni, Cu, Bo, Ur. **Alférez**

Ho, Gu, Ni, RD, Ec, Pe, Bo, Ur. **Alférez de Fragata**

ES, Ni, Ec, Co, Ar, Py. **Teniente de corbeta**

ES, Ho, Ni, Ec, Ve, Co, Py, Ar, Ur. **Teniente de fragata**

Gu, Pa, RD, Ve, Bo, Ur. **Alférez de navío**

Pe, Py, Ur. **Teniente**

Pe, Py, Ch. **Teniente primero**

Ch. **Teniente segundo**

Mx, Ni, Co, Ch, Py. **Subteniente**

Mx, ES, Ho, Ni, Ec, RD, Ve, Co, Bo, Py, Ar, Ur. **Teniente de navío**

Mx, Ho, Ni, Ec, Cu, RD, Ve, Co, Pe, Bo, Py, Ar, Ur, Ch. **Capitán de corbeta**

Mx, Ho, Ni, Ec, Cu, RD, Ve, Co, Pe, Bo, Py, Ar, Ur, Ch. **Capitán de fragata**

Mx, Ho, Ni, Ec, Cu, RD, Ve, Co, Pe, Bo, Py, Ar, Ur, Ch. **Capitán de navío**

Ar. **Comodoro de Marina**

Co. **Mayor**

Ch, Ur. **Guardiamarina**

OFICIALES GENERALES

Mx, Ni, Ho, Ec, Cu, RD, Co, Ve, Pe, Bo, Py, Ar, Ur, Ch. **Contralmirante**

Mx, Ec, Cu, RD, Co, Ve, Pe, Bo, Py, Ar, Ur, Ch. **Vicealmirante**

Mx, Ho, Ec, Cu, RD, Co, Ve, Bo, Pe, Py, Ar, Ur, Ch. **Almirante**

Ho, Ni, Bo, Ur. **Almirante general**

Ur. **Almirante de la Armada**

Ve. **Almirante en jefe**

Co. **Brigadier general**

Mx, Ho, Ni. **Capitán general**

Co. **General**

Co. **Mayor general**

Py. **General de Brigada**

Ch. **Comodoro**

INFANTERÍA DE MARINA

MARINERÍA (En *Co* Naval)

Ec, Py. **Marinero**
Ar. **Voluntario de primera**
Mx, Ni, Bo, Ch, Py. **Soldado**
Ni. **Soldado de primera**
Gu, Py. **Infante**
Gu. **Infante de primera**
Mx, Gu, Ni, Cu, Py. **Cabo**
Ni, Ec, Ch, Py, Ar. **Cabo primero**
Ch. **Cabo segundo**
Ni. **Cabo mayor**
Ar. **Cabo principal**
ES. **Cabo maestro**

SUBOFICIALES

Mx, Ni, Cu, Py. **Sargento**
Gu, Ni, Ec, Co, Ch, Py. **Sargento primero**
Ch. **Sargento segundo**
Mx, Ni, Py. **Brigada**
Ar, Ec. **Suboficial primero**
Ar. **Suboficial principal**
Ar, Ni, Ch, Py. **Suboficial mayor**
Ch. **Suboficial**
Ar, Mx. **Guardiamarina**
Co. **Sargento mayor**
Co. **Sargento viceprimero**
Co. **Sargento segundo**
Co. **Cabo primero**
Co. **Cabo segundo**
Co. **Cabo tercero**

OFICIALES

Ch. **Guardamarina**
Ni, Cu, Bo. **Alférez**
Ch. **Subteniente**
Ch. **Teniente segundo**
Ch. **Teniente primero**
Mx, Ni, Co, Py. **Teniente**
Ar, Ec, Mx, Cu, Py. **Teniente de corbeta**
Ar, Gu, Mx, Ec, Cu, Py. **Teniente de fragata**
Ar, Gu, Ec, Cu, Py. **Teniente de navío**
Mx, Ni, Co, Ch, Bo, Py. **Capitán**
Mx. **Capitán primero**
Gu, Ec, ES, Ch, Py, Ar. **Capitán de corbeta**
Gu, Ec, ES, Ch, Py, Ar. **Capitán de fragata**
Gu, Ec, ES, Cu, Ch, Py, Ar. **Capitán de navío**
Mx, Ni, Py, Ur. **Comandante**
Mx, Ni, Cu, Bo, Co, Py, Ur. **Teniente coronel**
Mx, Ni, Co, Py, Ur. **Coronel**

Co. **Subteniente**
Co. **Mayor**

Nota: La división entre oficiales y oficiales generales no existe en Chile. Todos son oficiales.

OFICIALES GENERALES

Ec, ES, Ch, Py, Ar, Ur. **Contralmirante**
Gu, Ec, ES, Ch, Py, Ar, Ur. **Vicealmirante**
Gu, Ec, Ch, Py, Ar, Ur. **Almirante**
Mx, Ni, Cu, Py, Ur. **General de Brigada**
Mx, Ni, Cu, Py, Ur. **General de División**
Ur. **Teniente general**
Co. **Brigadier general**
Co. **Mayor general**
Co. **General**

AVIACIÓN

Co, Ch, Bo. **Fuerza Aérea**

TROPA

Ve. **Soldado raso**
RD. **Raso primera clase**
Mx, Gu, Ho, Ni, Cu, Co, Bo, Py, Ur, Ch. **Soldado**
Ur. **Soldado de primera**
Ch, Py. **Soldado conscripto**
Ve. **Distinguido**
RD, Py. **Cadete**
Ch. **Alumno**
Ar. **Voluntario de segunda**
Gu, Ni, Ur. **Soldado de primera**
Bo. **Dragoneante**
Ar. **Voluntario de primera**
Mx, Gu, Ho, Cu, RD, Pe, Bo, Py, Ar, Ur, Ch. **Cabo**
Ho, Ec, Ve, Bo, Py, Ar, Ur, Ch. **Cabo primero**
Ch. **Cabo segundo**
Ho, Ni, Bo, Py. **Cabo mayor**
Ar. **Cabo principal**
ES. **Cabo TA**
Ho. **Cabo técnico**

SUBOFICIALES

Cu, Ni, Ch. **Suboficial**
Ar. **Suboficial auxiliar**
Ho, Bo, Py, Ar, Ur, Ch. **Suboficial mayor**
Cu. **Primer suboficial**
Pe. **Suboficial de primera**
Ni, Ec. **Suboficial primero**
Ni. **Suboficial segundo**
Ar. **Suboficial principal**

Mx, Ho, Cu, RD, Ve, Py, Ur. **Sargento**

Bo, Ch, RD, Ec, Pe, Mx, Gu, Ho, Ni, Ve, Py, Ur. **Sargento primero**

Ch. **Sargento segundo**

Cu. **Sargento de primera**

Gu, Ho, RD, Py. **Sargento mayor**

Ve. **Sargento mayor de primera**

Ho. **Sargento técnico de primera**

RD. **Sargento de Administración y Contabilidad**

Mx, Py. **Brigada**

Ho, Ni. **Teniente**

Cu, RD. **Primer teniente**

Ni, Py, Ur. **Teniente primero**

Mx, Ho, ES, Co, Bo, Py. **Subteniente**

Co. **Técnico jefe de comando**

Co. **Técnico jefe**

Co. **Técnico subjefe**

Co. **Técnico primero**

Co. **Técnico segundo**

Co. **Técnico tercero**

Co. **Técnico cuarto**

Co. **Aerotécnico**

OFICIALES

Co, Pe, Ar, Py, Ur, Ch. **Alférez**

Mx, Gu, Ho, ES, Ni, Ec, Cu, Ve, Co, Pe, Bo, Py, Ar, Ur, Ch. **Teniente**

Cu, Ar. **Primer teniente**

Ni, Py, Ur. **Teniente primero**

Ur. **Teniente segundo**

Mx, Gu, Cu, Ec, Ch, Py, Ve. **Subteniente**

Mx, ES, Ho, Ni, Ec, Cu, RD, Ve, Co, Bo, Py, Ur. **Teniente coronel**

Mx, ES, Ho, Ni, Cu, RD, Co, Pe, Bo, Py, Ar, Ur. **Capitán**

Ch. **Capitán de bandada**

Mx, Gu. **Capitán primero**

Mx, Ho, Gu, ES, Ni, Ec, Cu, RD, Ve, Co, Pe, Py, Ar, Ur. **Mayor**

Mx, Ho, Cu, Pe, Bo, Py. **Comandante**

Ch, Py. **Comandante de escuadrilla**

Ch, Py. **Comandante de grupo**

Mx, Gu, ES, Ho, Ni, Cu, RD, Co, Ve, Pe, Bo, Py, Ur. **Coronel**

Ch, Py. **Coronel de aviación**

Ar. **Vicecomodoro**

Ar. **Comodoro**

Ar. **Comodoro mayor**

Co, Ch. **Cadete**

Ch. **Subalterno**

OFICIALES GENERALES

Ar. Ur. **Brigadier**

Co, Ar, Ur. **Brigadier general**

Ar. **Brigadier mayor**

Co, Ur. **General**

Pe. **Comandante general**

Ur. **General mayor**

Ve. **General en jefe**

Mx, Gu, ES, Ho, Ec, Cu, RD, Ve, Bo, Py. **General de Brigada**

Ch. **General de Brigada Aérea**

Mx. **General de Ala**

ES, Bo, Ch, Py. **General de Aviación**

Mx. **General de Grupo**

Ec, Pe, Ch, Py, Ur. **General del Aire**

Mx, Gu, Ho, Cu, Py. **General de División**

Ho, Ec, Cu, RD, Pe, Ur. **Teniente general**

Ni, RD, Ve, Co, Pe. **Mayor general**

Ni, Cu. **General del ejército**

Mx, Ho. **Capitán general**

Py. **Capitán de navío**

Nuestro agradecimiento al capitán de navío, IM, Armada de Chile, Gabriel M. Foucher Haug, por la ayuda prestada con esta nomenclatura militar.

Nomenclatura monetaria hispanoamericana

ARGENTINA. Unidad monetaria: **peso** ($)

Billete de 100 pesos: **gamba**
Billete de 10 pesos: **diego**
Cantidad de dinero equivalente a 1.000 pesos argentinos: **luca, lucarda**
Moneda equivalente a 100 centavos: **chirola, mango, patacón, peso, sope; grullo**, obsol.
Moneda equivalente a la centésima parte de un peso: **centavo**
Dólar estadounidense: **verde**
Un millón de dólares: **palo verde**

BOLIVIA. Unidad monetaria: **boliviano** (Bs)

Moneda equivalente a 100 centavos: **boli, boliviano, luca, mango, palo**
Moneda de 50 centavos de boliviano: **quivo, media luca**
Moneda equivalente a la décima parte de un boliviano: **centavo**
Billete de 50 bolivianos: **media gamba**
Billete de 100 bolivianos: **filo, gamba, raya**
Billete de un dólar: **verde**

CHILE. Unidad monetaria: **peso** ($)

Billete de 10.000 pesos: **arturo**
Billete de 5.000 pesos: **gabriela**
Billete de 1.000 pesos: **luca, lucrecia**
Cantidad equivalente a 500 pesos: **quina**
Cantidad equivalente a 100 pesos: **gamba**
Cantidad equivalente a 100.000 pesos: **gamba**
Cantidad equivalente a 500.000 pesos: **medio guatón**
Cantidad equivalente a 1.000.000 de pesos: **guatón, melón, palo**
Un millón de dólares: **palo verde**

COLOMBIA. Unidad monetaria: **peso** (COL$)

Moneda equivalente a la centésima parte de un peso: **centavo**
Moneda equivalente a 100 centavos: **luca, peso**
Billete de 1.000 pesos: **luca barra, tabla**
Cantidad equivalente a 1.000.000 pesos: **melón, palo, paquete**
Dólar estadounidense: **verde**

COSTA RICA. Unidad monetaria: **colón** (C)

Moneda de 25 céntimos: **peseta**
Moneda de 100 céntimos: **colón, peso**
Billete equivalente a 100 colones: **teja**
Billete de 1.000 colones: **rogelio, rojo**
Billete de 5.000 colones: **tucán**
Billete de 10.000 colones: **ema**
Cantidad equivalente a 1.000.000 colones: **melón**

CUBA. Unidad monetaria: **peso** ($)

Billete equivalente a 100 centavos: **ácana, aldaba, barco, baro, bastón, bolo, caña, coco, gamba, guayacán, jan, machacante, macho, mantecoso, maraca, patriota, peso, tabla, toldo, tolete, tranca, varilla, varo**
Billete de 10 pesos: **cabilla, pescado**
Billete de 5 pesos: **monja**
Moneda de un peso: **moroceta**
Moneda de 20 centavos de peso: **pecuña, peseta, tapa; guaña**, obsol.
Moneda de 10 centavos de peso: **real**
Moneda de 5 centavos de peso: **medio, nicasic**
Moneda equivalente a la centésima parte de un peso: **centavo, chavo prieto, quilo**
Billete de 1.000 pesos: **luca**
Billete de 1 dólar: **divisa, fao, fula, hoja de lechuga, papel papiro, verde, verdologa**
Cualquier cantidad de dinero: **money, mony**

ECUADOR. Unidad monetaria: **dólar** ($)

Moneda de 5 céntimos de dólar o sucre: **medio**
Moneda de 10 céntimos de dólar o sucre: **real**
Moneda de 20 céntimos de dólar o sucre: **peseta**
Moneda equivalente a la centésima parte de un dólar: **centavo**
Billete equivalente a 100 centavos: **dólar, verde, sucre**
Billete de 100 dólares estadounidenses: **gamba**
Billete de 1.000 dólares: **luca, lucrecia**
Billete de un dólar norteamericano: **verde**
Cantidad equivalente a 100 dólares estadounidenses: **gamba**
Cantidad equivalente a 1.000.000 de dólares o sucres: **melón**

Nota: Términos populares que pertenecen al sistema monetario, a pesar de que en el año 2000 el país se dolariza: **medio, peseta, real** y **sucre.**

EL SALVADOR. Unidad monetaria: **dólar** ($); antes, **colón.**

Billete equivalente a 100 centavos: **baro, cháfira, colón, dólar, lámina, pelícano, pellejo, pescuezo, peso, petacón** (delinc.)
Billete de 5 dólares: **pápiro de mico, perico**
Billete de 10 dólares o colones: **morado**
Billete de 100 colones: **libra**
Moneda de 25 centavos de dólar: **checa, cheta** (carc.)**, chimbimba, cora, mastica, peseta, peshpita**
Billete de un dólar norteamericano: **verde**
Billete de 5 colones: **verde**

Nota: Términos populares que perduran en el sistema monetario, a pesar de que en el año 2001 el país se dolariza: **bamba** y **colón.**
Paquete de 100 colones: **paco.**
Cualquier cantidad de dinero: **yuca.**

ESTADOS UNIDOS. Unidad monetaria: dólar ($)

Moneda de 1 centavo de dólar: **penny**
Billete de 100 centavos: **dólar, dollar**
Moneda de 25 centavos de dólar: **cora, cuora, quarter**
Moneda de 10 centavos de dólar: **dime**
Moneda de 5 centavos de dólar: **nickle, níquel**

GUATEMALA. Unidad monetaria: **quetzal, verde**

Moneda equivalente a 100 centavos: **pepo, perico, peso, queque, quetzal**

Moneda equivalente a la centésima parte de un quetzal: **len, lenes**
Moneda equivalente a 25 centavos de quetzal: **choca**
Moneda de 50 centavos de quetzal: **tostón**
Billete de 50 quetzales: **media tabla, medio paquete**
Billete de un quetzal: **chema, guacamol**
Billete de 100 quetzales: **cabeza amarrada, paquete**
Billete, papel impreso que circula como dinero legal en efectivo: **maracandaca**

HONDURAS. Unidad monetaria: **lempira** (L$)

Billete equivalente a 100 centavos: **bola, desplumado, fierro, indio, lempira, luzón, macaco, maracanda, maracandaca, pesebre, peso, plumudo, razón, tayul, vara, varilla, verga, yuca**
Billete de 100 lempiras: **payula**
Moneda de 50 centavos: **tabla, tostón**
Moneda de 20 centavos: **daime**
Moneda de 10 centavos: **búfalo**
Moneda de 5 centavos: **cinquito**
Moneda de 2 centavos: **ficha**
Moneda equivalente a la centésima parte de la lempira: **centavito, centavo**
Billete de un peso mexicano: **bamba, bambalín**
Billete de un dólar: **grencho, verde**

Nota: Una gran cantidad de billetes de lempira: **paserío**
Cantidad de 1.000 lempiras: **milagro**
Cualquier cantidad de dinero: **yuca**

MÉXICO. Unidad monetaria: **peso** ($)

Billete de 50 pesos: **tostón**
Billete equivalente a 100 centavos: **maraca, peso**
Moneda de 50 centavos: **tostón**
Moneda equivalente a la centésima parte de un peso: **centavo**
Cualquier cantidad de dinero: **baros, varos.**

NICARAGUA. Unidad monetaria: **córdoba**

Billete equivalente a 100 centavos: **córdoba, maracandaca, peso**
Moneda de 10 centavos: **real**
Moneda equivalente 25 centavos de córdoba: **chelín** (obsol)
Moneda equivalente a la centésima parte de un peso: **centavo**
Billete de un dólar: **verde**
Cualquier cantidad de dinero: **yuca**

PANAMÁ. Unidad monetaria: **balboa** (B), en paridad con el dólar

Billete equivalente a 100 centavos: **balboa**

Moneda de 50 centavos de balboa: **peso**

Moneda de 25 centavos de balboa: **cinco reales, cuara**

Moneda de 10 centavos de balboa: **daim, diez centavos**

Moneda de 5 centavos de balboa: **níquel, real**

Moneda equivalente a la centésima parte de un balboa o un dólar: **centavo**

Billete de un dólar: **verde**

Cantidad equivalente a 1.000.000 de balboas: **melón**

Cualquier cantidad de dinero: **mergolla, mergollina**

Cualquier cantidad de dólares: **tuco.**

PARAGUAY. Unidad monetaria: **guaraca, guaraní** (G)

Moneda equivalente a 100 céntimos: **guaraní**

Moneda de 500 guaraníes: **quiniento, quinientón, quiñeto, quiñetón**

Billete de 1.000 guaraníes: **mariscal, miltón**

Cualquier suma de esta moneda: **guaraca**

Dólar estadounidense: **verde**

Un millón de dólares: **palo verde**

PERÚ. Unidad monetaria: **sol** (N$)

Nuevo sol peruano: **luca, mango, solifacio**

Moneda equivalente a 100 céntimos: **sol**

Moneda de 50 céntimos de sol: **china**

Dólar estadounidense: **verde**

Un millón de dólares: **palo verde**

PUERTO RICO. Unidad monetaria: **dólar** ($)

Billete equivalente a 100 centavos: **cantazo, dólar, hoja de lechuga, peso, tolete, tranca**

Moneda de 25 centavos de dólar: **peseta**

Moneda de 10 centavos de dólar: **daim, vellón, vellón de diez**

Moneda de 5 centavos de dólar: **ficha, níquel, vellón, vellón de cinco**

Moneda de 1 centavo de dólar: **chavo, chavo prieto, penny, perra**

Dinero, en dólares: **washingtones**

Cantidad equivalente a 150 dólares: **papel y medio**

REPÚBLICA DOMINICANA. Unidad monetaria: **peso** ($)

Billete equivalente a 100 centavos: **aldaba, baro, duarte, globo, guama, jediondo, maraca, matacán, mojoso, molongo, peso, raya, tabla, toleta, tranca, tululú, varo**

Moneda de 5 centavos: **babosa**

Moneda equivalente a la centésima parte de un peso: **centavo, chavón, chele**

Dólar estadounidense: **verde**

URUGUAY. Unidad monetaria: **peso** ($)

Billete de 100 pesos: **gamba**

Billete equivalente a 100 centavos: **peso, sope**

Billete de 1.000 pesos: **luca**

Cantidad equivalente a 1.000.000 de pesos: **palo**

Cantidad equivalente a 1.000.000 de dólares: **palo verde**

Billete de un dólar: **verde**

Un millón de dólares: **palo verde**

VENEZUELA. Unidad monetaria actual: **bolívar fuerte** (Bs.F), representado en una moneda de un bolívar fuerte = 100 céntimos.

Nota: Términos populares que pertenecen al sistema monetario fuera de circulación desde el 1 de enero de 2008:

Moneda de 5 bolívares: **fuerte, pata de pisco**

Moneda de 87 céntimos y medio de bolívar: **real y medio cuartillo**

Moneda de 62 céntimos y medio de bolívar: **real ancho, real y cuartillo**

Moneda de 50 céntimos de bolívar: **real**

Moneda de 25 céntimos de bolívar: **medio**

Moneda de 12 céntimos y medio de bolívar: **cuartillo, locha, zagaletona**

moneda de 5 céntimos de bolívar: **puya** (fuera de circulación)

Billete de 100 bolívares: **marrón**

Billete de 1.000 bolívares: **luca** (delinc.)

Bolo (dim.), **bolivita**: valor de un bolívar, sea en billete o en moneda.

|Siglas hispanoamericanas de más uso|

A

AA. Aerolíneas Argentinas

AAA. Alianza Apostólica Anticomunista, Argentina

AAL. Academia Argentina de Letras, Buenos Aires

ABAP. Asociación de Bananeros de Panamá

ABL. Academia Boliviana de la Lengua

ABRA. Asociación de Bancos de la República Argentina

ACA. Acción Católica Argentina/Automóvil Club Argentino

ACAA. Administración de Compensaciones por Accidentes de Automóviles, Puerto Rico

ACAN. Agencia Centroamericana de Noticias (*sic*)

ACAT. Asociación Continental Americana de Trabajadores (*sic*)

ACC. Automóvil Club de Colombia/Academia de Ciencias de Cuba

ACE. Asociaciones Comunales de Educación, Honduras

ACH. Academia Colombiana de Historia

ACHET. Asociación Chilena de Empresas de Turismo

AChL. Academia Chilena de la Lengua, Santiago

ACJ. Asociación Cristiana de Jóvenes, Honduras

ACJG. Asociación Cristiana de Jóvenes de Guatemala

ACL. Academia Colombiana de la Lengua, Bogotá

ACM. Academia Colombiana de Medicina

ACNL. Asociación Cívica Nacional Revolucionaria, México

ACODESE. Asociación de Compañías de Seguros, Puerto Rico

ACOP. Asociación Gremial de Corredores de Propiedades y Promotores de la Construcción, Chile

ACOPI. Asociación Colombiana de Pequeñas Industrias

ACosL. Academia Costarricense de la Lengua, San José

ACPD. Asamblea Consultiva de Poblaciones Desarraigadas, Guatemala

ACRICA Asociación de Criadores de Caballos Pura Sangre de Carreras

ACT. Asociación Continental de Trabajadores (de América Latina)

ACuL. Academia Cubana de la Lengua, La Habana

AD. Acción Democrática (partido político), Venezuela

ADA. Asociación de Avicultores, Honduras

ADAFP. Asociación Dominicana de Administradoras del Fondo de Pensiones

ADEBA. Asociación de Editores de Buenos Aires

ADEP. Asociación Nacional de Educadores Pensionados, Costa Rica

ADEPA. Asociación de Entidades Periodísticas Argentinas

ADEUNAH. Asociación de Docentes de la Universidad Nacional Autónoma de Honduras

ADL. Academia Dominicana de Lengua, Santo Domingo

ADN. Acción Democrática Nacionalista, La Paz

ADOCOSE. Asociación Dominicana de Corredores de Seguros

ADPOSTAL. Administración Postal Nacional, Colombia

AEBU. Asociación de Empleados Bancarios de Uruguay

AECO. Asociación Ecológica Costarricense

AEE. Autoridad de Energía Eléctrica, Puerto Rico

AEL. Academia Ecuatoriana de la Lengua, Quito

AEROCAV. Asociación de Aerocamiones de Venezuela.

AERONICA. Líneas Aéreas Nicaragüenses

AEV. Asociación de Escritores de Venezuela

AFA. Asociación del Futbol Argentino

AFE. Administración Forestal del Estado, Honduras

AFI. Agencia Federal de Investigación, México

AFIDA. Asociación de Ferias Internacionales de América (*sic*)

AFJU. Asociación de Funcionarios Judiciales de Uruguay

AGE. Asociación Guatemalteca para Emergencias

AGECO. Asociación Gerontológica Costarricense

AGL. Academia Guatemalteca de la Lengua, Guatemala

AGN. Archivo General de la Nación, Colombia

AGN. Archivo General de la Nación, Venezuela

AGPR. Archivo General de Puerto Rico

AGRELA. Asociación Gremial de Laboratorios Farmacéuticos, Chile

AHL. Academia Hondureña de la Lengua, Tegucigalpa

AICO. Asociación Iberoamericana de Cámaras de Comercio (*sic*)

AIDESEP. Asociación Interétnica de Desarrollo de la Selva Peruana

AILA. Asociación de Industriales Latinoamericanos (*sic*)

AIP. Anales de Instrucción Pública, Colombia

AIR. Asociación Interamericana de Radiodifusión (*sic*)

AJUBILUD. Asociación de Jubilados de la Universidad Estatal, Colombia

ALADI. Asociación Latinoamericana de Integración (*sic*)

ALAF. Asociación Latinoamericana de Ferrocarriles (*sic*)

ALAFACE. Asociación Latinoamericana de Fabricantes de Cerveza (*sic*)

ALAFAR. Asociación Latinoamericana de Fabricantes de Refractarios (*sic*)

ALALC. Asociación Latinoamericana de Libre Comercio (*sic*)

ALAMAR. Asociación Latinoamericana de Armadores (*sic*)

ALAPROVI. Asociación Latinoamericana de Productores de Vidrio (*sic*)

ALAS. Alianza Libertadora de América del Sur

ALAS. Asociación Latinoamericana de Sociología (*sic*)

ALATAC. Asociación Latinoamericana de Transporte Automotor por Carretera (*sic*)

ALBA. Alianza Bolivariana para las Américas

ALCA. Área de Libre Comercio de las Américas

ALCASA. Aluminio del Caroní, S.A., Venezuela

ALFAL. Asociación de Lingüística y Filología de América Latina

ALICA. Asociación Latinoamericana de la Industria de Conservas Alimenticias (*sic*)

ALIDE. Asociación Latinoamericana de Instituciones Financieras de Desarrollo (*sic*)

ALLC. Asociación Latinoamericana de Libre Comercio (*sic*)

ALMG. Academia de Lenguas Mayas de Guatemala

AM. Aeronaves de México, S.A. (Aeroméxico)

AMC. Academia Mexicana de Ciencias

AMHBLI. Asociación Misquita Hondureña de Buzos Lisiados

AMHON. Asociación de Municipios de Honduras

AMIA. Asociación Mutual Israelita Argentina

AML. Academia Mexicana de la Lengua, México, D.F.

AMP. Autoridad Marítima de Panamá

AMPES. Asociación de la Mediana y Pequeña Empresa, El Salvador

AMPICH. Asociación Gremial de la Mediana y Pequeña Industria de Chile

AMV. Academia Militar de Venezuela

ANAC. Asociación Nacional de Autores Cinematográficos, Venezuela

ANaL. Academia Nacional de Letras, Montevideo

ANALDEX. Asociación Nacional de Exportadores, Colombia

ANAM. Autoridad Nacional del Ambiente, Panamá

ANAP. Asociación Nacional de Alianza Popular, Chile

ANATO. Asociación Nacional de Agencias de Viaje y Turismo, Colombia

ANAV. Asociación Nacional de Agencias de Viaje, Venezuela

ANDA. Asociación Nacional de Actores, México

ANDE. Asociación Nacional de Educadores, Costa Rica

ANDEN. Asociación Nacional de Educadores de Nicaragua

ANDI. Asociación Nacional de Industriales, Colombia

ANDI. Asociación Nacional de Industriales, Honduras

ANDTP. Alianza Nacional Democrática de Trabajadores Petroleros, México

ANEP. Asociación Nacional de Empleados Públicos, Costa Rica

ANEP. Asociación Nacional de la Empresa Privada, El Salvador

ANH. Academia Nacional de la Historia, Venezuela

ANIF. Asociación Nacional de Instituciones Financieras, Colombia

ANL. Academia Nicaragüense de la Lengua, Managua

ANLE. Academia Norteamericana de la Lengua Española, EE.UU.

ANMS. Asociación Nacional de Música Sinfónica, Colombia

ANPP. Asamblea Nacional del Poder Popular, Cuba

ANR. Asociación Nacional Republicana, Paraguay

ANSA. Asociación Nacional de Supermercados y Afines, Venezuela

ANTEL. Administración Nacional de Telecomunicaciones, Uruguay

AO. Alianza Oriental, Uruguay

AOVENIA. Asociación Venezolana de Niños Autistas

APaL. Academia Panameña de la Lengua, Panamá

AParL. Academia Paraguaya de la Lengua, Asunción

APH. Asociación de Prensa de Honduras

APICUV. Federación de Asociaciones de Profesores de Institutos y Colegios Universitarios de Venezuela

APL. Academia Peruana de la Lengua, Lima

APLE. Academia Puertorriqueña de la Lengua Española, San Juan

APMA. Agencia de Protección de Medio Ambiente, Venezuela.

APPA. Asociación de Productores de Películas Argentinas

APRA. Alianza Popular Revolucionaria Americana, Perú

APROCAFE. Asociación de Productores de Café, Honduras

APS. Agua Potable y Saneamiento, República Dominicana

APSE. Asociación de Profesores de Segunda Enseñanza, Costa Rica

APU. Alianza Pueblo Unido, Panamá

ARCHI. Asociación de Radiodifusoras de Chile

ARDE. Alianza Revolucionaria Democrática, Nicaragua

ARDI. Agrupación Revolucionaria de Izquierda, Venezuela

ARELAP. Asociación Regional Latinoamericana de Puertos del Pacífico (sic)

ARENA. Alianza Republicana Nacionalista, El Salvador

ARESEP. Autoridad Reguladora de los Servicios Públicos, Costa Rica.

ARNE. Acción Revolucionaria Nacional de Ecuador

ARPEL. Asistencia Recíproca Petrolera Estatal Latinoamericana

ASAB. Academia Superior de Artes de Bogotá

ASDENA. Asociación para el Desarrollo «Nuevo Amanecer», Guatemala

ASES. Administración de Seguros de Salud, Puerto Rico

ASIES. Asociación de Investigación y Estudios Sociales, Guatemala

ASIMET. Asociación de Industrias Metalúrgicas, Chile

ASIORO. Asociación de Comerciantes e Industriales del Oro, Venezuela

ASIPI. Asociación Interamericana de la Propiedad Industrial (sic)

ASIQUIM. Asociación Gremial de Industriales Químicos

ASL. Academia Salvadoreña de la Lengua, San Salvador

ASOBANCARIA. Asociación Bancaria de Colombia

ASOCHOCOL. Asociación de Choferes de Colombia

ASOCOFLORES. Asociación Colombiana de Flores

ASOVAC. Asociación Venezolana para el Avance de la Ciencia

ASOVEP. Asociación Venezolana de Psicoanálisis

ASTC. Asociación Sandinista de Trabajadores de la Cultura, Nicaragua

ASV. Asociación de Scouts de Venezuela

ATLA. Asociación Textil Latinoamericana (sic)

ATLAS. Agrupación de Trabajadores Latinoamericanos Sindicalizados (sic)

AU. Aseo Urbano, Venezuela

AUCA. Asociación de Universidades de Centro América

AUDTSS. Asociación Uruguaya de Derecho al Trabajo y la Seguridad Social

AVELIJ. Asociación Venezolana de Literatura Infantil y Juvenil

AVENSA. Aerovías Venezolanas, S.A.

AVEPANE. Asociación de Padres y Amigos de Niños Excepcionales, Venezuela

AVIANCA. Aerolíneas Nacionales de Colombia, S.A.

AVIATECA. Aviación Guatemalteca

AVL. Academia Venezolana de la Lengua, Caracas

AVP. Asociación Venezolana de Periodistas

AVTI. Asociación Venezolana de Traductores e Intérpretes

AyA. Acueductos y Alcantarillados, Costa Rica.

B

BAAL. *Boletín de la Academia Argentina de Letras*

BANAMEX. Banco Nacional de México

BANCAFÉ. Banco del Café, Colombia

BANCATLAN. Banco Atlántida, Honduras

BANCOLOMBIA. Banco de Colombia

BANCOMER. Banco de Comercio, México

BANIC. Banco Nicaragüense

BAPLE. *Boletín de la Academia Puertorriqueña de la Lengua Española*

BB. AA. Buenos Aires

BBC. Biblioteca Básica Colombiana

BCAC. Banco de Crédito Agrícola de Cartago, Costa Rica

BCAF. Banco Centroamericano de Fomento (sic)

BCCR. Banco Central de Costa Rica

BCE. Banco del Estado, Ecuador

BCH. Banco Central Hipotecario, Colombia

BCH. Banco Central de Honduras (Bantral)

BCIE. Banco Centroamericano de Integración Económica (sic)

BCN. Banco Central de Nicaragua

BCP. Banco Central del Paraguay

BCR. Banco de Costa Rica/Banco Central de Reserva, El Salvador y Perú

BCRA. Banco Central de la República Argentina

BCV. Banco Central de Venezuela

BDLR. Banco de la República, Colombia

BGPR. Biblioteca General de Puerto Rico

BHN. Biblioteca de Historia Nacional, Colombia

BIC. Banco Industrial Colombiano/Bienes de Interés Cultural, Colombia

BID. Banco Interamericano de Desarrollo (sic)

BLAA. Biblioteca Luis Ángel Arango, Bogotá

BLOCOPH. Bloque Coordinador de Patronatos de Honduras

BM. Banco Mundial, EE.UU.

BMV. Bolsa Mexicana de Valores

BN. Biblioteca Nacional, Colombia

BNA. Banco de la Nación Argentina

BNCR. Banco Nacional de Costa Rica

BNP. Banco Nacional de Panamá

BO. Boletín Oficial, Bolivia

BPDC. Banco Popular de Desarrollo Comunal, Costa Rica

BVN. Bolsa de Valores de Nicaragua

C

CAAAP. Centro Amazónico de Antropología y Aplicación Práctica, Perú

CAC. Comisión del Acuerdo de Cartagena

CACIF. Comité de Agricultores, Comerciantes, Industriales y Financieros, Guatemala

CACTAL. Conferencia para la Aplicación de Ciencia y Tecnología para el Desarrollo de América Latina (*sic*)

CADAFE. Compañía Anónima de Administración y Fomento Eléctrico, Venezuela

CADHU. Comisión Argentina de Derechos Humanos

CADIN. Cámara de Industria de Nicaragua

CADOAR. Cámara Dominicana de Aseguradores y Reaseguradores

CAH. Colegio de Abogados de Honduras

CAI. Centro de Atención Inmediata, Colombia

CALEN. Centro de Altos Estudios Nacionales, Uruguay

CAMAGRO. Cámara Agropecuaria, El Salvador

CAMETRO. Compañía Anónima Metro de Caracas

CANACINTRA. Cámara Nacional de la Industria de Transformación, México

CANACO. Cámara Nacional de Comercio, México

CANARA. Cámara Nacional de Radio, Costa Rica

CANTV. Compañía Anónima Nacional Telefónica de Venezuela

CAP. Coordinadora Agrícola del Paraguay

CAP. Corporación Argentina de Productores de Carne

CAPECO. Cámara Paraguaya de Exportadores de Cereales y Oleaginosas

CARACOL. Cadena Radio de Colombia

CAS. Centro Agropecuario del Sur, Paraguay

CAVIN. Compañía Anónima Venezolana de Industrias Militares

CBF. Corporación Boliviana de Fomento

CCA. Compañía Cubana de Aviación

CCA. Corporación Colombiana Automotriz

CCC. Cámara de Comercio de Caracas

CCC. Cámara de Compensación Centroamericana (*sic*)

CCE. Consejo Coordinador Empresarial, México

CCH. Cámara de Comercio de Honduras

CCIES. Cámara de Comercio e Industria de El Salvador

CCP. Comisión del Canal de Panamá

CCPAL. Comité de Cooperación Presbiteriana de América Latina (*sic*)

CCPR. Cámara de Comercio de Puerto Rico

CCSS. Caja Costarricense del Seguro Social

CCT. Confederación Centroamericana de Trabajadores (*sic*)

CD. Convergencia para la Democracia, México

CDA. Compañía Dominicana de Aviación, S.A.

CDE. Centro de Documentación y Estudios, Paraguay

CDE. Corporación Dominicana de Electricidad

CDPPU. Comité de Defensa de los Presos Políticos de Uruguay

CDR. Comité de Defensa de la Revolución, Cuba

CEA. Consejo Estatal del Azúcar, República Dominicana

CEAL. Comisión Económica para América Latina

CEASPA. Centro de Estudios y Acción Social de Panamá

CEC. Consejo Económico Centroamericano (*sic*)

CECLA. Comisión Especial de Coordinación Latinoamericana (*sic*)

CECT. Comité Estatal para la Ciencia y la Tecnología, Cuba

CEDOH. Centro de Documentación de Honduras

CEET. Casa Editorial El Tiempo, Bogotá

CEHASA. Compañía Electrónica Hispanoamericana, S.A.

CELADE. Centro Latinoamericano de Demografía (*sic*)

CELAM. Centro Episcopal Latinoamericano (*sic*)

CELARG. Centro de Estudios Latinoamericanos Rómulo Gallegos, Venezuela

CELCIT. Centro Latinoamericano de Creación e Investigación Teatral, Venezuela

CEMAA. Comisión Especial de Medio Ambiente de la Amazonia, Colombia

CEMLA. Centro de Estudios Monetarios Latinoamericanos (*sic*)

CENADE. Centro Nacional de Didáctica, Costa Rica

CENART. Centro Nacional de las Artes, México

CENDEPESCA. Centro Nacional de Pesca, El Salvador

CEPAL. Comisión Económica para América Latina y el Caribe, EE.UU.

CEPCIECC. Comisión Ejecutiva Permanente del Consejo Interamericano para la Educación, la Ciencia y la Cultura

CEPE. Comisión Estatal de Petróleos Ecuatorianos

CEPHE. Centro Provincial de Higiene y Epidemiología, Cuba

CEPI. Círculo de Escritores y Poetas Iberoamericanos (*sic*)

CEPRODE. Centro de Prevención para Desastres, El Salvador

CERES. Centro de Estudios de la Realidad Económica y Social, Uruguay

CERESIS. Centro Regional de Sismología para América del Sur

CERLAL. Centro Regional para el Fomento del Libro en América Latina (*sic*)

CESA. Central Ecuatoriana de Servicios Agrícolas

CESAMO. Centro de Salud Municipal, Honduras

CESAR. Centro de Salud Rural, Honduras

CETAPAR. Centro Tecnológico Agropecuario del Paraguay

CEUC. Confederación de Estudiantes Universitarios de Colombia

CEUCAP. Congreso de Estudiantes Universitarios de Centroamérica y Panamá

CFE. Comisión Federal Electoral, México

CFE. Comisión Federal de Electricidad, México

CFIA. Colegio Federado de Ingenieros y Arquitectos, Costa Rica

CFSE. Corporación del Fondo del Seguro del Estado, Puerto Rico

CGN. Contraloría General de la Nación, Colombia

CGT. Confederación General de Trabajadores, Perú, México

CGT. Confederación General del Trabajo, Argentina

CHC. Confederación Hondureña de Cooperativas

CIANA. Congreso Iberoamericano de Navegación Aérea (sic)

CIAP. Comité Interamericano de la Alianza para el Progreso

CIAS. Consejo Interamericano de Seguridad (sic)

CIAT. Centro Internacional de Agricultura Tropical, Colombia

CIC. Consejo Interamericano de Cultura (sic)

CICAP. Centro Interamericano de Capacitación en Administración Pública (sic)

CICEP. Centro Interamericano del Comercio y de la Producción (sic)

CICOM. Centro Interamericano de Comercialización (sic)

CICPC. Cuerpo de Investigaciones Científicas Penales y Criminalísticas, Venezuela

CICYP. Consejo Interamericano de Comercio y Producción (sic)

CID. Consejo Interamericano de Defensa (sic)

CIDA. Consejo Interamericano para el Desarrollo Agrícola (sic)

CIDEC. Confederación Iberoamericana de Estudiantes Católicos (sic)

CIDEM. Centro de Información y Desarrollo de la Mujer, Bolivia

CIDEM. Consejo Interamericano de Música (sic)

CIDH. Comisión Interamericana de Derechos Humanos (sic)

CIEC. Confederación Interamericana de Educación Católica (sic)

CIEF. Centro Interamericano de Enseñanza Estadística y Financiera (sic)

CIEN. Centro de Investigaciones Económicas Nacionales, Guatemala

CIEN. Comisión Interamericana de Energía Nuclear (sic)

CIES. Consejo Interamericano Económico y Social (sic)

CIESAS. Centro de Investigaciones y Estudios Superiores de Antropología Social, México

CIESS. Centro Interamericano de Estudios de Seguridad Social (sic)

CIJ. Concejo Interamericano de Jurisconsultos (sic)

CIM. Comisión Interamericana de Mujeres (sic)

CIMMYT. Centro Internacional para la Mejora del Maíz y del Trigo, México (sic)

CINAP. Colegio de Ingenieros Agrónomos de Panamá

CINTA. Compañía Nacional de Transporte Aéreo, Chile

CINTEFOR. Centro Interamericano de Investigación y Documentación sobre Formación Profesional (sic)

CINVE. Centro de Investigaciones Económicas, Uruguay

CIP. Centro de Información para la Prensa, Cuba

CIPRODEH. Centro de Investigación y Promoción de los Derechos Humanos, Honduras

CIRA. Centro Interamericano de Desarrollo Rural y Reforma Agraria (sic)

CIRA-UNAM. Centro de Investigación de Recursos Acuáticos-Universidad Nacional Autónoma de Nicaragua

CISEN. Centro de Información y Seguridad Nacional, México

CIT. Confederación Interamericana de Trabajadores (sic)

CITA. Confederación Interamericana del Transporte Aéreo

CITEL. Comisión Interamericana de Telecomunicaciones (sic)

CLAB. Confederación Latino-Americana de Boxeo (sic)

CLACSO. Centro Latinoamericano de Investigación de Ciencias Sociales (sic)

CLADEA. Comité Latinoamericano de Escuelas de Administración (sic)

CLAF. Centro Latinoamericano de Física (sic)

CLAJ. Congreso Latinoamericano de Juventudes (sic)

CLAR. Confederación Latinoamericana de Religiosos (sic)

CLAT. Central Latinoamericana de Trabajadores (sic)

CM. Centro Médico de Caracas.

CMP. Coordinación de Mujeres de Paraguay

CMPDDH. Comisión Mexicana para la Defensa de los Derechos Humanos

CNBS. Consejo Nacional de Banca y Seguros, Honduras

CNBV. Comisión Nacional Bancaria y de Valores, México

CNC. Cámara Nacional de Comercio, Chile

CNC. Confederación Nacional Campesina, México

CNCT. Consejo Nacional de Ciencia y Tecnología, Cuba

CNCyT. Consejo Nacional de Ciencia y Tecnología, Paraguay

CND. Comisión Nacional de Desarrollo, El Salvador

CNE. Consejo Nacional Electoral, Colombia

CNE. Consejo Nacional Electoral, Venezuela

CNE. Comisión Nacional de Emergencia, Honduras

CNE. Comisión Nacional de Energía, Chile

CNEM. Consejo Nacional de Educación Maya, Guatemala

CNFL. Compañía Nacional de Fuerza y Luz, Costa Rica

CNH. Congreso Nacional de Honduras

CNIH. Consejo Nacional Indígena de Honduras

CNP. Comisión Nacional de Paz, Colombia

CNP. Consejo Nacional de Producción, Costa Rica

CNSS. Consejo Nacional de Seguridad Social, República Dominicana

CNTV. Comisión Nacional de Televisión

COB. Central Obrera Boliviana

COC. Comité Olímpico de Colombia

COCAP. Consejo de Capacitación Profesional, Uruguay

COCESNA. Corporación Centroamericana de Navegación Aérea (*sic*)

COCOPA. Comisión para la Concordia y Pacificación, México

CODECA. Corporación de Desarrollo Económico del Caribe (*sic*)/Confederación de Estados Centroamericanos (*sic*)

CODEH. Comité para la Defensa de los Derechos Humanos, Honduras

CODEHU. Comisión Nacional de Derechos Humanos, Costa Rica

CODELCO. Corporación Nacional del Cobre, Chile

CODENPE. Consejo de Desarrollo de las Nacionalidades y Pueblos del Ecuador

CODESA. Corporación Costarricense de Desarrollo

CODISRA. Comisión contra la Discriminación y el Racismo, Guatemala

COEN. Comité de Emergencia Nacional, El Salvador

COEXPORT. Corporación de Exportadores, El Salvador

COFETEL. Comisión Federal de Telecomunicaciones, México

COFETROV. Comité para la Federación de los Trabajadores Organizados de Venezuela

COFIAL. Corporación Financiera para América Latina (*sic*)

COH. Comité Olímpico de Honduras

COHDEFOR. Corporación Hondureña de Desarrollo Forestal

COHEP. Corporación Hondureña de la Empresa Privada

COLCAFÉ. Industria Colombiana del Café

COLCIENCIAS. Instituto Colombiano de Ciencias

COLDEPORTES. Instituto Colombiano de Deportes

COMBOL. Corporación Minera de Bolivia

COMCE. Consejo Mexicano de Comercio Exterior

COMPAH. Confederación Nacional de Pueblos Autóctonos de Honduras

COMUDEIM. Comité de Mujeres para el Desarrollo Integral de la Mosquitía, Honduras

CONAC. Confederación Nacional de Asentamientos Campesinos, Panamá

CONACMI. Comisión Nacional Contra el Maltrato Infantil, Guatemala

CONACUID. Comisión Nacional Contra el Uso Indebido de las Drogas, Venezuela

CONACULTA. Consejo Nacional para la Cultura y las Artes, México

CONACYT. Comité Consultivo de las Áreas de la Ciencia y la Técnica, México

CONACYT. Consejo Nacional de Ciencia y Tecnología, México

CONADEH. Comisionado Nacional de Derechos Humanos de Honduras

CONADIC. Consejo Nacional contra las Adicciones, México

CONAF. Corporación Nacional Forestal, Chile

CONAI. Comisión Nacional de Asuntos Indígenas, Costa Rica

CONALGODÓN. Corporación Nacional de Algodoneros, Colombia

CONALTUR. Corporación Nacional de Turismo, Colombia

CONAMA. Comisión Nacional del Medio Ambiente, Chile y Panamá

CONAPE. Comisión Nacional de Préstamos para la Educación, Costa Rica

CONAPREDES. Comisión Nacional para la Prevención de Delitos de Explotación Sexual, Panamá

CONARE. Consejo Nacional de Rectores, Costa Rica

CONASEV. Comisión Nacional Supervisora de Valores, Perú

CONASIN. Consejo Nacional de Seguridad Interna, Honduras

CONASSIF. Consejo Nacional de Supervisión del Sistema Financiero, Costa Rica

CONATEL. Comisión Nacional de Telecomunicaciones, Venezuela

CONAVI. Consejo Nacional de la Vivienda, Bolivia

CONAVI. Corporación Nacional de Ahorro y Vivienda, Colombia

CONCACAF. Confederación Norte, Centroamericana y Caribe de Futbol

CONCULTURA. Consejo Nacional para la Cultura y el Arte, El Salvador

CONCYTEC. Consejo Nacional de Ciencia y Tecnología, Perú

CONDECA. Consejo de Defensa Centroamericana (*sic*)

CONESUP. Consejo Nacional de Educación Superior, Costa Rica

CONFECÁMARAS. Confederación Colombiana de Cámaras de Comercio

CONFEMEC. Confederación de Mujeres Ecuatorianas por el Cambio

CONICIP. Consejo Nacional de Investigaciones Científicas y Tecnológicas, Costa Rica

CONIMCHH. Consejo Nacional Indígena Maya-Chortí de Honduras

CONPES. Consejo Nacional de Política Económica y Social, Colombia

CONRED. Comisión Nacional para la Reducción de Desastres, Guatemala

CONSUCODE. Consejo Superior de Contrataciones y Adquisiciones del Estado, Perú

CONSUPLANE. Consejo Superior de Planificación Económica, Honduras

COONAPIP. Coordinadora Nacional de los Pueblos Indígenas de Panamá

COPAPROSE. Confederación Panamericana de Productores de Seguros (sic)

COPARMEX. Confederación Patronal de la República Mexicana

COPEC. Compañía de Petróleos, Chile

COPECO. Comisión permanente de Contingencias, Honduras

COPEI. Comité de Organización Política Electoral Independiente, Venezuela

COPINH. Consejo Cívico de Organizaciones Populares Indígenas de Honduras.

CORDIPLAN. Oficina de Coordinación y Planificación de la Presidencia de la República, Venezuela

CORFERIAS. Corporación Colombiana de Ferias

CORFIN. Corporación Financiera de Nicaragua

CORMA. Corporación Chilena de la Madera

CORPAC. Corporación Peruana de Aeropuertos y Aviación Comercial

CORPOICA. Corporación Colombiana de Investigaciones Agropecuarias.

CORPOTURISMO. Corporación de Turismo de Venezuela

CORTEL. Correos y Telégrafos, Costa Rica

CORU. Comando de Organizaciones Revolucionarias Unidas, Miami

COSACH. Corporación de Salitre de Chile

COSENA. Consejo de Seguridad Nacional, Chile

COSEP. Consejo Superior de la Empresa Privada, Nicaragua

COTAL. Confederación de Organizaciones Turísticas de América Latina (sic)

CPH. Colegio de Periodistas de Honduras

CPME. Comisión Presidencial de Modernización del Estado, Honduras.

CPT. Compañía Peruana de Teléfonos

CRA. Confederaciones Rurales Argentinas

CRAFTAL. Centro Regional de Alfabetización Funcional en las Zonas Rurales de América Latina (UNESCO) (sic)

CRH. Cruz Roja Hondureña

CRIC. Consejo Regional Indígena del Cauca, Colombia

CSF. Confederación Sudamericana de Futbol

CSJ. Corte Suprema de Justicia, Honduras

CSS. Caja de Seguro Social, Panamá

CSTC. Central Sindical de Trabajadores de Colombia

CSUCA. Consejo Superior Universitario Centroamericano (sic)

CTAL. Confederación de Trabajadores de América Latina (sic)

CTC. Central de Trabajadores de Colombia

CTC. Central de Trabajadores de Cuba

CTC. Compañía de Telecomunicaciones de Chile

CTC. Confederación de Trabajadores y Campesinos, México

CTI. Cuerpo Técnico de Investigación, Colombia

CTM. Confederación de Trabajadores de México

CTN. Central de Trabajadores Nicaragüenses

CTP. Consejo de Transporte Público, Costa Rica

CTRN. Confederación de Trabajadores Costarricenses

CTV. Confederación de Trabajadores de Venezuela

CTVH Compañía de Televisión Hondureña

CU. Empresa Consolidada Cubana de Aviación

CUB. Confederación Universitaria Boliviana

CUT. Central Unitaria de Trabajadores, Chile

CUTCH. Confederación Única de Trabajadores de Chile

CVG. Corporación Venezolana de Guayana

CVH. Corporación Venezolana del Hierro

CVP. Corporación Venezolana de Petróleo

D

DAIA. Delegación de Asociaciones Israelitas de la Argentina

DAMA. Departamento Técnico Administrativo del Ambiente, Colombia

DANE. Departamento Nacional de Estadística, Colombia

DAS. Departamento Administrativo de Seguridad

DC. Defensa Civil, Venezuela

DC. Democracia Cristiana, Chile y Guatemala

DCG. Democracia Cristiana Guatemalteca

DDE. Dirección Departamental de Educación, Honduras

DDI. Discado Directo Internacional, Venezuela

DDN. Discado Directo Nacional, Venezuela

DEMI. Defensoría de la Mujer Indígena, Guatemala

DESAF. Dirección General de Desarrollo Social y Asignaciones Familiares, Costa Rica

DGAC. Dirección General de Aviación Civil, Costa Rica.

DGCFP. Dirección General de Centros de Formación Profesional, Uruguay

DGDHAS. Dirección General de Derechos Humanos y Asuntos Sociales

DGGI. Dirección General de Comercio Interior, Perú

DGIM. Dirección General de Inteligencia Militar, Venezuela

DGR. Dirección General de Reclusorios, México

DGTT. Dirección General de Tránsito Terrestre, Venezuela

DHR. Defensoría de los Habitantes de la República, Costa Rica

DIAN. Dirección de Impuestos y Aduanas Nacionales, Colombia

DIGEGA. Dirección General de Ganadería, República Dominicana

DIGEMID. Dirección General de Medicamentos, Insumos y Drogas, Perú

DIMAYOR. División Mayor del Futbol Colombiana

DINA. Dirección de Inteligencia Nacional, Chile

DINADECO. Dirección General de Desarrollo de la Comunidad, Costa Rica

DINAE. Dirección Nacional de Empleo, Uruguay

DISIP. Dirección General Sectorial de los Servicios de Inteligencia y Prevención, Venezuela

DNI. Dirección Nacional de Investigaciones, Honduras

DO. Dominicana de Aviación

DRU. Dirección Revolucionaria Unificada, El Salvador

E

EAAB. Empresa de Acueducto y Alcantarillado de Bogotá

EAP. Escuela Agrícola Panamericana, Honduras (*sic*)

EARTH. Escuela de Agricultura de la Región Tropical Húmeda, Costa Rica

EBAIS. Equipos Básicos de Atención Integral en Salud, Costa Rica

EBI. Educación Bilingüe Intercultural, Guatemala

EBRP. Estrategia Boliviana de Reducción de la Pobreza, Bolivia

ECOMINAS. Empresa Colombiana de Minas

ECOPETROL. Empresa Colombiana de Petróleo

EDELCA. Electrificación del Caroní C.A, Venezuela

EDHASA. Editora y Distribuidora Hispanoamericana, S.A.

EDUCA. Editorial Universitaria Centroamericana, Costa Rica (*sic*)

EG. Electrificaciones de Guayana, Venezuela

EG. Editorial Guaymuras, Tegucigalpa

EIP. Editorial Iberoamericana, Honduras (*sic*)

EISA. Ediciones Iberoamericanas, S.A. (*sic*)

ELA. Estado Libre Asociado de Puerto Rico

ELIASA. Electrónica Iberoamericana, S.A. (*sic*)

ELMA. Empresa Líneas Marítimas Argentinas

ELN. Ejército de Liberación Nacional, Colombia

EMBI. Educación Maya Bilingüe Intercultural, Guatemala

EMCOTESA. Empresa de Correos y Telecomunicaciones de la Argentina

EMPAGUA. Empresa de Agua de Guatemala

EMPORCHI. Empresa Portuaria de Chile

ENA. Escuela Nacional de Agricultura, El Salvador

ENABAS. Empresa Nicaragüense de Abastecimiento

ENACAL. Empresa Nicaragüense de Acueductos y Alcantarillados

ENACAR. Empresa Nacional del Carbón, Chile

ENAD. Escuela Nacional de Arte Dramático, Colombia

ENAH. Escuela Nacional de Antropología e Historia, México

ENAMI. Empresa Nacional de Minería, Chile

ENAP. Empresa Nacional del Petróleo, Chile

ENAP. Escuela Nacional de Artes Plásticas, México

ENARROZ. Empresa Nacional del Arroz, Nicaragua

ENAVES. Empresa Nacional del Vestido, Nicaragua

ENDE. Empresa Nacional de Electricidad, Bolivia

ENEE. Empresa Nacional de Energía Eléctrica, Honduras

ENEL. Empresa Nicaragüense de Electricidad

ENF. Empresa Nacional de Ferrocarriles, Bolivia

ENIA. Empresa Nicaragüense de Insumos Agropecuarios

ENMUNEH. Enlace de Mujeres Negras de Honduras

ENRAD. Empresa Nacional de Radiodifusión, Perú

ENTEL. Empresa Nacional de Telecomunicaciones, Bolivia

EPM. Empresas Públicas de Medellín

EPS. Ejército Popular Sandinista, Nicaragua

EPS. Empresa Promotora de Salud, Colombia

ERP. Ejército Revolucionario del Pueblo, Argentina, El Salvador

ERP. Estrategia para la Reducción de la Pobreza, Honduras

ERPRI. Ejército Popular Revolucionario Insurgente, México

ERSP. Ente Regulador de los Servicios Públicos, Panamá

ERUM. Escuadrón de Rescate y Urgencias Médicas, México

ESAP. Escuela Superior de Administración Pública, Colombia

ETB. Empresas de Teléfonos de Bogotá

EU. Editorial Universitaria, Honduras

EUDEBA. Ediciones Universitarias de Buenos Aires

F

FA. Frente Amplio, Uruguay

FAC. Fuerza Aérea Colombiana

FAFH. Federación de Asociaciones Femeninas de Honduras

FAH. Fuerza Aérea de Honduras

FAIPII. Fundación de Artistas e Intelectuales de los Pueblos Indígenas de Iberoamérica (*sic*)

FANAL. Fábrica Nacional de Licores, Costa Rica

FANAPEL. Fábrica Nacional de Papel, Uruguay

FANASA. Fábrica Nacional de Automóviles, S.A. México

FANB. Fuerza Armada Nacional Bolivariana, Venezuela

FAR. Fuerzas Armadas Revolucionarias, Cuba

FARN. Fuerzas Armadas Revolucionarias de Nicaragua

FASECOLDA. Federación Colombiana de Aseguradores

FCE. Fondo de Cultura Económica, México

FCM. Facultad de Ciencias Médicas, Cuba

FCP. Ferrocarril Central del Perú

FCU. Federación de Centros Universitarios, Venezuela

FDN. Frente Democrático Nacional, Perú

FDN. Fuerzas Democráticas Nicaragüenses

FDR. Frente Democrático Revolucionario, El Salvador

FECH. Federación de Estudiantes de Chile

FECODE. Federación Colombiana de Educadores

FEDEARROZ. Federación Nacional de Arroceros, Colombia

FEDECÁMARAS. Federación de Cámaras y Asociaciones de Comercio y Producción, Venezuela

FEDEFRUTA. Federación de Productores de Fruta, Chile

FEDEGAN. Federación Nacional de Ganaderos, Colombia

FEDEINDUSTRIA. Federación de Industrias, Venezuela

FEGANIC. Federación de Ganaderos de Nicaragua

FEI. Federación Endodóncica Iberoamericana (*sic*)

FELABAN. Federación Latinoamericana de Bancos (*sic*)

FELPA. Federación Latinoamericana de Periodistas (*sic*)

FEMCIECC. Fondo Especial Multinacional del Consejo Interamericano para la Educación, la Ciencia y la Cultura (*sic*)

FENALCO. Federación Nacional de Comerciantes, Colombia

FENALTRASE. Sindicato de Trabajadores Estatales, Colombia

FENASCOL. Federación Nacional de Sordos de Colombia

FENAVI. Federación Nacional de Avicultores

FEP. Federación de Estudiantes de Perú

FEPP. Fondo Ecuatoriano Populorum Progressio

FES. Fondo de Emergencia Social, Panamá

FESISITLIH. Federación de Sindicatos Libres de Honduras

FETRIPH. Federación de Tribus Pech de Honduras

FETRIX. Federación de Tribus Xicaques de Yoro, Honduras

FEUH. Federación de Estudiantes Universitarios de Honduras

FFAAH. Fuerzas Armadas de Honduras

FHIS. Fondo Hondureño de Inversión Social

FIAP. Federación Iberoamericana de Asociaciones de Periodistas (*sic*)

FIARP. Federación Interamericana de Asociaciones de Relaciones Públicas (*sic*)

FIBART. Feria Iberoamericana de Artesanía (*sic*)

FIDEL. Frente Izquierdista de Liberación, Uruguay

FIEL. Fundación de Investigaciones Económicas Latinoamericanas (*sic*)

FIIC. Federación Interamericana de la Industria de la Construcción (*sic*)

FINAGRO. Financiamiento del Sector Agropecuario, Colombia

FINAH. Federación de Indígenas Nahoas de Honduras

FIP. Fuerza Interamericana para la Paz (*sic*)

FIS. Fondo de Inversión Social, Bolivia

FISAC. Federación Interamericana de Sociedades de Autores y Compositores (*sic*)

FISE. Fondo de Inversión Social de Ecuador

FITH. Federación de Indígenas Tawahkas de Honduras

FLACSO. Facultad Latinoamericana de Ciencias Sociales (*sic*)

FLAP. Federación Latinoamericana de Parasitología (*sic*)

FMC. Federación de Mujeres Cubanas

FMI. Fondo Monetario Internacional, EE.UU.

FNA. Fondo Nacional de Ahorro, Colombia

FNCE. Federación Nacional de Contadores del Ecuador

FND. Frente Nacional Democrático, Venezuela

FNDC. Fondo Nacional de Desarrollo Campesino, Bolivia

FNDR. Fondo Nacional de Desarrollo Regional, Bolivia

FNH. Ferrocarril Nacional de Honduras

FNI. Financiera Nicaragüense de Inversión

FOCH. Federación Obrera de Chile

FOGADE. Fondo de Garantías y Protección Bancaria, Venezuela

FOLA. Federación Odontológica Latinoamericana (*sic*)

FONAC. Foro Nacional de Convergencia, Honduras

FONADE. Fondo Nacional de Desarrollo, Colombia

FONAMIH. Foro Nacional de Migraciones Indígenas, Honduras

FONVIS. Fondo Nacional de Vivienda Social, Bolivia

FOPRIDE. Federación Privada de Empresas de Honduras

FOSOVI. Fondo Social de la Vivienda, Honduras

FPN. Frente Popular Nacional, Bolivia

FRAP. Frente de Acción Popular, Chile

FRECILINA. Frente Cívico de Liberación Nacional, Argentina

FREJULI. Frente Justicialista de Liberación, Argentina

FRG. Frente Revolucionario Guatemalteco

FSE. Fondo Social de Emergencia, Bolivia

FUNDALECTURA. Fundación para el Fomento de la Lectura, Colombia

FUNDAYACUCHO. Fundación Gran Mariscal Ayacucho, Venezuela

FUR. Frente Unido de la Revolución, Guatemala

FUS. Federación Uruguaya de la Salud

FVPI. Fundación Venezolana de Promoción al Investigador

G

GAM. Gran Área Metropolitana, Costa Rica

GAN. Galería de Arte Nacional, Venezuela

GEA. Grupo Empresarial Antioqueño

GN. Guardia Nacional, Venezuela

GO. Gobierno de Honduras

GPS. Gasto Público Social, Honduras

H

HADISA. Hispanoamericana de Instalaciones, S.A.

HATSA. Hispanoamericana de Turismo, S.A.

HMI. Hospital Materno Infantil, Tegucigalpa

HONDUTEL. Compañía Telefónica de Honduras

I

IABN. Instituto Autónomo Biblioteca Nacional, Venezuela

IAD. Instituto Agrario Dominicano

IBP. Instituto Boliviano de Petróleo

ICA. Instituto Colombiano Agropecuario

ICAA. Instituto Costarricense de Acueductos y Alcantarillados

ICAE. Instituto Centroamericano de Empresas

ICAFE. Instituto del Café de Costa Rica

ICAFE. Instituto Nacional del Café, Honduras

ICAIC. Instituto Cubano de Arte e Industria Cinematográfica

ICAITI. Instituto Centroamericano de Investigación y Tecnología Industrial (*sic*)

ICANH. Instituto Colombiano de Antropología e Historia

ICAP. Instituto Cubano de Amistad con los Pueblos

ICASE. Instituto Centroamericano de Administración y Supervisión de Educación (*sic*)

ICBF. Instituto Colombiano de Bienestar Familiar

ICC. Instituto Caro y Cuervo, Colombia

ICE. Instituto Costarricense de Electricidad

ICER. Instituto Costarricense de Enseñanza Radiofónica

ICETEX. Instituto Colombiano de Crédito Educativo y Estudios Técnicos en el Exterior

ICFES. Instituto Colombiano para el Fomento de la Educación Superior

ICN. Instituto de Ciencias Naturales, Colombia

ICOLLANTAS. Instituto Colombiano de Llantas

ICONTEC. Instituto Colombiano de Normas Técnicas

ICRT. Instituto Cubano de Radio y Televisión

ICSS. Instituto Colombiano de Seguros Sociales

ICT. Instituto Costarricense de Turismo

IDA. Instituto de Desarrollo Agrario, Costa Rica

IDAAN. Instituto de Acueductos y Alcantarillados Nacionales, Panamá

IDCA. Instituto de Desarrollo Cooperativo de América

IDCT. Instituto Distrital de Cultura y Turismo, Colombia

IDEI. Instituto de Estudios Interétnicos, Guatemala

IDES. Instituto Interamericano de Desarrollo Económico y Social (*sic*)

IDICT. Instituto de Documentación e Información Científica y Técnica, Cuba

IDRD. Instituto Distrital de Recreación y Deportes, Colombia

IDU. Instituto de Desarrollo Urbano, Colombia

IEOS. Instituto Ecuatoriano de Obras Sanitarias

IFAM. Instituto de Fomento y Asesoría Municipal, Costa Rica

IFE. Instituto Federal Electoral, México

IFFI. Instituto de Formación Femenina Integral, Bolivia

IFI. Instituto de Fomento Industrial, Colombia

IFOP. Instituto de Fomento Pesquero, Chile

IGM. Instituto Geográfico Militar, Bolivia

IGN. Instituto Geográfico Nacional, Perú

IGP. Instituto Geofísico del Perú

IGSS. Instituto Guatemalteco de Seguridad Social

IHCH. Instituto Hondureño de Cultura Hispánica

IIAP. Instituto de Investigaciones de la Amazonia Peruana

IIC. Instituto Iberoamericano de Cooperación (*sic*)

IICA. Instituto Iberoamericano de Ciencias Agrícolas (*sic*)

IICE. Instituto de Investigaciones Contables del Ecuador

IICS. Instituto de Investigaciones en Ciencias de la Salud, Paraguay

IIDS. Instituto Interamericano de Desarrollo Social (*sic*)

IIE. Instituto Interamericano de Educación (*sic*)

IIEM. Instituto Interamericano de Educación Musical (*sic*)

IIH. Instituto Indigenista de Honduras
III. Instituto Indigenista Interamericano
IIP. Instituto Indigenista Peruano
ILARI. Instituto Latinoamericano de Relaciones Internacionales (*sic*)
ILCE. Instituto Latinoamericano de Cinematografía Educativa (*sic*)
ILCTRI. Instituto Latinoamericano de Cooperación Tecnológica y Relaciones Internacionales (*sic*)
ILMA. Instituto Latinoamericano de Mercado Agrícola (*sic*)
ILPES. Instituto Latinoamericano de Planeamiento Económico y Social (*sic*)
IMARPE. Instituto del Mar del Perú
IMAS. Instituto Mixto de Ayuda Social, Costa Rica
IMEC. Instituto de Investigación y Mejoramiento de la Educación Costarricense
INA. Instituto Nacional Agrario, Honduras
INA. Instituto Nacional de Aprendizaje, Costa Rica
INABEC. Instituto Nacional de Becas y Crédito Educativo, Perú
INABIF. Instituto Nacional de Bienestar Familiar, Perú
INACH. Instituto Antártico Chileno
INADE. Instituto Nacional de Desarrollo, Perú
INAFORP. Instituto Nacional de Formación Profesional, Panamá
INAH. Instituto Nacional de Antropología e Historia, México
INAM. Instituto Nacional de la Mujer, Honduras
INAME. Instituto Nacional del Menor, Uruguay
INAMU. Instituto Nacional de las Mujeres, Costa Rica
INATEC. Instituto Nacional Tecnológico, Nicaragua
INBA. Instituto Nacional de Bellas Artes, México
INCAE. Instituto Centroamericano de Administración de Empresas (*sic*)
INCAP. Instituto de Nutrición de Centroamérica y Panamá (*sic*)
INCI. Instituto Nacional para Ciegos, Colombia
INCOBRA. Instituto Científico Colombiano-Brasileño
INCOLPE. Instituto Colombiano de Pedagogía
INCORA. Instituto Colombiano de la Reforma Agraria
INDECI. Instituto Nacional de Defensa Civil, Perú
INDECOPI. Instituto de Defensa del Consumidor y Propiedad Intelectual, Perú
INDER. Instituto Nacional de Deporte y Recreación, Cuba
INDERENA. Instituto de Recursos Naturales Renovables, Colombia
INDI. Instituto Paraguayo del Indígena
INDRHI. Instituto Nacional de Recursos Hidráulicos, República Dominicana
INE. Instituto Nacional de Estadística, Honduras
INE. Instituto Nacional de Estadísticas, Chile

INE. Instituto Nicaragüense de Energía
INEC. Instituto Nacional de Estadísticas y Censos, Costa Rica
INEI. Instituto Nacional de Estadística e Informática, Perú
INERHI. Instituto Ecuatoriano de Recursos Hidráulicos
INFA. Instituto Hondureño de la Niñez y la Familia
INFI. Asociación Nacional de Instituciones Financieras, Colombia
INFOCOOP. Instituto Nacional de Fomento Cooperativo, Costa Rica
INFOP. Instituto Nacional de Formación Profesional, Honduras
INFOTEP. Instituto Nacional de Formación Técnica Profesional, República Dominicana
INGUAT. Instituto Guatemalteco de Turismo
INH. Instituto Nacional de Higiene «Rafael Rangel». Venezuela
ININ. Instituto Nacional de Investigaciones Nucleares, México
INJU. Instituto Nacional de la Juventud, Uruguay
INPA. Instituto Nacional de Pesca y Agricultura, Colombia
INPE. Instituto Nacional Penitenciario, Perú
INPEC. Instituto Nacional Penitenciario y Carcelario, Colombia
INPREMA. Instituto de Previsión Social del Magisterio, Honduras
INRA. Instituto Nicaragüense de Reforma Agraria
INRH. Instituto Nacional de Recursos Hidráulicos, Cuba
INS. Instituto Nacional de Seguros, Costa Rica
INSAFORP. Instituto Salvadoreño de Formación Profesional, El Salvador
INSAHH. Inventario Nacional de Sitios Arqueológicos e Históricos de Honduras
INSOR. Instituto Nacional para Sordos, Colombia
INSS. Instituto Nicaragüense de Seguridad Social
INTA. Instituto Nicaragüense de Tecnología Agropecuaria
INTAL. Instituto para la Integración de América Latina (*sic*)
INTECAP. Instituto Técnico de Capacitación y Productividad, Guatemala
INURBE. Instituto Nacional de Interés Social y Reforma Urbana, Colombia
INVA. Instituto Nacional de la Vivienda, Honduras
IPA. Industria Petrolífera Argentina
IPG. Índice de Potenciación de Género, Honduras
IPH. Índice de Pobreza Humana, Honduras
IPIN. Instituto Panamericano de Ingeniería Naval
IPLA. Instituto Pastoral Latinoamericano (*sic*)
IPM. Instituto de Previsión Militar, Honduras

IPOSTEL. Instituto Postal Telegráfico de Venezuela.

IPRI. Instituto Peruano de Relaciones Interplanetarias

IPSS. Instituto Peruano de Seguridad Social

IQUINOSA. Industria Química Hispanoamericana, S.A.

IRENA. Instituto Nacional de Recursos Naturales, Perú

ISA. Interconexión Eléctrica, S.A., Colombia

ISAP. Instituto Sudamericano del Petróleo, Uruguay

ISN. Instituto de Salud del Niño, Perú

ISS. Instituto de Seguros Sociales, Colombia

ISTA. Instituto Salvadoreño de Transformación Agraria

ITAM. Instituto Tecnológico Autónomo de México

ITCR. Instituto Tecnológico de Costa Rica

ITS. Infecciones de Transmisión Sexual, Honduras

IUTIRLA. Instituto Universitario de Tecnología Industrial «Rodolfo Loero Arismendi», Venezuela

IVI. Índice de Vivienda, Honduras

IVIC. Instituto Venezolano de Investigaciones Científicas

IVSS. Instituto Venezolano de Seguros Sociales

J

JAD. Junta Agroempresarial Dominicana

JAL. Juntas Administrativas Locales, Colombia

JAPDEVA. Junta de la Administración Portuaria de la Vertiente Atlántica, Costa Rica

JID. Junta Interamericana de Defensa (sic)

JPS. Junta de Protección Social de San José, Costa Rica

JS. Juventud Sandinista, Nicaragua

JUNAE. Junta Nacional de Empleo, Uruguay

L

LACSA. Líneas Aéreas Costarricenses, S.A.

LAN Chile. Línea Aérea Nacional de Chile

LIM. Laboratorio de Interpretación Musical, Lima

LIPA-SUR. Línea Aérea del Pacífico Sur, Chile

LLA. Liga Latinoamericana de Astronomía (sic)

LODE. Ley Orgánica de Educación, Honduras

LUZ. La Universidad de Zulia, Venezuela

M

MACyA. Ministerio de Asuntos Campesinos y Agricultura, Bolivia

MAG. Ministerio de Agricultura y Ganadería, Costa Rica, Ecuador, El Salvador y Paraguay

MAGA. Ministerio de Agricultura y Ganadería, Guatemala

MAGFOR. Ministerio de Agricultura, Ganadería y Forestal

MAMBO. Museo de Arte Moderno de Bogotá

MAN. Movimiento Ambientalista Nicaragüense

MAPU. Movimiento de Acción Popular Unitaria, Chile

MCCA. Mercado Común Centroamericano (sic)

MCI. Mercado Común Iberoamericano (sic)

MCL. Mercado Común Latinoamericano (sic)

MECD. Ministerio de Educación, Cultura y Deportes, Nicaragua

MEFIN. Ministerio de Economía y Finanzas, Panamá

MEIC. Ministerio de Economía, Industria y Comercio, Costa Rica

MEN. Ministerio de Educación Superior, Colombia

MEP. Ministerio de Educación Pública, Costa Rica

MERCOSUR. Mercado Común del Sur

MH. Ministerio de Hacienda, El Salvador

MIC. Ministerio de Industria y Comercio, Paraguay

MICI. Ministerio de Comercio e Industria, Panamá

MICONS. Ministerio de la Construcción, Cuba

MID. Movimiento de Integración y Desarrollo, Argentina

MIDEPLAN. Ministerio de Planificación Nacional y Política Económica, Costa Rica/Ministerio de Planificación, Chile

MIDUVI. Ministerio de Desarrollo Urbano y Vivienda, Ecuador

MINAE. Ministerio de Ambiente y Energía, Costa Rica

MINAGRI. Ministerio de la Agricultura, Cuba

MINAL. Ministerio de la Industria Alimenticia, Cuba

MINAZ. Ministerio del Azúcar, Cuba

MINBAS. Ministerio de la Industria Básica, Cuba

MINCULT. Ministerio de Cultura, Cuba

MINDES. Ministerio de la Mujer y Desarrollo Social, Uruguay

MINED. Ministerio de Educación, El Salvador

MINFAR. Ministerio de las Fuerzas Armadas Revolucionarias, Cuba

MININT. Ministerio del Interior, Cuba
Ministerio de Economía y Planificación, Cuba

MINMINAS. Ministerio de Minas y Petróleos, Colombia

MINREX. Ministerio de Relaciones Exteriores, Cuba

MINSA. Ministerio de Salud, Nicaragua y Panamá

MINTUR. Ministerio de Turismo, Cuba

MIPYMES. Micro, Pequeñas y Medianas Empresas, Colombia

MIR. Movimiento de Izquierda Revolucionaria, Venezuela, Perú, Chile y Bolivia

MITRAB. Ministerio del Trabajo, Nicaragua

MITRANS. Ministerio de Transporte, Cuba

MNJ. Movimiento Nacional de Juventudes, Costa Rica

MOIR. Movimiento Obrero Independiente Revolucionario, Colombia

MOP. Ministerio de Obras Públicas, Chile, Colombia y Panamá

MOPT. Ministerio de Obras Públicas y Transportes, Costa Rica

MOSAN. Movimiento Sindical Autónomo de Nicaragua

MP. Ministerio Público, Costa Rica

MPI. Movimiento para la Independencia, Puerto Rico

MPVP. Movimiento por la Paz «Visitación Padilla», Honduras

MRPH. Mesa Redonda Panamericana de Honduras (*sic*)

MSP. Ministerio de Salud Pública, Ecuador

MTI. Ministerio de Infraestructura y Transporte, Nicaragua

MTT. Milicias de Tropas Territoriales, Cuba

MX. Compañía Mexicana de Aviación, S.A.

N

NBI. Necesidades Básicas Insatisfechas, Uruguay

NRFH. Nueva Revista de Filología Hispánica, México

O

OCASHA. Obra de Cooperación Apostólica Seglar Hispanoamericana

OCS. Oficina del Comisionado de Seguros, Puerto Rico

OCSHA. Obra de Cooperación Sacerdotal Hispanoamericana

ODAPAS. Organismo Descentralizado de Agua Potable, Alcantarillado y Saneamiento, México

ODCA. Organización Democrática Cristiana de América.

ODECA. Organización de Estados Centroamericanos (*sic*)

OEA. Organización de Estados Americanos (*sic*)

OEI. Oficina de Educación Iberoamericana (*sic*)

OELA. Organización de Estados Latinoamericanos (*sic*)

OFRANEH. Organización Fraternal Negra de Honduras

OID. Oficina Interamericana de Defensa (*sic*)

OIJ. Organismo de Investigación Judicial, Costa Rica

OIP. Organización Interamericana de Pilotos (*sic*)

OISS. Organización Iberoamericana de Seguridad Social (*sic*)

OLADE. Organización Latinoamericana de Energía (*sic*)

OLAS. Organización Latinoamericana de Solidaridad (*sic*)

OLAVU. Organización Latinoamericana del Vino y de la Uva (*sic*)

ONE. Oficina Nacional de Estadísticas, República Dominicana

ONIC. Organización Indígena Colombiana

ONLH. Organización Nacional Lenca de Honduras

OPANAL. Organismo para la Proscripción de las Armas Nucleares en América Latina

OPD. Organizaciones Privadas de Desarrollo, Honduras

OPS. Organización Panamericana de la Salud (*sic*)

OPSU. Oficina de Planificación del Sector Universitario, Venezuela

OSC. Organización de la Sociedad Civil, Honduras

OSMC. Orquesta Sinfónica Municipal de Caracas

OSN. Orquesta Sinfónica Nacional, Colombia

OSV. Orquesta Sinfónica Venezuela

OTI. Organización de la Televisión Iberoamericana (*sic*)

OTOSA. Organización Turística Oficial Sudamericana

P

PA. Pacto Andino (Colombia, Ecuador, Perú, Bolivia y Chile)

PAC. Partido Acción Ciudadana, Costa Rica

PAFC. Plan de Acción Forestal para Colombia

PAF-NIC. Plan Acción Forestal de Nicaragua

PAN. Partido de Acción Nacional, México

PANI. Patronato Nacional de la Infancia, Costa Rica

PAP. Partido de Acción Popular, Perú

PAR. Partido de Acción Renovadora, El Salvador

PARM. Partido Auténtico de la Revolución Mexicana

PAS. Partido Alianza Social, México

PC. Partido Colorado, Uruguay

PCB. Partido Comunista de Bolivia

PCC. Partido Comunista de Cuba

PCCh. Partido Comunista de Chile

PCD. Pueblo, Cambio y Democracia, Ecuador

PCM. Partido Comunista de México

PCN. Partido de Conciliación Nacional, El Salvador

PCP. Partido Comunista del Perú

PCV. Partido Comunista de Venezuela

PDC. Partido Demócrata Cristiano, Honduras

PDI. Polo Democrático Independiente, Colombia

PDM. Partido Demócrata Mexicano

PDVSA. Petróleos de Venezuela, S.A.

PECC. Programa de Eficiencia y Competitividad en la Construcción, Paraguay

PEQUIVEN. Petroquímica de Venezuela, S.A.

PETROPAR. Petróleos Paraguayos

PFA. Policía Federal Argentina

PGJEM. Procuraduría General de Justicia del Estado de México

PGLA. Programa para Posgraduados Latinoamericanos (*sic*)

PGR. Procuraduría General de la República, México

PINU. Partido de Innovación y Unidad, Honduras

PIP. Partido Independentista Puertorriqueño

PIR. Partido de Izquierda Revolucionaria, Bolivia

PJ. Partido Justicialista, Argentina

PJ. Primero Justicia, Venezuela

PJE. Procuraduría Judicial del Estado, México

PL. Partido Liberal, Honduras

PLN. Partido Liberación Nacional, Costa Rica

PLUNA. Primeras Líneas Uruguayas de Navegación Aérea

PM. Policía Metropolitana, Venezuela

PMA. Programa Mundial de Alimentos de las Naciones Unidas, EE.UU.

PMRTN. Plan Maestro de Reconstrucción y Transformación Nacional, Honduras

PMT. Partido Mexicano de Trabajadores

PN. Partido Nacional, Honduras

PND. Plan Nacional de Desarrollo, Costa Rica

PNMC. Plan Nacional de Música para la Convivencia, Colombia

PNP. Partido Nuevo Progresista, Puerto Rico

PNP. Policía Nacional del Perú

PNRCH. Plan Nacional de Recuperación de Centros Históricos, Colombia

PNUD. Programa de las Naciones Unidas para el Desarrollo, EE.UU.

POLINAL. Policía Nacional, Colombia

POMCO. Plan de Ordenamiento y Manejo de los Cerros Orientales de Bogotá

POP. Partido de Orientación Popular, El Salvador

POS. Plan Obligatorio de Salud, Colombia

POT. Plan de Ordenamiento Territorial, Colombia

PPA. Partido Peronista Auténtico, Argentina

PPD. Partido Popular Democrático, Puerto Rico

PPD. Partido por la Democracia, Chile

PPS. Partido Popular Salvadoreño

PPS. Partido Popular Socialista, México

PPT. Patria Para Todos, Venezuela

PR. Partido Radical, Chile

PRAF. Programa de Asignación Familiar, Honduras

PREAL. Programa de Promoción de la Reforma Educativa en América Latina y el Caribe

PRI. Partido Revolucionario Institucional, México

PRO Hospital. Programa de Mejoramiento de la Gestión de Hospitales, Honduras

PROALTO. Programa de Alimentos para Todos, República Dominicana

PROCAL. Programa de Capacitación Laboral, Bolivia

PROIMUJER. Programa de Promoción de la Igualdad de Oportunidades para las Mujeres en el Empleo y la Formación Profesional, Uruguay

PROMEBUZ. Pro Mejoramiento de los Buzos, Honduras

PROMPYME. Comisión de Promoción de la Pequeña y Microempresa

PROMUDEH. Ministerio de Promoción de la Mujer y Desarrollo Humano, Uruguay

PRONAA. Programa Nacional de Asistencia Alimentaria, Perú

PRONADEL. Programa para la Pequeña y Mediana Empresa, Honduras

PROPAL. Productora de Papeles, Colombia

PRSC. Partido Reformista Social Cristiano, República Dominicana

PRSD. Partido Radical Social Demócrata, Chile

PRT. Partido Revolucionario de los Trabajadores, México

PRUD. Partido Revolucionario de Unificación Democrática, El Salvador

PS. Partido Socialista, Chile

PSPR. Partido Socialista de Puerto Rico

PST. Partido Socialista de los Trabajadores, México

PSUM. Partido Socialista Unificado de México

PSUV. Partido Socialista Unido de Venezuela

PT. Partido del Trabajo, México

PTRD. Partido de Trabajadores Republicano Democrático, Guatemala

PUCA. Partido Unionista Centroamericano, El Salvador (*sic*)

PUCMM. Pontificia Universidad Católica Madre y Maestra, República Dominicana

PURS. Partido de la Unión Revolucionaria Socialista, Chile

PUSC. Partido Unidad Social Cristiana, Costa Rica

PUSR. Partido Unido Socialista Republicano, Bolivia

R

RACSA. Radiográfica Costarricense, S.A., Costa Rica

RAE. Radio Difusión Argentina al Exterior

RAPSA. Radio Aeronáutica Paraguaya, S.A.

RCMRE. Reunión de Consultores de Ministros de Relaciones Exteriores de la OEA

RCN. Radio Cadena Nacional, Colombia

RCR. Radio Caracas Radio

RCTV. Radio Caracas Televisión

RECADI. Régimen de Cambios Diferenciales, Venezuela

RECOPE. Refinadora Costarricense de Petróleo

RENIEC. Registro Nacional de Identificación y Estado Civil, Perú

RIF. Registro de Información Fiscal, Venezuela

RIT. Red Interamericana de Comunicaciones

RIT. Régimen de Importación Temporal, Honduras (*sic*)

RITD. Red Iberoamericana de Transmisión de Datos (*sic*)

RITEVE. Revisión Técnica de Vehículos de Costa Rica

RMTV. Radio y Televisión Martí, EE.UU.

RN. Partido Renovación Nacional, Chile

RN. Resistencia Nacional, El Salvador

RNBP. Red Nacional de Bibliotecas Públicas, Colombia

RNC. Revista Nacional de Cultura, Venezuela

RNE. Registro Nacional Electoral, Honduras

RNP. Registro Nacional de las Personas, Honduras

RRA. Rehabilitación de los Recursos Ambientales, Nicaragua

RTVC. Radio Televisión de Colombia

S

SA. Sanidad Agropecuaria, Ecuador

SAB. Seminario Andrés Bello, Colombia

SAC. Sociedad de Agricultores de Colombia

SACVEN. Sociedad de Autores y Compositores de Venezuela

SADAIC. Sociedad Argentina de Autores y Compositores de Música

SADE. Sociedad Argentina de Escritores

SAG. Secretaría de Agricultura y Ganadería, Honduras

SAGARPA. Secretaría de Agricultura, Ganadería, Desarrollo Rural, Pesca y Alimentación, México

SAL. Sociedad Argentina de Lingüística

SAM. Sociedad Aeronáutica de Medellín, S.A.

SANAA. Servicio Autónomo Nacional de Acueductos y Alcantarillados, Honduras

SANRA. Servicio Autónomo Nacional de Acueductos y Alcantarillados, Honduras

SAT. Servicio de Administración Tributaria, Perú

SAT. Sistema de Administración Tributaria, México

SAYCO. Sociedad de Autores y Compositores de Colombia

SBPC. Sistema Boliviano de Productividad y Competitividad

SCIPA. Servicio Cooperativo Interamericano de Producción de Alimentos

SCJN. Suprema Corte de Justicia de la Nación, México

SDS. Secretaría Distrital de Salud, Colombia

SEA. Servicios Especiales Aéreos, Colombia

SECAB. Secretaría del Convenio Andrés Bello, Bogotá

SECAP. Servicio Ecuatoriano de Capacitación Profesional

SECPLAN. Secretaría de Planificación, Coordinación y Presupuesto, Honduras

SEDAPAL. Servicio de Agua Potable y Alcantarillado de Lima

SEDENA. Secretaría de Defensa Nacional, Perú

SELA. Sistema Económico Latinoamericano (*sic*)

SELVA. Sociedad Ecologista de Lucha por la Vida y el Ambiente, Nicaragua

SENAMHI. Servicio Nacional de Meteorología e Hidrología, Perú

SENAPAN. Secretaría Nacional de Coordinación y Seguimiento del Plan Alimenticio y Nutricional, Panamá

SENCE. Servicio Nacional de Capacitación y Empleo, Chile

SENDET. Servicio Nacional de Detenidos, Chile

SENEAM. Servicio Especial de Navegación del Espacio Aéreo Mexicano

SERNAGEOMIN. Servicio Nacional de Geología y Minería, Chile

SERNAPESCA. Servicio Nacional de Pesca, Chile

SERNAT. Servicio Nacional del Consumidor, Chile

SERNATUR. Servicio Nacional de Turismo, Chile

SERPOST. Servicios Postales, Perú

SESPAS. Secretaría de Estado de Salud Pública y Asistencia Social, República Dominicana

SETAC. Servicios Técnicos Aeronáuticos de Colombia, S.L.

SFN. Sistemas Financieros Nicaragüenses

SHD. Secretaría de Hacienda del Distrito, Colombia

SIAFI. Sistema de Administración Financiera, Honduras.

SIAP. Sociedad Interamericana de Planificación (*sic*)

SIBTA. Sistema Boliviano de Tecnología Agropecuaria, Bolivia

SIC. Sociedad Interamericana de Cardiología (*sic*)

SICA. Secretaría de Integración Centroamericana (*sic*)

SICERE. Sistema Centralizado de Recaudación, Costa Rica

SIDE. Servicio de Informaciones del Ejército, Argentina

SIDES. Sistema de Indicadores sobre Desarrollo Sostenible, Costa Rica

SIDOR. Siderúrgica del Orinoco, C.A., Venezuela

SIECA. Secretaría Permanente del Tratado General de Integración Económica Centroamericana

SII. Servicios de Impuestos Internos, Chile

SIISE. Sistema Integrado de Indicadores Sociales del Ecuador

SIJIN. Seccional de Inteligencia Judicial Investigativa de la Policía Nacional, Colombia

SIMCE. Sistema de Medición de la Calidad de la Educación, Honduras

SIN. Servicio Iberoamericano de Noticias (*sic*)

SINART. Sistema Nacional de Radio y Televisión, Costa Rica

SINE. Sistema Nacional de Evaluación, Costa Rica

SIP. Sociedad Interamericana de Prensa (*sic*)

SIPC. Superintendencia de Protección al Consumidor, Venezuela

SIPEN. Superintendencia de Pensiones, República Dominicana

SITCA. Secretaría de Integración Turística Centroamericana

SIVENSA. Siderúrgica Venezolana, S.A.

SLAN. Sociedad Latinoamericana de Nutrición (*sic*)

SLIP. Sociedad Latinoamericana de Investigaciones de la Patata (*sic*)

SLM. Sociedad Latinoamericana del Maíz (*sic*)

SNPP. Servicio Nacional de Formación Profesional, Paraguay

SNR. Superintendencia de Notariado y Registro, Colombia

SOCHIL. Sociedad Chilena de Lingüística

SONAP. Sociedad Nacional de Petróleo, Chile

SSO. Seguro Social Obligatorio, Venezuela

STE. Sindicato de Trabajadores de la Educación, Honduras

STICA. Servicio Técnico Interamericano de Cooperación Agrícola (*sic*)

SUGEP. Superintendencia General de Entidades Financieras, Costa Rica

SUPEN. Superintendencia de Pensiones, Costa Rica

SUTÍN. Sindicato Único de Trabajadores de la Industria Nuclear, México

SVECA. Sociedad Venezolana de Electrificación, C.A.

T

TACA. Transportes Aéreos de Centroamérica, El Salvador

TCA. Tribunal de lo Contencioso Administrativo, México

TCS. Trabajadores Comerciales del Sexo, Honduras

TELAM. Telenoticias Americanas, Argentina

TELECOM. Empresa Nacional de Telecomunicaciones, Colombia

TELEVISA. Grupo de Televisión, S.A., México y EE.UU.

TELMEX. Teléfonos de México

TIAM. Tratado Interamericano de Asistencia Mutua (*sic*)

TIAR. Tratado Interamericano de Asistencia Recíproca (*sic*)

TLC. Tratado de Libre Comercio (Canadá, Estados Unidos y México)

TNE. Tribunal Nacional de Elecciones, Honduras

TP. Teleprensa, Colombia

TSE. Tribunal Supremo de Elecciones, Costa Rica

TSPR. Tribunal Supremo de Puerto Rico

TVA. Televisión Argentina

TVCR. Televisora de Costa Rica

TVIM. Televisión Independiente de México

TVN. Televisora Nacional, Venezuela

U

UAM. Unión de Agricultores Minifundistas, Guatemala

UASD. Universidad Autónoma de Santo Domingo

UBA. Universidad de Buenos Aires

UBV. Universidad Bolivariana de Venezuela

UC. Universidad de Carabobo, Venezuela.

UCAB. Universidad Católica Andrés Bello, Venezuela

UCAE. Unión de Campesinos y Asalariados Agrícolas del Ecuador

UCAT. Universidad Católica del Táchira, Venezuela

UCC. Unión de Centro-Centro, Chile

UCLA. Universidad Centro Occidental Lisandro Alvarado, Venezuela

UCR. Universidad de Costa Rica

UCUDAL. Universidad Católica «Dámaso A. Larrañaga», Uruguay

UCV. Universidad Central de Venezuela

UDELAR. Universidad de la República, Uruguay

UDI. Unión Democrática Independiente, Chile

UDN. Unión Democrática Nacional, El Salvador

UDN. Unión Democrática Nicaragüense

UDO. Universidad de Oriente, Venezuela

UDP. Unión Democrática Popular, Bolivia

UDUAL. Unión de Universidades de la América Latina

UES. Universidad de El Salvador

UFM. Universidad «Francisco Marroquín», Guatemala

UGTE. Unión General de Trabajadores del Ecuador

UJC. Unión de Jóvenes Comunistas, Cuba

UL. Universidad de Lima

ULA. Universidad de los Andes, Venezuela

ULADE. Unión Interamericana de Embalaje (*sic*)

ULAPC. Unión Latinoamericana de Prensa Católica (*sic*)

ULEA. Unión Latinoamericana de Escritores y Artistas (*sic*)

ULSAC. Unión Latinoamericana de Sociedades de Autores y Compositores (*sic*)

UM. Universidad Metropolitana, Venezuela

UMATA. Unidad Municipal de Asistencia Técnica y Agropecuaria, Colombia

UMCA. Unión Monetaria Centroamericana

UMCE. Unidad de Medición de la Calidad de la Educación, Honduras

UMG. Universidad «Mariano Gálvez», Guatemala

UNA. Universidad Nacional Abierta, Venezuela/ Universidad Nacional, Costa Rica/Universidad Nacional de Asunción, Paraguay

UNAH. Universidad Nacional Autónoma de Honduras

UNAL. Universidad Nacional, Bogotá

UNAM. Universidad Nacional Autónoma de México

UNAN. Universidad Nacional Autónoma de Nicaragua

UNCH. Unión Nacional de Casinos de Honduras

UNDH. Unidad Nacional de Derechos Humanos, Colombia

UNEAC. Unión de Escritores y Artistas de Cuba

UNED. Universidad Estatal a Distancia, Costa Rica

UNELLEZ. Universidad Nacional Experimental de los Llanos Occidentales Ezequiel Zamora, Venezuela

UNEN. Unión Nacional de Estudiantes de Nicaragua

UNERG. Universidad Nacional Experimental de los Llanos Centrales Rómulo Gallegos, Venezuela

UNET. Universidad Nacional Experimental del Táchira, Venezuela

UNG. Unión de la Esperanza, Guatemala

UNMSM. Universidad Nacional Mayor de San Marcos, Perú

UNO. Unión Opositora, Guatemala

UNT. Un Nuevo Tiempo, Venezuela/Unión Nacional de Trabajadores, México

UOM. Universidad Obrera de México

UP. Unión Patriótica, Colombia

UPAAZ. Unidades de Producción Agropecuaria Amazónica, Colombia

UPANACIONAL. Unión de Pequeños y Medianos Productores, Costa Rica

UPANIC. Unión de Productores Agropecuarios de Nicaragua

UPEC. Unión de Periodistas de Cuba

UPEL Universidad Pedagógica Experimental Libertador. Venezuela

UPG. Unidad de Planeamiento y Evaluación de la Gestión, Honduras

UPI. Prensa Internacional Unida (United Press International)

UPN. Universidad Pedagógica Nacional, Colombia

UPN. Unión de Periodistas de Nicaragua

UPNFM. Universidad Pedagógica Nacional «Francisco Morazán», Tegucigalpa

UPR. Universidad de Puerto Rico

UPTC. Universidad Pedagógica y Tecnológica de Colombia

UPZ. Unidades de Planeamiento Zonal, Colombia

URD. Unión Republicana Democrática, Venezuela

URL. Universidad «Rafael Landívar», Guatemala

USAC. Universidad de San Carlos, Guatemala

USAI. Unión Sudamericana de Asociaciones de Ingenieros

USB. Universidad «Simón Bolívar», Venezuela

USMA. Universidad Santa María la Antigua, Panamá

USO. Unión Sindical Obrera, Colombia

USR. Universidad Nacional Experimental Simón Rodríguez, Venezuela

UTC. Unión de Trabajadores Colombianos

UTEHA. Unión Tipográfica Editorial Hispano-Americana, S.A., México

UTP. Universidad Tecnológica de Panamá

UV. Universidad del Valle, Guatemala

V

VENALUM. Industria Venezolana del Aluminio, C.A.

VENEVISIÓN. Corporación Venezolana de Televisión

VIASA. Venezolana Internacional de Aviación, S.A.

VX. ACES. Aerolíneas Centrales de Colombia

Y

YPF. Yacimientos Petrolíferos Fiscales, Argentina

YPFB. Yacimientos Petrolíferos Fiscales de Bolivia

Z

ZDM. Zona Desmilitarizada, Colombia

ZEE. Zona Económica Exclusiva, Cuba

ZIP. Zona Industrial de Procesamiento, Honduras

ZOLI. Zona Libre, Honduras